近代司法史料丛编 3

——刘昕杰 主编

# 民国时期司法院解释例全文（1929-1948）

——上册——

刘昕杰 周芩宇 等◎整理

法律出版社
LAW PRESS·CHINA
——北京——

**图书在版编目(CIP)数据**

民国时期司法院解释例全文：1929－1948：上下册／
刘昕杰等整理. -- 北京：法律出版社，2024
(近代司法史料丛编)
ISBN 978－7－5197－9081－3

Ⅰ．①民… Ⅱ．①刘… Ⅲ．①法律解释－汇编－中国
－1929－1948 Ⅳ．①D920.5

中国国家版本馆CIP数据核字(2024)第081890号

**民国时期司法院解释例全文(1929—1948)(上下册)**
**MINGUO SHIQI SIFAYUAN JIESHILI QUANWEN**
**(1929－1948)(SHANG XIA CE)**

刘昕杰　周芩宇　等整理

责任编辑 张　岩　解　锟
装帧设计 李　瞻

**出版发行** 法律出版社
**编辑统筹** 重大项目办公室
**责任校对** 王晓萍　李慧艳　王语童　张翼羽
**责任印制** 吕亚莉
**经　　销** 新华书店

**开本** 787毫米×1092毫米　1/16
**印张** 174.75　　**字数** 3150千
**版本** 2024年12月第1版
**印次** 2024年12月第1次印刷
**印刷** 北京建宏印刷有限公司

地址：北京市丰台区莲花池西里7号(100073)
网址：www.lawpress.com.cn
投稿邮箱：info@lawpress.com.cn
举报盗版邮箱：jbwq@lawpress.com.cn

销售电话：010－83938349
客服电话：010－83938350
咨询电话：010－63939796



**书号**：ISBN 978－7－5197－9081－3
**定价(上下册)**：2980.00元

凡购买本社图书，如有印装错误，我社负责退换。电话：010－83938349

# 丛编简介

“近代司法史料丛编”是四川大学近代法文化研究所推出的近代法律文献系列整理成果。丛编选取近代中国重要的司法文献进行整理、点校、重排出版，使之能够更加方便地为学界所用，为研究中国法律近代化，尤其是司法近代化提供必要的历史文献资料。

# 主编简介

## 刘昕杰

重庆石柱人，四川大学法学院教授，博士生导师，副院长。四川省“天府万人计划”社科菁英，四川省学术与技术带头人，四川大学“双百工程”人才。在《法学研究》《中国法学》等学术期刊发表学术论文五十余篇，主编《法律史评论》，研究领域为近代法律史。

# 序

## 一

本书是我主持的“近代司法史料丛编”出版项目之一，编校整理的是南京国民政府时期最高司法机关发布的法律解释，即司法院解释例，包含司法院议决案和请求函件。民国时期司法院参事处和郭卫都曾汇编整理过部分内容，但都有较多的缺失，本书搜集所有解释例全文汇编出版。

司法院时期解释例的形成过程是先由符合条件的请求解释主体提请解释，司法院按照《统一解释法令及变更判例规则》的规定，由司法院院长将请求解释文件交与最高法院院长启动或由最高法院院长直接启动解释程序，具体的解释工作由民事庭或刑事庭长执行，他们拟就解释，交由最高法院院长同意后，由最高法院院长呈报司法院院长，经司法院长核准后发回。如果司法院内部对解释的意见不统一，则需召开“统一解释法令会议”以三分之二多数议决。1931 年以后，因为“书面讨论恐难详尽，为郑重计，乃一律改为会议讨论”[1]。所以之前的解释例均为最高法院拟具解答案，但自第 511 号起，解释例均由司法院统一解释法令会议议决。

议决后的解释例经由司法院回函请求主体并通告其他机关产生裁判约束力，其后司法院会将解释例全文刊载到《司法公报》上。司法院按此程序共产生解释例 4097 则，从第 1 号起编号，逐号可查，[2]第 1 号到第 2875 号，冠以“院字号”，自第 2876 号起，冠以“院解字号”。[3] 不过，并不是所有的解释例均及时予以公布和汇编。至 1947 年 4 月，《司法公报》共刊载了司法院解释例 3450 则。1931 年开始，为便于查询适用，司法院开始对发布的解释

---

〔1〕 最高法院编：《三年来之最高法院》，最高法院 1934 年，第 95 页。

〔2〕 汇编时解释例未公开的有院字第 279 号、第 280 号、第 281 号和院字第 993 号，前几例在之后陆续公开。唯有院字第 993 号一直未公开。

〔3〕 在司法院之前，最高法院发布过 245 则解释例，冠以“解字号”。因此，整个民国时期解释例的编号依次是：1927 年 12 月 15 日至 1928 年 11 月 20 日为“解字”第 1 号至第 245 号；1929 年 2 月 16 日至 1945 年 4 月 30 日为“院字”第 1 号至第 2875 号；1945 年 5 月 4 日至 1948 年 6 月 23 日为“院解字”第 2876 号至第 4097 号。

例进行汇编。最初由参事处采取每200则汇编一次的固定方式出版《司法院解释汇编》(第一册实为400则,从第二册起,每册为200则),至1937年出版到第七册的第1600号后中断。其间,司法院秘书处于1935年出版了《袖珍司法院解释汇编》,收录了第1至1000号解释例,并称解释例"每足1000号就刊行袖珍分类汇编一册",[1]但此册出版后也即中断。直至1944年,司法院编译处以每册1100号的方式同时出版上下两册《司法院解释汇编》,汇编了第1号至第2200号解释例。因此,以司法院名义汇编出版的解释例仅至2200号。除此之外,由于司法院解释例的内容浩繁,地方法院和民间学者亦曾汇编整理过司法院解释,但未能有包含4097条司法院解释例全文的版本。

本书编校所依据的史料原本分三个部分,第1至第1600号取材于司法院参事处出版的《司法院解释汇编》,第1601号至第3116号依据的是郭卫编辑的《司法院解释例全文》,剩余第3117号至第4097号则汇编自《南京国民政府周报》《法令周刊》等报刊。附录一为司法院之前最高法院短暂发布的解释例共245则,来源郭卫的《最高法院解释例全文》。附录二为司法院解释检查表,原刊《法令周刊》,可作为民刑类司法解释的索引。全书按照解释例号数予以编排。由于史料底本不同,部分解释例在行文格式上略有差异,本书在不改变原有文字的基础上,尽量使解释例在形式上保持一致。

## 二

司法院的解释是被动的,无声请即无解释。根据《统一解释法令及变更判例规则》,声请解释例的主体包括公署、公务员及法令所认许的公法人,不符合规则的主体不得提出解释声请;司法院的解释内容是针对法律规则的普遍适用,不干预司法个案的审判,下级法院对个案中具体案情的疑义,尤其是对案件事实认定的声请,司法院也不会予以解释,多以"胪列具体事实请求解释,依统一解释法令及变更规则第三条第二项之规定,应不予解答"的表述予以拒绝。

然而在实际运行之中,这两条重要的规则都未必严格遵守。一些机关在请求函件中直白地指出当事人的姓名和相关情况,询问案件应当如何办理,即使该请求属于"胪列具体事实请求解释",司法院依然给出了答复。再如,院字51号,司法院答复"惟念川省道远,前项规则彼时尚未奉到,姑准变通,作为抽象问题予以解释",这种网开一面的情形较为少见。[2]更多的情况是,下级法院以"甲""乙""丙"等替换具体案情中的人名,将一个具体案件"包装"成为普遍案情,向司法院寻求法律解释,然后以司法院的解释作为具体案件的处理依据。下级司法机关通过这种方式,将审请法律适用的规则解释变为了个案审判的提前问

[1] 司法秘书处:《袖珍司法院解释汇编》,司法院秘书处,1935年,例言。

[2] 参见方乐:《民国时期法律解释的理论与实践》,北京大学出版社2016年版,第291页。

询。较之于判决例的"事后评价",这种"事先指导"的解释例显然更具吸引力,下级法院可以将之作为规避审判错误的方法。在这种情况下,解释例并非是一种规则解释,也成为最高司法机关指导个案审理的具体答复,类似于提前进行了三审的法律审。正因为如此,解释例不得不附上原函,才能充分展示其含义。因此,解释例的发布和汇编大多以附原函的全文方式,尤其是上述案情的展示,形式上更像是一种"判例",而判决例经过筛选、凝练和体系化编纂,发布和汇编时已经简化成了精要的规则,不再附带案情的介绍和法理的分析,形式上更像是一种"解释"。所以一个有趣的现象就出现在了民国的判解汇编之中:判决例往往简明扼要,而解释例往往长篇累牍;判决例成为一种对法律规则的解释,脱离了原案情而存在,而解释例许多都需要附上原函查阅,才能理解具体个案的法理逻辑,简言之,就是"判例解释化"和"解释判例化"。

在声请主体的限制方面,一些不适格的声请主体,如律师公会或者个人通过地方法院向司法院转呈解释申请,从而规避了这一限制。如此一来,司法院的解释规则基本上形同具文。司法院解释例持续 20 年,司法院的解释内容涉及方方面面,除了法律条文,还有行政法令,甚至涉及具体案情,中国国民党的党务机关、军事机关也都声请过大量的司法院解释。即便如此,不可否认的是司法院解释内容还是以法律的适用解释为主,司法院解释例也因此成为民国时期司法实践中最重要的法源之一。以典权的回赎与认定为例,通过有期限的典权回赎的相关解释例可以看出司法院解释例如何与法律条文共同形成规则体系。

典权回赎由于时间跨度大,且标的物又属于不动产,容易产生纠纷,法律适用中也会出现较多疑难情况。仅这一个法律条文显然不能涵盖典权回赎的问题,于是司法院通过大量的解释例详细说明法律法规的适用路径,建立起完整的典权回赎规则体系,解释例的规则功能主要体现在以下五个方面:[1]

一是进行法律适用的范围界定。典权法律关系的持续时间较长,许多典权纠纷可以追溯到《民法》颁行前,而典物回赎的期限,在《民法》物权编施行前并无明文规定。因此司法院在院字第 989 号解释例中予以明确,"现在《民法》第九百二十三条第二项既已明定回赎期间,则凡典物之回赎,均应受此限制,如果典期届满在《民法》物权编施行以前,出典人之回赎请求权尚未行使,其计算期间即应依《民法》物权编施行法第二条、第五条办理。"

二是进行法律概念的细化阐释。司法院对法律条文中的关键术语进行官方解释,以司法解释确保立法原义的实现。如对于"期限"一词,院字第 2370 号解释例将"期限"的概念加以明确限定,并将其与习惯用语加以区隔。类似情况在司法院解释汇总中并不少见,这在一定程度上显示了司法院解释的克制和对立法原义的重视。

三是进行法律规则的补充说明。典权的移转涉及登记程序及税收问题,而《民法》未对此予以说明,故司法院在院字第 2300 号和第 2399 号加以补充,规定了典权回赎后,"依《土

---

〔1〕 刘昕杰:《律例体系的黄昏:民国司法院解释例的汇编、运行与转型》,载《社会科学战线》2023 年第 4 期。

地法》第58条之规定,自应由典权人及出典人或代理人声请之,如出典人不肯会同声请,典权人得对之起诉,俟得有胜诉之确定判决后,再依《土地法》第59条后段单独声请登记。"且回赎"系直接基于法律之规定当然取得,当事人间既无买卖行为,自不得令其补立契纸,完纳契税"。

四是进行特殊情况的变通解释。典权回赎的期限受制于战时的特殊情况,因此司法院解释这个期间是为无时效性质的法定期间,不适用《民法》关于时效之规定。所以院字第2064号、第2628号以及第3039号均是对战争期间典权回赎的详细解释。

五是进行复杂法律关系的指导分析。如典权纠纷经常涉及民间常见的大佃契约,大佃契约是租赁契约和典权设定契约的混合契约,法律关系较为复杂,基层法官适用较为困难。因此,司法院通过院字第2287号、第2290号,对大佃契约的法律关系进行了详细梳理和说明,对其中涉及典权适用的部分给予了详细解释,便于法院统一适用。

## 三

以现代法理视之,判例是最高司法机关在审理上诉案件的过程中解释法律规则,形成约束同类案件审判的裁判规则,这一制度借鉴于英美法系。而解释例则是在司法程序之外,下级机关在适用法律遇到疑义时函请最高司法机关予以解释,最高司法机关通过解释补充法律规则,形成具有普遍约束力的解释例。这种函请解释律文的方式为中国独有,带有很强的中华传统法律文化色彩。

在中华传统法律文化里,律例关系一直是一个非常重要的范畴,律典是重要的成文法,一般不做大的变动,例、令等其他法律形式作为律文的补充来应对着社会变迁。明清以律例体系为主的法律形式,解决了大一统王朝法律制度的原则性和灵活性问题。这种律例关系结合,不仅适应了社会现实的需要,同时还比较妥善地解决了历史长期积累的一些问题,包括法律形态繁简之矛盾,司法审判中情法关系的协调,以及立法过程中理性与经验之结合等。[1]

司法院的解释其实并未在官方文件中被称作"例",但在民间和学理中,司法院解释被广泛称为解释"例",显然是受到律例观念的影响,是传统中华法律形式,尤其是明清以来律例形式的延续。有学者归纳了清代律和例的司法适用方式,包括:律文被严格遵守;没有律文可引时,审判机关一般以例文为准;既适用律,又适用例;以例改律、以例破律等,[2]这些方式实际上也完全可以解释民国时期成文法典和司法解释的关系。所以,在民国法律语境中,例其实就是具体化、特殊化的法律,因此把司法院的解释称为"解释例",是名实相符的。

---

〔1〕 刘笃才:《律令法体系向律例法体系的转换》,载《法学研究》2012年第6期。

〔2〕 何勤华:《清代法律渊源考》,载《中国社会科学》2001年第2期。

这也就难怪有学者在做当代“解释例”词条的概念解释时，将其定义为“与法律具有同等效力的法律解释”〔1〕，并直接将自秦以来的法律解释都纳入了解释例这一概念之中。

司法院解释例的产生，一方面是全国范围内规则适用的缺位，另一方面是法律适用机构尤其是基层机构的能力有限，习惯于行政化地请示上级的做法，导致了在法律适用过程中，需要向上级寻求法律依据。因此，民国时期出现大量的解释例汇编，直接原因是司法适用的便利，深层次原因还是延续了传统的律例思维，将司法院的法律解释认为一种准立法活动。这也从某种程度上说明，以律例为核心的传统中国法律形式体系，并未在晚清变法中随着大清律例的废止而完全退出历史舞台。自大理院到司法院所生成的数万则的解释例、判决例，继续维系了以成文法典条文为基础，以个案裁判规则为补充的法律体系传统。因此，在近代中国司法实践中还存在延续传统律例体系的法律形式，只不过律例的内涵发生了改变。近代律例体系中的律主要是以刑《民法》典为代表的成文法律，例则是以解释例和判决例为代表的司法规则。不过，随着近代成文法体系的日益完善，以立法为中心的法律体系给个案裁判自由裁量的空间逐渐减小，司法裁判超越法律条文、创设社会规则的功能也逐渐减弱，因此，不再出现传统律例体系中以例破律的情形，而更多是以例补律，再到后期的以例释律。

近代中国是一个急剧变革的转型时期，价值观念日新月异，社会纠纷层出不穷，试图通过繁多的下级案件和下级声请，形成类似于传统中国的例的稳定规则体系，明显力不从心。而西学东渐更是冲击到传统法律规则的形成机理，立法与司法权责的分立要求法律的制定与司法的裁判在国家权力结构中必须有明显的区隔。解释例是法官在司法体系中，按照上下级行政机关的行文方式进行的法官造法，随着国民政府进入“行宪”，强调彻底进行五权分立的政治实践，司法院解释例的这种例的生成方式也自然走到尽头。1947 年，司法院修改《司法院组织法》，规定司法院“设十七人大法官会议，行使解释宪法与统一解释法律命令的职权”。原有的司法院法律解释制度走向大法官违宪审查制度。自此，司法院解释例不再对具体法律规范进行适用解释，这也意味着，最能体现传统中华法律形式特点的律例体系，随着司法院解释例的转型而在宪制层面上得以正式完结。〔2〕

## 四

“近代司法史料丛编”是编者前几年同法律出版社商定的系列丛书，旨在对近代尤其是民国时期的重要司法史料进行点校整理，让这些展现了转型时期中国司法文明发展进程的重要史料不被束之高阁，能够更便捷地为学术界尤其是部门法学界、司法界研究使用，该丛

〔1〕 蒲坚：《中国法制史大辞典》，北京大学出版社 2015 年版，第 559 页。

〔2〕 刘昕杰：《律例体系的黄昏：民国司法院解释例的汇编、运行与转型》，载《社会科学战线》2023 年第 4 期。

编已出版了《民国时期最高法院判例要旨(1927—1940)》《民国时期全国司法会议记录》等史料整理成果。

司法院的解释例既是近代中国法律的官方表达,也是法律的具体实践,是研究中国近代法律的重要史料。自表达一面观之,解释例是司法院行使统一解释法令职权的产物,故实际上被赋予了行为规范意义,可以普遍适用于具体法律事务,是法律典章之外重要的成文法渊源。自实践一面观之,解释例是司法机关针对法律条文适用困境的解读,展现了法律条文在社会实践中的运作状况。如果移植西方法律、颁布成文法典会出现法律近代化的化学反应,那么司法院解释例便是这一反应的"催化剂"。司法院解释例通过剖析法律规范之间的内在关联,寻找法律规范与案件事实的粘合点,在指导个案裁判的同时,也逐渐厘清中国法律发展历程中新与旧、中与西的诸多复杂关系,引导国人把握与认识中国法律发展方向,推动了新式法律理念与传统中国社会的融合。不仅如此,司法院解释例还具备反哺法律规范的功能。司法院解释例对法律规范运作实效的归纳与反思,直观地描绘了社会需求与法律规范的不适配,表达了社会自下而上的法律诉求,为法律规范的修改与完善提供了参考。鉴于此,我们将解释例也纳入"近代司法史料丛编"。本书的点校整理工作由刘昕杰、周芩宇负责,四川大学法律史学专业的吴冠泽、孙汀沙、曹云、王宁、崔竞月、陈翼娃、陈笑淇、姜吴熙来、蒋翰林、张梦彤、宋昊泽等同学参与了整理校对工作。

文献整理,尤其是点校整理,是一项花钱、费力不讨好的工作。这本汇编能够顺利出版,首先要感谢解锟博士的鼎力支持,感谢参与整理的硕博士生们辛勤工作,也要感谢四川省"天府万人计划"、四川大学"杰出青年人才计划"等配套经费的支持。

司法院解释例篇幅较大,史料原本分散,尽管我们再三校对,亦难免出现疏漏,还望学界同仁包容海涵。

刘昕杰

2023 年 8 月于成都

# 整理点校说明

第一，本书点校 1 – 3116 号解释例依据史料为司法院参事处出版的《司法院解释汇编》、郭卫编辑的《司法院解释例全文》书目相关信息如下表：

| | |
|---|---|
| 《司法院解释汇编(1 ~ 7 册)》 | 编辑者：司法院参事处<br>出版时间：1931 ~ 1937 年<br>所收解释例：司法院解释例第 1 号至第 1600 号 |
| 《司法院解释例全文》 | 编辑者：郭卫<br>出版时间：1946 年<br>所受解释例：司法院解释例第 1601 号至第 3116 号 |

后续的第 3117 号至第 4097 号解释例由于之前未有汇编，由整理者从《国民政府公报(南京 1927)》《总统府公报》《法令周刊》等报刊文献中收集而来。附录一的最高法院解释根据 1946 年郭卫编《最高法院解释例全文》整理；附录二索引根据《法令周刊》所载索引整理。

第二，在编辑体例上，原书或报刊文字均为竖排繁体。本书点校时，将原文改为横排文字，按照解释例号数予以排列。

第三，点校工作为保持史料原貌，根据史料编排顺序照录原文，遵循最小改动原则，有修改添删须加说明者如下列各项：原文中原有错字，在不变更原义前提下，参酌其他版本，予以直接更正；部分原文未加注标点或使用旧式标点符号，为便于阅读与理解，编者根据现代汉语规范重新句读。

其余均保留原样，不作改动。

第四，院字第 993 号解释例涉密，未公布。

# 目　　录

# 司法院解释

**院字第一号**

**十八年二月十六日　司法院训令山西高等法院　附原函**

为令遵事，该法院上年第一一九七号公函致最高法院请解释履行债务疑点一案，兹据最高法院拟具解答案呈核前来内开，查来函所述，典契既载明典到钱数，除当事人有约定给付标的外，自应就所收钱额比照当时市价计算取赎等语。本院长审核无异，合行令仰遵照。此令

**附原函**

迳启者，案据洪洞县县长呈称，今有赵甲于八年前以钱四百吊典到钱乙房院一所，今已期满，钱乙备价取赎，而赵甲非要洋元不可，两造因此争点起诉。关于此问题其说有二：(子)说，按近年全国银钱交易情形，以银元为主币，制钱、铜元不过为辅币之一种，且容量较重，其授受之数自不能超过于一元主币。在当事人订立契约时，虽表明钱数，而日后债务人履行债务仍应按照订约时主币折合以为给付，始符公平交易之原则。本件立典契时，虽系载明是钱，今日回赎时，应以立约时之洋钱兑换率折合洋元给付方为公允；(丑)说，上开说明书是单就洋元率由小而大者言之，固为公平。使洋元由涨而落又将如何？例如，十六年(每洋一元合钱五串)约使钱五百吊，言定一年归还。至十七年，洋元落至每元折钱四吊，若以上开法例言之，自应以上年立约时折合洋元给付，以洋银百元足抵钱五百吊。试问现在以洋百元偿还五百吊钱之债务能履行乎？(子)又云，上说单就洋元由小而大言之，若由涨而落，自应照钱履行以昭公平；(丑)又云，诚如是说，上年借钱五百吊，仅折洋银百元，本年还钱五百吊，则得洋银一百二十五元，方能满足五百吊钱之数，是债务者无形之中已赔水二十五元，尚何能平？且就契约一方言之，当事人订立契约原由双方协意而成。既成而后，在契约有拘束当事人之效力，在双方亦均有遵守履行之义务，此契约之所由来也。今履行债务不问契约之所载如何，而以洋元价值之涨落为标准，实恐在事实上未能通行。并法律不外人情理想尤贵实行，与其以无固定性洋元率为标准，莫若以契约所载为根据。契上载明是洋，履行时则以洋记；载明是钱，履行时亦以钱计算。既不违背契约的性质，复能免去民

间多少纠葛。以上二说,未知孰是,呈请解释等情到院。事关法律问题,相应函请钧院解释,以便转饬遵照。此致

**院字第二号**

**十八年二月十六日　司法院电山东高等法院　附原电**

山东高等法院易院长览,该法院上年十二月文日代电致最高法院请解释宁阳县商民放债利息疑义一案,兹据最高法院拟具解答案呈核前来内开,按当事人订立借贷契约如超过年利百分二十之限制,系在该县未隶属于国民政府以前。已依该约给付利息,则法律原则当然不溯及既往。惟未付之利息,此后责令债务人履行义务时,自应遵照现定利率办理等语,本院长审核无异,合电遵照。司法院铣印

**附原电**

南京最高法院鉴,案据宁阳县法院审判官魏勋、县长兼理检察事务张文达呈称,为据情呈请指示,以便遵循事。窃据社正张元昌等呈称,为恳请解释债息,俾众便遵以弭纠纷而安民生事。窃宁阳在义师未北伐之前,商民放债利息有三分、四分至五分者。及南北统一之后,政府规定民间放债利息至多不过二分,逾此者即系盘削,有干刑律。而民间得此消息,即在新章未颁以前,所揭各项利息债款胥皆藉口重利盘削,有干刑律,抗不归还,而债主亦因此不能讨要,甚至有本利漂没,破产不能为家者。民等忝膺社正,乡民为债息之多寡究以何者为准则向社正诘问者,日不一起。社正等对于新章多有未谙,不敢妄行解释,致失乎平。但国民政府新定债务利息命令未颁布以前,民间所放之利息是否有效或无论前后债息统遵新章办理,民等昧无所适,为此来案叩乞准予解释明白批示,俾众便遵以弭纠纷等情前来。据此查宁阳民间确有此项情形,惟依照国民政府通令法定年利为百分之二十,则逾此法定利率之数额当然无效,已无疑义。但在通令以前所订之非法利率除无效外,是否触犯《惩治土豪劣绅条例》重利盘削之罪条,抑仍可依不溯既往之原则办理,事关法律疑义,未敢率断,理合呈请钧长指示以资遵循而便解答,实为公便等情到院。本院对于在隶属国民政府以前当事人所订之重利应否依《惩治土豪劣绅条例》惩办现有二说:(甲)说,谓该县未隶属于国民政府以前,当事人所订之重利并不触犯何种刑事法规,债权人根据契约请求本息,受诉法院除应将其利息之请求减缩至年利以百分之二十计算外,揆诸法律不溯既往原则,其行为自不能认为触犯《惩治土豪劣绅条例》重利盘削之罪条;(乙)说,谓《惩治土豪劣绅条例》第九条载有凡犯本条例之罪在本条例施行前尚未经确定判决者,概依本条例处断等语,则是当事人所订重利契约纵在隶属国民政府以前,然于隶属以后,仍复根据重利契约请求还利,应认为触犯该条例重利盘削之罪。以上两说,未知孰是,事关法律解释,合亟电请贵院迅赐解释,以便饬遵。山东高等法院院长易恩候文印

**院字第三号**

**十八年二月十六日　司法院训令湖南高等法院　附原函**

为令遵事，该法院上年第三三八六号公函致最高法院，请解释非讼事件之程序应采用何说一案，兹据最高法院拟具解答案呈核前来内开，查来函列举甲乙两说，应以乙说为是等语，本院长审核无异。合行令仰遵照。此令

**附原函**

迳启者，案据常德地方法院院长钟馥呈称，兹有某甲因房屋失火，其价置乙或丙产业所有契据概被焚毁，甲恐权利无所附讬具状向法院声请备案。查关于非讼事件之程序从无明文规定足资依据，此项请求究竟应否照准，颇滋疑问，讨论结果约有二说：（甲）说，谓现行法，例如，保护心神耗弱者及浪费子弟产业，各地方向有呈请法院立案之习惯，得予准案。至管有人丧失其产业之契据时，虽无先例可援，而律以民事得为类推解释之义，此项请求自非法律所不许；（乙）说，谓不动产登记固以所在地之法院或县长公署为管辖，惟湘省尚未施行该条例以前，无论此项请求是否适于习惯，应由县长公署以职权为之处置，法院无受理之必要。二说主张各有理由，如采乙说已无问题，若采甲说又应具备何种书状、践行何种程式及其他如何手续以凭办理？案悬以待，理合呈请钧院指示祗遵等情，据此除指令应候转请解释外，相应据情函请查照，迅予解释见复，俾便饬遵为荷。此致

**院字第四号**

**十八年二月十六日　司法院训令湖北高等法院　附原函**

为令遵事，该法院上年第四九四号公函致最高法院请解释管收民事被告人期限一案，兹据最高法院拟具解答案呈核前来内开，查《管收民事被告人规则》第九条明定管收期限至多不得逾三个月，无论被押人能否觅相当保证人，或提出相当保证金，依据上开条文自不得继续管收等语。本院长审核无异，合行令仰遵照。此令

**附原函**

迳启者，案据郧西县司法委员王琼林呈称，呈为呈请转呈解释示遵事。查《管收民事被告人规则》第三条第四款载，判决确定显然有履行义务之可能，而不遵判履行者。又同规则第九条载，管收期限至多不得逾三个月。设甲乙为产业涉讼，早经确定该败诉人甲迭次违抗不遵判履行。据胜诉人乙之声请依照该规则第三条第四款载，将甲管押在案乃时逾三月，甲仍违抗如前，既无相当保证人，又不交纳保证金，究应如何办法，略分子丑二说：（子）说谓该规则第三条第四款载，其管理目的在使遵判履行，以维判决之效力，该被押之甲既不遵判履行，又无相当保证人及相当保证金额之提出，仍可继续管押以达执行之目的；（丑）说谓该规则第九条既明定管收期限不得逾三个月，今三月既满，自应遵照该规则将甲开释，以防滥押之弊而符规则。所定二说，究以何说为是？职署现有此项案件急待解决，理

合具呈请转解释,俾便遵循,实为公便等情。据此,事关法律解释,敝院未便擅专,相应函请钧院迅赐解释,俾便转令遵照。此致

**院字第五号**

**十八年二月十六日　司法院电广西高等法院　附原电**

广西高等法院院长览,该法院上年十二月寒日代电致最高法院请解释《刑法》上直系尊亲属一案,兹据最高法院拟具解答案呈核前来内开:(一)改嫁之母如系本生母,《刑法》上应认为直系尊亲属;(二)子随母嫁并改从继父姓氏,对其继父《刑法》上不能认为直系尊亲属等语。本院长审核无异,合电遵照。司法院铣印

**附原电**

南京最高法院勋鉴,据桂林地方法院院长魏道昌全代电称,改嫁之母《刑法》上是否认为直系尊亲属?又子随母改嫁并改从继父姓氏,其子对于其继父《刑法》上是否认为直系尊亲属?恳转请解释示遵等情,合电转请解释见覆为荷。广西高等法院叩寒印

**院字第六号**

**十八年二月十六日　司法院函交通部　附原函**

迳启者,查贵部上年第九七三号公函致最高法院为江海关轮船与美商汽船相撞请解释管辖权应属某种法院一案,兹据最高法院拟具解答案呈核前来,并由本院长召集统一解释法令会议议决,政府所属之机关为民事诉讼被告时,无论原告为本国人民或外国人民,应由依本国法律所组织之普通法院受理之。上海临时法院既非普通法院,对于此项案件自无管辖权,相应函达贵部查照饬遵。此令

**附原函**

迳启者,据江海关监督李景曦代电称,据职关税务司梅乐和函称,上年九月间有美商卡尔萨比所有之吉字第二号汽油船与本关小轮在黄浦江面碰撞。嗣经本关港务长查明,碰撞责任不属于本关小轮,现该美商已在上海临时法院起诉开庭,本关委任海关顾问律师出庭代表反对管辖,于念二日开庭。本关律师当堂声明拒绝管辖后,即由该院给予一星期限由关自行呈请政府指示办法等情。查中国海关本为政府机关之一,上海临时法院对于此项案件似不应管辖受理,但究应如何核办,应由上级机关决定,转请迅赐电示等情。查此案对于管辖权一节究应系属于某种法院,应请贵院解释见复,以便饬遵,除电复外。此致

**院字第七号**

**十八年二月十六日　司法院训令山东高等法院　附原函**

为令遵事,该法院上年第三八三九号公函致最高法院,请解释妾请离异应否准许一案,兹据最高法院拟具解答案呈核前来,并由本院长召集统一解释法令会议议决:“妾之制度,

虽为习惯所有,但与男女平等原则不符。基于此点,若本人不愿为妾,应准离异。”合行令仰遵照。此令

**附原函**

迳启者,兹有甲乙为离异涉讼。查甲与乙虽曾立有婚柬,并未举行婚礼仪式,过门数月之后,甲已有正室,乙因不愿为妾,诉甲重婚。经刑事判决,认甲系纳妾,谕知无罪,确定在案。乙又提起民事诉讼请求离异,于此有二说焉:(甲)说按国民党党纲在法律上确认男女平等之原则,乙既不愿为妾,应准予离异;(乙)说妾之制度在现行法令尚属存在,非有法律上原因,不得任意解除妾与家长之关系。以上两说,未知孰是。敝院现有此类案件急待解决,相应函请贵院迅予解释,俾资遵循,实为公便。此致

**院字第八号**

**十八年二月十六日　司法院电四川高等法院首席检察官　附原电**

四川高等法院首席检察官览,查该法院第三分院首席检察官刘庄元日代电致最高法院首席检察官,转请最高法院解释同姓婚姻是否有效一案,兹据最高法院拟具解答案呈核前来,并由本院长召集统一解释法令会议议决:“同姓不宗之婚姻,固为现行法律所不禁。惟甲为其子乙与丙之女所结婚约如曾得乙同意,自不得藉口兼祧,再与戊重订婚姻。”仰即转饬遵照。司法院铣印

**附原电**

最高法院首席检察官王钧鉴,查现行法例同姓为婚应归无效,现在女权运动又复主张同姓婚姻为有效,但未奉命令不敢臆断。兹有陈甲之子乙、已与某丙之女缔结婚约,尚未过门,乙又兼祧其叔陈丁,丁复为乙聘得同姓不宗之女戊为妇,且先甲为乙、戊结婚。临期,丙某纠约甲之内戚多人往丁家阻止,主张破毁乙、戊婚约,而乙、戊均不服。检察官对于此种案件,究应如何主张,法律殊无根据,恳祈转请院长解释示遵。代理四川高等法院第三分院首席检察官刘庄叩元印

**院字第九号**

**十八年二月十六日　司法院电北平特别市公安局　附原电**

北平特别市公安局赵局长览,该局长一月江日代电致最高法院,请解释典赎房田争执发生法律疑问一案,兹据最高法院拟具解答案呈核前来,并由本院长召集统一解释法令会议议决:“依照《清理不动产典当办法》第八条规定,典契十年限满,业主届限不赎,虽得听凭典主过户投税,但典主于过户投税之先应催告业主回赎。如典主并未催赎,则业主于期限满后,仍得于相当期间内备价赎取,典主不得拒绝。”仰即遵照。司法院铣印

**附原电**

最高法院钧鉴,窃查职局接收前警察厅房田转移案卷,因典赎争执发生法律问题,亟宜

得一正确解释,庶足以凭办理。今有某甲于民国四年十二月将自置房田当于某乙,契约内规定五年之后钱到回赎。现在甲备价向乙赎取田房,乙谓按照《清理不动产典当办法》第六条,典当期间为十年,原约无论如何规定,现已逾期,甲无取赎之权。对该条解释于此有三说焉:(子)谓该条解释前司法部曾于咨覆令行,吉林高审检厅折陈内详细释明,谓第八条规定,在划清典卖界限,如系卖业,即不准回赎,如系典业,即概准回赎。惟典业以不过十年为限,不准附有到期不赎听凭作绝之条件,故若设定不到十年之典约而附有逾期不准回赎之条件者,为本办法所不许等因,是第八条所谓违者,即谓典产仍有作绝规定者,故谓定十年为典当期间,仍准回赎。盖纯为保护业主,救济典产在或何期间有作绝规定者,对于典主拒赎之一种强行时效,非谓一切典产统以十年为满期,自乱其例,显与该办法第一、第二两条时效故相抵触也。然社会浇漓,变诈百出,亦多有写作死典、永典或延至十年外规定作绝以谋产者,故该条上半段谓一届十年限满应准业主即时收赎,原咨末段又复援据大理院二年上字第二〇二号判例对于保护业主为充分主持。凡典户于十年限满欲行过户报税者,应先催告原业主回赎。若典主未为催告,仍准原业主于法定期间限满后相当期间内收赎等因,是该条立法精神及判例意旨专为防制以资本压迫勒抑谋产,除一、二两规定时效外,于任何期间不得变典当权为所有权,与三民主义甚属相合。甲、乙所约为五年之后钱到回赎,一逾五年,随时依约皆可取赎,既无从发生作绝期间问题,则第八条所规定之救济时效根本与甲乙当约无涉。况典主迄未催赎,依例更无不能取赎之理,乙之拒赎毫无理由;(丑)谓《不动产典当办法》第八条设定典当期间为十年,质言之,即赎取期间为十年,易言之,业主典产后有十年取赎权,典主在十年后有无限拒赎权,甲、乙所结当约为五年之后,钱到回赎。五年之前,自不得取赎。是典主预将十年后之无限拒赎权先行行使,并合意限用五年,则十年后之拒赎权于立约时早经明白表示抛弃,故规定五年之后,钱到回赎。依大理院七年上字七四零号判例,权利一经抛弃,不能更行主张,乙自不能追悔拒赎。况甲之十年取赎权在五年之内既不能行驶,于第六年起方始享有,至今尚不及十年,亦不受第八条时效限制。否则若自成立当约之日起,不论如何规定统以十年为典当期间,逾期即不准回赎,则成立当约,如写有"十年以内,不得回赎"字样,岂非于成立当约时直同绝卖。是法律不啻援黠者以谋产密计,绝无此种法律;(寅)谓该办法第八条谓定典当期间以十年为限,甲、乙所结当约虽规定为五年之后钱到回赎,然要不能不受该条之限制,现距立约之日已逾十年,依据该办法第八条,甲无取赎之权。况资本家与地主均应在裁制之列,若徒根据打倒资本主义以解释法律,似殊失平衡。以上三说,究以何说为是,钧院为统一解释法律机关,谨肃电陈,伏乞鉴核电示遵行。北平特别市公安局局长赵以宽叩江印

**院字第一〇号**

**十八年二月二十三日　司法院训令四川高等法院　附原函**

为令遵事,查该法院第一分院上年第一八零号公函致最高法院,请解释申送更新裁判

案件应否另征讼费一案,兹据最高法院拟具解答案呈核前来内开,查北京大理院无效裁判,当事人请求申送,最高法院更新裁判,如前已缴第三审诉讼费用,自毋庸另行征收,以维护当事人之利益等语。本院长审核无异,合行令仰转饬遵照。此令

**附原函**

迳启者,查新法制施行条例第七条内载,民刑案件经北京大理院为第三审裁判,并发还卷宗,其所受日期在各省区隶属于国民政府领域以后,北京非法裁判无效,应将该案送最高法院更新裁判等语。窃四川省区隶属于国民政府领域系在民国十七年一月,本院改组以前,当未改组之先民庭判决之案,经当事人表明不服请求申送北京大理院者,截至改组时止计有百余案之多,已经裁判发还者亦在七八十案以上。其执行完结或执行中自行和解者,亦正复不少。兹因上开条例颁行,均纷纷来院请求检卷申送。惟查此种案件前之裁判既因失效而另为裁判,则当事人前所缴讼费亦当然随案消灭,亟应另行征收,势所必然。拟援再审程序仍然征取讼费之规定,凡此确定案件而请求申送者,均须照章征收讼费,是否可行,竚候覆示,俾资遵循。此致

**院字第一一号**

**十八年二月二十三日　司法院训令江苏高等法院　附原函**

为令遵事,查该法院上年第六一一五号公函致最高法院请解释女子出嫁后与夫离异是否享有继承财产权一案,兹据最高法院拟具解答案呈核前来内开,查女子与夫离异留居于父母之家,如遗产未经分析,或另有遗留财产,仍得享有继承财产权等语。本院长审核无异,合行令仰遵照。此令

**附原函**

迳启者,案准上海律师公会常务委员会,据会员杜学文函称,窃查未出嫁女子与男子同有继承财产权,业经最高法院解字第三四号确定在案。惟今有某女子虽曾出嫁,然已与夫离异,现寄居于父母之家,有时亦自行别居,迄未再嫁。究竟此种离婚女子是否享有继承财产权,颇滋疑义,于此有二说焉:(甲)谓既经最高法院明白解释未出嫁女子有继承财产权,则凡已嫁者无论有无离异情事应概以出嫁论,当然不能再有承继权,否则必致弊端丛生,莫可究诘;(乙)谓出嫁女子既经与夫离异,即与未嫁女子无异,自当与未出嫁女子同有继承财产权,不应有所歧视,方合立法之本旨。以上二说,各具理由,莫衷一是。事关法律疑问,应请贵会迅赐转请最高法院解释,俾有遵循等情。经本会第六次执监联席会议决由会转请解释在案,合亟请求,鉴核转请最高法院解释示遵,至级公谊等情到院。事关法律疑义,相应函请贵院解释见覆,以凭饬遵。此致

**院字第一二号**

**十八年二月二十三日　司法院电湖北高等法院　附原电**

湖北高等法院汤院长览,该法院上年十二月文日代电致最高法院,请解释提起控告疑义一案,兹据最高法院拟具解答案呈核前来内开,查当事人不服初级管辖案件之第一审判决,迳向高等法院提起控告,显属违背诉讼程序,来电列举两说,应以乙说为是等语。本院长审核无异,合电遵照。司法院漾印

**附原电**

最高法院钧鉴,当事人不服初级管辖案件之第一审判决向高等法院提起控告,究应如何办理,计分两说:(甲)说谓《修正民事诉讼律》控告程序中关于此点并无明文规定,自应依第五百三十二条、第四百六十二条、第二百九十六条规定传票两造到案为言词辩论,以判决将其控告驳回;(乙)说谓控告须向有管辖权之法院提起,为控告必要条件之一,若不具备此条件其控告为不合法,高等法院既非初级管辖案件之控告法院,故应依《修正民事诉讼律》第五百三十八条规定以决定将其控告驳回不必空为言词辩论,以滋讼累,至同律第五百三十二条,系指控告程序中无明文规定者而言,以决定驳回不合法之控告,既有明文规定第四百六十二条之规定,自无从适用。事关法律解释,两说未知孰是,敬祈解释示遵。湖北高等法院叩文印

**院字第一三号**

**十八年二月二十三日　司法院训令福建高等法院　附原函**

为令遵事,查该法院上年第一二四八号公函致最高法院,请解释书田书仪女子应否同一享受案,兹据最高法院拟具解答案呈核前来内开,查此项书田书仪,原为奖励求学而设,现在男女既均受同等教育,自无歧视之理等语。本院长审核无异,合行令仰遵照。此令

**附原函**

迳启者,案准福建教育厅函开,据福建省立第一高级中学校肄业生李金媛等十人呈称,窃男女平等已为世界所公认,我国明清以来女子不得参与考试,民间对于学子所设优待条件,女子概不得均沾。现在学校制度女子与男子同受平等教育,则从前民众优待男子之条件,女子亦应同一享受。查民间祖上坟墓多设有书田,又宗祠中亦设有书仪,向遇子孙得科目时,即可分沾祖泽以为膏火佐读之资,而女子不与焉。兹有男女均在学校肄业,将来毕业后,则此项习惯例,女子可否与男子同一待遇,理合具文呈请钧长察核批示,并乞通饬各县,俾有所遵循,以昭公允,实为公便等情。据此,查此项书田书仪女子应否与男子同一享受,事关法律范围,除批示外,相应函请查核见覆等由,准此。案关法律解释,相应函请贵院赐予解释见覆为荷。此致

**院字第一四号**

**十八年二月二十六日　司法院训令福建高等法院　附原函**

为令遵事，查该法院上年第一三九三号公函致最高法院，请解释《刑法》上罚金强制执行之程度一案，兹据最高法院拟具解答案呈核前来内开，罚金强制执行之程序应依《刑事诉讼法》第四百九十二条，准用执行民事裁判之规定办理等语。本院长审核无异，合行令仰遵照。此令

**附原函**

迳启者，案据邵武县司法委员呈称，窃查现行《刑法》第五十五条载，罚金于裁判确定后，令一月以内完纳之，期满而不完纳者，强制执行，其未完纳者，易科监禁云云。兹有刑事被告人业经查实确有资产，受罚金裁判期满多时抗不完纳，依照法例自应予以强制执行。惟强制执行之程度可否将被告拘押后更将其家产标封拍卖？抑只能将其易科监禁？深滋疑义，理合具文呈请钧院察核示遵等情到院。事关法律解释，相应函请贵院查照，迅赐解释，俾便饬遵。此致

**院字第一五号**

**十八年二月二十六日　司法院训令广西高等法院　附原函**

为令遵事，查该法院上年第四四六号公函致最高法院，请解释地上权存续期间一案，兹据最高法院拟具解答案呈核前来内开，查地上权本不因工作物之灭失而消灭，果如来函所述，不定期间之地上权，该地方确有永久存续之习惯，自得从其习惯等语。本院长审核无异，合行令仰遵照。此令

**附原函**

迳启者，查地上权之设定，依法应定有存续期间，如有某地多数人向二三土地所有人取得地上权建筑房屋七百余座，并未定有存续期间，已六十年。现十余座房屋因火灾消灭，土地所有人乘此收回此十余座房屋之地上权自建，主张地上权之期间，多数取得地上权人根据该地习惯欲永远使用其土地，能否依习惯判予地上权不定期间永远存在，相应函请贵院解释见覆，至级公谊。此致

**院字第一六号**

**十八年三月二日　司法院训令江苏高等法院　附原函**

为令遵事，查该法院上年第五八一九号公函致最高法院，请解释破产事件管辖疑义一案，兹据最高法院拟具解答案呈核前来内开，查破产事件管辖问题，中国现无成文法律可据，依破产条理应属于管辖债务人营业所之初级法院管辖，其无营业所者，则属于管辖其普通审判籍所在地之初级法院管辖等语。本院长审核无异，合行令仰遵照。此令

**附原函**

迳启者,案据上海地方法院院长杨肇熉呈称,为呈请解释事。窃职院受理声请宣告破产事件,对于管辖无成法足以依据,究竟此种事件属于初级管辖,抑地方管辖,请赐解释,俾便遵循等情到院。事关法律疑义,相应函请贵院解释见覆,以凭饬遵。此致

**院字第一七号**

**十八年三月五日　司法院训令广东高等法院首席检察官　附原呈**

为令遵事,查该首席检察官上年十一月二日呈最高法院首席检察官,转请最高法院解释对于奸杀案件疑义一案,兹据最高法院拟具解答案呈核前来内开,查《刑法》于第二百四十条之犯罪既定为须告诉乃论,则非有合法告诉自不得遽依该条项论科。《刑事诉讼法》又无检察官得以职权指定告诉人明文,此种办法亦无根据。惟该条第六项系强奸及杀人之结合罪,纵因欠缺诉追条件,难论该条项之罪,即该条第一项之强奸罪亦不得论科,但其杀人并非亲告罪,尚应负相当刑责等语。本院长审核无异,合行令仰遵照。此令

**附原呈**

呈为呈请事,现据高雷地方法院首席检察官呈称,查现颁《刑法》第二百四十条第六项载,犯强奸而故意杀被害人者,处死刑,同律第二百五十二条载,第二百四十条至第二百四十五条之罪须告诉乃论各等语。设有甲、乙男女二人,乙女寡居,一屋分赁,与甲男同居。讵相住未几,甲竟杀乙逃遁,乙室既无他人,复无亲属,以故无人告诉。同街无利害关系之丙丁戊己等见乙死状甚惨,恻然生怜,缘醵重赀呈缴该管警察区署,悬赏缉凶以重人命事。隔数月,警署竟据探报告将甲弋获累次庭讯,甲均狡展图卸,坚不招供。迨本月新颁《刑法》施行后,甲忽递状请求续训,直承故意杀人不讳。据状及供均称,每夕向乙强奸,被乙辱骂,随用所怀利刃忿将杀死等语。查甲男年仅三十,而女六十有奇,所称强奸似难遽置凭信。然而人之兽欲冲动又似不限于年龄,既据自白确凿,亦未始不足采为罪证资料。但是否因新律施行后,受人教唆故意自诬以期避免检举无从判别,复经详细合法侦查而对甲所供犯罪情形又不能发现何种反证,应否依照上开条规因无人告诉下不起诉处分,当庭将甲释放?事关出入死生,悬疑待决,理合备文呈请察核示遵,实为公便等情。据此,查被害人死亡既无亲属,又无利害关系人声请指定告诉人,于此情形,检察官能否以职权指定告诉人告诉之处?事关法律解释,职处未便擅拟,理合备文呈请钧座鉴核,俯赐转函最高法院解释,以便遵照办理。谨呈

**院字第一八号**

**十八年三月五日　司法院训令湖南高等法院　附原函**

为令遵事,查该法院上年第三九九六号公函至最高法院,请解释上告利益计算法疑义一案,兹据最高法院拟具解答案呈核前来内开,查来函所称,应以乙丑两说为是。惟抗告并

无明文限制，自不适用《民事诉讼律》第五六六条第一项规定等语。本院长审核无异，合行令仰遵照。此令

**附原函**

迳启者，查《修正民事诉讼律》第五百六十六条及解字第四十五号解释，凡讼争利益不满二百元者，不得上告，本甚明瞭。惟关于上告利益计算，法有广狭二义：（甲）广义的计算谓财产上请求案件既经提起上告，则控告审之判决尚未确定，常有因附带上告而驳回某甲在某审之请求者，此项上告案件仍应将控告审判决之部分及上告审争执之部分合并计算，若仍不满二百元始不准其上告；（乙）狭义的计算法谓上述律文系以“因上告所受之利益”为前提，则凡财产上请求案件不问为初级管辖抑为地方管辖，除控告审判决之部分外，若上告时争执之部分不满二百元，即不许上告。又前项财产权上请求上告案件于判决确定后声请再审，于是亦分子丑两说：（子）说谓再审为对于确定判决，（一）有违背重要法规或（二）损害当事人权利之救济方法。上述法条及解释以上告案件为限，则对于法定判决之再审请求经再审管辖法院判决或决定时，当事人对于声明上告或抗告不应受前项法条及解释之限制，仍应就实体上审查，俾得法律上之救济；（丑）说谓前项条文及解释对于再审后之上告或抗告虽无限制明文，然因《修正民诉律》第六百十条，再审诉讼除有特别规定外，适用通常诉讼程序，此种上告或抗告不问有无理由，均应认为不合以判决或决定予以驳回。查上列两问题就民诉律条文论理解释，似应以乙丑两说为是，究应如何办理，相应函请核示祇遵。此致

**院字第一九号**

**十八年三月五日　司法院电山东高等法院　附原电**

泰安高等法院易院长览，该法院寝日代电致最高法院，请解释掳人勒赎致死适用法律疑义一案，兹据最高法院拟具解答案呈核前来内开，查《惩治绑匪条例》现已公布施行，凡掳人勒赎之盗匪自应适用该项条例办理，如果因而致被害人于死，应并引用《刑法》第三百七十一条第二项及第七十四条从一重处断等语。本院长审核无异，合电遵照。司法院歌印

**附原电**

南京最高法院钧鉴，据恩县法院审判官呈称，《惩治盗匪暂行条例》第一条第一款规定掳人勒赎，而掳人勒赎因而致被害人于死，则规定于《刑法》第三百七十一条第二项，《惩治盗匪暂行条例》并无规定。如遇掳人勒赎因而致被害人于死之案，究应适用《刑法》，抑应适用《惩治盗匪暂行条例》，不无疑义，请核示祇遵等情到院。案关解释法律，合电陈请迅赐解释，俾便饬遵。山东高等法院叩寝印

**院字第二十号**

**十八年三月五日　司法院电河南高等法院　附原电**

河南高等法院吴院长览,查该法院一月筱日代电致最高法院,请解释花户起诉首事摊粮不公,法院应否受理一案,兹据最高法院拟具解答案呈核前来内开,查来电所称,某甲诉讼标的既系请减粮赋,另定分配方法自属行政范围,普通法院未便受理。惟如以首事假行政处分侵害私权为理由请求损害赔偿,则仍属民事诉讼等语。本院长审核无异,合电遵照。司法院微印

**附原电**

南京最高法院钧鉴,查沿河滩地出没无常,粮赋负担亦因时而异。当其水涨地没,粮差豁免,及其涸出,分别地质美恶,酌定税率。沿河各村首事受县政府之命令,于各村应认粮银总额内就各村民所有滩地数目分配粮银,报由县政府征收。兹有花户某甲声称,该村首事地多质美,纳粮较轻。伊地少质恶,派粮反重,主张首事利己损人,摊粮不公,提起诉讼,请减粮赋,藉免损失,法院应否受理,计分三说:(子)谓科派粮赋乃国家对于人民所为之公法上之权力行为,各村首事之分配粮银数目既系受县政府命令,于指定该村应摊粮银数额以内拟定个人分担细数,报由政府征收,是各村首事之分配行为,系属辅助国家机关之行动,一经县政府承认即系国家机关对于人民所为之公法上权力表示,村民如认为分配不公,只能向行政机关提起诉愿或向司法机关对于各村首事提起损害赔偿之诉,若以各村首事损害私权为由诉请变更行政处分,法院即不应受理;(丑)谓科派粮赋定有税率,地多而美者宜多,地少而恶者宜少,首事徒利自己不依定率,派令某甲多纳粮赋,系违反例规,侵害私益,法院应为受理;(寅)谓首事摊粮不按定率,假公舞弊,减轻自己,加重某甲粮赋,则讼争粮数为两造私法上权义关系,可由法院施以裁判,固应受理。若诉首事不按地质亩数秉公摊派,朦报官厅加已负担,是直接攻击首事摊派之不公,即间接攻击官厅核定纳粮处分不当,由行政机关审查裁断纠正豁免为事甚易。若由法院办理,既有变更行政处分之嫌,又有裁判棘手之虞,应不受理,究以何说为是?事关法律解释,应请钧院讯予解释电覆遵循。河南高等法院篆印

**院字第二一号**

**十八年三月六日　司法院电上海租界临时法院　附原电**

上海租界临时法院何院长览,查该法院第八八号代电致最高法院,请解释《惩治绑匪条例》疑义一案,兹据最高法院拟具解答案呈核前来内开,查《惩治绑匪条例》第四条下半段谓以投函恐吓或设局诱禁为方法而勒赎者,均以绑匪论。甲、乙两说均有误会,同条例关于绑匪各规定系《惩治盗匪暂行条例》第一条第一款之特别法,犯罪情形有可原者,自应援用该条例第二条减科等语。本院长审核无异,合电遵照。司法院鱼印

**附原电**

南京最高法院林院长钧鉴，查《惩治绑匪条例》第四条下半项载，投函恐吓、设局诱禁勒赎者，均以绑匪论云云。解释颇滋疑义：(甲)说谓投函恐吓系一项，设局诱禁勒赎系一项，故凡投函恐吓者，均得认为绑匪之一种，然投函恐吓为犯罪之手段，究其恐吓之目的何在，尚未明瞭，而即以绑匪论罪，殊觉含混，即使恐吓之目的在于得财，然《刑法》上之恐吓取财，刑仅五年而止，对于投函恐吓者处以极刑，恐非立法者之真意；(乙)说谓投函恐吓与设局诱禁勒赎之条件具备后，方构成本案之罪，此说与法条文意，又不甚相符；(丙)说谓投函恐吓与设局诱禁虽系并列，然均以勒赎为构成之要件，换言之，即仅仅投函恐吓而无勒赎之事实，不能构成本条之罪，与《惩治盗匪暂行条例》第一条第二款所谓意图诈财而留恐吓信致人受损害者相同，此说似较为有据。又《惩治绑匪条例》第二条载，绑匪之正犯、从犯、教唆犯不论既遂未遂，审讯得实者，均处死刑云云。揣立法者之意思，本条之规定，无论从犯、未遂犯均应与正犯同处死刑，不得因其帮助或未遂而予以减轻，固极明显。至《刑法》第七十七条之情形，即犯罪之情状可悯恕者，在《惩治绑匪条例》既无反对之规定，依《刑法》第九条似可援用。事关法律疑义，悬案以待用，特代电恳请迅赐解释，实为公便。上海租界临时法院何世桢叩

**院字第二二号**

**十八年三月七日　司法院训令河南高等法院首席检察官　附原呈**

为令遵事，查该首席检察官上年第七三八号呈致最高法院检察处，转请最高法院解释《刑法》第十一条第四款疑义一案，兹据最高法院拟具解答案呈核前来内开，《刑法》第十一条第四款仅载二亲等内之妻亲，并无夫亲之规定者，因妻既入夫家，则夫之四亲等内宗亲自应视为妻之亲属等语。本院长审核无异，合行令仰遵照。此令

**附原呈**

为呈请事，案据开封地方法院院长胡绩呈称，案查前奉国民政府司法部颁发《中华民国刑法》第十一条第四款内载二亲等内之妻亲，并无“或夫亲”三字，后司法部续发勘误表亦未述及此节。惟本法既采男女平等之原则，又无妻之亲属范围从夫之规定，似“或夫亲”三字实万不可少。究竟本款有无“或夫亲”三字，应如何解释，理合呈请钧院鉴核指示祇遵，实为公便等情，据此除指令外，案关解释法律，理合备文呈请鉴核转院核示饬遵。谨呈

**院字第二三号**

**十八年三月七日　司法院训令山东高等法院首席检察官　附原函**

为令遵事，查该首席检察官呈最高法院检察署，转请最高法院解释犯罪在《刑法》施行前可否采用从轻准其易科罚金一案，兹据最高法院拟具解答案呈核前来内开，查《刑法》第二条后半段系谓“犯罪时，法律之刑较轻者适用较轻之刑”，而刑律第四十四条乃对于执行

实有窒碍者得易刑之规定,与处刑无涉。《刑法》及《刑事诉讼法》既无此项明文,自难强行援用等语。本院长审核无异,合行令仰遵照。此令

**附原函**

迳启者,案据山东高等法院首席检察官呈称,以据泰安县法院检察官廉泉呈称为呈请解释事。窃查《刑法》第二条原则从新,但书从轻,若犯于《刑法》施行前,而判于《刑法》施行后者,其宣告刑既未满一年而执行上又实有窒碍,可否采用从轻,准其易科罚金以示矜恤?事关解释法律,职院未敢擅专,理合备文恳请钧处解释示遵等因前来,职检察官以语意含混,尚欠明瞭,当指令该检察官补呈叙明去后。兹据续呈称为遵令补叙,仰祈鉴核解释事。窃查叠由受刑人请求易科案件,大都依据现行《刑法》第二条但书适用从前刑律处断者,其宣告刑均未超越刑律第四十四条所谓受五等有期徒刑宣告之范围,皆系单纯一罪,并无俱发问题。兹奉前因,理合补叙明白,呈请俯赐鉴核示遵各等因来院。查依《刑法》第二条但书规定,适用刑律处断而受五等有期徒刑或拘役之宣告案件,其执行若实有窒碍,予以易科罚金,核与《刑法》但书从轻本旨似不相违,是否可行?案关法律解释,理合送请示遵各等语前来。案关法律解释,相应据情函请,查照迅赐解释见复,以便转知。此致

**院字第二四号**

**十八年三月九日　司法院训令江苏高等法院　附原函**

为令遵事,查该法院上年第五六四五号公函致最高法院请解释贴用印花疑义一案,兹据最高法院拟具解答案呈核前来内开,查《印花税暂行条例》于应贴印花之文件既已分类列出,自不得任意牵混,应以乙说为是。惟同条例所定罚金系行政罚之一种,并非特别《刑法》等语。本院长审核无异,合行令仰遵照。此令

**附原函**

迳启者,案据兼理司法松江县县长金庆章呈称,为呈请解释事。窃查铺户所出各项货物凭单及各项银钱收据按照《印花税暂行条例》应帖印花,固无疑义。惟单据名目繁多,程式各别,适用颇感困难,解释便非一致,分为甲乙两说:(甲)广义说谓印花制度一方增加国库之收入,一方确定商民之凭证,凡属单据记明货物或款项,即应以单据论。例如,年节之前查明,尊处该货款若干,先行钞数通知,务希如数掷下,一俟该款收到后,即掣给印花收据,或尊册揭该洋若干,即希台核,俾得派员即日前来领取之类,即是账单亦上所称货物凭单、银钱收据之一种,漏贴印花者应予罚办;(乙)狭义说谓印花税定有罚则,不得谓非特别《刑法》,应取严格解释,若如甲说范围太广,商民决不甘服,明明抄数通知将来收到款项再掣给印花收据,显无瞒税之决心。依甲所举之例,既未表示某项货物,自非货物凭单,银钱尚未收取,亦不能视同收据,何得比附援引扩而充之?两说各持之有故,言之成理,究竟孰是孰非,若不预请解释,定有标准,一旦案件到手,难免无所适从,理合具文呈请核示或转请最高法院解释,俾有遵循等情到院。事关法律疑义,相应函请贵院解释见覆,以凭饬遵。此致

**院字第二五号**

**十八年三月十一日　司法院指令江苏高等法院　附原呈**

呈悉所请解释各节，业经发给最高法院拟具解答案呈核前来内开，查赎产案件其计算诉讼标的之价额，应依其上诉所声明之债券数额为标准，不得依所有权价额计算。故此种案件无论第三审法院曾否误依所有权价额令其照百元以上之诉讼标的缴纳讼费，或曾为实体上之审究发回更审，但其上诉所声明之债权数额既系不满百元，仍应依照本院解字第二零九号解释，并援用该省暂行适用之《民事诉讼条例》第五百三十一条第一项予以驳斥等语。本院长审核无异，合行令仰遵照。此令

**附原呈**

呈为呈请解释事，查民国十七年十一月九日《国民政府公报》载，最高法院解字第二零九号解释关于赎产诉讼计算诉讼标的之价格，依其诉及上诉所声明之债权价额为标准。又查江苏省《适用民事诉讼条例》第五百卅一条第一项载，对于财产权上诉讼之第二审判决，若因上诉所应受之利益不逾百元者，不得上诉。假令赎产案件其债权额不满百元，依所有权价额计算又在百元以上，此种案件在未有前项解释前，业经上诉于第三审法院并经第三审法院裁决，限令上诉人按照百元以上之诉讼标的缴纳讼费，迨获有解释后方始补费，第三审法院是否可就实体法上为判决？又如上开情形，在未有前项解释前已由高等法院依实体法上之见解发回更审，于接奉解释后，当事人对于更审判决复提起上诉，是否能以解释为根据认其诉讼价格为未满百元，依《民事诉讼条例》第五百三十一条第一项予以驳斥？事关法律疑义，职院未便专擅，理合呈请钧院俯赐解释，以便祇遵，实为公便。谨呈

**院字第二六号**

**十八年三月六日　司法院电江苏高等法院首席检察官　附原电**

江苏高等法院王首席检察官览，查该检察官上年十二月元日代电致最高法院检察署，转请解释初级案件声称再议疑义一案，兹据最高法院拟具解答案呈核前来内开，查解字第二二六号解释文系对于地方检察官就初级案件所为处分，经声请再议者，认为应送高等法院首席检察官，如系对于兼理司法之县政府就初级案件所为之处分声请再议，及其上级法院首席检察官原为地方法院之首席检察官，自应按照现行《刑事诉讼法》，送交地方法院首席检察官等语。本院长审核无异，合电遵照。司法院谏印

**附原电**

南京最高法院检察署郑检察长钧鉴，案照地方法院检察官就初级案件为不起诉处分后，对于声请再议认为无理由者，应将全卷送高等法院首席检察官，已奉解字第二二六号解释在案。惟此项解释系指地方法院检察官办理初级案件情形而言，兼理司法之县政府就初级案件为不起诉处分后之声请再议，认为无理由者，是否仍依通常审级将证卷送地方法院

首席检察官,抑或送高等法院首席检察官核办尚有疑义,敬恳钧长转请解释示遵。江苏高等法院首席检察官王思默叩元

**院字第二七号**

**十八年三月十九日　司法院电福建高等法院　附原电**

福建高等法院刘院长览,该法院上年十二月歌日代电致最高法院请解释法律上疑点五则。兹据最高法院拟具解答案呈核前来内开:(一)县公署受理刑事诉讼,除原诉人已声明自诉外,凡未经县长以检察职权侦查起诉者,如合于自诉规定,固可认为自诉案件,但原诉人若不自行上诉而呈诉不服时,仍应按照公诉程序办理;(二)《刑事诉讼审限规则》系规定结案之期限,《刑事诉讼法》第七十三条乃对于羁押被告而为规定,不容牵混,羁押期满仍有继续羁押之必要,自应依法声请延长其期间;(三)《刑法》施行前之犯罪依刑律已因经过公诉权之时效,其起诉权消灭者,不得复因《刑法》施行予以论科;(四)依《刑法》第二条适用刑律之刑者,仍应适用《刑法》总则;(五)伤害旁系尊亲属致轻微伤害之罪,除妻对于夫之直系尊亲属刑律与《刑法》规定不同,应依《刑法》处断外,在刑律既无别项明文,应仍以普通伤害罪与《刑法》各规定比较科刑各等语。本院长审核无异,合电遵照。司法院皓印

**附原电**

最高法院院长勋鉴,兹有法律上疑点列举如下:(一)查县司法公署及兼理诉讼之县公署未配置检察官,刑事案件由被害人直接告诉,原无公诉、自诉之分,《刑事诉讼法》第二篇第二章自诉之规定可否适用?如可适用,是否凡合于刑诉法第三百三十七条规定之案件,被害人不服县司法机关判决者,其提起上诉概可视为以自诉人资格上诉,无庸向第二审检察官呈诉不服,亦不以第二审检察官为上诉人(参照现准援用之《修正县知事审理诉讼暂行章程》二十五条规定)?抑须在原审告诉时有声明自诉者,始可认为自诉人,然后可以自诉人资格提起上诉?(二)羁押刑事被告之期限,《刑事诉讼法》第七十三条已有明文规定,惟闽省交通不便,僻远各县到省程期往返常须四五十日,命盗重案之被告有未便保释候审者,每票传人证一次之后,羁押期限即将届满,办理殊感困难,究竟此项期限可否与省限规则(第四条、第五条)所定期限得以扣除及另行起算?(三)第一审在本年九月以前适用刑律时期,判决之案认被告犯罪之起诉权已罹同律第六十九条之时效,谕知无罪,而他造当事人在九月一日《刑法》施行后上诉,主张以《刑法》第九十七条计算时效,究应如何办理?(四)刑事案件遇有须依《刑法》第二条但书规定办理者,除适用犯罪时法律之刑外,其他如关于总则规定各事项是否除《刑法施行条例》第六条已有明文规定外,亦概适用犯罪时之法律?抑仍依《刑法》第一编各章之规定?(五)查轻微伤害罪之刑,现行《刑法》较刑律为重,前经解字第二三九号解释函覆,敝院有案,惟《刑法》第十五条旁系尊亲属之规定为刑律所无设,如在适用刑律时期对于旁系尊亲属犯轻微伤害罪之案,至《刑法》施行后,判决是否依犯罪时之法律仍认为普通伤害罪,查照《刑法》第二条但书适用刑律较轻之刑,不受《刑法》第二百

九十八条第二项加重处刑之拘束,或应照该条项加重处断,无庸依《刑法》第二条但书办理?以上各点,适用上不无疑义,相应电请贵院敬希解释,俾资遵循。福建高等法院歌印

**院字第二八号**

**十八年四月八日　司法院训令湖南高等法院首席检察官　附原函**

为令遵事,该首席检察官呈最高法院检察署转请解释犯罪起诉时效之适用疑义一案,兹据最高法院拟具解答案呈核前来内开,查《刑法》施行前之犯罪于《刑法》施行时其起诉权未因刑律所定时效期限消灭者,自应适用《刑法》之规定。若已消灭,即不得复因《刑法》施行改依《刑法》计算等语。本院长审核无异,合行令仰遵照。此令

**附原函**

迳启者,案据湖南高等法院首席检察官曹瀛呈称,呈为呈转请函解释事,案据署长沙地方法院首席检察官贺寿嵩呈称,查犯罪在《刑法》施行前,告诉在《刑法》施行后,其起诉时效究应适用《刑法》,抑应适用刑律,兹有两说:(甲)说谓法律不溯既往已为立法上一种原则,在《刑法》施行前触犯刑律上之罪名,依刑律上之规定其提起公诉权之时效既已消灭,自不能因《刑法》之施行使提起公诉权之时效复活,致被告人负事后延长期间之责任。况《刑法施行条例》第十一条载,依刑律第七十二条及第七十五条之时效中断者,适用《刑法》时效之规定,则凡时效并未中断者,当然依《刑法》第二条但书之规定为类推解释,适用刑律之时效,予以不起诉处分;(乙)说谓犯罪时之法律与裁判时之法律遇有变更者,依裁判时之法律处断,已有《刑法》第二条前半段明文之规定,告诉既在《刑法》施行后,其起诉时效自应按照《刑法》之规定依法办理,该条但书系指科刑而言,不能与提起公诉权之时效,混为一谈。以上两说,未知孰为正确,现在此类案件极多,亟须解决,理合恳请转呈最高法院,迅赐解释以资遵守等情。据此,除指令外,理合备文呈请察核转函钧院解释,令遵谨呈等情,据此,相应函请查照解释过署,以便转令遵行。此致

**院字第二九号**

**十八年四月八日　司法院训令河南高等法院　附原函**

为令遵事,查该法院第一零五号公函致最高法院请解释民事诉讼律疑义两点。兹据最高法院拟具解答案呈核前来内开,(一)凡控告审以决定驳回不合法之控告得为即时抗告,依《修正民事诉讼律》第五百三十八条第三项定有明文,并无不逾二百元不得抗告之限制,来函所列两说,应以甲说为是;(二)凡遇第一审判决一部或全部违法或无效者,控告审判决主文用语仍应援用"原判废弃"字样,依《修正民事诉讼律》第五百五十一条规定之"废弃"字样并不限于发回时始得用之等语。本院长审核无异,合行令仰遵照。此令

**附原函**

迳启者,查民事财产上请求,对于控告审判决,若因上告应受利益不逾二百元者不得上

告,《民事诉讼律》第五百六十六条第一项有明文规定,若不逾二百元之财产诉讼,控告审因不合法决定驳回者,能否准其抗告,分为两说:(甲)谓民诉律第五百三十八条第三项明定,驳回不合法控告之决定得为抗告,而抗告程序内又无上告利益不逾二百元之诉讼不得抗告之明文,自应从宽解释,准其抗告,况控告审以不合法决定驳回并未施行实体上之审理,若竟不准抗告,倘控告审之决定一有疏忽即无救济之法,于保护当事人利益之旨殊欠周密;(乙)谓利益不逾二百元不得上告者,立法意旨在减少轻微事件之讼累,若不准上告者准其抗告未免与法意背驰,况第五百三十八条第三项抗告之规定乃对于通常诉讼而设,利益不逾二百元之诉讼,抗告程序虽无不准抗告明文,但查第五百八十八条规定,抗告事项以除去本律特别规定者为限,利益不逾二百元之诉讼既有不得上告之特别规定,则抗告为上诉程序之一种,亦自应认为受特别规定之限制,当然在不准抗告之列。且此种控告审决定即为终审决定,亦无抗告之余地。两说以何者为是,应请解释者一。再查民诉律控告程序,除第五百五十一条第一审诉讼程序有重要疵累,控告法院得将第一审判决及程序中疵累部分废弃,发回第一审法院外,关于有理由之控告应依第五百四十八条规定以声请变更部分为限,得以判决变更第一审判决。此项规定于一部或全部变更原判另为裁判者,适用固无不便,但遇原判一部或全部违法或无效,毋庸另为裁判者,援用原判变更字样则无其他裁判以为代替语意,似觉未完。援用"原判废弃"字样,则又无发回必要主文用语,颇感困难。究应如何援用,应请解释者二。以上两点,事关法律疑义,未敢擅专,相应函请钧院俯赐解释,实级公谊。此致

**院字第三〇号**

**十八年四月十二日　司法院电湖北高等法院　附原电**

湖北高等法院院长览,该法院上年十一月江日代电致最高法院请解释《刑法》第一七九条疑义一案,兹据最高法院拟具解答案呈核前来内开,《刑法》第一百七十九条所谓审判不能包括检察官之侦查,证人于检察官侦查时供述不实,不能成立该条之罪等语。本院长审核无异,合电遵照。司法院文印

**附原电**

南京最高法院徐院长勋鉴,顷据宜昌地方法院院长方仲颖有代电称,查《刑法》第一百七十九条规定于执行审判职务之公署审判时,证人、鉴定人、通译于案情有重要关系之事项,供前或供后具结而为虚伪供述者,处一年以上七年以下有期徒刑等语。兹有某证人在检察官侦查时供述不实,应否成立伪证罪,于此分甲乙两说:(甲)说不应成立伪证罪,其论据谓审判与检察虽同属司法事务,而其性质则显有区别,例如,同法第一百三十二条称有审判职务之公务员,及第一百三十三条称有诉追犯罪职务之公务员各等语,可见法律对于审判职务确与检察职务分而为二,则其专对审判为规定者自不得适用于检察官。且依《刑事诉讼法》第三条规定检察官与被告俱为当事人,则证人之向检察官虚伪陈述与对于被告之

虚伪陈述殊无以异，当然不在《刑法》第一百七十九条论罪之列，自应依同法第一条“法律无明文科以刑罚者，应不为罪”之律文处断；(乙)说应成立伪证罪，其论据谓审判之审字有广狭二义，就狭义解释，所谓审者，固应指推事审理案件而言，但就广义解释，则凡属讯问皆可谓之审理，即检察官侦查时之讯问亦应谓为审理，该证人既在侦查时，向检察官虚伪陈述，应即构成《刑法》第一百七十九条之伪证罪，且该条犯罪之成立以具结为必要，侦查时讯问证人除有特别规定外，亦应具结在《刑事诉讼法》第一百零五条定有明文，倘此时为虚伪陈述，不成立伪证罪，尤不足以贯彻具结之意义。两说相持，莫衷一是。职院现有此项案件急待解决，理合电请钧院鉴核转电最高法院即予解释，俾有遵循等情。案关法律解释用，特据情电达即请贵院迅赐解释示覆，以便饬遵为荷。湖北高等法院院长汤葆光叩江印

**院字第三一号**

**十八年四月十二日　司法院电湖北高等法院首席检察官　附原电**

湖北高等法院邓首席检察官览，该检察官上年十一月佳日代电呈最高法院首席检察官转请解释保卫团常练丁犯罪应否归陆军审判一案，兹据最高法院拟具解答案呈核前来内开，保卫团系警察性质，团内从事职务之人无论名目如何，皆非陆军军人，其触犯普通《刑法》之案件，不能归陆军审判等语。本院长审核无异，合电遵照。司法院侵印

**附原电**

最高法院首席检察官王钧鉴，查保卫团团丁并非陆军军人，其被告刑事案件向归普通法院受理，著有成例。惟现在湖北各县保卫团内有常练丁名目，系直接归各县清乡委员长统率，并归湖北清乡督办监督指挥，似与普通保卫团团丁略有区别。在清乡期内有触犯《刑法》之团丁应否归陆军审判，职处现有此种案件急待解决，理合电请解释示遵。湖北高等法院首席检察官邓济安叩佳印

**院字第三二号**

**十八年四月十二日　司法院训令湖南高等法院　附原函**

为令遵事，该法院上年第三三八七号公函致最高法院请解释《刑法》第一七九条疑义一案，兹据最高法院拟具解答案呈核前来内开，《刑法》第一百七十九条所谓审判指起诉后法院之审判而言，检察官暨司法警察官之侦查犯罪行为不能包括在内等语。本院长审核无异，合行令仰遵照。此令

**附原函**

迳启者，案据常德地方法院院长钟馥鱼代电称，查《刑法》第一七九条，于执行审判职务之公署审判时，证人、鉴定、通译于案情有重要关系之事项(下略)。该条例解释条分两说：(甲)说执行审判之公署应采狭义的解释，所谓审判限于民事诉讼审理中，刑事诉讼审判中证人违背真实陈述之义务为构成该条罪刑之要件。若证人于执行审判职务以外之公署，如

有侦查职权之检察官及其他司法警察官署为虚伪之供述,仍不处罚;(乙)说执行审判职务之公署应采广义的解释,凡有侦查职权之检察官及其他司法警察官署均为执行审判之公署,证人在上述机关之虚伪供述均应构成该条犯罪。盖《刑事诉讼法》第二九二条在侦查时曾经讯问之证人、鉴定人依一百十六条不得再行讯问(下略)。依此规定证人在侦查时之讯问笔录虽不能为审判中之绝对拘束,然足为审判中必要采用之证据,若对于侦查中违背真实陈述义务之证人不令其负《刑法》上之责任,实属扰害国家之司法权。上说两说均滋疑义,悬案待决,理合代电呈请解释令遵等情。据此案关解释法律问题,除指令应候转请解释外,相应据情函请查照,讯予解释见覆,俾便饬遵为荷。此致

**院字第三三号**

**十八年四月十二日　司法院电湖南高等法院首席检察官　附原电**

湖南高等法院曹首席检察官览,该检察官上年十一月佳日代电呈最高法院首席检察官,转请解释军部秘书为刑事被告应属何机关审判一案,兹据最高法院拟具解答案呈核前来内开,军队中之秘书系其所属文官,应认为军属,如为刑事被告应由军法会审判(参照《陆军刑律》第十条及《陆军审判条例》第一条、第三条)等语。本院长审核无异,合电遵照。司法院文印

**附原电**

南京最高法院首席检察官王钧鉴,据署长沙地方法院首席检察官贺寿嵩齐代电称,军部秘书是否以准军人论?如为刑事被告人时,究归普通法院受理?抑归军事机关审判?事关法律解释,敬祈转电解释示遵等情。据此,理合转恳钧座转函钧院解释令遵。署湖南高等法院首席检察官曹瀛叩佳印

**院字第三四号**

**十八年四月十二日　司法院电广西高等法院　附原电**

广西高等法院朱院长览,该法院第一分院上年十一月代电致最高法院请解释适用《刑法》条文疑义一案,兹据最高法院拟具解答案呈核前来内开,甲等将乙推入厕坑并加轻微伤害,应适用《刑法》第二百九十三条第一项处断等语。本院长审核无异,合电转饬遵照。司法院文印

**附原电**

最高法院徐院长钧鉴,案据修仁县县长黄守先号日邮电称,兹有甲、乙二人比邻居住,因妇人小孩口角细故投局理处断。乙向甲燃炮赔礼,甲仍不服,竟率族众数人预伏路旁厕坑之侧,使人诱乙前来,即将乙强行推入厕坑,并加轻微伤害。甲等此种行为适用《刑法》第三二四条,抑用第二九三条或按第七四条处断?恳赐示覆祗遵等情到院,事关法律问题,相应电请迅赐解释,俾便饬遵。广西高等法院第一分院院长陈祖信印

**院字第三五号**

**十八年四月十二日　司法院电广西高等法院　附原电**

广西高等法院朱院长览，该法院上年十一月冬日代电致最高法院，请解释因奸和诱处罚疑义一案，兹据最高法院拟具解答案呈核前来内开，有夫之妇与人通奸，奸夫奸妇均犯《刑法》第二百五十六条之罪，依同法第二百五十九条第一项及《刑事诉讼法》第二百十五条第二项之规定，须本夫告诉乃论。其因恋奸和诱已满二十岁之妇女者，关于和诱部分法无处罚正条，应不为罪，但丙既获甲送县，究竟有无告奸之意，应视事实为断等语。本院长审核无异，合电遵照。司法院侵印

**附原电**

南京最高法院鉴，据蒙山县长曾贯一皓日代电称，今有甲男与已满二十岁之乙妇通奸，乙妇恋奸情热，背夫随甲，被夫丙获甲送县。以事实论，自属因奸和诱，惟依《刑法》第二百五十七条处断，则与未满二十岁脱离享有亲权等规定不符，如依同法第三百十五条第二项处断，则又欠缺略诱条件，如依同法第二百五十六条处断，则又未据本夫告诉。究应如何办理，抑无正条不为罪之处，乞速解释示遵等情，理合转请解释见覆，以便转饬遵照。广西高等法院叩冬印

**院字第三六号**

**十八年四月十二日　司法院电广西高等法院　附原电**

广西高等法院朱院长览，该法院上年十二月虞日代电致最高法院，请解释代匪购送食品应否论罪列举子丑两说一案，兹据最高法院拟具解答案呈核前来内开，应以子说为是等语。本院长审核无异，合电遵照。司法院震印

**附原电**

南京最高法院勋鉴，案据博白县长关锡琨养代电称，兹有某甲、某乙被绑匪掳至山上勒赎。当在匪巢时，曾见某丙送鸡及猪肉入巢，后甲、乙自匪巢赎出后，以丙通匪报请团董将丙拿获送案。于此场合，丙之行为应否论罪，约分两说。（子）说谓依前大理院覆本省高审厅统字第一零八零号解释例载，代匪购买粮食及卖米与匪，与本院统字第二八六号、第三一六号解释文内所谓为盗执炊无异，尚不能认为犯罪云云。丙之行为既与解释例之情形相同而又未加入实施掳人勒赎，自不能论罪等语。（丑）说谓上开解释例著于民国八年九月，系在军政府成立之后，自无拘束裁判之效力。今丙将鸡及猪肉送入匪巢，显系接济匪徒，此种行为如竟认为无罪而不处罚，则不特无以示儆，且不足以绝匪患。况匪徒在山上结巢，抗拒官兵，在匪徒方面既触犯《惩治盗匪暂行条例》第一条第五款之罪，丙乃明知之而为之故意输送粮食，是不啻对于匪徒之啸聚山泽而予以帮助，俾能持久。按之《刑法》第四十四条第一项之规定，亦当为《惩治盗匪暂行条例》第一条第五款之从犯自应量罪科刑，方称得当等

语。二说各持一理,究竟孰是孰非,职县现有此种案件发生,亟待解决,理合电请鉴核转请解释示遵等情,理合转请解释见覆,以便转饬遵照。广西高等法院叩虞印

**院字第三七号**

**十八年四月十三日　司法院电江西高等法院　附原电**

南昌高等法院张院长览,赣州高等分院上年十一月哿电致最高法院请解释易科罚金疑义一案,兹据最高法院拟具解答案呈核前来内开,凡判处五等以下有期徒刑或拘役之案,因新《刑法》无易科罚金规定,不得适用旧刑律第四十四条易科罚金等语。本院长审核无异,仰转饬遵照。司法院元印

**附原电**

最高法院院长钧鉴,新法施行前判决确定五等以下之刑,适于新法施行后,传案执行中声请易科罚金,经查系合于旧刑律第四十四条之规定,究竟可否照准?乞电示遵。赣州高等分院叩哿

**院字第三八号**

**十八年四月十三日　司法院训令浙江高等法院　附原函**

为令遵事,该法院上年第一五九八号公函致最高法院,请解释《刑法》窃盗罪条文疑义一案,兹据最高法院拟具解答案呈核前来内开,凡以窃盗为常业者,无论其行为合于《刑法》第三百三十七条,抑合于第三百三十八条第一款至第六款之规定,应以甲说为是,适用第三百三十八条第七款论科等语。本院长审核无异,合行令仰遵照。此令

**附原函**

迳启者,案据丽水分院院长洪达呈称,查《刑法》第三百三十八条载有下列行为之一者处一年以上七年以下有期徒刑,第七款云:“以犯窃盗为常业者”。兹因适用该款发生疑义:(甲)说为该款既称以犯窃盗为常业,不问其所犯为同法第三百三十七条或第三百三十八条第一款至第六款之窃盗罪,均应包括在内;(乙)说谓该款系第三百三十七条之窃盗罪加重条文,并不包括第三百三十八条第一款至第六款之窃盗罪。如系包括在内,设有甲偶犯该条一至六或款之窃盗罪二三次,依同法第七十条第三款并合论罪可处以七年以上有期徒刑,若以该条第一款至第六款窃盗为常业者,反仅得处以七年以下有期徒刑,是积窃之罪刑反较偶发犯为轻,似与立法之本旨不合。两说未知孰是,事关法律解释,理合备文呈请察核转请解释,俾资遵循等情到院。据此,除指令外,相应函请贵院迅赐解释以便饬遵。此致

**院字第三九号**

**十八年四月十三日　司法院电山东高等法院　附原电**

山东高等法院易院长览,该法院上年十一月元日代电致最高法院,请解释《刑事诉讼

法》疑义一案，兹据最高法院拟具解答案呈核前来内开，刑事案件之卷宗及证据物件在未送交第二审法院之检察官以前，关于《刑事诉讼法》第八十四条规定，撤销押票、停止羁押、没入保证金及退保等之处分，应由第一审法院裁定等语。本院长审核无异，合电遵照。司法院元印

**附原电**

南京最高法院钧鉴，据青岛地方法院呈称，查关于撤销押票、停止羁押等处分，侦查中由检察官核定，审判中由法院或受命推事裁定。案件在第二审上诉期限内或上诉中，而卷宗及证据物件尚在第一审法院者，其处分由第一审法院裁定之，此在《刑事诉讼法》第八十四条、第八十五条著有明文，自无疑义。惟依同法第三百七十八条第一项，原审法院已将卷证送交该法院之检察官，而被告适于此时向该检察官声请停止羁押，应由何机关为之处分，则有甲、乙、丙三说：(甲)说刑诉法第八十五条第一项既以卷证尚在第一审法院者，前条处分由第一审法院裁定。若卷证已依同法第三百七十八条第一项送交检察官，则被告羁押已不隶属于第一审法院，此时检察官有处分之全权。虽同法第八十四条有"侦查中"字样，然系指案件未终结者而言，决不能以该条有"侦查中"字样遂指检察官之核定仅限于侦查中也；(乙)说刑诉法第八十五条系规定卷证尚在第一审法院者，其处分由第一审法院裁定之。若卷证已依同法第三百七十八条第一项送交该法院之检察官，则此项处分应待第二审法院裁定，此为解释第八十五条第一项之当然结果，不必更有明文，证以同法第三百七十八条第三项规定，益为显著。盖第八十四条所定停止羁押之处分，其事例甚多，果如甲说所主张检察官处分不限于侦查中，则如同法第七十九条、第八十条规定检察官于此际亦可迳为处分，岂不与上开法文(第三百七十八条第三项)检察官应命将被告解送之规定显相违反；(丙)说刑诉法第八十五条"法院"二字应取广义解释，包括检察官在内。原审法院虽依同法第三百七十八条第一项将卷证送交该法院之检察官，但在检察官转送第二审法院之检察官以前，其卷证即不得谓非在第一审法院，此际应仍依同法第八十五条第一项由第一审法院裁定。三说未知孰是，事关法律疑义，理合呈请转呈解释等情到院。案关解释法律，合电请迅赐解释，俾便遵循。山东高等法院元

**院字第四〇号**

**十八年四月十三日　司法院训令浙江高等法院　附原函**

为令遵事，该法院上年第一八四六号公函致最高法院请解释《刑事诉讼法》上自诉疑义一案，兹据最高法院拟具解答案呈核前来内开，告诉乃论之罪依《刑事诉讼法》第三百三十七条，被害人虽得自向该管法院起诉，但依同法第三百三十九条该条规定于直系亲属、配偶或同财共居亲属之间不适用之。遇有此类案件发生，应由被害人向检察官告诉，依公诉程序办理，不适用自诉之规定等语。本院长审核无异，合行令仰遵照。此令

**附原函**

迳启者,案据杭县地方法院嘉兴分院院长任家驹以查《刑法》第二百四十五条之妨害风化罪及同法第二百五十五条、第二百五十六条之妨害婚姻及家庭罪,依同法第二百五十二条及第二百五十九条皆须告诉乃论,而依刑诉法第三百三十七条第二款当然得为自诉。但依同法第三百三十九条所载前二条之规定于直系亲属、配偶或同财共居亲属之间不适用之等语,是遇上列《刑法》各条所称告诉乃论凡直系亲属、配偶或同财共居之亲属皆不得自诉矣。凡遇有此种自诉案件,由配偶者起诉或由直系尊亲属起诉,应否依刑诉法第三百三十七条第二款准其自诉。抑依同法第三百三十九条不适用自诉等情,呈请核令到院。据此,事关解释,相应函请贵院迅赐核复,以便饬遵,至级公谊。此致

**院字第四一号**

**十八年四月十三日　司法院训令最高法院云南分院　附原呈**

为令遵事,该分院上年十一月呈最高法院请解释盗匪案件减刑疑义一案,兹据最高法院拟具解答案呈核前来内开,依《惩治盗匪暂行条例》第二条,死刑减等之案件应查照特别刑事法令《刑等计算标准条例》第三条至第五条及《刑法》第七十九条第二项之规定办理等语。本院长审核无异,合行令仰遵照。此令

**附原呈**

呈为呈请解释事,案准云南高等法院函开,据河西县县长赵培元呈称,呈为呈请核示事。窃职县奉发国民政府制定《惩治盗匪暂行条例》,下县自应遵办。惟查第一条载:“凡有下列行为之一者,处死刑”,第二条载:“有下列情形之一者,减本刑一等或二等”各等语。又查前所颁之新刑律始将有期徒刑分为五等,但民国《刑法》既经颁布,则前时之新刑律自应废止不能适用,即如《惩治盗匪暂行条例》亦只于第二条载有“一等”或“二等”字样,其余各条均未分等。此外如民国《刑法》其主刑分为五种,而有期徒刑中仅以年为分别,仍无分等之明文。嗣后办理盗匪案件如遇有第二条一、二、三等项情形之一者,照死刑减一等减为若干年,减二等又减为若干年,请速明白核示,以便遵行,谨呈等情。据此,查解释法律系属最高法院职权,相应函请贵分院查核办理等由。准此,案关适用法律,应由钧院统一解释,职分院未敢擅拟,理合据情转呈,伏乞迅赐解释以便转函饬遵。谨呈

**院字第四二号**

**十八年四月十三日　司法院训令陕西高等法院首席检察官　附原呈**

为令遵事,该检察官上年十一月呈最高法院首席检察官转请解释再犯罪适用法律疑义一案,兹据最高法院拟具解答案呈核前来内开,在有期徒刑执行中,更犯有期徒刑以上之罪,应以后罪所科之刑与前科之刑合并执行等语。本院长审核无异,合行令仰遵照。此令

**附原呈**

呈为呈请事。案据陕西高等法院第二分院首席检察官李藩侯敬代电称，查《刑法》第六十五条载："受有期徒刑之执行完毕，或受无期徒刑一部之执行而免除后五年内再犯有期徒刑以上之罪者，为累犯。"第六十九条载："裁判宣告前，犯数罪者并合论罪。"各等语。设有某甲在有期徒刑执行中再犯有期徒刑以上之罪，核与上述情形均不相同，引用法律殊有疑义，究应如何办理？祈迅转呈解释，电示祗遵等情。据此，事关法律解释，理合具文转呈钧席鉴核，转请解释。谨呈

**院字第四三号**

**十八年四月十三日　司法院训令福建高等法院首席检察官　附原呈**

为令遵事，该首席检察官呈最高法院检察署转请解释易科罚金疑义一案，兹据最高法院拟具解答案呈核前来内开，新《刑法》无易科罚金之规定，凡依刑律判处五等有期徒刑或拘役之案件，在《刑法》施行后即使执行实有窒碍，亦不得适用旧刑律易科罚金等语。本院长审核无异，合行令仰遵照。此令

**附原呈**

呈为呈请转院解释事，窃据仙游司法委员项彬呈称，查《刑法施行条例》第八项载："《刑法》施行前，依刑律第四十四条易科罚金者不失其效力之规定，系指《刑法》施行前已准许易科者而言。"至判决五等有期徒刑及拘役案件在《刑法》施行前确定，其执行在《刑法》施行后者，若有窒碍情形，可否准予依照从前刑律第四十四条易科罚金之处，尚无明文规定。职署现有是项判决应执行之案件，经受刑人来署声明实有窒碍，请予折易罚金，职署未敢专擅，理合具文呈请察核示遵等情前来。理合据情呈请钧长察核，迅赐转院解释，以便饬遵，实为公便。谨呈

**院字第四四号**

**十八年四月十七日　司法院训令河南高等法院首席检察官　附原呈**

为令遵事，该首席检察官呈最高法院检察署转请解释掳人勒赎案件适用法律疑义一案，兹据最高法院拟具解答案呈核前来内开，查《盗匪案件适用法律暂行细则》，于《惩治盗匪暂行条例》之罪固定为同条例，颁行前已经第一审判决，现尚系属于上诉审者，仍适用刑律处断。但刑律现经废止，依《刑法》第二条前半段之规定用刑律者，均应适用《刑法》。而同条例于《刑法》施行后，但又因仅延长施行之期间，故于《适用法律暂行细则》所载"刑律"字样未予更改，其应用《刑法》并无疑义，惟应仍照较轻之刑律科刑等语。本院长审核无异，合行令仰遵照此令

**附原呈**

为呈请事，案据信阳地方法院院长万身正快邮代电称，窃职庭受理掳人勒赎案件颇多，

依法应按《惩治盗匪暂行条例》处断。惟此案发生在前,第一审判决时《惩治盗匪暂行条例》尚未公布,旧《惩治盗匪法》已有明令废止,第一审系引用已废止之刑律判决,今上诉于第二审,关于适用法律分为两说:(甲)说谓《盗匪案件适用法律暂行细则》第一条第二款载明,在盗匪暂行条例颁布以前,已经第一审判决,现尚系属于上诉审者,仍适用刑律处断等语。查特别法优于普通法,"刑律"字样既无明令修改,凡判断掳人勒赎案件,当然引用刑律,毫无疑义;(乙)说新《刑法》已颁行,旧刑律失效,遇到有前项案件,自应适用新《刑法》以昭划一。况《刑法》第二条载明,犯罪时之法律与裁判时之法律遇有变更时,依裁判时之法律处断,但犯罪时之法律较轻者,适用较轻之刑。是已规定,比较新旧二法处断之办法,旧刑律已包括在内,更不必拘泥刑律字样,仍专引用旧律。以上两说,未知孰是,职庭受理此案,悬待解决,理合电呈钧院核办解释,指令遵行等情。据此,该两说似以乙说为是,但事关解释,未敢擅专,理合具呈钧处鉴核,转院核示饬遵。谨呈

**院字第四五号**

**十八年四月十七日　司法院电江苏省政府　附原电**

江苏省政府勋鉴,贵省政府上年十二月世日代电致最高法院,请解释《惩治绑匪》条例适用上疑义一案,兹据最高法院拟具解答案呈核前来内开,查《惩治绑匪条例》关于绑匪各规定依其第一条,显系《惩治盗匪暂行条例》第一条第一款之特别法,则凡《惩治盗匪暂行条例》各规定为《惩治绑匪条例》所未及者,于绑匪案件,自应仍依《惩治盗匪暂行条例》及同条例上犯罪所应适用之法令办理等语。本院长审核无异,特电查照。司法院筱印

**附原电**

最高法院勋鉴,查《惩治绑匪条例》适用上有应请解释者两点:(一)审判绑匪案件时,是否准用《惩治盗匪暂行条例》第二条以下各条之规定办理?(二)凡处死刑或徒刑案件,应否依照通常诉讼程序准当事人上诉或送覆判?均无明文规定,颇滋疑义,请速解释见复为要。江苏省政府世印

**院字第四六号**

**十八年四月十七日　司法院训令安徽高等法院　附原函及条例**

为令遵事,该法院第一四号公函致最高法院请解释放领官荒发生法律疑义一案,兹据最高法院拟具解答案呈核前来内开:(一)承领官荒人诉请排除他人侵害,而被告抗辩该地实系民业,法院自应就被告所提出之证据审究该地是否民业,不能仅以承领执照为依据;(二)查《安徽省垦荒条例》第八条所载各节系规定已放官荒清理之标准,若原业主对于承领官荒人出而告争,提出管业确实证据,自应依照普通民事诉讼之证据法则办理,不受该条戊项之拘束;(三)已淤成之荒地,经人民开垦成熟,完纳芦银,辗转买卖,且筑有圩堤,久安无异,仅未报官升科。如行政官厅依职权收为官荒,另行发放,乃系行政处分正当与否之问

题，法院不得认为民事诉讼受理各等语。本院长审核无异，合行令仰遵照。此令

**附原函**

迳启者，查放领官荒本属行政处分之一种，如承领人以业经承领为理由，对于他人（即原占有人）诉请排除侵害，而被诉追之人抗辩，该地实系民业，官厅无权处分，斯时法院应否就该地是否民业先加审究？抑仅根据承领人之承领执照，不问该地是否民业，迳予判令承领人依据执照管业，他人不得侵害，此应请解释者一。又《安徽省垦荒条例》第八条载，安徽全省垦务委员会对于以前已放之官荒，无论公有、私有以及个人、团体均依下列之规定清理之，（戊）调验契据应以有上首老契为准。如因老契遗失，曾在民国十二年六月以前取具邻结，遵章补契税印，又无丙、丁两项情弊者（丙项，调验业户印契粮串与领地及科则是否相符，及有无笼罩影射等情弊；丁项，清查业户契串时，如有契无串或有串无契，或以崩塌之地契及他业粮串而笼占官地）亦得认为有效，若系补税新契，又无老契邻结者，以无主官荒论云云。查该条例经前安徽政务委员会议决公布，并呈请中央政府立案，本属单行条例。惟依现行民事法例，不动产之移转不以交上首老契为要件，实际上业主亦多未持有上首老契者。执一以绳，势必引起纠纷。且呈请官厅补契本为契据遗失之一种救济办法，年来地方秩序未定，流离失所，遗失契据，事所恒有。如必限以时日，则因遗失在后而补契者，显难概认为无效。再吾国田亩多未清丈，契串往往不符，以多报少，无地无之。如果官厅依该条处分之官荒经私人承领，原业主对于承领人出而告争，法院应否依据该条例办理，此应请解释者二。又官荒依民国三年北政府颁布之《国有荒及承垦条例》第一条之规定，系指江海山林新涨及旧废无主，未经开垦者而言，倘淤成之荒地业经人民开垦成熟，完纳芦银，辗转买卖且筑有圩堤，久安无异，仅未报官升科，能否仍由行政官厅收为官荒，另行发放，此应请解释者三。以上各节，均关法律疑义，相应抄附条例公函等件，函请大院迅予解释见覆。此致

## 安徽省垦荒条例

### 第一章　总　纲

第一条　安徽全省垦务委员会行使会章第二条规定各项职掌时，凡关于新涨旧废之无主土地以及官产未办之余荒，悉依本条例规定行之。

第二条　依照本党最近政纲，荒地属省政府。本条例所称之无主土地，系指应归省有之全省沿江洲地、滨河滩地、湖荡滩地，以及山林高原、平原而言。

第三条　凡省有无主土地，除查明适宜地点呈由省政府指拨专款与办垦殖，分别放佃与贫苦农民，以创造新农村而树模范外，余地概由安徽全省垦务委员会按照本条例分别清理发放。

第四条　本条例系谨遵节制资本、平均地权之训，依照本党最近政纲，并查照从前官产垦荒等部章，以及丈洲省单行法暨屯垦发放细则，参酌本省习惯及现时状况，分别拟定清理、发放、取缔、保护各项施行办法，以期易于通行。

## 第二章 清理方法

第五条 本省荒地各处皆有,然或为官荒,或为民荒,或为地方团体共有之荒产,必须先从清理入手,得由安徽全省垦务委员会制就荒地调查表,派委专员或颁发各县,由各该员或各该县县长按照表列事项,如地名、地势、面积、境界、土壤、水利、所有权等门类逐一查明,分别填载,限期呈报,垦务委员会派员复查。

第六条 安徽全省垦务委员会据前项调查表之呈报,如认为调查已明确系省有无主荒地或省有与民间公有、私有夹杂之荒地,业经印委清理划分,即由垦务委员会遴派技术员前往,按照表列界址逐一测量勘丈,分别段落编列号码亩数,设立界标,详细绘图贴说,呈报核办,其测量规则另定之。

第七条 安徽全省垦务委员会据前项测量图说之呈报,应即审查土质等差,分别定价发放。如有特别广大适宜之地段,得依第三条之规定随时呈请省政府收归省办。倘有筑堤、开沟、建闸、防水一切工程,非大资本不能兴垦者,亦当由垦务委员会派员估计工程,绘图说明,呈请省政府核办。

第八条 安徽全省垦务委员会对于以前已放之官产,无论公有、私有以及个人、团体,均依下列之规定清理之。

(甲)审查官产、公产、民业性质。如系官产,并查明是否遵照官产垦荒等章程办理,及各该业户承垦年限,分别已垦未垦、已熟未熟、已否纳税升科或已升科而未经缴价,逐一列表造册,呈报查核;

(乙)清查官产、公产、民业中隐占之夹荒,以及个人、团体中冒认或冒充公产及私垦之官荒,分别呈报核办;

(丙)调验业户印契粮串与领地及科则是否相符,及有无笼罩影射等情弊,呈报核办;

(丁)清查业户契串时,如有契无串,或有串无契,或以崩塌之地契,及他业之粮串而笼估官地,均须明确呈报核办;

(戊)调验契据应以有上首老契为准。如因老契遗失,曾在民国十二年六月以前取具邻结,遵章补契税印,又无本条丙、丁两项情弊者,亦得认为有效。若系补税新契,又无老契邻结者,以无主官荒论。

第九条 前条规定清理方法五项,应由各该县县长或安徽全省政务委员会所派专员实力奉行。惟皖南北情形不同,如有疑难问题或情节重要不易解决者,随时呈明省政府请示。

## 第三章 按地定价

第十条 荒地之类别如下:

(甲)沿江新涨及旧废之滩地;

(乙)滨河新涨及旧废之滩地;

(丙)原有湖荡新旧变迁现在之滩地;

(丁)平原之荒地;

（戊）山岭高原仅能种树之荒地。

第十一条　依前条规定之类别，按地定价。如查照民国三年北京部颁垦荒条例，及民国七年本省查丈沿江十三县洲地章程所规定之地价，核与现时价格大相悬殊，兹参照本省时值及屯垦发放细则，酌定适宜价格，分为两等五则，开列如下：

甲等

上则每亩十元；

上中则每亩八元；

中则每亩六元；

中下则每亩四元；

下则每亩二元。

以上五则于第十条之（甲）（乙）（丙）（丁）四项均适用之。

乙等

上则每亩一元五角；

上中则每亩一元二角；

中则每亩九角；

中下则每亩六角；

下则每亩三角。

以上五则非合于第十条（戊）项不能适用。

第十二条　前条所列各地地价，应以地之肥瘠、出产多寡为标准。惟皖南北地质异宜，价格亦高低悬殊，如于前二条列举之地质与价格外，或有膏产时值在十元以上，或有不及则之瘠地时值不足三角者，又或另有特别情形须变通定价者，均由印委随时呈请安徽全省垦务委员会转呈省政府核示。

第十三条　第十一条所列官地，如经私垦人盖有庄屋，种有树木，而本人不愿缴价承领者，得由承领人于应缴地价外，经印委另为估价，出资买受。如自愿拆屋伐树让地者，听。

第四章　发 放 缴 价

第十四条　安徽全省垦务委员会既按地价，或因有第十二条之原因临时酌量定价后，均即出示公告发放。但无论个人、团体承领地亩，应以呈递呈请书及附缴保证金之先后为断，该呈请书应具下列各项：

（甲）姓名、年岁、籍贯及现在住址；

（乙）地之种类及亩数，如经勘丈编有号码者，一并列入；

（丙）四至界址及坐落地点；

（丁）水利一切规划；

（戊）附具简明图说并保状；

（己）依照另定规则附缴保证金。

核准承领地亩时,并应注意于下列各条件,以符本政府之政策:

(一)每一个人所承领之地亩不得过一千亩;

(二)公司领地应照该公司股东名册填发执照。

第十五条 人民呈请书由印委呈转或直接送呈安徽全省垦务委员会时,均须详加查核。如与本条例相合,即便核准,令其缴价。应缴之价须一次缴足,但数目过钜,或有特别原因,得呈由垦务委员会核饬,分限分次措缴。

第十六条 各业户缴价购领官地时,由印委造具详细清册汇送安徽全省垦务委员会登记,由会发给省政府颁定执照,加盖关防及县印,以凭执业。

第十七条 凡经安徽全省垦务委员会清理查出官产未办之余荒,以及公产、民业中隐占之夹荒,并私占或私垦之荒地,均须按照地之等差,补缴价款,由印委造册汇送垦务委员会,登记给照执业。

第十八条 凡各业户以前放领之官荒,如地已开垦,价未缴清,仅执印收者,自经此次调验属实,应令按地补缴价款,由印委造册送交安徽全省垦务委员会登记,给照执业。

第十九条 人民私垦之官荒准有优先承领之权,惟须在各县奉到本条例公布后两个月内报领,方能照准。如原垦人无力缴价,得由他人承领,均须按地缴价并酌偿垦本,始能给照执业。

第二十条 依第十六条手续发给执照者,应依第十一条规定之甲、乙两等征收册照费如次:

甲等

(一)一亩以上、二十亩未满,每照收费五角;

(二)二十亩以上、五十亩未满,每照收费一元;

(三)五十亩以上、一百亩未满,每照收费二元;

(四)一百亩以上、二百亩未满,每照收费四元;

(五)二百亩以上、三百亩未满,每照收费八元;

(六)三百亩以上、四百亩未满,每照收费十六元;

(七)四百亩以上、五百亩未满,每照收费三十二元;

(八)五百亩以上、六百亩未满,每照收费六十元;

(九)六百亩以上、七百亩未满,每照收费一百元;

(十)七百亩以上、八百亩未满,每照收费一百五十元;

(十一)八百亩以上、九百亩未满,每照收费二百元;

(十二)九百亩以上至一千亩为止每照收费三百元。

乙等

(一)二百亩未满,每照收费五角;

(二)二百亩以、上四百亩未满,每照收费一元;

(三)四百亩以上、六百亩未满,每照收费二元;

(四)六百亩以上、八百亩未满,每照收费四元;

(五)八百亩以上、一千亩为止,每照收费八元。

各业户所领之地,日后如有卖买,应随时报县过户注册,由县呈请安徽全省垦务委员会更正户名,换发执照。倘所领执照遗失或焚燬,得取具邻佑证明,切结加具铺保,并登报声明,呈由县署转呈垦务委员会核明补给执照,应缴册照费均准照本条订定之数减半缴纳。

第二十一条　原垦户因无力缴价,经他人承领,得优先向承领人请求佃种,或给予永佃权。但日后如有拖欠租课情事,承领人得请求官厅取消其永佃权,收回自种或召人佃种。

第五章　取缔处罚

第二十二条　一切官荒,凡有隐匿、侵占、冒认、私垦种种情弊,如能于本条例公布后两个月内,自行检举。向安徽全省垦务委员会或县署报告者,从宽免予置议。倘始终匿不报告,一经调查属实,或被他人告发,当由会按地亩之多寡定处罚之轻重。但如本人外出,不能依限于两个月内检举者,经县署查明属实,得量予展限或免其议罚,仍随时由县呈报核夺。

第二十三条　凡属业户,无论个人、团体,如有假藉公产名义希图隐占自私者,或有私占及盗卖者,如能遵照第二十二条定限,自行检举,亦免置议,但私占与盗卖之地仍须追还。如逾期不报,经安徽全省垦务委员会查明后,当分别惩罚。

第二十四条　凡查明契串相符而坐落界址不符者,须有确切证明印据。倘藉该项契串希图笼罩影射者,当以私占巧取处罚。

第二十五条　凡公产、民业中之隐占、夹荒,如能遵照第二十二条定限,自行检举,亦免置议。如逾限不报,一经安徽全省垦务委员会查实,除勒令补价外,仍须处罚。

第二十六条　凡有本条例第二十二条至第二十五条之事故应行处罚者,得由该县县长或办理垦务人员商同县长查照实行法律,按情节之轻重酌量处罚,但仍须随时呈报安徽全省垦务委员会备案。

第二十七条　凡经查明各业户所领官地施行工作有碍公共水利,得令县取缔之。

第二十八条　凡查出各垦务公司,其办法与法令不合者,或已开垦而中辍,或到竣垦年限而未竣垦者,安徽全省垦务委员会得随时取缔之。

第二十九条　凡大段荒地,往往有劣绅土豪阳藉兴办慈善教育为名,阴行把持自肥,既不遵章缴价,且用种种手段以相抵抗,得呈请省政府尽法究办。

第六章　保护奖励

第三十条　安徽全省垦务委员会放领一切官地,如有他人藉故妨害承领人管业情事,垦务委员会得随时保护之。

第三十一条　凡执业各户发生纠葛兴讼时,安徽全省垦务委员会得饬令该县县长依法处断。如有特别情形,派委会县办理。

第三十二条　凡有举发私占官荒者,一经复查属实,当优予奖赏。奖金由罚款内提给三成,即每百元提奖三十元。但举发不实,查系挟嫌诬告,亦应严予惩罚,其罚法照第二十六条规定行之。

第三十三条　凡业户领地内所占公共使用之沟路、官地,得由安徽全省垦务委员会验明划除之,以示体恤。

第三十四条　安徽全省垦务委员会为办事上便利起见,得于各属设立垦务专局,或委派专员,受垦务委员会之指挥监督,承办垦务事件。

凡垦务委员会发放之官地,照向章在地价项下提出十分之二,以半数即十分之一充垦务委员会之办公临时调查勘验等费及提奖,余数十分之一充专局或专员之临时经常各费及提奖,依第二十条征收之册照费,归县署收充办公费。其测丈费每亩征收五分,由垦务委员会收充测量费用。

第三十五条　各县县长与安徽全省垦务委员会所委人员办事出力,著有异常劳绩者,应由垦务委员会呈请从优奖励。倘办事不力或措置失当,亦应呈请从严惩戒。

## 第七章　附　　则

第三十六条　凡官荒区域坐落在两省界内,应呈请省政府转咨邻省,会同委员办理。如界于本省两县之间者,应分饬两县县长,或派专员会同处理。

第三十七条　凡经本政府发放之官地,无论平原、洲滩、湖荡及山岭,一经领垦,即应由县按照向章饬令承领人限年升科。如系已经垦熟之地,即令升科。

第三十八条　所有荒价及官地佃租之收入,除照第三十四条之规定提成外,悉数依照本党最近政纲,拨充农民银行基金之用。各县遵照本条例第二十二条至第二十五条因事处罚之款,除依第三十二条提十分之三充赏外,余款十分之七悉充县署办公经费及奖金。以上各款之收付,应按月造册,呈报省政府查核备案。

第三十九条　本条例如有未尽事宜,或须修正之处,由安徽全省垦务委员会之议决呈请省政府修正之。

第四十条　本条例由安徽政务委员会之议决公布施行,并呈请中央政府总司令部立案。

**院字第四七号**

**十八年四月十七日　司法院训令安徽高等法院　附原函**

为令遵事,该法院本年第五八号公函致最高法院请解释刑事诉讼疑义二点,兹据最高法院拟具解答案呈核前来内开:(一)民国十一年,因刑事案件被羁押之人犯至今并未裁判,中间又未声请上级法院为继续羁押之裁定,依《修正县知事审理诉讼暂行章程》第十四条第一项,羁押期间早已届满;(二)告诉人、告发人如经法院传案作证,而无正当理由不到者,得适用《刑事诉讼法》第九十五条之规定办理各等语。本院长审核无异,合行令仰遵照。此令

附原函

迳启者，案据霍邱县清理积案委员赵宗鼎寒代电称，查《县知事审理诉讼暂行章程》第十四条规定，刑事被告羁押不得逾三月，同条第二项虽有补充办法，亦无次数限制。而《刑事诉讼法》第七十三条第三项规定羁押期满未经裁判者，以撤销押票论。兹有某甲自民国十一年因刑事案件羁押至今，并未裁判，中间又未声请上级法院关于继续羁押之裁定。此项羁押期满如何算定，应请解释者一；又查《刑事诉讼法》第九十五条，证人经传唤不到定有制裁办法。兹有告诉人或告发人自告诉告发后，屡传不到，对于本案事实又非本人到庭不足证明，是否得准用上开条文关于制裁证人之规定，抑别有补救办法，应请解释者二等情。据此，事关法律疑义，相应函请大院迅予解释赐覆，以便转饬遵照。此致

院字第四八号

十八年四月十七日　司法院训令湖南高等法院　附原函

为令遵事，该法院本年第三零零号公函致最高法院请解释刑事上诉期间疑义一案，兹据最高法院拟具解答案呈核前来内开，依民国十二年三月二十九日公布之《修正县知事审理诉讼暂行章程》，关于上诉期间并无特别规定，依同章程第四十二条，应准用《刑事诉讼法》第三百六十三条办理等语。本院长审核无异，合行令仰遵照。此令

附原函

迳启者，案据宁乡县县长李萼巧代电称，各县县长公署关于刑事上诉期间，今有甲、乙二说：（甲）说国民政府新颁布之《刑事诉讼法》上诉期间为十日，无论各级法院及各县县长公署，应一律遵照适用；（乙）说国民政府新颁布之《刑事诉讼法》以法院为限，现在各县司法仍由县长兼理，尚未成立法院，而《县知事审理诉讼暂行章程》上诉期间为十四日，又未明令废止，故各县上诉期间仍应依照《县知事审理诉讼暂行章程》办理。以上二说，究以何说为是？事关适用法律，理合电恳钧座迅赐解释，电令祗遵等情。据此，案关适用法律问题，相应函请贵院解释见复，以便饬遵。此致

院字第四九号

十八年四月十七日　司法院训令河南高等法院　附原函

为令遵事，该法院本年第三三号公函致最高法院请解释私藏枪炮应依何法论罪一案，兹据最高法院拟具解答案呈核前来内开，私藏军用枪炮，应分别情形，依前军事委员会于上年十月间呈准备案之《军用枪炮取缔条例》第一条或第二条之规定办理等语。本院长审核无异，合行令仰遵照。此令

附原函

敬启者，案据通许县县长阎受典文代电称，兹有张甲私藏枪炮，案经讯明。惟查现行《刑法》对于此种行为并无专条治罪。本法第二百条虽有意图供犯罪之用，而制造或持有炸

药、棉花药、雷汞及其他相类似之爆烈物等语,而对于私藏枪炮一层并未明文规定。又查前暂行刑律第二百零五条对于私藏枪炮虽有明文规定,然按之立法例,新法颁布施行,旧法当然废止。现在《刑法》既已奉令施行,刑律亦无明令废止,究竟张甲私藏枪炮一罪应依何法及某条拟判,县长未敢专擅,理合电请指示祗遵等情前来。查事关法律疑问,本院未敢擅断,相应函请钧院迅赐解释见复,以便饬遵为荷。此致

**院字第五〇号**

**十八年四月十七日　司法院训令广东高等法院首席检察官　附原函**

为令遵事,该首席检察官呈最高法院检察署转请解释声请再议案件疑义,兹据最高法院拟具解答案呈核前来内开,各县分庭初级案件声请再议,应送地方法院首席检察官等语。本院长审核无异,合行令仰遵照。此令

**附原函**

迳启者,案据广东高等法院首席检察官廖愈簪呈称,案奉钧席第一九二八号训令,案据江西高等法院首席检察官左文炬支代电,经转最高法院院长解释,地方法院检察官就初级案件为不起诉处分后,对于声请再议认为无理由者,应将卷证迳送高等法院首席检察官等因,自应遵照。惟查粤省情形微有不同,因粤省各县已设有分庭受理地方管辖案件及初级案件,其他地方管辖案件经该分庭检察官处分不起诉,声请再议,呈送高等法院首席检察官,自无疑义。但初级案件经该分庭检察官处分不起诉,其声请再议,究送地方法院首席检察官,抑送高等法院首席检察官?如送高等法院首席检察官,核与《刑事诉讼法》第二百四十八条第三项规定送交上级法院首席检察官者,似有未协,颇滋疑义,理合具文呈请钧席鉴核,俯赐转请解释示遵等情到署,相应函请查照,希即迅予解释见复,以凭转令遵照。此致

**院字第五一号**

**十八年四月十七日　司法院电四川高等法院首席检察官　附原电**

四川高等法院首席检察官览,该检察官代电致最高法院请解释诬告罪疑义一案,兹据最高法院拟具解答案呈核前来内开,《刑法》第一百八十条之该管公务员如系刑事案件,以有侦查犯罪或受理审判之职权者为限等语。本院长审核无异,合电遵照。再查本年一月四日公布之《司法院统一解释法令及变更判例规则》第三条第二项规定,请求解释以抽象之疑问为限,不得胪列具体事实等语。本案原电内胪叙事实,核与该条项规定不合。惟念川省道远,前项规则彼时尚未奉到,姑准变通,作为抽象问题,予以解释,嗣后务须依照该规则办理。又原电发递日期漏未填载,亦属不合,合并知照。司法院篠印

**附原电**

南京最高法院钧鉴,案据巴县地方法院首席检察官李鸿鼎虞电称,兹有甲、乙二人乘轮由万到渝,经渝埠航务管理处检察后,谓甲曾向该处告乙为匪,送由职处侦查,及集案讯问,

甲供称乙是好人,并非盗匪等语。此案却下,殊航务管理处竟称甲前日向伊告诉为诬告,函请职处照《刑法》一百八十条将甲起诉等由前来。查甲是否曾向该处告乙为匪,此固事实问题。惟查此案就法律言不无争点,有甲、乙二说:(一)甲说《刑法》一百八十条所谓该管公务员,系指该管行政衙门及司法衙门之官吏而言,该航务管理处既非上列衙门,即使甲曾向该处告乙为匪,亦不得以诬告论;(二)乙说《刑法》一百八十条之公务员就广义言,凡该管之地方机关(如教育局、实业团练局等)之公务员均是,如虚构事实控团务人员于团练局,亦当以诬告论。航务管理处对乘轮之人有检查权,即有管辖权,今甲告乘轮之乙为匪,检察不实,当然以诬告论。以上二说,未知孰当。现在职处发生此项案件,亟待解决,理合电请钧座转电最高法院解释,俾资遵循,临电无任迫切待命之至等情。据此,除指令外,理合电请钧院俯赐鉴核解释,电示饬遵。代理四川高等法院首席检察官傅春宣叩印

**院字第五二号**

**十八年四月十七日　司法院电江苏高等法院首席检察官　附原电**

为令遵事,该首席检察官呈最高法院检察署转请解释声请再议案件疑义,兹据最高法院拟具解答案呈核前来内开,刑事初级管辖不起诉之案件,经当事人声请再议,已由地方法院首席检察官依法分别处分,告诉人并未声明不服,其处分自应认为有效等语。本院长审核无异,合行令仰遵照。此令

**附原函**

迳启者,据江苏高等法院首席检察官呈称,据上海地方法院首席检察官呈称,为呈请事。窃查初级管辖刑事案件经职院检察官或职院所辖各县处分不起诉者,其声请再议,向由职首席检察官依法分别处分。兹于本年十二月十三日奉钧处第二八二五号训令,转奉最高法院解字第二二六号文开,地方法院检察官就初级案件为不起诉处分后,对于声请再议认为无理由者,应将卷证迳送高等法院首席检察官等因,自应遵照办理。惟本年十二月十三日以前,职院初级声请再议案件经职首席检察官处分者,是否仍属有效?理合具文呈请核示祇遵等情到院。据此,查上开解释对于该院十二月十三日未经奉令以前,所有该院初级声请再议案件由该院首席检察官处分者,其处分应否认为有效?抑应补送职院核办之处?事关法律解释,职院未便擅专。理合备文呈请,仰祈钧署鉴核,俯赐转函解释令遵等情前来。查此案关系法律解释,相应据情函请查照迅赐解释见复,以便转知。此致

**院字第五三号**

**十八年四月十七日　司法院训令浙江高等法院　附原函**

为令遵事,该法院本年第三六二号公函致最高法院请解释不动产赎当疑义一案,兹据最高法院拟具解答案呈核前来内开,按《清理不动产典当办法》第八条载明,典当期间十年为限,业主届限不赎,听凭典主过户投税,但在未过户投税以前,应催告业主回赎。如典主

未为催告,则业主于满限后得于相当期间内备价取赎(参照院字第九号解释)。又上项条文既无不许告找之明文,则原业主于典主过户投税后,仍得告找作绝等语。本院长审核无异,合行令仰遵照。此令

**附原函**

迳启者,案据代理杭县地方法院绍兴分院院长郑式康呈称,查《清理不动产典当办法》第八条规定,设定典当期限以不过十年者为限,违者一届十年限满,准业主即时收赎,业主届期不赎听凭典主过户投税。不满十年之典当,不准附有期限不赎,听凭作绝之条件,违者虽经逾期,于自立约之日起十年期限内,仍准业主随时告赎等语。是《不动产典当办法》施行以后之买卖产业,所有典当期限一律以十年为限。在十年期限内之典产,业主随时可以告赎;一逾十年之限度,凭典主过户投税以后,依文理解释,业主似不得再行告赎。惟典当期限虽逾十年,而典主尚未过户投税者,能否可以告赎?(即是否以过户投税为要件)此其一;又典主过户投税以后是否认为绝产,不许业主再行找赎?抑可比照同办法第三条后段规定,业主尚有找价之权利?此其二。以上二端,均滋疑义,理合备文呈请解释,便资遵循等情。据此,事关法律解释,相应函请贵院查照,迅赐核复以便饬遵。此致

**院字第五四号**

**十八年四月十七日　司法院训令安徽高等法院　附原函**

为令遵事,该法院本年第一、三号公函致最高法院请解释绑匪案件程序疑义一案,兹据最高法院拟具解答案呈核前来内开,依《惩治绑匪条例》判处死刑之案,依据上年十二月八日司法院电字第七号电,其审判及转报复准等程序仍适用《惩治盗匪暂行条例》之规定等语。本院长审核无异,合行令仰遵照。此令

**附原函**

迳启者,案据滁县县长卢中岩呈称,为呈请示遵事,本年十二月十二日奉省政府训令内开,案奉国民政府训令内开,查《惩治绑匪条例》现今制定明令公布应即通饬施行,除分令外,合行抄发原条文,令仰知照,并转饬所属一体知照此令等因,并发《惩治绑匪条例》一件奉此,除分行外,合行印发原件,令仰该政府并转饬一体知照此令等因,并发《惩治绑匪条例》一份到县。奉此,查本年十一月十七日奉省政府代电内开,顷奉国民政府蒋主席由徐州发来真电内开,训政伊始,于地方建设当积极实施,惟建设之首要须先绥靖地方,安抚人民。现到皖北各县竟有匪患成灾,县长获匪久押不办者,此后各县如有此项情事发生,凡被获匪类准其不待省批,着由各县县长就地处决,严厉剿办等因。奉此,除电复并函高等法院及分电外,合亟令仰该县长即便遵照等因。十二月十八日又奉民政厅转奉国民政府令开,查《惩治盗匪暂行条例》施行期间并经延长六个月,至本年十一月十八日届满。现查各省情形,此项条例未便遽行废止,应自十七年十一月十八日起再延长六个月等因各在案。兹奉前因,嗣后属县办理绑匪案件判处死刑者,是否送请覆判?抑或遵电先行执行,再行呈报?究竟

适用何种条例，县长未敢擅专，理合具文呈请，仰祈钧院鉴核俯赐示遵，实为公便等情。查依《惩治绑匪条例》判处死刑案件应否适用《惩治盗匪暂行条例》第三条核转程序，并无明文规定，适用上不免发生疑义，相应函请贵院解释赐覆，以便转饬遵照。此致

**院字第五五号**

**十八年四月十七日　司法院训令湖南高等法院　附原函**

为令遵事，该法院本年第六零二号公函致最高法院请解释声请指定或移转管辖疑义列举甲乙两说一案，兹据最高法院拟具解答案呈核前来内开，声请指定或移转管辖，法无明文停止诉讼程序，两说中应采乙说等语。本院长审核无异，合行令仰遵照。此令

**附原函**

迳启者，案据常德地方法院院长钟馥庚代电称，查刑诉法第二十二条，当事人声请指定或移转管辖，对于管辖声请之法院已有明文规定。惟对于声请移转管辖后，原法院应否停止诉讼程序，约分两说：（甲）说谓当事人声请移转管辖，即原法院关于管辖上发生问题，应由管辖声请法院裁定，以免为重复无益之程序。，刑诉法虽无明文，然立法精神仍以停止进行为适当；（乙）说谓刑诉法第二十二条、第二十三条既无明文规定停止，诉讼程序自以不停止进行为原则。两说未知孰是，理合代电呈请解释令遵等情。据此，查所称各节，案既声请指定或移转管辖，除应急速处分者外，应即停止诉讼程序，但诉讼法上既无明文，能否准用声请回避（刑诉法第三十条）规定之处，相应函请贵院解释见覆，以凭饬遵。此致

**院字第五六号**

**十八年四月十七日　司法院训令广东高等法院　附原函**

为令遵事，该法院本年第一四六号公函致最高法院请解释民诉律再审疑问各举甲、乙两说一案，兹据最高法院拟具解答案呈核前来内开：（一）查《修正民事诉讼律》第六百十四条第二项但书之规定所云，为辩论者自系指经辩论后以判决定之而言，若认再审为不合法，依同律第六百十三条第一项，准用第五百三十八条第二项之规定，以决定驳回时，自可查照第三百九十七条办理；（二）同律第六百零八条所谓当事人之过失不以法院曾经命其提出者为限，来函所列两说，应以乙说为是各等语。本院长审核无异，合行令仰遵照。此令

**附原函**

迳启者，现据澄海律师公会长马宗杰邮电称，案准属会会员潘澄修函称，兹有法律疑问两起，各有二说，无从解决，请为代呈广东高等法院转请最高法院解释示遵，附送法律疑问一纸，内称：（一）许可再审之决定应否经辩论程序？（甲）说谓民诉律六一四条二项规定，法院得于本案辩论前，以决定命就再审理由及应否许可再审为辩论，是再审应许与否系本案实质辩论前之手续，无须当事人两造到案辩论；（乙）说谓民诉律六一四条二项规定，本案辩论本应与再审理由及应否许可再审之辩论同时为之，但法院亦得以决定命于本案辩论前先

为再审理由及应否许其再审之辩论,是应否许可再审之辩论仅得先于本案辩论为之,并不能省略应否许其再审之辩论,而遽为准许再审之决定?(二)民诉律六零八条规定,因当事人过失不能依前审程序主张再审理由者,不得提起再审之诉。(甲)说援引北京大理院六年抗字一八号判例,谓六零八条之所谓过失,系指法院曾经具体命当事人呈出,而当事人因过失未经呈出者为限;(乙)说谓六零八条之原案理由明白指定当事人因其过失不于前诉讼程序主张再审理由者,不必保护该当事人之利益,并不以曾经法院具体命其呈出,而当事人因过失未经呈出为限,应依立法理由为准,不应引与立法理由抵触之失效判例,以未曾经法院具体命其提出为免除当事人过失责任条件。以上两问题,各有二说,究以何说为是,请为转请解释,以资遵守等语。事关法律疑问,理合邮呈钧院请为转呈最高法院解释示遵等情。据此,事关法律疑义,相应备函转请贵院,迅赐解释见覆,以凭饬遵,实纫公谊。此致

**院字第五七号**

**十八年四月十七日　司法院电陕西高等法院　附原电**

陕西高等法院段院长览,该法院上年十一月皓日代电致最高法院,请解释盗匪案件疑义一案,兹据最高法院拟具解答案呈核前来内开,在同一处所同时有《惩治盗匪暂行条例》第一条所列两款以上之行为,应就各具体案件分别论科,不能为概括之论断。如有《刑法》第七十四、第七十五各条之情形,自应依各本条论科。又《刑事诉讼法》之规定,于与该条例不抵触之范围内,仍应适用。故依该条例第三条第一项办理之案,不能免制判决书,并省略宣告、送达诸程序等语。本院长审核无异,合电遵照。司法院篠印

**附原电**

南京最高法院徐院长钧鉴,案据陕西醴泉县县长曹健雄真代电开,《惩治盗匪暂行条例》上之犯罪在裁判宣告前者,如其行为、日期、地点各异,或被害法益不同,各触犯第一条所列各款之一或二款以上,各别发觉者,似均应依第十条适用《刑法》第六十九条、第七十条并合论罪。如在一处同时有第一条所列行为二款以上者,或如同条第十二款列举各杀伤行为俱发者,是否均依本条以一罪论?抑应适用《刑法》总则第九章论罪科刑?又依同条例第三条第一项办理之案,可否免制判决书,并省略宣告送达,申办各手续只用呈叙事实、援引条例、拟处罪刑,附送原卷、报请覆核,以期简捷?理合电请钧院鉴核,迅赐分别指示,俾有遵循等情。据此,查事关解释法律,本院未敢擅专,理合电请钧院迅赐解释示覆,以便转饬遵照。陕西高等法院院长段韶九叩皓印

**院字第五八号**

**十八年四月十七日　司法院电湖北高等法院　附原电**

湖北高等法院院长览,该法院上年十一月东日代电致最高法院,请解释和诱罪条文疑义一案,兹据最高法院拟具解答案呈核前来内开,《刑法》第二百五十七条第一项所称,未满

二十岁之男女包括有夫之妇在内。又未满二十岁之妇女被人诱拐时，虽无享有亲权之人，若有监护人或保佐人，无论其是否男子，诱拐者仍应依该条项处断等语。本院长审核无异，合电遵照。司法院篠印

**附原电**

南京最高法院钧鉴，《刑法》第二百五十七条第一项所称未满二十岁之女，是否包括有夫之妇在内？如不包在内，设未满二十岁之妇被人和诱价卖，对于和诱者无处罚专条。又该条之规定系为保护监督权而设，如未满二十岁之女被人诱卖，当时并无享有亲权之人（监护人、保佐人似就男子言），可否视为无明文科以刑罚？希迅赐解释见覆，俾便遵循。湖北高等法院东印

**院字第五九号**

**十八年四月十七日　司法院训令察哈尔高等法院　附原函**

为令遵事，该法院本年第三六号公函致最高法院请解释《惩治绑匪条例》疑义一案，兹据最高法院拟具解答案呈核前来内开，查《惩治绑匪条例》关于绑匪各规定，系《惩治盗匪暂行条例》第一条第一款犯罪之特别法，办理绑匪案件自应按照《惩治盗匪暂行条例》程序办理等语。本院长审核无异，合行令仰遵照。此令

**附原函**

迳启者，案据怀安县县长李允文养代电称，《惩治绑匪暂行条例》业经公布施行，惟查该条例关于如何覆准，如何执行，均无明确规定。可否仍依《惩治盗匪暂行条例》程序拟办？抑应适用《刑法》总则，依刑诉法办理？恳请鉴核俯赐转请解释，俾便遵循等情到院。据此，除指令外，相应函请贵院迅赐解释，以便转行遵照，至级公谊。此致

**院字第六〇号**

**十八年四月十七日　司法院训令福建高等法院　附原函**

为令遵事，该法院本年第八五号公函致最高法院，请解释团丁携械潜逃适用法律疑义一案，兹据最高法院拟具解答案呈核前来内开，保卫团丁携械潜逃应构成《刑法》第三五七条之罪，如所携之械系军用枪炮子弹者，并应适用《军用枪炮取缔条例》第二条及《刑法》第九条第七十四条处断等语。本院长审核无异，合行令仰遵照。此令

**附原函**

迳启者，案据顺昌县县长呈称，查上年六月十八日有保卫团丁携械潜逃被获讯供不讳一案，对于适用法律颇滋疑义：（甲）说谓保卫团之组织大略与军队相同，应以《陆军刑事条例》处断；（乙）说谓保卫团仅维地方之治安，其性质与警察同，应以警察犯罪适用《陆军刑事条例》各条处断。复核现行司法法令辑要，十年二月七日军政府令，嗣后警察犯罪，除关于《陆军刑事条例》第二条所规定照常援用外，一律适用暂行新刑律处断，不得援用军法等语，

则携械潜逃不列于《陆军刑事条例》第二条之内,而暂行新刑律及新近公布之《刑法》又无警察携械潜逃处罚之律条。究竟本案之团丁应以何律处断,莫衷一是,悬案待结,理合备文呈请钧长察核转呈解释令遵等情到院。按保卫团丁携械潜逃,如无其他犯意、犯行,似应依《刑法》第三五七条以侵占公务上所持有之物论罪,事关适用法条疑义,相应函请贵院查照,迅赐解释,俾便饬遵。此致

**院字第六一号**

**十八年四月二十日　司法院电河南高等法院　附原电二**

河南高等法院吴院长览,该法院本年一月有日代电暨三月铣日代电先后致最高法院请解释绑匪案件适用法律疑义一案,兹据最高法院拟具解答案呈核前来内开,《惩治盗匪暂行条例》第十条、第二条及第三条第一项、第三项两项均适用于《惩治绑匪条例》,但关于未遂罪之科刑应适用《惩治绑匪条例》第二条办理等语。本院长审核无异,合电遵照。司法院号印

**附原电一**

南京最高法院院长钧鉴,查《惩治绑匪条例》系《惩治盗匪暂行条例》第一条第一款犯罪之特别法,关于依《惩治绑匪条例》审实之件,是否可依《惩治盗匪暂行条例》第十条、第二条及第三条第一、第三项办理?案关适用法律,查该绑匪条例既无明文规定,未便擅专,理合电请钧院俯赐解释示遵。署河南高等法院院长吴贞缵叩有印

**附原电二**

南京最高法院钧鉴,依绑匪条例,判决案件能否援用《惩治盗匪暂行条例》第三条第一项、第三项办理?案悬待决,乞速电示。豫高法院长吴贞缵铣印

**院字第六二号**

**十八年四月二十二日　司法院训令湖南高等法院　附原电**

为令遵事,据该省长沙律师公会上年十一月呈最高法院请解释告诉乃论之罪疑义一案,兹据最高法院拟具解答案呈核前来内开,查告诉乃论之罪非有合法告诉,检察官自不得提起公诉,但如已违法提起公诉,经有第一审判决时,仍得提起上诉或请求提起非常上诉。至上诉于第三审法院,本以原判决违背法令为限,初级管辖案件,其最重本刑为一年以下有期徒刑、拘役或专科罚金之罪者,既有明文限制不得上诉于第三审法院,则原判决纵系违背法令,除依非常上诉程序救济外,不得仍依通常程序提起第三审上诉,至为明显。其《刑事诉讼法施行条例》第十条及第十一条系对于新法施行时已依旧法上诉各案件规定办法,与《刑事诉讼法》第三百八十七条之规定完全两事各等语。本院长审核无异,合行令仰转饬知照。此令

**附原呈**

呈为呈请事,案准属会会员熊鼎、张家恢、周大赉等函称,今有法律疑义一件亟待解释,例如《刑法》第三百二十条告诉乃论之罪,未经被害人告诉,检察官提起公诉,第一审法院判决论罪科刑,被告人不服上诉于第二审法院,被告人方面并未附带上诉,第一审原办此案之检察官又复独立提起上诉,请求第二审重加科刑。查该案始终欠缺诉追条件,检察官提起公诉及提起上诉,是否合法?关于告诉乃论之罪,检察官有无独立上诉之权?此应请解释者一。又查《刑事诉讼法》第三百八十七条,初级法院管辖案件其最重本刑为一年以上有期徒刑、拘役或专科罚金之罪者,经第二审判决后不得上诉于管辖第三审之法院等语,此种限制当系对于事实问题而言,若法律问题似不在此例。按《刑事诉讼条例》第四百零三条本有明文规定,而《刑事诉讼法》则无明文,然《刑事诉讼法施行条例》第十条、第十一条则尚有关于此项上诉之规定。倘如前段所揭,该案情形明明欠缺诉追条件,而第二审判决对于检察官之请求公然照准,加重其刑,于此场合既系法律错误,在法定期间可否上诉于管辖第三审之法院以资救助?此应请解释者二。事关法律疑义,相应函请转呈等因到会。窃事关法律解释,权操钧院,理合据函呈请准予解释见覆,深为法便。谨呈

**院字第六三号**

**十八年四月二十二日　司法院电江苏高等法院首席检察官　附原电**

苏州高等法院王首席检察官览,查该首席检察官上年十一月感代电致最高法院请解释《刑事诉讼法》第二十一条至二十三条及《法院编制法》一百条后段疑义一案,兹据最高法院拟具解答案呈核前来内开,移转或指定法院之管辖不限于起诉以后,两说中应采乙说。又检察事务虽经移于别厅,但侦查终结,如原法院有管辖权,仍应起诉于原法院各等语。本院长审核无异,合电遵照。司法院养

**附原电**

最高法院首席检察官钧鉴,窃查刑诉法第二十一条至第二十三条关于移转或指定管辖之规定,(甲)说谓仅适用于已起诉之案件。(乙)说谓不限于已起诉之案件,即其案在告诉、告发或侦查时,亦适用之。二说以何说为是?又《法院编制法》第一百条后段之规定,(甲)说谓子厅检察官之事务移于丑厅检察官处理后,其案即归丑厅管辖;(乙)说仍应由子厅管辖,例如子厅之侦查事务移于丑厅检察官,侦查终结,仍应起诉于子厅。二说以何说为是?乞赐解释示遵。江苏高等法院首席检察官王思默叩感

**院字第六四号**

**十八年四月二十九日　司法院电江苏高等法院　附原电**

江苏高等法院林院长览,该法院一月青日代电致最高法院,请解释掳人勒赎案件适用法律疑义一案,兹据最高法院拟具解答案呈核前来并由本院长召集统一解释法令会议议

决,在《惩治绑匪条例》施行前、《惩治盗匪暂行条例》施行后,所发生之掳人勒赎案件已经第一审判决,现尚系属于上诉审或覆判审者,仍应适用《惩治盗匪暂行条例》处断,合电遵照。司法院艳印

**附原电**

南京最高法院鉴,查敝院前以适用《惩治绑匪条例》发生疑问,业经呈奉司法行政部转奉司法院核示关于《惩治盗匪暂行条例》及《盗匪案件适用法律暂行细则》各规定于《惩治绑匪条例》暂准援用等因在案,惟查在《惩治绑匪条例》施行前、《惩治盗匪条例》施行后,所发生之掳人勒赎案件已经第一审判决,现尚系属于上诉审或覆判审者,是否应援照《盗匪案件适用法律暂行细则》第一条第二款之例仍适用《惩治盗匪暂行条例》处断?如亦应适用《惩治绑匪条例》,则关于帮助犯、未遂犯等应否依《刑法》第二条但书规定比较犯罪时之法律,适用较轻之刑,又不无疑义。现有此类案件亟待解决,敬乞迅赐解释示遵。江苏高等法院青印

**院字第六五号**

**十八年四月二十九日　司法院电河南高等法院　附原电**

河南高等法院吴院长览,该法院二月感日代电致最高法院,请解释绑匪案件适用法律疑义一案,兹据最高法院拟具解答案呈核前来,并由本院长召集统一解释法令会议议决,犯罪在《惩治绑匪条例》颁行前,裁判在该条例颁行以后时,应依《盗匪案件适用法律暂行细则》第一条第一款之规定适用《惩治绑匪条例》处断(参照司法院十七年十二月二十日指字第十号指令)。合电遵照。司法院艳印

**附原电**

南京最高法院院长钧鉴,案据太康县县长阮藩侪呈称,呈为呈请解释事。案据县民尹树模呈称,查《惩治绑匪特别条例》业已公布施行,现行匪犯当然依照执行。设匪案发生系在颁布条例之前,破获讯明适在绑匪条例执行有效期内,可否适用此项条例治罪?伏乞钧府转请高等法院解释惑疑,实深盼祷谨呈等情。据此,除批查《刑法》第二条规定,犯罪时之法律与裁判时之法律遇有变更者,依裁判时之法律处断,但犯罪时法律之刑较轻者,适用较轻之刑。此次中央公布之绑匪条例对于以前绑匪案件并无规定办法,当依据法例处断,似无不合。据呈前情候再呈请高等法院解释可也,此批挂发外,理合具文呈请解释等情前来。查事关法律疑问,本院未敢擅断,理合据情电请钧院迅赐解释示复,以便饬遵。署河南高等法院院长吴贞缵叩感印

**院字第六六号**

**十八年四月三十日　司法院电山东高等法院　附原电**

山东高等法院易院长览,该法院一月佳日代电致最高法院,请解释绑匪案件适用法律

疑义一案,兹据最高法院拟具解答案呈核前来,并由本院长召集统一解释法令会议议决,查《惩治绑匪条例》关于绑匪各规定系《惩治盗匪暂行条例》第一条第一款之特别法,其呈报程序自应依《惩治盗匪暂行条例》办理。至在《惩治绑匪条例》施行以前犯罪如未经第一审判决者,应依《盗匪案件适用法律暂行细则》第一条第一款之规定适用《惩治绑匪条例》处断(参照司法院十七年十二月二十日指字第十号指令)。合电遵照。司法院陷印

**附原电**

最高法院钧鉴,据齐河县法院呈称,《惩治绑匪条例》业经奉到,嗣后绑匪案件究应依普通诉讼程序呈报?抑应依《惩治盗匪暂行条例》之程序呈报?又在《惩治绑匪条例》施行前犯掳人勒赎之罪尚未判决者,是否一律适用该条例处断,均未奉有明令,请指令祗遵等情到院。查《惩治绑匪条例》不过就《惩治盗匪暂行条例》中掳人勒赎之盗匪从严规定其刑,按之立法精神,其呈报程序似应仍照《惩治盗匪暂行条例》之规定办理。至《惩治绑匪条例》施行以前,其犯罪合于该条例之规定未经判决者,似应依《刑法》第九条及第二条之规定办理。案关解释法律,职院未敢擅专,理合电请钧院解释,以便转饬遵照。山东高等法院叩佳

**院字第六七号**

**十八年四月三十日　司法院电湖南高等法院首席检察官　附原电**

湖南高等法院曹首席检察官览,该首席检察官上年十月艳代电,呈最高法院首席检察官转请解释没收程序疑义一案,兹据最高法院拟具解答案呈核前来并由本院长召集统一解释法令会议议决,《刑法》第六十一条规定得专科没收之物,及第二百三十七条所载,不问属于犯人与否,应没收之物已送审判者,应于判决内并予宣告。若案未起诉或不起诉,则应由检察官声请法院以裁定没收之。合电遵照。司法院陷印

**附原电**

南京最高法院首席检察官王钧鉴,据署湖南长沙地方法院首席检察官贺寿嵩感代电称,窃查《刑法》第六十一条载前条第一款之物得专科没收,第二百三十七条载不问属于犯人与否,没收之既曰没收,似应以判决行之。假如被告人有第四章所列不罚各情形,或应受《刑事诉讼法》第二百四十三条、第二百四十四条各款不起诉处分时,此项应没收之物件是否仍送刑庭判决?送刑庭时又取如何方式?如用起诉式,则被告人未受诉追;如不用起诉式,则判决无所根据;抑或适用声请式,以公函送请刑庭裁定。事关适用法律,理合电请钧处鉴核转电解释,以资遵守等情。据此,理合转呈鉴核请函钧院解释示遵。署湖南高等法院首席检察官曹瀛叩艳印

**院字第六八号**

**十八年四月三十日　司法院训令安徽高等法院　附原函**

为令遵事,该法院本年第六七号公函致最高法院请解释绑匪案件适用法律疑义一案,

兹据最高法院拟具解答案呈核前来,并由本院长召集统一解释法令会议议决,(一)依司法院电字第七号电,按照《惩治绑匪条例》判处死刑之案件,其呈报程序应适用《惩治盗匪暂行条例》之规定;(二)《惩治绑匪条例》施行前之犯罪尚未确定审判者,应依《盗匪案件适用法律暂行细则》第一条第一款及第二款规定分别办理,即未经第一审者适用《惩治绑匪条例》处断,已经第一审依《惩治盗匪暂行条例》判决,现尚系属于上诉审或覆判审者,仍适用《惩治盗匪暂行条例》处断(参照司法院十七年十二月二十日指字第十号指命);(三)见院字第二十一号解释。合行令仰遵照。此令

**附原函**

迳启者,据凤台县承审员赵宗鼎感代电称,依《惩治绑匪条例》处死刑之案件是否准用《惩治盗匪暂行条例》第三条呈报程序?抑迳行处决?应请解释者一。本条例施行前之办罪,尚未确定审判者,是否援用本条例办理?抑仍用《惩治盗匪暂行条例》处断?应请解释者二。犯本条例之罪,情形确有可原者,是否准用《惩治盗匪暂行条例》第二条第三款酌予减等?应请解释者三等语。查第一问,前据滁县呈请解释当经本院转请解释在案,迄今尚未见复。至第二问、第三问似应援引绑匪条例及《刑法》减轻处断,惟事关适用法律,未敢擅拟。相应据情函请大院一并解释赐覆,以便分别饬遵。此致

**院字第六九号**

**十八年四月三十日　司法院训令福建高等法院首席检察官　附原呈**

为令遵事,该首席检察官上年十月呈最高法院首席检察官转请解释妨害公务致人伤害罪适用法律疑义一案,兹据最高法院拟具解答案呈核前来,并由本院长召集统一解释法令会议议决,(一)故意妨害公务因而致死或重伤者,固应依《刑法》第一百四十二条第三项从重处断,即因而致普通伤害者,亦应适用同法第七十四条从重处断。但均应查照同法第二十九条以犯人能预见其发生者为限,否则只能依同法第七十六条审酌情形定科刑之轻重。(二)故意妨害公务并故意致死或重伤或普通伤害者,均应适用《刑法》第六十九条并合论罪。合行令仰遵照。此令

**附原呈**

呈为转呈事,案据闽侯地方法院首席检察官郭炳璋呈称,呈为适用法律发生疑义恳请指示祇遵事。窃查妨害公务因而致人死伤之罪,依前暂行刑律第一百五十三条第三项规定,应照俱发之例处断。惟查现行《刑法》第一百四十二条第三项规定,犯前二项之罪,因而致公务员或其佐理人于死或重伤者,比较故意伤害罪从重处断。盖由并合主义一变而为从重主义,但此项规定既专指致人于死或重伤者而言。若因妨害公务致人轻微伤害者,应否并合论罪?抑系从重处断,于法又无根据,或有主张人民对于公务员或佐理人施其强暴胁迫之行为,既科以妨害公务之刑,则其轻微伤害之行为自不应更行论罪。然妨害公务之最重主刑仅为三年,而伤害罪之最重主刑为五年。若仅科以妨害公务之刑,则伤害行为转因

妨害公务而减轻其刑量,殊失情理之平,似难采取。案关法律解释,理合具文呈请指示祗遵等情。事关法律解释,除指令外,理合转呈钧长鉴赐转院解释示遵,实为公便。谨呈

**院字第七〇号**

**十八年四月三十日　司法院训令广东高等法院　附原函**

为令遵事,该法院本年第一二四号公函致最高法院请解释上告利益计算疑义一案,兹据最高法院拟具解答案呈核前来,并由本院长召集统一解释法令会议议决,(一)上告利益仅满二百元者,自仍在不逾之列,不得上告;(二)依《修正民事诉讼律》第五百六十六条第二项及同律第七条第二项之规定,上告利益不得将附带请求之利息合并计算,如因并算利息而逾二百元者,仍不得上告。合行令仰遵照。此令

**附原函**

迳启者,案据琼崖律师公会常任评议员翁兆奇呈称,窃按《修正民事诉讼律》第五百六十六条规定,对于财产上请求之控告审判决,若因上告所应受之利益不逾二百元者,不得上告云云。兆奇现有疑问两点:(一)查上开条文所谓不逾二百元者不得上告,然考"逾"字之诠释,逾者,越也,过也。可见得为上告者,必越过二百元以上。设有某甲与某乙因买卖涉讼,其诉讼标的之价额为大洋二百元,此虽已满二百元,但若以"不逾"二字相绳,一若诉讼标的之价额为大洋二百元者,仍不得上告。究竟诉讼标的之价额,仅满大洋二百元者,诉讼人于控告审判决败诉后若有不服,可否得为上告?(二)又查上开条文所谓对于财产上请求之控告审判决,若因上告所应受之利益不逾二百元者,不得上告。可见对于财产上请求之控告审判决,若因上告所应受之利益已逾二百元者即得上告,设有某甲揭欠某乙原本大洋一百零五元久不偿还,发生诉讼。当某乙起诉时,只依照原本大洋一百零五元缴纳讼费,彼时合并利息计算亦尚未满二百元。奈第一审诉讼进行迟滞,数月不为判决,因之某乙应得之利息竟已超过原本。夫一本一利在现行法上本为某乙应得之利益,迺某乙于第一审判决败诉后提起控告,且自愿合并本利计算,复依照一本一利大洋二百一十元缴纳控告审讼费。是某乙于控告审请求之判决其所应受之利益实已逾二百元,亦即上告审所应受之利益实已逾二百元,至为显明。而某乙于控告审判决仍受败诉,心殊不服,若如徒执某乙于起诉时只依照原本大洋一百零五元缴纳讼费,不许其上告,似与上开条文所谓上告所应受之利益之意义未免欠符。究竟诉讼人于提起控告时复合并本利计算,其诉讼标的之价额已逾二百元者,于控告审判决败诉后,若有不服可否得为上告?以上两点,均关法律疑义,理合备文呈请察核,俯赐转请解释,俾有遵循,实为公便等情。据此,事关法律疑义,相应据情函请贵院查核解释见覆,以凭饬遵,实级公谊。此致

**院字第七一号**

**十八年五月三日　司法院咨行政院　附原咨**

为咨复事,前准贵院第一九号咨为浙江金华县关于处理劳资争议适用法律发生疑义据工商部呈具意见一案,事关法律解释,咨请核复等由到院。当经依照本院《统一解释法令及变更判例规则》第四条第一项规定,发交最高法院拟具解答案,旋据该法院拟具解答案呈核前来,复经依照该规则第七条第二项规定,于本年五月一日召集统一解释法令会议议决,(一)县呈所称临时调解委员会经双方代表同意订定劳资协约之情形,如果先有委员会之决定而后双方同意,则此项协约虽成立在《劳资争议处理法》施行以前,应认为与该处理法第三条之调解决定有同等之效力。但原协约既未定明存续期间,依照该条第三项规定,自无不许要求变更之理。(二)原协约业经实行,是调解已有结果。此时一方要求变更,系发生新争议,不能认为曾经调解无结果而付仲裁,应由行政官署依照处理法再行调解。(三)《声请仲裁程序处理法》第五条上半段及第六条均有明文规定,仅一方声请自所不许,但如有合于第五条下半段但书情形时,虽无双方声请,行政官署亦得交付仲裁。相应咨复贵院查照。此咨

**附原咨**

为咨请事,案据工商部部长孔祥熙呈称,据浙江建设厅厅长呈据金华县县长呈称,窃查属县去年八九月间,各业劳工加薪风潮,日有数起。当经职府会同县党部、县商会、县商民协会、县总工会、省防军组织临时调解委员会,由劳资双方各派代表莅会调解,各业均经双方代表同意,订定劳资协约实行在案。惟劳资协约内只有定明从何年月日实行字样,并未定明何时停止。兹业方有发生异议,状请仲裁者,是否遵照《劳资争议处理法》第一章第三条之规定,未经定明存续期间,准其提出变更该决定之要求,抑或因既定明实行年月日,虽未定明停止年月日,其中已含有继续性质,遵照该规定,不准提出变更该决定之要求。事属两难,未敢擅断,应请释者一。又,该临时调解委员会之决定经双方同意签字之劳资协约如有发生异议,是否即可认为已曾经过调解手续送省仲裁,抑或仍由职府再召集调解委员会调解?事属疑问,未敢擅断,应请解释者二。又该临时调解委员会之调解,如认为已曾经过调解手续,只有一方声请仲裁,是否遵照《劳资争议处理法》第三章第二节第三十条之规定,不准仲裁?必须双方声请方准仲裁?抑或一方声请亦可仲裁,未敢擅断,应请解释者三。理合将《处理劳资争议引用条例》困难情形呈请解释祗遵等情到厅。查案关解释法律,理合呈请解释,以便转饬遵行等情。据此,查原呈"第一点"所称临时调解委员会所决定经劳资双方代表同意订定之劳资协约,系成立在《劳资争议处理法》施行以前,核与《劳资争议处理法》施行后依该法第三条第二项所规定之视同争议当事者间之劳动契约不同,故于该临时调解委员会所订定之劳资协约,无论其有无定明存续期间,如果因维持或变更发生争议时,自应依照《劳资争议处理法》第一条之规定适用该法处理之。复查原呈"第二点"所称之临

时调解委员会,核与现在因变更当日该会所决定之协约而发生之争议事件原不相关,故不得以经该会之决定即认为已曾经过调解手续论,仍应适用《劳资争议处理法》第三条第一项之规定办理。至原呈"第三点"所称各节,由第二点解释,该临时调解委员会之调解,既不能认为曾经过调解手续,则仲裁一节自属不成问题。惟案关解释法令,职部未敢擅断,所有据呈解释适用《劳资争议处理法》加具意见各缘由是否有当,理合呈请鉴核等情。查县呈第一点,临时调解委员会及劳资双方代表所订协约事在《劳资争议处理法》施行以前,又未定明何时停止,当然不受期间之拘束。该部所具意见谓如因维持或变更该项协约发生争议时,应依《劳资争议处理法》处理,似无不合。惟谓该临时调解委员会所订定之劳资协约,无论有无定明存续期间云云,是不认以前一切协约为有效,究与法律不溯既往之原则有无抵触?又县呈第二点及第三点之前半部分,该部所具意见似尚妥洽。惟第三点后半部分之一方声请仲裁应否准许,未有所论到,似欠详明。事关法律解释,相应咨请贵院查核见覆,以便饬遵。此咨

**院字第七二号**

**十八年五月三日　司法院电江西高等法院　附原电**

江西高等法院张院长览,该法院上年十月世代电致最高法院,请解释水利涉讼如何计算诉讼价额一案,兹据最高法院拟具解答案呈核前来,并由本院长于本年五月一日召集统一解释法令会议议决,关于水利涉讼,曾于最高法院十七年解字第一二七号解释在案。兹经会议议决变更认为,应以原告一年内因水利可望增加之收益为准,不得以二十倍计算。合电遵照。司法院江印

**附原电**

南京最高法院钧鉴,关于水利涉讼案件,是否以所荫之田一年因水利可望增加之收获量,依民诉律第十二条规定计算诉讼价额?悬案以待,请迅赐解释示遵。江西高等法院叩世印

**院字第七三号**

**十八年五月三日　司法院电安徽高等法院首席检察官　附原电**

安徽高等法院首席检察官览,该首席检察官上年十月敬代电呈最高法院首席检察官转请解释审理烟案违背程序如何救济一案,兹据最高法院拟具解答案呈核前来,并由本院长于本年五月一日召集统一解释法令会议议决,查审理烟案简易程序第八条,既仅谓禁烟机关对于一切烟案得调查证据、派员出庭陈述意见,并未定为必须调查或派员,则未经此种程序审判之案,尚不能因此即指为违法。惟已废止之《修正禁烟条例》第十五条第一项后半,既有审理军警机关获送之烟犯,应先通知该地禁烟机关之规定,则审判如在该条例施行期内,而未通知该地禁烟机关者,其审判程序即属违背规定,得依非常上诉撤销其程序。如果

原判决内容确有错误,又合于再审条例,自应依照再审程序救济。合电遵照。司法院江印

**附原电**

最高法院首席检察官钧鉴,按法院审理贩卖鸦片烟案,事前未曾通知禁烟机关,亦未依《审理烟案简易程序》第八条规定请其派员出庭陈述意见,案经宣告无罪判决确定,禁烟机关始以原审误认事实,判决违法,请予救济。似此情形,该判决是否违法?可否呈请提起非常上诉?又提起非常上诉,依刑诉法第四百四十条规定,其效力不及于被告,则实际上有无其他救济方法?理合电恳钧席迅予转请解释,俾有遵循。安徽高等法院首席检察官余谷叩敬印

**院字第七四号**

**十八年五月三日　司法院训令福建高等法院　附原函**

为令遵事,该法院上年第一二五五号公函致最高法院请解释过失犯疑义一案,兹据最高法院拟具解答案呈核前来,并由本院长于本年五月一日召集统一解释法令会议议决,查值人故意犯罪之际而有过失之事实,如依法应论过失罪,自应认为独立之过失犯。合行令仰遵照。此令

**附原函**

迳启者,案据屏南县承审员代电称,查值人故意犯罪之际,因过失而助成其结果者,依暂行律第三十六条之规定,苟其罪应论过失者,准过失共同正犯论。《刑法》共犯章关于此点未有明文规定,可否认为独立之过失犯?不无疑义,理合电请解释示遵等情到院。事关法律解释,相应函请贵院查照,迅赐解释,俾便饬遵。此致

**院字第七五号**

**十八年五月三日　司法院训令浙江高等法院　附原函**

为令遵事,该法院上年第一八六五号公函致最高法院,请解释佃业纠纷案件之受理权限一案,兹据最高法院拟具解答案呈核前来,并由本院长于本年五月一日召集统一解释法令会议议决,查《浙江省佃农缴租章程》第三条第四款甲目,仅规定关于佃业间因缴租而起纠纷之仲裁,必须由佃业理事局办理之云云。其业主请求撤佃事件,自不包括在内。苟当事人不服该局权限以外之仲裁裁断,向法院起诉,自应受理。合行令仰遵照。此令

**附原函**

迳启者,案据义乌县法院院长徐用锡呈称,窃查佃业纠纷案件应归佃业理事局仲裁,已奉训令遵照在案,惟所谓佃业纠纷,其界说究竟若何,职院不无疑义。查本省十七年佃农缴租章程第三条各款项所定,经其总目标明均系(对付因缴租而起的问题之办法)其第四款甲、乙、丙各项,又经一再载明(因缴租而起之纠纷)字样,则就法文意义解释,其纠纷之发生是否必须原因于应缴租额多少之争执,始可归佃业理事局仲裁?若于应缴租额之多少并无

争执,而仅系业主主张佃种期限已满因而拒租不收,诉请撤佃,即非佃业理事局所得仲裁,此应请解释者一也。非因缴租而起之佃业间纠纷若如上述,不应归佃业理事局仲裁,则设有此类案件,业主于已经县佃业理事局乡区办事处仲裁失败后,不上诉于省佃业理事局,而迳向法院正式提起民事诉讼,法院应否视该佃业理事局之无权仲载为无效,迳予受理?此应请解释者二也。以上二疑义,事关党政与法权,又系法律问题,为此呈请核示等情。据此,相应抄同浙江省政府公布之《浙江省十七年佃业缴租章程》一份,函请贵院迅赐解释,以便饬遵,实级公谊。此致

**院字第七六号**

**十八年五月三日　司法院训令浙江高等法院　附原函**

为令遵事,该法院上年第一七二零号公函致最高法院请解释《印花税暂行条例》疑义数点。兹据最高法院拟具解答案呈核前来,并由本院长于本年五月一日召集统一解释法令会议议决,查《印花税暂行条例》所列应贴印花之文件究竟应由何人贴用,印花当依各文件之性质认定之,不得仅以交付或使用为标准,因之应受同条例处罚之人亦当视其文件之性质而为判断,仍分别解释如下:(一)该条例第四条所称,应于交付或使用前贴用云云,系贴用时间问题,非何人贴用及处罚何人问题;(二)婚书及析产字据,应由双方各贴交换收执;(三)请补请分执业田单,应由请求者贴用;(四)"使用"二字意义应以乙说为是,惟不得与《刑法》所称"行使"混同;(五)不问其人数若干,每件只能处一个罚金。合行令仰遵照。此令

**附原函**

迳启者,案据鄞县地方法院临海分院院长斯文呈称,案据职院推事沈必达呈称,查国民政府财政部《印花税暂行条例》第四条载,应贴印花之各件应于交付或使用前依本条例贴用印花云云。依此规定,是凡遇有不贴印花之各种文契、簿据,应先研究其性质,何者属于交付,何者属于使用,以为认定何人应受科罚之标准。例如,买卖文契系由卖主交付与买主,则其不贴印花之责任应属于卖主,买主方面,系为收受文契之人,毫无责任之可言。又如,贸易所用之账簿不贴印花之责任,应属于经营贸易之人,因该账簿为其所行使也。上举二例,系专属于交付或行使之性质,适用时固无问题发生。然有一种文据兼含交付、行使两种之性质者,例如各种护照、执照交付之人为有权发给护照、执照之官署,行使之人则为游历家、留学生、侨工、旅客及经营各项业务之人(戏券、游艺券亦然,其交付者为戏场、游艺场,而行使者则为观众及游客)。倘有不贴印花,究应科罚交付护照、执照之官署?抑应科罚持有护照、执照而行使之人?此应请解释者一。又如婚书及兄弟二人之析产字据,双方各执一纸,双方各有署名,究竟何人为交付?何人为收受?其责任之界限殊难明了,此应请解释者二。《印花税暂行条例》第二条第三类之人民请补请分执业田单,其不贴印花之责任是否属于发给单据之官署?抑属于人民?此应请解释者三。《印花税暂行条例》第三条所载"使

用”二字之意义,可以分为二说:(甲)说无论何种文据,皆有行使之可能。例如,不贴印花之买卖文契或账簿,由买主或第三人(非经营贸易之人)因诉讼问题呈出于法院,即可认买主或第三人为行使,当处买主或第三人以罚金;(乙)说“行使”二字须从文据本身效用上观察之,例如贸易账簿,其效用在于按时继续为营业上事项之记载;游历护照,其效用在于随身携带以证明其游历为正当,故惟于记账游历之时,方可名为行使至于买主呈出买卖文契或第三人呈出他人之贸易账簿于法院,不过为诉讼上之证明,不能谓之行使。以上二说,究以何说为是?此应请解释者四。又查第五条规定,科处罚金之标准,系以每一文件为单位,倘有一件之文据其交付或行使之人有数人时,能否依照共犯之例,各科以百元以下、十元以上之罚金?此应请解释者五。以上各点,拟请转呈解释等情。据此,理合具文呈请核转等情。据此,除指令外,相应函请贵院迅赐解释,以便饬遵,至级公谊。此致

**院字第七七号**

**十八年五月三日　司法院电山东高等法院　附原电**

山东高等法院易院长览,该法院上年十月感代电致最高法院,请解释适用《印花税暂行条例》疑问数点。兹据最高法院拟具解答案呈核前来,并由本院长于本年五月一日召集统一解释法令会议议决,(一)按公布之时,该地方尚未隶属国民政府者,应以隶属之日为该条例施行日期;(二)所贴印花足数与否,应依照各该文件成立时所施行之法令,分别核算;(三)在该条例施行前,已成立之文件如依旧法应贴印花而未贴者,应仍依旧法处罚;(四)依旧法不应贴而依该条例应贴者,如在该条例施行后仍有交付或使用之事实,应令依该条例补贴,不处罚,但仅于事后提出作证者,不在此限。合电遵照。司法院江印

**附原电**

南京最高法院钧鉴,据陵县法院审判官呈称,适用科罚时尚有疑问数点:(一)《印花税暂行条例》系上年十一月三十日公布施行,山东各县是否以公布之日施行外,或以我军光复山东,兵力达到各县之日为各县施行期?(二)该条例第五条后半注明,贴不足数者,每件处以五十元以下、五元以上之罚金,查数与否之问题,是否一律依照该条例核算?抑或依照各该文件成立时施行之条例核算?(三)该条例第四条注明,应贴印花之各件应于交付或使用前,依本条例贴用。细释立法本意,印花应于文件成立时贴用,始与该条例第一条“适法凭证”一语相合。兹有于我军光复山东前成立之文件,当初未贴,因发生诉讼,临审贴用,应否一律适用该条例处罚?(四)该条例所列种类比前北政府颁行之印花税法多十余种,该类文件因当初无明文规定,均未贴用,现在应否一律补贴?未补者应否一律处罚?以上数点,急待解决,请核示祇遵等情到院。案关解释法律,合电陈请迅赐解释,俾便饬遵。山东高等法院叩感印

**院字第七八号**

**十八年五月三日　司法院训令湖北高等法院　附原函**

为令遵事，该法院上年第二九四号公函致最高法院，请解释《刑法》和诱罪疑义一案，兹据最高法院拟具解答案呈核前来，并由本院长于本年五月一日召集统一解释法令会议议决："和诱已满二十岁之妇女，仅系单纯和诱，或确有如来函所述卖与人为妻之情形，依新《刑法》应不为罪，但如合于《刑法》第二百四十六条规定者，应依该条论科。"合行令仰遵照。此令

**附原函**

迳启者，案据枝江县司法委员张金衡有代电称，查新《刑法》第二百五十七条，仅载和诱未满二十岁之男女有罚。倘有人和诱二十岁以上之孀妇，得钱卖与人为妻，或仅和诱脱离享有亲权人。此种情形是否有罚？如果有罚，应适用新《刑法》何条？属署有此种案件急待解决，理合电请钧座迅赐示遵等情到院。事关法律解释，相应函请贵院迅赐解答，俾便饬遵。此致

**院字第七九号**

**十八年五月四日　司法院指令江苏高等法院　附原呈**

呈悉，业经发交最高法院拟具解答案呈核前来，并由本院长于本年五月一日召集统一解释法令会议议决，准禁治产之实体法现无明文规定，自不得向法院声请。合行令仰转行知照。此令

**附原呈**

呈为转请解释事，案据吴县律师公会呈称，为呈请转呈解释法律疑义事。窃据本会会员杨铿函称，迳启者，会员现有法律问题一则，即父如浪费，其子能否声请法院宣告其父准禁治产？关于此问题之主张，约分两说：(甲)说谓前大理院四年统字二二八号解释例，谓因有万不得已情形，声请审判衙门为之立案者，审判衙门似可酌用限制能力条理。予以立案等语。是父如浪费，其子自可声请审判衙门酌用限制能力之条理，予以准禁治产之宣告；(乙)说谓前大理院统字二二八号解释例，系指尊长对于卑幼而言，且其末段明定，仍应斟酌各该地方习惯等语。则子对于父当然不能适用，且中国数千年来向系父在，子不得自专，断无子对于父限制能力之习惯。故父纵浪费，其子不能声请审判衙门宣告准禁治产。二说不知以何者为是，如以甲说为是，设子有母在，母不声请宣告其夫准禁治产，其子之声请能否有效？现在会员适有此项案件亟待解决，为此函请贵会转请最高法院迅赐解释，俾资遵循等因到会。当经本会于一月六日第八十七次常任评议员会决议，以事关法律疑义，自应请求解释，为此，呈请迅赐转请解释示遵等情。据此，理合据情呈请钧院俯赐解释，以凭饬遵。谨呈

**院字第八〇号**

**十八年五月四日　司法院训令湖北高等法院首席检察官　附原呈**

为令遵事,该首席检察官呈最高法院首席检察官,转请解释易科监禁程序疑义,兹据最高法院拟具解答案呈核前来,并由本院长于本年五月一日召集统一解释法令会议议决:“科处罚金之判决未定易科监禁之期间,如不能执行罚金时,应由检察官声请同级法院依照《刑法》第五十五条第三项前半之规定裁定之。”合行令仰遵照。此令

**附原呈**

呈为呈请解释示遵事,案据夏口地方法院首席检察官呈称,查有某甲犯诈财及妨害公务案件,经二审判处徒刑三年,并科罚金二百元。职处提案执行,该某甲供称,所处罚金二百元,无力缴纳,请求易科监禁等语。查本案判决确定在民国《刑法》施行以前,未依民国《刑法》第五十五条第四项载明折算一日之额数,可否依旧刑律第四十五条第二款,迳以一元折算一日易以监禁?抑应由第二审或第一审法院更为裁判之处?请予鉴核示遵等情。据此,事关法律解释,理合转呈钧处鉴核转请解释示遵。谨呈

**院字第八一号**

**十八年五月四日　司法院电云南高等法院　附原电**

云南高等法院王院长览,该法院本年三月代电致最高法院,请解释庙产典当应否有效一案,兹据最高法院拟具解答案呈核前来内开,查寺庙住持于国民政府未公布《寺庙管理条例》以前将寺庙产业典当与人,依原来有效之《管理寺庙条例》,其法律行为仍属无效,所有典产应由该管地方官署收回或追取原价给还该寺庙(民国四年公布管理寺庙条例及十年《修正管理寺庙条例》之规定均同)。若其典当尚在民国四年未有管理寺庙条例以前,依该地习惯寺庙财产,得由住持典当者,本诸法律不溯既往之原则,自可按照《清理不动产典当办法》第二、第三两条办理等语。本院长审核无异,合电遵照。司法院支印

**附原电**

南京最高法院鉴,查寺庙住持在《寺庙管理条例》未公布以前,将寺庙产业典当与人。此种典当行为,应否有效?其典期已逾三十年或已逾六十年者,又应否分别适用《清理不动产典当办法》第二、第三两条规定办理?应请迅予解释见覆为荷。云南高等法院印

**院字第八二号**

**十八年五月六日　司法院训令陕西高等法院首席检察官　附原呈**

为令遵事,该首席检察官呈最高法院检察署,转请解释声请再议案件疑问一案,兹据最高法院拟具解答案呈核前来,并由本院长于本年五月一日召集统一解释法令会议议决,(一)凡未经专设办理初级案件检察官之地方法院,应以高等法院首席检察官为上级,其已

经专设者,应以该地方法院首席检察官为上级;(二)得用书面审查;(三)告诉人对于上级法院首席检察官驳回声请再议之处分不服时,得再向上级法院首席检察官声请再议,至管辖该案之终审法院首席检察官而止,其不服续行侦查之不起诉处分,仍得声请再议。合行令仰遵照。此令

**附原呈**

呈为呈请事,案据长安地方法院首席检察官刘文钦呈称,呈为呈请转送解释事,查刑事告诉人对于《刑事诉讼法》第八条下列各款之罪不服检察官不起诉处分,经原检察官认为声请无理由,依《刑事诉讼法》第二百四十八条第三项送交上级法院首席检察官办理。但现时初级法院大都未经设置,该条例第二项所谓上级法院首席检察官是否概括地方法院首席检察官而言?又上级法院首席检察官办理上项案件之结果,依《刑事诉讼法》第二百五十条之规定,当然分别为下列处分或驳回之,固无疑义。惟认定声请有无理由,究应适用何种程序?是否必须直接侦查?抑或得用书面审理?又,告诉人对于上级法院首席检察官所为驳回之处分,或对于命令下级检察官续行侦查,而下级检察官再予以不起诉之处分,仍复声明不服,应如何办理?刑诉法均无明文可资依据,理合备文呈请钧院鉴核,转请解释,俾有遵循,谨呈等情。据此,事关法律解释,理合据情呈请钧座鉴核,转请解释。谨呈

**院字第八三号**

**十八年五月六日　司法院指令江苏高等法院　附原呈**

呈悉,业经本院发交最高法院拟具解答案呈核前来内开,来呈所述情形为捕房负责之工部局,虽可为诉讼主体,但上海地方法院无管辖权等语。本院长审核无异,合行令仰转饬知照。此令

**附原呈**

呈为转请解释事,案据署上海地方法院院长杨肇熉呈称,呈为呈请解释示遵事。窃职院受理某甲与某乙、某丙赔偿损害涉讼一案。查某乙、某丙原系充当上海静安寺路捕房暗探,因奉捕房命令缉拿嫌疑人,开枪伤害某甲之妻致死,由职院将某乙、某丙分别拟处罪刑。嗣经某丙上诉,业已判决确定。兹据某甲诉称,暗探系被用人,捕房系用主,列入捕房为共同被告,究竟该捕房可否为诉讼主体?如可为诉讼主体,职院对于该捕房有无管辖权?实属不无疑义,理合呈请解释示遵等情。据此,理合据情呈请钧院俯赐解释,以凭饬遵。谨呈

**院字第八四号**

**十八年五月十日　司法院电安徽高等法院首席检察官　附原电**

安徽高等法院首席检查官览,该首席检察官漾代电呈最高法院首席检察官,转请解释《刑法》略诱罪条文疑义一案,兹据最高法院拟具解答案呈核前来内开,被移送国外之被略诱人如系已满二十岁之妇女,应适用《刑法》第三百十五条第三项论科。设为未满二十岁之

被诱男女,则据第二百五十七条第三项处断等语。本院长审核无异,合电遵照。司法院灰印

**附原电**

南京最高法院首席检察官王钧鉴,查《刑法》第二百五十七条第三项所谓被诱人,原系根据前两项而来,即系专指未满二十岁之男女而言,似无疑义。惟查阅第一百期《国民政府公报》附录内载钧院解字第一七九号解释文件,则谓第二百五十七条第三项之罪,凡系移送被和诱人于国外者,即可构成,并无年龄之限制云云。然则移送被略诱人于民国外者,是否须有年龄之限制,是一问题。如谓有年龄之限制,则该条第一项固统称和诱、略诱云云,不能谓和诱无年龄限制,而略诱即须有年龄之限制。况第三项明明言系被诱人,则应包括和、略而言,又何能强加区别?如谓无年龄之限制,则第三百十五条第三项亦系规定移送满二十岁以上之妇女出民国领域外者而言。如有移送已满二十岁以上之妇女出民国领域外者,则将适用第二百五十七条第三项乎?抑将适用第三百十五条第三项乎?此二项条文似又不免有重复之嫌矣。究竟第二百五十七条第三项所谓被诱人是否包括被略诱人而言?如系包括被略诱人而言,则有犯之者将适用何项条文处断?均不免有疑义,理合电请钧席迅予转赐解释,以便遵循。安徽高等法院首席检察官余谷漾叩

**院字第八五号**

**十八年五月十日　司法院函内政部　附原电**

迳启者,贵部上年十二月勘代电致最高法院请解释《处理逆产条例》疑义一案,兹据最高法院拟具解答案呈核前来内开,查民国十七年七月十七日公布之《处理逆产条例》第一条载,凡犯《暂行反革命治罪法》第二条至第七条之罪经法庭判定者,其财产视为逆产。依该条解释,苟系犯人现有之财产,无论其为祖遗,抑为自置,均包括在内。如系共有物,并得就犯人应有部分没收之等语。本院长审核无异,相应函达贵部查照。此致

**附原电**

最高法院林院长勋鉴,犯《暂行反革命治罪法》第二条至第七条之罪,其财产视为逆产,《处理逆产条例》第一条已有规定。此项财产是否专指犯反革命罪者个人私置私有之产业?抑犯罪者祖遗之公同共有物或不可分割之共有物,其应得之分,亦应视为逆产予以没收?事关法律疑义,案悬待决,希解释示复。内政部勘印

**院字第八六号**

**十八年五月十日　司法院指令司法行政部　附原呈**

呈悉,业经发交最高法院拟具解答案呈核前来内开,附设于高等分院之地方庭既未特设长官,该庭对内对外各种事务均由分院院长兼管,则对于当事人就执行上有所声请或声明异议时,自应由兼管地方庭事务之分院院长裁断。不服该裁断提起抗告,为维持裁判公

平起见,应送由高等法院合议庭受理等语。本院长审核无异,仰即转令遵照。此令

**附原呈**

呈为呈请事,案据河南高等法院院长吴贞缵养代电称,据河南高等法院第一分院院长孟昭侗呈称,为呈请鉴核示遵事。查《民事诉讼执行规则》第十条第一项载,当事人或利害关系人对于强制执行之方法,及于执行时应遵守之程序有所声请或声明异议时,由厅长裁断之。第二项载,不服前项之裁断者,得向上级审判厅声明抗告各等语。职院兼管地方庭事务,如当事人等对于执行方法及执行程序有所声请或声明异议,应否由职分院院长裁断,抑由附设之信阳地方庭庭长裁断?如由职分院院长裁断,若当事人不服裁断,向上级法院声明抗告,应否呈送钧院审核?抑由职分院受理?若归职分院受理,似有合议庭推事变更长官裁断之嫌,且恐起当事人误会,影响法院威信,究应如何办理之处?职分院未便擅专,理合具文呈请鉴核指示遵行等情。据此,职院主张现有两说:(甲)说谓地方庭附设于分院,并未专设长官,所有关于该庭对内对外各种行政事务,既均由分院院长负责监督,则分院院长对于该庭之职权,实与执行规则第十条所规定之厅长无殊,故凡关于执行上之声请或声明异议,应由分院院长裁断,不服该裁断之抗告,为维持裁判公平起见,应由本院合议庭受理;(乙)说谓地方庭既未设有厅长,则关于该庭司法行政事务,庭长即属有权处理,所有关于执行上之声请或声明异议,由庭长裁断,自系当然解释,不服该裁断之抗告,应由分院合议庭受理。究以何说为是,既无先例可援,职院未敢擅拟,案关办事权限,各省分院当有划一办法,理合电请核示,俾便遵循等情。据此,查本案关于法律上解释事宜,理合呈请钧院核示,以便转令遵照。谨呈

**院字第八七号**

**十八年五月十一日 司法院训令广东高等法院 附原函**

为令遵事,该法院本年第四一号公函致最高法院,请解释刑诉法第四八五条疑义一案,兹据最高法院拟具解答案呈核前来,并由本院长于本月十日召集统一解释法令会议议决:"查《刑事诉讼法》第四百八十五条之规定,自指未受执行者而言。若已在执行中而有该条所列各款情形时,应由监狱长官依照《监狱规则》第六十六条及第六十七条各规定,呈请监督官署许可后,保外医治或移送病院。其在外或病院之日数,仍算入刑期内。"合行令仰遵照。此令

**附原函**

迳启者,现据琼崖地方法院澄迈县分庭检察官符元光呈称,窃查《刑事诉讼法》第四百八十五条规定,受徒刑或拘役之谕知而有下列情形之一者,依检察官之指挥于其痊愈或该事故消灭前停止执行等语。对于此条法文尚有疑义者,即受徒刑或拘役之谕知后在执行中是否包括在内,而准其停止执行,于是有二说焉:(甲)说谓该条法文已明白规定,受徒刑或拘役之谕知而有下列情形之一者,依检察官之指挥,于其痊愈或该事故消灭前停止执行。

是该条专指受徒刑或拘役之谕知未受执行者而言,若已受执行者,自无一包括在内,即不能援该条规定而准其停止执行;(乙)说谓《刑法》系采感化主义,犯罪者处刑押狱,无非冀其改过迁善,以收感化之效,若受刑人于生命上有发生重大危险者,法律不能不设法以救济之。《刑事诉讼法》第四百八十五条之规定,盖本此旨也。况法律贵平等,不平者将依法律以平之,而法律本身上自不能有不平之规定。若谓该条系指谕知后未受执行者而言,则同一事故,未受执行者准停止执行,已受执行者不准停止执行,不平孰甚,于是可知该条规定之真意实包括已受执行者在内。受刑人在执行中者若发生有该条情形之一者,自应准予停止执行。以上二说,究以何说为当,理合备文呈请钧院察核转请解释示遵等情。据此,案关法律解释,相应据情函请贵院查照,速赐解释见覆,以凭饬遵,实级公谊。此致

**院字第八八号**

**十八年五月十一日　司法院电上海公共租界临时法院　附原电**

上海公共租界临时法院何院长览,该法院本年三月支代电致最高法院请解释《公司条例》第一百五十条疑义一案,兹据最高法院拟具解答案呈核前来,并由本院长于本月十日召集统一解释法令会议议决,按《公司条例》关于股东选任董事即股东会决议之一种,惟同条例第一百五十条所谓违背法令及章程,系仅指召集手续及决议方法而言,来电所述选举舞弊自不受该期间之拘束。合电遵照。司法院真印

**附原电**

南京最高法院钧鉴,查《公司条例》第一百五十条规定,股东会之召集及决议违背法令及章程时,股东得呈控该管官厅注销之,其呈控由决议之日起算,以一月内行之。细释文义,董事之选举倘有舞弊情事在数月以后发觉者,则呈控时期是否须受该条拘束?即该条所称决议是否包含选举而言?殊有疑问。事关法律解释,本院有案,系属亟待解决,仰祈迅予解释,实为公便。上海临时法院支印

**院字第八九号**

**十八年五月十一日　司法院训令安徽高等法院　附原函**

为令遵事,该法院本年第四四号公函致最高法院,请解释《刑法》及《刑事诉讼法》疑义三点。兹据最高法院拟具解答案呈核前来,并由本院长于本月十日召集统一解释法令会议议决:(一)并未告奸,不予处罚;(二)依《刑法》第三百二十二条第二项及《刑事诉讼法》第二百十五条第三项,关于《刑法》第三百十五条第一项之罪,亲属告诉固以不违反被略诱人之意思为限。如告诉者系被略诱人之本夫,按照《刑事诉讼法》第二百十四条第一项,得独立告诉,并不受其限制。且《刑法》第三百十五条系第三百十六条之加重情节,来函所述妇女被略诱后愿与犯人为婚之情形,如其略诱时,尚无使妇女与自己或他人结婚之意思,即与该条第一项规定未合,应认为普通妨害自由罪,依第三百十六条第一项论科;(三)仍许委

代,不限律师。合行令仰遵照。此令

**附原函**

迳启者,据霍邱县清理积案委员赵宗鼎灰代电称,兹因适用法律发生疑点,请求解释如下:(一)查最高法院二二三号解释,和诱已满二十岁之妇女,《刑法》上无处罚之规定。设有已满二十岁有夫之妇,被人和诱并未告奸,又未举行相当婚礼,是否依照上述解释办理,不予处罚?应解释者一。(二)《刑法》第三百十五条第一项,略诱妇女与自己或他人结婚,同法第三百二十二条第二项及《刑事诉讼法》第二百十五条第三项均规定,亲属告诉以不违反被略诱者之意思为限,此项场合,施之无夫妇女固无问题。设有有夫之妇被人略诱之后,因犯人身分财产远胜本夫,愿与犯人为婚,本夫告诉,该妇出而反对,其主张是否认为诉追条件欠缺,对于本夫之诉不予受理?应请解释者二。(三)《刑事诉讼法》告诉、告发无不许委人代行之规定,自应仍许委代,最高法院解字二〇二号已有释明。惟是否限于律师,抑尽人皆可?外县既无律师可委,设有包揽诉讼为常业者,经人委为代诉人,是否能准?应请解释者三等情。据此,事关法律疑义,相应函请贵院解释,以便饬遵。此致

**院字第九〇号**

**十八年五月十六日　司法院电山东高等法院　附原电**

山东高等法院易院长览,东代电悉该滕县县法院请解释《会计师注册章程》第六条第四款乙项疑义两点,除第一点业经本院函准财政部复开,原文系企业机关并无"同业"字样(商务印书馆十八年四月出版之《增订国民政府现行法规》已将"同业"二字改正为"企业"),自不发生疑义外,至第二点亦经发交最高法院拟具解答案呈核前来内开,该项所谓充任会计主要职员七年以上者,无论其间有无中断,但须前后积算在任时期七年以上等语。本院长审核无异,合电饬遵。司法院铣印

**附原电**

国民政府司法院院长王钧鉴,案据滕县县法院审判官赵冠骏呈称,窃查国民政府财政部《会计师注册章程》第六条第四款乙项内载,在财政部所认为合格之同业机关官厅公署或公务机关充任会计主要职员七年以上,得有成绩证明书者等语。查谓同业机关是否指财政部立案之公司银行而言?其充任会计主要职员是否指一任七年以上?不无义疑,事关法令,理合电请解释,伏祈指令祗遵等情到院。事关法律疑义,职院未敢率断,理合电请钧院迅赐解释,以便饬遵。山东高等法院院长易恩侯东印

**院字第九一号**

**十八年五月十六日　司法院指令江苏高等法院　附原呈**

呈悉,业经发交最高法院拟具解答案呈核前来内开,来呈所述情形,某甲身故,其子丙即为遗产承继人,无论子丙已否成年,均应以丙为诉讼主体等语。本院长审核无异,合行令

仰转饬知照。此令

**附原呈**

呈为呈请解释事,案据兼理司法靖江县县长张汝澄呈称,窃查有甲某股开钱庄,因倒闭,亏款甚钜。甲某身故,遗有家产及妻乙某并子丙某,业已成年。今有丁某诉追该庄存款,究应以承管遗产之甲妻乙某为被告主体?抑应以已经成年之甲子丙某为被告主体?因鲜法例规定,颇滋疑义。职县现有类似此案急待解决,为此,据情呈请鉴核转呈最高法院解释示遵等情到院。事关法律疑义,职院未敢擅断,理合具文呈请钧院俯赐解释,以便饬遵,实为公便。谨呈

**院字第九二号**

**十八年五月十七日　司法院训令浙江高等法院　附原函**

为令遵事,该法院十七年第一八八一号公函致最高法院请解释《公司条例》疑义一案,兹据最高法院拟具解答案呈核前来内开,查《公司条例》第一六一条两项系规定董事之义务,违反此义务,当然为违背法令。依第一六三条第一项至第二项前段所定,无论公司或第三人受有损害,自应由有过失之董事负责赔偿。至第一七〇条、第一七一条、第一七二条,虽系监察人权利,一面仍属义务,违背各该条者,自得以不尽职务论。依第一七六条规定,对于公司及第三人之损害,亦应由有过失之监察人负责等语。本院长审核无异,合行令仰遵照。此令

**附原函**

迳启者,案准浙江省政府建设厅公函第九二七号内开,案据江山县县长呈称,案准江山县商会函开,据会董毛一廖、何锦文等书称,窃查《公司条例》第一百六十一条,公司亏折总资本至半数时,董事应即召集股东会报告。同条第二项,公司财产显有不足抵偿债务时,董事应即呈请宣告破产。又同条例第一百六十三条,董事于公司业务应遵守章程,妥慎经理,如违背此义务致公司受损害时,对于公司应负赔偿之责。同条第二项,董事如有违背法令或公司章程之行为,虽系由股东决议,而行者对于第三者不得免损害赔偿之责。又同条例第一百七十条,监察人不论何时,得请求董事报告公司业务情形,调查公司簿册、信件及财产。暨同条例第一百七十一条,覆核董事造送股东会之各种簿册,并报告其意见于股东会。第一百七十二条认为,必须特开股东会时,得即召集。第一百七十六条,监察人有不尽职务时,对于公司及第三者不得免损害赔偿之责各等语。兹因一廖等意欲遵照《股份有限公司条例》推广营业,对于《公司条例》之规定应行详细研究。如上列各条文以云,董事及监察人各有应负损害赔偿之责。惟此项损害赔偿,其中亦有分别。对于公司自应由负责者私财支出理尚明显,但对于第三者,是否以公司所有财产为限?抑应另由董事或监察人独自负担?又公司亏折总资本至半数时,董事如不召集股东会报告公司财产不足抵偿债务时,董事又不呈请宣告破产,是否即作为违背义务及违背法令论?监察人如未请求董事报告公司业务

情形,调查公司簿册及信件、财产,未覆核董事造送股东会之各种簿册,并报告其意见于股东会,未即召集股东会议,是否即作为不尽职务论?又公司已达破产程度,董监隐匿不发,而第三者不知内情,与其订立契约,而受损害。董监个人应否负责赔偿?一麈等出身商界,欠习法律,对于前项条文尚有疑义,用特书请函县转呈高级司法机关赐予解释,以祛疑窦,无任公感等情转函到县。准此,理合据情转呈仰祈钧长鉴核解释,实为公便等情。据此,事关法律疑义,相应函请查核见复,以便转饬遵照等由。准此,案关法律解释,相应函请贵院迅赐解释,以便转复。此致

**院字第九三号**

**十八年五月二十日　司法院电成都高等法院　附原电**

成都高等法院黄院长览,该法院本年四月篠电致最高法院,请解释婚姻案件不能强制执行,于此发生二疑点一案,兹据最高法院拟具解答案呈核前来内开,(一)夫妇同居之确定判决不能强制执行,除以和平方法勤加劝谕或使其自行调解外,别无执行方法;(二)原确定判决系就同居之诉所为之裁判,与其后因不能同居而提起离婚之诉,自属两事,并无一事再理之嫌各等语。本院长审核无异,合电遵照。司法院号印

**附原电**

最高法院院长钧鉴,案据成都地方法院院长蔡先庚呈称,兹有夫甲因妻乙完娶年余即归住娘家,数载不归,遂提起离异之诉。经第一审驳斥,夫甲上诉,第二审因变更为请同居之诉,经第二审判决令妻乙回家与夫甲同居,妻乙上诉,第三审判决驳斥,维持第二审判决。讼经第三审发交执行,妻乙迭传不到,复经执行处派吏守传,仍不到。其妻乙并对于执行命令提起抗告,亦终驳斥。现夫甲以妻乙自娶之后仅同居一年,即归住娘家将近十年,既经三审判决,岂能听其异居?一再请求强制执行。职院查婚姻案殊不能强制执行,前大理院早有解释,于此即发生二疑点:(一)可否勒传到案,剀切劝导?如勒传仍不出头,或不从劝谕,如何办法?(二)从经过情形考查,该两造已无和谐之望,如夫甲或妻乙提起离婚之诉,是否一事再理?职院对此问题颇难解决,用特呈恳钧院转函最高法院解释,俾资遵循等语。除指令照准外,理合电请贵院迅赐解释,以便饬遵。四川高等法院院长黄功懋叩篠

**院字第九四号**

**十八年五月二十三日　司法院函国民政府文官处　附原电**

迳复者,准贵处第三八八零号公函内开,奉主席发下江西省政府电陈关于《……[1]自首法》管辖问题因案发生争议,特恳解释一案,奉谕交司法院核覆等因,并抄同原电函行到院,当经本院依照《统一解释法令及变更判例规则》第四条第一项之规定发交最高法院解答

---

[1] 此处删去一词。

去后。兹据最高法院拟具解答案呈核前来内开,除《……[1]自首法》第五条所规定之人犯保释应依同法第六条呈经高等法院核准外,其余自首依同法第七条向法院或他官署均得为之,不限于高等法院等语。本院长审核无异,相应复请贵处查照办理。此致

**附原电**

机急南京国民政府主席蒋钧鉴,关于《……[2]自首法》管辖问题,属府因案发生争议:(甲)说谓该法第六条载,呈经第一审法院核准,查反革命罪以高等法院为一审机关,本条第一审法院当然系指高等法院而言;(乙)说谓该法第七条载,自首应向法院或其他官署为之,所谓其他官署涵义甚广,并非仅指管理司法之县政府而言。如谓必作成判决书呈经高等法院核准,无论各官署力有未胜,而以全省自首案件之多,仰一高等法院综核,事实上亦多窒碍。该法第六条一审法院明系指通常程序管辖刑事案件之一审法院,并非指特别程序之一审法院等语,属府悬案以待,特电恳详细解释,以资应用。江西省政府叩祃印

**院字第九五号**

**十八年五月二十二日　司法院电广西高等法院　附原电**

广西高等法院院长览,该法院本年二月感日代电致最高法院,请解释和诱已满二十岁之妇女固无处罚规定,惟相习成风应如何救济一案,兹据最高法院拟具解答案呈核前来内开,甲某之妻年满二十岁以上,被丙和诱,如经甲告诉通奸,当然依《刑法》第二百五十六条办理。若并不告诉通奸,仅系单纯和诱,法无正条应不为罪等语。本院长审核无异,合电遵照。司法院养印

**附原电**

南京最高法院勋鉴,据容县毛县长豪代电称,查和诱已满二十岁之妇女,《刑法》上无处罚之规定,自应遵照办理,固属毫无疑义。惟事实上尚有疑难之处,不得不向钧宪渎陈之。例如,甲某之妻乙已满二十岁,被丙和诱,行至中途,经团练盘获送案审查终结,将丙宣告无罪,甲不服上诉,旋被上级法院驳回,维持原判,将丙开释回家。惟乙丙恋奸情热,引诱最易,未几丙又和诱甲妻乙潜逃,甲具状呈请缉究。当饬警查获乙丙到案,环集质讯,并无略诱之情。甲对于乙丙通奸之部分并不告诉,当然依据《刑法》不能处乙之和诱罪。惟甲迭渎不休,据云和诱行为直接虽属侵害个人之法益,间接则属侵害社会国家公共之法益,如和诱已满二十岁之妇女不负《刑法》上之责任,将来相习成风,彼诱此逃为害,伊于何底等语。查所诉各节颇有理由,究应如何救济方能应付环境,适合与情?涉及法律问题,职未敢据专,理合电呈察核示遵等情。事关法律适用,理合据情转请解释见覆,俾便饬遵,至级公谊。广西高等法院叩感印

---

〔1〕 此处删去一词。
〔2〕 此处删去一词。

**院字第九六号**

**十八年五月二十二日　司法院训令浙江高等法院　附原函**

为令遵事,该法院本年四月第六零一号公函致最高法院准杭县律师公会,请解释执行债务之法律疑义一案,兹据最高法院疑具解答案呈核前来内开,来函所述情形应查明甲之遗产请求执行,不得管收其妻等语。本院长审核无异,合行令仰遵照。此令

**附原函**

迳启者,案准杭县律师公会函开,顷据本会会员朱鸿达函称,兹有法律疑义,请转呈解释,以便准绳。例如,债权人于甲未死时,曾经起诉判决确定,甲应偿还债务若干。债权人现向甲妻请求执行,但不能证明甲死时遗有财产,法院执行庭可否根据《民事刑事羁押被告人条例》用管收方法将甲妻管收,计分三说:(甲)说守志之妇对于夫之财产例应合承夫分,而本案又无其他继承之人,是其夫既已亡故,生前所负债务,声请执行人虽不能证明债务人之妻持有夫之遗产,执行庭仍得向债务人之妻加以执行。至管收一节乃为执行上方法之一种,非独立之处分,如债务人之妻既有被执行之义务,声请执行人虽未证明其藏匿财产,执行庭亦得予以管收。(乙)说查现行通例,守志之妇合承夫分,并非继承人之一,仅有管理财产之身分(散见前大理院五年上字五三号、六年上字二六号、六年上字一四一七号),且债权人涉讼时债务人之妻既未继承诉讼,不在被告人之列,则夫死后债权人既不能证明债务人死亡时遗有财产,或积极证明债务人之妻有藏匿其夫财产之事实,执行庭不能向债务人之妻为身体上之执行。又查《民事刑事羁押被告人条例》第三条规定,民事被告人非有下列各款情形不得羁押,明指被告人而言,执行庭权能仅对于被告人依据第三条有下列各款情形者施行羁押,且第三条并无被告人及继承人以及余外之人均得施以羁押之规定。此种人身差押依法,自应严格解释,不许类推。况孀妇改嫁对于前夫债务自不负偿还责任,如夫亡无产,其守志之妇因无力偿还,致遭羁押,势必出于改嫁以谋自保,则法律设施反易夺人之志,何得谓平?因此债权人即认债务人之妻有持有或藏匿财产情事,亦须证明后对物执行,法院执行庭不能仅凭债权人空言主张,用管收方法调查债务人之妻有无持有其夫财产或藏匿行为。(丙)说查现行通例,债务系特定人之关系,执行庭依法仅能根据判决主文向被告人执行,如被告人死亡亦只能向被告人财产执行。至夫死,妻既未继承诉讼,又不在被告人之列,声请人不能证明其持有或藏匿夫之遗产,自不负被执行之义务,依法非但不能羁押债务人之妻(第三者),并不得向债务人之妻加以执行。在此场合,执行庭可以指挥声请人另向债务人之妻起诉,因证明夫有遗产以及证明债务人之妻持有或藏匿夫之财产事实加以调查,均系审判职权范围内之能事,非法院执行庭可以代谋。综上三说,究以何说为是?请迅予转呈解释等情,经本会本年第四次常任评议员会议决,应予照转,相应函请查照,迅予转呈解释见复,俾资遵循等由。准此,事关解释,相应函请贵院核覆,以便转函知照。此致

**院字第九七号**

**十八年五月二十五日　司法院训令江苏高等法院　附原函**

为令遵事,该法院本年四月九日公函致最高法院,请解释《公司条例》第一百五十条及选举舞弊各疑问一案,兹据最高法院拟具解答案呈核前来内开,(一)按《公司条例》,关于股东会选任董事亦即股东会决议之一种,惟同条例第一百五十条所谓违背法令及章程,仅指召集手续及决议方法而言,来函所述选举舞弊,如向该管法院呈诉,自不为该条期限所拘束(参照本院院字第八八号解释);(二)舞弊之情形不同,应否属刑事范围,依据《刑法》何条论科,不能臆断等语。本院长审核无异,合行令仰遵照。此令

**附原函**

迳启者,案准上海律师公会函称,据会员伍澄宇函称,查《公司条例》一五〇条,股东会之召集及决议违背法令及章程时,股东得呈控该管官厅注销之,其呈控由决议之日起算,以一月内行之等语。现发生疑问者有数点:(甲)决议是否包括选举在内?(乙)现发现董事选举时有舞弊情事,是否与违背法令同论?(丙)所谓该管官厅者,依公司注册向工商部呈明,该管官厅当然为工商部,惟发现乙问题情事,向法院诉请注销是否相同?(丁)由决议之日起算,以一月行之是否为诉权时效之得丧?以上甲问题分为两说:(子)说谓决议依《公司条例》一四五条第三项既有限制,而选举权并无限制,当然不包括选举;(丑)说谓《公司条例》内并无特别载明选举权,依《公司条例》一四五条第一项,各股东每一股有一议决权,则选举权当然括在决议之内。关于乙问题有两说:(子)说谓舞弊与违背法令系属两事,因违背法令系对法令有一定程序或方式而言,舞弊系在程序、方式之外,迹近刑事,且有《众议院议员选举法》第九十条载明,舞弊及其他违背法令云云。可见舞弊与违背,系属两事;(丑)说谓违背法令即包括舞弊在内,舞弊为法令所不载,而在法令外别有作为,即属违背。关于丙问题有两说:(子)说谓该管官厅系指工商部,该条所示只对向工商部呈请注销而言,与诉请法院为私权得随时救济不同,则向法院诉请救济不适用该条之该管官厅,而法院即不受该条之拘束;(丑)说谓该管官厅虽为工商部,而双方既合意向法院诉请救济,自无不许适用该条之可言。关于丁问题分为两说:(子)说谓决议之日起算以一月内行之,系一种督促时期,为期间成全之规定,与《公司条例》一六四条之一月内同具意义,使不得迟滞呈控之故,并非此为以时效消灭诉权。况诉权本为公法上之权利,股东之有诉权,本不待其决议之日而取得,则亦不以一月内不行而消灭。复参以北京大理院十一年统字一七七一号之解释,投票表决发现舞弊即依《公司条例》一八二条依法举揭,而参照《民法》草案一一一条第二项关于社团法人之议决特为但书,然载明经过三个月者,不得提起而本条并无此限制,可知所请以一月内行之为示明不可迟滞之规定,并非以时效消灭诉权;(丑)说谓该条既载明由决议之日起算,则一月内不行使呈控即属不得提起,该项召集及决议即生效力。若不为一定期间使法律关系确定,殊非利益。统上各问题,子丑两说以何为是?又据声称,关于《公司条例》一五〇

条请求代为转呈最高法院解释已详前函,兹尚有疑问者:(甲)舞弊既与违背法令及章程系属两事,该舞弊能否认为《刑法》范围?(乙)舞弊虽为《刑法》范围,但应以何条论罚?就甲问题分两说:(子)说谓舞弊系为一种伪造及欺诈之行为,而董事资格本受股东一种雇佣或委任之契约。今用伪造或欺诈而取得契约上之权利,及因非股东意思委任而行使职务致危害他人权利,其为侵害法益,当然为《刑法》范围。复依前北京大理院二年上字四五号,对于上告人开列选举违法四点,已明示第二、第三、第四各论点属于舞弊范围,为选举犯罪。今依刑事告发办理不能与选举诉讼同论,则舞弊之属于刑事,了无可疑;(丑)说谓纵有舞弊而董事被选系一种契约上之行为,只能认为契约发生疵累,即属故意图谋,亦为侵权行为。若有危害公司,只负损害赔偿责任,无刑罚可言。至乙问题可分三说:(子)说谓妨害选举罪应以国会及地方议会议员之选举为限,此为大理院八年统字第九七五号所明示。此为有限公司发生之事件,不能依该条拟处其舞弊。如冒名签字、伪造选票,纯为伪造文书、印文罚,因股东选举董事为股票行使之一种权利,既非本人嘱托行使股权捏名投票,当系触犯《刑法》二二六条,或因冒名而触犯《刑法》二三四条之罪;(丑)说谓妨害选举罪虽经大理院统字九七五号解释,但依《刑法》条文并无严格规定范围,此虽属于有限公司发生之事件,既认作刑事科罚,当然依妨害选举罪各条拟处,不受院解所拘束;(寅)说谓子丑两说均系就犯罪行为论拟,而侵害法益系为对于全体股东以诈欺手段蒙混股东,因而取得董事资格图利自己,当然为触犯《刑法》三六三条之罪。以上甲乙两问题分别子丑寅各说,要以何说为合?统请查照前函一并代为转请最高法院详细解释,俾资遵守各等情。经本会为十九次执行委员会议议决,由会转请解释在案,合亟具函请求转请解释示遵等因。准此,相应转函贵院,希即解释见复,以便转知,至级公谊。此致

**院字第九八号**

**十八年五月二十七日　司法院电新疆高等法院　附原电**

新疆高等法院张院长览,该法院四月马电致最高法院,请解释继母是否直系尊亲属一案,兹据最高法院疑具解答案呈核前来内开,继母自属直系尊亲属等语。本院长审核无异,合电遵照。司法院感印

**附原电**

最高法院院长钧鉴,查亲属关系,妻于夫之父母,《刑法》以旁系论。子于继母属直系,抑属旁系?律无明文,不无疑义,是否依民律草案第一千三百二十条第二项规定?请迅赐解释遵办。新疆高等法院院长张正地马印

**院字第九九号**

**十八年五月二十七日　司法院电浙江高等法院　附原电**

浙江高等法院院长览,该法院本年三月俭日代电致最高法院,请解释县政府承审员审

理之案由县长单独署名者,其判决应否有效一案,兹据最高法院拟具解答案呈核前来内开,查《修正县知事审理诉讼暂行章程》第一条第二项载,地方管辖案件得由县知事交由承审员审理,并与承审员同负其责。又,第二十一条载,裁判书应由县知事及承审员签名各等语,是县长(即县知事)交由承审员审理之案件自行署名于判决书,不得谓非适法。如承审员漏未署名,仅系形式不备,不能谓其判决无效。在第二审尽有纠正之余地,不能发回第一审更审等语。本院长审核无异,合电饬遵。司法院感印

**附原电**

最高法院公鉴,案据浙江高等第一分院院长钟之翰巧代电称,兼理司法之县政府受理地方管辖之刑事案件,由承审员开庭审理,而由县长单独署名判决者,应否将其判决撤销,发回更审,分甲乙两说:(甲)说第二审为继续审理事实之法院,而《刑事诉讼法》内关于此种情形又未规定得以发回更审,自应由第二审继续审判;(乙)说前项情形系以未经参与审判人员所为之判决,显系违法,且与县长得将地方管辖案件交由承审员审理,并应与承审员同负其责任之规定违背,应将原判决撤销,发回更审。二说孰是,理合电请核转释明示遵等情。据此,事关法律疑问,相应电请迅赐解释,以便饬遵。浙江高等法院俭印

**院字第一〇〇号**

**十八年五月三十日　司法院电苏州高等法院首席检察官　附原函**

苏州高等法院王首席检察官览,该首席检察官本年三月青日代电致最高法院检查署,请转解释接收特庭未决反革命案件究应重行侦查起诉,抑迳送审判疑义一案,兹据最高法院拟具解答案呈核前来内开,查《取消特种刑事临时法庭办法》第四条,既谓已受理未判决云云,又谓依照通常程序审判。可见移交案件原系各该法庭已受理者,受移交之法院应即按照通常程序而为审判,不生侦查问题等语。本院长审核无异,合电遵照。司法院陷印

**附原函**

迳启者,案据江苏高等法院首席检察官王思默青日快邮代电称,最高法院检察署检察长郑钧鉴,职处接收特庭未决反革命案件,究应重行侦查起诉,抑或迳送审判,见解不一,兹分甲乙丙三说:(甲)说依《各级党部与特庭刑事诉讼相互关系决议案》第三条,特庭审判员本兼检察职权,其已受理之案件不得认为均已开始审判。故此种案件仍应由检察官继续侦查处分,不能迳送审判。况《特庭取消办法》第四条标明"依通常程序审判"字样,似须普通法院检察官起诉后,方得开始审判。且审判前经此侦查程序,尤足以昭郑重;(乙)说特庭兼有审判、检察两种职权,已经审判者,固不得重行侦查处分,其未经侦查处分者,亦不得迳送审判。故特庭未决案件应按其情形分别办理。尚在侦查中者,应即继续侦查,已在审理中者,应即继续审理,方为妥洽;(丙)说特庭不用检察制度,故《特庭诉讼程序暂行条例》第一条载明,不论何人均得起诉,凡经具状起诉而由特庭受理者即入审判程序,是特庭已受理未判决之案件应由法院继续审判。征诸《取消特庭办法》第四条,已受理未判决之案件移交该

管法院依通常程序审判云云,尤属明显,否则一经重行侦查即发生起诉与不起诉问题。如侦查结果认为应谕知不起诉处分者,对于已依《特庭诉讼条例》第一条合法起诉之案件,未免牴牾。况查钧院解字第九十五号解释,县司法公署依新法制受理之刑事案件已在审理中者,由刑庭继续审判以免延累,于此种情形似亦相符。果如乙说所云,就案件进行程度分别侦查与审判,惟就同一人员所为诉讼程序而欲为之划分,殊无明显标准足资依据办理反感困难。以上三说,未知孰是,理合电请转院解释示遵。再职处接收人犯羁押经时,急待依法进行,务乞从速电示等情。据此,相应函请查照,迅予解释过署,以凭转令遵照。此致

**院字第一〇一号**

**十八年六月十七日　司法院指令司法行政部　附原呈**

呈悉,当经发交最高法院拟具解答案呈核前来内开,起诉人之上诉如在特种刑事临时法庭取消以前,既为当时有效法令所准许,自难认为违背程式,予以驳回等语。本院长审核无异,合行令仰转饬遵照。此令

**附原呈**

为呈请事,案据署江苏高等法院院长张君度鱼代电称,窃查关于《取消特种刑事临事法庭办法》第四条载,特种刑事临时法庭已受理未判决或虽已判决而在上诉中之案件,仍依一二两条分别管辖,移交各该法院依照通常程序审判等语。按现行《刑事诉讼法》第三百五十八条,原文作"三百八十五条",显系错误,第一项仅规定当事人对于下级法院之判决有不服者,得上诉于上级法院。原告诉人及告发人依同法第三条规定,不在当事人之列,均无上诉权。嗣后特种刑事案件经普通法院判决者,告诉人、告发人自均不得上诉。惟前经特种刑事临时地方法庭判决之案件,业据起诉人(即告诉人或告发人)依《特种刑事临时法庭诉讼程序暂行条例》第一条提起上诉,现既改归普通法院依通常程序审判,应否认其上诉违背程式依法驳回,不无疑义。职院收有此类案件亟待解决,理合电恳钧部迅赐核示遵行等情。据此,查事关解释法令,理应呈请钧院解释示覆,以便转令遵办。此呈

**院字第一〇二号**

**十八年六月二十日　司法院电四川高等法院　附原电**

四川高等法院黄院长览,该法院寒日代电致最高法院,请解释民事征收讼费及刑事起诉权时效疑义一案,兹据最高法院拟具解答案呈核前来内开:(一)民事部分据来电所述,原告于请求标的外又以账项侵蚀等词为一种攻击方法,原勿庸缴纳讼费。若法院以裁决限令补缴,得向原法院提出异议。如上述攻击方法视为扩张请求,原告既在言词辩论前声请将该扩张部分撤回,自勿庸补缴讼费,应就讼费缴足之部分进行审判;(二)刑事部分既系民国十四年前犯三等以下有期徒刑之罪,于民国十四年一月一日停止侦查处分后,已逾三年未予起诉。而是时《刑法》又未施行,则依刑律关于时效各规定,其起诉权业经消灭,自不得诉

追等语。本院长审核无异,合电遵照。司法院号印

**附原电**

最高法院钧鉴,案据重庆律师公会会长秦鸿恩呈称,为呈请解释事,案据职会律师何耀光函称,迳启者,兹有法律疑问久悬不解。其例如次,甲合伙员告乙兼行经理职务之合伙员措握股本一万五千元,请判决偿还,起诉历八年之久,再三催促,乙乃辩称股本折尽。甲抗辩,歇业后并未实行总结算,就账考求,确侵蚀三万八千余金。乙遂辩称,既请彻追三万余金,即应照此数额补缴讼费。于是发生子丑两说:(子)说民事诉讼采用有偿制,既要彻追三万余金,审判上对于此数额即不能不施查算及审核种种手续,请求人即不能不照此数额补费;(丑)说此为请求给付之诉,依据《修正诉讼费用规则》第二条,民事因财产权而起诉者,依诉讼标的之金额或价额(中略)征收审判费。此例请求给还股本一万五千元即为其诉讼标的之金额,其请求彻追三万金之侵蚀,并非请求全数给付。不过请在此三万余金中划一万五千元归还股本。其余之数,乃其他合伙员所应归之数额,此纯为一种攻击方法,不得以诉讼标的论。又据《民事诉讼条例》第七条第二项,以一诉讼将利息或其他滋息、损害赔偿违约金或费用附带于主诉讼标的而主张之者,不计算其价额。是附带于主诉讼标的而请求给付之利息、滋息其他种种,尚不缴费,仅仅攻击方法中所指为侵蚀之数额,又安有要求补费之余地?以上两说,言皆成理,究以何说为是?又前例设审判上竟认子说为是,裁决令甲补费,而甲则提出异议,指为非法,于是又发生子丑两说:(子)说此种裁决系属不得抗告之件,既不许抗告,则该裁决不问有无违法及偏颇情形,均应遵守。换言之,即非依裁决补费,断不许为诉讼之进行;(丑)说法院为执行法律之机关,法文上既有极明白显易之规定,审制上竟不顾是非,为反对之裁决。此项裁决即属重大违法,实难谓为有效,盖法律效力断不因审判上之偏徇而根本破毁。况同条例第二百四十五条,参与辩论人若以审判长关于指挥诉讼之裁决(中略)提出异议者,法院应就其异议为裁决。又,第五百五十九条,原法院或审判长认抗告为有理由者,应更正原裁决,是裁决,并非若判决有绝对拘束自身之效力,其许抗告之裁决,固得由原法院或审判长自为更正;其不许抗告之裁决,经当事人提出异议者,亦得依照上述法例予以裁判而自为撤销。虽关于补费之裁决是否可认为指挥诉讼裁决尚不能无疑问,但民事法例得用类推解释乃一般法学者所是认,即认为两者不能同一,仍可以类推援用。藉如不然,既不许抗告,又不许异议,此项裁决如有重大错误,即为救济之方。且一般无理由之被告认定该案一经判决于彼不利,即依此方法提出补费之请求,审官或因其他关系竟违法裁决,照准他造,又以此为非法所许抗议补缴,则该项诉讼即沦于僵局而无法解决。即使照缴,恶例一开,尤而效之,层出不已,而狡展刁健之风因兹益甚。而上述《修正诉讼费用规则》及《民事诉讼条例》关于金额各规定亦破毁无遗,将无时不有讼费额之争执矣。以上两说,又孰为是?特烦迳请四川高等法院代电最高法院提前解释,以便祇遵,至级公谊等由。准此,理合呈请钧院俯准代电最高法院解释示遵等情。据此,正电请间复据该公会会长秦鸿恩呈称呈为呈请解释事,案据职会律师何耀光函称,敬启者,前因法律问题久

悬不解请求转呈解释一件尚有未尽之点,兹特继续前例胪请再行转呈并案解释,其例列次,如前述裁决于请求给付额外,对于甲攻击侵蚀部分并责令补缴讼费,载明限十日缴纳,如逾限不缴,即以判决驳斥其请求。甲以依法无补费根据,如果照缴,恶例一开,为害滋大,仍具状否认并声明如必须征费,即请将该部搁置勿理,只请对于股本额为判决,胜负不计,总求速结云云。复延数月,仍置不判,原审官旋去,经后审官审查认为无补费根据已为事实点之审理,甲乙两方亦相互辩论。惟乙之代理人坚执非依照裁决缴费不能为实体法上之陈述,于此又发生子丑两说:(子)说据《民事诉讼条例》第二百七十八条,裁决经宣告或送达后,为该裁决之法院审判长、受命推事或受托推事受其羁束。此裁决既经送达,甲迭申异议,均未变更,后审官当然受其羁束,而不能任意取消;(丑)说裁决上注明限十日补缴,否则以判决驳斥其请求。兹越时数月尚未补费,前审官并未依自定之期限为驳斥之判决,是已自破毁其主张,而裁决之效力亦因期限之空过而丧失,后审官当然无复有遵守之义务。换言之,即当然有舍弃该项费用之职权,且甲曾声请将该部分搁置勿理,是即变相之撤回。后审官因其撤回而免令补费亦属法所容许,乙之代理人并无代表法院征费之权利,何能坚持?反对以上两说,又以何说为是?外又有一刑事上法律疑问。其例如次,某甲告某乙犯三等以下有期徒刑之嫌疑,经受理后即值赦令,遂予搁置,然亦未依法为终结之处分。现在国府认该赦令为无效,某甲因而复请诉追,于是发生子丑两说:(子)说该赦令既无效,受理之官厅又未为终结之处分,则其犯罪嫌疑完全存在,且依据新《刑法》第九十七条起诉权时效之规定,犯一年以上、十年未满有期徒刑者,非十年不能消灭,则该项犯罪当然有诉追之必要;(丑)说查暂行刑律第七十二条起诉权之时效,系三等以下有期徒刑者,三年。第七十二条,起诉权之时效以下列行为之一中断之,俟行为停止更为起算:(一)侦查及预审上强制处分;(二)公判上诉讼行为。此案于民国十四年一月一日即停止侦查一切行为,自是日迄至于今年并未尝继续进行,则民国十七年一月一日已完成三年之时效,起诉权当然因之消灭而不复存在。虽国府否认赦令为有效,然于犯三等以下有期徒刑之案件并不生如何影响。至新《刑法》第九十七条时效之规定期间较长,依法律不溯既往之原则,亦当然不能使已完成之时效更依新法令而增加期间。以上两说,又以何说为是?前例案悬八年无法解决,后例刻来外州县发生亦伙,又多数系不得上诉于最高法院之件,非有统一解释难杜纠纷,特一并呈请四川高等法院代电最高法院予以解释,俾资遵守等由。准此,理合呈请钧院俯准转呈解释指令祗遵各等情。据此,除指令外,理合电请钧院俯赐察核解释示遵。署四川高等法院院长黄功懋叩寒印

**院字第一〇三号**

**十八年六月二十四日　司法院训令浙江高等法院　附原函**

为令行事,查该法院本年第五八九号公函致最高法院,请解释津贴与俸给之异同一案,兹据最高法院拟具解答案呈核前来内开,来函所称管理公款公产委员会委员,其给予虽按

该会章程称为津贴,实为有给之职,与律师章程第十三条所谓有俸给之公职相合等说。本院长审核无异,合行令仰遵照。此令

**附原函**

迳启者,案据署金华地方法院院长杨树猷呈称,案准金华律师公会公函内开,案准敝会会员胡瑞应函称,案准贵会函转浙江高等法院第二九五号函开,案准贵会函复,律师胡瑞应兼任金华管理公款公产委员会常务委员,按《修正管理县公款公产委员会章程》第十三条之规定,仅有津贴并无俸给,请查照等由。准此,查津贴与俸给名异实同,律师胡瑞应既已任金华县管理县公款公产委员会常务委员,如果不愿执行律师职务,应自请撤销律师登录,以符定章,相应函请贵会查照,希即转行知照,并希见复等因。准此,相应函请贵会员查照,希即见复等由。准此,查津贴与俸给截然不同,盖津贴性质与车马费相同,故称贴不称给也;而俸给则不然,委其一种职务必有一定之俸,其性质与雇佣无异,故称给不称贴也。即以浙江《修正管理县公款公产委员会章程》而论,查该章程内对于常务委员监察规定为津贴,而对于出纳员、事务员、书记员则规定为薪给,如果津贴与俸给名异实同,则该章程毋庸分别规定,可见津贴与俸给截然不同。来函谓津贴与俸给名异实同,似有误会,惟事关法律疑义,相应函请贵会转请解释示遵等由。准此,经敝会常任评议员会议决,相应函请贵院转呈最高法院解释祗遵,实为公便等由。准此,理合备文呈请仰祈钧院核转施行等情。据此,查是案前据金华县民胡镕荪等以律师胡瑞应兼任金华县保管公款公产委员会常务委员等情,呈请查明惩办前来,当经先后函请金华律师公会查复并转行知照各在案。兹据前情,查津贴与俸给名称虽异,而为有给之职则一。惟既据请转解释相应函请贵院核复,以便令饬转行知照。此致

**院字第一〇四号**

**十八年六月二十八日　司法院训令浙江高等法院　附原函**

为令行事,该法院本年第九五零号公函致最高法院为永嘉律师公会,请解释妇人不得与相奸者结婚条文可否适用于男子一案,兹据最高法院拟具解答案呈核前来内开,来函所引现行律例嫁与奸夫者,妇人仍离异等语,显与第二次代表大会妇女运动决议案相抵触。依照男女平等原则,凡夫妻一造与人通奸,均得为请求离异之原因。至离异以后,则结婚、离婚绝对自由,自无不得与相奸者结婚之限制等语。本院长审核无异,合行令仰转行知照。此令

**附原函**

迳启者,案准永嘉律师公会养代电开,顷据徐委员铨函称,查大理院判例七年上字第四九一号,现行律所称嫁与奸夫者,妇人仍离异等语,系专指因奸而被离异之妇而言。《民法》草案第一千三百三十七条载有因奸而被离异者,不得与相奸结婚之明文,此项条文原系专为妇女失节而设。但值此男女平权、贞操义务夫妇共守之时,可否将该条文适用于男方,实

一问题。函请转呈解释示遵等情到会,业经本会临时会议决议,电请迅予核转等由。准此,事关法律疑问,相应函请贵院迅赐解释,以便转函知照。此致

院字第一〇五号

十八年六月二十八日　司法院训令湖北高等法院　附原函

为令行事,该法院本年第四六三号公函致最高法院,为夏口律师公会请解释证书诉讼疑义列举甲乙两说一案,兹据最高法院拟具解答案呈核前来内开,据来函所述,应以甲说为是,并依《修正民事诉讼律》第六百四十七条第一项规定办理等语。本院长审核无异,合行令仰转饬知照。此令

附原函

迳启者,据夏口律师公会呈称,据会员葛修健请转请解释法律案,分列两说,具述于后:(甲)证书诉讼之证据,应以书证为限,原告既已提出借券以为起诉原因、事实之证明方法,被告虽为借券伪造之抗辩,究未依合法证据方法尽其举证责任。依民诉律第六四六条之规定,法院仍照证书诉讼程序予以判决,并无不合;(乙)证书诉讼无论攻击防御,均应以书证为限,本件被告人虽未提出合法之证据,以为伪造之证明,然依民诉律第六四四条之规定,原告人甲所提出之书证既已发生伪造之争执,而法院不以职权调查其真伪,遽依原告人甲之请求予以判决,实有未当。以上两说,未知孰是,事关法律疑义,请转请解释等情。据此,理合具文呈请钧院转请最高法院迅予解释,实为公便等情到院。相应函请贵院查照,迅予解释函复,以便转知为荷。此致

院字第一〇六号

十八年六月二十八日　司法院训令浙江高等法院　附原函

为令行事,该法院本年第九零四号公函致最高法院据玉环县县长请解释父如浪费,其子能否声请法院宣告准禁治产一案,兹据最高法院拟具解答案呈核前来内开,来函所称情形,业见十八年院字第七九号解释,自可查照办理等语。本院长审核无异,合行令仰转行知照。此令

附原函

迳启者,案据玉环县县长张玉麟呈称,窃县长办理司法对于准禁治产之声请发生疑问,即父如浪费,其子能否声请法院宣告其父准禁治产,关于此问题之主张得分两说:(甲)说谓前大理院四年统字二二八号解释例,谓因有万不得已情形声请审判衙门为之立案者,审判衙门似可酌用限制能力之条例,予以立案等语。是父如浪费,其子自可声请审判衙门酌用限制能力之条例,予以准禁治产之宣告;(乙)说谓前大理院统字二二八号解释例系对于卑幼而言,且其末段明定,仍应斟酌各该地方习惯等语,则子对于父当然不能适用。且中国向系父在,子不得自专,断无子对于父限制能力之习惯,故父纵浪费,其子不能声请审判衙门

宣告准禁治产。二说不知以何者为是,如以甲说为是,设子有母在,母不声请宣告其夫准禁治产,其子之声请能否有效?事关法律解释,县长未敢擅专,理合备文呈请核转解释等情。据此,事关法律疑义,相应函请贵院迅赐解释,以便饬遵。此致

**院字第一〇七号**

**十八年七月五日　司法院指令上海公共租界临时法院　附原呈**

呈悉,业经发交最高法院拟具解答案呈核前来内开,来呈所称情形,应以乙说为是等语。本院长审核无异,合行令仰知照。此令

**附原呈**

呈为呈呈解释事,窃查民国十六年四月,武汉政府颁发现金集中命令,停止已发行银行钞票之兑现,并将某银行之未发行钞票及库存钞票提用,鉅数流通市面。嗣经政府发行金融公债整理停兑汉钞,而持票者有所不满,向某银行提起请求兑现之诉,因而发生行政与司法管辖上之争议,于此有二说焉:(甲)银行之兑换券,实为一种无记名债券,对于持券人应有按照票面兑付现金之义务。所有政府颁布之停兑命令及整理命令,为政府与银行间之借贷关系,无论银行承认与否,不能以之对抗持券人也。况持票人所持之票有为银行所发行,并非尽是政府所提用,应不在整理范围之内。兹因银行不履行兑现义务,而以公债与持券人,实妨碍持券人领现之权,此为持券人与银行间之权利义务关系,当然属于普通之司法衙门管辖也;(乙)国家于必要之际停止银行之钞票兑现,各国俱有先例,此基于国家权利作用所为之行政处分,银行与持券人双方均应遵守。在命令未取消以前,银行之兑现义务绝对免除,至整理命令经过国务会议议决,于公债条例上注明用途,尤为最显明之行政处分。如果持券人对于政府命令或有不满,可提起行政诉讼或诉愿以为救济。决不能置政府命令于不顾,而由普通之司法衙门受理也。以上二说,各执一理,究以何说为正当?请求钧院迅赐解释,俾资遵循,实为德便。谨呈

**院字第一〇八号**

**十八年七月六日　司法院函中央执行委员会秘书处　附原函**

迳复者,准贵处五月十一日函开,准中央政治会议转来立法院函复关于中央民众训练委员会请解释商民协会是否属于《劳资争议处理法》第十六条所称雇主团体一案,应交由司法院解释等情。原函一件经呈奉常务委员批照交司法院等因,并抄同原件函行到院,当经依照本院《统一解释法令及变更判例规则》第四条规定,发交最高法院拟具解答案去后。兹据该法院呈复前来内开,查《商民协会组织条例》经中央执行委员会议决通过后,尚未公布,原函所谓商民协会,如系按照该条例组成,则其性质自与单纯之雇主团体不同,不得遽认为《劳资争议处理法》第十六条所称之雇主团体等语。本院长审核无异,相应函复贵处查照转陈。此致

附原函

迳启者,关于中央民众训练委员会请解释商民协会是否属于《劳资争议处理法》第十六条所称雇主团体一案,前准函交本院,当经本院于十八年一月五日第五次会议议决,付法制委员会审查。嗣据该委员会具报审查报告内称,佥以为凡对于现行法规中之条文如须加以解释时,必其法规之性质关涉国家之根本,或因现行法规条文缺乏以及其他特殊重大事由,不能采用司法解释或行政解释之方法者,始有采取立法解释程序之必要。查《劳资争议处理法》属于通常法规之一种,今对于其条文之意义发生疑问,似尚无须采取立法解释之方法。而进查《国民政府司法院组织法》第三条之规定,又明以使统一解释法令之权属于司法院院长,但须经最高法院院长及所属各庭庭长会议之议决。如是,则本件应仍交由该管解释机关予以解释,毋须经由本院之议决予以解释,以昭划一而杜纷歧等情,复经本院于十八年三月九日第十六次会议议决照审查报告通过,相应录案函达查照。此致

院字第一〇九号

十八年七月二十四日　司法院电山东高等法院　附原电

山东高等法院易院长览,虞代电悉,所请解释重缴审判费可否发还一案,业经本院长发交最高法院拟具解答案呈核前来内开,查《修正司法印纸规则》第十二条内既载不再征收审判费等语,来函所述重缴之审判费自应予以发还等语。本院长审核无异,合电遵照。司法院敬印

附原电

南京司法院钧鉴,兹有民事原告人在甲地方法院起诉,照章缴纳审判费,未经言词辩论,复具状以其普通审判籍应归乙地方法院管辖。当由甲院宣告判决认本件应归乙院管辖,尚未送达判决正本,而该原告人即向乙院重缴同额审判费,越日又向甲院具状请求发还前缴之费,究竟应否发还?职院现有两说:(子)说管辖错误之案件不应征二重费用,按之《司法部印纸规则》第十二条规定至为了然,是先缴之费应予发还;(丑)说已购贴之司法印纸,除因司法机关计算错误致超过定额者外,概不退还原价,业经《司法部印纸规则》第十一条定有明文,该原告人并不依《民事诉讼条例》第四百六十九条第一项之规定声请移送,竟先向乙院重缴,即非司法机关之错误,照上开规则自无发还之根据。两说孰是,未敢擅断。案关司法收入,且两造均系外国人民,亟待解决,敬乞迅赐解释示遵。山东高等法院院长易恩侯虞印

院字第一一〇号

十八年七月二十四日　司法院训令最高法院云南分院　附原呈

为令行事,该分院本年四月呈最高法院,请解释云龙县公署如发现有土劣案件应送交何处法院办理一案,兹据最高法院拟具解答案呈核前来内开,云龙县既在该省高等法院第

一分院管辖,如发现土豪劣绅案件,应送该高等分院所附设之地方分庭办理等语。本院长审核无异,合行令仰转行知照。此令

**附原呈**

呈为呈请解释事,案准云南高等法院公函开,案据云龙县长段作霖养日代电称,查国民政府颁发《惩治土豪劣绅条例》第八条载,凡土豪劣绅有本条例第二条之行为者,地方人民均得向特种临时法庭举发等因。遇有地方人民提起此种诉讼,县公署能否兼理?又县公署查实土豪劣绅有第二条之行为者,可否以检查之资格,自动检举,按例判决?理合电请查核,统乞示遵等情。据此,查解释法律系属最高法院职权,相应函请贵分院查核办理等由。准此,查国民政府第二四号通令,所谓普通地方法院系指正式法院而言,其兼理司法之县长不得受理土豪劣绅反革命案件等因。观此,则县公署对于此种诉讼当然不能兼理,法文已有规定。遇有地方人民提起或县公署自行查实,似只能送交正式法院受理。惟滇省正式地方法院仅有昆明一处,其余虽有设立计划,尚未知何日始能成立。省城高等法院之外设有高等法院分院二处,第一分院在大理,第二分院在昭通,该两分院均附设有地方分庭。云龙县在第一高等分院管辖区内,如发现有土豪劣绅案件,应送交何处法院办理?案关法律问题,惟钧院有解释之权,理合备文转请迅赐解释,以便转函饬遵。谨呈

**院字第一一一号**

**十八年七月二十七日　司法院电青岛宪兵司令部　附原电**

青岛宪兵司令部吴司令鉴,贵司令五月庚日代电致最高法院,请解释刑诉法二二七条、二二八条疑义一案,兹据最高法院拟具解答案呈核前来内开,宪兵队长官应以中级以上,直接有指挥命令部队权之长官为限;如无直接指挥命令部队权之辅助官,不问阶级如何,应仍以宪兵官长论等语。本院长审核无异,相应电复查照。司法院感印

**附原电**

南京最高法院院长台鉴,查刑诉法二二七条规定,宪兵队长官为司法警察官,有侦查犯罪之职权,与检察官同。又,同法二二八条规定,宪兵官长军士应听检察官之指导。又《陆军审判条例》二一条,军事检察官以下列各员充之:(一)陆军宪兵官长军士;(二)总军师暨旅各司令部副官或军法官。综核上列各法条,遂有问题如下:(甲)宪兵队长官与宪兵官长以何者为区别,并无明文规定。查宪兵中级官系荐任职以上,其官阶与检察官相同,所谓宪兵队长官是否即宪兵中级官以上之官长?所谓宪兵官长者是否指委任职之下级宪兵官长而言?(乙)副官之官阶中级、下级不等,是否以中级副官为宪兵队长官,以下级副官为宪兵官长?以上各问题,案关法律解释,敝部未便擅拟,应请迅赐解释电复,至级公谊。宪兵司令吴思豫叩庚印

**院字第一一二号**

**十八年七月三十一日　司法院电广西高等法院　附原电**

广西高等法院院长览，该法院本年一月有日代电致最高法院为桂林地方法院，请解释刑事案件管辖疑义一案，兹据最高法院拟具解答案呈核前来内开，查某甲既经县署依地方案件之法条为判决，地方法院审理终结，又认其所犯者确系地方管辖之罪，该地方法院自无第二审管辖权。而其受上级法院判决之拘束者，亦至此时为止，对于该案，应为管辖错误之判决等语。本院长审核无异，合电转饬知照。司法院世印

**附原电**

南京最高法院鉴，据桂林地方法院院长魏道昌庚日代电称，兹有某甲犯地方法院管辖之刑事案件，经兼理司法之县署判处罪刑，某甲不服声明上诉。上级法院审查结果认定县判错误，某甲乃犯初级法院管辖案件，遂以判决谕知管辖错误，发交地方法院为第二审审判。地方法院审讯终结，仍认为某甲实系犯地方案件，其上诉应属上级法院管辖。此种情形，该地方法院究应依照《刑事诉讼法》第三百七十九条及第三百十九条规定为管辖错误之判决，抑应受上级法院发交审判之判决拘束，迳为第二审之科刑判决？事属法律解释，理合电恳转请解释令示祗遵等情，合电转请解释赐覆，俾便转饬遵照。广西高等法院叩有印

**院字第一一三号**

**十八年七月三十一日　司法院指令司法行政部　附原呈**

呈悉，事关解释诉讼管辖问题，业经发交最高法院解释去后，兹据拟具解答案呈核前来内开，查第三审法院将案件发回第二审法院更为审判后，原第一审法院改隶于他法院之事实，并无变更第三审判决之效力等语。本院长审核无异，合行令仰转饬遵照。此令

**附原呈**

呈为陈请事，案据代理河北高等法院院长邵修文呈以万全地方法院及河北第四监狱遵令移转察哈尔省管辖，所有职院受理万全地方法院第二审控诉案件，其未判决者约四五起，为提解传讯并当事人候审便利起见，均已移送察哈尔高等法院核办。至前经最高法院判决发回职院或前直隶高等审判厅更审之案，与上开第二审控诉案件情形相同，应否一并将原案卷宗移送察哈尔高等法院审理？请鉴核训示等情前来。查案经第三审判决发回原审法院更为审判，即有拘束效力。兹据前情，究应如何办理？理合呈请钧院鉴核训示，以便饬遵。谨呈

**院字第一一四号**

**十八年七月三十一日　司法院训令山西高等法院　附原函**

为令知事，该法院本年第二八六号公函致最高法院，据第二分院请将《惩治土豪劣绅条

例》第二条第十一款疑义列举子丑两说转请解释一案,兹据最高法院拟具解答案呈核前来内开,来函所述情形,以丑说为是等语。本院长审核无异,合行令仰转饬知照。此令

**附原函**

迳启者,据大同第二分院呈称,窃查《惩治土豪劣绅条例》第二条第十一款规定,盘据公共机关侵蚀公款或假借名义敛财肥已者,照下列论罪云云。设有某甲充某旗务处总管六七年,所管旗兵饷项领多发少,托言财政厅减成发给,所余数目尽入私囊,计及钜万,是否构成本条款之犯罪?职院对此约分二说,列举于下:(子)说旗务处系官署,即公共机关也。某甲充任总管至六七年之久,即盘据也,旗饷本为公款而侵蚀之,即系触犯本条款之罪名,不能以普通《刑法》之侵占拟处;(丑)说本条例定名曰惩治土豪劣绅,总管系官员,非豪亦非绅也。且其任免由于国家,招之则来,挥之则去,无论在职任何年久,不能谓为盘据。即或关于旗饷领多发少,借饱私囊,只应按《刑法》侵占论罪必也。地方绅董、衙署吏胥、官员虽有更换,彼等不能动移,借公府为护符,以长官为傀儡,方得谓之盘据。二说各殊,未知孰是。职院现受有此种案件急待解决,理合具文呈请鉴核,准予转请最高法院解释指示,俾有遵循等情。据此,查该院所称子丑两说,关乎法令解释,相应函请贵院释明,以便饬遵,实级公谊。此致

**院字第一一五号**

**十八年七月三十一日　司法院训令江苏高等法院　附原函**

为令知事,该法院本年第二四五六号公函致最高法院为江宁律师公会,请解释被害人能否作证疑义一案,兹据最高法院拟具解答案呈核前来内开,查现行之《刑事诉讼法》,并无禁止被害人于公诉程序中为证人之规定,惟证人之言可采与否,法院应据理自由判断等语。本院长审核无异,合行令仰转行知照。此令

**附原函**

迳启者,案据江宁律师公会会长王朝干呈称,据会员王培槐来函,敬启者。兹有丙报告甲谓被乙诈财,并无人证物证,由甲告发,以丙为证人,于此有二说:(一)说案由甲告发,丙虽为诈财被害人,然已变为证人地位,被害人同时亦可认为证人,不必再要人证物证;(二)说丙如被乙诈财,何以不赴法院告诉?乃因甲告发到庭证明只是空言主张,并无人证物证,焉知非与甲串通冀图伪证?如果认丙为证人,将来伪证之风不知伊于胡底。况刑诉法第一零六条第四款,犹不得命其具结,显见虽有证言,不足采取。今丙为诈财被害人,虽经到案,但无其他证据,究不得认为证人。以上二说,以何说为是,相应函请贵会转呈最高法院解释等由。准此,业经敝会于五月二十六日召集第四次评议会议决通过,请求解释用特呈请转函迅予解释等情到院。相应函请贵院解释见复,以便转行遵照。此致

**院字第一一六号**

**十八年七月三十一日　司法院训令广东高等法院　附原函**

为令知事，该法院本年第三四号公函致最高法院为澄迈县地方分庭，请解释《刑法》第三四三条疑义一案，兹据最高法院拟具解答案呈核前来内开，查抢夺罪因公然夺取之行为而成立，以其仅系夺取而未施强暴胁迫之点言之，与强盗罪不同；以其公然夺取而非秘行之点言之，与窃盗罪不同等语。本院长审核无异，合行令仰转饬知照。此令

**附原函**

迳启者，现据琼崖地方法院澄迈县分庭检察官符元光呈称，窃查《刑法》第三百四十三条抢夺罪，其成立之要件有二：（一）须有意图为自己或第三人不法之所有；（二）须有抢夺他人所有物之行为。第一要件既为强盗、窃盗之共同要件，而第二要件中"抢夺"二字又与强暴之情形相同。盖抢者，强取也；夺者，争取也。总之，即强力夺取之谓，是则抢夺罪与强盗罪实无区别。反之，强盗罪，法文明定以强暴为手段，抢夺罪法文并未明定以强暴为手段，似立法者意旨，抢夺罪并不以强暴手段为成立要件，如此则又与窃盗罪相同。究竟抢夺罪与强盗罪及窃盗罪区别之标准何在？职庭受理此种案件颇多，悬案待决，理合备文呈请钧院察核，伏乞迅予转请解释示遵等情。据此，事关法律解释，相应据情函请贵院查照，迅赐解释见复，以便饬遵，实级公谊。此致

**院字第一一七号**

**十八年八月三日　司法院咨行政院　附原咨函**

为咨复事，前准贵院本年第八九号咨，为广西省政府请示关于清查户口实行连保连坐案适用《刑法》何条疑义一案，转咨解释到院，当经发交最高法院解释去后。兹据该法院拟具解答案呈核前来内开，查连保中，如果确无同谋帮助或扶同隐匿情事，而又并不知情，故未揭报，或仅于犯罪完成后始行知情，而不揭告，则《刑法》中并无科以刑罚之明文，应不为罪等语。本院长审核无异，相应咨复查照令遵。此咨

**附原咨**

为咨请事，案据广西省政府呈称，奉钧院训令开准国民政府文官处函开，奉主席交下广西省政府电陈前奉令办理清查户口并实行连保连坐一案，除原文有案邀免冗叙外，后开合行令仰该省政府遵照，此令等因。奉此，查连保连坐，原为事前防范办法。假如十户连保，其中一户为匪，其他各户有同谋帮助或窝藏情事，自可依照《刑法》共犯各条分别科断。即于犯罪可以预防之际，知情隐匿密不揭报者，亦可依照《刑法》第一百六十二条办理。惟于连保中之其他各户，如无同谋帮助或扶同隐匿情事，而又并不知情故未揭报者，或仅于犯罪完成之后始行知情而不揭告者，当此场合，若不予以处分自不能谓为连坐。如果科以罪刑，又苦无从根据，究应如何办理？呈请察核令遵等情前来。查《刑法》第二十四条，有非故意

之行为不罚之规定,但既谓之连保连坐,若因并不知情或于犯罪完成之后始行知情,遂不与以处分,似又与连保连坐之意义未能贯澈。遇此场合,究应根据《刑法》何条办理,方为适当之处,相应咨请贵院加以解释见复,以便饬遵,至级公谊。此咨

**附原函**

迳复者,案准贵院咨开,奉司法院发交贵院咨转广西省政府,请解释关于清查户口实行连保连坐疑义一案,令拟解答到院,查广西清查户口实行连保连坐,既属奉令办理,自必具有此项条规以资遵循,相应咨请贵院将清查户口并实行连保连坐条规检赐一份以凭解答等由。准此,查国府于本年一月七日曾训令(第六号)各省政府转饬所属各县克日清查户口实行连保连坐以绝匪患,但关于清查户口并连保连坐之法规则尚未见明令颁布。兹准前由相应抄同国府原令一份,函请贵院查照。此致最高法院

**此处删去一段。**

**院字第一一八号**

**十八年八月三日　司法院咨行政院　附原咨**

为咨复事,前准贵院本年第一〇八号咨,据内政部呈请解释县政府《行政会议规程》第二条第三项所称地方团体标准一案,当经本院发交最高法院解释去后,兹据该法院拟具解答案呈核前来内开,县政府行政会议为促进县属政务而设,该规程第一条定有明文,其第二条第三项所称之地方团体,自系指为法令所认许在一定地方办理公共事务,而与县属政务有关之团体而言。惟该项有经县长聘约者之规定,此项团体首领须经县长聘约者,始得列为该会会员等语。本院长审核无异,相应咨复查照令知。此咨

**附原咨**

为咨请事,据内政部长赵戴文呈请,案据河北省民政厅厅长孙奂仑呈称,案奉部颁《县政府行政会议规则》到厅,当经转行所属各县遵照,并将各县遵照举行情形呈报在案。兹据宁河县县长陈云溥呈称,查《县行政会议规程》第二条第三项,地方团体首领或地方公正士绅经县长聘约者等因。查所谓地方团体,凡县党务指委会及区党部、区分部是否在内,他如新成之农民协会、商民协会、妇女协会、教职员联合会、反日会、各项工会如脚行工会、人力车夫工会等,商民协会内有商人总会、区会、店员工会、摊贩工会,是否均在聘约之列等情前来。正核办间,复据高阳县县长王文彬呈称,奉令赶速遵办县行政会议,县长对于县行政会议会员资格尚有疑义二端:(一)《行政会议规程》第二条第二项内载,各区区长为本会议会员,现在保送区长未经训练委用以前,各区巡官暂行兼代区长职务。但巡官为外县之人不能代表本区,遇事不得不召集旧警董以求实际,而警董在法令上无根据,又为一般新团体之首领所反对。职县发生此种困难,究应如何召集代表各区之人以组织行政会议,此应行请示者一也。(二)第三项内载,地方团体首领或地方公正士绅经县长聘约者,所谓地方团体是否为县党务指导委员会领导下之各团体(如商民协会、农民协会、工会、妇女协会),及依

法成立之团体现尚继续有效者(如商会、农会、教育会等),至各团体之首领系指县总会首领而言,其区会、商会各首领不能参预。又县党务指导委员会系本党最高权力机关,不能与地方团体并论,但遇开行政会议时,应否通知该会参加?如须参加,有无表决权,此应请示者二也等情。据此,当由职厅分别指令以查县行政会议其性质专为讨论地方行政事宜,各区长自以现任职务者为断。至于本籍外籍毫无关系,各协会系在党部指导之下,自未便约其与会。反日会之组织,纯系对外之一种临时结合,亦与地方各团体不同。惟由县长聘约之会员,得由该县长自行酌核办理各等语。惟查河北各县所有各种协会均已次第成立,应否认为地方团体?此项行政会议应否聘约与会?识别稍一含混,即虞发生争议。至于从前农商教育各会尚无明令取消,各县多有存在,应否认为继续有效?似亦须有明确规定之必要,将来发生疑问,当不仅宁、高两县虽已由职厅分别指令,未敢认为适当。拟请钧部俯赐解释以便有所循守,所有关于县长行政会议第二条第三项地方团体转请解释缘由,是否有当,理合具文呈请鉴核示遵等情。据此,查县政府《行政会议规程》前经本部呈奉国民政府核准,以部令公布通行在案。现值训政时期,所有地方团体关系最重,究应以何项团体认为地方团体,自应有统一解释以示标准而昭划一。兹据前情除指令候示外,理合据情呈请钧院鉴核,俯赐转咨解释等情。据此,案关法律解释,相应据情咨请贵院解释见复,以便饬遵。此咨

**院字第一一九号**

**十八年八月三日　司法院电黑龙江高等法院　附原电**

黑龙江高等法院院长览,本年四月陷代电已悉,当经发交最高法院解释去后。兹据拟具解答案呈核前来内开,私运、藏匿、贩卖军用枪炮子弹应依《军用枪炮取缔条例》处断,已见院字第四十九号解释文等语。本院长审核无异,合电遵照。司法院江印

**附原电**

司法院王院长钧鉴,案据职属庆城县县长韩之栋电称,窃前奉颁国民《刑法》第二百条及二百零一条所定危险物罪,均未有"军用枪炮"字样。嗣后关于私运藏匿贩卖军火者,应依何条论罪,请示遵等情前来。职院开会审议意见有二:(甲)谓凡行为认为犯罪者,必须律有明文。《刑法》第二百条及二百零一条所举之危险物,不但无"军用"字样,即"枪炮"二字亦付阙如,如谓已包括有爆裂物内。查枪炮种类甚多,究以何种枪炮为犯罪,何种枪炮为非犯罪,及是否以军用为限,毫无标准可循,适用上亦感困难。立法者果认为系违禁物品,又何妨于条文内明白列入,免费解释?足见《刑法》对于制造、持有或自外国运入军用枪炮系采放任主义,不成犯罪。(乙)谓《刑法》二百条及二百零一条原系因该类爆裂物于公共危险关系甚钜,故对意图供犯罪之用,或未受允准而制造、持有,或自外国输入者,处以罪刑,炸药、棉花药、雷汞物尚在违禁物之列,而军用枪炮于公共危险更大,断无放任不予取缔之理。以上两说,似均言之成理。事关法律疑义,未敢擅专,理合电请钧院俯赐解释,以便转令遵

照。黑龙江高等法院院长王锡九陷叩印

**院字第一二〇号**

**十八年八月三日　司法院电福建高等法院首席检察官　附原函**

福建高等法院首席检察官览,该首席检察官梗代电呈最高法院检察署,转请解释特种刑庭移交已受理案件似毋庸实施侦查程序一案,兹据最高法院拟具解答案呈核前来内开,取消特种刑事临时法庭后,依其办法第四条移交之案件无庸再施侦查程序已见院字第一百号解释文等语。本院长审核无异,合电知照。司法院江印

**附原函**

迳启者,据福建高等法院首席检察官张清泽梗代电称,据晋江地方法院首席检察官电称,窃查《关于取消特种刑事临时法庭办法》第四条内载,特种刑事临时法庭已受理未判决或虽已判决而在上诉中之案件,仍依一二两条分别管辖移交各该管法院,依照通常程序审判等语。是已经临时法庭受理而未判决之案,应由管辖法院迳行审判,除公判时仍由检察官莅庭执行职务外,似毋庸再由检察官实施侦查程序。是否有当,恳请察核示遵等情到处。案关法律疑义,乞即转请解释电复,以便饬遵等情。据此,除指令外,相应函请查照解释过署,以凭转令遵照为荷。此致

**院字第一二一号**

**十八年八月三日　司法院电四川高等法院　附原电**

四川高等法院黄院长览,查重庆律师公会本年六月效电致最高法院,为土豪劣绅案件现归地方法院受理第一审,是否仍由告诉、告发人为原告,抑由检察官侦查起诉请解释一案。兹据最高法院拟具解答案呈核前来内开,依《关于取消特种刑事临时法庭办法》第四条,移交之土豪劣绅案件无庸检察官再侦查起诉(参照院字第一百号解释文),但移交后一切均依通常程序,应以检察官为原告等语。本院长审核无异,合行电仰转行知照。司法院江印

**附原电**

最高法院钧鉴,查劣绅土豪案件,原由告诉、告发人自为原告并有上诉权,曾经钧院解字第七二号明白解释在案。嗣后临时特别刑事法庭取消,关于上述案件,各地方法院或其简易庭依普通程序受理第一审,是否仍由告诉、告发人为原告,抑由检察官侦查起诉?未有明文规定,理合电请解释示遵。重庆律师公会叩效

**院字第一二二号**

**十八年八月三日　司法院电河北高等法院　附原电**

河北高等法院邵院长览,本年四月有日代电已悉,当经发交最高法院解释去后。兹据

拟具解答案呈核前来内开,刑事告诉虽得委人代行,所委之人亦不问其系属律师与否。然律师代行告诉,依现行法令,尚不能与民事代理人、刑事辩护人视同一律等语。本院长审核无异,合电遵照。司法院江印

**附原电**

司法院钧鉴,窃查刑事告诉人于公判庭委任代理,律无明文。现有刑事告诉人委任律师出庭代理,可否准行?如准其代理,是否与普通律师待遇相同?均无依据。悬案以待,拟请准予解释迅赐示遵。代理河北高等法院院长邵修文叩有印

**院字第一二三号**

**十八年八月七日　司法院电热河高等法院　附原电**

热河高等法院院长览,本年五月庚代电悉,当经发交最高法院解释去后。兹据拟具解答案呈核前来内开,查与《惩治盗匪暂行条例》第一条所列各款均不相当,应适用普通《刑法》,分别情形论罪等语。本院长审核无异,合电遵照。司法院阳印

**附原电**

南京司法院长钧鉴,有甲妻乙与丙通奸,被甲知觉,屡与乙争吵,乙乃约同丁、丙杀甲,平分其财产,并将甲十五岁幼女妻丁,乙与丙另成夫妇,谋成。于某晚间,乙备酒肉,乘甲醉后酣睡之际,丙、乙各持棒棍入室,先将甲女拽入别室,各以棒棍照定甲头部痛击。丙因用力过猛,棍折,乙更以铁锹与之,以致铁木伤痕鳞遍甲体,登时毙命。乙复令丙、丁将甲尸置锅腔上用火燎烤,乙更用剪将甲尸小腹左右扎伤两处,并将阳物龟头剪断。事毕,乃诡称被匪强抢戕杀,事主藉图掩饰。查该案一说谓乙、丙、丁之行为,目的既系谋财,自当依照强盗杀人,按《刑法》普通程序处理。一说因案情残忍,其性质既系谋财,依广义的解释,其行为自属于行劫范围,非依《惩治盗匪暂行条例》之特别程序处理,殊不足以惩凶恶。二者究以何说为是?案悬待结,伏望迅予解释,以便遵办。热河高等法院院长张永德叩庚

**院字第一二四号**

**十八年八月七日　司法院电广东高等法院　附原电**

广东高等法院院长览,该法院本年四月陷代电致最高法院,请解释特别刑事案件之被告选任辩护人疑义一案,兹据最高法院拟具解答案呈核前来内开,高等法院受理前特种刑事临时法庭管辖之案件,当然适用《刑事诉讼法》。被告依该法第一百六十五条第一项之规定,自可随时选任辩护人等语。本院长审核无异,合电知照。司法院虞印

**附原电**

南京最高法院钧鉴,现据广东律师公会会长杜之秋等呈称,窃职公会现准会员叶夏声等建议书内开,为建议事,查本省特别刑事法庭案件,前经广东政治分会议决,统归广东高等法院为第一审,并同时将广东特别刑事法庭裁撤在案,是关于特别刑事法庭管辖之案件

自归并高等法院后,当然适用刑事诉讼上通常诉讼程序以为审理。查《刑事诉讼法》第一百六十五条,被告于起诉后,得随时举任辩护人。依此规定,则特别刑事案件之被告人似亦可随时选任辩护人。且查民国十七年一月九日最高法院覆司法部函,亦经解释刑事诉讼程序关于辩护人之规定,与本条例(即《特种刑事临时法庭组织条例》)并无抵触,自得准用。又十七年四月十七日最高法院覆浙江高等法院电解释云,查反革命案件本为特种刑事临时法庭专属管辖,该法庭许用律师辩护,经本院解字第一号、第九号先后解释在案,并经登载《司法公报》第二期、第四期,希转饬查照等因。是本省特别刑事案件事同一律,似应准被告人得选任辩护人,方为合法,可否建议本省司法当局请为查照,转电司法院部最高法院解释电复,以资遵守而保人权,实为公便等由。当经职公会评议员第十一次会议议决,应即呈请解释在案,会长自应照案执行,理合备文呈请钧院察核,转电司法院部最高法院解释电复指令祗遵等情。据此,案关适用法律,合电陈请迅赐解释见复,俾便饬遵。广东高等法院叩陷印

**院字第一二五号**

**十八年八月七日　司法院电浙江高等法院首席检察官　附原电**

浙江高等法院郑首席检察官览,该首席检察官上年十一月鱼代电呈最高法院首席检察官转请解释《禁烟法》条文疑义一案,兹据最高法院拟具解答案呈核前来内开,依《禁烟法》第二条第一项之规定,自《禁烟法》施行之日起至十八年三月一日止,《刑法》第二百七十五条应暂行停止其效力。但在该法未施行前已吸食鸦片之罪者,不因施行《禁烟法》而免予论科等语。正审核间,适于七月二十五日奉国民政府令兹制定《禁烟法》公布之等因,查本案系就十七年九月十七日公布之《禁烟法》请求解释,而予以解答。本院长审核无异,合电知照。司法院阳印

**附原电**

最高法院首席检查官钧鉴,查《禁烟法》第二条第一项载,凡在中华民国十八年三月一日以后吸食鸦片者,依《刑法》第二百七十五条治罪。又第四条第一项载,民国十七年四月四日《修正禁烟条例》废止之各等语。是否《刑法》第二百七十五条之效力在十八年三月一日以前暂行停止,在此期间内吸食鸦片者,概不论罪。又,在《禁烟法》未颁布以前,因未遵照《修正禁烟条例》领有执照,私吸鸦片而发觉者,是否因《禁烟法》施行亦一律免予论罪?现所属各院纷请解释,用特电请钧座转院解释迅赐示遵。浙江高等法院首席检察官郑文礼叩

**院字第一二六号**

**十八年八月七日　司法院训令江苏高等法院　附原呈**

为令知事,前据淮阴律师公会呈请解释法律疑义两则到院,当经发交最高法院解释去后。兹据最高法院拟具解答案呈核前来内开:(一)人民对于国民党孙总理遗像应表示敬

意，有意图侮辱、公然撕毁总理遗像者，应依照《刑法》第一百六十七条之规定论罪（参照本年六月二十七日国民政府命令）；（二）胪列具体事实请求解释，依《统一解释法令及变更判例规则》第三条，应不解答各等语。本院长审核无异，合行令仰转行知照。此令

**附原呈**

为呈请交院解释示遵事，窃属会日昨开会，有法律案两则议决请求解释，谨分举于下：（一）设有人与人因事争执，故意将其室中悬挂之总理遗像撕毁，应否成为犯罪一案。当讨论，有人主张《刑法》无正条，应不为罪者；有人主张总理为国父，撕毁遗像即是侮辱总理，自应认为犯罪者。表决结果主张犯罪者多，遂又进而研究应适用何项法条以治其罪。有谓总理已死，悬挂遗像以示崇敬，有意将遗像撕毁，应依《刑法》第二百六十一条论以亵渎祀典罪者。又有谓撕毁遗像即是侮辱总理，应依《刑法》第三百二十四条科以公然侮辱罪者，更有谓总理为国民革命之领袖，撕毁遗像即是反对国民革命之心，应依《反革命治罪法》第六条后半段治罪者，各执一词，莫衷一是。事关适用法律之疑义，公议请求解释，此其一。（二）设有商民协会内各业分会之商人，因办理法律事件公聘律师为常年法律顾问，订立契约，公费由商自认，事权无碍他人，乃该商民协会整理委员会之常务委员以未得其同意，联合党部表示干涉，强迫各商解除契约。于此场合，该常务委员与党部之干涉是否合法，又受委任之律师能否依照契约主张应得之权利一案。当经讨论，有谓商民协会系以各业商为组织份子，常务委员为其代表，各业商之行动，常务委员有监督之权，党部为民众团体领袖，对于民众团体之行动有纠正之权能。各业商延聘律师为法律顾问，事先既未得常务委员之同意，常务委员如认为必要，得联合党部出而干涉，此认干涉为有效者之说也。反对之者谓各业商之延请律师办理法律事件，既是依法委任，自非任何人或团体之所可借口干涉，受委任之律师自应依法主张权利，此又主张干涉无效者之说也。两派各执公决，请求解释，此其二。上述两次法律案，理合具文呈祈钧院俯赐鉴核，交最高法院解释示遵，实为公便。谨呈

**院字第一二七号**

**十八年八月七日　司法院训令湖南高等法院　附原函**

为令知事，该法院本年第一五六五号公函致最高法院，请解释《刑事诉讼法》第八条第七款疑义一案，兹据最高法院拟具解答案呈核前来内开，《刑事诉讼法》第八条于第二款以下皆以条文为列举规定，其第七款既仅定明《刑法》第三百六十三条，则依该款属于初级管辖者，自以第三百六十三条之犯罪为限。乃所揭罪名于诈欺之外又及于背信者，在立法之初亦不过因《刑法》第三十一章系以诈欺及背信罪标目，故以为言，实则并无深意等语。本院长审核无异，合行令仰知照。此令

**附原函**

迳启者，按《刑事诉讼法》第八条第七款之规定，解释约分两说，因而发生管辖问题之争议：（甲）说谓本条各款均系列举条文，本款既明示《刑法》第三六三条之诈欺及背信罪，而无

"第三六六条"字样。可见,犯第三六六条之罪者,应属地方管辖。(乙)说谓本条第七款所称背信罪,系指第三六六条而言,因背信罪在《刑法》上系属专条(无二条以上之规定),无须明示条文,当然了解。且查第三六三条中,既无背信情形,是背信显系指第三六六条而言,尤无疑问。准此解释,则犯第三六六条之罪者,应属初级管辖。二说未知孰是?案关法律争议,影响及于管辖问题。敝院未便擅自解决,相应函请贵院拟具解答,呈由司法院复核令遵,至级公谊。此致

**院字第一二八号**

**十八年八月七日　司法院电浙江高等法院　附原电**

浙江高等法院殷院长览,四月皓电及七月宥电均悉,当经发交最高法院解释去后,兹据最高法院拟具解答案呈核前来内开,土豪劣绅案件,如告诉人上诉在《关于取消特种刑事临时法庭办法》六条施行以前自属有效,若上诉在后,则依该办法第五条关于上诉应照通常程序办理之规定,其上诉即非合法,但应注意有无检察官因请求而提起上诉之情形等语。本院长审核无异,合电遵照。司法院虞印

**附原电**

司法院院长钧鉴,查土豪劣绅事件现归普通法院管辖,原告诉人对于前特种刑事地方临时法庭第一审判决,能否向高等法院呈诉不服,提起第二审上诉?案关法院解释,伏乞指示祇遵。浙江高等法院院长殷汝熊叩皓

**院字第一二九号**

**十八年八月十五日　司法院电广西高等法院　附原电**

广西高等法院院长览,该法院上年十月世代电致最高法院,为绥渌县县长电请解释遗产承受及管理疑义一案,兹据最高法院拟具解答案呈核前来内开,查孀妇无子招夫入赘,即非守志之妇,自不得更承夫分。至族中现无昭穆相当之人可以立嗣,依据现行律例,户绝财产果无同宗应继之人,所有亲女承受,无女者听地方官详明上司酌拨充公等语,自可查照办理等语。本院长审核无异。至该县原电内所引临时联席会议决议一案,并经本院函请中央执行委员会查复。兹准复开,武汉中央国府联席会议关于财产承继问题之决议案,现经于八月一日提出,第二十八次常会议决暂不适用等因,合并电仰转令知照。司法院删印

**附原电**

南京最高法院徐院长勋鉴,案据绥禄县县长徐家豫巧日抄电称,孀妇无子,自行在故夫家招赘,能否再承夫分遗产?族中现无昭穆相当之人可以立嗣,可否由族中选人管理遗产,俟立嗣后交还?抑依国民政府司法部第三四号训令所列中国国民党中央执行委员国民政府委员临时联席会议第十六次会议决议案,如无应继之人及生前所立合法之遗嘱,所有财产收归国有等办法办理?请予核示等情。应请贵院解释函覆,俾便饬遵。广西高等法院院

长朱朝森叩世印

**院字第一三〇号**

**十八年八月十五日　司法院电甘肃高等法院　附原电**

甘肃高等法院院长览,该法院有日代电致最高法院请解释《刑法》总则各条文疑义一案,兹据最高法院拟具解答案呈核前来内开,第一问题见院字第四十二号解释,第二问题所谓同一之罪指同条之罪而言。内乱与渎职既非同一之罪,亦非第六十六条所谓同款之罪各等语。本院长审核无异,合电知照。司法院删印

**附原电**

南京最高法院钧鉴,查《刑法》第六十五条之累犯,须受有期徒刑之执行完毕,或受无期徒刑或有期徒刑之执行一部而免除后,五年内再犯有期徒刑以上之刑者,始能成立。若执行并未完毕或免除即另犯他罪,亦能成为并合论罪,初不发生累犯问题。惟查同法第九十六条规定并合论罪,则以裁判宣告前犯数罪者为限。若在裁判宣告后,更犯他罪,即不在并合论罪之列。法文均至明显,无庸曲为解释。然于二者之间,即不免发生疑问。设有受徒刑之执行人犯在监更犯脱逃,认为累犯,则初判之刑尚未执行完毕或免除,认为并合论罪,则后犯之罪又在裁判宣告之后。于此情形,能否依从前大理院统字第三三三号解释,将后犯之脱逃一罪于科刑后,与前科之刑并执行之?抑或依同法第七十一条,认后犯脱逃为未经裁判之罪于裁判后再依第七十二条定其应执行之刑?又《刑法》第六十六条第一项所谓不同一之罪与不同款之罪有无区别?例如,先犯内乱罪,后犯外患罪,其罪虽非同一,尚可解为同条第二项同款之罪。若先犯内乱罪,后犯渎职罪,则其罪既不同一,又非同款,究应解为不同一之罪?抑应解为不同款之罪?如解为不同款之罪,则所谓不同一之罪者,是否另有他解?以上二点,敝院均不无疑义,应请鉴核解释示遵。甘肃高等法院叩有印

**院字第一三一号**

**十八年八月十五日　司法院电广东高等法院　附原电**

广东高等法院罗院长览,该法院本年五月支代电致最高法院,请解释当事人不服法院之批示能否抗告一案,兹据最高法院拟具解答案呈核前来内开,法院批示,其性质若系关于刑事案件之裁定,能否抗告,应适用《刑事诉讼法》第四百十四条至第四百十六条之规定办理等语。本院长审核无异,合电知照。司法院咸印

**附原电**

最高法院院长勋鉴,查《刑事诉讼法》第四百十四条载,当事人对于法院之裁定有不服者,得抗告于直接上级法院。惟当事人对于法院之批示不服能否抗告,未有明文规定。如不能抗告,当事人既有不服,应如何救济之处,不无疑问。恳请迅赐解释,俾资遵循。广东高等法院院长罗文庄叩支印

**院字第一三二号**

**十八年八月十五日　司法院电四川高等法院　附原电**

四川高等法院黄院长览,该法院本年二月删代电致最高法院,请解释依《刑事诉讼法》第三百零八条审判之案件应以何机关受理上诉一案,兹据最高法院拟具解答案呈核前来内开,上级法院受理下级法院管辖之案件,其诉讼程序应以上级法院为准。当事人如不服高等法院受理第二审之初级管辖案件,第三审应由本院受理等语。本院长审核无异,合电知照。司法院咸印

**附原电**

南京最高法院钧鉴,本院依《刑事诉讼法》第三百零八条审判之初级管辖案件,其最重本刑又非一年以下有期徒刑、拘役或专科罚金之罪,究竟能否再提上诉?其受理第三审上诉机关是否仍在钧院?或仍由本院另配庭员办理?讼诉法内并无明文规定,敬祈电覆遵办。四川高等法院叩删印

**院字第一三三号**

**十八年八月十五日　司法院训令湖南高等法院　附原函**

为令知事,该法院本年第一五四四号公函致最高法院,为常德地方法院请解释《刑法》第一百三十四条疑义一案,兹据最高法院拟具解答案呈核前来内开,看守所长及司法警察官无执行刑罚之职务,不包括于《刑法》第一百三十四条第一项所定公务员范围之内,其羁押刑事嫌疑人不得视为同条之执行刑罚等语。本院长审核无异,合行令仰转饬知照。此令

**附原函**

迳启者,案据湖南常德地方法院院长钟馥庚代电称,兹有法律疑义一则,电请解释。《刑法》第一百三十四条第一项所谓有执行刑罚职务之公务员,是否包括看守所长及司法警察官?又,如前例之公务员羁押刑事嫌疑人,是否得为同法同条项之执行刑罚?理合代电恳请解释令遵等情。据此,事属解释法律,敝院未便擅拟,相应函请贵院拟具解答案呈由司法院覆核令遵,至级公谊。此致

**院字第一三四号**

**十八年八月十五日　司法院训令江苏高等法院　附原函**

为令知事,该法院本年第二四五五号公函致最高法院,为奉贤县县长请解释奸淫案件援引法律疑义一案,兹据最高法院拟具解答案呈核前来内开:(一)甲事前诱其女乙与丙奸淫,自不能再有告诉之权;(二)甲系乙之直系尊亲属,如意图营利,诱乙与丙奸淫,应成立《刑法》第二百四十七条之罪;(三)丙奸淫未满十六岁之乙女,无论已否得本人同意,均犯第二百四十条第二项之罪;(四)乙为被害人,依法有告诉之权;(五)丙所犯之罪依《刑法》第

二百五十二条,非告诉不得论罪各等语。本院长审核无异,合行令仰转饬知照。此令

**附原函**

迳启者,案据奉贤县县长洪立本养电称,有甲之女乙现年十五岁,丙觊觎之,经乙同意,甲亦意图营利,而留丙与乙前后计奸宿数夜。事后甲因不得续图营利,乃与乙二人告诉丙奸淫幼女。查丙之觊觎乙,及甲之意图营利,留丙与乙奸宿数夜,均为犯罪之要素。倘甲欲留丙,而丙不觊觎乙,或丙觊觎乙而甲不留丙,则丙与乙决无奸淫之事实。惟对于援引法律发生疑义之点有五:(一)甲有无告诉之权;(二)甲是否犯《刑法》第二百四十七条之罪;(三)丙是否犯《刑法》第二百四十条第二项之罪;(四)乙有无告诉之权;(五)丙所犯之罪是否应依《刑法》第二百五十二条须告诉乃论。职县现有类似之案件,亟待审理,特电请迅赐解释示遵等情到院。相应转函贵院,希即解释见复,以便饬遵。此致

**院字第一三五号**

**十八年八月二十二日　司法院咨行政院　附原咨**

为咨复事,前准贵院本年第五七号咨开,据内政部呈复核议南京特别市政府处分高松泉逆产案及高毓浵(即高松泉)呈请发还被封房屋案,各情形事关法律问题,转请解释等由到院。当经发交最高法院解释去后,兹据该法院拟具解答案呈核前来内开,查前军事委员会参谋厅之函告自与已废《处分逆产条例》第二条第三款,由个人具合法文书报告者,有同等效力,但依该条例所为之处分,以性质言,尚非绝对不可变更等语。本院长审核无异,相应咨复查照。此咨

**附原咨**

为咨请事,现据内政部部长赵戴文呈称,为呈复事,前准钧院秘书处函以奉院长发下南京特别市政府呈为处分高松泉之铜井巷、成贤街两处逆产一案,奉谕交内政部核议,具复抄同原件函达查照等因。正在核议间,复准钧院秘书处函以奉院长发下高毓浵呈请,令饬发还被封房屋以重民生而保产权,呈一件奉论交内政部核办,抄同原件函达查照各等因。准此,遵将先后奉交原呈,并案审核。查高毓浵即高松泉,此案系十七年四月间前,军事委员会参谋厅先后致函南京特别市政府高毓浵,曾任孙传芳秘书长,应将其铜井巷及成贤街两处房屋没收充公,市政府即据以令饬财政局派员接收。而以十六年五月十日前武汉国民政府所公布之《处分逆产条例》为依据,迨十七年九月间中央处理逆产委员会成立,业主高毓浵乃于十月间具呈该会请将没收之房屋予以发还。该会以处理逆产,应遵照国民政府公布之《处理逆产条例》办理。高毓浵既未经法庭判罪,亦未经通令缉办,其财产未便视为逆产,函达市政府查照。市政府即令据市处理逆产委员会复称,此案房屋没收之时系在《处理逆产条例》未经公布之前,似未便援用,后法变更,前法处分确定之案等语。根据上述事实,则南京特别市政府没收高毓浵之房屋系在十七年四月间,而高毓浵于十七年十月间始向前中央处理逆产委员会呈诉,似不能不认市政府之处分为完结。惟查此案,系前军事委员会参

谋厅函请南京特别市政府没收充公,可否认为与前武汉国民政府公布之《处分逆产条例》第二条第三款之规定有同等效力?本部未敢断定。事关法律问题,拟请钧院转咨司法院核示,再行遵办。所有核议奉交南京特别市政府处分高松泉逆产案及高毓涉呈请发还被封房屋案各情形,并拟请转咨解释法令缘由,是否有当,理合具文呈复等情。据此,为此咨请贵院烦为解释见复,以便转行遵照。此咨

**院字第一三六号**

**十八年八月二十二日　司法院电江西高等法院　附原电**

江西高等法院张院长览,该法院本年一月梗代电致最高法院,请解释《刑法》及《刑事诉讼法》各疑义一案,兹据最高法院拟具解答案呈核前来内开,(一)依《刑法》第二条但书规定适用旧律较轻之刑时,判决主文中不必记载刑等。至折抵裁判确定前之羁押日期,既应适用新《刑法》第六十四条,即应依该条规定记载于主文,不得再用旧律第八十条"未决期内羁押日数"等字样;(二)应采甲说;(三)《刑事诉讼法》第三百二十一条第二款所谓事实,指犯罪事实而言,无罪判决不必叙述事实;(四)被告既已依法撤回上诉,则诉讼不复存在,无须依同法第三百七十七条加以裁定各等语。本院长审核无异,合电知照。司法院养印

**附原电**

最高法院钧鉴,兹有请解释之点:(一)关于新旧法比较轻重适用旧法科刑之案件。查十七年七月一二〇号解释,关于《刑法》但书规定,犯罪时法律之刑较轻者适用较轻之刑一语,系指适用《刑法》论罪而处以旧法律所定之刑,本无疑问。惟判决主文,除依《刑法》论罪外,其依旧刑律科刑,关于宣告刑之部分,应否将旧刑律条文上所记载之刑等标明?又折抵是否亦依旧刑律用未决期内羁押日数等字样?(二)关于自诉之案件:(甲)说依《刑事诉讼法》第三百三十七条第一款、第二款,凡合于该条款之案件,被害人得自向法院起诉,则对于县司法公署及县政府当亦可适用前项规定。按照同法第三百四十一条第二项载,在侦查终结前经自诉者,检察官应停止侦查之程序,足见立法意旨对于被害人自诉之意思极为注重。若认被害人自诉之权只可行使于法院,而不能行使于县司法公署及县政府,未免于立法意旨相违背;(乙)说《县知事审理诉讼暂行章程》县司法公署得准用之,钧院早经著有第三十一号解释例。又《刑事诉讼法》除与该章程抵触者外,于县知事(即县政府)准用之,此为该章程第四十二条所规定。《刑事诉讼法》第三百三十七条,系规定自诉人得向法院起诉。该县司法公署及县政府并非法院,核与前项章程显有抵触,不能适用自诉之规定。若谓被害人自诉之权只可行使于法院,不能行使于县司法公署及县政府,未免于立法上注重被害人自诉之意旨相违背。然查同法第一百六十五条、第一百七十二条规定,足见立法上对于被告选任辩护人一节亦重视之。而依据现行法例,何以被告选任辩护人之权只可行使于法院,不能行使于县司法公署及县政府?其原因系以县司法公署及县政府与法院组织不同,不能完全适用《刑事诉讼法》之规定,自可断定。况查法院因有提起公诉之检察官,始有被

害人自诉之例外规定,县司法公署及县政府以一人兼理审检事务,并无专员担任提起公诉,则自诉与非自诉即属无由分别。如果依乙说之主张,则关于同法第三百四十八条第二项、第三百四十九条第一项第二项、第三百五十条第一款各规定,既不能适用于县司法公署及县政府,自于立法之意旨难以贯彻。故被害人之自诉只能于正式法院行之。(三)关于谕知无罪判决书应否记载事实:(甲)说第一、二两审为审理事实之法院,凡谕知无罪之判决,除于主文内谕知被告无罪理由内说明不论罪之理由外,并应列事实一栏说明本案诉讼经过之事实,方与《刑事诉讼法》第三百二十一条第一款、第二款规定相符;(乙)说法院对于有罪案件之判决,自应认定犯罪事实。若因犯罪不能证明谕知无罪案件,则无犯罪事实之可言,自毋庸加以认定,即毋庸列事实一栏。且查《刑事诉讼法》第三百二十一条第二款所载"事实"两字,系指犯罪之事实,并非指本案诉讼经过之事实。第三审虽非事实审,然前项条款依同法第四百条第三审法院亦在准用之列。如谓无罪判决,虽无犯罪事实,亦应依前项条款列事实一栏说明诉讼经过之事实,而参阅最高法院所为有罪之判决则有事实一栏(前大理院关于无罪判决并无事实一栏),所为发回更审之判决则无事实一栏,足见谕知无罪之判决书应否列事实一栏,应以被告有无犯罪之事实为断。(四)关于被告撤回上诉之案件,查被告不服第一审判决提起上诉后状请撤回上诉,职院依照《刑事诉讼法》第三百七十条第一项、第三百七十二条第二项,认为上诉人自状请撤回上诉之日起即生丧失上诉权之效力,原判已属确定。除通知他造当事人外,法院并无加以裁判之余地,当将卷宗送检察处办理。现检察处仍将原卷送回,并主张依同法第三百七十七条应由法院加以裁定。如果依其主张,则执行之始期是否自法院准予撤回上诉之裁定之日起算?抑自上诉人状请撤回上诉之日起算?不免发生问题,以上各节乞电示祗遵。江西高等法院院长张孚甲叩梗印

**院字第一三七号**

**十八年八月二十二日　司法院电浙江高等法院首席检察官　附原电**

浙江高等法院郑首席检察官览,该首席检察官电呈最高法院检察署,为鄞县地方法院首席检察官转请解释《禁烟法》公布后对于吸食鸦片烟罪如何处置一案,兹据最高法院拟具解答案呈核前来内开,查《刑法》第二百七十五条关于吸食鸦片烟罪,依现经废止之《禁烟法》第二条规定于该法施行后、十八年三月一日以前已停止效力。在此期间之案件,自应分别依《刑事诉讼法》第三百十六条、第三百十七条第一款及第二百四十四条第一款办理等语。本院长审核无异,合电转饬知照。司法院祃印

**附原电**

最高法院首席检察官钧鉴,案据鄞县地方法院首席检察官王振南呈称,窃查国民政府公布之《禁烟法》第二条第一项内开,凡在中华民国十八年三月一日以后吸食鸦片烟者,依《刑法》第二百七十五条治罪等语,如是对于吸食鸦片烟罪究应如何处置,有二说焉:(甲)说谓依照特别法优于普通法之原则,《刑法》第二百七十五条之规定在十八年三月一日以前,

因禁烟特别法停止其效力。故遇吸食鸦片烟案件,在公判中应依照《刑事诉讼法》第三百十七条第二款认为法律免除其刑,应谕知免诉之判决,在侦查中应依照刑诉法第二百四十四条第四款予以不起诉处分;(乙)说谓《刑事诉讼法》第三百十七条第二款、第二百四十条第四款规定,法律免除其刑者,系指刑事法令有特别规定免除其刑明文之各罪而言。兹《禁烟法》虽为《刑法》第十九章之特别法,惟对于民国十八年三月一日以前之吸食鸦片者,既无免除其刑明文之规定,在公判中自不能遽予以免诉之判决,在侦查中应予起诉。且推讨《禁烟法》第二条第一项规定,凡在民国十八年三月一日以后吸食鸦片者,依《刑法》第二百七十五条治罪,其立法本意,除指民国十八年三月一日以后吸而未戒之鸦片烟犯而言。然就《禁烟法施行条例》第十五条第二项考究,戒烟所及戒烟分所应一律于民国十八年二月底撤废。可见民国十八年三月一日以前,凡吸食鸦片者须一律入所戒绝;若吃而不戒,仍须依照《刑法》第二百七十五条论罪科刑,方足以昭政府限期禁绝之决意。否则在民国十八年三月一日以前旧吸者固无因此而戒绝,新吸者又必乘机而增加,此项《禁烟法》又不啻为奖励吸食鸦片而设矣,二说未知孰是等情。事关法律解释,职处未敢擅专,理合转请解释示遵。浙江高等法院首席检察官郑文礼号印

**院字第一三八号**

**十八年八月二十二日　司法院电河南高等法院　附原电**

河南高等法院吴院长览,该法院本年一月陷电致最高法院,请解释《惩治绑匪条例》能否援用《刑法》第九条规定一案,兹据最高法院拟具解答案呈核前来内开,惩治绑匪,除同条例及应适用之法令有特别规定外,仍得援用《刑法》总则等语。本院长审核无异,合电知照。司法院养印

**附原电**

最高法院钧鉴,《惩治绑匪条例》能否援用《刑法》第九条之规定?案悬以待,恳示遵。河南高等法院院长吴贞缵陷

**院字第一三九号**

**十八年八月二十二日　司法院电湖南高等法院首席检察官　附原函**

湖南高等法院曹首席检察官览,该首席检察官电呈最高法院检察署,为长沙地方法院首席检察官转请解释各司令部参议顾问是否陆军军属,犯罪应归何处管辖一案,兹据最高法院拟具解答呈核前来内开,凡陆军文官现服勤务之人,无论名义如何,均系陆军军属;其非现服陆军勤务者,依《陆军刑律》第十条,不得以陆军军属论等语。本院审核无异,合电转饬知照。司法院养印

**附原函**

迳启者,据湖南高等法院首席检察官呈称,为呈请解释事。案据署长沙地方法院首席

检察官贺寿嵩铣代电称,各司令部参议顾问是否陆军军属,如犯普通刑事案件,应归何处管辖?乞转电解释示遵等情。据此,理合电呈钧署转请解释,迅赐示遵等情。案关解释法律,相应据情函请查照,解释见复为荷。此致

**院字第一四〇号**

**十八年八月二十二日　司法院电江西高等法院首席检察官　附原函**

江西高等法院梁首席检察官览,该首席检察官电呈最高法院检察署,转请解释高等法院分院管辖权限一案,兹据最高法院拟具解答案呈核前来内开,高等法院分院其职权与本院同,自有受理反革命案件之权等语。本院长审核无异,合电知照。司法院祃印

**附原函**

迳启者,案据江西高等法院首席检察官梁仁杰电称,查《取消特种刑事临时法庭办法》第一条规定,反革命案件由高等法院受理第一审。高等法院专指本院,抑包括分院而言?乞专请解释示遵等情。据此,相应函请贵院查照,迅赐解释见复为荷。此致

**院字第一四一号**

**十八年八月二十二日　司法院电福建禁烟委员会　附原电**

福州福建禁烟委员会览,该会上月祃电致最高法院请解释盐船夹带烟土,法律上可否将船舶没收一案,兹据最高法院拟具解答案呈核前来内开,盐船非专供贩运鸦片所用之物,依法不得没收等语。本院长审核无异,合电知照。司法院养印

**附原电**

最高法院林院长勋鉴,盐船夹带烟土,法律上可否将船舶没收?乞电复。福建禁烟委员会叩祃

**院字第一四二号**

**十八年八月二十二日　司法院电湖南高等法院首席检察官　附原函**

湖南高等法院曹首席检察官览,该首席检察官电呈最高法院检察署,转请解释处分声请再议案件疑义一案,兹据最高法院拟具解答案呈核前来内开:(一)适用《刑事诉讼法》第二百五十条;(二)依二百五十条,由首席检察官负责署名盖章各等语。本院长审核无异,合电知照。司法院祃印

**附原函**

迳启者,案据湖南高等法院首席检察官曹瀛东代电称,查司法公报解释类载司法院训令第八二号开,告诉人对于上级法院首席检察官驳回声请再议之处分不服时,得再向上级法院首席检察官声请再议,至管辖该案之终审法院首席检察官为止等语,究竟处分此项再议案件时,应援引《刑事诉讼法》何条以为依据,不无疑义。又,再议或再议处分书系检察官

办理者,究由检察官署名,抑由首席检察官署名,亦颇滋疑义。理合并恳转请解释,以便遵循等情到署。相应据情函请贵院查照,解释见复为荷。此致

**院字第一四三号**

**十八年八月二十三日　司法院指令司法行政部　附原呈**

呈悉,当经发交最高法院解释,兹据拟具解答案呈核前来内开,查《理藩院则例》及《番例条款》原为特别法之一种。在未经颁布新特别法令以前,自应按照民国十六年八月十二日国民政府通令,就各该地方隶属国民政府前所适用者,酌予援用等语。本院长审核无异,合行令仰转饬遵照。此令

**附原呈**

呈为呈请事,案据甘肃高等法院敬代电称,查甘肃蒙番人民多沿旧习,普通法律向不适用,以故民国以来,对于此项人民诉讼案件仍适用《理藩院则例》及《番例条款》。现值百度维新、法律普及之期,国内民族似不宜有所歧异,所有现行法律对于蒙番人民可否一律适用之处,伏乞鉴核示遵等情到部。查民国十六年八月十二日国民政府通令内开,国民政府一应法律待用孔亟,在未制定颁行以前,凡从前施行之各种实体法、诉讼法及其他一切法令,除与中国国民党党纲主义或与国民政府法令抵触各条外,一律暂准援用等语。该《理藩院则例》及《番例条款》是否仍准援用?事关法令解释,理合具文呈请钧院鉴核示遵,实为公便。谨呈

**院字第一四四号**

**十八年八月二十三日　司法院指令司法行政部　附原呈**

呈悉,当经发交最高法院解释,兹据拟具解答案呈核前来内开,以甲说为是等语。本院长审核无异,合行令仰转饬遵照。此令

**附原呈**

呈为呈请事,案据山东高等法院呈称,《各省高等法院院长办事权限暂行条例》第三条所定应召集临时会议处理之事项:(甲)说谓同条例第一条既有"决议"字样,当然依会议通例,取决于多数。必可否同数无从取决时,方能及同条例第六条请部核定;(乙)说谓该项会议并无取决多数明文,但有一人不同意,即属第六条所谓不能决定,应即请部核定。二者皆言之成理,究以何说为是?事关办事权限发生疑问,职院不敢擅专,理合呈请鉴核示遵等情到部。据此,查事关法令解释,职部未便擅拟,理合呈请钧院俯赐鉴核示遵,以便转令遵照,实为公便。谨呈

院字第一四五号

十八年八月二十三日　司法院指令山东高等法院　附原呈

呈悉，当经发交最高法院解释，兹据拟具解答案呈核前来内开，按来呈所述情形，应以乙说为是等语。本院长审核无异，合行令仰遵照。此令

附原呈

呈为呈请解释法律疑义事，窃职院受理民事第三审案件，有某甲以某乙违反押妻（未婚妻年十六岁）为娼之契约，请求判令返还押金。查某甲以人身体供抵押，使为娼妓营业，一次给付押金若干以作报酬，此种契约违反公共秩序、善良风俗，法律上当然不生效力。惟某乙应否返还押金，现有两说：（甲）不当利得说谓押妻为娼之契约，既经认为无效，某乙收受某甲之押金即无法律上之原因，应负返还之责；（乙）不法给付说谓某乙所订押妻为娼契约，系违反现行法令，其押金系一种不法之给付，不得请求返还。以上两说，未知孰当。悬案待决，理合具文呈请钧院迅赐解释，以便祗遵，实为公便。谨呈

院字第一四六号

十八年八月二十三日　司法院训令湖南高等法院　附原函

为令知事，该法院本年第三三四零号公函致最高法院为邵阳地方法院转请解释自诉案件程序各疑义一案，兹据最高法院拟具解答案呈核前来内开，来函第一问，检察官于自诉程序既无庸陈述或辩论，自亦无庸于验伤之际出庭。第二问，自诉之伤害案件，虽验不成伤，仍应谕知无罪之判决。第三问，同一案件已经侦查终结者，即为不得自诉之一种，不得自诉而自诉，应依《刑事诉讼法》第三百四十三条第一项第二款以裁定驳回各等语。本院长审核无异，合行令仰转饬知照。此令

附原函

迳启者，案据邵阳地方法院院长朱道融呈称，查轻微伤害案件被害人如依自诉程序迳向法院起诉时，其生伤之检验应由法院或受命推事行之，最高法院十七年解字第二一二号覆广西高等法院函内已有解释。惟关于程序上尚有三疑问，应请核示者如下：（一）推事验伤时，应否通知检察官莅庭，关于此有二说：（甲）说验伤为勘验程序之一，且查刑诉法第三百四十六条云，公诉程序应由检察官陈述或辩论之事项，于自诉程序由自诉人行之，是对于自诉案件，毋庸检察官莅庭；（乙）说自诉案件之起诉、审理、裁判，均与公诉无异。刑诉法第三百五十七条明载，除同法第二编第二章对于自诉有特别规定外，准用第一章第二节、第三节关于公诉之规定。所谓特别规定者，即指应由检察官陈述或辩论之事项，由自诉人行之而言，是除刑诉法第三百七十七条及第三百条第一款之规定不适用于自诉外，其他公诉程序均可准用。法院受理自诉案件，在审判中之验伤，即审判程序之一，依刑诉法第三百五十七条准用第二百七十条第三项，检察官自应莅庭。且查刑诉法第三百三十一条载，审判笔

录应记载推事、检察官、书记官之官职、姓名,如自诉案件,检察官可不莅庭,则笔录之作成于法亦嫌未合。二说未知孰是,此应请核示者一。(二)伤害案件如验不成伤,在检察官可即时予以不起诉之处分,在自诉中,推事能否不传被告人到庭即予判决,其判决应以何种名义行之,关于此有二说:(子)说伤害案件既验不成伤,法院应依刑诉法第三百十六条谕知无罪之判决,但公判庭依刑诉法第二百七十一条规定,除有特别规定外,非传唤被告人到庭不得审判;(丑)说既验不成伤,即明知被告人为无罪,而必传其到庭,事实上殊嫌拖累。且犯罪嫌疑不足或行为不成犯罪者,在检察官应不起诉,刑诉法第二百四十四条已有明文规定。自诉案件与公诉同,自诉人即代检察官而居于原告地位,关于验不成伤之件,在检察官既不能提起公诉,在自诉人亦不得提起自诉,可依刑诉法第三百四十三条第一项第二款以裁定驳回之,毋庸再传被告讯问。二说未知孰是,此应请核示者二。(三)同一案件已经侦查终结,不得提起自诉,法有明文规定。惟对于此项自诉,究应以裁定驳回,抑应谕知不受理之判决,关于此亦有二说:(一)说刑诉法第三百四十三条第二款不得提起自诉者,包括一切不得提起自诉之情形而言,已经侦查终结之案,法文既称不得再向法院自诉,自应依上开条款以裁定驳回;(二)说刑诉法第三百四十三条第二款不得提起自诉一语,即指所提起之自诉不合于刑诉法第三百三十七条之规定,或违反第三百三十九条之规定而言。至自诉人以侦查终结之案件再向法院自诉,即与检察官对于已经起诉之案件在同一法院重行起诉者相同,应依刑诉法第三百五十七条准用第三百十八条第二款,谕知不受理之判决。二说未知孰是,此应请核示者三。以上三点,均关程序疑义,理合具文呈请钧院核示祗遵等情。据此,除指令应候转请解释外,相应函请贵院拟具解答案呈由司法院复核令遵,至级公谊。此致

**院字第一四七号**

**十八年八月二十三日　司法院训令江西高等法院　附原函**

为令知事,该法院上年刑字第七四九号公函致最高法院,为乐安县县长转请解释易科罚金疑义一案,兹据最高法院拟具解答案呈核前来内开,查现行《刑法》于宣告徒刑或拘役者并无得易罚金之规定。至分则所称易科,系选择刑之一种,亦不得牵混等语。本院长审核无异,合行令仰转饬知照。此令

**附原函**

迳启者,案据兼理司法乐安县县长曾之树呈称,呈为呈请解释事。查《刑法》对于易科一项,系因受徒刑宣告执行有窒碍者,准其易科罚金;及无力缴纳罚金者,准其易科监禁。原系便利推行之一种刑事政策。兹查新《刑法》刑名章只有罚金易科监禁之条,并无徒刑或拘役亦准易科罚金规定。虽其第五十五条第七项之规定亦仅限于易科监禁期内纳罚金者而言,并非受徒刑或拘役宣告者亦得易科罚金也。倘有受徒刑或拘役宣告之被告请求易科罚金,则执行殊感无所根据,于此有二说焉:(甲)说分则各条有专指得并科或易科若干罚金

规定，如所犯之罪，系该各专条指明得并科或易科者，准其以徒刑或拘役易科罚金，否则不得易科罚金；(乙)说分则规定得并科或易科之各专条类，皆轻微罪犯，故予以易科之利益。倘所犯系属轻微而所受之宣告系属徒刑或拘役，即不属于分则得并科或易科之各专条，只须认定其执行确有窒碍，亦得准其易科罚金。以上二说孰是，理合具文呈请解释，指令下县以资遵守等情。据此，案关法律解释，敝院未敢擅专，相应函请大院迅赐解释见覆过院，以便转饬遵照，至级公谊。此致

**院字第一四八号**

**十八年八月二十三日　司法院训令浙江高等法院　附原函**

为令知事，该法院上年第一五七三号公函致最高法院为嘉兴分院电请解释《禁烟法》条文疑义一案，兹据最高法院拟具解答案呈核前来内开，查《刑法》第二百七十五条关于吸食鸦片烟之为罪，依现经废止之《禁烟法》第二条规定，应于该法施行后、十八年三月一日以前停止效力等语。本院长审核无异，合行令仰转饬知照。此令

**附原函**

迳启者，案据嘉兴分院院长任家驹漾代电称，顷奉钧院令发《禁烟法》及《禁烟法》施行条例各一份。奉此，查《禁烟法》第二条内载，凡在中华民国十八年三月一日以后吸食鸦片者，依《刑法》第二百七十五条治罪。又《禁烟法施行条例》第十四条内载，各县市长官于民国十八年三月一日以后，应督饬员警就所辖区域内严禁吸食鸦片。如查有吸食鸦片人犯，应送法庭依法办理各等因。依照上述法条，是十八年三月一日以前吸食鸦片似不能作犯罪论，现在职分院受理此等案件甚多，究应如何办理，电请示遵等情到院。据此，案关法律解释，除指令外，相应函请贵院迅赐解释，以便饬遵。此致

**院字第一四九号**

**十八年八月二十三日　司法院训令浙江高等法院首席检察官　附原函**

为令知事，该首席检察官呈最高法院检察署，据金华律师公会为司法行政部指令与最高法院解释抵触转请解释一案，兹据最高法院拟具解答案呈核前来内开，查最高法院解字第二零二号解释固认告诉、告发得委律师代行，但已明言与律师出庭辩护性质不同，其以律师代行告诉者，自不能与辩护人视同一律。司法行政部指字第七二二号指令否认告诉人延请律师出庭办法，核与前开解释尚无冲突等语。本院长审核无异，合行令仰转饬知照。此令

**附原函**

迳启者，据浙江高等法院首席检察官郑文礼呈称，案据代理金华地方法院首席检察官李拱衡呈称，案据金华律师公会会长朱凤鸣呈称，窃属会会员田鸿函称。查《刑事诉讼法》，告诉、告发并无不许委人代行之规定，自应仍许其委代，业经最高法院十七年十月解字第二

零二号明白解释在案。现查司法行政部指字第七二二号指令内开,《刑事诉讼法》业经颁布施行,从前刑事告诉人得延请律师出庭办法既与《刑事诉讼法》抵触,自应失效等语。是解释与指令显有冲突,就解释权专属于最高法院,自当依据解释。惟司法行政部指令时在上开解释之后,究应依从何项,未免发生疑问,非呈请解释不足以资遵守,为此敬请同志公议进行等情。准此,属会付本年一月十七日第一次常任评议员会讨论,佥以解释与指令既有抵触,认为有呈请解释之必要,为此呈请钧院转呈浙江高等法院鉴核,转呈最高法院迅予解释,以资遵守等情。据此,除指令外,理合呈请钧处鉴核,俯赐转呈,实为公便等情到院。除指令外,理合备文呈请转院迅赐解释示遵等情。据此,除指令外,相应函请查照解释过署,以凭转令遵照为荷。此致

**院字第一五〇号**

**十八年八月二十三日　司法院训令福建高等法院　附原函**

为令知事,该法院本年三月致最高法院公函,为晋江地方法院呈请解释刑事诉讼程序各疑义一案,兹据最高法院拟具解答案呈核前来内开:(一)最高法院解字第一四四号解释所称,开始审理,应认为《刑事诉讼法》第二百七十五条所指之开始审判;(二)犯人不明之案,于起诉权消灭前本不得终结侦查,虽已传案讯问,不能认为开始审理;(三)检察官认被告有犯罪嫌疑者,纵被告所在不明,尚应起诉,可见起诉之案不以被告到案为必要各等语。本院长审核无异,合行令仰转饬知照。此令

**附原函**

迳启者,案据晋江地方法院呈称,窃查前县法院依新法制由刑庭受理刑事未经侦查之案,经最高法院第一四四号解释,但尚有疑义者三。所谓在审理中者,似系指已经开庭审判而言。若仅票传,均未到案,可否以已经开始审理论,应请解释者一。刑庭依新制受理未经侦查之暗杀案,既无被告,依刑诉法第二五四条规定,犯人不明者,于起诉权消灭前,不得终结侦查,与第二五三条第二项被告所在不明亦得起诉者不同,依法既不能终结侦查,更无审理之可言。刑庭虽经讯问告诉人一次,可否仍送侦查,应请解释者二。又被告所在不明者,得以起诉,刑诉法第二五三条第二项已有明文规定。若被告经军事机关声明禁在某部侦查,仍误认为在逃,即予起诉,于此有二说焉:(一)谓被告所在不明,既可起诉被告禁在军事机关所在既明类推,当然可以起诉;(二)谓被告所在不明者,系指被告无从拘提而言,若可以拘提而不予拘提者,与被告不明意旨相背,起诉程序即系违背规定。二说未知孰是,应请解释者三。理合具文呈请鉴核解释祇遵等情到院。事关法律解释,相应函请贵院查照,迅赐解释,俾便饬遵。此致

**院字第一五一号**

**十八年八月二十三日　司法院训令山东高等法院　附原函**

为令知事,该法院本年第一零五一号公函致最高法院,请解释犯掳人勒赎而故意杀人适用法律疑义一案,兹据最高法院拟具解答案呈核前来内开,掳人勒赎与行劫在《惩治盗匪暂行条例》第一条各款中分别规定,可知掳人勒赎之行为不包括于行劫范围之内。于掳人勒赎时故意杀死非被掳人,除掳人勒赎应依《惩治绑匪条例》第一条适用第二条之规定处罚外,其杀人行为只能构成《刑法》第二百八十二条第一款之罪等语。本院长审核无异,合行令仰知照。此令

**附原函**

迳启者,兹因适用《惩治盗匪暂行条例》第一条第十二款行劫而故意杀人之规定,"行劫"二字是否包括掳人勒赎行为,即犯掳人勒赎(不论既遂未遂),而故意杀人(非被掳人者)能否适用该款,颇有疑义:(甲)说掳人勒赎为恐吓罪,行劫为强盗罪,其行为既有分别规定,彼此绝不相侔。故掳人勒赎时而故意杀死非被害人者,除掳人勒赎行为适用《惩治绑匪条例》第一条、第二条外,其杀人行为只能构成普通杀人罪,不能适用《刑法》第三百五十条或《惩治盗匪暂行条例》第一条第十二款,应依《刑法》第二百八十二条第一款论罪;(乙)说掳人勒赎即为强盗行为之一,凡掳人勒赎而故意杀死非被害人者,除掳人勒赎之行为应适用《惩治绑匪条例》第一条、第二条外,其杀人行为不应适用《刑法》第二百八十二条第一款或第三百五十条,应适用《惩治盗匪暂行条例》第一条第十二款。以上两说,究以何说为是?事关适用法律,相应函请钧院迅赐解释见复为荷。此致

**院字第一五二号**

**十八年八月二十三日　司法院训令山西高等法院首席检察官　附原函**

为令知事,该首席检察官呈最高法院检察署,为太原地方法院首席检察官转请解释贩运或存留乳糖、咖啡精等物应否论罪疑义一案,兹据最高法院拟具解答案呈核前来内开,(一)应采甲说;(二)意图供犯《刑法》第十九章各罪之用,而持有高根、安洛因,应依《刑法》第二百七十七条第一项论科,不得借口于预备配制药品免除罪责各等语。本院长审核无异,合行令仰转饬知照。此令

**附原函**

迳启者,据山西高等法院首席检察官呈称,为呈请解释事。案据太原地方法院首席检察官张秉钺呈称,为呈请解释示遵事,窃查乳糖、咖啡精曾经化验技士化验,并未含有毒质成分,惟因乳糖、咖啡精确为制造金丹必须之材料。是以遇有贩运此项物质案件,常常发生疑问,综其说有甲乙两点:(甲)谓查《刑法》第二百七十一条、第二百七十三条、第二百七十五条、第二百七十七条均载有"鸦片、吗啡、高根、安洛因及其化合质料"字样,而乳糖、咖啡

精初无毒质在内,《刑法》上既未列举,又非化合质料可比,律无正条不为罪,专行贩运此物不能认为犯罪;(乙)谓乳糖、咖啡精虽无毒质成分,然实为制造金丹必需之原料。若普通人民贩运此物确系供制造金丹之用,应予论罪科刑。综上甲、乙两说,未知孰是。再凡各医院中如存有咖啡精、乳糖、高根、安洛因等物,是否犯罪?如谓所存各物系预备配制药品之用时,则每年或每月存过若干量数以上,始构成犯罪。兹值烟禁綦严之时,此项问题屡屡发生,苟无一定标准,则此种行为应否论罪科刑,实无根据。因此谨具意见具文呈请钧院俯赐查核,饬请解释示遵等情。据此,事关解释法律,相应据情函请查照解释见复为荷。此致

**院字第一五三号**

**十八年八月二十三日　司法院训令山西高等法院首席检察官　附原函**

为令知事,该首席检察官呈最高法院检察署,为党员犯罪适用法律疑义两点转请解释一案,兹据最高法院拟具解答案呈核前来内开:(一)《党员背誓罪条例》既经国民政府公布,自应有效;(二)就具体事实请求解释,不拟答复各等语。本院长审核无异,合行令仰知照。此令

**附原函**

迳启者,案据山西高等法院首席检察官吴淞呈称,呈为呈请核转解释示遵事,窃查国民政府公布《党员背誓罪条例》未奉司法行政部明令颁布,是否有效,应请解释者一也。又党员借劳工学院名义勒捐工商款项,经山西省党部送交法院审理,此种案物是否适用《反革命治罪法》由山西高等法院为第一审审判,应请解释者二也。上述二点,究应如何解决,理合具文呈请察核转请解释等情。据此,相应函请查照,迅予解释见覆,以凭转令遵照。此致

**院字第一五四号**

**十八年八月二十三日　司法院训令广东高等法院　附原函**

为令知事,该法院上年第二二三六号公函致最高法院,为广州地方法院呈请解释《禁烟法》条文疑义一案,兹据最高法院拟具解答案呈核前来内开,查已废止之《禁烟法》第二条第一项载,凡在中华民国十八年三月一日以后吸食鸦片者,依《刑法》第二百七十五条治罪。是自该法施行后限期未满前,《刑法》第二百七十五条应停止效力等语。本院长审核无异,合行令仰转饬知照。此令

**附原函**

迳启者,现据广州地方法院院长廖愈簪呈请,查《禁烟法》第二条载,凡在中华民国十八年三月一日以后吸食鸦片烟者,依《刑法》第二百七十五条治罪;又第四条载,民国十七年四月四日修正《禁烟条例》废止之各等语。依法文解释,在民国十八年三月一日以前吸食鸦片烟者似无刑责之可言。惟际兹严行厉禁之秋,在未禁绝时期,若无限制,准其自由吸食,核与政府禁烟之本旨未免相违。现职院受理此种案件颇多,究应如何办理之处,理合备文呈

请钧院解释示遵,实为公便等情。据此,事关法律疑义,相应函请贵院查照,迅赐解释见复,以便饬遵。此致

**院字第一五五号**

**十八年八月二十四日　司法院函中央执行委员会政治会议秘书处　附原呈**

迳复者,奉本年六月二十八日钧会函开,据汉口总商会呈据汉口钱业公会函请取消前武汉政治分会治字第二三零号训令,仍照《武汉临时商事法庭理债标准》第七条原文正当解释以解纠纷等情,照抄原呈检同油印附件,函希核办等由到院。事关解释法令,当经依照《司法院统一解释法令及变更判例规则》第四条规定发交最高法院解释去后。兹据该法院拟具解答案呈核前来内开,查《武汉临时商事法庭理债标准》第七条,所谓事实上不能履行债务者,系指债务人虽有资产而事实上因受现金集中之影响不能履行债务而言。故该条第二款各目所列债务人因不能履行债务而起纠纷时,应依该款各目规定,以该债务人现在营业资产额或停业资产额,比较其负债额分等偿还或全部免除等语。本院长审核无异,相应函复查照转陈为荷,油印附件随函送还。此致

**附汉口总商会原呈**

呈为据情转呈事,顷据汉口钱业公会函称,为法律不外乎人情,临时商事法庭不可以拘泥常法,恳请转呈中央政治会议取消前武汉政治分会治字第二三零号训令,仍由武汉临时商事法庭依照原定条文准情裁判,以免治丝益棼事。五月十六准贵会公函并附下武汉临时商事法庭函送汉口银行公会,对于理债标准第七条提出意见呈请,前武汉政治分会详加解释原文及政治分会训令印本共一件到会,请为查照等因。准此,查理债标准第七条规定,凡商人受现金集中之影响,事实上不能履行债务而起纠纷者,以下列方法解决之,对于适用下列方法与否,自以商人之是否曾受现金集中之影响为先决问题,语意致为明显。若必照银行公会之解释,则所谓商人受现金集中之影响一语,岂不等于空文?若必谓商人所受现金集中之影响,须由商人自负其责,商人欠人之款,仍当依照常法分别有限、无限而责令赔偿,则与普通法院又何以异?恐非设立临时商事法庭之原旨。其原文之所以如此规定者,盖因商人所受现金集中之影响,既非商人本身之过失,而又无处可以取偿,故不得不如此耳。即以此次汉口银行界办理旧债方法而论,中国交通之借给政府诸借款,事前既未得持票人之同意,而此时之汉钞掉换公债办法则确与常法不合,此尚可谓政府借款之影响也。汉口中国银行对于定期存款,无论到期与否统改为五年分期摊还,衡之常法,亦无此单方得以处决之规定。其所以不发生反响者,盖人人皆知其受现金集中之影响而加以原谅故耳。由是以观是银行方面对于欠人者,业已不守常法,而对人欠者,自不当过事苛求。总之,原颁条文既已明白规定,绝不能断章取义曲加解释,而置现金集中影响一语于不顾。况临时商事法庭系因有现金集中之纠纷始特别设立,对于借口取巧者,自不当稍予宽假,对于确曾受现金集中之影响者,亦未便过事苛求,庶与人情法理两无违背。准函前因相应检同原文印本一

份随函复陈贵会,即希查照转呈中央政治会议恳请取消前武汉政治分会治字第二三零号训令,仍照原文正当解释以解汉口商场久悬不决之纠纷,实为公便等因。准此,查武汉临时商事法庭原系武汉政治分会,鉴于武汉商场因前年现金集中所发生之债务纠纷具有特殊情况,呈经钧会准予设立以期解决常法不易裁判之纠纷,则是《武汉临时商事法庭条例》即钧会核准适用于武汉临时商事诉讼之特别法律也。银行公会重在债权方面,呈请解释条文未免多从严格之普通法律立论,而前武汉政治分会未蒙稍加考虑,遽令该商事法庭依据呈释条文作为裁判之标准。似此解释,则临时商事法庭无异于普通法院,殊失钧会特准设立之本旨,而债权债务且多一重诉讼纠纷。既据钱业公会函请到会,理合备文转呈钧会俯赐察核,如请施行并恳饬检《武汉临时商事法庭条例》原文及其设立原案,令行司法院转令湖北高等地方各法院分别遵照。俾该商事法庭审理临时商事诉讼案件不致有彼此牵涉之虞,实为公便。谨呈

**附中央政治会议武汉分会原训令第二三〇号**

为令知事,案据汉口银行公会呈请解释《商事法庭理债标准》第七条疑义两点前来,业经本会批示,以该公会所陈两点,均属具有理由。关于第一点之解释,凡事实上本能履行债务而借口不肯履行者,则事属虚伪,自不在第七条范围之内。关于第二点,凡独资或合资经营之商店及无限公司,本以营业人所有全部财产为营业之担保,则营业人所负责任自不以营业资产为限。以上两点,应由商事法庭本诸正当解释予以裁判。除批示外,合抄原呈(略)令交该庭查照。此令

**院字第一五六号**

**十八年八月二十六日　司法院指令司法行政部　附原呈**

呈悉,当经发交最高法院解释。兹据拟具解答案呈核前来内开,按《修正武汉临时商事法庭条例》第一条,所谓商人及债权债务云者,系指现金集中前均为商人因商行为而成立之债权债务而言,与普通债务应属于法院受理者毫不牵混。至第五条,既明言法院审判尚未终结,应行移送,其已经裁判之案件自不在内,更不生裁判有效与否之问题等语。本院长审核无异,合行令仰转饬知照。此令

**附原呈**

呈为转呈事,案据湖北高等法院呈称,呈为《武汉临时商事法庭条例》疑义滋多,窒碍难行,谨声明办理困难情形,恳请转呈司法院迅赐提案修正或详加解释以资遵行事。窃查前中央政治会议武汉分会,以民国十六年武汉施行现金集中政策以来,金融紊乱,各商号往来不无轇轕,因呈请中央核准设立武汉临时商事法庭,原以解除债权债务之纠纷、减少人民之痛苦,在政治分会提案原呈亦再三声明系对于特定事件在特定区域、特定期间而设,限制本极严密。不谓自本年三月七日,奉钧部颁发《武汉临时商事审判处条例》暨理债标准到院,职院当细核此项条例范围,不甚明了,本易发生争执。惟因第五条规定有起诉于法院而审

判尚未终结之案件,须经当事人双方之声请方得移送办理之限制,关于移送案件纠纷尚少。近阅本年六月二十九日司法公报载,本年六月五日中央政治会议《修正武汉临时商事法庭条例》暨理债标准全文,将钧部前颁发审判处条例第五条规定之限制加以修改。窃谓此项条例若不明定界限,势必轇轕业生,谨将关于法律上疑义及事实上难行各点为钧部略陈之。查该条例第一条载,本庭专受理武汉三镇商人因实施现金集中政策所生一切债权债务纠纷之诉讼事件。所谓商人者,究竟以何为标准?如果有一造在现金集中时本系商人,而现金集中以后非商人,或现金集中时本非商人,而在现金集中以后又系商人,关于此类之债务诉讼事件,是否应归法院受理?抑应移归该法庭受理?又,第五条载,关于第一条之诉讼事件已起诉于法院而审判尚未终结,应由该系属法院移送本庭办理等语。所谓审判终结是否仅指判决?抑系指判决确定而言?如谓系指判决确定,则法院判决未经确定案件均须移送该法庭办理,该法庭对于法院判决案件又是否作为无效或有权废弃?如承认其有权废弃,则是以暂时设立之临时商事法庭而可废弃普通法院之判决,此不独于法院威信有关,且于司法系统亦有凌乱之嫌,此法律上不无疑义者一也。又,第五条既规定,关于第一条之诉讼事件已起诉于法院而审判尚未终结,均应由系属法院移送办理,而理债标准第三条对于现金集中以前之债务亦明定有支付之办法,则按照条文广为解释,法院对于普通债务之诉讼事件几无处理之权。惟商事法庭之设立,原系以权宜之办法解决债权债务之纠纷,在债权债务两方面利害本极相反。以鄂省现时之情形言之,债务方面几无一案件不请求移送,而债权方面又极端反对。且同一债务诉讼事件在法院依法判为全部偿还,在该法庭又判为全部免除,当事人亦有莫知所从之势。若不迅谋补救之法,势必在法院败诉者请求移送该法庭办理,而在该法庭败诉者又转而向法院起诉,辗转拖延,为害无已。是欲以解除纠纷者,反以增长纠纷,欲以减少人民痛苦者,反加重人民之痛苦,此事实上窒碍难行者又一也。总之该法庭本系临时商事法庭,原拟限期仅止一年。现已时逾数月,其受理案件之标准似应以现金集中时两造均系商人,于该时期内因营业所发生债权债务之诉讼事件为限。而在该法庭条例第五条修正公布以前,业经法院判决案件,依法令不溯既往之原则,其判决当然有效,似不应再送该法庭重行受理。是否有当,理合呈请钧部转呈司法院迅赐提案修正或详加解释,以资救济而便遵守等情。据此,理合呈请钧院迅赐核示,以便饬遵。谨呈

**院字第一五七号**

**十八年八月三十日　司法院电江西高等法院　附原电**

江西高等法院张院长览,该法院六月支日代电致最高法院,为县政府判决之反革命案件检察官认为无效另行起诉应如何救济请解释一案,兹据最高法院拟具解答案呈核前来内开,来电所述情形,县判如在特种刑事临时法庭取消以后,即属管辖错误,并非当然无效。未确定前,应依上诉程序,照刑诉法第三百八十五条第三项规定办理。若已确定,应经非常上诉程序撤销,始得另行起诉,依通常程序审判等语。本院长审核无异,合电知照。司法院

陷印

**附原电**

南京最高法院院长林鉴,案查设有反革命案件经兼理司法县政府判决后,敝院检察官认为该项裁判依法当然无效,不依《修正县知事审理诉讼暂行章程》第二十六条、第二十七条提起上诉,请依《刑事诉讼法》第三百八十五条第三项更为判决,竟另行起诉,求为第一审判决。究应如何救济之处,悬案以待,迅赐解释见覆为荷。江西高等法院院长张孚甲印支

**院字第一五八号**

**十八年八月三十日　司法院电察哈尔高等法院　附原电**

察哈尔高等法院院长览,该法院五月艳日代电致最高法院,为四月八日国会开幕纪念是否仍包括于刑诉法所定庆祝日之范围内计算上诉期限请解释一案,兹据最高法院拟具解答案呈核前来内开,现值政体更新,该省法院于是日均照常办公,该日自不得认为包括《刑事诉讼法》第二百零六条第二项所定庆祝日之范围内等语。本院长审核无异,合电知照。司法院陷印

**附原电**

南京最高法院钧鉴,查四月八日向例为国会开幕纪念日,现值政体更新,本省法院于是日均照常办公。惟此纪念日是否仍包括于《刑事诉讼法》第二百零六条第二项所定庆祝日之范围内,计算上诉期限,颇滋疑义。悬案待决,理合电请钧院迅赐解释,俾便遵循。察哈尔高等法院叩艳印

**院字第一五九号**

**十八年九月三日　司法院训令湖南高等法院　附原函**

为令知事,该法院本年第一五一四号公函致最高法院,据邵阳地方法院呈为前大理院关于第二审得用书面审理之判例现在能否援用列举甲、乙两说转请解释一案,兹据最高法院拟具解答案呈核前来内开,应以甲说为是等语。本院长审核无异,合行令仰转饬知照。此令

**附原函**

迳启者,案据邵阳地方法院院长朱道融呈称,查前大理院六年上字第八四一号判例载,县知事判决无罪之案,原告诉人呈诉不服,审判衙门认为无理由者,得适用书面审理。又五年上字第三二四号判例载,第二审用书面审理,应以经检察官主张或得其同意者为限。现《刑事诉讼法》业已颁行,上开各项判例能否援用,实为应研究问题,关于此有二说焉:(甲)说现行刑诉法中第二审并无得用书面审理之明文,前大理院对于呈诉案件许酌用书面审理之判例应认为与现行刑诉法抵触,不能有效。(乙)说谓刑诉法所规定者,系指不服正式法院判决上诉之案件而言。至县长兼理司法原为一种特殊制度,当从前刑诉条例施行时

代,上开大理院各判例仍并行不悖。现刑诉法虽已颁行,而县长兼理司法制度尚未废止,此项判例既与该法及党义党纲不相抵触,应仍继续有效各等语。两说究以何说为是,事关程序疑义,理合具文呈请钧院核示祗遵等情。据此,查本问题现无法令根据,未便擅拟,相应函请贵院拟具解答案呈由司法院覆核令遵,至级公谊。此致

**院字第一六〇号**

**十八年九月四日　司法院咨行政院　附原咨**

为咨复事,准贵院本年第一一四号咨开,据上海特别市呈请解释《惩治绑匪条例》第五、第六两条疑义一案,分列意见,咨请核复等由到院,当经发交最高法院解释去后。兹据拟具解答案呈核前来内开,行政院之意见甚当等语。本院长审核无异,相应咨复贵院查照令知。此咨

**附原咨**

为咨请事,据上海特别市市长张群呈称,兹查《惩治绑匪条例》第五、第六两条规定,尚有未尽明晰。(甲)上海房屋有为租地建筑者,订有一定年限,届满原地收回,是以屋主对于地皮仅有使用权,而无所有权。如遇此种情形,则房屋没收标卖后,地皮又将如何处分?(乙)由二房东出租之房屋,如果破获绑匪,按条例第六条仅有以窝匪论之规定,对于房屋是否仍援第五条之规定而没收之?如其没收,则业主与绑匪本无直接关系,在法律上自不应负责。(丙)上海房屋多为数栋毗连,墙壁均为共享。如果没收全部,自无问题发生,倘仅一间或数间,其墙壁界限应如何划分?又如一屋分租数户,而犯案之户适居楼房,则没收之部分当然仅及楼面,而梁柱椽瓦均为楼下所公有,其势万不能划分。遇有此类情形,将如何解决?以上三点,苟不明白解释,难免不起纠纷,理合具文呈核请示祗遵等情。据此,查前项《惩治绑匪条例》系奉国民政府颁布,自应转呈钧院解释,除指令外,理合具文转呈钧院核示祗遵等情到院。查敝院对于原呈各点意见如下:(甲)《惩治绑匪条例》第五条,没收房屋应以绑匪自置或房东所有部分为限。此案屋主既系租地建筑,订有租赁期限,则没收标卖仅能及于屋主自置之建筑部分,其土地应依限交回土地所有人管业。(乙)由二房东出租之房屋,如发生绑案合于《惩治绑匪条例》第六条之规定时,其所租之房屋既非系匪自置,自不能援用同条例第五条没收。(丙)依《惩治绑匪条例》没收之房屋,如有原呈丙项情形,应由执行没收机关就其所有部分斟酌执行,但以不侵及他人共有部分为限。惟事关法律解释,相应备文咨商贵院,希为查照见复,以便饬遵。此咨

**院字第一六一号**

**十八年九月十一日　司法院训令福建高等法院　附原函**

为令知事,查该法院本年八月一日致最高法院公函,为晋江地方法院呈请解释自诉案件执行疑义一案,兹据最高法院拟具解答案呈核前来内开,就自诉案件执行裁判,仍应由谕

知该裁判之法院之检察官指挥之,与公诉案件并无区别等语。本院长审核无异,合行令仰转饬知照。此令

**附原函**

迳启者,案据晋江地方法院呈称,窃查《刑事诉讼法》第四百七十七条,执行裁决,由谕知该裁判之法院之检察官指挥之,但其性质应由法院或审判长指挥者,不在此限。刑事准予自诉案件谕知裁判,既无检察官执行,该裁判是否依上开法条前段由检察官指挥?抑依该条但书由法院迳行指挥?不无疑义,理合具文呈请钧长察核,乞赐指令祇遵等情到院。事关法律解释,相应函请贵院查照,迅赐解释,俾便饬遵。此致

**院字第一六二号**

**十八年十月二日　司法院训令最高法院检察署　附原函**

为令知事,该检察署本年第一二一二号公函致最高法院,请解释声请再议期限疑义一案,兹据最高法院拟具解答案呈核前来内开,对于上级法院首席检察官驳回处分声请再议,准用《刑事诉讼法》第二百四十八条所定七日期限等语。本院长审核无异,合行令仰知照。此令

**附原函**

迳启者,前据陕西高等法院首席检察官余俊转请解释声请再议案件疑问一案,业经司法院召集统一解释法令会议议决。其第三项载称,告诉人对于上级法院首席检察官驳回声请再议之处分不服时,得再向上级法院首席检察官声请再议,至管辖该案之终审法院首席检察官而止,其不服续行侦查之不起诉处分仍得声请再议等语,自应照办。惟查《刑事诉讼法》第二百四十八条所定七日期限,系专就告诉人对于原不起诉处分声请再议者而言,至对于上级法院首席检察官驳回处分声请再议并未规定期限,是否准用该条规定,不无疑问,相应函请贵院查照,希即解释见复为荷。此致

**院字第一六三号**

**十八年十月四日　司法院训令江苏高等法院　附原呈**

为令行事,据淮阴律师公会呈请解释未经加入律师公会之律师能否受聘为常年法律顾问一案,前经发交最高法院解释,兹据拟具解答案呈核前来内开,依据律师章程第一条第二项规定,既受当事人之委托以律师名义登报通告担任常年法律顾问,自属执行律师职务之一,应遵照同章程第二十四条规定办理等语。本院长审核无异,合行令仰转行知照。此令

**附原呈**

呈为呈请交院解释示遵事,窃属会日昨开会经提议设有律师并未加入任何律师公会能否受人延聘正式登报通告担任常年法律顾问一案,讨论结果分甲、乙二说:(甲)说谓律师必须加入律师公会方能执行职务,此为律师章程所明白规定者。常年法律顾问亦律师职务之

一,既经登报通告,当然以加入律师公会为执行此种职务之要件;(乙)说谓常年法律顾问为私人延聘,性质与职务无涉,不必以加入律师公会为要件之。二说究竟孰是?案关律师职务,未便臆断,理合备文呈请钧院鉴核,转交最高法院解释示遵,深为公便。谨呈

**院字第一六四号**

**十八年十月四日　司法院训令广东高等法院　附原函**

为令行事,查该法院本年第四七八号公函致最高法院,为澄海律师公会请解释不动产抵押债权疑问一案,兹据最高法院拟具解答案呈核前来内开,来函所称第一点,纯系事实问题,未便解答。至第二点如该处已实行登记制度,则主张抵押权之人未为登记,依《不动产登记条例》第五条当然不得对抗第三人等语。本院长审核无异,合行令仰转行知照。此令

**附原函**

迳启者,现据澄海律师公会会长马宗杰呈称,准属会会员黄英明函称,今有商人某甲在当地有不动产足以使人信用,陆续在乙钱庄借取款项二万元。嗣因该商营业被当地官厅取缔,又因避免军饷建设等股户派款,遂停止营业,逃往租界。复致函乙钱庄请勿对外人言伊之业足抵,以冀洗除股户名称,继托出公人要求减成清偿。乙钱庄不允,依照当地倒闭成例,函请商会移文公安局查封某甲不动产,定期拍卖。忽有丙丁戊声请法院制止拍卖,谓伊等在某甲未停业时曾被按揭款项,并由某甲以其不动产契据作按设定抵押权。惟查丙丁戊等,既未向当地登记局声请登记,又未登报声明。若就丙丁戊等所言,是某甲不动产经已抵押净尽,与某甲函称伊业足抵之语不符。苟认其抵押债权存在,则乙钱庄卒不能受一文之清偿。此种情形显系事后串通丙、丁、戊等,所主张之债权应否作为无效?此疑问一。又丙、丁、戊等主张抵押权,既无登记,又不登报声明,仅于事后在不动产上标贴按揭木牌,此种情形能否对抗第三者,主张抵押权有效优先受偿?此疑问二。以上二点,事关解释法律,用特函请转呈广东高等法院转请最高法院解释示遵等语。案关法律疑问,理合照为转呈钧院转请最高法院迅予解释示遵,实为公便等情。据此,案关法律疑问,相应据情函请贵院查照,迅赐解释见复,以便饬遵,实级公谊。此致

**院字第一六五号**

**十八年十月二十二日　司法院指令湖南高等法院　附原呈**

呈悉,当经发交最高法院解答,兹据拟具解答案呈核前来内开,按第二审法院受理上诉案件,以当事人不服第一审法院或兼有审判职权之机关所为裁判者为限。来问所称行政委员会并无兼理诉讼之明文,其对于因财产涉讼所为之判决当然无效。当事人欲求救济,只可诉请有权审判之机关另为第一审审判。如误向第二审法院声明不服,无论其为抗告,抑属控告,均在应予驳回之列。来问后段所云废弃原判应用何种程式等问题,即不发生,自可毋庸置答等语。本院长审核无异,仰即转饬知照。此令

**附原呈**

呈为呈请解释事,案据职院第二分院院长张心翊支代电称,窃兼理司法之县公署未经合法组织,仅以县行政委员会名义所判决之因财产事件涉讼之案,经当事人声明不服,而始终只用抗告程序。查该会则发有正式判决书,此种判决依法固不能认为有效。然第二审可否即以决定废弃,发回原县重新审理?抑须用判决方为合法?如须用判决,可否用书面审理?抑须经言词辩论?又如用书面审理或言词辩论,是否应由声明不服之一方预纳诉讼费用?如须预纳,经命令限期补缴,而该当事人抗不缴纳,可否即以不合程序判决驳回?职院现有此案,未敢臆断,用特电恳钧院迅赐察核示遵等情。据此,案关法律解释,职院未敢擅专,除指令应候转请核示外,理合据情呈请钧院俯赐解释,俾便饬遵。谨呈

**院字第一六六号**

**十八年十月三十一日　司法院训令湖北高等法院　附原函**

为令知事,该法院本年第一一四零号公函致最高法院,据夏口律师公会为持券人不愿掉换公债与银行发生争执案件,律师是否得受委托代为诉追转请解释一案,兹据最高法院拟具解答案呈核前来内开,来函转据夏口律师公会请求解释之件,已经本年七月五日院字第一零七号解释有案等语。本院长审核无异,合行令仰转饬知照。此令

**附原函**

迳启者,案据夏口律师公会会长罗之翥呈称,呈为呈请转呈解释饬遵事,据会员萧崇勋函称,案奉公会第五十号公函准江苏省政府函以中交两行汉钞掉换债票一案,系属行政范围,训令上海公共租界临时法院对于该项诉讼不予受理等因,转达查照附录原训令一件。奉此,查原文意旨不外以奉行政院令,据财政部呈,据中国银行董事长李铭、交通银行董事长罗学溥呈称片面之词,遽以行政命令限制持券人诉之法律。且以上海临时法院系江苏省政府管辖,即不经转咨司法院之手续,迳以行政命令转饬遵办。姑无论持券人行使票据债权与债务银行发生争执是否属于行政范围,而江苏省政府转奉之行政院令用以拘束上海临时法院者,有无拘束全国各级法院之效力?诚属疑问。本公会各会员在未奉到司法院令或最高法院解释令以前,对于汉口商人持有汉口中交两行钞票不愿掉换公债,请求依照票据法原理及民诉法进行案件,是否得受委托向有管辖权之法院代为诉追,请求依法裁判?事关律师职责与司法前途,不能不提出意见,请予转呈解释:(甲)说行政不能干涉司法,命令不能变更法律。政府对银行发行公债虽系行政范围,人民向银行兑换钞票纯属债权行使,二者不能并为一谈。政府借银行之款或券或现与银行欠人民之票款,其原因与数量截然不同,不能代替相杀。即令财部欲除去其在汉所借中交钞票部份,而其票额仍应由该行负责。持券人与银行发生争执,当地法院应有管辖权,律师自得接受委托代为依法诉追,仍应依法裁判。(乙)说革命过程中,因政策之作用影响人民权利,法院无权受理。中交两行虽系商股商办,因曾代理金库,又因财部有借款关系,遂视同国家银行。财部既有命令代换公债,

不必问其借汉钞之多寡,更不必考查银行有无不当利得之差额,及其资产之存余,该银行所负之支付责任已由行政命令代为解除。江苏省府管辖之上海临时法院既如此办理,全国法院当然一致,律师对于持券人之委托即不应接受。上列两说,以何者为当?本律师因有此类案件发生亟待进行,理合备函请求公会迅予转呈司法院解释令遵等情到会。当经于九月十五日提交第十次常任评议员会决议,认有请求解释之必要,理合据情呈请钧院鉴核,即予转呈司法院解释示遵,实为公便等情。据此,相应函请贵院迅赐解释,俾便转令遵照,实为公便。此致

**院字第一六七号**

**十八年十月三十一日　司法院训令江苏高等法院　附原函**

为令知事,该法院本年第三三一六号公函致最高法院,为无锡县县长请解释《刑法》第一三三条适用疑义一案,兹据最高法院拟具解答案呈核前来内开,图董、地保不得认为有追诉犯罪职务之公务员等语。本院长审核无异,合行令仰转饬知照。此令

**附原函**

迳启者,案据无锡县县长孙祖基呈称,窃查《刑法》第十七条称公务员者,谓职官吏员及其他依法令从事于公务之议员及职员。第一百三十三条有追诉犯罪职务之公务员犯下列行为之一者,处一年以上七年以下有期徒刑,其第二款后段或知为有罪之人,而无故不使其受追诉处罚者。兹有图董、地保明知他人犯罪,并不报告该管公署,擅自驱逐了事。即使侦查结果并无收受陋规及贿纵情弊,该董保是否为公务员,应受《刑法》第一百三十三条之制裁,不无疑义,理合具文呈请解释等情前来。相应函请贵院烦为解释,以便转行遵照为荷。此致

**院字第一六八号**

**十八年十月三十一日　司法院训令广东高等法院首席检察官　附原函**

为令知事,该首席检察官呈最高法院检察署,转请解释声请再议案件认为有理由者,应否制作处分书抑仅用命令一案,兹据最高法院拟具解答案呈核前来内开,上级首席检察官认再议有理由,命令续行侦查或起诉者,应叙明理由,毋庸另制处分书等语。本院长审核无异,合行令仰知照。此令

**附原函**

迳启者,据广东高等法院首席检察官呈称,为呈请解释事,窃职处对于声请再议案件,无论驳回再议及命令再行侦查或起诉,向用指令办理。现查最高法院解字第二二零号解释,《刑事诉讼法》第二百五十条第一项所载,驳回再议应制作处分书,自应依照办理。惟查同条下半段载,其声请有理由者,应分别为下列处分:一、侦查处分未完备者,命令下级检察官续行侦查;二、侦查处分已完备者,命令下级检察官起诉等语。但条文云处分,款云命令,

究竟声请有理由者为处分时应否亦制作处分书?抑或仅用命令?颇滋疑义,理合具文呈请钧署察核,俯赐转请解释示遵。再查处分书格式尚未奉规定颁行,各省所用亦不一致,并请转呈司法行政部核定颁行,俾资适用等情。案关解释,相应据情函请查照解释见复为荷。此致

**院字第一六九号**

**十八年十月三十一日　司法院训令福建高等法院首席检察官　附原函**

为令知事,该首席检察官呈最高法院检察署转请解释检察官对于处刑命令可否声请正式审判,抑提起上诉一案,兹据最高法院拟具解答案呈核前来内开,对于处刑命令,不能提起上诉。即使处刑错误或不当,依《刑事诉讼法》第四六七条第二项,非被告不得声请正式审判等语。本院长审核无异,合行令仰知照。此令

**附原函**

迳启者,兹据福建高等法院首席检察官张清泽呈称,为转请解释事,案据闽侯地方法院首席检察官呈称,窃职处检察官陈世镕呈称,窃查《刑事诉讼法》第四百六十七条第二项规定,被告于接收处刑命令之日起五日内得向命令处刑之法院声请正式审判,不得迳行上诉。但检察官于接收处刑命令后,如认为处刑错误或不当时,究竟可否声请正式审判?抑可迳行提起上诉?法无明文,深滋疑窦,理合具文呈请转请解释指令祗遵,实为公便等情。理合具文呈请察核转呈等情。据此,事关法律疑义,理合具文呈请钧长察核,俯赐转院解释指令祗遵等情。据此,相应函请查照,即希解释见复为荷。此致

**院字第一七〇号**

**十八年十月三十一日　司法院训令山东高等法院　附原函**

为令知事,该法院本年第一七一八号公函致最高法院,为恩县法院请解释《刑法》上并合论罪执行疑义一案,兹据最高法院拟具解答案呈核前来内开,徒刑、拘役、罚金各科其一时,法无特别规定,当然并予执行等语。本院长审核无异,合行令仰转饬知照。此令

**附原函**

迳启者,案据恩县法院审判官黄文华呈称,查《刑法》之并合论罪,即以废刑律之所谓俱发罪,废律第二十三条第六款对于俱发罪有期徒刑、拘役及罚金各科其一者,有并予执行之明白规定(废律第二十三条第六款载,依第三款至第六款所定之有期徒刑、拘役及罚金并执行之,有期徒刑、拘役及罚金各科其一者亦同)。但现行《刑法》第七十条对于并合论罪之有期徒刑、拘役及罚金各科其一者,应如何定其执行刑,则付诸阙如。虽第八款载依第三款至第六款所规定之刑并执行之等语,然各该款所定者皆属各科多数之刑,并非指各科其一者而言。倘遇有并合论罪有期徒刑、拘役、罚金各科其一之案件,应如何断定执行,于法似无所引据。可否援法律当然解释之例"科多数者既予并合执行,各科其一者自不待言",而适

用第八款，定为并予执行之处，未敢擅便。事关引用及解释法律问题，理合具文呈请钧院释示祇遵等情。据此，案关法律解释，相应函请钧院解释赐覆，以便转令遵照。此致

**院字第一七一号**

**十八年十月三十一日　司法院指令司法行政部　附原呈**

呈悉，业经发交最高法院拟具解答案呈核前来内开，曾处五等有期徒刑以上之刑，执行中或未执行时经过合法大赦，罪刑即根本消灭，仍可复充律师等语。本院长审核无异，合行令仰转饬知照。此令

**附原呈**

呈为呈请事，案据署江苏高等法院院长林彪呈称，据上海地方法院院长杨肇熉呈称，案据上海律师公会呈称，窃查前大理院复总检察厅统字第一九六九号函称，徒刑人犯无论曾否执行完毕及因何保释，一经大赦免除罪刑，即根本消灭。又查律师章程第四条第一款，曾处拘役或法定五等有期徒刑以上之刑者，不得充律师，但国事犯已复权者，不在此限。记某律师曾处法定五等有期徒刑以上之刑，执行中或未执行经过大赦，并非国事犯亦未受复权之宣告，果应依律师章程第四条第一款之规定，不得复充律师？抑应依大理院统字第一九六九号之解释，仍可复充律师？揆诸上开两项不无发生疑义，相应呈请转呈司法行政部鉴核批示祇遵等情，转呈到部。查该律师公会所称各节，事关法律解释，理合呈请钧院鉴核指令示遵，以便转令遵照，实为公便。谨呈

**院字第一七二号**

**十八年十月三十一日　司法院训令湖南高等法院　附原函**

为令知事，该法院本年第三八八六号公函致最高法院，据邵阳地方法院关于《刑法》脱逃罪及《惩治土豪劣绅条例》第二条第一款之伤害罪发生疑问分别列举两说转请解释一案，兹据最高法院拟具解答案呈核前来内开：（一）应采乙说；（二）应采子说，但须注意《刑法》第一百三十三条之规定等语。本院长审核无异，合行令仰转饬知照。此令

**附原函**

迳启者，案据署邵阳地方法院院长朱道融呈称，窃职院办理刑事案件，关于《刑法》及《惩治土豪劣绅条例》之适用发生疑问二则，分列于下：（一）《刑法》分则第八章脱逃罪各条有依法逮捕拘禁之囚人一语，就文理解释当然为逮捕之囚人与拘禁之囚人之总称。惟逮捕之囚人是否包括依法逮捕人在内，关于此有二说：（甲）说征诸多数学说及立法例，必投诸一定之狱舍者，始为囚人（冈田氏日本旧《刑法》讲义言之甚详）。法文所谓逮捕之囚人云者，指提解中之囚人而言，所谓拘禁之囚人云者，指在拘禁中既决未决之囚人而言。至甫被逮捕尚未投诸狱舍者，不得以逮捕之囚人论。遇有脱逃情事，应依《刑法》第一条不为罪，但以强暴胁迫之手段而夺取时，得依妨害公务罪各条处断；（乙）说《刑法》上所称逮捕之囚人即

暂行刑律之按律逮捕人,遇有盗取或脱逃情事,应依《刑法》分则第八章各条分别论罪,二说未知孰是,此应请核示者一。(二)《惩治土豪劣绅条例》第二条第一款之伤害罪以武断乡曲、欺压平民为加重条件,惟武断乡曲、欺压平民二语,法文仅有抽象的规定,究应以何为标准,适用上殊滋疑窦。律以通常条理,武断乡曲云者,当系指土劣干预地方词讼,超越仲裁之程度,强人服从己断,或对于不服之一方,加以不法之侵害而言(如为人调处讼案,强令遵断,否则即加以恐吓或拘禁殴打之类)。欺压平民云者,当系指土劣凭借资产或其他优越势力对于弱小平民施以压迫之一切行为而言(如强占人地、强夺人物、高价闭粜、虐待农工之类)。设原为有侦缉、逮捕、审问权限之行政佐理人员(如保卫团、乡镇警察或清乡机关之官佐),据被害人告诉而逮捕嫌疑人审问,或诬良为匪而迳行捕问,甚至擅用非刑致人于死或重伤时,能否以土劣武断乡曲、欺压平民致人伤害论,关于此有二说:(子)说既为有权之公务员,其逮捕审问系属职务行为,不得谓为武断乡曲、欺压平民,如诬良为匪或滥用非刑致人于死或伤害,只能依《刑法》第一百四十条于所犯之罪之本刑上加重处,断不能援《惩治土豪劣绅条例》第二条第一款办理。(丑)说打倒土豪劣绅为国民革命之最大目的,豪劣武断乡曲、欺压平民每多假地方公职为护符,自为刀俎,以他人为鱼肉,为害甚大,应依特别法论罪。二说未知孰是,此应请核示者二。以上二点,均关法律疑义,理合具文呈请钧院核示祗遵等情。据此,除指令呈悉按《刑法》上所谓依法逮捕拘禁之囚人,即暂行刑律上之按律逮捕监禁之既决未决囚人而言,应以乙说为是。至《惩治土豪劣绅条例》第二条之所称武断乡曲、欺压平民二语,究应达于若何程度,仰候转请解释,再行饬遵。此令印发外,相应函请贵院拟具解答案,呈由司法院复核令遵,至级公谊。此致

**院字第一七三号**

**十八年十一月十九日　司法院指令江苏高等法院　附原呈**

呈悉,业经发交最高法院拟具解答案呈核前来内开,来文所谓房客押租,既其性质与佃农上庄相同,自应查照关于佃农上庄之贴补标准办理等语。本院长审核无异,合行令仰转饬知照。此令

**附原呈**

呈为转请解释事,案据盐城县酒业公会会长韦菉等呈称,窃盐邑习惯田房典价、佃农上庄、房客押租契约上多载制钱(即足大钱)后,以政局不定及社会经济影响,制钱多为奸商所收镕,日见稀少。复以清末创行铜元铸造愈多,市价愈落,前后比价迭有变更,竟至相差一倍或二三倍之钜,所有从前田房典抵及佃农上庄、房客押租约定之制钱,现以制钱缺乏,须以他种通用货币为之给付。惟给付他种通用货币,应否补水及如何折合之处,颇多争执。后田房典价业经本邑县农会呈请前高审厅于十四年七月十六日奉一四二五号指令,依照前大理院六年统字七二二号、七年统字八五五号及八年统字一一二六号解释,以差额照补佃农上庄钱计存款。复经最高法院十七年四月十六日解字第六一号释令,以前后差额为折补

标准各在案。其房屋押租约载制钱或庄足大钱者,以未经列入请示,亦未奉列举解释。惟细核性质与佃农上庄相同,毫无区别(佃农上田,先交上庄;房客租房,先交押租。于退田房时交还,均系担保性质)。举一反三,似可援用,乃普通社会缺乏法律常识。有谓房屋押租既未经列举,不在解释范围之内者,有谓最高法院以前后差额为折补标准之折字,应作折衷解者。有谓本省前韩省长任内,有单行折衷补水之命令,最高法院对湖南法院解释不能更行援用者(细绎最高法院解字第一〇号释令,纵有前命令严禁加水,对于现有之债权人自无拘束之效力,是韩省长命令已难生效)。谬词邪说,颇惑人听,遂致房客退房收回押租时,对于补水问题多相持不决,酿成诉讼者,不一而足。社会商场因多呈不安之象,敝会等忝为商界代表,为解除社会纠纷及永息讼争起见,爰特援本邑县农会呈请前高审厅解释先例,呈请钧院鉴核恳予详赐解释,以便遵行而杜纠纷等情。据此,理合据情呈请钧长俯赐解释,以凭饬遵。谨呈

**院字第一七四号**

**十八年十一月十九日　司法院电山东高等法院　附原电**

山东高等法院院长览,上月敬代电悉,业经发交最高法院拟具解答案呈核前来内开,女子之有财产继承权系根据于第二次全国代表大会妇女运动决议案而发生,该案于民国十五年十月始通令隶属国民政府各省施行,自应由该通令到达该省之日始能生效。若各省之隶属国民政府在通令以后者,应由其隶属之日始生效力。而财产继承之开始,应始于被继承人死亡之日,倘被继承人于该决议案发生效力以前已经死亡,其遗产已由其男子继承取得,则其女子于该案生效之后虽尚未出嫁,亦不能对其兄弟所已承受之财产而欲享有继承权等语。本院长审核无异,合电知照。司法院效印

**附原电**

南京司法院院长钧鉴,窃甲有子乙、女丙,甲于民国十五年春间死亡,遗产由乙承受。今丙未出嫁,对于乙起诉请求分析甲之遗产,因此发生法律上问题,分为二说:(甲)说女子有财产继承权,系根据于第二次全国代表大会妇女运动决议案。该案经前司法行政委员会于民国十五年十月通令隶属国民政府各省施行,而鲁省则于十七年五月始隶属国民政府。当民国十五年春间甲死亡之日,乙已继承甲之遗产,其时女子尚未有财产继承权之法律颁行,依法律不溯既往之法理,丙现对于乙承受甲之遗产自不能享有继承权。(乙)说依照国民政府党纲,男女在法律上、经济上一律平等。丙虽系女子,但尚未出嫁,当甲死亡之日,法律上不啻视丙为乙之弟,此际丙与乙当然有同等财产继承权。以上两说,究以何说为是?悬案待决,伏乞迅予解释示遵。山东高等法院院易恩侯叩敬

**此处删去一条。**

**院字第一七六号**

**十八年十二月十一日　司法院电浙江高等法院　附原电**

浙江高等法院郑院长览,该法院殷前院长九月寒代电悉,永嘉地方法院所请解释各节,业经发交最高法院拟具解答案呈核前来内开,典当利息超过百分之二十,经行政官署许以未将办法颁行前,应暂从各地方习惯办理者,其股东自不负《惩治土豪劣绅条例》第二条第四款之责任(原电误作第三款)。又,党部职员检举土劣案件出庭对质时,应与通常案件之告发人受同一待遇(参照本年十月一日司法院训字第五一七号训令)等语。本院长审核无异,合电转饬知照。司法院真印

**附原电**

南京司法院院长钧鉴,案据永嘉地方法院院长钟之翰本月江代电称,典当利息超过年利百分之二十,经行政官署许以未将办法颁行以前,应暂从各地方习惯办理者,其股东应否负《惩治土豪劣绅条例》第二条第三款罪刑责任?又,党部职员检举土劣案件出庭质对时,是否与通常案件之告诉人、告发人同一待遇?请转呈解释等情。据此,事关法律疑义,理合电请迅赐解释,以便饬遵。浙江高等法院院长殷汝熊叩寒印

**院字第一七七号**

**十八年十二月十一日　司法院电浙江高等法院首席检察官　附原电**

浙江高等法院郑首席检察官览,该法院前首席检察官郑文礼九月漾代电悉,业经发交最高法院拟具解答案呈核前来内开,《禁烟法》已于本年七月二十五日公布,其第二十二条规定本法自公布日施行,则凡七月二十五日以后未经判决之烟案,自应依《禁烟法》之规定处断(参照本年司法院电字第六十一号)等语。本院长审核无异,合电饬知。司法院真印

**附原电**

司法院院长王钧鉴,据绍兴分院郑首席检察官代电称,《禁烟法》业于本年七月二十五日公布,其第二十二条规定本法自公布日施行,本甚明了。惟同法第二十一条,本法施行规则由行政院定之。查该施行规则至今未见公布,究竟《禁烟法》公布前之犯罪,是否适用《刑法》总则第二条适用较轻之刑,无从悬揣,于是分两说:(甲)说《禁烟法》自身规定公布日施行,则凡属七月二十五日以后未经判决之烟案,即应依《禁烟法》处断。(乙)说《禁烟法》明明订有施行规则由行政院定之一语,现该施行规则既未公布,《禁烟法》当然无从施行,所有烟案仍应暂依《刑法》办理。两说各有相当理由,事关适用法律,未便擅断,悬案以待,乞速电遵等情。据此,事关适用法律,职处未敢擅断,理合据情转呈核示,以便转饬遵行。浙江高等法院首席检察官郑文礼漾印

**院字第一七八号**

**十八年十二月十一日　司法院指令湖南高等法院　附原呈**

呈悉，业经发交最高法院拟具解答案呈核前来内开，(一)《刑事诉讼法》第八条系列举规定，不合该条各款规定之案件，初级法院无第一审管辖权，违反《禁烟法》第六条、第八条、第十条者，第一审应归地方法院管辖；(二)《刑法》第二百九十四条所谓施用足以致死或重伤之方法，指其方法足以致人于死或重伤者而言，非专以犯罪人所持之物为标准各等语。本院长审核无异，合行令仰转饬知照。此令

**附原呈**

呈为呈请解释事，案据试署常德地方法院院长钟馥寒代电称，查《刑法》第十九章鸦片罪全章，均属初级法院管辖。虽第二百七十一条及第二百七十三条为五年以下有期徒刑，然亦于《刑事诉讼法》第八条第三款已列举为初级法院管辖。其立法意旨似系以鸦片罪并不繁杂且易日常发生，故概定为初级管辖。现《刑法》鸦片罪各条之规定均因《禁烟法》施行而停止效力。该法第六条、第八条、第十条均系五年以下有期徒刑，关于管辖问题，能否准用刑诉法第八条第三款定为初级法院管辖？属院关于此类案件颇多，亟待解决，此应请解释者一。又，《刑法》二百九十四条第一项所谓施用及方法，是否指加害人所持之物？能否致人于死或重伤？抑或视其施用之状态及手段以为标准？立法意旨之界说如何，殊难探索，适用上颇感困难，此应请解释者二。理合代电呈恳转请解释令遵等情。据此，案关法律解释，除令准转请核示外，理合据情呈请钧院俯赐解释，俾便饬遵。谨呈

**院字第一七九号**

**十八年十二月十一日　司法院训令江苏高等法院首席检察官　附原函**

为令行事，该首席检察官呈最高法院检察署，转请解释鸦片罪管辖问题疑义一案，兹据最高法院拟具解答案呈核前来内开，依《刑事诉讼法》第八条，初级法院管辖之第一审案件，原则上应以最重本刑为三年以下有期徒刑、拘役或专科罚金之罪为限，最重本刑超过三年而归初级法院管辖者，则以同条第二至第八各款为范围。《禁烟法》第六条、第八条、第十条各条之罪最重主刑均为五年以下有期徒刑，又不在《刑事诉讼法》第八条第二款至第八款列举范围之内，第一审应由地方法院管辖等语。本院长审核无异，合行令仰饬知。此令

**附原函**

迳启者，据江苏高等法院首席检察官王思默呈称，呈为江苏上海地方法院检察处，因《禁烟法》颁行后对于鸦片罪案件管辖问题发生疑义，应如何办理，祈鉴核示遵事。窃据上海地方法院首席检察官沈秉谦呈称，查《禁烟法》公布施行，自应遵照。惟查《刑事诉讼法》第八条第一款规定，初级管辖案件最重本刑为三年以下有期徒刑、拘役或专科罚金之罪，《刑法》第二百七十一条及第二百七十三条之鸦片罪最重主刑，虽为五年以下有期徒刑，而

刑诉法第八条第三款列举为初级管辖案件历经遵照办理。现奉颁行之《禁烟法》第六条、第八条及第十条各罪最重主刑均为五年以下有期徒刑,应否查照刑诉法第八条规定作为初级管辖案件,抑应作为地方管辖案件施行规则未制定以前,在法律上尚无根据,究应如何办理之处,呈请转呈核示祇遵等情。据此,事关管辖审级,究应如何办理,理合具文呈请钧署鉴赐函转解释示遵等情到署。查事关法律解释,相应据情函请核办。此致

**院字第一八〇号**

**十八年十二月十三日　司法院指令山西高等法院　附原呈**

呈悉,业经发交最高法院拟具解答案呈核前来内开,(一)据《禁烟法》第二条载,本法施行期间关于违犯禁烟者之科刑,应依本法之规定。是凡违犯烟禁者,无论其犯罪时期是否在该法施行以后,均应依该法科刑,意极明显。但科刑因犯罪而发生,既依《禁烟法》第三章所列各条之规定,科刑即无适用《刑法》论罪之余地,观同章第十二条、第十三条、第十五条至第十八条各规定,亦可推知。(二)非公务员而与公务员共同实施或教唆帮助公务员犯《禁烟法》第十六条至第十八条之罪,依《刑法》第四十五条虽应认为共犯,但因身份而刑有轻重时,依同条第二项应科通常之刑各等语。本院长审核无异,合行令仰转饬知照。此令

**附原呈**

呈为呈请事,案据山西高等法院第二分院院长王怀明俭代电称,查《禁烟法》于本年七月二十五日公布施行,犯罪在施行前,而裁判在施行后者,应适用何法,颇滋疑义,于此有三说焉:(甲)说谓按法律不追溯既往之原则,应依《禁烟法》第二条后段适用《刑法》第二条规定办理,即依《禁烟法》处断而适用《刑法》较轻之刑;(乙)说谓《禁烟法》第二条前段之规定不曰在本法施行期间违犯烟禁者,应依本法科刑,而曰本法施行期间,关于违犯烟禁者之科刑应依本法之规定,其意即为凡本法施行期间,不拘违犯烟禁在前在后,均应适用本法,无依《刑法》第二条但书比较刑之轻重之余地。(丙)说谓《禁烟法》第二条仅载,违犯烟禁者之科刑应依本法之规定,而第三章又仅以科刑定名,其意显在加重《刑法》鸦片罪。各条之科刑并未完全停止《刑法》鸦片罪各条之适用,故《禁烟法》施行后,关于违犯烟禁者之处罚,应分别依《刑法》各本条治罪,唯于科刑时,特载明应适用《禁烟法》某条之科刑耳。以上三说究以何者为正常,此疑问一。再《禁烟法》第十五条至第十八条均为公务员违犯烟禁之加重处罚,就中如第十五条为因公务员身份致刑有加重者,依《刑法》第四十五条第二项其无身份之人仍科通常之刑,固属毫无疑问。惟第十六条至第十八条之规定系因公务员之身份而成立之罪,若无身份之普通人民教唆帮助或与公务员共同实施犯罪者,应否依共犯之规定,与公务员均按《禁烟法》治罪,则不无疑义焉。关于此问题亦有二说:(甲)说谓此种场合依《刑法》第四十五条第一项应以共犯论,《禁烟法》既无特别规定,应依该法第二条后段适用《刑法》之规定,不问犯罪者之为公务员及普通人民,均以《禁烟法》各条之共犯论。(乙)说谓《禁烟法》第十六条至第十八条之刑加重之程度至为严厉,立法原意端在严惩公务

员之贪横，以为彻底澄清烟毒之地步。若普通人民与公务员共犯，殊无特别加重之必要，且特别加重未免过酷，故普通人民与公务员共同犯罪，虽应依《刑法》第四十五条第一项论以共犯，然仍应按《刑法》各本条治罪，不可依《禁烟法》特别加重。以上两说，各有理由，究应以何者为正当，此疑问二。上述疑问二点，均关法律解释，职院受有此案急待解决，理合电恳鉴核转请迅赐解释示遵等情到院。据此，事关法律解释，理合具文呈请鉴核转交最高法院解释，以便饬遵。谨呈

**院字第一八一号**

**十八年十二月十三日　司法院电山东高等法院　附原电**

山东高等法院院长览，该法院上月覃代电致最高法院，请解释检察官以反革命起诉之案件，经审明系属普通案件，究应如何办理一案。兹据最高法院拟具解答案呈核前来内开，《刑事诉讼法》第三百零八条载，审判开始后法院虽认为该案件应属下级法院管辖，仍应继续审判之。此项规定依同法第四百条为第三审所准用，故凡检察官以反革命起诉之案件，经高等法院开始审判后，纵使查明应归地方法院管辖，仍应由高等法院继续审判等语。本院长审核无异，合电知照。司法院元印

**附原电**

南京最高法院钧鉴，高等法院检察官以反革命起诉之案件经高等法院审判开始后查明并非反革命，实系应归地方法院管辖第一审之普通案件，究应如何办理有甲、乙两说：(甲)说谓《刑事诉讼法》原则系四级三审制，除内乱、外患、妨害国交及反革命并《刑事诉讼法》第三百八十七条所定各罪之被告外，均应受三审制之利益。《刑事诉讼法》第三百零八条之规定系指普通案件（如地方法院于审判开始后，虽认为该案件应属初级法院管辖，仍应继续审判之类），于三审制无变更者而言，该条系根据已废止之《刑事诉讼条例》第三百三十一条而来，已废止之《刑事诉讼条例》第三百三十一条系对于原案（即《刑事诉讼律草案》）第三百四十七条加以修正细绎，《刑事诉讼律草案》第三百四十七条原文规定，地方审判厅辩论终结后，始发现该案件系所属初级审判厅管辖者，亦应作为管辖案件行第一审之判决及《刑事诉讼条例》第三百三十一条修正理由所称，本条系规定事务管辖之例外，审判一经开始即不得再将案件移送下级法院，非如原案第三百四十七条以辩论终结后始发现者为限也云云。是仅将辩论终结后改为审判开始后，其适用范围仍只能以地方法院受理之初级管辖案件为限，已甚明显。故检察官以反革命起诉之案件审判开始后，查明实系归地方法院管辖第一审之普通案件者，为维持三审制度及保护被告之三审利益计，应依《刑事诉讼法》第三百十九条谕知管辖错误之判决，并将该案移送地方法院审判，否则将因检察官之起诉而变更三审制。(乙)说谓《刑事诉讼法》第三百零八条系概括的规定，无论何种案件均应适用。故检察官以反革命罪向高等法院起诉之案件一经开始审判，虽认为应归地方法院管辖之第一审案件，仍应继续审判之。两说究属谁是，事关法律解释，理合电请速赐核示遵照。

山东高等法院院长易恩侯叩覃印

**院字第一八二号**

**十八年十二月十三日　司法院电湖北高等法院　附原电**

湖北高等法院院长览,该法院上月虞代电致最高法院,请解释陆海空军《刑法》第六条疑义一案,兹据最高法院拟具解答案呈核前来内开,保卫团纯系警察性质,不包括于陆海空军《刑法》第六条第三款之内,其所属之常练队固非陆军军人,亦不能视同陆军军人,如触犯普通《刑法》不得归陆军审判等语。本院长审核无异,合电知照。司法院元印

**附原电**

南京最高法院赐鉴,保卫团常练队系警察性质,团内从事职务之人,如触犯普通《刑法》,不得归陆军审判,业经司法院院字第三一号解释有案。惟查陆海空军《刑法》第六条之规定,地方警备队之官长士兵视同陆海空军军人,常练队亦系为地方警备及清乡之用,是否包括于同法第六条第三款之内,不无疑义。现有此种案件急待解决,特电请迅赐解释示遵。湖北高等法院虞印

**院字第一八三号**

**十八年十二月十三日　司法院训令江苏高等法院　附原呈**

为令行事,前据江苏武进县第十区区长诸寿康呈请解释刑事诉讼程序疑义两项到院,当经发交最高法院拟具解答案呈核,兹据呈开,(一)惩治土豪劣绅案件第一审既已划归地方法院受理,自应依普通诉讼程序适用三审制;(二)对于法院所为无罪之判决,检察官得于上诉期间中提起上诉,判决如已确定,苟具备法定再审之条件,并得请求再审各等语。本院长审核无异,合行令仰该法院转行知照。此令

**附原呈**

呈为请求解释事,窃区长请求解释之点有二:(一)查惩治土豪劣绅案件向归特种刑事法庭审理,系两级两审制。现在案归普通法院审理,是否沿用旧制?抑照普通刑事程序为第三审之请求?(二)查刑诉程序告诉人或告发人对于法院所为之判决本无上诉之权,惟法院根据错误的事实竟将原判撤销为无罪之宣告,告诉人或告发人对此谬误,有无救济办法?以上两项均关诉讼程序,伏乞钧院鉴核赐予解释批示祇遵,实为公便。谨呈

**院字第一八四号**

**十八年十二月十三日　司法院指令浙江高等法院　附原呈**

呈悉,业经发交最高法院拟具解答案呈核前来内开,关于自诉之刑事案件,即使犯罪嫌疑不足或行为不成犯罪,如不合于《刑事诉讼法》第三百十一条之情形,依同法第二百七十一条非被告出庭不得审判。又检察官依《刑事诉讼法》第二百四十五条所为不起诉之处分

以被害人不希望处罚为条件,如果被害人提起自诉,其希望处罚之意至为明显,被害人希望处罚在公诉案件检察官尚不能不予起诉,在自诉案件更不能免予判罪等语。本院长审核无异,合行令仰转饬知照。此令

**附原呈**

呈为转请解释事,案据诸暨县法院院长李启华呈称,窃维《刑事诉讼法》规定自诉制度原所以避程序之繁重,使人民得以减少讼累,意至善也。惟同法第二百七十一条审判日期除有特别规定外,被告不出庭者不得审判,而所谓特别规定,大抵指第三百十一条,最重本刑为拘役或专科罚金者而言。检察官侦查案件遇有犯罪嫌疑不足或行为不成犯罪,可不待被告到案,即为不起诉之处分。自诉案件则自初系属于审判程序承办,推事讯问自诉人之后发现犯罪嫌疑显然不足或其行为不成犯罪而所自诉之罪名又不合于第三百十一条之情形。此时虽明知被告不能成立犯罪,只因刑诉法第三百四十四条所列得不经辩论迳行判决之情形,未将犯罪嫌疑不足及行为不成犯罪两端并列在内之故,仍须传唤被告到案。如果不到为案件结束起见,尚须拘提以明知不能成立犯罪之案件而必对被告一再传拘。是欲使民转以扰民当非立法本意,似自诉案件遇有犯罪嫌疑不足或行为不成犯罪之时,非准照检察官侦查办法不传被告到案迳行判决,不足以贯彻立法之精神。又具备刑诉法第二百四十五条各款情形之案件,在检察官侦查时可不起诉,而在自诉程序中遇有此等案件,因无特别明文之故,势须仍予判罪。以同一情形之案件因受理程序不同之故,致办法迥相殊异,亦与《刑事诉讼法》采用自诉制度之原意不合。究竟《刑事诉讼法》第二百七十一条之规定于自诉程序可否变通?同法第二百四十五条及检察官遇犯罪嫌疑不足与行为不成犯罪得不传被告迳行处分之办法,可否准用于自诉案件,以及有无其他调剂办法?未敢率断,理合备文呈请仰祈鉴核转请解释示遵等情。据此,事关法律疑义,理合转呈钧院俯赐解释,以便饬遵。谨呈

**院字第一八五号**

**十八年十二月十三日　司法院电浙江高等法院　附原电**

浙江高等法院郑院长览,该法院七月东代电悉,业经发交最高法院拟具解答案呈核前来内开,依《暂行特种刑事诬告治罪法》第七条,凡触犯该法之案件准用《修正特种刑事临时法庭组织条例》第二条、第三条之规定定其管辖。现在该组织条例既已废止,参照普通诬告罪之管辖标准,第一审应由地方法院受理等语。本院长审核无异,合电知照。司法院元印

**附原电**

司法院长钧鉴,查特种刑事自特种刑庭取消后,其反革命及土劣案件依刑诉法已由高等法院及地方法院分别受理第一审,原无问题。惟诬告反革命案件之管辖问题则有二说:(甲)主由高等法院受理第一审,按《暂行特种刑事诬告治罪条例》第七条规定,本法犯罪案件之管辖准用《修正特种刑事临时法庭组织条例》第二条及第三条之规定,揆诸《特种刑事

临时法庭组织条例》第二条,反革命案件既由特种刑庭移于高院,则其有管辖权之诬告反革命案件亦应由高院为第一审,此其一。况诬告反革命之先决问题为被控反革命事实是否虚伪,反革命案件既由高院为第一审,则审究结果如为虚诬而治以诬告,亦应由高院管辖第一审为便,此其二。(乙)主由地方法院管理第一审,查特种刑事临时法庭既经取消,而《临时法庭组织条例》又已失效。既在特种刑事条件之管辖问题自应依刑诉法定之。除反革命性质得准内乱罪外,诬告为普通刑事自应由地院为第一审管辖,此其一。即就业经失效之特刑临时法庭组织条例言之,其反革命及土劣案件原均由特种刑庭为第一审者,自隶属普通法院后,土劣案件既以地院为第一审,则诬告案件决无特以高院为第一审之理,此其二。至谓反革命由高院管理第一审审究结果知为虚诬,亦应由高院治以诬告为便一说,实所不然。例如,通常刑事之诬告及第二审始白者,恒将原判撤销由第二审谕知原被告人无罪,一面将诬告发交第一审讯,究事例相同,初无不便,此其三。两说未知孰是,事关法律解释,理合电请解释示遵。浙江高等法院东印

**院字第一八六号**

**十八年十二月十四日　司法院训令江苏高等法院首席检察官　附原函**

为令行事,该首席检察官呈最高法院检察署,为金山县县长请解释阴谋预备杀人应否论罪一案,兹据最高法院拟具解答案呈核前来内开,同谋杀人指一方参与谋议,一方已着手杀人既遂或未遂之情形而言。若仅止计议杀人,即使达于预备程度,新《刑法》尚不处罚,则预备以前之阴谋行为,更不能认为同谋,科以第二百八十八条之罪等语。本院长审核无异,合行令仰转饬知照。此令

**附原函**

迳启者,案据江苏高等法院首席检察官王思默呈称,呈为江苏金山县县长对于阴谋预备杀人应否论罪请求解释,仰祈鉴核示遵事。窃据江苏金山县县长徐桂代电称,兹有《刑法》疑义一则请求解释示遵。甲、乙两人因事不快于丙,某日甲知丙欲往某处,特去函嘱乙候于途中待丙至而杀之,乃事不秘密,丙于事先将甲致乙之函件查获。如果丙将甲某扭送官厅请求惩办,究竟甲某应负何种刑事责任?查《刑法》杀人罪章除二百八十三条第四项外,对于预备阴谋杀人者,并无专条处罚。依上述事实观之甲某虽有教唆杀人之意思,但尚在阴谋预备程度未至着手实行,核以法律无明文不为罪之法意,似应不予论罪。惟《刑法》第二百八十八条有同谋杀人之专条,究竟该条所谓同谋杀人者,系指既遂未遂者而言,抑无论既遂、未遂或预备阴谋同谋杀人者均可适用?若以后者为是,则甲某似属同谋杀人者,应依二百八十八条处断。案关法律解释,电请核示等情,除指令外,相应函请查照迅予解释过署,以便转令饬遵。此致

**院字第一八七号**

**十八年十二月十四日　司法院电湖南高等法院首席检察官　附原函**

湖南高等法院曹首席检察官览，该首席检察官元代电呈最高法院检察署转，请解释合于自诉规定案件原告诉人上诉程序疑义一案，兹据最高法院拟具解答案呈核前来内开，合于自诉规定之案，原告诉人既未声明自诉，在第二审法院又系检察官出庭执行，原告职务是已成为公诉案件，非检察官不能向第三审法院上诉等语。本院长审核无异，合电知照。司法院寒印

**附原函**

迳启者，案据湖南高等法院首席检察官曹瀛元带电称，据署湖南长沙地方法院首席检察官贺寿嵩代电称，公署受理刑事诉讼，除原诉人已声明自诉外，凡未经县长以检察职权侦查起诉者，如合于自诉规定，固可认为自诉案件。但原诉人若不自行上诉而呈诉不服时，仍应按照公诉程序办理，业经院字第二七号解释在案。兹有合于自诉规定之案，原诉人既未声明自诉，县长亦未以检察职权侦查起诉。经县政府判决后，原诉并未自行上诉或呈诉不服，由被告人提起上诉于第二审法院审理判决，检察官及被告人均已甘服。原诉人忽自行上诉，究应按照公诉程序不许上诉，抑应认为自诉案件许其上诉？事关法律解释，理合电呈转请解释示遵等情。据此，理合转呈钧署转函钧院解释令遵等情。据此，相应备文函请查照解释见复为荷。此致

**院字第一八八号**

**十八年十二月十四日　司法院训令福建高等法院首席检察官　附原函**

为令行事，该首席检察官呈最高法院检察署，转请解释以鸦片烟灰和佛手为药服食应否论罪一案，兹据最高法院拟具解答案呈核前来内开，素无鸦片烟瘾，因病以烟灰和佛手为治病之药剂，其行为无违法性，不应论罪等语。本院长审核无异，合行令仰知照。此令

**附原函**

迳启者，案据福建高等法院首席检察官呈称，窃据莆田地方法院首席检察官呈称，窃查有犯人因下痢以鸦片烟灰和佛手为药服食，其应否论罪有甲乙二说：（甲）说谓被告明知烟灰为违禁物，故意代用，纵系因病吸食，亦应论罪；（乙）说则谓被告以烟灰和佛手为治病之药剂，尚非吸食鸦片之故意，自无犯罪之可言。事关法律疑问，理合具文呈请钧长察核俯赐转呈解释示遵等情。据此，案关法律解释，职处未敢擅便，理合具文呈请钧长察核俯赐转院解释以便饬遵，实为公便等情。据此，除指令外，相应函请查照，迅希解释见复为荷。此致

院字第一八九号

十八年十二月十四日　司法院电四川高等法院　附原电

四川高等法院黄院长览,该法院九月皓代电致最高法院,请解释《惩治盗匪暂行条例》第一条疑义一案,兹据最高法院拟具解答案呈核前来内开,《惩治盗匪暂行条例》第一条第十三款所谓执持枪械,指执持枪枝或其他器械而言,与同条第八款、第十款持械之用意相同。聚众抢劫之人虽未持枪枝,单持刀械,亦可构成同条第十三款之罪等语。本院长审核无异,合电知照。司法院寒印

附原电

南京最高法院钧鉴,《惩治盗匪暂行条例》第一条第十三款,所谓执持枪械与八款十款持械有无区别?抑或无人持枪,单持刀棒等械是否适用普通《刑法》?乞示遵。四川高等法院叩皓印

院字第一九〇号

十八年十二月二十三日　司法院指令司法政行部　附原呈

呈悉,业经发交最高法院拟具解答案呈核前来内开,关于特种刑事诬告案件应归普通法院依通常程序受理(参照院字第一八五号解释)等语。本院长审核无异,合行令仰转饬遵照。此令

附原呈

呈为呈请事,案据署河南高等法院院长吴贞缵呈称,查特种刑事诬告案件应移交何法院管辖,《取消特种刑事临时法庭办法》内并无明文规定。案关法律解释,请核示祗遵等情到部。查《取消特种刑事临时法庭办法》第一条、第二条仅规定反革命案件由各高等法院、土豪劣绅案件由各地方法院或其简易庭依通常程序受理第一审,至关于特种刑事诬告案件应如何办理,该办法内并无明文。在《特种刑事诬告治罪法》未废止以前,此类案件其第一审是否亦应归普通法院依通常程序受理,其从前特种刑庭尚未判决,及在上诉中之案件究应移交何处法院审判?职部未敢擅拟,理合据情呈请钧院鉴核指令祗遵。谨呈

院字第一九一号

十八年十二月二十三日　司法院指令浙江高等法院　附原呈

呈悉,业经发交最高法院拟具解答案呈核前来内开,按法院因诉讼而事物管辖权而驳斥之判决已确定者,该判决羁束其后诉讼系属之法院,在《修正民事诉讼律》第四百八十三条有明文规定来呈,关于第二审管辖疑问,依同律第五百三十二条自可准用该条办理,至征收讼费与管辖系属两事,如诉讼价额确在千元以上,自不因第二审属于地方法院,遂可减征等语。本院长审核无异,合行令仰转饬知照。此令

附原呈

呈为转请解释事,案据署金华地方法院院长杨树酋呈称,案准金华律师公会函开,案准敝会会员金品黄丁仁函称。兹有甲与乙为山木涉讼,甲在第一审为原告购贴二十五元未满之审判费,而乙在第一审为被告对于原审判决之争执树木价值千元以上,遵章购贴二千元未满之审判费,向高等分院上诉,高等分院以初审只贴二十五元未满之审判费,认为管辖错误,将上诉驳斥。嗣由地方法院审查结果,两造均承认该山系争树木价值千元以上,地方法院会议裁决,谕令两造限日补缴审判费,补缴后仍然自行审理,不予移送。当事人等以审判费遵令补缴,无从取偿,对于管辖问题应先解决,于是发生下列二说:(子)说谓诉讼标的价额,现两造供认一千元以上,前高等分院不以所受利益核定,虽就形式上认定管辖错误(即初审只贴二十五元未满之审判费)之判决驳斥(已确定),与后地方法院实质核定讼争利益在千元以上之裁决,尚无抵触,仍可不受前高等分院形式认定判决之拘束,应由地方法院移送高等分院管辖受理。(丑)说谓诉讼之标的虽价值千元以上,既经高等分院以管辖错误之判决驳斥(已确定)似应受此判决之拘束。以上二说,究以何说为是?如认丑说为适当,则两造遵令缴纳讼费,究应如何处置,相应函请贵会转请金华地方法院转呈最高法院一并解释示遵等由。准此,相应函请察核转呈解释示遵等由,准此除函复外,理合备文呈请,仰祈核转施行等情。据此,案关法律疑义,理合据情呈请钧院俯赐解释,以便饬遵。谨呈

院字第一九二号

十八年十二月二十三日　司法院指令山东高等法院　附原呈

呈悉,业经发交最高法院拟具解答案呈核前来内开,按不动产所有权人将标的物出典于人后,依法虽有不得重典之限制。但所有权既未丧失,故于不妨害典权之范围内,仍得为他人设定抵押权。至典权与抵押权在已实行登记制度之省份,均非登记不生对抗效力。若两者均已登记,自应以先后为准等语。本院长审核无异,合行令仰知照。此令

附原呈

呈为案关法律疑义仰祈解释示遵事,窃有甲将自己房宅于民国十五年间典与乙为业,经甲立有典契交乙收执,乙未将典得房宅向该管地方法院依法登记。迨民国十七年间,甲因手头拮据又将典乙房宅复行抵押于善意之丙、丁各家,而丙、丁各家遵即先后向该管地方法院依法登记,均执有登记证明书为凭。究竟谁应受优先清偿之权利,于此有二说:(甲)说查现行律载,若将已典卖与人田宅朦胧重复典卖者,准窃盗论。田宅从原典买主为业,甲既将房宅典与乙为业,乙实已取得典权,则甲复将同一房宅抵押与丙、丁各家系属无权处分,应不发生效力。虽经登记,亦属无效,自应适用现行律重行典卖之规定,认乙就该房宅有完全受优先清偿之权利。(乙)说查前北京政府颁之《不动产登记条例》第五条载,不动产物权应行登记之事项,非经登记不得对抗第三人。现此项条例尚属有效,乙取得典权既未登记,当然不能对抗第三人(即丙丁各家),是丙、丁各家就其设定抵押权之房宅有优先受清偿之

权利。至乙所取得典权受有何种损害,只能向甲另行请求赔偿。如果依甲说则不得对抗第三人之规定,几等具文登记效力不无影响,此应请解释者一。又有甲先以房屋典于乙,并未为典权之登记,嗣复以之抵押于丙,依法登记后,甲与乙始以典权登记。丙以抵押文书上有准予拍卖抵押之记载,诉请执行法院公告拍卖,乙出而主张典权,应较抵押权有优先受偿之权利,于此亦有两说:(甲)说与上述甲说相同不赘叙;(乙)说谓《不动产登记条例》第九条规定,同一不动产为登记时其权利次序除法律别有规定外,应依登记之先后。本件抵押权设定虽在典权之后,而登记既在典权之先,应认抵押权人较有优先受偿之权利,此应请解释者二。事关法律疑义,究竟以何说为是,或另有其他解释,未敢臆断,理合备文呈请钧院俯赐解释示遵,实为公便。谨呈

**院字第一九三号**

**十八年十二月二十三日　司法院电广东高等法院　附原电**

广东高等法院罗院长览,该法院本年九月咿代电致最高法院,请解释《刑事诉讼法》第二十二条疑义一案,兹据最高法院拟具解答案呈核前来内开,移转或指定法院之管辖不限于起诉以后,已于本年四月二十二日解释在案(参照院字第六三号解释)。在起诉前,果应指定或移转管辖,检察官自可依法声请等语。本院长审核无异,合电知照。司法院漾印

**附原电**

最高法院鉴,《刑事诉讼法》第二十二条之当事人声请指定或移转管辖是否指已经法院受理者而言?若未经起诉之案件在检察官侦查中可否适用?乞电示。广东高等法院院长罗文庄咿印

**院字第一九四号**

**十八年十二月二十三日　司法院电安徽高等法院首席检察官　附原电**

安徽高等法院钱首席检察官览,该首席检察官本年十月养代电致最高法院,请解释《暂行反革命治罪法》适用疑义一案,兹据最高法院拟具解答案呈核前来内开,《暂行反革命治罪法》于十七年三月七日公布,凡犯罪在该法公布前,无论何时所犯如公布时,未经确定审判,依该法第十三条之规定,均应据该法处断。至《处理逆产条例》第一条,系就财产应否视为逆产而为规定,与犯罪行为应否适用《暂行反革命治罪法》之问题无关等语。本院长审核无异,合电知照。司法院漾印

**附原电**

最高法院院长钧鉴,查《处理逆产条例》第一条,自民国十四年七月一日起犯《暂行反革命治罪法》第二条至第七条之罪,经法庭判定者其财产视为逆产之规定,似乎民国十四年七月一日以前即有惨杀党人、摧残民党者,未便治以反革命之罪。惟查《暂行反革命治罪法》第十三条,又有犯罪在本法公布以前未经确定审判者,亦依本法处断之规定。此案规定究

系指民国十四年七月一日以后,有犯《反革命治罪法》未经确定审判者而言?抑系民国十四年七月一日以前凡有惨杀党人摧残民党之行为皆可依该法论罪?案悬待结,理合电请钧院俯赐解释示遵。安徽高等法院首席检察官钱谦叩养

**院字第一九五号**

**十八年十二月二十三日　司法院函中央监察委员会秘书处　附原函**

迳复者,前准贵处本年九月七日函开,律师是否《刑法》第十七条所称之公务员,请解释函复等由。当经依照本院统一解释法令规则第四条,发交最高法院拟具解答案去后,兹据呈核前来内开,《刑法》第十七条规定称公务员者,谓职官吏员及其他依法令从事于公务之议员,至于律师不能包括在内等语。本院长审核无异,相应函复查照。此致

**附原函**

迳启者,查《刑法》第十七条规定,称公务员者谓职官吏员及其他依法令从事于公务之议员,对于律师并未列入。究竟律师是否公务员?抑是否有公务员性质?贵院以前有无此项解释成例可稽,如有成例,请为录复。如无成例,亦请解释函复为荷。此致

**院字第一九六号**

**十九年一月八日　司法院电河北高等法院　附原电**

河北高等法院邵院长览,上年九月元代电悉,业经发交最高法院拟具解答案呈核前来内开,代被绑之户向绑匪求说与代绑匪向被绑之户通讯情迹显然不同,自不得援用《惩治绑匪条例》第三条之规定等语。本院长审核无异,合电知照。司法院庚印

**附原电**

南京司法院魏院长钧鉴,案据律师蒋澄宇呈称,窃查《惩治绑匪条例》第三条,凡代绑匪向被绑之户通讯关说或过付金钱取赎者以绑匪论等语。如被绑之户再三恳托求向绑匪通融赎释,事后并由被绑之户向官厅声明三次,系此方恳托是代被绑之户向绑匪求说,与代绑匪向被绑之户通讯者,显然有别刑律不许。比附援引,此种场合能否施用第三条之规定?敬求解释或转呈解释示遵,实为公便等情到院。事关法律疑义,用特代电恳请迅赐解释,实为公便。代理河北高等法院院长邵修文叩元印

**院字第一九七号**

**十九年一月八日　司法院指令司法行政部　附原呈**

呈悉,业经发交最高法院拟具解答案呈核前来内开,《已嫁女子追溯继承财产施行细则》第一条第二款所称隶属之日,系指各省而言,自应以各省省会隶属之日为准。旧直隶及京兆隶属国民政府后经中央政治会议决议直隶省改名河北省,而以旧京兆区各县并入之。是该省政府现虽移设北平,但隶属时该省省会原在天津,自应以天津隶属国民政府之日为

准(即十七年六月十二日)等语。本院长审核无异,合行令仰转饬知照。此令

**附原呈**

呈为呈请事,案据代理河北高等法院院长邵修文呈称,案据河北高等法院第一分院院长梁宓呈称,查十八年八月二十日国民政府公报内载,《已嫁女子追溯继承财产施行细则》第一条第二款通令之日尚未隶属国民政府,各省其隶属之日等语所称隶属之日者,在河北省究应以何日为标准,非经指定,未便援用,请鉴核示遵等情到院。查河北各县隶属于国民政府之日并不齐一,如北京为去年六月八日,天津为六月十二日,大名为五月一日,保定为五月三十一日,其他昌黎、临检等县更属在后。关于适用前项法律应否以省会隶属之日为准?抑应随各县之先后隶属而有不同?再查河北省原系直隶,与京兆两区合并直隶,以天津为省会,京兆以大宛为首区。现省政府移设北平,则如应以省会隶属之日为准,究应定为北平隶属之日,抑定为天津隶属之日?职院未敢擅定,理合备文呈请钧部鉴核示遵等情。据此,事关解释法令,理合呈请钧院核示,以便转令遵照。谨呈

**院字第一九八号**

**十九年一月八日　司法院训令江西高等法院　附原函**

为令知事,该法院上年第七二九号公函致最高法院,为分宜县县长转请解释刑事诉讼程序适用疑义一案,兹据最高法院拟具解答案呈核前来内开,县政府兼有审检两职之权者,遇有《刑事诉讼法》第二百四十五条各款情形,得依该条办理等语。本院长审核无异,合行令仰转饬知照。此令

**附原函**

迳启者,案据兼理司法分宜县县长萧景忠呈称,查县政府兼理司法仍按照《修正县知事审理诉讼章程》办理,该章程第十条内载"刑事案件县知事因告诉告发自首或其他情事知有犯罪嫌疑或由司法警察官署移送者得迳行审判"云云。是县政府审理刑事案件,应按照该章程第四十二条准用《刑事诉讼法》第三百十五条、第三百十六条、第三百十七条、第三百十八条、第三百十九条各规定,分别而为判决,自属毫无疑义。惟县政府虽兼有审检两职之权,但该章程未规定刑事案件可为不起诉处分之明文。倘合于《刑事诉讼法》第二百四十四条各款者,固可按照同法上开各条用判决行之。如遇同法第二百四十五条各款情形不能适用,判决时究应如何办理之处,请解释示遵等情。据此,案关法律解释,敝院未敢专擅,相应据情函请大院迅赐解释见复,以便饬遵,至级公谊。此致

**院字第一九九号**

**十九年一月八日　司法院函江西省党务指导委员会　附原函**

迳复者,前准贵会上年第九七零号公函,据万载县党务指导委员会转请解释《已嫁女子追溯继承财产施行细则》各疑义一案,当经依照本院统一解释法令规则发交最高法院拟具

解答案去后。兹据该法院拟具呈核前来内开,《已嫁女子追溯继承财产施行细则》第一条定明,凡财产继承开始在下列日期后者,虽已嫁之女子亦有继承财产权,则凡财产继承开始在于该条下列日期之后,自不论任何年嫁出之女子均有财产继承权。至有继承财产权之女子应以亲生者为限,财产继承何时开始,查照院字第一七四号解释等语。本院长审核无异,相应函复贵会转行知照。此致

**附原函**

迳启者,据万载县党务指导委员会呈称,呈为转呈事。案据属县第三区党部呈称,呈为呈请迭呈中央转饬法院解释细则事,窃查最近司法院公布《已嫁女子追溯继承财产施行细则》第一条,民国十八年五月十五日中执委政治会议关于女子承继财产权新解释发生效力时期决议案,凡财产继承开始在下列日期后者,虽已嫁之女子亦有财产权:(一)第二次全国代表大会关于妇女运动决议案前经司法行政委员会民国十五年通令达到之日;(二)通令之日尚未隶属国民政府,各省其隶属之日等语。惟财产承继开始在该日期后,究竟指在该日期后出嫁之女子始有财产继承权,抑指凡属在该日期后分拆者或父母在该日期后殁者,不论任何年嫁出之女子均有财产继承权。原文似欠明瞭,且继承财产对于亲生女子始有享受,抑本姓、异姓承继女子均得承受,均多未载明。兹经职部第二次常会准丁委员耀华提出讨论决议呈请,县指委叠呈中央转饬法院解释等语,纪录在案,理合备文呈请钧会准予呈饬解释,并通令各省遵照,至为党便等情。据此,案经本会第九十次会议决议函询司法院解释等语纪录在案,相应录案函达贵院,请烦查照解释见复为荷。此致

**院字第二〇〇号**

**十九年一月十日　司法院训令浙江高等法院　附原函**

为令知事,该法院上年第一一四九号公函致最高法院,为新登县县长转请解释强盗伤害人罪疑义一案,兹据最高法院拟具解答案呈核前来内开:(一)强盗罪并非以伤人为当然之方法,其实施强暴时有人逃避跌伤,即使逃避之原因与犯人之实施强暴确有关系,而跌伤之结果如非犯人所能预见,即对之不负责任(参照院字第六十九号解释);(二)《惩治盗匪暂行条例》第一条第十二款所载伤害二字不包含过失伤害及伤害未遂各等语。本院长审核无异,合行令仰转饬知照。此令

**附原函**

迳启者,案据新登县县长吴镕养代电称,查强盗伤人为强盗实施犯罪时当然之手段,假使有人因强盗暴力之侵入,不能抵抗,力竭逃避以致跌伤。此等场合,强盗对于跌伤事实固无认识,然对于欲图伤害他人之事实不能谓无认识,究竟应否负伤害责任?如应负责,应认为故意,抑属过失?请示者一。《惩治盗匪暂行条例》第一条第十二款所载,伤害二字是否包含过失伤害及伤害未遂在内?请示者二。以上二点关系法律解释,乞即转请解释示遵等情。据此,案关法律疑义,相应函请贵院迅赐解释,以便饬遵。此致

**院字第二〇一号**

**十九年一月十日　司法院训令浙江高等法院首席检察官　附原函**

为令知事,该法院前首席检察官郑文礼呈最高法院检察署,为建德分院首席检察官转请解释寡媳适人老姑诉其遗弃是否成罪一案,兹据最高法院拟具解答案呈核前来内开,孀妇再醮,法所允许,来函情形不成立遗弃之罪等语。本院长审核无异,合行令仰转饬知照。此令

**附原函**

迳启者,案据浙江高等法院首席检察官郑文礼呈,据建德分院首席检察官李拱衡代电称,职院近有一事甲妇夫死,适人家仅有迈姑七十七岁,并无遗产。其姑以媳遗弃告诉,是否成罪,职院分二说:(甲)说姑已七十七岁,可认为无自救力之人。媳是旁系卑幼,应依《刑法》第三百十一条第二项认罪;(乙)说遗弃罪章无自救力四字,是狭义的、一时的,不包涵平日赡养而言。申言之苟能行乞,尚非无自救力者,观于第三百零九条凡人对于无自救力之人,皆负罪责,岂遇有老幼人人皆须赡养,不赡养人人皆为犯罪乎?可见平时赡养不包涵于此章刑名之中,告诉人以不愿赡养而去为遗弃,系误会法文。媳虽属旁系卑幼,但法令并无媳应赡养翁姑。根据此案与《刑法》第三百零九条、第三百十条皆不符合,不能论罪。二说未知孰是,理合电请俯准转电解释遵行等情,据此,理合转呈俯赐鉴核解释示遵等情到署,相应据情函请贵院查照解释见覆为荷。此致

**院字第二〇二号**

**十九年一月十日　司法院训令广西高等法院首席检察官　附原函**

为令知事该首席检察官呈最高法院检察署,为桂林地方法院首席检察官转请解释《刑法》上亲属范围疑义一案,兹据最高法院拟具解答案呈核前来内开:(一)《刑法》第十五条第二款母之胞姐妹不以在室为限;(二)已见院字第二十二号解释各等语。本院长审核无异,合行令仰转饬知照。此令

**附原函**

迳启者,据广西高等法院首席检察官陈锡瑚呈称,案据桂林地方法院首席检察官代电称,查《刑法》规定旁系尊亲属父之姐妹以在室为限,母之姐妹不载明在室母之姐妹是否亦限于在室?又修正《刑法》决议案《刑法》第十一条第四款加"或夫亲"三字,新颁《刑法》并无"或夫亲"三字,妻对夫族亲属应以几等亲为限?以上二则颇滋疑义,亟应解释,俾资依据,特电呈请钧处察核转请解释示遵等情到处。查事关解释法律,据电前情,理合具文,呈请钧署察核伏乞俯赐转院解释,并候令示祗遵等情。据此,除指令外相应函请查照,迅予解释见复为荷。此致

**院字第二〇三号**

**十九年一月十一日　司法院电浙江高等法院首席检察官　附原函**

浙江高等法院郑首席检察官览,该法院前首席检察官郑文礼电呈最高法院检察署,转请解释指定或移转管辖案件裁定疑义一案,兹据最高法院拟具解答案呈核前来内开,查高等法院及其分院关于案件之土地管辖各有范围,不相统属。高等法院土地管辖范围内,地方法院之案件如欲指定或移转于分院土地管辖范围内。地方法院或兼理司法之县政府管辖依《刑事诉讼法》第二十条、第二十一条,应由最高法院裁定等语。本院长审核无异,合电知照。司法院真印

**附原函**

迳启者,据浙江高等法院首席检察官郑文礼虞代电称,查指定及移转管辖依《刑事诉讼法》第二十条、第二十一条第一项规定,应由共同之上级法院裁定之。现有本院直接受理上诉之地方法院案件,如指定或移转于高等分院受理上诉之地方法院或兼理司法之县政府时,能否由本院裁定?抑由钧院办理?悬案待决,乞迅赐转院解释示遵等情。据此,相应函请查照迅予解释过署,以凭转令遵照。此致

**院字第二〇四号**

**十九年一月十一日　司法院训令山东高等法院首席检察官　附原函**

为令知事,该首席检察官呈最高法院检察署,为福山地方法院首席检察官转请解释侵入窃盗罪计算时效疑义一案,兹据最高法院拟具解答案呈核前来内开,白昼侵入住宅行窃在刑律有效时期,系属加重窃盗罪,于《刑法》施行以前起诉权既未因刑律上之时效归于消灭,则自《刑法》施行后关于论罪及计算时效均应依《刑法》办理(参照院字第二十八号解释)等语。本院长审核无异,合行令仰转饬知照。此令

**附原函**

迳启者,案据山东高等法院首席检察官周起凤呈称,据福山地方法院首席检察官快邮代电称,窃有某甲于民国十三年正月犯侵入窃盗罪(非夜间),至十七年十月始经发觉。依照旧刑律规定,侵入窃盗罪之起诉时效为七年,自某甲犯罪之日起扣至《刑法》施行之日,固未经过时效,遵照司法院十八年第二八号解释自应适用《刑法》之规定。惟《刑法》上侵入窃盗以夜间为限,某甲犯罪不在夜间,依《刑法》第二条之规定仅得处以普通窃盗罪,而旧刑律所定普通窃盗之时效仅系三年,在适用旧刑律时久已经过,究竟能否处罚,颇生疑问:(子)说某甲在旧刑律时代所犯侵入窃盗罪,至《刑法》施行时起诉权既未因罹时效而消灭,依照前开解释当然适用。《刑法》规定办理虽《刑法》上不认为侵入窃盗,仍得向法院起诉依《刑法》第二条处以普通窃盗罪。(丑)说《刑法》已将侵入窃盗加以夜间之限制,凡非夜间之侵入窃盗应属于普通窃盗,已无侵入之问题。其起诉时效只得依照旧刑律普通窃盗所定

之期限计算,应无再依旧刑律侵人窃盗规定之余地。某甲既在旧刑律时代经过普通窃盗之时效,其起诉权即已消灭,不能再予论科。以上两说,各执一见。职处现在受理此类案件待决甚急,只以法令关系不敢擅自解释,理合电请转电解释示遵等情。据此,理合呈请鉴核迅赐转函解释以便转饬遵照等情到署,相应据情函请贵院查照解释见覆为荷。此致

**院字第二〇五号**

**十九年一月十一日　司法院电四川高等法院　附原电**

四川高等法院黄院长览,该省自贡律师公会俭代电呈最高法院,请解释败诉人负担诉讼费用疑义一案,兹据最高法院拟具解答案呈核前来内开,吾国民事诉讼非采用律师诉讼主义,当事人所支出之律师费用,自不在诉讼费用之内。至当事人之旅费及当事人确有不能自为诉讼行为必须委任人代理之情形,所支出之代理人费用如可认为伸张权利或防御上所必要者,应属诉讼费用之一种,于必要限度内得令败诉人赔偿。所谓必要限度,依讼争或代理之事件及当事人代理人之身份定之,当事人如有争执,由法院断定等语。本院长审核无异,合电该法院转饬知照。司法院真印

**附原电**

最高法院公鉴,兹关于败诉人负担诉讼费用问题适用上发生疑义,特设例请求解释。今有甲负乙债,甲与弟丙早分析。甲私人所立堂名子甲,丙公共堂名丑,显然不同。甲以子堂名做鉴井二眼,更名寅卯、寅井。负债,乙为债权见卯井成功,因甲在卯井以子堂名占日份五天,至丑堂名占日份。一天,丙妻赵与其生母钱以私财另立堂名辰,占日份一天。今乙控甲请准假扣押,由法院照乙呈扣押卯井子丑堂名火圈,而竟将赵钱辰堂名火圈扣押,赵钱依法请律师代理提起民议之诉。嗣经判决赵钱辰堂名获胜诉,诉讼费由乙担负,(甲)说诉讼费依前大理院四年上字第四〇六号判例指,诉讼印纸费、录事抄录费、承发吏送达费、证人与鉴定人之到庭用资及旅费预约之检证费(同院五年抗字第三十五号判例)、濡滞日期所生之诉讼费(同院上字第一〇八六号判例)等而言。至若当事人之旅费及律师费等,依前大理院五年统字第三九五号解释,当然不在败诉人担负之例。如须出旅费与律师或代理人等费,不惟不合法,且亦难于计算。(乙)说查民诉条例设有诉讼担保一章,正为当事人因自己所为之行为有不当之主张致他造当事人受有损害,不可不为赔偿。若不先为提供至诉讼终结,难保无不得之虑也。故规定于诉讼代理人之代理权欠缺,与外国人为原告及关于假处分假执行假扣押等,均须提供担保。本案既是由乙声请假扣押,而及于辰之火圈。辰属女流,为保此项权利,委任代理人代诉与律师辩论及旅费等等,无一非为保全他造当事人不正当之主张,而为必要之支用。须知辰对于乙不负何种债务,而其火圈竟受假扣押之实施,因此欲图补救而始支用委任代理人与律师及旅费本系为当然之处置。故此种支付之费用应视为不当假扣押所受之损害,若仅如上开判例与解释之担负,则为数无多任何人可以担任,奚必另设此诉讼担保之规定,且此而不赔偿语,其流弊足以长奸徒因仇借案拖累之风,且长

当事人遇事不加审慎动以狡讼拖累人之恶习。况近来生活程度增高,案经三审终结时,逾数载讼费不赀。倘照乙说担负,则辰之平白受金钱上之损失至巨,其他劳力时间直接间接上之损失更无论矣。至于律师公费及旅费应照实赔偿,决不能以普通之诉讼费与设有专章之诉讼担保所规定之假扣押等案件相提并论也。以上两说,何者为是,理合电请解释祇遵。再查从前呈请解释法令钧院曾经通令须由高等法院转呈,兹查《国民政府司法院统一解释法令及变更判例规则》第三条与同规则第四条之规定并无明文,是否后法颁行前令失效并请示知谨电。四川自贡律师公会会长梁开成叩俭

**院字第二〇六号**

**十九年一月十一日　司法院训令河南高等法院　附原函**

为令知事,该法院上年第五七二号公函致最高法院,请解释特种刑庭受理未结之营部司书军部政治处长反革命嫌疑案件应移交何处审理一案,兹据最高法院拟具解答案呈核前来内开,应依《取消特种刑事临时法庭办法》第一条规定办理等语。本院长审核无异,合行令仰知照。此令

**附原函**

迳启者,案查前第二集团军营部司书军部政治处长在任官任役中犯反革命嫌疑,能否认为陆军刑律第十条规定"陆军文官现服勤务之军属"?前项被告人经特种刑事临时法庭受理未结,究应依《取消特种刑事临时法庭办法》第一条规定由高等法院受理第一审?抑应依《陆军审判条例》第一条第一项规定由军法机关审判?悬案待决,相应函请钧院解释见复。此致

**院字第二〇七号**

**十九年一月十一日　司法院咨行政院　附原咨**

为咨复事,前准贵院上年第二四六号咨,据工商部呈,据全国商会联合会电请解释《工商同业公会法》第九条疑义一案,业经发交最高法院拟具解答案呈核前来内开,按《工商同业公会法》第九条规定,同业公会置委员七人至十五人由委员互选常务委员等语,参照同法第十条及商会法第十八条第二项之规定,当系执委性质等语。本院长审核无异,相应咨复查照饬知。此咨

**附原咨**

为咨请事,案据工商部长孔祥熙呈称,案据全国商会联合会删代电称,据河口南货糖业公会函询《工商同业公会法》第九条规定,委员七人至十五人是否指执委而言,抑包括监委在内等由。查第九条条文统言委员未曾分别执监委,是否统名委员?抑系专指执委或包括监委在内?事关法文,未敢臆断,合电钧部察核请求解释迅电示遵,以便通知全国商会至祷等情。据此,查该会所请解释《工商同业公会法》第九条关于委员人数应如何支配之处,理

合具文呈请钧院鉴核转咨立法院解释示遵,实为公便等情。据此,事关法律疑义,相应据情咨请贵院查照解释见复,以凭饬遵,至级公谊。此咨

**院字第二〇八号**

**十九年一月十六日　司法院电浙江高等法院　附原电**

浙江高等法院郑院长览,该法院上年第六一号代电致最高法院,请解释《暂行反革命治罪法》第十条疑义一案,兹据最高察院拟具解答案呈核前来内开,查《暂行反革命治罪法》十条仅称未遂犯罪之,而无如何处刑之规定,则关于未遂犯之科刑,自应适用《刑法》第九条、第四十条办理,但应注意《刑法》第七十六条等语。本院长审核无异,合电知照。司法院铣印

**附原电**

最高法院钧鉴,窃查《暂行反革命治罪法》第十条本法之未遂犯罪之按此条规定,应否适用《刑法》总则减等。兹有甲乙两说:(甲)说谓预备或阴谋犯本法第二条至第四条之罪者,得减本刑一等或二等,曾于本法第九条有明文规定。而对于未遂犯,该本法既无特别规定,即不应适用《刑法》总则予以减等,不然则未遂与阴谋预备阶级显有不同,而刑责乃无差别,似非立法之本意。(乙)说谓《刑法》第九条规定本法总则于其他法令之定有刑名者,亦适用之,但有特别规定者,不在此限。兹该法对于未遂犯依一般分则之例为论罪之规定,而无科刑之标准,自仍得适用《刑法》第四十条减等。至应否减等,端在裁量,而裁判时依《刑法》第七十六条应审酌一切情形,未遂未必悉重于阴谋预备也。两说未知孰是,案关法律解释,伏乞电示祇遵。浙江高等法院院长殷汝熊叩元

**院字第二〇九号**

**十九年一月二十日　司法院电北平警备司令部　附原电**

北平警备司令部鉴,贵司令部上年十二月虞日电致最高法院,请解释贩运乳糖、咖啡精是否犯罪一案,兹据最高法院拟具解答案呈核前来内开,乳糖、咖啡精应予先行化验,如含有吗啡、高根安洛因之毒性,或系吗啡、高根安洛因之化合物,始与《禁烟法》第一条第二项之规定相当(参照院字第一五二号解释)等语。本院长审核无异,合电查照。司法院智印

**附原电**

最高法院鉴,卅电谅达乳糖、咖啡精是否《刑法》第二七一条所称之化合质料及禁烟第一条所称之同类毒性物或化合物?案悬待结,希速电示。北平警备司令部虞

**院字第二一〇号**

**十九年一月二十日　司法院指令浙江高等法院　附原呈**

呈悉,业经发交最高法院拟具解答案呈核前来内开,县政府于公诉案件兼有检察审判

两种职权,其行使两权之界限依诉讼进行之程度定之,于诉讼正在进行中,经移转于法院管辖,则应否先之以侦查,抑应迳行审判,亦应以原诉讼进行之程度为断等语。本院长审核无异,合行令仰转饬知照。此令

**附原呈**

呈为转请解释事,案据署杭县地方法院吴兴分院院长姜丙奎呈称,案查孝丰诸应麟诈财一案声请移转管辖,经钧院裁定照准,令发职院办理。职院对于该案应否先行侦查,抑迳予审判,分为二说:(甲)说谓法院审判刑事案件根据检察官之起诉或被害人之自诉,该案系向兼理司法之县政府告诉,并非向法院自诉之条件。兹既移转法院管辖依照刑诉法第二百五十九条,法院不得就未经起诉之行为审判之规定,自应先经检察官之侦查起诉,而后方可予以审判。良以若经检察官侦查予以不起诉处分,法院即可毋庸过问。况裁定仅云,该案移转吴兴分院管辖,检察官包括在分院之内,依照通常诉讼程序应先由检察官管辖,而为侦查更不待言。(乙)说谓刑事移转管辖案件应否先由检察官侦查,当以被声请移转管辖之司法衙门其诉讼进行之程度是否已达审判之程度以为断。如已达审判之程度,检察官即可不予侦查,送由法院审判。兹该案可视为已达审判程度,应由法院迳予审判。两说各执一词,究以何说为当,职院未便擅断,理合备文呈请鉴核赐示祇遵等情。据此,案关法律疑义,理合备文转请,仰祈钧院俯赐解释以便饬遵。谨呈

**院字第二一一号**

**十九年一月二十日　司法院电湖北高等法院　附原电**

湖北高等法院院长览,该法院上年八月鱼代电致最高法院为司法公署判决刑案并无笔录,判决书内仅有科刑主文,上诉审应如何办理,请解释一案,兹据最高法院拟具解答案呈核前来内开,司法公署之科刑判决未依定式作成判决书,其审判时亦未作成笔录者,自属违法。当事人对于此种判决提起上诉后,第二审法院应撤销之,自为判决等语。本院长审核无异,合电知照。司法院哿印

**附原电**

最高法院赐鉴,兹有司法公署判决之刑事案件,其案卷内仅有诉状、点单及证人结文,并无讯问及辩论笔录所作成之判决,亦未附具事实理由,仅一科刑主文,经被告提起上诉后,第二审法院究应如何办理,约分两说:(甲)说谓刑诉法第一百八十条规定,判决除有特别规定外(此案无适用特别规定之情形),应本于当事人之辩论为之。又同法第三百三十四条规定,审判中之诉讼程序专以笔录为证,此案既无辩论笔录,即不能证明为经过辩论。纵使依式作成判决,亦系未以当事人辩论为其基础,已难认为合法。况其所谓判决者,仅一科刑主文,并未依照刑诉法第三百二十一条至第三百二十四条之规定作成,是根本上不能认为有判决之存在,即不能依同法第三百七十五条提起上诉。此时,第二审法院应依第三百八十三条认为上诉违背法律上之程式,以判决驳回,一面发回原法院或发交就近与原审同

等之法院更为审判。(乙)说谓此案未附辩论笔录,固不能证明为经过辩论。其判决未依法定程式作成,亦不能认为合法之判决。惟此乃违背诉讼程序及判决达法之问题,现行刑诉法对于违背诉讼程序之案件,第二审法院并无可以发回或发交更审之明文。至于违法之判决,亦并非当然无效,仅可为上诉之理由及得为撤销之原因而已。要不能认为无此判决存在,苟其上诉之本身上并未违背法律上之程式,第二审法院即不能不予受理。若因原审未经辩论程序以致事实证据未能明瞭,则第二审法院原为继续审理事实之法院尽可就事实证据从新调查,及至审理成熟之后,即将原判撤销,自为判决,即可纠正原判之违法,而于审级及程序上亦并无违背,决不能为驳回上诉之判决,亦无发回或发交更审之办法。两说中,究以何说为当,悬案以待,恳请迅予解释,俾资遵循。湖北高等法院鱼印

**院字第二一二号**

**十九年一月二十日　司法院训令安徽高等法院　附原函**

为令知事,该法院上年第四七二号公函致最高法院,为望江县承审员转请解释《禁烟法》各条犯罪管辖疑义一案,兹据最高法院拟具解答案呈核前来内开,《禁烟法》第六条、第八条、第十条、第十六条、第十七条之犯罪均应由地方法院管辖(参照院字第一七八号及一七九号解释)等语。本院长审核无异,合行令仰转饬知照。此令

**附原函**

迳启者,兹据望江苏承审员赵宗鼎请代电称,窃查《刑法》鸦片烟罪依《刑事诉讼法》第八条第一、第三两款之规定,第一审均属初级管辖。现《禁烟法》于七月二十五日另有公布,自应遵照第二条办理。惟查第六条、第八条、第十条、第十六条、第十七条所定最重本刑均在三年以上,管辖问题是否适用刑诉法第八条第三款原则?抑应适用刑诉法第八条第一款前段及第九条原则?不无疑点,敬乞指示为叩等情,据此,事关法律疑义,相应函请大院解释,以便饬遵。此致

**院字第二一三号**

**十九年一月二十日　司法院训令浙江高等法院首席检察官　附原函**

为令知事,该首席检察官呈最高法院检察署,为兰溪县法院首席检察官转请解释贩运咖啡素是否成立制造鸦片代用品之未遂罪一案,兹据最高法院拟具解答案呈核前来内开,贩运咖啡素如经化验并无毒质,或虽有毒质而非与鸦片高根安洛因同类毒性之物,法无处罚明文,应不为罪(参照院字第一五二号解释)等语。本院长审核无异,合行令仰转饬知照。此令

**附原函**

迳启者,据浙江高等法院首席检察官郑畋呈称,案据暂代兰溪县法院首席检察官林尚礼世日代电称,窃查意图供制造红丸之用而贩运咖啡素,如经化验并无毒质或虽有毒质但

非与鸦片、高根安洛因同类毒性之物,是否比照司法院院字第一五二号训令,与贩运乳糖、咖啡精同,应不论罪?查职境制造红丸较他处独多,均以是项咖啡素为制造红丸必要原料。上述情形倘不成立运输鸦片或其他代用品之未遂罪,是否成立制造鸦片或其他代用品之未遂罪?案悬待决,理合电请解释示遵,实为公便等情。据此,查此项糖质前经本处函送杭州医院化验,仅含有咖啡素,并无其他毒质。若再加以吗啡等药品,即为红丸原料,则制造红丸者,往往为避免犯罪起见,故意缺少吗啡成分,使购服者自行加入吗啡,即与红丸无异。若不论以相当罪刑,与烟禁前途大有妨害,自应论以制造红丸未遂罪为宜。是否有当,理合据情呈请鉴核转院解释示遵等情,据此,除指令外,相应函请查照迅予解释见复为荷。此致

**院字第二一四号**

**十九年一月二十日　司法院电察哈尔高等法院　附原电**

察哈尔高等法院院长览,上年十一月佳代电悉,业经发交最高法院拟具解答案呈核前来内开,《禁烟法》第六条之犯罪应由地方法院管辖(参照院字第一七八号及第一七九号解释)等语。本院长审核无异,合电知照。司法院号印

**附原电**

南京司法院院长王钧鉴,查《禁烟法》业经公布施行,该法第六条之犯罪究应仍归初级法院管辖?抑应由地方法院管辖?事关法律解释,恳速电示祗遵。察哈尔高等法院院长李钟翘叩佳印

**院字第二一五号**

**十九年一月二十日　司法院指令浙江高等法院　附原呈**

呈悉,业经发交最高法院拟具解答案呈核前来内开,《禁烟法》第十一条末段所载有瘾者,应限期令其戒绝云云,系属行政处分,由禁烟机关执行,判决主文中不必宣示等语。本院长审核无异,合行令仰转饬知照。此令

**附原呈**

呈为转请解释事,窃据所属江山县法院院长洪锡范庚代电称,查《禁烟法》奉国府于本年七月二十四日公布施行后,依特别法胜于普通法,所有《刑法》鸦片罪一章在《禁烟法》有规定者,依该法第二条规定自应停效无疑。惟同法第十一条末段有瘾者并应限期令其戒绝等语,此项限令戒绝期限是否系一种行政处分,由禁烟机关处理?抑系由法院于判决主文内明白宣示于若干日内戒绝?若应于判决时宣示戒绝期限,是否在监所执行?抑出狱后送由禁烟机关执行?悬案以待,统希迅予转请解释示遵等情到院。据此,案关法律疑义,理合据情呈请钧院俯赐解释,以凭饬遵。谨呈

**院字第二一六号**

**十九年一月二十一日　司法院指令江苏高等法院　附原呈**

呈悉,业经发交最高法院拟具解答案呈核前来内开,民事诉讼当事人书状应签名而不能签名者,《修正民事诉讼律》第一百七十三条及该省沿用之《民事诉讼条例》第一百四十三条既另有规定,依该规定使他人代书由代书人记明事由并签名,自可生效等语。本院长审核无异,合行令仰转行知照。此令

**附原呈**

呈为转请解释事,案据上海律师公会常务委员汤应嵩等呈称,呈为转请解释法律事,案据会员汪葆华提议称民法总则业已公布,十月十日开始施行。依该总则第三条第三项之规定,如以十字代签名者,在文件上似须经二人签名证明。顾乡民及妇女之委托律师撰状者,往往既不能签名,又无章可盖,只以十字了事。于此场合,须依民法总则之规定乎?抑仅须律师依民诉条例第百四十三条记明其事由已足乎?(甲)说谓民诉条例为程序法,于书状之不能签名者之补救方法,既已规定,则决不因实体法之公布而致变更。(乙)说当事人书状亦为文件之一,且后法优于前法,是均应依民法总则之规定,始生效力。以上二说,未知孰是,事关法律疑义,相应函请转呈司法院解释示遵等语。经属会提付审查去后,准审查委员报告,审查会员汪葆华请解释一案确有请求解释之理由。惟敝意以为须说明,委托律师虽属契约行为,然与普通之双务契约性质微有不同。盖普通契约,双方权义或立于对等或立于相反地位,而委托律师之契约则系与本人谋利益绝对无侵害本人权利之处。且诉讼当事人不识字者甚多,若须受二人签名证明之限制,事实上殊感困难。又,查来函请转呈司法院解释似乎应请最高法院解释,是否有当,统祈公决等因,兹于属会第二七次执监联席会议决,应予转呈,理合具文呈请鉴核转请解释示遵,实为公便等情。据此,理合具文呈请钧长俯赐解释,指令饬遵。谨呈

**院字第二一七号**

**十九年一月二十二日　司法院训令广西高等法院首席检察官　附原函**

为令知事,该首席检察官呈最高法院检察署,为邕甯地方法院首席检察官转请解释强奸罪犯由巡警拘送侦查,被害人不愿告诉应如何办理一案,兹据最高法院拟具解答案呈核前来内开,查告诉乃论之罪,未经告诉者,检察官不应有何处分等语。本院长审核无异,合行令仰转饬知照。此令

**附原函**

迳启者,据广西高等法院首席检察官陈锡珊呈称,案据邕甯地方法院首席检察官呈称,呈为呈请解释事。窃查《刑法》第二百五十二条规定,第二百四十条至二百四十五条之罪须告诉乃论。今有某甲强奸某乙,当由巡警抓获送案侦查。讯据乙称不愿告诉,则欠缺诉追

条件。按《刑事诉讼法》第三百十八条第三款告诉乃论之罪,未经告诉,法院应论知不受理之判决。而检察官对于告诉乃论之罪未经告诉,自应予以不起诉之处分。核之《刑事诉讼法》第二百四十三条、第二百四十四条、第二百四十五条之规定,似均未合适用。此外,又无明文可资依据,究应如何办理之处,理合具文呈请鉴核转呈最高法院检察署转请解释等情到处。查事关解释法律,理合具文呈请钧署察核转呈司法院解释令示祗遵等情。据此,除指令外,相应函请查照迅予解释见复为荷。此致

**院字第二一八号**

**十九年一月二十三日　司法院指令上海公共租界临时法院　附原呈**

呈悉,业经发交最高法院拟具解答案呈核前来内开,来呈所述甲法院函嘱乙法院执行,则乙法院即为执行法院,如向乙法院提起异议之诉,自应受理等语。本院长审核无异,合行令仰知照。此令

**附原呈**

呈为呈请解释法律疑义事,兹有甲法院开始执行之民事案件,以债务人所有动产在乙法院管辖区域内函嘱乙法院查封,标卖得价汇解,乙法院即予饬吏查封去后。据第三人对于查封动产主张所有权向乙法院提起执行异议之诉,乙法院对于此项诉讼有无管辖权,不无疑义,计分二说:(子)说谓依《民事诉讼执行规则》第五十四条规定,第三人只对于强制执行之不动产有权利者,始应向执行法院提起异议之诉。若系对于动产主张权利而提起异议之诉,该规则既无关于管辖之特别规定,自不能概令向执行法院起诉,尽可依照《民事诉讼法》规定关于管辖之一般规定以定管辖。譬如异议之诉,被告全体或有一人之住址在乙法院管辖区域内,乙法院即可受理。纵使裁判结果影响甲法院之执行命令,亦可不顾。(丑)说谓执行异议之诉,其目的在求撤销执行命令,自应向执行法院提起。庶几司法系统不致混淆,固无动产不动产之区别,《民事诉讼规则》第五十四所以专限于不动产者,盖以关于不动产物权涉讼《民事诉讼法》规有专属管辖之规定,不得不于此再有特别规定,以免误会。况不动产物权涉讼,本应专属不动产所在地之法院管辖,而异议之诉犹须专向执行法院起诉,则对于本无专属管辖之动产提起异议之诉,其应向执行法院为之更可类推解释。上述情形乙法院只受甲法院之嘱托办理,不能谓为执行法院(按《民事诉讼执行规则》第五十三条规定,执行法院当指受诉第一审审判厅及受移转之审判应或其他官署而言)。对于异议之诉,应无管辖权各等语。究以何说为是,未敢擅断,理合具文呈请俯赐解释,俾资遵循,悬案以待,并乞迅赐训令。谨呈

**院字第二一九号**

**十九年一月二十七日　司法院训令山东高等法院首席检察官　附原函**

为令知事,该首席检察官呈最高法院检察署,转请解释被告请求撤销没入保证金处分

应如何办理一案，兹据最高法院拟具解答案呈核前来内开，查保证金原为声请具保而设，检察官依《刑事诉讼法》第八十二条第一项及第八十四条核定没入保证金时，应认为包括具保处分之范围，如有不服，得依《刑事诉讼法》第四百二十八条之程序办理等语。本院长审核无异，合行令仰知照。此令

**附原函**

迳启者，案据山东高等法院首席检察官周起凤巧代电称，兹有某甲犯私藏军火罪在地方法院检察处缴纳保证金二百元取保出外找人。嗣检察官以传唤不到，依《刑事诉讼法》第八十二条没入其保证金。某甲不服，具状高检处请求撤销其处分，发还其保证金。以检察官一体而论，高级检察官似有命令所属检察官之职责。惟查刑诉法第八十四条所规定，没入保证金之处分，侦查中由检察官核定之。如不服此核定，具状抗告，应以何种手续办理，刑诉法中尚无明文规定。职处现有此类案件发生，亟待解决，请求转送最高法院迅赐解释，以便遵办等情到署，相应据情函请贵院查照解释见复为荷。此致

**院字第二二〇号**

**十九年一月二十七日　司法院指令湖南高等法院　附原呈**

呈悉，业经发交最高法院拟具解答案呈核前来内开，多数被害人各有独立之自诉权，于共同提起自诉后，一部分之自诉人撤回自诉，其影响不及于其他之自诉人，法院应分别判决等语。本院长审核无异，合行令仰转饬知照。此令

**附原呈**

呈为据情转呈仰祈鉴核事，案据试署湖南常德地方法院院长钟馥鱼代电称，兹有自诉案件多数被害人对于同一事实共同自向法院起诉后辩论终结前，一部分自诉人以书状请求撤回起诉，其他一部分之自诉人又请求审判。查刑诉法第三百四十七条第一第三项之所谓撤回自诉，究系指撤回其所诉之行为？抑或撤回其起诉权？立法旨趣无从悬测，如系撤回其所诉之行为，则法院一经据其请求，诉讼即不复存在，应谕知不受理之判决。如系撤回自诉人之起诉权，则一部分之自诉人请求撤回，不影响于其他自诉人。由前之说，固无问题，由后之说，法院对于一部分自诉人撤回自诉之书状如何裁判，刑诉法无明文规定，殊滋疑窦。职院现有此类案件悬搁待决，理合代电恳请转赐解释令遵等情。据此，查同一案件有多数被害人自诉于辩论终结前内有一部分自诉人请求撤回，其影响是否及于共同自诉人？该撤回自诉者如非共同自诉人之全体代表，其影响自不及于其他之自诉人。但法条上并无明文，除指令应仍转请解释外，理合具文呈请钧院发交最高法院解答复核令遵，实为法便。谨呈

**院字第二二一号**

**十九年一月二十七日　司法院训令江苏高等法院首席检察官　附原呈**

为令知事，该首席检察官呈最高法院检察署，为上海地方法院首席检察官转请解释诬告反革命或土豪劣绅案件管辖疑义一案，兹据最高法院拟具解答案呈核前来内开，犯《暂行特种刑事诬告治罪法》第一条之罪者，依《刑事诉讼法》第九条之规定，应由地方法院管辖（参照院字第一八五号解释文）等语。本院长审核无异，合行令仰转饬知照。此令

**附原呈**

呈为关于诬告反革命或土豪劣绅案件是否属于普通法院管辖发生疑义，仰祈鉴赐解释示遵事。窃据江苏上海地方法院首席检察官沈秉谦呈称，窃查《暂行特种刑事诬告治罪法》第一条规定，意图他人受《暂行反革命治罪法》或《惩治土豪劣绅条例》之处罚，向党务军事行政或审判机关为虚伪之告诉告发报告者，按其所告罪应科之刑处断等语。现因关于此项诬告应由何法院管辖，颇滋疑义，兹有两说：（甲）说此项诬告为特种诬告，与《刑法》第一百八十条之诬告罪刑不同，既应按其所告罪应科之刑处断，是即反革命罪或土豪劣绅罪之反坐与犯反革命或土豪劣绅之罪相等，则其管辖法院即应按其科刑分别由受理反革命或土豪劣绅之专属法院管辖。（乙）说此项诬告虽应按其所告罪应科之刑处断，不过适用法与刑之差别，而其管辖仍应属诸受理普通诬告之法院。综上两说，究以何说为是，未敢擅专，呈请核示等情。据此，查《特种刑事诬告治罪法》第七条载，本法犯罪案件之管辖，准用《修正特种刑事临时法庭组织条例》第二条及第三条之规定等语。现在《特种刑事临时法庭组织条例》既已废止，而此种诬告案件又非内乱外患，即与《取消特庭办法》第一条所列情形不符。按诸《刑事诉讼法》第八条及第十条不属初级法院及高等法院管辖，似应依同法第九条由地方法院受理第一审。惟事关法律解释，职处未便擅专，理合具文呈请，仰祈钧署转院解释令遵，实为公便。谨呈

**院字第二二二号**

**十九年一月二十七日　司法院指令司法行政部　附原呈**

呈悉，业经发交最高法院拟具解答案呈核前来内开，在跑狗场赛狗附有彩券，如未经合法许可，则购券人应依《刑法》第二百七十八条之赌博罪办理等语。本院长审核无异，合行令仰知照。此令

**附原呈**

呈为呈请事，案据外交部特派江苏交涉员署函称，准上海租界华人纳税会来函关于取缔租界内之跑狗场因有领事裁判权之阻碍不能彻底禁止，故提议对于在跑狗场赌博之华人依法检举拘办等由。查跑狗场每次赛狗必出附有犬号之彩券，参观者以轻微之价购定某号彩券，如竞赛结果该号犬得胜，购券者即可获得数倍之彩银。此项购买彩券行为是否构成

《刑法》第二百七十八条之罪？事关法律问题,请迅予解释示覆等由。准此,职部查上海跑狗场似为变相之赌博场所,非如跑马之场尚有比赛技术之意思者可比,其供给赌博场所行为核与上海通行之轮盘赌博颇多相同之处。例如,编列狗号嗾使竞跑以先到者为胜,与轮盘赌场之以机械旋转着处为胜者,办法相同。如发行附有犬号之彩券与轮盘赌场之画局编号者办法亦复相近,是此种彩券与《刑法》二百八十一条之彩票性质似有不同,来函拟请在跑狗场赌博之华人依《刑法》第二百七十八条之赌博罪检举。核诸上述理由,似亦尚无不合之处。惟事关法律解释,职部未敢擅专,理合据情呈请钧院鉴核解释示遵,实为公便。谨呈

**院字第二二三号**

**十九年一月二十八日　司法院训令湖北高等法院　附原函**

为令知事,该法院上年第七五六号公函致最高法院,为夏口律师公会转请解释刑事起诉程序疑义一案,兹据最高法院拟具解答案呈核前来内开,上级法院首席检察官以职权检举犯罪命令下级检察官侦查之案,经下级检察官为不起诉之处分后,除发现新事实或新证据外,上级法院首席检察官不得径命续行侦查或起诉,下级检察官亦不得据以起诉,其有据以起诉者为程序违背规定等语。本院长审核无异,合行令仰转行知照。此令

**附原函**

迳启者,案据夏口律师公会会长罗之翥呈称,窃敝会会员受任刑事辩护案有上级法院首检(子)就承办,(丑)不服县司法委员(寅)判决罪刑。案据(丑)供诉(寅)贿赂公行,(子)认为(寅)系犯《刑法》第一百三十条及第一百三十三条第一项第二款后半之嫌疑,依《刑事诉讼法》第二百二十二条特为告发密令地方法院检处侦查追诉。该处检察官(卯)侦查完结,以(寅)被告嫌疑不足处分不起诉,其处分书送达被告后越十有五日,原上级法院首检(子)指令原检处,以原处分未尽侦查能事,仰其就《刑法》第一百三十三条第一项第二款范围再行侦查。承办检察官(辰)依据该项指令向同院起诉,该院推事(巳)未依《刑事诉讼法》第三百十八条第一款为不受理之判决,于是对于本案起诉程序是否违背规定,有甲、乙两说焉:(甲)说谓《刑事诉讼法》第二百四十七条及第二百四十八条第一项规定,不起诉之处分书应受送达及声请再议,均只限于告诉人,至告发人既无明文规定应受送达不起诉处分书,又未显示禅以再议之权,自不得声请再议。若谓准照《刑事诉讼法》第二百四十九条第一项,原法院首检得指定再行侦查,亦系有合法声请再议后之程序。若并无合法之声请再议,即应依《刑诉法》第二百五十二条之规定受其拘束。(子)原居告发人地位无声请再议之权,又未有合法之声请再议而遽令下级法院续行侦查,与刑诉法第二百五十条之规定显不相当。则(辰)之起诉即显违《刑诉法》第二百五十二条之规定,(巳)不为不受理之判决亦属违法。(乙)说谓检察官代表公益,本案(寅)之被告再议系基于公务上行为,不惟奉有上级首检指令,可以再议起诉,即本于职权上亦得复行检举另案告发,不受刑诉法第二百五十二条之拘束。两说各有相当理由,提交敝会常任评议员会讨论,佥以事关法律疑问决议,

呈请转呈迅为解释示遵,理合具文呈请鉴核转呈解释等情。据此,查案关法律解释,相应据情转函贵院查核,请烦迅予解释函复过院以便转饬遵照。此致

**院字第二二四号**

**十九年一月二十八日　司法院指令司法行政部　附原呈**

呈悉,业经发交最高法院拟具解答案呈核前来内开,……[1]本院长审核无异,合行令仰转饬知照。再《反省院条例》已于上年十二月二日公布施行,并仰转饬注意。此令

**附原呈**

呈为呈请事,案据署浙江高等法院首席检察官郑文礼呈称,奉职部训字第一三九五号训令,对于反革命案件办法四项其第三项内开,(三)首都及各省设置反省院,俾法院办理反革命案件,对于被告如因证据不足致不起诉或判决无罪或依法免刑时,而认为被告系不良份子,得送入反省院或感化院之组织,宜采纯粹分房制,俾严重离隔,以求悔悟而杜传播等因奉此。查前浙江特种刑事地方临时法庭之组织仅有审判员之设置,故办理手续审检混合,对于审理上项被告人即以裁决送交反省院,施以感化教育。现既移归法院受理,对于此种案件如遇有应送入反省院者,是否由审判方面以判决或裁决行之?抑由检察官处分办理?不无疑义,理合备文呈请鉴核指示遵行等情到部。查该首席检察官所请指示各节,事关法律解释,职部未敢擅拟,理合据情呈请钧院鉴核指示,以便转令遵照。谨呈

**院字第二二五号**

**十九年一月二十八日　司法院指令江苏高等法院　附解释及原呈**

呈悉,业经发交最高法院拟具解答案呈核前来内开,来文所称情形见院字第一号解释,并参照最高法院解字第六十一号解释等语。本院长审核无异,除将解字第六十一号解释钞附外,合行令仰转饬知照。此令

**附解释**

查通用货币因时代而变更,若特种货币已失通用之效力,须以他种通用货币为之给付,他种通用货币应比较当事人缔约时所交货币,以两者相差之价额为其折补标准,方合于当事人缔约时之本意,免使一造受不当之损失。

**附原呈**

为呈请解释事,案据太仓县县长袁希洛快邮代电内称,窃据职县第一区实习区长顾钟瀚养代电称,窃查乡间从前习惯抵押田房,每以钱串计算。假如,成交时洋价短小,契载钱码核与现在回赎时之洋价相差有一倍之多,在受典人要求出典人酌贴损失,方许回赎,而出

[1] 此处删去一句。

典人主张照契载钱数偿还。各执一说,解决无从究应如何计算方足以昭平允,理合电请核示祗遵等情。据此,事关解释办法,理合据情电请鉴核示遵等情到院。事关法律疑义,职院未便专擅,理合具文呈请钧院俯赐解释,以凭饬遵,实为公便。谨呈

**院字第二二六号**

**十九年一月二十八日　司法院电四川高等法院　附原电**

四川高等法院黄院长览,该法院第一分院上年十二月鱼代电请解释民事参加诉讼疑义一案,业经发交最高法院拟具解答案呈核前来内开,按告知第三人参加诉讼,在第三人未参加诉讼以前,不应列为当事人。如该第三人于更审中声明始终并未参加,自应径为本诉讼之裁判等语。本院长审核无异,合电转饬知照。司法院勘印

**附原电**

南京司法院钧鉴,兹有原告甲与被告乙因占有权涉讼,于诉讼进行中,乙告知所有权之丙,丙提出买契派人到庭陈述,因之第三审法院书面审判,认丙为已参加诉讼,将丙与乙同列作被上诉人,发还原审,更为审判。但丙为外国人,及更审法院传丙时,丙拒绝到庭,并称前以乙之请求出为证明,并非参加三审法院,判为诉讼相对人,实极错误。关于本案法律上之疑点遂分二说:(甲)谓法院与当事人均应受判决之拘束,更审法院依法传丙,丙若抛弃领判权,应即遵传到庭。若丙不愿抛弃领判权,则更审法院应受条约拘束,本案不能受理。(乙)谓法院与当事人虽应受判决之拘束,但丙既经主张仅系到庭作证,并非参加诉讼。甲乙系中国人,甲诉乙时,原未将丙牵入案内,是本案自初无丙,本应受理。若丙拒绝传唤,更审法院即可据甲乙间之诉讼而为审判,毋庸强丙参加,致生枝节。丙之是否抛弃领判权,亦无审查之必要。以上二说,各有理由,究以何说为是?事关涉外及法律问题,应请钧院发交最高法院迅予解释令示祗遵。四川高等法院第一分院院长费有浚鱼叩

**院字第二二七号**

**十九年二月六日　司法院指令浙江高等法院　附原呈**

呈悉,业经发交最高法院拟具解答案呈核前来内开,从前公布之私盐治罪法暨缉私条例与党纲主义及国民政府法令既无抵触,自应暂行援用盐商于特许销盐之区域外销盐,应即依据办理等语。本院长审核无异,合行令仰转饬知照。此令

**附原呈**

呈为转请解释事,案据昌化县县长赵玱东代电称,两浙境内包开盐栈之盐商每年偷销盐觔至两浙以外之省份额数甚巨,是否仍应按照民国三年公布之私盐治罪法暨缉私条例办理?职县现有此类事实发生,悬案以待,理合电请察核迅赐令遵等情。据此,事关法律疑义,理合备文呈请仰祈钧院俯赐解释,以便饬遵。谨呈

院字第二二八号

十九年二月十日　司法院咨行政院　附原咨及原呈

为咨复事，前准贵院上年第二六八号咨开，奉国民政府交办中国佛教会常委圆瑛等呈请解释《监督寺庙条例》第三条第一、二两款以明界限一案，令据内政部议复应咨行司法院解释等情转咨到院。当经发交最高法院拟具解答案去后，兹据该法院呈核前来内开，《监督寺庙条例》第三条第一款所谓由政府机关管理者及第二款所谓由地方公共团体管理者，自系指政府机关或地方公共团体依法令或习惯由其管理者而言等语。本院长审核无异，相应咨复贵院查照。此咨

附原咨

为咨请事，案查前奉国民政府交办中国佛教会常委圆瑛等呈请解释《监督寺庙条例》第三条第一、二两项之规定以明界限而资遵循一案，当经令行内政部核议在案。兹据复称案奉钧院第四六零零号训令以准国民政府文官处函奉主席交下中国佛教会常委圆瑛等请解释《监督寺庙条例》第三条第一、二两项之规定以明界限一案，抄同原呈令核议具复等因，奉此。窃查国民革命军出师以来，各地方政府党部所为之寺庙处分，殊属不少，且此项处分亦多有在《寺庙管理条例》实行有效期间者。今欲追溯既往一律恢复原状，事实上必多纷纠。惟解释法令应属于最高法院本部，未便擅专，应请钧院咨行司法院迅予解释以资遵循，是否有当，理合呈请鉴核施行等情。据此，查法律解释系属贵院职权，除指令外，相应咨请查照解释见复。此咨

附原呈

呈为请解释《监督寺庙条例》第三条第一、二两项之规定，以明界限而资遵循事。窃查《监督寺庙条例》业由立法院会议通过，载诸报章。查条例第三条第一、二两项由政府机关管理及地方公共团体管理之寺庙是就根本上向系管理者为限，读之尚怀疑虑。近年以来各省寺庙财产或被地方政府任意没收，或由公共团体违法侵占，在根本上既未合法，虽管理，实同强夺。若认为政府机关及地方团体管理之不适用本条例之规定，则违法侵占之举已成合法之管理。从前被占寺庙时隔久远或难挽回，近年侵占之寺产大多数尚在交涉收回之中。若概认为已被政府机关及地方团体管理者，则产权损失之交涉已无可进行。将来寺庙财产一经机关及团体之占管，亦皆引用本条例第三条之规定，寺产前途将不堪设想矣。职会一再讨论，咸以国家立法之精神，自应以正当之理由及事实为根据。所有奉颁《监督寺庙条例》第三条第一、二两项规定，是否从根本上向由政府机关及地方公共团体管理者为限，应请明确解释以息疑问而资标准。为此，具文呈请仰祈钧府察核，俯准解释示遵，以资遵循，实为公便。谨呈

**院字第二二九号**

**十九年二月十日　司法院电四川高等法院　附原电**

四川高等法院黄院长览,该法院上年七月养代电致最高法院,为成都地方法院转请解释因债务涉讼发生管辖与银本位争执疑义一案,兹据最高法院拟具解答案呈核前来内称,除不属于财产权上之请求及有专属管辖之诉讼外,均得适用合意管辖之规定。苟被告不抗辩法院无管辖权,而为本案之言词辩论者,自应依《修正民事诉讼律》第四十条以合意管辖论。至来文其余问题,系胪列具体事实,依《统一解释法令及变更判例规则》第三条应不解答等语。本院长审核无异,合电转饬知照。司法院灰印

**附原电**

南京最高法院钧鉴,案据成都地方法院院长蔡先庚呈称,呈为呈请转恳解释事。窃职院现有甲乙二人因债务涉讼发生管辖及银本位之争执,职院认此案须先将法律点解释明确,然后可进行诉讼,兹特将争执事实说明于后:(A)管辖争执。查甲于民国十七年阴历正月约借乙执照生洋二千元,每月以一分五厘行息,因四川从十六年阴历九月起即发生厂杂问题,厂洋即四川造币厂所造之五角银币,杂洋即各军防区内私造之五角银币。先是成都各银行因行使便利早经发有兑换执照,值币潮期间尤为通行。嗣因各钱庄滥发执照,经政府取缔市面通行厂造壹元大洋,乙以伊债权系一年满期向甲主张应还大洋,否则仍还执照。甲对于二千元数工并不争执,惟只允偿还厂造五角银币,并已将银存储银行嘱乙往取。乙以收受五角厂造银币应损失大洋八百余元,遂以损失问题向初级法院请求裁判已经言词辩论终结后,尚未宣判,甲乃发生管转争议。(一)事物管辖有二说焉:(1)说谓以债权金额既为二千元,因此发生诉讼当然属于地方管辖;(2)说谓债权原本二千元,两造本无争执,现债务人既将金额全数以厂造五角银币提存,某银号函催债权人收款止利,债权人因厂造五角银币与大洋价格相差约八百余元,拒未收受。债务人必全以五角银币付还债权人,乃主张损失以致涉讼,其管辖问题应以讼争损失金额八百大元为准,归初级法院管辖。(二)合意管辖亦有三说焉:(1)说谓案件凡两造于事前不争执已经过言词辩论者,应认为合意管辖,以免当事人之迟滞。民国十年北京司法部所颁民诉条例第四十二条已有明文规定,自应依据办理。(2)说谓案件虽经过言词辩论,既未宣判,即属未脱离于第一审审判。当事人对于管辖若有异议,即应停止进行,以待直接上级法院之核定。(3)说谓合意管辖不适用于事物管辖,前北京大理院于民四五两年曾有解释,自应照旧援用,此即管辖问题之应请解释者一。(B)银本位争执。查四川现刻厂造五角银币每元只能合铜元六千零,厂造壹元大洋每元可合铜元十千零,价额相差甚巨。乙主张应收回大洋,如无大洋,即应以原约书明之某银行执照生洋还归。甲主张现执照经政府取缔禁止发行,原约所书执照生洋即系以执照取厂造五角银币之意,不能偿还大洋。于此有四说焉:(1)说谓借约上既注明执照生洋,现钱庄执照虽经取缔,银行执照并未禁行,且某银行已发行之执照,市面尚在行使,并未全数销灭,

可照约履行执照,将来银行付乙何项银币,系另一问题,与甲无涉。(2)说谓生洋二字依货币原理而论,并非银元,乃系银锭。甲与乙所书借约于生洋之上,又冠以执照,究竟是否于执照与生洋之中,选择其一以履行之。(3)说谓当此币潮紊乱期间,凡借约上书明执照生洋即系表示当时银本位之价格。现刻虽通用大洋,而厂造五角银币仍不失为辅币之资格,甲对乙仍应偿还五角银币。(4)说谓厂造五角银币,虽在货币上不失为辅币之资格,但既为辅币即使与主币价格相等,亦不能全认辅币即为生洋。况四川现时实际上与主币大洋价格悬殊,如不照特约履行,即应敷补损失,此即银本位问题之应请解释者二。以上A、B两种问题,均于法律上颇有疑点,理合具文呈请钧院转恳解释示遵等情。据此,除指令照转外,理合电请钧院俯赐察核解释,以便饬遵。署四川高等法院院长黄功懋叩养印

**院字第二三〇号**

**十九年二月十一日　司法院咨行政院　附原咨及原呈**

为咨复事,前准贵院上年第二七零号咨开,准国民政府文官处函交广东省政府呈据建设厅呈,据广州总商会呈请解释商会法条文疑义一案,经先交工商部议复事关解释法令所议是否适当,咨请核复等由到院。当经发交最高法院拟具解答案去后,兹据该法院呈核前来内开,(一)商会法第十一条及第十二条所云最近一年间平均使用人数,系就最近十二个月使用人数平均计算;(二)商会法第五条,除但书情形外,既以市县之区域为其区域,自不得在同一区域内设立两商会各等语。本院长审核无异,相应咨复查照。此咨

**附原咨**

为咨请事,案准国民政府文官处第一零八一七号函开,奉主席发下广东省政府呈据建设厅呈据广州总商会呈请解释商会法第十一条条文内各疑问转请迅予明白解释俾便饬遵一案,奉谕交行政院核明径复等因,相应抄同原件函达,查照办理等由,计抄送原呈一件。准此,当经先交工商部核议去后,兹据复称,查原呈所请解释:(一)商会法第十一、十二两条使用人数,本法施行细则第八、第九、第十等条业已明白规定,至最近一年间自应以十二个月平均计算;(二)依同法第五条之规定,除繁盛之区镇得单独或联合设立外,在同一市县之区域内,自不能有两商会之设立,如同时遇有两组以上发起,由地方主管官署核定之,本法施行细则第三条并经明白规定。兹奉前因理合检同商会法施行细则,具文呈复仰祈鉴核饬遵等情到院。查事关解释法令,该部所议是否适当,相应备文咨请贵院查照核复,以便饬遵,至纫公谊。此咨

**附原呈**

为呈请事,窃查前奉钧府颁发商会法一份下府遵经通饬所属一体知照有案,现据本省建设厅厅长邓彦华呈称,现据广州总商会呈称呈为筹备改组恳予备案,并将商会法解释以资遵守事。窃奉钧厅第三五五号及四三一号训令抄发商会法及《工商同业公会法》仰会遵照并转饬所属各商会暨各行商一体知照各等因奉此,自当遵办。业经开会决议先后改组筹

备处举员筹备,旋于十月九日召集全体委员到会投票互选,以邹殿邦、苏炽廷、彭础立、胡颂棠、何戌南、赵静山、袁次明、傅益之、陈香邻、李卓如、江国琛、张铁军、黄儒策、仇启光、郑耀文十五人得票最多,当选为改组筹备处委员,负责筹备,俾促进行。惟查商会法第十一条内载,公会会员之代表由该同业公会举派之前项代表,每公会举派一人,但其最近一年间之平均使用人数超过十五人者,就其超过之人数,每满十五人得增加代表一人,惟其代表人数至多不得逾二十一人。第十二条内载,商业的法人或商店别无同业,或虽有同业而无同业公会之组织者,得为商会之商店会员。每店举出代表一人,但其最近一年间之平均使用人数超过十五人者,就其超过之人数,每满十五人得增加代表一人,惟其代表人数至多不得逾三人等语。所云最近一年间平均使用人数,究以何法计算,又同一区域能否设置两商会条文,未有规定,均属疑问,亟应请求主管官厅解释,庶有遵循,理合将改组织筹备处成立缘由及筹备委员姓名呈报钧厅察核备案,并恳将上列疑问各节明白解释,统候批示祇遵,实为公便等情。据此,除批复外,理合备文呈请钧府察核伏乞转呈国民政府,将上列疑问各节明白解释,指令祇遵,以便转饬知照,实为公便等情前来,理合备文呈请钧府迅予明白解释,俾便转饬遵办,实为公便。谨呈

**院字第二三一号**

**十九年二月十一日　司法院指令江苏高等法院　附原呈**

呈悉,业经发交最高法院拟具解答案呈核前来内开,按赎产之诉其诉讼标的为不动产所有权,并非典价。依该省沿用《民事诉讼条例》第五百三十一条第二项准用同条例第九条第一项之规定,则原告应为反对给付之典价,自不得在不动产价额中扣除,故被告上诉时计算利益,仍应以所有权全部之价额为准等语。本院长审核无异,合行令仰知照。此令

**附原呈**

呈为呈请解释事,窃查赎产之诉赎产人在起诉时所主张之债权价额在百元以下,相对人在上诉时所主张之所有权价额在百元以上,计算上诉利益,有甲乙两说:(甲)说应以债权额为准;(乙)说应以所有权价额为准,前者本有《民事诉讼条例》第六条可为根据,后者相对人因上诉所应受之利益在产价,不在典价。究以何说为是,颇滋疑义,理合具文呈请钧长俯赐解释指令祇遵。谨呈

**此处删去一条。**

**院字第二三三号**

**十九年二月十七日　司法院呈中央执行委员会政治会议　附原函**

敬呈者,前奉钧会上年九月十一日函开,准中央执行委员会秘书处转来天津特别市政府请解释《劳资争议处理法》第一条疑义一案,希解答见复等因,当经依照本院统一解释法

令规则发交最高法院拟具解答案去后，兹据该法院呈核前来内开，《劳资争议处理法》第一条所谓之劳工系指工人而言，若商店之店员系属商民，自不包括于该条文所谓劳工之内等语。本院长审核无异，理合陈复钧鉴转行查照。谨呈

**附原函**

迳启者，准中央执行委员会秘书处转来国民政府文官处函送天津特别市政府呈，请明令解释《劳资争议处理法》疑义一案，请鉴核示遵等由。准此，查天津特别市政府原呈内称，《劳资争议处理法》第二十二条第一款、第三十一条第一款、第三十五条第二项第三项及第三十六条第一款第二款规定，其中均载有商号或商业字样则第一条所称，雇主包括商号店主在内，自无疑义。但关于雇佣方面，则仅称工人或劳工并无店员字样，究竟店员与店主间发生纠纷是否适用此项处理法？寻绎法条，苦无明确规定，于此计有两说：（甲）说谓北方商业组织与工厂迥异，店员与店主间并无具体的雇佣条件，无所谓维持或变更。再按中央第一五七次常会通过《商民协会组织条例》，店员总会与商人总会及摊贩总会合组商民协会，各地商民协会亦均遵照条例组织，而中央宣布之民众团体的组织原则，及系统又反复申述店员性质不尽同于工人，及店员决不能划入工会组织范围之理由，则店员与店主间之纠纷若适用此项处理法，似非立法本旨。（乙）说谓店员亦为雇佣劳动者之一种，本法所称劳工及劳工团体既未经明确规定，店员及店员总会除外，则店员与店主间之纠纷，自可一体适用。两说各执一是，均不无相当理由，究竟《劳资争议处理法》第一条所称劳工团体及劳工是否兼括店员团体及店员，请明白解释，以泯争议等情。本会议以案关民众团体及工人商人适用法律同异问题，经即函请中央训练部添附意见，以便汇送贵院解释去后。兹准复称，查中央前所颁布之各种法规中，关于《商民协会组织条例》第一条称，本条例所称商民指商人店员及摊贩而言，第十五条称商民协会以全国商民协会为最高组织，以县（市）商人总会、店员总会及摊贩总会为基本组织等语。又，《工会组织暂行条例》第二条称，工会之组织以各工会或区会为工会单位，以小组为基本组织等语，通观三条条文明定，店员系属商民，店员总会系属商民协会之一部，工会组织又确无店员可以混同之处，是店员不得认为工人，店员总会不得认为工会。又查工人组织的原则及系统，甲款A目称（上略）其实店员的性质不尽同于工人，他们可说是无产阶级与资产阶级中间的阶级，他们的待遇是比工人优渥，他们的生活是比工人快活。况店员和店东的关系决不像厂主和工人那样单纯、那样无情，其人还有人与人的关系，故店员决不能划入工会的组织范围（下略）。又，商人组织的原则及系统，甲款（二）目1称，有谓店员若与商民共同组织，则与大中小商人共同组织，而在商民协会中则仍保存其各别独立的系统，各有平等的代表权，决不至发生彼此压迫之弊，且可藉此发生调协的作用。2称，有谓店员既可与店东共同组织，则工人与厂主也未尝不可共同组织，何以工人方面采各别组织法，独令店员加入商民协会。关于这个疑问的解答，前面已经说过乃是店员与店东的关系与工人与厂主的关系不尽相同的缘故，因为店员与店东在金钱与势力方面的关系确不如其在人与人方面的关系重要（下略）等语。观此两者说明，于店员

与店东的关系与工人与厂主的关系不同之点异常详尽,是店员与店东不能以劳资相比拟,彰彰明甚。又,查《劳资争议处理法》第三章第二十二条、第三十一条等条,虽有商号或商业字样,而第四章第三十五条第三节则称任何工商业之雇主于调解或仲裁期内,不得开除工人,可见本法所指商号或商业上所生劳资纠纷,指商号或商业主体人与所雇用之工人间所生纠纷,并非商号或商业主体人与店员间之纠纷。统观上列各点,店员既不能同于工人,其与店东的关系又不能以工人与厂主的关系相比拟,而《劳资争议处理法》中既无适用于店员之规定,细绎条文,又偏重于工人,似本法不能适用于店员与店东间之纠纷等由。事关法令解释,相应函达,即希依法拟具解答案见复为荷。此致

**院字第二三四号**

**十九年二月十七日　司法院函南京特别市政府　附原函**

迳启者,贵市政府本年第四二号公函致最高法院请解释《刑法》第三百三十七条窃盗罪适用疑义一案,兹据最高法院拟具解答案呈核前来内开,《刑法》第三百三十七条之窃盗罪专指窃取动产而言,某甲于某乙地上建筑房舍收取租金或私自开垦耕种收用花息,不能成立该条之罪等语。本院长审核无异,相应函请查照。此致

**附原函**

迳启者,兹有某甲于早年向某乙租用地亩若干,自租用后,复在乙其他所有之地亩上,并未先事通知某乙。而某甲竟私自建筑房舍收取租金,或私自开垦耕种收用花息。事隔多年,经乙调查始悉前情,总计某甲所得房金花息为数甚巨。事经发觉以后,某甲亦承认不讳。似此行为是否可以构成《刑法》第三百三十七条之不动产窃盗罪?事关法律解释,相应函请贵院查核见复为荷。此致

**院字第二三五号**

**十九年二月十七日　司法院电四川高等法院首席检察官　附原电**

四川高等法院首席检察官览,该首席检察官上年八月寝代电呈最高法院检察署为巴县地方法院首席检察官转请解释《出版法》能否援用一案,兹据最高法院拟具解答案呈核前来内开,《出版法》已经废止不能援用等语。本院长审核无异,合电转饬知照。司法院篠印

**附原电**

南京最高法院检警署检察长郑钧鉴,案据巴县地方法院首席检察官李鸿鼎电称,查刑事案件在侦查中不得登载,早经民国三年《出版法》第十一条明文规定,并定有罚则在案。设有诉讼人每于诉讼前或诉讼中串通报馆,将案情事实变更登载,意图淆乱是非,以为讼争地步,本应依照出版法处罚。惟查此项《出版法》于十五年一月二十九日经临时执政段祺瑞明令废止,现在能否援用系一疑问。(甲)说段政府未经国民政府承认,其所发命令当然不能生效,是出版法仍可援用。(乙)说废止出版法令虽出自段执政,但此项命令既未与国民

政府何项法令抵触,而此项出版法又未经国民政府明令恢复,现在当然不能援用。以上二说,未知孰当,案关法令解释,理合电请钧处转电最高法院解释,俾资遵循。临电不胜迫切待命之至等情,理合转请钧署俯赐鉴核解释,训示令遵。四川高等法院检察处首席检察官傅春宣叩寝印

**院字第二三六号**

**十九年二月十七日　司法院训令江苏高等法院　附原函**

为令知事,该法院上年第四五一五号公函致最高法院为吴县地方法院,转请解释共同被告中之数人经特种刑庭免予置议是否可认为不起诉处分一案,兹据最高法院拟具解答案呈核前来内开,地方法院受理特种刑事地方临时法庭移交案件,其被告人数应以该法庭所移交者为限。设有共同被告中之数人已经该法庭讯无关系免予置议,并未移交法院。该法院即不能并案审理,但发现新事实或新证据者得再行起诉等语。本院长审核无异,合行令仰转饬知照。此令

**附原函**

迳启者,案据吴县地方法院院长胡元椿呈称,职院受理特种刑事地方临时法庭移交案件,其被告人数自应以该法庭所受理者为范围。设有共同被告中之数人经该法庭讯无关系,免予置议,并呈报省政府有案。现告诉告发人等对于该法庭免予置议之各被告请求并案审理前来,究竟该法庭对于被告之免予置议是否可认为检察官之不起诉处分,请鉴核转院解释等情到院,相应函请解释见覆,俾便饬遵为荷。此致

**院字第二三七号**

**十九年二月二十日　司法院电广西高等法院　附原电**

广西高等法院院长览,该法院十七年十二月鱼代电致最高法院为桂林地方法院,转请解释《刑法》及《反革命治罪法》适用上疑义一案,兹据最高法院拟具解答案呈核前来内开,(一)刑法第十四条第一项第一款规定之母非专指生母,兼包嫡母、继母而言;(二)妾于所出之子自系直系尊亲属;(三)精神状态包括于健康状态中,但《刑法》第二十条第五款非专就精神状态而言;(四)《刑法》第三百三十八条第一项第一款所谓隐匿指夜间隐匿而言;(五)《刑法》第三百三十七条规定之所有物专指动产(参照院字第二三四号解释文);(六)具体案件依照司法院《统一解释法令及变更判例规则》不在解释范围之内等语。本院长审核无异,合电转饬知照。司法院号印

**附原电**

南京最高法院勋鉴,案据桂林地方法院院长魏道昌呈称,窃查职院各庭办理刑事案件于中华民国《刑法》及《反革命治罪法》之适用上有应请解释者数端,兹谨逐项开列于次:(一)刑法第十四条第一项规定称直系尊亲属者,谓下列各亲,第一款父母,此款所称之母是

否专指生母而言,嫡母、继母则依同法第十二条前段规定均不包括在内,此应请解释者一;(二)查最高法院解释,父妾非《刑法》上之尊亲属,但父妾之子应否依同法第十二条后段之规定认为旁系亲属,此应请解释者二;(三)《刑法》第二十条第五款身体与健康并列,所谓健康是否专指精神而言,此应请解释者三;(四)《刑法》第三百三十八条第一项第一款所谓或隐匿其内,其隐匿行为是否亦限于夜间,此应请解释者四;(五)《刑法》第三百三十七条规定之所有物是否专指动产,抑不动产亦包括其中,此应请解释者五;(六)兹有某甲原系同善社社员,近因同善社被官厅解散,该甲乃在乡间设立私塾以迷信宣传等书籍教授村民,藉以秘密宣传,并于塾内藏有同善社打坐蒲团九张。现被人指控到院,似此案情该甲是否构成《反革命治罪法》第六条规定之罪,此应请解释者六。以上六点,见解不一,适用上极易纷岐,理合具文呈请鉴核俯赐转请解释,俾有遵循等情,理合转请察核,迅赐解释见覆,以便转饬遵照。广西高等法院叩鱼印

**院字第二三八号**

**十九年二月二十日　司法院电辽宁高等法院　附原电**

辽宁高等法院院长览,该法院上年七月蒸代电致最高法院,请解释军用子弹是否爆裂物一案,兹据最高法院拟具解答案呈核前来内开,军用子弹其性质若非一触即炸裂者,不得认为爆裂物,其意图诈财而留此项。子弹致人受损害者,不得依《惩治盗匪暂行条例》第一条第二款处断等语。本院长审核无异,合电知照。司法院号印

**附原电**

最高法院钧鉴,查军用子弹是否爆裂物,现有甲乙二说:(甲)说谓子弹为爆裂物之一种,最高法院解字第一一一号解释有案,自不容再生异议。(乙)说谓《刑法》第二次修正案理由书附删去,原案第二百零五条之理由内载,原案第二百零五条关于军用枪炮,本案以其与爆裂物性质不同,故归之军械取缔特别法等语。是修正案原以与爆裂物性质不同者,归之于军械取缔特别法,即军械取缔特别法系取缔非爆裂物之军械,并非就某种爆裂物而加以特别规定,极为明了。现在既将子弹规定于《军用枪炮取缔条例》之内,则子弹不在《刑法》及《惩治盗匪暂行条例》所称爆裂物之列,显然可见。盖《刑法》上所举爆裂物,如炸药、棉花药、雷汞之类,均属一触即发极其危险之物。而子弹则须装置枪炮以内始有效用,其性质本不相同。解字第一一一号解释出自上年六月间,彼时《军用枪炮取缔条例》尚未颁行,制造、持有、贩运子弹者,多系共犯之用,不可无以处罚,故不得不解释为爆裂物以资惩处。现在《军用枪炮取缔条例》既有明文取缔子弹,自不能再将子弹解为爆裂物,且《军用枪炮取缔条例》既非《刑法》上处罚爆裂物之特别法,而又认子弹为爆裂物,则该条例关于子弹之规定,未免重复。又意图诈财而留子弹致人受损害者,亦须依《惩治盗匪暂行条例》第一条第二款处以死刑,夫岂立法者之本意等语。二说未悉孰是,相应电请迅赐解释,俾资遵循。辽宁高等法院蒸印

**院字第二三九号**

**十九年二月二十日　司法院指令河北高等法院首席检察官　附原呈**

呈悉，业经发交最高法院拟具解答案呈核前来内开，省立学校校长如经中央或省政府任命即系依法从事公务之职员，当然包括于《刑法》第十七条公务员范围之内等语。本院长审核无异，合行令仰转饬知照。此令

**附原呈**

呈为呈转事，窃据河北保定地方法院首席检察官陈广镎呈称，呈为呈请转呈解释事。窃查省立学校校长是否《刑法》第十七条所称之公务员，于此有二说焉：(甲)说以《刑法》第十七条规定，依法令从事于公务之议员及职员，既认为公务员，则省立学校系依据教育法令而设立，其校长即系依法令从事公务之职员，实与《刑法》第十七条所称之公务员相符，民国九年前大理院统字第一二七一号已有解释。(乙)说以学校校长之职务在于作育施教，与普通一般从事公务之职员有别，即与《刑法》第十七条所称之公务员不能并论。且同法第五十六条第一款既载有为公务员之资格，复于同条第四款另载为官立、公立学校职员、教员之资格，公务员与学校职教员并列，可见学校之职教员不包含于公务员之内，尤可得明白之反证。至前大理院解释乃对于已失效之暂行刑律而言，断无拘束《刑法》效力，二说未知孰是，职处刻有此项案件，亟待解决，理合具文呈请钧处转请解释，俾资遵循等情前来，理合备文呈请钧院解释令遵，实为公便。谨呈

**院字第二四〇号**

**十九年二月二十一日　司法院电山西省政府　附原电**

山西省政府勋鉴，贵省政府上年十一月庚电致最高法院请解释《惩治盗匪暂行条例》第一条第十三款疑义一案，兹据最高法院拟具解答案呈核前来内开，民间普通常用之木棒、木棍、皮鞭、铁鞭杆等件包括于《惩治盗匪暂行条例》第一条第十三款所谓械字之内(参照院字第一八九号解释文)等语。本院长审核无异，合电查照。司法院马印

**附原电**

最高法院勋鉴，《惩治盗匪暂行条例》第一条第十三款执持枪械之械字，除刀矛殳戟以及一切兵器而外，所有民间普通常用之木棒、木棍、皮鞭、铁鞭杆等件是否包括械字之内，悬案以待，请速解释，电复为盼。山西省政府庚

**院字第二四一号**

**十九年二月二十二日　司法院训令浙江高等法院　附原函**

为令知事，该法院上年第一七六号公函致最高法院，请解释《刑法》第二九八条罪名之管辖疑义一案，兹据最高法院拟具解答案呈核前来内开，对于直系尊亲属犯《刑法》第二百

九十三条第一项之罪者,依《刑法》第二百九十八条第一项前段之规定,仍系《刑法》第二百九十三条第一项之罪名,自应仍以罪为标准定法院之管辖等语。本院长审核无异,合行令仰知照。此令

**附原函**

迳启者,查《刑法》第二百九十三条第一项之罪系初级管辖,《刑事诉讼法》原有明文规定,其对于尊亲属犯同条之罪者,依同法第二百九十八条第一项上段有加重规定。兹因对于该条加重本刑四字或谓该条所谓加重几分之几,不过为省略复文之规定,应认为本条独立罪刑,而非同法第二百九十三条第一项本刑之加重,即不应依《刑事诉讼法》第十二条及第八条第四款规定。以《刑法》第二百九十三条第一项之本刑定其管辖,或谓该条上段既曰犯二八三条第一项之罪,复曰加重本刑二分之一,并未独立自定其刑,不得谓非二百九十三条第一项本刑之加重,仍应依刑诉法第十二条及第八条第四款之规定,以《刑法》第二九三条第一项之本刑定其管辖。众说纷纭归纳之遂分两说:(甲)主地方管辖查《刑事诉讼法》规定,事物管辖之标准有二:(1)以刑罚定者为本法第八条第一款是(2)以罪名定者,为同条二以下各款是。前者所采为概括主义,后者所采为列举主义,同法第十二条"所谓犯罪依《刑法》应加重或减轻,仍以本刑定法院之管辖"云者,系指第八条第一款规定之罪,依《刑法》总则有加重或《刑法》分则其他法条中有本刑原定三年以上有期徒刑,因减轻而降至三等以下者而言。盖第八条二以下各款既以罪名定其管辖,则其本刑为何种《刑法》,固所不问,是根本上已不生因加重或减轻而牵及管辖之问题。至《刑法》第二百九十八条第一项,如系规定对于直系尊亲属犯伤害罪者之刑罚,其条文中虽有犯第二九三条第一项等罪字样,在立法者实为省略法文之办法。盖如此即不必分定"伤害直系尊亲属""施用足以致死或重伤之方法而伤害直系尊亲属""伤害直系尊亲属致重伤"等条文,然其罪仍为对于直系尊亲属独立之罪刑亦自有独立之刑,与依《刑法》总则加重情形"必累犯加重"迥别以视,第二百九十三条第一项性质亦显然不同,不得以其条文中有犯第二百九十三条第一项字样,遂谓对于直系尊亲属犯伤害罪者,亦系犯第二百九十三条第一项之罪,亦犹同法第三百四十八条载"犯强盗罪而有第三百三十八条情刑之一者"云云,不得以其有第三百三十八条字样,遂谓强盗可变为窃盗也。明乎?是则伤害直系尊亲属之管辖问题,不难迎刃而解云云。(乙)主初级管辖。(1)查刑诉法第八条对于管辖依刑为概括的规定,依罪为列举的规定,诚如甲说顾第十二条明载『犯罪依《刑法》应加重或减轻本刑者,仍依本刑定法院之管辖』且所谓『依《刑法》应加重或减轻』云云,既非对于同法第八条刑与罪有所别择,复非依总则或分则之加减有所歧义,是则对于尊亲属之普通伤害,依《刑法》第二百八十九条律文既曰犯"第二百九十三条第一项之罪",复曰加重"本刑"几分之几。按文理解释,则其应依第二百九十三条第一项,定其管辖,彰彰明甚。(2)至《刑法》三百四十八条虽亦有援用,第三三八条款项文字顾其明定独立刑期,自无所谓"本刑"问题,即第二百九十八条第一项下段亦然。若谓分则条文中载有犯第几条之罪者,不过立法上省略文字,避免重复之办法,初不足认为刑之加减云

云。查总则中各种加减规定，如累犯俱发未遂，自首未满十六、满八十岁等问题，何莫非省略复文之规定？又宁独亲属问题，盖第二九八条虽系伤害尊亲属罪之规定，顾亦不得谓非有亲属身份者犯第二百九十三条至第二百九十六条等罪之规定也。其虽有亲属身份而犯某条之罪，依其本刑加几分之几者，自亦应依其本刑定其管辖。(3)抑犹有言者，洵如甲说分则中之加减，均认为省略文字之用，各认为独立之罪刑，则设有公务员诱惑下级公务员犯第一百二十八条之渎职罪，依第一百三十九条减轻二分之一，其依《刑法》第八条第一款之原则认为初级管辖乎？又设有无诉追职务之公务员假借职务上之权力犯第二九三条第一项之伤害罪，或公务员为债务人借职务上之权力犯第三八四条之毁损罪，依第一百四十条加重三分之一，其依刑诉法第八条第一款之原则均认为地方管辖乎？(4)若谓此原以刑为标准而非以罪为标准，则第一百三十九条之于第一百二十八条、第百四十条之于第三百八十四条，固亦有身份的问题存焉，犹第二九八条一项上段及第二项之于第二百九十三条第一项也。(5)要之刑诉法第十二条之特设条文而不列于第一款但书或第二款以前者，足征其立法精神决非为第八条第一款专设之限制的规定，亦非专指总则中之加减身份而言，是则依论理解释，凡《刑法》中有犯某条之罪，依本刑加减而独立刑期之规定者，亦应依各该本条定其管辖。以上两说，究以何说为是。事关法律疑义，相应函请贵院解释见复，至纫公谊。此致

**院字第二四二号**

**十九年二月二十二日　司法院训令江西高等法院首席检察官　附原函**

为令知事，该首席检察官呈最高法院检察署，为第一分院首席检察官转请解释《刑事诉讼法》第十二条疑义一案，兹据最高法院拟具解答案呈核前来内开，查《刑事诉讼法》第十二条之规定，并未分别《刑法》总则或分则，当然包括总分则而言，至《刑法》第二百九十八条第一项前段所谓本刑者，即第二百九十三条第一项、第二百九十四条、第二百九十五条所规定之刑，但对于直系尊亲属犯第二百九十四条及第二百九十五条之罪者，固以刑为标准定法院之管辖，而犯第二百九十三条第一项之罪者，则以罪为标准定法院之管辖等语。本院长审核无异，合行令仰转饬知照。此令

**附原函**

迳启者，据江西高等法院首席检察官呈称，为呈请解释事，案据职院第一分院首席检察官张有枢呈称，查犯罪依《刑法》应加重或减轻本刑者，依《刑事诉讼法》第十二条之规定并未分别《刑法》总则或分则而言，究竟此项规定于总则各章所规定加重或减轻者以外，其分则中有专条者是否不在此限？且查《刑法》第二百九十八条第一项前半段并无本刑，按与刑诉法第十二条仍依本刑定法院之管辖一语，似有疑义，请予核示等情，据此，事关法律疑义，除指令外，理合呈请鉴核，俯赐转请最高法院解释，以便转饬遵照等情，案关解释法律事件，相应据情函请，查照解释见复为荷。此致

**院字第二四三号**

**十九年二月二十四日　司法院指令浙江高等法院　附原呈**

呈悉,业经发交最高法院拟具解答案呈核前来内开,吸食鸦片之人因年已衰老或吸食成瘾于徒刑执行中烟瘾发作恐其变成不治之重症,且在监狱内不能施适当之医治者,得依《监狱规则》第六十六条及《禁烟法》第十一条末段之规定,移送医院限期戒烟,在院期间仍算入刑期之内(参照院字第八十七号解释),但烟瘾发作在未执行之前者,应依《刑事诉讼法》第四百八十五条第四款及《禁烟法》第十一条末段之规定办理等语。本院长审核无异,合行令仰知照。此令

**附原呈**

呈为转请解释事,案据上虞县县长张景煦呈称,窃查《禁烟法》公布施行后,所有鸦片案件均应依《禁烟法》处罚。惟查吸食鸦片者每有年已衰老或因病吸食成瘾者,如依《禁烟法》判处徒刑,往往送监执行后烟瘾发作,变成不治重症。职县为根本禁烟、矜恤罪囚之计,拟依《刑法》各条处罚,一方面组织戒烟医院将所获吸食鸦片各犯送入医院,戒绝期于刑罚之中,仍寓救济之意,是否有当,仰祈察核训示祗遵等情。据此,查《禁烟法》第十一条之规定,揆诸立法本意系属寓戒于禁,惟在执行之中是否可以送入医院?如送医院戒绝后,再予执行,则在医院期间之内是否得视为羁押或监禁日数折算?事关执行疑义,理合备文呈请仰祈钧院俯赐解释,以便饬遵。谨呈

**院字第二四四号**

**十九年二月二十四日　司法院电湖北高等法院首席检察官　附原函**

湖北高等法院何首席检察官览,该首席检察官电呈最高法院检察署,为第二高等分院首席检察官转请解释特种刑事诬告案件管辖疑义一案,兹据最高法院拟具解答案呈核前来内开,关于特种刑事诬告案件,依《刑事诉讼法》第九条之规定,应由地方法院管辖(参照院字第一八五号、第二二一号解释)等语。本院长审核无异,合电转饬知照司法院敬印

**附原函**

迳启者,案据湖北高等法院首席检察官何奇阳歌代电称,案据第二高等分院首席检察官涂浚源快电称,关于特种刑事诬告案件自应依照《暂行特种刑事诬告治罪法》办理,本无疑义。惟其管辖据同法第七条本法犯罪案件之管辖,准用《修正特种刑事临时法庭组织条例》第二条、第三条之规定,现在特种临时法庭既经明令取消,该项条例自无再行准据之理。而《取消特种临时刑事法庭办法》对此特种诬告管辖,亦未明定,如遇此类案件发生系应由管辖反革命案件法院受理第一审,抑应归地方法院受理第一审,不无疑问,职处现有此类案件发生须待解决,乞电示遵等情。据此,事关管辖疑义,未便擅决,谨乞鉴核电示,以便饬遵等情。据此,相应函转查照,即希解释见复为荷。此致

**院字第二四五号**

**十九年二月二十四日　司法院训令广西高等法院　附原函**

为令知事，该法院上年第六三号公函致最高法院，请解释刑事诉讼传讯告诉人疑义一案，兹据最高法院拟具解答案呈核前来内开，公诉案件之告诉人虽非当事人，然如法院为证明事实起见认为有讯问之必要时，自得适用《刑事诉讼法》关于证人之规定予以传唤（参照院字第一一五号解释）等语。本院长审核无异，合行令仰知照。此令

**附原函**

迳启者，案据律师卢中琛呈称，查刑诉法第三百八十条讯问被告后，应命上诉人陈述上诉之意旨。第二百六十五条，审判长应指定日期传唤被告并通知检察官、辩护人，则告诉人既非当事人，法律上并无传唤告诉人到场陈述之规定，若刑庭审理刑事案告诉人出庭为攻击之陈述，被告人可否以告诉人无当事人之资格，拒绝其直接陈述？查告诉人于县判不服，只有呈请上级法院检察官依上诉程序提起上诉呈请之，当否？检察官于侦查中查其呈请是否确实于使用职权时，或有传唤告诉人陈述以凭采择？若检察官既提起上诉，法庭审判只传唤被告与及通知上诉人之检察官及辩护人，至告诉人既非当事人，实无出庭陈述之权责。若审理中对于上诉之事实及证据有疑义时，只可向负责上诉之检察官询问，依法似无直接讯问告诉人之职务，则第二审审理上诉人案件依法实无须传唤告诉人。乃近来法院审理上诉案，凡有传唤必被告与当事人并传。若告诉人到案即与被告对质，告诉人当庭肆其攻击之手段，一若视告诉人为上诉人者，若告诉人匿不到案，则审理推事面谕本日告诉人不到案不能判决，必俟再传告诉人到案对质始行判决者，因此或将到案之被告羁押以待告诉人之到案。若告诉人匿不到案，终无判决之日，无辜受累将无止境，似与上请解释之法律不符。特请求察核加以法院审理中传唤讯问告诉人为违法请求，令行管辖法院依法办理。若必须传唤告诉人与被告对质律师所见尚在疑惑中，恳求据情转呈最高法院解释等情。据此，本院查现行刑诉法例告诉人虽非当事人，然实居人证地位，法院认为有传讯之必要时，自应予传讯。故审理刑事案件对于告诉人应否传唤，审判官自有权衡，不得以《刑事诉讼法》第二百六十五条无明文规定，即谓告诉人不得传唤。该律师所呈各节，其见解自属错误。惟事关法律解释，相应据情函请贵院察核解释见复，俾便转饬遵照。此致

**院字第二四六号**

**十九年二月二十四日　司法院电江西高等法院首席检察官　附原函**

江西高等法院首席检察官览，该首席检察官电呈最高法院检察署，转请解释《禁烟法》第六等条罪之管辖疑义一案，兹据最高法院拟具解答案呈核前来内开，犯《禁烟法》第六、第八、第十等条之罪应由地方法院管辖（参照院字第一七八号、第一七九号、第一二二号及第二一四号解释）等语。本院长审核无异，合电知照。司法院敬印

**附原函**

迳启者,案据江西高等法院首席检察官世电称,窃查《刑法》第十九章鸦片烟罪依刑诉法第八条一、三两款均属初级管辖。现《禁烟法》施行规则尚未颁行,凡犯本法六、八、十等条之罪可否认为初级管辖,抑应与十六条以下之罪并作地方案件?事关管辖问题,未便擅专,现有此项案件亟待解决,拟请转院解释迅赐令遵等情。据此除电复外,相应函请查照解释见复为荷。此致

**院字第二四七号**

**十九年三月七日　司法院指令江苏高等法院　附原呈**

呈悉,业经发交最高法院拟具解答案呈核前来内开,按当事人均为中国国民,在中国境内缔结契约关于书面宜用中国文字,若以外国文字订立契约,如提出法院作证时应附以中文缮本。至约内载明关于该契约发生任何问题皆依某外国法解决,其契约是否因此无效应分别论定,如事项有关于中国强制或禁止之法规或有关于中国之公共秩序善良风俗者,自不得认为有效等语。本院长审核无异,合行令仰转饬知照。此令

**附原呈**

呈为转请解释事,案据上海律师公会常务委员汤应嵩等呈称,案据属会会员沈豫善函称,为请求转呈解释事。今有缔结契约之双方当事人皆系中国国民,在中国境内竟纯用外国文字订立一种双务契约,约内载明关于该契约发生任何问题,皆依当时通行于某国境内之外国法解决之。查言语文字为表示一国民族之所存,法律政令为表示一国国权之所在。今以中国人民相互间订立契约而竟有舍弃本国文字、轻视本国法律之情事,姑无论其显与我国现行收回法权之政治有碍。如审判上认许此项行为为合法,不惟使本国法律威权无形消失,势必助长刁民媚外习性。在订缔此种契约之人民对于国家实有违反忠实之义务及强制或禁止之法规则,其所订之契约是否应依民法总则第七十一条前段之规定认为无效,在法律上与政治上均足成一问题。如应认为无效,尚有全部无效及一部无效之两说:(甲)主张全部无效者谓该契约在用外国文字缔结之当时双方当事人之意思,皆依其所指定之外国法为认识。该契约内容全部权义之标准其所指定之外国法,既因违反强制或禁止之规定不能认为有效,则审判上如改依本国法律解决该契约内所发生之纠纷,即不免与契约当事人立约当时所认识之权义标准及所表示之真实意思相左,故应认契约之全部无效,换言之,即视与自始并无契约存在等。(乙)主张一部无效者谓该契约纯用外国文并指定以外国法解决纠纷,虽属违反强制或禁止之规定认为无效,而契约内所订之权义条款如与本国法别无违反强制或禁止规定及违背善良风俗公共秩序之情形,仍不妨认为有效,审判上即可改依本国法为解决之标准。换言之,即不能以该契约内指定适用外国法遂否认该契约之全部有效。以上两说,各执一是,且本件法律问题有涉国权关系,应请审酌转呈国民政府司法院迅予解答等情到会,理合具文呈请鉴核转请解释示遵等情。据此,理合具文呈请钧长俯赐解

释，以凭饬遵。谨呈

**院字第二四八号**

**十九年三月十三日　司法院咨行政院　附原咨**

为咨复事，前准贵院上年十一月九日咨（第二三一号）开，据北平特别市政府电请解释《工会法》第三条疑义一案，事关解释法律咨请核复等由，当经发交最高法院拟具解答案去后，兹据呈复内开，（一）《工会法》第三条国家二字系总括该条列举之各种事业而言；（二）《工会法》第三条于官商合办之公用事业公司以及省市立各学校工厂亦应适用；（三）杂务工役包括于第三条所称役字之内，外股特定勤务之工人则否各等语。本院长审核无异，相应咨复贵院查照饬知。此咨

**附原咨**

为咨行事，案据北平特别市市长张荫梧冬电称，政密查《工会法》第三条只有职员及员役字样参以第十六条及第二十三条第四项各规定，以该条所列举各种事业之工人仍得组织工会。惟条文内"国家"二字是否直贯公用事业字样之下？如系直贯，所有官商合办之公用事业公司以及省市立各学校工厂等对于该条应否一体适用？又该条所称员役之役字范围若何，杂务公役外股特定劝务之工人是否包括在内，均不无疑义，乞解释示遵。再同法第一条第二项职业公会及产业公会之种类究有若干，并恳请国府早颁明令俾得有所遵循等情到院。事关解释法令，除职业公会产业工会之种类由院令饬工商部议复核转以命令定之，并先电复该市政府外，其余各节，究系如何意义，相应据情咨请贵院查核迅予分别解释见复，以便饬遵。此咨

**院字第二四九号**

**十九年三月十三日　司法院咨行政院　附原咨**

为咨复事，前准贵院上年十二月二十六日咨（第二六四号）开，青岛特别市政府请解释《工会法》疑义一案，经令据工商部陈复意见，事关解释法律，咨请查照见复等由，准此。当经发交最高法院拟具解答案去后兹据呈复内称，除（一）不属解释范围外，（二）《工会法》第六条所谓同一区域自系指市县之全区而言；（三）《工会法》系因修正工会组织条例及特种工会组织条例而制定（参照第二届中央执行委员会第一百八十次常会决议案），则新法施行旧法当然废止；（四）《工会法》及人民团体设立程序案业经先后公布施行，第三届中央执行委员第三次全体会议又议决训政时期民众训练方案自应分别遵照办理各等语。本院长审核无异，相应咨复贵院查照饬知。此咨

**附原咨**

为咨请事，案查前据青岛特别市市长马福祥请解释《工会法》疑义一案，当经令行工商部核复并指令知照各在案兹据复称，呈为呈复事。案奉钧院第四三八六号训令内开，为令

遵事,案据青岛特别市市长马福祥呈称,窃据职属社会局呈称,查《工会法》业奉中央明令定于本年十一月一日施行,惟实施间疑难之点有四,敬为分别陈之。查《工会法》第一条产业工会职业工会之种类另以命令定之,此项种类在未奉明令订定以前,凡遇工人组织工会当以何者为分类之标准,俾为办理之规范,应请解释者一。同法第六条在同一区域内之同一职业工人或同一产业工人,只得设立一个工会,此项区域是否系指市县之全区?抑系市县之自治区间?有未明应请解释者二。新法既经颁行,旧颁《工会法》当在废止之列,惟与旧法有关之《工会组织条例》及《特种工会组织条例》是否同时并行废止,应请指示者三。各业工会向由党部根据人民团体组织方案及各级民众团体整理委员组织条例之规定派员整理,惟与《工会法》之规定多有抵触,当如何办理?应请指示者四。以上四项均为现时急需解释之点,恳请转呈行政院迅予核示遵行等情。据此,查该局所呈各节尚系实在情形,理合据情呈请鉴核指示,以便饬遵等情。据此,查此案事关劳工行政,除指令外,合行令仰该部核议具复以凭核办此令等因奉此。查原呈所请解释者计四项,其第一项本部前奉钧院训令当经拟具办法呈复在案,应俟钧院核定公布后祗遵。其第二项详绎《工会法》法意自应以市县之全区为区域,庶免纷歧。至第三项按照普通法例则,新法公布,旧法当然无效。所有工会组织条例及特种工会组织条例似难再行援用。至第四项自应遵照国民政府新颁之人民团体设立程序案办理,当无疑义。惟查上列各项问题关系法律解释,至为重要,本部诚有未敢擅断之处,奉令前因理合将本部意见具文胪陈,是否有当,敬祈鉴核并指令示遵等情。据此,查事关解释法律,系属贵院职权,除指令外,相应咨请查照解释见复以便饬遵。此咨

**院字第二五〇号**

**十九年三月十三日　司法院咨行政院　附原咨**

为咨复事,前准贵院上年十二月二十三日咨(第二六零号)开河北省政府电请核示《工会法》疑义各点一案,经令据工商部议复是否适当,事关解释法律咨请查核见复等由,准此,当经发交最高法院拟具解答案去后兹据呈复内称,除(一)不属解释范围外,(二)《工会法》第三条仅规定各机关职员及员役不得援用该法组织工会,则工人自不在此限。至《特种工会组织条例》已因《工会法》之施行而废止,其有第三条所列举各种事业之工人组织工会者,除应遵照《工会法》外,并应遵照人民团体设立程序案及第三届中央执行委员第三次全体会议议决之训政时期民众训练方案办理。(三)工会之组织监督指导训练,依《工会法》人民团体设立程序案及第三届中央执行委员第三次全体会议议决之训政时期民众训练方案各规定,关于训练指导,应由党部为之,关于监督,应由省市县政府为之,其呈请设立时,应先受党部之指导各等语。本院长审核无异,相应咨复贵院查照饬知。此咨

**附原咨**

为咨请事,案查前据河北省政府主席徐永昌电称,《工会法》业经奉令于十一月一日施行,查第一条第二项内载,产业工会职业工会之种类另以命令定之。此两种工会分类办法

在中央明令未经颁布以前可否先由各地方政府参酌地方情形规定？此应请钧示者一。查第三条内载，国家行政、交通、军事、工业、国营产业教育事业、公用事业、各机关之职员及雇用员役不得援用本法组织工会。第二十三条第三项内载，第三条所列举各事业工人组织之工会不得宣言罢工。究竟第三条列举各事业工人组织工会应依何种法规？中央是否另有法令规定？在中央未规定以前，所有十七年七月二十六日第一五九次中央常务会议通过之特种《工会组织条例》是否仍继续有效？如须依据《特种工会组织条例》所有请求立案手续可否援用《工会法》第五条所规定？是否受其所在地之政府监督？此应请示者二。又，工会之组织监督指导训练各职权，地方党部及政府如何划分？是否由政府监督立案组织？成立后其指导训练各项由党部办理？抑由党部指导训练后再请由政府立案组织成立？此应请示者三。所有各项谨请鉴核指示俾有遵循等情到院，当以所陈各节事属工商部主管范围，令行该部先行议复去后。现据该部呈复称，查《工会法》第一条第二项产业工会与职业工会之种类问题前奉钧院第三九三六号训令饬由本部拟定具复等因，当经拟具办法遵令呈复在案，应俟钧院核定公布后一体祇遵。至《工会法》第三条及第二十三条第三项疑义各节，前曾由中央党部训练部召集交通铁道农矿及本部开会讨论一次议，由各部签注意见或拟具草案再行定期开会讨论。至关于工会之组织、监督、指导、训练各职权问题，除依《工会法》第五条、第六等条规定外，自应遵照国民政府公布之人民团体设立程序案办理，自无疑义，理合具文呈复鉴核施行等情前来。除关于该法第一条第二项产业工会与职业工会之种类问题，前经令据工商部拟具办法呈院转呈国民政府核示办理外，其余各点，事关解释法律，该部议复各节是否适当，相应备文咨请贵院查核见复，以便饬遵，至纫公谊。此咨

**院字第二五一号**

**十九年三月十四日　司法院电安徽高等法院　附原电**

安徽高等法院曾院长览，该法院上年七月感代电致最高法院，请解释《各省高等法院院长办事权限暂行条例》第四条第二款疑义一案，兹据最高法院拟具解答案呈核前来内开，《各省高等法院院长办事权限暂行条例》第四条系就法院之行政事项为规定，其第二款所载之司法教育事项自以法院自办之教育事项为限。若院外设立之法校既与法院之行政事项无关，当然不包含于该款之内等语。本院长审核无异，合电知照。司法院寒印

**附原电**

高等法院院长勋鉴，现准安徽中山法政专门学校校董会董事何颐、姜神武等函开，现设立中山法政专校，因事属创办，端赖学识优长者充任校长，庶能收发展之效。敦请院长充任校长兼法政讲习所所长主持校务以资提倡，倘蒙俯允将来培植青年养成法界人才嘉惠后进，定非浅鲜等由。准此，查中央颁发各省高等法院院长办事权限条例第四条第二款载有司法教育事项，所谓司法教育是否指院外设立之法校而言？敝院长未便臆断，特电请贵院解释赐复为荷。安徽高等法院院长曾友豪感印

**院字第二五二号**

**十九年四月四日　司法院训令江苏高等法院　附原函**

为令知事,该法院上年第三四一号公函致最高法院为江阴县政府,转请解释吸食鸦片业在医院戒除应否判处罪刑一案,兹据最高法院拟具解答案呈核前来内开,查《禁烟法施行规则》业于民国十九年二月十四日公布,其第十六条于烟民已戒绝烟瘾者明定为得免惩处,则烟瘾如已戒断自可免予论科。至《刑事诉讼法》第二百四十五条第三款之被害人,则以私人被害时为限等语。本院长审核无异,合行令仰转饬知照。此令

**附原函**

迳启者,案据江阴县皓代电称,属县受理在烟馆内抓获吸食鸦片人犯。据供,前一两月业在医院戒除,现在因事前往该处并不吸烟等语,并呈出验据为凭。除事实方面再由属员严密调查依法办理外,查吸食鸦片在医院戒除如查系实情,以后并无再行吸食情事,应否仍依《刑法》第二百七十五条第一项判处罪刑。对于此点发生疑问:(甲)说以上列条文对于吸食鸦片既遂之犯均应科以罪刑,如果该犯戒除烟瘾或吸食鸦片在同法第九十七条第三款所定三年之起诉权消灭之后,其罪刑固应因时效而消减。若在起诉权有效之期间内,依法不能不予处罚。(乙)说以戒除烟瘾之人若未经过时效,亦应处罚,则吸食鸦片之人对于戒烟必视为畏途,相率隐匿,不敢公然投医戒除,殊与党国廓清烟毒之旨及国家处罚犯罪之刑事政策均相违背。查吸食鸦片烟,其被害人为国家,国家对于已戒烟之犯罪以不起诉为有实益,不希望处罚,则已戒除之吸食鸦片人犯自可依照《刑事诉讼法》第二百四十五条规定予以不起诉处分。两说究以何说为是,案关法律,职县未便擅解,理合呈请解释令遵等情到院。据此,事关解释法律,相应备函转请贵院查照解释见复,以便令遵,实纫公谊。此致

**院字第二五三号**

**十九年四月七日　司法院电江苏省政府　附原电**

江苏省政府勋鉴,上年八月感代电悉,业经发交最高法院拟具解答案呈核前来内开,绑匪一经掳人勒赎其犯罪即属既遂,而放被掳人出外又于使令筹款并限期交付,仍应依绑匪条例第一、第二两条论科等语。本院长审核无异,合电查照。司法院阳印

**附原电**

司法院钧鉴,查绑匪于掳人后商嘱被掳人出外筹款限期交付,因而释放被掳人者,于此情形可分三说:(甲)说谓绑匪掳人后未加害未得赃而释放被掳人者,系属掳人勒赎之中止犯,应依《惩治绑匪条例》第一条、第二条及《惩治盗匪暂行条例》第二条第一款科断。(乙)说绑匪以被掳人丧失自由不能达其勒赎之目的因而释放筹款,是其勒赎之犯意依然存在,依法自难予以宥减,仍应依绑匪条例第一、第二两条论科。(丙)说勒赎为绑匪之构成要件,如未经得赃而释放被掳人者,虽于释放时附有出外筹款交付之条件,但被掳人既已恢复

自由,则掳人勒赎之状态已经消灭。纵被害人因畏惧而仍交付款项,究与勒赎不同,只应成立《刑法》第三百三十七条之恐吓罪。以上各说,究以何说为是,理合电请迅赐解释,俾资遵循。江苏省政府感印

**院字第二五四号**

**十九年四月七日　司法院电四川高等法院　附原电**

四川高等法院黄院长览,该法院第一分院本年二月敬代电致最高法院,请解释讯问被告应否请检察官莅庭一案,兹据最高法院拟具解答案呈核前来内开,依《刑事诉讼法》第四百九十七条第二项及第四百九十八条第二项询问被告非经检察官请求,毋庸其莅庭等语。本院长审核无异,合电转饬知照。司法院阳印

**附原电**

最高法院钧鉴,查《刑事诉讼法》第四百九十七条、四百九十八条之讯问被告应否请检察官莅庭,祈解释电复为荷。四川高等法院第一分院叩敬印

**院字第二五五号**

**十九年四月七日　司法院电浙江高等法院　附原电**

浙江高等法院郑院长览,本年二月宥代电悉,业经发交最高法院拟具解答案呈核前来内开,受有期徒刑之执行尚未完毕即予保释,如其保释于法无据,不能认为有效残余之刑,仍应执行。在执行完毕前再犯徒刑以上之罪,依照《刑法》第六十五条之规定不得视为累犯等语。本院长审核无异,合电转饬知照。司法院虞印

**附原电**

南京司法院王院长钧鉴,案据于潜县县长沈乃庚巧代电称,查在监人犯除呈准开释外,县长并无准予保释之权。又查《刑法》第六十五条受有期徒刑之执行完毕或受无期徒刑或有期徒刑一部之执行而免除后,五年内再犯徒刑以上之罪者,为累犯。兹有某甲曾受有期徒刑之执行三分之二以上,即由县批准保释并无理由,后三年内再犯徒刑以上之罪,则其是项保释是否有效?残余之刑可否免除?现犯之罪是否累犯?事关法律解释,县长未便擅断,理合电请解释示遵等情。据此,事关法令疑问,理合电请钧院俯赐解释,以便饬遵。浙江高等法院院长郑文礼宥叩印

**院字第二五六号**

**十九年四月七日　司法院指令湖南高等法院　附原呈**

呈悉,业经发交最高法院拟具解答案呈核前来内开,押女为娼之契约在法律上不能生效,设有母因贫立约将其幼女押与他人学习为娼,在约定期限前自将其女带回,不能成立《刑法》第二百五十七条之罪等语。本院长审核无异,合行令仰转饬知照。此令

**附原呈**

呈为呈转事,案据试署湖南常德地方法院院长钟馥文代电称,设有母因贫立据,限期将其未成年幼女学习为娼。期前,擅自带回,母女关系似未断绝,是否构成《刑法》第二百五十七条之罪?深资疑义,悬案待决,乞转请解释示遵等情。据此,查此种押女为娼契约在法律上根本无效,其母擅自带回并不触犯刑条。惟案关法律解释,职院未敢擅专,除指令准予呈转外,理合具文呈请钧院鉴核发交最高法院拟具解答案复核令遵。谨呈

**院字第二五七号**

**十九年四月七日　司法院电湖北高等法院首席检察官　附原函**

湖北高等法院何首席检察官览,该首席检察官电最高法院检察署,为两罪并案起诉刑庭不予受理转请解释一案。兹据最高法院拟具解答案呈核前来内开,犯《反革命治罪法》第七条之罪,又牵连犯《刑法》之罪者,得由高等法院依《刑事诉讼法》第十五条规定并案受理,如就该部分(《刑法》上之犯罪)误为无管辖权之判决,检察官自可依法上诉,以资救济等语。本院长审核无异,合电知照。司法院虞印

**附原函**

迳启者,案据湖北高等法院首席检察官何奇阳感电称,某甲犯《反革命治罪法》第七条之罪,又犯《刑法》之罪。职处依刑诉法第十五条并案起诉,刑庭对于《刑法》上之罪不予受理,悬案待决,请转院解释示遵等情前来。据此,除指令外,相应函请查照迅予解释,以凭转令饬遵。此致

**院字第二五八号**

**十九年四月七日　司法院训令福建高等法院首席检察官　附原函**

为令知事,该首席检察官呈最高法院检察署,为龙溪地方法院首席检察官转请解释告诉人声请再议疑义一案。兹据最高法院拟具解答案呈核前来内开,《刑事诉讼法》第二四八条第一项规定不服不起诉处分之声请再议,以告诉人为限。至公务员为告发时,自不得声请再议等语。本院长审核无异,合行令仰转饬知照。此令

**附原函**

迳启者,案据福建高等法院首席检察官张清泽呈称,呈为转请解释事,案据龙溪地方法院首席检察官祃代电称,本院执行处推事于执行民事判决时发觉受执行人有妨害公务嫌疑,函送职处,依法侦查处分不起诉在案,旋准本院院长转据执行处推事对于职处前项处分声请再议前来于是有二说:(甲)说谓刑诉法第二二二条,公务员因执行职务而知有犯罪嫌疑者,得为告发。又同法第二四八条第一项,告诉人接受不起诉处分书后得于七日内以书状叙述不服之理由,经由原检察官声请再议各等语。细释前项条文对于不起诉处分声请再议,似仅限于告诉人。本案执行推事系以公务员资格出而告发,自与告诉人性质不同,似不

能比照告诉人之例声请再议。(乙)说谓妨害公务案属侵害国权,本院执行处以代表国家资格告诉,则对于不起诉处分应有声请再议之权。以上两说,未知谁是,合亟电请核示,俾有遵循等情,理合具文呈请钧长察核,迅赐转请解释指令饬遵,实为公便等情。据此,相应转请解释见复为荷。此致

**院字第二五九号**

**十九年四月十二日　司法院咨行政院　附原咨**

为咨复事,前准贵院本年一月十八日咨(第九号)开,据内政部呈请解释《内地外国教会租用土地房屋暂行章程》第六条疑义一案,业经发交最高法院拟具解答案呈核前来内开,按《内地外国教会租用土地房屋暂行章程》第六条载明,本暂行章程施行前,外国教会在内地已占用之土地及房屋,应向该管官署补行呈报。倘其土地系绝买者以永租权论等语,系指上项章程施行前已经绝买者而言,以后议定外国教会租用土地房屋契约载明必要事项四项内虽删去"或永租"三字,然同章程第六条既未修正,则补行呈报时自可据实载明等语。本院长审核无异,相应咨复查照饬知。此咨

**附原咨**

为咨请事,案据内政部呈称,案据浙江民政厅呈,以内地外国教会租用土地房屋契约内应强制载明必要事项四项办法,在从前已订契约内应否一律强制补载?再强制载明事项内已删去"或永租"字样,而《内地外国教会租用土地房屋暂行章程》第六条规定,从前接买者以永租权论。倘从前已订契约须一律补载,则照第六条补行呈报时,此项强制载明事项应如何载明?请鉴核示遵等情。复准上海特别市政府咨以关于上海市执委会呈请转令全国人民不得以地产向外国银行或外人抵借款项或出卖一案,前准本部咨行办理。原咨内有外人得在通商口岸永租地亩为居住营业之用,及外国教育得在内地永租地亩为传教之用,均系现行条约所规定中外人民因债务关系在上开范围内发生之法律行为,自无从禁止等语。与内地外国教会租用土地房屋应强制于契约内载明必要事项四项原案,经立法院外交委员会审查修正将"或永租"三字删去之用意有所抵触,究竟以后外国教会在内地传教能否永租地亩或仅限于定期租用,不准永租嘱,转呈解释等因。查内地外国教会租用土地房屋契约内应强制载明必要事项四项,前由本部会同外交司法两部呈由钧院转呈国民政府交立法院审核,经立法院外交委员会审查以与土地权有关。为防止抵触起见,将第一项中"或永租"三字删去。此项办法原为《内地外国租用土地房屋暂行章程》之补充,惟原章程第六条内仍规定有永租权字样。浙江民政厅暨上海特别市政府所称各节,俱系对于该条内永租权规定之适用发生疑义,除以呈悉所称强制载明必要事项四项在从前以订契约内应否一律补载一节,查此项强制载明事项原系《内地外国教会租用土地房屋暂行章程》之补救办法。该章程第六条既规定本暂行章程施行前,外国教会在内地已占用之土地及房屋应向该管官署补行呈报,此项办法自亦应一律补行载明。惟关于永租权规定之适用不无疑义,已据情呈请行

政院转咨司法院解释矣,仰即知照此令等语,令复浙江民政厅并先行咨复上海特别市政府外理合汇案备文呈请鉴核转咨司法院解释示遵,以便分别转行遵照等情。据此相应咨请贵院查照解释见复,以便饬遵。此咨

**院字第二六〇号**

**十九年四月十二日　司法院训令山东高等法院首席检察官　附原函**

为令知事,该首席检察官呈最高法院检察署,为棲霞县法院检察官转请解释侦查程序疑义一案,兹据最高法院拟具解答案呈核前来内开,检察官依刑诉法第三百五十条第二款认为有侦查之必要者,应依公诉之侦查程序办理,但侦查后认为无庸起诉,不必送达处分书于自诉人。又该条之三日期限于第二款之情形系就侦查之开始而言,若开始后之实施侦查,则不受此限制等语。本院长审核无异,合行令仰转饬知照。此令

**附原函**

迳启者,案据山东高等法院首席检察官周起凤呈称,案据棲霞县法院检察官何宣勤快邮代电称,窃查《刑事诉讼法》第三百五十条第一项第二款所载,认为有侦查之必要者,应开始侦查云云。是检察官接受前条咨询后,如认为有侦查之必要固可依照公诉程序开始侦查。但侦查后认为无庸起诉,此际是否依照本条第一款仅附加意见书送交法院,抑或检察官尚可予以不起诉处分送达处分书于自诉人,不无疑问。再认为应行侦查时,其程序较烦,是否仍受第一项三日内之限制,亦属疑问。理合电请核示祇遵,实为公便等情。据此,除指令外,理合据情呈请钧署转请解释令知下院,俾便转饬遵照,实为公便等情到署。相应备文函请贵院解释见复为荷。此致

**院字第二六一号**

**十九年四月十二日　司法院函讨逆军第二路总指挥部军法处　附原函**

迳启者,准贵处上年十一月二十六日公函致最高法院,请解释代匪照护被绑小孩论罪疑义一案,兹据最高法院拟具解答案呈核前来内开,乙妇与绑匪甲有夫妇同居关系,代为照护被绑小孩,应成从犯,但得适用《惩治盗匪暂行条例》第二条第三款及《刑法》第九条、第七十七条处断等语。本院长审核无异,相应函达查照。此致

**附原函**

迳启者,兹有甲伙同丁、戊、己绑一六岁小孩丙交妻乙照护,乙在事先并未参预谋议,亦未上盗实施,仅与甲以夫妇关系代为照护。若依照《惩治绑匪条例》,则无论正犯从犯一律死刑,似无减轻伸缩之余地,主张者约分三说:(甲)说甲乙有夫妇关系,即使未与同谋实施,然既代为照护,已分担犯罪之行为,各有独立犯罪之人格,不能以夫妇关系认为无罪。(乙)说甲、乙以夫妇同居关系,乙仅受甲嘱照护丙票,在感情及事实上未便拒绝,且与以独立帮助重要助力窝票看票之情形不同,似非犯罪之主体,应不论罪。(丙)说《惩治绑匪条例》对于

《惩治盗匪暂行条例》为特别法，又对于《刑法》为特别法之特别法，关于《惩治盗匪暂行条例》第二条及《刑法》总则减轻各条，均得适用。案关法律疑义，何所适从，相应函请解释见复为荷。此致

**院字第二六二号**

**十九年四月十二日　司法院训令广西高等法院首席检察官　附原函**

为令知事，该首席检察官呈最高法院检察署，为邕宁地方法院首席检察官转请解释被诱人疑义及教唆或帮助尊亲属自杀或受其嘱托或得其承诺而杀之行为论罪疑义一案，兹据最高法院拟具解答案呈核前来内开，（一）《刑法》第二百五十八条第二项之规定就其与同条第一项之关系上解释，所谓被诱人应以第二百五十七条之被诱人为限。（二）教唆或帮助尊亲属使之自杀或受其嘱托或得其承诺而杀之，《刑法》无特别加重处罚之条文，当然依第二百九十条第一项处断等语。本院长审核无异，合行令仰转饬知照。此令

**附原函**

迳启者，据广西高等法院首席检察官陈锡瑚呈称，案据邕宁地方法院首席检察官李崙高呈称，窃查《刑法》第二百五十八条第一项载明，意图帮助犯前条之罪自应以被诱人未满二十岁为犯罪之要件，其第二项无犯前条之罪之规定是否仍以未满二十岁之男女为限？此应呈请解释者一。又查《刑法》第二百九十条第一项规定，教唆或帮助他人使之自杀或受其嘱托或得其承诺而杀之者，处一年以上七年以下有期徒刑。关于教唆或帮助尊亲属使之自杀或受其嘱托或得其承诺而杀之之行为，核无明文规定，可否依据上开法条诉追？此应呈请解释者二。案悬待结，究应如何办理之处，理合备文呈请钧处鉴核转请解释，俾有遵循等情。据此，事关解释法律，理合具文呈请钧署转院解释并候指令祇遵等情。据此，除指令外，相应函请查照迅予解释见复为荷。此致

**院字第二六三号**

**十九年四月十五日　司法院指令江苏高等法院　附原呈**

呈悉，业经发交最高法院拟具解答案呈核前来内开，曾与于前审之推事应行回避在《修正民事诉讼律》第四十二条第五款已有明文规定，故凡参与第一审之推事对于该案件系属上级审时，无论是否为再审，均应回避等语。本院长审核无异，合行令仰转饬知照。此令

**附原呈**

呈为请求解释事，案据署江苏江宁地方法院院长彭望邺呈称，窃查民事同一审级之推事对于再审案件毋须回避，有本年最高法院上字第一六八号判例可资依据。惟不同审级之推事，即第一审承办前案，推事能否配受第二审再审案件，无例可援。理合呈请核转解释示遵等情到院，事关法律疑义，职院未敢专擅，理合具文呈请钧院俯赐解释，以凭饬遵。谨呈

**院字第二六四号**

**十九年四月十五日　司法院训令河南高等法院　附原函**

为令知事,该法院本年第一一八号公函致最高法院为郑县地方法院,转请解释自诉程序疑义一案,兹据最高法院拟具解答案呈核前来内开,第一审判决之自诉案件,上诉审仍应依自诉程序办理,不能因原裁决书未列自诉人及由第二审检察官调送卷证即变更其自诉程序,认该自诉人对于第二审判决无上诉权等语。本院长审核无异,合行令仰转饬知照。此令

**附原函**

迳启者,案据郑县地方法院院长邱祖藩呈称,为呈请解释事。查县法院判决之刑事自诉案件判决书,案由之前未列自诉人姓名,被告(依现行《刑法》总则尚未成年)之父独立向第二审法院上诉,经检察官调卷片送刑庭,片文内未叙述自诉字样。关于此种情形,第二审应否依自诉程序办理约分两说:(甲)说谓原判既未列入自诉人,且经二审检察官调卷送庭,其片文内未声明自诉字样,应依公诉程序办理,故判决后被害人(即原审自诉人)无上诉权。(乙)说谓检察官于自诉程序依法既勿庸陈述或辩论,而自诉案件之送卷办法,刑诉法亦无特别规定,则同法第三七八条第一、二两项之送卷程序,无论自诉公诉均可适用,自不能以原判违法不列自诉人及二审检察官调送卷证即变更自诉为公诉,第二审应仍依自诉程序办理,依《刑法》第三七九条、第三五七条、第三二一条、第一八三条第一项第四款各规定于第二审判决书案由之前列入自诉人,并仍有上诉权。以上两说,究以何说为是?案关法律疑义,理合呈请核示祗遵等情前来。查事关法律疑问,本院未敢擅断,相应函请钧院迅赐解释见复,以便饬遵为荷。此致

**院字第二六五号**

**十九年四月十五日　司法院训令江西高等法院　附原函**

为令知事,该法院上年第七三零号公函致最高法院,为临川县法院转请解释县法院能否受理土劣案件及商界同业公会之选举是否包括于《刑法》第一四九条地方选举之内疑义一案,兹据最高法院拟具解答案呈核前来内开,土豪劣绅案件应由各地方法院或其简易庭受理第一审,此在《取消特种刑事临时法庭办法》第二条规定甚明,县法院之组织与地方法院不同,依法不能受理。又商界同业公会中之选举(现行《工商同业公会法》第九条之选任亦同)不包括于《刑法》第一百四十九条地方选举范围之内,即使发生纠葛,亦不能依该条之规定论科等语。本院长审核无异,合行令仰转饬知照。此令

**附原函**

迳启者,案据临川县法院检察官魏琛呈称,查关于《取消特种刑事临时法庭办法》第二条载在《惩治土豪劣绅条例》未废止以前,凡土豪劣绅案件即由各地方法院简易庭依通常程

序受理第一审等语，极为明显，至职院能否受理此项案件，不无疑义，应请解释者一。又查商界同业组设之公会曾呈经北京政府准予立案，其于选举时发生纠葛，能否认为《刑法》第一百四十九条所载之地方选举而依照该条办理，应请解释者二。悬案以待，并乞即赐解释指令祗遵等情，据此，案关法律解释，敝院未敢擅专，相应据情函请大院迅赐解释见复，以便饬遵，至纫公谊。此致

**院字第二六六号**

**十九年四月十五日　司法院训令湖南高等法院　附原函**

为令知事，该法院上年第九零四三号公函致最高法院，请解释民事抗告程序疑义一案，兹据最高法院拟具解答案呈核前来内开，当事人受控告法院决定送达后具状声明不服，其状内未就决定为抗告之陈述，于传讯时始以言词声明者，得以抗告受理。但除《修正民事诉讼律》第五百九十二条第三项所列准以言辞提起抗告之事件外，应令具状补正等语。本院长审核无异，合行令仰知照。此令

**附原函**

迳启者，兹有某甲不服第一审判决提起控告，又因未预缴讼费由该管控告法院决定驳回送达后，某甲于不变期间内具状呈交讼费。经该院核收并批令依法抗告，某甲乃径向上级法院具状声明不服，但其内容并未指摘第二审决定，经上级法院传讯，某甲复以言词陈述，确系收受第二审决定后不服声明抗告请求救济云云。此项事件究应如何处理，现有三说：第一，当事人诉状既经攻击第一审判决明系控告案件，应即依法处理。第二，控告既经决定驳回，当事人又已表示不服意思，应令补状陈明再予核办。第三，对于决定不服者，应以抗告为之，法律具有规定，况经当事人言词陈述表示，系不服决定抗告之件，尤属毫无疑义，应径以抗告受理各等语。究以何说为是，事关法律疑义，相应函请贵院迅赐解释，俾资遵循。此致

**院字第二六七号**

**十九年四月二十二日　司法院电辽宁省高等法院　附原电**

辽宁高等法院院长览，本年一月巧电悉，业经发交最高法院拟具解答案呈核前来内开，凡科处之罚金均得以裁判确定前之羁押日数抵之，不问易科监禁与否，此因《刑法》第六十四条系因犯人于裁判确定前曾被羁押而准，以羁押日数抵所科之刑而设故准抵者，不限于易科监禁期内完纳之罚金。至该条之揭明第五十五条第七项者，则因该项有依裁判所定标准一语，故揭之以为折抵之标准，犹言依其所指标准以抵裁判所科之罚金额数之意等语。本院长审核无异，合电知照。司法院养印

**附原电**

司法院钧鉴，裁判确定前羁押日数折抵罚金分二说：(甲)说不问易科监禁与否，均应依

裁判所定之标准折抵罚金;(乙)说须俟易科监禁期内纳罚金时,始得将羁押日数折抵罚金。二说孰是,祈电示。辽宁高等法院印

**院字第二六八号**

**十九年四月二十三日　司法院函中央执行委员会秘书处　附原函及原呈**

迳复者,前准贵处上年九月十二日公函(第三一八零号)据浙江省执行委员会呈为兰溪县执行委员会转请解释村里制选举舞弊及毁损总理遗像适用《刑法》各疑义一案,业经发交最高法院拟具解答案呈核前来内开:(一)浙江省政府所颁行之浙江省村里制,应认为省之单行法规。依该法规所设立之选举,应认为《刑法》第一百四十九条第一项之选举。(二)对于中国国民党总理遗像,如有意图侮辱,公然加以损坏除去或污辱之行为者,依照民国十八年六月二十七日国民政府明令应照《刑法》第一百六十七条论罪。惟在奉令以前,如有此项行为依中央执行委员会政治会议第二二三次关于前令不追溯既往之决议案,应不为罪各等语。本院长审核无异,相应函覆贵处查照转知。此致

**附原函**

顷奉常务委员交下本党浙江省执行委员会九月六日呈,据兰溪县执委会转据所属第三区第三分部常委李若泉呈,请解释浙江省政府公布之浙江将村里制及毁损总理遗像,可否援用《刑法》一六七条之规定疑点二项转请咨司法院解释一案,奉批,照转司法院核复,兹特抄同原呈函达查照。此致

**附原呈**

呈为转呈请咨司法院解释法律疑义事,窃据兰溪县执行委员会呈称呈为转呈事,窃据属会第三区第三分部常务委员李若泉呈略称,窃查浙江省政府于十七年六月四日公布之浙江省村里制(原名浙江省街村制),依照该制规定,邻闾长及村长村副选举,其中舞弊妨害行为,是否包括《刑法》第一百四十九条规定依法所设立之中央及地方选举范围之内?再该制未经立法院通过,又未经国民政府公布是否可认为国家之法律?此应请解释者一也。又查《刑法》第一百六十七条之规定系以损坏除去或污辱民国国旗国章为犯罪条件,毁损总理遗像未有明文规定,以前之行为(例如在十七年间之行为)可否援用该条处罚?此应请解释者二也。以上法律问题急待解决等情,当经属会第十九次会议议决转呈解释,据此,理合备文转呈钧会察核解释示遵,实为党便等情。据此,除令复外,理合备文呈请钧会察核转咨司法院解释示遵。谨呈

**院字第二六九号**

**十九年四月二十五日　司法院训令湖南高等法院首席检察官　附原函**

为令知事,该首席检察官呈最高法院检察署转请解释军佐解职后犯罪复潜往军队服务审判管辖疑义一案,兹据最高法院拟具解答案呈核前来内开,原为准尉以上之军佐于解职

后任行政官吏触犯普通《刑法》之罪，其后又往军队服务，是其犯罪虽在任官任役前，而审判则在任官任役中，依《陆海空军审判法》第十六条立法意旨，应由军法会审审判之等语。本院长审核无异，合行令仰知照。此令

**附原函**

迳启者，案据湖南高等法院首席检察官曹瀛呈称，窃查《陆海空军刑法》第五条载，陆海空军现役人员召集中之在乡军人，及非依召集而在军队服军人勤务或履行服役义务之在乡军人，均为陆海空军人。又，第七条载称在乡军人者，谓在现役以外之兵役者及退役之准尉以上之官长各等语。现在征兵制度尚未实行，上开规定似与募兵情形不合，如有原为准尉以上之军佐于解职后任行政官吏，触犯普通《刑法》之罪，发觉在检察官侦查，于匿不投案，复行潜往军队服务。此种犯罪究应归普通法院管辖，抑应由军事机关审判，深滋疑窦。职处现有此种案件，亟待解决理合呈请核转解释示遵等情，据此，相应函请贵院查照迅予解释见复为荷。此致

**院字第二七〇号**

**十九年四月二十五日　司法院电湖北高等法院　附原电**

湖北高等法院张院长览，该法院本年二月养代电致最高法院，请解释判处死刑之盗匪应否履行普通诉讼程序疑义一案，兹据最高法院拟具解答案呈核前来内开，谕知及送达系为使被告知悉裁判之内容，故依《惩治盗匪暂行条例》判处死刑之案件，仍应履行《刑事诉讼法》谕知及送达之程序等语。本院长审核无异，合电知照。司法院有印

**附原电**

最高法院赐鉴，按裁判应于辩论终结之日起七日内谕知，并于谕知之日起七日内送达，此在现行《刑事诉讼法》已有明文规定。惟此系普通诉讼程序，若系按特别法即《惩治盗匪暂行条例》判处死刑之盗匪应否履行此项程序，似不无疑问。论者于此有两说焉：（甲）说谓普通诉讼程序之谕知及送达裁判之规定，系为便利当事人上诉而设。其依《惩治盗匪条例》判处死刑之犯依法既无上诉权，依该条例第三条第一项规定亦仅载明只须由该管司法机关审实后附具全案，报由高等法院院长于十日内转报省政府核办。其第十条又只规定刑律及其他特别《刑法》仍适用之，关于普通程序法并无仍须适用之明文，是此项判处死刑之盗匪，自无须履行此项程序。（乙）说谓裁判须予谕知及送达系为使被告知悉裁判之内容起见，故依《惩治盗匪条例》判处死刑之盗匪虽无上诉权，亦应依法谕知及送达裁判，方为正当。且该项条例并未另行规定应适用之特别程序法，关于普通诉讼程序除与该特别法有抵触者外，自应一律适用。二说未知孰是，相应电请迅赐解释，俾便遵循。湖北高等法院养印

**院字第二七一号**

**十九年四月二十八日　司法院咨行政院　附原咨**

为咨复事,前准贵院上年九月十九日咨(第一八八号)开,据内政部呈请解释《禁烟法》条文施行时期疑义一案,业经发交最高法院拟具解答案呈核前来内开,查新颁《禁烟法》第二十二条既经规定,本法自公布日施行,各县自应以奉文之日起为该法施行日期,即奉文前告发拏获未判之案,依该法第二条之规定亦应适用该法科刑等语。本院长审核无异,相应咨复查照饬知。此咨

**附原咨**

为咨请事,案据内政部呈称,窃查《禁烟法》于本年七月二十五日明令公布迭奉训令到部,当经遵照转饬所属一体知照在案,兹据江苏民政厅长缪斌呈称,为《禁烟法》条文施行时发生疑义,据情呈请核示饬遵事。案奉钧部训令警字第三三四号内开,案奉国民政府第六四零号训令内开,查《禁烟法》现经制定明令公布应即通饬施行除分令外,合亟抄发原条文,令仰遵照并转饬所属一体遵照此令,计抄发《禁烟法》一份等因,奉此除分令外,合亟印发《禁烟法》令,仰该厅遵照并转饬所属一体遵照,此令等因,遵经转饬所属遵照在案。兹据兴化县县长李宜吉感代电称,窃奉第五三八三号训令一件并附发《禁烟法》一份到县遵查,令叙国民政府训令有《禁烟法》,现经制定明令公布,应即通饬施行云云。又该法第二十二条载,本法自公布之日施行照此法令研究奉到之日,即当依该法处罚矣。惟查该法第二十一条载,本法施行规则由行政院定之。今施行规则既未奉令颁发,又属不能施行。县长有鉴及此用,敢电请钧厅核示,究竟是项《禁烟法》是否先行布告周知,俟奉颁施行规则再为施行?抑于奉文之日起施行?若照奉文日起施行,则在奉文前告发拏获未判之案,是否照《刑法》判处?抑照现颁之《禁烟法》科刑事关罪刑出入?既未敢稍涉滥,纵又兼悬案以待仰祈迅电示遵等情。据此,除指令外,所有《禁烟法》施行时发生疑义各情,理合据情具文呈请仰祈核示饬遵,实为公便等情。据此,查《禁烟法》既经明令公布通饬施行,其施行规则自属必要,据呈前情,除指令外,理合备文转呈只请鉴核示遵等情到院。查新颁《禁烟法》第二十二条既经规定,本法自公布日施行,似应以各县丰文之日起为本法施行日期,其施行规则亦经本院令饬禁烟委员会拟具草案呈候核定再行颁布。至奉文前告发发获未判之案,如在此次奉文以前十七年九月十七日旧《禁烟法》公布以后者,似可仍照旧《禁烟法》所规定办理。惟事关解释,法令考求不厌其详,相应据情咨请贵院查核解释见复,俾便饬遵,至纫公谊。此咨

**院字第二七二号**

**十九年四月三十日　司法院电湖南高等法院首席检察官　附原函**

湖南高等法院曹首席检察官览,该首席检察官电呈最高法院检察署,为第一高等分院

首席检察官转请解释双方被害人分别提起自诉或请求侦查之案件应如何办理一案,兹据最高法院拟具解答案呈核前来内开,斗殴案件双方受伤均轻微,或一方受轻伤、一方受重伤,而一方提起自诉,他方请求检察官侦查时,得依自诉公诉各规定分别办理,但法院于自诉及公诉提起后得合并审理等语。本院长审核无异,合电转饬知照。司法院陷印

**附原函**

迳启者,案据湖南高等法院首席检察官曹瀛麻代电称,案据代理职院第一分院首席检察官萧毅敬代电称,查被害人得自向该管法院起诉之件已详《刑事诉讼法》。惟同一案件互为被害人时,如斗殴案件双方均受轻微伤,一方自诉,一方请求检察官侦查。又一系得自诉之件,一系不得自诉之件,如斗殴案件一受轻微伤,一受重大伤,其得自诉之一方声请自诉。遇此情形,究应如何办理之处,法无明文规定,理合电请钧处核转解释示遵等情。据此,理合电请钧署察核转请解释令遵等情到署,相应据情函请贵院查照解释见复为荷。此致

**院字第二七三号**

**十九年五月十日　司法院电山东高等法院　附原电**

山东高等法院殷院长览,该法院上年十一月二日代电请解释起诉权疑义一案,业经发交最高法院拟具解答案呈核前来内开,据来函所述,某学校虽归教育厅管辖,然究无代表起诉之权等语。本院长审核无异,合电知照。司法院蒸印

**附原电**

司法院院长勋鉴,兹有省立某学校校长甲卸职时挪用学生保证金(毕业时须发还)并未交代,嗣甲筹得前项保证金,以该学校名义存于某银行定期一年,将存折移交后任未到期,而银行倒闭。经教育厅对于甲提起赔偿之诉,究竟教育厅有无起诉权,今有两说:(子)说该保证金,系某学校所存学生之保证金,于教育厅无涉,应由某学校起诉,教育厅无越组而代之权。(丑)说某学校既归教育厅直接管辖,某学校被害即无异教育厅被害,当然有代表起诉之权。两说究以何说为是,用特代电伏祈迅赐解释示遵。山东高等法院院长易恩侯敬印

**院字第二七四号**

**十九年五月十二日　司法院电辽宁高等法院　附原电**

辽宁高等法院院长览,该法院本年三月马代电请解释适用《民法》物权编登记规定疑义一案,业经发交最高法院拟具解答案呈核前来内开,查《民法》物权编施行法第三条第一项所定之登记法律未公布以前,依同条第二项规定,不适用《民法》物权编关于登记之规定。于此期间内,凡从前已经实行不动产登记制度之区域,关于已登记及未登记之效力,应仍暂援用从前施行之法令办理等语。本院长审核无异,合电知照。司法院文印

**附原电**

司法院院长钧鉴,《民法》物权编施行前已经按照前所颁布之登记通例及《不动产登记

条例》办理登记之区域,至本年五月五日《民法》物权编施行后,在依《民法》物权编施行法第三条第一项另定之登记法律未公布前,于此期间内,其已登记及未登记之效力如何,能否适用《民法》物权编关于登记之规定,施行期近,关系綦重,仰祈钧院俯赐提前解释示遵。辽宁高等法院院长史延程马印

**院字第二七五号**

**十九年五月十二日　司法院电辽宁高等法院　附原电**

辽宁高等法院院长览,本年四月据沈阳律师公会阳代电请解释,已嫁女子追溯继承财产及财产继承开始各疑义一案,业经发交最高法院拟具解答案呈核前来内开,按财产继承以所继人之死亡时为始,除关于母之独有财产外,所继人系指父而言,如果继承开始在该省隶属于国民政府以前,而所有财产已由其男子继承取得,依当时法令女子并无继承财产权,则无论其财产分析与否,已嫁及未嫁之女子均不得主张再行与子均分等语。本院长审核无异,合电转行知照。司法院文印

**附原电**

南京司法院院长钧鉴,准会员冯涵清函称,查司法院十八年十一月十九日院字第一七四号解释内开,女子之有财产继承权系根据于第二次全国代表大会妇女运动决议案而发生。该案于民国十五年十月始通令隶属国民政府各省施行,自应由该通令到达该省之日始能生效。若各省之隶属国民政府在通令以后者,应由其隶属之日始生效力,而财产继承之开始应始于被继承人死亡之日等语。所谓被继承人者,当然指继承人之父母。惟继承开始,究以父亡而言,抑以父母俱亡而言,尚无明文规定,不无疑义。兹有甲父乙母生子丙、丁,女戊、己均已出嫁。甲父于十四年间死亡,其遗产于十五年间,由子丙、丁二人按两股分析。乙母于辽省隶属国府后(十七年十二月二十九日)十八年五月间死亡,女戊、己按已嫁女子追溯继承财产细则第三条诉请重行分析,因此发生法律上问题,分为二说:(甲)说该细则既未明定继承开始在于父母俱亡之后,按之旧例习惯应以父亡之日为开始继承之期。甲父既在隶属国府以前死亡,其遗产已由其子丙、丁继承取得。虽乙母亡故在隶属国府以后,戊、己亦不能对于其兄所已承受之财产而欲享有继承权。(乙)说依照国民政府党纲,男女在法律上、经济上、社会上一律平等。而《妇女运动决议案》第十一项,女子有财产权,是男女人格地位财产均一律平等,不以性别而有所岐异,则家财为父母所共有,有同等管理处分之权,不容男子一方所独占要已无疑。故如父先亡,其家财应属于母,其理至明。准斯以谈则遗产之继承,应以被承继人父或母中之一人后亡时为继承开始之期,了无可疑。今乙母既在隶属国府后死亡,自应以乙母死亡之日为财产继承开始之期。戊、己应有继承财产重行分析之权,二说未知孰是,此应请解释者一。又甲有一妻一妾,妻生女乙出嫁,女丙尚未出嫁。妾生子戊、己年幼,甲与妻均在隶属国府前死亡,其妾现尚生存,家财亦未分析,是否继承尚未开始?其出嫁之女乙及未出嫁之女丙对于家财有无承继权?是否应俟甲之妾(即乙、

丙之庶母)死亡后,财产继承开始时,始得主张继承权?此应请解释者二。相应函请贵会迅赐转请解释示遵等因,事关法律解释,理合电请钧院,伏乞迅予解释示遵。沈阳律师公会叩阳印

**院字第二七六号**

**十九年五月十七日　司法院咨行政院　附原咨**

为咨复事,前准贵院本年三月十一日咨(第五五号)开,据上海特别市政府电请解释劳资仲裁委员缺席时是否可以开会仲裁一案,事关解释法律咨请查照见复等由,当经发交最高法院拟具解答案去后。兹据呈复内开,劳资争议之仲裁应由仲裁委员会处理之,该委员会之组织应置委员五人,其人员并有一定之资格,仲裁委员会之仲裁,以全体委员之合议行之。此在《劳资争议处理法》第十二条、第十三条及第三十一条已经定明,故该委员必须五人到齐,方可仲裁。事件如有一人不能执行职务时,应视该员系第十三条某款之代表,分别补派资格相同之代表另行开会等语。本院长审核无异,相应咨复贵院查照饬知。此咨

**附原咨**

为咨请事,兹据上海特别市政府电称,查《劳资争议处理法》关于劳资仲裁委员会开会仲裁时,如遇有仲裁委员一人因故缺席或推诿或拒绝出席时,是否可以开会仲裁?理合电呈察核示遵等情前来,事关法律解释,相应咨请贵院查照解释见复,实纫公谊。此咨

**院字第二七七号**

**十九年五月十七日　司法院电宁夏高等法院　附原电**

宁夏高等法院王院长览,上年七月篠代电悉,业经发交最高法院拟具解答案呈核前来内开,查判决一经宣告,非有法律上根据,在同一法院不得更为审判。纵卷证散失,仍应送达判词。如上告,由上告审认有更审必要者,自可发回更为审判等语。本院长审核无异,合电知照。司法院篠印

**附原电**

南京司法院王院长钧鉴,第二审民事判决业已宣告,尚未送达。第二审卷宗及证件被匪损失,惟判决存在,可否仍行送达?抑或更新审理?如若送达,一经上诉则发生困难,究应如何办理?谨请俯赐解释以便遵行。署宁夏高等法院院长王芝庭叩篠

**院字第二七八号**

**十九年五月十七日　司法院训令湖南高等法院　附原函**

为令知事,该法院上年第三五三七号公函致最高法院据第一分院转请解释《管收民事被告人规则》适用疑义一案,兹据最高法院拟具解答案呈核前来内开,查《管收民事被告人规则》无论第一审、第二审,均得适用被控告人。如系本案被告而又合于得管收或拘提情形者,自可按照同规则办理等语。本院长审核无异,合行令仰转饬知照。此令

**附原函**

迳启者,案据署湖南高等法院第一分院院长徐继骐删代电称,查民事被告人经三传不到,亦不声明理由,依《管收民事被告人规则》第一条第一项,得以拘票拘提。该项规定是否包括被控告人在内?若第二审被控告人屡传不到,亦不声明理由,依《民事诉讼律草案》第五百五十三条缺席判决又须具备一定条件,可否依照《管收民事被告人规则》之规定,以拘票拘提,乞即核示遵行等情。据此,除指令应候转请解释外,相应函请贵院拟具解答案,呈由司法院覆核令遵,至纫公谊。此致

**院字第二八二号**

**十九年五月二十一日　司法院咨行政院　附原咨**

为咨复事,前准贵院本年二月二十二日咨(第三九号)开,据工商部呈请解释《工商同业公会法》第四条第二项第八款疑义一案,业经发交最高法院拟具解答案呈核前来内开,查社团之设立依照民法总则第四十八条第九款之规定,定有存立时期者,应记明其时期(即存续期间)。工商同业公会即属社团之一种,该法第四条第二项第八款所云,公会章程应载明公会之成立期间者,应解释为存立之时期等语。本院长审核无异,相应咨复查照饬知。此咨

**附原咨**

为咨请事,据工商部呈称,案据江苏省建设厅呈称,为呈请事,查《工商同业公会法》第一条规定:"凡在同一区域内经营各种正当之工业或商业者,均得依本法设立同业公会。"又第五条规定:"同一区域内之同业设立公会以一会为限。"所称"区域"未审有无标准范围,按商会区域依商会法第五条:"各特别市各县及各市均得设立商会,即以各该市、县之区域为其区域,但繁盛之区镇亦得单独或联合设立商会。"之规定,系指特别市县市或繁盛之区镇而言。同业公会与商会同属商业团体是否可以准用同一规定,此应请解释者一。又,《工商同业公会法》第四条第二项第八款"公会之成立期间"系指成立年月,抑指筹备时期在章程上应以何种方式载明,此应请解释者二等情到部。据此,查该厅所请解释第一点,依据商会法第五条但书之规定,自可准其设立,已由本部指令知照在案。至第二点,成立期间载入章程问题究应如何解释之处,理合据情转呈,仰祈鉴核解释训示祇遵等情。据此,查原呈各疑问,除第一点已由部核明令知外,其第二点事属法律疑义,除指令外,相应据情备文,咨请贵院查照解释见复,以便饬遵,至纫公谊。此咨

**院字第二八三号**

**十九年五月二十一日　司法院指令江苏高等法院　附原呈**

呈悉,业经发交最高法院拟具解答案呈核前来内开,按权利移转与缴纳契税本系两事民事案件,因强制执行拍卖不动产,该不动产所有权虽即移转,而拍定人对于该不动产所负纳税之义务不能因此免除。惟执行法院允许拍定之决定及该法院所制权利移转之书据既

系拍定人取得该不动产权利之证书,则拍定人于纳税时自毋庸另立契纸等语。本院长审核无异,合行令仰转饬知照。此令

**附原呈**

呈为呈请解释事,案据兼理司法宝山县县长吴葭呈称,窃于民国十七年一月四日奉钧院第一三一五号训令内开,上年十二月二十一日奉江苏省政府第二六六八号训令开,为令行事,案据财政厅厅长张寿镛呈称,窃据宝山县殷行乡董朱家俊胥代电称,查人民承买法院公示召卖之不动产,往往但凭一纸管业证书即为不动产权之完全根据。按本省买卖不动产办法,均应前赴所在地之市乡官契发行所领用钧厅印发之官契。领用时应纳地方教育公益等捐及完纳国税,按照契价百分之五方为产权,完全此项承买。法院因债务诉讼而公示召卖之不动产,其买卖产权性质与普通者相同。若但凭一纸管业证书遽为产权之证据,则对于国税之损失为数固不在少,而地方教育公益等附捐尤蒙其影响。综推全省为数当属不赀用,敢电陈梗概,应否通饬各县对于人民承买法院因债务诉讼而公示召卖之不动产,一律饬知承买人前赴所在地市乡补立官契、完纳国税,及地方教育公益等捐,以全手续而裕税收之处,仰祈裁夺施行等情。据此,查契税属于行为税之一,凡属不动产经过买卖行为者,照章即须投税,法院因债务诉讼公示召卖之不动产与普通产权移转相同,自应责令承买人呈验管业证书,补立官契、完纳契税,以重税收。除训令宝山县遵照办理暨通行各县一体照办外,理合具文呈报仰祈鉴核等情。据此,查承买法院召卖之不动产与普通产权移转无异,自应责令照章立契纳税以重税收而完手续。除指令外,合行令仰该院转饬所属一体遵办此令等因。奉此,除分行外合亟令仰该县遵照办理此令等因,下县奉此自遵办以后,凡公告拍卖,几于无人承买,皆缘投标承买之后,仍须立契纳税,致使权利移转证书效力几等于零,亦有持权利移转证书向官契发行所立契者,则又以失主未到场相留难,厥后由制发权利移转证书机关命令立契,则该发行所又需中人地保到场画字,并捏写失主姓名代为画字变幻。若此,形式上无异伪造官契,实质上即否认司法机关无移转所有权之权力。究竟司法机关根据《民事诉讼执行规则》所发权利移转证书有无公之证明力,应否重立官契,理合具文呈请,仰祈钧院鉴核俯赐解释,俾便遵行等情,并附呈官契式一纸到院。事关法律疑义,职院未敢擅断,理合具文呈请钧院俯赐解释,以便饬遵,实为公便。谨呈

**院字第二八四号**

**十九年五月二十二日　司法院训令江苏高等法院首席检察官　附原函**

为令知事,该首席检察官呈最高法院检察署,为江宁地方法院首席检察官转请解释继续侦查仍应不起诉时,应否再制作处分书疑义一案,兹据最高法院拟具解答案呈核前来内开,刑事案件已经送达不起诉处分后:(一)上级机关复令侦查或(二)原诉人于经过再议期限后,以发现新事实或新证据为理由,请求继续侦查究办,经检察官查明并无可以起诉之新事实或新证据,只须将不应起诉之理由分别呈报上级机关或通知原告诉人,均不必再为不

起诉之处分等语。本院长审核无异,合行令仰转饬知照。此令

**附原函**

迳启者,案据江苏高等法院首席检察官王思默呈,据江宁地方法院首席检察官王振南呈称,窃查无告诉人之刑事案件已经送达不起诉处分后,上级机关辄有摘要指令切实侦查,如发现新事实新证据应即诉办者,又有告诉人之刑事案件告诉人于经过再议期限后,亦辄有以发现新事实新证据为理由,状请侦查法办者,此类案件如侦查结果仍认为不应起诉时,究应制作处分书与否,主张不一:(甲)说谓检察官处理案件除性质显属民事,应谕知告诉人依民事诉讼程序具诉及告诉乃论之。刑事在法理上不得有任何处分外,凡一切刑事案件均应制处分书,即已处分不起诉之案件,有以发现新事实新证据为理由,依《刑事诉讼法》第二百五十二条令发或状请侦查者,如检察官认为并非新事实或新证据,亦应依同法第二百四十六条叙述理由及事实制作处分书,依法送达。既能免检察官武断,复能使告诉人折服。且上开第二百五十二条所谓不得对于同一案件再行起诉之语,与同法第二百四十四条所谓应不起诉、第二百四十五条所谓不起诉性质相同,凡依上开两条处分者,既须制作处分书,则依上开第二百五十二条处分者,事同一律,自无不制作处分书之理。又,依同法第二百五十条驳回再议声请时,亦应制作处分书(见十七年最高法院解字第二一〇号),足见制作处分书之案件并不限于上开第二百四十四条、第二百四十五条所列举各款无疑。(乙)说谓《刑事诉讼法》第二百五十二条所载,不起诉案件非发现新事实或新证据者,不得对于同一案件再行起诉等语,显系规定起诉条件。如认为起诉固可援用是条,否则对于令发重行侦查之上级机关,只可呈报办理情形,对于受重行侦查之被告或状请重行侦查之告诉人谕知不起办足矣。该条既非如同法第二百四十四条、第二百四十五条列举不起诉之标准,而以次条即第二百四十六条应制作处分书之规定紧接可比,亦与同法第二百五十二条再议驳回时声请人仍可准用《刑事诉讼法》第二百四十八条声请再议有异,若仍制作及送达不起诉处分书,不独对于同一案件有重复处分之嫌,且使已经过再议期限之案件又得声请再议,致与规定限期之立法本意有背。二说孰是,未敢擅断,案关法律疑义,理合备文呈请鉴核转请解释令遵等情。据此,事关法律解释理合,具文转呈鉴赐转院核示饬遵等情到署,相应据情函请贵院查照解释为荷。此致

**院字第二八五号**

**十九年五月二十四日　司法院训令江苏高等法院第二分院　附原呈**

为令知事,据前上海租界临时法院上年第四二七号呈,请解释公债票注失疑义到院。业经发交最高法院拟具解答案呈核前来内开,按《内国公债经理规则》第八条,仅限于记名债票始准注失。民国元年《六厘公债施行细则》第二十三条于无记之债票(参照民国元年六厘公债条例第八条)亦准注失者,系特别规定。嗣后发行之整理六厘公债既据整理原案声明,系按照三四年公债及七年短期公债办法办理,则民国元年《六厘公债施行细则》第二十

三条关于注失之规定自难准用。其他各种公债,如债票为无记名式,又无准用该条之明文者,亦应不准注失。至于银行职员侵占公债票而逃匿者,银行纵未注失,亦得向该职员之保证人追偿等语。本院长审核无异,合行令仰转饬上海特区地方法院知照。此令

**附原呈**

呈为呈请解释法律事,查民国元年《六厘公债施行细则》第二十三条第一项规定:"六厘公债票及其息票遗失之时,须报告经理银行注失"等语。嗣后发行之整六公债,对于该条规定是否可以准用?又六厘公债及整六公债以外之各种公债票于遗失之时,原则上是否可以注失?如甲担保乙在丙银行充当职员,乙侵占公债票若干,避匿。丙银行并未注失,致生损失,能否向保证人甲追偿?事关法律疑义,理合呈请钧院解释示遵。谨呈

**院字第二八六号**

**十九年五月二十六日　司法院指令浙江高等法院　附原呈**

呈悉,业经发交最高法院拟具解答案呈核前来内开,来函所述情形,甲于民国九年间死亡,其财产已由其子乙、丙继承取得,虽乙、丙尚未成年,财产由其母管理,至今尚未分析。然乙、丙共同取得既在妇女运动决议案通令以前,则甲之女丁、戊并无继承权,自不得请求分析等语。本院长审核无异,合行令仰转饬知照。此令

**附原呈**

呈为呈请解释事,案准杭县律师公会函开,据敝会会员杨元彪函称,今有法律疑义,例如,甲有子乙、丙,女丁、戊。甲于民国九年间死亡,其遗产现未分析。今丁、戊尚未出嫁,对乙、丙诉请分析甲之遗产于此发生疑问,分为二说:(甲)说依照十八年司法院院字第一七四号解释之结果,甲既在第二次全国代表大会妇女运动决议案发生效力时期之先死亡,其遗产由乙、丙共同继承取得。现在虽未分析,依照法律不溯既往之原则,丁、戊当然不能对乙、丙已共同承受甲之遗产,享有继承权。(乙)说以乙、丙尚未成年甲之遗产现尚归乙、丙之生母管理,甲之死亡虽在第二次全国代表大会妇女运动决议案发生效力以前,然至今乙、丙尚未分析与十八年第一七四号解释所指个人继承取得者不同,乙、丙兄弟间既未实行分析财产,则丁、戊根据该决议案自得对于甲之遗产与乙、丙有平均分析之权。以上两说,究以何说为是,请转函解释等语。经敝会第七次常任评议员会议决,事关于法律疑义,相应函请贵院查照烦为转请解释,俾资遵循等由。准此,理合备文呈请钧院鉴核俯赐解释,以便转知。谨呈

**院字第二八七号**

**十九年五月二十八日　司法院指令江苏高等法院　附原呈**

呈悉,业经发交最高法院拟具解答案呈核前来内开,按民国元年《六厘公债施行细则》第二十三条于无记名之债票准予挂失系特别规定,他项公债如无援用明文者,不得援用(参照院字第二百八十五号解释)等语。本院长审核无异,合行令仰转饬知照。此令

**附原呈**

呈为转请解释事,案据上海律师公会常务委员汤应嵩等呈称,呈为转请解释法律事,案据属会会员董俞函称,案查民国元年《六厘公债条例》第八条,此项公债票为无记名式。又民元《六厘公债施行细则》第二十三条,民国元年六厘公债票及其息票遗失之时,须报告;经理银行注失发现之时,亦须报告(又本条附条);经理银行于报失时,即将其遗失情由速行广告,但所有广告费用归报失人担负。又,二十六条,公债票及息票呈报遗失之时,经理银行即将该债票及息票停止付息。又,第二十七条,凡呈报遗失之公债票及息票如有持往经理银行者,经理银行即将该债票或息票暂行扣留,一面知照报失人,俟持票人与报告人之间证明所有权后再行办理等语。其规定公债遗失挂失之救济办法本极周密,其后又有整理六厘公债之发行,其票面性质与本六厘公债完全相同,现时尚流通市面。虽无本《六厘公债施行细则》挂失规定之周密,但依法理论应否适用其本《六厘公债施行细则》各条所载,债票遗失应用正当手续挂失之规定,究应如何办法,应请贵会转呈解释。又此外各种公债性质与六厘公债完全相同者,因其条文简单未曾规及债票挂失之救济办法,应否以六厘公债之正当挂失援为普通救济公债遗失之法例?设因债票遗失以挂失为救济而发生其诉讼者,如何解决应否以挂失为各公债遗失时,为当然救济之法例?悬案以待,并请迅赐转呈解释俾便遵行等情,兹于属会第三五次执监联席会议议决应予转呈,理合具文呈请鉴核转请最高法院解释示遵等情。据此,理合具文呈请钧长鉴核俯赐解释,以凭饬遵。谨呈

**院字第二八八号**

**十九年五月三十日　司法院训令广西高等法院　附原函**

为令知事,该法院本年第七号公函致最高法院为南宁律师公会转请解释律师意见书等应否贴用印花一案,兹据最高法院拟具解答案呈核前来内开,律师代理人民所具意见书、声请书投递于行政官署者,即依人民投递呈文申请书之例贴用印花。若系投递于法院者,民事应查照司法印纸规则办理,非讼事件如在《非讼事件征收费用暂行规则》施行后,即依该规则办理。已贴用司法印纸者,即无庸再贴印花。刑事则不应收费,自无庸贴用印纸及印花等语。本院长审核无异,合行令仰转饬知照。此令

**附原函**

迳启者,案据南宁律师公会会长吴可秋等呈称,窃查,凡应贴用印花之凭单、收据、簿据、契约及一切文书等项采取列举主义分类列出,自应贴用印花,固无疑义。惟该条例对于律师意见书、声请书并无贴用印花明文规定,究竟该两项书面应否贴用印花论者,分甲、乙两说:(甲)说谓司法行政部训令,关于人民投递官署呈文、声请书等类均应贴用印花,则对于律师意见书、声请书亦应贴用印花以符功令。(乙)说谓律师之职务原与审判衙门共事之司法机关,故其职务实为公法上之职务(见民诉律草案第二编第三章汇注法理),则其意见书、声请书自非普通人民之呈文声请书类可比,即无贴用印花之必要。且律师与法官居对

等地位，检察官意见书并未贴用印花，何独于律师之意见书而强制贴用？以上两说，应以何说为是？事关法律疑义，理合具文呈请钧院察核转请最高等法院俯赐解释示遵，实为公便等情到院。相应据情函请贵院查照解释见复，以便饬遵为荷。此致

**院字第二八九号**

**十九年五月三十一日　司法院咨行政院　附原咨**

为咨复事，前准贵院本年四月十九日咨（第九四号）开，据内政部呈请解释《救济院规则》第八条所称地方法团疑义一案，业经发交最高法院拟具解答案呈核前来内开，按各地方《救济院规则》第八条所谓地方法团，系指为法令所认许办理地方公共事务之团体而言。若仅就一职业或文化所组织之团体，虽亦为法令所认许，然非该规则所谓之地方法团等语。本院长审核无异，相应咨复查照饬知。此咨

**附原咨**

为咨请事，案据内政部呈称案查，前据浙江民政厅本年二月俭日代电称，据宁波市政府呈称，窃查各地方《救济院规则》第八条规定，救济院各所之基金应组织基金管理委员会分别管理之，基金管理委员会由地方法团公推委员若干人组织之救济院，院长、副院长为当然委员等语。伏查地方法团范围未经明文规定，所有市区范围内之总工会、商民协会、农会、律师公会、妇女协会教育会、学生联合会、中小学教职员联合会及各村里委员会等是否均系地方法团？理合呈请解释指令祇遵等情，此项地方法团范围究应如何规定？事关法令解释，理合电请迅赐核示，以便饬遵等情到部。当以本部前据河北民政厅呈请解释关于县政府行政会议规程第二条第三款所称地方团体之标准一案，经本部呈请钧院转由司法院饬据最高法院解释以所称地方团体自系指为法令所认许在一定地方办理公共事务，而与县属政务有关之团体而言等语。曾经通令各省知照在案，细绎最高法院解释地方团体既系指为法令所认许之团体，则与地方法团当无二致。关于各地方《救济院规则》第八条所载地方法团自应依照最高法院解释办理指令在卷，兹据浙江民政厅复称查最高法院对于《县行政会议规程》内地方团体之解释系以法令认许在一定地方办理公共事务及与县属政务有关三项为准。以地方法团言，则须法令认许固无疑义，惟在一定地方办理公共事务者，未必即可认为地方法团其属于政治事项者。又均与县属政务有关现在法令所认许之团体甚多，如人民团体组织方案内之慈善团体、文化团体及妇女团体等种类尤多，即如律师公会、教职员联合会等亦属职业团体之一，是否可均认为地方法团，分别至难。窃以为法团与团体有别，而地方法团又与法团有别。现在各种法令内规定地方法团者，日见其多，究竟此项地方法团应如何解释定义，俾资遵循之处，理合再行备文呈请鉴核示遵等情。据此，理合呈请察核转请司法院赐予解释以凭饬遵等情到院。查浙江民政厅以地方法团分别至难，法团与团体有别，地方法团又与法团有别，由部转请解释定义前来。事关解释法令，除指令外，相应据情咨请贵院查照解释见复，以便饬遵，至纫公谊。此咨

### 院字第二九〇号

**十九年六月三日　司法院函中央执行委员会训练部　附原函**

迳复者,前准贵部上月二十三日公函(第八八三五号)开,据湖南省党务指导委员会训练部呈请解释《工商同业公会法》第一条疑义一案,转函到院。当经发交最高法院拟具解答案呈核去后,兹据呈复内开,工商同业公会系以维持增进同业之公共利益及矫正营业之弊害为宗旨,《工商同业公会法》第二条定有明文。在同一区域内,经营各种正当之工业或商业者同法第一条定明均得依本法设立同业公会。则在同一区域内经营爆业商号与爆业作坊,虽同为爆业,而一系专营贩卖,一系专营制造,性质不同。依该法第一条、第二条之规定趣旨,更证以第十四条之规定,应得各目设立同业公会等语。本院长审核无异,相应函复贵部查照。此致

**附原函**

迳启者,案据湖南省党务指导委员会训练部呈称,案据属省浏阳县党部训练部呈略称,据该县商会改组筹备处转据煤业商号鼎兴祥等五十余家以爆业商号与爆业作坊,前者经营贩卖,后者专门制造,似不能以经营贩卖之爆业商号与经营制造爆业之作坊并合成立公会等情,联名呈请该筹备处转请该部准予分别商店作坊各自成立同业公会。惟依《工商同业公会法》第一条,凡在同一区域内经营各种正当工业或商业,均得依本法设立同业公会之规定,是否得在同一区域内将经营同一实业之工商业?如经营爆业者之爆商与爆作分别成立同业公会,抑须并合组织之处,理合呈请解释示遵等情。据此,查工商同业公会之性质既以工商同业命名,公会自系以经营同一实业之工商共同组织为原则。而依照《工商同业公会法》第一条之规定,又似同一工业或同一商业均得各自成立同业公会,即经营同一实业之工商业。如爆业商店与爆业作坊亦有各自组织,同业公会之可能究竟此项法规系以同一工业与同一商业各自组织,或系以经营同一实业之工商业共同组织,事关法令解释,属部未敢擅专,理合转请钧部察核迅予解释示遵等情。据此,查统一解释法律系属贵院职权,该《工商同业公会法》第一条法文之意义究属如何,相应函达贵院,即希查照详为解释见复,以凭转饬知照为荷。此致

### 院字第二九一号

**十九年六月四日　司法院电四川高等法院　附原电**

四川高等法院院长览,该省自贡律师公会本年四月鱼巧两代电呈最高法院,请解释被害人请求照判执行补足损害应否受理疑义一案,兹据最高法院拟具解答案呈核前来内开,按普通民事案件应由普通法院审判执行,若无戒严条例第七条之情形,则军事机关另行审判执行,显非合法。即令无压迫行为,亦属无效。其被害人除请求执行法院仍照原判执行外,并得提起损害赔偿之诉等语。本院长审核无异,合电转饬知照。司法院支印

**附原电**

最高法院钧鉴，案据会员丁本固函称，今有甲、乙因债务涉讼，在执行时将不动产交甲之日，乙聚众抗殴，称受伤害，向军事机关鸣冤，准令提卷，集讯另判。惟比较原契约，原判决大受损害，遂上诉。军政、司法各机关均置不理，竟被压迫执行。终结迨驻军移防，甲始向原法院请求照判补足损害。关于法院受理及补足损害两点发生疑义：(子)说案件既由军事机关另判执行终结，原卷既未发还，证据又已追销，纵属不法办理。甲果受有巨损，在此时诉请法院，应依一事不再理之原则驳斥，遑论补足损害。(丑)说军事机关除戒严时外，无受理民刑诉讼之权。对于法院不相统属，其废弃原判另判执行，抑或非法受理判决执行当事人受损害之案。无论有无压迫之行为，概属非法，应根本无效。证以钧院十七年解字第六六号解释，凡已设法院各县之县知事所受理之民刑诉讼之判决，应作无效，当事人向该管法院起诉自应受理之例，可以概见。今甲既受损害，根据原判请求补足，法院应当受理，不能适用一事不再理之原则。惟损害一层，当从法律上原判上、契约上、事实上各方面考核，若果属实，即应照额补足，以免当事人受非法之损害，而息败诉人勾串军事机关减轻担负义务之风，更可以维持司法独立之精神。何说为当，函请转呈解释等由前来。当经开会议决，认为有请求解释之必要，理合转呈钧院察核解释以资适从，无任祷感待命之至。四川自贡律师公会正会长梁开成叩鱼印

**附原电**

最高法院钧鉴，本年四月鱼日代电转呈丁会员本固请解释军事机关废弃法院原判，另行判决，压迫执行终结。胜诉人甲比较原约上原判上之利益受重大损害，向法院执行处请求照判执行补足损害，法院应否受理疑问一案，计达钧览。兹又准丁会员函称前函请转解释补足损害一点，非抽象疑问，恐不合于司法院《统一解释法令及变更判例规则》第三条第二项之规定，故特函请转对于此点不为解释，惟对于法院应否受理一点，今就前函疑义子丑两说，所补充而叙述之：(子)说川省军事机关受理民刑诉讼已成习惯，既可判决执行，犹属当然之事。且查戒严法，军事机关亦得审判民刑诉讼，此等诉讼若在驻军移防审讯，而未判之案当事人诉诸法院自当受理。若执行终结之民事，从事实上说原卷既未发还，则原判如何，与当事人是否受有损害，无从稽考。为减少人民讼累起见，法院不当受理。从法律上说，以戒严法论，众事机关原有此权，以民事诉讼之原则论，一事不能再理，故法院亦不当受理。(丑)说查戒严法第十一条所载，军政执法处受理民刑诉讼以有关于军事且在接战区域者为限，否则违法，本案不关军事，此地又未接战，而败诉人乙之向军事机关鸣冤，是藉词伤害，其不能适用戒严法明甚。至川省军事机关受理民事诉讼，虽成习惯，但按之法律无受理诉讼之明文。此种判决，无论执行与否，根本非法，当然无效。若本案是废弃法院原判而另为判决，更为违法之尤。以违法判决而执行，致使乙得不当之利益，甲受重大之损害。查照《国府公布民法》第一百七十九条载有“无法律上之原因而受利益致他人受损害者，应返还其利益”之规定，以致甲所受之损害，乙所得之利益，其无法律正当原因，而应返还者，正复

相同。故乙若持判决副本主张损害而请求执行法院为保护私权起见,纵使原卷未经发还,根据判决副本,对此违法执行当然否认,而为受理至甲此次诉讼标的在于一部分之损害,与前案之标的不同。就此一点而论,已不能主张一事不再理之原则,法院执行处何能因此而不受理?此项补充之点,孰是孰非,应请再转解释以启疑窦等由前来,理合再电伏乞钧院合并察核迅赐释令祇遵,实为法便。四川自贡律师公会正会长梁开成叩巧印

**院字第二九二号**

**十九年六月四日　司法院训令江西高等法院　附原函**

为令知事,该法院本年第一一一五号公函致最高法院,请解释上告审核定诉讼价额疑义一案,兹据最高法院拟具解答案呈核前来内开,按诉讼标的之价额有须经调查酌量核定者,有以法文明定其计算标准者,关于核定之诉讼标的当事人曾有声明异议之机会而不为声明,则上告审即毋庸再为核定。若计算显系违反法定标准者则否。来文第一点,如系因租赁权涉讼,其价额在原则上应以一年租额二十倍为准,此为法文所明定。原审计算既违反法定标准,自应由上告审予以纠正。若系因请求给付租金而涉讼,则应据所请求之数定诉讼标的之价额。两者不可相混,至第二点如系前开,违反法定标准之件,则上告审自可因上告人之声请查照《修正民事诉讼律》第五六六条第二项计算价额。若利益在二百元以上,应即予以受理等语。本院长审核无异,合行令仰知照。此令

**附原函**

迳启者,今有甲、乙因租赁房屋涉讼,甲提起控告时,原审核定诉讼物价额为七十五元未满,令甲缴纳讼费。控告判决后,甲复提起上告。关于诉讼价额声明赁借权涉讼事件,应依大院本年抗字第三五号判例,以二十倍计算,于此遂生二说:(子)说谓控告审核定之诉讼价额,无论是否经过审查,但当事人既未声明异议,则上告审不能再行核定,按之最高法院十七年解字一四七号解释,显无疑义。(丑)说谓《修正民事诉讼律》第五六六条二项载,计算诉讼物价额之规定于计算前项利益准用之。而计算上告利益,依十八年院字第一八号解释,凡财产上请求案件不问为初级管辖,抑为地方管辖,除控告审判决之部分外,若上告时争执之部分不逾二百元,即不许上告。是计算上告利益既准用计算诉讼物价额之规定,则上告审对于诉讼价额即非无核定之权。以上两说,究以何说为是,此应请解释者一。又第一、第二两审均系被上告人为原告,及控告人因之缴纳讼费,上告人无声明异议之机会。迨控告判决后,上告人遂声明诉讼价额乃在二百元以上,并缴纳讼费,该项上告应否受理,此应请解释者二。事关法律疑问,相应函请大院查照解答,至纫公谊。此致

**院字第二九三号**

**十九年六月六日　司法院电热河高等法院　附原电**

热河高等法院院长览,本年五月齐代电悉,业经发交最高法院拟具解答案呈核前来内

开,匪徒愿自行缴械,听编入伍,或前已听编入伍,旋即自行退伍归为良民,或前已听编入伍嗣被遣散,现为良民,细绎《国军剿匪暂行条例》第十条之立法精神,应一律准其自新,免予治罪等语。本院长审核无异,合电转饬知照。司法院鱼印

**附原电**

南京司法院长钧鉴,案据经棚县政府代电称,窃查匪徒愿自行缴械归为良民者,固可遵照《国军剿匪暂行条例》第十条之规定,准其自新,免予治罪。如有愿自行缴械听编入伍者,或前已听编入伍旋即自行退伍归为良民者,或前已听编入伍嗣被遣散现为良民者,可否援引该条,准其自新,免予治罪?现职县此类案件甚多,合请电示遵行等情。据此,查该县所请各节,事关法律解释,职院未敢擅专,理合据情转请解释示遵。热河高等法院院长张永德叩齐

**院字第二九四号**

**十九年六月十日　司法院训令湖北高等法院首席检察官　附原函**

为令知事,该首席检察官呈最高法院检察署,为武昌地方法院首席检察官转请解释徒刑并科罚金能否单独宣告徒刑缓刑而将罚金不予宣告缓刑疑义一案,兹据最高法院拟具解答案呈核前来内开,查徒刑重于罚金,法院判处徒刑并科罚金之案件,如拟谕知缓刑徒刑与罚金自应一并谕知,不应单独将徒刑宣告缓刑等语。本院长审核无异,合行令仰转饬知照。此令

**附原函**

迳启者,案据湖北高等法院首席检察官何奇阳呈称,案据武昌地方法院首席检察官呈称,查《刑法》缓刑之制,原所以奖励犯人迁善。我国现行《刑法》且将缓刑扩充至罚金,良以罚金亦刑罚之一种,徒刑、拘役既得缓刑,则较轻之罚金自无不可缓刑之理。故将罚金亦规定得予缓刑,诚不得谓非进步之法律。惟于兹发生疑问一则,即徒刑并科罚金罪能否单独宣告徒刑、缓刑,而将罚金不予宣告缓刑有二说焉:(甲)谓法文上并无宣告徒刑缓刑同时须将罚金宣告缓刑之规定,则仅将徒刑宣告缓刑罚金不予缓刑,亦不得谓为违法。(乙)谓审理结果如认犯人具备缓刑条件,且就犯罪情状观察,认为可予缓刑,则既将徒刑宣告缓刑,即应将罚金同时宣告缓刑,不得偏废,否则与缓刑奖励犯人迁善之旨,仍属有违。二说未知孰是,理合呈请钧检察官察核转呈解释令遵等情。据此,理合据情转呈钧署鉴核转院解释令遵等情,据此,相应函请贵院解释见复为荷。此致

**院字第二九五号**

**十九年六月十一日　司法院训令江苏高等法院　附原函**

为令知事,该法院上年第五七七号公函致最高法院,为据吴县律师公会转请解释仿造商标处刑疑义一案,兹据最高法院拟具解答案呈核前来内开,旧商标法不能援用,新商标法

又无处罚规定,凡意图欺骗他人仿造注册之商标使用于同一商品,应依《刑法》第二百六十八条处断等语。本院长审核无异,合行令仰转饬知照。此令

**附原函**

迳启者,案据吴县律师公会代行会长事务副会长费廷璜呈称,窃据本会会员赵勋肃函称,迳启者,查仿造注册之商标使用于同一商品,是否应依国民政府所公布之商标法第三十九条处断,计有三说:(甲)说商标法乃为刑律之补充法,刑律既已废止,商标法当然随之废止,无再适用之余地,仿造商标应不为罪。(乙)说商标法为《刑法》之特别法,前经公布当然适用。(丙)说商标法只限于《刑法》已有规定条文之部分,不适用其未规定者,仍属有效,已经解字第二四三号说明,伪造商标依《刑法》第二六八条处断,并未说明商标法之全部失效。是仿造商标在《刑法》虽无专条,自仍依商标法处断。案关适用法律,究以何说为是。相应函请转呈解释,俾资遵循等因到会。当经本会于二月三日第八十八次常任评议员会决议,以事关法律疑义,自应请求解释,为此呈请钧院迅赐转呈最高法院解释示遵等情,据此,相应函请贵院解释见复,以便转行遵照。此致

**院字第二九六号**

**十九年六月十一日 司法院电江苏高等法院第二分院 附原电**

江苏高等法院第二分院徐院长览,前上海租界临时法院上年一月宥代电致最高法院,请解释伪造商标处罚疑义一案,兹据最高法院拟具解答案呈核前来内开,旧商标法不能援用,新商标法又无处罚之规定。如有伪造商标等情,仍应依《刑法》各本条处断等语。本院长审核无异,合电知照。司法院真印

**附原电**

南京最高法院公鉴,伪造商标依《刑法》处断,已奉解释在案。惟商标法除伪造一项外,其他处刑部分未经《刑法》规定者,是否继续有效?请解释示遵。上海租界临时法院宥

**院字第二九七号**

**十九年六月十一日 司法院电浙江高等法院 附原电**

浙江高等法院郑院长览,上年六月艳代电暨本年四月洽代电均悉,所请解释仿造商标处罚疑义一案,业经发交最高法院拟具解答案呈核前来内开,查关于商标仿造与伪造意义相同,则凡意图欺骗他人而仿造商标者,自应依《刑法》第二百六十八条之规定处断等语。本院长审核无异,合电知照。司法院真印

**附原电**

司法法院长钧鉴,现有仿造商标刑事案件关于处刑应用何种法律计分三说:(甲)说民国十二年,北京政府公布之商标法因国民政府于十四年九月间在广东公布之商标条例而失效,此项条例因《刑法》公布在后,伪造商标罪刑已于本法第二百六十八条明文规定,仿造商

标包含于伪造之内,故不适用商标条例,应援《刑法》处断。(乙)说商标条例为补充法,并非特别法,伪造商标应依《刑法》第二六八条科处。若仿造商标不过与他人之商标类似,意图顾客之误认,明明与伪造不同,何能比附?故《刑法》施行后,关于伪造商标者,适用《刑法》。若仿造商标法无处罚明文,则仍适用补充法之商标条例处断。(丙)查近日工商部为美国国家炭品公司与精新电池厂,又英美烟公司与华氏兄弟烟公司各为商标争执,咨司法行政部文内所述,嗣凡关于商标专用事项之民刑诉讼,应先咨询商标局,不得径行裁判云云,并引商标法第三十六条申述,上海临时法院办理上开两案之不当,则法院按收商标案件不问民刑诉讼,固应先咨商标局评定,然后进行诉讼。即从前之商标法亦并未失效,如有伪造仿造情事,是否不论与商标法第三十六条规定事件相当,一律停止诉讼,于评定后,依商标法处断。以上三说,均不无疑义,理合备文呈请解释,即希示复祗遵。浙江高等法院艳印

**附原电**

司法院院长钧鉴,查商标条例对于伪造仿造均有科罚条文,《刑法》施行对于伪造商标既有第二六八条及第二六九条之规定,则后此之伪造之行为依最高法院解字第二零三号,自应依《刑法》处断,其有对于他人已经合法注册之商标,以自己商店名义影射仿造图样相类似之商标使用于同一商品,应适用何种法条,凡有三说:(甲)伪造包括仿造,仍应依《刑法》处断。《刑法》学上伪造既有全部伪造与一部伪造及无形伪造之别,举凡《刑法》中伪造文书、伪造货币、伪造度量衡诸罪均仅曰伪造,不再曰仿造(变造与伪造及仿造不同),非谓文书、货币、度量衡不可伪造,而法律放任其仿造也。仿造行为与伪造既同系以伪乱真,以无权僭有权,而其结果,均足以破坏真型之效用,影响合法之权义。故同需处罚,则仿造商标行为,其侵害商标权者,与伪造同即应依《刑法》伪造商标之规定处断。(乙)以自己名义仿造影射与伪造不同,观北京法律馆《刑法》二次修正案第二百六十六条及第二百六十七条用语足征,仿造影射非《刑法》第二六八条所能赅,即仍应依特别法处断。其间又分二说:(子)主后特别法胜前特别法之原则,以条例在商标法后颁行,应依民国十四年九月十二日广州公布之修正商标条例第三十五条处断。(丑)则谓北京之商标法虽颁行在前,但依十七年十二月十九日国民政府公布之《查验商标注册暂行章程》第四条及第六条第二项既明认商标法有效,而国民政府、工商部、商标局,民国十八年七月之布告第九号内有"凡经本局注册给证之商标,如有他人仿冒影射犯有商标法第三十九条第一第七款者,被害人可随时向法院提起告诉,并将本局注册证呈验法庭,即应按其情形分别惩罚"之语。而国民政府全国注册局所给商人之商标注册亦每载"专用于商标法施行细则第三十六条第几类之商品经本局依法审定"等字样,是则商标法既未经废止,且历经国民政府法令引用,自属适用全国有效之法律。现在关于商标事件为《刑法》所未举者,即应依商标法办理。如丑说,果当则依工商部为美国国家炭品公司与精新电池厂,又英美烟公司与华成烟公司各为商标争执事,咨司法行政部文所开法院送理商标案件,是否应先咨商标局评定后,始能进行诉讼?凡此诸点,均关法律疑义,职院年来不乏是类案件急待解决。前经于十八年六月二十九日呈请

解释,并同年九月六日及十月十五日电请迅赐示遵在案,兹更胪举疑义,合再电请并予解释示遵。浙江高等法院洽叩

**院字第二九八号**

**十九年六月十二日　司法院函陆海空军总司令行营　附原函**

迳复者,前准贵处本年五月五日公函(第二二六号),据驻汉清理旧案处转请解释军人在戒严地域携带重要物品无故离役论罪疑义一案,业经发交最高法院拟具解答案呈核前来内开,军人在戒严地域携带兵器、马匹或其他重要物品无故离去职役,次日就获,依《陆海空军刑法》第九十八条之规定,仍应依同法第九十五条第二款及第十五条论科等语。本院长审核无异,相应函复贵处查照转知。此致

**附原函**

迳启者,案据汉清理旧案处主任黄维时呈称,为呈请解释事,查军人在戒严地域携带兵器、马匹或其他重要物品无故离去职役,原应依照《陆海空军刑法》第九十五条第二款论处。惟该条所定之罪刑以第九十三条为前提,而第九十三条第二款规定于戒严地域无故离役者,须过三日方可科刑。兹有军人在戒严地域携带重要物品无故离役,次日就获。若依第九十五条第二款论处,则未过三日与第九十三条第二款条件不符。若以与法定条件不符,不予论罪,则情节较重似嫌轻纵。若以无故离役不合法定条件免予置议,仅就携带重要物品部份分别,是否携带因公务上持有之物依盗取侵占各条论处,则同法第九十六条尚有伙党犯第九十五条之罪首谋比较加重之规定。倘亦必须合于第九十三条第二款所定之期限始可论罪,于理又觉不通,究应如何处断之处,颇滋疑义,事关解释法律,理合具文呈请俯赐转请司法院解释示遵,实为公便。再本件系悬案待决,而清理期限又极迫促,伏乞迅赐照转并由航空邮递,藉免稽延等情。据此,相应函请贵院迅予解释见复为荷。此致

**院字第二九九号**

**十九年六月十二日　司法院电湖北高等法院　附原电**

湖北高等法院张院长览,该法院上年八月灰代电致最高法院,请解释《刑法》第二百六十八条疑义一案,兹据最高法院拟具解答案呈核前来内开,仿造商标与《刑法》第二六八条所谓伪造商标意义相同,来电所述之旧商标法不能援用等语。本院长审核无异,合电知照。司法院文印

**附原电**

最高法院鉴,伪造商标依贵院十七年十一月解字第二四三号解释,自应依《刑法》第二六八条处断。惟该条规定之伪造,是否包括商标法第三十九条所谓之仿造相同、近似等情形在内?如不在内,可否依商标法处断?请迅赐解释示遵。湖北高等法院灰印

**院字第三〇〇号**

**十九年六月十二日　司法院电湖北高等法院　附原电**

湖北高等法院张院长览，该法院本年四月真代电致最高法院，请解释停止审判之裁定能否抗告一案，兹据最高法院拟具解答案呈核前来内开，停止审判之裁定属于诉讼程序裁定之一种，依《刑事诉讼法》第四一五条规定不得抗告等语。本院长审核无异，合电知照。司法院震印

**附原电**

南京最高法院赐鉴，查《刑事诉讼法》第四百十五条对于法院判决前关于管辖或诉讼程序之裁定，除有特别规定外，不得抗告。兹假定被告甲有犯罪嫌疑，经检察官乙侦查起诉，审判中甲一面向上级法院声请移转管辖，一面以案经声请移转管辖为理由，向原法院声请停止审判。推事丙裁定照准，乙对该裁定提起抗告。该裁定是否为判决前关于诉讼程序之裁定，除有特别规定外，不得抗告？事关法律解释，不敢擅专，相应电请贵院查照迅赐解释，俾资遵循。湖北高等法院真印

**院字第三〇一号**

**十九年六月十六日　司法院电甘肃高等法院　附原电**

甘肃高等法院院长览，该法院上年八月歌代电致最高法院，请解释第一审配置之检察官不合法院编制，第二审应如何办理一案，兹据最高法院拟具解答案呈核前来内开，推事仅由所隶属之法院院长临时指派办理检察官事务，则其在第一审所执行之职务自属违法。甲之部分既经提起上诉，则第二审法院应将原判决撤销，更为判决，乙之部分判决已经确定，应以非常上诉程序救济等语。本院长审核无异，合电知照。司法院铣印

**附原电**

最高法院院长钧览，兹有甲乙共同杀人由第一审判处罪刑，甲不服上诉，经第二审查明，本案配置之检察官，原为推事，系由原审法院院长临时指派，并未奉有检察处委任，自与法院之编制不合。第二审可否援引《刑事诉讼法》第三百八十五条第一项后段规定，将原判撤销更为判决，抑应以该检察官未经检察处委任根本上即不能行使侦查、起诉等项职权，认为根本无效？如果根本无效，究应依据何项法条办理？且乙之罪刑部分未经上诉，并应依如何程序方能救济？事关法律疑义，悬案待决，相应电请钧院迅赐解释见复，俾便遵循。甘肃高等法院叩歌印

**院字第三〇二号**

**十九年六月十六日　司法院电浙江高等法院　附原电**

浙江高等法院郑院长览，上年九月文代电悉，鄞县地方法院转请解释毁损罪疑义一案，

业经发交最高法院拟具解答案呈核前来内开,查毁损自己与他人之共有物亦成《刑法》上毁损他人所有物罪,但既有共有之关系,于科刑时,应依《刑法》第七十六条注意犯罪之结果等语。本院长审核无异,合电转饬知照。司法院铣印

**附原电**

南京司法院院长钧鉴,案据鄞县地方法院院长王秉彝于本月江日代电内称,查《刑法》第三百八十二条之毁损罪以毁损第三百八十条及第三百八十一条以外之他人所有物为构成犯罪之要件,至毁损自己与他人之共有物,是否亦构成该条之罪,则无明文规定。兹分甲、乙两说:(甲)说谓《刑法》第一条载,行为时之法律无明文科以刑罚者,其行为不为罪。毁损共有物在法既无明文论罪科刑,则行为者除负民事责任外,决不负刑事责任。虽最高法院转司法院解字第二三八号解释,窃盗诈取侵占他人所有物者,无论有无共有关系,均应依《刑法》各该条款论罪科刑。但此解释只限于窃盗、诈财、侵占等罪,并未及于毁损罪,以《刑法》不能比附援引之原则而论,前项解释当仍不能为论罪科刑之依据。(乙)说谓最高法院第二三八号解释,虽只限于窃盗、诈取、侵占等罪而未及于毁损罪,但就此解释以观在立法本意,共有物亦属于他人所有物之一种,至为明显。今《刑法》第三百八十二条既明定毁损前二条以外之他人所有物云云,是毁损自己与他人之共有物,仍应依照该条论罪科刑。两说各有所据,未知孰是。理合电呈转请解释,俾有遵循等情。据此,案关法律疑义,理合电请俯赐解释,以便饬遵。浙江高等法院院长殷汝熊卯文印

**院字第三〇三号**

**十九年七月八日　司法院训令四川高等法院首席检察官　附原函**

为令知事,该首席检察官呈最高法院检察署,为巴县地方法院首席检察官转请解释报纸登载法官受贿事后更正应否处刑疑义一案,兹据最高法院拟具解答案呈核前来内开,以报纸登载司法官受贿,除有《刑法》第三百二十六条、第三百二十七条情形外,应分别依同法第三百二十五条或第三百二十八条处断。至事后更正,因现行法律尚无免责之条文,自不影响于罪之成立,只得视为同法第七十六条科刑之标准等语。本院长审核无异,合行令仰转饬知照。此令

**附原函**

迳启者,案据代理四川高等法院首席检察官傅春宣俭代电称,据巴县地方法院首席检察官李鸿鼎电称,查报纸登载法官受贿依照前大理院二年统字二九号解释应适用刑律第一百五十五条第一项之妨害公务罪,现在《刑法》公布此类事实当然适用《刑法》第一百四十六条之妨害公务罪,本无疑义。惟查报纸一经登载后,旋即自行更正不实或经人声明后更正不实,究竟该报馆应否仍负刑事责任,关于此点有甲、乙二说:(甲)说报纸有闻必载,一经更正,则可表明其非故意之行为,依照《刑法》第二十四条可不处罚。(乙)说登载法官受贿系属犯罪行为,不能谓办报人不知此项法令。既知此项犯罪而登载,不能谓此项登载为非故

意。且查《刑法》第三百三十二条，凡犯妨害名誉及信用罪，除宣告本刑外，并得令犯罪人担负登报费用。是犯罪人虽经科刑，仍应负更正之责任，不能谓更正后，即可免除刑事责任。以上二说，颇滋疑点。现职处正发生此类案件，拟请钧处转电最高法院解释，俾资遵循临电，无任迫切待命之至等情。理合电请钧署俯赐鉴核解释训示饬遵等情，据此，相应函请查照，即希解释见复为荷。此致

**院字第三〇四号**

**十九年七月八日　司法院训令江苏高等法院　附原函**

为令知事，该法院上年第六零三二号公函致最高法院，为上海地方法院转请解释和诱略诱罪疑义一案，兹据最高法院拟具解答案呈核前来内开，查民法总则第十三条第三项规定，未成年人已结婚者有行为能力，是自民法总则施行后依其规定，凡未成年人一经结婚，即有行为能力，不得视夫为妻之保佐人。其有和略诱此种已结婚之未成年妇女者，除系和诱时，应视其有无通奸或意图营利引诱奸淫等情事，分别办理（参照院字第九十五号解释、第七十八号解释）外，若系略诱，即为妨害自由应依《刑法》分则第二十五章论科（参照院字第八十九号解释）等语。本院长审核无异，合行令仰转饬知照。此令

**附原函**

迳启者，案据上海地方法院院长杨肇熉呈称，窃查《刑法》第二百五十七条规定和诱、略诱未满二十岁之男女，以脱离享有亲权之人、监护人或保佐人为构成本条罪名之必要条件。而和诱、略诱未满二十岁之妇女，其夫在《民法》未规定以前，得视为保佐人，向法院告诉，又经最高法院于民国十七年十一月一日解字第二三六号解释在案。惟今民法总则业经颁布施行，而遵照国民党对内政策不复规定限制女子之行为能力，则和诱、略诱未满二十岁之妇女，其夫可否仍视为保佐人，而判处和诱、略诱人罪刑，不无疑义，计有两说：（甲）说谓女子之行为能力既无限制，则无复设定保佐人之必要。其夫当然不能再视为保佐人，即最高法院解释"夫可视为保佐人"亦限于《民法》未规定以前。今民法总则既已颁布，即应适用民法总则之规定，谕知和略诱人无罪。（乙）说谓夫是否为妻之保佐人，民法总则并未规定，仍应遵照前解释，以夫视为保佐人，而科处和略诱人罪刑。究竟何说为是，事关解释法律，呈请核转前来，相应转函贵院希即解释见复，以便饬遵。此致

**院字第三〇五号**

**十九年七月八日　司法院电安徽高等法院　附原电**

安徽高等法院曾院长览，该法院上年十一月养代电致最高法院，请解释《反革命案件陪审暂行法》第三条及《反革命治罪法》第五条第三款各疑义一案，兹据最高法院拟具解答案呈核前来内开，（一）查《反革命案件陪审暂行法》第三条规定"发回或发交更审时，得因党部之声请付陪审评议"，是党部既有声请之权。遇有该项案件，更审法院自应通知党部并告

以更审日期,党部接到前项通知后得于更审日期前,依该法第三条声请付陪审评议,否则法院依通常程序径行判决(参照十八年司法院训令第七百一十一号,见司法例规一八〇六页)。(二)《暂行反革命治罪法》第五条第三款规定"盗窃、刺探、收集政治军事上之重要秘密消息、文书、图画而交付敌人者",非专指属于政府方面者而言。若以密谋响应国民革命军之团体重要消息报告敌人者,亦应构成同款之罪等语。本院长审核无异,合电知照。司法院庚印

**附原电**

南京最高法院钧鉴,查《反革命案件陪审暂行法》第三条规定:"凡反革命案件,其上诉理由基于事实问题者,于发回或发交更审时,得因党部之声请,付陪审评议。"若经发回更审之案件而党部并未声请者,是否得不通知党部而径行判决?此应请解释者一。《暂行反革命治罪法》第五条第三款所规定"盗窃、刺探或收集政治军事上之重要秘密、消息、文书、图画"是否专指属于政府方面者而言?若将以捍御地方为名,而密谋响应国民革命军之团体重要消息报告敌人者,应否构成同一之罪?此应请解释者二。以上两问题,应请贵院即予解释见复,以凭祇遵。安徽高等法院院长曾友豪印养

**院字第三〇六号**

**十九年七月十二日　司法院训令福建高等法院首席检察官　附原呈**

为令知事,该首席检察官呈最高法院检察署为霞浦司法委员电,请解释刑诉法关于司法警察官侦查犯罪职权疑义一案,兹拟最高法院拟具解答案呈核前来内开,(一)《刑事诉讼法》第二百二十七条所称县长、公安局长、宪兵队长官有侦查犯罪职权者,系单指有侦查犯罪之职权与检察官同,并非谓检察官应有之其他职权。上开各员均得行使至该条所称必要情形,无论法律上之必要及事实上之必要均包括之,前者例如证据将即湮灭、共犯将即逃亡、非带同嫌疑人实行搜索不能获得时,后者例如嫌疑人忽罹重病或交通有阻碍时,凡此之类,关于移送均得不拘于三日期限。惟此种例外应从严格解释,且不得因此而牵涉羁押权之行使问题。(二)《刑事诉讼法》第二百二十八条所称,下列各员系包括县政府之警卫队队长而言,检察官关于侦查犯罪自有直接指挥之权等语。本院长审核无异,合行令仰转饬知照。此令

**附原呈**

呈为呈请解释事,案据霞浦司法委员代电称,查《刑事诉讼法》第二百二十七条规定,下列各员于其管辖区域内为司法警察官,有侦查犯罪之权,与检察官同。但于查获犯罪嫌疑人后,除有必要情形外,应于三日内移送该管检察官侦查云云。所称侦查犯罪之职权,与检察官同以及必要情形等语,究作如何解释。兹有二说:(甲)说谓县长、公安局长、宪兵队长官侦查犯罪之权,既与检察官同,则凡检察官应有之职权,上开各员均得行使之。查获犯罪嫌疑人后,如罪证尚未明确,即可认为有本条但书必要之情形,依同法第六十六条、第七十

三条办理,不得指为违法。(乙)说谓刑诉法第二百二十七条所称,县长、公安局长、宪兵队长官有侦查犯罪职权者,不过谓有侦查犯罪之权而已,非谓检察官所应有之权,上开各员均得行使之也。盖检察官在管辖区域内不能悉自侦查犯罪,故予县长、公安局长、宪兵队长官以侦查犯罪之权,其行使此项职权系以司法警察官资格行之,纯立于辅助地位。及查获犯罪嫌疑人后,应于三日内移送该管检察官侦查,自不得借口亦有侦查犯罪之权,将犯罪嫌疑人继续羁押。且该条既曰三日内移送,是有应须迅速移送之意,最久不能延至三日以外。又曰移送该管检察官侦查,是自查获之后应即移送该管司法衙门侦查。上开各员对于所查获之犯罪嫌疑人已无实施强制处分之权,寻绎法意,至为明显。至本条所称必要情形,系指事实上不能于三日内移送之情形而言,亦非搜集罪证之。谓又刑诉法第六十六条、第七十三条之羁押权惟推事检察官有之,尤非司法警察官所能援用。甲说主张显系曲解法律,侵越法权。二说未知孰当,此应请示者一。又,《刑事讼诉法》第二百二十八条下列各员为司法警察官,应听检察官之指挥侦查犯罪云云,县政府之警卫队队长可否称为警察官长?又警卫队队长受县长之监督指挥,如关于逮捕搜索事件,县长未予同意协助,检察官可否直接指挥警卫队队长?此应请核示者二。职署现发生有此种情形,合亟电请察核指令祇遵等情。据此,案关法律疑义,职处未敢擅便,理合具文呈请钧长察核转院解释,实为公便。谨呈

**院字第三〇七号**

**十九年七月十二日　司法院电河北高等法院　附原电**

河北高等法院邵院长览,上年九月箇代电悉,井陉县县长转请解释堕胎罪疑义一案,业经发交最高法院拟具解答案呈核前来内开,《刑法》第三百零七条第一项之使妇女堕胎罪以有堕胎之故意者为限,代电所称情形如乙男推摔甲妇时并无使其堕胎之故意,则甲妇因而堕胎,乙男之行为成立伤害罪,不成立堕胎罪。但乙男既知甲妇怀胎,是否有堕胎之间接故意,应依《刑法》第二十六条第二项认定之等语。本院长审核无异,合电转饬知照。司法院文印

**附原电**

南京司法院魏院长钧鉴,案据井陉县县长柳义藩艳代电称,今有甲妇怀胎已有七月,与乙男口角,被乙男推摔,因而堕胎。查《刑法》第三百零七条内载,未受怀胎妇女之嘱托或未得其承诺而使之堕胎者,处六月以上五年以下有期徒刑。细绎词意,使之堕胎者,其未堕胎以前先存使其堕胎之意思。今乙男因口角一时气愤推摔甲妇,原其初衷,虽知甲妇怀胎,并不先蓄有使其堕胎之意思,核与该条例情形似有不同。究应按何条处断,理合电请鉴核示遵等情到院。查事关法律疑义,理合据情电请钧院鉴核迅赐解释,以便饬遵。代理河北高等法院院长邵修文叩箇印

**院字第三〇八号**

**十九年七月十八日　司法院指令湖南高等法院　附原呈**

呈悉,业经发交最高法院拟具解答案呈核前来内开,《惩治盗匪暂行条例》之犯罪既未规定以自身素系盗匪为前提要件,凡合于同条例第一条所列各款之一者,皆应适用同条例处断。甲村人聚众千数,执持枪械将乙村良善人家罄行抢劫并放火烧毁房屋数十栋及伤害二人以上,自与同条例第一条第十二款、第十三款、第十六款情形相当,但应注意有无同条例第二条第三款情形等语。本院长审核无异,合行令仰转饬知照。此令

**附原呈**

呈为据情转呈,仰祈鉴核事。案据署职院第二分院院长张心翊元代电称,窃甲村人以乙村人有为匪者,甲村人聚众号称千数,执持枪械将乙村良善人家罄行抢劫并放火烧毁房屋数十栋及伤害二人以上,其出发前曾开会决议,核其行为,实与《惩治盗匪暂行条例》第一条十二款、十三款、十六款相当而说者,谓甲村人系因憾匪起见,其自身并非盗匪,仍只能适用普通《刑法》论断。究竟此类案件应否适用《惩治盗匪暂行条例》,抑只应适用普通《刑法》?职院现有此案,未敢擅拟,应请钧院核示遵行或请转司法院解释示遵,实为至便等情。据此,除令准转请解释外,理合具文呈请钧院俯赐察核发交最高法院拟具解答案复核令遵,至为公便。谨呈

**院字第三〇九号**

**十九年七月十九日　司法院电广西高等法院　附原电**

广西高等法院院长览,该法院本年五月世代电致最高法院,为柳州地方法院转请解释妾请离异之诉讼管辖疑义一案,兹据最高法院拟具解答案呈核前来内开,妾之关系既不适用婚姻之规定,则妾因请求解除关系而发生诉讼,关于土地管辖,自应依被告普通审判籍定之,关于事物管辖,因此项事件不在初级管辖列举之内,当属地方管辖等语。本院长审核无异,合电转饬知照。司法院效印

**附原电**

南京最高法院林院长勋鉴,案据柳州地方法院院长李庆春青代电称,查最高法院一七六号解释例载,妾与家长之关系,系发生于一种契约法律上,既认为家属之一员。如妾请离异,自不适用离婚规定。惟所诉应否解除契约,须由法院受理裁判等语。所谓不适用离婚规定,当然不适用特别程序,但此种案件究竟应归初级管辖?抑属地方管辖?又关于审判籍之规定,是否适用《修正民事诉讼律》第十三条前段或准用同律第七百七十一条,其间不无疑义。事关解释法律,职院未敢擅专,悬案待决,恳迅赐转请解释示遵等情,应请贵院解释函复,俾便饬遵。广西高等法院院长林宝华叩世印

此处删去一条。

**院字第三一一号**

**十九年七月二十一日　司法院电浙江省政府　附原电**

浙江省政府鉴，上月佳电悉，业经发交最高法院拟具解答案呈核前来内开，按诉愿之提起系人民不服官署处分之救济方法，下级官吏对于该管上级官厅就其监督范围以内所发命令有服从之义务，不得援引《诉愿法》提起诉愿等语。本院长审核无异，合电查照。司法院马印

**附原电**

司法院王院长钧鉴，下级官吏以其官吏身份受该管上级官厅之处分有不服时，是否得援引《诉愿法》第一条提起诉愿？敬乞转饬最高法院解释电示祗遵。浙江省政府叩佳

**院字第三一二号**

**十九年七月二十四日　司法院电辽宁高等法院　附原电**

辽宁高等法院院长览，该法院上月尤代电致最高法院，请解释《刑法》第二二四条与第三六三条之处刑以何条为重一案，兹据最高法院拟具解答案呈核前来内开，《刑法》第二百二十四条及第三百六十三条，其最重主刑虽均为五年有期徒刑，但第三百六十三条之最轻主刑为罚金，依同法第五十一条之规定，应以第三百六十三条之刑为轻等语。本院长审核无异，合电知照。司法院敬印

**附原电**

最高法院钧鉴，查《刑法》第二百二十四条系处五年以下有期徒刑第三百六十三条，系处五年以下有期徒刑拘役，得并科或易科一千元以下罚金二条之刑，究以何条为重，有甲、乙两说：(一)甲说谓该两条之最高刑均为五年有期徒刑，而第三百六十三条最低刑处拘役或专科罚金，第二百二十四条则不能处此轻刑。至第三百六十三条并科罚金，在得并科之列不能为比较之标准参考第五十一条第一项及第三项后半规定之精神(但不能适用该条第三项，以该项系限于同种之刑)，应以第二百二十四条为重。(二)乙说谓法定刑内有选择者，应仅比较其最重者而定其轻重(亦合乎《刑法》第五十一条第三项前半之精神)，不应先选择而后比较《刑法》第二百二十四条最重刑只至五年有期徒刑，不能并科罚金，而第三百六十三条，则其最重刑于五年有期徒刑外，复得并科罚金。依成例徒刑相等者，以并科罚金者为重(参考前大理院判例)，故应以第三百六十三条为重，但处罚时应舍去其得选择之拘役或罚金而不用也。(日本学者泉二博士即似主张乙说，日本大正五年判决录五七零页及一九一九年德改正案第三十二条一项亦似同一旨趣)两说究以何说为当，殊难解决，用特电请解释赐复以便遵照。辽宁高等法院尤印

### 院字第三一三号

**十九年七月二十四日　司法院训令福建高等法院首席检察官　附原函**

为令知事,该首席检察官呈最高法院检察署,为思明地方法院首席检察官转请解释自诉案件上诉时送交卷证程序疑义一案,兹据最高法院拟具解答案呈核前来内开,刑事上诉案件依《刑事诉讼法》第三百七十八条第一项及第三百九十八条第一项,应由原审法院以该案卷宗及证据物件送交该法院之检察官,由该检察官送交上级法院检察官。虽系自诉案件,而参照同法第三百五十一条及第三百六十一条之法意,其送交卷宗及证据物件之程序,亦应经由检察官等语。本院长审核无异,合行令仰转饬知照。此令

**附原函**

迳启者,案据福建高等法院首席检察官呈称,呈为呈请事,案据职属思明地方法院首席检察官代电称,查刑诉法第三百四十六条载,公诉程序应由检察官陈述或辩论之事项,于自诉程序由自诉人行之等语,是则由自诉人或被告人提起上诉之件。细绎该条法意,似可由原审迳将卷宗送交上级法院,毋庸送由检察官转送,是否有当,恳请察核示遵等情。据此,事关法律疑义,理合具文呈请钧长审核转请解释示遵等情。据此,相应函转贵院查照解释。此致

### 院字第三一四号

**十九年七月二十八日　司法院训令湖北高等法院　附原函**

为令知事,该法院本年第一一一六号公函致最高法院,为蕲春县司法委员转请解释逾限不缴讼费驳回其诉应根据何条办理一案,兹据最高法院拟具解答案呈核前来内开,查当事人提起民事诉讼未预纳审判费用,经限期命其补缴而仍逾限不缴或缴不足额,在《修正民事诉讼律》虽无驳回其诉之明文,惟依《修正诉讼费用规则》第二、第三两条规定,凡属民事无论因财产与非因财产而起诉者,均须缴纳审判费用。若违反此项规定,自应驳回其诉等语。本院长审核无异,合行令仰转饬知照。此令

**附原函**

迳启者,案据蕲春县司法委员邹仰贤呈称,呈为呈请核示祗遵事。窃民事案件外县诉讼人多有希图取巧之计,故意牵入刑事冀免讼费或即属民事,一经审查有未缴费或缴未足额者,应即限期补缴其命令或批示文应载明本件原告起诉,查未缴纳讼费或缴未足额,兹限该原告人于几日内缴纳讼费若干到署。倘逾限不缴或缴不足额,即将原告人之诉驳回字样,查控告审认为不遵程序之控告以决定驳回在《修正民事诉讼律》第五百三十八条有明文规定,初级审对于已命令或批示缴费之原告人逾限不缴或缴不足,须以决定驳回其诉以求终结诉讼,究应根据何条以决定行之,是否依《修正民事诉讼律》第二百二十九条第二项及第二百三十条之规定办理?职县民风健讼,对于缴纳讼费又多疲玩,拟根据法条于逾限不

缴或缴不足者,以决定驳回其诉,所有根据何条办理之处,理合具文呈请钧长核示俾便祇遵等情。据此,事关法律解释,敝院未便擅专,相应函请贵院迅予解释,俾便转令遵照。此致

**院字第三一五号**

**十九年八月二日　司法院训令湖北高等法院　附原函**

为令知事,该法院本年第一一五七号公函致最高法院,为汉口律师公会转请解释诬告罪疑义及不起诉处分确定后如何救济一案,兹据最高法院拟具解答案呈核前来内开,卫戍或警备地方之军事机关既有维持治安之责,则在其职权范围内即为《刑法》第一百八十条之该管公务员某甲向其诬告某乙妨害秩序意图抢劫,应成立诬告罪。又检察官所为之不起诉处分,如经确定,依现行《刑事诉讼法》,除发现新事实新证据得再行起诉外,别无救济之法等语。本院长审核无异,合行令仰转饬知照。此令

**附原函**

迳启者,案据汉口律师公会会长罗之翥呈称,呈为转请解释事,准属会会员葛修键函称,兹有甲向卫戍地方之军事机关诬告乙妨害秩序意图抢夺,是否构成诬告罪,于此有二说焉:(子)说卫戍地方军事机关有迳行侦查犯罪之权,甲之赴诉即无异向有管辖审判权之法院告诉质言之,该项机关即属于《刑法》第一百八十条所称之该管公务员且关于军警机关之直接审判刑事案件者,事所常有。甲利用此点以为诬告,其犯意即意图乙受刑事处分,自应认为构成诬告罪。(丑)说《刑法》第一百八十条所称之该管公务员应从严格解释,卫戍地方之军事机关既无审判刑事案件权能,即不得认为该管公务员甲之诬告行为,应不构成诬告罪。究以何说为是,此亟待解释者一。又检察官为之不起诉处分确定后,发现其处分理由,显然违法,究应如何救济,此亟待解释者二。上述两项相应备函请予转请解释,俾有遵循等语到会,经提交第三十七次常任评议员会议决,应予转呈解释,理合具文呈请钧院准予转请解释示遵等情到院,相应函请贵院迅赐解释,俾便饬遵为荷。此致

**院字第三一六号**

**十九年八月七日　司法院指令青海高等法院　附原呈**

呈悉,业经发交最高法院拟具解答案呈核前来内开,《刑法》第三百二十条所称,无故侵入即不法侵入之谓,甲与丙、丁、戊、己等既无搜索住宅之权而入乙住宅时,如未得乙妇庚明示或默示之许诺,即为不法侵入,应成第三百二十条之罪。但该罪须告诉乃论,且甲等侵入系为搜查被窃之物,应注意《刑法》第七十六条等语。本院长审核无异,合行令仰转饬知照。此令

**附原呈**

呈为呈请解释事,案据乐都县司法公署审判官代电称,兹有甲在旷野地内藏麦一窖,约计石余。随后被人偷挖净尽,甲找寻间,见其邻舍乙情形可疑,遂即询问,而乙矢口不认。

甲遂邀集地方耆老丙乡约丁并其弟兄戊己等,乘乙不在家时,侵入乙之住宅内到处搜索起获原赃,当由乙妇庚将伊夫乙如何偷窃情形对众直认不讳,乙闻风羞忿因而自缢身死。当乙未自缢时,甲等虽曾向乙盘查询问,然确无私禁、恐吓、殴伤情事,则甲等对于乙之死亡固不负如何罪责,但关于甲等侵入乙之住宅一层能否构成罪刑,可分甲乙两说:(甲)说《刑事诉讼法》第二百二十七条内载,下列各员于其管辖区域内为司法警察官有侦查犯罪之职权,与检察官同:一、县长;二、公安局长;三、宪兵队长官。又二百二十八条载,下列各员为司法警察官,应听检察官之指挥侦察犯罪,一、警察官长,二、宪兵官长、军士,三、依法令规定关于税务、铁路、邮务、电报及其他特别事项有侦察犯罪之权者。又第二百二十九条载,下列各员为司法警察应受检察官及司法警察官命令侦查犯罪,一警察二宪兵。又一百三十九条载,对于住宅或其他处所及船舰有相当理由可信为被告或证据物件及可以没收之物件存在者,得搜索之各等语。据此观察,是必上列各法条之人员于侦察犯罪认为有相当理由时,得以搜索。现有人居住之第宅或其他处所已属明显,其他人员既非法令所规定,自当不能侵入搜索,以扰害人家之安宁,而失立法之本义。兹查甲同地方耆老丙乡约丁等,虽由乙家内起获被劫原赃,然伊等既非上列各法条所列举之人员,而其搜索时又未照依同法第一百四十二条取有搜索票,且其情形又非急迫,如同法第一百四十八条所规定者,则甲、丙、丁等之侵入搜索行为无论是否起出赃物,均属违法,自应构成《刑法》第三百二十条之罪。(乙)说《刑法》第三百二十条之罪以无故侵入为其构成之要件,兹查甲同地方耆老丙乡约丁并其弟兄戊己等既由乙家内起出原赃,则甲等之侵入搜索,究不得谓之无故。况耆老丙乡约丁等虽非法令所规定,究与普通人有别,不得以无故侵入遽科以《刑法》第三百二十条之罪。以上两说,均各持之有理,究应如何办理之处,理合恳请核示俾资遵循,悬案以待,不胜盼祷之至等情。据此,事关解释法律,职院未敢擅断,理合具文呈请钧院迅赐解释,俾便转令饬遵。谨呈

**院字第三一七号**

**十九年八月十五日　司法院训令安徽高等法院　附原函**

为令知事,该法院本年第一五八号公函致最高法院,为该法院第一分院转请解释分院可否受理回避县知事之声请一案,兹据最高法院拟具解答案呈核前来内开,高等法院分院其审判职权与高等本院同可受理回避县知事之声请等语。本院长审核无异,合行令仰转饬知照。此令

**附原函**

迳启者,案据安徽高等法院第一分院院长彭显庭呈称,呈为呈请事,案据律师王运昌呈称,窃查《修正县知事审理诉讼暂行章程》第四条,声请县知事回避应向高等审判厅为之,究竟只能向高院为之,抑或亦可向高分院为之,学者见解不同,约分二说:(子)广义说谓法文系概括规定,高院及高分院均可受理。缘《法院编制法》第一条只分地方审判厅、高等审判

厅、大理院三种,现行法制系因地方辽阔,将高院一部分管辖区域划归高分院掌理,实质上高分院即高院一部土地管辖之代理机关。凡法文仅记高等审判厅字样,当然包括分厅在内,况高分院能受理高院所管辖之二审案件,并可受理内乱罪之高院特定初审案件。又可裁定管辖县份声请移转管辖案件,依当然类推解释,高分院遇有该管县份内声请回避之案件,当然可以受理。(丑)狭义说谓条文既系明白规定应向高等审判厅为之,就文义解释只能向高院为之,不能向高分院为之。二说孰是,颇滋疑义,适用上不免困难。事关解释法律,理合具文呈祈钧院据情转请高等法院,电请司法院发交最高法院解释示遵,实为公便等情。据此,理合据情呈请仰祈钧院,鉴核俯赐转请解释令遵,下院俾便转饬遵照等情。据此,相应函请查照俯赐解释,以便转令遵行,实纫公谊。此致

**院字第三一八号**

**十九年八月十五日　司法院指令湖南高等法院　附原呈**

呈悉,业经发交最高法院拟具解答案呈核前来内开,贩卖之料子如非吗啡、高根安洛因及其同类毒性物或化合物制成,自不能成立贩卖鸦片或其代用品之罪。又贩卖时,如无以料子冒充鸦片或其代用品之行为,亦不能成立诈欺罪等语。本院长审核无异,合行令仰转饬知照。此令

**附原呈**

呈为呈请解释事,案据茶陵县政府县长彭孔璧呈称,缘本府前经公安局拏解贩卖料子者来府,现在对于该案发生疑问,未识应依何条处断:(甲)说料子系鸦片之类,应构成贩卖鸦片罪,又系伪称鸦片图获利益,应构成诈欺罪。(乙)说依《禁烟法》第一条之规定,本法称烟者,指鸦片及其代用品。又载前项,代用品指吗啡、高根安洛因及其同类毒性或化合物。查料子系由豆子及牛皮等类制造而成,与该条之规定不符,似难以鸦片论。至于料子与鸦片,其气味迥不相同。又经公安局呈称,该料子每两仅购洋七八分,其价值与鸦片又大悬殊,是无以料子伪称鸦片之行为,似于诈欺罪,亦难成立。但依乙说使对于该案放而不究,则不但使社会增长诈伪之风,尤恐贩卖鸦片者,籍此以为口实。使依甲说,则实行贩卖鸦片者只成一罪。而贩卖料子者,反构成二罪,处罚未免过重,以致该案悬而未结。理合呈请钧院核示祇遵等情,据此,除指令应候转请解释外,理合具文呈请钧院发交最高法院解答核示,以便饬遵。谨呈

**院字第三一九号**

**十九年八月十八日　司法院指令浙江高等法院　附原呈**

呈悉,业经发交最高法院拟具解答案呈核前来内开,有期徒刑减至二月未满时仍称有期徒刑等语。本院长审核无异,合行令仰转饬知照。此令

**附原呈**

呈为转请解释事,案据海宁县法院院厂王樗呈称,凡遇有期徒刑减至二月未满时仍称有期徒刑,抑改称拘役,于是有两说:(甲)说《刑法》第四十九条有期徒刑二月以上十五年以下,但遇有加减时,得减至二月未满,或加至二十年,既明白规定。是减轻少至二月以下或加重超出十五年以上,仍称有期徒刑,并无违误。(乙)说《刑法》第四十九条第四款,拘役一日以上二月未满,凡有期徒刑减至二月以下,当然改称拘役。若减至二月未满仍称有期徒刑,显然错误。以上两说,未知孰是,理合呈请核示俾有遵循等情。据此,案关法律疑义,理合备文转请仰祈钧院俯赐解释,以便饬遵。谨呈

**院字第三二〇号**

**十九年八月十九日　司法院指令浙江高等法院　附原呈**

呈悉,业经发交最高法院拟具解答案呈核前来内开,经理人假用商店名义向商业银行或钱庄借款充其个人私用,是以诈欺方法使人交付财物,经理人应成立《刑法》第三百六十三条第一项之诈欺罪等语。本院长审核无异,合行令仰转饬知照。此令

**附原呈**

呈为转请解释事,案据鄞县律师公会会长忻壹呈称,案据会员朱鼎煦函称,兹有经理人假用商店名义向商业银行或钱庄借款充其个人私用,可否成立诈欺取财罪,计有两说:(甲)说商业银行及钱庄之借款系商业贷款,以其商店为信用。经理人以商店名义借款充其私用,实以诈术之手段,使银行或钱庄交付所有物,应成立诈欺取财之罪。(乙)说经理人有代表商店之权,至移作私用一层,系对于商店之欠款问题,不应成立诈欺取财之罪。二说孰是,请求转呈解释等情前来。经本会第五次常任评议员会议决照转纪录在卷,理合备文呈请鉴核,准予转请解释,实为公便等情。据此,理合备文转请仰祈钧院俯赐解释,以便饬遵。谨呈

**院字第三二一号**

**十九年八月十九日　司法院指令甘肃高等法院首席检察官　附原呈**

呈悉,业经发交最高法院拟具解答案呈核前来内开,乘人惊惶之际诈称土匪前来相距不远,追人惊走之后乘机取去财物,既未施行暴胁,应成立窃盗罪。惟科刑时应注意《刑法》第七十六条之规定等语。本院长审核无异,合行令仰转饬知照。此令

**附原呈**

呈为转请解释事,案据代理甘肃高等法院第五分院首席检察官汪秉信呈称,窃查有甲、乙二人乘民众惊惶之际,捏称土匪二三百人离此不远等语,恐吓该地民众。惊走后,甲、乙即乘机强取其财物,似此情形,应依《刑法》第三百七十条第二项论科,抑照《刑法》第三百四十六条第一项(以他法至使不能抗拒而取他人所有物)处断,于此有两说焉:(甲)说《刑法》

第三百七十条恐吓罪之成立,系以使被恐吓人交付所有物为要件。此案甲、乙系用恐吓手段欲使人不能抗拒而后强取其财物,实与恐吓罪之使人交付所有物者不相符合,自不能以恐吓论罪。查三年上字第二六二号判例载,强盗之强暴胁迫并非必须有形强制使人不能抗拒,即无形之威吓足以制人不能抵抗,亦系强盗行为。依此解释,自当依强盗罪法条分别处断。(乙)说谓《刑法》第三百七十条第二项,所谓以前项方法得财产上不法之利益与前条第一项不同,并不以使被恐吓人交付所有物为要件。况狭义法优于广义法,特别法优于普通法为适用法律之原则,在适用暂行刑律时本无所谓恐吓罪不能不包括于强盗罪内。现行《刑法》对于恐吓罪既定有专章,则大理院三年上字第二六二号判例当然不能援用。以上二说,均各持之有故,言之成理,究以何说为是。现职处有类此案件,悬案待结,理合备文呈请转院解释,以资遵循等情。据此,案关法律疑义,理合具文呈请钧院俯赐解释,以便饬遵。谨呈

**院字第三二二号**

**十九年八月十九日　司法院训令江苏高等法院　附原函**

为令知事,该法院本年第三〇九六号公函致最高法院,为常熟县县长转请解释《刑法》第一百七十二条疑义一案,兹据最高法院拟具解答案呈核前来内开,地保非《刑法》第一百七十二条所称之公务员,除受有权人之委托外,亦非该条之佐理人等语。本院长审核无异,合行令仰转饬知照。此令

**附原函**

迳启者,案据常熟县县长谭翼珪呈称,《刑法》第一百七十二条第一项所称公务员或其佐理人是否包括地保而言?请解释祗遵等情前来,相应函请贵院烦为解释以便转行遵照。此致

**院字第三二三号**

**十九年八月二十日　司法院训令湖南高等法院首席检察官　附原函**

为令知事,该首席检察官呈最高法院检察署,转请解释县法院初级管辖案件声请再议程序疑义一案,兹据最高法院拟具解答案呈核前来内开,县法院之组织与地方法院不同,原告诉人就具初级管辖案件声请再议,应由地方法院首席检察官受理,送卷程式准用上诉程序中送卷之办法办理等语。本院长审核无异,合行令仰知照。此令

**附原函**

迳启者,据湖南高等法院首席检察官曹瀛效电称,县法院初级管辖案件原诉人不服检察官处分声请再议,究应送卷高等法院首席检察官受理,抑由地方法院首席检察官受理?法无明文,恳转请解释示遵。再,如果应归地方法院首席检察官受理时,其送卷程式应用公函,抑系用呈亦请一并示知等情。据此,查初级声请再议案件,凡未经专设办理初级案件检

察之地方法院应以高等法院首席检察官为上级,其已经专设者,应以该地方法院首席检察官为上级,业经司法院十八年五月六日训令院字第八二号解释有案。是县法院之初级声请再议案件,本可依照上述规定办理,惟县法院是否与上述之地方法院相同能否即用解释,究无明文规定,事关统一解释,相应函转贵院请烦查照解释,以便饬遵。此致

**院字第三二四号**

**十九年八月二十日　司法院指令司法行政部　附原呈**

呈悉,业经发交最高法院拟具解答案呈核前来内开,正式法院判决之案件,无论处刑轻重,当事人均有上诉权,不受《复判暂行条例》之限制等语。本院长审核无异,合行令仰转饬知照。此令

**附原呈**

呈为呈请示遵事,案据黑龙江高等法院代电称,据该法院第一分院代电称,查《复判暂行条例》第十一条内载,依第四条第二款及第七条各款所为之判决处刑重于初判时,被告得分别上诉于管辖第二审或第三审之法院等语。如于某县成立正式之新法院接收该县旧管案中有发回复审之件,其复审之程序,新法院自不得不依法进行。经复审判决后,若处刑不重于初判,被告有无上诉之权,于此场合有两说:(甲)说谓正式法院受理复审之案已变其复之性质,而为纯粹之第一审案件处刑,无论轻重,均准上诉。(乙)说谓发还复审之案在原县处刑,若轻于初判,尚不许其上诉。而正式法院行复审之程序自较原县为慎重,若轻于初判处刑,断无再许上诉之理。两说似均言之成理,究以某说为是,亟待解决,理合呈请解释以便遵行等情前来。职院查该分院所称情形准诸同条例提审莅审之例,似亦不得上诉,惟究无明文可据,未敢擅断,理合谨请鉴核祗遵,以便转饬遵行等情。据此,查依《复判暂行条例》发回复审案件,如复审判决处刑不重于初判时,究竟被告有无上诉之权,事关法律解释,职部未便擅拟,理合据情呈请钧院鉴核指令,以便转令遵照。呈

**院字第三二五号**

**十九年八月二十日　司法院训令江苏高等法院首席检察官　附原函**

为令知事,该首席检察官呈最高法院检察署,转请解释县法院初级再议案件管辖疑义一案,兹据最高法院拟具解答案呈核前来内开,就县法院初级管辖不起诉之案件声请再议应由地方法院首席检察官受理等语。本院长审核无异,合行令仰知照。此令

**附原函**

迳启者,案据江苏高等法院首席检察官王思默虞代电称,查县法院初级上诉案件向归地方法院受理第二审,惟县法院初级再议案件是否亦归地方法院首席检察官受理?以期一律乞转请解释示遵等情前来,据此,相应据情函请查照解释为荷。此致

**院字三二六号**

**十九年八月二十一日　司法院电四川高等法院首席检察官　附原电**

四川高等法院首席检察官览，该首席检察官本年四月敬代电致最高法院，请解释原告诉人应否送达判决及声明不服检察官有无准驳权一案，兹据最高法院拟具解答案呈核前来内开，(一)公诉案件，原告诉人无上诉之权，除另有特别规定外，法院毋庸以职权向其送达判决。(二)原告诉人请求检察官上诉，除另有特别规定外，其应否提起上诉，检察官有酌量之权，并不受请求之拘束等语。本院长审核无异，合电知照。司法院箇印

**附原电**

南京最高法院钧鉴，窃查《刑事诉讼法》上诉规定以当事人为限，而当事人系谓检察官、自诉人及被告，原诉人非当事人依法无上诉权。纵令上诉由原诉人声明不服提起，而上诉名义仍应归之于检察官，钧院已有明文解释。惟原诉人声明不服，请求检察官代为提起上诉，是否一经原诉人于法定期内声明不服，检察官即应代为提起上诉，抑或检察官尚有准驳之权？若谓一经声明不服，检察官即应代为提起上诉，然法院判决刑事案件送达判词只限于送达当事人，对于原诉人并未予以送达。案经判决，设该原诉人住居在法院所在地或他亲友居留立即获知，苟有不服，当即声明请求提起上诉者，固无论已然第二审上诉中往往有诉讼人住居距离法院极远，案经审理随即还乡，宣判时既未到庭，送达判决又不获，及知即有住居在省或他亲友居留，然因送达判决不及原诉人，遂亦不获及知。直至判决确定以后甚久，始及知悉而该案判决已属确定无法救济。此种流弊不惟原诉人心不甘服，往往以违法埋冤，未尽能事呈诉争执，即按之实际，亦实有未尽妥善，或致埋冤之处。因检察官职权固属代表国家侦查犯罪，代表原诉人。然该案判决果显然于法律事实有违，检察官固当尽其职权提起上诉。然刑事判决往往于法律事实不甚违背，检察官以为尚属适法，而原诉人以为违法埋冤不能甘服。且刑事案件检察官虽名为当事人而实非诉讼当事人，原诉人虽非当事人而实为诉讼当事人。检察官纵极尽职责，然于该案所知所见讵能如原诉人之身受明了，故往往检察官以为尚属合法，而原诉人以为违法埋冤。抑且诉讼贵平，设原诉人于该案判决因未收受判词，遂不获知，而期间倏忽既过，遂不能声明不服请求代提上诉。按之立法意旨，似觉亦有未尽。此原诉人应否与当事人同一送达判决拟，请指示者也。至原诉人声明不服请求代提上诉，是否一经声明，检察官即应代为提起，抑或检察官尚有准驳之权？设须检察官认定准驳，则凡刑事案件苟有相济埋冤，故抑上诉期间倏忽即过，则受冤者心致无处伸雪，刑事上诉期间为十日，即令原诉人与当事人同一送达判决收到后，随即具状声明不服，而检察官或又认其上诉为无理由，不惟期间易逾，抑且争执滋多。检察官以为无上诉理由，而原诉人则自以为极有理由，非请求提起上诉不可，设检察官再予驳斥，必谓遏抑上诉，按之立法四级三审定制，似亦未尽符合。此原诉人声明不服，检察官有无准驳权，应请解释者也。案关诉讼程序及检察官职权所在，特陈侯示祗遵。四川高等法院首席检察官傅春宣

叩敬印

**院字第三二七号**

**十九年八月二十日　司法院咨行政院　附原咨**

为咨复事,前准贵院本年四月三十日咨(第一〇二号)开,据安徽省政府呈请解释公安队人员犯罪能否适用《陆海空军审判法》一案,事关适用法律疑义,咨请查照解释见复等由,当经发交最高法院拟具解答案去后兹据呈复内开,省公安队如编制训练与陆军同应备剿匪之用即含有地方警备队之性质,其官长士兵依陆海空军《刑法》第六条第三款视同陆、海、空军军人。若有犯罪行为,应适用《陆海空军审判法》审判,否则即属警察之一种,无论所用人员之学历如何,既系警察人员,若有犯罪仍应由法院审判等语。本院长审核无异,相应咨复贵院查照饬知。此咨

**附原咨**

为咨请事,案据安徽省政府呈称,据民政厅案呈奉钧院第一二一六号训令内开,案奉国民政府训令开,查《陆海空军审判法》现经制定,明令公布,应即通饬施行,抄发原条文转饬所属一体知照等因奉此,自应遵照办理。惟查安徽省公安队委用职员系军校毕业人员居多数,前呈请加委梁汉明为安徽公安队总队长案内奉陆海空军总司令部第四四五号指令开,查公安队性质系属行政范围特设机关,应由该省政府核委呈报备案可也等因,公安队既属行政范围,所用军校人员如有犯罪行为,能否适用《陆海空军审判法》,抑归入行政范围移交法院审判之处,请核示前来除分令外,理合具文呈请,仰祈鉴核详加解释指令祗遵等情到院。查此案事关适用法律疑义,除指令外,相应据情咨请贵院,查照解释见复,至纫公谊。此咨

**院字第三二八号**

**十九年八月二十二日　司法院训令江苏高等法院　附原函**

为令知事,该法院本年第二九五八号公函致最高法院,为江宁地方法院转请解释特种刑事撤回起诉及刑诉法第三一八条疑义一案,兹据最高法院拟具解答案呈核前来内开,(一)特种刑事案件在特种刑事临时法庭未取消以前,依当时有效之《特种刑事临时法庭诉讼程序暂行条例》第一条之规定,既不论何人均得起诉,则凡起诉之人,自均得依同条例第十一条之规定,准用《刑事诉讼法》第二百六十四条第一项撤回起诉。惟自特种刑事临时法庭取消后,特种刑事案件已分别改由高等法院或地方法院依通常程序受理第一审,则撤回起诉须由检察官为之。(二)《刑事诉讼法》第三百十八条应谕知不受理各款,均无须被告到庭,得迳予判决各等语。本院长审核无异,合行令仰转饬知照。此令

**附原函**

迳启者,案据江宁地方法院院长彭望邺呈称,查《特种刑事临时法庭诉讼程序暂行条

例》第一条,关于反革命或土劣案件,不论何人均得起诉。在特种刑事地方临时法庭起诉后,审判开始前,起诉人能否依《刑事诉讼法》第二百六十四条撤回起诉,此应请解释者一。又,《刑事诉讼法》第三百十八条谕知不受理之判决,依同法第二百七十一条、第一百八十条第一项非被告到庭不得判决,但依第三百十八条第五款规定,被告已死亡者之一点观察,似可解为其他各款,均无须被告到庭,迳予判决。惟刑诉法上无特别规定,适用上颇滋疑义,此应请解释者二。上述两项,事关法律解释,理合具文呈请转呈解释示遵等情,据此,相应函请贵院迅赐解释为荷。此致

**院字第三二九号**

**十九年八月二十三日　司法院电首都警察厅　附原电**

首都警察厅吴厅长鉴,贵厅本年五月删代电致最高法院,请解释镕毁制钱犯罪疑义一案,兹据最高法院拟具解答案呈核前来内开,收买制钱镕毁成铜变价营利,法律无处罚明文,其行为应不为罪等语。本院长审核无异,合电查照。司法院漾印

**附原电**

最高法院公鉴,查近年铜价日高,奸商市侩辄收买制钱镕毁成铜变价营利,民国四年间,经前江苏省长明令禁止,如有查获,将钱充公,按律讯办等因。究之亦从无引何律文,办过有案。兹查新《刑法》第十二章伪造货币罪各法条,均以行使为要件,与镕铜后变价图利者,其手段及目的各不相同,究竟是项镕毁制钱人犯是否犯罪,如认为有罪,应依何项条文拟科,颇滋疑问。案关统一解释,相应电请迅赐解答,以资遵循。首都警察厅删印

**院字第三三〇号**

**十九年八月二十三日　司法院电福建剿匪司令部　附原电**

漳州福建剿匪司令部张司令勋鉴,本年六月巧电悉,业经发交最高法院拟具解答案呈核前来内开,县政府之警卫队、公安局之保安队及各警察区之民团系属警察性质,不得视同陆、海、空军军人等语。本院长审核无异,合电查照。司法院漾印

**附原电**

司法院王院长钧鉴,查陆海空军《刑法》第六条第三款,裁判地方警备队之长官士兵视同陆、海、空军军人,究竟各县政府之警卫队、各公安局之保安队与警察各区民团是否属于本法所称地方警备队范围,理合电请解释,俾便遵守。福建剿匪司令张贞叩印

**院字第三三一号**

**十九年九月九日　司法院训令河北高等法院　附原函**

为令知事,该法院本年第三七五六号公函致最高法院请解释迟延债务赔偿疑义一案,兹据最高法院拟具解答案呈核前来内开,给付迟延债权人得请求赔偿因迟延而生之损害,

原不以迟延利息为限。其依法定利率计算者,乃因迟延之债务系以支付金钱为目标,而无约定较高利率者,债权人得依之为计算迟延利息之请求。若所迟延之债务非以支付金钱为标的,而实际又有损害足以计算,自应依实际损害请求赔偿等语。本院长审核无异,合行令仰转饬知照。此令

**附原函**

迳启者,案据律师江庸等呈称,呈为呈请转陈解释事,兹有甲购有运载特种货物之车辆(如油车之类),交与以运输为业之运送人乙运往某处,付足运费。乙运到其约定地点后,不将此车辆付甲,擅行使用。甲向乙索还车辆,并索要该车辆运到后可得之租价。其所索之租价,即以乙自备此项车辆以租人及其平日代他人向有此车辆之第三人转租所自定之租价为据。关于甲能否索要租价之点,现有二说:(子)说谓乙于车辆运到延不交,甲固应负迟延之责。惟其所负迟延之责任,即填补甲因其迟延后所受之损失。此项损失,应依该车辆之价值计算付给法定利息,免生争执。若以租价计算,则租价原无定额或因供求关系不能尽同,难得确定根据。(丑)说谓甲所交运者为车辆,并非金钱。此项车辆得以收取租价既有乙自备出租及代人转租之定价可据,则甲因乙迟延所实受之损失自应依乙所自定之租价为准据,方为两得其平。否则甲所实受之损失,定有非仅凭法定利息所能填补者,难免一方或有不当之利得,一方或受意外之损失。两说未知孰是,理合请求钧院准予核转解释,实为公便。再天津律师公会主持无人,故律师等对于法律之疑问应须请求解释者,不得不用个人名义呈请合并声明等情到院,相应函请贵院迅赐解释,俾便饬遵为荷。此致

**院字第三三二号**

**十九年九月九日　司法院咨行政院　附原咨**

为咨复事,前准贵院本年六月十七日咨(第一三八号)开,据安徽省政府电请解释《诉愿法》第一条疑义一案,事关解释法律,咨请查照解释见复等由,当经发交最高法院拟具解答案去后兹据呈复内开,公务员对于主管官厅处分如有不服而呈明上级官厅,虽非法律所禁止,但不适用《诉愿法》之规定等语。本院长审核无异,相应咨复贵院查照饬知。此咨

**附原咨**

为咨请事,案据安徽省政府代电称,查《诉愿法》第一条规定,人民因中央或地方官署之违法或不当处分致损害其权利或利益者,得提起诉愿等语。设有某县初中校长经主管厅委员查明不能称职,令县长另选人员呈候委任接替。该校长乃以委员查报失实、主管厅处分失当,根据《诉愿法》第一条向职府提起诉愿。关于此事,爰有如下之二说:(甲)说谓长官任免属员系行使公法上国家之职权,人民依法诉愿系保障私法上个人之利益,根本上不容相混。校长系厅属公务员,对于上级官厅之任免命令只有服从义务,此因身份与一般人民不同,亦因职务与普通权利有别,即不能适用《诉愿法》第一条提起诉愿。(乙)说谓公务员亦人民之一类,供职亦权利之一种,该校长对于不当之厅令仍得适用《诉愿法》第一条之规定。

以上二说,未知孰当。事关解释法律,理合电请钧院核示等情。据此,查原代电列举甲乙二说,似以甲说为是。惟事关解释法律,相应据情备文咨请贵院查照解释见复,至纫公谊。此咨

**院字第三三三号**

**十九年九月十日 司法院训令东省特别区域高等法院 附原函**

为令知事,该法院本年第五一二号公函致最高法院,为该特区地方法院转请解释票据时效疑义一案,兹据最高法院拟具解答案呈核前来内开,《票据法》施行法已于十九年七月一日公布施行,依其第一条之规定,《票据法》施行前所发与汇票、本票、支票性质相同之票据定有期限者,应于到期日即行了结,不得再为转让。未定有期限者,应于该施行法施行之日起一年内了结之,是于发行在前之票据既仅认为与《票据法》上之票据性质相同,而不认为《票据法》上之票据关于时效又无特别规定,自应适用《民法》总则及《民法总则施行法》等语。本院长审核无异,合行令仰转饬知照。此令

**附原函**

迳启者,案据本区域地方法院院长呈称,为呈请解释事,案据职院推事赵林鱼呈称,窃查《票据法》系民国十八年十月三十日公布,依该法第一百三十九条载,本法自公布日施行。是该法现已施行有效,惟该法自公布后迄今将近七个月未见制定施行法,其中应先解决者,厥为票据时效问题。如该法第十九条第一项载,票据上之权利对汇票承兑人及本票发票人自到期日起算三年间不行使者,因时效而消灭,对支票发票人一年间不行使者,因时效而消灭云云,究竟如何适用?设票据在该法公布之时,即已逾履行期三年,未行使权利是否认为已届消灭时效,抑尚保有若干日之请求权?又,票据在该法公布之时,消灭时效虽未完成,然已仅余残余期间,则时效期间究应继续计算,抑从该法公布日从新起算,均嫌无施行法可为依据。事关适用法律,未敢擅专,敢请转呈予以解释,以便遵循等情。据此,查事关法律解释,理合呈请鉴核转请解释等情到院,事关解释法律,相应函请贵院查照解释见复,以便转令遵照,实纫公谊。此致

**院字第三三四号**

**十九年九月十一日 司法院咨行政院 附原咨**

为咨复事,前准贵院本年三月十三日咨(第六〇号)据内政部呈请解释中国红十字会能否依《监督慈善团体法》予以节制一案,业经发交最高法院拟具解答案呈核前来内开,《监督慈善团体法》,所谓慈善团体原包括一切以救助事业为目的之团体而言。中国红十字会既以办理救护、协助、赈灾、施疗等为事业,自系慈善团体之一种,所办各事虽有时不以国境为限,但不得谓系国际法团。在未另定关于红十字会法规以前,应依《监督慈善团体法》及其施行规则受主管官署监督,其设立在《监督慈善团体法》施行前者,并应依施行规则第十三

条办理等语。本院长审核无异,相应咨复查照饬知。此咨

**附原咨**

为咨请事,案据内政部呈为案,据河北民政厅上月阳日代电称,前奉令颁《监督慈善团体法》暨施行规则当即转饬各县遵行在案。兹准中国红十字会总办事处函称,该会为国际慈善法团,其组织性质与地方私立善团不同,所有各分会直隶属于该会,请转饬各县免予节制等因。查红十字会虽组织自具系统,但各分会所办事项在在与地方有关,究竟应否依照上项法规受地方官署之监督,理合电请鉴核示遵等情。据此,查中国红十字会虽为国内慈善团体之一种,但系根据国际条约组织成立,似与普通慈善团体稍有不同。在日本等国,均另有特定条例以资管理。我国尚未定有此项法规,即前颁《监督慈善团体法》及其施行规则,关于国际慈善事业如何管理,亦并无明文规定。兹据前情,究竟能否依照上项法规受地方官署之监督,事关法令解释,本部未便擅拟,理合呈请钧院核示,以便饬遵等情。据此,查事关解释法令,除指令外,相应咨请查照解释见复,以便饬遵。此咨

**院字第三三五号**

**十九年九月十二日　司法院训令四川高等法院首席检察官　附原函**

为令知事,该首席检察官呈最高法院检察署,为巴县地方法院首席检察官转请解释妨害公务罪疑义一案,兹据最高法院拟具解答案呈核前来内开,查《刑法》第一百四十二条第一、第二两项之犯罪,均以施强暴胁迫为构成要件,原呈情形于检察官莅验尸体时,当场评论或指摘尸伤均无强暴胁迫行为,自不成罪。至意图检察官执行一定职务或不执行一定职务而遍贴标语或组织昭雪团,如所谓昭雪之方法及标语之内容系威胁检察官使不得自由处分,即属胁迫,应成同条第二项之罪等语。本院长审核无异,合行令仰转饬知照。此令

**附原函**

迳启者,案据四川高等法院首席检察官傅春宣虞代电复称,案奉钧署第一三七二号训令内开,前据职艳代电转请解释妨害公务罪疑义一案到署。当经转院解释去后,兹准最高法院函开,前准贵署慎字第一五六六号公函,据四川高等法院首席检察官代电以妨害公务罪疑义转请解释到院。查贵署函内所引四川高等法院首席检察官电文仅列甲说而无乙说字样,似有脱漏文句,相应检同原函一件送请查明见复为荷等因。准此,合亟抄录原代电发,仰迅予查明具复以凭核办,此令,计发抄原电一件等因,奉此。职处遵即,卷查巴县地方法院首席检察官李鸿鼎齐代电,其中果有脱漏,系当时缮写错误,兹再将原电录呈,原电称查《刑法》第一百四十二条一、二两项之妨害公务罪均以施强暴胁迫为要件,设有检察官临场验尸,尸家或非尸家集合多人于检察官前任意评论,淆乱是非或以填尸血晕及尸体发变误认为伤,当场指摘不能制止,甚或匿名遍贴标语或登载新闻或组织某案昭雪团,名义要求检察官为一定之处分或不为一定之处分。此种情形是否施行强暴胁迫,不无疑点:(甲)说检验尸体原属专门学问,尸家或非尸家当场评论淆乱是非,系由检验学识不足以致误认。

至其遍贴标语或登载新闻或组织某案昭雪团名义，原为达到要求目的起见，仅系文字宣传，并未挟有何项武力，不能以强暴胁迫论。（乙）说此项文字宣传虽未挟有何项武力，但检察官因爱护名誉起见，往往见有此项文字宣传，即不愿主办此案，互存推诿，虽未达到《刑法》第一百四十二条第二项所称辞职程度，然使检察官不能依法执行一定之职务，则同且此项文字宣传后藉使检察官不意存推诿，仍然主办此案，而因恐惧风潮扩大激成事变，竟如各项文字宣传所要求者照准。是因有此项文字宣传致使真相埋没、公理不彰，亦属妨害检察官独立行使职权。此项结果纯为此项文字宣传所造，因此项造因又必生此结果，是检察官临场验尸尸家或非尸家当场任意评论淆乱是非，以及假标语报纸或昭雪团名义文字之力以图要挟检察者，虽无其他武力，仍应以强暴胁迫论。以上二说，无所适从，拟请钧处转电最高法院解释，俾资遵循，案悬以待，无任迫切待命之至为此。电复伏乞钧署俯赐核办解释饬遵等情，据此，相应函请查照即希解释见复为荷。此致

**院字第三三六号**

**十九年九月十二日　司法院咨行政院　附原咨**

为咨复事，前准贵院本年一月二十一日咨（第一二号）开，据上海特别市市长呈请解释《监督寺庙条例》疑义一案，咨请查照见复等由，当经发交最高法院拟具解答案去后兹据呈复内开，查《监督寺庙条例》所称该管地方官署或该管官署在市，虽可解释为社会局。惟《监督寺庙条例》公布施行以前，曾有《寺庙登记条例》之公布。该条例第十条、第十二条及第十四条至第十六条明定，寺庙登记等事在市由公安局办理。迨《监督寺庙条例》暨市组织法施行，又未能据以认《寺庙登记条例》当然废止，则在该条例有效期内，在市自应仍以公安局为该管官署等语。本院长审核无异，相应咨复贵院查照饬知。此咨

**附原咨**

为咨请事，兹据上海特别市市长张群呈称，窃查《监督寺庙条例》现奉明令公布业经转令在案。兹据职属社会局呈称该条例第五条所指该管地方官署暨第八、第九、第十一等条所指该管官署在特别市是否为社会局，以无明文规定，呈请示遵。据此，查《寺庙登记条例》第十条载，寺庙登记在各县由县政府在特别市及市由公安局负责办理等语。是办理寺庙登记应由公安局负责，本无疑义。惟关于《监督寺庙条例》所指该管官署是否属于社会局，抑属公安局，并无明文规定。理合具文呈请鉴核迅赐解释，以便饬遵等情前来。查统一解释法令系属贵院职权，相应咨请查照解释见复，至纫公谊。此咨

**院字第三三七号**

**十九年九月十五日　司法院电浙江高等法院　附原电**

浙江高等法院郑院长览，本年四月江代电悉，寿昌县县长转请解释亵渎祀典罪疑义一案，业经发交最高法院拟具解答案呈核前来内开，查《监督寺庙条例》所重者在寺庙之财产

法物而《刑法》第二百六十一条所保护者,系宗教上之信仰,用意各有不同,故寺庙如为人所礼拜并许礼拜,虽无僧道住持,亦不失为《刑法》上之坛庙寺观。不许礼拜(以依法禁止者为限)或无人礼拜虽有僧道住持亦非《刑法》上之坛庙寺观至捣毁行为,如系对于人所礼拜并许礼拜之寺庙意图侮辱而为之,固成《刑法》第二百六十一第一项之罪,并应注意其方法结果已否成立第三百八十一条第一项、第三百八十二条之罪依第七十四条处断。若寺庙无人礼拜或不许礼拜或无侮辱之意思,则应注意其是否成立第三百八十一条第一项、第三百八十二条之罪等语。本院长审核无异,合电转饬知照。司法院删印

**附原电**

南京司法院王院长钧鉴,案据寿昌县县长于前月养代电称,查"凡有僧道住持之宗教上建筑物不论用何名称均为寺庙",又佛像神像于宗教上、历史上、美术上有关系者,亦为法物之一,业于《监督寺庙条例》内明文规定。惟有僧道住持之淫祠或无僧道住持之神祠(上说淫祠神祠系依部颁存废标准而定),前者是否亦认为寺庙?后者是否不认为寺庙?如捣毁有僧道住持之淫祠或无僧道住持之神祠(如村中社庙供有关岳神像而无僧道住持者),是否构成《刑法》第二百六十一条第一项亵渎祀典之罪?县长未敢臆断,理合电请核示等情,据此,案关法令疑义,理合电请俯赐解释,以便饬遵。浙江高等法院院长郑文礼叩江印

**院字第三三八号**

**十九年九月十五日　司法院训令福建高等法院　附原函**

为令知事,该法院上年第七七八号公函致最高法院,据龙溪律师公会转请解释被告对于裁定继续羁押不服提起抗告疑义一案,兹据最高法院拟具解答案呈核前来内开,被告在羁押中经裁定延长羁押期间,该被告提起抗告被驳回者,其因抗告所经过之羁押日数应算入延长期间之内,期满未经另为延长之裁定者,不得继续羁押。至被告不服延长羁押期间而提起抗告,当然无影响于诉讼之进行等语。本院长审核无异,合行令仰转饬知照。此令

**附原函**

迳启者,案据龙溪律师公会呈称,窃据本会会员黄时甫函称,某被告对法院裁定继续羁押不服提起抗告。迨抗告审裁定驳回抗告之日,适当继续羁押期满之时(例如四月一日裁定继续羁押四十日,至五月十日期满抗告审驳回抗告,适在五月十日是),原法院接收驳回抗告之后,并不再行裁定继续羁押,逾期日久,某被告遂根据刑诉法第七十三条主张请求释放,对此问题计分甲乙两说:(甲)说以抗告一经提起诉讼即停止进行,某被告对继续羁押业经不服提起抗告,在抗告审所经过之期间不能算数,应俟抗告发还之日起经过继续羁押之期间,原法院未经裁定,应行继续羁押,方得根据刑诉法第七十三条请求释放。(乙)说以被告犯罪是一事,不服继续羁押提起抗告又系一事。简而言之,本案与抗告绝不相关,断不能因被告提起抗告求免羁押而反延长其羁押期间之理。且刑事诉讼对于抗告既无停止诉讼程序之明文,自以不停止进行为原则。对于诉讼程序既不停止进行,在抗告审所经过之期

间自应算在继续羁押期间之内,绝无俟抗告发还之日始算继续羁押期间之理。细查院字第五十五号解释,对于声请指定或移转管辖尚以不停止诉讼进行为是,对不服继续羁押更可见矣。且抗告无停止执行裁判之效力,在刑诉法第四百二十条业经明定,被告对羁押不服提起抗告并无除抗告审所经过期间之必要。以上两说,未知孰是,为此请贵会转呈解释等因到会。当经本会议决以事关法律疑义应请解释,为此,呈请钧院迅赐解释示遵等情到院。事关法律解释,相应函请贵院察照迅赐解释,俾便饬遵。此致

**院字第三三九号**

**十九年九月十六日　司法院咨行政院　附原咨**

为咨复事,前准贵院本年八月五日咨(第一七八号)开,据内政部呈请解释官吏诉愿疑义一案,事关适用法律疑义,咨请查照解释见复等由,当经发交最高法院拟具解答案去后,兹据呈复内开,人民为官吏虽系公权之一种,然人民与官吏身份各别,其有因官吏身份受行政处分者,纯属行政范围,非以人民身份,因官署处分受损害者,可比自不得援引《诉愿法》提起诉愿等语。本院长审核无异,相应咨复贵院查照饬知。此咨

**附原咨**

为咨请事,现据内政部长钮永建呈称,窃查《诉愿法》第一条规定,人民因中央或地方官署之违法或不当处分致损害其权利或利益者,得提起诉愿。若就条文解释,则诉愿之主体仅云人民,并无官吏字样。倘以官吏身份致受行政处分,是否得以人民身份提起诉愿,似尚有解释之必要,于是有甲乙二说:(甲)人民固非官吏,而官吏终为人民。就官吏职务言,则居于官吏之地位,如离开职务而观察之,则仍为人民之身份。是以旧日中华民国临时约法第一条,中华民国由中华人民组织之此等法条不言官吏,而官吏自在其中。如谓官吏并非人民,则官吏将不为,中华民国人民立法本旨不应如是。况充任官吏乃人民之公权,各国宪法均有规定,如违法罢免官吏亦即损害其权利之一种,依照《诉愿法》提起诉愿自属合法。(乙)约法宪法为国家根本法,《诉愿法》乃行政单行法,未可相提并论。在根本法之规定,凡本国之人均应受其支配,而行政法之规定则仅限于特定之事实适用之。是以约法宪法所称人民,拟就全国之国人而言,其因人民而取得之官吏身份,则另有其官吏身份,在不能将官吏身份与其固有之人民身份并为同一地位。《诉愿法》第一条规定仅有人民二字,若于本条字句以外扩大解释,谓官吏亦可适用,殊无法律根据。况惩戒处分系加于其官吏之身份,非加于其人民之身份。今以官吏身份受有惩戒而欲以人民身份提起诉愿,不独地位不同,抑且性质互异,实不能援用《诉愿法》之规定。以上甲、乙二说,究以何说为是,事关法律解释,本部未便擅拟,理合检同《诉愿法》三本呈请钧院鉴核俯赐转送司法院解释示遵等情。据此,查所呈各节,事关法律疑义,除指令外,相应检同原件咨请查照解释见复,以凭饬遵。此咨

**院字第三四〇号**

**十九年九月十六日　司法院咨行政院　附原咨**

为咨复事,前准贵院本年八月十六日咨(第一八六号)请解释《诉愿法》疑义各点一案,当经发交最高法院拟具解答案去后兹据呈复内开,(一)诉愿决定应作成决定书,为《诉愿法》所明定。受诉官署如以批或令行之自属形式不备,惟人民对之既经提起再诉愿,则管辖官署仍应受理,并令原官署补作决定书呈送审查。(二)受理诉愿事件,如认有调查之必要,应自行或嘱托调查后再行决定,不得以决定发还原官署更为审查。(三)依《诉愿法》第八条驳回诉愿,亦属诉愿决定之一种,自应依法作成决定书等语。本院长审核无异,相应咨复贵院查照。此咨

**附原咨**

为咨请事,查诉愿之决定应作成决定书分别送达,为《诉愿法》所规定,本无疑义。惟人民对于原处分官署之处分声明不服,诉经受理诉愿官署以批示或命令处分有案,并未依法作成决定书。嗣复据人民以不服前项批令提起再诉愿,此项案件应否即由受理?再诉愿官署依法受理,抑仍须发还原受理诉愿官署补行决定?又诉愿之决定其内容大概可分为:(一)驳回;(二)维持原处分或原决定;(三)撤销或变更原处分或原决定之三种,但受理诉愿官署认原处分或原决定机关未尽调查之能事或其他原因,决定发还再行审查之案件,其决定是否有效,抑以诉愿事件实无发还再审查之必要,仍应由受理诉愿官署自行调查决定?又按一般法理驳回当事人之请求,亦属决定之一种,如依《诉愿法》第八条"诉愿经受理之官署认为不应受理时应附理由驳回之"所为之驳回,应否查照同法之规定制作决定书,抑以批令行之,均属法律疑问,相应备文咨请贵院查照迅予解释见复,至纫公谊。此咨

**院字第三四一号**

**十九年九月二十四日　司法院训令广东高等法院　附原函**

为令知事,该法院本年第五七〇号公函致最高法院,为澄海律师公会转请解释《刑法》第二九四条第一项及妾对于家长之亲属各疑义一案,兹据最高法院拟具解答案呈核前来内开,(一)伤害人之方法是否足以致人于死或重伤应就具体事实之,各称情形断之不能执唯一标准以为断。(二)妾与妻不同其家长之尊亲属,不能认为尊亲属等语。本院长审核无异,合行令仰转饬知照。此令

**附原函**

迳启者,现据澄海律师公会会长马宗杰呈称,准属会会员陈熙韶函称,查《刑法》第二百九十四条第一项所谓施用足以致死或重伤之方法,经十八年十二月十一日　司法院指令湖南高等法院院字第一七八号解释有案,但此解释谓指其方法足以致人于死或重伤者而言,非专以犯罪人所持之物为标准等语。寻绎其意,自是除可以犯罪人所持之物为准者外,尚

包含其他方法。然其他方法究以何为界说,仍难探索,因此发生二说:(甲)说谓应以犯人之行为为准如用力猛烈者是;(乙)说谓应以受伤人之伤势为准。如属于致命部位或重要部位者,是但就甲说而论。用力猛烈未必足以致人于死或重伤且受打击者,如系强壮之人,则用力虽猛不见其猛,如系幼弱之人,则又用力虽不猛亦觉其猛。若以此为标准,固不免有时同罪异刑,更不免轻重倒置,似不足取。就乙说而论,致命部位《刑法》上未尝以之为定杀人与伤害人之区别重要部位,又为《刑法》第二十条所不载,则受伤处所虽为致命部位或重要部位,而其伤果属轻微,尚不合《刑法》第二百九十五条之犯罪,又焉能谓之触犯第二百九十四条之罪?是乙说仍不足取。如此,则适用上甚感困难,势必至任人随意认定,流弊将不胜穷,此应请解释者一。又亲属之身份不但为《刑法》上加减其刑之所关,抑亦为诉讼法上告诉是否合法所由。判妻对夫之亲属如系四等内之宗亲及三等内之外亲,均应认为妻之亲属,迭经解释有案。惟妾对于家长之亲属是否事同一列,不无疑义,此应请解释者二。相应函请转请解释,俾得遵循等情到会。准此,事关法律疑义,理合据情呈请钧院察核迅予转请解释示遵等情。据此,事关法律疑问,相应据情函请贵院查核迅赐解释见复,以便饬遵,实纫公谊。此致

**院字第三四二号**

**十九年九月二十六日　司法院指令浙江高等法院　附原呈**

呈悉,业经发交最高法院拟具解答案呈核前来内开,丑罪缓刑之宣告既经确定,如未依法撤销只得宣告子罪之刑等语。本院长审核无异,合行令仰转饬知照。此令

**附原呈**

呈为转请解释事,案据东阳县法院院长俞乃恒呈称,兹有某甲先犯子罪已在审判中,以其犯罪是否成立应以民事法律关系为断,裁定停止。嗣甲又犯丑罪,当将丑罪判处徒刑,宣告缓刑,确定在案。现在民事关系业已解决,对于子罪即应继续审判,审判结果如认子罪为成立,则子罪裁判宣告前,固已犯有丑罪,依《刑法》第六十九条似应并合论罪。但丑罪宣告缓刑早经确定,若依该条办理,则已确定之缓刑不免大受影响。若置丑罪于不问而个别裁判,又似与上开条文不无违背,究应如何办理。理合呈请核转解释示遵等情,据此,事关法律疑问,理合备文转请仰祈钧院俯赐解释,以便饬遵。谨呈

**此处删去一条。**

**院字第三四四号**

**十九年十月一日　司法院咨行政院　附原咨**

为咨复事,前准贵院上年七月五日咨(第一二八号)开,据内政部呈为行政机关在惩治土豪劣绅条例公布后、处分逆产条例废止前,对于土豪劣绅没收财产之处分是否有效请转

咨解释一案,事关法律疑义咨请查照见复等由,当经发交最高法院拟具解答案去后兹据呈复内开,《惩治土豪劣绅条例》公布在《处分逆产条例》之后,于《惩治土豪劣绅条例》公布后、《处分逆产条例》废止前,土豪劣绅案件应适用《惩治土豪劣绅条例》办理,如行政机关于此时期内,仍依《处分逆产条例》对于土豪劣绅为没收财产之处分,虽属违法尚非当然无效,但以处分之性质言,并非绝对不可变更等语。本院长审核无异,相应咨复贵院查照饬知。此咨

**附原咨**

为咨请事,案据内政部长赵戴文呈称,窃查《惩治土豪劣绅条例》曾经国民政府于十六年八月十八日明令公布,并于十七年七月十六日将该条例第九条修正在案。惟十六年五月十日公布之处分逆产条例,其第一条规定逆产之范围亦列有土豪劣绅字样。该条例当十七年七月十七日公布《处理逆产条例》之前尚属有效,在十六年八月十八日以后,遇有关于土豪劣绅案件,若依特别法优于普通法及后法优于前法之原则论之,似应依照《惩治土豪劣绅条例》办理。或谓《处分逆产条例》专为处分财产,《惩治土豪劣绅条例》系为惩治土劣本身,殊不知《惩治土豪劣绅条例》第二条第四、五、六及第十一各款均规定得没收其财产之一部或全部,第一条并规定"凡属土豪劣绅依本条例惩办之",是该条例实专为惩治土豪劣绅而设,自该条例公布后所有《处分逆产条例》内关于土豪劣绅之规定,似未便再行援用。设有行政机关在《惩治土豪劣绅条例》公布(十六年八月十八日)之后处分逆产条例废止(十七年七月十七日)之前,对于土豪劣绅不依《惩治土豪劣绅条例》交法庭审判而仅援《处分逆产条例》没收财产者,其处分是否有效?事关适用法律问题,拟恳钧院俯赐转咨司法院迅赐解释俾有遵循等情到院。查一般法例后法优于前法,又《惩治土豪劣绅条例》第一条规定"凡属土豪劣绅依本条例惩办之",而同条例第二条第四、五、六及第十一各款并规定得没收其财产一部或全部,则在该条例公布(十六年八月十八日)后《处分逆产条例》废止(十七年七月十七日)前,关于没收土豪劣绅财产案件,似应依《惩治土豪劣绅条例》第七条规定由法庭审判,若未经合法审判程序,仅援《处分逆产条例》没收财产,其处分似有未协。惟事关法律疑义,相应据情备文咨请贵院查照解释见复,至纫公谊。此咨

**院字第三四五号**

**十九年十月一日　司法院指令安徽高等法院首席检察官　附原呈**

呈悉,业经发交最高法院拟具解答案呈核前来内开,《刑事诉讼法》第三百三十七条第一款所谓个人法益原以别乎国家法益及社会法益而言,个人之数并不以一人为限,即数人共有财产亦属个人法益。惟自诉人之自诉既经法院以裁定驳回,无论适法与否,检察官既非当事人,又非受裁定者。同法于此,复无检察官得独立抗告之特别规定,则检察官自不得提起抗告,于接受同法第三百四十三条第二项之通知后,应查照同法第二百三十条办理等语。本院长审核无异,合行令仰转饬知照。此令

**附原呈**

呈为呈请事,案据桐城县法院首席检察官安冠臣呈称,查《刑事诉讼法》第三百三十七条第一款直接侵害个人法益之范围,业奉最高法院解字第二二二号解释有案,自属有所遵循。惟查职院近有盗伐山树案件,由被害人提起自诉,其所诉事实核与《刑法》第三百三十七条第一项之规定相符,自在解字第二二二号自诉范围之内。第因被盗山树系属自诉人之房众所共有,能否谓为直接侵害个人之法益,于此有甲乙两说焉:(甲)说谓被盗山树既为自诉人之房众所共有,则被侵害者非系个人,自与刑诉法第三百三十七条第一款之规定不合。(乙)说则谓被害法益只须不涉于社会国家者,即属直接侵害个人之法益,不必顾问被害人数之多寡。两说各有所见,于是职院刑庭对于是项案件依据甲说裁定驳回,而检察官则以乙说提起抗告以资救济。相争之点固可待决于抗告审之裁定,推查刑诉法第二编第二章关于驳回自诉之裁定并无可以抗告之明文,则检察官对于是项裁定是否不问合法与否,一经通知即应开始侦查,抑或可以依据同法第四编关于抗告之规定独立提起抗告之处,亦不无研究之价值。事关法律解释,理合呈请鉴核示遵等情,据此,除指令外,理合转呈钧院鉴核俯赐解释,以便饬遵。谨呈

**院字第三四六号**

**十九年十月一日　司法院训令福建高等法院　附原函**

为训令事,该法院本年第四一八号公函致最高法院,为思明地方法院转请解释宣告缓刑疑义一案,兹据最高法院拟具解答案呈核前来内开,(一)《禁烟法》既无不准缓刑之规定,则吸食鸦片人犯自得适用《刑法》第九十条宣告缓刑。(二)徒刑与罚金既系并科,如认为应宣告缓刑自应同时宣告(参照院字第二九四号解释)等语。本院长审核无异,合行令仰转饬知照。此令

**附原函**

迳启者,案据思明地方法院呈称,窃查《刑法》吸食鸦片系专科罚金之罪,自《禁烟法》施行后,改处徒刑并科罚金。如有因病吸烟尚未成瘾,情节甚轻且自有缓刑之要件者,可否将徒刑部分予以缓刑,兹有甲乙两说:(甲)说关于烟犯不适用《刑法》而适用《禁烟法》者,因《刑法》对于吸食鸦片仅科罚金未有处以徒刑,不足以收禁烟之效果。故颁行禁烟特别法,使烟犯受有徒刑之处罚,冀其于监禁期间内反省改革。若予缓刑,是与颁行《禁烟法》之意旨相背。(乙)说《刑法》第九条规定本法总则于其他法令之定有刑名者,亦适用之。是《禁烟法》对于《刑法》总则当然适用,则吸食鸦片依《禁烟法》判处罪刑时,如其情节认为合于《刑法》第九十条第一、第二两项规定之要件,自应予以缓刑。二说孰当,应请解释者一。又查《禁烟法》如果可以缓刑,但是否缓刑徒刑一部分更分两说:(子)说《刑法》第九十条对于徒刑或罚金之宣告均得缓刑,并无必须二者一并缓刑之规定。且一为自由刑,一为财产刑,性质不同,如仅将徒刑部分予以缓刑,似不得为不当。(丑)说徒刑与罚金既系并科,应同时

宣告缓刑,此应请解释者二。职院现有此种案件,应如何办理之处,事关法律解释,理合具文呈请钧院察核转请解释示遵等情到院。事关法律解释,相应函请贵院查照迅赐解释,俾便饬遵。此致

**院字第三四七号**

**十九年十月一日　司法院指令江苏高等法院　附原呈**

呈悉,业经发交最高法院拟具解答案呈核前来内开,官吏受上级官署处分不适用《诉愿法》(参照院字第三百十一号、第三百三十二号及第三百三十九号解释)。至补救方法,在关于公务员服务及保障各法规制定施行以前,无条文可以依据等语。本院长审核无异,合行令仰转饬知照。此令

**附原呈**

呈为呈请解释事,案据上海律师公会呈称属会会员赵琛,函以官吏无故被上级官署违法免职是否可依《诉愿法》第一条规定请求救济等情请予转呈解释,经属会第五三次执监会议议付审查。兹据审查委员报告内开,兹查依《国民政府组织法》第二十二条第五项荐任以上行政官吏之任免,是官吏免职须经行政院会议议决之。又,《惩治官吏法》第六条第一款褫职,第七条褫职、褫夺其现任之官职,第十三条第二项各监督长官对于所属官吏认为应付惩戒者,应备文声叙事由,连同证据请监察院咨送惩吏院惩戒之。倘果上级官署处分违法自可声明不服,请求救济,而其手续似惟依诉愿及行政诉讼法行之。如谓官吏非人民不能适用《诉愿法》,则又应依何法以为补救,应呈请解释以资遵循等语。复于第五五次执监会议议决照录审查意见转请解释在案,理合具文呈请钧院鉴核转请解释示遵等情到院。事关法律疑义,职院未敢擅断,理合具文呈请钧院解释,以凭饬遵。谨呈

**院字第三四八号**

**十九年十月四日　司法院训令河北高等法院首席检察官　附原函**

为令知事,该首席检察官呈最高法院检察署,为石门地检处转请解释藏有制造金丹袋之机器应否论罪一案,兹据最高法院拟具解答案呈核前来内开,《禁烟法》因持有器具而成罪者,以专供吸食鸦片之器具为限,至于藏有制造金丹袋之机器者,除已制造金丹袋并已实施或帮助贩卖持有或运输金丹(鸦片代用品)应各就其犯行论罪外,仅止藏有机器,则无罪可科等语。本院长审核无异,合行令仰转饬知照。此令

**附原函**

迳启者,案据河北高等法院首席检察官呈称,案据石门地检处呈称为法有疑义仅请解释事,案查石门地方扼冀晋豫三省之咽喉,代替鸦片之金丹流行最多,兹有某甲藏有制造金丹袋之机器数部,应否认为犯罪,有二说:(甲)说此种机器既非供制造金丹之械,又非供吸食金丹之具,仅仅能制造装置金丹之袋,在法律上无科罚明文,应不论罪。(乙)说此种机器

虽非制造及吸食金丹之器，而制造装置金丹之袋便于运销，与买卖金丹有辅佐功效，依《刑法》第四十四条应认为有罪。二说孰是，理合备文呈请钧处转请解释，以便遵循等情前来。除指令外，理合备文呈请钧署鉴核准予转送解释令遵等情。据此，相应函请贵院查照解释见复为荷。此致

**院字第三四九号**

**十九年十月四日　司法院训令东省特别区域高等法院　附原函**

为令知事，该法院本年第八二五号公函致最高法院，为该区域地方法院第三分庭转请解释撤回自诉程序疑义一案，兹据最高法院拟具解答案呈核前来内开，来文不甚明了，既曰经检察官提起公诉，似案件虽合于自诉，而起诉者实为检察官。检察官提起之诉，只检察官得依《刑事诉讼法》第二百六十四条第一项撤回。被害人如向法院为撤回之声请，除案系告诉乃论之罪得认为撤回告诉外，法院应以裁定驳回之。若被害人于检察官公诉之外，别有自诉所谓撤回者，系就自诉言，则应视自诉在公诉之前或后分别办理。如自诉在后，该自诉原应依同法第三百四十三条第一项第一款以裁定驳回，关于撤回之声请，自无庸裁判。但在告诉乃论之罪，其声请可认为撤回告诉，如自诉在前既经自诉，又复撤回，应即依同法关于撤回自诉各条以为判决等语。本院长审核无异，合行令仰转饬知照。此令

**附原函**

迳启者，案据本区域地方法院第三分庭呈称为呈请解释事，窃查合于自诉案件经检察官提起公诉后，该自诉被害人声请撤回，于法本无不合。惟因已行公诉程序，究与自诉有别，准予撤回，法无明文规定，可否援用《刑事诉讼法》第三百四十九条咨询检察官意见后判决之，抑或令向检察官声请撤回？职庭现有此项案件亟待解决，理合备文呈请伏乞鉴核解释示遵等情前来，相应函请贵院迅予解释，见复为荷。此致

**院字第三五〇号**

**十九年十月七日　司法院训令江西高等法院　附原函**

为令知事，该法院上年第八〇四号公函致最高法院为吉安地方法院转请解释堕胎罪疑义一案。兹据最高法院拟具解答案呈核前来内开，查因伤害人而发生堕胎结果者，应视其有无使其堕胎之直接（《刑法》第二六条第一项）或间接（同条第二项）故意，分别依堕胎或伤害之法条处断（参照院字第三〇七号解释）。至堕胎罪以公共法益为重，自不发生自诉问题等语。本院长审核无异，合行令仰转饬知照。此令

**附原函**

迳启者，案据吉安地方法院院长邓廷桂代电呈称，查暂行律知为怀胎妇女而施以强暴胁迫致小产者，堕胎罪章定有处罚明文，《刑法》无此规定。设因伤室罪被害人之身体外部并无伤害而发生堕胎结果，是否仅认为伤害人健康而置想象上俱发之堕胎罪于不问，抑依

《刑法》第二百九十三条第一项、第三百〇七条、第七十四条处断？又堕胎罪是否侵害公共法益，抑为直接侵害个人法益？自诉关系甚巨，恳请解释示遵等情。据此，案关法律解释，敝院未敢擅专，相应据情函请大院迅赐解释见复，以便饬遵乃荷。此致

**院字第三五一号**

**十九年十月七日　司法院咨行政院　附原咨**

为咨复事，前准贵院本年四月二十六日咨(第九九号)开，据工商部呈请解释《劳资争议处理法》第五条疑义一案，事关法律疑义，咨请查照解释见复等由，当经发交最高法院拟具解答案去后，兹据呈复内开，按《劳资争议处理法》第五条规定，争议当事人于仲裁委员会之裁决送达后五日内，自得声明异议。查同法既无再予仲裁之规定，该声明异议人自得依法向法院起诉等语。本院长审核无异，相应咨复贵院查照饬知。此咨

**附原咨**

为咨请事，案据工商部呈称窃查《劳资争议处理法》业于本年三月十七日奉国民政府明令公布通饬施行，本部遵经分别咨令知照在案。兹准上海特别市政府咨略称，上海药业劳资纠纷一案业经调解委员会调解，资方拒未签字呈请仲裁到府，本府以新颁《劳资争议处理法》规定仲裁，裁决后双方得于五日内声明异议，而声明异议后如何办理并无明文规定，深恐本案提付仲裁仍难解决等因到部。查民国十七年六月所公布之《劳资争议处理法》系取强制仲裁，故于该法第七条规定争议当事人对于仲裁裁决不得声明不服，则争议事件一经仲裁即行确定，现行之《劳资争议处理法》第五条规定于仲裁裁决送达五日内不声明异议者，即为确定。倘争议当事人声明异议时，究应如何处理，于法并无明文规定，实于适用上不无困难，理合据情呈请鉴核示遵等情到院。查前据汉口特别市呈请解释《劳资争议处理法》第五条疑义并请核示劳工与劳工争议应依何项法规处理等情，经以事关法律疑义，据情咨请贵院查照解释见复在案。兹据该部呈称前情事同一律，除指令外，相应备文咨请查照并案解释见复，以便饬遵，至纫公谊。此咨

**院字第三五二号**

**十九年十月八日　司法院训令安徽高等法院　附原函**

为令知事，该法院本年第七八五号公函致最高法院，为无为县承审员转请解释刑事判决程序疑义一案，兹据最高法院拟具解答案呈核前来内开，刑事判决应作判决书并应谕知，来函情形既仅拟判具呈，尚未实施前项程序，自得再为审理等语。本院长审核无异，合行令仰转饬知照。此令

**附原函**

迳启者，兹据无为县承审员赵宗鼎感代电内称，有盗匪案件由县长自行审理后呈报上级法院拟处极刑，呈文内措词已涉及实体上裁判，经上级法院审核，未依定式制作判决书，

指令补正,县长乃发交承审员遵办,承审员查阅全卷,认为原拟呈文事实之认定、法律之适用,均未精当,自非再加审理不足以成定谳。关于程序上发生二说:(甲)说查现行事例,判决经宣告后为该判决之法院受其羁束,本件既属呈文,即非正式判决,自无羁束。遇有必要情形,仍可查照《刑事诉讼法》第三百零三条再开辩论,案关极刑,未便稍涉迁就。(乙)说本件虽非定式判决,但实体问题已加裁判,且经呈报上级法院(并已分报省政府)有案,只好因讹沿误,仍照呈文内容改制判词。如上级法院认有疑误,饬令再审,再予依法办理。二说究以何者为是,颇滋疑义,现有类此案件急待解决,理合电请迅予指示为叩等情。据此,事关法律疑义,相应函请大院解释,以便饬遵。此致

**院字第三五三号**

**十九年十月九日　司法院电四川高等法院　附原电**

四川高等法院院长览,前据该省巴县地方法院本年七月删代电,请解释合伙债务清偿疑义一案,业经发交最高法院拟具解答案呈核前来内开,某甲个人所开商号与乙丙丁戊伙贸商号因负债相继倒闭,关于合伙债务于其他合伙员均无力偿还时,所有债权人亦得对于有资力之某甲求偿全部,即与个人经营商号之债权人无异。若其债务发生在《民法》债编施行后,债权人得依合伙员连带负责之规定求偿者,更不待论。故两号财产不足以清偿其债务,两号债权人除有优先受偿权者外,均得就某甲其他财产同等受偿等语。本院长审核无异,合电转饬知照。司法院佳印

**附原电**

南京国民政府司法院钧鉴,如有某甲个人所开商号与乙、丙、丁、戊等伙贸商号因负债相继倒闭,伙贸商号所有合伙财产不足清偿债务,而乙、丙、丁、戊等合伙员又均无资力,不能按股分担。惟某甲尚有财产可负连带责任,但对于两号所欠债额仍有不足清偿之虞。两号债权人除有优先受偿权者外,是否就某甲财产受同等摊偿?详查《民法》债编关于合伙各规定,并无此项明文,究应如何办理?事关法律解释,应请钧院转交最高法院解释示遵。再职院电呈高院较直呈钧院稍有迟滞,用特迳呈如荷电复职院,尤所企祷合并声明。四川巴县地方法院叩删印

**院字第三五四号**

**十九年十月九日　司法院咨行政院　附原咨**

为咨复事,前准贵院本年三月十一日咨(第五八号)开,据天津特别市政府呈请解释《诉愿法》疑义一案,附加意见咨请查照解释见复等由,当经发交最高法院拟具解答案去后,兹据呈复内开,原呈一、二两点业经本年三月二十四日公布之《诉愿法》分别规定,自无疑义。第二点所称行政诉讼应俟行政法院成立后再行依法办理,至旧有之《诉愿法》及关于此项命令无论有无出入,在新《诉愿法》施行后,当然失效。惟查新《诉愿法》第二条对于县、市以下

各机关之处分,诉愿至何机关未经列举,自应依据第三条按其管辖等级比照第二条定之。又,所谓违法处分,系指行政处分之违反法规者而言,若于法规并无违反,而实际上有害公益者,即属不当处分等语。本院长审核无异,相应咨复贵院查照饬知。此咨

**附原咨**

为咨请事,案据天津特别市政府呈称奉钧院第四七一号训令内开,案奉国民政府第四六号训令开,案准中央政治会议函开,准国府文官处函称,奉政府发下律师马达代电请示,遇有官署违法处分,应向何种机关提出行政诉讼?奉批第五十三次国务会议,业经饬催司法院从速成立行政法院在案。惟该法院未成立以前,应如何办理,请政治会议解释,指定见复等由,经本会议第二百十一次会议议决交王委员宠惠研究去后,兹据复称,查关于行政诉讼关系法令尚未颁布,而旧有条文多有与现时情形不相符合,此时即使指令机关不特办事,发生困难,且于人民并无实益。关于行政诉讼法及行政法院组织法业由司法院将从前所拟就之草案重加研究,不日即可提出。在行政法院未成立以前,对于行政官署违法处分得暂行援用旧有之《诉愿法》提起诉愿,此事前准行政院第一八九号咨询到司法院,曾由该院于十八年十二月十三日按照此意咨复行政院在案,似可依照办理等由前来。相应函复请查照等因,准此,自应照办,除函复并分令外,合行令仰该院知照并转饬所属一体遵照此令等因。奉此,除分令外,合行令仰该市政府遵照并转饬所属一体遵照此令等因。奉此,当经饬属遵照并呈复在案,惟查属府前以《诉愿法》是否适用未奉明文,且因现时行政系统业已变更,核与旧有条文规定机关无可比拟。故遇有人民对于所属机关之处分提起诉愿,属府即以批示行之。现奉前因,除以前经以批示办理当然有效外,嗣后遇有诉愿事件自应依照本法办理,但尚有应请钧院予以解释者,按本法第一条规定,人民对于行政官署之违法处分及不当处分,均得提起诉愿。兹奉钧令内开,对于行政官署违法处分得暂行援用旧有之《诉愿法》提起诉愿,至对于行政官署之不当处分,是否亦可类推准其援用?此应请解释者一。又,本法第三条规定,人民对于中央或地方官署之违法处分最终得向平政院提起行政诉讼。现在行政诉讼之机关尚未成立,应如何援照办理?此应请解释者二。又查本法第四条规定,人民对于中央或地方官署之不当处分提起诉愿时,以中央或地方最高级行政官署之决定为最终之决定,属府直隶中央,而于地方则为最高级行政官署,对于所属机关为诉愿之决定时,是否即为最终之决定?此应请解释者三。属府因该《诉愿法》旧有条文与现时机关统系不甚相符,深恐援用条文或滋误解,理合具文呈请训示等情,据此,查敝院对于原呈第一、第二两点疑义具有意见如下:(一)对于行政官署之不当处分,似可于不抵触中央法令及党纲党义范围内,暂行援用《诉愿法》提起诉愿。(二)合于《诉愿法》第三条之规定,应提起行政诉讼者,应俟行政法院成立后再行受理。惟第三点问题似与国府最近明令不无出入,盖《诉愿法》第四条载有"人民对于中央或地方行政官署之不当处分提起诉愿时,以中央或地方最高级行政官署之决定为最终之决定。"而本年二月二十二日国民政府第一〇八号训令则载有:(一)旧《诉愿法》上不当处分最终决定由行政院行之;(二)依旧《诉愿法》诉愿曾经在法定

期间声明不服者,得仍向上级行政机关提起再诉愿各等语,因而发生下列疑问:(一)地方最高级行政官署能否为最终之决定,抑不当处分之诉愿,一律均以行政院为最终之决定?(二)依国府第一〇八号训令,则诉愿程序似以明定为二级制,如人民不服县、市(普通市)政府处分或决定,应向省政府,抑其所属各主管厅提起诉愿?又不服省市(特别市)政府所属各厅局或省市(特别市)政府所为处分或决定,应向何机关提起诉愿?及其诉愿至何机关始为最终之决定?又,人民不服县、市(普通市)以下各机关(如县、市政府所属各局或警察区署等处分)之处分,诉愿至何机关始属最终决定?(三)旧《诉愿法》上所载不当处分与违法处分,虽可就其事件之性质酌予处分,然恐各人观察不同或滋误解,究以何者为划分之标准?据呈前情除指令外,相应附加上述意见一并咨请贵院查照解释见复,至纫公谊。此咨

**院字第三五五号**

**十九年十月十一日　司法院电湖南高等法院首席检察官　附原函**

湖南高等法院曹首席检察官览,该首席检察官电呈最高法院检察署,转请解释杀人及窃盗罪疑义一案,兹据最高法院拟具解答案呈核前来内开:(一)甲起意杀乙,置毒饼内,送乙,乙未食,甲对于乙自成预谋杀人之未遂罪。如乙之饼贻送丙食及丁之尝食,甲亦预见而不违背本意,则甲对于丙、丁亦有杀人之间接故意(《刑法》第二六条第二项),应成杀人未遂罪。若应注意并能注意而不注意或虽预见之而确信其不发生(《刑法》第二七条),丙、丁既因食饼而病,则甲对于丙、丁自属过失伤害人,应与预谋杀乙未遂之行为依《刑法》第七十四条处断。若无上述之故意及过失,即对于丙丁不成罪。(二)以窃盗为常业,《刑法》第三百三十八条第一项定有处罚专款,自不得依并合之例论罪等语本。院长审核无异,合电知照。司法院真印

**附原函**

迳启者,案据湖南高等法院首席检察官曹瀛勘代电称,最高法院检察署检察长郑钧鉴兹有法律上疑义两点:(一)甲起意杀乙,置毒饼内,送至乙处,乙转贻丙,丙食之觉口麻腹痛以告丁,丁试尝少许,如是丙大病、丁亦病。甲对于乙固属谋杀未遂,对于丙、丁究犯何罪?(二)以窃盗罪为常业者,所犯多数之窃盗罪是否仍应并合论罪?以上二点,怀疑未决,请转最高法院解释电示祇遵等情。据此,相应函转贵院解释见复为荷。此致

**院字第三五六号**

**十九年十月十一日　司法院电安徽高等法院　附原电**

安徽高等法院曾院长览,该法院本年六月蒸代电致最高法院,为该法院第一分院转请解释刑诉第一审未经辩论之判决上诉法院应如何办理一案,兹据最高法院拟具解答案呈核前来内开,第一审于应行辩论之案件,未经辩论而为判决,系程序违法,第二审应撤销之,自为实体上之审判,不得发回原第一审法院等语。本院长审核无异,合电转饬知照。司法院真印

**附原电**

南京最高法院院长钧鉴,案据本院第一分院电称,查第一审未经言词辩论之判决在民诉得视为程序疵累,发回原审法院,刑诉无此规定。上诉法院应否依第二审程序,径为实体上之审判?事关法律疑义,请迅转呈解释俾便遵循等情到院。据此,合亟电陈请迅赐解释,俾便饬遵。安徽高等法院燕印

**院字第三五七号**

**十九年十月十三日　司法院咨行政院　附原咨**

为咨复事,前准贵院本年三月二十五日咨(第七四号)开,据内政部呈请解释《监督寺庙条例》疑义一案,咨请查照解释见复等由,当经发交最高法院拟具解答案去后,兹据呈复内开,荒废之寺庙如果确被私人占据,该管地方官署应本其监督之职权,责令交由地方自治团体管理之。纵令现无此种团体,该管地方官署亦仅得根据监督职权代为管理,而不得以荒废之故遽予处分。至寺庙财产属于住持管理者,固得令其履行《监督寺庙条例》第十条之义务,但如住持违反该条之规定,该管官署只得根据同条例第十一条革除其住持之职,不得径行强迫出款或提其财产等语。本院长审核无异,相应咨复贵院查照饬知。此咨

**附原咨**

为咨请事,案据内政部呈称案准山东省政府咨开,据教育厅厅长何思源呈为转呈事,案据安邱县教育局长郑卓民呈称为呈请事案,查山东省政府颁发《监督寺庙条例》第四条云,荒废之寺庙由地方自治团体管理之,如地方无自治团体而荒废寺庙之财产完全为私人占据者,可否提充教育经费?第十条云,寺庙应按其财产情形兴办公益或慈善事业,如该寺庙财产充裕而住持者吝啬性成不肯出款兴办,可否迫令出款或提出其财产之一部充作教育经费?查本县教育经费支绌已极,如准于上列两项寺庙中提出财产,于教育前途不无小补,惟以无明文规定,职局未敢擅专,理合备文呈请恳祈核示祗遵等情。据此,查该局长所称各节事关法令解释,职厅未敢擅专,除指令外,理合据情备交转呈钧府鉴核指令祗遵等情。据此,除指令外,相应咨请查照解释并见复等因,准此,查此项条例原系立法院制定解释之权,应属于司法院准咨前因,拟请钧院转请司法院解释,以便转行饬遵,是否有当,除咨复外,现合呈请鉴核示遵等情。据此,除指令外,相应据情咨请贵院查照解释见复,实纫公谊。此咨

**院字第三五八号**

**十九年十月十四日　司法院指令浙江高等法院　附原呈**

呈悉,业经发交最高法院拟具解答案呈核前来内开,《刑事诉讼法》第二百二十七条第二款,所谓公安局长在京,指警察厅长、各警察署署长在各省,指省会公安局局长、市公安局局长或县公安局局长而言等语。本院长审核无异,合行令仰转饬知照。此令

**附原呈**

呈为转请解释事，案据署江山县法院院长洪锡范呈称，查前刑事诉讼条例明白规定，与检察官同有侦查犯罪职权之司法警察官为京师警察，总监各省会警察厅长及各县知事至民国十七年九月国民政府颁布之《刑事诉讼法》施行以后，彼时仅都市警察厅长改名为公安局长外，而浙江各县之警察所长及各乡镇之警察分所长仍沿旧制，不以《刑事诉讼法》第二百二十七条之司法警察官自居。及至十八年八月浙江各县警察所长与分所长一律改为某县政府公安局长与分局长，遂以其名义与该条第二款规定之公安局长相当，即依该条规定直接侦查犯罪，究竟浙江各县政府公安长与分局长是否为《刑事诉讼法》第二百二十七条之司法警察官，抑系同法第二百二十八条第一款之司法警察官，即起以下二说之争议：(甲)说《刑事诉讼法》第二百二十七条第二款之公安局长，既规定于第一款县长之下，从可推知，受县长监督指挥下之县政府公安局长及县政府公安局长监督指挥下之县政府公安分局长当然为第二百二十七条之司法警察官。(乙)说查与检察官同有侦查犯罪职权之司法警察官在一都市县区域以内不宜规定二人，以免发生权限上之冲突。参观前刑事诉讼律、刑事诉讼条例及日本大正十五年改正之《刑事诉讼法》第二四七条，警视总监地方长官与检事同有搜查犯罪之权，同条但书又规定，东京府知事不在此限，固不必于一区域内有该条之二司法警察官，甚形明了。如一县区域之内，除代表县政府之县长为刑诉法第二二七条之司法警察官外，复以同一县政府内受县长直接指挥下之县政府公安局长及分局长同为前条之司法警察官，与检察官同有侦查犯罪之权，则每一县多则十余人，少亦在三人以上，自不免有权限上之冲突。且同法二二八条第一款之司法警察官，依现行各县警察官制，即无别项警察官长足可充当，势非将各县政府公安分局长所用之巡官巡长一律升为该条第一款之警察官长不可，而各县政府公安分局长下之巡官巡长既一律为后条之司法警察官，则因办司法事务上之地位反与都市公安局长下之警察署员、分署员相等，显与现行警察官制官级相背。况《刑事诉讼法》第二二七条规定，下列各员于其管辖区域内为司法警察官(下略)就全条文义而论，注重于各字，而各字与其字上下应照在各字之语气接连于其管辖区域内一句，即指下列各员各于其管辖区域内而言。换言之，指各员之管辖区域各不相同相犯而言，据此解释，则各县政府公安局长及分局长之管辖区域依法令习惯各在县长管辖区域以内或与县长之管辖区域完全相同，从可知该条第二款之公安局长，非指与县长管辖区域以内或相同之县政府公安局长与分局长更形明显。所谓不在县长管辖区域内或相同之公安局长舍都市公安局长外，即无其他各不相同相犯区域之公安局长，而各县政府公安局长与分局长之管辖区域，既与县长相同或在其管辖区域以内，得认其为同法第二二八条第一款之司法警察官。鉴于该条文字并无于其管辖区域以内一句，即可知该条下列员之管辖区域已在前条各员管辖区域之内，自可毋庸赘予规定。以上两说，究以何说为是，理合钞送浙江省市县警察官长系图表备文呈请鉴核转函解释示遵等情。据此，案关法律疑义，理合抄同原送浙江省市县警察官长系图表备文转请仰祈钧院俯赐解释，以便饬知。谨呈

**院字第三五九号**

**十九年十月二十一日 司法院咨行政院 附原咨**

为咨复事,前准贵院本年二月三日咨(第二三号)开,据天津特别市市长呈请解释《工会法》疑义一案,咨请查照见复等由,当经发交最高法院拟具解答案去后,兹据呈复内开,十七年六月九日公布之《劳资争议处理法》已因十九年三月十七日新《劳资争议处理法》公布而废止。依新《劳资争议处理法》第三条及第五条之规定,调解成立者视同争议当事人间之契约或劳动协约,仲裁裁决送达后五日内不声明异议者,该裁决视同争议当事人间之契约或劳动协约。凡契约或劳动协约已成立者,双方均应受其拘束。至《工会法》第二十三条第一项,仅称非经过调解仲裁程序后(中略)不得宣言罢工,是其认为必须经过者,仅系调解仲裁之程序,并非限于契约或劳动协约已成,故两者之间并无抵触等语。本院长审核无异,相应咨复贵院查照饬知。此咨

**附原咨**

为咨请事,案查前据天津特别市市长崔廷献呈称,案据职属社会局呈称,呈为奉发《工会法》缕陈疑点恳赐解释以便遵循而利推行事,窃职局前奉钧府第三六六九号、第三七二八号、第三八四二号训令转颁《工会法》及施行日期饬令遵照下局奉此,唯对于该法条文尚多未能明晰之处,谨为摘录呈请解释如次:(一)今《工会法》第五条所订之组织程序只有向主管官署呈请立案之规定,并无经党部认可之明文,此后组织工会是否仍须经过该地最高党部认可,方准立案?抑或径由主辖官署核准施行?此应请解释者一也。(二)查原有之工会组织系统有全国总工会、省或特别市及县市总工会等以指挥各业各级工会之行动,今《工会法》无设立总工会之规定,是否将原有之总工会一律废除,以同一区域内之同一产业或同一职业之工会所组织之工会联合会代替之?抑或仍存原有之总工会以司指挥之责?此应请解释者二也。(三)查原有工会种类于产业工会职业公会之外,尚有所谓特种工会,如铁路工会、海员工会、矿业工会、邮务工会、电务工会等属之自成系统,与其他之产业工会不相统属。今《工会法》并无此项规定,将来如有以上述之各工会名义呈请立案者,是否仍列为特种工会,亦或与通常之产业工会同一办法,此应请解释者三也。(四)查十七年六月九日国民政府颁布之《劳资争议处理法》第七条,争议当事者对于仲裁委员会之裁决不得声明不服,前项裁决视同争议当事者间之劳动契约,前项视同劳动契约之仲裁裁决。如经定明存续期间,除适法解约外,当事者任何一方不能于该期限内提出变更该裁决之要求。第三十八条,争议当事者对于第三条第二项、第七条第二项所定视同劳动契约之决定或裁决有不履行,处二百元以下之罚金或四十日以下之拘役,是仲裁委员会之裁决具有绝大之强制力。争议当事者任何一方只有履行之义务,并无变更之余地,彰彰明甚。今《工会法》第二十三条载,劳资间之纠纷非经过调解仲裁程序后于会员大会以无记名投票得全体会员三分二以上之同意,不得宣言罢工等语,是仲裁委员会之裁决劳工方面,似可以会员三分二以上之同

意票推翻之矣。两法具存，规定各异，究应如何办理，以免两歧，此应请解释者四也。以上四点，职愚昧，未能明悉，理合呈恳钧座鉴核俯赐解释，藉便遵循等情。据此，事关法律解释，未敢擅专，理合呈请钧院解释示遵施行等情到院。当以此案第一点应饬遵照人民团体设立程序案办理，其余三点应令饬工商部核议经分别饬遵及指令知照各在案。兹据工商部呈复称除第一点奉令无庸核议外。其第二点问题，查工会联合会，依《工会法》第四十五条之规定，其性质与旧时之总工会迥殊，自无代替之可能。况各地工会既受当地党部之指导，又受主管官署之监督，亦无须有总工会司其指挥。本法既无总工会名目，则原有之总工会当在废除之列。其第三点问题，查《工会法》并无特种工会名目，仅第三条规定，国家行政、交通、军事、军事工业、国营产业、教育事业、公用事业各机关之职员及雇用员役，不得援用本法组织公会，当各工会呈请立案时，自可依据本法分别性质予以准驳。至第四点问题，查劳工方面可否以会员三分二以上之同意票推翻《劳资争议处理法》？第七条仲裁委员会之裁决为《工会法》第二十三条与《劳资争议处理法》第七条抵触之点，究应如何适用之处，拟请钧院转请解释，俾有遵循，理合核议具复祈鉴核令遵等情。据此，查该部议复各节尚属适当，除本案第一、第二、第三各点，业由本院先后饬遵外，其第四点事属法律疑义，究应如何适用之处，相应备文咨请贵院查照，将本案第四点疑义解释见复，以便饬遵，至纫公谊。

此咨

**院字第三六〇号**

**十九年十月二十四日　司法院指令湖南高等法院　附原呈**

呈悉，业经发交最高法院拟具解答案呈核前来内开，来呈所称，某甲占用乙丙丁共有岸地建筑碾坊，某甲并非土地相邻人，既与越界建筑者不同，即无不可拆毁之理，乙丙丁本于所有权之效力在请求权未消灭前自可请求除去其侵害，但得以赔偿损害代之等语。本院长审核无异，合行令仰转饬知照。此令

**附原呈**

呈为据情转呈仰祈鉴核事，案据沅陵律师公会皓代电称，设有甲在清末民初因使用溪水在乙、丙、丁公共岸地建筑扠车碾米碾坊一座，甲又并无寸土与该岸地相邻，乙、丙、丁是否得禁止其使用请求回复所有权，因此生子丑两说：（子）说以占有时效既未规定甲既有侵占乙、丙、丁公共岸地之事实，自应依法排除。根据前大理院上字九一九号前段载，对于该地既非有所有权即，其占有虽久，而时效制度在民律未颁布以前无可援用，自不得以占有多年之故，认其取得时效即已成就。又统字第八四四号后段载，至使用水面之人因而使用及岸地侵害岸上之土地所有权者，业主本于其所有权之效力得请求排除其侵害，禁止使用岸地。（丑）说以甲之侵占岸地，为时已久，为顾全社会经济起见，不许乙、丙、丁回复所有权，但得请求赔偿其损害，并比附援引前大理院上字一五七号载，土地相邻人若踰界线侵及他人土地于其地面建筑房屋墙址而其所侵害又甚属微小者，邻地所有人固得于该屋墙竣工前请求

建筑人拆毁或变更其建筑。若已至竣工后始行声明异议者,则为顾全社会经济起见,已不许异议人为拆毁或变更之主张,惟许其调查损害请求赔偿。子丑两说,究以何说为是,谨电恳钧院核转最高法院予以解释以解纠纷而资遵守等情。据此,除指令准予转请解释外,理合具文呈请钧院发交最高法院解答复核令遵,实为法便。谨呈

**院字第三六一号**

**十九年十一月三日 司法院电广西高等法院 附原电**

广西高等法院院长览,该法院本年六月佳代电致最高法院为郁林县县长请解释典当不动产讼案适用《民法》物权编条文疑义一案,兹据最高法院拟具解答案呈核前来内开,在《民法》物权编施行前定有期限之典权,应依《民法物权编施行法》第十五条之规定,其未定有期限者,应查照《民法》物权编第九百二十四条及《民法物权编施行法》第五条第一、二项规定办理等语。本院长审核无异,合电转饬知照。司法院江印

**附原电**

南京最高法院林院长勋鉴,案据郁林县县长苏范卿陷代电,称窃查新颁《民法物权编施行法》第二条内载,《民法》物权编所定之物权在施行前发生者,其效力自施行之日起依《民法》物权编之规定。依此规定,则典权应自本年五月五日施行期起三十年内得准予回赎。又同法第四条载,《民法》物权编施行前依《民法》物权编之规定消灭时效业已完成,或其时效期间尚有残余不足一年者,得于施行之日起一年内行使请求权,但自其时效完成后,至《民法》物权编施行时已逾《民法》物权编所定时效期间二分之一者,不在此限等语。依此条之规定,则典权自施行期起一年内,得准予回赎。又同法第十五条载,《民法》物权编施行前定有期限之典权依旧法规得回赎者,仍适用旧法规云云。依此规定,则民国初年颁布之《清理典当不动产办法》内载已满六十年作断、已满三十年未满六十年得找补作断,不能回赎,似属适用。现职府发生三十余年典当不动产之讼案,究应适用前项新颁《民法》物权编何条之规定,始为合法,理合电请核示饬遵等情。事关法律解释,相应据情电请贵院迅赐解释见复,俾便饬遵。广西高等法院院长林宝华叩佳印

**院字第三六二号**

**十九年十一月三日 司法院指令江苏高等法院 附原呈**

呈悉,业经发交最高法院拟具解答案呈核前来内开,据来呈所述,如果假扣押之物价格有减少之虞,于将来执行恐生影响者,得因声请将其物拍卖,由假扣押之法院提存卖价等语。本院长审核无异,合行令仰转饬知照。此令

**附原呈**

呈为呈请解释事,案据上海地方往院院长沈秉谦快邮代电内称,兹有职院已扣押之动产系大宗药水染制线袜及袜机,据债权人声称,染线日久,发热必至霉烂,已用袜机搁置亦

易生锈,保管极为困难。若待诉讼确定标卖势必价格减少,不特于债权人无益,反于债务人有损,请求先行变价提存。查所称均系实情,按扣押为保全程序,考核前修订法律馆强制执行律草案载明,关于扣押之动产,若有价格减少或须多额保管费用时,执行衙门得依声请适用强制执行之规定,将其物变价提存卖价。惟现行有效之《民事诉讼执行规则》并无上项规定,可否援用法意变价提存,深滋疑窦,理合电请核转解释示遵等情到院。事关法律疑义,职院未敢擅断,理合具文呈请钧院鉴核迅赐解释,以凭饬遵。谨呈

**院字第三六三号**

**十九年十一月五日　司法院训令安徽高等法院首席检察官　附原函**

为令知事,该首席检察官呈最高法院检察署,为怀宁地方法院首席检察官转请解释《惩治土豪劣绅条例》第二条第十一款后段疑义一案,兹据最高法院拟具解答案呈核前来内开,《惩治土豪劣绅条例》所称土豪劣绅,即指第二条所列各款之犯罪者而言,其第十一款后段敛财肥己之罪,虽不必盘踞公共机关,但亦必假借其名义者,方能成立,与《刑法》上诈欺罪显有区别等语。本院长审核无异,合行令仰转饬知照。此令

**附原函**

迳启者,案据安徽高等法院首席检察官钱谦呈称,为呈请转院解释事,案据怀宁地方法院首席检察官杨尚时呈称,窃查《惩治土豪劣绅条例》第二条第十一款载,盘踞公共机关侵蚀公款或假借名义敛财肥己者,照下列论罪。现在就该款后段法文适用上发生疑问:(甲)说谓本条载,凡土豪劣绅有下列行为者,依下列各款处断,是凡以上土豪劣绅之资格假借名义敛财肥己者,即应依该款所列各目论罪。(乙)说谓间条例所称土豪劣绅,即指犯有第二条所列各款之罪者而言,同条第十一款盘踞公共机关,系该款构成犯罪要件之一,即盘踞公共机关假借名义敛财肥己者,始可依该款所列各目论罪,否则以并非盘踞公共机关之人假借名义敛财肥己,即泛指为土豪劣绅论以该款之罪,则人人皆可指为土劣,而《刑法》上诈欺罪条等于虚设矣。(丙)说谓凡土豪劣绅虽非盘踞公共机关而假借公共机关名义敛财肥己者,亦应构成该款犯罪。三说未知孰是,职处现有此类案件甚多,亟待解决,理合具文呈请钧处鉴核俯赐转院解释饬遵,实为公便等情。据此,理合据情备文呈请钧署鉴核俯赐转院解释,以便转令祗遵等情前来,相应备文转请查照解释为荷。此致

**院字第三六四号**

**十九年十一月五日　司法院指令浙江高等法院　附原呈**

呈悉,业经发交最高法院拟具解答案呈核前来内开,有夫之妇与人通奸,本夫对于奸妇既属配偶,应受《刑事诉讼法》第三百三十九条之限制,不许自诉,仅得向检察官告诉,依公诉程序办理(参照院字第四〇号解释)。其对于奸夫,依告诉乃论之罪告诉不可分之原则,亦仅得告诉不适用自诉程序等语。本院长审核无异,合行令仰转饬知照。此令

**附原呈**

呈为转请解释事,案据杭县律师公会函称,据会员顾绍铭函称,查告诉乃论之罪得提起自诉,固为刑诉法第二编第二章第三百三十七条第二款所规定,但同法第三百三十九条载“前二条之规定于直系亲属配偶或同财共居亲属之间不适用之”,倘各被告人纯粹有上开身份关系,其不得提起自诉,原无疑义。假使有夫之妇乙与甲通奸,而甲并无上开身份关系,对甲似可适用自诉程序。然查《刑法》第二百五十六条“其相奸者亦同”,参照前大理院五年统字四七五号解释例,本夫不能单独告诉奸夫。现在对于乙妇既受刑诉法第三百三十七条第二款之限制,此种场合,本夫对于奸夫究竟可否单独自诉,抑可对于乙妇同时自诉,或因乙妇有上开身份关系,本夫仅能告诉不得自诉,并无明文根据,请求解释等情前来。经本会第十一次常任评议员会议决,应予照转相应函请查照烦为转呈解释,俾资遵循等情。据此,理合备文转请仰祈钧院俯赐解释,以便转知。谨呈

**院字第三六五号**

**十九年十一月八日　司法院训令广东省特别区域高等法院　附原函**

为令知事,该法院本年第四九七号公函致最高法院,为该特区地方法院办理遗产监护事件发生法律疑义转请解释一案,兹据最高法院拟具解答案呈核前来内开,东省铁路职工储蓄援助会章程不能认为无效,该会应发之自储金,如自应行发还之日起十年期内未经索领者,依该章程第十八条之规定,即为援助基金,自不得索领。若尚未逾十年,则依该章程第三十一条、第三十二条之规定,该会于已故之会员未有遗嘱时,既应将储金发给会员之继承人,则为保护继承人而设之,监护人自亦有权领取及管理等语。本院长审核无异,合行令仰转饬知照。此令

**附原函**

迳启者,案据本区域地方法院院长呈称,为转请最高法院解释法律俾资遵守事。查职院办理遗产监护事件中有遗产人为已故东铁路局职员,其遗产即为该局附设援助储蓄会内已故人应领之自储金,依职院监护处办事暂行规则,监护人有接收遗产及管理遗产责任,故遗产监护人前往路局领取时,路局不予领取,其理由一谓依援助会章程第十八条第四项规定(即民国十八年一月一日经东铁理事会自订之新章),自会员死亡日起已逾十年,该款已作援助会基金不能再发;一谓依章程虽尚未逾十年,但不能发给监护人等语。现职院有此项已逾十年及未逾十年案件,监护人因路局拒予领取提起诉讼,同人等对于解决此两项问题主张互异,关于第一问题,已逾十年之自储金约分两说:(甲)说谓该局援助会章程未经中国官署核准,不能认为法令只应认路局与会员间之一种契约。契约以自由为原则,会员既承认自储金如逾十年无人领取即作该会基金,法院即未便干与。(乙)说谓该局援助会章程,系属私人章程本非契约关系如谓为契约,则契约之规定须不违反法令强执或禁止之规定。特区法院办理遗产继承事件,系依前北京司法部于民国十四年十一月一日颁行之《特

区地方法院监护处办事暂行规则》第六十二条规定，自公告日起已逾十年无人继承之遗产移归国库自储金，既系遗产之一部，当然别无问题。且该章程第十八条。又，规定许有权人领取此项遗产而领取程序，又于该局储金救助会通知书中明定须提示继承权证明书即法院裁决，则法院办理此项案件只有视该章程为私人章程，无拘束监护处办事规则能力。否则该局所认十年期限，系自会员死亡日起算，法院计算十年期限，系自公告日起算一则时效完成期限较促，一则时效完成之期限较迟。设有案依法院计算期间未逾十年，经裁决后而路局计算期间已逾十年不予发领裁决等于虚设，显违强执规定其无契约效力，更可想见。关于第二问题，尚未逾十年之自储金亦约分两说：（甲）说谓援助会章程第十八条第四项华文既规定有权之人字样，则此有权者，应解释有继承权人或所有权人其他权利人不与焉，故自储金虽尚未逾十年期限，然监护人既非本权利人，即不能领取此项遗款。（乙）说谓监护人虽非权利人，然为权利人之法定代理人、监护人在法律上既负相当责任（参阅《监护处办事暂行规则》第二十七条、第三十四条、第三十五条、第五十四条），故凡权利人一切得行使之权利，该监护人均得行使。监护人既依法能行使权利，即不啻权利之本人，该局即不得拒绝。况事实上遗产监护人向路局接收此项自储金，而路局径行发给者，亦不一而足，岂该局对于自储金之应发与否，亦可自由出入耶？以上诸说，不知孰是，此等案件急待解决，理合呈请鉴核转请解释示遵等情，并呈送储金章程等件到院。事关解释法律，相应检同章程等件备函转请贵院查照解释见复，以便转令遵照，实纫公谊。此致

**院字第三六六号**

**十九年十一月十日　司法院指令绥远高等法院首席检察官　附原呈**

呈悉，业经发交最高法院拟具解答案呈核前来内开，因奸杀害本夫相奸者，无论有无同谋，其犯奸部分未经本夫生前告诉自不论罪等语。本院长审核无异，合行令仰转饬知照。此令

**附原呈**

呈为呈请事，案据五原县县长郝熙元呈称，呈为呈请解释示遵事，窃查犯奸论科须经告诉乃能生效是在旧刑律与新《刑法》，均有明文规定。惟旧刑律关于因奸杀害本夫相奸者，如果出自同谋其犯奸部分依《刑律补充条例》第七条，虽不待告诉应与杀害合并论科。现在旧律既已废止而新《刑法》对于此项补充条例，似不适用。嗣后，倘遇有此等奸害案件发生时，除杀害行为依杀害条款判处外，而犯奸行为究应依何法论科，方与《刑法》第二五六条告诉乃论之罪不生抵触？再如，奸夫因行奸不便，未与奸妇同谋杀害本夫时，此等犯奸行为又应如何办理？仰恳钧院俯赐解释分晰指示俾资遵行谨呈等情前来，查所请各情有关法理，理合据情呈请钧院俯予解释示遵。谨呈

**此处删去一条。**

**院字第三六八号**

**十九年十一月二十九日　司法院咨行政院　附原咨**

为咨复事,前准贵院本年三月三十一日咨(第八一号)开,据工商部呈请解释公司公积金用途问题一案,转请查照解释见复等由,当经发交最高法院拟具解答案去后,兹据呈复内开,按公司之公积金已超过法定额之部分,经股东会议决即可处分。至劳工方面,除本于法令或公司章程规定或本于商业习惯或特约外,不得主张分润等语。本院长审核无异,相应咨复贵院查照饬知。此咨

**附原咨**

为咨请事案据工商部呈称,呈为公司公积金用途问题呈请鉴核转请解释以便遵行事。案据上海会计师公会呈称窃属会会员函称,兹有某公司资本总额为五万元公积金达十余万元,现由股东提议增加资本,即将公积金分派与各股东作为股份。惟劳工方面起而反对,以为公积金系公司全体之公积劳方,亦得有所分润。查商业习惯,每届结账时期所有盈余,除提公积金外,对于劳方亦有发结花红,究此花红之所自来实与公积金同性质同为盈余项下支配所得,惟此项公积金劳方是否亦可分润商法中,尚无明文规定用。为函询请于开会时提出讨论以谋解决俾有遵循等因,据此,经属会开会讨论以事关法令,非可以学理漫为拟议,理合将该会员函称,各节备文呈恳钧部转咨司法官署解释批复,俾资遵循,实为公便等情到部。查公司《公积金公司条例》规定,以达于资本四分之一为法定额,新颁公司法以达于资本二分之一为法定额,在未满法定额时,不准提作别用,本无疑义。惟已超过法定额以后,其超过部分用途如何,现时适用之《公司条例》并无任何规定。《公司法》第一百七十一条虽有得充派股息之规定,而现时尚未施行,是否股东会议决即可自由处分,或劳工方面亦可分润?事关法令,理合具文呈请鉴核转请解释,以便遵行等情。据此,查事关解释法令除指令外,相应据情咨请贵院查照解释见复,俾便饬遵,至纫公谊。此咨

**院字第三六九号**

**十九年十二月二日　司法院咨行政院　附原咨**

为咨复事,前准贵院本年二月十二日咨(第三三号)开,据工商部呈请解释《工商同业公会法》疑义一案,转请查照解释见复等由,当经发交最高法院拟具解答案去后,兹据呈复内开,工商同业公会应置之委员依该法第十条准用商会法关于职员之规定。查《商会法》第十八条委员系就会员代表中选任之甲业同业虽仅七家,改选时可由会员另推派代表以备选任等语。本院长审核无异,相应咨复贵院查照饬知。此咨

**附原咨**

为咨请事,据工商部呈称,案据浙江建设厅呈称,呈为呈请解释事。案据宁波市市长呈称,查《工商同业公会法》第三条规定,工商同业公会之设立须有同业公司行号七家以上之

发起等语,假如有甲业同业共有七家自得发起设立同业公会。又查公会法第九条,同业公会置委员七人至十五人,则甲同业公会全体会员已皆为委员,选举手续自不能举行,且同时委员会即为会员大会而委员任满,依公会法第十条之规定,准用商会法应改选半数。现在甲同业公会全体会员既仅有七人,此项改选究应如何办理,请予解释等情。据此,案关解释法令,理合备文转呈仰祈鉴核迅赐解释,实为公便等情到部。据此,查原呈所称案关解释法令,除指令外,理合据情呈请鉴核转咨解释,俾有遵循等情,据此,查案关法律疑义,除指令外,相应备文咨请贵院查照解释见复,以便饬遵,至纫公谊。此咨

**院字第三七〇号**

**十九年十二月三日　司法院咨行政院　附原咨**

为咨复事,前准贵院本年一月二十七日咨(第一七号)开,据汉口特别市市长电请解释劳工争议仲裁程序疑义一案,转咨查照解释见复等由,当经发交最高法院拟具解答案去后,兹据呈复内开,查来咨所谓劳工争议案究系指劳资争议,抑系指劳工与劳工之争议,尚未明了。如系劳资之争议,则依本年三月十七日公布之《劳资争议处理法》第五条载,争议当事人于仲裁委员会之裁决送达后五日内不声明异议者,该裁决视同争议当事人间之契约等语。据此,则裁决送达五日内既许声明异议,则声明异议后提起诉讼于法院,自非法所不许。又查凡民事事件经法院裁判之后,原许双方另自和解,故双方如愿就仲裁解决者,于法自亦可许。如仅一方不服,只能向法院依法上诉。至劳工与劳工争议之事件,既尚无特别法令之规定,自应依普通民事之争执办理等语。本院长审核无异,相应咨复贵院查照饬知。此咨

**原条咨**

为咨请事,案据汉口特别市市长刘文岛养电称,现有劳工争议案迭经社会局市总工会调解无效,且经夏口法院暨湖北高等法院先后判决当事人表示不服呈请召集仲裁到府。查法院已经判决案件,职府能否再行召集仲裁变更法院判决,业经仲裁决定案件,法院应否受理,均无明文规定,应请转咨解释电令祇遵等情。据此,查案关法律疑义,除电复外,相应备文咨请贵院查照解释见复,以便饬遵,至纫公谊。此咨

**院字第三七一号**

**十九年十二月九日　司法院函中央执行委员会训练部　附原呈**

迳复者,前准贵部本年十月二十一日公函(第一一二〇二号)开,据江苏省党务整理委员会训练部呈请解释商会执监委员能否兼充同业公会执监委员疑义一案,转函到院,当经发交最高法院拟具解答案呈核去后,兹据呈复内开,工商同业公会执行委员(参看院字第二〇七号解释)复被选为商会执监委员,查该两会并无系统关系,又无利害冲突,法条上既未定有限制明文,应认为可以兼充等语。本院长审核无异,相应函复贵部查照转知。此致

**附原呈**

案据高淳县党务整理委员会训练部呈称“查属县各同业公会刻已相继成立,不久新商会即将产生,如同业公会执监委员将来被选为商会执监委员时,其原职能否照旧兼充?详审商会法施行细则及工商同业《工会法》施行细则,均无明文规定,事关解释,理合具文呈请鉴核示遵”等情。据此,查商会法及施行细则、同业公会法及施行细则,确无是项规定,职部不敢擅作主张遽予解释,理合具文转呈仰祈鉴核指令祗遵,实为党便。谨呈

**院字第三七二号**

**十九年十二月九日　司法院指令江苏高等法院　附原呈**

呈悉,业经发交最高法院拟具解答案呈核前来内开,《诉愿法》第一条所谓官署远法或不当处分,不问其为积极或消极,只要其处分足致损害人民之权利或利益者,即得提起诉愿等语。本院长审核无异,合行令仰转饬知照。此令

**附原呈**

呈为呈请解释事,案据上海律师公会常务委员刘祖望等呈称,据属会会员钱树声函称,兹有某同业合法组织之同业商民团体,因同业共利事件向地方官署请求办理,致被该官署就事件实体上批驳,能否依照《诉愿法》第一条提起诉愿?如不合于诉愿条件,于此类事件应如何救济?事关商民权利,会员承办此案,援引法律发生困难,亟待解决用,特函请查照恳赐转请迅予解释等情。经属会第五九次执监会议审查,分为两说:(甲)说《诉愿法》第一条所谓违法或不当处分,无论其为积极的行为或消极的不行为,只须官署有此处分,而其处分足致损害人民之权利或利益,即得提起诉愿。故人民对于官署有所请求,如被就请求之实体上批驳不理,则因不行为之结果,有时亦足损害人民之权利或利益,应许提起诉愿,以求救济。(乙)说官署之违法或不当处分须有积极的损害人民权利或利益之情形,方合提起诉愿之条件。倘官署本无积极行动,仅对人民呈请办理之事项批驳不理,属于消极之不行为,尚不能认于人民之权利或利益有直接之损害,似与诉愿条件未合。惟对于此类不得提起诉愿之事件,应如何救济,实属疑问等语。两说未知孰当,议决应一并转呈解释等情前来。事关法律疑义,职院未敢擅断,理合具文呈请钧院迅赐解释,以凭饬遵。谨呈

**院字第三七三号**

**十九年十二月十五日　司法院指令江苏高等法院第二分院　附原呈**

呈悉,业经发交最高法院拟具解答案呈核前来内开,银行在汉口所发行之钞票,除在民国十七年《金融长期公债条例》所定整理范围内者应认为行政处分依院字第一〇七号解释办理外,其不在该条例整理范围内,持票人所受损失,自得向该管法院诉请赔偿等语。本院长审核无异,合行令仰转饬知照。此令

**附原呈**

呈为呈请解释事,案据署江苏上海特区地方法院院长杨肇熉呈称,兹有持有某银行汉口钞票人因某银行前在汉口本发行巨额钞票,嗣以政府于十六年颁发现金集中命令提借。该行未发行及库存钞票流通市面停止兑现,十七年政府又发行金融公债整理该行汉钞,但整理范围只限于政府所提借该行之数额,其属于银行自动发行者,则不在公债整理范围之内。此项汉钞银行借口行政处分,获有不当利得因向某银行提起赔偿之诉,发生司法与行政管辖之疑义,计分甲乙两说:(甲)说某银行汉钞之不兑,现系受武汉现金集中命令之所致,政府颁行长期公债整理政府所借某银行汉钞,系属行政处分持券人,如有不满可提起行政诉愿或诉讼以为救济,自均属于行政范围。此在政府所借某银行债务而在整理范围以内者,当然无争执之余地。惟查在武汉政府颁发现金集中命令之前,某银行在汉已发行巨额钞票此项钞票依法应有准备金以为兑现之用,至政府所借某银行汉钞,仅若干万元,此若千万元之债务即十七年长期公债所应整理之范围而为该《长期公债条例》第一条所明定此外,在现金集中命令颁行前,某银行所发巨额汉钞,依法应有准备金者,并不在长期公债整理范围之内,该行即不能借行政处分以损害私人权利而获此巨额之不当利得,故持票人所受之损失自应为司法上之请求赔偿,本件应属司法管辖。(乙)说查民国十六年武汉政府所颁发之现金集中命令停止钞票兑现,及十七年政府所定整理汉钞办法,均属行政处分持票人,如有不满系属行政管辖范围。业经司法院解释在案,本件赔偿损失问题,系沿于汉钞不兑现而起,不兑现又原因于现金集中之命令,故本件仍应属于行政管辖。以上二说,各执一理,究系何说为正当,案悬待理,理合呈请鉴核迅予转呈解释示遵,实为公便等情。据此,理合具文呈请钧院鉴核俯赐解释,以便饬遵。谨呈

**院字第三七四号**

**十九年十二月十七日　司法院函中央执行委员会训练部　附原函**

迳复者,前准贵部本年八月七日公函(第一〇〇五五号)开,准铁道部函据平汉铁路管理局呈请解释《工会法施行法》第八条疑义一案,转函到院,当经发交最高法院拟具解答案呈核去后,兹据呈复内开,按《工会法施行法》第八条,所谓主管官署,系指直接管辖该事业之官署而言。来函所述铁路事业工人所组织之工会,自以该铁路管理局为主管官署等语。本院长鉴核无异,相应函复贵部查照转知。此致

**附原函**

迳启者,案准铁道部第三〇六九号函开,据本部直辖平汉铁路管理局呈称,查《工会法》第一节第三条内载,国家行政、交通、军事、国营产业、教育事业、公用事业各机关之职员及雇用员役不得沿用本法组织工会。又,《工会法》施行法第五条内载,《工会法》第三条所列举各机关之工人均得依《工会法》组织工会。又,第八条内载,《工会法》第三条所列举各事业工人所组织之工会,其主管官署为该事业之主管官署各等语。惟所谓该事业之主管官

署,如铁路事业工人所组织之工会,究系指钧部而言,抑或即指该铁路管理局而言?为此,呈请指令祇遵等情,查《工会法施行法》第八条内称,一市或一县之工会,以市政府县政府为主管官署;超过一市或一县之工会,以省政府为主管官署。《工会法》第三条所列举各事业工人所组织之工会,其主管官署为该事业之主管官署等语。又查《工会法》第三条所列事业,系指国家行政、交通、军事、工业、国营产业、教育事业、公用事业而言,铁道属于所列事业之一。细译条文,该路管理局所组织之工会,似应由该路管理局为主管官署,拟请贵部查核,应否照此解释令局遵照?相应函请查照见复,以凭令转,实纫公谊等由。查事关法律解释,相应转请贵院查核,究应如何解释,即希见复为荷。此致

**院字第三七五号**

**十九年十二月十七日　司法院训令湖北高等法院　附原函**

为训令事,该法院本年第一七五七号公函致最高法院,为汉口律师公会转请解释送达不起诉处分书逾法定期限应否认为失效一案,兹据最高法院拟具解答案呈核前来内开,不起诉之处分书固应依照《刑事诉讼法》第二百四十七条第二项所定期限而为送达,但此项送达之期限系对于检察官职务之规定,不能因其逾期影响及于被告或告诉人而认其处分为无效等语。本院长审核无异,合行令仰转饬知照。此令

**附原函**

径启,若案据汉口律师公会呈称为转请解释事,案据属会会员刘家俊函称,查阅关于送达不起诉处分书之期限已于《刑事诉讼法》第二四七条第二项规定“前项送达自处分后至迟不得逾七日”,此种法定之不变期限,自应确为遵守。现有显然违法逾限送达者,其不起诉处分书是否因送达违法而认为失去效力?如认为失效,应用何种方法救济?如非无效,又将何以解于刑诉法二四七条第二项之规定?事关法律疑义,相应函请大会即予转请解释等语到会,经属会第十次常任评议员会议决,应行呈请解释理合具文呈请钧院鉴核准予转请解释示遵,实为公便等情。据此,相应函请贵院即予解释,俾便饬遵为荷。此致

**院字第三七六号**

**十九年十二月二十三日　司法院指令司法行政部　附原呈**

呈悉,业经发交最高法院拟具解答案呈核前来内开,凡土地所有人久不行使所有权,若占有人依《民法》物权编第七百六十九条、第七百七十条及该编施行法第七条、第八条规定,因时效应视为所有人等语。本院长审核无异,合行令仰转饬知照。此令

**附原呈**

呈为呈请示遵事,案据云南高等法院呈称,据安宁县县长代电称,查部颁《民法》物权编第七百六十四条内载,物权除法律另有规定外,因抛弃而消灭等语,自应遵照援用。惟抛弃二字意义之广狭未能明了,例如,甲有田产五亩耕管,多年无异,后甲死而子尚幼,不知此五

亩田之契在于何处，亦不知经过何种手续，而此五亩田遂落于乙之手内管理者凡五六十年，迨至甲之孙丙忽将此五亩田之契执出向乙索还。此田乙以管理多年不肯交还，竟致起诉。似此情节，丙虽持有此五亩田之契，但已丧失主权至五六十年之久，乙虽无此田之契，但已行使主权至五六十年以上。且丙持出之契是否真确，双方均不能知假定，丙契是真是否仍依物权因抛弃而消灭之规定，将此田判与乙方管理之处，应请钧院解释条文示遵等情。据此，理合呈请转呈解释示遵等情，据此，查抛弃系法律行为之一种，依法应以意思表示为之。此案甲之田产如未能证明甲或其子生前曾有抛弃之意思表示，似尚不能适用《民法》物权编第七百六十四条，应依总则编第一百二十五条及总则编施行法第十六条关于消灭时效之规定办理。职部意见如此，是否有当，事关法律解释，未便擅拟，理合具文呈请钧院鉴核指令，以便转令遵照。谨呈

**院字第三七七号**

**十九年十二月二十三日　司法院指令江苏高等法院　附原呈**

呈悉，业经发交最高法院拟具解答案呈核前来内开，承租人出资将租赁房屋改造，出租人知其情事而不为反对之表示。如租赁契约未定期限，出租人自可随时终止契约，但其改造费用苟无特约，出租人于租赁关系终止时应依该房屋现存之增价额偿还（参照《民法》债编第四百三十一条）。至租赁契约未定期限者，依《民法》债编第四百五十条第二项之规定，若当地习惯于出租人之解约有所限制而有利于承租人者，应从其习惯等语。本院长审核无异，合行令仰知照。此令

**附原呈**

呈为办案发生疑义，恳请准予解释示遵事。窃有甲租乙之房屋经营规模宏大之商业，因屋已朽败，商允乙自行出资在该地翻造西式房屋多幢，共用建筑费五万元有奇，又，小费约一万八千元，仍归甲居住，重订契约，并未设定期间。仅及数年，忽比邻同房主开某商业之丙，因翻盖房屋致生枝节不能仍租原屋，乃用金钱运动乙令甲迁让，最后丙耸使乙于之已营业内附股若干，假乙自用名义非达到目的不止。似此情形究，应如何适用法律，职院未便擅专，理合具文呈请钧长鉴核俯赐解释指令祗遵，实为公便。谨呈

**院字第三七八号**

**十九年十二月二十四日　司法院指令江苏高等法院第二分院　附原呈**

呈悉，业经发交最高法院拟具解答案呈核前来内开，按债务人之财产原为总债权人之共同担保，故未得有执行名义之债权人，如能证明其债权属实该债务人，又别无其他财产足以供清偿者，自可于执行时要求参加卖得金之分配，至未得有执行名义之债权人如欲主张分配，应向执行法院正式声请等语。本院长审核无异，合行令仰知照。此令

**附原呈**

呈为呈请解释事,查民事强制执行原应以债权持有执行力之债务名义(如确定判决正本审判上和解笔录等类)为据,其未得有执行名义之债权,无论是否属实,似难于执行时要求参加卖得金之分配。惟前大理院民国四年上字第三六〇号判例载有债务人所有财产为总债权人之共同担保,故虽未得有执行力判决正本,而在《民法》上得要求分配之债权人,亦得于执行时要求卖得金之分配。惟应以债务人之财产于得有确定判决之债权人请求执行时,确无他项可以扣押或有他财产可以扣押而确不足以清偿其债务为限,否则该债权人之债权不虑其不能清偿,无庸遽许有要求分配之权。至此时之证明责任,应由要求分配之债权人负担等语。据此情形,是未得有执行名义之债权于具有相当条件时,亦得要求参加分配。兹有案件经审判上和解后债权人因债务人不履行债务向执行法院声请执行,而债务人之代理律师到案主张债务人之财产,现正由其清理其他债权人向其事务所登记者甚多,当然应与其他债权平均分配。职院各员对于上述情形分为甲乙两说:(甲)说此项登记之债权虽未经判决,如果由执行法院审核确实依上述判例自得加入分配。(乙)说执行程序与破产程序显有分别,此项未得有执行名义且未经起诉之债权,如果准其加入分配,则凡有执行案件债务人,均可与他人通谋诈称债权出而要求直将执行名义之效力等于虚设,实有奖励债务人串谋诈害真正债权人之嫌。况所谓登记债权既未经债权人向执行法院正式请求,仅据债务人片面之词尤不能准其加入分配。以上两说,未知孰是,抑更有相当办法之处,理合具文呈请钧院迅赐解释训示祗遵。谨呈

**院字第三七九号**

**十九年十二月二十六日　司法院电最高法院东北分院　附原电**

最高法院东北分院院长览,该法院本年五月祃代电致最高法院,为东省特别区行政长官公署转请解释在华苏联商人法律上之地位疑义一案,兹据最高法院拟具解答案呈核前来内开,苏联籍人民在华经营商业,苟非为其国营商业,即不在民国十六年十二月十四日国民政府勒令停止之列,自可依无领事裁判权国人民待遇等语。本院长审核无异,合电转行知照。司法院宥印

**附原电**

最高法院钧鉴,案准东省特别区行政长官公署函开,案据市政管理局呈称,案据苏联籍商人阿布拉木奥坤呈称,苏俄籍人民是否与他国籍民有同等权利充任各种商业洋行及股份公司等之股东请予解释等情前来。据此,查中苏两国关于通商事项现尚未订有专约,又无临时规定适用办法无凭解释,拟请钧署转函最高法院东北分院,将在华苏联商人法律上之地位详予解释以便饬遵等情。据此,除指令外,相应函请贵分院查照解释见复,以便转饬知照等因。准此,事关解释法律,理合遵照《最高法院分院处理事务暂行办法》丁项第一款之规定,电请钧院拟具解答案呈请司法院核定示复以便转函知照。最高法院东北分院叩祃印

**院字第三八〇号**

**十九年十二月二十六日　司法院电湖北高等法院　附原电**

湖北高等法院何院长览，该法院本年九月元代电致最高法院，为光化县司法委员转请解释不动产之假执行可否拍卖一案，兹据最高法院拟具解答案呈核前来内开，自假执行之判决宣示后，债权人即可据以声请执行自得适用《民事诉讼执行规则》，关于不动产查封拍卖管理之规定，斟酌情形分别办理等语。本院长审核无异，合电转饬知照。司法院宥印

**附原电**

南京最高法院钧鉴，顷据光化县司法委员张荣霖养代电称，查宣示假执行之案件依最高法院十七年抗字第三十八号判例载，宣示假执行之判决不必待其确定债权人即可据以声请执行云云。惟不动产之假执行可否拍卖，颇滋疑义，理合电请钧院迅赐解释，俾便遵循等情前来，相应电请贵院迅赐解释，以便转饬遵照。湖北高等法院叩元印

**院字第三八一号**

**十九年十二月二十六日　司法院指令浙江高等法院　附原呈**

呈悉，业经发交最高法院拟具解答案呈核前来内开，蓄婢既为法令所禁，对于所蓄婢女自无监护或保佐之权等语。本院长审核无异，合行令仰转饬知照。此令

**附原呈**

呈为呈请解释事，案据职属平湖县政府承审员俞彰文电称，按《刑法》第二百五十七条第一项和诱略诱未满二十岁之男女脱离享有亲权之人监护人或保佐人者，其罪始行成立。而现行《民法》并无监护人、保佐人名称，何者应置监护人，何者应置保佐人，不无疑问。兹有未成年之女甲在乙家为婢，被丙和诱，其乙应否视为监护人或保佐人？事关法律解释，未便臆断，恳请迅予核转解释等情。据此，案关法律解释，职院未敢擅断，理合呈请钧院俯赐解释，以便饬遵。谨呈

**院字第三八二号**

**十九年十二月二十七日　司法院指令山东高等法院　附原呈**

呈悉，当经发交最高法院解释兹据拟具解答案呈核前来内开，公示送达及休止诉讼程序依该省沿用之《民事诉讼条例》第一百八十三条、第二百三十一条规定，须分别依当事人之声请或双方之呈明，如来呈所述双方所在均不明，并未曾向法院为何种声明，则诉讼程序即属无从进行等语。本院长审核无异，合行令仰知照。此令

**附原呈**

呈为法律疑义祈赐解释以便遵循事，窃济垣自经五三之变，社会经济人民生活大受打击，诉讼当事人或因生活压迫流离失所，或因锋镝余生避地以去。职院受理民办第二审案

件常有两造均不在原住址居住,不知迁移何处之情形,或竟惨遭日军屠戮,亦未可知,致传票无法送达,经年累月亦无人状请续行诉讼,影响于诉讼进行者甚巨。为免案件积压计,诚不可不设法判断结,职院对此现有两说:(一)依《民事诉讼条例》第百八十二条、第百八十六条公示送达,并依职权为两造选任特别代理人以便进行。(二)依《民事诉讼条例》第二百三十一条、第二百三十三条、第二百三十四条之法意认,两造皆无进行诉讼之意思为合意,休止诉讼程序,于六个月内不续行诉讼者,视与撤回上诉。同以上两说,依甲说,则缺当事人之声请,依乙说,则未经两造之呈明。法律上不无疑义,抑另有别种办法,职院现有此类案件多起,究应如何办理,未敢擅断,恳祈钧长俯赐解释,俾便遵循,实为公便。谨呈

**院字第三八三号**

**十九年十二月三十日　司法院训令甘肃高等法院　附原函**

为令知事,该法院十八年第九一号公函致最高法院,为皋兰地方法院转请解释民诉程序各疑义一案,兹据最高法院拟具解答案呈核前来内开,(一)乙经管收日久,依《管收民事被告人规则》第九条,不得继续管收,甲既被传不到,只可作为案悬待讯。(二)立案改嫁,现无此项程序法之规定,自不得以裁决准许。(三)依该省适用之《民事诉讼条例》如经公示送达后而被告仍不到者,依到场当事人之声请,得由一造辩论而为判决等语。本院长审核无异,合行令仰转饬知照。此令

**附原函**

迳启者,案据皋兰地方法院呈称呈为呈请转请解释事,窃查民诉程序在《民事诉讼条例》中定有专条者,同可援引若条例中无明文者,于进行上不免发生困难。兹将民诉疑难各点分述无下:(一)如甲系外国人,在中国开设公司雇用中国人充当经理,因亏本甚巨,甲向乙诉追。第一审判令乙将亏短数目清偿,乙提起上诉,经第二审发还更审,正票传间,甲已携带案内账据回国,原审法院因乙无保管押业,经三载甲再未续行诉讼,可否认为甲放弃权利,将案撤销,抑或裁决中止,此其一。(二)甲夫逃亡三载,杳无音讯,乙妻因窘迫无度,请求立案改嫁,法院如调查属实,可否以裁决许其改嫁,此其二。(三)甲妻对乙夫请求离异,第一审判离,第二审判合,甲又上诉,经第三审发还更审,票传间,乙已从匪逃避以致传票,无从送达。查乙既甘心为匪,畏罪不归,能否依甲一造之请求,缺席判决,此其三。以上三点,均无依据,事关法律解释,未便擅拟。现职院受理案件类此甚多,悬案待结,究应如何办理之处,理合具文呈请钧院鉴核转请最高法院俯赐解释以资遵循,实为公便谨呈等情。据此,案关解释法律相应函请贵院迅赐解释见复,以便饬遵,至纫公谊。此致

**院字第三八四号**

**十九年十二月三十日　司法院电江苏省政府　原附呈**

江苏省政府勋鉴,十月有电悉前请解释普通存款钱洋折算疑义一案,业经发交最高法

院拟具解答案呈核前来内开，存放款项钱洋折价应依存款时钱洋市价折算，方不至一造独受损失等语。本院长审核无异，特电查照。司法院陷印

**附原呈**

呈为普通存放款项钱洋折价如何计算恭祈核赐解释俾便遵循事，窃苏省人烟辐辏商贾云集，存储贷借综错频繁，每因洋价今昔悬殊时起钱码折洋争执，虽取赎典当不动产问题，业经钧院院字第一号训令开，典契既载明典到钱数，除当事人有约定给付标的外，自应就所收钱额比照当时市价计算取赎等因。又建设经费各项存款问题经属府委员会第二四一次会议议决，照折衷办法（即将逐年兑价查明，凡何年典抵立契之田产，即以其年兑价与赎回时之兑价通扯对折）办理，并经通令此项折衷办法系专指建设存款而言等语各在案。惟是比附援引，仍多争议，究竟普通存放款项设因钱洋折价发生纷争之际，应否依据典赎不动产之例处理，抑应按照折衷计算办法解决？事关法律问题，理合备文呈请仰祈鉴核解释示遵，实为公便。谨呈

**院字第三八五号**

**十九年十二月三十日　司法院指令江苏高等法院　附原呈**

呈悉，业经发交最高法院拟具解答案呈核前来内开，来呈所称情形，被继承人虽在该省隶属国民政府以前死亡，而隶属国民政府时尚无继承取得遗产之人，则被继承人之亲生女及嗣子均得享有财产继承权等语。本院长审核无异，合行令仰转饬知照。此令

**附原呈**

呈为呈请解释事，案据上海律师公会常务委员呈称，窃查本年五月十二日院字第二七五号解释关于女子追溯继承财产权及财产继承开始各疑点解释甚明，但此项解释系指所继人死亡有子，而其财产已由其子继承所得者而言。今据属会会员戴景槐律师函称，若所继人于该省隶属国府以前死亡，有女无子，遗产由守志之妇承受。迨隶国府以后，守志妇始为所继人立嗣，此种场合，其财产继承开始当如何起算？又如所继人在隶属国府前夫妇双亡，遗产即由其亲生女掌管，迨隶属于国府后，族众始为所继人立嗣，其财产继承开始又当如何起算？请代为转呈解释前来，当经议付审查，佥以上述两项疑问，性质从同并合讨论得分为二说：（甲）说继承以所继人死亡为开始，法律上既无例外规定，则无子立嗣其效力应溯及于所继人死亡之当时，而在立嗣未定前之遗产，无论为守志之妇或亲生女所执管，皆不过为管理产之行为，非因继承而取得其遗产所有权。其后立嗣，既定嗣子之权义，仍溯及于所继人死亡之当时，依当时法令女子既无继承财产之权，即不合事后之条件。（乙）说历年院解皆以（一）继承开始在该省隶属于国府前；（二）而所有财产已由其男子继承取得，两事并举以为女子不得追溯继承财产权之论据。若所继人虽死亡于隶属国府之前而立嗣在隶属国府之后，则后立之嗣子在未隶属国府前，尚未因继承取得所有财产既欠缺取得之条件，自不妨以嗣子入嗣之日为财产继承之。实际上开始应容许亲生女依法追溯，以免偏枯。二说未知

孰当,经属会执监联席会议议决认有请求解释之必要,为此转文呈请核转迅赐解释,俾资遵循等情到院。事关法律疑义,职院未敢擅断,理合具文呈请钧院迅赐解释,以凭饬遵。谨呈

**院字第三八六号**

**十九年十二月三十日 司法院训令江西高等法院首席检察官 附原函**

为令知事,该首席检察官呈最高法院检察署,为该院第一分院首席检察官转请解释扣货抵债是否犯罪疑义一案,兹据最高法院拟具解答案呈核前来内开,甲向乙价买货物多件运往某处,丙因乙欠彼债务,率领多人将货起去扣抵其债务,以俟乙债清偿,即将原货交还。在丙如果确无所有之意思,又无强暴胁迫之行为,即系民事关系不能构成犯罪等语。本院长审核无异,合行令仰转饬知照。此令

**附原函**

迳启者,案据江西高等法院首席检察官胡觉呈称,案据江西高等法院第一分院首席检察官萧伟呈称,呈为呈请转请解释事。兹有甲向乙价买货物多件运往某处,起坡之际,丙因乙欠彼债务,率领多人未用强暴胁迫行为遂将货物起去扣抵其债务,以俟乙债清偿,即将原货交还。于此发生二说:(甲)说谓丙行使债权只能对于乙行使,不能妨害甲之所有权,即令并无强暴胁迫行为要,难谓不犯《刑法》第三百四十三条之罪。(乙)说谓丙并不犯罪当时起货,既无强暴胁迫行为,即不犯强暴胁迫妨害人行使权利之罪(《刑法》第三百十八条),其行为虽与《刑法》第三百四十三条第一项抢夺要件相合,然其犯意既在扣货抵债,参考前大理院历来解释判例即未具备该条意图为自或第三人不法之所有之要件,自不成立抢夺罪。二说未知孰是,理合呈请鉴核转请解释示遵等情前来。事关法律解释,除指令外,理合据情备文转呈钧署察核解释示遵等情前来,相应函请贵院查照办理,并希见复为荷。此致

**院字第三八七号**

**十九年十二月三十日 司法院指令浙江高等法院 附原呈**

呈悉,业经发交最高法院拟具解答案呈核前来内开,《刑法》第九十一条第一款所称受刑之宣告系别乎刑之执行而言,而撤销缓刑之宣告既以受有期徒刑以上刑之宣告为前提要件,当然须俟宣告刑之裁判确定后,始得撤销缓刑之宣告等语。本院长审核无异,合行令仰转饬知照。此令

**附原呈**

呈为转请解释事,案据署浙江高等法院第二分院院长郑汝璋呈称,窃查《刑法》第九十一条第一款所称,受有期徒刑以上刑之宣告者之宣告二字,依文义解释,似可不待判决确定一经宣告罪刑,该款条件即可成立。但果如是则第一审判决经第二审或第三审撤销改判无罪,而撤销缓刑之裁决早已确定,此时即无救济办法,被告缓刑利益似乎冤被剥夺,殊有可疑。事关法律解释,理合备文呈请转呈解释示遵等情。据此,查《刑法》用语宣告与确定判

决意义迥殊，惟缓刑中被原对手人诬告经第一审为刑之宣告而撤销缓刑者，及后昭雪而缓刑撤销业经确定，是则依法得享缓刑之宽典者，只以私人诬告初判错误遽被撤销，似于人情及立法原意不无未符。关于此种情形，有无救济办法，抑撤销缓刑程序，是否应备何种条件？事关法律疑义，理合备文转请仰祈钧院解释饬遵。谨呈

**院字第三八八号**

**十九年十二月三十日　司法院电最高法院东北分院　附原电**

最高法院东北分院院长览，该法院本年七月世代电致最高法院，为东北陆军第十二旅兼第三区剿匪司令部转请解释并合论罪执行疑义一案，兹据最高法院拟具解答案呈核前来内开，《刑法》第七十条第一款所称他刑包括各刑而言，故宣告多数死刑执行其一之情形亦包含在内等语。本院长审核无异，合电转行知照。司法院陷印

**附原电**

最高法院钧鉴，案准驻锦东北陆军第十二旅兼第三区剿匪司令部漾日快邮代电开，查《刑法》并合论罪内第七十条第一款仅载宣告之最重刑为死刑者不执行他刑。对于科多数之死刑执行其一并无明文规定，似与旧刑律俱发章内第二十三条不同。设遇科多数死刑之被告，取实上既不能并执行之究应适用何条如何办理，不无疑义，谨请钧院俯赐解示，以便有所遵循等因。准此，事关解释法律，理合遵照《最高法院分院处理事务暂行办法》丁项第一款之规定，电请钧院拟具解答案呈请司法院核定示复，以便转行知照。最高法院东北分院院长孔昭焱叩世印

**院字第三八九号**

**十九年十二月三十日　司法院指令河南高等法院　附原呈**

呈悉，业经发交最高法院拟具解答案呈核前来内开，甲以所有地产典当与乙甲死亡后乙以其地转卖于第三人，如甲果无应继之子，除亲女因承继遗产得以告争外，侄女无告争回赎之权等语。本院长审核无异，合行令仰转饬知照。此令

**附原呈**

呈为呈请解释饬遵事，窃职院据延津县县长焦伯阳承审员张连三呈称，为呈请解释事。兹有甲将地一段典当于乙，旋甲物故，无子，只有侄女丁尚未成年。未几，丁母改嫁，丁女亦随母他适。乙忽于光绪三十二年间将甲典当与己之地出卖于戊，戊继续管业二十余年。现丁以女子有财产承继权，伊伯父甲之遗产应归伊承受，因乙物故遂向乙子庚回赎。奈庚谓伊父出卖多年，尔时丁女既未告争，应视为默认。戊亦物故，其子辛亦主张买卖契约为有效。于是遂生法律上之疑窦，计分为子丑寅三说：(子)说谓女子既有财产上承继权，丁伯父甲既乏子嗣，同宗又无应继之人，所有遗产应归丁女承受。且乙只有典当权，并无所有权私擅变卖，原属无权处分根本，上不能发生物权移转之效力。而甲之典期尚未逾六十年，应由

丁女赎回管业。(丑)说谓丁女并非甲之亲女,能否承受甲之遗产法律上尚无明文规定,则乙早视该地为绝产,始有售卖之举。而戊之管业已历二十余年,丁女及其法定代理人并未出而告争,应推定为有抛弃权利之意思表示,仍应归戊子辛继续占有。(寅)说谓丁女既非甲之亲女,则甲之遗产自无承受之权,而戊之取得契约又属根本无效。典当期限尚未逾越,自不能认为丁女有抛弃权利之意思表示而取得占有权,应依前大理院三年上字第三八六号之判决例,户绝遗产如无亲女,应归国库。以上三说,究以何说为是,抑或另有正当之解释,属县现有是项案件急待解决,理合具文呈请钧院鉴核,可否转请解释并乞俯赐指令,俾有遵循实为公便等情。据此,查伯父绝产,侄女究竟能否承继,如不能承继,又无其他可以承继之人,可否按照户绝财产收归国有之例办理?事关法律解释,职院未敢擅专,理合转呈钧院伏乞解释饬遵。谨呈

**院字第三九〇号**

**十九年十二月三十日　司法院训令江苏高等法院　附原函**

为令知事,该法院本年第六五一二号公函致最高法院,为铜山县承审员转请解释盗匪案件起诉权时效疑义一案,兹据最高法院拟具解答案呈核前来内开,盗匪案件在《刑法》施行前依刑律已经过公诉权之时效者,其起诉权即归消灭不因《刑法》之施行而复活(参照院字第二十七号第二十八号及第二百〇四号解释)。《修正盗匪案件适用法律暂行细则》第二条第一款及第四条,系就法律变更后定应适用何法处断之标准,与本问题无涉等语。本院长审核无异,合行令仰转饬知照。此令

**附原函**

迳启者,案据铜山县承审员魏勋呈称,窃查旧刑律第六十九条规定死刑起诉权时效为十五年,而新《刑法》第九十七条规定,死刑、无期徒刑或十年以上有期徒刑起诉权时效为二十年。两相比较,是新《刑法》似较旧刑律为重,如有盗匪案件发生,在民国元年未经告诉,至民国十八年而始告诉,则依旧刑律其起诉权业已经过十五年而消灭,依新《刑法》则起诉权时效尚未逾越。当此场合,其起诉权时效究应从新《刑法》第二条但书依旧刑律而消灭,抑应受《修正盗匪案件适用法律暂行细则》第二条第一款及第四条之限制而不消灭?疑窦未释,理合呈请核转解释祗遵等情前来,据此,相应函请查照烦即解释见复,以便转饬遵照。此致

**院字第三九一号**

**十九年十二月三十日　司法院训令安徽高等法院　附原函**

为令知事,该法院本年第八八五号公函致最高法院,为该省第一分院院长转请解释县政府刑事判决违背程序如何救济一案,兹据最高法院拟具解答案呈核前来内开,第一审刑事判决县长及承审员均未签名,或仅由县长于判决后画行,显与《修正县知事审理诉讼暂行

章程》第二十一条之规定不合,应由第二审将原判决撤销另为实体上之审判等语。本院长审核无异,合行令仰转饬知照。此令

**附原函**

迳启者,兹据安徽高等法院第一分院院长彭显廷皓代电内称,第一审刑事判决县长及承审员均未签名盖章,或仅由县长于判决后画行,第二审法院应如何救济?乞转电解释示遵等情,据此,相应函请大院解释,以便饬遵。此致

**院字第三九二号**

**十九年十二月三十日　司法院函国民政府文官处　附原呈**

迳复者,准贵处上月十八日公函(第七一八三号)开,准中央执行委员会训练部函,据浙江省执行委员会训练部呈请解释商会与工商同业公会是否有隶属之关系及商会对于工商同业公会可否酌予指导监督一案,奉谕交司法院等因,并抄同原件函行到院,当经发交最高法院解答去后,兹据该法院拟具解答案呈核前来内开,查商会法第九条列公会会员为商会会员之一种,乃系关于商会会员组织之规定,至商会与工商同业公会组织之宗旨,依商会法第一条《工商同业公会法》第二条所定,本不相同,既无隶属关系,自无指导监督之权等语。本院长审核无异,相应复请贵处查照办理。此致

**附原呈**

呈为呈请解释示遵事,窃查商会与工商同业公会之联带关系极形密切,惟关于商会对于同业公会之指导监督权限不无疑义之处,依照商会法第九条之规定同业公会为商会会员之一种,似商会有指导所加入商会之各同业公会之职权。但《商会法施行细则》第三十三条之规定,商会与同业公会彼此公文来往概用公函,似同业公会对于商会无隶属之关系,究竟商会对工商同业公会有无隶属之关系及有否指导之权,属部未敢擅断,为特备文呈请钧部鉴核仰祈解释示遵,实为党便。谨呈

**院字第三九三号**

**二十年一月六日　司法院训令广东高等法院　附原函**

为令知事,该法院十八年第六〇九号公函致最高法院,为澄海律师公会转请解释租赁房屋契约疑义一案,兹据最高法院拟具解答案呈核前来内开,来函所称,永租物权法无明文,至称甲以铺屋租与乙商号订明永远开张,乙商号倒闭后,由丙改开别号各点,是商号与承租人主体变更,未经出租人承诺,即不生效力,自不属于前解字第一九零号解释范围,亦不得以从前租约对抗新业主等语。本院长审核无异,合行令仰转饬知照。此令

**附原函**

迳启者,案据澄海律师公会会长马宗杰代电称,准属会会员潘澄修函称,兹有承办案件发生法律疑问另纸开列原委请为代呈广东高院转函最高法院解释示遵。悬案以待,幸勿迟

延,附送法律疑问一件,内称甲以己铺租与乙商号租约订明"栈租清楚,任凭租栈人永远开张",租赁已三十余年,乙商号倒闭,由乙商号东主之子侄丙改用别字号在铺居住营业。甲将铺转卖于丁,丁向丙取铺。涉讼中,丙将铺之一部份分赁与戊,丙主张租约内订明"栈租清楚,任凭租栈人永远开张"系设定永租物权契约,不因所有权移转丧失永租权利,拒绝交铺。丁主张租赁房屋系债权契约,不能发生永租物权,依最高法院解字一九〇号解释,丙仅能向甲要求赔偿,不能对抗新业主拒绝交铺。况原租之乙商号倒闭,丙已改用别商号,并于涉讼中私行将铺分赁与戊,尤无主张甲乙租约之权。两项主张歧异,发生下列法律疑问:(一)租赁房屋契约法律上可否设定永租物权?(二)租赁房屋契约有租资清楚任凭永远开张字样者,原租商号倒闭后,可否改开别项商号或分赁别人,仍不丧失永租权利?(三)在二之场合于房屋所有权移转时,是否不属最高法院解字一九〇号解释范围,住客得以租约对抗新业主拒绝交铺?事关法律疑问,苦无先例可循,敬请代呈,广东高等法院转函最高法院解释示遵等语。案关法律疑问,理合照为转呈钧院转函最高法院解释示遵等情。据此,案关法律疑问,相应据情函请贵院查照迅赐解释见复,以便饬遵,实纫公谊。此致

**院字第三九四号**

**二十年一月六日　司法院训令湖北高等法院　附原函**

为令知事,该法院十九年第一二八七号公函致最高法院,为宜昌地方法院转请解释孀妇承受夫分及择继疑义一案,兹据最高法院拟具解答案呈核前来内开,孀妇招夫入赘,即非守志之妇,虽因抚子招夫,仍不得于子亡后承受前夫之分或为前夫及前夫之子择继等语。本院长审核无异,合行令仰转饬知照。此令

**附原函**

迳启者,案据宜昌地方法院院长方仲颖代电称,兹有孀妇招夫抚前夫之子,该子于婚配成年后亡故,该孀妇又为孀媳招族侄,为夫以继前夫之后。未几,孀媳夫妇悔继归宗,该族人因无同父周亲昭穆和当之人可为该子立后,乃为其前夫另择较亲之人为嗣,该孀妇坚决否认与其后夫主张承继前夫遗产,涉讼来院。查孀妇无子招夫入赘,即非守志之妇,不得承继夫分,已经司法院院字第一二九号解释有案。惟上开情形,该孀妇原系有子招夫抚养,此时子亡媳嫁,是否仍得承受夫分及有无为前夫或前夫之子择继之权?悬案待决,理合电请钧院鉴核即予转电最高法院解释以便有所遵循等情。据此,相应函请贵院迅赐解释,俾便转令遵照,实为公便。此致

**院字第三九五号**

**二十年一月六日　司法院指令江苏高等法院　附原呈**

呈悉,业经发交最高法院拟具解答案呈核前来内开,应参照解字第六一号解释,以现给付货币比较缔约时所交货币差额为折补标准方不致一造受损等语。本院长审核无异,合行

令仰转饬知照。此令

**附原呈**

为呈请解释事,案据江阴县县长申丙炎呈称,窃职府前据属县救济院院长姜洪副院长王志贤呈称,查接管卷内保节局分存城乡十典钱二千十三文,除恒济兆丰二典先后闭歇缴还本利外,共移交八典存钱一千六百十千四百文。兹德丰典复于今春停当,此项存款既经职院接管,自应向该典提取另行存放。惟该款系前清光绪九年存放,与现时洋价相差甚巨。闻前县公署曾奉前高等审判厅令发远年洋价表并闻钧府,亦奉高等法院训令解释远年款项纠葛钱码应照曩昔洋价核计,应请查明转论该典。按照前清光绪九年之洋价核计缴还,理合具文呈乞鉴核施行等情,当经指令呈悉,卷查远年钱码还本纠葛一案前有(司法部大理院)核准采取通行各省解决办法,以存款时银元兑价通扯折算为还本标准。例如存款时,银元兑价为八百文,现时兑价为三千文通扯对折,为一千九百文,即按此价计算以一千九百文折合洋一元,仰径与该德丰典依此计算可也此令等语,印发在案。兹据该院长呈以最高法院公报第二期载,十七年四月十六日复湖南高等法院函解字第六一号略开,查通用货币因时代而变更,若特种货币已失通用之效力,须以他种通用货币为之给付。惟给付他种通用货币应比较当事人缔约时所交之货币,以两者相差之价额为其折补之标准,方合于当时人缔约之本意,免使一造受不当之损失等因。依此论断,该德丰典钱码存款似应照前清光绪八年(前呈误九年)存款时之钱市与现时货币相差之价额核计折补,该德丰典存款二百〇一千三百文照彼时兑价假定为八百文,则应缴还职院银元二百五十一元六角二分五厘。案关法律问题,究应如何核计之处,理合呈请转呈解释等情。据此,查钱洋折算免使一造受不当之损失,则通扯折合,似与最高法院折补之标准尚属相符。据呈前情,理合据情转呈仰祈鉴核鉴赐转呈解释示遵等情到院。事关法律疑义,职院未敢擅断,理合具文呈请钧院俯赐解释,以便饬遵,实为公便。谨呈

**院字第三九六号**

**二十年一月十三日　司法院训令广东高等法院　附原函**

为令知事,该法院十八年第三九号公函致最高法院,为中山县地方分庭请解释民事诉讼程序疑义一案,兹据最高法院拟具解答案呈核前来内开,离婚之诉被告受传唤而不到场,法院得依《修正民事诉讼律》第七百七十八条第三项规定办理。又第三人因被告与原告通谋故意败诉以诈害其债权,遂以该双方为共同被告起诉,此系另一新诉,与再审迥异,其起诉人自不以原判决之当事人为限等语。本院长审核无异,合行令仰转饬知照。此令

**附原函**

迳启者,现据广州地方法院中山县分庭庭长陈炽昌呈称,窃查职庭受理民事案件内有某甲因伤害伊妻讯明判处二月徒刑,确定执行在案,当未判决以前,伊妻已另向民事庭提起离婚诉讼及请求赔偿医药暨赡养等费。第一次传讯时,甲尚在押提同质讯。某甲业经当庭

表示离异与否任由判断,但因赔偿各费尚须复核,故未终结。迨第二、第三次传讯,甲之刑期已满释放出狱,屡传不到,依法又不能缺席判决,此案如何办理,应请解释者一。又有某甲欠某乙债款,某乙到庭诉追,在审理中声请实施假扣押后,又有某丙、某丁分告某甲按揭不还,提出某乙请假扣押之物业照契诉追,而某甲亦经到庭承认某丙、某丁之请求,甘受败诉之判决。迨判确定后,某乙以第三人之地位声称,某甲与某丙、某丁通谋故意败诉,冀以诈害其债权为理由,请求再审。惟查现行民诉律第六百零五条第七款为“判决基础之书状系伪造者得以再审”,但案外第三人能否提出再审之诉,民诉律并无明文规定,因此有二说:(甲)说再审之诉限于两造当事人得以提起,在民诉律既无第三人得以请求再审之规定,自难予以受理;(乙)说民诉律虽无案外第三人得以请求再审之规定,然大理院六年上字第四九二号判例,第三人对于确定判决得以原告与被告通谋故意败诉冀以诈害其债权为理由,得准用再审制度以资救济。以上甲、乙两说,究以何说为是,大理院六年判例可否采用?此应请解释者二。所有职庭受理民事应请解释缘由,理合备文呈请察核伏乞指令祗遵等情。据此,案关法律疑义,相应据情函请贵院查核解释见复,以便饬遵,实纫公谊。此致

**院字第三九七号**

**二十年一月十三日　司法院指令山东高等法院　附原呈**

呈悉业经发交最高法院拟具解答案呈核前来内开,现在《民法》继承编尚未施行,守志之妇就其故夫遗产于继承人未定以前,限于生活之必要得处分之等语。本院长审核无异,合行令仰转饬知照。此令

**附原呈**

呈为转请解释事,案据朝城县法院呈请解释,守志之妇处分遗产应否有效,分甲、乙两说:(甲)说守志之妇承受夫分须择人继嗣继受财产,苟非由于生活之必要,自不容擅行处分,早经著有判例,则守志妇于未经继嗣以前,其处分遗产之行为不能认为有效。(乙)说查第一次全国代表大会妇女运动决议案关于请求制定男女平等法律,经前司法行政委员会令行各省声明,在此项法律未制定以前,应依该议决案法律方面之原则而为裁判,是守志之妇合承夫分根据男女平等之原则,不能谓守志妇于夫之遗产仅有管理权而无处分全权,则守志妇处分遗产应认为有效。两说究以何说为当,请求解释示遵等情。据此,理合具文呈请钧长俯赐解释,以凭饬遵。谨呈

**院字第三九八号**

**二十年一月十四日　司法院指令浙江高等法院　附原呈**

呈悉,业经发交最高法院拟具解答案呈核前来内开,第一,驳斥回复原状声请之判决,即属终局判决,当事人当然可以独立提起上诉。第二,关于一造辩论判决上诉期限之计算,依民诉条例第五百零一条规定所云,应扣除因声请回复原状所费之时期,自系指声请至判

决确定时而言,故此项上诉期限只能就其声请前及确定后所经过之期间合并计算,核定上诉是否逾限,不得以声请后继续进行之期间算入在内。第三,《已嫁女子追溯继承财产施行细则》第三条第二项所云,前项请求应于本细则施行后六个月内为之此项规定,系行使权利之期间(即除斥期间)与时效性质迥异,自不适用民法总则时效之规定等语。本院长审核无异,合行令仰转饬知照。此令

**附原呈**

呈为转请解释事,案准杭县律师公会函开,据会员倪本章函称,兹有法律疑义数则:(甲)民诉法例得提起上诉者,以终局判决及视作终局判决之中间判决为限,关于诉讼程序进行中之裁判不得声明不服。假令当事人对于一造辩论之判决声请回复,原状经法院认其声请无理由而为驳斥之判决,此项判决究系终局判决,抑系诉讼程序上之判决?当事人能否独立声明上诉?疑义一。(乙)如认驳斥声请之判决可以上诉。设当事人于声请回复原状之际并未对于一造辩论之判决同时声明不服,则关于一造辩论判决上诉期限之计算亦足发生疑问。于此有二说:(子说)谓一造辩论判决之上诉期限,依民诉条例第五百零一条于上诉前声请回复原状而被驳斥者,其因声请回复原状所费之时期于计算上诉期限时应扣除之,是此项上诉期限应自声请回复原状后停止进行,其声请回复原状以前所经过之期间应与驳斥声请之判决确定后之期间前后通算,至对于一造辩论判决上诉之日为止,以定其是否经过上诉期限。(丑说)谓民诉条例第五百零一条明定,迟误第一审判决前之辩论日期,于上诉前声请回复原状而被驳斥者,其因声请回复原状所费之时期于计算上诉期限时,应扣除之。依此规定,则一造辩论判决之上诉期限,应自声请回复原状后停止进行,至驳斥声请之判决送达后,继续进行。又,自不服驳斥声请之判决上诉后,停止进行至上诉审判决送达后,继续进行。故应通算声请回复原状以前所经过之期间及其后每次继续进行之期间,至对于一造辩论判决上诉之日为止,以定其是否经过上诉期限。盖声请人于一造辩论判决送达后,经过若干时日,始行声请回复原状,又于驳斥声请之判决送达后,经过若干时日,始行提起上诉,则凡声请以前所虚过之时日及上诉以前所虚过之时日,不能为非自已之怠惰,自应将其前后虚过之时日一并计算于一造辩论判决之上诉期限内,否则意图妨碍诉讼终结者必于最后之日始行声请,且于最后之日始行上诉,殊足阻碍诉讼之进行,恐于立法本旨相刺谬。以上两说,未知孰是,疑义二。(丙)《已嫁女子追溯继承财产施行细则》第三条请求重行分析应于本细则施行后六个月内,为之此六个月之期限即已嫁女子行使请求权之时效。逾此时期而不行使则其请求权即因时效而消灭。此种时效期限是否适用民法总则关于时效停止之规定,如谓不问如何情形其时效均可完成,恐在特种场合不足以保护已嫁女子之利益。其结果对于特定之已嫁女子与根本否认其财产继承权无异,疑义三。上述三点,因案待决,应请转呈司法院解释俾资遵循等因当经本年第二十五次常任评议员会议决认为应行转请解释理合函请转呈解释等由。准此,案关法律疑义,理合备文呈请仰祈钧院俯赐解释,以便转行知照。谨呈

**院字第三九九号**

**十九年一月十四日　司法院电河南高等法院及河南高等法院首席检察官　附原电**

河南高等法院孟院长傅首席检察官览,该法院第一分院院长及首席检察官上年九月删代电请解释,县法院成立后县政府继续审理之案件是否有效一案,业经发交最高法院拟具解答案呈核前来内开,已正式成立县法院之县,该县政府自不得适用《县知事审理诉讼暂行章程》审理民刑事诉讼,虽该县法院因时局关系复行停止,其在县法院未停止之期间内,县政府所审理之民刑事诉讼均属无效等语。本院长审核无异,合电转饬知照。司法院寒印

**附原电**

南京司法院院长王钧鉴,兹有甲县于上年十二月一日已成立县法院,惟该县县政府并未将所有未结民刑诉讼案件移交,且继续受理诉讼。本年六月十日,县法院因时局关系复行停止,关于该县县政府所审判之民刑诉讼案件及所为之检察处分,于兹有三说焉:(甲)说甲县县法院既经成立,县政府兼理诉讼之职权即已消灭,故无论其移交与否,其所审判之民刑诉讼案件及所为之检察处分不能认为有效。(乙)说甲县县法院形式上虽已成立,然实质上县政府并未将所有之审判检察两职权移交县法院,且复中途停止,其所审判之民刑诉讼案件及所为之检察处分应仍认为有效。(丙)说甲县县法院既经成立,县政府自不能再兼司法,无论其移交与否,其所审判之民刑诉讼案件及所为之检察处分当然不能有效,惟为顾全人民诉讼进行计,县政府在县法院事实上已经停止之后,所审判之民刑诉讼案件及所为之检察处分似不能不认为有效。事关法律解释,理合电请迅赐解释示遵,再呈请解释,本应由河南高等法院转呈。惟开封尚未克复,交通上不免困难,故特径呈合并声明。河南高等法院第一分院院长孟昭侗首席检察官陈英石叩删

**院字第四〇〇号**

**二十年一月十四日　司法院指令浙江高等法院　附原呈**

呈悉,业经发交最高法院拟具解答案呈核前来内开,律师兼充无给职之委员于开会时支用旅费,不得因此认为有给职等语。本院长审核无异,合行令仰转饬知照。此令

**附原呈**

呈为呈请解释事,案准杭县律师公会函开,据本会会员姜维贤函称,查第一〇三号解释所谓津贴与律师章程第十三条规定有俸给之公职相合等语,循释津贴意义,须按月致送并须有一定之数量在受给者须月有所得,可以列入经常收入中以充生活费之预算。故其名称虽有公费津贴之别,而其实则与俸给无异。至浙江省县政府财务局县公款公产保管委员会章程第十二条所定"本委员会委员均为名誉职,但开会时得酌支旅费"及管理市县教育款产委员会简章第五条所定"委员均为无给职,但开会时得酌支用旅费"等语,均已明示。各该委员为名誉职无给职,如开会时,该委员到会,则酌支旅费与否,尚非一定。如不到会,即绝

对不得支取。今如律师兼任此项公职,似无不可。盖津贴系付与劳力者之一种报酬,受取者之对象即为受津贴者之本身,而旅费则系到会人员往返时所雇之舟车、旅店费用,受取此种旅费之对象系舟车旅店之人,夫在雇用者,毫无利得,不过为支付受取之媒介人而已,似与上开解释例所谓有给职之情形不同。惟未敢自信,请由会转请解释等语,当经常任评议员会议决应予照转为特函,请查照烦为转请解释俾资遵循等由。事关法令疑义,理合备文呈请仰祈钧院俯赐解释,以便转知。谨呈

**院字第四〇一号**

**二十年一月十六日　司法院函外交部　附原函**

径复者,准贵部十八年十月二十八日公函(第二五七一号)开,据江苏交涉员呈以准驻沪瑞士总领事函请解释婚姻国籍问题一案转函到院,当经发交最高法院拟具解答案呈核去后兹据呈复内开,按外国女子嫁与中国人为妻而取得中国国籍者,依《中国国籍法》第二条第一款,以其本国法不保留其国籍者为限。来文所称,瑞士女子嫁与中国人为妻如因重婚而婚姻宣告无效,依瑞士法瑞士女子嫁与外国人,其取得夫之国籍以婚姻有效为条件之一,是依妻之本国法既经保留,则该瑞士女子应认为自始即未取得中国国籍等语。本院长审核无异,相应函复贵部查照转知。此致

**附原函**

径启者,据江苏交涉员呈以准驻沪瑞士总领事函称,兹有中国国籍问题祈将中国政府意见见复,其事实如下:有中国男子已娶华妇,其妻住在中国,后与一瑞籍女子在瑞士结婚,经结婚而变为中国国民,并领到中国护照。设此婚姻为法庭宣告无效,而双方现仍住华。按照中国法,该瑞民(指该瑞士女子)是否仍认为中国国民,抑或该无效婚姻之一切效力,包括国籍变更,均皆无效,请查复等由,抄录英文原函,呈请解释等因。查原函所询,似重在该瑞女是否自经法庭宣告婚姻无效后,始认为丧失中国国籍,抑自始即未取得国籍?盖据《瑞士国籍法》,瑞女与外国人结婚,如该婚姻为无效者,仍保留瑞士国籍,则援引我国国籍法第二条第一项,该瑞女固自始不能取得中国国籍也。事关法律解释,相应抄录英文原函,函请查照核复,以凭转复为荷。此致(附件略)

**院字第四〇二号**

**二十年一月十七日　司法院电辽宁高等法院　附原电**

辽宁高等法院院长览,上年四月敬代电悉,业经发交最高法院拟具解答案呈核前来内开,初判案件经一部分上诉后,上诉法院对于其余应覆判部分认为有合并审理之必要时,须先为覆审之裁定,覆审结果之判决应依提审判决之程式等语。本院长审核无异,合电知照。司法院筱印

**附原电**

司法院钧鉴,依《覆判暂行条例》第三条,合并审理之案件关于审理结果之判决程序,分甲乙两说:(甲)说谓覆判条例之判决程式只有核准与更正二种,该条例第三条既明定其判决仍分别行之,足见上诉部分应用上诉判决之程式,覆判部分应为核准或更正之判决。虽论罪重于初判时,与该条例第四条关于更正判决之规定不符,但既经合并审理,似亦不妨为更正之判决,盖舍此别无判决程式可依据也。(乙)说谓覆判条例第四条所规定之裁判系属覆判程序,其性质专在审核初判之当否。若合并审理之案件,则已略去覆判程序而径为覆审,其性质与提审无异,似应准用提审之规定,其初判视为业已撤销。若合并审理之案件仍为核准或更正之判决,是已经覆审程序而复为覆判判决,殊不可通。且审理结果论罪重于初判时,亦为更正判决,显与该项规定不符等语。职院查甲说之不当,诚如乙说所论,但乙说准用提审规定初判,视为业已撤销,亦觉无所依据。案关法律疑义,理合电请钧院解释示遵。辽宁高等法院敬印

**院字第四〇三号**

**二十年一月十七日　司法院训令江苏高等法院　附原函**

为令知事,该法院上年第一零四零号公函致最高法院,为吴县律师公会转请解释刑诉法关于检察官职权疑义一案,兹据最高法院拟具解答案呈核前来内开:(一)检察官对于被告受科刑之判决,依《刑事诉讼法》第三百五十八条第二项之规定,得为被告利益而提起上诉。(二)检察官对于告诉或告发案件侦查结果,无须传唤被告,已足认为所告事实为嫌疑不足或行为不成犯罪者,即可径为不起诉之处分。(三)初级管辖案件经第一审判决后,检察官上诉仍须按照《刑事诉讼法》第三百七十八条之送交程序办理等语。本院长审核无异,合行令仰转饬知照。此令

**附原函**

径启者,案据吴县律师公会会长费廷璜呈称,窃据本会会员张清樾函称,迳启者,兹有刑诉法疑义三点:(一)原审法院就检察官起诉书状所引法条处被告以低度之刑,原检察官能否再不服上诉,请为无罪判决,有下列两说:(甲)刑诉法第三七五条规定,当事人不服上诉本无制限,原判即就所引法条处刑,原检察官自无不得上诉。(乙)检察官亦当事人之一,自应受起诉书状之拘束。原审法院既就其所引法条处刑,原检察官即不得出尔反尔,再行上诉请求宣告无罪。(二)凡告诉或告发不属刑诉法第三一一条之案件,检察官如认为犯罪嫌疑不足或行为不成犯罪,对于被告应否不经传唤讯问,即不起诉,亦有下列两说:(甲)刑诉法第二三零条有应即侦查犯人之规定,检察官纵对于告诉告发案件,认为犯罪嫌疑不足或行为不成犯罪,非经传唤被告讯问,不得即予不起诉处分,以防流弊。(乙)检察官既认所诉事实为犯罪嫌疑不足,或行为不成犯罪,纵不属于刑诉法第三一一条之案件,自可无须传讯被告,即依同法第二四四条规定,应不起诉,以省手续。(三)刑事初级案件,原检察官上

诉不服第二审开庭时,是否当然仍由原检察官执行职务,抑须经过刑诉法第三七八条送交之程序,亦有下列两说:(甲)初级管辖案件第二审仍属原检察官之同级法院,自可无须完备送交程序,原检察官当然仍得执行职务。(乙)第二审法院纵仍为同级法院,刑诉法第三七八条既无除外规定,自须完备送交程序,否则为违法。以上三点,应请贵会转呈解释,俾有遵循等因到会。当经本会决议,事关法律疑义,呈请转函解释等由。据此,相应函请贵院迅予解释见复,以凭饬遵。此致

**院字第四〇四号**

**二十年一月十七日　司法咨行政院　附原咨**

为咨复事,前准贵院上年六月二十六日咨(第一四七号)开,据工商部呈请解释劳劳争议事件适用法律疑义一案,转请查照解释见复等由,当经发交最高法院拟具解答案去后,兹据呈复内开,《劳资争议处理法》乃于一方为雇主,一方为劳工,发生争议时适用之特别法。劳工与劳工发生争议,其性质不同,应适用普通法规,不得援引该法办理(参看院字第三七〇号解释)等语。本院长审核无异,相应咨复贵院查照饬知。此咨

**附原咨**

为咨请事,案据工商部呈称,案准安徽省政府民字第三九零号咨询《劳劳争议处理办法》未公布前,可否援引《劳资争议处理法》解释办理,暨《劳资争议处理法》第四条、第五条各规定对于劳劳争议事件是否具有同等效力,及声明异议时以何种机关为再诉机关等由到部。查《劳资争议处理法》系属特别法,非一般争议事件所可适用。劳劳争议之主体为工人,其争议性质与一般争议事件无殊,自不能援引《劳资争议处理法》各条解释比用。复查民国十五间,工运激烈,粤鄂两省工人时有争执。国民政府曾于是年八月十六日公布《劳工仲裁会条例》,原为解决当时工人间争执而设,现在情形不同,工人间争议事件既属一般争议性质,自应适用一般法律办理。惟该项劳工仲裁会条理未经明令撤废,仍否适用?案关法律施行,本部未便擅断,除咨复安徽省政府俟转呈核示后再行咨达外,理合具文呈请鉴核示遵等情到院。查前据汉口市政府以劳工与劳工之争议,应依据何项法规处理呈请示遵等情,经以第八八号咨转请贵院查照解释见复,兹据前情事同一律,除将关于《劳工仲裁会条例》应否撤废,仍否适用转呈国府核示并指令该部知照外,相应备文咨请查照并案解释见,复俾便饬遵,至纫公谊。此咨

**院字第四〇五号**

**二十年一月十九日　司法院指令江苏高等法院　附原呈**

呈悉,业经发交最高法院拟具解答案呈核前来内开,财产继承权,男女既应平等。已嫁女子如依法有继承财产权,而于继承开始前已亡故者,该女子所应继承之财产自应归其直系血亲卑亲属继承。又,女子不论已嫁未嫁,既有财产继承权,则其父母所负之债务于其遗

产不足抵偿而未为限定之承继时,自应与其兄弟负连带责任。若其父母别无其他子女时,即应由其个人独任偿还之责。又现行法女子并无宗祧继承权,则对于其父母家族之祭祀公产自不能主张轮管或分割或分息等语。本院长审核无异,合行令仰转饬知照。此令

**附原呈**

为呈请解释事,案据上海律师公会函称,案属会会员戴景槐函称,查《已嫁女字追溯继承财产施行细则》已经公布施行,兹有下列三个疑问请求解释。第一问,已嫁女子在继承开始前亡故,其直系卑亲属能否主张继承权,因未有明文规定发生,甲乙两说之争执:(甲)女子继承财产,其权利主体系专属女子个人,有继承权之女子既已亡故,权利主体即归消灭,其直系卑亲属无继承外祖父母财产之权利。(乙)最近立法趋势,男女力求平等。男子在继承开始前亡故,其直系卑亲属既有继承财产之权,则欲贯彻男女平等之立法精神,已嫁女子如果于继承开始前亡故,其应继之财产自应归其直系卑亲属继承。观于新近法制局所拟继承法草案第八条、第九条之规定,及其原案立法理由之说明甚为明显,但二说究以何说为是?第二问,已嫁女子继承财产,对于其母族祭祀公产,能否主张与其族众一律轮流值年收息或请求分割,于此又发生甲乙两说:(甲)参照最高法院解字第二九号解释,女子受分之产,除妆奁必需之限度外,挈往夫家,须得父母或兄弟同意。母家祭祀公产既有特定目的,当然不能请求分割。轮流值年属于管理行为,非绝对不能许可,但已嫁女子受夫家种种牵制,事实上恐亦不能为母家管理公产。惟收息一事,如其收益除去祭祀有余,而由共同权利人分派时,已嫁女子之有继承权者,应许匀分。(乙)说已嫁女子不但不能请求分割轮管,且不能要求分润滋息。因祀产系供祭祀之用,现时法例尚未认女子有继承宗祧之权。已嫁女子对母家祭祀既无义务上之负担,则祭祀之余,亦自不能染指。第三问,男女平等,权利义务似应一律。父债子还之义务,从前系独对于男子而言,现在女子不论已嫁未嫁,既有继承财产之权,则于其父所负之债务,设或其遗产不足抵债时,应否与其兄弟共同分担?又若其父别无子女时,应否由其个人独任偿还之责?以上三种疑问,悬案待决用,特函请贵会迅予代呈江苏高等法院转请最高法院解释等情,兹于属会第三十四次执监联席会议议决,应予转呈,理合具文呈请鉴核转请最高法院解释示遵等情到院。事关法律疑义,职院未敢擅断,理合具文呈请钧院俯赐解释,以凭饬遵,实为公便。谨呈

**院字第四〇六号**

**二十年一月十九日　司法院函中央执行委员会侨务委员会　附原函**

径启者,贵会十八年第二七号公函致最高法院,以驻比利时公使馆函请解释在外侨民财产继承权各疑义一案,兹据最高法院拟具解答案呈核前来内开:(一)未成年之女,如父已亡故时,自应以其母为法定代理人,有代其女管理财产或为其女之利益处分其财产之权。(二)保险人所保之人寿保险,如果指定专为其所生之某女而订立保险契约者,则日后之保险金自应归该女所独得。(三)依中国现行法例,女子应与男子平分财产,如其父母无亲生

男子，并无可继之嗣子时，得由其亲女承继取得其全部之遗产。（四）中国《民法》关于亲属、继承两编未施行之前，除与中国国民党党纲或主义或与国民政府法令抵触各条外，应以前此已有之法令为依据等语。本院长审核无异，相应函请查照转知。此致

**附原函**

径启者，案准驻比利时公使馆函开，本馆前以旅比昂维斯 marchean lin. anvers 侨商王占鳌，于本年一月九日在比京附近为荷兰人所驾汽车撞毙，当经由馆派员前往看视，并向侨民询悉，该商系山东蒲台县王家庄人，始原演剧为生继，则改业作商，在昂开设饭馆，兼售古玩，于一九一四年与德女 arma Martha gerbert 结婚生一女，现年十三岁，名 Elvira。荷人应负责任刑事方面，已由法庭审理，私诉一层，则现由其妻自聘律师提起，仍未悉。该商在华有无亲属，曾于本年一月十九日函请贵委员转行原籍地方官查明，将各亲属等姓名、年岁列示在案。兹据王妻所聘律师来函，以现代理王妻向保险公司提取其夫所保之人寿保险金，依中国法律，王妻是否为其女之法定监护人，该氏有无代女提款之权，此节与解决王女之其他一切利益有重大关系，请见示到馆。查此事关系个人身分及继承问题，中国《民法》尚未颁行，关于民事是否仍用大清律例，本馆无从根据答复，相应函达，即请贵委员会就下列各节查明见复，即（一）王占鳌之妻是否即其女之法定监护人，有为其女管理及处置其应得财产之权？（二）王占鳌为其女而订买之人寿保险金，是否专为其女一人所得（依所在地法系为其女一人所得）？（三）依中国现行法，女子有无继承权，是否与男子平分？如无子时，亲女是否得承继全部遗产？（四）王占鳌在华有无子女，或其他亲属依法有承继权者？以上各节，解决承继问题所系，如承早日详查列示，尤叨公谊等由。准此，查此案关系在外侨民财产之承继权问题，除函请山东省政府饬查该王占鳌原籍有无子女，或其他依法有承继权之亲属早日见复外，其有关于本国法律上之疑问各点如：（一）该王占鳌之妻是否为其女之法定监护人？该氏有无代女提款之权？（二）王占鳌订买之人寿保险金是否应为其女所独得？（三）依现行法，女子有承继财产权，如无子时，亲女是否得承继全部遗产？（四）我国《民法》尚未颁行，关于民事，究系根据何法？事属法律上之解释，相应据函转达贵院查照，请就上开各点明白解释见示，以便转复为荷。此致

**院字第四〇七号**

**二十年一月十九日　司法院电安徽反省院　附原电**

安徽反省院曾院长览，上年十月佳代电悉，当经发交最高法院拟具解答案呈核前来内开，查《反省院条例》第九条规定，在反省期内有新罪证，应送该管法院审判，或认为不能感化，应执行其刑，系分两事。如受反省人果有新罪证发觉，自应送交该管法院审判等语。本院长审核无异，合电知照。司法院效印

**附原电**

南京司法院院长王钧鉴，谨查《反省院条例》第九条规定，反省院如发觉受反省处分者

在反省期内有新罪证或认为不能感化者,应将其送交该管法院审判或执行其刑,一旦受反省人有新罪证发觉,而其在院能恪守纪律品行善良,认为确有感化可能者,究应如何办理?事关法律疑义,业经职院第八次评判委员会议议决,请钧院解释,理合电请钧院鉴核,务恳迅赐解释,俾资遵循。兼安徽反省院院长曾友豪佳印

**院字第四〇八号**

**二十年一月十九日　司法院指令浙江高等法院　附原呈**

呈悉,业经发交最高法院拟具解答案呈核前来内开,《刑法》第一百四十九条第一项所称之法,应就条文之立法原意以为解释,凡法律(即法规制定标准法第一条所称之法)及中央或地方政府公布有法规性质之命令,均包括在内等语。本院长审核无异,合行令仰转饬知照。此令

**附原呈**

呈为转请解释事,案据署兰谿县法院院长龚锡瑞呈称,案准兰谿县第三区党部第三区分部执行委员会函称,案据本党党员李若泉呈称,查司法院院字第二六八号解释,村里制选举舞弊适用《刑法》疑义其内开,浙江省政府颁行之浙江省村里制应认为省之单行法规,依该法规所设立之选举,应为《刑法》第一百四十九条第一项之选举,阅诵之下,无任疑虑。按法之定义,在十八年五月十四日,国民政府令公布之法规制定标准第一条已有明文,凡"法律案由立法院三读会之程序通过,经国民政府公布者,定名为法",依照上开法条,非经法定手续者,即不得谓为法,甚为明显。今以未经法定手续之浙江省村里制解释,为《刑法》第一百四十九条第一项之法,殊深疑虑等情前来。事关法律疑义,理应函请贵院转呈最高法院再予解释等由过院。准此,事关法律疑义,理合备文,呈请仰祈鉴核迅赐转请解释等情,据此,理合备文转请仰祈钧院俯赐解释,以便转行遵照。谨呈

**院字第四〇九号**

**二十年一月二十日　司法院函国民政府文官处　附原呈**

径复者,准贵处本年一月六日公函(第二九号)开,准中央训练部函转江苏省党务整理委员会训练部,呈请解释宜兴米酱油合营之商店可否组织一同业公会疑义一案,业经发交最高法院拟具解答案呈核前来内开,经营米酱油三项商业之商店核与仅营米业或仅营酱业油业之商店,尚难谓为同业。惟就同一区域内,合营米酱油三项商业之商店共同设立一同业公会,自属可许等语。本院长审核无异相应函复贵处查照转知。此致

**附原呈**

案据第二区人民团体组织指导员孙丹忱报告,宜兴县境有米酱油店甚多,其所经营系米酱油三项平均发展,并无主体与附属之分别。若以一店同时加入米业、酱业、油业三个同业公会,于法似无根据。且以一商店对三公会尽会员义务,于力亦有不胜。兹经该员请示

前来，属部拟将该县所有米酱油合营之商店组织一同业公会，以免割裂不完之弊，以其事关法令解释，理合备文呈请钧部鉴核示遵。谨呈

**院字第四一〇号**

**二十年一月二十一日　司法院指令江苏高等法院　附原呈**

呈悉，业经发交最高法院拟具解答案呈核前来内开，来呈所列举各问题，可参观院字第一七四号及第一九七号解释等语。本院长审核无异，合行令仰转饬知照。此令

**附原呈**

呈为转请解释事，案据吴县律师公会会长费廷璜呈称，窃据本会会员叶正甲函称谨启者，凡女子不分已嫁未嫁，应与男子有同等财产承继权，业经司法院著为新例，并经中央政治会议第一八一次决议追溯，及第二次全国代表大会决议案经司法行政委员会通令各省到达之日发生效力。其通令之日，尚未隶属国民政府者，溯及其隶属之日发生效力等语。惟查此项新例，其效力既溯既往，是否专指女子出嫁及析产均在隶属国府之日以后者，始得主张财产永继权？如析产在前者，即不得主张。又，隶属国府之日，一省中各县复有先后，究以省府隶属之日为标准，抑以各县先后隶属之日为标准，颇滋疑义。事关法律解释，为特函请转请解释，以便遵循等因到会。当经本会于七月七日第五次常任评议员会提出讨论决议，事关法律疑义，自应请求解释，为此具文呈请迅赐转呈解释示遵等情。据此，理合据情呈请钧长俯赐解释指令饬遵，实为公便。谨呈

**院字第四一一号**

**二十年一月二十一日　司法院训令湖北高等法院　附原函**

为令知事，该法院十八年第一三四七号公函致最高法院，为夏口律师公会转请解释《武汉临时商事法庭条例》第五条疑义一案，兹据最高法院拟具解答案呈核前来内开，《武汉临时商事法庭条例》第五条，所谓已起诉于法院尚未终结，应由系属法院移送本庭办理等语，查该条文所称系属法院，系指起诉而尚未终结之法院，即第一审法院而言等语。本院长审核无异，合行令仰转饬知照。此令

**附原函**

径启者，案据夏口律师公会会长罗之翥呈称，呈为呈请解释事，案据属会会员李镜铨函称，窃查《武汉临时商事法庭条例》第五条内载，关于第一条之诉讼事件，已起诉于法院而审判尚未终结，应由系属法院移送本庭办理等语。此条文中之所谓审判尚未终结及系属法院二语，适用上颇多疑义，兹有甲乙两说：（甲）说审判尚未终结一语，系指第一审未判决而言。若第一审已经判决，虽上诉于第二审或第三审，仍不得视为审判未终结。因之系属法院一语亦系第一审专有之名词，若案已上诉二审或三审法院，即不得称之曰系属法院。（乙）说审判尚未终结云者，系指判决未确定而言。又系属法院云者，乃自第一审至三审之通称，即

该案件在某级法院审理中,该法院即为系属法院。以上两说,未知以何说为当,会员悬案解决,即请转呈司法院予以解释,俾资遵行,实为公便等语到会。当即提交属会第十一次常任评议员会议决,应据函转请解释,理合备文呈请钧院准即转呈司法院解释饬遵,实为公便等情。据此,相应函请贵院迅赐解释,俾便转令遵照。再敝院前以前项条例,疑义滋多,于本年九月七日代电请贵院详予解释在案,迄今未准函复。现因受理此类案件甚多,亟待解决,并乞查照前电,迅予赐复为荷。此致

**院字第四一二号**

**二十年一月二十二日　司法院电江苏高等法院　附原电**

江苏高等法院林院长览,上年一月马代电悉,业经发交最高法院拟具解答案呈核前来内开,被继承人死亡之日在全国第二次代表大会关于妇女运动决议案发生效力以前,既无亲子,又未立嗣,依当时法例,如无同宗应继之人,其财产应归亲女承受等语。本院长审核无异,合电知照。司法院养印

**附原电**

司法院院长王钧鉴,窃查财产继承之开始应始于被继承人死亡之日,倘被继承人于全国代表大会妇女运动决议案发生效力以前已经死亡,其遗产已由其男子继承取得,则其女子于该决议案生效之后,虽尚未出嫁,亦不能对其兄弟所已承受之财产而欲享有继承权。此业经钧院于民国十八年十一月十九日第一七四号解释在案,惟继承开始虽在决议案生效以前,倘无亲子,又未立嗣其时,仅有未成年之亲生女,且延至现在,尚未有合法继承之男子。该亲生女能否主张财产继承权,颇有疑义。职院受理有此类案件,亟待解决,伏乞迅赐解释示遵。江苏高等法院院长林彪叩马

**院字第四一三号**

**二十年一月二十二日　司法院训令广东高等法院　附原函**

为令知事,该法院上年第六〇九号公函致最高法院,为澄海律师公会转请解释奸淫罪告诉权疑义一案,兹据最高法院拟具解答案呈核前来内开,告诉乃论之罪,其告诉权属于何人在《刑事诉讼法》第二百十三条以下已有列举规定,未满十六岁之女子被人奸淫,该女子及其行亲权之父母如均不愿告诉,他人无论是否亲属,既无独立告诉之权,其告诉自属无效等语。本院长审核无异,合行令仰转饬知照。此令

**附原函**

径启者,现据澄海律师公会会长马宗杰呈称,准属会会员饶斌函称,窃查粤省备属对于未成年男女先由父母预定婚约者,所在多有而童养媳之俗,尤盛行一时。现在已盛倡女子社交公开及男女同校,则有婚约之男女见面机会特多,而童养媳则常住夫家,与夫朝夕接近。南方地近热带,男女身体之发育较早,女子未满十六岁而妊娠者,已非少数。因此,男

子对其未满十六岁之未婚妻及童养妻为苟且之性交者，自为事所难免。于此情形之下，女子父母不欲告诉或明示抛弃告诉权后，而女子之继祖母（或女子之父系异性螟蛉入继而所继父母）平日有憾于女子或女子之父母，因而乘衅违反女子父母意思出头告诉，或继祖母耸惑其夫违反女子父母意思，出头告诉行奸男子强奸者，事所常有。究竟此种告诉是否合法，于此有两说焉：（甲）说称《刑法》第二百四十条第二项之强奸罪，虽由第二百五十二条规定须告诉乃论，然法条既未规定祖父母无告诉权，则祖父母已同为直系尊亲属，自不能认其告诉为不合法。至于宗法系为封建遗制，所谓异姓不得乱宗之例，纯属封建思想之一。此种恶法不应维持，故女子之父虽系螟蛉异姓，而所继父母仍不失为直系尊亲属，则其告诉亦不能认为不合法。（乙）说称《刑法》第二百四十条第二项之立法精神，系保护女子身体之健全发育。然女子与男子同为国家及社会之构成份子，女子身体发育不健全，即国家及社会构成份子之不健全。而《刑法》对于第二百四十条第二项之罪，不视为直接侵害国家或社会法益之罪而规定，须告诉乃论者，直以各女子之发育时期不同。而熟悉女子身体是否发育完全，莫过于女子之父母，即对于女子最亲爱者，亦莫过于女子之父母，故《刑法》将告诉权一任诸女子之父母，而明定检察官不得行使直接检举权焉。然则《刑法》第二百四十条第二项之告诉权自系专属于对女子行亲权之父母，除其父母亡故或有其他不能告诉之情形外，祖父母固无告诉权也。征诸大理院十年上字一三九号判例载，告诉权专属于妇女尊亲属之亲告罪，如行亲权之父母，除有不能告诉之情形外，应由其父行使告诉权。若行亲权之父不为告诉，而其母反其意思所为之告诉，即不能认为适法等语而明。盖现行服制图载，父母为一等直系尊亲，祖父母为二等直系尊亲，夫以同为一等直系尊亲之母违反父之意思而为告诉，尚非适法，则二等直系尊亲之祖父母。若违反一等直系尊亲之父母意思而为告诉，自更难认为适法，此固为一种当然解释也。然则祖父母违反女子父母意思所为告诉，自不能认为合法。至异姓不得乱宗之法系属现行民事有效部分，揆诸恶法亦法之格言，则新法尚未颁布之前，旧法当然有效。女子之父已由异姓螟蛉人继法律上仅可视为义子，而不能视为嗣子，则女子对其亲父之义父亦只可视为义祖父母而已，决不能视为嗣祖父母，而为律法上之直系尊亲属也，则其违反女子父母之意思所为之告诉自更难认为合法。以上两说，不无疑义。事关法律解释，应请代电转请最高法院解释，实为公便等由到会。查事关法律疑义，理合据情呈请钧院察核迅赐转请解释示遵等情。据此，事关解释法律，相应据情函请贵院查核迅赐见复，以便饬遵，实纫公谊。此致

**院字第四一四号**

**二十年一月二十二日　司法院电山东高等法院　附原电**

山东高等法院吴院长览，该法院上年十一月鱼代电致最高法院，为商河县法院审判官转请解释和诱已结婚未成年之男女如何论罪一案，兹据最高法院拟具解答案呈该前来内开，未成年人一经结婚即有行为能力，不生脱离享有亲权人等之问题。其有和诱此种未成

年之男女者,不成立《刑法》第二百五十七条之罪。但如别有犯罪行为时,例如通奸或引诱奸淫等情事,即成立别罪,应依相当之条文论科等语。本院长审核无异,合电转饬知照。司法院养印

**附原电**

南京最高法院钧鉴,案据商河县法院审判官兰本茹呈称,窃查《刑法》第二百五十七条之规定,和诱、略诱未满二十岁之男女脱离享有亲权之人监护人或保佐人者,处六月以上五年以下有期徒刑。又略诱已结婚未成年之妇女,按院字第三〇四号法律解释,凡未成年人一经结婚者,依民法总则第十三条第三项之规定,有行为能力,若系略诱自应依《刑法》分则第二十五章论科云云。条文及解释极为明显,并无何等疑问。但和诱二十岁以上之男女,因律无明文不为罪,如和诱已结婚,未成年之男女能否用类推解释以满二十岁论,不为罪,抑仍应按《刑法》第二百五十七条处断?不无疑问,呈请核示等情。据此,案关解释法律,理合电请俯赐解释,以便饬遵。山东高等法院院长吴贞缵鱼印

**院字第四一五号**

**二十年一月二十二日　司法院电四川高等法院　附原电**

四川高等法院黄院长览,该法院十八年十二月微代电致最高法院,为巴县地方法院转请解释法人登记手续各疑义一案,兹据最高法院拟具解答案呈核前来内开:(一)法人登记依《法人登记规则》第一条规定,由地方法院设登记处派书记官办理。(二)声请登记应依《法人登记规则》第九条缴纳登记费。(三)登记之方式及簿册应依法人登记规制第二条、第二十六条至第二十九条各条,及司法行政部颁发之法人登记簿册格式办理。(四)(五)从前设立之中外法人及新设立之中外法人不依法登记,依民法总则第三十条规定,法人不得成立,但关于外国法人之登记,应注意《民法总则施行法》第十一条之规定等语。本院长审核无异,合电转饬,知照。司法院养印

**附原电**

南京最高法院钧鉴,案据巴县地方法院院长苏学海虞日代电称,查民法总则业经奉令颁布,其施行法第十条一项载依民法总则规定,法人之登记其主管官署为该法人事务所所任地之法院等语,自应遵照办理。惟尚有应请核示者数端,列举如下:(一)法院办理登记应否设置专员?如应设置专员,究系派推事或派书记官办理?(二)办理登记应否征收手续费?如应征收,须比照何种费用征收为标准?(三)登记之方式及各种簿册有无法定式样?应请检发一份到院,俾有遵循。(四)从前成立之中外法人依细则第七条,应登记而逾限不登记者,究用何种方法处理?(五)新成立之中外法人不依法向法院登记时,应用何种方法处理?以上五项,均系法人登记,亟待解决之件,伏乞鉴核迅赐电示,或转电司法行政部核示理合电请示遵等情。据此,除指令外,理合电请钧院俯赐察核解释示遵。署四川高等法院院长黄功懋叩微印

**院字第四一六号**

**二十年一月二十三日　司法院训令浙江高等法院　附原呈**

为令知事，前据浙江平湖县内南门里委员会呈请解释承继财产各疑义到院，当经发交最高法院拟具解答案呈核兹据呈开：(一)被承继人之遗产应由子女平均继承，如其子于继承开始前死亡而已生有子女，或应为立嗣者，则该子所应继承之分应由其直系卑属继承。(二)被承继人之遗产应依其子女之数均分，孙对于祖之遗产仅能平均继承其父所应继承之部分，不能主张长孙应较优于诸孙。(三)嫡庶子女均应平等继承遗产。(四)诸孙应平等继承伊父之财产。(五)继承人不能证明被继承人生前确有特赠之确据者，自应以未有特赠论。(六)问意不明，无从解答。(七)女子不问已嫁未嫁，既均有财产继承权。苟该已嫁女子于继承未开始前亡故者，其所应继承之部分自得由其所生子女继承。(八)遗产虽应由子女继受，但被继承人之妻仍得就该遗产请求酌给养赡费，其标准视扶养权利人之需要及扶养义务人之财力定之等语。本院长审核无异，合行令仰该法院转行知照。此令

**附原呈**

呈为请求解释条例事，查中央政治会议公布女子继承遗产原案及《已嫁女子追溯继承财产施行细则》，案内有未尽详晰之条例，职会调解住民争产纠纷，常有此种疑义，发生悬案待解，不得不拟具条例，谨请院长解释批示邮掷，职会俾便依据调解保障民权，无任德便，谨拟条例开列如下：(一)假定某甲遗产二万元，生存子女各一人，是否子女各得继承一万元，如其子于继承开始前，亦已死亡，是否应由其配偶(妻)取得？(二)遗产人之大孙援旧制，得藉长孙名义承受特别产权，较其他诸孙为优，是否不再适用应与诸弟受同等之应继分？(三)嫡庶名义既与现行法令抵触，是否不问嫡子、庶子，应同等继承遗产，抑须分等及其区别标准如何？(四)查法制局继承法草案说明书第一项，废除封建遗制之宗祧继承而无条例规定，是否不得临时袭用承继名义额外分受遗产？假如某甲所生子女中之一子稚年亡故，一子亦生有子女，是否诸孙应同等继承伊父之财产，不得袭用承继名义额外承受？(五)继承人如未取得所继人之遗嘱或其他佐证，而声称某项产权系先时受所继人特别赠与，于分析遗产时是否应行归还与各继承人同等继承其赠与之价额，或有增减当回复承受时原状？(六)已嫁女子既得追溯继承遗产是否不受出嫁时期之限制？(七)已嫁之女如已亡故，而生有子女婿，方虽另娶别姓之女为室，而其婿亦已死亡，则已嫁女之应继分是否随其生命为转移，抑可由其所生子女继承？(八)遗产人虽有直系卑亲属，而其妻或妾应否酌受遗产？及其标准如何分配？

**院字第四一七号**

**二十年一月二十八日　司法院咨行政院　附原咨**

为咨复事，前准贵院上年二月二十四日咨(第四零号)开，据工商部呈请解释公会退社

社员适用法条及因款涉讼管辖各疑义一案,转请查照解释见复等由,当经发交最高法院拟具解答案去后,兹据呈复内开,按公会团体系公益法人其退社社员,应适用民法总则第五十五条规定。如因款涉讼,自属民事诉讼范围,应由管辖法院受理等语。本院长审核无异,相应咨复贵院查照饬知。此咨

**附原咨**

为咨请事,据工商部呈称,案据四川重庆总商会胥电称据各公会称,对于公会团体有少数退出另组分会者,此退社社员能否以商人资格,不受《民法》五五条拘束向原团体诉求算账索款?此诉求是否民事诉讼行政局所有无管辖权?被告拒传应否拘提并押追人物?法无明文,纠纷莫解,恳转钧部核示并转司法院解释等语,特电转呈敬候钧复等情到部。据此,查原电所称案关解释法令,除批示外,理合据情呈请鉴核解释训示祗遵等情。据此,查此案事关法律疑义,除指令外,相应据情转咨贵院查照解释见复,以便饬遵,至纫公谊。此咨

**院字第四一八号**

**二十年一月二十八日　司法院咨行政院　附原咨及附件**

为咨复事,前准贵院上年九月二十九日咨(第二一一号)开,据工商部呈请解释商会法第八条第三项疑义一案,转请查照解释见复等由,当经发交最高法院拟具解答案去后,兹据呈复内开,查该分事务所区域内,既无居住或营业之商会职员,只得由该商会推举职员,在该分事务所区域内执行之,或依商会法第二十三条之规定,酌设办事员在分事务所办理事务。遇有重大事件,须商承商会职员执行之等语。本院长审核无异,相应咨复贵院查照饬知。此咨

**附原咨**

为转咨事,案据工商部呈称,据浙江省商人组织统一委员会呈称,关于商会及工商同业公会之组织方面有疑义数点,请予鉴核解释示遵等情。据此,查原呈所称六点其一、三、四、五、六五点业经本部依法解释批示知照在案。惟所询之第二点,查商会法第八条第三项并非任意的规定,如遇有该区域内竟无居住或营业之商会职员时,应如何补救之处,本部未敢擅断,理合抄同原呈第二点呈请鉴核解释训示祗遵等情到院。查所呈事关解释法令,除指令外,相应抄同原附件转咨贵院查照释解见复,以便饬遵,至纫公谊。此咨

**附浙江省商人组织统一委员会原呈第二点**

2. 商会法第八条之规定:"商会因有特殊情形认为必要时,得经会员大会会议之议决,设置分事务所,分事务所之事务,即由该商会职员中住居或营业于分事务所区域内者执行之。"但若该分事务所区域以内,竟无居住或营业之商会职员,则该分事务所之事务究将如何处置?是否由商会委派负责人员前往执行,抑由该区域内之商会员另行推举?此应请解释者二也。

院字第四一九号

二十年一月二十八日　司法院指令江苏高等法院　附原呈

呈悉,业经发交最高法院拟具解答案呈核前来内开,当事人起诉因未预缴审判费,被判决驳斥者,其关于诉讼标的之事项根本上未受裁判,嗣后自可缴纳审判费,更行起诉。至前判决之诉讼费用,应一并缴纳,方予受理等语。本院长审核无异,合行令仰转饬知照。此令

附原呈

呈为呈请解释事,案据松江县县长金庆章邮代电称,窃查民事诉讼当事人起诉时,未预缴审判费用,经审判长限期补正逾期,仍不遵行者,依《民事诉讼条例》第二百九十条第一项第五款,法院应为驳斥之判决,此项判决送达后,原告即将审判费用补正,要求原审法院受理。原审法院究应如何办理,分为三说:(甲)谓第一审未就实体上审判之案件,依最高法院十八年上字第二三三号判例,应许再向第一审起诉;(乙)谓最高法院系适用《修正民事诉讼律》,关于此类案件,向用决定,固不生若何问题。若适用《民事诉讼条例》省份,则用判决。在判决后,只有上诉之一法。若再许其向第一审缴费起诉,则无异当事人径行撤销其判决,有失司法之尊严。且遇狡猾之当事人,收受判决后,仍置不理。俟三五年后再行起诉,法院既不胜其烦,案件亦久难确定,似不如依同条例第四百九十五条,令其上诉。(丙)谓当事人既已遵照程序补正,原审法院当然受理。惟同时原判内诉讼费用,由原告负担之部分,即经确定,应先发生执行力。必原告缴两次审判费用,方能受理。三说孰是,合请释明示遵等情到院。事关法律疑义,职院未敢专擅,理合具文呈请钧院迅赐解释,以凭饬遵。谨呈

院字第四二〇号

二十年一月二十八日　司法院训令江苏高等法院　附原函

为令知事,该法院上年第二七八九号公函致最高法院,为该法院第一分院转请解释反革命案件陪审制疑义一案,兹据最高法院拟具解答案呈核前来内开,(一)反革命案件,得因党部之声请付陪审评议者,以基于事实问题为理由提起上诉后,经上诉审法院发回或发交更审时为限。(二)陪审团评议后,将评议之结果当庭答复时,审判长应命被告到庭。但被告或辩护人如声明异议,应以陪审团之答复,与提出公判庭之证据显不相符者为限等语。本院长审核无异,合行令仰转饬知照。此令

附原函

径启者,案据江苏高等法院第一分院院长韩照呈称,窃据淮阴律师公会会长丁承愈函称,查《反革命陪审暂行法》久经中央公布,限期实施在案。惟闻苏州高等法院对于陪审制尚未实行,敝会同人研究陪审暂行法。因见该法等十条载有遇有应付陪审案件之一语,就其中之应付陪审四字,即推想反革命案件有应付陪审与不应付陪审之分,其应付陪审者,当以该法第三条之规定为限。苟非然者,即属不应付陪审之列。至该法第一条是规定适用陪

审制之期间,并非谓法院凡受理反革命案件,皆须适用陪审制也。盖照该法第二条之规定,党部对于第一审之判决有不服上诉之权,如其上诉理由基于法律问题者,则最高法院可以依法为适当之判决。倘其上诉理由基于事实问题者,则该案必定发回或发交更审。惟因系党部上诉,所以有通知党员陪审之必要,此该法第三条之所由规定也。立法精神似在于此,此系敝曾同人共同研究所得之意见,并经评议会讨论。以事关法律上之疑义,公决函请贵院核议。又陪审团评议后,将评议之结果当庭答复时,被告人及辩护人可否到庭,与申明异议陪审法未有明文,公议一并请议,理合函达,请烦贵院俯赐核议示复等情前来。查原函所称各节,究应如何办理,事关法律解释,理合据情转呈仰祈鉴核示遵等情。据此,相应函请贵院解释见复,以便转行遵照。此致

**院字第四二一号**

**二十年一月三十日　司法院电四川高等法院　附原电**

四川高等法院黄院长览,该省井研县政府上年一月敬代电致最高法院,请解释女子承继财产疑义一案,兹据最高法院拟具解答案呈核前来内开,(一)被继承人死亡在该省省会隶属国民政府之后(参考《已嫁女子追溯继承财产施行细则》第一条第二项),其遗产由嗣子与亲女平均继承,在嗣子未经合法择立以前,应留其应继之分。(二)现行法例,赘婿不得承继宗祧。(三)法无女子承继宗祧之明文,自属无所依据等语。本院长审核无异,合电转行知照。司法院卅印

**附原电**

南京最高法院院长钧鉴,查女子承继财产,根据第二届国民大会妇女运动议决案,自民国十五年国府通令到达各省之日发生效力。例如,甲某原有财产乏嗣,仅生女子一人,许字乙某为妻。按承继财产原则,女子出嫁时,随携甲某财产,到其夫乙某家中自由管理,不生问题。惟甲某无嗣,中国习惯承继财产与承继禋祀合为一事。设甲某之财产悉被其女携去,即难觅得相当承继禋祀之人,可否将甲某财产酌留其半,为另选承继禋祀人地步,而女子只承继其半,应请解释者一。又,实行男女平等之原则,女子应享男子之待遇。中国礼制,女子嫁于夫家,从其夫姓,生育子女,承继夫家禋祀。设有甲某无嗣,仅生数女,即以其女赘夫入家,其夫例应改从甲某姓氏,为禋祀承继人。揆之法律,而又无女子承继禋祀之明文。如不准女子承继禋祀,又与实行男女平等之原则背驰。如许女子承继,则以长女承继,抑数女均可承继,应请解释者二。现在我国《民法》亲族相续两篇尚未颁布,遇有上项案件发生,无所适从。钧院为全国法律统一解释机关,特请明白解释指令祗遵。四川井研县政府县长刘光业审判官苏璞

**院字第四二二号**

**二十年一月三十一日　司法院咨行政院　附原咨**

为咨复事,前准贵院上年十月二十九日咨(第二三八号)开,据农矿部呈请解释误投诉愿致逾期限,是否适用《诉愿法》第五条之规定一案,转咨查照解释见复等由,当经发交最高法院拟具解答案去后,兹据呈复内开,诉愿当事人误向非主管官署提起再诉愿,经决定驳回,既在合法期间,自应认为再诉愿已合法,提起该诉愿当事人于收受该决定后,仍应于《诉愿法》第五条第一项所定期间内,提起再诉愿等语。本院长审核无异,相应咨复贵院,查照转饬实业部知照。此咨

**附原咨**

为咨请事,案据农矿部呈称,窃查《诉愿法》第五条载,有因事变成故障致逾期限者,得向受理诉愿之官署声明理由,请求许可等语。兹有诉愿当事人,于法定期内误将再诉愿事件呈请于非主管官署,限满后,始向主管官署声明错误,请求展限受理。究竟此项错误是否得以事变或故障论,适用《诉愿法》第五条,逾限请求受理之规定?事关法律解释,职部未敢擅专,理合呈请鉴核示遵等情。据此,查人民不服原处分或决定之意思,既系于法定期间内向官署表示,无论是否向主管官署为之,似可认为已提起诉愿,即无适用《诉愿法》第五条展限之必要。惟依上述解释,则人民于法定期间内向非主管官署诉愿,该官署依《诉愿法》第八条驳回后,人民复向主管官署诉愿时,其期间有无限制,抑仍比照《诉愿法》第五条限以三十日?如不加以限制,则法律关系永不确定,似有未妥。究应如何办理之处,事关适用法律疑义,除指令外,相应备文转咨贵院查照解释见复,以便饬遵,至纫公谊。此咨

**院字第四二三号**

**二十年二月二日　司法院咨行政院　附原咨**

为咨复事,前准贵院上年八月二十九日咨(第一九六号)开,据内政部呈请解释,无人承继之寺庙应否由佛教会遴选住持,与荒废寺庙能否变卖充公一案,转咨查照解释见复等由,当经发交最高法院拟具解答案去后,兹据呈复内开,《监督寺庙条例》第四条,系因荒废之寺庙无人管理特定管理权之所属,所谓荒废者,自系指经久无人管理者而言。若原有僧道管理之寺庙,偶因事故致未定管理谁属者,只得谓管理人暂缺,不得谓之寺庙荒废。至当地僧道设有教会,其所属寺庙有管理权之僧道,因死亡或其他事故(如同条例第十一条,由该管官署革除其职,及逐出寺庙送法院究办等)无接受管理之人,致管理权暂无所属。在此情形,同条例既无若何制限之规定,其所属之教会于不违反该寺庙历来管理权传授习例之范围内,得征集当地各僧道意见遴选住持管理。又,荒废之寺庙,依上述条例,既有管理权归属之规定,如处分该寺庙财产,应依同条例第八条办理等语。本院长审核无异,相应咨复贵院查照饬知。此咨

**附原咨**

为咨请事,案据内政部礼字第五八号呈称,据中国佛教会常务委员太虚等呈称,窃查佛教寺庙新旧住持之交替,自以按照佛门中之选传贤或剃度传法之习惯办理,为正常办法。但寺庙住持遇死亡或因事出缺后,当时因无承继之人往往被俗人占管,甚或地方机关藉言,荒废乘机攘夺,致酿若干纠纷。查《监督寺庙条例》第四条所称之荒废寺庙,自系指向无人管理、无人过问之寺庙而言。若普通寺庙向有其历史及传授者,偶遇事故,自不能以荒废论。至住持系寺庙职员之一,尤不能因住持一人之关系,而影响及于寺庙之存废。窃意佛教会为十方僧众之集团,对于当地寺庙皆有监护之责。遇有此种情形发生之时,除该寺庙自有妥善办法者,会中可无庸干涉外,其余自应推选妥人接充,以免事务中断。此犹如俗人无子,必须由亲族会议另立继嗣,其有寺庵已被侵占,经佛教会交涉收回者,如该寺庙已无可以承继之人,亦有另行选人接充住持之必要。经属会一再讨论,佥以各地寺庙除子孙派及传贤派之住持,按照通常状况交替自应照旧办理外,加遇有无人承继之寺庙,似应由佛教会征集诸山意见,遴选住持呈报官厅备案,俾免管理中断,遭人侵占。理合具文呈请钧部核准,并恳通令各省市民政官厅查照,实为德。便又据江苏劣民政厅呈,据奉贤县呈称,据第一区区长姜蓉初呈称,窃由南桥镇三神庙向无僧侣住持,更乏负责保管,泥塑、木雕早化乌有,风侵雨蚀,日见飘摇。苟或任其自然,必至画成瓦砾,自奉明令收管淫祠邪祀产业,作为乡镇公所经费后,即据南桥镇镇公所呈请,标卖其废屋基地,充作该镇公所经费。嗣奉钧府转奉民政厅令,废除淫祠邪祀,各县不得单独处分,饬即停止进行等因。奉此,当经转饬制止标卖在案,窃维该庙名存实已废弃已久,今所存者,只见破屋一面、基地一方。顾保留之,则徒见瓦砾成堆修理,而利用之,则亦局促难期适用。查南桥塘石岸及桥梁,去岁修理,所费不赀,欠缺甚巨,延宕迄今,毫无着落。职意将此废庙破屋地基标卖,以补充修理南塘桥梁及石岸经费,化无用为有用,诚一举两得。是否可行,仰祈钧长鉴核施行实为公便等情。据此,查该区长拟将三神庙废屋基地标卖,补充修理南桥塘桥梁及石岸经费。事属以公济公,一举两便,且该庙名存实亡,等于废基,可否准予变价充公?县长未敢擅专,除指令外,理合备文转呈仰祈钧长核示祗遵,实为公便,谨呈等情。据此,查该庙基地,如果荒废,并无住持,自可遵照《监督寺庙条例》,由地方自治团体管理之。惟能否变价充作公用,条例并无规定明文。职厅无所依据,除指令外,理合据情转呈,仰祈鉴核示遵各等情到部。查无人承继之寺庙,应否由佛教会征集诸山意见,遴选住持,及荒废寺庙能否变价,充作公用,《监督寺庙条例》均无明文规定。事关法例,本部未敢擅拟,拟请钧院咨转解释训示,以便饬遵,除分别指令外,理合呈请鉴核示遵等情。据此,查原呈各节,均属关于《监督寺庙条例》第四条规定事项。而在敝院意见,以为该条所载"荒废之寺庙"其"荒废"二字之意义,尤须明白确定。据呈前情,除指令外,相应一并具文咨请查照分别解释见复。此咨

**院字第四二四号**

**二十年二月二日　司法院指令江苏高等法院　附原呈**

呈悉,业经发交最高法院拟具解答案呈核前来内开,有继承财产权之已嫁女子,于遗产继承开始前死亡,具应继分,由其子女代位继承。惟其应继承之财产,在《已嫁女子追溯继承财产施行细则》施行前,已经其他继承人分析者,应注意该细则第三条第二项之规定等语。本院长审核无异,合行令仰转饬知照。此令

**附原呈**

呈为呈请解释事,案据上海律师公会常务委员江一平等呈称,据属会会员李时蕊函称,查女子在现在法律上已享有与男子同等之财产继承权,若女子于继承开始前死亡,则应否与男子死亡,一律由其继承人承受,未有明文规定。兹有女子某甲于遗产继承开始前死亡,遗有子女四人,用已故女子继承人之身分,向外祀家,请求与现存诸舅诸姨平等分受。因此发生争执,形成两说:(甲)说女子继承权,系以女子本人为权利主体,立法原意系为维持女子生活及其社会上之地位。该女子既已亡故,则权利主体即已销灭,更无维持生活及社会地位之可言,即不能与现存男女同样享受继承权。(乙)说在家族制及世及财产制未废除以前,一人承受财产,其效力即及于后嗣,并非以该承受人本身为限,且在父母早亡之幼小,法律上尤有分给财产以资保护之必要。今男女在法律上财产继承权,既绝对平等,则适用于男子之惯例,在女子当然一律适用。向例男子于继承开始前亡故,除夭伤无后者,不发生继承问题外,苟有亲子或嗣子,即应与伯叔辈同等分受。今女子既有同等之继承权,则除未嫁夭亡或已嫁无后外,苟有所出或立有嗣子,对于外家遗产,即应与现存诸舅诸姨同等分受。倘因其亡故而对于其继承人不许分受,则与法律保护幼小之旨,根本相违,且非先撤销世及财产制,并将男女继承权一律限于本身不可,否则男女平等之精神,根本破坏。盖女子所出或其继嗣,在未有男女平等继承权以前,固得排除女子,而独与伯叔平分乃祖遗产。今因男女平等之结果,不得不听本身诸姑平均分受以去。若外家遗产于此等,无母之甥靳而不与,是男女平等之法律反使早亡女子之继嗣独承,其酷也云云。二说未知孰是,请求核转解释等情到院。事关法律疑义,职院未敢专擅,理合具文呈请钧院迅赐解释,以凭饬遵。谨呈

**院字第四二五号**

**二十年二月二日　司法院咨行政院　附原咨**

为咨复事,前准贵院上年九月九日咨(第二〇二号)开,据工商部呈请解释公会一会员代表两种行号应否加以限制一案,转咨查照解释见复等由,当经发交最高法院拟具解答案去后,兹据呈复内开,《工商同业公会法施行细则》第十条于公司行号推派出席公会之代表,既定明每一公司行号得推派一人至二人,以经理人或主体人为限。设有开设两处之行号,均亲自经营,并无其他经理人主体人可以代表,自得以一人而代表两行号。惟公益法人与

以营利为目的之法人不同,故只能行使一个选举权或表决权等语。本院长审核无异,相应咨复贵院,查照转饬实业部知照。此咨

**附原咨**

为转咨事,案据工商部呈准上海市政府咨,据市社会局呈称为转呈请示事,案据上海市商会呈称,据本市绸缎业整理委员会函询,一会员代表同时可否代表两种行号一节,请详为指示祗遵等情。查公会会员代表一人两种行号,《工商同业公会法》及同法施行细则内均未加以限制。此次该会发生疑问,揆其情形,当因钧局核饬修正之属会章程第七条内有一会员代表,不得代表两个以上之商业的法人或商店,是以来函询问。惟查同业公会与商会情形不尽相同,是以《工商同业公会法》及其施行细则内须载明,关于某事项之规定准用商会法某条者,始能资为根据,则商会章程与工商同业公会相互之关系,亦属事同一律。凡各该工会自订之章程,尽可按照法令及其本业情形酌量规定。其该公会章程内未加限制者,似不必强以商会章程为比例。以上所拟解答情形,是否有当,抑应比照属会章程第七条令其订入该公会章程,加以限制,呈请核示等情。据此,查同业公会会员代表与商会会员代表确有不同之处。就事实上言,假定有人在本市区内开设两处同业之小商号,因资本关系均由店主亲自营业,并无重要职员可以代表。两店既同时加入同业公会为会员,则该店主对于公会当然负两个会员义务。如果不能享代表两商号之权利,未免失事理之平。详察该商会所陈,似亦不为无见。事关法令,职局未敢擅专,除批示外,理合据情备文呈请钧长鉴核,迅赐转咨工商部核示,俾便饬遵,实为公便等情。据此,查所陈事关法令,除指令候转咨核复饬遵外,相应据情咨请察核见复,以资饬遵,至纫公谊等由到部。准此,查《修正工商同业公会法施行细则》第十条"本法第七条之会员代表每一公司,行号得推派一人至二人以经理人或主体人为限,但其最近一年间平均店员人数在十五人以上者,得增派代表一人,由各该公司行号之店员互推之。"是原咨所称,假定有人在本市区内开设两处同业之小商号,因资本关系均由店主亲自营业,并无重要职员可以代表两商店时,不能不以一人代表两个以上之商号,确系事实。惟商会法、公会法变更,旧日以自然人为会员之制,原以从前每见入会会员一人,不止一权,遂有把持操纵之弊。如仍许一人而有两个以上之选举权,则把持操纵仍不能免,即令事实上不得已,而代表两商号,似亦应加限制,只能行使一个选举权或表决权。如以公司法一人有若干股者,有若干权为比例,则公益法人本与营业为目的之法人性质不同。事关解释法令,除先咨复外,理合具文呈请鉴核转咨司法院解释示遵,实为公便等情到院。查所呈事关解释法令,除指令外,相应据情转咨贵院查照解释见复,以便饬遵,至纫公谊。此咨

**院字第四二六号**

**二十年二月二日　司法院指令江苏高等法院　附原呈**

呈悉,业经发交最高法院拟具解答案呈核前来内开,(一)庶子对于嫡母所遗之特有财

产,应与嫡子按人数均分。(二)夫之财产,既经赠与其妻,自应认为妻之特有财产。(三)未嫁之女于受其父赠与财产后死亡,而未以遗嘱遗赠于他人时,苟其父母俱已先亡,则该遗产自应由其同父之兄弟姊妹分受等语。本院长审核无异,合行令仰转饬知照。此令

**附原呈**

呈为转请解释事,案据吴县律师公会会长费廷璜呈称,为呈请转呈解释事。窃据本会会员章世芨函称,谨启者,查财产承继无嫡庶长幼男女差别,曾经最高法院解字第四八号解释。又查妻之特有财产妻,故后如无遗嘱,应归其夫承受,亦经前司法部于民国十七年十月二十七日,咨外交部第七四号咨复,本无何等疑义。若假定甲有妻乙妾丙各生子女,如(一)甲先故乙后亡,乙之丧葬费用由乙丙所生子女共同负担。此时乙所遗之私产,既未归甲承受,是否按乙丙所生嫡庶长幼男女人数平均分析,抑专归乙所生之子女承受?(二)若乙所遗之私产系甲生前所分给,此时是否作为乙之特有财产,抑仍作为甲之遗产之一部?(三)若乙所生之一女已亡未嫁,遗有甲生前酌给之财产,并无遗嘱赠与何人,此时其遗产是否专归乙所生之他子女承受,抑仍按乙丙所生嫡庶长幼男女人数平均分析?以上三点,皆归法律问题,应由本会评议会议决转呈司法院迅赐解释,俾资遵循,为此函请迅予转呈解释等因到会。当经本会于五月十一日第十八次常任评议会决议,事关法律疑义,自应转呈解释。为特呈请迅予转呈最高法院解释示遵等情,据此,事关法律疑义,职院未便擅专,理合据情具文呈请钧长鉴核,俯赐解释指令饬遵,实为公便。谨呈

**院字第四二七号**

**二十年二月二日　司法院训令福建高等法院　附原函**

为令知事,该法院上年第三五零号公函致最高法院为闽侯律师公会转请解释,当事人一造不到场如何判决疑义一案,兹据最高法院拟具解答案呈核前来内开,按《民事诉讼律》第三百三十五条第三项,当事人一造若不到场,法院就其在准备程序不争之请求为一部判决,并就其他请求因声明为缺席判决等语。是因当事人缺席之效果,而为不利益于缺席人之判决,固应为缺席判,决不能为通常判决。若因缺席人在准备程序不争之点,或因调查证据依一造辩论为判决,并非基于缺席之效果,自仍应为通常判决等语。本院长审核无异,合行令仰转饬知照。此令

**附原函**

径启者,案准闽侯律师公会函开,兹据会员林祥熊函称,按诉讼当事人之一造于言词辩论日期或续行日期不到场者,在历来事例,法院有时就认定证据或依以前辩论之资料,视为通常判决。嗣查最高法院十七年上字第八五七号判例(判决江苏张述职等与叶正福等因确认洲地所有权界限涉讼上告一案),以此种通常判决为适用法,则不当依法应予缺席判决等因。由是,遇有此种通常判决,一经当事人提起上诉,无论在第二审或第三审,该上级法院均予废弃原判发还更审,此为遵守最高法院判例之旨趣,固不生何等问题。惟一般意图延

滞诉讼之当事人,往往利此机会对于该通常判决不即提起上诉,偏要声明窒碍,法院认法律为不应许可,径予判决驳回,彼则对之控告或上告虽结果无效,然先就窒碍程序经过三审裁判,然后始就本案进行。而本案之通常判决一经上诉,又不能存在有如上述势,必展转年余,判决数次,仍与初起诉之程序相同,未免予诉讼者,以特种之利便,殊非创例时所及料。兹为救济斯弊起见,研究结果分为二说:(甲)说此种通常判决,于法既属不合,虽名为通常,实与缺席无异。当事人声明窒碍自无不可准许之理,既经准许该诉讼,即回复缺席前之程度,不至拖延。(乙)说现行诉讼通例,声明上诉不必特别标明上诉字样,仅须有不服原判之表示,即应认为已有上诉。该通常判决与缺席判决之本于当事人缺席之效果而生者,究有区别,于法自不得准许声明窒碍,应即依照通例,以窒碍视为上诉,送由上级审命其补正,毋庸就窒碍予以裁判。如当事人依法补正,即将原判废弃,不外空费一番之程序而已。若不遵补正之命者,则可将上诉径予驳回,较易终结诉讼。二说未知孰是,抑别有救济办法之处?现在如上述延案情形数见不鲜,若非明示,准绳于诉讼之进行,难免诸多阻碍。再查福建高等法院判决郑贤政等与戴嘉瓒等因赎田涉讼一案,系依以前辩论之资料予以通常判决。嗣郑贤政等提起上告,经最高法院于十七年十一月判决维持原判,其判决理由内载本案上告人等及代理人于原审指定之言词辩论日期,均不到院,原审依被上告人等代理人之请求予以判决,并无不合云云。查核该判决列为十七年上字第一〇五二号,自系在上开判例之后,何以又认此种通常判决为不合法?未知是否变更,于引用上亦滋疑义,为此函请公会转请最高法院迅赐解释示遵等由。准此,经敝会常任评议员会议决,事关法律解释,相应函请转呈迅赐解释示遵等由。准此,事关法律解释,相应函请贵院迅赐解释见复为荷。此致

**院字第四二八号**

**二十年二月二日　司法院训令江苏高等法院　附原函**

为令行事,查江苏省妇女协会整理委员会上年函致最高法院,转请解释女子继承财产疑义一案,兹据最高法院拟具解答案呈核前来内开,乙虽为甲之亲女,但甲之遗产已由其嗣子丙继承。今丙又殁无后,应为丙立嗣,由嗣子继承其遗产。乙为丙之妹,不得主张财产继承权等语。本院长审核无异,合行令仰转行知照。此令

**附原函**

径启者,案据东台妇整会呈称,为呈请函最高法院请详为解释,最新法律对于女子继承权之规定,譬如甲生一女乙,甲殁,由堂侄丙为嗣子,已有多年。今丙又殁,既无直系尊卑亲属及配偶,并五服之内卑属,亦无又未有遗嘱立嗣,只有妹一存在。乙对于丙遗产应否有承受(继承)权,抑或由五服外远房族人中选立嗣子请求解释示遵,妇运前途实深幸赖等情。据此,按女子财产继承权虽经政府颁布,而对于此种案件尚须详为解释。为特据情转函,请为解释以释群疑而明法纪,相应函达,即希查照函复为荷。此致

**院字第四二九号**

**二十年二月二日　司法院训令河北高等法院　附原函**

为令知事，该法院上年第三五七号公函致最高法院，为宁河县县长转请解释，孀妇改嫁，夫族不肯主婚，其婚姻是否有效一案，兹据最高法院拟具解答案呈核前来内开，孀妇再醮，为法令所不禁，依婚姻自由之原则，该孀妇张甲与李戊结婚，他人自不得出而干涉等语。本院长审核无异，合行令仰转饬知照。此令

**附原函**

径启者，案据宁河县县长郝杏林呈为法律疑请解释示遵事。今设有孀妇张甲夫亡年余，夫家母家俱有尊属，止生有三子乙、丙、丁，守度，忽然自愿改嫁于对门居住之鳏夫李戊为妻，定期过门成为夫妇。其族众己、庚并其夫兄辛行以为耻，告诉李戊强占寡妇，以为宁可远嫁，不可令近贻乡里，羞其子乙、丙，俱已成人，亦甘愿迎归其母终养，否则无颜见人。讵张甲则以下半世生活为词，坚不回归，亦不肯再行他适。双方各持己见，劝阻无效，关于解决此案有二说焉：(子)查现在有效之法律，孀妇自愿改嫁，夫家、母家俱无主婚尊属，仍由夫家余亲主婚。此案张辛既以醮戊为耻，不肯主婚，则甲与戊之配合，形同奸姘，乡里传笑，风化攸关，不能为正式婚姻。且按诸夫死从子之义，应由乙、丙、丁迎归终养，此一说也。(丑)现时女权发达，结婚自由，经第二次全国代表大会妇女运动决议有案。况孀妇再醮，旧律尚无禁止明文，亲属子女更不能强行干涉。且既自愿改嫁，亦无距离远近之制限。如果援往昔名节廉耻之故见，束缚压迫，殊不足以助进女权之发展，应认甲、戊婚姻为有效，又一说也。二说各有主张，究以何说为正当，县长未敢擅专，敬请钧院解释指令饬遵，实为公便等情到院。事关法律疑义，相应函请贵院迅赐解释，以便饬遵为荷。此致

**院字第四三〇号**

**二十年二月五日　司法院指令浙江高等法院　附原呈**

呈悉，业经发交最高法院拟具解答案呈核前来内开，公债票为有价证券之一，依刑诉法第七五条第二项规定，应许代保证金，惟须按时价折算等语。本院长审核无异，合行令仰转饬知照。此令

**附原呈**

呈为据情转请解释事，案据鄞县律师公会会长忻壹呈称，案据会员徐廷杰、奚文思联合电称，兹有羁押人确无力缴保证金，是否得凑公债票代现金，请转呈解释等语到会。节经敝会第八次常任评议员会议决通过，照转纪录在卷，事关法律疑义，理合备文呈请鉴核，准予转呈解释示遵等情。据此，理合据情转请，仰祈钧院俯赐解释，以便饬遵。谨呈

**院字第四三一号**

**二十年二月五日　司法院电甘肃高等法院　附原电**

甘肃高等法院院长览，上年四月间代电悉，所请解释再审原因疑义，业经发交最高法院拟具解答案呈核前来内开，该省沿用之《民事诉讼条例》第五百六十八条第十二款，所谓发现未经斟酌之证据或得使用之者，系指在前程序事实审之言词辩论终结前，业已存在而未经斟酌之证据而言。当事人之一造对于他造之自认，虽可举为有利于己之证据。惟在前程序事实审终结后所为之自认，不在该款所列情形之内，不得为再审原因等语。本院长审核无异，合电知照。再来电漏填发电日期，嗣后应注意。司法院微印

**附原电**

司法院院长王钧鉴，兹有甲乙系堂兄弟分家以后，由乙出名，将分家前已当之地出卖于丙。甲闻，知对于该地主张所有权，将乙、丙诉案。经终审判决，认乙、丙之卖买为有效后，甲又专向乙诉追该地。第一审以案经终审判决，驳斥其诉。甲上诉至第二审，乙于言词辩论中始自认所卖者，系甲分得之地，并愿赔偿。甲坚欲回复原状，乙之此项自认，能否包括于《民事诉讼条例》第五百六十八条第十二款之范围内，作为再审原因，乞解释示遵。甘肃高等法院叩印

**院字第四三二号**

**二十年二月六日　司法院电广西高等法院　附原电**

广西高等法院院长览，该法院上年六月佳代电致最高法院，为容县县长转请解释离婚案件，被告匿不受传如何办理一案，兹据最高法院拟具解答案呈核前来内开，离婚事件被告人匿不受传，可依《修正民事诉讼律》第七百七十八条第三项规定办理，并于依法送达后，得调查证据，依一造之辩论为通常判决等语。本院长审核无异，合电转饬知照。司法院麻印

**附原电**

南京最高法院林院长勋鉴，案据容县县长韦介高世代电称，兹有甲夫乙妇同居一室，甲性嗜赌，不事生产，乙为人佣妇。甲每赌败，向乙索工资，稍不如意，殴打随之。乙以不堪虐待，提起与甲离婚之诉，经法院迭次票传，甲均匿不受传，亦不具状答辩，乙又屡请缺席判决。查民诉律第七百七十七条、第七百八十三条，离婚事件有不适用缺席判决之规定，职县受理有类此案件，应依何种手续办结，理合电请示遵等情。据此，案关法律解释，应请贵院查照，希即迅赐解释电复，俾便饬遵。广西高等法院院长林实华叩佳印

**院字第四三三号**

**二十年二月六日　司法院电最高法院东北分院　附原电**

最高法院东北分院院长览，该法院上年十一月咸代电致最高法院，为吉林高等法院转

据滨江律师公会呈请解释，推事回避疑义一案，兹据最高法院拟具解答案呈核前来内开，民诉条例第四十二条第七款，所谓推事曾参与前审裁判，系指该推事就声明不服之裁判，在下级审曾经参与者而言。来函所述情形，第二审主任推事仅于起诉前，发给支付命令并未参与第一审裁判，自应毋庸回避等语。本院长审核无异，合电转饬知照。司法院鱼印

**附原电**

最高法院钧鉴，案准吉林高等法院民字第二四三号公函内开，据滨江律师公会会长汪墀呈称，据本会律师王继述声称，查主办支付命令之推事是否尚可参与第二审审判，于此有两说焉：(甲)说谓发支付命令，非前审之诉讼程序乃第一审审判前之特别程序，不得谓为参与前审裁判，故仍可为第二审之主任推事。(乙)说谓支付命令规定于民诉条例第六编特别程序中，何得谓为非诉讼程序。查条例第六百条规定，支付命令自声请始发生诉讼拘束。第六百零一条规定，法院应不讯问债务人，就支付命令之声请为裁决等语。是法律明明规定发支付命令，系一种裁判主办支付命令之推事，自属为参与前审之裁判，更无可疑。又第四十二条第七款规定，参与公断者，尚须回避，而况主办支付命令之裁决者乎？故主办支付命令之推事，当然认为参与前审之裁判，如再为第二审之主任推事即属违法云云。二说未知孰是，应请转请解释等因。适值本会十月三十号之职员会，遂经议决，佥谓以上问题在法律上实有疑义，理合呈请钧院转请解释，以明法义而便遵循等情。据此，查《民事诉讼条例》第四十二条第七款规定，必因推事曾参与该事件之前审裁判或公断者，始应回避。至发给支付命令不得谓参与前审裁判，即再为第二审之主任推事，亦不得以参与前审裁判为名而指为违法，似甚明显，本可无烦解释。惟既据呈请前来，未便置之不理，相应函请贵院查核俯赐解示，以便饬遵，实纫公谊等因。准此，事关解释法律，理合遵照《最高法院分院处理事务暂行办法》丁项第一款之规定，电请钧院拟具解答案呈请司法院核定示复，以便转函知照。最高法院东北分院院长孔昭焱叩咸印

**院字第四三四号**

**二十年二月七日　司法院训令广西高等法院　附原函**

为令知事，该法院上年第四八号公函致最高法院，为苍梧律师公会转请解释《清理不动产典当办法》及田房押款合同各疑义一案，兹据最高法院拟具解答案呈核前来内开，(一)查《清理不动产典当办法》施行后，定有典当期间之典产届满十年，业主不赎，该办法既定明听凭典主过户投税，典主自得径以典契声请为移转所有权之登记。惟在过户投税之先应催告业主回赎，业主于过户投税后，仍得告找作绝(参照院字第九号第五三号解释)。(二)田房押款合同为当事人间订立之契约，依公式所定之第五款，于受通知后逾期未归款，得将抵押物自由变卖，双方当事人均无异议，自应依约办理。苟有争执或无人承买抵押物，应依督促程序办理等语。本院长审核无异，合行令仰转饬知照。此令

**附原函**

径启者,案据苍梧律师公会会长萧励成呈称,呈为呈请解释事。案据会员周百焘函称,查《清理不动产典当办法》第八条内载,设定典当期间以不过十年为限违者,一届十年限满,应准业主即时收赎。业主届限不赎,听凭典主过户投税,不满十年之典当,不准附有“到期不赎听凭作绝”之条件。违者,虽经逾期,于自立约之日起十年期限内,仍准业主随时告赎。寻绎条文,凡典当不动产订有期限者,经催不赎一满十年,即听凭典主过户投税,自无疑义。惟过户投税,应依如何程序,法律无明文规定。如须业主书立断契,无论业主已置之不问,且与听凭二字之本旨不符,可否径以典契声请为移转所有权之登记?又查田房押款合同公式第五款内载,抵押限满,出押人未将借款清偿者,受押人应即通知出押人,令其归款。如逾十日,仍未归款,受押人得将抵押物品延请鉴定人评定时价,限于足敷清偿借款本息之范围内,得自由变卖,并须通知商会备案。据此,说明受押人得将抵押物自由变卖,是否毋庸依督促程序办理?又设有逾期不归款之抵押田房,自由变卖,无人承买,受押人可否径行声请为移转所有权之登记?事关法律疑义,合请转呈解释,俾有持循等情。据此,理合呈请钧院转呈最高法院解释,实为公便等情。据此,相应据情函请贵院查照,希即迅赐解释,以便饬遵。此致

**院字第四三五号**

**二十年二月十日　司法院训令江苏高等法院　附原呈**

为令行事,查江宁县县长上年第四一六号呈请最高法院解释民诉条例第五百七十三条疑义一案,兹据最高法院拟具解答案呈核前来内开,判决一经确定,受胜诉判决之当事人即可依该确定判决而实行其权利。至该省沿用之《民事诉讼条例》第五百七十三条第三项所载判决确定后,已逾五年,不得提起再审之诉,乃就提起再审之诉之不变期限,依同条第二项但书而计算者,定其限制,并非于该期间内停止胜诉人实行其权利等语。本院长审核无异,合行令仰转行知照。此令

**附原呈**

呈为关于法律意义请予解释仰祈鉴核事。案查前奉民政厅训令转奉省政府令发省政府委员会第三零八次会议议决,《修正暂行缴租条例》第十五条内载,凡缴租或分租纠纷时,应由县政府依行政处分程序裁决,并执行之等因,奉经遵照在案。是关于追租案件应属行政范围,惟关于产权诉讼自属司法范围,但查《民事诉讼条例》第五百七十三条第二项内载,若判决确定后已逾五年者,不得提起再审之诉等语,系指已逾法定年限而言。例如,甲因产权诉讼于民国十四年一月间三审判决确定,扣至本年十一月止,已逾五年。此时地主因佃户抗租呈请饬追,当属合法。若在民国十七年一月经三审判决确定,扣至本年十一月止,尚未满五年之限,仍可提起再审之诉。于此期间内,地主请追佃户抗租,是否合法律无明文,刻因有类此主佃纠纷案件呈请裁决。县长无所根据,理合具文呈请,仰祈钧院鉴核,俯赐解

释指令祇遵。谨呈

**院字第四三六号**

**二十年二月十日　司法院指令浙江高等法院　附原呈**

呈悉,业经发交最高法院拟具解答案呈核前来内开,钱商按日计息时有高低,如按气债务存续之期间,平均计算未超过周年百分二十之限制者为有效等语。本院长审核无异,合行令仰转饬知照。此令

**附原呈**

呈为转请解释事,案据永嘉律师公会函称,案据会员黄希宪函称,查十七年九月十八日最高法院解字第一八四号,平均计算之平均二字之解释,可分两说:(甲)说平均计算不得超过年利百分之二十之限制者,谓如一二三三个月日拆计息,虽超过年利百分之二十之平均月利(平均月利一六六六〇),而四五六三个月,则低于平均月利百分之二十。合十二个月而平均摊算之,总以不超过年利百分之二十为度。(乙)说平均计算不超过年利百分之二十之限制者,谓以年利百分之二十分配十二个月(即每月平均一六六六〇)日拆,虽有高低,而按月平均,各不得超过百分之二十之限制也。设如甲说,则钱商为规避年利计,皆藉口月利高低以短期(不满一年)重利放债。是百分之二十之限制,仅有其名,而与解除民众痛苦之旨,未免相背。两说孰是,请为转请解释示遵等语。经付第七次评议会评议,应否转请解释,即行详加讨论,仍分两说:(子)说谓平均计算者,诚如甲说所解释,方足以维持钱商之营业。盖钱商之计利月,各不同银根紧时,固有月利超过年利百分之二十者,而市面淡时利必减低甚或其借款者,收入之月利不足以抵补存款者之月利,故钱商于年利百分之二十限制以内,尽可随市面之情形而高低,其月利在借者惟望周转灵便,亦不此计也。(丑)说谓平均计算者,观每月二字,即知当然以十二个月或以三十个日为分划,百分二十之标准而平均计算之其每月之滚,并复利如不超过百分之二十之限制。且为债务人所同意者,始为有效,虽钱商之银钱有时存而无人过问,而亦不得藉口市面淡时之利,极微不无损失,辄于银根紧时对于短期(如借一个月者)之借款者,收取百分之二十以上之利。果如子说取利,则钱商尽可对借用一个月者宣称,借汝之钱实已搁置十一个月,尚未借出。今汝借此最紧月中之银,即应负其全年之利。申言之,只此一个月,一百元之利可取二十元矣,谓非重利盘剥不可。抑有言者,设如甲说及子说之解释,必其借款为长期,而适为一个全年之同一借户,方不违背限制。然而既系全年之长期同户借款,则其计利无论如何累进,如何不齐,苟在限内,即无不可,是已无平均计算之可言,而宜名为除本计算也。今一八四号之解释既名平均计算,即非限于全年者,而已顾及短期债务人之利益矣,自以乙说为是。以上各说,孰为得当,事关律例,出入颇巨,决议转请解释在案。为此,录案函请准予转请解释示遵等情。据此,理合备文转请仰祈钧院俯赐解释,以便饬遵。谨呈

### 院字第四三七号

**二十年二月十日　司法院指令湖南高等法院　附原呈**

呈悉,业经发交最高法院拟具解答案呈核前来内开,依《民法》第七百七十二条规定前四条之规定,于所有权以外财产权之取得准用之地役权系属财产权之一种,其取得时效自应依该条规定分别定取得时效之期间,至期间之计算,应注意《民法》物权编施行法第五条第三项之规定等语。本院长审核无异,合行令仰转饬知照。此令

**附原呈**

呈为呈请事,案据浏阳县县长余子诚呈称,窃查《民法》关于时效规定,系采德国法例,仅于总则编规定消灭时效而取得时效,则散见于物权所有权典权及地役权诸章中。取得所有权与典权之时效期间,虽曾见诸明文,而取得地役权之时效期间,则杳无规定,适用时无所遵守。职府现有关于地役权诉讼,急待解决,理合备文呈请钧院指令或转请解释祗遵,实为法便等情。据此,职院对于上项问题,分为甲乙二说:(甲)说谓《民法》物权编第八百五十二条,地役权以继续并表见者为限,因时效而取得,然在积极方面,究无时效期间或准用他条之明文,应以民法总则第一百二十五条,请求权因十五年间不行使而消灭,为地役权消极方面之规定作为取得时效。(乙)说谓物权通则,适用于各种物权、地役权,附着于不动产上,法文所称继续表见之地役权,即系不动产上之占有,应适用《民法》物权编施行法第七条之规定,作为取得时效。以上二说,究以何说为是,职院未便擅拟,除指令准予转请解释外,理合具文呈请钧院俯赐察核,发交最高法院拟具解答案,复核令遵,至为公便。谨呈

### 院字第四三八号

**二十年二月十日　司法院指令江苏高等法院　附原呈**

呈悉,业经发交最高法院拟具解答案呈核前来内开,从前典屋时之屋价与现时告找时之屋价不同者,则其应找屋价自应依现时价值计算。惟其从前已付之典价,究能值从前之买价几分之几,应与审定后并先就现时应值之买价内,以比例照减去几分之几,而以其余之数为应找之额等语。本院长审核无异,合行令仰转饬知照。此令

**附原呈**

呈为呈请解释事,案据泰兴县县长郭大荣快邮代电称,窃查职县兹有甲、乙为赎房涉讼一案,分举两点电请解释如下:(一)甲以房地一所于光绪元年出抵与乙计价钱五百千文,至光绪三年甲又加抵钱一千零五十千文计算回赎期间,已经有五十余年之久。此案业经判决,依法只准告找作绝。现经派员估价,系争房地照现时可值四千元。现在对于告找作绝部分,由甲起诉。惟查典时,房价与现时房价不同,究应如何告找,法律未见明文,此应请解释者一。(二)典时房屋价值,既与现在时价不同,则相差之数,究以几分之几为告找之比例,此应请解释者二。本案悬案以待,理合电请核示等情到院。事关法律疑义,职院未敢擅

断,理合具文呈请钧院迅赐解释,以凭饬遵。谨呈

**院字第四三九号**

**二十年二月十七日　司法院指令湖南高等法院　附原呈**

呈悉,业经发交最高法院拟具解答案呈核前来内开,回复原状之声请权依《刑事诉讼法》第二零八条第一项之规定,属于当事人而关于当事人之定义。又经同法第三条规定,为检察官、自诉人及被告,其原告诉人既非当事人,对于不起诉处分,经过再议期限,自不得向法院声请回复原状等语。本院长审核无异,合行令仰转饬知照。此令

**附原呈**

呈为据情转呈,仰祈鉴核事,案据署邵阳地方法院院长朱道融呈称,窃查刑诉法第二百零八条载,当事人非因过失不能遵守期限者,得声请回复原状。又,第二百十一条载,回复原状之声请,应由声请之法院裁定之各等语。兹有告诉人不服检察官不起诉处分,声请再议,经检察官以经过期限批斥,旋复具状向首席检察官声请回复原状,复由检察处函送法院办理。遍查刑诉法,无声请再议逾期得声请回复原状之规定。惟期限一章,既置于总则,征诸刑诉法第二百零八条"立法理由"更明言,凡因不能遵守法定期限,致失诉讼上之权利者,皆可适用声请再议期限。既为期限之一,若逾期后,即不许声请回复原状,似非情法之平。如许其声请回复原状,则有一疑问,即此类案件应由何处受理是也。关于此有二说焉:(甲)说回复原状之声请,刑诉法第二百十一条既明载,应由法院裁定,则因再议逾期声请回复者,自应从同。(乙)说声请回复原状,限于在审判上,非因过失不能遵守期限者,可以适用观刑诉法第二百十二条载"于裁定前得停止执行裁判"一语,可得当然之解释声请再议,既属检察事务范围,可否准其回复原状,应由原检察官及原法院首席检察官,或上级法院首席检察官准用刑诉法第二百四十八条至第二百五十条之程序办理。二说未知孰是,如采用甲说,不免又发生下列疑问,即以告诉人资格声请是否合法是也,关于此有二说:(子)说刑诉法第二百零八条明载,有声请权者,限于当事人。征诸同法第三条本法,称当事人者,指检察官自诉人及被告。若以告诉人资格声请,显然为不合法,应予驳回。(丑)说告诉人诚非当事人,不能有声请权,但检察官立于原告地位,对于法院判决,得代告诉人提起上诉,对于告诉人不服县政府判决呈诉之件为上诉人。纵检察官意见与呈诉人主张极端相反,法律上仍不能不以上诉人目之告诉人,声请回复原状。检察官既未予以驳斥,且为转送法,院即可视作检察官声请,予以受理。事关法律疑义,未敢臆断,理合具文,呈恳钧院转请解释示遵等情。据此,理合具文呈请钧院俯赐察核,发交最高法院拟具解答案复核令遵。谨呈

**院字第四四〇号**

**二十年二月十七日　司法院训令湖北高等法院　附原函**

为令知事,该法院十八年第二七八号公函致最高法院,为夏口地方法院转请解释,婚姻

案件被告延不到案究应如何判决一案,兹据最高法院拟具解答案呈核前来内开,离婚之诉,被告受传唤而不到场,虽不得为缺席判决,但法院除得依《修正民事诉讼律》第七百七十八条第三项规定办理外,并得依一造辩论调查证据为通常判决等语。本院长审核无异,合行令仰转饬知照。此令

**附原函**

径启者,案据夏口地方法院院长萧崇道代电称,窃查婚姻诉讼之被告,屡传不到,依最高法院十七年解字第八三号解释,系属之法院得据对造所提出之证据,并以职权调查明确而为通常判决。此项解释虽系对于控告审而言,然在第一审程序中似亦可援照办理。职院依此终结之案已有数起,甚觉便利。惟近见司法公报又载,最高法院同年解字第二七六号解释内开,人事诉讼一造当事人不于言词辩论日期到场,除对原告得为缺席判决外,如被告不到,应依《修正民事诉讼律》第七七六条及第七七八条照常审判等因。查《修正民事诉讼律》第七七六条规定,则非讯问当事人不得为裁判,而第七七八条规定则对于不到场之当事人,除依该条第三项准用同律第三六七条处以罚锾外,惟有命受命推事或受托推事,就该当事人所在讯问之之一途,舍此别无制裁之方法。设遇刁狡之被告,即命推事前往讯问,亦避不就讯或处罚锾后,仍不到场者,即无方法终结。其诉讼而济其穷,似与第八三号解释不无矛盾之处。现职院受理之婚姻案件不时仍有被告延不到案情形,究竟对于上开两号解释应如何适从之处,职院未敢擅断,理合电请钧院鉴核转请最高法院迅赐解释,俾有遵循,实为公便等情。据此,相应函请贵院迅予解释,俾便转令遵照,实为公便。此致

**院字第四四一号**

**二十年二月十八日　司法院电浙江高等法院　附原电**

浙江高等法院郑院长览,前据该法院殷前院长十八年九月陷代电,为余杭县县长转请解释,自由结婚有无年龄限制疑义一案,业经发交最高法院拟具解答案呈核前来内开,凡未满二十岁者,为未成年人,其结婚须得法定代理人之同意。倘未经同意,其已缔结之婚姻得由法定代理人请求撤销,至应否处以《刑法》第二百五十五条或二百五十七条一项之罪,当以结婚时有无诈术及和诱略诱情形为断等语。本院长审核无异,合电转饬知照。司法院巧印

**附原电**

南京司法院院长钧鉴,案据余杭县县长郑师泉有代电称,查第二次全国代表大会妇女运动议决,男女结婚离婚绝对自由,但未明定男女结婚离婚时之年龄。如遇未满二十岁之男女,不得其父母之同意,自由与他人结婚,经其父母告诉,其已缔结之婚姻是否认为无效?其男女可否处以《刑法》第二百五十五条或二百五十七条一项之罪?颇滋疑义,悬案待决,恳予解答,俾有遵循等情。据此,案关法律疑义,理合电请迅赐解释,以便饬遵。浙江高等法院院长殷汝熊叩陷印

**院字第四四二号**

**二十年二月十八日 司法院电甘肃高等法院 附原电**

甘肃高等法院院长览，该法院致最高法院代电为固原司法公署审判官，转请解释离异案件一造避不到案应如何判决一案，兹据最高法院拟具解答案呈核前来内开，妻因其夫另娶诉请离异，其夫故意避不到案，法院得依《民事诉讼条例》第六七六条第三项之规定办理，并得依一造辩论调查证据为通常判决等语。本院长审核无异，合电转饬知照。司法院巧印

**附原电**

南京最高法院鉴，据固原司法公署审判官张国琮径代电称，今有年十八岁之夫乙与其年二十四岁之妻丙不睦，经乙之生母甲与其子乙复娶室丁，丙坚请离异，乙故避不到案，拘提无效，甲亦诿不负责，但丙闹攘不休。于此场合，法院必俟经乙辩论后始得判决，抑不待乙之到案，径对在场有行亲权之甲即行判决？职署有案待决，理合电请钧院鉴核，俯赐转请解释，俾有遵循等情到院。据此，案关法律解释，相应电请迅赐解释见复，以便饬遵。甘肃高等法院叩印

**院字第四四三号**

**二十年二月十九日 司法院电东省特别区域高等法院 附原电**

东省特别区域高等法院院长览，上年八月青代电悉，该区域地方法院转请解释法人登记疑义一案，业经发交最高法院拟具解答案呈核前来内开：(一)以营利为目的之法人，依《法人登记规则》第三十四条规定，固应准用公司登记之规定。惟公司法规虽公布尚未施行，依现行《公司条例》《公司注册暂行规则》及《公司注册暂行规则补充办法》规定，经注册所核准注册，即可认为法人成立，毋须向法院声请登记。(二)外国法人在中国设事务所，依《民法总则施行法》第十三条之规定，财团及以公益无目的之社团，准用《民法》第四十六条、第五十九条规定，应得主管官署之许可，始得登记，以营利为目的之社团，准用《民法》第四十五条之规定，其法人资格之取得应依特别法之规定，在公司法未施行前，应依《公司注册暂行规则》及《公司注册暂行规则补充办法》办理，毋庸向法院声请登记。(三)许可法人设立之主管官署，即管理法人目的之事业之官署，应依法人之目的事业而认定之，其许可权是否专属于中央官署，抑受中央主管官署之指挥监督执行法令之地方官署亦有许可之权？如法令无明文规定者，应以法人目的事业之性质定之。至法人经主管官署许可后，法院于登记时，仍有审查关于登记事项及程序之权等语。本院长审核无异，合电转饬知照。司法院效印

**附原电**

国民政府司法院王院长钧鉴，据本区域地方法院呈称，查职院办理法人登记，发生下列疑义：(一)《法人登记规则》第三十四条内载，以营利为目的之法人准用公司登记之规定，于

兹发生三说:(甲)说谓营利法人及公司亦应由法院登记,不过准用《公司条例》所定登记之程序而已。此就本条文义及《公司条例施行细则》第八条之规定观之,甚为明显。至《公司注册暂行规则》及《银行注册暂行规则》系属主管官署之注册程序,自可与法院登记并行不悖,犹之不动产登记之土地既经土地管理机关更名注册,而仍须在法院登记事同一律,此一说也。(乙)说谓法人登记为其取得法人资格之要件,此次颁行之《法人登记规则》系根据《民法总则施行细则》第十条,而该条系指依据民法总则规定成立之公益及财团法人而定。至营利法人,依同法第四十五条,其取得法人资格既属应依特别法之规定,当然不在法院法人登记范围之内,而应依《公司条例》及公司银行各注册暂行规则办理。至《公司条例施行细则》第八条,则因公司及银行各注册暂行规则之颁行而早已失效(见《公司注册暂行规则》第四十七条规定),已属不能援据。况此次颁行之法人登记簿册及填载例中,毫无关于公司登记事项之订定及说明,可以概见,盖公司既经主管官署注册即属已经取得法人资格,此后若再经法院登记,实系重复,此一说也。(丙)说谓《公司条例》上之注册即属登记,乙说主张公司应依特别法注册,不经法院登记不为无见,但《法人登记规则》第三十四条明定,以营利为目的之法人登记,准用公司登记之规定。所谓准用者,非指公司准用而言,乃应解作《民法》上亦有其他之营利法人存在,并非除特别法外,即无其他之营利法人也,本条规定当指此类法人而言。是法院之法人登记,无论其目的如何,则应专以《民法》上之法人为限,似与法意相合,此又一说也。以上三说,如以甲说为当,是否必须于注册后方准登记,及登记时是否应受注册之拘束,抑仍有依法审查准驳之权?(二)未经认许其成立之外国法人,在中国设事务所者,应否准其为事务所设置之登记?如准其登记后,是否即能以其事务所为权利义务之主体?(三)依民法总则规定,法人之设立应得主管官署之许可。所谓主管官署,在此行政法令尚未完备之际,究以何种标准定之?如系按其性质酌予认定,则是否专以中央官署或省官署或市官署为限,抑各地方官署,如县政府公安局及县自治团体等,亦可认为主管官署?又已得主管官署之许可者,法院于登记时,是否应即受其拘束,抑仍有审查准驳之权?以上各端,均属急待解决,请予解释,以便遵办等情前来职院,以事关法律统一,未敢擅拟,应请钧院迅赐解释,俾便转令遵照为叩。东省特别区域高等法院院长陈克正叩青

**院字第四四四号**

**二十年二月二十一日　司法院咨行政院　附原咨**

为咨复事,前准贵院上年八月五日咨(第一七七号)开,据内政部呈请解释宗教师疑义一案,转请查照解释见复等由,当经发交最高法院拟具解答案去后,兹据呈复内开,教徒仅信奉宗教,并非居于领导地位,自不得谓系《乡镇自治施行法》第十一条第二项第三款所称之宗教师。又其名虽非教师,而实际在教会所担任工作确居于领导地位,自应以宗教师论等语。本院长审核无异,相应咨复贵院查照饬知。此咨

附原咨

为咨请事,案据内政部呈称,案据江西省民政厅呈,据临川县第七区区长姜寿齐呈称,窃查《乡镇自治施行法》第十一条第二项第三款规定,僧道及其他宗教师应停止其乡镇长副及监察委员之当选。查所称宗教师,究系专指传教教师,抑或信奉宗教之教徒亦包含在内?又名非教师而信奉有年,在会担任工作,类似教师者,此项人员可否取得被选资格或仍停止当选,条文未见规定。将来改选时,势必发生争执等情,呈请迅予解释前来。查教徒仅系信奉宗教,原与居领导地位之宗教师有别,当不在停止当选之列。至名非教师而在教会担任工作类似教师者,既已担任宗教上之职务,似应停止当选。惟事关法令解释,职厅未敢擅专,理合呈请迅赐解释等情。据此,查《刑法》第三百三十四条亦有宗教师之规定,究竟备具若何条件,始得称为宗教师,尚无解释例案足资援据。事关适用法律,本部未便擅拟,理合备文呈请钧院鉴核,转咨司法院核复示遵,以便转饬遵照等情到院。查事关法令解释,除指令外,相应据情咨请贵院查照解释见复,以便饬遵,至纫公谊。此咨

院字第四四五号

二十年二月二十四日　司法院电湖北高等法院　附抄件及原电

湖北高等法院何院长览,该法院上年九月霰代电致最高法院,请解释外国教会购地出租涉讼案件疑义一案,兹据最高法院拟具解答案呈核前来内开,来电所称,外国教堂于租界外购置土地,既在前清末叶,自应仅受《内地外国教会租用土地房屋暂行章程》第六条之限制,其以该土地与人订立租赁契约,苟非别有无效撤销或请求权消灭之原因,承租人自不得拒绝履行。又外国教会依上开章程,既许以教会名义为私法上之法律行为,实质上已认许为法人。惟《民法》第三十条,系以登记为法人成立要件,其未依法登记者,应即令其补行登记,始得列名为诉讼当事人。关于此问题,自可查照司法院指令指字第三九四号、第三九五号办理等语。本院长审核无异,除将该两号指令抄发外,合电知照。司法院敬印

附本院指令　一十九年十月十六日　指令东省特别区域高等法院第三九四号

呈悉,查《法人登记规则》系适用于财团或以公益为目的之社团,而有独立财产之法人,其以营利为目的之社团,依照《民法》第四十五条,其取得法人资格,应依特别法之规定所称特别法,在十八年十二月二十六日公布之公司法未定期施行以前,应暂援用《公司条例》暨《公司注册暂行规则》及《公司注册暂行规则补充办法》。外国法人如系以营利为目的之社团,而未依该项特别法取得法人资格者,自不能以法人名义起诉。但依照《民法》第五百五十五条,得由经理人代表商号为原告或被告,或其他一切诉讼上行为。如系财团或以公益为目的之社团,而有独立财产者,在未经中国认许成立以前,应依《民法总则施行法》第十五条规定办理,仰即知照。此令

附本院指令　二十九年十月十六日　指令东省特别区域高等法院第三九五号

呈悉,查民法总则关于法人登记许可之规定,系指财团或以公益为目的之社团而有独

立财产者而言。其以营利为目的之社团,其取得法人资格,既须依特别法之规定,则外国公司在十八年十二月二十六日公布之公司法未定期施行以前,应依照《公司条例》暨《公司注册暂行规则》及《公司注册暂行规则补充办法》,向注册所注册,经注册所核准后,即可认为法人成立,无须向法院声请登记,仰即转饬知照。此令

**附原电**

最高法院钧鉴,查有法国教堂于前清末叶在中国通商口岸租界以外购置土地一块,出租与中国某公司建造房屋月收租金若干。嗣因公司未付租金以致涉讼,于此分为两说:(甲)说谓通商口岸租界以外之地,即为内地。依《内地外国教会租用土地房屋暂行章程》(十七年六月十一日公布)第一条、第五条之规定,外国教会仅得因在内地设立医院或学校租用土地或租买房屋。若查出有作收益或营业之用,该管官署得禁止之或撤销,其租赁现法国教堂购置之土地既在租界以外,又非供设立医院或学校之用,专以出租收益为目的。按照上开章程,自在禁止或撤销之列,如未经补报核准,则两造所订之租赁契约,自始即不发生效力,即令公司有违约情事,法国教堂亦不能依据租约有所主张。(乙)说谓法国教堂既系在中国通商口岸购置土地,虽在租界范围以外,是否即可视为内地,尚非毫无问题。其购地又在《内地外国教会租用土地房屋暂行章程》颁行以前,纵可视为内地,似亦仅受该章程第六条之限制,甲说已难认为适当。且查两造经合法缔结租赁契约,即应受该契约之拘束,无论法国教堂购置土地是否无效或可以撤销,公司应按照租约履行,不得借口有所争执。两说孰是,此应请求解释者一。又外国教堂向为外国法人之一,在民法总则施行以后,如未依中国法令,在中国法院为法人设立之登记,究竟能否列名为诉讼当事人,此应请解释者二。以上两端,均关法律疑义,急待解决,相应电请贵院迅赐解释示遵。湖北高等法院霰

**院字第四四六号**

**二十年二月二十五日　司法院指令浙江高等法院　附原呈**

呈悉,业经发交最高法院拟具解答案呈核前来内开,按支付命令之声请,系属督促程序,毋须先经调解,惟债务人提出异议后,即应适用通常诉讼程序,虽可视债权人之声请为起诉,但其事件如合于民事调解法第二条之规定,自非经过调解不成立后,不得进行诉讼等语。本院长审核无异,合行令仰知照。此令

**附原呈**

呈为施行民事调解法尚有疑义呈请解释令遵事,窃查民事调解法第二条后半段规定,非经民事调解处调解不成立后不得起诉等语。依此规定,如债权人声请支付命令,依《民事诉讼条例》第六百零八条,债务人提出异议,视债权人之声请与起诉,同此未经调解之事件,与本法显有抵触,是否未经过调解程序不得声请支付命令?案关法律解释,理合呈请钧院解释示遵。谨呈

**院字第四四七号**

**二十年二月二十五日　司法院指令司法行政部　附原呈**

呈悉,事关解释法令,业经发交最高法院拟具解答案呈核前来内开,来呈第一点,业经另案解释,其关于第二点,查假扣押假处分,系保全程序,只须合于假扣押假处分之条件即可。依法声请与当事人间争执之法律关系别为一事,毋须先经调解程序等语。本院长审核无异,除将另案解释文抄发外,合行令仰转饬知照。此令

**附抄院字第四四六号指令一件(原文见前)**

**附原呈**

呈为呈请示遵事,案据广东高等法院呈称,据广州地方法院代电称,查声请支付命令案件专属初级管辖,是否不经调解径予受理,于此有甲乙两说:(甲)谓声请支付命令,系督促程序,毋庸经过调解可径行受理。(乙)谓声请支付命令,如债务人不声明异议,债权人声请发执行命令,系与缺席判决有同一之效力,故(声请支付命令案件)仍须先经调解,方能受理。上列两说,究以何说为是,事关法律问题,理合电请钧院核示祗遵等情。据此,查前奉钧令颁行民事调解法,当经转饬所属院庭遵照办理在案。现据该院电呈,关于声请支付命令,应否先经调解方予受理?事关法律问题,职院未便擅拟。又假扣押假处分在未经调解以前,能否准其声请?法无明文,亦不无疑问,理合一并具文呈请鉴核指令祗遵等情。据此,查声请支付命令,系属督促程序。其办法本为简捷而设,似不能视同普通民事初级案件,必须经过调解。假扣押假处分系保全程序,本非民事诉讼,不过因适用或准用民事诉讼程序而视作民事诉讼,似亦可不经过调解。职部意见如此,是否有当,理合具文呈请钧院鉴核指令,以便转饬遵照。谨呈

**院字第四四八号**

**二十年二月二十五日　司法院指令浙江高等法院　附原呈**

呈悉,业经发交最高法院拟具解答案呈核前来内开,典物一部之受让人欲使其典权消灭,只能商同出典人就典物全部代为回赎,如欲为一部回赎,非得典权人之同意不可等语。本院长审核无异,合行令仰转饬知照。此令

**附原呈**

呈为转请解释事,案据杭县律师公会函称,据会员吴景夔函称,按出典人于典权设定后,得将典物之所有权让与他人,此在现行《民法》物权编第九百十八条第一项固有明文规定。惟出典人先将典物全部设定典权,而后仅将一部份之所有权让与他人,则让受之人如欲涤除典权,究竟能否仅就其所让受之部,按照原典价格比例出资,抑非备齐全部典价不能涤除?于此分为甲乙两说:(甲)说让受人之让受部分,虽与未让受人之部份同在一个典物之内,然出典人既于典权设定之后,为一部之让与,则内部显属可分,让受人自可就其所让

受之部分本于所有权之权能,按照原典价格比例出资要求涤除。(乙)说该项房屋让受人之让受部分,虽仅一部,然出典人既已先将全部设定典权,则让受人果欲涤除,自应备齐全数典价,不能依比例计算。惟让受人于涤除之后,不特就让受之部分,固可对出典人行使求偿权,即未让受之部分,亦得就原典权以自己之名义代位行使。两说似皆有理,究以何说为是,乞迅赐转呈解释等语。准经提付第二十三次常任评议员会议决,认为有解释之必要,相应函请查照准予转呈等情。据此,理合备文转请仰祈钧院迅赐解释,以便转知。谨呈

**院字第四四九号**

**二十年二月二十八日　司法院咨行政院　附原咨**

为咨复事,前准贵院上年二月二十四日咨(第四一号)开,据南京特别市政府呈请解释《土地征收法》第三十二条第二项疑义一案,咨请查照解释见复等由,当经发交最高法院拟具解答案呈核去后,兹据呈复内开附着于土地之建筑物,因土地被征收,固得限令迁移。若因迁移后,致其所有人不能为从来之利用时,所有人自得依《土地征收法》第三十二条第二项规定,要求征收至其价格,则应就所有人现时因征收通常所受之损失核计补偿等语。本院长审核无异,相应咨复贵院查照饬知。此咨

**附原咨**

为咨请事,兹据南京特别市政府呈称,窃查《土地征收法》第三十二条第二项规定,不能为从来之利用一语,其程度如何未经明白规定,以致无从臆度。例如,某甲因兴办事业,征收张、王、李、赵等四姓土地,并由地方行政官署依法通知各土地所有人,协议地价补偿及迁移费。张、王、李三姓均已依照协议具领地价及迁移费,并将附着地上建筑物如期拆让,乃赵姓一户忽发生异议,其理由以其所有之附着地上建筑物系属新修者,认为一经迁移,即不能利用,乃根据《土地征收法》第三十二条第二项规定,要求某甲连带征收地上附着物,并发还原价。某甲则以连带征收赵姓之房屋,实属无可利用,认为无连带征收之必要,以致双方争持莫决。按此情形,赵姓要求是否合于《土地征收法》第三十二条第二项之立法意旨,市长未敢擅便,事关法律解释,理合具文呈请钧院俯予解释,并乞指令祇遵等情前来。事关法律解释,相应咨请贵院查照解释见复,至纫公谊。此咨

**院字第四五〇号**

**二十年二月二十八日　司法院指令江苏高等法院　附原呈**

呈悉,业经发交最高法院拟具解答案呈核前来内开,股份有限公司董事或监察之选任或开除其权,既在股东会则认其应行改选之权,自亦在于股东会。惟其所认若无正当理由者,该董监得以请求赔偿损害。至股东会之决议是否违法,应依《公司条例》第一百五十条规定,呈请该管官厅核办。又公司以财产为抵押募集公司债,如经股东会依《公司条例》第一百九十条规定议决,即属适法等语。本院长审核无异,合行令仰转饬知照。此令

**附原呈**

呈为转请解释事，案据上海律师公会常务委员汤应嵩等呈称，案据属会会员周彝函称，兹有股份有限公司创设某种事业集资五十万元，由发起人招认足额先缴股本总数四分之一以上，即依《公司条例》第一零一条由创立会选任董事九人、监察二人，历时数月，尚未呈请注册。该公司经理关说各股东藉口上届选任董监未臻公允，乃召集股东会另行改选董事九人、监察二人，此种改选手续是否适法，应用何种程序宣示无效或取消之？又某公司原定股本五十万元，因经理设备过当，超过资本几及一倍，经股东会议决由董事会负责发行公司债，而董事会认债未能足数，拟以公司财产（如基地生财之款）抵借款项。此种募债方法是否适法，《公司条例》第七节并无明文规定，股东能否反对取消，应请解释示遵等情。兹于属会第三二次执监会议议决，应予转呈，理合具文呈请钧院鉴核，转请最高法院解释示遵等情。据此，理合具文呈请钧院，俯赐解释，以凭饬遵。谨呈

**院字第四五一号**

**二十年三月二日　司法院咨行政院　附原咨**

为咨复事，前准贵院上年五月三十一日咨（第一二九号）开，据工商部呈请解释公司发起人特别利益，能否由其继承人享受疑义一案，咨请查照见复等由，当经发交最高法院，拟具解答案呈核去后，兹据呈复内开，公司发起人所得受之特别利益，即为发起人得以请求给付之财产权，显非专属于发起人自身之权利，除公司章程有特别规定外，发起人死亡后，自应由其继承人享受等语。本院长审核无异，相应咨复贵院查照转饬实业部知照。此咨

**附原咨**

为咨请事，案据工商部呈称，案据吉林滨江县商会电称，查《公司条例》定有发起人特别利益，由公司营业项下提成酬劳。如发起人死亡后，其特别利益是否应由其继承人享受，未有明文规定，恳请明白训示，以凭遵照等情到部。查公司发起人特别利益，如认为普通一种权利或法益，依照《民法》上规定，似不妨由继承人享有。惟细绎发起人特别利益之意义，与发起人自身人格有连带关系，似又只有发起人本人方能享有。究竟能否移转于继承人，不无疑问，理合具文呈请核示，祗遵等情。据此，查所呈事关解释法令系属贵院职权，除指令外，相应咨请查照见复。此咨

**院字第四五二号**

**二十年三月二日　司法院咨行政院　附原咨**

为咨复事，前准贵院上年九月三日咨（第一九九号）开，据工商部呈，据浙江省民政厅呈请解释《劳资争议处理法》疑义一案，咨请查照解释见复等由，当经发交最高法院拟具解答案呈核去后，兹据呈复内开，原呈（一）（二）（四）三点已由工商部指令照办应解答者，只第三点查同一劳资争议事件不在同一省区时，关于召集调解委员会之主管行政官署依《劳资

争议处理法》第十一条第二项规定,既由工商部指定之,则类似情形于召集仲裁委员会时,自可按照该条项之法意,应由工商部指定一有关系之省政府召集之,其不属于省之市亦同等语。本院长审核无异,相应咨复贵院查照,转饬实业部知照。此咨

**附原咨**

为咨请事,案据工商部呈称,据浙江省民政厅长朱家骅呈称,为新颁《劳资争议处理法》叙述条文疑义暨遵奉困难情形备文列举呈请详示事,窃查(一)旧法第七条规定,争议当事者对于仲裁委员会之裁决不得声明不服,新法第五条规定,争议当事人于仲裁委员会之裁决送达后,五日内不声明异议者,该裁决视同争议当事人之契约等语。如果争议当事人依法声明异议,是否予以复裁,由何机关予以复裁,其复裁是否即作为最后裁决,此请解释者一也。(二)新法第二条规定:"本法所称主管行政官署……在市为市政府,在县为县政府",第二十八条第二项规定:"主管行政官署收受前项文卷后,应从速于该行政官署所在地,或争议事件所在地召集仲裁委员会",照第二条及二十八条互相参证,则仲裁委员会应由市县政府召集似甚显明,而第十六条规定:"仲裁委员会由省政府或该管市县政府召集之……"是则省政府与市县政府究应如何分别召集,殊难擅定,是否省政府所召集之仲裁委员会乃指同一劳资争议事件,其范围不限于一市县者而言?又旧法第七条业已修正,是否省政府召集之仲裁委员会,系指对于不服市县政府所召集仲裁委员会之裁决声明异议时,另由省政府召集仲裁委员会予以复裁,未经明文规定,此请解释者二也。(三)新法第十八条对于不限于一省之劳资争议事件,第十三条一、四两款之代表,固已有明文规定。但同条二、三两款之代表,是否由钧部分别转函中央党部及司法行政部指派?又是项劳资争议事件之仲裁委员会,应由何机关召集,是否由钧部指定一关系省市政府召集?抑由钧部直接召集?此请解释者三也。(四)新法第十四条"省政府或不属于省之市政府于其所辖之区域内,每年应命工人团体及雇主团体各推定堪为仲裁委员者,十五人至三十人……"等语。查新法第二条,既明定主管行政官署为县市政府第十三及二十八条,又已将旧法第十五及三十条分别修正依照新法第二十八条第二项之规定,仲裁委员须分赴各地仲裁浙省,计有七十五县,二市各地不但甚少,联合组织可以代表一地方之雇主团体且间有并无,业经依法立案之工人团体,则推定手续究应适用何项标准,庶可各方顾及,事实上颇感困难,此请解释者四也。以上四项,事关法律解释及奉行困难情形,理合备文呈请详示祗遵等情。据此,查原呈疑问第一点,关于争议当事人,如果经仲裁裁决后依法声明异议,是否予以复裁由何机关复裁其复裁,是否即作为最后裁决一节,业经本部于本年四月十八日呈请核示,旋奉钧院第一三六二号指令,已转咨司法院解释在卷,自应俟奉到解释,再行饬遵。原呈疑问第二点关于该法第十六条规定,仲裁委员会由省政府或市县政府召集,究应如何分别等语。查省政府所召集之仲裁委员会,系指同一劳资争议事件,其范围不限于一市县者而言,亦经本部前于上海市政府呈请核示。新旧《劳资争议处理法》歧异各点,案内议复,呈奉钧院转呈国民政府发交立法院审议,经议决如拟办理,并奉钧院第二五六二号令知有案。原呈疑问第三点,

关于不限于一省之劳资争议事件之仲裁委员会,应由何机关召集及该法第十三条第二、第三两款代表如何指派云云,查仲裁委员会之召集,依该法第十六条之规定,应由省政府或该管市县政府召集之,自无疑义。但同一劳资争议事件,其范围不限于一省者,究应由何机关召集,于法虽无明文规定。然与该法第二章第一节调解机关第十一条第二项规定,同一劳资争议事件不在同一省区时,第七条第一款之主管行政官署由工商部指定之之情形相同,似可援用。该条立法意旨,即凡同一劳资争议事件,其范围不限于一省市(不属于省之市下同)者,其仲裁委员会由工商部指定一关系之省市政府召集之,果能准用则第十三条第二、第三两款代表,即可由该召集之省市政府所在地之党部及法院指派之,自属不成问题。原呈疑问第四点,关于该法第二十八条第二项之规定,仲裁委员须分赴各地,仲裁浙省各地甚少,可以代表一地方之雇主团体,且间无依法立案之工人团体,其推定手续究应适用何项标准一点。查省政府或不属于省之市政府于所辖区域内,每年应命工人团体及雇主团体各推定仲裁委员,此种团体标准应由该省市政府就近体察各该团体组织是否健全,能否代表多数酌核情形令其推选。呈核曾经本部于南京市政府呈请案内审复议,呈奉钧院第一四一号指令议复各节,尚属妥适在案,自可遵照办理。所有原呈疑问(一)(二)(四)三点,因有成案可循,已指令该厅遵照,惟原呈疑问第(三)点,事属适用法律范围所议,是否有当,未敢擅断,理合具文呈请鉴核,转呈国民政府核示饬遵。再《劳资争议处理法》第五条规定,当事人如果不服仲裁裁决,究应如何处理一案,尚未奉有解释到部,仰祈俯赐咨催司法院迅予解释,俾有遵循,合并陈明等情到院。查前据工商部呈以《劳资争议处理法》第五条规定,于仲裁裁决送达五日内不声明异议者,即为确定。倘争议当事人声明异议时,究应如何处理请核示等情,当以事关法律疑义,于本年四月二十六日以第九九号咨,据情转请贵院查照解释见复,以便饬遵在案。兹复据该部呈请前情,应请查照前案将《劳资争议处理法》第五条规定,当事人如果不服仲裁裁决,究应如何处置早日释复,俾便饬遵。至该部现呈所称同一劳资争议事件,其范围不限于一省市者,其仲裁委员会能否由工商部指定一关系省市政府召集之一节,事关适用法律意旨范围,拟请贵院一并解释见复饬遵,除指令外,相应咨请查照核办见复,至纫公谊。此咨

**院字第四五三号**

**二十年三月六日　司法院电四川高等法院　附原电**

四川高等法院黄院长览,该法院第一分院上年三月支代电,请解释机关与人民争执土地所有权疑义一案,业经发交最高法院拟具解答案呈核前来内开,官署对于人民向其承佃之土地,虽有永不升租退佃及得自由当卖之表示,仍系所有权之行使。其所谓得自由当卖者,自系指人民承受之佃权而言,并非为所有权之抛弃。至地稞乃使用土地之地租,不问稞额多寡与公益附加捐等,绝不相侔。惟人民对于官署,若久未缴纳地稞,以所有之意思和平继续占有,业已多年应注意《民法》物权编第七百六十九条、第七百七十条及物权编施行法

第七条、第八条之规定等语。本院长审核无异,合电转饬知照。司法院鱼印

**附原电**

南京司法院钧鉴,今有沿江地土一带在一二百年前,经官应拨给某机关管业,每年随水涨落,由民人向机关佃造房屋居住营业,交纳极少之租稞。嗣各佃将所佃地自由顶售,租稞欠不交纳,机关亦未过问。到数十年前,因土地发生纠葛,乃由机关首人禀官清厘,结果查悉佃人冒其业者,不下数十百家或长子孙或嬗数姓,久已视同已有,其纠纷殆不可究诘。官厅因为兼顾两全计,断令各户仍向机关投佃,酌加租额,但以后永不得升租退佃,至各佃既营业多年,并准仍得自由当卖,以示体恤,自有此定案。后数十年来相安无异,最近十余年间,机关首人认前开定案为不合法,禀请本省最高行政官厅撤销,经其批准并一面饬机关另订办法,卒以纠纷太甚,搁未实行。兹因时代变迁,地价增长,机关与民人间遂发生土地所有权争执,爰分甲乙两说如次:(甲)说主张之理由,谓地前经官厅拨给,系由民人投佃纳租,有碑记、佃约、界单、成案可凭,嗣日久弊生,虽有少数佃户私行顶售,然中间经官厅清厘之结果,仍认为公地,断令各户仍向机关投佃,并酌加租额。夫既曰投佃加租,则所有权属诸机关无疑。虽清厘后,仍许佃户得自由当卖,然系指各佃对于地上有永佃权,得就地基上之建屋住居权利自由当卖,并非即指土地之所有权。至升租一层,照现在经济状况变迁情形,几有一与百之比较,自不能限制,机关谓其不得增加。况该定案为不适法,曾经最高级行政官厅予以撤销,尤无存在之余地云云。(乙)说主张之理由,谓业凭契管人民执有远年赤契暨上首老契,其成立年限均在官厅清厘定案以前,并近年人民与人民间曾因该项地基纠葛诉经司法衙门三审终结,足为铁证。况官厅清厘定案中亦载明,得由佃户当卖,并以后永不得升租退佃。就此定案内容观察,一面既限制机关之行动,即一面已确定人民之有所有权,毫无疑义。至于租金,民人对于各佃每年收洋数元或十余元钱数钏或数十钏不等,而机关则以前全年仅收钱十余钏,随后略有增加,亦不过每佃缴纳钱二百文或一百五十文,合计只有一百余钏。两相比较,相差甚巨,如果土地所有权属诸机关,不属诸民人,而机关收益又远逊于民人,古今中外断无此理。故在人民方面,以前所缴地稞要不过出于一时便宜计,如现时之一种公益附加捐于土地所有权并无影响。况所收少数地稞,原系机关直接向佃户收取,业主且未闻问。至于该项定案对于人民土地所有权,既经认定,尤不能以非法行政命令撤销云云。如上甲乙两说,皆系以官厅中途之清厘定案为结晶,究竟如该定案所载,其土地所有权谁属,不无研究。职院未敢擅专,至该项定案相沿既久,是否可以最高行政官厅命令撤销?又,土地即认为机关所有,既经佃人辗转顶售,机关置之不理后,复经官厅清厘,仍认定佃户有当卖权,机关亦未争执,相沿迄今。在机关方面,是否可认为抛弃?在人民方面,是否可认为占有?恳交最高法院解释令示祇遵。四川高等法院第一分院院长费有浚支叩

**院字第四五四号**

**二十年三月六日　司法院电湖北高等法院　附原电**

湖北高等法院何院长览，该法院上年七月删代电，请解释争执尸骸之所属，及因起迁坟塚涉讼案件是否得以合意管辖疑义一案，业经发交最高法院拟具解答案呈核前来内开，如因争执尸骸之所属或因起迁坟塚而涉讼事件，非属于财产权上之请求，自不得为合意管辖等语。本院长审核无异，合电知照。司法院鱼印

**附原电**

司法院钧鉴，关于争执尸骸之所属及因起迁坟塚涉讼案件，是否得以合意管辖现有两说：（甲）说谓此项案件虽非人事诉讼，但为非财产权上之诉，依《修正民事诉讼律》第四十一条规定，自不得为合意管辖。（乙）说谓《修正民事诉讼律》第四十一条，所谓非财产权上之请求，系指人事诉讼有关公益之事件而言。上开案件既为通常诉讼，即令其非关于财产权，亦得适用合意管辖之规定。两说未知孰是，敬请解释示遵。湖北高等法院删叩

**院字第四五五号**

**二十年三月六日　司法院训令河南高等法院　附原函**

为令知事，该法院上年第四六四号公函致最高法院，为许昌县法院转请解释，对于县法院强制执行之声请或声明异议应由何处裁断疑义一案，兹据最高法院拟具解答案呈核前来内开，县法院主任推事既有监督全院职权，则其自行办理之民事执行案件，当事人或利害关系人，关于其强制执行之方法，及于执行时应遵守之程序有所声请或声明异议时，其裁断之权应属于其直接之上级法院等语。本院长审核无异，合行令仰转饬知照。此令

**附原函**

径启者，案据许昌县法院主任推事汪澄清呈称，为呈请示遵事。查《民事诉讼执行规则》，内载当事人或利害关系人，关于强制执行之方法，及于执行时应遵守之程序有所声请或声明异议时，由院长裁断之等语。惟属院民事执行案件，系职自行办理，对于此项声请或声明，应归何处裁断，并民事执行案件可否由职担任，理合呈请钧院鉴核训示祇遵，谨呈等情。据此，查事关法律解释，本院未便擅专，相应照抄河南各县县法院暂行组织条例，函请钧院解释饬遵。此致

**附《河南各县县法院暂行组织条例》**

第一条　河南未设立地方法院，各县设立县法院，在法院组织法未公布以前，暂依本条例组织之。

第二条　县法院设立于县政府所在地，以县政府之行政区域为管辖区域。

第三条　县法院对于初级或地方管辖之民刑案件，除有特别法令规定外，有第一审管辖权。

第四条　县法院设主任推事一员、推事一员、检察官一员,分别办理审判、检察事务。如事务繁多,得增设候补推检各一员。

第五条　县法院主任推事,受高等法院院长指挥,监督处理全院行政事务暨看守所各事宜。

检察官受高等法院首席检察官指挥,监督依法令之规定,独立处理检察事务。

第六条　县法院置主任书记官一员、候补书记官一员至三员,学习书记官一员分别掌管录供、编案、会计、文牍统计及撰拟一切稿件。

第七条　县法院为缮写文件或其他事务,得酌用雇员。

第八条　县法院设承发吏二人,检验吏一人,法警、庭丁各若干人分别执行法定事务。

第九条　本修例自呈奉司法行政部核准之日施行,如有必要时,得随时呈请修正之。

**院字第四五六号**

**二十年三月六日　司法院训令安徽高等法院　附原函**

为令行事,该法院上年第五一零号公函致最高法院,为芜湖地方法院转请解释,不动产登记费疑义一案,兹据最高法院拟具解答案呈核前来内开,不动产登记虽属非讼事件之一种,但部定《非讼事件征收费用暂行规则》系一般之非讼事件之规定。至《不动产登记条例》内关于登记费一章,则系专就登记之事项(即非讼事件中之一特种事件)特为规定,登记费自不因该规则之施行而失效等语。本院长审核无异,合行令仰转饬知照。此令

**附原函**

径启者,案据芜湖地方法院院长麦鼎华呈称,案奉钧院第一四七七号令开,案奉司法行政部第九七八号训令内开,为令遵事,查《非讼事件征收费用暂行规则》案经本部制定公布,亟应通饬施行,除分令外,合行抄发原规则,令仰遵照,并转饬所属一体遵照,此令等因,抄发《非讼事件征收费用暂行规则》一份,奉此,除遵办及分行外,合将规则照抄一份,令发该院仰即遵照办理此令,计抄发《非讼事件征收费用暂行规则》一份,等因奉此。窃查法院现办不动产登记,按其性质似系非讼事件之一,其声请费用可否改依本规则分别征收之处,职院未敢擅专,理合陈请鉴核示遵等情到院。查《非讼事件征收费用暂行规则》公布施行后,所有从前不动产登记条例内关于登记费一章是否失效,即应否改依《非讼事件征收费用暂行规则》征收费用之处,事关法律疑义,用特函请迅赐解释,实为公便。此致

**院字第四五七号**

**二十年三月十一日　司法院咨行政院　附原咨**

为咨复事,前准贵院十八年八月二十六日咨(第一六七号)开,据内政部呈请解释著作权疑义一案,咨请查照解释见复等由,当经发交最高法院拟具解答案去后,兹据呈复内开,古人之著作物,久已流传数世,兹由书馆重插彩色图式并加说明制印成帙,究竟是否符合

《著作权法》第十九条所规定,就他人之著作物以与原著作物不同之技术制成美术品,纯属事实问题,倘能合于该条规定,自得视为著作人等语。本院长审核无异,相应咨复贵院查照饬知。此咨

**附原咨**

为转咨事,案据内政部长赵戴文呈称,查本部掌管之著作物注册事项,历经依照《著作权法》办理在案,惟按该法第一条之规定关于著作权之范围,包括至为广泛。设有一种著作物著物人死亡于千年以前,著作物贻传于数世以后,久成为公共之物。今有某书馆于原著作物内,比照原有图式之尺寸名色重插彩色图式,略加说明,仿制精版,翻印成帙,依法呈请注册,意图享有著作权,似此场合,认为:有著作权则书系古物,并未合于《著作权法》第十九条之规定,认为无著作权,则此种著作物尚未轶出《著作权法》第一条第一款范围之外,疑义横生,应请解释者一。又查《著作权法》无版权之规定,而版权与著作权性质上又似有别,恒有无著作权之古籍经人特制精版翻印发行,虽不能享有著作权,而于版权似应有保障,法于此场合,应如何依据办理,应请解释者二。上列疑点,均属法律问题,理合设案备文呈请核转司法院详予解释示遵等情到院。事关解释法律,除指令外,相应据情咨请贵院查照解释见复,以便饬遵,至纫公谊。此咨

**院字第四五八号**

**二十年三月十一日　司法院函国民政府文官处　附原呈**

径复者,准贵处上年十一月十八日公函(第七一九五号)开,准中央训练部函转湖南省党务指导委员会训练部,呈请解释商会监察委员会应否设置常务委员疑义一案,业经发交最高法院拟具解答案呈核前来内开,商会监察委员会,在商会法及其施行细则既无设置常务委员之规定,如果事实上有必要之时,得互推常务委员一人处理事务,但须经下次监委会议之追认等语。本院长审核无异,相应函复贵处,查照转知。此致

**附原呈**

呈为呈请事,案奉省指委会发交常德县党部执行委员会呈一件,呈称呈为据情转呈仰祈鉴核示遵事,案据常德县商会监察委员会呈称,呈为呈请事。窃属会成立伊始一切,会务诸待进行,无人负责,如须各委员共同办理,诚恐逐日彼此缺席,参差不齐,于会务前途大有妨碍。现值开始工作积极进行之时,拟请准予变更法规,互推常务委员一人,以专责成,藉资领导,究竟可否之处,未便擅专,理合备文呈请钧部,俯赐察核伏候指令祗遵,实为公便,谨呈等情。据此,查中央颁布之商会法及同法施行细则,条文内对于县商会监委会应否推选常务委员并未明白规定,兹据呈前来究应如何办理之处,属会不敢擅专,经属会第一一一次常会提出讨论,当经决议转呈上级请示,并指令纪录在卷,除指令外,理合备文呈请钧会恳予鉴核示遵,以便转令等情。据此,查商会监察委员会设置常务委员,在商会法及同法施行细则上均无明文规定,似不能设立然按之事实,则监察委员会似宜设置常务委员,俾专责

任而利进行,究应如何规定,始臻完善,属部未敢擅作主张,除指令外,理合备文呈请钧部核示祗遵。谨呈

**院字第四五九号**

**二十年三月十一日　司法院电最高法院东北分院　附原电**

最高法院东北分院院长览,该分院本年一月卅代电致最高法院,为吉林高等法院呈据珲春地方庭转请解释,县政府移送判决确定之华洋诉讼案件未经执行应否受理疑义一案,兹据最高法院拟具解答案呈核前来内开,案经判决确定,自应由该管法院受理,照原判决执行等语。本院长审核无异,合电转饬知照。司法院真印

**附原电**

最高法院钧鉴,案查本月三十日准吉林高等法院民字第一零号公函内开,案据吉林高等法院第二分院院长曾逵呈称,呈为转呈事,案据珲春地方庭推事徐广仁呈称,案查华洋诉讼案件奉令自十九年九月一日概由法院受理,其改定办法一凡在交涉署裁撤前已受理未结之华洋诉讼,上讼案件概由高等法院或其分院受理,其在裁撤后之华洋诉讼,均照通常程序办理。但初级管辖华洋诉讼上诉案件于本令到达前,业经在高等法院或其分院系属中者,仍由该高等法院或其分院继续受理等因。兹准珲春县政府函送华洋诉讼案件两起,一系门广谦吾与田滋堂,一系山下良三与田滋堂,均系债务价额在日金七千元以上,于民国十六年十二月二十七日判决确定,未经执行。对于此等判决确定已结之案件,应否受理未奉明文规定,理合备文呈请鉴核等情到院。事关法令解释,职院未敢擅便,理合具文呈请鉴核施行等情前来。查事关解释法令,相应函请贵院转请最高法院俯赐解释,以便饬遵,实纫公谊等因。准此,事关解释法律,理合遵照《最高法院分院处理事务暂行办法》最后丁项第一款之规定,电请钧院拟具解答案呈请司法院核定示覆,以便转行知照。最高法院东北分院院长孔昭焱叩卅印

**院字第四六〇号**

**二十年三月十四日　司法院咨行政院　附原咨**

为咨复事,前准贵院上年十月四日咨(第二二一号)开,据内政部呈请解释救济院规则第八条疑义一案,转请解释见复等由,当经发交最高法院拟具解答案去后,兹据呈复内开,农工商教育等会,如系办理该地方关于农工商、教育、公共事务之团体,自属各地方救济院规则第八条所称之地方法团。院第二八九号解释所称,仅就一职业或文化所组织之团体为法令所认许者,系指就特定一职业或文化所组织,非关地方公共事业之团体而言等语。本院长审核无异,相应咨复贵院查照饬知。此咨

**附原咨**

为转咨事,据代理内政部长钮永建呈称,案据江苏省民政厅呈称,案据吴县县长黄蕴深

呈称，窃奉颁救济院规则第八条，救济院各所之基金，应组织基金管理委员会分别管理之，基金管理委员会由地方法团公推委员若干人组织之，救济院院长副院长为当然委员，各在案。查属县救济院叠奉令催组织，业经遵章选任正副院长接收任事基金管理委员会，亟待成立，以资完成院内组织。惟委员人选，须由地方法团公推，如县党务整委员会及其统属之农整会、工整会、商整会、妇整会、青整会等各民众团体，是否均属法团？而农整会等各民众团体，现均停止活动，在保管期间可否由党整委会独派一人出席？又县教育会、苏州商会、吴县仓储委员会是否均合法团性质？职府及职属公安教育建设财务等局，应否亦须加入法团之列，抑仅由县长或派员一人出席参加？至基金管理委员人数，除当然委员二人外，究以五人，抑七人为宜？除将组织救济院选任正副院长姓名，及接事日期等项另文呈报外，理合备文呈祈钧长鉴核，迅予指令祗遵，实为公便。再查前奉钧厅训令第三八二四号奉令解释，各地方救济院规则第八条所称，地方法团疑义，系概括解释。兹特列举各团体应否参加之处，祈赐明令示遵，合并陈明等情。据此，查地方救济院规则第八条所称，地方法团疑义业奉钧部转请司法院解释令饬转知在案，惟地方法团种类繁多，标准虽定，区别仍难，似非将名称列举不足以祛疑义，而资遵循。至基金管理委员会人数，除当然委员外，其各法团推选名额，应否酌予规定。事关法令条文，职厅未敢擅拟，除指令外，理合据情呈请鉴核分别训示祗遵等情。据此，查本部前于本年四月间据浙江民政厅呈请解释各地方救济院规则第八条所称之地方法团疑义，当经呈举钧院第二一四二号训令，转准司法院第二八九号咨复，据最高法院拟具解答案，关于各地方救济院规则第八条所谓地方法团，系指为法令所认许办理地方公共事务之团体而言。若仅就一职业或文化所组织之团体，虽亦为法令所认许，然非该规则所谓之地方法团等语，饬即转行知照，遵经令行浙江民政厅知照，并通行各省饬属一体遵照各在案。兹据前情，查农工商教育等会，本为法令所认许，但考其性质均系就一职业及文化所组织之团体，依照最高法院解答案办理，则上列各种团体均非该规则所谓之地方法团。惟各地方人民组织之团体又不外农工商教育等会，如不认为地方法团，则该规则所谓之地方法团，究以何项团体为标准，尚应请予解释，俾有遵循。除以县党务整委会系属党务机关，公安、教育、建设、财政等局系县属行政机关，仓储委员会系管理仓储一部分事项，均不得认为地方法团。其基金管理委员会委员人数，应按照事务之繁简酌量办理等语，指令该厅知照外，所有商会、教育会及农工商妇女青年各整委会，是否均属地方法团。事关解释法令，理合备文呈请钧院鉴核，转请司法院赐予解释，以便饬遵等情。据此，除指令外，相应据情咨请贵院迅予解释见复，以便饬遵。此咨

**院字第四六一号**

**二十年三月十四日　司法院函中央执行委员会训练部　附原呈**

迳复者，准贵部上年十二月二十三日公函（第一二二三七号），转据青岛特别市党务指导委员会民众训练委员会，呈请解释《工会法》第二条疑义一案，业经发交最高法院拟具解

答案呈核前来内开,《工会法》第二条第一款所称选任之职员,系指工会理事监事等由会员大会选举者而言。若前各工会所派之整理委员,既非由大会选任,自不包括该款之内等语。本院长审核无异,相应函复查照转知。此致

附原呈

呈为呈请解释事,属会现正着手积极改组各业工会,拟于最近一律正式成立。惟在进行期间,各工会对于《工会法》之运用,未能尽行明了。除随时详为解释指示外,惟查《工会法》第二条第一项有"曾选任为其工会之职员者"之规定,所称"选任"二字是否狭义的仅指由工人自选者而言,抑系广义的由其他方式选充为工会职员者亦包括在内?又以前各工会所派整理委员可否援本项规定,称为选任职员?以上二节,事关法令解释,未敢擅断,理合备文呈请指示,俾资遵循,实为党便。谨呈

**院字第四六二号**

**二十年三月十八日　司法院训令广东高等法院　附原函**

为令知事,该法院上年第六九七号公函,致最高法院,为琼崖地方法院转请解释承领官地登记涉讼疑义一案,兹据最高法院拟具解答案呈核前来内开,给领官地之处分,固属行政官署之职权。而甲、乙两造就该官地,究应由谁承领?争执涉讼者,即应专由司法机关行其审判权,故行政官署,虽已将该官地发交与甲承领,而法院如果判决确定,认应归乙之所有,尽可依法执行等语。本院长审核无异,合行令仰转饬知照。此令

附原函

迳启者,现据暂代琼崖地方法院院长阮秉钧呈称,窃职院执行承领山坦登记,涉讼发生疑义,缘有某甲先承领山坦一段,某乙后承一段,彼此毗邻,均经领照管业。某乙声请登记,某甲以某乙易名瞒承,提起异议之诉。某乙以经界各殊,各有各业,指某甲移照影占,以为抗辩三审,勘讯判决,均将异议之诉驳回,定该地为某乙所有依法登记,乙复领有登记完毕证。惟甲于三审败诉登记确定后,向财政厅翻控,饬县勘复。县署以乙易名瞒承,经财政厅呈复省政府财政部,认甲先承先得,乙以三审判决登记确定,请求照判执行。甲以案归行政,不属司法,不肯遵判。于此有二说:(子)说土地所有权,因行政处分而取得者,除有特别规定外,自以合法处分在前之人为适法。所有人给领官地之处分,即其一例,故有合法之给领在先,应认先领之人为取得所有权。甲既基于行政处分取得所有权,行政官厅复据县署呈复甲乙同承一地,认甲先承先得,当然适用行政处分,某乙不能以司法终审判决及登记确定在先为词,拘束行政。(丑)说承荒地,人民别无何项权利者,行政官厅固有自由裁量之权限。若人民既已承领,取得所有权,法律即应予以保护,自非行政官厅可以自由予夺。今甲、乙均在领地之后,因登记发生经界涉讼。此种事件,系法令明寄其权限于法院,并禁止行政官厅干涉。况经法院判决,甲、乙各有各地,甲固不能向财政厅翻控,利用行政处分,以侵害乙之私权。行政官厅亦不能越权处置,认乙之坦地为甲地同一土名,以包括于甲地之

内,致涉破坏司法审判权。故法院应照判执行,以维既判效力。以上二说,皆持之有故,言之成理。究以何说为是,职院未敢擅断,理合呈请钧院解释,俾有遵循等情。据此,事关解释法律,相应据情函请贵院查核赐复,以便饬遵,实纫公谊。此致

**院字第四六三号**

**二十年三月十八日　司法院咨行政院　附原咨**

为咨复事,前准贵院上年六月二十一日咨(第一四三号)开,据工商部呈请解释商会改组,应否仍经过发起程序一案,转咨查照解释见复等由,当经发交最高法院拟具解答案去后,兹据呈复内开,商会之设立应先得当地高级党部之许可,在《修正人民团体组织方案》第三节有明文规定。至于改组依十九年八月十三日颁布指导人民团体改组办法之规定,须受党部指导于改组完竣,经审查认为健全时,方得呈请主管官署立案等语。本院长审核无异,相应咨复贵院查照,转饬实业部知照。此咨

**附原咨**

为咨请事,案据工商部呈称,据安徽全省商会联合会庚电称,属会于民国十七年由全省各县镇商会发起组织成立呈报在案,本届六月三日召集会员大会,并召集以前,各县镇未经加入之商会,共到商会五十四会,已达三分二以上之数。佥以湘鄂鲁等省均各改组在案,属会因商会法改组期限迫切,应即依法改组。惟查属会系早经组织成立之法团,此次改组,应否仍经过发起之程序?现各会住芜待命,敬候电示祇遵。又据该会蒸电称,庚电谅达,皖省政府已电令芜市邵处长监督联会改选,立盼钧部速赐电复各等情。据此,查商会公会依法改组,应否先经党部许可问题,前经呈奉钧院第一四八零号指令,已据情转咨司法院查照解释在案。近据各地商会纷纷呈报改组纠纷,请予解释等情前来,均经批示,静候院令,再行饬遵。惟商会改组,限期瞬将届满,似应速予解释,俾资遵守而利进行。兹据前情,除先行电复外,理合据情呈请鉴核,转咨司法院迅予解释,以便饬遵,实为公便等情到院。查前据工商部呈准江苏省政府咨据建设厅呈,以工商同业公会改组,似无经党部许可之必要。又据嘉定县长呈为《工商同业公会法》,与人民团体组织方案规定团体组织手续不同,应如何根据,请鉴核解释示遵等情一案,当以事属法律疑义,经据情并抄同原附件,于五月八日以第一零七号咨请贵院查照解释见复在案。兹复据呈前情,除指令外,相应转咨查照迅予解释见复,以便饬遵,至纫公谊。此咨

**院字第四六四号**

**二十年三月十八日　司法院咨行政院　附原咨及咨电呈**

为咨复事,前准贵院上年五月八日咨(第一零七号)开,据工商部呈请解释工商同业公会改组程序疑义一案,咨请查照解释见复等由,当经发交最高法院拟具解答案去后,兹据呈复内开工商同业公会应认为人民团体之一,其设立须依《修正人民团体组织方案》第三节所

规定之人民团体组织程序办理。至于改组依十九年八月十三日颁布《指导人民团体改组办法》之规定,须受党部指导,于改组完竣,经审查认为健全时,方得呈请主管官署立案。惟发起人之法定额,在《工商同业公会法》第三条,既有特别规定,自应依该法办理等语。本院长审核无异,相应咨复贵院查照,转饬实业部知照。此咨

**附原咨**

为咨请事,据工商部呈称案查前据镇江商会铣代电,转据纸业公所等声称,京广卷烟同业公会依法改组,镇江党部以该公会未经党部许可,遽行改组,于法令殊无根据,应即作为无效,并须停止活动,请鉴核示遵等情到部。当经据情咨请,江苏省政府转饬查明,依法核办去后,兹准江苏省政府咨复略开,案经饬据建设厅复称,查照《人民团体设立程序案》第一项,职业团体农会工会商会等,系属列举性质,与第二项社会团体概括有各种字样者不同。同业公会既未列举在内,自可不受本案拘束,且各业依照公会法第十四条之规定改组,尤非刱始设立可比,似无经党部许可之必要。惟案关法令解释,职厅未敢擅专,应如何办理之处,理合备文呈请鉴核,转咨核示饬遵等情,相应据情咨请查核见复,以便饬遵等因。正核办间,又准江苏省政府咨据嘉定县长呈称,《工商同业公会法》与人民团体组织方案规定,团体组织手续不同,应如何依据,仰祈核示。同时又准省党务整理委员会函开,据江都商民协会整理委员会呈称,该县商会未经县党部许可,擅自改组,是否合法请解释示遵等情。据此,查人民团体之设立与改组,必须遵照立法院颁布人民团体设立程序,向各该县党部申请许可,由县党部派员指导后,方得设立或组织。该县商会未遵照前项程序办理,殊属不合,即希贵府令饬该县政府转令该商会遵照人民团体设立程序,从新改组各等情。关于上述两点,似均有解释必要,究应如何解释之处,相应备文咨请贵部,分别核复,以便饬遵各等因,并附抄嘉定县长原呈一件到部。准此,查《人民团体组织方案》第一节规定,职业团体为农会工会商会等,第二节规定,本党对于依法组织之人民团体,应尽力扶植,加以指导。第一节之等字及第二节,依法组织之人民团体工商同业公会,是否包括在内?再商会法第四十二条,《工商同业公会法》第十四条,各有依本法改组之规定。此种改组所有一切组织,均与旧会不同,几与设立无异,能否不依人民团体设立程序,先经党部之许可?至工商同业公会,以公司行号为会员,不以自然人为会员,其发起之法定额,应依《工商同业公会法》第三条,公司行号七家以上之规定,抑依人民团体组织方案中,在当地有住所五十人以上之规定?案关解释法令,理合抄同原件呈请鉴核解释,训示祇遵等情,附抄江苏省政府第三一五号咨一件、镇江商会铣代电一件、嘉定县长呈一件。据此,查该部所请解释各节,事属法律疑义,除指令外,相应据情并抄同原附件,备文咨请贵院查照解释见复,至纫公谊。此咨

**附江苏省政府咨**

为咨复事,前准大咨以据镇江县商会电称,据纸业公所等声称,京广卷烟公会依法改组镇江县党部,以未经许可谓为无效,并令停止活动等情,咨请转饬查明,依法核办见复等由,当经令饬建设厅查核办理去后,兹据复称,查前据镇江县长转呈京广卷烟业公所改组公会,

附送章程名册请予备案等情，据经指令，将章程未尽妥善之处转饬修正去后，其余各业改组公会尚未据呈报，有案兹奉前因。查照人民团体设立程序案第一项，职业团体、农会、工会、商会等系属列举性质，与第二项社会团体概括有各种字样者不同。同业公会既未列举在内，自可不受本案拘束，且各业依照公会法第十四条之规定改组，尤非刱始设立可比，似无经党部许可之必要。惟案关法令解释，职厅未敢擅专，应如何办理之处，理合备文呈请鉴核转咨核示饬遵等情，相应据情咨请查核见复，以便饬遵。此咨

**附镇江商会快邮代电**

国民政府工商部孔部长钧鉴，据纸业公所、油蔴糖香南北杂货业公所、江绸业公所、绸洋货业公所、酱业公所、油业公所、鞋帽业公所、布业公所、衣业公所、漆业公所、药业公所、煤铁业公所、轮业公所、人力车公所来会声称，业等旧有公所平日工作，皆以维持增进同业之公共利益及矫正营业之弊害为宗旨，自《工商同业公会法》及《公会法施行细则》先后公布后遵，即依照公会法第十四条之规定，就原有之公所进行改组手续，乃京广卷烟同业公会甫经依法改组完成，正拟遵照《公会法施行细则》第四条及第六条之规定，分别呈请县府转呈省府核定转报钧部备案，乃县党部忽以该公所未经党部许可，遽行改组公会，于法令殊无根据，应即作为无效，并须停止活动云云。业等闻之不胜骇异，窃思各业无论为公所为公会，其所有工作无非关乎营业，与他项团体之活动迥异，何以该党部竟欲使之停止，且各业原有之公所其宗旨，本与公会法第二条相合，此次改组公会，系遵照公会法第十四条之规定，就原有以改组非未有而设立，何可谓之于法令无根据，并可作为无效等情。据此，查各业将原有公所改组公会，既遵照《同业公会法》及《公会法施行细则》办理，是不应作为无效用。敢据情电呈，仰祈批示祇遵，俾利商运，而重法令，不胜惶悚，待命之至。镇江商会叩铣

**附嘉定县长呈**

呈为《工商同业公会法》与《人民团体组织方案》规定，团体组织手续不同，应如何依据，仰祈鉴核示遵事。窃查《工商同业公会法》第三条规定，有同业七家以上，即可发起组织同业公会。其组织手续于照同法第四条之规定，订立章程后，连同应造表册呈请地方主管官署转呈省政府核准设立。又，查《人民团体组织方案》第三节规定，欲组织职业团体者，须有发起人五十人以上联署推举代表，具备理由书向当地高级党部申请，经许可后，拟定章程草案，送经党部核准，再行依据章程草案进行组织，经党部认为组织健全时，呈请政府核准立案。以上两种，法规所规定之核准机关，既有不同。设遇工商同业发起组织同业公会时，是否依照同业公会法，由发起人径报地方主管官署转呈核示，抑照人民团体组织方案之规定，由发起人先向党部声请许可，俟组织健全时再请政府备案？而发起人数一项，同业公会法与《人民团体组织方案》，其规定之数相去悬殊，又应以何者为依据？若须依照《人民团体组织方案》之规定，则同业公会之发起，非有五十人以上之联署不可。设遇同区域内经营同种工商业之工商号，应出代表不满五十人时，又将如何办理，是否不准设立，抑或得酌量变通减少发起人之额数？以上各点，均待解释，俾资依据，理合具文呈祈鉴核示遵，实为公便。谨呈

**院字第四六五号**

**二十年三月十八日　司法院指令江苏高等法院　附原呈**

呈悉,业经发交最高法院拟具解答案呈核前来内开,来呈所请解释各点,解答如下:(一)十五年十月通令之日,该省尚未隶属国民政府,应以该省省会隶属国民政府之日为准(参照院字第一九七号解释)。(二)(三)(四)父或母生前以其财产给于其子,是属赠与。至继承财产,以被继承人死亡时为开始(财产分割是继承开始后之另一手续),除关于母之独有财产外,被继承人应指父而言(参照院字第一七四号、第二七五号解释)。(五)(十二)(十三)被继承人死亡,在该省省会隶属国民政府之日以前,所有财产已由其男子继承取得,则不问其财产分割与否,已嫁及未嫁女子均无继承权(参照院字第一七四号、第二七五号解释)。(六)父母死亡在该省省会隶属国民政府之日以前,则其生前所立将遗产专属于其子之遗嘱,应认为有效。(七)女子继承财产权,是根据中国国民党第二次全国代表大会关于妇女运动决议案而发生,故父亡在该省省会隶属国民政府后,其女当然与其子平均有继承财产权。纵其母有反封之意思表示,遇争继时,仍应依法例为断。(八)继承开始在该省省会隶属国民政府之日以前,女子既无继承财产权,对于公堂产业,自不得主张权利。(九)有继承财产权之女子,如已亡故,其子女有代位继承权(参照院字第四二四号解释)。(十)(十一)有继承权之女子以亲生者为限(参照院字第一九九号解释)等语。本院长审核无异,合行令仰转饬知照。此令

**附原呈**

呈为转请解释事,案据启东县县长呈称,窃查司法院修正公布之《已嫁女子追溯继承财产细则》第一条内开,凡继承开始下列日期后,虽已嫁女子亦有继承财产权云云。兹将疑叫各点列举如下:(一)上项通令本省究于何日到达?(二)父或母将财产分给于子之时期,是否即为财产继承开始?(三)父母亡故时,有子数人,虽已承管遗产,尚未立据分析,是否即为继承开始,抑须于异日伊子分产时,方得为继承开始?(四)父亡于民国十五年十月,上项通令到达之日以前,其子一人或数人并无分书,已将遗产擅自管收,而生母或继母尚在,是否作为财产继承已经开始,抑视为尚未开始?(五)父母俱亡于上列通令到达之日以前,如系独子,当然不经分产手续,即将财产继承,则已嫁之女可否主张权利?(六)父母俱亡,而生前立有遗嘱将其遗产专属于子不属于女,则女子可否主张承继,抑以遗嘱为有效?(七)父亡母存,其生母或继母不愿将财产分给与女子,争继时,是否以法例为重,抑以母之意思为重?(八)父母俱亡,于上项通令到达之日以前,其子一人或数人,已将遗产承继或分析,以继承业已开始,但尚有公堂产业迄未分析,或已在通令到达之日以后分析,则女子对于此项公产可否主张权利?(九)女子如已亡故,则女子之子或女是否有诉追之权?(十)无论已嫁未嫁之女,如系螟蛉,是否有主张继承之权?(十一)已嫁之女如已亡故,其续娶之新女子,向与母家来往,是否有主张之权?(十二)父母俱亡于上列通令到达之日以前数日,而

其子数人分析财产于通令到达之后数日，则已嫁女子是否有追诉之权？（十三）财产继承开始，如在上列通令以前，凡未嫁女子是否有继承权？再通令以前，如已分产未嫁女子，可否主张重行分析，并可否携产出嫁？以上各点，对于适用法律上均有疑义，理合备文呈请鉴赐转呈解释示遵等情到院，理合具文呈请钧院俯赐解释，以凭饬遵。谨呈

**院字第四六六号**

**二十年三月十九日　司法院咨行政院　附原咨**

为咨复事，前准贵院上年八月八日咨（第一八三号）开，据工商部呈请解释职工会于《工会法》施行后，所订协约应否有效一案，咨请查照解释见复等由，当经发交最高法院拟具解答案去后，兹据呈复内开，查劳资争议，经调解后所签订之劳资协约，系以当事人双方同意为成立要件。来咨所称，总工会职工会于《工会法》施行后，虽应依法从新立案，但在未立案以前，与参与调解签订之劳资协约当时既经当事人双方同意，自仍应认为有效等语。本院长审核无异，相应咨复贵院，查照转饬实业部知照。此咨

**附原咨**

为咨请事，据工商部呈称，案准江苏省政府陷代电内开，案准江苏将党务整理委员会函请转饬吴江县政府，严令平望盛泽两地资方履行前订劳资协约等由，当经饬据民政厅长呈复称，奉经转饬遵办在案，兹据该县长吴葭呈称，查接管卷内，此案于十八年十二月九日据第八区区长丁瑗呈称，查平望酱业职工会提出公约二十一条，直接要求业方承认，三次会议毫无结果，四日起即发生无形罢工，当由区长电请工整会迅予派员调解。当晚总工会王委员慺危到平区党部区公所商会参与调解，并召集劳资双方会议费三日夜之久。议至十五条，双方各走极端，调解无效，已趋决裂，恐有发生罢工罢业之举，牵动人民，危疑致妨地方治安。除由区长口头警告外，为特将经过情形具文呈报并乞先行制止，以免风潮扩大等情，当由杨前任于十七日到平会同调解，并召集酱业劳资双方签订协约。嗣据县总工会执行委员会呈以据盛泽酱业职工会第二分会，经县总工会第二区党部第三区公所代表，召集劳资双方签订之协约，及平望酱业职工会第三分会，经杨县长及县党部县总工会代表召集劳资双方签订之协约各一份，送请备案，当以新《工会法》早奉建设厅转令颁发下县，及另令饬知于十一月一日施行等因，是以盛泽平望酱业职工会第二、三两分会，与资方所订立之协约，既在新《工会法》公布施行之后，名义方面已不合规定，正拟核饬修正间，准县党部执委会函送，县总工会缮具执监委员履历表章程，及工作报告函请，审核备案等由过县，复经具文转呈建设厅核示，并奉指令开，呈悉，查《工会法》并无组织，总工会之规定所请备案之处，应毋庸议，仰即知照等因，复经转知去后，兹于本年四月间，复准县党部执委会函转县总工会，呈以平望酱业三分会及盛泽酱业二分会，协约迄未履行，请予饬知各该区公所督促资方照约履行。适奉钧厅第一九五六号令饬转发中央明令，撤废之各项组织条例，下县当即遵照，钧厅令饬抄送清单，并以该会等组织条例既已奉令废止，今仍用未经修正名义订定之协约，似

难即予,转知各该区公所督促履行,一并函复各在案。奉令前因,遵将卷查此案经过情形,并缮送酱业职工会二三两分会,协约一并备文呈报鉴核,并乞指示祗遵等情,并抄附协约到厅。查该职工会条例既已奉令废止,所订协约在未经双方修正以前,似难责令履行。据呈前情,除指令候转呈核示外,理合抄附原协约,一并据情转陈,仰祈鉴核令遵等情。查废止职工会条例系于本年四月奉文,而吴江县酱业职工会第二三分会所订劳资公约,尚在十八年十二月,当时既经双方签定,即已发生效力,自不能因职工会之废止而随之动摇。其协约内事实如无其他变更,是否应继续履行,以免重起纠纷之处,相应电请贵部解释见复,以便饬遵等因到部。查职工会系属法人其所缔结契约,是否有效应视其法人资格是否存在而为衡定。按《工会法》规定,工会有职业工会、产业工会两种,并无职工会名称,依法不应再行存在,曾于上海市政府呈请解释《劳资争议处理法》关于工人及雇佣条件疑义一案,本部议复文内详悉陈述,呈奉钧院一八零四号指令略开所议,尚属适当等因在卷,则总工会与职工会及其分会等名称,同为《工会法》所无自不应一律再行存在。且总工会、职工会系依照《工会组织暂行条例》而成立,《工会法》既于十八年十一月一日公布施行,《工会组织暂行条例》事实上即因《工会法》之施行而失效,职《工会法》人资格同时亦因之而消灭,其于《工会法》施行后所订立之协约,自不发生如何效力,似无疑义。惟查本年六月六日,国民政府公布之《工会法施行法》,其第六条规定“凡从事于《工会法》第三条所列举事业以外之同一产业,或同一职业之被雇人员,无论其为职员员役或工人,均得依《工会法》加入工会,但代雇主行使管理权者,不在此限。”等语,是职员固可加入所隶属之职业工会或产业工会,前项职工会如系职员与工人所合组者,在未依《工会法》第五十一条从新立案以前,其法人资格似尚未丧失,自可继续行使职权,则其所订协约,又似应发生效力,但从前各地所成立之职工会,有为店员与工人所合组者,有为职员与工人所合组者,且均系当地党部指导组织,本部无案可稽。现在各地职工会之法人资格应否存在其于《工会法》及《工会法施行法》究应如何适用之处,案关法律适用,本部未敢擅断,理合据情具文呈请鉴核示遵等情到院。查此案事关适用法律疑义,除指令外,相应据情咨请贵院查照解释见复,以便饬遵,至纫公谊。此咨

**院字第四六七号**

**二十年三月二十日　司法院电福建省政府　附原电**

福州福建省政府杨主席勋鉴,贵主席本年一月智电致最高法院,请解释在职公务员有犯罪嫌疑,能否即施侦讯疑义一案,兹据最高法院拟具解答案呈核前来内开,检察官知有犯罪嫌疑者,无论该嫌疑人是否公务员及其已否停职,均得实施侦查处分等语。本院长审核无异,合电查照。司法院号印

**附原电**

海军部译转最高法院林院长璧如兄勋鉴,纪密弟于号日抵省,此后关于闽省政事极望

时多赐教,兹有询者,行政公务员在未停职以前,检察官如认定有犯罪嫌疑者,能否予以侦查传讯,请为解释见复,至为感祷。弟杨树庄叩訾

**院字第四六八号**

**二十年三月二十日　司法院训令江苏高等法院首席检察官　附原函**

为令知事,该首席检察官呈最高法院检察署为南通县法院首席检察官转请解释和诱未成年寡妇犯罪疑义一案,兹据最高法院拟具解答案呈核前来内开,未成年之妇女已结婚者,有行为能力不因夫之死亡而随同丧失,其有和诱之者,不能成立犯罪等语。本院长审核无异,合行令仰转饬知照。此令

**附原函**

迳启者,案据江苏高等法院首席检察官王思默呈称,呈为和诱未满二十岁已结婚夫死守寡之女脱离行使亲权之监护,是否成立犯罪,请求解释,仰祈鉴赐转院核示祇遵事。窃据代理江苏南通县法院首席检察官朱荣桂庚代电称,窃查《刑法》第二百五十七条第一项规定,和诱、略诱未满二十岁之男女脱离享有亲权之人监护人或保佐人者,成立犯罪。又,查司法院院字第三零四号解释,凡未成年人一经结婚即有行为能力,不得视夫为妻之保佐人。其有和诱此种已结婚之未成年妇女者,不成立犯罪。兹有甲女十六岁与人结婚十七岁,夫死守寡,十八岁在娘家被某乙和诱而去,经人告发,查获到案。究竟某乙是否成立和诱罪,关于此点有甲乙二说:(甲)说甲女系已结婚之女,不论其是否成年,依民法总则第十三条第三项之规定,当然有行为能力。其夫虽已死亡而其已有之行为能力,决不能因其夫之死亡而随同丧失。甲女现虽回居母家,有父母在,但其亲权早于甲女与人结婚时消灭,无复活之余地。按照上开解释例,不能构成犯罪。(乙)说甲女虽已结婚,但其夫已死,既不能认为有夫之妇,且回转母家,当然仍受行使亲权人之监护。某乙对之有和诱行为,即应按照《刑法》第二五七条第一项处断。以上二说,颇滋疑点,拟请转电明白解释俾资遵循等情。据此,职复查所呈甲乙两说,似以甲说为有理由。惟事关法律疑义,理合具文呈请,仰祈钧署鉴赐转院解释示遵,实为公便等情。据此,相应转请查照解释见复为荷。此致

**院字第四六九号**

**二十年三月二十一日　司法院指令江苏高等法院　附原呈**

呈悉,业经发交最高法院拟具解答案呈核前来内开,查确定判决对于当事人及诉讼拘束后为当事人之继承人者,有效力在《修正民事诉讼律》第四百八十四条,有明文规定(该省沿用之民诉条例第四百七十四条亦同)。来呈所称情形,在现行法上既无限定继承之规定,则不问继承人已否分析,自应向继承人继续执行等语。本院长审核无异,合行令仰转饬知照。此令

**附原呈**

呈为转请解释事,案据川沙县县长阮开基呈称,窃属县因执行开始发生法律上疑点,如甲为债权人乙为债务人,业经判决,令乙履行债务,正在执行。开始间,甲奉传到案,而乙即据承发吏报告物故,甲请求传唤其子继续执行调查。乙有三子,早经分析,于此有三说焉:(子)谓父债子还,实有先例。现乙既物故,乙之承继人当然负履行义务。(丑)说谓执行目的物,以判决主文为范围。查本案判决,明明载乙为债务人,今向丙执行出乎判决范围以外。(寅)说谓子说主张是指未曾判决而言,若已判明有特定之人清偿,何能中途更异?又为丑说,主张不能向丙执行,是以判决主文为根据。惟因此中止执行,不免债权人受害,应由债权人具状,请求经法院裁决,由乙之承继人丙负担或与丁、戊等分担。俟确定后,再予执行,较为有据。三说之中,究以何说为是。案关法律疑问,属县未敢擅专,现正悬案以待,理合具文呈请鉴核,迅予解释指令祇遵等情。据此,理合具文呈请钧院鉴核,俯赐解释以凭饬遵。谨呈

**院字第四七〇号**

**二十年三月二十一日　司法院训令山东省高等法院　附原函**

为令知事,该法院上年第四六零号公函致最高法院为福山地方法院呈请解释《刑事诉讼法》告诉权疑义一案,兹据最高法院拟具解答案呈核前来内开,查《刑事诉讼法》第二百十四条第一项之独立告诉乃就其对于被害人之意思而言,即不问被害人之意思如何,均可自行告诉也。与第二项之亲属告诉不生相互关系,假使被害人业已死亡,其配偶与其他亲属并存,被害人之配偶固得独立告诉,其他亲属于不违反被害人明示意思之范围内,亦得告诉各自行使告诉之权。遇有告诉,而又撤回之情形,除撤回之本人应受同法第二百十九条第二项之制限外,于他人之行使告诉权不生影响。三说中以丑说为是等语。本院长审核无异,合行令仰转饬知照。此令

**附原函**

径启者,案据福山地方法院院长呈称,为呈请转请解释事,兹有甲被乙殴伤嗣因病身故,其他亲属对伤害一罪告诉,旋经撤回,其配偶复行告诉,职院对《刑事诉讼法》第二百十四条及第二百十九条各规定于适用上颇滋疑义,因而发生下列三说:(子)说谓《刑事诉讼法》第二百十九条第二项既载明,撤回告诉者,不得再行告诉。若被害人亲属之一人出而告诉,复经其撤回者,不但其他亲属不得再行告诉,即被害人之配偶,亦不得告诉。(丑)说谓《刑事诉讼法》第二百十四条第一项,既规定配偶得独立告诉被害人亲属之一人,虽撤回,其告诉被害人之配偶仍得告诉,不但其配偶不受撤回之拘束,即其他亲属亦不受其拘束。(寅)说谓《刑事诉讼法》第二百十四条既有一、二两项前后之规定,其告诉及撤回告诉之权,先由被害人之配偶以次及于其他最近亲属方为合法。换言之,即被害人之配偶告诉复经其撤回者,其他亲属不得再行告诉。如其他亲属告诉,复经其撤回者,其配偶仍得告诉。以上

三说,究以何说为是。案关法律解释,理合具文呈请察核转请解释示遵等情。据此,案关法律解释,相应函请钧院查核解释赐复,以便转令遵照。此致

**院字第四七一号**

**二十年三月二十一日　司法院指令湖北高等法院　附原呈**

呈悉,业经发交最高法院拟具解答案呈核前来内开,地方法院依刑诉法第三百零八条继续审判之案,其第二审管辖属于高等法院或其分院等语。本院长审核无异,合行令仰转饬知照。此令

**附原呈**

呈为法律发生疑义仰祈解释示遵事,案据汉口地方法院院长杨尚时呈称,窃查检察官援引地方法院管辖案件之法条起诉,经地方法院受理后改引初级法院管辖案件之法条判决,当事人提起上诉此时,应否仍由原审法院合议庭受理,抑由高等法院受理?其说不一,无所适从。事关法律疑问,理合呈请钧院准予转呈司法院解释,以资遵循等情。据此,职院查核检察官依地方法院管辖之件起诉,地方法院如认该案件系属初级法院管辖之件,尽可依《刑事诉讼法》第三百十九条谕知管辖错误之判决,地方法院既未谕知管辖错误之判决,而依同法第三百零八条继续审判,即令该案件系初级管辖之件。其第二审管辖权,仍应属之职院,似无呈请解释之必要。惟既经该院呈请转呈前来,理合据情呈请钧院解释示遵。谨呈

**院字第四七二号**

**二十年三月二十一日　司法院电辽宁高等法院　附原电**

辽宁高等法院院长览,本年二月尤代电悉,所请解释《刑法》第八十六条第二项疑义一案,业经发交最高法院拟具解答案呈核前来内开,《刑法》第八十六条所谓,刑有不同等分数之加重减轻先加后减者,应就加得之刑减轻。其结果并非必与互相抵销者,相同例如累犯同一之本刑为无期徒刑之罪,而自首时,加则受条文之限制不能加重而减,则实减三分之一为十年以上,十五年以下有期徒刑。又如累犯不同一(亦不同款)之本刑,为三年以下有期徒刑之罪而未遂时,先加三分之一为四年以下有期徒刑后减二分之一,则为二年以下有期徒刑。似此之类,不胜枚举,不得因偶与互相抵销者,同一结果即谓先加后减之规定,与互相抵销相同等语。本院长审核无异,合电知照。司法院马印

**附原电**

司法院王院长钧鉴,查《刑法》第八十六条第二项同时,刑有不同等分数之加重及减轻者,先加后减。所谓先加后减之方法如何,约分二说:(甲)说该项既定明先加后减,自应将应加之刑,加上再减去应减之刑。如累犯同一三年以下有期徒刑之罪,加重本刑二分之一,认其犯罪情节,有可悯恕,酌减本刑三分之一时,则先加二分之一(一年六月)为四年六月以

下有期徒刑,然后将此四年六月之数减去三分之一(一年六月),仍为三年以下有期徒刑。推之,三犯加本刑一倍,如酌减本刑二分之一时,亦先加一倍(三年)为六年,再将此六年之数减去二分之一(三年),仍为三年。虽其结果与刑有同等分数加重及减轻时,互相抵销,仍为原定三年以下有期徒刑之情形相同,亦系法文定明,先加后减之失用法者,自不能任意变更等语。(乙)说该项所称先加后减,系定明加减之次序,使全国用法者归于一致,与同法第八十七条第二项同一用意。至第七十七条酌减,系指本刑而言,本刑二字参照《刑事诉讼法》第十二条(犯罪依《刑法》应加重或减轻本刑者仍依本刑定法院之管辖),自系指原定本刑不包括所加之刑在内。如前例三年以下有期徒刑加重本刑二分之一(一年六月),固为四年六月以下有期徒刑,但就此四年六月以下有期徒刑中减去本刑三年之三分一(一年),则为三年六月以下有期徒刑。如加重本刑一倍(三年)为六年以下有期徒刑,减去本刑三年之二分一(一年六月),则为四年六月以下有期徒刑加减之轻重不同,所得之刑数自异绝不能于减轻本刑之外,连所加之刑一并减去,致与同等分数互相抵销之情形,无别等语。查甲说系就一句之字面解释,乙说则就前后法文(本刑次序二者)及论理解释,于文理亦颇可通,究以何说为当,关于刑期出入甚巨,职院未敢擅断,谨请迅赐解释示遵。辽宁高等法院尤印

**院字第四七三号**

**二十年三月二十一日　司法院电山东高等法院　附原电**

山东高等法院吴院长览,上年马代电悉,福山地方法院所请解释土豪劣绅案件审讯程序疑义一案,业经发交最高法院拟具解答案呈核前来内开,土豪劣绅案件,上级法院因县政府无权管辖,以判决将县判撤销发交地方法院为第一审审判,地方法院应即进行审判,毋庸移付检察官侦查等语。本院长审核无异,合电转饬知照。司法院马印

**附原电**

南京司法院院长钧鉴,案据福山地方法院院长凌应麟呈称,兹有土豪劣绅案件,经上级法院认县政府无权管辖,以判决将其用以代判之堂谕撤销,移送地方法院为第一审审判,是否应另付侦查,抑径行审判,于此有二说:(甲)地方法院受理土豪劣绅第一审案件,依据《取消特种刑事临时法庭办法》第二条规定,原应依通常程序进行,而在刑事诉讼通常程序,除合于自诉条款之案外,均须经过侦查起诉之程序,方能据以开始审判,且其审判范围又明明限制,不能逾越起诉行为之外,则凡未经侦查起诉之案在法院,即无进行审判之余地。此案虽曾经县政府传案讯谕,然其所为该项讯谕,依照上开办法既不在其管辖权限以内,则无论其所为讯谕之经过,如何要之根本上既难认为有效,即非另为依法侦查起诉,不足以为进而审判之根据,而符通常之程序。(乙)依照现行法例,在未经设立法院各县之县长兼理诉讼,本有审判检察两种职权,其经县长判决之案,在法律上,视为已经起诉。虽上诉审认定县判管辖错误,将原案发交管辖法院更为审判,而实质上起诉之效力尚属存在,依检察一体之原则,自不应再由管辖法院之检察官重复起诉。矧此案在上级法院判决主文,既明示移送地

方法院为第一审审判,下级审即应受上级审确定判决之拘束,自不能另由检察官侦查核办。倘或侦查结果不予起诉,将置原判于何地?参之最近解释,凡特种临时刑事法庭移交地方法院,各案件因该庭未经设有检察官,亦不再行起诉,尤足证明,此等特殊情形,应视最初受诉机关之组织及权限如何,以为应否再行起诉之标准。二说未知孰是,悬案待决,理合呈请鉴核转呈解释示遵等情到院。事关法律解释,理合呈请钧院迅赐解释饬遵。山东高等法院院长殷汝熊叩马

**院字第四七四号**

**二十年三月二十一日　司法院指令浙江高等法院　附原呈**

呈悉,业经发交最高法院拟具解答案呈核前来内开:(一)民法总则施行前,既经宣告之禁治产人未经依法声请撤销,自不因民法总则之施行而失效。若禁治产之原因消灭,应依民法总则第十四条第二项之规定撤销,其宣告至准禁治产之制度,民法总则并无规定。又民法总则施行前,仅经声请批准立案,认为禁治产人而未经宣告者,则须有民法总则第十四条所定之原因,于民法总则施行后三个月内向法院声请经法院宣告禁治产者,从立案之日起视为禁治产人。(二)无行为能力人及限制行为能力人,依民法总则第二十一条自应以其法定代理人之住所为住所,若无法定代理人时,应以其自己之居所视为住所等语。本院长审核无异,合行令仰转饬知照。此令

**附原呈**

呈为转请解释事,案据署临海分院院长斯文呈称,窃查民法总则施行前,法院依照条例宣告之禁治产人准禁治产人,民法总则施行后,其效力是否依然存续,职院现分两说:(甲)说谓法律不溯既往为法律上之大原则,民法总则施行前,既经法院依照条例宣告之禁治产人及准禁治产人,自不能因《民法》施行而失其效力,《民法总则施行法》第一条明载。民事在民法总则施行前发生者,除本施行法有特别规定外,不适用民法总则之规定,详查该施行法关于法院已经宣告之禁治产人及准禁治产人,既无特别规定,自属有效存在。至该施行法第四条所载,经声请官署立案者,须于民法总则施行后三个月内,再行声请宣告之语,系指声请官署立案尚未经官署依照条理宣告者而言。核阅该条立案宣告等字样,文义自明,申言之,即前已经官署依照条例宣告之禁治产人及准禁治产人,毋庸于民法总则施行后三个月内再行声请宣告,即生效力。虽准禁治产人,民法总则不复采用,然既经官署宣告在前,如未经本人及利害关系人依法声请撤销,自不得以后之民法总则无复采用而因之失效。(乙)说谓《民法总则施行法》第四条,所谓经声请官署立案者,系指在民法总则施行前,经官署依照条例批准立案之禁治产人而言。立案二字,实含有声请宣告两种程序在内。观同条末段自立案之日起,一语自明,故在民法总则施行前,虽经法院依照条理准予宣告禁治产之人,亦须在民法总则施行后三个月内,再行声请宣告,始能溯及。既往至准禁治产制度,民法总则既已不复采用,民法总则施行后当然失其效力。以上两说,未知孰是,此应呈

请解释者一。又,民法总则第二十一条载,无行为能力人及限制行为能力人以其法定代理人之住所为住所。若无法定代理人时,将以何人之住所为住所,有主张以该无行为能力人及限制行为能力人事实上自己之住所为住所者,有主张以法定代理人在时最后之住所为住所者,究以何说为当,此应呈请解释者二。理合具文呈请鉴核,转请解释示遵等情。据此,理合备文转请仰祈钧院俯赐解释,以便饬遵。谨呈

**院字第四七五号**

**二十年三月二十一日　司法院电江西高等法院　附原电**

南昌江西高等法院梁院长览,该法院第一分院上年十一月皓电致最高法院,请解释反革命案件适用陪审制疑义一案,兹据最高法院拟具解答案呈核前来内开,适用陪审制,以《反革命案件陪审暂行法》第三条所规定之情形为限等语。本院长审核无异,合电转饬知照。司法院马印

**附原电**

最高法院赐鉴,本分院受理反革命案件,依陪审法第一条,均适用陪审制,顷奉司法行政部令认为错误,以适用陪审,只限于该法第三条之情形。究竟如何,颇滋疑义,悬案以待,特径电贵院迅赐解释电复。江西高一分院叩皓

**院字第四七六号**

**二十年三月二十三日　司法院电最高法院东北分院　附原电**

最高法院东北分院院长览,该法院上年十二月微代电致最高法院,为吉林高等法院转请解释诉请同居执行疑义一案,兹据最高法院拟具解答案呈核前来内开,按人身不得为强制执行之标的,故甲夫本于同居之确定判决请求执行。如乙妻坚拒同居,依《民事诉讼执行规则》第八十八条第二项之规定,不能加以强制。该济良所所章所谓非得本人同意不得由亲属领回,亦与此旨不相抵触等语。本院长审核无异,合电转知。司法院漾印

**附原电**

最高法院钧鉴,案准吉林高等法院民字第二五八号公函内开,兹有甲之妻乙自愿为娼,甲不能制止。乙因是卖淫,忽然投入济良所,甲乃向法院与乙诉请同居,判决确定。乙又对甲提起离婚之诉,均经甲胜诉,并对同居诉案请求执行,当由法院函请济良所主管机关之公安局,将乙交案执行。该公安局依据呈准,省政府立案之所章第十条第四款、第十一条第四款及第四十二条拒绝交付。第十条,妇女因下列各项事故经司法或警察分局所讯实者,由公安局交所中教养择配。第四款不愿为娼之妓女,第十一条,凡愿入济良所之妓女,有下列各项之呈诉,均予讯理。第四款,自投济良所。第四十二条,妇女入所后亲属禀请领回者,须得该女之同意,方可准领。因之司法与行政显然发生冲突,于是乃有两说:(子)说谓乙既不愿为妓,自行入所,即应照章教养择配以符济良本旨,不能由甲领回。(丑)说谓判决确定

案件,必须依法执行。所章系地方法令,法院裁判则系根据中央法令,在地方法令与中央法令抵触时,依法规制定标准法第四条,条例章程规则等不得违反或抵触法律。又省政府组织法第二条,省政府于不抵触中央法令范围内,对于省行政事项得发命令各,规定云云。综此以论,中央法令当然有效,则所章因之不能适用甚属明显,乙自应由甲领回同居安度。两说孰是,颇滋疑义,相应函请贵院俯赐解释,实为公便等因。准此,事关解释法律,理合遵照《最高法院分院处理事务暂行办法》丁项第一款之规定,电请钧院拟具解答案,呈请司法院核定示覆,以便转函知照。最高法院东北分院院长孔昭焱叩微印

**院字第四七七号**

**二十年三月二十四日　司法院咨行政院　附原咨**

为咨复事,前准贵院上年十二月二十日咨(第二八零号)开,据湖南省政府电请解释劳资争议案件受理诉愿权限一案,咨请查照解释见复等由,当经发交最高法院拟具解答案去后,兹据呈复内开,劳资争议当事人对于仲裁委员会裁决声明异议之事件,并非诉愿事件,应向法院起诉依通常诉讼程序予以裁判。《修正省政府组织法》第十条第七款所列关于劳资争议事项,由民政听掌理者,系指关于劳资争议之行政事务而言,并非谓关于劳资争议之裁判,亦归其掌理等语。本院长审核无异,相应咨复贵院查照饬知。此咨

**附原咨**

为咨请事,案据湖南省政府主席何键佳代电称,前据属府民政厅案呈,劳资争议诉愿案件应否归职厅受理请予核示等情,业经属府电请前院长谭核示久未奉复,兹查《劳资争议处理法》第五条疑义,业由钧院转咨司法院发交最高法院解释,转令通饬在案。查该解释内开,按《劳资争议处理法》第五条规定,争议当事人于仲裁委员会之裁决送达后五日内,自得声明异议。查同法既无再予仲裁之规定,该声明异议人自得向法院起诉等语,依此解释。是劳资争议案件,凡不服仲裁委员会之裁决者,皆应向法院起诉,各县政府无权处分,即民政厅不得为受理诉愿机关,此理至明。惟查本年二月四日公布之省政府组织法第十条第七款规定,劳资及佃业之争议事项,划归民政厅掌理。依此规定,似该厅对于劳资争议案件仍有受理诉愿之权,即各县政府亦得处分此种案件,以为诉愿之基础与最高法院前项解释例,不无抵触。究竟此项案件,应否依照省政府组织法第十条第七款之规定,仍由民政厅受理诉愿,抑或该条掌理二字别有解释?案关法律问题,属府未敢专擅,理合电请核示电遵等情到院。查前据该省政府冬代电,以据民政厅呈准,建设厅函送衡阳染织工人曹智生等与店主争执请予核办一案,于适用《劳资争议处理法》时发生管辖问题,请解释饬遵等情。经据情于本年六月十六日,以第一三六号咨请贵院查照解释见复,以便饬遵在案。兹复据该省政府代电前情,除指令外,相应备文咨请查照前咨,及该省政府现电各情并案解释,早日见复,俾便饬遵,至纫公谊。此咨

**院字第四七八号**

**二十年三月二十四日　司法院咨行政院　附原咨**

为咨复事,前准贵院上年六月十六日咨(第一三六号)开,据湖南省政府电请解释劳资争议事件主管官署疑义一案,咨请查照解释见复等由,当经发交最高法院拟具解答案去后,兹据呈复内开,查《修正省政府组织法》第八条第三项,固有未设工商厅之省关于该厅事务由建设厅掌理之规定,但关于劳资争议事项,同法既于第十条第七款规定,由民政厅掌理,自应从其特别规定(参考院字第四七七号解释)等语。本院长审核无异,相应咨复贵院查照饬知。此咨

**附原咨**

为咨请事,案据湖南省政府冬代电称,据属府民政厅呈案,准建设厅函送衡阳染织工人曹智生等与店主发生劳资争议一案,请予核办前来,查《劳资争议处理法》第十四条及第十一条第二项、第三项各规定,凡劳资争议仲裁委员之备案,及指定,均属工商部主权。职省建设厅依现制掌管工商厅事务,以行政系统论,凡不服县市政府处分之劳资争议案件,应以该厅受理诉愿,而不属于民政厅。但依此办理,又不免与省政府组织法第十条第七项之规定有所抵触。同一中央法令,而适用时发生管辖问题,究应如何办理电请解释,饬遵等情。据此,查所称各节,事涉法令疑问,相应咨请查照解释见复,以便饬遵。此咨

**院字第四七九号**

**二十年三月二十四日　司法院函国民政府文官处　附原呈**

迳复者,准贵处本月四日公函(第一七七四号)开,准中央训练部函转江苏省党务整理委员会呈请解释,律师兼营商店或工厂者能否当选为商会执监委员一案,业经发交最高法院拟具解答案呈核前来内开,律师执行职务时,依律师章程第十四条但书之规定,既可兼营商业,则其营业无论为商店或工厂,均可依据各关系法规所定,举派会员代表之方法办理等语。本院长审核无异,相应函复贵处查照转知。此致

**附原呈**

窃查现在执行律师职务之律师已经加入律师公会,同时经营商店或工厂营业者,能否兼为工商同业公会之出席代表,或商店会员代表出席,县商会于法无明文规定。兹据属省吴县县党务整理委员会据呈请求解释并举例,(如吴县商会执委张云搏,系现在执行律师职务者,并以苏纶纺织厂之董事资格加入商会为商店会员。又如县商会监察委员朱庸白,亦系现任律师职务者,兼营老苏台旅馆业,以店东之资格加入同业公会,并由同业公会推派为县商会之出席代表)。职会以为律师,系自由职业之一种,既兼营商店或工厂职业,其本身为各该厂店之主体人,自可为各该业公会会员或商店会员之代表加入商会,取得选举权与被选举权。惟事关法律解释,职会未敢擅断,理合呈请钧部鉴核解释示遵,实为党便。谨呈

**院字第四八〇号**

**二十年三月二十四日　司法院函国民政府文官处　附原呈**

迳复者,准贵处本月六日公函(第一八七五号)开,准中央执行委员会训练部函转,江苏省党务整理委员会呈请解释农会组织疑义一案,业经发交最高法院拟具解答案呈核前来内开,(一)《农会法》第十六条第一项所谓有农地者,系指农地之所有人而言,农地所有人之家属子女除因赠与或继承关系,而业已取得该农地之所有权外,非该条第一项之有农地者。(二)(三)公务人员及已参加工会、商会之工人、商人,有《农会法》第十六条所列之资格者,《农会法》无制限明文,自均得为农会之会员,其合于《农会法》施行法第二条之规定,并得被选为职员。(四)会员于选举时,如不能写字可委任他人代写,惟须具亲自盖章签名之委托书,其以指印十字或其他符号代签名者,在文件上须二人签名证明(参照《民法》第三条)等语。本院长审核无异,相应函复贵处查照转知。此致

**附原呈**

窃以属省各县农会正在组织进行中,关于组织方面之疑难问题时,据各地同志呈请解释前来经属会拟具意见条列于后:

一疑点　某有农地之农家有二十岁以上之男女五六人,是否由家长一人参加农会,抑均可参加农会?

意见　一户之家长握有财产所有权为财产之管理者,于法有明文规定,其妻孥似无财产所有权,改为无农地者,除该户家长参加农会而外,其余不能参加,但不以有农地之资格,而以中等学校农科毕业资格,或经营与农业有直接关系之事业之资格参加乡农会者,不在此例。如此,则大地主大家庭之操纵乡农者,可以防止。

二疑点　有农地之商人或工人已参加商会或该业工会并为该会职员,能否参加农会并为农会职员?

意见　照《农会法》第一项规定之会员资格,凡有农地者,均可加入,则社会上经营商业而有农地者为数甚多,既合乎《农会法》会员之资格,自可准许参加农会为会员,有选举权与被选举权。

三疑点　公务人员(如区长乡镇长等)倘合乎农会之资格,能否为农会之会员或当选为农会之职员?

意见　查公务人员具有各种职业资格者,并无不准参加人民团体组织之规订,且区长乡镇长均系地方自治人员,多数以农为业,似可准其参加农会组织而可当选为农会职员。

四疑点　乡农会之会员,多半不能写字。在选举时,可否由会场监察员代写或以举手表决法及其他方法?

意见　农会之情形与工商团体不同,应设法救济,准指定代选票人。

以上四点,关系法规解释,属会未敢擅断,理合呈请钧部赐予解释示遵,实为党便。谨呈

**院字第四八一号**

**二十年三月二十五日　司法院训令河北高等法院首席检察官　附原函**

为令知事,该首席检察官呈最高法院检察署为石门地方法院首席检察官转请解释,县政府按照河北税契规则处以罚金应属司法或行政处分疑义一案,兹据最高法院拟具解答案呈核前来内开,县长依税契规则处罚,系属行政处分,自不应归法院受理等语。本院长审核无异,合行令仰转饬知照。此令

**附原函**

迳启者,据河北高等法院首席检察官呈称,案据石门地方法院首席检察官呈称,为呈请解释法律疑义事,兹有甲改变不动产卖买契约,藉图减少税契之额,原县按照河北税契规则处以罚金,究应属司法,抑属行政处分,颇有疑义。一说谓不损害于社会公安,县长依税则处罚,系属于行政上维持秩序之一种惩罚,司法衙门不应受理。一说谓国家及地方政府创制法规,凡有罚金明文者,系为特别《刑法》之一。此项税契规则既定有罚金,自与罚锾有别,司法衙门应予受理。二说孰是,理合备文呈请钧处转呈解释,以便遵循等情前来。除指令外,理合备文转呈钧署鉴核转请解释,以资遵循等情到署。事关法律解释,相应函请贵院查照办理,并希见复为荷。此致

**院字第四八二号**

**二十年三月二十五日　司法院咨行政院　附原咨**

为咨复事,前准贵院本年一月二十二日咨(第一一号)开,据内政部呈请解释《乡镇自治施行法》第十一条第一项第二款疑义一案,咨请查照解释见复等由,当经发交最高法院拟具解答案去后,兹据呈复内开,按《乡镇自治施行法》第十一条第一项第二款规定,系指曾服务于中国国民党各级党部之委员职员而言。至党部之雇员,自不在该款所谓服务之范围内等语。本院长审核无异,相应咨复贵院查照饬知。此咨

**附原咨**

为咨请事,现据内政部长刘尚清呈称,为呈请转示遵事,案据浙江省民政厅厅长程振钧合代电称,据寿昌县呈称,《乡镇自治施行法》第十一条第一项第二款中服务二字有无范围,如党员而任党部之庶务、会计、录事、公役等职务者,是否亦属于服务范围,应取得候选资格,深滋疑义等情。事关法令解释,仰祈核示,俾便饬遵等情。据此,查《乡镇自治施行法》第十一条第一项第二款规定,似系指党员对于本党负责有相当责任者而言。若非党员而受党部雇用或仅供奔走无相当知识之公役,不能取得候选人资格。事关适用法律,本部未便擅拟,理合据情呈请钧院鉴核转咨立法院核示,以便转饬遵照,实为公便等情。据此,事关解释法令,除指令外,相应据情咨请贵院查照解释见复,以凭饬遵,至纫公谊。此咨

**院字第四八三号**

**二十年三月二十八日　司法院电广西高等法院　附原电**

广西高等法院林院长览，该法院第一分院上年六月有代电致最高法院，为桂林律师公会转请解释法院退职人员执行律师职务限制疑义一案，兹据最高法院拟具解答案呈核前来内开，执行律师职务固以加入律师公会为条件之一，而加入律师公会未必果即执行律师职务，则仅止加入律师公会自不在部令限制之列等语。本院长审核无异，合电转饬知照。司法院勘印

**附原电**

南京最高法院院长钧鉴，案据桂林律师公会会长秦文濬副会长张明耀呈称，呈为呈请解释事。窃本会于十八年四月十九日奉到广西高等法院第二一五九号训令开，案奉司法行政部训字第二八五号训令开，查各法院退职人员即在原任区域执行律师职务，恐有声息相通发生流弊之虞。本部体察情形，亟应酌予限制，以期防微杜渐，整饬法纪。嗣后各法院院长、首席检察官暨推检学习候补各员，经退职后一年内不得在原任法院管辖区域执行律师职务，其书记官、承发吏于退职后亦同云云。惟查原文内只云不得执行律师职务，并未言及不得加入律师公会，究竟加入公会一层是否包括在不得执行律师职务之内，计分二说如下：(甲)谓执行律师职务为一事，加入律师公会又为一事，二者不可混而为一。(乙)谓加入律师公会原为执行律师职务之准备手续，如许其加入公会取得会员资格，即不能限制其不执行职务，在各律师公会既负有调查之责。遇有上列各项情形，自应不许其加入公会。二说未知孰是，事关法律解释，未便擅专，理合具文呈请转呈最高法院解释仰恳指令祇遵等情。据此，事关法令疑义，理合据情电请钧院迅赐解释示复，以便饬遵。试署广西高等法院第一分院院长陈祖信叩有印

**院字第四八四号**

**二十年三月二十八日　司法院指令浙江高等法院　附原呈**

呈悉，业经发交最高法院拟具解答案呈核前来内开《印花税暂行条例》，所定罚金系行政罚(参照院字第二十四号解释)，自不适用《刑法》总则等语。本院长审核无异，合行令仰知照。此令

**附原呈**

呈为呈请解释事，案准浙江全省印花税局函开，案据鄞奉印花税分局长呈称，查职局处理印花案件前经规定办法，如遇情节较轻，可由分局从宽办理，责令补贴印花，以示体恤。如遇情节较重，应即检送县警局所照章罚办，以资惩戒遵办以来，为日已久。揆诸立法原意，印花案件虽不必有犯必罚惟一经检送法办，则威信所关自必依法处置以重税则，向来县警执行罚案均系遵照条例。按件计算，以是商民怀刑咸具戒心，平时职局调查出发，恒令于

此一点加以宣传。盖印花罚金,既系按件计算是漏税不多科罚綦重,商民惕于利害,自不敢轻于犯法,即有不听劝导,则以县警执行案件引作证明,所谓杀一意在儆百于惩戒之中,实隐寓体恤之意。宣传愈广,收效愈宏,好在县警局所向未变更罚则,以是职局宣传乃觉益形有力。近自令颁办法印花罚,案遇有执行困难并可移送司法以资解决,从此印花税法又多一重保障,实为税收前途莫好现象。盖司法尊严,列国均然,印花罚案能送由司法执行,使一般商人均知漏贴印花,实属干犯刑章,则其重视印花心理,自必益形深切。惟职局于此窃有疑惧,则以法院审理刑事案件。遇有数罪,并发往往根据《刑法》总则并合论罪之办法,合并科断,以期轻减,此与印花罚则必须按件计算轻重之间,不无出入。如果发生两岐,势必影响税收,谨将管见所及禀请钧长加以考核。查职局移送司法案件多系先送县警局,所因其情节重大,县警执行困难,始行移送司法。如果司法并合论罪科罚之数反较县警原判为轻,则商民对于县警局所必至发生怀疑,以后县警执行罚案,势必益感困难,而商民避重就轻,亦将竞趋司法以求轻罚。职局日常举发案件为数至多,如果不论巨细,概行移送司法,不惟商人日久玩生,即在法院受理亦将不胜其烦,此其影响于罚案之执行者一。司法为执行印花罚案,最高机关每遇罚案移送司法,群众视线咸集于斯,故一案了则百案俱了。盖以司法尊严,群众信仰之心亦有独到之处,如法院根据刑律并案科罚,则印花罚则势将打破,实足以启商民玩视之心。届时职局宣传既失功效,漏税案件自必增多,而分局办理税务势将陷入困境,此其影响于税收之盈绌者二。总上两端,充其所极,可使罚案壅塞税收损减,实为印花前途莫大隐忧。查《刑法》总则第一章第九条内规定本法总则,于其他法令之有刑名者,亦适用之。惟有特别规定者,不在此限。印花罚金必须按件计算,依照印花条例以及县警局所历办情形,应视为一种特别规定。照第九条之规定,可不适用《刑法》总则并合论罪之办法。窃维分局罚案所以移送司法,莫非为尊严印花税法起见,而在司法予以受理,亦莫非为协助分局整顿税收起见。在法院按件处罚原无违法之处,而在分局罚,则统一实有无穷裨益,此中出入,虽微影响至巨,可否恳请钧长函请浙江高等法院转行各地法院一致办理。嗣后遇有印花罚案务,请依照印花税条例按件科罚,勿予并合论罪,以利税收。俾司法协助原旨愈益昌明,职局审度利害实有申述必要,谨就管见所及备文呈请鉴核施行等情。据此,查《刑法》总则虽有并合论罪之办法,但有特别规定者,本不在此限。现查《印花税暂行条例》第五条所规定,均系按件,计算是此项科罚已有特别规定,自不能依照普通论罪合并科罚。据呈前情,除指令外,相应函达贵院请烦查照通令各地法院。嗣后对于各分支局查送违法单据等件,一律依照印花税条例第五条所规定,凡不贴印花或贴用时未盖章画押者,每件处以一百元以下十元以上之罚金贴不足数者,每件处以五十元以下五元以上之罚金办理,以示警戒藉资整顿,并希见复等由。准此,查《印花税暂行条例》虽有按件处罚之规定,其有连续多次漏贴印花或贴用不遵式者,纵因按件处罚之特别规定而不适用。惟应否依《刑法》第九条第七十条规定,并合定罚?事关法律疑问,理合备文呈请仰祈钧院鉴核俯赐解释,以便转复。谨呈

**院字第四八五号**

**二十年三月二十八日　司法院训令福建高等法院首席检察官　附原函**

为令知事,该首席检察官呈最高法院检察署,为永安县县长转请解释意图重制伪币发售处罪疑义一案,兹据最高法院拟具解答案呈核前来内开,原代电语意不明,如系意图供行使之用,将收藏日久已成乌色之伪币重制银色,自成伪造货币罪,应视其银色已未制成,分别依《刑法》第二百十一条第一项或第三项处断。若仅止意图重制银色以供行使之用,而尚未着手重制,则不成罪等语。本院长审核无异,合行令仰转饬知照。此令

**附原函**

径启者,案据福建高等法院首席检察官呈称,案据永安县县长马代电称,兹有甲前充陆军兵士作战途次,拾得伪造袁头形银币,收藏日久已成乌色,因生计困难,意图制成银色,低价发卖。查甲既系取得遗失之物,与意图供行使之用而收集并收受行为有别,应如何办理,悬案以待,请转解释示遵等情。查甲拾得伪币收藏日久,察其情形,固不得认为意图供行使之用而收集伪币。惟其后因生计困难,意图制成银色低价,发售其行为如已着手,似已构成《刑法》第二百十一条一项伪造通用货币之未遂罪。案关法律疑义,理合具文呈请贵院解释指令祇遵等情。据此,相应函请贵院查照迅予解释见复为荷。此致

**院字第四八六号**

**二十年三月二十八日　司法院电浙江高等法院　附原电**

浙江高等法院郑院长览,俭代电悉所请解释公务员犯《禁烟法》罪管辖疑义一案,业经发交最高法院拟具解答案呈核前来内开,犯《禁烟法》第六、第八、第十等条之罪,应由地方法院管辖(参照院字第一七八号、第一七九号、第二一四号解释),公务员犯者亦同。若公务员犯同法第十六条至第十八条之罪,自亦应由地方法院管辖。至公务员犯同法第七条及第九条之罪,虽依第十五条应加倍处刑,但其本刑仍系第七条及第九条之刑。依《刑事诉讼法》第十二条规定,应属初级管辖等语。本院长审核无异,合电知照。司法院勘印

**附原电**

司法院院长钧鉴,查自《禁烟法》颁行依第十五条至第十八条规定,公务员犯烟案或有庇纵情事,其最重者,得处至死刑或无期徒刑。于是管辖问题,遂生疑问或谓十七年四月四日公布之《修正国民政府禁烟条例》科刑部分虽已失效,而同年同月二十日公布之审理烟案简易程序,则迄未废止。是则所有烟案仍应归初级管辖或谓审理烟案简易程序为前《禁烟条例》之助法,现行《禁烟法》既无特别程序相辅而行,仍应依刑诉法定其管辖。苟如前说,则《禁烟法》第十六七条重者,得处至死刑或无期徒刑之案件,亦认为初级,似欠矜慎之意。若如后说,则《禁烟法》第七、第九、第十一、第十三条之罪固可依刑诉法第八条第一款前段,归初级管辖。而第六条及第十条之罪是否得依刑诉法第八条第三款办理,此其一。更查刑

诉法第八条第三款之精神,系对于烟案使最高主刑为五年以下者,亦概归初级管辖之规定。然则《刑法》第二七四条一项原属初级者,是否因《禁烟法》第八条加至五年以下,而遂归地方管辖,此其二。抑公务员犯《禁烟法》第七条及第九条之罪,依同法第十五条,应加倍处刑是否依刑诉法第十二条,仍依本刑归初级管辖,此其三。以上各点,亟待解决。惟事关法律疑义,请迅赐解释示遵。浙江高等法院院长郑文礼叩俭印

**院字第四八七号**

**二十年三月二十八日　司法院指令浙江高等法院　附原呈**

呈悉,业经发交最高法院拟具解答案呈核前来内开,查《印花税暂行条例》所定罚金,系行政罚,无适用《刑法》总则。关于并合论罪规定之余地,原呈所称情形,自应将漏税部分之罚金二十元适用。十七年六月二十五日,国民政府核准备案之司法机关依《印花税暂行条例》科罚及执行规则第六条办理等语。本院长审核无异,合行令仰转饬知照。此令

**附原呈**

呈为转请解释事,案据缙云县县长郑禧呈称,案查职县受理本县印花税推销处主任邱敏儒告诉官店宋鼎和店主宋焕元漏贴印花毁损他人所有物一案,经职县确定判决处,宋焕元毁损他人所有物,一罪罚金二十元,漏税一罪,罚金二十元,合并定执行罚金三十元在案。现据印花税推销处呈请给领漏税部分,所有罚金前来。据查漏税部分所有罚金究竟如何分拍,抑系与毁损部分平均分拍(即十五元),抑系先将毁损部分除去(即十元),或先将漏税部分提出(即二十元)?前无老档可资参考,未敢擅拟,理合专文呈请仰祈鉴核令遵等情。据此,案关法令疑问,理合备文转请,仰祈钧院俯赐解释,以便饬遵。谨呈

**院字第四八八号**

**二十年三月二十八日　司法院电广西高等法院　附原电**

广西高等法院林院长览,该法院本年二月沁代电致最高法院,为柳城县县长转请解释《刑法》第六十五条及第六十九条疑义一案,业经发交最高法院拟具解答案呈核前来内开,判决宣告后,尚未确定。复犯脱逃罪既未受有期徒刑之执行完毕或受无期徒刑,或有期徒刑一部之执行而免除,当然非累犯。又其犯脱逃罪既在前罪已经宣告判决之后,亦当然不得并合论罪。法院只应就其脱逃一罪依,所犯之条文论科等语。本院长审核无异,合电转饬知照。司法院勘印

**附原电**

南京最高法院鉴据,柳城县县长杨振时冬代电称,查《刑法》第六十五条规定,受有期徒刑之执行完毕或受无期徒刑,或有期徒刑一部之执行而免除后,五年内再犯有期徒刑以上之罪者,为累犯。又,六十九条规定,裁判宣告前犯数罪者,并合论罪等语。查职府现有羁押人犯于判决宣告后尚未经复判确定执行徒刑,复犯脱逃罪。值此场合,究应为累犯,抑应

并合论罪或依其他规定办理,深滋疑义,应请释明示遵等情。事关法律疑义,理合转请解释见复为荷。广西高等法院叩沁印

**院字第四八九号**

**二十年三月二十八日　司法院训令东省特别区域高等法院　附原函**

为令知事,该法院上年第五七五号公函致最高法院,为该特区地方法院转请解释本区域现行期票适用票据法疑义一案,兹据最高法院拟具解答案呈核前来内开,(一)此项期票其性质既与本票相同,应视为本票。惟应依票据法施行法第一条规定,分别办理。(二)期票形式,虽无受款人之姓名或商号付款地、发票地到期日等记载,依票据法第八条但书规定,得适用同法第一百十七条第二、三、四、五项办理等语。本院长审核无异,合行令仰转饬知照。此令

**附原函**

径启者,案据本区域地方法院呈称,呈为呈请解释事。案查票据系要式证券在票据法第二十一条、第一百十七条、第一百二十一条均有明文规定,其第八条又有欠缺应记载事项之一者,其票据为无效之规定,足见各项票据须各具特种形式已无疑义。兹查本区域现行期票印纸,系前北京司法部参照前俄成式制定发售,其形式与票据法上所称之汇票、支票,固属不符,核与本票亦属不合。现在票据法既经公布施行,此项期票是否可作票据法上之票据,似应将下列两项问题先行解决:(一)名称。查期票、本票名称虽异,而实质则同。惟票据法既称本票,此项名称应否修正,以期划一,此应请解释者一也。(二)形式。此项期票,除由发票人记载一定之金额外,关于受款人之姓名或商号付款地、发票地到期日多不记载,又因期票印纸本有定额(例如五十元一纸、一百元一纸之类),发票人即不再在票面书明金额仅签一姓名为空白期票,此种欠缺记载之要件是否适用票据法第八条无效之规定,作为普通债券,抑以市面上流通日久已成惯例,仍可认为合法之票据,此应请解释者二也。职院对于期票诉讼案件甚多,以上两点,亟应解决以便遵循,理合具文呈请鉴核转请解释等情前来。事关解释法律,相应函请贵院查照解释见复,以便转令遵照,实纫公谊。此致

**院字第四九〇号**

**二十年三月三十一日　司法院电湖南高等法院　附原电**

湖南高等法院陈院长览,上年十月梗代电悉所请解释案,经宣判尚未送达无从补作判词之件,应如何办理一案,业经发交最高法院拟具解答案呈核前来内开,案经宣判尚未送达,卷宗被焚,无从补作判词,可将已宣示之主文送达等语。本院长审核无异,合电知照。司法院世印

附原电

首都司法院院长王钧鉴,窃职院前因……攻陷长沙诉讼案卷概被焚毁除未结各案,依照最高法院十七年三月一日第三九号解释例办理外,其有案经宣判尚未送达,又无从补作判词之件,应如何办理?职院未敢擅拟,理合电请钧院迅赐解释,俾资遵循。署湖南高等法院院长陈长簇叩梗印

院字第四九一号

二十年三月三十一日　司法院电四川高等法院　附原电

四川高等法院黄院长览,该法院上年世代电致最高法院请解释再审管辖疑义一案,兹据最高法院拟具解答案呈核前来内开,当事人上告而未缴讼费,经第三审法院甲庭裁决限期补正,上告人虽于限内补正,惟因误投该院乙庭,致甲庭不知,竟认为逾限不合程序,以裁决驳回上告后,该上告人自得依《修正民事诉讼律》第六百零五条第一项第十一款(或《民事诉讼条例》第五百六十八条第十二款)提起再审之诉。至于民事诉讼律第六百零三条但书规定(《民事诉讼条例》第五百七十一条下半段规定亦略同),对于第三审判决,依民事诉讼律第六百零五条第一项第七款至第十一款情形(或依《民事诉讼条例》第五百六十八条第八款至第十二款情形)声明不服者,虽应专属,原第二审法院管辖。惟推其立法理由,系因第三审判决,应以第二审判决确定之事实为基础,故当事人提起再审之诉,以求更正确定判决之事实,自应仍由第二审法院审判。如该再审,系关于第三审上诉之事实,则并非第二审法院所能裁判,自应仍依民事诉讼律第六百零三条前段规定之原则(或《民事诉讼条例》第五百七十一条上半段规定),由原为判决之第三审法院管辖等语。本院长审核无异,合电知照。司法院世印

附原电

南京最高法院勋鉴,第三审上诉人未缴讼费,经三审法院甲庭裁决,限期补正,上诉人于限内补正。惟误投该院乙庭,甲庭不知,逾限后,即依法予以不合程式之判决,驳斥上诉判决。正本送达后,上诉人即钞粘收费证据,状请该院甲庭回复原状,乃于各庭遍查,始在乙庭查得。前情对此案意见有二说:(一)依贵院十九年抗字第三六三号决定之意旨,应由原二审法院认为适合《民事诉讼条例》第五百六十八条第十二款之规定,废弃三审判决,更从实体法上予以判决。(二)原二审法院对此案只能废弃三审判决,而实体法上之判决,应仍由三审法院继续办理。二说不知孰是,抑或另有办法,悬案以待,亟盼详赐解释。四川高等法院院长黄功懋叩世印

院字第四九二号

二十年四月二日　司法院指令江苏高等法院　附原呈

呈悉,业经发交最高法院拟具解答案呈核前来内开,《民法》物权编施行前已提起告

找之诉者，不适用《民法》物权编之规定等语。本院长审核无异，合行令仰转饬知照。此令

**附原呈**

呈为呈请解释事，案据署江苏高等法院第一分院院长韩照呈称，《民法》物权编公布施行后《清理不动产典当办法》是否失效，未有明文，殊滋疑义。查物权编第九百一十二条、第九百二十六条规定，典权期限为三十年告找作绝，亦须于典权存续中为之，核与《清理不动产典当办法》第三条规定逾三十年允许告找作绝之情形不符，兹有告找之诉发生于《民法》物权编未公布施行以前，是否仍应适用该办法第三条办理等情到院。事关法律疑义，职院未敢专擅，理合具文呈请钧院迅赐解释，以凭饬遵。谨呈

**院字第四九三号**

**二十年四月三日　司法院指令江西高等法院　附原呈**

呈悉，业经发交最高法院拟具解答案呈核前来内开，乙对于甲之田亩欲实行其抵押权，非先诉请法院判决确定不得执行拍卖等语。本院长审核无异，合行令仰转饬知照。此令

**附原呈**

呈为呈请解释事，据临川县法院院长徐葱珩呈称，兹有某甲以田数亩抵押于某乙名下借洋六十元，某甲出外多年未回，某乙以债款无从索还，遂请求法院将抵押之田拍卖，以供偿债之用。依照物权第八百七十三条，抵押权人于债权已届清偿期而未受清偿者，得声请法院拍卖抵押物，就其卖得价金而受清偿之规定，似可准其请求而行拍卖。惟拍卖系强制执行之方法，而强制执行必须根据债务名义，如确定判决或和解笔录之类抵押字据，非债务名义，似不能为强制执行之根据。职院有此类似之案件，究竟应否准予拍卖急待解决，为此呈请多院迅赐解释，以便遵循等情。据此，查《民法》物权编所定之物权在施行前发生者，其效力自施行日起，依《民法》物权编之规定在《民法》物权编施行法，既定有明文。而抵押权之实行，又属于抵押权之效力，则《民法》第八百七十三条第一项所规定实行抵押权之方法，应适用于《民法》物权编施行前发生之抵押权，自不待言。虽关于抵押权之实行，无所谓有执行力之债务名义。然抵押权人既得声请拍卖抵押物，则法院似非不可准用《民事诉讼执行规则》规定之拍卖程序。惟既据认有疑义，理合转呈钧院迅予解释，俾便饬遵。谨呈

**院字第四九四号**

**二十年四月四日　司法院电浙江高等法院　附原呈**

浙江高等法院郑院长览，宥代电悉前请解释《禁烟法》第十一条罪上诉疑义一案，业经发交最高法院拟具解答案呈核前来内开，一年以下有期徒刑并科罚金之案件，应以徒刑为标准。经第二审判决后，不得上诉于第三审法院等语。本院长审核无异，合电知照。司法

院支印

**附原呈**

呈为呈请迅赐解释事,案查职院前据永嘉律师公会,以《禁烟法》第十一条之罪依照刑诉法第三八七条之规定,对于所科徒刑不得提起上诉于第三审之法院。惟该条所指罚金,系属专科之罪。《禁烟法》第十一条系并科罚金之罪能否提起第三审上诉,尚属疑问,请转解释到院,业于本年五月二十七日转呈尚未奉复。兹因职院受理上诉案件中发生同样疑问,悬案待决,理合备文呈请仰祈钧院迅赐解释,实为公便。谨呈

**院字第四九五号**

**二十年四月四日　司法院电山东高等法院　附原电**

山东高等法院吴院长览,该法院上年十一月阳代电致最高法院请解释民诉程序中止疑义一案,兹据最高法院拟具解答案呈核前来内开,民事诉讼程序之中止民事诉讼律(或诉讼条例)既有规定。若不合于规定之条件,自不得率行中止等语。本院长审核无异,合电知照。司法院支印

**附原电**

最高法院院长钧鉴,兹有某甲开设银行发行钞票倒闭后,设立清理处规定清理章程内载,凡关于总分行之债权、债务,无论已在法院起诉或未起诉者,统归本处清理,除有特别情形外,不得单独诉讼呈请省府核准施行在案。有某乙持某甲银行钞票赴法院起诉请求,迅即判决偿还,应否中止诉讼程序,分为两说:(子)说清理章程,既经呈请省政府核准施行,即属单行法规,应根据该章程所定条文准予中止。(丑)说中止程序《民事诉讼条例》第二百十八条、第二百十九条、第二百二十条、第二百二十一条、第二百二十二条、第二百二十三条定有明文,该清理章程,虽经省府核准施行,究与上述各条情形不符,即不应予以中止。两说究以何说为是,请迅赐解释示遵。山东高等法院院长吴贞缵叩阳印

**院字第四九六号**

**二十年四月四日　司法院咨行政院　附原咨**

为咨复事,前准贵院本年二月二十六日咨(第四九号)开,据广东省政府呈请解释诉原法第一条疑义一案,业经发交最高法院拟具解答案呈核前来内开,县政府认某甲之所有住屋,系乡民公建之斋堂,以行政处分没收之,拨给某甲乡某乙等办学。后因某甲之诉愿,而经由主管官厅以决定撤销其原处分。查此项处分,既指明系以办学,则在某乙等个人固无权利或利益之可言,自不得援《诉愿法》第一条规定,对于该决定提起诉愿等语。本院长审核无异,相应咨复贵院查照饬知。此咨

**附原咨**

为咨请事,案据广东省政府呈称,现据民政厅厅长许崇清呈称,查《诉愿法》第一条规

定,人民因中央或地方官署之违法或不当处分,致损害其权利或利益者,得提起诉愿等语。设有某县政府以某甲所有住屋为公共斋堂,由乡民捐资建筑,以行政处分没收之,拨给某乡某乙等办学。某甲不服依法提起诉愿,经其主管厅审查决定撤销,其原处分如某乙等认为受权利或利益之损害不服主管厅决定,可否准其提起诉愿?案关法律解释,理合呈请钧府转呈行政院转咨司法院解释,实为公便等情。据此,除令复外,理合备文呈请乡院察核转咨司法院解释,实为公便等情前来,相应录案转咨贵院解释并请见复,以便饬知,至纫公谊。此咨

**院字第四九七号**

**二十年四月六日　司法院函国民政府文官处　附原呈**

迳复者,准贵处本年三月二十六日公函(第二三八九号)开,准中央训练部函据江苏省党务整理委员会呈请解释,上级农会职员能否兼任下级农会职务疑义一案,业经发交最高法院拟具解答案呈核前来内开,依《农会法》第十九条,县市以下之农会,既无候补职员之规定,则下级农会之职员被选为上级职员时,自应另选补充等语。本院长审核无异,相应函复贵处查照转知。此致

**附原呈**

窃据直属江浦县区党务整理委员会呈略称,窃查《农会法》第四章关于选举职员只载,省农会设候补理事三人、候补监事二人,由会员大会选举之,至于县区乡均未有载明设候补职员之规定。又第三章会员第十八条,上级农会以其下级农会为会员,按上级农会既以下级农会为会员,则下级农会职员当具有被选为上级农会职员资格。设已被选为上级职员,是否可以兼职?如不能兼职,抑即使下级职员缺额?属会于此莫衷一是,未敢贸然主张,理合将疑点备文呈请钧会鉴核,迅予解释,以便遵循,是为党便等情到会。事关法律解释,属会未敢擅断,合并备文呈请钧部解释示遵,实为党便。谨呈

**院字第四九八号**

**二十年四月八日　司法院咨行政院　附原咨**

为咨复事,前准贵院本年一月九日咨(第三号)及本年三月四日咨(第五九号)开,据上海市政府先后呈请解释《民营公用事业监督条例》第十四条疑义一案,咨请查照解释见复等由,当经发交最高法院并案拟具解答案呈核去后,兹据呈复内开,(一)二十年三月七日修正《民营公用事业监督条例》第十四条第一项所定三十年之期限,从监督机关许可之翌日起算(参考民法总则第一百二十条第二项)。(二)同条例第十四条第二项,所谓许可,系指条例施行前行政机关所为之许可而言。至同条项所谓许可年限,如法令无特别规定或许可命令无特别订明,亦应从许可之翌日起算。(三)同条例第十四条第二项前段,凡无许可年限与许可年限较长者均适用之。(四)许可年限之较短或较长,系以其许可年限逾三十年者为较

长,不满三十年者为较短。(五)同条例第十四条所定三十年之期限经过后,虽许可年限未满,亦得随时备价,收归公营。(六)同条例第十四条所定三十年之期限,与许可年限系属两事监督机关,在条例施行后,亦得为不定期限或三十年以上期限之许可。惟满三十年后,监督机关仍得随时备价收归公营,如不收归公营,则在许可年限届满前之营业权,依然存续,不因第十四条所定三十年期限之经过而消灭各等语。本院长审核无异,相应咨复贵院查照饬知。此咨

**附原咨**

为咨行事,案据上海市政府第三三六号呈称,案据职市公用局呈称,查华商电气公司与本市政府订立合约,其专营权年限,订定自中华民国二十年一月一日起至三十九年十二月三十一日止,前奉训令第六六七二号以准建设委员会咨复合约大致尚妥,应予备案。惟《民营公用事业监督条例》系于民国十八年十二月二十一日公布施行,按照该条例第十四条第二项所载,本条例施行前,设立之民营公用事业当以核准注册之日起算外,自应以该条例公布施行之日起算。该合约第二条所定特许专营权,虽自民国二十年一月一日起算。然于该公司之营业年限,仍须依照《民营公用事业监督条例》公布施行日起算。至民国三十八年十二月一日为止,并不因该合约而有影响期满。一年前,该公司得另行续请注册给照,届时地方政府如欲收归公营,自可向主管机关商洽依法办理,饬为遵照,并转饬该公司遵照等因。经于十九年十二月二十二日详具意见,呈请咨复建设委员会并转呈行政院,咨请立法院解释先奉指令,分别呈咨。嗣奉第七零五八号训令转示建设委员会咨复职局,详加考虑,犹觉未释所惑,而本市政府与市内其他公用事业公司应订之合约,均须陆续订立。关于营业年限,尤属先决问题,曾见行政院第二百十九号公报,此案已咨请司法院解释,为再检陈先后意见各三份,只候转呈咨催司法院迅予解释拟请解释三点,计共六项,具载第二次意见书中俾有遵循等情,并附呈先后意见书前来,除指令外,理合检陈原意见书,备文呈请鉴核咨催,实为公便等情。据此,查前据该市政府呈,为据市公用局呈复上海市政府与华商电气公司所订合约规定年限意见,请予鉴核转咨等情,经于本年一月九日以第三号咨请贵院查照解释见复在案。兹复据呈前情,除指令外,相应抄同原附第二次意见书,据情咨请查照早日解释见复,俾便饬遵,至纫公谊。此咨

**附节录上海市公用局第二次意见书**

兹并综括对于该条例第十四条应请解释之各点如下:

(一)第一项规定"民营公用事业满二十年后监督机关得备价收归公营……"所谓满二十年者,应从何种正式日期算起?

(二)第二项所称"许可年限",以何种机关之许可为有效?又许可年限应从何种正式日期算起?

(三)第二项后段既规定"许可年限较短者依其规定",则前段所谓"至本条例施行满二十年后,得准用前项规定收归公营",是否包括本无许可年限者与许可年限较长者之两种?

(四)许可年限之较短或较长,是否以其许可年限之满期在民国三十八年十二月二十日之前或后为标准?抑将许可年限概从本条例公布之日(十八年十二月二十一日)起计算,而与二十年比较长短?

(五)第一项规定"……满二十年后……得备价收归公营……"第二项规定:"……在本条例施行满二十年后得……收归公营……"其意义是否谓在二十年之内不得收回,只须满二十年,则何时收归公营毫无限制?

(六)如在本条例施行后,与民营公用事业补订合约,是否不论何种定约,均应自本条例施行日起算足二十年为许可年限?

**院字第四九九号**

**二十年四月八日　司法院咨行政院　附原咨**

为咨复事,前准贵院本年二月十三日咨(第三五号)开,据实业部呈请解释《工会法》第二条疑义一案,转咨查照解释见复等由,当经发交最高法院拟具解答案呈核去后,兹据呈复内开,按工会之组织,其会员在原则上以现在从事业务之产业工人或职业工人为限,《工会法》第二条所称,曾任工会之职员与曾为同一产业或职业之工人得加入工会为会员,系属例外之规定解释,自应从严,方符立法之本旨,即曾因违反规章而被解雇之工人,自不适用同法第二条第一款、第二款之规定等语。本院长审核无异,相应咨复贵院查照饬知。此咨

**附原咨**

为转咨事,案据实业部呈称,据山东省政府委员兼农矿厅厅长王芳亭呈称,查《工会法》第二条载,工人具有下例资格之一者,虽非属于同一产业或同一职业得加入其工会为会员,但雇主或其代理人不在此限:一、曾选任为其工会之职员者;二、曾为同一产业或职业之工人者等语。设如某厂工人原为某厂工会会员,或因屡次违反工厂规则,合于《工厂法》第三十一条第一款之规定,经厂方解雇,或因殴击厂方职员等事,合于《工会法》第二十七条及第四十七条之规定,亦经厂方解雇。此等工人既因违犯规章,经厂方开革,自与厂方结有恶感,如仍准其为工会会员或职员,势必挑拨纠纷,妨害业务进行,殊非劳资双方之福利。上述《工会法》第二条一、二两款所定资格,是否专指善意解雇之工人而言?其因违犯规章解雇之工人不包在内?又此等工人如不准其为工会会员或职员,而仍盘据会内主管官署,究应如何处理?是否亦须依照《工会法》第二十二条第二项规定,始得将其除名工会?法均无明文规定。本省工会时有此类问题发生,急需解决,理合缮具上述各项疑义,呈请解释示遵等情。据此,查所陈《工会法》第二条一、二两款,系规定得加入工会为会员者之资格。至违犯规章曾经解雇之工人,是否仍准其为工会会员或职员,于法并无限制。而工会会员之除名,《工会法》第二十二条第二项既有明白规定,自应依照该项规定办理,工会职员并不在内,亦自不得受该项规定之保障,但于事实上诚不免如原呈所述之疑虑。案

关法律解释,未敢擅断,理合据情呈请鉴核转咨司法院,迅予解释饬遵等情到院。查此案既据该部呈请转咨迅予解释,除指令外,相应据情转咨查照解释见复,俾便饬遵,至纫公谊。此咨

**院字第五〇〇号**

**二十年四月九日　司法院函国民政府文官处　附原呈**

迳复者,准贵处本年二月二十八日公函(第一六七二号)开,准中央执行委员会训练部函转江苏省党务整理委员会,呈请解释渔会组织疑义一案,业经发交最高法院拟具解答案呈核前来内开,依《渔会法》第五条规定,非渔业人而营水产之制造、运输、保管各业者,亦得为组织渔会之发起人。可见,渔会会员原不以渔业人为限。况《渔会法施行规则》第五条,有愿入会者,每一渔户或行店均以一人为限等语,则贩卖鱼类之鱼行,自可加入渔会等语。本院长审核无异,相应函复贵处查照转知。此致

**附原呈**

窃查《渔会法》之目的,在增进渔业人之智识技能,改善其生活,并发达渔业之生产,则惟有渔民方可参加渔会之组织,鱼行之行主等自非渔业人,不能加入渔会。又同法第三条第四项有"筹办渔业共同贩卖制造运输事项"之规定,按照鱼行之性质,系办理渔业贩卖事宜,似可参加渔会之组织。再查《渔会法施行规则》第五条,有"凡同一区域内之渔业人民愿入会者,每一渔户或行店均以一人为限"之规定,则鱼行可以加入渔会,于法更明,便在事实上渔民与经营鱼行者之利益并不相通,鱼行常居于剥削渔民利益之地位,以其营业性质论,属于商人方面,似宜组织鱼行业同业公会。且渔民与鱼行合组渔会,因渔户无固定住所,随渔而居,不若鱼行之有固定地点营业,渔会之权利易被鱼行所操纵。关于渔会之组织,是否限于渔民,鱼行是否可以参加渔会,抑或另行组织鱼行业同业公会,属会未能擅断,仰祈解释示遵,实为党便。谨呈

**院字第五〇一号**

**二十年四月九日　司法院函国民政府文官处　附原呈**

迳复者,准贵处本年二月二十四日公函(第一五三四号)开,准中央训练部先后函开,据浙江省执行委员会训练部呈请示,商店学徒工役是否列入使用人之内一案,又据江苏省党务整理委员呈请示,旅馆、茶酒馆、浴池之茶房,应作商店使用人加入同业公会,抑作为职业工人加入职业工会一案,转请解释各等由并交到院,业经发交最高法院拟具解答案呈核前来内开,查十九年一月七日,工商部公布之《工商同业公会法施行细则》第八条所谓使用人,于二十年一月二十七日经实业部修正公布改称为店员(修正细则第十条),所谓店员者,自系指在商店业务上直接服务之员而言(参看《修正商会法施行细则》第九条规定),则商店之工役及茶房自不在店员之列。至商店之学徒,应视其有无直接在业务上服务,分别认定之

等语。本院长审核无异,相应函复贵处查照转知。此致

**附原呈**

呈为据情转请核示事,窃据属省嘉善县执行委员会训练部呈称,呈为呈请示遵事,案据嘉善县商人组织统一委员会呈称,《工商同业公会法施行细则》第八条,所谓使用人,商铺学徒是否包括在内,抑属例外请解释等情。据此,查《商会法施行细则》第八条,公会会员之代表额,应就公会所属商店之使用人综合计算之。按综合计算之,则商店中之伙友、学徒及工人出店均包括在内。又,第九条前条所称之商业使用人,以经理、伙友及直接在业务上服务之店员为限,则工人出店无业务上直接关系,是又属诸例外。但公会会员应以知识能力充分为原则,商店学徒大都年幼无知,如果在使用人之列,则店主经理尽可滥收学徒,以博得代表权利,此其一。若商店学徒摈诸使用人外,则典业升格极严,非按级递补不可。虽身富力强,能力充裕,仍居学生之名,实则有违实际,此其二。按商会法第十条之规定,会员代表年龄在二十五岁以上者为限,其立法原意于年龄能力诸端颇见,含蕴深邃。兹经职会第四十五次会议决定,暂以学徒年龄未满二十岁者及工人出店均不作使用人论,一面呈请上级指遵,除指令外,理合胪陈意见,仰祈钧长察核迅赐示遵等情。据此,查商会法及《工商同业公会法》,对于商店学徒及工役是否列入使用人之内,及应否有年龄之限制,并无明文规定。属部未敢擅断,理合据情备文呈请鉴核示遵,实为党便。谨呈

**附原呈**

案查旅馆、茶酒馆及浴池之茶房、职司、招待不支薪金,端赖顾客给予小账以糊口,故其开始执业时,必交纳若干保证金,名为押柜,与普通商店职员之月支额薪者殊异,似应归之于职业工人。但就外表形态观之,与司账掌柜又同为各该池店馆号之职员,似又应归之于各该业之使用人。以习惯而论,上项人员多组织各该业工会。今查新颁人民团体各种法规并无明文规定,是旅馆、茶酒馆及浴池之茶房抑作各该业使用人论加,入各该业同业公会,抑作职业工人论,加入各该业职业工会,理合备文呈请解释示遵,实为党便。谨呈

**此处删去一条。**

**院字第五〇三号**

**二十年四月二十一日　司法院训令广东高等法院　附原函**

为令知事,该法院上年第六七七号公函致最高法院,为广州地方法院转请解释分配拍得金疑义一案,兹据最高法院拟具解答案呈核前来内开,丁欠甲、乙、丙三人之款,甲、乙、丙各自对丁诉追甲案,尚在审理中。乙、丙两案已判决确定,执行处将丁之产业拍卖以其拍得金按甲、乙、丙债权额平均分配,先将乙、丙部分发给,又因甲案尚未确定,故将余款保留。此际,另有丁之债权人戊、己对丁另案诉追,要求平均分配拍得金。查戊、己起诉之时,其关于分配乙、丙之款既已执行完毕,财产权已经移转于乙、丙,并非仍在执行中之债务人财产,

则在戊己自不得率请分配,其关于拟以分配于甲尚在保留中,而未实交与甲之部分,则戊、己自得以丁及甲为共同被告,而主张与甲同按债权额平均受偿。至于《民事诉讼执行规则》第五十一条所称声明异议,系指已经参与分配之债权人,对于分配表不同意者而言,与本问题无干等语。本院长审核无异,合行令仰转饬知照。此令

**附原函**

迳启者,现据署广州地方法院院长区玉书呈称,今有甲、乙、丙三人因丁欠款项各自对丁诉追甲案,尚在审理中。乙、丙两案已判决确定,执行处拍卖丁之产业将拍得金按甲、乙、丙债权额平均分配,先将乙、丙部分发给,余款保留。现甲案尚未确定,更有丁之债权人戊、己对丁另案诉追,要求对于拍得金平均分配。此等案件如何执行,不无问题。一说谓国府令暂准援用之《民事诉讼执行规则》第五十一条规定,声明异议人,非自分配之日起二十日内对于他债权人正式起诉,执行处仍依前定分配表实行分配。今戊、己对于原分配表既未声明异议,又未于分配之日起二十日内对乙、丙起诉,当然将拍得金仍依甲、乙、丙债权额平均分配,无戊、己加入之余地。一说谓戊、己如能证明丁无他项财产可以扣押,或虽有而确不足清偿,则依前大理院四年上字第三六零号判例,纵未得有执行之判决正本,亦得请求分配,执行处应提回乙、丙已领之款,按照甲、乙、丙、戊、己各部分从新分配。以上两说,以何说为正当,抑或另有适当执行办法?事关法律解释,理合呈请钧院解释示遵等情。据此,事关解释法律,相应据情函请贵院查核迅赐解释见复,以便饬遵,实纫公谊。此致

**院字第五〇四号**

**二十年四月二十一日　司法院指令江苏高等法院　附原呈**

呈悉,业经发交最高法院拟具解答案呈核前来内开,查《民事诉讼条例》第百八十三条规定,公示送达应依当事人之声请,若两造当事人所在均不明瞭,无人为公示送达之声请,法院可将送达文件保存等语。本院长审核无异,合行令仰知照。此令

**附原呈**

呈为呈请解释事,查当事人所在不明者,得为公示送达,此《民事诉讼条例》第百八十二条有明文规定。又,同条例第百八十三条,公示送达依当事人之声请,经受诉法院裁决准许后,始得为之。是公示送达,非依当事人之声请不可。然两造当事人,仅一造所在不明,犹可依对造之声请而为公示送达。如两造当事人所在均不明瞭,则送达文件应如何办理?《民事诉讼条例》并无规定,现职院有类此案件亟待解决理,合具文呈请钧院解释示遵。谨呈

**院字第五〇五号**

**二十年四月二十一日　司法院指令湖南高等法院　附原呈**

呈悉,业经发交最高法院拟具解答案呈核前来内开,当事人就同一事件发现已受之判

决者,依民事诉讼律第六百零五条之规定,得对于后之确定判决提起再审之诉,如依同律第六百零八条第六百十一条等规定,已不得提起再审之诉,当事人间之法律关系应以后之确定判决为准。若当事人更行提起新诉,应以判决驳回等语。本院长审核无异,合行令仰转饬知照。此令

**附原呈**

呈为据情转呈仰祈鉴核事,案据永兴县政府县长姜干呈称,县属人民王富国与王泽秘等于民国六年在石前任内为田地涉讼,经石前任将该系争田地判归王富国所有,送达判词,王泽秘等并未声请上诉。至民国八年,王泽秘等又邀同易经远在刘前任内讼争此项田地,刘前任仍判归王富国所有,亦送达判词,王泽秘等亦未声请上诉。未几,两造又为此事涉讼,刘前任又重为审理,将系争田地判归王泽秘等所有,亦送达判词,王富国亦未声请上诉。迄今十余年矣,今年,王富国又与王泽秘之子王时杰讼争此项田地,双方各将石刘前任判词呈案,王富国则主张应以前两次之判词为有效,王时杰则主张应以最后之判词为有效。属府查民事案件以一事不再理为原则,刘前任重为审理,判出两歧,实属违法。兹两造忽又发生争执,仍是同一事实,无论各前判孰为错误,万不能为第四次之审理。惟有照判执行之一法,但照判执行,究应根据哪次判决？就法理而论,固应以前两次判决为有效。然王富国当时既未上诉,王时杰又欲以最后之判词为凭,何舍何从,转滋疑义。查之民诉律亦无明文规定,理合备文呈请钧院俯赐鉴核,迅予明白解释下县,以便遵照办理。再确认某次判决为有效,某次某次判决为无效,应否制发决定书,当事人收到决定书之后,受败诉之一造能否声明窒碍补行上诉,并恳一概示遵,深为公便等情。据此,案关法律疑义,职院未敢擅拟,除指令准予转请解释外,理合据情呈请钧院俯赐察核,发交最高法院拟具解答案复核令遵。谨呈

**院字第五〇六号**

**二十年四月二十三日　司法院咨行政院　附原咨**

为咨复事,准贵院上年五月二十八日咨(第一二四号)及七月二十二日咨(第一六四号)开,关于《诉愿法》各疑义及处理寺庙案件诉愿疑义两案,咨请查照解释见复等由,当经先后发交最高法院拟具解答案呈核去后,兹据并案呈复前来内开,(一)(二)下级官署呈奉上级官署核准所为之处分,仍应认为下级官署之处分,故各省主管官厅所定之处理办法,虽曾由该官厅呈省政府咨报主管部转呈行政院核准,人民如对于该省主管官厅之处分有不服时,自应仍向该官厅之直接上级官署提起诉愿。(三)诉愿之决定,依法应作成决定书,如人民对于原处分官署之处分声明不服,诉经受理诉愿及再诉愿官署先后以批示或命令处分有案,而并未依法作成决定书送达者,不能认为已经过诉愿及再诉愿之程序,自应依法再行决定等语。本院长审核无异,相应咨复贵院查照。此咨

**附原咨**

为咨请事,查《诉愿法》第一条载,人民因中央或地方官署之违法或不当处分,致损害其权利或利益者,得提起诉愿第二条载诉愿之管辖如下云云。所谓中央或地方官署之处分,自系指处分机关所为之处分而言。但事实上,各官署间有因无行政法规足资依据呈奉上级官署核准,始为处分者,又《诉愿法》未颁行前,本院核准施行之案,人民如有不服时,应如何办理,因而发生下列各疑问:(一)下级官署呈奉上级官署核准所为之处分,应否认为下级官署之处分?(二)在新《诉愿法》未公布前国府第一零八号训令(十九年二月二十二日)施行后,由各省主管厅拟定处理办法,呈经省政府咨报主管部,转呈本院核准令饬照办之案,人民如有不服,提起诉愿,应由何机关受理?(三)诉愿之决定,依《诉愿法》第十条之规定,应作成决定书送达诉愿人及原处分官署,如人民对于原处分官署之处分声明不服,诉经受理诉愿官署及受理再诉愿官署先后以批示或命令处分有案,并未依法作成决定书,分别送达,此项案件应否视同经过再诉愿之程序?倘不能认为经过再诉愿程序,应否由原受理诉愿或再诉愿官署,再行依法决定?以上各点,事关诉愿管辖疑义,相应备文咨请贵院查照,释明见复,至纫公谊。此咨

**附原咨**

为咨请事,查《诉愿法》第一条载,人民因中央或地方官署之违法或不当处分,致损害其权利或利益者,得提起诉愿第二条载诉愿之管辖如下云云。所谓中央或地方官署之处分,自系指处分机关之处分而言。但事实上,各官署间有因无行政法规依据呈奉上官级署核准始为处分者,因而发生下列各疑问:(一)在《诉愿法》及《监督寺庙条例》未经公布,寺庙管理条例明令暂缓施行时期(十八年五月二十六日国府第一零三六号指令),由各省主管厅拟具处理某寺庙办法,呈省政府咨报主管部转呈行政院令准照办,经人民或该地佛教会于新《诉愿法》施行前后,继续具呈声明不服处分,迄未依《诉愿法》决定之案,应由何机关受理?(二)前项所述情形,经省政府主管厅派员依照行政院核准之处理办法办理完竣,应否仍适用新颁《监督寺庙条例》办理,抑应认为确定?再查关于诉愿管辖疑义一案,前经敝院以第一二四号咨请贵院解释,尚未准复,兹复发生上述疑问,相应备文咨请查照一并迅予释明见复,至纫公谊。此咨

**院字第五〇七号**

**二十年四月二十三日　司法院指令司法行政部　附原呈**

呈悉,业经发交最高法院拟具解答案呈核前来内开,民法总则第四十五条所称之特别法,原不仅限于公司法如以公司而论,则公司法未施行及公司登记规则未颁行以前,应仍依《公司条例》《公司注册暂行规则》及《〈公司注册暂行规则〉补充办法》办理。至私立学校,如其组织合于民法总则社团或财团之规定,经向主管官署声请登记,则成立为法人。至其是否愿意声请取得法人资格,悉听其便。各县同乡会、俱乐部等及其他各种团体,如其组织

合于社团或财团之规定，亦得声请为社团或财团法人之登记等语。本院长审核无异，合行令仰转饬知照。此令

**附原呈**

呈为呈请示遵，事案据代理湖北高等法院院长何奇阳呈称，据署宜昌地方法院院长方仲颖宥代电称，职院奉令举办法人登记，现正积极进行，因之发生疑问三点，急待指示：(一)以营利为目的之社团取得法人资格，应依特别法之规定，定已于民法总则第四十五条订明。所谓特别法者，当然指公司法而言，乃查公司法规定公司之登记，是否由法院办理，又无明文规定，此应请指示者一。(二)人民团体中之各县同乡会、俱乐部、私立学校亦系多数人之集合而成，应否适用社团之规定，令其声请登记，此应请指示者又一。(三)近宜昌市政会议将本市所有公益慈善团体之财产管理权集中设一管理机关，定名曰："宜昌市公益慈善团体财产管理委员会"，其中公益慈善之各个名称有存在者，有消灭者，统由该会支配之尚有名称存在者，应否赋予以独立之人格令其登记？至于组成该财政管理委员会组织之委员，系由地方人士推选，由行政官署加委该委员会应否认为社团令其登记，不无疑义，此应请指示者三。悬案以待，务恳即予电示，以便遵办等情。据此，查所呈疑点三项，应如何办理之处，职院未敢擅拟，理合具文呈请鉴核示遵等情。据此，查民法总则第四十五条所称之特别法，似不仅限于公司法，如系公司在公司登记规则未颁行以前，似应仍依公司注册规则办理。至私立学校究系社团法人，抑为财团法人，应依其设立时之性质分别认定。其各县同乡会、俱乐部等团体，如其组织合于社团法人之规定者，亦得声请为法人之登记。又该市公益慈善团体财产管理委员会其委员，既据称须由行政官署加委如其职权，系管理该市内之财政，似不能认为社团。但各该慈善团体，应否赋予以独立之人格令其登记，则似应依该管理委员会之权限及各团体之存续状况分别办理。职部所见，是否有当，理合具文呈请钧院鉴核令遵，以便转饬遵照。谨呈

**院字第五〇八号**

**二十年五月八日　司法院训令江西高等法院　附原函**

为令知事，该法院上年第一五五号公函致最高法院，为南昌地方法院转请解释民事诉讼程序疑义一案，兹据最高法院拟具解答案呈核前来内开：(一)则依《修正民事诉讼律》第三十八条，因土地管辖不明声请指定管辖者，既得以决定裁判之，法院认其无土地管辖权，自亦得参照该条以决定裁判。(二)原告在第一审起诉，依《修正诉讼费用规则》第二条、第三条，既应征收一定之审判费。若不照缴，即系不遵程式，应认为不合法。又查在第二审认为不合法者，既应以决定驳回控告，则第一审自亦可以决定驳回其诉。(三)依民事诉讼律第五百五十一条规定，控告法院得将第一审判决及程序中疵累之部分废弃发回，惟其所废弃之原裁判既系判决而非决定，则控告法院自应亦以判决废弃发回各等语。本院长审核无异，合行令仰转饬知照。此令

**附原函**

迳启者,案据代理南昌地方法院院长胡觉呈称,呈为呈恳转请解释事,窃查民事诉讼律第四百六十二条、第五百二十二条、第五百二十三条,均系因法院对于无事物管辖权之案件或以判决驳斥或以决定送交分别明白规定。至关于土地管辖,除指定管辖章第三十八条有得以决定裁判之规定外,别无明文。兹有甲诉乙欠债于丙法院,就甲之诉状所注已明知乙之住址,系属丁法院在丙法院,当然不能受理,究应以判决驳斥,抑应以决定驳斥,于此发生子丑两说:(子)说应参照第四百六十二条以判决驳斥。(丑)说应参照第三十八条以决定裁判而驳子说者,则以第四百六十二条系指无事物管辖权而言。且依同律第二百九十六条,判决法院本于当事人之言词辩论为之。乙之住址已明注诉状无待传讯,若必辩论而为判决,未免空滋诉累。且依该律第五百二十三条,因事物管辖之扩张亦有以决定送交之规定,土地管辖违误何以独须参照第四百六十二条,以判决驳斥而驳丑说者,则以第三十八条系规定指定管辖之程序指定管辖,应由直接上级法院为之,第三十七条已有明文。丙、丁同级法院何能越权指定,此应请解释者一。又民事诉讼未据预缴审判费用在控告审,固可依民事诉讼律第五百三十八条认为不合法以决定驳回,而在第一审即于律无可依据,究应如何办理,此应请解释者二。又民事诉讼律第五百五十一条,第一审诉讼程序若有重要疵累,控告法院得将第一审判决及程序中疵累之部分废弃之,将该事件发回第一审法院,其废弃及发回之程序,究用判决,抑用决定,亦无规定明文,此应请解释者三。以上三端,在《民事诉讼条例》虽有可供参考之处,然既系适用民事诉讼律,即未便取舍自由。事关法律疑义,理合呈请钧院俯赐察核转请解释指令祇遵,实为公便等情。据此,查管辖权之有无,法院应依职权调查之。如认为无管辖权者,应以其诉为不合法而为驳回其诉之判决。盖在判决程序,除法律有特别规定外,不得不经言词辩论即以决定而为裁判,此为言词主义之适用固无待有明文者,且土地管辖亦得以合意定之。若不予以辩论之机会,则民诉律第四十条关于被告合意之推定,亦将等诸虚设。是于判决程序之不应以决定裁判,乃法理上所当然,固不必参照同律第四百六十二条,亦不得根据五百二十三条之特别规定,资为反对之论据者也。关于原呈所请解释之第一点,似无法律上疑义之可言。至民事诉讼,当事人在第一审未据预纳审判费者,亦属欠缺诉讼成立要件,应认其诉为不合法而为驳回之判决,与诉不合法因于法院无管辖权者初无不同。又控告法院废弃第一审判决及程序中疵累部分,因其原裁判为判决而非决定,自应以判决发回如第一审裁判为违式裁判,则应依同律第六百条,命原法院更为裁判,是原呈所列之第二、第三两点亦无何项疑义,惟既据呈请转请解释,相应附具意见函请大院核办。此致

**院字第五〇九号**

**二十年五月八日　司法院指令山东高等法院　附原呈**

呈悉,业经发交最高法院拟具解答案呈核前来内开,民事调解法第二条所载,非经民事

调解处调解不成立后，不得起诉云云，原系第一审于受诉之时应予注意之点，第一审未经注意，遽予受理，殊有未合。但该诉讼既已上诉于第二审，由受命推事试行和解，不能成立。若于此种情形，仍然发交调解处，亦属徒事拖延，难望调解之成立。在第二审，自应仍予受理为实体上之审判等语。本院长审核无异，合行令仰知照。此令

**附原呈**

呈为法律疑义祈赐解释以便遵循事，窃查民事调解法第二条载，人事诉讼事件及初级管辖民事事件，除经其他调解机关调解不成立或调解主任认为不能调解者外，非经民事调解处调解不成立后不得起诉等语。兹有人事诉讼事件未经调解遽行起诉，第一审法院亦未送由调解处调解，即予审理。判决后提起上诉，该判决是否合法，发生两说：(甲)说谓民事调解法第二条之规定，系人事诉讼成立要件之一。不具备此要件者，其诉讼为不合法此种情形，第二审法院又无法命其补正，第一审法院未注意，及此显系违法，应将原判决废弃发交该院民事调解处依法调解。如不成立，再由原法院为第一审审判，虽第二审法院亦可试行和解，究不若民事调解处之调解组织完备易于成立，两者尤不可混为一谈。(乙)说谓人事诉讼起诉前，未经民事调解处调解迳予审判，与检察官未莅场陈述意见情形相同。第一审未注意及此，固属非是，在第二审审理之际，已由受命推事当庭试行和解，不能成立即再发交民事调解处调解，亦属无益，徒使当事人受诉讼之拖累。本件既据提起上诉，在第二审法院应迁就事实，迳为实体上之审判。以上两说，究以何说为是，事关法律疑义，未敢擅断，理合备文呈请钧院俯赐解释，俾便遵循，实为公便。谨呈

**院字第五一〇号**

**二十年五月十五日　司法院训令江苏民政厅　附原电**

为令知事，该厅本月庚代电致最高法院请解释人民选任代表向官署请求程序疑义一案，兹据最高法院拟具解答案呈核前来内开，(一)多数人民共同请求官署为行政处分时，应否选出三人以下之代表人既无明文规定，自可听其自由。惟被选出之代表，应提出代表委任书。(二)当事人如选任其共同当事人中一人为代表后，当事人本人不待代表人之同意而迳为认诺或和解，则其代表人自不得仍代该当事人有所主张。惟该代表人对于其自身利害关系之部分，仍得以当事人之资格单独继续进行，不必另案从新请求等语。本院长审核无异，合行令仰知照。此令

**附原电**

最高法院钧鉴，查多数人共同诉愿时，应由诉愿人选出三人以下之代表人，并提出代表委任书，《诉愿法》第六条末项已经明白规定。惟此项程序，于人民请求中央或地方官署为行政处分时，能否适用，以及前项代表如在诉愿或行政处分程序进行中，因其他当事人承诺对方请求或和解而丧失其代表资格时，该代表人能否就其自身有利害关系部分单独继续进行，抑应另案从新请求之处，法律上不无疑义，于此有甲、乙二说：甲说谓(一)《诉愿法》第六

条末项所规定之程序,系指多数人共同诉愿时而言。若多数人共同请求中央或地方官署为行政处分时,应否选出三人以下之代表人,及应否提出委任书,则法律上并无明文规定,自可听其自由,无适用上开《诉愿法》规定之必要。(二)代表人之行为,原应以多数当事人之意思为准。若其他当事人已承诺对方之请求或和解,该代表人即已丧失其代表资格,自不得再以其自身利害关系单独进行。如有请求,应另案从新为之。乙说谓(一)多数人共同请求为行政处分时,应否选出三人以下之代表人并提出委任书?法律上虽无明文规定,但其性质与行政诉愿相同,为事实便利起见,自以选出少数人代表为宜。而选任代表应提出委任书据,又为一定不易之条理,故《诉愿法》第六条末项所规定之程序,关于行政处分程序,亦应适用之。(二)代表人对于代表当事人之行为,虽不能违反本人之意思,然此项代表,依照上述《诉愿法》所规定,既系由共同诉愿人中选出,原即为共同当事人中之一人,故其请求或诉愿一方代表,其他当事人一方并代表自身,其他当事人如有不待该代表人之同意而承诺对方之请求或和解时,该代表人除不得代表其他当事人再为主张外,对于其自身利害关系部分,应有单独继续进行之权,无另案从新请求之必要。以上二说,未知孰是,事关法律疑义相应代电陈请迅赐解释见复,俾资遵循,实为公便。再厅中现有此项案件亟待解决,是以迳行电请合并声明。江苏省民政厅厅长胡朴安叩庚印

**院字第五一一号**

**二十年七月二十二日　司法院电浙江省政府　附原电**

杭州浙江省政府勋鉴,统密虞电悉所请解释一案,业经本院统一解释法令会议议决,反动嫌疑犯多人在监密相结合组织,军事等委员会图谋冲监暴动者,除系单纯聚众图脱尚未着手实行,应不为罪外,若就中有从事勾结之人且以危害民国扰乱治安为目的,而被其勾结者又确属反动之叛徒,则勾结之人,自系触犯《危害民国紧急治罪法》第一条第三款之罪,其被勾结而附和加入各集会者,仅应成立同法第六条之罪,究竟是否意图冲监脱逃及有无危害民国之目的,应讯明事实核办,特电查照。司法院养印

**附原电**

司法院钧鉴,最高法院勋鉴,统密反动嫌疑犯等多人禁押陆军监狱,乃在监内密相结合,并组织军事政治经济肃反等委员会分担任务,图谋冲监暴动,尚未实行即被发觉。此事情节,若据《危害民国紧急治罪法》第一条第三款规定判处罪刑,则有两说:(一)甲说在监密相结合者,均系反动人犯,则其结合之份子即为叛徒而结合,与勾结在字义上初无一定界说,应以勾结叛徒论罪。(二)乙说上开条款之所谓叛徒,似指现正拥有反动实力之反动集团或反动份子而言。上则情形,各被告虽因反动嫌疑捕押在监而身体已被拘禁,似非拥有实力者可比。至勾结二字字义,似亦必有甲地反动集团或反动份子与乙地反动集团或反动份子互相结合之情形,方可谓为勾结。若各囚犯同在一监,虽有结合监外响应尚乏实据,似难以勾结论。综上两说,究以何说为是,该项条款勾结叛徒,四字究应作何解释,敬乞察核

电示。浙江省政府叩虞

**院字第五一二号**

**二十年八月六日　司法院电江苏省政府　附原电**

江苏省政府勋鉴,本年六月陷代电悉文代电所请解释,清乡条例第十六条疑义一案,业经本院统一解释法令会议议决,查《惩治盗匪暂行条例》第三条之规定,仅限于拟处死刑案件由省政府核办。该清乡条例第十六条,既指明依《惩治盗匪条例》云云,应亦仅限于处死刑案件,其非处死刑案件当然不包含在内。合电查照。再清乡条例施行之期间并希注意。司法院鱼印

**附原电**

司法院院长王钧鉴,查清乡条例第十六条,依《惩治盗匪条例》由县局长呈请总局转请省政府核办之匪犯,是否指处死刑人犯而言,解释上约有两说:(甲)说谓该条规定,既以重要人犯为条件,则比较非重要,而减处徒刑之人犯自不在省政府核办之例。且依《惩治盗匪条例》第三条之规定,仅限于拟处死刑案件由省政府核办该条,既指明依《惩治盗匪条例》云云,其非死刑案件不得由省政府核办,尤无待言。(乙)说谓该条规定仅曰重要人犯而不及死刑,就文理解释,只须犯罪合于《惩治盗匪条例》第一条各款之规定,而情节比较重要者,不必概处死刑,均应由县局长讯问明白,呈请总局转请省政府核办。以上两说,究以何说为当,敬乞迅赐解释电令祗遵。江苏省政府叩文印

**院字第五一三号**

**二十年八月七日　司法院电湖南高等法院　附原电**

湖南高等法院陈院长览,该法院十九年五月致最高法院感代电,请解释《修正民事诉讼律》第一百八十三条疑义一案,业经本院统一解释法令会议议决,按控告上告依《修正民事诉讼律》第九八条但书规,定固应受特别委任至受第一审或第二审判决之送达,则非应受特别委任之事项,以既代理诉讼,必要各该审判决之送达,其代理权责始告完毕。故第一审或第二审之诉讼代理人,当然有受各该审判决送达之权。至上诉之不变期间,应自合法送达之日起算,不问代理人事实上何时送达于本人。惟当事人本人,若不在得以提起控告或上告之法院所在地居住,自应扣除当事人本人之在途期间,又向指定收受送达人为送达者,其计算上诉不变期间亦同。合电知照。司法院阳印

**附原电**

南京最高法院勋鉴,查《修正民事诉讼律》第一百八十三条,送达得向诉讼代理人为之,但应受特别委任者,以已受特别委任权者为限。所谓特别委任,应依同律第九十八条列举之规定,故凡和解认诺,舍弃控告、上告撤回请求再审,或关于强制执行或领收所争物者,期有关文件,自不得向未受特别委任之代理人而为送达。但第一审判决于控告有关第二审判

决于上告有关,倘代理人无控告或上告之特别权限,此项文件是否得迳向代理人送达?送达后不变期间是否从代理人收受之翌日起算,抑或须扣除代理人送达,于当事人及当事人距离法院所在地两项在途期间计算。法律无明文可资依据,就理论解释言之,代理人未受控告或上告之特别委任,不变期间自未便从代理人收受之翌日起算。然代理人与当事人居住,既不同在一地在途期间,法律虽有规定,而实际上代理人是否毫无延搁如期送达于当事人,法院计算期间应否考查当事人实行收受日期,以为起算标准抑或仅除去前述两项在途期间,关于实行收受日期,即不必再予过问。又送达代收人,关于判决之送达及收受后,不变期间之起算点应否与诉讼代理人同,尤资疑窦,理合电请贵院迅赐解释示遵。湖南高等法院叩感印

**院字第五一四号**

**二十年八月七日　司法院训令江苏高等法院　附原呈**

为令行事,前据上海市商会呈请解释商标法第三条疑义一案,业经本院统一解释法令会议议决,查商标法第三条之立法精神,在使同一商品不许二人以上以相同或近似之商标各别注册,故准各呈请人之协议以让归一人专用为限。来文所称,二人以上同意和解合词请求各别注册,或经专用人同意合词请求任第二者各别注册等情,核与该条明文抵触,自属不应准许,合行令仰该法院转行知照。此令

**附原呈**

呈为呈请事案,于本月二十五日接江苏火柴同业联合会函称,查商标法第三条规定,二人以上于同一商品以相同或近似之商标各别呈请注册时,应准实际上最先使用者注册,其呈请前均未使用或孰先使用无从确实证明时,得准最先呈请者注册,其在同日呈请者,非经各呈请人协议妥洽让归一人专用时,概不注册云云。而同法对于二人以上同意和解合词请求各别注册或经专用人同意合词请求任第二者,各别注册者,是否应受限制,则未经规定,依事实情形,双方和解请求各别注册出于当事人同意行为,即于专用权之分析,不致有所争议,似无限制必要,而以《民法》和解有使当事人取得和解契约所订明权利之效力之规定而论,尤不应加以干涉,究竟于同一商品以相同或近似之商标,经双方同意和解合词请求各别注册专用,是否应受商标法第三条之限制之处,因无明文规定,未敢臆断,函恳贵会转呈司法院请予解释见复,不胜感盼等语到会。查商标为无形财产权,亦系物权之一,原函所叙情形,二人以上同意和解请求各别注册或经专用人同意合词请求任第二者,各别请求注册,其情形与物权所有者,以权利分析于他人并无差别之处,似为《民法》一般原则所许可。惟按照商标法第三条之文义,又似此项相同或近似之商标专用权,只能整个让渡,不能各别使用,与同法第十七条之前半之可以分析移转情形又各不同。盖相同或近似之商标不能协议各别使用,犹之联合商标之,不能分析移转也。此两种主张,究以何者为是,理合据情备文呈请钧院俯赐解释示遵,实为公便。谨呈

**院字第五一五号**

**二十年八月七日　司法院电四川高等法院　附原电**

四川高等法院龙院长览，该法院本年一月删代电致最高法院请解释自诉案件应否通知检察官莅庭一案，业经本院统一解释法令会议议决，检察官于自诉程序既无庸陈述，或辩论法院审理自诉案件，自亦无庸通知其莅庭。合电知照。司法院阳印

**附原电**

南京最高法院钧鉴，查刑事自诉案件应否通知检察官莅庭，于是发生甲乙两说，(甲)说谓《刑事诉讼法》第三百四十六条，既载明公诉程序应由检察官陈述或辩论之事项，于自诉程序由自诉人行之即是特别规定，无再通知检察官莅庭之必要。(乙)说则谓自诉案件依法既应将裁判书送达该管检察官，而自诉撤回又须咨询检察官意见，检察官对于自诉案件之判决并得独立上诉，是自诉案件不能谓与检察官无关，即仍应通知莅庭。两说未知孰是，特电请迅赐解释见复，以便遵办。四川高等法院叩删印

**院字第五一六号**

**二十年八月七日　司法院指令安徽高等法院首席检察官　附原呈**

呈悉，业经本院统一解释法令会议议决，《军用枪炮取缔条例》第二条之罪，其最重本刑既为三年以下有期徒刑，依《刑事诉讼法》第八条第一款，自属初级管辖之案件，合行令仰转饬知照。此令

**附原呈**

呈为转请解释事，案据安徽高等第二分院首席检察官孙廷赞俭代电称，查《刑事诉讼法》第八条，关于初级管辖权已有明文规定。至《刑法》第二百零一条之公共危险罪，最重本刑为三年以下有期徒刑既列举于刑诉法第八条第一款但书之内，第一审属于地方管辖，本无问题。惟例如甲某携带或收藏军用枪弹等物，参照民国十八年司法院院字第四九号及第六零号解释，固应适用军用枪弹取缔条例之规定。若合于同条例第二条之罪者，最重本刑尚在三年以下，依刑诉法第八条第一款规定原则，第一审应归初级管辖。但此类案件情形较重，应否比照《刑法》第二百零一条之罪，第一审亦属于地方管辖？事关管辖疑义，未敢擅专，理合代电呈请核示祇遵等情。据此，理合备文呈请钧长俯赐解释，以凭饬遵。谨呈

**院字第五一七号**

**二十年八月七日　司法院训令陕西高等法院　附原函**

为令知事，该法院本年第三三号公函致最高法院，为长安地方法院转请解释自诉程序疑义及地租应否受法定利率之限制一案业经本院统一解释法令会议议决，(一)公诉程序应由检察官陈述或辩论之事项，于自诉程序由自诉人行之，《刑事诉讼法》第三百四十六条定

有明文。依此规定,是自诉案件于审判中自不必通知检察官莅庭。(二)典权人将典物出租于出典人时,其约定之地租不得视为典价之利息,自无所谓利率最高额之限制。惟其约定之地租超过所租地收获量百分之四十者,应依《佃农保护法》第二条之规定减轻之,在《土地法》施行后,并应依同法第一百七十七条第一项,减至正产物收获总额千分之三百七十五。合行令仰转饬知照。此令

**附原函**

迳启者,案据陕西长安地方法院院长孙念先呈称,呈为呈请转请解释事,案查职院现有钧院发还更审案件,关于法律之疑义有二:(一)自诉案件于审判中应否通知检察官莅庭其说有二(甲)说刑诉法第三百五十七条明载,自诉除本章有特别规定外,准用前章第二节及第三节关于公诉之规定,自应依同法第二百七十条第三项规定,检察官于审判中应当出庭,并应依同法第三百三十一条第一项及第二款检察官之官职姓名,亦应于审判笔录内记载,否则即系法院编制不合判决,当属违法。(乙)说刑诉法第三百四十六条云,公诉程序应由检察官陈述或辩论之事项,于自诉程序由自诉人行之,是自诉人居于原告之地位追诉犯罪,其地位恰与公诉程序中检察官之地位相同,故关于同法第二百七十七条及第三百条之规定事项,于自诉程序中当由自诉人行之,毋庸检察官莅庭。况查最高法院第一四六号解释,检察官于自诉程序既无庸陈述或辩论,自亦无庸于验伤之际出庭云云。是自诉案件于审判中检察官毋庸出庭,更属有据,此应请解释者一也。(二)子于十八年冬月以地十五亩作价三百元出,当于丑仍复租回言明,次年夏季出租麦六石:(甲)说《民法》法定利率,周年不得超过百分之二十,丑以三百元当到之地十五亩,自承租之十八年冬月。至付租之十九年八月尚不满一年,约定租麦六石,按市价最低额共合洋一百二十元,已超过法定利率之外,自属违法。(乙)说此系租赁关系,与普通债约不同,应适用《民法》租赁之规定予以裁判,绝不受年利不得超过百分二十之规定,此应解释者二也。以上二点,均关法律之适用,职院此类案件颇多,亟待解决,理合具文呈请钧院转请最高法院迅予解释,俾资遵循谨呈,据此,相应具函转请贵院迅予核办,以便转行遵照。此致

**院字第五一八号**

**二十年八月七日　司法院训令福建高等法院　附原函**

为令知事,该法院本年第一七四一号公函,致最高法院为将乐县承审员转请解释盗匪从犯处刑疑义一案,业经本院统一解释法令会议议决,依《惩治盗匪暂行条例》第十条,《刑法》总则第四十四条关于从犯之规定当然适用于该条例,如合于该条例第二条之情形,更应依该条减轻处断。合行令仰转饬知照。此令

**附原函**

迳启者,案据将乐县承审员呈称,窃查《惩治盗匪暂行条例》第一条载,凡有下列行为之一者,处死刑。第二条载,有下列行为之一者,减本刑一等或二等。细考内容,完全对于盗

匪正犯方面之规定,至于从犯并未提及。苟有前项从犯之事实发生,如依盗匪条例处刑,苦无条文之可引。若照《刑法》第三百四十六条及第四十四条办理,又嫌从犯与正犯据律不一轻重失平。事关法律疑义,理合具文呈请钧长察核迅赐解释指令祇遵等情到院。案关法律解释,相应函请贵院迅赐解释,俾便饬遵。此致

**院字第五一九号**

**二十年八月七日　司法院训令山东高等法院首席检察官　附原函**

为令知事,该首席检察官呈最高法院检察署,为济南地方法院首席检察官转请解释《惩治土豪劣绅条例》所载,重利盘剥四字疑义一案,业经本院统一解释法令会议议决,查《惩治土豪劣绅条例》第二条第四款之重利盘剥,必须有重利之事实兼有盘剥之行为,如债权人对于债务人约定之利率尚未超过年利百分之二十,既非重利固难认为犯罪,即使有重利之事实,苟非于付本之始先行扣利或有其他盘剥之行为,亦难成立该条款之罪,合行令仰转饬知照。此令

**附原函**

迳启者,案据山东高等法院首席检察官周起凤呈称,为呈请解释法律疑义仰祈鉴核事,案据济南地方法院首席检察官呈称,呈为法律疑义,拟恳转请解释示遵事。案查《惩治土豪劣绅条例》第二条第四款载,重利盘剥四字,前于民国十七年二月经最高法院解字第三十号解释约定利率,如超过年利百分之二十即为重利债权人,于付本之始先行扣利,亦属盘剥等语。自奉此解释以后,法律上之见解遂不一致,约分为下列两说:(甲)说重利盘剥,既经最高法院分别解释,必须具备两种条件方能构成犯罪。如仅约定利率超过年利百分之二十,并未于付本之始先行扣利,或仅于付本之始先行扣利其约定利率,并未超过年利百分之二十,均不能认为犯罪行为。(乙)说《惩治土豪劣绅条例》第二条第四款内载,重利盘剥四字是连贯的,非对举的。重利为构成犯罪行为之要件,盘剥为实施重利行为之手段。如债权人对于债务人约定利率超过年利百分之二十一,经定有契约,既是重利,即为盘剥,不问盘剥之手段之如何,是否于付本之始先行扣利,均应认为犯罪行为。至约定利率并未超过年利百分之二十,既非重利,更无盘剥之可言,当然不成犯罪。以上两说,各有理由,究以何说为是,抑或另有其他解释?现在职处受理此类案件甚多,理合呈请钧处鉴核转请解释指令遵行到处。案关法律解释。未便擅拟,除指令外,理合具文呈请鉴核示遵等情。据此,相应转请贵院查照迅予解释见复为荷。此致

**院字第五二〇号**

**二十年八月七日　司法院指令热河高等法院　附原呈**

呈悉,业经本院统一解释法令会议议决,甲将其所有地先典与乙,后卖与丙,丙向乙求赎涉讼,经判决准赎确定执行,因乙于事先已将地出卖与丁,故丁提起异议之诉。但丁之起

诉,若仅以乙一人为被告,其效力不能及于丙,只得作为确认卖地有效之诉,而不得谓之执行异议诉讼。至于就他人两造之诉讼物为自己有所请求而涉讼者,得向本诉讼之第一审法院行之,此在《修正民事诉讼律》第三十四条已有规定(《民事诉讼条例》第三十一条规定略同)。如果主参加人因本诉讼已系属于第二审,因而误向第二审提起主参加诉讼,则第二审自应为驳回其诉之判决。合行令仰知照。此令

**附原呈**

呈为呈请解释事,案据职院附设地方庭为适用法律发生疑义,呈恳转请解释示遵事。兹有甲将地先典与乙复卖与丙,丙因本其买得该地所有权之权能,向乙讼争回赎诉讼进行中,丁复从乙手中买取该地,订立书面契约,并已将价交付。嗣丙与乙讼争结果,经判决令丙备价向乙赎地,正确定执行交割地亩间,丁对于该执行标地地主张所有权,本其与乙订有买卖该地契约向乙交涉,乙则否认与伊有买卖情事,主张买契为丁伪造,不过曾将该地佃与丁耕种。是实丁于是向执行衙门提起异议之诉,仅以乙一人为被告,并未将丙列为被告,经该执行衙门为第一审判决认丁所持之买卖契约为真实,判令乙返还丁,原交卖价。惟在卖价未返还以前,该地仍归丁照契管业等情。乙对于该判决不服,遂向第二审法院提起上诉,第二审法院适在进行间,丙忽向第二审法院就乙与丁涉讼上诉,案具状提起主参加诉讼,以乙与丁系串通捏造买卖事实,阻碍执行,请求令丁将地交割于伊。于此场合,第二审法院对于此案,在诉讼程序上应如何办理有二说焉:(甲)说,一谓关于丙之主参加诉讼,应向本诉讼之第一审管辖法院提起,在《民事诉讼条例》第三十一条有明文规定。今乙与丁涉讼案,虽已系属于第二审法院。然丙欲提起主参加诉讼,参照同条规定,仍应向第一审法院为之第二审法院,对于其所提起之主参加诉讼,应认为无管辖权。依《民事诉讼条例》第四百九十九条及第二百九十条第一项第一款之规定先行予以判决,将丙之主参加诉讼驳斥再行审理,乙与丁涉讼上诉部分或依法停止该诉讼程序。二、关于乙与丁涉讼上诉部分,谓第三人对于强制执行之不动产提起异议之诉,应以债权人为实行。若债务人亦否认其权利时,并以债务人为被告,此为《民事诉讼执行规则》第五十四条第一项所明定。此案丙与乙因赎地涉讼案之确定判决就系争地言,丙居于债权人地位,乙居于债务人地位。丁对于丙与乙涉讼案执行标的地主张所有权,提起异议之诉,应以丙为被告。乙既又否认丁所持之买卖契约,应以丙及乙二人为共同被告,不能仅以乙一人为被告。兹丁仅以乙一人为被告,第一审法院应认丁提起异议之诉,为当事人之实行适格要件,不备依《民事诉讼条例》第二百九十条第一项第五款之规定。判决将丁之诉驳斥乃第一审法院未见及此,竟予以开言词辩论为实体法上之裁判,判乙败诉于诉讼程序,殊属不合。既据乙向第二审法院提起上诉,第二审法院即应根据其合法之上诉,认丁在第一审之诉为当事人之被告适格要件,不备第一审之诉讼程序有重要之疵累。依《民事诉讼条例》第五百零八条第一项第七款及第二百九十条第一项第五款之规定予以判决,废弃第一审判决,将丁在原第一审之诉驳斥。(乙)说关于丙之主参加诉讼部分与甲说同,惟关于乙与丁涉讼上诉部分,谓丁对于丙与乙涉讼案,执行

标的地提起异议之诉,因得以丙、乙二人为共同被告。惟丁系主张该地仅经乙一手出卖于,伊丁向乙交涉,乙自当负责。乙既否认丁所持之买卖契约,丁对于该地主张所有权,向执行衙门提起异议之诉,单独以乙一人为被告亦无不当。况就实际言,该地原系甲之所有典给与乙,复卖与丙,乙自始即无出卖权。当丙与乙讼争该地时,丁尤明知乙对于该地不能处分而乃与乙订阅买卖契约,显系有与乙通谋害丙情事,就令丁、乙间所订买卖该地之契约真实,依照《民法》第八十七条第一项前半段规定,亦系当然无效。丁即于丙、乙间讼毕地判归丙赎回后,向乙请求返还卖价,其自己为原告当事人亦且根本上欠缺适格,更何能向不动产所有权被其侵害之丙主张地为其所有,而以丙为共同被告乎?此案自非通常执行异议之诉可比,第一审不认丁仅对于乙起诉为当事人之被告适格要件不备,以判决将丁之诉驳斥而予以开言词辩论,为实体法上之裁判,于诉讼程序并无不合。不过其裁判结果令乙返还丁之卖价在未返还以前,地仍归丁管业,不无涉及丙之关系,此属该裁判违法之另一问题。乙受败诉之判决后,既向第二审法院提起上诉,第二审法院自应开言词辩论,为实体法上及其他程序法上之裁判。以上二说,对于丙之在第二审提起主参加诉讼,主张固趋一致。然究不知依该二说办事,是否悉合对于丁之在第一审仅以乙为被告?是否为当事人之被告适格要件不备,则见解完全相反?究未知以何说为当,职庭案内现有发生此等疑问之件,亟待解决理合备文恳请迅予转请解释,俾资遵循等情。据此,案关法律解释,理合据情备文呈请钧院迅赐解释令知,以凭饬遵。谨呈

**院字第五二一号**

**二十年八月七日　司法院训令江苏高等法院　附原电**

为令行事,据南京市商会及无锡武进铜山等县商会先后电请解释,民事调解法第二条疑义一案,业经本院统一解释法令会议议决,依商会法第三条之规定,关于工商业之调处事项,既为商会职务之一,民事调解法第二条所谓其他调解机关自包含商会在内。合行令仰该法院分别转行知照。此令

**附原电**

南京司法院长王钧鉴,依照民事调解法第二条,人事诉讼事件及初级管辖民事事件,除经其他调解机关调解不成立或调解主任认为不能调解者外,非经民事调解处调解不成立后不得起诉,而钧院并于处理调解应行注意事项第六条规定,民事调解法第二条所称其他机关,自应以法定者为限,例如《劳资争议处理法》第六条等。其曾经调解不成立情形,由原调解机关证明或由两造当事人声明各等语。查《商会法》第三条商会之职务第四款,关于工商业之调处及公断事项,细绎文义,确系调解性质,是否得适用民事调解法第二条,作为其他调解机关用?敢代电驰请鉴核迅予明令解释通行饬遵,以杜讼端而安商业,不胜翘企待命之至。无锡县商会叩巧

**院字第五二二号**

**二十年八月七日　司法院指令安徽高等法院　附原呈**

呈悉,业经本院统一解释法令会议议决,当事人两造在上诉审迟误言词辩论日期于六个月内不续行诉讼,依该省沿用《民事诉讼条例》第二百三十四条及第二百三十三条第二项规定,视与撤回上诉同。惟当事人之一造依该条例第二百零五条规定,声请回复原状者,苟不逾第二百零六条第一项及第二项规定之期限,法院自应就其声请有无理由予以裁判。至于同条例第二百三十三条第一项,虽规定当事人自呈明休止时起两个月内不得续行诉讼。但当事人之一造,若于迟误言词辩论日期后在两个月内,邮递诉状续请传讯者,法院仍可于两个月外继续传讯。合行令仰转饬知照。此令

**附原呈**

呈为呈请解释事,案据职院第一分院院长彭显廷啸代电称,窃查当事人两造迟误言词辩论日期于六个月内不续行诉讼,视为撤回上诉,同为《民事诉讼条例》第二百三十四条及第二百三十三条第二项所规定。于此场合,倘当事人一造声请回复原状,续行诉讼,应否认其声请为不应准许,迳依同条例第二百零八条驳斥,抑仍就其声请有无理由予以裁决?又迟误后在二个月内邮递诉状(状称民在院候审多日,对造始终不到,请速拘传到案毋任拖延等语),是否可认为续行诉讼,继续传讯?案关法律疑义,职院刻有此项案件亟待解决,理合电请钧院转请解释,俾资遵循等情。据此,案关法律解释,职院未敢擅专,理合据情呈请钧院俯赐解释,俾便饬遵。谨呈

**院字第五二三号**

**二十年八月七日　司法院电广东高等法院首席检察官　附原电**

广东高等法院廖首席检察官览,上年五月鱼代电悉,所请解释刑诉法第二六四条第二项疑义一案,业经本院统一解释法令会议议决,起诉经撤回后毋庸再为不起诉之处分,上级首席检察官因声请再议命令起诉,自属违背刑诉法第二百六十四条第二项规定。下级检察官依此命令起诉法院,应为不受理之判决。合电知照。司法院阳印

**附原电**

南京司法院王院长钧鉴,设有某案检察官于提起公诉后旋又撤回,下不起诉处分,告诉人不服声请再议。如上级首席检察官认其声请为有理由,令原检察官起诉,与刑诉法第二百六十四条第二项规定是否违背?如认为有违背,应如何救济?合电请迅赐解释,俾资遵循。署广东高等法院首席检察官廖愈簪叩鱼印

**院字第五二四号**

**二十年八月七日　司法院指令江苏高等法院　附原呈**

呈悉,业经本院统一解释法令会议议决,按《民事诉讼执行规则》第七十三条但书之规定,系指权利移转之书据交由债权人收受而言。若已由第三人依法拍定,自不在该条但书所得赎回之列。纵权利移转书据尚未填发在执行法院,亦应受拍定之拘束。此时原债务人或其利害关系人请求赎回,除得拍定人同意外,不得遽尔照准。合行令仰转饬知照。此令

**附原呈**

呈为呈请解释事,案据署江苏吴县地方法院院长朱庭耀呈称,窃查民事执行规则第七十三条规定,自拍卖日起经三次低减拍卖价格,无合格声明拍卖价格者,得依最低价格,由审判厅以职权发给权利移转之书据,交债权人收受。但书据内应载明,自给发书据日起一年内第三人增价购买时,许原债务人向债权人备价赎回。职院现执行甲与乙因遗产涉讼一案,已将乙之屋业拍卖于第三者之丙,正在填给权利移转书据间,忽据与乙同居之母状称,业已备具的款履行全部债务并愿赔偿丙一切损失,请将拍定屋业赎回等情。可否援引上述规定,予以照准?事关法律解释,职院未敢擅便,理合具文呈请鉴核俯予转呈解释等情到院。事关法律疑义,职院未敢专擅,理合具文呈请钧院迅赐解释,以凭饬遵。谨呈

**院字第五二五号**

**二十年八月七日　司法院电湖南高等法院　附原电**

湖南高等法院陈院长览,本年四月鱼代电悉所请解释征收诉讼费用疑义一案,业经本院统一解释法令会议议决,按买卖契约依债编之规定,系指当事人就标的物及其价金互相同意时,为契约之成立。确认该契约是否有效,即系因财产权而涉讼,自应按照讼争标的物价额计算讼费。合电知照。司法院虞印

**附原电**

南京司法院院长王钧鉴,兹有甲、乙两造为确认买卖契约是否有效之讼争,于征收诉讼费用时发生疑问,略分二说:(甲)说确认买卖契约是否有效,为非因财产涉讼,应照《修正诉讼费用规则》所定,非因财产涉讼额数征收讼费。(乙)说两造虽仅争买卖契约是否有效,究不得谓非因财产权而起应照讼争标的物。现值价额征收讼费,查此种诉讼计算方法无成文法及判解例可资援引,二说孰是,职院未敢擅拟,悬案待决,理合电请钧院解释示遵。署湖南高等法院院长陈长簇叩鱼印

**院字第五二六号**

**二十年八月七日　司法院指令浙江高等法院首席检察官　附原呈**

呈悉,业经本院统一解释法令会议议决,下级法院检察官不服原审判决,提起上诉后,

上级法院检察官如认上诉理由欠缺,得于上诉审裁判前撤回上诉。合行令仰转饬知照。此令

**附原呈**

呈为转请解释事,查据金华地方法院首席检察官张玶呈称,窃查上级法院检察官对于下级法院检察官上诉案件能否撤回,现行《刑事诉讼法》尚无明文规定,兹分两说:(甲)说检察一体,上级法院检察官如以下级法院检察官上诉理由欠缺,似可于上诉裁判前撤回上诉。(乙)说《刑事诉讼法》第三百五十八条规定,上诉之当事人按照同法第三条规定,系指自诉人被告人及原审法院检察官而言。上级法院检察官既非提起上诉之检察官,对于原审法院检察官上诉案件自不得迳行撤回。以上两说,未知孰是,理合备文呈请鉴核俯赐转请解释示遵等情。据此,理合备文转请仰祈钧院俯赐解释,以便饬遵。谨呈

**院字第五二七号**

**二十年八月七日　司法院电四川高等法院首席检察官　附原电**

四川高等法院首席检察官览,该法院第一分院首席检察官本年四月齐代电请解释奸非罪告诉权疑义一案,业经本院统一解释法令会议议决,告诉乃论之罪经有合法告诉之后,告诉人继或死亡或其身分关系消灭,仍于告诉之效力不生影响。合电转饬知照。司法院虞印

**附原电**

南京司法院钧鉴,查奸非罪须告诉乃论,如其有合法告诉在前,嗣经离婚并未撤销告诉,应否仍进行论罪?又如有合法告诉侦查中告诉人死亡者,其告诉仍否存在乞转解释示遵。再川省高检处,现因部派首席纠纷致一切公文停滞职,院案件急待解决,故特迳电合并声明。四川高一分院首席检察官庐文钜叩齐印

**院字第五二八号**

**二十年八月七日　司法院指令湖南高等法院　附原呈**

呈悉,业经本院统一解释法令会议议决,《已嫁女子追溯继承财产施行细则》第三条第二项之规定,系指请求重行分析者而言。其他继承人仅一人时,无所谓已经分析,当与其他继承人有数人而未经分析者同论,不在同条项规定之列。惟在《民法》继承编施行后请求回复继承者,应分别情形适用《民法继承编施行法》第三条、第四条及《民法》第一千一百四十六条第二项之规定。合行令仰该法院转行知照。此令

**附原呈**

呈为职院第一分院电请解释已嫁女子追溯继承财产其请求期间,应否受施行细则第三条第二项规定限制仰祈鉴核事,案据署职院第一分院院长徐继骐文代电称,《已嫁女子追溯继承财产施行细则》第三条第二项规定,前项请求应于本细则施行后六个月内为之。假如其父仅止子女各一人女,自民国十六年出嫁后,至十七年父母相继身死,其子继承财产女子

请求均分,应否受六个月之限制,分甲乙二说:(甲)该细则第三条第二项,系指其他继承人已经分析者,请求重行分析故有六个月之时期。今既未分析,即无重分之可言,无论何时女子得行请求。(乙)继承财产,父死即已开始。倘父有子数人在继承开始时,即有分析之可能,因系独子不待分析,此系事实问题在法理上,应视为已经分析。若如甲说无论何时,已嫁女子得行请求转使财产承受,久不确定,殊非所宜。两说各有理由,究以何说为是,理合电恳转请解释示遵等情。据此,除令准呈转外,理合据情呈请钧院俯赐察核,发交最高法院拟具解答案复核令遵。谨呈

**院字第五二九号**

**二十年八月七日　司法院电安徽高等法院首席检察官　附原电**

安徽高等法院王首席检察官览,本年四月漾代电悉所请解释一案,业经本院统一解释法令会议议决,《报纸登载出版法》第十九条限制以外之妨害名誉事件,应依照《刑法》第二十六章办理。合电知照。司法院阳印

**附原电**

南京司法院王院长钧鉴,《报纸登载出版法》第十九条限制以外之妨害名誉事件,应否依照《刑法》第二十六章办理,抑仅依照出版法第十四条予以更正,不另负《刑法》上之责任?职处现有此种案件亟待解决,伏乞迅赐解释指令祗遵。安徽高等法院首席检察官王树荣叩漾印

**院字第五三〇号**

**二十年八月七日　司法院电浙江高等法院　附原电**

浙江高等法院郑院长览,本年四月养代电悉,杭县地方法院所请解释侵害著作权诉讼疑义一案,业经本院统一解释法令会议议决,查著作物以依《著作权法》注册者,为有著作权。故著作权之被侵害必须注册后,方能提起著作权侵害之诉。此在《著作权法》第二十三条有明文限制。来电所称著作物在呈请注册中,或注册前被人翻印仿造等情,是被侵害者为通常之利益,尚非著作权其诉请赔偿,自不适用该条之规定。合电转饬知照。司法院虞印

**附原电**

南京司法院院长王钧鉴,窃据杭县地方法院院长袁潢于本月寒日代电称,查侵害著作权之诉讼,必以著作权曾经注册后,方得提起。观于《著作权法》第二十三条,可无疑义。设其著作权在呈请注册中或呈请注册前,有被人翻印仿制及知情代售等情事,于核准注册后,是否可以诉追,不无疑问,请迅赐转请解释示遵等情。据此案关解释法律疑问,理合电请核示以便转饬遵照。浙江高等法院院长郑文礼叩养印

**院字第五三一号**

**二十年八月七日　司法院指令江苏高等法院　附原呈**

呈悉,业经本院统一解释法令会议议决,按证书诉讼已为保留被告权利之判决,在该判决确定前,当事人得以提起上诉,依该省沿用之《民事诉讼条例》第五百九十四条第三项有明文规定。来呈所称,受有保留判决之被告提起上诉。该上诉法院自应依法为第二审审判,既不得谓其受有保留判决,遂指为应属于通常诉讼程序不予受理,亦不得谓上诉之后即系舍弃保留权利。合行令仰转饬知照。此令

**附原呈**

呈为转请解释示遵事,案据上海地方法院院长沈秉谦快邮代电称,职院受理证书诉讼案件,业由简易庭因被告争执原告之请求而受败诉之判决,依法保留被告得于通常诉讼程序行使之权利。嗣因被告于收受判决后二十日内声明上诉,但原告并未上诉,是否应由第一审以通常诉讼程序审判,抑应由第二审审判?于此分甲乙两说:(甲)说关于证书诉讼按《民事诉讼条例》第五百九十四条第一项,被告争执原告之请求而受败诉之判决者,法院应为被告保留其得于通常诉讼程序行使之权利。又同条第三项保留被告权利之判决,关于上诉再审及强制执行视与终局判决同等语。盖以此项判决亦以终结诉讼为目的,故为终局判决而非准备终局判决之中间判决可比。本条爰设第三项之规定,当事人任何一造对此判决得于确定前声明上诉,上诉法院固应予以受理,纵曰保留通常诉讼程序为被告之权利。现被告既抛弃此项保留之权利,于该判决确定前而迳行上诉,上诉法院亦无不准其上诉之理。纵被告此项上诉系不合法或显无理由,上诉法院亦应加以裁判,此项裁判既系对于原审视同终局判决之上诉而为裁判,依法且应以判决行之,方符本条项立法之旨,自不能解为对于保留被告权利已判决,被告不能上诉而被告既于法定期间上诉,则其判决自不确定,当然不能适用同条例第五百九十五条之规定,解为其诉讼系属于通常诉讼程序,就被告上诉不为裁判迳送第一审受理,虽当事人经上诉庭误于法律见解谕知,此项上诉不受理未表示显然争执,但上诉并未撤回。凡上诉之当否及上诉讼费之负担,尤应由上诉庭加以裁判以终结,此第二审诉讼事件以免审级混淆,法律知识薄弱之当事人不致无所适从,于法方为贯彻。(乙)说谓证书诉讼限于被告争执原告之请求而受败诉之判决者,法院始予保留被告得于通常诉讼程序行使之权利,此项保留判决为被告利益之判决,即原告不利益之判决必须原告就此项保留判决依法声明上诉,而上诉审将此项保留判决予以废弃,被告始不能主张通常诉讼程序行使之权利。在原告并未就保留判决,依法上诉自可认为保留判决之确定,而被告因证书诉讼程序所受之判决,既在同一法院于法定期间内声明不服,姑无论其声明不服之书状为抗告、为上诉,法院均可依职权交由同一审级之推事,照通常诉讼程序审判,本无另为判决驳斥之必要。况案经被告声明不服后,已传双方当事人到庭谕知,保留判决确定,应由原审照通常诉讼程序审判,不能由第二审受理双方当事人,均当庭表示无异,记明笔录

更无须多此无谓之判决。若谓被告受证书诉讼程序所受之判决声明上诉,便可视为舍弃保留判决之利益,要知被告声明上诉与在原审争执原告之请求同一意旨,以在原审争执意旨因受证书诉讼程序之限制,无证书不能主张反之为通常诉讼程序,虽无证书而有其他证明,亦得主张此种保留判决之利益。被告何能舍弃,舍弃后又何主张之余地?倘或谓是在第一审用证书诉讼程序,第二审不妨改用通常诉讼程序,民诉无此规定。揆诸维持审级法意,亦难贯彻。以上甲乙两说,究以何说为是,案悬待决,理合电请迅赐转请解释示遵等情。据此,查事关适用法律疑义,职院未便擅专,理合具文呈请钧长鉴核俯赐解释指令饬遵,实为公便。谨呈

**院字第五三二号**

**二十年八月七日　司法院指令浙江高等法院　附原呈**

呈悉,业经本院统一解释法令会议议决,自诉人传唤未到经第一审,视同撤销,谕知不受理之判决,自诉人上诉于第二审并提出不到之理由,经第二审认为正当者,则其不到即非无正当理由,自应依《刑事诉讼法》第三百八十五条第二款撤销原判决,发回原第一审法院审判。仰即转饬知照。此令

**附原呈**

呈为转请解释事,案据署嘉兴分院院长任家驹呈称,窃查现行《刑事诉讼法》规定自诉一章,揆立法之用意,凡属妨害个人法益及告诉乃论之罪,俾人民得以提起自诉一方,使刑事诉讼程序进行敏速一方限制,其无益之诉讼以免被告受诉讼之拖累(从前健讼者有图传不图审、图审不图结之恶习),故于该法第三百四十七条第一项,自诉于第一审辩论终结前,得撤回之。及第二项,自诉人经传唤无正当理由不到者,以撤回自诉论。第三项,自诉经撤回后,自诉人不得再行自诉或告诉之规定,立法用意未尝不善。今有自诉案件,业经调查证据完毕,至末次传审被告均已到庭,即可辩论终结。惟自诉人届期不到,且并无正当之理由,法院依照上列法条自应视同撤回,为不受理之判决。惟于此有二说焉:(甲)说,第一审法院如果因自诉人无正当理由不到,依法判决。设自诉人不服上诉,在第二审中提出不到之理由,第二审认为正当,仍可发回原审,更为审判。(乙)说,细绎该法条之用意,所谓以撤回自诉论。所以限制自诉人延滞诉讼,以免被告受其拖累,法意非常明显。设第一审自诉人并未于审期前声明理由或声请延期,而于第二审始行声明,显系事后捏砌。第二审认为有理发回更审,即为违法。以上二说,未知孰是,事关解释法律,理合专文呈请仰祈迅赐解释,俾有遵循等情。据此,察核所述情形,似此乙说为是。惟事属解释范围,职院长未敢擅断,理合备文转请仰祈钧院鉴核令遵,实为公便。谨呈

**院字第五三三号**

**二十年八月七日　司法院训令湖北高等法院　附原函**

为令知事,该法院本年第四一八号公函致最高法院,为汉口地方法院转请解释未经注册之外国法人提起自诉应否受理疑义一案,业经本院统一解释法令会议议决,《刑事诉讼法》第三条所称,自诉人以自然人或法人为限,未经依法注册之外国公司,既未取得法人资格,其以公司名义委任代理人提起自诉者,应不受理。合行令仰转饬知照。此令

**附原函**

迳启者,案据汉口律师公会呈称,呈为请予转呈解释事,窃查《刑法》第三百二十五条所称之他人,当然以在法律上有人格者为限。如有未经依法注册取得法人资格之外国公司,主张被人诽谤,竟以公司名义自诉者,法院应否受理,约有三说:(甲)说,查未经注册之公司发生诉讼,应一概不予受理,业经司法院十九年十二月第六零八号训令通饬,各级法院有案法院。遇有此种诉讼发生,自应不予受理。(乙)说,查刑诉法关于未取得法人资格之公司发生诉讼,并无不予受理之规定,按命令不能变更法律之原则,自不能依据院令不予受理。(丙)说查刑诉法,虽无不予受理之规定,亦无应予受理之明文,则此项院令自不能谓为与刑诉法有何抵触,即无命令变更法律之可言。院令既明示,未经注册之公司不能行使诉权,则其自诉应不予受理,正与刑诉法第三四三条第三款之规定相当。以上各说,究以何说为是,事关法律疑义,理合呈请钧院转请解释饬遵等情,正核转间,复据汉口地方法院马代电称,查外国公司在中国官厅,未经登记用公司名义,委任代理人以被告犯《刑法》第三百二十五条、第三百三十条之罪,提起自诉,法院应否受理,有甲乙两说:(甲)说外国公司未在中国官厅登记,以公司名义向法院自诉,依照司法院第六零八号通令,应不受理,且被告所犯均系告诉乃论之罪。未登记之外国公司,既未取得法人之资格,依法不得委任代理人,显与诉追条件不合。《刑事诉讼法》所称之自诉人,系限于自然人或法人。该公司既非自然人又非法人,乃以公司名义委任代理人,向法院自诉,法院不能受理。(乙)说《刑法》第三百二十五条、第三百三十条,所谓他人,不仅限于自然人及法人,即普通商店因其被害客体为合伙员,亦包括在内。外国公司在中国未经登记,虽未取得法人资格,然依公司不成立时,应适用合伙规定之法例,自不能谓非普通商店。如果对于未经成立之公司,有妨碍名誉信用之事实时,自得以合伙员名义向法院起诉,至司法院第六零八号通令,在促法院之注意并无法的效力。况本案之自诉人,名义上虽称公司,并非依公司法组织,在本国亦未注册,纯系普通商店,亦不得因用公司字样,即置事实于不问。其委任代理人自诉法院,自应受理,两说究以何说为是,颇滋疑义。职院现有此种案件,急待解决。案关涉外,不容久悬,理合电请钧长迅予转电司法院提前解释,俾资遵循等情。据此,案关法律解释,相应函请贵院迅予解释示遵。此致

**院字第五三四号**

**二十年八月七日　司法院指令司法行政部　附原呈**

呈悉，业经本院统一解释法令会议议决，《刑法》第三百二十四条、第三百二十五条第三百三十条，所谓人与他人，应包括法人在内，如妨害普通商号之名誉，自与该商号股东或经理人之名誉有关。合行令仰转饬知照。此令

**附原呈**

呈为呈请示遵事，案据湖北高等法院院长代电称，据汉口地方法院院长代电称，查《刑法》第三百二十四条、第三百二十五条、第三百三十条，被害客体之所谓人与他人，是否包括法人在内，又对于普通商号之名誉信用加以妨害时，是否因其与商号之经理人或股东之名誉信用有损害，而成立各该条之罪？适用上颇滋疑义请转电解释等情，理合据情电请迅赐转请解释等情。据此，事关法律解释，职部未便擅拟，理合具文呈请钧院鉴核指令，以便转饬遵照。谨呈

**院字第五三五号**

**二十年八月七日　司法院训令山东高等法院首席检察官　附原函**

为令知事，该首席检察官呈最高法院检察署，为福山地方法院威海分院首席检察官转请解释撤销缓刑宣告疑义一案，业经本院统一解释法令会议议决，在缓刑期内始发觉缓刑前之犯罪，宣告有期徒刑，核与《刑法》第九十一条所列情形不合，不能据以撤销缓刑之宣告。合行令仰转饬知照。此令

**附原函**

迳启者，案据山东高等法院首席检察官周起凤呈称，案据福山地方法院威海分院首席检察官朱大玙微代电称，撤销缓刑宣告之要件：(一)缓刑期内更犯罪受有期徒刑以上刑之宣告者；(二)因缓刑前犯他罪曾受有期徒刑以上刑之宣告，在缓刑期内始发觉者，《刑法》第九十一条已有明文规定。设有缓刑期内发现缓刑前之犯罪，又受有期徒刑之宣告，核其情形，犯罪既在缓刑以前，非在缓刑期内，虽受有期徒刑之宣告，但与前开第一款更犯之条件不合，而其受刑之宣告，又在缓刑期内非在缓刑以前，亦与前开第二款曾受之条件不合，究竟发觉缓刑前之犯罪在缓刑期内，始受徒刑之宣告，能否将从前之缓刑予以撤销？案关法律解释，本处未敢擅断。现在本处发生此类案件，急待解决，理合电呈钧座伏乞转电最高法院迅赐解释，俾有遵循等情前来，除指令外，理合备文呈请鉴核示遵等情。据此，除指令外，相应函请查照迅予解释为荷。此致

**院字第五三六号**

**二十年八月七日 司法院指令云南高等法院 附原呈**

呈悉,业经本院统一解释法令会议议决,按在他人土地上建筑房屋其所生法律上之效果,当视契约之内容分别认定。如为不定期之租赁关系,在所有人自可随时终止契约。若该地有利于承租人之习惯,固可继续租赁。但依《民法》第四百四十九条之规定,其续租期亦不得于《民法》施行后更逾二十年。至建筑房屋存在与否,只为解约时应否偿还有益费用之问题,与租赁期间无涉。惟在存续期间之内,若因经济状况发达,所有人得以请求增加地租,自不待言。如为地上权,则其撤销原因,以有《民法》第八百三十六条之情形为限,不因工作物之灭失而消灭。但地上权人亦不得藉口该地习惯,对于使用之土地而主张所有。合行令仰转饬知照。此令

**附原呈**

呈为转请核示事,案据永仁县长李嘉策呈称,为呈请核示事,窃查,职县自前清回民造乱,一切城市均成瓦砾之场。迨至回乱既平,所有公私屋基多,以贱值出租与人起盖房屋,住坐年纳租,只四五千文承租人,除不欠租钱外,父子相传,远者百年,近亦五六十年,早已视所租地为己业,而土地所有人亦无法收回。至上年……[1]陷城纵火,各承租人所起房屋多被焚烧,仅存屋基而屋基价值较回乱初平时增高数十倍。于是上项租赁之土地所有人遂欲撤销租约,将屋基收回自行起盖房屋,而承租人又以多年历史关系不肯退还屋基,与土地所有人互相争执起诉前来。县长复查《民法》第四百四十九条租赁契约之期限,不得逾二十年逾二十年者,缩短为二十年等语。至租赁期间已逾二十年者,未有明文规定是否适用同法第七百六十九条。二十年间,和平继续占有他人未登记之不动产者,得请求登记为所有人之规定,此请核示者一也。上项事实县属甚多,土地所有人不能收回,其多年租出之土地已成习惯,是否适用《民法》第四百五十条第二项无限期之租赁,从有利于承租人之习惯之规定,应请核示者二也。据土地所有人之主张物权,当凭契约。今执有杜买土地之契约而不能收回买得而出租之土地,此后永无收回之期,是丧失其所有权也。况法律效力不及已往,我国前无《民法》之公布,民间不知多年租赁即为失去所有权。若不许土地所有者收回其土地,是执有买得之契据,出土地之买价者,不得享有其土地,彼承租人既无契据,又未出过买价,以区区租金乃反得永享其土地所有权,将来并租金且不纳所有人其奈之何,此应请准其收回者也。据承租人之主张,租地已祖父相传久已,当为己业。若凭多年之契约,一旦任地主之收回,是不啻无端失去恒产,于东西各国立法原理,实有未当。况地方已成多数之习惯,一家收回,群起援例,势必至失业者多数,而得业者则少数之地主流弊无穷,此应请不准地主收回者也。以上所述争端时时间有而未发者尚众,事关法律解释,县长未敢擅断,除

[1] 此处删去一词。

饬两造停工静候核判外,理合具文呈请钧院迅赐解释指令祇遵谨呈等情。据此,理合据情转呈钧院迅赐解释指遵,以便转令遵照。谨呈

**院字第五三七号**

**二十年八月八日 司法院电浙江高等法院 附原电**

浙江高等法院郑院长览,上年十月巧代电悉,所请解释绑匪于掳勒外同时侵入事主住居厅如何论罪一案,业经本院统一解释法令会议议决,绑匪于掳人勒赎外,同时侵入事主住居有《刑法》或《惩治盗匪暂行条例》上之强盗行为,其间苟无方法结果之关系,自应并合论罪。合电知照。司法院庚印

**附原电**

司法院钧鉴,兹有绑匪于掳人勒赎外,同时侵入事主住居有《刑法》或《惩治盗匪条例》上强盗犯行应如何论罪科刑,计分三说:(甲)说依最高法院上字一四四三号判例,从一重处断。(乙)说认绑匪亦强盗行为之一种,自应将较轻之强盗罪吸收专论,掳赎一罪。(丙)说则以掳赎为《刑法》恐吓取财罪之加重规定,罪质与强盗根本不同,如其间无特种方法结果关系,自应依并合论罪。事关法律疑义,理合备文呈请钧院解释电示祇遵。浙江高等法院巧叩

**院字第五三八号**

**二十年八月八日 司法院电四川高等法院首席检察官 附原电**

四川高等法院谢首席检察官览,据巴县地方法院首席检察官上年敬代电请解释,检察官撤回公诉程序各疑义一案,业经本院统一解释法令会议议决,(一)检察官撤回公诉,刑诉法第二六四条既无限制之规定,自无须具备同法第二四四条、第二四五条各款情形。(二)检察官撤回公诉,其经过之程序与不起诉不同,自无庸制作不起诉处分书再行送达。(三)检察官撤回公诉法院,应谕知不受理之判决,且检察官亦不得再行起诉,《刑事诉讼法》第三百十八条第四款及第二百六十四条第二项,已有明文,原告诉人自不能声请再议。合电转饬知照。司法院庚印

**附原电**

南京司法院王院长钧鉴,查刑诉法第二六四条第一项起诉于第一审审判开始前,得撤回之等因。但检察官撤回公诉,是否应具备刑诉法第二四四条、第二四五条各款情形,抑或以其他原因亦得为之,此应请解释者一。检察官撤回公诉后,应否作制不起诉处分书再为送达,此应请解释者二。原告诉人对于检察官撤回公诉不服时,能否声请再议,此应请解释者三。现有上项问题,用特代电伏祈迅赐示遵。四川巴县地方法院首席检察官宋维经敬印

**院字第五三九号**

**二十年八月八日　司法院训令山西高等法院首席检察官　附原函**

为令知事,该首席检察官呈最高法院检察署,为太原地方法院转请解释在侦查期间,律师可否接见被告一案,业经本院统一解释法令会议议决,查《刑事诉讼法》第七十一条第二项规定,被告接见他人,除妨害羁押之目的及押所之秩序外,别无限制,则侦查中律师得主任检察官之许可,被告自得接见,但非认为有辩护人之资格。合行令仰转行知照。此令

**附原函**

迳启者,据山西高等法院首席检察官呈称,为呈请事,案据山西太原地方法院院长李如萍首席检察官张秉钺会呈内称,为呈请示遵事,窃查前太原律师公会会长面陈刑事案件,在侦查期间,可否选任辩护人及接见被告请求指示等情前来,职等当以此事关系法律问题,既无根据,未敢擅主,业经呈请钧处解释,旋奉指令略开,查刑诉法规定被告在起诉程序之前,不得选任辩护人,当然不能以辩护人之资格接见被告或通信,仰即知照此令等因,奉此,遵即转饬知照在案。兹据该会代表郭元章等复来,职院请求于侦查期间接见被告,其主张略谓,查刑诉法规定,被告于起诉后,得随时选任辩护人,辩护人得接见羁押之被告且互通书信云云,是以辩护人之资格得随时接见被告意义,显明毫无疑问。至侦查期间,虽不准被告选任辩护人,然律师为被告撰拟诉状,本为法律所许可,倘不准接见,则事实无由知悉,是虽在侦查期间,以律师资格经主任检察官之准许后接见被告,似亦为法律所许等语。查该代表等所陈各节,不无相当理由。惟事关法律疑问,职等仍未敢率尔裁答,理合具文呈请钧处鉴核,敬请训示饬遵等情到处,据此除指令外,理合备文呈请钧署转请解释示遵,以便饬知施行等情前来。据此,相应函请贵院查照解释见复为荷。此致

**院字第五四〇号**

**二十年八月八日　司法院电山东高等法院首席检察官　附原函**

山东高等法院首席检察官览,该首席检察官电最高法院检察署转请解释,法院迳准原告诉人撤回上诉是否有效一案,业经本院统一解释法令会议议决,正式县法院所判决之刑事案件,如检察官为上诉人,自非检察官不得撤回上诉,原告诉人撤回上诉,显系不合。虽经法院允许仍属无效,应由第二审继续审判。合电知照。司法院庚印

**附原函**

迳启者,案据山东高等法院首席检察官周起凤齐代电称,查原告诉人对于正式之县法院所判决之刑事案件,得以呈诉不服向例第二审判决书内,仍列检察官为上诉人其撤回上诉,似应得检察官同意乃法院,迳准原告诉人撤回上诉,事先既未通知(刑诉法第三七四条规定应通知),亦未咨询检察官意见,是否有效,刑诉法除自诉外,尚无明文规定。职院现有此类事件发生,亟待解决仰祈迅予核转请求解释示遵等情到署,相应据情函请查照解释见

复为荷。此致

**院字第五四一号**

**二十年八月八日　司法院训令陕西高等法院　附原函**

为令知事,该法院本年第一四零号公函致最高法院,为同级首席检察官转请解释强盗轻微伤人如何论罪一案,业经本院统一解释法令会议议决,强盗轻微伤害人,其结果既犯他项罪名,应依《刑法》第七十四条从一重处断,合行令仰转行知照。此令

**附原函**

迳启者案准本院首席检察官公函第一二八号内开,迳启者,案据陕西高等法院第一分院首席检察官赖毓灵灰代电称,设有强盗殴打事主致一人受轻微伤害,究应如何论罪,有甲、乙两说:(甲)说伤害乃强暴当然之结果,伤罪自为盗罪所吸收,应只论盗罪,不论伤罪。(乙)说强盗之结果,既犯伤害罪依《刑法》第七十四条应并论,两罪从一重处断,二说均言之有理,未知孰是,理合电请钧席鉴核转请解释,俾有遵循等情。据此,本首席检察官查核,该首席检察官电述,两说以乙说为是。惟案关解释法律,相应函请贵院长迅予解释,以凭饬遵,此致等因。准此,查案关法律问题,相应函请贵院迅予解释,以凭函复遵办。此致

**院字第五四二号**

**二十年八月十日　司法院咨行政院　附原咨**

为咨复事,准贵院本年四月八日咨(第九四号)开,据江苏省政府电请解释区长等能否兼任商工农教各会职员及代表一案,咨请查照解释见复等由,业经本院统一解释法令会议议决,区长、乡长、镇长被选为商会之执监委员,工会之理事、监事、农会、教育会之干事或组织,上级农会之代表时,现行法上既无禁止兼任之明文,自应许其兼任,相应咨复贵院查照饬知。此咨

**附原咨**

为咨请事,案据江苏省政府艳代电称,据吴县县长黄蕴深敬代电称,窃县属城乡二十二区区长施魁和等呈称,窃照各县区长一职前于甄别审查行政人员案内,由钧府呈奉江苏民政厅指令区长,系自治人员毋庸甄审在案,是区长一职,系自治人员,而非行政人员。现在人民团体,如商会、如工会、如农会、如教育会,正在相继组织。如果该会等选举各项职员之时,区长当选商会之执监委员、工会之理事、监事、农会、教育会之干事时,能否兼任之处,明文未曾规定。又下级农会应选举代表组织,上级农会此项代表区长当选时能否兼任,亦未规定,理合联名具文呈请仰祈鉴赐转请解释,俾资遵循等情。据此,查各级农教等会,现正督促组织成立,如果当选职员有区长以次各级自治人员在内,是否可以兼任,理合电陈请示仰祈鉴核示遵等情。事关解释法令,理合据情电请钧院核示祇遵等情。据此,事关解释法令相应据情咨请贵院查照解释见复,俾便饬遵,至纫公谊。此咨

**院字第五四三号**

**二十年八月十日　司法院咨行政院　附原咨**

为咨复事,准贵院本年四月二十三日咨(第一一二号)开,据实业部呈请解释工商同业公会因会员不足法定人数,该公会应否存在一案,咨请查照解释见复等由,业经本院统一解释法令会议议决,查《工商同业公会法》第三条,工商同业公会之设立,既须有同业公司行号七家以上之发起,而依同法第九条同业公会之委员,至少亦须置七人。依同法第十条,此等职员之选任,应准用商会法第十八条就会员选任之,依《工商同业公会法》,第七条同业公会之会员,应以同业之公司行号为限。如果因营业变迁停业或改业,致会员不足七人,则同业公会之委员势亦不足七人。该原组织之公会即因委员不足法定人数,而当然不能仍旧继续存在,相应咨复贵院查照饬知。此咨

**附原咨**

为咨请事,案据实业部呈称,顷准四川省政府咨据兼任万县市市长呈请转咨核示,商会法及《工商同业公会法》未经规定者,计有四点,除二、三、四各点业经分别解释外,原咨第一点所云,凡一区域内同业公司行号有七家以上,依《工商同业公会法》之规定设立同业公会并加入当地商会,继因营业变迁公会所属之会员,其有改业或停业致不足法定数目时,该公会是否继续存在或解散之等语。本部一再审核,若任其存在已不合法定家数,若予以解散,则不独事实上多所牵动,且亦于法无据。正反两面解释,各有理由,本部未便擅断,除咨复外,理合具文呈请鉴核转咨解释示遵等情。据此,查此案事关解释法规,相应据情咨请贵院查照解释见复,至纫公谊。此咨

**院字第五四四号**

**二十年八月十日　司法院函国民政府文官处　附原呈**

迳复者,准贵处本年四月一日公函(第二六零一号)开,准中央训练部函据湖南省党务指导委员会训练部,呈请解释商会执行委员会可否设常务委员会一案,转行到院,业经本院统一解释法令会议议决,商会执行委员会、常务委员得组织常务委员会,惟依商会法第十八条、《商会法施行细则》第二十二条之规定,常务委员非必在三人以上,其不满三人者,自无所谓常务委员会之组织,相应函复贵处查照转知。此致

**附原呈**

呈为据情转呈,恳迅予解释事,案据属省第六区人民团体组织指导员唐树勋呈称,呈为呈请解释疑点指令示遵事。窃职以商会法第十八条,商会之执行委员及监察委员,由会员大会就会员代表中选任之其人数执行委员,至多不得逾十人,监察委员至多不得逾七人。前项执行委员得互选常务委员,并就常务委员中选任一人为主席,是常务委员之数必在三人以上,可否组织常务委员会处理日常事务?至监察委员会,则无常务委员及主席之规定。

若云轮流充当主席在会议时,固可惟会议之由何人召集决议案之由,何人执行,既无明文规定,进行自感困难。又,《教育会法》第二十一条,县市教育会设干事五人至七人候补干事二人由会员大会选举之,并无常务干事或干事长之规定。其困难情形当与商会监委会相同,为此合并备文呈请钧部恳予逐项解释指令示遵,以利进行谨呈等情。据此,查商会监察委员会可否设常委一节,前据常德县党部呈转请解释,当奉钧部指令函转国府文官处,交司法院查照解释在案,迄未奉令解释,仍恳迅予并案饬知,俾有遵循,实为党便。谨呈

**院字第五四五号**

**二十年八月十日　司法院函国民政府文官处　附原函**

迳复者,准贵处本年四月三日公函(第二六七三号)开,准中央训练部函为河北省党务整理委员会,呈请解释下级农会出席上级农会代表如何选派一案,转行到院,业经本院统一解释法令会议议决,下级农会应派出席上级农会之代表,系代表下级农会,为上级农会会员如何派定,《农会法》及施行法未定明文,自应由会员大会推派之,相应函复贵处查照转知。此致

**附原函**

迳启者,案准中央秘书处转送河北省党务整理委员会呈开,查《农会法》施行法第四条,省党部特别市党部及县市党部指导教育会改组及组织办法第五条规定,下级农会教育会为上级会会员时,应派同数代表出席,至应如何派出究由干事会指派,抑由会员选举,无明文规定。事关法令,未敢擅行曲解,请鉴核示遵等由。查关于"上级教育会举行会员大会,应由下级教育会会员大会选举代表出席"一节,本部前准教育部来函,当经分行各地党部查照在案。至下级农会出席上级农会代表,究应如何选派,于法无明文规定。事关法规疑义,应由国民政府转交主管机关解释,除函复外,相应函请贵处查照转陈核办见复为荷。此致

**院字第五四六号**

**二十年八月十日　司法院函国民政府文官处　附原函**

迳复者,准贵处本年四月二十四日公函(第三三零五号)开,准军政部函请解释关于各机关长官钤用小章疑义一案转行到院,业经本院统一解释法令会议议决,按国民政府颁发印信条例第二条,印信分印关防钤记小章四种,是小章亦明系印信之一种,于对外或对内之文书具列职衔及姓名之下,虽可钤用该小章以代表本机关或其本职,若文书上仅具列职衔而未经署名者,自不能仅钤用小章,遂视同钤用本人姓名之私章,而以代表该职员之本人,相应函复贵处查照转知。此致

**附原函**

迳启者,案查国民政府颁发印信条例第二条第五项规定,特简任职及简任或荐任之机关长官发小章,是项小章之钤用范围与其负责之效用条例,并无规定。现在各机关长官有

将是项小章与本人私章作同一使用,例如于文稿上用,以核判批阅及向直属长官用以签呈报告,既未签署姓名,似未能标出本人,在公务上切实负责之行为,究竟是项小章在未经署名之职衔下,是否与各机关长官本人之私章同一性质效用,或是项小章仅限于对外文书全衔姓名之后为代表本机关负责之用?其除未经署名之签稿不能与个人私章同一钤用之处,不无疑义,相应函请查照解释,并盼见复为荷。此致

**院字第五四七号**

**二十年八月十七日　司法院训令贵州高等法院　附原函**

为令知事,该法院本年第二四号公函致最高法院,为贵阳地方法院转请解释公文程式疑义一案,业经本院统一解释法令会议议决,地方法院与区公所及保卫团往复公文,依公文程式条例第二条第八款,应用公函。合行令仰转饬知照。此令

**附原函**

迳启者,案据代理贵阳地方法院院长庄敬支日代电称,查县属各区公所及区长兼任或县长委任之保卫团总局,均隶属于县政府之下,为人民团体之一。对于职院受理民刑诉讼及司法补助事件时有直接关系,往来公文应适用公文条例所列何种,恳转呈最高法院解释,俾便遵循等情。据此相应据情函请贵院查照敬祈详为解释,迅予示复为荷。此致

**院字第五四八号**

**二十年八月十七日　司法院指令江苏高等法院　附原呈**

呈悉,业经本院统一解释法令会议议决,服务船舶之茶房,如系船舶所有人直接雇用,则其所交押柜金,自可认为海商法第二十七条第一项第二款所载,服务船舶人员于雇佣契约所生之债权,若仅由船舶之业务主任或买办雇用其押柜金,亦未缴存于船舶者,自不在此限。合行令仰转饬知照。此令

**附原呈**

呈为呈请解释事,案据上海地方法院快邮代电内称,查海商法第二十七条第一项第二款所载,船长船员及其他服务船舶人员本于雇佣契约所生之债权,其期间未满一年者,依照同条第二项规定,其优先权之位次在船舶抵押权之先等语。兹有职院执行船舶案件,其服务船舶之茶役曾经缴纳押柜金,能否有优先受偿之权,于此有下列三说:(甲)说就该款所定服务船舶人员,本于雇佣契约所生之债权,从广义解释,茶役既属服务船舶,无论为船舶所有人雇用,抑为业务主任或买办雇用,此项押柜金本于雇佣契约所发生之债权。依照同法第二十八条第一项之规定,当然就船舶之卖价有优先受偿之权。(乙)说应分别为船舶所有人雇用,抑为业务主任或买办雇用,如为船舶所有人直接雇用,则茶役为船舶服务人员之一种。因此所生之债权,应有优生受偿之权。如由业务主任或买办自行雇用,其押柜金亦多由业务主任或买办收存,与船舶所有人并无直接雇佣契约之缔结,则茶役所缴之押柜金,自

不能认为船舶所有人有雇佣契约所生之债权。(丙)说从狭义解释,所谓服务船舶人员本于雇佣契约所生之债权其期间未满一年者,应专指服务船舶未满一年之所欠薪工而言,始有优先受偿之权,穷以何说为是,深滋疑窦,理合电请转呈解释等情到院。事关法律疑义,职院未敢擅断,理合具文呈请钧院迅赐解释,以凭饬遵。谨呈

**院字第五四九号**

**二十年八月十七日　司法院指令江苏高等法院　附原呈**

呈悉,业经本院统一解释法令会议议决,附带民事诉讼,虽未经民事调解处调解,亦得提起。合行令仰转饬知照。此令

**附原呈**

呈为呈请解释事,案据代理松江县法院院长黄亮呈称,按《民事调解法》第二条载,人事诉讼事件及初级管辖民事事件,除经其他调解机关调解不成立或调解主任认为不能调解者外,非经民事调解处调解不成立后不得起诉等语。查民事事件,除得向民庭起诉外,在特种情形下尚可在刑庭附带为之此种附带民事诉讼,系利用刑事诉讼程序。如仍须先行调解,似与《刑事诉讼法》之立法意旨不无抵触。此类案件究应如何办理,请求转呈解释等情到院。事关法律疑义,职院未敢擅断,理合具文呈请钧院迅赐解释,以凭饬遵。谨呈

**院字第五五〇号**

**二十年八月十七日　司法院指令山西高等法院　附原呈**

呈悉,业经本院统一解释法令会议议决,(一)《民法》第一千一百三十八条,所谓直系血亲卑亲属包含女子在内。(二)《民法》上并无所谓宗祧继承,至收养他人之子女,无论被收养者是否异姓,均无不可。合行令仰转饬知照。此令

**附原呈**

呈为转请解释事,案据太谷县县长仇曾祜电称,查继承法业经公布施行期转瞬即届,兹有法律上疑义两点列举,请求查第二次决议案女子有财产继承权,其追溯财产继承权法,并经明令公布,复经最高法院迭次解释有案。继承法第一千一百三十八条第一项规定,遗产继承人之顺序为直系血亲卑亲属,是否包括女子在内,应请解释者一。又查异姓乱宗在现行法例著为厉禁,前大理院迭次判决解释,各例著有成案。遍阅《民法》第五编全篇对于上项宗祧继承,并无明文规定。《民法》第四编第一千零七十八条规定,养子女从收养者之姓,是否为其继承宗祧之依据。事关法律疑问,理合电陈转请解释,以便遵循等情。据此,事关法律疑义,理合备文转请仰祈钧院俯赐解释,以便饬遵。谨呈

**此处删去一条。**

**院字第五五二号**

**二十年八月十七日　司法院训令四川高等法院首席检察官　附原函**

为令知事,该首席检察官呈最高法院检察署,为巴县地方法院首席检察官转请解释出版品应援用何法制裁一案,业经本院统一解释法令会议议决,《出版法》现已公布施行前,北京政府公布之《出版法》早经废止,不能援用新《出版法》施行前,出版之文书图画。如有犯罪行为,应分别适用普通《刑法》或新《出版法》第六章规定处断。合行令仰转饬知照。此令

**附原函**

迳启者,案据四川高等法院首席检察官傅春宣有代电称,案据巴县地方法院首席检察官宋维经电称,民国三年十二月四日,北京政府公布之出版法是否继续有效,若该法已经废止,则出版文书图画有妨害治安、败坏风化、煽动曲庇犯罪人、陷害刑事被告人,及宣扬侦查之轻罪重罪案件或揭载军事外交上之机密,及诉讼之禁止旁听事件等行为时,究应援用何法予以制裁?职院现有此类事件,立待解决,伏乞电示俾资遵循等情,理合电请钧署俯赐鉴核训示饬遵等情前来,相应转请贵院查照迅予解释见复为荷。此致

**院字第五五三号**

**二十年八月十七日　司法院指令浙江高等法院　附原呈**

呈悉,业经本院统一解释法令会议议决,按注册条例第十条内载,如有违背本条例不依限呈请注册者,准用旧制罚则之规定。依此规定,则与公司设立非经注册后不得对抗第三者,其效果显然不同。故凡遵《公司条例》向前政府注册之股份有限公司,未遵新章呈验执照或更新注册程序,仅应受官厅之处罚。至云执照无效,亦不过谓公司,不得以原领执照拒绝注册,并非谓原得对抗第三人之法人资格,即因之而丧失其宣告破产时,自应依《公司条例》股份有限公司之规定办理。合行令仰转饬知照。此令

**附原呈**

呈为转请解释事,案据杭县地方法院院长袁潢呈称,窃有甲公司成立于民国初年,遵照《公司条例》向前政府农商部注册为股份有限公司,现因营业失败,公司财产不足抵偿债务声请破产,旋据乙债权人声明异议谓,该公司前虽呈请北京政府注册,但自国民政府成立之后,该公司并未遵照国民政府公布之注册条例补行注册,亦未更新注册。是则该公司所谓正式注册者,法律上已经失效,不能再受公司法规之保护,并向实业部调查奉有批示内载,函呈已悉查。公司查验执照迭经一再展限,至十九年九月十五日为止,期满仍不呈请验换者,其所领执照作为无效,经分别布告咨会通饬遵照,并经呈奉行政院指令准予备案在案。该股份有限公司既未呈准补行注册,及检换执照其以前所领注册执照,自应作为无效等语。于此发生法律上疑点,约分子丑两说:(子)说该公司虽向前农商部注册认为股份有限公司,但自国民政府成立之后,并未遵国民政府公布之注册条例补行注册,亦未更新注册,在法律

上已经失效,不能再受公司法规之保护,即不能依据《公司条例》办理。其名义虽仍公司字样,应认为合伙组织,其各股东应按合伙法例,负担无限责任。(丑)说该公司既向前农商部注册为股份有限公司,虽于国民政府成立后,未向实业部补行注册,而实业部认其前所领注册执照作为无效,不过该公司不能依照公司法规继续营业。现该公司既已闭歇,自不成问题,要不能谓其遵照前政府分布继续有效之《公司条例》所设立,并经注册之有限公司,于闭歇后,其股东须负无限责任,不特于其设立之宗旨相背即其解散后,尤形纷歧,仍应享受《公司条例》股份有限公司章程之保护。以上两说,究以何说为是,事关适用法律疑义,悬案待决,理合备文呈请鉴核转请解释示遵等情。据此,审查前项请求解释,核与《统一解释法令及变更判例规则》第三条第一、二两项规定,尚属相符,理合备文转请仰祈钧院鉴核令遵。谨呈

**院字第五五四号**

**二十年八月十七日　司法院训令安徽高等法院　附原函**

为令知事,该法院本年第一九五号公函致最高法院,为祁门县承审员转请解释孀妇改嫁主婚权疑义一案,业经本院统一解释法令会议议决,孀妇改嫁与否,应由孀妇自主,主婚权之制度与婚姻自由之原则相反。虽在《民法》亲属编施行前,亦不适用。合行令仰转饬知照。此令

**附原函**

迳启者,案据祁门县承审员王振邦呈称,呈为呈请示遵事。兹有某孀妇夫死有年,现因家贫兼与翁姑不睦,欲行改嫁,恐翁姑梗阻,依法投缴声请费三元,具状声请备案,准予自由改嫁,县长交承审员核办。查《非诉讼事件征收费用暂行规则》业奉颁发,而非诉讼事件之程序法迄未奉到明文,无从依据。此种请求究竟应否照准,殊滋疑问,研究之下,约得二说:(甲)说孀妇改嫁,虽为法所不禁。然现行律民事有效部分载明,孀妇自愿改嫁由其夫家祖父母、父母主婚,今某孀妇自愿改嫁,其主婚权应属其翁姑。在未得其翁姑同意前,其声请备案改嫁,依法应予驳斥不准。(乙)说现在婚姻制度注重当事人男女两方之自由意思,现行律民事有效部分虽载翁姑主婚,核与现在婚姻自由原则显相违反,应不适用。某孀妇声请备案改嫁,依婚姻自由原则,应予照准二说,似各有理由,未知孰是,案悬以待,理合备文呈请钧院指示祇遵,实为公便等情。据此,事关法律疑义,相应函请大院迅予解释,俾便转令遵照为荷。此致

**院字第五五五号**

**二十年八月十八日　司法院训令陕西高等法院　附原函**

为令知事,该法院本年第一一一号公函致最高法院,为第一分院转请解释诉讼代理权疑义一案,业经本院统一解释法令会议议决,法定代理人代理禁治产人提起请求返还财产

之诉,无须得亲属会议之允许。合行令仰转饬知照。此令

**附原函**

迳启者,案据陕西高等法院第一分院院长赵贞元呈称,呈为呈请转请解释事。兹有某甲生子乙丙丁,乙丙均于娶妻生子后死亡,丁有精神病,未娶妻,家产由甲早给三字按股均分。当甲死后葬埋时,丙妻已遵甲生前意旨,面同亲族将其子辛出继于丁。其时,乙妻戊亦将其子庚并继于丁为嗣,庚、辛均未成年,丁之家产由戊、己各为管理一半,戊、己对丁轮流供赛。丁因己供养较优,遂与己同居。其后,庚夭亡,己与戊争继构讼案,经三审确定,由辛继丁、己复以监护人名义代理,辛、丁诉请戊交还管理丁之一半家产,初审判令返还,戊不服上诉。二审己之代理权有无瑕疵,于此分为二说:(子)说按民诉条例第五十七条载,法定代理人于为诉讼行为时,所必要之允许,依《民法》及其他法令之规定。又监护人代被监护人所为之行为,如于被监护人之财产上有重大关系,应得亲属会之允许,此为至当之条理。兹由己代表其被监护人向戊提起交还产业之诉,其诉讼行为显于被监护人辛之财产有重大关系,既未得亲属会之允许,其代理权即为有瑕疵,应将其诉驳斥。(丑)说民诉条例第五十七条,系为法定代理人代理诉讼行为总括之规定,丁有精神病,辛尚未成年,己为辛之亲生母,丁又与己同居,己对于辛为监护人,对于丁为保护人,丁辛一半家产向又由己代管。己以监护人与保护人资格代理辛、丁,在第一审法院诉请戊为返还产业,自属合法行为。至谓监护人代被监护人所为之行为,如于被监护人之财产上有重大关系,应得亲属会之允许,系指监护人对于被监护人之财产上有不利益之处分行为而言。兹己代辛诉戊返还产业,显为有利益于被监护人之行为,无庸再得亲属会之允许,致滋纠纷,且亲属会议之成立亦有条件,本案于承继当时并未成立亲属会议。今承继既经确定,更无因监护人已代被监护人辛讼争利益时,尚须开始组织亲属会议以求得其允许之必要。以上两说,应以何说为是,理合具文呈请钧院转请解释示遵,实为公便,谨呈。据此,相应具函转请贵院迅予核办,以便转行遵照。此致

**院字第五五六号**

**二十年八月十八日　司法院训令绥远高等法院　附原呈**

为令知事,该法院呈最高法院,为丰镇县司法公署监督审判官转请解释司法公署应否附设民事调解处一案,业经本院统一解释法令会议议决,县司法公署不在民事调解法第一条所称第一审法院之列。合行令仰转饬知照。此令

**附原呈**

呈为转请解释事,案据丰镇县司法公署监督审判官胡履逊呈称,呈为呈请示遵事,案查前奉钧院先后令发民事调解法及施行规则各法令一案,饬即遵照办理等因。奉此,遵查民事调解法第一条载,为杜息争端、减少讼累,于第一审法院附设民事调解处。而《民事调解法施行规则》第一条载,民事调解法第一条称第一审法院者指,下列法院而言:(一)地方法

院及分院；（二）地方庭及分庭；（三）县法院各等语。细译上二法条之规定，则知各县之应设民事调解处者，必须以有县法院为限，其无者，则不设之。此乃当然之解释，似无疑义。惟查职署乃系司法公署，其组织究不若县法院为完备，以视县法院自当有别奉令。前因职署究是否与县法院同论而附设民事调解处与否之处，不无疑义。事关法律，未敢擅专，理合具文呈请钧院鉴核，俯赐迅予明白指令祗遵，实为公便，谨呈等情前来。事关解释法律，本院未敢擅专，理合其文呈请钧院迅赐解释，俾便转令饬遵。谨呈

**院字第五五七号**

**二十年八月十八日　司法院电湖北高等法院　附原电**

湖北高等法院何院长览，本年五月删代电悉，所请解释租赁房屋涉讼征费疑义一案，业经本院统一解释法令会议议决，民事诉讼律第十一条所谓，因赁借权涉讼系指定有期限或订明，非有欠租等事由，不得终止契约之租赁关系，为诉讼物时而言。其未定期限当事人，得随时终止契约之租赁关系为诉讼物时，应依同律第五条，由法院核定其价额以为确定事物管辖及征收审判费用之标准。至因终止租约迁让房屋涉讼者，应依同律第二条第二款，定其事物管辖，并依同律第五条，由法院核定诉讼物之价额，以为征收审判费用之标准。合电知照司法院巧印

**附原电**

司法院钧鉴，查民事诉讼关于业主与租户因终止租约迁让房屋涉讼，本院向系依前大理院十年统字一五五九号解释定其事务管辖，及征收审判费之标准近自钧院院字第二九二号解释公布，于是适用时遂有二说：（甲）说谓院字第二九二号解释，既谓因租赁权涉讼，其价额在原则上应以一年租额二十倍为准，则是凡因终止租约迁让房屋涉讼，均应依《修正民事诉讼律》第十一条前段定其事务管辖并征收审判费。惟订有租期之租约，其未满租期内之租金总额少于二十倍者，始依同条后段之规定，以争执期内之租金总额为准。（乙）说谓前大理院十年统字第一五五九号解释系谓（一）房屋租赁契约有永租之性质或订有期限，尚未满期而业主声明解约诉求迁让者，应依呈准暂行援用之民诉律草案第十一条，定其管辖并征收审判费用。（二）其未订期限而于解约无争，或已订期限而业经满期业主声明解约诉求迁让者，应依该草案第二条第二款定其管辖，依第五条由审判衙门酌量征收审判费。（三）其未订期限而于解约有争，业主声明解约诉求迁让者，应依预告期限内之租金，定其管辖并征收审判费用各等语。查该解释所谓呈准援用之民诉律草案，即现在适用之《修正民事诉讼律》其解释之条文，既与现在适用者无异，故该解释仍可援用。至院字第二九二号解释，谓原则上应以一年租额二十倍为准，当指有永租性质之租约或其租约虽已订期而未满期限内之租金总额尚在二十倍以上之案件而言。余若前开解释之（二）项情形既属租期已满或与解约无争，即系于租赁权并无争执，当仍依《修正民事诉讼律》第二条第二款及第五条办理。又第三项情形，其租赁契约既未订有期限或有永租之性质，即系就预告期限之能

否迁让以为争执,依《修正民事诉讼律》第十一条后段之规定,自应以该期限内之租金总额,定其事务管辖并征收审判费。惟所谓预告期限,应依《民法》债编第四百五十条第三项之规定。以上二说,未知孰是,理合电请解释示。遵湖北高等法院叩删印

**院字第五五八号**

**二十年八月十八日　司法院指令山西高等法院　附原呈**

呈悉,业经本院统一解释法令会议议决,于再审期限内提起再审之诉,因管辖错误被驳斥者,依现尚沿用之《民事诉讼条例》第五七三条第四项规定,当事人应自驳斥判决送达时起十日内,再向管辖法院提起。若当事人原于期限内向管辖法院提起再审之诉,虽因管辖法院误将诉状转送非专属管辖之法院受理,而既由该法院因管辖错误,予以驳斥,则该再审之诉,自仍系属于该管辖法院,当事人自得随时向管辖法院请求进行。合行令仰转饬知照。此令

**附原呈**

呈为转请解释事,据代理太原地方法院院长李如萍呈称,为呈请转请解释事。今有某甲因地基涉讼案,经第三审判决后,某甲遵限具状原第二审法院请求再审,第二审法院因声请再审状内有引律错误等语,遂转送第三审办理。第三审又以状内有指摘事实之处,应依《民事诉讼条例》第五百七十一条办理,判决驳斥再审之诉。某甲接到此项判词后,迟延五十余日,复向第二审法院具状声叙经过情形请予再审,于是因再审逾期与否,有以下两说之争执:(子)谓某甲声请再审之诉,既系遵守法定期限,并在第二审法院为之。现在虽经第三审判决后五十余日,某甲仍可在第二审法院请求进行,因法院误解管辖不能归咎于当事人某甲。最后向第二审法院之声请,系继续进行诉讼,非再审之开始,不得以逾期论。(丑)谓某甲之声请再审,既经第三审判决,即应依《民事诉讼条例》第五百七十三条第四项之规定办理,始为合法。现某甲接到第三审判决后五十余日,始向第二审声请,自应以逾期论。究竟(子)(丑)二说何者为是,本院现在发生此项事件极待解决,理合备文呈请鉴核转呈解释示遵施行谨呈等情。据此,事关法律理合备文呈请钧院俯赐解释,俾便饬遵。谨呈

**院字第五五九号**

**二十年八月十八日　司法院训令陕西高等法院　附原函**

为令知事,该法院本年第一一号公函致最高法院,为第二分院转请解释第三人于执行终结后,声明权利应如何办理一案,业经本院统一解释法令会议议决,第三人之财产不能为执行之标的,债务人之不动产于执行开始前,苟已合法移转于第三人,即属第三人之财产。该第三人于执行终结前,虽未提起异议之诉,而其所有权并不因此而丧失,自得以现占有人或侵害权利人(即对于该不动产声请执行人)为被告提起普通诉讼。至《民事诉讼执行规则》第五十四条乃关于异议之诉应于何时提起之规定,于所有人之所有权无何影响。合行

令仰该法院转饬知照。此令

**附原函**

迳启者,案据陕西高等法院第二分院呈称,呈为呈请转请解释事。查第三人对于强制执行之不动产有权利时,应于强制执行终结前,向执行审判衙门对债权人提起异议之诉为《民事诉讼执行规则》第五十四条第一项前段所明定。设有第三人对于实施强制执行债务人原有之不动产于执行开始前,业由债务人手取得所有权,嗣迭次布告查封拍卖该第三人并未声明权利,追将该不动产适法拍卖,经执行衙门发给权利移转书据后,该第三人始行声明权利,不免发生疑义:(甲)说谓第三人既于开始执行前,由债务人手取得不动产所在权。嗣后,执行债务人财产时,即不得对于该第三人所有之不动产查封拍卖。纵该第三人未于执行终结前提起异议之诉,然其所有权要不能受其影响,现时第三人提起诉讼,自应撤销,拍卖将该不动产交由第三人管业。(乙)说谓执行衙门,查封该项不动产时,业于不动产所有地及其他各处贴有布告准第三人声明权利,乃该第三人于执行终结前绝未到案呈诉,乃属自已之过失。现时执行终结不动产业已拍卖,只能向债务人请求损害赔偿,不能追还原物,否则执行衙门之拍卖几同儿戏,于官厅威信亦有影响。二说究以何说为是,此应请解释者一。又此项诉讼,应以债权人为被告,抑应以拍卖人为被告,此应请解释者二。理合具文呈请转请解释示遵,谨呈据此,相应具函转请贵院迅赐核办,以便转饬遵照。此令

**院字第五六〇号**

**二十年八月十八日　司法院电山东高等法院　附原电**

山东高等法院吴院长览,本年四月养代电悉,日照县法院转请解释人事诉讼法律疑义一案,业经本院统一解释法令会议议决,丙与甲之子虽未成婚,甲子死后丙既以永久共同生活为目的,与甲同居一家,自为甲之家属。甲非有正当理由,不得令其脱离关系。丙既系无夫之妇女,其犯奸罪自不成立。合电转饬知照。司法院巧印

**附原电**

司法院院长钧鉴,案据日照县法院审判官邵来旬呈称,缘职院本月受理人事诉讼案一件事实既属离奇,法律尤多疑问。试例举以明之,例如某甲之子乙曾聘定某丙为妻,甲子乙年至十四岁少亡某丙时,已十六岁并未过门。但本县又有一种习惯,女已聘定,虽未过门夫死,亦应守志(俗称为贤良女)。某丙虽未过门,即随本地习惯归至某甲家守志时,逾十六年之久。某甲忽与某丙生有嫌隙,某甲告诉到院,请求脱离亲属关系。曾经讯问,两造坚执不下。查某甲之子乙死亡年仅十四岁,并未成年。某丙又未过门,是乙与丙之婚姻并未结婚,丙与甲亦无何等亲属之关系。今丙本诸该县习惯,归某甲家守志已逾十六年之久,殊出人情之外某甲与丙有无亲属关系,实系无法依据。某丙是否应归娘门,尤属无法认定。如某丙犯奸,又应如何处理。事关法律解释及疑难,职院未便拟断,停案以待,谨恳鉴核裁示,俾便遵循等情到院。事关法律解释,理合电请钧院迅赐解释饬遵。山东高等法院院长吴贞缵叩养

**院字第五六一号**

**二十年八月十九日　司法院函国民政府文官处　附原呈**

迳复者,准贵处本年五月十九日公函(第四零五七号)开,准中央训练部函转河北省党务整理委员会呈请解释《工商同业公会法》第十四条疑义一案,业经本院统一解释法令会议议决,《修正工商同业公会法》第十四条第四项载,工商同业公会联合会,除前三项规定外,准用本法关于同业公会之规定。而同法第五条载,同一区域之同业设立公会,以一会为限等语,则同一省区内设立之某种工商同业公会联合会,亦自应以一会为限。苟该省区内已有某种工商同业公会联合会之组织后,而该省区内又有该同种工商同业之公会二会,以上各自经其会员三分二以上之同意,欲共同发起另行组织该种工商同业公会联合会,以其章程呈请该省政府核准时,该省政府自应令其归并,于该省区内前已组成之同种工商同业公会、联合会之内,相应函复贵处查照转知。此致

**附原呈**

呈为呈请解释《工商同业公会法》第十四条前项之规定俾便遵循事,窃查《工商同业公会法》第十四条"二以上之同业公会,各自经其会员三分二以上之同意,得组织联合会"之规定,设有在同一省区内二以上之某业同业公会,各自经其会员三分二以上之同意共同发起,该业同业联合会呈请当地高级党部或主管机关备案。事后如有该某业同业公会第二者,又联合二以上之同业另行发起,呈请许可。斯时,其主管机关应如何处置?盖十四条后项,除关于章程及备案之主管机关三项规定外,准用本会关于同业公会之规定。查《工商同业公会法》第五条"同一区域之同业设立公会以一会为限"引而言之,即同省区内设立某业之联合会,亦以一会为限。是以发起之某业联合会,自应令其归并前者。推而至于第三、第四之发起者,亦应同样办理。若是,则归并之手续既称繁复,而职员之改选行见纠纷,且此种情形亦非立法者之本意。所有上述情形,属会实无法遵循,用特备文呈请钧会明白指示祇遵,实为党便。谨呈

**院字第五六二号**

**二十年八月十九日　司法院咨行政院　附原咨**

为咨复事,准贵院本年五月十五日咨(第一三六号)开,据浙江省政府代电转请解释《诉愿法》第七条疑义一案,咨请查照解释见复等由,业经本院统一解释法令会议议决,原处分官署认诉愿为有理由者,于撤销原处分后,自可另为处分。相应咨复贵院查照饬知。此咨

**附原咨**

为咨请事,案据浙江省政府支代电称,查《诉愿法》第七条第二项后段载,原处分官署认诉愿为有理由者,得自行撤销原处分等语。惟原处分撤销后,应否由原处分官署另为处分,尚无明文规定。本府现有此类案件待决,伏乞钧院转咨司法院迅予解释,俾便遵循等情到

院。事关诉愿疑义，除指令外，相应据情转咨贵院查照解释见复，至纫公谊。此咨

**院字第五六三号**

**二十年八月十九日　司法院函国民政府文官处　附原呈**

迳复者，准贵处本年六月三日公函（第四四八七号），为行政院呈据实业部请示《会计师条例》第三条疑义一案转交解释到院，业经本院统一解释法令会议议决，按《会计师条例施行细则》第四条，既明定《会计师条例》第三条规定之公务机关，以政府机关为限，则从事于党部之会计者，自不包括在内。相应函复贵处查照转知。此致

**附原呈**

呈为呈请事，据实业部呈称，案据万长祐呈称，长祐毕业于国立东南大学分设上海商科大学，曾任中国国民党中央执行委员会财务委员会干事，办理会计主要职务二年以上，核与《会计师条例》第三条规定相符，请发给会计师证书等情。查《会计师条例》第三条规定，曾在大学或专科以上学校之商科或经济科毕业，并曾在公务机关任会计主要职员二年以上者，得为会计师。又《会计师条例施行细则》第四条规定，《会计师条例》第三条之公务机关，以政府机关为限等语。查此项施行细则，原系前工商部起草，呈由国府核准施行。该草案第四条原文本规定，公务机关包括党部及政府机关在内，嗣经国府第九十一次国务会议决议，将党部二字删去。细绎此条法意，似不认党部会计职员，有《会计师条例》第三条规定之资格。但对于最高党部有无例外，未奉令知，究竟该具呈人应否认为有此项资格，未敢擅断，理合具文呈请鉴核示遵等情到院。查《会计师条例施行细则》原系前工商部起草，呈奉核准施行。该草案第四条原文本规定公务机关包括党部及政府机关在内，嗣经钧府第九十一次国务会议决议，将党部二字删去等因饬行有案，是党部会计职员应否认为有《会计师条例》第三条规定之资格，尚难臆断，除指令外，理合据情转呈钧府鉴核示遵。谨呈

**院字第五六四号**

**二十年八月十九日　司法院函国民政府文官处　附原函**

迳复者，准贵处本年五月十三日公函（第三八八一号）开，准中央训练部函请解释工商同业公会委员缺额时改选或补选疑义一案，业经本院统一解释法令会议议决，按工商同业公会之委员，依《工商同业公会法》第十条，准用商会法关于职员之规定，其任期应为四年每二年改选半数。如未至改选之期，又非依同法第十二条认该会有解散之事由，则遇有委员缺额候补委员不足递补时，自应依法补选，相应函复贵处查照转知。此致

**附原函**

迳启者，案据广州市酒楼茶室业同业公会执行委员邓兆兰等呈，为广州市执行委员会民众训练委员会不依法规处理，无故停止该会活动，强行改选迫赴请愿，仰祈电令取消停止活动命令查明依法补选以重法规等情。查工商同业工会委员有缺额候补委员不足递补时，

究应由行政选,抑仅行补选。法无明文规定,据呈前情。事关法律解释,除批答外,相应抄同原呈函达查照,并希陈交主管机关解释见复为荷。此致

**院字第五六五号**

**二十年八月二十四日　司法院指令浙江高等法院　附原呈**

呈悉,业经本院统一解释法令会议议决,查《修正县知事审理诉讼暂行章程》第二十二条规定,刑事裁判书除依刑事诉讼条例送达当事人外,并应送达告诉人。所谓告诉人,当然指实行告诉之人而言,但应覆判之案件即使送达于告诉人,在未经覆判以前,仍未确定并应注意。合行令仰转饬知照。此令

**附原呈**

呈为转请解释事,案据景宁县承审员宋思璟呈称,窃有土匪甲掳乙,并遣匪徒丙向乙家勒赎,被乙村之保卫团团总丁拿丙送,究而乙始终不来告诉。惟审理中以阐明事实之故,认被害之乙有传问之必要,曾经传乙到庭证明被害之事实后,经判决丙有罪,将丁列作告发人,丙为被告人,而乙虽为被害者,以未告诉之故,未经列入当事人栏内。其判决亦只送达与丙丁,而未送与乙。案已经过上诉期间,丙丁均不上诉,依覆判章程送请覆判,而覆判审检察官以判决未送达被害人乙之故,认为未经确定,将原卷发还饬送判决与乙,于此有子丑两说:(子)说谓《修正县知事审理诉讼章程》第二十二条,刑事裁判书,除依刑事诉讼条例应送达当事人外,并应送达告诉人等语,则告诉人即包括被害人。虽未经被害者之告诉,依照本条法意,仍应送达判词与被害人检察官之主张甚是。(丑)说谓县诉章程第二十二条末段之法意,系指被害人告诉之案件而言,非谓告发之案件皆须送达。被害人该条所以要特别规定,并应送达告诉人一语者,以别与《刑事诉讼法》应送达于当事人异其趣旨耳。盖《刑事诉讼法》称当事人者,专指检察官,自诉人及被告而不及于告诉人,是该条对于被害者告诉案件有规定,并应送达告诉人之必要。至被害人始终不来告诉,案经他人告发,自无向被害人送达之必要。检察官之主张,未能允当。两说未知孰是,案关法律疑义,理合具文呈请核转解释等情。据此,理合备文转请仰祈钧院俯赐解释,以便饬遵。谨呈

**院字第五六六号**

**二十年八月二十四日　司法院训令辽宁高等法院　附原函**

为令知事,该法院上年第六六五二号公函致最高法院请解释《刑法》第二百五十七条疑义一案,业经本院统一解释法令会议议决,未满二十岁之妇女,既因结婚而取得行为能力,即使妇女尚有翁姑和诱之者,亦不构成《刑法》第二百五十七条第一项之罪。合行令仰知照。此令

**附原函**

迳启者,查未满二十岁已结婚之女子有行为能力,其夫非《民法》上之保佐人被人诱拐,

不合于《刑法》第二百五十七条第一项脱离保佐人之规定,不得处罚,业经司法院解释有案。设被诱人尚有翁姑诱拐者,应否成立犯罪,约分二说:(甲)说,《刑法》第二百五十七条第一项规定,脱离享有亲权人、监护人或保佐人已结婚女子有行为能力,自无监护人或保佐人可言。至翁姑系旁系尊亲属与行亲权之父母,亦觉有别诱拐者,应不为罪。(乙)说,父母对于子妇均享有亲权,不能因其系直系尊亲属或旁系尊亲属而有区别。如依甲说,意图营利或奸淫诱拐未满二十岁已结婚之女子,不合于《刑法》第二百五十七条第一项脱离享有亲权人之规定,应不为罪。若意图营利或猥亵诱拐未满二十岁已结婚之男子,合于同条项脱离享有亲权人之规定,应认为有罪,于法理人情,似均不合。且在《刑法》施行后,民法总则未颁布前,关于民事法例系依据前清现行律民事有效部分,以十六岁为成年。是时十六岁以上、二十岁以下之男子,虽未结婚,亦完全有行为能力。若被人诱拐合于脱离享有亲权人之规定,何以亦为有罪。就此观察未满二十岁之男女,虽已结婚,依《民法》有行为能力,如被诱拐在《刑法》上合于脱离享有亲权人之规定,仍应构成同法第二百五十七条第一项之罪,似无可疑。两说究以何说为当,抑或别有解释,相应函请拟具解答案转呈司法院训令祇遵,实纫公谊。此致

**院字第五六七号**

**二十年八月二十四日　司法院训令最高法院东北分院检察署　附原函**

为令知事,该检察长呈最高法院检察署为黑龙江高等法院首席检察官转请解释《惩治土豪劣绅条例》第二条第四款疑义一案,业经本院统一解释法令会议议决,银号放款月利虽为三分若贷款之期,系在该地未隶国民政府以前,而于隶属后复无盘剥之行为者,自不负《惩治土豪劣绅条例》第二条第四款之责。合行令仰转饬知照。此令

**附原函**

迳启者,案据最高法院东北分院检察署检察长呈称,呈为恳予转请解释事,据黑龙江高等法院首席检察官娄学谦呈称,准黑龙江省总商会函开,查民国十八年六月十二日,院字第二号解释内载,按当事人订立借贷契约,如超过年利百分二十之限制,系在该县未隶国民政府以前。依该约给付利息,则法律原则当然不溯及既往。又同年十二月十一日,院字第一七六号解释内载,典当利息超过百分之二十,经行政官署许以未将办法颁行前,暂从各地方习惯办理者,其股东自不负《惩治土豪劣绅条例》第二条第四款之责任等语。本省普通贷款利息概系四分,而一般银号亦系呈准前黑龙江省长公署开,业其月利如为三分,而贷款之期又在东省隶属国民政府以前,是否依照前二号解释,可免除《惩治土豪劣绅条例》之制裁,以恤商艰而符习惯等因,理合转呈等情。据此,查事关法律解释,职署未敢擅专,理合备文呈请钧署鉴核转请解释示遵等情。据此,相应转请查照迅希解释见复为荷。此致

**院字第五六八号**

**二十年八月二十四日　司法院电广西高等法院　附原函**

广西高等法院院长览,该法院第一分院上年九月冬代电致最高法院请解释诈欺罪适用法律疑义一案,业经本院统一解释法令会议议决,(一)《刑法》施行前,三人以上共犯以诈财为常业之罪,而裁判已在《刑法》施行以后者,关于常业犯在《刑法》第三百六十四条,虽有特别规定而在犯罪时之刑律既无加重论科之明文,依《刑法》第一条规定,自不得援用《刑法》遡及既往,均应依《刑法》第二条前段、第三百六十三条第一项处断。(二)《刑法》中所谓常业,指以犯罪行为生活之事业而言,其所实施之行为,虽不止一次,仅能构成一罪。合电转饬知照。司法院敬印

**附原函**

最高法院院长钧鉴,查关于诈欺罪在《刑法》有第三百六十四条常业之特别加重规定,而无三人以上共犯之特别加重规定,在刑律则有第三百八十五条三人以上共犯之特别加重规定,而无常业之特别加重规定。兹有当刑律施行之时,三人以上共犯以诈欺取财为常业之罪,而裁判已在《刑法》施行以后,依《刑法》第二条前段,自应依《刑法》论罪。惟依同条后段比较刑之轻重,以定适用之刑,现有二说:(甲)说谓犯罪时之法律,既有三人以上共犯之加重刑,为犯人所应受应比较《刑法》第三百六十四条、刑律第三百八十五条而适用《刑法》之刑。(乙)说谓刑律第三百八十五条已因《刑法》施行而失其效力,应比较《刑法》第三百六十四条、刑律第三百八十二条而适用刑律之刑未审,以何说为当?又(甲)说谓常业云者,系指有对于多数不定之法益,而次第为侵害行为之意思而言,其所侵害之多数法益及其次第之行为已为加重之要件,应以一罪论。(乙)说谓多数法益乃系不定者,不过加重要件之性质,其次第之行为如非对于同一之法益,即不能认为连续,而应并合论罪亦未审,应以何说为当?事关法律疑问,理合电请迅赐解释,俾资遵循。试署广西高等法院第一分院院长陈祖信叩冬印

**院字第五六九号**

**二十年八月二十四日　司法院指令湖南高等法院　附原呈**

呈悉,业经本院统一解释法令会议议,决丁戊冒名甲、乙顶替到案,如系出于使甲、乙隐避之意思,应依《刑法》第一七四条第二项处断,与同法第一四二条第二项成立要件不符,丁、戊犯罪未经起诉,不能由第二审迳行判决,应移送侦查机关办理甲、乙部分,可由第二审将原判决撤销,另为判决。合行令仰转饬知照。此令

**附原呈**

呈为呈请事,案据署职院第二分院院长张心翊俭代电称,今有甲、乙二人伤害丙致死,甲、乙二人固应论以《刑法》第二百九十六条之罪,但原审判罪之人为冒名顶替之丁戊,而非

真正之甲、乙。其在冒名顶替之丁戊,应否依列法第一百四十二条第二项处断,如依该条处断,是否由第二审迳行判决,抑应发交第一审办理?至于真正之甲、乙,其第一审原由到案之丁、戊顶替,至第二审始行获案以其名而论,则已经过第一审审判程序,以其人而论,实另系两人似未经第一审审判。似此情形,是否以原判视作第一审,抑应发交原审为第一审裁判?职院现有上述案件未敢擅拟,理合电恳钧院转请解释,以便遵循等情。据此,除指令准予转请解释外,理合具文呈请钧院俯赐鉴核发交最高法院,拟具解答案复核令遵。谨呈

**院字第五七〇号**

**二十年八月二十四日　司法院训令福建高等法院首席检察官　附原函**

为令知事,该首席检察官呈最高法院检察署,为闽侯地方法院连江分庭检察官转请解释《刑法》妨害选举罪疑义一案,业经本院统一解释法令会议议决,地方党部当改选职员时,如以强暴胁迫等方法妨害或扰乱选举,以致党员纷纷离席结果宣告散会,应成立《刑法》第一百五十三条之罪,其于事前具有阻止或扰乱合法集会之故意者,则应适用第一百五十九条论科。合行令仰转饬知照。此令

**附原函**

迳启者,据福建高等法院首席检察官呈称,为呈请事。案据闽侯地方法院连江分庭检察官代电称,查《刑法》第一四九条妨害选举罪,以对于依法所设立之中央及地方选举用强暴胁迫或其他非法妨害他人自由行使选举权而成立,其意义与刑律第一百六十条同。依民国八年大理院统字第九七五号解释,以国会及地方议会议员之选举为限。设有地方党部当改选职员时,一部分党员竞争选举当场呼打捣乱,以致会场秩序大乱,党员纷纷离席结果宣告散会,应否构成妨害选举罪。兹有甲乙两说:(甲)说条文既载明依法所立之中央及地方选举一语,适用范围本属明瞭,依民十六国府令现仍有效之大理院解释地方选举以地方议会议员之选举为限,范围更属确定妨害地方党部改选职员,应不在此条范围内。(乙)说今日地方党部地位重要,与前时地方议会地位相衡,有过之而无不及。设有人妨害选举,应构成本条之罪。两说莫衷一是,职处现有此种案件发生,应如何办理之处,理合电恳迅赐核示,俾有遵循,悬案以待乞速施行等情。据此,事关法律疑义,理合具文呈请钧长察核俯赐转院解释,实为公便等情到署。据此,相应函请查照希即解释见复为荷。此致

**院字第五七一号**

**二十年八月二十四日　司法院训令陕西高等法院　附原函**

为令知事,该法院上年第三一九号公函致最高法院为第一分院,转请解释依《印花税条例》科罚之裁定,抗告法院能否予以废弃一案,业经本院统一解释法令会议议决,司法机关依《印花税暂行条例》以裁定科罚,按照司法机关依《印花税暂行条例》科罚及执行规则第四条之规定,不得声明不服提起抗告。如原裁定果系违法,得声请该司法机关另以裁定撤销

科罚之裁定。合行令仰转饬知照。此令

**附原函**

迳启者,案据陕西高等法院第一分院院长赵贞元呈称,为呈请事。兹有某甲于诉讼中提出,他人在前清及民国十六年以前,所立交伊收执之契约若干纸于法院作证。该法院即依《印花税暂行条例》将某甲及其子某乙科处罚金时,某甲已死,某乙不服提起抗告。抗告法院能否将原裁定予以废弃,于此分为二说:(子)说谓司法机关依《印花税暂行条例》科罚及执行规则第四条,虽载有"依《印花税暂行条例》科罚之裁定不得声明不服"等语,但原裁定对于公布《印花税暂行条例》以前,成立之契约概依该条例处罚且所罚者,又为收执契约之人而非立契之人,根本上已属违法抗告法院,自得将原裁定予以废弃。(丑)说谓原裁定虽属违法,但被罚者对该裁定不得声明不服,既有明文规定,其抗告自非合法抗告,法院对于不合法之抗告,除予以驳回外,原裁定之内容是否违法,均非所问。二说未知孰是,悬案待决,理合具文呈请核转解释,俾资遵循等情。据此,案关解释法律,相应函请贵院查照解释见复为盼。此致

**院字第五七二号**

**二十年八月二十四日　司法院电最高法院东北分院检察署　附原函**

最高法院东北分院检察署检察长览,该检察长电呈最高法院检察署,为吉林高等法院首席检察官转请解释起诉权时效疑义一案,业经本院统一解释法令会议议决,查检察长官通缉行为在刑律有效时期,自可认系刑律第七十二条所称侦查上之强制处分起诉权之时效,应即依律中断。原代电所称情形,如果于《刑法》施行时刑律上之时效,尚在中断中或更行起算后,仍未满期,当然依《刑法》施行条例第十一条办理。合电转饬知照。司法院敬印

**附原函**

迳启者,案据最高法院东北分院检察署检察长魏大同代电称,案据吉林高等法院首席检察官上年十二月寝代电称,查暂行新刑律第七十二条起诉权之时效,遇有下列行为之一中断之,俟行为停止更行起算。该条第一款规定侦查及预审上强制处分,又《刑法》施行条例第十一条,《刑法》施行前依刑律第七十二条及第七十五条之时效中断者,适用《刑法》时效之规定。兹有某甲犯伪造文书及诈财罪犯罪日期在适用刑律时期,当因某甲在逃曾经地检厅呈请通缉。现某甲已查获按所犯罪刑依刑律规定起诉权之时效已消灭,惟前经通缉有案能否适用上开法条,依《刑法》时效之规定(按《刑法》时效计算起诉权尚未消灭)重行侦查法办?伏祈训示遵行等情。据此,理合电请钧署转请解释示遵等情。据此,相应函请贵院查照解释见复为荷。此致

院字第五七三号

二十年八月二十四日　司法院训令江苏高等法院首席检察官　附原函

为训令事，该首席检察官呈最高法院检察署，为镇江地方法院首席检察官转请解释县属警察大队犯罪审判管辖疑义一案，业经本院统一解释法令会议议决，县长因所属地方土匪猖獗，召集警察大队分驻四乡以备剿匪之用，仍由县长直接监督。如非依陆军编制训练者，自属警察性质，不得视同陆海空军军人。若有犯罪，应由法院审判。合行令仰转饬知照。此令

附原函

迳启者，案据江苏高等法院首席检察官王思默呈称，为警察大队之官长士兵应否仍由法院审判，仰祈鉴赐转院解释示遵事。窃据代理镇江地方法院首席检察官徐尔僖皓代电称，窃查江苏各县近因所属地方土匪猖獗，召集警察大队分驻四乡，以备剿匪之用。惟其编制与陆军略有不同，由县长直接监督，不归公安局节制。关于此项警察队之官长士兵，是否即陆海空军《刑法》第六条第三款所指之地方警备队官长士兵，分为甲、乙两说：（甲）谓此项警察队之召集，既系备剿匪之用不归公安局统辖，即含有地方警备队之性质，与警察情形迥殊，自应视为陆海空军《刑法》第六条第三款所列之军人。（乙）谓此项警察队，虽系备剿匪之用，然既由县长监督编制核与陆军不同，与院字第三二七号解释前段所称省公安队之性质亦异，自应视为县政府警卫队之一种，不得视同陆海空军军人。以上二说，究以何说为是，未敢擅拟，理合电请迅赐转院解释示遵，实为公便等情。据此，察核所陈，似以乙说为有理由。惟事关法律疑义，理合具文转呈鉴赐转请解释，以凭饬遵等情。据此，事关解释法律，相应转请贵院解释见复为荷。此致

院字第五七四号

二十年八月二十四日　司法院指令江西高等法院　附原呈

呈悉，业经本院统一解释法令会议议决，（一）《刑法》第六十条所定没收之物，除他项法令有特别规定外，仍应以动产为限。（二）《刑法》第十一条所称亲属，系普通规定，第十四条所称直系尊亲属系特别规定，自有不同。又第十四条第一项第二款所称，高祖以上祖父母计算，应无限度。合行令仰转饬知照。此令

附原呈

呈为呈请事，案据余干县承审员吴镜明电称，窃查刑律第四十八条所定没收之物以动产为限，当然不动产不得没收。经前北京大理院统字第二五号及统字第一一四八号解释在案，但新《刑法》施行后非有该法第二条但书之情形外，旧刑律自应失效。而《刑法》第六十条所定没收之物，是否包括动产与不动产而言，抑系仍以动产为限？不无疑问。又查《刑法》第十一条所定亲属范围，其第二款规定宗亲以四亲等内为限，依同法第十三条规定亲等

计算,无论直系旁系亲属,均从己身上下数。设使依法从己身上数,自然由己身数至高祖父母为限,然为同法第十四条第一项第二款。又规定直系尊亲属,自祖父母、曾祖父母、高祖父母及高祖以上,祖父母核与第十一条第二款所定宗亲范围,显有抵触。如依第十四条第一项第二款计算,殊无限度,究应算至何世为止?适用时,颇感困难,理合电请钧长俯赐察核,将上开法律各疑点准予依法详加诠释,乞电示遵等情。据此,事关法律疑义,职院未敢擅断,理合具文呈请钧院鉴核俯赐解释,以凭饬遵。谨呈

**院字第五七五号**

**二十年九月二日　司法院电陕西高等法院　附原电**

陕西高等法院余院长览,本年四月江代电悉,所请解释户绝财产酌拨充公程序疑义一案,业经本院统一解释法令会议议决,在《民法》继承编施行前之户绝财产,依当时法律所谓地方官者,即现制之市县长所谓上司者,即现制之省政府或行政院其所经之程序,即由市县长拟具充公办法,详明省政府或行政院,酌定或迳请省政府或行政院,酌定充公办法。合电知照。司法院冬印

**附原电**

南京司法院钧鉴,查现行律例载,户绝财产果无同宗应继之人及亲女承受者,听地方官详明上司酌拨充公办法与《民法》第一一八五条公告期满,无继承人承认继承时之剩余财产,归属国库之规定,立法主旨虽同,处理程序迥殊,兹于《民法》第五编施行前发见户绝财产,如应仍依律例办理,则所谓地方官是否以现制各县县长为限,并应践行何种程序,经由何种上级官署酌拨方为正当职院,未敢擅断,理合电请解释示遵。署陕西高等法院院长余俊叩江印

**院字第五七六号**

**二十年九月二日　司法院指令山东高等法院　附原呈**

呈悉,业经本院统一解释法令会议议决,(一)民事调解人依民事调解法第三条之规定,既以两造各得推举一人为限,则一造之当事人虽有多数,亦仅得推举一人,应依《民事调解法施行规则》第三条规定,以协议行之协议不谐,应如何推举,法无明文。为便于调解进行起见,应由调解主任就各该当事人所主张推举之人指定一人。(二)民事调解法第四条所称之现任司法官者,书记官、吏警不包括在内。惟书记官、吏警亦系现服务于司法之人员,自亦不得为民事调解人。(三)调解业已成立,一造若不遵行,其他一造应以送达之调解笔录正本为执行名义,依普通程序声请实施执行。合行令仰转饬知照。此令

**附原呈**

呈为呈请解释示遵事,案据莱芜县法院审判官张泐济电称,现职院民事调解处,业已遵令成立。对于调解法内有数条进行发生疑义,亟待解决:(一)查调解法第二条内载,除经其

他调解机关调解不成立之规定，核其文义，约分二点，甲点所称"其他调解机关"六字，并未注明何项机关。兹有声请人书称，经县农协会调解不成立云云，县农协会是否可以称为其他调解机关，又何项机关包括在其他调解机关之内，乙点所称"调解不成立"五字，在其他机关应以何为标准始能认为不成立。(二)查调解法第三条后段内载，两造当事人各得推举一人为调解人协同调解之规定。设有他造当事人系有数方或有第三者参加调解，主张理由各异不能协定推举，请求各自推定调解人时，能否准予各自推举？(三)查调解法第四条第二项内载，现任司法官或律师不得为调解人之规定。按法院内书记官、吏警不系纯属司法官，能否包括在内，不得推举为调解人？(四)查调解法第十三条内载，调解成立与法院确定判决有同等之效力之规定。今有请求调解业已成立之件，届期不遵调解履行，来院请求强制执行，应用何项手续，兹有二说：甲说绎有同等之效力之意义，是应按照普通诉讼程序，用诉状并缴纳声请执行送达等费用；乙说既是经民事调解处调解，为杜息争端、减少讼累起见，似不应再用普通程序购买诉状、缴纳各项费用。以上二说，未悉孰是，以上四条应如何解释定义，俾资遵循，理合电请鉴核示遵等情。据此，除第一点已奉司法行政部转发处理民事调解应行注意事项第六款堪资遵循外，关系法律疑义，职院未敢擅断，理合备文呈请钧院俯赐解释，以便转饬该院遵照办理，实为公便。谨呈

**院字第五七七号**

**二十年九月二日　司法院指令江西高等法院　附原呈**

呈悉，业经本院统一解释法令会议议决，关于典权之回赎，依《民法》物权编施行前所适用之《清理不动产典当办法》第九条、第十条规定，除各省已另有单行章程外，所有诉讼案件自该办法施行日起悉依该办法处断，则《民法》物权编施行法第十五条所谓之旧法规，自系指各省关于典产回赎之单行章程及该办法而言。至在该办法施行前(即民国四年以前)设定之典权，若契内明载是典产，该典产又系房屋，应适用该办法第二条或第三条，并参酌第四条、第五条办理。该办法第一条，乃关于该办法施行前，所有典买契载不明之不动产而设之规定第八条，乃对于该办法施行后之典产而设之规定，不得适用。合行令仰转行知照。此令

**附原呈**

呈为转请俯赐解释事。案准南昌市财政局第五三号公函开，迳启者，有某甲于清宣统元年闰二月典受某乙房屋一所契，载准典三年为期，期内不得回赎，过三年外，听凭银使回赎字样。期满，迭经某甲催告，某乙迄未回赎，现已逾期二十年，某甲久视典业为绝产。经业主相安无异，某甲刻据《民法》第三编物权编第九百二十三条第一项、第二项条文，请求为所有权之登记。查《民法》第三编物权编第九百二十三条第一项载："典权定有期限者，于期限届满后，出典人得以原典价回赎典物。"第二项载："出典人于典期届满后，经过二年，不以原典价回赎者，典权人即取得所有权"各等语。基上项情形，自可予某甲以所有权之登记。

惟查《民法》物权编施行法第十五条载,《民法》物编施行前定有期限之典权,依旧法规得回赎者,仍适用旧法规等语。所谓旧法规,不知是否指《清理典当不动产办法》。如指《清理典当不动产办法》而言,上项情形是否应依该办法第一条,其未满三十年契藏不明之不动产,概以典产论,准其回赎。在未满三十年,仍准业主回赎。某甲只取得典质权,抑依第三条,在本办法施行以前,典主久视典业为绝产,经业主相安无异者,或原契内载明逾期不赎听凭作绝字样,业主于满期时并未依约回赎者,均以有合意作绝论?第八条,业主届限不赎听凭过户报税,以合意作绝论,准予为所有权之登记。事关解释法律,相应函请贵院迅赐解释等因。准此,事关解释法律,理合备文呈请钧院俯赐解释指令祗遵,实为公便。谨呈

**院字第五七八号**

**二十年九月二日　司法院指令江西高等法院　附原呈**

呈悉,业经本院统一解释法令会议议决,强制执行中拍卖之不动产,为第三人所有者,其拍卖为无效所有权人,于执行终结后,亦得提起回复所有权之诉,请求返还法院判令返还时,原发管业证书当然失其效力,法院自可命其缴销。合行令仰转饬知照。此令

**附原呈**

呈为转请俯赐解释事,案据试署江西浮梁县法院院长魏琛呈称,呈为请示事,查职院受理异议涉讼一案审理中发现,原案执行时,前任推事仅据债权人报告,率将案外第三人所有田亩混入债务人财产一并查封拍卖,于第一次布告拍卖无人承买时,遽依债权人声请发给管业证书在卷。该案供作拍卖之田产价额甚钜,依法应有回赎之一定限期,该证书内复未填载,按诸民诉执行规则,诸多未合利害关系人因不明手续,当时复未声明异议,事后始行提起异议之诉,现在审理中发生下列困难二点:(一)就执行上种种不合法而言,原应撤销原发管业证书重新执行,以保案外第三人之权利,无如声请撤销之限期已逾,且辖境僻陋人民不谙法律,恐贻出尔反尔之诮,致贬职院之威信。(二)就物权之追及效力上言,纵使拍卖合法,而被拍卖之不动产为案外第三人所有者,该第三人仍可提起返还之诉,此为前大理院判解例所明示。现在时移境迁,能否仍旧援用将本案异议之诉,视作返还之诉办理,不无疑义。如果仍旧援用,则原发之管业证书又应如何处置?事关人民权利得丧问题,未敢擅揣,理合具文呈恳钧长俯赐鉴核转呈解释。案悬待结,不胜迫切待命之至等情。据此,理合备文呈请钧院俯赐解释指令下院,以凭饬遵。谨呈

**院字第五七九号**

**二十年九月二日　司法院电湖北高等法院　附原电**

湖北高等法院何院长览,该法院代电致最高法院,为圻水司法委员转请解释《修正区自治施行法》及《修正乡镇自治施行法》各疑义一案,业经本院统一解释法令会议议决,(一)区乡镇坊处理调解事务,其调解期限,依本年四月三日公布之《区乡镇坊调解委员会权

限规程》第七条,已有明文规定。(二)人事案件既不在《区乡镇坊调解委员会权限规程》第三条限制之列,自得由该委员会调解。如经两造同意,成立法院,即毋庸干涉。(三)已经法院受理之民事案件,经调解后,须依法定程序向法院声请销案,其刑事于第一审辩论终结前,仍得调解之件,则应由告诉人依法撤回。其告诉此在《区乡镇坊调解委员会权限规程》第三条第一款及第四条第二项已有规定,民事既经销案,自无须于和解调协后再作和解笔录。刑事既经撤回,自亦无庸于调协后再制判决。(四)《修正乡镇自治施行法》第四十一条第一款,违反现行法令者,其所谓法令,自系指刑事法以外之法令而言。合电转饬知照。司法院冬印

**附原电**

最高法院赐鉴,案据圻水司法委员朱正电称,案查《修正区自治施行法》第二十八条之规定,附设区调解委员会,凡乡镇调解委员会未曾调解或不能调解之事项,均得由区调解委员会办理。又《修正乡镇自治施行法》第三十二条内载,乡公所或镇公所应附设调解委员会办理下列事项:一、民事调解事项;二、依法得撤回告诉之刑事调解事项各等语,仰见政府爱民息讼之至意。惟该法条不无疑义,应请解释如下:(一)调解期间,查该会办理调解事项,其对于调解未经起诉之案手续如何,法署可以不必过问而已。经起诉之案,如该会来函声明已为调解于法,固应照准第以乡镇调解委员会不能调解之事项,遵照规定,得由区调解委员会办理。是该项秩序按级进行,颇费时日,如果办案敏捷之法署终结案件,甚比该会调解,尤为迅速,究竟该会对于有案函请调解之件,应否规定期限以免迟滞?(二)人事案件应否准予调解?查人事案件,按律应由检察官莅庭,原为维持公益起见。该项条件是否包括民事调解事项之内?如果在内,设使该会调解违法,法署能否干涉藉资保护?(三)调解后适用程式,查已经受理准予调解之案,如经该会在外调协,应否取具当事人和解成立之证明书状转送核办,抑系由该会具函过署,一面饬令当事人来案购状撤销。法署对于该会调协请息之案,民事是否制作和解笔录,刑事是否制作判决,既无明文规定,复乏先例可援。又查《修正乡镇自治施行法》第四十一条内载,乡镇居民有下列情事时,乡长或镇长得分别轻重缓急报,由县政府或区公所处理之:一、违反现行法令者;二、违抗县区命令者;三、违反乡镇自治公约或一切决议案者;四、触犯《刑法》或与《刑法》性质相同之特别法者。有前项第四款情事,乡长或镇长得先行拘禁之,除分别呈报区公所及县政府外,应即函送该管司法机关核办各等语。是该法规定除第四款应归司法机关办理外,其余各款均属行政范围,至为明显。但法署既为司法机关,其第一款所载现行法令司法机关原有一律适用之权,兹乃规定,一律由县政府及区公所处理。是司法与行政不免淆混,究竟该款所谓违反现行法令者,系指何项性质法令而言,自非并请解释无所遵循。综上各点,究应如何办理,理合电请鉴核迅予示遵等情前来。事关法律见解,相应电请贵院查照,迅予解释为盼。湖北高等法院感印

**院字第五八〇号**

**二十年九月二日　司法院电湖北高等法院　附原电**

湖北高等法院何院长览,该法院本年四月支代电致最高法院,请解释两造互争拨补淤洲涉讼发生权限问题一案,业经本院统一解释法令会议议决,两岸中间新淤成之洲地,谁应优先承领,两造如有争执,系属私法上权利之讼争,自应由法院受理。合电知照。司法院冬印

**附原电**

最高法院钧鉴,查有甲乙两造之私有岸地隔江对立,均于远年坍塌,一部分变成水道。现两岸间新淤成洲,两造互争拨补之先后,在法院涉讼因而发生权限问题计分子、丑两说(子)说谓水道湖泽之私有岸地,因坍没或侵蚀而变成水道或湖泽之一部分者,其所有权视为消灭(《土地法》第九条第一项参照)。如两岸间新淤成洲,当然归属国有,两造在该新洲上皆无所有权或其他私权之可言。其得向国家请求拨补系属一种要惠行为,并非行使私权。至应否拨补及何造应先拨补,自应由该管行政官署处分,法院无庸受理。(丑)说谓以新淤拨补坍户,固应由行政官署处分,但两岸坍户于未向行政官署请求拨补以前,因互争拨补之优先权,在法院涉讼仍属私权上之争执,法院应予受理审判。以上二说,未知孰是,案关法律疑义,相应电请贵院迅赐解释示遵。湖北高等法院支印

**院字第五八一号**

**二十年九月二日　司法院训令江苏高等法院首席检察官　附原函**

为令知事,该首席检察官呈最高法院检察署,为上海地方法院首席检察官转请解释首席检察官与所属检察官办事权限疑义一案,业经本院统一解释法令会议议决,(一)检察官依刑诉法第六十七条第二项陈明羁押理由于首席检察官时,系在发押票后,自无须复经准许。但首席检察官认其处分有不当者,自得为适宜之指挥监督。至同法第七十二条之撤销押票及同法第七十五条之许可停止羁押,同法第八十四条既有侦查中由检察官核定之明文,则除由首席检察官侦查之案件外,如由其他检察官侦查者,自可迳由该检察官核定。但依《地方法院检察官办事权限暂行条例》第七条第一项首席检察官,仍有指挥监督之权。(二)《地方法院检察官办事权限暂行条例》第五条所称,外行文件由首席检察官核定署名。盖印者,指关于检察行政事务或关于检察事务与其他机关往复行文时而言。至侦查中所发之押票、传票、拘票,依刑诉法第六十七条第二项、第三十五条第二项、第四十四条第二项,凡检察官皆有发票之权(不限于首席),而同法第六十八条第二项、第三十六条第二项、第四十五条第二项,复明定由发票之公务员于票内署名盖章,则除由首席检察官所发者,应由该首席检察官署名盖章外,其由他检察官所发者,即由发票之检察官署名盖章已足。又来呈所称,庭谕二字于法无据,如指检察官在侦查中所为之一切处分而言。现行法并无先由首

席检察官核定之明文，惟依《地方法院检察官办事权限暂行条例》第七条第一项，首席检察官自有指挥监督之权。（三）检察官执行职务，应从长官之命令，与推事性质不同（参看《高等法院检察官办事权限暂行条例》第十六条、《地方法院检察官办事权限暂行条例》第十六条），故职务上之过失，除由该检察官个人负责外，如首席检察官怠于指挥监督或有不当指挥监督情事，亦难谓毫无责任。合行令仰转饬知照。此令

**附原函**

迳启者，据江苏高等法院首席检察官王思默呈称，为呈请解释首席检察官与所属检察官办事权限疑义，仰祈鉴赐转院核示饬遵事。窃据江苏上海地方法院首席检察官刘懋初呈称，查《刑事诉讼法》称检察官者，有两种不同之形式。称检察官者，共有一百零六条，而注明首席检察官者，又凡九见。例如第五十条第二项，被告之通缉侦查中，由首席行之。又如第六十七条第二项，检察官于发押票后，应陈明羁押理由，于首席及第二百条公示送达，应经首席之许可，皆最显明者也。于是权限上即发生疑问，就以第六十七条而论，所谓陈明是否以得知为限，应否复加准许，能否有不同意之余地，更从对方观察？如第七十二条之释放及第七十五条之许可停止羁押，皆不见有应陈明于首席之规定，是否首席不必核定以求公务之迅速，此关于诉讼法上之疑问，应请解释者一也。复查《检察官办事权限暂行条例》第五条，检察官外行文件由首席检察官核定署名盖章，所谓内外，其界限以何为标准？详言之，押票之对于看守所及传票、拘票之对于人民是否属于对外，应否经首席检察官署名？盖章检察官庭论，应否先由首席核定，此关于条例之疑问应请解释者又一也。因此检察官与首席间之权限及责任有两说：（甲）说以为检察官独立行其职务，与推事同，系刑诉法上所明定所受首席之指挥监督者，系就行政方面而言。（乙）说以为检察官系一抽象名词，指其全体检察官相互间系服从首席之指挥承首席，而办案其所以各个名义署名者，不外使其自行负责。甲说之结果，首席当绝对不负其责任。乙说之结果，首席应负连带之责任，甚至对于指挥错误之场合，应完全负责。总上两端，均于日常执行职务有重大之关系，最易发生权限上之争议。在立场不同，于是意见相左之际，应依何以解决，事关法规解释，理合备文呈请鉴核示遵等情。据此，职查首席检察官对于看守所由检察官羁押之被告人，依《地方法院检察官办事权限暂行条例》第七条第二项之规定，固应有指挥监督权。至刑诉法第七十二条之释放及第七十五条之许可，停正羁押虽无应陈明于首席检察官字样，但照上开条例第七条第一项之规定，仍不无指挥监督之权。又传票、押票依《刑事诉讼法》第三十六条第二项及第六十八条第二项，既明定为发票之公务员，应于各该票署名盖章，则首席检察官似无再行署名盖章之必要，其庭谕如系外行文件，似并应依该条例第五条由首席检察官核定署名盖印。又其第三点列举甲、乙两说，根据同条例第七条一项所定，似当以乙说为有理由。惟事关法律疑义，职处未便擅专，理合具文转呈仰祈转院解释示遵等情前来。查事关法律解释，相应函请贵院查收核办。此致

**院字第五八二号**

**二十年九月八日　司法院指令湖南高等法院　附原呈**

呈悉,业经本院统一解释法令会议议决,退佃时业主返还庄钱,除特别约明返还时应以铜元为给付者外,应依缔约时市价折补。合行令仰转饬知照。此令

**附原呈**

呈为转请解释事,案据益阳县县长呈称,窃查属县民事诉讼以钱水案件为最多,自经熊前县长德廉呈请钧院转呈最高法院解释(十七年解字第一〇三号解释,应以乙说铜元不能援为补水之例)为是,但须约定以铜元为给付标的者为限,后属府判决钱水案件铜元均不补水,人民既知法有明文,该项案件亦减少十分之九。日前奉到长沙地方法院二十年控字第一八七号判决,属县民人谢镜登等与刘桐云等租赁铜元补水涉讼一案,以不能证明有以铜元为给付标的之约定(即佃约收据无"日后退佃照原庄退还或以铜元退还"字样)。判令照缔约时(民国五年),钱价补水于是乡间纠纷忽起,咸以铜元仍应补水,致迩来钱水案件日有数起审判,该项案件恐前后两歧,有启人民疑窦。关于此点,有甲、乙两说:(甲)说最高法院解释铜元不能补水,须约定以铜元为给付标的者为限。如约载当日进庄铜元,而无日后退佃照原庄退还或以铜元退还字样,依照上开解释但书,仍应补水。(乙)说最高法院解释铜元不能补水,原因钱价涨落无常彼找,此贴足滋纷扰。如无约定以铜元为给付标的者,即应补水,则纠纷实多。况乡间习惯佃收字约多不载明日后退佃,以铜元退还或照原庄退还字样,以无此类记载,仍应补水,则铜元不能补水之解释,实等具文。且我国乏商事调查机关,每日钱价无从稽考裁判补水漫无标准,不徒民间纠纷愈多,即审理诉讼衙门亦深感困难,应依最高法院解字第六一号解释,钱价补水须以特种货币为限铜元为通用货币应不补水。以上二说,言各成理,究竟孰得孰失,不无疑义。理合备文呈请钧院鉴核迅赐转呈解释示遵等情。据此,除指令外,理合备文呈请钧院俯赐察核,发交最高法院拟具解答案复核令遵。谨呈

**院字第五八三号**

**二十年九月八日　司法院指令湖南高等法院　附原呈**

呈悉,业经本院统一解释法令会议议决,夫妻之一方以他方有《民法》第一零五二条第九款情事,提起离婚之诉,应适用公示送达程序。合行令仰转饬知照。此令

**附原呈**

呈为转请解释事,案据耒阳县长刘陶冬代电称,窃查新颁《民法》亲属编第一千零五十二条第九款,生死不明已逾三年者,夫妻之一方得向法院请求离婚。惟此种情形,法院可仅据一方请求而为判决,抑对于他方仍应适用公示送达程序,属府对于该项案件不时受理,敬乞示遵以便进行等情。据此,查电呈各节,关系适用法律疑义,未敢擅断,理合据情转请钧

院俯赐鉴核，发交最高法院拟具解答案复核令遵。谨呈

**院字第五八四号**

**二十年九月八日　司法院函国民政府文官处　附原函**

迳复者，准贵处本年七月十三日公函(第五七一九号)开，准中央执行委员会秘书处，函准中央训练部函请核议店员范围疑义一案转行到院，业经本院统一解释法令会议议决，院字第五零一号公函，所谓商店茶房不在店员之列，系指非在商店业务上直接服务之茶房而言。其旅馆、酒馆、浴池之茶房在商店业务上直接服务者，自应认为店员。相应函复贵处查照转知。此致

**附原函**

顷准中央训练部第一五九三一号函开，准国民政府文官处函，准司法院院字第五零一号公函复称，关于中央训练部先后函转浙江省执行委员会训练部呈请示商店学徒工役，是否列入使用人之内，及江苏省党务整理委员会呈请示旅馆、茶房、酒馆、浴池之茶房，应作商店使用人加入同业公会，抑作为职业工人加入职业工会各一案，准函奉并交到院，经发交最高法院拟具解答案呈核前来内开，查十九年一月七日，工商部公布之《工商同业公会法施行细则》第八条，所谓使用人于二十年一月二十七日，经实业部修正公布改称为店员(修正细则第十条)。所谓店员者，系指在商店业务上直接服务之人员而言(参看《修正商会法施行细则》第九条规定)，则商店之工役及茶房自不在店员之列。至商店之学徒，应视其有无直接在业务上服务分别认定之等语。本院长审核无异，相应函请查照转陈等由，准此，即经转陈国民政府奉批，查案送中央训练部等因。查此案前准贵部第一三二七八号、一三三零八号公函，先后转请解释过处，当经呈奉饬并交司法院在案。兹准函复并奉上因相应照案函达查照等由，查商店工役与商店业务无直接关系，自不在店员之列。至旅馆、酒馆、浴池等商店之茶房，实系直接在商店业务上服务之人员，似应列入店员。司法院解释前例商店茶房不在店员之例，似有未当，应交由该院重行核议准函前由，相应函希转呈核示见复等由。准此，经陈奉常务委员批交国民政府转行核议，除函复外，特此函达，即希查照转陈办理为荷。此致

**院字第五八五号**

**二十年九月八日　司法院训令江苏高等法院　附原函**

为令知事，该法院本年第一一零零八号公函致最高法院，为萧县县长转请解释办理盗匪案件程序及妾之承继财产权各疑义一案，业经本院统一解释法令会议议决，除刑事部分非就法令条文请求解释与统一解释法令规则第三条第一项之规定不合外，妾在现行法中虽无规定，但对于已身所出之子系直系血亲。若其所生之子亡故，自可为其第二顺序之遗产继承人。合行令仰，转饬知照。此令

**附原函**

迳启者,案据兼理司法萧县县长王公玙呈称,窃查江苏省政府第五次第五十六次第一二四次会议议决略开,盗匪如有暴动情事扰乱治安摇动政治之基础之情形者,不论兼理司法与否之县政府得用省政府第五次会议决议案,电请省政府主办等因,是现时县政府审理前项案件非根据兼理司法职权,本鲜疑义。惟该种案件经讯明后,只需电请省政府鉴核施行,并无判决正本,亦无宣判牌示送达等程序。究竟此项电呈是否可称判决,此请解释者一。又如案经省政府驳回覆审同时,被告已认此项电呈为判决而声明上诉,应否核卷呈送上级法院处理,此请解释者二。又查妾之身分,依照现行法令只认为家属之一员,国府颁布之法亲属编并无关于妾之规定。设有某甲纳妾乙生子丙,甲故后,丙当然为甲之血统财产承继人。惟若丙亦相继死亡,于此场合,乙是否可为丙之遗产承继人,于此有二说:(子)说,立法旨趣本不认妾之制度存在,应无承继权。(丑)说乙为丙之生母,依照《民法》第五编第一千一百三十八条第二项,乙应为丙之遗产承继人。究应何去何从,仰另其他解说,此应请解释者三。事关法令疑义,理合呈请核赐解释,以便遵循等情前来。相应据呈函请贵院查照,烦即分别解释函复,俾便饬遵为荷。此致

**院字第五八六号**

**二十年九月八日　司法院指令江苏高等法院　附原呈**

呈悉,业经本院统一解释法令会议议决,继承开始在《民法》继承编施行以前,被继承人无直系血亲卑亲属,而依当时之法律有其他继承人者,依《民法继承编施行法》第一条第八条之规定,不适用《民法》继承编之规定,自应仍适用其当时之法律,合行令仰知照。此令

**附原呈**

呈为呈请解释事,窃查《民法继承编施行法》第八条载,继承开始在《民法》继承编施行前,被承继人无直系血亲卑亲属,依当时之法律,亦无其他继承人者,自施行之日起,依《民法》继承编之规定,定其继承人等语。若依当时之法律有其他继承人,至《民法》继承编施行后始行告争,依同法第一条,既不能适用《民法》继承编之规定,而依新法施行旧法废止之原则,似又不能适用旧法。此类事件,究应适用何法办理,理合具文呈请钧长鉴核,俯赐解释指令祗遵,实为公便。谨呈

**院字第五八七号**

**二十年九月二十二日　司法院函国民政府文官处　附原函**

迳复者准贵处本年四月八日公函(第二八四七号)开,准中央训练部函,为江苏省党务整理委员会呈请解释教育会会员资格疑义一案,转行到院,业经本院统一解释法令会议议决,查教育会法第十六条关于教育会会员之资格,以列举各款为限。来函所称毕业人员,是否合于各款之一,应依同条第二项加以审查。如与各款不合,即难认其有会员资格。相应

函复贵处查照转知。此致

**附原函**

迳启者，案据江苏省党务整理委员会呈称，案据属省直属溧水县区党务整理委员会电称，训政人员养成所及金陵道自治讲习所或前期师范毕业，而均非现任教职员者，有无教育会会员资格，请释等情。据此，查训政人员养成所及金陵道自治讲习所毕业生，虽现任教职员，当然不能加入教育会。但所谓前期师范毕业生，其学力虽仅与初级中学毕业生相等，然因曾受特殊训练，对于教育之研究当较普通中学毕业生为优，且彼等系以小学教师为职业，将为义务教育而尽力。基上观念，前期师范毕业生，无论现任教职员或非现任教职员，允宜一律参加教育会，共谋一地教育之发展。惟查《教育会法》并无此项规定，属会未敢擅断，理合转呈钧部解释示遵，实为党便等情。据此，查《教育会法》第十六条第三项规定"曾在公立或已立案之高中以上学校，或与高中有同等资格之学校毕业者"始得为教育会会员。来呈所称，训政人员养成所及金陵道自治讲习所或前期师范毕业，而均非现任教职员者，是否合于高中毕业资格，在教育会法中均无明文规定。事关法规解释，本部未便悬断，相应函达，即希查照转陈饬交主管机关予以解释，并希见复为荷。此致

**院字第五八八号**

**二十年九月二十二日　司法院函国民政府文官处　附原函**

迳复者，准贵处本年五月二十三日公函（第四二一三号）开，准中央训练部函为广东省执行委员会呈请解释渔会会议选任代表疑义一案，转行到院，业经本院统一解释法令会议议决，《渔会法》第十二条所载，代表之选，任依同法第十四条第二款，应由会员大会议决之，相应函复贵处查照转知。此致

**附原函**

迳启者，准中央训练部第一五二五二号函，准中央秘书处转送广东省执行委员会呈，据电白县训练部呈称，查《渔会法》第十二条，渔会会议分为会员大会代表大会及临时大会等规定，惟代表会之代表如何产生，法无明文，究应如何办理请解释示遵一案。函请查照转陈饬主管机关解释见复等由，准此，经即转陈奉主席谕交司法院等因，除函复外，相应抄同原件，函达查照。此致

**院字第五八九号**

**二十年九月二十二日　司法院函国民政府文官处　附原呈**

迳复者，准贵处本年六月十一日公函（第四八一零号）开，准中央训练部函，为江苏省党务整理委员会呈请解释下级农会出席上级农会代表任期一案，转行到院，业经本院统一解释法令会议议决，查农会职员依《农会法》之规定，须由会员大会选举之，如下级农会出席上级农会代表未经会员大会选举为职员时，即不得认为职员，自无任期之可言。相应函复贵

处查照转知。此致

**附原呈**

案据句容县党务整理委员会呈略称"查《农会法施行法》第四条,依《农会法》第十八条之规定,下级农会为上级农会之会员时,应派同数代表出席前项代表之名额,乡农会、区农会或市区农会二人,县农会或市农会一人,并无任期之规定,请解释示遵"等情,据此,查下级团体出席上级代表是否认为职员之一,其任期可否按照职员任期之规定,未见明文。事关法令解释,理合具文呈请钧部核示祇遵,实为党便。谨呈

**院字第五九〇号**

**二十年九月二十二日　司法院函国民政府文官处　附原呈**

迳复者,迭准贵处本年第四七二三号、第五九六三号、第六零四五号公函,准中央训练部函,为浙江省执行委员会训练部及河南省党务指导委员会,先后请解释《农会法》第十六条疑义各案转行到院,业经本院统一解释法令会议并案议决,(一)《农会法》第十六条第一款,所谓有农地者,其为何界人民及有农地若干,均可不问。惟在甲区域内有农地,而至乙区域内工作者,如非住居乙区域内,不得为乙区域农会会员。若住居甲区域(住居指现实住所居所而言,与籍贯不同),而在乙区域内有农地或任其他工作者,其获得会员资格自应在住居之甲区域。至农地为二人以上共有时,可各自获得会员资格。(二)佃农兄弟数人共耕佃田十亩,只能推举一人,为农会会员。如其后兄弟分居佃田分耕者,应行出会佃农耕作农地,须其面积在十亩以上,始得为农会会员耕作园地,只须其面积在三亩以上,即得为农会会员。推立法本旨,系为两者在经济上显有区别。至所谓园地,凡竹园、桑园及一切菜蔬花果等园均包含之。(三)所谓经营与农业有直接关系之事业者,系指经营种子、肥料、农具、农产品及其他类此之事业者而言。相应函复贵处,查照转知。此致

**附原呈**

呈为转请解释事,窃属部据余杭县执行委员会训练部呈称,呈为呈请解释《农会法》第十六条第一项、第二项、第四项各项疑义事。窃查《农会法》第十六条第一项、第二项、第四项各项之规定,颇有疑义,谨为陈明如下:第一项"有农地者",(一)是否不论何界人民,只要有农地不限亩分,均有会员资格?(二)甲地之人有农地,而至乙地来工作,如是可否入会?第二项"耕作农地面积十亩以上或园地面积三亩以上之佃农",(一)假使该佃农兄弟三人共耕佃田十亩,能否三人均可入会,抑须议定一人入会?如须议定一人入会,及三人均可入会,其后兄弟分居佃田亦随而分耕,则其会员资格是否失丧,应予撤销?(二)佃田必须在十亩以上,园地只须在三亩以上,是何意义?园地是否指竹园、桑园、其他一切菜蔬花果等园而言?第四项"经营与农业有直接关系之事业者",是否米贩、丝客、茧商以及经营各种种子之人,均可加入农会?以上各点,深滋疑义,理合备文呈请钧部鉴核释示祇遵,实为党便等情到部。事关法规解释,属部未敢擅断,理合备文转请钧部解释示遵,实为党便。谨呈

**附原呈**

呈为据情转呈事，案据属省鄞县执行委员会呈称，呈为呈请释示祗遵事，案据所属第二区执行委员会转据第四区分部呈称，呈为释示《农会法》疑义，仰恳察核示遵事。窃查《农会法》第十六条，凡中华民国人民住居于该区域内年满二十岁，具下列资格之一者，得为乡农会或市区农会之会员：（一）“有农田者”，凡住居于该区域内人民有农田者，固可为该乡会员。惟农田之多寡有无限制，此应请释示者一。有如中华民国人民年满二十岁以上住居于甲区域，而有农田所在地系乙区域，其获得会员资格系在甲区，抑在乙区，此应请释示者二。有如农田为甲、乙、丙、丁四人所共有，则此甲、乙、丙、丁四人可否同时获有会员资格，此应请释示者三。综上疑义，案关解释民训方案法规，为敢缮具副，呈仰恳察核示遵，实为公便等情前来。经提交属会第二十六次委员会议讨论决议“呈请省执行委员会释示”，记录在卷，除令复外，理合据情备文呈请，仰祈钧会释示祗遵，实为党便等情。据此，案关法规解释，除令复外，理合备文转呈仰祈鉴核迅赐示遵，实为公便。谨呈

**附原函**

迳启者，案准中央秘书处转送河南省党务指导委员会，呈以据滑县党务整理委员会训练部，呈请核示《农会法》疑义三项转请解释等由。查第二项关于上级农会之设立，应查照中央第一四一次常务会议决议办法办理第三项，《农会法》第十六条规定，会员年龄为满二十岁，而《农会法施行法》第二条规定，被选职员年岁为满二十五岁，此与《乡镇自治施行法》第七条规定乡镇公民年龄为满二十岁，而同法第十一条规定，乡镇长副及监察委员之候选人年龄为满二十五岁相同，盖以农会职员关系会务至钜，对于年龄自应稍加限制，且《农会法施行法》并无农会会员均有选举权及被选举权之规定，其被选举权自以合于施行法第二条之规定为限，与其他条文并无若何抵触。至第一项系属《农会法》第十六条疑义，关于是项疑义，前据浙江省训练部来呈，业经先后转函贵处陈转司法院解释，应仍由贵处陈转并案办理。兹准前由，除函复外，相应抄同原呈函达查照转陈核办见复为荷。此致

**附原呈**

呈为呈请事，案据滑县党务整理委员会训练部呈称，为检具疑义呈请鉴核释示事，（一）案查《农会法》第十六条规定，农会会员须住该区域内等语，如有同条各款之一者，其人籍属甲处，现充乙处党部之委员或职员，可否加入乙处农会为会员，有选举及被选举权？（二）又查《农会法》规定，县农会下有区农会及乡农会之设立等语，应几乡组织一区农会，几区组织区农会，至组织区乡农会最低限度应有会员资格者几人？（三）再查《农会法》第十六条规定，会员年龄须年满二十岁等语，是该区域内年满二十岁有同条各款资格之一者，均可为会员。既为会员，均应有选举权及被选举权。查《农会法施行法》第二条，农会职员之选举资格规定须年满二十五岁者等语，是前条年满二十岁者，仅有选举权，无被选举权，两者是否抵触？以上三项疑义，统恳钧部鉴核俯赐解释电示祗遵等情，据此，窃查第二项内之县区农会之设立，须有下级农会数目之若干，属部已电请解释在案。据呈前情，除将乡农会最

低限度有会员资格者几人一节,按《农会法》第十三条之规定予以解释指令知照外,理合呈请鉴核解释,实为党便。谨呈

**院字第五九一号**

**二十年九月二十二日　司法院函中央执行委员会训练部　附原函**

迳复者,准贵部本年七月二十七日公函(第一六三四五号)开,全省各商会出席全省商会联合会代表如何举派,请查照解释见复等由,业经本院统一解释法令会议议决,出席全省商会联合会之会员代表,依商会法第四十条,应准用同法第十一条第一项及补充同条项之《修正商会法施行细则》第七条,由该商会会员大会举派之,相应函复贵部查照。此致

**附原函**

迳启者,顷据山西省执行委员会训练部呈送,拟定之山西全省农会教育会及商会联合会代表大会代表选举条例三种,请鉴核示遵等情。查关于上级教育会举行会员大会时,应由下级教育会会员大会选举代表出席一节,前准教育部函知到部,当经分行各地党部查照。关于下级农会出席上级农会代表,究应由干事长指派,抑由会员大会选举一节,前准中央秘书处检送河北省党务指导委员会请示到部,当经函准国民政府文官处复称,业已函交贵院解释各在案。至全省各商会出席全省商会联合会代表,究应由执行委员会指派,抑由会员大会选举,亦未经明文规定。除指令应候解释到部再行饬遵外,相应抄同原呈函请贵院查照解释,并希连同前案见复为荷。此致

**院字第五九二号**

**二十年九月二十五日　司法院电河北高等法院　附原电**

河北高等法院胡院长览,该法院上年三月勘代电悉,天津地方法院转请解释业务侵占罪适用《刑法》疑义一案,业经本院统一解释法令会议议决,《刑法》第三百五十七条业务上侵占罪,系以业务人之身分为加重要件,其不在业务之人与共犯者,依《刑法》第四十五条第二项规定,仍科通常之刑。合电转饬知照。司法院有印

**附原电**

司法院王院长钧鉴,据天津地方法院院长周祖琛有代电称,职院受理甲某(成衣匠)犯业务上侵占罪,其共犯乙某系无业务之人,依《刑法》第四十五条第一项规定,系属共犯,均应以《刑法》第三百五十七条第一项论科。但职院于本条适用上发生子、丑两说:(子)说谓乙某系无身分之人,依第四十五条第二项因身分致刑有重轻或免除者,其无身分之人仍科通常之刑等语,乙之犯罪行为,止应构成《刑法》第三百五十六条第一项之罪。(丑)说谓《刑法》第三百五十七条与旧刑律第三百九十二条规定相同,该条第二项明定不在业务之人与共犯者,依第三十三条第一项之例处断。《刑法》本条虽无第二项,以有第四十五条之条文在,故不须再有第二项赘文,仍应处以第三百五十七条之刑等语。究以何说为是,事关适

用法律疑义，理合电请迅予转电解释，俾资遵循等情。据此，理合电请钧院俯赐察核解释，以便转行遵照。署河北高等法院院长邵修文叩勘印

**院字第五九三号**

**二十年九月二十五日　司法院电东省特别区域高等法院　附原电**

东省特别区域高等法院院长览，上年十一月俭电悉，所请解释《惩治盗匪暂行条例》第一条第十二款疑义一案，业经本院统一解释法令会议议决，(一)《惩治盗匪暂行条例》第一条第十二款，行劫故意杀人之罪，凡杀人既遂者，无论得财与否，均为本罪之既遂。若杀人未死，虽已得财，仍属未遂。(二)甲乙结伴同行，甲将汇票托乙携带，乙于中途杀甲，以图侵没，是为意图犯他罪而预谋杀人。若侵占已着手实行，即与前开之杀人为牵连罪，均不得谓为行劫故意杀人。合电知照。司法院有印

**附原电**

司法院王院长钧鉴，《惩治盗匪条例》第一条第十二款所载之行劫而故意杀人情形，是否以既得财而又杀人？二者均臻既遂，始为该罪既遂，抑得财未遂而杀人既遂，或杀人未遂而得财既遂者，均足为该罪既遂？又如甲妇乙男素识结伴行路，甲有汇票托乙为之携带，以免疏失讵。乙得汇票后，行至中途，将甲谋杀以图侵没此款。乙是否成立行劫杀人罪，抑为单纯谋杀犯？请转行最高法院迅赐解释，俾有遵循，并盼电复。东特高法院长陈克正叩俭

**院字第五九四号**

**二十年九月二十五日　司法院训令湖北高等法院　附原函**

为令知事，该法院十八年第一五九二号公函致最高法院，为当阳县司法委员转请解释，《刑法》第三百十八条及刑诉法第二百六十四条各疑义一案，业经本院统一解释法令会议议决，(一)公务员滥用职权使人行无义务之事，或妨害人行使权利者，如已达于强暴胁迫之程度，自应成立《刑法》第三百十八条第一项之罪，不得谓无处罚明文科刑时，并应注意《党员背誓罪条例》第一条第一项之规定(参照院字第二三二号解释)；(二)撤回公诉应于起诉后、第一审审判开始前为之，乡民于不许调解之案私行和解，声请撤回起诉者，检察官原不受其拘束，但如认其声请为无不当时，亦得据情撤回。合行令仰转饬知照。此令

**附原函**

迳启者，案据湖北高等法院第一分院呈称，案据当阳县司法委员代电称，谨按刑律第一四八条之罪，《刑法》渎职罪章并未规定援用，颇滋疑义。此等行为，(甲)说依《刑法》第一条应不为罪；(乙)说依《刑法》第三一八条及第一四零条前半段，应加重本刑三分之一；(丙)说依《刑法》第三一八条理由内载，本条所揭之行为在学说上名曰强制罪。除关于滥用职权抢夺强盗等有特别规定外(原函有脱文)，究以何说为当，并是否有特别规定，此应请解释者一。又按《刑事诉讼法》第二百六十四条，起诉于第一审审判开始前得撤回之等语，乡

民往往有重大案件于侦查中或于起诉,而未开始辩论前私行和解,声请撤销,检察官可否据情依本条撤回公诉,但不问案情如何,均可撤回公诉,而又不得再行起诉(本条第二项),殊非有犯必惩,采取国家诉追主义之本意。究应如何,案件当如何情形方得撤回,殊无明文规定,检察官苦难裁量,此应请解释者二。现属署已有此类案件急待解决,敬乞迅予核示饬遵等情。据此,窃解法律权属最高法院,据称前情,理合备文呈请转赐解释等情前来,相应据情函请贵院查核解释,以便饬遵为荷。此致

**院字第五九五号**

**二十年九月二十五日　司法院训令湖北高等法院首席检察官　附原函**

为令知事,该首席检察官呈最高法院检察署转请解释盗匪案件执行中抗告疑义一案,业经本院统一解释法令会议议决,查抗告无停止执行裁判之效力,《刑事诉讼法》第四百二十条第一项定有明文。被告对于驳回上诉之裁定提起抗告,苟未经法院依照同条一、二两项规定以裁定停止执行,自可依法执行。合行令仰知照。此令

**附原函**

迳启者,案据湖北高等法院首席检察官钱谦呈称,呈为呈请函转解释事。查依《惩治盗匪暂行条例》判处死刑之案,其适用之程序,该条例第三条规定甚详。兹有被告人犯行刦杀人之罪,经第一审判决后声明上诉,复经第二审改依《修正盗匪案件适用法律暂行细则》第三条第一款,并《惩治盗匪暂行条例》第一条第十二款,判处死刑,转报省政府核准在案。该被告人于宣判之后,省政府核准以前,复提起上诉第二审,以此项上诉系违背法律上之程式,裁定驳回,一面送卷函请执行该被告人,又声明抗告,遂将原卷呈送最高法院核办。因此,关于执行问题发生疑义,计分两说:(甲)说本件抗告虽无理由,而案关死刑,被告人既对于原裁定不服,抗告于第三审法院。为慎重起见,应俟上级审裁定驳回之后,始行照判执行。(乙)说本案既用特别法判决,根本上自不许其再用普通法所定之上诉及抗告各程序。况抗告无停止执行裁判之效力,《刑事诉讼法》第四百二十条第一项已亦明白规定。该被告人对于驳回上诉后,虽又提起抗告,而既未经第二审,依照同法第四百二十条第一项但书裁定停止执行,自可依法执行。否则,迁延时日,与《惩治盗匪暂行条例》之施行效力有关。以上两说,究以何说为是,悬案待决,理合具文呈请钧署鉴核函转解释示遵等情。据此,相应转请查照,迅予解释见复为荷。此致

**院字第五九六号**

**二十年九月二十五日　司法院函外交部　附原函**

迳复者,准贵部本年一月十四日公函(第一九六号)开,《刑法》所称伪造商标是否包括仿造而言,又已注册之商标有无实益请解释见复等由,业经本院统一解释法令会议议决,仿造商标与伪造商标意义相同,无论是否曾经注册之商标,其在《刑法》上之保护固无区别。

关于该商标之仿造,均应适用《刑法》第二百六十八条及第二百六十九条关于伪造之规定(参照院字第二九五号、第二九七号及第二九九号解释)。至已注册之商标,自注册之日起,即取得专用权(商标法第十四条),故在民事上之保护自较优厚,不能谓无实益。相应函复贵部查照。此致

**附原函**

迳启者,接据驻京英总领事节略称"中国法院不认《刑法》第二百六十八条及第二百六十九条,可以适用于类似仿效 Colourabla imitation 之案件,法院主张须与原来之标记全然相同,实足使商标所有人对于非从原来标记真正描摹,而成之类似仿效,欲在法院请求救济陷于不可能之情形。凡伪造他人商标大都类似仿效,而非真正全然相同,故此实一重要之事件"等语。本部查《刑法》第二百六十八条规定,意图欺骗他人而伪造已注册或未注册之商标商号者,处二年以下有期徒刑,得并科三千元以下罚金。第二百六十九条规定,明知为伪造之商标、商号而贩卖,或意图贩卖而陈列,或自外国输入者,处六月以下有期徒刑、拘役,得并科或易科一千元以下罚金。是第二百六十八条犯罪成立之要件有二:(一)须有伪造商标商号之行为;(二)其伪造商标商号,须有欺骗他人之意思。第二百六十九条犯罪成立之要件有三:(一)其商标商号须系伪造;(二)须明知其为伪造;(三)须有贩卖,或意图贩卖而陈列,或自外国输入之行为。惟上述法条所称伪造,是否包括仿造而言,颇滋疑义。查十四年九月十二日公布之《修正商标条例》第三十五条第一项第三、第四、第五等款,均以商标之伪造与仿造并列。依照普通解释,所谓伪造当系指全然相同之商标,所谓仿造当系指类似之商标。如是,则《刑法》上所谓伪造,亦必指外观全然相同之商标而言。倘系类似之商标,即不在《刑法》第二百六十八条及第二百六十九条科罪范围之内。然在商标条例尚未废止以前,对于他人使用类似之商标,尚可援用该条例第三十五条第一项所列各款,以求救济。现在新商标法业已施行,该法对于伪造及仿造商标,均无处罪明文。故如有此项问题发生,惟有依照《刑法》办理。于是,《刑法》第二百六十八条及第二百六十九条关于伪造二字之解释,益关重要。如仍以全然相同之商标为限,则凡他人仿造类似商标得免刑罚制裁,其保障似不免过于薄弱,与现在欧美各国之立法例,亦显有不同之处。又,依照《刑法》规定,其保护已注册之商标并不优于未注册之商标,故从《刑法》言之商标,虽经依法注册,在注册人方面,殊属毫无实益。因之该项商标法虽经公布施行,在事实上恐不能有绝对之强制力。上述各节,究应如何解释及救济,除分函实业部外,相应函请贵院察核见复,以便转复为荷。此致

**院字第五九七号**

**二十年九月二十五日　司法院指令浙江高等法院　附原呈**

呈悉,业经本院统一解释法令会议议决,裁判确定前羁押日数在判准折抵者,依《刑法》第九十三条第二项之规定,于呈请假释时,且不得算入执行期内。其并未判准折抵者之不

得算入,更不待言。合行令仰转饬知照。此令

附原呈

呈为转请解释事,案据缙云县县长郑禧呈称,查《刑法》第九十三条规定,受徒刑之执行而有悛悔之实据者,无期徒刑逾十年后,由监狱官呈司法部得许假释出狱等语。假使有犯某甲于民国五年一月一日发押,至民国十一年一月一日判处无期徒刑于一月十五日判决确定。如果以前羁押日数可以依法以二日折抵徒刑一日并入计算,则该犯某甲至今已逾十年,可以依法呈请假释。如以前羁押日数不能折抵并入计算,则该犯某甲尚未超逾十年,依法不能假释。究竟何者为是,理合呈请指令祗遵等情。据此,案关法律疑义,理合备文转请仰祈钧院俯赐解释,以便饬遵。谨呈

**院字第五九八号**

**二十年九月二十五日　司法院训令安徽高等法院首席检察官　附原函**

为令知事,该法院前钱首席检察官呈,最高法院检察署转请解释刑诉法施行后,关于移转检察事务能否援用法院编制法疑义一案,业经本院统一解释法令会议议决,(一)法院编制法第一百条规定与现行法令既无抵触,自可援用;(二)以地方法院检察官办案偏颇为理由,向高等法院声请移转管辖,经裁定驳回之后,高等法院首席检察官仍得将原检察官之事务移于管辖区域内别院检察官,但侦查终结后,如原地方法院有管辖权,仍应起诉于原地方法院(参照院字第六十三号解释)。合行令仰知照。此令

附原函

迳启者,案据安徽高等法院首席检察官钱谦呈称,为呈请解释事。窃查法院编制法第一百条后段规定,检察长有将各该管区域内检察官之事务移于别厅检察官之权,惟《刑事诉讼法》施行之后,关于移转检察事务,是否仍可援用该条办理,计分两说:(甲)说谓《刑事诉讼法》关于移转检察事务并无明文规定,则法院编制法之第一百条当然失效,自无适用之余地。(乙)说谓法院编制法第一百条规定尚未经明文废止,《刑事诉讼法》虽未规定,此种程序亦无不许,可移转检察事务之规定,自可仍援用该条,以资救济。两说未知孰是,此应请解释者一。如法院编制法第一百条规定仍可适用,设有以地方法院检察官办案偏颇为理由,向高院刑庭声请移转管辖,经裁定驳回之后,能否再向同院首席检察官声请移转检察事务?首席检察官对于此项声请,是否仍可依照法院编制法第一百条规定,予以核准,此应请解释者二。以上两点,事关法律疑义,亟应恳请钧署转赐解释示遵等情前来,相应备文转请查照解释见复为荷。此致

**院字第五九九号**

**二十年九月二十五日　司法院函国民政府文官处　附原呈**

迳复者,准贵处本年四月三十日公函(第三五三四号)开,准中央训练部函,为浙江省执

行委员会呈，据鄞县商会请维持旧有宁波商会名称转请解释一案，转行到院，业经本院统一解释法令会议议决，商会所冠之名称，是否应与其所设立区域之市县名称相同，法无明文规定。若因历史上商业上之特殊关系，而其所冠名称与现制市县名称不同，如果按之商会法第五条，以其所设立之各该市县之区域为其区域之规定，不至发生误会，即非法所不许，相应函复贵处查照转知。此致

**附原呈**

呈为转请核示事，案据鄞县执行委员会呈称，呈为据情转呈事。案据鄞县商会呈，为请维持宁波商会名称声叙理由，仰祈鉴核准予转呈事。案奉钧会转奉浙江省执行委员会指令训字第一五三三号节开，据送宁波市商会呈送该会章程、会员名册、职员履历单等转请备案，呈件均悉。查宁波市业经取消该市商会，应改为鄞县商会，所呈该商会章程内宁波市等字应一律改为鄞县等因。奉此，伏查宁波市政府虽奉省令取消，而宁波两字原系地名，不应随行政机关同在取消之例。况宁波与各国通商最早，明嘉靖年间即与葡萄牙人通商互市。至清道光间，订五口通商之约，复辟为万国商埠，迄今数百年，为中外人士所观瞻。故宁波两字，在商业有悠久之历史有密切之关系，一旦更易为鄞县商会，实有妨碍商业之发展。属会职司商业关系綦重，不得不请求维持宁波商会之名称。其他如丹徒县、镇江商会，巴县之称重庆商会，新建县之称南昌商会，不以县名而称商会者，比比皆然，或因历史上商业上有特殊之关系，不能更易名称，此其明证属会事同一律，自可援案请求。且属会章程已经鄞县政府核准，称为宁波商会分呈省部备案奉令前因，理合声请钧会准予转呈省执行委员会维持宁波商会名称，以利会务，而顺舆情等情。据此，应否照准当经职会第四次委员会议决议，准予转呈等语，纪录在卷，除指令外，理合录案据情转呈，即祈鉴核指令祇遵谨呈等情。据此，查商会之设立，依据商会法第五条之规定，以各该市县之区域为区域是，名称一节自应以各该市县之名称为名称，方为适合。属省鄞县县治前，以商务比较繁盛之故，虽曾一度设立宁波市顾市治，现经取消一切团体名称，均已随同变更。惟该区公安局，则仍保存宁波市名称。该鄞县党部呈送宁波市商会章程名册等件，请备案等情前来，经指令改为鄞县在案。兹据转呈所称各节，似不无相当理由，可否援照镇江、重庆、南昌等处商会前例仍称宁波商会之处，当经提属会第六二次委员会议“转呈中央核示”在案，为此备文转呈，仰祈鉴核迅赐训示，俾便转饬祇遵，实为党便。谨呈

**院字第六〇〇号**

**二十年九月二十五日　司法院训令江苏高等法院　附原函**

为令知事，该法院本年第一零四四八号公函致最高法院为南通县法院转请解释盗匪案件发回再审范围疑义一案，业经本院统一解释法令会议议决，盗匪案件匪犯某甲迭犯强盗多罪，其一罪触犯《惩治盗匪暂行条例》判处死刑，其余各罪分别依《刑法》判处徒刑，死刑部分呈送高等法院转报省政府发回再审时，仅能就死刑部分审判，其已经确定之部分不在再

审范围之内,即有错误,亦只能以非常上诉方法救济。合行令仰转饬知照。此令

**附原函**

迳启者,案据南通县法院院长简炅代电称,查职院办理盗匪案件发生法律疑义如下,依《惩治盗匪暂行条例》判处死刑,人犯依该条例第三条第一项、第三项规定,凡依该条件判处死刑者,应由该管司法机关审实后,附具全案报由高等法院转报省政府核办。如高等法院院长认为有疑误者,得于转报时附其意见书。第六条规定,省政府对于法院之报告认为有疑误时,得饬令再审。设有盗匪案件,匪犯某甲迭犯强盗多罪,其一罪触犯《惩治盗匪暂行条例》判处死刑,其余各罪分别依《刑法》判处徒刑,依并合论罪例定,执行死刑,呈送高院转报省政府核示时奉发回再审。查阅高等法院附具之意见书,对其余判处徒刑部份适用,法律上亦有指摘。此类案件再审之范围,是否仅能就死刑部份加以审判,其余部份已经确定(被告检察官均未上诉),不得再审,即有错误,亦只能以非常上诉救济,抑可全部再审。职院现有此类案件急待解决,理合电请转呈解释示遵等情。据此,相应函请贵院解释,实纫公谊。此致

**院字第六〇一号**

**二十年十月十三日　司法院训令湖北高等法院　附原函**

为令知事,该法院上年第二二四号公函致最高法院,为圻水县司法主任委员转请解释主婚权及财产继承权各疑义一案,业经本院统一解释法令会议议决,(一)来函所称婚姻情形,依据结婚自由之原则,虽未得丁、戊之同意及追认,仍属有效。(二)按亲生女子在《全国代表大会妇女运动决议案》施行以前,除受赠及户绝财产果无同宗应继承人外,本无财产继承权。如嗣子应继承之遗产之全部或一部被其侵害,自可请求回复。惟此项请求权已否因时效而消灭,仍应查照《民法》继承编第一一四六条及施行法第四条办理。合行令仰转饬知照。此令

**附原函**

迳启者,案据圻水县司法主任委员代电称,今有甲于其夫乙死后未及三月,即与丙自由结婚,甲之生父丁及其夫家余亲戊,以未经同意诉请撤销。嗣后,甲与丙又请求丁、戊追认,均皆拒绝此种情形。按之现行律民事有效部分,既未得有主婚权人之同意,擅自与人结婚自得为请求撤销之原因。惟第二次代表大会妇女运动决议案,离婚结婚绝对自由。甲与丙自由结婚,虽未得丁及戊之同意,其婚姻似不能认为无效。且甲与丙结婚后又请求丁、戊追认主婚,而丁、戊拒绝援照有主婚权者故意不主婚,失其主婚权之例,是甲与丙之婚姻丁、戊尤无诉请之可言。伏思现行律与妇女运动决议案既生上项抵触,办理殊难依据。又有甲妇于其夫死无子立乙为嗣,而又不为其所爱,乃将女丙招至其家提给财产总额四分之三,令其女负生养死葬之义务越三十余年。孀妇甲死,其嗣子乙乃以遗赠不能超过嗣子所应承受之额数出而告争,此种情形依照前大理院五年上字六六一号,守志之妇虽得于遗产中酌提一

部给予亲生之女。然揆诸酌给之义其所给予者，自不得超过嗣子所应承受之额数，且不得因而害及嗣子之生计，自不待论之判例，则嗣子乙之请求不能谓无理由。惟丙承受甲提给之财产已越三十余年，乙不于三十余年以前，及其嗣母甲在时，提出异议。直至丙承受三十余年，及甲死后始行告争，其理由又似欠缺，属署有此两种案件，究应如何办理，理合电请鉴核示遵等情，据此，相应函请贵院迅赐解释俾便转令遵照，实为公便。此致

**院字第六〇二号**

**二十年十月十三日　司法院咨行政院　附原咨**

为咨复事，准贵院上年六月四日咨（第一三零号）开，据财政部呈请核示烟酒公卖事件诉愿管辖疑义一案，咨请查照解释见复等由，业经本院统一解释法令会议议决，《诉愿法》第二条第一项所称之主管厅，即指主管该事务之官署而言，烟酒公卖事务既于省政府所属各厅外设有主管之烟酒事务局，则不服县政府关于烟酒公卖事务所为之处分，应向烟酒事务局提起诉愿，相应咨复贵院查照饬知。此咨

**附原咨**

为咨请事，据财政部第一零九五号呈称，案据江苏烟酒事务局呈称，职局所属各区稽征所对于烟酒商人违背烟酒公卖条例及稽查规则者，向由主管稽征所依照烟酒公卖罚金规则，依法处罚不服者，送县政府秉公裁决历经办理在案。兹有仪征县酒商对于违章抗税之所为不服仪征县行政决定，诉由江苏民政厅，咨经江苏财政厅转咨到局。查职局为江苏烟酒公卖事务主管机关，若由各稽征所直接处办，自以职局为上诉机关，此案经过仪征县政府行政决定，是否以民政厅为上级诉愿机关，抑仍属之职局请予核示等情到部。查厅为《诉愿法》第二条第一项之规定“不服县市政府之处分者，向省政府主管厅提起诉愿”等语，是凡不服县政府之处分者，自以民政上级诉愿机关。又本法第三条之规定“人民对于前条以外之中央或地方官署提起诉愿时，应按其管辖等级比照前条之规定为之”等语，是此项诉愿之管辖，似属于诉案有关之主管机关。查各省办理烟酒征榷事务，向由县政府协助，如山东、浙江等省且有县政府兼代征收烟酒税费或牌照税事宜者，照第三条之规定，则县政府处分关于烟酒方面事务。按其管辖等级比照之，似仍以该省烟酒事务局为上级诉愿机关。惟事关行政系统，职部未敢擅专，理合据情呈请核示饬遵等情到院。查人民不服县政府处理关于烟酒事务所为之决定，应否依《诉愿法》第二条第一款之规定，由省政府主管厅受理诉愿，抑以该省之烟酒事务局为其上级诉愿官署？事关诉愿管辖疑义，除指令外，相应据情备文咨请贵院查照释明见复，至纫公谊。此咨

**院字第六〇三号**

**二十年十月十三日　司法院指令安徽高等法院　附原呈**

呈悉，业经本院统一解释法令会议议决，兼理司法之县长对于盗匪嫌疑案件以牌示科

处罚金,如系终结诉讼之表示,且以有盗匪嫌疑为处罚之理由(并非根据他种行政法规),自可认为司法裁判。惟未履行送达程序,核与《修正县知事审理诉讼暂行章程》第二十二条不合,自不发生确定力,既经被告声明不服,应送由上级审依法裁判。合行令仰转饬知照。此令

**附原呈**

呈为呈请解释事,案据宿松县县长刘钟鄘艳代电称,查县长于新旧交替时,旧任县长(或代行科长)于未交卸前对于在押未决之盗匪嫌疑案件,未依法为有罪或无罪之判决,而以牌示科处罚金,既未根据法律又未依式送达。倘被告人向原处分机关之后,任县长请求收回成命,依法改判,于此场合发生疑义数点:(一)此项牌示在法律上能否认为有效,如应认为有效,究系行政处分,抑系司法裁决?其上诉机关及期间,应如何定之?(二)如根本上无效,原处分机关究应如何处理?换言之,原处分机关应用何种方式撤销原处分,抑应由上级机关撤销之?事关法律疑义,理合据情电请详示祇遵,毋任迫切待命等情。据此,查事关法律疑义,理合具文呈请钧院解释,以便转令祇遵,实为公便。谨呈

**院字第六〇四号**

**二十年十月十三日　司法院指令江苏高等法院第二分院　附原呈**

呈悉,业经本院统一解释法令会议议决,银行发行之钞票,因政府命令而停止兑现,在此命令未撤销以前,银行兑现之义务固得因而停止。惟持票人所受较票面数额减少之损失,除政府定有整理办法外,银行应负责赔偿(参照院字第三七三号解释)。合行令仰转饬知照。此令

**附原呈**

呈为呈请解释事,案据署上海特区地方法院院长杨肇熉呈称,兹有某银行前曾发行巨额钞票,嗣以政府颁发命令停止兑现,持票人因不能获得与票面数额相当之利益,向某发行银行提起赔偿之诉发生法律上之疑义,计分甲、乙两说:(甲)说谓钞票停兑,既由于政府之命令发行银行,即不能因不兑现而负何种赔偿之责。(乙)说谓政府发布命令停止兑现,固属行政处分。然发行银行对其所发钞票,究应负责。故持票人所受较票面数额减少之损失,自应由该发行银行赔偿。以上二说,各执一理,究以何说为正当,理合呈请鉴核迅予转呈解释示遵,实为公便等情。据此,理合具文呈请钧院鉴核俯赐解释,以便饬遵。谨呈

**院字第六〇五号**

**二十年十月十三日　司法院指令湖南高等法院　附原呈**

呈悉,业经本院统一解释法令会议议决,民事当事人以成立于判决确定后之书状,提起再审之诉,自非合法,即属不应许可,应依《修正民事诉讼律》第六百十三条,准用第五百三十八条第二项之规定,以决定驳回,并查照同律第二百九十七条办理。合行令仰转饬知照。

此令

**附原呈**

呈为呈请解释事，案据署常德地方法院院长钟馥呈称，查修正民诉律第六零五条一一款所称之书状，自系指成立于判决确定前者而言(参照民国十七年上字第五号判例)。若系成立于判决确定后者，则即不得据为再审原因，受诉法院应予驳回自不待论。惟驳回形式究应用判决，抑得用决定，于此有二说焉：(甲)说谓书状既非成立于判决确定之前者，即与前述六零五条一一款所称之书状条件不符，自非合法(按前大理院民国六年抗字第三一号判例，如发现书状显然不足为可受利益之裁判者，尚不认其为合法。若发现成立于判决确定后者，其为不合法更不待论)，应属不应许可再审之列。依同律第六一三条一项准用第五三八条第二项(参照民国十八年院字第五六号解释例)，可以决定驳回。盖此种书状不能为再审原因，显而易见，自可不经辩论而以简易之程序终结。其再审之诉免费无益之手续，立法本意亦不外此。(乙)说谓书状虽系成立于判决确定之后，而既据书状为再审原因，是其形式之要件已备，不能谓不合法。至书状之成立时期，则系涉及书状内容，即再审理由当否之范围，应依同律第六一四条第二项，须经辩论认为无理由，以判决驳回。二说孰是，事关法律疑义，理合备文呈请钧院转呈司法院解释示遵等情。据此，除令准呈转外，理合具文呈请钧院俯赐鉴核，发交最高法院拟具解答案，复核令遵。谨呈

**院字第六〇六号**

**二十年十月十四日　司法院咨行政院　附原咨**

为咨复事，准贵院本年八月七日咨(第二一七号)开，据教育部呈请解释女子出嫁后，可否领受母族升学租谷疑义一案，咨请查照解释见复等由，业经本院统一解释法令会议议决，女子出嫁后可否请领母族升学租谷，应解释族中规约定之族中规约之解释，须斟酌立约本旨，及其他立约时一切情事，未便悬断。相应咨复贵院查照饬知。此咨

**附原咨**

为咨请事，据教育部呈称，据湖南省教育厅代电称，案据湘潭县长张有晋呈称，据本县马兰阶等呈内略称，缘族总祠议订学捐一条，照租提抽义务谷若干、升学谷若干、女职谷若干，公簿久凭学委验定，各公照缴无异。昨国历六月十七日，学务会饬学警来祠催缴升学谷硕票开，马素环呈报各情请追迅缴。查马素环系本房马月亭之女，于本年古历正月初六嫁归九都八甲地名，水冲干塘坡，唐春和之子禄安为室，确调确查既经出阁即入升学之列，只可向夫族领奖而已，岂容向母族各公逼取升学捐谷，以背祠议，似此飞索强分房内肄业诸生，亦皆浇浇不服，势必酿起争端，请勒亭到案严究等语。窃总理遗训男女在法律上、经济上应一律平等，故现行《民法》女子有财产承继权以此推论，则出嫁之女子索取母族升学津贴亦属正当，但事无明文规定，未便臆断，理合备文呈请解释指令祇遵等情。据此，查此项问题与财产承继权性质各异，法无依据，本厅未便核复，理合据情电呈钧部核示，以便饬遵

等情。查原电所称,女子出嫁后可否请领母族中升学租谷一节,在《民法》亲属编及继承编均无明文规定,且无类似之条文可资比拟。至该马兰阶等原呈所称,出嫁女子不得领受母族升学租谷,此项解释如认为不成文法,许其发生效力,按诸约法第六条,男女在法律上一律平等之规定,有无抵触?事关女子权利之享受,本部未敢臆断,理合备文呈请钧院鉴核指令祇遵,俾凭转饬遵照等情。据此,事关法律疑义,相应咨请贵院查照解释见复,以便饬遵,至纫公谊。此咨

**院字第六〇七号**

**二十年十月十四日电湖南高等法院　附原电**

湖南高等法院陈院长览,本年八月艳代电悉,所请解释缺席判决程序疑义一案,业经本院统一解释法令会议议决,对于缺席判决得声明窒碍,乃以保护受缺席判决当事人之利益,为缺席判决之法院,仅得于新辩论之结果与缺席判决不相符时,以新判决废弃缺席判决为利益,于受缺席判决当事人之裁判。至于声请缺席判决之到场当事人,对于原缺席判决有所不服,应依上诉方法而求救济,为缺席判决之原法院不得因受缺席判决之当事人声明窒碍而并予受理。合电知照。司法院寒印

**附原电**

南京司法院院长王钧鉴,窃查缺席判决之维持及废弃修正民事诉讼律第五百零四条定有明文。设有缺席判决为不利于到场之一造送达后,受谕知之当事人声明窒碍,业经决定许可而到场之一造提起上告,经上告审认为,已据他造声明窒碍无上告之必要决定驳回上告。此时该到场之控告人,可否因他造窒碍之声明而并受利益,其对于原缺席判决之攻击,法院可否认其合法?倘其主张有理,能否废弃原缺席判决(非以声明者主张正当所为之废弃)而更为不利益,于原受缺席当事人之裁判律,无明文可资依据,合恳迅赐解释示遵。署湖南高等法院院长陈长簇叩艳印

**院字第六〇八号**

**二十年十月十七日　司法院函国民政府文官处　附原函**

迳复者,准贵处本年四月十一日公函(第二九二二号)开,准中央训练部函为浙江省执行委员会训练部呈请解释,下级农会代表出席上级农会任期疑义一案,转行到院,业经本院统一解释法令会议议决,代表下级农会为上级农会会员之出席期间,法无明文规定,应以上级农会开会之期间为其期间,相应函复贵处查照转知。此致

**附原函**

迳启者,案据浙江省执行委员会训练部呈称,查《农会法》第十八条"上级农会以其下级农会为会员",又《教育会法》第十九条"上级教育会以其直接下级教育会为会员",是项团体会员上级团体成立组织时,其推派出席代表之任期,是否以一年为限或随上级农会或教

育会开会期满即行销灭,抑另有其他规定请解释示遵等情。查上级教育会举行会员大会时,应由下级教育会会员大会选举代表出席,代表任期暂定为一年一案,前准教育部解释过部,当经敝部分行各省市党部遵照在案。惟下级农会依照《农会法》施行法第四条之规定,派代表出席上级农会时,其代表之任期,于法无明文规定。事关法规疑义,应由国民政府转饬主管机关解释。据呈前情,除令复外,相应函请贵处查照转陈办理见复为荷。此致

**院字第六〇九号**

**二十年十月三十日　司法院指令河北高等法院　附原呈**

呈悉,业经本院统一解释法令会议议决,(一)父母伯叔子侄,以自己名义为其已成年之子侄或其父母上诉,与《刑事诉讼法》第三百五十九条之规定不合。(二)在上诉中发现应用《惩治盗匪暂行条例》案件,第一审误用《刑法》,如经第二审依《惩治盗匪暂行条例》判处死刑者,不得上诉第二审,如为高等分院应依同条例第三条第一项之规定,须将全案送交高等法院转送省政府核办。(三)《刑法》第二百九十七条,包括各种伤害之情形而言,其激于义愤而伤害人致死,仍应依该条处断,但须注意同法第七十六条第一项第八款之规定。(四)限期命当事人补交审判费,并非法定期限,除由法院或审判长酌量情形,于适当之限度定之,若有特别情形,法院得以职权酌予伸长外,无再扣除在途期限之必要。(五)《刑法》第二百五十四条之重婚罪,指有配偶而重为婚姻,或同时与二人以上结婚者而言。即使所娶者,其名为妾,若系正式结婚(参照《民法》第九百八十二条),即应构成该条之罪。其非正式结婚者与该条所定要件不符,不能为罪。合行令仰转饬知照。此令

**附原呈**

呈为转呈事,案据职院第二分院院长范体仁支代电称,兹因适用法律发生疑义数点请赐呈转解释:(一)查刑事上诉人依《刑事诉讼法》第三百五十八条至第三百六十一条之规定,成年被告之父母或子女本无上诉权,但最高法院十七年二三九号解释,父母得代其子上诉。现冀南各县,多有父母伯叔或子侄用其自己名义为其子侄或父母上诉,其上诉状内并未列成年被告之名,亦无代为上诉字样,究竟此项纯用他人名义之上诉,有无上诉之效力,应恳解释者一。(二)在上诉中发现应用《惩治盗匪条例》案件,原审误用《刑法》,如经第二审依《暂行惩治盗匪条例》判处死刑,是否仍不准上诉?又第二审如为高等分院,是否仍须将全案送交高等法院转送省政府,抑由分院迳送省政府核办,此应恳解释者二。(三)《刑法》第二百九十七条,当场激于义愤而伤害人者,处三年以下有期徒刑。又第二百八十六条,激于义愤而杀人者,处一年以上七年以下有期徒刑,但激于义愤而伤害人致死者,如何处刑,法无明文。如处一年以上三年以下,似尚无失出失入之虞,应恳解释者三。(四)《民事诉讼条例》第一百九十七条规定,计算法定期限,应扣除当事人在途之期间。但如限期命当事人补交审判费逾期即驳斥,其诉此项期限是否扣除在途之期间,法无明文。倘法院限期太短或因交通临时发生迟滞不能如期遵办,又来不及声请延长期限,如不除去在途期间,

似不足保护当事人,此应恳解释者四。(五)我国以前法律草案从未明认妾制,惟自袁世凯利其蓄妾,乃颁布刑律补充条例,前大理院迁就事实,其判例亦是认妾制,以致刑律重婚罪,在男子方面几等具文。先总理对于婢妾制度素极痛恨,尝先后废止补充条例及颁严禁蓄婢令,并于党纲中明定男女绝对平等之原则。现在党国领袖亦反对妾制,故最近中央政治会议通过之亲属法原则,即无妾之明文,可见一斑。为贯彻男女绝对平等之党纲,似应对于今后男子娶妾依法科以重婚罪,以前判例似难适用。前司法院为女子继承问题,曾重开会议依据党纲另为解释,拟恳援例俯赐解释,以符党义,此应恳解释者五。以上五端,理合呈恳钧院俯赐呈转解释,实为公便等情到院,除指令外,理合据情转呈钧院鉴核,俯赐转交解释指令饬遵,实为公便。谨呈

**院字第六一〇号**

**二十年十月三十日　司法院训令山东高等法院首席检察官　附原函**

为令知事,该法院前首席检察官呈最高法院检察署,为福山地方法院首席检察官转请解释《刑法》第三三八条第二款毁越二字适用疑义一案,业经本院统一解释法令会议议决,《刑法》第三百三十八条第二款,所谓毁越门槅、墙垣,指毁损或越进门槅墙垣者而言,毁而不越或越而不毁,均得依该条款处断。合行令仰转饬知照。此令

**附原函**

迳启者,案据署山东高等法院首席检察官周起凤呈称,呈为转请解释事,案据福山地方法院首席检察官呈称,为转请解释事。窃查《刑法》第三百三十八条第一项第二款"毁越"二字,于适用上发生疑义:(甲)说毁越二字,须分别适用犯人,仅毁坏门槅墙垣或仅越进门槅墙垣而行窃者,即可适用该款不必兼备毁越两条件。(乙)说毁越二字,须连贯适用,犯人毁坏门槅墙垣时,必须越进门槅墙垣,而行窃者方能适用该款。若仅越而不毁,则为普通侵入窃盗,又,仅毁而不越只能另负毁损责任,均无适用该款之余地。二说未知孰是,案关法律解释,理合呈请钧座转呈解释,俾资遵循等情。据此,查本件系关法律解释,职处未便擅专,理合呈请钧署俯赐解释,以便转令遵照等情。据此,相应函请贵院查照解释见复为荷。此致

**院字第六一一号**

**二十年十月三十日　司法院训令江苏高等法院　附原函**

为令知事,该法院本年第一二四八四号公函致最高法院,为奉贤县县长转请解释反革命罪诬告适用法律疑义一案,业经本院统一解释法令会议议决,诬告反革命合于《危害民国紧急治罪法》之罪者,应依《暂行特种刑事诬告治罪法》第一条至第四条,分别援用《危害民国紧急治罪法》相当各条之刑科断(参照院字第五五一号解释)。合行令仰转饬知照。此令

**附原函**

迳启者，案据奉贤县县长沈清尘代电称，本县受理反革命治罪诬告一案，查《反革命治罪法》已因《危害民国紧急治罪法》公布而失效。其《暂行特种刑事诬告治罪法》第一条第一项载，意图他人受《暂行反革命治罪法》或《惩治土豪劣绅条例》处罚，向常务军事行政或审判机关为虚伪之告诉告发报告者，按其所告罪应科之刑处断，则关于《暂行反革命治罪法》之诬告部分，应如何适用法律之处，理合电请钧院转请解释示遵等情。据此，相应函请贵院解释以凭转饬遵照为荷。此致

**院字第六一二号**

**二十年十月三十日　司法院指令浙江高等法院　附原呈**

呈悉，业经本院统一解释法令会议议决，起诉书状内漏载被告姓名、性别、年龄等项，自属程式未备。惟理由栏内既叙明被告姓名，犯罪主体尚非不可辨识，为便利手续起见，法院自可将书状发还起诉人，命其补正，合行令仰转饬知照。此令

**附原呈**

呈为转请解释事，案据定海县法院院长袁敬仁呈称，查刑事起诉程式，依《刑事诉讼法》第二五八条规定，起诉书状应记载事项，计有两款：(一)被告之姓名、性别、年龄及其他足资辨别之特征；(二)犯罪事实、起诉理由及所犯之法条。现查属院某案起诉书漏载一款事项，而理由栏内却有被告姓名，似此情形，可否依同法第三一八条谕知不受理之判决。事关诉讼程式之疑问，未敢擅便，理合备文呈请仰祈鉴核示遵等情。据此，案关解释，理合备文转请仰祈钧院鉴核令遵。谨呈

**院字第六一三号**

**二十年十一月七日　司法院咨行政院　附原咨**

为咨复事，准贵院本年九月十五日咨(第二五七号)开，据实业部呈请解释市农会组织疑义一案，咨请查照解释见复等由，业经本院统一解释法令会议议决，市农会之职员名称及其名额，不问该市为市组织法第二条之市，抑为第三条之市，均应依《农会法》第十九条办理，不适用《农会法》第二十条之规定，相应咨复贵院查照饬知。此咨

**附复咨**

为咨请事，案据实业部呈称，案准北平市政府转送北平市农会章册，请查照备案等由到部。查章册内所载关于市农会之组织，系援照省农会组织。设理事监事等职，按市组织法，虽有直隶钧院与隶属省政府之两种区别。然除明示区别之各条外，率为同一之规定《农会法》制定于市组织法以后。关于农会组织之规定，只有县市农会、省农会两种，于直隶钧院之市并无特别规定，亦无准用省农会组织之明文。是立法之意在两种之市，其市农会之组织并无区别。今北平农会依《农会法》第二十条，省农会之组织，于法似有不合。事关法令

解释,本部未便擅定,理合备文呈请鉴核转咨司法院,迅予解释,俾资遵循等情。据此,除指令外,相应咨请查照迅予解释见复,以凭饬遵,至纫公谊。此咨

**院字第六一四号**

**二十年十一月七日　司法院咨行政院　附原咨**

为咨复事,准贵院本年七月十七日咨(第一九一号)开,据实业部呈为《工厂法》施行困难请示如何救济一案,关于二三两点咨请查照解释见复等由,业经本院统一解释法令会议议决,(一)依《工厂法》第十五条之规定,凡以日计资之日工或点工,而继续工作在七日以上者,均应有一日之休息。惟件工则限于日课件数,仍系以日计资者,方得享有此种权利。若专系以件计资,当不包括在内,此项规定具有强行性质,故该法施行后关于团体协约或工作约定及劳资双方默认之惯例。如有与此抵触者,要不能认为有拘束之效力。(二)按工厂中之职员或工人,仅有一部分管理权,如非代表雇主,依《工会法施行法》第六条但书,并不在限制加入工会以列,故此项人员于工厂会议时不得由厂方选派代表。相应咨复贵院查照饬知。此咨

**附原咨**

为咨请事,案据实业部呈称为呈请事,案奉钧院政务处函开,奉兼院长蒋发下中华工业总联合会,呈为《工厂法》实施陈述意见,请鉴核俯准从缓施行以资救济等情一案,奉谕交实业部等因,相应抄同原件函达查照等由。准此,查此案前据该会分呈到部,并据中国工商管理协会上海永豫和记纺织公司董事会等呈同前情前来,经详核该会等所陈意见约为三点:(一)以该法第十三条,取缔女工深夜工作,厂方为维持生产数量计,势必加雇男工接替,将使女工有失业之危险。(二)以该法第十八条规定,休息日照给工资其日工点工件工。若比照月工于休息日照给工资,则月工与日工等自来工资比率之平衡不能保持。(三)以该法第十章工厂会议各条,现在双方知识经验尚难运用,恐徒增事业发展之累。如必暂先试行,则请以建议为限。凡职员或工人,如系执行管理权者,不得加入工会俾可代表厂方,不致仅剩经理、厂长三数人,藉以养成劳资对等合作之习惯。查关于禁止女工深夜工作一节,其在纺织业女工最占多数,厂方以昼夜轮班关系加雇男工接替女工或未可免,政府既以维持社会淳风与家庭管理为重,则女工有一时失业之虞,亦属势难求全,预计纺织女工若依法实行,则失业者将及全数之半所关过重,为减少失业人数起见,自当令行厂方将工作制度,由两班改为三班,除深夜一班外,其余两班尽量容纳女工。但以昼夜轮班制之工厂工人班次,至少每星期更换一次之关系,则深夜以外之两班,亦不能全数容纳女工,所减女工人数,亦将及全数三分之一。此项失业女工,惟有责成当地省市政府设法力为救济,其当地政府如以失业人数过重救济为难,则善后之法颇感棘手。关于休息日照给工资一节,按现行日工星期日休假给资办法,依照中央一一五次常会决议,应按照依法有效之团体协约或工作约定办理。《工厂法》第十五条规定,并无将日工点工件工除外明文,该法实施后前项决议案,既与

现行法令抵触,自难继续有效。惟如原呈所陈,则事实上似仍以依照中央常会决议办法办理,较为妥适,不无可与考虑之处。关于工厂会议一节,厂方若依该法第四十九条第二项选派代表,则知识经验应可充分。工人代表知识容有未充经验,当无不具其余会议运用,应无足虑。至所请凡职员或工人如系执行管理权者,不得加入工会云云,意在变更本部关于《工会法》施行法第六条之解释,以期于厂内职员中选派与劳方同数之代表,殊不知《工厂法》对于工厂代表,并无以厂内职员为限之规定。立法原意即在使工厂方面对于会议代表,得以自由选派且求免于厂内职员,易受工人牵制或包围之弊。该会等不就《工厂法》第四十九条全文体会,反于《工会法》施行法第六条另生枝节,将一举而牵动两法,似未便准予通融。综核该会等,此次所呈尚属就事实困难。平情持论,惟法令既经公布固未可轻议变更,然事实果有问题,亦应予从长核议。现在该法业经奉令缓行,若仍一再展缓,未免有损法律威信。但该法自公布以来,各地工商团体呈请修正者,案件约二十余起。最近上海市商会亦有呈请到部,究应如何救济之处,事关立法,本部未敢擅加,拟议理合賫同中国工商管理协会抄呈及上海永豫和记纺织公司董事会副呈,并摘录各地工商团体,呈请修正意见汇案呈请鉴核示遵等情。据此,当经提出本院第三十次国务会议决议,关于(一)函政治会议,可否将《工厂法》第十三条于二年至三年内,由实业部派员督促厂家为实施之预备。关于(二)(三)送请司法院解释,并由实业部派员前往说明,除录案函请政治会议秘书处转陈核定,并指令实业部遵照外,相应抄同原附件咨请查照解释见复,至纫公谊。此咨

**院字第六一五号**

**二十年十一月七日　司法院函国民政府文官处　附原呈**

迳复者,准贵处本年五月二日公函(第三六二二号)开,准中央训练部函为浙江省执行委员会再请解释商会与工商同业公会之关系一案,转行到院,业经本院统一解释法令会议议决,商会与工商同业公会组织之宗旨,虽同为增进工商利益之精神。惟依商会法及《工商同业公会法》之规定,一则图谋工商业及对外贸易之发展,增进工商业公共之福利,一则仅维持增进共同业之公共利益及矫正营业之弊害。二者范围广狭既显有不同,其组织之宗旨亦即非一致。至商会法第九条,列公会会员为商会会员之一种,乃关于商会会员之组织,其目的在团结各工商业以图谋贯彻商会法第一条所揭之宗旨,与商会联合会之以全省各商会或各省商会联合会为会员同一意旨,并无隶属关系(参照商会法第六条、第三十六条、第三十八条、《商会法施行细则》第七条、第十二条、第三十三条第一项),商会法及《工商同业公会法》,既无关于商会对于工商同业公会有指导监督权之规定,自不得因商会法列公会会员为商会会员之故,而遂谓商会对于工商同业公会当然有指导监督之权,相应函复贵处查照转知。此致

**附原呈**

呈为再请转函解释示遵事,窃属部兹为商会与工商同业公会是否有隶属关系及商会对

于工商同业公会可否酌予指导监督一节,颇滋疑义,节经呈奉钧部第一二六二一号训令略开,据最高法院解答商会与工商同业公会组织之宗旨,本不相同,既无隶属关系自无指导监督之权等因。奉此,属部一再寻绎似最高法院之解释,尚有未能释然者,请先言商会宗旨。查商会法第一条商会以图谋工商业及对外贸易之发展,增进工商业公共之福利为宗旨,与《工商同业公会法》第二条,工商同业公会以维持增进同业之公共利益及矫正营业之弊害为宗旨。两者相较范围广狭虽稍有差异,而增进工商同业利益之精神,则彼此一贯初无二致,原解释谓组织宗旨本不相同,此不可解者一也。次言组织系统,查商会法第九条商会会员:一、公会会员;二、商店会员。就普通惯例言,团体以会员为构成之要素,会员依团体之命令而活动,其间密切关系,正如手之使臂,臂之使指,兹则工商同业公会,既规定为商会会员在系统上当然有指导监督之权,方足以收运用之效。否则商会会员必陷于分崩离析之状态中,商会团体不将因组织散漫而渐即消灭乎,原解释谓无隶属关系,此不可解二也。以上两点,心所谓疑不敢缄默,为此备文呈请仰祈鉴核准予转函解释令遵,实为公便。谨呈

**院字第六一六号**

**二十年十一月七日　司法院函国民政府文官处　附原呈**

迳启者,准贵处本年七月十五日公函(第五八零七号)开,准中央训练部函为湖南省党务指导委员会训练部转请解释,教育会候补干事等可否列席会议及兼任职务一案,函行到院,业经本院统一解释法令会议议决,按候补人员在未补缺以前,本非正式职员,苟无法律上之特别规定,即不得执行职务。来件所称,教育会候补干事、理事、监事,依《教育会法》,既无准许列席会议之特别规定(关于党部会议之组织,候补委员得以列席,有特定明文),即应认为未递补前,不得列席至县教育会候补干事兼任区教育会干事或候补干事。依教育会法并未示以限制,自无不可兼任之理,相应函复贵处查照转知。此致

**附原呈**

呈为呈请解释事,案据汝城县党务指导委员会训练部呈称,呈为呈请鉴核示遵事,案据本县教育会常务干事何武呈称,呈为呈请核示事,案据东一区及中区教育会呈报选举干事及候补干事,皆有本会候补干事当选。查县教育会候补监事可否兼任区教育会候补干事,并无明文规定,应如何处理之处,业经提交本会第五次干事会议决,呈请县指委会解释等语纪录在卷,理合具文呈请钧会鉴核示遵,至为会便谨呈等情。据此,查县教育会候补干事可否兼任区教育会干事,及区教育会候补干事之处,本部业经再三考查法令,并无明文规定,未便臆断,理合备文呈请钧部迅予解释令示祗遵,深为党便谨呈等情。据此,查上级农会干事不能兼任下级农会干事,业经钧部解释有案教育会组织系统与农会无异,本可遵此解释办理。惟查各种人民团体候补执监委员理监事干事等,是否可以列席委员或干事会议,除《商会法施行细则》已规定未递补前不能列席会议外,其余均无明文规定,是候补干事职权如何不能明瞭,故该县所请解释县教育会候补干事,可否兼任区教育会干事候补干事一节,

仍未敢擅断用特备文呈请钧部统请明白解释,俾有遵循,实为党便。谨呈

**院字第六一七号**

**二十年十一月二十一日　司法院咨行政院　附原咨**

为咨复事,准贵院上月二日咨(第二七三号)开,据湖南省政府转请解释《诉愿法》及处理逆产条例疑义一案,咨请查照见复等由,业经本院统一解释法令会议议决,(一)下级官署于呈奉上级官署核准后所为之处分,仍应认为下级官署之处分,故县政府根据县政会议之议决案呈奉上级主管官署核准后予以执行者,该县政府之执行命令,即其处分书人民对之不服向上级主管官署提起诉愿时,该官署尽可依法决定,并不因从前曾经核准而受拘束。(二)处理逆产官署于准如县呈办理后,因受理诉愿而发现,其核准为不当者,固得自行撤销。其原核准之命令其有关系,而非处理逆产之机关,因曾经县分呈而所为之核准行为,亦得请其自行撤销或迳呈由该机关之上级主管官署撤销之。相应咨复贵院查照饬知。此咨

**附原咨**

为咨请事,案据湖南省政府灰代电称,据本府民政厅案呈,查《诉愿法》第二条第一款规定,人民不服县政府之处分者,得向省政府主管厅提起诉愿。今设有一诉愿案,原县政府仅根据县政会议之议决案,呈准上级主管官署予以执行,并未经合法处分。此种案件是否包括于行政院第二一三四号训令,准司法院解释宿迁县极乐庵、五华顶两寺寺产一案疑义,第三项命令处分之内以未经过处分程序论,可否援照本项办法,仍饬原县依法处分或仅认为形式不备,援照行政院第三四五四号训令,准司法院咨复关于解释《诉愿法》疑义通饬知照一案第一项,惟饬原县补作处分书呈送审查,如可饬原县依法处分或令补作处分书,则该业经呈准之县政会议议决案原县处分及受理诉愿官署之决定,应否受其拘束,法无明文,颇滋疑义,此应请核示者一。又查《处理逆产条例》第一条规定,犯反革命罪,经法庭判定其个人所有之财产,视为逆产。又,第六条规定,处理逆产之官署发现其他机关已就逆产为不合法或不当之处理者,应自行或呈请撤销等语。今设有甲某加入反革命已经正法,其财产尚在其父乙某之手,未经分给,此种财产依照本条例第一条规定,自难认为逆产予以没收。惟原县认定乙有事前纵匿甲之行为,又念其年老昏聩,仅没收其财产之一部,除呈奉处理逆产官署准予如呈办理外,并分呈有关系之非处理逆产机关核准执行。如日后处理逆产官署受理此案诉愿,发现乙事前并无纵匿甲之嫌疑时,自可依《诉愿法》第七条后半段之规定,自动撤销原核准命令。惟有关系之非处理逆产机关之核准执行案,可否依照本条例第六条应自行撤销之规定,迳予撤销或呈请该机关之上级主管官署撤销?事属创例,究以用何种办法为宜,此应请核示者又其一。综上两问题,皆关系法律解释,本府未敢擅拟,理合呈请钧院核示饬遵等情。据此,案关法律疑义,除指令外,相应咨请贵院查照迅予释明见复,以便饬遵,至纫公谊。此咨

**院字第六一八号**

**二十年十一月二十一日　司法院函国民政府文官处　附原函**

迳复者,准贵处本年四月八日公函(第二八五一号)开,迭准中央训练部函据,江苏省党务整理委员会呈请解释农会评议员之职务,及其与干事长等之关系一案。又,湖南省党务指导委员会电请解释,下级农会干事可否兼任上级农会干事一案,一并转行到院,业经本院统一解释法令会议议决,查《农会法》第十四条及第十五条规定,农会设立前,应拟具章程,章程应载明职员名额、权限、任期及选举解任之规定,则评议员之职务与干事长等之相互关系如何,应在章程中拟定。惟评议员为农会之议事机关,其与干事长或理事会为农会之执行机关者,职务原各不同,自无统属之关系,除关于下级农会职员可否兼任上级农会职员一节,前于江苏省党务整理委员会请解释案内,业于本年四月六日以院字第四九七号函请贵处转复外,相应函复贵处查照转知。此致

**附原函**

迳启者,案准江苏党务整理委员会呈,以据江阴县党务整理委员会呈请解释农会评议员之职务及其与干事会之关系等情,转请解释示遵等由。查县市以下之农会依法已有干事长与副干事长,综理一切事务,其干事仅可承干事长之指导分别掌理事务,似无设立干事会之必要。惟评议员之职务及其与干事长或理事会之关系究应如何,于法无明文规定。事关农会组织法,应由国民政府转饬主管机关核议解释,除函复外,相应抄同原呈函请贵处查照转陈办理见复为荷。此致

**附原函**

迳启者,案据湖南省党务指导委员会训练部电,以下级农会干事可否兼任上级农会干事,请电示前来。查关于上级农会职员,能否兼任下级农会职务一案,前准江苏省党务整理委员会呈请解释前来,当经本部转函贵处陈转主管机关解释在案,兹据前情除电复外,相应函请贵处查照转陈国民政府核交主管机关并案解释,并希见复为荷。此致

**院字第六一九号**

**二十年十一月二十一日　司法院函国民政府文官处　附原函**

迳复者,准贵处本年五月二十三日公函(第四二一零号)开,准中央训练部函据浙江省执行委员会训练部呈请解释《农会法》第二十条、第二十一条疑义一案,转行到院,业经本院统一解释法令会议议决,监事为监察机关,理事干事为执行机关,评议员为议事机关,彼此职权各不相同,亦无统属关系(参照院字第六一八号解释),相应函复贵处查照转知。此致

**附原函**

迳启者,案据浙江省执行委员会训练部呈称,案据属省省农会筹备会呈称,呈为呈请解释事。窃查《农会法》第二十条所称,省农会设理事五人至九人,监事三人至五人,候补理事

三人，候补监事二人，由会员大会选举之，暨第二十一条，区农会以上农会，经该管监督机关之核准，得设评议员，由会员大会选举之。但省农会理事与监事，暨区农会以上农会干事与评议员，彼此职权如何划分，相互关系如何判别，均无明文规定。事关条文解释，属会未敢擅断，当经第三次会议决议，呈请解释等语记录在卷，理合具文呈请恳祈钧会察核，迅予明白解答以资遵循，实为公便等情。据此，查所称各节事关法规解释，属部未敢擅自决断，除令复外，理合备文转呈，仰祈钧部鉴核迅赐示遵等情。查关于农会评议员之职务及其与干事长或理事会之关系一案，前据江苏省党务整理委员会来呈，当经函由贵处转陈饬交司法院解释在案，兹据前情除令复外，相应函请贵处查照转陈饬交并案解释见复为荷。此致

**院字第六二〇号**

**二十年十一月二十一日　司法院电江西高等法院暨首席检察官　附原电**

江西高等法院梅院长张首席检察官览，本月三月勘代电悉，所请解释《危害民国紧急治罪法》各条疑义一案，业经本院统一解释法令会议议决，(一)戒严区域与剿匪区域如未明定，应以负有戒严或剿匪职责之军事长官所管辖之区域，而事实上正在戒严或正从事于剿匪者为限。(二)在《危害民国紧急治罪法》施行前，于戒严或剿匪区域内犯罪，虽已由县将人犯卷证送交非戒严区域，又非剿匪区域之高等法院或其分院受理于该法施行后，应依该法施行条例第四条适用该法第七条，分别送交该区域之军事长官或临时法庭审判。(三)关于《危害民国紧急治罪法》之案件，在该法施行前已由高等法院或其分院审理，如该院在剿匪区域于《危害民国紧急治罪法》施行后，应由法院所在地之县长组织临时法庭审判，其在戒严区域者，则由所在地之最高军事机关审判。(四)依《危害民国紧急治罪法施行条例》第一条，由高等法院或分院判决之案，应适用通常程序，许其上诉《刑事诉讼法》第四百八十条、第四百八十一条之规定，当然适用。合电知照。司法院个印

**附原电**

南京司法院院长王钧鉴，查《危害民国紧急治罪法》业奉颁布，自应遵照。惟关于各条规定办理不无疑义之处，兹谨将各疑点分别列下：(一)《危害民国紧急治罪法》第七条第一项所称，戒严区域与剿匪区域，如果其区域之范围未经明定，是否以县为单位，抑应以省为单位？(二)设有犯罪地之甲县为戒严区域或剿匪区域，在本法施行前，已由县将该案人犯卷证送交非戒严区域，亦非剿匪区域之高等法院或其分院受理。本法施行后，能否依本法施行条例第一条，由高等法院或分院继续审判，抑应依同条例第四条规定，视原县为戒严区域或剿匪区域，适用本法第七条，分别送交该区域之最高军事机关或临时法庭审判？(三)如犯罪地之县为戒严区域，而现在审理之高等法院或其分院所在地则为剿匪区域，是否仍应送原县之最高军事机关审判，抑应由高等法院或分院所在地之县长组织临时法庭审判？反之，县为剿匪区域而高等法院或分院所在地为戒严区域，能否仍交原县组织临时法庭审判，抑应由高等法院或分院所在地之最高军事机关审判？(四)依本法第七条，由军事

机关或临时法庭判决之案,依同法第八条,只须报由上级军事机关或高等法院核准执行,并无得为上诉之规定。如依本法施行条例第一条,由高等法院或分院判决之案,能否适用通常程序许其上诉?若不许上诉,是否一经判决,即可执行刑诉法第四百八十条、第四百八十一条关于死刑覆核之程序,应否覆行?以上四项,办理不无疑义,职院悬案待决,理合电请钧院俯赐鉴核,迅赐指令遵行。署江西高等法院院长梁仁杰。试署江西高等法院首席检察官胡觉叩勘

**院字第六二一号**

**二十年十一月二十一日　司法院指令江西高等法院　附原呈**

呈悉,业经本院统一解释法令会议议决,关于《危害民国紧急治罪法》之案件,在该法施行前,已由县将案内人犯卷证送交高等法院或其分院受理,如高等法院或分院之所在地为戒严区域。无论犯罪地之某县现为戒严区域或剿匪区域,抑或非戒严剿匪区域,于该法施行后,均应由受理之法院移送于其所在地之最高军事机关办理。合行令仰知照。此令

**附原呈**

呈为呈请鉴核示遵事,窃查《危害民国紧急治罪法》各条规定办理,不无疑义,前经本院分列各点于三月巧日代电呈请钧院鉴核示遵,迄未奉到,指令所有江西各县规定戒严区域或剿匪区域,并经函准江西省政府列表函覆在案。兹查原表规定本院及本院第一分院,均列在戒严区域。关于《危害民国紧急治罪法》第七条各规定办理,又不无疑义之处,谨将应续请核示各点分列如下:查《危害民国紧急治罪法》第七条第一项内载,犯本法所定各罪者在戒严区域,由该区域最高军事机关审判之在剿匪区域,由县长及司法官二人组织临时法庭审判之等语。设有原犯罪之某县,现为戒严区域本法施行前,已由县将该案人犯卷证送交高等法院或其分院受理。本法施行后,能否仍由现为戒严地之高等法院或分院继续审判,抑应由高等法院或分院所在地之最高军事机关办理,或发回原县由该县之最高军事机关办理,此应请核示者一也。又原犯罪地之某县为剿匪区域,而现在审理之高等法院或其分院所在地为戒严区域,该案应否由高等法院或分院继续审判,抑应由高等法院或分院所在地之最高军事机关办理,或应由原县组织临时法庭审判,此应请核示者二也。如原犯罪地之某县,既非戒严区域,亦非剿匪区域,已由高等法院或其分院受理之案,可否仍由现为戒严区域之高等法院或分院继续审理,抑应由高等法院或分院所在地之最高军事机关办理,此应请核示者三也。以上三项,办理不无疑义,究应如何之处,本院未敢擅拟,理合具文呈请钧院俯赐鉴核并案示遵,悬案以待迄速施行,实为公便。谨呈

**院字第六二二号**

**二十年十一月二十一日　司法院电陕西高等法院　附原电**

陕西高等法院余院长览,本年九月真代电悉鄜县承审员转请解释并合论罪执行疑义一

案，业经本院统一解释法令会议议决，一人犯数罪各罪，均处死刑或无期徒刑并科无期褫夺公权者，虽判决主文中未谕知执行之刑，当然执行其一，事实上亦决无执行多数死刑、多数无期徒刑、多数无期褫夺公权之情形（参照院字第三八八号解释）。合电转饬知照。司法院个印

**附原电**

南京司法院院长钧鉴，据鄜县承审员任向午微代电称，查并合论罪分别宣告之刑，依《刑法》第七十条所列各款定其应执行之刑。惟各罪均处死刑或无期徒刑并无期褫夺公权者无明文规定，应如何执行，无从根据，理合电请解释示遵等情到院。除指令外，案关法律解释，理合电请钧院解释示遵。陕西高等法院院长余俊真印

**院字第六二三号**

**二十年十一月二十一日　司法院指令河北高等法院　附原呈**

呈悉，业经本院统一解释法令会议议决，甲以乙丙为共同被告提起诉讼，请求乙交出所管账簿，丙交出该账簿所载物品者，与《民事诉讼条例》第二百八十五条所定情形不合。如在乙交账以前，甲不能为给付范围之声明，则其对丙之诉为不合同条例第二百八十四条所定之程式，应认为不合法而驳回之。俟乙交账后，再行对丙起诉。合行令仰转饬知照。此令

**附原呈**

呈为呈请解释事，据天津地方法院长周祖琛呈称，查民事诉讼当事人起诉必须缴足审判费用，如有欠缺，经审判长裁决限期补正，而该当事人仍不遵行者，即应认其起诉为不合法。依《民事诉讼条例》第二百九十条第一项第五款判决予以驳斥本无疑义，惟兹有甲对乙、丙共同起诉请求乙交出经营之账簿，丙交出收存之公有物品，当命甲按请求标的之价额，照缴审判费，用乃甲谓物品均载乙所保管之账簿上，在乙交账前无从确定诉之标的无法缴费，并请求对乙交账部分先行判决。俟乙交账后再对丙为标的之表明并补缴审判费用。查《民事诉讼条例》第二百八十五条，固得于被告为计算之报告前保留关于给付范围之声明，但关于应征诉讼费用，在《修正诉讼费用规则》及《民事诉讼条例》第一编第二章第六节并无例外之规定，能否容甲就对丙部分俟后补缴？主张颇不一致，事关法律疑义，本院现有此种案件亟待解决，理合呈请转呈解释，俾有遵循等情前来。查事关法律解释，本院未便擅拟，理合具文呈请钧院鉴核俯赐解释，俾便指令遵行，实为公便。谨呈

**院字第六二四号**

**二十年十一月二十一日　司法院指令浙江高等法院　附原呈**

呈悉，业经本院统一解释法令会议议决，按先买权为财产之一种，其因此涉讼，自应就其争买之标的物价额计算审判费用。合行令仰转饬知照。此令

附原呈

呈为转请解释事,案据杭县地方法院院长袁潢呈称,查本院受理请求确认优先承买权涉讼一案,关于审判费用,究应按照所承买物之价格计算,抑应照不可以财产价格计算为标准缴纳四元五角颇滋疑义,兹分甲、乙两说:(甲)说查优先承买权明明为财产权之一种,《修正诉讼费用规则》第四条之规定,必须非因财产而涉讼者,始适用之参照十七年解字第二零九号,代电请求赎产之诉计算诉讼标的,应依债权价额为准之解释,事同一律,则优先承买权应缴之审判费用,自应依照民事诉讼条例第五条之规定办理。(乙)说查优先承买权所争执者,在于有无承买之权而已,与所承买之物虽将来有牵连关系,其承买物大小贵贱之价格,与现在以确认有无承买权之诉讼标的,究无若何影响,确与管理权之争执,毫无二致。查管理权之发生所管理之物,往往亦为财产居多,但历来办理此种诉讼事件,只解决有无此权而已。至此权发生后,所管理财产之大小本不在应审究之列,故缴纳诉讼费用,向以不可以财产价格计算之例为标准,优先承买权与此正同,亦应依照此例办理,似无疑义,究竟两说以何说为是,事关法律疑义,理合备文呈请鉴核转呈迅赐解释。俾资遵循等情。据此,审查前项请求解释,核与统一解释法令规则第三条第一、二两项尚属相符,理合备文转请仰祈钧院鉴核令遵。谨呈

院字第六二五号

二十年十一月二十一日　司法院指令江苏高等法院　附原呈

呈悉,业经本院统一解释法令会议议决,假执行之标的物,应交付债权人,如宣示假执行之本案判决,经废弃或变更者,被告因假执行所给付之物,依民事诉讼律第五百十五条第一项或《民事诉讼条例》第四百六十七条第二项,应由原告归还。合行令仰转饬知照。此令

附原呈

呈为呈请解释事,案据南通县法院院长简灵快邮代电内称,查假执行是否将执行之物交付债权人,抑只能提存法院或封存原处,悬案待决请求解释等情到院。事关法律疑义,职院未敢擅断,理合具文呈请钧院迅赐解释,以凭饬遵。谨呈

院字第六二六号

二十年十一月二十一日　司法院训令陕西高等法院首席检察官　附原函

为令知事,该首席检察官呈最高法院检察署为第一分院首席检察官转请解释《刑法》疑义五点一案,业经本院统一解释法令会议议决,第一问,窃盗罪之客体应以动产为限,故除加害人之行为足以构成他罪外(如合于《刑法》第三百十八条之情形),被害人只能依据《民法》侵权行为以为救济。第二问,某甲应构成《刑法》第三百五十六条第一项之侵占罪。第三问,前清杀死奸夫奸妇无罪,亦以在奸所登时杀死者为限,今本夫于奸夫奸妇同床吸烟时,将其一并杀死,自无依据《刑法》第二十八条但书处断之理,但可参照同法和七十七条科

刑。第四问,应构成《刑法》第二百八十二条第一项之杀人及第二百六十二条第一项之毁坏尸体罪,因其无手段结果之关系不能适用《刑法》第七十四条。第五问,所举之例乃位于累犯与并合论罪,中间之一种特殊情形本应合并执行其刑,但仍不得超过第四十九条第三款二十年之限制,除由检察官声请法院以裁定更定其刑外,别无他法。合行令仰转饬知照。此令

附原函

迳启者,案据陕西高等法院首席检察官张履谦呈称,案据陕西高等法院第一分院首席检察官赖毓灵筱代电称,兹有债务案件判决确定后,曾经法院强制执行,依《民事诉讼执行规则》第七三条第一项,将债务人甲之地移转于债务人乙为业,已勒令甲将地交付。嗣甲又将此地私自耕种收获据为己有,乙恐起冲突,不敢与较,复向法院请求救济。该院以前案已执行完毕,拒不受理,谕向检察官告诉。依前大理院解释,甲之行为系犯不动产窃盗罪,而现奉司法院第二三八号解释内开,《刑法》第三三七条之窃盗罪专指动产而言,某甲于某乙地内(中略)私自耕种收取花息不能成立该条之罪等语,是已变更前大理院之解释,此案之甲自亦不能以窃盗论罪。惟其行为究系触犯何种罪名,抑或不成犯罪,该号解释并未明白指示,再如犯其他罪名,固无问题,如竟不成犯罪,究应谕乙向何处声请救济?此应请解释者一。又设有甲将管理乙之地擅行变卖得价入己,是否能成立不动产侵占罪?此应请解释者二。再设有本夫误信前清杀死奸夫奸妇无罪之旧例,现尚有效,趁奸夫奸妇同床吸烟时,将奸夫奸妇一并杀死,能否认其不知法令,依《刑法》第二八条但书减轻其刑?此应请解释者三。又如前例之本夫将奸夫奸妇杀死后,割取死者之头携案自首,其于杀人罪外是否尚犯损坏尸体罪,若并犯两罪,应否从一重处断?此应请解释者四。设有甲先犯罪被处有期徒刑十五年,在执行中复犯罪又被处有期徒刑十五年,依司法院第四二号解释,应将先后两罪之刑合并执行。惟合并执行时,应否受《刑法》第七十条第三款但书,不得逾二十年之限制,如须受其限制,究应由检察官以命令竟执行最高限度之二十年乎,抑仍应声请法院更定其刑乎?此应请解释者五。以上五点,均关法律疑义,有无解释未见明文,用特电请鉴核转请解释以便遵行等情,理合呈请转请解释等情。据此,相应函请贵院查照解释见复为荷。此致

**院字第六二七号**

**二十年十一月二十一日　司法院训令山西高等法院首席检察官　附原函**

为令知事,该首席检察官呈最高法院检察署,为第一分院首席检察官转请解释没入保证金处分疑义一案,业经本院统一解释法令会议议决,被告受死刑徒刑或拘役之谕知,因具保停止羁押,经传唤执行而不到者,依《刑事诉讼法》第四百八十七条第二项之规定,检察官固得为没入保证金之处分,但其不到之理由果属正当,即与该条项规定之精神不合。某甲如实系因病在外治疗,一时不能到案受刑之执行,自不应将其保证金遽予没入。合行令仰

转饬知照。此令

**附原函**

迳启者,案据山西高等法院首席检察官汪兆彭呈称,案据职处所属第一分院首席检察官阎人英呈称,查刑事被告受死刑徒刑或拘役之谕知,未经羁押于执行时传唤不到,应发捕票其因具保停止羁押者,并得为没入保证金之处分,为《刑事诉讼法》第四百八十七条所明定固无疑义。设有某甲在审判中,因病声请停止羁押,经法院裁定缴纳保证金并限制住居乙地取保在外后,甲私行回籍接到三审判决书知案,经确定状称其前日回籍休养。今来应执行途中病剧,即入丙地医院养病,嗣经传唤,某甲又擅离丙地而至丁地,于此情形,可否将其保证金没入,约分两说:(子)说某甲既经裁定限制住居,即应绝对遵守。况本案已入于执行范围,即使病势沉重,亦应由检察官送入适当处所或病院,乃竟擅行他往,即应将其保证金没入并予捕传。(丑)说某甲实系因病在外治疗,与经传唤无正当理由不到及逃亡者显有不同,且甲既遵照裁定交纳保证金又复取具商保所在,亦极明瞭。纵因病一时不能执行,亦不得遽将其保证金没入。两说究以何说为是等情,呈请示遵前来。查该首席检察官所呈,案关法律解释,职处未便擅为指示,理合据情呈请钧署核转最高法院解释,以便转饬遵照等情。据此,相应据情转请解释见复为荷。此致

**院字第六二八号**

**二十年十一月二十一日　司法院训令最高法院检察署　附原函**

为令知事,该检察长函最高法院,为最高法院东北分院检察署检察长转请解释告诉人撤回声请再议应如何办理一案,业经本院统一解释法令会议议决,告诉人于声请再议后在原检察官办理间,又复状请撤回再议,除原检察官认再议之声请为有理由,已撤销其不起诉之处分,仍依《刑事诉讼法》第二百四十八条第二项之规定办理外,毋须再制处分书,更毋须将原案卷宗及证据物件检送上级法院首席检察官核办。合行令仰转饬知照。此令

**附原函**

迳启者,案据最高法院东北分院检察署检察长魏大同呈称,据吉林高等法院首席检察官呈,据永吉地方法院首席检察官呈称,窃查《刑事诉讼法》第二百四十八条第一项规定,告诉人接受不起诉处分书后,得于七日内以书状叙述不服之理由,经由原检察官声请再议云云。原检察官对于此种声请,自应依据同条第二、第三两项办理,固无问题。若告诉人于声请再议后,原检察官按照第二项或第三项办理间,而告诉人又状请撤回再议前来。于此场合,并无明文规定,有谓应再制作处分书依前法第二百四十七条送达被告告诉人者,有谓仍应检送上级法院首席检察官核办者,究以何说为当,颇滋疑义。案关诉讼程序,理合呈请解释,俾资遵循等情。据此,理合具文呈请示遵等情前来。查案关解释法律,本署未便擅拟,理合备文呈请钧署转请解释示遵等情。据此,相应函请查照解释为荷。此致

院字第六二九号

二十年十二月三日　司法院咨行政院　附原咨

为咨复事,准贵院本年十月二十一日咨(第二八六号)开,据浙江省政府代电请解释诉愿事件管辖疑义一案,咨请查照见复等由,业经本院统一解释法令会议议决,县政府将寺产拨充教育经费之处分,显系就寺庙之财产为处分行为,该寺僧如不服诉愿,自应以省政府民政厅为其主管厅,相应咨复贵院查照饬知。此咨

附原咨

为咨请事,案据浙江省政府鱼代电称,兹有某县寺僧不服该县政府将该寺产拨充教育经费之处分,向本政府诉愿。查《诉愿法》载,不服县政府处分,向省政府主管厅诉愿,自应饬遵。惟本案就教费言,主管为教育厅,就寺庙言,主管为民政厅。今诉愿人系属于寺庙方面,究应以何厅为主管?又《诉愿法》未颁布前,关于各县庙产拨作学款之纠纷事件,向由教育厅主办民政厅会核。现在此类诉愿案件甚多,应否由两厅会同决定或由其中某厅受理?事关法令疑义,应请钧院迅予转行司法院解释转令饬遵等情。据此,事关法令疑义,除指令外,相应咨请贵院查照迅予解释见复,以凭饬遵,实纫公谊。此咨

院字第六三〇号

二十年十二月三日　司法院咨行政院　附原咨

为咨复事,准贵院本年九月十一日咨(第二五五号)开,据实业部转请解释公会会员退出商会疑义一案,咨请查照见复等由,业经本院统一解释法令会议议决,依商会法第七条,商会章程应载明会员入会出会及除名之规定,是工商同业公会已入商会为公会会员者,其出会之要件及方法如何,应依商会章程之所定。如其声明脱离,与商会章程关于会员出会之规定不符,自不发生效力,相应咨复贵院查照饬知。此咨

附原咨

为咨请事,案据实业部呈称,据南京市社会局呈为据情转呈,仰祈鉴核解释示遵事。案据南京市商会呈称,窃查商会法第二章第六条云"商会之设立,须由该区域内五个以上之工商同业公会发起之"。又,第三章第九条云,商会会员分为二项:(一)公会会员;(二)商店会员,明文规定,载有专条,不容紊乱。又京市各业公会章程,公会为商会之会员,均经各该业公会代表大会通过,呈奉党政机关核准备案在案。查属会成立,系经市党部依照中央及国府颁布之新法令派委指导员实地工作,集前南京总商会、下关商会、浦口商会及商民协会,而组织完成今日之南京市商会,溯自本年四月二十二日商会第一次代表大会开幕,依法产生新执监委员,不意代表大会闭幕以后,有本市云锦业等十六业同业公会声明脱离。继而又有云锦业等二十八业同业公会声明"如有以市商会名义代表出席,概不承认。嗣后无论官厅或社会团体有与敝会等相关之事,迳行通知敝会等,俾便接洽"等语,徧登各报,已历

多日。以党纪及法治论,未知该公会等如此声明,是否符合属会位于首都,观瞻系于全国,未敢长此缄默,任其破坏整个商运。爰经第十一次执行委员会讨论,佥以实有呈请解释之必要,决议通过在卷,理合录案并剪呈报纸呈请钧局鉴核俯赐解释,俾有遵循等情,附呈剪报二纸前来。查商会法第七条第三款规定,商会章程应载明"会员入会出会及除名之规定",是工商同业公会依合法手续自可出会而独立存在。唯随意声明脱离商会者,能否独立存在,商会法并无明文规定。兹据前情,事关法令解释,本局未敢擅拟,理合据情转呈仰祈鉴核解释,俾便饬遵等情。据此,查公会会员退出商会,法无明文,究应如何办理,方无背于法旨。兹据呈请解释,本部未敢擅断,除函中央训练部查照并指令该局静候呈请解释外,理合具文呈请鉴核转咨司法院解释示遵等情。据此,除指令外,相应咨请贵院查照解释见复,以凭饬遵,至纫公谊。此咨

**院字第六三一号**

**二十年十二月三日　司法院函外交部　附原函**

迳复者,准贵部本年六月十九日公函(第四零六七号),请解释《刑法》第三零一条过失伤害罪疑义一案,业经本院统一解释法令会议议决,《刑法》第三百零一条之罪只以加害人之有过失为致伤害之一原因,为已足不因被害人亦有过失而影响于犯罪之成立,但得审酌各方过失程度为量刑轻重之标准,相应函复贵部查照。此致

**附原函**

迳启者,准美国驻华公使照会内开,关于中华民国《刑法》第三百零一条之规定,应请惠予正确之解释,其非故意伤害人者,应否以过失为构成犯罪之要素?又被害人自己之过失于若何程度内,影响于本条规定之罪责等由。查《刑法》第三百零一条,各罪均以过失为构成犯罪之要素,已经明白规定,自无疑义。惟第一、第二两项系指普通过失,第三项专指业务上之过失而已。至被害人自己之过失如何影响于加害人之罪责,本部查各派法系所持原则,似未尽同有以较严之责任,加诸被害人方面,被害人苟有过失(即所谓 Contributory negligence),每得免除加害人之罪责。如英美法系是有以被害人过失之程度为断,即以加害人过失与被害人过失之比例酌衡加害人之责任,如大陆法系是吾国对于此点有无判例或解释例可循,究竟采取何项原则,相应函请贵院查明见复,以凭转复为荷。此致

**院字第六三二号**

**二十年十二月三日　司法院指令安徽高等法院　附原呈**

呈悉,业经本院统一解释法令会议议决,初判判决主文未就被告羁押日数谕知折抵,亦未记明不予折抵之理由,覆判审如认其罪刑并无出入,应核准者得于核准判决内加以补正。合行令仰转饬知照。此令

附原呈

呈为转请解释事,案据安徽高等法院第一分院皓代电称,查第一审判决羁押日数未予折抵,亦未附不予折抵理由,覆判审能否为更正判决,乞示遵等情。据此,事关法律疑义,理合备文转呈,仰乞钧院俯赐解释,俾便饬遵。谨呈

**院字第六三三号**

**二十年十二月三日　司法院训令江苏高等法院　附原呈**

为令知事,前据江苏武进县第九区区长呈请解释,保卫团团长办理清乡犯罪管辖疑义到院,业经本院统一解释法令会议议决,保卫团区团长兼任清乡分局长对逮捕之嫌疑犯索取酬报,勒写捐款,如合于刑事之犯罪行为,应由普通法院受理裁判。合行令仰该法院转行知照原呈抄发。此令

**附原呈**

呈为呈请解释事,缘有某甲为保卫团区团长兼任清乡分局长因剿匪时,曾逮捕嫌疑犯某乙,旋即讯明释放,因而衔恨某乙,即以索取酬报勒写捐款为词,向法院呈控按之清乡条例第二十九条之规定,凡负清乡责任人员,如有通庇盗匪勒索舞弊等情,应由清乡长官分别呈请惩处。又县保卫团法第二十四条之规定,保卫团办理保卫事宜,有下列情事之一者,由县政府分别惩办或呈省政府核办:第三款,诬陷善良或滥行逮捕者;第四款,藉端骚扰包揽词讼或诈取财物者,对于受诉衙门之管辖问题,遂生争议,现有甲、乙两说:(甲)说以案关官吏需索,系属普通刑事,应归法院受理;(乙)说谓某甲之剿匪,是办理清乡及保卫团事宜,某乙所控逮捕勒写捐款等事实,既与上开各条例之规定相符,依特别法优于普通法之原则,本案自应属于该管之兼理清乡局长县政府受理。二说不知孰是,悬案待决,事关解释法条,应请钧院迅赐解释祗遵,实为公便。谨呈

**院字第六三四号**

**二十年十二月三日训令福建高等法院首席检察官　附原呈**

为令知事,该法院前张首席检察官呈最高法院检察署,为检察官柯凌汉转请解释《刑法》第三百五十二条第一项及刑诉法第四百十条第二项各疑义一案,业经本院统一解释法令会议议决,(一)《刑法》第三百五十二条第一项之海盗罪,其主旨在维持海上之安宁,凡在海上驾驶船舰,意图施强暴胁迫于他船或他船之人或物而有具体的表现之行为,即能成立,不必有抢掠财物之动机。(二)合于《刑事诉讼法》第四百十条第二项规定之情形,应由第三审法院就未经上诉之共同被告部分,依法改判。合行令仰转饬知照。此令

**附原呈**

呈为呈请事,窃查《刑法》第三百五十二条一项规定"未受交战国之允准或不属于各国之海军而驾驶船舰,意图施强暴胁迫于他船或他船之人或物者,为海盗罪"等语,细绎法意,

其"意图"二字下,甚似脱漏"掠夺财物"四字。因《刑法》上所定之盗罪,除海盗罪外,尚有窃盗罪、抢夺罪、强盗罪三种。窃盗、抢夺、强盗三罪,均以取得他人所有物为构成要件,此在《刑法》第三百三十七条、第三百四十三条及三百四十六条定有明文,即第三百五十二条二项之准海盗罪,亦以意图抢掠财物为必要条件,足见盗罪之与财物,实有不可分离之关系。海盗罪既为盗罪之一种,自难独异。若照《刑法》第三百五十二条一项原有文句,则驾驶船舰意图施强暴胁迫于他船或他船之人或物者,虽其目的不在取得财物,亦能构成海盗罪,未免与盗之观念相背驰。且"意图"二字系用以表明犯罪之动机,仅为犯人之心理的状态。若夫犯罪自体乃一种之违法行为,除极少数之不作为犯外,均以外部有一定动作为不可缺之条件。凡犯罪之以特别动机为成立要件者,亦必须有一定之动作,其罪方能成立。此征诸第一百二十六条之侮辱外国罪,以公然损坏除去或污辱外国之国旗、国章为要件,第一百八十条之诬告罪,以向该管公务员诬告为要件,第二百十一条之伪造货币罪,以伪造变造通用之货币、纸币、银行券为要件,至为明显。其他类此者,更不胜枚举。海盗罪既为犯罪之一种,自不能脱此原则。若照《刑法》第三百五十二条一项原有文句,则驾驶船舰者只须意图对于他船或他船之人或物施强暴胁迫。此外不必有何等行动,即构成海盗罪,与一般犯罪之观念尤不相容,究竟该条有无特殊意义,未便悬揣。又《刑事诉讼法》第四百十条第二项规定"因前项各款情形而撤销原审判决者,其利益及于共同被告,其未经上诉之共同被告亦同"云云,是未经上诉之共同被告上诉而受利益。惟其所谓亦受利益者,不外有两种方法,即(一)由第三审法院将原判决关于未经上诉之共同被告之罪刑部分一并撤销予以改判;(二)由执行判决之检察官,对于未经上诉之共同被告所应执行之刑罚,照第三审法院对于已经上诉之共同被告所宣告之刑罚而为执行,究竟如何办理,在《刑事诉讼法》上亦无明文规定。以上两点,均关法律疑义,理合具文呈请钧长察准转呈解释,俾有遵循,实为公便。谨呈

**院字第六三五号**

**二十年十二月三日　司法院电湖南高等法院　附原电**

湖南高等法院陈院长览,迭电均悉,所请解释商号租房码头顶项习惯有无法律效力一案,业经本院统一解释法令会议议决,商号向房东承租后始创设有码头顶项之权利,或由后之承租人继承前租房而取得该权利者,苟非经房东明示或默示之承认,则该商号对于其后之租房虽得主张此权利,究不得对抗房东。但如果因所设之码头顶项权利确可增加该房屋之价值者,苟房东知而不为反对表示,则于租赁关系终止时,应就其现存之增加价额偿还其费用于租户(参照《民法》第四百三十一条第一项)。合电知照。司法院江印

**附原电**

南京国民政府司法院院长王钧鉴,查长沙市商人租赁房屋经营商业后,租主对于前租主有支付码头顶项等费用之习惯,及业主收回房屋,此项费用归何人负担,往往发生争执。

前经职院函请长沙总商会查明见复,兹据复称,查长沙各商号均有码头顶项习惯,相沿历有年。所缘码头顶项系附着于房屋上一种物权,本由前佃营业人向后佃营业人行使。惟房东将房屋收回自住或另行营业,则是以房东而兼后佃营业人资格,无论佃约已否批载明白,其码头顶项均应由其承认,断不能以房东关系而将佃户前此支出之码头顶项消灭。历来敝会关于调处商事纠纷即根据前项习惯办理等语。究竟此项习惯有无法律效力,职院详加讨论,约分甲、乙、丙三说:(甲)说谓商人赁屋营业所赁房屋,如果历系营业场所对于原租主既有码头顶项之支出,此项费用自当取偿,于后租主即租赁时,系属空庄,且历系住宅租赁后,如改为营业场所,后租主亦应对之支付上项费用。此为长沙市商人所公认,至业主将房屋收回时,该项费用即应由业主负担,盖以房屋佃与商人营业,营业发达,屋价必致增高,租金亦必随之而涨。此增涨之价值,由营业而产生,即不能不归功于租赁营业人,业主但坐享其成,此与地主不劳而获增高之地价同一不平,则令业主于收回房屋时,担负码头顶项等费,甚属公允。其习惯应认为有法律之效力,不得藉口佃约未经批载或有反对之记载(如并无码头顶项云云)而否认其存在。(乙)说谓习惯之有法律上效力,以不害公益为其要件之一端,如于交易安全实有妨碍,纵令果属已有之习惯,亦难认其成立码头顶项,多属凭空主张,其价值绝无一定标准甚或超过所赁房屋所值之卖价,殊有妨交易之安全,此项习惯断不能认为有法律之效力。(丙)说谓码头顶项,虽属租主就于铺屋上一种之权利,惟对于业主取得此种权利,则房屋所有权因而受重大之限制,决不许租主之擅行设定,故非得所有人之同意(如特约订定或其他可认为得其承诺之事由),自不得认其对于业主为有上项权利之合法存在,而仅于后租主继承此项权利时,得以行使。若业主收回房屋时,无论自居或另佃,对于租主即不负码头顶项之义务。以上三说,究以何说为当,事关法律问题,理合电恳钧院迅予解释,俾资遵循。湖南高等法院院长陈长簇叩冬印

**院字第六三六号**

**二十年十二月十日　司法院函国民政府文官处　附原呈**

迳复者,准贵处本年四月七日公函(第二八一一号)开,准中央训练部函据湖北省党部临时整理委员会训练部呈请解释同业公会委员退职递补疑义一案,转行到院,业经本院统一解释法令会议议决,公会职员得由会员大会之决议令其退职者,依《工商同业公会法》第十条及第十一条,准用商会法关于职员退职之规定,均须具有一定之事由。来函所称,公司行号代表当选为公会委员后发生应否退职问题,如仅因公司行号闭歇或代表发生商会法第二十二条第四款情形以外之事故,虽经店主辞退而因与职员退职之规定不符,仍不得令其退职。相应函复贵处查照转知。此致

**附原呈**

呈为据情转呈,仰祈鉴核示遵事,案据属省襄阳县党部整理委员会训练部呈称,呈为据情转呈,仰祈鉴核示遵事。窃据樊城市商会呈称,呈为呈请解释法令藉资遵循,仰祈鉴核示

遵事。查同业公会以同业之公司行号为会员均得推派代表出席于公会,至于代表撤换之方法以及当选职员者之退职,均经载在法令。惟代表系由公司行号所委托,如果公司行号发生倒闭及歇业情事或所推代表发生事故,经店主已经辞退,则由代表资格被选之公会委员职务,是否令其退职依法递补,迄无明文之规定。事关法令疑义,曾经属会函请湖北全省商会联合会转呈解释,事隔两月未奉复文,兹因属会改组在急,诚恐上项情形不无纠纷,理合备文呈请钧会鉴核解释,藉资遵循,实为公便等情。据此,查法令疑义之解释,事关重要,属部未敢擅专,理合备文据情转呈钧部鉴核示遵等情。据此,查所呈各种疑义,法令尚无明文规定,属部未敢擅为解释,据呈前情,除指令外,理合备文据情呈请钧部鉴核示遵,实为党便。谨呈

**院字第六三七号**

**二十年十二月十日　司法院指令山东高等法院　附原呈**

呈悉,业经本院统一解释法令会议议决,(一)下级法院所为科罚之裁决,无论是否依据行政法,则如系不得声明不服之事件,依院字第五七一号解释,当事人只可向原法院声请另为裁决,其向上级法院提起抗告即应认为不合法。(二)司法机关审理诉讼发现未贴印花之不动产典卖契据,如其提出在《印花税暂行条例》施行以前,自应依照旧法办理(院字第七七号解释参照)。至执行时,该当事人仍就原提出之契据表示异议,不得认为使用因执行程序中本不生使用契据之问题,故表示异议虽在该条例施行以后,亦不适用该条例第四条之规定。合行令仰知照。此令

**附原呈**

呈为呈请解释法律疑义事,窃查本院处理关于印花税科罚事项发生法律上疑义有二,(一)司法机关依科罚及执行规则第四条规定,对于科罚之裁定不得声明不服。又钧院十八年院字第二十四号解释《印花税条例》所定罚则,系行政罚之一种,兹有被科罚人不服下级法院科罚,裁定声请本院救济,应否予以受理?如应受理,适用何种程序?(二)依最高法院十七年解字第一八二号解释不动产典卖契据提出时期在该条例及规则施行日期或本省隶属国民政府日期之前,除有特别规定外,即不应溯及既往遽予科罚。惟如提出(编附卷宗)时期虽在上述日期之前,强制执行则在上述日期之后,在执行中,败诉人仍依据卷内契据表示异议,是否可认为该条例上第四条之使用?关系法律疑义,本院未敢擅断,理合备文呈请钧院鉴核俯赐解释,以便遵照办理,实为公便。谨呈

**院字第六三八号**

**二十年十二月十日　司法院指令江苏高等法院第二分院　附原呈**

呈悉,业经本院统一解释法令会议议决,按现行《民法》第五百五十五条明定,经理人就所住之事务视为有代表商号为原告或被告或其他一切诉讼上行为之权,故关于营业上之负

债,在经理人即应负清理偿还之责,公司所选任之经理人法律上既未另定限制,自不能因其为法人而有差异。惟股东之股款并非营业上之事务,若无公司特别委任,经理人应不负责。合行令仰知照。此令

**附原呈**

呈为呈请解释事,查通常商号之经理人对于商号所负之债务,固负有清理偿还之责任,而股份有限公司则性质迥不相同,对外既有董事为之代表,虽因内部关系亦得选任经理人。惟其经理人对于股东之股款及公司对外之负债,应否负清理偿还之责,现行公司条例并无明文规定,于适用上不无疑义,理合具文呈请钧院迅赐解释训示祇遵。谨呈

**院字第六三九号**

**二十年十二月十二日　司法院指令江苏高等法院第二分院　附原呈**

呈悉,业经本院统一解释法令会议议决,外国合伙商行之经理人以其商行名义与他人为法律行为,如该商行合伙员已不在中国或有其他难使该合伙员负责情形时,自应比照《民法总则施行法》第十五条之特别规定,由行为人即经理人负其责任。合行令仰知照。此令

**附原呈**

呈为呈请解释事,查有本国商号与外国合伙商行因货款纠葛对其经理人起诉该经理人,是否应负连带责任,抑只应负清理偿还责任,本院见解分院两说:(甲)说谓外国公司未经依法注册者,不能认许其为法人,裁判上尚应比照合伙法例判断,则本为合伙之外国商行,其经理人与第三人所为之法律行为,自亦当比照《民法总则施行法》第十五条之规定,应与商行负连带责任。(乙)说谓公司性质与合伙根本不同,合伙商行经理人关于合伙营业上之债务,依历来判例仅负清理偿还责任,外国合伙商行与未经认许其成立之外国法人不同,即不能适用《民法总则施行法》第十五条之规定,两说所见歧异,理合备文呈请仰祈钧院俯赐解释,俾资遵循,实为公便。谨呈

**院字第六四〇号**

**二十年十二月十二日　司法院指令绥远高等法院　附原清折**

呈悉,业经本院统一解释法令会议议决,凡不动产曾经丈放或清丈暨推收过割其号址亩分粮赋等,则业户姓名登入官厅文册兼继续纳税完粮者,于登记制度未施行前,以遇有依《民法》第七百六十九条、第七百七十条主张权利者为限,视为与登记之不动产有同等之效力。至其余胪列具体事实之部分,与统一解释法令及变更判例规则第三条第二项不合,应不予解释。合行令仰转饬知照。此令

**附原清折**

绥远省丰镇县县长马汝骐谨将关于《民法》物权编及施行法占有部分各条文疑义,暨现审案件援引条文虑滋歧误各项开,折送请鉴核,恳祈迅赐分别解释,俾有遵循,须至折者

计开。

(一)登记问题之疑义

查《民法》物权编第七百六十九及七百七十两条,均载占有时效完成之年限,而以他人未登记之不动产为最重要条件。换言之,即他人已登记之不动产,纵法定期间之年限届满,占有人亦不得请求为所有人,但在登记法律与机关尚未颁布成立以前占有年限已经届满者,究指何种不动产可认为已登记,何种不动产应认为未登记援用,苟一错误关系,出入甚钜,似不可漫无区别,于是发生后列甲乙两说,未知何说为是:(甲)说登记法律未经颁定前施行法第三条第二项已有明文,不适用物权编登记之规定,则物权编所载前两条之登记,非俟登记机关成立后在事实上即无登记可言,凡属从前占有不动产只问二十年十年之法定期间是否届满,便为占有人,能否得请求为所有人之界限,自无更为区别所占不动产已登记与未登记之必要。(乙)说施行法第三条第二项所载不适用物权编登记规定之登记二字,参观同法第二第八两条全文系指物权编该两条内占有人得请求登记为所有人之登记,而非指物权编该两条内他人未登记之登记。盖物权编于此两条法文内既以未登记之不动产为占有人得取得时效完成为所有人之重要条件,如果可因登记法律未颁行,登记机关未成立,将此重要条件等于虚设略而不论,即属条件未曾完备。试问施行法第七条内载,具备七六九、七七零之条件一语,岂非与之大相矛盾,则知立法本意对于该两条内,所以必规定以他人为登记之不动产为占有人取得时效完成为所有人之重要条件者,必含有物权编颁行之十年、二十年前有一种应行视同已登记加以保护之不动产,不许占有人蒙混占夺,藉时效完成而冒请登记为所有人之标准存乎其间。揆诸事实,衡之法理,则所谓未登记者,必指素来无主之荒山、矿土、岛屿、沙洲,或虽有主而为因兵燹荒灾、流亡绝户抛弃荒芜,年久无人承纳税粮,等于无主或为向不耕种。如蒙旗牧地草场之类等不动产,除法律别有规定外,是以物权编七六九七七零两条特许继续经营恳植,经过一二十年之占有人,因时效完成而为所有人,藉以奖励恳辟而期地无矿土,本属法良意美。若本为有主之产粮契皆全,或契虽遗失而岁尽完粮义务,在前清以迄物权编颁行前,虽尚无正式登记法律与机关,第此种有主不动产曾经丈放或清丈暨推收过割等手续,其号址亩分粮赋等,则业户姓名早经登入官厅文册,自应视与已经登记有同一效力。纵使已满该七六九、七七零两条无时效性质之法定期间,十年、二十年之限度亦属条件未曾具备,不能滥引施行法第七条规定。准该占有人请求登记为所有人若经本主告发该占有人且应受物权编九五六、九五八、九五九等三条之拘束否则即不足以保护有主完粮纳税不动产所有权之安全。况原主之粮赓续完纳尚未开除遽准占有人贸然登记又应升科征税即发生一地重征两税之流弊而九五六、九五八、九五九各条条文之等于乌有,更无论矣,窃谓有背立法本旨。

院字第六四一号

二十年十二月十二日　司法院咨行政院　附原咨

为咨复事，准贵院上月二日咨（第二九七号）开，据实业部呈请解释《诉愿法》疑义一案，咨请查照见复等由，业经本院统一解释法令会议议决，不服受理诉愿官署之决定者，虽非原诉愿人，亦得提起再诉愿，但以因该决定撤销或变更原处分致损害其权利或利益者为限，相应咨复贵院查照饬知。此咨

附原咨

为咨请事，案据实业部呈称，呈为《诉愿法》发现疑义，请转咨司法院解释以资遵循事。查《诉愿法》第一条载，人民因中央或地方官署之违法或不当处分，致损害其权利或利益者，得提起诉愿等语，是则诉愿凡属人民，均得为之。至再诉愿程序，其他利害关系人能否有再诉愿权，颇滋疑义，现分三说：（甲）说诉愿系以官署为被诉人，本法第一条意义甚为明瞭，非如普通诉讼原被两造均属人民，故再诉愿权应属于原诉愿人。（乙）说本法第一条既称人民，以广义言之，当然包括利害关系人在内。原诉愿人既能提起再诉愿，利害关系人之权利或利益被损害时，如不准其再诉愿，似非情法之平，故利害关系人应准其有再诉愿权以资救济。（丙）说非原诉愿人，不能再诉愿与甲说同，但利害关系人对于损害自身权利或利益之诉愿案决定，得视为决定官署之处分另行依法提起诉愿。解说纷纭，莫衷一是，本部收受诉愿案件，适遇有此种情形，应否受理？事关法律疑义，不敢擅断，理合呈请钧院鉴核转咨司法院解释示遵等情到院。准此，案关法律疑义，相应咨请贵院查照解释见复，以便饬遵。此咨

院字第六四二号

二十年十二月十二日　司法院咨行政院　附原咨

为咨复事，准贵院本年十月十七日咨（第二八三号）开，据教育部呈请解释《诉愿法》第一条条文疑义一案，咨请查照见复等由，业经本院统一解释法令会议议决，官署对于人民设立私立学校之呈请批令不准，自属《诉愿法》第一条所谓处分之一种，人民如认该处分为违法或不当，致损害其举办公益事业之精神上利益，自得提起诉愿，相应咨复贵院查照饬知。此咨

附原咨

为咨请事，案据教育部呈称，查《诉愿法》第一条规定，人民因中央或地方官署之违法或不当处分，致损害其权利或利益者，得提起诉愿。设有某人于某地方请设立私立学校，本部审核其设立私立学校与部定章程不合，且按照该地方情形已无筹设该项私立学校之必要，经批令不准，兹据该某人不服本部处分提起诉愿到部，此案是否合于《诉愿法》第一条之规定，似不无疑义之处，理合呈请钧院转咨司法院解释，俾有遵循等由。准此，相应咨请贵院

查照解释见复,以便饬遵。此咨

**院字第六四三号**

**二十年十二月十二日 司法院咨行政院 附原咨**

为咨复事,准贵院本年八月十九日咨(第二二九号)开,据内政部呈请解释公共处所及寺庙庵观应否编入闾邻,及职员僧道等有无公民权一案,咨请查照见复等由,业经本院统一解释法令会议议决,查公共处所,如公署、兵营、监狱、学校、工厂等本非人民住所,显与居户有别,自不得编入闾邻。惟所属人员于公共处所外另有住所者,在该住所仍属普通居民,如法律上别无明文限制,不得谓无公民之权。至寺庙观庵等则为僧道等通常居住之处,自可编入闾邻,其住持徒众依市组织法第六条、《乡镇自治施行法》第七条之规定,并未限制,其公民权即闾邻长等职亦别无明文停止当选,当无不许推选之理,相应咨复贵院查照饬知。此咨

**附原咨**

为咨行事,案据内政部呈称,案查本部前以公共处所及寺庙等应否编入闾邻,以及职员僧道等应否认为居民及公民拟请解释一案,经于上年九月十三日以民字第二八九号呈文呈请钧院转咨立法院核示,奉钧院第二七二七号训令已予据情转咨,旋以迭据各省市请予解释以资办理,复于本年一月三十一日以民字第三九号呈文,五月二日以民字第二三零号呈文呈请转咨迅核并奉指令,已据情转咨迅予并案核复各在案。兹据浙江省民政厅铣代电称,据鄞县政府代电称,案据第二区公所江日代电称,查寺庙庵观住持徒众是否为居民之一,此次改编乡镇应否编入闾邻,法无规定,理合电请核示等情。据此,查僧道停止当选,《乡镇自治施行法》虽有明文规定,而选举权并无限制条文,似应编入闾邻。惟法无明文不无疑义,理合电请鉴核示遵等情,据此,查前据天台县呈请解释,僧道及其他宗教师可否有乡镇公民资格,及被选为闾邻长调解委员,经已呈请核示在案。惟寺庙庵观应否编入闾邻及住持徒众是否有居民权,事关法令解释,理合电请钧部一并核示祇遵等情。据此,除电复候示外,理合呈请钧院鉴核俯赐转咨立法院迅赐核复示遵,实为公便等情。据此,查此案前据该部迭呈到院,均经转咨立法院在案,现尚未准咨复。查解释法令事属贵院主管,兹据前情除指令外,相应抄同该部前呈咨请贵院核明见复,以便饬遵。此咨

**院字第六四四号**

**二十年十二月二十日 司法院咨行政院 附原咨**

为咨复事,准贵院本年九月二十一日咨(第二六四号)开,据实业部呈请解释《工厂法》疑义一案,咨请查照见复等由,业经本院统一解释法令会议议决,(一)适用《工厂法》之工人,依该法第一条之规定,系指使用汽力等之发动机器而为直接生产或补助其生产工作之工人而言,来文所称茶役、厨司等,除运货工人外,均与生产工作无关,自不包括在内。

(二)工厂职员如非代表雇主行使管理权者,依《工会法施行法》第六条之规定,原可加入工会,但其工作无关生产,与前项相同,更不能因其与工人同属于被雇地位,即认为《工厂法》第一条所列之工人。(三)工厂会议在厂方应选派之代表,依《工厂法》第四十九条第二项之规定,并未限于厂中职员,只须合于该项条件足以代表雇主者,均无不可并不发生法定代表不足人数之疑问,相应咨复贵院查照饬知。此令

**附原咨**

为咨行事,案据实业部呈称,案据上海市社会局呈为据中国化学工业社及永固造漆有限公司呈请解释《工厂法》疑义转祈核示等情前来,查该中国化学工业社原呈疑义四点,其第二、第三、第四各点业经本部依法解释,其第一点以《工厂法》实施之原则,系对于工厂中直接生产之工人而言,其非直接生产之工人,如茶役、厨司等似不能适用,只以直接生产工人与非直接生产工人同属工厂雇用,《工厂法》是否适用于非直接生产工人,法无明文规定,应请解释等语。按《工厂法》第一条规定,凡用汽力、电力、水力发动机器之工厂平时雇用工人在三十人以上者适用本法,是适用本法之工人当为应用汽力、电力、水力发动机器工作及其关系之工人,原呈所称茶役、厨司、汽车夫、运货车夫、司阍消防队员、退丁、更夫、杂役、打扫夫、搬运工人等自不在内。惟在各国每以劳工法令重在保护劳工,关于是项法令适用多主广义解释,原呈列举之茶役、厨司等,如从广义解释,则未始不可适用本法。又永固造漆有限公司原呈疑义五点其第一、第二、第三各点,亦经本部依法解释,其第四点以《工厂法》内容多关于工人方面,而于职员并未言,及究竟职员是否包括在工人之内,其订立契约与待遇方面应否与工人相同?按职员属于被雇地位亦可视同工人,是否适用本法第一条规定包括于工人之内,殆与中国化学工业社所呈疑义第一点问题相同,第五点以在厂股东如只有一二人职员能否为工厂代表,如不能代表,会议代表人数可否减少?按职员能否代表厂方,应视职员是否适用本法规定包括与工人之内为定。如不包括于工人之内,则工厂自可选派其为厂方代表。至代表人数,应依法定人数选派,不得擅自增减。上列疑义三点,于法令适用上关系较重,究竟应如何解释。本部未敢擅断,理合拟具意见,缮同原呈呈请钧院鉴核,转咨司法院解释示遵等情。据此,事关解释法律,除指令外,相应抄同原件转咨贵院解释见复,至纫公谊。此咨

**院字第六四五号**

**二十年十二月二十五日 司法院函首都卫戍司令部 附原函**

迳启者,查贵部本年八月二十六日(第二八六八号)公函致最高法院请解释刑事判决效力疑义一案,业经本院统一解释法令会议议决,有权机关对于科刑之判决既经宣告执行,虽不制送判词,亦应认为有效,未可视同未经判决。相应函复贵部查照。此致

**附原函**

迳启者,兹有甲于民国十七年加入赤匪勾结叛徒潜窃土地,执行重要工作杀人放火供

认确凿,经被害人家属乙丙等告发,于丁省军政机关判刑若干年,送监执行。未久适丁省为匪所陷,甲乘机脱逃回籍,呈由原县转呈丁机关核准,暂交联保三人监视,乃甲未经监督人之许可而变易名字,私自潜赴戊己等省秘密行动,图谋不轨,又为乙举发于所在地之戊省军政机关将甲获案,供认前情不讳。惟坚称反动部分业经丁机关以省单行条例判刑六年,质之被害人家属,则称判刑十六年,其他关系人则称判刑十七年,函询丁机关复称判刑十年以上,究竟判刑若干,以丁机关案卷全部被焚,无从查悉详询甲乙有无收受送达之判决正本为凭,则又均称丁机关向不制发判词无从呈验各等情。据此,究竟丁机关判决应否认为有效,戊机关能否另行审判,法律上不无疑义。兹有二说如次:(一)查判决之效力,因宣告而发生(见三年上字五六四号判决)。今丁机关对于甲科刑之判决既经执行,甲乙双方又均知悉。是已宣告足以证明即使丁机关未悉依法办理要,亦不遵相当部分内不生确定之效力,而未可视同未经判决(见九年抗字一四号判例),为受刑人或被告利益起见,自应认为有效。依一事不再理之原则,戊机关当然不能就其已判决之部分更为审判。(二)查诉讼通例判决,应制作判决书记载主文、事实、理由,送达于当事人方为合法。今甲乙双方既无判决正本呈验,则丁机关并未依法制作判决书,彰彰甚明,即令全卷俱存。而主文、事实、理由三者均付阙如,究竟判刑十年以上,系就何犯罪部分,引用何项法条而为判决,实属无从推定。何罪已判,何罪未判,依五年上字七零五号判例判决不附理由,即属违法,而况主文事实俱无。且查甲所犯罪情至为重大,其犯罪时《暂行反革命治罪法》亦已颁行。丁机关同属国民政府统治之下,关于甲反动部分而竟以省单行条例处断,其判决违法无可讳言。现在全卷既已被焚,别无原审衙门判断之原文,或负责任人所作足供证明之公文,殊难认为已有判决(见九年统字一一八二号解释),戊机关当然可以另行审判。以上二说,究以何说为是,本部现有类似之案,亟待解决,以贵院为全国统一解释法院最高机关,相应函请查照解释见复为荷。此致

**院字第六四六号**

**二十年十二月二十五日　司法院训令湖北高等法院　附原电**

为令知事,该法院本年七月铣代电致最高法院请解释撤销拍卖抵押物决定疑义一案,业经本院统一解释法令会议议决,准许拍卖抵押物之决定,虽属违法,亦不得由原法院任意撤销,自应进行拍卖程序。惟此项决定之效力只在准许开始拍卖之程序,其当事人间实体上之法律关系并不因此确定。如声请拍卖之人本无抵押权,则虽拍卖程序已终结后,所有权人亦得提起确认拍卖无效之诉,如拍卖程序尚未终结,并得于该诉讼终结前停止其程序。合行令仰知照。此令

**附原电**

南京最高法院钧鉴,查自《民法》物权编施行后,抵押权人往往依据该编第八百七十三条规定,向该管法院声请拍卖抵押物,由其卖得价金受偿,法院亦认为非讼事件以决定方式

为准许拍卖之裁判,此项决定或已确定执行或已执行完毕,债务人因院字第四九三号有非先诉请法院判决确定,不得执行拍卖之解释,复向原决定法院为撤销决定之声请。查已确定之决定,除具有再审原因得于法定期间内提起再审抗告外,其得声请撤销者以有特别规定为限。如《修正民事诉讼律》第一百五十九条第一项、第二百五十七条、第六百六十一条、第六百六十二条均有明文规定。原决定法院既认为非讼事件而以决定方式裁判,现在非讼事件程序法尚未颁布,可否准许声请撤销无明文可据。如认原决定法院以决定方式裁判为违法,在未经合法撤销以前,其效力仍尚存在,除已执行完毕者,似应不许债务人再持异议外,其尚在执行中者,是否只许提起执行异议之诉,以资救济。本院及所属各地方法院现有此类案件发生,究应适用何种程序办理,殊滋疑义,相应电请贵院迅赐解释,以资遵循。湖北高等法院叩铣印

**院字第六四七号**

**二十年十二月二十五日　司法院指令福建高等法院　附原呈**

呈悉,业经本院统一解释法令会议议决,(一)夫妻财产各别所有,于死亡时各由其所属之继承人分别继承,为新《民法》所采之原则,故妻为被继承人,如无直系血亲卑亲属继承其遗产时,即应依法定顺序,属于妻之父母或以次之继承人。(二)法定财产制关于夫之管理权对于赘婿并无特别规定,自应适用。(三)娶妾并非婚姻,自无所谓重婚,如妻请求离异,只得依其他理由,而不得援用《民法》第一零五二条第一项之规定。(四)家族中之祭祀公产,以男系子孙轮管或分割或分息者,系本于从前习惯为家族团体之公共规约,在女子向无此权,苟非另行约定,自不得与男系同论。(五)按从前解释,被承继人无子而由其女继承遗产应留嗣子之应继分者,系本于宗祧继承之结果,现宗祧继承既为新《民法》所不采,即无所谓嗣子之应继分,故继承开始在《民法》继承编施行后,第一顺序之继承人为女子时,其应继分当然与男子无异。合行令仰转饬知照。此令

**附原呈**

呈为呈请解释事,案据思明地方法院院长范体仁呈称,伏查《民法》第一千一百三十八条,遗产继承人除配偶外以下列顺序定之:一、直系血亲、卑亲属;二、父母;三、兄弟姊妹;四、祖父母。但同法亲属编规定夫妻各有财产权,则如妻为被继承人而无直系血亲卑亲属时,妻之财产是否由妻之父母或兄弟姊妹继承。于此有二说:(甲)说谓《民法》宗祧继承虽未规定,然家族关系仍以男统为主。本条所称父母兄弟姊妹,自属夫之父母兄弟姊妹;(乙)说谓亲属编既规定夫妻财产制,而一千零二十八条至一千零三十条且明白规定,夫之继承人与妻之继承人之补偿责任,则夫与妻之继承人显有分别。本条所称父母兄弟姊妹,如被继承人为妻,则其继承人自专属妻娘家之父母兄弟姊妹,此应请解释者一。又夫妻财产制中之法定财产制,对于赘夫是否适用,于此亦有二说:(甲)说谓赘夫以妻之住所为住所,而其子女从母姓皆系母系制度,则男子不啻嫁与妻为夫其妻之财产。如行法定财产制,则应交

夫管理女子之财产权即被限制,显然失去赘夫制度之意义。此法定财产制,如非夫妻易位,即不应适用于赘夫。(乙)说谓夫妻财产制并无赘夫例外之规定,当然适用,此应请解释者二。又《民法》一千零五十二条重婚者,为请求离婚原因之一。然娶妾者是否重婚,于此亦有二说:(甲)说谓娶妾非婚姻,前大理院有判例,自不能谓为重婚。(乙)说谓前大理院判例,系因新刑律补充条例第十二条承认妾制。现该条例已经总理废止,而新《民法》并不承认妾制,娶妾实违反一夫一妻制度之原则,其害甚于与人通奸。《民法》所以规定重婚为离婚原因之一,原为确保夫妻关系,如娶妾不为重婚,则妻不得请求离婚,实于妻大有妨害,而妻与人通奸或重婚,夫得请求离婚,殊欠公平,似有违党纲及约法所定男女平等之法文,此应请解释者三。查司法院院字第四零五号解释后段内开,女子并无宗祧继承权,则对于其父母家族之祭祀公产,自不能主张轮管或分割或分息云云。今《民法》继承编对于宗祧继承并无规定,则上开解释例是否应予变更。又家族公产祭产向由男系子孙轮管或分息或分祭肉,盖男系子孙聚居一村自属易办。如女子亦可轮管或分息或分祭肉,则依《民法》第一千一百四十条,女子之孙亦得永远分割利息或祭肉。但女子出嫁后,散居各处远近不一,而女之子孙散漫众多更难稽考,殊难实行,如子女对于祖宗祭产得轮管或分息分祭肉,是否以女之本身及女之子女二代为限,抑女之历代子孙永远均有此权,不无疑义,此应请解释者四。又继承编施行以前,各解释例开被继承人无子者,其女继承遗产时,应留嗣子应继分云云。今继承编既未规定宗祧继承,则无子者似无庸留嗣子应继分,即应由其女完全继承,方与《民法》一千一百三十八条第一款相合,此应请解释者五。以上五端,案关法律疑义及法例变更,未敢擅拟,敬恳俯赐呈转解释令遵等情。据此,事关法律解释,理合据情呈请钧长俯赐察核发交最高法院,拟具解答案复核令遵。谨呈

**院字第六四八号**

**二十一年一月二十五日　司法院咨行政院　附原咨**

为咨复事,准贵院上年八月十五日(第二二五号)咨开,人民对于划界定案能否提起诉愿咨请查照解释见复等由,业经本院统一解释法令会议议决,国家以行政权变更行政区域,如仅划分疆界以定行政管辖,要不得谓为对于人民之处分而认其有诉愿权。若因定界而另以处分改变人民土地原状,致损害其权利或利益,则人民对之自得提起诉愿,相应咨复贵院查照。此咨

**附原咨**

为咨请事,查《诉愿法》第一条载“人民因中央或地方官署之违法或不当处分致损害其权利或利益者得提起诉愿”等语,又查关于整理土地疆界、变更行政区域本为国家内务行政,非对于两地交界处人民之处分,当地人民对于划界定案,似不能援引上开法文提起诉愿。惟人民认划界之结果间接影响其权利或利益(如水利问题等),因而对于划界定案表示不服,提起诉愿请求变更时,应否予以受理?如受理决定之结果有利于诉愿人,而引起另一

方面人民之不服,亦提起诉愿时,将如何办理,抑以划疆分界并非对于人民之处分,认为人民不能提起诉愿?至所受间接之影响,应予另案办理之处,不无疑问。事关法律疑义,相应咨请贵院查照解释见复,至纫公谊。此咨

**院字第六四九号**

**二十一年一月二十五日　司法院函司法行政部　附原呈**

迳启者,查河南高等法院呈请解释刑诉法第五百十条疑义一案,前由贵部转行到院,业经本院统一解释法令会议议决,附带民事诉讼依法既许在第二审辩论终结前提起,可知其审级管辖与通常民事诉讼迥异,故在第二审始提起附带民事诉讼,而经该审刑事庭认为繁杂者,自得依《刑事诉讼法》第五百十条规定移送,该同院民事庭审判不必发交管辖第一审之法院,相应函请贵部查照饬知。此致

**附原呈**

呈为呈请事,案据河南高等法院院长呈称,查《刑事诉讼法》第五百一十条规定,法院认附带民事诉讼为繁杂,应归民事法院受理者,不问诉讼程度如何,得移送该管民事法院审判,则是当事人在第一审所提起之附带民事诉讼。如法院认为繁杂时,其刑事案件系属于第一审固得移送,第一审法院民庭受理系属于第二审,得移送第二审法院民庭受理,自无疑义。惟若当事人在第一审并未提起附带民事诉讼,在第二审始行提起。经第二审法院刑庭认为繁杂未予并案办理,以之移送民事法院审判时,依上开条文究应归该第二审法院民庭受理,抑应视该附带民事诉讼尚未经过第一审,发交第一审法院民庭受理,主张互歧:(甲)说《刑事诉讼法》第五百零八条,既以明文规定,许当事人在第二审提起附带民事诉讼,其规定即为特别规定不受审级之拘束,故附带民事诉讼如第二审法院刑庭未予并案审判移送同院之民庭受理时,即不能泥于普通审级制度不予受理,且民庭办理民事,刑庭办理刑事,为法院内部事务之分配,而裁判之权仍属之于法院当事人,依法既得于第二审提起附带民事诉讼,第二审法院即应予受理,岂能因内部刑庭移送民庭之故,遂(解为无管辖权)不予受理,非特使当事人惑于法院前后办理之不同,亦显与《刑事诉讼法》第五百零八条之法意相悖谬,自应由受理刑事第二审法院之民庭迳予受理。(乙)说《刑事诉讼法》第五百一十条,所谓得移送该管民事法院审判者,既明白规定为该管,自系指有管辖权之法院而言。上述附带民事诉讼既在刑事第二审始行提起并未经过第一审审判,即应归有管辖权之第一审法院民庭受理,虽同法第五百零八条特别许当事人在第二审提起附带民事诉讼,其法意不过在谋审判之便利,而此种谋审判便利之附带民事诉讼,第二审法院刑庭是否予以并案审判,依同法第五百一十条规定,尚可视事之繁简而定简者,并案审判繁者,移送而不予审判,是在刑庭犹不因第五百零八条之规定必予受理,则移送民事法院后,既已不能收取并案审判之便利,当然应依通常审级制度进行审判。况查附带民事诉讼,一经移送民事法院即成为独立民事诉讼,最高法院著有判例可资遵循,则未经第一审审判之民事诉讼,第二审民事

法院自不能遽予受理,应发交第一审法院审判,以符审级。以上两说,孰为可采。案关法律疑义,未敢妄推,理合具文呈请钧部转请解释等情,据此,理合据情呈请钧院鉴核指令,以便转饬遵照。谨呈

**院字第六五〇号**

**二十一年一月二十五日　司法院训令江苏高等法院首席检察官　附原函**

为令知事,该首席检察官呈最高法院检察署,转请解释《刑法》第二四一条猥亵罪疑义一案,业经本院统一解释法令会议议决,夫对于妻之鸡奸行为,如果具备强制条件,自可构成《刑法》第二百四十一条之猥亵罪。合行令仰知照。此令

**附原函**

迳启者,案据江苏高等法院首席检察官王思默呈称,呈为《刑法》第二百四十一条之猥亵罪发生疑义,仰祈鉴赐转院解释示遵事。窃查《刑法》第二百四十一条之猥亵罪,关于鸡奸行为,除双方同意不合法定条件外,其以强暴胁迫至使不能抗拒而为鸡奸行为者,夫妇之间能否构成,本罪兹分二说:(甲)说既有夫妇关系,即使夫鸡奸其妻,亦难谓为猥亵,不能构成本罪。(乙)说本章为维持风化而设,若于风化有关,虽夫妻之间亦应构成本罪。如甲说,夫鸡奸其妻是男女居室,显然违背伦理,实有下列种种弊害:(一)含有侮辱女性人格之故意;(二)有乖男女生理;(三)荒淫之结果影响种族之繁殖,故即有夫妻关系亦在禁止之列。二说究以何者为是,事关法律疑义,理合具文呈请仰祈钧署鉴赐转院解释示遵等情。据此,相应转请贵院查照解释为荷。此致

**院字第六五一号**

**二十一年一月二十五日　司法院指令安徽高等法院　附原呈**

呈悉,业经本院统一解释法令会议议决,甲妾乙年尚未满二十岁,又不能认为正式结婚,不得谓有行为能力,被丙和诱卖与丁为妻,丙应构成《刑法》第二五七条第二项之罪。合行令仰转饬知照。此令

**附原呈**

呈为转请解释事,案据安徽高等法院第一分院寒代电称,查利诱、略诱未满二十岁之男女,以脱离享有亲权之人、监护人或保佐人为构成犯罪之要件,此为《刑法》第二五七条所明定。而民法总则第十三条第三项规定,未成年人已结婚者有行为能力,并经最高法院解释凡未成年人一经结婚,即有行为能力,不得视夫为妻之保佐人各等语。设有甲之妾乙未满二十岁,被丙和诱卖与丁为妻,能否构成《刑法》第二五七条第二项之罪。于此有两说:(子)说谓民法总则所载未成年人已结婚者,有行为能力指正式婚姻而言,乙为甲之妾已虽嫁人不得谓之成婚,即不得谓有行为能力。丙应构成《刑法》第二五七条第二项之罪。(丑)说谓乙为甲之妾,虽非正式婚姻然,业已嫁人即不能谓无能力。况乙为甲之妾,似不得

视甲为乙之监护人或保佐人,乙虽被诱显与《刑法》第二五七条犯罪构成之要件不合,丙之行为当然不成犯罪。以上两说,究以何说为是,事关法律解释,理合电请钧院转请解释以便遵循等情。据此,事关法律疑义,理合备文转呈仰祈钧院俯赐解释,俾便饬遵。谨呈

**院字第六五二号**

**二十一年一月二十五日 司法院指令河南省政府 附原呈**

呈悉,业经本院统一解释法令会议议决,(一)及(三)之第五点,查租与典性质不同,外国教会在内地租用土地房屋,未便课以典税。(二)及(三)之一二三各点,查《内地外国教会租用土地房屋暂行章程》第六条,所谓永租权,系永久存续之使用权并无期间之限制,其性质与《民法》上之租赁权地上权截然不同。此项永租权,以外国教会于上开章程施行前在内地绝买土地者为限,认其存在其于章程施行后,在内地租用土地者,依章程第二条之规定,应服从中国现行及将来制定之法令,中国《民法》及其他现行法既未认有此项永租权,外国教会租用土地房屋又应强制其于契约内载明,租用期间之约定是章程施行后,外国教会无从更在内地取得此项永租权,原极明显,惟在条约未取消以前,仍应依条约办理。(三)之四六各点,查租用土地之字据本无载明典权约定期限及逾期不赎听凭作绝之可言。其有此项记载者,实质上当非租赁。如外国教会以租用土地为名,而实系典受者,不能因典而取得所有权。(三)之第七点,查章程第三条所载,官署在租用房地之契约,盖印以为核准之证明,自非法所不许。至课税问题,应参照前开说明。(三)之第八点,查条约未取消前,租用土地者,既仍得依条约办理,关于此点即不生问题。合行令仰转饬知照。此令

**附原呈**

为呈请事,案据河南教会款产管理处处长杜俊呈称,为外国教会租用土地建造及租赁房屋应如何解释,暨援例课税仰祈鉴核转请司法院行由最高法院解释示遵事。窃职处对于《内地外国教会租用土地房屋暂行章程》及补充四项办法,曾于民国十九年三月二十一日呈请钧府鉴核旋奉指令,以未便解释饬照成案慎重办理。伏以成案业已失效,新章部令既有疑义,自应呈请统一解释以为适用之标准。惟时因战事方殷,政局尚未统一,无法呈转解释。至民国十九年八月间,关于此项案件,接准前民政厅函询办法,当以无法遵循。容俟政局统一再行续呈请予解释各在案。查《内地外国教会租用土地房屋暂行章程》第七条载明,以公布之日施行原章程,系于民国十七年七月十二日由外交部公布施行,同年八月十五日,由前河南交涉署通令各县,并于同年八月二十二日登载《河南省政府公报》(即公历一九二八年八月二十二日),是为河南施行有效之最后月日,旋于民国十八年十一月十八日案奉钧府令,准内政部咨行续订外国教会租用土地房屋强制载明必要事项四项,经由立法院将第一项“或永租”三字删去,饬令遵照。职处按照上项暂行章程第二条之规定,职处所辖各县契税经理局,依据现行契税条例章令,仍有执行课税之权。职处因课税关系对于上项暂行章程有应行请示者如下,一、关于租用房地之应否纳税,其税有二:(甲)租用土地建造,同于

《民法》物权第三章之地上权。地上权为限定物权,而土地所有权不生移转问题,自不得援典权以课典税。至房屋除绝买应课买契税外,租用房屋同于《民法》债篇第一章第五节之租赁,亦不得援典权以课典税。(乙)暂行章程为规定内地外国教会租用土地房屋特别章程,无庸援引地上权及租赁以为解释,应就租用范围是否因取得租价而将房地所有权移转占有以定课免典税之标准,方为正当。准照前大理院民国六年统字六六五号解释,指地借钱文曰法律行为之解释,须求其真意不当拘泥于文字为民事法之大原则,指地借钱如其行为目的,系于地上设定使用收益之权利者,自应认为即《清理不动产典当办法》所称之典当等语,则暂行章程上租买并称之租用用语,苟出租人将其田宅移转承租人占有供其建造使用者,似应课以典税。此外国教会在内地租用土地房屋应否课税,主张不同之两说也。二、关于租用土地之准否永租其说有二:(丙)曰暂行章程上租用期间既未自行铨释,则定期与不定期限当然无限,而永租亦所不禁,且暂行章程为规定内地外国教会租用房地,不能不受现行条约之拘束。第一证,以外交部指令河南交涉署文曰:“查外国教会绝买土地自应禁止,惟在暂行章程第三、第四两条规定范围以内,外国教会之永租房地权似应依约承认。”第二证,以内政部咨江苏省府土字第一七九号文曰,奉中执委会交议沪市执委会呈请,通禁全国人民不得以地产向外国银行或外人抵借款项或出场一案,与外交部会商结果,佥以外国在中国通商口岸永租地亩为居住营业之用,及外国教会得在内地永租地亩为传教之用,均系现行条约所规定中外人民因债务关系,在上开范围内发生之法律行为,自无从禁止各等语,足证无论房地,均许永租。(丁)曰内外两部先后解释,虽以现行条约为根据而与暂行章程立法之精神及强制载明四项第一项办法,显有未合。盖以暂行章程之成立,在禁止外国教会在内地绝买土地关于类似绝买之永租土地权,自亦为立法精神上所不承认,其存在补充暂行章程之四项中第一项原文,虽有“或永租”三字,然既经立法院予以删去,呈准通行,则立法原意对于土地租用用语,根本不承认含有永租性质,甚为明瞭。至暂行章程第六条准以永租权论者,仅限于本暂行章程施行前,外国教会在内地已有绝买土地者而言,不得扩大解释,而适用于本暂行章程施行以后。查民国十八年,钧府第一二一五零号通令,以准内政部咨以奉行政院转奉国民政府令据立法院呈请删去“或永租”三字,原文曰“奉交内外司三部会,呈外国教会租用土地房屋,应强制载明”四项,经交外交委会审查报告讨论结果,佥以四项办法,原以补充暂行章程而订,大致妥善。惟第一项或永租三字与土地权有关,为防止抵触起见,应行删去其余之项,悉照原文通过等语。立法院既为防止抵触章程,而删去永租字样,内外司三部在未呈准覆议准予保留“或永租”三字以前,似不得单纯以部令解释永租地亩依旧存在。此外国教会在内地租用土地,准否永租,主张不同之两说也。三、永租权之定义及其适用有无期间之疑点,有八:一、关于永租权之定义。查新颁《民法》物权及新颁《土地法》内皆无永租权之规定,有之一见于暂行章程第六条,再见于部令之解释,未审永租权是否与绝买权相同或与活买权相同。查法律丛书国际私法内,载有永贷借地权,其文略曰,在昔日,本当撤回领事裁判权后,不许外国人有土地所有权。凡曾在日本取得土地所有权者，一律换予永贷借地券，以为使用之证据，亦得永久行使其权利与所有权无异等语。准彼例，此则永租权即所有权之变名矣。此对于永租权定义应请示者二。关于永租权之期间，查部令既许内地教会有永租土地权，不知此项永租权有无存续期间，仿照《民法》之地上权既有因届满而消灭及因欠租而撤销，究非永以为期，虽无最长期之限制，准以民五上字第一二一一号解释，得以利用之时期，以定存续之标准，亦为有期之解释。若仿《民法》之租赁其第四百二十二条及第四百四十九条，均为有期限之规定，仍不得谓为无期。总之租用有期，不必名为永租。永租有期，似宜有存续期间之规定，此对于永租之有无期间，应请示者三。关于永租土地如何适用强制载明四项第一项，查暂行章程补充办法四项，既名为强制载明，则为必须明白载入，毫无疑义。今部令解释土地准予永租，而永租又无存续期间之规定，则凡遇内地教会永租土地将无法强制其载明第一项期间之规定矣。此对于永租土地是否不适用强制载明第一项之规定，应请示者四。外国教会与内地房地所有权人，依习惯成立租买契约，如习惯而有违于物权篇内典权第九百一十二条及第九百一十三条之期限者，是否加以干涉？五、如遇绝买房屋随带租用房屋基地，是否限期分立两约，各课其税？六、各县习惯对于契约往往载有“逾期不赎，听凭作绝”字样，此等字样是否准予载入租用土地约内或予以禁止？七、外国教会在内地租用房地之契约，在登记法未施行以前，该管地方官署及契税征收局所，可否在其契约上分盖印钤以作已经核准及课税之证明？此对于适用章程课税手续，是否有当应请示者？八、关于统一解释后处理办法，如认部令解释为合，则立法院呈准删去之“或永租”三字是否当然无效？如认部令解释抵触，立法院呈请删去“或永租”办法，则各内地教会借词遵令办讫请求援照补行呈报。依第六条，作为永租可否允许作为统一解释前之补救办法？再查民国十九年四月十二日司法院咨字第二五九号解释答文（原咨载《河南省政府公报》第一千一百七十九期内，行政院原咨请解释文，载《法律评论》第七卷第三十期内），系对于补行呈报时适用原章第六条而言。原章第六条又为处分上项章程施行前外国教会在内地已绝买之土地而言。职处所认为应请解释者，系上项章程施行后该章程第一条下半文内，得以教会名义租用土地建造之租用范围，是否含有永租性质为关键总括？以上各说，所拟请求，第一在关于外国教会，在内地除房屋准予租买外，对于土地之租用建造，是否限于定期租用或兼许永租。第二在关于定期或永租房地是否援照典买税章予以课税。第三在关于立法院呈准公布之四项办法，因部令解释是否置第一项于不用。第四在关于双方依习惯所立契约，应否依法加以应为或不当为之限制。以上各端，诸关法律解释，职处为执行课税起见，不得不举例请示，俾便遵循。所有内地外国教会租用土地房屋应如何解释援例课税之处，理合具文呈请钧府鉴核，转呈司法院俯赐交由最高法院详赐解释，悬案待办，祈迅予示遵，实为公便等情。据此，除指令外，理合备文呈请钧院鉴核，俯赐转交解释令示祇遵，实为公便。谨呈

**院字第六五三号**

**二十一年一月二十八日　司法院训令山东高等法院首席检察官　附原呈**

为令知事,该省曹县法院检察官张铭铎呈最高法院,请解释《刑法》第九十条疑义一案,业经本院统一解释法令会议议决,查《刑法》第九十条二年以下有期徒刑,系指宣告刑而言。合行令仰转饬知照,原呈抄发。此令

**附原呈**

呈为呈请解释法律疑义事,查《刑法》第九十条之规定,宣告缓刑之案件应受二年以下有期徒刑、拘役或罚金之宣告为限。其所定之二年以下有期徒刑之"刑"字,究系以宣告所应受之法定本刑为标准,抑是以宣告所应受之刑期为标准,现有两说:(甲)说应以文理解释之,法文上既有宣告字样,自系以宣告刑为标准,非以法定刑为标准。例如某子未曾受拘役以上之宣告,同谋犯强盗罪,依《刑法》第三百五十一条之规定,判处二年有期徒刑,亦可宣告缓刑。(乙)说应以法理解释之,盖以缓刑之制,原为较轻初犯之罪而设,旧刑律以四等有期徒刑(三年未满)为缓刑之范围。证诸各国立法例,未免失之太广,故《刑法》第九十条之规定缩短为二年。例如丑未曾受拘役以上之宣告,犯《刑法》上各条法定之最重本刑二年以下有期徒刑、拘役或罚金,依法判决宣告者,方可同时宣告缓刑。若如甲说某子所犯之罪而宣告缓刑是失立法者之本旨。二说孰是,案关法律疑义,理合备文呈请钧院指令示遵。谨呈

**院字第六五四号**

**二十一年一月二十八日　司法院训令浙江高等法院首席检察官　附原函**

为令知事,该法院第二分院首席检察官,呈最高法院检察署请示《危害民国紧急治罪法》施行后奉令前,关于反革命判决各案如何办理疑义一案,业经本院统一解释法令会议议决,《危害民国紧急治罪法》已于二十年三月一日施行,在施行后合于该法规定之犯罪而依《反革命治罪法》判决者,显系违法,应视其已未确定分别提起通常上诉或非常上诉,以资救济。合行令仰转饬知照,原件钞发。此令

**附原函**

迳启者,据浙江高二分院首席检察官童济时代电称,三月三十日奉杭州高等法院三月二十三日训令饬知,《危害民国紧急治罪法》于三月一日施行,复查三月二日《国民政府公报》内载,该法施行日期命令亦始于三月三十日接到,则自三月一日以后三十日以前,关于反革命判决各案未确定者,应否认为违法判决?提起上诉已确定者,应否声请提起非常上诉?事关法律,应请核示祗遵等情前来,相应函请查收核办。此致

**院字第六五五号**

**二十一年一月二十八日　司法院训令福建高等法院　附原函**

为令知事,该法院上年第一六五二号公函致最高法院,为思明地方法院转请解释刑事诉讼程序效力疑义一案,业经本院统一解释法令会议议决,无管辖权法院所为之诉讼程序,不因其无管辖权而失效力案件,虽经谕知管辖错误,而其以前对于被告之羁押或没入保证金,仍属有效。合行令仰转饬知照。此令

**附原函**

迳启者,案据思明地方法院呈称,窃查《刑事诉讼法》第六条规定,诉讼程序不因法院无管辖权而失其效力。倘法院对于刑事被告初因不确知无管辖权,依法进行诉讼程序,致处被告羁押或没入保证金后,复奉司法院解释为无管辖权时,则管辖错误之法院,依照上开法条,自不能将已没入之保证金发还,否则其他诉讼程序更难于回复。案关法令解释,未敢擅定,理合具文呈请钧院解释或俯赐呈转解释示遵等情到院。案关法律解释,相应函请贵院迅赐解释,以便饬遵。此致

**院字第六五六号**

**二十一年一月二十八日　司法院训令山东高等法院首席检察官　附原函**

为令知事,该法院前周首席检察官呈最高法院检察署,转请解释重利而无盘剥情形论罪疑义一案,业经本院统一解释法令会议议决,重利而无盘剥情形,不构成《惩治土豪劣绅条例》第二条第四款之罪。合行令仰知照。此令

**附原函**

迳启者,据山东高等法院首席检察官周起凤快邮代电称,重利而无盘剥情形,应否构成《惩治土豪劣绅条例》第二条第四款之罪,悬案待决,敬恳转院解释速赐电覆等情。据此,除指令外,相应函请查照迅予解释为荷。此致

**院字第六五七号**

**二十一年一月二十八日　司法院训令广西高等法院　附原函**

为令知事,该法院上年第一二零号公函,致最高法院请解释县政府就刑事案件谕知免诉应否视为不起诉处分疑义一案,业经本院统一解释法令会议议决,兼理司法之县政府,就刑事案件以决定谕知免诉,既明引《刑事诉讼法》第二百四十四条及第二百四十六条条文,自系本其检察职权所为之不起诉处分,原告诉人之呈诉不服,应依再议程序办理。合行令仰知照。此令

**附原函**

迳启者,兹有法律疑义应请解释者,假如某甲以伤害罪告诉某乙县政府兼理司法,以某

甲告诉不实,援据《刑事诉讼法》第二百四十四条及第二百四十六条决定谕知免诉。旋某甲呈诉不服,经县批准,将卷送由上级检察处移送刑庭审判。被告某乙提出抗辩,以县决定主文谕知免诉,当视为不起诉处分书。藉此抗传审判,于此分为三说:一、查《县知事审理诉讼条例》第十条规定,县知事审理刑事案件,得迳行审判。第十六条亦规定,谕知无罪免诉或不受理之判决,并无必须制成何种处分书之规定。该决定虽属手续不合,然第二审审判结果,自可予以纠正。此一说也。二、查第二审原以第一审判决为根据,县知事对于刑事案件虽得迳行审判,然于侦查终结之后,即制成不起诉处分书,亦非法律所不许。况该县决定书明援据刑诉法第二百四十四条以为断,自应视为不起诉处分书之一种,此一说也。三、查诉讼进行原有一定之程序,该县判既属不伦不类,自不免生出进行影响,应将卷先行发回该县,更判从新谕知,以明程序,此又一说也。窃为县知事审理诉讼案件原以实体为重,其于手续上纵有多少疏漏之处,当为立法者所深谅。如果该县判对于实体上事实既属明瞭,自以第一说主张为合,但事关法律疑义,当否未敢擅裁,相应函请大院解释示覆,以便依循,至纫公谊。此致

**院字第六五八号**

**二十一年一月二十八日　司法院指令浙江高等法院首席检察官　附原呈**

呈悉,业经本院统一解释法令会议议决,(一)罚金于完纳期满,应经强制执行无效之后,方得执行易科监禁。但在期内已经受刑人承诺者,亦得执行监禁。至强制执行之程序,准用执行民事裁判之程序。至于父子并未分产,子被判处罚金,不得执行父之财产。反之,父子业已分产,父被判处罚金,亦不得对子之财产为强制执行。(二)出具保证书之铺保,因被告或受刑人逃逸,将原店号改为另一店号或另与他人股开其他商店者,仍得对于原告号之号东,为没入保证金之处分。(三)出具保证书之铺保,因受刑人或被告逃亡,为避免执行将店闭歇者,仍得对于该店东之家产为没入保证金之处分。(四)受刑人经发捕票而不能获案,如系逃亡或藏匿者,指挥执行之检察官,自得呈由所隶属之首席检察官命行通缉。(五)受缓刑宣告之受刑人,毋庸令具缓刑保状。(六)凡供赌博使用之器具,皆谓之赌具,原不以某特定之物为限,赌博案内扣押之物件,既未宣告没收。除依其他法令,应予破坏或废弃者外,均须发还。合行令仰转饬知照。此令

**附原呈**

呈为转请解释事,案据黄岩县法院首席检察官黄文彬呈称,窃职处现有法律疑义急待解释,因特缮陈疑义,备文呈请仰祈俯赐鉴核解释示遵等情,并缮陈法律疑义数则前来。事关法律解释,理合具文呈请仰祈钧长核示饬遵,实为公便,谨呈计缮陈法律疑义如下:(甲)罚金应否强制执行,于此分为二说:子说,《刑法》第五十五条第二项明明规定"期满而不完纳者强制执行",则罚金自应强制执行。丑说,该第二项虽规定强制执行,然其下接有"其未完纳者易科监禁"之规定,既仅曰"未完纳"而非"不能完纳"、"无力完纳"或"经强制

执行而不能完纳”,自可因其不完纳而即予易科监禁,不必经过强制执行之程序。观同条第五项“完纳期内经本人之承诺者得易科监禁即时执行”之规定,更可无疑。况各院判决主文,皆仅载“罚金如不完纳……易科监禁”,并非“罚金如强制执行而无力完纳……易科监禁”,检察官执行罚金系根据判决,判决既未载明强制执行,乌可违背判决,而为强制执行。以上二说,各有依据而不相容。若以丑说为是,则强制执行一语等于赘文。若以子说为是,则尤与法不合,适用上殊感困难。若罚金应予强制执行,则又发生二疑问:一、父子并未分产,子被判处罚金,可否对父子并未分析之财产强制执行?二、父子业已分产,父被判处罚金,而父贫子富,可否依父债子还之说,对子之财产而为强制执行,执行时系派法警单独办理,抑派法警与承发吏共同办理?(乙)受刑人或被告所具保证书之铺保,受刑人或被告逃避将其店号更改,改为另一店号或另与他人股开其他商店,冀免执行保证金之处分时,可否迳向其所改之店号或向其另与他人股开之商店执行没入保证金?(丙)受刑人或被告所具保证书之铺保,因受刑人或被告逃亡为免执行保证金起见,将店闭歇此时,可否对其家产迳予强制执行保证金?(丁)受刑人经发捕票而不能获案时,是否应予通缉?(戊)《刑法》对于宣告缓刑,并无须有亲属或故旧监督缓刑期内品行之限制,则关于宣告缓刑之受刑人,是否可以不必令具缓刑保状?(己)贩卖赌具,依法不构成犯罪,其赌具依法亦不能没收。是项赌具,若迳予发还,则未免奖励赌博与法律规定赌博罪之意旨相背驰,抑且影响于风化。若予焚毁,则因未经判决没收,于法无据,究竟如何处置,殊感困难。

**院字第六五九号**

**二十一年一月二十八日　司法院指令浙江高等法院　附原呈**

呈悉,业经本院统一解释法令会议议决,警察对于刑事案件不解送司法衙署审判,擅行讯断处罚者,不成立《刑法》第一百三十三条第一项第二款之罪。但如有欺诈恐吓或妨害自由等行为,应依各该本条及《刑法》第一百四十条处断。合行令仰转饬知照。此令

**附原呈**

呈为转请解释事,案据定海县法院院长袁敬仁呈称,查警察对于刑事案件不解送司法衙署审判,擅行讯断处罚,依已废新刑律,自系不应受理而受理,构成第一百四十六条之罪。但现行《刑法》并无此项明文,应否适用第一百三十三条第一项第二款后段论处?事关法律疑义,未敢臆断,敬祈鉴核解释令遵等情。据此,案关请求解释,理合备文转请仰祈钧院鉴核令遵。谨呈

**院字第六六〇号**

**二十一年一月二十八日　司法院指令湖南高等法院　附原呈**

呈悉,业经本院统一解释法令会议议决,宣告多数期间相同之有期褫夺公权,应以其中之一个夺权为最长期,定其应执行之刑。合行令仰转饬知照。此令

附原呈

呈为据情转呈仰祈鉴核事,案据益阳县长陈祺呈称,窃查《刑法》第七十条第六款,宣告多数有期褫夺公权者,止执行其中最长期之褫夺公权,是宣告多数期间不同之有期褫夺公权,则其执行标准自无问题。设宣告多数期间相同之有期褫夺公权,究应如何定其执行?案关法律疑义,理合备文呈请钧院鉴核,俯赐转呈解释示遵等情。据此,除令准呈转外,理合具文呈请钧院俯赐察核,发交最高法院拟具解答案覆核令遵。谨呈

**院字第六六一号**

**二十一年一月二十八日　司法院指令浙江高等法院　附原呈**

呈悉,业经本院统一解释法令会议议决,查缓刑期满而缓刑之宣告未经撤销者,其刑之宣告为无效,自得仍充律师。合行令仰转饬知照。此令

附原呈

呈为转请解释事,案据新昌县法院院长傅拙呈称,查律师章程第四条规定,曾处拘役或法定五等有期徒刑以上之刑者,不得充律师,此为律师消极资格之规定。兹设有律师某甲被处拘役而同时经法院宣告缓刑二年,某甲既经被处拘役之刑,是否无论宣告缓刑与否,均不得充任律师。果尔,则《刑法》第九十二条载,缓刑期满而缓刑之宣告未经撤销者,其刑之宣告为无效,则某甲于缓刑期满而缓刑之宣告并未撤销,其刑之宣告既曰无效,则是否仍得充任律师,理合呈请鉴核俯赐转呈解释等情。据此,案关法律疑问,理合备文转请仰祈钧院鉴核令遵。谨呈

**院字第六六二号**

**二十一年一月二十八日　司法院指令安徽高等法院首席检察官　附原呈**

呈悉,业经本院统一解释法令会议议决,所询情形甲罪未裁判前,乙罪业已裁判确定,自应专就甲罪审断,合与乙罪原处之刑,依《刑法》第七十条定其应执行之刑。合行令仰转饬知照。此令

附原呈

呈为呈请事,案据代理寿县县法院首席检察官李圣期智代电称,据本院学习检察官徐篆丹呈称,窃有一人犯甲乙两罪,甲地犯甲罪先发,由甲地法院检察官起诉,而甲罪未经裁判。乙地犯乙罪后,发由乙地县长兼理司法,已经裁判确定,而乙罪未受执行。此案应否并合论罪,于此有子丑两说:(子)说《刑事诉讼法》第十四条第一款一人犯数罪为牵连案件,依同法第十七条第一项,得由其中一法院并案受理。若二以上之同级法院各别受理,则一人犯甲乙两罪,甲罪未经裁判,乙罪已经裁判确定,因审判管辖地点发觉先后之不同,且与《刑法》第七十条第三款亦难定其执行之刑,应不适用《刑法》第六十九条并合论罪。(丑)说《刑事诉讼法》第十七条第一项并案受理,系指侦查中一检察官并案起诉而言,并非牵连案

件审判中,亦须并案受理。设审判中苟有一人犯甲乙两罪,甲罪未经裁判,乙罪已经裁判确定,因审判管辖地点发觉先后之不同,恐疑于《刑法》第六十九条之例不能适用,故有同法第七十一条、第七十二条之特别规定,定其执行之刑。遇有此等情形,仍应适用《刑法》第六十九条并合论罪。两说未知孰是,案关法律疑义,理合备文呈请核转解释等情。据此,理合电请转请解释等情到处,理合据情呈请钧院鉴核俯赐解释,以便饬遵,实为公便。谨呈

**院字第六六三号**

**二十一年一月二十八日　司法院电湖南高等法院首席检察官　附原函**

湖南高等法院曹首席检察官览,该首席检察官电呈最高法院检察署,为衡阳地方法院首席检察官转请解释和诱罪疑义一案,业经本院统一解释法令会议议决,和诱未成年之童养媳,仍应依《刑法》第二百五十七条论罪。来电所述三说,甲说为是。合电转饬知照。司法院勘印

**附原函**

迳启者,案据湖南高等法院首席检察官曹瀛咸代电称,案据署衡阳地方法院首席检察官李棠马代电称,窃和诱已结婚之未成年妇女,依民法总则第十三条第三项及司法院院字第三零四号、第四一四号解释应不为罪,固无疑义。惟结婚二字之意义如何,则可分为三说:(甲)说结婚在《民法》第九百八十二条设有规定,如结婚依此规定而又无同法第九百八十条、第九百八十三条、第九百八十四条不得结婚之情形,其婚姻关系即属有效成立,和诱此类已结婚未成年之妇女自不为罪,反是如和诱违背上开结婚条件之已结婚未成年妇女,仍应依《刑法》第二百五十七条论罪。(乙)说关于亲属之事件,在《民法》亲属编施行前发生者,除施行法有特别规定外,不适用《民法》亲属编之规定,在《民法》亲属编施行法第一条具有明文。从前贫民娶妻与现在自由恋爱多未经过何种仪式,而童养媳之风到处盛行,尤无年龄仪式之限制。若和诱此类已结婚未成年之妇女而应论罪,未免与正式结婚者办法两歧,应不问结婚之仪式年龄如何,只须事实上已经结合同居而发生夫妇名分者,即以已结婚论如和诱此类妇女,应一律认为有行为能力而不为罪。(丙)说夫妇为人伦之始,关系由结婚而生,是结婚后在男女两方必身体发育达于健全而能人道,乃一定不易之理(参看《民法》第九百九十五条)。现在事实上因男女年龄幼稚,有已过门而不合卺同房者(北方俗呼上头,南方俗呼圆房),有合卺同房而决不能人道者,是不问其履行之仪式与具备之条件如何,要不能发生夫妇实质上之关系,即不得以已结婚论。如和诱此类已结婚未成年之妇女,未便认为有行为能力而不论罪。以上三说,甲说未免过严,乙说未免过宽,丙说以合卺同房而能人道者为准,似宽严尚得其平,究以何说为是?又湘南各县习惯,无论贫富人家,每每生女于三朝后,即给人作童养媳,俗亦称嫁女,当过门及圆房时有履行仪式者,有不履行仪式者,此种已过门未成年之童养媳,既已脱离享有亲权之人,其夫家父母、祖父母能否认为监护人?如夫家父母、祖父母俱亡故时,其本夫或同居亲属能否视为保佐人?如童养媳之夫

家父母、祖父母不能认为监护人,本夫及同居亲属又不能视为保佐人,则和诱者应否为罪,如何处罚,能否参照新刑律第三百四十九条第三项法意及最高法院解字第一百九十五号解释,以略诱论?现本院受理和诱已过门未成年之童养媳案件颇多,其过门均在《民法》亲属编施行前,适用上时生疑问,理合电请转赐解释示遵等情。据此,理合呈请钧署转请解释令遵等情。据此,相应转请贵院查照迅予解释为荷。此致

**院字第六六四号**

**二十一年一月二十八日　司法院电湖北高等法院　附原电**

湖北高等法院何院长览,该法院上年七月养代电致最高法院为襄阳地方法院转请解释和诱罪疑义一案,业经本院统一解释法令会议议决,童养媳之婚约既由其父母代为订定后,又代为其主婚另嫁是否合法,纯系民事问题,不构成《刑法》上之罪名。合电转饬知照。司法院勘印

**附原电**

南京最高法院院长勋鉴,据襄阳地方法院院长罗灿呈称,呈为呈请解释疑义,仰祈鉴核转呈事。窃本院受理诉讼案件,有某甲之女(现尚未满二十岁)幼许与乙之子丙为童养媳,甲因乙之子丙在外从戎数载未归,即为其女丁主婚另嫁与戊为妻,甲是否成立和诱罪,颇有疑义。(甲)说谓童养媳不过一种婚姻之预约,甲既系其女丁之享有亲权之人,则为其女丁主婚改嫁是否合法,纯属民事问题。根本上,毫无和诱之可言,应不成立犯罪。(乙)说谓翁姑对于童养媳为监护人,《刑法》第二百五十七条第一项之罪,既明定和诱未满二十岁之男女脱离享有亲权之人监护人或保佐人者,处六月以上五年以下有期徒刑等语,则甲既构成犯罪,究以何说为是。案悬待结应请解释,理合备文呈请钧院鉴核转呈示遵,实为公便等情到院。查所称各节关系法律解释,相应转请核办见覆为荷。署湖北高等法院院长何奇阳印养

**院字第六六五号**

**二十一年一月二十八日　司法院电浙江高等法院　附原电**

浙江高等法院郑院长览,十九年十一月养代电悉,诸暨县法院转请解释和诱、略诱论罪疑义一案,业经本院统一解释法令会议议决,单纯和诱未满二十岁已结婚之妇女,应不为罪。但诱拐者如利用该妇女年龄幼稚知识不足,设计诱惑致该妇女被其诈欺者,即应成立妨害自由之罪。合电转饬知照。司法院勘印

**附原电**

南京司法院王院长钧鉴,据诸暨县法院院长李启华本月真代电称,查本年院字第三〇四号解释民法总则第十三条第三项规定,未成年人已结婚者有行为能力是自民法总则施行后,依其规定凡未成年人一经结婚即有行为能力,不得视夫为妻之保佐人。其有略诱、和诱

此种已结婚之未成年妇女，除系和诱时应视其有无通奸或意图营利引诱奸淫等情事分别办理（参照九五号七八号解释）外，若系略诱即为妨害自由，应依《刑法》第二十五章论科（参照院字第八九号解释）等语。按吾国结婚年龄法律上并无限制，凡童养媳于十四五岁即行结婚者甚多，是项妇女年龄幼稚知识不足颇易被人诱惑。若因其已结婚而实施诱惑者，即可不负罪责（指单纯和诱，不能证明有通奸及意图营利、引诱、奸淫等情事者而言），则非惟不足以维持家庭之秩序，抑亦违背《刑法》第二百五十七条立法之本旨。故和诱是项未满二十岁知识不足已结婚之妇女，似应援照十七年解字第一九五号解释，仍以略诱论罪，以资救济。但法无依据，未敢擅断，理合电请鉴核转请解释，以便遵循等情。据此，案关法律疑义，理合据情电请钧院俯赐解释，以便饬遵。浙江高等法院院长郑文礼叩养印

**院字第六六六号**

**二十一年一月二十八日　司法院电湖南高等法院首席检察官　附原函**

湖南高等法院曹首席检察官览，该首席检察官电呈最高法院检察署，转请解释《刑事诉讼法》第二百四十八条第二项疑义一案，业经本院统一解释法令会议议决，原检察官依《刑事诉讼法》第二百四十八条第二项继续侦查之结果，仍得为不起诉之处分，但须依法送达，毋庸将该案卷宗及证据物件送交上级法院首席检察官。合电知照。司法院勘印

**附原函**

迳启者，据湖南高等法院首席检察官代电称，原检察官依《刑事诉讼法》第二百四十八条第二项继续侦查后，能否维持原不起诉之处分。如果能维持原不起诉之处分，应否将该案卷宗及证据物件送交上级法院首席检察官，请转请解释等情前来。事关法律解释，相应函请贵院查收核办并希见覆为荷。此致

**院字第六六七号**

**二十一年一月二十八日　司法院电江苏高等法院　附原电**

江苏高等法院林院长览，上年九月勘代电悉，所请解释适用《危害民国紧急治罪法》疑义一案，业经本院统一解释法令会议议决，《暂行反革命治罪法》有效期内加入以危害民国为目的之团体，于《危害民国紧急治罪法》施行后始发觉或捕获者，如在同法施行前已脱离其团体，而未经过起诉时效者，应依《刑法》第二条但书比较两法，适用较轻之刑。反之，如在《危害民国紧急治罪法》施行后，仍在团体之中，则因加入行为之继续性而成为组织团体之行为，应依同法第六条处断，不适用《刑法》第二条但书之规定。合电知照。司法院勘印

**附原电**

司法院院长钧鉴，查《危害民国紧急治罪法》施行后，《暂行反革命治罪法》即已废止，而《危害民国紧急治罪法》第六条之罪与暂行《反革命治罪法》第七条后段所谓加入团体相当，业经钧院第一三六号指令示明在案。假令加入以危害民国为目的之团体在暂行《反革命治

罪法》有效期间之内,而发觉或补获在《危害民国紧急治罪法》施行以后,是否应依《危害民国紧急治罪法》第十条、《刑法》第九条援用《刑法》第二条比较科刑,兹有甲乙二说:(甲)说谓加入以危害民国为目的之团体之罪,以加入而完成加入之时期,即为犯罪之时与同条之集会宣传以一经集会或宣传而犯罪,即为成立无异。《暂行反革命治罪法》第七条后段之刑,较《危害民国紧急治罪法》第六条之刑为轻。此种加入团体之罪,自应依《刑法》第二条适用《暂行反革命治罪法》第七条之刑处断。(乙)说谓加入以危害民国为目的之团体之罪,与同条之集会及宣传不同。单纯集会与宣传,则集会时及宣传时犯罪即已完成,而犯罪亦即告一段落。因今日之集会宣传不限定明日仍继续的集会或宣传,若加入团体在未曾合法自首或为官厅捕获以前而其加入者,仍为该团体之份子在未曾脱离该团体以前,该团体即因各个之单一份子集合而继续的存在。以危害民国故加入团体之罪系一种继续的,则其犯罪前半在《暂行反革命治罪法》有效时期后半,在《危害民国紧急治罪法》之时期,与《刑法》第二条前半段情形不同,即不得适用该条之但书再适用《暂行反革命治罪法》第七条之刑处断。二说未知孰当,应请予以解释示遵。江苏高等法院院长林彪叩勘印

**院字第六六八号**

**二十一年一月二十八日　司法院电云南高等法院　附原电**

云南高等法院院长览,上年七月元代电悉,所请解释重婚罪疑义一案,业经本院统一解释法令会议议决,已有配偶而又与人举行相当之结婚仪式,无论后娶者实际上是否为妾之待遇,均应成立重婚罪。合电知照司法院勘印

**附原电**

司法院院长钧鉴,设有甲娶乙实际系作妾,而形式上已举行相当结婚仪式者,是否成立重婚罪,祈迅予解释示遵。代理云南高等法院院长吴恢量叩元印

**院字第六六九号**

**二十一年一月二十八日　司法院电江苏高等法院首席检察官　附原电**

江苏高等法院王首席检察官览,上年六月真代电悉,所请解释告诉人对原检察官谕知不起诉处分声明不服疑义一案,业经本院统一解释法令会议议决,不起诉处分书未送达前,告诉人声请再议未具书状或虽具书状而未叙述不服理由者,应于补送之处分书内晓以须具书状及叙述理由之旨,不得遽予驳回。合电知照。司法院勘印

**附原电**

司法院院长钧鉴,查声请再议须以书状叙述不服之理由,《刑事诉讼法》第二百四十八条规定甚明。如果告诉人于原检察官谕知不起诉处分后,当庭以言词声明不服而未具书状者,或虽具书状而未叙述不服之理由者,应否认为声请违背法律上之程式以处分驳回之,请解释示遵。江苏高等法院首席检察官王思默叩真

**院字第六七〇号**

**二十一年一月二十九日 司法院函国民政府文官处 附原呈**

迳复者,准贵处上年十一月二日公函(第八八二五号)开,准中央训练部函为上海特别市执行委员会转请解释《工商同业公会法》第九条及第四条疑义一案,函行到院,业经本院统一解释法令会议议决,(一)《工商同业公会法》第九条之规定,系指执行委员而言。至同法第十条所定商会法关于职员及会议之规定,于工商同业公会准用之云者,自系指《工商同业公会法》。关于此部分之未有特别规定及商会法之规定,而与《工商同业公会法》所规定不抵触者准用之,非关于商会法之职员及会议之规定,于工商同业公会全部适用之。谓(二)工商同业公会章程载明之成立期间届满时,若仍有设立之必要,得依《工商同业公会法》第三条规定更请设立,相应函复贵处查照转知。此致

**附原呈**

呈为呈请解释事,窃查《工商同业公会法》第九条规定,同业公会置委员七人至十五人由委员互选常务委员三人或五人云云。但查同法第十条又载商会法关于职员及会议之规定,于工商同业公会准用之等语。查同业公会法所称之委员,系指执行委员而言,无须设置监察委员候补委员,曾经前工商部解释有案。嗣见报载实业部令复市商会文,又有得设监委与候补执监委员之解释,前后显有不同。揆诸后令取消前令之惯例,自不应以同业公会设置监察与候补执监各委为非法。但寻绎立法原意,同业公会法之所以有第十条之规定者,大抵以本法对于职员之规定仅有委员与常务主席之额数及产生之所自而于选任任期解任办事员等等,均付阙如。为节省条文计,因有准用商会法第十条之举。今若以得准用商会规定职员之数,并其原有第九条之规定而亦放弃之(即于委员七人至十五人外复设监委与候补执监),则同业公会之组织将无异于商会,而本法第九条之规定亦等于具文矣。且查商会法施行细则规定,执行委员会常务委员不得逾执行委员额三分之一,若同业公会亦依公会法第十条而准用之,则同业公会委员之最少数为七人,常务三人实已超过三分之一,未免有所抵触,此应请解释者一。又查同业公会法第四条规定,公会章程应行载明事项第八款为公会之成立期间,照行政院咨由司法院之解释成立期间,应解释为存立之时期等语。但依民法总则第四十八条第九款之规定,载明有存立时期者应记明其时期(即存续期间)等语,其所谓有存立时期者似系指有时间性者之组织而言,如应付某种环境之组织,如……后援会……委员会……筹备会等等,均应于环境无需要时撤销其组织。该同业公会既非临时之组织,若遵照本款之规定载明其存立时间为五年或十年,则于五年十年期满之后是否即予撤销,无从索解,此应请解释者二。事关法制疑义,理合具文呈渎,恳请鉴核解释训示祇遵,实为党便。谨呈

**院字第六七一号**

**二十一年二月十八日　司法院训令江苏高等法院首席检察官　附原函**

为令知事,该首席检察官呈最高法院检察署,为上海地方法院首席检察官转请解释上海特区律师提起惩戒之诉管辖疑义一案,业经本院统一解释法令会议议决,查律师章程第三十五条,有声请所在地地方法院首席检察官将该律师付惩戒之规定。据来函所述,该律师发生声请惩戒案件系属之法院,既系上海第二特区法院,自应就该案件系属所在地之法院,声请由首席检察官提起惩戒。合行令仰转饬知照。此令

**附原函**

迳启者,据江苏高等法院首席检察官王思默呈称,呈为江苏上海特区律师提起惩戒之诉事项,应归何法院管辖,仰祈鉴赐转院解释示遵事。窃据江苏上海地方法院首席检察官刘懋初呈称,据上海律师公会声请将律师江世义一名提付惩戒,惟国际法上今昔情势不同,去年四月一日,正式成立特区法院,今年八月一日,第二特区又将成立。上海律师公会实兼有三个之法院管辖,即如本案江世义律师事务所在北京路,以土地管辖论,应属于现在之第一特区范围,而其被声请案件又非本院诉讼。以事务管辖论,应属第二特区范围,究应由何法院提起惩戒之诉请示前来?事关管辖发生疑义,理合具文呈请仰祈鉴赐转院解释示遵等情前来。事关法律解释,相应函请查收核办为荷。此致

**院字第六七二号**

**二十一年二月二十日　司法院咨行政院　附原咨**

为咨复事,准贵院上年十一月二十三日咨(第三一九号)开,《矿业法》第八章之罚则行政官署能否迳予处分,咨请查照解释见复等由,业经本院统一解释法令会议议决,《矿业法》第八章规定之罚则,仍应由司法机关处理,相应咨复贵院查照。此咨

**附原咨**

为咨请事,查旧矿业条例第九章罚则之规定,系特别《刑法》之一种。按之《刑事诉讼法》第一条规定,一般行政官署自不得追诉及处罚。参照前大理院统字第六三零号、第八四二号两解释对该项罚则规定,亦只有司法机关自应适用之明文,行政官署能否适用仍属疑问。且绎该条例第八章各条规定之文义,对于罚则规定行政官署,似亦不能适用新《矿业法》。关于旧条例第八章及第一零三条各规定,虽经删除,要其第八章罚则各条规定,仍属特别《刑法》之一种,则一般行政官署发觉人民有违犯该项罚则时,是否应以职权移送司法机关审判,抑得认为行政罚而迳予处分?事属法律疑问,相应备文咨请贵院查照迅予解释见复,至纫公谊。此咨

**院字第六七三号**

**二十一年二月二十日　司法院咨行政院　附原咨**

为咨复事,准贵院上年十月三十日咨(第二九四号)开,据内政部呈请解释《监督寺庙条例》疑义一案,咨请查照见复等由,业经本院统一解释法令会议议决,原有管理权之僧道,因事故逃亡致陷于无人管理时,如当地僧道并无教会之设立,又无较近同宗可传,自应由该管官署查明情节,依照《监督寺庙条例》第六条及第十一条之规定,将该逃亡之僧道革除另选,于未选定以前得根据监督职权暂行代为管理,相应咨复贵院查照饬知。此咨

**附原咨**

为咨请事,案据内政部呈称(中略),惟查《监督寺庙条例》第四条,系因荒废之寺庙无人管理特定管理权之所属。所谓荒废者,自系指经久无人管理者而言。若原有僧道管理之寺庙,偶因事故致未定管理权谁属者,只得谓管理人暂缺,不得谓之寺庙荒废。至当地僧道设有教会,其所属寺庙有管理权之僧道因死亡或其他事故,无接受管理之人,致管理权暂无所属。在此情形同条例,既无若何制限之规定,其所属之教会于不违反该寺庙历来管理权传受习惯之范围内,得征集当地各僧道意见遴选住持管理,虽曾经贵院解释有案,但如该地僧道既无教会之设立,又无较近同宗可传难于遴选住持时,究应如何处理,法律上似尚不无疑义。据呈前情,除指令外,相应咨请查照迅予解释见复,以凭饬遵,实纫公谊。此咨

**院字第六七四号**

**二十一年二月二十日　司法院函中央执行委员会训练部　附原函**

迳复者,准贵部上年十二月三日公函(第一八四二六号)开,前准国府文官处函转本院解释商会、监察委员会应否设置常务委员疑义一案,解释文内关于监委会议追认事项尚有疑义,请查照解释见复等由,兹经本院统一解释法令会议议决,前解释但书所云须经下次监委会之追认者,系指追认常委所处理之事务而言,并非谓常委之互推尚须监会更行追认,相应函复查照。此致

**附原函**

迳启者前准国府文官处函略开,准函转湖南省党务指导委员会训练部呈请解释商会监察委员会应否设置常务委员疑义一案,当经陈奉饬交司法院去后,兹准该院函复经发交最高法院拟具解答,商会监察委员会在商会法及其施行细则既无设置常务委员之规定,如果事实上有必要之时得互推常务委员一人处理事务,但须经下次监委会议之追认,请查照转知等由,除转陈外,相应函达查照等由。准此,查常务委员之推定,必在监察委员会会议席上而以上解答"……但须经下次监委会议之追认"云云,似尚有疑义,相应函请查照解释见复,以便饬遵为荷。此致

**院字第六七五号**

**二十一年二月二十日　司法院函中央执行委员会训练部　附原呈**

迳复者,准贵部上年六月二十七日公函(第一五八三四号)开,准河北省党务整理委员会呈请解释《商会法》第三十九条及《商会法施行细则》第三十八条疑义一案,函请查照解释见复等由,业经本院统一解释法令会议议决,商会联合会之会员代表依《商会法》第四十条,应准用同法第十一条第一项及补充同条项之《商会法施行细则》第七条,由各该商会会员大会举派之会员代表之人数,依《商会法施行细则》第三十八条、第三十九条既仅有每一会员得派会员代表之最低数、最高数之规定,而于得派代表之人数是否各商会一律平均,抑以商会会员数量为准据,并无明定。于表决权及选举权应以会员数额计算之,又有但书限定,则各会员所得派之会员代表人数,自应任由各会员于该条所定之数量内派定之,不必一致,相应函复查照转知。此致

**附原呈**

呈为呈请释示事,查《商会法》第三十九条"商会联合会召集会员大会……",此项会员,即系会员代表其产生方法是否由各商会委员会推定,抑系由各商会全体会员推举。又《商会法施行细则》第三十八条"全省商会联合会开会时每一会员得派代表一人至三人出席会议……",此项多寡之数是否全省各商会一律平均,抑或按各商会会员数量以为伸缩。如系按照会员数目以定代表多寡,则其计算标准又应如何规定。以上两项,于法俱无明文,理合呈请钧部鉴核迅予释示,以便遵循。谨呈

**院字第六七六号**

**二十一年二月二十日　司法院训令江西高等法院首席检察官　附原函**

为令知事,该首席检察官呈最高法院检察署,为第一分院首席检察官转请解释刑事被告通缉程序疑义一案,业经本院统一解释法令会议议决,侦查中未予通缉检察官,即行起诉送审之后,其通缉应由法院办理。合行令仰转饬知照。此令

**附原函**

迳启者,案据江西高等法院首席检察官张清泽呈,据第一分院首席检察官萧伟呈称,窃查通缉被告侦查中,由首席检察官;审判中,由法院行之,《刑事诉讼法》第五十条第二项业有明文规定。设侦查中未予通缉检察官即行起诉送审之后,其通缉应由法院办理,抑应送还检察官补行通缉,分甲乙两说:(甲)说检察官于起诉时,并未将人犯移送,是刑庭尚未开始审理,非审判中与刑诉法第五十条第二项所谓审判中由法院行之,显有未合,仍应送还检察官补行通缉。(乙)说刑诉法第五十条第二项之审判中与同法第三十五条第二项、第四十四条第二项之审判中同一范围,如谓刑诉法第五十条第二项之审判中视为同法第二百七十五条审判开始后,则凡法院新收案审判未开始前对于被告即不得传唤拘提,显与现时各法

院办案之通例相背戾,由上开传拘法条中审判中之规定可知,凡检察官起诉案件法院一经收受,即在审判中自不待言。况检察官实施侦查或起诉案件无被告到案之必要,迭经解释有案。既无被告到案之必要,可知刑诉法第五十条得命通缉得字之规定,检察官斟酌情形不予通缉,亦无不合。且案已起诉移送审判,即不在侦查中,当然不得送还首席检察官补行通缉尤为明,著甲乙两说,究以何说为是,具文呈恳转请解释祇遵等情。据此,案关法律疑义,理合呈请鉴核转请解释等情到署,相应据情函请查照解释为荷。此致

**院字第六七七号**

**二十一年二月二十日　司法院电江苏高等法院　附原电**

江苏高等法院林院长览,该法院第一分院上年八月沁代电请解释刑事诉讼声请移转管辖疑义一案,业经本院统一解释法令会议议决,刑事诉讼当事人声请移转管辖,经裁定驳回后,提出相当证据证明,原法院审判确有不公平之虞,或于驳回后另以他种特别情形,恐审判有不公平之虞,再行声请移转管辖,又或因前之声请不合程序,于驳回后另行补正其程序再向法院声请移转管辖,于法均应准许。合电转饬知照,原电抄发。司法院号印

**附原电**

司法院院长钧鉴,刑事诉讼当事人以书状叙述特别情形,恐原法院审判有不公平之虞,向直接上级法院声请移转管辖上级法院,当以该当事人所述各节未能提出相当证据,以资释明,经裁定驳回声请在案。该当事人收到驳回声请之裁定后,复行提出相当证据证明确有不公平之虞,以书状再行声请移转管辖,于法应否准许,此应请解释者一。又,刑事诉讼当事人前以某种特别情形,恐审判有不公平之虞,声请移转管辖,经法院认为无理由,予以驳回后,复以书状叙述他种特别情形,恐审判有不公平之虞,再行声请移转管辖。如法院认为后之声请移转管辖有理由时,可否予以核准,此应请解释者二。再刑事诉讼当事人声请移转管辖因不合程序(如声请书未叙述移转管辖之原因),经法院以裁定驳回声请,该当事人可否另行补正,再向法院声请移转管辖,此应请解释者三。以上所述各情形,若许其再行声请移转管辖,不惟延误诉讼之进行,且受理法院于数日之间复有两裁定之纷歧。若不许其再行声请,则于法律上规定移转管辖之趣旨似有违背。事关法律疑义,未敢擅断。职院悬案以待,仰祈俯赐提前解释示遵。江苏高等法院第一分院沁印

**院字第六七八号**

**二十一年二月二十日　司法院电江苏高等法院首席检察官　附原电**

江苏高等法院王首席检察官览,上年十二月东代电悉,所请解释仿造商标疑义一案,业经本院统一解释法令会议议决,所谓仿造商标指制造类似之商标,足以使一般人误认为真正商标者而言。合电知照。司法院智印

**附原电**

司法院长钧鉴,查院字第五九六号解释内载仿造商标与伪造商标意义相同,无论是否曾经注册之商标,其在《刑法》上之保护固无别,关于该商标之伪造,均应适用《刑法》第二百六十八条及第二百六十九条关于伪造之规定等语。所谓仿造之意义是否与前大理院七年上字一八二号判例所称迹近假冒(类似)之情形相同,不无疑义,请迅赐解释示遵。江苏高等法院首席检察官王思默叩东

**院字第六七九号**

**二十一年二月二十日　司法院电江苏高等法院首席检察官　附原电**

江苏高等法院王首席检察官览,上年九月迥代电悉,所请解释不起诉处分及声请再议疑义一案,业经本院统一解释法令会议议决,刑事案件已经送达不起诉处分后,上级机关以职权复令侦查或原告诉人以发现新事实或新证据为理由,请求继续侦查。经检察官侦查结果认为不应起诉,依院字第二八四号解释不必再为不起诉之处分,其因告诉人声请再议发还续行侦查,仍须依照院字第八二号解释,对于续行侦查之结果另为不起诉处分,不服此处分者,自得声请再议。合电知照。司法院号印

**附原电**

南京司法院院长钧鉴,查司法院院字第八二号解释载,不服续行侦查之不起诉处分得声请再议云云,是续行侦查以后,似仍须为不起诉处分,不服此项续行侦查之不起诉处分,得声请再议。惟依院字第二八四号解释,刑事案件已经送达不起诉处分,上级机关复令侦查,只须将不应起诉之理由呈报上级机关,不必再为不起诉处分,于此不无疑义:(一)院字第二八四号解释是否就当时请求解释之原文,专指无告诉人之刑事案件由上级机关依职权复令侦查之情形而言?(二)因告诉人声请再议而发还续行侦查者,是否仍须依院字第八二号解释,为续行侦查之不起诉处分,不服此续行侦查之不起诉处分者,得声请再议?事关法律疑义,理合电请迅赐解释示遵。江苏高等法院首席检察官王思默叩迥

**院字第六八〇号**

**二十一年二月二十日　司法院电河北高等法院首席检察官　附原函**

河北高等法院王首席检察官览,该首席检察官敬代电致最高法院检察署,转请解释刑事上诉程序疑义一案,业经本院统一解释法令会议议决,按《刑事诉讼法》第三百六十四条,提起上诉须以书状,其仅口头声明不服,即系违背上诉程式,自应驳回其上诉。合电知照。司法院号印

**附原函**

迳启者,据河北高等法院首席检察官王泳敬日代电称,兹有被告不服正式法院第一审判决,仅于宣告判决时口头声明不服,经书记官记明笔录并未提出上诉书状,第二审能否依

《刑事诉讼法》第三百八十三条认为上诉违背法律上之程式,以判决驳回,略分二说:(甲)说《刑事诉讼法》第三百八十三条,所谓上诉违背法律上之程式,系指对于法律上所定之程式根本上有所违背者而言。如被告上诉逾期,辩护人代理人代为上诉而与被告明示之意思相反,以及覆审判决轻于初判时、被告上诉重于初判时,原告诉人呈诉不服之类第二审,自应依据该条以判决将其上诉驳回。若被告于第一审宣告判决时,既已当庭声明不服,经书记官记明笔录可稽。纵其后未补具上诉书状,亦不过程序上略有欠缺,与根本上违背法律上之规定者实不相同,第二审不能迳以违背法律上之程式为理由,将其上诉驳回。(乙)说依《刑事诉讼法》第三百六十四条,提起上诉应以书状向原审法院为之,及第三百六十五条,被告不能自作上诉之书状者,应由监狱或看守之公务员代作各规定可见,上诉之书状为法律上必不可少之程式。被告既仅口头声明上诉并未提出书状,即不能不谓为违背法律上之程序。第二审自可本此理由将其上诉驳回,二说均有相当理由。案关法律疑义,理合呈请鉴核转请解释,以便遵循等情。事关法律解释,相应函请贵院查收核办。此致

**院字第六八一号**

**二十一年二月二十日　司法院电广西高等法院首席检察官　附原函**

广西高等法院首席检察官览,该法院第一分院首席检察官电呈最高法院检察署请解释刑诉法第四七七条疑义一案,业经本院统一解释法令会议议决,高等法院分院所为第三审刑事判决,除卷宗在下级法院外,应由该分院检察官指挥执行。合电转饬知照,原电抄发。司法院号印

**附原函**

迳启者,据广西高等法院第一分院首席检察官阳贞粹代电称,查刑事执行裁判依刑诉法第四七七条规定共分三项指挥。揆立法之意,本检察官上下一体主旨,而求实际上便利,因有此等分别。惟高等分院判决第三审案件,其高地两院与监狱及被告人住址同在一县,卷宗在高等分院时,关于指挥执行,究应归上级之高等分院检察官迳自指挥执行,抑应将卷发交下级地方法院检察官指挥执行,约分二说:(甲)应归下级法院检察官指挥执行说。第三审系书面审理,第三审法院与检察官于被告人并未传讯,应由第三审法院检察官将卷发由第一审法院检察官指挥执行与第二审之事实审检察官可迳自执行有别。(乙)应归第三审法院检察官迳自指挥执行说。刑诉法第四七七条第二项只载上诉抗告之裁判字样,并未于上级法院分为事实审理、书面审理之执行区别,固因检察官上下一体,而检察官执行裁判,乃为保护公益之官吏,尤不宜掺入审级性质之观念。且第二审法院如与监狱或被告人住居不同在一县时,虽上级事实审之检察官亦不能迳自执行,必将卷发交下级法院检察官指挥执行。兹高地两院与监狱或被告人既同在一县,为贯彻立法便利实际意旨计,第三审法院检察官应迳行指挥执行即传未羁押之被科自由刑人送监或被科罚金人缴纳罚金,如发卷由下级法院检察官执行,设上下级法院检察官因办理发卷文件及收受手续须延数日。此

数日内,科刑人如有逃亡或隐匿财产时,不徒发生以后缉捕与调查财产等手续,且违反便利主旨及法文所列卷宗在上级法院之规定,则第三审法院检察官应负其责。以上二说,理由各执,理合电请送院解释等情前来。据此,相应函请查收核办并希见覆为荷。此致

**院字第六八二号**

**二十一年二月二十日　司法院电青海高等法院首席检察官　附原函**

青海高等法院赵首席检察官览,该首席检察官代电致最高法院检察署转请解释自诉案件撤回上诉疑义一案,业经本院统一解释法令会议议决,撤回上诉应于裁判前为之。自诉案件自诉人对于第二审判决提起上诉,经第三审判决发回更审后声请撤回上诉,自为法所不许。合电知照。司法院号印

**附原函**

迳启者,案据青海高等法院首席检察官赵生谟洽代电称,兹有自诉伤害案件,经第二审判决自诉人不服上诉,第三审判决发还更审间上诉人声请撤回上诉前来,应否照准分二说:(甲)说依刑诉法第四百条及第三百六十七条,上诉于裁判前得撤回之。本案第三审判决发还更审在更审期中,不得视为判决,应依第三百六十九条,由检察官陈述核准之意见,予以撤回。(乙)说第三百六十七条,有上诉于裁判前得撤回之规定,则已经裁判者,自难准其撤回。本案既经第三审判决发还更审,已在第三审判决之后自难准其撤回。况上诉人声请撤回,系在上诉第三审之后,而此时第三审已判决将第二审原判撤销。是此案止有第一审判决存在,如准其撤回,是果准其撤回第三审乎,抑第二审乎或并第一审而撤回乎?如予照准,窒碍实多。二说未知孰是,事关法律解释,理合电恳转呈核示祗遵等情前来,相应据情函请贵院查照解释见复为荷。此致

**院字第六八三号**

**二十一年二月二十四日　司法院训令福建高等法院首席检察官　附原呈**

为令知事,该法院前张首席检察官呈最高法院检察署,为龙溪地方法院首席检察官转请解释保卫团有无受理普通刑事之权一案,业经本院统一解释法令会议议决,县保卫团之职务在县保卫团法第四章规定甚详,除该章所列各条外,对于普通刑事案件并无侦查拘押之权。如保卫团之甲长、排长对于普通刑事案件明知其无权受理而擅予受理,并假借职务上之权力机会或方法拘押嫌疑人,自应依《刑法》第一百四十条、第三百一十六条第一项论科。合行令仰转饬知照。此令

**附原呈**

呈为呈请事,窃查县保卫团对于普通刑事案件有无侦查拘押之权,现分甲乙二说:(甲)说谓县保卫团法第十五条载,各居户如有窝藏盗匪、寄顿赃物或有反革命份子混入煽乱秘密聚集或携带违禁物品者,甲长、牌长须随时侦查指获解送该管官署,依法讯办等语。

是保卫团任务职权已经明白赅载于该条之内,此外普通刑事案件自属无权受理。如人民不谙法律,误向该保卫团呈诉,应由该团指示迳向法院告诉。倘擅予受理并将非现行犯之嫌疑人拘押数日始行保外,现在新《刑法》虽无不应受理而受理之正条,自应依《刑法》第一百四十条、第三百十六条第一项论科。(乙)说谓保卫团法虽无准许保卫团受理普通刑事案件之规定,惟保卫团系警察性质,警察既有侦查普通刑事案件之权,依类推解释,该保卫团自亦有同等权限。如经人告诉,该团自可受理拘押侦查,此种行为并无违法性,应不为罪。二说未知孰是,职处悬案待决,理合具文呈请察核俯赐指示祇遵,实为公便。谨呈

**院字第六八四号**

**二十一年二月二十四日　司法院指令浙江高等法院　附原呈**

呈悉,业经本院统一解释法令会议议决,(一)最重本刑为有期徒刑之案件,第一审未传被告到案及履行审理程序遽予判决,自系违法。如经上诉,应由第二审传提被告出庭辩论后,撤销原判决,另行判决,以资纠正。(二)剿匪指挥部之侦探及临时侦探,虽专办侦缉盗匪事宜仍属警察性质,不得视同军人,又非服陆军勤务之文官,亦不得视同军属。合行令仰转饬知照。此令

**附原呈**

呈为转请解释事,案据署鄞县地方法院院长王秉彝呈称,窃查刑事被告所犯法条其最重本刑为有期徒刑之案件,依法应于审判时命被告出庭。若第一审未传被告到案及履行审判程序遽予判罪,被告因尔不服提起上诉,则上诉审应依何法救济。又查剿匪指挥部组织法并无侦探名目,现时所设置之侦探系根据该部军法处所定之章程(附呈章程一份)。今有该部侦探或临时侦探犯教唆或共犯强盗之嫌疑,能否认该侦探或临时侦探为军人或军属,亦不无疑问。上述二点,既无法令可以依据,理合备文呈请仰祈鉴核俯赐转请解释,俾资遵循等情,计附剿匪指挥部军法处章程一份。据此,案关法令疑义,理合钞同前项章程备文转请仰祈钧院俯赐解释,以便饬遵。谨呈

**附浙江宁绍台温四属剿匪指挥部侦缉规程**

一、本部为侦缉盗匪计,设置侦缉长一员侦探五名。

二、侦缉长等承指挥官之命令受军法处之指挥专办盗匪事宜,民刑及烟赌案件绝对不能干涉。

三、侦探由侦缉长保荐谕充。

四、遇侦探额定名数不敷分配或为便利起见,得设临时侦探若干名,以补助之。

前项临时侦探由军法处迳行选充。

五、侦缉长及侦探在外侦缉盗匪,如遇不及来部报告时,得迳投就近军警机关派队协助缉拿。

六、侦探缉获盗匪必须送请本部核办,不得擅自处置。

七、侦探倘有查获赃物盗械,应如数报缴不得隐匿。

八、侦缉长及侦探如有藉故勒诈及通匪、纵匪、诬匪、隐匿赃物盗械并种种违法行为,依法严惩,不稍宽纵。

九、侦缉长及侦探等,为便于侦谍盗匪计,均着便服,概不发给制服。

十、本规程如有未尽或不适用事宜,得呈报指挥修改之。

**院字第六八五号**

**二十一年二月二十四日　司法院训令山东高等法院首席检察官　附原函**

为令知事,该法院前周首席检察官呈最高法院检察署,为青岛地方法院首席检察官转请解释亲属伪造保状使犯人避匿应如何制裁一案,业经本院统一解释法令会议议决,来呈情形,如保状曾捏用他人名义并伪造商号图章,显系以伪造文书印章之手段达其图利犯人隐避之目的,应依《刑法》第七十四条处断。其图利犯人隐避之部分,虽因乙与甲为同胞弟兄,应依《刑法》第一百七十七条免除其刑,而其伪造文书印章之部分,如果具备损害条件,自可依法论科。合行令仰转饬知照。此令

**附原函**

迳启者,案据署山东高等法院首席检察官周起凤呈称,为转呈事,案据青岛地方法院首席检察官田美棠呈称,为呈请事。窃查现行法令最重保释主义晚近世风浇薄人心险诈发生重大流弊,兹有某甲犯吸食鸦片烟案,其胞弟某乙制作保状伪载,具保状人某乙上海县人,被保人某甲江宁县人,钤盖商号图章,将某甲保出使某甲隐避潜逃,致令诉讼无法进行,某乙应否受法律之制裁有此三说焉:(子)谓某乙与某甲为同胞兄弟,经某乙铺伙及房东到案证明,某乙系《刑法》第十一条第二款所定之亲属,已有确据。至某乙之犯罪行为,虽有诈欺情形,遍查现行《刑法》全文并无其他法条可以适用。某乙以亲属图利犯人,依《刑法》第一百七十四条免除其刑,应行予以免诉。(丑)谓某乙具呈保状分明与某甲并无亲属关系,自应认为有力证据,铺伙房东远隔别省,何能确知为同胞兄弟?如采取此伪串证言,故为开脱,殊不足维持法庭之威信。某乙仍应科以《刑法》第一百七十四条之藏匿犯人罪。(寅)谓甲乙具有亲属关系,乙故用非亲属名义伪造保状使用,潜逃不案,适足妨害国家审判权之行,使此风一长,势必被保人犯皆得逍遥法外,危害国家,诚非浅鲜。如不加以制裁,将藉作保而藏匿犯人,假亲属以逃脱法网,法律反被作奸犯科之徒借作利器流弊,伊于胡底某乙构成《刑法》第二百二十五条之伪造公文书罪。以上三说,莫衷一是,职处现有此类案件,急待解决,理合呈请钧处鉴核转呈最高法院解释示遵等情到处。除指令外,理合转呈钧署鉴核俯赐转院解释示遵等情,据此,相应函请贵院解释见覆为荷。此致

**院字第六八六号**

**二十一年二月二十四日　司法院训令河南高等法院　附原函**

为令知事,该法院十九年第五七三号公函致最高法院,为郑县地方法院转请解释自诉案件疑义一案,业经本院统一解释法令会议议决,不得提起自诉之地方管辖事件,县法院认为可以自诉误为受理。若经上诉于地方法院,该法院应将该部分之判决撤销,另以裁定,将其自诉驳回。又告诉乃论之罪,被害人应于知悉犯人后六个月内向检察官告诉,逾期告诉,检察官尚不得据以提起公诉,则被害人提起自诉,更应受六月期间之限制。如被害人逾期始向法院起诉法院,应依《刑事诉讼法》第三百四十三条第一项第三款,以裁定驳回之。合行令仰转饬知照。此令

**附原函**

迳启者,案据郑县地方法院院长邱祖藩冬代电称,查职院有自诉案件疑义三则,(一)自诉人一状起诉两罪,据状叙事实一为《刑法》第三八一条第一项之毁坏建筑物罪,一为《刑法》第二九三条第一项之伤害罪。前者系地方管辖,且非告诉乃论,故不得提起自诉。后者系初级管辖,合于自诉条件,于此情形,经县法院一并受理判决,对于毁坏罪误引《刑法》第三八二条处断,原审检察官据其他理由上诉地方法院,经审查或审理结果认为,该当《刑法》第三八一条第一项之罪,可否视检察官上诉为起诉,依《刑事诉讼法》第三八五条第一三两项撤销,原判自为第一审判决,否则如何办理?(二)又为前例被告或自诉人上诉,如依《刑事诉讼法》第三八五条撤销原判自为第一审判决,然未经检察官起诉程序既属不合,如依同法第三七九条适用第三四三条第一项第二款,一并将自诉驳回。而各该条文一系判决,一系裁定,又难将判决裁定混而为一,如仅以裁定将"自诉人在第一审之自诉驳回",然又事无先例,终觉有杜撰之嫌。(三)被告犯告诉乃论之罪,被害人于知悉犯人后,经过六个月始自向法院起诉。查告诉乃论之罪,《刑事诉讼法》第二编第一章第一节第二一八条定有六个月期限,逾期不得向检察官告诉,检察官亦不得据以起诉(前大理院统字第一七七四号解释)。而同法第三五七条又仅有前章第二节第三节之规定,则第一节之第二一八条似未包含在内,究竟能否援引该条驳回逾期之告诉,抑或依同法第三五七条适用第三一八条第一款谕知不受理之判决?职院现有以上各案悬待解决,可否转请解释,谨以代电只请鉴核示遵等情。据此,除指令外,相应函请钧院查照迅予解释见复为荷。此致

**院字第六八七号**

**二十一年二月二十七日　司法院咨行政院　附原咨**

为咨复事,准贵院上年七月二十四日咨(第一九八号)开,据实业部呈请解释会计师资格异议一案,咨请查照见复等由,业经本院统一解释法令会议议决,会计师考试未举行以前得为会计师之资格,依《会计师条例》第三条、《会计师审查规则》第四条、第五条、第六条之

规定,应以在《会计师条例》所定之国内外公、私立大学、独立学院或专科学校之商科或经济科毕业后,在专科以上学校教授会计主要科目二年以上,或在公务机关或有实收资本十万元以上之公司任会计主要职员二年以上者为限。其在学校授课或在公司办理会计职务仅各一年者,不得合并计算,相应咨复贵县查照饬知。此咨

**附原咨**

为咨请事,案据实业部呈称据沈惕民呈称,惕民毕业于复旦大学商科后,曾在江苏公立商业专门学校教授高级簿记学一年。又在天章纸厂公司办理会计职务一年,合计二年,似与规定相符,请核准发给会计师证书等情。查关于会计师之呈请人服务经历资格,依《会计师条例》第二条规定在专科以上学校商科或经济科毕业,并曾在专科以上学校教授会计主要科目二年以上,或在公务机关或在有实收资本十万元以上之公司任会计主要职员二年以上者,经审查合格,得为会计师。该具呈人毕业后服务年限合计虽满二年,惟在学校授课及在公司办理会计职务均各只一年,是否与规定资格相符,不无疑问,理合具文呈请鉴核解释示遵等情。据此,事关法律疑义,相应咨请贵院查照解释见复,以凭饬遵。此咨

**院字第六八八号**

**二十一年二月二十七日　司法院咨行政院　附原呈**

为咨复事,准贵院上年十二月十五日咨(第三三一号)开,据内政部呈据浙江省民政厅转请解释县保卫团法第五条各疑义一案,业经本院统一解释法令会议议决,县保卫团法第五条第一款规定,家无次丁者,得免除入团之义务。推其立法意旨,原系准留一丁以处理其家务,故一家之中苟有两丁以上者,自应准留一丁免其入团之义务。若其家各丁之中除有该条各款所列情形之外,仅余一丁,亦应免其入团。至于商店店员既非住在其家,且各有职业,依同条第四款规定,自亦在得免入团之列,相应咨复贵院查照饬知。此咨

**附原呈**

案据杭县县长呈称,案据本县第二区区长朱价伯呈称,案查县保卫团法第五条规定之男子均有入保卫团受训练之义务。但设如甲户有壮丁子丑二人,子固无第五条各款之情形,而丑有第五条二三四五款中之一款情形者,则子是否作家无次丁论,抑有应受训练之义务,而编入团丁名册。又,如乙户有壮丁三人或四人,均无第五条各款之情形者,其编造团丁名册时是否全数编入,抑是三人者应编入几人,四人者应编入几人?再关于商店店员编造团丁名册时,是否与住户一律办理?区长现正拟计划编造团丁名册之际,似乎发生问题,不敢擅自从事所有。以上各点疑义,是否有当,理合备文呈请仰祈裁夺祗遵,实为公便等情。据此,案关法律解释,县长未便任加悬揣,除指令外,理合备文呈请鉴核指示遵行。又据寿昌县县长呈称,窃查奉颁县保卫团法第五条规定,免除义务团丁有五项,兹据各区长面称有疑问数端,请示如下:(一)家无次丁者。所谓次丁,是否指家无第二个壮丁而言?(二)家有两壮丁,一系残废者,其一壮丁是否照家无次丁论?(三)两壮丁在一家同时抽着,

是否从先不从后？(四)佣工、商店伙友是否一律抽调,要受训练？(五)商店伙友遇抽调时,店主如欲按日扣薪,应否许其照扣？以上疑义五点,县长未敢擅断,理合备文呈请仰祈鉴核俯赐解释指令祗遵各等情。据此,案关解释法令疑义,本厅未便擅专,理合据情转呈仰祈鉴核示遵,至为公便。谨呈

**院字第六八九号**

**二十一年二月二十七日　司法院函教育部　附原函**

迳复者,准贵部上年六月二十四日公函(第五七三号)开,学生伪造修业或毕业证书等在《刑法》上应如何惩处,请查核见复等由,业经本院统一解释法令会议议决,来函所述,各节除伪造官厅印信构成《刑法》第二百三十五条第一项之罪外,其余伪造修业或毕业证书或成绩单等,必足以损害公众或他人者,始成立《刑法》上之罪名,相应函复贵部查照。此致

**附原函**

案据广东省教育厅呈称,各校招收新生或转学生时常有伪造毕业证书或成绩证朦混入学情事,青年学子智识简单,希图幸进,略迹原情,似系求学心切,与主意为恶者微有不同。前处罚太严,则绝其自新之机。然仅以开除学籍了事,则又嫌过于宽纵,究应如何处分,以警将来之处,乞指令祗遵等情。同时复据上海市教育局呈称,各省市教育行政机关考核各级学校学生学籍时,屡经发现私镌印章、伪造修业或毕业证书情事,请颁取缔规章,并通令全国各教育行政机关,遇有此类情事,从严处理,以儆效尤,而整学风等情各前来。查学生伪造修业或毕业证书或成绩单等,经发觉有据,除由学校或教育行政机关取消其资格外,其刑事部份之处分,事关司法,非本部主管范围。且查伪造修业或毕业证书,其所假冒之学校有公立与私立之别,而私立学校复有已立案与未立案之分,其假冒公立学校及已立案之私立学校者,又有加盖伪造教育行政官厅印信与不加盖伪造教育行政官厅印信之二种。此外,尚有仅伪造成绩单而不伪造证书者,凡此种种在《刑法》上,应如何分别惩处,应请贵院迅予查核见复,俾便饬遵,并晓谕全国学生知所警惕。右上

**院字第六九〇号**

**二十一年二月二十七日　司法院函司法行政部　附原呈**

迳启者,查黑龙江高等法院首席检察官电请解释,《乡镇自治施行法》第四十一条第二项拘禁二字疑义一案。前由贵部转行到院,业经本院统一解释法令会议议决,《乡镇自治施行法》第四十一条第二项之拘禁,参照《区自治施行法》第三十九条第二项之规定,当然亦以遇有必要时为限。关于拘之必要,例如不拘,则犯行不止或即逃亡。关于禁之必要,例如拘获后之备函时,或中途有阻碍时,均非漫无制限,尤不得牵涉羁押权。相应函请贵部查照饬知。此致

**附原呈**

呈为呈请事,案据黑龙江高等法院首席检察官鱼代电称,案据绥化地方法院首席检察官呈称,呈为对于乡镇长拘禁刑事人犯权限,滋有疑义,谨请鉴核示遵事。窃查《修正乡镇自治施行法》第四十一条第一项,乡镇居民有下列情事时,乡长或镇长得分别轻重缓急,报由县政府或区公所处理(一二三各款从略):四、触犯《刑法》或与《刑法》性质相同之特别法者,第二项有前项第四款情事,乡长或镇长得先行拘禁之,除分别呈报区公所及县政府外,并应即函送该管司法机关核办等语。是乡镇长对于刑事人犯有拘禁之权,于法尚非无据。而所谓拘禁,依文理解释,当指拘提及监禁而言,亦似无疑义。第查司法院十九年七月十二日训令院字第三零六号开,《刑事诉讼法》第二百二十七条所称,县长公安局长、宪兵队长官有侦查犯罪职权者,系单指有侦查犯罪之职权与检察官同,并非谓检察官应有之其他职权上开各员,均得行使至该条所称必要情形。无论法律上之必要及事实上之必要,均包括之。前者,例如证据将即湮灭、共犯将即逃亡,非带同嫌疑人实行搜索不能获得时。后者例如嫌疑人忽罹重病或交通有阻碍时。凡此之类关于移送,均得不拘三日期限。惟此种例外,应从严格解释,且不得因此而牵涉羁押权之行使问题等因。又,《修正区自治施行法》第三十九条第一项,区居民有下列情事时,区长得分别轻重缓急报告区务会议或呈请县政府处理之(一二两款从略):三、触犯《刑法》或与《刑法》性质相同之特别法,确有证据者,第二项有前项第三款情事,遇有必要时,区长得先行拘禁之,除报告区务会议及呈报县政府外,并应即函送该管司法机关等语。就前者言,县长为地方自治之监督机关,其侦查犯罪之权犹非漫无限制,除上开院令情形外,不能行使检察官其他职权,并不得牵涉羁押权行使问题,如不遵限移送且将发生滥权拘押之嫌。乡镇长为地方自治人员,非如县长法律赋与司法警察官职权者可比,其对于刑事犯人之拘提监禁权,讵能任意行使。就后者言,区长对于刑事犯人得以拘禁,虽有同一之规定,然以遇有必要时为限。所谓必要,当就犯人将即逃亡及其他紧急情形而言,要非毫无制限。可知,乡镇长与区长同为地方自治人员,同无侦查犯罪之权。纵法律许其得以拘禁刑事人犯,乡镇长之权亦绝不能较区长为扩张。矧据前开施行法第四十一条第一项并有分别轻重缓急报告之规定,更非遇有刑事人犯不问何种情形,乡镇长即得先行拘提监禁,尤为显然。绥邑自施行自治以来,乡镇公所对于刑事案件往往从而干涉,或则乡赴公所,或则滥行羁押,一经告发,即执《乡镇自治施行法》第四十一条第二项以为抗辩理由。该条所称之拘禁,究应作何解释,有无一定范围?设无明确标准,则滥权拘押伊于胡底与司法之独立人权之保障所关,至非浅鲜,本处职责所在,未便缄默,理合详陈理由备文呈请鉴核指示祇遵等情。据此,事关法令解释,理合据情电请钧部转请解释等情。据此,查案关法令解释,本部未便擅拟,理合备文呈请钧院鉴核令遵,以便转饬遵照。谨呈

**院字第六九一号**

**二十一年二月二十七日　司法院电安徽高等法院　附原电**

安徽高等法院曾院长览，上年七月马代电悉所请解释和诱、略诱未成年之童养媳论罪疑义一案，业经本院统一解释法令会议议决，和诱、略诱未成年之童养媳，应成立《刑法》第二五七条之罪。合电知照。司法院感印

**附原电**

司法院王院长钧鉴，查《民法》无童养媳之规定。设有人以营利或奸淫为目的，而和诱、略诱未成年之童养媳，应否构成《刑法》第二百五十七条之罪，有以下之两说：（甲）说谓《民法》第一一二三条第三项规定，虽非亲属，而以永久共同生活为目的同居一家者，视为家属。家属之家长，得为未成年者之监护人。同法第一零九四条第二款，亦定有明文。童养媳虽非亲属，不能不视为以永久共同生活为目的。而同居之家属诱拐未成年之童养媳，使之脱离家长监护权之下，当然成立《刑法》第二百五十七条之罪。（乙）说谓现行婚姻制度，以自由为原则。童养媳并无法律上之根据，法律当然不予以保护。无论和诱、略诱未成年之童养媳，其行为均不成犯罪。二说未知孰是，事关法律疑义，应请钧院解释示遵。安徽高等法院院长曾友豪叩马

**院字第六九二号**

**二十一年二月二十七日　司法院电河北高等法院　附原电**

河北高等法院胡院长览，该法院十九年八月咿代电致最高法院请解释杀伤案并合认罪疑义一案，业经本院统一解释法令会议议决，先后杀死二人以上，如出于一个概括之意思者，应依《刑法》第七十五条以一罪论。若杀人后又以新发生之犯意杀害另一人者，则应依同法第六十九条并合论罪。最高法院十九年上字第八九一号判决，因被告先后开枪击伤二人，系出于一个概括意思，认为成立连续犯并非变更前例。合电知照。司法院感印

**附原电**

南京最高法院赐览，查贵院十八年上字第一二九一号判例（河北周福臣等伤害案），于当时伤害二人，以并合罪论。十九年上字第八九一号判例（河北李永昌强盗杀人案），于当时枪杀二人未遂认为出于一个概括意思。依《刑法》第七十五条以一罪论。后之一例是否变更前例，如杀伤案杀死二人以上既遂，应否不依《刑法》第六十九条计算人格法益，并合论罪，而依后之一例亦以罪论断？敝院此等案件甚多，祈迅赐解释俾资遵循。河北高等法院叩咿印

### 院字第六九三号

**二十一年二月二十七日　司法院训令河北高等法院首席检察官　附原函**

为令知事,该首席检察官呈最高法院检察署,为唐山地方法院首席检察官电请解释发还赃物疑义一案,业经本院统一解释法令会议议决,扣押之赃物,应发还被害人者,如被害人所在不明,经布告而未据声请发还,应以其物归属国库,其非被害人而对赃物有权利关系者,只得依民事诉讼程序主张其权利,不得认为应受发还之人。合行令仰转饬知照。此令

**附原函**

迳启者,案据河北高等法院首席检察官王泳呈称,窃据唐山地方法院首席检察官冬代电开,经法院扣押之赃物所有人所在地不明时,善意质权人能否请求发还,于此有三说焉:(子)说《刑事诉讼法》第四百九十六条第一项,所谓扣押之物件,若应受发还之人所在不明或因其他事故不能发还者,检察官应布告之等语,不仅指被害人而言,即质权人或其他关系人均在其内,所有人所在地不明时,善意质权人可请求发还。(丑)说同法第一百三十六条、第一百三十七条及第三百二十九条第三百三十条,关于扣押之物件与扣押之赃物,均系分别规定。而第一百三十七条及第三百三十条规定扣押之赃物,只应发还被害人,执行编并无赃物之规定,则扣押之赃物,自包括于第四百九十六条之内,依第一百三十七条及第三百三十条之原则。惟所有人有请求发还之权,善意质权人不能相提并论,检察官应将该物变卖反还其典价。(寅)说扣押之赃物与扣押之物件不同,案既判决,亦已布告,所有人又所在不明,依第一百三十七条及第三百三十条之原则,以其物归属国库,此为当然之解释,勿庸明文规定。善意质权人不能请求返还,检察官并不能将该物变卖返还其典价,应由善意质权人依第一百三十七条第二项,向典物之甲或国库以民事诉讼程序主张其权利。以上三说,以何说为是。职处现有此类案件,急待解决,理合备文电请核转解释示遵,实为公便等由到处,除指令外,理合具文呈请钧署转请解释,俾便遵循等情到署,相应转请查照解释为荷。此致

### 院字第六九四号

**二十一年二月二十七日　司法院训令江苏高等法院首席检察官　附原函**

为令知事,该首席检察官呈最高法院检察署,为松江县法院首席检察官转请解释《刑法》第二百五十七条第一项疑义一案,业经本院统一解释法令会议议决,未满二十岁之女尼被人和诱,其师尼或住持尼,如曾受该女尼父母委托行使监护之职务,即应认为法律上之监护人,仰即转饬知照。此令

**附原函**

迳启者,案据江苏高等法院首席检察官王思默呈称,为转呈江苏松江县法院首席检察官对于《刑法》第二百五十七条第一项发生疑义,仰祈鉴赐转院解释示遵事。窃据江苏松江

县法院首席检察官朱锡瑜呈称,窃查《刑法》第二百五十七条第一项载,和诱、略诱未满二十岁之男女脱离享有亲权之人、监护人或保佐人者,处六月以上五年以下有期徒刑等语。设有未满二十岁之女尼被人和诱,其师尼或住持尼是否得视为该女尼之监护人,颇滋疑义。事关法律解释,理合备文呈祈转请解释示遵等情。据此,查女尼对于师尼或住持尼是否应认为法律上之监护人,事关法律解释,未便擅专,理合具文转呈仰祈钧署鉴赐转院解释示遵,实为公便等情到署,相应转请查照解释为荷。此致

**院字第六九五号**

**二十一年二月二十七日　司法院训令江苏高等法院　附原函**

为令知事,该法院上年第一五三六号公函致最高法院为奉贤县第三区区长转请解释区公所办理刑事案件权限疑义一案,业经本院统一解释法令会议议决,(一)《区公所与公安分局划定事权办法》第七条,所谓发觉,不以现行犯为限。(二)《区公所与公安分局划定事权办法》第七条,所谓公安分局发觉应通知区公所会同办理者,应以拘禁情形为限,至呈解人犯不以会同为必要。(三)调解委员会办理刑事调解事项,如加害人不愿和解,自与《区乡镇坊调解委员会权限规程》第六条所称不能调解之情形相当,应查照同条规定报告,于区公所依《区自治施行法》第四十条办理。至法院应否受理,自当依法解决,非区公所所应过问。合行令仰转行知照。此令

**附原函**

迳启者,案据奉贤县第三区区长汪祖华代电称,查《区自治施行法》第三十九条第一项第三款"区民触犯《刑法》或与《刑法》性质相同之特别法,确有证据者""遇必要时,区长得先行拘禁,呈报县政府及该管司法机关核办"。又,内政部颁行之《区公所与公安分局划定事权办法》第七条载明,《区自治施行法》第三十九条第一项第三款,触犯《刑法》或与《刑法》性质相同之特别法者,如系区公所发觉,得函请公安分局协助办理,如系公安分局发觉,应通知区公所会同办理。根据上述二种法令,请求解释之点有二:(一)发觉二字之意义,似指已过犯罪时间而始获发现罪证觉知罪状者,故《区自治施行法》第三十九条所谓触犯《刑法》或与《刑法》性质相同之特别法,是否专指现行犯而言,抑非现行犯而确有罪证者?区公所亦得拏解于该管司法机关。(二)区公所发觉之刑事案件,得函请公安分局协助,而非必须请其协助公安分局发觉之刑事案件,应通知区公所会同办理,系属肯定之辞,似有不能不会同之意。嗣后公安分局发觉之刑事案件,可否单独呈解该管司法机关,抑须与区公所会同呈解。又查司法行政部与内政部会衔颁布之《区乡镇坊调解权限规程》第四条载明,调解委员会得办理之刑事调解事项,以下列《刑法》各条之罪为限(均告诉乃论之罪)。同法第六条:"调解委员会调解事项,其不能调解时,仍应报告于区公所,依《区自治施行法》第四十条办理。"(《区自治施行法》第四十条:"区长于区调解委员会办理调解事项,不能调解时,应呈报县政府并函报该管司法机关。")同法第八条:"须验伤查勘者,得由被害人或其法定代

理人、保佐人、亲属、配偶报请当地区长或乡长、镇长、坊长验勘,开单存查,其不愿验勘者,听之。”同法第九条:“刑事案件,除第四条所列各条外(告诉乃论之罪),区公所应依《区自治施行法》第三十九条第二项办理,立即报送法院核办。”同法第十五条:“本规程所称法院,于兼理司法之县政府准用之。”根据上述各条之规定,区公所对于非告诉乃论之罪发觉后,须立即解送该管司法机关,本无疑义。惟设有告诉乃论之罪(假如《刑法》第二百九十三条之伤害罪),由被害人亲赴区公所报告验得身体上确有伤痕,通知双方到区调解时,犯罪人强词夺理,不愿和解,被害人乃请求区公所解送司法审判,区公所依法有无解送于法院之权,法院对于区公所解送调解无效之刑事案件,应否受理,电请转函解释饬遵等情。据此,相应转函贵院希即迅予解释见复,以俾饬遵。此致

**院字第六九六号**

**二十一年二月二十七日　司法院训令四川高等法院　附原电**

为令知事,据巴县地方法院十九年六月微代电请解释重利盘剥疑义一案,业经本院统一解释法令会议议决,查中国国民党中央执行委员各省区代表联席会议已经通过禁止重利盘剥,最高利率年利不得超过百分之二十之决议案,并经中央执行委员会政治会议议决,咨请国民政府公布于十六年八月一日起一律实行,即据《民法》债编第二百零五条之规定,约定利率亦不得超过百分之二十。自此,议决案及《民法》债编公布施行后,当事人约定之利息,如超过百分二十之利率,即为重利上月未清之利息,下月即滚入原本计算,与《民法》债编第二百零七条第一项之规定不符,不能不认为盘剥。此种重利盘剥在《惩治土豪劣绅条例》第二条第四款既定有明文,即应依该条论科。合行令仰转饬知照,原电抄发。此令

**附原电**

南京司法院钧鉴,钱庄贷款其利息常超过周年百分之二十,上月未清利息,下月即滚入原本计算,已成为普通习惯。嗣经人告发指为重利盘剥请求,依照《惩治土豪劣绅条例》治罪,于兹发生二说:(甲)谓利息超过百分之二十,是为重利。上月未清利息,下月即滚入原本计算,是为盘剥,实与《惩治土豪劣绅条例》第二条第四款之规定相符,应依照该条例治罪。(乙)谓查《惩治土豪劣绅条例》第二条载,凡土豪劣绅有下列行为者,依下列各款处断等语,以文义解释,必先为土豪劣绅,而有下列行为者,始依下列各款处断,并非泛指一般民众。凡有下列行为者,均依下列各款处断也。至土豪劣绅之定义,向无明确解释,依最高法院十七年九月十日复司法部解字第一六五号公函,必其人为平日凭藉势力欺凌乡里者,始足以当之。以银钱为营业之钱庄,系属普通商人,其地位与农民无异,平日既未凭藉势力,复未欺凌乡里,自不能目为土豪劣绅,即不在适用该条例之列。复查《民法》现已颁行依法规制定标准法第三第四各条之规定,该条例所定如与《民法》所定不符,其不符部分,应失其效力。查《民法》第二百零五条载,约定利率超过周年百分之二十者,债权人对于超过部分之利息无请求权,是其超过部分债权人不过无请求法律保护之权而已,并非当然无效。若

债务人甘愿履行给付，亦为法律所不禁止，法律所不禁止之行为，实不能为构成犯罪之行为。至利息得滚入原本计算，《民法》第二百零七条第二项已有明文规定，其不能认为犯罪，更不待言。以上二说，究以何说为是，事关适用法律，恳予转发最高法院迅赐解释，以资遵循。巴县地方法院叩微印

**院字第六九七号**

**二十一年二月二十七日　司法院指令浙江高等法院及浙江高等法院首席检察官　附原呈**

呈悉，业经本院统一解释法令会议议决，刑事被告因缴纳保证金释放后，经宣告罪刑并缓刑若干年。若在缓刑期内已另有相当之保证者，其以前所缴之保证金，自应发还。合行令仰转饬知照。此令

**附原呈**

呈为转请解释事，案据余姚县法院院长王烈歧首席检察官张绍箕呈称，窃查保证金一项原为停止羁押而设，已于刑诉法第七十五条第一项明文规定，本毋庸赘述。然此项保证金缴纳后，将被告人释放，审理结果宣告被告人缓刑几年，案经确定，当此场合，就案件言，虽已终了，就执行言，则缓刑尚未满期。此时，被告人请领前缴保证金，如因缓刑尚未满期不予发还，法无明文根据，如准予发还，设有《刑法》第九十一条第一项第二款规定事实发生，其缓刑势必撤销宣告，一经饬传，被告人定必避匿不到，纵使缓刑期内已另取铺保存案，但事过境迁或商铺早闭或人已他徒仍与无保等。若欲没入保证金，又空无着落，究应如何办理，未敢擅断，理合呈请鉴核示遵等情。据此，案关法律疑问，理合备文转请仰祈钧院鉴核令遵。谨呈

**院字第六九八号**

**二十一年二月二十七日　司法院指令江苏高等法院第二分院　附原呈**

呈悉，业经本院统一解释法令会议议决，对于卷烟漏税之罚金案件，如被告无力完纳罚金，除得强制执行外，不适用易科拘留或管收诸规定。合行令仰转饬知照。此令

**附原呈**

呈为呈请事，案据署上海第一特区地方法院院长杨肇熉呈称，查本院警务庭，依据财政部《卷烟漏税处罚暂行章程》，对于卷烟漏税，烟商、烟公司或连烟商店所处之罚金案件，如被告无力完纳罚金，既无易禁明文，应如何办理，分为数说：(一)《卷烟漏税暂行章程》第十九条，以次所定之罚则，既名为罚金，与《刑法》第四十九条第五款之刑名相同，如被告无力完纳，自可援照《刑法》第九条、第五五条办理。(二)《卷烟漏税处罚暂行章程》系行政罚性质，与违警罚法性质相同。前述情形，自可援用违警罚法第十五条，着令于五日以内完纳。若逾期不肯完纳，或无力完纳，得以每一元易拘留一日。(三)《卷烟漏税处罚暂行章程》所

订罚则,系比照烟价数倍或数十倍处罚,罚金之数额甚巨,违警罚法似难援用。如被告罚金无力完纳,可照民事债务人管收规则办理,至多不得管押三月,以示限制。以上三说,各有相当理由,究应如何办理,仰祈鉴核转请解释示遵,实为公便等情。据此,理合具文呈请钧院鉴核,迅赐解释,以便饬遵。谨呈

**此处删去一条。**

**院字第七〇〇号**

**二十一年二月二十七日　司法院指令湖南高等法院　附原呈**

呈悉,业经本院统一解释法令会议议决,依现行之县保卫团法,县为总团以县长为总团长,而原呈内称团总云云,非依县保卫团法编制,自不能认为《刑法》第十七条之公务员,即无须依同法第一百四十条加刑。至诈欺取财罪数之计算,应采行为说。合行令仰转饬知照。此令

**附原呈**

呈为转请解释事,案据辰溪县县长谭元征呈称,据本府承审员周殿华呈称,兹有团总甲与同村乙挟有素嫌,诬指乙为匪,嘱甲长丙丁探报拿办。适乙回家,丙丁得悉,报甲同至乙家将乙捕去后,殴伤手足,随即送官中途毙命,由乙妻戊告诉,甲丙丁均被押,甲妻己、丙妻庚、丁妻辛因与挨户团局政治训练员壬同里素识,请为设法释放,壬称与军人癸相善,须馈送重礼可为设法开释。己庚辛当各出洋数十元,共同交壬收受,癸旋调防人未释出,己庚辛知系被壬诈欺控,由挨户团局将壬送,究甲丙丁系共同触犯《刑法》第三百二十条第一项、第三百十六条第一项、第二百九十六条之罪,应依第七十四条处断。壬系触犯《刑法》第三百六十三条第一项之罪,似无可疑。惟团总甲与甲长丙丁及政治训练员壬,均应认为《刑法》第十七条之公务员,据上述情形,应否依《刑法》第一百四十条加刑,与夫诈欺取财罪数之计算,于此有数说焉:(子)说谓《刑法》第一百四十条明定,公务员假借职务上之权力机会或方法,以故意犯本章以外各罪,方能加刑。质言之,即以公务员于其职务上之行为,为该条成立之要件,若与其职务无关,则不能依该条论科。甲丙丁以团总甲长资格,若得查获盗匪送办,实无何项处罚之权,与壬以政治训练员资格,均不能干与他项职务,则甲丙丁与壬之行为,既于其职务无关,自不能依该条加刑。(丑)说谓甲丙丁既系团总甲长,具有查获盗匪送究之权,兹诬指乙为匪同。至乙家将乙捕获伤害致死,即系假借职务上权力,以故意犯他项罪名,与壬以在职公务员资格假借职务上之机会,致犯诈财罪,同系触犯《刑法》第一百四十条之规定,应依该条及《党员背誓罪条例》第一条办理。(寅)说谓依《党员背誓罪条例》第一条加刑后,不再适用《刑法》第一百四十条加刑,业经院字第二三二号解释有例。又查最高法院十七年上字第九十号判例内载,党员背誓罪,系指党员违背誓言始能加等治罪,非谓一般党员,凡有违法行为,皆应适用各等语。是甲丙丁壬即令应依《刑法》第一百四十条加

刑，亦无再用《党员背誓罪条例》加刑之理。至诈欺取财罪数之计算：（卯）说诈财罪应以财产监督权为计算犯罪之标准，如其财产既各有其监督权，自应以数罪论。壬既侵害三个财产监督权，自应论以三罪。（辰）说现行《刑法》采行为说，其计算罪数，应以犯罪行为为标准。如其行为只有一个或连续数个行为，而并非各别起意者，纵令侵害二个以上法益，仅能论以一罪。壬虽侵害三个法益，犯罪行为只有一个，只能以一罪论。以上各说，未知孰是，事关适用法律，不厌求详，合恳转请解释示遵等情。据此，理合备文呈请钧院俯赐转请解释示遵等情。据此，除指令外，理合具文呈请钧院俯赐察核，发交最高法院拟具解答案覆核令遵。谨呈

**院字第七〇一号**

**二十一年三月三十一日　司法院咨行政院　附原咨**

为咨复事，准贵院上年十一月十四日咨（第三零五号）开，据内政部呈据浙江民政厅转请解释公安局处分违警人犯，如有不服能否向县政府诉请救济一案，咨请查照见复等由，业经本院统一解释法令会议议决，依违警罚法所为之拘役罚金或停业歇业，均属行政处分。如有不服，得依诉愿程序救济，相应咨复贵院查照饬知。此咨

**附原咨**

为咨请事，案据内政部呈称，案据浙江民政厅呈称，案据乐清县长汤日新巧代电称，查公安局处分事件亦极繁杂，就中对于违警人犯所科拘役或罚金，如有不服，能否得向县政府诉请救济之权，不无疑义，理合电请详赐解释，俾便遵循等情前来。据此，查处分违警犯以即决为前提，且起诉期间与执行时效均以六个月为限，已于违警罚法第二十八条明文规定。此项处分又为行政处分中最轻微之罚法，似无救济之必要。在违警罚法亦无不服上诉之规定，究竟能否准予诉愿，此请解释者一。违警犯如不能诉愿，对于警察机关所处拘留罚金或停业歇业，能否向司法机关请求正式裁判，以资救济，此请解释者二。事关解释法律，除指令外，理合备文转呈钧部鉴核迅赐解释指令遵照等情。据此，除指令外，理合据情呈请鉴核转咨司法院查照解释等情。据此，事关法律疑义，相应咨请贵院查照解释见复，以便饬遵。此咨

**院字第七〇二号**

**二十一年三月三十一日　司法院咨行政院　附原咨**

为咨复事，准贵院本年一月二十三日咨（第一二号）开，据内政部呈请解释佛寺僧产范围疑义一案，咨请查照见复等由，业经本院统一解释法令会议议决，奉祀关公神像之建筑物，亦属宗教上之建筑物，其中苟又有僧道住持，则不论其名称之为庵为庙，依《监督寺庙条例》第一条规定，自应认为寺庙。其寺庙之屋宇及田地产业，虽向由住持管理，自应认为寺庙之财产，相应咨复贵院查照饬知。此咨

**附原咨**

为咨请事,案据内政部呈称,案准浙江省政府第一一二八三号咨开,据民政厅转据余姚县长呈称,据接待寺僧炳琏呈称,窃奉布告内开,奉民政厅转奉省政府令,奉行政院令发国民会议代表罗桑楚臣等原提案一件,仰饬属一体遵照,并布告周知计开,保障汉蒙藏佛教徒约法上所许之国民权利案内列理由及办法各条等因,僧恭读之下,不胜庆幸第人心不正,一味恃蛮占庙亵神,逐僧吞产,凡一切不法自由,姚地为甚。兹查颁告实施办法所载“佛寺僧产”四字,而对于各庵庙是否包括在一寺字之内,各庵庙所有部定标准保存之神像,如炳炳忠义而保国安民者,关公之类是否属于佛字范围?又各庵庙屋宇及田地产业,向有该庵庙住持僧管理前项产业,是否仍僧产论,未奉明令指示,颇滋疑义,请核准转呈解释等情到县。据此,除批示外,理合备文呈请仰祈,察核俯赐指令解释,以便饬遵等情。据查所请解释第一、第二两点,依照《监督寺庙条例》第一、第二两条规定,凡各庵庙似可包括在一寺字之内。又各庵庙内神像如关公之类似,亦可属于佛字范围。惟向由各庵庙住持僧管理之田地房产,依条例本应为寺庙所有,如认作僧产,则与同条例第六条规定不符,究竟原案所称之佛寺,是否系指一般寺庙而言?僧产是否系指寺庙所有财产而言,抑系僧人自置私产,其界说若何,本厅未敢擅拟,据呈前情,除指令外,理合备文转呈仰祈钧府鉴核,俯赐分别解释,指令祗遵等情。据此,查此案前奉行政院训令,即经分令各厅暨保安队各团饬属一体遵照在案,兹据前情指令外,相应咨请贵部查核解释见复为荷等因过部。查案关法令解释,本部未便擅专,除咨复外,理合呈请钧院转咨司法院核议示遵等情,据此,事关法令疑义,除指令外,相应咨请贵院查照解释见复,以便饬遵。此咨

**院字第七〇三号**

**二十一年三月三十一日　司法院咨行政院　附原咨**

为咨复事,准贵院本年二月二十日咨(第二九号)开,据教育部呈请解释学校提充寺产发生争执诉愿管辖疑义一案,咨请查照见复等由,业经本院统一解释法令会议议决,诉愿乃人民对于中央或地方官署之违法或不当处分,致损害其权利或利益者,方得提起。学校无处分寺产之权,若因寺产而致与其他学校或寺僧及地方团体发生争执,系属普通诉讼事件,非诉愿事件,应属法院受理,相应咨复贵院查照饬知。此咨

**附原咨**

为咨请事,案据教育部呈称,案据湖南省教育厅代电称,案查司法院最近解释内开,县政府将寺产拨充教育经费之处分,显系就寺庙之财产为处分行为。该寺僧如不服诉愿,自应以省政府民政厅为其主管厅等因,于此有二问题:(一)某两校争提荒废之寺庙财产,有一方无提起诉愿事件;(二)学校提充寺产,该寺僧并未提起诉愿,仅与地方团体发生争执,受理此项诉愿是否以省政府民政厅为其主管厅等情。据此,事关解释法律,理合备文呈请钧院鉴核,转咨司法院核复示遵等情。据此,除指令外,相应据情咨请贵院查核见复,以便饬

遵，至纫公谊。此咨

院字第七〇四号

二十一年三月三十一日　司法院咨行政院　附原咨

为咨复事，准贵院上年八月十九日咨（第二三零号）开，据浙江省政府呈请解释《诉愿法》疑义一案，咨请查照见复等由，业经本院统一解释法令会议议决，（一）地方官署根据法令颁布单行章程征收捐款，非行政处分，人民不得依诉愿程序提起诉愿。若因征收捐款而有违法或不当之处分，得依《诉愿法》提起诉愿。（二）地方官署处分其所属之寺庙财产而有违法或不当情形时，有权利或利益之人均得依《诉愿法》提起诉愿，不以僧侣住持为限。地方自治机关或其他团体，若与该寺庙无权利或利益之关系，自不得提起诉愿，相应咨复贵院查照饬知。此咨

附原咨

为咨行事，现据浙江省政府呈称，为呈请事，案据教育厅呈称，窃查《诉愿法》第一条，人民因中央或地方官署之违法或不当处分，致损害其权利或利益者，得提起诉愿，是人民之提起诉愿，应以中央或地方官署之违法或不当处分，致损害其权利或利益为主要前提。如地方行政官署颁布某项单行章程、征收某项捐款，就行政法言，是令人民负一种义务，并非损害其权利或利益。倘地方人民对于是项捐款有所异议，是否应照普通行政程序详叙理由，声请上级官署撤销，抑或得依据《诉愿法》之规定，提起诉愿？又如地方行政官署对于所属寺庙之财产有所处分，与寺庙财产有权利或利益关系者，应属寺庙之僧侣，其代表为寺庙之住持。如果前项处分有违法成不当情事，寺庙住持得依法提起诉愿，其地方自治机关或其他法团与寺庙财产本无权利或利益关系，对于前项处分有所异议，是否应依照普通行政程序，详叙理由声请上级官署核办，抑或亦得以损害其权利或利益为辞提起诉愿？以上二项，均与《诉愿法》之规定不无疑义，理合备文呈请仰祈钧府鉴核转呈解释令遵等情，据此，事关法律疑义，理合据情呈请钧院察核俯赐，转咨司法院迅予解释，俾便饬遵等情。据此，事关法律疑义，相应咨请贵院查照解释见复，以便饬遵，至纫公谊。此咨

此处删去一条。

院字第七〇六号

二十一年三月三十一日　司法院函国民政府文官处　附原函

迳复者，准贵处上年六月二十三日公函（第五一六三号）开，准中央训练部函，据浙江省执行委员会训练部转请解释人民团体之职员兼职及选举权与被选举权各疑义一案，函行到院，业经本院统一解释法令会议议决，各种人民团体之会员职员，若无系统关系或利害冲突，法条上亦无限制明文，自得兼任其兼两地团体会员者，同时并有选举权及被选举权，相

应函复贵处查照转知。此致

附原函

迳启者,案据浙江省执行委员会训练部呈称,窃据属省杭县执行委员会呈称,呈为呈请解释事。窃查人民团体之职员,上级职员是否可兼下级职员,除农会部份已奉钧会通令训字第二零二号之解释外,其他各种团体是否仍以此为准,依属会殊难臆断,此应呈请解释者一。又,凡兼跨两地之会员,在属会市农会与县农会及市教育局与县教育会中发现者颇多,其会员两地是否均有被选举权及选举权,且在两地如同时均被选为职员时,是否可以兼任属会,因无依据,疑虑殊多,此应呈请解释者二。以上二点,经属会第十七次委员会议讨论决议,呈请解释等语在卷,为此备文呈请钧会鉴核示遵,实为党便等情前来。案关解释,除函复外,理合备文呈请鉴核示遵等情。据此,查关于人民团体之职员在农会下级团体职员被选为上级团体职员时,应即另选补充。又在商人团体、工商同业公会执行委员复被选为商会执监委员时,因该两会并无系统关系,又无利害冲突,法条上既未加限制,应认为可以兼任,前经本部先后转准司法院解释各在案。至其他各种人民团体上下级职员可否兼任,又凡兼两地团体之会员是否同时有选举权,又被选举权暨可否兼任两团体职员各节,尚无明文足资依据,除指令外,相应函达,请烦查照转陈,饬交主管机关解释见复,以凭饬遵为荷。此致

**院字第七〇七号**

**二十一年三月三十一日　司法院函国民政府文官处　附原函**

迳复者,准贵处上年九月二十八日公函(第七九八八号)开,准中央训练部函准福建省党务指导委员会,转请解释农会评议员可否对外活动及组成一评议会,其职权与干事会有何分别一案,请与前次江苏省党务整理委员会来呈并案解释等由,函行到院,业经本院统一解释法令会议议决,农会评议员无对外关系,不得对外活动。若其员数达三人以上,自可组织评议员会评议员为议事机关干事,为执行机关评议员会之职权,与干事会之职权自不相同。除江苏省常务整理委员会呈请解释一案,业于上年十一月二十一日以院字第六一八号函请贵处转复外,相应函复贵处查照转知。此致

附原函

迳启者,案准福建省党务指导委员会训字第二八四号公函,以据龙溪县农会呈请解释,农会评议员可否对外活动及可否组成一评议会,其职权与干事会职权又有何分别,转请解释见复等由。查关于农会评议员之职务及其与干事长或理事会之关系究应如何一案,前准江苏省党务整理委员会来呈,当经函由贵处转陈核交司法院核议解释在案,准函前由除函复外,相应抄同原函,函请贵处查照转陈核交司法院并案解释见复为荷。此致

附原函

迳启者,顷据龙溪县执行委员会呈称,案据龙溪县农会正干事长柯祖平副干事长黄清

准等呈称，呈为呈请事。窃查《农会法》第二十一条之规定，区农会以上之农会经该管监督机关之核准，得设评议员由会员大会选举之。惟评议员可否对外活动，及可否组成一评议会？设若可组成一评议会时，其职权与干事会职权又有何分别？查《农会法》及《农会施行法》并未见有条文之规定，为此理合具文呈请钧会察核，恳准上列各疑点，予以解释训示祗遵，实为党便等情到会。查该干事长所请解释各节，事关法规范围，本会未便遽予解释。据呈前情，理合具文呈请钧会察核予以解释示遵，实为党便等情。据此，除指令外，相应函达贵部查核解释见复为荷。此致

**院字第七〇八号**

**二十一年三月三十一日　司法院函国民政府文官处　附原函及原呈**

迳复者，前准贵处上年六月三十日公函(第五三六六号)开，准中央训练部函以江苏省党务整理委员会，呈为江苏省建设厅解释《工商同业公会法》疑义，不无误解之处，请转饬主管机关解释见复等由，转函到院，业经本院统一解释法令会议议决，同一区域内之同业设立公会，依《工商同业公会法》第五条之规定，固以一会为限，其所谓区域者，依同法施行细则第四条之规定，乃准用商会法第五条之规定，非以商会之区域为区域。繁盛之区镇，依商会法第五条但书，既得单独设立商会，同法第六条又定明，商会之设立须由该区域内五个以上之工商同业公会发起之，则在该繁盛区镇未设立商会前，自应认为得单独设立同业公会之区域。虽同时有两个同业公会加入一个商会，而一为县或市之同业公会一为繁盛区镇单独设立之同业公会，与《工商同业公会法》第五条之规定，并不抵触，相应函复贵处查照转知。此致

**附原函**

迳启者，案准江苏省党务整理委员会，呈为江苏省建设厅遵照，部令解释工商同业公会疑义，该会未奉明令饬遵呈请解释示遵等由，附抄呈江苏省建设厅公函一件到部。查《工商同业公会法》第五条“同一区域内之同业设立公会以一会为限”，《工商同业公会法施行细则》第四条，本法及本细则所称区域准用商会法第五条之规定。商会法第五条，各特别市、各县及各市，均得设立商会，即以各该市县之区域为其区域。但繁盛之区镇亦得单独或联合设立商会各规定，则每一县市区域内之同业组织公会自以一会为限。其在单独设有商会之区镇，固可联合同业组织公会加一区镇商会。至与商会同一区域内之工商同业，自不能组织两个同业公会加入同一商会，其理至明，该厅解释各点不无误解之处。惟事关解释法，应由主管机关查核解释，以一事权，准呈前由，除函复外，相应抄同原呈暨江苏省建设厅原函各一件，函达查照即希转饬主管机关解释见复为荷。

**附原呈**

窃据南通县党务整理委员会呈略称，窃据属县县政府公函第二九三号内开，迳启者，查第七次党务谈话曾讨论事项第一案，在同一商会区域之内，不得设立两个同业公会。现刘

桥唐闸城区平潮等粮业公会应如何令其合并组织案,经决议由县政府召集会议,令其合并等语,即经分函召集本月三日开会,届时未到,正在再行召集间,奉建设厅第七二七号训令内开,据唐闸粮业公会司仲石、平潮区粮业同业公会主席费舒文、刘桥区粮业同业公会主席刘渭泉、余西区二甲镇粮业公会主席严敬庄等,呈请解释关于工商同业公会区域疑义四项,兹为分别解释:(一)无商会之繁盛区镇已满七家之同业商号,得设立同业公会。(二)商会设立时,其区域内已经成立之同业公会,不必归并或变更区域。如其区域超出所加入之商会区域以外者,自应以商会之区域为限。(三)商会区域内之各繁盛区镇得分别设立同业公会。(四)二以上之同业公会,得依法组织联合会,惟必须以同业者为限。以上四项解释,仰即转饬知照此令等因,并据唐闸粮业公会主席委员司仲石、平潮区粮业同业公会主席委员费舒文、刘桥粮业同业公会主席刘渭泉陈述,归并困难情形,分别具呈前来。查此案既经奉有厅令依照第一项解释,似可各个设立别予合并组织,相应函达即希查照为荷等由。准此,查《工商同业公会法》第五条规定,同一区域内之同业设立公会以一会为限。刘桥平潮等粮业公会设立,系在一商区域内。且刘桥平潮均有繁盛之区域,若依照建设厅解释,则一商会区域内须组织数个以上之同样同业公会者,何止刘桥平潮等处。且建设厅解释,查与法令抵触,究竟准予分别设立与否,属会未敢擅专,经属会第八十七次委员会议决,呈省请示在案,理合备文呈请鉴核指令祗遵,至为党便等情前来,经转函江苏省建设厅解释见复去后,旋准函复,略以解释同业公会疑义,并无与法令抵触之处,希望查照等由。准此,查在同商会同一区域内之工商同业,依法不能组织两个以上之同业公会加入同一商会厅,方解释有无与部令出入法规抵触之处。事关解释,属会未奉明令饬遵,未敢擅行饬知,除指令俟转呈解释再行令知外,理合抄附原函一并备文呈请解释示遵,实为党便。谨呈

**附原函**

(上略)查关于工商业公会区域问题,前经本厅呈奉工商部商字第八四二八号指令解释"如繁盛区镇之各业,有依法设立公会之可能,自无不可准用商会法第五条但书之规定"等因在案。本厅根据此项部令,凡区镇各业同业公会,其设立合于法令,由县转请备案者,一律准予转呈,均已次第奉准备案。是本厅前项解释,系属根据部令,当与法令并无抵触之处,准函前函,相应函复,即希查照转饬知照为荷。此致

**院字第七〇九号**

**二十一年三月三十一日　司法院函中央执行委员会训练部　附原呈**

迳复者,前准贵部上年十月二十二日公函(第一七七九八号)开,据浙江省执行委员会训练部呈请解释工会联合会应有若干县或若干工会以上之联合方得组织一案,转函到院,业经本院统一解释法令会议议决,工会联合会之范围,虽无明文限制,而因准用本法关于工会之规定,自仍依本法施行法第八条第一项后段所载,以省政府所管辖之区域为范围。在此管辖区域范围内,凡属同一产业或职业之工会,不问县与县间或县与市间,如数在两个以

上以至若干市县之工会，均得组织联合会。至组织之程序，自应依《工会法》关于呈准主管官署各项规定办理，相应函复贵部查照转知。此致

**附原呈**

呈为呈请释示祗遵事，据永嘉县执行委员会呈称，呈为呈请释示事。窃查各业工会联合会，由各县或县与市间之同一产业或同一职业组织之，其明文并无以某省所有各县或所有县与市间之同一产业或同一职业组织某省某业工会联合会，或以某省某属之各县同一产业或同职业组织某业工会联合会之规定，是则温属各县，如永乐、瑞平、泰玉、六县之同一性质之业，究竟可否组织工会联合会，似属无所遵循，理合备文呈请钧会迅予释示祗遵，实为党便等情。据此，查工会联合会之组织，应有若干县或若干工会以上之联合，方得组织，在《工会法》上并无明文规定，为特备文呈请钧会迅予释示祗遵，实为党便。谨呈

**院字第七一〇号**

**二十一年三月三十一日　司法院电江苏省政府　附原电**

江苏省政府勋鉴，上年十二月删代电悉，所请解释《诉愿法》第八条疑义一案，业经本院统一解释法令会议议决，诉愿官署依《诉愿法》第八条发还更正，可斟酌各种情形，指定相当期间，与以更正机会，逾期仍不更正，可依同条前段驳回。惟期间虽已经过，如尚未予驳回，诉愿人于此时依法更正，仍应受理。合电查照。司法院世印

**附原电**

南京司法院钧鉴，查《诉愿法》第五条规定，诉愿期间原在防止处分或决定之久不确定，影响及于社会公益，立法用意至为周密。惟查同法第八条但书规定，关于诉愿不合程式发还更正一节，并无得附期间予以限制之明文，而事实上因发还理正程式以致延期数月者甚多，殊与同法第五条规定诉愿期间之原旨不符。受理诉愿官署于发还更正时，可否酌定期限？如果逾期仍不更正时，即依同法第八条前段认为不应受理，驳回诉愿。案关法律解释，理合电呈鉴核指令祗遵。江苏省政府主席叶楚伧叩删印

**院字第七一一号**

**二十一年三月三十一日　司法院指令浙江高等法院首席检察官　附原呈**

呈悉，业经本院统一解释法令会议议决，院字第二八四号解释，所谓上级机关复令侦查，不包括《刑事诉讼法》第二百五十条第一款之情形。如系该条款之情形，应依院字第八二号及第六七九号后段解释办理。合行令仰知照。此令

**附原呈**

呈为呈请解释事，窃查十九年五月钧院训令江苏高等法院首席检察官，院字第二八四号解释内开，刑事案件已经送达不起诉处分后，(一)上级机关复令侦查或(二)原诉人于经过再议期限后，以发现新事实或新证据为理由，请求继续侦查。究办经检察官查明，并无可

以起诉之新事实或新证据,只须将不应起诉之理由,分别呈报上级机关或通知原告诉人,均不必再为不起诉之处分等语。所谓上级机关复令侦查,除江苏高等法院首席检察官原呈所询情形外,是否包括《刑事诉讼法》第二百五十条第一款命令续行侦查而言?如包括,该条经检察官查明仍不起诉,将此理由分别呈报上级机关及通知原告诉人后,原告诉人可否再依《刑事诉讼法》第二百四十八条声请再议?事关法律疑义,理合备文呈请鉴核俯赐解释,俾便遵行。谨呈

**院字第七一二号**

**二十一年三月三十一日　司法院训令江苏高等法院首席检察官　附原函**

为令知事,该首席检察官呈最高法院检察署转请解释《江苏镇江律师公会暂行会则》第三十六条疑义一案,业经本院统一解释法令会议议决,《江苏镇江律师公会暂行会则》第三十六条所定,无论原被告之律师,既受一方委任,即不得再受他方之嘱托,致有不实不尽之弊云者,乃于同一事件而言,非仅就受任之任务期间内。设此限制,凡属同一事件受原告或被告一方委任之律师,不问其在诉讼上或诉讼外及确定判决前或判决确定后,均不得再受他方之嘱托。合行令仰知照。此令

**附原函**

迳启者,案据江苏高等法院首席检察官王思默呈称,窃查《江苏镇江律师公会暂行会则》第三十六条内载,无论原被告之律师既受一方委任,即不得再受他方之嘱托,致有不实不尽之情弊等语。本处于上开会,则适用上发生疑义,如甲乙二说:(甲)说谓律师受一方委任,其任务于该案判决时,即行解除判决后,再受他方嘱托(如声明上诉等等)。无论确定与否,不受该会则条文之限制。(乙)说谓律师既受一方委任,设该案判决尚未确定,其任务不得谓为终了。若受他方嘱托而于委任人有不利之行为,即属违反该会则第三十六条之规定,应即予以相当之制裁。二说究以何说为是,事关律师风纪,发生疑义,理合具文呈请鉴核转院解释示遵等情。据此,相应函请查照解释为荷。此致

**院字第七一三号**

**二十一年三月三十一日　司法院训令湖北高等法院　附原函**

为令知事,该法院十九年第九二四号公函致最高法院,为武昌地方法院转请解释旅部委任之参议,是否军佐军属及是否必经军政部核准始为有效一案,业经本院统一解释法令会议议决,各旅参议,如系现服勤务之文官,即为《陆海空军刑法》第六条第二款之军属。至于此项参议之任用程序,不属解释范围,另由本院行查军政部准复开二十年十二月本部衡字第九一九号训令,关于此后《各部队办理人事手续》第二项五款之规定,各军队机关局厂于正式编制外,不得委顾问参议咨议差遣候差办事服务及其他名义。如为事实上需要须临时设置上项人员,但亦不认为资历等语,通令遵照在案,函复前来合并令仰饬知。此令

**附原函**

迳启者，案据武昌地方法院呈称，呈为转请解释示遵事。设有刑事被告犯罪时，并非现役军人及发觉后，始提出现充某旅部参议之委任状，请求驳回公诉，究竟旅部参议是否《陆海空军刑法》第六条第二款之军佐军属，此应请解释者一。又各旅部委任参议是否必经军政部核准，始为有效，此应请解释者二。职院现有此种案件急待解决，理合具呈请转解释，俾便遵循等情。据此，案关解释法律，相应函送贵院核办为荷。此致

**院字第七一四号**

**二十一年三月三十一日　司法院训令广西高等法院　附原函**

为令知事，该法院本年一月十五日公函（第三号）致最高法院据苍梧地方法院转请解释，民事案件经确定执行后发现串通舞弊情事应如何办理一案，业经本院统一解释法令会议议决，甲商号因对乙负有债务，以其铺屋抵押于乙，嗣经判决确定执行拍卖。该屋丙苟已依法拍定，如数缴价，并执有管业证书，则该屋纵尚未交付，而其所有权固早已移转于丙。此时甲号股东丁，虽发现甲号经理戊与乙有串通诈欺侵占情弊，以刑事告诉，亦只能对乙及戊求偿损害，究不能谓丙尚未取得该屋所有权，而拒绝其交付之请求。合行令仰转饬知照。此令

**附原函**

迳启者，案据代理苍梧地方法院院长申守真鱼代电称，设有商号甲向乙借款，以铺屋为抵押，案经确定执行拍卖，嗣届拍定日该铺屋为拍定人丙所买得，业将屋价如数缴案转给乙收领并执行法院将管业书据给交丙收执在案。现正在勒令交付铺屋中，甲之股东丁忽谓清算结果发现甲之经理人戊经手所借该款有舞弊情事，向检察处告诉称戊与乙串同侵占，请求侦查起诉，并将戊送案羁押，一面对于拍卖执行一案具状，向执行法院请求停止执行，谓民事案虽已确定，但该款为侵占赃款，依法不应保护。而丙以出资拍买铺屋未得管业迭请勒令交付，于此场合，民事执行已在拍定后，刑事告诉尚在侦查中，究竟应否停止执行，法无明文规定，适用法律不无疑义，理合电请解释迅赐示遵等情。事关法律解释，本院未便擅拟，相应据情函请贵院查照，希即迅赐解释，以便转饬遵照。此致

**院字第七一五号**

**二十一年四月五日　司法院咨行政院　附原咨**

为咨复事，准贵院上年九月十五日咨（第二五八号）开，据北平市政府呈请解释《监督寺庙条例》疑义一案，咨请查照见复等由，业经本院统一解释法令会议议决，《监督寺庙条例》第三条第三款所称之私人，非指一私人而言，集合多数私人非以出捐为目的，而以其个人私有财产建立寺庙而并管理者，均应适用该条之规定。现行法例对于僧道私人建立私有寺庙并不禁止，如僧道不以出捐为目的，而以其一私人或集合多数人之个人私有财产建立寺庙

并管理者,自应与一般私人同视。至同条例第八条所称之寺庙之不动产及法物,系指归属于寺庙所有者而言,属于僧道个人私有,不适用该条之规定,相应咨复贵院查照饬知。此咨

**附原咨**

为咨请事,案查前据北平市政府呈据社会局呈,为引用寺庙登记及监督寺庙两条例,颇多疑义请转呈核示一案,呈请鉴核令遵等情到院,当经转交内政部核议在案。兹据该部复称,查《监督寺庙条例》前据各省市申请解释到部,当经呈请钧院转咨司法院解释在案。此次北平市政府原呈所列第一二三各点,均属《监督寺庙条例》范围以内之事,拟仍请转陈咨送解释俾归一致。至第四点,系本部呈准公布这《寺庙登记条例》,应由本部解释,谨拟核复如下:查该《寺庙登记条例》第六条既明载,未成年人不得登记为僧道,且幼年剃度复通令查禁有案,根本上已无承继之可能,自难因其子孙庙关系认为例外,特予登记致违定例,请核示祗遵等语前来。察核议复各节尚属妥适,应予照办。除令知北平市政府外,相应抄同北平市政府原呈,咨请查照迅予解释见覆,以凭令遵。此咨

**附原呈**

呈为呈请事,案据本市社会局呈称,查本市各寺庙自划归本局管理以来,所有登记及监督事项,均按照《寺庙登记条例》及《监督寺庙条例》之规定办理。惟本市寺庙多至二千余处,纠纷极多,于引用条文每每发生疑义,兹将疑义各点分陈于下:(一)查《监督寺庙条例》第三条内载,由私人建立并管理者,不适用本条例之规定等语。本条所称私人,是否即指一私人,如系指一私人,则本京大部分由多数私人所建立之寺庙,似仍应适用本条例各规定施行,监督本局,悬案待决,此应请解释者一也。(二)查《监督寺庙条例》,既有私人建立并管理者不适用本条例之规定,则审核寺庙是否私人性质,实关重要。如有僧道个人出资或多数僧道合资建立之寺庙,是否亦可认为私人建立,不适用监督条例,此应请解释者二也。(三)查《监督寺庙条例》第八条寺庙之不动产及法物,非经教会之决议并呈请官署许可不得处分或变更之规定。但如有僧道于未出家以前置有财产,或现出家以后私人蓄积所置之财产法物,是否可视为寺庙财产,由官署监督,抑认为私产而许该僧道有自由处分之权,此应请解释者三也。(四)查登记寺庙条例第六条规定,未成年人不得登记为僧道等语。又行政院通令,查禁幼年剃度,其已被剃度者,应设法救济,是普通幼年僧道应以不许登记为原则。惟有由僧道住持之寺庙,向为子孙庙(历代均系师徒相传),其住持病故,仅由幼徒一人,并无师兄弟与已成年之徒堪以继承,此项幼徒虽未成年但系惟一继承者,应否视为例外许其登记,以杜纠纷,此应请解释者四也。以上四点,应如何解释之处,本局未敢擅夺,理合呈请鉴核转呈行政院核示遵行等情。据此,除指令外,理合据情转呈钧院鉴核指令祗遵。谨呈

**院字第七一六号**

**二十一年四月五日　司法院电江苏省政府　附原电**

江苏省政府勋鉴,上年十二月敬代电悉,所请解释行政官署处分书送达程序疑义一案,

业经本院统一解释法令会议议决，行政官署之处分书或决定书，如不能依诉愿案件送达书类办法送达时，诉愿既未定公示送达程序，应准用民事诉讼律第二百零七条至二百十一条，关于公示送达程序之规定办理，其在现尚沿用民事诉讼条例之省份，应准用该条例第一百八十二条至第一百八十五条及第一百八十七条办理，民事诉讼律第二百零八条及民事诉讼条例第一百八十三条所定之受诉法院即为处分书或决定书之行政官署。合电知照。司法院微印

**附原电**

司法院钧鉴，查行政官署之处分书或决定书之送达，如系依公示送达程序张贴牌示处或登载报纸者，自张贴之日或最后登载之日起，须经若干时日认为已经送达，《诉愿法》第五条无明文规定，殊滋疑义，理合电请迅赐解释示遵。江苏省政府叩敬印

**院字第七一七号**

**二十一年四月五日　司法院指令江苏高等法院第二分院　附原呈**

呈悉，业经本院统一解释法令会议议决，未得有执行名义之债权人声请参加卖得金之分配，如其声请合于院字第三七八号解释所示趣旨，固应停止执行，但该债权人若未于声请后，就其债权另行诉请确认，属实得有分配卖得金之确定判决，要不得对于原债权人已受分配之卖得金，迳向执行法院更请重分（参照《民事诉讼执行规则》第四十六条至第五十一条）。合行令仰知照。此令

**附原呈**

呈为呈请解释事，查债务人之财产原为总债权人之共同担保，故未得有执行名义之债权人如能证明其债权属实，该债务人又别无其他财产足以供清偿者，自可于执行时，要求参加卖得金之分配，业经钧院于十九年十二月二十四日第三七八号解释有案。兹复有案件于执行中，其他未得有执行名义之债权人声请参加卖得金之分配后，原执行法院未加注意，将卖得金全部命原债权人具状领讫。此种情形，能否更令原债权人如数缴案，以便分配，实不无疑义，理合具文呈请钧院迅赐解释示遵。谨呈

**院字第七一八号**

**二十一年四月五日　司法院训令湖北高等法院**

为令知事，该法院十九年公函（第一二一一号），致最高法院据通城县司法委员转请解释《刑法》各疑义一案，业经本院统一解释法令会议议决，（一）《刑法》上关于年龄之计算，应依周年为一岁之方法计之。凡已满法定年龄者，均不得援用未满法定年龄之规定。（二）妇女诱令未满十六岁之男子与其相奸，如该男子并无奸淫之故意，则该妇女应构成《刑法》第二百四十一条第二项之罪。（三）无夫之妇与人通奸，无论相奸者是否有妇之夫，法既无处罚明文，应不论罪。其有夫之妇与人通奸，则不论相奸者为有妇、无妇，均构成犯罪。

(四)《刑法》第二百四十六条所谓良家妇女不以该妇女之家世如何为准,应以其本身现非习于淫行者为限。娼妓既已停业,仍不失为良家妇女。反是,若私娼正在为娼中,即非良家妇女。(五)男子出继后,除于本生直系尊亲属依《刑法》第十四条第二项,仍以直系尊亲属论外,其他亲属关系自亦随之变更。故已出继之胞兄及母之已出继胞兄弟,均不在《刑法》第十五条所称旁系尊亲属之内,未出继之胞兄对于出嫁之妹则反,是至同条第二款母之胞姊妹不以在室为限,业经院字第二零二号解释在案。合行令仰转饬知照。此令

**附原函**

迳启者,案据通城县司法委员汪广生呈称,呈为呈请解释示遵事,分陈如下:(一)查《刑法》第三十条第二百四十条第二项、第二百四十一条第一项、第二百四十三条第三款、第二百四十九条、第二百五十七条、第三百十五条,要不外以年龄分别刑之轻重、罪之有无或罚与不罚之标准。其知识如何、体格如何固属另一问题,姑置不论。然计算年龄,依前大理院七年上字三九八号见解,既应适用周年法而非用历年法,则暂以第二百四十条第二项为例。设有三处女,一确昨日已满十六岁,一确今日正满十六岁,一确明日才满十六岁,同于今日被人奸淫,并同有亲属告诉,则奸淫明日才满十六岁之女子者,当然按照第二百四十条第二项处断,固似无若何问题。但对于奸淫昨日已满或今日正满十六岁之女子者,则究应如何办理,似不无疑义。如同适用该条第二项处断,则于该项未满二字之规定,未免显不相符,不适用该条第二项处断,则现行《刑法》又无纯然私通野合之条文足资引用。若竟依《刑法》第一条不予论罪,则此二女子与上开明日才满十六岁之女子年龄相差又仅有一日之隔,以一日年龄之隔处断之不同,竟悬殊乃尔,其不平孰甚。再以第二百五十七条为例,设有知识高低相同之三女子,一确昨日已满二十岁,一确今日正满二十岁,一确明日才满二十岁,同于今日被人单纯和诱,并同有本夫告诉,则和诱明日才满二十岁之女子者,由十七年解字二三六号及二三九号观之,又当然适用第二百五十七条第一项处断,固亦似无若何问题。但对于和诱昨日已满二十岁或今日正满二十岁之女子者,则又究应如何办理,似亦不无疑义。如同适用该条第一项处断,则于该项未满二字及脱离保佐人四字之规定,亦未免显不相符,不适用该条第一项处断,则按诸事实诱拐者,又确无诈欺情形足资,论以略诱。若竟依同法第一条不予论罪,则此二女子与上开明日才满二十岁之女子年龄相关,又仅有一日之隔以一日年龄之隔,处断之不同又竟悬殊乃尔,其不平亦孰甚至诱送外国者,如系和诱,固不分被诱者已未满二十岁,均应适用第二百五十七条第三项处断。但若系略诱,则由十八年院字八四号观之,必分别被诱者,已未满二十岁而适用该第三项或同法第三百十五条第三项论科,了无疑义。然设遇有被诱人,究否已未满二十岁而仅有上开隔日之情形,则究应适用第二百五十七条第三项处断,抑应适用第三百五十一条处断,轻重既殊,罪质亦异,非请解释将焉适从,此应呈请转请解释者一。(二)女子无强奸男子能力,固无待论,但未满十六岁之美男子而被淫妇诱奸者,在今日社会亦决不能谓无。今《刑法》第二百四十条第二项,仅规定奸淫未满十六岁女子者,以强奸论。设有未满十六岁之美男子,某甲发育未充,意志亦

弱,竟被淫妇某乙设法诱惑,致被奸淫。经甲母依法告诉,则法院应依男女平等原则及第二百四十一条第二项、第二百四十三条第三款与第二百四十九等条之立法旨意适用该第二百四十条第二项处断,抑应依同法第一条认为法无明文,不予论罪,似不无疑义。如适用该条项处断,则该条项之被害主体明明规定为女子,谅不容执法者推类妄解,若依同法第一条办理,则男女平等本党早已定为政纲,不独似与党国养成男子健全人格,保护其未来福利之本旨不合,且与上开所引第二百四十一条之立法意旨,亦似未能一贯,此应呈请转请解释者二。(三)《刑法》第二百五十六条前半既仅曰有夫之妇云云,则寡妇必不在此内,当不待言,而其后半既概曰,其相奸者亦同,则鳏夫必在其列,又当不待言。但既号称男女平等,和奸非侵害夫权,则有妇之夫与人通奸或无夫之妇和奸有妇之夫又岂不应加以处罚?如谓有妇之夫和奸无夫之妇无罪,则依上开平等原则,有夫之妇和奸无妇之夫亦应无罪。反之,如谓无妇之夫和奸有夫之妇有罪,则依上开同样原则无夫之妇和奸有妇之夫亦应有罪。今该条前后两半既似规定失平,而同法第二百五十九条第二项及刑诉法第二百十五条第二项又仅一则曰非本夫不得告诉,一则曰本夫纵容通奸者不得告诉云云,并无和奸有妇之夫及非本妇不得告诉、本妇纵容通奸者,亦不得告诉之各规定。设有某甲男与某乙寡妇卿卿我我,不顾其妻。其妻丙原系旧礼教观念过深者,不独不愿离婚且先本亦不愿外图,后因法律无上开有妇奸规定之故。告奸被驳,忽为性欲所冲动,亦秘密姘识鳏夫某丁而一会巫山,当被其夫甲发觉,依法向法院告诉。而丙再控前情,并证明该家庭系由甲入赘组成,且力控甲乙妨害其婚姻家庭不止,则究应依上开各条分别驳斥论科,抑应如何办理始得其当,此应呈请转请解释者三。(四)《刑法》第二百四十六条内,良家妇女之良字,究应以何为斟酌标准,世禄之家、乞盗之家,由风化言之,姑勿论其实际如何,似皆可同谓为良家,固不待论。但暗娼之家,既未公开营业,则实虽不良,而名则碍难谓其非良娼妓之家既经停业以后,则名虽不良而实则又碍难谓其非良,后有意图营利而引诱已满十六岁之暗娼或停业后之娼妓,而与他人为猥亵或奸淫之行为,则究应均认为引诱良家妇女,依本条处断,抑均认为非良家妇女依同法第一条不予论罪,此应呈请转请解释者四。(五)查《刑法》第十五条称,旁系尊亲属者,谓下列各亲:(一)胞伯叔祖父母、胞伯叔父母及在室胞姑;(二)母之胞兄弟姊妹;(三)胞兄及在室胞姊姑。勿论女子出嫁,仅能谓其脱离家属关系,不能谓其脱离亲属关系,其出嫁似与生母改嫁,对于本生女子,其尊属身分仍然存在者,不无相同然。其第二款既仅曰母之胞兄弟姊妹,则对于母之胞兄弟之已出继及其胞姊妹之已出嫁者,究应如何视之?又其第三款既仅曰胞兄,则对于胞兄之已出继,及出嫁之妹对于未出继之胞兄又究应如何视之?惟由第十四条第二项解释及本款在室二字反推,则出嫁之妹对于未出继之胞兄或胞弟对于已出继之胞兄,似当然不能认为旁系尊亲属。又由在室胞姑四字推究,则对于母之胞兄弟之已出继及母之胞姊妹之已出嫁者,又似当然不能认为旁系尊亲属,此应呈请转请解释者五。综上五点,理合呈请转请解释示遵等情前来。查第一问题,凡《刑法》上之年龄均须扣足生年月日计算,并无疑问。至谓相差一日以致裁判悬殊,则凡有时间性之规定,均有此种结果,此系法律规定使然,亦不生解释问题。其第二问题明明系构成二百四十一条第二项之罪,并不适用第二百四十条之问题。第三问题之和奸无夫之妇,法无论罪明文,自难加以处罚。至谓规定失平,乃立法上之原因。第四问题之良字,以非索习淫行为限,亦有前大理院五年上字二二零号判例可资参考。至第五问题母之胞姊妹不以在室为限,业经院字二零二二号解释有案,似均无请求解释之必要。其余各项,似不无疑义,相应函请贵院迅赐解释,俾便转示,至纫公谊。此致

**院字第七一九号**

**二十一年四月五日　司法院咨行政院　附原咨**

为咨复事,准贵院本年一月咨(第一四号),据浙江省政府电请解释诉愿疑义一案,咨请查照见复等由,业经本院统一解释法令会议议决,下级官署呈经上级官署指示办法遵照奉行之事件,在实施处分时既系以下级官署之名义行之,仍应认为下级官署之处分。相应咨复贵院查照饬知。此咨

**附原咨**

为咨请事,案据浙江省政府巧代电称,查下级官署呈奉上级官署核准所为之处分,仍应认为下级官署之处分。人民如对于该处分有不服时,应仍向该官厅之直接上级官署提起诉愿,业奉司法院解释通行有案。惟下级官署呈请时,曾拟有具体办法经奉上级官署核准者,固应认为下级官署之处分。若下级官署并未拟有具体办法,仅以普通请示方式呈经上级官署指示办法遵照奉行之事件(例如某县为某某一事其呈厅文内谓县长未便擅专,究应如何办理之处祈示遵等类),是否仍应认为下级官署之处分,不无疑义,敬乞钧院迅予转咨司法院解释,俾便遵循等情到院。事关法律疑义,相应咨请贵院查照解释见复,以便饬遵。此咨

**此处删去一条。**

**院字第七二一号**

**二十一年四月六日　司法院指令山东高等法院　附原呈**

呈悉,业经本院统一解释法令会议议决,关于不动产经界诉讼既明有诉争之地界,自系财产权之诉其诉讼价额,自应依原告所主张其因被告人越占致受损失之价值计算。若其价值不逾二百元,自不得上诉于第三审。来呈所称,应以乙说之第二说为是。合行令仰知照。此令

**附原呈**

呈为法律疑义祈予解释事,窃查本院受理关于不动产经界诉讼案件,核定诉讼价额之标准发生疑义:(甲)非财产权说,谓不动产经界诉讼标的在确定界线,并无价额可以计算,历来事例皆命当事人依《修正诉讼费用规则》第三条第一项缴纳审判费。依此说,结果无论

所争地界多寡,皆不受民事诉讼条例第五百三十一条上诉第三审法院之限制。(乙)财产权说,谓因不动产界线之诉,同时双方对于土地必生数量之争执,当然为财产权诉讼。例如张王两地相邻,张姓主张以子处为界,王姓主张以丑处为界。子丑两处相距之点,计地五分,此五分地即为诉讼标的,应由法院核定其值,征收审判费。如其价额不逾百元,即不得上诉第三审法院。惟此核定价额方法,又有两说:(一)依原告所有土地全部价额比例扣除计算。例如张某有地五亩,主张王某越界侵占之地计五分,五亩共值洋一千元,五分即值洋一百元,应认诉讼价额为一百元。(二)依原告所有土地全部因短少而低减之价额计算。例如张某主张五亩地值洋一千元,因王某越界占去临街门面土地五分,下余四亩五分,共值洋七百元,所减价额为三百元,应认诉价额为三百元。以上各说,均持之有故,未敢擅断,理合备文呈请钧院鉴核俯赐解释,以资遵循,实为公便。谨呈

**院字第七二二号**

**二十一年四月六日　司法院训令最高法院检察署　附原函**

为令知事,核检察署上年第一零六二号公函致最高法院请解释违法之裁定确定应依何种程序纠正一案,业经本院统一解释法令会议议决,刑诉法第四百三十三条所称违法判决案件,系专指裁判中之判决违法而言,不包括裁定在内。又驳回上诉之裁定确定后,原判决亦因之确定。如原判决违法,可依非常上诉程序救济。若判决并不违法,纵使裁定错误仅关于上诉权问题,当事人对于错误之裁定既未提起抗告,显有放弃上诉权之意思,事实上殊无救济之必要。合行令仰知照。此令

**附原函**

迳启者,查违法之确定判决,得提起上诉以纠正之。若违法之裁定确定,应依何种程序纠正,法无明文规定。设有某法院判决某案被告已于法定期间内提起上诉,因原审法院计算上诉期间错误,认为上诉逾期裁定驳回,被告并未于法定期间内提起抗告裁定,因之确定。就此情形,原法院裁定驳回上诉,显系违法,然因裁定之确定,致剥夺被告之合法上诉权,于法殊非公允,将谓非因被告过失由被告声请回复原状,则被告对于判决本已遵限上诉,对于裁定则未提出抗告,自与刑诉法第二百零八条第一项规定不符,将提起非常上诉请求撤销原裁定,使回复上诉状态,则对于违法之确定裁定提起非常上诉,尚无先例,究竟刑诉法第四百三十三条所称违法判决,是否包含违法裁定在内?如不包含,则前述违法裁定,应依何种程序纠正,相应函请贵院解释见覆,以凭核办。此致

**院字第七二三号**

**二十一年四月六日　司法院咨行政院　附原咨**

为咨复事,准贵院上年十月二十七日咨(第二九一号)开,据实业部呈以未经声明异议之劳资仲裁法院是否可以判决变更请解释一案,咨请查照见复等由,业经本院统一解释法

令会议议决,劳资争议事件,经仲裁委员会裁决当事人不于送达后五日内声明异议,依《劳资争议处理法》第五条之规定,应视同争议当事人间之契约或争议当事人间之劳动协约。当事人若确未于上述期间内声明异议,复向法院起诉法院,自可依该法第五条规定驳斥,其诉仍维持仲裁裁决之效力。惟声明异议之程序,该法未经明定,倘协约当事人向法院起诉,可认为异议之声明或虽不能认为异议声明,而法院因协约当事人之起诉请求变更原裁决,他造并不抗辩,致判决结果与仲裁裁决不同。而该判决又经确定或一造于起诉时,虽未为变更原裁决之请求,而他造亦曾提出抗议,其判决结果竟变更原裁决,当事人不声明上诉,致判决确定,则仲裁裁决即因法院判决确定之效力而失效。行政方面,即无庸更本于仲裁裁决而为执行之处分,其已为之行政处分全部或一部亦因判决确定而失效。相应咨复贵院,查照饬知。此咨

**附原咨**

为咨行事,案据实业部呈称,案查前准钧院秘书处第二四六五号函,为上海市轮船木业职工会陈香泉呈请四项恳准救济俾维劳工一案,奉谕交实业部检同抄发原件函达查照等因到部。当查案经上海市政府依照《劳资争议处理法》仲裁裁决确定,应由该业工头暨工会遵照裁决组织劳动事业委员会为先决问题,经咨上海市政府依照该市《劳资争议处理法施行细则》第七条督促履行,并函复钧院秘书处查照转陈各在案。兹准上海市政府咨复,略以本案经转饬社会局遵照督促履行去后,兹据社会局呈称,当经通令该资方广福昌木作甘镜秋等限期十日,饬即推定劳动事业委员会代表呈报,并声明逾限作自愿放弃论,准由该劳方已推出各代表正式宣告成立。前项情形曾于奉到钧府第九三六五号训令时,约略呈复有案,旋据该资方甘镜秋等呈复,根据民国十六年八月二十五日前上海工会组织统一委员会监订之协约第一条内开,本会团体成立于咸丰年间,凡中外商轮公司造船木工部份工作完全由广东、宁波两红帮承做,如白帮木匠侵夺两红帮范围、剥夺两红帮生计者,经调查确实后,本会当出全力以阻止之。倘使白帮用强力或倚势从而阻挠本会,当召集两红帮工友公推代表,呈请上海工会组织统一委员会援助之等语。工会未能尽责,故不愿履行申辩前来,本局以该业白帮与红帮竞争营业,资方尚不能制止,焉能由工人干涉?况仲裁裁决新约已成立,前工会组织统一委员会所监订之旧约当然失效,严词限令举定委员具报,乃批示去后,该甘镜秋等又呈送本年八月一日第一特区地方法院初字第二八三一号民事判决书,声称工会曾将是案向法院呈诉,已经判决驳斥,今奉异于判决之行政处分殊使无所适从等语。据此,查法院驳斥工会请强制执行劳方推派劳动事业委员会委员之理由,其主点谓劳动事业系属慈善团体,非双方合意不能进行,故非法律所能强制,殊不知仲裁裁决当事人既未于法定期内声明异议,该裁决主文已视同当事人间之契约,资方延不推派代表系违约,而非不合意。但仲裁裁决,法院是否可以判决变更其原意,行政处分已入强制执行程序是否应以法院驳斥而中止,法无明文事乏,前例该资方甘镜秋等所呈理由究应如何批示之处,理合检附副呈及判决书各一份,备文呈请仰祈钧长鉴核指令祗遵,所呈附件并请赐予发还等情。据此,查此

案前准大部劳字第五三六号公函,又据本市轮船木业职业工会呈请到府,当经令饬社会局依照本市《劳资争议处理法施行细则》第七条之规定督促履行在案。据呈前情,除指令候转函核复饬遵外,相应检同副呈及判决书函达即希察照核复,以便饬遵等因到部。查劳资争议事件,当事人对于仲裁裁决如经声明异议,依司法院解释可向所属法院起诉是仲裁裁决,固可因当事人之异议从新请求法院为确定之判决,然当事人若不声明异议,该项裁决依《劳资争议处理法》第五条之规定,应视为争议当事人间之劳动协约。此种协约,行政官署依法固应督促履行,而当事人亦可依《民法》为契约之诉讼,请求法院判决执行。本案当事人对于原仲裁并未声明异议,该工会代表陈香泉因广福昌等延不履行协约,乃向上海第一特区地方法院提起诉讼,该法院似应就协约应否履行而为判决,不应认为声明异议而遽变更仲裁裁决之原意。依诉讼程序当事人对于此种判决如果不服,尽可提起上诉,如不上诉,则应服从判决,自不待言。惟法院究竟是否可以判决变更未经声明异议之仲裁裁决,暨行政处分能否即因法院判决驳斥而中止,事关法律效力,本部未便擅断,理合赍同原判决书一份呈请鉴核俯赐转咨司法院解释祇遵,附件并祈赐还转发等情。据此,除指令外,相应检同原判决书一份咨请贵院核复,以凭饬遵。此咨

**院字第七二四号**

**二十一年五月十八日　司法院指令湖南高等法院　附原呈**

呈悉,业经本院统一解释法令会议议决,有僧道住持之宗教上建筑物,不论用何名称,依《监督寺庙条例》第一条之规定,均为寺庙。其财产系由住持募化所积而来者,应为寺庙财产,非住持所私有。若有处分或变更,须依《监督寺庙条例》第八条规定办理。道教寺庙财产来源不明者,应视为寺庙财产。若师故无徒可传,应由其所属教会征集当地各僧道意见,遴选住持管理(参照院字第四二三号解释)。该地若无所属之教会,应由该管官署征集当地宗教相同各僧道意见,遴选住持管理,于未选定以前,由该管官署暂行代为管理,不得由该师之在家亲属承继或遗赠他人。又,寺庙财产,除按其情形得依《监督寺庙条例》第十条所定兴办公益或慈善事业外,不得迳由本地方提为办学等事之用。合行令仰转饬知照。此令

**附原呈**

呈为据情转呈仰祈鉴核事,案据署常德地方法院院长钟馥呈称,查供奉送子娘娘之淫祠(附有观世音神像)财产,原系其住持僧尼募化所积而来(置有田地),应否视作该住持私有,任其处分,抑应由本地方提为办学等事之用。又,道教寺庙财产(来源不明),向例由其住持中之师遗传于徒。若师故而无徒可传,可否由该师在家亲属继承或遗赠他人,抑或只应由本地方提为办学等事之用?理合备文呈请钧院速赐转呈核示祇遵,深为公便等情。据此,除指令外,理合具文呈请钧院俯赐解释指令祇遵。谨呈

**院字第七二五号**

**二十一年六月六日　司法院咨行政院　附原呈**

为咨复事,准贵院上年十二月七日咨(第三二五号)开,据内政部呈为江苏民政厅呈请解释县保卫团法疑义一案,咨请查照见复等由,业经本院统一解释法令会议议决,县保卫团法规定本对于本区之人使尽入团受训练之义务,原呈第四项所举既系他区之人,又有职业,自得适用同法第五条第四款规定予以免除。相应咨复贵院查照饬知。此咨

**附原呈**

呈为青浦县转呈编造常备团丁名册发生疑义各点,应予转请解释之部分具文转呈,仰祈鉴核示遵事。案据青浦县县长于定呈称,窃据第十一区区团长方又呈称,窃本区团迭奉钧府训令,饬即遵章改编本区正式保卫团报候核转等因,职遵经根据部颁保卫团法第二章编制第五条,查造常备团丁名册,兹因发生疑点条举于下:(一)家无次丁者免除入团受训之义务。设甲有长子,年在四十岁以上,次子年二十岁以上或三十岁以上,同时甲亦存在此户已有男丁三人,但合规定入团年龄者,仅次子一人,是否仍可邀免,疑点一。(二)家有二十岁以上四十岁以下之男丁二人或二人以上三四五人时,应如何编造,疑点二。(三)家无合格规定入团年龄之男丁而愿入团服务,或原属保卫团之团丁仍愿继续服务时,与家有合规定入团年龄者虽仅一人,而亦愿加入时,应如何取舍,疑点三。(四)在外有职业者,免除入团受训之义务。反之,凡他区之人在本区有职业者,遵章是否应尽入团受训之义务,如须入团,当用何法以证明其家属有无次丁,疑点四。(五)在学校肄业者亦可免除。设甲有长次二子,均合规定入团年龄。长子在校肄业,次子是否仍须入团,疑点五。(六)甲之长子如为残废者,次子是否可以免除入团受训之义务?综上六点为事实所恒有,为规定所未及,办理发生窒碍,理合备文呈请解释,仰祈钧长鉴核指令祗遵,以利进行实为公便等情。据此,查该区团长所陈各节,事关法律解释,县长未敢擅决,除指令请示外,理合据情转呈,仰祈鉴核示遵等情。据此,除指令呈悉所陈疑义,各点兹按照原呈次序分别核示如下:(一)查保卫团法所谓次丁,不能认为系指年龄较次者而言,应解释为凡属壮丁,不论长次,均得谓为次丁。虽经本厅于宜兴县声请解释案内拟具此项意见,呈准在案,则所称甲之次子以下,虽更无再次之壮丁,然其长子生活能力若并不殊于壮丁,或其家庭生计宽裕者,为适应需要增加自卫力量起见,以有次丁论,仍将其次子编入保卫团,当亦法所容许,由县督区按照上述解释意旨查明酌办可也。(二)户之合格壮丁在二人以上者,应将其全体合格壮丁编入所隶属牌之团丁名册内。按照施行细则第十二条规定,以其年龄较长者充初次编入保卫团之常备团丁,如有必要情形并得以其次者一并编充,以资增加自卫力量。(三)凡不合于保卫团法规定年龄,或具有保卫团法第五条第一项第一款情形之男子自愿编充团丁者,均得依其请求不予拒却,但原系募丁而非本地住民者,虽属自愿继续服务,仍不得编入该地方保卫团,以符成案。(四)所陈他区人民在本区有职业者,应否编入本区保卫团一节,候转请解释覆到,

再行饬知。(五)应以有次丁论,不免除其次子入团受训练之义务。(六)甲之次子如已达于规定编丁年龄,而甲之年龄又在四十岁以上,则其次子得依法免除其义务。若甲及其次子年龄均合于规定入团年龄,是其家之合格壮丁在二人以上,应依前述第二项解释办理,仰即遵照此令等词印发外,所陈第四项应如何解释,理合具文转请鉴核示遵。谨呈

**院字第七二六号**

**二十一年六月六日　司法院咨行政院　附原咨**

为咨复事,准贵院本年一月二十日咨(第九号)开,据教育部呈称《教育会法施行细则》与解释案稍有抵触,应以何者为有效,咨请查核见复等由,业经本院统一解释法令会议议决,查本院院字第六一六号解释,候补人员以无法律特别许可,故认为不得列席。县教育会职员以无法律特别限制,故认为得许兼任要,皆指法无规定而言,兹《教育会法施行细则》既定有明文,自应依照该细则办理,相应咨复贵院查照饬知。此咨

**附原咨**

为咨请事,案据教育部呈称,案查《教育会法施行细则》前经本部拟订呈奉钧院核准转呈国民政府备案,于二十年九月十五日以第六九号部令公布施行在案。兹查司法公报第一四九号载,司法院二十一年十一月七日致国民政府文官处院字第六一六号公函开,迳启者,准贵处,本年七月十五日公函第八零七号开,准中央训练部函,为湖南省党务指导委员会训练部转请解释,教育会候补干事等可否列席会议及兼任职务一案函行到院,业经本院统一解释法令会议议决,按候补人员在未补缺以前,本非正式职员,苟无法律上之特别规定,即不得执行职务。来件所称,教育会候补干事、理事、监事,依教育会法,既无准许列席会议之特别规定,关于党部会议之组织候补委员得以列席有特定明文,即应认为未递补前,不得列席。至县教育会候补干事兼任区教育会干事或候补干事,依教育会法并未示以限制,自无不可兼任之理,相应函复贵处查照转知等因。查所解释关于(一)教育会候补干事在未补缺以前不得列席;(二)县教育会候补干事得兼任区教育会干事或候补干事两点,核与《教育会法施行细则》第十三、第十四两条之规定,稍有抵触,究应如何办理?理合备文呈请鉴核指令示遵等情。据此,查贵院关于该案解释系以湖南省指委训练部转请解释,为根据其时系在二十年九月十五日《教育会法施行细则》公布施行以前。现在前项施行细则既已施行,其第十三条、第十四条对于各级教育会职员不得互兼,及教育会候补理事监事及干事未递补前得列席会议,均有明文规定,与贵院关于该案解释稍有抵触,究应以何者为有效?事关适用法律疑义,相应咨请查核见复以便饬遵。此咨

**院字第七二七号**

**二十一年六月六日　司法院函国民政府文官处　附原函**

迳复者,准贵处上年六月八日公函(第四六六三号)开,准中央执行委员会训练部函,据

浙江省执行委员会训练部转请解释区教育会举行干事会出席人员疑义一案转行到院,业经本院统一解释法令会议议决,区教育会举行干事会系属干事事务之会议,毋庸通知干事以外之人员出席,候补干事依二十年九月十五日教育部公布之《教育会法施行细则》第十四条规定,得列席会议,应通知出席,相应函复贵处查照转知。此致

**附原函**

迳启者,案据浙江省执行委员会训练部呈称,呈为据情转请解释事。案据瑞安县执行委员会呈称,呈为呈请事,案据城区教育会常务干事胡炎呈称,呈为呈请解释事。窃职会自奉令成立呈准在案,第一次会议当然将被选者一概召集,开会以为推定常务干事及分配工作之举,并议定每月举行定期会(干事会)一次。此后开会对于出席县代表及候补干事应否通知出席与议,抑代表是否似监察委员性质?候补干事可否以当场替代缺席干事有发言表决之权?查教育会法未有规定,职会亦难冒昧,自是理合备文呈请,仰祈钧会鉴核示遵,实为公便谨呈等情。据经属会第二次会议决议,转呈请示在卷,理合备文呈请,仰祈钧部鉴核释示,祇遵实为党便等情。据此,事关法令解释,属部未敢臆断,理合备文转请钧部释示祇遵等情。据此,查下级教育会出席上级教育会之代表及候补干事,应否通知出席与议各节,确于教育会法内未有明文规定,进行会务不无窒碍,相应函达查照转陈国民政府令饬主管机关查照解释并祈见复为荷。此致

**院字第七二八号**

**二十一年六月六日　司法院函司法行政部　附原呈**

迳启者,查接管卷内贵部上年五月呈,据河南高等法院转请解释民事调解成立后当事人能否诉请救济及适用何种程序一案,业经本院统一解释法令会议议决,调解成立依民事调解法第十三条之规定,既与法院确定判决有同等之效力,则于调解成立后,如有无效或撤销之原因,在沿用民事诉讼条例之省份得准用该条例第五百八十二条之规定,即适用民事诉讼律之省份,亦应准用再审程序之规定办理。来呈所称,民事调解如确未经两造同意,依民事调解法第十二条之规定,固不能认为成立。倘民事调解业已合法成立而当事人于调解后,以未经同意为理由主张不能成立,则非具备有再审之原因,自亦不能任意翻异,相应函请贵部查照转知。此致

**附原呈**

呈为呈请示遵事,案据河南高等法院院长呈称,按民事调解法第十二条、第十三条规定,调解一经成立,即与确定判决有同一之效力,固不准当事人设辞图翻,但该调解如果确未经过两造之同意,或有其他无效或撤销之原因,当事人能否诉请救济?法院能否受理审判?又受理时适用何种程序调解,法均无明文规定,理合呈请转呈解释饬遵等情。据此,查现行民事诉讼条例第五百八十二条规定,对于诉讼上之和解声明不服准用再审程序之规定,则调解如有来呈所称情形,似可准酌该条规定办理。惟事关法律解释,本部未便擅决,

理合具文呈请钧院鉴核指示,以便转饬遵照。谨呈

**院字第七二九号**

**二十一年六月七日　司法院训令江西高等法院首席检察官　附原函**

为令知事,该首席检察官呈最高法院检察署,为临川地方法院首席检察官转请解释监犯因病请求保外医治应由何处核办疑义一案,业经本院统一解释法令会议议决,查监狱之监督权,依《各省高等法院院长办事权限暂行条例》第四条第十五款属之高等法院人犯在执行中患病,如有须保外医治或移送病院时,应由监狱长官或旧监狱之管狱员呈请高等法院核办。合行令仰转饬知照。此令

**附原函**

迳启者,案据江西高等法院首席检察官张清泽呈称,为呈请事。案据临川地方法院首席检察官夏家琨呈称,呈为关于犯人在执行中因病请求保外医治,应由何处核办陈请示遵事。查《刑事诉讼法》第四百八十五条所规定,依检察官之指挥停止执行各款情形,系指未受执行者而言。若在执行中而有该条所列各款情形时,应由监狱长官依照《监狱规则》第六十六条及第六十七条各规定,呈请监督官署许可后,保外医治或移送病院,前经司法院院字第八十七号解释有案。但监所之监督权在《看守所暂行规则》第三条规定,属之高等法院院长并得委托高等分院长及地方法院院长,而在《监狱规则》则无明文规定。究竟《监狱规则》所称监督官署在地方法院管辖区域,是否准照看守所暂行规则之规定,解释为地方法院院长?旧监狱之管狱员是否与《监狱规则》所称监狱长官相当?人犯在执行中患病请保是否由管狱员呈请地方法院院长核办,抑由检察官核办,不无疑问,理合具文呈请钧席俯赐鉴核令遵,实为公便等情。据此,案关法律疑义,理合具文呈请钧长俯赐鉴核转请解释,实为公便等情到署,相应函请查照解释为荷。此致

**院字第七三〇号**

**二十一年六月七日　司法院训令山东高等法院首席检察官　附原函**

为令知事,该首席检察官呈最高法院检察署,为鱼台县法院检察官转请解释庄长庇护贩卖鸦片是否犯罪疑义一案,业经本院统一解释法令会议议决,庄长既非职官吏员,又非依现行法令从事于公务之职员及议员,自不能认为公务员,即不得依照《禁烟法》第十六条办理,惟应注意有无帮助贩卖鸦片情形。合行令仰转饬知照。此令

**附原函**

迳启者,案据山东高等法院首席检察官呈称,窃据鱼台县法院检察官代电称,某甲充当庄长,庇护某乙贩卖鸦片,某甲是否犯罪,乃有两说。一说庄长系沿保甲旧制,由庄民推举,县政府核定,对于一庄员页有从事公务之一切责任,与现行自治法上之闾长无异,即为《刑法》上之公务员,某甲应依《禁烟法》第十六条治罪。一说庄长虽系沿用保甲旧制,由庄民推

举,县政府核定,对于一庄员页有从事公务之一切责任。然无县政府之委任,无机关之组织,似非《刑法》上之公务员,不能依照《禁烟法》第十六条治罪,而《刑法》鸦片罪章对于庇护卖烟者,亦无治罪之明文,依律无明文不为罪之原则,某甲应不负罪刑责任。二说未知孰是,抑或另有处罚,事关法律疑义,理合电请解释俾便遵循到处。案关法律解释,未便擅拟,理合备文呈请钧署鉴核示遵等情到署,相应函请贵院查照解释施行。此致

**院字第七三一号**

**二十一年六月七日　司法院训令山东高等法院首席检察官　附原函**

为令知事,该首席检察官呈最高法院检察署,为嘉祥县法院检察官转请解释以地方管辖案件起诉,至判决引用初级管辖条文处罪是否应送复判疑义一案,业经本院统一解释法令会议议决,县法院判决之刑事案件应送覆判者,其认定管辖之标准,应以判决时所引法条为断,合行令仰传饬知照。此令

**附原函**

迳启者,案据山东高等法院首席检察官呈称,案据本院第一分院首席检察官呈称,案据嘉祥县法院检察官呈称,县法院检察官以地方管辖案件起诉,至审判时审判官引用初级管辖案件条文判处罪刑者,是否应送覆判,实深疑惑,呈请解释示遵等语。查《覆判暂行条例》第一条,县法院审判地方管辖之刑事案件,未经声明上诉或撤回上诉或上诉不合法,未经第二审为实体上之审判者,均应覆判云云。惟所谓审判地方管辖之刑事案件,是否专就审判之结果而言,抑或以检察官起诉时所认定管辖之范围为标准,不无疑问。事关解释法律,本处未便擅专,理合据情呈请钧处鉴核示遵,以便转饬遵照,实为公便等情。据此,除指令候转呈解释后再行令饬遵照外,理合据情备文呈请钧署鉴核示遵等情,据此,相应函请贵院查照解释为荷。此致

**院字第七三二号**

**二十一年六月七日　司法院训令湖南高等法院首席检察官　附原函**

为令知事,该首席检察官呈最高法院检察署,为邵阳地方法院首席检察官转请解释《刑法》第一三四条疑义一案,业经本院统一解释法令会议议决,(一)管狱员擅许囚犯监外住宿,应构成《刑法》第一百三十四条第一项之罪。(二)《刑法》一百三十四条第二项第三项之执行吏,不包括典狱长官狱员在内。合行令仰转饬知照。此令

**附原函**

迳启者,案据湖南高等法院首席检察官呈称,窃据代理湖南邵阳地方法院首席检察官梁瑞麟呈称,查徒刑及拘役之囚犯,应于监狱内拘禁之《刑法》第五十四条第一项已详为规定。兹有管狱员甲竟许徒刑囚犯监外住宿,是否违法执行刑罚,应受《刑法》第一百三十四条第一项之制裁?又典狱长或管狱员是否同法条第二项之执行吏?事关法律疑义,理合具

文呈请钧处鉴核，俯赐转请解释等情。据此，除指令外，理合备文呈请钧署转函最高法院解释令遵等情。据此，相应函请查照希即解释见复为荷。此致

**院字第七三三号**

**二十一年六月七日　司法院训令湖南高等法院首席检察官　附原函**

为令知事，该首席检察官呈最高法院检察署，为长沙地方法院首席检察官转请解释警官刑讯伤人能否成立《刑法》第一百三十三条之罪疑义一案，业经本院统一解释法令会议议决，警官无追诉犯罪权，如刑讯伤人应依《刑法》第一百四十条及伤害罪各本条处断。合行令仰转饬知照。此令

**附原函**

迳启者，案据湖南高等法院首席检察官曹瀛呈称，案据署长沙地方法院首席检察官贺寿嵩呈称，呈为呈请核转事。兹有甲被警官刑讯，业经验有轻微伤痕，旋甲不愿告诉，以伤害论，固已欠缺《刑法》第三百零二条所定要件，以渎职论，则《刑法》第一百三十三条，系专指有追诉犯罪职务之公务员而言。然刑律第一百四十四条及五年非字第二九号判例与九年统字第一二一二号解释，对于此种情形，又均有论罪明文。《刑法》第一百三十三条既与刑律第一百四十四条略有变更，究竟警官刑讯伤人能否成立《刑法》第一百三十三条之罪，殊滋疑义，理合备文呈请钧处察核转请解释示遵等情。据此，理合备文呈请钧署察核转请解释令遵等情。据此，相应据情转请解释见复为荷。此致

**院字第七三四号**

**二十一年六月七日　司法院训令湖北高等法院　附原函**

为令知事，该法院上年第六五二号公函致最高法院，为通山县司法委员转请解释公务员犯罪可否迳予羁押疑义一案，业经本院统一解释法令会议议决，查公务人员，在现行法上并无须撤职后始得实施羁押之规定，惟应注意《刑事诉讼法》第六十九条第二项。合行令仰转饬知照。此令

**附原函**

迳启者，案据通山县司法委员刘铭炎呈称，为呈请解释事。窃查行政公务人员倘有犯罪嫌疑，无论是否已经停职，检察官得实施侦查处分。惟侦查后如认为犯罪嫌疑重大，具有《刑事诉讼法》第四十二条各款情形，可否依同法第六十六条以检察职权迳予羁押，抑先报明该公务主管机关，经撤职后再予实施羁押？事关法律疑义，未敢擅专，理合备文呈请钧院俯准转请解释俾资遵循等情。据此，相应函请贵院即希查照解释以凭饬遵为荷。此致

**院字第七三五号**

**二十一年六月七日　司法院训令江西高等法院　附原函**

为令知事,该法院本年第五零二号公函致最高法院,为分宜县承审员转请解释《民法》上遗产继承疑义一案,业经本院统一解释法令会议议决,(一)妾虽为现《民法》所不规定,惟妾与家长既以永久共同生活为目的同居一家,依《民法》第一千一百二十三条第三项之规定,应视为家属,则其遗腹子女即受胎在妾与家长之关系存续中者,应认与经生父抚育者同。(二)《民法》第一千一百三十八条第一项第三款所称兄弟姊妹者,凡同父异母或同母异父之兄弟姊妹,均为该款同一顺序之继承人。合行令仰转饬知照。此令

**附原函**

迳启者,案据分宜县县长李葆中呈称,据承审员吴镜明呈称,呈为呈请解释示遵事。窃查《民法》第一千一百三十八条规定,遗产继承人之顺序其第一款所称,直系血亲卑亲属,依照同法第七条及第九百六十七条第一项之规定,当然系指婚生子女与非婚生子女之曾经认领与抚育者,以及将来非死产之胎儿而言。但胎儿又有婚生遗腹子女与非婚生遗腹子女之别,其系婚生遗腹者确能证明其胎在其父生前与其母婚姻关系存续中所受,自应有遗产继承权,否则不能享有,此为同法第一千零六十三条所明定。其系非婚生遗腹者纵在生父死亡后第三百零二日以内所产,其生父本人既不能认领,又不能抚育,依同法第一千零六十五条第一项规定,当然不能享有生父之遗产继承权,亦无疑问。惟我国旧例及习惯有纳妾之事实,为永久共同生活之目的,在现行新法治之下究采渐禁主义,抑采放任主义,尚无明文规定,则对于妾之遗腹子女(即胎儿)如非死产,究应照一般非婚生遗腹子女同解为不能继承遗产,还是以妾之遗腹子女和其他非婚生遗腹子女有所区别,殊欠依据,此应请解释者一也。又该条第三款所称兄弟姊妹,是否以同血缘(即同父同母)之兄弟姊妹为限,抑系包括半血缘(即同父异母或异父同母)之兄弟姊妹在内,不无疑问。如系包括在内,则半血缘兄弟姊妹是否系旁系血亲,应为一先决问题。按照我国旧制同父异母者为旁系亲,同母异父者非旁系亲,而同法第九百六十七条第二项称旁系血亲者,谓非直系血亲而与己身出于同源之血亲,则同父异母或异父同母之兄弟姊妹从其所同之方面说,自属同源。若从其所异之方面说,实非同源。设有此种遗产继承案件发生,究应如何处理,颇感困难,此应请解释者又一也。以上两端,均关适用法律疑点,于办案进行极有窒碍,理合备文呈请转呈鉴核等情。据此,伏乞迅予转请解释示遵等情,据此,按第一问题纳妾以永久共同生活为目的,对于妾生之子女自始即有认知与抚育之意思,似无庸再经认领,即应视为婚生子女。第二问题,该条所称兄弟姊妹,似应包括半血缘之兄弟姊妹在内,继承遗产时同父之兄弟姊妹得共同继承其父之遗产,同母之兄弟姊妹得共同继承其母之遗产,是否有当?事关法律解释,未敢擅专,相应函请大院请烦迅予解释,以便转行遵照。此致

**院字第七三六号**

**二十一年六月七日　司法院训令贵州高等法院　附原函**

为令知事，该法院上年第五六号公函致最高法院，为贵阳地方法院转请解释典当取赎期限疑义一案，业经本院统一解释法令会议议决，在《民法》物权编施行前《清理不动产典当办法》施行后设定之典权定有期限，依《清理不动产典当办法》得回赎者，依《民法》物权编施行法第十五条之规定，应仍适用该办法办理，该办法第八条定明。设定典当期间以不过十年为限违者，一届十年限满，应准业主即时收赎，则在该办法施行后（民国四年十月六日后）设定逾越十年期限之典权。如该省另无单行章程或习惯（参照同办法第九条），出典人自得于届十年限满后向典权人收赎。倘典权人因支付有益费用，使典物价值增加，回赎时，典权人得就现存之利益请求偿还。合行令仰转饬知照。此令

**附原函**

迳启者，案据代理贵阳地方法院院长庄敬迥日代电称，兹有某甲将本业柴山青棡林于民国十年出典与某乙护蓄砍伐，双方议定典价若干，每年另帮粮钱若干，限定十八年期满一方还银一方还山，自典之后即由典主护蓄砍伐青棡生发白耳，迄今将及十载，业主即拟备银赎取互相涉讼，关于适用法律分为二说，（子）说，查此案依《民法》物权编施行法第一条及第十五条规定，适用《清理不动产典当办法》第八条，应准原业主赎取。（丑）说查现行《民法》物权编第九百一十二条载，典权酌定限期为三十年，此案双方约定典权期限仅十八年，系在法定范围以内，应俟期限届满始准原业主取赎。况乙得典该业原为护蓄青棡生发白耳，对于种子生树伐茅剪茨培养六年，始得一季收益（系一般放耳习惯），非与典当田土每年收益一次可比，就双方立约真意核与地上权之情事相同。若照《清理不动产典当办法》第八条，一届十年即准原业主赎取，于事实情理，不无窒碍。二说孰是，理合电恳迅赐转请解释示遵等情。据此，相应据情函达贵院敬乞查照迅予解释示覆为荷。此致

**院字第七三七号**

**二十一年六月七日　司法院指令甘肃高等法院　附原呈**

呈悉，业经本院统一解释法令会议议决，典权为占有他人不动产而为使用及收益之权，基于典权所获之收益与利息不同，不得适用关于利息之规定。出典人于出典后向典权人承租典物，乃另发生之租赁关系，应适用关于租赁之规定。其租赁物若为耕作地，果因不可抗力致其收益减少或全无，依《民法》第四百五十七条之规定，得请求减少或免除租金。合行令仰转饬知照。此令

**附原呈**

呈为呈请解释示遵事，案据庆阳县司法公署审判官丁纬梗代电称，设有甲典乙地乙认租自种，因连年荒旱乙无力纳租，累欠租价较之地价超过十倍有余，按利不得过本计算，典

权人不免受亏且法无租子不得超过典价之明文。照每年约内书明租子计算,出典人即将地出卖尚有不能清偿一半之虞,究应如何办理请示遵等情。据此,查原代电所呈疑点,应如何办理之处,本院未敢擅拟,理合具文呈请钧院鉴核俯赐解释示遵是为公便。谨呈

**院字第七三八号**

**二十一年六月七日　司法院指令浙江高等法院　附原呈**

呈悉,业经本院统一解释法令会议议决,茶桑虽系木本植物,惟依《民法》第八百三十二条之规定,仅以在他人土地上有竹木而使用他人之土地为目的者,始称为地上权。若其目的在于定期收获而施人工于他人之土地以载培植物,则为耕作。其支付佃租而以永久为目的者,依《民法》第八百四十二条第一项之规定称为永佃权。若当事人间定有期限,则依该条第二项规定,视为租赁,适用关于租赁之规定。合行令仰转饬知照。此令

**附原呈**

呈为转请解释事,案据余杭县承审员郑士凯呈称,窃余杭土民往往以荒山租与客民栽种茶树,于租票上载明"永远长租年收租金若干,永不加租"。倘承租人租金不清,业主得以起租另召字样。此种租票应认为地上权乎?应认为永佃权乎,抑认为耕作地租赁契约乎?查茶树本系木本植物,有二十年左右之寿命,其性质近乎竹木似应属于地上权,但竹木系其本身为权利之标的,而茶则采取其叶。又竹木栽种之后大都任其天然孳长,不必去草施肥,茶则年年去草施肥,其性质近乎耕作,又似应属于永佃权。又此等租票虽有永远长租永不加租字样,一遇承租人延欠租金,即可解约撤佃,又近于耕作地之租赁,此种诉讼属县已数见不鲜。若无确实之见解,又以荒地租人栽桑者性质亦与此同,应请解释,俾便遵循等情。据此,案关解释,理合备文转请仰祈钧院鉴核令遵。谨呈

**院字第七三九号**

**二十一年六月九日　司法院指令浙江高等法院　附原呈**

呈悉,业经本院统一解释法令会议议决,来呈所称,未成年之子女因行亲权之母有浪费其父遗产之嫌,出而诉请分析,即系宣告其母丧失财产管理权之诉,依该省沿用之民事诉讼条例第七百零四条,准用第六百七十条第一项前段之规定,则该子女虽未结婚,亦应认为有诉讼能力,无须另置监护人。惟为诉讼行为时,应查照同条第二项办理。合行令仰转饬知照。此令

**附原呈**

呈为转请解释事,案据署杭县地方法院院长袁潢呈称,查《民法》第一千零九十一条载,未成年人无父母或父母,均不能行使负担对于其未成年子女之权利义务时,应置监护人。又第一千零九十四条载,父母死亡而无遗嘱指定监护人时,依下列顺序定其监护人:(一)与未成年人同居之祖父母;(二)家长;(三)不与未成年人同居之祖父母;(四)伯父或叔父;

(五)由亲属会议选定之人。又第一千一百三十条亲属会议以会员五人组织之,又第一千一百三十五条亲属会议非有三人以上之出席不得开会,非有出席会员过半数之同意不得为决议等语。今有某甲娶妻乙生一女丙,年只十七岁,乙身故后,复娶妻丁生子女各一。子戊年只八岁,女已年只十六岁。甲于本年三月身故。惟甲在时,颇有积资,丁自甲故后不守妇道,女丙与女已均与其母丁不睦,时起争议。近因见其母丁常出外与人居住不归,恐将其父遗产浪费殆尽,并念其弟戊年尚幼稚,迨成年后必致于其父遗财产完全不能分受。于是女丙与女已共同连合并将其幼弟戊名义一并起诉,向其母告争继承遗产请求按股均分。惟女丙虽未成年,但已与庚结婚,依法应认为有诉讼能力,毋须另置监护人外,女已与子戊均未成年,父固身死,并无遗嘱指定监护人,与其母又立于利害相反地位,自应依照《民法》第一千零九十四条所列顺序设置监护人。惟女已与子戊既无祖父母与家长,又无伯叔兄弟其监护人之设置,只有依照该条第五款,由亲属会议选定。但亲属会议依《民法》第一千一百三十条之规定应以会员五人组织之,又非有三人以上之出席不得开会。查女已与子戊除四亲等内之同辈血亲女丙(即子戊之姊)外,余无其他亲族存在,是亲族会即无由成立,则监护人亦不能选定,迳行诉追,依法已属不合。然俟女已与子戊成年后再行告争,恐届时其母丁管有家资早经浪费殆尽。于此情形,于法律适用既困生难,《民法》上于亲族会议组织能否予以变通以资救济,抑或可由法院斟酌其子女之利益,于现在亲族中指定监护人以资救济。若非明示准绳,未免失其依据,为此,呈请察核并乞转呈迅赐解释示遵等情。据此,理合备文转请仰祈钧院鉴核令遵。谨呈

**院字第七四〇号**

**二十一年六月七日　司法院指令安徽高等法院　附原呈**

呈悉,业经本院统一解释法令会议议决,(一)《内地外国教会租用土地房屋暂行章程》施行以前,外国教会在内地租用土地房屋者,应仅受该章程第六条之限制,已见院字第四四五号解释。(二)该章程第四条既规定外国教会在内地租用土地建筑或租买房屋,其面积越过必要之范围者,该管官署不得核准则,其租用之土地面积自应限于设立教会、医院或学校之必要范围。若其租用土地超过上开必要之范围,仅系以其收益维持其所办事业之用者,仍不能视为传教所必需。合行令仰转饬知照。此令

**附原呈**

呈为呈请解释事,案据署安徽怀宁地方法院院长俞仁愈灰代电称,查外交部长王咨复安徽省政府咨开,《教会租用土地房屋暂行章程》第五条,系指章程施行后教会所租用之土地房屋而言等语。依此解释,凡在暂行章程公布前购置者,不受此项章程规定之限制,极为明显。但按解释法律权在司法院,此种行政公署之解释,司法机关应否受其拘束?又查该条载,外国教会在内地租用土地建造或租买房屋,查出有作收益或营业之用者,该管官署得禁止之或撤销其租买等语。是外国人在中国因传教事业租用土地建造,仅以传教所必需者

为限,不能以收益或营业为目的,而享有土地房屋所有权甚属明显。若其租买之土地纯以收益维持其所办事业之用者,能否视为因传教所必需?以上两点,本院未敢臆断,理合电呈钧院转呈司法院迅予解释,以便遵行等情。据此,事关法律疑义,理合备文转呈钧院鉴核俯赐解释,以便饬遵。谨呈

**院字第七四一号**

**二十一年六月七日　司法院指令湖南高等法院　附原呈**

呈悉,业经本院统一解释法令会议议决,(一)分割财产之遗嘱以不违背特留分之规定为限,应尊重遗嘱人之意思。如遗嘱所定分割方法,系因当时法律尚无女子继承财产权之根据,而并非有厚男薄女之意思。此后开始继承,如女子已取得继承权,自应依照法定顺序按人数平均分受。若遗嘱立于女子已有继承财产权之后,而分割方法显有厚男薄女之意思,则除违背特留分之规定外,于开始继承时即应从其所定。(二)《民法继承编施行法》第三条所谓经确定判决者,即为已有继承财产权之女子在开始继承时,因系已嫁而有驳回请求之确定判决,故不许其回复继承,以维持确定判决之效力,此为已嫁女子因继承编公布所受法律上之特别限制,苟非确定判决对于女子直接所为,自不在限制之列。合行令仰知照。此令

**附原呈**

呈为呈请解释仰祈鉴核示遵事,查《民法继承编施行法》第三条,已嫁女子依前条之规定应继承之遗产,而已经其他继承人分割或经确定判决不认有继承权者,不得请求回复继承。其对于已经其他继承人分割一层,当然以继承编公布前为限无疑。惟依继承编第三节第一一六五条,被继承人之遗嘱定有分割之法者,从其所定之规定,则遗嘱人设在民国十五年十月通令各省到达或隶属之日前,以遗嘱将其遗产仅分割其少数动产子女,而以大部分之不动产分割于两子,并将原置买该不动产两部分之买契二张,即时分交于两子法定代理人。不过该不动产之全部收入仍由遗嘱人为之经营,仅每月酌给被遗嘱人生活必需费用。此等情形,是否仍依继承编第一一四七条继承,因被继承人死亡而开始之规定,认前项分割为无效,抑须照第一一六五条,被继承人之遗嘱定有分割方法者,从其所定之规定,认为已经分割,此应请解释者一。所谓或经确定判决不认其有继承权者,既以《民法》继承编公布前为限,则是指各省隶属国民政府之日尚未开始继承者而言无疑。但各省尚未隶属国民政府之前,女子并无所谓承继权,既无此权即鲜有直接告争之事实。本条所称经确定判决者,是只对该女子直接判决言,抑对其他继承人之判决已经确认遗嘱有效,不准另有遗嘱以外之主张者,即可作为变象的不认其有继承权。惟开始继承在该省隶属国民政府之日后的女子,依继承编施行法第二条已有继承权,便不能更有认其有继承权之直接确定判决,有之亦属违法,非本条所应是认更无限制,其请求回复继承之理依此断定,应否视为对其他继承人之判决而可作为前述之变象的不认其有继承权或继承开始。虽在以后而确定判决实已在

前者言,此应情解释者二。以上二端,事关法律疑义,理合备文呈请钧院鉴核示遵。谨呈

**院字第七四二号**

**二十一年六月七日　司法院指令浙江高等法院　附原呈**

呈悉,业经本院统一解释法令会议议决,查违警罚系属行政处分,业经院字第七零一号解释在案,则法院已无处罚违警之权,自不待言。惟自诉人既以被告犯《刑法》第三百三十七条第一项之窃盗罪,提起自诉核之《刑事诉讼法》第三百三十七条第一款之规定并无不合,法院应就其行为是否成立窃盗罪审理判决。若法院认为不得提起自诉案件,依同法第三百四十三条第一项裁定驳回,则开庭审理与否均得为之。至裁定后如何通知检察官并无一定形式,或送裁定书或用通知书,皆无不可。合行令仰转饬知照。此令

**附原呈**

呈为转请解释事,案据嘉兴地方分院院长任家驹呈称,查《刑事诉讼法》第三百三十七条规定,被害人得自向该管法院起诉之事件,其第一款为初级法院管辖之直接侵害个人法益之罪,第二款为告诉乃论之罪。细绎该法条规定,被害人得向法院自诉者,自以特许之特定犯罪为限。若对此范围外之犯罪,即系同法第三百四十三条第二款规定,不得提起自诉,至为明显。兹因某乙在某甲之地上私掘土埠石块情节,本极轻微,在《违警罚法》第五十二条第四款已有明文规定。惟某甲认为盗窃其所有物,向法院提起自诉,则法院是否应依通常程序予以审理判决或即予以裁定驳回,殊为疑问,讨论结果分为两说:(子)说自诉人既依《刑法》第三百三十七条第一项之窃盗罪提起自诉,核之《刑诉法》第三百三十七条第一款之规定并无不合,法院自应予以审理,即审理结果认为系属《违警罚法》。第五十二条第四款之罚法院亦非无处罚违警之权,尽可依违警罚法处断。(丑)说《违警罚法》系一种特别规定,非普通刑事可比。自诉人虽依《刑法》第三百三十七条第一项之罪提起自诉,若按其起诉情节及被告之行为,只合于《违警罚法》第五十二条第四款之规定,自非《刑诉法》第八条第一款及第五至第八款所列举范围内之事件,与同法第三百三十七条第一款所谓直接侵害个人法益之罪,即不能适合依法,不得提起自诉,法院即应予以裁定驳回。以上两说,未知孰是。如果正式审理予以通常判决,与《刑法》第九条后段更不免抵触,抑尤有请者依照《刑事诉讼法》第三百四十三条第一项所谓法院认为之规定,是否应经过审理程序后予以驳回,或按照起诉之情节迳予驳回?此种程序在该条项未有明文规定,且无必经审理之限制。至该条第二项,法院应通知该管检察官是否裁定后,即以裁定书送达作为通知,或于裁定前先以通知书通知检察官,均属疑问,理合呈请鉴核迅赐解释,俾有遵循等情。据此,案关法文疑问,理合备文转请仰祈钧院俯赐解释,以便饬遵。谨呈

## 院字第七四三号

**二十一年六月七日　司法院指令江苏高等法院　附原呈**

呈悉,业经本院统一解释法令会议议决,继承人之特留分依《民法》第一千二百二十四条固已规定,由应继财产中除去债务额算定之。而所谓应继财产,则应依第一千一百七十三条算定之。查第一千一百七十三条第一项前半段,虽规定继承人中有在继承开始前,因结婚分居或营业已从被继承人受有财产之赠与者,应将该赠与价额加入继承开始时,被继承人所有之财产中,为应继遗产。惟同条项后半段之但书已明,有被继承人于赠与时有反对之意思表示者,不在此限之规定,而关于特留分《民法》继承编,又仅明定遗嘱人以遗嘱自由处分遗产时,应不违反特留分规定之范围,及被继承人所为之遗赠,致应得特留分人应得之数不足者,得按其不足之数由遗赠财产扣减(参照第一千一百八十七条、一千二百二十五条)。可见,特留分之规定仅系限制遗产人处分其死后之遗产。若当事人处分其生前之财产,自应尊重当事人本人之意思,故关于当事人生前赠与其继承人之财产其赠与原因。若非一千一百七十三条所列举者,固不得算入应继遗产中,即其为一千一百七十三条列举之原因。如赠与人明有不得算入应继遗产之意思表示,自应适用第一千一百七十三条但书之规定,而不得于法定之外曲解,特留分规定复加何项限制。合行令仰转饬知照。此令

**附原呈**

呈为转请解释示遵事,案据吴县地方法院院长湛溎芬呈称,窃查《民法》第一一七三条第一项,继承人中有在继承开始前,因结婚分居或营业已从被继承人受有财产之赠与者,应将该赠与价额加入继承开始时,被继承人所有之财产中为应继遗产。但被继承人于赠与时有反对之意思表示者,不在此限。关于此项法条之适用,例如甲有子乙丙丁戊四人,甲生前以其所有财产之大部分立据赠予。其子乙丁嗣又立遗嘱,将其所余财产为其死后之处分。甲于赠与字据上载明赠与乙丁之财产,给与乙丁为其私产,不得算入应继遗产之内,于遗嘱上亦载明生前赠与不得加入遗产范围计算。该赠予财产于赠与字据成立后,即经过付完毕。甲于全部赠与财产过付后经数日,亦遂死亡。乙丁所受之赠与,于甲之遗产继承开始时,是否仍应并入应继财产内计算,有子丑两说,(子)说谓《民法》既有特留分之规定,而于直系卑亲属之特留分为应继分二分之一。又定有明文,被继承人生前于其所有之财产,虽得自由赠与,究不得破坏特留分之规定,甲对乙丁之赠与,在其特留分范围外者,可认为有效。而在特留分范围内者,不问在其生前已否交付,均应仍并入继承开始时,被继承人所有财中为应继财产,由其诸子均平承继。否则被继承人于其生前可凭其爱憎,而以赠与方式任意处分其财产,使各继承人不得均平受继充类,至尽具可将其财产全部赠与共同继承人中之一人,而使他继承人一无所得,不仅破坏特留分之制度,而于遗产均平继承之旨趣亦破坏无余。况甲之赠与字据与遗嘱,虽立有先后,而其用意即在破坏特留分之规定,不应认其赠与乙、丁之行为为全部有效。(丑)说谓赠与为所有人处分其所有之财产,各国法例除法

文明定有限制外，均应绝对尊重当事人之意思，不得任意加何限制。至继承人在继承开始前，受有所继人财产之赠与，各国法例虽有以法文明定，于继承开始时，应并入应继财产计算者。然为尊重当事人之意思起见，多就赠与之原因可受限制者，列举而明定之（除法国《民法》仅定明"遗产继承人，曾因所继人生存中之直接或间接赠与而得之物"外，他国均以赠与之原因可受限制者列举而明定之。法国《民法》八四三条、德国《民法》二零五零条、瑞士《民法》五二三条、五二七条、日本《民法》一零零七条），且于所继人有反对意思表示者亦多。以但书定明不受何限制，如德国《民法》二零五零条、瑞士《民法》五二七条是也。虽亦有以超过特留分或应继分之赠与部分，所继人纵有反对意思，亦认为无效者，如法国《民法》八四四条、日本《民法》一零零七条。然我《民法》一一七三条之明文，则于继承人中在继承开始前受有财产之赠与，虽亦定为应将该赠与价额加入继承开始时，被继承人所有之财产中为，应继财产。但于赠与之原因，则采列举规定，而以结婚分居或营业为赠与原因者为限。且该条但书并定明，被继承人于赠与时有反对之意思表示者不在此限，与法国《民法》、日本《民法》之条文定有超过应继部分，仍应交还，及以不违反于特留分规定之范围为限之明文者，绝不相同（法国《民法》八四四条、日本《民法》一零零七条三项）。我《民法》条文既已显然昭示，自不应于法文之外任意加以何种限制。况我《民法》一一八七条、一二二五条于遗嘱遗赠均定有不违反特留分规定之范围，及应得特留分人得由遗赠财产扣减不足之数之明文，而于一一七三条但书所定，则特许被继承人为反对表示，即可不受该条上半段之拘束。立法之不同，如此两相比较，则法律关于当事人生前之赠与行为，系绝对尊重当事人之意思尤为明显，更不应于法文外加以限制矣。至赠与与遗嘱遗赠一为生前发生效力，一为死后发生效力。赠与不得任意撤销，遗嘱、遗赠当事人在其生前可随意撤销，二者效力不同，故赠与字样纵使立在遗嘱之后，其所赠与之财产纵使已列入遗嘱之内，苟经当事人表示撤销遗嘱（《民法》第一二二一条、一二二二条），其赠与亦应有效，是则赠与在于立遗嘱之前，且于赠与人生前均已过付者，其为有效更不待言。甲赠与乙丁之财产，既在立遗嘱之前，并于赠与字据载有作为乙丁私产，不得算入应继财产之内，其遗嘱上亦有生前赠与不得加入遗产范围计算之言，不但与一一七三条之但书规定相合，且作为私产并未分居而与因分居而赠与者，亦不相同，并不得适用一一七三条之规定，应认其全部赠与为有效，不得更于继承开始时并入应继财产计算。若不顾立法趣旨而专以事实上之弊害而论，则就当事人之恶意方面言，固有子说所述之情形，而就当事人之善意方面言，亦有当事人因其他继承人不善管理或浪费或不肖，恐其遗产由其承继而立即倾荡，特举其全部或其大部分赠与其能管理财产或不浪费或善经理者之人，期无倾荡之虞。而其他继承人且因此可得扶养之利益者，利害并观，两者孰为长短，亦正难定。故舍现行之法条而专就事实上弊害立论，似非所宜，按子丑两说均觉言之成理，究竟《民法》第一一七三条第一项应如何适用之处，理合备文呈请鉴赐转呈解释等情。据此，查事关适用法律疑义，职院未便擅专，理合具文呈请钧长鉴核俯赐解释指令饬遵，实为公便。谨呈

**院字第七四四号**

**二十一年六月七日　司法院指令江苏高等法院　附原呈**

呈悉,业经本院统一解释法令会议议决,(一)遗产继承权者为有应继资格之人,可以承受遗产之权利,不待继承开始而发生(参考丧失继承权各条),故抛弃其应继之分为个人之自由,不问继承编施行前或施行后,均得为之。至抛弃之方式在继承编施行前,法无明文,如已向有利害关系人为抛弃之表示者,即应生效。惟在继承编施行后,非具备法定方式,不能认为有效之抛弃。(二)陷于生活困难为赡养之所由生其给与是否相当,当视赡养者之经济能力及被赡养者需要状况权衡认定。至赡养以何时为准,须于请求赡养时斟酌双方现状定之。(三)后母之子女对于前母并非直系血亲卑亲属,自不得代位继承其应继承之分。合行令仰转饬知照。此令

**附原呈**

呈为转请解释示遵事,案据松江县法院院长黄亮呈称,窃本院现有下列法律疑问三点:(一)《民法》施行以前,我国无抛弃继承之习惯。如继承人对被继承人预先约定抛弃或于继承开始后表示抛弃者,其抛弃是否无效?又《民法》施行以后,依法得抛弃继承。继承编一千一百七十四条第二项并规定其行使之期间与方式。惟依此亦有两疑问:(甲)继承开始前之抛弃是否有效?(乙)不依该项规定之方式者是否当然无效?上开疑问关于预先抛弃一点,在一般法理观之,似预先抛弃权利,非法律所禁。然若许预为抛弃,则继承人难保不受被继承人之威迫利诱,此应请解释者一。(二)《民法》第一千零五十七条,所谓陷于生活困难,究以何为标准将以其现有财产定之乎,抑须酌其身份权、其财产察其生活能力而定之乎?此问题解决后,仍不无疑问,究就其判决离婚时之情形定之乎,抑就判决赡养时定之乎?此应请解释者二。(三)设有某甲生女乙,乙亡无子,其夫丙续娶丁生子戊,戊对于甲之财产究有无继承权,于此问题可有两说:(甲)依照习惯,戊虽非乙所出,而名义上,仍为乙之子,当然可以继承。(乙)《民法》采男女平等主义,法律适用于男子者,当然适用于女子。今假令丙为女子,则再醮后其后夫所生之子,当然无继承其前夫之父之财产之权,则戊亦当然同样适用,且戊对甲已无血统关系,若许其继承,不免与《民法》一千一百三十八条之立法意旨相背云云,此应请解释者三。事关法律解释,理合具文呈请核转等情。据此,查事关适用法律疑义,职院未便擅专,理合具文呈请钧长鉴核俯赐解释指令饬遵,实为公便。谨呈

**院字第七四五号**

**二十一年六月七日　司法院指令江苏高等法院　附原呈**

呈悉,业经本院统一解释法令会议议决,来呈所称,损害赔偿如其损害因不迁让而生,并附带于迁让之诉而为请求者,依该省沿用之《民事诉讼条例》第七条第二项之规定,纵使请求之金额超过初级管辖权之范围,仍应属初级管辖,否则应以金额定其管辖。仰即转饬

知照。此令

**附原呈**

呈为转请解释示遵事,案据代理松江县法院院长黄亮呈称,兹有业主与住户因迁让涉讼并请赔偿损害洋二千元案件,依照《民事诉讼条例》第七条第二项自不计算其价额,惟迁让系属初级案件,而请求赔偿二千元则为地方案件,此项案件究应作为地方抑初级,颇滋疑义,理合具文呈请鉴核示遵等情。据此,事关适用法律疑义,职院未便擅专,理合具文呈请钧长鉴核俯赐解释指令饬遵,实为公便。谨呈

**此处删去一条。**

**院字第七四七号**

**二十一年六月七日　司法院指令安徽高等法院　附原呈**

呈悉,业经本院统一解释法令会议议决,开始继承在《民法》继承编施行后者,已嫁女子即同为遗产之法定继承人,并不因出嫁年限之远近及当时已否取得财产继承权而生差异。合行令仰转饬知照。此令

**附原呈**

呈为呈请事,案据来安县承审员谢鸿斌马代电称,窃查《民法继承编施行法》第二条规定,继承开始虽在《民法》继承编施行前而在下列日期后者,女子对于其直系血亲尊亲属之遗产亦得继承之。所谓在下列日期后者:(一)中国国民党第二次全国代表大会关于妇女运动决议案,经前司法行政委员会民国十五年十月通令各省达到之日;(一)通令之日,尚未隶属国民政府各省,自其隶属之日,此种规定是继承开始虽在《民法》继承编施行前,而果在上列二项日期后者,女子当然享有遗产继承权,固无疑义。若继承开始,则在《民法》继承编施行后,而女子出嫁则远在上列二项日期前,该已远期出嫁女子能否继承其直系血亲尊亲属之未分割遗产?事关法律疑义,理合电请钧院解释祇遵等情。据此,本院查,来电既称继承开始在《民法》继承编施行后,则依《民法继承编施行法》第一条规定,自应适用《民法》继承编办理。观《民法》第一千一百三十八条第三款仅载兄弟姊妹字样,似无论已未出嫁,均可继承,其直系血亲尊亲属之未分割遗产。惟事关解释法律疑义,本院未便擅覆,理合备文,呈请钧院鉴核迅赐解释,实为公便。谨呈

**院字第七四八号**

**二十一年六月七日　司法院指令浙江高等法院　附原呈**

呈悉,业经本院统一解释法令会议议决,刑事被告除《刑事诉讼法》第二七二条情形外,不得仅以书面答辩及委托代理人出庭,报馆编辑及访员妨害他人名誉在法律上并无免除刑责之规定,除《刑法》第三二七条情形外,仍应负刑事责任。至请求更正与否,系另一问题。

合行令仰转饬知照。此令

**附原呈**

呈为转请解释事,案据上虞县县长吴云啸呈称,兹有某甲因某报馆登载新闻妨害其名誉状控某报馆编辑及访员妨害名誉前来,该报馆编辑及访员可否径以书面答辩或委托代理人出庭?再查报馆为言论机关有绝对自由权,其所登载之新闻如有不实之处,本可由当事人向报馆请求更正。如该当事人并不向报馆请求更正,径向法院提起妨害名誉之诉,该编辑暨访员应否负刑事责任?理合备文呈请仰祈核示等情,据此,案关法令疑问,理合备文转请仰祈钧院俯赐解释,以便饬遵。谨呈

**院字第七四九号**

**二十一年六月七日　司法院指令湖南高等法院　附原呈**

呈悉,经本院统一解释法令会议议决,民法总则施行前宣告准禁治产者,依该施行法第一条规定,其宣告效力应仍存续。若在未撤销宣告以前,其行为能力不能谓已当然恢复。合行令仰转饬知照。此令

**附原呈**

呈为据情转呈仰祈鉴核事,案据衡山县长蔡庆萱径代电称,兹有某甲于民法总则施行前,受准禁治产之宣告,现《民法》不采用此制而宣告甲之准禁治产,其效力是否仍然存续?甲在此时,能否追认民法总则施行前未得保佐人同意之一切法律行为,及现时对外为法律行为,有子丑二说:(子)说谓民法总则,虽未采用准禁治产制,然《民法总则施行法》第一条,民事在民法总则施行前发生者,除本法施行法有特别规定外,不适用民法总则之规定。甲宣告准禁治产既发生在民法总则施行前,而施行法又无特别规定,自不得视作限制原因,业已消灭。谓准禁治产之宣告无存续之效力。(丑)说谓准禁治产制不合我国国情与经济习惯,民法总则故不复采用。民法总则施行即为前经宣告准禁治产人能力限制当然消灭之原因,此后甲之行为能力完全恢复,所为追认行为与为法律行为均应有效。若如子说谓曾经宣告之准禁治产在今日犹有存续之效力,何以《民法总则施行法》第四条之规定禁治产人尚须再行声请宣告,方视为禁治产人?岂民法总则不采用之准禁治产制反存续有效乎?两说未知孰是,本府现有此案急待判决,无所依据。事关法律问题,未敢臆断,合电呈请解释示遵等情。据此,案关法律疑问,本院未便擅拟,除令准呈转外,理合具文呈请钧院赐俯解释示遵。谨示

**院字第七五〇号**

**二十一年六月七日　司法院指令江苏高等法院　附原呈**

呈悉,业经本院统一解释法令会议议决,夫妻之一方于同居之诉判决确定后,仍不履行同居义务。若无其他情形,尚不能指为合于《民法》第一千零五十二条第五款之规定。合行

令仰知照。此令

**附原呈**

为呈请解释事，按夫妻同居之义务，《民法》第一千零一条定苻明文，故夫妻一方违背是项义务者，他方得请求同居。惟于此有一疑问在焉，即能否请求离婚是也？查同法第一千零五十二条载，夫妻之一方以他方有下列情形之一者为限，得请求离婚。是请求离婚者，不得在此条件以外，而遍阅该条，则对于违背同居义务一点尚无明文。今设甲对乙提起同居之诉，经判决确定乙应与甲同居，但同居之诉不能强制执行。假令乙坚不履行，则在甲方面有无救济之法，可否即认为适合该条第五款之条件，许其请求离异？事关法律疑义，未敢擅专，理合具文呈请赐予解释，实为公便。谨呈

**院字第七五一号**

**二十一年六月七日　司法院指令四川高等法院　附原呈**

呈悉，业经本院统一解释法令会议议决，调解主任推事之性质，应认为与民诉条例第四十二条第七款所谓之公断人相同。合行令仰转饬知照。此令

**附原呈**

呈为据情转请解释俾资遵守事，案据代理自贡地方法院院长蔡先庚呈称，窃本院刻正筹设民事调解处，不日成立。惟调解主任推事是否《民事诉讼条例》第四二条第七款之公断人。应请解释示遵等情。据此，事关法律解释，理合具文转请钧院俯赐解释俾资遵守，伏候指令，以凭转饬遵照。谨呈

**院字第七五二号**

**二十一年六月七日　司法院指令安徽高等法院首席检察官　附原呈**

呈悉，业经本院统一解释法令会议议决，总会为会中最高意思机关，常任评议员会得议决之事项，如经总会议决，自属有效。合行令仰知照。此令

**附原呈**

呈为呈请解释，以便遵循事，窃查《芜湖律师公会会则》第八条载，有下列事项之一者，经本会常任评议员会之议决，得令其退会。第三款则载经本会会员检举认为有害律师之风纪者等语。兹有某律师被少数会员指为行为不检，有害律师风纪召集临时总会议决予以退会之处分，应否认为有效，于是发生下列两说：（甲）说临时总会系全体会员大会，所有评议员亦经全体出席，其力量实超过评议员会议决而上之，其议决当然有效。（乙）说该律师公会会则第八条明明规定，由常任评议员会议决得令退会，足见会员退会，其议决权系操于常任评议员会。兹某律师退会之处分系以临时总会议决行之，并非经常任评议员会之议决，显系违反会则，其议决应归无效。以上两说，究以何说为是，职处现有此类案件发生，急待解决，理合备文呈请钧院迅赐解释，俾资遵循，是为公便。谨呈

**院字第七五三号**

**二十一年六月七日　司法院电福建高等法院首席检察官　附原函**

福建高等法院林首席检察官览,该首席检察官电呈最高法院检察署,转请解释《刑法》第一二二条及第一二七条各疑义一案,业经本院统一解释法令会议议决,《刑法》第一二二条之友邦元首,不以滞留于我国者为限(注意同法第三条第二项、第四条及第七条第一项之规定)。至同法第一二七条之请求,须外国政府或足以代表外国政府者为之,领事自动请求,不能认为代表外国政府。合电知照。司法院虞印

**附原函**

迳启者,案据附件高等法院首席检察官林炳动寒电称,《刑法》第一二二条之友邦元首,是否以现滞留于我国者为限?又第一二七条之请求,应由外国外交部或公使提出,抑可由其领事自动为之?悬案待决,乞迅核转解释电示祗遵等情。据此,相应函请贵院迅予解释为荷。此致

**院字第七五四号**

**二十一年六月七日　司法院电江西高等法院　附原电**

江西高等法院梅院长览,上年十二月佳代电悉,所请解释代位继承疑义一案,业经本院统一解释法令会议议决,已嫁女子死亡时,依法尚无继承财产权,则继承开始时之法律虽许女子有继承权,而已死亡之女子究无从享受此权利。其直系卑属,自不得主张代位继承。合电知照。司法院虞印

**附原电**

司法院院长钧鉴,按《民法》继承编第一千一百四十条,凡第一顺序之继承人(即直系血亲卑属)有于继承开始前死亡或丧失继承权者,由其直系血亲卑属代位继承其应继分,是以继承开始前死亡之已嫁女子如果于未死亡之前,法律已许其有继承财产权者,则该女子之直系卑属自可依法代位继承其应继分,此固已经院字第四零五号及四二四号解释在案。惟已嫁女子生前之法律,若并未许其有继承财产权,而于死亡之后法律乃许女子有继承财产权,而继承之开始又在其后,则该女子之直系血亲卑属可否主张代位继承,不无疑义:(甲)说谓女子死亡之时,法律虽尚未许其有继承财产权,但于被继承人死亡之时(即继承开始之时),法律已许女子有此权利,则为贯彻男女平等之原则起见,自应许该女子之直系卑属得以代位继承之。(乙)说谓依院字四零五号及四二四号解释,对于女子之直系卑属得以代位继承者,均以该女子依法有继承财产权者为限。若女子生前之法律既未许其有应继财产之权,是该女子于生前本无此权利,则其死后之法律虽许女子有继承财产权,而早已死亡之女子,究无从享受此权利,故其后继承开始之时,该女子即无所谓其应继分,而其直系卑属亦自不得主张代位继承云云。以上二说,均持之有故,职院恒有受理关于此项案件,理合

电请解释示遵。江西高等法院院长梅光义叩佳印

**院字第七五五号**

**二十一年六月七日　司法院电广西高等法院　附原电**

广西高等法院院长览，本年二月文代电悉，苍梧地方法院所请解释假扣押抗告期间疑义一案，业经本院统一解释法令会议议决，《民事诉讼执行规则》关于假扣押规定与民事诉讼律抵触之部分，依十六年八月十二日国民政府令不在援用之列。该律既无假扣押抗告期间之规定，自应依普通抗告期间办理。合电转饬知照。司法院虞印

**附原电**

司法院院长钧鉴，案据代理苍梧地方法院院长申守真有代电称，民事诉讼律关于假扣押之抗告期间虽无规定，但《民事诉讼执行规则》关于假扣押抗告之期间已定为七日，究竟此项抗告期间应否照普通抗告期间，抑或照该规则所定期间？理合电请察核解释示遵等情，据此，事关法律疑义，理合据情电请钧院察核俯赐解释，俾便饬遵。广西高等法院院长朱朝森呈文印

**院字第七五六号**

**二十一年六月七日　司法院电江苏高等法院第二分院　附原电**

江苏高等法院第二分院沈院长览，该分院前徐院长本年一月有代电悉，所请解释刑诉法第二一八条疑义一案，业经本院统一解释法令会议议决，告诉乃论之罪，依《刑事诉讼法》第三百三十七条第二款，本可依自诉程序办理。倘自诉人自知悉犯人之时起六月内确有《刑事诉讼法》第二百零八条之情形，得依同条至第二百十一条之规定办理。合电知照。司法院阳印

**附原电**

南京司法院钧鉴，查刑诉法第二百十八条告诉乃论之罪，其告诉应于告诉人知悉犯人之时起六月内为之等语，适用该条法文颇滋疑义，约分两说：（甲）说明定告诉人之告诉，必须自知悉犯人之时起六月内为之，既无例外规定，当然不能于期限外告诉。（乙）说倘告诉人自知悉犯人之时起六月内行动不能自由，迨自由恢复已在六月以外，此时如不准其另行起算告诉期限，别无救济之途。两说未知孰是，理合电请钧院迅赐解释，俾有遵循。署江苏高等法院第二分院院长徐维震叩有印

**院字第七五七号**

**二十一年六月七日　司法院电河北高等法院　附原电**

河北高等法院胡院长览，上年八月文代电所请解释悉，承买官产取得所有权疑义一案，业经本院统一解释法令会议议决，官产处就其权限内所得处分之官产卖给人民，其承买人

即合法权利之取得人,他机关不得妨害其权利之行使。惟该省经河务局保留有案之河淤地,该省官产处是否有权处分,应就具体事实认定之,不能抽象解释。合电知照。司法院阳印

**附原电**

司法院院长钧鉴,兹有某甲在官产处承买某河淤地一段,某河务局以该项河淤向归该局管理与治河有关,曾函请官产处保留有案,阻止某甲之工作,某甲遂对河务局提起确认土地所有权之诉,于此有两说焉:(子)说官产处有代表国家处分官产之权,该河淤既系官产,则官产处之处分应属有效。(丑)说官产处与其他官署均为国家机关,立于对等地位,故其对于有主管官署之官产必须得该主管官署之同意,不能任意处分。如可任意处分,则该官产处讵非一切官署之上级机关。设将现在办公之衙署及其他公务上必须之房屋任意处分,讵非妨害国家之要务。稽之国家设立官产处之真意,必不如此。二说究以何说为是,理合快邮代电,恳予迅赐解释。为叩河北高等法院院长胡祥麟文印

**院字第七五八号**

**二十一年六月七日　司法院电河北高等法院　附原电**

河北高等法院胡院长览,上年八月筱代电悉该法院第一分院,转请解释不动产登记条例第五条疑义一案,业经本院统一解释法令会议议决,不动产登记条例第五条所称非经登记云者,即非经登记完毕之谓,仅着手登记而未完毕不生何效力。以诈欺或强迫妨碍登记者,仅实施诈欺或强迫人,不得主张登记之欠缺。其他一般善意第三人得为登记欠缺之主张。合电转饬知照。司法院虞印

**附原电**

司法院王院长钧鉴,据河北高等法院第一分院元代电称,查《不动产登记条例》第五条载,不动产物权应行登记之事项,非经登记不得对抗第三人等语。所谓登记,自系指记入登记簿而言。惟登记权利人仅着手登记尚未完毕之际,应有如何之效力,条例内并无明文,究应解为登记完毕,始生对抗第三人效力,抑但经着手登记即可生效?又登记通例第二条所载,以诈欺或强迫妨碍登记者,不得主张其欠缺,自系指实施诈欺等行为者而言。若登记权利人因某人之诈欺强迫,受有妨碍,其他一般善意第三人能否主张其欠缺?以上二项,本分院均有疑义,即恳钧院转请司法院迅赐解释,俾有遵循等情前来,理合转请钧院察核,发交最高法院解释示遵。河北高等法院院长胡祥麟叩筱

**院字第七五九号**

**二十一年六月七日　司法院电山东高等法院首席检察官　附原函**

山东高等法院鲁首席检察官览,该首席检察官电呈最高法院检察署,转请解释原告诉人撤销上诉疑义一案,业经本院统一解释法令会议议决,原告诉人虽得撤销呈诉,但既经以

检察官名义提起上诉。苟未得检察官之同意,法院径准撤回上诉,不能认为合法。合电知照。司法院虞印

**附原函**

迳启者,案据山东高等法院首席检察官鲁师曾铣日代电称,查原告诉人对于非正式县法院判决虽得呈诉不服而上诉名义,则仍属检察官,业经钧院解释在案。如原告诉人声请撤销上诉时,未得检察官同意,法院径准撤销是否合法?悬案待决,理合电请鉴核迅赐转院解释电示祇遵等情。据此,除指令外,相应函请查照迅予解释为荷。此致

**院字第七六〇号**

**二十一年六月七日　司法院电山东高等法院　附原电**

山东高等法院吴院长览,上年八月有代电悉,惠民县法院转请解释民事调解成立后发生互诉应如何救济一案,业经本院统一解释法令会议议决,调解成立依《民事调解法》第十三条之规定,既与法院确定判决有同等之效力,则于调解成立后有得提起再审之诉之原因,在沿用《民事诉讼条例》之省份,自得准用该条例第五百八十二条之规定,即适用民事诉讼律之省份,亦应准用再审程序之规定办理。合电转饬知照。司法院阳印

**附原电**

司法院院长钧鉴,案据惠民县法院审判官吴乐春呈称,窃某甲以某乙侵占宅基声请调解,经调解处调解成立结果。某乙将侵占某甲之宅基找价作绝,嗣经丈量某乙确无侵占事实,某甲以调解成立请求执行,某乙以确无侵占不欲履行,双方互诉到院。查《民事调解法》第十三条调解成立,与法院确定判决有同等之效力。又《民事诉讼条例》第四百五十条,关于诉讼标的之和解成立者,当事人不得就该法律关系更行起诉各等语。查判决尚有再审之规定以资救济,若《民事调解法》第十三条并无其他救济条文,如按照调解成立之结果履行,实际上某乙受有损害,如不按照调解执行,则不足以维持调解成立之效力,究应如何救济之处,颇滋疑义。理合备文呈请钧院鉴核指示祇遵等情。据此,案关法律解释,理合电请钧院迅赐解释,俾便饬遵。山东高等法院院长吴贞缵叩有

**院字第七六一号**

**二十一年六月七日　司法院电山东高等法院　附原电**

山东高等法院吴院长览,上年八月世代电悉商河县法院转请解释关于养子女各疑义一案,业经本院统一解释法令会议议决,一人不得同时为二人之养子女,法律已有明文禁止,而独子独女之为他人养子女,既无禁止明文,即可任凭当事人间之协意收养,关系未终止以前,养子女与其本生父母之关系未能回复(参照《民法》一千零八十三条),自无所谓兼充。惟养子女之关系原则上既与婚生子女相同,则旁系血亲在八亲等以内,旁系姻亲在五亲等以内,辈分不相当者,自不得为养子女,以免淆乱。合电转饬知照。司法院虞印

**附原电**

司法院院长钧鉴,案据商河县法院审判官兰本茹呈称,呈为援引法律发生疑问,呈请鉴核解释示遵事。窃查宗祧承继,自现行《民法》继承编施行后业已废除,以故无子女者收养他人之子女为子女时,无论同姓或异姓均可,民律亲属编第一千零七十二条之规定极为明显,并无何等疑问。惟收养血亲或姻亲辈分不相当之人以为养子女是否合法,律无明文规定,发生疑问者一。一人同时不得为二人之养子女,如独子独女能否兼充他人之养子女,律无明文规定,发生疑问者二。独子能否舍其本生父出而为他人养子,律无明文规定,发生疑问者三。事关法律解释,审判官不敢臆断,理合具文呈请钧宪鉴核解释示遵,实为德便等情。据此,案关法律解释,理合电呈钧院迅赐解释,俾便饬遵。山东高等院院长吴贞缵叩卅一

**院字第七六二号**

**二十一年六月七日　司法院电四川高等法院　附原电**

四川高等法院龙院长览,上年八月皓代电悉,该法院第一分院转请解释《民法继承编施行法》第八条疑义一案,业经本院统一解释法令会议议决,《民法继承编施行法》第八条所称,依当时之法律无其他继承人者,系指依当时之法律无其他可继之人而言,不以已有继承身分之事实为限。盖《民法》继承编虽不规定宗祧继承,而继承开始在该编施行前者,依该编施行法第一条,既以不适用该编规定为原则,而依其当时之法律,继承宗祧之人即得继承财产,故继承开始,苟在该编施行前而被继承人又无直系血亲卑属者,如依当时法律有继承权之人出而告争,不论其起诉在该编施行之前后,均依其当时之法律办理。合电转饬知照。司法院阳印

**附原电**

司法院钧鉴,案据四川高等法院第一分院院长费有浚代电,查《民法继承编施行法》第八条所称,依旧法之其他继承人,经职院庭员讨论主张各异,约分甲乙二说:(甲)说开始承继既在新法施行以前,则旧法尚属有效。守志之妇及有继承权之利害关系人,均得召集亲属会为被继承人立嗣。施行法所称其他继承人,即系指同宗有继承权之人而言,故只须开始继承在新法施行以前,不问其告争继承,虽在新法施行前或施行后但未逾时效期间,仍得主张立嗣为继承人。(乙)说新法不承认有宗法之存在,新法既经施行,在施行前尚无取得嗣子身分之事实者,不得再行主张,故施行法第八条所称其他继承人,乃系指旧法中已成事实可以继承财产之人。如嗣子奸生子、义男、赘婿、亲女之类,并非指尚无事实,仅有继承权之人而言。以上二说,究以何说为是,事关解释法律,未敢臆测,理合电请钧院转送最高法院俯赐解释,俾资遵循等情。据此,案关法律解释,理合电陈恳请迅赐复示,以便转饬祗遵。四川高等法院院长龙灵叩皓印

**院字第七六三号**

**二十一年六月十日　司法院指令江西高等法院　附原呈**

呈悉，业经本院统一解释法令会议议决，《危害民国紧急治罪法》第一条第一项所称，扰乱治安指其行为危害国家之安宁秩序者而言。如其手段上有杀人放火等行为，应依《刑法》第七十四条之规定，比较《刑法》各该本条，从重处断，不生并合论罪之问题。合行令仰转饬知照。此令

**附原呈**

呈为呈请事，案据兼理司法弋阳县县长申丙呈称，查《危害民国紧急治罪法》第一条第一项所称，[1]如认为包括在内，则属结合犯，依特别法优于普通法之通例，应处以扰乱治安之一罪，而不发生俱发罪问题。否则并应就其行为，按其情节，适用《刑法》并合论罪之规定，分别论罪究之。所谓扰乱治安果属何谓，未敢擅决，理合具文呈请钧院迅予解释指令祇遵等情到院。事关法律疑义，本院未敢擅断，理合具文呈请钧院鉴核俯赐解释，以凭饬遵。谨呈

**院字第七六四号**

**二十一年六月十日　司法院指令湖北高等法院　附原呈**

呈悉，业经本院统一解释法令会议议决，窃盗因脱免逮捕当场施强暴胁迫，依《刑法》第三百四十七条处断。合行令仰转饬知照。此令

**附原呈**

呈为呈请事，案据武昌地方法院院长李治东呈称，呈为呈请解释事。兹有某甲于夜间侵入某乙住宅窃取衣物，甫出门即被某乙追获，某甲因脱免逮捕，当场对于某乙施强暴胁迫，究应用何条判处罪刑，分甲乙两说：（甲）谓无论何种窃盗，凡因脱免逮捕而当场施强迫者，均应依《刑法》第三百四十七条处断，不能以《刑法》第三百四十八条论科。其理由有三：（一）刑法第三百四十七条载，窃盗或抢夺因防护赃物、脱免逮捕或湮没罪证，而当场施强暴胁迫者，以强盗论等语，并未载明何种窃盗，显系包括各种窃盗在内。况查《刑法》第二十八章之加重窃盗罪，最轻主刑为一年以上有期徒刑。《刑法》第三百四十七条准强盗罪依第三百四十六条规定，其最轻主刑为三年以上有期徒刑，显见第三百四十七条纯属第二十八章各种窃盗罪加重条文。是侵入窃盗因脱免逮捕当场施强迫，自应依第三百四十七条处断。（二）刑法第三百四十八条载，犯强盗罪而有第三百三十八条情形之一者，处七年以上有期徒刑等语。按此条规定意旨，必犯人当初犯意与犯行，均属强盗其后强盗行为而又有第三百三十八条情形之一者，始能依此条处断，实属犯强盗罪一种加重条文。若侵入窃盗之犯

〔1〕此处删去一句。

意与犯行只在行窃,其后因脱免逮捕施以强迫,故以强盗论罪与第三百四十八条所载,犯强盗罪而有第三百三十八条情形之一者,显然不同,自不能依第三百四十八条处断。(三)以强盗罪论,在法律上谓之准强盗罪与故意犯强盗罪条件不同。若侵入窃盗临时因脱免逮捕,当场施以强迫,即引用第三百四十八条处断,势必先引用第三百四十七条规定。再能牵入第三百四十八条,是一罪名经过两种条文加重,显与立法本旨违背。(乙)谓窃盗因脱免逮捕当场施强迫行为,法律既规定以强盗论罪,实变成强盗罪。若侵入窃盗既有第三百四十七条情形,显犯第三百四十八条之罪,应依该条处断,不能以第三百四十七条论科。以上二说,未知孰是,理合具文呈请钧院转呈司法院解释指遵等情。据此,理合具文呈请钧院解释指令祇遵。谨呈

**院字第七六五号**

**二十一年六月十日　司法院指令安徽高等法院首席检察官　附原呈**

呈悉,业经本院统一解释法令会议议决,兼理司法之县政府,其组织与法院不同。如向高等法院声请移转管辖,经裁定驳回后,高等法院首席检察官若将原县政府检察职权之事务移于管辖区域内别院检察官或他县政府,于侦查终结后,应就近诉由该法院或径由他县政府依法受理裁判。合行令仰转饬知照。此令

**附原呈**

呈为呈请解释事,案据安徽高等法院第二分院首席检察官孙廷赞敬代电称,查以地方法院检察官办案偏颇为理由,向高等法院声请移转管辖,经裁定驳回之后,高等法院首席检察官仍得将检察官之事务移于管辖区域内别院检察官,但侦查终结后,如原地方法院有管辖权,仍应起诉于原地方法院,业经二十年院字第五九八号解释有案。惟此项解释系对于高等法院及地方法院而言。设有以兼理司法之县政府办案偏颇为理由,向高等分院声请移转管辖。经裁定驳回之后,再向同院首席检察官声请移转检察事务,则此项解释能否援用?且县政府行使检察审判两种职权之界限向不分明,如能援用此项解释,则侦查终结后是否仍应起诉于有管辖权之原县政府?不无疑义,悬案以待,理合电请迅予转电解释示遵等情。据此,理合据情具文呈请钧院鉴核,俯赐迅予解释,以便饬遵,实为公便。谨呈

**院字第七六六号**

**二十一年六月十日　司法院指令安徽高等法院　附原呈**

呈悉,业经本院统一解释法令会议议决,掳人勒赎与强盗如有牵连关系,合于《刑法》第七十四条之规定,检察官起诉书内虽仅引用掳人勒赎法条,法院得就强盗部分而为判决,其应并合论罪者,检察官既未就强盗罪提起公诉,法院自不能径予审理。合行令仰知照。此令

附原呈

呈为呈请解释事,兹有被告犯强盗与掳人勒赎两罪,检察官起诉书内对于两罪事实均经声叙,惟仅引掳人勒赎法条。法院能否就强盗罪审判:(甲)说被告犯数罪,其一罪应受重刑之判决,检察官认为他罪于应执行之刑无重大关系,得不起诉,刑诉法第二百六十一条第一项已明文规定。检察官既对于掳人勒赎罪引用法条起诉,则关于较轻之强盗罪既于应执行之刑无重大关系,似可不予起诉。纵于笔录内未经记明,此不过事实上疏漏,法院不应就未经起訴之强盗罪审判。(乙)说被告之犯罪行为以起诉书所载事实为标准,检察官起诉书既叙明被告犯强盗罪事实,且未于笔录内有对于某罪不起诉之记载。虽未引用所犯法条,仍应认为对于强盗罪业已起诉,进行审判。两说未知孰当,理合呈请钧院俯赐解释示遵,实为公便。谨呈

院字第七六七号

二十一年六月十日 司法院指令江苏高等法院 附原呈

呈悉,业经本院统一解释法令会议议决,《刑诉法》第三四一条第一项之规定,即有独立自诉权之人亦应同受制限。来呈所询情形,既经被害人告诉,由检察官侦查终结,被害人之配偶自不得再向法院自诉。合行令仰转饬知照。此令

附原呈

呈为转请解释事,案据吴县地方法院院长湛湃芬呈称,今有甲被乙殴伤,甲即以乙伤害具状向检察官告诉,旋于侦查庭询问时,又以言词撤回告诉。检察官即因其撤回告诉,而与以不起诉之处分。嗣甲身死,甲妻丙复以乙伤害甲之同一事实提起自诉。本院对于《刑事诉讼法》第三百三十八条第一项、第二项两项,暨第三百四十一条各规定适用上,颇滋疑义,因而发生下列两说:(子)谓《刑事诉讼法》第三百三十八条第一项,被害人之法定代理人、保佐人或配偶,得独立自诉。所谓独立云者,即不问被害人已否死亡或其意思如何,均得独立自诉。如必以被害人之意思为能否自诉之标准,将何以解于独立二字之意义?至该条第二项,系就其他亲属行使自诉而言,有独立自诉权之配偶并不受此限制。按之司法院院字第四七零号解释,至为明显。(丑)谓同一案件经检察官侦查终结,不得再向法院自诉。《刑事诉讼法》第三百四十一条规定,至为严明,既无其他例外明文,即无论何人均应受其拘束。丙以甲之配偶身分就已经检察官不起诉之同一事实,提起自诉,依照上开规定,显有不合。至司法院院字第四七零号解释,系指被害人于被害后死亡前,未经行使告诉权,由其他亲属告诉而言。本件被害之甲不但业已告诉,且经撤回告诉并经检察官侦查终结,自与被害人死亡由其他亲属于告诉后撤回告诉,其配偶仍得独立告诉之情形不同。以上两说,究以何说为是,事关法律疑义,呈请鉴核转请解释遵行等情前来。理合具文转呈钧院鉴核解释,指令饬遵。谨呈

**院字第七六八号**

**二十一年六月十日　司法院指令江苏高等法院　附原呈**

呈悉,业经本院统一解释法令会议议决,(一)来呈所称之甲,既系于《民法》继承编施行前死亡,是其继承开始即在继承编施行以前。凡继承开始在继承编施行前者,依该编施行前之法律,若尚有可继之人,仍应许其主张。惟依当时法律被继承人及其守志妇,均有择贤择爱之权。故被继承人之胞侄虽有可继资格,苟守志妇不欲立其为嗣,即不得强其必立。若无其他可继之人,则被继承人之亲生女即承受全部之遗产。(二)《民法》既不采用宗祧继承,故继承开始在亲属编施行后者,即不生立嗣问题。合行令仰转饬知照。此令

**附原呈**

呈为转请解释示遵事,案据宜兴县承审员段彦澄呈称,窃查《民法》亲属编第三章,父母子女内有养子女之明文无嗣子之规定。设有甲乙夫妻二人,夫甲已于去年死亡,妻乙犹存,仅有一女尚未出嫁,夫甲死时亦无遗嘱。现妻乙以女子有财产继承权,拟由其女承继夫之全部遗产,其夫虽有胞侄丙,而妻乙不欲其立嗣,究竟是否可行?再男子已婚无子女而有亲侄者,亦未收养他人之子女,是否可以不立其侄为嗣子,理合备文呈请鉴核指令祇遵等情。据此,事关适用法律疑义,职院未便擅专,理合备文呈请钧长鉴核俯赐解释指令饬遵,实为公便。谨呈

**院字第七六九号**

**二十一年六月十日　司法院指令河南高等法院　附原呈**

呈悉,业经本院统一解释法令会议议决,《民法》继承编既无宗祧之规定,则开始继承在《民法》继承编施行以后,当事人仍以立嗣告争,应即驳斥其诉。惟被继承人死亡无嗣,实在《民法》继承编施行以前。而当事人依据当时之法律,以有权继承诉请创设,则其告争虽在该编施行以后,自仍应查照院字第五八六号解释办理。至就以前立嗣之事实请求确认,自与该编施行无涉,应予调查裁判,尤不待言,合行令仰转饬知照。此令

**附原呈**

呈为呈请事,案据本院第一分院庭长兼代院长职务阎子纶有代电称,查新《民法》无宗祧继承之规定,有被承继人死亡在新法施行后,而当事人以宗祧告争者,有被承继人虽在新法施行前死亡,而告争在新法施行后者,究应如何办理,殊滋疑问,理合电请转请解释,俾资遵循,实为公便等情前来。查新《民法》关于宗祧继承似采放任主义,无论被承继人何时死亡,苟当事人在继承编施行前未经取得合法继承权,现时当然不能主张宗祧承继,其就从前取得继承权事实之有无请求加以确认者,核与新《民法》之施行无关,法院仍应调查裁判,似无何等疑义。惟事关解释法律,本院未敢擅专,理合具文呈请钧院解释示遵。谨呈

**院字第七七〇号**

**二十一年六月十日　司法院指令湖南高等法院　附原呈**

呈悉,业经本院统一解释法令会议议决,(一)《民法》继承编既无宗祧继承之规定,则继承开始在《民法》继承编施行以后而无直系血亲卑亲属者,除被继承人曾以遗嘱,就其财产之全部或一部指定继承人,其所指定之人因权利被侵害,得依《民法》第一千零七十一条、第一千一百四十三条之规定而诉争外,其他亲族或卑属自不得援《民法》继承编施行前之法律所定宗祧承继,而以应代立继或应继为词更为告争。若继承开始在《民法》继承编施行以前,被继承人无直系血亲卑亲属者,依《民法继承编施行法》第一条、第八条之规定,应仍适用其当时之法律(参照院字第五八六号、第七六二号解释);(二)《民法》亲属编无妾之规定,至《民法》亲属编施行后,自不得更以纳妾为缔结契约之目的。如有类此行为,即属与人通奸,其妻自得依《民法》第一千零五十二条第二款请求离婚。如妻不为离婚之请求,仅请别居,自可认为《民法》第一千零一条但书所称之正当理由,惟在《民法》亲属编施行前,业经成立之纳妾契约,或在该编施行后,得妻之明认或默认而为纳妾之行为,其妻即不得据为离婚之请求。但因此而有不能同居之正当理由,仍得请求别居。至妻别居后之生活费用,即家庭生活费用,若妻无财产或有财产而无《民法》第一千零二十六条、第一千零三十七条、第一千零四十七条第二项、第一千零四十八条之情形,均应由夫支付之。倘按时支付而有窒碍时,妻得就夫之财产收益中请求指定其一部以充支付。合行令仰转饬知照。此令

**附原呈**

呈为适用法规疑义,转请鉴核示遵事,案据本院第一分院兼代院长李崇实呈称,窃查《民法》继承编,无宗祧继承之规定。现有以宗祧继承诉争,因法无明文,办理即无依据,于是有拟依民法总则第一条"采用习惯者",而亦发生争议,分甲乙二说:(甲)说法律应时世之需要规定,惟恐不详。如果在立法时无此事例,施行后方始发现者,则依总则第一条适用习惯或法理以济法律之穷。今宗祧继承在继承编未施行前,明明有此事例而现行法不予采用,推其立法本意,系不认有宗祧继承之存在。倘人民以此类案件起诉,除关于财产继承应依继承编办理外,其余概不受理驳回其诉。(乙)说人民争继,其主要目的果在财产,自可依继承编办理。若所争者为单纯之宗祧继承,法院不能以法无明文不予受理,现行法固无宗祧继承之规定,亦无不许有宗祧继承之规定。我国宗法相沿已久,并与公共秩序善良风俗不相违背。倘遇此类案件,当然依《民法》总则第一条依习惯办理。两说究以何说为是,此应请解释者一。又查《民法》亲属编无妾之规定,假如其夫纳妾妻不同意,因而发生以下三项疑问:(一)妻请求离婚,依《民法》第一千零五十二条所订之条件,如谓为重婚,则妾之身分与妻不同,事实上虽与重婚无异,法律上不能认为重婚。如谓为与人通奸,则妾入室后,即为家属之一人,而与家长之关系又系生于契约,亦与通奸之情形有别,则是与该条第一款、第二款两款均有未合,能否仅以纳妾为理由许其离异?(二)妻不离婚,请求撤销妾之契

约。按法律行为有必须第三人之同意而始生效力者，夫未得妻之同意纳妾入室，特定人之妻请求解除其契约，似亦为法所许。但妾之契约与其他契约不同，是否可以判决撤销？如能撤销，有无期间及生子女之限制？并是否可以强制执行？(三)妻不离婚又不请撤销妾之契约，惟求与夫析产别居。查《民法》第一千零一条但书，果属理由正当，固不禁止别居。惟夫妻财产制各节目无析产之规定，而乡村中妻有特有财产者，系极少数。大半恃其夫之财产以为生活。如果均为其夫之财产，妻是否有请求分割之权，此应请解释者二。以上二点，均亟待解决，理合呈请核转解释示遵等情前来。除指令外，理合呈请钧院核示祇遵。谨呈

**院字第七七一号**

**二十一年六月十日　司法院训令最高法院检察署　附原函**

为令知事，该检察署上年慎字第二二二四号公函致最高法院，为请解释诬告案件，经检察官处分不起诉者，被诬告人能否声请再议疑义一案，业经本院统一解释法令会议议决，诬告罪之被害法益，系国家之审判权。被诬告人向有追诉权之公务员呈告被诬之事实，只能谓之告发，不能谓之告诉。如检察官不予起诉，当然无声请再议之权(参照最高法院民国二十年上字第五五号判决)。合行令仰知照。此令

**附抄判决书一件**

**附原函**

迳启者，查诬告案件经检察官处分不起诉者，被诬告人能否声请再议，有甲乙两说：(甲)说谓《刑事诉讼法》第二百四十八条第一项，系明定告诉人得为声请再议。诬告罪之被害法益，依本院判例系属国家之审判权。纵令被诬告者偶因审判失平而蒙损害，究与诬告无直接之关系，故其向有追诉权之公务员呈诉时，只能谓之告发，不能谓之告诉，当然无声请再议权。(乙)说谓《刑法》第二百八十五条有指被诬告者，为被害人之用语。是法律上已认被诬告者，为被害人。被害人呈诉其被害事实，自属告诉性质，故其对于不起诉之处分，应认为有声请再议权。两说究以何说为是，相应函请贵院迅赐解释见复为荷。此致

**院字第七七二号**

**二十一年六月十日　司法院训令江苏高等法院首席检察官　附原函**

为令知事，该首席检察官呈最高法院检察署，为镇江地方法院首席检察官转请解释《监狱规则》第六十六条之许可保外监督权疑义一案，业经本院统一解释法令会议议决，查监狱之监督权，依各省《高等法院院长办事权限暂行条例》第四条第十五款之规定，属于高等法院院长，故《监狱规则》第六十六条之许可保外，其监督权当然由高等法院院长行之。各县监狱对于执行人犯，如呈请保外医治，应经高等法院院长之许可。合行令仰转饬知照。此令

附原函

迳启者，据江苏高等法院首席检察官王思默呈称，呈为江苏镇江地方法院首席检察官徐世勋呈请解释《监狱规则》第六十六条之许可保外监督权，仰祈鉴赐送院解释示遵事。窃据署江苏镇江地方法院首席检察官徐世勋呈称，查《监狱规则》第六十六条载，罹精神病、传染病或其他之疾病，认为监狱内不能施适当之医治者，得斟酌情形呈请监督官署许可保外医治等语。是条所称监督官署在不兼理司法之县政府，而旧县监归其管辖者，是否包括在内，不无疑义，于此有三说焉(甲)说谓《监督规则》第六十六条，系执行《刑法》之一种权变办法，属于司法权限。该条所称监督官署，当然指高等法院及兼理司法之县政府而言，在不兼理司法之县政府虽间有旧县监归其管辖者，不过因新监尚未成立之法院所在地，不得不暂用旧县监执行人犯以为过渡办法。虽此种县监为该所在地之县政府管辖，不过历史相沿之经费关系，法律上并未赋予《监狱规则》第六十六条之许可保外权，此权自应属于高等法院，而不属于不兼理司法之县政府，诚以该项县政府完全行政官厅。果有此许可保外权，不啻以行政官听而侵及司法权限，其流弊将有不可胜言者，殊非国家慎重执行刑罚之道，是上开规则该条所称监督官署当然不包括该项县政府在内。(乙)说谓该项县长虽不兼理司法，而旧县监既归其管辖，该监管狱员事事皆禀承县长办理，该县长自系该监之监督长官，该县政府自系《监狱规则》第六十六条所称之监督官署。盖监督权系整个的而不可分割，不能以若者事务归其监督，若者事务不归其监督，其强为分离。该县长对于执行人犯许可保外医治，不过狱务行政之一种手段，并不害及司法权，是上开规则该条所称监督官署，当然包括该项县政府在内。(丙)说谓《监狱规则》第六十六条所称之监督官署，如以不兼理司法之县政府充之，实有害及司法独立权。此项监督官署如仅属诸高等法院，亦有窒碍难行之处。盖此项旧县监之所在地，如有距高等法院较远者，则请其许可保外实属缓不济急。此项许可保外权，自以属诸该监所在之地方法院检察官为最适当。盖此项旧县监虽不属当地之地方法院管辖，而执行人犯既受该法院检察官之指挥，则许可保外与否当然惟该法院检察官之命是听。揆诸上开规则，该条之立法意旨所称监督官署，当然包括县监所在地之地方法院在内。以上三说，未知孰是，检察官未敢擅断，呈恳转呈解释以明责任而释疑虑等情。据此，查该首席检察官所陈各点，似以丙说为是，究应如何办理之处，既据该首席检察官呈请，理合据情转呈仰祈转院解释示遵等情。据此，除指令外，相应函请查照迅予解释见复为荷。此致

院字第七七三号

二十一年六月十日　司法院训令湖北高等法院首席检察官　附原函

为令知事，该首席检察官呈最高法院检察署，为汉口地方法院首席检察官转请解释《刑法》第二百五十七条疑义一案，业经本院统一解释法令会议议决，(一)养亲对于未满二十岁之被养子女，在法律上当然为其行亲权之人，至未满二十岁之童养媳及实际上别无亲权人、

监护人、遗嘱指定监护人或同居祖父母者之男女,其年龄在二十岁以内,得依《民法》第一一二三条及第一零九四条第二款之规定,以其家长为监护人。(二)《刑法》上之监护人,应依《民法》亲属篇第四章之规定,至于保佐人制度,现行《民法》已不采用。合行令仰转饬知照。此令

**附原函**

迳启者,案据湖北高等法院首席检察官钱谦呈称,案据汉口地方法院首席检察官汪顼呈称,窃按《刑法》第二百五十七条第一项载,和诱、略诱未满二十岁之男女脱离享有亲权之人、监护人或保佐人者,处六月以上五年以下有期徒刑云云。据此解释,则举凡未满二十岁之男女必须现在隶属于亲权人、监护人或保佐人之下,而为他人和诱、略诱,始能构成本条之罪。假如养亲之于被养子女翁姑之于童养媳及实际上又别无亲权人、监护人、保佐人者之男女,其年龄均在二十岁以内一旦被人和诱、略诱罚之,则无相当条文可资依据。不罚,又与社会观听显不相容,于此场合,究应如何适用,极感困难。汉口五方杂处品类不齐,诱拐案件十居其五,苟不呈请解释,实有从违俱非之苦。又《刑法》所称监护人、保佐人,其界说如何,亦请并予释明,俾有遵循,理合具文呈请钧座核转等情。据此,除指令外,理合呈请钧署鉴核转请解释示遵等情。据此,相应函请贵院查照解释见复为荷。此致

**院字第七七四号**

**二十一年六月十日　司法院训令福建高等法院　附原函**

为令知事,该法院上年第四零三号公函致最高法院,为建瓯地方法院候补推事胡景清转请解释《刑法》及《刑事诉讼法》各疑义一案,业经本院统一解释法令会议议决,(一)前之行为与后之行为,其意思果为连续系属同一案件,在侦查终结前已经自诉,检察官若不停止侦查程序,仍行提起公诉,应依《刑事诉讼法》第三百十八条第二款为不受理之判决,而就自诉部分进行,否则自诉之前已经检察官侦查终结,应依同法第三百四十三条第一项第一款以裁定将自诉驳回。(二)应按照自诉及公诉之程序,分别办理。(三)提起反诉以对于自诉人为限。若对于自诉人以外之第三人提起,自不合法,应依同法第三百五十五条、第三百四十三条第一项第三款办理。(四)《刑法》第一百六十条、第一百六十二条之妨害秩序,以自己之行为或不行为是否完成为标准,并无未遂罪处罚之规定。至第二百九十条第一项之自杀,自以他人之行为有无结果,即已否死亡为既遂未遂之标准。(五)应依《刑事诉讼法》第三百八十五条第一项程序,再依同法第三百四十三条第一项第二款及第二项办理。合行令仰转饬知照。此令

**附原函**

迳启者,案据建瓯地方法院呈称,案据本院候补推事胡景清呈称,窃职前于办案中就结合罪、牵连罪及自诉案件上发生种种法律疑问,曾经先后呈请解释各在案,兹于办案之际又发生各项法律疑问,自不得不再请解释,兹将应行请示解释各点开列于下:(一)连续数行为

而犯同一罪名者,依《刑法》第七十五条固以一罪论。然若告诉人先将该连续犯中之前此行为诉由检察官提起公诉,复将该连续犯中之后此行为,自向刑庭提起自诉者,自否应分别办理。查该公诉与自诉之内容,既属同一案件,如果公诉在自诉之后,则是同一案件在侦查终结前已经自诉。若检察官不依刑诉法第三百四十一条第二项停止侦查程序,径行提起公诉者,则其起诉程序已属违背规定。法院应就公诉部分依同法第三百十八条第一款为不受理之判决,而就自诉部分依法进行审判。反是如果公诉在自诉之前,则是同一案件已经检察官侦查终结,提起公诉,依同法第三百四十一条第一项自不得提起自诉。其有提起自诉者,法院应依同法第三百四十三条第一项第一款之裁定,将自诉驳回而就公诉部分依法进行审判,是否如此办理,抑另有办法,此应请解释者一。(二)被害人对于非告诉乃论之共犯中一人,向刑庭提起自诉,复将共犯中之他人诉由检察官提起公诉,此种场合,是否按照自诉及公诉程序分别办理,抑得并案审刑,此应请解释者二。(三)被告就自诉被害人对已之犯罪行为,依同刑诉法第三百五十二条规定,于自诉程序因得提起反诉,但对于自诉被害人以外之第三人以其与被害人有共犯关系而提起反诉者,是该第三人既非自诉被害人,则该自诉案件之被告对于该第三人所提起之反诉,核与同法第三百五十二条之情形不符,自不得为之,其有为之者,法院应依同法第三百五十五条,准用同法第三百四十三条第一项第二款,以裁定将该反诉驳回,是否如此办法,抑另有办法,此应请解释者三。(四)《刑法》第一百六十二条及第一百六十条之妨害秩序罪,又同法第二百九十条第一项之杀人罪,其既遂未遂之区别是否以各该条文下列犯罪或他人实施犯罪等行为或他人自杀之既遂未遂为标准,此应请解释者四。(五)非告诉乃论之罪,而又属于地方法院管辖之案件,经被害人提起自诉,经第一审误认其罪质,系属初级案件,因依初级案件所应适用之法条为科刑之判决,被告不服提起上诉,经第二审审究结果,就第一审判决关于认定罪质部分认为确系不当,应改依地方案件所应适用之法条处断。此种场合是否依《刑诉法》第三百八十五条第一项后段规定,将原判撤销后径自改依地方案件所应适用之法条处断,抑准用《刑诉法》第三百四十三条第一项第二款规定,将自诉人在第一审之自诉驳回,抑另有办法,此应请解释者五。以上各点,事关法律疑义,未敢擅断,理合备文呈请转呈连同以前呈请解释各点,一并迅赐解释示遵等情到院。案关法律解释,相应函请贵院迅赐解释,俾便饬遵为荷。此致

**院字第七七五号**

**二十一年六月二十一日　司法院函内政部　附原咨**

径启者,查贵部本年警字第三二零号咨最高法院请解释《著作权法》疑义一案,业经本院统一解释法令会议议决,(一)甲就他人所著小说编制电影剧本,合于《著作权法》第十九条“以与原著作物不同之技术制成美术品”之规定,自得视为著作人,享有著作权。甲享有著作权后,固不能限制乙之亦以不同技术制成美术品,但乙所制成之美术品,其内容及名称必须与甲之已注册者显有区别,否则即为著作权之侵害。(二)享有《著作权法》第十九条著

作权之乐谱剧本,当然与第一条第二款之著作权同得专有公开演奏或排演之权。至他人再就同一原著作品编制乐谱剧本,应依第一点甲乙情形解决之。(三)《著作权法》第十九条,著作权之享有在能阐发新项或以不同技术制成美术品,自毋庸得原著作人或著作权所有者之同意。至原著作人如并享有乐谱剧本之著作权,自得专有公开演奏或排演之权,否则应受他人专有权之限制,不得当然兼有相应函请贵部查照。此致

**附原咨**

为咨请事,查《著作权法》第十九条载"就他人之著作阐发新理,或以与原著作物不同之技术制成美术品者,得视为著作人,享有著作权"等语。今有某甲就他人将著作权已售于第三者之说部编成电影剧本,将原说部名称连缀于上,惟未得原著作人及著作权所有者之同意。某甲呈准注册后,复有某乙就同一说部编制电影剧本名称同而节目各异,并声明已得原著作人及著作权所有者之承认,亦经呈准注册。此时某甲忽提起异议,引用《著作权法》第一条第二项之规定,主张专有公开演奏之权,不容再任他人注册。某乙则联合原著作人及著作权所有者,谓某甲未得伊等许可而用狡诈手段盗窃作品侵害权利,应归无效,彼此聚讼。查甲乙两方均系就他人所著小说而加制电影剧本者,究竟电影公司就他人著作物编制电影剧本是否可根据《著作权法》第十九条规定办理,即令照第十九条得视为著作人享有著作权,是否享有同法第一条第一项、第二项两项规定之权利,此等问题均已涉及《著作权法》条文上之解释,再就本案要点分条缕述于下:(一)著作权享有问题,按《著作权法》第十九条后半段规定"得视为著作人享有著作权",系以就他人之著作阐发新理,或以与原著作物不同之技术制成美术品为对象。今就他人所著小说编制电影剧本,是否得视为著作人享有著作权?又同条于著作权之享有者并无若何限制,是否合乎此规定者,无论甲乙均得分别享有,此应请解释者一也。(二)专有公开演奏权问题,按《著作权法》第一条第二项后半段规定"并得专有公开演奏或排演之权",紧接同条前半段"就乐谱剧本有著作权者"而言,是并得专有云云,以有著作权为前提,当然只限于有著作权之乐谱剧本,不得因主张专有而蔑视同条前半段之规定。若其乐谱剧本系就他人著作编成者,可否拘束别人不能再就同一原著作物,另编乐谱剧本,此应请解释者二也。(三)他人之著作问题,按《著作权法》第十九条规定就他人之著作或原著作等语,如系就他人已有著作权之著作,是否应得原著作人或著作权所有者之同意,而原著作人于享有著作权外是否并得兼有电影摄制权,法律未有明文,适用殊感困难,此应请解释者三也。综上各点疑义丛生,按照《司法院统一解释法令及变更判例规则》第四条第二项规定,相应咨请依法解释答复为荷。此咨

**院字第七七六号**

**二十一年七月二日　司法院函司法行政部　附原函**

径复者,准贵部本年五月十四日公函(第二一九号)开,据江苏江宁地方法院呈为关于罚金之强制执行,检察官对于民事执行处能否径行指挥命令转请解释见复等由,业经本院

统一解释法令会议议决,关于罚金之强制执行,其程序虽可准用执行民事裁判之规定,但检察官对于民事执行处应嘱托为之,并无指挥命令之权,相应函复贵部查照饬知。此致

**附原函**

径启者,案据江苏江宁地方法院院长周韫辉、首席检察官楼英呈称,窃查罚金之裁判,依检察官之命令执行之其执行程序准用执行民事裁判之规定,《刑事诉讼法》第四百九十二条第四项本有明文可资依据。惟民事执行处之组织依现行《民事诉讼执行规则》第二条之规定,为法院之推事、书记官及承发吏关于罚金之强制执行,检察官对于民事执行处能否径行指挥命令,抑须嘱托为之,颇滋疑义,理合备文呈请鉴核令遵等情。据此,查罚金裁判之执行,应依据检处官之命令,不过执行程序,可准用执行民事裁判之规定,并非检察官对于民事执行机关可以命令执行,此就《刑事诉讼法》第四百九十二条第一项、第四项及《民事诉讼执行规则》第二条、第三条参观自明。惟据来呈关于上述条文之适用,既不无疑义,相应函请解释见复以便饬遵。此致

**院字第七七七号**

**二十一年七月六日 司法院指令江苏高等法院 附原呈**

呈悉,业经本院统一解释法令会议议决,继承开始在《民法》继承编施行前而依该编施行前之法律已有可继之人,苟于该编施行后其请求权时效尚未消灭,仍应许其请求继承。惟被继承人若有守志妇不愿择立其为嗣,自不应强求。合行令仰转饬知照。此令

**附原呈**

呈为呈请解释事,案据兼理司法海门县县长章维燮呈称,缘属县受理立嗣争执一案,有应请解释之点。仅设例如下,甲亡故时遗有幼子乙,乙亦随亡,仅有守志之妻丙主持遗产。甲有侄丁于甲乙死亡时尚未出生,惟在《民法》继承编施行前十数年出生,于继承编施行后主张应为甲之嗣子。查《民法继承编施行法》第八条,继承开始在《民法》继承编施行前,被继承人无直系血亲卑亲属,依当时之法律亦无其他继承人者,自施行之日起依《民法》继承编之规定,定其继承人解释,依当时之法律亦无其他继承人之规定,发生下列二说,未知孰是:(子)说谓宜从严格解释,继承开始于被继承人死亡之时,其死亡时如依当时法律亦无其他继承人者,即应照该条规定,依《民法》继承编之规定办理。(丑)说法条依当时之法律应从宽解释,《民法》继承编施行前之法例,夫亡无子守志之妇合承夫分,但应为其夫择立嗣子,夫亡时虽无昭穆相当者,可以择立。然以后有相当可择之人,即应为其立嗣,此为以前法例之所许,即不得谓依当时法律亦无其他继承人。所谓其他继承人,即应包括应继者在内。二说未知孰是,应请解释者一。依前例如应立继,即由亲属会议立,抑由守志之妇自由择立或由守志之妇择立,并经亲属会同意。设守志之妇不为择立,或亲属曾不与同意,可否由利害关系人诉请以裁判指定,事关新法施行后旧例应否遵循之问题,亦未敢擅专,是否仍依前大理院判例办理之处,并请示遵。属县受理此种案件,案悬待结,理合陈明适用法律之

疑义呈请钧院俯赐解释示遵等情到院。事关法律疑义,职院未敢擅断,理合具文呈请钧院迅赐解释,以凭饬遵。谨呈

**院字第七七八号**

**二十一年七月六日　司法院咨行政院　附原咨**

为咨复事,准贵院上年十一月二十三日咨(第三一八号)开,关于《商人通例施行细则》第九条之适用发生疑义,咨请查照解释见复等由,业经本院统一解释法令会议议决,甲乙两商号之行用,既皆在商人通例施行后,与该通例施行细则第九条对于施行前之规定本无关系。至该通例第十九条及第二十条所禁止者,其要件有二。一为“仿用”或“冒用”与“类似”,二为“既注册”或“业经注册”。甲商号创用在前无为更先之注册者,自与该要件不合,故虽未驻册,不能因乙之将其仿用而反受查禁,应以第二说为是。至关于第一说之疑义,自毋庸解答,相应咨复贵院查照。此咨

**附原咨**

为咨请事查《商人通例施行细则》第九条内载,商人通例施行前,旧已行用之商号不适用商人通例第十九条之规定,商人通例施行后,为商号之注册者,对于商人通例施行前业已行用同一或类似之商号者,不得行使商人通例第二十条之权利等语,是该细则第九条实为通例第十九条第二十条之例外规定。惟其适用有甲乙二说:(甲)说谓凡商人通例施行后所行用之商号,不问其是否行用于注册者之前,应适用通例第十九条又已注册者,对于商人通例施行后行用之商号不问其使用久暂,均得行使通例第二十条之权利。(乙)说谓不能仅以该细则第九条有“商人通例施行前”字样,即认为商人通例施行后行用之商号,不问其是否行用于已注册者之前,均应予以查禁。申言之,某甲行用之商号虽在商人通例施行后,但在某乙已注册者之前,仍不应查禁。此按通例第十九条、第二十条,所谓仿用冒用之法意可知,因某甲商号既系行用于某乙商号注册之前,其非仿用与冒用明甚。且官厅对于普通商号并未强制注册,某甲商号虽不注册,原得行用,官厅自不能因行用在后之某乙商号之注册而予以查禁。以上二说,孰为确当,此疑问一。若果以甲说为当,则商号一经注册,对于在该商号注册以前,业经行用同一或类似之商号者,不问其行用时期之久暂,概予查禁,事实上将发生困难。例如,某甲商号在民国四年(商人通例施行后)开始行用,而某乙商号至民国二十年方开始行用。设若因某乙商号注册,而将行用已有十六年之某甲商号查禁,则某甲商号营业上之损失至巨,亦有碍交易之安全,似失事理之平。此种情形,有无救济之法,此疑问二。上述二点,关系法律适用疑义,相应咨请贵院查照解释见复,至纫公谊。此咨

**院字第七七九号**

**二十一年七月十二日　司法院指令山东高等法院　附原呈**

呈悉,业经本院统一解释法令会议议决,对于直系尊亲属犯《刑法》第二百九十三条第

一项之罪,依同法第二百九十八条第一项前段之规定,仍系该条项之罪,自在第三百零二条所定告诉乃论之列。合行令仰转饬知照。此令

**附原呈**

呈为呈请解释事,案据本院第一分院院长萧崇道呈称,查《刑法》第二百九十三条之罪,依同法第三百零二条规定,须告诉乃论,原不发生问题。惟同法第二百九十八条规定,对于直系尊亲属犯第二百九十三条第一项之罪者,应予加重,则犯该条之罪是否亦依第三百零二条须告诉乃论,于此有两说焉:(甲)说《刑法》上对直系及旁系尊亲属犯第二百九十三条第一项之伤害罪,仍须告诉乃论,其理由谓《刑法》第二百九十八条所载对于直系尊亲属及旁系尊亲属犯第二百九十三条第一项之罪,加重本刑二分之一或三分之一云云。该条规定系加重处刑之标准,而所犯之罪固已明文揭出,仍系第二百九十三条第一项之罪。依第三百零二条规定,仍须告诉乃论,实至明显。(乙)说《刑法》第二百九十八条虽为第二百九十三条第一项加重之规定,然既另立条文而又不在第三百零二条明文规定须告诉乃论之列,即不能认为系告诉乃论之罪。两说究以何说为当,殊难解决。职院现有此项案件亟待审理,理合备文呈请察核迅赐解释示遵,实为公便等情到院。案关法律解释,本院未敢擅拟,理合备文呈请均院俯予解释令示,以便转饬遵照。谨呈

**院字第七八〇号**

**二十一年七月十五日 司法院指令浙江高等法院 附原呈**

呈悉,业经本院统一解释法令会议议决,(一)宗祧继承为新《民法》所不采,故在《民法》继承编施行后告争立嗣,除继承开始在该编施行前者仍应适用其当时之法律外(院字第五八六号参照),其余概不得为宗祧继承之主张。如有借争宗祧以争遗产,即应专就遗产之部分予以审判。(二)按守志之妇在继承编施行前依照旧法,除得享有其特有财产外,对于夫之遗产并无继承权,故守志之妇在新法施行前未为故夫立嗣而死亡者,其夫之遗产当时虽无他人(如亲女等)继承,亦不得视为该妇之遗产而由其母家亲属继承。若该妇死亡在新法施行后,于其生前仍无其他继承其夫遗产之人,依照新法该妇已有继承权,即应认其应继之分为该妇之遗产,如无直系卑亲属时,自可由该妇母家亲属继承。至赘婿入于其妻之家,依旧法得酌分财产,及与嗣子均分财产,并援向例得承受其妻之特有财产。如赘婿死亡在新法施行前,应依当时之法律办理。其死亡在新法施行后,无直系卑亲属者,即应由赘婿之父母、兄弟、姊妹、祖父母依《民法》第一一三八条之顺序继承之。(三)为人后者以所后之亲为父母,其亡故时,纵无法定继承人,亦不得由本生父母亲属主张继承遗产。(四)配偶之一方继承其他方遗产,无论为全部或一部,因已取得该遗产之所有权,则再嫁再娶与既得权无何影响。(五)继承开始在女子未有财产继承权以前(不分已嫁未嫁),而被继承人之遗产当时并无人继承或已嫁女子,在继承编公布前已有继承权并无该法施行法第三条之情事者,则对于直系血亲尊亲属之遗产,均应认为第一顺序之继承人。至继承开始在继承编施行

后,则无论有无新法所定其他继承人,其已嫁女子当然属于直系血亲卑亲属。(六)共同财产制依《民法》一零三九条之规定,即系夫妻共同财产,因一方之死亡而分割,就共同财产中除其半数归属于生存之他方,方为死亡者之遗产。按此,遗产依法继承在亲属继承两编,法理上本属一贯,适用上并无差异。合行令仰转饬知照。此令

**附原呈**

呈为转请解释事,案据余杭县承审员郑士凯呈称,查新公布施行之《民法》第四、第五两种颇多怀疑之点,谨就管见所及不能释然于衷者,缕述于下:(一)查中国向重男系血统及嗣续问题,故凡老而无子或死后绝嗣者必以同族卑亲为继承人。他人之争其遗产者,亦必以争宗祧继承为前提。宗祧属甲,则遗产自随之归甲;宗祧属乙,则遗产亦随之归乙,不啻以遗产为宗祧之附属品。今继承编只有遗产继承,并无宗祧继承,而民间诉讼仍沿旧习,借争宗祧以争遗产,关于此种诉讼将概以判决驳斥之耶,抑驳斥争宗祧部分而审判其争遗产部分耶,此应请指示者一。(二)《民法》第一千一百三十八条规定继承之顺序,骤观之,似甚明白。然细按之,则二三四各款皆未免发生疑问,何则中国昔时夫妻皆共同财产,无所谓法定财产制、统一财产制、分别财产制也。女子向无继承权,惟守志之妇则完全承袭其故夫之遗产,而再醮之妇不与焉。设有无子女之甲男于新法施行前死亡,其妻乙承袭遗产为之守志,未尝为夫立嗣。而乙又死亡,斯时之被继承人依同法第一千一百四十七条规定已为乙而非甲,则一千一百三十八条二三四各款之所谓父母、兄弟、姊妹、祖父母者将为甲之父母、兄弟、姊妹、祖父母乎,抑为乙之父母、兄弟、姊妹、祖父母乎?依亲属编第一章规定,乙对于甲之父母等不过属于姻亲之关系,对于自己之父母等则属血亲之关系,当然为乙之父母等无疑。但乙之财产受之于甲,甲之财产受之于甲之父母,甲之父母又受于甲之祖父母。今以乙为被继承人之,故而使甲之父母等丧失其继承之权利,使乙之父母等横领其意外之利益。揆之人情物理,岂得谓平?至赘婿承受妻之遗产后,无直系卑亲属而死亡,开始继承者,其疑点亦与此同,此应请指示者二。(三)中国向例凡以子为人后者,以继承之父母为父母,至本生父母等于伯叔,对于此点新《民法》并无规定。惟《刑法》第十四条第二项云为人后者,于本生直系尊亲属仍以直系尊亲属。论设有为人所后之人承袭所后者之遗产而死亡时,其所后方面并无配偶,暨《民法》第一千一百三十八条第一款至第四款各款之继承人,其本生之父母、兄弟、姊妹、祖父母是否得以主张继承,此应请指示者三。(四)《民法》第一千一百四十四条规定,配偶有相互继承遗产之权,其第四款云无第一千一百三十八条所定第一顺序之继承人时,其应继分为遗产全部。依我国旧例,再醮妇不得享有故夫遗产,究竟新《民法》施行以后,再醮之妇与冠以妻姓之赘夫于继承他方遗产之后,妻可否携其故夫遗产以归后夫,夫可否携其故妻之遗产以归本家而另娶他妇,抑故夫、故妻之遗产当于其转嫁续娶时归入国库?如应属于前者,固无另外问题。如应属于后者,倘或生存之一方,另易一方,法寡妇招夫入赘于故夫之家,仍袭故夫之姓,鳏夫娶妾于故妻之家,仍冠以故妻之姓又将如何处置,此应指示者四。(五)女子继承于《民法继承编施行法》第二条、第三条均有规定。设

有女子其出嫁时期在于该施行法第二条一二两款前,而其直系尊亲并无《民法》第一千一百三十八条各款之继承人,又无施行法第三条之事实,具尊亲属之继承开始在于继承法施行前或施行后,斯时该已嫁之女子可否认为第一千一百三十八条第一款之继承人,此应请指示者五。(六)《民法》第一千零三十九条第一项规定,夫妻之一方死亡时共同财产之半数归属于死亡者之继承人,其他半数归属于生存之他方,与《民法》第一千一百四十四条各款之规定不同。设或有约定共同财产制之夫妻之一方死亡而争讼时,将从亲属编以审判乎,抑从继承编以审判乎,此应请指示者六。以上六点,仰祈转请解释等情。据此,审查前项请求解释,核与统一解释法令及变更判例规则第三条第一二两项尚属相符,理合备文转请仰祈钧院鉴核令遵。谨呈

**院字第七八一号**

**二十一年七月十六日　司法法院训令福建高等法院　附原函**

为令知事,该法院上年第五二零号公函致最高法院,为建瓯地方法院候补推事胡景清转请解释《刑事诉讼法》及《刑法》条文各疑义一案,业经本院统一解释法令会议议决,(一)刑诉法第四百三十二条系指得抗告者而言,既不得抗告,即无准用可言。(二)数罪中有一罪宣告之刑超过二年,纵其他各罪之刑在二年以下,仍与《刑法》第九十条之规定不合,自不得宣告缓刑。若数罪之刑均布二年以下,其一罪经宣告缓刑者,该缓刑之宣告如撤销时,自应依《刑法》第七十二条定其应执行之刑。(三)缓刑之刑系指主刑并包括从刑而言。(四)甲乙两罪既有结果方法之关系,自属牵连犯,对于乙罪之判决虽未声明不服,应认为与已经上诉之甲罪有关系之部分亦以上诉论。至甲乙二人则各得独立上诉。若甲上诉而乙不上诉,第二审应就甲部分审判,如乙部分合于再审或非常上诉之规定,仍得予以救济。合行令仰转饬知照。此令

**附原函**

迳启者,案据建瓯地方法院呈称,窃本院候补推事胡景清呈称,窃查院字第三四五号解释内开(上略),自诉人之自诉既经法院以裁定驳回,无论适法与否,检察官既非当事人又非受裁定者,同法于此复无检察官得独立抗告之特别规定,则检察官自不得提起抗告(下略)云云。惟查《刑事诉讼法》第三编(上诉)第一章第三百六十一条规定,检察官对于自诉案件之判决得独立上诉等语。此项规定核与同法第四编(抗告)第四百三十二条所载,关于抗告除本章有特别规定外,准用第三编第一章关于上诉之规定等语。是检处官对于自诉案件之裁定亦得独立抗告,已有准用之特别规定,自属无疑。上述解释乃谓《刑事诉讼法》无检察获得独立抗告之特别规定,是否与同法第四百三十二条规定有抵触之处,不无疑问,此应请解释者一。又查并合论罪中之一罪,其宣告刑为二年以下有期徒刑、拘役或罚金,其他二罪之宣告刑均逾二年有期徒刑,可否将该一罪因其合于《刑法》上缓刑条件宣告缓刑,其他二罪则依《刑法》第七十条第三款定其应执行刑。如可宣告缓刑,设或此项缓刑之宣告,依《刑

法》第九十一条前段规定,经撤销时可否依同法第七十二条规定,就该一罪之宣告刑与其他二罪之宣告刑或执行刑依第七十条之规定,定其应执行之刑,此应请解释者二。又查缓刑系专指主刑而言,亦兼括从刑在内,分甲乙二说:(甲)说谓刑分为主刑及从刑为《刑法》第四十八条所明定,《刑法》第九十条前段既只规定得同时宣告缓刑,并无主从之分,是所缓者既为刑,而刑又分为主刑及从刑,故缓刑不仅缓其主刑,即从刑亦在缓刑之列。若如乙说仅缓主刑不缓从刑,设或主刑之宣告依同法九十二条规定为无效时,既不得谓为执行完毕,又不得谓为免除则为从刑之有期徒刑,褫夺公权自不能依同法第五十九条第二项但书规定,定其起算日,自不免发生窒碍。(乙)说则谓刑分为主刑及从刑,故所谓刑云者,自应兼括主刑及从刑在内,固无疑问,但此系法律无特别规定时而言。至若《刑法》第九十条前段规定,所谓得同时宣告缓刑之刑,系专指该条所定受二年以下有期徒刑、拘役或罚金之宣告刑而言,证以同法第九十二条有其刑之宣告字样,尤为明了。故所缓者,专指主刑而言,至从刑自不在内,此系本于特别规定而来。两说各执一词,究以何说为当,此应请解释者三。又查对于判决之一部上诉者,其有关系之部分,亦以上诉论,固为《刑事诉讼法》第三百六十二条第二项所明定。然所谓有关系之部分指何种情形而言,不无疑问。例如,第一审判决甲乙两罪系依并合论罪处断者,如被告对甲罪上诉而于乙罪未据声明不服,经第三审审理结果认甲乙两罪有结果方法关系,应从一重处断时,则未经声明之乙罪,是否可认为与已经上诉之甲罪有关系之部分,亦以上诉论,由第二审法院并予改判?又如甲乙二人共犯和奸罪,经第一审判处罪刑,甲不服上诉,乙则服判。经第二审审理结果,认甲不成立犯罪时,则未经上诉共犯乙之和奸罪部分,是否可认为与已经上诉之甲和奸罪部分有关系,亦以上诉论,由第二审法院并予改判,均不无疑问,此应请解释者四。以上各点,事关法律疑义,未敢擅断,理合具文呈请转呈高等法院核转最高法院迅赐解释示遵等情到院。案关法律解释,相应函请贵院迅赐解释,俾便饬遵。此致

**院字第七八二号**

**二十一年七月二十一日　司法院训令最高法院检察署　附原呈**

为令知事,浙江高等法院首席检察官呈,该检察署为再议事件院字第八二号解释似有窒碍转请变更解释一案,业经本院统一解释法令会议议决,告诉人不服第一审法院检察官所为不起诉处分声请再议,经上级法院首席检察官驳回声请之后,不得再向上级法院首席检察官声请再议。合行令仰转饬知照,并通饬所属一体知照。此令

**附原呈**

呈为呈请转呈变更解释或修正法条以资遵守事,窃查《刑事诉讼法》第二百四十八条至第二百五十条关于告诉人声请再议各规定,寻绎法意,实以对于第一审法院之检察官所为不起诉处分为限。奉读上年五月六日司法院训令院字第八二号令陕西高等法院首席检察官呈请解释声请再议案件疑问一案,于第三项载,告诉人对于上级法院首席检察官驳回声

请再议之处分不服时，得再向上级法院首席检察官声请再议，至管辖该案之终审法院首席检察官而止云云，是告诉人对于驳回再议之处分复得声请再议。惟《刑事诉讼法》于此尚无办理程序之规定，而所规定对于不起诉处分之声请再议，系由上级法院之首席检察官办理。揣立法原意，实基于检察制度上下一体之精神，而以上级法院首席检察官监督指挥之权审核下级法院检察官所为不起诉处分是否允当，及侦查手续是否完备，而并非直接予以侦查，否则如亦认为系一种侦查处分，则尽可依照通常诉讼程序，由第二审法院之检察官办理，而不必专属之于首席检察官，故此项驳回声请再议之处分与第一审法院检察官依直接侦查之结果而为之不起诉处分，性质上迥不相同，自非如审判上第二审之程序与第一审大率相同可以援用者所可比拟。此在法律上言之，已属深感困难，而依此办理，则地方管辖案件之声请再议均得至钧署为止，以全国幅员之广，此项再议案件之多（现在此项案件所以尚不甚多者，因一般告诉人尚未得悉此项解释之故，如行之二年，则此项案件必致激增，自可想见），纵钧署无论如何殚精竭力迅速处置，势非于短期间内所能一一办理。而一案之中往往有多数被告，其若干人已经起诉，而又若干人则予以不起诉者，因案卷之牵连关系在再议程序未确定前，其已经起诉之被告亦遂无从进行公判。而阅时较久，于调查证据必多困难，致于事实之真相亦较难明了，且有案情重大虽受不起诉处分之被告而因该处分尚未确定，又无确实保证未能停止羁押，而其余已起诉之被告则尚在羁押中者，将均因此项声明再议之影响而延长其甚久之羁押期间，此在事实上言之，亦属不无窒碍。窃意吾国诉讼程序已感繁重，自事实发生以至解决往往累月经年，正宜力求简易，以省拖累而遏健讼之风，似不必定告诉人得再行声请再议为法定程序，否则，似亦应将《刑事诉讼法》关于声请再议各条予以修正，而以对于驳回声请再议之处分得复行声请再议之办法及其办理之程序明白规定，俾资遵守，是否有当，理合申具意见呈请钧长鉴核，可否转请变更解释或修正法条之处，谨祈指令祗遵，实为公便。谨呈

**院字第七八三号**

**二十一年八月十三日　司法院电陆军第一师军法处　附原电**

舒城陆军第一师军法处鉴江电悉，业经本院统一解释法令会议议决，《陆海空军刑法》中之辱职罪，除如《刑法》第一百四十条，仅假借职务上之权力、机会、方法而犯与其职务无关之罪外，均与大赦条例所谓渎职罪之性质相同。特覆司法院元印

**附原电**

司法院院长钧鉴，《陆海空军刑法》之辱职罪，是否与大赦条例之渎职罪性质相同？乞电示第一师军法处叩江

**院字第七八四号**

**二十一年八月十五日　司法院训令江西高等法院首席检察官　附原函**

为令知事,该首席检察官呈最高法院检察署转请解释大赦条例疑义一案,业经本院统一解释法令会议议决,(一)查大赦条例第一条规定,其最重本刑为三年以下有期徒刑、拘役或专科罚金者,均赦免之,并无犯罪种类之限制,故犯渎职罪章之罪,而其最重本刑为三年以下有期徒刑,均应在赦免之列。至第二条规定不予减刑,系另一问题,不得牵及第一条。(二)犯《危害民国紧急治罪法》第一条第二款之罪,或旧《暂行反革命治罪法》第三条、第四条及第五条第二款第三款之罪者,应依大赦条例第二条第十款之规定,认为与同条第一款性质相同,不予减刑。合行令仰知照。此令

**附原函**

径启者,案据江西高等法院首席检察官祝谏养代电称,兹因办理大赦发生疑问数端,列举如下(一)犯渎职罪,本刑为三年以下有期徒刑者,能否赦免,于此有二说:(甲)说大赦条例第二条第九款所列渎职罪不准减刑,既未指明条文,自系总括全章,减刑且不准,何况赦免?(乙)说渎职罪中本刑在三年以下者,情罪较轻,该条例第一条既未另设规定不准赦免,当然可赦。况渎职罪章第一百三十四条第三项之过失罪,最重本刑为一年以下有期徒刑,论其犯情,既系过失论,其本刑又在一年以下,如果不准赦免,殊欠平允。(二)渎职罪中本刑在三年以下者,如果不赦,则以非公务员而向公务员行贿能否赦免?(三)犯《危害民国紧急治罪法》第一条第二款之罪,或旧《暂行反革命治罪法》第三条、第四条及第五条第二款、第三款之罪者,是否依大赦条例第二条第十款之规定,认有与同条第一款性质相同,不予减刑,理合电呈鉴核准予转请解释,俾有遵循等情到署,相应据情函请贵院查照解释为荷。此致

**院字第七八五号**

**二十一年八月二十四日　司法院训令福建高等法院首席检察官　附原呈**

为令知事,该法院前张首席检察官呈最高法院检察署,为据检察官陈保焯转请解释《刑法》各条疑义一案,业经本院统一解释法令会议议决,(一)中止犯以犯罪已着手为前提,《刑法》第四十一条规定甚明,阴谋预备其程度在着手以前,自不适用中止犯之规定。如犯有预备或阴谋罪之犯罪,于预备或阴谋中中止进行,法无处罚明文,应不为罪。(二)共同正犯、教唆犯、从犯须防止结果发生之效果发生,始能依中止犯之例处断。(三)就现行《刑法》解释应采第二说,《刑法》第四十条但书所谓犯罪之方法,当然指犯罪行为之方法而言。(四)教唆者、帮助者虽有教唆帮助行为,被教唆者、被帮助者苟不实行犯罪,应不发生教唆犯、从犯问题。(五)现行《刑法》以暂行刑律第三十四条之规定本属牵强,故径为删除而于第四十六条规定,知正犯之情而帮助正犯者,虽正犯不知共同之情,仍以从犯论,此项规定

即系表示，如无共同犯罪之意思，不生共同正犯之问题。（六）《刑法》第四十五条第一项，系解决犯罪能否成立之问题，第二项系解决科刑问题，与《刑法》第二条毫无关系，来问显有误会。（七）在主观主义固不认间接正犯，但就现行《刑法》解释仍有间接正犯问题发生，来问所举两例，均应以各该罪（强奸罪与收贿罪）之间接正犯论。（八）就现行《刑法》解释，从犯应采客观说中之形式说，如甲扭乙于地，丙持刀砍杀之，甲系从犯，但依《刑法》第四十四条第三项，应处以正犯之刑。（九）应采用后说，凡为防卫权利起见，而出于必要限度者，应认为正当防卫之行为。（十）在正当防卫被侵害法益之价值，不必相等或轻于因防卫而受害之法益。在紧急避难所救护之法益，其价值亦不必相等或轻于因救护所损害之法益。合行令仰转饬知照。此令

**附原呈**

呈为呈请转请解释事，窃查《刑法》第四十一条载，已着手于犯罪之实行，而因己意中止者，减轻或免除本刑等语，与暂行律第十八条之规定略同。前大理院特字第二号判例，谓中止犯以犯罪已着手为前提，阴谋程度在着手以前自无中止之可言云云。是中止犯之范围限定于未遂犯，从其说将使有预备或阴谋罪之犯罪者，在着手实行后因己意中止者，绝对减轻或免除本刑而在犯罪程度较浅之预备或阴谋中因己意中止者，反必处以法定之刑，岂得谓平？日本《刑法》第四十三条前段，德意志旧《刑法》第四十三条一项、新《刑法》第三十六条一项规定，内容与我《刑法》全同。两国学者解释计分三说：（一）谓在预备或阴谋中中止犯罪不成中止犯，仍应依该罪之预备或阴谋犯之刑处断。此说系主张中止犯之范围限定于未遂犯，依法文解释最为适合。（一）谓犯有预备或阴谋罪之犯罪人不特在预备或阴谋中中止，不能依中止犯处断，即在着手实行后中止，亦应依该罪之未遂犯之刑处断，此说系主张中止犯之范围，限定于无预备或阴谋罪之罪之未遂犯。（一）谓在预备阴谋或未遂中中止，均可成中止犯，应减轻或免除本刑。此说系主张中止犯之范围兼及于未遂犯、预备犯、阴谋犯三种，按《刑法》上中止犯之规定，但及未遂中止而不及预备或阴谋中止（即明限于着手实行）者，原以预备或阴谋行为构成犯罪乃例外的未遂行为，构成犯罪乃一般的（我《刑法》处罚未遂罪，虽采列举主义，究属一般的）。该规定系以一般的为标准，非除外预备犯或阴谋犯之意，依类推与勿论解释，应采第三说。是否有当，应请解释者一。又，共同正犯在初着手时，因中止惟既已共同着手有完成犯罪效力的行为之共同正犯（例如数人共犯窃盗罪，既已打开被害者库钥等）及教唆犯、从犯能否为中止行为，颇有疑问，如能为中止行为，是否须为使其共同教唆帮助行为，全失其效力（例如，上述共同正犯，必再锁闭其所开库钥，教唆他人犯罪必劝阻之使其中止，以枪借助人杀人，必设法使某枪不能发弹等）或别防止其犯罪完成（例如，上述共同正犯或教唆帮助以毒药饮人之教唆犯、从犯，必通知被害者，使其醒觉或不饮，或更以他法使不得窃盗，或饮以消药剂使其不死等）之行为，而后可又有谓上述共同正犯、教唆犯、从犯须于上述中止行为外，更实有防止其结果发生之效果，始成为中止犯（如上例共同正犯既再锁闭其库钥，他之共犯者，遂因以窃盗不成。等如他之共犯者，再打开其

库钥,结果仍行窃盗,则锁闭库钥之共同正犯,亦不成为中止犯),究应如何主张,应请解释者二。又,《刑法》第四十条但书旧犯罪之方法,决不能发生犯罪之结果者,得减轻或免除本刑等语。此系处罚手段绝对不能犯之特别规定,但所谓犯罪方法决不能发生犯罪之解释又有二说,(一)谓犯罪方法绝对不能发生犯罪结果与行为方法绝对不能成为犯罪不同,前者例如以杀人意思误以砂糖为砒霜,以饮之其人不死等。后者例如以诈欺取财意思伪称假金表为真金表,以真金表价格卖却之于人,意外实系真金表等。前者成杀人未遂犯,但得减轻或免除本刑,后者无罪。(二)谓行为方法绝对不能成为犯罪,即系犯罪方法绝对不能发生犯罪结果之一种。如上前后两例均应成未遂犯,但得减轻或免除本刑。究以何说为是,应请解释者三。又教唆犯、从犯之观念学说上有独立犯说、从属犯说二种。从属犯说亦称为客观说,谓教唆者、帮助者虽有教唆、帮助行为,被教唆者、被帮助者苟不实行犯罪行为,即不发生教唆犯、从犯问题。独立犯说亦称为主观说,谓教唆者、帮助者既有教唆帮助行为,被教唆者、被帮助者虽不实行犯罪,亦应成立教唆犯、从犯。德意志《刑法》第三十一条系采后说,苏俄《刑法》第十五条解释上系采前说。我《刑法》第四十三条、第四十四条之规定与暂行律第三十条、第三十一条内容全同。前大理院统字一一八一号、统字一二四一号解释例即主前说。我《刑法》究应如何主张,应请解释者四。又共犯一方有共同犯罪意思,一方无共同犯罪意思,学术上谓之一方共犯在暂行律第三十四条,知本犯之情而共同者,虽本犯不知共同之情,仍以共犯论规定之下,除教唆犯外,一方共犯原有共同正犯、从犯二种。例如,甲持刀逐乙,丙恐乙脱逃,以共同杀乙意思在中途拦住,使甲竟以杀乙。又如甲谋杀乙,丙以帮助意思将乙户扉反锁,使不得出,甲至遂杀乙。于此甲虽不知丙共同及帮助情形,丙亦成杀人罪之共同正犯、从犯等。《刑法》第四十六条改为知正犯之情而帮助正犯者,虽正犯不知共同之情,仍以从犯论等语。所谓一方共犯是否专限于从犯一种,应请解释者五。又《刑法》上因身分而致刑有重轻之情形有二种:(一)因身分而致罪有重轻,例如杀尊亲属因身分不成普通杀人罪,成杀尊亲属罪等;(一)因身分但致刑有重轻,例如累犯因身分而加重其本刑等,《刑法》第四十五条第二项法文所谓,仍科通常之刑云云,应解为兼仍适用通常之罪处断与应科通常之刑,两义与《刑法》第二条但书较轻之刑云云。依最高法院解字第一二零号解释例,非字第一六五号判例但适用旧法之刑,其论罪仍应依据新法处断不同,此种主张是否有当,应请解释者六。又《刑法》上认有间接正犯与否,学说上本不一致,如认有间接正犯,无《刑法》上特定身分之人利用有身分者犯因特定身分而成立之罪,能否成为该罪之间接正犯,更一问题。一说谓无身分者,欠缺身分之原因,如系事实上欠缺者,得以事实关系补充之。例如女子利用无负责能力男子强奸他女子,得成强奸罪之间接正犯,其系法律上欠缺者,则非事实关系所能补充。例如常人利用公务员无意中于其职务上取得财物,但成诈欺取财罪,不能成收贿罪之间接正犯等,究应如何主张,应请解释者七。又,共同正犯与从犯之区别标准,学说上本有主观、客观两派,而客观说中又有实质说、形式说数种。例如甲扭乙于地,丙持刀砍杀之,欲别甲扭乙之行为,是共同正犯,抑是从犯,应以何说为标准最为适当,应请解释者八。又正当防卫过当与否之标准学说上本有二种:(一)不得已说谓正当防卫之行使,必系不得已而为之不得已云者,乃舍此别无防卫权利之方法也,故有得请求国家公力保护或逃避之机会者,均不有正当防卫权。(二)必要说谓正常防卫之行使,但须系出于防卫权利所必要之限度,即可不必有舍此更无防卫方法之情形,故虽可以请求国家公力保护或逃避之机会者,但为防卫权利起见,而出于必要限度者,即系正当防卫行为,前大理院上字五六三号判例、统字四八号解释例均主前说。但我《刑法》第三十六条关于正当防卫之规定,无日本《刑法》第三十六条不得已之明文,似应主张后说,是否有当,应请解释者九。又正当防卫行为被侵害法益之价值,是否必须轻于因防卫而受害之法益之价值或相等?紧急救难行为所救护法益之价值,是否必须轻于因救护所损害之法益之价值或相等?学说纷如,究竟如何主张,应请解释者十。以上疑问,均与职检察官职权有关,合依司法统一解释法令及变更判决规则第三条第一项之规定,呈请察核转呈司法院请求解释示遵。谨呈

**院字第七八六号**

**二十一年九月三日　司法院咨行政院　附原咨**

为咨复事,准贵院上年四月七日咨(第九一号)开,据内政部呈据湖北省政府转请解释清乡时期实行连坐,可否适用《刑法》条文及应由何种机关裁判一案,咨请查照见复等由,业经本院统一解释法令会议议决,明知邻户将犯强盗罪,于可以预防之际而瞻徇隐匿,不向该管公务员或将被加害之人报告,自应依《刑法》第一百六十二条论科,其有藏匿已犯强盗罪之犯人或使之隐避者,则应据同法第一百七十四条第一项处断,均归通常法院裁判,相应咨复贵院查照饬知。此咨

**附原咨**

为咨请事,案据内政部警字第七四号呈称,案准湖北省政府平字第二零三四号咨,以据自应适用《惩治盗匪暂行条例》及《刑法》或其他特种《刑法》办理,毫无疑义,其对于明知不报之本邻,户主既经明定照庇纵论罪,似与盗匪有别,可否依据《刑法》第一百六十二条或第一百七十四条论罪,及应由何种机关裁判请转咨解释等情,咨嘱查照等因。准此,查此案事关适用法律及法权管辖问题,应由司法院解释,除咨复外,理合检同清乡条例一份呈请钧院鉴核转咨解释,实为公便等情,据此,相应咨请贵院查照解释见复,至纫公谊。此咨

**院字第七八七号**

**二十一年九月三日　司法院训令山东高等法院首席检察官　附原函**

为令知事,该首席检察官呈最高法院检察署,为高等法院第一分院首席检察官转请解释声请再议程序疑义一案,业经本院统一解释法令会议议决,高等分院首席检察官既兼辖附设地方庭首席检察官之职务,若地方庭检察官就初级案件为不起诉处分,对于声请再议

认为无理由时,自应送由高等法院首席检察官核办。合行令仰转饬知照。此令

**附原函**

迳启者,兹据山东高等法院首席检察官鲁师曾呈称,呈为据情转请事,案据山东高等法院第一分院首席检察官呈称,呈为呈请事。窃查高等分院附设地方庭就地方法院管辖案件为不起诉处分后,对于声请再议认为无理由者,按照最高法院解字第二四二号解释,自应依据《刑事诉讼法》第二四八条第三项,送交高等本院首席检察官处理。惟高等分院首席检察官既兼辖附设地方庭首席检察官之职务,若地方庭检察官就初级案件为不起诉处分后,对于声请再议认为无理由时,是否依照最高法院解字第二二六号解释,亦送高等本院首席检察官核办,抑或由分院首席检察官处理,不无疑问。本处现有此类案件发生,究应如何办理之处,理合备文呈请鉴核指令祇遵,实为公便等情。据此,事关解释法律,理合据情呈请鉴核迅赐解释示遵等情,据此,除指令外,和应送请查照迅予解释为荷。此致

**院字第七八八号**

**二十一年九月三日　司法院指令河南高等法院　附原呈**

呈悉,业经本院统一解释法令会议议决,手榴弹虽供军用,但非军用。《枪炮取缔条例》第一条所谓之子弹,如有制造、持有或自外国输入之行为,应分别情形适用《刑法》第二百条或第二百零一条之规定论科。合行令仰转饬知照。此令

**附原呈**

呈为呈请解释事,案据试署杞县承审员陈牧民呈称,查《军用枪炮取缔条例》第一条、第二条所称之军用枪炮子弹,于手榴弹是否包括在内,理想可分三说:(A)该条例既明定为子弹,手榴弹并非子弹可比,犯此项罪名者,应依普通法办理;(B)该条例为《刑法》第二百条及第二百零一条之特别法,手榴弹之危险寔甚于子弹,犯此项罪名者应依特别法办理;(C)此项特别法较之普通法处刑,并未加重,犯此项罪名者,两法可酌量援引,无利不利于被告之可言。以上三说,未知孰是,本府受理此项案件,急待解决,案关适用法律疑义,理合呈请钧院俯赐解释,俾资遵循等情。事关法律疑义,理合据情转呈钧院鉴核,俯赐解释,以便饬遵,实为公便。谨呈

**院字第七八九号**

**二十一年九月八日　司法院训令安徽高等法院首席检察官　附原函**

为令知事,该首席检察官呈最高法院检察署,为怀宁地方法院首席检察官转请解释军人犯罪管辖疑义一案,业经本院统一解释法令会议议决,国民革命军陆军审判条例业已失效,军人犯罪及发觉均在任官、任役中者,无论开始侦查是否在免官免役,以后依《陆海空军审判法》(民国十九年三月二十四日公布)第十六条规定,应由军法会审审判。合行令仰转饬知照。此令

附原函

迳启者，案据安徽高等法院首席检察官王树荣呈称，为转呈事，案据怀宁地方法院首席检察官柴宗滦呈称，窃查国民革命军陆军审判条例第十八条载，军人犯罪在任官任役前，而发觉在任官任役中者，按其身分，以军法会审审判之。其所犯在任官任役中，而发觉在免官免役后者，归普通法院审判等语。惟军人犯罪及发觉均在任官任役中，而开始侦查在免官免役后者，应否归普通法院管辖，抑应按其身分归军法会审审判之处，法无明文，职处现有此种案件，亟待解决，事关法律疑义，理合备文呈请钧席鉴核，转呈司法院解释示遵等情。据此，理合具文呈请鉴核，俯赐转呈解释指令饬遵等情，据此，相应转请贵院查照解释为荷。此致

**院字第七九〇号**

**二十一年九月八日　司法院电山西高等法院　附原电**

山西高等法院邵院长览，该法院第一分院上年七月灰代电请解释审判程序疑义一案，业经本院统一解释法令会议议决，对于初判不服，在法定上诉期限内已有合法之上诉，第二审法院误认为上诉逾期，判决驳回，并进行复判审之裁判，此种复判裁判，应归无效，其驳回上诉之确定判决既属违法，于依非常上诉程序撤销后，仍由第二审进行上诉审审判。合电转饬知照。原代电钞发。司法院庚印

附原电

司法院院长钧鉴，兹有甲乙共同杀人，由第一审判处罪刑，甲于法定期间内具状请求复讯另判，显系不服县判之表示，嗣另具上诉状由第一审连同原卷转送，第二审法院核办，主任检察官以该状上诉逾期，附具意见书送经刑庭复判，除将上诉判决驳回外，并依复判程序裁定与乙一并发回复审，经原县复审，判决宣告甲无罪，检察官对之提起上诉救济，此不合法程序之方法，现分两说：(甲)说谓复判案件，如发现有合法之上诉书状，自应照上诉程序办理。复判之裁判及驳回上诉之判决，当然均归无效；(乙)说谓复判案件发现有合法之上诉书状，其复判之裁判，虽应归无效，而同法院驳回上诉之判决，非经上级审撤销，不能另予裁判，究竟以上二说以何者为是？如认乙说为是而提起上诉，应由检察官为之。然检察官对该确定之判决，业已逾期，又无上诉之权，究应如何救济，悬案以待，特恳迅赐解释，以资遵办。山西高等法院第一分院院长李宜勤叩灰印

**院字第七九一号**

**二十一年九月十五日　司法院电宁夏高等法院首席检察官　附原电**

宁夏高等法院陈首席检察官览，本年六月二十一日代电悉，所谓解释刑诉法第三百八十四条疑义一案，业经本院统一解释法令会议议决，凡有审理事实职权之法院，均得依其职权谕知缓刑，第二审以判决驳回上诉时，当然得谕知缓刑，无待明文之规定。合电知照。司

法院删印

**附原电**

南京司法院居院长钧鉴,查《刑事诉讼法》第四百零八条第二项云,前项情形得同时谕知缓刑,是第三审对于驳回上诉案件得谕知缓刑,法律已有明文规定,自无疑义。惟同法第三百八十四条,则无同时谕知缓刑之规定。设有第二审以判决驳回上诉,复同时谕知缓刑,是否合法,颇滋疑义,应请钧院解释示遵。宁夏高等法院首席检察官陈宝玺叩

**院字第七九二号**

**二十一年九月十七日　司法院咨行政院　附原意见**

为咨复事,准贵院本年三月十七日咨(第五零号)开,据实业部呈准河北省政府咨据实业厅呈复召集各工厂会议经过情形,附具施行《工厂法》意见,请转咨司法院、立法院核夺示遵一案,咨请核办等由。查原意见书内,除关于立法问题应由立法院核办外,其请求解释《工厂法》条文疑义各项,业经本院统一解释法令会议议决,(一)依《工厂法》第八条,所谓实在工作时间以八小时为原则,则同法第十四条所谓继续工作,至五小时应有半小时之休息,自在八小时以外。至于施行三八制之工厂关于此项时间如何匀配,应由工厂酌定,不属解释范围。(二)雇佣非要式契约,无论有无定期,皆无用书面订立之必要。(三)《工厂法》第二十七条前半及第二十九条后半乃规定预告之义务及不预告之制裁,无善意恶意之别。(四)《工厂法》第三十条第二款法文只定停工一月以上,并无损失重轻之别,如因破产以至歇业,则属第一款情事,亦应受本条之适用。(五)《工厂法》第三十条、第三十一条当然包括无定期契约而言。(六)《工厂法》第三十一条第一款"屡次"二字,当然为二次以上,惟该款系指违反工厂规则而言。若引起事变或犯罪行为,溢出于该款情事以外,自属别一问题。(七)《工厂法》第四十五条所谓伤病,是否因执行职务而致,可由医师诊断定之。相应咨复贵院查照饬知。此咨

**附原意见**

第十四条　本条半小时之休息,以第八条"每日实在工作时间以八小时为原则"之规定而论。此半小时似在八小时之外,若在八小时之内,于原则即不相符。但各厂实行昼夜两班制者,此半小时之休息于时间支配并无妨碍,如实行三八制之工厂,每班外如有半小时之休息,则三班轮流昼夜,即须有二十五小时半之时间,方可轮值周到,此条之半小时休息,究应如何实行,拟请明文解释,以便奉行。

第六章　河北省各工厂大半厂方与工人均无契约,可不受本条文之约束,但条文所载无定期契约,是否须经双方用书面订定?他如普通用口头订明,并无双方签字立约形式者,是否已算为无定期契约?倘奉明令解释,如无双方签订之契约,即不在本章规定范围之内,则厂方所述困难当不成问题。至第二十七条立法之意,似就善意的言之。若含恶意的,只有照二十九条下半段之规定办理。又,第三十条第二款"因不可抗力停工一月以上",似就

损失程度不至破产而言。若损失重大,自须别谋救济之法,此应请明令解释者也。又第三十条、第三十一条是否包括无定期契约而言,亦应请明令解释。至第三十一条第一款"屡次"二字,似指情节不甚重要者而言。若引起事变或有犯罪行为,是否仍须预告方能终止契约,条文亦未有规定,一并拟请明令解释,以资遵守。

第九章　本章内载工人因执行职务而致伤病或死亡者,厂方应按照本章之规定逐一实行,因执行职务而致伤是为有形,因执行职务而致病,是属无形。工人得病是否因执行职务而致,漫无标准,诚恐工人于厂方致生许多无意识之纷扰,此项因伤因病,拟请明文分别解释或补充规定,以便奉行。

**院字第七九三号**

**二十一年九月十九日　司法院咨行政院　附原咨**

为咨复事,准贵院本年五月二十四日咨(第一一七号)为适用修正国民政府组织法第二十五条发生疑义,请查照解释见复等由到院,业经本院统一解释法令会议议决,国民政府组织法第二十五条须经各关系部长副署之命令及处分,既无某种事项除外之规定,则诉愿事项除再诉愿决定书可适用《诉愿法》第十条第三款之规定,只由长官署名盖印外,其余自应一律适用。来咨所举不便情形,按之《诉愿法》第二条第六款不服部会处分者,仍向原部会提起诉愿之规定。以彼例此足见,尚无不便,相应咨复贵院查照。此咨

**附原咨**

为咨请事,查《修正国民政府组织法》第二十五条载"行政院所有命令及处分其关于一般行政者,须经全体部长之副署。其关于局部行政者,须经各关系部长之副署始生效力"等语,前经依照此项规定拟具办法六项,提经本院第二次会议议决遵行在案。此种办法行之于处理诉愿事项,每感不便,例如不服各部会决定之再诉愿,设本院认为原决定失当,应予撤销或变更,须令行原处分官署之省市政府时,若由该关系部会副署是不啻该部会对于自己之命令与处分,而复反对之,不便一。又如再诉愿人请求对于原决定官署之部会命为某项行为,"如原决定部会延不呈送再诉愿答辩书及关系证卷等之催请"批令知照时,复须该部会副署亦觉自相矛盾,不便二。再如事实上各省市政府对于部会所为之诉愿决定认为不当,呈请设法救济指令知照时,亦由该部会副署,情理亦属不顺,不便三。查诉愿事项含有司法性质,与一般行政事项不无差异,本院既为最高决定机关,依照《诉愿法》统系即应完全负责,对于一般行政须由各部会共同负责之办法,似不适用。惟事关国府组织法疑义,究应如何办理,如臻妥洽相应抄同本院第二次会议关于副署决议案一份,咨请贵院查照解释见复。至纫公谊。此咨

**院字第七九四号**

**二十一年九月十九日　司法院指令江苏高等法院　附原呈**

呈悉,业经本院统一解释法令会议议决,同业公约对于营业地点之距离定有限制,在加入该公约者,固当遵守。然不能以之拘束他人。至关于此项诉讼标的之价额,应依《民事诉讼法》第七十七条第二项后半段之规定,由法院核定之。仰即知照。此令

**附原呈**

呈为呈请解释事,查设店营业人民有自由选择地域之权,不受他人或团体之拘束。故关于设店隔离之限制,如在广州方面,则早经废弃无余。上海之典当设店丈尺限制,则于十六年废止。京市府成立后,各业亦经先后解放。惟现仍有一二地方关于一二种营业,每有同业,先进制定同业规则,无论何人概不许其在旧店一定距离内设立同类之商店。此种限制在先进商店,固得享受垄断之利,而其他人民在一定地域之内即失去营业之自由,不特商业因无人竞带而改进停滞,且亦似与约法不无抵触。究竟此种限制他人有无服从之义务,此应请解释者一。又如甲以乙违背是项限制为由提起诉讼,计算标的价额应如何适用条文,亦不无疑问,应请解释者二。所有上开两点,事关法律疑义,未敢擅断,理合具文呈请解释示遵,实为公便。谨呈

**院字第七九五号**

**二十一年九月二十三日　司法院咨行政院　附原咨**

为咨复事,准贵院本年五月十七日咨(第一〇五号)开,据内政部呈准江苏省政府咨,据民政厅转请解释当选之乡镇长不识文字,是否有效,请查照解释见复等由到院,业经本院统一解释法令会议议决,《乡镇自治施行法》第十一条既"无不识文字,不得为乡镇长候选人"之规定,乡镇坊自治职员选举及罢免法第二十八条所列选举无效各款亦无不识文字之规定,故当选为乡镇长者不识文字,于其职务有无障碍,乃别一问题,要不得谓其当选为无效。相应咨复贵院查照饬知。此咨

**附原咨**

为咨请事,案据内政部呈称案准江苏省政府咨据,民政厅长赵启騄转据句容县县长许荣呈称,窃查已经当选之乡镇长不识文字,而合于《乡镇自治施行法》第十一条第六款之资格者,是否有效,法无明文规定。现在职县有类似此项情事发生,事关法律疑义,县长未敢擅专,理合具文呈请,仰祈鉴赐解释指令祗遵等情,据此,查乡镇公民不识字者,对于誓词签字可援照民法总则第三条第二项或第三项之规定办理,经内政部解释有案,依照《修正乡镇自治施行法》第七条之规定,宣誓登记后之公民即有出席乡镇民大会及行使选举、罢免、创制、复决之权,若具有同法第十一条第一项规定各款资格之一,而无同条第二项各款情事者,并得为乡镇长副之候选人。惟乡镇长副与普通公民不同,办理公务必须使用文字,倘有

不识字之公民当选为乡镇长副,是否有效,法无明文规定。据呈前情,究应如何解答之处,本厅未敢擅断,理合据情备文呈请鉴核,俯赐转咨解释令遵等情,除指令外,相应咨请查照核,复以凭饬遵等由,准此。查乡镇长副之候选人《乡镇自治施行法》,既无明文限制不识字人不得为乡镇长副候选人之规定,而乡镇长副负处理全乡镇自治之责。设以不识文字者当选充任,究竟于职务上有无障碍,其当选是否有效?事关自治法令,本部未敢擅断,理合具文呈请钧院鉴核示遵等情。据此,案关法令疑义,除指令外,相应咨请贵院查照解释见复,以便饬遵。此咨

**院字第七九六号**

**二十一年九月二十九日　司法院电贵州高等法院　附原电**

贵州高等法院谢院长览,该法院十九年九月敬代电致最高法院,请解释民刑诉讼法及《刑法》各疑义一案,业经本院统一解释法令会议议决,(一)前民事诉讼条例第五百七十一条,与《民事诉讼法》第四百六十三条所称判决,均系包括不关本案之判决而言。来电所述再审之诉,应视其对于何审法院之判决本于何项再审理由声明不服,依该条之规定定其管辖法院。(二)《刑法》第二百九十三条及第三百零一条告诉乃论之罪,其告诉权非专属于被害人。被害人已死亡者,依《刑事诉讼法》第二百十四条第二项之规定,其亲属以不违反被害人明示之意思为限,亦得告诉。(三)《刑事诉讼法》第一百七十条后段,所谓本刑系指法定刑而言。合电知照。司法院艳印

**附原电**

南京最高法院院长勋鉴,窃职院现有法律疑问数点胪陈于下:(一)今有某甲不服第一审判决提起上诉,延不缴纳第二审讼费。第二审法院因民事诉讼律未奉颁发,遂依民事诉讼条例第五零八条第一项第一款,判决将其上诉驳斥。甲不服又提起上诉,第三审法院认定第二审法院判决并不违背法令,复依同条例第五三三条判决将其上诉驳斥。甲复提起再审之诉,按此项再审之诉,原第二三审既皆具有判决形式,依民事诉讼条例第五七一条之规定,自应审查其所提出之再审原因,分别系属于第二审或第三审管辖。然原第二三审实均未为实体法上之审判,依前大理院十二年统字第一八一二号解释类推解释,似又应属于原第一审管辖,究竟民事诉讼条例第五七一条例前段(再审之诉专属为判决之原法院管辖)所称判决系专指实体法上之判决,抑包括程序法上之判决?(二)《刑法》第二百九十三条及第三百零一条之罪,依第三百零二条之规定须告诉乃论,此项告诉权是否专属被害人?若专属被害人,则该被害人死亡时,其亲属能否依《刑事诉讼法》第二百十四条第二项得为告诉?(三)《刑事诉讼法》第一百七十条后段规定,其最轻本刑为五年以上有期徒刑者,应依职权指定辩护人,此系指初级或地方法院管辖第一审之案件而言,固无疑义。若上诉第二审是否仍照该条规定办理,抑以第一审宣告之刑为准?以上各疑问,祈迅予解释电示祗遵。贵州高等法院院长谢勋陶叩敬印

**院字第七九七号**

**二十一年十月六日　司法院电河南高等法院首席检察官　附原电**

河南高等法院传首席检察官览，该首席检察官电呈最高法院检察署，为郑县地方法院首席检察官转请解释检察官续行侦查之案声请人复提起自诉应否准驳一案，业经本院统一解释法令会议议决，自诉案件应以未经检察官侦查终结者为限，方得提起检察官不起诉之处分。虽经上级法院首席检察官认告诉人声请再议为有理由，命令下级检察官续行侦查，但既曾经侦查终结，依《刑事诉讼法》第三百四十一条第一项，自不得再向法院自诉。合电转饬知照。司法院虞印

**附原函**

迳启者，案据河南高等法院首席检察官代电称，据郑县地方法院首席检察官呈称，查《刑事诉讼法》第三百四十一条，同一案件经检察官侦查终结者，不得再向法院自诉。第二项，其在侦查终结前经自诉者，检察官应停止侦查之程序各等语。今有《刑法》第二百九十三条第一项之伤害罪，经检察官于侦查前谕令自诉，告诉人不愿自诉，检察官遂开始侦查，结果认为证据不确，予以不起诉处分，依法送达该告诉人接收处分书具状声请再议。原检察官以声请无理由将该案卷呈送上级法院首席检察官，上级法院首席检察官依《刑事诉讼法》第二百五十条第一款令续行侦查送达再议处分书，该声请人接收此次处分书，即具状声请自诉。关于此点应否准驳，有甲乙两说：(甲)说谓告诉人于检察官开始侦查前，曾谕令自诉该告诉人不愿自诉，业经侦查终结予以不起诉处分，依《刑事诉讼法》第三百四十一条之规定，不得自诉。(乙)说谓既系自诉案件，虽经原检察官侦查终结，已由上级法院首席检察官处分令续行侦查，似从前之不起诉处分书等于消灭，则不能认为侦查终结依《刑事诉讼法》第三百四十一条第二项之规定，应许其自诉，两说究以何说为正当，呈请解释前来。案关法令解释，理合电恳转请解释等情到署。据此，相应函请查照解释见复为荷。此致

**院字第七九八号**

**二十一年十月八日　司法院电河北高等法院　附原电**

河北高等法院胡院长览，本年六月洽代电悉，保定地方法院所请解释《刑法》第六十六条加重本刑疑义一案，业经本院统一解释法令会议议决，前犯不同一之并合罪，经判处有期徒刑执行完毕后，再犯之罪有与前犯为同一或第六十六条第二项所列同款之罪一次者，自应依同项规定加重本刑二分之一。合电转饬知照。司法院庚印

**附原电**

南京司法院店院长钧鉴，案据保定地方法院院长朱焕彪元代电称，窃查《刑法》第六十六条规定，累犯同一之罪一次者，加重本刑二分之一；累犯不同一或不同款之罪一次者，加重本刑三分之一。假如某甲前犯窃盗及脱逃并合罪，分别判处罪刑，执行有期徒刑完毕后，

复犯窃盗一次,当然构成累犯,不生问题。惟其后犯之窃盗罪对于前犯之窃盗罪,系为累犯同一之罪。依上开条文应加重本刑二分之一。而对于前犯之脱逃罪,又系累犯不同一及不同款之罪,依上开条文,则应加重本刑三分之一。某甲究应同时递加(即加重二分之一后再加重三分之一),抑仅加重二分之一或三分之一?在法均无根据,理合电请鉴核转请解释祗遵等情。理合转请解释见复,以便转饬遵照。河北高等法院院长胡祥麟叩洽印

**院字第七九九号**

**二十一年十月八日　司法院电甘肃高等法院　附原电**

甘肃高等法院院长览,本年五月皓代电悉,该法院第二分院所请解释妾对于家长能否提起自诉一案,业经本院统一解释法令会议议决,妾之于家长无亲属关系,如家长听妻教唆将妾殴伤,妾得提起自诉,不受《刑事诉讼法》第三百三十九条之限制。合电转饬知照。司法院庚印

**附原电**

南京司法院院长钧鉴,案据本院第二分院院长戴光国江代电称,查自诉规定不适用于直系亲属、配偶或同财共居亲属之间,《刑事诉讼法》第三百三十九条已有明文。如有妾某甲自诉其家长某乙听妻某丙教唆,将其殴伤,某甲是否包括于配偶或同财共居亲属之内,同受《刑事诉讼法》第三百三十九条之限制,不得自诉,适用上不无疑义,请求解释等情。据此,案关法律疑义,理合电请钧院迅赐解释,以便转饬遵照。甘肃高等法院院长冯致祥叩皓印

**院字第八〇〇号**

**二十一年十月八日　司法院函教育部　附原函**

径复者,准贵部本年三月三十一日公函(第二零九七号)开,据上海市教育局呈为学生伪造修业或毕业证书,是否认为足以损害公众或他人,请再予解释一案,函请查核见复等由,业经本院统一解释法令会议议决,学生之修业或毕业证书或成绩单等文件,非经审查认为确实,不能取得学籍或职位。故伪造此项文件并非当然足生损害于公众或他人,自不为罪,相应函复贵部,查照饬知。此致

**附原函**

前据广东省教育厅及上海市教育局先后呈请,明定伪造修业或毕业证书或成绩单等之处分办法。经以案关司法,函请贵院解释,嗣准贵院院字第六八九号函以经贵院统一解释法令会议议决,除伪造官厅印信构成《刑法》第二百三十五条第一项之罪外,其余伪造修业或毕业证书或成绩单等,必足以损害公众或他人者,始成立《刑法》上之罪名等因,当即分别训令该厅局知照在案。兹复据上海市教育局呈称,必足以损害公众或他人一语之意义,似未易明了,拟恳再予明白解释,俾资遵循等情。查学生伪造修业或毕业证书等文件以骗取

学籍或职位,往往因名额关系而侵占他人求学或服务之机会,此种情形是否认为损害?贵院所谓必足以损害公众或他人一语,究竟如何解释,相应仍请查核见复,以便转饬知照。此令

**院字第八〇一号**

**二十一年十月十七日　司法院指令浙江高等法院　附原呈**

呈悉,业经本院统一解释法令会议议决,撤回自诉应于第一审辩论终结前为之,既经第一审判决呈送复判,于发回复审后自不得撤回自诉,仰即转饬知照。此令

**附原呈**

呈为转请解释事,案据奉化县县长章骏呈称,兹有自诉案件自诉人于县政府判决呈经复判审裁定发回复审后声请撤回,可否照准,颇滋疑义,请予解释,以资遵循等情。据此,案关解释,理合备文转请仰祈钧院鉴核令遵。谨呈

**院字第八〇二号**

**二十一年十月十七日　司法院训令广东高等法院首席检察官　附原函**

为令知事,该首席检察官呈最高法院检察署,为潮梅地方法院首席检察官转请解释《刑事诉讼法》第二百六十四条疑义一案,业经本院统一解释法令会议议决,《刑事诉讼法》第二百七十五条,审判固以书记官朗读案由为开始,惟朗读案由须向当事人为之。被告既未出庭,除有特别规定外,本不得开始审判。检察官自得依《刑事诉讼法》第二百六十四条第一项,撤回起诉。合行令仰转饬知照。此令

**附原函**

径启者,案据广东高等法院首席检察官呈称,现据代理潮梅地方法院首席检察官廖介和呈称,现据职处检察官李世扬呈称,查刑诉法第二百六十四条第一项内载,起诉于第一审审判开始前得撤回之。兹有属于初级法院管辖案件,经检察官提起公诉后,告诉人具状请求检察官将起诉撤回。查原案曾经刑庭定期票传审讯,届时亦已开庭,惟以被告人尚未到庭,遂停止审判。在此场合关于审判是否已经开始,即发生疑义,分为两说:(甲)说谓检察官提起公诉后,被告人虽未到庭为言词辩论,然审判以经书记官朗读案由,即为开始。其时被告人应否在庭并无规定,若检察官及其他关系人已经到庭,书记官又经朗读案由,则检察官即不能根据上开法文将起诉复行撤回;(乙)说谓《刑法》虽规定审判以书记官朗读案由为开始,但同法第二百七十一条内载审判日期,除有特别规定外,被告不出庭者不得审判等语,则被告尚未出庭,无从开始审判。纵事实上经已开庭由书记官朗读案由,在法律上仍不得视为审判已经开始。此时如果检察官认为案有得不起诉之理由,仍得撤回。以上二说,各执一词,究以何说为是,应请解释等情。据此,事关法律疑义,其解释之权原属最高法院,理合呈请俯准转请解释示遵,实为公便等情。据此,理合备文呈请钧署察核,伏乞转请解释

指令饬遵等情。据此,相应函请贵院查照解释施行。此致

**院字第八〇三号**

**二十一年十月十七日　司法院函司法行政部　附原函**

径复者,准贵部本年四月八日公函(第一五一号)开,据四川高等法院呈,据自贡地方法院转请解释调解成立后,第三者以侵害权利起诉,应适用何种程序办理一案,请查照见复等由到院,业经本院统一解释法令会议议决,调解当事人以外之人不受调解之拘束,若调解当事人以外之人以调解结果侵害其权利为理由提起诉讼,法院应依通常程序予以受理,相应函复贵部查照饬知。此致

**附原函**

径启者,案据四川高等法院院长呈称,据自贡地方法院院长呈称,职院受理民事案中有甲、乙、丙三人在调解处成立之调解,数日后经丁、戊、己三人与乙联名,一面向民庭起诉,一面向调解处声请救济,其理由为乙与甲调解结果侵害伊等权利等语。查关于民事调解之法律,除乙否认成立之调解有明文规定办理外,并无第三者(丁、戊、己)对于调解处成立之调解侵害伊等权利,应由何处以何种程序办理之规定,于是丁戊己请求救济之件,职院遂无所遵循,理合具文呈请钧院转请司法院解释上开,丁、戊、己之件,究应由调解处或民庭办理并适用何种程序等情。据此,查事关法律疑义,相应函请贵院解释见复,以便转饬遵照。此致

**院字第八〇四号**

**二十一年十月十七日　司法院函司法行政部　附原函**

迳复者,准贵部本年四月八日公函(第一五零号)开,据四川高等法院呈据成都地方法院转请解释检察官未经侦查即行起诉,法院应否受理疑义一案,请查照见复等由到院,业经本院统一解释法令会议议决,查《刑事诉讼法》第三百十八条第一款,系指起诉之程序违背规定而言,检察官对于被告未经传案侦查,即行起诉,似属不当,但既未违背起诉规定,法院自应受理,相应函复贵部查照饬知。此致

**附原函**

迳启者,案据四川高等法院院长呈称,据成都地方法院院长呈称,查检察官对于被告未经传案侦查即行起诉,法院应否受理,于是生有两说:(甲)说检察官对被告既未经侦查手续即行起诉,是于起诉程序显有违背,法院应依《刑事诉讼法》第三百十八条第一款,谕知不受理之判决;(乙)说《刑事诉讼法》第三百十八条第一款,所谓起诉之程序违背规定者,系指起诉时违背同法第二百五十八条及第一百八十九条所定之程式而言。至检察官对被告未经侦查即行起诉,系属违背侦查程序而非违背起诉程序,检察官违背侦查程序,只能构成其他事项,对于所起之诉不生何种影响,法院自不能依据《刑事诉讼法》第三百十八条第一款谕知不受理之判决。以上二说,究以何说为是,事关法律疑义,理合呈请钧院转请解释,以便

遵循等情,据此,案关法律疑义,理合呈请转请解释,以便饬遵等情。据此,查事关法律疑义,相应函请贵院解释见复,以便转饬遵照。此致

**院字第八〇五号**

**二十一年十月十七日　司法院函军政部　附原函**

迳启者,贵部陆军署军法司本年八月九日公函(法字第二九二三号)致最高法院请解释并合论罪案件大赦减刑疑义一案,业经本院统一解释法令会议议决,(一)《大赦条例》所谓最重本刑,系指法定之最重本刑而言。甲乙两罪法定最重本刑既均七年未满,应按照《大赦条例》第二条后段减刑二分之一,其所定执行刑是否在七年以上,自可不问;(二)并合论罪中之甲罪判处徒刑二年,其法定最重本刑为三年以下,如犯罪在本年三月五日以前,则依《大赦条例》第一条,应予赦免,剩余乙罪,判处徒刑四年,其法定最重本刑既为七年未满,即应减刑二分之一,为徒刑二年,相应函请贵部查照饬知。此致

**附原函**

敬启者,查《大赦条例》第二条规定,最重本刑为死刑、无期徒刑或七年以上有期徒刑者,减轻三分之一;七年未满者,减刑二分之一等语。是此次办理大赦案件,应以最重本刑之轻重为分别减刑之标准,毫无疑义。惟关于并合论罪,尚有疑问两点,即(一)如并合论罪中之甲乙两罪最重本刑均为七年未满,原判并科刑期在七年以上,究竟应减二分之一,抑应减三分之一;(二)如并合论罪中,甲罪判处二年,最重本刑为三年以下,乙罪判处四年,最重本刑为七年未满,原判并科刑期五年。甲罪既依例赦免,是否从原判五年中除去二年,就所余三年减二分之一?以上两点,查《大赦条例》并无规定,相应函请查照,并希明白解释示复,以便适用,实纫公谊。此上

**院字第八〇六号**

**二十一年十月十九日　司法院指令安徽高等法院　附原呈**

呈悉,业经本院统一解释法令会议议决,已嫁女子应追溯继承之财产已经其他继承人分析者,依《追溯继承财产施行细则》第三条之规定,若其请求重行分析已在该细则施行六个月以后,无论其分析是否适当,均不应准许。如在《民法》继承编施行后,应依该编施行法第三条规定办理,仰即转饬知照。此令

**附原呈**

呈为据情转请解释事,案据广德县承审员赵华汉呈称,窃查民国十八年八月十九日公布之《已嫁女子追溯继承财产权施行细则》第三条载,已嫁女子应继之财产已经其他继承人分析者,该女子得向原分析人请求重行分析,前项请求应于本细则施行后六个月内为之等语,则凡在公布施行后六个月内请求者,原无问题发生。惟请求期间已在六个月以后,其理由以为母家财产虽经其兄分析,但当时并未得母与公亲之同意,应请照前项细则重行分配。

又有乙诉称母家财产虽已经其他继承人分析，但其出嫁之时无甚装奁，未免偏枯，应请追溯继承财产，而核其请求日期亦在六个月以外。现属县发生上列两案，急待讯判，应如何处理之处，理合备文呈请钧院解释指令祇遵等情。据此，事关解释法律疑义，本院未便臆断，理合据情转呈，仰祈钧院俯赐解释，以便转令遵照，实为公便。谨呈

**院字第八〇七号**

**二十一年十月十九日　司法院指令广西高等法院　附原呈**

呈悉，业经本院统一解释法令会议议决，仅能航行内河之船舶，其总吨数虽超过《海商法》第二条第一款所示之限制，因其与第一条规定船舶之性质不同，自不适用《海商法》至第一百十九条所载"中国港口河道"等字样，系属船舶扣押之规定，与本问题无涉，仰即转饬知照。此令

**附原呈**

呈为呈请事案，据代理苍梧地方法院院长唐尧钦寒代电称，查《海商法》第一条载，本法称船舶者，谓在海上航行及与海相通能供海船行使之水上航行之船舶等语。依此规定，则航行内河之船舶不适用海商法，原甚明了。然查该法第一百十九条明载有"中国港口河道"等字，又第二条载下列船舶除船舶碰撞外，不适用本法之规定：一、总吨数不及二十吨或容量不及二百担之船舶云云。就此条文，又似总吨数如达二十吨或容量达二百担以上之船舶航行内河，均可适用。究竟总吨数已达二十吨以上航行内河之船舶，能否适用海商法，抑仍以该河能否供海船行使为前提，于适用上不无疑义，合电请转呈解释示遵等情。据此，理合具文呈请钧院察核迅赐解释，俾便饬遵。谨呈

**院字第八〇八号**

**二十一年十月二十一日　司法院咨行政院　附原咨**

为咨复事，准贵院本年四月十六日咨（第六六号）开，据浙江省政府代电请解释《诉愿法》疑义一案，请查照见复等由到院，业经本院统一解释法令会议议决，（一）下级官署呈经上级官署指驳命令所处理之事项，其实施处分时既系以下级官署之名义行之，自应认为下级官署之处分。如人民不服此处分提起诉愿，仍须按照管辖等级，向其直接上级官署为之；（二）诉愿官署因诉愿书不合法定程序，发还诉愿人更正，在《诉愿法》第八条但书既无期限之规定，自得本于职权酌定更正期间。若逾期不为更正，又未声明原因者，即应依同条前段予以驳回（参照院字第七一零号解释），相应咨复贵院查照饬知。此咨

**附原咨**

为咨请事，案据浙江省政府支代电称，查下级官署呈奉上级官署核准所为之处分，仍应认为下级官署之处分，业奉司法院解释通行有案。惟若下级官署呈请之办法不为上级官署所裁可，而加以指驳，下级官署遵照此项指驳命令所处理之事项，是否仍应认为下级官署之

处分?例如某县以某寺住持某甲应行撤换函请佛教会另选僧某乙充任,乃呈报后被厅令指驳,谓仍应由某甲住持,此项厅令显与原县之主张不同,可否仍认为县政府之处分?设某乙因之不服而诉愿时,究应向何级官署提起,不无疑义,此应请解释者一。又诉愿期限,《诉愿法》第五条业有明文规定。惟因其诉愿书不合法定程序而发还令其更正者,《诉愿法》内并无期限限制,受理诉愿官署可否于饬令更正时予以一定之期限,如逾期不更正者,即将其诉愿驳回,以免宕延,此应请解释者二。本政府现有此类案件亟待解决,敬乞转咨迅予解释俾资遵循等情。据此,事关法律疑义,除指令外,相应咨请贵院查照解释见复,以凭饬遵,实纫公谊。此咨

**院字第八〇九号**

**二十一年十月二十一日　司法院咨行政院　附原咨**

为咨复事,准贵院本年五月十六日咨(第一零三号)开,据内政部呈准北平市政府咨请解释瞽目之人能否当选区长疑义一案,请查照见复等由到院,业经本院统一解释法令会议议决,选举区长时具有候选资格而为瞽目之人,法律上既无明文限制,即不能不许其当选。若当选后不能执行职务,自应依《市组织法》第五十二条规定办理,相应咨复贵院查照饬知。此咨

**附原咨**

为咨请事,案据内政部呈称,案查本部前准北平市政府咨请解释,瞽目之人应否准其充任自治人员一案,当以区长候选人之资格,《市组织法》第四十六条已有明文规定,无论选举区长、委任区长均须具有此项资格,而此项资格均非瞽目之人所易取得,自不发生若何问题,咨复查照在案。兹复准该市政府来咨略开,查《市组织法》第四十六条规定区长候选人各项资格,诚如贵部解释均非瞽目之人所易取得,惟设遇有瞽目之人取得资格在先,而失明在后,论其资格可以当选,究其实际殊难执行公务,应如何处理,原组织法亦无明文规定,相应再行咨请查照解释见复等由到部。查瞽目之人备有区长候选人之资格,市组织法既无明文规定,应否准其当选充任?如准充任而事实上执行公务不免发生困难,复应如何救济?事关自治人员选举,本部未便擅拟,理合备文呈请钧院鉴核示遵等情。据此,案关法令疑义,除指令外,相应咨请贵院查照解释见复,以便饬遵。此咨

**院字第八一〇号**

**二十一年十月二十一日　司法院咨行政院　附原咨**

为咨复事,准贵院本年五月三十日咨(第一三六号)开,据内政部呈准山东省政府咨请解释地方团体能否占用寺庙疑义一案,请查照见复等由到院,业经本院统一解释法令会议议决,有住持居住之寺庙,其寺庙若系由住持募款建设或重修者,该庙祀无论应否废止,其庙产究系公产非属官产(神祠存废标准系关于庙祀存废问题,与庙产无涉),不得由地方官

署拨归任何团体使用,即地方任何团体亦不得擅行占用拆毁。至原有僧道住持之寺庙而倾圮坍塌,若可认为荒废者,应依《监督寺庙条例》第四条规定办理,其无僧道住持倘系暂时状态,应由其所属教会或该管官署征集当地宗教相同各僧道意见,遴选住持管理,地方团体亦不得占用拆毁(参照院字第三五七、第四二三、第六七三、第七二四各号解释),相应咨复置院查照饬知。此咨

**附原咨**

为转咨事,案据内政部部长黄绍雄呈称,案准山东省政府党字第四七三号咨开,案查前准山东省党务整理委员会函请饬拨聊城县城隍庙作县党部会址一案,经令民政厅查复去后,兹据该厅复称,查该县城隍庙按神祠存废标准,固在废止之列,而该庙前经该县查明,现经住持张景云募款重修,仍为居住,但关于此项系有住持管理之寺庙能否由各团体准予修理占用,并无明文规定。是以本厅亦未敢遽予擅拟,矧本厅办理寺庙纠纷以来,如寺庙确在废止之列而庙产实为僧人募化所建筑或在保存之列,而倾圮坍塌并无住持僧道者,能否准许地方团体占用拆毁,考核历奉保护寺庙明文亦无具体标准,以致办理此项庙产诸多困难,奉令前因,理合一并呈请钧府转咨内政部详细解释,俾便遵办等情,据此,除指令外,相应咨请查核见复等由。准此,案关法令解释,本部未便擅,拟除咨复外,理合呈请钧院转咨司法院详细解释指令祇遵等情。据此,除指令外,相应咨请贵院解释见复,俾便饬遵。此咨

**院字第八一一号**

**二十一年十月二十一日　司法院指令福建高等法院　附原呈**

呈悉,业经本院统一解释法令会议议决,区长为依法令从事于公务之职员,除市之区公所区长,依市组织法第五十四条规定为无给职外,县之区公所区长依《区自治施行法》第十五条规定,既有俸给律师执行职务时,自不得兼任。合行令仰转饬知照。此令

**附原呈**

呈为呈请事,窃据晋江地方法院院长唐诗圣呈称,窃据晋江律师公会会长许德芳呈称,为呈请转呈解释事。窃查《律师章程》第十三条规定,律师执行职务时不得兼任官吏或其他有俸给之公职等语。兹有律师兼任地方自治区长发生疑问,有甲乙二说:(甲)说谓区长系属民政厅委任,纯为有俸给之公职,不能与国会地方议会议员同视,又不能与党务指委等相提并论,应受该条文之制限。(乙)说谓区长虽由民政厅圈委,然为自治人员而非公务人员,故各县区长以次各级自治人员被选为农工商各会职员或代表,均得兼任,显与党务指委等同样,而与有俸给之公职不同,应不受该条文之制限,二者各执其词,莫衷一是,当经本会常任评议员会议决,佥以事关法令疑义,应请钧院转呈解释,理合备文呈请鉴核迅予转呈解释赐示,俾得遵循等情。据此,理合具文呈请钧长察核转请解释指令祇遵等情,据此,理合具文呈请钧长鉴核指令祇遵,实为公便。谨呈

**院字第八一二号**

**二十一年十一月三日　司法院训令四川高等法院首席检察官　附原函**

为令知事,该首席检察官呈最高法院检察署,为第一分院首席检察官转请解释告诉人请求提起上诉,检察官有无准驳权疑义一案,业经本院统一解释法令会议议决,依《修正县知事审理诉讼暂行章程》第二十五条第一项之规定,告诉人对于县判虽得向第二审之检察官呈诉不服,请依上诉程序提起上诉。但依同条第二项规定,系以检察官为上诉人,故检察官对于告诉人提起上诉之请求,不得谓无准驳之权(参照院字第五四零号解释)。合行令仰转饬知照。此令

**附原函**

径启者,案据四川高等法院首席检察官谢盛堂呈称,呈为据情转请核示事,案据四川高等法院第一分院首席检察官曹腾芳快邮代电称,查《修正县知事审理诉讼章程》第二十五条,告诉人对于县判得依期限向第二审之检察官呈诉不服,请依上诉程序提起上诉。就文理解释,检察官自不能谓无准驳之权,核与刑诉法四百三十四条,检察官向最高法院首席检察官声请提起非常上诉,最高法院首席检察官具有准驳之权,其文理实无差别。惟查前大理院对于原诉人呈诉不服,曾有民四统字二五九号、二九八号解释,现在该项章程业已修正,此项解释仍否适用,谨电请转电最高法院解释,俾有遵循等情。据此,理合具文呈请鉴核示遵等情。据此,相应函请贵院查核解释为荷。此致

**院字第八一三号**

**二十一年十一月三日　司法院训令福建高等法院首席检察官　附原呈**

为令知事,该首席检察官呈最高法院检察署,为闽侯地方法院连江分庭检察官转请解释县盐务局局丁能否视为公务员疑义一案,业经本院统一解释法令会议议决,县盐务局如系私人承包性质,其雇用之丁役不能视为公务员。人民因其搜查私盐,启衅入店殴打,自不能成立妨害公务之罪。合行令仰转饬知照。此令

**附原函**

迳启者,案据福建高等法院首席检察官林炳勋呈称,呈为呈请解释事。窃据闽侯地方法院连江分庭检察官支代电称,县盐务局如系包办性质,其分配各乡盐。子店售盐之局丁能否视为公务员?倘因搜查私盐启衅,人民挟怨侵入盐子店殴打局丁,尚未成伤,而其用强暴胁迫意图使局丁不敢搜查私盐,能否构成妨害公务罪?深滋疑义,现职处有此种案件发生,理合电请示遵等情到处。案关法律解释,未敢擅便,除指令外,理合具文呈请钧长察核转请解释,以便饬遵等情。据此,相应转请贵院查照迅予解释为荷。此致

院字第八一四号

二十一年十一月三日　司法院指令浙江高等法院首席检察官　附原呈

呈悉，业经本院统一解释法令会议议决，公安局长虽有侦查犯罪之权，但非《刑法》第一百三十三条第一项之公务员，其无追诉犯罪之权，与院字第七三三号解释所称之警官同。合行令仰转饬知照。此令

附原呈

呈为呈请解释事。案据临海地方分院首席检察官施召愚呈称，窃查院解第七三三号警官无追诉犯罪之权，其所称警官二字是否包括公安局长在内，抑公安局长亦应认为无追诉犯罪权，不无疑义。兹因职处有此项案件发生，亟待解决，理合备文呈请鉴核示遵等情到处。案关解释法律，未敢擅拟，理合备文呈请钧长鉴核俯赐解释，俾便饬遵。谨呈

院字第八一五号

二十一年十一月三日　司法院指令宁夏高等法院　附原呈

呈悉，业经本院统一解释法令会议议决，被告于责付后潜行逃逸，固得令受责付人找交被告，但除受责付人确有《刑法》第一百七十四条第一项情事，应受刑事制裁外，不得将其管收。合行令仰转饬知照。此令

附原呈

呈为转呈事。案据代理夏朔地方法院院长孙呈祥呈称，呈为呈请事。查刑事被告人经责付后，受责付者对于法院即负有令被告人随时到案之责任，《刑事诉讼法》第七十九条第二项已有明文规定。惟被告若于责付后潜行逃逸，迨法院传唤时受责付者竟无以应命，此种场合受责付者究应予以如何制裁，可否将其暂行管收，逼令设法找交被告？事关法律疑义，本院未敢擅专，理合具文呈请钧院鉴核转请解释，实为公便等情到院。除指令外，查本件关系法律解释，理合备文转请钧院俯赐解释，以便饬遵。谨呈

院字第八一六号

二十一年十一月三日　司法院电浙江高等法院　附原电

浙江高等法院郑院长览，本年四月冬代电悉，所请解释上诉逾期声请回复原状疑义一案，业经本院统一解释法令会议议决，上诉逾期经上级法院判决驳回后，原审法院依声请以裁定准予回复原状，该裁定如已确定，上诉法院仍应受理上诉。合电知照。司法院江印

附原电

司法院钧鉴，查《刑事诉讼法》第二百零九条第一项后段，关于声请回复原状，其上诉逾期限者应向原审法院为之，法文意义规定本极明了。如上诉人于上诉逾期并不依法声请回复原状径行上诉，而原审法院亦未依同法第三百七十七条第一项驳回，准予送卷，则上诉审

自应依同法第三百八十三条以判决驳回,该上诉人于接到送达之后乃向原审声请回复原状,经原审裁定照准将原案卷宗移送上级审。于此上级审如何受理,不无疑问,兹分二说:(甲)说本案虽经上诉审以上诉逾期违背程序判决驳回在先,但现经原审裁定准予回复原状既已确定,则上级审应受其拘束同时,前判决不复存在,故应径予受理为实体上之审判;(乙)说回复原状应于不能遵守期间之原因消灭后五日以内向原审声请并补行期限内应行之程序,兹于上级审判决驳回之后,始向原审声请,在原审初无照准之余地,故其裁定准予回复原状已非合法,且上级审之判决并无受下级审裁定拘束之规定,同时即不能重为审判。兹查声请状在上级审驳回判决上诉期间以内,应谕知该被告对于上级审之驳回判决提起上诉方合法定程序,原裁定亦因上诉而不生影响。以上二说,似各不无理由。事关法律疑义,理合电请钧院迅赐解释示遵。浙江高等法院冬叩

**院字第八一七号**

**二十一年十一月十一日　司法院咨行政院　附原咨**

为咨复事,准贵院十九年十一月六日咨(第二四五号)开,据内政部呈请解释《监督寺庙条例》各项疑义一案,开列清册,咨请查照见复等由,业经本院统一解释法令会议议决,(一)各寺庙虽非依法令或习惯由政府机关或地方公共团体管理,但经政府机关或地方团体管理后苟无利害关系人争执,亦应认为属于《监督寺庙条例》第三条第一款或第二款之寺庙。若有争执,应另行依法办理。(二)依同条例第三条规定,由地方公共团体管理之寺庙不适用本条例之规定,则此项寺庙如有处分或变更该寺庙之不动产,自应由管理该寺庙之公共团体行之。(三)佛教会仅属关于宗教之文化团体,不得谓为地方公共团体。(四)依同条例第四条荒废之寺庙,既无地方自治团体管理其财产,如为私人占有,应由该管地方官署本其监督职权向其收回。除按情形依同条例第十条办理外,不得径将庙产提充教育经费,其基地非依第八条规定,亦不得径行变卖充作公用。(五)无人承继之寺庙,其住持之遴选见院字第四二三号、第六七三号及第七二四号解释。(六)寺庙如无所属之教会,无从得同条例第八条规定之决议,则但由住持呈请该管官署许可即得处分或变更。(七)住持违反同条例第十条规定,自得依同条例第十一条办理(参照院字第三五七号及第七二四号解释)。(八)尼与僧道虽因性别异,其名称其信仰宗教实无以异,故尼庵兰若亦在本条例范围之内。(九)寺庙财产及法物既有登记之规定,自无庸另行公布。(十)关于第十条、第十一条之规定是否适当,系属立法问题,不属解释范围。(十一)耶稣基督之礼拜堂、浸礼堂虽亦宗教上之建筑物,但非有僧道住持不合于同条例第一条规定,自未能认为寺庙。(十二)同条例第四条所称荒废之寺庙,系指经久无人管理者而言。若仅因一时住持暂缺者,尚不能谓之荒废(参照院字第四二三号解释)。(十三)处分寺庙财产,违反同条例第七、第八各条规定者,该管官署得依本条例规定行使其监督权。惟地方自治团体非呈请该管官署,不得径行制止。(十四)私人建立并管理之寺庙既不适用本条例之规定,自应听凭该私人之处分。至所

谓私人,固不问其是否为僧道(参照院字第七一五号解释)。(十五)同条例第四条所称之地方自治团体,自系指区公所、乡镇公所、坊公所等而言(参照县组织法第九条、第二十八条、第四十条、市组织法第四十一条、第七十九条)。(十六)因保全寺庙之用费或清偿寺庙正当之债务,系属于同条例第七条之正当开支。(十七)同条例第八条所称之教会,系指依法组织并经呈准立案者而言。(十八)同条例第十条所称之慈善事业,系指济贫、救灾、养老、恤孤及其他以救助为目的之事业,不得利用为宗教上之宣传(参照《监督慈善团体法》第一条及第二条)。若办理佛教之学校及祈祷超祓等事,自不得谓为慈善事业,尤与公益之事业无关。(十九)依同条例第十一条,住持被革除或逐出送究后,其所属之佛教会于不违反该寺庙历来传授习例之范围,得征集当地各僧道意见遴选新住持(参照院字第四二三号及第七二四号解释)。(二十)同条例第十二条所列举之寺庙自应以该条文所列举之区域为限,相应咨复贵院查照饬知。再查贵院十九年四月七日(第八七号)及六月十七日(第一四一号)先后咨据内政部呈请解释《监督寺庙条例》疑义两案,业经包括以上解释之内,不另咨复合并声明。此咨

**附原咨**

为咨请事,案据内政部礼字第六四号呈称,为遵令议复仰祈鉴核示遵事。案奉钧院第二五五三号指令后开,《监督寺庙条例》自奉国民政府公布施行以来情形如何,有无呈请另定施行细则以资补充而便实用之必要,并仰该部议复以凭核夺等因,奉此,遵查《监督寺庙条例》自公布以后,职部督率所属实力奉行,尚无扞格。惟条文词多概括关于时效权限,应有相当标准,其他亦有待详细规定之处。原拟酌订施行细则呈准通行,曾于分期计划书列报在案。嗣因各省对于条文纷请解释,职部以解释之权属于司法院未便擅专,是以迭经呈请咨转解释其文义明显者,即由职部酌予答复以便推行,一面拟俟司法院复到后再行连同职部答复各条汇为一册,分行各省,俾有遵循。现司法院解释之案已逾半载,未奉核复,悬案多起,亟待解决,似应呈请另定施行细则以资补充而便适用。兹将职部前经呈请解释及由部答复有案,与现应续请解释各条分别开列清册,理合具文呈请钧院鉴核指令祇遵等情。据此除指令,应候先将清册(甲)(丙)两项各条咨请解释见复,再行参考起草施行细则外,相应抄送原呈清册咨请查照将(甲)项以内尚有未准咨复及(丙)项所列各条并案解释见复,至纫公谊。此咨

**附清册**

谨将《监督寺庙条例》业经呈请解释暨答复有案,应请解释各项分别开列清册,呈候核夺计开

(甲)经呈请解释者

第三条第一二两项之规定,是否就根本上向系管理者为限?近年各省寺庙财产或被地方政府任意没收或由公共团体违法侵占,根本既未合法管理,实同强夺。若认为政府机关及地方团体管理不适用本条例之规定,则违法侵占之举已成合法之管理。最近被侵占之寺

庙尚在交涉收回之中者,已无进行之可言,寺庙前途将不堪设想。惟自我国民革命军出师以来,各地方政府党部对于寺庙之处分殊属不少,且此项处分亦多有在寺庙管理条例实行有效期间者。今欲追溯既往,一律恢复原状,事实上必多纠纷,属于地方公共团体管理之一种。如有处分或变更寺庙之不动,应用何种法定手续?地方公共团体是否包含佛教会在内?

第四条之荒废寺庙各地方并无自治团体,而荒废寺庙之财产完全为私人占有者,可否提充教育经费?所称荒废之寺庙,能否将基地变价充作公用?无人承继之寺庙,应否由佛教会征集诸山意见遴选住持?

第八条处分或变更寺庙不动产须经所属之教会议决。设该地并无教会,应用何种法定手续始得处分或变更?

第十条所载寺庙应按其财产情形兴办公益或慈善事业,如该寺庙财产充裕而住持不肯出资兴办,可否稍加强制或提出其财产一部充作教育经费?

(乙)经本部答复有案者

尼庵兰若是否在本条例范围之内?

查尼庵兰若习惯上与寺庙无异,本条例第一条规定不论用何名称,均为寺庙,当然在本条例范围之内。

第五条之规定似宜公布于地方民众。

查寺庙财产及法物本有第五条向地方官署呈请登记之规定,揆诸管有权之通例,实无公布于地方民众之必要。

第十条之规定极为空洞,又附以十一条之规定,则流弊滋多。

查第十条原文为应按其财产情形,似以有伸缩之余地。第十一条对原文第十条有一"或"字,更有斟酌之必要,亦无流弊之可言。

耶稣基督亦为宗教之一种,其礼拜堂、浸礼堂系欧洲式之寺庙,其牧师即等于住持,应有纳入本条例之必要。

查耶稣基督虽为宗教之一,条例并无明文规定,碍难纳入本条例范围之内。

有一僧而兼任数寺住持当地人民指为管理不善,将其兼管之寺庙列入荒废一类。又有原住持甫经病故,新任住持尚未选定,而当地人民即认为荒废寺庙者,应否以荒废寺庙论?

查第四条所称荒废寺庙,系指向无住持无人管理之寺庙而言。如住持兼管之寺庙有管理不善情形,该管地方官署得依照本条例第十一条革除其住持之职,并得逐出寺庙或送法院究办,其寺庙不得以荒废谕。其原住持病故而新任住持于三个月内尚未选出,且该寺并无一僧者,得以荒废寺庙论。

寺庙托故处分庙产,地方政府自治团体为保全该寺庙财产起见,有无制止之可能?

查监督寺庙财产第五六七八及十一条,对于寺庙财产均有明白规定,地方政府自有监督之权。

(丙)应请解释者

第三条第三项由私人建立保管之寺庙,既不适用本条例之规定,其寺庙及财产之管有权,是否与普通人民一律所称私人?是否包括僧道在内?

第四条之地方自治团体应请明白指定。

第七条之正当开支,如寺庙负有债务或因保护固有利权之用费,是否属于正当开支?

第八条所称之教会,似指依法组织呈请立案之教会而言,其临时组织者是否有效?

第十条所称之公益或慈善事业,如办理佛教学校及战后祈祷超祓等类,是否属于公益事项?

第十一条所称违反本条例之规定,其住持因而革除驱逐或送究者,其继任住持可否由佛教会择贤推选?

第十二条之规定若采取属地主义,则各该地内之佛道寺庙是否亦不适用本条例?若采取属教主义,则该地以外之喇嘛教寺庙是否在本条例之内?

**院字第八一八号**

**二十一年十一月十八日　司法院函司法行政部　附原函**

迳复者,准贵部本年六月二十七日公函(第二九五号)开,据江苏高等法院第二分院代电为《民事诉讼法》施行以后发生适用法律疑义请示一案,函请解释见复等由到院,业经本院统一解释法令会议议决,(一)关于财产权诉讼之第二审判决,因上诉所得受之利益不逾三百元事件,如其声明上诉系在《民事诉讼法》施行以前,仍予受理,但应依同施行法第十二条规定,以新法程序终结之。(二)《民事诉讼法施行法》第二条适用办法,业经通令施行,毋庸解答,相应函复贵部查照饬知。此致

**附原函**

迳启者,案据江苏高等法院第二分院院长代电称,《民事诉讼法》施行命令本院于六月六日奉到,在是日以前已系属之第三审案件,有下列各问题:(一)因上诉所应得受之利益核定在百元以上而未逾三百元者,是否认为得以上诉依旧法所定程序终结之?(二)上诉有理由须发回更审之案件,是否废弃原判,由本院自为第二审审判?新法及施行法均未规定,亦未奉另订过渡办法,审判无所依据,理合电请钧部迅赐示遵等情。据此,查原代电第二问与本部公字第二九一号函请贵院解释之件有关自应请予并案解释,至第一问在民诉法施行法中既未规定,仍依旧法所定程序终结,似应按同施行法第十二条依新法所定程序终结之。事关法律适用疑义,并应函请贵院解释见复,以便转饬遵照,实纫公谊。此致

**院字第八一九号**

**二十一年十一月十八日　司法院指令江苏高等法院　附原呈**

呈悉,业经本院统一解释法令会议议决,《民事诉讼法》施行后提起之第三审上诉,依新

法施行法第十二条规定,既应依新法认其合法与否,则无论其不服之第二审判决在新法施行前已否送达。如因上诉所得受之利益不逾三百元者,即应受新法第四百三十三条所定之限制,至新法施行前已受第二审判决之送达,而上诉利益不逾旧法所定之一百元或二百元者,依照旧法既系不得上诉,又无特许上诉之规定,即应以原判确定为理由认其上诉为不合法,与新法第四百三十三条之限制无关。合行令仰知照。此令

**附原呈**

呈为上诉利益不逾三百元事件,在新法施行后声明上诉如何适用法律发生疑义,恳予解释示遵事。窃查苏省民事案件向系适用民事诉讼条例,依该条例第五百三十一条,因上诉所应得之利益不逾百元者,不准上诉于第三审。现因《民事诉讼法》第四百三十三条,将该项利益增为三百元,在新旧法过渡时期适用上不免发生疑义。本院职员见解计分三说:(一)甲说谓第二审判决日期在民诉法施行后者,始得适用新法。盖以第三审上诉,系不服第二审判决之救济方法。若依新法限制第三审上诉,必第二审判决当时已在新法施行时期方有适用之可能。(二)乙说谓第二审判决送达日期在新法施行后即应适用新法,盖以上诉利益不逾三百元之事件,依民诉法第四百三十三条第三项,当事人原得于判决送达后十日内声请原法院准予上诉。无论第二审判决日期是否在新法施行后,其送达若在新法施行后,当事人原得声请原法院准许上诉,法律上显有救济方法。设当事人忽于此项声请,即应受新法之限制。(三)丙说谓上诉日期在新法施行后即应适用新法,盖上诉时旧法已因新法施行而失效,《民事诉讼法施行法》内复无此类事件,仍用旧法之例外规定,即应悉用新法。以上三说,究以何者为是,理合具文呈请钧院迅赐解释,俾便遵循。谨呈

**院字第八二〇号**

**二十一年十一月十八日　司法院训令江苏高等法院首席检察官　附原函**

为令知事,该首席检察官呈最高法院检察署转请解释提留赡产可否处分疑义一案,业经本院统一解释法令会议议决,妻对于夫之遗产在《民法》施行前并无继承权,故其提留之赡产于使用收益外,非因生活上之迫切情形不得处分。如妻以赡产赠与数子中之一人,未得他子之同意,自不生效。合行令仰知照。此令

**附原函**

迳敬者,案据江苏高等法院首席检察官王思默呈称,窃有甲于前清时病故,两子乙丙俱幼,所有遗产悉归甲妻丁保管。及至民元由丁主持析产,乙丙各得遗产三分之一,丁自留一分为赡产。迨后丁将此项赡产全部赠与丙承受,是否有效,有子丑二说:(子)主张有效说谓,现行《民法》妻有承继遗产权,丁之赡产,应视作《民法》之继产而有自由处分之权。(丑)主张无效说谓,赡金之性质与继产迥异,赡产除供给必要之赡养费用外,丁无权处分。况《民法》不溯既往,决不能视赡产为继产而擅为处分。两说究以何说为是,事关法律发生疑义,理合具文呈请,仰祈鉴核转院解释示遵等情到署,相应据情函请贵院解释施行。此致

**院字第八二一号**

**二十一年十一月二十三日　司法院咨行政院　附原咨**

为咨复事,准贵院本年六月三日咨(第一四二号)开,据实业部呈请解释受买公司发起人之股票,对于发起人特别利益有无承继之权疑义一案,咨请查照见复等由,业经本院统一解释法令会议议决,公司发起人所得受之特别利益与发起人之股份,本属两事,并不因股份之转让而影响于特别利益。其特别利益亦系得以请求给付之财产权,无论连同股份一并转让,抑或单独转让,及受让人是否亦为发起人,在公司法上既无反对之规定,自不受何种限制。至《公司法》第八十九条第三款所谓受益者,系指原始取得之受益人而言,故受让人只须证明其取得利益之权源属于发起人为已足,毋庸更改姓名,相应咨复贵院查照饬知。此咨

**附原咨**

为咨请事,案据实业部部长陈公博呈称,案据烟台瑞丰机磨面粉股份有限公司呈称,公司发起人中之一人将其所有股票全数卖与其他股东。惟承受发起人之股票者并非公司发起人,对于发起人特别利益有无承继之权,请解释等情。查公司发起人之股份,依《公司法》第一百十六条第二项之规定,虽可转让,惟依同法第八十九条之规定,发起人之特别利益及受益者之姓名,非载明于章程不生效力。是凡章程所未载有之姓名,即不能享受特别利益隐含有不能转让之意。如与股票一并移转,似非公司法所许。惟变更章程法所不禁,是否发起人姓名亦可用变更章程之程序加以变更?又发起人股分全数转让后已非公司之股东,其因发起而取得之特别利益,能否仍旧享受,亦不无疑问。复查前工商部旧卷,关于发起人特别利益能否由继承人享受一节,虽经呈奉训令内开,准司法院咨以公司发起人所取得之特别利益即为发起人,得以请求付给之财产权,显非专属于发起人自身之权利,除公司章程特别规定外,发起人死亡后,应由其继承人享受等语。惟此案事实稍有不同,究竟能否转让于他股东及发起人股分转让后,能否仍受特别利益?事关法文解释,理合具文呈请鉴核转咨司法院解释,俾便饬遵等情。据此,除指令外,相应据情咨请贵院查照解释见复为荷。此咨

**院字第八二二号**

**二十一年十一月二十三日　司法院函国民政府文官处　附原呈**

径复者,准贵处本年四月三十日公函(第一六五一号)开,准中央民众运动指导委员会函,为湖南省指导委员会训练部请解释航业公会最高监督机关疑义一案,转行到院,业经本院统一解释法令会议议决,关于监督民营之航业,依《交通部组织法》第十条规定,为该部航政司所掌之事项,《实业部组织法》并无关于监督民营航业之规定,航业同业公会之最高监督机关自应属于交通部湖南各县市党部指导航业团体改组,或《组织实施办法》第六项仅系对于航业团体之改组或组织所施之指导,其最高监督机关自应仍属于交通部,相应函复贵处查照转知。此致

**附原呈**

呈为据情转呈仰祈鉴核解释事,案据湘潭县执行委员会呈称,呈为呈请解释示遵事。案查民船船员工会组织规则第三条条文载明,最高监督机关为交通部。又查海员工会组织规则第四条亦与民船船员工会同,而《航业同业公会组织实施办法》第六项载明,航业同业公会应依《工商同业公会法》改组或组织。查《工商同业公会法》第十二条及施行细则第八条载明,工商同业公会须转报工商部,备案工商部。今已改为实业部航业同业公会以航业团体而论,最高监督机关似应属于交通部。再以同业《工会法》而论,又应属于实业部。究竟该会最高监督机关应属何部,因未另有明文规定,本会深滋疑窦。事关民运指导,理合备文呈请钧部解释示遵,深为党便,谨呈等情。据此,查此案关法令解释,本部未便擅予决定,除指令外,理合备文呈报钧会恳予鉴核解释,俾有遵循,实为党便。谨呈

**院字第八二三号**

**二十一年十一月二十八日　司法院函建设委员会　附原函**

迳复者,准贵会本年八月三日公函(第二一七号)开,以《民营公用事业监督条例》第十一条暨第七条发生疑义请解释见复等由,业经本院统一解释法令会议议决,(一)民营公用事业依《民营公用事业监督条例》第十一条规定,固不得加入外股或抵借外债。但公司发行债券与抵借外债之性质不同,其发行之债券若为无记名式,则与一般流通之无记名证券同,自不能受该条之制限。若发行记名式之公司债券,或无记名式债券请求改为记名式债券,均应受该条之限制。(二)民营公用事业之营业权为《民法》第九百条所定权利之一种,自得为债务之担保。但因担保债务之结果,致营业权有所移转,非依《民营公用事业监督条例》第七条规定,经监督机关核准,不生移转之效力,相应函复贵会查照。此致

**附原函**

迳启者,查《民营公用事业监督条例》第十一条规定,民营公用事业不得加入外股或抵借外债,但公司如发行债券时,是否可由外人接受或收买,应请解释。又第七条规定,民营公用事业非经监督机关核准,不得移转营业权于他人,但对于此项营业权是否可作债务之附属担保,并无明文规定,亦请一并解释见复,至纫公谊。此致

**院字第八二四号**

**二十一年十一月二十八日　司法院咨行政院　附原咨**

为咨复事,准贵院本年六月二十九日(第一八九号)及七月八日(第二零三号)先后咨开,据内政部呈准河北省政府及北平市政府转请解释,娼妓是否享有公民权,及自治职员候选人数不足定额,如何补救各疑义咨请并案解释见复等由,业经本院统一解释法令会议议决,(一)公民权之受限制以《市组织法》第六条第二项各款所列举者为限,凡不在该项列举之内者均得享有公民权。(二)《市组织法》第八十九条第一项各款及第一百零四条,既对于

坊长及坊监察委员候选人之资格特设规定,则不具此资格者自不能当选。至各坊有无合格之人乃事实问题,不在解释范围之内,相应咨复贵院查照饬知。此咨

**附原咨**

为转咨事,案据内政部呈称,案准河北省政府咨开,案据天津市政府呈称,窃本市遵照《市组织法》推行自治,曾于民国二十年七月间,呈奉钧府委任代理区长分区成立区公所,并将各区长遵令就职及启用钤记日期具文呈报在案,惟查市组织法关于各级自治机关之规定,条理缜密,头绪纷繁,认识稍有未清,执行即不免歧误。依本法第五十一条之规定,委任区长应于一年内召集坊民大会成立坊公所,本市自奉委代理区长之后,即由本府督饬各区长对于坊选事宜依法筹备。现已拟定于本年六月举行坊选务使坊公所依限完成,惟各区长于办理人民宣誓登记及举报坊长候选人间对于法文之规定发生疑难之点,有不得不呈请解释者,谨将应请解释缘由陈述如下。查《市组织法》第六条规定,中华民国人民无论男女在市区域内继续居住一年以上或有住所达二年以上、年满二十岁,经宣誓登记后即为市公民,但如有本条第二项各款情事之一者,则不得享有公民权。又同法第八十九条规定,坊长候选人之资格为:(一)候选公务员考试或普通考试、高等考试及格者;(二)曾任中国国民党区分部以上委员或职员者;(三)曾任国民政府统属之机关委任官职以上者;(四)曾任小学教职员或在中学以上毕业者(五)经自治训练及格者;(六)曾办地方公益事务著有成绩,经区公所呈请市政府核定者。依上两条之规定,则是公民权之所得既有限制,坊长候选人之资格亦有范围。凡行为非正当者,当然不能取得公民权。凡公民之不合法定资格者,当然不能为坊自治职员候选人,其理甚明于此则有一亟须解决之问题。焉如各地方在未达到废娼目的以前,非正当营业之娼户所在。多有此等娼户多系麇集一处,纳捐营业,往往有数十户比邻而居,依法定邻以五户,闾以二十五户为限,倘一地相连之五户或二十五户同属娼户,是否亦得编为闾邻?是否亦准以娼为业之居民或依附娼寮为生之使用人同得享有公民权?否则编制闾邻之户数是否应将娼户除外?此应请解释者一也。又查坊之编制依法以五百户为限,每坊须选出合于《市组织法》第八十九条所定资格之坊长一人坊、监察委员三人或五人,并候补坊监察委员三人或五人。如此,则每坊之自治职员候选人数至少须在十二人以上。但全市各区之文化不尽相同,即就本市而论,凡属于偏僻地方之各坊有万难觅得合于法定资格之人选者,或虽有而至多不过三五人者,遇有此种情形,应如何办理?此应请解释者二也。以上所陈系属当前急待解决之问题,事关法文疑义,本府不敢擅行裁决,理合具文呈请钧府转咨内政部迅予指示,以凭遵办等情到府。除指令外,相应咨请查核见复,以便转饬遵照等由。准此,查该河北省政府请解释娼妓是否享有公民权,以及坊自治职员候选人不足法定名额时,应如何补救各节,俱系事实问题。事关适用法令,本部未便擅拟,理合备文呈请钧院鉴核转咨司法院核示,以便转行遵照等情。据此,事关法律疑义,相应咨请贵院解释见复,以便饬遵。此咨

**附原咨**

为咨请事,案据内政部呈称,准北平市政府咨开,案据本市筹备自治委员会呈称,窃以限期完成区以下各级自治组织一案,实际工作一为公民登记,一为区坊选举。惟以娼妓及服役娼寮之人有合于市组织法第六条所规定之资格者,是否为本市公民,一般舆论颇有出入,此应请解释者一。再查区坊自治职员为数甚多,候选资格限制极严,万一某一区坊合于市组织法第四十六条及八十九条所规定候选资格者过少,不足候选之数,应如何办理,并无明文规定,此应请解释者二。伏以举办登记选举将次实行以上二项,亟待请示,理合具文呈请钧府转咨内政部予以解释,俾资遵循等情。据此,相应咨请查照解释见复,以凭饬遵等由准此。查娼妓及以娼为业之居民或依附娼寮为生之使用人,是否得享有公民权,以及坊自治职员候选人不足法定候选人之数额时,应如何办理各节,前准河北省政府咨请解释,当经本部以民字第三零一号呈文,呈请钧院核转司法院解释示遵在案。现时各市区以下,各级自治组织完成限期迫促上项问题并待早日解决,以利进行。兹准前由,除咨复外,理合备文呈请钧院鉴核,俯赐转咨司法院迅予并案核示等情。据此,查前据该部呈为准河北省政府咨请解释《市组织法》关于公民权等疑义请转咨核示等情到院,经以第一八九号咨请贵院解释在案。兹据前情,除指令外,相应据情咨请贵院查照,迅予并案解释见复,以便饬遵。此咨

**院字第八二五号**

**二十一年十一月二十九日　司法院指令浙江高等法院　附原呈**

呈悉,业经本院统一解释法令会议议决,户绝财产,即《民法》继承编第五节所谓无人承继之遗产,关于管理公告及除权各问题均已分别规定,非由管理人呈经法院依法处理后,不得收归国库。如第三人径行请求提充地方公益用途或误由行政官署处理者,均难认为合法。合行令仰转行知照。此令

**附原呈**

呈为转请解释事,案准浙江省民政厅公函内开,案据新昌县县长白深榰支代电称,查户绝财产例归国库已为法文所明定。惟据遗产人亲族之请求拟充地方公益用途,可否照准?又户绝财产之认定,应否经过法院公示催告程序及除权判决,抑由行政官署公告?又在除权判决前,行政官署可否准由遗产人之亲族推人管理,或由地方自治团礼保管?理合电请俯赐转请解释等情,据此,相应函请查核见复等由。准此,案关法令疑问,理合备文转请仰祈钧院鉴核,俯赐解释,以便转复,实为公便。谨呈

**院字第八二六号**

**二十一年十二月六日　司法院指令河南高等法院　附原呈**

呈悉,业经本院统一解释法令会议议决,在执行处之和解亦为审判外之和解,不得据以强制执行。债务人若不照和解履行,债权人得仍就确定判决声请继续执行。合行令仰转饬

知照。此令

**附原呈**

呈为转请解释,仰祈鉴核示遵事。案据郑县地方法院院长邱祖藩呈称,呈为法律疑义可否转请解释事。窃查执行案件在执行处和解后,债务人再不遵和解履行债务,能否再依法声请强制执行,于此有二说焉:(甲)说谓执行案件既非审判案件,纵有和解,亦只发生契约关系,不能视同审判上之和解,依例当然不发生强制执行之效力(系以最高法院二十一年抗字第七六号判例为论据)。(乙)说谓最高法院二十一年抗字第七六号判例,系指执行异议之诉,在执行处和解后不能再请强制执行,并不包括执行案件在执行处和解在内。否则债权人在执行处让步和解,转失请求强制执行权利,例如确定判决系债务人应偿还债权人洋三百元,债权人于执行处和解时减让一百元,因此应受偿之二百元亦无请求强制执行之权,不惟助长债务人抗延刁风,亦与立法精神大相背谬。二说孰是,事关法律疑义,本院未敢擅专,可否转请解释之处,理合备文呈请鉴核施行谨呈等情。据此,查执行上之和解有无执行力及能否视作执行名义,事关解释法律,本院未敢擅拟,理合据情转请钧院鉴核示遵。谨呈

**院字第八二七号**

**二十一年十二月十四日　司法院咨行政院　附原咨**

为咨复事,准贵院本年九月二十九日咨(第二七三号)开,据内政部呈请解释国籍法第三条声请归化人住所疑义一案,咨请查照见复等由,业经本院统一解释法令会议议决,外国人在中国轮船服务多年,一向均居于船内,自可认其居所在于中国,必其在外国已无住所者乃可将其居所视为住所,果继续居至五年以上,则内政部即得依《国籍法》第三条第二项第一款规定,许可其归化。相应咨复贵院查照饬知。此咨

**附原咨**

为咨请事,案据内政部呈称,为呈请转咨解释事。依《国籍法》第三条第二项第一款规定,外国人或无国籍人须继续五年以上在中国有住所者,内政部始得许可归化。兹有某外国人在华船服务多年,其住所随航线为转移,在陆地并无固定住址。现欲归化中国,经中国轮船公司负责证明,该外国人确已居住中国十年之久,向系以船为家,是否可认定其符合国籍法第三条第二项第一款规定之归化条件?事关法律解释,理合备文呈请钧院鉴核转咨司法院赐予解释,以凭办理等情。据此,除指令外,相应据情咨请贵院查照解释见复,以凭饬遵,至纫公谊。此咨

**院字第八二八号**

**二十一年十二月二十四日　司法院电山西高等法院　附原电**

山西高等法院邵院长览,本年六月东代电悉,襄垣县长转请解释《民法》第九百八十三

条疑义一案,业经本院统一解释法令会议议决,来电所述情形,既不在《民法》第九百八十三条第一项各款限制之列,其婚姻自属有效。既系合法婚姻,自不生奸罪问题。合电转饬知照。司法院敬印

**附原电**

南京司法院院长钧鉴,据襄垣县长杨式毅呈称,呈为呈请解释示遵事。查《民法》第九百八十三条第一项内开,与下列亲属不得结婚第二款节开,旁系姻亲之辈分不相同者,但旁系姻亲在五亲等之外者,不在此限等语。是旁系姻亲虽在五亲等以内而辈分相同者,似得与结婚。又查《刑法》第二百四十五条内开,四亲等以内之宗亲相和奸者,处一年以上七年以下有期徒刑等语。是五亲内之旁系姻亲辈分相同者,在《民法》似得结婚,在《刑法》上悬为厉禁。设有甲某取乙为嗣,乙娶妻后亡故,甲某随又取丙为嗣子。乃某丙与某乙之遗妻结婚,经关系人用刑事民事同时告诉到案,应如何分别判决?又民事案件可否依照前大理院民国六年统字第五六九号解释例,叔嫂缔婚自属大不合法,夫妇关系当然不成立,判令其婚姻无效之处,未敢擅断,理合呈请鉴核解释示遵等语。查上述疑问关于民《刑法》抵触之点,属立法修正问题,不在解释范围之内,且前大理院之解释于《民法》施行后与《民法》之规定有抵触者,亦不能再行援用。惟叔与嫂或兄与弟妇结婚,依《民法》第九百八十三条之规定,似不在禁止范围之内。盖因叔与嫂或兄与弟妇之亲属关系,在现行《民法》所定亲属之分类中,系属旁系之同辈姻亲。而旁系姻亲之不得结婚者,依同条第一项第二款之规定,仅以五亲等内之辈分不相同者为限,若同辈之旁系姻亲则不在禁止结婚之列,似叔与嫂或兄与弟妇之结婚为现行《民法》所不禁,而在《刑法》上则有和奸治罪之规定,究竟是等亲属间之结婚可否认为有效?事关法律解释,职院未敢擅定,理合申叙原委电请解释,以便遵行。山西高等法院院长邵修文叩东印

**院字第八二九号**

**二十一年十二月二十四日　司法院指令宁夏高等法院　附原呈**

呈悉,业经本院统一解释法令会议议决,自诉案件之被告不服第一审有罪判决提起上诉后,自诉人对于第二审屡次合法传唤,均无正当理由而不出庭者,得由配置检察官承担其诉讼,执行原告之职务。合行令仰转饬知照。此令

**附原呈**

呈为转请解释示遵事,案据代理夏朔地方法院院长孙呈祥呈称,呈为恳予转请解释事。兹有甲因被乙伤害自诉成案,经第一审对被告人乙为有罪之判决后,乙又不服上诉旋由第二审定期审判,而自诉人屡传不到,以致案件无法进行,拟适用拘提。刑诉法苦无根据,究应如何办理之处,理合呈请钧院转请解释饬遵,实为公便,谨呈等情。据此,查所称能否援照钧院院字第四七号解释办理?事关解释法律,本院未敢擅专,理合具文呈请钧院鉴核俯赐解释,俾便饬遵。谨呈

**院字第八三〇号**

**二十一年十二月二十四日　司法院函国民政府文官处　附原呈**

迳复者，准贵处本年七月二十九日公函（第三一四一号）开，准中央民众运动指导委员会函，为河南省党部请解释劳资争议仲裁委员如何推举一案转行到院，业经本院统一解释法令会议议决，（一）《修正劳资争议处理法》第十六条，既定为省政府所辖区域，则其仲裁委员之推定，自应由全省之团体及雇主团体行之。（二）雇主方面，应由雇主所组织之同业公会推定之。（三）仲裁委员之推定方法，由实业部定之，同法第十六条第四项已有明文，相应函复贵处查照转知。此致

**附原呈**

呈为呈请事案，准河南省政府第二四四九号公函内开，径启者，案准实业部咨劳字第一三八九号内开，为咨请事，查《劳资争议处理法》第十四条规定："省政府或不属于省之市政府，于其所辖区域内每年应命工人团体及雇主团体各推定堪为仲裁委员者十五人至三十人，开列名单送请核准，遇有仲裁事件，前条第四款之代表即就此项名单中指定与争议无直接利害关系者充之。"又同第二项"依前项规定核准之仲裁委员名单，应咨请工商部备案"等语，业经迭次咨请转饬依法推选在案。兹查该项仲裁委员名单迄今未准贵省政府转送到部，事关处理劳资争议，至为重要，相应再行咨请查照迅即饬属依法推选转部备案，以符法制，至纫公谊等由。准此，查此案前准实业部咨嘱到府，业经函请贵会查照转饬雇主团体及工人团体依法推选，呈候核定在案。准咨前由，除咨复并令建设厅遵照会同贵会办理外，相应函请查照并盼见复，至纫公谊等由。准此，查河南商人团体尚有联合会设立工会，乃系分业组织。该仲裁委员之推选，应由全省工人团体或雇主团体推举，抑仅由省会工人团体或雇主团体推举？又雇主方面应由同业公会推举，抑由商会推举以及推举之方法如何规定？上述各节，未奉明令，本会无从依据，未敢擅自处理，准函前由，理合备文呈请钧会鉴核示遵，实为公便。谨呈

**院字第八三一号**

**二十一年十二月二十四日　司法院函中央执行委员会秘书处　附原呈**

径复者，准贵处本年九月十三日（第一一二七九号）函送山东省党务整理委员会呈，据历城县整委会转请解释《商会法》第十九条疑义一案，业经本院统一解释法令会议议决，（一）依商会法第十八条第二项，常务委员既由执行委员互选主席，并就常务委员中选任，则每二年改选执行委员半数时，其常务委员及主席亦应一并改选。（二）《商会法》第十九条第二项之抽签改选，原以第一次为限。故前届留任之委员满四年而改选时，其前由改选而当选之委员任期仅足两年，自不因之而一同改选。（三）第一次被抽签改选之委员，其任期虽仅足两年，但若同时又复被选，即属本条所谓之连任。相应函复贵处查照饬知。此致

**附原呈**

呈为据情转呈解释事。案据济南市钱业同业公会呈称,呈为呈请解释事。窃查商会法第十九条执行委员及监察委员之任期均为四年,每二年改选半数,不得连任,前项第一次之改选以抽签定之。但委员人数为奇数时,留任者之人数得较改选者多一人等语。属会对于此项条文有疑议者三点:(一)常务委员及主席如系留任,其常务及主席资格是否存在,抑系以执行委员之资格另行选举常务及主席?(二)留任之委员任期满四年,而改选常选之委员任期仅足二年,此时是否留任者与改选当选之任期仅足二年者,一同另行改选,抑系但改选满四年之留任者?(三)第一次抽签改选之委员任期仅足二年,倘于此第一次改选时可经被选,是否视为连任?以上三点,属会不无疑义,理合备文列举呈请钧会鉴核伏乞详予解释,俾有遵循,至为公便等情,理合转请钧会鉴核解释示遵。谨呈

**院字第八三二号**

**二十一年十二月二十四日　司法院咨行政院　附原咨**

为咨复事,准贵院本年七月二十三日咨(第二一五号)开,据内政部呈请解释乡镇监察委员回避及补充疑义一案,咨请查照见复等由,业经本院统一解释法令会议议决,乡镇监察委员会对调解委员乙,依《乡镇自治施行法》第三十三条第三项行使监察职权时,如监察委员甲与乙为同居家属,自在应行回避之列。惟同法第十七条第二项关于监察委员补充之规定,系以缺额为限。观同法第五十七条"继满原任所余任期"一语,其义自明。上述情形仅因回避临时缺席,自属不能适用,相应咨复贵院查照饬知。此咨

**附原咨**

为转咨事,案据内政部呈称,案据浙江省民政厅呈,案据上虞县第一区区长徐伟人真代电称,窃际兹乡镇人才缺乏,对于同居之家属,可否同时当选为乡镇监察委员及调解委员?倘父当选为调解委员,子当选为监察委员,如得变通,则遇《乡镇自治施行法》第三十三条第三项行使监察权弹劾乃亲时,可否着彼回避,俾免情感任事,暂以候补监察委员接充,一俟事竣仍复原职?以上所拟法规,虽有限制,惟人才困难,是否可行,案关变通法则,区长未便擅专,电请核示祇遵等情。据此,查同居家属不得同时当选为乡镇监察委员,《乡镇间邻选举暂行规则》第二十三条既有明白规定,自应照章办理,未便变通。惟同居家属中假如有甲乙二人甲当选为乡镇监察委员,乙仅当选为调解委员,而并不兼任监察委员及乡镇监察委员会,依《乡镇自治施行法》第三十三条第三项,对于调解委员乙行使监察职权时,监察委员甲应否回避,暂以候补监察委员补充?事关法令疑义,理合呈请鉴核示遵等情。据此,事关法令解释,本部未便擅拟,理合备文呈请钧院鉴核俯赐转咨司法院核示,以便转饬遵照等情。据此,事关法律疑义,相应咨请贵院解释见复,以便饬遵。此咨

**院字第八三三号**

**二十一年十二月二十四日　司法院咨行政院　附原咨**

为咨复事，准贵院本年七月一日咨（第一九四号）开，据湖南省政府寒代电，转请解释诉愿管辖疑义一案，咨请查照见复等由，业经本院统一解释法令会议议决，原代电所述情形关于蒂欠堤费应属民事范围，关于朦吞赈款应属刑事范围。如原县系兼理司法，即使误用行政处分形式，仍应以民刑裁判或检察处分论，依通常诉讼程序予以救济。若原县不兼理司法，则系无权处分，根本无效，均不生《诉愿法》上主管厅管辖问题。相应咨复贵院查照饬知。此咨

**附原咨**

为咨请事，案据湖南省政府寒代电称，据本府民政厅案呈，查《诉愿法》第二条第一款规定，不服县市政府之处分者，向省政府主管厅提起诉愿。兹假定甲控乙蒂欠堤费，乙又反诉甲朦吞赈款，经县政府并案处分，乙败诉并宣告甲不负刑事责任。如日后乙提起诉愿于民政厅，以赈款性质言，应属民政厅主管；而以堤费性质言，又应属建设厅主管。因此遂发生诉愿管辖问题，于是有下列四说之主张：（子）此案主管各别，应由民政厅决定赈款一部分后，再将堤费部分移送建厅决定。（丑）此案在原县本系并案处分，民政厅既先受理诉愿，亦可并案决定。（寅）此案甲在原县为呈诉人，乙为被诉兼反诉人，以诉讼程序论，只能认为堤费涉讼，乙之诉愿应由先受理之民政厅移送建设厅决定。（卯）堤费虽属建设厅，主管赈款虽属民政厅主管，但蒂欠堤费仍属债务问题，朦吞赈款仍属侵占问题。原县以行政案受理处分实属根本错误，且宣告甲不负刑事责任，行政官署尤无此权，应由先受理诉愿之民政厅决定撤销，仍发原县依司法程序更为审判。综上四说，观察点各自不同，案关法律问题，本厅未敢擅拟，应请转呈解释等情到府。查该厅所呈各节确有解释之必要，理合据情电请钧院核示饬遵等情到院。事关诉愿疑义，除指令外，相应咨请贵院查照解释见复，至纫公谊。此咨

**院字第八三四号**

**二十一年十二月三十日　司法院指令河北高等法院　附原呈**

呈悉，业经本院统一解释法令会议议决，原借约内既系载明京钱（制钱）若干吊，自应按借贷当时京钱与银元折合时价，折算银元以为给付。合行令仰转饬知照。此令

**附原呈**

呈为转呈俯赐解释事。案据成安县县长张应麟呈称，本县近日有为金钱债务履行标的发生争议涉讼者多起，其借约内载系京钱若干吊，事实上债权人当初系按银元时价，将京钱折作银元交付债务人领受，借约内关于履行标的毫未订定。惟其间债务人所给付之利息全系铜元，债权人从无异议。兹届履行期日，债务人主张仍以京钱为履行标的，或按现在银元

时价折算给付银元,而债权人主张须以当时银元时价将京钱折作银元以为给付,对此解决方法有甲乙两说。(甲)说此系证书诉讼借约内既载明京钱若干吊,是则虽无特约订定以京钱为履行标的。然凡未订定履行目标之债务,究以何种给付选择之权在债务人,《民法》第二百零八条已有明文规定。况自债务关系成立之日起迄至告争之日止,本利俱系按照京钱计算给付利息,债权人从无异议,当可推定其为同意之表示。按《民法》第二百条第二项之规定,此种给付即为确定,何得突然翻异出而告争?(乙)说借约内虽载系京钱,但事实上债权人当初是按银元时价,将京钱折给银元,今债务人主张给以京钱实属不当。至《民法》第二百零八条于数宗给付中,得选定其一者,其选择权固属债务人,但不能以此使债权人独受亏损,必须予以补偿,方为平允。参之民国五年九月前大理院上字第一零六三号判例甚属明显,无可否认。以上两说,究以何说为是,理合备文呈请解释示遵等情。据此,事关解释法律,理合具文呈请钧院俯赐解释指令祗遵,实为公便。谨呈

**院字第八三五号**

**二十一年十二月三十日　司法院咨行政院　附原咨**

为咨复事,准贵院本年五月二十八日咨(第一二七号)开,据实业部呈请解释《会计师条例》所在地等疑义咨请查照见复等由,业经本院统一解释法令会议议决,《会计师条例》第十六条所谓之所在地与同条例第八条所谓之所在地,均指该会计师执行职务之所在地而言。至第十六条所谓之最近地公会,乃指与该会计师执行职务地比较最近之地现已成立之会计师公会而言,会计师执行职务在条例中本无区域之限制,故所谓最近地之公会虽在邻近省市之公会亦无不可,而无必须加入同省市内公会之限制。且依据该条例第七条,会计师呈请登录既应设立事务所于其执行职务之所在地,则该地之工商行政官署自不致有行使监督权之困难。相应咨复贵院查照饬知。此咨

**附原咨**

为咨行事,案据实业部呈称,案据会计师沈家桢呈称,家桢现因须在浙江省内行使会计师职务遵例,呈请浙江省建设厅登录奉批略开,应俟加入本省会计师公会取得证书,呈厅查验后再行核办等因。奉此,伏查《会计师条例》第十六条规定,会计师非加入其所在地或最近地之会计师公会,不得执行职务等语。其所在地三字实系指会计师所居之地,非指委托人及该管官厅所在之地。今家桢事务所在上海已加入上海之会计师公会,是确已合乎条例之规定,毫无疑义。万一上海无公会,自当加入最近地,即邻省邻市之公会,以符"或最近地"四字之规定。现已加入所在地之公会,按照"或"字之意义,自无加入较所在地为远之他省公会之必要。盖条例以会计师为主体,家桢所在地实为上海,而浙省至多仅能认为最近地。照顺序言,决无舍上海而加入浙省公会之理,亦无必须兼入之理。浙建厅之批示,似乎对所在地三字以厅址为主体,以会计师事务所为陪实,故以浙省公会作为所在地之公会。然则认条例中所在地三字为厅址所在地,矣查条例中所在地三字之上用一"其"字,此"其"

字系会计师之代名词。盖规定会计师非加入会计师所在地或最近地之公会不得执务，也既系指会计师而言，安得反主为宾，不以条例为依。从苟如厅批之意，则条例应改为“会计师非加入各省主管官厅所在地之公会，不得在该省执行职务”矣，此应请钧部核示者一。退百步言，即使所在地以主管官厅为主体，但条例中以“所在地”与“最近地”并举其间，且用一“或”字，足见非绝对的应加入所在地公会，不可而容许其于加入最近地公会后亦得执行职务，此为法律用语对于“或”字之真诠，盖“或”字即表示非绝对的性质也。复次，“最近地”三字之意义，系对加入所在地以外公会者之距离远近而言。譬如天津、汉口、上海各有公会，其对浙江省之距离沪为最近，汉次之，律又次之，则因沪有公会，且为浙之最近地之故，津汉公会齐员即不得在浙执行职务。如对湘对川又须让汉口公会会员行使职务，矣若谓该条法文之解释，非并举性质而为绝对的应以所在地为最先顺位，则“或”字即失真义，且应于原文中删“或所在地”四字而另列第二项，或加但书规定”。主管官厅所在地未设会计师公会者，应加入最近地之会计师公会”，庶合乎立法之体裁。况会计师执务区域，非若律师之限于一二地方，而会计师之公会亦非若律师之必须遍设于各法院所在地，则立法不外乎人情，自不致强，其加入他省之公会，无形中限制其执务之区域。万一各省遍设公会，而会计师接受一支店遍于全国之公司查账案，或竟各省均有委案，势非遍跨各省之会籍不可，会费重重、手续叠叠，姑无论矣，在法理上及事实上亦觉无此水复山重之办法也，此恳请钧部核示者二。《会计师条例》第八条规定“应具声请书连同证书”等语，其“证书”二字呼应上文会计师三字，当然系指部颁会计师证书而言。若系指公会证书，则本条之首冠以“公会会员”字样或于证书二字之上加“会计师及会员”字样。况家桢前向上海市社会局登录时，依法呈验会计师证书，以彼例此，则浙省登录依法自亦无庸呈验会员证书。今厅批须呈会员证书，不知何所根据，据此，应请钧部核示省三。厅批曾谓系奉部令办理，查法律不得以命令变更，殊觉怀疑莫释。兹谨悬案以待，务恳钧部迅赐核示祇遵等情。查关于会计师在某者未设公会前执行职务者，于该省设有公会后，如不加入，可否继续在该省执行职务，抑应饬令补行加入一案，前经浙江建设厅呈请解释到部，当以《会计师条例》第十六条所称所在地或最近地系以所在地为原则，而以最近地为例外，藉以济事实之穷。今浙江省既有会计师公会依法自应饬令加入等语，指令知照在案。兹据该会计师对此问题呈请解释疑义前来，查原呈所请解释三点，除第三点所称证书依条例无公会发给证书之规定，浙江建设厅不免误会外，其第一、第二两点原呈似均有误会，其误会所在隐然使以与区域问题有关。查会计师执行职务条例虽未有区域之规定，然条例第二十一、第二十二两条之法意，工商行政官署监督权之行公会之呈报及决议为根据，则在执行职务之地实有加入公会之必要。否则监督权将不易行使。条例第八条、第九条、第十六条所称之所在地，参照第十条通知该省市各法院之该省市三字，似均指执行职务所在之省市而言，与《民法》上之居所、住所有别。第十六条或最近地之意义原呈所称，似亦无法意未符，究竟原呈疑义各点应如何解释，事关法律，理合具文呈请鉴核转咨司法院解释，俾便饬遵等情。据此，除指令外，相应咨请贵院查

照解释见复。此咨

**院字第八三六号**

**二十一年十二月三十日　司法院咨行政院　附原咨**

为咨复事,准贵院本年七月十六日咨(第二一零号)开,据河北省政府呈请解释公务人员能否兼任报社职务一案,咨请查照见复等由,业经本院统一解释法令会议议决,报社系一种出版业,按现行继续有效之商人通例第一条第五款,出版业为商业之一,是报社不得谓非商业机关。依十九年十二月四日国民政府令,虽系新闻记者以外之其他职务,公务人员亦不能兼任,相应咨复贵院查照饬知。此咨

**附原咨**

为咨请事,案据河北省政府盐代电称,查公务人员可否兼任报社职务,出版法并无规定。又报社是否商务机关,应否受钧院第四三四七号训令之限制,事关法令解释谨请核示祇遵等情。据此,查官吏不得兼营商业或公债交易所等一切投机事业及不得兼任新闻记者,《官吏服务规程》第九条及第十条第二项业已明白规定。又公务人员不得兼任商业机关之职务,与从事投机市场之交易,前奉国府明令并经本院以第四三四七号训令通行遵照在案。是公务人员不得兼营商业及兼任新闻记者,按诸上述法令所规定,自属显然无疑。惟报社是否商务机关,除新闻记者外,公务人员能否兼任报社其他职务,法律上似尚不无疑义。据呈前情,除指令外,相应咨请贵院解释见复,以便饬遵。此咨

**院字第八三七号**

**二十一年十二月三十日　司法院咨行政院　附原咨**

为咨复事,准贵院本年九月一日咨(第二四一号)开,据交通部呈请解释《海商法》第二条疑义一案,咨请查照见复等由,业经本院统一解释法令会议议决,原呈所指船舶,既系以橹棹为主要运转方法,纵其容量在二百担以上,依《海商法》第二条第三款,亦不适用该法之规定。相应咨复贵院查照饬知。此咨

**附原咨**

为咨请事,案据交通部呈称,呈为呈请解释法令事。窃查《海商法》第二条载,凡总吨数不及二十吨或容量不及二百担之船舶,及以橹棹为主要运转方法之船舶,不适用本法之规定。查巴蜀一带,本船下水顺流而东,极鲜用帆,当然以橹棹为主,上水则遇上风,或斜夕之风率多用帆平时专用橹棹,而容量多在二百担以上,究竟二百担以上之船舶间或用帆而以橹棹为主要运转方法者,是否适用海商法之规定,理合呈请钧院明白解释指令祇遵等情。据此,事关法令疑义,除指令外,相应备文咨请贵院查照解释见复,以便饬遵,至纫公谊。此咨

**院字第八三八号**

**二十一年十二月三十日 司法院训令江西高等法院 附原函**

为令知事，该法院本年第四八四号公函致最高法院，为南昌地方法院转请解释男女未及成婚而夫死，夫家追还财礼疑义一案，业经本院统一解释法令会议议决，男女定婚后未及成婚而有一方死亡者，依从前律例固有不追财礼之明文。若依现行《民法》亲属编之规定，订定婚约无须聘财，纵使事实上付有财礼，亦只为一种赠与，不得因赠与人或受赠人死亡而撤销赠与，请求返还赠与物。合行令仰转饬知照。此令

**附原函**

迳启者，案据江西南昌地方法院院长赵冰呈称，呈为呈请解释事。查前现行律载，定婚之形式要件有二：(一)婚书；(二)聘财，而习惯亦往往如此。兹有甲之子丙与乙之女丁前已定婚未及成婚，丙已病故，乙将其女丁另许他人，甲遂向乙追还财礼，其理由以《民法》债编第一百七十九条载，无法律上之原因而受利益致他人受损害者，应反还其利益，虽有法律上之原因而其后已不存在者亦同。现在婚姻关系已不存在，自应返还前受财礼之利益，继又主张前现行律载，孀妇自愿改嫁，夫家主婚受财之规定。前大理院对于童养媳未及成婚而夫死，应准用律载"孀妇自愿改嫁"之例，亦复著有判例。而乙则以丙丁系于民国九年过付，财礼依《民法》债编施行法第一条，《民法》债编施行前发生之债，除本施行法有特别规定外，不适用《民法》债编之规定，且聘财须依礼纳送，并不得与债务同论。又查已定婚未及成亲而男女或有身故者，不追财礼，在以前现行律本有明文规定，而女丁亦未过门，童养更无准用孀妇改嫁条例之余地。以上两说，究以何说为是，且又有此类事件发生在《民法》亲属编施行后者，而《民法》亲属编关于婚姻事件得向他方请求赔偿之规定，既无此项情形，其以前现行律又非可更为援用，究应如何办理，事关法律疑义，理合具文呈请钧院鉴核转请解释等情。据此，查男女未及成婚而夫死，夫家能否追还财礼，依《民法》亲属编施行法第一条关于亲属之事件，在《民法》亲属编施行前发生者，除本法有特别规定外，不适用《民法》亲属编之规定，《民法》债编施行法第一条亦有同样之规定，而前援用有效之现行律例，既有已定婚未及成婚而男女或有身故者，不追财礼之明文。如过付财礼在债编及亲属编施行前者，自应适用前现行律例，尚无若何疑义。若在亲属及债编施行后发生此项事件，亲属编关于婚约各条，谨有请求赔偿之规定，而无返还不当得利益之规定。《民法》债编第一百七十九条下半段，虽有返还不当得利益之规定，但纳送聘财究应视为订婚仪式中赠送之财物，与债务性质不同，抑应视为对待给付之纳金，不无疑义。相应函请大院请烦迅赐解释，以便转行遵照。此致

**院字第八三九号**

**二十二年一月十三日　司法院指令湖南高等法院　附原呈**

呈悉,业经本院统一解释法令会议议决,天阉即属不能人道,倘不能治,得依《民法》第九九五条向法院请求撤销婚姻,不适用同法第一零五二条第七款之规定。合行令仰转饬知照。此令

**附原呈**

呈为呈请事,案据耒阳县县长周宗濂有代电称,查男性天阉,阳具萎而不举,其妻请求离婚,是否可适用《民法》第一千零五十二条第七款,抑或另有其他法律可以援用,恳乞解释示遵等情。据此,查所陈各节关系法律疑问,除令候转请解释外,理合具文呈请钧院俯赐解释,指令饬遵。谨呈

**院字第八四〇号**

**二十二年一月十三日　司法院指令河北高等法院　附原呈**

呈悉,业经本院统一解释法令会议议决,《民事诉讼法》第一八四条,所谓视为撤回其诉,既规定于总则之中,应包括上诉在内。合行令仰转饬知照。此令

**附原呈**

呈为转呈俯赐解释事,案据保定地方法院院长朱焕彪代电称,查《民事诉讼法》第一百八十四条规定,当事人自法院许其休止诉讼程序时起,如于三个月内不续行诉讼者,视为撤回其诉等语。该条规定是否得适用于上诉程序,兹分二说:(甲)说谓诉之一语本含有起诉及上诉两义,该条规定于总则之中在各级审程序内苟无特别规定,当然一律适用。(乙)说谓民事诉讼条例第二百三十三条第二项规定,当事人自呈明休止时起,若于六个月内不续行诉讼者,视与撤回其诉或上诉,同此条亦规定于总则之中,而诉与上诉并以明文规定。今新法仅谓视为撤回其诉而不及于上诉,则从严格解释应只限于第一审之诉,不得适用于上诉。两说未知孰是,惟如以乙说为是,则在上诉审遇有当事人合意声请休止,及两造迟误言词辩论期日之情形,应如何解决,理合电请转呈解释祇遵等情。据此,理合具文呈请钧院俯赐解释,指令祇遵,实为公便。谨呈

**院字第八四一号**

**二十二年一月二十五日　司法院函国民政府文官处　附原呈**

迳复者,准贵处上年五月十七日公函(第一九四零号)开,准中央民众运动指导委员会函,为福建省党务指导委员会训练部及河北省党务整理委员会,先后呈请解释商会会员代表选举权及被选举权疑义一案转行到院,业经本院统一解释法令会议议决,商会联合会之会员代表依《商会法施行细则》第三十八条第三十九条但书之规定,一会员虽只有一表决权

及选举权,但对于被选举权并无制限,自应依《商会法》第四十条准用同法第十四条规定,认各代表均有被选举权。至《商会法施行细则》第三十八条、第三十九条,所谓一会员只有一表决权及选举权者,其一会员所有之表决权及选举权于其所派代表不仅一人时,应由其所派之各代表共同行使之,非以其数人中之一人行使表决权及选举权之谓。相应函复贵处查照转知。此致

**附原呈**

呈为呈请事,窃查现行《商会法》第三章第十四条规定:"会员代表均有表决权、选举权及被选举权。"又同法第八章第四十条规定:"商会联合会除法律别有规定外,准用本法第一章至第七章之规定。"是则商会联合会选举时,各会员所派之会员代表均有选举权及被选举权,但依据《商会法施行细则》第三十八条之规定:"全省商会联合会开会时,每一会员得派会员代表一人至三人出席会议,但一会员只有一表决权及选举权。"惟此项条文内"选举权"三字是否仅指选举权而言,其被选举权有无包括在内,本会颇为疑义,用特备文呈请钧会察核,究竟省商会联合会会员代表是否均有被选举权,乞即指令祇遵,实为党便。谨呈

**附原呈**

呈为呈请核示事,窃查《商会法》第十四条:"会员代表均有表决权、选举权及被选举权。"又,《商会法施行细则》第三十八条"全省商会联合会开会时,每一会员得派会员代表一人至三人出席会议,但一会员只有一表决权及选举权。"按照以上规定,如会员代表为一人时,则表决权选举权及被选举权之享有均归此一代表,自属不生疑问。但如某一会员出席代表为二人或三人时,则除以一人行使表决权及选举权并享有被选举权之外,其余代表二人或一人既不能行使表决权,及选举权究能否享有被选举权,法无明文规定。如会员代表二人或三人均有被选举权,是以一会员而有两个以上之被选举权,似欠公允。如一会员只有一被选举权,倘其代表为二人或三人时,究应如何限制,理合具文呈请仰祈钧会鉴核示遵。谨呈

**院字第八四二号**

**二十一年一月二十五日　司法院咨行政院　附原咨**

为咨复事,准贵院上年五月三十日咨(第一三八号)开,据内政部呈请解释罢免乡镇监察委员程序疑义一案,咨请查照见复等由,业经本院统一解释法令会议议决,罢免乡镇监察委员在乡镇坊自治职员选举及罢免法未施行以前,尚无法定程序。惟乡镇长依《乡镇自治施行法》第二十五条第一项,本有权召集乡镇大会而罢免监察委员。依同法第十八条、第二十一条,又为大会之职权,则其罢免如果经大会合法之决定,自应在准许之列。至乡镇坊自治职员选举及罢免法施行以后(二十一年十一月一日施行),关于自治职员之罢免,自应依该法所定程序办理。相应咨复贵院查照饬知。此咨

**附原咨**

为咨请事,案据内政部呈称,案据浙江民政厅呈,据海宁县长汪淮呈称,据本县第三区

长张效呈,据楼厦乡乡长范坤山声请书称,窃因本乡鉴于监察委员殷桂芳在本村行为不端,有关本所名誉,于三月三十日特开乡民大会讨论。兹事当经共同议决,应予撤职,并由候补监察委员祝许春充之在录,自应照办,理合备书声请仰祈鉴核准予转呈,实为公便等情。据此,查监察委员殷桂芳行为不端与否,固难确信。惟经乡民大会议决似属公意,拟予照准,是否有当,理合备文呈请仰祈鉴核指令祇遵等情。据此。查乡镇民大会罢免乡镇监察委员及其他自治职员之手续,修正县组织法及《修正乡镇自治施行法》均无明文规定。至奉发乡镇坊自治职员选举及罢免法,对于罢免手续虽有规定,但迄未奉令施行,所有乡镇民大会罢免乡镇长、副乡镇长及监察委员、调解委员等,究应采用何项手续,暨该乡民大会议决罢免监察委员殷桂芳以祝许春递补是否合法,县长均未敢擅断,据呈前情,除指令外,理合备文呈请仰祈钧厅鉴核示遵等情。据此,查罢免县委、乡镇长、副乡镇长及罢免乡镇调解委员,县组织法第四十六条暨《乡镇自治施行法》第三十三条第三项已有明白规定。惟《乡镇自治施行法》第十八条规定,罢免乡镇监察委员应依法定程序,是否指同法第二十五条第一项后段之特别事件?及第二项后段关于监委本身事件之临时会召集程序而言?又罢免案是否可以乡镇长名义单独提出,抑须另由公民提出?其提案人数应否限制?可否参照乡镇坊自治职员选举及罢免法第三十二条至第三十四条规定办理?又如可参照上项规定办理,则在尚未设置区监察委员会时,提案法定人数究归何种机关审查?案关法律解释,理合备文呈请钧部核示祇遵等情。据此,查《乡镇自治施行法》第十八条规定,监察委员违法失职时,乡民大会或镇民大会依法定程序罢免之。至罢免程序,则乡镇坊自治职员选举及罢免法第三章内虽有明文规定。惟尚未奉令施行,可否参用如?可参用本章第三十四条后半段规定,乡镇坊监察委员之罢免案,由区监察委员审查。但县组织法第五十二条规定,区监察委员会于区长民选后设置之,则在区监察委员会未成立前,关于罢免案提案法定人数,究应归何种机关审查?事关适用法律,本部未便擅拟,理合备文呈请钧院鉴核示遵等情。据此,事关法律适用,相应咨请贵院查照解释见复,以便饬遵。此咨

**院字第八四三号**

**二十二年一月三十日　司法院指令江苏高等法院　附原呈**

呈悉,业经本院统一解释法令会议议决,就诉讼上之和解而有争议,应由当事人向受诉法院为和解应行撤销或未合法成立之声明,请求依试行和解未成立之普通程序继续审判,受诉法院本于当事人言词辩论之结果,如认其和解不得撤销或业已合法成立,得以终局判决(参照《民事诉讼法》第二百十一条、第二百十二条)宣示该事件已由和解而终结。如认其和解应行撤销或未合法成立而他造有争执时,应依《民事诉讼法》第三百七十五条为中间判决。合行令仰知照。此令

**附原呈**

呈为呈请解释事,按民事诉讼条例,不服和解准用再审编规定,业因新法颁布而废止,

如遇当事人请求撤销和解,法院究应续行旧诉讼程序,抑应令另案提起撤销和解契约之诉,二者均不无疑义。盖由前之说,不但于现行《民事诉讼法》无可依据,而且就和解应否撤销,亦未便于主文遽为宣示。由后之说依《民法》债权编第二章第二十三节固得为诉之标的,但如系第二审法院所为和解,在受诉法院认为具有撤销或无效之原因时,又未便遽进为本案之审判。案悬待决,究依何种程序较为适当,事关法律疑义,理合具文呈请钧院迅赐解释,以便遵行。谨呈

**院字第八四四号**

**二十二年一月三十日　司法院函司法行政部　附原函**

迳复者准贵部上年五月十七日公函(第二二三号)开,据山西高等法院呈以《反省院条例》第五条第一款发生疑义,转请解释见复等由,业经本院统一解释法令会议议决,查《反省院条例》第五条第一款,所谓受反革命罪刑之执行一语,依《刑法》内乱条文处断之案件。如其实质与反革命罪相当者,亦包括之。相应函复贵部查照饬知。此致

**附原函**

迳启者案据山西高等法院院长呈称,查《反省院条例》第五条第一款规定,凡受反革命罪刑之执行无期徒刑逾十年,有期徒刑逾二分之一而有悛悔实据者,送入反省院等语,似反省院专为收容反革命而设。如原系按内乱罪处刑,应否援照反革命人犯送反省院反省,理合呈请核示等情。据此,查《反省院条例》第五条第一款规定,受反革命罪刑之执行一语,所谓受反革命罪刑,究以依反革命罪条例及暂行《反革命治罪法》处断者为限,抑凡依《刑法》内乱条文处断,其实质与反革命罪相当者亦可包括?事关法律疑义,相应函请贵院查核解释见复,以便转饬遵照,实纫公谊。此致

**院字第八四五号**

**二十二年一月三十日　司法院函中央执行委员会民众运动指导委员会　附原呈**

迳复者,准贵会上年五月十八日公函(第五二七号)开,准中央秘书处检送河北省党务整理委员会,呈请解释工厂巡查更夫杂役应否加入工会疑义一案,转函到院,业经本院统一解释法令会议议决,私人企业所雇用之巡查更夫杂役等依《工会法》施行法第六条之规定,得依《工会法》加入工会。相应函复贵会查照饬知。此致

**附原呈**

呈为呈请事。案准河北省实业厅第一四五号公函内开,迳复者,案准贵会第一九八一号公函略开,为启新洋灰工厂巡查更夫杂役等应否加入工会一案,按法令解释应准加入请查照并转饬等因。准此,查立法院第九十二次会议议决,行政院转送上海特别市政府及工商部关于《工会法》各疑点解释文第五点载,所称各机关之雇用员役与工人,究应如何区别,及雇用员役已有工会组织,或已加入工人组织后之工会者,是否应即解散或令退出一节。

查员役与工人区别之处,《工会法》施行法第四条业经明白规定,自可依据办理。其雇用员役,如已有工会组织或已加入工人组织之工会者,应令解散或退出等语,业经载入第十七期工会公报,并经前工商部劳字第一四五一号训令,各省工商建设等厅并驻外各领事馆知照各在案,本厅详加考虑,自应仍遵照院议,令其退出工会,以符法制。至来函所询,本省各工厂对于《工厂法》究以遵行,至若何程度一节。查上年奉实业部分知以本年十月一日为《工厂法》开始施行日期,本厅当即通令各工厂遵照施行,迭据各工厂呈述《工厂法》第八条工作时间、第十二条童工、夜工、第十四条工作中休息时间、第十五条星期休假、第十七条特别休假、第二十六条至第三十五条工作契约之终止、第四十五条至第四十八条工人津贴及抚恤、第四十九条至第五十五条工厂会议等各施行困难之处,本厅查核其声叙理由,尚属实在,乃于上年九月七日召集各地工厂负责人员来厅会议共同研究施行步骤,并承贵会函派常委陈君访先参加列席,结果由本厅将以上奉行困难各条加具意见,呈请河北省政府转咨实业部解释,日前,陈部长因公莅津,并由本厅长将施行《工厂法》困难各条开具节略,面呈陈部长,恳请早日解释,以便转饬奉行各在案。迄今尚未奉有回示,准函前因,相应函复查照并请转令唐山市党部遵照办理为荷等因。准此,当复以查《工会法》施行法第四条,系解释国家各机关及所属工厂之职员与雇员之区别显示各机关之职员与雇员不得组织或加入工会。至立法院之解释,亦系专指各机关之雇用员役而言,与私人经营之工厂内雇用员役决不能视同一律。故《工会法》施行法第六条明定,凡从事《工会法》第三条所列举事业以外之同一产业或同一职业之被雇人员,无论其为职员、员役或工人,均得依《工会法》加入工会,足见条文清晰,不容混同。如以国家各机关或属于各机关之工厂内所组织之工会,与私人企业内所组织之工会视同一律,则不惟国家机关与工厂混淆难分,即《工会法》施行法第四、第六两条亦显有抵触。按启新洋灰公司系私人企业,其中巡查、更夫、杂役等应视为不同职业之工人,应加入工会无疑等语,函复查照在案。惟事关法令疑义,本会不敢妄断,仍拟请予解释。所有启新洋灰公司巡查、更夫、杂役等究竟应否加入工会问题,理合呈请钧会鉴核示遵,实为党便。谨呈

**院字第八四六号**

**二十二年一月三十日　司法院函中央执行委员会民众运动指导委员会　附原呈**

迳复者,准贵会上年五月十日公函(第四三五号)开,准中央秘书处检送湖南省执行委员会呈请解释《工会法》第十七条疑义一案,转函到院,业经本院统一解释法令会议议决,《工会法》第十七条第二项所称之特别基金,乃图巩固某事业之基础,而特别储藏之基本金所称临时募集金或股金,一系因临时事故而募集,一为设置举办或组织某事业,依其所定之股份而募集。三者性质及用途各不相同。若因举办《工会法》第十五条所列举之各事业而为征收时,其征收名义应依其事业性质及所定设置举办组织之方法定之。工会因事负债须筹金清偿时,应依同法第十七条所定呈请程序,以法人名义征收临时募集金。相应函复贵

会查照饬知。此致

附原呈

呈为据情转呈恳予解释事。案据湘潭县执行委员会呈称,呈为呈请转呈解释事。窃查《工会法》第十七条所称,特别基金、临时募集金或股金三者之名称既异,而性质与用途当有不同,究其各异之点安在,常滋疑窦。如同法第十五条第二款至第八款各项事业之举行,究应采用何种征费名义?又如工会因事负债须筹金偿债时,其筹金名义是否可以援用第十条条文之规定?如不能援用时,究应采用何种征收名义,方为合法?以上各点,因系法令解释,理合备文呈请钧会转呈中央俯赐解释指令转遵,深为党便,谨呈等情。据此,查此案事关法令,本会未便擅决,理合备文呈报钧会恳迅予解释,俾便饬遵,实为党便。谨呈

**院字第八四七号**

**二十二年一月三十日　司法院咨行政院　附原咨**

为咨复事,准贵院上年五月十六日咨(第一零四号)开,据实业部呈请解释《诉愿法》及《商标法》之适用疑义一案,咨请查照见复等由,业经本院统一解释法令会议议决,《商标法》第十九条第四项、第二十八条第二项、第二十九条第一项及第三十六条所定,乃就不服撤销处分等项,对于《诉愿法》第五条所定之提起诉愿期间而设之特别规定,非谓商标事项得提起诉愿者,仅以各该条所定者为限。故商标局批驳请求评定致损害请求人之权利或利益,请求人自得依《诉愿法》第一条提起诉愿。相应咨复贵院查照饬知。此咨

**附原咨**

为咨请事,案据实业部长陈公博呈称,查《诉愿法》第一条规定,人民因中央或地方官署之违法或不当处分,致损害其权利或利益者,得提起诉愿。《商标法》第十九条第四项对于撤销之处分、第二十八条对于再审查之密定、第三十六条对于再决定之评决,各有得依法提起诉愿之规定。第二十九条对于异议又有准用前条规定之明文,以其性质论之,《诉愿法》为普通法,其规定为一般的商标法为特别法,其规定为个别的。然因此有一疑义,即商标局批示之事项不属前述各条之范围者,例如有人以登载商标公报已满三年之商标,请求评定,商标局依商标法第三十条第三项批驳后,呈请人能否提起诉愿,本部应否受理,现有两说:(甲)谓批驳亦系一种处分,与《诉愿法》第一条之规定并无不合。商标法虽未特别规定,亦可适用《诉愿法》提起诉愿。(乙)谓商标法对于诉愿已一一特别规定,依特别法有规定者不适用普通法之原则。凡属商标事项,未经该法许以诉愿者,不得诉愿。二说孰是,事关法律适用,本部未敢擅断,理合呈请钧院鉴核转咨司法院解释示遵等情。据此,自应准予照转,除指令外,相应咨请查照解释见复,俾便饬遵。此咨

**院字第八四八号**

**二十二年一月三十日　司法院咨行政院　附原咨**

为咨复事,准贵院上年六月二十一日咨(第一七四号)开,据内政部呈请解释县保卫团法第五条疑义一案,咨请查照见复等由,业经本院统一解释法令会议议决,(一)称家者谓以永久共同生活为目的而同居之亲属团体,《民法》第一千一百二十二条定有明文。兄弟数人业已分家,虽仍同门居住,不得谓之一家。(二)乡镇长、副乡镇长、监察委员与闾邻各长,为县保卫团法第五条第一项第四款所称之本地方公职,但应注意同法第四条、第六条之规定。至地方私人法团各会社之会员、社员,不得以同法第五条第一项第四款所称之有职业或地方公职论。相应咨复贵院查照饬知。此咨

**附原咨**

为咨请事,据民政厅呈,据镇江县保卫委员会委员长张鹏呈称,案据第一区区长张祖武呈称,窃查县保卫团法第五条原文,凡二十岁以上四十岁以下之男子,均有入保卫团受训练之义务,但有下列情形之一者得免除之:(一)家无次丁者;(二)残废者;(三)心神丧失或精神耗弱者;(四)在外有职业或现任地方公职者;(五)在学校肄业者各等语。本区为协助区团部征集团丁,对于家无次丁之户,经司法院统一解释法令会议,一家之中苟有两丁以上者,准留一丁免其入团。若其家各丁之中,除有县保卫团法第五条所列各款情形之外,仅余一丁,亦应免其入团。惟一家以内,譬如有兄弟数人,设已分家而仍同门居住者,是否以家无次丁论,此应请解释者一也。属于区团以内之乡镇长、副乡镇长、监察委员与闾邻各长是否为地方公职,此外关于地方私人法团各会社会员、社员是否亦能以职业或以公职论,此应请解释者二也。以上二点,关于征集团丁,不无发生疑义,为此呈请解释等情,理合转请解释示遵。查事关法令解释,本厅未便擅拟,转请核示到府,相应据情咨请查照,予以解释,并希见复以凭饬遵。此咨

**院字第八四九号**

**二十二年一月三十日　司法院指令青海高等法院　附原呈**

呈悉,业经本院统一解释法令会议议决,除西互地方法院原呈内第二问及第三问胪列具体事实请求解释,核与《司法院统一解释法令及变更判例规则》第三条之规定不合,应不予解答外,原呈第一问总商会商会之会长或常务委员其所处理之事务并非公务,当然不能认为公务员。至关于工商业之调处及公断,依《商会法》第三条第一项第四款规定,本为商会之职务,其未成立商事公断处之商会所办理之商事公断事宜,两造如均愿遵从,应认为有效。至从前施行之商事公断处,章程非商会法之附属法令,依民国十六年八月十二日国民政府之训令,除与中国国民党党纲主义或国民政府法令抵触外,应准援用,自不因《商会法施行细则》第四十二条规定而失效。合行令仰转饬知照。此令

**附原呈**

呈为据情转请解释事,案据西亘地方法院呈称,呈为转呈解释事。查《刑法》第十七条载,称公务员者,谓职官吏员及其他依法令从事于公务之议员及职员等语。依此规定,则除职官吏员及其他依法令从事于公务之议员及职员外,均不得称为公务员。惟如各省县所设立之总商会、商会等,系根据于《商会法》,而该会会长或常务委员是否包括于上开条文之内,此应请解释者一。设有甲法院据乙债权人之请求,将丙债务人传案,审理尚未终结,而丁商会复据戊其他债权人之声请,遽将丙债务人所开之商号查封。查阅《商会法》全文,并无查封之规定(依照《民事执行规则》系属甲法院职权),究竟丁商会之此种查封行为是否触犯《刑法》第一百六十五条之罪,抑另犯其他罪名,此应请解释者二。再如,甲法院认为有讯问丁商会之必要,依法票传,屡抗不到,当经强制到院,正核办间,丁商会复扬言罢市云云,以致甲法院于执行职务上不免诸多窒碍。该丁商会又是否触犯同法妨害公务罪名,如果认为犯罪,应依何条处断,此应请解释者三。现本院有此类案件亟待解决,理合具文呈请钧院鉴核转呈解释,俾有遵循,谨呈等情。据此,再查商会关于商业之调处及公断事项,原有商事公断处之组织。设遇有未成立商事公断处之商会,其办理商事公断事宜,是否认为有效?又,民国二年一月三十日颁布之商事公断处章程,刻下能否援用?事关法律疑义,职院未敢擅拟,理合一并具文转请钧院统赐解释,俾便饬遵,实为公便。谨呈

**院字第八五〇号**

**二十二年一月三十日　司法院指令江苏高等法院　附原呈**

呈悉,业经本院统一解释法令会议议决,查《禁烟法》第十八条,所谓依第十六条最高度之刑处断,系指该条最高度之无期徒刑而言。合行令仰转饬知照。此令

**附原呈**

呈为转请解释事,案据江宁地方法院院长周蕴辉呈称,窃查《禁烟法》第十八条载,负有禁烟责任之公务员有要求期约、收受贿赂、纵容他人犯本法第六条至十一条之罪者,依第十六条最高度之刑处断等语。第十六条载,公务员庇护他人犯本法第六条至十一条之罪者,处二年以上十年以下有期徒刑,得并科五千元以下罚金,其有要求期约、收受贿赂情事者,处无期徒刑。详绎第十六条立法意义,如无收受贿赂情事,最重之刑为十年有期徒刑,如有收受贿赂情事,则处唯一之无期徒刑。设有案件适合于《禁烟法》第十八条情形,如依无期徒刑科处,则第十六条下段规定者,明系唯一之刑,无所谓最高度之刑也。如依十年有期徒刑科处,则第十六条下段略而不论,究与法文文义不合。况第十六条庇护,是积极行为,情节颇重,纵容系消极行为,情节较轻。如情节较重之罪与情节较轻之罪科刑相等,亦失情法之平,不无疑义,呈请鉴核转请解释示遵等情前来,理合具文呈请钧院鉴核解释指令饬遵,实为公便。谨呈

**院字第八五一号**

**二十二年一月三十一日　司法院指令湖南高等法院　附原呈**

呈悉，业经本院统一解释法令会议议决，妻依《民法》第一一四四条，继承夫之遗产即属妻之所有，带产出嫁，并无何种限制。至无嗣之寡媳及其收养之子女，关于其翁姑之遗产，依《民法》第一一四零条，并无为其夫或为其养父母代位继承之权，但得依《民法》第一一四九条酌给遗产。又女子之于父母依法固应负扶养义务，惟其扶养应以其私人之经济能力为限。合行令仰转饬知照。此令

**附原呈**

呈为转请解释仰祈核示事，案据耒阳县长周宗濂艳代电称，查配偶有相互继承遗产之权已为《民法》第一千一百四十四条所规定，但妻继承夫之遗产，如改嫁时，是否仍可带产出嫁？又，寡媳无嗣及寡媳收养子女是否能继承翁姑之遗产？又，现新法颁布后女子对于父母当有扶养之义务，但现今女子财产多未独立且根本并无原有财产，如须负担扶养义务时，是否可由夫妻联合财产或就夫之财产负担之？凡此疑问，统乞解释示遵等情，据此，除指令应候转请解释外，理合具文呈请钧院俯赐解释令遵。谨呈

**院字第八五二号**

**二十二年二月三日　司法院指令山东高等法院　附原呈**

呈悉，除关于更审案件一节候另案核示外，其耕作地租赁疑义，业经本院统一解释法令会议议决，《民法》第四百五十八条之规定，于租赁定有期限者，不适用之。合行令仰转饬知照。此令

**附原呈**

呈为呈请解释事，案据前青岛地方法院院长常鸿钧呈称，呈为呈请事。窃查《民法》第四百五十八条规定，耕作地之出租人如收回自己耕作，得终止契约，此条系指租赁定有期限者而言，抑指租赁未定期限者而言？本法并无明文规定，现有两说：(甲)谓租赁定有期限者，本应于期限届满时消灭，如出租人收回自己耕作，则属例外，可以提前终止契约解为租赁定有期限者之特别规定。(乙)谓自己耕作乃出租人所得预料之事既定期出租，于前即无事后不遵期限之理，且依同法第四百五十九条规定，限制耕作地出租人终止契约之旨趣，并参照《土地法》第一百七十二条及第一百八十条，则立法之理由在保护佃农，当系租赁未定期限者，本得随时任意终止契约之例外规定。两说究以何说为是？又，第三审法院发回更审案件，关于条文解释，若与司法院解释冲突时，更审法院应否受其拘束？案关法律解释，职院未敢擅拟，悬案以待，理合备文仰祈钧长鉴核训示祗遵等情前来。查所呈各节关系法律疑义，职院未敢擅断，理合具文呈请钧院迅赐解释，以凭饬遵。谨呈

此处删去一条。

**院字第八五四号**

**二十二年二月六日　司法院指令安徽高等法院首席检察官　附原呈**

呈悉,业经本院统一解释法令会议议决,《刑事诉讼法》第三百十七条应谕知免诉之案件,无须被告到庭,得径予判决。合行令仰转饬知照。此令

**附原呈**

呈为呈请解释事。案据安徽高等法院第二分院首席检察官孙廷赞有代电呈称,查《刑事诉讼法》第三百十七条谕知免诉之判决,依照同法第二百七十一条、第一百八十条第一项,非被告到庭不得判决。但查院字第三二八号解释,同法第三百十八条应谕知不受理之案件,无须被告到庭,得径予判决等因,则对于应谕知免诉之案件,可否仿照上项解释无须被告到庭,径予判决?事关法律疑义,理合电呈伏乞迅赐解释示遵等情到处。事关法律疑义,本处未敢擅断,理合具文呈请钧院俯赐解释,以便饬遵,实为公便。谨呈

**院字第八五五号**

**二十二年二月六日　司法院指令宁夏高等法院　附原呈**

呈悉,业经本院统一解释法令会议议决,查宣告缓刑,《刑法》上并无令具相当保证之规定,缓刑期内自无取具保证之必要。合行令仰转饬知照。此令

**附原呈**

呈为转请解释事,案据代理夏朔地方法院院长孙呈祥呈称,呈为呈请解释事。查司法院二十一年二月二十七日院字第六九七号解释内载,刑事被告因缴纳保证金释放后,经宣告罪刑并缓刑若干年,若在缓刑期内已另有相当之保证者,其以前所缴之保证金自应发还。又同年一月二十八日院字第六五八号解释云,受缓刑宣告之受刑人毋庸令具缓刑保状各等语。谨按六九七号所谓已另有相当之保证者,一语观之,似在缓刑期内非有相当之保证不可。而六五八号又谓,受缓刑宣告之受刑人毋庸令具缓刑保状,究竟前后两号解释有无冲突之处,不无疑义,理合呈请钧院鉴核示遵谨呈等情。据此,查院字第六九七号解释,所谓已另有相当之保证者,系对于宣告缓刑前被告已缴纳之保证金而言,与第六五八号所谓凡受缓刑宣告之受刑人,毋庸令具缓刑保状者,似无冲突。但查受缓刑宣告之受刑人既毋庸令具缓刑保状,似一经宣告缓刑,对受刑人即有放任之意,何独对于被告缴案之保证金必须另有相当之保证者,始肯发还,究竟缓刑期内应否令受刑人取具相当保证,不无疑问,案关解释法律,理合呈请钧院俯赐解释指令饬遵,实为公便。谨呈

**院字第八五六号**

**二十二年二月六日　司法院指令湖北高等法院　附原呈**

呈悉,业经本院统一解释法令会议议决,《刑法》上亲属之范围与《民法》所定不同,在未修改以前,凡未嫁之女或孀居之妇与依《刑法》所定四亲等内之宗亲相和奸者,均应依《刑法》第二百四十五条论科。合行令仰转饬知照。此令

**附原呈**

呈为呈请解释事,案据阳新县司法委员罗国焜呈称,呈为转请解释事。窃查《刑法》无夫相奸不以为罪,此系指普通之人而言。若系未婚闺女或夫死孀妇,又与其四亲等内之直系或旁系宗亲相奸,则是有身分之人,究应不为罪,抑应依《刑法》第二百四十五条论科?职署受有此种案件亟待解决,理合具文呈请钧院鉴核迅转请解释示遵,实为公便等情。据此,除指令外,理合备文呈请钧院鉴核迅赐解释示遵,实为公便。谨呈

**院字第八五七号**

**二十二年二月六日　司法院函军政部　附原函**

迳复者,查贵部上年九月十日及十二月二日先后函(第三四四二号及第四七九二号)致最高法院,为浙江省政府转请解释,陆海空军《刑法》辱职罪是否与《刑法》上之渎职罪性质相同,依照大赦条例应否减刑疑义一案,业经本院统一解释法令会议议决,陆海空军《刑法》第三十七条之收受贿赂罪,与大赦条例所谓渎职罪之性质相同。其仅止假借权势向民间勒索财物,而与其职务无关者,自不在同条例第二条不予减刑之列(参照院字第七八三号解释),相应函复贵部查照转知。此致

**附原函**

迳启者,案准浙江省政府电开,查奉颁大赦条例第二条第九款,犯渎职罪或公务上之侵占罪者,第十款犯特别刑事法规所定,与上列各款性质相同之罪者,依照该条但书规定,均在不予减刑之列。惟例如保安队、连排长暨探兵等向民间索诈财物或收受贿赂者,虽属触犯陆海空军《刑法》所规定之辱职罪,但系以公务人员之身份而假借职务上之权力、机会以致犯罪,其性质是否均与《刑法》所规定之渎职罪相同?依照大赦条例规定,是否亦在不予减刑之列?事关法律疑义,请转请解释电复等由。准此,相应函请查照并希明白解释见复,以凭转知为荷。此致

**附原函**

迳启者,案准浙江省政府保养代电开,查陆海空军《刑法》所规定之辱职罪是否与《刑法》上之渎职罪相同,依照大赦条例是否亦在不予减刑之列?因事关法律疑义,经电准贵部于十月元日电复已转最高法院解释等由在案。现已日久,尚未见复,请转催迅予解释电复为要,再陆海空军《刑法》辱职罪章中第三十七条之藉势勒索罪,为《刑法》渎职罪章中各法

条所无。且查四年大理院上字第一零八一号解释，藉官勒索系属恐吓取财，不能认为贿赂罪。是乘势勒索罪之罪质，似与渎职罪不同。此种人犯究竟能否得予减刑，并乞转请明白解释，以凭遵办等由。准此，查前准该府艳代电请求转行解释，并灰电催请解释均经咨转在卷。兹准前由，除咨复外，相应函请查照迅予解释函复过部，以便转知为荷。此致

**院字第八五八号**

**二十二年二月九日　司法院指令浙江高等法院　附原呈**

呈悉，业经本院统一解释法令会议议决，《民事诉讼法》第四三三条但书，所谓其他必要者，本属抽象之规定，应由原法院斟酌定之，不能预定标准。合行令仰转饬知照。此令

**附原呈**

呈为转请解释事。案据金华地方法院院长钟之翰呈称，查《民事诉讼法》第四百三十三条但书规定，或其他必要得以裁定特许上诉一语，其他既极广泛必要又无准则，法院驳斥过严必多抗告，以增繁牍。若特许从宽，不特无以减少上诉而省讼累，且于本条立法本意限制上诉相背。究竟其他必要特许上诉之件标准如何，理合备文呈请敬乞迅赐转呈释示，以免臆断等情。据此，案关请求解释法令疑义，理合备文转请仰祈钧院鉴核迅赐指令，以便饬遵。谨呈

**院字第八五九号**

**二十二年二月十八日　司法院训令广西高等法院首席检察官　附原函**

为令知事，该首席检察官呈最高法院检察署，为苍梧地方法院首席检察官转请解释《民法》第九百八十二条疑义一案，业经本院统一解释法令会议议决，《民法》第九百八十二条所谓结婚公开之仪式及二人以上之证人云者，在结婚仪式未规定以前，无论其依旧俗或依新式，但使其举行结婚仪式，系属公然一般不特定之人均可共见，即为公开之仪式。至于证人虽不必载明于婚书，但必须当时在场亲见并愿负证明责任之人。合行令仰转饬知照。此令

**附原函**

迳启者，案据广西高等法院首席检察官陈锡瑚呈称，呈为转请解释事。案据苍梧地方法院首席检察官胡家又呈称，现据职院检察官刘军冠呈称，查《民法》第九百八十二条，结婚应有公开之仪式及二人以上之证人。在此所谓公开之仪式以及二人以上之证人，究应如何解释。兹有甲乙二说不同：（甲）说谓公开仪式只须除自己家人外，有外人在场得见为已足。至仪式如何（或拜天地或照旧俗或新式举行）可不问也。所谓二人以上之证人者，则其于是日到场作客（即当事人请来食酒者）者，均属该条之证人，无须特别指定之证人也。（乙）说公开之仪式，必须遵照婚丧仪式所规定之仪式履行者为限，否则纵有公开，尤不能指为该条公开仪式也。所谓二人以上之证人者，必其于是日在婚书内特别载明之证婚人为限。否则，凡作客者，均可指为该条之所谓证人，则该条无须再规定及二人以上之证人矣（因既云

公开仪式即有他人在内甚明),乃既规定核其本旨即别于是日在场作客者而言,极为明显。以上二说,究以何者为是,事关法律疑义,理合具文呈请察核仰祈转院解释,俾资遵循,实为公便等情前来,理合具文呈请钧处察核转请解释,以资办理等情到处。理合具文呈请钧署察核俯赐转院解释指令祇遵等情,据此,相应函请迅予解释径复并见示备查。此致

**院字第八六〇号**

**二十二年二月二十四日　司法院咨行政院　附原咨**

为咨复事,准贵院上年十一月二十一日咨(第二三零号)开,据内政部呈请解释《土地征收法》第二十四条内"之代表"三字,是否衍文疑义咨请查照见复等由,业经本院统一解释法令会议议决,《土地征收法》第二十四条所称,地方行政官署之代表者,系指代表该官署而被指派为征收审查委员会委员而言,不能谓该条"之代表"三字为衍文,相应咨复贵院查照饬知。此咨

**附原咨**

为咨请事,案据内政部呈称,案准湖北省政府咨,附《修正汉口市土地征收审查委员会章程》一份,请查照备案并对于《土地征收法》第二十四条内"由地方行政官署之代表指派一人"咨询"之代表"三字,是否衍文,发生疑义请解释见复等由。准此,本部当将此条原文详加审讨,以为由地方行政官署指派之人当然为代表,该官署而为委员,此外无所谓代表,其意甚明,则此"之代表"三字似毫无意义。惟此,三字是否衍文,关系法令,本部未便擅断,除先行咨复外,理合具文呈请钧院转咨司法院详加解释,以期彻底明晰,免致他省适用该条文时,再生波折,是否有当伏祈鉴核指令祇遵等情。据此,除指令外,相应据情咨请贵院查照解释见复,以便饬遵,至纫公谊。此咨

**院字第八六一号**

**二十二年二月二十四日　司法院咨行政院　附原咨**

为咨复事,准贵院上年十一月二十一日咨(第三二一号)开,据浙江省政府代电请解释《土地征收法》第四十四条疑义咨请查照见复等由,业经本院统一解释法令会议议决,《土地征收法》第四十四条规定,不服县或市征收审查委员会之议定,得诉愿于省政府,系对于诉愿管辖之一种特别规定。至其诉愿书之程序,被诉愿机关之答辩及受理诉愿官署之决定,暨其他一切程序,该法既无特别规定,自应一律适用《诉愿法》之规定。如不服省政府决定者,仍应比照《诉愿法》第二条第二款之规定,许其提起再诉愿。相应咨复贵院查照饬知。此咨

**附原咨**

为咨请事,案据浙江省政府代电称,查国民政府十七年七月颁行之《土地征收法》第四十四条载,对于县或市征收审查委员会之议定有不服者,得诉愿于省政府等语,自系对于

《诉愿法》之一种特别规定。惟人民提起是项诉愿时,除诉愿期间已有规定外,其诉愿书之程序,被诉愿机关之答辩及受理诉愿官署之裁决暨其他一切手续,法无明文,是否一律适用《诉愿法》之规定?又依照上开条文,其诉愿似仅限于省政府,如仍不服裁决,能否提起再诉愿?事关法令解释,本府未便擅拟,伏乞钧院鉴核训示祗遵等情。据此,查事关法令疑义,除指令外,相应备文咨请贵院查照解释见复,以便饬遵,至纫公谊。此咨

**院字第八六二号**

**二十二年二月二十四日　司法院咨行政院　附原呈**

为咨复事,准贵院上年九月七日咨(第二四八号)开,据内政部呈请解释县保卫团法第五条第五款疑义咨请查照见复等由,业经本院统一解释法令会议议决,县保卫团法第五条第五款所称之学校,系指依教育行政法规所组织之学校而言。如民众学校合于法规之组织,则其肄业之学生,自应认为包括在内。相应咨复贵院查照饬知。此咨

**附原呈**

呈为呈请事,案据泰宁县县长呈称,查保卫团法第五条第五款载,在学校肄业者,民众学校肄业学生是否包括在内请核示等情。事关法律解释,理合具文呈请钧部察核令遵。谨呈

**院字第八六三号**

**二十二年二月二十五日　司法院指令江苏高等法院　附原呈**

呈悉,业经本院统一解解法令会议议决,诉讼标的之价额在定有事物管辖之民事诉讼律及民事诉讼条例,原已分别规定。《民事诉讼法》施行后,除施行法第二条关于管辖另定有适用办法外,依《民事诉讼法》第七十七条,既规定由法院核定其价额,兹为划一起见,特解答如下:(一)有担保之债权应以债权额为准,若供担保之标的物,其价额少于债权额时,以担保物之价额为准。(二)地上权永佃权之争执,其价额以一年租金之二十倍为准(无租金时,应以一年所获利益之二十倍为准)。如其一年租金(或一年之利益)之二十倍总额超过所有地之价额者,即以所有地之价额为准。至赁借权(即租赁)定有期间者,依《民法》第四四九条第一项之规定不得逾二十年。如因此涉讼,即应以争执期间内所收入之租金总额为准。(三)地役权之争执,如地役权人为原告,应以需役地所增之价额为准。若供役地所有人为原告,即应以供役地所减之价额为准。(四)定期给付或定期收益之权利有争执时,如定有期间,应以权利之存续期间内权利人将来应收入之总额为准。若期间为不确定时,则应推定存续期间,因原告之请求而依客观的可受之利益为准。(五)典产之回赎权应就典物价额计算,如系典价数额之争执,应就原告所主张之利益计算。(六)未定期间之租赁而于解约无争诉请迁让,应由法院核定其价额,其未订期间而于解约有争出租人(业主)声明解约,诉请迁让,即应以习惯上预告期间之租金为准。合行令仰知照。此令

**附原呈**

呈为《民事诉讼法》施行后关于计算诉讼标的价额发生疑义，恳予解释示遵事。窃查因地上权、永佃权、赁借权、地役权、担保债权及定期给付或定期收益之权利涉讼者，在民事诉讼条例内就诉讼价额之计算，均定有标准。迨《民事诉讼法》颁行，仅于第七十七条内定明诉讼标的之价额，由法院核定，而于核定之标准未予明示，殊不无计算困难之处。例如：(一)因担保权争执应否以债权额为准，抑应以担保物之价额为准？(二)地上权、永佃权、赁借权是否以设定时，受主所出之代价或押租为准，抑应以争执期内之租金为准，并应比照旧法不逾二十倍之限制？(三)地役权是否以享受利益人所出之代价或以应出租金二十倍为准，抑应比较双方因地役权所受之损益，以其较大者为准？(四)定期给付或定期收益之权利，是否以争执期内之收益总额为准，仍受二十倍之限制？(五)因赎田涉讼，新旧法均未订定标准，是否以该项田房所值为准，抑应以赎价为准？(六)关于房屋租赁关系之终止，其租赁契约并未定期间且无永久之性质，前大理院解释例以习惯上预告期间内之租金为准。嗣后，钧院解释亦系同一见解，按之《民法》第四百五十条第二项，此次租约之终止，应依习惯先期通知，即系预告期间之规定。而上述解释与《民法》尚无违背，在新法施行后，是否可以继续援用，均有疑义，理合具文呈请钧院迅赐解释，俾便遵行。谨呈

**院字第八六四号**

**二十二年二月二十七日　司法院咨国民政府西南政务委员会　附原咨**

为咨复事，准贵会上年八月二十九日咨(第二三号)开，据广东省政府呈请解释匪徒拦途掳人转卖处罪疑义一案，咨请查照见复等由，业经本院统一解释法令会议议决，拦途掳人转卖他处，其拦掳行为仍属营利略诱之一种手段，应视被掳人是否妇女，抑为未满二十岁之男女及有无移送出民国领域外之情形，依《刑法》妨害家庭罪及妨害自由罪各条分别处断。相应咨复贵会查照饬知。此咨

**附原咨**

为咨请事，案据广东省政府呈称，据民政厅长林翼中呈称，据儋县县长冼维祺呈为县属发生匪徒拦途掳人转卖别处案件数起，应如何办理，请核示等情前来，当已据情转请解释，现奉钧府民字第五三三七号训令转奉司法院咨字第二三号解释，查原《修正广东惩办盗匪暂行条例补充条例》第一条第三款之掳人营利，系以侵入现有人居住之第宅建筑物、矿坑、船舰内为要件，搁途掳人营利既与要件不合，自不包括于该条之内等因，业经令饬儋县知照并分行有案。惟查此种案件既与《广东惩办盗匪暂行条例》第三条第一款之掳人勒赎不符，又不能包括在补充条例第一条第三款掳人营利之内，而《刑法》上复无拦途掳人营利正条，究应如何办理，仍请钧府核示指令祇遵等情。据此，查此案前奉钧会第九五六号训令，当经转饬民政厅暨各区绥靖委员知照并呈复在案。兹据前情，仍应转呈核示，除指复外，理合备文呈请钧会察核指令祇遵等情。据此，查拦途掳人转卖之犯罪，前经贵院解释与《广东惩办

盗匪暂行条例补充条例》第一条第三款之掳人营利,以侵入现有人居住之第宅建筑物、矿坑、船舰内之要件不合,自不包括于该条之内。兹据前情,事关适用法律疑义,除指令外,相应据情咨请贵院查照解释见复,以凭饬遵,足纫公谊。此咨

**院字第八六五号**

**二十二年二月二十七日　司法院电热河高等法院　附原电**

热河高等法院张院长览,上年十月皓代电悉,所请解释公务员侵占管有物多次复犯伪造文书印文各罪如何处断疑义一案,业经本院统一解释法令会议议决,公务员侵占公务上管有物多次,无论其逐月侵占或遇机侵占,如系出于概括之犯意,应以连续侵占论罪。至事后因希图掩饰,复犯伪造文书印文各罪,系另一犯意,与侵占罪并无方法结果之关系,应依《刑法》第七十条并合论科。合电知照。司法院感印

**附原电**

南京司法院居院长钧鉴,兹有公务员在职二年侵占公务上管有物多次,其中有逐月浮冒侵占者,有遇机设法影射侵占者,事后因被彻查希图掩饰罪迹,复犯伪造文书印文各罪,其多次侵占,是否连续犯,与伪造文书印文有无方法结果之关系,兹分甲乙丙三说:(甲)说连续犯,应用同一方法、同一手段反复为之。今该公务员侵占虽云多次,其所用方法、手段,均不相同,实难证明有连续之意思,应各别独立论罪,且应与伪造文书印文并合论罪。(乙)说该公务员就职,即存一概括侵占犯意。不论其按月侵占或偶然遇机侵占,其犯意自始至终即系连续,其侵占罪应依《刑法》第七十五条以一罪论。至伪造文书印文,系掩饰侵占罪迹。又应依《刑法》第七十四条,从一重处断。(丙)说该员逐月浮冒侵占部分犯意有连续性质,应论以连续犯,其偶然遇机侵占部分在时机未到以前,自不能发生犯意。其犯意既不相连续,应并合论罪。至伪造文书印文,查非系侵占当时伪造系经长官派员彻查,临时始起意伪造,希图掩饰,核与侵占无方法结果关系,自应并合论罪。三说不知孰是,恳请解释示遵。热河高等法院院长张永德叩皓印

**院字第八六六号**

**二十二年二月二十七日　司法院电广西高等法院　附原电**

广西高等法院院长览,上年十月灰代电悉,邕宁地方法院转请解释《刑法》第二二四条疑义一案,业经本院统一解释法令会议议决,《刑法》第二百二十四条之伪造文书,系指伪造他人之文书而言。所谓他人,除自己外,父母、妻子、兄弟均包括在内。合电转饬知照。司法院感印

**附原电**

南京司法院院长居钧鉴,案据邕宁地方法院院长林文翰俭代电称,查民国二十年五月十二日非字第七六号判例,《刑法》第二百二十四条伪造文书,系指伪造他人之文书而言。

若于自己之文书为不实之登载,祇属虚妄行为,尚不能构成伪造文书罪,是对于伪造何人名义之文书,方能成立犯罪已甚明了。惟于他人两字之含义,于此尚有二说:(甲)谓除自己个人之外,其余之人均属他人。(乙)谓自己之父并非他人,即母及妻子兄弟,凡有利害关系者,亦不在他人之列,倘伪造此等人之文书,无论其是否足以损害于公众或他人,均不应论罪。以上二说,究以何说为是,事关法律解释,理合电请察核转请解释示遵等情。事关法律解释,理合转请解释示遵,以便转饬遵照。广西高等法院院长朱朝森呈灰印

**院字第八六七号**

**二十二年三月三日　司法院咨行政院　附原咨**

为咨复事,准贵院上年十月十四日咨(第二九三号)开,据内政部呈请解释《监督寺庙条例》第四条疑义一案,咨请查照见复等由,业经本院统一解释法令会议议决,所谓荒废寺庙经久无人管理者,应依客观事实认定之。至于寺庙虽未登记,究不能即谓为无人管理,该寺庙虽曾有僧人暂行住宿,亦尚不能认为管理。相应咨复贵院查照饬知。此致

**附原咨**

为咨请事,案据内政部呈称,兹据浙江民政厅呈称,案据杭县县长呈称,查《监督寺庙条例》第四条,荒废寺地方自治团体管理之。又二十年司法院第四二三号解释,荒废寺庙,谓系指经久无人管理者而言等语。查上项条例及解释对于寺庙荒废究,至若干年月始得称为荒废,均未明白规定。现地方自治团体请管荒废寺庙之事时,有所呈政府为行政上便利执行起见,不能不有详明之标准。兹假如某一寺庙于民国十八年间已无僧道管理,同时政府办理寺庙登记,该寺庙亦无人登记,可否认为荒废,抑十八年以前原无人管理?至十八年间,忽来僧人住宿不多时亦去而无人管理,可否认为荒废?如遇上项类似情形,究应如何办理之处,理合备文呈请钧长鉴核迅赐详确解释,俾便遵循等情。据此,查寺庙经三四年无人管理,似可认为荒废,即使其间经有僧人一度住宿,而住宿与管理不同,亦难认为荒废中断。惟案关法令解释,除指令外,理合据情备文转呈仰祈钧部核示祗遵等情。据此,查原呈引用《寺庙登记条例》,以在民国十八年间寺庙曾否经过登记为荒废与否之标准,比附司法院荒废寺庙之解释,殊非适当之根据。惟司法院原解释所谓荒废,系指经久无人管理者而言,并无一定时期之标准,适用上较感困难,似有转请解释之必要,理合呈请钧院转咨司法院解释,以便饬遵等情。据此,除指令外,相应据情咨请贵院查照解释见复,以便饬遵。此咨

**院字第八六八号**

**二十二年三月三日　司法院指令湖南高等法院　附原呈**

呈悉,业经本院统一解释法令会议议决,《民法》第九百二十四条所谓取得典物所有权者,应视同绝卖,不许找贴。合行令仰转饬知照。此令

**附原呈**

呈为转请解释仰祈核示事,案据道县县长张耿光支代电称,查司法院院字第三六一号解释,民法物权编施行前未定期限之典权,依物权编第九二四条及施行法第五条第一、二项之规定解释,本为明显。惟查物权编,该条规定自出典后经过三十年不回赎者,典权人即取得典物所有权。寻译法条意义,究从严格解释论,作绝产不得告争,抑须斟酌时价找补作,绝不无疑义,究应如何办理始为合法,属县发生已逾三十年之典当讼案,亟待判决,理合电恳示遵等情。据此,除指令准予转请核示外,理合具文呈请钧院解释示遵。谨呈

**院字第八六九号**

**二十二年三月三日　司法院指令江苏高等法院　附原呈**

呈悉,业经本院统一解释法令会议议决,继承财产是否足以清偿被继承人生前所负之债务,继承人虽未能明知,亦可依法为限定继承之声请。合行令仰转饬知照。此令

**附原呈**

呈为转请解释示遵事。案据启东县承审员国恩光寒电称,查被继承人死亡后,继承人因未知被继承人生前负债确数,深恐将来反为所累,乃于继承开始时起三个月内呈报法院为限定之继承。今有甲乙两说:(甲)说以为《民法》第一一五四条及一一五六条之意旨,以被继承人之遗产不足清偿其生前之所负债务,使继承人反因继承而蒙其不利益,得于继承开始时开具遗产清册,呈报法院。又,同法第一一五七条,法院因其声请公告,被继承人之债权人于一定期限内报明法院,故若继承人不能证明被继承人之遗产显有不足清偿其生前所负之债务之情形,则继承人既无因继承蒙受不利之虞,即不得声请为限定之继承。(乙)说以为《民法》第一一五七条第一项,继承人依前条规定呈报法院时,法院应依公示催告程序公告,命被继承人之债权人于一定期限内报明其债权。又,同法第一一六零条,继承人非依前条规定偿还债务后,不得对受遗赠人交付遗赠。又,同法第一一六二条,被继承人之债权人不于第一一五七条所定之定期限内报明其债权,而又为继承人所不知者,仅得就剩余遗产行使其权利,则依《民法》第一一五七条第一项之意旨,被继承人在未明债权总额,亦得声请为限定之继承。又同法第一一六零条及第一一六二条之意旨,则即公告期满以被继承人之遗产清偿其生前遗债后,尚可有余剩之财产交付遗赠及清偿,未经依限报明之债权。而所谓剩余云者,即非被继承人之遗产在声请为限定之继承时,已有不足清偿其生前所负之债务,使继承人有因继承蒙受不利之虞,至为明显。申言之,凡被继承人之遗产,表面上或实际上即足清偿其生前所负之债务而有余,但继承人恐被继承人生前或有债务,该项遗产或有不足清偿债务之虞,而声请为限定之继承,亦为法之所许,则继承人在未明继承遗产是否足以清偿被继承人生前所负债务之时,自可依法为限,定继承之声请。上开两说,究竟孰是,急待解决,理合电请迅赐示遵等情。据此,事关适用法律疑义,本院未便擅专,理合具文呈请钧长鉴核俯赐解释指令饬遵,实为公便。谨呈

**院字第八七〇号**

**二十二年三月六日　司法院电山东高等法院　附原电**

山东高等法院吴院长览,上年六月灰代电悉,该法院第一分院转请解释,不服民事调解或和解应适用何种程序疑义一案,业经本院统一解释法令会议议决,对于诉讼上之和解声明不服,在《民事诉讼法》并无准用再审之规定,自不得提起再审之诉。惟当事人如以和解尚未合法成立或有撤销之原因为理由,向受诉法院声请继续审判者,法院应指定言词辩论期日,就其原因先予审理,如审理结果认其声请为无理由,即应以终局判决宣示诉讼已因和解而终结反是,则应就其本案继续审判(或另为适法之和解)。如他造对于声请之原因有争执时,即应先为中间判决。至调解事件当事人如主张尚未合法成立或有撤销之原因时,应就此项争执向调解所系属之法院诉请裁判。合电转饬知照。司法院鱼印

**附原电**

南京司法院院长钧鉴,案据本院第一分院院长萧崇道呈称,呈为法律疑义请予转请解释事。窃查民事调解成立及诉讼上和解成立,均与法院确定判决有同等效力。兹查《民事诉讼法》上关于诉讼上和解已无准许再审之规定,而调解主任违背职务,纵有可向监督长官呈控之解释。然对于该调解笔录之本身如何救济,尚无可据之明文。设有当事人攻击调解或和解笔录,谓受调解主任或和解推事之压迫、威逼、诈欺而成立,或以当时行为能力欠缺及未经合法代理等情,请求法院救济,依照《民事诉讼法》及调解法规,究应适用何种程序,于此有甲乙两说:(甲)说主张应适用再审程序,其理由以民事调解或和解成立既与确定判决有同等效力,即应与确定判决用同一方法以求救济。(乙)说主张应适用一般诉讼程序,依据《民法》请求确认调解或和解笔录无效或请求撤销,其理由以调解成立及诉讼上和解成立皆为契约性质,虽其效力与确定判决相同。然依民事诉讼条例第五百八十二条固得准用再审之规定,而《民事诉讼法》已将该项规定删除,于该法施行后,仍用再审程序即属无据,故应与普通民事一律办理。如原案须经调解,即应再经调解。以上二说,未知孰是,事关法律疑义,理合具文呈请钧长鉴核赐予转请解释,实为公便等情。据此,事关解释,本院未敢擅拟,理合电请钧院迅赐解释,俾便饬遵,至为公便。山东高等法院院长吴贞缵叩灰印

**院字第八七一号**

**二十二年三月九日　司司法院咨行政院　附原咨**

为咨复事,准贵院上年十一月十九日咨(第三一九号)请解释《修正劳资争议处理法》适用疑义一案,业经本院统一解释法令会议议决,在《修正劳资争议处理法》施行前,对于仲裁委员会之裁决声明异议向法院起诉而未经判决确定者,依国民政府本年第一一号训令,应认为该法第四十四条第二项所谓尚未解决之事件。相应咨复贵院查照。此咨

**附原咨**

为咨请事,查十九年三月十七日公布施行之《劳资争议处理法》,业于二十一年九月二十七日奉国府明令修正。按修正处理法第七条内载,争议当事人对于仲裁委员会之裁决,不得声明不服。又第四十四条第二项内载,本法修正公布前发生之审议尚未解决者,得依本法处理之各等语。但原处理法第五条规定,争议当事人于仲裁委员会之裁决送达后五日内,得声明异议。又贵院解释声明异议者,得向法院提起诉讼。设使劳资争议在修正处理法公布前,依原处理法经过仲裁程序后,一方不服向法院起诉。直至现在修正处理法公布施行后,迄未经法院判决确定,可否认为未解决案件适用修正处理法,即以仲裁为最后之判断,似有两种解释。(甲)劳资争议经仲裁后一方向法院起诉,直至现在修正处理法公布施行后,迄未经法院判决确定,即可认为尚未解决之案件,依照修正处理法第四十四条第二项及第七条第三十八条之规定,似可由对方一面向受理法院,依照修正处理法请求驳斥原告之诉;一面依照《民事诉讼执行规则》,向法院声请强制执行。(乙)劳资争议虽经仲裁,惟系依照十九年三月十七日公布施行之原处理法办理争议之一方,既在修正处理法未公布施行前,依照原处理法第五条及贵院解释向法院起诉,核与普通未经仲裁之未解决案件不同,自不能以修正处理法颁布施行,而追溯既往,似应仍照诉讼程序,以法院之确定判决为最后之判断。以上甲乙两说,究以何者为是,抑应如何解释之处,事关法律疑义,相应咨请贵院迅予解释见复,以便通行遵照。此咨

**院字第八七二号**

**二十二年三月十五日　司法院指令广西高等法院　附原呈**

呈悉,业经本院统一解释法令会议议决,《民事诉讼法》系根据三级三审制之原则制定,并无事物管辖之规定,故在新法施行后,法院组织法未施行前,特就新法施行法第二条另定办法,以资救济。核与新法所定各种程序不生影响,因之地方法院依据该办法,虽有第二审管辖权,其关于上诉及抗告程序,仍应适用新法。至新法施行前,依旧法所为之缺席判决,于新法施行后,仍得依旧法而为诉讼行为者,依新法施行法第七条,既系限于声明窒碍,则其他诉讼行为因无明文规定,当然适用新法。合行令仰转饬知照。此令

**附原呈**

呈为呈请事,案据苍梧地方法院院长唐尧钦祃代电称,查本年部颁民诉适用办法内开,民诉法施行后《法院组织法》未公布施行前,法院关于诉讼事件之管辖,其依新法无管辖权,而依旧法有管辖权,或依新法有管辖权而依旧法无管辖权,仍依旧法办理等语。此项办法,似专指管辖而言。若各种诉讼程序,应一律适用新民诉法,《民诉法施行法》第十二条业经明白规定,原无何等疑问,或谓新旧民诉法各种程序,应随管辖而适用不同。例如,新民诉法地方法院无第二审管辖权,而依民诉适用办法,其新法施行前,系属之诉讼事件,当然有管辖权。惟既系依旧法有管辖该案之权,则其程序应适用旧法办理。如新民诉法第四百五

十七条,抗告逾期,原法院可以裁定驳回,在旧民诉律认为不合法或无理由,只能添具意见送抗告法院。遇此场合,似应适用旧法。又民诉施行法第七条,新法施行前,依旧法所为缺席判决得依旧法声明窒碍。至终结时,适用何法并无明文。且新法并无缺席判决之规定,依当然解释,似亦应适用旧法,其他类此者甚多云云。究竟如何适用,不无疑义,理合电请察核转请解释示遵等情。据此,案关法律疑义,理合据情转请钧院察核迅赐解释,俾便饬遵。谨呈

**院字第八七三号**

**二十二年三月十六日　司法院指令山西高等法院　附原呈**

呈悉,业经本院统一解释法令会议议决,(一)当事人对于诉讼上之和解声明不服,如具有撤销之原因,应向受诉法院声请继续审判,业经本院另件解释有案(参照院字第八四三号解释)。至判决书内之当事人,仍应依其起诉或上诉时之名称列入,毋庸变更。(二)《民事诉讼法》,系根据三级三审制之原则制定,并无事物管辖之规定,故在该法施行后《法院组织法》未施行前,特就新法施行法第二条另定办法,以资救济,核与其他管辖毫无关系,故因上诉所得受之利益不逾三百元者,应受新法之限制,不得上诉于第三审。(三)当事人起诉未遵章缴纳诉讼费用,即属程序不备,依《民事诉讼法》第二四零条第一项,既应由法院限定期间,命其补正,自得以裁定行之。至关于声请休止诉讼程序,除依同法第一八三条,应本于当事人之声请为许否之裁定外,其因两造迟误言词辩论期日,视为休止诉讼,以及休止逾期,视为撤回,其诉均为诉讼法上当然之效果,毋庸另为裁定。合行令仰转饬知照。此令

**附原呈**

为转呈解释示遵事,据案山西太原地方法院呈称,为呈请解释事。查有某甲与某乙因房院涉讼,上诉第二审后已为诉讼上之和解,嗣被上诉人某乙于新民诉法施行后发现新证据,遂以轻率无经验为理由请求撤销原和解,另为裁判。查新民诉法内既无准用再审之规定,此项事件究由第一审法院另案办理,抑即由原第二审法院管辖裁判?如由第二审法院管辖裁判时,判决书内之当事人是否仍照原提起上诉时所列上诉人、被上诉人等名称,主文内有无标明,原和解撤销或维持之必要,此应请解释者一也。新民诉法施行法第二条,现经修改,其中法院关于诉讼事件之管辖,仍依旧法办理等语,究竟管辖二字是否,包括旧法上土地管辖、指定管辖、合意管辖以及专属管辖等规定,并对于财产权上诉讼,因上诉所受利益超过一百元不逾三百元时,能否上诉于第三审法院,此应请解释者二。又查新诉法内关于裁定以诉讼法有规定者,始得用之。现有某甲以言词起诉向某乙求偿八百元之债款,未据交纳诉讼费用,法院当以何种表示方法命其遵章交费。此外,又如当事人向法院有所声请或两造,因迟误言词辩论期日而休止诉讼以及休止逾期后之视为撤回等,凡诉讼法内未规定适用裁定者,法院如向当事人有何表示时,可否以裁定为之,此应请解释者三。以上三端,本院极待解决,事关法律疑问,理合备文呈请转请解释示遵等因。据此,职院按所请第

一点，新《民事诉讼法》再审程序中既无准用于和解之规定，则当事人依《民法》主张诉请撤销，其和解之法律行为，似应由第一审法院管辖所请。第二点，新《民事诉讼法》施行法第二条解释，既称关于诉讼事件之管辖，仍应依旧法办理等语，则法院一切管辖，似应悉依旧法而定所请。第三点中关于简易程序，命当事人补正欠缺之方法，新《民事诉讼法》第一百二十二条既有明文规定，似仍应以言词或书状之裁定，命其补正。其他当事人向法院有所声请而诉讼法未明定用裁定裁判者，亦似应以裁定为之。惟事关法律解释，职院未敢擅专，是否有当，应转呈钧院释解示遵施行。谨呈

**院字第八七四号**

**二十二年三月十六日　司法院函内政部　附原电**

迳复者，查贵部上年八月艳代电为北平市政府转请解释人民提起诉愿后，能否呈请撤销疑义一案，业经本院统一解释法令会议议决，诉愿为人民之权利，诉愿人于诉愿后呈请撤销诉愿，在受理诉愿之官署未经决定前，自愿抛弃其诉愿权利，自无不准许之理，相应函复贵部查照转知。此致

**附原电**

司法院居院长钧鉴，案准北平市周市长大文养电开，查人民提起诉愿经予受理，如在原处分官署答辩期间。而该诉愿人忽呈请撤销诉愿，可否照准？《诉愿法》并无明文规定。本府现遇有此项事件，准否苦无依据，应请迅赐解释电复，以凭办理等由到部。查原电所陈疑义，于《诉愿法》确无明文规定，本部亦无成案可稽，理合电请钧院鉴核速赐解释迅予示复，以便转电周市长遵照办理。内政部叩艳印

**院字第八七五号**

**二十二年三月十六日　司法院函司法行政部　附原函**

径复者，准贵部上年十月三日公函(第四六六号)开，无国籍人民声请诉讼救助时，适用法条发生疑义请解释见复等由，业经本院统一解释法令会议议决，无国籍人声请诉讼救助既无其本国法或条约以为依据，自不能适用《民事诉讼法》第一百零八条，应适用同法第一百零七条之规定。相应函复贵部查照。此致

**附原函**

径启者，查《民事诉讼法》第一零八条与旧民事诉讼条例第一三一条相同，旧条例第一三一条因该条例施行条例第七条之规定暂不适用，而《民事诉讼法施行法》则关于此点并未有特别规定，对于外国人声请诉讼救助者，自不能不依该法第一零八条办理。惟遇有无国籍人民，如旧俄人之类声请救助时，是否亦应适用同条规定，抑应适用第一零七条之规定，不无疑义，相应函请贵院解释见复，至纫公谊。此致

**院字第八七六号**

**二十二年三月十六日　司法院函中央执行委员会民众运动指导委员会　附原函**

径复者,准贵会上年九月十二日公函(第一六四九号)开,准浙江省执行委员会呈,据鄞县执行委员会呈请示农会职员资格疑义一案,应请解释见复等由,除原呈第一项已由贵会核示外,其第二项兹经本院统一解释法令会议议决,祀田虽系公同共有性质,但农会之宗旨系图农业之发达。祀田之公同共有人,应认为《农会法》第十六条第一款有农地者,相应函复贵会查照饬知。此致

**附原函**

径启者,案准浙江省执行委员会呈,为据鄞县执行委员会呈请核示该县农会职员徐游尘、郭骏良等资格于法是否相符一案,转请核示等由,计附履历单七纸、调查报告一份到会。查现行《农会法》第十六条第三款"中等以上学校毕业习农业者"之规定,系指在中等以上学校学习农业之毕业者而言。该鄞县农会干事长徐游尘乃系师范学校毕业,核与前项条文规定资格不符。至该县农会干事郭骏良,家有祀田一节,是否即可认为有农地者?查无法令依据,应请贵院解释以利施行,除函复外,相应抄同原呈附件函达,即希查照核办见复为荷。此致

**院字第八七七号**

**二十二年三月二十五日　司法院指令江苏高等法院　附原呈**

呈悉,业经本院统一解释法令会议议决,《民事诉讼法》第四百三十三条第一项,系以限制上诉为原则。惟例外以特许之权付之原法院。其特许之声请,既经原法院驳回,当然不得声明不服。合行令仰知照。此令

**附原呈**

呈为呈请解释事。窃查《民事诉讼法》第四百三十三条第一项载,对于财产权上诉讼之第二审判决,如因上诉所得受之利益不逾三百元者,不得上诉。但原法院因法律上有疑义或其他必要,得以裁定特许上诉,其第四项载特许之裁定不得声明不服等语。关于第四项"特许"二字,其范围如何,本院推事有两种主张:(甲)说特许二字,系仅指特别许可上诉之裁定而言,若驳回声请特许上诉之裁定,当然可以声明不服。(乙)说特许之裁定者,系统指关于声请特许上诉之裁定而言,故驳回声请特许上诉之裁定亦包含在内。盖法律所以设此规定者,无非以不逾三百元利益之案件事较轻微,除原法院觉有疑义或必要外,不许其任意上诉之意。苟驳回声请特许之裁定得为抗告,是否有疑义或必要转属于第三审法院审查,审查后,如认为不无疑义。又,须废弃原裁定发回原法院更为裁定或自为裁判,则结果此种案件实际上皆可经第三审法院办理,不特违背本条立法之精神,且反使此种案件,较其他案件增加无数之繁复程序,即就文字言,照该条第一项之规定,似亦以只由原法院认定为已足

云云。究竟两说，孰是孰非，事关法律疑义，理合具文呈请解释示遵，实为公便。谨呈

**院字第八七八号**

**二十二年三月二十五日 司法院咨行政院 附原咨**

为咨复事，准贵院上年九月六日咨（第二四七号）开，据实业部呈请解释商人通例第十九条疑义一案，咨请查照见复等由，业经本院统一解释法令会议议决，商人通例第十九条系对于城镇乡之同一区域内特设禁止之规定。原呈所称在市之同一区域内，甲既注册在先，乙自不得仿用以营同一商业。相应咨复贵院查照饬知。此咨

**附原咨**

为咨行事，案据实业部呈称，案查前据上海市社会局呈称，窃查商人通例第十九条内载，同一城镇乡内他人已注册之商号，不得仿用以营同一之商业等语。本局以前项城镇乡之规定，核与现在划分之区域单位不同，办理注册案件，颇觉窒碍难行。例如，本市现已无城镇乡，该通例所指之城镇乡字样，自觉难于适用。设以划分极小区为单位，假使本市闸北区内与特区毗邻之处，有某甲创设某商号经营某种营业，业经本局核准注册有案，而又有某乙在该商号毗邻之特区境内设立同一商号之商店经营同一营业，本局应否准其注册，无所依据。设城镇乡与区相适合，似与注册保护之原则不无抵触之处，本市为全国商业中心，非公司之商店、工厂而具较大规模者比比皆是，市内交通便利，其商品之销售顾客之往来决不限于一区。如果非同一区内得设同一商号、同一营业之普通商店工厂，则其营业在相互间必有巨大之影响，有失商业注册之法意，似应以市为单位较为合理，究应如何办理之处，理合备文呈请仰祈钧部鉴核迅予示遵等情。旋又据该局呈略称，利康化学制造厂呈请注册，查与同样性质业经呈准注册之利康华行同在上海市辖境。关于市政区域单位究竟应否适用商人通例第十九条之规定，请迅赐示遵等情先后到部，当以商人通例第十九条所称之城镇乡与市组织法之区域，在区划上自有不同之处。然无论为城为镇为乡，其区域总较全市为小，如将商号名称，不得仿用之区域限制，改为全市，既无法律根据，且与原条文之法意未符，据称利康化学制造厂呈请商号创设注册一节，自应依法办理，仰即遵照等语，指令寄发在卷。兹据该局复称，查本局前以商人通例第十九条法意与利康化学制造厂商号注册案发生疑义先后呈请解释在案，旋于六月二十五日奉到钧部商字第一一九四九号指令内开，商人通例第十九条所称之城镇乡，总较全市为小，如将商号名称不得彷用之区域限制改为全市，既无法律依据，且与原条条文之法意未符。据称利康化学制造厂呈请商号创设注册一节，自应依法办理等因，奉此，窃因对于该条文尚有窒碍难行之处。深恐一经该商号核准注册先例一开，易滋纠纷，沪上商贾辐辏，万一群起援例声请，本局准驳两难，是以不得不郑重处理，爰再胪列事实为钧部一陈之。（一）在昔各省行政区域大抵以县为单位，而县之划分大别之为城、镇、乡三者，商人通例施行时为民国三年，其时行政区域尚均以县为单位，故可谓为一完全适合事实之法律。国民政府成立，行政区域地名变动甚多，县之外有市，市复有

隶属省政府与隶属行政院两种之分,即县之本身为设施地方自治便利计,亦有变动。例如江苏浙江等省,县治多划分为区、镇、乡、邻、村、街、坊、闾等名称,核与通例所载城镇乡三者,其性质已不尽相同。(二)法律为时代之产物,亦为事实之产物,是以自立法院成立除废止另订者外,所有旧有法令诸多修正更改,所以适合时代符和事实,商人通例原为旧有法令之一,颇多不适。符目前事实之处前述通例第十九条,即其明证,又如同法第六条关于有夫之妇自营商业或于公司负担无限责任者,须得其本夫之允许,此项规订核与现行最高立法原则及新颁布施行之《民法》各分编条文显有抵触。按训政时期约法第六条所载"中华民国国民,无男女、种族、宗教、阶级之区别,在法律上一律平等。"准此,以言,前项在法律上夫对于妻所施监督经营商业之权利,自不应再予存在。又按民法总则第十三条第三项,有承认已结婚者为有行为能力之人,已结婚者既为有行为能力者,无论男女一方,均不应加以行使此项行为能力之限制,《民法》继承编更授女子以继承财产之权,同法亲属编复载有"夫妻各保有其财产之所有权管理权及使用收益权",凡此种种规定,不仅女子于法律上与男子立于平等地位得到自由行使行为能力之保障,在事实上且具有自由行使行为能力之实力,有夫之妇经营商业或于公司担负无限责任,何得加以限制?关于此条条文,虽已与《民法》抵触,应依《民法》规定为准则要,亦可为商人通例条文内容不合时代未符事实之又一明证。凡法律与目前事实不能吻合之时,惟有以法律适迎事实,不能以事实强从法律。(三)即以现时继续存在之城镇乡三者而言,率皆僻处内地有山川、草野自然地形之隔,在区划上自较明显上海为一大都市,其情形截然不同。虽全市而积占有八百九十五方公里之辽阔,而道路纵横,轮轨四达,交通利器具备,彼此毫无阻隔。若强欲以一不能明显划分之全市强为区别,为若干城镇乡事实上既不可能,市组织法上又不容许不分,则失却法律上城镇乡之根据,又何从依法办理?查本市除特别区外,现虽划分为十七区而区之面积包含亦正广阔,其地位或未必均比普通之城为大,然均比普通之镇乡为大,且以划分上无明显的特殊标识,故往往一路之隔,甚至同一街路分成两个不同区域。例如闸北区与特别区毗连之界路,特别区与沪南区毗连之民国路者均是。即使以区暂作城镇乡之划分,万一不属同一区域,而在街路(如民国路界路)相对开设同一商号、同一营业之两商店各向本局呈请注册,其时将如何办理?准既纠纷丛生,且有违商号注册在保护商号专用权之原意驳失法律根据,故以区作城镇乡之划分,似又不甚适用。综上所陈,商号注册关于仿用商号一层,如仍沿用商人通例城镇乡之限制于本市,实有不能遵办之处,且商人通例为旧。查法令条文内容诸多未符目前事实,拟请钧部转呈行政院咨请立法院根据事实加以修正,或竟呈请国民政府明令废止,另立新法,在未修正废止另立以前,对于隶属行政院之市另订补充条文以补救城镇乡区区域限制之缺点,以求完善俾所遵循,是否有当,理合备文呈请钧部鉴核示遵。再利康化学制造厂呈请,商号创设注册一案,因区域限制尚有疑义暂缓办理,拟俟奉到钧部指令,再行遵办,合并陈明等情。查商人通例原系暂时适用之旧法令,其第十九条之城镇乡按之现行市组织法之区坊,县组织法之区乡镇固有不同,然细绎法意,从前之城镇乡,其范围亦只能与现时之区相比附,而不能与全市全县相比附,所请以全市为限制范围一层,似与法意未符。但查核该局原呈陈述各节,亦未尝无相当理由,究应如何比照?事关法令,本部未便擅断,理合呈请钧院鉴核转咨司法院迅予解释,俾便遵循,实为公便等情。据此,相应据情咨请贵院迅予解释见复,以凭饬遵,至纫公谊。此咨

**院字第八七九号**

**二十二年四月三日　司法院函司法行政部　附原函**

径复者,准贵部上年十二月十二日公函(第五七一号)开,律师曾受徒刑执行终了,经过合法大赦,可否复充律师请解释见复等由,业经本院统一解释法令会议议,院字第一七一号指令虽指在执行中或未执行时而言,但犯罪在民国二十一年三月五日以前,其最重本刑为三年以下有期徒刑、拘役或专科罚金者,其罪刑既均因赦免而消灭。是赦前已经执行终了者,亦应视同一律,准予复充律师,相应函复贵部查照。此致

**附原函**

径启者,查十八年十月三十一日,贵院院字第一七一号指令内开,曾处五等有期徒刑以上之刑执行中或未执行时,经过合法大赦,罪刑即根本消灭,仍可复充律师。又查大赦条例第一条内载,凡犯罪在中华民国二十一年三月五日以前,其最重本刑为三年以下,有期徒刑拘役或专科罚金者均赦免之各等语。依此规定,曾犯最重本刑三年以下之罪刑者,在执行中或未执行时经过合法大赦,可以复充律师,自属不成问题。惟其执行早已终了者,经过此次合法大赦,可否认为罪刑根本消灭准予复充律师之处,前项指令未经言及,相应函请贵院解释,迅赐见复,以凭办理,至纫公谊。此致

**院字第八八〇号**

**二十二年四月三日　司法院咨行政院　附原咨**

为咨复事,准贵院上年十月二十九日咨(第三零七号)开,据南京市政府呈,为发还政治犯财产发生疑义请予解释一案,咨请查照见复等由,业经本院统一解释法令会议议决,甲之财产如已被没收拨作公用,或拨给其他机关应用有年并经改造者,即可认为已经处分。至乙之财产没收后,纵已定期租赁与人且由承租人将其建筑物改造,其财产仍应发还,但乙应承受原租赁契约上出租人之地位,相应咨复贵院查照饬知。此咨

**附原咨**

为咨请事,案据南京市政府呈称,案查上年五月奉钧院第二二一五号训令,以据广东、山东两省政府请示政治犯赦免后,其连带查封之财产应否发还及已投变者如何处理一案,经咨准司法院解释办法两种:(一)一律发还或偿其代价;(二)以已经处分或原状不能回复者为限不发还,余则发还。两办法可择一解决等由。复经呈奉国府指令应用第二种办法等因,令饬遵照等因,奉此,自应遵办。惟已经处分或原状不能回复两语,按诸事实,不无疑

义。例如,没收甲之财产后已拨作公用,或拨给其他机关应用有年。按拨用纯属行政处分,但既指定用途,已近于产权之移转,是否能认为已经处分?又如没收乙之财产后,已订定十年之定期租赁,租给与人且将其建筑物业予改造,是否能认为不能回复原状?本府处理此项案件,发生上述疑义,理合具文呈请鉴核转咨解释令遵等情。据此,相应咨请贵院查照解释见复,以便饬遵。此咨

**院字第八八一号**

**二十二年四月三日　司法院电山东高等法院　附原电**

山东高等法院吴院长览,本年一月陷代电悉,泰安地方法院转请解释刑诉法第三四七条第二项及妾之亲属身分各疑义一案,业经本院统一解释法令会议议决,(一)《刑事诉讼法》第三四七条第二项所称,自诉人经传唤无正当理由不到者,以撤回自诉论,系指未曾一次到庭者而言;(二)刑律补充条例既经废止,该条例关于妾之规定自应失效。合电转饬知照。司法院江印

**附原电**

司法院院长钧鉴,案据泰安地方法院皓代电称,窃查《刑事诉讼法》第三百四十七条第二项,自诉人经传唤无正当理由不到者,以撤回自诉论云云。所谓传唤不到者有二说:(甲)谓自诉人于本案开始进行后,曾经传唤并未一次到庭者,始得以撤回自诉论。如经传唤已到一次,在庭陈述自诉理由者,以后虽经传唤未到,仍应就前次庭讯供词判决被告有罪或无罪,不得以撤回自诉论。(乙)谓无论传唤次数多少,苟有一次无理由不到,则自诉人显有抛弃自诉之意,即应以撤回自诉论。二说未知孰是,应请解释者一。又,妾之地位在现行法并无规定,但在暂行刑律补充条例有效期内,固承认妾为亲属。设在该条例有效期内所纳之妾,自该条例失效后,该妾是否仍为亲属:(甲)说妾之亲属身分,既依该条例公布而取得,自应因该条例失效而丧失,是妾在今日不得认为亲属。(乙)说法律不溯既往,该条例失效后,所纳之妾虽非亲属,但在该条例有效期内,所纳之妾既取得家属身分,法律并无明文取销,则该妾亲属之身分仍在。二说未知孰是,应请解释者二。本院现有上开情形案件亟待解决,理合电请解释迅予示遵等情。据此,事关法律解释,理合电请钧院迅赐解释,俾便饬遵。山东高等法院院长吴贞缵叩陷印

**院字第八八二号**

**二十二年四月三日　司法院电山东高等法院　附原电**

山东高等法院吴院长览,上年十一月个代电悉,泰安地方法院转请解释《民事诉讼法》上管辖疑义一案,业经本院统一解释法令会议议决,《民事诉讼法》仅有土地管辖之区别,而无事物管辖之区别,故该法第二十九条所请移送之裁定,自系专指关于土地管辖之移送裁定而言。若因沿用旧法而有关于事物管辖之移送裁定,自不适用民诉法二九条,而应依通

常法例,下级法院不得违背上级法院之法律上见解,上级法院不受下级法院裁判之拘束。合电转饬知照。司法院江印

**附原电**

司法院院长钧鉴,案据泰安地方法院院长章奇光呈称,今有某甲与某乙因财产涉讼,经县法院第一审判决,甲不服上诉于地方法院。第二审判决后,由高等法院发还更审,此时第二审法院发见诉讼价额在一千元以上,为地方案件,第二审管辖应属高院,乃以裁定将上诉驳回,本案移高等法院,管辖确定后,高院复以命令发还地院受理。于是遂生两说:(甲)说谓本案不问价额如何,既经地院管辖第二审,当事人亦未抗辩,基于合意管辖,无再变更之余地,故高院仍能以该裁定为不合,将原案发回。(乙)说谓裁定既确定受移送之法院,即应受民诉法第二十九条之拘束,不能不顾确定裁定之效力。而推究确定前之当否,地院应遵守裁定之确定力,以无管辖权将案呈送高院。两说孰是,理合呈请转呈司法院解释,以便遵循等情。按《民事诉讼法》第二十九条移送之裁定确定者,受移送之法院固应受其羁束。惟来呈所称案件既经第三审判决发还,原第二审法院更为审判。纵使更为审理时发见诉讼标的之价额在千元以上,属于地方案件。然依同法第四百四十五条之规定,受发回之法院仍应受发回更审判决之拘束,自不得以裁定变更第三审之判决。且同一事件在同一法院既为第三审判决,更不应再为第二审判决。来呈乙说,似难谓当。理合电请钧院迅赐解释,俾便饬遵。山东高等法院院长吴贞缵叩个印

**院字第八八三号**

**二十二年四月三日　司法院指令湖南高等法院　附原呈**

呈悉,业经本院统一解释法令会议议决,养子女与婚生子女,同以亲属法上或继承法上有明文规定者为限。至若选充族职,并非养子女与养父母间之关系,自得依该族规约办理。合行令仰转饬知照。此令

**附原呈**

呈为转请解释仰祈核示事。案据湘乡县长田稷丰元代电称,查《民法》亲属编第一千零七十二条载,收养他人之子女为子女时,其收养者为养父或养母,被收养者为养子或养女。同编第一千零七十七条载,养子女与养父母之关系,除法律另有规定外,与婚生子女同。又同编施行法第十一条载,收养关系虽在《民法》亲属编施行前发生者,自施行之日起有《民法》亲属编所定效力各等语。是养子等于亲子之关系无稍差异,条文规定至为明晰。惟通常各族族谱含有拘束全族人丁系统之效力,注重宗祧例多郑重载明,不得以异姓养子或养子之子乱宗,因之各族选举族董、房董等职之选举权与被选举权往往发生重大争执,《民法》亲属编对于养子或养子之子,能否被选充任族职,并无明文规定。值此厉行家族规约之际,此点关系重要谨电恳解释,以便遵办等情。据此,除指令应候转请解释外,理合具文呈请钧院鉴核解释示遵。谨呈

**院字第八八四号**

**二十二年四月十五日　司法院咨行政院　附原咨**

为咨复事,准贵院上年十二月二十四日咨(第三四零号)开,据实业部呈请解释交易所法第五十五条疑义一案,咨请查照见复等由,业经本院统一解释法令会议议决,依交易所法第五十五条第一项,合并之交易所以合于同法第一条规定,并无《公司法》第一百四十七条情事者为限。同法施行细则第三十七条定有明文,关于合并自应依照办理,相应咨复贵院查照饬知。此咨

**附原咨**

为咨请事,案据实业部部长陈公博呈称,为呈请转咨解释《交易所法》第五十五条指令祗遵事(中略)。查合并必须有一定之标准以为根据,只言合并,而无合并办法,合并直无从进行交易所法,只于第五十五条限令于三年以内合并,而无如何合并之详细条规,即大体合并原则亦未订有明文。按照常例法律无明文规定者,原可依照下列程序补救之:(一)令当事人双方协议;(二)协议不成,更令双方各推代表一人,并共同推举公断人一人试行公断;(三)公断不成,则由主管官署核断,但《交易所法》第五十五条第二项又载"不依前项规定合并者,统以本法施行后满三年为限,限满解散,不得续展"等语,仅言限满解散,而未言应解散何方,则自揣不利于己之一方,大可任意抗争使协议公断均不成立。而以"一经限满,同归于尽"为恐吓对方之武器,主管官署即欲斟情酌理勉为核断,不独所为处分难期折服,即将来对于诉愿及再诉愿,亦无法律上明定之理由可作根据(中略)。查合并应否根据营业现况以合并,抑应绝对平等合并,疑点一也。依营业现况合并,必有一方居于优越之地位,实际等于以一所容纳他所,有失平等待遇,疑点二也。取消两所另立新所名为合并,实则合设股本一切重行规定,抛却多年经营事实,于不顾使较优者降而与较劣者相等,亦失平等原则,而增减股本、变更理事及经纪人名额纠纷尤多,疑点三也。此外,如现有财产之估值债权、债务之继续担承未结买卖之接续办法,用人及簿帐财产之交替接收,亦均有待于合并原则之决定,始能分别规定,免滋纠纷。总之,此项交易所之合并问题甚多、出入甚大,究竟交易所法第五十五条规定之合并应作如何解释,理合具文呈请鉴核转咨司法院予以解释,指令祗遵等情。据此,除指令外,相应咨请贵院查照解释见复,以便饬遵。此咨

**院字第八八五号**

**二十二年四月十七日　司法院咨行政院　附原咨**

为咨复事,准贵院上年一月二十九日咨(第二零号)开,据内政部呈请解释《区自治施行法》暨《乡镇自治施行法》各疑义一案,咨请查照见复等由,业经本院统一解释法令会议议决,(一)区乡镇长对于区民或乡镇居民有触犯《刑法》,或与《刑法》性质相同之特别法者,得先行拘禁,以现行犯及准现行犯为限;(二)告诉乃论之罪,其现行犯非经告诉,不得拘禁;

(三)区乡镇长对于现行犯以外之嫌疑人不得拘禁,不发生刑诉法第二二七条、第二二八条之问题。相应咨复贵院查照饬知。此咨

**附原咨**

为咨行事,现据内政部呈称为呈请事。据浙江省民政厅长吕芯筹呈称,案查《区自治施行法》第三十九条第二项,暨《乡镇自治施行法》第四十一条第二项各规定"区民或乡镇居民有触犯《刑法》,或与《刑法》性质相同之特别法者,区乡镇长有先行拘禁之职权。"而按诸《刑事诉讼法》,则发生下列疑点:(一)犯罪嫌疑人被人向法院告诉或告发者,依刑诉法规定,非经合法传唤讯问及有第四十一条至第四十三条情事,不得径行拘提羁押。而传唤应用传票,拘提应用拘票,羁押应用押票,拘提、羁押法律上均定有严格要件。惟第四十九条即时发觉之现行犯及以现行犯论之,准现行犯则不问何人得不用拘票径行逮捕,并应依第五十七条即时解送较近之检察官讯问。若非法逮捕或拘禁者,即成立《刑法》上之妨害自由罪,区乡镇长无发拘票、押票之权,自治法所称得先行拘禁,是否专指逮捕现行犯及准现行犯而言(《区自治施行法》第三十九条第一项第三款所称"确有证据",同条第二项所称"遇必要时,得先行拘禁之""即函送司法机关",《各县区公所与公安分局划定事权办法》第七条所称"发觉",似均系根据刑诉法第四十九条及第五十七条之规定,而《区公所与公安分局划定事权办法》之两原提案,均认区自治法第三十九条所应拘送者,系属现行犯),抑不问现行犯、非现行犯,区乡镇长均有拘禁职权?(《乡镇自治施行法》第四十一条第一项第四款,并同条第二项无确有证据及遇必要时之规定,《调解委员会权限规程》第九条只云,区乡镇公所应依区乡镇自治法办理刑事案件,似不问现行犯、非现行犯均可拘禁)(二)亲告罪之现行犯刑诉法,虽无不得径行逮捕之规定,但依调解委员会权限规程第四条所列《刑法》各条,所属告诉乃论之罪,区乡镇长对于此项现行犯是否亦可拘禁?(三)发觉现行犯,区乡镇长固应立时为急速处分,即无论何人亦得于发觉时,径行逮捕。惟现行犯以外之其他犯罪嫌疑人,如区乡镇长亦可先行拘禁,则区乡镇长是否有司法警察官职权?其职权范围如何,是否依刑诉法第二百二十八条,区乡镇长应听检察官之指挥,抑依同法第二百二十七条区乡镇长各于其管辖区域内侦查犯罪,与检察官有同一之职权?以上三点,案关法律解释,理合呈请钧部核示祇遵等情。据此,查事关法律解释,本部未便擅议,理合备文呈请鉴核俯赐,转咨司法院予以解释,以便饬遵等情。据此,除指令外,相应咨请贵院查照解释见复,以便饬遵。此咨

**院字第八八六号**

**二十二年四月二十二日　司法院训令湖北高等法院首席检察官　附原函**

为令知事,该首席检察官呈最高法院检察署,据黄冈地方法院武穴分院首席检察官转请解释,价卖未满二十岁之亲生子女,是否构成《刑法》上犯罪疑义一案,业经本院统一解释法令会议议决,《刑法》第二百五十七条之罪,乃直接侵害管理未成年人之权利,父母合意价

卖其未成年之亲生子女与人为养子女等情事,除有妨害自由或妨害风化,应依各本条处断外,不成立妨害家庭之罪。合行令仰转饬知照。此令

**附原函**

径启者,案据湖北高等法院首席检察官钱谦呈称,案据黄冈地方法院武穴分院首席检察官篠日代电称,窃查司法院十七年统字解释第二三九号,养父母卖养子女者,合于《刑法》第二百五十七条之罪。兹有本生父母卖亲生子女者,是否合于上开法条,不无疑义,理合电恳转请解释示遵等情到处。查价卖亲生子女,如有《刑法》妨害风化、妨害自由两章内所规定之情形,自应依各该条处断。此外,如价卖未满二十岁之亲生子女与他人为养子养女或妾等情事,是否构成同法第二百五十七条之罪,尚有疑义,理合具文呈请钧署核转解释电示祗遵等情。据此,相应函请迅予解释径复,并见示备查。此致

**此处删去一条。**

**院字第八八八号**

**二十二年四月二十二日　司法院函中央执行委员会秘书处　附原函**

径复者,准贵处上年七月十一日(第七六零六号)函送山东省党务整理委员会,呈请解释商会主席及常委任期及改选程序疑义一案,业经本院统一解释法令会议议决,商会执行委员之常务委员及主席,系由执行委员中选出于执行委员,每二年改选半数时,应一并改选(参照本院院字第八三一号解释)。在未届改选期以前,须有《商会法》第二十二条所列情形,方得解任,不得因执行委员过半数之请求而改选,除院字第八三一号解释已于上年十二月二十四日函达贵处不另抄送外,相应函复贵处查照饬知。此致

**附原函**

顷奉常务委员交下山东省党务整理委员会,呈为各县市商会主席及常委之任期是否与执委任期相同,如有过半数之执委请求改选常委,是否可以允准?祈鉴核释示等情。查案关法律解释,经奉批送司法院并知照中央民众运动指委会,除知照外,特抄同原呈函达即希查照见复为荷。此致

**院字第八八九号**

**二十二年四月二十二日　司法院指令河南高等法院首席检察官　附原呈**

呈悉,业经本院统一解释法令会议议决,复判审裁定发回复审案件,于复审判决确定后发见,被告对于初判曾有合法之上诉者,其依复判程序之裁判自归无效,应由直接上级法院进行第二审审判。合行令仰知照。此令

**附原呈**

为呈请解释事,案查复判审所为之核准及更正之判决,于判决后发见被告人有合法之

上诉,则复判审之判决当系法律行为之错误,依法不能存在,自应仍照通常上诉程序进行,第二审审判业经前大理院统字第五八六号及六五二号解释在案,至由复判审裁定发还复审之案件,于复审判决确定后发见有合法之上诉,则复审判决是否有效,于此发生两说:(甲)说复审判决,系以复判审发回复审之裁定为根据。今复判审发回复审之裁定,与核准及更正之判决同为法律行为之错误,则由复判审所发生之复审判决依法不能存在,自应依照通常上诉程序进行。(乙)说复审判决虽由复判审裁定而发生,然系另一判决,不得与复判审之裁判混为一谈,非经非常程序予以撤销,不能进行第二审审判。二说未知孰是,事关法律解释,理合具文呈请钧院鉴核俯赐解释,以便遵行,实为法便。谨呈

**院字第八九〇号**

**二十二年四月二十五日　司法院指令河北高等法院　附原呈**

呈悉,业经本院统一解释法令会议议决,民事诉讼照章应按审级各别征收诉讼费用,如当事人起诉未缴讼费或缴不足额,经第一审为实体上之判决,上级法院本于当事人之上诉以裁决,命其连同上诉费用一并补正。若当事人仅补正上诉费用而对于第一审之讼费抗不遵缴,则无论第一审实体上之判决,是否正当,自应认其上诉为无理由,予以驳回。倘因他造提起上诉,并应废弃第一审判决驳回原告之诉。合行令仰转饬知照。此令

**附原呈**

呈为转呈事,案据保定地方法院院良朱焕彪快邮代电称,查民事当事人在第一审起诉未缴讼费或缴不足额,经上级法院连同上诉费用裁决补缴,如当事人仅补缴上诉费用,对于前审讼费仍抗不遵缴,此时可否将上诉连同在原审提起之诉一并驳斥,有甲乙两说:(甲)说谓此时应查照上年九月八日司法行政部第一四二四三号指令,仍应进行审判,不得仅因此遽将上诉连同在原审提起之诉一并驳斥;(乙)说谓缴纳讼费为起诉及上诉所必须具备之要件,此要件不备,无论诉讼进行至如何程度,均得认为不合法而予以驳斥,此在《修正诉讼费用规则》第二条、第五条及《民事诉讼条例》第二百九十条第一项第五款、第五百零八条第一项第一款,均有明文规定,司法行政部指令不能变更。上开规定,二说孰是,乞转呈解释示遵等情到院。理合具文呈请钧院鉴核示遵。谨呈

**院字第八九一号**

**二十二年四月二十五日　司法院函内政部　附原咨**

径复者,查贵部上年十一月二十九日咨(第一八一九号)最高法院,请解释电影剧本呈请注册适用《著作权法》条文疑义一案,业经本院统一解释法令会议议决,电影原系照片之美术著作物,而因其摄制成剧,又,应认为剧本,实含有《著作权法》第一条第一项二、四两款之性质,其呈请注册时,应参酌该两款及同法施行细则第二条之规定分别办理。相应函复贵部查照。此致

**附原咨**

为咨请事,查《著作权法》第一条第一项载,就下列著作物,依本法注册专有重制之利益者为有著作权,其同项第二款载乐谱剧本等语。所谓剧本,是否包括电影剧本在内?《著作权法及施行细则》均无明文规定。查司法院院字第七七五号公函解释关于《著作权法》疑义案内第一点开,甲就他人所著小说编制电影剧本,合于《著作权法》第十九条,以与原著作物不同之技术制成美术品之规定,自得视为著作人,享有著作权等语。依据解释案,则电影实属美术品之一种,其著作权之取得为其影片,与《著作权法》第一条第一项第五款所称之美术著作物正复相同。按照《著作权法施行细则》第二条后半段所载"本法第一条第四款第五款之著作物,不能具备样本者,得以著作物详细说明书代替之"之规定。此项因摄制影片而编制之剧本,似应视为一种说明书,不能与《著作权法》第一条第一项第二款所称之剧本并论。究竟凡以电影剧本呈请注册者,是否应依《著作权法》第一条第一项第二款之规定,该项剧本准予注册并得专有摄制影片及公开映演之权,抑或依据同法第一条第一项第五款及施行细则第二条后半段之规定办理?法律未有明文,适用殊滋疑义,按照《统一解释法令及变更判例规则》第四条第二项规定,相应咨请查照迅予解释见复,俾资依据为荷。此咨

**院字第八九二号**

**二十二年四月二十六日　司法院函内政部　附原咨**

径复者,查贵部本年二月九日咨(第四五七号)最高法院,请解释《著作权法》第十一条疑义一案,业经本院统一解释法令会议议决,著作物于发行后虽就内容加以修改,若并未阐发新理,仍应依其最初发行之第一版为最初发行之日。相应函复贵部查照。此致

**附原咨**

为咨请事,查《著作权法》第十一条规定著作权之年限,自最初发行之日起算,而同法施行细则第十条后段规定,自最初发行之日起未满二十年者,仍得依本法呈请注册等语。此项条文所谓"最初发行",是否指该项著作物最初发行之第一版而言?如著作物在发行数版后,将内容加以修改,其版次名称并不更变,则时效计算是否得从改订版起算?此种改订有至再至三者,如依改订版计算时效,是否以最初改订之年月起算?复查改订内容有修正一部或校订片段者,亦有以通行二十年以上之著作物加以修改,企图享有专印重制之利益者。遇有此种情形,是否亦从修改年月起算关于时效起算点,未得明确之解释,办理殊感困难。事关法令疑义,按照《统一解释法令及变更判例规则》第四条第二项之规定,相应咨请查照迅予解释见复,俾资依据为荷。此咨

**院字第八九三号**

**二十二年四月二十六日　司法院咨行政院　附原咨**

为咨复事,准贵院上年十二月十二日咨(第三三五号)及本年一月十六日咨(第八号)

开，据内政部先后呈请解释《市组织法》及《市参议员选举法》所称，现任职官及公务员有何区别咨请并案见复等由，业经本院统一解释法令会议议决，公务员系概括名称所有职官吏员及其他依法令从事于公务之人员，均应认为包括在内。《市参议员选举法》第六条第一款，既泛言公务员，则凡依上列现任该市区域内之公务人员，均应在该条限制之列。至《市组织法》第四十八条第二款所标明者，专为职官其范围，自应较狭。苟非中央选任之政务官及在国民政府统治下依法组织之机关，本于行政权之行使以命令任用之人员，而其官等且在委任以上者，即不得谓为职官，纵使现任公务亦不受同法第四十八条之限制，相应咨复贵院查照饬知。此咨

**附原咨**

为咨请事，案据内政部呈称，案准北平市政府咨开，据本市筹备自治委员会呈称，窃据第五自治区公所函称，查本区公所第二十五次区务会议讨论事项第三项，孙筹备员提议查《市组织法》第四十八条第二款所列现任职官一语，究应如何解释请先行确定，以免纠纷案决议，由区公所函会请转中央解释等语，相应录案函请贵会查照即希转呈解释，以利进行等因，准此。查"市组织法"第四十八条第二款所称，现任官职以本会之解释，凡在国民政府统属之下正式机关委任科员以上，似应解释为官其各正式机辟之办事员事务员等，如载在中央所颁之组织条例或省政府及隶属行政院之市政府所定之组织章程，经呈准行政院备案而奉有正式委任者，似应解释为职。至雇用人员及虽经奉有委任之各项人员，而未载在中央所颁之组织条例或省市政府呈准备案之组织章程者，不应称之为官职，而适用《市组织法》第四十八条第二款之限制，现因本市办理区坊选举急待进行，此项解释自应早日确定，俾自遵守。惟事关解释法令，本会之解释，是否有当，理合备文呈请钧府俯赐解释指令遵行等情。据此，事关法律疑义，进行在即，相应咨请查照迅予解释见复，以凭饬遵等由到部。准此，查本件解释有二要点：(一)"职官"二字，如连贯解释，似以在职之官吏，均在限制被选举之列；(二)职官二字，如分别解释，则宜有详明之界说。如(甲)各级党部委员及职员是否为职？(乙)各级学校校长及教职员是否为职？(丙)中央及各省、各县各机关委用之办事员、事务员、书记等及其他委用各项特种人员，如财政机关之征收员建设机关之工程员等，暨各机关聘任之顾问咨议等，是否为职，抑为官？(丁)中央及各省、各县各机关直辖各种委员会委员及职员是否为官，抑为职？此外，各省各县自由委用人员名目繁多，极不一致，必须有详明之界说，方不至有误解之虞。历来各省发生此项疑议者甚多，案关法律疑义，本部未便臆测，而各省推行自治选举区长、坊长在即，又非迅予解释不能有所依据，准咨前由，理合备文呈请钧院转咨司法院迅予详明解释，以便释用等情。据此，除指令外，相应据情咨请贵院查照迅予解释见复，以便饬遵，至纫公谊。此咨

**附原咨**

为咨请事，案据内政部呈称，案准北平市政府第六零一号咨开，案据本市筹备自治委员会呈称，查《市参议员选举法》第六条第一款，所列现任本市区域内之公务员，应停止其选举

权及被选举权,而《市组织法》第四十八条第二款,区长候选人资格仅限于现任职官停止当选。查国民政府颁布《公务员惩戒委员会组织法》内载有简任职公务员、荐任职公务员之语。又国民政府颁布之《官吏服务规程》第十七条内载,本规程凡受有俸给之公务员适用之,按公务员与现任职官有何区别,事关法令,本会未便擅拟。再查本会及现在各区公所之有给职人员,均系自十七年筹备自治开始时所委用人员,是否按公务员论,拟请一并转咨解释,俾有遵循。为此,具文呈请伏乞钧府鉴核迅予转咨等情,据此,相应咨请查照,迅予转呈解释见复,以凭饬遵等由到部,准此。查该市府前请解释现任职官一案,业经本部转呈钧院转咨司法院解释在案。兹准前由,案关解释法令疑义,本部未敢臆测,理合具文转呈钧院转咨司法院迅予解释等情。据此,查前据该部呈为准北平市政府咨请解释《市组织法》第四十八条第二款现任职官一案,请转咨解释等情,经以第三三五号咨请贵院解释在案,兹据前情,除指令外,相应备文咨请查照,迅予并案解释见复,以便饬遵。此咨

**院字第八九四号**

**二十二年四月二十六日　司法院函内政部　附原咨**

径复者,查贵部本年一月二十四日咨(第二八二号)最高法院,请解释《著作权法》第十九条疑义一案,业经本院统一解释法令会议议决,某乙就某甲之著作物撰著续集,核与《著作权法》第十九条,所谓就他人之著作物阐发新理者固属有别。惟某甲之著作物在呈请注册时,并未声明另有续集,亦与同法第十二条之规定未符,相应函复贵部查照。此致

**附原咨**

为咨请事,查《著作权法》第十九条前半段规定,就他人之著作阐发新理,得视为著作人享有著作权云云。此项"阐发新理",既未明定标准适用,殊滋疑义。例如,某甲有某项著作物一种,依法享有著作权,某乙并未征得其同意,遽行撰著该项著物物续集情节,虽略有差异,而主要人物则并无不同,以印就目录呈请注册并声明,俟该项著作物续集排印竣事即行补送全部样本等语。某甲闻讯即登报声明,本人某项著作物续集业经脱稿正在付印,并一面呈报主管注册机关请求先行备案,防止他人影射云云。关于此项事件之处理,发生下列疑问:(一)某乙之著作物能否视为阐发新理,准其享有著作权?如不能认为阐发新理,当此尚未行销之际,亦未达侵害他人著作权之程度,能否准以《著作权法》第三十三条之仿制论?(二)某甲在某项原著作物注册时,既未标明正集或初集等字样,又未陈明尚有续集,今于自己撰述续集付印时始预行声明,能否准以《著作权法》第十二条之规定认为有效?如此项声明在法律上不生效力,则此种著作物续集之著作权,是否以任何人全部先行出版之该项著作物续集取得著作权?事关解释法令,按照《统一解释法令及变更判例规则》第四条第二项之规定,相应咨请查照迅予解释见复,俾资依据为荷。此致

**院字第八九五号**

**二十二年四月二十九日　司法院指令浙江高等法院　附原呈**

呈悉，业经本院统一解释法令会议议决，祭产系公同共有性质，公同共有人之权利义务，应依其公同关系所由规定之法律或契约定之，由遗产中提出作为其子孙各房按年轮值之祭产，不属于应继之遗产，自非养子女所应继承养子女，不得按年轮值。惟养父母无直系血亲、卑亲属为其继承人，而公同共有人仍承认其房份存在，并认养子女得代轮值时，养子女始得轮值。合行令仰转饬知照。此令

**附原呈**

呈为转请解释事，案据绍兴地方分院院长姜丙奎呈称，窃查《民法》第一千一百四十二条第二项但书，养父母无直系血亲，卑亲属为继承人时，其应继分与婚生子女同所谓应继分者，似指养父母所谓全部财产言之，乃绍兴习惯。每代兄弟分产必须提出遗产若干，为祭产轮流值祭管业，传之子孙，各房按年轮值，此在宗祧继承本无问题。现在《民法》继承编无宗祧继承之规定，养子女继承财产，凡为养父母之同父周亲昭穆相当之各房，依法不得告争，仍籍口于异姓乱宗，拒绝财产继承之养子女轮管祭产及入祠与祭，不视与婚生子女，同于此有二说焉：（甲）祭产为宗祠之公产，非被继承养父母个人之私产，即非养子女之应继分。如果入祠与祭为被继承养父母之同族各房所拒绝，则财产继承之养子女，自不能对于养父母宗祠之公产主张继承。（乙）此项祭产本属被继承养父母，与各房共有之产尝有同意或诉请分割者，与全宗族之所设祠堂义庄者不同，养子女既与婚生子女同应得并被继承养父母所共有之产继承之。如果各房借口异姓乱宗，希图共公侵占继承人共有之产，自可按照被继承养父母应有之份主张分割。以上二说，未知孰是，理合备文呈请，仰祈鉴核俯赐转呈解释令遵等情。据此，案关法文疑问，理合备文转请仰祈钧院俯赐解释，以俾饬遵。谨呈

**院字第八九六号**

**二十二年五月十五日　司法院咨行政院　附原咨**

为咨复事，准贵院上年五月三日咨（第九三号）开，据内政部呈请解释寺庙僧道应否同受保卫团之编练，及在外有职业之外字范围各疑义一案，咨请查照见复等由，业经本院统一解释法令会议议决，寺庙僧道既不在《县保卫团法》第五条各款免除之列，自有入团编练之义务。至同条第四款前半乃对于在外有职业者，免其归受训练之意故，只须在原居住之乡镇以外者，即属本款所定外字之范围。相应咨复贵院查照饬知。此咨

**附原咨**

为咨请事，案据内政部呈称，案据浙江民政厅呈，据象山县县长呈请解释编办义勇团丁疑义一案，祈鉴核转请核示等情到部。查原呈所称佣工商店伙友是否一律编入团丁名册一点，前经呈奉钧院转准司法院咨复令饬知照，并经转饬该厅知照在案。惟寺庙僧道应否同

受编练及在外有职业之“外”字范围如何规定各节,事关解释法令,本部未便擅专,除指令外,理合抄呈原呈一件,具文转呈祇请鉴核迅予俯赐转咨解释,以便饬遵等情。据此,事关解释法令疑义,除指令外,相应抄同原件,咨请贵院查照解释见复,以便饬遵。此咨

**院字第八九七号**

**二十二年五月十五日　司法院指令河北高等法院　附原呈**

呈悉,业经本院统一解释法令会议议决,原告之诉讼标的曾经确定判决,依《民事诉讼法》第二百四十条之规定,固应以裁定驳回原告之诉。但此项之诉在该法施行前,已依民事诉讼条例第二百九十条第七款,以判决驳斥虽在上诉中该法业已施行,如上诉审认其上诉为无理由,应依该法第四百十五条规定,以判决驳回上诉。合行令仰转饬知照。此令

**附原呈**

呈为转请解释仰祈核示事。案据永年地方法院院长元代电称,兹有甲乙前因地亩涉讼业经确定判决有案,嗣甲复以从前曾经确定判决之诉讼标的,又对乙起诉斯时在旧法时代,经原审依照民事诉讼条例第二百九十条第一项第七款,以一事不再理为理由驳斥。其诉甲上诉第二审依旧法,固无不合。惟该案上诉第二审时新法已奉令施行,对此问题之解决有二说:(甲)说依《民事诉讼法》施行法第十二条之规定,当然依新法所定程序终结之。查新《民事诉讼法》第二百四十条第一项规定,原告之诉有下列各款情形之一者,法院应以裁定驳回之该条第七款规定曾经确定判决者,同条第二项规定前项裁定得为即时抗告。按以上说明,第二审自应以抗告程序办理,不应再用上诉程序办理;(乙)说第一审在民事诉讼条例有效期间,以其案件有同条例第二百九十条第一项第七款之情形,自应依同条例以判决驳回原告之诉。本案上诉中《民事诉讼法》已经施行上诉审,如认为上诉无理由,应依同法第四百十五条为驳回上诉之判决,不能以同法有第二百四十条第一项第七款,应以裁定驳回原告之诉之规定,遂将第一审依照民诉条例第二百九十条第一项第七款所为之合法判决作为裁定,并将上诉人之上诉视为抗告办理。以上两说,各有其法律之根据,未便擅断,理合电请察核转请解释示遵等情。据此,除令准转请核示外,理合具文呈请钧院俯赐解释示遵。谨呈

**院字第八九八号**

**二十二年五月十五日　司法院指令江苏高等法院　附原呈**

呈悉,业经本院统一解释法令会议议决,(一)《民法》第一千一百三十八条关于遗产继承人顺序之规定,既列兄弟姊妹于祖父母顺序之前,其所谓兄弟姊妹自系指同父母之兄弟姊妹而言,同祖父母之兄弟姊妹当然不包含在内;(二)《民法》亲属编关于血亲之规定仅有直系旁系之分,并无内外之别。该编施行前所称之外祖父母,即母之父母,亦即为《民法》第一千一百三十八条所规定遗产继承第四顺序之祖父母;(三)无法定继承人,亦无指定继承

人之遗产，应适用无人承认继承之规定，于清偿债权交付遗赠物后，将其剩余归属国库。合行令仰转饬知照。此令

**附原呈**

呈为呈请解释事，案据署江苏无锡县法院院长杨克谦呈称，窃查同祖父母之堂兄弟有无互相继承遗产之权，现分甲乙二说：(甲)说谓《民法》第一千一百三十八条第三款，既只称兄弟姊妹而不称胞兄弟姊妹，堂兄弟姊妹亦是兄弟姊妹。兹被继承人死亡，无配偶又无直系血亲卑亲属及养子女，且无父母、祖父母及同父母所生之兄弟，可见堂兄弟姊妹自互有继承遗产之权；(乙)说谓《民法》第一千一百三十八条第三款，系专指同父母之兄弟姊妹而言。同父母之兄弟姊妹无分亲等远近，自不发生问题，此所以同法第一千一百三十九条，只对于直系血亲属而为规定，参以同法第一一一四条之立法精神更可见，兄弟姊妹不包括堂兄弟姊妹在内。二说未知孰是。又外祖父母有无承继遗产之权，如无《民法》第一一三八条及同法第一一四四条之法定继承人，又无指定继承人时，是否其财产即应归属国库？职院现有此类案件急待解决，理合呈请钧院鉴核转呈司法院解释示遵等情到院。事关法律疑义未敢擅断，理合具文呈请钧院迅赐解释，以便饬遵。谨呈

**院字第八九九号**

**二十二年五月十五日　司法院电福建高等法院　附原电**

福建高等法院魏院长览，上年八月支代电悉，所请解释民诉法第一六零条疑义一案，业经本院统一解释法令会议议决，律师代理诉讼事件不能于同一期日在二处以上法院出庭，不得认为《民事诉讼法》第一百六十条所谓之重大理由，应适用《民法》第五百三十七条但书之规定，使第三人代为处理委任事务，并应注意《民事诉讼法》第六十六条之规定。合电知照。司法院删印

**附原电**

司法院居院长钧鉴，查《民事诉讼法》第一百六十条规定，关于期日之变更或延展限制綦严原为防诉讼拖延之弊，但律师代理诉讼往往同一期日须在二处以上法院出庭，势难分身。设认为有重大理由予以变更或延展期日，或认为不可避事故不许一造辩论判决，则此后期日仍难免再发生此类情事，诉讼拖延，将永无终结之日，殊失立法本意，可否适用《民法》第五百三十七条但书认为该律师有不得已之事由，许其委任複代理，以便进行诉讼？事关法律解释，理合电请鉴核示遵。署福建高等法院院长魏大同叩支

**院字第九〇〇号**

**二十二年五月十七日　司法院函国民政府文官处　附原函**

径复者，准贵处上年五月六日公函(第一七四七号)准中央民众运动指导委员会函，为安徽省党务整理委员会转请解释渔业团体组织疑义一案，函行到院，业经本院统一解释法

令会议议决，依《渔会法施行规则》第五条，渔户或行店可依渔会法组织渔会(参照二十年院字第五零零号解释)。其所组织之同业公会，实即法律上所谓之渔会，故渔会虽与商会有不同，而渔会法实系《工商同业公会法》之特别法，依特别法应先于普通法而适用之原则，渔户或渔行自不得径依《工商同业公会法》组织公会，且渔会及工商同业公会均为资方所组织，核与工会之组织系由劳方以维持改善劳动条件等为目的者迥异，故渔业之资方更不得组织工会。惟受雇于渔业人而为之捕鱼之工人(即劳方)，则得依《工会法》组织工会而不得组织渔会，除院字第五零零号解释已于二十年四月九日函达贵处，不另抄送外，相应函复贵处查照转知。此致

**附原函**

径启者，准中央民众运动指导委员会函，准中央秘书处检送安徽省党务整委会转请解释组织渔业工会，可否依照工商法令自由组织，抑或合并纸织渔会等由。查关于贩卖鱼类之鱼行可以加入渔会组织，前经司法院解释有案。查渔业工业可否单独组织工会，抑仍须一律参加渔会组织，应由国府转饬主管机关解释，请查照转陈核办见复等由，准此。经即转陈奉主席谕交司法院等因，除函复外，相应抄同原件函达查照。此致

**院字第九〇一号**

**二十二年五月十七日　司法院咨国民政府西南政务委员会　附原咨**

为咨复事，准贵会本年二月一日咨(第三号)开，据广东省政府呈请核示同业公会执委辞职如何改选一案，咨请查照解释见复等由，业经本院统一解释法令会议议决，依《工商同业公会法》第十条、该法施行细则第十六条及《商会法施行细则》第十五条规定，执行委员如经准予退职，致有缺额，自可由候补委员递补，倘无候补之人或虽有而不敷递补时，则应依原选举程序补选执行委员。在第一次改选时期若原执行委员全体或多数退职，应先递补或补选足额后，再依改选程序办理，不得另为筹备复行最初之选举。相应咨复贵会查照饬知。此咨

**附原咨**

为咨请事，现据广东省政府呈称，据建设厅呈称，现据合浦县县长廖国器呈称，案据职属北海市商会主席廖竹洲等呈称，窃准职市九八业同业公会主席颜椿庭函开，径启者，窃查同业公会规定章程每二年改选半数，现在届期自应照章改选，以符定章，乃因各执委吴炳荣、蔡焕彬、杜眉山、黄旦辉、萧镜轩、韩会宾、陈秀阶、钟绍明、陈河渊、梁烈光等前后前来辞职，改选事宜需人办理，无从设想。惟有另行筹备选举成立，相应函达贵会准予转请合浦县政府，可否之处，仍候批示祗遵，足纫公谊等由过会。同时，又准海味业同业公会主席庞实斋、饼食同业公会关锡年等，函同前情。职会查公会执委二年改选半数为章程规定，自应照章改选，为各执委多已往外经商或因事故，先后辞职，以致无从改选，不得不变通办理，实具有苦衷。准函前由，理合转呈钧座察核，可否准该公会等另行选举，毋庸抽签之处，伏候批

示祇遵等情。据此,查同业公会章程关于执行委员中途辞职,应如何改选未有明文规定。据呈前情所称,各同业公会执委多数辞职拟另行选举毋庸抽签之处,职府未便擅准,理合据情转呈察核,究应如何核饬办理之处,伏恳指令祇遵等情前来。查关于执委中途辞职,应如何改选公会,法并无明文规定,无从核饬。兹据前情,理合备文呈请钧府察核,究应如何核饬办理之处,伏候指示饬遵,实为公便等情前来。除令复外,理合备文呈请核示饬遵等情。据此,事关适用法规疑义,相应咨请查照解释见复,以便饬遵,至纫公谊。此咨

**院字第九〇二号**

**二十二年五月十七日　司法院函中央执行委员待民众运动指导委员会　附原函呈**

径复者,准贵会上年十一月十一日公函(第二一七一号)开,准天津特别市党部整理委员会呈请解释劳资仲裁委员如何推选疑义一案,函请查照见复等由,业经本院统一解释法令会议议决,《修正劳资争议处理法》第十六条所谓推定,堪为仲裁委员之工人团体及雇主团体,系就该团体之已成立者而言,并不以该同业之工人团体及雇主团体双方均已成立者为限。遇有仲裁事件,即就其推定之名单所列堪为仲裁委员者,指定劳方及资方代表各一人充仲裁委员,但必须就其与争议无直接利害关系者指充,而不以其与争议之劳资系同业者为限。其未成立之团体,自不得推定仲裁委员。若大规模企业其工人既远在十五人以上,虽其劳资双方均未组织团体,亦应适用该法(参照同法第一条),故若有发生争议,亦自应就上述名单中劳方资方各指一人充仲裁委员,相应函复贵会查照饬知。此致

**附原函**

径启者,案准天津特别市党部整理委员会呈称,为劳资仲裁委员在本市特殊情形之下,应以如何推选为适当请解释示遵等由,据此,查案关解释法规疑义,相应抄同原件,函请查照解释见复为荷。此致

**附原呈**

呈为呈请事,案准天津市社会局公函,以转奉河北省政府令饬根据《劳资争议处理法》,分别令行本市劳资团体推选仲裁委员一案,因本市劳资双方团体有尚未组织者、有限于法定不能组织者,此项参加推选仲裁委员之劳资团体究以何者为适当,不无问题。事属党部指导范围请查核见复,以凭会办等由,准此。查《劳资争议处理法》第十四条规定"省政府或不属于省之市政府,于其所辖区域内,每年应命工人团体及雇主团体各推堪为仲裁委员者十五人至三十人,开列名单,送请核准。遇有仲裁事件,前条第四款之代表,即就此项名单中指定与争议无直接利害关系者充之"等语。可见,劳资团体所推仲裁委员在遇有仲裁事件时,虽以与争议无直接利害关系者充任代表为原则,而于推选此项仲裁委员时,自仍以普遍公允为标准。惟本市劳资团体有工人团体已成立而雇主团体未成立者,有雇主团体已成立而工人团体未成立者,有限于法定根本上不能成立或成立后停止活动者,计现已成立之工商同业公会已达六十六个之多,已成立之工会不过十有九个。至于劳资双方均有组织

者,则仅纺织、印刷、面粉三业,因之推举仲裁委员时,遂发生下列疑问:(一)无工人团体之雇主团体及无雇主团体之工人团体,是否仅由资方或劳方单独推选仲裁委员?(二)正在筹备中之劳资团体,是否得推选仲裁委员?(三)大规模企业之劳资双方未组织团体,但事实上时有劳资纠纷之可能者如何办理?以上三点,理合呈请钧会指示或转函国府予以解释,以便遵循,不胜屏营待命之至。谨呈

**院字第九〇三号**

**二十二年五月十七日　司法院训令河北高等法院　附原函**

为令知事,该法院本年一月十四日公函(第七八一一号)致最高法院,为天津市财政局转请解释《交易所法施行细则》各条疑义一案,业经本院统一解释法令会议议决,(一)通知书所附载,如仅关于买卖及交割之事项不涉及受托范围,原不能认为受托契约,但委托人既于通知书上签名盖印表示承认,即应受其拘束。(二)《交易所法施行细则》第三十八条所谓抵触,系指交易所章程或营业细则,与交易所法或其施行细则之明文或精神相违反者而言,若仅为现行法所未规定,尚不能即谓为抵触。(三)前经核准之营业细则,如与交易所法或其施行细则不相抵触,仍属有效。合行令仰转知。此令

**附原函**

径启者,案准天津市财政局函开,兹有法律问题应请解释者,查《交易所法施行细则》第二十九条,经纪人在交易所买进卖出及交割之行为,其通知书非由所属之交易所盖章证明不生效力等语。设有经纪人于其所属交易所盖章说明之通知书(即俗称成交单)内,附载有买进物品之一切办法,悉照该交易所营业细则及随时订定之章程或其他条件办理,并附载有本通知书。如因该所理事会议决认为有非人力所能制止之事由发生,而致不能履行时,则应由该所理事会议决,将其全部或一部了结买卖两方,均应绝对遵照办理。又附载有注意二字下注明,该通知书内所载均经委托人完全承认,其委托人经于通知书上签字盖印并声明于一切条件均已阅悉,当照承认等语。此通知书所附载之各事项,是否即《交易所法施行细则》第二十八条所称之受托契约,此附载各事项系本于前经部准之营业细则所规定,但该附载各事项现交易所法及其施行细则未经规定,是否即《交易所法施行细则》第三十八条所称之抵触?该营业细则已逾《交易所法施行细则》第三十八条所定修正期间,尚未呈部核准,而正在遵照部令速行修正中,此营业细则是否仍旧有效:(甲)说所谓受托契约者,凡经纪人受委托人之托而与委托人约定应遵办之事项,皆是经纪人在通知书附载之事项,既应由委托人照办即属受托契约,依《交易所法施行细则》第二十八条规定,受托契约准则由交易所拟定呈请工商部核办其所载事项。若系未依呈部核准之准则而订定者,委托人虽经签字承认,仍得不受拘束。至前经部准之营业细则所规定者,若交易所法及其施行细则既未经规定,即属《交易所法施行细则》第三十八条所称之抵触,且其营业细则尚系逾期,未曾修正,显与该条所规定不合,当然不能有效。(乙)说所谓委托契约,乃经纪人与委托人间因受

托关系所得自由订定之契约,故其准则必须经部核准,至经纪人对于交易所及委托人对于经纪人所属之交易所而为买卖时,所应遵守之事项绝非经纪人、委托人间所得自由订立。据上所述通知书附载之各事项,及委托人在经纪人所属交易所为买卖时所应遵照办理者,且为经纪人对于交易所应遵照办理者,除其章程细则及其他条件有变更外,经纪人委托人均应服从。其将该事项附载于通知书,乃系通知之性质,换言之,即系一种申明,并非受托契约,既非受托契约,自与《交易所法施行细则》第二十八条之呈请核准问题无关。又,《交易所法施行细则》第三十八条所谓抵触者,必其章程细则之所定为现行交易所法,及其施行细则明文所禁止或与其精神相违反者,若交易所法及其施行细则所未定之事项,原以让诸交易所各章程及营业细则订定之者,不得因其未经规定遂以抵触。目之上述通知书附载各事项,其性质乃系可由营业细则订定之事项,自不能因交易所法及其施行细则未规定及之而谓为抵触。至《交易所法施行细则》第三十八条规定之六个月修正期间,该条既明定应于交易所施行后六个月内修正各交易所,原应遵行。惟该条仅定为修正呈请工商部核办,而关于工商部核办,前并无凡与交易所法及其施行细则抵触之部分,应即失效之明文。而在核办前又无可以代替该章程细则之规章可供应用,则交易所若有未遵照,该条所定期间修正呈请者,应仅发生该主管部就其监督权内或种促责之问题,于原章程细则之效力不生何种影响。况该条系对于抵触之部分而言上述通知书附载各事项,仅系为交易所法及施行细则所未规定,而其性质与该法之精神并无违反,当然不适用该条规定。上述两说,不知孰是,事关法律解释,相应函请贵院查照核复等因。准此,相应函请贵院迅赐解释,俾便转达,至纫公谊。此致

**院字第九〇四号**

**二十二年五月二十九日 司法院电湖南高等法院 附原电**

湖南高等法院徐院长览,上年七月冬代电悉,所请解释民事抗告程序疑义一案,业经本院统一解释法令会议议决,(一)再抗告亦抗告之一种,对于抗告法院之裁定,非以违背法令为理由者,《民事诉讼法》第四百五十二条既定明不得再抗告,原法院或审判长得依同法第四百五十七条第二项规定以裁定驳回之;(二)对于法院之裁定得为即时抗告之事件,《民事诉讼法》既定有明文,则凡对于该事件提起再抗告,自应仍适用即时抗告之不变期间。合电知照。司法院艳印

**附原电**

南京司法院院长居钧鉴,查《民事诉讼法》第四百五十七条第二项,提起抗告已逾抗告期间,或系对于不得抗告之裁定而抗告者,原法院或审判长应以裁定驳回之,除逾期抗告不生疑问外,至不得抗告以法条中有明文规定者为限,则第四百五十二条所称非以违背法令为理由,不得再抗告者,是否包括于该条第二项亦得由原法院或审判长以裁定驳回,抑依同条第三项添具意见书送抗告法院,此应请解释者一。又同法第四百五十三条规定,即时抗

告,其不变期间为七日,若即时抗告之案于抗告法院裁定后,声明再抗告时,其期间为七日,抑为十四日,法无明文,此应请解释者二。以上二点,事关法律疑义,理合电呈钧院鉴核示遵。署湖南高等法院院长徐声金叩冬印

**院字第九〇五号**

**二十二年五月二十九日　司法院训令湖北高等法院　附原函**

为令知事,该法院上年第八三号公函致最高法院,为蒲圻县司法委员转请解释督促程序疑义一案,业经本院统一解释法令会议议决,《民事诉讼法》施行前,依民事诉讼律所定督促程序对于执行命令,业已声明窒碍之事件,《民事诉讼法》施行法就此未有规定,应依该施行法第十二条规定。依《民事诉讼法》所定对于督促程序之假执行裁定,提出异议之程序终结之。合行令仰转饬知照。此令

**附原函**

径启者,案据蒲圻县司法委员周光麟呈称,职署有甲与乙为债务一案,前准甲声请支付命令之后,乙未为声明异议,迨后甲又声请发执行命令,乃乙适于职署奉新颁《民事诉讼法》施行前二日收受执行命令,随于不变期间内声明窒碍。查新颁《民事诉讼法》无执行命令及窒碍等项之明文,可否视前所发乙之执行命令?如缺席判决效力(参照修正民事诉讼律第六百三十四条第一项),依新颁《民事诉讼法》施行法第七条之规定,准照旧法窒碍程序受理,抑或依法驳回?悬案以待,理合电请示遵等情。据此,相应函请贵院迅赐解释,俾便转令遵,照实为公便。此致

**院字第九〇六号**

**二十二年五月二十九日　司法院指令四川高等法院　附原呈**

虽悉,业经本院统一解释法令会议议决,解除婚姻预约之诉,应由《民事诉讼法》第一条或第十四条所定之法院管辖。合行令仰转饬知照。此令

**附原呈**

呈为呈请解释事,案据职属滤县地方法院代电称,兹有甲女因其母主婚与异地之男乙缔结婚姻预约,甲女不愿与乙男成立婚姻关系,诉请解除婚姻预约其管辖权,应以男之所在地或以预约之所在地管辖,无明白解释,颇滋疑义。案关法律解释,本院未敢悬拟,理合详请钧院鉴核转请最高法院迅予解释,电示祗遵等情到院。事关法律疑义,职院未敢擅断,理合具文呈请钧院迅赐解释,以凭饬遵。谨呈

**院字第九〇七号**

**二十二年五月二十九日　司法院指令山东高等法院　附原呈**

呈悉,业经本院统一解释法令会议议决,(一)无直系血亲卑亲属之人,生前未以遗嘱指

定继承人其亲族及配偶，不得于其身后代为指定；（二）收养子女应由收养者本人为之，亲族及配偶不能于其身后代为收养，但其配偶人得自为收养；（三）本有亲生子女者，得收养他人之子女为养子女，但将来遗产之继承依《民法》第一千一百四十二条第二项之规定，养子女之应继分为婚生子女之二分之一。合行令仰转饬知照。此令

**附原呈**

呈为呈请解释事，案据临清县法院审判官蔺本如呈称，窃查《民法》亲属编第一千零七十一条规定，依第一千一百四十三条之规定，指定继承人者，其继承人与被继承人之关系，除法律另有规定外，与婚生子女同云云。细绎法意，是被继承人生前因无直系血亲卑亲属，得以遗嘱指定财产继承人规定，极为明显，并无何等疑问。惟被继承人生前并未指定财产继承人，又无配偶，其亲属能否代其指定财产继承人，发生疑问者一。如有配偶，其配偶能否代其指定财产继承人，发生疑问者二。又，同编第一千零七十二条规定，收养他人之子女为子女时，其收养者为养父养母，被收养者为养子养女云云，规定明显，亦无何等疑问。但如某甲生前并无子女又无配偶，故后其亲族悯其无后，能否代其收养他人之子女为养子养女，发生疑问者三。如有配偶，其配偶能否代其收养他人之子女为养子养女，并依第一千一百四十二条为财产继承人，发生疑问者四。以及某甲本有亲生子女，能否再收养他人之子女为养子养女，发生疑问者五。如准其亲族或配偶代其指定财产继承人，或代其收养他人之子女为养子养女时，是否仍须开亲族会议，发生疑问者六。事关法律解释，理合具文呈请鉴核示遵等情到院。兹将本院意见略陈如下：一、亲族不能代被继承人指定财产继承人，惟如被继承人死亡，在《民法》继承编施行日期之前，得由亲族会议为之依法立嗣，由嗣子承受遗产；二、被继承人死亡在《民法》继承编施行日期之前，应由其配偶为之择立嗣子，如在继承编施行日期之后，其配偶已因《民法》第一千一百四十四条第四款继承其夫财产全部，自得以遗嘱指定财产继承人；三、亲族不能代某甲收养他人之子女为养子养女；四、配偶得代其已故之夫收养他人子女为养子女，为其财产继承人；五、有亲生子女者，收养他人子女为养子女，法律上既无限制，似应准许；六、不成问题，惟事关法律疑义，未敢擅断，理合备文呈请钧院俯予解释令示，以便转饬遵照。谨呈

**院字第九〇八号**

**二十二年五月二十九日　司法院指令湖南高等法院　附原呈**

呈悉，业经本院统一解释法令会议议决，《民事诉讼法》第三九三条至第三九五条之规定，于《县知事审理诉讼暂行章程》并无抵触，依该章程第四十二条之规定应于县知事准用之，其所列得用言词起诉各事件，即该法施行前属于初级管辖之事件，依该章程第一条第二项规定，概归承审员独自审判，其以言词起诉者，应向承审员为之并准用该法第三百九十五条之规定。合行令仰转饬知照。此令

**附原呈**

呈为呈请事,案据安仁县县长何巍以现奉令转本年训字第一七零八号部令,饬将民诉法第三九三条所列得用言词起诉之各款事件,逐一照录,印刷多份,粘贴并登报周知。嗣后,轻微讼案,无论为起诉为声明或为陈述,均可以言词为之,毋须限用书状等因,自应遵办。惟查《民事诉讼法》第三百九十五条内载,以言词起诉者,应在推事前为之,由法院书记官作成笔录等语。究竟兼理司法之县政府能否适用?如能适用,其言词起诉是否向县长为之,抑向承审员为之,呈请核示到院,除指令应候转请解释外,理合具文呈请钧院鉴核解答,俾便饬遵。谨呈

**院字第九〇九号**

**二十二年五月三十一日　司法院咨行政院　附原咨呈**

为咨复事,准贵院本年一月二十三日咨(第一二号)开,据实业部呈请解释《会计师条例》第一条疑义一案,咨请查照见复等由,业经本院统一解释法令会议议决,会计师充任清算人,因执行清算职务代表法人而为诉讼行为,在诉讼法上应为代理人,不得径认为当事人本人。相应咨复贵院查照饬知。此咨

**附原咨**

为咨行事,案据实业部部长陈公博呈称,案据上海市社会局呈称,案据上海会计师公会呈,为《会计师条例》第一条关于会计师因受任清算人之关系,是否即得认为被告诉人有所疑虑,呈请转呈解释等情。据此,理合检同原副呈暨条例各二份备文,呈请仰祈钧部鉴核解释,俾有遵循,实为公便等情。据此,查关于被告诉人之身分问题,系属司法范围,非本部所能认定,理合检同原副呈暨条例各一份呈请鉴核转行司法院解释,俾有遵循等情,附呈上海会计师公会副呈《会计师条例》各一份。据此,相应检送各原件,咨请贵院查照解释见复,以便饬遵。此咨

**附原呈**

呈为呈请转呈解释事,查《会计师条例》第一条规定,会计师得充任清算人。惟属会会员受任清算人后,即因受委案件债务关系而被认为被告诉人,经属会于本年秋季会员会,由会员江万平等提议,会计师受任清算人,究应是否应担负此项责任,于执行职务上颇有关系,经详加讨论,有后列两理由:(甲)论查公司法第五十八条规定,清算人之职务:一、了结现务;二、收取债权、清偿债务;三、分派剩余财产。又第二百零七条规定,清算人于清算事务之范围内,除本节有规定外,其权利义务与董事同,且清算人收取债权往往以清算人名义起诉,既有原告之权,自应担负被告之责;(乙)论查清算人虽有收取债权之权,但并非债权人虽有清偿债务之责,但并非债务人,清算人对外权权利义务,虽与董事相同,但查公司法董事规定各条,并无应为债务人之职责。至清算人因收取债权而起诉,然原告地位仍属于该公司之法人清算人,不过仅属原告之法定代理人,非当事人,既非当事人,自无担任被告

责任之理。更查《民法》第一百九十九条,债权人基于债之关系,得向债务人请求给付,则因债务之讼案被告诉人当然属于债务之本身,而不能移转于其他任何人。今清算人既非债务人而竟立于被告地位,显属于法不合,究竟会计师因受清算人之关系,是否即得认为被告诉人?经属会会员会议决,呈请钧局转行司法院解释,俾有遵循等情。用特据情呈请察核俯赐转呈实业部,转咨司法院解释,至为公便。谨呈

**院字第九一〇号**

**二十二年五月三十一日　司法院咨行政院　附原咨**

为咨复事,准贵院本年二月四日咨(第二七号)开,据内政部呈,据广西民政厅转请解释法团疑义一案,咨请查照见复等由,业经本院统一解释法令会议议决,法团乃指依据法律或条例,并遵照民众团体组织方案而组成之团体而言。相应咨复贵院查照饬知。此咨

**附原咨**

为咨请事,案据内政部呈称,案据广西省民政厅呈称,案据本省天保县县长甘修己八月俭日代电称,窃查通常所称地方机关团体法团等名目其中界线不无含混之处,如县教育局、财务局、建设局、公安局各区民团局、民团司令部、商会、农会、工会、妇女会、学生会、同乡会、教育会、植桐委员会、息讼会、抗日会、清洁委员会、改良风俗委员会、各区乡街镇村公所等,究竟何者属于机关或团体或法团,理合电呈察核,伏乞分别电示祗遵等情。查团体与机关,其界线尚易辩别,惟法团一项中央尚无明文规定,在民法总则只有法人之种类,并无法团之规定,究竟人民合组成之团体,是否概可列为法团?现在本省各县地方每因选举之争执,而欲取得法团地位之利益争持不决,纠纷甚多,是何项应属于法团,实有明白规定之必要。据电前情,理合备文转呈钧部察核,分别解释,俾便饬遵等情。据此,案关法令解释,本部未敢臆测,理合备文呈请钧院转咨司法院解释等情,据此,除指令外,相应据情咨请贵院查照解释见复,以便饬遵。此咨

**院字第九一一号**

**二十二年五月三十一日　司法院函中央执行委员会民众运动指导委员会　附原函**

径复者,准贵会上年十二月三日公函(第二三九七号)开,江苏省执行委员会转请解释民众教育馆长可否兼任县商会执监委员一案,请查照见复等由,业经本院统一解释法令会议议决,商会执监委员系就会员代表中选任之会员代表,以在本区域内经营商业之中华民国人民为限,商会法第十条第十八条定有明文。民众教育馆馆长系属教育行政人员,依《官吏服务规程》第九条规定,自不得兼任。相应函复贵会查照转知。此致

**附原函**

径启者,案准中央秘书处检送江苏省执行委员会呈,据靖江县执行委员会呈,民众教育馆长是否属于教育行政人员,可否兼任县商会执监委员,请解释示遵等由到会。查事关法

令解释,相应抄同原呈函请贵院解释见复,以凭转知为荷。此致

**院字第九一二号**

**二十二年五月三十一日　司法院函中央执行委员会民众运动指导委员会　附原函**

径复者,准贵会上年十一月二十四日公函(第二三零九号)开,准江苏省执行委员会转请解释区长可否兼任商会执监委员一案,请查照见复等由,业经本院统一解释法令会议议决,在区长民选未实行以前,由行政官厅所委任之区长系属行政官吏,应受《官吏服务规程》第九条之限制,不得兼任商会执监委员。相应函复贵会查照转知。此致

**附原函**

径启者,案准江苏省执行委员会,呈为据情呈请转咨司法院重行解释区长可否兼任商会执监委员等由,查本会前准该会呈为请示区长可否任商会委员一案到会,经查行政院第四十五次行政会议有委任区长以行政官吏论之决议,区长地位已由自治人员变为行政官吏,当即查据《官吏服务规程》第九条,官吏无论直接间接均不得经营商业之规定,以区长既为官吏不得经营商业,因商业关系所组合之团体选举执监委员区长,自无被选理由,遑论兼任等语函复。该会查照转咨在案,兹准前由,相应抄同原呈函请贵院查照核复,以便转知为荷。此致

**院字第九一三号**

**二十二年五月三十一日　司法院函中央执行委员会民众运动指导委员会　附原函电**

径复者,准贵会本年二月二十五日(第三零一六号)及四月十五日(第三四三零号)先后函开,浙江省执行委员会及福建省党务指委会转请解释商会选举疑义两案,请并案解释见复等由,业经本院统一解释法令会议议决,(一)商会之执监委员第一次改选被抽出之执行委员,复当选为监察委员或被抽出之监察委员复当选为执行委员,不得谓之连任;(二)商会之候补执监委员,依现行法既无改选半数之规定,第一次抽签改选执监委员时,无庸改选,相应函复贵会分别转行知照。此致

**附原函**

径启者,案准浙江将执行委员会元代电为请解释关于商会选举之疑义两点一案,事关法律解释,除函复外,相应抄同原件函达查照即希解释见复为荷。此致

**附原电**

中央民众运动指导委员会钧鉴,查本省各县商会近正纷纷举行改选,发现关于选举之疑义两点:(一)被抽去之执监委员本规定不得连任,俾其他会员可多得练习管理会务之机会。惟各县人才有限对于被抽出之执委,而当选监委或被抽出之监委而当选执委是否可以通融?(二)候补执监委员应否同时抽签改选半数?以上两点,法无明文,敬祈解释电示,俾便遵办。浙江省执行委员会元叩

**院字第九一四号**

**二十二年五月三十一日　司法院函实业部　附原函**

径启者，案据江苏常熟县商会呈以商会法各条疑义请赐予解释等情到院，业经本院统一解释法令会议议决，(一)商会执监委员之任期，依商会法第十九条之规定，固均为四年，但每二年改选半数不得连任，既于该条定有明文，则因第一次抽签改选之执行或监察委员继续被选，虽其在任期间仅为二年，仍应不得连任；(二)《商会法》第二十二条第二款所称之旷废职务，系属事实问题。该款既明定经会员大会议决令其退职，则是否旷废及应否退职应由大会依据事实认定之；(三)商会会员未缴《商会法》第三十条所列之经费，经催索迄未缴纳，除得依同法第二十八条第二款规定程序议决除名外，现行法例别无停止该会员权利之规定。至欠缴经费，得由商会以法人名义，依民事诉讼普通程序或督促程序向该会员请求给付。相应函请贵部查照转知为荷。此致

**附原呈**

呈为呈请解释商会法事，窃查《商会法》第十九条规定："执行委员及监察委员之任期均为四年，每二年改选半数，不得连任前项第一次之改选以抽签定之，但委员人数为奇数时，留任之人数得较改选者多一人。"循译法意，可分甲乙两说：(甲)说任期均为四年，则虽被抽签抽去，但其对于任期当然得有四年之资格，设仍被选当选，自应继续任职补足四年之法定任期。(乙)说法令既经规定不得连任，当然继续被选当选不得连任。究竟甲乙二说孰是，此敬请解释者一。又第二十二条"委员有下列各类情事之一者，应即解任"下列第二项规定"旷废职务经会员大会议决令其退职者"，惟不知旷职至如何程度，始合上开条文，设使委员并未请假而半年以上不出席会议者，可否合于旷职条文，此敬请解释者二。又，第三十条"商会经费分下列两种"第一项"事务费由会员比例其所派代表之人数及资本额负担之"，第二项"事业费由会员大会议决筹集之"。按诸上开法令，商会经费完全由会员负担。设有会员终年经催索而迄未缴纳会费者，可否停止其会员之权利，使其无选举及被选举权，此敬请解释者三。伏乞钧院俯赐解释，实为公便。谨呈

**院字第九一五号**

**二十二年五月三十一日　司法院函建设委员会　附原函**

径复者，准贵会本年二月十日公函第六八号以《民营公用事业监督条例》第三条疑义请查照解释见复等由，业经本院统一解释法令会议议决，《民营公用事业监督条例》第三条，系对于非属中央主管机关监督之民营公用事业定其所属之监督机关，该条例所谓之监督机关与主管机关本系两事，参阅该条例第六条、第十六条便可明了。至中央主管机关依其组织法规定，对于各地方最高级行政长官执行其主管事务有指示监督之责者，于该长官执行上述事务，自仍有监督之责。若其他法律别有规定者，则应依其规定办理，相应函复贵会查

照。此致

**附原函**

径启,诸查《民营公用事业监督条例》第三条之规定,民营公用事业,除应由中央主管机关监督者外,其经营范围属于县区域者,由县政府监督属于市区域者由市政府监督,对于本条之意义设有两说:(甲)说除应由中央主管机关监督者外一句,既有者字,则本条之意义当为凡非由中央主管机关监督之民营公用事,业应由县市政府监督,中央主管机关只有主管之责而无监督之权。(乙)说主管与监督意义不能分离,县市省政府为各地民营公用事业之地方监督机关,中央各该主管机关为各地民营公用事业之最高监督机关,例如电气事业及自来水,市县政府固应就其范围以监督之,而建设委员会及实业部仍保留其最高监督及最后核定之权。以上二说,究以何者为是,应请贵院解释见复,至纫公谊。此致

**院字第九一六号**

**二十二年五月三十一日　司法院指令安徽高等法院　附原呈**

呈悉,业经本院统一解释法令会议议决,(一)《内地外国教会租用土地房屋暂行章程》第六条所定以永租权论者,系以外国教会在该章程施行前已绝卖之土地为限;(二)依《民事诉讼执行规则》第七十三条规定,法院固得依最低价格以职权发给权利移转之书据交债权人收受,倘债权人为外国人除中国与其本国有条约特别允许其享有土地所有权外,自不得发给权利移转书状,应由法院斟酌情形再行减价拍卖,否则依同规则第八十条规定,以职权决定管理,俟有可得合格之价格时,再以职权命为拍卖。合行令仰转饬知照。此令

**附原呈**

呈为据情转请解释事,案据芜湖地方法院院长金鹤年呈称,窃查《内地外国教会租用之土地房屋暂行章程》第六条规定,外国教会在内地已占用之土地及房屋应补行呈报,倘属绝买者,以永租权论此项规定,系以外国人在中国内地无购买不动产所有权而设。假使有中国人为债务人外国人为债权人,依《民事诉讼执行规则》第七十一条之规定,将债务人之房屋土地经三次减价拍卖无人承受时,可否准用同规则第七十三条之规定,发给设定永租权之证书,交该债权人收受,否则债务人无别项财力清偿债务时,有无其他方法足资救济等情。据此,事关解释法律疑义,本院未便臆断理合据情转呈,仰祈钧院俯赐解释,以便饬遵。谨呈

**院字第九一七号**

**二十二年五月三十一日　司法院指令广西高等法院　附原呈**

呈悉,业经本院统一解释法令会议议决,街甲长暨息讼会委员,若系依法令从事于公务而有俸给,即为有俸给之公职律师,执行职务时自不得兼任,否则不在律师章程第十三条限制之列。合行令仰转饬知照。此令

附原呈

呈为呈请解释事，案据苍梧律师公会会长周百焘呈称，窃查本会会员有被选为街甲长及被聘为息讼会委员者，本月十二日开常任评议员会提出讨论律师，能否兼任街甲长（等于县组织法之闾邻长），计分两说：（甲）说街甲长如系有给职，依司法院院字第八一一号解释，律师执行职务时，自不得兼任。（乙）说律师能否兼任公职，应以有无妨碍其执行职务为原则，律师章程第十三条规定，律师执行职务不得兼任官吏或其他有俸给之公职，系分两项而言，不专以有给职为限。街甲长为公务员之一勤办自治事务繁琐，与地方议员性质不同，律师执行职务时兼任街甲长，实于其职务有重大妨碍，即属无给职，亦不得兼任。至息讼会性质，与调解处正同律师不得为调解人，调解法已有明文规定，律师执行职务时，自不得兼任息讼会委员等语。究竟律师能否兼任街甲长及息讼会委员，事关法律疑义，理合备文呈请钧院转呈司法院予以解释，实为公便等情。据此，理合据情转呈钧院察核，俯赐解释，俾得饬遵，实为公便。谨呈

**院字第九一八号**

**二十二年六月五日　司法院指令河北高等法院　附原呈**

呈悉，业经本院统一解释法令会议议决，来呈所述，原确定判决虽仅令合伙团体履行债务，但合伙财产不足清偿时，自得对合伙人执行合伙人。如有争议，应另行起诉。合行令仰知照。此令

附原呈

呈为呈请解释事，兹有甲乙为执行发生争执，缘甲对于某合伙团体诉追欠款判决确定后，该合伙团体无力清偿，甲以乙曾经另案确定判决，认其为该合伙团体之合伙员。今某合伙团体所受应行偿债之确定判决，其效力当然可及于乙，即请求对乙财产执行，其按股应担任之数额执行，法院据此以为执行后，乙以甲所持之确定判决，系仅令合伙团体负责而不及合伙员，提起抗议，于此有两说焉：（子）说谓甲当时既仅对合伙团体名义起诉，并不及合伙员原确定判决，亦仅令合伙团体负责，是甲对乙尚未取得执行名义。今甲根据令合伙团体负责之确定判决，而对于无执行名义之合伙员请求执行，自非法之所许；（丑）说谓该确定判决虽仅令合伙团体负责清偿，然乙既为该团体合伙员，该合伙财产又显属不足清偿，乙当然负摊还之责，且民国八年前大理院抗字第二十五号判例载明，合伙债务，其合伙财产不足供清偿者，得依确定判决更就合伙人之财产请示查封拍卖，按股以清偿其不足之额。今甲据该确定判决对乙财产请求执行，与前开判例亦无不符，乙实无拒绝余地。二说究以何说为是，本院现有此项案件急待解决，理合具文呈请钧院鉴核，俯赐解释示遵。谨呈

院字第九一九号

二十二年六月五日　司法院指令江苏高等法院　附原呈

呈悉,业经本院统一解释法令会议议决,聘约订定后因强行法令不能履行,不得请求损害赔偿。合行令仰转饬知照。此令

附原呈

呈为转请解释示遵事。案据署南通县法院院长陈献文呈称,兹有某校校长甲于暑期前与某乙订立聘约订明,乙于下年度在该校充当教员,聘约订定后,甲旋即退职,新任校长丙接任时,甲丙共同于移交册内注明,将乙之聘约取消,但并未向乙通知。迨暑期届满开学之际,乙依约就聘为丙,拒绝乙,乃对丙提起诉讼,请求履行聘约或赔偿损害,在乙主张契约成立后,非经双方同意不得解除,而丙则主张乙之资格与教育厅颁发之规程规定不符。窃查《民法》第七十一条规定,法律行为违反强制或禁止之规定者无效,此项本省单行规程关于强制或禁止之规定有无拘束法律行为之效力又此项规程之颁发到校系在甲乙订立聘约之后,乙履行聘约期日之前(即开学日之前),此项规程对于已成立之聘约又有无追溯之效力,事关法律解释,理合备文呈请核转解释示遵等情。据此,事关适用法律疑义,本院未便擅专,理合具文呈请钧长鉴核,俯赐解释指令饬遵,实为公便。谨呈

院字第九二〇号

二十二年六月六日　司法院训令青海高等法院首席检察官　附原函

为令知事,该首席检察官呈最高法院检察署,转请解释复判案件程序疑义一案,业经本院统一解释法令会议议决,初判判决既经被告依法上诉,应由上诉审法院径行第二审审判,其依复判程序而为之判决,自属无效。合行令仰知照。此令

附原函

径启者,兹据青海高等法院首席检察官赵生谟敬日快邮代电称,兹有甲等三人共犯窃盗,由县司法公署判决确定呈送复判,高等法院刑庭判决较原刑加重发卷回县,甲等提起上诉,复行调卷核办,发现甲对县法署判决即有诉状一件,但此上诉状前次呈送卷判时未曾附卷。至此次呈送卷宗始行加入,于此遂发生争执:(一)谓依前大理院六年五八六号解释,甲对县法署判决既经上诉,原判未经确定,高院复判自属无效;(二)谓此案既经复判判决,被告又经提起上诉,即可依法进行以资救济,复判不能认为无效。聚讼纷纭,莫衷一是,案关法律解释,理合电恳转呈迅赐解释,俾便祇遵等情,据此,相应函请查照核办。此致

院字第九二一号

二十二年六月六日　司法院电江西高等法院首席检察官　附原函

江西高等法院祝首席检察官览,该首席检察官电呈最高法院检察署,为第一分院首席

检察官转请解释《刑法》第一七一条第一项疑义一案，业经本院统一解释法令会议议决，来电所述情形，如丙有便利脱逃之故意，应成立《刑法》第一七一条第一项之罪。合电转饬知照。司法院鱼印

**附原函**

径启者，案据江西高等法院首席检察官佳代电称，现据职院第一分院首席检察官筱代电称，兹有承发吏甲将依法逮捕民事执行之义务人乙，徇律师丙（即该民案乙之辩护律师）求情私保之请求，由丙嘱丁引甲乙至丙开设之店铺，由丁缮具便纸保条，经该店铺管事戊盖店号图记交甲收执，遂将乙擅释致乙逃逸无踪，丙是否犯《刑法》第一七一条第一项之罪，有甲乙两说：（甲）说，丙充律师当然明知承发吏无准保释放，依法逮捕人之权当然明知，请求法院准保须用法院保状，向法院为之非可在外，随便缮写保条保释者，丙既私向无权准保之承发吏求情，不依法具保致使依法逮捕人脱逃，其求请具保时，显有便利脱逃之意，应成立《刑法》第一七一条第一项便利脱逃之罪，前大理院第一三八二号解释案，亦甚明显。设丙不成立犯罪，则凡依法逮捕人犯，皆得效尤私求保释便利脱逃而逍遥法外，岂立法周密之意。（乙）说，丙求情私保甲，如拒绝不允，丙纵有便利脱逃之意，亦属无可如何，何致乙逃逸无踪，丙应不负何等罪责。两说未知孰是，悬案以待，理合电请鉴核转请解释电饬示遵等情。据此，查该电所称丙之是否构成便利脱逃之罪，应以求情私保之时，有无明知乙脱逃之故意，但尚有一先决问题，即所谓依法逮捕人者，在刑律第十章各条有及其他按律逮捕监禁人之规定，依照前大理院判例，则民事依律逮捕之人当然包括在内。现《刑法》第八章各条并无上项规定，则该电所称依法逮捕人，是否即《刑法》第八章各条之依法逮捕拘禁之囚人，不无疑问，理合电请转请一并解释，以凭饬遵等情。据此，相应函请贵院查核解释。此致

**院字第九二二号**

**二十二年六月六日　司法院电安徽高等法院首席检察官　附原电**

安徽高等法院王首席检察官览，上年九月删代电悉，怀宁地方法院首席检察官转请解释陆海空军《刑法》第六条第一款疑义一案，业经本院统一解释法令会议议决，陆海空军所属之学员学生已毕业者，不适用《陆海空军刑法》第六条第一款之规定。合电转饬知照。司法院鱼印

**附原电**

京司法院院长钧鉴，案据怀宁地方法院首席检察官柴宗濮呈称，陆海空军所属之学员学生已毕业者，是否仍适用《陆海空军刑法》第六条第一款请核示等情前来，事关法律疑义，未便率断，理合呈请钧院解释示遵。安徽高等法院首席检察官王树荣叩删印

**院字第九二三号**

**二十二年六月六日　司法院指令安徽高等法院首席检察官　附原呈**

呈悉,业经本院统一解释法令会议议决,法院为管辖之指定或移转,不以经当事人声请为限。合行令仰转饬知照。此令

**附原呈**

呈为转呈请予解释事。案据芜湖地方法院首席检察官徐尔僖感代电称,查起诉后之移转管辖,应否以当事人声请为限,兹分两说:(甲)说,声请移转管辖,依《刑事诉讼法》第二十二条规定,惟当事人始得为之。(乙)说,《刑事诉讼法》第二十二条规定,于同法第二十条、第二十一条之后,而文义又仅就声请之程序立言,足知上级法院为管辖之指定或移转,并不以有当事人之声请时为限。起诉后之案件,法院若因审理实有困难,固得径为声请移转管辖,即上级法院亦得以职权为之。两说究以何者为是,理合电请钧席迅赐转呈司法院解释示遵等情,据此,事关法律疑义,理合具文呈请钧院迅赐解释示遵,实为公便。谨呈

**院字第九二四号**

**二十二年六月六日　司法院电江苏高等法院　附原电**

江苏高等法院林院长览,上年八月皓代电悉,所请解释纳税人告诉征收官吏违法捕押,并将其财产扣押或拍卖法院应否受理疑义一案,业经本院统一解释法令会议议决,地方征收官署,如果按照法令或单行章程而有违法或不当处分,致损害人民之权利或利益者,固得对之提起诉愿,但该征收官吏有违法捕押等情事,涉及刑事范围者,法院应依法办理,合电知照。司法院鱼印

**附原电**

司法院院长钧鉴,查人民因中央或地方官署之违法或不当处分,致损害其权利或利益者,得提起诉愿,本为《诉愿法》第一条所明定。兹有地方征收田亩粮税官署(如县财政局粮柜之类),因纳税人违反纳税义务积欠经年,遂直接将该纳税人予以逮捕押追,或将其财产予以扣押或拍卖,经该纳税人以该官署之官吏个人违法应负刑事责任为理由,向法院告诉,法院应否受理,抑应先依《诉愿法》提起诉愿,约分二说:(甲)谓《粮税征收法》或其他单行章程,如规定纳税人违反纳税义务时,得将该纳税人押追或将其财产予以扣押或拍卖者,此时纳税人虽以官吏个人违法应负刑事责任为理由,向法院告诉法院不得受理,应以《诉愿法》提起诉愿。若法无明文规定,其逮捕押追已涉及妨害自由之刑事范围,检察官即应予以侦察,其违法拍卖亦得由民事法院宣告无效;(乙)谓法有明文规定,如甲说前段情形,法院固不得受理,即令法无明文规定,而人民缴纳粮税亦系公法上之给付义务,苟其义务一旦确定,即同时具有执行力,有权征收之官署当然可以强制执行。如对于违反纳税义务人之财产予以扣押或拍卖,民事法院对之自属无权审判,且不涉及刑事范围,检察官更无侦查之可

言。遇有此种情形,无论民事刑事,法院概不得予以受理,纵令有何违法,亦只应依《诉愿法》提起诉愿。惟押追一节,征收法或其他单行章程上既无明文可资依据,则征收官署假令遽将违反纳税义务人予以逮捕押追,而不对于财产执行,抑或无财产可供执行,不得已而予以押追,是已涉及妨害自由之刑事范围。如遇此种情形,依《诉愿法》第十三条,最终决定之官署于决定后,固应移送法院办理,即在未提起诉愿以前,经人告诉或告发,检察官亦应予以侦查起诉后,法院即应予以受理。二说未知孰当,应请解释示遵。江苏高等法院院长林彪叩皓印

**院字第九二五号**

**二十二年六月六日　司法院指令浙江高等法院　附原呈**

呈悉,业经本院统一解释法令会议议决,县保卫团军事训练员,既从事于公务,无论聘任委任,均为公务员。合行令仰转饬知照。此令

**附原呈**

呈为转请解释事。案据诸暨县法院院长李启华呈称,窃本院办理刑事案件,关于县政府委任之军事训练员应否认为公务员,现有两说:(甲)说保卫团军事训练员,既经官署委任应认为公务员。(乙)说谓保卫团军事训练员,依《县保卫团组织法》第十二条第一项规定,应由各区聘任依法既应聘任,不得谓为公务员,最高法院二十年非字第八号已有判例,故保卫团军事训练员,纵经官署委任在法律上既无根据,亦仅系聘任性质,不能以有委任形式,遂认为《刑法》第十七条所称之公务员。以上两说,未知孰当,理合具文呈请迅赐解释祇遵等情。据此,案关请求解释法令疑义,理合备文转请仰祈钧院鉴核令遵。谨呈

**院字第九二六号**

**二十二年六月六日　司法院指令湖北高等法院　附原呈**

呈悉,业经本院统一解释法令会议议决,(一)……[1](二)甲公务员于非职务内事务有所收受,不成立《刑法》第一百二十九条第一项之罪,但既向有职务之乙公务员关说案情,应视有无向乙行贿及其收受时有无诈欺行为,分别依同法第一百二十八条第二项、第一百二十九条第三项及第三百六十三条第一项处断。合行令仰转饬知照。此令

**附原呈**

呈为据情转呈仰祈鉴核示遵事。案据盐利县长周霁耕东代电称,武昌高等法院院长史钧鉴兹受理某案发生疑点:(一)……[2],旋因事触犯刑章,在刑事责任上,可否依《刑法》第十七条以公务员论?(二)甲公务员非职务内事务收受贿赂,向乙有职权办理之公务员关说

---

〔1〕 此处删去一句。
〔2〕 此处删去一句。

案情,究竟对甲论罪可否援用《刑法》第一百二十九条第一项?……[1](四)非党员充任公务员触犯刑章时,在刑事责任上是否以党员论?上列四点,均关法律疑义,特垦解释示遵等情。据此,除指令东代电悉除一二两项,仰候转呈司法院解释示遵外,至三四两项,业经明令废止,二十一年一月十八日,本院转奉司法行政部第三三四七号训令令饬遵照在案,仰即知照此令印发外,至一二两项,究应如何办理,事关法律解释,职院未敢擅专,理合备文转呈钧院俯赐鉴核解释指令示遵。谨呈

**院字第九二七号**

**二十二年六月六日　司法院指令湖南高等法院　附原呈**

呈悉,业经本院统一解释法令会议议决,案经第一审判决,对于罪刑并无异议,既经被告上诉虽卷宗焚失,应仍由第二审法院进行审判。合行令仰知照。此令

**附原呈**

呈为呈请解释事。兹有被告某因杀人案件,经前某地方审判厅判决后提起上诉,其卷宗在第二审诉讼进行中,被匪焚毁原告诉人及被告均未存有,是项判决正本或抄本可资呈验,仅记述原判系处被告两个死刑三个无期徒刑(一案死伤五人),被告于此亦无异议。现第二审办理该案程序上,发生疑义,分为两说:(甲)说被告虽经第一审判处两个死刑、三个无期徒刑,但既无判决主文可资,查考第二审判决即完全失所依据,应将该案发交犯人所在地之第一审法院,更为第一审审判;(乙)说第二审为审理事实之法院,被告于第一审判决后提起上诉,虽卷宗被焚无从查考,而如何判决既为被告所不争,应由第二审法院进行审判,如须发交第一审更审,则遇有第三审因一二两审卷宗焚失,发还第二审审判之案件,第二审又转发第一审审判,似非第二审法院所宜出。此二说各持理由,未知谁是,悬案待决,理合呈请钧院迅予解释示遵,实为公便。谨呈

**院字第九二八号**

**二十二年六月六日　司法院指令福建高等法院　附原呈**

呈悉,业经本院统一解释法令会议议决,查《复判暂行条例》第一条第一项,系概括的规定,参以《县知事审理诉讼暂行章程》第三十七条,关于地方管辖之无罪判决,应送复判。至同条例第四条,并不以有罪判决为限。合行令仰知照。此令

**附原呈**

呈为呈请解释事。窃查县判无罪案件,除一案中有有罪无罪各部份并合判决应送复判,已有《复判暂行条例》第六条可资依据外,其全部无罪判决应否送由高等法院或分院复判,兹有甲乙二说:(甲)说主张县判无罪案件,毋庸送复判,已有前大理院民国四年统字第

---

[1] 此处删去一项。

三四五号之解释可据，且现行《复判暂行条例》对于无罪判决应送复判，并无明文规定，而该条例第四条第一项各款所列情形又皆明对有罪之判决而言。如果全案无罪判决应送复判，则复判审对于初判无论为核准之判决或为更正复审之裁定，均无相当条文可以援引。况查《县知事审理诉讼暂行章程》第二十六条规定，检察官发见县判有不当时，得分别管辖，自行提起上诉。是初判无罪案件果有不当，检察官尚可提起上诉，非无救济之途。由此观察，全案无罪判决，实无庸再送复判。（乙）说主张前大理院民国四年统字第三四五号之解释，系根据从前之复判章程在现行《复判暂行条例》之下，即以失其效用。查《复判暂行条例》第一条第一项，既系概括的规定，各县所有审判地方管辖案件应送复判，则无论有罪或无罪判决，均应送复判，意在言中，参以同条例第十二条第一项规定初判系谕知无罪或缓刑者，准用《刑事诉讼法》第七十五条、第七十六条、第七十九条准予保释或责付及第二项规定。依前项保释或责付者在本案完结前，仍应听候传案各等语，足见初判无罪案件，非经复判审裁判，尚不能认为完结。再证以《县知事审理诉讼暂行章程》第三十七条规定，羁押之刑事被告受罚金无罪免诉或不受理之判决应送复判者，得继续羁押之等语，是无罪判决应送复判尤为明显。究竟甲乙二说，应以何说为是，事关法律疑义，理合具文呈请钧院鉴核迅赐解释，以便遵照办理，实为公便。谨呈

**院字第九二九号**

**二十二年六月六日　司法院指令江西高等法院　附原呈**

呈悉，业经本院统一解释法令会议议决，检察官对于呈诉不服案件，于辩论中得以言词陈述理由，故送审时如已以检察官名义声明上诉，虽未加附理由，并不违法。合行令仰转饬知照。此令

**附原呈**

呈为呈请事。案据南昌地方法院院长赵冰呈称，查本院受理各县政府初级第一审上诉案件内有上诉人，系在原审为告诉人者，乃本院检察官每将原审卷宗及告诉人上诉状照转前来，并不附具上诉理由书。于是发生争执，计有甲乙两说：（甲）说告诉人在县政府第一审败诉后，向管辖第二审地方法院检察官声明不服，检察官不必审查上诉有无理由，亦不附上诉理由书，即转送本院刑庭审判；（乙）说告诉人在县政府第一审败诉后，向管辖第二审地方法院检察官声明不服，检察官须审查有无理由，上诉无理由径行驳回，上诉有理由，检察官即出具上诉理由书转送本院刑庭审判，究竟以何说为当，未敢断定，理合具文呈请钧长鉴核乞迅予转呈鉴核示遵等情。据此，理合据情具文呈请钧院鉴核迅赐解释，以凭饬遵，实为公便。谨呈

**院字第九三〇号**

**二十二年六月十四日　司法院指令江苏高等法院　附原呈**

呈悉，业经本院统一解释法令会议议决，来呈所述之青红帮，如系以犯罪为宗旨之结

社,则参与之者应构成《刑法》第一百六十一条之罪。合行令仰转饬知照。此令

**附原呈**

呈为呈请解释事。案据金坛县县长祁仑齐代电开,本县青红帮徒充斥境内动辄纠众逞凶、串诈伪证,讼案累累,叠奉江苏省政府及民政厅令饬取缔在案。细绎流氓入帮之目的,实在于勾结党羽横行乡里为所欲为,犯罪之后又倚帮首为护符,声气广通,可以设法包庇,故敢于作恶屡惩不悛,能否适用《刑法》第一西六十一条处治,请予核示前来。据此,查青红帮确为非法之秘密结社加入此项团体,能否适用该条,案关解释,理合备文呈请钧院解释指令祗遵,谨呈

**院字第九三一号**

**二十二年六月十四日　司法院指令湖南高等法院　附原呈**

呈悉,业经本院统一解释法令会议议决,(一)第三审为法律审,其所表示关于法律上之判断,下级法院固应受其拘束,惟其见解如与法律明文显相抵触,即非法律上之判断,自不在《民事诉讼法》第四四五条第二项所示范围之内;(二)受诉法院裁定命债权人提存现金,或相当之有价证券为假扣押或假处分时,债权人如未依裁定缴纳,执行法院予以批驳,自系其执行时应遵守之程序,不在审判范围;(三)高等分院附设地方分庭之执行案件,依《民事诉讼执行规则》第三条,既应以该院院长名义行之,则当事人或利害关系人如依同规则第十条第三项,就执行处推事所发之强制命令声明抗告时,参照院字第八六号解释,自应送由高等法院合议庭受理;(四)不得径行抗告之执行事项,依法应先由院长裁断,如当事人或利害关系人径行声明抗告,除已表示不愿受院长裁判,应送由抗告法院以裁定驳回外,其余为当事人便利计得视为用语错误,仍由执行法院院长依法裁断;(五)不能承兑之红票,即不得认为与现金相当之有价证券。合行令仰转饬知照。此令

**附原呈**

呈为转请解释仰祈核示事。案据代理本院第一分院院长曾挚真代电称,窃本分院暨附设两庭受理案件内关于进行程序发现疑问,应请解释者计有五端,如第三审废弃原判发回或发交之件,依《民事诉讼法》第四百四十五条第二项规定,受发回或发交之法院,固应以废弃理由之法律上判断为其判决之基础,但审查其判断之内容显系全部或一部违法者,受发回或发交之法院是否亦应受其拘束,于此有二说:(甲)受发回或发交之法院应以废弃理由之法律上判断为其判决之基础,既为《民事诉讼法》所明定,纵令第三审之判断显有错误,法律上既无例外之规定,受发回或发交之法院自仍应受其法律上之拘束。(乙)查《民事诉讼法》第四百四十五条第二项之规定,原系指第三审废弃理由之法律上判断,并非违法者而言,倘系显然错误受发回或发交之,法院即应秉其独立之精神依法判断,自不受其拘束。二说孰是,应请解释者一。声请假扣押或假处分,经法院裁定准许声请任缴纳担保金若干,或同等价值之有价证券后,得为假扣押或假处分之件,其后声请人状缴有价证券若干,声请执

行，经执行法院认定其所缴者并非有价证券，将其批驳，此种批示系何种程序，于此有二说：（甲）此系未着手执行前缴纳保证金之争执，法院须俟其缴纳以后方着手执行，此种程序当仍属审判程序。（乙）受诉法院既已裁定准其声请，其审判程序即已告竣，其后因其具状缴纳保证金而由执行法院批驳之，此时执行虽尚未开始亦显系着手，执行以前，执行法院令饬债权人之一种应遵守之程序，不能认为审判程序。二说孰是，应请解释者二。关于执行之命令，原系以院长名义为之为《民事诉讼执行规则》第三条所规定，则高等分院附设地方分庭之执行案件，其系以院长名义为之要，亦无疑于此场合。倘当事人或其他利害关系人，依《民事诉讼执行规则》第十条第三项，对于执行处推事之强制执行命令提起抗告，应由何处受理，亦有二说：（甲）高分院院长原兼庭长执行命令，既系以院长名义为之，此时当事人或其他利害关系人虽系对执行处推事所发之执行命令提起抗告，高等分院之民事庭以院长为审判长，当亦不便受理故此时，仍应由高等法院受理。（乙）此时当事人或其他利害关系人所抗告者，乃对于执行处推事所发之执行命令，并非对于院长所发之执行命令，则院长虽兼庭长依法为审判长为便利，当事人计该项抗告，仍应由分院受理。二说孰是，应请解释者三。凡高等分院附设地方分庭之执行案件当事人或其他利害关系人，对于强制执行不能径行抗告之事项声明不服，具状向高等分院提起抗告，于此有二说：（甲）当事人或其他利害关系人所具诉状，虽系抗告状，但此时既不能由其抗告为便利当事人计，自应审查其诉状之内容是否合于诉讼执行规则第九条第一项、第十条第一项，由院长分别裁断之；（乙）当事人所具诉状既系抗告状，即应依抗告程序办理，不由院长裁断，二说孰是，应请解释者四。查票据原为一种不要因而要式之有价证券，习惯上之所谓红票，即票据法上之本票，当为有价证券，固无疑义。惟当事人以某店之红票提供担保后，法院考查该诉资本原不充分饬吏前往。照兑该店含糊，不兑此项红票，是否尚为有价证券，于此有二说：（甲）其所提供担保之红票，既不能承兑，实已失其流通之效力，当不能谓为有价证券；（乙）其所缴案之红票，既系以之提供担保之用，法院原无向其兑现之必要。凡红票既不能谓非有价证券，此项红票自不能例外。视之二说孰是，应请解释者五。凡此疑问，均系悬案以待，应请解释，以利进行，理合代电迅恳转呈以便遵办等情。据此，除令准呈转外，理合具文呈请钧院鉴核俯赐解释示遵。谨呈

**院字第九三二号**

**二十二年六月十四日　司法院咨行政院　附原咨**

为咨复事，准贵院二十年十月二十一日咨（第二八五号）开，据实业部呈请解释《工厂法》第一条及第四十五条疑义一案，咨请查照见复等由，业经本院统一解释法令会议议决，《工厂法》第一条，既谓平时雇用工人在三十人以上者适用本法，则临时工人、包工制工人、论件工人、论日工人及其他流动性质之工人，自不包含在内。惟替工一项，若其所替之工人本系平时雇用，因事故而暂请替代者，则仍应就其原替之工人额缺计算在内。至同法第四

十五条所载,工人因执行职务而致伤病云云,应以其受伤或受病与执行职务有直接因果联络之关系为限。相应咨复贵院查照饬知。此咨

**附原咨**

咨为咨请事,案查前据上海市政府呈称,案据社会局呈称,为呈请事,窃本局自《工厂法》公布以后,节经据陈管见,呈经钧府转奉行政院令准发交前工商部参考各在案。查本市工厂林立组织极形复杂,对于《工厂法》及实施条例往往以格于环境,致有窒碍难行之处,纷请解释前来,除派员详加指导外,尚有本局认为未易解决各点,理合另纸录呈备文呈请钧长鉴核,转呈行政院迅予并案核示,俾资遵循,实为公便等情,并附呈请求解释实施《工厂法》及施行条例意见书。据此,查本府自《工厂法》公布以后,于上年四月据该局就本法规定各条,参酌本市工业情形据陈意见,呈奉钧院转发前工商部参考在案。兹据该局所陈意见应行请示者,计有十七项,经本府详加审核亦尚认为有审慎求详之必要,爰就法理及事实逐条予以诠注另纸录呈。事关解释法规,本府未敢擅专,应如何办理之处,除指令候转呈核示饬遵外,理合检同社会局意见书,暨本府审核意见备文呈请鉴核,迅赐转送司法院解释,伏候指令祗遵等情。据此,当以上海市社会局所请解释十七项,其中重要各点,业经中央核示办法或正由本院咨请贵院解释,其余实施上感觉困难之点及对于本法发生疑义之处,应否予以救济及有无转送解释之必要,经交实业部审查具复去后。兹据该部将审查意见呈复前来,当经提出本院第四十三次国务会议议决,第十八条及第四十五条请示两点转呈国府核示,余照部议办理,除分别呈令外。查据实业部所议应请贵院解释者两点:(一)包工、件工、日工、替工及临时流动工人,应否适用本法(其意即指《工厂法》第一条,所谓平时雇用工人是否不包含包工、件工、日工、替工及临时流动工人在内)?(二)《工厂法》第四十五条工人因执行职务而致伤病之病字,系指何项疾病?相应抄同原件咨请贵院查照解释见复,以凭饬遵,至纫公谊。此咨

**院字第九三三号**

**二十二年六月十四日　司法院咨国民政府西南政务委员会　附原咨**

为咨复事,准贵会本年四月十五日咨(第五号)开,据广东省政府呈请解释商会法第九条及《工商同业公会法》第七条疑义一案,咨请查照见复等由,业经本院统一解释法令会议议决,来咨所称之洋行,其股东如全系中华民国人民,自系合于《商会法》第九条所谓之商店及《工商同业公会法》第七条所谓之行号,应许加入商会为会员。相应咨复贵会查照饬知。此咨

**附原咨**

为咨请事,现据广东省政府呈称,据建设厅转据广州市商会执行委员会主席邹殿邦呈称,窃属会现据铜铁铅锡同业公会会员本市西堤二马路广丰洋行函称,欲向粤海关领用报关号码请会盖章证明以便报关等情前来。查《商会法》第十条规定,会员以在本区域内营商

业之中华民国人民为限,当经派员调查该洋行之股东国籍,据称系完全华人资本,因直接向欧洲定铁,来往函电须用西文,故沿用洋行名称等语。惟商店营业是否完全华人资本亦得称为洋行,抑或凡称洋行必有外籍人资本在内,此次该行以洋行名义加入同业公会,是否合法,属会未能决定,理合呈请钧厅察核。关于中华民国人民经营商业是否得用洋行名称,及能否以洋行名义加入商会为会员,乞赐解释核示,实为公便等情前来。查关于本国人民经营商业,是否得用洋行名称及能否以洋行名义加入商会为会员,商会法并无明文规定。据呈前情,理合备文呈请钧府核饬示遵等情到府。除令复外,理合备文转呈钧会察核示遵等情。据此,查《商会法》第九条规定商会会员,得分列二种:一、公会会员;二、商店会员。又查《工商同业公会法》第七条规定,同业之公司行号,均得为同业公会之会员等语。至洋行名义,是否得加入为商会及工商同业公会之会员,《商会法》及《工商同业公会法》均无明文规定。据呈前情,相应咨请贵院查照解释见复,至纫公谊。此咨

**院字第九三四号**

**二十二年六月十四日　司法院函中央执行委员会民众运动指导委员会　附原函呈**

径复者,准贵会上年六月一日公函(第六六一号)开,据浙江省党部呈请解释律师公会可否在县法院区域内单独设立疑义一案,请查照见复等由,业经本院统一解释法令会议议决,律师章程第二十四条虽规定,律师公会应于地方法院或高等分院附设地方分庭所在地设立之。但该章程原系前司法部公布,自可由国民政府司法行政部部令予以变更。况依《修正司法行政部组织法》规定,关于律师事项实属其主管事务。查司法行政部十七年十一月分工作报告:(甲)关于行政事项第八款载,现在各省筹设之县法院,如与正式法院无殊,自应准予适用律师制度设立律师公会,如其组织尚未健全律师制度之推广,应从缓议。山东泰安县之县法院,系由县长兼理检察官,碍难准予适用律师制度,其第九款并载有浙江诸暨等县法院组织,与通常法院无殊,应准适用律师制度各等语,则县法院所在地之应否单独设立律师公会,自应由司法行政部认定之。相应函复贵会查照转知。此致

**附原函**

径启者,案据浙江省党部呈为温岭县律师公会组织不合,且所援引特别法令并未奉有明令,请予核示等情到会。查该会所援用特别法令,本会无从查考。又律师公会可否在县法院区域内单独设立,本会未便悬断,相应抄录全案,函请查照解释见复为荷。此致

**附原呈**

为呈请事案准浙江高等法院公函第二六三六号略开,为据温岭县律师公会呈为本会对该会组织误解法令,请迅转函释明特别法令之规定准予备案等情,转请核办见复等由。窃查关于律师公会之组织疑义,经本会前训练部呈请中央前训练部核示。嗣奉电复律师公会之组织,应照律师公会章程第十、第二十三、第二十四各条之规定,其会员应以在同一地方法院执行职务之律师为限,名称须冠以法院所在地之县市名称等因,遵即通令,各县市党部

遵照在案。依照前项规定,该温岭县既为永嘉地方法院所管辖,所有律师自应加入永嘉县律师公会。再查关于人民团体之组织程序,须先向当地高级党部申请经许可后,方得依法组织。该温岭县律师公会既未经当地高级党部许可组织,径先呈请司法行政部核准备案,于手续上亦有未合,且所援引之特别法令,本会并未奉有明令无从释明,除函复外,理合抄具原函备文呈请钧会鉴核示遵,实为公便。谨呈

**附原函**

径启者,案据温岭律师公会会长王建中呈称,窃本会于二十年六月间遵照律师章程及部令组织,并依修正人民团体组织方案呈请温岭县党部许可,拟具会则呈,奉司法行政部二十年八月十八日指令第一三二一八号,准予备案在案。兹奉温岭县党部训令内开,为令知事,案奉浙江省执行委员会训字第一二八七号指令,本会呈一件为该县律师公会组织不合,列举三点,请释示遵由内开,呈悉。关于第一点,律师公会名称须冠以法院所在地之县市名称,系指地方法院所在地之县市名称而言。第二点,该县既为永嘉地方法院所管辖,且永嘉县已组织律师公会,该县所有律师自不能另组公会,应一律加入永嘉律师公会。第三点,该县律师公会组织不合,应由该会转函主管机关转饬解散,仰即知照此令等因。奉此,查此案前奉省令,以该会名称核与中央规定稍有不符,未便准予备案一节,业经本会转饬遵照,并呈请释示各在案。兹奉前因,除函主管官署办理外,合行令仰该会知照为要,此令等由。于法令上之见解,不免谬误。查司法行政部十九年十一月四日,指令江苏高等法院第一二三八八号略开,呈暨抄件均悉。查律师公会之组织具有强制性质,与其他人民团体自动组织者不同,其组织程序固应依现行特别法令之规定等语。是可知律师公会之组织,一以特别法令为依归,案查钧院前为诸暨等八县法院成立,拟具律师出庭执行职务办法呈,奉司法行政部指令,以诸暨等县法院组织与通常法院无殊,应准适用律师制度,并司法行政部指令山东高等法院略开,现在各省筹设之县法院如与正式法院无殊,自应准予适用律师制度设立律师公会各等语(见司法院司法公报第一期第一一一页及一一二页工作报告),是则县法院所在地固可设立律师公会者一。又查司法行政部二十年第一九四三二号指令,钧院呈请核示关于县法院所在地律师入会,及县法院对于所在地律师公会监督惩戒事项各疑点由略开,呈悉,据呈各节,兹分项指示如下:(一)律师加入县法院所在地公会,即可在县法院辖区执行职务,与加入地院律师公会无关。(二)律师兼在地方法院及附属一县法院辖区执行职务时,虽经地方法院所在地律师公会议决退会,仍可单独在县法院区域执行职务等语,是则县法院所在之律师另组公会,固亦不受地方法院所在地律师公会之拘束者二。原令解释各疑点,因未明特别法令有所误会,再本省县法院所在地之设立律师公会者,黄岩、瑞安各县亦相继成立,黄岩律师公会浙省执委会曾准备案成案,犹在兹奉前因,理合将本会组织遵照部令各缘由,备文呈请钧院俯赐察核迅予函转浙江省执行委员会释明特别法令之规定,准予备案,以符法令,而完程序等情。据此,查温岭暨黄岩等县律师公会,经本院先后呈奉司法行政部核准备案在案,兹据前情,相应据情函请查照核办并希见复为荷。此致

**院字第九三五号**

**二十二年七月十七日　司法院指令浙江高等法院　附原呈**

呈悉,业经本院统一解释法令会议议决,(一)并合论罪之案件检察官先将一罪起诉,经判处徒刑宣告缓刑确定后,又将他之一罪起诉,经审理结果仍须判处徒刑,如先判之一罪未经依法撤销缓刑,则只得就后判之一罪宣告刑罚,毋庸定其应执行之刑。(二)所谓牵连犯,应从严认定果可认为同一事件,检察官先就其中之一罪起诉,经判决确定后复就其他牵连之罪起诉者,应依《刑事诉讼法》第三百十七条第一款及第二百四十三条第二款为免诉之判决。合行令仰转饬知照。此令

**附原呈**

呈为转请解释事,案据诸暨县法院院长李启华呈称,窃本院适用《刑法》总则发生下列疑义:(一)应并合论罪之案件,检察官先将一罪起诉,经判处有期徒刑宣告缓刑,并已确定后,又将他之一罪起诉,审理结果仍须判处有期徒刑,因不合缓刑条件,不能宣告缓刑,依《刑法》第七十三条第三款定其执行刑之时,对于先判一罪之缓刑部分,既不能予以撤销,应如何处置,此应请解释者一。(二)应从一重处断之牵连犯,检察官先将较轻之罪起诉,经判处罪刑并已确定,再将较重之罪起诉审理,结果发觉前判之罪与后诉之罪有方法结果之关系。惟较轻一罪之判决,业已确定所谓从一重处断,已不可能,应如何办理,此应请解释者二。以上两端,均属法律疑义,本院现有是种案件急待解决,理合备文呈请仰祈鉴核指令祗遵等情。据此,审查前项,请求解释核与《统一解释法令及变更判例规则》第三条第一二两项之规定,尚属相符,理合备文转请仰祈钧院鉴核令遵。谨呈

**院字第九三六号**

**二十二年七月十七日　司法院咨行政院　附原咨**

为咨复事,准贵院上年八月一日咨(第二一九号)开,据内政部呈请解释县保卫团法第四条疑义一案,咨请查照见复等由,业经本院统一解释法令会议议决,(一)各县保卫团之编制关于总团区团及甲牌等长之人选,应以县长、区长、乡长或镇长及闾长兼任,在县保卫团法第四条有明文规定。至副长人选,除总团之副长依同法第六条第二项须由总团长聘任外,其他副长遇有增设之必要时,应委何人既无明文,则总团长尽可自由选任并不以副乡镇长为限。(二)保卫事项,依《乡镇自治施行法》第三十条,为乡镇长应执行事项之一,如执行不力,本可依法罢免,不必专就甲长而谋补救。至副甲长人选,依上项说明,既应由总团长自由选任,则其不能胜任时,自可由总团长撤换之。相应咨复贵院查照饬知。此咨

**附原咨**

为转咨事,案据内政部呈称,案准江苏省政府咨以县保卫团法第四条,区团甲牌于必要时,均得增设副长襄办事务等语。细绎原条文,关于副长人选如何并无规定。兹因各县对

于副甲长人选方面办理困难,请予补救前来用,特提出疑义两点如下:(一)对于县保卫团法第四条,增设副甲长时是否限于以副乡镇长充任?(二)如遇民选之乡镇长副颇能尽职,而于甲长副均不能胜任,应如何补救?事关法令疑义,未便臆测,相应咨请查照核复,以凭饬遵等由。准此,事关法令疑义,理合备文呈请钧院鉴核,转咨司法院迅予解释示遵等情。据此,案关法令疑义,相应咨请贵院解释见复,俾便饬遵。此咨

**院字第九三七号**

**二十二年七月十九日 司法院训令浙江高等法院 附原函**

为令知事,该法院第二二一三号公函致最高法院,为浙江省民政厅函据龙泉县县长转请解释浙江省禁烟方案各点疑义一案,业经本院统一解释法令会议议决,(一)区乡镇坊公所暨地方自治团体,对于禁烟事宜,依《禁烟法》第二章第三条第六款之规定有协助之职务,自非刑事诉讼之当事人(参阅《刑事诉讼法》第三条),但法院认为应行询问时,仍负作证之义务(参阅《刑事诉讼法》第一编第七章各规定)。(二)密告为告发之一种,如法院认为应行讯问时,自得传讯,但应注意《刑事诉讼法》第二百九十条。合行令仰转行知照。此令

**附原函**

径启者,案准浙江省民政厅公函内开,案据龙泉县县长何浩然呈,据第一区区长潘治呈请解释禁烟方案疑义各点案内声称:(一)查浙江省禁烟方案区乡镇坊公所对于禁烟事宜,应随时查察,倘有发见,立将人证拘送法办等之规定,故区乡镇坊公所可拘送烟犯法办已毫无疑义。但于法院之讯问时,区乡镇坊长是否可当普通当事人看待,抑法院讯问有疑义时,应用书面函询,不能认为普通之当事人看待,如果亦作普通之当事人看待,则区乡镇坊长因热心禁烟而受讼累,势必发见烟犯而不敢拘送法办,此应请解释者一也。(二)倘区乡镇坊公所接住民密报后,经区乡镇坊公所将人证拿获送办,于法院审问时,该密报人是否应到庭对询?如查密报人亦应到庭对讯,则密报无异于普通告诉矣,此应请解释者二也。理合转请核示等情,据此,查地方自治团体依《禁烟法》第二章第三条之规定,系属法定禁烟机关。《区乡镇自治施行法》对于区乡镇居民有触犯《刑法》,与《刑法》性质相同之。特别法者又有区乡镇公所得先拘禁函送该管司法机关核办之规定,本省禁烟方案内对于区乡镇坊公所之,查察拘送即本前项法令规定,乃系依法行使协助执行查禁及检举之职权,似不宜以普通当事人看待。倘法院认有疑义,似应用书面函询至密告烟案,本省禁烟方案第六十二条本有先就密告内容审查之规定,一俟审查,确实受理该原密告人已无责任之可言,即难令其到庭对质致与设置密告办法之本意有背而有碍烟禁进行,是否可行,相应加具意见函,请贵院核复等由。准此,事关法令疑问,相应备函转请贵法院查照解答,以便转复,至纫公谊。此致

**院字第九三八号**

**二十二年七月十九日 司法院指令湖南高等法院 附原呈**

呈悉,院字第二六九号解释,业经本院统一解释法令会议议决,变更某甲犯普通《刑法》之罪而发觉,既不在任官任役中,依《陆海空军审判法》第十六条之规定,应由普通法院审判。合行令仰知照。此令

**附原呈**

呈为呈请解释事。查军佐解职后犯普通《刑法》之罪,复潜往军队服务中,应由军法会审审判,业经钧院第二六九号解释有案。兹有某甲原非军佐犯普通《刑法》,经普通院法为第一审判决后,上诉中乘间脱逃潜往军队充任军佐,复经上诉法院逮捕到案。于此场合,是否仍由普通法院依上诉程序进行审理,抑应转解该管军法会审审判,不无疑义,用特呈请钧院解释示遵。谨呈

**院字第九三九号**

**二十二年七月十九日 司法院电山东高等法院首席检察官 附原函**

山东高等法院胡首席检察官览,前鲁首席检察官呈最高法院检察署,为福山地方法院威海分院首席检察官转请解释刑诉法第四百九十四条第一项疑义一案,业经本院统一解释法令会议议决,将原赃典质或变卖所得之金钱及所另置之物件,依《刑法》第三百七十六条第三项,以赃物论,经判决误予没收权利人,得依《刑事诉讼法》第四百九十四条声请发还。合电转饬知照。司法院皓印

**附原函**

径启者,案据山东高等法院首席检察官鲁师曾呈,据福山地方法院威海分院首席检察官阳代电称,窃查《刑事诉讼法》第四百九十四条第一项,没收物件当指原物而言,假使窃盗将原赃典质或变卖,即以所得之金钱另购置自已所需用之物件,经刑庭判决,依《刑法》第六十条第三款收没,可否仍援用刑诉法第四百九十四条第一项,将典质或变卖所得之剩余金钱及所另置之物件发还失主,以资赔偿?案关法律疑义,恳即迅赐转请解释,俾有遵循等情。悬案待决,乞迅核转解释电示祗遵等情。据此,相应函请迅予一解释径复,并见示备查。此致

**院字第九四〇号**

**二十二年七月二十二日 司法院指令宁夏高等法院 附原呈**

呈悉,业经本院统一解释法令会议议决,《刑法》第三百十五条之被诱人无年龄限制,除合于《刑法》第二百五十七条所列各款情形应依各该款处断外,其略诱未满二十岁并无亲权人等之女子,应分别情形适用第三百十五条各款之规定论科。合行令仰知照。此令

**附原电**

呈为呈请解释事。窃查《刑法》第三百十五条之被诱人并无年龄之规定,而参阅法官训练所讲义,似须年满二十岁之妇女或未满二十岁亦必已经结婚者,始得为本条被害之客体。盖因同法第二百五十七条已有年龄未满二十岁者之规定,则此条当然解释为满二十岁也。惟查最高法院二十一年上字第一七四六号判决(发回更审本院判决张云勃等营利略诱案),即年未满二十岁又未结婚之女子而被人略诱,若无亲权人等时亦能为本条之被诱人。设有甲乙同时各价买年未满二十岁之幼女一人,迫之为娼营利,甲买自有亲权人等者,乙买自无亲权人等者(如买自贩卖人口者)。甲因所买有亲权关系,须依《刑法》第二百五十七条第二项论科,乙因所买无亲权人等可言,依照上开判例不得不依同法第三百十五条第二项处断。查该两条规定之刑期轻重悬殊,甲乙之犯罪行为同一只因被诱人有无亲权人等之一端,致引用法条不同罪刑因之出入,不惟有关于被告人之权利者甚巨,且翻使之生疑究竟三百十五条之被诱人有无年龄限制,如略诱未满二十岁并无亲权人等之女子时,能否构成犯罪应依何条论科,不无疑义,理合具文呈请钧院俯赐解释示遵。谨呈

**院字第九四一号**

**二十二年七月二十二日　司法院函军政部　附原函**

径复者,准贵部上年十一月十八日公函(第四五八五号)开,为适用《陆海空军审判法》第十四条发生疑义请查照解释见复等由,业经本院统一解释法令会议议决,《陆海空军审判法》第十四条,所谓军法会审包括各级军法会审而言。来函所述之将官,既不合于陆海空军《刑法》第五条之规定,自不得视为军人。如系战时俘虏或投降人之犯罪,得依《陆海空军审判法》第十四条办理。相应函复贵部查照。此致

**附原函**

径启者,案查《陆海空军审判法》第十四条,俘虏或投降人之犯罪者,由军法会审审判之是种军法会审,是否包括各级军法会审而言,抑系专指简易军法会审?又军阀时代之将官,可否仍视为军人?如得视为军人,应否按照原任职官阶级以定军法会审审级?如不能视为军人,可否依俘虏之例,援《陆海空军审判法》第十四条办理?颇滋疑义,相应函请查照解释见复为荷。此致

**院字第九四二号**

**二十二年七月二十二日　司法院训令福建高等法院首席检察官　附原函**

为令知事,该首席检察官呈最高法院检察署,为闽侯地方法院福清分庭检察官转请解释被告羁押期间起算疑义一案,业经本院统一解释法令会议议决刑事案件,经侦查终结为不起诉处分,因声请再议而发回续行侦查,其羁押日数应另行起算合行令仰转饬知照。此令

附原函

径启者,案据福建高等法院首席检察官林炳勋呈称,呈为转请解释事。案据闽侯地方法院福清分庭检察官呈称,窃查羁押被告侦查中不得逾二月延长羁押期间,每次不得逾二月,侦查中以一次为限,此在《刑事诉讼法》第七十三条定有明文规定。是羁押被告在侦查中,至多不得逾四月。兹有侦查案件处分不起诉后,因再议发回续查。辗转多日,在发回续查时,被告羁押期间在延长,又将届满二月不能再延。该被告既无相当保证或亲属可以取保或责付,若遽行释放,而案情重大,又恐逃亡无从着手。续查于此场合,有二说焉:(一)谓羁押被告侦查中不得逾二月,延长羁押亦只限一次。该被告羁押期间在延长后,既经届满二月,无论如何均应开释。(二)说谓案经侦查终结处分不起诉,至再议发回。续查其羁押期间,自应另行起算。以上两说,究以何说为是,职未敢擅专,理合具文呈请鉴核转呈解释俾有遵循等情。据此,案关法律疑义,理合具文呈请钧长核转解释电示祗遵等情。据此,相应函请迅予解释径复并见示备查。此致

**院字第九四三号**

**二十二年七月二十二日　司法院训令福建高等法院首席检察官　附原函**

为令知事,该首席检察官呈最高法院检察署,为龙溪地方法院首席检察官转请解释炊事兵审判管辖疑义一案,业经本院统一解释法令会议议决,炊事兵如合于《陆海空军刑法》第五条之规定自为军人,但起诉时尚系工人,是其犯罪及发觉均在任役前,依《陆海空军审判法》第十六条之规定,应由普通法院审判。合行令仰转饬知照。此令

附原函

径启者,案据福建高等法院首席检察官林炳勋呈称,为呈请事。案据龙溪地方法院首席检察官有日代电称,被告在起诉时系工人,及判决时已充军部炊事兵,法院以此为不受理判决。此种案件应否由普通法院审判?炊事兵是否视同军人?悬待上诉,恳电示等情前来。案关法律解释,本处未敢擅专,理合具文呈请核转解释电示祗遵等情。据此,相应函请迅予解释径复并见示备查。此致

**院字第九四四号**

**二十二年七月二十二日　司法院指令安徽高等法院首席检察官　附原呈**

呈悉,业经本院统一解释法令会议议决,一行为侵害数个法益,虽所犯均为同一罪名,仍应适用《刑法》第七十四条一行为,而犯数项罪名,从重处断之规定。合行令仰转饬知照。此令

附原呈

呈为呈请解释事。案据安徽高等法院第二分院首席检察官孙廷赞帮代电称,兹有被告以一个行为犯同一之罪,侵害数个法益,应否引用《刑法》第七十四条一行为?而犯数项罪

名从重处断之规定,抑或认为一个单一之行为仅成一罪,不引《刑法》第七十四条,有甲乙两说:(甲)谓计算犯罪之个数,应依行为之个数为断,不依被害法益之数目而定。如系一个行为犯同一之罪,被害法益虽有数个,只可单独论为一罪。按照最高法院二十一年一月八日非字第二号,及二十一年一月十九日上字第三五九号之判例,是可不引《刑法》第七十四条。(乙)谓如系一个行为侵害数个法益,虽系所犯同一之罪,依照现行《刑法》所采行为主义,固不得以法益数目各别论处。但按照最高法院二十一年一月十八日上字第一零四号,及二十一年二月二十二日上字第二六九号,及二十一年四月二十五日上字第六四六号之判例仍须引用《刑法》第七十四条从重处断。两说究以何说为是,悬案待决,乞迅核转解释示遵等情。据此,案关法律解释,未敢擅拟,理合据情具文呈请钧院鉴核,俯赐迅予解释,以便饬遵。谨呈

**院字第九四五号**

**二十二年七月二十五日　司法院电江苏高等法院第二分院　附原电**

江苏高等法院第二分院沈院长览,前据江苏上海第一特区地方法院上月六日代电,以司法院十九年第二零三号指令,与院字第七七一号解释适用上发生疑义请解释等情,业经本院统一解释法令会议议决,院字第七百七十一号解释系对被诬告人在普通法院限制其声请再议之权,与上海公共租界内设置中国法院之协议第五条渺不相涉,依该条规定关系人既有起诉权,而被诬告人与诬告事件又不能谓无关系,被诬告人自得据以起诉。合电转饬知照,原电抄发。司法院有印

**附原电**

南京司法院院长居钧鉴,窃按司法院十九年第二零三号指令第一项解释,协定第五条所称起诉之关系人,虽指明以《刑事诉讼法》第三百三十七条及第三百三十八条所列举之自诉人,即被害人及其法定代理人或配偶为限。然其第二项所举之一切自诉案件下注,包括《刑法》第一百零三条至第一百八十六条之案件等字,系明认侵害国家法益之犯罪,如同时侵害个人法益时,被害之个人亦得提起自诉。如《刑法》第一百八十条之诬告罪,固属侵害国家审判法益之犯罪。然被诬告者之私法益亦同时受其侵害,故被诬告之个人亦可认为被害人许其自诉,本院历来皆如此办理。自司法院第七百七十一号解释不认被诬告人为被害人,致前开院令之适用上发生疑问,于是有甲乙两说:(甲)说谓被诬告人依照前开解释,既非被害人,即非协定第五条所称之关系人,自不能提起自诉;(乙)说谓前开院令第二项,既明示一切自诉案件,实包括《刑法》第一百八十条在内,且同法第一百八十五条所举示之被害人,明明为被诬告之本人,被诬告人既为被害人,则其提起自诉于法自属有据。况上海特区自诉案件范围之广大,系根据于协定,而此项协定依司法院二十年四五九号训令较之法律有优越之效力,上开第七百七十一号解释,不过对于被诬告人在普通法律上限制。其告诉及声请再议之权,至于协定所特许得以提起自诉者,原不因有普通限制而受影响。以上

二说,究以何说为是,事关法律疑义,应请钧院解释示遵。江苏上海第一特区地方法院院长郭云观叩

**院字第九四六号**

**二十二年七月二十五日　司法院函禁烟委员会　附原函**

径复者,准贵会本年三月二十一日公函(第二四一号)开,准浙江省政府转请解释《公务员调验规则》条文疑义请查照见复等由,业经本院统一解释法令会议议决,《公务员调验规则》第三条及第八条所称公务员,指职官吏员及其他依法令从事于公务之议员职员而言。苟于法令有据,无论是否合于中央所定官制,或系地方政府正式委任之职员均包括在内。来函所述,官公立医院医师以次人员以及学校之教职员、地方自治团体人员是否公务员,应依此标准解决之,相应函复贵会查照转知。此致

**附原函**

迳启者,案准浙江省政府寒代电开,案据民政厅尤代电称,查《公务员调验规则》第三条内载,公务员有吸食鸦片嫌疑即予调验,其有吸食代用品,如金丹白丸或试打吗啡以及其他麻醉品者亦同。又第八条内载,各机关公务员有本规则第三条之嫌疑,经通知调验时,如取得同级三人以上之保结,得酌量情形免予调验,但不得彼此互保,以免挟同徇隐。承保不实者,一经发觉,除将嫌疑人照本规则各条办理外,并将原保人交付官吏惩戒委员会惩戒各等语。惟公务员是否以中央所定官制,或临时设立而经地方政府正式委任之职员为范围?其他如官公立医院医师以次人员以及学校之教职员、地方自治团体人员应否亦作公务员论?法无明文规定,现因办理是案,据各属呈请核示前来。事关解释法律,本厅未敢擅专,理合电呈仰祈钧府迅赐核示,以便转令遵照等情。除指令外,应请贵委员会查核迅予解释见复以便饬遵等由。事关解释法律,相应函请查照分别解释,函复过会,以凭转咨遵照。此上

**院字第九四七号**

**二十二年七月二十八日　司法院指令安徽高等法院　附原呈**

呈悉,业经本院统一解释法令会议议决,(甲)《刑法》第三百三十八条第一项第一款,所谓夜间侵入住宅云云,兼指夜间入人住宅及日间侵入住宅继续至夜间之情形而言,只须侵入时为夜间或其侵入事实继续至夜间,不问其行窃系在何时,均应成立该条款之罪。至行驶铁轨上之火车,既非定着于土地之物,不得认为该款之建筑物;(乙)同条同项第六款所谓车站,固不能包括火车,但在站台窃取车上之物或在车上窃取站台之物,其犯罪行为既在车站实施,自应成立该条之罪。又同款所谓埠头,系指船舶停泊之码头而言,如菜市、如砌屋、如棚帐,固不能认为建筑物,苟非在船舶停泊之码头,亦与该款之埠头有别,至距码头之僻静处所,更与埠头之范围无涉。合行令仰转饬知照。此令

**附原呈**

呈为呈请解释事。案据滁县县长沈鹏呈称,为呈请转请解释法律疑义事。窃属县关于适用法律发生疑义数端,约为甲乙二项,说明如次:(甲)项查《刑法》第三百三十八条第一项第一款所称夜间侵入,本为构成本款犯罪之条件。然如犯人虽在夜间行窃,而实于日间即先已侵入。反之,如虽在夜间侵入,而日间始着手行窃。于此场合,究系以侵入之时间为主,抑以着手行窃之时间为主,此疑义一。又本款所称住宅与有人居住之建筑物亦为侵入条件之一,兹属县迭获在火车行窃人犯,于是又发生下述疑义,查火车是否得视为住宅,抑建筑物,于此约有数说:(子)说火车之构造大致与房屋无殊,应得视为住宅,但只以蓬车为限,其厂车则应除外;(丑)说火车之性质根本上与住宅不同,无论其构造如何,皆不得视为住宅,但火车与铁路实有连带之关系,既任何人不能否认铁路为建筑物,则火车当然以建筑物论;(寅)说铁路乃固定性,而火车则流动性,车之与路非绝对不可分离,故子丑二说皆不可用。以上三说,究以何说为是,此疑义二。又如以寅说为是,固已别无问题,如以子说为是,则蓬车之与厂车究竟应否区别?如有区别,厂车又为何物,此疑义三。如以丑说为是,其无人看守(单指该节车厢而言)之货车,如被侵入或隐匿,其内行窃是否以该节车厢,系无人居住,即认为条件不具而构成本款之罪,此疑义四。又侵入之意义,以当然解释,似系对于该住宅或建筑物,本无可入之权,而竟擅入者方可当其情节。如犯人本亦购用车票,是即本有入车乘坐之权,而又犯窃盗究,应构成何罪,于此又有二说:(卯)说犯人既在车犯窃,即应并其乘坐之权利,而亦否认,如又适夜间犯窃即论以夜间侵入;(辰)说不然,查本款规定之意图,行窃乃一重要条件,如犯人本系意图行窃而始购票乘车,则卯说自然可从如犯人原系购票旅行,并非意图行窃纵。又临时犯窃,其时间在所不问,均只成立普通窃盗之罪,而其乘车之权利,并不因此而被剥夺。以上二说,未知孰是,此疑义五;(乙)项查同条项第六款,所谓车站,当然不能包括火车在内。然火车停机在站上下纷纭,有丁立在站台而窃车上之物,又有戊藏在火车而窃堆存站台之物。于此场合,丁戊各得何罪,此疑义又一。本款所谓埠头,当然指商埠或码头,凡住宅或建筑物以外者属之,然如菜市之类上有庇护,旁无关栏,又如小商人沿街贸易(俗称摆摊),或就通衢墙壁砌一旁无关栏,似是而非之屋或搭棚,以避风雨又有仅以芦席或帐布撑挂而为之者,如菜市、如砌屋、如棚帐,是否得以建筑物论,抑仍为埠头二字所包括,此疑义又二。又,凡通商大埠,其市政与警权范围所及往往包括于距街市及交通码头,均已穹远之僻静处所甚,且及于乡村于此场合,如获窃犯,是否悉受市政与警权范围之限制,审判上便无斟酌之余地,而必科犯人以埠头行窃之罪,此疑义又三。属县现有此种案件急待适用解决,恳请钧院转请解释示遵,实为公便等情。据此,案关法律疑义,理合具文呈请钧院俯赐解释,以便饬遵。谨呈

**院字第九四八号**

**二十二年七月三十一日　司法院函司法行政部　附原函**

径复者,准贵部本年四月十八日公函(第一六三号)开,据江苏高等法院第三分院首席检察官呈,为上海第二特区地方法院首席检察官转请解释牵连案件并案受理疑义一案,请查照见复等由,业经本院统一解释法令会议议决,牵连案件在各案判决前始可并案受理,若一案已经判决,其他案件应由有管辖权之法院另案审判。相应函复贵部查照饬知。此致

**附原函**

径启者,案据江苏高等法院第三分院首席检察官呈称,据江苏上海第二特区地方法院首席检察官呈称,案查牵连案件属于二以上之同级法院管辖者,得由其中一法院并案受理之,此《刑事诉讼法》第十七条第一项所规定。兹有牵连案件于有管辖权部份宣告判决后(管辖错误之判决除外),发见无管辖权之共犯嫌疑,原判决法院能否仍予受理,有二说如下:(一)既系牵连案件,不因一部判决而受限制,仍得依前条规定受理。(二)牵连案件原以并案受理,为简省程序,其有管辖权部份业经判决,则无管辖部份,事实上不能并案办理,既须另案办理,则与前条规定不符,原判决法院无管辖权。二说孰是,悬案待决,理合备文呈请鉴核转请解释示遵等情。据此,事关解释法律,未敢擅专,理合具文转呈钧部察核,伏乞俯准转请解释指令祇遵,俾得转饬遵照等情。据此,相应函请贵院解释见复,以便饬遵,实纫公谊。此致

**院字第九四九号**

**二十二年七月三十一日　司法院指令浙江高等法院　附原呈**

呈悉,业经本院统一解释法令会议议决,犯罪行为如一方侵害个人法益,则被侵害之个人依《刑事诉讼法》第二百十三条规定,当然为告诉人。合行令仰转饬知照。此令

**附原呈**

呈为转请解释事,案据浙江高等法院第一分院院长蔡寅灰代电称,窃查《修正县知事审理诉讼暂行章程》第二十五条第一项,原告诉人得向第二审之检察官呈诉不服,而原告发人则不在其列,因之告诉与告发必须区分明白,方足以定呈诉之适法与否。按《刑法》分则第一章至第十章为侵害国家法益罪,第十一章至第二十章为侵害社会法益罪,第二十一章以下为侵害个人法益罪,其侵害国家法益各罪,私人只有告发而无告诉,本无疑问。其侵害个人法益各罪被害者之申告为告诉,第三人之申告为告发,亦无疑问。惟侵害社会法益各罪有不害及私人法益者(如放火烧毁无僧道主持之废庙、伪造古人之文书、发掘无主之孤坟之类是),有兼害及私人法益者(此类甚多不胜枚举),其侵害社会法益兼害及私人法益而又不须亲告者,究竟被害私人之申告为告发,抑为告诉,约分两说:(甲)说为《刑法》第十一章至第二十章各条规定,以保护社会法益为重,不以保护私人法益为重。虽私人法益同时被害,

其被害者之申告只能谓之告发,不能谓之告诉。至于妨害风化罪、妨害婚姻及家庭罪各章中之亲告乃例外规定,不得视同一律。(乙)说谓《刑法》第十一章至第二十章各条规定,一方保护社会法益,一方兼保护私人法益,如社会法益被害而并不害及私人法益,则固无有告诉人,如社会法益被害同时害及私人法益,则被害私人之申告就妨害风化罪及妨害婚姻及家庭罪,《刑法》明认有告诉乃论之例。观之其余均应一律,作为告诉人,以上两说,未知孰是。案关法律疑问,未敢擅断,现职院受理乐清黄蔡氏呈诉沈春姆营利略诱其未满二十岁之子一案,又遂昌王人仕呈诉王立朝等发掘其子坟墓一案,所有呈诉是否适法,均因该呈诉人究为告发人,抑为告诉人。问题悬案未决,理合电请迅予转请解释示遵等情。据此,案关请求解释法令疑义,理合备文转请,仰祈钧院鉴核俯赐指令,以便饬遵。谨呈

**院字第九五〇号**

**二十二年七月三十一日 司法院电安徽高等法院 附原电**

安徽高等法院陈院长览,本年一月皓代电悉,滁县县长转请解释承审员判决不当,县长有无纠正之权疑义一案,业经本院统一解释法令会议议决,查兼理司法之县政府县长管有检察审判两种职权,设有承审员各县属于初级管辖案件,依《县知事审理诉讼暂行章程》第一条第二项,虽归承审员独自审判,但县长如认其判决为不当,仍得依检察职权提起上诉。至侦查程序,应由县长以职权进行承审员无权处分。合电转饬知照。司法院世印

**附原电**

司法院院长居钧鉴,本院据滁县县长沈鹏帑代电称,按《县知事审理诉讼章程》第一条第二项前段规定:“设有承审员各县属于初级管辖案件,概归承审员独自审判,以县公署名义行之,由承审员负其责任。”设有烟案,由公安机关当场破获,证据确凿,解送县政府,此属初级管辖案件,自应归承审员独自审判。倘承审员不予依法判罪,遽行开释,舆论因而沸然,而检举此案者亦不能折服。以事实论,兼理司法既系县长名义,承审员审理初级案件亦以县政府名义行之,县长自不能置不过问。依《县知事兼理司法事务暂行条例》第六条规定,承审员应受县长之监督。是县长既负有监督之责遇有发生前项事实,究竟县长有无予以纠正之权?事关权责问题,乞赐解释为祷等情,于此有二说:(甲)说《县知事审理诉讼章程》既规定初级案件概归承审员独自审判,县长只能就司法行政上指挥监督。如承审员裁判失当,告诉人及被告尽可依法上诉以资救济,县长未便干涉。(乙)说凡初级案件归承审员独自审判者,县长如果认为不当对于已判决之案,得依检察官职权提起上诉,如属于侦查处分,得本检察一体之原则办理。事关解释法律,理合电呈鉴核准予转请解释,俾有遵循,实为公便。署安徽高等法院院长陈福民叩皓印

**院字第九五一号**

**二十二年七月三十一日　司法院电安徽高等法院　附原电**

安徽高等法院陈院长览，本年五月十日代电悉，所谓解释管辖错误案件发交审判程序疑义一案，业经本院统一解释法令会议议决，刑事第一审应归地方法院管辖，案件初级审误予受理，判决后上诉地方法院误为第二审审判。无论检察官是否依地方管辖案件之条文起诉，依《刑事诉讼法》第四百十二条，高等法院应将第一审第二审判决一并撤销，发交地方法院为第一审审判。合电知照。司法院世印

**附原电**

南京司法院院长居钧鉴，查刑事第一审应归地方法院管辖案件，初级审误予受理，上诉地方法院亦未为管辖错误之判决。上诉第三审时，依《刑事诉讼法》第四百十二条，应发交何院审判约有三说：(甲)说依前大理院民国九年上字第五零五号判决，高等法院第二审得受理初级审判决之案件，上开情形，第三审应撤销原判，谕知由本院管辖，第二审因发交，不必限于下级审即本院亦可。(乙)说应撤销原判发回原审，依《刑事诉讼法》第三百八十五条第三项办理，因不服初级审判决，只得上诉于地方审高等法院，不得越级受理，亦如地方法院对于《刑事诉讼法》第十条所列案件误行审判，只好上诉于高等法院以求救济，不得径行上诉于最高法院。(丙)说高等法院第二审不得越级受理初级审判决之案件，固无疑义。惟撤销原判后发交第二审或第一审，须斟酌情形办理，不能一概而论。如检察官以初级审法条起诉，第一审以初级审程序受理，上诉至地方法院变更起诉，法条(如业务上或公务上侵占)未依《刑事诉讼法》第三百八十五条第三项办理，竟以第二审程序判决者，高等法院应撤销第二审判决发交原审法院，依该条审判。若检察官以地方法条起诉第一审，误以初级程序审判地方法院，漫为第二审审判时，高等法院应将第一审、第二审判决一并撤销，发交地方法院为第一审。三说以何说为是，案悬待结，恳请即赐解释示遵。安徽高等法院院长陈福民叩

**院字第九五二号**

**二十二年八月五日　司法院指令中央公务员惩戒委员会　附原呈**

呈悉，业经本院统一解释法令会议议决，军政海军各部为行政系统下之官署，不能视为服军人勤务之部队，其次长以下虽有将校尉之分，而其职掌纯属陆海军行政事务，其各级公务员，自应认为行政官。合行令仰知照。此令

**附原呈**

呈为呈请解释事。查《陆海空军刑法》第五条载，陆海空军现役军人召集中之在乡军人，及非依召集而在部队服军人勤务，或履行服役义务之在乡军人，均为陆海空军军人。又第十一条载称部队者，谓陆海空军军队官署学校及一切特设机关，其所称官署是否专指各

司令部绥靖公署督办公署等言,抑现设之军政海军各部亦可认为本条所称之陆海空军官署?因之现任军政部海军部次长、署长、司长等公务员,是否即第五条所称在部队服勤务之军人,于此有甲乙二说:(甲)说谓军政海军各部为行政系统下之官署,与内政财政各部同因之军政海军各部之各级公务员与内财各部之各级公务员同为行政官,而非在部队服勤务之军人,证以陆海空军惩罚法第三十一条各款罚权之规定,自师长、司令、舰长,以至于营长、连长科罚所属列举无遗,独不及于军政海军各部部长之科罚所属,则其非军人自为毫无疑义。(乙)说谓军政海军各部固同为行政系统下之官署,惟其各级公务员,则均以将校尉分别任之。观于海军部组织法附表所定自明,现任上述各部各级公务员虽非现役军人,要不能不认为在任官中证以《陆海空军审判法》第十六条,任官与任役为同一之规定,则在任官中者自仍应认为军人,即以《陆海空军惩罚法》第三十一条之规定,论其第一款固明载有航空署长有对于所属科,本法一切罚则之权航空,署为军政部组织系统中之一官署航空署所属为军人,其余自可类推同为军人。以上二说,未知有一当否,事关法律疑义,理合呈请钧院解释示遵。谨呈

**院字第九五三号**

**二十二年八月八日　司法院指令四川高等法院　附原呈**

呈悉,业经本院统一解释法令会议议决,检察官侦查后认为案件应不起诉者,依《刑事诉讼法》第二四六条,应制作不起诉处分书。如仅用批示不受理,不能认为侦查终结之不起诉处分。合行令仰转饬知照。此令

**附原呈**

呈为转请解释事。案据署巴县地方法院院长方仲颖二月九日代电称,窃查地方法院检察处对于当事人呈递词状,用批示揭答表示不予受理,是否即为不起诉处分,于此约有两说:(甲)谓检察官职在侦查犯罪之有无于告诉告发之始,即已开始侦查初不必拘泥何种程式,检察官认为有犯罪嫌疑者,提起公诉,其认为犯罪嫌疑不足或行为不成犯罪者,即为不起诉之处分或以批示表示,亦应认为不起诉处分;(乙)谓刑诉法第三四一条一项,所谓同一案件,经检察官侦查终结者,系指检察官对于该案传集研讯,并制作正式处分书而言。如未经票传,只用批答并未用正式处分书表示应否起诉,自不能谓为终结,亦不能认为系不起诉处分。究竟二说孰是,悬案待结,理合电恳钧院迅予转请解释,俾便遵循等情。据此,理合据情呈乞钧院迅赐解释指令,以凭转行遵照。谨呈

**院字第九五四号**

**二十二年八月八日　司法院指令江苏高等法院第三分院　附原呈**

呈悉,业经本院统一解释法令会议议决,某甲父母及祖父母既均死亡,向由其母舅收养,依《民法》第一千零九十四条第二款,应认为监护人,其径向法院提起自诉,应予受理。

合行令仰转饬知照。此令

**附原呈**

呈为转请俯赐解释训示祗遵事。案据署江苏上海第二特区地方法院院长应时呈称,为适用法律发生疑义,仰祈鉴核转请司法院迅予解释训示祗遵事。查被害人法定代理人,得独立自诉,被害人已死亡者,得由其亲属自诉,为《刑事诉讼法》第三百三十八条所规定。兹有未成年人某甲父母、祖父母早亡,伯叔俱无,亦未依《民法》规定设置监护人,数岁时,由其舅乙收养,事实上同于甲之监护人。甲现为被害人,乙不向有起诉权租界行政当局告发,来院提起自诉,是否可以受理?本院现有此类案件亟待解释,理合备文呈请钧院鉴核转呈司法院迅予解释,俾便祗遵等情。据此,理合备文呈请钧院俯赐解释,实为公便。谨呈

**院字第九五五号**

**二十二年八月八日　司法院训令福建高等法院首席检察官　附原函**

为令知事,该首席检察官呈最高法院检察署,为龙溪地方法院首席检察官转请解释,结婚仪式及和诱罪各疑义一案,业经本院统一解释法令会议议决,(一)依《民法》第九百八十二条,结婚固应有公开之仪式及二人以上之证人,但仪式及证人之身分如何,法律本无限定,若于除夕日举行拜祖或其他公开之仪式,并有家族或其他二人以上在场,可为证人,即不能不认为与该条所定之要件相符。(二)已结婚之妻既有行为能力,虽未满二十岁,和诱之者不能为罪。合行令仰转饬知照。此令

**附原函**

径启者,案据福建高等法院首席检察官林炳勋呈称,呈为呈请核转解释事。案据龙溪地方法院首席检察官代电称,窃查龙溪习惯,贫民每于除夕令儿与媳开始同居,有至生子尚未补行结婚仪式者,亦有终身未补行者,事实上已为人妻,社会上亦以人妻视之。但结婚为要式行为,此种妇女究视为已结婚,抑视为未结婚,此应请示者一。今有上述之妻,未满二十岁,被人和诱,该妻又系其夫之母自幼养大,由其母以旁系尊亲属资格告诉,主张其媳系在伊监护之下,诱者侵害其监督权,此等事件应认被诱人已有行为能力不起诉,抑仍认为脱离监护人而起诉,此应请示者二。悬案待决,恳迅示遵等情。据此,查结婚应履践公开之仪式,本为我国从来判例及现行《民法》第九百八十二条所明定。惟龙溪既有上述习惯,可否认为特殊情形,予以从宽解释之处,尚非毫无疑义。理合备文呈请钧长核转解释电示祗遵等情。据此,相应函请迅予解释径复并见示备查。此致

**院字第九五六号**

**二十二年八月十八日　司法院指令福建高等法院　附原呈**

呈悉,业经本院统一解释法令会议议决,关于典产回赎诉讼标的之价额,应就典物价额计算,经院字第八六三号解释有案。至当事人已依典物价额遵缴讼费,纵嗣后声明不服抗

告,法院误为按照典价之裁定,然并非征收机关计算错误,依《司法印纸规则》第十一条规定,毋庸退还。合行令仰转饬知照。此令

**附原呈**

呈为转请解释事。窃据闽侯地方法院转据连江分庭呈称,赎屋涉讼事件,究应依院字第二三一号解释,以不动产所有权价额为准征收审判费,抑应依最高法院解字第二零九号及院字第二五号之解释,以典价为准征收审判费,此应请解释者一。设应依所有权价额征收,倘原告不服提起抗告,经抗告,法院自为裁定。按照典价征收此裁定确定后,有无救济方法,如无法救济,则原照所有权价额多征之审判费,应否发还,此应请解释者二等情。据此,查赎产之诉,依钧院最近解释,似应以不动产所有权价额为准征收审判费用。惟多征之审判费,应否发还?案关法律疑义,本院未便擅拟,理合具文转请钧院鉴核示遵,实为公便。谨呈

**院字第九五七号**

**二十二年八月十八日　司法院指令安徽高等法院　附原呈**

呈悉,业经本院统一解释法令会议议决,初级管辖事件之诉讼及执行程序,依现行法制,均应以高等法院或分院为终审,最高法院抗字第一二四号判例即本此旨。如当事人或利害关系人对于地方法院就初级管辖事件之执行命令声明抗告,自应由该管高等法院或分院受理。因该命令系以院长名义行之,故不得由原法院合议庭裁定(参照院字第八六号、第九三一号解释)。合行令仰知照。此令

**附原呈**

为呈请解释事。查地方法院民事执行处所发执行命令或批示,均以院长名义行之。凡当事人提起抗告,不论是否初级管辖事件,地院民庭以不便审查院长名义之命令,均呈送高院核办。兹奉最高法院二十二年抗字第一二四号判例,认地方法院初级管辖事件于判决确定执行时,对于原案终审法院之裁定,不得复行提起抗告,则嗣后当事人不服地院关于初级管辖事件之执行命令(或批示),提起抗告,应否仍由该地院民事合议庭受理,抑应送本院裁定?事关法律疑义,理合备文呈请钧院鉴核俯赐解释,实为公便。谨呈

**院字第九五八号**

**二十二年八月十八日　司法院电湖南高等法院　附原电**

湖南高等法院徐院长览,本年四月江代电悉,所请解释破产程序疑问一案,业经本院统一解释法令会议议决,(一)法院所为宣告破产之裁定,如已为公告,即无再行送达之必要;(二)破产宣告系基于债务人之声请者,如债权人查有诈欺破产情事,虽不能对于破产宣告声明抗告,但得依其他诉讼程序,另求救济。合电知照。司法院巧印

**附原电**

南京司法院院长居钧鉴，兹有破产程序疑问两则：第一，法院宣告破产，其裁定未送达于所知之债权人，经过数月后，是否得依职权或声请补行送达？第二，破产法草案第百八十条规定，对于破产宣告限于破产者，得为即时抗告，倘债务人声请破产确有诈欺情形，法院未及详查，率尔宣告债权人不服，是否尚有其他方法可资救济？事关涉外，急待解决，理合电请钧院迅赐核示祗遵。署湖南高等法院院长徐声金叩江印

**院字第九五九号**

**二十二年八月十八日　司法院电江苏高等法院　附原电**

江苏高等法院林院长览，本年三月庚代电悉，所请解释亲属法疑义一案，业经本院统一解释法令会议议决，男女订有婚约当未结婚时，对于其父母不生亲属关系，设女因事故预居男家未行婚礼，男若死亡，其婚约当然消灭。惟女与男之父母若原有永久共同生活之意思，即应视为家属。合电知照。司法院巧印

**附原电**

司法院院长钧鉴，查钧院院字第五六零号解释例载，丙与甲之子虽未成婚甲子死后，丙既以永久共同生活为目的，与甲同居一家，自为甲之家属，甲非有正当理由，不得令其脱离关系。设有甲男与乙女已订有婚约，因附近发生战事，双方商议结果，乙女遂到甲男家居住，但未举行结婚仪式。数阅月后，甲男身故，乙女仍欲在甲男家守节，甲男父母坚执不允此种情形。名义上，乙女能否作为甲男父母之媚媳？甲乙婚约是否因甲死亡当然消灭？如不能作为甲男父母之媚媳，可否依据首开解释，作为甲男父母之家属？事关法律解释，悬案待结，理合具文电请钧院迅赐解释祗遵。署江苏高等法院院长林彪叩庚

**院字第九六〇号**

**二十二年八月二十三日　司法院训令江西高等法院　附原函**

为令知事，该法院本年第一零七九号公函，致最高法院为分宜县承审员转请解释监护人疑义一案，业经本院统一解释法令会议议决，配偶为禁治产人第一顺序之监护人，虽为法所明定，但其权利显与禁治产人利害相反时，自应以次位监护人为其法定代理人。合行令仰转饬知照。此令

**附原函**

迳启者，据分宜县承审员代电称，《民法》第一千零六条规定，禁治产人为订立变更或废止夫妻财产制契约时，应得其法定代理人之同意，而禁治产人之法定代理人即其监护人。查同法第一千一百一十一条所定禁治产人之监护人，以配偶为第一顺序。设使禁治产人之监护人为其配偶时，一方固为当事人，而一方又为监护人，则本条将何所适用？关于此点，颇滋疑义，理合电呈俯赐鉴核准予转请解释示遵等情前来，相应函请大院迅予解释函复过

院,以便转行饬知。此致

**院字第九六一号**

**二十二年八月二十八日　司法院咨行政院　附原呈**

为咨复事,准贵院本年二月十日咨(第三五号)开,据内政部呈请解释乡镇调解委员会调解成立案件执行疑义一案,咨请查照见复等由,业经本院统一解释法令会议议决,民事在未起诉前,经法院依法调解者有与确定判决同等之效力,在民事调解法第十三条定有明文,依照《民事诉讼执行规则》第四条,自得为强制执行。至区乡镇坊调解委员会所为之调解,既无明文规定可为执行根据,则当事人一方,如不依调解履行,除由他方向法院提起确认调解成立并给付之诉外,不得遽请执行。相应咨复贵院查照饬知。此咨

**附原呈**

为呈复事,案奉钧院第一二一号指令内开,呈件均悉,查此案浙江民政厅原呈胪列具体事实,与《司法院统一解释法令及变更判例规则》第三条第二项规定不合,仰即查照前项规定,设为抽象疑问呈候核转附件存此令等因,奉此。遵查本案解释疑问可分三点:(甲)说胡书庆与宋九子因会款纠纷案,既经调解委员会调解成立,是调解已有效果,并由宋九子请出邻居张阿昌保证如期归款,是调解成立案已经执行该调解委员会之能事,亦已完毕后复翻异,应由债权人胡书庆径向当地法院提起确认或给付之诉,而以前之调解会笔录,只能附呈法院作为参考事实之资料。至调解会与法院调解处调解成立之案件,其效力是否相等,系另为一事,就调解委员会及法院之本身言,各有相当之效力,但因所属之统系不同,故调解委员会之调解成立案件不能牵合由法院执行;(乙)说案既经调解委员会调解成立,并将调解笔录送由镇公所分报该县政府及该管法院备案在案。此种办法,原系法定之手续,其目的无非欲得法定机关之确认,以期获得法律之保障。今遇当事人事后翻异,法院不肯据案执行,因此调解成立之案件,即以无法定机关强制执行之,故不能完案以前调解及备案之手续。至此毫无作用,是则调解委员会之设有何裨益?于地方群众之处,嘉兴法院批谓无关,未免错误;(丙)说嘉兴法院之批示,系以民诉法规则第十四条第五款为根据,理由原甚充分。惟调解委员会调解成立之案,遇一造翻异不履行时,若必另向法院起诉以琐锁细故,当事人不能得到调解之利益反致因兴讼而受损失,似与立法之意不合,仍以有一定之执行机关为便。然究应由何种机关执行,颇费研究。倘使地方自治行政与司法机关得有沟通互助之处,事属两利而无弊,可否令由司法行政部通行各级法院,注重地方自治之各级调解委员会调解成立之案件予以救济,庶于提倡地方自治与解决人民纠纷,两有裨益。综上三说,未知孰是,案关解释法律,未敢臆测,理合备文呈请钧院鉴核转咨司法院解释,实为公便。谨呈

院字第九六二号

二十二年八月二十八日　司法院咨行政院　附原咨

为咨复事，准贵院本年五月十八日咨（第一一五号）开，据铁道部呈请解释《官吏恤金条例》疑义一案，咨请查照见复等由，业经本院统一解释法令会议议决，官吏因执行职务，遭不可抗力之天灾事变以致死亡者，固合于《官吏恤金条例》第九条及第十三条，所谓之因公亡故，其因病致死之原因，与执行职务有因果联络关系者，亦合于该条例所谓之因公亡故。至于该条例第九条及第十四条所称在职二字，系指从事于公务之职员其以前之服务机关，与最近服务机关是否相统属在所不问，相应咨复贵院查照饬知。此咨

附原咨

为咨请事，案据铁道部呈称，查《官吏恤金条例》第九条载"官吏有下列情事之一者，得按其最后在职时，俸给十分之一给以遗族恤金"，一因公亡故，二因在职十年以上勤劳卓著而亡，故第十三条载"官吏因公亡故，除依本条例第九条给恤外，并得于该官吏最后在职时，两个月俸给之限度内，酌给其遗族一次恤金"，又第十四条载"官吏在职三年以上、未满十年而亡故者，得按其最后在职时二个月之俸给，给其遗族一次恤金"各等语。第九条第一款及第十三条"因公亡故"并无明确之解释。所谓"因公亡故"是否专指执行职务时，顿遭天灾事变，非人力所能抵抗致于死亡者而言，抑凡因公务以致积劳病故者（例如因出差得病而致死亡等）亦包括在内？又第九条第二款及第十四条所载"在职"二字，可否以不相统属之机关之服务资历计算？不无疑义，理合备文呈请钧院核示祗遵等情。据此，案关法令疑义，除指令外，相应备文咨请贵院查照迅予解释见复，以便饬遵。此咨

院字第九六三号

二十二年八月二十八日　司法院咨行政院　附原咨

为咨复事，准贵院本年六月十四日咨（第一三九号）开，据内政部呈请解释公务员可否兼任杂志职务疑义一案，咨请查照见复等由，业经本院统一解释法令会议议决，来咨所称之半月刊，如系专为学术研究所发行之刊物，并非一种出版业公务员兼任，其中职务尚非法所不许。相应咨复贵院查照饬知。此咨

附原咨

为咨请事，案据内政部呈称，案准浙江省政府咨开，查有某半月刊来府声请登记，其社长为现任公务员，并声明公务员虽不能兼任报社职务，但系专指新闻纸。而若半月刊为杂志之一种公务员在内兼任职务，于法并不抵触等情，究竟公务员可否办理杂志及于其中兼任职务，不无疑问，相应咨请查核见复等由，准此。查前奉钧院第一九二号训令以准司法院解释，公务员不能兼任报社职务转饬知照等因到部，当经通行遵办在案。兹准前由，究竟杂志是否纯属商业性质之出版业，应否同受前项限制？事关法令解释，理合备文呈请钧院核

转司法院解释示遵等情。据此,除指令外,相应备文咨请贵院查照解释见复,以便饬遵。此咨

**院字第九六四号**

**二十二年八月二十八日　司法院咨行政院　附原咨**

为咨复事,准贵院二十年十二月七日咨(第三二六号)开,据内政部呈请解释《土地征收法》第二十四条疑义一案,咨请查照见复等由,业经本院统一解释法令会议议决,《土地征收法》第二十四条,所谓农工商等法定团体,固不以工会农会商会为限,即其他团体,但使合于民众团体组织方案所规定之程序者,均为法定团体,可以指定其选派代表。相应咨复贵院查照饬知。此咨

**附原咨**

为咨请事,案据内政部呈称,案据江苏民政厅呈称,案据嘉定县县长潘忠甲呈称,案查奉颁《土地征收法》第四章第二十四条内载,征收审查委员会置委员长一人委员四人或六人,委员长由地方行政官署之长官充任,委员为四人时,由地方行政官署之代表指派一人,为六人时,指派二人,其他委员员额由地方行政官署所指定之农工商等法定团体选派代表充之等语。兹据职县教育局呈以县立初级中学校,拟收用校旁民地因所有人居奇抬价,请依法组织征收审查委员会前来。惟职县法团中查无工会农会之组织所有该两团体应选征收审查委员会之代表,应改由何种团体代为选派,因征收法现无明文规定,县长未敢擅专理合备文呈请仰祈钧长鉴核指示祇遵谨呈等情。据此,除指令外,理合据情转请钧部核示以便饬遵等情。据此,查因征收土地组织征收审查委员会,若地方尚无工会农会之组织,所有该两团体应选代表应如何变通替代之处,殊无前例可援。案关法令解释,除指令外,理合具文呈请钧院鉴核示遵等情。据此,事关法律疑义,除指令外,相应咨请贵院查照解释见复,以便饬遵。此咨

**院字第九六五号**

**二十二年八月二十八日　司法院函国民政府文官处　附原函**

径复者,准贵处本年五月三十日公函(第二四零零号)开,准中央民众运动指导委员会函以浙江省执行委员会呈请解释,选举县教育会职员法定人数及代表任期届满尚未改选代表资格,是否继续有效各疑义转行到院,业经本院统一解释法令会议议决,(一)县教育会职员之选举,依《教育会法施行细则》第十六条,区教育会代表每一人有一表决权之规定,其法定人数自应为全体代表之过半数;(二)出席县教育会之区教育会代表,依上述施行细则同条之规定,其任期为一年,如任期已满,未被连选,不得再行出席参加第二届县教育会职员之选举。相应函复贵处查照转知。此致

**附原函**

径启者,案据浙江省执行委员会呈称,为教育会法,县教育会之会员为区教育会,而县教育会职员之产生由每区教育会选派代表二人,举行代表大会选举之。然其法定人数是否为全体代表之过半数,抑仍以区教育会数额之过半数即为合法(如每区教育会代表仅出席一人而已,有过半数之区教育会名称)?又区教育会出席县代表大会代表任期,前经解释,与干事任期相同,但其任期早已届满而尚未改选,则其代表之资格是否继续有效,仍得出席参加第二届县教育会之职员选举?以上疑义两点,请鉴核释示俾便饬遵等情到会。查该会所呈疑义两点,关乎法令解释,应请贵处转陈令饬主管机关解释,相应函达查照办理见复为荷。此致

**院字第九六六号**

**二十二年九月一日　司法院电湖南高等法院　附原电**

湖南高等法院徐院长览,本年四月皓代电悉,所请解释民诉和解及休止程序各疑义一案,业经本院统一解释法令会议议决,(甲)关于和解者:(一)当事人提起上诉后,法院仅据调解人所具之和解状或当事人之结状所载和解内容填发和解笔录,核与民诉法第三七一条第一第二两项不符,自不得认为诉讼上之和解。(二)前项和解既在诉讼,系属于上诉法院所为,则当事人之一造如主张和解,尚未合法成立或有撤销之原因时,自应向该法院声请裁判(参照院字第八四三号解释)。(三)不变期间之规定,系专就裁判终结之事件而设,其以和解尚未合法成立或有撤销之原因为理由声请裁判,应不受不变期间之拘束。(乙)关于休止者:(一)《民事诉讼法》第一八四条所谓视为撤回,其诉应包括上诉在内(参照院字第八四零号解释)。(二)当事人在休止期间内,如有中断或中止之原因,依《民事诉讼法》第一八零条第二项之规定,其期间当然停止进行,若无此原因,以致休止逾期,即不得声请追复。(三)视为休止及休止逾期之效果,为《民事诉讼法》第一八四条、第一八五条所明定,前院字第八七三号解释甚明,法院即不应于毋庸裁判之件,更用其他方式向当事人表示。合电知照。司法院东印

**附原电**

南京司法院钧鉴,兹有关于程序法上疑问:(甲)关于和解者:(一)上诉后当事人在外自行和解,由调解人具和解状当事人具结状,呈请法院销案,法院根据其和解或结状所载和解内容填发和解笔录,此项和解究为诉讼上之和解,抑为审判外之和解?(二)前项笔录填发后,当事人之一造声请撤销或确认和解无效,应否由诉讼系属之上诉法院裁判,抑向一审另案具诉?(三)诉讼上或诉讼外之和解当事人声请撤销或确认无效,应否受不变期间之拘束(即笔录送达后二十日内)?(乙)关于休止者:(一)当事人于第二审迟误言词辩论日期,休止三个月内不续行诉讼者,应否如法文所载视为撤回其诉,抑应视为撤回其上诉一审判决之效力依然存在?(二)当事人于休止三个月后请求续行诉讼,此项诉讼行为应否准其追

复?其追复之原因期间,是否准用《民事诉讼法》第一百六十五条之规定?(三)两造迟误言词辩论日期,视为休止诉讼,及休止逾期视为撤回其诉,毋庸另为裁定已见院字八七三号解释,但为使当事人明了其濡滞效果起见,法院应否用其他方式向当事人表示上述各则?法无明文,理合电恳迅赐解释示遵。湖南高等法院院长徐声金叩皓印

**院字第九六七号**

**二十二年九月二日　司法院咨国民政府西南政务委员会　附原咨**

为咨复事,准贵会上年十二月十五日咨(第二九号)开,据广东省政府呈请解释商号未加入同业公会以前对于公会决议有无遵守义务一案,咨请查照见复等由,业经本院统一解释法令会议议决,工商同业公司行号依《修正工商同业公会法》第七条前半之规定,虽应加入公会为会员,但在未加入以前并非公会会员,其对于代表大会议决之案自无共同遵守之义务。相应咨复贵会查照饬知。此咨

**附原咨**

为咨请事,案据广东省政府呈称,现据建设厅呈,据汕头市南商同业公会呈称,窃属会现准汕头市商会转知现奉钧厅训令开,案奉国民政府颁布《修正工商同业公会法》第七条条文内开,同业之公司行号均应为同业公会之会员推派代表出席于公会,但受除名之处分者不在此限等因,奉此,自应遵照办理。惟有一疑问应请先予解释者,即未有加入该业同业公会之少数行号,对该业同业公会所有代表大会之议决案在未入会以前,是否与该同业公会会员有共同遵守之义务?属会未便擅自断定,理合备文呈请钧厅察核恳为解释示遵,至感公便等情前来,理合备文转呈钧府核释遵办等情。据此,事关法律解释,职府未敢擅专,理合备文转呈钧会察核解释示遵等情。据此,查事关解释法律,相应咨请查照解释见复,以便饬遵,实纫公谊。此咨

**院字第九六八号**

**二十二年九月六日　司法院函交通部　附原函**

径复者,准贵部本年六月二十三日公函(第一四三七)开,邮政条例第二十三、第二十四两条,与《民法》第一百八十八条不无出入,应如何适用请查照解释见复等由,业经本院统一解释法令会议议决,暂准援用之邮政条例乃关于邮政事业之特别规定,其因遗失挂号快递邮件及保险邮件包裹、保险包裹所负之赔偿责任,自应适用该修例第二十三条、第二十四条之规定。相应函复贵部查照。此致

**附原函**

迳启者,查本部所辖邮政为国营事业开办以来,所有全国邮政业务之进行及法益之保障,悉依邮政条例及邮政章程办理。在邮政法未公布施行以前,此项条例章程当然在民国十六年八月十二日国民政府训令,凡从前施行之一切法令,除与党纲主义或与国民政府法

令抵触各条外，暂准援用之列。惟该条例第二十三、第二十四两条，关于赔偿遗失挂号快递邮件保险邮件包裹及保险包裹之规定，与民国十九年五月施行之《民法》第一百八十八条之规定不无出入，是否依据特别法优于普通法之原则，该邮政条例第二十三、第二十四两条继续有效，抑应适用《民法》第一百八十八条之处？相应备函敬请贵院查照予以解释，至纫公谊，并希见复。此致

**院字第九六九号**

**二十二年九月九日　司法院电南宁广西高等法院　附原电**

南宁广西高等法院院长览，四月宥电请解释一案，业经本院统一解释法令会议议决，《党员背誓罪条例》既已废止，又无特定机关接受审判，则其上诉案件无论在该条例有效期间之判决如何，当然归普通法院受理。合电知照。司法院佳印

**附原电**

司法院院长居钧鉴，兹有党员甲于《党员背誓罪条例》有效期间内，犯同条例第四条之罪，经普通法院为第一审判决谕知科刑，甲不服上诉。经第二审认为，应组临时法庭审判援同条例第七条，刑诉法第三八五条、第三七九条、第三一九条撤销原判，为管辖错误之判决。甲又不服上诉，经第三审最高法院判决将上诉驳回，尚未组织临时法庭开始审判，而《党员背誓罪条例》业已废止。于此场合，第三审确定判决，是否当然失效，得由普通法院径行审判，抑或应将第三审判决撤销普通法院始能审判？如应撤销第三审判决，其撤销又应适用若何程序，法无明文，殊滋疑义，理合电请解释示遵，悬案以待，乞速施行。广西高等法院院长朱朝森呈宥

**院字第九七〇号**

**二十二年九月九日　司法院咨行政院　附原咨**

为咨复事，准贵院本年四月二十四日咨（第九八号）开，据实业部呈请解释商标法第四条疑义一案，咨请查照见复等由，业经本院统一解释法令会议议决，《商标法》第四条所定之继续使用区域，依现行法令并无何种限制，外国商人援据该条呈请注册，倘确具该条所定之情形，又与商标互相保护之条约不相抵触，则不问其使用之区域在于国内，抑在国外自不受同法第二条第六款及第三条之限制？若商标局认其商标有修改或限制之必要，可斟酌情形，依该条但书所定办理。相应咨复贵院查照饬知。此咨

**附原咨**

为咨请事，案据实业部呈称，案据商标局呈称，为呈请转司法院解释法律疑义事，查现行商标法第四条所载，以善意继续使用十年以上之商标，依本法呈请注册时，不受第二条第六款及第三条规定之限制，但商标局认为必要时，得令其将形式或所施之颜色加以修改或限制等语。其使用之区域问题，系指专在中国境内使用，抑在外国所在地使用亦有同等效

力,未经明白规定。惟旧商标法第四条亦未经明白规定使用区域,但按前北京商标局办理成例,根据第八条所载"凡在中华民国境内无住所或营业所者,非委托在中华民国境内有住所或营业所者为代理人,不得为商标注册之呈请及其他程序,并不得主张商标专用权或关于商标之权利"之法意,认为该条之使用区域以在中国境内实际使用为限例。如该局审查在中国经海关挂号,依照旧商标法第四条呈请注册之德国商标,其使用时日必须扣除中德两国邦交断绝之日起,至恢复之日止之中间期日,如满五年以上方能核准依照该条注册。此即明征国民政府成立后,由前全国注册局前工商部商标局相沿迄今,均依照前例办理。近来外国商人根据现行商标法第四条呈请注册之商标甚多,间有提出在其本国注册之商标,便用时日证据请求注册者,吾国实业方在萌芽,如果认为有效,则于吾国商人营业前途所受影响殊非浅鲜。惟对于使用区域问题既无明白规定,往往发生争执,究竟现行商标法第四条使用区域,是否只在中国境内使用为有效,抑在外国使用亦有同一效力?事关法律疑义,职局未敢擅断,理合具文呈请转呈司法院迅赐解释,俾便遵循等情。据此,查商标法第四条之使用二字,论商标使用之意义,不能有国界及扣除国交中断之期间;论商标法效力之所及,则似不能计及于国外。事关法律疑义,理合具文呈请钧院鉴核转咨司法院解释,俾便饬遵等情。据此,除指令外,相应备文咨请贵院查照解释见复,以便饬遵。此咨

**院字第九七一号**

**二十二年九月九日　司法院电江苏高等法院第二分院首席检察官　附原电**

江苏高等法院第二分院王首席检察官览,本年六月陷代电悉,所请解释《刑法》第一百六十五条疑义一案,业经本院统一解释法令会议议决,《刑法》第一百六十五条所定僭行公务员职权之罪,系指无公务员身分冒行公务员之职权者而言。至是否假借公务员之名义,与罪之成立无关。合电知照。司法院佳印

**附原电**

南京司法院院长钧鉴,查《刑法》第一百六十五条所定僭行公务员职权之罪,是否指本非公务员而僭用公务员之名义以行其职权者而言?若并未假借公务员之名义,而行使属于公务员职权上之行为,应否构成该条之罪,请迅予解释示遵。署江苏高等法院第二分院首席检察官王振南叩陷印

**院字第九七二号**

**二十二年九月九日　司法院指令安徽高等法院　附原呈**

呈悉,业经本院统一解释法令会议议决,(一)《刑法》第一百七十条第一项所称囚人,不问民事刑事,凡被依法逮捕拘禁者均包含在内(参照院字第一七二号、第九二一号解释);(二)《修正县知事审理诉讼暂行章程》第三十二条,复判审发回复审,判决案件事实明确,仅系从刑失入,经检察官提起上诉者,第二审得用书面审理仅将从刑改判。合行令仰知照。

此令

附原呈

呈为呈请解释事。查暂行刑律第一百六十八条分别定明，既决未决之囚及其他按律逮捕监禁人脱逃者成立脱逃罪，《刑法》第一百七十条第一项只定依法逮捕拘禁之囚人脱逃者为脱逃罪，因之依《民事诉讼法》第二百九十条、《刑事诉讼法》第九十五条拘提之证人，《管收民事被告人规则》第一条第一款（经传唤三次不于日期到场，亦不声明理由或其理由不正当者），拘提之被告人逃去时，应否构成脱逃罪有三说：（甲）说《刑法》第一百七十条第一项既仅定囚人，依文理解释，囚主拘系当刑者，自系专指刑事被告或嫌疑人而言，提起之证人及民事被告人不得谓为囚人；（乙）说不问民刑事，凡被逮捕拘禁者均为囚人；（丙）说囚人固不限于刑事，即依《管收民事被告人规则》第三条管收之被告人，亦不得谓非囚人但在拘提中脱逃者，须以得管收者为限。若证人及民事被告人仅因其不到庭，依法拘提强制其到庭，而到庭陈述后即须饬回，依法无得管收者，自不得谓为囚人。至于中途若有施用强暴胁迫情事因而逃去，亦只能构成妨害公务罪。三说以何说为是，应请解释者一。查《修正县知事审理诉讼暂行章程》第三十二条，复判审发回复审判决案件事实明确仅系从刑失入，经检察官提起上诉者第二审，得用书面审理。此种审理可否仅从刑改判有二说：（子）说依《刑事诉讼法》第三百六十二条第二项，对于判决一部分上诉者，其有关系之部分，亦以上诉论主刑与从刑有关应将主刑一并改判；（丑）说复审判决认定事实不明主刑不当，依《刑事诉讼法》第三百六十二条第二项，固得将主刑一并审判。但此际须提讯被告，不得用书面审理。若事实明确主刑无误，检察官仅对于从刑部分上诉时，自可专就从刑改判。若认主刑亦有不当应一并改判，则不得适用书面审理之特别规定。二说以何说为当，应请解释者二。凡此均系法律上疑义，理合备文呈请钧长俯赐解释示遵。谨呈

**院字第九七三号**

**二十二年九月十五日　司法院咨行政院　附原咨**

为咨复事，准贵院本年六月十日咨（第一三六号）开，据内政部呈请解释，寺庙田产及住持疑义一案，咨请查照见复等由，业经本院统一解释法令会议议决，（一）僧人如仅租住寺庙租种田产，并未取得管理权，则无论其曾担任何种名义仍属租赁关系，不得认为住持；（二）凡对于寺庙有管理权之僧道，皆认为住持《监督寺庙条例》第六条第二项已有明文规定。相应咨复贵院查照饬知。此咨

附原咨

为咨请事，案据民政厅签呈以据溧阳县长陈熹呈称，查地方寺庙自《监督寺庙条例》颁行后，纠纷颇多，除解释各条自应遵照外，仍有疑义两点，请转请解释示遵：（一）设有寺庙确有遗传香火田地山塘等产业，但于清末或民元时住持僧中断，曾有地方人士公同保管若干期后，有其他僧人自愿赁租该寺庙居住及该寺庙田产一部份种，作名义上仍为某寺或某庵

住持。延至现在彼赁庙居住之徒已继续担任住持名义,并欲向地方人士清理与该寺庙有关之一切产业能否照允?而地方人士设欲根据前住持所订赁租字据斥退现任住持是否可行?此应请解释者一;(二)所指有住持居住之寺庙一节,其住持名义之成立并无若何法律规定,其住持之名义及地位究如何认为合法或不合法?此应请解释者二等情,签请转咨核复饬遵等语。事关解释法令,相应咨请查照核电以便饬遵为荷。此咨内政部主席顾祝同江苏省民政厅厅长赵启騄

**院字第九七四号**

**二十二年九月十五日　司法院指令云南高等法院　附原呈**

呈悉,业经本院统一解释法令会议议决,查《区乡镇坊调解委员会权限规程》第四条第一项,列举《刑法》各条之罪,系专指该委员会得调解之刑事而言。违警罚法第九章既无可以调解之规定,自不得依据该规程予以调解。合行令仰转饬知照。此令

**附原呈**

呈为呈请解释示遵事。案据广通县长朱纬呈称,呈为呈请解释事。窃查中央颁布《区乡镇坊调解委员会权限规程》第四条内载,调解委员会有调解《刑法》第三百八十条、第三百八十二条至三百八十四条之毁弃损坏罪之权,以此推论,则违警罚法第九章妨害他人身体财产之违警罚内各条款,各区乡镇调解委员会似可调解,但无明文规定,究能否调解之处,关系法理疑义,理合具文呈请钧院鉴核准予明白解释令示祗遵等情。据此,查该县长所呈各节,当经本院审查有甲乙两说:(甲)说谓《刑法》第三百八十条、第三百八十二条至三百八十四条之毁弃损坏罪,该区乡镇坊调解委员会既有调解之权,则关于违警罚法第九章妨害他人身体财产之违警处分,自属较轻,该调解委员会当得调解无疑。(乙)说谓《区乡镇坊调解委员会权限规程》第四条,既载明该会关于《刑法》上某某条之罪有调解之权,则此外关于违警罚法第九章妨害他人身体财产之违警处分,又未在明定之列,该会自无调解之权。二说孰是,向无法令可循,事关法律解释,本院未敢擅专,除指令外,理合据情呈请钧院鉴核,俯赐解释指示,以便转饬遵照。谨呈

**院字第九七五号**

**二十二年九月十五日　司法院训令江苏高等法院　附原函**

为令知事,该法院二十年十一月五日公函致最高法院,为宿迁县承审员转请解释《惩治盗匪现行办法》疑义一案,业经本院统一解释法令会议议决,盗匪案件既依《惩治盗匪暂行条例》拟处死刑,其报核办法仍应依同条例第三条第一项规定办理。合行令仰转饬知照。此令

**附原函**

迳启者,案据宿迁县承审员蒋应杓呈称,查《江苏省惩治盗匪现行办法》有二:一为中央

颁布之《惩治盗匪条例》处罪；二为江苏省政府第五次会议决议案治罪（即寒电办法）。兹有疑义，设案经依照《惩治盗匪暂行条例》拟判，报由高等法院转报省政府核办，旋奉省政府指令发回再审，而再审结果仍拟处以死刑，其报核办法发生甲乙二说：（甲）前既依照《惩治盗匪暂行条例》第三条第一项规定办理发回再审结果，自应仍依上开程序拟制判词，报由高等法院转报省政府核办。（乙）既经发回再审，即属更新审理，则原审裁判之程序已经无效，再审固不受其拘束报核办法采用省政府第五次会议决议案，自无不可。上列二说，未知孰是，又拿获盗匪在省政府寒电（第五次会议决议案）通令以前，处决在通令以后，是否亦得适用寒电径报省政府主办惩治并乞解释示遵等情前来，相应转请贵院迅予解释见复，以便饬遵为荷。此致

**院字第九七六号**

**二十二年九月十五日　司法院函中央执行委员会民众运动指导委员会　附原呈**

径启者，准贵会本年五月二十七日公函（第三七八二号）开，准广东省党部呈请解释各县市同业公会之设立区域疑义一案，请查照见复等由，业经本院统一解释法令会议议决，《工商同业公会法施行细则》第四条乃示明，《工商同业公会法》及该法施行细则所称之区域准用《商会法》第五条规定之区域。换言之，即《工商同业公会法》第一条、第五条、第六条及该法施行细则第二条所称之区域，在各特别市、各县、各市应准用《商会法》第五条规定，以各该市县之区域为其区域，非以商会区域为工商同业公会区域之谓（参照院字第七零八号解释）。至《商会法》第五条所称之繁盛区镇，并非指县城而言，其在繁盛区镇设立之工商同业公会应以该区镇之区域为其区域。相应函复贵会查照转知。此致

**附原呈**

呈请转请解释事。窃查《工商同业公会法施行细则》第四条规定，本法及本细则所称区域，准用《商会法》第五条之规定等语。又，查《商会法》第五条规定，各特别市、各县及各市均得设立商会，即以各该市县之区域为其区域，但繁盛之区镇亦得单独或联合设立商会，是则同业公会之设当以商会之区域为其区域，似无疑义。设有某县设立一全县商会时，则各区发起组织之同业公会，应否合并组织县同业公会，抑准其照《商会法》第五条但书之规定分别设立？各区同业公会后加入县商会，又如，各地县城多属繁盛区镇是否一律援照但书规定，准其另行组织县城同业公会，抑仍照商会设立原则以全县区域为其区域？事关法令解释，理合备文呈请解释，俾便依据办理。此致

**院字第九七七号**

**二十二年九月十五日　司法院训令河南高等法院首席检察官　附原函**

为令知事，该法院第一分院首席检察官电呈最高法院检察署，转请解释复审案件上诉疑义一案，业经本院统一解释法令会议议决，复判审发回原县复审之案件，因正式县法院成

立移经该县法院审判者,无论处刑是否重于初判,当事人均得上诉,不受《复判暂行条例》第十一条为一项后半之限制(参照院字第三二四号解释)。合行令仰转饬知照。此令

附原函

迳启者,案据河南高等法院第一分院首席检察官刘道辅佳代电称,兹有县政府判决某案处被告无期徒刑,逾上诉期限后,呈送复判。经复判判决发回复审,适值该县成立正式县法院,将该案移交县法院,审理结果仍判处被告无期徒刑,并不重于初判。该被告究竟有无上诉权,其说有二:(甲)说该案既系复审判决,其处刑并不重于初判,依《复判暂行条例》第十一条第一项后半段规定,被告自无上诉权;(乙)说该案虽系发回复审之件,但系由配置有检察官之正式县法院审理,依司法院二十年寒电解释,不能适用《县知事审理诉讼暂行章程》,即不能按照《复判暂行条例》办理。无论该判决处刑是否重于初判,被告及该法院之检察官均有上诉权,盖以该法院并非《复判暂行条例》第一条所称,由县长兼行检察职权之县法院故也。两说未知孰是,颇滋疑义,理合电呈转请解释示遵等情。据此,相应转请贵院查核解释。此致

**院字第九七八号**

**二十二年九月十五日　司法院训令江苏高等法院　附原函**

为令知事,该法院上年一月十三日公函致最高法院为武进县法院转请解释贩卖盐硝如何处罪一案,业经本院统一解释法令会议议决,取纯盐硝,既非爆裂物,其贩卖自不成立《刑法》第二零一条之罪。合行令仰转饬知照。此令

附原函

径启者,案据武进县法院院长雷人龙呈称,兹有某甲向硝磺局购得大批盐硝转向他户出售,经硝磺局查明,认为私自贩卖有背《硝磺缉私条例》,特依第一条送请司法官厅法办。惟查盐硝性质经化验结果不能认为《刑法》上之爆裂物,但既私自贩卖又显系违反缉私条例,究竟此项情形能否依《刑法》第二百零一条办理,抑应宣告无罪等情前来。据此,相应函请贵院查照赐予解释见复,以便转行知照为荷。此致

**院字第九七九号**

**二十二年九月二十三日　司法院咨行政院　附原咨**

为咨复事,准贵院本年七月十三日咨(第一七零号)开,据实业部呈请解释《会计师条例》第三条疑义一案,咨请查照见复等由,业经本院统一解释法令会议议决,《会计师条例》第三条所称之商科、经济科,系专指各该本科而言。相应咨复贵院查照饬知。此咨

附原咨

为咨请事,案据实业部呈称,查关于《会计师条例》第三条前段规定,在国立或国内经教育部立案,国外经教育部认可之公私立大学独立学院或专科学校之商科或经济科毕业一

节，所谓商科或经济科，是否专指各该本科而言，其他一切科系均不得比援。如有毕业之科系，虽非称为商科或经济科，而其内容性质与商科或经济科相当者，能否视同商科或经济科认为合格？法无明文，不无疑义，理合具文呈请鉴核转咨司法院解释等情。据此，除指令外，相应备文咨请贵院查照解释见复，以便饬遵。此咨

**院字第九八〇号**

**二十二年九月二十三日　司法院指令察哈尔高等法院　附原呈**

呈悉，业经本院统一解释法令会议议决，（一）行纪人、仓库营业人、运送人因有《民法》第五百八十五条、第六百二十一条、第六百五十条第三项所定之情形，得径行拍卖之物，在拍卖法未公布施行前，得依债编施行法第十四条规定照市价变卖，其证明之机关有该条但书所列之一即可。（二）质权人因有《民法》第八百九十二条、第八百九十三条所定之情形，得径行拍卖质物，在拍卖法未公布施行前，自可依照债编施行法第十四条规定办理。（三）法院依债编施行法第十四条所为之证明，乃证明其变卖系照市价，应发给证明文件，并应依《非讼事件征收费用暂行规则》征收费用。合行令仰转饬知照。此令

**附原呈**

呈为转请解释事，案据署万全地方法院院长蒋铁珍呈称，为恳请转呈解释法律疑义事。窃查现行《民法》关于拍卖之规定约分两种，一、定有声请法院字样者，如第三百三十一条，清偿人之拍卖给付物，及第八百七十三条第一项抵押权人之拍卖抵押物。二、无声请法院字样者，如第五百八十五条第一项行纪人之拍卖买受物，第六百二十一条仓库营业人之拍卖寄托物，第六百五十条第三项运送人之拍卖运送物及第八百九十二条、第八百九十三条第一项，质权人之拍卖质物。是法文用语，两者显然不同，则凡债编未定有声请法院字样之拍卖，如行纪人之拍卖买受物、仓库营业人之拍卖寄托物、运送人之拍卖运送物，在拍卖法未公布施行以前，似均得由权利人依债编施行法第十四条但书规定，照市价径行变卖，既不必诉经法院确定判决取得债务名义，依强制执行程序行之不必以法院为惟一证明机关，即向公证人、警察官署、商会自治机关四者之一求为证明，均无不可，此其一。物权编第八百九十二条及第八百九十三条第一项，关于拍卖质物之法文，所以无如第八百七十三条第一项拍卖抵押物之定有声请法院字样者，立法意旨无非以动产质权之标的物，既以动产为限，且须移转占有与抵押权标的物之限于不动产并不移转占有者，性质迥殊，则当实施拍卖之时一贵迅捷，一主郑重，程序自应互异。因之司法院院字第四九三号解释，所谓抵押权人欲实行，其抵押权非先诉经法院判决确定，不得执行拍卖云云，于拍卖质物似未便类推适用。惟查物权编施行法并无与债编施行法第十四条相当之规定，在拍卖法公布施行以前，质权人实施拍卖质物，是否亦应准用该条规定办理，此其二。法院遇有当事人依债编施行法第十四条，声请证明变卖物品时，似应作为非诉事件受理，经查核无异时，是否须发给证明书，抑得以裁定或批示等形式予以备案？又此类事件应否依《非讼事件征收费用暂行规则》征

收费用,此其三。事关法律疑义,未敢擅断,理合呈请鉴核转呈司法院解释示遵等情。据此,事关法律疑义,理合据情呈请钧院鉴核俯赐解释,以便饬遵。谨呈

**院字第九八一号**

**二十二年九月二十三日　司法院指令安徽高等法院　附原呈**

呈悉,业经本院统一解释法令会议议决,(一)《内地外国教会租用土地房屋暂行章程》施行以前,外国教会在内地绝买之土地,依该章程第六条所定,固应以永租权论。但中国人若向外国教会购买此土地,应依不动产登记条例第四条规定,从其性质,得认为同条例第三条第一项所列之所有权为移转之登记。(二)外国教会依《内地外国教会租用土地房屋暂行章程》第一条,租用土地仅发生租用关系,该土地之所有权仍属于原所有人,外国教会若将此土地租用关系移转于中国人,应依《不动产登记条例》第三条,为租借权移转之登记。合行令仰转饬知照。此令

**附原呈**

呈为据情转请解释事。案据芜湖地方法院院长金鹤年呈称,窃本院关于中国人购买外国教会前,在中国内地买受之土地请求所有权移转登记发生疑义,说分为二:(甲)说谓《内地外国教会租用土地房屋暂行章程》,系于民国十七年六月十一日施行,依该章程第六条,本章程施行以前,外国教会在内地已占用之土地系属绝买者,以永租权论。盖以示外国教会在中国内地不得享土地所有权,至为明显,故中国人购买外国教会以永租权论之土地,当然无所有权移转之可言。皮之不存,毛将安附?似未便准为所有权移转之登记。(乙)说谓该章程第六条,所谓以永租权论者,原为救济该章程施行以前,内地外国教会已绝买中国土地之办法,论其实质,与所有权初无二致,不过法律上视为永租权而已。盖以该章程第六条之规定,无非限制内地外国教会不得享有土地所有权,并非谓中国人接买,是项土地亦同受此项限制,自应准为所有权移转之登记。以上两说,未知孰是,应请求解释者一。又查同章程第一条规定,外国教会得以教会名义租用土地建造或租买房屋,是外国教会对于中国内地之土地仅有租用权而已。倘中国人购买外国教会租用之土地是否发生所有权移转之效力,抑仅继承取得土地租用权,应请求解释者二。综上两点,均系法律疑义,理合呈请钧院转呈司法院迅赐解释示遵等情前来。事关解释法律疑义,理合据情转呈仰祈钧院俯赐解释,以便转令遵照,实为公便。谨呈

**院字第九八二号**

**二十二年十月七日　司法院咨行政院　附原咨**

为咨复事,准贵院上年十一月三十日咨(第三二七号)开,军人犯强盗罪,应适用普通《刑法》,抑应依《陆海空军刑法》处断,请解释见复等由,业经本院统一解释法令会议议决,《陆海空军刑法》第八十三条之罪,包括强盗罪在内,军人意图为自己不法之所有持枪胁迫

他人,至使不能抗拒而取其所有物,应依该条处断相应咨复贵院查照。此致

**附原咨**

为咨请事,查中华民国《刑法》有抢夺罪及强盗罪之规定(第二十九章),依贵院院字第一一六号解释二者之区别,至为明显。惟查《陆海空军刑法》仅规定抢夺罪(第十章),对于强盗行为并无处罚明文。设有军人意图为自己不法之所有持枪胁迫他人,至使不能抗拒而取其所有物,究应依《陆海空军刑法》第一条第二项适用普通《刑法》论罪科刑,抑以《陆海空军刑法》第八十三条所谓(抢夺财物)包括普通《刑法》规定之强盗行为,应依陆海空军刑法处断。事关法律疑义,相应备文咨请贵院查照迅予解释见复,至纫公谊。此咨

**院字第九八三号**

**二十二年十月七日 司法院指令山东高等法院 附原呈**

呈悉,业经本院统一解释法令会议议决,撤回上诉应于裁判前为之,刑事被告不服第一审判决上诉,于第二审判决后再上诉经第三审判决发回更审,即不许撤回上诉。合行令仰知照。此令

**附原呈**

呈为呈请解释事。窃查刑事案件上诉人不服第一审判决提起上诉,经第二审法院认为上诉逾越期限,以判决驳回,被告仍不服上诉,经第三审认上诉,是否逾期?第二审尚未调查明晰将第二审判决撤销发回更为审判后,该上诉人声请撤回上诉应否准其撤回有两说:(甲)说谓《刑事诉讼法》第三百六十七条,上诉于裁判前得撤回之规定,系指实体上之裁判而言,程序之裁判不在此限。本案虽经第三审判决发回更审,但前第三审判决及第二审判决均系就程序上所为之裁判,既无法律及事实之问题又可免人民时间经济之虚耗,上诉人撤回上诉,自应准其撤回;(乙)说谓刑事归讼法第三百六十七条所谓裁判,包括实体上裁判与程序上裁判而言。该条既规定上诉于裁判前得撤回之,则已经裁判者,无论其为实体上裁判,抑程序上裁判,均不能准其撤回本案,既经第三审判决发回更审,自不能准其撤回上诉,且上诉人声请撤回上诉,系在第三审判决之后,而此时第三审已以判决将第二审判决撤销,止有第一审判决存在。如准其撤回,究系撤回第二审上诉乎,抑系撤回第三审上诉乎?如谓撤回第三审上诉,则第三审业经第三审判决,如谓撤回第二审上诉,则第二审之判决已经第三审撤销,而此次受理又系以第三审发回更审为根据,下级法院及当事人均应受其拘束。况第三审发回更审案件,不许撤回上诉,曾经钧院院字第六八二号解释甚明,本案如准撤回上诉,实与前述法条及钧院解释均相违背,更就事实上言,上诉人现在第二审羁押,而第一审系属初判,如准撤回上诉,仍须复判,辗转迁延,尤增拖累。二说不知孰是,事关法律疑义,理合呈请钧院迅赐解释示遵。谨呈

**院字第九八四号**

**二十二年十月七日　司法院指令浙江高等法院　附原呈**

呈悉,业经本院统一解释法令会议议决,依《刑事诉讼法》第一百三十九条,对于住宅有相当理由可信为被告或证据物件及可没收之物件存在者,得为搜索,无论证据曾否获到,不负刑事责任,但密告人如有诬告之故意,应负诬告罪。责合行令仰转饬知照。此令

**附原呈**

呈为转请解释事,案据平湖县县长吴文泰感代电称,窃本县遵照本省禁烟方案第六章第六十二、六十三两条之规定,设置密告箱并拟办法呈奉民政厅核准照办。兹密告人遵照办法规定投箱密告,本政府审查内容,以其方式已符准予叙案饬警查拿。惟查拿结果,并无获到证据,于是被告人请本府追究密告人处以诬告应得之罪,而照禁烟方案规定,接受密告应严守秘密,不得泄漏。关于此等案件:(一)政府方面查拿未获证据,应否负何种责任?(二)民众方面政府接受合式之密告,一再搜查住宅,究竟如何保障?(三)密告人方式并无不合,所告是否虚伪,事前无从断定,事后依法查拿却无佐证,应否负担刑事责任?以上三点,县长兼理司法于办理上发生困难,理合电呈请予详细释示,俾资遵循等情。据此,案关请求解释,理合备文转请仰祈钧院鉴核令遵。谨呈

**院字第九八五号**

**二十二年十月七日　司法院指令甘肃高等法院首席检察官　附原呈**

呈悉,业经本院统一解释法令会议议决,被处罪刑并未褫夺公权经宣告缓刑者,在缓刑期内其享有公权问题,除别有关于消极资格之限制规定外,不受影响。合行令仰转饬知照。此令

**附原呈**

呈为呈请解释事,案据皋兰地方法院首席检察官呈称,窃有某甲被处罪刑宣告缓刑,但未夺权在此缓刑期内,是否仍享选举权及为官吏之权,于此有甲乙两说:(甲)说谓某甲虽处罪刑,但未褫夺公权,揆诸法理,当然享有《刑法》第五十六条所列公权,即证诸前大理院五年统字第五三二号解释,缓刑期内并无禁充议员明文。又十年统字一五三号解释缓刑期内得充议员,并不以未褫夺公权者为限,则受缓刑之宣告不问原案曾否褫夺公权,苟未经撤销缓刑之宣告,仍应有选举权及被选举权各等语,则缓刑期内议员既不限制,而官吏与议员均系公权,即亦不发生疑问矣。(乙)说谓某甲既已判处罪刑,虽未褫夺公权,但其缓刑尚未届满,则为官吏之权仍不能以享有。盖议员系人民代表民众既信认选举,于前官厅未便取缔,于后是以大理院解释有缓刑期内不限制之明示也。至官吏为公服务,若本身被处罪刑,易被民众污蔑,致使至高且尊之公务威信不免丧失殆尽,以是国家考取官吏,既有受徒刑以上之宣告者限制之规定。由此而论,则某甲既受徒刑之宣告既不得享有为官吏之权。以上二

说,究以何说为当?事关法律疑问,职处未敢擅专,理合备文呈请鉴核予以解释,俾便示遵,实为公便等情。据此,事关解释法律,职处未敢擅拟,理合具文呈请钧院鉴核俯赐迅予解释,以便饬遵,实为公便。谨呈

**院字第九八六号**

**二十二年十月二十一日　司法院指令浙江高等法院　附原呈**

呈悉,业经本院统一解释法令会议议决,按地上权之地租与租赁契约之租金,固属不同然就其"因使用土地而支付金钱为对价"之点言之,则二者实相类似,故关于《民法》第四百四十二条之规定,于地上权地租之增加,亦应类推适用。合行令仰转饬知照。此令

**附原呈**

呈为转请解释事,案据奉化县县长李涵夫呈称,兹有甲买得乙上祖遗下于数百年前出租与丙之山数百亩,买得后欲收回自种,经以租权涉讼结果认丙有地上权,将其请求驳斥,甲以租权被驳不能收回,拟加增其租山价格,对丙复提起增租之诉,以谓经济状况发达,自宜增加,丙则以此项山场租赁年限已历百余年,乙对其租价历来并无增加,甲之买得不过移转产权并未有若何加工培植,此项地产之增进全系丙所造就,自不能听其增租云云。究竟该项租价能否酌量增加,法无明文规定,理合具文呈请仰祈鉴核转请明示解释等情。据此,案关请求解释,理合备文转请仰祈钧院鉴核俯赐指令,以便饬遵。谨呈

**院字第九八七号**

**二十二年十月二十一日　司法院指令江苏高等法院　附原呈**

呈悉,业经本院统一解释法令会议议决,(一)从前施行之一切法令,除与党纲主义或国民政府法令抵触者外,暂准援用前经国府颁有明令,则关于商人通例各章在《民法》中所未规定者,如与《民法》不相抵触,并不违背党义,自可援用,不因《民法》之施行而失效。(二)《民事诉讼法》第一百八十四条之规定,所谓撤回其诉,虽可认为包括上诉在内,但当事人如系因上诉后休止逾期,则所谓视同撤回,即应以上诉为限。合行令仰知照。此令

**附原呈**

呈为法律疑义请予解释示遵事。窃查商人通例实质上与商法总则相当,在民商法分别编订时,固有独立存在之必要,自《民法》颁布施行,除公司票据海商保险另有特别办法外,关于商法不特无总则之颁行,且将商人通例中商业使用人代理商各章及应属商行为之居间、行纪、寄托、仓库运送各事项悉列入债编中,是民商法之分别已不复存,在商人通例既系商法总则,即应因《民法》施行而失效。惟商人通例中尚有商号,商业注册及商业账簿各章《民法》各编中并未予以吸收,究竟是否继续有效,不无疑问,此其一。《民事诉讼法》第一百八十四条,当事人自法院许其休止诉讼程序时起,如于三个月内不续行诉讼,视为撤回其诉,业经钧院解释。所谓撤回其诉,系包含上诉在内。惟判决确定前得撤回其诉,为同诉讼

法第二百五十二条第一项所明订,当事人向上诉法院呈明休止三个月内,并未续行诉讼,是否上诉及第一审之诉,均视同撤回,抑仅上诉视同撤回,亦不无疑问,此其二。事关法律疑义,职院未敢专擅,理合具文呈请钧院迅赐解释,俾便遵行。谨呈

**院字第九八八号**

**二十二年十月二十一日　司法院训令湖北高等法院　附原函**

为令知事,该法院本年第四一零号公函,致最高法院请解释声请再审疑义一案,业经本院统一解释法令会议议决,第三审认当事人因上诉所得受之利益不逾三百元,以裁定驳回,在当事人虽因受审级之限制,不得抗告,但驳回上诉既系准用《民事诉讼法》第四百零九条第一项之规定,则其裁定性质即与同条第三项所定得为即时抗告之裁定无异,如当事人具有同法第四百六十一条第一项各款之原因,自得依同法第四百七十二条声请再审。合行令仰知照。此令

**附原函**

径启者,查《民事诉讼法》第四百七十二条载,得为即时抗告之裁定已经确定,而有第四百六十一条第一项各款情形之一者,得准用第四百六十二条至第四百七十条之规定声请再审。而《民事诉讼法》第四百三十三条载,对于财产权上诉讼之第二审判决,如因上诉所得受之利益不逾三百元者,不得上诉。设终审以裁定认当事人因上诉所得受之利益不逾三百元,驳回上诉,而当事人举出新证据,主张讼争标的在三百元以上。依《民事诉讼法》第四百七十二条,声请再审,究竟于法应否准许,计有二说:(甲)说谓对于已经确定之裁定,而有第四百六十一条第一项各款情形之一者,得准用第四百六十二条至第四百七十条之规定声请再审,究以得为即时抗告之裁定为限。兹第三审法院既依《民事诉讼法》第四百三十三条,认定当事人因上诉所得受之利益不逾三百元,以裁定驳回其上诉,虽系已经确定之裁定,并非已经确定得为即时抗告之裁定。以立法之精神而言,当然不能准许其声请再审。(乙)说谓此种情形,应以准其再审为宜。因第三审裁定虽不得即时抗告,而就已经确定一语观之,则与得为即时抗告之确定裁定初无异致。况第三审法院,依《民事诉讼法》第四百三十三条,以裁定形式谓对于财产权上诉讼之第二审判决,如因上诉所得受之利益不逾三百元者,不得上诉,亦系依《民事诉讼法》第四百四十八条,准用第四百零九条第一项之规定,而第四百零九条第一项载,在法律上不应准许应以裁定驳回之,该条第三项载,此项裁定得为即时抗告。查对于财产权上诉讼之第二审判决,如因上诉所得受之利益不逾三百元,不得上诉,显系法律上不应准许之件,既可依《民事诉讼法》第四百四十八条准用第四百零九条第一项之规定,似可依当然之条理类推之解释,准其声请再审,以昭允洽。二说未知孰是,本院现有此类案件亟待解决,相应函请贵院迅赐解释示遵,实为公便。此致

**院字第九八九号**

**二十二年十月二十一日　司法院电陕西高等法院　附原电**

陕西高等法院孟院长览，本年七月寒代电悉，所请解释典物回赎期间疑义一案，业经本院统一解释法令会议议决，典物回赎之期间，在《民法》物权编施行前，并无明文规定，故前解释关于典期届满后，未经典权人催告特予出典人以回赎之相当期间，现在《民法》第九百二十三条第二项既已明定回赎期间，则凡典物之回赎均应受此限制。如果典期届满在《民法》物权编施行以前，出典人之回赎请求权尚未行使其计算期间，即应依《民法》物权编施行法第二条、第五条办理。合电知照。司法院马印

**附原电**

南京司法院院长居钧鉴，钧院第九号、第五三号解释，所谓相当期内四字可否适用《民法》第九百二十三条第二项暨《民法》物权编施行法第四条之规定办理，抑或另有解释，请电示遵。陕西高等法院院长孟昭侗寒叩

**院字第九九〇号**

**二十二年十月二十一日　司法院电广西高等法院　附原电**

广西高等法院院长览，本年一月元代电悉，所请解释地方分庭办理调解事件疑义一案，业经本院统一解释法令会议议决，按民事调解法第一条及第三条规定，系于第一审法院附设调解处并以推事为调解主任，如分庭推事仅有一人，不能兼充调解主任，其调解处尚未成立，则民事调解法自得暂不适用。合电知照。司法院马印

**附原电**

司法院院长居钧鉴，查二十一年钧院院字第七五一号指令，自贡地院转请解释调解主任推事是否为民诉条例第四十二条第七款之公断人由内开，呈悉，业经本院统一解释法令会议议决，调解主任推事之性质，应认为与民诉条例第四十二条第七款所谓之公断人相同，合行令仰知照，此令等因。按民诉条例第四十二条第七款之公断人，即修正民诉律第四十二条第五款及现行民诉法第三十二条第七款之公断人，如调解不成立而提起诉讼时，依上开令文解释曾任调解主任之推事，当然应与公断人一例回避。惟查二十一年十月二十八日公布之法院组织法第十三条但书内载，地方分院推事员额仅有一人时，不置院长云云。是各地分院有以推事一员而组织之者，桂省原有各地分庭其组织正属相同。若以推事一人充任调解复任审判，固与明令相背，倘不厉行调解，又与民事调解法第二条之规定相违。于此场合，各庭办理颇滋疑窦，合请解释示遵。广西高等法院院长朱朝森呈元印

院字第九九一号

二十二年十月二十一日　司法院指令湖南高等法院　附原呈

呈悉,业经本院统一解释法令会议议决,县区公所所为之民事调解,既无与确定判决同等效力之明文,自不得径请执行。合行令仰转饬知照。此令

附原呈

呈为请示区分所调解案件,可否声请强制执行,仰祈鉴核事。案据武冈县县长宋鋆呈称,窃区公所之设立,纯系地方自治机关对于民事案件及刑事可以撤销案件只居调解地位,如调解不能成立,由当事人之一方向第一审管辖衙门具诉,是为正办。现本县区公所调解民事案件给予调解笔录,有一造不遵,即将该案人卷解送本府请予强制执行,究之区公所之调解与法院之调解有无同等效力?双方当事人能否受该调解笔录之拘束及可否允予强制执行?理合备文呈请钧院鉴核示遵,以便转饬遵照,深为公便等情。据此,查审判外之和解与审判上之和解不同,无执行名义,最高法院著有解释例,该原呈所述区公所之调解,似应认为审判外之和解,不得径予执行。但关于此点,尚无明文可资依据,除令候转呈请示外,理合具呈请钧院核示祗遵。谨呈

院字第九九二号

二十二年十月二十一日　司法院函内政部　附原函

径启者,查贵部本年八月十四日公函(第五零号)致最高法院,请解释《诉愿法》第五条第一项疑义一案,业经本院统一解释法令会议议决,行政官署之处分书或决定书之送达方法,依院字第七一六号解释,虽得准用民事诉讼送达程序为公示送达,但此项方法以不能依诉愿案件送达书类办法送达时为限。若非不能送达即无准用之余地,至公示送达之效力,应于公示后经过二十日始行发生,为《民事诉讼法》第一五四条所明定在效力未发生以前,无论被处分人是否知悉,即不得视为到达,故提起诉愿之期间,自应从效力发生之次日起算。相应函请贵部查照。此致

附原函

查《诉愿法》第五条第一项载“诉愿自官署之处分书或决定书达到之次日起三十日内提起之”等语。设有行政官署以公告方法处分某案,并经强制执行,其时被处分人并不在场。此种情形,可否视为已经达到,其诉愿期间应如何计算,计有二说:(甲)《诉愿法》第五条第一项既经载明“达到”用语,则必以被处分人收受为要件无疑。又,诉愿案件送达书类办法,亦有处分书应予送达之规定公告,乃周知,性质并无所谓送达跟无达到之可言,以公告时期定诉愿期间之标准自非平允;(乙)《诉愿法》第五条第一项,所以有达到之规定者,无非使被处分人知悉处分之内容而得一考量之机会,公告虽系周知性质,但经公告之后又经强制执行手续,则被处分人已有知悉处分内容之可能视为已经达到,并不苛刻以公告时期计算诉

愿期间,亦属合理。以上两说,何说为当,殊难解决,本部现有此类案件亟待处决,相应函请贵院迅予解释,以凭办理,至纫公谊。此致

**院字第九九四号**

**二十二年十月二十八日 司法院函中央执行委员会民众运动指导委员会 附原函**

径启者,准贵会本年五月四日公函(第三五八五号)开,河南省党务指导委员会转请解释,工会职员因违法退职是否仍可被选一案,请查照见复等由,业经本院统一解释法令会议议决,查《人民团体职员选举通则》,除第十条及第十一条情形外,别无取消被选举资格及宣布无效之规定。该工会理监事虽因违法情事或其他不正当行为而退职,若无《民众团体组织方案》第三节第三项戊款之情形,自不取消,其再被选举之资格。相应函复贵会查照转知。此致

**附原函**

径启者,案准中央秘书处检送河南省党务指导委员会,呈为呈请事。查工会理监事,如有违法情事或其他重大不正当行为,已令退职而重行改选该退职之理监事,仍再被选。依事理而言,似未便视为有效。惟法无明文规定,究应如何办理,无所遵循,理合备文呈请钧会鉴核指示祇遵,实为公便等由。查工会职员因违法情事或其他不正当行为退职,是否仍可享有被选资格,法无明文规定,相应录案函达查照即希核议见复,以便转知为荷。此致

**院字第九九五号**

**二十二年十一月二日 司法院指令广西高等法院 附原呈**

呈悉,业经本院统一解释法令会议议决,(一)附带民事诉讼虽经移送民事法院,亦与刑事诉讼同其管辖;(二)本案系由地方法院管辖,其上诉部分虽在千元以下,亦应由高等法院受理;(三)民诉法第五四二条之讯问,当事人不得委人代理。合行令仰转饬知照。此令

**附原呈**

呈为呈请解释事。案据苍梧地方法院院长唐尧钦铣代电称,刑事附带提起民事诉讼移送民事庭办理之案,其事务管辖是否依照刑事管辖,抑照民事管辖分别受理,于此有两说:(甲)说,十九年八月浙江高等法院民事判决谓,附带民事诉讼无论诉讼标的之金额或价额如何,其事物管辖应与刑事诉讼相同,即移送民事庭审理后,亦不因之变更。例如侵占罪系初级管辖案件,为刑诉法所明定,如附带民事诉讼标的在千元以上或在千元以下,经第一审判决移送民事庭,仍应由同级之原院简易庭管辖第一审,其上诉法院则为地方法院合议庭,方符法例。(乙)说谓附带民事诉讼,经第一审判决移送民事庭即为独立民事诉讼,应收审判费(十一年七月司法部勘电复特区高审厅第二三三号),其事务管辖应照民事事物管辖,不能仍照刑事事务管辖。例如强盗罪其事务管辖,原属刑庭其附带民事诉讼标的,如在千元以下,其第一审判决移送民事庭既为独立诉讼,应归简易庭管辖。第一审如归地方民庭

管辖于现行法制不合。两说孰是,不无疑义。又民事诉讼其事务管辖原以起诉时之价额为准,原无问题。惟人事诉讼系专属管辖,且民诉法施行一切管辖仍旧。设第一审判决后当事人只对于赔偿或其他费用部分不服提起上诉,其请求在千元以下,是否归原院民事合议庭办理,抑归高等法院受理?又查人事诉讼当事人本人不能到场或在远方者,法院得命推事或受托推事讯问之,为民诉法五四二条所规定。设当事人委任代理可否援大理院七年上字一一五五号判例予以照准,均不无疑义,理合电请迅予解释示遵等情。据此,事关法律解释,理合据情呈请钧院察核迅赐解释,俾便饬遵。谨呈

**院字第九九六号**

**二十二年十一月九日　司法院咨行政院　附原咨**

为咨复事,准贵院本年八月二十九日咨(第二零四号),为军人犯罪审判机关等疑义三点,请查照解释见复等由,业经本院统一解释法令会议议决,(一)军人犯罪之审判机关依《陆海空军审判法》第十六条之规定,既以发觉时,是否在任官任役中为准,则已决普通监犯在徒刑执行中越狱入军,如发觉在入军以后,自应由军法会审审判,若入军前已经监狱发觉,即不应由军法会审审判。(二)已决人犯在徒刑执行中越狱投军,其徒刑之执行既尚未完毕,自不因投军而消灭其余之刑期,但与应否适用军法会审审判之问题无涉;(三)已决人犯在徒刑执行中更犯徒刑以上之罪,在更犯未决中自无碍于前犯已决徒刑之执行。相应咨复贵院查照。此致

**附原咨**

查军人犯罪在任官任役前而发觉在任官任役中者,按其官级以军法会审审判之此为《陆海空军审判法》第十六条前段所明定。惟已决监犯越狱入军与该条前段情形似有不同,应否仍由军法会审审判之,此应请解释者一。再查受刑之宣告执行未终结者,按照一般法例,不得丧失其原来之身分,若已决犯人在徒刑执行中越狱投军,能否认为丧失其罪犯身分而取得军人之身分,以适用军法审判,此应请解释者二。又查裁判于确定后执行之(按《刑事诉讼法》第四七六条),而在徒刑执行完毕前再犯徒刑以上之罪,依照《刑法》第六五条之规定,不得视为累犯,此为贵院院字第二五五号解释有案,则已决犯人在徒刑执行中更犯徒刑以上之罪,此时关于其已决部分之罪刑,能否先为执行,此应请解释者三。上述三点,关系法律适用疑义,相应咨请贵院查照解释见复,至纫公谊。此咨

**院字第九九七号**

**二十二年十一月九日　司法院函司法行政部　附原函**

径复者,准贵部本年八月二十四日公函(第三四九号)开,原告朦请公示送达,致获胜诉判决确定应如何救济,请查照解释见复等由,业经本院统一解释法令会议议决,原告知被告之居住所或其他应为送达之处所,乃指为不明,朦请公示送达,而受诉法院率予照准,致被

告未克到场应诉,原告因以获胜诉之判决确定后,如果被告发见新证物足以证明该原告并非不知其居住所,而据以为其在裁判上可受利益,自得依《民事诉讼法》第四百六十一条第一项第十款规定,提起再审之诉,相应函复贵部查照。此致

**附原函**

为函请解释事。查应受送达人之住居所或其他应为送达之处所不明时,受诉法院得因声请为公示送达,现行《民事诉讼法》第一百五十二条第一项第一款设有明文。惟所谓往居所或其他处所不明,在旧民事诉讼律第二百零九条第一项、民事诉讼条例第一百八十三条第二项经定明应声叙或释明其事由,现行法既无此规定,自应由声请人提出相当之证明方法,以资证明,否则声请正常与否受诉法院无从认定。设有原告知被告之居住所或其他应为送达之处所,乃指为不明声请公示送达,而受诉法院亦漫不加察,率予照准,致被告未克到场应诉,原告因以获得胜诉之判决,并经确定,依旧民事诉讼条例第五百六十八条第五款之规定,于此情形得以再审之诉对之声明不服,而现行法第四百六十一条列举各款则无此项规定。遇有此种确定判决,势不能不谋救济之法,究应如何救济始为适宜,现有外国人为被告事件发生此项问题,亟待解决,相应函请贵院解释迅予赐复,实纫公谊。此致

**院字第九九八号**

**二十二年十一月九日　司法院电四川高等法院　附原电**

四川高等法院院长览,本年六月马代电悉,该法院第一分院转请解释质权设定疑义一案,业经本院统一解释法令会议议决,《民法》第九百零四条质权之设定,若无书面,其质权自不成立。合电转饬知照。司法院佳印

**附原电**

南京国民政府司法院院长居钧鉴,案据署本院第一分院院长费有浚代电称,查以债权为标的物之质权,依《民法》第九百零四条,其设定应以书面为之。设有债务人仅将在他商号入伙之股本折据交债权人为质,并无设定权利质之书面,因此发生争执,其权利质是否成立,颇有疑义,理合电请转恳解释示遵等情,据此,除指令外,理合电恳钧院迅赐解释指令以凭转行遵照。署四川高等法院院长龙灵叩马印

**院字第九九九号**

**二十二年十一月九日　司法院指令河南高等法院　附原呈**

呈悉,业经本院统一解释法令会议议决,(一)甲乙丙丁虽各别犯罪,但既在一案中判决,自应依《复判暂行条例》第六条第一款办理。(二)《刑法》第三十一条之监禁处分,系刑事上特别处分之一种,不能认为刑事判决。(三)第三审判决确定案之上诉,应由原第三审以裁定或其上级法院以判决驳回之。合行令仰知照。此令

**附原呈**

呈为呈请事。窃本院因办理刑事案件发生下列疑点:(一)初判对于被告甲乙丙丁各别犯罪同一判决,复判认甲乙丙犯罪事实极明,引法亦当。惟丁犯罪事实欠明,就此情形,约有两说:子说,依《复判暂行条例》第六条第一款但书为核准之判决,既限于无罪或免诉或不受理之判决,自应裁定一并发回复审。丑说,甲乙丙所犯各罪既与丁无牵连关系,因丁发回复审,致甲乙丙亦须受此项条例之限制,不惟案难确定,而且复审结果难保不藉端上诉,转滋纠纷。是此项条款仅可适用于有牵连关系之案件,甲乙丙各犯罪事实既明,引法亦无错误,虽与丁同一判决似可依同条例第四条第一项第一款,另为核准之判决,二说应以何者为是?(二)兼理司法之县政府依《刑法》第三十一条所为监禁处分,能否认为刑事判决?(三)驳回第三审判决确定案件之上诉,究用判决,抑用裁定?以上三点,均涉有疑义,理合备文呈请钧院鉴核俯赐解释,俾便遵循。谨呈

**院字第一〇〇〇号**

**二十二年十一月九日　司法院指令山东高等法院　附原呈**

呈悉,业经本院统一解释法令会议议决,查《刑事诉讼审限规则》第十一条,既明定县知事兼理司法之审限第一审为六十日,并不分侦查预审公判三种,与普通法院分别计算者不同,自难就同规则第一条第一、二、三款各期间强为划分或予扣除。至侦查期间既包括于第一审期限之内,故不起诉案件仍应依第一审期限计算。合行令仰转饬知照。此令

**附原呈**

呈为转请解释事。案据嘉祥县长安泰和呈称,呈为呈请解释事。查《刑事诉讼审限规则》第十一条载,县知事兼理司法之审限第一审六十日云云。现在预审制度业经取消,其审限似应将预审期限扣除。又查同条所称第一审者,是否包括侦查期间在内?再查县政府兼理司法兼侦查审判职权,关于不起诉案件,是否仅按侦查期限,抑按第一审期限计算?以上所述,颇滋疑义,理合具文呈请钧院俯赐解释示遵等情。据此,查案关法律疑义,理合备文呈请钧院俯赐解释,以便饬遵。谨呈

**院字第一〇〇一号**

**二十二年十一月九日　司法院训令湖南高等法院首席检察官　附原函**

为令知事,该首席检察官呈最高法院检察署,请解释人民告发公务员吸食鸦片案件办理程序疑义一案,业经本院统一解释法令会议议决,各级法院检察官受理人民告发公务员吸食鸦片案件,应依《刑事诉讼法》所定程序办理,不受《公务员调验规则》之拘束。合行令仰知照。此令

**附原函**

径启者,案据湖南高等法院首席检察官曹瀛呈称,呈为呈请转请解释事。窃各级法院

检察处受理人民告发公务员吸食鸦片案件，应否依照《公务员调验规则》第九条规定各款办理，兹分两说列举于下：（甲）说法院受理公务员吸食鸦片案，应依照《刑事诉讼法》所定程序办理，承办检察官认为有调验之必要，自可依法选任鉴定人予以鉴定，如果证据明确即不予调验径行诉办，亦无不可《公务员调验规则》，在法院办案自不受其拘束，该规则第二条之除外规定意即在此。（乙）说《公务员调验规则》第二条之除外规定，系指调验确有烟瘾已成刑事者而言，观该规则第十二条之规定昭然若揭。吾国嗜染鸦片者颇为普遍，而人心险诈以吸烟诬陷公务员者自不能免，该规则第九条规定各款既免抽验之困难而诬陷者，亦无所施其技，用意至为周密。盖立法本意，一为公务员加以保障，二为司法衙门受理此种案件，不至与行政官吏发生纠纷，以保司法之尊严。若谓向法院告发某公务员吸烟，即认为涉及刑事范围，不必依该规则办理。设有人向法院告发各院部会或各省政府各长官吸嗜鸦片，法院即予传案抽验，其能不发生纠纷乎？此不待智者而知其不能也，法院受理此种案件，自当依该规则办理。以上二说，究以何说为是，理合备文呈请钧署察核转请解释电示祗遵等情。据此，相应函请迅予解释径覆并见示备查。此致

**院字第一〇〇二号**

**二十二年十一月十三日　司法院指令安徽高等法院　附原呈**

呈悉，业经本院统一解释法令会议议决，《内地外国教会租用土地房屋暂行章程》，系专就外国教会而设。外国领事馆在内地所占用之土地及房屋，不适用该章程之规定。合行令仰转饬知照。此令

**附原呈**

呈为据情转请解释事。案据芜湖地方法院院长金鹤年电称，查《内地外国教会租用土地房屋暂行章程》第六条载，本暂行章程施行前，外国教会在内地已占用之土地及房屋，应向该管官署补行呈报，倘其土地系属绝买者以永租权论等语。于此发生疑义：（一）依此规定享有土地永租权者，似以外国教会为限。外国领事馆在本章程施行以前，能否就其馆址取得土地永租权？（二）外国领事馆于本章程施行以后，可否将此项永租权转让于其他内地外国教会抑，只能交还或移转于中国国家或中国人？（三）依十八年十月十五日国民政府训令行政院第一零零五号，外国教会租用土地房屋应强制于契约内载明租用期间云云，此项永租权如能转让于其他外国教会时，既在国府颁令以后，应否载明租用期间？以上各点，事关法律疑义，合电钧院转请司法院解释示遵等情前来。事关法律疑义，理合据情转呈仰祈钧院俯赐解释，以便转令遵照，实为公便。谨呈

**院字第一〇〇三号**

**二十二年十一月二十八日　司法院咨行政院　附原咨**

为咨复事，准贵院本年八月十九日咨（第一九八号），据实业部呈请解释商标法第一条、

第二项疑义一案,业经本院统一解释法令会议议决,商标法第一条、第二项,对于商标所用文字只谓“须特别显著并指定所施颜色”,足见商标法上之文字仅指其所表现之形体,并不包括读音在内,征之同法第二条所列各款,亦皆指示形体与读音无涉其义益明。相应咨复贵院查照饬知。此咨

**附原咨**

案据实业部呈称,查商标法第一条、第二项规定商标所用之文字图形记号或其联合式须特别显著现因所称文字,是否包括读音在内,发生两种解释:(甲)说普通文字学分形声义三类读音,即声应包括读音;(乙)说商标为一种标章,参照本法第二条各款所举相同或近似之条件,如国旗、国玺、军旗、官印、勋章、党旗、党徽、肖像、姓名、奖牌、褒状、商号等多系具体之标识,与声无涉,不应包括读音。二说究以何者为是,事关法律疑义,本部未敢擅断。再如包括读音在内,而中国幅员广大方言庞杂,统一读音尚未实现,商品行销应普及全国,遇有读音近似之问题,如漫无标准,则纠纷不可究诘。如确定标准,则究以何种读音为据,亦急待解决之问题。基上缘由,理合呈请钧院转咨司法院迅予解释,俾有遵循等情。据此,事关法律适用疑义,相应咨请贵院查照解释见复,俾便饬遵。此咨

**院字第一〇〇四号**

**二十二年十一月二十八日　司法院函中央执行委员会民众运动指导委员会　附原呈**

径复者,准贵会本年七月五日公函(第四零七一号)准河南省党务指委会呈,据禹县党务整委会转请解释《工商同业公会法施行细则》第十条疑义一案,业经本院统一解释法令会议议决,《工商同业公会法施行细则》第十条所谓主体人,自系指该公司行号之股东或号东而言,故股东自可被派为该公会会员之代表,被派为代表者自得当选为各级商人团体委员。相应函复贵会查照转知。此致

**附原呈**

呈为呈请事,案据禹县党务整理委员会呈称,为据情转呈解释示遵事。案据本县油业同业公会筹备会呈称,为呈请解释事。窃查《同业公会法施行细则》第十条规定,关于公会会员代表,每一公司行号得派一人至二人,以经理人或主体人为限,此条所谓主体人者,系指商号内何种人而言?再公司行号之股东,可否举派为公会会员代表及能否当选为各级商人团体委员?本会多有不明之处,理合具文呈请钧会鉴核解释示遵,实为公便等情到会。查该条所称主体人,究系指商号中何种人而言?及股东可否举派为公会会员代表?本会以未奉明文解释,亦不明晰据呈前情,理合备文转请钧会鉴核解释示遵,实为党便等情。据此,除指令外,理合备文呈请钧会鉴核解释示遵,实为公便。谨呈

**院字第一〇〇五号**

**二十二年十二月六日　司法院咨行政院　附原咨**

为咨复事,准贵院本年八月十七日人咨(第一九六号)开,据上海市政府呈请解释《修正水陆地图审查条例》第十条疑义一案,咨请查照见复等由,业经本院统一解释法令会议议决,《修正水陆地图审查条例》第十条本为概括的规定,违反同条例第七条、第八条之禁止事项,仍应查明内容。如有合于《刑法》第一百十一条第一项第四款及二三两项,或一百十四条至一百十七条所载情形,自可适用各该条规定分别处断,但并应注意军机防护法。相应咨复贵院查照饬知。此咨

**附原咨**

案据上海市政府呈称,查《修正水陆地图审查条例》第十条规定,违反本条例第七条、第八条之规定者,依《刑法》外患罪治罪。查《刑法》第一百零七条至一百二十条,关于外患罪之规定,并无如该条第七、第八两条所列举之禁止事项,自是无从按照《刑法》外患罪处罚。且对于外患罪之刑罚《刑法》各条所规定者,轻重悬殊,应准用何条治罪及处以何种刑罚,既无明文规定,自易滋生疑义,理合呈请钧院赐予解释以资遵守等情。据此,案关法律疑义,相应咨请贵院查照解释见复为荷。此咨

**此处删去一条。**

**院字第一〇〇七号**

**二十二年十二月七日　司法院函中央执行委员会民众运动指导委员会　附原函呈**

径复者,准贵会本年六月二十八日公函(第四零零七号)开,准河北省执行委员会呈请解释商会及同业公会之会员代表任期是否永久性质一案,函请查照见复等由,业经本院统一解释法令会议议决,商会及工商同业公会之会员代表,如未经会员撤换或受除名处分,则其代表资格当然继续存在,于改选职员时,自应就原举派之会员代表中选任之。相应函复贵会查照转知。此致

**附原函**

径启者,案准河北省执行委员会呈为呈请解释,商会及同业公会之会员代表任期是否永久性质等由,查商会法第十五、第十六、第十七、第二十五、第二十六各条之规定,商会会员代表之任期,似含有永久性质。如未经原举派之公会会员或商店会员撤换,其代表资格似仍继续存在。至于同业公会会员代表之任期,是否查照商会法之规定办理?法无明文规定,事关法律解释,应请贵院分别核议见复。准呈前由,除函复外,相应抄同原呈一件函达查照办理见复为荷。此致

**附原呈**

呈为呈请事,窃查商会之公会会员代表商店会员代表及同业公会之会员代表,是否自被举派充任后即为永久性质,抑于商会或同业公会改选职员时,其会员代表应由各原举派之公会会员及商店会员另行举派?法无明文规定,近据各县市党部有以此呈请解释前来,本会未便擅行指示,理合具文呈请钧会鉴核示遵以便转行遵循,实为党便。谨呈

**院字第一〇〇八号**

**二十二年十二月七日　司法院咨国民政府西南政务委员会　附原咨**

为咨复事,准贵会本年七月八日咨(第九号)开,据广东省政府呈请解释商标法疑义一案,咨请查照见复等由,业经本院统一解释法令会议议决,(一)商标法第二条第五款所谓"习惯上通用",只须在事实可认有此普通使用之习惯,即与本款相当毋庸以数目为标准,至所谓标章,应指标或章二者而言;(二)同条第六款只谓"世所共知",其已否注册,自所不问,至所谓世所共知,系指呈请注册之区域一般所共知者而言;(三)乙既系以善意继续使用十年以上之商标呈请注册,除商标局得依同法第四条但书之规定令其修改或限制外,非注册在先者所得请求撤销。相应咨复贵会查照饬知。此咨

**附原咨**

为咨请事,案据广东省政府呈称,据建设厅转,据东山合记火柴公司商人罗雪甫呈称,为呈请解释商标法俾易明了,以便依法呈请注册事。窃商伏读钧厅民二十年一月公布之商标法第二条有下列各款,均不得作为商标呈请注册之规定,其第五款"相同或近似于同一商品习惯上所通用之标章者",所谓习惯上通用。假如全国同一商品之商店有一百间多以"国货"二字为商标者,可谓为习惯上通用矣。但习惯二字解释,是否以全数三分之一通用,此商标即谓为习惯,抑或以全数二分之一以上通用此商标,方得谓为习惯?若谓以多用便为习惯,则习惯二字实同泛泛,殊无标准。至其标章,是否即同一商品之商标,抑或另分为标与章。此请求解释者一。其第六款"相同或近似于世所共知他人之标章使用于同一商品者",其他人之标章,是经已注册为世所共知,抑或未注为世所共知。别人不得为相同或近似用于同一商品而呈请注册世所共知者,至所谓世所共知之世字字义,是否包乎中外或中华民国全领土或只为一省一市而言,此请求解释者二。第四条"以善意继续使用十年以上之商标,依本法呈请注册时不受第二条、第六款及第三条规定之限制",假如甲商之商标,经已注册取得专用权三年以上,而乙商以相同或近似用于同一商品,确有善意继续使用十年以上而呈请注册,则甲商所得之权益,是被乙商搀夺影响营业,有此种情形时,甲商请求撤销乙商之商标,能否准予撤销之以维甲商之权益,此请求解释者三。为此具文呈请钧厅鉴核迅赐批示,俾易明了,以便依法呈请注册实叨德便等情。据此,案关法规解释,未敢擅臆,理合备文呈请钧府察核敬候指令祗遵等情。据此,除指令外,理合备文呈请钧会察核解释,俾便饬遵等情。据此,事关法律疑义,除指令外,相应据情咨请贵院查照解释见复,以凭饬

遵,足纫公谊。此咨

**院字第一〇〇九号**

**二十二年十二月九日　司法院函中央执行委员会民众运动指导委员会　附原呈**

径复者,准贵会本年五月二十六日(第三七五九号)及九月九日(第四五八九号)先后函开,据江苏省执行委员会及山东省执行委员会呈请解释《同业公会改选办法》疑义两案,函请并案解释见复各等由,业经本院统一解释法令会议议决,工商同业公会之会员代表,如仅与委员法定人数相当或不足,应行改选之委员人数者,于改选时,可由会员另推派代表以备选任(参照院字第三六九号解释)。相应函复贵会查照分别转知。此致

**附原呈**

案据松江县执行委员会呈称,据属县枫泾镇商会呈称,呈为转呈恳予解释示遵事。案据属会公会会员土布业同业公会呈称,敝会所属商店计有七家,遵照商会法施行细则第十条之规定,不得以商店资格加入商会。又,查《工商同业公会法施行细则》第二条载,同一区域之同业有七家以上,须依本法组织公会等条文。敝业同业既有七家,自应组织公会,乃于民国二十年二月,由同业推派代表申请县党部核示许可。嗣奉令发证书准予组织,遵即筹备进行一切,分呈核示复令奉遵饬遵,于是年四月二十日成立。依法选举蒙党政长官派员莅场监选旋,将经过情形分呈备案先后奉有指令饬遵在案。兹查会章第十七条内载执行委员任期为四年,每二年改选半数,不得连任。同条第二项载,前项第一次之改选以抽签定之。查敝会成立至今,将届第一次改选之期,自应遵行。惟以所属商店只有七家其会员代表亦仅七人,而规定执委为七人之设置当第一届选举之时,以人数关系未得另选候补执委之故,此次改选若依章办理,其被抽出之半数无可补选,似难着手。其应如何办理之处,未敢擅专,理合备文呈请钧会迅予转请解释示遵,以便进行而重会务,诚为公便。又据国药业同业公会呈同前情先后到会,据此,查土布业商店仅只七家国药业商店,前系八家嗣张位育堂因营业不振停业退会,故此只有七家。当此改选之期,是否遵章办理,自难妄拟。据呈前情,理合备文转呈仰祈钧会鉴核应如何办理之处,俯赐解释示遵,以便转知遵行,实为公便等情。据此,理合备文转呈钧会鉴核俯赐解释示遵,实为党便等情。据此,案关法律解释,本会未便擅专,为特呈请钧会指示,俾便饬遵。谨呈

**附原呈**

案据威海卫党部呈略称,该区钱业同业公会依法应届改选之期,惟该公会仅有会员九人,除原有执行委员七人外,所余会员二人皆候补执行委员。按《工商同业公会法施行细则》第十六条之规定,执行委员每二年改选半数,不得连任该公会改选时,人数不敷分配,究应如何办理,尚无明文规定,请予核示等情前来。据此,除指令外,理合据情转请鉴核示遵,实为党便。谨呈

**院字第一〇一〇号**

**二十二年十二月十六日　司法院电广西高等法院　附原电**

广西高等法院院长览,该法院第一分院上月蒸代电,请解释离婚案件援用判例疑义一案,业经本院统一解释法令会议议决,《民法》亲属编施行后请求离婚者,应以《民法》第一千零五十二条所列情形为限。该编施行前之判例与该条不合者,均不得援用。合电转饬知照。原代电抄发。司法院铣印

**附原电**

司法院院长钧鉴,按最高法院十九年上字第二零九零号判例,认吸食鸦片为离婚正当理由。惟查二十年五月五日《民法》亲属编施行后,当事人吸食鸦片自甘堕落虽属不名誉之行为,而非法定离婚原因即或因此而受科刑处分。然《刑法》第二七五条最重本刑仅科千元以下罚金,尚未达于徒刑程度,此项判例似与该编第一零五二条各款离婚条件不符。现在是否仍可援用,颇滋疑义,理合电请解释示遵。广西高等法院第一分院院长林世材呈蒸印

**院字第一〇一一号**

**二十二年十二月二十二日　司法院指令安徽高等法院　附原呈**

呈悉,业经本院统一解释法令会议议决,(一)被告不抗辩,法院无管辖权而为本案之言词辩论,依《民事诉讼法》第二十四条、第二十五条之规定对于非财产权上之请求,并无不适用之限制院字第四五四号之电,系就当时法令而为解释于《民事诉讼法》施行后固非当然适用。惟依《民事诉讼法》施行法第二条适用办法,在法院组织法未公布施行前,仍应依该号解释办理,上诉审对此事件,自亦应依旧法废弃原判决,自为判决。(二)非财产权上之诉讼,本不适用《民事诉讼法》第四百三十三条第一项规定,第二审法院误为不得上诉之批示及驳回声请,特许上诉之裁判,自不生法律上之效力。当事人若于法定期间内声明上诉,上诉审应予受理。(三)来文所称之请求起迁坟墓事件,如系以妨害所有权为原因,即不得谓非财产权上之诉讼。合行令仰知照。此令

**附原呈**

为呈请解释事。查请求起迁坟塚事件其诉讼标的之价额,不可以金钱估计,依《民事诉讼法》施行法第二条适用办法,应属地方管辖,本无可疑。惟此种事件,设使第一审由地方法院民事庭易庭受理判决,第二审由地方法院合议庭受理判决。两审进行中,当事人不抗辩法院无管辖权而为本案之言词辩论,是否得以合意管辖论?院字第四五四号解释,于《民事诉讼法》施行后,是否仍可适用,此应请解释者一。院字第四五四号解释如仍适用,当事人对于此种管辖错误之第二审判决上诉于高等法院时,是否由高院废弃原判决,自为第二审判决,此应请解释者二。此种事件,地方法院合议庭为第二审判决后,当事人在原法院提出上诉书状,原法院因判决内于判令迁坟之外,尚有确认坟地所有权之争执,误认为单纯财

产权涉讼,依民诉讼法第四百三十三条第一项批示知照,不得上诉并谓"如系声请,特许上诉,仰即具状声请"等语,上诉人遂具状声请特许又遭驳回上诉人,以法定期间内在原法院已有上诉之声明,即径状高院请求受理。于此情形,高院对于原法院已经驳回声请特许上诉之案件,能否仍予以受理判决,此应请解释者三。以上三点,事关法律疑义,理合备文呈请钧院鉴核迅赐解释,俾有遵循,实为公便。谨呈

**院字第一〇一二号**

**二十二年十二月二十二日　司法院指令中央公务员惩戒委员会　附原呈**

呈悉,业经本院统一解释法令会议议决,雇员并非《公务员惩戒法》上之公务员,而中央政治会议第三四二次会议决议,其范围又仅限于聘任人员,并未附带言及雇员,自不包含在内。合行令仰知照。此令

**附原呈**

呈为呈请解释事。窃查本会于本年二月十五日奉到钧院训字第二六号训令内开,案奉二月九日,国民政府第四五号训令内开,准中央政治会议函开,案据监察院院长于右任呈为聘任人员,如有违法失职情事,经监察院提出弹劾,应送何项机关惩戒请示祇遵等情,经提出本会第三四二次会议决议,聘任人员从事于公务者,被付惩戒时视为公务员,其由中央各官署聘任者,由中央公务员惩戒委员会受理,其由地方官署聘任者,由地方公务员惩戒委员会受理,相应录案并检同监察院原呈油印件函达查照饬遵等由,合行令仰知照,并转饬所属一体知照等因奉此。除分令外,合行钞发原附件,令仰该会知照,此令,计抄发原附监察院原呈一件等因,奉此,自应遵照办理。惟查监察院暨各院部会长官或地方最高行政长官送付惩戒案件,往往有雇用从事公务之人员在内者,对于此等雇用从事公务之人员,如系中央各官署雇用或系地方官署雇用而属于牵连案件者,本会究应受理与否,经本会第五十九次委员会提出讨论,计分二说:(一)说谓聘任与雇用从事公务之人员,均非公务员惩戒法上之公务员聘任者,不过名义上较为尊崇,其性质实与雇用者无异。今聘任者之惩戒案件既视为公务员,应由惩戒委员会受理,则雇用者之惩戒案件即可推广解释,视为公务员,由惩戒委员会受理;(一)说谓雇用从事公务者,既非"公务员惩戒法"上之公务员,且依据中央政治会议第三四二次会议决议案,仅指明聘任者之惩戒案件,应由中央或地方公务员惩戒委员会受理,而对于雇用者之惩戒案件,并未附带言及自不能遽认为雇用者之惩戒案件,亦应包含在内,由惩戒委员会受理。以上两说,未知孰是,事关受理惩戒案件范围,理合备文呈请钧院解释祇遵。谨呈

**院字第一〇一三号**

**二十二年十二月二十五日　司法院电河北高等法院　附原电**

河北高等法院胡院长览,本年八月卅代电悉,所请解释窃盗因脱免逮捕杀人适用条文

疑义一案,业经本院统一解释法令会议议决,窃盗因脱免逮捕而杀人者,应依《惩治盗匪暂行条例》第一条第十二款办理,但得按其情形酌予减等。合电知照。司法院有印

**附原电**

司法院院长钧鉴,兹有某甲携带凶器于夜间侵入某乙住宅窃取财物,正在启柜窃取之际,某乙惊醒将某甲之腿抱住,某甲因脱免逮捕,当场将某乙杀死,究竟用何种条文判处罪刑,分为甲乙两说:(甲)说谓窃盗因脱免逮捕而当场施强暴胁迫者,应依《刑法》第三百四十七条以强盗论,既以强盗论,则因而故意杀人实与《刑法》第三百五十条所载犯强盗罪,而故意杀人之规定相符。惟该条既因《惩治盗匪暂行条例》第一条第十二款之特别规定而停止适用,当依《惩治盗匪暂行条例》第一条第十二款处断。(乙)说谓窃盗因脱免逮捕,而当场施强暴胁迫变成强盗,此在法律上谓之准强盗与行劫而故意杀人之真正强盗似有区别,《刑法》第三百五十条之规定虽因《惩治盗匪暂行条例》第一条第十二款之特别规定而停止适用,但此种准强盗既与《惩治盗匪暂行条例》第一条第十二款所载行劫而故意杀人之情形有别,当依《刑法》第三百四十七条及第二百八十二条,科以强盗罪及杀人罪,不能适用《惩治盗匪暂行条例》第一条第十二款处断。以上二说,未知孰是,事关法律解释,理合电请钧院迅赐解释指遵。河北高等法院院长胡祥麟卅印

**院字第一〇一四号**

**二十三年一月十二日　司法院电河南高等法院　附原电**

河南高等法院凌院长览,上年九月支代电悉,所请解释,检察官对于呈送覆判案件能否提起上诉疑义一案,业经本院统一解释法令会议议决,县政府呈送覆判案件,检察官除仅附具意见书转送法院者,应依覆判程序办理外,亦得于接受卷宗后十日内作成上诉理由书,向法院提起上诉合电知照。司法院文印

**附原电**

司法院院长居钧鉴,窃查兼理司法县政府对于初判案件呈送覆判上级检察官认为不当时,能否适用上诉程序提起上诉,有甲乙两说:(甲)谓兼理司法之县政府审判地方管辖刑事案件,未经声明上诉者,应于经过上诉期限后五日内,将判决正本及卷宗证物呈送高等法院检察官,于接收后五日附具意见书转送覆判,此为《覆判暂行条例》第二条第一项所明定,故关于呈送覆判案件,检察官认原判决为不当时,亦只能附具意见书送交覆判审,以资救济,与《县知事审理诉讼暂行章程》第二十六条所载之情形不同,自不得适用上诉程序提起上诉,参阅最高法院二十二年上字第二九一号判例自明。(乙)谓现行有效之《修正县知事审理诉讼暂行章程》第二十六条系对依通常诉讼程序所为之县判上诉之规定,《覆判暂行条例》第十一条第二项系对依覆判覆审程序所为之县判上诉之规定,两种上诉程序性质不同,并行不悖,原无抵触之可言。惟覆判法规原为救济,未经第二审为实体上审判之县判错误而设。如有适当使第二审为实体上审判之途径,即无庸适用覆判程序,尽可依最高法院解

字第九一号解释，于《修正县知事审理诉讼暂行章程》第二十七条规定期限内提起上诉，参阅最高法院二十二年上第二二零七号判例，自明两说，究以何说为是？本院现有此类案件亟待解决，理合电恳钧院迅予解释示遵。河南高等法院院长凌士钧叩支印

**院字第一〇一五号**

**二十三年一月十二日　司法院指令山西高等法院　附原呈**

呈悉，业经本院统一解释法令会议议决，来复手枪纵系供自卫之用在未受允准委任，而持有者若不能证明出于正当理由，应构成《军用枪炮取缔条例》第二条之罪。合行令仰转饬知照。此令

**附原呈**

为转请解释示遵事。案据临汾地方法院院长代电称，查人民收藏来复手枪预备看田，能否构成《军用枪炮取缔条例》第二条第一项之罪，于此有两说焉：（甲）消极说谓军用枪炮，系指近代化所用之快枪盒子炮等利器而言，来复手枪不在军用之例，无须经公署允准，且既系良民看田，所有如此类者，良民家藏户储不知凡几，如必强之为军用枪炮，致于法不惟限制良民自卫。揆诸立法本旨，亦有过分应以不论罪为是。（乙）积极说谓来复手枪，系三十年军用之物，现代虽不适用，然其究为军用枪炮之一，依大理院统字第六三九号解释军用枪炮，并不以现用者为限，既经私藏自应论罪。以上两说，未知孰是，职院现有此种案件发生急待进行，究应如何办法，理合电祈转请解释示遵等情到院，理合转呈钧院解释，以便饬遵，实为公便。谨呈

**院字第一〇一六号**

**二十三年一月十二日　司法院训令湖北高等法院首席检察官　附原函**

为令知事，该首席检察官呈最高法院检察署，转请解释被伪证人有无声请再议权疑义一案，业经本院统一解释法令会议议决，声请再议依法既以告诉人为限，而伪证罪所侵害之法益系国家之审判权，故被伪证人向检察官申告被伪证之事实，仅居告发人地位，对于不起诉处分，自不能声请再议。合行令仰知照。此令

**附原函**

径启者，案据湖北高等法院首席检察官钱谦呈称，呈为呈请转院解释事。查告诉人对于检察官不起诉处分，依《刑事诉讼法》第二百四十八条第一项之规定，得声请再议，而告发人则否《刑法》第一百七十九条伪证罪之被害法益，属于国家被伪证人向检察官呈告被伪证之事实，对于不起诉处分有无声请再议之权，不无疑义，兹有甲乙二说：（甲）说伪证罪之被害法益，系国家之审判权，与诬告罪同被诬告人对检察官不起诉处分无声请再议之权，业经司法院院字第七七一号解释有案。伪证罪性质相同，则被伪证人向检察官呈告被伪证之事实，亦仅居告发人地位对于不起诉处分，自无声请再议之权。（乙）说伪证罪虽非侵害私人

法益之罪,然伪证之结果与被伪证人之利害关系颇非浅鲜,亦当认为被害人其向检察官呈告,应居告诉人地位,对于不起诉处分自得声请再议。二说究以何者为是,事关法律疑义,理合具文呈请钧署转院解释电示祇遵等情。据此,相应函请迅予解释径覆并见示备查。此致

**院字第一〇一七号**

**二十三年一月十二日　司法院训令河北高等法院首席检察官　附原函**

为令知事,该首席检察官呈最高法院检察署转请解释,《刑法》上夫之宗亲应否视为妻之宗亲一案,业经本院统一解释法令会议议决,现行《刑法》夫之宗亲应视为妻之宗亲。合行令仰知照。此令

**附原函**

径启者,案据河北高等法院首席检察官王泳巧电称,最高法院检察署钧鉴,《刑法》上夫之宗亲应否视为妻之宗亲,恳转请解释电遵等情。据此,相应函请迅予解释径覆并见示备查。此致

**院字第一〇一八号**

**二十三年一月十二日　司法院指令河南高等法院首席检察官　附原呈**

呈悉,业经本院统一解释法令会议议决,据来文所述,某公务员犯普通《刑法》之罪其发觉,系在任官任役前依《陆海空军审判法》第十六条,自应归法院审判。合行令仰转饬知照。此令

**附原呈**

案据开封地方法院首席检察官潘鄗呈称,为呈请事查院字第九三八号解释内载,犯普通《刑法》之罪而发觉,既不在任军事官役中应由普通法院审判云云。兹有某公务员犯普通《刑法》之罪,于监察院因该案移付公务员惩戒委员会转送普通法院受理。该公务员则于惩戒委员会,未曾移送法院之先,业经辞去职务充任军佐,现经票传侦查,该军佐所属之军事机关即来函提案,该案是否仍归普通法院管辖,抑归军法裁判,有甲乙二说:(甲)说谓第九三八号解释,系就第一审判决后上诉中乘间脱逃,潜往军队充任军佐者而言,某公务员在惩戒委员会未曾移送法院之先早经自动辞职,并非因案撤职移送法院,又未经他人告发或传闻犯罪事实,依法受理且无受理中乘间脱逃情事,核与原解释情形不同,殊难以监察院或惩戒委员会收受,该案指为法院受理,普通法院未便审判。(乙)说谓某公务员犯普通《刑法》罪,既不在任军事官役中,其辞职充任军佐又在监察院,因该案移付惩戒后监察院受理该案时,犯罪事实与犯罪姓名即已表露,是该案早经发觉依该解释,应由普通法院审判。二说以何说为是,不无疑义,理合恳请钧席转呈司法院解释祇遵,案悬以待,伏乞迅赐核转,实为公便等情。据此,理合备文转请钧院鉴核,俯赐解释以便饬遵。谨呈

**院字第一〇一九号**

**二十三年一月十三日　司法院电江苏省政府　附原电**

江苏省政府陈主席勋鉴,上年十月卅日代电悉,所请解释行政官署所处罚金,人民抗不缴纳,能否将其财产径予扣押或处分一案,业经本院统一解释法令会议议决,人民对于行政官署依法令所处分之行政罚金及依《行政执行法》第四条所处分之罚锾,于其处分确定后,抗不完纳自得就其财产而为执行。合行电复。司法院元印

**附原电**

司法院钧鉴,查人民对于行政官署依法令所处分之行政罚金,及依《行政执行法》第四条所处分之罚锾抗不完纳,该管行政官署既不能对被处分人身体予以违法之拘罚,能否将其财产径予扣押或处分以资救济之处,行政执行法无明文规定,殊滋疑义,理合电请迅赐解释示遵。江苏省政府主席陈果夫叩卅印

**院字第一〇二〇号**

**二十三年一月十八日　司法院函司法行政部　附原函**

径复者,准贵部上年七月十一日公函第二八四号开,据江西高等法院呈,据弋阳县县长转请解释保甲长暨县保卫团队官长,是否《刑法》第十七条所称之公务员,函请查照见复等由,业经本院统一解释法令会议议决,保甲长暨县保卫团队官长,其从事于公务若有法令可据,即关于《刑法》第十七条所称公务员。相应函复贵部查照饬知。此致

**附原函**

径启者,案据江西高等法院院长呈称,据兼理司法弋阳县县长张抡元呈称,据职县承审员刘树摇呈称,查现在保甲长是否包括《刑法》第十七条所谓及其他依法令从事于公务之职员又各县保卫团队官长是否系同条所谓职官,因解释有广狭之别,未敢擅决,理合备文转请解释。以资遵循等情前来。除指令外,理合据情转请钧长俯赐解释示遵。实为公便等情到院,理合据情呈请鉴核示遵等情。据此,查原呈所称各节,事关法令疑义,相应函请贵院迅赐解释见复,以便饬遵,至纫公谊。此致

**院字第一〇二一号**

**二十三年一月二十四日　司法院电广西高等法院　附原电**

广西高等法院院长览,上年七月真代电悉,邕宁地方法院横县分庭检察官转请解释,发掘刻木主点血埋葬之坟墓如何论罪疑义一案,业经本院统一解释法令会议议决,刻木主点血埋葬之坟所有人虽历代认为祖坟祭扫,惟既未藏有尸体遗骨遗发殓物或火葬之遗灰,即非《刑法》第二百六十三条,所谓坟墓某乙发掘,除按其情节,得援照同法第三百八十二条之毁损罪,及第二百六十一条第一项之侮辱礼拜所罪,从第七十四条处断外,不能成立发掘坟

墓罪。合电转饬知照。司法院敬印

**附原电**

南京司法院院长居钧鉴,据邕宁地方法院横县分庭检察官陈人品呈称,设有某甲因先人失踪,依地方习惯刻木主点血作为祖骸埋葬,被某乙发掘,某乙是否成立《刑法》第二百六十三条之罪,兹有两说:(子)谓某甲先人所葬土坟,既非尸骸根本已非坟墓,某乙自应不成立发掘坟墓罪。(丑)谓某甲先人既依地方习惯刻木主点血埋葬,历代又认为祖墓祭扫,某乙自应成立发掘坟墓罪。二说究以何者为是,不无疑义,理合具文呈请察核解释,俾有遵循等情。据此,查发掘坟墓罪之坟墓应以葬有尸体或遗骨者为限,前大理院统字三五五号本已解释有例。惟本罪立法之本旨,原为保护社会重视坟墓之习惯而设,某甲既依地方习惯刻木主点血埋葬,又经历代认为祖墓祭扫,似与普通未经埋葬之空坟有别此类情形。查无新例可据,事关法律问题,理合转请解释令遵,俾便转令遵照。广西高等法院院长朱朝森呈叩真印

**院字第一〇二二号**

**二十三年一月二十四日　司法院指令浙江高等法院　附原呈**

呈悉,业经本院统一解释法令会议议决,业主撤佃自种,如别无强暴胁迫情形,自不能构成犯罪。至出租田内之禾稻,如系佃农所播种,业主意图为自己或第三人不法,所有乘该佃农之不备擅行抢割,应构成抢夺罪。合行令仰转饬知照。此令

**附原呈**

案据寿昌县县长潘绍隽呈称,查佃农争议事件有涉及刑事范围者,其刑事部分,除依《区乡镇坊调解委员会权限规程》第四条得行调解者外,应诉司法机关办理,为《修正浙江省佃农二五减租暂行办法》第十六条所规定。设有业主因佃农积欠田租未经调解及审判程序,强将出租田亩收回自种或于秋收时抢割出租田内之禾稻,前者是否构成以强暴胁迫妨害人行使权利罪?后者是否构成抢夺罪属会?屡有此项案件发生,于办理上颇滋疑义等情。据此,查《修正浙江佃农二五减租暂行办法》及施行细则,前于民国二十一年十月八日呈送钧院备查在案。兹据前情,案关法令疑问,理合备文转请仰祈鉴核令遵。谨呈

**院字第一〇二三号**

**二十三年一月二十四日　司法院训令湖南高等法院首席检察官　附原函**

为令知事,该首席检察官呈最高法院检察署,为衡阳地方法院首席检察官,转请解释《刑法》第二百五十六条及刑诉法第二百十八条各疑义一案,业经本院统一解释法令会议议决,(一)将妾扶正为妻,如果具备《民法》第九百八十二条之结婚要件(参照院字第九五五号解释),自应视为有夫之妇,倘与人通奸,当然构成《刑法》第二百五十六条之罪;(二)刑诉法第二百十八条之告诉期限,应自告诉人知悉犯人时起算。若因事涉暧昧尚待证实,则

在告诉人主观上尚未确信,其人为犯罪即难谓为已知悉因之告诉期限自不进行。合行令仰转饬知照。此令

**附原函**

径启者,案据湖南高等法院首席检察官曹瀛灰代电称,最高法院检察署检察长郑钧鉴,案据署衡阳地方法院首席检察官李棠呈称,窃职现因适用法律发生疑义,设两例如下:(一)设甲有妻乙,有妾丙,乙死后,甲于去年九月邀集亲友,款以酒肉,言明将丙扶正为妻,嗣丙与人通奸,应否构成《刑法》第二百五十六条之罪,于此可分二说:(子)说《民法》第九百八十二条,结婚应有公开之仪式及二人以上之证人,甲将丙扶正为妻,既未依式结婚,当然仍是妾之身分。(丑)说妻死,升妾为妻,不拘形式,历经前大理院判决解释有案,如六年五月统字第六二四号,即其一例。良以妻在,妾本处于不平等地位,妻死,将妾扶正为妻,乃使处于不平等地位之女子跻于平等地位,既于法理人情适合,尤与中国国民党政纲政策相符,决无拘泥形式之理。况现在婚礼尚未颁行,仪式殊无一定,则邀集亲友、款以酒肉皆可谓之仪式,即应同受法律保护认丙为妻。(二)设甲妻乙与丙通奸,甲早知悉苦无证据,事迨逾六月,始在奸所将乙丙抓获告诉到案,应否论处罪刑,于此亦分两说:(子)说告诉乃论之罪,其告诉应于告诉人知悉犯人之时起六月内为之,《刑事诉讼法》第二百十八条具有规定。甲在六月以前既已知悉乙丙通奸,直至告诉期限经过始行告诉,实欠缺处罚要件,应予不起诉处分;(丑)说《刑事诉讼法》第二百十八条所定之六月告诉期限,应就各个犯罪行为分别计算,如乙丙第一次犯罪虽逾六月不得告诉,而末次犯罪既经抓获告诉,明明未逾六月,即无欠缺处罚要件之可言,否则《刑法》内关于伤害毁损罪、妨害风化、自由、名誉、信用、秘密罪,均告诉乃论之罪。若第一次犯罪未经告诉逾六月后,即连续犯罪亦不得告诉,宁非奖励犯罪,未免有背人情。以上二例,究以何说为当,深滋疑义,悬案以待,理合具文呈请钧处鉴核转请迅予解释示遵等情。据此,理合电请钧署迅核转请解释电示祗遵等情。据此,相应函请迅予解释径覆并见示备查。此致

**院字第一〇二四号**

**二十三年一月二十五日　司法院函司法行政部　附原函**

径复者,准贵部上年七月六日函(第二七八号)开,据浙江高等法院代电请解释邮政条例所定刑名如何适用疑义一案,请查照见复等由,业经本院统一解释法令会议议决,查现仍援用之邮政条例第二十九条规定,所依之刑律第二百十五条,《刑法》已将其情形包括规定于第二百零二条之内,至同条例第三十、第三十一、第三十四、第三十五、第三十六、第三十八、第三十九等条所称依刑律各者,在《刑法》上均有相当条文,相应函请贵部查照饬知。此致

**附原函**

谨启者,案据浙江高等法院本年六月漾代电称,窃查邮政条例于民国十年公布施行在

案,该条例定有刑名为特别法之一种,当时暂行现刑律有效期内该条例所定刑名,每有依刑律某条处罚或加或减之规定(如邮政条例第二十九、第三十、第三十一、第三十四、第三十五、第三十六、第三十八、第三十九、第四十四各条)。自民国十七年九月《刑法》施行,其规定与刑律不同者甚多,以致邮政条例内明示适用刑律某条于《刑法》,每无该当条文,即如该条例第二十九条所定犯行,依刑律第二百十五条处罚,而刑律该条原属于第十五章妨害交通罪之内。迨《刑法》施行包举于《刑法》第十一章公共危险罪之内,唯《刑法》第十一章无与刑律第二百十五条相当之条文,于援用上无所适,其余各条亦有同一与类似之困难,此项邮政条例是否已不适用,仰或仍旧适用而于依照刑律处罚各条。如《刑法》无规定者,径依《刑法》办理,理合电请核示等情。据此,查所称各节,事关适用法律疑义,相应函请贵院解释见复,以便饬遵,至纫公谊。此致

**院字第一〇二五号**

**二十三年一月三十日　司法院电福建高等法院　附原电**

福建高等法院魏院长览,上年三月陷代电悉,所请解释《危害民国紧急治罪法》第七条及《惩治盗匪暂行条例》第四条各疑义一案,业经本院统一解释法令会议议决,《危害民国紧急治罪法》第七条,所谓最高军事机关系,指宣布戒严之全区域内最高军事机关而言,《惩治盗匪暂行条例》第四条所称,高级军官系指将官阶级之军官,均不问有无军法官之设置。合电知照。司法院陷印

**附原电**

司法院院长居钧鉴,查《危害民国紧急治罪法》第七条所称最高军事机关,《惩治盗匪暂行条例》第四条所称高级军官,是否以一定之阶级,而并有军法官设置者为限,抑只该区域或该驻在地较高之军事机关或军官,即为已足?设有某地只驻有营部或团部又并无军法官设置,能否认为最高军事机关或高级军官,不无疑义,理合电请解释示遵。福建高等法院院长魏大同叩陷

**院字第一〇二六号**

**二十三年一月三十日　司法院咨行政院　附原咨**

为咨复事,准贵院上年六月三十日咨(第一六一号)开,据湖南省政府呈请解释财神会捐产争执发生疑义一案,咨请查照见复等由,业经本院统一解释法令会议议决,凡多数人为一定之公益事业捐集财产并推举管理,若不能视为各捐助人所共有者,则该财产即系为一定目的所设置之财产,断非少数人因管理不当即可以之移充他项公益事业之用。倘未得各捐助人全体之同意径行禀官处分,除被害人得向行政官署请求撤销或废止其处分外,并得对于加害人向司法机关提起民事诉讼以资救济,相应咨复贵院查照饬知。此致

**附原咨**

为咨请事,案据湖南省政府呈称,窃查某县县城有财神殿一所前清咸丰年间县署,以年久就圯饬令户屯银三房集资修葺,以为办公之所并集资组织财神会,每年举人经理名曰,经首该会所积公资,除办祭修屋及雇用住持招护香灯外,余均为三房办公之用,民国反正各房取销户屯银三房,日渐星散,于是财神会之经理权为少数人把持,近日尤甚致该三房另一部份人将该会财产全数捐与县商会经理人,不愿诉由县府处分,除存留香火田租外,余均充办他项公益:(甲)说此项财产系财团财产,原捐主及其后人不能主张所有权;(乙)说此系私人组合原来并未放弃所有权,不能适用财团法人办法。究竟两说孰是,此应请解释者一。(子)说县府将财产充办他项公益,此系依据《民法》第六十五条规定变更财团目的,应认为行政处分。(丑)说此系财团解散后财产归属问题,县府本于《民法》第四十四条为之判断,应认为司法裁判。究竟二说孰是,此应请解释者二。现在案悬待决,理合呈请钧院解释令遵等情。据此,事关法令疑义,除指令外,相应备文咨请贵院查照解释见复,以便饬遵。此咨

**院字第一〇二七号**

**二十三年一月三十日　司法院指令江苏高等法院　附原呈**

呈悉,业经本院统一解释法令会议议决,自诉人不服第一审判决提起上诉,迭经第二审合法传唤,该自诉人如无正当理由而不到庭,应依《刑事诉讼法》第三百七十九条,准用第三百四十七条第二项以撤回上诉论。合行令仰转饬知照。此令

**附原呈**

呈为转请解释事,案据吴县地方法院院长向哲濬呈称,自诉人不服第一审被告无罪之判决提起上诉,迭经第二审合法传唤,该自诉人无正当理由屡传不到,案件无法终结,于此有二说焉:(一)依《刑事诉讼法》第三百七十九条,准用第三百四十七条第二项,以撤回自诉论。(二)第三百七十九条规定,准用第一审审判一节不适用于自诉程序,可参照院字第八二九号解释,通知检察官承担其讼诉执行上诉人之职务。二说未知孰是,抑或另有其他办法,事关法律疑义,理合呈请解释示遵等情。据此,事关解释法律疑义,理合具文呈请钧院鉴核解释饬遵。谨呈

**院字第一〇二八号**

**二十三年一月三十一日　司法院函国民政府文官处　附原函**

径复者,准贵处上年一月十三日公函(第五二七零号)开,准中央执行委员会民众运动指导委员会函,为关于旅馆、茶酒馆、浴池之茶房、工役应否加入工会请转饬重行核议一案,转行到院,业经本院统一解释法令会议议决,旅馆、茶酒馆、浴池之茶房工役,依《工会法施行法》第六条之规定,应准其加入工会。相应函复贵处查照转知。此致

**附原函**

径启者,奉主席交下中央执行委员会民众运动指导委员会函请转饬司法院将关于旅馆、茶酒馆、浴池之茶房工役,应否加入工会重行核议见复一案,奉谕函司法院等因,除函复外,相应抄同原件函达查照。此致

**附原函**

径启诉,查关于旅馆、茶酒馆、浴池之茶房工役,应否加入工会一案,经前中央训练部函请贵府转饬司法院解释在案,旋准贵府函转准司法院第七五二六号函复略称,旅馆、茶酒馆、浴池之茶房,在商店业务上直接服务者,自应认为店员等语,并经前中央训练部通函各省市党部查照。惟查历年以来各地旅馆、茶酒馆、浴池之茶房工役,自加入同业公会后,每因利害切肤纠纷迭起,本会为消弭纷争计,对于各该项员工之性质曾经一再审慎考虑,签以该项员工亦系基于雇佣关系,以劳力换取工资而维持生活,与一般工人初无二致,依照现行《工会法施行法》第六条之规定,自应准其加入工会以示持平上项解释,似有酌予变更之必要,相应函请查照转饬司法院重行核议见复为荷。此致

**院字第一〇二九号**

**二十三年二月八日　司法院咨行政院　附原咨**

为咨复事,准贵院上年十月四日咨(第二四五号)开,据浙江省政府呈请解释各种行政法令规定罚金罚锾,如无力完纳或抗不遵缴,可否改科拘留一案,咨请查照见复等由,业经本院统一解释法令会议议决,依行政执行法及其他省市县单行章程科处罚金罚锾者,只得就其财产强制执行,若无明文规定,不得易科拘留。相应咨复查照饬知。此咨

**附原咨**

案据浙江省政府呈称,案据民政厅呈称,案据省会公安局局长何云呈称,查行政执行法及其他省市县单行章程,多有关于罚金或罚锾之规定。凡人民有违反法令或单行章程行为,应处罚金或罚锾者,照章处罚后即行缴纳,自不生何种问题。若受罚人无力完纳或抗不遵缴者,应如何办理,以资救济,向无明文规定。遇有此种案件,办理上不免感觉困难,查违警罚法第一章总纲第二条规定,本法及其他法令或法令所许之警察章程无正条者,不论何种行为不得处罚等语。寻绎条文意义,此项违警罚法第二条之规定,盖即申明于本法外对于其他法令或法令所许之各种警察单行章程凡订有处罚专条者,均得一体适用,似无疑义,其他法令或法令所许之警察章程,其适用效力既于违警罚法第一章总纲内定有明文,则违警罚法第一章总纲内关于其他各条似亦可以援用。如遇有依据行政执行法或其他省市县单行章程处以罚金,被罚人无力完纳或抗不遵缴者,似可援用违警罚法第一章总纲第十五条之规定改易拘留,即总纲内其他各条如关于未满十三岁人心神丧失人不可抗力共同违犯等,似亦可以一并适用否,则适用行政执行法或其他省市县单行章程时,除有明文规定外,遇有特殊情形,如未满十三岁人及心神丧失人等别无区别办理之标准,而对于不完纳罚金

者亦无法可以救济矣。事关法律解释,是否有当,理合具文呈请核示遵行等情前来。查法令所科金或罚锾关于无力缴纳者,苟无易科拘留之明文,可否易科不无疑义。又罚金罚锾凡对于法人或《民法》上之合伙等非自然人,倘无力缴纳,既不能令其代理人受自由之限制,则又如何执行?查违警罚法第一章总纲,对于警察章程之附有罚则者似可援用。惟对于其他行政法令可否援用,事关解释法律疑义,理合备文呈请,仰祈钧府核转示遵等情。据此,案关解释法律疑义,除指令外,理合备文呈请仰祈钧鉴,核示俾便饬遵,实为公便等情。据此,事关法律疑义,相应咨请贵院查照解释见复,以凭饬遵。此咨

**院字第一〇三〇号**

**二十三年二月八日　司法院电陕西高等法院　附原电**

陕西高等法院孟院长览,上年九月阳代电悉,凤翔县承审员转请解释,持有折腰枪弹意图犯罪如何论科一案,业经本院统一解释法令会议议决,折腰枪弹如可供军用其意图犯罪而持有之者,应依《军用枪炮取缔条例》第一条第一项论科。合电转饬知照。司法院庚印

**附原电**

南京司法院居院长钧鉴,据凤翔县承审员段酚勘代电称,急陕西高等法院孟院长钧鉴,查《刑法》第二百条之公共危险罪所称爆裂物,原系例举规定只限于炸药、棉花、雷汞及其相类似之爆裂物,若收藏手枪子弹依最高法院新判例十九年,非字第一七六号所载,虽与《刑法》第二百零一条第一项情形相当,但《军用枪炮取缔条例》第二条第一项对于前项事实既有特别规定,按诸特别法优于普通法之原则,即应依例处断,并无援用普通法之余地等语。是凡未受允准而制造或持有军用枪炮者,自应依该条例处断已无疑义。惟本县连岁旱荒,盗匪充斥,民间持有折腰枪弹类,皆奸人意图供犯罪之用,情节显然无庸深究,故凡结伙抢夺及在途行劫者,俱系执持折腰手枪以为凶器即被捕之匪,亦率多搜获折腰枪弹送案以为证据,而被害者多系客商早已他去抢劫事实无从质讯,似此情形,侦查其人,确系不良份子,鞫讯其事,则狡不吐实,依爆裂物论罪则苦无条文可据。按《枪炮取缔条例》处罚,则与军用二字不符,若竟宣告无罪,则不特舆论哗然,群诋政府为纵匪,而此风一播,匪徒知持折腰枪为无罪,势必相牵蜂起,益无忌惮,社会秩序且将紊乱,至无所底止矣。究竟有持此项折腰枪弹,可否解为危险罪中其他相类似之爆裂物,抑因其系意图供犯罪之用,亦应在取缔之列或另有其他补救之法,以资遵循,悬案待决,即祈鉴核示遵,实为至盼等情。据此,理合据情转请钧院迅予解释,以便转饬遵照。署陕西高等法院院长孟昭侗叩阳

**院字第一〇三一号**

**二十三年二月八日　司法院指令浙江高等法院　附原呈**

呈悉,业经本院统一解释法令会议议决,律师执行职务时,因犯罪被处徒刑在判决确定后,依律师章程第四条第一款规定,当然不得再充律师,自无再付惩戒之必要,苟于判处徒

刑时宣告缓刑,缓刑期满而未宣告撤销者,依本院第六六一号解释固得复充律师,但如有应受惩戒之情形,仍应再付惩戒。合行令仰知照。此令

**附原呈**

查律师章程第四条第一款规定,曾处拘役或法定五等有期徒刑以上之刑者,除国事犯已复权者外,不得充律师。故凡因犯罪处刑之律师应予除名,固无问题。第查院字第六六一号解释,律师于缓刑期满而未宣告撤销者,仍得复充律师。又上开章程第三十七条第三款规定,受除名处分者,非经过四年不得充律师,设有律师被处徒刑二月以上而确定判决系宣告缓刑三年,若仍由惩戒委员会决议惩戒予以除名处分(停职以二年为限不能予以停职处分),其得复充律师之期间,似不无抵触。究竟律师在执行职务时因犯罪被处徒刑二月以上判决确定后,应否再付惩戒,抑宣告缓刑者即无惩戒必要,尚不无疑问,理合呈请钧院解释示遵。谨呈

**院字第一〇三二号**

**二十三年二月八日　司法院指令浙江高等法院　附原呈**

呈悉,业经本院统一解释法令会议议决,派驻各县募兵助理员是否现役军人,应以该员有无现役军职为断。合行令仰转饬知照。此令

**附原呈**

案据桐庐县县长冯世模呈称,窃查师部派驻各县募兵所设招募处助理员并无薪给,是否以现役军人论等情。据此,案关法令疑问,理合备文转请钧院鉴核令遵。谨呈

**院字第一〇三三号**

**二十三年二月八日　司法院训令陕西省民政厅　附原函**

为令知事,该厅上年十月十七日函本院秘书处转请解释,被告在缓刑期内能否充任公务员一案,业经本院统一解释法令会议议决,被告在缓刑期内,除别有关于消极资格之限制外,苟未经撤销缓刑之宣告,仍得充任公务员。合行令仰知照。此令

**附原函**

径启者,查关于宣告缓刑之案,被告在缓刑期内能否充任公务员,实属疑点,相应函请贵处转呈赐予解释见示,实纫公谊。此致

**院字第一〇三四号**

**二十三年二月十三日　司法院训令福建高等法院　附原函**

为令知事,该法院二十一年第六七五号公函致最高法院,为莆田地方法院转请解释被告人,在上诉中投入军队其审判管辖疑义一案,业经本院统一解释法令会议议决,于已经检察官着手侦查或经第一审判处罪刑后始投入军籍,其犯罪之发觉既不在任官任役之中,仍

应由普通法院审判,倘有抗传不到情形,自得依法拘提或命通缉。合行令仰转饬知照。此令

**附原函**

径启者,案据莆田地方法院呈称,查有经第一审判处罪刑之被告人,在上诉中投入福建省保安处警卫队补充中队部充当书记官,亦有在侦查中交保候讯之被告人经检察官起诉后,该被告投入该队部充当书记,任意抗传不到,状请移送直接管辖机关办理等情,究竟此项交保候讯之被告人在审理中或在上诉中能否投入军籍,及此等队部之书记官及书记可否认为军属?该被告既身入军籍,应否将案卷移送军法会审核办,抑仍应归普通法院审判?悬案待决,理合具文呈请钧长鉴核训示祇遵等情到院,查陆军文官现服勤务者,依照《海陆空军刑法》第八条之规定,应认为陆军军属,业经解释有案,原无疑义。惟既在法院侦查及审理中或在上诉中应否移归军法会会审判,不无疑义,案关法律疑点,相应函请贵院迅赐解释,俾便饬遵为荷。此致

**院字第一〇三五号**

**二十三年二月十三日　司法院指令浙江高等法院　附原呈**

呈悉,业经本院统一解释法令会议议决,《刑法》第二百四十五条之妨害风化罪,其告诉权谁属问题,在《刑事诉讼法》第二百十五条第一项已有列举规定。合行令仰转饬知照。此令

**附原呈**

呈为转请解释事,案据余杭县县长冯世范呈称,查本年二月六日院字第八五六号解释,湖北阳新县司法委员转请解释闺女或孀妇与四亲等内宗亲相奸,应否处罪疑义由内开,呈悉,业经本院统一解释法令会议议决,《刑法》上亲属之范围与《民法》所定不同,在未修改以前,凡未嫁之女或孀居之妇,与依《刑法》所定四亲等内之宗亲相和奸者,均应依《刑法》第二百四十五条论科,合行令仰转饬知照,此令等因。奉此,查《刑法》第二百四十五条之罪,依同法第二百五十二条须告诉乃论,而告诉权属于何人则未有规定在和奸,相奸之双方必不肯自行告诉,则闺女之告诉权是否属于其父母?孀妇之告诉权是否属于其翁姑?万一父女相奸、母子相奸、翁媳相奸,则有告诉权之人即系犯罪之人,斯时之告诉权又将属于何人?仰祈转请明白解释,以便遵循等情。据此,案关请求解释,理合备文转请钧院鉴核令遵。谨呈

**院字第一〇三六号**

**二十三年二月十三日　司法院指令浙江高等法院　附原呈**

呈悉,业经本院统一解释法令会议议决,《刑法》第五十五条第三项但书,犯贫而减罚金,系承第四十九条第五款之但书而言,故所谓减得之数自系限在一元以下。合行令仰转

饬知照。此令

**附原呈**

呈为转请解释事。案据嵊县县法院院长李春楼呈称,窃查《刑法》第五十五条第三项规定,易科监禁以一元以上三元以下折算一日,但因犯贫而减罚金者应以减得之数比例计算等语。所谓减得之数,是否限在一元以下颇有疑义:(甲)说谓减得之数,即根据同法第四十九条第五款而来,该款载罚金一元以上,但因犯贫得减至五分之一,所谓五分之一,即最低限度可减至贰角是也,玩得减至三字,则由一元减至五分之四、五分之三,以至五分之二之一,均无不可。换言之,即由一元减至八角、六角、四角、二角,均在该款适用范围之内,则减得之数,实专指减至一元以下者而言。以此八角、六角、四角、二角之罚金比例上文易科监禁之标准,例如减至八角,则易科监禁之标准应折作八角以上二十四角以下,减至六角,则易科监禁之标准应折作六角以上十八角以下。总而言之,即至少可易科监禁一日是也,若谓减得之数不专指一元以下,则科罚金之裁判本应审酌犯人之资力,如果家境贫困,即处以罚金一元,亦非违法,而何必加以因贫减至等字样,且即就该款之文字言之,上文为一元以上,则但书当然在一元以下。若解五分之一为不限在一元以下,亦恐有违立法之本意。(乙)说谓减得之数,原根据同法第四十九条第五款而来,但该款载罚金一元以上而不载几元以下,因罚金之最高度各条不同,总则内不能为概括的规定,故此款只载最低度一元以上,下文载但因犯贫而减罚金者,得减至五分之一。虽就最低度立言,而其最高度亦得减至五分之一,自可于言外得之例,如赌博罪处一千元以下罚金最高数为一千元最低为 1 元。若因犯贫而减至五分之一,则最高度为二百元,最低度为二角,在此范围内减处罚金,如减得之数在一元以上,则自可比照上文易科监禁之标准,而为折算如减得之数在一元以下,则易科监禁已在不满一日之例,自可依同条第九项免除不算,故此项减得之数有时在一元以上,有时在一元以下,全由司法官于上列范围内酌量定之。若谓专指减至一元以下者而言,则罚金既不满一元,更何从易科监禁如此解释,则下文比例计算四字便同虚。设果如甲说之主张,谓易科监禁之标准可照减得之数减折计算,试问根据何在,且查同法第八十三条规定,罚金应加减者止加减,其最高度此为加减之原则,至因犯贫减罚金但书规定得减最低度者,实为减轻之例外,断不能因第四十九条第五款未曾说明,最高度同减之故便忘却加减之原则,而误认减得之数为专在一元。以下二说,未知孰是,理合备文呈请核转解释,以便遵循等情。据此,理合备文转请仰祈钧院俯赐解释,以便饬遵。谨呈

**院字第一〇三七号**

**二十三年二月十三日　司法院训令浙江高等法院　附原函**

为令知事,该法院二十一年第二八二七号公函,致最高法院为寿昌县县长转请解释运输红丸质料应否论罪疑义一案,业经本院统一解释法令会议议决,单纯运输制造红丸所用之质料,并无鸦片或其代用品之成分者,法无处罚明文,应不为罪(参照院字第一五二号解

释)。合行令仰转饬知照。此令

**附原函**

径启者,案据寿昌县县长潘绍隽呈称,查运输鸦片代用品或运输红丸,其应成立犯罪《禁烟法》及《浙江省肃清毒品暂行条例》,固皆有明文规定。若运输之物并非红丸,乃系供制造红丸所用之一种质料或确为供制造红丸所用之一种质料,而非含有毒性是否均应论以运输红丸之罪,不无疑义,理合备文呈请仰祈察核示遵等情。据此,查运输系供制造红丸所用之一种质料,此种质料又非含有毒性,应否成立罪名,约分两说:(甲)说运输物质,如能证明知情为供制鸦片代用品红丸之用,而运输其物质虽非含有毒性,究不失为红丸之制成部分,仍成立浙江肃清毒品条例第四条之帮助犯。(乙)说所运物质既无毒性,又不能单独为鸦片之代用品,自不构成何种罪名。两说究以何说为是,事关法令疑义,相应备函转请贵院查核予以解释,实纫公谊。此致

**院字第一〇三八号**

**二十三年二月十三日　司法院指令安徽高等法院　附原呈**

呈悉,业经本院统一解释法令会议议决,(一)来文所述如合于《刑事诉讼法》第三百八十三条情形,纯属程序问题,得由第二审径行判决,毋庸被告到庭;(二)第一审关于诉讼程序上判决或不为程序判决显有不当者,第二审得用书面审理;(三)对于县政府判决案件提起上诉,依《县知事审理诉讼暂行章程》第三十一条既以向第二审为之为原则,其径向第二审上诉者应准扣除在途期间。合行令仰转饬知照。此令

**附原呈**

呈为呈请解释事,案据安徽高等法院第一分院院长刘瑗章蒸代电称,查《刑事诉讼法》第二七一条规定,审判日期除有特别规定外被告不出庭者,不得审判第二审判决,因第二七九条之适用似亦受该条拘束,在正式法院判决之案,有第三六四条、第三六五条、第三七七条各规定及最高法院解字第五号解字第二二号解释可资依据,故虽有第三八三条之规定,而事实上绝少此类判决,不生若何困难。若《县知事审理诉讼暂行章程》第三一条第一项明定,得向第二审上诉此种上诉案件,如合于刑诉法第三八三条之规定,亦必须被告到庭,始能判决辗转提解,殊无实益。而以现在各县交通状况而言,且窒碍孔多,可否由检察官径将其上诉状发回第一审,依照刑诉法第三七七条、第三七八条办理或不待被告到庭,由法院径行判决,此应请解释者一。又第一审关于诉讼程序上判决或不为程序判决(如为管辖错误或不受理或不为管辖错误之类)显有不当者第二审能否用书面审理,此应请解释者二。在押被告向上级法院上诉者,依最高法院判例不得扣除在途期间,因其应向监狱或看守所提出书状故耳,此在正式法院判决之案,固不成问题。若县政府判决之案在押被告依照《县知事审理诉讼暂行章程》第三一条第一项,径向第二审提起上诉,能否扣除在途期间,此应解释者三。以上三点,拟请钧院准予转呈司法院俯赐解释转饬下院,俾资遵循,实为公便等

情。据此,案关法律疑义,理合具文呈请钧院俯赐解释,以便饬遵。谨呈

**院字第一〇三九号**

**二十三年二月十三日　司法院电陕西高等法院　附原电**

陕西高等法院孟院长览,上年八月寝代电悉,长安地方法院转请解释刑事案件停止审判程序疑义一案,业经本院统一解释法令会议议决,瞬将临蓐之孕妇事实上确不能出庭者,得停止审判程序。若停审至十五日以上者,应依《刑事诉讼法》第三百零六条更新审判程序。合电转饬知照。司法院元印

**附原电**

南京司法院院长居钧鉴,据暂代长安地方法院院长刘义烈祃代电称,陕西高等法院孟院长钧鉴,窃查怀胎七月以上之被告得于生产前停止执行,《刑事诉讼法》第四八五条第二款虽有明文,但同法第三零五条第一项规定应停止审判程序者,孕妇似不包括在内。倘被告系瞬将临蓐之孕妇事实上不能出庭,可否基于同法第三零六条后段审判开始后,因被告或有其他事故停止审判至十五日以上者,应更新审判程序之法意停止审判程序,不无疑问,伏乞转请解释电令祗遵等情。据此,理合转请迅予解释,以便转饬祗遵。署陕西高等法院院长孟昭侗叩寝印

**院字第一〇四〇号**

**二十三年二月十三日　司法院指令浙江高等法院首席检察官　附原呈**

呈悉,业经本院统一解释法令会议议决,被告于侦查或审判中所缴保证金,经宣告缓刑后应准发还。合行令仰转饬知照。此令

**附原呈**

案据江山县法院首席检察官何立言虽称,窃查司法院第八五五号解释,宣告缓刑《刑法》上并无令具相当保证之规定,缓刑期内自无取具保证之必要,是院字第六九七号解释业因此解释而变更已甚明显。惟职处认为尚有疑义被告于侦查或审判中已缴有保证金,于判决宣告缓刑后应否予以发还,理合具文呈请鉴核转请明白解释以便遵办等情。据此,事关法律疑义,职处未敢擅专,理合具文呈请仰祈鉴核迅赐解释,实为公便。谨呈

**院字第一〇四一号**

**二十三年二月十三日　司法院训令广西高等法院首席检察官　附原函**

为令知事,该首席检察官呈最高法院检察署,为苍梧地方法院检察官转请解释刑诉法第三四七条第二项疑义一案,业经本院统一解释法令会议议决,自诉人为当事人之一造审判日期固应出庭,但曾经传唤到庭一二次其后虽不到案,仍应就其陈述而为裁判不得以撤回自诉论(参照院字第八八一号解释)。合行令仰转饬知照。此令

**附原函**

径启者,案据广西高等法院首席检察官陈锡瑚呈称,案据苍梧地方法院首席检察官胡家又呈称,兹据职院检察官刘军冠呈称,窃查《刑事讼诉法》第三百四十七条第二项之规定,自诉人经传唤无正当理由不到者,以撤回自诉论,其所谓自诉人经传唤无正当理由不到者,是否专指自诉人业经合法传唤而始终不到者而言?例如,自诉人曾经到案一二次,惟后来传唤不到,可否适用上开法条视作撤回,既无明文可援,又无解释判例可依,不无疑义,理合备文呈请钧座鉴核转请解释,俾便遵循,实为公便等情前来。查案关法令疑义,理合具文呈请察核俯赐转请解释,以资办理等情到处,除指令外,理合具文呈请钧署乞迅核转解释电示祗遵等情。据此,相应函请迅予解释径覆并见示备查。此致

**院字第一〇四二号**

**二十三年二月十三日　司法院训令广西高等法院首席检察官　附原函**

为令知事,该首席检察官呈最高法院检察署,为苍梧地方法院检察官转请解释《刑法》第二百四十条第七项未遂罪疑义一案,业经本院统一解释法令会议议决,强奸罪之既遂未遂,应以生殖器官已否接合为准,不以满足性欲为既遂条件。合行令仰转饬知照。此令

**附原函**

径启者,案据广西高等法院首席检察官陈锡瑚呈称,呈为转请解释事。案据苍梧地方法院首席检察官胡家又呈称,现据职院检察官刘军冠呈称,呈为请转解释事。窃查《刑法》第二百四十条第七项之规定未遂罪罚之,但未遂罪之标准如何,素来学说不一,例如,(甲)说谓奸者,系男女间满足其性欲之行为也,故其已遂与否即视其有无已达射精与否而为断;(乙)说谓奸者,虽系男女间满足其性欲之行为,但已遂与否,在此不必俟其确经满足性欲与否而为限,例如,彼此之生殖器官业经接合(即以阴茎已插入女阴),即虽未经射精,亦应认其已遂;(丙)说谓本案规定其处罚之本旨,系在行为。其处罚之本旨,既在行为,不但不须已达射精,抑且无须已至接合,只须视其彼此之生殖器官已否接触,即可认其是否已遂。以上三说,究以何说为当,既无判例可援,又无解释可据,理合具文呈请钧座鉴核转请解释俾资遵循等情前来。事关法律疑义,理合具文转呈察核俯赐转请解释示遵等情。据此,除指令外,理合具文呈请钧署核转解释电示祗遵等情。据此,相应函请迅予解释径覆并见示备查。此致

**院字第一〇四三号**

**二十三年二月十九日　司法院函外交部　附原电**

径启者,据福建鼓浪屿市华人议事会选举事务所上年四月阳代电,请解释该会组织大纲条文疑义一案,业经本院统一解释法令会议议决,按该会组织大纲第三条,所谓继续居住一年以上,系指现在仍住该地追溯以前继续居住已达一年以上者而言,甲前虽在该市居住

曾登记为公民。然现在既属行踪无定，并无继续居住之事实，自不能仍享有公民之权利。相应函请贵部查照饬知。此致

**附原电**

南京司法院院长居钧鉴，鼓浪屿公共地界内华人呈蒙外交部，福建省政府核准设立鼓浪屿市华人议事会，为华人立法兼督行政之机关，工部局华董华委员亦由其选举。该会组织大纲多依据自治法规，如第三条，中华民国人民无论男女，在本市区域内继续居住一年以上或有住所达二年以上，年满二十岁，经宣誓登记后为本市之公民有选举、罢免议员及创制复决之权，与十九年七月七日国民政府修正公布《乡镇自治施行法》第七条之条文相同。本年本所办理议员选举有某县人民某甲前曾居住鼓浪屿二年以上，已登记为市公民，惟年来在鼓浪屿已无住所，行踪无定，是否仍为本市公民？案关法规解释，本所未敢擅便，合亟电恳钧院解释示遵。福建省鼓浪屿市华人议事会选举事务所叩阳

**附《鼓浪屿市华人议事会组织大纲》**

鼓浪屿市华人为巩固民众之团结，树立自治之基础，于民国十六年组织鼓浪屿市华人议事会制定组织大纲，历年沿用。民国二十年奉外交部命令，根据新自治法规，修改如下。

第一条　本会代表本市华人公意，为立法及监督行政之机关。

第二条　本会由本屿华公民选举之议员组织之。

第三条　中华民国人民无论男女在本市区域内继续居住一年以上，或有住所达二年以上年满二十岁，经宣誓登记后为本市之公民，有选举罢免议员及创制复决之权，但有下列情事之一者，不得享有前项规定之权：

一　有反革命行为经判决确定者；

二　贪官污吏土豪劣绅经判决确定者；

三　褫夺公权尚未复权者；

四　禁治产；

五　吸用鸦片或其代用品者。

第四条　宣誓须亲自签名于誓词，赴议员选举事务所举行宣誓典礼，由华董华委员合组之市政会议派员监督，其誓词如下：

○○○正心诚意当众宣誓，从此去旧更新，自立为国民，尽忠竭力拥护中华民国，实行三民主义，采用五权宪法，务使政治修明、人民安乐，措国基于永固，维世界之和平。此誓

中华民国　　年　　月　　日(签名)　　立誓

第五条　公民年满二十五岁具有下列资格之一者，得为本会议员候选人：

一　候选公务员考试或普通考试高等考试及格者；

二　曾任中国国民党区党部执监委员或各上级党部重要职员满一年者；

三　曾在国民政府统属之机关任委任官一年或荐任官以上者；

四　曾任小学以上教职员一年者；

五　曾在中学以上毕业或经检定认为有相当程度；

六　经自治训练及格者；

七　曾办地方公益著有成绩经市政会议呈请上级机关核定者。

受《国籍法》第九条之限制尚未解除者，不得为前项之候选人，议员候选人由议员选举事务所就已登记之公民名表汇造候选人表册，经审查通过，即交市政会议核准公布，但其公布时期不得迟于选举前一个月。

第六条　有下列情事之一者，虽具有第五条第一项各款所列资格者，仍应停止当选：

一　现役军人或警察；

二　现任职官；

三　僧道及其他宗教师。

第七条　本会之职权如下：

甲　议决市公约事项；

乙　议决市内应兴革事项；

丙　议决以市经费筹办之自治事项；

丁　议决市经费之预算及决算事项；

戊　选举工部局华董华委员及市调解委员会委员事项，其选举法另定之；

已　决议市民请愿或建议事项；

庚　议决市政会议工部局及其他机关咨询事项；

辛　议决弹劾华董华委员调解委员及撤回递补事项；

壬　议决其他属于自治一切事项。

前项议决事项，由本会分别函工部局或市政会议华董华委员办理之。

第八条　本会办事细则另定之。

第九条　本会议员定廿名均为名誉职。

第十条　本会议员选举由市政会议召集本市法定团体代表，设选举事务所依法办理之前项选举法另决之。

第十一条　本会议员任期一年。

第十二条　本会设主席团三人，由议员互选充任之。

第十三条　主席因事不能行使职权时，由候补主席代理之。

第十四条　主席任满再被选者，均得连任。

第十五条　议员因事出缺，以候补议员充之，候补议员补完时，应即补选前项补缺之任期，以补足前任未满之期为限。

第十六条　本会应设秘书处，其职员之任免及薪俸之额数，由主席团遴选、拟定，提会通过之。

第十七条　本会分常会、临时会，常会每月一次，由主席团召集之。临时会由主席团或议员三分之一以上提议,得由主席召集之。

第十八条　工部局华董华委员遇本会开会时,得到会陈述意见,但无表决权。

第十九条　工部局华董华委员除办理本会议决案件外,得提案于本会。对于本会议决案有异议时,得交本会覆议,如覆议全体议员三分之二以上之通过,仍执前议华董委应执行之。

第二十条　本会由外交部及福建省政府指导监督之。

前项指遵监督于必要时,委托该管地方官署执行之。

第二十一条　市公民半数以上对于本会全体议员有所不满时,得签名提出不信任案,交市政会议呈由该管地方官署,转呈外交部及福建省政府命令改选之。

第二十二条　市公民半数以上对本会一部分议员有不满时,得签名提出弹劾案,于本会将该议员撤回另补之。

第二十三条　本会经费除就地自筹外,得呈请省政府核拨补助。

第二十四条　本大纲如有未尽事宜,得由本会提出修正案,交市公民表决通过修正之市公民三分之一以上亦得连署提案,交由本会提出修正案,交市公民表决通过修正之,但为求符合自治法规,而于本会名称、职权、组织无变更之修正案,得由本会议决通过,呈由该管地方官署转呈外交部及福建省政府核准备案。

第二十五条　本大纲由本会议决通过,呈由该管地方官署转呈外交部及福建省政府核准施行之。

**院字第一〇四四号**

**二十三年三月一日　司法院咨行政院　附原咨**

为咨复事,准贵院上年十二月二十九日咨(第三一五号)开,关于商标法第二条各款规定尚有疑义,请查照解释见复等由,业经本院统一解释法令会议议决,商标法第二条第五款、第六款明示相同或近似某种之标章,第四款亦指第一条第二项所用文字、图形、记号或其联合式之形体而言,均与读音无关。相应咨复贵院查照。此咨

**附原咨**

案准贵院院字第一零零三号咨解释,实业部对于《商标法》第一条第二项疑义一案,属查照饬知等由,准此。查商标法系为保护购买人之法律,故各国《商标法》均不尚抽象之观念,而以事实上购买人是否有欺惑之危险定商标应否保护之标准。《商标法》第二条第四款规定有可欺罔公众之虞者,不得注册,法意甚为明显,我国大多数人民不识文字多有仅凭读音以识别商标者,关于与他人注册商标读音相同或近似之商标,应否认为商标之相同或近似并有"可欺罔公众之虞"?援用第二条第四款、第五款、第六款各规定不准注册,抑应依照第一条第二项解释认读音之相同或近似与商标之相同或近似无关,不适用第二条第四款至第六款之规定,事关解释疑义,相应咨请查照解释见复,以便一并饬遵。此咨

**此处删去一条。**

**院字第一〇四六号**

**二十三年三月九日　司法院院训令江西高等法院　附原函**

为令知事，该法院上年第六二五号公函致最高法院，为修水县承审员转请解释《民法》第九八七条前段规定疑义一案，业经本院统一解释法令会议议决，《民法》亲属编无妾之名称，其施行前之妾与家长同居一家虽得视为家属，但不适用法律上关于婚姻之规定，故于脱离关系后与人结婚，自不受六个月期间之限制。如于结婚后所生子女，其受胎期间确能证明，在与家长同居中者，该家长尽可提起认领之诉，不得诉请撤销其婚姻。合行令仰转饬知照。此令

**附原函**

径启者，据修水县承审员吴镜明代电称，查《民法》第九百八十七条前段规定，女子自婚姻关系消灭后，非逾六个月不得再行结婚，当然系指同法第九百八十二条之正式结婚女子而言。设有娶妾已得家长同意，订立解除家属关系字约后，随即与他人结婚，其前家长为防止血统之混乱起见，依同法第九百九十四条上段规定提起撤销婚姻之诉，是否可以成立，于此颇滋疑义，约有两说：（甲）说谓现行婚姻采取一夫一妻制度，妾与家长根本已无夫妇身分，一经解除家属关系，随时可以与人结婚，自不受非逾六个月，不得再行结婚之限制。（乙）说谓妾在现行法治之下，虽不采放任主义，亦无禁止明文，既经司法院院字第七三五号训令解释，依《民法》第一千一百二十三条第三项视为家属，其遗腹子女即受胎在妾与家长之关系存续中者，应认与经生父抚育者，同即依同法第一千一百四十九条亦得酌给遗产，纵无夫妇身分然与姘妇有别，在未解除家属关系以前，性交上之结合不无血统上之遗传，似应有受非逾六个月，不得再行结婚之限制。以上两说，均有理由，究以何说为是，职县现受有此种案件急待审判，理合电呈钧长俯赐鉴核，迅予转请解释示遵等情到院，相应函请大院迅予解释函复过院，以便转行饬知。此致

**院字第一〇四七号**

**二十三年三月九日　司法院电江苏高等法院　附原电**

江苏高等法院林院长览，前据江宁地方法院上年九月俭代电请解释当事人声请变更言词辩论期日各疑义一案，业经本院统一解释法令会议议决，当事人一造声请变更言词辩论期日，除法院认为有重大理由予以裁定变更者外，当事人仍须于原定期日到场，否则即应依《民事诉讼法》第三七七条办理（应注意三七八条）。至声请变更言词辩论期日，系出于两造之合意法院，固应就其声请有无重大理由为允许与否之裁定，但其声请为无理由，虽尚未及驳回，而当事人于原定期日不到场者，仍应认为迟误，视为休止诉讼程序。又，《民事诉讼

法》第一百六十条第一项所云重大理由，系属事实问题，应由法院斟酌情形定之，不能预定标准。至当事人或其代理人猝患急病，致不能为诉讼行为，而尚有人可以委任并能为委任者，即不得认为重大理由。合电转饬知照。原电抄发。司法院佳印

**附抄电一件**

**附原电**

司法院院长钧鉴，窃查民事诉讼当事人声请变更言词辩论期日，法院固应先就其声请之有无理由为准驳之裁定，不能遽认该当事人受传不到为迟误期日，但当事人在紧迫言词辩论期日前一二日具状声请变更言词辩论期日，法院因时间短促不能于原定言词论辩期日前送达，准驳之裁定，于当事人此时法院有无就其声请为准驳之义务，此应请解释者一。上述情形，如法院可以不就其声请为裁定，当事人于原定言词辩论期日又不到场，可否视该当事人迟误言词辩论期日，据以休止诉讼程序，此应请解释者二。又查《民事诉讼法》第一百六十条第一项所谓重大理由，是否指天灾或其他，不应归责于己之事由而言，此应请解释者三。又当事人或代理人猝患急病，而有诉讼代理人或复代理人可以委任者，可否认为重大理由准其变更言词辩论期日，此应请解释者四。理合电请迅赐提前解释示遵。江苏江宁地方法院俭印

**院字第一〇四八号**

**二十三年三月九日　司法院电湖南高等法院　附原电**

湖南高等法院徐院长览，上年十一月铣代电悉，所请解释民事案件程序上各疑义一案，业经本院统一解释法令会议议决，(一)当事人提起上诉，原审法院应以裁定驳回者，依《民事诉讼法》第四百零六条第一项，既只限于上诉逾期，则其追复迟误之诉讼行为，自应向有权审判迟误之诉讼行为之法院为之。(二)当事人或代理人追复其迟误之诉讼行为，在《民事诉讼法》并未定有何种程序，故当事人或代理人如以追复为由声明上诉，受诉法院接受此项声明，即应就其追复之事由先予审究，如以其事由不存在，自仍应认为上诉逾期径以裁定驳回，其上诉反是，则其诉讼行为之迟误经追复后即属合法上诉，自应就其本案为之审判，倘他造对于追复之事由尚有争执时得先为中间判决，至应否经言词辩论，自可由法院斟酌情形定之。若于驳回上诉后，始行声请追复，自应以裁定驳回。(三)原法院或审判长认抗告为有理由应更正原裁定在该法条之下，既未加以何种限制，即可认为同法第二百二十九条之特别规定，如以抗告为有理由原法院或审判长，自应将原裁定予以更正。合电知照。司法院佳印

**附原电**

首都司法院院长钧鉴，窃本院近因办理民事案件程序上发生疑问数则，分陈如下：(一)民诉法第一百六十五条规定，迟误不变期间者，得于一定期间内追复诉讼行为既系追复所迟误之行为，其应向该行为之管辖法院为之似无可疑。惟查民诉法第四百零六条规

定,对于逾越期间之上诉原审法院亦得以裁定驳回之,如当事人因上诉逾期,向原审法院声明追复上诉之诉讼行为,是否即由原审法院裁判,抑应解卷上诉法院核办,此应请解释者一。(二)当事人声明追复诉讼行为,自不能无所准驳,于此究用何种程序,是否概得以裁定行之,抑应照旧法关于回复原状之办法,须视所追复之行为为何分别,应否经言词辩论及应否用判决之方式,此应请解释者二。(三)又关于抗告案件,原法院或审判长认抗告为有理由者,应更正原裁定(裁决),《民事诉讼法》第四百五十七条第一项与民事诉讼条例第五百五十九条第一项前段之规定相同。惟条例又有"以不受该裁决之羁束者为限"之但书,为新法所无查。新法第二百二十九条另有"裁定经宣示或送达后,为该裁定之法院审判长受命推事或受托推事受其羁束,但关于诉讼指挥或别有规定者,不在此限"之明文(参照条例第二百七十八条),究竟该项应受羁束之裁定,是否因法文无但书规定之故,一概得由原法院更正,抑应依论理解释而有所限制,此应请解释者三。以上三点,均滋疑义,援用时颇感困难,理合电请钧院俯赐解释,俾资遵循。湖南高等法院院长徐声金叩铣印

**院字第一〇四九号**

**二十三年三月十四日　司法院指令湖北高等法院　附原呈**

呈悉,业经本院统一解释法令会议议决,上诉于第二审既经撤回,与未上诉同嗣后声请再审,应属第一审法院管辖。合行令仰转饬知照。此令

**附原呈**

呈为呈请解释事。案据黄冈地方法院廖鹤龄呈称,呈为《刑事诉讼法》第四百四十五条发生疑义,仰祈核转呈请解释事。窃查本院武穴分院审理某甲诈欺罪判处拘役二十日,某甲不服上诉到院,本院传案审理,据某甲当庭撤回上诉,追原审法院检察处票传执行,某甲复向原审法院声请再审原审,法院依照《刑事诉讼法》第四百四十五条,认定本件再审应由本院管辖检同案卷呈送前来。于此场合,发生疑问,计有二说:(一)某甲对于第一审判决虽已声明上诉,但经当庭撤回与未上诉同,则《刑事诉讼法》第四百四十五条第一项所称判决之原审法院,应指第一审而言本件再审,即应仍属第一审法院管辖。(二)该条所称判决之原审法院,系合第一审及第二审而言。本案第一审判决既因上诉于第二审后撤回上诉而确定,则依确定判决言之,第二审法院即为原审法院,本件再审应由第二审法院管辖。以上二说,孰为可采,事关法律疑义,未敢妄断,理合具文呈请钧院鉴核,仰祈转请解释示遵等情。据此,事关法律解释,理合具文转呈钧院鉴核,俯赐解释示遵。谨呈

**院字第一〇五〇号**

**二十三年三月十六日　司法院函国民政府文官处　附原函**

径复者,准贵处上年四月十五日公函(第一六四六号)开,准中央民众运动指导委员会函交解释盐业一切工会应否援用《工会法施行法》第八条第二项疑义一案,转行到院,业经

本院统一解释法令会议议决,《工会法》第三条所规定之各种事业,依立法院之决议释之,不以国家办理为限,而盐业又与公用有关,则盐业工人所组织之工会依《工会法施行法》第八条第二项,即应以盐务官署为其主管官署。相应函复贵处查照转知。此致

**附原函**

径启者,案准实业部二一一三号函开,准行政院秘书处函,谓贵会以财政部所请对于盐业一切工会援用《工会法施行法》第八条第二项不尽适合一案,奉谕交实财两部会同核议等由,当经集会详加审议并呈行政院鉴核函达查照等由,并附原会呈稿一件过会正核办间,复据盐城县第二区制盐业产业工会呈称,为条陈国家商灶之关系及收税运盐之概略,恳予查案救援等情。查盐业情形自来复杂,各地煎盐及管理方法亦多差异,国营产业自当有其正确标准,财实两部审议各节,似难概括适合。事关解释法规疑义,除函行政院外,相应抄同原函、原呈及原附件,函请贵处转陈核饬司法院解释,并希见复为荷。此致

**院字第一〇五一号**

**二十三年四月二日　司法院指令山东高等法院　附原呈**

呈悉,业经本院统一解释法令会议议决,凡继承开始在《民法》继承编施行后,如《民法》第一千一百三十八条所定第一顺序之继承人,有于继承开始前死亡者,不问其死亡在于何时,其直系血亲卑亲属均得依同法第一千一百四十条代位继承其应继分。合行令仰知照。此令

**附原呈**

呈为女子代位继承解释不无疑义,恳予再为解释示遵事。窃查《民法》第一千一百三十八条及一千一百四十条,关于遗产继承之规定悉系以约法及党纲上之男女平等为依归,故一千一百三十八条所定继承遗产之第一顺序为直系血亲卑亲属。所谓直系血亲卑亲属,原无男女之分而一千一百四十条所定代位继承之限制,凡在第一顺序内之继承人有于继承开始前死亡或丧失继承权者,皆得由其死亡者或丧失继承权者之直系血亲卑亲属代位继承,亦无男女之别。兹读二十一年六月七日钧院,致江西高等法院院字第七五四号快邮代电,所请解释继承疑义一案内载,已嫁女子死亡时依法尚无继承财产权,则继承开始时之法律虽许女子有继承权而已死亡之女子究无从享受此权利,此直系卑属,自不得主张代位继承云云。是关于继承之代位男女似未能平等待遇,查该代电乙说所举理由,系谓女子生前之法律既未许其有继承财产之权,是该女子生前本无此权利,则其死后之法律虽于女子有继承财产权,而早已死亡之女子究无从享受此权利,故其后继承开始之时该女子即无所谓应继分,而其直系卑属亦自不得主张代位继承。此说系专就代位二字着想,似未注意于继承本体。按直系卑属之得代位继承,其根本理由当系依据《民法》第一千一百三十八条之规定,盖该条所规定第一顺序继承人之直系卑属不仅无男女之分,且包括子之子女孙曾与女子之子女孙曾在内子女,固为直系卑属子女之子女孙曾亦属直系卑属,是子女之子女孙曾

对于被继承人所以得代位继承者，似非因其父母有继承权而始取得，实因其为被继承人之直系卑属而取得不过有第一位（子女）之直系卑属时，该第二位（子女之子女）之直系卑属不能直接继承耳，故依《民法》第一千一百四十条之规定，第二位继承人遇有第一位死亡或丧失继承权时，应由该第二位继承人代位继承，否则第一位继承人若已丧失继承权当已无继承分，该第二位继承人便无从代位继承，法律上所以仍许其继承者，因其系继承被继承人之权利而非继承，该丧失继承权者及死亡者之权利也，似此对于已嫁女子之直系卑属能代位继承权否于该女子生前，是否享有继承权？无关前项解释，似与约法党纲对于男女权利之平等待遇，不无疑义，理合甲具意见呈请钧院可否发交统一解释法令会议，再予解释示遵。谨呈

**院字第一〇五二号**

**二十三年四月十二日　司法院指令安徽高等法院首席检察官　附原呈**

呈悉，业经本院统一解释法令会议议决，属于独任推事之案件于甲推事裁判后，乙推事赘在原本签核盖章，本属不合，自不得认为参与审判。合行令仰转饬知照。此令

**附原呈**

呈为呈请解释法律疑义事。案据合肥地方法院首席检察官许恩麟东代电称，窃查推事于该案件曾参与前审者，于上诉审应自行回避，《刑事诉讼法》第二十五条规定甚为明晰。兹有甲推事（独任）裁判案件，经乙推事（庭长）审核并于判定原本上签核盖章，此种情形，乙推事是否能认为参与审判，如遇该案上诉应否依前开法条回避，均不无疑义。事关法律解释，理合电请钧席察核迅赐转院解释示遵等情。据此，理合转呈钧院俯赐解释饬遵。谨呈

**院字第一〇五三号**

**二十三年四月十二日　司法院指令浙江高等法院　附原呈**

呈悉，业经本院统一解释法令会议议决，违反《印花税暂行条例》，经审理委员会依其简章判处罚金后，不得由法院再予科罚。合行令仰转饬知照。此令

**附原呈**

呈为转请解释事。案据宁海县法院院长朱成复呈称，窃查依照《印花税暂行条例》应贴印花之文件，如未遵照该条例贴用印花法院，于审理诉讼时发见或经人告发，应查明司法机关依《印花税暂行条例》科罚及执行规则办理，固无问题。但如该文件经审理违反印花税条例案件委员会，依审理委员会简章判处罚金后，因受罚人不服致该管公安局未为执行，再由印花税局函送法院时，法院能否科罚不无疑义，理合备文呈请察核示遵等情。据此，案关法令疑义，理合备文转请仰祈钧院鉴核令遵。谨呈

**院字第一〇五四号**

**二十三年四月十六日　司法院指令江苏高等法院　附原呈**

呈悉,业经本院统一解释法令会议议决,(一)继承人因为限定之继承既于继承开始时起三个月内,开具遗产清册呈报法院,原不得为驳回之裁定继承人既重开遗产清册,更为确切之统计法院,应即为之公示催告,不受前裁定之拘束。(二)公同共有物未分割前,公同共有人中一人之债权人,虽不得对于公同共有物声请强制执行,而对于该公同共有人公同共有之权利得请求执行。(三)《不动产登记条例》第五条,所谓非经登记,不得对抗第三人,乃为保护第三人之利益而设。第三人就未登记之事项,不为不得对抗之主张,法院固毋庸加以干涉。若第三人就此未登记之事项已有争执,则未登记者因未登记之,故自不得与之对抗。(四)《民事诉讼法》第四百三十三条关于不逾三百元,不得上诉之限制,乃就因上诉所得受之利益计算,且两造当事人不相同之数宗诉讼亦不得合并裁判。合行令仰知照。此令

**附原呈**

呈为呈请解释事。查有甲之嗣子乙欲限定以因继承所得之遗产,偿还被继承人之债务,曾于继承开始之三个月内开具遗产清册呈报法院,讵某法院因乙对于遗产无确切之统计,不准公示催告,以裁定驳回其声请,乙不服抗告。又经抗告审裁定驳回,乃乙延至年余,复以限定继承为由,重开遗产清册向原法院声请公告,则乙是否应受前裁定之拘束不能再为同样之声请,抑因其已于法定期间内有所呈报以后,即可随时声请公告不受前裁定之影响?又继承人有数人时在分割遗产前,各继承人对遗产全部为公同共有。设有甲乙兄弟两人未将继承遗产分析,丙对于甲之债权,能否就甲乙公同共有之遗产声请,以二分之一限度内而为强制执行。又甲声请强制执行乙之房屋,丙主张早经向乙买受该屋,提起执行异议之诉。查丙之买受该屋尚未依《不动产登记条例》声请登记,但甲并不以丙未登记一点为抗辩理由,此种情形,审判衙门是否对于未经登记置之不顾,抑应依职权因丙之未登记而将其异议之诉驳回?又甲对乙请求判令返还借款一百六十元,又对丙请求返还屋价一百六十元合起诉,第一、第二两审合并辩论裁判,此种情形,如乙丙两人全部败诉合并或分别提起第三审上诉,可否认为所得受之利益已并逾三百元?法律上颇有疑点,理合具文呈请钧院解释示遵,实为公便。谨呈

**院字第一〇五五号**

**二十三年四月二十五日　司法院咨行政院　附原咨**

为咨复事,准贵院上年六月十六日咨(第一四二号)开,据内政部呈请解释行政司法权限疑义一案,咨请查照见复等由,业经本院统一解释法令会议议决,关于地方公款之摊征以及行政界域之区划,自系行政事件。行政官署就此所为处分,致损害人民权利或利益时该人民仅得依法提起诉愿,究不得上诉于法院,倘误向法院上诉,而法院不以无权裁判为理由

而驳回,竟为实体上之判决者,自应认为无效。相应咨复贵院查照饬知。此咨

**附原咨**

为咨请事,案据内政部呈称,为呈请解释事。兹有甲县某村乡长丁以公务员身分呈报公民戊己二人,抗不摊缴村捐于甲县县政府,经甲县县政府按照行政事件制发处分书,该公民戊己二人不服处分,径赴乙地地方法院提起上诉,复经该法院按照民事诉讼手续判决,亦制发判决书认定戊己二人住所,应为丙县管辖,无须摊缴甲县村捐,将曾经甲丙两县政府奉令勘定之县界原案亦无形推翻,因而发生下列各项之疑问:(一)此案争执系关于地方公款之摊征以及行政界域之区划,究竟是行政事件,仰系司法事件?(二)如系行政事件戊己二人不服甲县县政府之处分,是否应依照《诉愿法》向该管上级行政机关提起诉愿,如不依法提起诉愿,径向乙地地方法院提起上诉,是否认为违法该法院判决?是否应认为无效?(三)乙地地方法院判决不但变更行政处分,且牵及县界问题,如认为有效在程序上行政官署已无从处理,应如何设法救济?事关行政司法管辖权限疑义,本案悬案待决,拟请钧院转咨司法院迅赐解释,以便有所遵循。又本部前于二十一年八月三十日,以第五一七号呈文呈请转咨司法院解释关于行政司法权限划分之疑义一案,当奉钧院第二四零一号指令已咨请司法院解释在卷,迄今多日未蒙解释下部,该案与本案亦不无关,连拟并请钧院转咨催请提前解释,以结悬案,所有上项请求解释各情形,理合备文呈请钧院鉴核示遵等情。据此,查前据该部呈请转咨解释行政司法权限划分疑义到院,经以第二五〇号咨请贵院解释在案。兹据前情,除指令外,相应备文咨请查照迅予并案解释见复,以便饬遵。此咨

**院字第一〇五六号**

**二十三年四月二十五日　司法院咨行政院　附原咨**

为咨复事,准贵院二十一年九月七日咨(第二五零号)开,据内政部呈请解释关于行政司法权限划分疑义一案,咨请查照见复等由,业经本院统一解释法令会议议决,(一)乙村历年代甲村看青,后因乙村欲请求增加看青费甲村不允因而涉讼并请求分圈,如其请求分圈,即系请求收回自行看青,自属民事诉讼,应归司法裁判。(二)兼理司法之县政府如将确属行政处分之事件误用民事判决,除上级法院得因上诉予以改判纠正外,其为判决之县政府不得自行改判,即其上级行政机关亦不得令饬撤销,但行政官署仍得依法就该事件另为行政处分,其上述错误之判决。若与行政处分有所抵触,自无从执行。相应咨复贵院查照饬知。此咨

**附原咨**

为咨请事,案据内政部呈称,设有(一)甲村有地三顷与乙村毗连,历年与乙村代看青苗,每地一亩纳看青费二分,嗣乙村忽欲将此项看青费增为每亩五分,甲村不承认,因而涉讼并进一步请求分圈,县政府兼理司法接受此项诉讼案件,是否应认为普通违背契约行为,按民事裁判,抑或应本行政权之作用调查当地经济状况及历年沿革以行政处分解决以便当

事者,如有不服可再到上级官署,提起诉愿?(二)县政府审理诉讼案件如误将行政处分认作民事裁判,既经审理判决以后该县政府自行发见错误,可否自行改判?或经上级行政机关发见错误,可否令饬该县政府撤销原判?如不能撤销或改判,应用何种方法纠正错误?上列两点,事关行政司法权限疑义,理合呈请钧院鉴核,转咨司法院迅赐解释示遵等情。据此,除指令外,相应据情咨请贵院查照解释见复,以便饬遵。此咨

**院字第一〇五七号**

**二十三年五月四日　司法院电江苏省政府　附原电**

江苏省政府鉴,上年十月歌代电悉,所请解释《诉愿法》疑义一案,业经本院统一解释法令会议议决,(一)依原代电所述情形,再诉愿当事人仅得于奉到命令后,依《诉愿法》第五条第一项所定期间向主管官署提起再诉愿,倘该上级官署命令系属违法处分,仍得依《诉愿法》第一条对该命令另行提起诉愿;(二)声明保留不变期间于法无据,但不可谓非声明不服之表示,若此表示系在上述期间内,即可视为已有再诉愿之提起。合电知照。司法院支印

**附原电**

司法院钧鉴,查诉愿当事人在合法期间误向非主管官署提起再诉愿,经决定驳回者应认为再诉愿已合法提起,该当事人收受决定后,仍应于《诉愿法》第五条第一项所定期间内提起再诉,愿业经钧院院字第四二二号解释有案。惟兹发生下列疑问:(一)如诉愿当事人在合法期间,误向非主管官署提起再诉愿,经受理决定复经该非主管官署之上级官署以命令撤销,其管辖错误之决定并未作成决定书送达当事人收受,该诉愿当事人于奉知撤销管辖错误之决定之命令后,能否在逾越法定期间外提起再诉愿?(二)诉愿当事人因管辖争议于奉知,非主管官署之上级官署所为之“撤销管辖错误之决定”之命令后,一面向该上级官署所指定之受理再诉愿官署声明保留再诉愿不变期间,一面仍具呈该上级官署,力争被撤销之原决定,并无不合嗣奉后者批驳,该当事人于逾越法定期间外,能否向已声请保留再诉愿不变期间之受理再诉愿官署提起再诉愿?以上二点,事关《诉愿法》疑义,理合电请钧院迅赐解释示遵。江苏省政府叩歌印

**院字第一〇五八号**

**二十三年五月十六日　司法院函交通部　附原函**

径复者,准贵部本年一月六日致本院秘书处函(第十号)开,以《中美无线电报合同适用民法》条文疑义请予解释等由,业经本院统一解释法令会议议决,建设委员会与美国合组公司所定报务合同既仅订明互相合作通报,未为共同出资经营共同事业之约定,即难认为《民法》上之合伙再来函尾开,另请查复一节。查捷克《民法》一千一百七十五条,所谓组织以营利为目的之公司,虽与我国公司法第一条相类似,但就原合同所订情形,亦不得谓合于公司法上之公司。相应一并函复贵部查照。此致

**附原函**

径启者,查民国十七年十一月十日我国建设委员会曾与美国合组无线电公司订立无线电通报合同(原文抄录附后),嗣因建委会所办无线电毕业于民国十八年八月一日移归本部管辖,上项合同即由本部继续履行。按照该合同之规定,建委会应于上海设立电台,与美国合组无线电公司在太平洋岸所设电台联成直接通达之无线电路收发商用无线电信。又合同第八条载:“两造应互相协助,以谋联合经营电路之成功及获利。”上述合同虽订明双方应互相合作通报,并依照我国《民法》第六百六十七条所载:“称合伙者,谓二人以上互约出资以经营共同事业之契约,前项出资得为金钱或他物或以劳务代之。”及六百六十八条所载“各合伙人之出资及其他合伙财产为合伙人全体之公同共有”之条文解释,本部已否与该无线电公司发生合伙关系,拟请贵处赐予解释。再查该公司曾与捷克共和国邮电部订有同样之通报合同,该国《民法》内关于公司之定义如下:“第一千一百七十五条,组织以营利为目的之公司定义,凡二人或二人以上,依照契约所载条款同意共同合作,其目的在获得共同之利益者,无论是否出资,均认为已成立一营求共同利益之团体。”按照上开条文,捷克国邮电部之地位,是否与我国不同?又我国法律内有无类似上述之规定,拟请一并查明示复为荷。此致

**院字第一〇五九号**

**二十三年五月二十四日　司法院电江苏高等法院　附原电**

江苏高等法院林院长览,该法院第一分院上年十一月哿代电,致最高法院请解释刑事案件第二审判决程序疑义一案,业经本院统一解释法令会议议决,第二审法院认第一审判决谕知不受理,显系不当者,得不经辩论径行判决(参照院字第一零三八号解释)。合电转饬知照。原代电抄发。司法院敬印

**附原电**

南京最高法院居院长勋鉴,兹假定甲向兼理司法之县政府以公诉程序告诉乙伤害身体,该县政府曾传甲未到即改用自诉程序,认为自诉人经传唤无正当理由不到,以撤回自诉论,并误用《刑事诉讼法》第三百十八条第三款,谕知不受理之判决,经过上诉期限,呈送覆判经检察官审查原判决违法,向敝院提起上诉。惟敝院判决本案应否经过言词辩论,略分二说:(甲)说谓种显然违法判决,又非就实体上有所审判。若传被告到案,不但毫无辩论之机会可言,反使被告有徒劳往返之累,不如径依《刑事诉讼法》第三百八十五条第二项,将原判撤销发回原县审判,且违背法律上程式之上诉案,毋庸经过言词辩论,即可判决,亦经最高法院解释有案,此项上诉案件尽可援用。(乙)说谓此种上诉案件在事实上固无若何辩论机会可言,但判决除有特别规定外,应本于当事人之辩论为之,已为《刑事诉讼法》第一百八十条第一项所明定,此项上诉案件并非有不经言词辩论之特别规定,仍应经过言词辩论始能判决。以上二说,究以何说为是?事关法律解释,敝院未敢擅专,近有类此案件急待解

决，悬案以待，务恳速赐解释，俾便遵循是幸。署江苏高等法院第一分院院长韩照叩智

**院字第一〇六〇号**

**二十三年五月二十四日　司法院指令浙江高等法院首席检察官　附原呈**

呈悉，业经本院统一解释法令会议议决，(一)告诉乃论之罪告诉人逾越告诉期限始行告诉，即系未经合法之告诉，检察官不应有何处分；(二)《刑法》第四章各条所谓不罚，与《刑事诉讼法》第三百十六条行为不成犯罪之情形，相当法院应谕知无罪之判决；(三)非兼理司法之县长依《刑事诉讼法》第二百二十七条，虽有侦查犯罪之职权，但既非《刑法》第一百三十三条第一项之公务员，则明知为有罪之人而不移送法院诉追处罚，即不能成立该条之罪。合行令仰转饬知照。此令

**附原呈**

案据鄞县地方法院首席检察官郑澧快邮代电称，最高法院二十二年上字第三一一号判例载，《刑事诉讼法》第三百十七条第一款所引同法第二百四十三条第一款时效已期满者之规定，其时效系指《刑法》第九十七条之起诉权时效而言，与《刑事诉讼法》第二百十八条之告诉期限无涉，告诉人逾越法定告诉期限自属起诉之程序。违背规定应依《刑事诉讼法》第三百十八条第一款谕知不受理，不能依同法第三百十七条第一款谕知免诉之判决。查告诉人逾越法定告诉期限，告诉权即已消灭起诉权当然亦随之消灭。惟起诉权消灭情形，《刑事诉讼法》第二百四十三条已列举规定，逾限告诉既不能视为时效期满，亦与撤回告诉殊异，究应依何条款以为处分之根据，应请示者一。查《刑法》第四章规定不罚者凡四条(二四、三零、三四、三五)，所谓不罚者，显与免除其刑殊义，此项案件应不起诉时，刑诉法第二百四十四条第四款免除其刑之规定，既不适用又未便比于行为不成犯罪，其他亦无适合之法条，殊鲜依据。若在公判中究应依《刑事诉讼法》第三百十七条为免诉之判决，抑应依第三百十八条谕知不受理，尤为聚讼纷纭，应请核示者二。又司法院院字第八一四号解释，公安局长虽有侦查犯罪之权，但非《刑法》第一百三十三条一项之公务员则已设有法院区域之县长亦同，为刑诉法第二百二十七条之司法警察官。其非《刑法》第一百三十三条一项之公务员固可推知，惟此等县长明知为有罪之人而不移送法院诉追处罚。如不加制裁，恐此风益长。若加制裁，该县长应负何种刑事责任，应核示者三。理合电请鉴核示遵或转请解释，俾有遵循，实为公便等情。据此，查来电所叙事实，第一点，告诉乃论之罪，告诉人逾越《刑事诉讼法》第二百十八条之期限而为告诉，同法既未设有其他法条以为处分之根据，似可径依该第二百十八条之规定而为处分，毋庸另引法条。第二点，《刑法》第四章所谓不罚，似即行为不成立犯罪之意，应依《刑事诉讼法》第三百十六条为谕知无罪之判决。第三点，非兼理司法之县长明知为有罪之人而不移送法院诉追处罚，在《刑法》上似无处罚明文。惟案关法律疑义，未便擅拟，理合备文转请钧院鉴核俯赐解释，以便饬遵，实为公便。谨呈

**院字第一〇六一号**

**二十三年五月二十四日　司法院函中央执行委员会宣传委员会　附原函**

径复者,准贵会本年二月十七日公函(第八一六号)开,准天津特别市党务整理委员会转请解释公务人员,可否兼任报社职务等疑义一案,请查照见复等由,业经本院统一解释法令会议议决,(一)发行杂志如专为研究学术,与出版业不同,公务员自可兼为发行人(院字第九六三号解释参照)。(二)服务于国营事业机关之人员亦为公务员。相应函复贵会查照转知。此致

**附原函**

准天津特别市党务整理委员会呈称,案奉钧会颁发关于新闻事业之法令规章内载,司法院对于公务人员可否兼任报社职务之解释。报社系一种出版业,按现行继续有效之商人通例第一条第五款,出版业为商人之一,是报社不得谓非商业机关。依十九年十二月四日国民政府令,虽系新闻记者以外之其他职务公务人员,亦不能兼任。查上项解释,仅标明报社系一种出版业发行杂志,是否属于商业机关公务人员?能否兼任为发行人?又查公务人员之范围未奉明令规定,服务国营事业机关之人员,是否应视为公务人员?以上两点,理合具文呈请钧会明令解释示遵等由,准此,相应转请贵院解释见复以便转知为荷。此致

**院字第一〇六二号**

**二十三年五月二十四日　司法院咨行政院　附原咨呈**

为咨复事,准贵院上年十二月二十一日咨(第三零九号)开,据内政部呈请解释违警案经调解成立能否撤回疑义一案,咨请查照见复等由,业经本院统一解释法令会议议决,查撤回告诉应由告诉人为之,惟加暴行于人之身体者,依法并非以告诉为处罚条件,且此类违警行为不在《区乡镇坊调解委员会权限规程》第四条第一项列举各款之内,亦不适用该规程调解程序之规定(参照院字第九七四号解释)。相应咨复贵院查照饬知。此咨

**附原咨**

案据内政部呈,据前兼福建民政厅长蒋光鼐转,据闽侯县长呈请解释,加暴行于人之违警案在未处罚前,如经调解成立或两造概愿息讼,可否撤回及应由何人撤回等疑义一案到院。查调解制度之主旨,原在息事宁人,加暴行于人之违警案在未判定处罚前,既经调解成立或两造概愿息讼警署,自应予撤回,不得据章处罚(参贵院院字第五七九号解释)。惟其撤回应否由当事人声请或由乡镇公所函请均可,法规尚无明文可资依据。相应抄同原呈咨请查照解释见复,以凭饬遵。此咨

**附原呈**

案据兼福建省政府民政厅厅长蒋光鼐呈称,案据闽侯县县长李立民呈称,案据职县第一区区长孙世华呈称,案据合沙镇镇长声请书称为声请事,按《修正乡镇自治施行法》第三

十二条规定调解委员会办理下列事项第二项,依法得撤回告诉之刑事调解事项,例如甲乙互殴,甲向警署投诉,乙声请镇公所调解,两造概愿息讼,调解成立。惟是警署以甲投诉乙之加暴行,系属违警范围,必须按照警章处罚,于是调解因之阻碍。按诸上列条文,刑事调解事项尚得撤回,违警处分是否可以撤回?同一案件一方在警署办理,一方经调解会调解成立,可否由乡镇公所函请警署撤回?进而言之,同一案件经调解成立后,警署尚能依据警章加以处罚否?事属条文解释,理合具文声请钧长迅予转呈上级机关解释示遵,实为公便等情。据此,理合据情具文呈请察核令遵等情。据此,理合具文呈请钧厅察核俯赐解释示遵,俾便转饬遵办等情。据此,事关刑事调解疑义,应如何办理之处,理合具文呈请钧部解释示遵等情。据此,查加暴行于人之违警案已被判定处罚,当然不能再行撤回。如尚未实行判定处罚即经调解成立,或两造概愿息讼,警署是否可以拒绝撤回而仍依据警章加以处罚,此应请示者一。加暴行于人之违警案尚未实行判定处罚即经调解成立,如认为可以撤回,是否必须当事人声请撤回,抑可由乡镇公所函请警署撤回,此应请示者二。案关解释法律疑义,本部未便擅拟,理合呈请钧院核释以便饬遵。谨呈

**院字第一〇六三号**

**二十三年五月二十五日　司法院函军政部　附原函**

径复者,准贵部上年九月十三日公函(第三五二七号)开,现役士兵能否视为《刑法》上所称之公务员,请解释见复等由,业经本院统一解释法令会议议决,士兵不能离军队独立执行职务,故现役士兵不得视为《刑法》上之公务员。相应函复贵部查照。此致

**附原函**

案查前大理院统字第九六号及第六六六号解释,有现役士兵不能以吏员论之语,现时法律既有变更,究竟现役士兵能否视为《刑法》上之公务员,殊滋疑义,相应函请查照迅赐解释见复为荷。此致

**院字第一〇六四号**

**二十三年五月二十五日　司法院指令湖北高等法院　附原呈**

呈悉,业经本院统一解释法令会议议决,子丑两罪如确有方法结果关系,虽子罪未经检察官起诉,然丑罪已经起诉第二审,自得并予审判从一重处断。合行令仰转饬知照。此令

**附原呈**

案据汉口地方法院院长张启鸿呈称,呈为呈请解释法律疑义事。今有某甲犯子丑两罪互有方法结果关系,依法应从一重处断,但子罪刑重,丑罪刑轻。丑罪已由检察官侦查起诉,经第一审判决上诉,第二审中后发觉其所犯之子罪未经检察官起诉,第二审可否并予审判,于此有二说焉:(一)说子丑二罪有方法结果关系,应从一重处断原为一事,如果丑罪判决确定,则子罪亦不能再予受理。是子罪虽未经检察官起诉,而第二审仍为事实审,自应并

予审判。(二)说子罪既未经检察官起诉,即受《刑事诉讼法》第二百五十九条之拘束,不能并予审判。以上二说,究以何说为当?事关法律疑义,本院未便擅专。兹有此类案件,亟待审结,理合备文呈请钧院鉴核准予转请解释指令祗遵,实为公便等情。据此,除指令外,理合备文呈请钧院鉴核迅赐解释示遵,实为公便。谨呈

**院字第一〇六五号**

**二十三年五月二十五日　司法院指令浙江高等法院　附原呈**

呈悉,业经本院统一解释法令会议议决,于丑罪裁判前既因犯子罪受有期徒刑之宣告,已经执行完毕,依《刑法》第九十一条第二款对于丑罪之缓刑,应予撤销,并依同法第七十二条定其应执行之刑。合行令仰转饬知照。此令

**附原呈**

案据永嘉地方法院丽水分院院长洪达呈称,兹有某甲犯有子丑两罪系并合论罪之案件,检察官将子罪先行起诉判处有期徒刑,业已执行完毕后,又将丑罪起诉复判处有期徒刑,经上诉审法院判决宣告缓刑,于是对于是项缓刑之宣告,应否撤销发生疑义:(甲)说谓某甲缓刑前因犯子罪,曾受有期徒刑之宣告并已执行完毕,现于丑罪缓刑期内既经发觉,依《刑法》第九十一条第二款之规定,其丑罪缓刑之宣告应行撤销。(乙)说谓某甲在丑罪缓刑前虽因犯子罪,曾受有期徒刑之宣告执行完毕,但其子丑两罪系并合论罪,所犯丑罪并非在子罪宣告有期徒刑执行完毕后所发生,似与《刑法》第九十一条第二款之情形不同。假使丑罪先判宣告缓刑,子罪后判宣告徒刑,依院字第三四二号解释,丑罪缓刑之宣告不因子罪宣告徒刑而撤销。以此例彼,则某甲丑罪之缓刑亦不能因子罪曾受徒刑之宣告予以撤销。以上两说,未知孰是,如以甲说为是,则子丑两罪应否依《刑法》第七十二条、第七十条更定应执行之刑;如以乙说为是,倘丑罪之缓刑将来依法撤销时,是否仍须与子罪更定执行之刑,请转解释,便有遵循等情。据此,理合备文转请钧院俯赐解释,以便饬遵。谨呈

**院字第一〇六六号**

**二十三年五月二十五日　司法院指令甘肃高等法院首席检察官　附原呈**

呈悉,业经本院统一解释法令会议议决,上诉既经撤回,无庸再以判决驳回,但代理人为被告利益起见,而上诉者非得被告之承诺不得撤回。至《刑事诉讼法》第三百八十三条,系指已经丧失上诉权之上诉而言,与撤回上诉之情形不同。合行令仰转饬知照。此令

**附原呈**

呈为呈请解释事。案据皋兰地方法院首席检察官呈称,兹有某案经第一审判决后由被告之代理人提起上诉于第二审法院开庭审讯之际,该代理人又当庭撤回上诉,对于适用法律有甲乙二说:(甲)说谓舍弃上诉权或撤回上诉者丧失其上诉权,刑诉法第三百七十条第一项已有文明规定。某案既经被告之代理人当庭撤回上诉,自应依照刑诉法第三百八十三

条规定,以判决驳回上诉,方为适法;(乙)说谓撤回上诉,《刑事诉讼法》中并无应用判决之规定,即各省法院亦无惯例可循,不能依照刑诉法第三百八十三条之规定,以判决驳回。二说究以何者为当,不无疑意,理合具文呈请钧处鉴核,转请司法院迅予解释,俾资遵循,实为公便等情。据此,事关解释法律,职处未敢擅拟,理合备文呈请钧院鉴核,俯赐迅予解释并乞指令,俾便饬遵。谨呈

**院字第一〇六七号**

**二十三年五月二十八日　司法院函中央执行委员会民众运动指导委员会　附原呈**

径复者,准贵会本年二月三日公函(第五七五七号)开,河南省指委会呈请解释红十字会组织疑义一案,请查核见复等由,业经本院统一解释法令会议议决,(一)红十字会系《民众团体组织方案》第一节所示之公益团体,当然为民众团体,依该方案第二节及第三节第一款之规定,应受党部之指导;(二)红十字会分会依该会管理条例施行细则(二十二年六月三日行政院公布同日施行)第四条规定,设于省市县自应以各省市县之区域为其组织区域;(三)《红十字会管理条例》第十二条所谓其他法律之规定,凡民众运动法规与该会有关者,自应包括在内;(四)红十字会分会之职员数额及任期,该会管理条例施行细则第三十一条已有规定。相应函复贵会查照转知。此致

**附原呈**

呈为呈请事,查《中华民国红十字会管理条例》业经政府公布在案,兹对于是项团体组织有疑义四点:(一)红十字会是否属人民团体受党部之指导?(二)红十字会分会组织区域应如何规定?(三)上项管理条例第十二条规定办理红十字会,除本条例有规定者外,依其他法律之规定,此其他法律民运法规是否亦包括在内?(四)上项管理条例施行细则已否公布?在是项细则未公布前各地红十字分会之职员数额及任期应如何规定?以上四点,未奉明令,无所遵循,理合备文呈请钧会鉴核示遵,实为公便。谨呈

**院字第一〇六八号**

**二十三年六月六日　司法院函中央执行委员会民众运动指导委员会　附原呈**

径复者,准贵会本年二月二十四日公函(第五九一五号)开,准中央秘书处检交湖南省执行委员会呈请解释公法团性质疑义一案,请查照见复等由,业经本院统一解释法令会议议决,该救婴局组织章程第五条所称之公法团,应指以社会公共利益为目的依法组织之团体而言(参照民众团体组织方案)。相应函复贵会查照转知。此致

**附原呈**

案据安仁县执行委员会呈称,案据本县救婴局局董何芷兰等呈,以任期已满,照章定期召集公法团及捐主代表举行改选,恳派员指导等情到会,经提交本会第三十八次委员会议决,准派员指导并指令各在卷。惟查该局组织章程第五条规定,局董由县公法团各派代表

一人及捐主代表四人选举之。兹公法团发生出席争持,纷纷请求解释,本会以公法团漫无限制,何者属为公法团,法无规定,未便擅专,理合备文呈请钧会察核恳迅解释示遵,至为党便等情。据此,查案关法令解释,本会未便擅自决定。据呈前情,除指令外,理合备文转呈钧会伏乞察核解释示遵,至为党便。谨呈

**院字第一〇六九号**

**二十三年六月八日　司法院指令安徽高等法院　附原呈**

呈悉,业经本院统一解释法令会议议决,(一)家长管理家务,如为家属全体之利益,自得处分家产,但家属所已继承或系其私有之财产须得家属同意;(二)守志妇在《民法》继承编施行以前为夫立继,依当时法例应得夫之直系尊亲属同意,若事先未经征求同意,其尊亲属固得请求撤销,但以后仍得补行征求同意,若其不同意,无正当理由者,得以裁判代之。合行令仰转饬知照。此令

**附原呈**

呈为据情转请解释事。案据本院第一分院院长刘瑗章转呈凤台县县长文圣举宥代电称,窃查《民法》亲属编一千一百二十四条,家长由亲属中推定,无推定时以家中最尊长为之。兹有某甲祖父早逝,祖母尚存,家长曾未推定,固以祖母为当然家长。然家长除依法管理家务及注意家属全体之利益外,对于财产有无处分权,亲属法第六章尚无明文规定。设令某甲之祖母出当房屋或典卖田地,似与一千一百二十六条后段规定大有抵触,惟家长为家之主体此种处分行为,应否认为合法?法无明文,疑义甚多,应请解释者一。再查《民法》继承编施行前之立嗣行为,依同法施行法第一条之规定,其立嗣行为仍认有效。设有守志之妇丙,因其夫乙逝世凭同亲族立丁为嗣子,其立嗣行为又在继承编施行以前,惟其姑甲以其媳丙择立丁为嗣子,未得其同意诉请废立继孙。但按当时法例,妇人夫亡无子守志者其择嗣之权,专在于守志之妇,在未立嗣前,直系尊亲属不能代为择嗣,最高法院著为判例(见上年九月八日上字第一九二零号判例)。甲以祖母关系以择嗣未得同意为理由,请求废立嗣孙,此种请求应否有效法律上不无问题,应请解释者二。惟事关法律问题,究应如何办理之处,县长未敢擅专,理合电请钧长鉴核,迅赐解释令遵等情。据此,理合备文呈请钧院核办等情。据此,事关解释法律疑义,本院未便臆断,理合据情转呈仰祈钧院俯赐解释,以便饬遵。谨呈

**院字第一〇七〇号**

**二十三年六月九日　司法院咨行政院　附原咨**

为咨复事,准贵院上年九月二十二日咨(第二三四号)开,据实业部呈请解释商人通例第二十四条适用疑义一案,咨请查照见复等由,业经本院统一解释法令会议议决,商人通例第二十四条所称商号变更,系指继续营业时变更商号之名称一部或全部而言,改易商号之

一字或加记自得以变更论。至该条所称商号之废也,系指因歇业而废止者而言,相应咨复贵院查照饬知。此咨

**附原咨**

案据实业部呈称,查商人通例第二十四条规定,业经注册之商号如有变更或废止时,应随时呈报该管官厅注册所称商号变更,系限于商号名称外其他事项之变更,抑包括商号名称之变更在内?如依前说法文既未明白限定,则名称之变更不得谓非变更,如依后说,则变更与废止对举且名称为专用权之本体其变更,又与废止何异商号名称之变更,应按变更手续呈请注册,抑应认为商号废止另为创设之注册?法文既未规定,不无疑问,此拟请解释者一。又商号名称之在二字以上者,改易一字或于原名称上加记,是否以变更论,亦不无疑问,此拟请解释者二。事关法规疑义,理合备文呈请鉴核转咨解释指令祇遵等情。据此,除指令外,相应咨请贵院查照解释见复,以凭饬遵。此咨

**院字第一〇七一号**

**二十三年六月十六日　司法院咨行政院　附原咨**

为咨复事,准院本年一月二十日咨(第八号)开,据实业部呈请重行解释工人性质疑义一案,咨请查照见复等由,业经本院统一解释法令会议议决,《工厂法》第一条乃关于适用《工厂法》之工厂而设之,规定该条所谓平时雇用工人在三十人以上,系指平时所雇用须有继续的性质之工人达至三十人以上者而言,故已达此法定人数之工厂即具备《工厂法》第一条之资格,应适用《工厂法》。此项工厂既应适用《工厂法》,则该工厂于上述三十人以外,所雇用之包工制及论件论日之工人无论是否属于流动性质,亦当然受该法之适用,院字第九三二号解释乃仅就该法第一条,所谓平时雇用工人在三十人以上者而为之解释,非谓其非论月工人,虽在上述工厂工作,亦概不在《工厂法》适用之列。至若包工制及论件论日之工人,如其契约内容非必于每种每件或每日工作完毕即行终止,仅以之为计算工资之标准者,自与临时雇用不同,应认为具有继续的性质之工人。相应咨复贵院查照饬知。此咨

**附原咨**

案据实业部长陈公博呈称,案准上海市政府第二零四三号咨开,案据市社会局呈称,案据中国化学工业社无限公司呈称,窃商公司前因修订工厂规则呈请备案,奉钧局社字第一六八九八号批开,呈件均悉,已酌予修正,仰即遵照重缮呈核此批等因,附发修正原件一份。奉此,伏读钧局修正各点,周至详明,具见爱护工商至意,曷胜感戴。惟就中第一条及第十二条条文,揆诸商公司工厂实际情形,于实施上实属有所困难,谨胪陈如下:(一)第一条原文为本规则所称工人,系指现在本社制造厂各工场之男女工匠暨其头目而言,但临时工人、包工制工人、论件工人、论日工人及其他流动性质之工人不在此例。修正文为,本规则为本社制造厂各工场男女工人应守之准则。按本条原文之但书,系遵照本年六月十四日司法院公布之院字第九三二号解释特行增入,原所以依照法令明定工人二字之意义范围,若予以

删除,则范围过于广泛,实非商公司所能负担。再伏查工厂规则,系属劳资双方所共同遵守之规章,修正条文仅标明工人方面应行遵守,似于规则内容未能包括,拟请将本条条文改为本规则所称工人,系指现在本社制造厂各工场之男女工匠暨其头目而言,但司法院解释院字第九三二号所规定除外之各种工人不在此例,庶于事实法令两俱兼顾。(二)第十二条原文为工资每月分二次或数次发给,其日期由各工场主任参酌其本工场情形另行规定。修正文为工资每月分二次发给,其日期上半月为〇日,下半月为〇日。按商公司制造厂各工情场形及工作种类各有不同,各种工人作辍时期,亦复互有歧异,所有发放工资日期必须斟酌情形,随时规定。虽现在各工场发放工资日期暂均定为每月二次,情形时有推移,此项每月二次之办法,势难一成不变,且遇休假期日,则发放工资日期自必随以顺延,是以规定于每月某日发放工资,亦为事实上所不可能。若勉为制定,实于施行上多所窒碍,拟请仍照原文规定,以免纷更。所有关于工厂规则实施上困难各点,理合据实陈明并检同原规则一份具文呈请察核,恳祈俯准修改批示祇遵,不胜迫切待命之至等情。据此,除每月发给工资日期依法应有定期已批饬遵照纠正外,关于工人性质之分别,若依司法院解释原文推论,则该公司所呈各节似属不无理由,俱各工厂对于所雇工人之工资,根据各业习惯及产品性质或论件计算或论日计算,或规定每日标准生产量而论件论日并用者,凡此种种仅可设为计算工资之方法未可遽据为判别雇用状态之流动与否也。况论日工人或论件工人,其雇主与工人间之雇佣契约未必每隔一日或每若干件产品完成时即须续订,故计算工资之方法与雇佣关系之为恒定或流动截然两事,毫无联系。再就本市各工厂计算工资之现状而言,全市工厂工人之论日计算工资约占百分之六十八,论件计算工资者约占百分之三十,论月计工者仅约占百分之二十。若依司法院之解释,即视为符合《工厂法》第一条规定之工人仅及总数百分之二,而总数百分之九十八工人。反摈诸《工厂法》适用范围以外,似非《工厂法》维护劳工之本意,抑又有进者,倘各工厂惮于遵行《工厂法》之规定,不难将论月工人尽数化为论日工人。设不幸而言中,则几等《工厂法》于具文矣。据呈前情,若依司法院之解释,非仅该公司一部份工人因此不能适用工厂规则,从此对于《工厂法》之施行益因适用范围之狭小而更感困难。为此迫切陈词,仰祈钧长鉴核,迅赐转请重行解释,实为公便等情。据此,查所陈各节事关解释工人性质,除指令候咨部核转重行解释饬遵外,相应据情咨达,即希察照核转解释见复,以便饬遵,实纫公谊等由。准此,案关重行解释法令,理合备文呈请鉴核,转咨司法院核示祇遵等情。据此,相应咨请查照解释见复,以便饬遵。此咨

**此处删去一条。**

**院字第一〇七三号**

**二十三年六月十六日　司法院函军政部　附原函**

径复者,查贵部上年八月二十二日致最高法院公函(第三二六五号)开,准军事委员会

北平分会转请解释《陆海空军刑法》所称军中疑义一案,函请查照见复等由,业经本院统一解释法令会议议决,《陆海空军刑法》所称军中,指在动员后之部队或战时编制之部队而未至敌前者,及当事变骚扰之际从事于镇压者之部队而言。相应函复贵部查照转知。此致

**附原函**

案准军事委员会北平分会政法字第三号咨略开,据陆军第六十七军转据陆军第一百零七师呈请解释《陆海空军刑法》军中疑义一案,请查照转请解释饬遵等由。准此,除咨复外,相应函请查照迅予解释见复,以便转咨饬遵,至纫公谊。此致

**院字第一〇七四号**

**二十三年六月十六日　司法院电江苏省政府　附原电**

江苏省政府鉴,上年十一月径代电悉,所请解释强盗放火行为共同责任疑义一案,业经本院统一解释法令会议议决,放火非行劫之必要手段或当然结果,对于伙同行劫之盗犯,如不能证明放火行为系出于共同计划,自不应负共同放火责任。合行电复。司法院铣印

**附原电**

司法院钧鉴,查二人以上共同实施犯罪之行为者,皆为正犯,固为《刑法》第四十二条所明定。惟兹查有结伙结帮或聚众行劫而犯放火之罪者,其放火行为实施不明,应否负共同之责,尚未见明文解释,于适用《惩治盗匪暂行条例》第一条第十六款及大赦条例第二条第五款,殊滋疑义,理合电请迅赐解释示遵。江苏省政府主席陈果夫径印

**院字第一〇七五号**

**二十三年六月十六日　司法院指令广西高等法院　附原呈**

呈悉,业经本院统一解释法令会议议决,律师曾处拘役或徒刑以上之刑,纵经宣告缓刑而在缓刑期内,仍应依律师章程第四条第一项规定撤销登录,非俟缓刑期满,未撤销宣告,不得声请回复登录。合行令仰转饬知照。此令

**附原呈**

呈为转请解释事。案据苍梧律师公会会长周百寿呈称,案查司法院二十一年一月二十八日院字第六六一号解释内载,查缓刑期满而缓刑之宣告未经撤销者,其刑之宣告为无效,自得仍充律师等语。依此解释缓刑期满未撤销缓刑之宣告者,仍得充律师则缓刑期内,自不得撤销登录。设有律师受缓刑之宣告,能否援律师章程第四条一项曾处拘役徒刑之规定撤销登录?如已撤销登录,是否须俟缓刑期满未撤销宣告始能声请回复登录?又查前大理院十年统字第一五三号解释内载,本院统字第五三二号解释文缓刑期内得充当议员,并不以未褫夺公权为限,则受缓刑之宣告者不问原案曾否褫夺公权,仍应有选举权及被选举权等语。充任律师亦公权之一,依此解释缓刑期内,自得仍充律师。设有律师受缓刑之宣告,能否于缓刑期内停止其执行职务?本会于本月十八日提交本届第十二次常任评议员会讨

论，认为事关法律疑义，有呈请解释之必要，理合呈请钧院转呈司法院予以解释，实为公便等情。据此，理合备文转呈钧院仰祈鉴核解释令遵。谨呈

**此处删去一条。**

**院字第一〇七七号**

**二十三年六月十六日　司法院指令浙江高等法院　附原呈**

呈悉，业经本院统一解释法令会议议决，司法机关裁定科罚之印花税案件，第三者如请求撤销，显非合法，应由原法院以裁定驳回。合行令仰转饬知照。此令

**附原呈**

呈为呈请解释事（中略），关于依照《印花税暂行条例》科罚之案件，如原裁定果系违法，得声请该司法机关另以裁定撤销科罚之裁定，已有钧院第五七一号解释，亦无疑问。惟司法机关裁定科罚印花税案件如由第三者（如商会之类）请求撤销裁定时，是否不论其有无理由，亦得由原法院以裁定行之，不无疑义，理合备文呈请仰祈钧院鉴核令遵。谨呈

**院字第一〇七八号**

**二十三年六月十六日　司法院训令江苏高等法院首席检察官　附原函**

为训令事，该首席检察官呈最高法院检察署，为江宁地方法院首席检察官转请解释军人犯罪审判管辖疑义一案，业经本院统一解释法令会议议决，军人犯罪应以发觉在任官任役中，抑在免官免役后而定其审判机关，《陆海空军审判法》第十六条规定甚明。如某甲犯罪发觉时确系现役军人，纵令发觉后解除军籍，亦不能变更审判管辖，既经通常法院谕知不受理之判决确定，自应仍归军法会审审判。合行令仰转饬知照。此令

**附原函**

径启者，案据江苏高等法院首席检察官胡诒穀代电称，案据江宁地方法院首席检察官孙绍康呈称，设有某甲以刑事嫌疑被人控告，查系现役军人应归军法会审，经法院依照《刑事诉讼法》第三百十八条第六款谕知不受理之判决，将全案卷宗送由该管军事机关审判，旋以某甲已解除军籍，复由原法院检察官另行侦查起诉，法院以已经起诉之案件在同一法院不得重行起诉，依《刑事诉讼法》第三百十八条第二款之规定，仍谕知不受理之判决确定，该案究竟如何办理，爰有三说救济：（甲）说谓一事不再理者，系指法院依法受理之案件已为实体上判决后，不得更就同一事实再行审理而言。现某甲虽经两次不受理之判决，均系关于诉讼程序上之裁判，对于实体上并未加以判决自不发生一事不再理之问题。依最高法院十七年解字第一零五号解释，仍应侦查另行起诉。（乙）说谓某甲既经两次不受理之判决，虽系就诉讼程序上裁判，但该二判决既已确定，当发生既判力，应受其拘束，除依法提起再审或非常上诉将确定判决撤销以谋救济外，别无他法，即主张不能另行起诉。（丙）说谓司法

院第二六九号解释意旨,系注意被告在审判中是否军人。如系军人,即应归军法会审审判。某甲在审判中既系现役军人,经普通法院谕知不受理之判决,嗣虽解除军籍,但依前项解释,自应仍归军法会审审判。以上三说,究以何说为当,事关法律解释,理合具文呈请钧席鉴核,俯赐核示,俾便遵行等情。据此,事关法律疑义,理合电请察核,转请解释电示祇遵等情。据此,相应函请迅予解释径复并见示备查。此致

**院字第一〇七九号**

**二十三年六月二十二日　司法院电湖南高等法院　附原电**

湖南高等法院徐院长览,上年九月佳代电悉,湘潭县法院转请解释沿河田业登记疑义一案,业经本院统一解释法令会议议决,按江河及其他公之水面人民虽得使用,但其所有权应属于国家,如其田业契载有直抵河心为界字样,核与上开说明抵触,在未经其更正以前,碍难准其登记。合电转饬知照。司法院养印

**附原电**

南京司法院院长钧鉴,案据湘潭县法院主任推事彭矩呈称,呈为呈请示遵事。窃查江河及其他公有之水面,其所有权自应属之国家,业经大理院第八四四号及第八四五号解释有案。职院现因办理不动产登记,据声请人指定该田业后面直抵河心为界。查阅历层老契皆如此记载。若据此以为登记显与上开解释抵触,湘潭沿河田业此类甚多,究应如何办理之处,理合呈请鉴核示遵等情。据此,案关法律疑义,理合据情转请解释,以凭饬遵。署湖南高等法院院长徐声金叩佳印

**院字第一〇八〇号**

**二十三年六月二十二日　司法院函南京特别市执行委员会　附原函**

径复者,准贵会上年十二月二十五日公函(第九五二号)开,据本市第一区党部转请解释外国教会为诉讼当事人各疑义函请查照见复等由,业经本院统一解释法令会议议决,(一)院字第四四五号解释,系在《民事诉讼法》施行以前关于诉讼当事人一节,与同法第四十一条、第三项既有抵触,不能继续有效。(二)民诉法第四十一条第三项,所谓非法人之团体,如律师公会等,是至私立学校等如已组织而未依法取得法人资格,亦为非法人之团体。(三)依《内地外国教会租用土地房屋暂行章程》第五条之规定,外国教会租用土地建造或租买房屋,不得以为营业之用,自无设置经理之可言,即无适用《民法》第五百五十五条之余地(并参照院字第七四零号解释,见本院公报第二三号)。相应函复贵会查照转知。此致

**附原函**

径启者,案据本市第一区党部呈称,呈为法律疑义亟待解释,恳请转函司法院迅予指示以便遵循事。窃属部区域内有外国教会并有教会财产,辄与党员及民众发生问题因之发生疑问三点,急待指示:(一)司法院第四四五号内载,外国教会既认许为法人,如未登记,不能

列名为诉讼当事人,并应查司法院指令第三六四四及三九五号办理等语,是否继续有效,抑另有新解释,此应请指示者一也。(二)《民事诉讼法》第四十一条第三项规定,非法人之团体而设有代表或管理人,亦有当事人能力所谓非法人之团体而设有代表或管理人,是否指为合伙之商店同乡会、俱乐部、同业公会、私立学校,抑另有解释,此应请指示者二也。(三)外国教会系以传教为宗旨,查阅民国十七年国府公布《内地外国教会租用土地房屋暂行章程》第一条载,凡外国教会在内地设立教会、医院或学校,而为该国与中国条约所许可者,得以教会名义租用土地建造或租赁房屋。第五条规定,外国教会在内地租用土地建造或租买房屋,查出有作收益或营业之用,该管官署得禁止或撤销其租买等语。外国教会既系以传教为宗旨,一切对内对外以主教神父主持之,是否能如普通商店、银行、公司设有经理,以为投机营业之用,并如《民法》第五百五十条所载经理人就所任之任务,视为有代表商号或被告或其他一切诉讼上行为之权,此应请指示者三也。总上所述三点,事关法律疑义,急待指导,理合呈请钧会鉴核转函司法院迅赐指示,俾便遵循,至为公便等情。据此,相应函请查照见复为荷。此致

**此处删去一条。**

**院字第一〇八二号**

**二十三年六月二十九日　司法院函中央执行委员会民众运动指导委员会　附原函**

径复者,准贵会上年十一月七日及本年五月二十九日先后函开,据河南郑县国布业同业公会及河南省党务特派员转请解释商会职员停职后,下届改选是否仍有被选资格一案,函请查照并案见复等由,业经本院统一解释法令会议议决,(一)商会应依法改组改选由其现任职员负责办理,届期如不能完成依《商会法施行细则》第十九条规定,不得继续行使职权者,系指在未完成以前,未经改组或改选之职员不得行使其职权而言,其非应改选之现任职员任期并不因之而终止。(二)商会应依法改组者,依商会法之规定仅有该法第四十二条所定之情事,依该条所定情事改组,其原有委员如复被选为执行,或监察委员非商会法第十九条所称之连任。相应函复贵会查照转知。此致

**附原函**

径启者,案据河南郑县商民代表国布业同业公会主席李竞生等有代电称,查商会法第十九条内载,执行委员及监察委员之任期均为四年,每二年改选半数,不得连任。同法施行细则第十九条,商会应依法改组或改选时,由现任职员负责办理,如届期不能完成,即不得继续行使职权各等语。郑县商会本届执监各委员截至本年二月已届改选半数之期,迄已逾期八阅月,按《商会法施行细则》第十九条之规定,应在停职之列。但既经停职,自不得援用商会法第十九条改选半数之规定,则全体改选毫无疑义。惟查该条明文有不得连任之规定,除二年改选之抽签方法,其被抽下之半数委员暨四年任满之委员当然适用该项规定,不

得连任外，例如郑县商会本届执行委员暨监察委员均在停职之列，其任期自应同时终止，但如于下届改选假定被选时，究竟有无连任资格，不无疑问，理合电请钧会明白解释迅速电复，以资遵守等情到会。查此案所请解释商会执监委员停职改选下届有无被选资格一案，法无明文规定，又若某商会有其他情事必须重新改组时上届之执监委员，是否仍有被选资格，于法亦无明文规定。倘认为均可以当选，则依照商会法第十九条执行委员及监察委员之任期均为四年，每二年改选半数，不得连任之规定。是依法改选商会，其执监委员限制不能连任，而因故停职改选或重新改组之商会，其执监委员反有被选资格于理，似有未合。惟事关法令解释，究竟如何，相应函请贵院并案解释见复，以凭转知为荷。此致

**附原函**

案准河南省党务特派员办事处函，为关于商会改选逾期不能完成现任职员停职后下届改选应改选全部，抑仍改选半数暨全部改选时，现任职员可否再行当选等由，准此，查关于商会职员停职后，下届改选或重新改组是否仍有被选资格一案，曾于上年十一月七日本会第五零六五号公函请贵院解释在卷。兹准前由为谋迅速解决起见，相应抄同原函，函请贵院立予并案解释见复为荷。此致

**此处删去两条。**

**院字第一〇八五号**

**二十三年六月二十九日　司法院指令河南高等法院　附原呈**

呈悉，业经本院统一解释法令会议议决，法院认案件应属军事机关裁判，即应依《刑事诉讼法》第三百十八条第六款为谕知不受理之判决，若未为判决，仅以批示移送军事机关，即非合法，自不发生移送之效力。原告诉人于该军事机关解散后，因其尚未裁判，向原法院声请受理，原法院应以职权调查。如果该案确属于军事裁判之范围，仍应依法为谕知不受理之判决，否则即应继续受理审判。合行令仰转饬知照。此令

**附原呈**

案据河南高等法院第一分院院长何德堃呈称，呈为恳予转请解释事。按法院认为案件不属其管辖者，应谕知管辖错误之判决，并将该案件移送该管法院审判，《刑事诉讼法》定有明文。设有法院认为不属其管辖，移送军事机关讯办之案件，仅对告诉人批示而未为管辖错误之判决，其移送能否生效，此有疑义者一。此种案件，如该管军事机关未及裁判即已解散，又能否再由原法院依据告诉人之请求继续审判，此有疑义者二。以上两项疑义，统恳钧院鉴核转请解释，以便遵循，实为公便等情。据此，理合备文转呈钧院鉴核俯赐解释，以便饬遵。谨呈

**院字第一〇八六号**

**二十三年六月二十九日　司法院函中央执行委员会秘书处　附原呈**

径复者,准贵处本年一月二十一日公函(第八九四号)开,山东省执行委员会呈据长山县党部转请解释《商会法施行细则》第十九条疑义一案,函请查照见复等由,业经本院统一解释法令会议议决,(一)商会现任职员届期不能完成改组或改选时,依商会法施行细则第十九条,自应停止职权。(二)现任职员虽经停止职权,而依《商会法》第十九条规定,仍止改选半数。(三)被停止职员仍得以会员代表之资格出席选举,但应改选者受不得连任之限制,不应改选者因任期未满,均不得复被选举。(四)现任职员虽停止职权,而该会款项文件之保管交代各事项,在改组改选未完成前,应仍由现任职员负责。相应函复贵处查照转知。此致

**附原呈**

案据长山县党务整理委员会呈称,呈为呈请解释事。查《商会法施行细则》第十九条规定,商会应依法改组或改选时,由现任职员负责办理届期不能完成,即不得继续行使职权等语。本县周村镇商会已逾期阅月,尚未能改选,现任职员是否应即停止职权?如职员停职后,应否全体改选或仍改选半数,被停职职员有无出席选举与被选权,及商会所有款项文件等一切交代事项应如何负责保管交代,请鉴核示遵等情。据此,查所呈各节究应如何办理,未见明文规定,除指复外,理合备文转呈钧会鉴核解释,以便饬遵,实为党便。谨呈

**院字第一〇八七号**

**二十三年七月五日　司法院电山东高等法院　附原电**

山东高等法院吴院长览,上年十二月皓代电悉,福山地方法院威海分院转请解释私运邮件处罚程序疑义一案,业经本院统一解释法令会议议决,邮政条例内所定罚则,系属特别刑事法令,凡私运邮件适用该条例第二十七条科罚者,法院应以判决行之,当事人如有不服,自得提起上诉。合电转饬知照。司法院歌印

**附原电**

司法院院长居钧鉴,案据福山地方法院威海分院院长瞿鸿畴寒代电称,查本院受理于宝贞私运邮件一案,依邮政条例第二十七条,及私运邮件罚金充奖办法(甲)(丙)两项规定应归司法机关办理,本无疑问。惟查处分私运邮件,系属一种行政罚与漏贴印花情形相似,按照司法院院字第五七一号解释,对于漏贴印花系以裁定科罚,被告不得声明抗告而私运邮件,是否亦用裁定科罚?被告不得抗告抑或应用判决得以上诉,究竟如何办理,方为适当。悬案待结,理合电请鉴核示遵等情前来,案关解释,理合电请钧院核示饬遵。山东高等法院院长吴贞缵叩皓印

**院字第一〇八八号**

**二十三年七月五日 司法院指令浙江高等法院 附原呈**

呈悉,业经本院统一解释法令会议议决,《印花税暂行条例》第四条所称应贴印花之文件,应于交付或使用前贴用者,系就贴用印花之时期而言。至该文件应由何人贴用印花,仍应依各文件之性质而定,不得仅以交付或使用为标准,业经本院解释有案(院字第七六号)来呈所述之凭票,既系由乙发出以供一定给付之用,自应由乙贴用,印花持票之甲不负补贴义务,即不得为处罚主体。合行令仰转饬知照。此令

**附原呈**

案据萧山县法院院长傅廷瑞呈称,窃查《印花税暂行条例》第四条规定,应贴印花之各件应于交付或使用前,依本条例贴用印花同时就印花适当处加盖图章或画押等语,依照文义解释,"交付"二字显系指出票人而言,"使用"二字显系指持票人而言。今有某甲因某乙所出(即交付)之凭票拒绝履行,向法院提起给付之诉并以该凭票提出作证,法院发觉该凭票并未贴用印花,自应由司法机关依《印花税暂行条例》科罚及执行规则第二条裁定处罚。然其应处罚之主体,究竟为出票(即交付)之乙,抑为持票(即使用)之甲,于此有二说焉:(甲)说印花税法对立契据人之罚则,不得适用于执持票据之人,业经前大理院八年统字第一一七四号解释在案,该条既规定应于交付或使用前贴用印花,则该出票之乙于交付前既未遵章贴用,当然应以乙为处罚之主体。(乙)说前大理院统字第一一七四号解释,系就业已失效之《修正印花税法》第四条之规定而言。该条例所定授受其情形已与现行《印花税暂行条例》第四条所定之或使用不符,况现行《印花税暂行条例》第四条既规定交付或使用等字样,明明以出票人于交付前未贴用印花而收受,该票之持票人故为容隐,不令补贴,而公然提出作证(即使用),足证其目无法纪情节实较出票人为重,故将旧印花税法加以修改无论交付或使用之人皆可处罚,以资纠正。前项解释既与现行法令抵触依法,当然不能援用,且如甲说所称,应以出票人为处罚主体,假使出票人业已亡故,则该票即可无须贴用上项法条等于虚设,有是理乎?以上二说,究以何说为是,如果采用甲说,则该条所称使用二字,究指何种情形而言,亦属无从悬揣,理合备文呈请仰祈钧院鉴核,转请解释指令祗遵等情。据此,案关解释法令疑义,理合备文转请,仰祈钧院鉴核俯赐指令,以便饬遵。谨呈

**院字第一〇八九号**

**二十三年七月五日 司法院指令江苏高等法院 附原呈**

呈悉,业经本院统一解释法令会议议决,自诉案件既经合法调解成立,该案即已终结,除有《区乡镇坊调解委员会权限规程》第十条所定强迫调解情形外,该自诉人自不得再行自诉。合行令仰转饬知照。此令

**附原呈**

呈为转请解释事,案据青浦县县长钱家骧呈称,窃本府前将自诉案件发交该管区调解委员会召集自诉人与被告到场调解,当由双方认诺调解,两愿息讼,并各签字于记录内,业由该会成立调解之后,该自诉人旋向该会提出书面否认调解,一面仍向本政府具状继续请究。该被告亦以案经调解成立,不能任意翻悔,两情各执,咸请本政府先就调解一点取决。查《区乡镇坊调解委员会权限规程》并无案经该项调解委员会调解成立,即生法律上确定效之之明文,如认为不能翻悔,似无依据。但按法理而言,该项调解机关系依法令组织其调解成立之事件,即应发生法律上之效力,不容于事后推翻。惟事关法律疑义,究应如何解释,理合具文呈请转行解释示遵等情。据此,理合转呈钧院鉴核赐予解释,以便饬遵。谨呈

**此处删去一条。**

**院字第一〇九一号**

**二十三年七月五日　司法院训令江苏高等法院首席检察官　附原函**

为训令事,该首席检察官呈最高法院检察署,为吴县地方法院首席检察官转请解释,邮政条例所定罚金应由何机关科罚一案,业经本院统一解释法令会议议决,邮政条例中关于处罚条规为特别刑事法令,凡关于该条例之科罚,均应由司法机关以判决行之同条例第二十七条、第三十三条、第四十条、第四十三条所定罚金之科罚,与第二十八条至第三十一条、第三十四条至第三十六条及第三十八条、第三十九条、第四十二条无异。合行令仰转饬知照。此令

**附原函**

径启者,案据江苏高等法院首席检察官胡诒穀呈称,案据吴县地方法院首席检察官徐世勋呈称,查《邮政条例》第二十七、第三十三、第四十、第四十三各条所定罚金之科罚,应否由司法机关判决执行,抑由行政机关科罚,于此有二说焉:(甲)说《邮政条例》为特别刑事法令,凡关于该条例之科罚,均应由司法机关以判决行之。(乙)说《邮政条例》为行政法规,其第二十七、第三十三、第四十、第四十三各条所定罚金,系行政法罚之一种,凡违犯该条例之行为涉于刑事者,如该条例第二十八条至第三十一条、第三十四条至第三十六条及第三十八条、第三十九条、第四十二条皆明定,依刑律第几条或某罪处断,则可知该条例第二十七、第三十三、第四十、第四十三各条所定罚金,与其他行政法令所定罚金同其性质。若由司法机关判决执行,显无法令可据。以上二说,未知孰是,事关适用法律疑义,理合具文呈请转呈解释,俾便遵循等情。据此,查所呈事关法令解释,理合具文转呈仰祈钧署鉴赐,迅核转院解释指示饬遵等情。据此,相应函请迅予解释径覆并见示备查。此致

**院字第一〇九二号**

**二十三年七月六日　司法院训令广西高等法院首席检察官　附原函**

为训令事,该首席检察官呈最高法院检察署,为苍梧地方法院检察官刘军冠转请解释出版法疑义一案,业经本院统一解释法令会议议决,(一)《出版法》之执行机关,除关于该法第五章行政处分外,其涉及第六章处罚事项应由普通法院审判执行。(二)《出版法》第十四条之规定,系指新闻纸或杂志登载之事项,非由本人或直接关系人投稿者而言。来呈所举之例,核与该条不合,自不适用该条之规定。(三)报馆如因上述情形拒绝更正,自无通知之义务。合行令仰转饬知照。此令

**附原函**

径启者,案据广西高等法院首席检察官陈锡瑚呈称,案据苍梧地方法院首席检察官胡家又呈称,兹据检察官刘军冠呈称,呈为请转迅赐解释示遵事。(一)查出版法之执行机关,该法并无明文规定,是否归由普通法院直接审理,殊生疑义。(二)查出版法第十四条,关于更正部分仅云新闻纸或杂志登载之事项,本人或直接关系人请求更正(略),在日刊之新闻纸应于接到请求后三日内,依照更并正无本人原稿之误或报馆之误之限制,例如某甲送稿于某乙报馆登载声明或启事,如果某乙报馆所登载之事项,与某甲送登之原稿有出入之时,固得依法请求更正毫无疑义。但某乙报馆登载之事项,虽与某甲之原稿无异,然某甲之原稿当时实有因缮稿或其他原因之误者,事后某甲函请某乙报馆依照更正,而某乙报馆藉口此项情形与上开法条不符,拒绝更正,是否违法?(三)报馆拒绝请求更正,应否用正式通知通知请求更正之人?以上三点,悬案以待,理合备文呈请鉴核转请迅赐明白解释,俾资遵循等情前来。查案关法令疑义,理合具文转呈钧处核准,呈请解释,以资办理,实为公便等情到处。除指令外,理合具文呈请钧署核转解释电示祗遵等情。据此,相应函请迅予解释径覆,并见示备查。此致

**院字第一〇九三号**

**二十三年七月十日　司法院训令河南高等法院　附原函**

为训令事,该法院十九年九月十一日公函致最高法院,为郑县地方法院转请解释自诉案件疑义一案,业经本院统一解释法令会议议决,(一)牵连犯罪系指同一事件而言,自诉案内如确含有其他应经公诉之牵连罪,即不得提起自诉第一审,就自诉人所起诉属于初级管辖之罪判决后,经第二审发见该罪之方法或结果上尚有牵连,应经公诉。且属地方管辖之罪者,应依《刑事诉讼法》第三百八十五条第一项、第三百七十九条及第三百十八条第一款撤销原判决谕知不受理,惟来文所称情形,是否牵连罪,应特别注意。(二)自诉案件经第一审判处罪刑,被告上诉后,自诉人对第二审法院合法传唤不出庭者,得由配置检察官莅庭承担,其诉讼执行原告职务。合行令仰转饬知照。此令

**附原函**

迳启者，案据郑县地方法院院长邱祖藩养代电称，兹有自诉案件发生疑义，例如自诉人在第一审起诉，其所主张之事实谓于数年前因事外出，将地托交被告管理。今由外回归令被告交地，而被告竟实行侵占霸为已有抗不交还，请按《刑法》第三五六条第一项处以侵占罪等语。经第一审传案审理而被告人，则提出自诉人所立之卖契，以为非侵占之证明第一审于被告人提出卖契后，未依刑诉法第三四六条及第三百条命自诉人对于文契加以辩论，即认卖契为真实予以判决谕知被告不成立侵占罪，自诉人不服提起上诉并攻击卖契为伪造。于此情形，若以伪造部分未经过第一审、第二审应仅就侵占之部分受理上诉，则因伪造系犯侵占之方法审理侵占，不能不审理伪造，虽自诉人于第一审未主张伪造。然于第二审既经主张，则第二审因按《刑法》第七十四条应从一重处断之规定，即不能仅就侵占部分为之审理而置伪造之部分于不顾。若将伪造之部分一并予以审理，则又因伪造不合于自诉之条件程序不合，亦难遽就实体予以审判，可否认为第一审于调查证据后，未依刑诉法第三四六条及第三百条予以辩论，系审判程序违法，即依同法第三八五条第一项，将原判撤销并依同法第三七九条及第三五七条准用第三一八条第一款一并谕知不受理，否则究应如何办理？又自诉案件经第一审判处罪刑，被告上诉后第二审法院迭传，自诉人乃收到传票迄未出庭，是无执行原告职务之人可否径行判决，抑或请检察官莅庭执行原告职务？职院现有类此案件，悬案待决，可否转请解释谨以代电呈请鉴核示遵等情。据此，事关法律解释，除指令外，相应函请钧院查照解释，以便饬遵，至纫公谊。此致

**院字第一〇九四号**

**二十三年七月十三日　司法院指令江苏高等法院　附原呈**

呈悉，业经本院统一解释法令会议议决，自诉人到庭一次后再经迭次传唤，迄无正当理由不到或该自诉人所在不明，致无从传唤，自得由配置检察官承担其诉讼执行原告职务。合行令仰转饬知照。此令

**附原呈**

呈为转请解释事，案据吴县地方法院院长王思默呈称，自诉人经传唤无正当理由不到者，以撤回自诉论，《刑事诉讼法》第三百四十七条第二项固定有明文。惟查院字第八八一号解释所谓自诉人，经传唤无正当理由不到者，以撤回自诉论，系指自诉人未曾一次到庭者而言。是自诉人曾经到庭一次即不能以撤回自诉论，至为明显。设有自诉人曾一次到庭其后，迭经传唤，无正当理由不到或该自诉人所在不明无从传唤，能否依《刑事诉讼法》第三百四十八条规定，由检察官担当诉讼，抑或另有其他进行方法，以资救济，理合具文呈请转请解释祗遵等情。据此，事关解释法律疑义，理合具文呈请钧院鉴核解释饬遵。谨呈

**院字第一〇九五号**

**二十三年七月十三日　司法院函司法行政部　附原函**

径复者,准贵部上年八月九日公函(第三三零号)开,据安徽高等法院呈,据嘉山县县长转请解释再审管辖疑义函请查照见复等由,业经本院统一解释法令会议议决,原县政府既系为判决之原法院,其再审之诉依民诉法第四百六十三条规定,自应由原县政府受理。又所称刑事案件与所发生原因之民事案件,虽属有关然系另一事件,并非刑事之附带民事诉讼,其刑事仍应依刑诉法第十三条第一项办理,相应函复贵部查照饬知。此致

**附原函**

径启者,案据安徽高等法院呈称,据嘉山县县长代电称,窃查现经改隶本县之各区域,其在原县未经审结民刑讼案前经呈奉钧院第三零五九号指令,着仍由各原县继续办结以清权限等因,饬遵在案。兹有本县境内人民以曾经原县于本县成立后所为判决从前受理之民事案件,在判决确定后发见新证物起诉前来,并未违反民诉法第四百六十四条第二、第三两项之规定。查阅原判系依一造辩论而为判决,据当事人供称此项判决并未送达,其证物事由无从依法主张。于此场合,自应依民诉法第四百六十一条第一项第十款适用再审程序。惟查再审之诉专属为判决之原法院管辖,乃同法第四百六十三条前段所明定,本案发生区域既系由该原县改隶。就实际言本县府之与原县府,固与原法院无殊,但以形式言,则应视为同级法院,究竟本案再审之诉,本县应否受理?又本案系因物权争执,至于斗殴因以伤害之刑诉附带民诉,而此项民诉应依刑诉法第五百十条独立审判,如果本案民事再审之诉,应归原县管辖,则上述刑诉又当如何,系属事关管辖疑问,急待进行,理合电恳钧院迅赐察夺示遵等情。据此,除指令外,理合据情转呈鉴核示遵,以便转令遵照等情。据此,事关法律适用疑义,相应函请贵院解释见复,以便饬遵,实纫公谊。此致

**院字第一〇九六号**

**二十三年七月三十一日　司法院指令浙江高等法院　附原呈**

呈悉,业经本院统一解释法令会议议决,犯吸食鸦片罪经检察官起诉后,在候审期间连续吸食,系合于《刑法》第七十五条之情形起诉之效力,当然及之,毋庸另行起诉。至因吸食鸦片受有罪之判决执行完毕后,再行吸食,如合于同法第六十五条之要件,即为累犯检察官对之提起公诉,自属合法。合行令仰转饬知照。此令

**附原呈**

案据署杭县地方法院院长袁潢呈称,案查吸食鸦片获案后在保外听候审判期间内或在判决执行完毕后,复犯吸食鸦片罪,经检察官提起公诉应认为连续犯谕知不受理之判决,抑应认为犯罪为科刑之判决,法律上颇滋疑义,于此有下列二说:(甲)说谓吸食鸦片犯当然有瘾,非旦夕间所可戒除,倘然获案判决后,未经过足以戒除烟瘾之相当期间,复因吸食鸦片

被诉,应认为连续犯谕知不受理。(乙)说吸食鸦片系犯罪行为无论在保外候审期间判决,执行完毕后,只能服用药品戒除,倘仍吸食鸦片,即系另一犯罪行为,应予科刑。以上二说,究以何说为是,理合备文呈请解释示遵等情。据此,案关法律疑义,理合转请钧院解释令遵。谨呈

**院字第一〇九七号**

**二十三年七月三十一日　司法院函司法行政部　附原函**

径复者,准贵部本年三月二十六日公函(第一一六号)开,据江苏省东台县县长转请解释国民政府前次特许设立之毒品查缉所,是否有公务员侦查之职权疑义,函请查照见复等由,业经本院统一解释法令会议议决,江苏省毒品查缉所所属各员关于查缉毒品,依《刑事诉讼法》第二百二十八条第三款,自可认为有侦查犯罪职权之公务员。相应函复贵部查照饬知。此致

**附原函**

案据江苏省东台县县长文代电称,窃查国民政府前次特许设立之毒品查缉所是否有公务员侦查之职权,具有两说,莫衷一是:(甲)说毒品查缉所系国民政府特许设立,其职权专司侦察查缉毒品为要务,自应认为客观的侦查犯罪职权之公务员应称之为公务员;(乙)说刑事案件则有侦查犯罪职权者为限,而《刑事诉讼法》第二百二十七条至二百二十九条之公务员,并无此项毒品查缉所之机关,不能称之为公务员。究以何说为是,职县有案待决,肃此电请转院解释行知下县,俾便有所遵循等因。据此,相应函请贵院解释见复,以便饬遵,实纫公谊。此致

**院字第一〇九八号**

**二十三八月一日　司法院指令湖南高等法院　附原呈**

呈悉,业经本院统一解释法令会议议决,检察官根据某甲自认犯罪而起诉,经法院传讯发觉,甲之自认系丁顶替,除丁应移送侦查外,某甲既经起诉法院,自应予以审判。合行令仰转饬知照。此令

**附原呈**

呈为呈请解释事。案据署长沙地方法院院长袁赞德呈称,本院现有甲乙丙三人因毁损案件,经检察官侦查,据其自认,一并起诉及刑庭传讯,得悉甲之自认系丁顶替。于此情形,丁之顶替固应移送侦查,惟甲究应如何处理,有二说焉:(子)说甲在侦查庭既非本人到案,是甲之犯罪未经侦查,不能由法院径行审判,起诉书甲姓名虽符,究非本人,应由检察官撤回起诉另行侦查。(丑)说刑诉法第二五三条第二项规定,被告所在不明者,检察官亦得向法院起诉。本此精神,甲虽未于侦查时到庭,但既经检察官以甲姓名起诉,即犯罪能否成立,原可由法院径行审判,若必由检察官撤回甲之起诉,另行侦查。设将来侦查结果仍应起

诉,则同一甲之姓名反复而为起诉与撤回之循环手续,殊觉无谓。以上两说,各有理由,究应以何说为是,案悬待决,理合呈请钧院鉴核准予转请解释示遵等情。据此,除令准呈转外,理合具文呈请钧院俯赐解释示遵。谨呈

**院字第一〇九九号**

**二十三年八月十一日　司法院指令浙江高等法院暨首检官　附原呈**

呈悉,业经本院统一解释法令会议议决,出版法第六章所载罚则系特别《刑法》,应经检察官侦查起诉,法院不能径行罚办。合行令仰转饬知照。此令

**附原呈**

案据余姚县法院院长郑式康、首席检察官朱树森会呈称,案奉钧院第一零一六一号训令略开,准中国国民党浙江省执行委员会函请分饬当地法院,将本省境内发行之报章杂志及通讯社稿,其有关党义或党务事项之登载未曾按时寄送本会审查之各该报纸通讯社负责人传案讯明,依照出版法第三十一条规定,从严处罚,仍将办理情形汇案具报等因,奉此,自应遵照办理。惟查出版法第六章之处罚,应否由检察官侦查起诉,依《刑事诉讼法》程序办理,抑由法院径行罚办,毋庸经检察官侦查,不无疑义,理合呈请鉴核令遵等情。案关法令疑义,理合备文转请仰祈钧院鉴核令遵。谨呈

**院字第一一〇〇号**

**二十三年八月十一日　司法院电湖北高等法院　附原电**

湖北高等法院史院长览,本年五月东代电悉,所请解释自诉人迭传未到,能否以撤回自诉论疑义一案,业经本院统一解释法令会议议决,自诉人依法本可委任代理人出庭(参照刑诉法第三四五条),如法院认为有命本人出庭之必要时,虽本人迭经传唤无故不到,仍应根据代理人之陈述而为判决,不能以撤回自诉论。合电知照。司法院真印

**附原电**

司法院院长钧鉴,自诉案件自诉人已委任律师代理出庭,被告亦合法提起反诉,自诉人经迭次传唤迄不到案,能否以撤回自诉论,请迅赐解释示遵。湖北高等法院院长史延程叩东

**院字第一一〇一号**

**二十三年九月三日　司法院函军政部　附原函**

径复者,查贵部上年五月十一日公函致最高法院,为太原绥靖公署转请解释《陆海空军刑法》疑义一案,业经本院统一解释法令会议议决,(一)《陆海空军刑法》所称军中,指在动员后之部队或战时编制之部队而未至敌前者,及当事变骚扰之际从事于镇压者之部队而言。所称敌前,指直接与敌对峙当攻守或警戒之要冲者而言。(二)第十四条之多众共同云

云,指多数人向共同目的共同实施暴动而言,第七十二条之多众集合,则须先有集合之行为,故有为首指挥助势附和随行之分。第十六条、第十七条之聚众,指结集意思联络之多众而所结集者,有随时可以增加之状况。至第八十四条之结伙,系指仅结集特定之人。又第四、第五、第十三各章之伙党指同伙党羽而言。以上数种性质各异,故处罚之程度亦有不同,不以人数多寡为标准。(三)第四十四条之以浮报论,应依第四十一条科断。(四)第四十七条第二项包庇二字,应赅括制造、运输、贩卖三项。(五)第七十八条所称械弹以外之军用品,凡供给军用之物均包括在内。(六)携带枪械逃亡,不问其枪械之属于何人,及携带自已保管之公款或窃盗军需处之公款逃亡者,均应依第九十五条处断。(七)军人犯罪关于附带民诉之程序,《陆海空军审判法》既无规定,而《刑事诉讼法》亦无适用于其他法令之明文,自难依《刑事诉讼法》第九编各条办理。相应函复贵部查照转知。此致

**附原函**

径启者,案准太原绥靖公署法字第二零号函开,案据本署军法处呈称,《陆海空军刑法》适用上颇多疑义谨分陈如下,查分则内所称军中应作何解,与敌前如何区别,此应请解释者一。第十四条之多众共同,第十六、第十七两条之聚众,第七十二条之多众集合,第八十四条之结伙,第四第五第十三各章之伙党,各作何解,其程度之差别如何,是否以人数多寡为标准,此应请解释者二。第四十四条之浮报论,依当然解释,似应按第四十一条科断。惟第四十三条,与商民通同作弊。按第四十一条各款处断既已明文规定,独于第四十四条则否,反滋疑问,此应请解释者三。第四十七条第二项包庇二字,是否赅括制造、运输、贩卖三项,抑系以制造运输为限,于此有二说焉:(甲)说谓包庇只限于制造、运输两项,至于贩卖,系另指本人贩卖而言,不在包庇之列,故于贩卖之上加一或字以示区别,否则军人吸用鸦片或代用品第六十一条第三款尚有治罪明文,何以军人自已贩卖反无规定,足见贩卖一节,确系指本人贩卖而言,不赅括于包庇之内。(乙)说谓包庇应赅括贩卖在内,盖就文义解释该条自包庇起至者字止,原系一句既劈头加以包庇二字,则凡制造、运输、贩卖三项当然均在其内。观其原文鸦片或其代用品字样,不用于制造运输之下必用于贩卖之下,即可知立法者之原意。至于军人自行贩卖鸦片或代用品,《陆海空军刑法》既无明文,只好适用《禁烟法》。若如甲说所云,则军人自行制造鸦片或其他代用品陆海空军,《刑法》亦无明文规定,其将何说以解?以上两说,均有理由,究以何说为是,此应请解释者四。第七十八条械弹以外之军用品,其范围如何如军队之米面柴炭笔墨纸张等物同为常人之日用品,是否以军用品论?又如兵工厂预备制造枪械之铜铁原料,是否亦以军用品论?此应请解释者五。士兵携带其营连长因公使用之私有枪械逃亡,军需人员携带自已保管之公款逃亡及士兵窃盗军需处之公款逃亡,是否均按第九十五条各款处断,此应请解释者六。军人犯罪附带民诉之程序如何,《陆海空军审判法》并无明文规定,如准予附带,可否引用《刑事诉讼法》第九编各法条,此应请解释者七。职处此类案件甚多,急待解决,理合呈请钧座转请迅速解释,俾便遵循等情前来。相应函请查照转请速予解释早日见覆,至纫公谊等由,准此,相应函请贵院迅予解释函

复过部,以便转知为荷。此致

**院字第一一〇二号**

**二十三年九月三日　司法院咨行政院　附原咨**

为咨复事,准贵院本年四月二十八日咨(第七九号)开,据内政部呈请解释私人建立之寺庙,应否属于佛教会疑义一案,咨请查照见复等由,业经本院统一解释法令会议议决,本院第四二三号解释,系对于《监督寺庙条例》所谓之寺庙而为之解释。私人建立并管理之寺庙,依同条例第三条第三款既不适用该条例之规定,则关于该号解释中所属二字,自不包括该寺庙在内,相应咨复贵院查照饬知。此咨

**附原咨**

案查前据内政部呈为准南京市政府咨,据社会局呈请解释院令内关于佛教会所属二字意义一案,请转咨解释等情到院,当以贵院院字第四二三号解释,关于佛教会所属二字之意义,应采用广义解释。凡和尚之寺庙均应属于佛教会道士观宇,均应属于道教会,无庸转咨解释,经指令转行遵照在案。兹据该部呈为准绥远省政府咨,据民政厅呈以私人建立之寺庙愿入佛教会与否,虽可听其自由,但仍应属于该佛教会一层发生疑义,请解释见复一案,附陈理由,请解释示遵等情前来。察核该部以上述所属二字意义之解释,应适用于一般案件,不限于某特殊案件,虽有相当理由,但私立寺庙依照《监督寺庙条例》第三条第三款之规定,不适用该条例之规定。上述贵院解释,能否认为包括私立寺庙在内,法律似属不无疑义,除指令外,相应抄同原件咨请贵院解释见复,以凭饬遵为荷。此咨

**院字第一一〇三号**

**二十三年九月三日　司法院指令河北高等法院　附原呈**

呈悉,业经本院统一解释法令会议议决,(一)《刑事诉讼法》第三百十三条第二项规定,专限于民事法院裁判前,应停止刑事审判程序。至行政公署之处分,并不包括在内;(二)来呈所述情形,应属民事法律关系。合行令仰转饬知照。此令

**附原呈**

呈为呈请事,案据保定地方法院东代电呈称,查犯罪是否成立及刑罚应否免除,以民事法律关系为断者,经当事人向该管民事法院对该民事法律关系提起诉讼时,于民事裁判前应停止刑事之审判,此在《刑事诉讼法》第三百十三条第二项已有明文规定,固属毫无可疑。惟犯罪是否成立及刑罚应否免除,应以他项法律之关系为断,而该他项之法律关系又系应由行政公署确定之者,在未经行政公署处分以前,法院之刑事诉讼应否停止审判,法无明文规定办理,实属困难,此其一。又,两村地亩之中间有河沟一道,地势较高之一村在河旁筑堤,致地势较低之一村积水无处发泄,因而发生争执。此项争执是否为民事法律关系,此其二。上述两项问题均与本院受理案件极有关系,理合电请转请解释指令祇遵等情到院。事

关法律疑义,理合据情呈请鉴核示遵,实为公便。谨呈

**院字第一一〇四号**

**二十三年九月三日　司法院指令安徽高等法院　附原呈**

呈悉,业经本院统一解释法令会议议决,债权人某乙对于主债务人某甲经三次减价拍卖无人投买之财产拒绝作价承受时,法院除得命强制管理外,仍得随时依当事人之声请,再行估价拍卖,在未经得有执行效果以前,如果债权人对于保证人亦有执行名义,自得对于保证人财产请求执行。合行令仰转饬知照。此令

**附原呈**

案据芜湖地方法院院长金鹤年呈称,呈为呈请转请解释示遵事。查金钱债务之执行名义,就主债务人之财产强制执行而无效果时,保证人应负代偿之责,倘执行衙门执行主债务人某甲之田产经三次减价拍卖,仍属无人投买,债权人某乙又拒绝作价承受,因之此项金钱债务之执行不能,受有清偿之效果,债权人某乙依据上开执行名义,请求就保证人某丙之财产执行,于此有二说焉,分陈于下:(子)说查《民法》第七百四十五条规定,保证人于债权人未就债务人之财产强制执行而无效果,前对于债权人得拒绝清偿云云。条文既经明定,执行而无效果自系指实际上不能受有金钱之清偿而言,且保证债务原为补充性质,倘主债务人有田产而不能拍卖,是形式上虽有可以清偿之希望,实际上确永获清偿之实益,实与毫无效果了无差别。揆之立法意旨,既曰执行而无效果,不曰执行而无资力,深思明办,法意益彰,于此情形,自应就保证人丙之财产执行,以贯彻法律上补充清偿之本旨。(丑)说查保证云者,谓当事人约定于他方之债务人不履行债务时,由其代负履行责任,此在《民法》第七百三十九条定有明文。某甲对于某乙之金钱债务虽不能卖却查封之财产以资清偿,要不能谓绝无可卖之机会,究与不能履行有别。况既有某甲查封之财产足供清偿,使债权毫无损失之虞,殊难谓为执行之无效果。按之大理院三年上字第一一四九号判例,自不能遽对保证人某丙之财产执行。两说未知孰是,不无疑义,理合具文呈请钧院转请解释示遵等情。据此,事关解释法律疑义,理合据情转呈仰祈钧院俯赐解释,俾便转令遵照,实为公便。谨呈

**院字第一一〇五号**

**二十三年九月三日　司法院电江苏省政府　附原电**

江苏省政府鉴,本年六月感代电悉,所请解释《诉愿法》疑义一案,业经本院统一解释法令会议议决,《诉愿法》第二条对于国民政府各院之处分既无提起诉愿及再诉愿之规定,同法第三条关于管辖等级比照之规定,亦难认为不服。国民政府各院之处分包括在内原电所述情形,就现行法令,尚无相当条文可资解释。合行电复司法院江印

**附原电**

司法院钧鉴,查人民如不服国民政府各院之处分,是否依照《诉愿法》第三条比照《诉愿

法》第二条第六款前半段,不服中央各部会之处分者,向原部会提起诉愿之规定,向原院提起诉愿。又如不服院之决定时,是否仍比照该款后半段之规定,向国民政府提起再诉愿,抑系参照旧行政诉讼法第一条之规定毋庸经过诉愿或再诉愿之程序,即可径向行政法院提起行政诉讼?关于上述两点现行之《诉愿法》及行政诉讼法,均无明文规定,事关法律疑义,理合电请钧院迅赐解释示遵。江苏省政府主席陈果夫叩感印

**院字第一一〇六号**

**二十三年九月八日　司法院电湖北高等法院　附原电**

湖北高等法院史院长览,上年十二月铣代电悉,所请解释特许上诉疑义一案,业经本院统一解释法令会议议决,依《民事诉讼法》第四三三条但书特许上诉之案件,经发还更审判决后,如非因法律上有疑义或其他必要更特许上诉者,仍不得上诉合电知照。司法院庚印

**附原电**

司法院院长居钧鉴,依《民事诉讼法》第四百三十三条第一项规定,不得上诉于第三审事件经裁定特许上诉第三审判决发还更审,嗣后对于第二审更审之判决,能否不再经特许而径行上诉,有甲乙两说:(甲)说谓前第二审判决既经特许上诉,其特许之效力应及于更审判决,故得不再经特许而径行上诉。(乙)说谓以前之特许上诉系基于前第二审判决,在法律上有疑义或其他必要情形,其后之更审判决未必仍有此等情形,故须再经特许方得上诉,究以何说为当?事关法律疑义,理合电请钧院迅赐解释,实为公便。署湖北高等法院院长史延程叩铣印

**院字第一一〇七号**

**二十三年九月八日　司法院指令广西高等法院　附原呈**

呈悉,业经本院统一解释法令会议议决,应由亲属会议选定遗产管理人时,如无亲属得由利害关系人声请法院指定之。合行令仰转饬知照。此令

**附原呈**

呈为呈请事,案据榴江县县长况思渊呈称,查无人承认之继承由亲属会议选定遗产管理人后,将继承开始及选定管理人之事由呈报法院,法院应依公示催告程序,公告继承人命其于一定期限内承认继承,如被继承人之债权人及受遗赠人为管理人所已知或未知者,由遗产管理人声请法院依公示催告程序或直接通知,限于一定期限内报明债权及为愿受遗赠与否之声明,此《民法》第一千一百七十七条、第一千一百七十八条及第一千一百七十九条一项三款已明白规定,自无疑义。惟查此种规定只对无人承认之继承而以有亲属者为限,如遇有无人承认之继承,而死者又无亲属依法遗产管理人既无从选定。际此场合,则此项遗产之管理及继承人与被继承人之债权人暨受遗赠人之催告。法均无明文,究应如何办理,理合具文呈请察核示遵等情。案关法律疑义,理合据情呈请钧院察核迅赐解释,俾便饬

遵。谨呈

**院字第一一〇八号**

**二十三年九月八日　司法院指令江苏高等法院　附原呈**

呈悉，业经本院统一解释法令会议议决，典权人于经过法定回赎期间取得典物所有权后另订回赎契约，即系所有权人对于所有物处分之另一行为，不能认为无效。合行令仰转饬知照。此令

**附原呈**

呈为转请解释示遵事。案据太仓县县长洪寿琛呈称，窃查不动产之典质，依照前北京政府所颁《清理不动产典当办法》第一条规定，凡经过三十年（最长）而不回赎者，典权人即取得典物所有权。又第二条前半段载，典产自立原约之日起已经过六十年者，不论其间有无加典或续典情事，概作绝产论，不许原业主再行告争。现行《民法》第九二三条第二项亦规定出典人于典期届满后，经过二年不以原典价回赎者，典权人即取得典物所有权等语。兹有房屋一所出典已在六十年以上，但于前五六年典权人与出典人复订新契一纸载明，前典契作废，准出典人于五六年内回赎。关于此事可否回赎，现有两说：（一）法律上既规定过三十年不得回赎，则虽于期满后重立新契亦属无效，况重立新契时已逾六十年，典权人依法已取得典物（房屋）所有权新契，自不得发生追溯效力（认前述法律规定为强制法规）。（二）典权人依法虽已取得典物（房屋）所有权，但典权人既自愿重立新契（实际上因不明法律而陷于错误），则典权人不啻已将法律所赋予之权利表示自愿抛弃，出典人自得依新契回赎（认前述法律为任意法规）。该项典物（房屋）是否尚可回赎？前述两说，究以何说为是？本县现有此种案件发生争执，急待解决。事关法律疑义，理合具文呈祈鉴核，俯赐转呈解释示遵等情。据此，事关适用法律疑义，本院未便擅专，理合具文呈请钧长鉴核，俯赐解释，指令饬遵，实为公便。谨呈

**院字第一一〇九号**

**二十三年九月十一日　司法院咨国民政府西南政务委员会　附原咨**

为咨复事，准贵会上年十月二十四日咨（第十三号）开，据广东省政府呈请解释公会举派出席商会会员代表疑义一案，咨请查照见复等由，业经本院统一解释法令会议议决，（一）《商会法》第十一条第二项所谓最近一年间，系指由举派之时追溯以前满一年而言。（二）会员代表在举派时与商会法第十条规定相当者，即为合格。相应咨复贵会查照饬知。此致

**附原咨**

为咨请事，案据广东省政府呈，据建设厅呈称，现据潮安县县长廖桐史呈略称，现据职县纸业同业公会主席郑拱如呈称，为呈请核转解释公会举派出席商会会员代表法规，以利

选政事案。奉广东省政府第二四一六号批令,据本会呈请解释公会会员举派出席商会会员代表之法规,以利选政由内开,呈悉,所陈各节是否请解释公会会员举派出席商会代表之资格,抑请解释举派代表人数之标准文义,殊欠明了,仰即将词句修饰明白,呈由县府转呈建设厅依次核转再行解释可也,此批等因,奉此,遵即将所请解释公会会员举派出席商会会员代表之资格,及举派代表人数于使用人数最近一年间计算起止日期之标准,逐层词义,详晰陈述如次:(一)缘因二十年潮安商会改组时,公会会员曾将使用人数造具名册报告商会,以定举派出席商会会员代表额数。今越两载,各公会行号之使用人数不无变更增删,现值商会期届改选公会,自应举派出席商会会员代表或撤换,应依《商会法》第十一条第二项及第十五条之规定,就最近一年间使用人数综合计算,举派出席商会会员代表,造具名册报告商会以备审查。兹据商会方面因皮胶业呈请县府解释,以此项名册未经先期呈请政府备案,不生效力,应根据二十年改组时之使用人数旧名册办理等云。若于公会,则谓此项办理法规无规定之条文,亦与使用人数之变更增删,其额数不无障碍。至若必须先期备案,而对于最近一年间以十二个月计算期间有所抵触,究竟十二个月系何日起算何日截止又无明文规定标准,此应请解释者一。(二)再因公会会员主体人(即行号财东),于二十年商会改组时未经列入使用人名册,此次商会改选公会举派该主体人为出席商会会员代表,其代表资格是否合法?若以一方面以其二十年改组使用人册籍未列其名资格,似有不合,而公会方面依据《商会法》第十条及第十一条之规定,其资格固无不合之可言,此应请求解释者二。基上两端,孰是孰非,请求依法解释饬知商会遵照,并严令确定改选日期以便选举,而杜虚悬。奉令前因,理合具文呈请钧府察核伏乞迅予转呈建设厅核转迅赐解释,以利选政而免纠纷,实叨公便等情。据此,除令复外,理合备文呈报钧厅察核俯赐迅予转呈解释,实为公便等情。据此,理合备文转请钧府察核,俯赐解释,俾转饬遵等情。据此,除指令外,理合备文呈请钧会察核迅予解释,俾便饬遵等情,据此,案关适用法规发生疑义,除咨复外,相应咨请查照解释见复,以便饬遵,至纫公谊。此咨

**院字第一一一〇号**

**二十三年九月十一日　司法院咨行政院　附原咨**

为咨复事,准贵院上年七月十八日咨(第一七四号)开,据内政部呈请解释清丈溢地事件适用法规疑义一案,咨请查照见复等由,业经本院统一解释法令会议议决,人民私有土地因改定测量器之故,而清丈结果致与契载不符,不能谓之溢出,应依其原来弓尺比照现在实际上测量所得之面积登记。倘清丈结果非因测量器改定之故,而有溢出,除依《民法》第七百六十九条、第七百七十条暨《物权编施行法》第七条、第八条各规定外,应依照其承买承垦或报领当时原有章程规则办理,但该章程规则及各省市县政府现订之处理溢地规则,如非根据法律或与法律违反抵触时,依法规制定标准法第三第四两条规定,不能认为有效。相应咨复贵院查照饬知。此致

**附原咨**

为咨请事,案据内政部呈称,窃查《民法》物权公布后,行政官署遇有土地行政上发生所有权谁属之争议时,皆依照援用以为解决争议原则。惟各省市县政府因举办土地调查清丈及登记事项特制定一种单行法规,名曰处理溢地规则,大要以凡属人民所有之土地,如清丈结果溢出契载数目以外,即按照该规则之规定,作公接收评定地价准,由原所有人优先备价承领,否则另作处分。设今有人对此项规则出而抗议,谓与《民法》物权编所有权及占有各条文之规定大相抵触,认为不能适用接收。所谓溢地之土地处分,又称法律以不溯及既往为原则,现时测量器既小于旧时之弓尺甚巨,任何处所皆不免有溢出契载数目情形,该规则自无追溯之效力,且按《土地法》第一百零三条第二项有按实际测量所得之面积登记之明文,更无溢地之可言。若本该规则而接收所谓丈量之溢地,如同没收实违反约法第十六条,非依法律不得没收之主旨,且管业使用已历十数年或数十年,实合于《民法》第七百六十九条及第七百七十条取得所有权之规定,价买与否之原始取得方法应不予置议,何得本单行规则作公接收抵触,于正式《民法》典紊乱立法一贯之精神,本部根上述抗议理由加以研究,遂有甲乙二说之主张各异:(甲)说各省市县行政官署既因办理土地清丈而制定单行法规,又经呈准最高级行政官署核准备案施行,当然有强制效力,不能因新旧度量衡之差异,借为阻止处理溢地规则之推行。至《民法》规定占有期限,系指人民与人民私诉而言,行政官署本其职权而清丈土地自应以职权内所定之规则施行为限度,不能顾及于《民法》之如何规定占有取得,更不能因有抵触之处而取销接收溢地之处分。(乙)说则异是谓正式法典尚无追溯效力,行政法规当然受同一之拘束,《土地法》第一百零三条第二项按实际面积登记之规定,更足为不能以溢地作公接收之根据,该项规则虽经最上级行政机关核准有案,而既有显著违反《民法》《土地法》正式法典之处,自应加以修改或废止之。查《民法》占有各条文并无占有私人所有物之明文,他人二字实含有公私意义在内。再查法规制定标准法第四条内载,规则章程等不得违反或抵触法律,该规则既与《民法》相抵触,自不能适用。约法为全国公私人所应遵守之法宪,既不能依法律没收,而以规则接收人民财产失去保障,殊非力求法治国家所应有之现象。综核甲乙二说之主张,各有相当之法理立场。惟案关适用法规之疑义问题,未便擅自断定致失出入,理合备文呈请鉴核转咨解释,以便援用,解决一切悬案等情。据此,事关法律疑义,相应咨请贵院查照解释见复,以凭饬遵,实纫公谊。此咨

**院字第一一六一号**

**二十三年十月十一日　司法院咨行政院　附原咨**

为咨复事,准贵院本年七月三十一日及九月八日先后咨(第一五七号及第一八八号)开,据内政部呈请解释《国籍法》第二条第一款取得国籍疑义两案,咨请查照并案见复等由,业经本院统一解释法令会议议决,外国女子为中国人之妻,而依其本国法又未保留其国籍者,则依我国《国籍法》第二条第一款规定,即当然取得中华民国国籍。至于其应声请该管

官署转报内政部备案公布,不过为其取得后之一种手续,核与归化人须经内政部许可其归化而后取得国籍者迥异(参照《国籍法施行条例》第二条及第三条),故应声请备案,而不声请仅应令其补正程序,而不得谓其尚未取得中华民国之国籍。又,此项依《国籍法》第二条第一款当然取得国籍之人,虽于其夫生前未经声请备案,而于其夫死后,苟无丧失国籍原因,仍得补行声请。相应咨复贵院查照饬知。此咨

**附原咨**

案据内政部呈称,查《国籍法》第二条第一款规定,为中国人妻者取得中华民国国籍,又《国籍法施行条例》第二条规定,依《国籍法》第二条第一款至第四款及第八条,取得中华民国国籍者,由本人或父或母声请住居地方之该管官署核明转报内政部备案等语。依上述《国籍法施行条例》规定,虽具有《国籍法》第二条第一款至第四款之条件者,仍应履行呈报备案手续。今有外国女子某甲嫁与中国人某乙为妻,但未声请住居地方之该管官署核转内政部备案,该外国女子某甲是否能认为中国人?事关法律疑义,理合呈请钧院转咨司法院解释示遵等情。据此,查《国籍法》第二条载,外国人有下列各款情事之一者,取得中华民国国籍,一为中国人妻者,但依其本国法保留国籍者,不在此限等语。是外国人为中国人妻者,如未依其本国法保留国籍,自应取得中华民国国籍,至依该法施行条例第二条之规定,此项取得中华民国国籍者,虽仍应声请住居地方之该管官署核明转报内政部备案,但如不声请,是否即不能为中华民国国籍之取得?该条例并无明文规定,足见其未履行呈报手续者仅应令其补正,而不得谓其未经取得中华民国国籍。惟事关法律疑义,除指令外,相应据情咨请贵院解释见复,以凭饬遵。此咨

**附原咨**

案查前据内政部呈为外国女子嫁与中国人为妻,未依照《国籍法施行条例》声请备案,是否为中国人请转咨解释一案到院,当经据情咨请贵院解释见复,并指令知照在案。兹据该部呈为外国女子嫁与中国人为妻,其夫亡故后可否准予补行备案手续,请转咨并案解释等情前来,除指令外,相应抄同原呈咨请贵院并案解释,见复以凭饬遵。此咨

**院字第一一一二号**

**二十三年十月十七日　司法院电河北高等法院　附原电**

河北高等法院胡院长览,本年二月个代电悉,所请解释一案,业经本院统一解释法令会议议决,院字第九一八号后段所谓合伙人有争议者,系指合伙人否认合伙或合伙人间之争议等须另待裁判者而言,如合伙人之争议系以确定判决仅令合伙团体履行债务,不得向其执行为理由时,自无庸责令债权人另行起诉,该号前段解释业已示明。合电知照。司法院筱印

**附原电**

南京司法院居院长钧鉴,定兹有民事执行抗议事件对于钧院院字第九一八号解释后段

之意义有甲乙两说:(甲)说合伙人有争议时应另行起诉,系指合伙人之争议有无理由尚待裁判者而言。倘争议者即以确判决仅令合伙团体履行债务,不得对合伙人执行为口实。按之同解释前段显属不合,自不得为拒绝执行之理由,即不能停止执行,责令债权人另行起诉至合伙人。如愿另行起诉,固非法之所禁,然亦非一经另诉,即当然停止执行。(乙)说合伙人既有争议即应停止执行,由债权人另行起诉。至争议之有无理由,系裁判问题,非执行程序所能解决。二说究以何说为是,恳请俯赐解释示遵。河北高等法院院长胡祥麟呈个印

**院字第一一一三号**

**二十三年十月十七日　司法院函国民政府西南政务委员会　附原函**

径复者,准贵会本年二月二十二日公函(第八八号)开,据广东省政府呈请核示无限公司登记疑义一案,请查照解释见复等由,业经本院统一解释法令会议议决,依公司法第一条凡以营利为目的而设立之团体,均得称为公司并无营业之种类之限制,如所营事业非法令所禁止即得请求登记。相应函复贵会查照饬知。此致

**附原函**

现据广东省政府呈称,案据建设厅呈称,据商人余福荫呈,拟美利无限公司设立登记,备具登记呈请书、公司章程、营业概算书并附缴登记执照费请予核办前来。查该公司所营事业,系受人委托代收铺屋租、代理租赁铺屋、介绍买卖铺屋、田地代写、禀呈婚娶红白等文件、代核算账目及介绍典押按揭。其订定章程核与《公司法》虽无抵触,惟经营此项事业究竟应否准予公司登记,职厅未便擅夺,理合备文呈请钧府察核敬候指令祗遵,实为公便等情。据此,查该公司所营事业,究与普通公司所营事业不同,应否准予公司设立登记之处,职府未敢擅夺,理合备文呈请察夺指令祗遵等情。据此,该公司所营事业未免太滥,惟查公司法第十三条,无限公司章程应载明下列各款事项第三款仅标所营之事业,而于事业之种类并无规定,究竟有无限制。相应函请查照即希解释见复为荷。此致

**院字第一一一四号**

**二十三年十月十七日　司法院函中央执行委员会民众运动指导委员会　附原函**

径复者,准贵会本年二月十六日公函(第五八五二号)开,为关于工商同业公会职员及代表年龄限制疑义请查照解释见复等函,业经本院统一解释法令会议议决,《工商同业公会法》第十条仅就职员及会议准用《商会法》之规定,而同法第四条关于公司行号之代表并无年龄之限制则,该会代表及职员之年龄自均不受《商会法》第十条限制。相应函复贵会查照。此致

**附原函**

案查《工商同业公会法》,对于工商同业公会职员之年龄尚无明文规定,只于该法第十条载,有商会法关于职员及会议之规定,于工商同业公会准用之一语,而商会职员系由商会

会员代表选出商会会员代表之年龄,在《商会法》第十条中规定为年在二十五岁以上者为限,是商会职员年龄为二十五岁,自无疑问。惟《工商同业公会法》第十条既准援用商会职员之规定,则工商同业公会职员之年龄可否援用商会职员之年龄,当属疑问。又查工商同业公会会员代表资格,只于《工商同业公会法》第八条有四项之限制外,其年龄则无明文规定,是否应有一定之限制,亦应并请解释。以上两点,相应函请查照见复为荷。此致

**院字第一一一五号**

**二十三年十月十七日　司法院训令江苏省政府　附原呈**

为训令事,查该省财政厅呈最高法院,为泰如通沙田官产局转请解释报领官产疑义一案,业经本院统一解释法令会议议决,人民误以官产为私产出价买受,经主管官厅查悉饬令缴价承领,原买人自应遵缴,方得执业。至其所受损害,只能向原卖主求偿,仰即转饬知照,原呈抄发。此令

**附原呈**

案据泰如通沙田官产局呈称,案查如皋陈福田、吴小池、吴广亭、陈耀、孙姓烧饼店等侵占官产,抗不报领,曾经呈请钧厅饬县传追在案。兹准如皋县政府函称,案据孙敦厚即陈耀呈称,窃民于民国二十二年一月,向同邑人黄城斋购买住宅一所建筑地,系在本邑南门越城内。当购买时,民以智识薄弱,事前并不知越城内即系官产,以相当代价连房屋地基同时购买。出售人黄城斋所缮契约亦载明房地四址,于兹一年毫无异说。讵于一月七日接奉泰如通沙田官产局通知一件,饬令遵照缴价承领管业等语,即经民委请律师徐鋆韩永龄代为处理,当经律师等以在未购买该住所前并不知为官产事后,经官产局查出责令报领,则购买人既经出价于前,且持有该地粮串完纳地价税,已可取得该住宅所有权,胡复又须报领?似不能以同一之不动产而经两次之金钱给付,法律以保护不知情之善意第三者为原则,例应责令原卖人负担报领责任。但官产局为遵重国家之所有权,自得主张其权利,则报领义务又似应现居人负担当经鋆等,向沙田官产局请予解释,其理由均属片面,而全无法理上之根据,为特呈请钧院请详加解释。关于此等事件,究应原卖人负担报领责任,抑为现居人负担,今后类似事实可作规鉴等情,于一月二十九日呈请最高法院详加解释在案,尚未奉到解释明文,兹奉钧府饬传缴价民合呈明上情,请求钧长据情转呈江苏省财政厅暂缓饬传,俟最高法院解释后民即依法报领并乞俯准暂予缓传等情,并邮件凭单一纸。据此,查此案前奉财政厅令饬暨准大函即经签传,并函复各在案,兹据前情,除批示外,相应函达即希查照为荷等由,准此。查官产为国家固有之收入,自应严切清厘察核,孙敦厚即陈耀所呈不过意图延宕,而对于建筑基地似已默认官产。既系官产,当然报领报领责任当然属之现业户。若层层溯追原卖人,则年远日久永无清理之望粮串一节或移或补或粮地不符,弊窦丛生,尤难认为确证,致被朦混现在,所办官产各案悉因此为之停顿,自应迅谋解决,以利进行,应否责令现业户遵章报领之处,理合具文呈请仰祈钧长鉴核示遵,并分令如皋县政府遵照前令迅

传陈福田、吴小池、吴广亭、陈耀、孙姓烧饼店到案,勒限分别押追以重官产,实为公便等情。据此,查越城基地之属于官产,不能擅由人民私行立卖买契建筑,其情形固与官路桥梁之不能由人民建屋居住相同事实,显而易见,原卖人侵占官地,固属不合。该现居人更何得以不知情为藉口,希图卸责现在产权,业经确定官厅方面,断不能层层溯追转饬原卖人缴领,自应由现居户负责缴纳官价领照执业,譬之购得赃赃者,购买人在购得之时,固不知其为赃赃。一旦由官厅发现,当然饬传购买人到案讯办,购买人虽不知情,依法仍应举赃归公听候处断。其购买人因此所受之损失,自应向原卖人理楚,本案地系官产,仍应由现居户缴领,方能执业。其现居户因此所受之损失,应自行向出卖人求偿,毫无疑义。据呈前情,除指令外,理合具文呈请钧院鉴核,迅赐详加解释,以杜延宕而重官产,实为公便。谨呈

**院字第一一一六号**

**二十三年十月十七日　司法院训令福建高等法院首席检察官　附原函**

为训令事该首席检察官呈最高法院检察署,为闽侯地方法院长乐分庭检察官转请解释烟案罚金提成充奖疑义一案,业经本院统一解释法令会议议决,烟案罚金与其他刑事罚金并合时,应各依其宣告之额与所定执行之额比例计算,以求得烟案之罚金额,依禁烟罚金充奖规则办理,合行令仰转饬知照。此令

**附原函**

径启者,案据福建高等法院首席检察官薛光锷呈称,案据闽侯地方法院长乐分庭检察官呈称,窃查烟案判处罚金应依《禁烟罚金充奖规则》第二条一二两款办理,本无疑义。惟遇烟案与其他刑事案件依《刑法》第六十九条、第七十条下列各款院字第一七零号解释并合论罪,定其应执行之罚金或并科罚金时,究应如何提成,于此有甲乙两说:(甲)合并执行之金额,应依各罪本刑所定罚金额之比,以分析所科之罚金额定,若干部分为某罪条之罚金,若干部分为烟案之罚金。例如某法条本刑或并科为一千元以下罚金,而《禁烟法》某条本刑或并科为五百元以下之罚金时,则为一与二之比应将判处之罚金或并科罚金匀作三分,则以一分为烟案之罚金再就分析后之烟案罚金部分,依前开规则条款提成分配。(乙)罪刑既已并合论科,实际难以强分,自与因单独烟案判处罚金应行提成之性质不同,即无适用该条款提成之必要。二说未知孰是,案关法律疑义,职处现有此种事件未敢擅便,理合具文呈请钧长察核俯赐转请解释祗遵等情。据此,事关法律疑义,理合具文呈请钧长察准转院解释指令祗遵等情。据此,相应函请迅予解释径覆并见示备查。此致

**院字第一一一七号**

**二十三年十月十七日　司法院指令江苏高等法院第三分院　附原呈**

呈悉,业经本院统一解释法令会议议决,伪造驻在中国之外国公使领事所发护照,如足生损害于公众或他人,自应构成《刑法》第二百二十九条之罪。合行令仰转饬知照。此令

**附原呈**

呈为据情呈请解释事。案据江苏上海第二特区地方法院院长王思默呈称,呈为适用法律发生疑义呈恳转请解释事。查伪造护照《刑法》第二百二十九条本有处罚明文,惟伪造外国公使领事护照,应否构成本罪,有甲乙两说:(甲)说谓护照系公务员制成之公文书,必须伪造《刑法》第十七条所列公务员制成之护照,方能构成本罪。外国公使领事既非《刑法》第十七条之公务员,伪造所发护照,无论是否发生损害以欠缺处罚条件,不能令负刑事罪责。(乙)说谓伪造护照,既于《刑法》第二百二十五条伪造公文书之外另为规定,当然不以同法第十七条公务员所制作者为限,即如本国人民出国游历,外交部与驻外公使领事均得发给护照。反之,外国公使领事对于各该国之人民亦得发给护照,故伪造外国公使领事护照应即构成本罪。以上二说,未知孰是,理合备文呈请钧院鉴核,转呈司法院迅予解释训示祗遵等情。据此,理合据情备文呈请钧院鉴核俯赐解释,俾便饬遵,实为公便。谨呈

**院字第一一一八号**

**二十三年十一月二日　司法院函国民政府文官处　附原函**

径复者,准贵处本年六月二十八日公函(第三二一三号)开,对于直隶国府各机关提起再诉愿之管辖问题发生疑义奉交解释见复等由,业经本院统一解释法令会议议决,不服国民政府直辖各部会之决定《诉愿法》第二条各款既无向何种机关提起再诉愿之规定,而该条各款所定再诉愿之最高机关又以主管院为止,同法第三条关于管辖等级比照之规定亦无从适用。来文所述情形,就现行法令尚无相当条文足资解释,相应函复贵处查照转陈。此致

**附原函**

径启者,奉主席交下民安股份有限公司董事长汪俭为训练总监部久占民产损害权利,前经提起诉愿,兹不服训练部决定,特依法提起再诉愿一案。本处因对于直隶国府各机关提起再诉愿之管辖问题,在现行制度上尚有疑义,经签呈意见奉谕交司法院迅予解释文官处意见并抄发等因,相应抄同原件及本处签注意见函达,查照解释见复为荷。此致

**院字第一一一九号**

**二十三年十一月二日　司法院函中央执行委员会民众运动指导委员会　附原函**

径复者,准贵会本年一月十一日公函(第五五七七号)开,据河南省党务指导委员会呈请解释商会法施行细则第十九条疑义函请查照见复等由,业经本院统一解释法令会议议决,(一)《商会法施行细则》第十九条,所谓不得继续行使职权者,系指商会依法改组或改选未完成以前,未经改组或改选之职员不得行使其职权而言,其非应改选之现任职员任期并不因之而终止,前经本院院字第一零八二号解释有案,故属于前者。应为职员资格之消灭属于后者,仅因法定人数之不足在事实上不能行使其职权而已,要不得谓为职权之中断。(二)职权系包括委员全体应有之一切职权在内,并不以办理改组或改选之职权为限。

(三)现任职员虽不得继续行使职权而改选时,仍应依《商会法》第十九条之规定改选半数。相应函复贵会查照转知。此致

**附原函**

径咨者,案据河南省党务指导委员会呈请解释关于商人团体组织疑义六点到会,除第一、第三、第四、第六各点已由本会分别解释函复外,其余第二、第五两点之疑义可综合如下:(一)依《商会法施行细则》第十九条,商会应依法改组或改选时,由现任职员负责办理,届期不能完成,即不得继续行使职权之规定,所谓不得继续行使职权,系完全取消其职员资格,抑系暂时中断其职权?(二)所谓职权,系指其负责办理改组或改选之职权,抑系其商会职员之全部职权?(三)商会职员不得继续行使职权后,以后依法改选时,应全部改选,抑仅改选半数?以上各节,关系法令解释,相应函请查照解释见复,以便转知为荷。此致

**院字第一一二〇号**

**二十三年十一月六日　司法院指令江苏高等法院　附原呈**

呈悉,业经本院统一解释法令会议议决,留置送达原系因应受送达人拒绝收领,而无法律上之理由而设,若因受送达人不许留置,遂不予送达,显属于法不合,自仍应为留置送达。合行令仰知照。此令

**附原呈**

案查当事人对于应受送达裁判正本等文件拒绝收领,而无法律上之理由,经送达人将文件置于送达处所,乃受送达人又复不许留置。遇此场合,是否可据送达人之报告视为合法送达?事关适用法律,理合具文呈请仰祈钧院鉴核,迅予解释祇遵,实为公便。谨呈

**院字第一一二一号**

**二十三年十一月六日　司法院指令江苏高等法院　附原呈**

呈悉,业经本院统一解释法令会议议决,登记条例已施行之区域不动产所有人,虽不为所有权之登记,而法院就不动产上之权利予以假处分裁定嘱托登记机关登记时,则登记机关应先将该裁定登记于不动产登记簿,以免所有人再为该裁定禁止之一切行为。合行令仰转饬知照。此令

**附原呈**

案据江宁地方法院院长汪兆彭呈称,查法院因裁定准许假处分不动产上之权利,系禁止其设定移动或变更,而依《民事诉讼法》第五百零一条第三项,嘱托登记机关将该裁定登记于不动产登记簿之件。如其所有权早经依法登记,自可将假处之裁定记明于不动产登记簿内,不生何项问题。设其所有权根本未经依法登记,则登记机关接收假处分裁定后,经通知所有权人将不动产之证据呈缴补行登记。所有权人如抗不遵行,登记条例又无强制登记之规定。登记机关遇此场合,是否可依职权登记?如应依职权登记,则其所有权之证据既

未呈缴,调查上又不免发生困难。如是有主张将假处分裁定留存登记机关备查,俟所有权人自行声请登记时再予记明,然此种见解又与《民事诉讼法》第五零一条第三项规定不符,究应如何办理,理合呈请钧院转请解释,以便遵循等情。据此,事关适用法律,本院未便擅专,理合具文呈请仰祈钧长鉴核,俯赐解释指令饬遵,实为公便。谨呈

**院字第一一二二号**

**二十三年十一月六日　司法院指令江苏高等法院　附原呈**

呈悉,业经本院统一解释法令会议议决,执行异议之诉,《民事诉讼执行规则》第五十四条第一项,既有向执行法院提起之特别规定,自应由原第一审法院管辖。合行令仰转饬知照。此令

**附原呈**

案据上海地方法院院长沈锡庆呈称,案查执行异议之诉应否依执行之案件定其事物管辖,于此有二说:(甲)说《民事诉讼执行规则》第五十三条载,执行以受诉第一审审判厅为执行审判衙门,第五十四条第一项载,第三人须向执行审判厅提起异议之诉,执行之案件既原有初级或地方管辖之分,异议之诉即应随之而定其初级或地方管辖,自无可疑。(乙)说执行案件虽原有初级或地方管辖之分,但异议之诉之价额为千元以下或超过千元与原执行之金额每有不同,仍应依异议之价额,另定管辖。综上二说,以何者为是,理合具文呈请仰祈鉴核,俯赐转呈解释祗遵等情。据此,事关适用法律,本院未便擅专,理合具文呈请仰祈钧长鉴核,俯赐解释指令饬遵,实为公便。谨呈

**院字第一一二三号**

**二十三年十一月六日　司法院指令江苏高等法院　附原呈**

呈悉,业经本院统一解释法令会议议决,因逾越补正诉讼费用期限而驳回上诉之裁定虽未送达,不因受裁定人在期间外补缴讼费而更正该裁定。合行令仰知照。此令

**附原呈**

案查第三审案件因不缴讼费,经裁定驳回上诉。据上诉人于发出裁定后、送达裁定前具状补缴,究应如何救济?是否可以提起再审之诉?事关适用法律,理合具文呈请仰祈钧院鉴核,迅予解释祗遵,实为公便。谨呈

**院字第一一二四号**

**二十三年十一月六日　司法院指令河南高等法院　附原呈**

呈悉,业经本院统一解释法令会议议决,典产应纳之一切税捐由何方负担,法无明文规定。如当事人约明由典权人负担者,即以后增加之数,自应仍由典权人负担。合行令仰转饬知照。此令

**附原呈**

案据兰封县县长张靖呈称,案据本县第三区区长徐栋林呈称,查本年度丁漕附收等款较前增加数倍,而前数年出典之地亩契约内多附记每年粮钱若干,约千余文。今则连同增加之数约五千文,此增加之数理宜归承典人负担,律以义务权利,方称平允。然承典人又多以前契约内载明之数为搪塞,若归出典人负担,则似无垫纳丁银之理。因之此种纠纷日有所出,属区以息事了讼起见,恒喜为之排解。然究应以何种理由为原则,又如在数年前,甲当乙地若干亩,契纸载明当价一千串,然彼时洋价每洋一元合铜元四串文,由甲方按照钱价折成现洋,凭中交与乙方。现在钱价低落,乙方赎地,自应按照铜元备价回赎,而甲方则以此时钱价较比当初相差太巨,坚以从前凭中交与现洋,仍应按洋数回赎,彼此争持,各不相下。如此纠纷,亦将如何解决,理合呈请钧府指令示遵,俾有循守,实为公便。谨呈等情。据此,查该区长所呈各节关系解释法令,县长未敢擅拟,理合备文转呈钧院鉴核俯赐指令祇遵,实为公便。谨呈等情。据此,查赎取田产,除当事人有约定给付标的外,应就契载钱数比照当时市价计算钧院院字第一号训令,业经明白解释有案,自应遵照办理。惟典契内附记每年粮钱若干,现今丁糟附收等款较前增加数倍。此种增加之数,究应归典权人负担,抑应归出典人负担?事关法律疑义,本院未便擅拟,理合据情转请钧院鉴核指令示遵。谨呈

**院字第一一二五号**

**二十三年十一月六日　司法院指令安徽高等法院　附原呈**

呈悉,业经本院统一解释法令会议议决,(一)非婚生子女请求认领仅能对于生存之生父为之。(二)非婚生子女经生父抚育者并不限于教养,亦不问生父曾否与生母同居,只须有抚育之事实即应视为认领。(三)以刑事告诉遗弃其子女并附带请求抚养者,原应在认领之后,惟在时效期间内诉其遗弃并请求抚养,即系以认领为前提,因而认领之请求权不能谓非已经行使,该项时效自应认为中断。合行令仰转饬知照。此令

**附原呈**

案据天长县承审员方水支代电称,兹对于认领非婚生子女事件发生下列疑义:(一)非婚生子之生母或其他法定代理人,得请求其生父认领。倘生父死亡,可否请求其直系尊亲属认领?(二)非婚生子女经其父抚育者,视为认领所谓抚育是否必须有教养事实?倘因生母携带,曾与生父赁屋作一度同居,能否视为抚育?(三)请求生父认领,自子女出生后五年间不行使而消灭,倘五年内未请求认领,仅以刑事诉其遗弃附带请求抚养,能否视为时效中断?以上三点,本府有是类案件亟待解决,乞解释示遵等情。据此,事关解释法律疑义,理合据情转呈仰祈钧院迅赐解释,俾便转饬遵照。谨呈

**院字第一一二六号**

**二十三年十一月十日　司法院电浙江省政府　附原电**

浙江省政府鉴,本年六月陷代电悉,所请解释确认产权案件受理机关疑义一案,业经本院统一解释法令会议议决,系争地经行政机关认为官产予以估价标卖之处分,当事人主张系其所有,固得依诉愿程序进行。但当事人如另提起民事诉讼,请求确认所有权,司法机关得不中止诉讼程序而径予审判。合电知照。司法院灰印

**附原电**

南京司法院钧鉴,现有坐落某县之基地一方于十数年前,由某甲呈准该管县政府在此地上建筑私立学校校舍,当时县政府并不认定地系官产,某甲亦不声明有所有权。至上年间,有公民某乙向县政府告发某甲侵占官产,县政府即据以估价标卖,并以某甲有承领优先权饬知缴纳地价。于是某甲以地系祖遗对于缴价承领之处分声明不服提出诉愿,并向该管法院请求确认所有权,法院以本件诉讼之法律关系是否成立与行政衙门之处分有关,在行政处分未终结前中止诉讼程序。现在是案尚在诉愿进行中,惟查是案关键应以确认系争地是否私有,抑系官产为先决条件,而确认是项产权究竟应由行政机关或司法机关受理,兹有两说:(子)本案系争地,该管县政府虽认为官产,经某甲声明系其所有后,即成立为私法上国家与人民之权利争执,应由司法机关判决;(丑)本案系争地既经该管县政府认为官产予以估价标卖,所生争议无非为行政处分之正当与否,自应依《诉愿法》办理。以上两说,究以何者为是,颇生疑问。本府现有是项案件亟待解决,理合电请核示遵行。浙江省政府主席鲁涤平委员兼民政厅长吕苾筹代陷秘二印

**院字第一一二七号**

**二十三年十一月十日　司法院咨行政院　附原咨**

为咨复事,准贵院本年五月二十三日咨(第八九号)开,据内政部呈请解释坟墓所有权疑义一案,咨请查照见复等由,业经本院统一解释法令会议议决,坟墓所有权与土地所有权原非有不可分之关系,土地所有人虽得将其所有地转卖于他人,究不得因此而侵害坟墓所有人之权利。至于行政官署因公共利益限令迁坟之合法处分,固非坟墓所有人所能违抗,但该官署命令苟尚未对于该坟有具体处分或确定迁期以前,则坟墓所有人仍得对于他人主张其坟墓之权利。相应咨复贵院查照饬知。此咨

**附原咨**

案据内政部呈称,案准南京市政府府字第三五六八号咨开,查本市有卖穴不卖山之习俗土地所有人将地分卖与人葬坟,虽然立契付价情形,则若永远租借,各坟主仍认该地所有权属于原业土地所有人。惟因保存坟墓起见限制,该土地所有人不准将地出卖,并有呈经当时地方官厅核准有案之事实近自二十年,首都建设委员会决议城内坟墓限期迁葬以来,

城内葬有坟墓,土地之原业所有人遂多擅自出卖土地,一面强令坟主迁葬,而坟主则以执有保护坟墓,禁止出卖该地之成案以相争执,处理此类案件爰有下列各疑义:(一)按《民法》规定,所有权原有自由使用收益处分,其所有物并排除他人干涉之权利,上述土地因埋葬坟墓受有不能处分之限制,其所有权是否完整?(二)葬坟土地之业权不归坟主,仍属原业土地人所有,则买穴葬坟者所葬之坟,是否认为地上另行设定之权利?此项权利有无限制所有权不能自由处分之能力?(三)买穴葬坟如认为地上另行设定之权利,此项私人间自相设定之权利,能否因行政命令而丧失?易言之,即在城内买穴葬坟者因有首都建设委员会对于城内旧有坟墓限期迁葬之决议,而即不能有保存坟墓仍在原处之主张说者,谓首都建设委员会虽有上项决议,但对于旧有坟墓并未订定迁移确期,城内坟墓应以何时悉数迁葬,尚待行政上之整个计划尚经订定,城内坟墓悉数迁葬确期,届时坟主在城内土地上设定之权利或可谓为,因行政命令而丧失在未经订定城内坟墓悉数迁葬确期以前,坟主自仍能主张地上设定之权利,此说是否允当,相应咨请查核解释见复等由,准此。查第一疑义,土地所有人既卖穴于坟主,又受不准将地出卖之限制,其土地所有权自不能认为完整,二坟主买穴葬坟,限制土地所有人不准将地出卖,并有呈经当时地方官厅核准有案之事实,已为取得地上葬坟权利之合法依据,在坟墓未经消灭或坟主自动放弃迁移以前,实有限制土地所有人自由处分之能力。三坟主地上葬坟之权利,只能对土地所有人之处分权有所限制,不能对抗行政命令所为迁坟之处分。但行政处分未经订有具体办法及迁移之不变期间,原坟主在此犹预期间之下,自仍能主张地上设定之权利。对于上项各疑义,本部系就私法上之习惯公法上之效力加以解释,并无明文足资依据,是否允当,未敢擅断,理合备文呈请鉴核示遵等情。据此,事关法律疑义,除指令外,相应咨请贵院解释见覆为荷。此咨

**院字第一一二八号**

**二十三年十一月十三日　司法院咨行政院　附原咨**

为咨复事,准贵院本年四月四日咨(第六二号)开,据实业部呈请解释公司法各疑义一案,咨请查照见复等由,业经本院统一解释法令会议议决,原呈第一点为立法问题,不属解释范围。第二点,《公司法》第二十八条第一项既仅指他公司之无限责任股东,则合伙股东自不在限制之列。第三点,股东全体同意,于股份有限公司性质上不能适用,其准用全体同意之规定者,以经《公司法》第一百八十六条第二项之议决为已足。第四点,公司法施行法第十九条所规定,应行退出自指未得全体股东之同意者而言。至违反公司法第二十八条第一项及同法施行法第十九条,虽无罚则之规定,然仍不失为法律之限制,应相咨复贵院查照饬知。此咨

**附原咨**

案据实业部呈称,据中国企业经营股份有限公司呈,为对于《公司法》第一百四十五条第二项准用同法第二十八条,关于股份有限公司之董事非经其他股东全体之同意,不得为

其他公司之无限责任股东之规定,发生疑义,恳请解释到部。查所举疑义,计有四点,原文如次。(一)查无限公司之股东对于公司债务负有连带赔偿之责,故必须以自己之全财产为公司债务之担保。若同时再为他公司之无限责任股东,对于本公司之担保力量即有不足之虑,法律为顾全其他股东之利益计,自不能不有非经股东全体之同意,不得为他公司无限责任股东之限制。惟有限公司之股东对于公司债务并不负连带赔偿之责,则董事兼为他公司无限责任股东,于本公司之股东并无利害之关系,何以对于前项之限制,亦在准用之列,此认为疑义者一。(二)依《民法》第六百八十一条规定,合伙财产不足清偿合伙之债务时,各合伙人对于不足之额连带负其责任,是合伙与无限公司名称虽异,而其责任之无限则同,则无限公司之股东及有限公司之董事兼为无限责任之合伙人者,不知是否同受《公司法》第二十八条及第一百四十五条第二项之限制,此认为疑义者二。(三)查无限公司因各股东均负有无限责任,故重要事项之议决,公司法上均经规定须经全体股东之同意,有限公司之股东所负责任有限,故采取决议之方法较宽,即遇公司解散、合并等事项之决议。其最严格之限制亦仅以《公司法》第一百八十六条规定,由代表股份过半数者之出席,出席股东表决权三分二以上之表决为限。若董事兼为他公司无限责任股东,其重要性自远非公司解散等所可比,何以反须经全体股东之同意,此认为疑义者三。(四)依《公司法》第二十八条、第一百四十五条第二项之规定,董事经全体股东之同意,即得为他公司之无限责任股东,但查公司法施行法第十九条,则似董事为他公司之无限责任股东者,不问已否取得全体股东之同意,又皆在限制之列。又董事未经全体股东同意,而为他公司之无限责任股东或已为无限责任股东,而不于法定期间退出,公司法及公司法施行法上均无罚则之规定,则立法虽严,又似并不加以限制,不知法意是否如此,此认为疑义者四。案关法律疑义,究应如何解释之处,理合呈请钧院转咨司法院察核解释示遵,以便转饬等情。据此,相应咨请查照解释见复为荷。此咨

**院字第一一二九号**

**二十三年十一月十九日　司法院咨行政院　附原咨**

为咨复事,准贵院本年二月二十二日咨(第二五号)开,据实业部呈请解释农会改选不足法定人数,发生疑义一案,咨请查照见复等由,业经本院统一解释法令会议议决,乡农会之职员依《农会法》第十九条之规定,应由会员大会选举之,如该区域内具有会员之资格不足法定人数,则依法即难成立,自无从改选职员。相应咨复贵院查照饬知。此咨

**附原咨**

案据实业部呈称,案准江苏省政府咨开,案据吴县县长文代电(略)称,据吴县县农会干事长钱介一副干事长愈九如呈(略)称,查乡农会之组织法定须由区域内具有会员资格者五十人以上之发起,及全体三分之一以上之同意组织之,现在各乡农会改选时所送会员名册因审查资格不合,以致不足法定人数,则会之存在有无问题请解释等情,理合据情电请核示

只遵等情。据此,查农会改选不足法定人数时,会之存在有无问题,《农会法》上无明白规定,除指令候咨部解释外,相应据情咨请查核解释见复,以凭饬遵等由。查来咨所询各节,法无规定,理合备文呈请鉴核,转咨司法院或立法院解释遵行等情。据此,除指令外,相应据情咨请贵院解释见复,以便饬遵。此咨

**院字第一一三〇号**

**二十三年十一月十九日　司法院电浙江省政府　附原电**

浙江省政府鉴,上年十二月微代电悉,所请解释《诉愿法》第一条疑义一案,业经本院统一解释法令会议议决,官署处分地方公产有违法或不当时,该地人民就其个人资格自无诉愿之权,但如可认为出于该地人民公共之意思或可认为该地人民之代表者,自可提起诉愿。合电知照。司法院皓印

**附原电**

南京司法院钧鉴,查《诉愿法》第一条所称,因官署违法或不当处分,致损害人民权利或利益,得提起诉愿者,是否以个人私有及共有者为限?其属地方公产(如一县或一旧府属公产)就地人民是否有权诉愿,颇滋疑义,兹有广义狭义两说。(甲)说,地方公产虽非个人所有,但因公产之存在供地方人民之享用或纪念(如古迹等),不无发生若干直接间接之权利或利益关系。凡损害是项权利或利益时,地方人民自可提起诉愿。(乙)说,《诉愿法》规定之权利利益,应以私人之权利利益为限,地方公产非私人之权利利益。盖公产所生之权利利益于地方人民绝无确定之持份,自不能以抽象的权利利益为提起诉愿之标的。综上两说,各有相当理由,本政府现有此项案件亟待解决,伏乞钧院鉴核迅赐解释示遵。浙江省政府主席鲁涤平秘二微印

**院字第一一三一号**

**二十三年十一月二十三日　司法院咨行政院　附原咨**

为咨复事,准贵院上年八月十一日(第一九三号)及本年三月十九日(第五零号)咨开,据实业部先后呈请解释《商人通例》第十九条、第二十条各疑义,咨请查照并案见复等由,业经本院统一解释法令会议议决,同一城镇乡内就他人已注册之商号加以某字样或极相类似之字形,营同一之商业即系以类似之商号,为不正之竞争,但仅读音相类似者,不能即认为仿用(参照院字第一零四四号解释)。相应咨复贵院查照饬知。此咨

**附原咨**

案据实业部呈称,查《商人通例》第十九条第一项规定,同一城镇乡内他人既注册之商号,不得仿用以营同一之商业等语。兹有在同一城镇乡内,甲乙两商号系营同种营业,惟该两商号名称甲名某某某记,乙名新某某,除相同之某某两字外,一加某记,无新字,一无某记,有新字,应否以仿用论,不无疑问,理合具文呈请鉴核转咨解释等情。据此,除指令外,

相应备文咨请贵院查照解释见复,以便饬遵。此咨

**附原咨**

案据实业部呈称,查《商人通例》第十九条内载,同一城镇乡内他人既注册之商号不得仿用,以营同一之商业。又,第二十条内载,业经注册之商号,如有他人冒用或以类似之商号为不正之竞争者,该商人得呈请禁止其使用,并得请求损害赔偿等语。惟查条文仿用与类似之范围均无确定之解释,兹有业经注册之某商号另有他人在同一城镇乡内营同种营业,而于某商号某某名称之上加一大字或一新字,或将原名称另易一象形与读音极相近似之字。又,某商号之主要营业货品为银耳,他人则于某某商号名称之中加入银耳或土产或国货等字样,再按照以上各项名称,或将"商号"二字改为"公司"二字。综上列举各点,应否以仿用或类似论,不无疑问。惟查关于《商人通例》第十九条、第二十条规定及同一城镇乡内同种营业商号名称发生疑义,经于上年七八月间先后呈请转咨解释在案,尚未奉解释令知到部,理合具文呈请转咨解释指令祗遵等情。据此,除指令外,相应咨请贵院并案解释见复以便饬遵。此致

**院字第一一三二号**

**二十三年十一月二十三日　司法院咨行政院　附原咨**

为咨复事,准贵院本年四月七日咨(第六四号)开,据实业部呈请解释《公司法》第一七一条疑义,咨请查照见复等由,业经本院统一解释法令会议议决,《公司法》第一百七十一条,对于公司有盈余或无盈余时分派股息及红利,均有明文限制,故公司虽有盈余,而其充派股息仅得以弥补损失及依法提出公积金外,所剩余之部分为限。倘有同条但书情形时,亦仅限于该但书所示之超过部分充派股息,如其分派有超出盈余总额或超出公积金之超过部分,即系违反本条之限制,不得谓无明文规定,相应咨复贵院查照饬知。此咨

**附原咨**

案据实业部呈称,兹据中国企业经营股份有限公司呈称,为恳请解释《公司法》疑义敬祈核示祗遵事。窃查《公司法》第一七一条,有公司无盈余时不得分派股息及红利之规定。惟对于公司虽有盈余,而其分派股息竟超出盈余总额,或超出同条但书规定之公积金,超过部分时则并无明文规定,不知此项行为应否同受限制,敬祈俯赐解释,俾资遵循等情。查所述情形,当系提出公积金后,其盈余之余额不足配分股息,在公司法确无明文限制。然参照《公司法》第一百七十一条,限制分派股息及同条但书维持股票价格之法意,似股息仍得分派,但以提出法定公积金后之余额及但书规定之超过部分为限。惟法文未经规定,本部未敢擅断,理合呈请转咨司法院察核解释示遵等情到院。事关法律疑义,相应咨请贵院查照解释见复,以便饬遵。此咨

**院字第一一三三号**

**二十三年十一月二十三日　司法院指令安徽高等法院　附原呈**

呈悉,业经本院统一解释法令会议议决,律师公会改选会长,其参与选举人主张选举舞弊,以该当选人及选举时之主席为被告提起选举无效之诉,得认为当事人适格。合行令仰转饬知照。此令

**附原呈**

案据怀宁地方法院院长李祖庆真代电称,律师公会定期总会改选会长,参与选举人于事后以包办舞弊等情,向法院提起宣示选举无效之诉。此种诉讼之为必要共同诉讼,其诉讼标的之法律关系,对于参与选举人之全体,自属必须合一确定。惟查必要共同诉讼有(一)固有之必要共同诉讼,即为原告必须一同起诉,为被告必须一同被诉,否则当事人不适格;(二)类似之必要共同诉讼不必一同起诉讼,究属于何种必要共同诉讼?如一部分选举人为原告,而以当选人及选举时之主席为被告提起本案诉讼,是否即为当事之适格?本院现有此种案件急待解决,事关法律疑义,理合电恳转请司法院迅赐解释转饬祗遵等情。据此,事关解释法律疑义,理合据情转呈仰祈钧院俯赐解释,俾便转令遵照。谨呈

**院字第一一三四号**

**二十三年十一月二十三日　司法院指令浙江高等法院　附原呈**

呈悉,业经本院统一解释法令会议议决,关于田地山场园荡等不动产之租赁未定期间者,其计算诉讼价额之标准亦应适用院字第八六三号解释。合行令仰知照。此令

**附原呈**

呈为呈请解释事。查未定期间之租赁而于解约无争诉请迁让,应由法院核定其价额,其未定期间而于解约有争出租人声明解约诉请迁让,即应以习惯上预告期间之租金为准,业经钧院院字第八六三号解释有案。惟查前述租赁,依江苏高等法院请求解释原呈观察,系指房屋之租赁而言。关于田地、山场、园荡等不动之租赁,其未定期间者如有上述事件发生,能否适用前项解释计算诉讼价额,如不能适用其价额,究应如何核定?案关法律疑义,理合具文呈请钧院迅赐解释示遵。谨呈

**院字第一一三五号**

**二十三年十一月二十三日　司法院指令江苏高等法院　附原呈**

呈悉,业经本院统一解释法令会议议决,婚约当事人之一方,无《民法》第九百七十六条之理由而违反婚约者,仅得依同法第九百七十八条对之为损害赔偿之请求,其诉请履行婚约既有同法第九百七十五条之限制,自应予以驳回。合行令仰转饬知照。此令

**附原呈**

案据扬中县承审员施浩呈称,查婚约不得强迫履行《民法》第九百七十五条有明文规定,设有甲男与乙女订有婚约,嗣乙女并无正当理由违反婚约,不肯履行,甲男依法起诉请求履行,应如何判断,计分二说。(子)说,乙女无正当理由而违反婚约,虽有未合,何甲男只可依《民法》第九百七十八条请求赔偿损害,不得请求履行,应依《民法》第九百七十五条,将其请求履行婚约之诉驳回。(丑)说,乙女违反婚约既无理由,甲男请求履行,自属正当应判令乙女履行。至《民法》第九百七十五条所称云云,系指判决确定后,仅可听其任意履行,不得强制执行,无言参照《民事诉讼执行规则》第八十八条第二项规定,即可明了。两说均不无相当理由,究竟孰是,殊滋疑义,理合呈请解释,俾资遵循等情。据此,事关适用法律,本院未便擅专,理合具文呈请仰祈钧长鉴核,俯赐解释指令饬遵,实为公便。谨呈

**院字第一一三六号**

**二十三年十二月一日　司法院电青海高等法院首席检察官　附原电**

青海高等法院赵首席检察官览,本年三月冬代电悉,所请解释妾犯和奸家长能否告诉疑义一案,业经本院统一解释法令会议议决,家长与妾既非配偶关系,妾与他人通奸,其家长自无告诉之权。合电知照。司法院先印

**附原电**

南京国民政府司法院院长钧鉴,查妾犯和奸家长能否告诉,兹分二说:(甲)《刑法》第二五六条以有夫之妇为要件,且刑诉法有非本夫不得告诉之规定,妾与家长既非夫妇关系,则妾虽犯奸,家长不得告诉。(乙)妾对家长虽无夫妇之名,确有夫妇之宝,究非无夫之处女寡妇可比。为保持家庭秩序,妾果犯奸,自不能不认家长有告诉之权。二说未知孰是,事关法律疑问,理合电恳释解恳示遵。署青海高等法院首席检察官赵生谟叩冬

**院字第一一三七号**

**二十三年十二月一日　司法院电云南高等法院　附原电**

云南高等法院院长览,上年七月江代电悉,所请解释党部候补委员是否公务员各疑义一案,业经本院统一解释法令会议议决,候补党委如依党章执行职务,虽系公务员,但命其从役逮捕非现行犯人,非有假借职务上之权力机会或方法等情形,应依《刑法》第四十三条、第三百十六条处断,不适用第一百四十条加刑之规定。合电知照。司法院先印

**附原电**

南京司法院钧鉴,兹有甲向乙告丙,系土劣乙以其党部候补委员之资格,命其从役丁持枪拏丙,丁遂于途中将丙捕至乙处,乙未见面即命送官,丁系触犯《刑法》第三百十六条第一项之罪,似无可疑。惟乙是否共同正犯,又应否认为《刑法》第十七条之公务员,依同法第一百四十条加刑,有二说:(子)说谓,丁既将丙捕至乙处,乙命送官,显有共同实施捕丙情事,

乙自系《刑法》第四十二条之正犯。又乙既系党部候补委员,不得谓非依法令从事于公务之员,当然认为《刑法》第十七条之公务员。至《刑法》第一百四十条之规定,即学说上所谓非纯粹之渎职罪,乙假借党委之权力,其情节较常人为重,且有妨害党委之尊严信用,应加重其刑。(丑)说谓,丁虽将丙捕至乙处,乙未见面即命送官,尚难谓有共同实施捕丙情事。惟丁之捕丙系受乙之教唆,乙应认为丁之教唆犯,依《刑法》第四十三条第二项处以正犯之刑。至乙虽为党部候补委员,然未补实,自无职务,不能认为《刑法》第十七条之公务员,即无须依同法第一百四十条加刑。以上两说,未知孰是,案悬待决,理合电请钧核迅赐示遵。云南高等法院叩江印

**院字第一一三八号**

**二十三年十二月一日　司法院指令江苏高等法院　附原呈**

呈悉,业经本院统一解释法令会议议决,县党部所属各区分部之印章,应认为《刑法》第二百三十五条之公印。合行令仰转饬知照。此令

**附原呈**

案据睢宁县县长秦杰人快邮代电内称,中华民国国民党各级党部既非行政机关,义非自治团体或人民团体。如有人伪造县党部所属各区分部之印章,其印章究应认为《刑法》第二百三十四条之印章,抑应认系《刑法》第二百三十五条之公印?事关法律疑义,未便擅行断定。本县现在遇有此项案件,亟待解决,理合电请转呈解释示遵等情。据此,理合具文呈请钧院解释示遵,实为公便。谨呈

**院字第一一三九号**

**二十三年十二月一日　司法院咨行政院　附原咨**

为咨复事,准贵院上年十一月十三日(第二八零号)及本年二月二十日(第二四号)咨开,据实业部先后呈请解释,烟酒税所主任可否当选为商会执行委员及硝磺局长可否经营商业及出席商会代表各疑义,咨请查照见复等由,业经本院统一解释法令会议并案议决,凡受有俸给之公务员,均适用《官吏服务规程》之规定,烟酒税所主任、硝磺局局长均为有俸给之公务员,应依《官吏服务规程》第十条规定,无论直接间接,均不得兼营商业或兼充商会代表或职员。至硝磺局虽系归军政部管辖,而军政部既为行政系统下之官署,硝磺局局长又系从事于公务之职员,应与有俸给公务员适用同一之法规。若充税所主任者为承包商人,则系私人承包性质,不能视为公务员(参照院字第九五二号及第八一三号解释)。相应咨复贵院查照饬知。此咨

**附原咨**

案据实业部电称,案据江苏建设厅长沈百先养代电称,据宝应县洋广业同业公会主席王金寿巧日电呈,以现任烟酒税所主任能否当选为商会执行委员,祈核示等情。查各县烟

酒税所主任应否以公务员论,能否兼任商会职员,理合电请核示,以便饬遵等情。查商会法关于职员只限定以会员代表,被选并无其他消极资格之规定。惟《官吏服务规程》规定,公务员不得兼营商业,究竟烟酒税所主任及充所主任之承包商人应否以公务员论,可否援用?本部未敢擅断,理合具文呈请鉴核转咨司法院解释示遵等情。据此,相应抄同原件,咨请贵院查照解释见复,以凭饬遵,至纫公谊。此咨

**附原咨**

案据实业部呈称,据江苏省建设厅呈,为据铜山县政府呈请解释硝磺局长为公务人员,可否经营商业及出席商会代表转请核示等情。查此案与该厅前据宝应县洋广货业公会呈询,现任烟酒税所主任能否当选为商会执行委员转请核示一案相同,只以未奉钧院指令未便比拟,理合抄附原呈,具文呈请鉴核转咨司法院解释示遵等情,附抄呈一件。据此,查前据该部转请解释烟酒税所主任,可否当选为商会执行委员一案,业经咨请贵院解释在案,本件虽与前案情形稍有不同。惟硝磺局系归军政部管辖,其局长是否为公务员,可否轻营商业及出席商会代表,不无疑义,相应抄同原件,咨请贵院查照解释见复,以便饬遵。此咨

**院字第一一四〇号**

**二十三年十二月一日　司法院咨行政院　附原咨**

为咨复事,准贵院上年八月十七日(第一九七号)咨开,据实业部呈请解释《商人通例》及《商业注册暂行规则》各疑义一案,咨请查照见复等由,业经本院统一解释法令会议议决,(一)《商人通例》第十九条系规定,同一城镇乡内他人既经注册之商号,不得仿用以营同一之商业,则第二十条所定得呈请禁止者,应以在同一城镇乡内为限。(二)同通例第二十条之呈请禁止,如系以商号权被侵害为理由,应向法院诉请裁判。至请求损害赔偿,自应向法院为之。(三)《商业注册暂行规则》第二十七条,所谓禁止营业之裁判一语,关于同一或类似商号禁止使用之裁判,亦包括在内,相应咨复贵院查照饬知。此咨

**附原咨**

案据实业部呈称,查商号专用权以同一城镇为限,《商人通例》第十九条已有明白规定。惟同条例第二十条第一项业经注册之商号,如有他人冒用或以类似之商号为不正当之竞争者,该商人得呈请禁止其使用等语意之所指,是否不限于同一城镇乡,此种疑义非本部所能擅拟,应请转咨辨解者一。又,《商人通例》第二十条第一项,所谓不正之竞争,实不能不经一种判定之程序,该项下截又云,得呈请禁止其使用,并得请求损害赔偿。此两种请求,是否均向法院为之,抑或前者属于注册所?后者属于法院,应请转咨解释者二。又查《商业注册暂行规则》第二十七条,有凡禁止营业之裁判确定,由官厅知照应为注册时,其注册事项应于备考格内填注之之规定,所谓禁止营业之裁判,对于请求禁止使用同一或类似商号之处分,是否包括在内,亦属疑问,应请转咨解释者三,理合具文呈请鉴核转咨解释指令祗遵等情。据此,除指令外,相应备文咨请贵院查照解释见复,以便饬遵。此咨

**院字第一一四一号**

**二十三年十二月一日　司法院咨行政院　附原咨**

为咨复事,准贵院本年三月七日(第三四号)咨,关于《民法》第四百二十七条发生疑义,请查照解释见复等由,业经本院统一解释法令会议议决,《民法》第四二七条之规定,并非强行法规,自得由当事人另订相反之特约,但行政命令不得与现行法律相抵触,倘有与该条相异之命令,自难认为有效。相应咨复贵院查照。此咨

**附原咨**

查《民法》第四百二十七条规定,就租赁物应纳之一切税捐,由出租人负担等语。毕竟该条系属强行规定,抑系任意规定当事人间相反之特约或行政法令相异之规定,是否有效?事关法律疑义,相应咨请贵院查照解释见复为荷。此咨

**院字第一一四二号**

**二十三年十二月一日　司法院指令浙江高等法院　附原呈**

呈悉,业经本院统一解释法令会议议决,亲属告诉前虽得被略诱人同意,但事后被略诱人变更其意思,不同意于亲属之告诉,即应以违反被略诱人之意思论。合行令仰转饬知照。此令

**附原呈**

案据象山县县长李学仁呈称,查《刑法》第三百十五条第一项,系告诉乃论之罪。被害人亲属告诉以不违反被略诱人之意思为限,此在同法第三百二十二条第二项已著有明文,如被略诱人始终同意亲属之告诉。则适用该条项处断,本无疑义。设被略诱人初则同意亲属之告诉后,因特种关系或与实施略诱者发生夫妻恋爱,而始不同意于亲属之告诉,请求息讼时,于此场合,是否仍以违反被略诱人之意思论,发生甲乙二说见解之不同:(甲)说,被略诱人既同意于亲属之初状告诉,是告诉乃论之条件已备,虽其后不同意于亲属之告诉,但此因略诱者诱感逢迎之结果,不能影响于被略诱人当初之同意,仍应适用第三百十五条第一项处断。(乙)说,《刑法》第三百二十二条第二项规定,亲属告诉以不违反被略诱人之意思为限,原属尊重婚姻自由,维持一家之安宁,如被略诱人愿与略诱人结婚,今因亲属之告诉而处略诱人以罪刑,非惟违反婚姻自由之原则,且被略诱人反因此而受生计之窘迫,或增家政无人主持之痛苦,故该条项规定,以不违反被略诱人之意思为限。如甲说主张,仍应处刑即与该条项立法之本意相反,故遇被略诱人先同意而后不同意,于亲属之告诉时,仍应以违反被略诱人之意思论,而不能处略诱人以罪刑。至被略诱人以后不同意之原因,若何可置而勿论云云。二说未知孰是,事关法律疑义,理合备文呈谓转请解释示遵,实为公便等情。据此,事关法律疑义,理合备文转请仰祈钧院鉴核俯赐解释,俾便饬遵。谨呈

**院字第一一四三号**

**二十三年十二月一日　司法院指令湖南高等法院　附原呈**

呈悉,业经本院统一解释法令会议议决,报馆编辑人妨害他人之名誉信用,在法律上既无免除刑事责任之规定,除合于《刑法》第三百二十七条情形外,仍应负刑事责任(参照院字第五二九号及第七四八号解释)。如其所登载之事件,确系妨害他人名誉信用并已指明地名、住址、姓氏各项,足以推知其被害者之为何人,无论所登载者系自撰文字或转载他人投稿,均应负刑事上之责任。合行令仰转饬知照。此令

**附原呈**

呈为呈请转请解释示遵事。窃查本院近来受理报馆登载妨害名誉新闻案件,报馆编辑人应否负《刑法》第二十六章刑事责任,颇滋疑窦:(甲)说谓,新闻纸之编辑人,除非因个人行动有违犯普通民《刑法》之规定以及违犯出版法第十九条之限制,依照同法第三十五条之规定,得依其他较重之法律规定处罚外,其余凡有违反出版法之处,各级法院自应依照出版法之处置,不得引用其他法律以为制裁,业经中央执行委员会秘字第一四二九八号解释、司法行政部二十二年十一月七日训字、第三四一八号通令可资依据,则报馆之编辑人根据访员投稿编缉报纸,非由于个人行动纵有失实或妨害他人名誉信用,除编辑人履行出版法第十四条更正外,自不负《刑法》第二十六章罪责。(乙)说谓,司法行政部二十二年十一月七日训字第三四一八号通令后段载明,查《出版法》第十四条所载请求更正或登记辩驳书之规定,虽未明白规定范围,绎其原意当系指轻微失实之记载,一经更正或登载辩驳书,便可使社会人士了然真相,不致发生误会者而言,并非对于当事人之告诉加以限制,更非谓故意侵害他人私权或妨害他人名誉信用,经当事人请求更正或登载辩驳书,即不得向法院起诉云云。既不限制当事人向法院起诉,而《出版法》又无处罚编辑人侵害他人私权或妨害名誉信用之规定,特别法既无明文规定,自应引用普通《刑法》以为制裁。矧以二十年八月七日司法院院字第五二九号及二十一年六月七日院字第七四八号解释明白解释,报馆编辑及访员妨害他人名誉在法律上并无免除刑事责任之规定,除第三二七条情形外,仍应负刑事责任。至请求更正与否,系属另一问题,故报馆编辑人无论因个人行动或团体行为,均应依照统一法令解释以为判断之基础要,不得以命令而变更法律,究以何说为是,此应请解释者一也。报馆登载妨害名誉及信用事件,既指明特定之地名、特定之住址、特定之姓氏,并未指明名字,是否构成妨害他人名誉信用之条件,此应请解释者二也。报馆之编辑人登载妨害他人名誉及信用事件,自撰文字与他人投稿转载,其刑事上之责任有无区别,此应请求解释者三也。案悬待结,理合呈请转请解释示遵,实为公便。谨呈

院字第一一四四号

二十三年十二月一日　司法院指令绥远高等法院首席检察官　附原呈

呈悉，业经本院统一解释法令会议议决，《印花税暂行条例》所定罚金虽系行政罚，但贴用已经贴用之印花合于《刑法》第二百三十三条第二项行使已使用之各种印花税票之情形，自应依之处断，不得再依该条例第七条科罚。至应贴用印花而不贴用之案件，仅合于该条例第五条之规定，无庸经过侦查起诉或声请之程序，法院得径以裁定科处罚金。合行令仰转饬知照。此令

附原呈

案据代理绥远丰镇地方法院首席检察官赵子让呈称，查贸易账簿贴用业经贴用之印花，本应依修正司法机关依《印花税暂行条例》科罚及执行规则之规定，依《印花税暂行条例》第七条处以罚金。但贴用业经贴用之印花，又与《刑法》第二百三十三条第二项行使已使用之各种印花税票之情形相当，应依该条处以罪刑，是行政罚与《刑法》竞合究应如何适用，此其一。《印花税暂行条例》所定罚金系行政罚，已经司法院院字第二四号、第四八四号、第四八七号解释有案。《印花税暂行条例》所定罚金既系行政罚贴用，业经贴用之印花及应贴而不贴用印花之案件，是否仍应先经过侦查起诉或声请之程序，抑或径由法院予以裁定，此其二。事关法律疑义，理合具文呈请钧处察核，转请解释指示祗遵等情。据此，案关法律疑义，理合具文呈请鉴核俯赐解释，俾便令遵。谨呈

院字第一一四五号

二十三年十二月一日　司法院指令浙江高等法院首席检察官　附原函

为令知事，该法院第二分院首席检察官呈最高法院检察署转请解释，县知事受理之刑事案件已入于审判程序者，移交县法院后应否重行侦查一案，业经本院统一解释法令会议议决，兼理司法县知事所受理之刑事案件，业经宣告辩论终结或经裁定重开辩论，已入于审判程序者于县法院成立后，应径送刑庭审判，毋庸再由检察官重行侦查。合行令仰转饬知照原件抄发。此令

附原函

径启者，案据浙江高等法院第二分院首席检察官童济时胥代电称，最高法院检察署检察长钧鉴，兼理司法县知事所受理之刑事案件，业已宣告辩论终结或已裁定重开辩论显已入于审判程序者，县法院成立移交过院后，应否径送刑庭审判，抑须由检察官重行侦查乞示等情。据此，相应函请迅予解释径复并见示备查。此致

此处删去一条。

**院字第一一四七号**

**二十三年十二月三日　司法院指令江苏高等法院　附原呈**

呈悉,业经本院统一解释法令会议议决,(一)乙丙以一诉对甲主张其诉讼标的价额合并计算,既为三百二十元其共同提起上诉所得受之利益,自系已逾三百元。至甲对全部上诉其在三百元以上,更不待言。(二)未载本票或其同一意义之文字,不能认有票据之效力。(三)已逾声请补充判决之期间,自不得声请补充,该部份已经判决,亦不能对之提起上诉。但原判决若系一部判决法院,自得就未判部分另行判决。(四)丙既系对于甲乙共有房屋之所有权发生争执,即系必须合一确定之共同诉讼,须甲乙一同被诉方为适格。合行令仰知照。此令

**附原呈**

呈为呈请解释事。查《民事诉讼法》第四百三十三条载,对于财产权上诉讼之第二审判决,如因上诉所得受之利益不逾三百元者,不得上诉于第三审。设有甲对乙丙起诉请求判令各别偿还洋一百六十元,第二审甲或乙丙全部败诉,甲对乙丙或乙丙对甲提起上诉,其所受之利益是否可认为已逾三百元?又,《票据法》第一百十七条第一项第一款载,本票应记载表示其为本票之文字。第八条载,欠缺本法所规定票据上应记事项之一者,其票据无效,今有银行发行本票未载本票字样,能否仍认为有票据之效力?又,第二审对于上诉人声明应受判决之事项漏未判决,当事人未于相当期间内声请补充判决,有无救济方法?可否作为上诉理由?又,甲乙二人共有(普通共有)房屋一所,丙对于该屋所有权发生争执,此种情形,丙如起诉,应否以甲乙二人同列为被告?法律上颇有疑点,理合具文呈请钧院解释示遵,实为公便。谨呈

**院字第一一四八号**

**二十三年十二月三日　司法院指令安徽高等法院　附原呈**

呈悉,业经本院统一解释法令会议议决,(一)诉讼上之和解有无效或撤销之原因,应依试行和解未成立之普通程序,向受诉法院声请继续审判,业经本院解释有案(参阅院字第八四三号及第八七三号解释)。(二)法院依《不动产登记条例》第一百四十五条,命应行登记之人为登记,此项命令系属行政命令性质,受命令人若抗不遵行,得斟酌情形,依行政执行法而行强制处分。合行令仰转饬知照。此令

**附原呈**

呈为据情转请解释事。案据署芜湖地方法院院长金鹤年呈称,窃查诉讼上之和解,如有无效或撤销之原因,民事诉讼条例定为只以合于再审条件时为限,许其提起再审之诉,新《民事诉讼法》未设专条,因之见解不一,有谓应依前大理院十一年以前判例,许向成立和解之原法院请求再开始诉讼程序者,有谓既无特别规定可依普通程序声明不服者,有谓当事

人得依诉讼法及《民法》主张其无效或撤销至其程序,则应声请受诉法院指定言词辩论日期,于其日期为无效或撤销之主张。法院如认为无效或撤销之原因不存在,应以终局判决宣示诉讼已因和解而终结之旨,反是若认为有上开之原因时,应以中间判决宣示诉讼未因和解终结,或在关于诉讼终局判决理由中宣示其旨者,有谓诉讼上之和解为诉讼行为,所以代判决之用,自不容依《民法》关于法律行为之规定主张无效或撤销,欲除去其效力须与确定判决为同一之处置者。上开四说,何去何从,此应请解释者一。又查不动产登记条例第一百四十五条载,未登记之不动产,因他事发见命为登记者,照登记费加倍征收等语。此项规定,原为人民怠于登记之制裁,然人民类惜小费观望不前命为登记而不遵从者,有之征收登记费而不缴纳者,有之细玩命字语气,似有强制意味对于依法命为登记之件而抗不缴费者,可否强制执行,不无疑义。如果不能强制执行,有无其他救济办法足收本条制裁之效,此应请解释者二。所有上开法律疑义,理合备文呈请钧长鉴核转呈司法院解释示遵等情前来。事关解释法律疑义,理合据情转呈仰祈钧院俯赐解释,以便转令遵照,实为公便。谨呈

**院字第一一四九号**

**二十三年十二月三日　司法院电河南高等法院　附原电**

河南高等法院凌院长览,本年四月感代电悉,所请解释《刑法》第一百三十五条、第一项适用疑义一案,业经本院统一解释法令会议议决,《刑法》第一百三十五条第一项,所谓公务员对于租税及各项入款明知不应征收而征收者,系指具有明知条件并已实施征收者而言。县政会议议决加征丁粮附捐,即无合法根据,而在未实施征收前,亦尚难成立该条项之罪。合电知照。司法院江印

**附原电**

司法院居院长钧鉴,县政会议议决加征丁粮附捐,是否成立《刑法》第一百三十五条第一项之罪,抑仅系行政处分之一种?案关适用法律,理合电请俯赐解释,俾便遵循。署河南高等法院院长凌士钧叩感

**院字第一一五〇号**

**二十三年十二月四日　司法院函军政部　附原函**

径复者,准贵部上年八月三日(第三零零四号)公函开,准太原绥靖公署转请解释陆海空军《刑法》及审判法各疑义,函请查照见复等由,业经本院统一解释法令会议议决,(一)强迫人民当兵陆海空军,《刑法》既无明文规定,自应依《刑法》第三百十八条处断。如有《刑法》第三百十六条情形,应适用该条论科。(二)缺额不报即构成陆海空军《刑法》第四十条之罪,不须另具别项条件。(三)意图冒领经费浮报名额者,不论经费已领未领,均应依陆海空军《刑法》第四十五条处断。(四)同法第六十四条所云之命令或指挥,系指属于军事者而言,并不以书面口头为区别之标准。至所谓反抗命令或不听指挥,无论积极或消极行为均

可构成。(五)同法第七十二条之规定,系指多众集合为暴行胁迫,不合于同法第六十六条至七十一条之情形者而言。(六)同法第七十七条既无未遂罪之规定,若对于械弹盗而不卖或盗而未卖者,自应依同法第八十五条论科。(七)同法第九十二条所云构造谣言淆惑听闻,应以关于军事者为限,若口头冒充军官委办军事,自当以构造谣言淆惑听闻论。(八)勾引他营之兵逃亡补入本营为兵,应依《刑法》第一百六十三条处断。(九)军人抢夺财物或结伙抢劫,陆海空军《刑法》第十章既无夺权规定,自不得褫夺公权。(十)《陆海空军审判法》第三十九条有无脱漏文字,不属解释范围,应不解答。相应函复贵部查照转知。此致

**附原函**

径启者,案准太原绥靖公署法字第四九号公函内开,迳启者,本署所属各部队军法官对于《陆海空军刑法》及审判法适用上颇多疑义,先后函请解释到署,当经本署军法处全体职员开会讨论,咸认为有转请解释之必要。兹将各疑点汇列如下。查强迫人民充当夫役,《陆海空军刑法》第三十二条定有明文。惟强迫人民当兵情节较重,遍查同法反无明文规定。遇有此类案件,若依民国《刑法》第三百十八条论科,则最高度之刑虽与《陆海空军刑法》第三十二条同为三年以下而最低度之刑,尚有拘役之规定,实较强迫人民充当夫役者为轻,不无情重法轻之弊,究竟是否按照民国《刑法》第三百十八条处断,此应请解释者一。《陆海空军刑法》第四十条所称之缺额不报,现有二种学说:(甲)说谓缺额应报为军人之职责,若缺而不报,即构成本罪,是否有图得饷项之意在所不问。若意图冒领经费而缺额不报,即等于浮报名额,应按同法第四十五条处断。(乙)说谓缺额不报必须有图得饷项之意,方能构成本罪。若无图得饷项之意,偶然缺而不报,只应认为手续不合,予以行政处分。究以何说为是,此应请解释者二。同法第四十五条意图冒领经费浮报名额,当系就尚未实行冒领者而言。若已实行冒领,即系侵占人,已同法并无治罪明文,似应依照民国《刑法》侵占罪论科。但该条第一款最高度之刑为死刑,而侵占罪最高度之刑系五年以下有期徒刑,是尚未侵占入己之刑反较侵占入己者为重,且该条第四款罪只三年以下有期徒刑。又,较侵占罪为轻,适用上殊感困难。遇有此类案件,究竟是否依照民国《刑法》第三十章侵占罪科断,此应请解释者三。同法第六十四条所云,反抗长官命令是否要有积极反抗的行为,不听指挥是否要有消极不听的表示,必须何种行为何种表示,方足构成本罪命令,与指挥是否以书面口头为区别之标准。该条适用上是否以军队为限,其他例如军事机关或兵工厂之长官命令,其属员限十日内清理公牍,而该员等竟逾限不办,是否反抗命令,抑系不听指挥或仅系怠忽职务不构成刑事问题,此应请解释者四。同法第五章第六十六条至第七十一条,系指对于上官哨兵或上官哨兵以外执行职务之军人暴行胁迫者而言。唯同法第七十二条,不曰伙党,而曰多众集合,又不明言对于何人暴行胁迫,究系如何方构成本罪,(甲)说谓伙党者,其人不必多数而多众集合,则必须有多数之人,本罪不问对于何人何时均可成立,故凡多众集合对于上官哨兵或上官哨兵以外,执行职务之军人或普通军人或常人实施暴行胁迫,皆足构成本罪。细绎该条,全文并未明言特定人又无执行职务字样,即可知其原意矣。(乙)说谓

该条系指普通军人或常人而言，若如甲说，则多众集合情势较伙党尤为严重，何以该条最高度之刑仅止五年以上，反较同法第六十六、第六十七、第六十九、第七十一各条为轻？两说究以何说为是，抑另有其他意义，此应请解释五。盗卖械弹，同法第七十七条固已明白规定，但盗而不卖或意在盗卖盗出后，尚未转卖，究应如何办理，于此亦有二说焉：（甲）说谓盗而不卖或尚未转卖与本条盗卖之规定不符，均应依同法第八十五条盗取财物罪论科。（乙）说谓同法第七章并无未遂罪之规定，且窃盗械弹关系国防军事至为重要，又，非同法第八十五条专指盗取普通财物者所可同日而语，应不问其出卖与否，均按同法第七十七条科断。以上二说，究以何说为是，此应请解释者六。同法第九十二条所云，构造谣言淆惑听闻是否以关于军事者为限，抑系包括普通事件而言？又如并未冒用陆海空军制服徽章，仅止口头冒充军官声言委办某某事项，是否以构造谣言淆惑听闻论，应请解释者七。各营官兵往往勾引他营之兵逃亡补入本营为兵，是否触犯民国《刑法》第一百六十三条及《陆海空军刑法》第九十九条之罪，依民国《刑法》第七十四条从一重处断，此应请解释者八。能否褫夺公权，应以各本章内有无特别规定为断，《惩治盗匪暂行条例》虽无夺权之规定，但该条为民国《刑法》之特别法，故适用该条例之盗案，向仍根据民国《刑法》第三百五十五条褫夺公权。惟军人抢夺财物或结伙抢劫，《陆海空军刑法》并无夺权明文，如引用民国《刑法》分则又苦无根据，是否不应褫夺公权，此应请解释者九。查《陆海空军审判法》第三十九条，简易及普通军法会审在军中或戒严区域者，该管长官得依第三十六条之规定径下宣告判决之命令等语。细绎上下文义，似有脱字。查旧日《国民革命军陆军审判条例》第四十二条，该管长官得字之下原有不字而审判法，则无究竟是否脱漏不字，此应请解释者十。相应函请贵部查照转请迅予解释早日见复，俾便饬遵，至纫公谊等由，准此。相应转请查照并希迅予解释，俾便转知，实纫公谊。此致

**院字第一一五一号**

**二十三年十二月五日　司法院指令安徽高等法院　附原呈**

呈悉，业经本院统一解释法令会议议决，（一）调解虽可由当事人两造同意为之，但依法应经调解主任签名，方能认为成立。若两造同意之结果，有妨害第三人之权利时，则调解主任自可不予签名。（二）逾期不许回赎之典产，原典主于转典与人之时既未将逾期所生之利益一并转让，则转典主即无因而取得此项利益因之业主商得原典主同意，有抛弃其利益之表示，自可向转典主主张回赎。（三）童养媳于成年后诉经法院判决婚约无效，则以前所付之抚养费，因其法律上之原因已不存在，自得向原订约人请求返还，但童养媳如服有劳务，亦得请求报酬之给付。合行令仰转饬知照。此令

**附原呈**

案据怀宁地方法院院长李祖庆呈称，查民事法规之适用有下列疑点，（一）查《民事调解法》第十二条载“调解笔录经调解主任向当事人说明调解结果，由当事人双方同意并签名及

调解主任、调解人签名后为调解成立"云云。如他造对于声请人认诺,(子)就其己因法院执行假扣押或确定判决查封之财产分配清偿债务,(丑)或对于普通债权允许债权人以优先受偿之权利,调解主任认为违背法令,能否另以其他适当方法予以调解?如双方坚持原议,能否认为调解不成立?(二)查《清理不动产典当办法》第三条载,未满六十年之典当,无论有无回赎期限及曾否加典续典自立约之日起算已逾三十年者,统限原业主于本办法施行后三年内回赎,如逾限不赎,只准原业主向典主告找作绝,不许告赎(下略)各等语。此项逾限不准回赎之典物,受典人未向出典人主张找价留卖,而将典权让与第三人并于让与契约载明,如出典人回赎,受让人即应放赎当订定契约时,出典人未经到场参加,受典人及让受人亦未将契约内容正式通知。嗣出典人事后知悉,能否取得受典人即让与人之同意,根据此项契约向受让人主张让回典物,受让人能否拒绝,计有二说:(甲)《清理不动产典当办法》第三条之期间为有时效性质之期间,依前大理院五年上字第二四零号、四年上字第三二二号判例,固得抛弃。但抛弃权利应以意思表示,向相对人为之当事人契约涉及第三人权利时,并须得第三人同意受典人与让受人所缔结之典权与契约,其内容虽为抛弃时效利益,代出典人保留回赎权之约定,当出典人既未参预契约之订定受典人及让受人又无对其为抛弃权利之表意,则出典人自不得于事后商得受典人,即让与人同意,根据此项契约内容向让受人主张回赎。(乙)按以契约订定,向第三人为给付者第三人对于债务人亦有直接请求给付之权。又第三人对于上述契约未表示享受其利益之意思,前当事人得变更其契约或撤销之,《民法》第二百六十九条第一、第二两项载有明文,是当事人缔结第三人享受利益之契约,第三人在当事人未表示变更或撤销契约以前,原可随时主张权利并无参与契约订定之必要,其意思表示亦无时间之限制,受典人(即让与人)既同意出典人回赎典物,自系继续让与契约抛弃时效利益之表示,出典人因而直接向受让人主张回赠典物受让人,自不得再行拒绝。(三)童养媳于成年后不同意父母代订之婚约,诉经法院判决婚约无效,其收养人依《民法》第一百七十九条后段,对于童养媳及其父母请求返还抚养费是否正当,抑有其他法条可资适用?以上三点,均不无疑义,理合备文呈请钧院转呈解释祇遵等情。据此,事关解释法律疑义,理合据情转呈,仰祈钧院俯赐解释,俾便转令遵照。谨呈

**院字第一一五二号**

**二十三年十二月六日　司法院电河南高等法院　附原电**

河南高等法院凌院长览,上年十一月元代电悉,泛水县承审员转谓请解释警佐资格疑义一案,业经本院统一解释法令会议议决,该警佐之职掌如合于县组织法第十六条第一款,得视为刑诉法第二二七条第二款之所谓公安局长。合电转饬知照。司法院鱼印

**附原电**

司法院院长居钧鉴,案据泛水县承审员王士瀛歌代电称,窃查刑诉法第二二七条第二款,所谓公安局长,在京指警察厅长、各署长,在地方,指省市县公安局长而言,业经司法院

解释有案。惟查河南各县公安局已于本年四月间奉令,一律改为警察所并改局长为警佐,则警佐是否仍属刑诉法第二二七条第二款之所谓公安局长,不无疑义,伏乞鉴核示遵等情。据此,除指令准予转请核示外,理合电恳钧院迅予解释示遵。河南高等法院院长凌士钧叩元印

**院字第一一五三号**

**二十三年十二月六日　司法院训令广西高等法院首席检察官　附原函**

为令知事,该首席检察官呈最高法院检察署,为苍梧地方法院首席检察官转请解释检察官上诉程序疑义一案,业经本院统一解释法令会议议决,案件已系属于第二审,对于第二审之审判及其他检察官职权上应为之行为,即由第二审法院检察官担当。至应否上诉,亦应由第二审法院检察官办理,第一审检察官不得上诉于第三审法院。合行令仰转饬知照。此令

**附原函**

径启者,案据广西高等法院首席检察官陈锡珊呈称,案据苍梧地方法院首席检察官胡家又元代电称,查《刑事诉讼法》第三编第一章上诉通则第三百五十八条第一项规定,当事人对于下级法院之判决有不服者,得上诉于上级法院。所谓当事人者,依同法第三条之规定,即谓检察官自诉人及被告,是检察官对于第一审判决有不服者,得上诉于管辖第二审之法院(第三七五条)本无问题。惟检察官上诉于管辖第二审法院判决后(如地方法院检察官上诉于高等法院判决后),能否再行上诉于此,乃有两说。(甲)说谓检察官原则上系属一体,上诉于第二审法院检察官不为再行上诉,下级检察官虽属原上诉人,亦不能声明不服再行上诉。故《刑事诉讼法》第三百八十六条,所谓对于第二审判决有不服者,得上诉于管辖第三审之法院,系专指第二审法院之检察官得以上上诉而言,下级检察官不能据为上诉之法条。(乙)说谓检察官原则上虽属一体,但于下级检察官不服同级法院宣判无罪或科刑失当提起上诉者,上级检察官仍得主张维持原判。故刑诉法第三百八十六条之规定只言,对于第二审判决有不服者,得上诉于管辖第三审之法院,并未设有特别规定,谓本条仅限于第二审法院之检察官始得适用,足见检察官虽属下级,然其既系提起上诉人之当事人,依同法上诉通则第三百五十八条及第三条之规定,在收到判决送达后(依刑诉法第一八七条第一项及同法第二零一条,暨二十年最高法院拟定各省法院移送卷宗办法第五、第六各款判词正本,应宜接送达于当事人、检察官),于法定上诉期间内当然可向原第二审法院提起上诉(第三六四条),否则如遇上级法院判决,显属违法。上级检察官又或失职或曲解法条,故不上诉,岂非不但无法救济,致有剥夺法律所赋与当事人上诉于第三审之权,抑且恐无解于第二审判决书内当事人栏所载上诉人某某地方法院之检察官也。以上两说,究以何者为是,亟应呈请转呈解释等情到处。查现行《刑事诉讼法》采国家弹劾主义,其对于被告提起公诉以及提起上诉等虽由配置法院之检察官担当,然其弹劾之权本属国家各级检察官,不过就

其配置之法院代行国家之职务,其于同级法院提起公诉实行公诉,以迄提起上诉之后,即已尽其职权能事。至案件系属于第二审其监察审判之职务,即由第二级法院检察官担当,有无须行上诉,,亦应由第二级法院检察官办理,从而依刑诉法第二百另一条之送达,自以送达于同级之检察官为已足,此所谓检察一体主义亦即刑事弹劾权,属于整个国家之当然结果。至最高法院判决凡以检察官名义上诉者,虽有送达于各该检察官之成例,然此不过通知性质,非谓下级检察官对于上级判决仍得再行上诉也。据电各节,似以甲说为是。惟事关法解,未便专擅,理合具文呈请钧长俯赐转院解释,电示饬遵等情。据此,相应函请迅予解释径复,并见示备查。此致

**院字第一一五四号**

**二十三年十二月六日　司法院指令湖南省地方公务员惩戒委员会　附原呈**

呈悉,业经本院统一解释法令会议议决,同一被付惩戒人而有数不法行为,其一已涉及《刑法》上犯罪其他仅在应行惩戒之程度时,应即依照公务员惩戒法第二十二条规定,先行移送该管法院办理。合行令仰知照。此令

**附原呈**

呈为呈请解释事,窃查被付惩戒人仅一不法行为,如涉及《刑法》上之犯罪,应先移送该管法院侦讯,此在公务员惩戒法第二十二条、第二十四条规定有明文,固无问题。惟同一被付惩戒人而有数不法行为,其一已涉及《刑法》上犯罪,其他则仅在应行惩戒之程度,斯时是否仍须先送侦查,于此有二说焉:(甲)说谓,惩戒罚与刑罚,其性质并不相同,其目的亦复有异,虽同一行为有时且可并科。若截然两种性质之行为,虽其一应送侦查,其他既只达应行惩戒之程度,则分别进行自无不可。况查公务员惩戒法第二十四条明明规定,同一行为在惩戒程序中开始刑事诉讼程序时,于刑事确定裁判前停止,其惩戒程序等语,其非同一行为,自无一并停止惩戒程序之必要。(乙)说谓,刑罚与惩戒罚依法虽得并科,但惩戒罚之最重者依惩戒法第三条限于免职为止。若被付惩戒人二个以上之行为,其一因刑罚之宣告当然失其官职者,其他行为之惩戒程序即无开始之必要,若分别进行,结果相同,岂非有叠床架屋之嫌?故公务员惩戒法第二十四条,所谓同一之行为应解为同一人之行为,即凡同一人之一行为或二以上之行为,只须其中有一涉及《刑法》上之犯罪,即须先送该管法院侦查处分,其他行为纵显然只达于应行惩戒之程度,亦不能不暂行停止,以俟刑诉之结果如何再行分别核办。以上两说,未知孰是,理合具文呈请钧长俯赐解释指令祗遵。谨呈

**院字第一一五五号**

**二十三年十二月七日　司法院咨行政院　附原咨**

为咨复事,准贵院上年十二月四日咨(第二九七号)开,据实业部呈请解释《工厂法》第二十七条疑义咨请查照见复等由,业经本院统一解释法令会议议决,《工厂法》对于工作契

约既无必须以书面订立之规定,自可以口头订立。如口头契约未定期间,即当然适用《工厂法》第二十七条之规定,非准用之谓。相应咨复贵院查照饬知。此咨

**附原咨**

案据实业部呈称,案据湖北省建设厅呈称,查《工厂法》第二十七条及第二十九条规定,厂方与工人订有无定期之工作契约及预告终止契约者之办法,至为明显。惟对于厂方与工人并未订立工作契约,而因厂方停工工人要求资助者无规定之明文。关于此类案情,《工厂法》内既无专条可资援引。凡无工作契约者,可否准照同法第二十七条无定期之工作契约之规定办理?本厅未便擅断,理合备文呈请钧部鉴核迅示祇遵等情。查法令中之准用条文须经法条明定,似不能随意准用。未订立工作契约之雇佣,能否认为默示之契约视同无定期之工作契约?案关法令疑义,本部未便擅断,理合备文呈请鉴核转咨司法院解释指令祇遵等情。据此,相应咨请贵院解释见复,俾便饬遵。此咨

**院字第一一五六号**

**二十三年十二月七日　司法院函中央执行委员会民众运动指导委员会　附原函**

径复者,准贵会上年十二月二十三日公函(第五四八三号)开,准河北省执行委员会呈请解释《工厂法》疑义,函请查照见复等由,业经本院统一解释法令会议议决,凡非用发动机器之工厂,纵令规模宏大及平时雇用工人在三十人以上,仍不得适用《工厂法》,应依照普通法例办理,相应函复贵会查照转知。此致

**附原函**

径启者,案准河北省执行委员会呈,凡非用发动机器,然规模宏大,确具备工厂模形,平时雇用工人在三十人以上至二三百人不等,此项工厂能否引用《工厂法》或遵循其他法规办理,呈请释示等由。事关法令解释,相应函请查照解释见复为荷。此致

**院字第一一五七号**

**二十三年十二月七日　司法院函内政部　附原函**

径复者,查贵部上年第九三号公函致最高法院请解释《诉愿法》第二条疑义一案,业经本院统一解释法令会议议决,原函所谓以省政府名义训令县政府遵照执行,仍应视其对于人民所为处分之名义系为省政府,抑为县政府,依照《诉愿法》第二条第一款或第三款之规定,提起诉愿。相应函复贵部查照。此致

**附原函**

设有某庙于其庙产将被地方机关侵占之际,呈请省政府予以保护,经省政府令交主管厅审核遂由该厅拟具处分办法提出,省政府会议议决,照厅所拟办法办理,并以省政府名义训令该庙所在地之县政府遵照执行。某庙不服,拟依诉愿程序提起诉愿。惟应向何种机关提起方属合法,兹有二说:(一)应向省政府提起说。此案原处分,乃由主管厅所拟,呈经省

政府会议议决照办,依照司法院院字第五零六号、第七零五号解释,自应认为主管厅之处分,如有不服,自应依照《诉愿法》第二条第二款规定,向省政府提起诉愿。(二)应向中央主管部会提起说,查司法院院字第五零六号、第七零五号解释,所谓下级官署呈奉上级官署核准所为之处分,仍应认为下级官署之处分等语,乃指处分虽系下级官署之所为而系经上级官署核准者,观其着重"所为处分"一语,可知其出名处分者乃下级官署,非核准之官署。至若下级官署拟具办法,呈送上级官署核准,并以上级官署名义处分者则已非下级官署之所为,当无再认其为下级官署处分之理。本案处分办法虽系主管厅所拟,但既经省政府会议议决又以省政府名义训令该庙所在地之县政府遵办,是则拟处分者为主管厅而为处分者,实为省政府。其情形衡诸司法院院字第五零六号、第七零五号解释似不相忤。被处分人果有不服,自应依《诉愿法》第二条第三款规定,向中央主管部提起诉愿,方属正当。上列两说,各有所持本部既有此类案件急待处理,相应函请解释见复,以凭办理为荷。此致

**院字第一一五八号**

**二十三年十二月十三日　司法院指令河南省地方公务员惩戒委员会　附原呈**

呈悉,业经本院统一解释法令会议议决,查该《编查保甲户口条例》第一条明文规定为民众组织,而保甲长又系出自各户甲长之公推,即不得认为公务员惩戒法上之公务员。合行令仰转知。此令

**附原呈**

案准河南省政府公函内开,案据宁陵县县长戴远猷呈请解释,保甲长是否认为公务员等情。据此,相应抄同原呈函请查核见复,以凭饬遵为荷,计抄送原呈一份等由,准此。查该县呈所称保甲长,系照《保甲编查条例》充任,是否认为公务员,法令未有明文规定,准函前由。案关法令解释,理合抄附原抄件备文呈请钧院鉴核俯赐解释,俾便函复,实有公便。谨呈

**删除条例**

**院字第一一五九号**

**二十三年十二月十三日　司法院指令河南高等法院　附原呈**

呈悉,业经本院统一解释法令会议议决,团体协约为契约之一种,《修正劳资争议处理法》第三条第二项、第七条第二项下半段,乃就当事人之一方为团体时特设示明之规定,不履行团体协约之当事人当然亦在同法第三十八条处罚之列。又,同法第五章既定有刑名,则依同法第四十二条移送法院审理裁判之事件,自应适用刑事诉讼程序,由检察官声请或起诉后予以裁判。当事人若有不服,亦得依通常程序上诉或抗告。合行令仰转饬知照。此令

**附原呈**

呈为呈请解释事。案据河南郑县地方法院院长邱祖藩本年十二月十四代电称,窃查

《修正劳资争议处理法》第三条第二项载，调解成立时，视同争议当事人间之契约。如当事人之一方为工会时，视同当事人间之团体协约。第七条第二项载，前项裁决视同争议当事人间之契约，如当事人之一方为工会时，视同争议当事人间之团体协约。是各该条项分为两段，一为视同争议当事人间之契约，一为视同争议当事人间之团体协约，本甚明显。惟同法第三十八条第一项载，争议当事人对于第三条第二项、第七条第二项所定视同争议当事人间契约之决定或裁决有不履行者，处二百元以下之罚金（略）等语，只限于不履行视同当事人间之契者始予处罚。若不履行视同争议当事人间之团体协约，是否亦在该条项处罚之列？又行政官署依同法第四十二条移送法院审理裁判之案，是否经由检察官声请或起诉，抑以该条移送之人为声请人或起诉人以及法院应以判决或裁定行之，能否适用通常上诉抗告之程序，均属疑问。本院有类此案件急待解决，案关法令疑义，未敢擅专，谨此电陈，可否转请解释之处，伏乞鉴核示遵等情。据此，事关解释法律，本院未便擅专，除指令准予转请核示外，理合具文呈请钧院迅赐解释，俾便饬遵。谨呈

**院字第一一六〇号**

**二十三年十二月十九日　司法院咨国民政府西南政务委员会　附原咨**

为咨复事，准贵会上年十二月三十日咨（第一四号）开，据广东省政府呈请解释工会会员承建工程发生争执疑义，咨请查照见复等由，业经本院统一解释法令会议议决，工会组织依《工会法》第一条，系以增进知识技能、发达生产、维持改善劳动条件及生活为目的，并不含有划分工作区域之意义。且依同法第二十条第三项所谓"工会不得妨害未入工会工人之工作"之立法精神，甲地工会会员在有同一职业工会之乙地，自可自由工作。相应咨复贵会查照饬知。此咨

**附原咨**

为咨请事，现据广东省政府呈，据民政厅厅长林翼中呈称，现据中山县县长唐绍仪呈称，现据本府公安局局长林树巍呈称，为呈请解释示遵事。窃职局现准中山县党部执行委员会公函第一八一号内开，现据中山县石匠工会常务理事陈九呈称，为呈请核转事。窃敝会章程自成立以来，本邑石店共有百余间，均为遵照办理，历久无异。讵意江门合盛隆店司理邓赐承建二区安堂乡林星池祖祠之石料工程，竟敢违章，不向敝会雇用工人，谬然带同外带工人多名到安堂乡擅自兴建。敝会当于去月二十四日带同失业会员约数十名前赴公安局办事处，呈请力予维持，迅赐派队前往，严行制止兴建，静候解决。当蒙公安局课长仲勋面示，准予照办。我失业会员已深感谢该局长扶助工人之盛意，乃欣然返会。翌日，即奉公安局第一二四号指令内开，呈一件呈请派队制止兴工以免发生重祸由。呈悉，仰候令行第二区分局迅即查照妥办具报可也此令等因在案。查二区分局同日奉令后，不知作如何办法，迨延至数日间"即去月三十一日"乃传出该店邓赐到局。该分局邓局员沛余又无向对方提出调处之意见，只以"候查"二字了之及订限一星期内再行召集调处之表示。令限期已过

因无再传调之确息,但不知敝会所与该店交涉之正常手续及成立会章之事实显然具在,有何调查之必要?以如此调处情形徒然延阻解决之时期耳,谅无完满解决之希望,诚恐双方工人或有发生冲突,致酿重祸,敝会职员责任难胜。兹为维持失业工人生活预防后患计,势迫将该店违章搀夺事实及呈请官厅交涉经过情形,并粘会章一纸备文呈请钧会,予以维持鼎力扶助弱小工人,迅赐咨公安局严令二区分局将该案卷宗一并提回局办,并押令合盛隆店司理邓赐遵照会章,纳费雇回。敝会工人期早息争以维失业工人生活,免生重祸,实叨公便等情。据此,查该工会总章早经规定,既属同职工人自应保守原约,维持向章,以不相侵犯为原则,讵能各怀意见以启争议,当经敝会第四十三次常会议决,照转等议在案,相应函达查照请饬第二区公安分局,迅将该原案查明提回贵局会同办理,俾早解决而息纠纷,足纫党谊等由,准此。查职局以据该工会理事陈九及江门合盛隆石店司理邓赐分词呈诉到局,当经迭令第二区分局传集双方当事人到局,秉公调处。据石匠工会方面供称,必须承建石店雇用本会会员工作且须缴纳会费,至合盛隆代表供称,则以本店承建林姓祖祠所雇皆江门石匠工会会员会费行费,均经向本会照缴,无向该工会再缴会费之理,各执一词,无从臆断,宣布候函广东石行会馆查复再办。旋准该会馆复称,本行工友各埠一视同仁,无分畛域,并无任何条例,本行亦未接受中山县石匠工会任何条例等由。又经传集双方再度调处,并宣布广东石行会馆覆词,无如工会方面仍坚持前议,该石店代表亦坚持本行全省均可通行工作,不能承认无理要求各等供,因此调处无效,理合录供呈复请核示祗遵等情。据此,职局细核此案争点所在,系甲地工会会员在已设同业工会之乙地,能否自由工作以为断。惟《工会法》及施行细则尚无明文规定,而县党部来文则引工会总章以不相侵犯为原则。查《工会法》第二十条及原则第七条规定,工会不得妨碍未入工会工人作工,其义确在不相侵犯,但非指工会与工会间之侵犯,究应如何处断,以昭折服?案关法律疑问,职局未便擅拟,理合备文呈请俯赐解释等情。据此,查案关工会与工会间之争议,《工会法》尚无明白规定,应如何处断,理合备文呈请钧厅察核指令祗遵,实为公便等情。据此,除令复外,理合备文转呈钧府察核究应如何办理之处,伏候指令饬遵等情。据此,理合具文转呈察核指令饬遵等情。据此,事关适用法规发生疑义,除指复外,相应咨请查照解释见复,以便饬遵,实纫公谊。此咨

**院字第一一六一号**

**二十三年十二月十九日　司法院函国民政府西南政务委员会　附原函**

径复者,准贵会上年十二月七日公函(第三一七号)开,据广东省政府呈请解释《工商同业公会法》第四条、第七条疑义函请查照见复等由,业经本院统一解释法令会议议决,《工商同业公会法》第四条第二项第七款,所谓其他之处分方法并无明文限制,自应以该会章程所载明者为准。至同法第七条原文得为二字既经修正为应为二字,则同业之公司行号均应强制入会。相应函复贵会查照饬知。此致

附原函

径启者，现据广东省政府呈称，查《工商同业公会法》第四条第七项规定，关于违背会章者，除除名外，其他之处分方法。惟其方法如何，则无明文规定。又同法修正案第七条有同业之公司行号均应为同业公会之会员等语，则同业之公司行号有强迫为同业公会会员之意义。惟对于不肯入会者如何办法，又无明文规定，究应如何办理，请察核示遵等情，相应函达查照请解释见复，以便饬知，至纫公谊。此致

院字第一一六二号

二十三年十二月十九日　司法院函中央执行委员会民众运动指导委员会　附原函

径复者，准贵会本年十一月一日公函（第八三三四号）开，据广州特别市执行委员会转请解释同业公会委员资格疑义函，请查照见复等由，业经本院统一解释法令会议议决，工商同业公会之委员系就会员代表选任，故其原推派代表之商店若已歇业或其代表自身已完全脱离该行业务，依《修正指导民众运动方案》第二项第四款"人民团体之构成份子，以禁止非现在从事于本业者参加为原则"之规定，其委员资格自应丧失。至其代表自身离去，其原推派之商店则已失其推派之，依据其原资格，即不能继续存在又离去后，复在其他已入会之商店服务，纵经该商店更推为代表，其旧资格亦已丧失。若未经推派，更无待论。相应函复贵会查照转知。此致

附原函

案查关于江苏省执行委员会呈请核示商会职员及会员代表，其原派之商店歇业或改营他业，其职员及会员代表资格是否继续存在一案，前经本会于三月二十二日据情函请贵院复审在案。兹复有广州特别市执行委员会以同业公会之现任委员，如因原代表之商店发生歇业等五项情形，其委员资格是否继续有效，同样发生疑义，为谋一致解决起见，相应抄同原件函达贵院，迅予并案审核见复为荷。此致

院字第一一六三号

二十三年十二月十九日　司法院函中央执行委员会民众运动指导委员会　附原函

径复者，准贵会本年三月二十二日公函（第六一五五号）开，准江苏省执行委员会转请解释同业公会代表及委员等资格疑义，函请查照见复等由，业经本院统一解释法令会议议决，公司行号推派出席同业公会之代表当选为公会委员，更由公会举派为出席商会之代表，而其原推派之公司行号已歇业，依《修正指导民众运动方案》第二项第四款"人民团体之构成份子，以禁止非现在从事于本业者参加为原则"之规定，其委员及代表资格自应随而丧失（本方案议决为二十二年二月二日本院第六三六号，解释为二十年十二月十日在本方案议决以前）。至某业公司行号之商人由该同业公会举派为出席商会之代表，并当选为商会委员，而该公司行号已改营不同性质之他种商业，并加入于另一同业公会，虽仍系从事商业，

然既改隶于他之同业公会,自不得仍参加于原有之公会,其被派出席商会从亦失其依据。依上述方案之精神,其代表及委员资格亦均应丧失。相应函复贵会查照转知。此致

**附原函**

案准江苏省执行委员呈为转请解释于商会纠纷疑点:(一)商店于其举派出席同业公会之代表,当选为公会委员以后歇业,其委员资格依司法院六三六号解释仍可存在,但若更由公会举派为出席商会代表,其商店歇业后是否仍可存在?(二)某业商店之商人因代表该业公会出席商会,并当选为商会委员,现该店改营不同性质之他种商业加入另一公会,其原有之代表及商会委员资格是否继续存在一案到会。查商人团体组织法规委员由代表产生,代表由会员产生。细绎法意,会员如不存在,由会员出发之代表委员,似应一并解任。惟上述一点与贵院第六三六号解释适相抵触。复查歇业商店之商人如不再营商业,是以失去商人资格。如营他种商业而属不同性质者,在同业公会方面是又失去同业之性质,即营同业而仍获派为代表,是取得委员资格在先,而取得委员所依据之代表资格反在后。如此推演,非仅紊乱组织上之顺序,而各该团体内因之有非商人或非同业者混入其间,致与《修正指导民众运动方案》第二项第四款所规定“人民团体之构成份子,以禁止非现在从事本业者参加”之原则完全相悖,且在事实上非本业与现从事本业者间之利害关系彼此不同,混合一团,易起纠纷,更非持平之道。即自反面言之,前述代表委员之存在,完全以其原出发点之会员存在为转移,并无何种不合不便之处。本案各点关系商人组织颇钜,应于不背商会法第二十二条之精神以内,兼顾及职业团体之职业意义。准呈前由,除函请立法院设法救济外,相应节抄原件函达贵院复审见复为荷。此致

**院字第一一六四号**

**二十三年十二月十九日　司法院函内政部　附原函**

径复者,准贵部本年五月十八日公函(第五一号)开,为适用院字第八一七号解释第一项发生疑义请查照详予解释见复等由,业经本院统一解释法令会议议决,院字第八一七号解释所谓利害关系人,系指该寺庙之住持或建立该寺庙之私人及与该寺庙有关系之教会而言。相应函复贵部查照。此致

**附原函**

查已经查收之庙产能否任管理者自由标卖,《监督寺庙条例》虽无明文规定,但查贵院院字第八一七号解释(一)(二)两项有“各寺庙虽非依法令或习惯,由政府机关或地方公共团体管理,但经政府机关或地方团体管理后,苟无利害关系人争执,亦应为属于《监督寺庙条例》第三条第三款或第二款之寺庙。若有争执,应另行依法办理”及“由地方公共团体管理之寺庙,既不适用《监督寺庙条例》之规定,则此项寺庙如有处分或变更该寺庙之不动产,自应由管理该寺庙之公共团体行之”等语,是则已经查收之庙产能否任管理者自由标卖,当以查收之时或查收之后,有无“利害关系人争执”以为断。即有争执者,应另行依法办理。

无争执者,即认管理者有处分之权。惟所谓“利害关系人”之意义如何,是否以直接受有财产上损害者为限,抑或包括有关系之间接受害者在内?如某处官署查收当地各庙财产,各庙住持畏其权势,不敢告争,仅由其关系之教会出而告争,该项教会可否认为“利害关系人”之一种?本部现有此类案件因适用该项解释发生疑义,相应函请贵院详予解释,俾凭办理。此致

**院字第一一六五号**

**二十三年十二月十九日 司法院咨行政院 附原咨**

为咨复事,准贵院上年九月五日咨(第二一五号)开,据财政部呈请解释《诉愿法》第一条、第二条疑义,咨请查照见复等由,业经本院统一解释法令会议议决,(一)县政府之处分,其原因虽由于遵奉省政府之命令,仍应认为县政府之处分;(二)包商制度之局长固不能认为公务员,但如果因官署之违法或不当处分,致损害其权利或利益者,自得依《诉愿法》第一条提起诉愿。相应咨复贵院查照饬知。此咨

**附原咨**

案据财政部呈称,窃查《诉愿法》第一条规定“人民因中央或地方官署之违法或不当处分,致损害其权利或利益者,得提起诉愿”,又第二条第一项前段规定“不服县市政府之处分者,向省政府主管厅提起诉愿”,第二项前段规定“不服省政府各厅之处分者,向省政府提起诉愿”第三项前段规定“不服省政府之处分者,向中央主管部会提起诉愿”。兹有某甲在前北京政府统治下与人共同承包省税,曾任某地局长,嗣因所包税额短欠,案悬未结,在民国二十二年被人向教育厅呈诉该甲缴款过少,应封产严追,由厅呈奉省府发交财教两厅议复,应令全数补缴,省府拟议,遂令县政府严追该县,遵即用县政府名义转令该甲措解。细按此种案情,追提欠税系有人向教育厅呈诉而来。该厅随即呈奉省政府令饬会同财政厅核复,应令照数补缴,是在实质上呈准处分。该甲者系教育、财政两厅,但省政府于执行时,又另令县政府追提。县政府且以县政府名义训令,该甲措解是在形式上,处分该甲者系县政府,究竟《诉愿法》于处分官署之认定,当采实质主义,抑采形式主义,此应请解释者一。又,该甲原系前北京政府统治下与人共同包商制度之局长,并未经国民政府合法机关之委任,现在省政府向甲追收欠税,该甲之身分究应认为公务员,抑应认为人民并是否得依《诉愿法》第一条提起诉愿,此应请解释者二。上开二点,事关法律疑义,理合具文呈请钧院鉴核,俯赐转送司法院解释示遵等情。据此,除指令外,相应备文咨请贵院查照解释见复,以便饬遵。此咨

**院字第一一六六号**

**二十三年十二月十九日 司法院咨行政院 附原咨**

为咨复事,准贵院上年六月二十三日咨(第一五一号)开,据教育部呈请解释诉愿程序

疑义咨请查照见复等由,业经本院统一解释法令会议议决,下级官署之实施处分,不得以上级官署之名义行之,其因呈经上级官署核准或遵其指示办法所为之处分,而误用上级官署之名义者,仍应认为下级官署之处分(参照院字第五零六号第七一九号解释)。相应咨复贵院查照饬知。此咨

**附原咨**

为咨请事,案据教育部呈称,湖南省教育厅代电呈称,查下级官署呈经上级官署指驳命令所处理之事项,在实施处分时既系以下级官署之名义行之,自应认为下级官署之处分。如人民不服此处分,提起诉愿,仍须按照管辖等级,向其直接上级官署为之,业经司法院解释通令有案。兹有下级官署对于某案实施处分时以上级官署之名义行之,是否仍应认为上级官署之处分?本厅现有此类案件亟待解决,理合电呈察核示遵等情。据此,惟查《诉愿法》之解释权系属于司法院本部,据呈前情,未敢擅予解释,理合具文呈请钧院俯予转咨司法院核覆后指令祇遵,以便转饬遵照等情。据此,事关解释法令疑义,相应咨请贵院查照解释见复,以便饬遵。此咨

**院字第一一六七号**

**二十三年十二月十九日　司法院咨行政院　附原咨**

为咨复事,准贵院上年七月三十一日咨(第一一八号)开,据内政部呈请解释诉愿管辖疑义,咨请查照见复等由,业经本院统一解释法令会议议决,县政府遵奉省府主管厅命令执行之事件,其实施处分既属于县政府,仍应认为县政府之处分,如人民不服此处分,提起诉愿,依法即须向省政府主管厅为之。相应咨复贵院查照饬知。此咨

**附原咨**

为咨请事,案据内政部呈称,兹有某甲与某乙因修祠侵占官路涉讼一案,初互诉于县政府,再互诉于建设厅,又互诉于省政府,县政府对于本案未有如何批示及如何处分如何请示之处,完全由建设厅奉省政府令派员查复。据员呈报,转请省府裁决,经省府指令应于文到两个月内,由某甲撤让完竣建设厅转令原县政府执行,县政府令录谕饬政警转饬某甲遵照撤让。设某甲不服其处分,欲依法提起诉愿,其应受理诉愿官署,究应为建设厅,抑为省政府,遂发生管辖之疑问,本此疑问而加以研究,竟有甲乙二说之见解各异:(甲)说本案虽系建设厅呈奉省府裁决之件,但既由厅令县执行,当然以县政府为实施处分官署,应按照司法院院字第七一九号及第八零八号之解释,不服此处分提起诉愿时,仍须按照管辖等级向其上级官署为之,是某甲之诉愿案,应向建设厅提起。(乙)说上项解释须具有两种条件,即一须下级官署呈请上级官署指示办法遵照奉行之事件,或下级官署呈经上级官署指驳命令所处理之事件。而其实施处分时,须以下级官署名义施行之事件,该处分始能认为下级官署之处分。反之,如下级官署并无呈请上级官署指示办法,或呈经上级官署指驳命令所处理之事件,纯由上级官厅自动处理,或呈经省最高行政长官核准转令最下级县行政官署遵照

执行之件,此等处分行为与上级官署自为无异,即不能在上开解释范围之内。本案在县政府既未有向建设厅为如何处分之呈请,其执行处分只能认为奉厅令而代执行,实不能以建设厅呈请省府裁决之件作为县政府呈请之件,省政府裁决令厅执行之件,不能作为建设厅指驳令县执行之件,县政府既系录令,谕警转饬某甲遵照撤让,不能认为系以县政府名义行之之处分,更属显而易见之事。某甲既不服建设厅呈经省府裁决,由县代执行之处分,应按司法院院字第五零六号解释令第二项,自应仍向该官厅之直接上级官署提起诉愿之明文,向省政府提起诉愿。以上二说,各有相当理由,均依据于《诉愿法》之解释令,究竟应以何说为适用?事关诉愿管辖争议,未便擅行断定,理合备文呈请鉴核转咨再予解释,以便解决一切悬案等情。据此,除指令外,相应备文咨请贵院查照解释见复,以便饬遵。此咨

**院字第一一六八号**

**二十三年十二月二十八日　司法院咨行政院　附原咨**

为咨复事,准贵院本年五月二日咨(第八三号)开,据内政部呈为关于诉愿问题解释发生疑义,咨请查照见复等由,业经本院统一解释法令会议议决,院字第六四八号解释,所谓另以处分改变人民土地原状者,系指因划界而在人民土地上新辟沟渠道路或筑堤埂等类而言,但行政处分并不以改变土地原状为限,如因划分村界将甲村之水利划归乙村,致甲村人民受其损害时,则虽未改变土地原状,自亦属于行政处分,其受损害之村民即得对之提起诉愿。相应咨复贵院查照饬知。此咨

**附原咨**

案据内政部呈称,案查二十一年一月间奉钧院第五七八号训令,以准司法院咨复关于划分疆界人民能否提起诉愿之解释一案,令仰通行知照等因,当经分别通行并呈复各在案。查前项解释释案下半段有"若因定界而另以处分改变人民土地原状,致损害其权利或利益,则人民对之自得提起诉愿"等语。查划分疆界既不得谓为对于人民之处分,原文所谓"另以处分"究竟在何种情形下始能援用,并如何处分始能谓为改变土地原状?又如定界时虽不改变土地原状,但对于人民权益确有损害之处,则人民对之是否得提起诉愿,均属疑问。假定今有甲乙两村划分村界时,将原在甲村之渠道划入乙村,致损害甲村人民之水利等权益时,甲村人民能否有诉愿之权?事关法令疑义,理合呈请钧院鉴核俯赐,转咨司法院解释示遵等情。据此,案关法律适用疑义,相应咨请贵院查照解释见复,以凭饬遵,至纫公谊。此咨

**院字第一一六九号**

**二十三年十二月二十八日　司法院咨行政院　附原咨**

为咨复事,准贵院本年一月十日咨(第二号)开,为普通法院受理应属行政诉愿事件,其既判力如何等疑义,咨请查照解释见复等由,业经本院统一解释法令会议议决,案经法院确

定判决,除有《民事诉讼法》第四百六十一条所列各款情形得以提起再审之诉外,其裁判确定力不因何而失效。法院对于行政官署之处分或其决定虽不能径行撤销,惟私权之确认应属于法院之权限,倘当事人系争标的关于私权受侵害,非单纯国家公权之发动,不问系当事人假行政官署之处分为侵权行为之手段,抑系行政官署自动之处分侵害及人民私权,法院自得依受害人之请求而为回复其原状或赔偿损失之裁判。相应咨复贵院查照。此咨

**附原咨**

查普通法院依法只应受理民刑诉讼及其他法律规定之非讼事件,诉愿及行政诉讼,应依法分别向该管上级行政官署或行政法院呈诉,非普通法院所应受理(参前大理院第一七六号判例)。若人民垦熟荒地未经报官升科,行政官厅依职权收为官荒另行发放,乃系行政处分正当与否之问题,法院不得认为民事诉讼受理,曾经贵院院字第四六号第三项解释有案。兹有某某教堂系争某某地亩,前经某官产屯垦总局令据分局查复,系属盗买盗卖所完赋课,又属挖拨他处芦银,藉以笼罩官荒,因于某年月核准该系争地亩由乡民某甲等缴价承领发给部照管业,不予某某教堂领照升科在案。依照前述法例,该教堂就此项行政处分有所争执,自应向该管上级行政官署诉愿,普通法院不应受理。惟若案经法院受理并经三审判决,其所为逾越权限之判决自难认为合法,其既判力是否即因无管辖权而丧失,抑应由司法机关撤销或改判,方能变更其裁判之确定力,法无明文可据,此应请解释者一。又如当事人诉经再诉愿依法决定后,除违法处分尚得提起行政诉讼外,是项决定自可照案执行。惟普通法院若就同一标的再行受理而为判决,似应审查其讼争标的是否系属司法,抑行政之权限而定司法判决或行政决定之效力。若因此而发生争议,其决定权究应谁属?再若普通法院受理应属于行政诉愿之事件,行政官署可否依他造当事人之请求,就该案另为决定,均关权限争议问题,应如何设法解决,此应请解释者二。上述二点关系法律适用疑义,相应咨请查照解释迅复,至纫公谊。此咨

**院字第一一七〇号**

**二十三年十二月二十八日　司法院咨行政院　附原咨**

为咨复事,准贵院本年五月一日咨(第八二号)开,为《商标法》第三十条第三项发生疑义,请查照解释见复等由,业经本院统一解释法令会议议决,《商标法》第三十条第三项所谓登载,商标公报系指该项上文已注册之商标而言,盖既经注册之商标,苟非有同法第十九条第一项各款情事,固不许利害关系人更为撤销注册之声请。惟苟有第三十条各项情事,其利害关系人仍得情求评定以资救济,原无期间之限制而独违背第二条第八款、第九款或第三条至第五条规定者,则仅限于登载商标公报之日起三年以内,始得请求评定至于异议之程序,系用在未注册之前而请求评定之程序,则用在已注册之后二者固有不同,究难偏废。而同法第二十一条所谓作为无效者,亦系指已注册者而言,该条文义甚为明了。相应咨复贵院查照。此咨

**附原咨**

查商标之注册,原为便利保护依法取得之商标专用权及禁止商标之伪造,与仿造故《商标法》第十四条明定商标自注册之日起,由注册人取得商标专用权,凡相同或近似他人之商标不得呈请注册再为防止冒用他人商标之注册。《商标法》第二十七条并规定,商标局于呈请专用之商标经审查后认为合法者,应先登载于商标公报,俟满六个月别无利害关系人之异议或经辨明,其异议时始行注册,所以必经过郑重之手续方准注册者,原为注册后予以极量之保护,除有同法第十九条第一项各款情事,商标局得以职权或据利害关系人之呈请予以撤销外,自不许利害关系人于任何情况于已有合法注册后再为撤销注册之声请。盖《商标法》第一条至第五条之规定均系准许注册之条件,征诸第三条"应准注册"诸字尤为明显,而第二十一条所谓"经评定作为无效"亦当指尚未准许之时而言。惟查第三十条第三项规定"注册之商标违背第二条第八款第九款、第三条至第五条规定者,自登载商标公报之日起已满三年时概不得请求评定"等语,其"注册之商标"一语果系指"已合法注册之商标",抑仅指"已呈请而未经合法准许注册之商标",解释上不无疑义。该条依前列各条款之当然解释,并求贯彻商标法之精神,自应解为仅指已呈请而未经合法准许注册者而言。否则,商标注册时虽须经六个月公告之手续,其他利害关系人尽可不必于公告期内声明异议,待注册人于公告期满合法取得商标权,刊登广告推销二年以后只须未逾三年之期限,即可否认业已合法注册之商标,则商标注册在注册人方面反属有害而无利。虽云注册人原不应以相同或近似于他人之商标注册,然近代商业发达,未经注册之商标,谁能确知他人并无近似之商标之使用?如此,则商标之注册虽经半年之公告,于合法注册后三年内仍不能谓已取得专用权,与第十四条规定不亦大相背驰乎?究竟第三十条第三项所谓"注册之商标"一语,是否应指已呈请而未经合法注册之商标而言?事关法律适用疑义,案悬待决,相应咨请贵院迅为解释见复,至纫公谊。此咨

**院字第一一七一号**

**二十三年十二月二十八日　司法院函中央执行委员会民众运动指导委员会　附原函**

径复者,准贵会本年十一月三日公函(第八三四八号)开,准湖南省执行委员会电请解释工商同业公会委员改选疑义函请查照见复等由,业经本院统一解释法令会议议决,工商同业工会委员改选时,其会员代表人数不足被选名额,又因《工商同业公会法施行细则》第十条之限制,其各家之经理人或主体人皆仅有一人,不能另行推派代表时,在现行法令上尚无救济方法。相应函复贵会查照转知。此致

**附原函**

案准湖南省执行委员会删代电开,查工商同业公会会员仅有七家,其主体人或经理人只有一人,一年间之店员人数亦未超过十人,不能加派或另推代表以备选任改选时,原任委员既不能连任会员代表,又不足应选任之委员名额,应如何救济,法无明文规定,请迅予解

释电复,俾有遵循等由。准此,案关法令解释,除函复外,相应函请查照迅予解释见复,以凭转知为荷。此致

**院字第一一七二号**

**二十三年十二月二十九日　司法院咨行政院　附原咨**

为咨复事,准贵院上年十二月二日咨(第二九五号)开,据实业部呈请解释关于公路局技工待遇,可否适用《工厂法》疑义,请查照见复等由,业经本院统一解释法令会议议决,依《工厂法》第一条规定,须用发动机器并平时雇用工人在三十人以上之工厂,始适用本法。而本条所称工人,系指直接从事生产或辅助其生产工作之工人而言。同法施行条例第一条复有明文规定,公路局所设之修理总厂等纵用发动机器,然路工并非直接从事或辅助生产工作,故不能适用《工厂法》。相应咨复贵院查照饬知。此咨

**附原咨**

案据实业部部长陈公博呈称,案据湖南省公路交通业产业工会常务理事胡邦基呈称,查《工厂法》第一章第一条载,凡用汽力、电力、水力发动机器之工厂平时雇用工人在三十人以上者,适用本法。现本会会员数百,服务官营业之湖南公路局修理总厂及各段处,均系用汽力电力发动机器工作,是其一切待遇自应适用《工厂法》之规定,且是项法令适用于全国。究竟本会技工是否适用是项法令之处,理合呈请核示祇遵等情到部。查该理事所举《工厂法》第一章第一条原文上段,核其《修正工厂法》同章同条上段,仅于工厂性质有列举与概括之分,而法意尚无差别。《修正工厂法》及其施行条例并无国营、公营事业除外之规定,即该法第十九条关于军用公用之工作为特别的规定,似系一般适用。惟细察《修正工厂法》及其施行条例之内容,在国营、公营事业施行上不无窒碍之处。如该法第六章“工作契约之终止”、第十章“工厂会议”、第十二章“罚则”等项之规定,尤为显著。所有该工会呈请解释关于湖南公路技工待遇,可否适用《修正工厂法》一节,系属公营事业范围,于法并无明文可资依据,究竟可否适用,事关法令疑义,本部未敢擅断,理合备文呈请钧院鉴核,转咨司法院予以解释,俾凭饬遵等情,相应咨请贵院查照解释见复,以便饬遵。此咨

**院字第一一七三号**

**二十三年十二月二十九日　司法院指令河北高等法院　附原呈**

呈悉,业经本院统一解释法令会议议决,未逾三百元之第二审判决,如当事人未为特许上诉之声请,或已经原法院驳回其声请者,均应于宣示判决之时为确定。合行令仰转饬知照。此令

**附原呈**

呈为呈请解释事。据天津地方法院院长周祖琛呈称,呈为呈请转呈解释事。窃查民事再审之诉之不变期间,依《民事诉讼法》第四百六十四条第二项规定,系自判决确定时起算

为三十日。然未逾三百元不得上诉之案件提起再审之诉时，究应以何时为判决确定，则颇滋疑义：(甲)说谓不得上诉之判决于宣示时确定，此在《民事诉讼法》第三百八十九条第二项已有明文，是未逾三百元不得上诉之案件，其确定时当然为宣示判决之时，则其再审之诉之不变时间，即应于判决宣示时起算应无疑义。(乙)说谓未逾三百元之案件，虽不得提起上诉，然尚可因特许而上诉，故仍须于上诉期间届满而无上诉时始为确定，则其起算再审之诉之不变期间，即应自判决送达后经过二十日之不变期间，始为合法。(丙)说谓特许上诉之期间，依《民事诉讼法》第四百三十三条第三项规定，不得逾十日。是在此十日之内当事人有声请特许上诉之权，质言之，即在此十日之法定期间内，原判尚不得视为确定，故未逾三百元之案件，其再审之诉之不变期间，应自经过此十日之期间起算。(丁)说谓未逾三百元案件之第二审判决，如未经当事人声请特许上诉，自应认为自宣示时确定。反是，若当事人已就该判决声请特许上诉者，除裁定准许当然阻却确定外，如裁定驳回，亦必俟驳回声请特许上诉之裁定送达后，该判决始为确定故提起再审之诉之不变期间，应分别情形以定起算标准。以上四说，各有理由，究应以何说为当，事关法律疑义，职院未取敢擅拟，理合具文呈请钧院鉴核俯起赐准予转请解释示遵等情。据此，除指令外，理合具文转呈钧院鉴核俯赐解释，俾转令遵行。谨呈

**院字第一一七四号**

**二十三年十二月二十九日　司法院指令湖北高等法院　附原呈**

呈悉，业经本院统一解释法令会议议决，(一)《民法》亲属编施行后所发生之废继事件，既无法律可资援引，即应依民法总则第一条，以终止养子女收养关系之法条作为法理采用；(二)未成年之子女不同意于父母代订之婚约，其婚约当然无效，不生解除问题。合行令仰转饬知照。此令

**附原呈**

案据湖北黄冈地方法院院长廖鹤龄呈称，呈为废嗣及解除婚姻预约事件发生疑义，请予转请解释仰祈鉴核事。查有某甲无子，于亲属编继承法施行前，依当时法例，立胞侄乙为嗣子，比时入门同居，迄今多年。迨亲属编继承法施行后，甲诉请废嗣，确有理由，适用法律发生疑义。(子)谓甲于早年立乙为嗣，自亲属编施行之日起，已有《民法》亲属编所定收养关系之效力，依应亲属编第一千零八十一条宣告两造收养关系终止；(丑)谓宗祧继承为现行法上所无关于立嗣、废嗣，固应照亲属编所定收养关系办理，但此仅指亲属编施行后所发生者而言。若于施行前，依当时法例已经立嗣，自不能因事后有亲属编之施行，而溯及既往日为收养关系，且嗣子与养子不同，嗣子为同姓，养子为异姓(见《民法》第一零七八条、第一零八三条)。果如子说，所谓早年立嗣，自亲属编施行之日起，有《民法》亲属编所定收养关系之效力，于法殊嫌无据，故应依继承法第一千一百四十五条第一项各款宣告，乙丧失继承权各等语，究应适用亲属编，抑适用继承法，此请解释者一。又，未成年之子女对于父母早

年代订之婚姻预约请求解除,应否须由法定代理人代为起诉,如与法定代理人之意思相反,应否代为选任代理人,此应请解释者二,理合虽请钧院鉴核俯予转请解释,俾便有所遵循,实为公便等情。据此,除指令外,理合据情转呈钧院鉴核俯赐解释,以便转饬遵照,实为公便。谨呈

**院字第一一七五号**

**二十三年十二月二十九日　司法院指令湖南高等法院　附原呈**

呈悉,业经本院统一解释法令会议议决,宣告破产事件,因中国尚无破产法之制定,依照民法总则第一条,自适用破产法理。惟关于诈欺破产拟有刑名者,属于刑罚性质,要不在民事适用法理范围之列。又对于破产者或其继承人,如虑其有逃匿情事,依照《管收民事被告人规则》,原得管收不生适用法理问题。合行令仰转饬知照。此令

**附原呈**

案据署常德地方法院院长钟馥冬代电呈称,查我国破产法草案,虽经前北京法律编查会编辑,迄未明令颁行,法院办理破产事件无所依据。惟依照前大理院最高法院、司法院历来判解,得适用习惯或破产条理以为裁判。所谓破产条理,当然系包括破产法草案而言,但查该项草案内容,计分实体法、程序法、罚则法三编,除与历来判解显相抵触者外,其余是否均可参酌适用?盖现时社会组织日趋纷乱,一般人民因贫苦迫而声请宣告破产者虽不乏人,而实系藏匿财产、捏报债务、诈欺破产者则居多数。如法院明知破产者,藏匿或脱漏属于破产财团之财产,或捏报一部虚伪债务及法律行为或不为法定之商业账簿或为之,而财产现况之记载不明或竟为虚伪之记载,能否即依破产法案罚则编之法理,予以相当制裁?又对于破产者及其承继人恐有逃走或隐匿财产等情形,认为必要时,能否即依破产法案程序编之法理,得命拘摄管收,均滋疑义,理合电恳钧院鉴核转请解释指令祇遵等情。据此,除令准转呈外,理合据情呈请钧院鉴核赐予解释俾便令知,实为公便。谨呈

**院字第一一七六号**

**二十三年十二月三十一日　司法院电广西高等法院　附原电**

广西高等法院院长览,本年二月庚代电悉,所请解释军人犯罪执行中复犯普通《刑法》之罪,其审判机关及执行疑义一案,业经本院统一解释法令会议议决,军人犯《陆海空军刑法》之罪,经军法会审判决确定,在执行中复犯《刑法》之罪,后之犯罪及发觉既均不在任官任役中,依《陆海空军审判法》第十六条,应由普通法院审判。犯罪人若在陆军监狱执行,应由该监狱送交法院审判,果已经法院确定判决科刑,除死刑外,应于前罪在陆军监狱执行完毕后,再由法院检察官就后罪之刑指挥执行。合电知照。司法院世印

**附原电**

南京司法院院长居钧鉴,查军人犯罪之审判机关应以发觉时是否在任官任役中为准,

依《陆海空军审判法》第十六条规定及院字第九三八号、第九九六号解释甚为明了。设有军人某甲犯《陆海空军刑法》之罪，经军法会审判决确定在执行中复犯普通《刑法》之罪，其后之犯罪及发觉均不在任官任役中，是否应依上开法条及释例由普通法院审判，此应请解释者一。如由普通法院审判，则军人犯罪之执行机关与普通法院系统各别上列人犯。若在陆军监狱执行，是否应由该监狱送交法院审判法院判决确定后，又是否得由检察官指挥执行，抑应仍由军事机关指挥执行，此应请解释者二。事关法律疑义，理合电请解释示遵。广西高等法院院长朱朝森呈庚印

**院字第一一七七号**

**二十三年十二月三十一日　司法院电河北高等法院首席检察官　附原电**

河北高等法院王首席检察官览，本年九月虞代电悉，所请解释被告死亡应否再送覆判疑义一案，业经本院统一解释法令会议议决，初审判决后，被告死亡虽经覆判亦无实益，故无庸再送覆判。合电知照。司法院世印

**附原电**

南京司法院院长钧鉴，查地方管辖案件经初审判决后被告人死亡，应否再送覆判，如认为应送覆判，是否适用《覆判暂行条例》第六条第二款为公诉不受理之更正判决，请迅赐解释示遵。署河北高等法院首席检察官王泳虞印

**院字第一一七八号**

**二十三年十二月三十一日　司法院电广东高等法院首席检察官　附原电**

广州广东高等法院首席检察官览，本年十月东电悉，所请解释选举诉讼声请再议疑义一案，业经本院统一解释法令会议议决，选民向法院陈诉被妨害选举之事实，如未含有侵害个人法益之问题，系告发而非告诉，对于不起诉处分无声请再议之权。合电知照。司法院世印

**附原电**

司法院院长居钧鉴，选民向法院陈诉被妨害选举之事实，系告诉，抑系告发？对于不起诉处分有无声请再议之权？乞电示遵。广东高等法院首席检察官廖愈簪叩东印

**院字第一一七九号**

**二十三年十二月三十一日　司法院指令湖北高等法院　附原呈**

呈悉，业经本统一解释法令会议议决，管狱员将在押之被告派看守长带同回家，旋又带回收押，既无盗取囚人或便利其脱逃之故意，自不构成《刑法》第一百七十二条第一项之罪，但此种情形，若施之于应受刑人，应依《刑法》第一百三十四条第一项论科。合行令仰转饬知照。此令

**附原呈**

案据本院第一分院院长张秉钺代电称,兹有在押之刑事被告因要事,须回家一行,呈请管狱员许可派看守长带同还家,旋即带回收押,此种情形,该管狱员是否构成《刑法》第一百七十二条第一项前段之罪,有二说焉:(甲)说《刑法》第一百七十二条第一项前段,所谓公务员盗取职务上拘禁之囚人者,系指公务员以违法行为将被拘禁人纵出监所之外而予以私力监督者而言。即凡以不法之意思将被拘禁人纵出监所,即成立本罪,至纵出后无论将被拘禁人置于自己或他人监视之下,与本罪成立无关。其纵出时间之久,暂更不影响其罪质。(乙)说《刑法》上所称盗取之行为,以有不法将被拘禁人移出于公力监督以外意思为构成要件,所谓监督又分人的监督与物的监督二种,该管狱员对于在押之刑事被告擅许还家,虽属违背职务,然既经派有看守长押带同回,旋复带回原监管押,是其始终并未脱离公的监督,即难认为有盗取之意思。核其行为,应属于行政监督长官依法惩戒之范围,不能认为构成《刑法》第一百七十二条第一项之罪。二说未知孰是,职院现有此类案件急待解决,理合电请解释示遵等情。据此,理合据情呈请钧院鉴核迅赐解释,俾便饬遵。谨呈

**院字第一一八〇号**

**二十三年十二月三十一日　司法院指令河北高等法院　附原呈**

呈悉,业经本院统一解释法令会议议决,原领枪照既因期满而失效,如别无不得已之事由,故意不依例呈请换发新照,而仍持有原枪即属未受允准,而持有触犯《军用枪炮取缔条例》第二条第一项之规定,但处罚时应注意《刑法》第七六条。合行令仰转饬知照。此令

**附原呈**

呈为呈请事,案据曲阳县县长韩福茂呈称,案查国民政府《查验自卫枪炮及给照暂行条例》第十四条规定,枪炮执照限用一年期满,应按照本条例呈请换发新照,应并将旧照缴销。如有某甲其枪照业已逾限二年,并未呈请换发新照,亦未将旧照缴销,此种违背条例规定之行为是否应行处罚,得分为甲乙二说:(甲)说谓该枪执照一经逾期,效力遂即丧失,仍与无执照之枪相同,应依《军用枪炮取缔条例》第二条第一项处断;(乙)说谓未换枪照条例,既无处罚明文,加以该枪曾经报验领照,亦与《军用枪炮取缔条例》第二条第一项未受允准之情形稍有不同,故其行为应不为罪。现职县发生此种案件,事关法律疑义,未敢悬断,理合备文呈请钧院鉴核示遵等情到院。事关法律疑义,理合据情呈请鉴核示遵,实为公便。谨呈

**院字第一一八一号**

**二十三年十二月三十一日　司法院指令安徽高等法院　附原呈**

呈悉,业经本院统一解释法令会议议决,受罚金刑之被告于判决确定后死亡,经法院查明现无遗产可供执行,应停止强制执行之程序。合行令仰转饬知照。此令

附原呈

案据泾县县长叶粹武呈称，查执行刑罚罚金刑案件，受刑人于判决确定后死亡者，依《刑事诉讼法》第四百九十二条第二项罚金追征，得就受刑人之遗产执行之规定。惟受刑人死亡，经查明并无遗产可供执行，究应如何强制，抑即予以免除，法无明文规定。本府现有类似此项案件亟待解决，事关法律适用疑义，未敢擅专，理合具文呈请仰祈鉴核俯赐转呈解释，俾资遵循，实为公便等情。据此，理合备文呈请钧院解释示遵。谨呈

院字第一一八二号

二十三年十二月三十一日　司法院指令江苏高等法院　附原呈

呈悉，业经本院统一解释法令会议议决，心神丧失人无意思能力，应由其法定代理人代为诉讼行为。若其妻与人通奸，其法定代理人自得代行告诉。合行令仰转饬知照。此令

附原呈

呈为呈请解释事。案据涟水县承审员丁祥烈快邮代电内开，窃查有夫之妇与人通奸，必须本夫告诉方可受理，业经《刑事诉讼法》第二百十五条第二项规定，本无疑义。惟本夫若为心神丧失之人，完全不能表示意思，其法定代理人代行告诉依照上开条文意旨，不应受理。事关法律疑义，理合电请俯赐解释示遵等因，理合具文呈请钧院解释转令遵照，实为公便。谨呈

院字第一一八三号

二十三年十二月三十一日　司法院指令河南高等法院　附原呈

呈悉，业经本院统一解释法令会议议决，买卖军用枪炮原指整个者而言，其零件本不包括在内，除买受者用以制造枪炮，应成立制造罪，而出卖者又系知情供给，应论以从犯外，其单纯买卖军用枪炮零件并无上述之危险性，法无明文，应不为罪。合行令仰转饬知照。此令

附原呈

案据巩县县长唐克南呈称，呈为呈请解释示遵事。查《军用枪炮取缔条例》第二条规定，买卖枪炮子弹并未有枪炮零件字样，兹有买卖枪炮零件人犯，是不以购买军用枪炮论科，殊滋疑问。惟事关解释法律，县长未敢率断，理合具文呈请鉴核俯赐转请解释，俾资遵循，实为公便等情。据此，除指令外，理合备文呈请钧院鉴核俯赐解释，俾便饬遵，实为公便。谨呈

院字第一一八四号

二十三年十二月三十一日　司法院指令江西高等法院　附原呈

呈悉，业经本院统一解释法令会议议决，(一)刑事案件中甲被告属初级管辖乙被告属

地方管辖,则全案得由地方法院并案受理。如果初级法院并案受理于判决后,甲被告向地方法院合议庭提起上诉。该庭应将原判决关于上诉部份撤销,自为第一审判决,其未经上诉之乙部分,应适用非常上诉程序予以救济。设地方法院就其上诉之甲部分为管辖错误之判决,经高等法院撤销发回更审,地方法院得就甲部分为第一审审判。(二)配置下级法院之检察官,对于上级法院之判决如认为确系违法,得于上诉期间叙述理由,呈请上级检察官提起上诉,并无越级上诉之权。(三)保甲、守望队、义勇队及善后委员会,如其组织于法有据,则保长、守望队长、义勇队长、善后委员会委员当然为《刑法》上之公务人员,如其犯罪,适合同法第一百四十条所规定之情形,自应依该条加重处断。合行令仰转饬知照。此令

**附原呈**

案据吉安地方法院院长董化鲲呈称,呈为呈请解释事。兹有法律疑义数点,应请解释以便进行。查刑事牵连案件,甲被告部分属于初级管辖,乙被告部分属于地方管辖,初级法院误为受理,谕知属于地方管辖部分无罪,属于初级管辖部分有罪。被告甲不服,向地方合议庭提起上诉并声明为牵连案件,此时地方合议庭究应如何办理,于此有二说:(子)说谓依《刑事诉讼法》第三百八十五条第三项,初级法院未为管辖错误之判决系属不当,应将原判决撤销,自为第一审审判。(丑)说谓初级法院既误将地方管辖部分为第一审判决,而地方法院合议庭又自为第一审审判,系以第一审撤销第一审之判决,依法似有未合。就此场合,应为管辖错误之判决送由高等法院,将第一审判决撤销后发回地方法院更为第一审审判,方为适法。以上二说,究以何说为是,此应请解释者一。上开案件,假定依丑说办理,呈送高等法院审判,而高等法院判决主文仅将第一审属于初级有权管辖判决有罪部分撤销,其属于地方无权管辖判决无罪部分并未撤销。但查其理由,系认为牵连案件发交地方法院更为第一审判,此时地方法院又应如何办理,亦有二说:(寅)说谓甲与乙系各别犯罪纵系牵连案件,但乙部分业经判决确定,依刑诉法第三百六十二条暨司法院院字第七八一号解释,不能以全部上诉论,高院判决并无违误,地方法院应受高等法院判决之拘束,仅能就撤销部分更为审判。(卯)说谓初级法院判决地方管辖案件系属违法,此种违法判决无论何时发现,终应予以纠正。况既因牵连关系,其他部分业已上诉依刑诉法第三百六十二条第二项应以全部上诉论,则此项违法判决,自难谓为业已确定。果如寅说,则初级法院所为被告甲部分之判决并非违法,地方合议庭亦有权受理上诉,固无须为管辖错误判决之必要。而呈送高等法院撤销甲部分之判决尤属多事,其所以呈送高等法院审判者,其目的原欲将第一审无权受理部分撤销。今竟将无权受理部分予以维持,有权受理部分予以撤销,不能谓非极端错误,于此欲求救济。惟有承办本案之检察官再向最上级法院提起上诉,以资纠正。以上二说,究以何说为是?如检察官不上诉又如何办理,此应请解释者二。再查检察官关于执行法定职务,在原则上咸认为上下一体无阶级之分,究竟配置下级法院之检察官于上级法院之判决。如认为确系违法,有无越级上诉之权,此应解释者三。又查《刑法》第十七条所称公务员,谓依法令从事于公务之议员及职员。就文理解释,系指基于法律的命令而从事

于公务人员而言，苟所任命人员非依据法律，虽是办理地方公务，自不能以公务员论。而法律应具备之形式，又须经立法机关议决通过中央政府公布或核准备案，始有法之效力。今江西各县所设之保甲、守望队、义勇队及善后委员会，或由省政府颁布组织条例，或由军事长官命令组织，或由县政府自制单行规章由人民推举县政府加委，或竟委充当各地之保长、守望队长、义勇队长或善后委员会委员，此项保长队长委员究竟应否认为《刑法》上之公务人员？如有犯罪情事，应否依同法第一百四十条加重处断，此应请解释者四。现本院于此项案件甚多，亟待解决，理合备文呈请钧院鉴核俯赐转呈司法院逐一解释，俾资遵循，实为公便等情到院，理合据情具文呈请钧院鉴核迅赐解释，以凭饬遵，实为公便。谨呈

**院字第一一八五号**

**二十三年十二月三十一日　司法院训令浙江高等法院首席检察官　附原函**

为令知事，该首席检察官呈最高法院检察署，请解释因大赦减刑经覆判更正判决案件发生疑义一案，业经本院统一解释法令会议议决，就大赦条例颁行前之初判覆判审不应更正而更正，其判决显属违法，应依非常上诉程序，予以救济。合行令仰知照。此令

**附原函**

径启者，案据浙江高等法院首席检察官郑畋呈称，为呈请解释事。查覆判核准之案件，其执行徒刑拘役之刑期自初判经过上诉期限之翌日起算，《覆判暂行条例》第十四条规定甚明。其初判时期系在大赦条例颁行，前者除应为核准判决，仍由初审裁定减刑，如初判在大赦条例颁行后，漏未减刑者，除覆审外，覆判审概应为更正之判决，依照该条例予以减刑，亦奉司法行政部二十一年九月十五日，指令山西高等法院首席检察官指字第一六四一七号指示在案。惟大赦条例颁行前之初判依《覆判暂行条例》规定，本可覆判核准，而以大赦减刑关系，各院在未奉上项指令以前，由覆判审为更正判决者亦甚多。此种程序在当时尚难指为违法，则其判处徒刑拘役之案件，于执行刑期之起算点有两说焉：(甲)说谓覆判核准案件，其执行刑期之起算点，系明文规定。其覆判更正判决之案件当然不在其列，自不能援用覆判核准计算，执行刑期之规定，仍应从覆判更正判决确定之日起算。(乙)说谓此项更正判决案件，不过以大赦减刑之关系，苟无大赦减刑问题，本可获覆判核准。若此类案件不依覆判核准办法，从初判确定之日定其执行刑期之起算点，则有反因大赦减刑关系而蒙不利益之结果者，殊与立法本旨不合。查大赦本系非常程序，不能与普通覆判更正判决之案件同论。为符合大赦条例第六条后段之立法精神，仍当照覆判核准计算执行刑期之规定办理。二说究以何说为是，如不能照覆判核准计算执行刑期之规定办理，则为受刑人之利益及公平起见，此种更正之判决，应否认为违法呈请提起非常上诉，以资救济。事关法律疑义，理合备文呈请鉴核或转请解释电示祇遵等情。据此，相应函请迅予解释径复并见示备查。此致

**院字第一一八六号**

**二十四年一月四日　司法院训令福建高等法院首席检察官　附原函**

为令知事,该首席检察官呈最高法院检察署,为检察官柯凌汉转请解释刑诉法第三八七条疑义一案,业经本院统一解释法令会议议决,《刑事诉讼法》第三百八十七条所载,不得上诉于第三审之案件,无论检察官或自诉人均应受此限制,故凡第二审判决既认被告所犯之罪,其最重本刑为一年以下有期徒刑拘役或专科罚金者,既无许为被告不利益,而上诉之规定就令检察官或自诉人认为引律失出,仍不得上诉于第三审法院。合行令仰转饬知照。此令

**附原函**

径启者,案据福建高等法院首席检察官薛光锷呈称,案据本院检察官柯凌汉呈称,窃查《刑事诉讼法》第三百八十七条规定,初级法院管辖案件,其最重本刑为一年以下有期徒刑拘役或专科罚金之罪者,经第二审判决后,不得上诉于管辖第三审之法院等语。此项规定,原为制限第二审判决轻罪案件之上诉而设,在被告对于上述案件之有罪判决提起上诉,于第三审及检察官或自诉人为被告利益起见,提起上诉于第三审时,其应受此制限,固无问题。而在检察官或自诉人认被告所犯原系最重本刑,逾一年有期徒刑之罪,第二审判决仅论以最重本刑为一年以下有期徒刑拘役或专科罚金之罪,为有失出以之为理由提起上诉时,则其案件即非最重本刑为一年以下有期徒刑拘役或专科罚金之案件,似不应亦受上述之制限。例如,(一)第一审认定某甲犯《刑法》第三百四十四条第一项之加重抢夺罪,第二审改处以同法第三百五十八条侵占漂流物之罪刑,第二审检察官认某甲系犯《刑法》第三百四十三条第一项之普通抢夺罪,以第二审判决引律错误为理由上诉于第三审。又如,(二)第一审认定某乙犯《禁烟法》第六条之贩卖鸦片罪及同法第十一条之吸食鸦片罪,依《刑法》第六十九条并合论罪。第二审改依《禁烟法》第十三条(持有鸦片罪)、第十一条(吸食鸦片罪)及《刑法》第七十四条后段,从一重处。某乙吸食鸦片之罪刑,第二审检察官认某乙确系贩卖鸦片与吸食鸦片而非持有鸦片与吸食鸦片,以第二审判决引律错误为理由上诉于第三审。以上两案,第三审法院似应审核,其上诉有无理由为实体判决,不得认其上诉为违背程式而为程序判决。否则,此类重罪案件检察官或自诉人,不免因第二审判决之引律错误而丧失其上诉之权利,此岂合于立法之精神?且此类重罪案件,若因第二审判决误认为轻罪,检察官或自诉人即不得上诉,则在第二审误为无罪判决时,检察官或自诉人更不得上诉。是第二审所为之一切无罪判决,检察官或自诉人对之均无上诉之权尤为无理,故上开法条似应解为,于检察官或自诉人因认被告系最重本刑逾一年有期徒刑之罪,为被告不利益起见而提起上诉时,不适用之。惟查最高法院二十一年上字第一一六六号判例及二十二年上字第五八八号判例,均认上述案件检察官之上诉为不合于《刑事诉讼法》第三百八十七条之规定,以违背程式之理由予以驳回,则上开法条有无特殊意义,未敢擅断。事关法律疑点,

理合具文呈请察准转呈解释,俾资适用等情。据此,案关法律疑义,理合具文呈请钧长察核,转请解释电示祗遵等情。据此,相应函请迅予解释径复相并见示备查。此致

**院字第一一八七号**

**二十四年一月十一日 司法院电安徽高等法院 附原电**

安徽高等法院陈院长览,上年七月支代电悉,所请解释《反省院条例》第九条疑义一案,业经本院统一解释法令会议议决,反省院对于受反省处分之人发觉新罪证送交该管法院时,仍应由检察官侦查,如经起诉送审并应通知其莅庭。合电知照。司法院真印

**附原电**

南京司法院居院长钧鉴,窃查《反省院条例》第九条规定,反省院如发觉受反省处分者,在反省期内有新罪证或认为不能感化者,应将其送交该管法院审判或执行其刑等语。是法院接收此项案件,应径行审判毋庸检察官侦查起诉,似无疑义。惟审判时检察官应否出庭,发生甲乙两说:(甲)说主张法院审理该案,既未经过检察官侦查程序,即毋须检察官出庭;(乙)说主张检察官为国家之代表机关,即当事人之一除自诉案件外,凡第一第二两审及开始再审,各案无论被侵害者是否为国家或私人法益,应于法院审判时出庭,此在《刑事诉讼法》上所必须践行之法定程序。反省院如将发觉新罪证之反省人送交法院审判时,依上开说明,应视同开始再审案件,仍由法院通知检察官出庭。以上二说,孰为正当,理合代电呈请钧院迅予解释,实为公便。安徽高等法院院长陈长簇叩支印

**院字第一一八八号**

**二十四年一月十一日 司法院电甘肃高等法院 附原电**

甘肃高等法院曾院长览,上年四月阳代电悉,该法院第二分院转请解释《刑法》第三六三条第一项疑义一案,经业本院统一解释法令会议议决,《刑法》第三百六十三条第一项之罪,依同法第一百四十条加重三分之一后,其徒刑既得处至六年八月,自较同法第三百五十七条之刑为重。合电转饬知照。司法院真印

**附原电**

南京司法院院长居钧鉴,据本院第二分院院长戴光国代电称,查《刑法》第三百五十七条第一项,科刑范围为六月以上五年以下有期徒刑,得并科三千元以下罚金,同法第三百六十三条第一项科刑范围为五年以下有期徒刑拘役,得并科或易科一千元以下罚金。两相比较,自以第三百五十七条第一项之刑为重,但《刑法》第三百六十三条第一项之刑,如因适用同法第一百四十条加重三分之一时,则该条本刑变为六年八月以下有期徒刑拘役,得并科或易科一千三百三十三元以下罚金。若加重后再与第三百五十七条第一项之刑,两相比较,究以何者为重,适用上不无疑义,理合电请解释等情。据此,事关适用法律疑问,理合电请钧院俯赐解释,以便饬遵。署甘肃高等法院院长曾友豪叩阳印

## 院字第一一八九号

### 二十四年一月十一日　司法院电江西高等法院首席检察官　附原电

江西高等法院林首席检察官览,二十二年十一月祝前首席检察官支代电请解释刑诉法各疑义一案,业经本院统一解释法令会议议决,(一)连续犯属于同一事件,检察官先经发觉,其一部经起诉判决确定后,其续发之部分依刑诉法第二四三条第二款及第二四四条第一款之规定,应不起诉;(二)提起再审无停止行刑之效力,在再审裁定以前,应否停止执行,该管法院检察官有斟酌之权。合电知照。司法院真印

**附原电**

司法院院长居钧鉴,兹有法律问题数点谨列举如下:(一)以概括意思继续而为抢夺及窃盗之行为,依最高法院十八年上字第八零七号判例,应以连续犯论。如果所犯抢夺及窃盗罪抢夺先发已经确定审判窃盗续发,能否视为轻罪吸收于重罪内而置窃盗于不问,抑据《刑事诉讼法》第二百六十一条第一项意旨,对于后发之窃盗不予起诉?反之,如窃盗先发已经确定审判,然后发觉较重之抢夺罪,又应如何办理?(二)提起再审无停止执行刑罚之效力,而检察官于再审之裁定前,得命停止,此为《刑事诉讼法》第四百四十八条所规定,如有受死刑之谕知而提起再审,则检察官为慎重人命起见,自应停止执行。但如受刑人明知不合于法定再审条件而捏造事实或证据提起再审,甚至经法院驳回后,复提起抗告或经再审法院更为审判确定后,又提起再审反复循环,以为拖延之计,势必无执行之日。似此情形,经该管法院检察官认为显无再审理由者,能否不待法院依《刑事诉讼法》第四百五十三条,以裁定驳回径予执行或于法院裁定驳回后不待抗告,法院裁定提前执行或于再审法院更为审判,并经部复准后,该受刑人又提起再审,即不予停止执行,抑或另有其他限制或救济办法?悬案待决,恳即解释示遵。江西高等法院首席检察官祝谏叩支印

## 院字第一一九〇号

### 二十四年一月十一日　司法院指令湖北高等法院　附原呈

呈悉,业经本院统一解释法令会议议决,兼理司法之县政府审判地方管辖之刑事案件,未经声明上诉者依法既应覆判,则在覆判未终结以前,关于附带民事部分之执行,自可参照《民事诉讼执行规则》第五条但书办理。合行令仰转饬知照。此令

**附原呈**

案据宜城县承审员彭延寿呈称,窃最近办理民事执行案件有法律疑义一则,即兼理司法之县政府受理地方管辖之刑事案件,被害人提起附带民事诉讼请求赔偿损害,经同时为科刑并认请求为有理由之判决,被告对刑事及附带民事部分均未提起上诉,乃民事原告人于覆判终结前,以被告对附带民事部分未经提起上诉,向原县声请强制执行,原县应否开始强制执行,兹有二说:(甲)谓因犯罪而受损害之赔偿请求所提起之附带民事诉讼,应为其科

刑之刑事判决所拘束，刑事判决既尚待覆判审裁判，是有罪与否尚未确定。若即开始执行，设因覆判结果致被告之犯罪为不能证明或无责任，此时民事部分之执行，岂非徒滋纠纷？应依《民事诉讼执行规则》第五条及《补订民事执行办法》第五条后段，或以职权或因声请为停止强制执行之裁定。（乙）谓县判之应经覆判者，以地方管辖之刑事案件为限，《覆判暂行条例》规定至明。民事部分既逾上诉期间未提起上诉，即属判决确定，且就《民事诉讼执行规则》第五条及《补订民事执行办法》第五条前段观之，有回复原状及再审声请时，尚不停止强制执行，此种判决应即开始强制执行？二说未知孰是，若以甲说为是，设当事人不提出相当确实保证又将如何办，理合具文电请钧院鉴核俯准转请迅赐解释示遵等情。据此，理合呈请钧院迅赐解释俾转令遵照，实为公便。谨呈

**院字第一一九一号**

**二十四年一月十一日　司法院指令浙江高等法院　附原呈**

呈悉，业经本院统一解释法令会议议决，公司法第二百三十一条至第二百三十三条所规定之罚金及徒刑系属特别《刑法》法院，依各该条处罚时，除得由被害人提起自诉外，应经检察官起诉。合行令仰转饬知照。此令

**附原呈**

案据衢县分院首席检察官陈世镕有代电称，设有甲某违反公司法应依该法第二百三十一条至第二百三十三条处罚时，应否由检察官起诉，抑径由刑庭处罚？案关法律疑问，祈指示祇遵等情到处。案关法律疑义，理合备文呈请鉴核迅赐解释，俾便饬遵，实为公便。谨呈

**院字第一一九二号**

**二十四年一月十一日　司法院训令广西高等法院首席检察官　附原函**

为令知事，该首席检察官呈最高法院检察署，为苍梧地方法院检察官转请解释刑事诉讼程序疑义一案，业经本院统一解释法令会议议决，第一审并合论罪之案件，经被告全部提起上诉后而第二审法院即将原判决全部撤销，纵令其主文仅就其中之一部分谕知罪刑，其他部分并未于主文内明白宣示，但该判决理由内既明认其他部分之上诉为有理由，自属已经裁判而与漏判之情形有异，迨判决确定后，如发见违法，只能依非常上诉程序救济，不得请求再审。合行令仰转饬知照。此令

**附原函**

径启者，案据广西高等法院首席检察官陈锡珣呈称，案据苍梧地方法院首席检察官胡家又呈称，兹据职院检察官刘军冠呈称，查《刑事诉讼法》第三百八十五条第一项规定，第二审法院认为上诉有理由者，应将第一审判决中上诉之部分撤销更为判决，其上诉无理由而原审判决确系不当者亦同。又第三百七十九条规定，第二审程序除本章有别特规定外，准用第一审审判之规定足见，第二审认为上诉有理由或无理由而原判确有不当业经撤销者，

不论有罪无罪,抑或免诉不受理,均应更为判决,且其判决必须依据同法第一百八十一条、第一百八十二条、第一百八十三条、第三百二十一条,非但须制作判决书,而其判决书内更须将谕知有罪无罪或免诉不受理等之宣示,在判决主文事实理由之内分别记载明白,方符现行刑诉法规,此参阅历年大理院及最高法院之判决,关于主文事实理由之记载本甚明显。兹设某甲因犯强奸与窃盗两个行为,经第一审法院并合论罪各科有期徒刑若干年,嗣该某甲全部不服上诉于第二审法院判决,其判决将原判决全部撤销。撤销后,仅对并合论罪中之窃盗部分减处有期徒刑若干,对于强奸部分究竟有罪无罪,抑或免诉不受理,并未依法在其主文之内一并宣判。查其理由记载亦只认被告关于强奸上诉尚有理由,然其所谓有理由者,更未将其认定之由。依法论断,在此场合,关于强奸部分能否认其撤销之后尚未判决声请补判?如须认,其业经判决而其判决在确定之后,除得声请提起非常上诉撤销原判外,可否以被告不利益请求再审或有其他方法可资救济?事关法律疑义,未敢擅断,理合备文呈请钧座鉴核恳予转请迅赐解释,以资遵循等情前来。案关法律疑义,理合具文转呈钧处察核俯准转请解释示遵,实为公便等情到处,理合具文呈请钧长察核俯赐转院解释示遵等情。据此,相应函请迅予解释径复并见示备查。此致

**院字第一一九三号**

**二十四年一月十一日　司法院训令河南高等法院首席检察官　附原函**

为令知事,该首席检察官呈最高法院检察署转请解释,牵连案件如何办理疑义一案,业经本院统一解释法令会议议决,伤害与强奸及伤害与抢夺之牵连案件,第二审本不属地方法院管辖,地方法院于发见牵连情形后为管辖错误之判决,并非违法不生非常上诉问题。至高等法院前所为发回或管辖错误之判决,既因未发见强奸或抢夺之牵连部分所致,即属事实问题,并非法律上见解,地方法院自不受其拘束。合行令仰知照。此令

**附原函**

径启者,案据河南高等法院首席检察官傅廷桢卅代电称,最高法院检察署检察长郑钧鉴,设有伤害强奸牵连案件,经兼理司法县政府第一审堂谕判决,被告上诉地方法院仅就伤害部分为第二审判决被告上诉,高等法院又为发还更审之三审判决,地方法院于更审时发现本案尚有强奸部分,第二审应属高等法院管辖而为管辖错误之判决,对于此项案件如何办理遂生两说:(甲)谓地方法院管辖错误之判决,于下级法院不得违背上级法院之法律上见解之通常法例不合,应依非常上诉程序撤销,交由地方法院依照刑诉第三八五条第三项办理;(乙)谓上级法院不受下级法院裁判之拘束,业经院字第八八二号解释,本案应由高等法院径以命令发交地方法院更审。两说孰是,应请解释者一。又有兼理司法县政府第一审判决刑事案件,告诉人不服,呈由检察官上诉于高等法院,高等法院以伤害案件第二审应属地方法院管辖,为管辖错误之判决,发交该管地方法院办理后,地方法院以本案尚有抢夺部分,第二审应属高等法院管辖又为管辖错误之判决。此案如何办理,亦有两说:(甲)谓高等

法院审查既欠周详,应依非常上诉程序撤销,由高等法院为第二审判;(乙)谓通常法例下级法院不得违背上级法院之法律上见解,上级法院不受下级法院裁判之拘束,既经院字第八八二号明白解释,高等法院应将本案以命令发交地方法院,依刑诉法第三八五条三项办理。两说孰是,应请解释者二。悬案待决,乞迅核转解释电示祇遵等情。据此,相应函请迅予解释径复,并见示备查。此致

**院字第一一九四号**

**二十四年一月十二日　司法院指令江苏高等法院　附原呈**

呈悉,业经本院统一解释法令会议议决,《禁烟法》第七条之器具以专供吸食鸦片者为限,吸用鸦片代用品之红丸所使用之器具不包括在内,其制造或贩卖之者,除有帮助他人使用鸦片代用品之故意与行为,应成立该罪之从犯外,法无处罚明文,应不为罪。合行令仰转饬知照。此令

**附原呈**

案据溧阳县县长陈复呈等,查现时社会上麻醉毒品以红丸最为流行,其为害社会较鸦片尤甚吸食之者,用枪用灯与吸食鸦片无异。此项枪灯亦系专供吸食红丸之器具,但制造贩卖之者,究竟应否科以刑罚?解释《禁烟法》则不无疑义。查社会上普通红丸,其所含成分与鸦片所含成分并不相同(抄呈司法行政部法医研究所公字第一五四号公函)。此项红丸似在《禁烟法》第一条第二项规定鸦片代用品之列,而同法第七条之规定则仅及于专供吸食鸦片之器具。此外,亦无关于处罚制造贩卖专供使用鸦片代用品器具之规定、制造、贩卖之者自难论科以罪刑,此一说也。又查司法行政部法医研究所复函内亦云,社会上普通红丸亦有含有鸦片烟膏,红丸之害既甚于鸦片。为贯彻国家厉行禁烟之政策起见,于鸦片之意义,自应为扩张之解释,认为制造贩卖吸食红丸之器具,亦系犯《禁烟法》第七条之罪。依该条规定予以处罚,其已制片或贩卖之器具,亦应依同法第十四条予以没收,此又一说也。究以何说为是,不无疑义,现时本府即有与此问题有关系之案件急待解决,理合呈请转请解释等情并呈送抄呈司法行政部法医研究所公字第一五四公函一份到院。据此,事关解释法律疑义,理合具文连同原送公函呈请钧院解释示遵,以便转令遵照,实为公便。谨呈

**院字第一一九五号**

**二十四年一月十三日　司法院电广东高等法院　附原电**

广东高等法院院长览,上年九月寒代电悉,所请解释《刑法》第二百四十四条疑义一案,业经本院统一解释法令会议议决,《刑法》第二百四十四条之夫妻关系,指已结婚之夫妻关系而言。合电知照。司法院文印

**附原电**

南京司法院钧鉴,查《刑法》第二百四十四条之妨害风化罪,虽规定系以误信有夫妻关

系为成立要件。惟适用时仍有疑问:(甲)说谓法文上之夫妻关系,指已结婚之夫妻而言,即以诈术使妇女误认自己为已结婚之夫而听从奸淫,方成立本罪。例如,某甲冒认某乙之夫,以诈术使某乙误信而听从奸淫是也。(乙)说谓夫妻关系,应从广义解释。例如,某甲以诈术与某乙伪订婚约,或许以结婚使某乙误信已有夫妻关系而听从奸淫,亦应成立本罪。究以何说为是,理合电请解释示遵。广东高等法院院长谢瀛洲叩寒印

**院字第一一九六号**

**二十四年一月十二日　司法院函铁道部　附原函**

径复者,查贵部上年业字第四九二三号公函致最高法院,为运输雀牌是否合法行为请解释见复一案,业经本院统一解释法令会议议决,雀牌除用以赌博财物应认为赌博之器具外,其单纯由铁路运输者,法无处罚明文,自不含有违法性。相应函复贵部查照。此致

**附原函**

案据陇海铁路管理局电称,本月蒸日洛阳站运到上海联运包裹一件,经县政府稽查在站外查出内装雀牌四十副,系属赌具之一种。惟铁路对于此项物品应否拒运,并无明文规定,拟请由部规定办法通令各路俾有遵循等情。查雀牌一项年来我国输出外洋者甚钜,西洋之扑克牌进口亦然,而海关并未禁运。凡此均为事实,以法律言,不以金钱为目的者,不能成为赌博。按之法律意义,既无赌博行为,原不得视为赌具。惟此项雀牌,如经由铁道连输,究竟是否合法行为,用特咨询贵院依法解释见复过部,以凭核办,至纫公谊。此致

**院字第一一九七号**

**二十四年一月十二日　司法院咨行政院　附原咨**

为咨复事,准贵院上年八月十四日咨(第一六四号)开,据财政部呈请解释匿报契价责任疑义,咨请查照见复等由,业经本院统一解释法令会议议决,来咨所述匿报契价之责任,应属于死亡之甲。相应咨复贵院查照饬知。此咨

**附原咨**

案据财政部呈称,案准河北省政府第一零五二号咨开案据财政厅呈称,兹有甲乙二人,甲为乙之伯父,于同居时,经甲以价银若干元买得房院一处,立有文契载,甲为买受人。及赴县投税时,则减写契价实匿价在十分之五以上,嗣甲乙分居,此项房院分归乙手后,有人以匿报契价将乙举发时,甲已死亡,究竟此项匿价责任应属于死亡之甲,抑应由现在管业之乙负担,于此有二说焉:(一)则谓匿价系甲所为其责任,应由甲个人负之,甲既死亡责任即随之消灭,不能再由他人代负。现虽发现匿价,因责任主体消灭,自应免予置议。(一)则为匿价虽为甲个人行为而所买之产,既为其一家所共有,匿价省税之利益亦为其一家所同享。所有匿价责任,亦应由其一家共同负担。现在产归乙有,自应由乙负责补税认罚,再由乙向其家族各股要求均担,以昭公允。以上二说,未知孰是,事关法律疑义,未敢擅专,理合备文

呈请鉴核俯赐解释，俾便遵循等情。据此，相应咨请查照解释，以凭饬遵等因。准此，查此案关系法律解释，本部未便擅断，理合据情呈请鉴核俯赐转咨司法院予以解释等情。据此，除指令外，相应据情咨请贵院查照解释见复，以便饬遵。此咨

**院字第一一九八号**

**二十四年一月十二日　司法院电广西高等法院　附原电**

广西高等法院院长览，上年七月支代电悉，所请解释声请再议疑义一案，业经本院统一解释法令会议议决，对于检察官不起诉处分得声请再议者以告诉人为限，税关发见商人行使伪造税票，函请该管检察官侦查，乃属刑诉法第二二二条之告发性质，自无声请再议之权。合电知照。司法院文印

**附原电**

南京司法院院长居钧鉴，兹有商人甲行使伪造税票被税关发觉，函请当地检官侦查结果为不起诉处分，于此场合，该税关主管公务员能否声请再议，现有二说：(一)谓税关举发此种犯罪，系根据刑诉法第二二二条而为告发，不能认为告诉依同法第二四八条第一项，得为再议声请者，以告诉人为限，该税关主管公务员，自不得声请再议；(二)谓行使伪造公文书，系侵害国家法益主管机关，以代表国家资格举发其罪，应认为告诉，不得泥于同法第二二二条之规定而认为告发，且此种案件不许主管机关有声请权，则处分错误即无法救济，尤背有罪必罚之旨，该税关主管公务员自得声请再议。二说孰是，事关法律解释，理合呈请解释令遵。广西高等法院院长朱朝森呈支印

**院字第一一九九号**

**二十四年一月十二日　司法院电湖北高等法院　附原电**

湖北高等法院史院长览，上年九月东代电悉，巴东县承审员转请解释《刑法》条文适用疑义一案，业经本院统一解释法令会议议决，本件除第一问系属具体事实，按照《司法院统一解释法令及变更判例规则》第三条第二项规定，应不解答外，第二问关于《刑法》之减轻，只须援用减《刑法》条即不说明减轻分数及减轻后刑之限度，亦非违法。合电转饬知照。司法院文印

**附原电**

南京司法院院长钧鉴，案据巴东县承审员王章本年八月马代电称，兹有甲乙失窃延请巫师作法指称，系丙丁所盗竟率众侵入丙丁住宅，将其吊拷勒令赔偿。关于甲乙罪刑部分，分下二说：(甲)说谓甲乙共同侵入丙丁住宅，将丙丁吊拷勒令赔偿之所为，系欲达恐吓使人交付所有物之目的伤害人之身体，乃欲达该目的之手段。是盖以犯恐吓罪之方法或其结果而犯侵入住宅暨伤害之罪，依《刑法》第七十四条应从一重之恐吓罪处断。(乙)说谓甲乙非刑吊拷剥夺人之自由，系以强暴胁迫使人行无义务之事，依《刑法》第七十四条应依同法第

三百十六条第一项、第三百十八条第一项,较第二百九十三条第一项,从一重之伤害罪处断,而不应以《刑法》第三百二十条第一项与第三百七十一条第一项拟处。以上二说,究以何说为当,此应请解释者一也。再查《刑法》第八十条第二项载,无期徒刑减轻三分之一者,为十年以上;十五年以下有期徒刑减轻二分之一者,为七年以上;十二年以下有期徒刑,是明示减轻时,应说明以上、以下期限之范围。再就该范围内定其刑期,假如法院判决时仅说明减轻,而不说明减轻之分数及以上、以下期限之范围,关于此点,亦分两说:(甲)说谓《刑法》第八十条第二项之规定,系明示减轻之方法,法院判决应仿此例说明减轻之分数及以上以下期限之范围,再就该范围内酌定刑期,否则可以任意伸缩即为违法。(乙)说谓仅说明减轻无庸说明减轻分数及以上、以下期限之范围,二说究以何说为是,此应请解释者又一也。如假定以甲说为是,但《刑法》分则关于有期徒刑最高度刑之规定各有不同,有六月以下者,有一年以下者,亦有二年、三年、五年、七年、十年、十二年、十五年以下者,关于各该条减轻三分之一或二分之一时,以上、以下期限之范围最易淆混,可否逐一列举,俾便遵循,理合代电呈恳转请解释令遵等情到院,理合转电钧院鉴核解释示遵,俾便转令依照办理,实为公便。湖北高等法院东印

**此处删去一条。**

**院字第一二〇一号**

**二十四年一月十四日　司法院电甘肃高等法院　附原电**

甘肃高等法院曾院长览,上年二月冬代电悉,所谓解释覆判程序疑义一案,业经本院统一解释法令会议,议决覆判及初审第二次判决,均经非常上诉撤销。应将初审第一次判决呈送覆判。合电知照。司法院寒印

**附原电**

南京司法院居院长钧鉴,窃查刑事案件,原审司法公署对于同一被告、同一犯罪事实先后两次重复判决,覆判审误就第二次判决予以核准,经非常上诉审撤销覆判,及原审第二次判决后,覆判审之检察官根据原审第一次判决送请覆判,于此发生法律疑问,有二说焉:(甲)说,非常上诉判决之效力以不及于被告为原则。苟非原审判决有不利于被告者,无论判决程序违法,均于被告殊无若何影响。此为《刑事诉讼法》第四百三十九条各款及第四百四十条所明定,故既经非常上诉审,将覆判程序违法及原审程序违法之判决概予撤销,则原审第一次判决自属有效,且所处罪刑并无不利于被告之处,早已执行在监非常上诉审之判决主文,又无其他谕知,此际只应依原审第一次判决继续执行,不应再送覆判,致蹈重复之嫌。(乙)说,本案依《覆判暂行条例》第一条第一项之规定,原系应送覆判之案,非常上诉审既将覆判违法及原审违法各判决予以撤销,是本案等于未经覆判。原审第一次判决固属有效,但未履行覆判程序,显于上开覆判法条有所违背,不得谓该判决已属确定,断难执行,仍

应依法覆判，以求适当各等语。未知孰是，事关法律疑问，合肃代电恳赐解释示遵，实为公便。署甘肃高等法院院长曾会友豪叩冬印

**院字第一二〇二号**

**二十四年一月十四日　司法院电四川高等法院　附原电**

四川高等法院院长览，上年一月漾代电悉，所请解释上诉管辖疑义一案，业经本院统一解释法令会议议决，查妨害名誉罪之自诉案件，系属初级管辖，被告在辩论终结前，对于自诉事件提起。诬告之诉，依《刑事诉讼法》第三百五十六条，既应于受理自诉之法院提起，则该案第一审仍属初级管辖。其判决后提起上诉，应由地方法院之合议庭受理。合电知照。司法院寒印

**附原电**

南京司法院钧鉴，兹有妨害名誉罪之自诉案，被告并提起诬告之诉，经自诉法院判决，均予宣告。无罪自诉人对于被告妨害名誉之无罪判决，提起上诉。其上诉第二审管辖，究应属于高院或属于地院之合议庭，恳请迅赐解释，电复遵办。四川高等法院叩样印

**院字第一二〇三号**

**二十四年一月十四日　司法院指令浙江高等法院首席检察官　附原呈**

呈悉，业经本院统一解释法令会议议决，(一)出版法第十三条第一项所称之检察署，包括各级检察机关在内。(二)刑诉法并无征收勘验费用之规定，关于附带民诉必须履勘时，自难比照独立民诉征收费用，合行令仰转饬知照。此令

**附原呈**

案据江山县法院首席检察官何立言呈称，窃查职处现有法律疑义数则：(一)出版法第十三条第一项之检察署，是否包括各级检察处在内，抑单指最高法院之检察署而言？(二)刑诉法第五百零七条附带民诉之诉讼程序，准用《刑事诉讼法》，刑诉法无规定者，准用《民事诉讼法》，设在刑事诉讼中，对于附带民事诉讼部分必须履勘之时，应否依照民事诉讼征收履勘费用？以上二点，均不无疑义，理合具文呈请鉴核示遵，俾资依据等情。据此，案关法律疑义，除指令外，理合转呈钧院鉴核，赐予解释，以便饬遵。谨呈

**此处删去一条。**

**院字第一二〇五号**

**二十四年一月十七日　司法院电浙江高等法院　附原电**

浙江高等法院郑院长览，二十二年十一月巧代电悉，桐乡县县长转请解释《禁烟法》第十一条疑义一案，业经本院统一解释法令会议议决，吸食鸦片有瘾人犯，送入戒烟所。施戒

系属行政处分,其判处之罚金刑,不能以在所之施戒日期折易计算。合电转饬知照。司法院筱印

**附原电**

南京司法院院长钧鉴,案据兼理司法桐乡县县长沈光熊鱼代电内称,查缉获吸食鸦片犯,依《修正禁烟法》第十一条,分别判处徒刑或罚金后,均须提送戒烟所戒烟。惟判处徒刑人犯在戒烟所施戒日期,应作执行日期计算,曾见钧院明令遵办在案。但判处罚金人犯在戒烟所施戒,其日期可否准予折抵,作为罚金折易监禁计算,未敢擅断,请指示祇遵等情。据此,案关法令疑义,理合转请钧院解释令遵。浙江高等法院院长郑文礼巧印叩

**院字第一二〇六号**

**二十四年一月十七日　司法院训令江苏高等法院首席检察官　附原函**

为令知事,该法院王前首席检察官呈,最高法院检察署为武进县法院首席检察官转请解释撤销缓刑宣告疑义一案,业经本院统一解释法令会议议决,缓刑期间,应自裁判确定之日起算。裁判未确定前,虽更犯罪,受有期徒刑以上刑之宣告,仍与《刑法》第九十一条第一款所谓缓刑期内之条件不合,自不得撤销前案缓刑之宣告。合行令仰转饬知照。此令

**附原函**

径启者,案据江苏高等法院首席检察官王思默呈称,呈为转请解释法律事。窃据武进县法院首席检察官杨孔羲呈称,窃查某甲犯贩卖鸦片罪,判处有期徒刑一年,缓刑三年。检察官不服,宣告缓刑。提起上诉中,某甲又犯贩卖鸦片代用品罪,判处有期徒刑一年,并科罚金五百元,确定执行在案。前案上诉,结果将上诉驳回,仍维持缓刑。又经确定关于缓刑应否撤销,分甲、乙两说。(甲)说,查《刑法》第九十一条,受缓刑之宣告而有下列情形之一者撤销。其宣告司法院第三八七号解释缓刑之宣告,系别乎刑之执行而言。上开某甲前案缓刑业已宣告,虽未确定,又犯徒刑以上之刑。后案确定,则前案缓刑依刑诉法第四百九十七条应声请撤销。(乙)说,查缓刑之撤销,于缓刑期内更犯罪受有期徒刑以上刑之宣告为要件,为《刑法》第九十一条第一款所明定。某甲前案宣告缓刑,在上诉中又犯有期徒刑,并非在缓刑期内所犯。前案缓刑虽已确定,不能予以撤销。二说未知孰是,悬案待决,呈祈转请解释令遵等情。据此,事关法律疑义,理合具文转呈,乞迅核转解释,电示祇遵等情。据此,相应函请迅予解释径复,并见示备查。此致

**院字第一二〇七号**

**二十四年一月十八日　司法院咨行政院　附原咨**

为咨复事,准贵院上年二月三日咨(第一五号)开,据山西省政府呈请解释行政执行法第四条疑义,请查照见复等由,业经本院统一解释法令会议议决,(一)依行政执行法第四条科处罚锾,只得就其财产为强制执行,被罚人抗不交纳或无力交纳者,均不得折易劳役或拘

留。(二)依行政执行法第四条第一款处罚后,仍不为其行,为时自得再行处罚。相应咨复贵院查照饬知。此咨

**附原咨**

案据山西省政府呈称,案查前奉钧院零零二九七号训令,以行政执行法业经制定,明令公布,饬即通饬知照等因一案,业经通饬知照在案。兹据警务处呈称,案据襄陵县公安局长刘树模等先后呈略称,依据行政执行法第四条第一、二两款,处以罚锾后,如被罚者抗不交纳,或无力交纳时,可否折易劳役或拘留。又依据同法第四条第一款,处罚后仍不遵照履行者,能否再行处罚,请鉴核示遵等情。据此,查所称各节,均无明文规定。事关解释法令,职处未敢擅专,理合具文呈请俯准解释示遵施行等情。据此,案关法律解释,理合据情呈请钧院鉴核,俯赐解释,以便饬遵等情。据此,案关法令疑义,除指令外,相应咨请贵院查照解释见复为荷。此咨

**院字第一二〇八号**

**二十四年一月十九日　司法院指令江苏省地方公务员惩戒委员会　附原呈**

呈悉,业经本院统一解释法令会议议决,依法由乡民大会选出之正副乡长,经县长择任后,办理乡公所自治事务,即系依法令从事于公务,自应认为行政法上之公务员,与旧设村长原无法令之依据者显属不同。合行令仰知照。此令

**附原呈**

呈为呈请解释乡长、副乡长是否为公务员,仰祈鉴核示遵事。窃职会奉令发监察委员王广庆弹劾灌云县第六乡乡长于庆先、副乡长王茂庭挟嫌滥捕,藉端索诈一案,依照公务员惩戒法第二十二条办理等因,遵经饬具申辩书在案。查最高法院上字第一五二四号判例,村长非《刑法》上之公务员,不能因身分加重科刑,究竟依县组织法第四十五条,由乡民大会选出加倍人数,报由区公所转请县长择任之。乡长、副乡长是否为行政法上之公务员,不无疑义,理合具文呈请钧院俯赐解释示遵,实为公便。谨呈

**院字第一二〇九号**

**二十四年一月二十九日　司法院咨行政院　附原咨**

为咨复事,准贵院二十二年十二月二十九日咨(第三一四号)开,据实业部呈请解释公司清算疑义,请查照见复等由,业经本院统一解释法令会议议决,公司解散前不适用清算之规定。相应咨复贵院查照饬知。此咨

**附原咨**

案据实业部呈称,查公司法对于各种公司之清算均已分别规定手续,惟公司何时得行清算则有疑义。公司法关于清算之条文虽屡涉及公司之解散,然是否必须公司决定解散后方得为之,尚无明文规定。如公司未经决定解散仍得清算,此种清算是否适用公司法关于

清算之一切规定,亦属疑问。兹以本部办理公司案件发生此项问题,理合呈请钧院转请司法院解释,咨复令遵等情。据此,事关解释法律,除指令外,相应咨请贵院解释。见复。此咨

**院字第一二一〇号**

**二十四年一月二十九日　司法院指令浙江高等法院　附原呈**

呈悉,业经本院统一解释法令会议议决,重婚原为现行法律所禁止,但依现行法律,不以其行为为无效。虽经判处罪刑,在未有利害关系人依《民法》第九百九十二条规定向法院请求撤销以前,其婚姻关系仍属存在,合行令仰转饬知照。此令

**附原呈**

案据兼理司法海盐县县长孙熙鼎呈称,窃查《民法》第九百八十五条规定(有配偶者不得重婚),又同法第九百九十二条规定(结婚违反第九百八十五条之规定者,利害关系人得向法院请求撤销之)各等语,是重婚并非当然无效,尚有待于利害关系人之请求,始得撤销。设有甲男与乙女因重婚经法院判罪执行完毕后,并无利害关系人请求撤销,甲、乙仍然同居。此时甲、乙间之夫妇关系,是否继续存在?如认为继续存在,似与《刑法》处罚重婚之本旨相抵触。如认为当然消灭,则又与《民法》第九百九十二条之规定不符,适用上不无疑义,请核示祗遵等情。据此,案关法律疑义,理合转请解释,仰祈钧院鉴核,俯赐指令,以便饬遵。谨呈

**院字第一二一一号**

**二十四年一月二十九日　司法院指令河北高等法院　附原呈**

呈悉,业经本院统一解释法令会议议决,不动产质权及物权编施行前习惯相沿之物权,在物权编施行前发生者,依《民法》物权编施行法第一条规定,不适用《民法》物权编之规定。若依不动产登记条例而为登记,自仍得生对抗之效力。若其发生在物权编施行以后,既非法律规定之物权,则依《民法》物权编第七百五十七条不得创设,自不能依登记而发生物权对抗之效力。合行令仰转饬知照。此令

**附原呈**

呈为转呈事。案据天津地方法院院长周祖琛呈称,查《不动产登记条例》第三条第一项规定,不动产下列权利之设定、保存、移转、变更、限制处分或消灭,应为登记:(一)所有权;(二)地上权;(三)永佃权;(四)地役权;(五)典权;(六)抵押权;(七)质权;(八)租借权等语。惟该条第一项第七款质权,在现行《民法》物权编并未规定,声请登记人等时有询问,质权经过登记后,在诉讼上能否发生物权登记效力等语。职院登记处虽根据《不动产登记条例》规定办理,认为有效,但究与物权编之明文不符。此项权利在人民习惯上设定契约,声请登记者数见不鲜,究应如何办理之处,请鉴核示遵等情到院。窃查《不动产登记条例》第

四条,习惯相沿之物权,其名义与前条第一项所列不符,依其性质得认定为一种者,应从其性质登记,仍添注原有名义;若不能认定者,应从原有名义登记。依此规定,不动产质权虽为《民法》物权编所未规定,似亦可以登记,且发生对抗第三人之效力。惟事关法律解释,未敢擅便,理合具文,呈请钧院鉴核示遵。谨呈

**院字第一二一二号**

**二十四年一月二十九日　司法院指令河北高等法院　附原呈**

呈悉,业经本院统一解释法令会议议决,执行异议之诉,系由该执行之本案相连而生,乃对于执行之标的排除其强制执行为其权利保护之方法,故该债权人虽系有领事裁判权国之人,亦得依法以之为被告提起诉讼。合行令仰转饬知照。此令

**附原呈**

呈为转呈事。案据天津地方法院院长周祖琛呈称,《民事诉讼执行规则》第五十四条第一项规定,第三人如对于强制执行之不动产有权利者,须于强制执行之终结前,向执行法院对于债权人提起异议之诉云云。设若其债权人为享有领事裁判权之外国人,第三人可否向执行法院对其提起异议之诉?若依被告得对于有领事裁判权外国人之原告提起反诉之成例参酌,似可为肯定解释。事关法律疑义,未便率断。为此呈请钧院鉴核,转请解释,以便祗遵等情到院。理合具文,呈请钧院鉴核示遵。谨呈

**院字第一二一三号**

**二十四年一月二十九日　司法院指令广西高等法院　附原呈**

呈悉,业经本院统一解释法令会议议决,婚姻关系,于依法定方式结婚后,方为有效成立。仅订立婚约,尚未依法定方式结婚,而订立该婚约之当事人一方又与他人订立婚约结婚,其他之一方倘未依《民法》第九百七十六条第一项第一款规定解除婚约,仍与之正式结婚,则后之结婚者,即属重婚。在婚姻关系之当事人未依法请求撤销或离婚以前,其婚姻关系尚属存在,则其已成立婚姻关系之当事人,均取得法律上配偶(即妻)之身分。合行令仰转饬知照。此令

**附原呈**

呈为呈请解释事。案据龙州地方法院院长陈文煊呈称,设有甲先与乙订婚未娶,复与丙结婚后,始行娶乙过门,彼此均认为妻。但吾国系采一夫一妻之制。关于丙之身份,有子、丑两说。(子)说,婚约订立之先后,与成立妻之身份无关,应以结婚之先后为准。依前大理院七年上字二八四号解释,后娶之妻不能取得妻之身份,可知以迎娶之先后为标准。即使乙先与甲订婚,但系后娶,即应认为无妻之身份。(丑)说,婚姻成立之前提要件先有婚约,故当以订约之先后为标准。丙既订婚在后,即使先乙而娶,亦与后娶无异,当然无妻之身份。以上二说,究以何说为是?事关法律疑义,理合具文呈请核示,或转请解释,再行示

遵等情。据此,事关法律疑义,理合据情呈请钧院察核,迅赐解释,俾便饬遵。谨呈

**院字第一二一四号**

**二十四年二月十二日　司法院指令湖北高等法院　附原呈**

呈悉,业经本院统一解释法令会议议决,来呈所称之典产,系于民国十年出典,虽议定三年赎取,依物权编施行法第十五条规定,应适用旧法规,即应依当时适用之《清理不动产典当办法》第八条所定自立约之日起,十年期限内准其随时告赎,逾限即不得告赎。至契载典价系属铜元,回赎时应按出典当时铜元与银元(即国币)时价折算银元,以为给付。合行令仰转饬知照。此令

**附原呈**

案据枝江县县长饶光亚呈称,为呈请解释事。例如甲方有房屋一栋,于民国十年出典,于乙方契载价值铜元二千串,议定三年赎取。彼时洋价每元一串五百文,共合洋一千三百三十余元。嗣后钱价日渐低落,甲方至今延不履行。赎取手续,以现时洋价合计,共计不满三百元。照原订契约,三年既未赎取,可否以绝产执行,即令乙方准其赎取。三年以内之损失,因受契约束缚,自应归乙方负责。然三年以后之损失,是否归甲方负赔偿之责,理合备文呈请钧院解释,或转请最高法院解释,出自钧裁,并乞指令祇遵等情。据此,理合呈请钧院迅赐解释,以便转令遵照,实为公便。谨呈

**院字第一二一五号**

**二十四年二月十八日　司法院指令山东高等法院　附原呈**

呈悉,业经本院统一解释法令会议议决,《私盐治罪法》第九条所谓供犯罪所用之物,以属于犯私盐罪者所有为限。该条上段已有明文,与《刑法》第六十二条第一项后段之意旨原无二致,合行令仰知照。此令

**附原呈**

案准财政部盐务稽核总所山东税警局第三零零号公函开,案据本局胶澳区督察官吴祖耀、区长马希曾呈称,窃查职区缉获私犯,送经青岛地方法院讯办之案,其供犯罪用之物,多依刑律时有发还之批判,不惟一般乡愚发生误会,而对于法院往返之公文益增烦琐。所以近日缉获私犯,讯据供称,其载运私盐之汽车、帆船等物,皆供为借自某人者,希图为将来发还之根据。长此以往,不仅与《私盐治罪法》第九条之规定不符,尤不足以儆大批犯私之枭匪。谨此备文呈请,可否转商山东高等法院,明白规定,通令各地方法院,凡系供犯罪用之物,无论其是租赁、是借用,既载运私盐被获,应依照第九条判处没收,以符定章而重威信等情。据此,查特别法优于普通法,为适用法律之原则,犯私盐罪者所有之盐及供犯罪用之物,应予没收。《私盐治罪法》第九条已有明白规定,乃青岛法院及其他地方法院、县法院对于各税警区移送审理缉获私盐案件内,关于供犯罪所用之车船骡马以及其他物品应予没收

部分,往往引用《刑法》第六十条及第六十二条第一项后段之规定,为不予没收之根据,而置特别规定之法条于不顾,不能不认为适用法则失当,应请贵院通饬各地方法院、县法院,对于各税警区部送请审办私盐案件内关于供犯罪用之物,不问是否属于犯人,务应依据《私盐治罪法》第九条之规定,一律予以没收,以资纠正而符法例。据呈前情,除指令外,相应函请查照办理,并见复为荷等由。准此,查来函所称各节,究竟应否受《刑法》第六十二条第一项后段之限制,事关法律解释,本院未便擅专,理合备文呈请钧院迅赐解释示遵,俾便分别函令遵照办理。谨呈

**附原呈**

案准财政部山东盐运使公署山东盐务稽核分所第七零六号公函略称,以据青岛支所助理员兼青岛坐办吴祖耀呈,青岛地方法院对于盐务机关送请审办之缉获私盐案内牲畜、车船等物,往往援用《刑法》第六十二条第一项后段规定,不予没收适用法则,违法呈请鉴核等情,函请通饬各级法院,嗣后对于盐务机关送请审办私盐案内所有供犯罪用之物品,不论是否属于犯人所有,悉应依照《私盐治罪法》第九条之规定,一律予以没收,以资纠正等由。准此,查案前准财政部盐务稽核总所山东税警局第三零零号公函,函同前情到院,当经本院于本年七月十日呈请解释在案。准函前因,理合备文呈请钧院鉴核,迅赐解释,指令祗遵,实为公便。谨呈

**院字第一二一六号**

**二十四年二月十八日　司法院函中央执行委员会民众运动指导委员会　附原呈**

径复者,准贵会二十二年第四五九八号公函开,准中央秘书处检送中华海员特别党部筹备委员会呈请解释海商法各疑义,请查照见复等由,业经本院统一解释法令会议议决,(一)船员在受雇期内死亡,或因执行职务致死亡者,海商法仅于第六十七条设有加给薪金之规定。在未规定有其他恤金以前,海员遇难丧生,只应依该条规定加给薪金。至《工厂法》第四十五条,海商法既未设此规定,船员自不得援以为例。(二)船员遇难致成残废者,在未有其他规定以前,应适用海商法第六十条至六十四条关于受伤之规定。(三)轮船中舱饭业两部船员,因习惯关系不给薪金者,倘有死亡,亦应依习惯办理。如依习惯系以其按月所得之利益作为其薪金,则得依海商法第六十七条,按其每月所可得之利益,自其死亡之日起比例加给,否则不得适用该条之规定。相应函复贵会查照转知。此致

**附原呈**

呈为呈请转行主管机关解释,俾资依循事。窃查海员服役轮舶,远涉海洋,其工作辛勤,固与普通工人相等,而工作环境,实较普通工人为劣。骇浪惊涛,摧舷折舵,生命危机,常突发于俄顷。不幸竟罹海难,逐流丧生者,固不必论,即倖逃一死,每多终成残废。迩来海上轮船失事,年必数起,关于海员因难丧生以及躯体受伤致成废之恤抚问题之争执,屡见不鲜。然揆于海商法关于上项事件之各项规定,类多挂漏含混,无法依循处理。兹将海商

法关于上项事件各条胪陈于后。(一)《海商法》第六十七条,船员不论其为按月或按航给薪,如在受雇期内死亡者,自死亡之日起,比照原薪加给三个月薪金;如因执行职务致死亡者,自死亡之日起,比照原薪加给一年薪金。查上项条文内载,因执行职务致死,是否包含海员遇难丧生意义在内之疑点。如包含有遇难丧生之意义,而本条文尾段之自死亡之日起比照原薪加给一年薪金之办法,又是否包括船员遇难抚恤金在内,亦属含义不明。假定认为可以包括抚恤金,然参证《工厂法》第四十五条第三项规定,对于死亡之工人,除给与五十元之丧葬费外,应给与其遗族抚恤费三百元及二年平均工资,是法律对于船员实嫌苛待。衡之人情习惯,船员从事工作无异于普通工人,而工作环境复远逊于普通工人,其因执行职务致死,恤给相差如是之巨,岂得谓平?抑是否有他依据?(二)《海商法》第六十条至第六十四条规定,船员因公受伤或致病医药等费之支给办法规定固明,然船员因遇难而致终身残废者复无规定,是否船身因遇难致成残废后之抚慰费另有规定?应请解释。(三)现有各轮船员中舱饭业两部,因习惯关系船舶,所有人向不给予薪给,假令该两部船员因遇难致死时,即依据《海商法》第六十七条之规定,加给一年薪金。惟该两部工人既向无薪给,即无比例,是否有其他补救办法,亦请指示。上列三点,为近来海难发生后劳资两造间所经见之纠纷中心,《海商法》既无法依援,纠纷乃乏公平处断之方。为此,谨将关于《海商法》第六十条至六十四条、六十七条所发生之疑义,备文呈请钧会转送主管机关解释,俾资依循而利工运,是为公便。谨呈

**院字第一二一七号**

**二十四年二月十九日　司法院咨行政院　附原咨**

为咨复事,准贵院上年六月八日咨(第一一一一号)开,据实业部呈请解释公司法第一百条、第三项疑义请查照见复等由,业经本院统一解释法令会议议决,股份有限公司发行股票,依公司法第一零九条、第一一四条,应在创立会完结并设立登记之后。同法第一百条系关于召集创立会之规定,其第三项所载发有无记名式之股票一语,系指认股书中注明将来填发此项股票者而言,不可因此认为召集创立会时即有发行股票之权。相应咨复贵院查照饬知。此咨

**附原咨**

案据实业部呈称,兹据中国企业经营股份有限公司呈称,呈为请求解释《公司法》第一百条第三项条文疑义,敬祈核示祗遵事。窃查《公司法》第一百条第三项下半节,关于创立会之决议,有其发有无记名式之股票者,并应将假决议公告之规定。而同法第一一四条又规定,公司非经设立登记后,不得发行股票。按此项设立登记,依法须由董事于创立会完结后十五日内向主管官署声请之。是创立会召集时,当无发行股票之可能。就上述之第一百条第三项下半节条文观之,又似创立会时即行发行股票为公司法所特许,不知立法原意如何,究应如何解释,方为适当。恳祈钧部俯赐核示,俾资遵循等情。据此,查《公司法》第一

百条第三项发有无记名式之股票一语，如与同项上段各认股人互参，似文字上难免引起误会。究应如何解释，以符立法原意之处，理合呈请钧院转咨立法院察核示遵等情到院。查照《司法院统一解释法令及变更判例规则》第三条之规定，本案应由贵院解释，除指令外，相应咨请查照解释见复，以便饬遵。此咨

**院字第一二一八号**

**二十四年二月十九日　司法院训令江西高等法院　附原函**

为令知事，该法院二十二年第六一八号公函致最高法院，为九江地方法院转请解释运送权涉讼关于诉讼标的价额计算疑义一案，业经本院统一解释法令会议议决，来函所称之运送权，于现行法律未有根据。其诉讼标的之价额，应依《民事诉讼法》第七十七条规定，由该管法院核定之。合行令仰转饬知照。此令

**附原函**

径启者，据九江地方法院院长夏全德代电称，查本院前以确认运送权事件，关于诉讼物价之计算，殊无标准，当经呈请钧长转请解释在案。旋奉钧院指令，以应就其所争部分之权利，据实估计其约值价额，以定管辖等因，奉此。惟查估计其所争部分权利之约值价额，究以一日所得之利益为准，抑以一月或一年或十年或一年所得利益之二十倍为准，仍属毫无标准。例如，某码头工人，每年运送货物所得之利益，约值一千二百元。若以一年所得利益为准，其诉讼物价为一千二百元；若以一月为准，则为一百元。因其计算标准之不同，而事物管辖亦有差异。又浔地各码头工头，常有本于运送权之作用，订立契约，让与各散工包做，而工头则按值抽收运送费几分之几。本院迭受理此项因抽收运送费发生争执之案件，其诉讼物价之计算，应以一年收益或一年收益二十倍计算，亦复毫无标准。理合电请钧长鉴核俯准，连同本院上次呈文，一并迅赐转请司法院解释示遵，实为公便等情到院。相应检同原呈，函请大院迅予解释，函复过院，以凭转饬知照。此致

**院字第一二一九号**

**二十四年二月十九日　司法院指令江苏高等法院　附原呈**

呈悉，业经本院统一解释法令会议议决，(一)《民法》物权编施行法第三条第一项所定之登记机关，现未设立。依法得请求登记为所有人之人，因该施行法施行之效力，于得请求登记之日，应依该施行法第八条规定，视为所有人。其原所有人之所有权，即同时随之而消灭。故在已经实行不动产登记制度之区域，依法应视为所有人之人，虽未为所有权保存登记，而已消灭所有权之原所有人不得对之为何主张。至视为所有人之人，得否以其所有权对抗第三人，则在已经实行不动产登记制度之区域，因《不动产登记条例》第三条、第五条之规定，非经保存登记不得对抗。(二)视为所有人之人，其所取得之所有权，系基于法律施行之效力。若为保存登记，应仅由登记权利人声请之。合行令仰知照。此令

附原呈

呈为呈请解释事。窃查钧院院字第二七四号解释内载,凡从前已经实行不动产登记制度之区域,关于已登记及未登记之效力,应仍暂援用从前施行之法令办理等语。设有某甲以所有之意思,二十年间和平、继续占有某乙之不动产,惟未向法院依现行法令登记。于此情形,某甲能否视为所有人?如能依《物权编施行法》第八条视为所有人,能否与某乙或其他第三人对抗?又如必须登记方能对抗,设某乙于某甲登记时表示反对,登记机关可否依一造声请为之?若登记机关拒绝登记,或故意延宕至第二审,辩论终结仍未完毕,法院可否于某甲声请时视为已得对抗某乙?本院对于是项问题,意见纷歧。事关法律疑义,理合呈请钧院解释示遵。谨呈

院字第一二二〇号

二十四年二月十九日　司法院指令江苏高等法院　附原呈

呈悉,业经本院统一解释法令会议议决,审判上之和解如已合法成立,诉讼即因之而终结,当事人自不得有所不服执行,法院并得依声请实施强制执行。倘有无效或得撤销之原因,现行法律就此未设何制限,自得随时声请继续审判。合行令仰转饬知照。此令

附原呈

呈为呈请解释事,案据铜山县县长佘念慈呈称,窃查民事案件,关于审判上之和解,当事人如有不服,依照最高法院二十一年抗字第七零九及第八七四号判例,得声请继续审判。惟究竟有无期间限制,颇滋疑窦。设无一定期间,则民事经和解后,岂非永远不能确定,而当事人之讼争,亦将永无终结之时。案关法律解释,未敢臆断,理合具文呈请钧长鉴核,乞予转呈鉴核示遵等情到院。事关法律疑义,职院未敢擅专,理合具文转呈钧院,迅赐解释,以凭饬遵。谨呈

院字第一二二一号

二十四年二月十九日　司法院训令江苏高等法院首席检察官　附原函

为令知事,该首席检察官呈,最高法院检察署为吴县地方法院检察官转请解释非常上诉应否停止执行原判一案,业经本院统一解释法令会议议决,原呈所称判处罚金刑之案件,为被告利益起见,而提起非常上诉者,无停止执行刑罚之效力。合行令仰转饬知照。此令

附原函

案据江苏高等法院首席检察官胡诒穀呈称,据吴县地方法院检察官呈称,查《刑事诉讼法》第四百七十六条内载,裁判于确定后执行之,但有特别规定者,不在此限等语。所谓特别规定者,除第四百八十五条、第四百五十四条第二项、第四百二十条第一项但书及第二项各规定外,其关于提起非常上诉案件,并无停止执行之特别规定。惟查同法第四百三十九条第一款但书规定及第四百四十条对于被告有利之判决,其效力应及于被告设有初级法院

管辖,不得上诉。于第三审法院之案件,经第二审判决后,呈请提起非常上诉,其原判谕知之罚金,究竟应否停止执行,不无疑义,理合呈请核转解释饬遵等情。据此,理合具文呈请鉴核,俯赐转请解释,电示祗遵等情。据此,相应函请迅予解释径复,并见示备查。此致

**院字第一二二二号**

**二十四年二月十九日　司法院指令四川高等法院　附原呈**

呈悉,业经本院统一解释法令会议议决,(一)该省习惯对期借约,届期付清利息。双方当事人既均认为继续借贷,则于届期付清利息之时,新契约即成立,自不发生时效问题。此项借约乃给付有确定期限之债权,倘届期未付清本息,而债权人不行使其请求权,则其原本之请求权消灭时效期间,应适用《民法》第一百二十五条之规定;其给付各期利息请求权之消灭时效期间,应适用第一百二十六条之规定。(二)对于财产上诉讼之第二审判决,因上诉所得受利益不逾三百元,除原法院以裁定特许上诉外,原不得上诉第三审。惟第二审法院于此项案件判决确定后所为驳回再审之裁定,当事人有所不服。现行法律未设何制限,对此裁定得为抗告,合行令仰转饬知照。此令

**附原呈**

呈为请求解释事。案据本院第一分院院长费有浚马代电称,查川省借钱,习惯通常虽于书立借约时,订明借至来年,对期(即一年)返还,但缔约双方当事人皆有如届期未还付原本,只须将利息付清,亦可不另换约,仍照原约继续借贷之默认。此种债权,倘过五年而不行使,请求权是否合于《民法》第一百二十六条所谓一年之定期给付债权,抑应照第一百二十五条办理?又依法不能上诉第三审之案件,经判决确定,其第二审法院所为驳回再审之诉之裁定,当事人可否得为抗告?以上所陈,悬案待决,理合恳请转请解释示遵等情。据此,事关法律疑义,职院未敢擅专,理合备文呈请钧院,俯赐解释,以凭饬遵。谨呈

**院字第一二二三号**

**二十四年二月二十一日　司法院电江苏省政府　附原电**

江苏省政府鉴,上年七月宥代电悉。所请解释《诉愿法》疑义一案,业经本院统一解释法令会议议决,县教育局径行呈报教育厅命令所为之处分,应认为教育局之处分。人民如有不服,应向县政府诉愿。县政府如认该诉愿为有理由,得以决定撤销原处分。合电知照。司法院马印

**附原电**

司法院钧鉴,查下级官署呈经上级官署指驳命令所处理之事项,应认为下级官署之处分,业经钧院院字第八零八号解释有案。倘人民不服县教育局,径行呈经教育应指驳命令所处理之事项,依照上开解释,当认为县教育局之处分,自应依照《诉愿法》第三条及钧院院字第三五四号解释之规定,向县教育局之直接上级官署县政府提起诉愿。惟县政府在行政

系统上,乃教育厅之下级官署。若县政府受理此种诉愿,认为诉愿有理由,而决定撤销原处分,则未免有违反厅令之嫌。解决之法,殊滋疑义,其说有四:(一)县政府既依法受理诉愿,可不受厅令之拘束,有决定撤消原处分之权;(二)县政府应受厅令之拘束,即可以奉厅令指驳,为维持原处分驳回诉愿之理由;(三)以县教育局为县政府之一部,对于此种情形,即认为系县政府之处分,而以教育应为受理诉愿官署,省政府为受理再诉愿官署;(四)即以此种情形认为教育厅之处分,以省政府为受理诉愿官署。上述四说,究以孰为适当,事关法律解释,理合电请迅赐示遵。江苏省政府主席陈果夫叩宥印

**院字第一二二四号**

**二十四年二月二十一日　司法院咨行政院　附原咨**

为咨复事,准贵院上年六月二十日咨(第一二一一号)开,据实业部呈请解释商会候补委员资格疑义,请查照见复等由,业经本院统一解释法令会议议决,商会之候补委员依《商会法施行细则》第十五条第一项之规定,遇有缺额,应依次递补,其任期以补足前任任期为限,则候补委员之候补期间,自应以其同期委员之任期为准。如于第一届会员大会改选半数时,其同期半数委员之任期尚未终了,则其候补委员虽尚未递补,无论已否续举为代表,而其候补期间尚未届满,要不得谓其候补资格之不存在。相应咨复贵院查照饬知。此咨

**附原咨**

案据实业部呈称,案据江苏全省商会联合会呈称,窃属会此次举行会员大会,依法抽签改选,曾于先期呈奉中国国民党江苏省党部、江苏省建设厅派员指导、监督各在案。查司法院二十二年院字第九一三号复中央民运会函,有"商会之候补执监委员依现行法既无改选半数之规定,第一次抽签改选执监委员时无庸改选"之解释明文。属会第一届候补执行委员除已递补二人外,仍余五人;候补监察委员除已递补二人外,仍余一人。既属无庸改选,自应仍旧存在。惟候补执委第一徐垚在上次大会时为高邮商会所派之出席代表,候补监委陆煦在上次大会时为东台商会所派之出席代表。此次大会,高邮所派代表三人中并无徐垚名字,东台则未派代表。所有徐垚、陆煦二人之候补执监委员资格,究属能否存在,理合呈请钧部明令解释,批示祇遵,实为公便等情。据此,查依《商会法》第十八条之规定,执监委员就委员代表中选任之。在第一次改选时,所有前次选出而未递补之候补委员,依司法院前项解释,固无庸改选。惟于举行改选之会员大会时,该候补委员未继续被举为派会员代表。被选为候补委员时,虽具有代表资格,而未及依法递补,即已失去其代表资格,能否仍为候补,按诸《商会法》第十八条之规定,实为疑义。事关法律解释,本院未敢擅拟。除批示外,理合具文呈请鉴核,转咨司法院解释示遵等情。据此,除指令外,相应咨请查照解释见复,以凭饬遵。此咨

**院字第一二二五号**

**二十四年三月四日　司法院咨国民政府西南政务委员会　附原咨**

为咨复事,准贵会二十一年九月二日咨(第二四号)开,据广东省政府呈请解释《广东惩办械斗暂行办法》条文疑义,请查照见复等由,业经本院统一解释法令会议议决,(一)《广东惩办械斗暂行办法》第三条所谓焚杀,系以聚众持械为要件,若仅于他人械斗之时为放火之行为而未加入械斗者,只成立《刑法》上普通放火之罪。(二)同办法第八条所载各该区乡内法定人民团体机关及族长、绅耆于该乡或毗连乡村族姓间发生械斗之酝酿时,应即切实调处,并呈报地方官署核办等语,系属训示规定。违背此项规定者,除具备《刑法》第一百六十二条之要件应依该条处断外,别无处罚明文,应不论罪。相应咨复贵会查照饬知。此咨

**附原咨**

为咨请事,案据广东省政府呈称,据民政厅长林翼中呈称,查《广东惩办械斗暂行办法》,前奉钧府转奉政治会议广州分会颁行下厅,业经令发所属遵办在案。查该办法第三条内载,凡乡村族姓间聚众持械互斗,或肆行焚杀,损伤生命财产,成为械斗时,应于下列处断。本条所指焚杀,是否以有持械情形,始能依照下列各项规定处断?如有并无持械,而于械斗时作放火之行为,若应如何办理,不无疑问。又该办法第八条内载,各该区乡内法定人民团体机关,如区乡事委员会、治安委员会各委员及团局长、保甲长之类,及族长、绅耆,于该乡或毗连乡村族姓间发生械斗之酝酿时,应即切实调处,并呈报地方官署。该办同条第二项内载,违背前项规定者,得分别情形,依法论罪。但违背第八条第一项之规定,究依何法论罪,未奉明示。如发现有此情形,应援用何种法规办理,似亦明白规定之必要。事关法令,发生疑义,理合备文呈请钧府转呈核示,俾办理有所依据,实为公便等情。据此,除令复外,理合备文呈请钧会察核示遵等情。据此,查《广东惩办械斗暂行办法》第三条所谓肆行焚杀,系以足以损伤生命财产成为械斗为要件。如于械斗时作放火之行为而并无持械者,实际上已足为损伤生命财产成为械斗之实施,即与要件相合,似应构成前项犯罪。又查该办法第八条第一项规定,各该区乡内法定人民团体机关,如区乡事委员会、治安委员会各委员及团局长、保甲长之类及族长、绅耆,于该乡或毗连乡村族姓间发生械斗之酝酿时,应即切实调处,并呈地方官署核办。第二项规定,违背前项规定者,得分别情形依法论罪等语。所谓发生械斗酝酿,似已足为杀人实施之准备。其违背第一项规定者,应否依《刑法》第一百六十二条第五款规定论科?事关适用法律疑义,除令复外,相应据情连同《广东惩办械斗暂行办法》,咨请贵院查照解释见复,以凭饬遵,至纫公谊。此咨

**院字第一二二六号**

**二十四年三月四日　司法院训令江西高等法院　附原函**

为令知事,该法院上年第三八七号公函致最高法院,为第一分院转请解释扶养义务疑

义一案,业经本院统一解释法令会议议决,前妻之子对其继母,暨妾生之子对其嫡母,并非直系血亲。如无《民法》第一千一百十四条第四款家长家属关系,即不互负扶养之义务。合行令仰转饬知照。此令

**附原函**

案据江西高等法院第一分院院长曹俊呈称,(前略)查嫡母、继母在《民法》上之地位如何,妾之子对于嫡母、前母之子对于继母有无扶养义务,于此有甲、乙两说:(甲)谓妾之子于嫡母、前母之子于继母,依《民法》第九六七条及九六九条仅属血亲之配偶,不能视为直系血亲,若非因家长、家属关系,即无扶养义务。(乙)谓嫡母、继母,依十九年司法院第二三七号解释,已认为系《刑法》第十四条第一项第一款规定之母,则《民法》第一一一四条第一款之直系血亲,应包括嫡母、继母在内,家长、家属关系且勿论,自当然负扶养义务。以上两说,究以何说为是,理合呈请钧长转请解释,俾资遵守等情。据此,相应函请大院查照解释,函复过院,以凭转饬遵照。此致

**院字第一二二七号**

**二十四年三月四日　司法院电四川高等法院　附原电**

四川高等法院院长览,上年一月世代电请解释《民法》第一百二十六条疑义一案,业经本院统一解释法令会议议决,《民法》第一二六条所载其他一年或不及一年之定期给付债权,系指与利息等同一性质之债权而言。至普通债权之定有给付期间,或以一债权而分作数期给付者,不包括在内。合电知照。司法院支印

**附原电**

南京司法院钧鉴,查《民法》第一百二十六条所规定之其他定期给付债权,是否包括普通定有给付期间之债权,抑必须含有分期给付之性质者始能适用,不无疑义。理合电请钧院解释,俾便遵循。四川高等法院院长费有凌叩世印

**院字第一二二八号**

**二十四年三月四日　司法院电浙江省政府　附原电**

浙江省政府鉴,上年六月冬代电悉,所请解释《监督寺庙条例》中所称荒废应如何认定一案,业经本院统一解释法令会议议决,原有住持管理之寺庙,在住持亡故尚未遴选住持时,只可认为管理人暂缺,不得谓之寺庙荒废(院字第四二三号解释参照)。合电知照。司法院支印

**附原电**

南京司法院钧鉴,查《监督寺庙条例》所称之荒废寺庙,其荒废与否之区别,遵照钧院院字第八六七号解释,应依客观事实认定之等语。兹有某寺于民国十七年间住持僧甲病故后,有人觊觎寺产,不即依照习惯遴选住持,而以施舍人后裔名义呈准该管地方政府拨产办

学。嗣经上级官署认为荒废寺庙，饬令将寺产移交自治团体。现于是寺是否荒废认定标准，发生疑义。有谓该寺于住持僧甲病故后，有可继承之人而不为继承，香火早已断绝，且中经拨产办学，性质久已变更，自应认为荒废寺庙，此一说也。或谓客观事实应就其自然者认定之，此案初则受人把持，继则受地方政府之违法处分，因之继承发生障碍，此乃本不荒废，而以人力强使之荒废，与由寺庙本身自然荒废者不同，自不能遽认为荒废寺庙，此又一说也。以上两说，究以何说为是？案关法律解释，理合电请钧院鉴核示遵。浙江省政府主席鲁涤平、委员兼民政厅长吕苾筹代冬、秘二

**院字第一二二九号**

**二十四年三月四日　司法院咨行政院　附原咨**

为咨复事，准贵院上年五月十九日咨（第九七号）开，据湖北省政府呈请解释滞纳税捐，可否强制执行疑义，请查照见复等由，业经本院统一解释法令会议议决，人民滞纳税捐，除各该征收法令另有规定外，应依行政执行法办理，不得径就其财产强制执行。相应咨复贵院查照饬知。此咨

**附原咨**

案据湖北省政府呈称，案据汉口市市长吴国桢呈称，查本市经征各种税捐，遇有市民滞纳或抗不遵缴时，均系由税捐稽征处按照征收规则处罚，或由该处移送公安局押追。惟押追后仍属无力完纳或始终顽抗者，究应如何办理，规则内既无明文规定，而公安局又不能久任传追羁押之责，以致此类积欠税捐每每延滞数月之久。案经辗转交保，而款仍迄无着落，不独与市计大有妨害，长此以往，且恐养成一般刁狡市民拒骗捐税之心理，似急应明定办法，以资救济而重税政。查前奉钧府民字第四九四零号训令开，奉行政院训令，据浙江省政府呈请解释各种行政法令，规定罚金、罚锾，如无力完纳或抗不遵缴，可否改科拘留一案，经司法院统一解释法令会议议决，依行政执行法及其他省、市、县单行章程科处罚金、罚锾者，只得就其财产强制执行。若无明文规定，不得易科拘留，由司法院咨请行政院转饬知照有案。是无力完纳或抗不遵缴行政执行法及各省、市、县单行章程所科处之罚金、罚锾者，尚可就其财产强制执行。如本市无力完纳或抗不遵缴税捐者，其情形较无力完纳与抗不遵缴罚金、罚锾者尤为重要，依照上列解释案原则，似亦可援例照办。如查封拍卖其财产，以抵偿其积欠之捐税，惟对此项无力完纳或抗不遵缴税捐之户，就其财产强制执行，在本市无先例。究竟可否援照上列解释案原则办理，及有无其他法令足资根据，案关重要，理合具文呈请钧府鉴核示遵等情。据此，案关援用法律，未便擅拟，理合具文呈请钧院鉴核，俯准转咨司法院解释见复，令示祇遵，实为公便等情。据此，除指令外，相应咨请贵院迅予解释见复，以便饬遵。此咨

**院字第一二三〇号**

**二十四年三月十一日　司法院函国民政府西南政务委员会　附原函**

径复者,准贵会上年十月六日公函(第四零七号)开,对于《会计师条例》第三条发生疑义,请查照解释见复等由,业经本院统一解释法令会议议决,(一)《会计师条例》第三条既指明为公司,则商会、工会或其他人民团体自不能援用。(二)《会计师条例施行细则》第四条既明定《会计师条例》第三条之公务机关,以政府机关为限,省、市、党部及私立学校自均不能比照办理。相应函复贵会查照。此致

**附原函**

查《会计师条例》(民国十九年一月二十五日国民政府公布)第三条,关于会计师之经历内,有或在公务机关,或在实收资本十万元以上之公司,任会计主要职员二年以上之规定,设有申请为会计师之人,其学历经与条例所定相符。惟经历一项,系会在商会或商会外之其他人民团体,如工会及工商同业公会等,任会计主要职员二年以上,而该商会或商会外之其他人民团体,其资产又在十万元以上,所有收支数目,系遵用新式簿记者。此项经历,能否比照实收资本十万元以上之公司办理?又省、市、党部及已立案之私立中等以上学校,能否比照条例所定公务机关之资格一律看待,相应函请查照,希为解释见复,以便办理为荷。此致

**院字第一二三一号**

**二十四年三月十一日　司法院函中央执行委员会秘书处　附原呈**

径复者,准贵处二十二年第六六三四号公函开,据湖南省执行委员会呈请解释《刑法》第一百八十条疑义,请查照核复等由,业经本院统一解释法令会议议决,《刑法》第一百八十条所称该管公务员,应包括有惩戒权之党委在内。相应函复贵处查照转知。此致

**附原函**

顷据湖南省执行委员会呈称,案据邵阳县执行委员会呈称,呈为呈请解释事,查刑律第一百八十条所载该管公务员,党委是否在内?该条之惩戒处分党委能否适用?条文浑括,颇滋疑窦,理合备文呈请钧会转请解释示遵谨呈等情。据此,除指令准予转呈解释外,理合备文呈请钧会解释示遵,实为党便等情到会,经奉常务委员批交司法院,特此函达,即希查照核复为荷。此致

**院字第一二三二号**

**二十四年三月十一日　司法院训令河南高等法院　附原电**

为令知事,前据洛阳地方法院代电,请解释《刑事诉讼法》第二百十八条及《刑法》第九十七条各疑义一案,业经本院统一解释法令会议议决,按《刑法》第九十七条,系关于检察官

及自诉人行使起诉权时效期限之规定;而刑诉法第二一八条所规定者,则系告诉乃论之罪,有告诉权者之告诉期限。两者取义各有不同,故告诉乃论之罪纵系连续犯,其告诉之期限应于告诉人知悉犯人之时起,依刑诉法第二一八条六月内为之。而起诉权之时效期限及起算点,仍依《刑法》第九十七条定之。至欠缺告诉要件,谕知不受理之判决案件,经合法告诉后,得重行起诉。合行令仰转饬知照。原代电抄发。此令

**附原电**

司法院院长钧鉴,查《刑事诉讼法》第二百十八条告诉乃论之罪,其告应于告诉人知悉犯人之时起,六月内为之规定明晰,本无疑义。惟就《刑法》第九十七条第二项但书"对于同法第七十五条之连续犯罪自犯罪最终之日起算之规定"观之,二者不无抵触。如依前者,告诉人于连续犯罪连续中已知悉犯人,按其知悉犯人之时起,至犯罪最终之日止,其告诉已逾六月期限。如依后者,自连续犯罪最终之日起算,又未逾期。于此见解不一,颇有争执。兹分甲、乙两说:(甲)查《刑法》第九十七条第二项系对于普通刑事时效起算之概括规定,而《刑事诉讼法》第二百十八条系对于告诉乃论之特别规定,故《刑法》第九十七条第二项自应受《刑事诉讼法》第二百十八条之限制。如所诉者系告诉乃论之罪,无论其犯罪行为是否完成,而于知悉犯人时起,六月内不为告诉。俟逾期数月后,纵在连续犯罪最终之日即行告诉,然依该条规定自属不能受理。况《刑事诉讼法》本系程序法,凡接收案件,必先审查程序是否合法,而定受理与否之标准。如程序不合,更无庸再予受理。(乙)关于《刑法》第七十五条之连续犯起诉时效应自犯罪最终之日起算,同法第九十七条已有明文,故计算告诉时效应自连续犯罪最终之日起算。虽在连续中知悉犯人未为告诉,但依上开规定,亦不应自其知悉犯人时起算。否则,设若被害人现未满十六岁,如不依连续犯罪最终之日起算,则凡未成年人,倘因监护之偏私、昏愦、恶邪,故意或过失,而致蒙受重大损害,迨至成年,告诉时效又经逾期。按诸立法精神,保障未成年人之本旨,岂得谓平?以上两说,未知孰是,此应请解释者一。再如果对于连续犯《刑法》第二百四十条第二项之告诉乃论案件,业经原审起诉判决,因未具明显之告诉要件,经第二审不受理,确定判决。此种情形,既不合《刑事诉讼法》第四百四十二条所列各款之再审要件,若原告诉人于原审补行告诉手续,能否对此同一事实重行起诉,为实体上之判决,此应请解释者二。所有疑难情形,理合电请示遵。再本院接收人犯,业经羁押,急待依法进行务新,从速电示,实为公便。河南洛阳地方法院院长杨资洲筱印

**院字第一二三三号**

**二十四年三月十一日　司法院训令河南高等法院首席检察官　附原呈**

为令知事,据商邱县法院检察官柏有章呈请解释损坏轨道如何处罪疑义一案,业经本院统一解释法令会议议决,损坏轨道致生火车往来之危险,即成立《刑法》第一百九十八条第一项之既遂罪。如损坏未遂,或损坏既遂而未致发生危险者,依同条第五项规定,应以第

一项之未遂罪论。合行令仰转饬知照。原呈抄发。此令

**附原呈**

呈为呈请解释事。现有甲损坏轨道,被路警查获,送院侦查,结果损坏道轨属实,然却未致生火车往来之危险。有主张依《刑法》第一百九十八条第一项既遂罪办者,谓损坏轨道即成立该条第一项既遂罪,不问有无危险发生也。有主张系犯第一百九十八第一项未遂罪者,谓《刑法》该条系发生往来舟车危险罪,既遂未遂,以有无危险发生为断。因损坏轨道致生危险者,如火车停止之类,方为该条第一项之既遂罪。如仅止损坏轨道而并未致生危险者,则为该条第一项之未遂罪。该条第五项所谓第一项之未遂罪,即指仅损坏轨道而未致生危险者言。如只损坏轨道,即构成该条第一项之既遂罪,则该条文内致生往来危险之致生二字作何解释乎?该甲既只有损坏轨道事实,并未致生火车往来之危险,只应构成一百九十八条第一项之未遂罪,依《刑法》第四十条处断。两说各执,未知孰是,用特呈请钧院俯予解释,俾有遵循。谨呈

**此处删去一条。**

**院字第一二三五号**

**二十四年三月十一日　司法院指令湖北高等法院　附原呈**

呈悉,业经本院统一解释法令会议议决,《民法》债编施行法第五条乃就该编施行前发生之利息债务,于施行时尚未履行者特设之规定。债编施行后发生之利息债务,不适用该条但书之规定。合行令仰转饬知照。此令

**附原呈**

案据汉口地方法院院长张启鸿呈称,查一本一利,在现行律民事有效部分本为强行规定,执行时应受其拘束。此在前大理院已著有解释例(十年统字一六三一号)。惟现行《民法》,除《债编施行法》第五条但书"施行时未付之利息总额已超过原本者,仍不得过一本一利"予以规定外,别无其他限制,则民事执行案件,遇有执行名义载付利息至执行终结之日止者,究应依判执行,仰应仅执行至一本一利之限度为止,殊滋疑义。本院现有此类案件悬待结束,理合备文呈请鉴核示遵等情。据此,理合备文呈请钧院迅赐解释,以便转令遵照,实为公便。谨呈

**院字第一二三六号**

**二十四年三月十一日　司法院指令江苏高等法院　附原呈**

呈悉,业经本院统一解释法令会议议决,经三次减价拍卖,无人承买之不动产债权人,若无力承受或不肯承受,法院得以职权命强制管理。在管理中,仍得随时依当事人声请,再行估价拍卖(参阅院字第一一零四号解释)。合行令仰转饬知照。此令

**附原呈**

案据铜山县县长余念慈呈称，窃查本府执行民事案件，关于不动产，经第三次减价拍价，无人承买，并经债权人声请重行鉴价拍卖，果以社会金融停滞，仍旧无人承买，而最后减拍之金额多于债权人诉讼标的数目，债权人又无资力找价，将该不动产承受管业，在此场合自难依照《民事诉讼执行规则》第七十三条，发给债权人权利移转之书据，且债权人并非不肯收受。能否依照《补订民事执行办法》第十六条第四项规定，命债权人强制管理，及管理后如何执行，不无疑义，理合具文呈请训示祇遵等情。据此，事关适用法律，本院未便擅专，理合具文呈请，仰祈钧长鉴核，俯赐解释，指令饬遵，实为公便。谨呈

**院字第一二三七号**

**二十四年三月十二日　司法院函内政部　附原函**

径复者，查贵部上年第九九七号公函致最高法院，为浙江省政府咨请解释《县保卫团法》第五条第一款疑义一案，业经本院统一解释法令会议议决，《县保卫团法》第五条第一款所谓家无次丁，系指家无其他成年以上（即二十岁以上）之壮丁而言。相应函复贵部查照转知。此致

**附原函**

案准浙江省政府秘字第四九六四号咨开，案据保安处长余济时呈称，案查本处五月二十一日召开全省团务会议时，松阳县兼总团长李裕光提议，以本省保卫团各队编组规程第三十三条但书"有家无次丁及在外谋生而家境确系极贫者，准予免缴代役金"等语，惟是项家无次丁，是否系家无其他二十至四十之壮丁，抑指家无其他生产之男丁而言？由前者解说，设有某甲为四十五岁，长子为二十五岁，次子为十八岁，其长子虽合壮丁年龄，亦必以家无次丁而要求免役。类此情形者甚多，若概予准许，殊与抽编有碍。如作后者解说，则标准复难确定，似应于规程内详为规定，方免窒碍。一案当经议决，事关法令上之疑义，请由保安处呈请解释等语，纪录在案。窃查《浙江省县保卫团各队编组规程》中，家无次丁一语系根据中央《县保卫团法》第五条第一款之规定而来。在适用上既不免发生困难，拟请钧府转咨内政部详予解释，藉资依据。是否有当，理合缮具原案，备文呈请钧府鉴核施行等情，并附呈原案一件。据此，除指令外，相应抄同原案，咨请贵部查核解释见复，以便饬遵等由，附抄送提案一件到部。除咨复外，相应抄同原提案，函请贵院查核解释见复，以便咨达为荷。此致

**院字第一二三八号**

**二十四年三月十二日　司法院训令司法行政部　附原函**

为令知事，前据该部函请解释国税机关标封人民财产是否取得优先受偿权疑义一案，业经本院统一解释法令会议议决，行政机关本其行政权之作用，标封人民之财产与法院依

当事人之声请,对于债务人之财产实施假扣押系属两事。若法院将行政机关已标封之财产实施假扣押,自系就行政机关标封目的以外之财产(即标封目的所余剩之财产)实施假扣押。将来就此假扣押之财产而为分配,纵有多数债权人,亦仅得就其所扣押之范围分配。合行令仰知照。此令

**附原函**

查国税机关因纳税义务人欠税潜逃,遂将其铺保某商号之财产标封备抵。该商号尚欠有他人多数债务,其债权人复经声请,法院就同一财产实施假扣押。惟国税机关标封财产在法院查封之先,是否可认为已因此取得优先受偿之权?事关法令疑义,相应函请贵院解释见复为荷。此致

**院字第一二三九号**

**二十四年三月十二日　司法院指令安徽高等法院　附原呈**

呈悉,业经本院统一解释法令会议议决,《民法》物权编施行法第三条第一项所定之登记机关,现未设立。在该编施行前占有不动产,具备该编第七百六十九条或第七百七十条之条件,依该编施行法第七条、第八条之规定,于得请求登记之日起(即施行之日起),应视为所有人。其所有权之取得,乃基于法律施行之效果,自属依法取得所有权。但须注意院字第六四零号解释。合行令仰转饬知照。此令

**附原呈**

案据宣城县承审员赵宗鼎先代电称,查《安徽省官产管理章程》第六条载,人民建筑物占用省有基地全部或一部份者,除已依法取得所有权外,在本章程公布后六个月内,须自行呈请估价承领,得许其有承领权。如逾期不报,查出者即责令撤去建筑物,归还地基,另行变卖,并取消其承领权。又查《修正安徽省垦荒章程》第十二条第一项载,本系官荒如经人盖有房屋,种有树木,而本人不愿缴价者,得由承领人于应缴地价外,另为估价出资收买,但自愿拆屋伐树让地者,听。第二项载,前项规定,如已依法取得所有权者,不在此限等语。设有土地一方,习惯上认为标业,无买卖契据。经某甲盖有房屋,种有树木,且葬有祖坟,相沿数十年或数百年,事实上管领无异。乃某乙指为官荒报领,某甲依据《民法》第七百六十九条、第七百七十条及《民法》物权编施行法第七条、第八条主张已依法取得所有权,请求排除侵害。如果占有事实具备《民法》条件,可否即认为上开章程所载已依法取得所有权?事关法律疑义,理合电请钧院鉴核,转请解释遵行等情。据此,事关解释法律疑义,理合据情转呈,仰祈钧院俯赐解释,俾便转令遵照。谨呈

**院字第一二四〇号**

**二十四年三月十二日　司法院咨行政院　附原咨**

为咨复事,准贵院上年九月二十日咨(第二一零号)开,据实业部呈请解释外国人能否

任中国公司股东董事或监察人疑义,请查照见复等由,业经本院统一解释法令会议议决,外国人得任中国之公司股东董事或监察人,应以该公司章程及现行法令无限制为限。相应咨复贵院查照饬知。此咨

**附原咨**

案据实业部呈称,查公司法对于外国人能否在本国公司充股东董事或监察人,未有明文规定。现各省、市主管官署因办理公司登记案件,涉及此项问题向部请示者甚多,本部未便于法文之外擅行指示。事关法律,理合呈请钧院转咨司法院或立法院予以解释,以资遵守,实为公便等情。查外国人可否充任中国公司之股东董事或监察人,依照《民法总则施行法》第二条之规定,似应分别公司之性质、种类,查照有无法令限制以为断。惟事关法令疑义,相应咨请贵院查照解释见复,俾便饬遵。此咨

**院字第一二四一号**

**二十四年三月十九日　司法院函军政部　附原函**

径复者,查贵部二十二年第六六七号公函致最高法院,请解释缓刑期内能否任职疑义一案,业经本院统一解释法令会议议决,受缓刑宣告者,在缓刑期内,除别有关于消极资格之限制规定外,仍得任职。相应函复贵部查照。此致

**附原函**

径启者,查军法,会审判决宣告缓刑者,在缓刑期内能否任职,相应函请贵院解释见复,至纫公谊。此致

**院字第一二四二号**

**二十四年三月十九日　司法院指令江苏高等法院　附原呈**

呈悉,业经本院统一解释法令会议议决,(一)田单非不动产,乃不动产之证明文件,窃取田单仍应成立窃盗罪;(二)田单属于普通文书之一种,非有价证券。合行令仰转饬知照。此令

**附原呈**

呈为转请解释事。案据南汇县县长袁希洛呈称,案查司法院、最高法院最近判解窃盗罪之成立,以动产为限,田单系不动产之证明文件,不能视为动产,应不成立窃盗罪之客体等语。窃案田单之效用,虽属不动产之证明文件,但田单之本质,固独立具有物之资格,其为所有权人持有时,俨然所有物也。以意图为自己或第三人不法之所有,而窃取他人之田单者,与《刑法》第三百三十七条第一项所规定窃盗罪之要件,完全相合。或谓田单本身无价质,不成窃盗罪之客体。但本条立法理由,释窃盗罪客体五要件,其第四要件,固明示不以有价物为限,似窃取他人田单亦得成立窃盗罪。此应请解释者一。又欲向田单所载之田地,实行处分收益之权利时,以占有田单为特质。此习惯之事实,与五年上字一五八号判例

释明有价证券之意义,以实行券而所表示之权利时,必须占有该券为特质亦属相符。似田单亦得认为有价证券之一种。此应解释者二。事关法律疑义,伏祈赐予转请解释等情。据此,理合具文,呈请钧长鉴核,赐予解释,以便饬遵。谨呈

**院字第一二四三号**

**二十四年三月十九日　司法院指令浙江高等法院首席检察官　附原呈**

呈悉,业经本院统一解释法令会议议决,被告之年龄及其他足资辨别之特征,不必皆为被害人之所习知。自诉书状仅漏列被告年龄与特征,尚不能遽以起诉程序违背规定为理由予以驳回。合行令仰转饬知照。此令

**附原呈**

案据浦江县法院首席检察官刘荣杰呈称,查自诉之程序,违背起诉之规定者,法院应以裁定驳回。此为《刑事诉讼法》第三百四十三条所规定。所谓起诉之规定,依同法第二百五十八条第一项载,起诉应以书状为之记载,下列事项:一、被告之姓名、性别年龄及其他足资辨别之特征。(下略)。惟司法状纸刑事状只有姓名、年龄、籍贯、住址、职业五栏,并无明示记载性别及特征之处。且被告或无特征,或虽有而为自诉人所不知。在自诉人于自诉状,苟未有被告性别及特征记载,似不能认为违背起诉规定。至年龄一栏,事实上颇为自诉人所难填,盖被告之年龄或亦为自诉人所不知。涉讼以前,几经酝醴,已成冰炭,益不便询而后起诉,被告尤不肯遽举以告,故被告年龄一栏亦每为自诉状所不填。法院接受斯类自诉状后,多以未记载被告之性别年龄及特征认为违背规定裁定驳回,移送检察官侦查。依照前开法条规定,原不能谓为违法,但在自诉人则欲速反不达,遭累殊深,而自诉规定恐因此苛刻限制,将永无实用余地,当非立法之本意。究竟自诉状仅不载被告之性别年龄及其他足资辨别之特征,应否认为违背起诉规定,事关法律解释,理合呈请示遵,实为公便等情。据此,事关法律解释,理合具文呈请,仰祈钧院鉴核,俯赐解释,以便饬遵。谨呈

**院字第一二四四号**

**二十四年三月十九日　司法院训令山东高等法院首席检察官　附原函**

为令知事,该首席检察官呈最高法院检察署,为高密分庭检察官呈请解释撤回告诉及声请再议各疑义一案,业经本院统一解释法令会议议决,(一)告诉乃论之罪,一经告诉人合法表示撤回,即生效力。(二)告诉或请求乃论之罪,于合法撤回告诉或请求,经检察官为不起诉之处分后,仍有声请再议之权,但上级法院首席检察官应依刑诉法第二百五十条驳回之。合行令仰转饬知照。此令

**附原函**

径启者,案据山东高等法院首席检察官胡绩呈称,案据青岛地方法院高密分庭检察官符奕贤呈称,呈为呈请依法解释以凭核办事。窃查(一)告诉乃论之罪,告诉人依法撤回,告

诉者不得再行告诉,是为《刑事诉讼法》第二百十九条第一项所明定。但该项告诉撤回,是否告诉人表示撤销之时即属发生效力,抑必待依法处分准予撤销之后而始发生效力?又,(二)《刑事诉讼法》第二百四十三条第五款规定,告诉或请求乃论之罪,其告诉或请求已经撤回者,犯罪之起诉权消灭。第二百四十四条第一款规定,起诉权已消灭者,检察官应不起诉各等语。于此,前条第一项第五款所规定,是否一经其表示意思,则起诉权消灭;后条第一项第一款所规定,如检察官依法予以不起诉处分之后,该告诉人是否仍有声请再议之权?综上二点,查无明文规定,未免置疑。理合备文呈请钧处俯赐解释,指令祇遵,实为公便等情。据此,事关法律解释,职处未敢擅拟。除指令外,理合备文转呈钧署鉴核示遵,实为公便等情。据此,相应函请迅予解释径复,并见示备查。此致

**院字第一二四五号**

**二十四年三月十九日　司法院电甘肃高等法院首席检察官　附原电**

甘肃高等法院首席检察官览,前据二十一年六月嗛代电,为皋兰地方法院首席检察官呈请解释县长办理刑事案件是否合法疑义一案,业经本院统一解释法令会议议决,设有正式法院,所在地之县长对于刑事案件仅得依《刑事诉讼法》第二百二十七条第一款,以司法警察官之资格侦查犯罪,并无裁判之权,其所为科处罪刑之判断自属无效。合电转饬知照。司法院皓印

**附原电**

南京司法院院长居钧鉴,案据皋兰地方法院首席检察官呈称,呈为请求解释法律疑义,仰祈鉴核示遵事。窃有正式法院所在地之县长捕获盗匪,讯处死刑,呈准该管行政长官执行。此种程序是否合法,尚有二说:(甲)说谓县长有保卫地方缉盗安民之责,该管区域虽有正式法院,然办理盗匪案件系属县长特权,一经缉获,应即讯明处罚,呈准该管行政长官执行。如是则萑苻益靖,闾阎愈安,纯系一种行政上急速处分,当然无送交法庭按照普通诉讼程序办理之必要。(乙)说谓正式法院所在地之县长根本上无权受理民刑案件,虽系缉获盗匪,亦应送交法院,方与《县长办理盗匪案件考绩暂行条例》第十五条规定。设有法院之县分发生盗匪案件,其勘报咨请协缉等情,由该地方法院检察官主办,该县县长仍负剿捕之责相符,否则即属有违。再查《惩治盗匪暂行条例》第三条第一项规定,凡依本条例判处死刑者,由该管司法机关审实后附具全卷,报由高等法院院长于十日内转报省政府核办,俟得覆准后执行。第三项规定,高等法院院长对于所属司法机关审判之案认为有疑误者,得于转报时附具意见书各等语而论。凡盗匪案件,审实后必须报由高等法院加具意见书,转报省府核办,方为合法令,县长既属违法,自应由法院将该县长函请主管机关撤任后依法办理。又有甲某藉办区长职务营私舞弊,被害乡民遂以假公肥己等情,陈诉正式法院所在地之县府,即由县长拘押处罚,某甲不服,状诉法院。关于此点,有谓县府对于区长系其该管机关,区长如有违误,应由县长直接办理。此系行政处分,倘有违法处罚情事,亦应归行政范围。

法院居对峙地位,绝无以司法程序取消行政处分之权也。有谓正式法院所在地之县府,无论犯罪者为公务员或人民,均无擅行拘押、违法处罚之权。盖以该管区域既设正式法院,而县长不得兼理,司法自无权限处理。民刑诉讼,其因越权受理讯断者,在法律上实难认为有效。除法院从新受理该案外,并应将县长依法办理。以上两点疑问,各有学说二种,究以何说为是?案关法律疑问,未敢臆断,理合备文呈请钧处俯赐解释,以便遵循,谨呈等情前来。据此,案关法律解释,本处未便擅拟,理合电请钧院俯赐迅予解释示遵,以便转行遵照。署甘肃高等法院首席检察官詹世铭叩赚印

**院字第一二四六号**

**二十四年三月十九日　司法院电山西高等法院　附原电**

山西高等法院邵院长览,该法院第二分院上年十月佳代电请解释通奸罪疑义一案,业经本院统一解释法令会议议决,《刑法》第二百四十条第二项之被害人,以未结婚之未满十六岁女子为限。某甲与已嫁未满十六岁之乙妇通奸,经本夫告诉者,应依同法第二百五十六条处断。合电转饬知照。原代电抄发。司法院皓印

**附原电**

南京司法院院长居钧鉴,兹有甲男与已嫁未满十六岁之乙妇通奸,嗣据本夫丙告诉,于此场合,对甲男依《刑法》第二百四十条第二项处断乎,抑依同法第二百五十六条处断乎?本院现有此类案件,急待解决,理合电请钧院迅赐解释示遵。大同山西高等法院第二分院院长李襄宇佳叩

**院字第一二四七号**

**二十四年三月二十一日　司法院电陕西高等法院　附原电**

陕西高等法院孟院长览,上年十二月世代电悉,所请解释被告所在地疑义一案,业经本院统一解释法令会议议决,受理第一审之县政府,本兼有检察职权。又《刑事诉讼法》第十三条所谓被告所在地,系以起诉时为标准。至其所在之原因,无论自由与强制,皆所不问。故受理第一审之县政府,虽系越境将被告等捕获,如可视为起诉,当时被告等确在其区域内,自属有权管辖。合电知照。司法院马印

**附原电**

南京司法院院长居钧鉴,设有刑事共同被告住所各隶一县,犯罪地又在另一县境,案经他省县政府越境捕获,判处无期徒刑。该被告等声明不服,以受理之县政府无第一审管辖权为理由之一提起上诉。按法院之土地管辖,依被告之住所、居所、所在地或犯罪地定之,《刑事诉讼法》第十三条定有明文。本案共同被告之住所及犯罪地均在他省另一县境,受理第一审之县政府固属无权管辖,惟既越境将被告等捕获到案,是否与法文规定之被告所在地相当?事关法律疑义,理合呈请迅赐解释,电示祗遵。署陕西高等法院院长孟昭侗叩世

**院字第一二四八号**

**二十四年三月二十一日　司法院指令宁夏高等法院首席检察官　附原呈**

呈悉，业经本院统一解释法令会议议决，奸淫未满十六岁之女子，无论已否得其同意，均触犯《刑法》第二百四十条第二项之罪，业经院字第一三四号解释有案。本件乙女虽为甲妾，得视为甲家属之一员。然既非甲之亲属，又非未成年人之已结婚者。其父母亲权之享有，自不因其为妾而丧失。如乙女不自告诉乙之父母，得依《刑事诉讼法》第二百十四条第一项之规定，行使独立告诉权，但须注意同法第二百十八条告诉之期限。合行令仰饬知。此令

**附原呈**

案据本院检察官王世章呈称，呈为呈请转呈解释事。伏查娶妾并非婚姻，业经司法院历次解释有案。今有甲妾乙，年尚未满十六岁，与丙和奸。甲、乙在《民法》上既不能认为婚姻，则乙自不得视为有夫之妇，其与丙和奸，当然不构成《刑法》第二百五十六条之罪。依司法院院字第一三四号释例，丙奸淫未满十六岁之乙女，无论已否得本人同意，均应犯《刑法》第二百四十条第二项之罪。惟《刑法》第二百四十条之罪，依同法第二百五十二条第一项规定，须告诉乃论。查上列法条所定之告诉权，自属于被丙奸淫之乙女及其行亲权之父母。但乙之父母既将乙嫁甲为妾，在事实上已丧失其行亲权。丙之奸淫乙，乙不自行告诉，乙之父母倘出而行使，告诉权能否认为合法，不无疑义。理合具文呈请钧长鉴核，转呈司法院解释示遵谨呈等情。理合转请钧院解释示遵。谨呈

**院字第一二四九号**

**二十四年三月二十五日　司法院指令江苏高等法院　附原呈**

呈悉，业经本院统一解释法令会议议决，依《印花税暂行条例》第五条规定，违背该条例者，只能科处罚金。经县法院裁定后，如有不服，自应向该管地方法院提起抗告。合行令仰转饬知照。此令

**附原呈**

呈为转请解释事。案据南通县法院院长陈献文呈称，查关于印花税处罚事件，依修正司法机关依《印花税暂行条例》科罚及执行规例第四条第一项规定，对于第二条裁定，得于五日内向该管上级法院抗告。惟此项抗告应由何法院管辖，于此有二说焉：（甲）说谓此项处罚系属专科罚金之初级管辖案件，其抗告应由地方法院管辖。（乙）说谓此项处罚系属行政罚，并非特别《刑法》，迭经司法院解析有案，其为行政事件而非刑事案件甚明。既非刑事案件，自不适用刑事诉讼程序，因之亦不适用刑诉法关于事物管辖之规定。又既为行政事件，则凡对于县法院或地方法院之裁定，亦当然应向有行政监督权之高等法院抗告。该条项所谓该管上级法院，当然指高等法院而言，故此项抗告应由高等法院管辖。二说不知孰

是,事关法律疑义,理合具文呈请,转请解释示遵等情前来。事关法律疑义,理合具文,呈请钧院鉴核,赐予解释,俾便饬遵。谨呈

**院字第一二五〇号**

**二十四年三月二十五日　司法院指令浙江高等法院　附原呈**

呈悉,业经本院统一解释法令会议议决,违反《印花税暂行条例》处罚案件,依其性质,应归刑庭办理。裁判确定后,移送检察官执行,毋须征收执行费用。合行令仰转饬知照。此令

**附原呈**

为转请解释事,案据萧山县法院院长呈称,窃查违反《印花税暂行条例》处罚案件系行政罚,业经大理院著有解释,故本院向由民庭办理。近因是项案件奉令列为特种刑事案件之一,且受罚人不服本院民庭裁定,提起抗告,杭县地方法院亦均由刑庭受理,于是事出两歧。本院办理固属为难,因民庭办理须征收送钞等费,刑庭办理即可免予征收,而当事人亦属无所适从。嗣后此项案件,究应归刑庭办理,抑应由民庭办理?如果应归刑庭办理,则裁定确定后,究应依民事执行程序执行,或须移送检察官执行,并应否征收执行费用,均属不无疑义,理合备文呈请,仰祈鉴核,俯赐示遵等情。据此,案关法令疑义,理合备文转请,仰祈钧院解释示遵,实为公便。谨呈

**院字第一二五一号**

**二十四年三月二十八日　司法院指令河南高等法院　附原呈**

呈悉,业经本院统一解释法令会议议决,会款长码、短码之比较,其差额衡以利率。超过周年百分之二十者,依《民法》第二零六条之规定,即属违法。合行令仰转饬知照。此令

**附原呈**

案据本院第一分院院长周致泽呈称,查约定利率超过周年百分之二十者,债权人对于超过部分之利息无请求权,为《民法》第二百零五条所明定。信阳常有多人以轮流贷借、储蓄金钱为目的,共同组织之摇会,得会人每会应付之长码(亦名长份,即会中预定各会员每会应纳之数),常较划会时实得之短码(亦名短份,即得会人划得之数)相差甚巨。以利衡之,每超过周年百分之二十。倘会首向已得会人(俗名黑会),或未得会人(俗名红会)向会首(会首应负垫偿责任)求偿会款涉讼,其求偿之长码较短码超过年利百分之二十之部分,应否依照上开法条,认为无请求权,向分两说。(甲)说得会人图先得会使用会款,甘愿划得短码填付长码,即属出息借债之变相,其长码较短码超过年利百分之二十之部分,应依《民法》第二百零五条规定,认为无请求权。(乙)说摇会原含轮流贷借、共同储蓄性质,本与普通金钱贷借不同,得会人按短码使钱,按长码填会,为会章所定,又与单纯出息借债有殊,况会首对未得会人负有按长码垫付会款之责任。如向得会人求偿拖欠之会款,须受年利百分

之二十之限制,结果必使会首受损失,欠会款人得利益,不啻奖励得会人拖欠会款,讵能谓平?故以不适用《民法》第二百零五条为较公允。以上二说,何者为是,应请鉴核,转请解释,以资遵循等情。据此,事关法律疑义,理合据情转请钧院解释,指令饬遵。谨呈

**院字第一二五二号**

**二十四年三月二十八日　司法院电令四川高等法院　附原电**

四川高等法院院长览,上年四月马代电悉。巴县地方法院转请解释核定诉讼标的价额疑义一案,业经本院统一解释法令会议议决,未定期间之租赁,而于解约无争,诉请迁让时,其价额之核定,应依原告就诉讼标的所主张之利益为准。合电转饬知照。司法院俭印

**附原电**

南京国民政府司法院院长居钧鉴,案据署巴县地方法院院长方仲颖巧电称,查民国二十二年二月二十五日司法院第八六三号解释,计算诉讼标的价额第六项内载,未定期间之租赁而于解约无争,诉请迁让,应由法院核定其价额。其未订期间而于解约有争,出租人声明解约诉请迁让,即应以习惯上预告期间之租金为准等语。例如巴县城区租赁房屋,按季算租,因即以四个月为预告期间。各乡及外县按年纳租,因即以一年为预告期间。则未定期间于解约有争,自可依照地方习惯核算,已无疑义。惟未定期间之租赁而于解约无争,诉请迁让,其计算价额虽释明由法院核定,究竟应否以年租或季租为标准以核定其价额,抑或以租赁物之价格为标准以核定其价额,仍不免发生疑义。理合电请钧院俯赐转请司法院迅予详加解释,以便有所遵循等情。据此,理合转请钧院俯赐解释,电令祗遵。代理四川高等法院院长费有浚叩马印

**院字第一二五三号**

**二十四年三月二十八日　司法院咨行政院　附原咨**

为咨复事,准贵院上年六月十六日咨(第一一七号)开,据河南省政府呈请解释院字第一零五六号解释疑义,请查照见复等由,业经本院统一解释法令会议议决,院字第一零五六号解释既谓误用民事判决之事件,如经行政官署另为处分,而该判决又与此处分相抵触,该判决即无从执行云云。则此判决确定后,虽经当事人呈请执行,或并经上级法院督促进行,亦不应为之执行。若该事件未另有行政处分,则该判决应依法执行,自不待论。相应咨复贵院查照饬知。此咨

**附原咨**

案据河南省政府呈称,案据第三区行政督察专员兼安阳县长方策呈称,案奉钧府第四二八九号训令,案奉行政院第零二四一零号训令,转准司法院院字第一零五六号解释,关于行政司法权限划分疑义一案第二点,关于兼理司法之县政府,如将确属行政处分之事件误用民事判决,除上级法院得因上诉予以改判纠正外,其为判决之县政府自不得自行改判,即

其上级行政机关亦不得令饬撤销,但行政官署仍得依法就该事件另为行政处分。其上述错误之判决,若与行政处分有所抵触,自无从执行等语。在此种情形,判决既以确定,而败诉一造又复失去再审时机。假使胜诉一造对于与行政处分之错误,判决以确定判决之名义请求执行,甚至向上级法院声请督促,而上级法院准之,究应如何办理,似尚不无疑义,理合具文呈请钧府鉴核,俯赐转呈解释等情。据此,呈称各节自属实情,除指令外,理合具文呈请钧院转咨司法院解释见复,迅赐指令,以便饬遵等情。据此,相应据情咨请贵院查照解释见复,以便转饬遵照。此咨

**院字第一二五四号**

**二十四年三月三十日　司法院指令江苏高等法院　附原呈**

呈悉,业经本院统一解释法令会议议决,人民向邮局购票汇款,付款时如未照章索取汇票,该款纵被邮政分局长携逃,亦仅得向该分局长求偿。依邮政章程第二百七十八条后段规定,邮局自可不负赔偿责任。合行令仰转饬知照。此令

**附原呈**

呈为请求解释事,案据署吴县地方法院院长王思默呈称,窃查暂准援用之邮政条例,依司法院院字第九二八号解释,为关于邮政事业之特别规定。至邮政章程,其性质自属相当。兹查邮政章程第二百七十八条后段规定,购买汇票者,一经将汇款交付,应即索取汇票及其收据,倘日后以已经付款购票而未给予汇票等情有所要求者,邮局概不置议云云。是邮政局对于已经交付汇款而未索取汇票之人,明示不负赔偿责任之意。假令有某邮政分局长利用人民不谙汇款手续,故意加不法损害于汇款之人(类如邮政分局长将汇款收到后,仅给予汇款收据,并未将汇票交付于汇款人,复令汇款人将挂号信交其封护,而伪称已将汇票夹入信内,旋即将该汇款携之潜逃等情),邮政局对之应否依《民法》第一百八十八条与该邮政分局长负连带赔偿责任,抑应依邮政章程第二百七十八条后段完全不负赔偿责任,此应请求解释者一。又邮政分局长为该邮政分局之首领,其直辖之邮政总局虽有监督之权,而无选任之权。假令前开情形,如邮政局与该分局长连带负责时,究应以该分局长为被告,抑以该管之邮政总局或邮务管理局为被告,颇滋疑义,此应请求解释者二。事关法律适用问题,理合转请解释等情到院。事关法律疑义,职院未敢专擅,理合备文呈请钧院迅赐解释,以凭饬遵。谨呈

**院字第一二五五号**

**二十四年四月十日　司法院指令安徽高等法院　附原呈**

呈悉,业经本院统一解释法令会议议决,临阵被敌击散回籍之军人,不能认为脱离军籍。如有犯罪,仍应归军法审判。合行令仰转饬知照。此令

**附原呈**

案据合肥地方法院阜阳分院院长王光燮呈称，呈为呈请解释事。窃查军人犯罪之审判机关，依《陆海空军审判法》第十六条之规定，既以发觉时是否在任官任役中为准则，例如临战被敌击散回籍之军人，是否丧失军人资格，不无疑义。兹有甲、乙两说：(甲)说军人被敌击散，既未归营集合，而逃回原籍，似其军人资格已不存在，此时别有犯罪行为，应适用普通《刑法》。(乙)说军人因敌击散回籍，并自行逃亡，其所属营部尚未全体消灭，在此情形之下，不能认为脱离军籍，其犯罪不应由通常法院受理。二说究以何者为是，本院受有类似之案，因管辖发生问题，急待解决。理合具文呈请钧院鉴核，俯赐转请解释示遵等情。据此，案关法律疑义，理合具文呈请钧院俯赐解释，以便饬遵。谨呈

**院字第一二五六号**

**二十四年四月十一日　司法院咨行政院　附原咨**

为咨复事，准贵院上年六月四日咨(第一零七号)开，据实业部呈请解释院字第八三五号解释文疑义，请查照见复等由，业经本院统一解释法令会议议决，依《会计师条例》第八条规定，会计师于开始执行职务前，须向所在地工商行政官署呈请登录，而会计师之事务所为会计师登录簿应行记载之事项，又为同条例第七条第二款所明定。是会计师事务所为会计师呈请登录前所必须设立，而事务所所在地又当然为其执行职务之地，院字第八三五号解释自不得谓为无据。至同条例第十六条第一项规定，系指会计师欲执行职务，须先加入于其执行职务之所在地或其最近地之会计师公会而言，非必于执行职务地方皆须设立事务所。该号解释与此旨亦无歧异，相应咨复贵院查照饬知。此咨

**附原咨**

案据实业部呈称，兹据浙江省建设厅呈称，据浙江省会计师公会呈，以司法院统一解释法令会议，对于《会计师条例》第十六条条文之解释尚有未明。据该会会员韩祖德会计师提案，经第五次会员会决议，请予转呈再解释等情，并附原提案抄本四份到厅。除指令并抽存原提案一份备查外，理合备文转祈鉴核施行等情，附呈原提案抄本三份。据此，查《会计师条例》第十六条，前经呈奉钧院第一二零号训令，转下司法院统一解释法令会议，解释到部，历经遵照办理在案。兹据前情，查系对于原解释发生疑义，似应予以指示。除指令并抽存原提案一份外，理合检同原附提案二份，送请鉴核，转咨司法院再予解释，俾便饬遵。至提案所称本部商字第一零三二八号批示，系前据浙江省建设厅呈请经本部解释令文，曾于上次呈院文内叙及。惟该项解释在司法院解释之前，自奉院令，已一律遵照司法院解释办理，合并呈明等情。据此，除指令外，相应检同原附提案咨请查照，再予解释见复，以便饬遵。此咨

**院字第一二五七号**

**二十四年四月十一日　司法院咨行政院　附原咨**

为咨复事,准贵院上年六月三十日咨(第一三二号)开,据实业部呈请解释《会计师条例》第十六条疑义,请查照见复等由,业经本院统一解释法令会议议决,《会计师条例》第十六条第一项,既许其在最近地加入公会,即可执行职务,则会计师于加入甲地公会后,又欲在乙地执行职务。如果乙地对于甲地得为最近地,虽乙地同时或以后亦有会计师公会之设立,亦无强其再行加入乙地公会之理。至是否得为最近地,应依事实认定之。相应咨复贵院查照饬知。此咨

**附原咨**

案据实业部呈称,案查上海市社会局前为会计师汪宝傅拟在上海执行职务,呈请登录。该会计师虽已加入浙江会计师公会,应否仍饬加入上海会计师公会,呈请核示到部。经令饬遵照司法院对于《会计师条例》第十六条之解释办理在案。兹据该局呈复,业经遵办,惟对于司法院原解释尚有疑义,拟请再予解释等情前来。理合照录原呈二份,请鉴核转咨司法院予以解释等情。据此,查前据该部呈,据浙江省建设厅转据浙江省会计师公会呈请再予解释《会计师条例》第十六条条文到院,当经咨请贵院再予解释在案。兹据前情,相应检同原附抄呈,咨请查照并案解释见复,以凭饬遵。此咨

**院字第一二五八号**

**二十四年四月十六日　司法院指令江苏高等法院　附原呈**

呈悉,业经本院统一解释法令会议议决,(一)审判上和解如有无效或得撤销之原因,得声请继续审判(参照院字第八四三号解释)。(二)委任状上只有悉依法定或进行诉讼等字样,并非特别委任,自不得认有代为和解之权。(三)无诉讼代理权者所为之和解,自不生效。(四)和解无效之声明,法律上并无期间之限制(参照院字第一二二零号解释)。(五)无诉讼代理权者之诉讼行为,于审判终结或和解成立后,得因本人之承认,视为有效力之行为。(六)和解因代理权欠缺而撤销,因此所生之诉讼费用,应依民诉法第八十九条办理。合行令仰转饬知照。此令

**附原呈**

案据淮安县县长张赞巽呈称,查民事诉讼审判上和解业经成立,与终局判决有同一效力。当事人不得就同一法律关系更行起诉(《民事诉讼法》第三百七十二条),诉讼代理人非受特别委任不得为和解(同法第六十八条第三项),无诉讼代理权者之诉讼行为不生效力(同法第七十一条前段),均有明文规定。兹有一案,原被两造均委人代理诉讼,原告委任书状内权限项下载"悉依法定"。被告委任书状内权限项下载"进行诉讼"。从一般解释,双方代理权均属普通,不能认为受有特别委任。该两造代理人竟于法院审理时当庭试行和释,

承认和解，同签字于和解笔录。此际，法院亦未调查代理权有无欠缺，宣告和解成立，送达和解笔录。原告本人于接收前项笔录后二十日内向法院声明，诉讼代理人无权和解，否认和解有效，请求继续审判，被告本人则主张和解有效。在旧民事诉讼条例，和解准用再审程序。此类情形，当事人得声请再审，以资救济。而新《民事诉讼法》无此规定，自难适用，同时亦无准许继续审判明文。于此发生下列诸疑义：（一）审判上和解具有无效或撤销原因，应以何种方式救济撤销之？（二）委任权限载明为悉依法定或进行诉讼，能否认为有为和解之权？（三）无代理和解权之和解，能否认为有效？（四）声明和解无效之期间，能否准用上诉之不变期间（二十日），抑另有特别期间限制之期间之起算，是否以接收送达和解笔录日起，抑从和解成立日起？（五）诉讼代理权欠缺，如未受特别委任而为和解等，本人能否于审判终结或和解成立后，为明示或默示之承认，而生效力？（六）和解因代理权欠缺而撤销，对于因此所生之诉讼费用应归何人负担？综上六点，均属法律问题，理合具文呈请转请解释等情。据此，事关适用法律，本院未便擅专，理合具文呈请，仰祈钧长鉴核，俯赐解释，指令饬遵，实为公便。谨呈

**院字第一二五九号**

**二十四年四月十七日　司法院咨行政院　附原咨**

为咨复事，准贵院上年九月十二日咨（第一九五号）开，据实业部呈请解释商人通例各疑义，请查照见复等由，业经本院统一解释法令会议议决，（一）商人通例施行前，旧已行用之商号，依《商人通例施行细则》第九条第一项规定，原不适用商人通例第十九条之规定。故在商人通例施行前，习俗相沿，互相仿用他人创设之商号，其牌号上既附添有某记字样以示区别，数家共同呈请创设，注册时应视为不同一之商号，俱准注册。（二）商人通例施行后，为商号之注册者，对于商人通例施行前，业已行用同一或类似之商号，依《商人通例施行细则》第九条第二项规定，不得行使商人通例第二十条之权利。苟创设在商人通例施行后之商号，及创设在商人通例施行前之同一商号，同时呈请注册，应俱予照准。若创设在商人通例施行前之商号，呈请注册在后，则在商人通例施行前既已行用，即非仿用他人既注册之商号，亦应准其注册。（三）某丁创设之同一商号，既在某丙呈请注册之前，即非仿用他人既经注册之商号。苟同时呈请注册，某丙不得以早经使用为理由，呈请禁止其注册。相应咨复贵院查照饬知。此咨

**附原咨**

案据实业部呈称，案据上海市社会局呈称，窃查商人通例及其施行细则规定，尚有未能详尽之处。本局历来承办商号注册事宜时，感无所适从，兹谨胪举三项为钧部陈之：（一）查商人通例及其施行细则施行以前，政府对于商人所创设商号之专用，殊少法令规定，以致每有行用已久、营业鼎盛之商号，因未取得专用，权为他人任意仿用。习俗相沿，该商号即成为某种营业之代名词，真假莫辨。其能略示区别者，仅牌号上之某字记字样，如糖食店之稻

香村、老大房、野荸荠，剪刀店之张小全，化妆品店之戴春林，肉食店之陆稿荐等均是。“陆稿荐”三字之意义，在民间认为即肉食店，而只以某记字样为主要区别，如陆稿荐甲记、陆稿荐乙记等。故事实上，“陆稿荐”三字表示营业种类，而某记为商号，其他稻香村等亦同。所有上述六名称，应否推定为营业种类之表示，以某记为商号，或仍应视为商号？倘该号中之一种数家共同呈请创设注册，而某记字样不同时，本局应否俱予核准？（二）创设在商人通例施行后之商号，及创设在商人通例施行前之商号同时呈请注册时，本局应否俱予核准，或应如何分别准驳？如果商人通例施行后之商号早经注册，而商人通例施行前之商号于前者注册后呈请注册时，应否准其注册？（三）未注册之商号，其使用人移转或数度移转后，最后使用人可否主张该商号最初创设时起，至该最后使用人使用该商号止之使用权利？例如某甲于民国五年创设某商号，民国十年移转于某乙，民国十五年某乙移转于某丙，某丙使用后呈请注册，而另一某丁以创设在民国十三年之同商号同时呈请注册时，某丙可否以该商号创设在民国五年，早经使用为理由，请求不准某丁之注册？以上三项，本局未便擅拟，理合备文呈请，仰祈鉴核，指令祇遵，实为公便等情。据此，查商人通例第十九、第二十两条及其施行细则第九条之法意，商号专用权因注册而取得，而对于注册前之使用者似仍不能对抗。依此研究，则该局所询第一点或均准注册，或均不准注册；第二点同时呈请，应准使用在先者注册，呈请在后则虽使用在先，仍不能注册；第三点仍以使用先后为准，其未注册时主体人之变更不必过问。是否有当，案关法律，理合呈请钧院转咨司法院察核解释示遵等情。据此，除指令外，相应咨请查照解释见复，以凭饬遵。此咨

**院字第一二六〇号**

**二十四年四月十八日　司法院指令河北高等法院　附原呈**

呈悉，业经本院统一解释法令会议议决，《电气事业取缔规则》公布以前成立之电气事业，不合该规则之处，应依该规则所定，呈准建设委员会于核定期限内更正。在未呈准更正以前，其原定之营业章程自仍有效。民国二十年六月公布之《电气事业取缔规则》第七十五条所谓三个月后者，乃定该规则之施行期，与该规则第七十四条所谓核定期限无涉。但该规则已于廿三年一月二十日修正公布，则不问在修正前已否依原规则更正，均应依修正规则更正。合行令仰转饬知照，附呈规则两件发还。此令

**附原呈**

呈为呈请解释事。据北平地方法院院长周起凤呈称，呈为呈请解释事。窃查建设委员会于民国二十年六月二十五日公布之《电气事业取缔规则》第七十四条载：“本规则公布以前成立之电气事业，如有不合于本规则之处，应准建设委员会于核定期限内更正之。”又同规则第七十五条载，本规则自公布日三个月后施行各等语（查上开条文已由建设委员会于二十三年一月二十日修正公布），而于该规则第七十四条所谓核定期限，则别无具体规定。于是关于在该规则公布以前成立之电气事业所定营业章程，如有不合于该规则之处，是否

于该规则施行后当然失效,有甲、乙二说。(甲)说谓该规则第七十四条所载核定期限,虽别无具体规定,但同规则第七十五条既明定本规则自公布日三个月后施行,是旧营业章程如有与该规则不合之处,至迟应于该规则公布后三个月内呈准建设委员会更正。如不于此期限内呈准更正,则其不合于该规则之处,即于该规则公布日三个月后当然失其效力。(乙)说则谓该规则第七十五条所载,本规则自公布日三个月后施行,系规定该规则发生效力之时期,与第七十四条所载核定期限无关。该七十四条既明令应呈准建设委员会于核定期限内更正之,则此项更正期限应由建设委员会审按各电气事业情形核定,并无一定期限。质言之,即建设委员会核定期限较第七十五条所定三个月之犹豫期间为长,亦无不可。至于呈请更正时期,该规则既别无具体规定,亦自不以该规则公布后三个月内为限。如果有故意迁延情事,只能由监督机关加以取缔。其原有营业章程关于该规则不合之处,在未经呈准建设委员会更正以前,虽在该规则施行以后,仍属有效。以上两说,未知孰是,本院现有此项问题,亟待解决。事关法令解释,理合检同原规则及修正规则,具文呈请钧院鉴核,转请解释示遵等情。据此,除指令外,理合检同原规则及修正规则,具文转呈钧院鉴核,俯赐解释,并请将原送规则及修正规则发还,俾一并转令遵行。谨呈

**院字第一二六一号**

**二十四年四月二十四日　司法院指令江苏高等法院第二分院　附原呈**

呈悉,业经本院统一解释法令会议议决,《惩治盗匪暂行条例》第一条第二款,意图诈财而留恐吓信,须其恐吓之事项合乎该条例所认为盗匪行为,且其结果致人受有损害者为限,否则即属《刑法》第三百七十条已未遂犯或成立其他犯罪。如被恐吓人依照恐吓信将银钱置入包内,该包既由被告取去,即属受有损失,与以后搜回赃物与否无关。至《刑法》第三百七十条既遂未遂,当以已否交付为标准。又起诉书状所载犯罪应适用之法律,依《刑事诉讼法》第三百二十条判决得就已经起诉之行为而变更之。合行令仰转知。此令

**附原呈**

呈为上海公共租界工部局法律部,对于留送恐吓信案犯处刑适用法律发生疑义,转呈仰祈解释事。案准该法律部函开,案查上海第一特区地方法院近有甚多案件,其被告系以留送恐吓信而被工部局依《惩治盗匪暂行条例》第一条第二款起诉者。该款规定云:凡有下列行为之一者,处死刑,意图诈财而留爆烈物或恐吓信致人受损害者。查前上海临时法院认为,是项案件应依照上述之法条办理,该项意见曾得江苏省政府之维持。据该法院及省政府之意见,无论被告是否系盗匪,或信之内容无论是否涉及绑案或与绑案有关,其所受之损害,无论系实质上,抑精神上或仅致轻微之损害者,均属一律。上海第一特区地方法院并未遵随上海临时法院及江苏省政府所为之先例,而认为是项案件以《惩治盗匪暂行条例》办理似过严峻。于是每遇《惩治盗匪暂行条例》告发之案犯,辄援《刑法》第三百七十条以科刑。查该条之规定,意图为自已或第三人不法之所有以恐吓,使人将本人或第三人所有物

交付者,处五年以下有期徒刑拘役,得并科或易科一千元以下罚金。因前后二法院意见之不同,上海工部局发生疑义,如下述各点:(一)《惩治盗匪暂行条例》第一条第二款及《刑法》第三百七十条之异点究属如何,何种性质之案件可以《惩治盗匪暂行条例》第一条第二款办理,及何种性质之案件可以《刑法》第三百七十条办理?(二)凡以《惩治盗匪暂行条例》定案者,是否恐吓信须与掳人勒赎或计划中之掳人勒赎案有关?(三)设被恐吓人依照书写恐吓信人之请求,自愿或遵捕房之嘱将银钱置入包内,该包由被告取去,旋被捕捉拿获,搜出赃物。据此情形,是否有充分之损害,足以依《惩治盗匪暂行条例》第一条第二款之规定办理?(四)被告经以《惩治盗匪暂行条例》起诉后,法院能否以《刑法》第三百七十条定其罪?(五)刑法第三百七十条之罪,其既遂与未遂之界限何在?(六)《惩治盗匪暂行条例》第一条第二款之罪,有何界说以定其既遂与未遂?(七)恐吓诈财,既有《刑法》第三百七十条之规定,又有《惩治盗匪暂行条例》第一条第二款之规定,想立法者为欲加重刑罚起见,故以《惩治盗匪暂行条例》为特别《刑法》。然他种普通《刑法》与特别法相比较,其特别《刑法》所规定之刑罚仅较普通《刑法》加重一等。惟《刑法》第三百七十条之最高本刑为五年,而《惩治盗匪暂行条例》第一条第二款之刑为死刑,其间相差甚远,不知立法者之用意安在。上述诸点,以事关适用法律疑义,为此函请贵院转呈司法院,请求解释,以便遵循等因。准此,理合备文转呈,仰祈钧院鉴核,俯赐解释,以便函复遵照。谨呈

**院字第一二六二号**

**二十四年四月二十四日　司法院指令浙江高等法院首席检察官　附原呈**

呈悉,业经本院统一解释法令会议议决,(一)院字第二一七号解释所谓处分,指起诉或不起诉之处分而言。至告诉乃论之罪,告诉人逾越告诉期限始行告诉,检察官仍得以批示或其他方法驳回之。(二)依《刑事诉讼法》第二百十五条或《刑法》第二百五十九条第二项,不得告诉之案件,检察官得以批示或其他方法驳回之,不得径予不起诉处分。(三)向检察官请求提起诬告之人及逾越声请再议期间之告诉人,于受不起诉处分后,向原检察官声请再议,原检察官纵认其声请为无理由,仍应将该案卷证呈送上级法院首席检察官核办。(四)已见院字第六二八号解释。(五)告诉乃论之罪,告诉人于撤回告诉,经过不起诉处分后,又复声请再议,原检察官应依《刑事诉讼法》第二百四十八条二、三两项办理。合行令仰转饬知照。此令

**附原呈**

案据奉化县法院首席检察官黄文彬呈称,窃查告诉乃论之罪,告诉人逾越告诉期限始行告诉,即系未经合法之告诉,检察官不应有何处分,业经司法院解释在案。对于是项案件既不应有何处分,则将如何办理?搁置不理当然不合。若以批示驳回,亦系处分之一,显与上开解释不合,究应如何办理,此应请解释者一。刑诉法第二百十五条及《刑法》第二百五十九条第二项所列不得告诉之案件,均系欠缺诉追条件。究应以批示令其补正或驳回,抑

应径予不起诉处分？若予不起诉处分，而核与刑诉法第二百四十四条所列各款之规定无一相当，究应以何条款以为处分之根据，此应请示者二。提起诬告之人及逾越声请再议期间之告诉人，向原检察官声请再议时，原检察官是否均可径以批示驳回，抑应认为声请无理由，将卷证呈送核办，均无明文可资依据，此应请示者三。声请再议后，旋又请求撤回再议，在未呈送卷证前或继续侦查中，是否可以批示准予撤回作为结案，抑应仍行呈送卷证或继续侦查办理？法无规定，此应请示者四。告诉乃论之罪，经告诉人当庭以言词请求撤回告诉处分，不起诉后，告诉人听人唆弄翻异，以否认撤回告诉为理由声请再议时，是否根据撤回告诉之笔录及刑诉法第二百十九条第二项而以批示驳回，或仍应制作不起诉处分书，此应请示者五。理合备文呈请鉴核示遵，或转请解释，俾便遵循，实为公便等情到处。查原呈第四点，本处依照二十年院字第六二八号解释，指令原院知照外，理合备文呈请钧长鉴核解释示遵，实为公便。谨呈

**院字第一二六三号**

**二十四年四月二十四日　司法院电浙江高等法院　附原电**

浙江高等法院郑院长览，本年二月径代电悉。桐乡县县长转请解释《刑事诉讼法》第七编简易程序适用疑义一案，业经本院统一解释法令会议议决，《刑事诉讼法》之简易程序，依《修正县知事审理诉讼暂行章程》第四十二条，兼理司法之县政府自可准用，并得依同章程第十条之规定，省略检察官声请之程序。合电饬知。司法院敬印

**附原电**

南京司法院院长钧鉴，据桐乡县县长世代电称，查《刑事诉讼法》第七编简易程序，对于兼理司法之县政府是否适用？如可适用，则兼有检察、审判两种职权之县长及承审员，办理是项案件时，对于同法第四百六十二条规定之检察官，声请手续可否省去径行处刑命令，请释示等情。据此，案关法令疑问，理合电请钧院迅赐解释，以便饬遵。浙江高等法院院长郑文礼卯经印

**院字第一二六四号**

**二十四年四月二十五日　司法院指令司法行政部　附原呈**

呈悉，业经本院统一解释法令会议议决，《引水管理暂行章程》第十三条所谓未领执业凭证而私行引水，核与《刑法》第一百九十八条所定以他法致生行驶水上、舟输往来之危险之未遂罪相当，应援该条第一项及第五项论科。合行令仰转饬知照。此令

**附原呈**

案据江苏高等法院首席检察官呈称，据上海地院首席检察官呈称，案查民国二十二年九月二十日公布之《引水管理暂行章程》第十三条载："凡未领执业凭证而私行引水者，一经查获，以公共危险罪论，送交所在地法庭惩办。"惟查公共危险罪共二十四条，似无适当条文

可以援引。职院现受理此类案件,究应援引公共危险罪何项条文之处,理合呈请转呈司法院解释示遵等情。据此,理合具文转呈,仰祈鉴核,转院解释等情。据此,理合具文呈请钧院赐予解释,以便转饬遵照。谨呈

**院字第一二六五号**

**二十四年四月二十六日　司法院指令河北高等法院　附原呈**

呈悉,业经本院统一解释法令会议议决,不动产登记制度未施行之区域所设定之抵押权,既应发生物权效力,则依《民法》第八百六十六条及第八百六十七条之规定,纵令后之抵押权人或典买权人不知先已有抵押权之设定(即善意无过失),而先之抵押权仍不因此而受影响。合行令仰转饬知照。此令

**附原呈**

呈为呈请解释事。据元氏县县长秦荣甲删日快邮代电内称,按关于不动产抵押权之设定,依《民法》物权编之规定,应经登记而生效力。但关于《民法》物权编所规定之登记,尚未以法律订定施行,即无适用《民法》物权编关于登记规定之余地,业经最高法院著有二十一年上字第二八一四号判例。故凡未实行不动产登记制度之区域,苟具备设定抵押权之其他法定要件,虽未经登记,亦不能不认其发生物权之效力。此为当然解释。属县通行之习惯,凡借贷款项,多由债务人以自己土地用书面与债权人设定抵押权,以为担保债权人,并以此为贷款之条件。惟债务人又往往于同一土地上先后设定多数抵押权,或于设定抵押权后复私将抵押地典卖,置抵押权人于不顾。及某抵押权人告诉,经判决确定后,查封拍卖抵押地时:在前之场合,先所设定之抵押权人,或提起优先清偿之诉后所设定之抵押权人,或声请比例分配抵押地之卖得金;在后之场合,典主或买主即提起执行异议之诉,请求撤销执行。其中又有由债务人串通主张权利者,有系真正之事实者。对于由债务人串通主张权利之人,经讯明后,自应将其请求予以驳回。而对于真正有抵押权、典权或所有权之人,又分数种情形:(一)查属县近数年来,因农村经济不景气之故,地价跌落。前值洋百元之地,现在不过值洋二三十元。在前数年后所设定之抵押权人,明知该地已设定有抵押权,因其地所值甚巨,将来拍卖后,即先偿还第一抵押权人之债款,其余亦足敷偿还已债,情甘为第二抵押权人者。又典主或买主,明知该地已设定有抵押权,因贪图地贱,或亦有抵押权而设定次序在后者,因恐该地拍卖后偿还先设定之抵押权人,而已毫无所得,乃与债务人商就书立典契或卖契,作为典卖,以资抵制。(二)后所设定之抵押权人、典主或买主,有过失者。(三)后所设定之抵押权人、典主或买主,系属善意,并无过失者。就第一种场合而言,如先所设定之抵押权人,提起优先清偿之诉,自应确认其就该抵押地之卖得金有优先清偿之权利。如后所设定之抵押权人,声请比例分配抵押地之卖得金,自应予以驳回。又如典主或买主,提起执行异议之诉,亦应予以驳回。均无问题。遇有第二种场合,亦应按第一种场合判断,似亦无庸解释。惟就第三种场合,则有三种主张:(甲)说谓在不动产登记制度未施行

之区域,虽可设定抵押权,而发生物权之效力。惟《民法》第八百六十五条规定,不动产所有人,因担保数债权,就同一不动产设定数抵押权者,其次序依登记先后定之等语。后所设定之抵押权人,因正当理由,既不知先已设定有抵押权(即善意无过失),则其抵押权无强弱之分。为调和各债权人之利益起见,应按照债权之额数比例而受清偿。又抵押地之典主或买主,既无过失,而不知有抵押权者应受相当之保护,而与先有抵押权者之人分担损失,亦系采比例受偿主义。前大理院四年上字第一一八六号、四年上字一二四五号、五年上字第一四一六号及六年上字一四三六号判例,即采此种见解者也。(乙)说谓后所设定之抵押权人,善意并无过失,不知先已设定有抵押权,因其均系抵押权,并无强弱之分,固应比例受偿。惟后所设定之典权及让受之所有权,因与抵押权系异种类之物权,其先所设定之抵押权,自应优先于后所设定之典权。及发生追及之效力,而向抵押地之买主主张抵押权,即除典主或买主代债务人清偿债务外,应查封拍卖抵押地而受优先之清偿。(丙)说谓未经登记之抵押权,既认其发生物权之效力,而物权最重要之效力即系优先权及追及权,况其效力又为《民法》第八百六十六及八百六十七等条所明定。再依最高法院二十一年上字第二八一四号判例,关于《民法》物权编登记之规定并无适用之余地。《民法》第八百六十五条既系关于登记之规定,其不能即行适用,至为明显,自不能不以抵押权设定之先后而定其次序。故不问过失之有无,先所设定之抵押权应优先于后所设定之抵押权,并优先于后所设定之典权而受清偿,且能追及抵押地之买主而主张抵押权。如买主不代债务人清偿债务,即应查封拍卖抵押地而受优先之清偿,以维持物权之本质。设使债务人对于同一土地可以任意设定多数之抵押权,而不认先设定之抵押权有优先清偿之效力,或债务人得以私行典卖抵押地,则先所设定抵押人之权利有随时被人剥夺之虞,抵押权之实益岂不荡然无存,将失其为物权之效力矣。以上三说,究以何说为是?事关法律解释,理合电请钧座转请解释示遵等情。据此,除指令外,理合具文转呈钧院鉴核,俯赐解释,俾转令遵行。谨呈

**院字第一二六六号**

**二十四年四月二十六日　司法院电江苏高等法院　附原电**

江苏高等法院朱院长览,前据江宁地方法院代电请解释关于返还押租金疑义一案,业经本院统一解释法令会议议决,(一)依《民法》第四百二十五条规定,应继续存在之租赁契约,其让与人对于承租人契约上之权利义务,即皆移转于受让人。承租人当日所交之押租金,系原约内容之一部,自得向受让人请求返还。(二)承租人终止租约时,得向受让人请求返还押租金,已如前述。如受让人主张有不应返还押租金之理由,或承租人在押租金未返还以前不愿交出租赁物,均系另依诉讼始能解决之事项,不得径为执行。合电转饬知照。原代电抄发。司法院宥印

**附原电**

司法院院长居钧鉴,查民事执行拍卖之不动产,于拍定后应以职权缮制权利移转之书。

据《民事诉讼执行规则》第七十二条有明文规定,如债务人居住拍卖之不动产内,自得由执行人员解除,其占有点交拍买人接收管业,本无问题。设该不动产在查封拍卖前,已由债务人租赁与第三人使用,并收有巨额押租,参照《民法》第四百二十五条规定,其租赁契约既仍然继续存在,其所付债务人之押款,本院向系就卖得金内尽先提交拍买人具领,再就卖得金之余款清偿,债务亦无何项困难。兹有案件,因债权人对拍卖之不动产有一万元之抵押权,而该不动产在未经查封拍卖以前,即据债务人租赁与第三人使用,收有五百元之押租。该不动产经三次减价后,因无人标买,由本院依《民事诉讼执行规则》第七十三条,以职权发给权利移转之书据交债权人收受,是债权人亦即拍买人。其第三人之租赁契约,依《民法》第四百二十五条规定,自仍继续存在。惟拍卖不动产之最低价格仅八千元,抵偿债权人(即拍买人)之债额尚属不敷,而债务人又无其他可供执行之财产,则第三人(即租户)所付之押租五百元,为契约之重要内容。其契约既属继续存在,将来终止租约时,是否得向债权人(即拍买人)求偿,颇有疑义,应请解释者一。又第三人为拍定后仅求返还押租,而不愿继续租赁,其押租是否得命接收不动产之债权人交出,如不能命债权人交出,第三人因押租无从取偿,占屋不交,执行法院是否得径行解除,其占有将房屋点交债权人接收管业,应请解释者又一。本院类似此种执行案件,现有多件急待解决,理合电呈钧院鉴核示遵。江苏江宁地方法院院长汪兆彭叩俭印

**院字第一二六七号**

**二十四年四月二十七日　司法院指令河南高等法院　附原呈**

呈悉,业经本院统一解释法令会议议决,地亩房产之文契,系证明不动产之文件,因请求返还该文契而起诉,应依《民事诉讼法》第七十七条,由法院核定其价额,不得即以其所载之地亩房产价额为标准。合行令仰转饬知照。此令

**附原呈**

案据本院第一分院院长何德堃呈称,按民事因财产权而起诉者,依诉讼标的之金额或价额征收审判费用;非因财产权而起诉者,按百元未满征收审判费用,为《修正民事诉讼费用规则》第一条第一项、第二条第一项所明定。设有请求返还地亩、房产、文契之诉,对于地亩房产无争执,应如何征收审判费用,现分两说:(甲)说文契与所载地亩房产不能分离,自属财产权之一种,该项起诉虽只请求返还文契,仍应按文契价额征收审判费用。(乙)说文契为所载地亩房产之证券,不能与地亩房产视同一物,故文契本身非财产权,该项起诉既仅请求返还文契,对于地亩房产无争执,即应按百元未满征收审判费用。以上两说,未知孰是,应请解释者一。倘以甲说为是,关于文契价额,究应以文契所需契税费用为标准,抑应以所载地亩房产价额为标准,又有争论,应请解释者二。上列各点,均关法律疑义,理合呈请钧院俯赐鉴核,转请解释指令祗遵,实为公便,谨呈等情。据此,理合据情转请钧院俯赐解释指令,以凭转饬遵照。谨呈

**院字第一二六八号**

**二十四年五月三日　司法院指令浙江高等法院　附原咨**

呈悉,业经本院统一解释法令会议议决,(一)他债权人参与分配,应于第一次拍卖期日终结前以书状声明之。在《补订民事执行办法》第二十五条第一项既有明文限制,则于此项期日终竣以后始行声明者,自属不合。(二)拍卖程序中虽有破产之声请,但拍卖终竣时,如尚未受破产之宣告,债权人仍得就拍卖价金状请给领,不因债务人对于驳回破产声请之裁定提起抗告而受影响。合行令仰转饬知照。此令

**附原呈**

案据定海县法院院长刘振青呈称,查他债权人于第二次拍卖尚未拍定后,第三次拍卖前声请参与分配者,究应认为与《补订民事执行办法》第二十五条第一项之规定不合,而驳回其声明,抑应依同法第二十六条办理?又债务人声请破产尚在抗告中,而该债务人另因债务执行案经法院将其财产拍卖完竣,已得拍定价额存于法院后,据债权人状请给领,应否准予给领,抑应俟破产事件确定后始准给领?本院深滋疑义,事关各债权人权利,请核示遵循等情。据此,案关法律疑义,理合备文转请,仰祈钧院俯赐解释,以便饬遵。谨呈

**此处删去一条。**

**院字第一二七〇号**

**二十四年五月十六日　司法院函外交部　附原函**

径复者,准贵部上年三月二十日公函(第三三三六号)开,据驻巴达维亚总领事呈请核示华侨在外国结婚适用法律疑义,函请查照解释见复等由,业经本院统一解释法令会议议决,华侨在外国结婚,关于婚姻成立之要件,婚姻之效力及夫妇财产制等,均应适用中国法。若婚姻当事人之一方为外国人,则婚姻成立之要件,依当事人各该本国法。婚姻之效力,依夫之本国法。夫妇财产制,依婚姻成立时夫之本国法。适用其本国法时,如其规定有背于中国公共秩序或善良风俗者,仍不适用之。又应适用其本国法时,如依其本国法。应适用中国法者,依中国法。相应函复贵部查照饬知。此致

**附原函**

据驻巴达维亚总领事呈称,本馆接准和印总检察长公署电话,询称查各国侨民在国外结婚,所有婚姻成立之要件、婚姻之效力及夫妇财产制等,有须遵照其本国法律所规定者,如法国是也;有须遵照居留地法律所规定者,如美国是也。中国法律对于华侨在外国结婚如何规定,请予查明见复,以资参考等语。理合呈请钧部查询,迅赐训示,俾便转知等情。查婚姻成立之要件,依我国法律适用条例第九条之规定,应依当事人各该本国法。如夫妇均为华人,在外国结婚,自应适用中国法。如夫妇之一方为外国人,则应各自适用本国法,

但该外国人之本国法有背于中国公共秩序或善良风俗者,依该条例第一条之规定,仍不适用之。至婚姻之效力,依该条例第十条第一项之规定,应依夫之本国法。又夫妇财产制,依同条第二项之规定,应依婚姻成立时夫妇之本国法。但夫为外国人时,除其本国法有背于中国公共秩序或善良风俗者,亦依该条例第一条之规定仍不适用外,如依其本国法应适用中国法者,依该条例第四条之规定,应依中国法。究应如何核核示处,相应函请查照解释,详晰见复,以凭饬遵为荷。此致

**院字第一二七一号**

**二十四年五月十八日　司法院指令湖南高等法院　附原呈**

呈悉,业经本院统一解释法令会议议决,婚约订定后,当事人之一方再与他人订定婚约,不问任何名义,依《民法》第九百七十六条第一项第一款之规定,他方均得解除婚约。不得对于他人间所订定之婚约而请求撤销。合行令仰转饬知照。此令

**附原呈**

案据新化县长曹琦呈称,兹有甲与乙女订婚约后,复因兼祧关系,又与丙女重订婚约。乙女以甲丙后订之婚约为不合法,请求判令撤销。对于此种请求,分作子丑两说。(子)说自《民法》亲属编施行后,兼祧之习惯不许存在。若对于甲丙重订之婚约认为有效,则不惟使社会上之人心风俗受影响,且与法律大相违反。况查《民法》第九百九十二条,对于有配偶而重婚者,既许利害关系人向法院请求撤销,而甲与丙女重订之婚约,即属甲重婚之初步。乙女以切身之利害关系,向法院请求撤销,于情于法,均无不合。(丑)说男女订定之婚姻预约,不与结婚相同。甲与乙女订定婚约后,复与丙女重订婚约,在乙女方面自得解除自已所缔之婚约,究不能对于甲丙重订之婚约请求撤销。况查《民法》亲属编所定之婚姻各节,并无禁止重订婚约之明文,亦无许当事人对于他造重订婚约后得有请求撤销之规定。乙女乃不自行解除婚约,竟对于甲丙重订之婚约请求撤销,殊嫌失当。以上两说,究以何说为是?事关法律疑义,理合呈请解释等情。据此,除指令外,理合备文呈请钧院鉴核,迅赐解释,俾便饬遵。谨呈

**院字第一二七二号**

**二十四年五月十八日　司法院指令浙江高等法院首席检察官　附原呈**

呈悉,业经本院统一解释法令会议议决,原呈所述情形,除相奸人寅于法院或法院外,自白犯罪事实外,核与《刑事诉讼法》第四百四十二条各款规定均不相合,自不得提起再审。合行令仰转饬知照。此令

**附原呈**

案据金华地方法院首席检察官张坪呈称,案查职处受理案件,有发生法律疑义,急待解释,以资遵循,理合设例备文呈请,仰祈俯赐转呈施行等情。据此,案关法律疑义,理合将抄

录原送设例一纸,备文呈送。仰祈鉴核,俯赐指令解释,俾便饬遵,实为公便。谨呈

设例:

兹有子之妻丑与寅通奸,寅亦知丑为有夫之妇而与相奸,因恋奸情热,意图潜逃。迨丑逃走,为子发觉,寅尚未逃,子即将寅扭诉到院。经侦查终结,丑、寅一并以奸非罪提起公诉。两审判决,因不能证明,均宣告寅无罪。丑在逃未获,停止审判程序。判决确定后,丑获案,罪证确凿,判处通奸罪有期徒刑二月。对于寅可否提起再审,有二说焉。(甲)说判决确定案件,事实错误,提起再审以资救济,为法例大原则。否则,同一案件,通奸有罪,相奸无罪,何以服人?(乙)说提起再审,《刑事诉讼法》第四百四十二条第一款、第四百四十一条第一款至第三款及第六款为限,核与本设例情形不符,不能再审云云。职院有是项案件,理合设例,呈请解释示遵。

**院字第一二七三号**

**二十四年五月十八日　司法院训令贵州高等法院首席检察官　附原函**

为令知事,该首席检察官呈最高法院检察署转请解释撤回上诉疑义一案,业经本院统一解释法令会议议决,原检察官仅就第一审判决赘引之《刑法》第八十四条提起上诉,既与内容无涉,即无上诉之必要。如已送第二审法院,自可由第二审检察官将其上诉撤回。合行令仰知照。此令

**附原函**

径启者,案据贵州高等法院首席检察官漆璜敬代电称,南京最高法院检察署检察长郑钧鉴。设有第一审判决援用《刑法》第七十七条,酌减本刑二分之一,复赘引《刑法》第八十四条。原审检察官仅就赘引一点提起上诉,毫未涉及内容,第二审检察官以原审赘引《刑法》第八十四条固属不合,核与判决内容无关,无提起上诉之必要,可否依照院字第五二六号解释,将原检察官上诉撤回,俟确定后,由原检察官请求提起非常上诉?又第二审法院为事实法律审,接受此种上诉案件后,自有纠正法律之权。如以书面审理,法无明文规定,如开辩论,上诉部分又与判决内容无关,亦不能以全部上诉论,究应采用何种方式始为合法?事关法律适用,应请转请解释,电示祗遵等情。据此,相应函请迅予解释径复,并见示备查。此致

**院字第一二七四号**

**二十四年五月十八日　司法院训令河北高等法院首席检察官　附原函**

为令知事,该首席检察官呈最高法院检察署转请解释各县临时法庭关于杀人等罪并案判决效力疑义一案,业经本院统一解释法令会议议决,县政府临时法庭依《危害民国紧急治罪法》第七条判决之案件,按照同法第八条规定,既不适用上诉程序,自不许原告诉人呈诉不服。惟临时法庭对于《刑法》上之杀人、放火、强盗等罪,必与被告所犯之危害民国罪具有

《刑法》第七十四条所载情形,始得一并审判。如果危害民国部分谕知无罪,则关于杀人等罪部分显不发生牵连关系,该庭并予判决即属无效,仍应由第一审按照通常程序另行审判。合行令仰知照。此令

**附原函**

径启者,案据河北高等法院首席检察官王泳宥代电称,南京最高法院检察署检察长郑钧鉴。查危害民国案件,经各县临时法庭判决无罪者,原告发人或报告人不能呈诉不服,原无疑问。惟此类案件,与《刑法》上杀人、强盗、放火等罪有牵连关系,由临时法庭并案受理。宣告无罪者,关于杀人等罪部分,可否认为无效之判决,由第一审适用普通诉讼程序另行判决,抑可视同兼理司法县长所为之判决,准许被害人之告诉人呈诉不服,或应认为牵连案件不许呈诉不服,颇滋疑义。本处现有此项案件,亟待解决,理合电请钧署转请解释示遵等情。据此,相应函请迅予解释径复,并见示备查。此致

**院字第一二七五号**

**二十四年五月二十日　司法院训令司法行政部　附原咨**

为令知事,该部上年第二八三八号咨最高法院,为江苏高等法院请示律师章程第二十二条第二款疑义转咨解释一案,业经本院统一解释法令会议议决,律师在曾任兼理司法县长或承审员时所处理之案件,既系本诸审检职权之作用,自应同受律师章程第二十二条第二款之限制。该款所谓处理,自不以参与裁判为限。合行令仰转饬知照。此令

**附原呈**

案据江苏高等法院院长代电称,查律师章程第二十二条第二款规定,任推事或检察官时曾经处理之案件不得行其职务,是仅关于法官充任律师执行职务时之限制。究竟此项限制对于兼理司法之县长或承审员是否适用,法无明文。例如县长或承审员在任时承办之民事案件,至卸任后据当事人提起上诉,该县长或承审员能否受一造委任,充当代理人或辩护人?又该条所称曾经处理之案件,是否以曾经参与裁判为限,抑不问曾否参与裁判,凡经各该员开庭讯问或调查证据者,于充任律师时即不得办理,均不无疑义。理合电请钧部核示,俾便遵行等情。据此,查律师章程第二十二条第二款,虽就律师任推事或检察官时曾经处理之案件而设规定,然如曾任兼理司法之县长或为县长助理之承审员,本诸审检职权所处理之案件,为防流弊起见,似应令其同受限制,不得执行职务。且所谓曾经处理云云,似应不以参与裁判为限,以其与推事回避情形不能同论。事关法令疑义,相应咨请贵院解释见复,以便饬遵,实为公便。此咨

**院字第一二七六号**

**二十四年五月二十一日　司法院指令山西高等法院首席检察官　附原呈**

呈悉,业经本院统一解释法令会议议决,原代电所举之例,县判既仅引诈欺法条判处被

告罪刑，形式上自属初级管辖案件，当然应由地方法院管辖第二审。如该地方法院受理上诉后，确认被告伪造公文书与诈欺有方法结果之关系，自可依据第二审职权将县判撤销，并本其第一审管辖权自为判决，尚不发生管辖错误问题。至刑诉法第三八五条第三项所称第一审审判权，即指第一审管辖权而言，当然兼包事物管辖与土地管辖在内。合行令仰转饬知照。此令

**附原呈**

案据所属第二分院首席检察官李生华灰代电称，查兼理司法县政府兼有地方初级审管辖权。兹有某甲以触犯《刑法》第二百二十五条属地方管辖伪造公文书罪之方法，结果又犯同法第三百六十三条属初级管辖之诈财罪。县政府仅判处某甲诈财罪，对于伪造公文书罪漏未判决。某甲根本上不承认诈财，上诉于有管辖第二审权之地方法院。于此场合，地方法院是否应自为管辖错误之判决，将原案送有管辖权之高等法院审理，抑应将县判撤销而为第一审之判决。此应请解释者一。如地方法院对于上述案件应为管辖错误之判决，将该案呈送高等法院审判，乃地方法院竟将县判撤销而另为第一审判决，判处某甲伪造公文书罪，某甲不服，上诉于高等法院，高等法院撤销。地方法院所为之第一审之判决固不生问题，但县判已由地方法院撤销，高等法院对于此案应如何办理，此应请解释者二。又《刑事诉讼法》第三百八十五条第三项所称有第一审审判权，是否指有事物管辖或土地管辖之一而言，抑兼事物、土地而言之，此应请解释者三。以上三端，均系法律问题，理合电呈，俯赐鉴核，准予转请解释示遵等情。据此，事关解释法律疑义，理合备文呈请钧院鉴核解释饬遵。谨呈

**院字第一二七七号**

**二十四年五月二十五日　司法院训令江西高等法院　附原电**

为令知事，该法院上年第八一六号公函致最高法院，为凤冈特别区政治局承审员转请解释不动产，经宣示假扣押能否设定抵押权疑义一案，业经本院统一解释法令会议议决，债务人之不动产，经法院宣示假扣押后，尚在抗告中，复将该不动产为设定抵押权之登记，自得依《不动产登记条例》第一百二十一条涂销其登记。合行令仰转饬知照。此令

**附原呈**

案据凤冈特别区政治局承审员吴运鸿呈称，窃查不动产经第一审法院宣示假扣押，债务人对假扣押提出抗告。在抗告裁定前，对该不动产所为之抵押权设定登记能否有效，兹有二说：(甲)说谓法院为不动产假扣押之宣示，若经债务人提出抗告，在抗告裁定前，其假扣押之宣示亦未确定，自无拘束力。债务人对该不动产当可任意处分，即所为之抵押权设定登记，亦当视为有效。查《补订民事执行办法》第十五条载："不动产之查封，经揭示后即生效力。"足见未确定之假扣押处分，不能以揭示论。债权人自不得依《不动产登记条例》第一二一条请求涂销其登记。(乙)说谓法院为假扣押之宣示，正所以防执行之困难。虽经抗

告,亦不能谓为无拘束力。在抗告裁定前,债务人对被告宣示假扣押之不动产,自不得任意处分。其所为之抵押权之设定登记,当可依《不动产登记条例》第一二一条请求涂销其登记,以资救济。否则,不特假扣押之宣示等于具文,即债权人之利益亦毫无保障。因债务人可藉抗告之机会迁延时日,伪造抵押契约,或以他人名义设立抵押权之登记。一旦强制执行,则串出伪抵押权人(或抵押权人),对执行提起异议,以致纠纷叠起,而遗债权人以莫大之损失,殊失法律之平衡。两说孰当,颇滋疑义。拟请转请解释示遵等情到院,相应函请大院迅予解释示复,以凭转行遵照。此致

**院字第一二七八号**

**二十四年五月二十五日　司法院指令甘肃高等法院　附原呈**

呈悉,业经本院统一解释法令会议议决,(一)当事人约定之契约须用一定方式者,在未完成方式前,依法应推定为不成立,当事人自得变更其要约或承诺。(二)当事人就已成立之约定一定方式契约,欲延长其有效期间者,双方倘无更须以一定方式订立之表示,其延长即于双方意思合致后发生效力。(三)一定方式之契约未定违约赔偿之责任者,如一方因违约请求赔偿,自应以实在所受损害及所失利益为准。合行令仰知照。此令

**附原呈**

呈为呈请事。查《民法》第一百五十三条:当事人互相表示意思一致者,契约即为成立。又,一百六十六条:契约当事人约定其契约须用一定方式者,在该方式未完成前,推定其契约不成立各等语。若要式契约当事人表示意思一致后,在未立合同以前,当事人之一方能否变更其要约或承诺,此请解释者一。又,已经成立一定方式之契约,定明有效期间者,嗣后续订延长前契约若干期间,是否一方要约、另一方承诺后即发生效力,抑必须于要约及承诺后,再为另立合同与否之表示后方生效力,此请解释者二。又,如一定方式之契约,其契约内容对于违约之一方定明赔偿责任者,固应依其约定。若未定违反契约赔偿之责任者,设或一方请求赔偿,是否以实在所受损害及所失利益与否为断,此请解释者三。案关适用法律,理合具文呈请鉴核,俯赐解释示遵。谨呈

**院字第一二七九号**

**二十四年五月二十五日　司法院指令江西高等法院首席检察官　附原呈**

呈悉,业经本院统一解释法令会议议决,未成年之子女于父母死亡后,如无《民法》第一零九四条所定监护人,得由利害关系人声请法院指定之(参照院字第一一零七号解释)。合行令仰转饬知照。此令

**附原呈**

案据署江西南昌地方法院首席检察官蔡鼎成呈称,本年六月十九日,奉钧席第三五五七号指令内开:呈悉,查监护人之选定系属民事范围,应由该处函请院方依法办理,仰即知

照等因。奉此，遵即函请本院院长依法办理在卷。兹准函开：查未成年子女父母死亡而无遗嘱指定监护人时，除有祖父母、伯叔或家长外，应由亲属会议选定之人为其监护人，《民法》第一千零九十四条定有明文，此外并无法院得依职权选定监护人之规定。本案某甲之幼女某乙年甫周岁，父母俱无，为行使负担权利义务起见，虽有置监护人之必要，但依上开说明，《民法》既无法院得依职权选定监护人之规定，本院自未便径为该幼女乙选定监护人。准函前由，相应函复查照等由。准此，查本案因对于未成年人继承遗产有置监护人之必要，然无一切亲属，应以如何程序声请指定监护人，法无明文规定，理合具文，呈请钧席俯赐鉴核，照准前呈，转请司法院解释，实为公便等情。据此，除指令外，理合备文呈请钧长俯赐察核，迅予解释指令，以便转饬祇遵。谨呈

**院字第一二八〇号**

**二十四年五月二十八日　司法院指令江苏省政府　附原呈**

呈悉，业经本院统一解释法令会议议决，被裁士兵，如经呈明军事长官核准，或先奉有军事长官之明令，虽未缴除服装，亦应视为脱离军籍。合行令仰转饬知照。此令

**附原呈**

案据保安处签呈称，窃查本处审理军人犯罪案件，关于管辖权限，《陆海空军审判法》第十六条已有规定。惟如业经被裁，尚未缴除服装之士兵，因索饷而对长官有暴行胁迫之行为，致触犯罪刑，能否视为脱离军籍，归普通司法审办，不无疑义，请转呈解释前来。理合据情，转请钧院解释示遵。谨呈

**院字第一二八一号**

**二十四年五月二十八日　司法院指令浙江高等法院首席检察官　附原呈**

呈悉，业经本院统一解释法令会议议决，受徒刑人并科罚金，如无力完纳，易科监禁，原与执行徒刑有别。而假释监犯只须受徒刑之执行，又为《刑法》第九十三条所明定。纵受徒刑人因不能缴纳罚金，同时折易监禁，并定有与徒刑并执行之期间，应认为执行徒刑在先，倘经过徒《刑法》定期间，悛悔有据，自得准予假释。惟假释后对于残余之监禁日数，不能缴纳罚金，仍得继续易以监禁。合行令仰转饬知照。此令

**附原呈**

案据浙江东阳县法院首席检察官王衡呈，案据东阳县管狱员许祥和呈称，窃查监犯假释，依照《刑法》规定，受徒刑之执行而有悛悔实据者，无期徒刑逾十年，有期徒刑逾二分之一，后由监狱官呈司法部，得许假释出狱，但有期徒刑之执行未满二年者，不在此限等语。本监现将合于前项规定之监犯提出监所协进委员会审查办理，惟内有并科罚金部分无力措缴，如经准易科监禁，可否并入徒刑计算？例如某犯判处有期徒刑四年，并科罚金三百六十元，已准折易监禁一年，并执行刑期五年，现经执行已逾二分之一，即二年六个月，合于假释

期间办理。假释时有甲、乙二说:(甲)说《刑法》并无监禁人犯得许假释之规定,某犯如果办理假释,而并科罚金部分仍须追缴。(乙)说某犯并科罚金部分既已准予易科监禁,应作徒刑论,如果办理假释,罚金应即随之消灭。究系何说为是,未有明白规定,呈请核转示遵。理合备文呈请,仰祈钧长鉴核示遵,实为公便等情。查假释依法须受徒刑之执行,至无力完纳罚金而易科监禁,原与徒刑不同,依照上例为准。易科监禁在先,并以一元折抵一日,似应先以三百六十日为监禁,期间再执行徒刑逾二分之一,始得呈请假释。惟事关法律疑义,职处未便擅专。兹据前情,理合具文转呈,仰祈钧长俯赐鉴核,解释示遵。谨呈

**院字第一二八二号**

**二十四年五月二十八日　司法院指令浙江高等法院　附原呈**

呈悉,业经本院统一解释法令会议议决,(一)不达法定结婚年龄而结婚者,在未依法撤销以前,应认为有行为能力。(二)未满十六岁人,与人结婚,虽属违法,然既系结婚,以无犯罪故意,故不成立犯罪。(三)《刑法》第二百四十条第二项,系奸淫未满十六岁之女子。若为已婚之妇,则不成立该条之罪。合行令仰转饬知照。此令

**附原呈**

案据兼理司法昌化县县长娄启铨呈称,案据职府承审员郑士凯呈称,查《民法》第十二条满二十岁为成年,第十三条第二项满七岁以上未成年人有限制行为能力,同条第三项未成年人已结婚者有行为能力,第九百八十条男未满十八岁、女未满十六岁者不得结婚。法文本甚明白,无疑义之可言。但民间男女往往未达法定结婚年龄而遽行结婚,承审员到昌化以来,耳闻目见有男女十二三岁,实未满十一二岁而结婚者。此等男女认其有行为能力乎,则距成年之期甚远;认其无行为能力乎,则彼又已结婚。依十三条第三项,不能否认是否达法定结婚年龄而结婚者方有行为能力,未达法定结婚年龄而结婚者仍无行为能力。此应转呈解释者一。又查《刑法》第二百四十条第二项,奸淫未满十六岁之女子以强奸论;第二百四十一条第二项,对于未满十六之男女为猥亵之行为者亦同,即照前项强行猥亵治罪;第二百四十九条,引诱未满十六岁之男女与他人为猥亵之行为或奸淫者,处五年以下有期徒刑。前两项为亲告罪,后一条则非亲告罪。假如非满十六岁之女子与人结婚,万一新嫁娘(即被害人)自行告诉,或女父母(即法定代理人)出而告诉(如童养媳未得女父母同意而结婚之类),斯时其夫婿能否处以强奸罪,主婚之翁姑能否处以共同犯或教唆犯从犯之罪,或照第二百四十九条治罪?又如男未满十六岁与人结婚,万一新郎(即被害人)自行告诉,或男父母(即法定代理人)出而告诉(如以子与他人作儿婿,两当未得男父母之同意而结婚之类),斯时之新妇能否治以强行猥亵之罪,主婚之岳父母能否处以共同犯或教唆犯从犯之罪,或照第二百四十九条治罪?又第二百四十九条既非亲告罪,则凡为未满十六岁之男女主张结婚之男女父母,检察官可否提起公诉,治该男女父母以该条之罪?此应转呈解释者

二。又所谓奸淫未满十六岁之女子以强奸论者，专指处女而言乎，抑兼指已结婚之幼妇言之乎？如专指处女而言，尚无疑问。若专指已结婚之幼妇而言，则该妇早已破瓜，仍作为被害人而不治罪，而对于奸夫未免太严，于奸妇未免太宽，又与同法第二百五十六条相抵触。此应请转呈解释者三。以上三点，请钧长转呈解释等情。据此，事关法律疑义，县长未便擅拟，理合备文转呈，仰祈察核令遵等情。据此，案关请求解释，理合备文转请，仰祈钧长鉴核，俯赐指令，以便饬遵。谨呈

**院字第一二八三号**

**二十四年五月二十八日　司法院函内政部　附原函**

径复者，查贵部本年第三一五一号公函致最高法院，请解释《著作权法》第三十六条疑义一案，业经本院统一解释法令会议议决，以不得享有著作权之著作物翻印仿制，或以其他方法侵害他人之著作权朦准注册，系违反《著作权法》第三十六条之规定。一经发觉，即应送由该管法院处罚。相应函复贵部查照。此致

**附原函**

查《著作权法》第三十六条规定，注册时呈报不实者，处二百元以下、二十元以上之罚金，并得注销其注册等语。今如某甲以不得享有著作权之著作物，或系翻印仿制及其他方法侵害他人之著作权之著作物，朦蔽呈准注册。后经告发或发觉时，对某甲之注册可否作为呈报不实论？又某甲之注册果为呈报不实，即须依照《著作权法》第三十六条处以罚金。该项罚金是否由法院判决中定之？法无明文规定办理，殊滋疑义。按照《司法院统一解释法令及变更判例规则》第四条第二项之规定，相应函请查照，依法迅予解释为荷。此致

**院字第一二八四号**

**二十四年五月二十九日　司法院函中央执行委员会民众运动指导委员会　附原呈**

径复者，准贵会上年十二月七日公函（第八六五三号）开，据正太铁路特别党部筹委会呈请解释《工会法》第十一条疑义，请查照见复等由，业经本院统一解释法令会议议决，《工会法》第十一条第三项，理事虽得代表工会，但工会对于理事之代表权仍得加以限制。惟其限制系属内部关系，故善意第三人不知其受有限制时，该工会仍不得对抗之。至所谓第三人，自系指与该理事为法律行为之一切人等而言。相应函复贵会查照转知。此致

**附原呈**

为呈请解释事。查《工会法》第一节第十一条第四款，对于理事代表权所加之限制不得对抗善意第三人一语，殊甚费解。因本条第三款既有理事处理工会一切事务对外代表工会之规定，则第四款中对于代表权之限制究系从何而起，限制者又为何人所为，对抗善意第三人是否指调解之法团或法人而言？疑难之处，未敢臆断，理合呈请钧会解释示遵，实为党便。谨呈

**院字第一二八五号**

**二十四年五月二十九日　司法院函交通部　附原咨**

径复者,准贵部上年九月二十八日公函(第二七五五号)开,为《诉愿法》第一条及第八条之规定,发生疑义,请解释见复等由,业经本院统一解释法令会议议决,(一)已退休之公务员关于养老金支给数额及其方法,依《公务员恤金条例》所规定,系为公务员之特别身份而设,实为公法上之权利。故其请求被原官署为驳回之处分后,无论是否受有损害,要不得依《诉愿法》第一条提起诉愿(参照院字第三三九号解释)。(二)受理诉愿之官署认诉愿为无理由时,其决定主文应用驳回或驳斥,在《诉愿法》上虽未定明,然为法律上之用语统一起见,自应参照该法第八条同用驳回字样。相应函复贵部查照。此致

**附原函**

径启者,兹因《诉愿法》第一条及第八条之规定,发生疑义两点,特分别开具如下,敬希迅予解释见复为荷。此致

计开疑义两点:

一、已退休之公务员,因关于养老金支给数额及其方法之请求,被原官署依照法令加以驳斥之处分者,是否得依《诉愿法》第一条之规定提起诉愿?

二、受理诉愿之官署认诉愿无理由时,其决定书主文是否用驳斥字样,抑应与该法第八条情形,同用驳回字样?

**院字第一二八六号**

**二十四年六月十日　司法院电河南高等法院　附原电**

河南高等法院凌院长览,本年四月有代电悉。所请解释变更起诉管辖疑义一案,业经本院统一解释法令会议议决,检察官援用地方管辖法条起诉,第一审审判开始后变更起诉法条,改引初级管辖法条处断,依《刑事诉讼法》第三百零八条法意,不得认为变更起诉管辖。合电知照。司法院灰印

**附原电**

司法院居院长钧鉴,查检察官以地方管辖之法条起诉之案件,依《刑事诉讼法》第三百二十条规定,第一审判决固得就经起诉之行为,而变更起诉书状所载犯罪应适用之法条,惟第一审判决引用初级管辖之法条,论罪后能否即认为变更起诉之管辖,此于上诉审级问题颇滋疑义,悬案待结。理合电请迅赐解释,俾便遵循。署河南高等法院院长凌士钧叩有印

**院字第一二八七号**

**二十四年六月十日　司法院指令河北高等法院　附原咨**

呈悉,业经本院统一解释法令会议议决,甲对乙以强卖或诈卖手段,将乙卖与丙为妻,

甲应依其意图所在,分别成立《刑法》第三百十五条第一项或第二项之罪,丙若知情故买,亦成立该条第一项之罪。均与同法第三百十三条无涉。至所称和卖,除有同法第二百五十七条之情形外,应不为罪。合行令仰转饬知照。此令

**附原呈**

呈为转呈事。案据井陉县县长边树栋呈称,案查妨害自由案,如甲对乙用强卖、和卖或诈卖手段,将乙卖与丙为妻,该甲、丙两人应否负同一罪责,成立《刑法》第三百一十三条妨害自由罪?查有子、丑、寅三说:(子)说《刑法》第三百一十三条之规定,仅以奴隶为限。兹甲、丙对乙既未剥夺其身体行动之自由,又系卖于丙为妻,虽有强卖、诈卖、和卖之不同,亦不然得以本条论罪。(丑)说《刑法》第三百一十三条乃概括规定,不但妨害身体行动之自由应当用本条办理,即妨害意思自由,使被卖人乙之意思自由权能被甲、丙支配,致乙形同物具,即含有奴隶性,甲、丙实构成本条之罪责。(寅)说《刑法》第三百一十三条之妨害自由罪,其效力不及于和卖,以既属和卖,被卖人已表情肯妨害自由之罪,根本即不成立。以上三说,未知孰是,请鉴核示遵等情到院。理合具文,呈请钧院鉴核示遵。谨呈

**院字第一二八八号**

**二十四年六月十日　司法院指令山东高等法院　附原呈**

呈悉,业经本院统一解释法令会议议决,公安局长侦查犯罪,既与检察官之职权同,其讯问笔录固应依刑诉法第六十四条办理。但非依法定方式制作者,其证据力自可斟酌情形而为取舍。合行令仰转饬知照。此令

**附原呈**

案据福山地方法院莱阳分庭主任推事傅承弼呈称,呈为呈请解释事。查刑事案件讯问被告时,应将讯问及被告之陈述分别记载。笔录应由书记官当庭向被告朗读,询以记载有无错误,并令被告于其陈述记载末行后署名或捺指印,此《刑事诉讼法》第六十四条所规定。兹有甲、乙、丙、丁四人共同犯罪,丁于事出之时逃亡,数月之后被公安局抓获,经公安局长讯问,该被告某丁指供系甲、乙、丙所为,与已无干。惟讯问笔录除记载被告陈述外,并未载讯问情形,亦未经过朗读及被告署名或捺指印手续,则该项笔录可否采取,法律上不无疑义。(甲)说公安局长依《刑事诉讼法》第二百二十七条规定,其侦查犯罪有检察官同等职权,则讯问被告其制作笔录自应依同法第六十四条办理,方为合法。否则为笔录不合法,即不能采用。(乙)说公安局与法院组织不同,在其管辖范围内,其侦查犯罪固有检察官之职权,但究与检察官不同,其讯问被告所制笔录未能依《刑事诉讼法》第六十四条记载,亦可采用。事关法律解释,本庭未敢擅专,理合备文呈请转呈解释示遵等情。据此,案关法律解释,理合备文呈请钧院俯赐解释示遵。谨呈

**院字第一二八九号**

**二十四年六月十日　司法院指令四川高等法院首席检察官　附原呈**

呈悉,业经本院统一解释法令会议议决,审判中关于停止羁押之裁定,依《刑事诉讼法》第四百十四条第一项、第四百十五条第一款及第三条之规定,公诉案件中之检察官自得对之提起抗告,该裁定即应送达于检察官。至抗告中应否停止执行,应依据同法第四百二十条之规定办法。合行令仰知照。此令

**附原呈**

呈为呈请解释事。窃查审判上停止羁押之裁定,应否送达检察官暨检察官能否抗告,兹有甲、乙两说之主张:(甲)说羁押被告提起公诉,若审判中有撤销押票之原因,或被告声请停止羁押,依《刑事诉讼法》第八十四条,应由法院或受命推事裁定之。此项裁定依同法第四百十四条及第四百十五条第一款得为抗告,则停止羁押事件之裁定应送达原案检察官收受。若原检察官于法定抗告期内不为抗告或抗告,依《刑事诉讼法》第四百七十六条,裁判非经确定后不能发生执行。(乙)说检察官虽为当事人之一,当事人对于法院之裁定固得为抗告,但查《刑事诉讼法》第四百十四条所称得为抗告之当事人,系指受裁定之当事人及于被告有利害关系之人而言。所谓受裁定之人,即声请羁押或声请停止羁押之人(参照十七年最高法院抗字第一、二、七号判例);所谓与被告有利害关系之人,即指被告之法定代理人、保佐人或配偶人而言。苟法院系以职权或因被告声请停止羁押所为之裁定,则检察官既非受裁定之人,亦不能认为与被告有利害之人,对于此项裁定不能抗告。假定检察官对于此项裁定得以抗告,而《刑事诉讼法》第四百十五条亦无抗告应停止执行之特别规定,则当然适用同法第四百二十条第一项前段之规定办理。以上二说,究竟孰得孰失,不无疑义,理合备文呈请钧院鉴核,俯赐解释示遵。谨呈

**院字第一二九〇号**

**二十四年六月十一日　司法院训令江西高等法院　附原函**

为令知事,该法院上年第六八五号公函致最高法院,为临川地方法院转请解释前清堂谳效力及渔场争执管辖权疑义一案,业经本院统一解释法令会议议决,(一)前清堂谳,行政处分与司法裁判本无明确区别,其对于国家公有物如江河或公有水面加以裁断者,应认为一种行政处分,在未经行政处分变更或撤销以前,其原处分仍继续有效。(二)前清堂谳,其内容如属于司法裁判,倘无阻却其效力发生之情形,应认与确定判决有同一之效力。(三)依《渔业法》第一条第二项规定,渔业人本不限于有渔业权之人,故虽未经依法登记取得渔业权,仍不失为渔业人。渔业人间关于渔场区域之争执,依同法第三十二条第一项,自得呈请该管行政官署裁定。但该项仅谓得呈请云云,则渔业人不向行政官署呈请裁定,而径向法院诉求裁判,亦非法所不许。合行令仰转饬知照。此令

**附原呈**

案据江西临川地方法院院长吴树基呈称,窃查江河及其他公有之水面,人民虽得使用,但其所有权应属于国家,业经院字第一零七九号解释有案。兹有前清堂谳,将江河或公有水面断为私人所有,显与上开解释抵触。该堂谳是否有效,应请解释者一。又前清堂谳可否认为《民事诉讼法》第二百四十条第七款确定判决,兹有二说:(子)谓前清堂谳,如其内容系终结诉讼之判断,即与现行法上之确定判决无异,当事人自不得对于堂谳已判断之诉讼标的再行起诉。(丑)谓前清堂谳无实体法之依据,全凭何由臆断,既不具判决之形式,又无送达及上诉诸程序之规定可资遵守,每因当事人翻控,辄又随时变更,另为堂谳,更不知至何状况谓之确定,自难视为现行法上之确定判决。应请解释者二。又设有甲乙向在公用水面分段出渔,因渔场区域有所争执,以致管辖上发生疑问。(子)说谓《渔业法》第三十二条既有渔业人间关于渔场之区域有争执者,其关系人得呈请该管行政官署裁定之,法院应无管辖权限。(丑)说谓甲乙两方均未依照《渔业法》规定,呈请登记取得渔业权。依同法第四十八条及同法施行规则第三十九条规定,其从前渔业权利已以废业论,即无《渔业法》之适用。既有出渔之事实,不妨由受诉法院根据其提出之证物,为实体上之裁判。应请解释者三。理合具文呈请鉴核,转请解释示遵等情。据此,相应函请大院迅予解释,函复过院,以凭转饬遵照。此致

**院字第一二九一号**

**二十四年六月十一日　司法院指令山西高等法院　附原呈**

呈悉,业经本院统一解释法令会议议决,(一)原系简易事件,经判决确定后,第一审再审法院虽用合议制审理,其上诉审仍属于地方法院之合议庭。(二)应由独任推事审理之事件,用三人合议制审理之,其程序既较为慎重,当事人自不得以此为上诉理由提起上诉,上诉审亦不得仅因此而废弃原判决及诉讼程序。(三)《民事诉讼法》第四百六十一条第十款,系指可受利益裁判之证物,于判决确定前业已存在而于判决确定后发现者而言。若于判决确定后所发生之事实,并非判决确定前存在之证物,不得适用该款之规定。合行令仰转饬知照。此令

**附原呈**

呈为呈请转请解释示遵事。据太原地方法院快邮代电称,查民事千圆以下之案件,经地方法院简易庭独任推事,为第一审判决。嗣判决确定,当事人一造提起再审之诉。原简易庭因案件繁杂,以推事三人之合议制为再审判决。此时之上诉法院,究应属于高等法院,抑应属于地方法院之合议庭,此疑问一。又上诉法院无论属于何者,当事人能否以应由独任推事审理之件,改由推事三人合议审理为唯一理由,提起上诉,此疑问二。又上诉法院对于斯种上诉案件,能否以职权或依声请,将原判决及诉讼程序均废弃,发回原简易庭依独任制审判,此疑问三。再者,民事案件判决确定后,因另案在其他法院涉讼,为陈述另案之事

实,遂牵涉及确定判决之事实,其他法院于判决书叙事实时亦附带及之。唯该项附带记载之事实,与确定判决所认之事实不同。原判决当事人发现该项事实后,因据为新证物之发现,提起再审之诉。此项再审是否具备《民事诉讼法》第四百六十一条第一项第十款之要件,此疑问四。上陈四点,均属法律上之疑问,本院未能解决,理合电请钧院迅赐电请司法院解释,俾资遵循等情。据此,本院按该院所请第一疑点,似应仍由地方法院合议庭受理。其第二疑点,当事人似不应据为上诉之唯一理由。其所请第三疑点,似上诉法院不当仅以此发还简易庭更审。其所请第四疑点,原案事例如甲为某商店经理,甲从商店支取银洋六百元,店东乙发觉后,即向甲主张返还,甲遂设定担保,以丙为保证债务人。厥后甲未能如约履行,债权人乙即向丙起诉,经判决确定,令丙履行保证债务六百元。执行中乙又发现甲以商店名义向外交支取银洋一千八百元,复向甲主张返还,经中说合,连前丙所保证之债务六百元,合为二千四百元,由乙同意,情愿以四百元拨作甲之薪金。甲另于乙出具二千元之借据,约定分期清偿。至期未能清偿,乙又另案起诉,经判决确定,认定甲应向乙履行二千元之债务中,已将丙所保证六百元内之二百元算入在内,所余四百元经债权人同意,已拨作甲之薪金。此时执行中之前案保证人丙,以为既经后案确定,证明前所保债务六百元已与后发现之债务一千八百元合并为二千四百元,经债权人同意,除拨作薪金四百元不计外,另立为二千元之借据,则自已之保证债务责任早已消灭。因据后之确定判决,提起再审之诉。此等事实,似已具备《民事诉讼法》第四百六十一条第一款、第十款之要件。所拟是否有当,关系法律疑问,本院未便专擅,理合转请钧院解释,示遵施行。谨呈

**院字第一二九二号**

**二十四年六月十一日　司法院函中央执行委员会民众运动指导委员会　附原呈**

径复者,准贵会本年二月十九日公函(第九二七八号)开,据江西省党务指导专员呈,据南城县党部转请解释田赋经征主任是否公务员疑义,请查照见复等由,业经本院统一解释法令会议议决,《官吏服务规程》于受有俸给之公务员适用之,无俸给之公务员不适用。该规程第十条之规定,县政府田赋经征主任若系招商承办,不能视为公务员(参照院字第一一三九号解释)。相应函复贵会查照转知。此致

**附原呈**

案据南城县党部呈称,本年一月十四日据本县米业同业公会常委王庸呈称,窃查《官吏服务规程》第十条规定,公务员不得兼营商业或商会代表或职员。但据司法院院字第一一三九号(二十三年十二月一日)解释,前条之规定系指受有俸给之公务员而言,并明白列举,如烟酒税所主任、硝磺局局长是也。若充税所主任者为包办商人,则系承包性质,不能视为公务员。兹有本业公会主席周文瀚,向营粮食业,现兼充本县田赋经征处主任,毫无俸给,仅以经征手数料为开支之资,依法自非公务员,可否兼充商会议职员,不无可疑。用特请求钧部代请江西省党部转请中央执行委员会、民众运动指导委员会,函请司法院明白解释,迅

赐示复,以俾祇遵等情。据此,事关法令解释,理合据情备文呈请钧部鉴核,转请中央执行委员会、民众运动指导委员会予以明白解释,转令祇遵等情。据此,查县政府田赋经征主任如系招商承办之性质,是否以公务员论,法规并无明文规定,本会未敢擅行解释。为此,理合转请鉴核祇遵。谨呈

**院字第一二九三号**

**二十四年六月十一日　司法院函建设委员会　附原函**

径复者,准贵会本年三月二十二日公函(第一五零号)开,商人奉到两监督官署命令,有不同时,究以遵从何者为适法,请解释见复等由,业经本院统一解释法令会议议决,商人受二个以上之官署监督,其二个以上之监督官署所发命令不同时,依命令之效力,应以上级或主管官署之命令为准。相应函复贵会查照。此致

**附原呈**

案据北平华商电灯公司呈称,窃以民营公用事业,应受官署之监督。近因法令频繁,中央与地方机关重叠,执行之解释庸有分歧,监督之指挥因而各别。查《官吏服务规程》第六条载:官吏对于两级长官同时所发命令,以上级长官之命令为准;主管长官与兼管长官同时所发命令,以主管长官为准等语。商人虽非官吏可比,然论服从之秩序,理亦无殊。如两上级监督官署命令有不同时,究以遵从何者方为适法,不予以一定标准,殊苦无所遵循。应请钧会咨请司法院详为解释,转饬祇遵等情。据此,相应函达贵院,请烦查照,予以解释,至纫公感。此致

**院字第一二九四号**

**二十四年六月十八日　司法院指令河南高等法院　附原呈**

呈悉,业经本院统一解释法令会议议决,本夫系聋哑人,尚可以文字陈述告诉之意旨。如并不识文字,自得委任他人代行告诉(表意代理)。合行令仰转饬知照。此令

**附原呈**

案据阌乡县承审员吴绪绅呈称,查《刑法》上有夫之妇与人通奸,非本夫不得告诉刑事。诉讼法第二百十五条第二项,业已规定明晰,原无疑义。若本夫系聋哑人,不能表示意思时,法定代理人可否代为告诉?事关解释法律疑义,理合备文,呈请钧院鉴核,转请解释,令示祇遵等情。除指令候转请解释外,理合具文,呈请钧院鉴核解答,俾便饬遵。谨呈

**院字第一二九五号**

**二十四年六月十八日　司法院指令广西高等法院　附原呈**

呈悉,业经本院统一解释法令会议议决,村街长从事于村街公务,既有该省单行法令可据,如与中央法令尚无抵触,自得认为《刑法》上之公务员。合行令仰转饬知照。此令

附原呈

呈为呈请解释事。据永淳县县长电称:查乡镇村街长、副,依本省法令,固为从事于公务之人员,惟征诸最高法院二十一年上字第一五二四号判例,又有村长非《刑法》上之公务员,如违反《刑法》,不能因身分加重科刑之语。现职府受有村街长、副违法渎职事件,但是否为《刑法》上公务人员,不无疑义。兹悬案待决,理合电呈察核解释,指示祇遵等情。据此,查县组织法无村长之规定,似不能谓为公务员。惟查广西各县乡公所组织简章第二条载:村街公所各设村街长一人,经理全街事务;设副村街长一至三人,协理全村街事务等语。此种组织简章既为广西单行法规,则村街长、副又似可认为《刑法》上之公务员。案关法律疑义,理合据情转请钧院解释示遵。谨呈

院字第一二九六号

二十四年六月二十一日　司法院指令福建高等法院　附原呈

呈悉,业径本院统一解释法令会议议决,船舶所有人对于海商法第二十三条第一项第一款所负责任既有明文规定,不问其损害之数额如何,自以该项所规定者为限,就该数额折成分配。合行令仰知照。此令

附原呈

据厦门商会主席洪鸿儒电称,查譬有两船碰撞,溺毙多命,各尸亲诉请赔偿。依《海商法》第二十三条,船东责任但就本加害船价值运费统计之数为限,惟合计各案赔偿额倍蓰此数,不敷履行。于法,究应就此敷付其折成分配,抑船东尚应破家,仍依各案判额一一清偿?事关法律疑义,理合呈请准予转呈解释,并乞覆示,实感公便等情。据此,事关适用法律疑义,本院未便擅专,理合具文,呈请钧长俯赐解释,指令饬遵,实为公便。谨呈

院字第一二九七号

二十四年六月二十一日　司法院指令湖南省政府　附原呈

呈悉,业经本院统一解释法令会议议决,人民对于区公所之处分如有不服,依《诉愿法》第三条管辖等级比照之规定,应向其直接上级官署之县、市政府提起诉愿(参照院字第三五四号解释)。仰即知照。此令

附原呈

呈为呈请解释事。案查《诉愿法》第二条第一项,不服县、市政府之处分者,向省政府主管厅提起诉愿。如不服,其决定向省政府提起再诉愿。其于县、市政府以下之机关,如区公所之处分,可否以县、市政府为诉愿机关,主管厅为再诉愿机关,未加规定。兹有此项案件,亟待决定。案关法律解释,理合备文呈请钧院察核,指令祇遵。谨呈

**院字第一二九八号**

**二十四年六月二十七日　司法院指令山东高等法院　附原呈**

呈悉，业经本院统一解释法令会议议决，(一)系贩运不如法，依缉私条例第一条第二项，由盐务官吏查禁为已足。(二)供犯罪所用之物，以属于犯私盐罪者所有为限(参照院字第一二一五号解释)。合行令仰饬转知照。此令

**附原呈**

案据青岛地方法院院长麦鼎华呈称，窃查暂准援用之《私盐治罪法》第一条内载："凡未经盐务署之特许而制造贩运售卖，或意图贩运而收藏者，为私盐。"又缉私条例第一条第二项内载：其经盐务署特许而制造贩运售卖不如法者，由盐务或掣验榷运官吏查禁各等语。复查盐务官署发给之运盐执照内载有"盐与照离，数量不符，仍行扣留呈报罚办"等字样。且盐照相离即为私盐，虽无专章规定，而在盐务官署亦早已成为惯例。至盐务官署发给之运盐准单内更有一定期限，逾期作废，及只准运往指定地点，销售越界，概以私论等记载。设有盐商贩运食盐，确向盐务官署缴纳盐税，领有特许之执照及准单，但起运时该项执照、准单并未随盐同行，或斤量与原领数量较少，或中途因故逾越期限，或指定甲地而运往乙地，是否概作私盐论，应予处罚，抑为贩运不如法？按照上开缉私条例第一条第二项规定，仅由盐务务官吏查禁为已足，毋庸再予处罚，此应请解释者一也。再，私盐治罪第九条规定，犯私盐者，所有之盐及供犯罪所用之物没收之。如有货船或货车夹运私盐，显非专供犯罪所用，能否予以没收？又其船、车确非属于犯人所有，应否受《刑法》第六十二条第一项后段规定之限制？此应请解释者二也。事关法律疑义，未敢擅断，理合具文，恳乞钧院迅赐转请解释示遵等情。据此，除指令外，理合具文，呈请钧院俯赐解释，以便转饬遵照。谨呈

**院字第一二九九号**

**二十四年六月二十七日　司法院指令浙江高等法院首席检察官　附原呈**

呈悉，业经本院统一解释法令会议议决，债务人对于已受查封之动产或不动产，交与他人保管中径行管理使用，应否认为违背查封效力之行为，当依查封之目的定之。合行令仰转饬知照。此令

**附原呈**

案据吴兴地方分院首席检察官王达卫呈称，查《民事诉讼执行规则》第五十九条载，债务人就已受查封之不动产，仅限于必要范围内有管理或使用之权利。同规则动产执行一章，并无已受查封之动产债务人得管理或使用之权之规定。是动产、不动产一经查封，即以债务人不得管理或使用为原则，而仅限于必要范围内为例外。纵依《刑法》侵占、窃盗、毁损各章规定自己所有物已受查封之动产、不动产，关于各章之罪，亦以他人所有物论。足见债务人之动产、不动产已受查封，在民刑法规上视为他人所有物而禁止管理使用，甚形明了。

设如有债务对于已受查封之动产、不动产而交与他人保管中径行管理使用,是否为《刑法》第一百四十五条规定违背查封效力之行为?及该条规定违背查封效力包括几种(如仅限于处分一种,则债务人之盗卖动产系犯窃盗罪,非违背查封效力之行为),尚无明文规定,颇滋疑义。理合备文,呈请钧长鉴核,准予转呈解释,俾资遵循等情到处。据此,理合备文,呈请钧长鉴核解释示遵。谨呈

**院字第一三〇〇号**

**二十四年六月二十七日　司法院电四川高等法院　附原电**

四川高等法院谢院长览,上月虞代电悉。所请解释《惩治盗匪暂行条例》第一条第十二款疑义一案,业经本院统一解释法令会议议决,窃盗因脱免逮捕,当场伤害二人,应依《惩治盗匪暂行条例》第一条第十二款处断,但得按其情形予以酌减(参照院字第一零一三号解释)。又查该条例已奉令于七月一日废止。合电知照。司法院感印

**附原电**

南京司法院院长居钧鉴,为呈请解释事。查窃盗为事主捕获,意图脱逃,用刀戮伤二人,是否成立《惩治盗匪暂行条例》第一条第十二款之罪,有甲、乙二说:(甲)说谓《刑法》第三百四十七条明定,窃盗当场施强暴胁迫者,以强盗论。故行窃而因脱免逮捕,当场伤害二人,依该条规定,应构成《惩治盗匪暂行条例》第一条第十二款之罪。(乙)说谓该条例第一条第十二款之罪,系以行劫为前提,且为《刑法》上强盗加重之规定。行劫二字,依严格解释,似限于纯属强盗行为。《刑法》上以强盗论者,纵有伤害二人之事,实于该条例因行劫之前提要件不符。二说各执钧院最近解释,究以何说为是,乞示遵。代理四川高等法院院长谢盛堂叩虞印

**院字第一三零一号**

**二十四年七月二日　司法院训令司法行政部　附原咨**

为令知事准行政院上年七月间咨,据该部呈请核示公务员交代不清处分程序疑义一案,转咨解释到院,业经本院统一解释法令会议议决,(一)(二)《公务员交代条例》第九条:系属惩戒性质,应交付惩戒,依公务员惩戒程序办理。(三)同条例第九条:严追无效,既无查封财产之规定,只得由国库向之诉追依法执行。(四)分别移送惩戒机关或法院,依法办理。(五)应共负连带责任。(六)(七)除荐任职以下公务员之记过,得依惩戒法第十二条迳由主管长官行之外,均须交付惩戒,依惩戒程序办理。除咨复行政院查照外,合行令仰知照。此令

**附原咨**

案据司法行政部呈称,查公务员交代应遵照公务员交代条例及施行规则办理,遇有交代不清等情事,并应依照同条例第九条至第十二条分别议处,自不待言。惟原条例于处分

程序未有明文规定,本部办理此类案件时感困难,仅将待解决之问题胪陈于下:(一)交卸后仍在本部所属他机关任事,而应受第九条停止任用处分者,除照通常程序免职外,应否咨行铨叙部注册?(二)在本部所属机关交卸后已改任他职而应受停止任用处分者,是否迳由本部通知该员直接上级机关或主管长官请停止用,同时应否咨行铨叙部注册?(三)照第九条限期追偿、置之不理者,可否适用第十条查封其财产抵偿?(四)第十条及第十二条第二项所谓依法惩处,应援用何种法令办理?(五)第十二条第二项所谓共负赔偿之责,是否负连带责任?(六)第九条停止任用、第十一条及第十二条第一项记过减俸或免职等处分,是否无须经交付惩戒程序?(七)卸任人员应办各种收表任意迁延不报,应如何议处?上列各点,究应如何办理,事关适用法令,本部未敢擅拟,理合具文呈请钧院鉴核,俯赐指令祇遵等情。据此,事关法令适用疑义,相应咨请查照解释见复,至纫公谊。此咨

**院字第一三零二号**

**二十四年七月四日　司法院指令江苏高等法院　附原呈**

呈悉,业经本院统一解释法令会议议决,为裁定之原法院惟于已逾抗告期间,或对于不得抗告之裁定提起抗告,得依《民事诉讼法》第四百五十七条第二项以裁定驳回之。其对于不在上述范围内之情形,本无驳回之权,其裁定当然无效,毋庸予以宣示。合行令仰知照。此令

**附原呈**

呈为呈请解释事。今有甲向抗告法院提起抗告,经该院裁定驳回,复向该院提出书状,声明再抗告状,内称再抗告理由另行补具云云。一面向再抗告法院提出再抗告理由书,而原抗告法院竟依《民事诉讼法》第四百五十七条第二项驳回再抗告。此项裁定显有未当(抗告人对此裁定并未声明不服),再抗告法院于审查再抗告有无理由予以裁定时,应否将抗告法院驳回再抗告之裁定,先于主文内宣示无效或废弃,事关法律解释,理合呈请鉴核示遵。谨呈

**院字第一三零三号**

**二十四年七月四日　司法院指令湖南高等法院　附原呈**

呈悉,业经本院统一解释法令会议议决,诉讼当事人支出之旅费,如为伸张或防卫权利所必要者,应包括在诉讼费用之内,合行令仰转饬知照。此令

**附原呈**

呈为呈请解释事。案据宜章县县长刘绍诚呈略称,当事人因诉讼而生之旅费,是否包括在诉讼费用之内,请予解释前来。查前北京大理院四年上字第四零六号判例载,当事人旅费不包括于必要费,而证人、鉴定人之用资旅费则包括之。惟该号判例系据各级审判厅试办章程各条加以解释,现该章程废止已久,在法律上即失其根据。又查修正民事诉讼律

第一百十四条,诉讼费用由败诉之当事人负担。当事人支出之费用,以伸张权利或防御上所必要者为限,由败诉之当事人负担。该条原案理由内称,例如彼造所开之印纸费、旅费等均属于必要云云。究竟前述判例是否因试办章程废止而失效,而依修正民事诉讼律第一百十四条理由,认当事人旅费一并包括于必要费用之内,本院未便擅拟,理合具文呈请钧院解释令遵。谨呈

**院字第一三零四号**

**二十四年七月二十九日　司法院指令司法行政部　附原呈**

呈悉,业经本院统一解释法令会议议决,关于数罪并罚之裁判确定后未经执行,或执行尚未完毕,其中有一罪因《刑法》不处罚其行为而免其刑之执行。设仍余数罪,应依《刑法》第五十四条及《刑事诉讼法》第四百八十一条之规定,声请该法院以裁定更定其刑。若仅余一罪,则依其宣告之刑执行。又牵连犯案件,轻罪之刑已被重罪之刑吸收,如其处刑之重罪因法律变更而不处罚,应迳免其刑之执行。合行令仰转饬知照。此令

**附原呈**

案据江苏高等法院首席检察官呈称,据吴县地院首席检察官敬代电称,案奉训令转奉司法行政部第二四零七号训令,以新《刑法》第二条第三项内载处罚之裁判确定后未执行,或执行未完毕而法律有变更不处罚,其行为者免其刑之执行。如其行为为新《刑法》施行时之刑罚,法令所不处罚者既未经执行,或执行尚未完毕,自应于新《刑法》施行之日免其执行等因奉此。兹有疑义两点,谨分述如下:(一)关于合并论罪,其中有一罪依新《刑法》不罚,是否仍照原定刑期执行,抑须声请更定其刑?(二)关于牵连犯系从一重处断,如其处刑之罪依新《刑法》不罚,其余部分依法仍应构成犯罪,是否免其执行,或另有其他办法,电恳转请解释示遵等情,理合转呈鉴赐解释示遵等情。据此,事关法令疑义,理合据情转呈鉴核,迅赐解释,以便饬遵谨呈

**院字第一三零五号**

**二十四年七月二十九日　司法院咨国民政府西南政务委员会　附原咨**

为咨复事,准贵会二十二年十月二十日咨(第十二号)开,据广东省政府呈请解释,商会委员能否兼任商会联合会委员疑义,请查照见复等由,业经本院统一解释法令会议,议决商会执行委员同时被选为商会联合会委员,商会法并无何种限制,自可兼充。相应咨复贵会查照饬知。此咨

**附原咨**

为咨请事,案据广东省政府呈称,据建设厅转据电白县长呈称,据职属贺澜商会会员邓梓林呈称,窃查民国十八年八月十五日国民政府公布之商会法第三章第九条载:"会员均得举派代表出席商会,称为会员代表。"第十四条载:"会员代表均有选举权、表决权、被选举权

等。”是明定无论公会会员代表或商店会员代表，同时如能尽量被选为商会委员，均无不可。又同法第八章第四十条载：“商会联合会除法律别有规定外，准用本法第一章至第七章之规定。”是凡商会联合会之会员代表均有选举、表决、被选等权矣。惟查十八年十一月十三日，工商部公布之商会法施行细则，及十九年七月二十五日，工商部公布修正之《商会法施行细则》第三十八条载，全省商会联合会开会时，每一会员得派会员代表一人至三人出席会议，但一会员只有一表决权及选举权等语，而于被选举权一节则未有明文规定。是否可援照商会法第三章第十四条之规定，会员代表均有被选举权，抑一会员只有一被选举权？若凡出席代表均有被选举权，于事实上被选举权必超过选举权之一倍至三倍矣。又假如三代表同为一商会同届之委员，并同时均被选为商会联合会委员时，其原举派之商会执行委员额适为七人者，则已缺其半，又是否应行改选？基上疑点，理合备文呈请钧府察核，恳准详转予以解释，俾知适从，实叨公便等情。据此，事关法令解释，理合具文转呈钧厅察核，伏乞指令祇遵，实为公便等情。据此，究应如何解释之处，职厅未敢擅断，理合据情转请钧府察核解释下厅，俾转饬遵，实为公便等情前来。除令复外，理合备文呈请钧会解释示遵等情。据此，查商会联合会之会员代表依《商会法施行细则》第二十八条、第三十九条但书之规定，一会员虽只有一表决权及选举权，但对于被选举权并无限制，自应依商会法第四十条准用同法第十四条规定，认各代表均有被选举权，前经贵院院字第八四一号解释有案。至商会执行委员同时被选为商会联合会委员，是否可以兼充，抑应将原商会执委改选一节，未有明文规定。事关解释法律，除指令外，相应据情咨请贵院查照解释见复，以凭饬遵，至纫公谊。此咨

**院字第一三零六号**

**二十四年八月二十八日　司法院电四川高等法院首席检察官　附原电**

四川高等法院毛首席检察官览，上月代电悉，巴县地方法院首席检察官转请解释新《刑法》及新《刑事诉讼法》各疑义一案，业经本院统一解释法令会议议决，检察官对于行为不罚者，依法虽应为不起诉之处分，然检察官为代表国家公益之机关，如认该行为人有付保安处分之必要时，自可声请法院以裁定行之。至《刑事诉讼法》第三百十一条所谓犯罪之被害人，系以因犯罪而直接被害之人为限，合电转饬知照。司法院俭印

**附原电**

南京司法院院长居钧鉴，案据署四川巴县地方法院首席、检察官陈真代电称：窃查新《刑法》第八十六条第一项，因未满十四岁而不罚者，得令入感化教育处所，施以感化教育，同法第九十六条规定，保安处分于裁判时并宣告之。寻释法义，是检察官对于此种不罚案件应行起诉，方能得裁判宣告保安处分。惟查新《刑事诉讼法》第二百三十一条第八款规定，行为不罚者应为不起诉之处分，则检察官以未满十四岁之犯罪而不罚者应为不起诉，已受限制而保安处分则等于虚设。若以新刑诉法，自诉范围扩大，自有救济途径。但查同法

第三百十一条规定,犯罪之被害人始得提起自诉,于是发生下列疑问:假如甲未满十四岁将乙杀死,则被害人既已死亡,当不能适用自诉程序。此种案件,检察官既受刑诉法第二百三十一条第八款之拘束,应不起诉,从何而求裁判之宣告保安处分?于此情形,应以何法救济?法无明文,未便臆测。再查新刑诉法第三百十一条规定,自诉以犯罪之被害人提起,究以被害法益客体为限,抑以直接、间接之被害个人为限,范围未易确定,施行颇滋疑误。事关法律疑义,未便擅决,理合电请钧座俯赐查核指示,或转请解释等情。理合电呈钧院,俯赐解释示遵。署四川高等法院首席、检察官毛家骐叩

**院字第一三零七号**

**二十四年八月二十九日　司法院指令司法行政部　附原呈**

呈悉,业经本院统一解释法令会议议决,(一)对于未经判定刑期之反省人犯,认为不能感化时,依修正反省院条例第九条应送交该管法院审判。所谓该管法院,该条例既无特别规定,须查照《刑事诉讼法》关于管辖各条之规定定之,不以所在地法院为限。(二)已判定罪刑之反省人犯不能感化,应送监执行时,因事实上之障碍不能送返原送机关者,可否就近径送所在地之监狱执行?事关行政问题,不属解释范围,合行令仰转饬知照。其第二项应由该部核定办法,一并饬遵。此令

**附原呈**

案据安徽反省院院长呈称,案查反省院如发觉在院反省人有新罪证或认为不能感化者,自可遵照修正反省院条例第九条规定,将其送交该管法院审判或执行其刑。惟反省人在送院前未经审判机关判定刑期,送院后认为不能感化者,可否就近送交所在地之法院审判或监狱监禁。又各地移送入院之反省人如认为不能感化时,因距离原送机关太远,或因治安及种种特殊情形不能送返原移送机关执行刑期者,可否就近径送所在地之监狱执行,均未有明文规定,理合备文呈请鉴核示遵等情。据此,事关法令疑义,理合据情呈请钧院解释指令,俾便饬遵。谨呈

**院字第一三零八号**

**二十四年八月三十日　司法院电四川高等法院首席检察官　附原电**

四川高等法院毛首席检察官览,上月文代电悉。所请解释告诉人对于县判呈诉不服案件办理疑义一案,业经本院统一解释法令会议议决,《修正县知事审理诉讼暂行章程》现尚继续有效,自系《刑事诉讼法》之特别法。如告诉人系依该章程第二十五条第一项规定,向第二审检察官请依上诉程序提起上诉。既与自诉人自行上诉有别,仍应依该章程同条第二项规定,以检察官为上诉人,依照向例办理。合电知照。司法院陷印

**附原电**

南京司法院院长居钧鉴,窃查告诉人对于县判不服,虽得依《修正县知事审理诉讼暂行

章程》第二十五条第一项规定,向第二审检察官请依上诉程序提起上诉,但依同条第二项规定,系以检察官为上诉人。检察官对于此种请求原有准驳之权,业经钧院解释有案。惟现在《刑事诉讼法》第三百十一条规定,犯罪之被害人得提起自诉,是自诉范围业已扩大。告诉人对于兼理司法之县政府所为之第一审刑事判决呈诉不服,是否仍由第二审检察官审核,抑应依照自诉程序办理,径由第二审法院审判?事关法律疑义,应请解释,理合电呈钧院鉴核示遵。署四川高等法院首席检察官毛家骐印文

**院字第一三零九号**

**二十四年八月三十日　司法院训令福建高等法院首席检察官　附原函**

为令知事,该首席检察官呈最高法院检察署为闽侯地方法院福清分庭检察官转请解释区长职权疑义一案,业经本院统一解释法令会议议决,剿匪省份各县所设区长,既系辅助县长执行区内公安事务,核与《刑事诉讼法》第二百零九条第一项第三款之资格相当,合行令仰转饬知照。此令

**附原函**

径启者,案据福建高等法院首席检察官薛光锷呈称,案据闽侯地方法院福清分庭检察官陈广心呈称,查新《刑事诉讼法》第二百零八条第一项载,下列各员于其管辖区域内,为司法警察官有协助检察官侦查犯罪之职权:一、县长、市长;二、警察厅长、警务处长、公安局长;三、宪兵队长官。较诸旧《刑事诉讼法》第二百二十七条所规定,增加市长、警察厅长、警务处长三种人员。盖因官制之新设置,而其职权又复相同之故也。惟剿匪省份各县分区设署办法大纲所定之区长,依该大纲第五条第七款载,辅助县长执行区内户口调查、土地清丈、工役分配及其他卫生、公安交通暨一切应办之县政云云。是此项区长其他位职权与县长、公安局长相同。其于管辖区域内能否认为司法警察官有协助检察官侦查犯罪之职权,不无疑义,理合具文呈请鉴核示遵等情。据此,事关法律疑义,理合具文呈请钧长察准,转院解释,指令祗遵等情。据此,相应函请迅予解释,径复并见示备查。此致

**院字第一三一零号**

**二十四年八月三十日　司法院训令四川高等法院　附原呈**

为令知事,前据合川县县长呈,以估葬他人土地如何处罪,请解释示遵等情到院。业经本院统一解释法令会议议决,意图为自己或第三人不法利益,窃占他人之不动产。《刑法》第三百二十条第二项,设有明文来呈。所述乙将已卖土地估葬,如合窃占情形,自可依该条项处断。但应注意《刑法》第一条之规定,合行令仰转饬知照原呈抄发。此令

**附原呈**

呈为呈请解释事。查甲之土地,原为乙祖人所转卖,今乙忽估葬于其地,若科以侵占罪,而其目的物实非该乙所持有,于侵占罪要件不合。若科以窃盗罪,依十九年非字第二零

六号及院字第二三四号之例,又称专指窃取动产而言。究竟乙之估葬他人土地,应成立窃盗罪,抑或成立侵占罪,再或依《刑法》第一条之规定,宣告无罪。职府现有此类案件,急待解决,理合具文呈请钧院,迅赐解释,电示祗遵。谨呈

**院字第一三一一号**

**二十四年八月三十日　司法院指令湖北高等法院　附原呈**

呈悉,业经本院统一解释法令会议议决,《刑事诉讼法》第一百零九条仅限于检察官为被告不利益上诉,为除外之规定。自诉人纵为被告不利益上诉,而被告羁押,如逾原审判决之刑期,即应适用上开法条,撤销羁押,将被告释放。合行令仰转饬知照。此令

**附原呈**

案据郧县地方法院院长欧阳谷呈称,查《刑事诉讼法》第一零九条,案经上诉者被告羁押期间,如已逾原审判决之刑期,除检察官为被告之不利益而上诉外,应即撤销羁押,将被告释放,文义本甚明了。惟《刑事诉讼法》第三百三十六条,当事人对于下级法院之判决有不服者,得上诉于上级法院。依同法第三条,当事人包括自诉人在内,如该自诉人为被告不利益而上诉,而被告羁押已逾原判刑期,可否适用第一百零九条之规定撤销羁押,将被告释放之处,法无明文,理合具文呈请钧院核示,或转请司法院解释示遵等情。据此,事关法律疑义,本院未敢擅专,理合备文转呈钧院解释示遵。谨呈

**院字第一三一二号**

**二十四年八月三十一日　司法院电江苏高等法院第三分院　附原电**

江苏高等法院第三分院梁院长览,上年十一月覃代电悉,上海第二特区地方法院转请解释上海法租界内设置中国法院之协定第四条土地管辖疑义一案,业经本院统一解释法令会议议决,查该协定租界行政当局起诉,或被害人提起自诉,既以在各该法院管辖区域内发生者为限,其土地管辖自应依被告之犯罪地定之,不适用刑诉法第五条关于被告之住所、居所或所在地之规定.至法院因法律或事实不能行,使审判权者得依刑诉法第十条办理,合电转饬知照。司法院世印

**附原电**

南京司法院院长居钧鉴,顷据署江苏上海第二特区地方法院院长王思默蒸代电称:兹有法律疑义,亟待解释。(一)关于上海租界内设置中国法院之协定第四条土地管辖,有甲、乙二说:甲说谓本条之土地管辖应依被告之犯罪地定之。观于条文内规定,其他案件在各该法院管辖区域内发生者,应由租界行政当局起诉,或被害人提起自诉,载明有管辖区域字样,即可明了。本院系接收前上海法租界会审公廨改设成立,此种特殊规定乃由历史上沿袭而来。《刑事诉讼法》第十三条关于依被告之住所、居所或所在地定管辖者,当然不能适用。乙说谓本条上段系规定检察官之职务,于检验事务外,仅于《刑法》第一百零三条至第

一百八十六条之一切案件有侦查起诉之权。条文既无案件发生于管辖区域内之限制,又明定依照中国法律执行,其职务同协定第三条,且规定中国现行有效法律章程,一律适用于本院《刑事诉讼法》。第十三条依被告住所、居所或所在地之土地管辖,当然应予适用。但书既云已经租界行政当局或被害人起诉者,不在此限,租界行政当局或被害人对于该类案件起诉时,应与检察官适用同一之法律,自无待言。至下段所云其他案件在各该法院管辖区域内发生者,应由租界行政当局起诉,或被害人提起自诉,乃承上文限制,检察官不得处理此类案件。惟租界行政当局及被害人得以起诉,不能囿于管辖区域一语,遂认为于《刑法》第一百零三条至第一百八十六条以外案件,专采用犯罪地之属地主义。况本院既为中国法院,何能仍沿袭前上海法租界会审公廨之特殊办法?以上二说,未审孰是,此应请解释者一。(二)据上例,如果采用甲说,被告之犯罪地在本院管辖区域以外,其住所、居所或所在地在本院管辖区域以内,如经检察官、租界、行政当局或被害人起诉时,均应依《刑事诉讼法》第三百十九条谕知管辖错误之判决,依被告之犯罪地将案件移送管辖法院。设其犯罪地在东三省、热河等处,事实上已无法移送,应如何办理以资救济,此应请解释者二,悬案以待,乞转电解释等情。据此,理合转电呈请钧院迅赐解释,电示饬遵,实为公便。署上海江苏高等法院第三分院院长梁仁杰叩,覃印庭长郭德彰代行。

**院字第一三一三号**

**二十四年九月二十八日　司法院指令浙江高等法院　附原呈**

呈悉,业经本院统一解释法令会议议决,自诉人于诉讼已开始进行后,依《刑事诉讼法》第三百十七条之特别规定,唯限于最重本刑七年未满之告诉或请求乃论之罪,在第一审辩论终结前,得将自诉撤回。至非告诉或请求乃论之罪,不能准用关于公诉之规定撤回自诉。合行令仰转饬知照。此令

**附原呈**

案据温岭地方法院院长石翊呈称,窃查自诉人除告诉或请求乃论之罪(七年未满)得撤回其自诉外,关于非告诉或请求乃论之罪可否得撤回自诉,兹有甲、乙、丙三说之主张:(甲)告诉或请求乃论之罪,自诉人于第一审辩论终结前,得撤回其自诉。但本刑为七年以上有期徒刑以上之刑者,不得撤回,为《刑事诉讼法》第三百十七条所明定,其于非告诉或请求乃论之罪,自不得撤回自诉。(乙)按《刑事诉讼法》第三百三十五条自诉程序除本章有特别规定外,准用前章第二节及第三节关于公诉之规定。同法第二百四十八条检察官于第一审辩论终结前发现有应不起诉或以不起诉为适当之情形者,得撤回起诉各规定。则自诉人除告诉或请求乃论之罪有特别规定外,其余普通之罪现无特别规定。如发现应不提起自诉或以不提起自诉为适当之情形,似可准用公诉之规定,亦得撤回其自诉。(丙)由甲之说,则自诉除告诉或请求乃论之罪外,如遇案情轻微及以不处罚为有实益,亦不得撤回自诉,未免限制过严,于实际多所窒碍。由乙之说,则告诉乃论之罪,且有七年以上之限制,而于非告

诉或请求乃论之罪,反听其漫无限制,自由撤回,不无太过于宽,尤于社会殊多不适。两说均有所偏,难免流弊。查刑诉法第三百二十一条规定,检察官于审判期日所得为之诉讼行为,于自诉程序由自诉人为之,而检察官撤回起诉应提出撤回书,在同法第二百四十八条第二项定有明文。足见撤回起诉非检察官在审判期日所为之诉讼行为,于自诉程序似未可由自诉人为之。虽同法第三百三十五条有准用第二节关于公诉之规定,然检察官于自诉程序由自诉人为之者已有特别规定,则关于撤回非告诉或请求乃论之罪,既未许由自诉人为之,即不宜准用,似应请由检察官核办,方较妥善而免流弊。请核示等情。据此,案关法令疑义,理合备文转请,仰祈钧院解释示遵。谨呈

**院字第一三一四号**

**二十四年九月二十八日　司法院训令司法行政部　附原呈**

为令知事,前据该部上年八月间函请解释上海租界内之探目、华探、警务人员可否认为《刑法》上之公务员一案,业经本院统一解释法令会议议决,《刑法》上之公务员系指本国公务员而言,上海租界工部局捕房所置之探目、华探等碍难认为《刑法》上之公务员,合行令仰知照。此令

**附原呈**

查《刑法》上所称公务员,依其第十七条所定之文例,自以依法令从事于公务之议员及职员为限。惟上海租界工部局捕房虽非我国所设立之机关,而按诸关于上海公共租界内中国法院之协定第五条及法租界内中国法院之协定第四条,对于该捕房曾赋予刑事起诉权。此项协定原系一种特别条约,其依该条约赋予刑事起诉权之机关组织人员,如探目华、探警务人员等类,是否应认为依法令从事于公务之职员,亟须求一明确之解释,相应函请贵院解释见复。此致

**院字第一三一五号**

**二十四年九月二十八日　司法院电湖南高等法院　附原电**

湖南高等法院徐院长览,上年十二月宥代电悉,汝城县县长电请解释私人占有渔业权疑义一案,业经本院统一解释法令会议议决,查公用水面之渔业权利,由私人占有者,如于《渔业法》施行后一年内未呈请登记时,依《渔业法》第四十八条及同法施行规则第三十九条规定,既应以废业论,则该占有人即属无权,再与他人订立入渔契约,及收取入渔费用。合电转饬知照。司法院勘印

**附原电**

南京司法院院长钧鉴,案据汝城县县长陈颖心删代电称,兹有地方对于国有河道,历由私人分段,占有渔业权。他人取鱼,须向占有人承租纳税。究竟此项占有是否有效?如遇承租人发生异议,可否适用《民法》第七十二条办理?属县有类似案件待结,乞迅解释示遵

等情。据此,查公用水面之渔业权利,历由私人占有,依《渔业法》第四十八条之规定,应于该法施行后一年内呈请该管官署登记。若不遵期登记,依该法于施行细则第三十九条概以废业论,似不得再与他人订立设定入渔权之契约,而收取入渔费。事关人民权利得丧,是否有当,理合电请钧核示遵。湖南高等法院院长徐声金叩宥印

**院字第一三一六号**

**二十四年十月五日　司法院电甘肃高等法院首席检察官　附原电**

甘肃高等法院林首席检察官览,上年九月洽代电悉,第二分院首席检察官转请解释过失致死处罪疑义一案,业经本院统一解释法令会议议决,查新旧《刑法》,均无过失伤害尊亲属致死之加重专条,自应依普通过失致死办理。合电转饬知照。司法院歌印

**附原电**

南京司法院院长钧鉴,案据天水甘肃高等法院第二分院首席、检察官杜荫溥歌代电开,兹有甲将殴其妻乙,经甲之生母丙前往救护,被甲误伤身死。查此种情形,自系打击错误。惟查《刑法》并无过失伤害尊亲属致死之处罚专条,究竟应适用何条办理,祈转请解释示遵等情。据此,查此项情形,《刑法》既无加重处罚条文,似应适用同法第二百九十一条办理。惟案关解释,理合电请释示饬遵。甘肃高等法院首席、检察官林超南叩洽印

**院字第一三一七号**

**二十四年十月五日　司法院指令浙江高等法院　附原呈**

呈悉,业经本院统一解释法令会议议决,被告所在不明,将传票用公示送达,系属合法传唤。苟无正当理由而不到庭,第二审得径行判决,合行令仰转饬知照。此令

**附原呈**

案据金华地方法院院长呈称,窃有刑事被告,不服第一审判决,提起上诉。迭经第二审定期传审去后,均据去警报告。被告即上诉人,所在不明,无从传唤。因再定期审理,将被告传票,用公示送达程序。而为送达到期,被告又不到庭,可否径予判决?兹有二说:(甲)说,被告经传唤无正当理由,不出庭者,得不待其陈述,径行判决。在第二审程序定有专条刑诉法,第三八二条被告提起上诉后,所在不明,经第二审定期审理,将被告传票依公示送达程序而为送达,即属合法。传唤被告无正当理由,不遵期出庭,为免除诉讼拖延起见,应不待其陈述,径予判决。(乙)说,被告所在不明,即属无从传唤。为顾全被告最后辩论权起见,第二审应准用第一审程序,以裁定停止审判程序。刑诉法第三七九条、第三零七条公示送达传票,尚难认为合法传唤,未可径予判决。二说未识孰是。本院现有是项案件,急待解决,请转解释等情。据此,案关请求解释,理合备文转请,仰祈钧院鉴核,俯赐指令,以便饬遵。谨呈

**院字第一三一八号**

**二十四年十月七日　司法院指令浙江高等法院首席检察官　附原呈**

呈悉,业经本院统一解释法令会议议决,扣押之赌具、赌洋并非违禁物,不得单独没收。既经处分不起诉,应查照《刑事诉讼法》第二百三十八条第二项办理,合行令仰转饬知照。此令

**附原呈**

案据衢县地方法院首席检察官陈世镕代电称,窃查《刑法》第二百六十六条载,在公共场所或公众得出入之场所赌博财物者,处一千元以下罚金。但以供人暂时娱乐之物为赌者,不在此限。其第二项载,当场赌博之器具,与在赌抬或兑换筹处之财物,不问属于犯人与否,没收之云云。寻绎法意,第二项所谓当场,当指第一项所谓之公共场所或公众得出入之场所而言。兹有某甲在家赌博,为公安局破获,连同所获赌具及赌抬上之赌洋,一并送院侦查。核其所为,并非在公共场所或公众得出入之场所赌博财物,依法应不罚,经处分不起诉在案。惟某甲赌博之行为,既不罚其赌具、赌洋,又非在公共场所或公众得出入之场所破获,究竟可否视为违禁物,仍予没收?如不能没收,应如何处分,深滋疑问。理合电恳核示指遵等情。据此,案关法律疑义,理合备文呈请钧长鉴核,解释示遵,实为公便。谨呈

**院字第一三一九号**

**二十四年十月七日　司法院指令山东高等法院　附原呈**

呈悉,业经本院统一解释法令会议议决,特别法上之犯罪,亦得适用自诉程序。合行令仰转饬知照。此令

**附山东高等法院原呈**

案据菏泽地方法院推事兼院长赵冠骏微代电称,特别法是否适用自诉程序等情。据此,除指令外,理合具文呈请钧院俯赐解释,以便转饬遵照。谨呈

**院字第一三二零号**

**二十四年十月八日　司法院指令浙江高等法院　附原呈**

呈悉,业经本院统一解释法令会议议决,(一)犯罪之被害人无行为能力或提起自诉者,非犯罪之被害人,应依《刑事诉讼法》第三百二十六条谕知不受理之判决。(二)自诉人提出自诉状,未依《刑事诉讼法》第三百十二条第三项按被告之人数提出缮本,经法院限期补正,故延不遵,自应视为起诉程序。违背规定,应依同法。第三百三十五条准用第二百九十五条第一款谕知不受理之判决。合行令仰转饬知照。此令

**附原呈**

案据东阳地方法院院长洪锡范呈称,据本院候补推事许绪佑呈称,兹因办理刑事自诉

案件发生疑义,如(一)《刑事诉讼法》第三百十一条载,犯罪之被害人得提起自诉,但以有行为能力者为限。如犯罪之被害人尚无行为能力提起自诉,或提起自诉者,非犯罪之被害人,可否视为不得提起自诉,而依同法第三百二十六条谕知不受理之判决。(二)自诉人提出自诉状,未依《刑法》第三百十二条第三项按被告之人数提出缮本,经法院命限期补正后,故延不遵,可否视为起诉之程序违背规定,依同法第三百三十五条准用第二百九十五条第一款规定,谕知不受理之判决。上列二点,疑义未明,悬案待决,请转指示遵行等情,理合转请指示祗遵等情。据此,案关法令疑义,理合备文转请,仰祈钧院鉴核解释示遵。谨呈

**院字第一三二一号**

**二十四年十月八日　司法院指令四川高等法院首席检察官　附原呈**

呈悉,业经本院统一解释法令会议议决,旧《刑法》对于心神丧失人施以监禁,虽系保安处分之一种,但《刑法》施行法关于监禁处分之期限并无。自《刑法》施行之日起,不得逾《刑法》第八十七条第三项所定期间之限制,只得仍照原确定判决所宣示,予以执行。惟在此期间未终了前,若认无继续执行之必要时,可依《刑法》第九十七条及《刑事诉讼法》第四百八十五条之规定,由检察官声请法院裁定之。合行令仰转饬知照。此令

**附原呈**

呈为呈请事。案据四川泸县地方法院首席检察官杨日东呈称,呈为呈请转呈解释,以资遵循事,兹有某甲因精神丧失杀毙,其直系尊亲某乙,经法院审实后,依照旧《刑法》第三十一条宣告无罪,施以监禁,处分十年,并指定在监狱内执行之,于新《刑法》施行前业已确定在案。查新《刑法》并无监禁处分之规定,仅于第八十七条第一项载,因心神丧失而不罚者,得令入相当处所,施以监护。又同条第三项载,前项处分期间为三年以下。似此情形,关于执行问题发生下列两说:(甲)说,旧《刑法》第三十一条之监禁处分,并无期间处所之限制。原判决既在旧《刑法》有效时期已经确定,当然依照原判决所宣示之期间及处所予以执行。(乙)说,监禁处分,并非刑之宣告,自不能视为与刑事判决相同。于执行中,法律既有变更,当然由检察官向法院声请,依照新《刑法》第八十七条一、三两项,另为裁定。案关执行疑义,理合呈请转请解释等情。据此,查事关法律疑义,未便擅决,理合备文呈请钧院,俯赐解释示遵。谨呈

**院字第一三二二号**

**二十四年十月九日　司法院指令行营驻川军法处　附原呈**

呈悉,业经本院统一解释法令会议议决,直系血亲尊亲属诬告卑幼,当然包括在《刑法》第一百六十九条第一项之内,不能谓其行为不成立犯罪。合行令仰知照。此令

**附原呈**

为呈请解释示遵事。窃查新《刑法》第一百七十条之规定,大意为意图陷害,直系血亲、

尊亲属而诬告之者,加重其刑至二分之一云云。此就直系血亲之卑幼对尊亲属犯诬告罪者而言。反之,直系尊亲属对于血亲之卑幼,如有上述行为时应否构成犯罪,法无明文,未敢妄拟。惟于此得两说:(甲)认为犯罪说谓诬告之被罪害者为国家审判权,被诬告人对于其所受之损害虽有权求偿,然究无直接被害关系,故不能因诬告人有尊亲属之身分而免除其刑责。在《刑法》固无明文,但仍可适用第一百六十九条第一项概括之规定处罪。此认为犯罪说者也。(乙)认为不犯罪说以《刑法》仅有卑幼诬告直系尊亲属加重其刑之明文,而无反面处罚之规定。推测意旨,或因直系亲属形同一体,卑幼诬告尊亲有乖伦常,应予处罚,而尊亲属对于卑幼纵有诬告情事,亦不过一时偏见,或受人唆使所致。揆诸情理,不无可原。若予以处罚,不惟有背人情,且足以破坏其家庭秩序,故以不处罚为宜。此认为不犯罪说者也。以上两说,究以何者为当,理合呈请鉴核解释示遵。谨呈

**院字第一三二三号**

**二十四年十月二十五日　司法院电陕西高等法院首席检察官　附原电**

陕西高等法院张首席检察官览,本年八月阳代电悉,所请解释《县知事审理诉讼暂行章程》第二十五条疑义一案,业经本院统一解释法令会议议决,刑事案件之被害人如依自诉程序在兼理司法之县政府提起自诉,判决后声明上诉应依《刑事诉讼法》第三百五十五条第一项,由县政府将卷宗径送第二审法院,合电知照。司法院径印

**附原电**

南京司法院居院长钧鉴,查奉令施行之《刑事诉讼法》第三百五十五条所载送卷之规定,与旧刑诉法第三百七十八条之经由检察官转送者不同。原新刑诉法更改之意系为迅速捷便起见,则新刑诉法施行后,所有各级法院第二审之上诉案件,无论有无检察官为当事人,均应由原审法院送交第二审法院,自不待言。惟查《县知事审理诉讼暂行章程》第二十五条载,告诉人对于县判得依上诉期限向第二审之检察官呈诉不服,请依上诉程序提起上诉等语,是该条规定应由检察官转送也。按新刑诉法扩大自诉范围,则县政府审理刑事案件之告诉人即与自诉人无异,似无庸再由检察官代为提起上诉之必要。此项告诉人不服,县政府第一审判决声明上诉之案是否仍依《县知事审理诉讼暂行章程》向第二审之检察官呈诉不服,由检察官转送,抑依新刑诉法由县政府径送第二审法院,不无疑义。究应如何办理,俾贯彻新刑诉法立法之精神,伏祈迅予解释,电令祇遵。署陕西高等法院首席检察官张履谦阳印

**院字第一三二四号**

**二十四年十月二十五日　司法院电安徽高等法院首席检察官　附原电**

安徽高等法院王首席检察官览,上月感代电悉。所请解释《刑事诉讼法》第二一一条疑义一案,业经本院统一解释法令会议议决,《刑事诉讼法》第二百十一条所谓被害人,指因犯

罪直接受有损害者而言。如系被害人对于非告诉乃论之罪,均得具状告诉,或声请再议,或呈诉不服,与《刑法》分,则所定章次无关。合电知照。司法院径印

**附原电**

司法院院长居钧鉴,查《刑法》第二编第一章至第九章各罪系侵害国家法益,第十章至第二十一章各罪系侵害社会法益,第二十二章至第三十五章各罪系侵害个人法益。按之《刑事诉讼法》第二百十一条,犯罪之被害人得为告诉之规定,是除侵害个人法益各章及侵害社会法益各章内特别规定告诉乃论外,其余以关于侵害国家法益及社会法益之罪具状告诉者,似应均视为告发人。其对于不起诉处分声请再议,及对于县政府判决呈诉不服是否不应准许,案关适用法律发生疑义,理合电请鉴核,迅赐示遵。安徽高等法院首席检察官王树荣叩。感印检察官孔宪榖代行

**院字第一三二五号**

**二十四年十月二十五日　司法院指令浙江高等法院　附原呈**

呈悉,业经本院统一解释法令会议议决,森林法第九章所定罚则系特别《刑法》,关于诉追审判执行,均应依《刑事诉讼法》之规定为之。合行令仰转饬知照。此令

**附原呈**

案据宁海地方法院院长朱成复呈称,查违背森林法第九章规定,应否由法院处罚?如归法院处罚,要否经检察官声请,并处罚之方式(是否用裁定)及执行如何,不无疑义,请核示等情。据此,案关法令疑问,理合备文呈请,仰祈钧院鉴核解释,以便饬遵。谨呈

**院字第一三二六号**

**二十四年十月二十五日　司法院指令河北高等法院　附原呈**

呈悉,业经本院统一解释法令会议议决,(一)应贴印花之文件未贴印花,或贴用时漏未盖章画押,于交付或使用后已经补贴,或已补盖图章,不得再依《印花税暂行条例》第五条规定处罚。(二)违反《印花税暂行条例》应予科罚之事件,按照司法机关依《印花税暂行条例》科罚及执行规则第二条之规定,应由地方法院刑事庭以裁定行之。(三)不服裁定得依该规则第四条第一项向该管高等法院抗告,合行令仰转饬知照。此令

**附原呈**

呈为呈请解释事。据保定地方法院院长朱焕彪呈称,呈为呈请解释事。查应贴印花之各件不贴印花,或贴用时未盖章画押者,依《印花税暂行条例》第五条应处罚金。如司法机关于审理诉讼时发现,或经人告发,足以证明其为交付或使用后始行补贴印花,或补盖图章者,应否依该条及第四条规定处罚。此应恳转请解释者一。司法机关于审理诉讼时发现未贴印花之事项,向由原发现之民刑事庭或简易庭依法处罚。如有不服,其抗告法院,是否视下级法院之庭别而异其庭,抑应统归民庭或刑庭受理。此应恳转请解释者二。司法机关受

理违背印花税条例之事件,若经检查印花之机关移送者,或经人告发者,或由法院登记处发现者,应归民庭审理,抑归刑庭审理?在三级三审尚未实行以前,究应归地方庭审理,抑应归简易庭审理?此应恳转请解释者三。其由简易庭裁判者,如有不服,其抗告法院,究为本院地方庭,抑为高等法院?此应恳转请解释者四。本院悬案待决,理合恳请钧院转请解释等情。据此,除指令外,理合具文转呈钧院鉴核,俯赐解释,俾转令遵行。谨呈

**院字第一三二七号**

**二十四年十月二十五日　司法院指令河南高等法院　附原呈**

呈悉,业经本院统一解释法令会议议决,死亡者之旁系卑亲属,因遗产争执,妨害丧葬,应成立《刑法》第二百四十六条第二项之罪。至其有无继承遗产权,与犯罪之成立无关。合行令仰转饬知照。此令

**附原呈**

案据代理通许县县长祝绥呈称,查《刑法》第二百四十六条第一项规定,对于坛庙、寺观、教堂、坟墓或公众纪念处所,公然侮辱者,处六月以下有期徒刑拘役,或三百元以下罚金。第二项规定妨害丧葬祭礼,说教礼拜者亦同等语。如被继承人死亡而无《民法》,继承编第一千一百三十八条所列各款之遗产继承人时,其旁系卑亲属,有甲乙两方争执遗产,互相阻丧,不让埋葬。在此未确定孰为遗产继承人时,两方应否均成立罪名,有二说焉:(一)说继承权未确定时,则孰应埋葬,被继承人之尸体亦未确定,而以争遗产之故,不让埋葬,不应成立罪名。(二)说《刑法》所以明文规定处罚妨害丧葬者,为社会公众卫生计也。如有阻丧不让埋葬,尸体腐化,对于公众卫生大有妨害,似应构成《刑法》第二百四十六条第二项之罪。以上二说,未知孰是。理合具文呈请钧院鉴核,明白解释,俾资遵循等情。案关适用法律,理合备文呈请钧院俯赐核示,俾便饬遵。谨呈

**院字第一三二八号**

**二十四年十月二十五日　司法院指令司法行政部　附原呈**

呈悉,业经本院统一解释法令会议议决,依《刑事诉讼法》第三百十二条第一项规定提起自诉,应向管辖法院提出自诉状为之。其以言词向检察官声请移送自诉,自非合法。但如具有自诉状,并经检察官移送法院,即应依法受理,不得认起诉程序,违背规定谕知不受理之判决。合行令仰转饬知照。此令

**附原呈**

案据江苏高等法院首席检察官呈称,据江宁地方法院首席检察官呈称,窃有被害人在侦查中以合于自诉条件之案,用言词声请移送自诉。此项声请是否违背程序,兹有两说:(甲)说谓依《刑事诉讼法》第二百二十一条第一项规定,告诉告发应以书状或言词向检察官或司法警察官为之,其以言词为之者应制作笔录等语。是告诉人如以言词向于检察官或司

法警察官告诉,经依法制作笔录后,该管检察官或司法警察官即应予以受理。查犯罪之被害人原为告诉人之一,若以言词声请移送自诉,自与以言词告诉者相同。如由书记官制作笔录后,该管检察官依《刑事诉讼法》第三百十五条第二项之规定,既知有自诉情形,应即停止侦查,移送法院受理。若被害人以言词声请移送自诉后,仍须向该管法院提出自诉状,方为有效。不但程序重复,于被害人极感不便,设有无力购买状纸或缺乏撰状知识之人,即不免剥夺其自诉之权利。况《刑事诉讼法》第二百四十四条第二项规定,检察官追加起诉尚得以言词为之,而对于被害人之提起自诉必须严加补具书状之限制,不但予包揽他人诉讼者以机会,尤非立法者保护被害人自诉之深意。且历来判例,当事人之书状与言词相矛盾者,应依其言词为准,可见言词之重于书状尤为明显。(乙)说谓依《刑事诉讼法》第三百十二条规定,提起自诉,应向管辖法院提出自诉状为之。同法第三百三十五条规定自诉程序,除本章有特别规定外,准用前章第二节、第三节关系公诉之规定等语。是被害人提起自诉,须向管辖法院提出自诉状,方为有效。否则即系不合程序,仍应继续侦查,即移送自诉状。法院亦得依前章第三节、第二百九十五条第一款规定,认为起诉程序违背规定,谕知不受理之判决。因被害人以言词声请自诉,于法无据,碍难认为有效。以上两说,未知孰是。案关法律疑义,理合具文呈请鉴核,转呈解释,俾资遵行等情。据此,事关法律疑义,理合据情呈请鉴核,转院解释,指示饬遵等情。据此,理合呈请钧院解释示遵。谨呈

**院字第一三二九号**

**二十四年十月二十六日　司法院函中央执行委员会秘书处　附原电**

径启者,查驻豫特派绥靖主任公署宪兵营特别党部,上月马代电致最高法院,请解释地方官吏将公益捐拨充放账之用是否犯罪疑义一案,业经本院统一解释法令会议议决,地方官吏将人民所出公益捐拨充地方放账之用,别无犯罪意思,应认为处分不当,不能构成犯罪。相应抄录原代电函,请查照转行知照。此致

**附原电**

最高法院公鉴,查人民因案认出公益捐办理地方公益事宜,而地方官吏接受此种捐款,拨作地方放振之用。此种行为,是否触犯新颁《刑法》第一百二十九条所谓明知不应征收而征收之罪,抑另触犯其他条文之罪,或不为罪之处,应请依据此种事实,分别解释见复为盼。中国国民党驻豫特派绥靖主任公、署宪兵营特别党部马印

**院字第一三三零号**

**二十四年十月二十六日　司法院指令山东高等法院　附原呈**

呈悉,业经本院统一解释法令会议议决,外国私人从前在中国所绝买之土地,虽不能取得中国之土地所有权,但该地既卖与中国人,自可因中国人请求而为不动产登记条例第三条第一项所有权移转之登记,合行令仰转饬知照。此令

**附原呈**

案据福山地方法院院长胡咏高呈称,查外国教会出卖其前在内地绝买之土地,于中国人应从其性质为所有权移转之登记,业经院字第九八一号解释在案。至于外国私人出卖其从前在中国绝买之土地,于中国人应如何登记,并未言及。兹本院登记处受理中国人接买外国私人以前买得中国土地登记案件,究应许其为所有权移转之登记与否,既无法令可资遵循,又无解释可以援引,不免发生疑义。事关所有权登记,未便擅专,理合备文呈请转呈司法院解释示遵等情。据此,事关法律疑义,理合据情呈请均院鉴核,俯赐解释,指令饬遵,实为公便。谨呈

**院字第一三三一号**

**二十四年十月二十六日　司法院电广西高等法院　附原电**

广西高等法院院长览,该法院第一分院本年二月东代电请解释《民法》第一二六条及第二二九条疑义一案,业经本院统一解释法令会议议决,《民法》第一百二十六条所载其他一年或不及一年之定期给付债权,系指与利息等同一性质之债权而言,故其请求权因五年间不行使而消灭。至第二百二十九条内称给付有确定限期之债权,乃为普通债权定有期限者之一种,二者性质迥不相同(参照院字第一二二二号解释)。合电转饬知照。原电抄发。司法院宥印

**附原电**

司法院院长居钧鉴,查《民法》第一二六条、第二二九条规定所谓定期给付之债权及给付有确定期限之债务,二者性质是否有别,兹分两说:(甲)说谓该两条系就当事人间同一性质之债务,分别规定债权人请求权之限制及债务人履行迟延应负之责任。如当事人钱债契约订明限用六个月为期,期满后已逾五年,债权人之请求权即因第一二六条规定之时效经过而消灭,债务人不负任何责任。(乙)说则主张当事人此种契约,乃给付有确定期限之债务,与定期给付之债务系属两事。债权人之请求权,不适用第一二六条之规定。二说究以何说为是?事关法律解释,且悬案待决,理合电乞迅赐解释示遵。代理桂林广西高等法院第一分院院长林世材呈东印

**院字第一三三二号**

**二十四年十一月一日　司法院训令湖南高等法院首席检察官　附原函**

为令知事,该首席检察官呈,最高法院检察署第一分院首席检察官转请解释行营公路处秘书是否军属疑义一案,业经本院统一解释法令会议议决,军事委员会委员长,行营公路处秘书依《陆海空军刑法》第八条规定,应认为军属。合行令仰转饬知照。此令

**附原函**

径启者,案据湖南高等法院首席检察官曹瀛庚代电称,最高法院检察署检察长郑钧鉴。

案据本院第一分院首席检察官朱远模养代电称，军事委员会委员长、行营公路处秘书，是否认为军属，乞转请解释示遵等情。据此，理合电请钧署转请解释令遵等情。据此，相应函请迅予解释径复，并见示备查。此致

**院字第一三三三号**

**二十四年十一月二日　司法院电河北高等法院　附原电**

河北高等法院胡院长览，本年一月删代电悉，该法院第一分院转请解释再审事件抗告期间疑义一案，业经本院统一解释法令会议议决，再审之诉依旧《民事诉讼法》第四七零条应准用关于各该审级诉讼程序之规定，故法院认再审之诉为不合法或显无理由以裁定驳回者。对于该裁定之抗告，应分别审级准用同法第二四零条第二项、第四零九条第三项之规定。至新《民事诉讼法》施行后，其提起抗告当然适用第四八四条第一项之规定。合电转饬知照。司法院冬印

**附原电**

司法院院长居钧鉴，本院据北平第一分院院长梁宓齐代电称，窃查民事再审事件之抗告期间，《民事诉讼法》第四编并未别有规定。现有两说互异，颇滋疑问。（甲）说再审之诉亦为诉之一种，如不服再审裁定，应准用民诉法，第二四零条得为即时抗告。（乙）说谓再审裁定有不合法及显无理由二种，与该法第二四零条情形不能同，视其抗告期间，应准用同法。第四五三条第一项为十四日，事关法律解释，理合电请钧院转请解释祗遵等情前来。理合电呈鉴核，俯赐解释示遵。河北高等法院院长胡祥麟叩删印

**院字第一三三四号**

**二十四年十一月二日　司法院指令广东高等法院　附原呈**

呈悉，业经本院统一解释法令会议议决，屯田虽一向由甲耕管，其所有权仍属于官厅。甲以其佃耕之权，转抵押于乙，究不能认为典权之设定。故乙既遵照官厅布告，缴价承领，即应取得所有权，甲自不得向其取赎。合行令仰转饬知照。此令

**附原呈**

为转呈事。现据代理兴宁地方法院院长王名烈呈称，查有某甲出典田业与某乙，现甲以未过法定回赎期间，拟备价向某乙赎回。乙以该田虽于某甲典来，但此系官有之屯田。民国八年，广东财政厅布告，此项屯田准民间缴价承领，经伊遵照价领得有永远管业执照，其所有权即属伊有，不允交赎等情。兹有子、丑两说，分列如下。（子）说谓此项屯田向归民间耕管，历来辗转典按，习惯上均得赎回。满清时，所纳屯米即与纳粮同，其性质实与民业无异。依历来习惯，当然有回赎之权。（丑）说谓此项屯田，系属政府之物业，发交民间耕种。所纳屯米，与纳租业主无异。后又经民国八年间，广东财政厅布告，准民间缴价承领。一经领得，即有永远管业之权。原出典已属违法，当然不能回赎各等语。查上项争执，法无

明文规定,究以何说为准,未便擅拟。理合具文呈请钧院察核,乞予转呈解释,俾资办理等情。据此,理合据情转呈钧院察核,俯赐解释下院,以便饬遵,实为公便。谨呈

**院字第一三三五号**

**二十四年十一月二十二日　司法院函国民政府西南政务委员会　附原呈**

迳复者,准贵会本年八月二十日公函(第二八四号)开,据广东省政府呈请解释同业公会选举疑义,请查照见复等由,业经本院统一解释法令会议议决,同业公会举行选举,法律上对于会员之出席既无何种限制,自可由他人代为出席。惟代理人应提出授权书或其他方法,证明其代理权之存在。相应函复贵会查照饬知。此致

**附原函**

案据广东省政府本年八月九日呈称,现据建设厅呈称,现据汕头市市长李源和本年七月二十七日呈称,查各人民团体举行选举及开大会时,应由会员本人亲自出席,在原则上当然如此。惟假如在选举时,会员中遇有事故不能亲自出席时,即作为放弃选举权,抑准予请人代为出席。选举及其请人代出席之手续,应如何办理?最近职市办理同业公会改选,发现此种疑问,亟待解决。查各该会施行细则及人民团体选举通则,均无明文规定,职未便擅专。理合备文呈请钧厅察核,迅赐解释下府,以便遵照办理,实为公便等情。据此,究竟如何解释之处,职厅未敢擅断。理合备文呈请钧府核示祗遵等情前来。理合转呈核示饬遵等情。据此,事关法规疑义,除指复外,相应函请查照解释见复,以便饬遵为荷。此致

**院字第一三三六号**

**二十四年十一月二十二日　司法院咨行政院　附原咨**

为咨复事,准贵院本年一月三十日咨(第一七号)开,据内政都呈请解释国籍法疑义,请查照见复等由,业经本院统一解释法令会议议决,外国女子为中国人之妻,如已合法,取得中华民国国籍,嗣后离婚,其国籍并不因之丧失。故离婚前虽未声请备案,而于离婚后苟无丧失国籍之原因,仍得补行声请。相应咨复贵院查照饬知。此咨

**附原咨**

案据内政部呈称,案查前奉钧院二十三年十月十六日第五六七九号训令,以据本部呈请解释外国女子嫁与中国人为妻,但未依照国籍法施行条例声请备案,是否为中国人,以及外国女子嫁与中国人为妻,其夫亡故后可否准予备案各节。咨准司法院院字第一一一一号咨略,以外国女子为中国人之妻,依其本国法;未保留其国籍者,依我国国籍法第二条第一款之规定,即当然取得中华民国国籍。至于声请备案,不过取得后之一种手续,故应声请备案而未声请者,仅应令其补正程序,不得谓其未取得国籍。又依国籍法第二条第一款,当然取得国籍之人,虽于其夫生前未经声请备案,其夫死后苟无丧失国籍原因,仍得补行声请等由,饬即通行知照等因,业经通行遵照在案。兹有与前案关之疑义一点,即外国女子嫁与中

国人为妻,于离婚前并未声请本部备案,现已与中国人离婚,但仍愿在华继续居留,取得中国国籍。按照司法院解释,该外国女子前已因婚姻关系取得中国国籍,于离婚前虽未声请备案,而现与其夫离婚,于国籍法上不成其为丧失国籍原因,似仍得补行声请。惟该外国女子既与其夫离婚,其婚姻关系业已消灭,究竟与外国女子为中国人妻未声请备案,其夫亡故者有无区别,国籍法及国籍法施行条例均无明文规定,理合呈情钧院鉴核,转咨司法院解释示遵等情。据此,事关法律疑义,相应据情咨请贵院查照解释见复,以凭饬遵。此咨

**院字第一三三七号**

**二十四年十一月二十二日　司法院电浙江高等法院　附原电**

浙江高等法院郑院长览,上月真代电悉,江山地方法院请解释提起自诉疑义一案,业经本院统一解释法令会议议决,被害人之配偶或其直系血亲,非犯罪之直接被害人,不得提起自诉。合电转饬知照。司法院养印

**附原电**

南京司法院居院长钧鉴,案据江山地方法院院长朱国屏冬代电称:查《刑事诉讼法》第三百十一条,犯罪之被害人得提起自诉。兹有杀人案件,直接之被害人既被杀死,而其配偶或其直系血亲向法院提起自诉,应否受理,悬案待理,乞电示祇遵等情。据此,查该院长所请核示之点,系属法令疑问,理合转请钧院鉴核,俯赐解释,以便饬遵。浙江高等法院院长郑文礼叩。真印

**院字第一三三八号**

**二十四年十一月二十二日　司法院电广西高等法院　附原电**

广西高等法院院长览,上年十月卅一代电悉,所请解释重婚疑义一案,业经本院统一解释法令会议议决,夫出外生死不明,已逾三年,依法固得为离婚之原因,但未经判决离婚或死亡宣告,其婚姻关系仍属存在,倘妻改嫁,即不能谓非重婚。合电知照。司法院养印

**附原电**

南京司法院院长居钧鉴,查前大理院三年上字第一一六七号判例载:现行律例载,夫逃亡三年不还者,并听经官告给执照,别行改嫁等语。寻释立法本旨,女子本以不许重复婚嫁为原则,但夫若逃亡多年,不知下落,使女久待,亦非人情,故以许其改嫁为例外。(中略)如女子实因夫逃亡三年以上不还而始改嫁,虽当时未经告官领有执照,而事后因此争执,经审判衙门认其逃亡属实而年限又属合法者,其改嫁仍属有效等语。又前大理院九年统字第一四一五号解释例载:"妇女因夫逃亡三年以上不还而改嫁者,原为律所允许。"丙既出外八载,生死不明,如其生死不明确已三年以上,则甲之改嫁自无不合。乙除明知字据所载生死不明确,尚未满三年应论罪外,亦不得谓有犯意等语。此项判解例现时已否失效,裁判上能否适用,兹已发生争议,计有二说:(甲)谓前述判解例,系根据现行律出妻门内载夫逃亡三

年,准妻告官改嫁之规定而来。现时《民法》既已颁行,依该法第一千零五十二条第九款之规定,夫妻之一方,因他方有生死不明,已逾三年而另行改嫁者,须先向法院请求离婚,离婚后婚姻关系始得认为消灭。否则前之婚姻仍属存续,后之婚姻即为不法,应成立重婚罪。前述判解例当然不能援用。(乙)谓从前法令,除与现行法令抵触者外,一律准用曾经国民政府通令有案。现行律例规定,夫逃亡三年,生死不明,准妻告官改嫁,与《民法》第一零五二条第九款规定,夫妻之一方,以他方有生死不明,已逾三年者,得向法院请求离婚。其立法意旨并无二致。新旧法律既无抵触,则根据旧法所著之判解例,当然继续有效。如仅以法律有新旧,不问其是否抵触,即谓依据旧法所著之成例,悉皆无效,不但与裁判上现行之事例不符,尤与国民政府通令违背。前述判解例,自非不得援用二说,应以何说为是。事关法律疑义,理合电请解释示遵。广西高等法院院长朱朝森呈。卅一印

**院字第一三三九号**

**二十四年十一月二十二日　司法院电察哈尔高等法院首席检察官　附原电**

察哈尔高等法院首席检察官览,上月虞代电悉,所请解释覆判疑义,业经本院统一解释法令会议议决,《覆判暂行条例》上所谓一案,系指同一县判而言。来问既系分别犯罪,各别判决,显非一案,毋庸并送覆判。合电知照。司法院养印

**附原电**

南京司法院院长居钧鉴,查一案中有被告数人,其中一被告所犯之罪属于地方管辖者,应将全案覆判。暂行条例第一条第二项后半段规定本甚明了,惟兹有甲、乙二人于同时同地将丙、丁分别殴伤,丙、丁向兼理司法事务之县政府告诉,经审理结果,先判甲以地方管辖之伤害罪,后判乙以初级管辖之伤害罪(即新《刑法》第六十一条第一款所列之罪)。在此情况,甲、乙是否为一案中被告,即应否将全案覆判,不无疑义,约分一、二两说。(第一说)谓甲、乙既为案内共同被告,乙之审级已随甲而变更(即由县政府以所兼地方法院职权受理裁判),依法应以一判决同时裁判。今县判有二,不过形式上之错误,仍应以一案论,应将全案一并覆判。(第二说)谓所谓一案者,系指一判决而言,县判既有二,即应认为两案,不应一并覆判。两说未知孰是。事关法律疑义,应请解释,理合电呈钧院鉴核示遵。察哈尔高等法院首席检察官王璥叩虞印

**院字第一三四零号**

**二十四年十一月二十二日　司法院指令湖南高等法院　附原呈**

呈悉,业经本院统一解释法令会议议决,债务人之财产,虽经其债权人声请假扣押,但在第一次拍卖终竣以前,其他债权人自得请求参预分配(参照《补订民事执行办法》第二十五条、第二十六条)。合行令仰转饬知照。此令

**附原呈**

案据署常德地方法院院长钟馥呈称，设有债务人甲，欠债巨万，开具债权人名单、债额及其财产，声请破产。经法院调查认定，有隐匿财产、债额不实各点，将其声请驳回。于是多数债权人乙联合声请假扣押甲所报之财产，由法院裁定照准。乙随即具状起诉，正在一审进行中，又有各个债权人丙、丁、戊、己等各个诉请求偿债额，业已判决确定，声请拍卖甲之财产。法院对于已由乙声请假扣押之财产，可否即予拍卖，分子、丑二说。(子)说假扣押。为保全程序，法院准予假扣押，不过使债务人不能与第三人缔结买卖移转之契约。至法院以甲之财产供甲诉讼之进行，则可不受裁定之拘束。因该财产为甲所自报，非乙所查出，若因乙已请求假扣押，即不能拍卖，无异许乙对此财产有优先受偿权，实有害丙丁戊己之权利。(丑)说假扣押之声请，既经裁定照准，则为裁定之法院即应受其拘束。乙请求假扣押，其目的在保全乙之债权，非保全丙丁、戊、己之债权。若已准假扣押之财产，法院又以之供他诉讼之进行，不受裁定之拘束。此时乙之诉讼尚在一审进行中，二审、三审终结无期。及至诉讼终结，假扣押之财产已减少若干，或至拍卖无存，则是丙、丁、戊、己等之本利均可全数清偿，乙则原本亦未可保，未免使乙犹蒙其害。在此场合除丙丁、戊、己另查甲有未受假扣押之财产随时请求执行外，已由乙假扣押之财产暂时不能拍卖，须俟乙诉讼终结后合并执行，按其数额平均比例分配。二说未知孰是，抑或更有他解之处，理合呈乞转请解释等情。据此，理合备文呈请钧院解释，指令饬遵。谨呈

**院字第一三四一号**

**二十四年十一月二十二日　司法院指令河北高等法院　附原呈**

呈悉，业经本院统一解释法令会议议决，夫妻离婚后订约，使其所生子女与其父或母断绝关系。此种法律行为，于法当然无效，合行令仰转饬知照。此令

**附原呈**

案据保定地方法院院长朱焕彪呈称，呈为呈请转请解释示遵事。查夫妻于离婚后，于其子尚未成年时，双方缔结契约，使其子与其父断绝父子关系。此种契约对于其子能否生效，与其父子间嗣后之一切权利义务关系甚巨。对此问题发生甲、乙两说。(甲)说谓父子系血统关系，新法旧法均无允许以契约或他种方式订明断绝父子关系之规定。纵夫妻关系因离婚而消灭，然其父或母对于其子之关系均永久存在，绝不能受其父母合意缔约之拘束。(乙)说谓父子然系血统关系，但其父母既以契约或他种方式表明，使其子与其父断绝父子关系，法律又无禁止明文，自难谓为无效，其子当然受其拘束。况查法律对于此点虽无明文规定，然《民法》亲属编关于收养子女契约，一经成立，该子女与养父母方面即发生养父母、养子女关系，与本生父母方面即断绝父母子女关系，子女虽未成年，亦不能受其拘束。以此例彼，若其所生父母相互间缔约，使其子与其父断绝父子关系，当无不许之理。以上二说，究以何说为是？事关法律疑义，理合呈请钧院转请解释示遵等情。案关法律解释，理合呈

请钧院鉴核,迅赐解释,以便饬遵。谨呈

**院字第一三四二号**

**二十四年十一月二十二日　司法院指令江苏高等法院　附原呈**

呈悉,业经本院统一解释法令会议议决,既经县长择委为乡长,应认为公务员,合行令仰转饬知照。此令

**附原呈**

案据松江县县长金体乾呈称,查《刑法》第十七条规定,凡依法令从事于公务之职员均为公务员。又二十四年一月十九日院字第一二零八号解释,依法由乡民大会选出之正副乡长经县长择任后办理乡公所自治事务,即系依法令从事于公务。自应认为,行政法上之公务员与旧设村长原无法令之依据者显属不同等语。兹有某乡长因吸食鸦片犯《禁烟法》第十一条之罪经人告发,依同法第十五条之规定应加倍处刑。关于某乡长之身份,有甲、乙两说。(甲)说,松江县属各乡镇长虽系依法由乡民大会选出后择委,但自二十三年七月间裁并乡镇以后,并未依法另选,即由区长将原有乡镇长、副及未被择任之乡镇长、副人名全数开呈县长择委,毫无法令依据,与旧设村长相等,不能认为公务员。(乙)说,归并后加委之乡镇长,即系从前依法选出之乡镇长,不过因裁并后去留问题,所以重行呈请择任,当然应认为公务员。以上二说,究以何说为是?事关法律疑义,案悬待决,理合呈请转呈解释示遵等情。据此,事关解释法律,本院未便擅专,理合具文呈请,仰祈钧长鉴核,俯赐解释,指令饬遵,实为公便。谨呈

**院字第一三四三号**

**二十四年十一月二十二日　司法院指令浙江高等法院　附原呈**

呈悉,业经本院统一解释法令会议议决,为执行标的之合伙不动产,经三次减价拍卖,未能拍定,债权人亦拒绝承受时执行。法院应依《补订民事执行办法》第十六条第四项命强制管理,并可依当事人之声请,再行估价拍卖。如仍不足清偿时,可对于合伙人财产予以执行(参照院字第九一八号及第一一一二号解释)。合行令仰转饬知照。此令

**附原呈**

案据诸暨县法院院长李启华呈称,查合伙财产不足清偿合伙债务时,各合伙人对于不足之额连带负其责任,为《民法》第六百八十一条所明定。惟合伙财产只有呆笨之不动产,并经拍卖,难以变价,债权人亦不肯承受。是时债权人是否可以声请改向合伙人财产执行,抑须就合伙财产为强制管理,因发生疑义,有下列二说,即:(甲)说谓合伙团体尚有财产存在,虽经拍卖,不能变价,债权人亦不肯承受执行机关,应命强制管理,为之清偿。(乙)说谓合伙债务应先就合伙财产清偿云者,系指现在可供清偿之合伙财产而言,最高法院已著有判例。今合伙财产既经拍卖,无人承买,不能供即时清偿之用,与合伙财产不足清偿之情形

无异,债权人自得另向合伙人所有之财产执行。缘强制管理,乃系债务人实无其他财产可供执行之最后办法,与合伙债务尚有合伙人负连带责任之情形不同,不能遽依强制管理之办法,而置合伙人之责任于不顾。以上二说,各有相当理由,究属谁是,未易断定。本院现有是项案件发生,急待解决,请鉴核指令等情。据此,案关法令疑义,理合备文转请,仰祈钧院鉴核解释,以便饬遵。谨呈

**院字第一三四四号**

**二十四年十一月二十二日　司法院指令浙江高等法院　附原呈**

呈悉,业经本院统一解释法令会议议决,征收官吏亏欠捐税,非得有执行名义,不得径援《民事诉讼执行规则》办理。合行令仰转知。此令

**附原呈**

案准中国国民党浙江省执行委员会上月三十一日常字第三九一九号公函内开,案据鄞县执行委员会呈称,案据直属第五区分部呈称,呈为呈请转呈解释事。查对于征收官吏亏欠捐税,如经行政官署押追而无资产堪供执行,是否可援照民事执行规则办理,法无明定,深滋疑义,拟逐级呈请中央转函司法院解释。案经第二十三次党员大会决议通过在卷,理合录案备文呈请,仰祈核转解释,实为党便等情。据经提由本会第五八次委员会议决议,准予转呈解释等语,纪录在卷。除令复外,理合备文转呈,仰祈鉴核示遵等情。据此,除指令外,相应函达查照释示见复为荷等由。准此,案关法令疑问,理合备文转请,仰祈钧院鉴核解释,以便转函知照,实为公便。谨呈

**院字第一三四五号**

**二十四年十一月二十二日　司法院指令安徽高等法院首席检察官　附原呈**

呈悉,除原问第一点已另案令由司法行政部转饬遵照外,余经本院统一解释法令会议议决,(一)行为不成犯罪,与《刑事诉讼法》第二百三十一条第八款相当。至告诉乃论之罪,未经告诉,或告诉不合法,或依法不得告诉者,检察官不应有何处分(参照院字第二一七号、第一零六零号解释)。但逾告诉期间者,虽系告诉不合法之一种,仍应查照同法第二百三十一条第五款办理。(二)检察官于《刑事诉讼法》第二百三十一条至第二百三十三条以外,因其他理由为不起诉之处分时,应引用同法第二百三十四条,合行令仰转饬知照。此令

**附原呈**

本年九月十一日,案据安徽高等法院第二分院兼歙县地方法院首席检察官孙廷赞阳代电称,(一)查《刑事诉讼法》第二百三十六条第二项规定再议之声请,原检察官认为无理由者,应即将该案卷证送交上级法院首席检察官云云,则地方法院检察官所处分之案件声请再议;认为无理由者,自可送交高等分院首席检察官,固无疑义。惟查高等分院首席检察官既兼地方法院之首席检察官,并又以检察官之资格兼派地方法院侦查案件,则其所处分之

案件声请再议。如仍送交高等分院首席检察官办理,名义上虽有不同,而实际上同属一人。可否参照民国十八年院第八六号解释,对于不服该项处分案件之声请再议?呈送钧座办理,以昭公允而维威信。是否有当,乞即示遵。(二)查《刑事诉讼法》第二百三十一条规定,应为不起诉之各款,对于行为不成犯罪及告诉,或请求乃论之罪未经告诉,或告诉不合法,或依《刑法》不得告诉。如《刑法》第二百四十五条第二项之案件均无规定,则对于该项案件之处分应适用何项法条,抑或引用该条第十款及第五款而为处分。再查,《刑事诉讼法》第二百三十四条第一项所谓其他理由,虽经司法行政部本年第一二二二九号指令指示,即如旧法第二百四十五条第二、三两款情形,但对于该项处分之案件应引用何项法条,尚乏依据。事关适用法条疑义,应请一并示遵等情前来。查该首席检察官所请示遵二点,事关再议管辖及适用法条疑义,除关于第一点疑义已由本处于九月二日呈请示遵,尚未奉到指令。兹据前情,理合具文呈请钧院鉴核,迅赐解释,令示祇遵,实为公便。谨呈

**院字第一三四六号**

**二十四年十一月二十二日　司法院训令江苏高等法院首席检察官　附原函**

为令知事,该首席检察官呈最高法院检察署,为上海地方法院首席检察官转请解释,票据法第一百二十四条疑义一案,业经本院统一解释法令会议议决,支票限于见票即付。有为相反之记载者,依法固属无效,但并不因有此记载即失其支票性质。况商习惯上所谓验根付款,并非为相反之记载,不得因此而即谓非见票即付之支票。合行令仰转饬知照。此令

**附原函**

径咨者,案据江苏高等法院首席检察官胡诒穀呈称,案据上海地方法院首席检察官钟尚斌呈称,窃查票据法第一百二十四条载,支票限于见票即付,有相反对之记载者,其记载无效等语。此条文中所谓见票即付一语,适用上颇滋疑义。兹有甲、乙两说。(甲)说谓支票性质,限于见票即付。上海商习惯所谓支票,有坐根联票(票根二:一存客户,一存钱庄,以备付款时验对。因其根留存不动,故以坐根名之)、三联票(此票亦有根二,但一为行根,一为坐根,留存出票人处。而行根则须随支票行使,钱庄付款,凭行根验付)、四联票(此票有根三,其中坐根二:一留钱庄,一交客户行根,一随票行使。凭根付款,与三联票同)。三种均以验根为付款条件,既不见票即付,即非支票。(乙)说谓支票固限于见票即付,但条文中明明规定有反对之记载者,其记载无效,并非因有反对之记载即失其支票性质。上海商习惯所称支票,票上并无反对见票即付之记载,不过必候发票人将票根送验无讹,方予以付款。此种等候票根之习惯,意在预防情弊,与银行核对印鉴无异,仍系见票即付,并不失为支票。以上二说,应以何说为是?案关法律疑义,理合备文呈请鉴赐,转请解释等情。据此,查所陈事关法律疑义,理合具文转呈,仰祈钧署转院解释,电示祇遵等情。据此,相应函请迅予解释径复,并见示备查。此致

**院字第一三四七号**

**二十四年十一月二十二日　司法院训令山东高等法院首席检察官　附原函**

为令知事，该首席检察官呈最高法院检察署请解释刑期起算疑义一案，业经本院统一解释法令会议议决，所询情形，应自第一审判决确定之日起算刑期，但须注意《刑法》第四十五条第二项，合行令仰知照。此令

**附原函**

径启者，案据山东高等法院首席检察官胡绩呈称，兹有上诉案件，经第二审改判，迨至第三审判决，以第二审上诉已经逾期，将其原判撤销，并将第二审之上诉驳回，依照第一审判决执行。其执行刑期究自何日起算，发生疑义，有两说焉。（一）被告既经上诉，即非待其上诉判决确定，不能执行。应以第三审判决之日为执行刑期。（二）上诉人逾期后，被告人上诉既已不合法，如自三审判决确定之日起算执行刑期，在新《刑法》施行后，未决羁押日数，以一日折抵徒刑一日，上诉人尚不受何种损害。在旧《刑法》有效时期，判决之案未决羁押日数，以二日折抵徒刑一日。若自第三审判决确定日起算，上诉人太不利益，为被告人利益起见，似应从初判确定之日起算刑期。事关被告人刑期起算，究以何说为是，未敢擅断，理合备文呈请钧署鉴核示遵等情。据此，相应函请迅予解释，径复并见示备查。此致

**院字第一三四八号**

**二十四年十一月二十二日　司法院函中央执行委员会民众运动指导委员会　附原函及原呈**

径复者，准贵会上年六月四日公函（第六九九二号）开，据江苏省执行委员会呈请解释教育会代表选举疑义，请查照见复等由，业经本院统一解释法令会议议决，查教育会会员大会应由干事会、理事会召集之。又上级教育会召集会员大会时，应由直接下级教育会会员大会选举同数代表出席，为教育会法第二十八条及同法施行细则第十五条所明定以通讯方法选举县教育会会员大会出席代表，于法殊非有据，相应函复贵会查照转知。此致

**附原函**

案据江苏省执行委员会呈称，为区教育会通函，选举出席县代表大会代表，是否有效，请鉴核释示等由到会。查该会所呈疑义，事关法令解释，相应抄送原呈，函请贵院解释，并希见复为荷。此致

**附原呈**

案据如皋县执行委员会呈称，窃本会前据本县第五区教育会代理常务干事姚祖诚呈称，前奉钧会第三六九号训令内开，案准如皋县党部社会事业委员会第三号公函开，查本会第二次委员会议讨论事项，第二案教育事业组提，本县县教育会久经奉令停止活动，全县教育份子致欠联络，而全县教育事业之发展亦不无受其影响，应否于最短期间筹备改组，案经

决议,由本会函请县党部、县政府会同筹划,迅予改组在案,相应函达,请查照会同县政府办理为荷等由。准此,当经本会第六十五次委员会议决议,交训练干事拟具详细办法,提交下次会议讨论在案。旋拟据《训练干事拟定办法》四条,复经提交第六十六次委员会议决议,照原办法通过,咨请县政府会同办理在案。除咨请县政府查照办理外,合亟依照改组县教育会办法第一条之规定,令该会于三月三十一日以前选派县代表二人,自行规定选举日期,先期呈请本会及县政府派员指导,并仰遵照教育会法第三章之规定,将所属公会员于三月十日前造册具报为要。此令等因,奉此。查本会自奉令停止活动之后,形同瓦解,中间人事变迁,原有干事及常务干事共五人,除祖诚仍服务双小而外,多半另有他就,或远适他区,不特召集甚难,简直负责无人。祖诚鉴于事关教育,未便漠视。关于本届选派出席县代表,系由祖诚以普通干事资格用通讯选举,至未召集会员大会呈请派员指导,此种变动办法系属权宜之计,不知与召开会员大会所产生之代表是否同样生效,用特备文呈请,即请核示,俾便遵循,附呈会员名册一份,即请审核等情前来。当经本会第七十六次委员会议决议,令饬该会将会员所投选举票及办理详细经过情形一并呈送本会,再行核夺,指令该会遵办。复据该会呈称,前奉钧会第三六九号训令以后,本应依法筹备会员大会选举出席代表,徒以原有干事多半他就远在他区,召集匪易,祖诚鉴于事关教育,未便搁置。爰由祖诚与教育同人商酌,佥谓变更办法,改用通讯选举,一俟县会成立,改组区分会时,再行召集会员大会。随由祖诚拟定选举票,分函各会员,依法选举二人为出席代表,分别专足。现已完全计票五十一纸,结果何人,未便擅自揭示。顷又奉到钧会第二六六号指令,略开饬令该会会员所投选举票及办理情形呈核等因。奉此,关于办理详细情形,合如上述。所有会员选举票计五十一张,遵令合再备文呈送,即祈核夺。何人当选,亦乞迅予令知。又前送会员名册,尚有徐永馨、尤祖西、尤云辉三员,未经列入,合并声明等情。据此,查所呈情形,尚属实情,应予照准。爰提经本会八十五次委员会议,决议先行开票,通知当选代表徐永馨、姚祖诚,出席县代表大会,并呈省备案等语,纪录在卷。除分令该员等出席教育会代表大会外,理合备文呈请,仰祈鉴核备案,实为党便等情。据此,查此项通函选举,是否可行,法无明文规定,本会未敢擅断,理合备文转请鉴核示遵,实为公便。谨呈

**院字第一三四九号**

**二十四年十一月二十二日　司法院咨行政院　附原咨**

为咨复事,准贵院本年四月十日咨,(第一零七号)开,为《县参议员选举法》第五十三条发生疑义,请查照解释见复等由,业经本院统一解释法令会议议决,(一)受理选举诉讼之司法机关,如果其执行审判职务者,确犯《刑法》上之渎职罪,当事人自可依法向该管官署告发。(二)关于选举诉讼或关于选举犯罪之判决确定后,如果具备法定再审条件,自得依民事或《刑事诉讼法》所规定提起再审之诉,相应咨复贵院查照。此咨

**附原咨**

查《县参议员选举法》第五十三条规定选举诉讼以一审为止云云，是选举诉讼应受审级之限制本无疑问。惟查关于受理选举诉讼之司法机关，果其审判有违法偏颇之处，当事人可否得以渎职罪，向执行审判职务者提起控诉。又对于前项已确定之违法或不当判决，能否援引《民事诉讼法》第四编再审程序及《刑事诉讼法》第六编再审之各项规定提起再审之诉，抑尚有无其他补救办法？事关法律，适用疑义，相应咨请贵院查照解释见复，至纫公谊。此咨

**院字第一三五〇号**

**二十四年十一月二十二日　司法院指令浙江高等法院首席检察官　附原呈**

呈悉，业经本院统一解释法令会议议决，(一)训诫之方式，法无明文规定，应由检察官斟酌情形，以言词或书面行之。(二)《军用枪炮取缔条例》当然因新《刑法》之施行而失效(参照司法院本年第四九三号训令)。(三)告诉人有数人时，其告诉权本得各别行使。甲(奸妇之夫)对乙(奸妇)、丙(奸夫)告诉通奸后，虽经撤回，然于丁(奸夫之妻)之行使告诉权并无妨碍。检察官据丁之告诉能进行侦查，与一事不再理之原则无涉。(四)甲(奸妇之夫)、丁(奸夫之妻)同时告诉，乙(奸妇)、丙(奸夫)通奸。嗣甲仅对乙撤回告诉，丁仅对丙撤回告诉。依刑诉法第二百十八条但书之规定，仍可据甲之告诉而论丙罪，据丁之告诉而论乙罪。合行令仰转饬知照。此令

**附原呈**

案据浦江地方法院检察官刘荣杰呈称，查《刑法》及《刑事诉讼法》均已奉颁施行，惟有疑问数点分述于下：(一)《刑法》第四十三条有得易以训诫之规定，依《刑事诉讼法》第四百八十六条训诫由检察官执行之。训诫究应用方式，以系新法，无例可援，传庭用口头训诫耶，抑无庸传庭只用书面训诫？又训诫应用何等语词，此请示遵者一。(二)《刑法》第一百八十六条及第一百八十七条关于军用枪炮子弹等物之犯罪已有规定，核与《军用枪炮取缔条例》第一条、第二条罪质亦相同。依新法优于旧法之原则，则《军用枪炮取缔条例》应废止；依特别法优于普通法之原则，则《刑法》第一百八十六条、第一百八十七条应暂不适用，似不能并行。究应如何，此请示遵者二。(三)某甲之妻乙与某妇丁之夫丙通相奸，依《刑法》第二百三十九条规定乙、丙均犯罪。如甲、丁均告诉，或均不告诉，或均告诉而均撤回，则无问题。设甲先对乙、丙告诉，旋撤回，案已确定，在时效期内又对乙、丙告诉，以《刑法》采行为说。且所犯者又只一罪名，似不能一事再理。惟岂非驳夺丁之妻权？反之，丁先告诉，甲后告诉，亦同。此请示遵者三。(四)依《刑事诉讼法》第二百十八条但书规定，《刑法》第二百三十九条之罪，对于配偶撤回告诉者，其效力不及于相奸人。就前事例，甲、丁同时告诉，而甲即对乙撤回告诉，丁即对丙撤回告诉。在此场合乙、丙均应论罪耶，抑均不应论罪，此请示遵者四。以上各点，理合备文呈请鉴核，俯赐指示祗遵，实为公便等情。据此，

案关法律疑义,理合备文呈请钧长鉴核解释示遵。谨呈

**院字第一三五一号**

**二十四年十一月二十二日　司法院指令察哈尔高等法院　附原呈**

呈悉,业经本院统一解释法令会议议决,(一)印花税法现已施行,依其施行细则,第十八条《印花税暂行条例》业经同时废止来问。关于该条例第五条及第七条各疑义,概应查照印花税法第十八条至第二十条之规定办理。(二)司法机关依《印花税暂行条例》科罚及执行规则第五条所称受罚人,系根据同规则第一条于审理诉讼时发现或经人告发者而言。审理结果既有受罚或不受罚之别,关于当事人一栏应概称被告,以免两歧。(三)法院之裁定既由刑庭为之,自可称刑事裁定。(四)原发觉机关得提起抗告(参照本院本年九月二十八日第六零八号指令)。(五)除有特别规定外,其余抗告程序应准用《刑事诉讼法》第四编各规定办理,合行令仰转饬知照。此令

**附原呈**

案据万全地方法院院长蒋铁珍呈称,本院办理违反《印花税暂行条例》科罚及执行事件,发生疑义数端。按此类事件之罚金本系行政罚,又该条例第五条规定处罚之标准以件为单位,《刑法》总则关于数罪并罚刑之酌减各规定亦自无适用之余地(司法院院字第四八七号、第七六号,前大理院统字第一一七四号解释参照)。惟该条例第五条所定每件得以裁量科罚之范围为百元以下、十元以上,或五十元以下、五元以上。遇有件数过多者,纵每件按最低度即十元或五元,科罚辄至数十百元,每有情轻罚重之嫌,方诸新印花税法(二十三年十二月八日公布,尚未奉令施行)第十八条至第二十条,其欠缺弹力性适用上感觉不便,实属显然。查该条例第五条末段定有均酌量情形办理一语,其第七条虽同为关于科罚之法文,却无此同样之规定。推测立法真意,似以第五条之科罚原因系在应贴花而不贴花,或已贴花而未盖章画押,或贴不足数,情节较轻,第七条之科罚原因系以业经贴用之花揭下再贴,情节较重,是以一则明定得酌量情形办理,一则无此规定。究竟第五条所谓均酌量情形办理,可否解为与《刑法》第六十条酌减之法意相当,遇有件数较多并科罚金时,得以法定最低限度。以下每件科以不满十元或五元之罚金,期得情理之平。此其一。司法机关依《印花税暂行条例》科罚及执行规则。第五条定有受罚人字样。裁定书标示当事人一栏,是否无论实体科罚之件统称受罚人,抑对于不受罚之当事人尚须改用其他名称,如被告,此其二。此类事件,依其性质,固应配受刑庭办理(司法院院字第一二五零号解释参照)。法院就该事件所为之裁定,除标示刑事庭外,关于裁定名称,可否称为刑事裁定,抑仅称裁定不用刑事字样,此其三。原发觉机关,如各省印花烟酒税局以法院裁定不罚或嫌科罚较轻为理由有所不服,应否认为当事人准其提起抗告,此其四。此类抗告事件,除关于抗告期限及不得再抗告,司法机关依《印花税暂行条例》科罚及执行规则已有特别规定外,其余程序应否准用《刑事诉讼法》第四编各条规定办理,此其五。以上各点,事关法令解释,本院未敢擅

专,理合呈请鉴核,转请司法院解释示遵等情。据此,查事关解释法令,除指令外,理合据情呈请钧院鉴核,俯赐解释,俾便饬遵。谨呈

**院字第一三五二号**

**二十四年十一月二十二日　司法院指令河北高等法院　附原呈**

呈悉,业经本院统一解释法令会议议决,(一)丁、戊二人,临时受甲、乙嘱托,代为窝藏、看管被掳人,系属掳人勒赎之从犯。(二)《刑法》第三百二十条第二项已有明文规定。乙如有窃占情形,应论以窃盗罪。丙为故买赃物,但应注意《刑法》第一条之规定。(三)应依《刑事诉讼法》第六条及第八条办理。(四)民事部分系具体事实,不解答。合行令仰转饬知照。此令

**附原呈**

呈为呈请事。案据沧县县长李学谟呈称,呈为呈请转呈解释事。窃查职县近来审理民刑案件,发生下列各种疑义:(一)甲、乙两匪将丙掳去勒赎,寄藏于丁家,交戊看管。丙旋被赎回,事后遂将甲、乙、丁、戊四人一同控告。经侦查结果,丁、戊二人与甲、乙事前并无合谋,仅系事后临时受甲、乙之嘱托,代为窝藏看管。此等窝票、看票行为,可否按照掳人勒赎罪之从犯论科,抑应论以私擅监禁罪,此应请解释者一。(二)甲有地五十亩,被乙盗卖于丙,丙知情故买。嗣经甲查知,将乙、丙二人一并呈诉。在此等情形之下,乙应成立何种罪名?若谓为窃盗,则窃盗罪以动产为限,司法院曾有解释例。若谓为侵占,又非甲交伊持有,究应如何处断?同时丙是否成立收买赃物罪?深滋疑义。此应请解释者二。(三)甲、乙、丙、丁四人共同在子县向戊诈财,甲为子县人,乙为丑县人,丙为寅县人,丁为卯县人。戊被害后,旋即将甲、乙、丙三人在其各该本县呈诉。正在诉讼进行中,戊又在卯县将甲、乙、丙、丁四人一并呈诉。此时卯县对丁固有管辖权,而对甲、乙、丙三人则均无管辖权。因卯县既非被告等之共同犯罪地,又非甲、乙、丙三人之住所、居所所在地。在此等情形之下,若按照《刑事诉讼法》第三百十八条第二款之规定,即已经起诉之案件在同一法院重行起诉者,谕知不受理之判决,似与同一法院条件不合。若按照同法第三百一十九条之规定,谕知管辖错误之判决,而甲、乙、丙三人籍隶三县,究应将案卷移送何县办理?殊无所适从,此应请解释者三。(四)查《管收民事被告人规则》,第九条规定管收期限至多不得逾三个月。兹有一民事执行案件,非义务人本身履行,即不能达到执行之目的。该义务人于已经管收三个月后,仍抗不履行,在此等场合继续管收。既为法所不许,若遽然将该义务人开释,免除其责任,致使债权人受莫大之损害,似又与保护债权之道不合。究应如何处理,方为公允,此应请解释者四。以上疑义四点,事关法律解释,职未敢擅专,理合备文呈请钧院鉴核,转呈司法院迅赐解释,俾有遵循,实为公便等情到院。事关法律疑义,理合据情呈请鉴核示遵,实为公便。谨呈

**院字第一三五三号**

**二十四年十一月二十二日　司法院函交通部　附原函**

径复者,准贵部本年七月八日公函(第一七七七号)开,为无线电台播送留声机唱片,是否涉及《著作权法》或《出版法》疑义,请解释见复等由,业经本院统一解释法令会议议决,留声机片既非出版品,亦非著作物,并无专有公开演奏之权。购买人本其所有权作用,无论如何使用,即不问其以供个人娱乐,或以供公众收听,应任凭其自由。出售人、制造人、发行人均不得干涉。相应函复贵部查照。此致

**附原函**

顷阅报载,上海各留声机唱片公司因该埠各广播无线电台于播音时播送唱片,营业深受影响,特向上海无线电播音同业公会提出下列六项要求:(一)只准播签字公司唱片;(二)唱片须向制片公司直接购置,播送时仅以购买唱片为限;(三)播送唱片,每日不得逾二小时;(四)新出唱片,每星期播送一次,第一星期每日不过一次;(五)播送前后,须将唱片之片名、号数及制片者名称报告听众播送,唱片须完好无损者,否则制片商得请求停止播送;(六)每台每月缴纳版权费一百五十元,须每月第一日到期付清。上项要求限于七月一日起实行,否则将取法律行动。并据各该唱片公司谓,最近英国法庭曾审判此种讼案,归唱片公司得直等语。查广播无线电台为促进民众教育重要工具之一,关系于文化者至巨,各该台为吸引听众起见,必须于各种教育节目之外酌加娱乐节目,藉以增加兴趣,而各种娱乐节目中实以播送唱片最为简便经济。该项唱片虽系制片商之出品,但一经出售,其所有权业经移转所有人于法令之范围内,应有自由使用、收益处分之权。倘广播台播送唱片,受唱片商法外之束缚,则直接蒙打击者为无线电,广播事业之发展间接受影响者为社会教育之普及,固不止双方区区之损益问题也。(中略)惟各该商之提出上项要求,谅系依据《著作权法》及出版法,究竟按照各该法之规定,中国及外国留声机公司制售之唱片是否可认为著作物或出版品,能否享有著作权,如能享有著作权,所有各广播电台用无线电播送唱片以供公众收听,亦犹购用他人著作品演讲,既与仿制不同,如未得著作人之同意,应否认为侵害著作人之利益,事关解释法律,其权属于贵院,相应函请迅予审议见复,以凭办理为荷。此致

**院字第一三五四号**

**二十四年十一月二十三日　司法院指令湖北高等法院　附原呈**

呈悉,业经本院统一解释法令会议议决,棉商因触犯《取缔棉花搀水搀杂暂行条例》第六条(超过最高限度)、第八条(超过双方或公订标准)之规定,应停止其使用买卖者(惟来文所称法定标准,似专指该条例第一条之成分言,而所叙甲乙之事实,又似触犯第四条之规定,究竟是否第六、第八两条之问题,殊属不明),其性质自属行政处分,虽经送由法院处罚,亦不得于科刑判决中并予宣告。又棉花搀水搀杂过量,可因整理而合法定数量(参照该条

例施行细则第八条),为顾全国民经济计,自可依《刑事诉讼法》第一百四十二条不待案件终结,予以发还。合行令仰转饬知照。此令

**附原呈**

案据襄阳地方法院院长李棠呈称,呈为《取缔棉花搀水搀杂暂行条例》适用上发生疑问,呈请解释事。设如有棉商甲派伙友乙经手购买棉花多包,因搀水搀杂均超过法定标准,触犯《取缔棉花搀水搀杂暂行条例》第六条、第八条之规定,经棉花取缔所查实后向法院举发,乙即乘机远扬,由检察官侦查终结,对于所在不明之乙起诉。棉商甲于送审后又复声明,乙未获案以前,以取缔所查封之棉花请求法院发还,免受损失,法院以此项请求似归行政机关核办。惟取缔所谓棉花系供犯罪之证物,如法院认定可以发还,应由法院启封,令其整理云云。此类案件就实体法与程序法为之研究,均不无疑问。查棉花搀水搀杂超过法定标准,依《取缔棉花搀水搀杂暂行条例》第六条、第八条之规定,均系停止之买卖与使用,并得处二千元以下罚金。究竟上列停止买卖与使用系属行政处分,抑应由法院并予判断?既非依法没收之物判决,停止买卖与使用后又将如何处分,此其疑问一。又查上列案件在未判决以前,棉商甲迭请将棉花发还整理,但此项棉花并未经取缔所移送法院,究竟应否发还?如依《刑事诉讼法》第一百四十二条第一项之规定准予发还,则该条例第六条、第八条所谓停止买卖与使用又似成为具文,而其发还手续应归原查封之行政机关发还,抑系由法院函知原检察官先行发还,此其疑问二。悬案以待,理合呈请钧院转请解释等情到院,理合呈请钧院鉴核解释令遵。谨呈

**院字第一三五五号**

**二十四年十一月二十三日 司法院指令广西高等法院 附原呈**

呈悉业本院统一解释法令会议议决,(一)聋盲哑非《民法》第一千零五十二条第八款所谓之精神病。(二)未受禁治产宣告之人,不能谓为无诉讼能力。(三)未成年人不能认为有诉讼能力,非合于《民事诉讼法》第五十一条第一项之规定,亦不得为之选任特别代理人。至妾之制度,在《民法》亲属编施行后业已废止,如非在该编施行前所纳之妾,既无家长与妾之关系,自不生脱离之问题。(四)未成年之夫或妻确认婚姻成立之诉,依《民事诉讼法》第五百六十六条之规定,当然亦应认为有诉讼能力,合行令仰知照。此令

**附原呈**

呈为呈请解释事。查《民法》第一零五二条第八款所谓之精神病,在现时科学上并无确定之标准,聋者、盲者、哑者是否亦得谓之精神病,颇滋疑义,于此有甲乙两说。(甲)说主张聋盲哑仅属精神耗弱,不得谓之一种病态,即不得谓之精神病,不能认为构成离婚之原因。(乙)说主张聋、盲、哑精神上既已一部分的丧失常态,即属一种病态,为已陷于重大不治之程度,即得构成离婚之原因,究以何说为是,应请解释者一。又能独立以法律行为负义务者,有诉讼能力,民诉法第四三条具有明文。而能否以法律行为负义务,又应视夫有无行为

能力,以为断定。未成年人及禁治产人依法无行为能力,即无诉讼能力,自不待言。惟聋者、盲者、哑者虽属精神耗弱,不能处理自己事务,然未经声请法院为禁治产之宣告,法律上自不能认其无行为能力,即不能认其为无诉讼能力。而在事实上,聋者、盲者、哑者又不能自为诉讼行为,如认为有诉讼能力,窒碍良多。于此场合,是否认其有诉讼能力,殊滋疑义。应请解释者二。又无诉讼能力者之诉讼行为,不生效力,民诉法第四五条亦有明文规定,未成年之妾依法不能认其有行为能力,即不能认其有诉讼能力。然在未成年之妾请求脱离主妾关系时,事实上并无其他法定代理人,法律上又不能认其有诉讼能力,许为诉讼行为,一任受不平等之束缚,殊失法律保障人权之本旨。于此场合应否认其为有诉讼能力,抑应依何种程序为其选任特别代理人代行诉讼,此应请解释者三。又对于无诉讼能力人为诉讼行为,因其无法定代理人,或其法定代理人不能行使,代理权恐致久延而受有损害者,受诉法院之审判长得因声请选任特别代理人,为民诉法第四九条所规定。假令甲对乙提起确认婚姻成立之诉,乙尚未成年,又无法定代理人,依法原应由甲声请选任特别代理人代行诉讼。然甲系对乙提起确认婚姻成立之诉,主张乙为有行为能力者,无选任特别代理人之必要。且一经声请选任,不啻自己承认与乙婚姻尚未成立,于此情形是否径许两造辩论而为判决,抑应依何种程序为乙选任特别代理人行诉讼,不无疑问,此应请解释者四。事关法律疑义,理合具文呈请钧院鉴核,迅赐解释,俾有遵循。谨呈

**院字第一三五六号**

**二十四年十一月二十三日　司法院训令广西高等法院首席检察官　附原函**

为令知事,该首席检察官呈,最高法院检察署为桂林地方法院平乐分院,首席检察官转请解释易科罚金声请人疑义一案,业经本院统一解释法令会议议决,查《刑法》第四十一条之易科罚金,如判决主文内漏未记载,而因被告身体、教育、职业或家庭等关系执行显有困难时,被告及检察官均有声请权,合行令仰转饬知照。此令

**附原函**

径启者,案据广西高等法院首席检察官陈锡瑚呈称,为请转解释事。窃据桂林地方法院平乐分院首席检察官冯圣明呈称,查犯最重本科为三年以下有期徒刑以下之刑之罪,而受六月以下有期徒刑或拘役之宣告,因身份、教育、职业或家庭之关系,执行显有困难者,得以一元以上、三元以下折算一日,易科罚金,为《刑法》第四十一条所明定。惟易科罚金,其声请人究为被告,抑由检察官法无明文可资依据,理合备文呈请钧处,转请解释示遵等情。据此,理合具文呈请钧署察核,俯赐转院解释,指令祗遵等情。据此,相应函请迅予解释径复,并见示备查。此致

**院字第一三五七号**

**二十四年十一月二十三日　司法院电广西高等法院　附原电**

广西高等法院院长览,本年九月佳代电悉,昭平县县长转请解释告诉权疑义一案,业经本院统一解释法令会议议决,查《民法》亲属编关于夫妻协议离婚契约,并无不适用附条件法律行为之规定,惟来文所举两说均欠明了。如果其离婚条件确载明“某乙须赔偿财礼一百元与某甲收领,始能离异”字样,自应于其条件成就后发生离婚效力。否则,协议离婚契约成立为一事,约定赔偿损失费给付迟延又为一事,并不互相牵涉。据称,甲、乙协议离婚字据成立后,某乙于未将财礼费给付某甲前与人通奸,某甲究竟有无告诉权,应依上开指示,探求甲、乙间当时订立字据之真意而为解决。合电转饬知照。司法院漾印

**附原电**

南京司法院院长居钧鉴,据昭平县县长古湘澄代电称,据职府审判员罗际隆称,设有某甲与其妻某乙共同声请区公所调解离婚,其离婚条件须某乙赔偿财礼费一百元与某甲收领,业经协议成立,书有字据存区备查。事后某乙未将该百元财礼费给付某甲,即行与人通奸,为甲侦悉报警,将其双双拿获,送请法院究办,恳处罪刑。此种告诉是否合法,兹有二说:(子)说,谓此系一种附条件之法律行为,条件未成就,其行为自属无效。某乙既未将该财礼费一百元给付某甲,其夫妻关系当然继续存在,并不发生离婚之效力。某乙与人通奸,某甲之告诉应认为有效。(丑)说,谓离婚乃人事契约,与普通法律行为不同。某甲与某乙之离婚契约既经协议成立,若合乎《民法》一零五零条之规定,其夫妻关系即已合法销灭。某乙虽未将财礼费一百元给付某甲,此乃债务上之给付迟延问题,要与离婚契约无关。某乙虽与人通奸,某甲实无告诉之权。两说孰当,不敢擅断,拟请转呈解释示遵等语。据此,查事关法律解释,理合电请察核,转呈请解释示遵等情到院。事关法律解释,理合转请解释示遵,以便转饬遵照。广西高等法院院长朱朝森呈。佳印

**院字第一三五八号**

**二十四年十一月二十三日　司法院咨行政院　附原咨**

为咨复事,准贵院上年十一月二日咨(第二四三号)开,据浙江省政府呈请解释公安分局处分诉愿疑义,请查照见复等由,业经本院统一解释法令会议议决,(一)依县组织法第十八条规定,县公安局事项既得由公安分局处理,则对于公安分局依违警罚法所为之处分,自得一律提起诉愿。(二)依县组织法第十八条规定,县公安局事项得设公安分局处理之,而公安局及分局之组织权限如何,则应依同法第二十条定之。如定为公安分局系县公安局之下级机关,则不服该分局之处分,自应向县公安局提起诉愿。至《诉愿法》第一条之处分,既指明为中央或地方官署,公安分局之派出所非独立之地方官署,该派出所之处分应认为公安分局之处分。向县公安局(指公安分局为县公安局之下级机关者而言)提起诉愿,相应咨

复贵院查照饬知。此咨

**附原咨**

案据浙江省政府梗代电呈称,案据民政厅呈称,案据德清县县长呈称,案据本县公安局局长钱法铭呈称,查公安局处分违警人犯,如有不服,得向县政府诉请救济,前经行政院转咨司法院解释在案。查公安局三字,是否指县公安局及公安分局一体而言,不无疑义,此请解释者一。如公安分局为县公安局下级官署,人民不服违警处分,能否向县公安局依照诉愿程序救济,此请解释者二。事关应用法律,理合备文呈请,仰祈鉴核,详赐解释,俾资遵循等情。据此,案关解释法令,未敢擅便,据呈前情,理合备文转请鉴核示遵等情。据查,是案前于二十一年六月,奉钧府秘字第四八二九号训令,以奉行政院令,转准司法院咨复开,依违警罚法所为之拘役罚金,或停业歇业,属行政处分,如有不服,得依诉愿程序救济等因,当经通饬遵照在案。兹据所请解释二点,查第一点上开解释案内,既示明依违警罚法所为之处分,则凡属有权处分违警事件之各级公安局,似均可包括于上开解释案之内。至第二点,似可分为二说。(甲)公安分局应视为县公安局之分机关。不以下级官署论,公安分局所为之违警处分,应视为代县公安局之处分。依此意见,则不服公安局之违警处分,应向县政府提起诉愿。(乙)公安分局在编制上系县公安局之直辖机关,即应以下级官署论。公安分局所为之违警处分,即应视为下级官署之处分。依此意见,则不服公安分局之违警处分,仍应依《诉愿法》第三条之规定,向县公安局提起诉愿。以上二说,究以何说为是?再依浙江省县公安局规程之规定,各公安局所属之派出所,如距离分局较远,而设有巡官,得呈准处分违警事件。倘人民不服派出所之处分,其诉愿程序应如何为之,理合备文呈请,仰祈鉴核,并赐解释示遵等情。案关解释法令,除指令外,理合电请鉴核,迅赐转咨司法院查核示遵等情。据此,事关法律疑义,除指令外,相应咨请贵院解释见复,以便饬遵。此咨

**院字第一三五九号**

**二十四年十一月二十三日　司法院咨行政院　附原咨**

为咨复事,准贵院上年一月二十七日咨(第一一号)开,据内政部呈请解释占有事件,诉愿疑义,请查照见复等由,业经本院统一解释法令会议议决,甲在《民法》物权编施行前,占有他人未登记之不动产,既合于《民法》第七百六十九条、第七百七十条之条件,无论已否经法院发给登记证明文件,而依《民法》物权编施行法第八条之规定,自物权编施行之日起,既视为所有人,自应取得所有权。乙虽于早年向滩地升科局承领,并曾转租于丙,但乙、丙既均未占有,又未曾对于甲提起确认所有权之诉,则甲向当地行政官署声请发给土地执业证,自应照准,无更令其向乙、丙提起确认之诉之必要。相应咨复贵院查照饬知。此咨

**附原咨**

案据内政部呈称,查《民法》第七百六十九条、第七百七十条及物权编施行法第六条、第七条规定,由占有而取得其所有权,及得请求登记为所有人,至为明白。今有某甲由清光绪

年间在某一土地上以善意占有在该土地上居住,招租搭棚,并完纳地上之原有户粮,至民国二十年八月止,其间并无人出而告争。爰于是年九月,根据占有法例,呈经当地地方法院核准,填给不动产登记证明文件。此项登记能否即为所有物权之确定,并得以对抗一切,是属疑问者一。再查民事诉讼律第三百零五条及《民事诉讼法》第二百三十八条之规定,人民提起确认之诉,只能于有侵害私权之危险时用之。今某甲以善意占有土地,业经依法声请登记为所有人,在此登记公告期间,又无人声明异议。可否依照上开条文,向原登记法院再行提起确认之诉,是属疑问者二。又民事部分以不告不理为原则,今某甲占有土地,依法向法院声请登记,后复持登记证及十数年来之粮串,向当地行政官署请发给土地执业证。经行政官署查觉,该段土地系经前清清查滩地升科局于光绪二十四年以未据地主报请升科,逾限充公,经局召变由某公司乙承领,给有四百四号升科单一纸。至二十五三月,复由某公司乙转租于某商丙,将该项单地转立册九百号道契,原有承粮户名未经除去,原行政官署即通知某商丙之代理人补缴最近数年年租,并除去占有人某甲之原有粮额户名批示,不准发给土地执业证。某甲不服,持法院核准登记批示及登记证,向上级行政官署提起诉愿。原受理诉愿官署以某甲既经登记有案,函询法院,对于此项登记有无裁决。经复以某甲未提起确认之诉,并无此项裁决,受理诉愿官署爰决定应由某甲向法院提起确认之诉。至应否填发土地执业证,应视法院裁决若何而定。在未经裁决前,仍准某甲照常继续完粮,免有损害其原有地位。惟某商丙向未依《民法》第七百六十七条之规定有所请求,自无异同法第七百六十四条规定,物权因抛弃而消灭。某甲对于占有物有事实上管领之力,三十余年未尝中断。原处分官署必欲代为通知某商丙之代理人补缴年租,除去某甲粮额户名,是否违反民事不告不理之原则。原受理诉愿官署又必欲某甲向法院提起确认之诉,是否违反司法院院字第三七六号之解释。至确认之诉,又是否为因占有而取得所有权之必要手续,是属疑问者三。以上三项,实为法理疑义之争点。本部现据人民提起类似此种之再诉愿案,无从解决,理合依法具抽象疑问,并缮具原有批函,备文呈请钧院鉴核,转咨解释,以凭办理等情。据此,相应抄同原件,备文咨请贵院查照解释见复,以便饬遵。此咨

**院字第一三六〇号**

**二十四年十一月二十三日 司法院函军政部 附原电**

径启者,前据镇江警备司令部本年一月世代电,请解释军事机关判决盗匪案件,可否提起再审及管辖疑义一案,业经本院统一解释法令会议议决,如在剿匪区域、剿匪期间内,依剿匪条例,由军事机关审判之盗匪案件,受刑人得依《陆海空军审判法》,关于覆审之规定,呈请覆审。相应抄录原代电函,请贵部查照饬知。此致

**附原电**

司法院钧鉴,查前《江、浙、皖三省剿匪条例》第十二条后段规定,剿匪期间得适用惩治盗匪条例,则前江苏全省剿匪指挥官所判之普通盗匪案件,依《惩治盗匪暂行条例》第二条

减处徒刑者,既经江、浙、皖三省剿匪总指挥部核准发监执行,自属适法,应认为有效,毫无疑义。设有此种确定已久之判决,遇有《刑事诉讼法》第四百四十一条、第四百四十三条所列情形,受刑人可否提起再审,及应归何种机关管辖,法无明文,颇滋疑义。兹有甲、乙、丙三说。(甲)说,谓特别军事机关所为之审判,不适用普通诉讼程序,一经判决,并未定须送达判决书,又别无上诉之余地,既由上级军事机关核准,虽有再审原因,无从救济,且非现役军人,亦不适用《陆海空军审判法》第七章关于复审之规定。(乙)说,普通人民而犯盗匪案件归军事机关裁判,系紧急时期权宜办法。此种军事机关既经裁撤,普通盗匪案件已仍归通常法院管辖。此观于《惩治盗匪暂行条例》第七条、戒严条例第十一条之立法意自明。如有再审理由,为受刑人利益起见,法院检察官及受刑人自得提起,应归受刑人所在地之法院管辖,可视为《刑事诉讼法》第四百四十五条第一项之特别规定。(丙)说,既具有复审原因,则此种特别军事机关判决之案件,受刑人可向军政部或军事委员会请求援用《陆海空军审判法》关于复审之规定,发交接收剿匪指挥部之现存军事机关复审。以上所说,未知孰是,抑尚有其他救济办法?本部现有此类案件,亟待解决。理合电请钧院鉴核,俯赐解释指令祗遵。镇江警备司令项致庄卯世印

**院字第一三六一号**

**二十四年十一月二十六日　司法院电浙江高等法院　附原电**

浙江高等法院郑院长览,本年九月陷代电悉,淳安县县长转请解释《禁烟法》第七条疑义一案,业经本院统一解释法令会议议决,制造专供吸食红白丸之器具或制造专供施打吗啡之器具者,为《禁烟法》第七条所未列举,自不成立该条之罪。虽国民政府最近令发之《禁毒治罪暂行条例》第十条设有处罚明文,仍应注意同条例第十八条第二项之规定。合电转饬知照。司法院宥印

**附原电**

南京司法院居院长钧鉴,案据兼理司法淳安县县长方引之铣代电称,查制造专供吸食红白丸之器具,或制造专供施打吗啡之器具者,应否构成《禁烟法》第七条之罪,法无明文,发生疑义,理合电乞解释示遵等情。据此,查该县长所请核示之点,系属法令疑义,理合转请钧院鉴核,迅赐解释,以便饬遵。浙江高等法院院长郑文礼卯陷印

**院字第一三六二号**

**二十四年十一月二十六日　司法院指令浙江高等法院　附原呈**

呈悉,业经本院统一解释法令会议议决,依《刑法》第二条第一项但书,适用旧《刑法》处断时,关于旧《刑法》总则之规定亦应适用,但法律别有明文限制(例如《刑法》施行法第二条、第三条、第四条等),或旧《刑法》之规定不利于行为人者(例如第六十四条),不在此限。合行令仰转饬知照。此令

**附原呈**

案据金华地方法院院长仇预呈称，查新《刑法》施行后，依旧《刑法》处刑时，关于总则之规定究竟适用何法。（甲）说，新《刑法》施行，旧《刑法》自难适用。处刑虽有时适用旧《刑法》，但关于总则之规定，仍应适用新《刑法》。（乙）说，既依旧《刑法》处刑，则关系总则之规定，除关于不利益于被告部分外，均应适用旧《刑法》。事关法律疑问，请转解释等情。据此，理合备文转请，仰祈钧院鉴核解释示遵。谨呈

**院字第一三六三号**

**二十四年十一月二十六日　司法院指令浙江高等法院　附原呈**

呈悉，业经本院统一解释法令会议议决，案经第三审发回更审，原不许被告撤回上诉，（参照院字第九八三号解释）。纵令第二审法院于更审中准其撤回，而呈诉人之呈诉部分若已由检察官送审，并经第二审列为上诉人，则不因被告撤回上诉而消灭，自得请求继续审理。合行令仰转饬知照。此令

**附原呈**

案据孝丰县县长徐士达呈称，兹某甲被某乙诉由兼理司法之县政府判处罪刑，某甲不服上诉，某乙亦呈诉不服，经第二审法院改判，某甲仍不服上诉，经第三审法院发回更审，某甲于更审审理中撤回上诉，第二审法院依照当时判例准其撤回，某乙以呈诉并未撤回为理由请求续审。此种场合发生甲乙两说。（甲）说谓案经第二审法院判决后，莅庭检察官既不声明不服，某乙亦并未请求检查官上诉，则呈诉部分即行确定发回更审，系某甲上诉之结果。某甲既然撤回上诉，某乙即无声请续审之权。（乙）说谓第三审发回更审之案件，系回复第二审未判决前之程序，故某甲虽撤回上诉，某乙之呈诉权仍然存在，不因某甲撤回上诉而消灭，自得请求续审。两说各有理由，究以何说为是，请转解释等情。据此，案关请求解释法令疑义，理合备文呈请，仰祈钧院鉴核令遵。谨呈

**院字第一三六四号**

**二十四年十一月二十九日　司法院函全国经济委员会　附原函**

径复者，准贵会本年四月三日公函（第三三零七号）开，为关于水利行政部分之诉愿管辖疑义，请查照解释见复等由，业经本院统一解释法令会议议决，（一）导淮委员会等既系中央所设各流域水利行政机关，直隶于全国经济委员会。如人民不服该导淮委员会等之处分，应依《诉愿法》第三条比照同法第二条第六款规定，以该委员会为诉愿机关，以全国经济委员会为再诉愿机关。（二）各省水利行政既由各省建设厅主管，应依《诉愿法》第二条第二款规定，以各省政府为诉愿机关，以全国经济委员为再诉愿机关。相应函复贵会查照。此致

**附原函**

案查依照中央政治会议第四一三次及第四一五次先后通过之统一水利行政及事业办法纲要，暨统一水利行政事业进行办法之规定，以本会为全国水利总机关。中央所设各流域水利机关，如导淮委员会设南京，广东治河委员会设广州，黄河水利委员会设西京，华北水利委员会设天津，扬子江水利委员会设南京等，均改为直隶本会，各该组织章制正在分别修正。至各省水利行政由各省建设厅主管，各县水利行政由各县政府主管，受本会之监督指挥。惟水利行政系统既经照此厘定，而关于水利行政部分之诉愿等级有须请酌予解释者二项。(一)不服导淮委员会等中央水利机关之处分或决定者，是否一律依《诉愿法》第三条比照同法第二条第六款之规定，以原处分或原决定官署为受理诉愿机关，而以本会为受理再诉愿机关。(二)不服各省省政府关于水利行政之处分或决定者，其受理诉愿及再诉愿之机关如何，事关统一解释法令，悬案待决，相应函请贵院查照，迅予解释，并希见复为荷。此致

**院字第一三六五号**

**二十四年十一月二十九日　司法院函内政部　附原函**

径复者，查贵部本年一月十日公函(第二九六号)致最高法院请解释《著作权法施行细则》第八条疑义一案，业经本院统一解释法令会议议决，依《著作权法施行细则》第八条准予发行之著作物，须合于《著作权法》第一条第一项规定享有著作权，始得受《著作权法》之保护。相应函复贵部查照。此致

**附原函**

查《著作权法施行细则》第八条规定，欲发行无主之著作物者，应开明事由，呈请内政部于政府公报公告之。自前项最后公告之日起，满一年无人声明异议者，准其发行等语。例如某甲欲发行无主之著作物，已依照《著作权法施行细则》第八条之规定呈准发行后，再行呈请注册。应否予以《著作权法》之保护，法无明文规定办理，殊滋疑义。按照统一解释法令及变更判例规则第四条第二项之规定，相应函请查照，迅予解释见复，俾资依据为荷。此致

**院字第一三六六号**

**二十四年十一月二十九日　司法院函内政部　附原函**

径复者，查贵部本年三月三十日公函(第五零九七号)致最高法院请解释《著作权法》各疑义一案，业经本院统一解释法令会议议决，(一)著作物用著作人个人之真实姓名，由官署法人或团体等呈请注册为该著作权之所有人者，究与著作物单纯用官署等名义者不同。其著作权享有之年限，应依著作人就该著作物于注册后是否仍享有何种利益定之。若系由著作人将著作物全部转让于官署法人或团体，不再享受何种利益，则著作权已全属于官署法

人或团体,其享受之年限,应依《著作权法》第七条之规定为三十年。倘著作人于法人或团体呈请注册后仍享受著作物之利益(如抽收版税等),则其著作权与原著作人并未脱离关系,应依同法第四条、第五条之规定为其享有之期间。(二)《著作权法》第三条既规定著作权得以转让,则著作人或其继承人若将未取得著作权以前之著作物转让于他人,倘无其他意思表示,当然应视为该著作物上所可得之著作权亦已一并移转。故同法第六条所定著作人亡故后,发行著作物之人不以著作人之继承人为限。印行古人文稿字画之收藏人,如其著作物之取得系由著作人之继承人移转而来,自得依该条所定年限享有著作权。倘所印行者系无主之著作物,则应依同法施行细则第八条所定程序,经准予发行后方得呈请注册,享有著作权(参照院字第一三六五号解释)。至其著作物系原稿抑属抄本,自所不问。(三)《著作权法施行细则》第一条第一款所谓通行者,只该著作物于实际可认。其曾经通行者,即可不以印刷流传为限。影印名贵碑帖之收藏人,能否依法呈请注册,应即以此为标准,相应函复贵部查照。此致

**附原函**

兹因关于《著作权法》发生疑义,谨分别列举于下:(一)《著作权法》第七条所定之著作物,其著作权之年限为三十年,似仅指著作人用官署等法人或团体名义之著作物,而非指著作权所有人为官署等法人或团体之著作物而言。各著作物之著作人始终用个人真实姓名,而由法人或团体呈请注册。其执照著作权所有人项下填载该法人或团体之名称者,似不能依照第七条而定其著作权年限,但是否应依照同法第四条或第五条而定其著作权年限?(二)《著作权法》第六条规定,著作物之发行在著作人亡故后者得享有三十年之著作权。对于著作人亡故与著作物发行之相距期间并无限制,古人所作之文稿字画因继承、买卖或移失等原因而入于所谓收藏者之手。苟此收藏者以之印行,是否得呈请注册而依第六条之规定享有著作权?又此种文稿曾经他人抄录,其抄本由收藏者印行时是否得呈请注册而享有其著作权?(三)《著作权法施行细则》第一条规定,未经注册而已通行二十年以上之著作物,不得呈请注册而享有著作权。所谓通行,当指印刷传流而言。至于古碑之摹拓,似与印刷通行有别。如名贵碑帖,或为数甚少,或已成孤本,苟收藏者付之影印发行,是否亦得呈请注册而享有其著作权?上列三点疑义,法无明文规定,办理殊滋疑义。按照《司法院统一解释法令及变更判例规则》第四条第二项规定,相应函请查照,依法迅予解释见复为荷。此致

**院字第一三六七号**

**二十四年十一月三十日　司法院函内政部　附原函**

径复者,查贵部本年七月三十日公函(第一一五四七号)致本院秘书处,为湖南省民政厅转请解释区长被控传案疑义,请转陈解释见复等由,业经本院统一解释法令会议议决,公务员被告如经认为犯罪嫌疑,无论已否停职,均得传质。相应函复贵部查照饬知。此致

**附原函**

案据湖南省民政厅转据安化县县长呈称,窃查区长为委任公职人员,在事实上,且掌一区之行政中枢,已有相当政治地位。如被人民控告时,是否依照普通法律之规定,径行传案对质,抑或先行停止职权,再予质讯,尚无明文规定,应请示遵等情。除指令外,理合呈请察核解释,以便饬遵等情到部。查公务员被控,自仍适用普通法律之规定。但办理程序是否得径行传案对质,抑或先行停止职权,再予质讯?法无明文规定,事关法律疑义,除指令外,相应函请贵处查照转陈解释见复,以便饬遵为荷。此致

**院字第一三六八号**

**二十四年十一月三十日　司法院电江苏高等法院　附原电**

江苏高等法院朱院长览,该法院第一分院本年三月庚代电,请解释兼理司法县政府民诉事件误用行政处分,提起抗告疑义一案,业经本院统一解释法令会议议决,兼理司法之县政府判断民诉事件误用行政处分。当事人对于该处分声明不服,上级法院自可依法纠正。又再抗告法院就发回事件所为法律上之判断,当然有羁束原法院之效力。合电转饬知照。原代电抄发。司法院陷印

**附原电**

司法院院长钧鉴,兼理司法县政府如有确属民事诉讼事件误用行政处分,当事人对于该处分提起抗告,第二审法院能否予以纠正?又第二审法院如认其抗告不合法,裁定驳回后,当事人提起再抗告,第三审法院认该事件应依司法规例办理,不能以原处分系属行政性质,率行驳回废弃。第二审驳回抗告之裁定发还更为裁定时,第二审法院应否受其拘束?事关法律疑义,未敢擅专。近有类此案件,急待解决,悬案以待,仰祈俯赐提前解释,俾便遵循。署江苏高等法院第一分院院长盛世弼叩庚印

**院字第一三六九号**

**二十四年十一月三十日　司法院指令广东高等法院　附原呈**

呈悉,业经本院统一解释法令会议议决,第三审法院对于旧《民事诉讼法》第四百三十三条第一项所定不得上诉之上诉,不予驳回,反将该案发回更审。既与当时法律明文抵触,即非法律上之判断,更审法院自不受其拘束(参照院字第九三一号解释)。合行令仰转饬知照。此令

**附原呈**

呈为转呈解释事。现据代理茂名地方法院院长阮秉钧呈称,窃查未逾三百元之第二审判决,当事人未为特许上诉之声请,或已经原法院驳回其声请者,均于宣示判决时确定,业经民国二十三年院字第一一七三号解释在案。惟假如将未满三百元之第二审判决,错依当事人声明上诉,并非以裁定特许上诉,或径向第三审声明上诉,经第三审管理判决发还更审

者,核校上开解释,对该第三审之判决是否有效,颇滋疑义。兹约分甲、乙两说。(甲)说谓依照上开解释,当事人既未为特许上诉之声请,该第二审判决即于宣示判决时已确定。既系确定判决,除依再审方法外,当不能以其他非再审之判决推翻判决已确定之效力。现各法院虽每认为有效,实与现行解释法例相抵触,故应认该第三审违法之判决为无效。(乙)说谓该第三审判决虽系对于不得上诉之判决而为判决,即其判决虽属违法,亦并非根本无效。如第三审系判决将原判决废弃发还原法院更为审理时,该原法院亦不能不受该第三审判决之拘束,即应认该第三审判决为有效。以上两说,各有理由,究应以何说为是?事关法律疑义,理合具文呈请钧院察核,俯准转呈解释示遵等情。据此,理合据情转呈钧院鉴核,俯赐解释下院,俾便转饬遵照。谨呈

**院字第一三七〇号**

**二十四年十一月三十日　司法院指令湖南高等法院　附原呈**

呈悉,业经本院统一解释法令会议议决,拍定之不动产,因执行异议之诉之结果,应归属于第三人,不问第三人声明异议时曾否声请停止查封拍卖,亦不问法院就其声请曾否准许,当然失拍定之效力。应将该不动产返还于第三人,执行法院所发给之权利移转证书,可由执行法院依该判决之结果径予撤销。拍定人若因之而受有损害,应由请求查封人负赔偿之责(参照院字第五七八号解释)。合行令仰转饬知照。此令

**附原呈**

案据署常德地方法院院长钟馥呈称,为呈请转请解释以便遵循事。设有债权人于判决确定后,查明债务人财产,请求查封拍卖,执行法院即予查封,并估定价额,布告拍卖。后忽有第三人声明异议,执行法院当予传讯。届期,债权人、债务人及声明异议之第三人无一人到场,执行法院遂进行二次拍卖。该声明异议之第三人自声明后,向法院提起异议之诉,诉讼结果声明异议之第三人胜诉,而此田产早已另有人拍定,由执行法院发给权利移转证书矣。声明异议之第三人胜诉后,请求法院交还田产,拍定人又不肯缴还执照。查暂援引之《民事诉讼执行规则》第五十四条第二项,法院固得酌量情形停止查封拍卖,但法院未予停止。声明异议之第三人似应向执行法院或受诉(异议之诉)法院声请停止。今既未为声请,究竟此业应归何人所有?拍定人所持法院所发之权利移转证书,应以何种方式撤销?法律既无明文,办理即生困难。又拍定人因撤销证书受有损失,如果请求赔偿,又应由何人负担?理合备文呈请鉴核,转请解释,深为法便等情。据此,理合备文呈请钧院迅赐解释,俾便饬遵。谨呈

**院字第一三七一号**

**二十四年十一月三十日　司法院训令河北高等法院首席检察官　附原函**

为令知事该首席检察官呈最高法院检察署,为天津地方法院首席检察官转请解释《刑

法》第二六六条第一项疑义一案,业经本院统一解释法令会议议决,《刑法》第二六六条第一项所谓公共场所或公众得出入之场所,不以法令所容许者为限。如供赌博用之花会场、输盘赌场等,亦仍属于公众得出入之场所。赌博花会之人,虽不亲自赴场,而由跑风者转送押赌,但既系基于自己犯罪之意思,即应依照正犯处断。合行令仰转饬知照。此令

**附原函**

径启者,案据河北高等法院首席检察官汪祖泽江代电称,案据天津地方法院首席检察官孙希衍感代电内称,窃查《刑法》第二六六条一项,所谓在公共场所,或公众得出入之场所,赌博财物云云。其公共场所一语,是否限于法律上许可公众得出入之场所,如游戏场、俱乐部、酒楼、旅馆之类,抑或包含法律上所禁止之场所,如专供赌博用之花会场、输盘赌场等,亦在其内,解释上不无疑问。如认花会场亦系公众得出入之场所,则寻常赌花会者,往往自己未赴花会,而由跑风者按户敛钱,转送花会场押赌。此种情形,在赌花会者之本人,并未涉足于花会场,甚有不知此项场所设于何处者,似不能构成上开法条之实施正犯。如认为教唆赌博,则其犯意又多系起于跑风者;如认为帮助赌博,则输赢之主体又为出资押赌花会之本人,而跑风者不过从中抽取余利。本处现据各警察机关移送此类案件甚多,究应如何适用法条,实滋疑义,理合电请鉴核,迅赐解释示遵等情。据此,理合据情转请钧长鉴核,迅赐解释示遵等情。据此,相应函请迅予解释径复,并见示备查。此致

**院字第一三七二号**

**二十四年十二月五日　司法院训令最高法院检察署　附原函**

为令知事,该检察长上月二十三日公函(第四九二九号)致最高法院,请解释声请回复原状疑义一案,业经本院统一解释法令会议议决,刑事诉讼第三审上诉人补提上诉理由书,系完成上诉之诉讼行为迟误。此项期间与迟误上诉期间同,如具有非因过失之条件,自得声请回复原状。合行令仰知照。此令

**附原函**

查提起上诉及补提上诉理由书,依《刑事诉讼法》之规定,均须遵守十日不变之期间,否则俱为违背法律程式,应予驳回。惟在旧《刑事诉讼法》有效时期,上诉一经备具书状,即有完全效力,提出理由书纵经逾限,并不视为违背程式。现当法律变更伊始,一般人民对于理由书之补提,往往未能如限,非独狃于旧例所致,实亦事实上所不能知悉,尚难谓其有如何重大之过失。驳回之后,似宜准予声请回复原状,以资救济。惟查声请回复原状关于上诉之规定,《刑事诉讼法》第六十七条用语至为简括,仅云迟误上诉,并未将迟误补提理由书一并揭明,因之论者遂谓迟误补提理由书不在得以声请之列。但法律于兹二者既经定为必备之程式,单纯上诉迟误时已为允许回复原状之声请,而于一体并重之补提理由书独予歧视,加以除外,立法意旨恐非如此。且补提理由原为上诉要件之一,该条迟误上诉云云,即已将二者含义包于其内,初无待于赘用迟误补提理由书之字样,始称明了。其迟误此种期限者,

仍得声请回复原状。二说究以何者为是,相应函请贵院解释见复。此致

**院字第一三七三号**

**二十四年十二月五日　司法院电山东高等法院　附原电**

山东高等法院吴院长览,本年十月巧代电悉,所请解释《刑事诉讼法》第五百零八条第二项疑义一案,业经本院统一解释法令会议议决,以裁定将附带民事诉讼移送民事庭,案件免纳审判费用,依《刑事诉讼法》第四百九十四条但书规定,应不包括上诉审在内。合电知照。司法院歌印

**附原电**

司法院院长居钧鉴,依《刑事诉讼法》第五百零八条第二项规定,前项移送案件免纳审判费。如经第一审判决后,当事人提起上诉,是否仍适用上开规定免纳审判费,抑应按通常民事诉讼案件照章缴纳第二审审判费,颇滋疑义。本院现有是项案件,急待解决,理合电请钧院鉴核,俯赐解释示遵。山东高等法院院长吴贞缵巧叩

**院字第一三七四号**

**二十四年十二月十八日　司法院咨行政院　附原咨**

为咨复事,准贵院上年十月十七日咨(第二二四号)开,据实业部呈请解释《修正工厂法》第十五等条疑义,请查照见复等由,业经本院统一解释法令会议议决,工人于孔子诞辰纪念日未应给假休息,而依《工厂法》第十七条所载之特别休假期及同法第十五、第十六两条之通常休息日,依同法第十八条前半段规定工资均须照给,则工人于该纪念日仍旧工作时,即应依照同条后半段规定加给工资。相应咨复贵院查照饬知。此咨

**附原咨**

案据实业部呈称,案据本部六河沟煤矿业产业工会监督员何瑞琪呈称,案准六河沟矿厂管理委员会函开,径启者接准贵处督字第十号函开,案奉实业部劳字第三一二九号指令开,(略)孔子诞辰纪念日并非《修正工厂法》第十七条之特别休假,依法不必加给工资(略)等因,到处相应函请查照为荷,准此。查加给工资只以应有特别休假而不愿休假者为限,不及于第十六条之放假纪念日,已属确定。复查《修正工厂法》第十八条有第十五条至第十七条所定之休息日及休假期内工资照给之规定,是此项非特别休假之放假纪念及休息日既已照给工资,如遇工人不愿放假时或厂方仍予照常工作时,依照部令之解释似可一例,无需加给工资。惟思休假日、放假纪念日及特别休假虽有明确之规定,而加给工资似仅依其是否于该假期内仍可工作为条件,是则在工人方面仍不妨推绎其义而成。第十五条、第十六条所列之休假日如仍行工作时,亦应一例加给工资。此项解释之异同,必致引起加资之纠纷,合再函请贵处转呈实业部,咨呈立法院,明白解释示遵为荷,此致等由到处。查矿方因《修正工厂法》之十五条、第十六条所列之休假日,如工人休假事实上有所不能,故劳资双方沿

依惯例,凡休假日工人照常工作时,矿方则给双资。孔子诞辰既属第十六条规定之放假纪念日,且工人是日又未休假,依照此间惯例,似应加给工资。今矿方以加给工资遵照钧部指令,系专指特别休假而言,工人因休假日照常工作时,例应加给工资,故劳资双方于法令习惯互有争执。究应如何解释,仰祈鉴核示遵,等情到部。查孔子诞辰纪念系《工厂法》第十六条所规定,应放假之纪念日与第十七条之特别休假不同,似不能援第十八条之规定加给工资。但如竟不加给,则资方或将强迫作工。《工厂法》第十五条、第十六条之规定,将等具文,究应如何解释,理合备文呈请钧院转咨立法院解释示遵,等情。据此,相应咨请查照解释见复,以饬遵便。此咨

**院字第一三七五号**

**二十四年十二月十八日　司法院函国民政府文官处　附原函及原呈**

径复者,准贵处上年十二月二十四日公函(第六零五六号)开,准中央执行委员会民众运动指导委员会函,为福建省代表大会筹备专员呈请解释教育会会员资格疑义一案,转行解释到院,业经本院统一解释法令会议议决,仅在初中毕业,虽曾经服务教育界一年以上,但既非现任,即与教育会法第十六条所列各款均不相符,不得申请加入为教育会会员(参照院字第五八七号解释)。相应函复贵处查照转知。此致

**附原函**

径启者,准中央执行委员会民众运动指导委员会二十三年十二月十八日第八七五零号函为准,福建省代表大会筹备专员陈肇英呈请解释,在初中毕业曾经服务教育界一年以上,而于服务时期未经取得教育会会员资格,现在申请加入应如何处理一案。查教育会法系国民政府所颁布,以请事关法令解释,特抄录原呈函达查照,转行主管机关详加解释,并希见复,以凭核办等由。准此,经即转陈,奉主席谕交司法院等因。除函复外,相应抄同原附件函达查照。此致

**附原呈**

案据南安县党务指导员办事处呈请解释,初中毕业曾经服务教育界一年以上者,可否准其加入教育会为会员等情到处。查前项资格人员与教育会法第十六条第四款所规定自属不符,但按前法同条第一款或第二款之规定,则该项人员于服务教育机关时期已有加入教育会为会员之资格,当经解释,凡前项资格人员于服务教育机关时期已加入教育会为会员者,现仍准其加入教育会为会员等语,令知在案。但如前项人员于其服务教育机关时期未经取得教育会会员资格,而现在申请加入者,应如何处理,法无依据。为此,理合具文呈请钧会察核解释示遵,实为党便。谨呈

**院字第一三七六号**

**二十四年十二月十八日　司法院函全国经济委员会秘书处　附原函**

径复者，查贵处本年三月六日公函（第二一四七号）致本院秘书处，为棉业统制委员会函，准实业部转请解释《取缔棉花搀水搀杂暂行条例施行细则》第七条疑义，请转陈解释见复等由，业经本院统一解释法令会议议决，棉商棉农将棉花故意搀水搀杂，依《取缔棉花搀水搀杂暂行条例施行细则》第七条规定，既应送由县法院或兼理司法之县政府审理，其所罚之款未有特别规定，当然概为司法收入，相应函复贵处查照转知。此致

**附原函**

案准本会棉业统制委员会函开，案准实业部商字三一八八六号公函内开，案准河南省政府咨开，查《取缔棉花搀水搀杂暂行条例施行细则》第七条规定，对于棉农、棉商搀水搀杂，送由县法院或兼理司法之县政府依法审理等语。至所罚之款是否属于司法抑属行政，及该项罚款开支用途并应如何支配，均未明白规定，相应咨请贵部查照，详加解释见复等由，准此，相应函请查照，迅予详细解释见复，以便咨转等由。准此，查此项条文之解释是否应请由司法院办理之处，相应函请查核办理为荷等由。准此，查该项《取缔棉花搀水搀杂暂行条例施行细则》，曾奉国民政府公布施行在案。兹准前由，相应函请贵处转陈解释并见复为荷。此致

**院字第一三七七号**

**二十四年十二月十八日　司法院电江苏省政府　附原电**

江苏省政府鉴，上年十一月效代电悉。所请解释包税商人诉愿疑义一案，业经本院统一解释法令会议议决，商人向官署认包捐税，系属官署与人民之契约行为，不能视为公务员（参照院字第一一三九号解释），亦与《诉愿法》第一条所定之人民权利或利益不同。倘因官署处分致受损害，除依其性质得认为违约行为，可提起通常民事诉讼外，不得提起诉愿。合行电复。司法院巧印

**附原电**

司法院钧鉴，查下级官吏对于该管上级官应就其监督范围以内所发之命令，及因公务员身分而受行政处分者，均不得依《诉愿法》规定提起诉愿，迭经钧院解释有案。惟认包捐税之商人是否亦认为公务员，关于所认包捐税之事件能否依《诉愿法》提起诉愿，殊滋疑义。约有下列三说：（甲）说谓征收捐税虽系国家行政权之作用，而认包捐税者乃普通之人民，不过将国家应向人民征收之捐税集零为整，迳缴官署。包捐者与缴捐者之间，系私法上之债权、债务关系。包捐者与官署间，仍与人民与官署无异，自与有公务员身分者不同，应得依法提起诉愿。（乙）说谓认包捐税之商人是否认为公务员，应以曾否受官署委任或聘任为标准。如认包之后由官署加以书面之委聘者，即认为公务员。若仅填写表结认包捐税而未受

有书面委聘者,应认为官署与人民间之契约行为,则不以公务员论,而能否提起诉愿,亦即以此为断。(丙)说谓认包捐税之商人,虽系普通之人民,而认捐者代向人民征收捐税,乃依国家法令,从事于公务员之行为,无论有无受官署书面之委聘,均应认为公务员关于认包捐税之事件,自不得提起诉愿。三说孰是,事关法律疑义,理合电请迅赐解释示遵。江苏省政府主席陈果夫叩效印

**院字第一三七八号**

**二十四年十二月十九日　司法院函中央执行委员会民众运动指导委员会　附原函及原呈**

径复者,准贵会上年四月二十七日公函(第六五三一号)开,据浙江省执行委员会呈请解释教育会法各疑义,请查照见复等由,业经本院统一解释法令会议议决,区教育会会员丧失教育会法第十六条第一项第一款所规定资格时,依同法第十八条既应退会,此后教育会召集会员大会,自无须再行通知其出席。但该会员对丧失资格之事由如有争执,而会员大会如欲将其除名,应依同法第三十条所规定之人数解决之。相应函复贵会查照转知。此致

**附原函**

案据浙江省执行委员会呈称,为教育会法第十六、十八、三十等条疑义,请鉴核释示等由到会。查该会所呈疑义各点,关乎法令解释,相应抄送原呈,函请贵院解释,并希见复为荷。此致

**附原呈**

呈为转呈事。案据临安县执行委员会呈称,案查教育会法第十八条区教育会会员丧失第十六条第一项第一款所规定资格,应即退会或除名。倘该丧失资格之会员不声请退会,干事会可否予以除名之处分?若曰会员除名处分必依照同法第三十条之规定,倘前项丧失资格之会员过多,又系离开本县会员大会,不能召开,应如何办理?再前项丧失资格之会员尚未受除名之处分,召开会员大会时,应否仍行通知出席?以上各点,法无明文,为特备文呈请,仰祈释示为幸等情。据此,案关法令解释,本会未敢臆断,除令复外,理合备文转呈钧会,鉴核释示,实为公便。谨呈

**院字第一三七九号**

**二十四年十二月二十一日　司法院咨行政院　附原咨**

为咨复事,准贵院本年四月二十七日咨(第一二七号)开,据实业部呈请解释商人团体选举疑义,请查照见复等由,业经本院统一解释法令会议议决,商会法第二十二条所定第一款情形之解任,系指委员已经就任者而言。若被选之监察委员并未就任,即无解任之可言,于职员改选时自可当选为执行委员。相应咨复贵院查照饬知。此咨

**附原咨**

案据实业部呈称,案准北平市政府咨,据社会局呈,以北平市商会电称,商人团体选举职员,如监察委员,虽经被选后并未宣誓就职,复经书面声辞,而未经会员大会提议核准,改选时能否当选为执行委员,请核复等由。查此案就委员本身言,因未就职之故,谓无任期可言,固言之成理,而他一方面仍可主张未经商会法第二十二条第一款之程序,其任期不得认为不存在。前后两说,究以何者为是,理合呈请转咨司法院迅予解释等情。据此,除指令外,相应咨请贵院查照解释见复,以便饬遵。此咨

**院字第一三八〇号**

**二十四年十二月二十八日 司法院指令山东高等法院 附原呈**

呈悉,业经本院统一解释法令会议议决,(一)检察官侦查刑事案件,发现原告诉人为诬告者,得径就诬告事件起诉,毋庸另对被诬告人为不起诉处分。(二)设有正式法院,地方之县长虽得侦查犯罪,但无追诉之权,对于犯罪嫌疑人应移送该管检察官侦查,不能自行起诉或为不起诉之处分。其所为被告无罪之堂谕或批示者,自不能认为检察官之不起诉处分。检察官对于被告为不起诉处分时,如认原告诉人为诬告者,得径行起诉,毋庸经过再议之期间。合行令仰转饬知照。此令

**附原呈**

呈为据呈转请解释示遵,以便转饬遵照事。案据泰安地方法院阳穀分庭主任推事涂尧呈称,查诬告案件,固为原告诉人始得构成此项诬告罪名,故先之原诉被告人,其有经过审判宣告无罪判决确定后,而原告诉人合于诬告条件者,则以提起原告诉人诬告之诉,固为人所共知,但其先之原诉被告人,未经检察官侦查起诉,而原诉人合于诬告条件者,则其应否必须经过检察官予以不起诉处分,更应否必须经过再议期间,该处分确定后,始得提起原告诉人诬告之诉,于此则分为二说。(甲)说,案经侦查明白,先之原诉被告人既属罪不成立,则原告诉人之诬告罪名当然成立,尽可简直提起原告诉人诬告之诉。(乙)说,纵令先之原诉被告人果经侦查明白,罪不成立,应不起诉,即应先依法予以不起诉处分,以听原告诉人之依法声请再议而杜弊端。此乃刑诉法第二百四十六条、第二百四十七条、第二百四十八条所明定。否则,无形中剥夺人《民法》定之再议权利,有伤忠厚,不但法官有专横之嫌,且急促相将,又非合法限,人民无所措其纠正之途,尤易资人口实,而疑虑法官别有用意于其他。况法官并非天才,讵可自信太过,矜其无误。此应请解释者一。又县政府对于先之原诉被告人认为无罪,将原告诉人送请法院诉办诬告,姑无论具体之事实如何,但县政府所为之堂谕或批示是否即可视为与刑诉法第二百四十六条、第二百四十七条所规定之检察官之处分书有法律上同等之效力,抑或检察官应更为合法之侦查予以不起诉处分书,于此亦分为二说。(丙)说,县政府对于先之原诉、被告人认为无罪,且已臻于事实明了,复经检察官侦讯明白,尽可对于原告诉人提起诬告之诉,自无更需检察官对于先之原诉被告人再为不

起诉处分书之必要。(丁)说,明明县政府非法院,明明县长非检察官,无论其处分是否正当,均不得视为与检察官合法之处分书有同等之效力。如其不然,则是有法院之地方县长不无分裂法权之讥,实与刑诉法第二百四十六条大相背戾。此应请解释者二。又同一案件,检察官对于先之原诉被告人予以不起诉处分,同时对于原告诉人提起诬告之诉应否经过不起诉处分。再议期间,该处分确定后,始得将诬告起诉案件送卷审方。于此又分为二说。(戊)说,同一案件,一方对于原诉被告人不起诉,一方对于原告诉人诬告起诉,纵属同时,亦可送卷审方审判。诬告无待原告诉人对于所诉先之原诉被告人不起诉之处分不服,声请再议之必要。即或声请再议,检方亦可将案卷调回,呈送上级检察官核办,亦不为迟。审方结案,不过稍迟时日而已。(己)说,不谈法理则已,如若严谈法理,则原告诉人诬告之起诉,与先之原诉被告人之不起诉,本不能同时为之,自必直待先之原诉被告人不起诉处分。经过再议期间,该处分确定后,其有原告人合于诬告案件者,始得提起诬告之诉,有何紧急而必同时为之?又有何紧急而必先将诬告起诉送卷审方?如果同时为之,且提前起诉,其起诉之程序即属违背规定。综上,三端分为六说。人民权利攸关,法院威严所系,诉讼程序分歧,究以何者为是,罔克遵循,悬案以待。理合备文呈请鉴核,转呈司法院解释,转令祗遵等情。据此,理合具文呈请钧院俯赐解释示遵,以便转饬遵照。谨呈

**院字第一三八一号**

**二十四年十二月二十八日　司法院指令浙江高等法院　附原呈**

呈悉,业经本院统一解释法令会议议决,对于正式法院第一审判决不服,径向第二审法院声明上诉者,除当事人不在原法院所在地受送达者(无论两审法院是否同在一地)外,均不得扣除程期。合行令仰转饬知照。此令

**附原呈**

案据杭县地方法院院长袁潢呈称,查刑事案件提起上诉,应以书状叙述不服理由,向原审法院为之。又当事人不在管辖法院所在地居住者,计算法定期限,应扣除其在途日之期间。此为刑诉法第三百六十四条、第二百零七条明文所规定。兹有被告自第一审法院判决后,向第二审法院声请上诉。查其上诉期间已逾二日,若扣除其在途之期间,则尚在上诉期间之内。对于应否扣除在途期间,分有两说。(甲)说谓被告向第二审法院声明,上诉并非绝对无效,刑诉法既有明文规定准其扣除,在途之期间自应准予扣除计算,以保护被告之利益。(乙)说谓刑诉法既明定提起上诉,应向原审法院为之,则被告虽向第二审法院声明上诉,仍应受上诉期间十日之限制。盖被告之所在地,系在第一审法院,即无在途期间之可言,不得享受扣除在途期间之利益,应驳回上诉。以上两说,究以何说为是,理合备文呈请鉴核解释示遵等情。案关法令疑义,理合备文转请,仰祈鉴核令遵。谨呈

**院字第一三八二号**

**二十四年十二月二十八日　司法院指令广西高等法院　附原呈**

呈悉，业经本院统一解释法令会议议决，《民法》第一千一百四十条所谓代位继承，其应继分者，以被继承人之直系血亲为限。养子女之子女，对其养子女之养父母，既非直系血亲，卑亲属当然不得适用。该条之规定(参照院字第八五一号解释)，合行令仰转饬知照。此令

**附原呈**

呈为呈请事。案据龙州地方法院院长陈文煊呈称，兹有甲之养子乙，于继承开始前死亡，其子丙能否代位继承，现分二说。(子)主张不能代位继承。其所持理由，以《民法》继承编之第一顺序继承人中有两种：一为直系血亲卑亲属，一为养子女。前者规定于第一千一百三十八条，后者规定于一千一百四十二条。查第一千一百四十条内载，第一千一百三十八条所定第一顺序之继承人，有于继承开始前亡故或丧失继承权者，其直系血亲卑亲属代位继承，其应继分云云。质言之，即被继承人与被代位者及代位继承者间须有一贯血统之关系，方得代位继承。今丙虽为乙之直系血亲卑亲属，但乙对于被继承人，甲并非血亲。是甲、乙、丙既无一贯血统关系，丙自不能代位继承。况查司法院第八五一号解释，养子女不能为养父母代位继承。因其非《民法》第一一四零条之直系血亲故也。依此观察，可知被继承人对于继承人及代位继承之人均一贯血亲为限。如代位继承人及继承人有一非直系血亲，即不生代位继承之问题。丙既非《民法》第一千一百三十八条第一顺序所定之直系血亲，当然无代位继承权。(丑)主张能代位继承，其所持理由，以婚生子女于第一一三八条定为第一顺序，而养子女之继承顺序亦已在第一一四二条规定，与婚生子女同，即无异规定于第一一三八条第一顺序之内。其第一一四零条规定，在养子女方面自应一例待遇，不问被继承人对于继承人是否血亲，只须继承人与代位继承人间有血亲关系为已足。乙对于甲虽非血亲，但甲所有财产，乙已有婚生子女二分一之应继分，乙死亡，丙既为其血亲，而于乙之应继分不许代位继承，以之收归国库，殊非情理，故应认为丙有代位继承权。以上二说，究以何说为是，事关法律疑义，理合具文呈请核示，或转请解释，俾有遵循等情。据此，除指令转请解释外，理合据情呈请钧院察核，迅赐解释，俾便饬遵。谨呈

**院字第一三八三号**

**二十四年十二月二十八日　司法院咨行政院　附原咨**

为咨复事，准贵院本年二月一日咨(第二七号)开，据浙江省政府呈请解释《修正劳资争议处理法》疑义，请查照见复等由，业经本院统一解释法令会议议决，《修正劳资争议处理法》第三十八条第二项所定得向法院请求强制执行者，以该条第一项所定情形为限。同法第三十五条系规定当事人间之和解，对于和解条件有不履行者，自不得适用。相应咨复贵

院查照饬知。此咨

**附原咨**

案据浙江省政府呈称,为呈请核示事。民政厅案呈,据萧山公民沈炳福呈称,为书请解释《修正劳资争议处理法》疑义事。窃查该法第三十五条规定,争议当事人不论仲裁程序至何程度,均得成立和解,但须将和解条件呈报仲裁委员会等语。所称该项和解条件,经呈报仲裁委员会后,是否得视同争议当事人间之契约,可适用同法第三十八条第二项之规定,向法庭请求强制执行。谨请钧厅俯赐解释等情文一件到府。查原呈所述,事关法令解释,本府未便擅断。除批示外,理合呈请鉴核示遵等情。据此,相应咨请查照解释见复。此咨

**院字第一三八四号**

**二十四年十二月三十日　司法院咨行政院　附原咨**

为咨复事,准贵院本年二月八日咨(第四二号)开,为旧商标法第十五条,发生疑义,请查照解释见复等由,业经本院统一解释法令会议议决,(一)以瓶之形式使用于商标之图样中,即非依商标法第十四条以普通使用之方法表示者,不得否认其注册之专用效力。(二)以图形文字使用于商标之图样中,苟不违反商标法,第二条所列各款仍可作为商标予以注册。(三)两商标是否相似或不相似,应就具体之两商标通体观察,未便悬断,相应咨复贵院查照。此咨

**附原咨**

查商标法第十五条载,凡以普通使用之方法而表示自己之姓名、商号,或其商品之名称、产地、品质、形状、功用等事者,不为商标专用权之效力所拘束等语。是不为商标专用权之效力所拘束者,须以普通使用之方法而表示上列事项为先决问题。设若某甲以所售物品普通用瓶之形式使用于商标之图样中,并非表示上述第十五条所列各事项应否适用该条,而否认其瓶形注册之专用效力,此应请解释者一。再查依上述第十五条规定,若以图形文字而表该条所列各事项,其图形文字应不在专用之列,惟此等不在专用之列之图形文字能否作为商标予以注册,此应请解释者二。又若商标中最大部份为不在专用之列之图形文字,而与其他商标中不在专用之列之图形文字相似时,是否即可认为两商标相似?反之,如两商标中不在专用之列之文字图形不相似时,是否即可作为两商标不相近似?此应请解释者三。上述三点关系法律适用疑义,案悬待决,相应咨请贵院查照,迅为解释见复,至纫公谊。此咨

**院字第一三八五号**

**二十四年十二月三十一日　司法院训令四川高等法院　附原呈**

为饬知事。前据四川合川县县长呈请解释声请宣告准禁治产疑义到院,业经本院统一解释法令会议议决,《民法》无准禁治产之规定,浪费者之利害关系人不得依旧民律草案为

宣告准禁治产之声请。合行令仰转饬知照。原呈抄发。此令

**附原呈**

呈为呈请解释事。窃查浪费者,在旧民律草案,得因利害关系人之声请宣告准禁治产,在现行《民法》无明文规定,究应如何办理,颇滋疑义。职府现有此类案件,亟待解决。理合具文呈请钧院,迅赐解释,电示祗遵。谨呈

**院字第一三八六号**

**二十五年一月十日　司法院指令河南高等法院　附原呈**

呈悉,业经本院统一解释法令会议议决,依《刑事诉讼法》第三百十一条提起自诉。惟有行为能力之被害人始得为之,故未成年人之法定代理人不得提起自诉。合行令仰转饬知照。此令

**附原呈**

案据商邱地方法院院长胡凤丹呈称,呈为呈请解释事。查《刑事诉讼法》第三十七条载,自诉人得委任代理人到场云云。依同法第三百十一条所定,被害人提起自诉,以有行为能力者为限云云。观之,则无行为能力人当然亦不得委任代理人提起自诉。但其法定代理人能否代为提起自诉,则法无明文规定,理合呈请解释等情前来。查事关法律疑义,理合据情呈请钧院鉴核,迅予解释,俾资饬遵,实为公便。谨呈

**院字第一三八七号**

**二十五年一月十日　司法院指令浙江高等法院　附原呈**

呈悉,业经本院统一解释法令会议议决,《刑法》第四十一条之易科罚金,法院只须依《刑事诉讼法》第三百零一条第二款,于判决主文中谕知其折算标准,无庸就执行有无困难预为认定。合行令仰知照。此令

**附原呈**

查《刑法》第四十一条规定,犯最重本刑三年以下有期徒刑以下之刑之罪,而受六月以下有期徒刑或拘役之宣告,因身体、教育、职业或家庭之关系,执行显有困难者,得以一元以上、三元以下折算一日,易科罚金等语。此项易刑,依《刑事诉讼法》第三百零一条第二款规定,应于判决主文内时谕知,固无疑义。惟关于执行有无困难,其认定之权究应付之指挥执行之检察官,抑应属之为判决之法院?现分甲、乙二说。(甲)说谓《刑法》第四十一条既系就执行困难而言,则有无困难显属执行问题。当然应于执行时由检察官衡情认定。法院判决时,仅于主文内载明如易科罚金,以几元折算一日等字样为已足,不必就有无困难情形预为认定。猷之罚金易服劳役者,亦仅于主文内载明,如易服劳役,以几元折算一日字样,不必就有无完纳罚金资力预为认定也。犹该条所谓身体、家庭等困难之事实恒有发,有发生于判决以后者,在为判决之法院,势亦无从审认。若必由法院认定,使执行之检察官毫无自

由斟酌之权,殊于法律上规定易刑之本旨不能贯彻。而在被告方面,倘于判决后发生执行困难之事,实因判决时未为此项谕知,致不能易刑,亦将别无救济之途。故此项认定之权,以付之检察官为宜。(乙)说谓易科罚金,依法既应与判决同时宣告,则应否易刑,即是否执行困难,亦自应于判决时一并认定。如法院认为执行实有困难,应谕知易刑时,即不得附以条件。若认为并无困难,自可不为谕知,以免执行时发生争议。且就该条得字观之,是应否易刑,明属法院职权,尤非检察官所应参与,故此项认定之权,以属之为判决之法院为宜。以上二说,似均持之有故,究以何说为是,本院未敢擅拟。又此项易刑,如未经第一审判决、第二审判决谕知,第三审法院于改判或驳回上诉时,能否径行谕知,亦不无疑问。事关法律解释,理合具文呈请,仰祈钧院鉴核,迅赐令遵。谨呈

**院字第一三八八号**

**二十五年一月十日　司法院指令安徽高等法院　附原呈**

呈悉,业经本院统一解释法令会议议决,告诉乃论或请求乃论之罪。自诉人于第一审辩论终结前,依《刑事诉讼法》第三百十七条第一项撤回自诉者,只须书记官依同条第三项速以撤回自诉之事由通知被告,不必另作判决书。合行令仰转饬知照。此令

**附原呈**

案据合肥地方法院院长俞仁愈呈称,窃查《刑事诉讼法》自诉章第三百十七条前段规定,告诉或请求乃论之罪,自诉人于第一审辩论终结前得撤回其自诉。第三项载,书记官应速将撤回之事由通知被告,并无应行制作判决书之规定。兹分甲、乙两说。(甲)说,旧刑诉法第三百四十九条已有明文规定,自应制作判决书,而新刑诉法第三百二十六条只规定不得提起自诉,而提起者应谕知不受理之判决,则告诉或请求乃论之罪,既经自诉人撤回自诉,仅由推事当庭谕知或批示送达自诉人,由书记官速将撤回事由通知被告,无庸制作判决书。(乙)说,自诉准用公诉之规定,则依刑诉法第三百三十五条,准用第二百九十五条第三款,应制作不受理之判决。二说未知孰是,案关法律疑义,理合备文呈请,伏祈钧院俯赐转请解释示遵,实为公便等情。据此,案关法律疑义,理合具文呈请钧院俯赐解释指令饬遵。谨呈

**院字第一三八九号**

**二十五年一月十日　司法院指令绥远高等法院　附原呈**

呈悉业经本院统一解释法令会议会决,某甲与某乙之田亩毗邻,某乙意图为自己利益,窃占某甲之田亩,依《刑法》第三百二十条第二项之规定,应依同条第一项窃盗罪处断。合行令仰转饬知照。此令

**附原呈**

案据归绥地方法院院长严启昆呈称,呈为呈请解释事。现有某甲控乙侵占其田亩,在

刑事上应否构成侵占罪,有子、丑两说。(子)说谓侵占罪之成立,系将自己持有之他人所有物不法取得,归自己或第三人所有,为其构成要件。今某乙之田亩虽一部与甲毗邻,但既未依法令契约归其持有,果令证明侵占确实亦纯系民事,所有权问题之争执与侵占条件不合,应不成立犯罪。(丑)说谓侵占另有不法原因之一条件,即以排斥他人所有权之行使而据为已有之谓,并非单纯指依法令契约而言。某乙既明知田亩为他人以有,乃竟以不法原因取得归自己所有,除附带民事请求返还田亩外,仍应依《刑法》第三百五十六条第一项规定论科。两说究以何说为当?事关蒙、汉讼争,悬案待决,理合呈请钧长鉴核,俯赐转呈解释祇遵。谨呈等情。据此,事关法律解释,本院未敢擅专,理合具文呈请鉴核解释示遵。谨呈

**院字第一三九〇号**

**二十五年一月十日　司法院指令四川高等法院　附原呈**

呈悉,业经本院统一解释法令会议议决,县政府审理之初级管辖案件,如遇有应行指定管辖或移转管辖之情形,应依《修正县知事审理诉讼暂行章程》第四十二条、《刑事诉讼法》第九条、第十条(旧《刑事诉讼法》第二十一条第一项之规定亦同),由其直接上级地方法院裁定,与同章程第六条之回避问题无关。合行令仰转饬知照。此令

**附原呈**

呈为呈请解释事。案据四川巴县地方法院院长方仲颖呈称,窃同一地方法院管辖内之县政府,审理初级案件,如遇指定管辖或移转管辖事件,能否由地方法院裁定,发生甲乙两说之疑义。(甲)说,同一地方法院管辖内之县政府审理之初级案件,地方法院即为其直接上级法院。新旧刑诉法对于此种事件,既均规定由直接上级法院裁定,则地方法院当然有权裁定。(乙)说,县政府审理之初级案件,其管辖之地方法院虽为其直接上级法院,然县政府审理初级案件不过一种内部职权行为,不能以此便认县政府为初级法院。县政府既有管辖地方初级、两级案件之权,故县政府与地方法院仍应认为同级法院。如遇指定管辖或移转管辖事件,地方法院当然不能裁定,此证之《县知事审理诉讼章程》第六条规定尤为明显。两说不知孰是,现在案悬待结,理合具文呈请钧院转请解释,俾资遵循等情。据此,按同一地方法院管辖内之县政府审理初级案件,因审级关系如遇指定管辖或移转管辖事件,地方法院当然有权裁定。惟案关解释,法律未敢擅专,除指令外,理合具文呈请钧院俯赐解释,俾资遵循。谨呈

**院字第一三九一号**

**二十五年一月二十九日　司法院函军政部　附原函**

径复者,准贵部上年五月二十七日公函(第二三六一号)开,为军人被告重婚罪发生疑义,请查照解释见复等由,业经本院统一解释法令会议议决,甲与其妻乙于《民法》亲属编施行前协议离婚后又与丙正式结婚。嗣甲、乙间虽复将离婚字据撤销,并未再行正式结婚,不

能构成重婚之罪。相应函复贵部查照。此致

**附原函**

查甲与妻乙于民国十八年八月间协议离婚后,其字据仅甲、乙签名捺指印,无证人在场签字。同年九月与丙结婚,至同年十二月,甲复与乙立约,撤销离婚字据,亦无证人签名。甲、乙对丙是否负重婚责任,于此有二说焉。(甲)说,甲与乙之离婚经撤销后,其离婚行为视为自始无效,业已恢复夫妇关系,对丙均应负重婚责任。(乙)说,甲与乙虽撤销离婚字据,但未重行结婚仪式,只能成为事实上夫妇关系,对丙不负重婚责任。二说未知孰是,案关法律解释,相应函请查照,即希解释见复为荷。此致

**院字第一三九二号**

**二十五年一月三十日　司法院咨行政院 附原咨**

为咨复事,准贵院上年六月八日咨(第一六七号)开,据内政部呈请解释《监督寺庙条例》第八条、第十一条疑义,请查照见复等由,业经本院统一解释法令会议议决,寺庙住持违反《监督寺庙条例》第八条规定,擅将庙产典卖,系属无权处分,不生典卖之效力。违反该条规定而为处分之住持,若已物故,其承继住持职务之人,倘于擅行典卖之事无干,自不适用同条例第十一条之规定,相应咨复贵院查照饬知。此咨

**附原咨**

案据内政部呈称,案准河北省政府五月二十日第一零二九号咨,据民政厅呈称,案据吴桥县长汪征波呈称,案查《监督寺庙条例》第八条内载,寺庙之不动产及法物,非经所属教会之决议,并呈请该管官署许可,不得处分或变更等因。今有寺庙住持未经所属教会之决议,亦未呈请该管官署许可,竟将庙产私行典卖,业经立契交价,事后被人告发。查同条例第十一条,只有处治该寺庙住持之规定,对于典卖之寺产如何处理,并无明文规定。又违反同条第八条之寺庙住持现已物故,典卖庙产之事,承继住持并不知情,是否免予处分,亦无明文规定。以上二项,究应如何办理之处,事关法令之解释,理合备文呈请钧厅鉴核,示遵施行等情。据此,查此案关系法令解释,理合呈请钧府鉴核,转请内政部解释示遵等情。据此,事关法令解释,相应咨请贵部查核见复等由。准此,案关法令解释,本部未便擅专,除咨复外,理合呈请转咨司法院解释示遵等情。据此,除指令外,相应据情转咨贵院查照解释见复,以便饬遵。此咨

**院字第一三九三号**

**二十五年一月三十日　司法院指令山东高等法院 附原呈**

呈悉,业经本院统一解释法令会议议决,(一)自诉人依《刑事诉讼法》第三百十七条第一项前段规定撤回自诉时,应由书记官依同条第三项将撤回自诉之事由通知被告,毋庸加以裁判。(二)自诉案件不合于《刑事诉讼法》第三百十七条第一项前段规定,而自诉人状请

将其自诉撤回，显属违法，法院应以裁定驳回之。合行令仰转饬知照。此令

**附原呈**

案据潍县地方法院推事兼院长李鹏删代电称，查刑诉法第三一七条一项前段规定，告诉或请求乃论之罪，自诉人于第一审辩论终结前得撤回其自诉。同法第三三五条规定自诉程序，除本律有特别规定外，准用关于公诉之起诉及审判两节之规定。兹有自诉人依刑诉法第三一七条相一项前段撤回自诉，适用终结程序，有二说焉：（甲）说应依刑诉法第三三五条、第二九五条三款，谕知不受理之判决。（乙）以说应依刑诉法第三一七条三项，由书记官将撤回自诉之事，由通知被告而完案，毋庸另为判决。因自诉人与检察官地位同，检察官撤回公诉，应依同法第二四八条、第三四九条办理，毋庸法院谕知不受理之判决。故自诉人撤回自诉，毋庸推事予裁判，仅由书记官通知，精神固属一贯。以上二说，究以何说为是？此应请示者一。再查自诉案件，不合乎刑诉法第三一七条一项前段之规定，而自诉人事后亦有状请撤回。关于终结程序，亦分二说：（甲）说，如认事属轻微，或以不经裁判为适宜者，自可依刑诉法第三三五条规定，函请检察官依同法第二四八条、第二四九条办理。（乙）说，刑诉法第二四八条、第二四九条，系关于公诉之规定，不适用于自诉程序，系由检察官之自动，审方不能予以请求。上开自诉案件，仍应由审方依法审理。以上二说，究以何说为是？此应请示者二。本院关于此类案件，急待解决，理合电请钧院令示祗遵等情。据此，案关法律解释，理合备文呈请钧院核示遵行。谨呈

**院字第一三九四号**

**二十五年一月三十日　司法院指令山东高等法院　附原呈**

呈悉，业经本院统一解释法令会议议决，法人为被害人时，得由其代表人提起自诉（参照院字第五三三号解释）。合行令仰知照。此令

**附原呈**

查《刑事诉讼法》第三百十一条规定，犯罪之被害人得提起自诉，但以有行为能力者为限等语，关于法人有行为能力与否，在学说上主张不同。现行《民法》既未规定法人有行为能力，而《刑事诉讼法》又无法定代理人得独立自诉之明文，且依《刑事诉讼法》第三百三十条规定提起自诉之被害人犯罪，而被告为其被害人者，被告得提起反诉，在《刑法》上关于犯罪主体系以自然人为限。如认法人有行为能力，得提起自诉，则被告于《刑事诉讼法》第三百三十条情形又不得提起反诉，似有未妥。究竟法人能否提起自诉，事关法律解释，理合呈请钧院鉴核，俯赐指令祗遵。谨呈

**院字第一三九五号**

**二十五年一月三十日　司法院指令山东高等法院　附原呈**

呈悉，业经本院统一解释法令会议议决，（一）《补订民事执行办法》，由中央政治会议议

决,准予补行备案。经国民政府于民国二十三年十一月十七日令院知照,凡二十三年十一月十七日以前关于此项解释之院令与该办法有抵触者,不得再行援用。(二)在第一次拍卖日期终竣以前,已依保全程序,对于该拍卖物业经声请假扣押,自得参与分配。(三)《补订民事执行办法》第二十五条所称之第一次拍卖期日,系指查封后第一次拍卖之期日而言。合行令仰转饬知照。此令

**附原呈**

案据济南地方法院院长卢益美呈称,查《补订民事执行办法》第二十五条规定,他债权人参与分配者,应于第一次拍卖期日终竣前以书状声明之。如执行之标的物不经拍卖时,在声明参与分配前已交付债权人之款项,或执行人员所收受之款项,视为已由债务人向债权人清偿者,他债权人不得分配。并经司法行政部民国二十二年八月十八日指字第一二六五六号及同年九月七日指字一三六八一号部令,如在第一次拍卖期日终竣以前不为声明时,应由债权人自负迟滞之责,法律上毋庸更予保护。苟声明参与分配逾法定期限者,自得依职权驳回。又债权人声明参与分配已逾第一次拍卖期日,惟在第一次拍卖期日终竣前,已就债务人某乙财产声请执行。查封拍卖之情形时,亦经司法行政部二十三年十一月二十二日指字第一六二七九号部令得就其卖得金受清偿阐释。该条法意至臻明显,惟于适用上仍不无疑义。例如,某合伙银号因负债倒闭,其债人达数百余户,债额百余万元。债权人散处各省,不能同时起诉,因而分批诉追。其起诉在先之数批债权,早经判决确定,声请执行在案。除将合伙财产查封拍卖外,不足之数又陆续举报合伙员财产。以债额过巨,财产过多,执行数年,尚未终结。其卖得金及三次减价拍卖完毕,无人承买之各不动产,亦多未分配及移转于债权人,即以后陆续起诉。各批债权经判决确定参与分配,或有未经起诉之债权参与分配。经债权人同意者,因此发生争议,计有两说:(甲)说,凡在《补订民事执行办法》施行后参与分配者,应按《补订民事执行办法》第二十五条规定办理。各自参加日起算,仅限于参加时尚未经过第一次拍卖终竣各财产,有分配权。其在参加时已经过第一次拍卖终竣各财产,即不得分配。(乙)说,按司法院第五零三号解释,凡属尚未移转、仍在执行中之债务人财产,纵系保留部分,各债权人均得平均受偿。故本案无论已未拍卖,既未为他债权人领去,则参加各债权人均有平均分配之权。甲说主张应依《补订民事执行办法》第二十五条办理,系属谬误。查《补订民事执行办法》虽在院字第五零三号解释以后,但系以部令公布。院字第五零三号解释系以院令公布。就效力言,院令当在部令之上,虽有订行办法之颁行,其效力不能消灭院字第五零三号解释。况既曰补订,则院字第五零三号解释即未在取消之列,自应为有效。以上二说究以何说为当?此应请解释者。一、他债权人声明参与分配虽逾第一次拍卖期日,但在第一次拍卖期日终竣以前,已就债务人某乙财产声请执行查封拍卖,即得就其卖得金受清偿,不受《补订民事执行办法》。第二十五条期限之限制既有司法行政部二十三年十一月二十二日指字第一六二七九号部令可资遵照,然,例如债权人声明参与分配已逾第一次拍卖终竣期日,但第一次拍卖期日终竣前只为保全程序,仅

就债务人财产声请假扣押在案,可否准用上开部令办理。此应请解释者。二、他债权人声明参与分配虽逾第一次拍卖期日,但经过第一次拍卖期日无人承买,嗣准当事人声请重行鉴价后另订期日拍卖。此种另订期日拍卖程序、《民事诉讼执行规则》及《补订民事执行办法》均无详细规定。假如仍应自第一次拍卖期日起以迄三次减价拍卖终了为止,则其他债权人参与分配已逾原第一次拍卖期日,而又在重行鉴定后第一次拍卖期日终竣以前,此时亦发生甲、乙两说。(甲)说谓他债权人参与分配。《补订民事执行办法》第二十五条既有明文规定,应于第一次拍卖期日终竣前以书状为之。所称第一次拍卖期日,系指查封后第一次拍卖而言。至重行鉴定后再为第一次拍卖,自不包括在内。故在第一次拍卖期日终竣后重行鉴定后,为第一次拍卖终竣前。声明参与分配者应予驳回,不得分配,甚为明了。(乙)说谓既经重行鉴定后,再为第一次拍卖,则重行鉴定以前,虽曾为第一次拍卖,已因重估之故,已失其效力,则他债权人参与分配,纵在原第一次拍卖期日终竣后,但未逾重行鉴定后第一次拍卖之期日,自应仍得平均分配。二说究以何说为当?此应请解释者三。以上各点,亟待解决。案关法律疑义,理合备文呈请钧院鉴核,转请解释指示祇遵等情。据此,理合具文呈请钧院鉴核,俯赐解释,以便饬遵。谨呈

**院字第一三九六号**

**二十五年一月三十日　司法院指令河南高等法院　附原呈**

呈悉,业经本院统一解释法令会议议决,修正加委各省行政督察专员及县长兼任行营军法官暂行条例第二条第一项第三款所称盗匪案件,应以犯行营剿匪期内审理盗匪案件办法第二条各款之罪者为限,合行令仰转饬知照。此令

**附原呈**

案据本院第一分院院长周致泽呈称,窃查修正加委各省行政督察专员及县长兼任行营军法官暂行条例第二条第一项第三款规定盗匪案件,各兼军法官有拘捕审判之权,际此《惩治盗匪暂行条例》,业已明令废止。上述之盗匪究以何者为准标,不得以普通诉讼程序处理,法律上不无疑义,请鉴核示遵等情前来。案关法令解释,院长未敢擅拟,除指令外,理合据情转呈钧院鉴核,俯赐解释,俾便饬遵,实为公便。谨呈

**院字第一三九七号**

**二十五年一月三十日　司法院指令浙江高等法院　附原呈**

呈悉除第二点已有院字第一三五六号及第一三八七号解释,另行抄发参照外,其第一点现经本院统一解释法令会议议决,受二年以下有期徒刑、拘役或罚金之宣告,必于判决时认为以暂不执行为适当,始得宣告二年以上五年以下之缓刑。故缓刑之宣告,仍应与判决同时为之。合行令仰转饬知照。此令

**附原呈**

案据杭县地方法院院长袁潢呈称,查旧《刑法》第九十条规定,受二年以下有期徒刑、拘役或罚金之宣告,而有下列情形之一者,得同时宣告缓刑。而新《刑法》第七十四条则规定,认为以暂不执行为适当者,得宣告缓刑。兹以新《刑法》规定,是否于判决确定后,亦得据当事人声请,认其合于缓刑条件而宣告缓刑。如得宣告缓刑,是否以裁定行之。此应请释示者一。又查新《刑法》第四十一条之易科罚金,是否与判决同时宣告,抑于判决确定后,亦得据当事人声请,认其条件相符,得以裁定,准予易科罚金。此应请释示者二。以上两点,不无疑义,请转解释等情。据此,查原告所列二点,依《刑事诉讼法》第三百零一条规定,应予宣告罪刑时并宣告之。惟事关解释,理合备文转请,仰祈钧院鉴核,解释示遵。谨呈

**院字第一三九八号**

**二十五年一月三十日　司法院指令广西高等法院　附原呈**

呈悉,业经本院统一解释法令会议议决,《民法》第一千零九十条所称其最近尊亲属之其字,系指父母本身而言。且仅称最近尊亲属,则凡父母之最近尊亲属,自均包括在内,不以直系为限。故父母滥用权利时,现尚存在之尊亲属最近者,均得依该条规定纠正。合行令仰转饬知照。此令

**附原呈**

呈为呈请解释事。案据扶南县县长唐光璟呈称,窃查审判案件,固以法律为根据,但现在对于《民法》第一千零九十条父母滥用其对于子女权利时,其最近尊亲属或亲属会议得纠正之,其最近尊亲属之其字,发生疑义,于是有甲、乙、丙三说,主张不同。(甲)说,主张其最近尊亲属之其字,系指滥用权利之父母本身而言。如父母之父母、祖父母之类,是辈分较尊,始有直接纠正之权;或本受扶养权利之利害关系,有召集亲属会议以纠正之权。况本条上文明明有其对于子女之权利之其字,下文又有停止其权利之其字,既不能不认为滥用权利之父母的本身,而全条文三其字,原是一贯,则其最近尊亲属之其字,自当为指父母之本身,而其最近尊亲属亦即当然指父母之最近尊亲而言。(乙)说,主张其最近尊亲属之其字,系指被滥用权利之子女而言。盖父母既滥用其对于子女之权利,则为保护子女而立法。自以该子女之最近尊亲有纠正之权,始能贯彻保护子女之利益。如子女之胞伯叔之类,虽久非同居共财,亦可本其最近尊亲之资格直接纠正之,亦即当然为同法第一千一百二十九条之利害关系人,可以召开亲属会议,以行纠正权。(丙)说,主张其最近尊亲属之其字,系兼滥用权利之父母或被滥用权利之子女而言。盖父母既滥用其对于子女之权利,倘有父母之最近尊亲属,如父母之父母或祖父母之类在,固得其直接纠正。如无父母之父母或祖父母在时,亦可由子女之不同居共财之最近尊亲属,如伯叔之类,行使纠正权。以上三说,究以何说为是?现有此项案件,急待审判,敬请转呈司法院解释,俾凭办理等情。据此,理合转请钧院察核,迅赐解释,俾便饬遵。谨呈

院字第一三九九号

二十五年一月三十日　司法院电四川高等法院　附原电

四川高等法院谢院长览,上年十月江代电悉,所请解释当事人资格疑义一案,业经本院统一解释法令会议议决,犯罪之被害人,如向兼理司法之县长以书状声明自诉,未经县长依检察职权侦查起诉者,(参照院字第二七号解释)应认其有当事人(即自诉人)之资格。合电知照。司法院陷印

附原电

南京司法院院长居钧鉴,查县长兼理司法,关于受理刑事案件,具有审判、检察两种职权。公诉、自诉不易区分者,告诉人对其判决向上级法院直接提起上诉,对于审理中声请指定或移转管辖,应否认其有当事人即自诉人之资格,乞迅赐解释示遵。代理四川高等法院院长谢盛堂叩,署庭长李培业代行江印

院字第一四零零号

二十五年一月三十日　司法院电山西高等法院　附原电

山西高等法院邵院长览,该法院第二分院上年九月陷代电请解释大赦条例第二条疑义一案,业经本院统一解释法令会议议决,《刑法》关于死刑、无期徒刑之减轻,虽无分数之规定,如应依大赦条例第二条减刑三分之一时,不妨参酌旧《刑法》所定分数(即第七十九条第二项及第八十条第二项)以为量刑标准。合电转饬知照。原代电抄发。司法院陷印

附原电

南京司法院院长居钧鉴,查旧《刑法》关于死刑,有期徒刑之减轻,同法第七十九条、第八十条第二项均有减轻二分之一及三分之一之规定,而新《刑法》第六十四条第二项、第六十五条第二项均无减刑若干分之规定。兹有是项案件,大赦条例第二条前段应减刑三分之一,其标准如何而定,案悬以待,请俯赐解释,以便遵行。大同山西高等法院第二分院院长李襄宇叩陷

院字第一四〇一号

二十五年一月三十日　司法院指令浙江高等法院首席检察官　附原呈

呈悉,业经本院统一解释法令会议议决,(一)丑某帮助开设花会之子某向各处收集所押花会单及赌资,虽系帮助他人为赌博之行为,但花会单及赌资系由各处收集而得,中途搜获尚未达赌博既遂之程度,依法不得没收;(二)押打花会之寅某携带已押花会单前往花会场所押打花会,系赌博之预备行为,不能论罪,合行令仰转饬知照。此令

附原呈

案据浙江奉化地方法院检察官黄文彬呈称,前有丑某帮助开设筑花会之子某向各处收

集所押花会单及赌资,携至中途被警拿获,其所携带花会单及赌资应否没收,现有二说:(甲)说,《刑法》第二百六十六条第二项规定没收之物须当场赌博之器具与在赌台或兑换筹码处之财物,今丑某所携带收集之花会单及赌资既非当场赌博之器具又非在赌台或兑换筹码处之财物,显与是项规定条件不符。且花会单及赌资非违警物,而丑某所携之花会单及赌资既系帮助收集而来,与同法第三十八条规定之要件又有未合,自难予以没收;(乙)说,凡开设花会仅须挂一花会筒之场所,而所收集押打花会之财物又以花会单为凭,非如其他赌博必需乎赌台或兑换筹码处之财物。既不需乎赌台或兑换筹码处之财物,则凡押打花会者将所押之花会单及赌资交付帮助收集花会之人,其花会单及赌资即等于其他赌博之在赌台上之财物,此为当然之解释,丑某所携带之花会单及赌资依法应予没收。以上二说,未知何说为是,此应请解释者一。又有押打花会寅某携带已押花会单一纸前往花会场所押打花会,中途被警拿获,连同花会单解送管辖法院讯究,并自白押打花会事实在此场合,应否处以罪刑亦有甲乙两说:(甲)说,寅某携带花会单虽系意图押打花会,但既未到花会场所及已在途将所押花会单交付,任何帮助收集花会之人尚属未遂,参照现行《刑法》赌博罪未载有未遂犯罪之明文,自难处以罪刑;(乙)说,凡押打花会既均以所押花会单为凭,则凡前往花会场所押打花会者其所携带之花会单既开有某字押打钱数若干,不问已达到花会场所与否或已在途将所押花会交付帮助收集花会之人,其所押打花会之行为显已完成,应依《刑法》第二百六十六条第一项前段处断。上述二说,亦未知何说为是,此应请解释者二。事关法律疑义,理合备文呈请钧处俯赐鉴核,转请解释指令遵祇遵等情,理合据情转呈,仰祈钧长鉴核解释示遵,实为公便。谨呈

**院字第一四〇二号**

**二十五年一月三十日　司法院函内政部　附原函**

径复者,查贵部上年十一月十六日公函(第一六四五六号)致本院秘书处,转请解释代行县务之科长处理案件,违法县长应否共同负责疑义一案,业经本院统一解释法令会议议决,代行县务之科长处理案件违法,其公文书上虽系以派代县长名义行之,如不能证明原县长确有意思联络,应不共负刑事责任,至原县长应否同付惩戒,则以派代时有无违法或失职行为为断。相应函复贵部查照。此致

**附原呈**

查代行县务之科长如处理案件违法涉及惩戒或刑事问题,该代行科长固应负责,但其处理公文书系以派代之县长名义行之,该县长应否共同负惩戒及刑事责任,法无明文规定,本部悬案待决,相应函请贵处转陈,迅赐解释示复,以资遵循为荷。此致

**院字第一四〇三号**

**二十五年一月三十日　司法院函内政部　附原函**

径复者,查贵部上年十月十九日公函(第一五一二六号)致最高法院,为江苏省政府转请解释赌博罪疑义一案,业经本院统一解释法令会议议决,《刑法》第二百六十六条第一项之犯罪以在公共场所或公众得出入之场所为要件,违警罚法第四十五条第一款之行为亦以于道路或公共处所为要件。故在住宅或店铺内赌博纵令赌博之人及赌具为户外所易见,或其赌声为户外所易闻,均与前开法条未符,但如有《刑法》第二百六十七条或第二百六十八条之情形者自得分别依该条处罚。相应函复贵部查照转知。此致

**附原函**

案准江苏省政府二十四年十月四日民字第三七八号,咨以据川沙县县长李冷呈请解释办理赌博及类似赌博两罪疑义,转请解释见复等由到部,查《刑法》第二百六十六条但书"但以供人暂时娱乐之物为赌者不在此限之规定",系指赌之标的,并非指赌具而言。是以麻雀牌于公共场所赌博财物,自应构成赌博罪无疑,除关于此点并非法律上疑义,无庸转请解释外,关于原呈第一点如住宅、店铺户内使用完全赌具而为赌博财物之行为时虽非公共场所,惟赌博之人及赌具每为户外近邻及路人所易见,或其为赌之喧声亦致户外所闻悉而影响于社会风俗安宁,与在公共场所实无二致,此种行为能否成立赌博罪或类似赌博之违警？案关解释法令,相应抄同原咨函请贵院查照解释见复,以便转复为荷。此致

**院字第一四〇四号**

**二十五年二月四日　司法院咨行政院　附原咨**

为咨复事,准贵院上年九月六日咨(第二四五号)开,为《民法》第八七三条第一项及第八六二条第一项适用疑义,请查照解释见复等由,业经本院统一解释法令会议议决,(一)在《民法》物权编所规定之登记法律尚未施行以前,抵押权人于债权已届清偿期而未受清偿,声请法院拍卖抵押物时,如债务人或第三人就该抵押关系并未发生争执,毋庸经过判决程序即可径予拍卖,亦不因该地之已未实行登记制度而有差异;(二)工厂之机器除可认为工厂之从物,得与工厂同时设定抵押权外,倘仅以机器设定抵押权而未移转占有者,在未制定工厂抵押法以前,依《民法》第八八五条第一项规定尚不能生质权之效力。相应咨复贵院查照。此咨

**附原咨**

查《民法》第八七三条第一项规定抵押权人于债权已届清偿期而未受清偿者得声请法院拍卖抵押物就其卖得价金而受清偿云云,是抵押权人届期未受清偿,即得声请法院拍卖抵押物,固无诉经判决之必要。惟查贵院《院字第四九三号解释》载,乙对于甲之田亩欲实行其抵押权,非先诉请法院判决确定,不得执行拍卖等语,则以诉经确定判决为实行抵押权

之先决条件,此在土地登记制度尚未完善之际,固为稳定社会经济减少私人纠纷之要道。惟不动产向占金融上重要之地位,而抵押地产又为调剂金融之重要方法,若抵押权之行使不能迅速有效,虽届清偿期而不能声请法院拍卖,则债务人不免利用三审程序以事迁延,在债权人既不能迅速行使其权利,在债务人则因迁延而负担利息愈重,影响抵押信用之弊犹小,妨碍金融流通之害实大。为补救计,似可在土地清丈完竣登记制度比较完备之地方关于抵押权之行使即依照《民法》第八七三条第一项之规定办理,不受上述第四九三号解释之拘束,庶于郑重限制之中仍合事实上之需要,此应请贵院重予解释者一。再查现在各工厂借款之担保除土地房屋外常以机器为大宗,依《民法》第六十六条及第六十七条各规定机器当系动产,而《民法》"第八八五条第一项载,质权之设定因移转占有而生效力"等语,惟机器如经移转占有则工厂必至无从开工,如不移转占有则质权又不能成立,势必至工厂机器无从出质,直接加重工厂经济之困难,即间接促成工商业之危机,可否查照瑞士《民法》规定动产如机器之类已在土地机关登记作为不动产之从物者得与不动产合并抵押,将工厂机器即依照《民法》第八六二条第一项之规定视为从物得与不动产合并抵押,不无疑义,此应请贵院解释者二。以上两点涉及法律适用疑义,而与调剂社会金融、挽救工商危机至有关系,案经提出本院第二二八次会议议决,咨请司法院解释记录在卷,相应咨请贵院查照迅为解释见复,至纫公谊。此咨

**院字第一四〇五号**

**二十五年二月五日　司法院指令中央公务员惩戒委员会　附原呈**

呈悉,业经本院统一解释法令会议议决,各县县长在剿匪区域内兼任保安队大队长或总队长,其因兼职事件而发生之违法失职行为,应由军事机关惩戒之,兼职以外非军事事项之违法失职行为,则由公务员惩戒委员会审议,同一行为如一方为军事上之违失,一方又为县长之违失,经军事机关惩戒后公务员惩戒委员会仍得行使惩戒权。合行令仰知照。此令

**附原呈**

呈为呈请解释事。窃查县长为高等文官在民选实行以前,其惩戒事件依照《公务员惩戒法》自应属于公务员惩戒委员会办理,惟查各县县长在剿匪区域内,往往兼任各省保安队大队长或总队长之职,其保安队之编制训练在豫鄂皖等省,系仿照陆军办理并备剿匪之用为一种地方警备队,依《陆海军刑法》第六条第三款之规定及钧院十九年咨行政院第三二七号解释,则此项大队长或总队长自应视同军人按照《国民政府军事长官惩戒委员会会务规程》第一条之规定及《国民政府第四二二号训令》,应由军事长官惩戒委员会或军政部处理,不属本会管辖。此项剿匪区内兼任保安队大队长或总队长之县长,若因兼职事件提起弹劾移付惩戒,究应由本会受理抑应转送军事机关核办,于此计有三说:(一)县长与大队长或总队长性质、系统各不相同,县长兼任此项职务由于行政上之便利自各为一种独立职官,兼任此职之县长同时具有两种身分,设此项县长被付惩戒其应负责任之行为又系部队中之人事

行政由于兼职而发生者,依钧院第一七九号后半段之解释例,自应依其兼职以定惩戒之机关;(二)惩戒机关乃以被付惩戒人之身分定其管辖之范围,此依《公务员惩戒法》第十条之规定自可证明,惩戒权为对于特定身分之人员之内部纪律,以制裁违反纪律之人为对象与被付惩戒人之行为及其职务无关,故被付惩戒人之行为虽系在其职务范围以外,而为《刑法》上之犯罪行为,依惩戒法第二十五条及第二十六条之规定仍得为惩戒之处分,且县长兼任大队长或总队长如为必须兼任之职务,则此兼职为县长之从职而县长则为其主职,从职系为县长职权之一部从职与主职有不可分离之关系,与一般兼职,如国民政府委员兼任政务官时其兼职之与本职可分者不同,县长兼任大队长或总队长不过为普通文官增加其职务范围,其所兼之职并非独立职务,故除指示监督权应由上级主管军事之长官依法处理外,其惩戒权自应由管辖主职之公务员惩戒委员会处理;(三)县长兼任大队长或总队长其因兼职身分而生之违法失职行为,应由军事机关惩戒之,其因兼职以外非军事事项之违法失职行为,仍应由公务员惩戒委员会审议自无疑义,然有时同一行为,一方为军事上之违失,一方又为县长之违失,此际同一行为既有两方面之关系,则军事机关及公务员惩戒委员会自可先后或同时并行行使惩戒权。以上三说,究以何说为当,事关适用法律疑义,理合备文呈请钧院解释示遵,实为公便,谨呈

**院字第一四〇六号**

**二十五年二月六日　司法院训令广西高等法院首席检察官　附原函**

为令知事,该首席检察官呈最高法院检察署,为桂林高等分院首席检察官转请解释声请再审程序疑义一案,业经本院统一解释法令会议议决,刑事被告受有罪之判决确定后,其确定判决所凭之鉴定,如不能证明为虚伪,不得为受判决之人不利益声请再审,又原审之地方分庭既已裁撤,应由地方法院本院管辖再审,并须注意刑诉法第四百十八条之限制。合行令仰转饬知照。此令

**附原函**

径启者。案据广西高等法院首席检察官陈锡珙呈称,呈为呈请转院解释事。案据桂林高等分院首席检察官阳贞粹真代电称,设有刑事被告受轻于相当之刑之判决确定后,发见应受重刑判决之确据,如确定判决为轻微伤,嗣即因伤致死检验明确应成立伤害致人于死之罪等例。告诉人争执綦烈,惟为被告不利益起见声请再审。按诸现行《刑事诉讼法》尚无相当依据,惟被告犯罪甚确有无方法救济,又声请再审由判决之原审法院管辖,刑诉法有明文规定。惟已裁地方分庭之判决确定案,县政府有无再审管辖权,《修正县知事审理诉讼暂行章程》第三十六条规定,是否因县政府审判制不甚完备,故初级管辖案之再审,亦应由地方法院之第二审管辖不无疑义,乞转请解释示遵等情。据此,理合具文呈请钧署察核,俯赐转院解释并候指令饬遵等情。据此,相应函请迅予解释径复并见示备查。此致

**院字第一四〇七号**

**二十五年二月六日　司法院咨行政院　附原咨**

为咨复事,准贵院上年七月二十二日咨(第二零七号)开,据湖北省政府呈请解释,未依法立案及已停办或解散之善堂财产处置办法疑义,请查照见复等由,业经本院统一解释法令会议议决,(一)《监督慈善团体法施行规则》第三条所称之主管官署乃许可设立之官署,即《民法》第四十六条、第五十九条所定登记前应得许可之主管官署,非法人登记之主管官署(参阅《民法总则施行法》第十条),慈善团体得许可设立之主管官署设立许可后,未依法定程式向主管官署登记,虽在该规则施行前成立,依《民法》第三十条规定不得成立为法人,自不能认为有法人资格。(二)已解散之慈善团体其剩余财产如应依《民法》第四十四条第二项规定应属于其住所所在地之地方自治团体时,该地方若无合法地方自治团体应由该地之地方官署暂为保存,俟有合法地方自治团体时归属之。相应咨复贵院查照饬知。此咨

**附原咨**

案据湖北省政府呈称,案据汉口市市长吴国桢呈称,案奉钧府本年五月十六日民三字第八二九零号指令,本府呈为各慈善团体多不依法立案及曾经解散与自行停办之善堂房地财产究应如何处置一案。略以关于第一点,应限期责令依《监督慈善团体法施行规则》第三条及第十三条呈请设立或重行核定。关于第二点应依《民法》第四十四条办理等因奉此自应遵照,惟尚有应行请示者:(一)关于限期责令呈请设立或重行核定时,倘遇逾限究应如何处置,未蒙核示,能否将其解散?(二)关于《民法》第四十四条法人解散后,所谓法人者,依同法第三十条法人非经向主管官署登记不得成立,本市各善堂多未呈经本府登记,似根本上未取得法人资格,能否比照法人办理?(三)《民法》第四十四条只规定法人经解散后之处置,至自行停办者并无规定,能否亦以解散论?(四)《民法》第四十四条,其剩余财产属于法人住所所在地之地方自治团体,本市现尚无合法之地方自治团体,其各善堂剩余财产能否暂属于本府?案关适用法令,不厌求详,理合再行呈请钧府鉴核饬遵等情。据此,查请示第一点,逾限不呈请设立或重行核定自可将其解散;第三点,法人解散之原因不仅限于主管官署之命令,有由于社员之议决者、有由于时期之完成者,观于《民法》第五十七条及第四十八条第一项第九款,又第六十一条第一项第八款之规定,自明故自行停办即解散之一种亦无疑义,业经指令遵照;惟关于第二点,按善堂应依《民法》社团或财团办法向主管官署登记,系根据于民国十八年七月十五日公布之《监督慈善团体法施行规则》第三条之规定:“未经登记之善堂其成立或解散,如果均在该规则施行以前,自不能不认为有法人资格。”反之,如成立或解散有一在该规则施行以后,能否认为具备法人资格,照法人办理?又第四点,已解散之善堂,其剩余财产如果应依《民法》第四十四条第二项办理时,在现无合法地方自治团体之汉口,能否属于市政府,均系法律解释问题,理合具文呈请钧院转咨司法院解释饬遵,实为公便等情。据此,除指令外,案关法令适用疑义,相应咨请贵院查照解释见复,以便饬

遵。此咨

院字第一四〇八号

二十五年二月六日 司法院指令江西高等法院 附原呈

呈悉,原呈所述疑义四点除前三点,前据该地方法院另案呈由该法院径函最高法院解释,业经本院于上年六月十一日,以院字第一二九零号训令饬知外,其第四点现经本院统一解释法令会议议决,请求离婚系以离婚请求权为其诉讼标的,请求同居系以同居请求权为其诉讼标的,并非以两造间之婚姻关系为诉讼标的,对于请求离婚之本诉提起请求同居之反诉或对于请求同居之本诉提起请求离婚之反诉,其反诉之诉讼标的与本诉并不相同,应另征收审判费用。合行令仰转饬知照。此令

附原呈

案据署江西临川地方法院院长吴树基呈称,窃查本院办理民事诉讼,具有疑义四点,应请解释,缕陈如下:(一)江河及其他公有之水面,人民虽得使用,但其所有权应属于国家,业经院字第一零七九号解释有案。兹有前清堂谳,将江河或公有水面断为私人所有,显与上开解释抵触,该堂谳是否有效?(二)前清堂谳可否认为《民事诉讼法》第二百四十条第七款确定判决,兹有二说:(一)谓前清堂谳如其内容系终结诉讼之判断,即与现行法上之确定判决无异,当事人自不得对于堂谳已判断之诉讼标的再行起诉。(二)谓前清堂谳无实体法之依据,全凭自由臆断,既不具判决之形式,又无送达及上诉诸程序之规定可资遵守,每因当事人翻控,辄又随时变更,另为堂谳,更不知至何状况谓之确定,自难视为现行法上之确定判决。(三)设有甲乙向在公用水面分段出渔,因渔场区域有所争执,以致管辖上发生疑问。(一)说谓《渔业法》第三十二条,既有渔业人间关于渔场之区域有争执者,其关系人得呈请该管行政官署裁定之,法院应无管辖权限。(二)说谓甲乙两方均未依照《渔业法》规定,呈请登记取得渔业权依同法第四十八条及同法施行规则第三十九条规定,其从前渔业权利已以废业论,即无《渔业法》之适用。既有出渔之事实,不妨由受诉法院根据其提出之证物为实体上之裁判。(四)按本诉与反诉之诉讼标的相同者,反诉不另征收审判费,《修正诉讼费用规则》第四条定有明文规定:“设有本诉离婚、反诉同居或本诉同居、反诉离婚,可否认为诉讼标的相同,不另证收审判费用。”以上四点,俱有疑义,亟应呈请解释。理合备文呈请鉴核,转请解释示遵等情。据此,理合呈请钧院俯赐解释下院,以凭转饬遵照。谨呈

院字第一四〇九号

二十五年二月六日 司法院电河南高等法院 附原电

河南高等法院张首席检察官览,该法院第二分院首席检察官,上年八月删代电请解释覆判事件疑义一案,业经本院统一解释法令会议议决,县判应送覆判者,不因经过上诉期间而确定。虽其判决当时系在旧《刑法》时代,引律并无错误,但覆判时业在《刑法》施行后,法

律已有变更,应依《刑法》第二条第一项及《覆判暂行条例》第四条第一项第二款为更正之判决。合电转饬知照。原电抄发。司法院鱼印

**附原电**

南京司法院院长居钧鉴,查依《覆判暂行条例》第四条第一项第二款、第三款,认县判引律错误而为更正之判决,或裁定复审者,系以县判引律本有错误者为限。如县判在旧法有效时引律无误,并已经过上诉期间,能否因新法施行刑有轻重即谓县判引律错误,抑应于必要时以原判量刑失当为理由谋救济?事关法律解释,《刑法》施行后,各院办理覆判案件,随时可生。前述疑问,恳请钧座迅予解释,电示祇遵。安阳河南高等法院第二分院首席检察官刘泽民叩删

**院字第一四一〇号**

**二十五年二月七日　司法院指令河南高等法院　附原呈**

呈悉,业经本院统一解释法令会议议决,依《民法》第一条之规定,须法律无规定者始适用习惯解除契约,按照同法第二五八条规定,应向他方当事人以意思表示为之。如新校长对于教员未经表示解约,则虽有以不另发聘书为默示解约之习惯,亦不生解约之效力。合行令仰转饬知照。此令

**附原呈**

案据开封地方法院院长邓济安呈称,呈为呈请转请解释事案。查省立学校,现暑假期中更换校长,新校长对于前校长已发聘书之教员,有认为不应聘任者,并不明示与之解约,仅以对留任教员再发聘书为对于不留任者默示解约之方法,在某地多数学校均系如此办理,并经该地最高教育行政机关致函法院,证明前项默示解约之方法已经成为习惯,此种习惯是否违背善良风俗,分甲、乙二说。(甲)说谓依《民法》规定,解除契约应向他方当事人以意思表示为之,对话为意思表示者,以相对人了解时发生效力;非对话为意思表示者,以通知达到相对人时发生效力。今以不再送聘书为默示解约之方法,既不以通知达到他方,又无从证明相对人之了解,往往使相对人误信前校长聘书之效力,依照存续而受意外损害,故此项习惯实系违背善良风俗。(乙)说谓学校聘请教员与普通契约不同,因我国向来尊重师道,对于教师之辞退,若径以对话或通知之方法明白表示,未免于教师之信誉有碍,不如对留任者再送聘书,使不接新聘书者自知契约业已解除,转于体面无损,故此项习惯不能认为违背善良风俗。二说各执一是。本院近有此项问题,亟待解决,理合呈请钧院转请解释,俾资遵循等情。据此,理合具文转呈钧院鉴核,俯赐解释,以便饬遵。谨呈

**院字第一四一一号**

**二十五年二月七日　司法院指令浙江高等法院　附原呈**

呈悉,业经本院统一解释法令会议议决,《公司法》第二百零六条第二项乃就法院未认

清算人有解任之必要时特设之规定,倘法院认公司解散后之清算人有违法或不称职情事而有解除任务之必要,自得依民法总则第三十九条之规定解除其任务。合行令仰转饬知照。此令

**附原呈**

案据嘉兴地方法院院长郑汝璋呈称,查《民法》第三十九条载,清算人法院认为必要时,得解除其任务。又公司法第二百零六条第二项载,法院因监察人或有股份总数十分一以上股东之声请,得将清算人解任等语。是股份有限公司于解散后,由股东会选定之清算人,如经法院认为清算违法及不称职,有解除任务之必要,而未经该公司之监察人或十分一以上股东之声请时,法院能否以职权解除其任务,殊有疑义。(甲)谓《民法》第三十九条既以明文规定法院有解除清算人任务之职权,则法院发觉清算人有违法及不称职之时,法院自可解除清算人之任务,不必待有公司之监察人或有股份总数十分一以上股东之声请。(乙)谓《民法》为普通法,公司法为特别法,特别法应优以普通法,法院因监察人或有股份总数十分一以上股东之声请,始得解除清算人之任务。《公司法》第二百零六条第二项已有明文规定,则法院解除清算人之任务,自应依照公司法之规定办理,在未据该公司之监察人或十分一以上股东之声请时,法院不得遽行解除清算人之任务。以上二说,未知孰为正当,请转解释等情。据此,案关法律疑问,理合备文转请钧院鉴核解释示遵。谨呈

**院字第一四一二号**

**二十五年二月七日　司法院指令河北高等法院　附原呈**

呈悉,业经本院统一解释法令会议议决,声请诉讼救助,以裁定驳回后,如原定补正审判费之期间业已届满,不问当事人对于驳回救助之裁定已否提起抗告,即可将其上诉驳回者,系以当事人逾越补正期间为理由,与抗告程序中应否准许救助为另一问题。倘抗告法院认其救助之声请应行准许,在当事人即可对于驳回上诉之裁定提起抗告,以资救济。万一该抗告亦因驳回而确定,依旧《民事诉讼法》第四百七十二条,而有第四百六十一条第一项第八款情形"现行《民事诉讼法》第五百零三条、第四百九十二条第一项第九款同",自得声请再审,不能谓当事人对于驳回诉讼救助之声请提起即时抗告为无实益。合行令仰知照。此令

**附原呈**

呈为呈请解释示遵事。本院受理民事上诉案件,因上诉人于上诉时尚未缴纳审判费用,经审判长裁定,限定期间命其补正,后该上诉人复声请诉讼救助,由本院裁定,将其声请驳回,复向上级法院提起抗告,尚未经抗告法院裁定,而该种案件往往迟延三月以上未能裁判,是以照章应将上述未能办结缘由开列迟延未结案件月报表内呈报。旋奉司法行政部本年第四五八号指令内开:关于民事诉讼,因声请救助抗告各案,应查照最高法院二十二年度抗字第二八五七号及二十三年度抗字第六七九号,又同年度抗字第六八一号各判例要旨,

参照办理等因,细释指令意旨。凡声请诉讼救助被驳回后,尚在抗告法院抗告中各案,不问抗告法院已否裁定驳回,只须原法院审判长裁定,限令补正,期间届满,即可将其上诉驳回。惟查上开最高法院各案判例,当事人对于原法院驳回救助裁定提起抗告,均经最高法院驳回,抗告后始由原法院驳回,其上诉自属不生问题。假定在抗告审尚未驳回抗告,而原法院审判长所定补缴审判费之期间已满,该当事人仍未缴纳审判费,此时原法院能否驳回其上诉,尚属不无疑义。如此分为两说:(甲)说谓审判长所定补缴审判费之期间,既系不因当事人声请救助而失其效力,故救助之声请驳回时,如原定缴费期间已满,原法院自可不问该当事人对于驳回救助之裁定已否提起抗告,及曾否经抗告审驳回,即得驳回其上诉。(乙)说谓抗告审未经驳回抗告,原法院审判长所定缴费期间虽已届满,原法院仍属不得遽行驳回其上诉。盖因抗告程序原为审查下级法院裁定之当否,如果不待抗告审裁定后,即行驳回该当事人之上诉,万一抗告审对于原法院驳回诉讼救助之裁定认为不当,发回更为裁定,或自为裁定,准予诉讼救助,此时该当事人之上诉早经原法院驳回,在原法院已属无从救济。虽谓该当事人对于原法院驳回上诉之裁定尚可提起抗告以资救济,但抗告审如仍认审判长所定补缴审判费之期间不因当事人声请救助而失其效力,终应驳回其抗告,则《民事诉讼法》上所定当事人声请诉讼救助,以及当事人对于驳回救助裁定得为即时抗告各规定,均属鲜有实益,似应仍候抗告审裁定后再行办理为宜。以上两说,究以何说为是,事关法令疑义,理合呈请钧院俯予解释示遵。谨呈

**院字第一四一三号**

**二十五年二月七日　司法院指令江西高等法院　附原呈**

呈悉,业经本院统一解释法令会议议决,(一)《民法》物权编施行前,定有期间之典权依旧法规得回赎者,仍适用旧法规。该编施行法第十五条,既有特别规定,自不能依新法所定之回赎期间以相绳。惟查《清理不动产典当办法》第三条规定,典产自立约之日起算,已逾三十年者,统限原业主于本办法施行后三年内回赎。依该规定之本旨推之,则在该办法施行前立约,而于其施行后始满三十年者,自亦应于三十年期满后三年内回赎。如原业主未于此期间内向典权人回赎,依该条后段之规定,即不许再行告赎。(二)《清理不动产典当办法》所定之回赎期间,虽属无时效性质之法定期间,但出典人如于此期间已提出原典价向典权人回赎,典权人虽拒不受领,亦应认为有合法之回赎。合行令仰转饬知照。此令

**附原呈**

案据署江西高等法院第一分院院长曹俊呈称,为呈请转请解释法律疑义事,兹有甲于先年出典房屋与乙,其典约定有取赎年限,现在尚未经过六十年,甲向乙提起回赎之诉,因适用法律发生二说:(甲)谓《民法》物权编施行前定有期限之典权,依旧法规得回赎者,仍适用旧法规。《民法》物权编施行法第十五条已有明文,本件诉讼标的系定有期限之典权,应否准其回赎,自应就依旧法规得回赎与否加以审认。查民国四年十月六日公布之《清理不

动产典当办法》第二条载:"典产自立原约之日起,已经过六十年者,不论其间有无加典或续典情事,概作绝产论,不许原业主再行告争。其未满六十年之典产,不论原典是否定有回赎期限,如未经找贴作绝,另立绝卖契据,或别经合意作绝者,仍准原业主赎回。"本件典产自立原约之日起,至诉请回赎时,已未满六十年,且未经找贴作绝,另立绝卖契据,或别经合意作绝,则自在准许回赎之列,即应依《民法》物权编施行法第十五条适用《清理不动产典当办法》办理。(乙)谓典权为《民法》物权编所定之物权,在《民法》物权编施行前发生者,依该编施行第二条规定,其效力自施行之日起,依《民法》物权编之规定,故该编施行前发生之典权,自施行之日起,其定有期限者,依《民法》第九百二十三条第二项规定,出典人于典期届满后,经过二年不以原典价回赎者,典权人即取得典物所有权。本件:甲出典房屋于乙,其典约载明取赎年限,显属定有期限之典权,惟自立原约之日起,虽未满六十年,已经过三十余年,按照《民法物权编施行法》第二条、第五条第一项,《民法》第九百十二条之规定,其期间早已届满。至该编施行法第十五条,固规定依旧法规得回赎者,仍适用旧法规,但物权编施行法于民国十九年二月十日公布,同年五月五日施行。甲迟至现在始诉请回赎,似已经过二年之犹豫期间,典主早已依法取得典物之所有权,自无依《民法物权编施行法》第十五条,适用《清理不动产典当办法》之余地。此二说之见解,应以何说为是,疑问一。又查《清理不动产典当办法》第三条载:"未满六十年之典当,自立约之日起算,已逾三十年者,统限原业主于本办法施行后三年内回赎。如逾限不赎,只准原业主告找作,绝不准告赎等语。"惟此种情形,假定原业主曾于前项三十年之期间内向典主取赎,因典主不予放赎致未回赎。前项三十年之期间,能否视为中断?于此亦有二说:(甲)谓前项回赎期间为无时效性质之法定期间,依照《民法物权编施行法》第五条,《民法》物权编施行前无时效性质之法定期间已届满者,其期间为届满之规定,自不能因业主曾经回赎而发生中断问题。(乙)谓观于当时有效之现行律典卖田宅条载:"其所典田宅,年限已满,业主备价取赎。若典主托故不肯放赎者,处四等罚。限外递年所得多余化利追征给主,仍听依原价取赎等语。"则如果原业主已备价回赎,被典主借故措勒不放,自应视同已有回赎,不在前条三年限制之内。此二说之见解,究以何说为是,疑问二。本分院现有此类诉讼,悬案待结,理合呈请转请解释,以便遵循等情。据此,理合呈请钧院俯赐解释,以便转饬遵照。谨呈

**院字第一四一四号**

**二十五年二月八日　司法院指令广西高等法院　附原呈**

呈悉,业经本院统一解释法令会议议决,子县甲男入赘丑县乙女之家,丑县法院误将乙请与甲离婚之诉移送子县之法院,乙女如受该移送裁定之送达而未为即时抗告,致被确定依旧民诉法第二九条一、二两项及现行民诉法第三零条第一、二两项,子县法院均应受其拘束,不得将该诉讼更为移送。合行令仰转饬知照。此令

**附原呈**

呈为呈请解释事。案据桂林地方法院全县分庭主任推事陈赓彬勘代电称:窃查民事诉讼之专属管辖,其立法意旨系注重公益,故采绝对的规定,不容当事人与法院以意思为转移至为明显。兹有某男原籍子县,民国十八年凭媒介绍入赘于丑县某女家为夫,嗣因夫妻间感情决裂,某女遂向丑县法院提起离婚之诉,征之《民法》第一千零二条及《民事诉讼法》第二条第一项、第五百三十五条第一项规定,固专属于丑县法院管辖,乃该法院不查,误将其诉移转于子县法院办理。且其移送之裁定,因当事人不谙法律,未为实时抗告,业已确定某女于子县法院指定辩论日期,嘱托丑县法院送达传票时,始声明不愿受子县法院审讯,决不到案。在此场合,子县法院应否受原裁定之拘束,有天地两说。(天)说谓民诉法第二十九条已明白规定移送之裁定确定者,受移送之法院受其羁束。又前项法院不得以该诉讼更移送于他法院,且此规定又系列于同法第二十五条所载专属管辖之后,依法理以为解释,纵系专属管辖之移送错误,其裁定既经确定,断无再诉子县法院不受羁束,而将该案予以返还之理,某女亦不得再主张子县法院无管辖权,子县法院得依民诉法第五四二条办理而为判决。(地)说谓丑县法院之移送裁定,既违背专属管辖者,子县法院不予返还,将来判决根本违法,第二审法院得依同法第四百二十一条予以撤销,且经其撤销后终须将该事件移送于丑县法院管辖审理,宁不多费无益之程序,殊与民事诉讼节省劳力、时间、费用之原则不符,亦与法院威信有关。而关于调查证据,须直接讯问当事人,某女现在既声明子县法院无管辖权,自得将该声明作为抗告,依抗告程序办理,以资救济。二说之中,究以何说为是,不无疑义。职庭现有此项案件,亟待解决,理合电请察核决释电示祇遵等情。据此,事关法律疑义,理合据情呈请钧院察核,俯赐解释,俾便饬遵。谨呈

**院字第一四一五号**

**二十五年二月八日　司法院咨行政院　附原咨**

为咨复事,准贵院上年九月五日咨(第二四三号)开,为再诉愿案件适用法律疑义请查照解释见复等由,业经本院统一解释法令会议议决,人民接到处分书后,既于诉愿期间内向原处分官署声明异议,虽于诉愿书中未为声明,而于再诉愿时始行述明,应认其诉愿为已合法提起,即应认其再诉愿为有理由,予以救济。相应咨复贵院查照。此咨

**附原咨**

查提起诉愿之期间为三十日为《诉愿法》第五条所明定。又人民误向非主管官署诉愿或于法定期间内曾向原处分官署表示不服者,均应认为已有合法声明,亦为贵院院字第四二二号解释及行政法院二十二年十二月八日判字第一号判决所明认。设有某甲于接到处分书后(三十日内)向原处分官署声明异议,请求撤销处分,未邀照准,拟向受理诉愿官署诉愿(此时已在接到处分书后三十日之外),惟诉愿书中并未声明曾于法定期间内表示不服,该受理诉愿官署遂认为逾期,予以驳回。某甲乃提起再诉愿,是时始述明接到处分书后已

逾法定期间内表示不服,此种场合受理再诉愿官署能否适用前述判解,认再诉愿为有理由,不无疑义,于此发生两说:主张应适用前述判解认再诉愿为有理由者,谓当事人不早声明曾经表示不服之事实,致遭驳回,以致迁延时日,系当事人自己受损失,于官署无关。此项事实之存在,本属无可否认,现在既已述明,自应认再诉愿为有理由,予以救济等语。主张前述事实与判解无关,应认再诉愿为无理由者,则以为,(一)如认为有理,则受理再诉愿官署撤销原决定后,势必发还原决定官署,就实体上审查或径为审查。既多此审查本案内容之手续,自不得谓与官署无关。(二)官署审查诉愿逾期与否,势不能遍调各机关卷宗查阅,故只能以处分书(或决定书)及诉愿书所载日期为依据。若当事人既有过失于先,而复认为有理由,则官署又多一番审查本案内容之手续,将不胜其烦。(三)撤销原决定必须于原决定之违法或不当者,始得为之(参行政法院二十三年度判字第三七号判决)。今原决定本身既非违法或不当,自无认再诉愿为理由而予以撤销之根据。以上两说,各有理由。本院现有类似此项事件,亟待解决。相应备文咨请贵院查照解释见复,至纫公谊。此咨

**院字第一四一六号**

**二十五年二月八日　司法院电江苏高等法院　附原电**

江苏高等法院朱院长览,上年十月支代电悉。所请解释上诉扣除在途期间疑义一案,业经本院统一解释法令会议议决,《民事诉讼法》第一百六十二条所称当事人不在法院所在地住居者,系指当事人不在受诉法院之所在地住居者而言,倘当事人系在受诉法院所在地住居,而对于该所在地法院所为之第一审或第二审判决提起上诉,不依同法第四百三十八条、第四百六十七条规定,于该法院提出上诉状,而向该管第二审或第三审法院提起上诉计算,其法定期间,自不得适用该条规定扣除其在途期间。合电知照。司法院庚印

**附原电**

司法院院长居钧鉴,窃查当事人不在法院所在地住居者,计算法定期间应扣除在途之期间,此在《民事诉讼法》第一百六十二条第一项上半段设有明文。但依同法第四百三十八条第一项及第四百六十七条第一项,当事人不服第一审法院或第二审法院之判决提起上诉,其书状应向原第一审法院或原第二审法院提出,设当事人不在该第一审法院或该第二审法院所在地住居,其应依法扣除在途期间,固属不生疑问,惟当事人提起第二审或第三审上诉,而径向上诉法院提出上诉书状者,如不在各该上诉法院所在地住居,应否扣除在途期间,职院现有二说:(甲)说谓当事人提起上诉,本应向原法院提出书状,乃竟向上诉法院提出书状,殊非合法,虽因其系为不服之声明,得认为业有上诉之提起而已,属通融办法,倘再扣除程期,于法实属无据。(乙)说谓当事人不在该法院所在地住居,为其利益计,即应一律扣除程期,以昭平允。以上两说,均不无见地,究以何说为是,职院未敢擅专,理合电请钧长迅赐解释,俾便遵循。试署江苏高等法院院长朱树声叩支印

**院字第一四一七号**

**二十五年二月十二日　司法院指令江苏高等法院　附原呈**

呈悉,业经本院统一解释法令会议议决,盐卤既为不能替代食盐之液体,虽未经盐务最高机关之特许而贩运,不能视为私盐治罪法上之私盐。合行令仰转饬知照。此令

**附原呈**

案据东台县县长钟竟成快邮代电称:兹有未经盐务最高机关之特许而贩运巨量不能替代食盐之液体盐卤,销售于豆腐制造业者,为制造豆腐之配料。此等行为是否得包括于《私盐治罪法》所规定私盐之内,殊滋疑问。据两淮盐务税警第八区区部函称:应照总所通令,每市秤一百二十七斤折合司马一百斤计算办理云云,此项办法似非统一解释,不能认为有援引之效力,祈即转请解释等情前来,理合具文,呈请钧院解释转行饬遵,实为公便。谨呈

**院字第一四一八号**

**二十五年二月十二日　司法院指令山东高等法院　附原呈**

呈悉,业经本院统一解释法令会议议决,毛硝、火硝及硫磺虽足供制造军火之原料,但未经配合以前,均不能认为《刑法》上之爆裂物。合行令仰转饬知照。此令

**附原呈**

案据本院第一分院院长萧崇道宥代电称:查火硝与硫磺为爆裂物,其有私制、私藏、私贩均系触犯刑章,前大理院著有解释,现在新《刑法》施行,此项解释是否有效?又毛硝可否亦认为爆裂物,统祈示遵等情。据此,查本院前据第三分院院长兼福山地方法院院长胡咏高,因贩运硝磺适用法律疑义等情,呈请核示到院,曾经转呈解释在案。兹据前情,理合具文呈请钧院一并核示,以便分别转饬遵照。谨呈

**院字第一四一九号**

**二十五年二月十四日　司法院电四川高等法院　附原电**

四川高等法院谢院长览,上年十二月俭代电悉,所请解释盗匪案件上诉疑义一案,业经本院统一解释法令会议议决,凡在剿匪区域又在剿匪期内遇有《剿匪期内审理盗匪案件暂行办法》第二条所列各款之盗匪案件(强盗杀人与该暂行办法第二条第三款相当),如该区域内之县政府系本该暂行办法第五条职权判决,即应依该条特别核准程序办理,检察官自不得据原告诉人之请求代提上诉,第二审法院更不能进行实体上之审判。合电知照。司法院寒印

**附原电**

南京司法院居院长钧鉴,查被诉强盗杀人案件已入《剿匪区内处理盗匪案件暂行办法》第二条各款范围,经兼理司法之县政府审理判决宣告无罪,检察官是否能据原诉人之请求

代提上诉,如认该上诉为有效,经第二审法院认为确有强盗杀人行为,是否仍适用《刑法》裁判,抑有其他办法可资救济？案关法律疑义,理合电请迅赐解释,俾资遵循。代理四川高等法院院长谢盛堂叩。俭印

**院字第一四二〇号**

**二十五年二月十五日　司法院指令四川高等法院　附原呈**

呈悉,业经本院统一解释法令会议议决,川省在二十四年九月十五日以前地钞及川洋与中钞价值既有高低,则当时以地钞或川洋成立之交易,自应按其交易时之地钞川洋与中钞折合之价值计算。合行令仰转饬知照。此令

**附原呈**

呈为呈请事。案据代理万县地方法院院长曹腾芳呈称,呈为案关法律疑义,仰祈转请解释事。窃四川地方银行钞票,原为吾川通用货币,与现洋无异。兹因军事委员长行营为整理四川金融,以中央钞币代表本位币,颁布收销地钞办法,自九月十五日起,全川以代表国币之中央本钞为本位,地钞即停止行使,所有从前地钞,限于十月二十日以前,按八折计算,掉取中钞,于是交易上债权、债务关系,不免发生争执。(甲)谓在九月十四日以前,地钞、川洋均为代表币制本位,当时债权者实以本位币支出,于收入时自应以本位币收入,今代表本位币者既改为中钞,则债务者应以中钞支付。(乙)谓在九月十四日以前,虽以地钞、川洋代表本位币,但当时地钞及川洋与中钞价值确有高低,今代表本位币者既改为中钞,则从前以地钞或川洋成立之交易,欲兑取中钞,必按其价值折合,绝不能因币制改革,使债务人受其损害。综上二说,究以何说为当,抑有其他解释等情,据此,理合具文,呈请钧院俯赐解释,指令祇遵。谨呈

**院字第一四二一号**

**二十五年二月十五日　司法院指令江苏高等法院　附原呈**

呈悉,业经本院统一解释法令会议议决,承租人所交之押租金,除原租赁契约对于受让人仍继续存在得向受让人请求返还外(参照院字第一二六六号解释),不得对于原债务人(即原出租人)主张优先受偿。合行令仰转饬知照。此令

**附原呈**

案据常熟县县长翟桓快邮代电内称:窃有执行拍卖之不动产,在未经查封拍卖之前,已由债务人租赁与第三人占有。迨该不动产,因无人承受,已给证移转于债权人,其押租金亦由承租人另案向债务人诉求返还,但债务人负债颇巨,除此不动产抵偿,其他各债已属不敷,而承租人对于押租主张优先受偿。此种主张是否合法,实无先例可循,为亟电请转呈解释遵循等情。据此,事关法律疑义,职院未敢擅专,理合具文转呈,仰祈钧长鉴核,俯赐解释,俾资遵行,实为公便。谨呈

院字第一四二二号

二十五年二月十五日　司法院指令江苏高等法院　附原呈

呈悉,业经本院统一解释法令会议议决,(一)票据载明祈付即期洋若干元之字样,即足以证明支票之性质者,虽未记明支票二字,依票据法第一百二十一条第一项第一款规定应认有支票之效力。(二)钱庄亦系银钱业,依同法第一百二十三条规定,自得为支票之付款人。合行令仰转饬知照。此令

附原呈

案据上海地方法院院长骆通呈称,窃职院受理滥发支票案件甚多,关于即期票据而无支票字样者是否认为支票,分两说如下:(甲)说支票系即期性质。如票面载明祈付即期洋若干元,某银行照付字样或同一意义之文字,虽无支票二字,亦应认为支票,参之院字第一一四七号解释所载未载本票或其同一意义之文字云云,可得当然之解释。(乙)说支票系要式证券。票据法第一百二十一条第一项第一款应表明其为支票文字,同法第八条欠缺本法所规定票据上应记事项之一者,其票据无效,规定綦严,故即期票据苟无支票字样,即非支票。虽二十三年院字第一一四七号解释有未载本票或其同一意义之文字云云,此所谓同一意义,系指在祈付即期洋若干元等文字外,另与票面显明部位载有与本票、汇票、支票同一意义之文字而言。然在我国文字中,与本票、汇票、支票同一意义之文字甚属罕见,断不能将祈付即期等字样即视为与支票同一意义。究以何说为是,应请解释者一。又查支票之付款人以银钱业者为限,以钱庄为付款人之即期票据,而载明支票字样者,是否得视为支票,此应请解释者二。所有上开法律疑义,理合呈请转呈解释示遵等情。据此,事关解释法律,本院未便擅专,理合具文呈请,仰祈钧长鉴核,俯赐解释,指令饬遵,实为公便。谨呈

院字第一四二三号

二十五年二月十七日　司法院指令司法行政部　附原呈

呈悉,业经本院统一解释法令会议议决,破产管理人依破产法第八十三条规定,本应受法院监督该管理人,依同法第九十二条规定应得监查人同意之行为,在监查人未选出以前,倘法院因该管理人之呈请认为有急须处理之情形,得本其监督权之作用酌量核定,以促破产程序之进行。合行令仰转饬知照。此令

附原呈

案据江苏高等法院第二分院本年十月世代电称:据上海第一特区地方法院世代电称:查破产管理人事务之处理,依破产法第九十二条规定,有必须得监查人同意始能进行者。兹有破产案件,已经召集债权人会议三次,选举监查人,终以人多庞杂,不能选出,致破产管理人应处理之事务无法进行。似此情形,遇有应得监查人同意之急须处理事项,可否迳由法院就破产管理人之呈请酌量核定,抑尚有其他方法救济之处,理合电请鉴核,转请核示或

解释示遵等情。据此,谨代电转呈,仰祈鉴核示遵等情。据此,事关法律适用疑义,理合具文转呈钧院鉴核示遵,以便转饬遵照。谨呈

**院字第一四二四号**

**二十五年二月十七日　司法院指令山西高等法院　附原呈**

呈悉,业经本院统一解释法令会议议决,旧《民事诉讼法》第四三三条第一项,但书之特许上诉,不过特许因上诉所得受之利益不逾三百元者之得以上诉而已,至于该上诉人之提起上诉,自应仍受上诉法定不变期间之限制,并应注意现行《民事诉讼法》施行法第十二条之规定。合行令仰知照。此令

**附原呈**

呈为呈请解释事。窃查《民事诉讼法》第四百三十三条第一项载:对于财产权上诉讼之第二审判决,如因上诉所得受之利益不逾三百元者,不得上诉。但原法院因法律上有疑义,或其他必要得以裁定特许等语。兹有甲、乙二人因债务涉讼系争标的,未逾三百元,经第二审判决后,甲向原法院声请特许上诉,经原法院以裁定特许上诉。但甲于裁定特许上诉后,延至数月之久,并未声明上诉,迟至乙声请执行之际,始向第三审法院提起上诉。该项特许上诉是否受二十日不变期间(上诉期间)之限制,发生两说。(子)说谓甲既经声请准予特许上诉,无论何时上诉,均应认为有效,自不受二十日不变期间之限制。(丑)说谓《民事诉讼法》第四百三十三条第一项之规定,经第二审判决后,如因上诉所得受之利益不逾三百元者,本无上诉之权,虽经原法院裁定特许上诉,但收受此项裁定后,当然应遵守二十日不变期间之限制,否则,声请人于声请特许上诉后,意在拖延,迟至他造声请执行之际,始向第三审声明上诉,不特于当事人间诸多拖累,且非立法之本旨。以上两说,究以何说为是?事关法律疑义,未敢擅断,理合备文呈请钧院,俯赐解释,俾资遵循,实为公便。谨呈

**院字第一四二五号**

**二十五年二月十七日　司法院指令山东高等法院　附原呈**

呈悉,业经本院统一解释法令会议议决,以公同共有之财产为诉讼标的,固应得公同共有人全体之同意,但不动产之公同共有人,若仅存甲、乙二人,而甲又所在不明,事实上无从取得其同意,则乙就公同共有不动产之全部为公同共有人全体之利益计,对于第三人为回赎之请求要难谓为当事人不适格。合行令仰知照。此令

**附原呈**

查民事案件,凡以公同共有之财产为诉讼标的,应由公同共有人全体一同起诉,否则当事人即不适格。已经最高法院于民国二十二年上字第一九七一号著有判例:惟如不动产,为多数人公同共有,除已死亡者外,现仅存甲、乙二人。甲所在不明,但不能证明业已死亡。乙主张该不动产前已典当于丙,丙现欲变卖该产,因甲所在不明,遂以自己个人名义向丙诉

请回赎。其起诉是否当事人适格,有子、丑两说。(一)据子说,甲虽所在不明,但该不动产既系甲、乙公同共有,非由甲、乙共同起诉,自不能认为当事人适格。(二)据丑说,甲既所在不明,若必令甲、乙共同起诉,实为事实上所难能。倘乙因甲所在不明,不能单独起诉,则其公同共有之财产必致被人侵害而无法救济,似与法律保护人民私权之旨趣不合。乙之起诉既于公同共有人、甲有利益,自不能认为当事人不适格。以上二说,究以何说为是?本院有此类案件,急待解决,理合呈请钧院鉴核,俯赐解释示遵。谨呈

**院字第一四二六号**

**二十五年二月十八日　司法院电浙江高等法院　附原电**

浙江高等法院郑院长览,上年五月陷代电悉。宣平县县长请核示《民法》第一千零六十三条疑义一案,业经本院统一解释法令会议议决,妻在婚姻关系存续中,而未与其夫同居时受胎所生之子女,如其夫未于知悉子女出生之日起一年内提起否认之诉,即应依《民法》第一千零六十三条第一项规定,推定为婚生子女。至同条第二项之否认权,既专属于夫,自不得由妻提起否认之诉。合电转饬知照。司法院巧印

**附原电**

南京司法院院长钧鉴,案据兼理司法宣平县县长张龄、承审员滕显春本年五月敬代电称。查《民法》亲属编第一千零六十三条第一项规定,妻之受胎,系在婚姻关系存续中者,推定其所生子女为婚生子女。同条第二项载,前项推定,如夫能证明(中略)得于一年内提起否认之诉等词。今有某甲之妻乙,婚姻关系存续中,甲因犯罪,现尚在监执行,刑期有年。乙在家与人苟合,私生一子,现已数月。甲得悉后,以其与乙之婚姻关系,现仍存续,主张为伊所生之亲子。查甲与乙之婚姻关系,虽仍存续,但乙之受胎,明明出于苟合,则其为私生之子,事实已至明显。甲之主张可否依上开法条第一项推定为甲之婚生之子,抑或另有别解?此请示遵者一。再,甲对此私生子,并不依上开法条第二项提起否认之诉,乃反主张为伊亲生之子。假令乙今已与甲脱离婚姻关系别嫁,乙对之有提起否认之权否?此请示遵者二。上述疑问,急待解决,请鉴核令遵等情。据此案关法律疑问,理合电请钧院迅赐解释,以便饬遵。浙江高等法院院长郑文礼叩陷印

**院字第一四二七号**

**二十五年二月十八日　司法院函国民政府西南政务委员会　附原函**

迳复者。准贵会上年八月十五日公函(第二七五号)开,据广东省政府呈请解释工商同业公会会员资格各疑义请查照见复等由,业经本院统一解释法令会议议决,(一)组织工商同业公会之公司行号,并无准用《商会法施行细则》第十一条规定之明文,自不以注册者为限。(二)一人同时在本区域内开设两个以上之同业商号,得以一人为代表,但只能行使一个选举权或表决权(参照院字第四二五号解释)。相应函复贵会查照饬知。此致

**附原函**

案据广东省政府本年七月二十七日呈称，现据建设厅二十四年七月十八日呈称，现据汕头市市长李源和本年七月十三日呈称，为呈请解释事。（一）查《商会法施行细则》第十一条，有商店会员应以在本区域内设有商店曾经依法注册者为准之规定。关于工商业同业公会会员资格可否适用上项细则之规定为标准，又商店有商业注册及营业注册，应以何种为标准，并应否以领有营业证者为限。（二）查《工商业同业公会法》第七条，有同业之公司行号，均应为同业公会之会员，推派代表出席于公会，但受除名之处分者不在此限之规定。如遇有一人同时在本区域内开设两个以上之同业商号，其所开设之几个商号推派代表时可否同由一人担任。如同由一人担任，当开会时是否有两个表决权、选举权。关于以上两点疑义，查《工商业同业公会法》均未有明文规定，以致办理各业公会选举、审查会员资格发生纠纷时无所依据。案关法规疑问，理合备文呈请钧厅察核，迅赐解释，俾资遵循，实为公便等情。据此，究应如何解释之处，职厅未敢擅断，理合备文转呈钧府核示祇遵等情前来，理合转呈察核示遵等情。据此，事关法规疑义，除指复外，相应函请查照解释见复，以便饬遵为荷。此致

**院字第一四二八号**

**二十五年二月十八日　司法院函中央执行委员会秘书处　附原呈**

迳复者，准贵处上年七月十七日公函（第九五六五号）开，据河南省党务特派员办事处呈请解释商会法第三十条疑义，请查照见复等由。业经本院统一解释法令会议议决，商会法第三十条第一款所规定之事务费，既将代表人数与资本额并列，则比例负担时当然以两项为标准，至其比例之方法，依该法施行细则第三十一条即应由商会于章程中明定之。相应函复贵处查照转知。此致

**附原呈**

案据洛阳县党部呈称，案据洛阳商会主席白光仁呈称为呈请事：窃查商会法第六章第三十条内载，商会经费分下列二种：（一）事务费。由会员比例于其所派代表之人数及资本额负担之规定，究以会员所派代表之人数和资本额平均负担，抑按代表人数或资本额两项中之一者负担，或另有其他意义，理合具文呈请钧部详予解释，并乞举例以示，以便遵循，实为公便等情。据此，查该会所呈有关法令解释，未敢擅专，理合备文呈请钧处核示，俾转饬遵，实为公便等情。据此，除指令外，理合备文呈请钧会鉴核示遵，实为公便。谨呈

**院字第一四二九号**

**二十五年二月十八日　司法院咨行政院　附原呈**

为咨复事，准贵院二十三年三月十七日咨（第四九号）开，据实业部呈请解释：诉愿决定不受理后，发现应予受理之新事实，可否撤销原决定疑义，请查照见复等由。业经本院统一

解释法令会议议决,诉愿事件因程序不合不予受理者,固应作成决定书,此种决定书送达后,如诉愿人另提出应予受理之新事实,仍向原决定机关请求受理,其请求受理者既系另一新事实,即无一事再理之嫌,自得予以受理,不必撤销前此之原决定。相应咨复贵院查照饬知。此咨

**附原呈**

案据实业部呈称,案查十九年九月十六日司法院第三百四十号解释内载,依《诉愿法》第八条,驳回诉愿亦属诉愿决定之一种,自应依法作成决定书等语。依此解释,凡诉愿案件因程序不合不予受理者,亦应作成决定书,惟此种决定书依法送达后,诉愿人提出应予受理之新事实,仍向原决定机关请求受理,经查明属实时,原决定机关既不能任意撤销原决定书,而依《诉愿法》,则除再诉愿外,别无其他规定。如令诉愿人依法再诉愿,则对于诉愿人所不服之处分,实质上未予决定,即越级而进,至再诉愿程序,实无形中剥夺其法律赋予诉愿权之一级,如准予受理,再就所不服之处分予以决定,而前此所作成之不受理决定书,无法律依据可以撤销,何能再为决定?事关人民权利及法定程序,究应令诉愿人依法再诉愿,抑由原决定机关撤销不受理之决定书,另为对于原处分之决定?本部现有此类案件,亟待解决,理合具文呈请转咨解释等情。据此,查原决定官署于所为不应受理之决定后,若诉愿人提出应予受理之新事实,可否撤销原决定,另为实体上之决定,《诉愿法》无明文规定,不无疑义,相应咨请贵院解释见复,以便饬遵。此咨

**院字第一四三〇号**

**二十五年二月十八日　司法院电江苏省政府　附原电**

江苏省政府鉴:上年五月筱代电悉。所请解释提起再诉愿期限计算疑义一案,业经本院统一解释法令会议议决,原诉愿人以外之利害关系人,既未受原决定之送达,其提起再诉愿之期间,自应由其知悉时起算,至何时知悉,应负证明之责。合行电复。司法院巧印

**附原电**

司法院钧鉴,查不服受理诉愿官署之决定者,虽非原诉愿人,亦得提起再诉愿,但亦以该决定撤销或变更原处分,致损害其权利或利益者为限,业经钧院院字第六四一号解释有案,惟此种权利关系人既非原诉愿人,依《诉愿法》并无将决定书对其送达或公告之规定,如此项决定书未曾登载公报或揭示布告,而原处分官署亦求转饬知照,则该权利关系人何时得悉此项决定书无从推断,其提起再诉愿之期限应如何计算,殊滋疑义。其说有三:(甲)即以原诉愿人收受该决定书送达之次日起三十日内为权利关系人提起再诉愿之期限。然当决定书送达诉愿人时,该权利关系人是否知悉,则有疑问,但为求诉愿案件确定之敏捷起见,说似可采取。(乙)以原处分官署执行该决定时起三十日内,为权利关系人提起再诉愿期限。然原处分官署于奉发决定后,未必即予执行,且执行决定时,权利关系人亦未必即能知悉,复与诉愿案件之确定,不免有故意迁延时日之嫌。(丙)以权利关系人知悉该决定时

起三十日内,为提起再诉愿期限。然该决定既未公布,复未转饬知照,则权利关系人何时知悉此项决定并无标准,徒使诉愿案件随时均在不能确定之状态中,似非所宜。上述三说,孰为适宜？事关法律疑义,理合电请迅赐解释示遵。江苏省政府主席陈果夫叩。筱印

**院字第一四三一号**

**二十五年二月十八日　司法院指令湖北高等法院　附原呈**

呈悉,业经本院统一解释法令会议议决,《刑法》第一百五十七条之规定,于律师亦适用之。至律师于同一案件,已受当事人一造委任,又代他造缮写诉状,系违反律师章程第二十二条第一款规定,合行令仰转饬知照。此令

**附原呈**

案据沙市地方法院院长张有枢呈称,案据沙市律师公会代理会长何文震本年十二月十六日呈称,为呈请转请解释法文,俾明法意,资为保障事。窃属会于本年本月十六日举行年终临时会议议决法律案拟请解释法文一则,设有律师在于登录区域执行职务,依照呈部核准会则及向例,代诉讼当事人缮写诉状或盖章负代缮之责,曾有来稿字样之声明,由监督机关发现同案两造诉状均有此类盖章代缮情事,于是对于责任问题有数说焉。(甲)说,《刑法》第一百五十七条之规定,系与律师章程第二十二条第一项第一款规定之旨趣相同。在该条文既明示曾受委任人、相对人之商告而为赞助,或受其委任者不得执行其职务,乃竟不知自检,贪图收取缮状费用,代缮同案两造之诉状,即系意图渔利,有挑唆或包揽他人诉讼之嫌。应照《律师惩戒委员会规则》第七条,认为该《刑法》专条规定之所犯,即予刑事诉讼程序之实施,俟其刑事终结,再决应否为律师惩戒之提起。此第一说也。(乙)说,《刑法》第一百五十七条系此次修改所增订,因旧法施行有效期间,各地沿于从前州县衙门代书制度遗传之恶习,所谓讼棍讼痞者,对于诉讼之挑唆或包揽,从中渔利,流弊滋多。上年天津大公报专辟黑律师一栏,就当地法院惩办讼棍讼痞者登载有日,其他各法院亦类多准此办理,其风已为之稍稍戢矣。惟论罪须凭积极证据,而以前惩办之依据则为诈欺之条文,究竟得利与否,即被害人亦多隐讳,不肯吐实,求证殊感不易。故此次修订《刑法》,立法者有见于此,特增入此条,自不包括律师在内。盖律师为法律特许之自由营业,有《刑法》第二十二条之保障,其业务又专在于诉讼或其他法律有关之行为。如谓渔利,而营业之目的即在于得利,情形较渔利尤为公开。如谓挑唆或包揽,而律师出庭代理,或为辩护人,或提出书状,在皆凭一已法律上之见解主张一切,并与当事人签订契约,包办一审或终结,其不迹近于挑唆或包揽者几希。若得以该条文绳之,凡属律师皆将无可幸免,或无时不在该条之罪嫌中。然则律师制度宁有存在之余地乎？而况仅代缮诉状或盖章,负代缮之责,曾有声明来稿字样可凭,不过如法院设置缮状处,一时失于检点,为两造代缮或盖章而已。以言职务,尚不得为行使,以言委任,尤谈之不上。援照律师章程第二十二条第一项第一款之规定,且似欠缺其要件,遑论刑事之罪嫌乎？纵令认为不合,或加制止,免为讼棍、讼痞之利用,即由发现

之监督机关令饬公会予以劝告为已足。倘为已甚,径为刑事诉讼程序之实施,或提付惩戒,未免有背立法者之本旨,而失《刑法》总则不罚业务行为之义。此又一说也。本上开两说之意旨究竟孰是,抑或另有其说,均于统一法律见解及律师制度前途有关,理合备文呈请钧长鉴核,准即据以照转,请付解释,俾明法意,资为保障,指令祇遵,实为公法两便等情。据此,查《刑法》第一百五十七条,对于律师既无除外之规定,则律师有包揽情形时,自亦包括在内。至律师受当事人之委托,撰拟状词而为缮写,固为法所许,然若状稿并非律师自撰,仅以他人来稿,不问内容如何,辄为代缮呈递,并以来稿代缮等字借口免责,似非律师章程规定范围内之职务。事关法律疑义,究竟如何,本院未敢擅专。据呈前情,理合具文呈请钧院鉴核示遵等情。据此,理合备文转呈钧院核示祇遵。谨呈

**院字第一四三二号**

**二十五年二月二十一日　司法院咨行政院　附原咨**

为咨复事,准贵院上年九月十三日咨(第二五三号)开,据内政部呈请解释警察拾获遗失物,逾期无人认领,如何办理疑义,请查照见复等由。业经本院统一解释法令会议议决,岗警于值勤时查获之遗失物,应认其所属机关为拾得人,如六个月内无人认领,应将其物或其拍卖所得之价金归入国库。相应咨复贵院查照饬知。此咨

**附原咨**

案据内政部呈称,案准浙江省政府二十四年八月十九日秘字第六六四一号咨开,案据民政厅呈称,据宁波公安局局长呈称,窃本局据各分局分所呈送遗失物,或系人民检送,或由岗警查获,均经本局随时布告招领。查《民法》第八零七条载:“遗失物拾得后六个月内所有人未认领者,警署或自治机关应将其物或其拍卖所得之价金交与拾得人,归其所有。”等语,是凡经所有人认领,自应交其领回,暨拾得人呈缴,应于法定期间经过后准其具领或价金外,倘系岗警于值勤时查获者,应否亦照上述法文归其所有,抑应如何办理之处,理合备文呈祈鉴核示遵等情。据此,查岗警于值勤时查获之遗失物,如在六个月内无人认领,应否将其特或其拍卖所得之价金归拾得岗警所有,法无明文规定,理合据情转请鉴核示遵等情。据此,除指令外,相应咨请贵部查核见复,以便饬遵等由。准此事关法律解释,理合备文呈请鉴核转咨解释等情。据此,除指令外,案关法律适用疑义,相应咨请贵院查照解释见复,以凭饬知,至纫公谊。此咨

**院字第一四三三号**

**二十五年二月二十二日　司法院函建设委员会　附原函**

迳复者。准贵会上年七月三十一日公函(第四二七号)开为公司法第一百七十条、第一百七十一条规定发生疑义,请查照解释见复等由,业经本院统一解释法令会议议决,(一)公司之盈余,依公司法第一百七十一条规定之意旨,自非弥补损失后,不得提出公积金。

(二)提出公积金既应在弥补损失之后,则公积金之提出当然以弥补损失后之余额为准。相应函复贵会查照。此致

**附原函**

查公司法第四章——股份有限公司——第六节会计栏下第一百七十条,规定公司分派盈余时,应先提出十分之一为公积金。又第一百七十一条,规定公司非弥补损失及依前条规定提出公积后,不得分派股息及红利。似于公司前期如有亏损,本年分配盈余时,究应先提法定公积,抑应先弥补前期亏损,并未明白规定。兹为明了该两条文之意义起见,举述下列两点,函请贵院予以解释,俾有依据:(一)公司前期如有亏损,本年分配盈余时,是否应先弥补亏损而后提存法定公积?(二)如提存法定公积确应在后,则所提之公积究应按照盈余原额提出十分之一,抑应按照盈余余额即弥补亏损后之剩余提出十分之一?至希察照见复为荷。此致

**院字第一四三四号**

**二十五年二月二十二日　司法院函外交部　附原函**

迳复者,准贵部上年十一月十八日公函(第一零七七三号)开,据驻捷克公使馆呈请解释中国人与外国人结婚适用法律疑义,请查照见复等由,业经本院统一解释法令会议议决,婚姻成立之要件,应依当事人各该本国法,如中华民国人民与外国人结婚具有公开之仪式及二人以上之证人,在我国《民法》即可认为合法,无庸向何种机关提出何项书证,相应函复贵部查照饬知。此致

**附原函**

据驻捷克公使馆呈称,顷据捷京大主教办公处函称:按照中国现行法律,中国人与外国人民结婚,应否遵照中国《民法》规定举行婚礼,抑可遵照当地法律办理,倘须遵照中国《民法》办理,应否由结婚人两造提出各种证书,如出生证等,及证婚人应向何机关出头签证,以上各节,拟请详示等语。事关法律适用范围,呈请鉴核,转请解释,以凭转复等情。应如何核示之处,相应函请查照解释见复,以凭饬知为荷。此致

**院字第一四三五号**

**二十五年二月二十二日　司法院指令司法行政部　附原呈**

呈悉,业经本院统一解释法令会议议决,债权人意图促债务之履行,以强暴胁迫方法将债务人所有物抢去,妨害其行使所有权,应成立《刑法》第三零四条第一项之罪,但须注意同法第五十七条及第五十九条。合行令仰转饬知照。此令

**附原呈**

案据河南高等法院首席检察官本年十二月十三日呈称,案据汝南地方法院检察汪官先烈代电称:设有债权人甲以强暴胁迫方法将债务人乙于有物抢去,意图促债务之履行,其行

为结果,应否构成《刑法》第三百零四条第一项之罪。事关法律疑义,理合电请转请解释,以便遵循等情。据此,理合呈请鉴核示遵,以便转饬遵照等情。据此,事关法律解释,理合具文转呈钧院鉴核指令,俾便转令遵照。谨呈

**院字第一四三六号**

**二十五年二月二十四日　司法院指令广西高等法院　附原呈**

呈悉,业经本院统一解释法令会议议决,庚男在丑县原籍之住所并未废止,依《民法》第二十条第二项,一人同时不得有两住所之规定,其与辛女结婚同居,虽在丁县,若辛女以庚男重婚为理由,提起离婚之诉,自应以庚男住所地之丑县法院为其管辖法院。合行令仰转饬知照。此令

**附原呈**

呈为呈请解释事。案据龙州地方法院院长陈文煊呈称,设有子省丑县人庚男出外经商,至丙省丁县与辛女结婚,同居数月,后辛发觉庚系重婚,因向丁县法院提起离婚之诉,丁县法院应否受理,分为二说:(甲)说婚姻事件专属夫之普通审判籍所在地第一审法院管辖,而普通审判籍依住所定之,此在民诉法第五百六十四条第一项定有明文。庚男在丑县既尚有住所,则其于丁县非有永居之意思,实属明显,自不能由丁县法院受理。(乙)说婚姻事件定为专属管辖,无非求审判上之便利。庚界在丁县与辛女结婚,即不能谓无永居之意思。且丁县法院对于事实之调查亦较丑县为便,若不予受理,靡特丑县法院办理时感受困难,抑于人情上使辛远道至丑县亦未合。以上二说,未知孰是。事关法律疑义,理合具文呈请核示,或转请解释令遵等情。据此,案关法律解释,理合备文转请钧院察核,俯赐解释,俾便饬遵。谨呈

**院字第一四三七号**

**二十五年二月二十四日　司法院电四川高等法院　附原电**

四川高等法院谢院长览,上年八月陷代电悉,巴县地方法院转请解释大佃性质疑义一案,业经本院统一解释法令会议议决,大佃性质据来电所述之当地习惯,系作为抵押,并将房产移转占有。则此项权利,既非《民法》第八百六十条所称之抵押权(抵押权不移转占有),亦非同法第九一一条所称之典权(典物非供债权之担保),其发生在《民法》物权编施行后者,依《民法》第七百五十七条规定,虽经登记,不生物权之效力。倘发生在《民法》物权编施行以前,若依当地习惯,可认为相沿之物权,并经依法登记,则依当时法例,自得以之对抗第三人。合电转饬知照。司法院敬印

**附原电**

南京司法院院长居钧鉴,案据署四川巴县地方法院院长方仲颖、马代电称。查大佃性质,依照最高法院二十三年上字第五零二号判决例,属于通常债权,不能优先受偿。惟查巴

县习惯,一般人民往往以大佃作为抵押,本院开办登记之后,声请登记大佃事件者颇不乏人。爰于本年七月十三日呈请钧院核示大佃可否依照登记条例所载习惯相沿之物权登记,八月十三日奉钧院第七零九号指令,准如所请办理在案。今假定有甲将房屋大佃与乙得洋若干元,因将房契交乙执管,乙又转佃与丙,每年乙、甲按成各收租金,双方均依法声请登记。殊越时未久,甲将上项房产出卖与丁,乙乃提起确认大佃之诉,于此审判上有两主张:(子)说,谓大佃本非物权,经最高法院著为判例,当然依照办理,乙之登记不能认为合法,只能对甲追偿债款,不能对抗善意第三人之丁。(丑)说,谓大佃虽属债权,然既经高等法院准予登记,而乙与甲之佃约曾合法登记在案,乙对此项房产自可主张优先受偿之权。二说未知孰是。再,依照上例,甲之房产既移转占有,而每年又收少数之租金,则大佃之性质究竟应否视为典权,抑或作为抵押权,均属不无疑义。理合具文呈请钧院俯准,转电司法院解释,以便遵循等情。据此,理合电请钧院俯予解释,电示祇遵。代理四川高等法院院长谢盛堂叩。署四川高等法院庭长李培业代行陷印

**院字第一四三八号**

**二十五年二月二十四日　司法院函全国经济委员会　附原函**

迳复者,准贵会上年十二月二十三日公函(第一三零零九号)开,准湖北省政府函请解释水利行政诉愿管辖疑义,请查照见复等由,业经本院统一解释法令会议议决,江汉工程局虽系直接隶属全国经济委员会,但关于工程及管理事项在湖北省辖境以内者,既须受该省政府之监督及指导,则人民不该局关于上述事项之处分,自应依《诉愿法》第三条比照同法第二条第二款规定,以该省政府为诉愿机关,以全国经济委员会为再诉愿机关。相应函复贵会查照转知。此致

**附原函**

案查前准贵院院字一三六四号函复解释水利行政诉愿管辖疑义一案到会,当经转行各水利机关及各省省政府在案。兹准湖北省政府函开,案准贵会函转司法院解释水利行政部分之诉愿管辖疑义两项,请查照等因,业经分行知照。惟本省水利行政机关除建设厅外,尚有直属大会之江汉工程局,二十一年十一月曾奉前豫鄂皖三省剿匪总司令部秘字第二八四号指令,内载江汉工程局于系统上直接隶属全国经济委员会,惟关于工程及管理事项在湖北省辖境以内者仍受该省政府之监督及指导等语,则本府对于该局之工程及管理事项负有监督、指导之责,关于该局主办之案件,其诉愿及再诉愿机关究应依第二项解释,援照建设厅主办案件以本府为诉愿机关,抑依第一项解释,援照导淮委员会处分案件,仍以该江汉工程局为诉愿机关,以全国经济委员会为再诉愿机关。事关法令解释,未便擅拟,相应函请查核见复等因。准此,事关解释法令,除函复外,相应函请查照见复为荷。此致

**院字第一四三九号**

**二十五年二月二十四日　司法院指令河北高等法院　附原呈**

呈悉,业经本院统一解释法令会议议决,县长在假期中既仅由秘书代拆、代行,则关于应用县长名义之民刑判决自应仍以县长名义行之,惟须注明何人代行。合行令仰转饬知照。此令

**附原呈**

呈为呈转事。案据兴隆县政府代电称:地方管辖案件得由县知事交由承审员审理,但县知事应与承审员同负其责任,此为《县知事审理诉讼暂行章程》第一条第二项所明定。倘县长于假期中,由县府秘书代拆、代行。遇有制作民刑判决时,究应由代行秘书署名,抑仍以县长名义行之。如何之处,悬案以待,请速电赐解释等情。理合具文转呈钧院俯赐解释示遵。谨呈

**院字第一四四〇号**

**二十五年二月二十五日　司法院咨行政院　附原咨**

为咨复事,准贵院二十一年七月二十五日资(第二一六号)开,据内政部呈请解释乡长、副乡长、闾长及区、乡监察调解各委员选举资格疑义,请查照见复等由,业经本院统一解释法令会议议决,乡长、副县长、闾长及区、乡监察调解各委员,如合于《乡镇自治施行法》第十一条、第十九条、第三十三条或《区自治施行法》第六条、第二十九条规定,即有被选资格,并无目不识丁或不通文理之消极限制。相应咨复贵院查照饬知。此咨

**附原咨**

为转咨事。案据内政部呈称,案据河北省民政厅呈称,据临榆县县长李树范冬代电称,案据本县第八区区长杨廷柱具呈:以据公民请求解释选举乡长、副乡长、闾长以及区、乡监察调解各委员,如有不通文理或目不识丁者,是否有应选资格等情,转请到县。除指令候示外,理合据情电请鉴核示遵等情。据此,查《区自治施行法》《乡镇自治施行法》,对于区、乡、镇监察调解委员及乡、镇长、副,均无不识文字,不得被选之限制。从前河北省各县乡长、佐及办理地方公务之人,每多不识文字。惟当此推行自治法令繁赜时期,自治人员如有不通文理或竟目不识丁,实属不无滞碍。究竟应否于选举时予以限制之处,除指令外,理合备文呈请鉴核示遵等情。据此,查乡长、副乡长、闾长以及区乡监察调解各委员之候选人,《乡镇自治施行法》既无明文限制,不通文理或目不识丁者,不得为乡长、副乡长、闾长及区乡监察调解各委员候选人之规定。而乡长、副乡长、闾长及区、乡监察调解各委员,负处理区、乡、闾自治之责,设以不通文埋或目不识丁者当选充任,究竟于职务上有无障碍,于选举时应否予以限制,又不通文理、目不识丁两事似有轻重,是否可以一概而论?事关自治法令,本部未敢擅断,理合具文呈请钧院鉴核示遵等情。据此,事关适用法令,相应咨请贵院解释见

复,以凭饬遵。此咨

**院字第一四四一号**

**二十五年二月二十七日　司法院电广西高等法院　附原电**

南宁、广西高等法院院长览,上年七月庚电悉。所请解释《刑事诉讼法》疑义两项,除第一项已经中央政治委员会议决办法,另案饬部通行遵照外,其第二项现经本院统一解释法令会议议决:上诉案件如第二审认原判决确系不当,或第一审判决后法令已有变更,均应认上诉为有理由,依《刑事诉讼法》第三百六十一条,将原判决撤销,自为判决。合电知照。司法院感印

**附原电**

南京司法院院长居钧鉴,查新《刑法》第一条第二项后段与《陆海空军审判法》第一条第一项后段极端抵触,在该审判法未修正以前,军人犯普通《刑法》之罪,可否由法院审判,此应请解释者一。又第二审上诉案件,如原判并无不当,而仅因法律变更,应行改判;或上诉无理由,而原判确有不当,应行改判者。新刑诉法第三编第二章无相当条文足资适用,裁判时应引何项规定,此应请解释者二。以上问题,职院现有多数案件,急待解决,合恳迅予解释,电示祗遵。广西高等法院院长朱朝森呈。庚印

**院字第一四四二号**

**二十五年三月二日　司法院指令湖南高等法院　附原呈**

呈悉,业经本院统一解释法令会议议决,《民法》第一零七七条所谓养子女与婚生子女同者,仅就养子女与父母间之关系而设之规定,乙男、丙女虽均为甲收养之子女,但并非同法第九六七条所称之血亲,则乙、丙结婚自不受同法第九八三条之限制。合行令仰转饬知照。此令

**附原呈**

案据署本院第二分院院长张心翊筱代电称:今有甲收养乙为养子,以早岁收为养女之丙配为养子乙为妻。关于此点,分为甲、乙二说。(甲)谓《民法》第九百八十三条与下列亲属不得结婚,该条第三款旁系血亲之辈分相同,而在八亲等以内者,乙与丙虽均为养子女,而依《民法》第一千零七十七条之规定,养子女与婚生子女同,在法律上系属二等旁系血亲。其乙与丙之结婚,依同法第九百八十八条第二款当然无效。(乙)谓《民法》第九百八十三条所规定不得结婚者,以直系血亲或旁系血亲为限。乙与丙均属异姓之子女,虽同被养于一父母,并非已身出于同源之血亲,有何血统可言?既无血统关系,则乙与丙之婚姻自可予以维持。究竟二说谁为正当?理合电请钧院转呈解释,指令祗遵等情。据此,除指令外,理合据情转呈钧院,迅赐解释,俾便饬遵。谨呈

**院字第一四四三号**

**二十五年三月三日　司法院咨行政院　附原咨**

为咨复事,准贵院上年八月十二日咨(第二二四号)开,据湖南省政府呈请解释票据法疑义,请查照见复等由,业经本院统一解释法令会议议决,乙以丙为受款人所发之汇票,如已由丙依空白背书转让于甲,复由甲转让于丁,则丁对乙依法行使追索权时,乙不得主张对丁不负责任,亦不得以丙有函止兑否认追索权之行使。相应咨复贵院查照饬知。此咨

**附原咨**

案据湖南省政府呈称,案据湘阴县长曾陵呈称,呈为呈请事。查《票据法》第三条:"票据上之签名,以盖章画押代之。"第二十四条:"发票人得记载在付款地之付款处所。"第二十九条:"空白背书之汇票,得依汇票之交付转让之。"第八十二条:"汇票到期不获付款时,执票人于行使或保全汇票上权利之行为,得对于背书人、发票人及汇票其他债务人,得行使追索权。"第一百零一条:"执票人不于本法所定期限而为行使或保全汇票上权利之行为者,对于前手丧失追索权。"各等语。兹有甲将发票人乙所交受款丙之票据转让于丁,其票据背书系空白付款处所为戊,丁持票向戊兑款,戊不承兑,追问乙,乙以丙缄称甲无存款,声明停兑,亦不允付款丁,惟有追问前手甲。奈甲又亏折,匿不见面,无从追索,丁是以依照票据向乙行使追索权,而乙坚持商场习惯,以丙声明停兑,照例不能付款,况票据系载明交受款人,丙不能对第三者负何责任,而丁否认乙之提示,只向发票人追索。依照票据法所举各条,参看彼此主张,似均有理由。究应如何办理,理合呈请鉴核示遵等情。据此,呈称各节事关法律疑义,除指令外,理合备文呈请钧院鉴核,转咨解释下府,以便饬遵等情。据此,案关法律适用疑义,除指令外,相应咨请贵院查照解释见复,至纫公谊。此咨

**院字第一四四四号**

**二十五年三月三日　司法院电四川高等法院　附原电**

四川高等法院谢院长览,该法院上年二月效代电,据长寿县政府呈请解释抵押权与大押孰有优先受偿权疑义一案,业经本院统一解释法令会议议决,(一)不动产所有人设定抵押权后,复向佃户就同一不动产上收取大押,依《民法》第八六六条但书规定于抵押权既不生影响,该大押自无优先受偿之权。(二)佃户虽因交有大押,占该不动产收益之大部分,但既须向所有人缴纳租息,自非同法第九一一条所定之典权。除其发生在《民法》物权编施行以前,并依该地习惯得认为一种相沿之物权外,不生物权之效力。合电转饬知照。司法院江印

**附原电**

南京司法院院长居钧鉴,案据长寿县政府呈称。呈为法令事实扞格难通,呈请明令解释,用资遵循事。窃查县属地方惯例,凡债权、债务关系之成立,每于订定契约内载明,以受

分产业抵押，如期满无偿，听债权人过耕抵业，或将抵业移转另佃，债务人不得异言等字样，且多以同一不动产而设定多数之抵押权，一旦发生纠纷，自可依据现行《民法》抵押权章规定，按其契约成立之先后，定其优先受偿之次序，固不致别生疑问。但该所有权人又多以原抵押物私取大押佃与非抵押人耕种，此种大押契约上虽属租佃，事实上等于抵押。每遇抵押权人对于抵押物主张行使权利时，大押佃户率皆攻击抵押契约，系属空叫空应，大押佃业则已移转占有，拒绝抵押权人优先受偿之权，甚且拒绝查封拍卖。此种情形，若照契约行为押典，应视为普通债权，但就事实观察，其自视且较空约抵押权利为优。而县属普通惯例亦多承认大押佃权业在佃手，其权利优于普通债权，往往遇有破产摊偿事件，大押总较普通债权多得賠数，因此一般大押佃人胥视为惯例上所许特权，牢不可破，动起纠纷，缠讼不息。究竟空约作抵之抵押权与过耕之大押佃权孰优孰劣，应请明令解释者一。又不动产押佃，原系提供该业收益担保，设遇纠葛发生，一律视为普通债权，最高法院著有判例。县属惯例为规避典当契税起见，每将典当契约书为大押租佃契约，征局有时又为之粘给典当契尾，而该业所有收益，事实上往往大押佃户占去十之八九，所有权人仅占十之一二，甚有原约只留少数收益归给业主，藉以证明租佃关系之存在者，徒存租佃之名而为典之实，收益既属无多，自无担保之必要。若去名存实，认为典当，则其所结契约又明明系属租佃行为，倘一律视为租佃，仍与普通债权等观，而事实若斯，似又不足以昭平允而资折服。且认大佃为典当，名实固属相符，但所有权人于未取大押之先有第三者对于该业已设定抵押权利。此项抵押权，对于大押佃人是否仍有优先受偿之权，不有标准，何资遵办。此应请明令分别解释者二。以上数项疑点，职府均有此类案件发生，急待解决，理合具文呈请大院俯赐鉴核，逐项解释，指令祇遵谨呈等情。据此，事关法律疑义，职院未敢擅断，理合电请钧院迅赐解释，以凭饬遵。暂代四川高等法院院长费有浚叩。效印

**院字第一四四五号**

**二十五年三月三日　司法院指令江苏高等法院　附原呈**

呈悉，业经本院统一解释法令会议议决，（一）确定判决既令承租人将建盖房屋搬让，自系拆除之意。债务人如就此执行事件以権租未退有所异议，除另行起诉得有受诉法院停止或限制执行之裁判外，应依原确定判决意旨强制执行。（二）强制执行原系用国家之强制力使确定判决得收实效。债务人既有反抗，经执行法院嘱托公安机关协助无效，自不能再由债权人自为执行。至应用何种强制力始足以达执行目的，应由执行法院斟酌情形定之。合行令仰转饬知照。此令

**附原呈**

案据署镇江地方法院院长钟之翰本年十二月十一日呈称，查土地买主对于土地承租人诉求拆屋让地，经判决承租人与前手人（即原卖主）缔结租赁契约终止，承租人在该地建盖之房屋应即搬让，经确定后移送执行，兹发生下列疑义：（一）判决主文仅载搬让字样，承租

人又以前手人権租未退,未肯履行,能否强制执行,将承租人地上搭盖房屋径予拆除。(二)如承租人延不搬让,经嘱托公安机关协助执行无效,能否嘱托省保安队协助,将承租人搭盖房屋拆除,或由债权人代为行为,雇工自行将债务人房屋拆除,以便收地管业。案关执行疑义,理合具文呈请转呈司法院解释,以便遵照办理等情。据此,事关法律疑义,职院未敢擅专,理合具文钧长迅赐解释,俾便饬遵。谨呈

**院字第一四四六号**

**二十五年三月三日　司法院指令浙江高等法院　附原呈**

呈悉,业经本院统一解释法令会议议决,抵押权乃就抵押物之卖得价金得受清偿之权,其效力并及于抵押物扣押后,由抵押物分离之天然孳息,或就该抵押物得收取之法定孳息。故不动产所有人于设定抵押权后,虽得依《民法》第八六六条规定,复就同一不动产与第三人设定权利,但于抵押物之卖得价金或该物扣押后由抵押物分离之天然孳息,或抵押权人原得收取之法定孳息有所影响,则依同条但书之规定:"其所设定之权利,对于抵押权人自不生效。"如于抵押权设定后与第三人订立租赁契约而致有上述之影响者,依同条之规定言之,不问其契约之成立在抵押物扣押之前后,对于抵押权人亦当然不能生效。其抵押权人因届期未受清偿,或经确定判决声请拍卖抵押物时,执行法院自可依法径予执行。至于抵押权设定后取得权利之人,因其权利不能使抵押权受其影响,即不足以排除强制执行。除得依《民法》第二二六条向设定权利人求偿损害外,自不得提起异议之诉。合行令仰转饬知照。此令

**附原呈**

案据吴兴地方法院院长涂景新呈称,查"不动产所有人于设定抵押权后,就同一不动产上设定地上权及其他权利,抵押权不因此而受影响",《民法》第八百六十六条定有明文。设有不动产所有人于设定抵押权后,就同一不动产上与第三人设定权利或订立租赁契约,将租金之一部让与第三人,致该不动产之卖得价金或纸押人就抵押物所得收取之法定孳息有所影响,抵押权人于债权已届清偿期未受清偿时,依《民法》第八七三条声请拍卖抵押物,或经确定判决由法院将抵押物扣押时,该不动产所有人与第三人所设定之权利,或其所缔结之租赁契约于抵押权有影响者,是否当然失效?即执行法院于扣押后是否得依《民法》第八六四条规定,将抵押人原得收取之法定孳息而为执行,并于拍卖时依第八七二条规定之效力,宣示该影响于抵押权之权利及契约为无效,而就抵押物之原可卖得价金而定该抵押物之最低价额。其与不动产所有人设定权利及缔结契约之第三人,得否以其权利及契约为依据提起异议之诉?倘可认为当然失效,该第三人不得提起异议之诉,则该第三人所受之损失应如何补偿?于此有甲、乙两说。(甲)说谓不动产所有人设定抵押权后,得于同一不动产上设定地上权及其他权利,为《民法》第八六六条所明定。其设定之权利,如足使抵押物之价值减少,抵押权人应依《民法》第八七一条规定,请求停止其行为,苟未为停止行为之请

求，则其所设定权利或契约尚属存在，则执行法院自不得否认其权利，或认其契约为不存在。至抵押权之效力，依《民法》第八六四条规定，乃及于抵押物扣押后，抵押人就抵押物得收取之法定孳息，不动产所有人既于设定后与第三人结缔租赁契约，将该不动产法定孳息之一部让与第三人，则执行法院仅得就扣押后，抵押人就抵押物得收取之孳息而为执行。(乙)说谓抵押权乃得就供担保之不动物卖得价金受清偿之权，《民法》第八六零条定有明文。不动产所有人于设定抵押权后，依同法八六六条规定，固得就同一不动产上设定地上权及其他权利，但该条但书定明抵押权不因此而受影响。不动产所有人于设定抵押权后设定权利或与第三人缔结契约，致抵押物之卖得价金有所影响，对于抵押权人当然失其效力。否则，不动产所有人于设定抵押权后可任意与第三人设定权利或缔结租赁等契约，使抵押权之效力全部或一部丧失，绝非立法之旨趣。至抵押物之法定孳息，既为抵押权效力之所及，则所有人在设定抵押权后所设定权利或所缔结之契约，而于抵押物在设定抵押权当时之法定孳息有所影响，依上述《民法》第八六六条之但书所定，当然亦应失效。故执行法院于抵押权人因债权届期未受清偿时声请拍卖抵押物，或于判决确定后将抵押物扣押，当然得依上述《民法》第八六六条但书规定。凡所有人在抵押权设定后所设定之权利，或于第三人缔结契约而有影响于抵押权者，均应不认其存在。又此项权利既有影响于抵押权，自不得认为足以排除强制执行之权利，当然不得提起执行异议之诉(参照《补订民事执行办法》第七条)，有此权利之人，仅得对于订立契约之一方依以给付，不能为契约标的或履行不能之规定，请求其负法律上应负之责任。又《民法》第八七一条系定抵押权人得请求停止其行为，所谓得者，乃抵押权人之权利，换言之，即抵押权人行使其权利与否，可任其自由，不能因其未行使此权利，而谓上述《民法》第八六六条但书之规定，即失其效力。以上甲乙两说，未知以何说为是。本院类此之案甚多，急待解决，请迅赐转呈解释等情。据此，案关法令疑问，理合备文转请仰祈钧院鉴核，迅赐解释示遵。谨呈

**院字第一四四七号**

**二十五年三月六日　司法院咨行政院　附原咨**

为咨复事，准贵院上年九月二十三日咨(第二六八号)开，据财政部呈请解释《海关缉私条例》第三十一条规定，声明异议办法与《诉愿法》是否并用疑义，请查照见复等由，业经本院统一解释法令会议议决，《海关缉私条例》第三十一条之规定，通观该条例第二十八条及第三十二条，明系对于《诉愿法》之特别法，依特别法优于普通法之原则，自不适用《诉愿法》。相应咨复贵院查照饬知。此咨

**附原咨**

案据财政部呈称，案查关于商人不服海关所为罚金或没收之处分案件，在《海关缉私条例》未颁布以前，向系依照《诉愿法》办理。自该条例第三十一条规定，此项案件得由商人于接到处分通知书后十日内以书面声明异议，其无理由者，经海关税务司转请总税务司呈由

关务署交海关罚则评议会评议后决定之。商人对于此项案件,即系依照该条例办理,但亦尚有按照《诉愿法》提起诉愿者。本部以为该条例立法之原意系为便利商民避免诉愿繁重手续起见,故有该条上项办法之规定,似对于此项诉愿者可批饬改照该条例,向该管海关声明异议。惟该条例规定商人声明异议之期限为接到处分通知书后十日以内,《诉愿法》规定提起诉愿之期限为处分书达到之次日起三十日以内。大抵为此项案件提起诉愿者,皆系在接到处分通知书十日以后。若令其再改照该条例声明异议,则已逾法定期间,核与该条例规定不符。若因其提起诉愿即照《诉愿法》受理,则对于同样之案件施以不同样之处理方法,似未合于立法之原旨,亦觉近于政令之分歧。况该条例第三十二条规定商人对于关务署之决定不服者,得于接到决定书二十日内提起行政诉讼,是立法原旨似欲以声明异议代替诉愿,惟以未有明文规定,本部未敢擅断。现此项问题亟待解决,拟请钧院据情咨请,迅予明白解释,俾有遵循,理合呈请鉴核示遵等情。据此,相应咨请贵院解释见复,以便饬遵。此咨

**院字第一四四八号**

**二十五年三月六日　司法院咨国民政府西南政务委员会　附原咨**

为咨复事,准贵会上年四月二十日咨(第一号)开,据广东省政府呈请解释《船舶登记法》第十九条疑义,请查照见复等由,业经本院统一解释法令会议议决,声请船舶登记之时,已依《船舶登记法》第六十二条缴纳登记费,如未备声请必要之文件,依同法第十九条应予驳回者,既无发还登记费之规定,自无庸发还。相应咨复贵会查照饬知。此咨

**附原咨**

案据广东省政府本年四月五日呈称,现据建设厅二十四年三月二十八日呈称,现据广东全省港务管理局局长胡雄呈称,查船舶登记人于声请时,必要之文件未备,经主管登记机关令饬补正,仍未遵行者,依《船舶登记法》第十九条规定,应将其声请驳回,以示制裁。惟关于被驳回声请已缴纳之登记费,应责由声请人负担,抑系发还,船舶登记法并无规定。兹有甲、乙两说:(甲)说依司法诉讼或非讼事件,当事人于起诉或声请时,因程序不合被驳回其请求者,应负担诉讼或声请费用。船舶登记事同一律,自可援用。于驳回声请时,已缴纳之登记费应责令负担,无须发还。(乙)说船舶登记法对于被驳回之声请,既无负担登记费用之规定,而船舶登记又非司法事件可比,自难援用,于驳回声请时,应将已缴纳之登记费发还。以上两说,孰为允当?事关疑义,适用无从,理合备文呈请核示祇遵等情。据此,查前奉钧府二十年一月十七日建字第三七五号训令所抄发之《船舶登记法》,对于船舶登记被驳回声请,已缴纳之登记费应责由声请人负担,抑应发还,尚无规定。据呈,前情事关法规疑义,理合备文转呈钧府察核示遵等情前来。卷查十九年十二月间,奉中央颁发《船舶法》及《船舶登记法》各一份到府,均经通饬所属各机关知照。迨二十一年三月间,关于两法施行日期,亦将前项法规抄送钧会秘书处转陈核示办理有案。兹据请示,前情事关法规疑义,

理合备文转呈核示饬遵等情。据此,案关法律疑义,除指令外,相应咨请查照解释见复,以便饬遵,至纫公谊。此咨

**院字第一四四九号**

**二十五年三月六日　司法院函内政部　附原函**

迳复者,查贵部上年三月七日公函(第三九零二号)致最高法院请解释《著作权法》疑义一案,业经本院统一解释法令会议议决,(一)政府明令将历史著作物列为正史,以广流传,原著作人之享有著作权,并不受其影响。(二)著作权非专属于著作人本身之权利,依《著作权法》第四条之规定极为明了,著作人生前发行之著作物而未注册者,如未满《著作权法施行细则》第十条所定年限,其承继人自得呈请注册。(三)《著作权法施行细则》第一条第二款所谓著作人自愿任人翻印仿制,其意思表示并无一定方式,亦不以明示为限,苟依一切情事可推断其有许任何人翻印仿制之意思者,即合于该款之规定,若仅有许特定人翻印仿制之事实,尚难推断其有许任何人翻印仿制之意思,相应函复贵部查照。此致

**附原函**

兹因关于《著作权法》发生疑义,谨分别列举于下:(一)既经政府明令列为正史,以广流传之历史著作物,原著作人是否仍有著作权?(二)《著作权法》第六条规定,著作人亡故后始发行之著作物,准予享有著作权三十年,如著作人在生前已将该项著作物发行,但未依法注册,于著作人亡故后,其承继人可否呈请注册?(三)《著作权法施行细则》第一条第二款规定,著作人自愿任人翻印仿制者,是否要有何种正式明白表示之手续?上列三点疑义,法无明文规定,办理殊滋疑义。按照《司法院统一解释法令及变更判例规则》第四条第二项规定,相应函请查照,依法迅予解释见复为荷。此致

**院字第一四五〇号**

**二十五年三月二十日　司法院咨行政院　附原咨**

为咨复事,准贵院二十三年十月十五日咨(第二二二号)开,据财政部呈请解释原决定官署可否自行撤销,其决定疑义请查照见复等由,业经本院统一解释法令会议议决,诉愿之决定,依《诉愿法》第十二条规定,有拘束原决定官署之效力,故因未遵限更正而为驳回诉愿之决定者,诉愿人如以未收到更正通知,声明不服,应依同法第二条所定提起再诉愿。倘受理再诉愿之官署,认其声明为正当。撤销原决定后,原受理诉愿之官署,自应更就其诉愿之有无理由予以决定。相应咨复贵院查照饬知。此咨

**附原咨**

案据财政部呈称,查司法院第八零八号解释,诉愿官署因诉愿书不合法定程序,发还诉愿人更正。在《诉愿法》第八条但书既无期限之规定,诉愿官署自得本于职权酌定更正期间,若逾期不为更正,又未声明原因者,即应予驳回。又《诉愿法》第二条第三款规定,不服

省政府之处分者,向中央主管部会提起诉愿,如不服其决定,向主管院提起再诉愿。本部有受理诉愿一案,因其不合法定程式,通知诉愿人询其是否代表全体、有无代表委任书,限期明白声叙。时逾半载,未据声复,乃附具理由,将该诉愿予以决定驳回。兹据该诉愿人声明,并未收到前项通知,请求撤销,决定继续审理,前来查该项通知,业经本部查明,诉愿人确未收到,是否准将前项决定自行撤销,再予从新决定,抑仍应令诉愿人依照《诉愿法》第二条第三款后段规定向院提起再诉愿之处,《诉愿法》上并无明文规定。案关法律适用,本部未便擅断,理合具文呈请钧院核示办理,或赐转咨司法院解释祇遵等情。据此,相应备文转咨贵院查照解释见复,以便饬遵。此咨

**院字第一四五一号**

**二十五年三月二十日　司法院函中央执行委员会民众训练部　附原函**

迳复者,准部本年一月三十一日公函(第六五零号)开,前准湖北省执行委员会转请解释公团继承权疑义,请查照见复等由,业经本院统一解释法令会议议决,典业公会出资建设之会所,原出资人虽均歇业,如其建设之目的或规约并无特别表示,则该会所自应仍归属于原出资人,而现组织之典业同业公会不得向其保管人请求腾交。相应函复贵部查照转知。此致

**附原函**

案据武昌典业同业公会呈称,呈为呈请解释公团继承情形,仰祈鉴核示遵事。窃属会已于二十三年十一月一日正式成立,业经呈报钧会暨武昌县政府,转呈省政府咨部核准在案。惟查武昌省域原有典业公会之组织,并置有会所房屋一大栋。十五年军兴以来,所有省区典当均已先后歇业,公会亦随之停顿,房屋保管收益,推由一二人暂行经理,原备作日后典业恢复办公之用。现属会依法成立,内部会员有属旧日同业改牌新做者,有属完全新同业者,系依据各业成例新旧接替之组织而成,如武汉商会、汉口钱业公会、武汉米业公会、纱业公会等,均具有承继悠久之历史。是该各公会今日之会员,并尽非昔日捐资建筑会所之人,概未有若何限制可为明证。属会成立经年,会所仍暂借协昌典花厅办公,属欲迁入原址,讵经管人竟以今日典会会员多非原人,不允腾交。伏查会所公团原为公共场合,绝无新旧之分,属会会员对于原置公所房屋占有主权者不少,不得因新人抛弃其承继。设原人远徙他方,或数十年后死亡殆尽,此公有房屋岂不成为一二人私产耶?纵云典业旧同业不能成立公会时,此会产即不应交出,果如斯则应视为绝产。依照行政法规,凡土地无主者,应收归国有,亦不能任其侵蚀公产,收益入己。凡兹种种应有明白规定,想民众运动指导事项属于钧会管辖。合将各点及公团继承情形缕陈钧会,仰祈鉴核指示,俾资遵循,以保主权而便办公等情。据此,查所请法无规定,本会无从解答,除指令外,相应函达查照,希予解释,以便饬遵为荷。此致

**院字第一四五二号**

**二十五年三月二十日　司法院函中央执行委员会民众训练部　附原函**

迳复者,准前中央执行委员会、民众运动指导委员会上年八月二十八日公函(第一零七九五号)开,准南京特别市执行委员会函请解释军事教育机关之汽车司机工人应否参加工会组织疑义,请查照见复等由,业经本院统一解释法令会议议决,修正《工会法》第三条但书既规定,军事、军事工业各机关之工人不得组织工会,则在军事教育机关服务之汽车司机工人自亦不得参加工会之组织。相应函复贵部查照转知。此致

**附原函**

窃据本市司机工人发起组织汽车司机职员工会,经查明,该发起人中除军事机关之汽车司机工人依照《工会法》第三条之规定不得参加组织外,尚有一部份属于军事教育机关之工人,应否准予参加组织工会之处。相应函请贵会予以解释为荷。此致

**院字第一四五三号**

**二十五年三月二十日　司法院指令司法行政部　附原呈**

呈悉,业经本院统一解释法令会议议决,商号无刑事诉讼当事人能力及刑事诉讼行为能力。第一审误以商号为刑事被告判处罪刑,其判决为无效。无刑事诉讼行为能力之商号,对于无效判决而上诉,其程序显不合法,自应驳回。合行令仰转饬知照。再,此类驳回上诉之案件,既涉及原判无效之问题,务须于判决书内叙述明白,以免误会,并仰饬遵。此令

**附原呈**

案据陕西高等法院首席检察官本年五月十一日呈称,据陕西长安地方法院检察官呈称,案据本院检察官张振国呈称,查刑事被告限于自然人,视《刑事诉讼法》第二百五十八条第一项第一款极为明了。设有县政府因收买赃物案,以商号为被告,判处罚金,该商号不服,提起上诉。在第二审可否将原判决撤销,依《刑事诉讼法》第三百十八条第一款谕知不受理之判决,抑或另就其他程序办理。事关适用法令疑义,理合具文呈请鉴核,转呈解释示遵。谨呈等情。据此,理合具文呈请鉴核,俯予转呈解释,以便祗遵,实为公便。谨呈等情。据此,案关解释法律,理合具文呈请鉴核示遵等情。据此,事关适用法律疑义,理合具文呈请钧院解释指令,俾便饬遵。谨呈

**院字第一四五四号**

**二十五年三月二十日　司法院指令司法行政部　附原呈**

呈悉,业经本院统一解释法令会议议决,县监所协进委员会、建设委员会及粮食管理委员会之委员既由县长所选聘,倘于法令有据,自可认为公务员。合行令仰转饬知照。此令

**附原呈**

案据江苏高等法院呈称,案据海门县县长陈桂清呈称,查公务员之意义,系依法令从事于公务之人员,所谓依法令从事于公务者,即其所从事之公务,基于依法令有权者之指定也。县监所协进委员会、县建设委员会由县长聘任之委员、当地公正士绅及县食粮管理委员会由县长选任之委员,当地公正士绅,是否系公务员,现有二说:(甲)说上述各委员会系依据法令所组织而聘任、选任委员又系依据法令规定而为意思决定,及从事各该会职掌事务之一员,故可视为公务员。(乙)说上述各委员会之聘任、选任委员,虽系依据法令从事于规定之职务,但其职务并非基于有权者之命令或委托,故不得视为公务员。两说孰是,颇滋疑义。理合具文呈请,仰祈鉴赐解释示遵等情到院。除指令外,理合据情转呈,仰祈转请解释饬遵等情。据此,理合具文呈请钧院解释指令,俾便转饬遵照。谨呈

**院字第一四五五号**

**二十五年三月二十日　司法院指令山东高等法院　附原呈**

呈悉,业经本院统一解释法令会议议决,(一)在山野僻静之处赌博,如该处所为公众所得出入者,仍应成立《刑法》第二百六十六条之罪。(二)意图营利使人在自己商号或房园内赌博,自应成立《刑法》第二百六十八条之罪。合行令仰转饬知照。此令

**附原呈**

案据莱阳地方法院推事兼院长李瑶圃呈称,查《刑法》规定,赌博以在公共场所或公众得出入之场所行之,始构成犯罪。若在山野僻静之处行之,是否为在公共场所或公众得出入之场所赌博?又意图营利,使人在自己商号或房园内赌博,是否为供给赌博场所?于此有积极与消极两说。(主消极)说者,谓自己商号或房园非公共场所或公众得出入之场所,在此等处所赌博根本不成立犯罪,则供给此等场所者当亦不成立犯罪,系以《刑法》第二百六十六条第一项为根据。(主积极)说者,谓意图营利,供给赌博场所情节重大,常足以妨害社会之秩序,故虽以非公共场所或公众得出入之场所,意图营利,供给人赌博,亦成立《刑法》第二百六十八条之罪。本院受理此类案件颇多,事关法律解释,未敢擅专,理合备文呈请转请解释示遵等情。据此,理合备文呈请钧院俯赐解释,指令遵行。谨呈

**院字第一四五六号**

**二十五年三月二十日　司法院指令山东高等法院　附原呈**

呈悉,业经本院统一解释法令会议议决,甲未受债权人乙丙委托,而擅用乙丙名义,对债务人丁具状起诉,并于判决确定后请求执行。若系意图为自己或第三人不法之所有,应成立诈欺及行使伪造私文书之罪,合行令仰转饬知照。此令

**附原呈**

案据恩县县长兼理司法事务张遵孟呈称,呈为呈请转请解释事。兹有某甲关于乙丙对

丁之债权,以乙丙之名具状起诉,嗣于判决确定并开始执行后,据乙声明甲系冒名起诉,究竟是何用意,无从悬揣。并据丙声明中曾表示代理起诉,当以债权无催讨必要,拒绝未允各等语。当此场合中是否应负刑事实任,计分子、丑两说。(子)说案经判决确定并开始执行,是甲根据确定判决而受偿债务,并无不合。在判决确定前,关于民事程序中之诉讼行为,既经判决确定,亦难谓为不法行为。纵令甲冒名,亦系无权代理或代理不合法之问题,纯属民事范围,不成犯罪行为。(丑)说甲未经乙之授权而擅为诉追债务,致乙不知是何用意,并向丙表示代理起诉被丙拒绝,而仍于被拒绝之后擅为诉追丙所放弃之债权,显系意图不法。所有应发生下列三种嫌疑:(一)民事。当事人向法院所递各状均为私文书,甲乘乙之不知情,并乘丙之放弃债权,擅列乙丙之名,诈称代理,向各级法院呈递各种民事状,诉追债务,俾丁增加不法之负担,应发生《刑法》第二百一十条伪造文书之嫌疑。(二)民事判决,正本为公务员职务上所掌之公文书。甲诈称代理,冒列乙、丙之名,诉请判决,是明知所诉为不实事项,既奉判决确定,是已使公务员将不实事项登载于所掌之公文书。丁对于未诉追之债权及已放弃之债权,均依上项确定判决,负履行之责,应为生损害之他人。甲应发生《刑法》第二百一十四条,使登载不实事项之嫌疑。(三)甲既乘乙之不知情及丙之放弃债权,而冒名代为具状诉请给付,已奉开始执行,显系意图为自己或第三人所有,以诈术使人将所有物交付,应发生《刑法》第三百三十九条第一项诈欺之嫌疑,又同条第三项有未遂罪罚之规定,不问已否执行完毕,均应发生上述诈欺嫌疑。以上子、丑两说,未知孰是,理合具文呈请钧院鉴核,俯赐转请解释示遵等情。据此,案关法律解释,理合备文呈请钧院鉴核,指令遵行。谨呈

**院字第一四五七号**

**二十五年三月二十日　司法院指令河南高等法院　附原呈**

呈悉,业经本院统一解释法令会议议决,提起自诉,以有行为能力之被害人为限。如无行为能力,依《刑事诉讼法》第三百二十六条,应谕知不受理之判决,并将判决书送达检察官,依法办理。合行令仰转饬知照。此令

**附原呈**

案据署汲县地方法院院长王命新砉代电称:窃查新颁《刑事诉讼法》第三百十一条内载:“犯罪之被害人,得提起自诉,但以有行为能力者为限”等语。设有无行为能力之甲被乙加害,而甲之亲属出为自诉,依照上开条文,并无法定代理人或配偶等得独立自诉之规定。复参照同法第三百三十五条内载:虽有准用前章第二节、第三节关于公诉之规定,对于上述情形,亦无此项条文可以适用。如果被害人能力欠缺,或处于加害者之势力范围以内,不能行使自诉,究应如何办理之处,事关法律疑义,理合电请钧长鉴核,转请解释,俾便遵循等情。据此,理合备文转请钧院俯赐解释,俾便饬遵。谨呈

**院字第一四五八号**

**二十五年三月二十日　司法院指令浙江高等法院　附原呈**

呈悉,业经本院统一解释法令会议议决,(一)在自己住宅或家室内赌博财物,非公共场所或公众得出入之场所,不成立《刑法》第二百六十六条之罪。(二)以营利为目的,将自己居住家宅抽头供赌者,其家主、户主如有犯意联络,自应共负刑负,至其他在场与赌之人,既非在公共或公众得出入之场所,即不成立犯罪。(三)现任职员之住宅,有事实足信,为有人在内犯赌博罪而情形急迫者,司法警察依《刑事诉讼法》第一百三十一条第三款,固得径行搜索,但来文所问,并无《刑法》第二百六十七条或第二百六十八条情形,既不成立犯罪,自亦不得实施拘捕。合行令仰转饬知照。此令

**附原呈**

案据兼理司决宜平县县长张龄呈称,窃查新《刑法》已于本年七月一日奉颁施行,兹有关于赌博罪章内赌博场所之疑义三点,列陈于下:(一)查新《刑法》第二百六十六条第一项普通赌博罪之处罚,系以在公共或公众得出入之场所者为限,固无疑义。设有人在自己往宅或家室内赌博财物,除抽头外,是否以其未备规定条件谕知不罚。(二)再查同法第二百六十八条供给场所之处罚,以有营利目的为前提。设有人在自己居住家宅内,非公共或公众得出入之处所,有抽头供赌情事,则该家主或户主应否成立该条供给场所罪名,又其他在场与赌之人能否成立普通赌博罪,抑或应受二百六十六条规定之限制,不在处罚之列。(三)设有现任职员在民间赁租之住宅或居民分住之第宅内实施赌博,除得另予惩戒处分外,其有搜查权之人如警察之类,可否均得径行侵入第宅,实施拘捕,并该现任职员或普通人是否同时成立普通赌博罪。职县近因新法施行,发生上述疑问,请核示等情。据此,案关法令疑问,理合备文转请,仰祈钧院鉴核解释示遵。谨呈

**院字第一四五九号**

**二十五年三月二十日　司法院指令湖北高等法院首席检察官　附原呈**

呈悉,业经本院统一解释法令会议议决,变更容貌至重大不治之伤害,本应认为新《刑法》第十条第四项第六款之重伤,况判决在新《刑法》施行前应照判执行,并非违法,无庸提起非常上诉。合行令仰转饬知照。此令

**附原呈**

案据黄冈地方法院武穴分院首席检察官田畴有代电称:窃查新《刑法》对于变更容貌之重伤并未加以规定。设有甲伤害乙致容貌变更,已照《刑法》第二百九十五条第二项第二十条第六款判处徒刑六年。依照新《刑法》第十条第四项之规定虽不在重伤之列,然普通伤害罪似应成立,惟所处之刑又超过普通伤害罪最重主刑,新《刑法》施行后,可否认为身体有重大不治之伤害,照原判执行,抑或提起非常上诉,不无疑义,理合电请示遵等情。据此,理合

转呈钧院鉴核解释示遵。谨呈

**院字第一四六〇号**

**二十五年三月二十日　司法院电山东高等法院　附原电**

山东高等法院吴院长览，上年八月皓代电悉。该法院第三分院转请解释《民法》第七七一条等疑义一案，业经本院统一解释法令会议议决，占有不动产后被人侵夺而已回复者，依《民法》第七七一条但书规定其所有权之取得时效，自不中断。至《民法》第九六三条，规定仅为请求权行使之期间，其有占既经回复，自不因之而生影响。合电转饬知照。司法院帑印

**附原电**

司法院院长居钧鉴，案据山东高等法院第三分院院长兼福山地方法院院长胡咏高呈称。窃查《民法》第七百七十一条规定："占有为他人侵夺者，其所有权之取得时效中断。"但依第九百六十二条之规定，回复其占有者不在此限，又查同法第九百六十三条规定，回复占有请求权，自侵夺后一年间不行使而消灭各等语。假定（甲）为税务机关占有（乙）房屋二十余年后，于《民法》物权编施行前，又被（丙）军事机关于地方不靖之际占住，数年之后，军队他调，经（甲）索讨，方始交还，已在《民法》物权编施行以后，于是（甲）之所有权取得时效是否中断，发生数说：（一）谓（甲）之占有被（丙）侵夺以后，虽因（丙）交还房屋而得回复，然已逾《民法》第九百六十三条所定得为请求回复之一年期间，故（甲）之取得时效仍应认为中断。（二）谓（丙）于地方不靖之际，以军事势力占住房屋，（甲）处此特殊环境下，其回复占有请求权，非不行使，实为不能行使。况军队驻防系流动性质，占有事实有继续性，军队驻扎不适合于占有，只能认为借住，故终须交还原主，从而（甲）之占有物根本并未被侵夺。既因（丙）之交还而回复占有，即应依《民法》第九百四十四条第二项经证明前后两时为占有者，推定其前后两时之间为继续占有之规定，认（甲）之占有为继续，其取得时效自无中断之理。（三）谓无论为税收机关、为军事机关，均为国家之机关，从国家立场言之，实为一体，其先后占有民间私产所有权，取得时效之进行，均为国家之利益，故无所谓侵夺，应一并计算。三说未知孰是。事关法律解释，本院未便擅断，理合具文呈请鉴核，转呈施行，实为公便等情。据此，理合电请钧院迅赐解释，俾便转令遵照。山东高等法院院长吴贞缵叩。皓印

**院字第一四六一号**

**二十五年三月二十日　司法院咨行政院　附原咨**

为咨复事，准贵院上年七月二十三日咨（第二零九号）开，据内政部呈请解释再诉愿决定后发现新证据，应如何办理疑义，请查照见复等由，业经本院统一解释法令会议议决，再诉愿决定有拘束原处分及该决定官署之效力者，系指已诉愿之事实业经决定者而言。若另发生新事实，当然得由该管官署另为处分，倘仅发现新证据，在现行《诉愿法》并无再审之规

定,原处分及原决定官署自仍应受其拘束。相应咨复贵院查照饬知。此咨

**附原咨**

案据内政部呈称,设有某行政机关,因根据某项事实处分,某案被处分人不服,向上级机关提起诉愿及再诉愿。再诉愿机关以该项事实尚无证据足以证明,遂决定撤销原处分。此项再诉愿决定,原系根据当时之事实证据对于当时之行政处分而为,其后原处分机关发见该项事实之新证据,足以证明该项事实属实。此时关于本案应如何处理,遂发生疑义。兹有二说:(一)应由再诉愿机关变更再诉愿决定;(二)应由原处分机关依法另行处分。以上二说,孰是孰非。又如采用第一说时,其变更再诉愿决定之程序若何,尚无先例可援,但后说似较有理由。现本部有此类案件,亟待解释。理合具文呈请鉴核,转咨司法院解释示遵等情。据此,除指令外,相应咨请贵院查照解释见复。此咨

**院字第一四六二号**

**二十五年三月二十一日　司法院咨行政院　附原咨**

为咨复事,准贵院上年十一月二十五日咨(第三二八号)开,据实业部呈请解释《商会法》第十条疑义,请查照见复等由,业经本院统一解释法令会议议决,股东虽不在商店执行业务,究系《商会法》第十条所定,经营商业之人自得充任会员代表。相应咨复贵院查照饬知。此咨

**附原咨**

案据实业部二十四年十一月十六日商字第三九零七九号呈称,案准安徽省政府代电略开,据涡阳县长转请解释,在商店不直接服务并不负营业责任之股东,是否能充店员代表,出席商会选举等情,相应电请查核见复等因。准此,查不在商店直接服务且不负营业责任之股东,能否充商会会员代表,系属《商会法》第十条之解释问题。若谓凡出资入股即可视为经营商业,则纵不直接从事业务,亦应有代表之资格。若谓不在商店服务且不负营业责任者,不得谓为经营商业,则当然无代表资格。究应作如何解释,不无疑问。理合具文呈请鉴核,转咨司法院解释示遵等情。据此,除指令外,相应备文咨请贵院查照解释见复,以便转饬遵照。此咨

**院字第一四六三号**

**二十五年三月二十一日　司法院函中央执行委员会民众训练部　附原呈**

迳复者,准前中央执行委员会、民众运动指导委员会上年十一月七日公函(第一一三四五号)开,据上海市第四区棉织业产业工会筹备会呈请解释《工会法》第三十五条疑义,请查照见复等由,业经本院统一解释法令会议议决,《工会法》第三十五条既仅载工会对于债务人之破产财产有要求优先清偿之权利,则工人自不能援用。相应函复贵部查照转知。此致

**附原呈**

呈为呈请解释事。本年九月二十三日，案奉钧会批令第一一零五八号内开呈悉，已据呈函请司法院转饬上海市第一特区地方法院依法办理。本月十二日，奉该法院票传开庭，承谕《工会法》第三十五条工会与工人之界限，应即缮具理由，呈请钧会函送司法院解释各等因。奉此，窃查修正《工会法》第三十五条，有工会于其债务人破产时，有要求优先清偿之权利之规定，就此类推解释，则工人整个的且均为工会会员，于其债务人破产时，对其财产当然亦应有要求优先清偿之权利。良以工会之组织分子为工人，其财产之主体属于工人，而其所代表者亦即为工人。工会立于债权人时，对于其债务人破产既享有优先清偿之权利，则工人立于债权人时，对于其债务人破产应享有优先清偿之权利。法意显然，本无待阐释，惟未经明文规定，难免分歧。属会奉该法院庭谕，未便违背，迫不获已，理合备文呈请钧会鉴核，迅赐据情送交国民政府、司法院明白解释示遵，实为公便。谨呈

**院字第一四六四号**

**二十五年三月二十六日　司法院指令浙江高等法院　附原呈**

呈悉，业经本院统一解释法令会议议决，(一)支取货物之凭折，既应于交付或使用前由乙县出折之商号贴用印花，该商号又不在甲县管辖范围以内，则因印花而发生之案件，甲县不能受理，更不能令使用之商号负责受罚。(二)(三)账簿上贴用一分印花，十枚、九枚已盖印章，一枚漏未盖章。如非出自故意，不得适用《印花税法》第十九条第一项处罚，否则仍应依该条项处罚之。(四)一册账簿中，正面面页标明逐日流水，合面底页标明为款项进出，分别记其账目。如款项进出，即系逐日流水之总计，在习惯上多记载于同一账簿。其正面面页既已照印花税额贴足印花，即不应再予处罚。合行令仰转饬知照。此令

**附原呈**

案据东阳县法院院长洪锡范呈称，窃按第二条第一类第十四种载："支取银钱货物之凭折，每个每年贴印花一角。"又第五条前段载：凡应贴印花之各件，不贴印花，或贴用时未盖章画押者，每件处以一百元以下、十元以上之罚金各等语。上开凭折之应贴印花，究由出立者贴用，抑由使用者贴用，及印花贴用未盖章画押，是否以件数计，抑指印花枚数计。如每件只贴一角者，印花一枚，已足规定税额，则印花上之盖章画押与否，显易判别。若每件中贴有十分印花，十枚始足税额，而此十枚印花之中间有一枚未经盖章画押，应否科罚，尚无明文规定。因而发生疑义数端，谨陈于下：今有甲省所属甲县之甲号，携有乙省所属乙县之乙号所出支取货物之凭折，未贴印花，被甲县检查员查获，送交甲号所在地之司法机关办理。是项凭折之应贴印花，依照商界惯例，皆由出折之商号贴用。如果应归出折者负责，则乙号非在甲省所属甲县管辖范围以内，能否受理，或向使用之商号负责科罚，此其一。又各种贸易所用之账簿，规定每册每年贴印花一角。今有簿上贴用一分印花十枚，于九枚印花毗连处互盖印章，尚有毗连一枚未经连带盖，及查阅未经连带盖，及印章之一分印花，粘贴

牢固,其形色与其他九枚,均现陈旧,能否视为未经盖章,抑视为已经盖章论,此有二。设未经盖章画押之已贴印花,以枚数论,不以件数计,上述第二项情事,依照第五条前段所定罚金最少数科罚十元,如照十元科罚,核与已经处分其他之未贴印花,或贴未盖章之簿折,均罚十元,无分轩轾,且与仅贴一二分、多数贴不足者处分五元之罚金为重,自失情法之平,则同条末段所载酌量情形办理之规定,能否例外减轻,此有三。又账簿贴用印花,既规定每册贴用一角,今有一册账簿之中,正面面页标明逐日流水,合面底页又标为款项进出,分别记其账目,正面曾照印花税额贴足,合面则否,若以册数计,显为一册之账簿,然就其正、合两面记载之内容,以观逐日流水与款项进出性质不同,应否科罚,此其四。上述四项,疑义未明,请核示等情。据此,案关法令疑问,理合备文转请,仰祈鉴核令遵。谨呈

**院字第一四六五号**

**二十五年三月二十六日　司法院指令江苏高等法院　附原呈**

呈悉,业经本院统一解释法令会议议决,硝磺虽足供制造军火之原料,但未经配合以前,均不能认为《刑法》上之爆裂物。药商未受允准,私自购储,以备配药之用,除有违背《硝磺管理规则》之情形,应受该规则处分外,不成立《刑法》第一百八十六条之罪。合行令仰知照。此令

**附原呈**

呈为呈请解释事。查《刑法》中所称爆裂物,既无列举规定,则硝磺一物是否为爆裂物,于是分甲、乙二说:(甲)说依司法院院字第二三八号解释,若非一触即炸裂者,不得认为爆裂物。硝磺虽为制各种炸药之原料,但未制成以前,并非一触即炸裂,故不能认为爆裂物。(乙)说司法院院字第二三八号解释,系专指军用子弹而言,故其文句中明称军用子弹,其性质若非一触即炸裂者,不得认为爆裂物。若夫硝磺不特为制造各种炸药之原料,而其本身实具爆发性,且有破坏力,故不能不认为《刑法》上之爆裂物。两说究以何说为是,此应请解释者一。又《刑法》第二百条之罪,固以意图供犯罪之用为条件,而第二百一条则仅称未受允准而制造或持有云云。如果认甲说为是,则如药店购用硝磺,储存多年以为配药之用,既非意图供犯罪之用,又并未受允准,是否应论以持有爆裂物罪,此应请解释者二。事关法律疑问,理合具文,呈请钧长迅赐解释,训示祇遵。谨呈

**院字第一四六六号**

**二十五年三月二十六日　司法院电福建全省保安司令部　附原电**

福建全省保安司令部鉴:查贵部本年一月养代电致最高法院,请解释监犯在保脱逃,保人责任等疑义一案,业经本院统一解释法令会议议决,监犯在保脱逃,其保人如并无帮助或便利脱逃之行为,自不成立犯罪。至应如何缉获逃犯,及交保者应否惩处,事属行政问题,不在解释范围。合电查照。司法院宥印

**附原电**

南京最高法院勋鉴：兹有已决监犯甲因病准予交由乙以信任担保具结（结中并无令其负缴纳保证金之责任），保外就医，甲逃，乙无法交回执行，则乙之无作保能力已可想见。其责任是否在交保者之交保不慎，应负惩戒处分责任，抑在乙应负《刑法》第一六一条及第三十条或第一六二条后段之刑事责任。否则，若将乙长期押追，殆将等于无期徒刑，事仍无济。究应如何处理，应请解释见复为荷。福建全省保安司令部养法印

**院字第一四六七号**

**二十五年三月二十七日　司法院咨行政院　附原咨**

为咨复事，准贵院上年四月十三日咨（第一一一号）开，据财政部呈请解释缉私条例第七条疑义，请查照见复等由，业经本院统一解释法令会议议决，查《海关辑私条例》第七条勘验搜索或扣押货物之时间，无论船宅，均应一律适用。如认为有现行违犯之情形，依同条但书规定，虽在日没后日出前，亦得施行。相应咨复贵院查照饬知。此咨

**附原咨**

案据财政部呈称，关务税署呈据总税务呈称，窃查《海关缉私条例》前于草案拟就时，曾发交职署拟议具复。当时职收该条例第七条，勘验、搜查或扣押货物，不得在日没后、日出前施行，但于日没前开始施行，而有继续之必要，或对于现行是犯者不在此限之规定，有斟酌之必要，经于二十二年十月十八日，借函以本条例第七条所定之限制似应订明，只适用搜索居宅，对于海关普通在船上或岸上之例行检察，不能适用等语，呈请核夺，但未奉准。如拟增订，现据各关税务司先后以缉私条例第七条有勘验、搜索，不得在日没后、日出前施行之规定，海关人员在夜间检查船只与该项规定有无抵触？呈请核事前来。窃以该条例之限制，倘对于海关各项检查一律适用，其税务及航业上所受之不良影响定非浅鲜，因夜间走私易避海关巡船耳目，海上缉私工作如在夜间完全停止，则走私船只毫无顾虑，任意偷运，私货势必激增。再若海关在夜间停止检查船只，则航轮班期将完全延误，船行所受损失尤为重大。且查各国缉私办法，对于搜查居宅及搜查货栈、店铺与其他类似地方，在时间上之限制大都分别规定，居宅只能在日间搜查，其他地方则昼夜均可自各方面观察，可见除搜查居宅外，海关执行其他检查不宜有时间上之限制。故职认为缉私条例第七条所订勘验搜索或扣押货物不得在日没后日出前施行之规定，只适用于搜索居宅，对于其他检查均不适用。惟究竟此项解释是否正确，理合具文呈请鉴核示遵等情。查该条所定不得在日没后日出前施行勘验、搜索或扣押货物之限制，对于现行违犯者原属例外，如经缉私关员察觉系属现行违犯，则虽在日没后日出前亦可依法施行勘验搜索或扣押货物之手续。盖对于现行违犯者，不仅在船上及岸上不受时间上之限制，即在居宅内照立法原意，为免私贩利用时间隐匿证据起见，在日没后日出前，亦未必不可施行。此等勘验搜索之手续，事关法律解释，是否有当，理合呈请鉴核示遵等情。据此，案关法令适用疑义，除指令外，相应咨请贵院查照解

释见后,俾便饬遵。此咨

**院字第一四六八号**

**二十五年四月三日　司法院指令司法行政部　附原呈**

呈悉,业经本院统一解释法令会议议决,(一)关于自诉案件,检察官接受、不受理或管辖错误之判决书后,依自诉程序所得证据已足认,应依《刑事诉讼法》第二百三十一条至第二百三十三条为不起诉处分或无庸处分时,即与同法第三百二十八条第二项后段之规定不合。而该段所谓应提起公诉者,尚须经过侦查程序,故与同法第二百三十条之情形亦不相同。(二)自诉案件经法院依《刑事诉讼法》第三百三十五条及第二百九十六条规定谕知管辖错误,并同时谕知移送于管辖法院,则接受管辖错误判决之该管检察官认为应提起公诉者,自可开始或续行侦查。合行令仰转饬知照。此令

**附原呈**

案据贵州高等法院首席检察官徐世雄本年一月铣代电称,据贵阳地方法院首席检察官萧伟代电称。窃查《刑事诉讼法》第三百二十八条第二项所谓认为应提起公诉者,其意义如何,有二说焉:(甲)说谓系对于不得提起自诉之规定而言,与《刑事诉讼法》第二百三十条规定之应提起公诉者不同,否则犯罪嫌疑已足,应提起公诉,其下文何必规定,应即开始或续行侦查。(乙)说谓检察官接收判决书后,审查案卷,依自诉程序所得之证据,并依《刑事诉讼法》第二百三十一条至第二百三十三条为不起诉之处分,或告诉乃论之罪未经告诉,或告诉不合法,或依法不得告诉无庸处分情形时,即与该条所谓应提起公诉之意义不合,得不开始或续行侦查,两说孰是,应请解释者一。再查《刑事诉讼法》第三百二十八条第二项规定,检察官接收管辖错误之判决书,后认为应提起公诉者,应即开始或续行侦查,核与同法第三百三十五条准用第二百九十六条规定,无管辖权案件应谕知管辖错误之判决,并同时谕知移送于管辖法院,则接受管辖错误判决之检察官,与判决法院之土地或事务之管辖相同,既经同法院同时谕知移送于管辖法院,应否认为应提起公诉时,即开始或续行侦查,应请解释者二。为此,理合电请转呈解释示遵等情。据此,案关解释法律,未敢擅断,除指令外,理合电请鉴核指令祗遵等情。据此,查来电所称各点事关法律解释,理合具文呈请钧院鉴核指示,以便转饬遵照。谨呈

**院字第一四六九号**

**二十五年四月三日　司法院函中央执行委员会民众训练部　附原函**

迳复者,准前中央执行委员会、民众运动指导委员会上年五月十三日公函(第一零零零二号)开,为广东省党部呈请核示《工商同业公会法》第十四条第四项疑义,请查照解释见复等由,业经本院统一解释法令会议议决,工商同业公会、联合会依《工商同业公会法》第十四条第四项仅有准用之规定,则联合会代表之选派方法及额数应如何准用,须就事实上斟酌

情形定之。相应函复贵部查照转知。此致

**附原函**

案查关于广东省党部呈为《工商同业公会法》第十四条第四项规定,工商同业公会、联合会除前三项规定外,准用本法关于同业公会规定。惟工商同业公会出席工商同业公会、联合会之代表,其选派方法及额数,在事实上似不能适用《工商同业公会法》之规定,究应如何办理,请核示等由一案。事关法令解释,除函复外,相应函请贵院查照,迅予解释,以凭转知为荷。此致

**院字第一四七〇号**

**二十五年四月三日　司法院函内政部　附原函**

迳复者,查贵部上年三月九日公函(第四零三五号)致最高法院请解释《著作权法》疑义一案,业经本院统一解释法令会议议决,已依法注册之著作物,依《著作权法》第一条本享有重制之利益,其内容虽有增删,毋庸另行注册,惟须将样本呈部备案,相应函复贵部查照。此致

**附原函**

查《著作权法》关于曾经注册之著作物,重制时内容有增删者,是否须另行注册?如无,须另行注册,应否将该项著作物呈部备案?法无明文规定办理,殊滋疑义。按照《司法院统一解释法令及变更判例规则》第四条第二项规定,相应函请查照,依法迅予解释见复为荷。此致

**院字第一四七一号**

**二十五年四月三日　司法院指令上海市政府　附原呈**

呈悉,业经本院统一解释法令会议议决,《民法总则施行法》第十三条,既定明外国法人在中国设事务所者,准用关于法人之成立许可各规定,则凡在中国未设事务所之外国法人,自难认许为法人,合行令仰转饬知照。此令

**附原呈**

案据市社会局呈称,案查本局前据英德律师高候恩呈称,余为德国法人(《民法总则施行法》第十一条)可否向中国政府登记。此项德国法人有在沪设立事务所者,有不设事务所者,余知中国法人不论在德国有无事务所,均为德国法庭所承认,因无丝毫限制也。如果此项中国法人在德国设立事务所者,应向德国政府登记,但其未登记者,无论如何,绝不损害其合法之承认。余拟请解答者,此项德国法人如可登记,以向何处登记为合法,不胜感激之至等情。据经呈奉实业部商字第三五二三六号指令,查外国法人在我国设立支店,自应依法登记,若不在我国设立支店,并无登记之手续,至公司以外之法人,不属本部主管范围,未便核示,仰即知照转饬等因。当以该律师所称法人,既未据指明某一种法人,当非只限于以

营利为目的之公司,他种法人虽系各部分别主管,但案属对外关系,似应一并予以解释。又该律师所呈德国法人不在我国境内设立事务所,是否为我国法人所承认一节,仍未奉明白指令,无从饬知等语,复请解释,并乞转咨解释在案。兹奉实业部商字第三六一四九号指令内开,查外国法人之认许程序及其效力,《民法施行法》第十二条至第十五条已明白规定。惟非以营利为目的之法人,依其性质各有主管,有无关于程序之章则,本部未便越权指示,或予转询,应由该局按主管性质分别呈请核示,仰即知照等因。奉此,查《民法》第十二条至第十五条,虽有外国法人须经依法认可方得成立,及在我国境内设有事务所者,应依法登记各规定。但(一)其在我国境内不设事务所者,如何方得认可,未见明文;(二)关于以营利为目的之法人以外之法人,各部有无程序章则,本局无从获悉。理合备文呈请鉴核,转呈解释,实为公使等情。据此,查所陈外国法人登记问题,事关法律解释,除指令候转呈核示饬遵外,理合据情呈请鉴核,迅赐示遵,实为公便。谨呈

**院字第一四七二号**

**二十五年四月三日　司法院指令湖北高等法院　附原呈**

呈悉,业经本院统一解释法令会议议决,来文列举各种账簿,均系营业上所立簿册,自应包括于《印花税法》第十六条表列之第十一类,关于营业上簿册之内(旧《印花税暂行条列》第二条第一类第十五种规定亦同)。合行令仰转饬知照。此令

**附原呈**

案据嘉鱼县县长李继膺呈称,查《印花税暂行条列》第二条第一类第十五种内载:“各项贸易所用之账簿,每册每年贴印花一角等。”等语,就该文义解释,则是凡于贸易有关之账簿均有贴用印花之必要,惟贸易账簿种类甚多,势难详举。兹本府近日查获(烟酒局抽查转送到府)数种,业经传案讯问,惟各账簿所有人坚称其账不在贴用印花之列,非请示难资折服。兹将其内容分别于下:(一)货源流水,即该本店买进其他商号货物之账簿,如某月某日收到某商号某货若干计洋若干。(二)收货流水,即该本店收买零货物之账簿,如某月某日买蔴几斤付洋几元、买花几斤付洋几元(其目的在使该本店明了买货状况,并不对外)。(三)收付流水,即银钱往来之账簿,如某月某日收某商号洋若干,付某商号洋若干。(四)零销簿,即该本店零售货物之账簿,如某月某日某某买其货若干,扣洋若干(其目的在使该本店明了售货情形)。(五)批发账,即该本店大批售卖货物之账簿,如某月某日某商号买本号某货若干、扣洋若干、欠洋若干或收洋若干、存洋若干。(六)暂记,即暂时记载之账簿,如本日买某某货若干,卖某某货若干,晚间即誊入于正账者也。以上数种账簿可否不贴印花,本府颇有疑义,理合备文呈请鉴核示遵等情前来。案关法律疑义,本院未敢擅专,除指令外,理合据情呈请钧院俯赐解释,以便转饬遵照。谨呈

**院字第一四七三号**

**二十五年四月三日　司法院指令安徽高等法院　附原呈**

呈悉,业经本院统一解释法令会议议决,商会及各种同业公会向会员征收会费之收据,系属银钱收据之一种,依《印花税法》第十六条税率表第二类规定(旧第二条第一类第十三种规定亦同),自应一律贴用印花。合行令仰转饬知照。此令

**附原呈**

案据署凤怀地方法院院长胡恕呈称,窃查商会以及各种同业公会向会员征收会费,其收据是否应依《印花税暂行条例》事发在该条例有效时期贴用印花,向有甲、乙二说:(甲)说谓该会等征收会费目的在维持会务,并无营业性质,其收据不应贴用印花。(乙)说谓依第二条第一类所载,“各项银钱收据均应贴用印花”,该会等征收会费之收据自属不能例外。以上二说,未知孰是,现本院受有是项案件甚多,亟待解决,理合备文呈请核示祗遵等情。据此,事关法律疑义,理合据情呈请钧院俯赐解释,以便饬遵,实为公便。谨呈

**院字第一四七四号**

**二十五年四月八日　司法院训令浙江高等法院　附原呈**

为令行事。查瑞安县第一区镇海镇镇长陈兆珊呈最高法院,请解释《民法》第七九六条及《土地法》第八条疑义一案,业经本院统一解释法令会议议决,(一)《民法》第七九六条所称不得请求移去或变更之建筑物,既只限于房屋,则凡非房屋之建筑物自不得援引该条。(二)行政官署擅将通运之水道发给执照,交与人民管业,依《土地法》第八条第一款之规定虽有未合,但非对于运道有权利或利益之人不得出而主张。合行令仰转饬知照。原呈抄发。此令

**附原呈**

为呈请解释事:窃查《民法》第七九六条:“土地所有人建筑房屋逾越疆界者,邻地所有人如知其越界而不即提出异议,不得请求移去或变更其建筑物。但得请求土地所有人以相当之价额购买越界部分之土地,如有损害并得请求赔偿。”按上土地所有系指建筑房屋而言,例如船坞、轮船、码头以及坑厕、坟墓是否同于建筑物?可否援用该条文?又《土地法》第八条下列土地不得为私有:(一)可通运之水道奈近来向垦放局报升,既非水沙又无水影,而乙报甲界之外,丙又报乙界以外,财政厅概予给照……一经定界,一方以执有部照管业,一方依《土地法》通运不得为私有,职镇地临云江,民居稠密,时有书请调解,合请一并明白解释祗遵。谨呈

**院字第一四七五号**

**二十五年四月八日　司法院电安徽高等法院　附原电**

安徽高等法院陈院长览,该法院上年一月灰代电,据第二分院转请解释再审管辖疑义一案,业经本院统一解释法令会议议决,甲省某县虽划归乙省管辖,关于该县民事诉讼,应专属于原第二审法院管辖之。再审事件,依《民事诉讼法》第四九五条规定,仍应以甲省原管辖之第二审法院即原第二审法院为其管辖法院。合电转饬知照。司法院庚印

**附原电**

南京司法院院长居钧鉴,案据本院第二分院院长廖文洵微代电称。查甲省某县划归乙省管辖之后,关于某县民事上诉第二审之再审案件应否仍归甲省受理,有子、丑两说:(子)说再审之诉,专属为判决之原法院管辖,《民事诉讼法》第四百六十三条定有明文,某县虽划归乙省管辖,而某县当事人向甲省原第二审法院提起再审,仍应受理。(丑)说再审为新诉之一种,某县既划归乙省,则乙省管辖该某县之第二审法院即为原法院之继续,甲省不能再予受理。若拘泥于原法院,设原法院变更或废止,又将如何?两说孰是,急待解决,恳请转呈司法院迅予解释,俾资遵循等情。据此,事关法律疑义,理合转请解释,以便饬遵。安徽高等法院院长陈长簇叩灰印

**院字第一四七六号**

**二十五年四月八日　司法院咨行政院　附原咨**

为咨复事,准贵院上年五月十日咨(第一四一号)开:为《民法》第一二六条适用上发生疑义,请查照解释见复等由,业经本院统一解释法令会议议决,股东对于公司每年应分派之股息、红利,如于接受公司通知后,有积欠不来领取,或自变更住址,未照章报明公司,致公司通知无从送达,均属自己之过失。若从可行使请求权之日起,业已经过五年,不为请求,依《民法》第一二六条之规定,应认其请求权已因时效而消灭,其在五年之后更为请求,即可拒绝给付。至拒绝给付所得之利益,当然属于公司财产,相应咨复贵院查照。此咨

**附原呈**

查《民法》第一百二十六条规定,"利息、红利、租金、赡养费、退职金及其他一年或不及一年之定期给付债权,其各期给付请求权因五年间不行使而消灭"等语。各公司每年派发之股息、红利,经将息单或领息通知等按期送达各股东后,股东中如有积欠不来领取者,或因该股东变更住址并未照章报明公司,致息单或领息通知等无从送达,对于股息红利遂延未具领者,此种情形不知是否得按《民法》第一二六条之规定办理。假定该条可以援用,则在各该公司方面,能否对各该股东消灭其请求给付之权?并应备具何种手续方为合法?又各该股东之请求给付权既因不行使而消灭,则消灭之后该项股息红利是否即归各该公司所有?以上各点,关系法律适用疑义,相应咨请贵院查照解释见复,至纫公谊。此咨

**此处删去一条。**

**院字第一四七八号**

**二十五年四月十八日　司法院指令安徽高等法院首席检察官　附原呈**

呈悉,业经本院统一解释法令会议议决,私盐轻微案件,在盐务缉私机关未予照章处罚送请法院究办者,法院应依《私盐轻微案件处罚章程》第三条规定处断。合行令仰转饬知照。此令

**附原呈**

案据合肥地方法院首席检察官许恩麟世代电称:窃查关于私盐治罪,在暂行援用之私盐治罪法及财政部公布之私盐轻微案件处罚章程,均存明文规定。惟就处罚章程第一条及第三条、第二项文义观之,该项章程似专为盐务缉私机关处罚私盐人犯而设。兹有某甲挑贩私盐,其数在司马秤一百斤以内,复合于该章程第二条所谓轻微案件之情形,经盐务缉私机关等拏获后,未予照章处罚,送请法院究办,而法院是否仍得援用私盐案件处罚章程办理,抑依私盐治罪法处断,因其所定主刑各有不同,适用上殊滋疑义,理合电请鉴核,迅赐转请解释,俾有遵循等情。据此,事关法律疑义,理合据情呈请钧院鉴核,俯赐解释令遵,实为公便。谨呈

**院字第一四七九号**

**二十五年四月十八日　司法院指令绥远高等法院首席检察官　附原呈**

呈悉,业经本院统一解释法令会议议决,在公共或公众得出入之场所赌博,仅系《刑法》第二六六条之犯罪成立要件,若同法第二六七条及第二六八条之罪,并不以在公共或公众得出入之场所为限。合行令仰转饬知照。此令

**附原呈**

案据丰镇地方法院首席检察官赵子让呈称,案据本处检察官栗永康呈称,呈为转请解释疑义事。窃查《刑法》上单纯赌博之场所,与意图营利而供给赌博场所之场所,其范围是否相同,约分二说:(甲)说单纯赌博罪之成立,必须在公共场所或公众得出入之场所为构成要件之一,已为《刑法》上赌博罪章首条所明定。若赌博者既不在该条所规定之场所,纵有意图营利或以赌博为常业之情事时,均难认为犯罪,因其场所之范围显无区别故也。(乙)说《刑法》上赌博罪章首条所规定之场所,系仅指单纯赌博者而言。若意图营利而供给赌所者,或以赌所为常业者,并不限于必须在公共场所或公众得出入之场所,方能构成犯罪。即前者之范围狭,后者之范围广,既有广狭之分,自应各别论罪,因其场所之范围迥然不同故也。查上列二说,应以何说为是,现有此项案件,亟待解决。事关法律疑义,理合备文呈请鉴核,转请解释等情前来。查事关法律疑义,职未敢擅专等情前来。事关法律疑义,

理合转呈钧院核示祇遵。谨呈

**院字第一四八〇号**

**二十五年四月十八日　司法院指令河北高等法院　附原呈**

呈悉,业经本院统一解释法令会议议决,法人固得提起自诉(参照院字第五三三号、第一三九四号解释),惟自诉状内未记载其代表人姓名,自属不合程式,但受诉法院得命其补正。合行令仰转饬知照。此令

**附原呈**

案据北平地方法院文代电称:查犯罪之被害人得提起自诉,但以有行为能力者为限。在《刑事诉讼法》第三百十一条已有明文规定。兹有以法人名义提起自诉,并在自诉状内而不记载其法定代理人者,此种自诉是否合法,颇滋疑义。伏祈俯予转请解释,以便遵循等情。据此,理合转呈钧院解释示遵,以便转饬遵照。谨呈

**院字第一四八一号**

**二十五年四月二十日　司法院电安徽高等法院　附原电**

安徽高等法院陈院长览,本年二月有代电悉,滁县县长电请解释自诉程序疑义一案,业经本院统一解释法令会议议决,兼理司法之县政府,遇提起自诉之案件,有《刑事诉讼法》第三百二十六条、第三百三十五条、第二百九十五条第一款情形者,得径依公诉程序办理。合电转饬知照。司法院帑印

**附原电**

司法院居院长钧鉴,案据滁县县长林友松元年二月灰代电称。查自诉案件之判决书,并应送达于该管检察官,检察官接受不受理之判决书后,认为应提起公诉者,应即开始或续行侦查刑事。《刑事诉讼法》第三百二十八条已有明定,县政府兼理司法,审检未分,遇有提起自诉案件,有同法第三百二十六条及同法第三百三十五条、第二百九十五条第一款情形(参院字一三二零号解释),可否视为告诉、告发,径以公诉程序办理,免作不受理之判决。如必须先作不受理之判决,是否经过覆判程序后,再照公诉程序办理,均不无疑义。理合电请示遵等情到院。事关法律疑义,理合电请钧院鉴核,迅赐解释示遵。安徽高等法院院长陈福民叩。有印

**院字第一四八二号**

**二十五年四月二十日　司法院训令广西高等法院首席检察官　附原函**

为令知事,该首席检察官呈最高法院检察署,为据第一分院首席检察官转请解释《刑法》施行后驳回上诉之件羁押日数折抵疑义一案,业经本院统一解释法令会议议决,《刑法》施行后,第三审以违背程式驳回上诉者,应依照《刑法》施行前第二审之确定判决执行,其羁

押日数，仍以二日抵徒刑一日。合行令仰转饬知照。此令

**附原函**

迳启者，案据广西高等法院首席检察官陈锡瑚呈称，呈为请核转解释事，窃据桂林广西高等法院第一分院首席检察官阳贞粹庚代电称，查《刑法》施行前，判决被告羁押日数，准以二日抵徒刑一日。迨《刑法》施行后，送达判决书，被告不服，声明上诉，并未补提理由书。经第三审，以其违背法程，判决驳回，案已确定，正欲执行，发生疑义，于此有两说：(甲)说谓第三审并未以实体受理，自应维持第二审之判决执行，以其羁押日数二日抵折徒刑一日。(乙)说则谓案经《刑法》施行后，第三审判决无论其是否实体受理，要之其确定期间，系在施行后，应依《刑法》规定其羁押日数，以一日抵折徒刑一日。以上两说，究以何说为是，案悬待决，合电请核示等情前来。查案关解释法律疑义，理合具文呈请察核，转请解释，并候示选等情。据此，相应函请迅予解释径复，并见示备查。再，此项疑义，与前湖南高等法院首席检察官呈请解释者相类，已由本署于民国二十四年十月十七日转送核办在案，合并声明。此致

**院字第一四八三号**

**二十五年四月二十日　司法院函中央执行委员会民众训练部　附原呈及节略**

迳复者，前准中央执行委员会、民众运动指导委员会公函(二十二年第四七五一号)开，据上海市政府呈请核示上海犹太宗教公会呈请备案疑义，请查照解释见复等由，业经本院统一解释法令会议议决，外籍侨民在中国组织团体，如经当地该管党部依民众团体组织方案予以许可，该团体既依该方案第三节第三项丙款规定，有遵守国家法律、服从政府命令之义务，则关于设立程序、监督办法，自应与内国人民所组织团体一律待遇，相应函复贵部查照。此致

**附原呈**

呈为呈请事，案据市社会局呈称，案奉钧府第六二零八号训令，以上海犹太宗教公会呈请备案一案，准外交内政部会咨，按照修正民众团体组织方案三节第九项关于民众团体之组织，党部与政府意见不同时，应呈由上级党部核定之规定，自应呈由上级党部核定，方符程序等由，令饬遵照等因。奉此，理合依照该方案第三节第九项之规定，检同本案节略，备文呈复，仰祈鉴核，转呈中央党部核定，俾资遵循，实为公便等情，附呈办理。犹太宗教公会备案节略一件，据此，除指令候转呈核定再行饬遵外，理合检同原节略一件，备文呈请钧会核定，并候指令，以便饬遵，实为公便。谨呈

**附节略**

谨节略者：上海犹太宗教公会系由美商汉许等组织，二十一年十一月间，呈由上海特别市党部派员视案，认为合格，经发给许可证书执字第八十一号，并函本局查照，准其备案到局。正核办间，复据该会琴司保格等呈报组织公会前来，当以该公会系属宗教团体性质，其

声请设立程序固无不合,惟关于外籍侨民在中国组织社会团体,其设立程序与监督办法是否与国内团体一体待遇,既无法令可资依据,复无前例可资援引。为慎重外籍侨民团体管理起见,经呈请市政府核咨外交、内政两部会核见复,一面批示该琴司保格知照在案。兹奉市政府训令第六二零八号内开:案准外交、内政部会咨开关于上海犹太宗教公会呈请备案一案,经本部等会核结果,佥以该上海犹太宗教公会既经上海市党部许可给证,而贵市政府对于此项团体之组织设立及监督以无法例可资依据而生疑义。按照《修正民众团体组织方案》第三节第九项关于民众团体之组织,党部与政府意见不同时,应呈由上级党部核定之规定,自应呈由上级党部核定,方符程序。准咨前由,相应会同咨复查照,转饬遵照为荷等由。准此,合行令仰即便遵照等因。奉此,理合依照民众团体组织方案第三节第九项之规定开具节略,检同该公会筹备员履历表一份,仰祈鉴核。

**院字第一四八四号**

**二十五年四月二十日　司法院函内政部　附原函**

迳复者,查贵部上年六月三日公函(第八七六一号)致最高法院请解释《户籍法》第三十一条疑义一案,业经本院统一解释法令会议议决,《户籍法》第三十一条第一项所规定之声请登记义务人,如为未成年人或禁治产人者,若无法定代理人,或其法定代理人不能行使代理权,而并无从产生合法之法定代理人时,自可依民事诉讼选任特别代理人之法例,由户籍机关依职权或声请为之指定声请代理人。相应函复贵部查照。此致

**附原函**

查《户籍法》第三十一条第一项规定,"声请义务人为未成年人或禁治产人时,以其法定代理人为声请人,但于婚姻或认领事件不在此限"等语。是未成年人或禁治产人,对于本法所定之声请义务,除关于婚姻及认领事件外,均应以其法定代理人为声请人,固无疑义。惟未成年人或禁治产人,遇有依法应由其法定代理人声请之事件,而无法定代理人,或其法定代理人不能行代理权,并无从产生合法之法定代理人时,究应如们声请,户籍法未有明文规定。虽依本法第三十六条声请人因疾病或其他事故不能亲自声请者,得由代理人代为声请。但此项代理声请之委托,必须声请人有为意思表示之能力,或虽无意思表示之能力,而有法定代理人代为意思表示或允许者,始能为之。若未成年人或禁治产人,既无意思表示之能力,则依法应由其法定代理人声请之事件,自不能因无法定代理人而许其委托他人声请之,其理固已明甚。惟查未成年人或禁治产人之无法定代理人者,得由法院选任特别代理人代为某种行为,在民事关系法内已属不乏规定,则户籍机关对于上述情形之声请义务人,是否得依职权为其指定声请代理人,以资救济。事关法律疑义,按照《司法院统一解释法令及变更判例规则》第四条第二项之规定,相应函请贵院迅予解释见复,以资依据为荷。此致

**院字第一四八五号**

**二十五年四月二十日　司法院函中央执行委员会民众训练部　附原函**

迳复者，前准中央执行委员会、民众运动指导委员会公函（二十三年第七零七九号）开，为红十字会解释为公益团体不无疑义，请查照核复等由，业经本院统一解释法令会议议决，民众团体组织方案第一节，既未列有慈善团体，则慈善团体自应包括于公益团体之内，中华民国红十字会系以赈灾、救护等慈善事业为目的，即属公益团体之一。至该节所称其他经中央核准之民众团体，自系指公益团体等所不能包括之其他团体而言，相应函复贵部查照。此致

**附原函**

案准贵院函开，为准函请解释红十字会组织疑义一案，复请查照等由到会。按《监督慈善团体法》第一条载称："本法称慈善团体者，谓济贫、救灾、养老、恤孤及他救助事业为目的之团体。"查红十字会之宗旨目的与该法完全相同，故本会于前颁发之特种社团范围表内规定红十字会为慈善团体之一。《修正人民团体组织方案》第一节，虽无慈善团体之字样，而实际则是项团体早经认为其他经中央核准之人民团体之一，贵院解释为公益团体，不无疑义，相应函请迅予复核见复为荷。此致

**院字第一四八六号**

**二十五年四月二十日　司法院咨行政院　附原咨**

为咨复事，准贵院上年七月二十三日咨（第二零八号）开，据内政部呈请解释贩卖红十字会证章等件应否处罚疑义，请查照见复等由，业经本院统一解释法令会议议决，红十字会会员徽章、证书及红十字旗帜、袖章所定着文字符号，如在习惯上足为表示其用意之证明，自应以文书论；若伪造、变造而足生损害于公众或他人者，自应依《刑法》第二百十一条处断，其明知为伪造、变造物而故为贩卖之者，应依行使罪处断。相应咨复贵院查照饬知。此咨

**附原咨**

案据内政部呈称，案据中华民国红十字会总会二十四年七月二日呈请核示。关于私自贩卖红十字会会员徽章、证书及红十字会旗帜、红十字袖章等件，应依何种法条办理等情。据此，查上项证件能否认为私文书之一种，设有伪造、变造等情，应否依据《刑法》第二百十一条处断。又贩卖上项证章自与伪造或变造情形不同，应否处罪，法无明文规定。事关援用法律，理合具文呈请鉴核，转咨解释，实为公便等情。据此，除指令外，案关法律适用疑义，相应咨请贵院查照解释见复，至纫公谊。此咨

**院字第一四八七号**

**二十五年四月三十日 司法院指令司法行政部 附原呈**

呈悉,业经本院统一解释法令会议议决,(一)法院因债务人为和解之声请,经许可后,或为破产之声请,经宣告后,以何处推事进行,各该程序系属事务之分配,应由该法院就其所属推事指定之。(二)拍卖方法在破产法既无特别规定,自应由该管法院依照民事执行各法规予以执行。(三)破产法第四章所定之罚,则系属特别《刑法》,如承办破产事件之推事发见。此项犯罪时,自应移送该管检察官依法诉追。合行令仰转饬知照。此令

**附原呈**

案据湖南高等法院本年九月十四日呈称,案据湘潭地方法院呈称,查破产法及破产法施行法均经国民政府先后公布,并明定自二十四年十月一日起施行。细读上项法文,发生次列疑问:(一)和解声请经法院许可或为破产之宣告后,对于《破产法》第十一条及第六十四条以后之各项程序,是否由民事庭继续办理,抑于为许可或和解宣告破产之裁定后,即交由民事执行处依次进行。(二)同法第一百三十八条所谓应依拍卖方法为之,是否由破产管理人全权办理,抑应由管辖法院依照民事执行法则行之。(三)同法第四章罚则各条,其性质为《刑法》之特别法,但科刑之方式及程序,施行法并无规定,可否由承办推事径行办理,抑应待被害人之告诉或自诉。以上三点,均系适用破产法时所必发生之疑义。为便于届时适用起见,理合呈请逐项指示,或转请解释示遵等情。据此,按(一)破产法内和解或破产声请,经裁定许可或宣告后,其声请程序即属终结。以后各种法定程序似应移归执行庭推事进行,较有段落。(二)《破产法》第一百三十八条仅规定依拍卖方法,并未于民事执行规则外另定拍卖程序。依同法第五条之精神,似应即适用民事执行各法令内关于拍卖之规定办理。(三)破产法第四章处罚各条虽属《刑法》之特别法,但其程序除适用《刑事诉讼法》外,亦未另定特别程序。似应由承办破产事件之推事斟酌情形,以告发人之资格送同院检察官诉追。惟事关解释法律,本院未敢擅专。据呈前情,理合附具意见,备文呈请鉴核示遵等情。据此,事关法律疑义,理合具文呈请钧院解释指令,俾便转饬遵照。谨呈

**院字第一四八八号**

**二十五年四月三十日 司法院指令湖北高等法院 附原呈**

呈悉,业经本院统一解释法令会议议决,《民事诉讼法》第三编第一章所定之第二审程序,依同法第四百七十八条之规定,既于第三审程序准用之,则关于提起第三审上诉。如逾上诉期间或对于不得提起第三审上诉而上诉之事件,同法第三编第二章所定之第三审程序,就此既未别有规定,自应准用第三编第一章第四百三十九条第一项规定,由原第二审法院以裁定驳回之。合行令仰转饬知照。此令

附原呈

案据署湖北高等法院第三分院院长赵之骙呈称,查《民事诉讼法》第三编第一章第二审程序第四百三十九条第一项载,“提起上诉,如逾上诉期间或系对于不得上诉之判决而上诉者,原第一审法院应以裁定驳回之”,第二章第三审程序无此类规定,如上诉逾期或对于不得上诉之判决,如因上诉所受利益不逾五百元而上诉,究应如何办理。本院现分两说:(甲)说谓原第二审法院不能以裁定驳回,以法无明文,且亦不能依照《民事诉讼法》第四百七十八条准用之规定,将上开条项予以准用。(乙)说主张相反,谓上开条项原第二审法院得依同法第四百七十八条准用,以该条已明载前章之规定,于第三审程序准用之当事人向原第二审法院提出上诉状,系上诉于第三审法院必经之程序,原第二审法院裁定驳回其上诉,亦属第三审程序。盖原第一审法院对上诉逾期或不得上诉而上诉者,以裁定驳回已载入第二审程序章,可解为属于第二审程序,不得谓第三审法院方可准用也。以上二说,未知孰是,事关法律疑义,理合具文呈请钧院转请解释示遵等情。据此,除指令外,理合据情呈请钧院俯赐解释,以便转饬遵照,实为公便。谨呈

院字第一四八九号

二十五年四月三十日　司法院指令河北高等法院　附原呈

呈悉,业经本院统一解释法令会议议决,矿业权视为物权准用关于不动产诸法律之规定,并得为强制执行之标的。《矿业法》第十二条及第十四条第一项既有明文规定,则对于矿业权之强制执行自得依《民事诉讼执行规则》关于不动产执行各规定办理。合行令仰转饬知照。此令

附原呈

案据北平河北高等法院第一分院院长梁宓呈称,呈为据情转呈事,案据署理房山县县长蔡善国呈称,为呈请转呈解释事。查《民事诉讼执行规则》第五十二条:“对于不动产之强制执行,以查封、拍卖、管理之方法行之”;又同条第二项:“前项不动产,指土地、房屋与其重要成分而言”。各规定惟矿系不动产之一种,究非土地、房屋。能否依前项规定执行,现有两说:(甲)说谓矿既系不动产之一种,自应依《民事诉讼执行规则》关于不动产强制执行之规定执行之。(乙)说谓《民事诉讼执行规则》第五十二条既列举不动产指房屋、土地与其重要成分而言,而矿不在列举之内。矿系特定产权,依《矿业法》诸多限制,不便估价拍卖,似不应援用不动产执行规定估价拍卖。事关法律适用疑义,有案待决,理合具文呈请,仰祈鉴核,俯赐转请解释,俾资遵循等因。查矿业权应准用关于不动产诸法律之规定,且得为强制执行之标的,在《矿业法》第十二条及十四条第一项有明文规定,原呈所称似属不生疑问。惟事关法律解释,本院未便擅拟,应即据情呈请钧院转请解释示遵等情。案关法律解释,理合呈请钧院鉴核,迅赐解释,以便饬遵。谨呈

**院字第一四九〇号**

**二十五年四月三十日　司法院指令江苏高等法院　附原呈**

呈悉,业经本院统一解释法令会议议决,《民事诉讼法》第四百零二条第一项及第二项所定之诉讼,未经法院调解而起诉者,法院依第四百二十四条第二项规定,视为调解之声请。如因对造不到场,视为调解不成立后,该声请人仍应依同法第二百四十四条第一项或第四百二十六条规定,履行起诉行为。其审判费前已缴纳者,自毋庸再缴。合行令仰转饬知照。此令

**附原呈**

案据南汇县县长袁希洛呈称,查《民事诉讼法》第四百零九条前段载,第四百零二条第一项、第二项所定之诉讼,于起诉前应经法院调解。第四百二十四条第二项载起诉不合于第四百零九条之规定者,视为调解之声请等语。设某甲对第四百零九条前段案件未经调解,径向法院起诉,审判费亦已交纳,法院依第四百二十四条规定,视为调解之声请,传唤两造调解。调解期日,其对造不到场,法院视为调解不成立,遇此场合,某甲应否再履行起诉之行为,分子、丑二说。(子)某甲已交纳审判费起诉于前,经法院依第四百二十四条第二项强制调解,视为调解不成立后,不应令当事人多受损失,应即实施审判程序,无须命某甲再为起诉之行为。(丑)某甲虽已交纳审判费起诉,但其起诉行为已被法院视为调解之声请行为,故于法院视为调解不成立后,仍须依《民事诉讼法》第二百四十四条或第四百二十六条之规定,履行起诉行为。其前交审判费,依第四百二十三条意旨,可视为已交之审判费。上列二说,未知孰是。事关法律疑义,理合呈请解释示遵等情。据此,事关法律解释,本院未便擅专,理合据情转呈,仰祈钧长鉴核,俯赐指令饬遵,实为公便。谨呈

**院字第一四九一号**

**二十五年四月三十日　司法院指令江苏高等法院　附原呈**

呈悉,业经本院统一解释法令会议议决,在公共场所赌博财物,应构成《刑法》第二百六十六条之罪,至同条但书规定,系指以供人暂时娱乐之物为赌博目的而言,与赌具之为何物无关。合行令仰转饬知照。此令

**附原呈**

案据宜兴县县长萧逢蔚呈称,据县公安局局长韩梅岑呈称,窃查新《刑法》已于本年七月一日公布施行,旧《刑法》自应废止。惟新《刑法》关于赌博罪之规定,无详文解释,于执行职务时诸多困难。兹将疑点分述于下:(一)商店住户借口婚寿喜庆在公共场所公然赌博财物者,是否构成赌博罪?(一)《刑法》第二百六十六条但书所谓供人暂时娱乐之物,有无限制与标准?如麻雀、牌九、扑克、纸牌等赌具,可否视为娱乐?仰祈转呈解释,俾资遵循等情。事关法律解释,呈请分别解释,指令祗遵等情。据此,理合具文呈请钧院俯赐解释,俾

得转令遵循,实为公便。谨呈

**院字第一四九二号**

**二十五年五月一日　司法院指令浙江高等法院　附原呈**

呈悉,业经本院统一解释法令会议议决,(一)《票据法》第九十条所谓不于第八十六条所定期限内为通知者,不问其在期限外为通知与否,皆包含之。(二)不依《票据法》第一百二十八条所定期限请求作成拒绝证书者,不问其以后补行请求作成与否,对于发票人均不丧失追索权。(三)依《票据法施行法》第一条第二项之规定,票据之发行,在该法施行后,非依票据法之规定,不生票据之效力。最高法院十八年上字第二四五一号判例,则仅系就票据法施行前所发行与汇票、本票、支票性质相同之票据而为之刊决,对于票据法施行法施行后,依票据法所发行之票据,自不适用。合行令仰转饬知照。此令

**附原呈**

案据吴兴地方法院院长涂景新呈称,兹有法律疑义三则,亟待解释,以便援用。(一)《票据法》第九十条规定,不于第八十六条所定期限内为通知者仍得行使追索权一段,援用者有甲、乙两说。(甲)说认为本条系对于在法定期限外为通知者之规定,缘八十六条系严格限定拒绝证书作成后四日内为通知,本条位法精神全注重四日之期限,与八十六条相联贯。倘不于八十六条法定四日内为通知,而于四日外通知者,虽仍得行使追索权,但应负损害赔偿之责,是为本条之正义,绝对不能为不为通知仍得行使追索权之解说。倘于限外仍未为通知,即应丧失追索权,自系本条当然之解释。所谓仍得行使追索权者,系指不在限内为通知而在限外为通知者而言,自属毫无疑义。而(乙)说则认九十条前段仍得行使追索权之规定,非采取严格之通知。不于所定期限内为通知者仍得行使追索权,不过发票人如因怠于通知,受有损害,得向执票人求偿而已。虽未于限外补行通知,而追索权仍得行使,是认作始终不为通知,仍得行使追索权之解说。两说未知孰是?此应解释者一。(二)《票据法》第一百二十八条规定,不于第一百二十六条所定期限内为付款之提示,或不于拒绝付款日或其后二日内请求作成拒绝证书者,对于发票人以外之前手丧失追索权。本条下半段亦有甲、乙两说。(甲)说认为作成拒绝证书不在法定二日以内而在二日以外者,对于发票人仍有追索权,但以外之追索权即因逾限而丧失,与九十条严定通知期限者同一意义。如不于法定二日外补成拒绝证书,则对于发票人即应丧失追索权,亦系当然之解释。而(乙)说则认为不于付款日或其后二日内作成拒绝证书者,即始终不作拒绝证书,对于发票人仍得行使追索权。两说未知孰是?此应请解释者二。(三)最高法院十八年上字第二四五一号关于支票未作拒绝证书、未为通知之判例:支票不获付款时,执票人为行使或保全支票上权利之行为,对于发票人固得行使追索权,而追索权之行使须执票人于拒绝付款证书作成后相当期间内将拒绝事由通知发票人,否则执票人原有之追索权即因此而丧失。上开判例亦有甲、乙两说:(甲)说认为判例解释与《票据法》第九十条、第一百二十八条一气贯

彻,盖一百二十八条系对于限外作成拒绝书者之规定,九十条系对于限外为通知者之规定,判例则对于未作拒绝证书、未为通知者之解释,系补充法律上未经明白规定之事项。且该法系于十八年十月三日公布施行(参照本法一百三十九条)判例即系属于一百三十八条之下,当然在公布施行以后自应绝对有效。而(乙)说则认为民国十九年七月一日施行之票据法前之判例要难援用。两说又未知孰是。此应请解释者三。以上三疑义,总括言之,甲则主张未作拒绝证书,本为通知者,根据法律判例,应用丧失追索权;乙则主张虽未作拒绝证书,未为通知者,并不违反法律判例,仍得行使追索权。两说各有理由,未知何说为正当。此类条文于援引适用上不无疑义,请转解释示遵等情。据此,案关法令疑义,理合备文转请,仰祈钧院鉴核解释,俾便饬遵。谨呈

**院字第一四九三号**

**二十五年五月一日　司法院咨行政院　附原咨二**

为咨复事,准贵院本年二月二十五日及二十八日先后咨(第四四号及第四五号)开,迭据内政部呈请解释救济院职员是否公务员疑义,请查照并案见复等由,业经本院统一解释法令会议议决,救济院院长、副院长及各所主任暨所属职员,既系依法令从事于公务,无论有无俸给,均得认为公务员,相应咨复贵院查照饬知。此咨

**附原咨一**

案据内政部呈称,案据江苏东台县第二区安丰镇救济院院长刘达二十五年二月呈称,窃查钧部民国十七年五月公布之各地方救济院规则第三条、第四条及第五条规定,各地方救济院院长、副院长应由主管官署就地方公正人士中选任,救济院各所所主任及所属职员应由院长、副院长选任。则各地方救济院院长、副院长、各所所主任及所属职员是否为现行各项法规所指称之公务员,并受各该法规所规定之限制。而民国二十三年十一月国府修正公布之公务员任用法,仅规定公务员有简任、荐任、委任三级。是则由地方人士中选任之救济院院长、副院长及各所所主任与简、荐、委三级有无差异,而亦得称为公务员。且各区、乡、村、镇救济院院长、副院长及各所所主任多系无给职务,至多亦不过酌领车马费,与各省、市救济院院长、副院长及各所所主任按月支领俸给迥不相同。此类人员应否亦属公务员,为此具文呈请钧部鉴核解释,指令示遵,实为公便等情。据此,查各地方救济院规则,前经本部呈准钧院公布通行,并修正公布各在案。依上项规则第三条之规定,县及乡、区、村、镇救济院似为县政府所属之机关。惟第三、第四、第五各条所有选任字样,原系遴选任用之意,至于如何待遇,规则中并无明文规定。原呈各节关涉公务员之解释,本部未便擅拟,理合呈请转咨司法院解释,实为公便等情。据此,相应咨请贵院查照解释见复,以便饬遵。此咨

**附原咨二**

案据内政部呈称,案准江苏省政府二十五年二月十八日民字第二七号咨开,据民政厅

案呈,查各县救济院院长,按照各地方救济院规则第三条之规定,系就当地公正人士中选任,而本省各县亦间有由县长聘任,不支俸给者,是否此两项救济院院长均可以公务员论,请咨部解释等情。据此,相应咨请查照解释见复为荷等由。准此,查前据江苏东台县第二区安丰镇救济院院长刘达呈请解释各区、乡、村、镇救济院院长,是否为现行各项法规中所指称之公务员一案到部,经以民一九二十四年二月十五日发第六五八号呈文呈请核示在案。兹准前由,除咨复外,理合转呈并案解释等情。查前据该部为地方救济院院长等职员,是否为公务员请核示到院,经于本年二月二十五日以第四四号咨转请贵院解释并指令在案。兹据前情,除指令外,相应咨请查照并案解释见复,以便饬遵。此咨

**院字第一四九四号**

**二十五年五月十二日　司法院函内政部　附原函**

迳复者,查贵部二十三年二月五日公函(第一四七号)致最高法院请解释《著作权法施行细则》疑义一案,业经本院统一解释法令会议议决,著作物之通行在二十年以内者,固均许其呈请注册,在未注册以前,他人虽得翻译或翻印,但于注册后,苟仍将其翻译或翻印之著作物发行,即系侵害其著作权。依《著作权法》第二十三条、第二十九条、第三十三条各规定,自得诉请处罚及赔偿损害,并得依第三十八条没收其著作物。惟其翻译若在原著作物未注册以前,已依同法第十条取得著作权者,不在此限。相应函复贵部查照。此致

**附原函**

查《著作权法施行细则》第一条第一项规定:“凡未经注册而已通行二十年以上之著作物,不得依该法呈请注册。”是著作物在通行二十年以内之任何时间,均能依法呈请注册。但如注册稽迟,在请求注册之前,其著作物被人翻译或翻印,经注册后,该项翻译或翻印品仍在发行,著作人得主张何种权利,能否向翻译人或翻印人或发行人索赔及勒令销毁被窃物,法无明文规定,殊滋疑义。按照统一解释法令及变更判例规则第四条第二项规定,相应函请查照,迅予解释见复,俾资依据为荷。此致

**院字第一四九五号**

**二十五年五月十四日　司法院函内政部　附原函**

迳复者,查贵部二十二年十二月二十九日公函(第二一七三号)致最高法院,请解释著作物注册费疑义一案,业经本院统一解释法令会议议决,《著作权法施行细则》第十三条第一款所谓著作物注册费为该著作物每部定价之五倍云者,系指该著作物已定有每部出售之价格若干者而言,电影片等类之著作物并无出售之定价,既非该条款所能包括,则其注册费依何标准计算,应由主管官署酌定之。相应函复贵部查照。此致

**附原函**

查《著作权法施行细则》第十三条第一项之规定,著作物之注册费为该著作物每部定价

之五倍等语,例如电影片等类,只租赁放映而不出售,本身系一未有定价之著作物。如其欲依据司法院院字第八九一号公函解释呈请注册时,其注册费应如何缴纳,法无明文规定,殊滋疑义。按照统一解释法令及变更判例规则第四条第二项规定,相应函请查照,迅予解释见复,俾资依据为荷。此致

**院字第一四九六号**

**二十五年五月十五日　司法院电湖北高等法院　附原电**

湖北高等法院史院长览,上年十一月元代电悉,所请解释《民事诉讼法施行法》第十条疑义一案,业经本院统一解释法令会议议决,《民事诉讼法施行法》第十条第一项,既称施行前所为之裁判,则因上诉所得受利益不逾五百元之事件,其第二审裁判,如在《民事诉讼法》施行以后,纵令该事件系在施行前起诉,仍不得许其上诉或抗告。合电知照。司法院咸印

**附原电**

南京司法院院长居钧鉴,查《民事诉讼法施行法》第十条第一款规定,《民事诉讼法》施行前所为之裁判,依《民事诉讼法》不许上诉或抗告,而依旧法许之者,仍得上诉或抗告。设有因上诉所得受之利益不逾五百元之事件,系在《民事诉讼法》施行前发生,而第二审法院之裁判,则在《民事诉讼法》施行之后。当事人提起第三审上诉或抗告时,应否适用《民事诉讼法》第四百六十三条第一项及第四百八十一条规定,予以驳回。事关法律疑义,理合电请解释示遵。署湖北高等法院院长史延程叩元印

**院字第一四九七号**

**二十五年五月十五日　司法院指令浙江高等法院　附原呈**

呈悉,业经本院统一解释法令会议议决,前经北京政府核准注册之公司系民国十七年施行之《公司注册暂行规则》第五十条规定,除已依注册条例向全国注册局补行注册,领有执照者外,应自该规则施行之日起六个月内将原有执照呈请总注册所查验。若公司未依该规则所定期限内将原有执照呈请查验,则原有执照当然归于无效,于公司法施行后,如未依该法另请登记,自得依该法第二三一条规定予以处罚(参照院字第五五三号解释)。合行令仰转饬知照。此令

**附原呈**

案据永康地方法院院长陶振东呈称,查依法向北京政府注册之股份有限公司,于国府成立后,未依注册条例补行注册,领有执照,亦未于公司注册。暂行规则施行后六月内将原有执照呈请总注册所查验,及于公司法施行后呈请登记,是否仍须向主管官署更新登记。如未登记,是否得依《公司法》第二百三十一条,对于公司董事科处五百元以下罚金,请核示等情。据此,案关法令疑义,理合备文转请,仰祈钧院鉴核,俯赐解释,俾便饬遵。谨呈

**院字第一四九八号**

**二十五年五月十五日　司法院指令广西高等法院　附原呈**

呈悉，业经本院统一解释法令会议议决，执行名义上债权人所有之请求权，虽已罹时效而消灭执行，法院仍应依债权人之声请予以执行，惟债务人得主张时效，提起执行异议之诉。合行令仰转饬知照。此令

**附原呈**

案据永淳县县长罗绍徽呈称，窃查债权人声请执行之时效，并无明文规定。每有对于确定已经过数十年之案件而后声请执行者，无论人事变迁，境物不同，即所存卷证亦多散失，稽核殊感困难。可否援用《民法》第一百二十五条"请求权因十五年间不行使而消灭"之规定，分别受理驳回之？事关适用法条，未敢憶断，理合具文呈请察核，伏候示遵等情。据此，案关法律疑义，理合具文转请钧院鉴核，迅赐解释，俾便饬遵。谨呈

**院字第一四九九号**

**二十五年五月十五日　司法院指令绥远高等法院　附原呈**

呈悉，业经本院统一解释法令会议议决，"管收期限至多不得逾三月"，在《管收民事被告人规则》第九条定有明文。如无管收之新原因，纵令案未执行完结，其债务人并无相当之保证人或保证金，亦不得于期限届满后继续管收（院字第四号解释参照）。合行令仰转饬知照。此令

**附原呈**

案据署绥远归绥地方法院院长万宗周呈称，案查债务人管收期满，其履行债务之义务并不因而免除。虽经执行处依《修正民事诉讼执行规则》第七条，令债务人写立书据或发给凭证后，仍得随时依声请或依职权更为执行。"如有管收债务人之新原因，得再行管收之"，此为《补订民事执行办法》第三十三条第二项所明定。设有乙债务人应偿还甲债权人之债款，迭经依法执行。乙债务人抗不偿还，且行潜逃。经保人查明呈报，法院派员将乙债务人拘提到院，依法管收。经调查，乙债务人在居所地虽无财产可供执行，但其住所地尚有不动产，当即函请乙债务人住所地之县政府依法执行，乃该府拒绝协助执行，并函请该上级官署饬令执行，久未见覆。乙债务人于管收三个月期满后，令取保开释，嗣保人发觉乙债务人又有潜逃情形，再三声明退保，经法院照准，将乙债务人再行管收。如再管收期满，而案未完结，乙债务人无保人，亦无保证金，可否径行释放，或再行管收，法无明文规定。本院现有执行案件，急待解决，因之有甲、乙两条说：（甲）说乙住所地既有财产，乃意图损害债权人之债权，始而隐匿财产，继而抗拒执行。按之《刑法》第三百五十六条应处罪刑，继续管收，毫无问题。况《补订民事执行办法》第三十三条第二项规定，如有管收债务人之新原因，得再行管收之。揆之立法本旨，原为补救此类情形而设，自可依据办法，再行管收。（乙）说民事管

收制限綦严,三月期满,即应开释,不得因犯隐匿财产之刑事嫌疑,致延长民事管收期间。以上两说,言各成理。案关法律解释,理合呈请钧院鉴核,俯赐迅予转请解释示遵,实为公便等情。据此,案关法律解释,理合备文转呈,仰祈钧院俯赐解释,俾便饬遵。谨呈

**院字第一五〇〇号**

**二十五年五月十九日　司法院咨行政院　附原咨**

为咨复事,准贵院上年五月二十一日咨(第一五一号)开为商标法第二条第六款发生疑义,请查照解释见复等由,业经本院统一解释法令会议议决,《商标法》第二条第五款、第六款所谓之标章,系指标识或章记二者而言,当然包括商标在内。至同法第三十七条,乃就非营利事业之商品,欲专用标章呈请注册者特设之规定,故有准用之字样,不能谓商标不包括于标章之内。相应咨复院查照。此咨

**附原咨**

查《商标法》第二条第六款规定,相同或近似于世所共知他人之标章,使用于同一商品者,不得作为商标呈请注册。所谓标章是否包括商标而言,颇存疑义。于此有二说:(甲)谓此所谓标章,虽非即指商标而言,而实包括商标在内,不过标章之范围较商标为广耳。(乙)谓依司法院院字第一零零八号解释,标章应指标或章二者而言,盖谓标章可以包括普通标帜、章记之类,非谓包括商标在内。若包括商标在内,则《商标法》第三十八条第二项准用之规定又当如何解释等语。本院现有涉及此项问题之案件,亟待解决,相应咨请贵院查照解释见复,以资适用。此咨

**院字第一五〇一号**

**二十五年六月五日　司法院指令山东高等法院　附原呈**

呈悉,业经本院统一解释法令会议议决,毛硝既不能独立燃烧,火硝亦无爆发性及破坏力,不能认为《刑法》上之爆裂物。法院受理查获私运硝磺案件,关于处罚事项,应依军政部公布之硝磺管理规则办理。山东省硝磺总局修正缉私章程不能适用,又法院就该事件所处之罚金,依其性质应以裁定行之。如有不服,当事人及原举发之管理硝磺机关,均许其抗告。至关于罚金如何执行问题,可查照《刑事诉讼法》第四百七十四条、第四百七十五条规定办理。合行令仰转饬知照。此令

**附原呈**

案据本院第一分院院长,兼济宁地方法院院长萧崇道寒代电称:本院受理财政部山东盐运使署查禁私硝专员办公处函送私行贩运毛硝火硝案件数见不鲜,检察官每根据前大理院五年统字第四六六号、六年统字第七零二号解释,认系爆裂物之一种。依《刑法》第一百八十六条、第一百八十七条公共危险罪起诉。本院查毛硝即未经提验之火硝,火硝虽系供制造军火之原料,但毛硝不能独立燃烧,火硝亦无爆发性破坏力,核与《刑法》上爆裂物之意

义不相符。盐硝亦硝之一种，单纯盐硝非爆裂物，司法院院字第九七八号解释有案，似难遽依前开法条处断，此外别无相当法条以资适用，能否援引军政部山东省硝磺总局修正缉私章程第七条、第十一条各规定处以罚金？又该章程第七条第二项规定，硝磺局总分局处罚私硝犯，如有不服，得送法院究办云云。若送案机关系硝磺局查禁私硝专员办公处，可否因未经硝磺局或分局惩罚，将该案件仍送还原机关？又法院对于私硝犯所处罚金性质上似属行政罚，是否以裁定行之？裁定送达后当事人及原送机关能否抗告确定之？后硝犯无力或不愿缴纳罚金，关于执行事项是否依行政执行法执行，抑由法院民事执行处办理，均不无疑义。本院常有此类案件，亟待解决，理合抄呈前开章程一份，伏乞迅示祇遵或转请解释，实为公便。附抄呈军政部山东全省硝磺总局修正缉私章程一份，等情。据此，查本院前据该分院院长宥代电，请解火硝私制、私贩适用法律，毛硝可否亦认为爆裂物各疑义一案到院，业经本院呈请钧院解释在案，兹据前情，理合检同原送章程备文，呈请钧院一并核示遵行，谨呈

**院字第一五〇二号**

**二十五年六月五日　司法院指令安徽高等法院　附原呈**

呈悉，业经本院统一解释法令会议议决，中央、中国、交通三银行之钞票，既经政府定为法币，具有强制通行之性质，其有伪造或变造该银行之钞票者，自应论以《刑法》第一百九十五条第一项之伪造或变造通用纸币罪。合行令仰转饬知照。此令

**附原呈**

案据凤怀地方法院院长胡恕呈称，查中央、中国、交通三银行钞票，现经规定为法币，自与银行券有别。但究应认为货币，抑应认为纸币分有甲、乙二说：（甲）说谓该项钞票虽经规定为法币，但其本质为纸，系一种具有强制通行力之不兑换纸币，与硬币究属不同。其有伪造或变造该项钞票者，应论以伪造或变造通用纸币罪；（乙）说谓该项钞票既经规定为法币，所有硬币又经奉令不准行使，则其性质即与硬币无异。其有伪造或变造该项钞票者，应即论以伪造或变造通用货币罪。二说未知孰是，理合具文呈请钧院鉴核俯赐，转呈司法院解释示遵等情到院。查事关解释法律疑义，本院未便擅拟。除指令外，理合据情呈请钧院鉴核俯赐解释，俾便饬遵，谨呈

**院字第一五〇三号**

**二十五年六月五日　司法院指令河北高等法院　附原呈**

呈悉，业经本院统一解释法令会议议决，典权在《民法》物权编施行前发生者，依同编施行法第十五条规定，以定有期限之典权依旧法规得回赎者为限，始适用旧法规。《清理不动产典当办法》第八条，关于听凭典主过户投税之规定，系属不得回赎之典产，依同编施行法第二条，应适用同编关于典权之规定，从而就该办法第八条所为之解释，在同编施行后无再

适用之余地。合行令仰转饬知照。此令

**附原呈**

呈为呈请解释事,据北平地方法院院长王瓛呈称,呈为呈请转请解释事,兹有某甲于民国十四年九月间,典到某乙房院一所,迄今已逾十年期限,依当时适用之《清理不动产典当办法》第八条规定,应准业主于十年届满后,即时取赎。如业主不赎听凭典主过户投税,但依最高法院民国十八年院字第九号解释,典主于十年限满过户投税前,应先催告业主回赎各等语。现在业主某乙住所不明,无法催告。在典主某甲究用若何手续催告,法无明文规定,不无疑义,理合具文呈请钧院鉴核转请解释饬遵施行,等情。据此,除指令外,理合具文转呈钧院鉴核俯赐解释,俾便转令遵行,谨呈

**院字第一五〇四号**

**二十五年六月五日　司法院指令四川高等法院　附原呈**

呈悉,业经本院统一解释法令会议议决,《民事诉讼法》施行前所为特许上诉之裁定,其所生得为上诉之效力,依《民事诉讼法施行法》第二条但书规定,并不因《民事诉讼法》之施行而受影响。此与施行法第十二条所载施行前仅有特许上诉之声请者,不可同视。合行令仰转饬知照。此令

**附原呈**

呈为转请解释示遵事,案据署四川高等法院第一分院院长费有浚呈称,呈为呈请事,窃查《中华民国民事诉讼法》施行前所为特许上诉之裁定,自《中华民国民事诉讼法施行法》颁布后,依该施行法第十二条,其裁定是否失其效力,事关法律解释,理合具文呈请钧院转呈解释等情。据此,除指令外,理合具文呈请钧院俯赐鉴核指令祇遵。谨呈

**院字第一五〇五号**

**二十五年六月五日　司法院指令广东高等法院　附原呈**

呈悉,业经本院统一解释法令会议议决,(一)法院就支付命令所为假执行之宣告,债务人于假执行之裁定送达后,对于支付命令如在法定期间内提出异议,依《民事诉讼法》第五百十五条之规定,该支付命令应即失效,其所宣告之假执行自无继续、执行之理;(二)破产固系对于债务人不能清偿债务者宣告之,但法院就破产之声请以职权为必要之调查,确系毫无财产,则破产财团即不能构成无从依破产程序清理其债务,参照破产法第一百四十八条之趣旨,自应依同法第六十三条以裁定驳回其声请。合行令仰转饬知照。此令

**附原呈**

现据广州地方法院院长陈达材呈称,窃查支付命令宣告假执行后已实施执行,而债务人于法定期间内对于宣告假执行之裁定提出异议,应否停止执行,民诉法并无明文规定。现有二说:(甲)说谓支付命令与假执行,其所以分为二期,各规定异议期间者,在支付命令

系欲督促债务人之履行,若一经宣告假执行则有强制执行之效力,故对于宣告假执行之裁定,虽于法定期间内提出异议,然依民诉法第五百十五条下半段“以债权人支付命令之声请视为起诉或声请调解”之规定,是既已受诉讼拘束,在受诉法院除有特别原因外,自无庸裁定停止执行。而执行法院既未准受诉法院为停止执行之通知,自不能因债务人以业经于法定期间内提出异议为词,而准予停止执行,不然则法文何不省却宣告假执行之程序,而直接规定支付命令异议期间为三十日较为简便?(乙)说谓假执行之宣告,系基于支付命令。查民诉法第五百十五条上半段规定,债务人对于支付命令于合法期间提出异议者支付命令失其效力,该条所称“合法时期提出异议”即包括无论对于支付命令,抑对于宣告假执行之裁定,各该法定期间内之异议而言。故该条列在规定宣告假执行各条之后,从而支付命令既因债务人提出异议而失其效力,则假执行自无所附丽,受诉法院自应为停止执行之裁定云云。以上二说,究以何说为是?此应请解释者。又查破产法原为债务人不能清理其债务者,而设假如有某甲以负债甚多,现经赤贫,不名一文,毫无财产为理由,请求宣告破产。若谓其既无财产足资清理,自与债务人声请宣告破产时应附具财产状况说明书等要件不符,予以驳回声请,则与立法本旨似有未合。若予以准许,则债权人既未受分文之清偿,因法院之裁定立时将债权而归消灭,于交易安全影响殊大。在破产法中,对于债务人虽有诈欺破产罪之处罚,第我国人事登记尚未施行姓名随时可以自由更易,而产业之登记尤不肯用真姓名,实属无从调查,适用上极感困难。此应请解释者二。事关法律疑义,理合备文呈请钧院察核,迅赐转呈解释示遵等情到院,理合据情备文转呈钧院鉴核俯赐解释,迅复下院以便饬遵,实为公便,谨呈

**院字第一五〇六号**

**二十五年六月五日　司法院指令司法行政部　附原呈**

呈悉,业经本院统一解释法令会议议决,《刑事诉讼法》第一百零八条,所谓审判中其始期之计算,应以案件系属于法院开始审判之日为准。合行令仰转饬知照。此令

**附原呈**

案据署江苏高等法院首席检察官胡诒谷呈称,案据南通地方法院检察官刘世铸呈称,据本院候补检察官王善祥呈称,查《刑事诉讼法》第一百零八条第一项规定,所谓审判中其始期之计算有两说:(甲)说为最高法院十九年抗字第二零零号判例(判例略请所谓审判中,系指开始审理后,谕知裁判前而言,征诸《刑事诉讼法(旧)》第二百七十五条意义甚明;(乙)说谓自法院接收人卷之日起,即应认为在审判中,因《刑事诉讼法》第二百六十四条(旧法第二百七十五条)规定为审判期日之开始,条文规定至明,自不能强为引征。更就立法本意言,《刑事诉讼法》第一百零八条之规定,原期督促承办人员速为结案,藉减免被告长期羁押之痛苦,假定承办推事因,或称原因久不定期,审判被告无故多被羁押,亦不能指为违法,殊失立法本意。二说各执,应请鉴核转呈解释等情,据此,理合具文呈请鉴赐核转等

情前来。事关法律解释,理合具文呈请抑祈鉴赐转院解释指示饬遵,等情据此,查原呈所称事关法律解释,理合具文呈请钧院鉴核指示,以便转饬遵照。谨呈

**院字第一五〇七号**

**二十五年六月五日　司法院电江苏高等法院　附原电**

江苏高等法院朱院长览,上年十二月支代电悉,所请解释《民事诉讼法施行法》第十条疑义一案,业经本院统一解释法令会议议决,第二审裁判既在《民事诉讼法》施行后,则当事人因上诉所受之利益虽逾三百元,仍应受该法第四百六十三条之限制。合电知照。司法院歌印

**附原电**

司法院院长居钧鉴,今有初级及地方管辖事件当事人,因上诉所得受之利益为已逾三百元而未逾五百元,第一审受理及裁判均在新《民事诉讼法》施行以前,而第二审裁判则在新《民事诉讼法》施行以后,是否参照新《民事诉讼法施行法》第十条之法意,不得上诉于第三审,不无疑问,悬案待决,乞迅示遵。试署江苏高等法院院长朱叩支印

**院字第一五〇八号**

**二十五年六月五日　司法院电甘肃高等法院　附原电**

甘肃高等法院曾院长览,本年三月沁代电悉,所请解释《刑法》第二九四条第一项疑义一案,业经本院统一解释法令会议议决,《刑法》第二百九十四条所谓无自救力之人,系指其人无维持其生存所必要之能力而言,年力健全之妇女不能仅以无资金、技能或未受教育为无自救力之原因。合电知照。司法院歌印

**附原电**

南京司法院居院长钧鉴,查《刑法》第二百九十四条第一项之遗弃罪其成立要件有三:(一)遗弃者须系担负法令上或契约上之义务;(二)被遗弃者须系无自救力之人;(三)遗弃系指不履行扶助、养育、保护而言。法意固属明了,惟无自救力之认定其范围,若何有无狭义广义之区别?于是有二说:甲主张狭义说者,谓无自救力之人即系不能自活之人。其不能自活,非无资产之谓,谓其自无为生存上必要之事宜之体,如老幼残废疾病等,是设应负法令上、契约上之义务者,不为其扶助、养育、保护,方成立本罪;乙主张广义说者,谓无自救力之人,应不限于老幼残废疾病等类,须由客观体察被遗弃者之情形,若果无资力生活或无其他技能,如未经受教育之妇人女子之类,即使年力全健,遗弃之者即成立本罪。本院现有类似案件,二说未知孰是,事关法律疑问,合肃代电,仰祈迅赐解释示遵,实为公便。甘肃高等法院院长曾友豪卯沁印

院字第一五〇九号

二十五年六月六日　司法院电湖北高等法院　附原电

湖北高等法院史院长览，上年九月哿代电悉，所请解释《刑事诉讼法》第五百零八条疑义一案，业经本院统一解释法令会议议决，移送之附带民诉案件免纳审判费用，应以一审为限，其上诉仍应缴纳讼费（参照院字第一三七三号解释）。合电知照。司法院鱼印

附原电

司法院钧鉴按法院刑事庭，依《刑事诉讼法》第五百零八条第一项，移送民事庭之附带民事诉讼案件，应免纳审判费用。同条第二项已有明文规定，惟此项移送案件经第一审判决后，当事人对之提起上诉，应否免纳第二审审判费用，在法文上不无疑义，理合电请解释示遵，实为公便。湖北高等法院哿印

院字第一五一〇号

二十五年六月六日　司法院电湖北高等法院　附原电

湖北高等法院史院长览，上年九月歌代电悉，所请解释《民事诉讼法》第四百五十三条第二项疑义一案，业经本院统一解释法令会议议决，第二审法院既将诉讼事件裁判，该事件已不系属于第二审法院，自不得更由该法院依《民事诉讼法》第四百五十三条第二项之规定宣告假执行。合电知照。司法院鱼印

附原电

司法院钧鉴，按第二审法院，认为上诉人系意图延滞诉讼而提起上诉，或上诉人逾时始行提出攻击或防御方法，可认为系意图延滞诉讼者，均得依被上诉人声请，以裁定就第一审判决宣告假执行。在《民事诉讼法》第四百五十三条第二项有明文规定，惟此项规定似系指第二审法院未经裁判以前而言，若第二审法院已以裁定或判决驳回上诉，被上诉人以上诉人对于该项裁判复向第三审法院声明不服（抗告或上诉），系意图延滞诉讼，遂依前开规定，向第二审法院声请宣告假执行。其声请是否可许，在解释上不无疑义，理合电请钧院解释示遵，实为公便。湖北高等法院歌印

院字第一五一一号

二十五年六月六日　司法院湖北高等法院　附原电

湖北高等法院史院长览，二十二年二月感代电悉，所谓解释请求同居事件疑义一案，业经本院统一解释法令会议议决，甲在外纳妾乙（如在《民法》亲属编施行后所纳者，不得谓之妾），生子丙方在襁褓，甲即死亡，则丙自应由其行亲权之母乙为之指定住所。至甲妻丁对于丙不过为直系一亲等姻亲尊亲属，而其对乙因不同居自不生家长家属关系，其请求乙丙回籍同居，乙自可拒绝。合电知照。司法院鱼印

**附原电**

司法院钧鉴。兹有某甲在某地经商,纳妾乙,生子丙方在襁褓。甲旋回籍病故,甲妻丁来某地请求乙携丙回籍同居,经乙拒绝。解决此项问题计有三说:(子)说乙为甲妾,即为甲家之家属,甲故后丁继为家长,自得请求乙、丙回家同居,乙若无正当理由或已与甲家脱离关系,不得加以拒绝;(丑)说家长与妾之关系存在于甲乙间,甲既病故,乙与丁即无若何关系,故丁不得请求乙回家同居,惟丙为甲之独子,乙应将丙交由丁携回扶养;(寅)说丙不应回籍与丁同居,其理由与丑说同,并以丙为乙子,应受乙之监护扶养,亦不能与丁回籍同居。以上三说,未知孰是,理合电请解释示遵。湖北高等法院叩感印

**院字第一五一二号**

**二十五年六月六日　司法院指令江西高等法院　附原呈**

呈悉,业经本院统一解释法令会议议决,应经法院调解之事件,如系以书状声请者,应依《修正诉讼费用规则》第七条第二项缴纳声请费用,并应依《司法状纸规则》第二条、第三条用民事诉状。合行令仰转饬知照。此令

**附原呈**

案据署江西南昌地方法院院长叶在畴呈称,呈为呈请事,窃查新《民事诉讼施行法》第十四条规定:民事调解法自《民事诉讼法》施行之日废止之,则依新《民事诉讼法》第四百零九条,应经法院调解之事件,其声请调解又非以言词为之者,是否适用同法第四百零八条第二项、第二百四十四条之规定,以诉状提出抑或仍由当事人自行制备声请书投递?又此项声请应否依照《修正诉讼费用规则》第七条第二项征费,不无疑义。若从新《民事诉讼法》第四百二十三条调解费用规定解释,则上开情形似以购用司法状纸及缴纳声请费为是。事关法律疑义,理合备文呈请鉴核示遵等情。据此,理合呈请钧院俯赐解释,以凭转饬遵照。谨呈

**院字第一五一三号**

**二十五年六月六日　司法院指令司法行政部　附原呈**

呈悉,业经本院统一解释法令会议议决,甲伤害乙之犯罪,既经判决确定,嗣后乙虽因伤致病身死,仍为同一事实,应依《刑事诉讼法》第二百三十一条第一款予以不起诉之处分。合行令仰转饬知照。此令

**附原呈**

案据福建高等法院首席检察官本年十一月八日呈称,案据闽侯地方法院首席检察官呈称,呈为转请解释,仰祈鉴核事。兹有某甲将乙伤害,经检察官验明系属轻伤,经判决确定后,乙因伤致病身死,复经乙之亲属诉经检察官验明因伤致病身死属实,适用法律发生下列三说:(一)查判决确定时,对于该案件全部发生确定力,即令对于该案件之一部事实遗漏裁

判，亦不得更行起诉。甲伤害乙无论为普通伤害，抑为伤害致死，其伤害人之犯罪事实（即犯罪行为）既属同一，按诸一事不再理之原则，即不得更行起诉，应依《刑事诉讼法》第四百十五条第二款提起再审，以资救济；（二）按《刑事诉讼法》第四百十五条第二款规定，为受判决人不利益声请再审，应以受无罪或轻于相当之刑之判决，而于诉讼上或诉讼外自白，其应受有罪或重刑判决之犯罪事实为要件。上述情形并非某甲自白，依法即不得提起再审，惟乙既因伤致死，而于确定判决认定之普通伤害，即属另一事实，自可更行起诉；（三）甲伤害乙之犯罪事实业经判决确定，兹乙虽因伤致病身死，仍不失为同一事实，倘更行起诉，殊有一事实而受两重裁判之嫌，应依《刑事诉讼法》第二百三十一条第一款之规定为不起诉之处分。事关法律疑义，理合呈请察核，转请解释示遵等情到处。案关法律疑义，本处未敢擅专，理合具文呈请鉴核，俯赐转呈解释俾便饬遵等情。据此，事关法律解释，理合具文转呈钧院鉴核指令，以便转令遵照。谨呈

**院字第一五一四号**

**二十五年六月六日　司法院函全国经济委员会秘书处　附原函**

迳复者，查贵处本年一月二十七日公函（第二零八二八号）致本院秘书处，为棉业统制委员会转请解释，工厂所有机器生财，是否可认为工厂之从物？请查照转陈解释等由。业经本院统一解释法令会议议决，工厂中之机器生财，如与工厂同属于一人，依《民法》第六十八条第一项之规定，自为工厂之从物。若以工厂设定抵押权，除有特别约定外，依同法第八百六十二条第一项规定，其抵押权效力当然及于机器生财（参照院字第一四零四号解释），至抵押权之设定声请登记时，虽未将机器生财一并注明，与抵押权所及之效力不生影响。相应函复贵处查照转知。此致

**附原函**

案准本会棉业统制委员会函开：查关于以工厂厂基房屋及机器生财等为担保，订立借款，其担保物权之设定，于法有二说：一说谓基厂房屋为不动产，应设定抵押权，机器生财等为动产，应设定质权；又一说谓《民法》第八百六十二条第一项，有抵押权之效力及于抵押物之从物，与从权利之规定。故苟能在法律上证明机器生财为工厂之从物，则承做工厂押款时，只须就厂基房屋设定一个抵押权，而不必将机器生财认为独立之动产，单独设定质权，欲知机器生财是否为工厂之从物，当先考主物、从物之意义。《民法》第六十八条第一项载：非主物之成分，常助主物之效用而同属于一人者，为从物。但交易上有特别习惯者，依其习惯。依此法条可得从物之观念有三：第一，从物须非主物之成分，即须依社会观念系与主物独立为物。故如车房、马号通常系房屋之一部，不能谓为从物。反是如坟地之小屋、农庄之住房，则系与坟地或庄田独立之物，得为从物。第二，从物，须常助主物之效用，即其附属于主物，系为主物之经济上功用，且非一时之目的。此次关系应依客观决之，不应依主观决之。故如表之练箱之锁，乃为从物，反是如附表上之图章、挂于客厅之字画，则非从物；第

三,从物与主物须同属一人所有,故主物及从物非同属一人所有,亦不生此关系。以此三事衡之机器生财,觉机器生财为工厂之从物,直无可疑。第一,机器生财与工厂系各自独立之物。机器生财与门窗不同,当然不是工厂厂屋之成分;第二,工厂无机器生财,即不复成为工厂,机器生财当然系常助工厂之经济效用;第三,机器生财与工厂殊少分属二人所有。至就习惯而言,则以机器生财为工厂之从物合并设定抵押权,先例频繁,尤属不胜举述,姑引国营事业二例以见一斑:第一,建设委员会以首都及戚墅堰电厂及其机器材料为抵押发公债(见建设委员会报告第一号);第二,沪宁及广九铁路借款合同规定,车辆材料均为抵押品,机器车辆材料均动产也,今乃不设定质权而设定抵押权,可见政府明认其为电厂及铁路之从物矣。德国《民法》更以明文承认机器生财为工厂之从物。德国《民法》第九十七条规定,动产中不为主物之成分,而有供为主物之经济上目的之性质,且其对于主物,又有与此性质相当之表现关系者,则为从物,又在俗习上不视为从物者,则非从物。因他物经济上之目的,虽一时使用其物,其物不生从物之性质,由从物虽一时由主物分离,亦不失从物之性质。同法第九十八条规定:“下列之物有供主物经济上目的之性质:(一)其在因营业永久建设之建筑物,有如制粉所、锻炼所、酿造所、制造所等则因营业所定之机械及其他之器具;(二)其在农产地以农业所定之器具及家畜,而未能预见收获同种或类似之产物时期以前,则因经营农业所必须之农产物及农业地中所现存之肥料(见商务印书馆德国六法译本《民法》部份第十四页)。日本工厂抵当法不独认机器生财为工厂之从物,且直接规定工厂抵押时其效力及于机器生财,例于该法第二条,载工场所有人在工场地上所设定之抵当权,除建筑外,凡附着于土地而成为一体之物,及地上所装置之机器器具,并其他工场用之物,其效力均及之(见东京银行集会所编改订增补银行法规全集第五百十九页)。机器生财,就法律言应为工厂之从物,已无可疑,反观事实关系,机器生财应为工厂之从物。然按《民法》第八百八十五条第一项之规定,质权之设定因移转占有而生效力,故质权人必须占有质物方能主张质权。而同法第八百八十五条第二项及第八百九十七条,更分别规定质权人不得使出质人代自己占有质物,动产质权因质权人返还质物于出质人而消灭。返还质物时,为质权继续存在之保留者,其保留无效云云。在此种情形之下,凡承做工厂押款者如欲取得保障,势必将机器生财自工厂移出,置于自己或他人堆栈之内实行占有方可。但工厂之所以向债权人贷款者,乃因缺乏流动资金,不克开动机器工作或不克尽量工作耳。设若贷得款项之后,反须将机器生财自厂移出,又势有所不能,事出两难。今一般工厂债权人之银钱业,为谋放款担保巩固计,自只有舍弃工厂押款不做其结果所致,在银钱业方面减少投资途径,为害尚小,工厂方面断绝经济辅助来源,为祸实大。我国工业较之世界各国已属幼稚,揆厥原因自属甚多,而资金薄弱尤为危殆。试一检阅各厂营业情形,则知不独厂基抵押矣、厂屋抵解矣、机器出质矣、生财出质矣,甚至已成之制造品备用之原料,亦未尝不有负担。如果银钱业再拒绝工厂押款,或拒绝以机器生财为担保之放款(机器为工厂最贵重之财产。银钱业拒绝以机器生财为担保之放款,即等于拒绝工厂押款),工业破产指日可待。本会以事属重大,与纱厂之兴衰关系尤巨。相应函请转陈赐予转函司法院解释,机器生财是否可认为工厂之从物,受《民法》第八百六十二条之拘束,登记之时应否将其注明,一并声请登记?抑只消将厂基房屋登记便足,俾便有所遵循,实纫公谊等因,准此,相应函达,即希查照转陈解释,并见复为荷。此致

**院字第一五一五号**

**二十五年六月六日　司法院咨行政院　附原咨**

为咨复事,准贵院上年十月十四日咨(第二九四号)开,据南京市政府呈请解释所有权登记疑义,请查照见复等由。业经本院统一解释法令会议议决,抵押权系担保债权之物权,依法本不移转占有,来文所称不动产所有人于设定之时已将不动产移转占有,并约明期满不赎,即以作绝论。此种契约之成立虽属于法不合,但抵押权人于约定期限届满后,明系以所有之意思和平继续占有,并其占有之始亦确系出于善意,并无过失。倘计算其占有之期间已在十年以上,则依《民法》物权编施行法第七条之规定,该占有人而具备《民法》第七百七十条之条件者,自可请求登记为所有人。至未定有期限之典权,依同法第九百二十四条但书之规定,应自出典后经过三十年不回赎者,典权人始能取得典物所有权。若尚未经过此项法定期间,则不问出典人是否人亡户绝,典权人自不得声请为所有权之登记。相应咨复贵院查照饬知。此咨

**附原咨**

案据南京市政府二十四年十月五日呈称、据本市土地局呈称,兹有某甲以受抵某乙抵押契,据声请为所有权登记,该抵押据载明:押期一年期满后五年不赎,即以作绝论归。受押主永远执业,听凭典卖,现期满已十数年。经派员调查,抵押人某乙已身死户,绝该抵押之屋现由受抵押人某甲居住。查抵押系债权债务关系,依照《民法》第八七三条,抵押权人于债权已届清偿期而未受清偿者,得声请法院拍卖抵押物,就其卖得价金而受清偿之规定。抵押人期满不还押款,应由受抵押人声请法院拍卖抵押物。惟此案抵押契据载明,期满不赎,即以作绝论,是成立契约时已与法定不合,受抵押人乃据为所有,不依法定抵押权程序办理。又有某丙以受典某丁典契,声请所有权登记。经调查,该产出典人某丁亦已身故户绝,该产亦由受典人居住,惟其典期未满三十年,依照《民法》第九一二条典权约定,期限不得逾三十年,逾三十年者缩短为三十年之规定,受典人似尚不能取得所有权。以上两案经本局详加讨论分申甲、乙、丙三说:(甲)说抵押系债权债务关系,不能适用《民法》占有之规定。而典权未满三十年,受典人亦不能主张所有权。如果确系户绝,财产似应由政府代还押款及典价,将各该房地接收处分;(乙)说抵押虽属债权债务关系,典权虽未满三十年,但抵押人及出典人均已户绝,而受抵押人甲、典权人某丙均已为实体上之占有十年以上,依《民法》第九四一条:质权人、承租人、受寄人或基于其他类似之法律关系对于他人之物为占有者,该他人为间接占有人,及同法第七七零条以所有之意思,十年间和平继续占有他人未

登记之不动产,而其占有之始为善意并无过失者,得请求登记为所有人之规定,似可认为占有人准予为所有权登记;(丙)说户绝财产,《民法》继承编规定綦详,似应由本局声请法院依法办理,未知孰是。事关法律疑义,理合具文呈请钧府转呈行政院咨请司法院解释,俾有遵循,等情。据此,理合据情呈请鉴核俯赐转咨司法院解释令遵等情。据此,除指令外,相应据情咨请贵院查照解释见复,以便饬遵。此咨

**院字第一五一六号**

**二十五年六月二十五日　司法院电河北高等法院　附原电**

河北高等法院邓院长览,该法院上年八月齐代电悉,保定第三分院转请解释抵押权疑义一案,业经本院统一解释法令会议议决,丙就与甲乙共有之房地,未得甲乙同意,私擅设定抵押权,无论该房地曾否为所有权保存登记,其抵押行为均不能有效。惟该房地如非基于公同关系而共有,则丙虽得依《民法》第八百十九条第一项处分其应有部分,但不得为抵押权之标的物。合电转饬知照。司法院有印

**附原电**

司法院院长居钧鉴,本院据保定第三分院院长朱焕彪东代电称:今有甲、乙、丙三兴堂名义,共有房地一所,管业多年,未经保存登记,该房地共有文书载以合同归丙保管,丙竟未得甲乙同意,私擅将该项文书向丁借债若干,在该房地上设定抵押,迨丁登记抵押权时,始被甲乙查知。甲乙主张丁仅能登记该房地丙应有部分三分一之抵押权,不能为该房地全部抵押权登记,以妨害其共有权利发生诉讼争执。于是分为两说:一说谓共有人之一人将共有物私擅抵押,无论其相对人是否善意,不生物权法上效力。甲、乙与丙共有之房地既已管业多年,虽属未经登记,但甲乙毫不知情,由丙私擅向丁借债,设定抵押,若使仅因甲乙未经登记,而丁抵押权效力即及于甲乙应有部分,得为该房地全部抵押权之登记,则社会上共有人之共有权利危险太甚。况登记制度系保护合法所得权利之人,丙将与甲乙共有房地向丁设定抵押,依《民法》物权编共有规定根本即属无效,是丁对于甲乙应有部分即不能认为合法所得权利抵押权,故丁仅能登记丙应有部分三分之一之抵押权,始得谓平;一说谓甲乙与丙共有房地,纵经管业多年,但查不动产所有权之保存,依《不动产登记条例》第三条之规定,为应行登记之事项,而不动产应行登记之事项,非经登记不得对抗第三人,则在同条例第五条定有明文。今甲乙与丙共有房地,既在登记制度施行区域未为保存登记,丙虽未得甲乙同意私擅向丁设定抵押,甲乙亦不能与丁对抗,阻止其为该房地上全部抵押权之登记,事关法律疑义,与人民权利影响颇大,究以何说为当?理合电请钧院转请解释指令祇遵,等情前来,理合电呈鉴核俯赐解释示遵。河北高等法院院长胡祥麟叩齐

**院字第一五一七号**

**二十五年六月二十五日　司法院指令安徽高等法院首席检察官　附原呈**

呈悉,业经本院统一解释法令会议议决,《刑法》第一百六十一条之脱逃罪,以具有依法逮补拘禁人之身份为构成要件。若刑事被告遵传应讯后,经承办推检谕令法警带同取保时乘机潜逃,既非依法逮捕拘禁之人,自不应依上开法条论罪。合行令仰转饬知照。此令

**附原呈**

案据桐城地方法院首席检察官周尔恺呈称,查刑律第一百六十一条第一项之脱逃罪,系指依法逮捕拘禁之人脱逃者而言。所谓依法逮捕拘禁者,固为依法逮捕或拘禁之人犯,设有曾经交保之刑事被告遵传应讯,经承办,推检认为罪嫌重大,当庭谕令加缴保证书,嗣由法警带同取具保证书,在此时间,该被告之身份既非依法逮捕,又非依法拘禁之人,若乘法警疏于防范逾越墙垣,潜逃无踪,其为脱出公力之监,惟应否按照依法拘禁之人脱逃者论罪,不无疑义。事关法律解释,督自无疑问,未敢擅专,理合具文呈请鉴核转请解释示遵等情。据此,理合据情具文转呈钧院鉴核,俯赐迅予解释以便饬遵,实为公便,谨呈

**院字第一五一八号**

**二十五年六月二十五日　司法院指令福建高等法院　附原呈**

呈悉,业经本院统一解释法令会议议决,债务人以自己持有之共有不动产,诈称系其所有或诡称已得共有人同意,向债权人押借款项,应成立《刑法》第三百三十五条之侵占罪。至对债权人诈欺之行为,已为侵占行为所吸收,不另成立诈欺罪。合行令仰知照。此令

**附原呈**

案查债务人以自己持有之共有不动产,诈称系其所有或诡为已得其他共有人之同意,向债权人押借款项,嗣经其他共有人出头主张抵押权无效,债务人对于债权人是否构成欺诈取财罪、对于其他共有人是否构成侵占罪有二说:(甲)说谓债务人显有诈欺行为,债权人因其诈欺而陷于错误以致交付金钱,即应成立诈财罪。对于其他共有人,债务人即有为自己所有之意思抵押,亦处分一种,应成立侵占罪;(乙)说谓债务人纵有诈欺亦只为《民法》上之诈欺,与刑事无涉,且所取得之金钱系由贷借关系,并无不法所有之意思,与诈财构成要件不合,应不成立诈财罪。至对其他共有人因设定抵押权非处分行为,即难认为有不法所有之意思,亦不成立侵占罪。以上二说何说为是,抑别有解释之处,理合呈请钧院迅赐解释祇遵,谨呈

**此处删去一条。**

**院字第一五二〇号**

**二十五年六月二十五日　司法院指令浙江高等法院　附原呈**

呈悉,业经本院统一解释法令会议议决,拖欠营业税款,乃属于行政法上之关系。既非司法上之债务,自不适用破产法内关于破产债权及别除权之规定。合行令仰转饬知照。此令

**附原呈**

案据龙泉地方法院院长金平淼二十五年一月六日呈称,案据候补推事徐抑侵呈称,查破产法第九十八条,对于破产人之债权,在破产宣告前成立者,为破产债权,但有别除权者不在此限。同法第一百零八条第一项在破产宣告前,对于债务人之财产,有质权、抵押权或留置权者,就其财产有别除权。兹某甲有开布店声请破产,业经裁定准予宣告破产。惟破产人在破产宣告前积欠营业税款银数颇巨,现据破产人具状声请优先清偿,不得加入破产债权等情。查营业税捐系行政性质,核与前开别除权场合不同,是否有优先受偿权利,深滋疑义,悬案待决,请转指示遵行等情。据此,理合具文呈请俯赐指令祗遵等情。据此。案关法令疑问,理合备文转请仰祈钧院鉴核解释示遵。谨呈

**院字第一五二一号**

**二十五年六月二十五日　司法院指令江西高等法院　附原呈**

呈悉,业经本院统一解释法令会议议决,乙对甲之房屋卖得金有优先受偿权,既得有确定判决,除丙对乙提起异议之诉,另有不得与丙对抗之确定判决外,纵令乙受抵之房屋未经登记执行处,仍应依乙所得之确定判决执行。合行令仰转饬知照。此令

**附原呈**

呈为呈请事案,据南昌地方法院院长叶在畤呈称,呈为呈请事,窃查执行处对于确定判决,主文所载固无自由裁量之余地,惟《不动产登记条例》第五条规定,不动产物权应行登记之事项,非经登记不得对抗第三人。设有甲欠乙丙钱债,均经判决确定,乙之判决主文载:乙对甲所有之房屋卖得金有优先受偿权。但乙受抵甲之房屋并未向法院登记,而丙对乙之优先受偿权又有异议。似此情形,执行处是否可以根据《不动产登记条例》规定,将甲之房屋卖得金按照乙丙债额比例分配,颇有疑义。本院现有此类执行案件急待解决,理合具文呈请钧长鉴核迅赐转呈解释,俾便遵行等情。据此,理合据情转呈钧院鉴核迅赐指令,俾便转饬遵行。谨呈

**院字第一五二二号**

**二十五年六月二十六日　司法院指令福建高等法院　附原呈**

呈悉,业经本院统一解释法令会议议决,普通银行于储蓄银行法施行后,仍以复利方法

收受零星存款,依同法第一条第二项规定,自应视同储蓄银行。虽该银行未依同法各条规定组织或兼营,然此乃对于同法规定之违反,属于同法第十六条之问题,非因此即不视同储蓄银行而不受同法之支配,从而该银行如有破产时,其董事监察人即不能不依同法第十五条负连带无限之责任。合行令仰转饬知照。此令

**附原呈**

案据厦门地方法院院长严启昆呈称,查民国二十三年七月四日公布施行之《储蓄银行法》第十五条规定,储蓄银行之财产不足偿还各储户债务时,董事监察人应负连带无限责任等语。设有普通银行于上开法律施行后,仍以复利方法收受零星存款,但并未依照上开法律组织其一切设施,亦未合于同法普通银行兼营储蓄银行业务之规定。兹因负债宣告破产,前述活期存款能否依照上开法条,令该行董事监察人负连带无限责任,请指示等情前来。查事关法律疑义,理合据情呈请钧院鉴核迅予解释,俾资饬遵实为公便。谨呈

**院字第一五二三号**

**二十五年六月二十六日　司法院指令江苏高等法院　附原呈**

呈悉,业经本院统一解释法令会议议决,(一)《民事诉讼法》第二百四十九条第二款情形仅属程序问题,故得只以裁定驳回原告之诉。至同法第三百八十三条,虽亦有关于程序之裁判,但以本案尚继续进行,如不服该裁判,须俟本案终局判决后,始得随同上诉,故不能不以之为应用判决之事件,是以法院认被告管辖之抗辩为无理由时,如有予以裁判之必要,应以中间判决行之;(二)依法应以判决驳回之事件,下级法院误用裁定时如已经言词辩论,应依同法第二百三十二条第一项,由原法院更正后依上诉程序受理,其未经言词辩论者,应废弃原裁定,命其更为裁判。合行令仰知照。此令

**附原呈**

呈为呈请解释事,窃查《民事诉讼法》第三百八十三条载,各种独立之攻击防御方法,或中间之争点达于可为裁判之程度者,法院得为中间判决等语。设若被告因管辖问题发生争执,则依上说明,法院如认为无理由时,似应以判决驳回之。然查同法第二百四十九条第二款所载,则诉讼事件不属受诉法院管辖,而不能为第二十八条之裁定者,应以裁定驳回原告之诉。是同为管辖之争执,在被告抗辩为有理由时,则为终局裁定;被告抗辩为无理由时,则为中间判决,似有前后不能一贯之嫌。究竟认被告关于管辖之抗辩为无理由时,应用判决驳回,抑应用裁定驳回?此应请解释者一。又依法应以判决驳回之事件,下级法院如未经言词辩论,或于言词辩论后以裁定驳回之,则当事人抗告时,上级法院究应以其裁定为不合法,命其更为判决,抑即径视该裁定为判决,改作上诉受理,此应请解释者二。以上两点,事关法律疑义,本院未便擅专。理合具文呈请钧院迅赐解释示遵,实为公便。谨呈

**院字第一五二四号**

**二十五年六月二十七日　司法院指令司法行政部　附原呈**

呈悉,业经本院统一解释法令会议议决,《刑事诉讼法》第二百十五条之规定,于《刑法》第二百三十九条之妨害婚姻及家庭罪,无得为告诉之配偶时不适用之。合行令仰转饬知照。此令

**附原呈**

案据福建高等法院首席检察官呈称,查现行《刑事诉讼法》第二百十五条载,告诉乃论之罪,无得为告诉之人者,该管检察官得依利害关系人之声请,指定代行告诉人等语,与旧刑诉法第二百十七条规定,专指被害人之亲属得以告诉之案件,因无亲属告诉,始得指定代行告诉人之情形不同。兹有甲之妇乙与人通奸后甲死亡,甲之同财共居胞伯母丙以其为利害关系人,依据《刑事诉讼法》第二百十五条规定,声请该管检察官指定其代行告诉,可否准许,有甲、乙两说:(甲)说谓旧刑诉法第二百十七条,系属列举的规定,必须在其列举范围内之案件,方得声请指定。而现行刑诉法第二百十五条则为概括的规定,凡属告诉乃论之罪,如无得为告诉之人者,皆可为之,丙之声请得予准许;(乙)说谓现行刑诉法第二百十三条第一项、第二项、第三项规定,关于《刑法》第二百三十条之妨害风化罪及第二百三十九条、第二百四十条第二项之妨害婚姻及家庭罪,得为告诉者必限于特定之人。换言之,非此等人即不得告诉,与同法二百十二条第二项及第二百十三条第四项、第五项并第二百十四条所定,凡属亲属皆得告诉之情形不同,故其所谓无得为告诉之人者,仍系专指无亲属告诉之案件而言,丙之声请不得准许。上列两说,皆有相当理由,究竟现行刑诉法第二百十五条规定,于同法第二百十三条第二项无配偶得为告诉之案件,可否适用?案关法律疑义,未敢擅决,理合呈请察核示遵等情。据此,理合转呈钧院核示以便饬遵。谨呈

**院字第一五二五号**

**二十五年六月二十九日　司法院咨行政院　附原咨**

为咨复事,准贵院本年四月二十四日咨(第八八号),据内政部呈请解释,关岳庙可否依照《先哲先烈祠庙财产保管规则》办理疑义一案,业经本院统一解释法令会议议决,现在先哲先烈祠庙财产保管规则既已公布,依该规则第二条之规定,如关岳祠庙之财产系由国家或地方所购置,或由公共团体所募置者,无论其有无住持,均应依该规则办理。相应咨复贵院查照饬知。此咨

**附原咨**

案据内政部礼壹二十五年四月十七日发三九七号呈称,案准湖南省政府二十五年四月一日省民贰字第三六六一号咨,据宜章县县长曹家铭呈,关岳庙可否依照《先哲先烈祠庙财产保管规则》办理,请查核见复等由。准此,查司法院院字第七零二号解释,奉祀关公神像

之建筑物,亦属于宗教上之建筑物,其中苟有僧道住持,则不论其名称之为庵、为庙,依照《监督寺庙条例》第一条规定,自应认为寺庙、寺庙之屋宇及田地产业,虽向由住持管理,自应认为寺庙之财产。是关庙系属于《监督寺庙条例》中之寺庙,岳庙则未言及。惟查《监督寺庙条例》第一条,有凡有僧道住持之宗教上建筑物,不论用何名称均为寺庙之规定,则此项寺庙必须具有宗教性质。换言之,即庙中供奉之对像,必须属于宗教之人物,且有僧道住持者,始合于该条例所谓之寺庙。而宗教必要条件又必须具有教义及仪式。关岳既未创有教义及仪式,且按其生前事实,均合《先哲先烈祠庙财产保管规则》第三条一项二、三两款之规定,纵该庙有僧道住持,似仍属于先哲先烈之祠庙。复查司法院解释系在二十一年三月间,当时《先哲先烈祠庙财产保管规则》尚未公布(二十五年二月十四日公布),现在情形既略有变迁,法规亦较前完备,所有官有祠产已依照该规则处理,性质相同之关岳庙似亦以适用该规则为宜。本部兹因处理此项案件发生疑义,且岳庙未经明白解释,除咨复外理合抄同原件,呈请钧院核示或转咨司法院重予解释,俾有遵循,实为公便等情。据此,除指令外,相应据情咨请贵院查明解释见复,以便饬遵。此咨

**院字第一五二六号**

**二十五年六月三十日　司法院咨行政院　附原函**

为咨行事,查内政部本年三月二十一日公函(第一二六六号)致最高法院,请解释《著作权法》第十条及第二十条疑义一案,业经本院统一解释法令会议议决,就《著作权法》第二十条所列著作物之文字,另以他种文字翻译成书,则其特质为翻译之文字,自得依同法第十条之规定享有著作权,不受第二十条所示之限制(院字第一四九四号解释参照)。相应咨请贵院查照饬知。此咨

**附原函**

查《著作权法》第二十条载,下列著作物不得享有著作权:一、法令、约章及文书案牍;二、各种劝戒及宣传文字;三、公开演说而非纯属学术性质者等语,是本条所列之著作物,不得为著作权注册之核准,已无疑义。惟如就本条所列之一种文字著作物,另以他种文字翻译成书者,是否应受本条限制,不得享有《著作权法》第十条之翻译著作权,法律尚无明文规定。按翻译著作物之著作权,系基于不同种类之文字翻译而成立,法律对于此项权利之保护,乃在奖励翻译人之智能产物,初无关于原著内容之价值,其本身既另具特质,自与一般著作权之著作物含有创制性质者不同,则如就《著作权法》第二十条所列之一种文字著作物,另以他种文字翻译成书者,似亦合于同法第十条之翻译著作物。究竟此项翻译著作物是否须与一般著作物同,受《著作权法》第二十条之限制,事涉法律疑义,办理不无困难。按照统一解释法令及变更判例规则第四条第二项规定,相应函请查照依法解释见复,俾资依据为荷。此致

**院字第一五二七号**

**二十五年六月三十日　司法院电江苏高等法院　附原电**

江苏高等法院朱院长览,本年二月艳代电悉,无锡地方法院转请解释确认抵押权诉讼疑义一案,业经本院统一解释法令会议议决,享有领事裁判权之外国人,就以债务人之财产向中国法院请准假扣押后,在该财产上有抵押权之中国人向同一法院提起确认抵押权之诉,既与执行异议之诉不同,仅以债务人为被告,即足以资救济,毋庸以外国人为被告。合电转饬知照。司法院陷印

**附原电**

南京司法院院长居钧鉴,案据署江苏无锡地方法院院长崔允恭径代电称,查抵押权人对于扣押债务人所提起之确认抵押权诉讼,依据现行法例,虽非执行异议之诉,然揆其性质亦不失为对于执行标的保护,其权利之方法似与该执行之本案不无牵连关系。设有中国人甲对于享有领事裁判权之外国人乙提起此项诉讼,中国法院可否援执行异议之诉之成例予以受理?事关华洋诉讼,未敢擅拟,理合电请迅赐转请解释等情。据此,查该院长所请解释之点,系属法令疑义,理合转请钧院鉴核迅赐解释,以便饬遵。署江苏高等法院院长朱树声叩艳印

**院字第一五二八号**

**二十五年九月一日　司法院咨行政院　附原咨**

为咨复事,准贵院本年五月五日咨(第一零七号)开,为《团体协约法》第十二条适用上发生疑义,请查照解释见复等由。业经本院统一解释法令会议议决,《团体协约法》第十二条规定,团体协约得规定工人团体现任职员因办理会务得请假之时间,但至多每月平均不得超过三十小时等语,既定明每月平均,自应只许其就每月分别平均计算,不得合并全年平均计算。相应咨复贵院查照。此咨

**附原咨**

查团体协约法第十二条规定,团体协约得规定工人团体现任职员因办理会务得请假之时间,但至多每月平均不得起过三十小时等语。此项规定最高请假时间,有认为按月分别计算者,有认为合并全年之请假时间。以月份通扯平均计算者,其引起疑义端为“平均”二字。查工人团体职员办理日常事务,原无在工作时间以内长期间在会处理之必要,每月平均不得超过三十小时之最高请假时间,以日计每日已有一小时,或因偶遇会务紧要须较长时间处理。故酌盈剂虚,按月平均计算,惟每月三十小时,以每日八小时工作计,将及四日,若赓续请假四日,已于工作不无影响,如全年合并计算,则凡为工会现任职员每人可以连续请假三百六十小时,计四十五日之多,以每月通扯平均计算,亦未超过最高限制,其于工作上所受之影响极为重大,当非订立团体协约之本意,是该条所谓每月平均似系指按月分别

计算,较为妥当。惟案关法律适用疑义,相应咨请贵院查照解释见复,至纫公谊。此咨

**院字第一五二九号**

**二十五年九月一日　司法院指令司法行政部　附原呈**

呈悉,业经本院统一解释法令会议议决,监查人系代表债权人监督破产程序之进行,债权人会议选任监查人,其决议之结果未能得《破产法》第一二、三条所定之同意,应再开会选任,同法并无准予免设监查人之规定,自不得免设,但在未选出以前,关于同法第九二条所定应得监查人同意之行为,法院得本其监督权之作用酌量核定,以促破产程序之进行(参照院字第一四二三号解释)。合行令仰转饬知照。此令

**附原呈**

案据福建高等法院本年二月六日呈称,案据厦门地方法院呈略称:(1)破产债权人会议,依《破产法》第一百二十条第一款议决,选任监查人时,经开票结果检查到会债权决议之票数(即主张相同之票数),不能达到与同法第一百二十三条规定出席债权人之过半数,而其所代表之债权额亦不能超过总债额之半数,可否以票数较多者视为决议,或须再开会议票选,务达到前开法条所定出席债权人之过半数,及其所代表之债权额超过总债权额之半数之两条件始得认为合法决议?(2)如依上开法条,会议始终不能达到选出监查人之合法决议,可否免设监查人?以上二点,均不无疑义,理合具文呈请指示祗遵等情。据此,事关法律疑义,理合具据情转程俯赐解释,俾便转令遵照,等情。据此,事关法律解释,理合具文转呈钧院鉴核指令,以便饬遵。谨呈

**院字第一五三〇号**

**二十五年九月一日　司法院指令安徽高等法院　附原呈**

呈悉,业经本院统一解释法令会议议决,《民事诉讼法》第一百三十三条第三项既称以交付文书时视为送达之时,法院书记官只须取得邮局收据,即可依同法第一四三条第二项规定作成证书附卷,无须另取邮差所作送达证书,至以后该文书果否达到,及邮局何日送达,均与交付时所生之送达效力不生影响。合行令仰转饬知照。此令

**附原电**

案据芜湖地方法院院长王振南俭代电呈称,查依《民事诉讼法》第一百三十三条第三项之规定,当事人或代理人于受诉法院所在地无住居所、事务所及营业所,而不于审判长所定期间内指定送达代收人而陈明者,法院书记官得将应送达之文书注明该当事人或代理人之住居所、事务所或营业所,交付邮务局,以交付文书时视为送达之时。是邮政送达不以当事人等实际收受文书之时为送达之时,而以将文书交付邮局之时为送达之时,则是项邮政送达是否仅以取具邮局收件凭据,如挂号单之类为已足,不必取具邮差作成之送达证书附卷为必要。设取得邮局收件凭据后,将来此项文书因无从送达而退回或邮局适法送达后寄还

送达证书于法院,而送达日期与交付邮局日期不同时,则其送达之效力如何?事关法律疑义,敬祈核转司法院迅赐解释,示遵等情到院。查事关法律疑义,本院未便擅拟,理合据情备文呈请鉴核俯赐解释,俾便饬遵。谨呈

**院字第一五三一号**

**二十五年九月一日　司法院指令安徽高等法院　附原呈**

呈悉,业经本院统一解释法令会议议决,外国教会在内地对于土地仅有租用之权,其以土地为典权登记,自为法所不许,该契约即亦不生官署核准之问题。合行令仰转饬知照。此令

**附原呈**

案据安徽凤怀地方法院院长胡恕本年四月十六日代电称,窃查《内地外国教会租用土地房屋暂行章程》,仅规定外国教会在内地设立教会、医院或学校得租用土地建造或租买房屋,而对于外国教会取得其他物权,则无规定。兹据天主堂以土地房屋声请为典权登记,查典权固与所有权有别,但与租赁等权亦截然不同,如果准予登记,将来出典人不于典期届满备价回赎,依法应由典权人取得典物所有权,按与外国教会在内地不能享有土地所有权及租用土地房屋以设立教会、医院或学校为限等法例,显有抵触,可否准其登记,未敢擅便。此项典权契约是否须经主管官署核准后方为有效,亦滋疑问,理合电请鉴核,俯赐转请解释等情。据此,事关法律疑义,理合据情呈请钧院俯赐解释,以便饬遵,实为公便。谨呈

**院字第一五三二号**

**二十五年九月一日　司法院指令广西高等法院　附原呈**

呈悉,业经本院统一解释法令会议议决,(一)《民事诉讼法》第五十一条第一项选任特别代理人之声请,以无诉讼能力人之相对人为限,至无诉讼能力人本人,不得为此声请,惟得依同法第四十七条至第五十条规定办理;(二)依院字第八九零号解释所为驳回上诉之判决,依同法第二百二十一条第一项规定,亦须经言词辩论为之;(三)关于本问题,已有院字第四九一号解释,应查照办理,至该号解释所称民事诉讼律第六百零三条前段,及民事诉讼条例第五百七十一条上半段,与现行《民事诉讼法》第四百九十五条前段规定相同;(四)当事人委任律师代理某审诉讼,其代理关系即以该审为限,如案件发回原审,仍须另行委任,方得代理。合行令仰转饬知照。此令

**附原呈**

呈为呈请事案,据苍梧地方法院院长唐尧钦本年四月二十五日呈称,查《民事诉讼法》第五十一条规定,对于无诉讼能力人为诉讼行为,因其无法定代理人或其法定代理人不能行代理权,恐致久延,而受损害者得声请受诉法院之审判长选任特别代理人等语。依文义解释,此项声请似应由相对人为之,如该无诉讼能力人为原告,相对人不为声请,则无诉讼

能力人本人可否声请,其声请是否有效?如认其声请无效时,有无救济方法?此应请解释者一;司法院二十四年四月二十五日第八九零号解释,如当事人起诉未缴讼费或缴不足额,经第一审法院为实体上之判决,上级法院本于当事人之上诉以裁决,命其连同上诉费用一并补正,若当事人仅补正上诉费用,而对于第一审之讼费抗不遵缴,则无论第一审实体上之判决是否正当,自应认其上诉为无理由,予以驳回等语。查第二审法院认上诉为无理由者,应为驳回之判决。又判决除别有规定外,应本于当事人言词辩论为之。《民事诉讼法》第四百四十六条第一项、第二百二十一条第一项分别定有明文,倘依上开第八九零号解释所为之判决,既无特别规定是否须开言词辩论为之?此应请解释者二;当事人不服第二审判决提起上诉,已缴纳第三审讼费,但第三审法院误为未缴讼费,认为上诉不合法,以裁定驳回上诉,确定在案。然当事人确已于法定期间缴纳讼费,遂持合法期间内已缴讼费之证据(如邮局汇单收据),依《民事诉讼法》第五零三条准用再审之规定,向第二审法院对第三审法院之裁定声明不服,提起再审之诉,如经第二审法院认为有理由,可否以裁定废弃第三审之裁定,将该案件呈交第三审法院更为审判,抑应如何办理?此应请解释者三;当事上诉,第二审法院委托甲律师为代理人,第二审判决后依普通惯例,律师之代理关系即行消灭,苟该项判决当事人不服,又委托乙律师上诉第三审,经第三审法院判决,将该案件发回第二审法院更为审判,则原第二审之代理人甲律师未经当事人加委,是否尚能于更审程序中继续出庭?此应请解释者四。职院上述悬案待结,理合具文呈请察核转呈解释示遵等情。据此,事关法律疑义,理合据情转请钧院察核迅赐解释,俾便饬遵。谨呈

**院字第一五三三号**

**二十五年九月一日　司法院指令江苏高等法院　附原呈**

呈悉,业经本院统一解释法令会议议决,债权人甲对于债务人乙之房屋声请执行,经发给移转权利证书后,承租该屋之丙依《民法》第四百二十五条,其租赁契约对于受让人仍继续存在,则其关于返还押租,誊交房屋,乃属于租约应否终止问题,不问已未另案起诉,均不在执行范围。合行令仰转饬知照。此令

**附原呈**

案据金坛县县长祁仑捷呈称,查承租人终止租约时,得向受让人请求返还押租金,如受让人主张有不应返还租金之理由,或承租人在押租金未返还以前不愿交出租赁物,均系另依诉讼始能解决之事项,不得径为执行,院字第一二六六号着有解释例。今有债权人甲向债务人乙提起给付之诉,经判决确定执行乙之房屋,拍定后发给移转管业证书,惟该房屋前由债务人乙出租与第三人丙使用,曾收有押租金,当甲接收管业之际,丙出而对抗,不肯迁让,要求返还押租,甲则坚持定案,拒绝返还,押租双方各走极端,但相互间均未另案起诉,致执行发生困难,本案如何办理,要分两说:(一)说丙既因押租无从取偿,占屋不交,不能谓为无理。今执行甲之债权,而使善意第三人权利上受有损害,自非法所允许,应依照上开解

释例不得径为执行;(二)说在承租人丙未向债权人甲正式另案提起诉讼之先,纵有相当抗辩,法院应采不告不理之原则,仍当强制执行解除占有,归受让人管业,庶足保全执行之效力。以上两说是否有当,本府未便擅决,理合具文呈请鉴核示遵等情。据此,事关解法律,本院未便擅专,理合具文呈请仰祈钧长鉴核迅赐解释,指令饬遵,实为公便。谨呈

**院字第一五三四号**

**二十五年九月一日　司法院指令江苏高等法院　附原呈**

呈悉,业经本院统一解释法令会议议决,《民事诉讼法》第五百十五条第二项,所谓督促程序费用,系指在督促程序中所生之一切费用而言。此项费用应作为视同起诉后讼诉费用之一部,易言之即将来之通常诉讼为费用之裁判时,其以前督促程序中之费用应亦包含在内占总费用中之一部,惟同条第一项既以支付命令之声请视为起诉其原缴之声请费,应许其扣抵预缴诉讼费之一部。合行令仰转饬知照。此令

**附原呈**

案据兼理司法海门县县长陈桂清冬代电内称:本县现有甲某,以乙某不履行债务,声请发支付命令,嗣债务人于合法时期提出异议,自应以债权人支付命令之声请视为起诉,令补缴审判费,按通常诉讼程序进行。惟其原缴之声请费应否移抵审判费,厥有两说:(子)说《民事诉讼法》第五百十五条第二项载,前项情形督促程序费用应作为诉讼费用或调解程序费用之一部,则债权人因债务人提出异议视为起诉之时,其原缴声请费自应移抵审判费;(丑)说谓该条项规定系解决督促程序费用应由何人负担问题,与同法第七十八等条有连带关系,其意义即俟通常诉讼为费用之裁判时,将与一并决定。与已废止之民事诉讼条例第六百零九条系同一意义,作为诉讼费用之一部云云,与视作起诉后关于诉讼所生之费用云云意义正属相同。该条项中所谓促督程序费用,系指督促程序中所生之一切费用而言,不仅指声请费一项,如因有该条项规定即以声请费移抵起诉时应缴之审判费,则督促程序中之其他费用又如何移抵?不特此也,起诉时应缴之审判费不皆大于声请费,如诉讼标的金额或价额为十元,未满其起诉时应缴之审判费不过四角五分,则声请费所多于审判费之三角如何移抵?且法文中所谓一部云云,于此场合又作何解?然此犹就《民事诉讼法》而言,现时暂准援用之《修正诉讼费用规则》第八条则明明规定,仍依第二条规定征收审判费,并未规定声请费应移抵审判费,同规则第四条于本诉与反诉之诉讼标的相同者,已规定反诉不另征审判费。如果视支付命令之声请与起诉同时声请费应移抵审判费,该规则何能不予规定?由此更可知不能移抵。上项两说,似以丑说为是,但究以何说为当,事关国家法收及当事人负担,未便擅专,理合电陈鉴核俯赐指示遵行等情到院。事关法律疑义,职院未敢擅断,理合具文呈请钧长鉴核迅赐解释,俾便饬遵。谨呈

院字第一五三五号

二十五年九月二日　司法院训令陕西高等法院　附原呈

为令知事,查该法院第三分院上年十一月十四日呈请解释掳人勒赎罪疑义一案,业经本院统一解释法令会议议决,乙之持条取款既在放回被掳人之后,倘乙于其子甲结伙掳人时并未共同实施,亦无其他帮助行为,自应论乙收受赃物之罪。合行令仰转饬知照,原呈抄发。此令

附原呈

为呈请解释示遵事,兹有甲结伙多人意图勒索,而掳人后事生,当因无款回赎,遂托由商号出具钱条将票赎回,嗣后甲同其母乙待该条偕往商号将款取出。该乙之是否触犯掳人勒赎罪,今有甲、乙两说:(甲)说乙持条取款时,虽在放回被掳人之后,然非此不足以达勒索之目的,故应认为勒索之继续行为,仍应以掳人勒赎论;(乙)说掳人勒索后,人票放回,犯罪行为即已终止,乙之持票取款,既在放回被人掳之后,是其时勒索行为业已过去,仅系学说上所谓之事后加担,核此情形只可论以赃物罪,不能依掳人勒赎罪刑论处。以上二说,未知孰是,悬案以待,理合备文呈请俯赐解释遵行。谨呈

院字第一五三六号

二十五年九月二十五日　司法院指令司法行政部　附原呈

呈悉,业经本院统一解释法令会议议决,设有花会总机关发表号码,或花样以定输赢,即系意图营利聚众人之财物而为赌博,自应依《刑法》第二百六十八条论科,则分送号单或花样单之人,自亦构成帮助聚众赌博之罪。合行令仰转饬知照。此令

附原呈

案据江苏高等法院首席检察官呈称,兹据上海地方法院首席检察官以花会案件上海甚多,打花会者只购花会券,如买彩票。然其购券方法即由代收花会者送至各家销售,然后由花会总机关发表号码或花样以定输赢,仍由代收花会者分送号单或花样单于各家,如彩票公布号码。然花会为秘密机关,并不当众开彩,故购券者不能认为在公共场所赌博。代收花会者,前大理院解释为帮助聚众赌博,实无众人在公共场所聚赌,究应如何办理,实关法律解释,请示祗遵等情前来,理合转呈仰祈核示饬遵等情到部。查花会一项较之其他赌博为害尤烈,历来例禁甚严,而来呈所述情形又与旧例(前大理院判例)所谓标赌及开设花会诱人聚赌显有不同,按诸《刑法》赌博罪章各条自亦不无疑义,理合具文呈请钧院鉴核俯赐解释以便饬遵。谨呈

**院字第一五三七号**

**二十五年九月二十六日　司法院咨行政院　附原咨**

为咨复事,准贵院本年六月二十日咨(第一七六号)开,为商标法适用发生疑义,请查照解释见复等由,业经本院统一解释法令会议议决,(一)修正商标法第十四条所称普通使用方法,谓只以一般常用之方法表示于商品中,如以某种文字表明其为何人制造、何地出产,以示与他人有别之类,此种表明既非商标,故不受商标专用权之效力所拘束。若竟以他人已注册之商标完全相同之文字用之,商标中自不能仅以普通使用之方法论;(二)同条但书所称同一姓名商号,即姓名与商号相同,或商号与姓名相同亦包括在内,故虽系普通使用方法而以恶意使用与他人已注册之商标同一之姓名或商号者,即与本规定相合。相应咨复贵院查照。此咨

**附原咨**

查旧商标法第十五条,即修正商标法第十四条前段所谓普通使用方法,其意义如何?设有将自己之商号译成与他人已注册之商标完全相同之外国文使用于商标中,是否为普通使用方法?又同条后段所谓同一姓名商号,是否单指姓名与姓名同一,或商号与商号同一而言?设有使用与他已注册之商标同一之姓名或商号,是否与此项规定相合?以上两点适用时均不无疑义,相应咨请贵院查照解释见复,至纫公谊。此咨

**院字第一五三八号**

**二十五年九月二十六日　司法院指令湖北高等法院首席检察官　附原呈**

呈悉,业经本院统一解释法令会议议决,意图营利或意图使被诱人为猥琐之行为,或奸淫而和诱有配偶之人脱离家庭,非告诉乃论之罪。合行令仰转饬知照。此令

**附原呈**

案据黄陂地方法院首席检察官卜廷枚呈称,查新《刑法》第二百四十条第三项载,意图营利或意图使被诱人为猥亵之行为,或奸淫而犯前二项之罪者,处六月以上五年以下有期徒刑,得并科一千元以下罚金等语。关于和诱未满二十岁之男女脱离家庭,或其他有监督权之人而犯者,适用上尚无疑义。惟和诱有配偶之人脱离家庭而犯者,是否不须具备告诉条件,在适用上不无疑义,兹分甲、乙两说:(甲)说谓新《刑法》第二百四十条第三项之罪既未定有告诉乃论之明文,即无须待其配偶告而后论罪;(乙)说谓新《刑法》增订,和诱有配偶之人处罚规定者,因其破坏家庭组织,应予处罚,其理由见诸《刑法》修正案要旨第七十则,又以被侵害者为被诱人之配偶,应由其行使告诉权,新《刑法》第二百四十条第三项之罪,虽未明定须经告诉乃论,但同条第二项之罪则已有规定,该条第三项因奸淫等情而和诱有配偶之人其被侵害者,仍为被诱人之配偶,该条项既犯前二项之罪而成立,而第二项之罪须经告诉乃论,由此以观,则和诱有配偶之人而犯该条第三项之罪者,似应经告诉始可论罪,方

与法意相合。以上两说,未知孰是,理合具文呈请钧处转呈解释示遵等情。据此,理合呈请钧院鉴核解释令遵。谨呈

**院字第一五三九号**

**二十五年九月二十八日　司法院指令中央公务员惩戒委员会　附原呈**

呈悉,业经本院统一解释法令会议议决,乡长依《乡镇坊自治职员选举及罢免法》第二条之规定,系属自治职员,其与区公所助理员均无官阶,亦无俸给,无从适用《公务员惩戒法》所定之惩戒处分,不能认为惩戒法上之公务员。合行令仰知照。此令

**附原呈**

呈为呈请解释事,窃按惩戒法上所称之公务员,应以委任职以上公务员为限,原无疑义。惟设有以各县区之乡长及助理员而移付惩戒者,此项乡长及助理员应否认为委任职公务员,而由惩戒机关受理,兹分甲、乙两说:(甲)对于区长之惩戒案件,依县组织法第三十三条、第三十四条,本会以前既认为委任职公务员而予以受理,则依同法第四十五条在区长民选实行以前,乡民大会选举乡长,应选出加倍之人数,报由区公所转请县长择任。是乡长虽由乡民大会选出加倍之人,而择任之权仍在县长。所谓择任,实与委任无异。并依同法第四十六条,乡长违法失职时,县长亦得自行罢免之。是乡长之任免颇与区长大体相同,似应认为委任职公务员而予以受理;(乙)依上述县组织法第四十五条规定,所谓择任乃以选举为前提,立法精神仍系注重民选,与同法第三十三条由民政厅就训练考试合格人员委任之区长不同,并依同法第四十六条,乡长违法失职时,乡民大会应报由区公所转请县长罢免。虽有县长亦得自行罢免之规定,亦与同法第三十四条区长违法失职时之罢免不同。是乡长之任免,虽在区长民选实行以前,原则上仍属于乡民大会之选举罢免,不得与组织法所规定区长之任免视同一例,似不应认为委任职公务员而予以受理。以上两说,未知孰是,至关于助理员部分,依县组织法第三十五条第二项,助理员由区公所遴,请县长委任之,是此项助理员应否认为委任职公务员,亦不无疑义,理合一并呈请钧院迅予解释祇遵,实为公便。谨呈

**院字第一五四〇号**

**二十五年九月二十八日　司法院指令绥远高等法院　附原呈**

呈悉,业经本院统一解释法令会议议决,诬告罪以有使他人受刑事或惩戒处分之意图为构成要件,是于侵害国家法益中同时具有侵害个人法益之故意,被诬告人自可提起自诉,至伪证罪之构成与诬告罪之要件不同,当然不得提起自诉。合行令仰转饬知照。此令

**附原呈**

案据归绥地方法院院长万宗周本年四月六日呈称,呈为呈请事,窃查伪证及诬告案件能否提起自诉,有甲、乙两说:(甲)谓伪证及诬告案件,系侵害国家法益之罪,以国家为被害

人。前大理院著有判例,个人既非被害人,自不得提起自诉;(乙)谓伪证及诬告案件系侵害国家兼侵害个人法益之罪,虽侵害个人方面之法益较轻,个人亦得提起自诉。两说各有理由,究以何说为是,事关法律疑义,理合具文呈请鉴核转请解释示遵谨呈等情。据此,事关法律疑义,理合具文转呈钧院鉴核解释示遵。谨呈

**院字第一五四一号**

**二十五年九月二十八日　司法院指令山西高等法院　附原呈**

呈悉,业经本院统一解释法令会议议决,甲、乙、丙三人分别对丁起诉,请求确认丁为戊商号之股东,其诉讼标的虽相同,而两造之当事人并不同一,故甲、乙两案之确定判决,虽经认丁非戊号股东,但与《民事诉讼法》第四九二条第一项第十款情形不合,丁对丙案之确定判决,自不得据以提起再审之诉。合行令仰知照。此令

**附原呈**

呈为呈请解释示遵事,兹有甲、乙、丙三人分别对丁提起确认之诉,请求确认丁为戊商号股东,一、二两审均认丁系戊商号股东,丁不服又提起第三审上诉。惟甲乙两案系地方管辖案件,应以最高法院为终审法院,丙案系初级管辖案件,应以高等法院为终审法院。当丙案未判以前,甲、乙两案早经确定,均认丁非戊商号股东,迨丙案判决认丁系戊商号股东后,丁即以甲、乙两案判决向第二审法院请求再审。第二审法院以丙案与甲、乙两案非同一诉讼标的,前案之判决其效力不及于丙案为理由,将其再审予以驳回。丁不服又提起抗告,抗告法院以其所提出之判决不能认为新证据之发见,又将其抗告以裁定驳回。查抗告法院之裁定系终审裁定,除具备再审条件得声请再审以资救济外,别无救济方法。丁于甲、乙两案判决外并无其他再审原因,遇此情形能否仍以甲、乙两案判决声请再审或提起再审之诉,有二说焉:(甲)说谓新证据之发见,乃指系争法律事实未完成以前,其证据已经存在,惟为当事人所不知,迨判决确定后当事人始行发见者而言。丁在丙案未判以前,已知有此判决,自难认为新证据之发见,此项判决在丙案未判以前已能提出,而竟不为主张,纵认为新证据之发见,依《民事诉讼法》第四九二条第一项但书规定,亦不能以之为再审理由。况此项判决曾经法院予以斟酌,并非未经斟酌之证据,不得据以声请再审或提起再审之诉,更属显然;(乙)说谓甲、乙两案之诉讼标的均系确认丁为戊商号股东,丙案亦然,系丙案与甲、乙两案系同一诉讼标的,甲、乙两案均系胜诉,丙案与前两案事同一律,当无败诉之理,故前两案之判决,在丙案未判以前虽能提出,因无使用必要,是以未曾提出,且亦无须提出,与知其事由而不主张者不能相提并论,迨丙案判决知其结果与前案相反,自可以前案判决提起再审之诉。盖前案之判决即系就同一诉讼标的在前所为之判决,依《民事诉讼法》第四九二条第一项第十款规定,自不能不认为再审理由,至此项判决虽经法院予以斟酌,然仅认丙案与前案非同一诉讼标的,前案之判决,其效力不能及于丙案,或不认为新证据之发见。至此项判决自实体上言之,对于丙案有无影响,则未予以审究,是此项判决仍不能认为已经斟酌之证

据，此项判决既系就同一诉讼标的在前所为之判决，又系未经斟酌之证据。且丙案判决时，此项判决虽能提出，因其无用，是以未曾提出，与知其事由而不为主张者又不相同，自得据以声请再审，或提起再审之诉。以上两说，究以何说为是，抑或另有其他办法，事关法律疑义，本院未便擅专，理合具文呈请钧院鉴核迅赐解释示遵。谨呈

**院字第一五四二号**

**二十五年九月二十八日　司法院指令浙江高等法院　附原呈**

呈悉，业经本院统一解释法令会议议决，凡与国家或社会同时被害之个人，仍不失为直接被害之人，诬告罪所侵害之法益，虽一方为国家之审判权，但其成立既以使人受处分之目的为要件，其被陷害之人自得依《刑事诉讼法》第三百十一条提起自诉。合行令仰转饬知照。此令

**附原呈**

案据兰溪地方法院院长袭锡瑞呈称，查诬告案件经被诬告人提起自诉，能否受理，有甲、乙两说：（甲）说谓诬告罪之被害法益系国家之审判权，而非被诬告人，经院字第七七一号及第九四五号刊，有解释被诬告人应在不得自诉之列；（乙）说谓新刑诉法第三零七条，有指被诬告人为被害人之用语，是法律已认被诬告人为被害人，依同法第三一一条被害人得提起自诉，应予受理。两说孰是，请核示等情。据此，案关法令疑义，理合备文转请仰祈钧院解释示遵。谨呈

**院字第一五四三号**

**二十五年九月二十八日　司法院电广西高等法院　附原电**

广西高等法院朱院长览，本年六月齐代电悉，第二分院转请解释《民法》第一零四九条疑义一案，业经本院统一解释法令会议议决，未成年之夫妻自行离婚，《民法》第一零四九条既定明应得法定代理人之同意，同法对于违反该条并无不以为无效之规定，自应依同法第七十一条所定认为无效。合电转饬知照。司法院俭印

**附原电**

南京司法院居院长钧鉴，案据苍梧广西高等法院第二分院院长陈祖信本年六月二日第三零号冬代电称，窃查《民法》第一千零四十九条载，夫妻两造离婚者，自行离婚，但未成年人应得法定代理人之同意等语。设未成年人之夫妻未得法定代理人之同意而协议离婚，其行为是否属于无效，抑或准由其法定代理人向法院请求撤销？又撤销请求权可否比照同法第九百九十条规定，于知悉离婚事实后逾六个月，或自其离婚事实发生已逾一年，或离婚后之妻与他人结婚已怀胎者不得请求撤销？事关法律疑义，理合电请鉴核转请司法院解释，俾资遵循等情。据此，理合据情转请钧院鉴核迅赐解释，俾便饬遵。广西高等法院院长朱朝森呈齐印

**院字第一五四四号**

**二十五年九月二十八日　司法院电江苏高等法院　附原电**

江苏高等法院朱院长览,本年七月齐代电悉,海门县县长转请解释《补订民事执行办法》第十六条疑义一案,业经本院统一解释法令会议议决,《补订民事执行办法》第十六条第四项规定,原为债权人不肯收受未拍定之不动产时而设。倘债权人于强制管理中,自愿收受,应仍依该条第三项办理。合电转饬知照。司法院俭印

**附原电**

南京司法院院长居钧鉴,案据兼理司法海门县县长陈桂清有代电称:本县现有甲某与乙某因债务涉讼,乙某应偿债务无力履行,业经查封乙某所有不动产估价标卖,并经三次减价仍然无人标卖讯之,甲某又不愿收受,即经依照《补订民事执行办法》第十六条第四项规定,命令该管乡长管理,兹甲某复以自愿收受声请撤销强制管理,其应否准许,厥有两说:(子)说经一次以上减价拍卖未能拍定之不动产,所以得准债权人声请按末次所定最低价格交与收受者,系推定当时价格相当,但经命令强制管理之后,因时间关系,价格不无变动,应先声请拍卖,如再不能拍定,方能声请交与收受;(丑)说在命令强制管理之后,若时间未久,酌量情形,价格尚未有变动,或再命鉴估价格并未增高,则为执行易于终结起见,仍得准许债权人声请,依照末次最低价格交与收受。二者究以何说为是,殊滋疑义。又如甲说拍卖之时应另行鉴估最低价格,抑以末次最低价格,或就末次最低价格再减几分之几为拍卖时之最低价格,亦不无疑义,理合电请鉴核示遵等情。据此,查该县长所请解释之点,系属法令疑义,理合转请钧院鉴核迅赐解释,以便饬遵。江苏高等法院院长朱树声叩齐印

**院字第一五四五号**

**二十五年九月二十八日　司法院指令广东高等法院　附原呈**

呈悉,业经本院统一解释法令会议议决,诬告罪以有使他人受刑事或惩戒处分之意图为构成要件,是于侵害国家法益中同时具有侵害个人法益之故意,被诬告人自可提起自诉。合行令仰转饬知照。此令

**附原呈**

现据广州地方法院院长陈达材呈称,窃查诬告罪能否提起自诉,兹有两说:(甲)谓诬告罪直接侵害之法益为国家,依旧判解被诬告人不过为间接被害人,不得依刑诉法第三一一条提起自诉;(乙)谓诬告之行为非特直接侵害国家之法益,且同时直接侵害被诬告之个人,依司法院本年十一月八日对司法行政部指字第六九七号指令,个人与国家或社会因犯罪而同时被害,则被害之个人自得提起自诉之解释,则被诬告之个人自亦得提起自诉。以上两说,究以何说为当?事关法律疑义,本院现有此类事件发生,理合呈请钧院鉴核转请司法院迅赐解释示遵,实为公便等情。据此,理合据情备文转呈钧院鉴核俯赐解释,迅复下院,俾

转饬遵,实为公便。谨呈

**院字第一五四六号**

**二十五年九月二十八日　司法院训令广东省政府　附原呈**

为令知事,案准前西南政务委员会本年四月十四日咨(第一号),据该省政府呈据建设厅转请解释商会改选执监委员疑义一案,业经本院统一解释法令会议议决,商会执行委员或监察委员于举行《商会法》第十九条改选时,既经留任者,不得再行当选。故留任之执委又当选为监委,或留任之监委又当选为执委,其当选为无效,不生执监两职能否择一而就之问题。合行令仰转饬知照。此令

**附原咨**

案据广东省政府二十五年四月六日呈称,现据建设厅二十五年三月二十八日呈称,现据大埔县商会呈称,窃查自《商会法》及《商会法施行细则》颁定之后,属会即依法改组,备具章册,呈请分别备案,因所具章册有未合法,一再发还修正,以致牵延时日。适民国二十三年四月始,奉国民政府西南政务委员会第九一七号指令核准备案在案,适其时原有各职员任期均已满足四年,自应举行改选,遂遵大埔县党部指导规定,二十三年四月以前未经核准备案之各委,作为临时之职员,四月以后已经核准备案之各委,定为第一届之职员,从新依法全体改选。俟任期满足二年后,遵照《商会法》第十九条办理,改选半数以为衔接。而符法令又在案,现第一届各职员之任期将届满足二年,自应依法改选半数,惟是抽签改选半数之后,其原主席及常务各执委倘未经抽去,应否得续任职,或一律再行互选?又改选半数时之抽去之执委,可否得被选为监委,并抽去之监委可否得被选为执委?至留任之执委倘复被选为监委,并留任之监委倘复被选为执委,可否得由当选者择一而就?事关改选,理合备文呈请钧厅察核,如何之处伏乞俯赐,迅予分则批示祇遵,实为公便等情。据此。查所称第一、第二两点,前经司法院二十二年院字第八八八号解释,商会执行委员之常务委员及主席,系由执行委员中选出,于执行委员二年改选半数时,应一并改选,及二十二年院字第九一三号解释:(一)商会第一次改选被抽出之执委,复当选为监委,或监委被抽出者复当选为执委,均不得谓之连任等语,自应遵照解释办理。至于留任之执委复被选为监委,或留任之监委复被选为执委,可否得由当选者择一而就一点,应如何解释之处,职厅未便擅拟,除令复外,理合备文呈请钧府核示祇遵,实为公便等情前来。查核商会章册,前经呈奉钧会二十三年三月九日第九一七号指令准予备案,汇转有案,兹据前情理合备文转呈钧会核示饬遵等情。据此,事关解释法律,除指令外,相应咨请查照解释见复,以凭饬遵,至纫公谊。此咨

**院字第一五四七号**

**二十五年十月二日　司法院指令山东高等法院　附原呈**

呈悉,业经本院统一解释法令会议议决,(一)夫妻同居之判决,虽不能强制执行,惟传

案劝导自无不可;(二)担保人在负责期间内,如非故纵债务人逃亡,执行法院不得予以拘提;(三)在夫妻同居诉讼中,担保交出某造之保人,如不能交出时,对于对造因欲达到被保人到案之目的所生之费用,该保人应负赔偿损害之责,其赔偿之范围自以实际上支出之费用为准。合行令仰转饬知照。此令

**附原呈**

案据聊城地方法院推事兼院长崔嗣功呈称,查人事诉讼判决同居案,经确定后,一造请求同居,对造潜逃能否进行执行,有甲、乙二说:(甲)说谓同居之诉虽不能强制执行,然须将负同居之义务者拘传到案,多方劝导,不能以其逃匿,即推定为不能强制执行;(乙)说谓同居义务人既已逃匿,已见坚不愿同居,即不应再予执行。二说孰当,此请解释者一。再查在审理中所取之保人,于执行时尚未卸责之,保人迭传不到,依法应否票拘,分甲、乙两说:(甲)说谓保人既对被保人负担随传随到责任,如为发生保人效力起见,保人经迭传不到,法虽无拘提明文,亦应实施拘提,否则失去保人效力,则法律上取保之规定将等于具文;(乙)说谓保人非被告,法无拘提明文,虽抗传不到,亦不能拘提。二说孰当,此请解释者二。又保人如拘获后,仍不能将被保人交案,或保不能拘获时,当此场合如请求执行,同居者因对于保人提起损害赔偿之诉,但以被保人并非财物,不能估计价格,则损害赔偿之范围究以何为标准,抑系仅得诉请交人,此应请解释者三。以上各点,案关法律疑义,理合备文呈请鉴核转请解释,指示祗遵,实为公便等情。据此,理合具文呈请钧院鉴核俯赐解释,以便饬遵。谨呈

**院字第一五四八号**

**二十五年十月二日　司法院指令河北高等法院　附原呈**

呈悉,业经本院统一解释法令会议议决,监查人之选任,依《破产法》第一二零条规定,既须经债权人会议决议,而关于债权人会议就选任监查人之决议,同法未另有规定,依同法第一二三条规定,自应有出席破产债权人过半数,而其所代表之债权额又超过总债权额之半数者之同意始得当选。若其决议之结果仅达出席破产债权人过半数之同意,而其所代表之债权额未超过总债权额之半数,或同意之债权人所代表之债权额虽超过总债权额之半数,而未达出席债权人之过半数,自均不得当选。又债权人会议决议之事项,除同法另有规定外,未得同法第一二三条所定之同意,其所决议之事项亦非有效(参照院字第一四二三号解释)。合行令仰转饬知照。此令

**附原呈**

呈为呈请事,案据天津地方法院呈称,窃查破产法监查人之选任,应由债权人会议议决,此固为《破产法》第一百二十条第一款所明定,而债权人会议之决议,依同法第一百二十三条,固须有出席破产债权人过半数,而其所代表之债权额超过总债权之半数者之同意,然此在一般之选任时,自属易于解决,惟设遇债权人人数过多,选举何人意见不易一致,经决

议选任监查人之方式以投票行之,之时开票结果,甲所得票数已达出席债权人之过半数,而所代表债权额未超过总债权额之半数,乙所得票数未达出席债权人之过半数,而所代表债权额已超过总债权额之半数,究应以何人为当选?再出席破产债权人其所代表之债权额仅超过总债权额之半数,对于决议事项,仅有出席当时之债权人之半数,而所代表之债权额亦仅有出席当时之债权额半数之通过,不及总债权额半数者,其决议或票选是否有效?事关适用破产法疑义,职院未敢擅拟,理合具文呈请鉴核,俯赐迅予转呈核示祇遵等情到院,理合呈请钧院鉴核指示,以便转令祇遵,实为公便。谨呈

**院字第一五四九号**

**二十五年十月二日　司法院指令安徽高等法院首席检察官　附原呈**

呈悉,业经本院统一解释法令会议议决,《刑法》第二百四十一条第三项所称未满十六岁之男女,不包括已结婚者在内。合行令仰知照。此令

**附原呈**

案据凤怀地方法院首席检察官许恩麟本年四月陷日代电称,《刑法》第二百四十一条第三项所称未满十六岁之男女,是否包括已结婚者在内,于此有二说:(甲)谓法文既明定为未满十六岁之男女,并无其他限制,自不问被诱人为已结婚、未结婚,凡和诱此项男女,均应依本条项论断;(乙)谓已结婚者有行为能力,被诱人虽未满十六岁,但既已结婚,即不能援用本条项之规定。二说未知孰是,事关法律疑义,理合电呈转请解释示遵等情前来。事关法律解释,理合据情转呈钧院鉴核迅赐指令祇遵。谨呈

**院字第一五五〇号**

**二十五年十月二日　司法院电贵州高等法院首席检察官　附原电**

贵州高等法院王首席检察官览,徐前首席检察官本年二月灰代电,请解释民事确定判决效力疑义一案,业经本院统一解释法令会议议决,同一诉讼标的先后受两个相反之确定判决,其先一确定判决胜诉之当事人,于后之诉讼进行中,已依上诉而为已有确定判决之主张,依《民事诉讼法》第四九二条但书之规定,不得依该条第一项第十款提起再审之诉,自应以后之确定判决为准(参照院字第五零五号解释)。合电知照。司法院冬印

**附原电**

南京司法院院长居钧鉴,设有同一诉讼标的先后依通常诉讼程序,而经两个相反之确定判决,其先一确定判决胜诉之当事人,依《民事诉讼法》第四百九十二条第一项第十款,得提起再审之诉以资救济,固无疑义。但该当事人于后一确定判决中,已依上诉主张其先一确定判决,未置采取核与前开法条规定。当事人已依上诉主张其事由要件不合,且查确定判决之效力,《民事诉讼法》第三百九十九条、第四百条规定至为详密,上述之先一确定判决似不能不予以维持,以保全法院之威信,究应适用何法,能废弃后一确定判决,以维持先一

确定判决,颇滋疑问。理合电请解释示遵。贵州高等法院首席检察官徐世雄叩灰

**院字第一五五一号**

**二十五年十月二日　司法院电江苏高等法院　附原电**

江苏高等法院朱院长览,本年五月齐代电悉,如皋县县长转请解释征收讼费疑义一案,业经本院统一解释法令会议议决,以一诉请求终止租约并追缴欠租交让田房者,其关于租约之终止,不过为交让之诉之前提。法院征收讼费应仅就追缴欠租,及交让田房两项合并计算,至计算方法,关于追缴欠租部分应以租约终止前所欠之金额为准(租约终止后则为附带主张之损害赔偿,依法不应并算),关于交让田房部分,参照院字第一二五二号解释。合电转饬知照。司法院冬印

**附原电**

南京司法院院长居钧鉴,案据兼理司法如皋县县长章骏感代电称,查职县征收讼费发生疑义,例如耕作地或房屋之租赁,因欠租两年以上请求终止租赁契约并追缴欠租、交让田房,固应依照《民事诉讼法》第四百零五条第一项办理,惟关于耕作地或房屋之终止租赁契约,是否依通常解除租赁契约征收讼费四元五角,合并欠租价额计算,抑应估定耕作地或房屋之价额,及照耕作地或房屋租息全年总额二十倍合并欠租计算征收?又租合为耕作地或房屋之孳息,则请求终止租赁契约并追交欠租,依照《民事诉讼法》第四百零五条第二项,是否以一诉附带主张利息或其他孳息,不并算其价额?但事实上田房欠租或为数甚巨,似以并算价额为宜。事关法律疑义,理合电请鉴核示遵等情。据此,查该县长所请解释之点,系属法令疑义,理合转请钧院鉴核迅赐解释,以便饬遵。江苏高等法院院长朱树森叩齐印

**院字第一五五二号**

**二十五年十月二日　司法院咨行政院　附原咨**

为咨复事,准贵院本年四月二十九日咨(第九五号)开,据内政部呈请解释国籍法疑义,请查照见复等由,业经本院统一解释法令会议议决,外国人经为其父或母之中国人所认知,或为中国人所收养者,依《国籍法》第二条第二款至第四款所定,取得中华民国国籍,不俟该部备案始生效力,与同条第一款为中国人妻者相同(参照二十三年院字第一一一一号解释)。又外国人于为中国人之养子时,所已取得之中国国籍,无论已否备案,均不因收养关系之终止而当然丧失。相应咨复贵院查照饬知。此咨

**附原咨**

案据内政部本月二十二日第一七三八号呈称,案查《国籍法》第二条,外国人有下列情事之一者,取得中华民国国籍:(一)为中国人妻者,但依其本国法保留国籍者不在此限;(二)父为中国人,经其父认知者;(三)父无可考或未认知母为中国人,经其母认知者;(四)为中国人之养子者;(五)归化者。又《国籍法施行条例》第二条,依国籍法第二条第一

款至第四款及第八条取得国籍者，由本人或父或母声请，居住地方之该管官署核明，转报内政部备案（余不录），是则《国籍法》第二条第一款至第四款，因婚姻或认知或养子取得国籍者，其性质殆相类似。惟第二条第一款关于外国女子嫁与中国人为妻者，即系当然取得国籍，声请备案与否，不过为其取得后之一种手续。业经本部于二十三年十月间呈经钧院转请司法院解释，并通行各在案，其余各款尚多疑义。设有外国人为其父（中国人）所认知，或其父无可考或未认知而经其母（中国人）所认知，或为中国人之养子者，若未依法声请备案，是否与外国女子嫁与中国人为妻者同为当然取得国籍？又外国人为中国人之养子者，如非当然取得国籍，于呈部备案之后，如与其养父终止收养关系，是否仍属中国国籍，均无明文规定。事关法律疑义，理合备文呈请鉴核转请司法院解释，俾有遵循等情。据此，案关法律适用疑义，相应咨请贵院查照解释见复，以便饬遵。此咨

**院字第一五五三号**

**二十五年十月三日　司法院指令江苏高等法院第三分院　附原呈**

呈悉，业经本院统一解释法令会议议决，（一）院字第一四零四号解释，对于《民法》第八百七十三条第一项之声请，既谓债务人或第三人就抵押关系并未发生争执，毋庸经过判决程序径予拍卖，即明示此项拍卖不须取得裁判上之执行名义，即可径予执行。在《拍卖法》未颁布施行以前，自可准照关于不动产执行之程序办理，如债务人就抵押关系有争执时，仍应由债权人提起确认之诉，如第三人就执行拍卖标的有争执时，则应由该第三人依法提起异议之诉。（二）同号解释所谓工厂之机器可认为工厂之从物者，凡该工厂所设备之机器，皆可认为从物，不以已经登记或附着于土地房屋者为限。至工厂之土地及房屋，若系租赁而来，则工厂与机器既非同属于一人，机器固不能单独为抵押权标的物，工厂如未得所有人许可，亦不得以之为抵押权之设定。合行令仰转饬知照。此令

**附原呈**

呈为据情呈请解释，仰祈鉴核指令饬遵事，案据署江苏上海第二特区地方法院院长王思默呈称，呈为呈请转院解释事，窃查院字第一四零四号解释，抵押权人于债权届清偿期而未受清偿，声请法院拍卖抵押物时，如债务人或第三人就该抵押关系并未发生争执，毋庸经过判决程序，即可径予拍卖，亦不因该地已未实行登记制度而有差异。在此所谓毋庸经过判决程序即予拍卖，究应依何种程序办理，兹有三说：（甲）说主张依非讼事件办理，谓抵押权人声请拍卖抵押物属于非讼事件。我国非讼事件法及拍卖法虽尚未颁布，但依各国通例，应依照非讼事件过程办理。法院于收受抵押权人声请书状后，应即调查债务人或第三人就该抵押关系有无争执，如无争执，即应裁定准予拍卖，移送执行；（乙）说主张依执行事件办理，谓依非讼事件过程办理，仍不免稽延时日，结果抵押权之行使，仍不能迅速有效，且解释全文并未指示应经过裁定程序，自可由执行机关径行执行；（丙）说主张依普通诉讼事件办理，谓由执行机关径行拍卖，嫌无执行名义，在《民事诉讼执行规则》上毫无根据，且《民

法》第二百二十七条明文规定,债务人不为给付或不为完全之给付者,债权人得声请法院强制执行,而实际上并非执行机关可以径行执行,仍须取得执行名义方可开始强制执行。《民法》第八百七十三条第一项之规定何能独异?若以该条有声请法院拍卖字样,即认为非讼事件,则《民法》第二百二十七条所谓声请法院强制执行,第二百四十四条所谓声请法院撤销,第四百四十二条所谓声请法院增减其租金等规定,将均可类推解释认为非讼事件,毋庸经过诉讼程序,殊与立法之本旨不合。本号解释所谓毋庸经过判决程序,径予拍卖云者,应解为抵押权人依通常诉讼程序声请拍卖抵押物,如债务人或第三人无争执,法院可裁定准予拍卖,毋庸以判决形式行之,否则仍须为判决以解决双方之争执。如此,庶与《民法》第八百七十三条第一项之立法意旨不相违背,且可使抵押权之行使迅速有效。上述三说,究以何说为当,如采甲说,则债务人可否抗告,于此又有二说:(子)说谓我国非讼事件法尚未颁布施行,应准用《民事诉讼法》之规定,许债务人抗告;(丑)说谓非讼事件以速结为宜,抵押权之行使期,其迅速有效,尤不应使债务人利用抗告延滞执行。如采乙说,则执行时发生争执究应由何方起诉,亦有二说:(子)说谓债务人或第三人对于拍卖抵押物有异议,应由债务人或第三人提起异议之诉;(丑)说谓债务人或第三人对拍卖抵押物有争执,与普通取得执行名义,在执行中出持异议者不同,应由抵押权人要求解决,庶可免债权人滥请拍卖之弊,否则债权人妄指债务人财产有抵押权,债务人或第三人将无端受害。又同号解释工厂之机器可认为工厂之从物者,得与工厂同时设定抵押权,疑点有二:(一)可认为工厂之从物究以何标准,有三说:(甲)说谓凡该工厂必须具备之机器,均可认为从物;(乙)说谓工厂之机器限于已在登记机关登记者,认为从物;(丙)工厂之机器限于附着于土地或房屋者为从物;(二)工厂之土地及房屋全部向人承租者甚多,此类工厂仅有牌号及机器,并无不动产可言,在此种情之下,工厂可否为抵押权之标的物?上述各点,事关法律疑义,理合具文呈请钧长察核,仰祈转院解释示遵,实为公便等情。据此,理合据情备文转呈钧院俯赐解释,令饬祗遵,实为公便。谨呈

**院字第一五五四号**

**二十五年十月三日 司法院电四川高等法院首席检察官 附原电**

四川高等法院毛首席检察官览,本年二月智代电悉,巴县地方法院首席检察官转请解释内乱罪被害人提起自诉疑义一案,业经本院统一解释法令会议议决,查院字第一三二四号解释,《刑事诉讼法》第三百十一条之被害人,固指因犯罪直接受有损害者而言,与《刑法》分则所定章次无关。惟来文所举疑问,乃指自诉案内含有其他应经公诉之牵连罪而言,依院字第一零九三号解释,即不得提起自诉。合电转饬知照。司法院汀印

**附原电**

南京司法院院长居钧鉴,据巴县地方法院首席检察官陈耀巧代电称,查院字第一三零六号及一三二四号解释,自诉均以直接被害人为限。寻读一三二四号解释原文,原呈似属

无论何种罪名,除被害人已死亡及无行为能力外,均得提起自诉。惟《刑法》之内乱外患,妨害国交、妨害公务、伪证诬告等罪均属直接侵害国家法益,其因而被害者只能认为间接被害,自不能提起自诉。但一三二四号解释既明示与《刑法》分则所定章次无关,如因侵害国家法益而个人直接受有损害者,亦可提起自诉,于是发生下列疑问:甲说如内乱罪之暴动因而强奸妇女若干,烧毁民房若干,伤害人若干,抢劫人民若干,如适用公诉程序,以一内乱罪即可吸收,如适用自诉程序,则凡属被害者均将个别起诉;乙说内乱罪既因暴动而发生强奸及伤害人等罪,皆系暴动之结果犯,其被害者为间接被害人,均不能提起自诉。再查凡侵害国家法益各罪,因而之被害人究系直接被害人,仰系间接被害人,在适用上均涉疑义。事关法律问题,理合电请俯赐转请解释饬遵等情。据此,事关法令解释,未敢擅专,理合电请钧院俯予速赐解释示遵。署四川高等法院首席检察官毛家骐叩哿

**院字第一五五五号**

**二十五年十月三日 司法院咨检察院 附原咨**

为咨复事,准贵院本年六月一日咨(第二五九四号)开,据湖南湖北监察区监察使呈请,核示湖南滨湖各县办理堤务人员是否公务员疑义,咨请查核解释见复等由,业经本院统一解释法令会议议决,在湖南省滨湖各县垸堤修防章程尚未规定以前,其所谓垸首经理、委员、董事等,既仅由出资修堤之垸众公推,报由政府备案,并非受有政府委任,自不得认为公务员。相应咨复贵院查照饬知。此咨

**附原咨**

为咨请事,案据湖南湖北监察区监察使高一涵呈略称,查湖南滨湖各县办理堤务人员,或称垸首,或称堤务董事会董事,或称堤工局总办主任,有种种不同之称谓,当以该省各县民垸办理,堤务机关究系如何组织,上述各项人员,是否受有政府委任而为依法令从事于公务之公务员,均有查询之必要。经致电湖南建设厅查询,嗣准该厅本年四月江代电略,开查本省滨湖各县办理堤务人员名称向不一致,上年省政府为整理起见,特于制定《湖南省滨湖各县垸堤修防章程》第十三条规定,各垸原有堤工局会等一律改为堤务局,负责人名称定为主任、副主任,从前垸首经理、委员、董事等名义概行取消。又第十四条内规定,主任、副主任由业户开会选举,呈报县长兼修防处长委任等语,查照电开各节于该项垸堤修防章程未经颁布以前,其各县办理堤务人员,如垸首经理委员董事等名义,究系如何产生,是否受有委任,仍有未明。经再函,该厅查复兹准该厅地字第三四二三号公函略开,查本省滨湖各县堤垸素系人民自行出资修筑,从前垸首经理、委员、董事等,由垸众公推,既无选举程序,复无县府委任,公推之后,不过呈请县府备案而已,自上年颁布修防章程改为官督民办始规定,堤务局主任、副主任、会计员先由业户选举,次呈报县府委任等语。查照湖南建设厅两次复文,该项办理堤务人员其现任之各堤务局主任、副主任等,系经政府委任照章办事,其为公务人员,似无疑义。惟从前之垸首经理、委员、董事等,既系田垸众公推,仅报政府备

案,则其是否为公务员,尚属疑问。又如遇该项人员被诉事件,使署应否受理?理合呈请钧院鉴核示遵等情。据此,查所请系属公务员资格之核定,有关法令解释,相应咨请贵院查核予以解释,俾资饬遵为荷。此咨

**院字第一五五六号**

**二十五年十月五日　司法院指令浙江高等法院　附原呈**

呈悉,业经本院统一解释法令会议议决,抵押权人依法声请拍卖抵押物,在声请时债务人或第三人如未发生争执,法院即可径予拍卖,毋庸经民庭裁定(参照院字第一五五三号解释),此项声请属于非讼事件,其声请费用应依《非讼事件征收费用暂行规则》第二条之规定征收。合行令仰转饬知照。此令

**附原呈**

案据诸暨地方法院院长李启华呈称,查阅司法院二十五年二月四日第一四零四号解释内载,在《民法》物权编所规定之登记法律尚未施行以前,抵押权人于债权已届清偿期,而未受清偿声请。法院拍卖抵押物时,如债务人或第三人就该抵押关系并未发生执争,毋庸经过判决程序即可径予拍卖,亦不因该地之已未实行登记制度而有差异等语(见司法公报第九十六号),本院尚有疑义:即(一)债权人声请法院拍卖抵押物时,其债务人或第三人对该抵押物有无争执,法院无从推知,应否须先经民庭裁定再予拍卖;(二)债权人声请法院拍卖抵押物,如可不经裁定径予拍卖,既无执行名义,似不能认为民事执行事件,是否为非讼事件,并应否照《诉讼费用规则》第七条第二项规定征收声请费,或依照《非讼事件征收费用暂行规则》第二条之规定征收费用?事属初创,未敢擅便,请核示等情。据此,案关法令疑义,理合备文转请仰祈钧院鉴核俯赐解释,以便饬遵。谨呈

**院字第一五五七号**

**二十五年十月八日　司法院咨行政院　附原咨**

为咨复事,准贵院二十一年七月十四日咨(第二零八号)开,为对于诉愿事件发生疑义,请查照解释见复等由,业经本院统一解释法令会议议决,诉愿之决定,有拘束原处分或原决定官署之效力,《诉愿法》第十二条定有明文,除不服之原处分或原决定有合于《诉愿法》第四条规定情形,得由不服者提起再诉愿或行政诉讼外,其原处分或原决定即属确定该原处分或原决定之官署,均应受拘束,不得由原决定官署自动撤销,其原决定至其直接上级官署,除依法受理再诉愿外,亦不得本其监督权作用,命原决定官署更为决定。至受理再诉愿之官署对于已决定之再诉愿,自亦不得自动撤销,更为决定。惟诉愿、再诉愿,均为人民之权利或利益,因官署之违法或不当处分致受损害而设之救济方法。苟原处分、原决定,或再诉愿官署于诉愿再诉愿之决定确定后发现错误,或因有他种情形而撤销原处分,另为新处分,倘于诉愿人、再诉愿人之权利或利益并不因之而受何损害,自可本其行政权或监督权之

作用另为处置,不在该条应受拘束之范围。相应咨复贵院查照。此咨

**附原咨**

为咨请事,查诉愿之决定有拘束原处分或原定官署之效力,为《诉愿法》第十二条所明定。又行政官署无论其是否原处分或原决定官署,于上级官署之决定均不得提起诉愿或再诉愿并准贵院上年咨字第四六号咨复本院在案,则原处分或原决定官署不能提起诉愿或再诉愿,本无疑义,惟原处分或原决定官署对于其上级官署决定所认定之事实发现最明显或最重大之错误时,既不能提起诉愿或再诉愿,将用何法以资救济?如原处分或原决定官署依一般行政程序呈请原决定官署或有监督权之直接上级官署救济,此时原决定官署能否自动撤销其原决定,更为决定?抑该上级官署能否本于行政监督权作用,命原决定官署更为决定,法无明文,不无疑问,此其一;又查诉愿经再诉愿决定后,即为最终决定,其决定内容所认定之事实,亦发生最明显或最重大之错误,或由当事人提出新证据足以摇动该决定基础时,受理再诉愿官署能否自动撤销其决定,更为决定?不能撤销,又以何法救济法,亦无明文,不无疑问,此其二。以上两点,均属诉愿疑义,相应备文咨请贵院查照,迅予解释见复,至纫公谊。此咨

**院字第一五五八号**

**二十五年十月十四日　司法院咨行政院　附原咨**

为咨复事,准贵院本年六月十八日咨(第一七三号)开,据实业部呈请解释商标注册疑义,请查照见复等由,业经本院统一解释法令会议议决,药品发明人或其继承人,以制造药品之药方,连同未注册之商标一并出卖,复于契约内附有买方未将买价交清以前,商标仍归卖方所有之声明。此时因商标尚未注册,不成为权利标的,不能单独保留,故应视药品之制造批售权与商标注册之请求权,均在保留之列,其事实上使用商标者,虽为制造并批售药品之承买人,而出卖人依其保留之权利声请注册,按之《商标法》第一条规定,要无不合,相应咨复贵院查照饬知。此咨

**附原咨**

案据实业部本年六月九日商字第四四四九七号呈称,案据商标局二十五年五月二十七日第九三号呈称,呈为呈请准予解释事,窃查《商标法》第一条第一项规定,凡因表彰自已所生产、制造、加工、拣选、批售或经纪之商品,欲专用商标者,应依本法呈请注册。兹有甲发明西药一种,委乙代制、代售后,甲身故,其继承人丙即以此药药方连同该药之商标一并价卖于乙,双方于买卖契约中规定价款分十年付清款,未付清前,商标仍归卖方所有,买方但有使用权,于款付清之日即归买方所有,卖方须为证明移转。该契约缔订后,丙以该药之商标呈请注册,经本局列为审定商标,登载商标公报公告。旋据乙提起异议,其理由谓丙于契约有效期内不能制造该药,且不能使用该商标,核与《商标法》第一条第一项规定不符,该审定商标应予撤销。现惟乙实际制造该药,及使用该商标,自应准其取得商标专用权,并提出

契约为证。窃查两造契约中,既规定全部价款未付清前,买方但有商标使用权,付清之日归买方所有,卖方应为证明移转,是则该商标依契约规定,在未为移转证明前,其买卖效力尚未完成,该商标之权源既有瑕疵,则乙能否即以暂时使用关系而可请求注册,颇滋疑问。原契约又有规定,买方因不可抗力之天灾人祸致不能履行本契约时,本契约得以中止。惟卖方亦得将上项药方商标收回自用,及归他人使用,故设若乙取得商标专用权,万一发生天灾人祸而致毁约时,则商标专用权谁属又将发生问题。但丙于契约中所保留之所有权,在法律上观之,又似无据,盖所有权之范围,自以使用处分收益为断,惟商标为物权而非实体物,则丙保留之所有权内容为何解释上殊属困难。且其契约之缔订,在商标注册以前,其商标专用权尚未取得,则保留之所有权,非属于商标专用权,又极明显,依《商标法》第一条第一项规定,有生产制造等条件之一,欲专用商标者得请求注册,丙以契约拘束,不能从事制造该药及使用该商标,核以《商标法》第一条第一项之规定,则丙无权请求注册,亦似事实。是本案情形以同一商标,买卖双方竞相声请注册,而双方既均有瑕疵,更与《商标法》第三条之法意不符,则对何方予以准驳?未便擅专,理理合备文呈请钧部,转请行政院咨行司法院法令统一解释委员会赐予解释,俾资遵循办理,实为公便等情。据此,该局所呈各节确属疑义,理合具文呈请钧院转咨司法院迅予解释,俾便饬遵等情。据此,案关法律适用疑义,相应咨请查照解释见复,以便饬遵。此咨

**院字第一五五九号**

**二十五年十月十四日　司法院指令江西高等法院　附原呈**

呈悉,业经本院统一解释法令会议议决,(一)《破产法》第七十九条所谓破产宣告六个月内,系指在破产宣告以前六个月内而言。至同条第一款但书所谓破产宣告六个月前,则又系指破产宣告前六个月以前而言;(二)破产管理人为《破产法》第七十八条之声请,与《民法》第二百四十四条债权人之声请,同应以诉为之。合行令仰转饬知照。此令

**附原呈**

案据署临川地方法院院长吴树基呈称,呈为呈请解释事,窃查《破产法》第七十九条债务人在破产宣告六个月内所为之下列行为,破产管理人得撤销之:一对于现有债务提供担保,但债务人对于该项债务已于破产宣告六个月前承诺提供担保者,不在此限;二对于未到期之债务为清偿适用上发生疑义:(甲)说谓法文规定在破产宣告六个月内,系指破产宣告后所为之下列行为而言,其在破产宣告前所为之提供担保及清偿未到期之债务,破产管理人自不得撤销;(乙)说谓原文系指破产前六个月内所为之下列行为而言。观本条第一款但书所载,破产宣告前六个月前承诺提供担保者不在此限之语,则在破产宣告六个月内而非六个月前者,自得撤销。现立法意旨无非谓破产宣告前六个月,距宣告破产甚近,以其显有偏颇,害及各债权平等清理之原则,若在破产宣告六个月前,则距破产宣告之期尚远,且系接受债权人之要约而然,故有此例外之规定(参考同法第一百五十四条及第一百五十六条

规定,破产宣告前一年内之违法行为处刑更明)。虽同法第一百零八条第一项在破产宣告前,对于债务人之财产有质权、抵押权或留置权者有别除权,然上述法条已有特别规定,于前亦应受该规定拘束,否则宣告破产后破产人已依法将一切财产交付破产管理人,并限定债权人自破产宣告之日起十五日以上,三个月以下申报债权,逾期不得就破产财团受清偿。更何有破产宣告后六个月内提供担保情事,如破产人曾拒绝交付财产,依同法第一百五十二条则应处以相当罪刑,尤不必规定较长期间予破产管理人以撤销之权。二说未知孰是,此应请解释者一;又假如第一次债权会议时,各债权人同认某债权,某债权及其抵押权系破产人最近与其串商为此虚伪表示,以损害他债权人之权利,不准将某债权加入破产债权,发生争议,由破产管理人依同法第七十八条声请法院撤销,法院究应令破产管理人提出撤销该债权之诉,抑应依同法第一百二十五条第二项,径以裁定行之,此应请解释者二。以上二点,悬案待结,理合呈请钧长俯赐指示或转请解释为祷等情。据此,案关法律解释,理合备文转呈仰祈钧院俯赐解释,俾便饬遵广。谨呈

**院字第一五六〇号**

**二十五年十月十四日　司法院咨行政院　附原咨**

为咨复事,准贵院本年八月十一日咨(第二二零号)开,据内政部呈请解释移转地产声请登记疑义一案,咨请查照见复等由,业经本院统一解释法令会议议决,凡合法买卖移转地产所有权,自可许其登记,不因父子间而有所限制。相应咨复贵院查照饬知。此咨

**附原咨**

案据内政部本年八月一日呈称,案准青岛市政府二十五年七月二十五日内字第六七五零号咨开,案据市财政局呈称,本市自实行《土地法》以来,关于土地登记案件日见增多,均予依法办理。惟关于父子间移转地产,而以买卖声请登记者,揣其用意,似系避免他日征收遗产税,因现行《民法》、《土地法》及前北京政府大理院判例均无明文规定限制办法,未便拒绝收受,不予登记。此类案件究应如何办理之处,理合呈请转咨内政部核示遵行等情。据此,相应咨请查核见复等由,准此。案关法律解释,未便擅断,理合备文呈请钧院转咨司法院解释,以便转复等情。据此,案关法律适用疑义,相应咨请贵院查照解释见复,以便饬遵。此咨

**院字第一五六一号**

**二十五年十月十五日　司法院指令司法行政部　附原呈**

呈悉,业经本院统一解释法令会议议决,《惩治盗匪暂行办法》所谓结伙抢劫,自系包括《刑法》上结伙三人以上之强盗在内。合行令仰转饬知照。此令

**附原呈**

案据陕西高等法院第三分院院长代电称,剿匪期内审理盗匪案件暂行办法第二条第十

六款之结伙抢劫,是否包括《刑法》上结伙三人以上之强盗罪在内,请予核示等情到部。事关适用法令疑义,理合具文呈请钧院鉴核指示,以便转饬遵照。谨呈

**院字第一五六二号**

**二十五年十月十五日　司法院指令广西高等法院　附原呈**

呈悉,业经本院统一解释法令会议议决,被诬告人得提起自诉,自诉案件之被告,依《刑事诉讼法》第三百三十条之规定,亦得对于自诉人提起诬告之反诉。合行令仰转饬知照。此令

**附原呈**

呈为呈请解释事,案据苍梧地方法院院长唐尧钦呈称,窃查诬告罪在被诬告之人,可否认为系属被害人而得提起自诉,又自诉被告在自诉程序中亦得提起诬告之反诉否,兹有甲、乙两说:(甲)说谓诬告系属侵害国家审判权,其被害者当为国家,被诬告之人并无直接被害关系(参照司法院二十一年院字第七七一号,及最高法院二十一年非字第四一号判例,暨司法行政部本年训字第四五九六号训令),自不能认为系属被害人而得提起自诉。又现行刑诉法自诉章已无被告得提起诬告反诉之特别规定,亦自不得提起;(乙)说谓诬告虽属侵害国家审判权之罪,但被诬告之人实际上亦同时为被害之人,故旧刑诉法于自诉章有被害得于自诉中提出诬告、反诉之规定,自不能以其系侵害国家审判权之罪,即谓被诬告之人亦非被害人而不得提起自诉,又旧刑诉法因规定自诉范围甚狭,不能包括诬告罪在内,故对诬告之反诉不得不有特别规定。而现行刑诉法对于自诉及反诉范围,均已扩大,自无再为规定之必要,因之亦自不能以现行刑诉法自诉章无诬告、反诉之特别规定,即谓被告对于自诉人不能提起反诉。以上二说各有理由,未知孰是,现在职院收入此种案件甚多,亟待解决,理合具文呈请该示或转请解释,俾资有所遵循等情。据此,理合据情呈请钧院鉴核迅赐解释,俾便饬遵。谨呈

**院字第一五六三号**

**二十五年十月十五日　司法院电湖北高等法院　附原电**

湖北高等法院郗院长览,史前院长上年九月铣代电请解释自诉疑义一案,业经本院统一解释法令会议议决,查犯罪同时妨害国家社会及个人法益者(例如诬告、放火),其被害之个人得提起自诉。合电知照。司法院咸印

**附原电**

南京司法院院长居钧鉴,查妨害国家社会之犯罪直接被害者系国家社会(如诬告、放火之类),其因此间接受有损害之人是否不能自诉,理合电请钧院迅赐解释示遵。湖北高等法院院长史延程、庭长傅圣岩代叩铣印

院字第一五六四号

二十五年十月十六日　司法院指令安徽高等法院　附原呈

呈悉，业经本院统一解释法令会议议决，自诉案件之被告，依《刑事诉讼法》第三百三十条之规定，对于自诉人得提起诬告之反诉。合行令仰转饬知照。此令

附原呈

案据兼署芜湖地方法院院长王振南呈称，查刑事自诉案件之被告得提起诬告反诉之规定，现行《刑事诉讼法》已经删除，而历来之判例解释，均认诬告罪之被害客体为国家之审判权，是否自诉范围虽已扩张，反诉范围应加缩小，抑被诬告人仍为诬告罪之间接被害客体，包括于现行刑诉法第三百三十条所谓被害人之内，得据该条规定提起反诉？事关适用法律疑义，理合具文呈请钧长鉴核指令祇遵等情。据此，除令候转请解释外，理合具文呈请钧院鉴核迅予解释令遵。谨呈

院字第一五六五号

二十五年十月三十一日　司法院指令安徽高等法院　附原呈

呈悉，业经本院统一解释法令会议议决，《刑法》第三百四十六条第一项之物，包括赃物及违禁物在内。合行令仰转饬知照。此令

附原呈

案据兼泗县县长鲁佩璋本年六月佳代电称：查《刑法》第三百四十六条第一项恐吓罪之成立，与取得之财物是否有关，兹有二说：(一)说谓恐吓罪之处罚为妨害国家之法益，无论被取得之财物是否为赃物或违禁品，只要有意图为自己或第三人不法之所有，而以恐吓之手段使人将本人或第三人之财物交付之行为，其罪刑即行成立。至其取得他人之物究属赃物或违禁物品，则非所问；(二)说谓法律所保护者，以合法之法益为限，如系违法之行为或物品即不受法律之保护。例如甲意图贩卖而持有鸦片，被乙、丙等发觉，因其为违法行为，遂用恐吓之手段使甲将鸦片交付。查鸦片既系违禁物品，贩卖鸦片又属违法行为，法律上即难加以保护，乙、丙等纵有恐吓取得之行为，亦不能构成犯罪。属县现有此项案件急待解决，以上二说究以何者为是，理合电请解释，示遵等情到院，事关法律疑义，理合备文呈请钧院鉴核俯赐解释，俾便饬遵。谨呈

院字第一五六六号

二十五年十月三十一日　司法院指令湖北高等法院　附原呈

呈悉，业经本院统一解释法令会议议决，某甲侵入乙宅行窃，因乙惊喊，甲即搭乙身死，将米面取去，应成立《惩治盗匪暂行办法》第三条第六款之罪。合行令仰转饬知照。此令

**附原呈**

案据应山县县长莫佳玉代电称:兹有乞丐某甲,于夜间侵入七十岁之老妪某乙住宅盗窃米面。乙惊醒喊叫,甲以双手搯乙颈项,窒息身死后,甲遂将乙白米二斗面二斤一并席卷越墙而出。此种案件究应适用普通司法程序,按窃盗杀人数罪并罚,抑遵照行营《处理盗匪案件暂行办法》第二条第三款,由县长兼军法官办理等情。到院,该县电述情形是否仍应依照院字第一千三百号解释办理之处,理合呈请钧院鉴核指令祇遵。谨呈

**院字第一五六七号**

**二十五年十月三十一日　司法院指令浙江高等法院　附原呈**

呈悉,业经本院统一解释法令会议议决,假释被撤销后,其在假释中所付之保护管束当然消灭,无须检察官声请裁定。合行令仰知照。此令

**附原呈**

查《刑法》第九十六条但书规定之付保安处分由检察官声请裁定,为《刑事诉讼法》第四百八十五条所明定,至《刑法》第七十八条第一项及第九十三条第三项撤销假释,其在在假释中之付保护管束,是否认为当然消灭,抑须由检察官声请裁定?法无明文,不无疑义,理合备文呈请仰祈钧院鉴核解释示遵。谨呈

**院字第一五六八号**

**二十五年十一月四日　司法院电河南高等法院　附原电**

河南高等法院凌院长览,本年六月真代电悉:安阳地方法院转请解释区长等犯罪审判管辖疑义一案,业经本院统一解释法令会议议决,区长及区助理员等犯普通《刑法》之罪,自应归法院审判。合电转饬知照。司法院豪印

**附原电**

司法院居院长钧鉴,案据兼河南安阳地方法院院长王之栋支代电称:区署区长及其区员侦探触犯普通《刑法》之罪,究应归普通法院审判,抑应归军事机关审判,兹有甲、乙两说:甲说区长兼有区队长职务,区员侦探均负有剿匪之责,均合于《修正剿匪区内文武官佐士兵奖惩条例》第二条第二项之规定,故应由军事机关审判;乙说现时区长指挥剿匪之壮丁队,并非适用军队编制,《修正剿匪区内文武官佐士兵奖惩条例》只限于剿匪之文武官佐,士兵奖惩适用而不能适用。区长兼区队长及区员侦探触犯普通《刑法》之罪,即视同武职,归军事机关审判,故应归普通法院审判。二说未知孰是,本院现有此类案件,理合代电呈请钧院俯赐鉴核转请解释,指令祇遵,实为公便等情。案关刑事管辖问题,理合代电转请钧院迅予解释,俾便饬遵。试署河南高等法院推事兼院长凌士钧叩真

院字第一五六九号

二十五年十一月四日　司法院咨行政院　附原咨

为咨复事，准贵院本年八月十四日咨（二二七号）开，据福建省政府呈请解释，烟民在勒戒期间脱逃处罪疑义，请查照见复等由，业经本院统一解释法令会议议决，烟民在勒戒期间内脱逃，如在依法捕禁中，自成立《刑法》第一百六十一条之罪。相应咨复贵院查照饬知。此咨

附原咨

案据福建省政府本年七月三十日呈称，案据武平县长徐永原文代电称，查烟民勒戒与普通烟犯自不相同，惟在勒戒期间即私自脱逃，是否成立《刑法》上之脱逃罪，遍查《禁烟法》令均无明文。本府兹有是类案件发生，究应如何处理，不无疑义。理合电呈解释示遵等情。据此。查《刑法》上脱逃罪，以依法逮捕拘禁之人脱离公力监督为构成要件，则依照《禁烟法》令逮捕拘禁勒戒之烟民，而私自脱逃似应构成本罪，惟查《禁烟法》令尚无明文规定，是否应依脱逃罪论处，未敢臆断，案关法令解释，理合备文呈请核示等情。据此，相应咨请查照解释见复，以便饬知。此咨

院字第一五七〇号

二十五年十一月十日　司法院指令山东高等法院　附原呈

呈悉，业经本院统一解释法令会议议决，律师公会系职业团体之一，其关于会长之选举，系本于会员之私权作用，应属于私法关系，即该章程第三十一条将选举事项与提议决议事项分款列举，亦系就两者之性质显示区别。同章程第三十四条所定得由司法行政长官宣示为无效者，既仅以第三十一条第三款所定之决议事项为限则，会员依《民法》关系就此提起确认无效之诉，自非法所不许。合行令仰转饬知照。此令

附原呈

案据山东高等法院第二分院院长兼青岛地方法院院长麦鼎华呈称，呈为恳予转请解释示遵事，查律师公会会员选举会长，设有一部分会员认为选举无效提起确认之诉，普通法院能否受理，遂分消极、积极二说：（一）消极说谓民事法院仅就民事事件有审判权，所谓民事事件，指以私法上之法律关系为诉讼标的之事件而言，至于公法上之法律关系，必法律有特别规定，始得为民事诉讼之标的。查律师为司法上三大职务之一，与官吏虽有不同，但可以付惩戒，故其职务为公法上之职务。律师公会会员因选举发生纠纷，法律既无特别规定，法院当然不得受理，且律师章程第三十四条明文规定，律师公会之会议有违反法令及律师公会会则者，司法部长或高等法院首席检察官得宣示其决议无效。律师公会会员选举职员，本属决议之一种，纵令认律师公会会员之选举为私法关系得为民事诉讼之标的，依特别法优于普通法之原则，法院仍无过问之权；（二）积极说谓律师公会，依修正人民团体组织方案

第一节规定,其性质为职业团体(参十九年十一月四日司法行政部指令江苏高等法院第一二三八八号)之一种,在《民法》上即为社团法人,其会员相互间之关系纯属私法关系。至其会长之选举与市参议员选举法第七章所规定选举诉讼之选举意义不同,盖该法之选举与旧《刑法》第一百四十九条之选举相当,系指依法所设立之中央及地方选举而言,团体内部职员之选举不与焉故,其名虽为选举,而其实即《民法》之所谓选任。查社团法人董事之选任,即选举会长,须经社员总会之决议,而决议有违反法令或章程时,不同意之社员得请求法院宣示决议无效,《民法》第五十条第二项第二款、第五十六条第一项定有明文。上开诉讼既系以会员总会之决议为标的,当然得为民事诉讼之标的,故法院有受理之权。至于律师章程并未由立法院三读会之程序通过,经国民政府公布,依法规制定标准法第一条规定即不得谓之为法,依同法第四条规定,该章程亦不得违反或抵触法律。《民法》既有规定,自应适用《民法》,不过律师章程以司法部长及高等法院首席检察官对于律师公会处于指导监督地位,故付与以自动宣示决议无效之特权,但条文仅规定为"得",并非为"应"是宣示决议无效者,显不以此为限。且《民法》限于不同意社员之声请,二者情形不同,不仅不相抵触,并有相辅为用之效。前说依特别法优于普通法之理由解为排除《民法》之适用,殊属错误,普通法院故得依法受理。二说究以何说为是,事关法律疑义,未敢擅断,理合具文呈请钧院迅赐转请司法院解释示遵,实为公便等情。据此,理合备文呈请钧院俯赐解释,以便饬遵。谨呈

**院字第一五七一号**

**二十五年十一月十七日　司法院电四川高等法院首席检察官　附原电**

四川高等法院首席检察官览,本年八月筱代电悉,所请解释刑诉第四八一条疑义一案,业经本院统一解释法令会议议决,《刑事诉讼法》第四百八十一条所谓该案犯罪事实最后判决之法院,专指有审理事实职权之一、二两审法院而言,不包括第三审法院在内。合电知照。司法院筱印

**附原电**

司法院院长居钧鉴,查刑诉法第四百八十一条声请更定其刑,由该案犯罪事实最后判决之法院之检察官声请,法院裁定之。所谓犯罪事实最后判决之法院,是否包括第三审在内,因此发生甲、乙两说:甲说以条文既云犯罪事实最后判决之法院,系指审理事实之一、二两审法院,不包括第三审;乙说以条文既云最后判决之法院,则第三审当然包括在内。究以何说为是,不无疑义,理合电呈钧院鉴核俯赐解释示遵。署四川高等法院首席检察官毛家骐叩筱印

**院字第一五七二号**

**二十五年十一月十七日　司法院训令广西高等法院首席检察官　附原函**

为令知事,该首席检察官呈,最高法院检察署,据桂林地方法院贺县分庭检察官转请解

释军用枪炮疑义一案，业经本院统一解释法令会议议决，《刑法》上所谓军用枪炮，系指能供军事上使用者而言，来文所称双向粉枪，是否能供军用，应由军事机关鉴定，非解释问题。合行令仰转饬知照。此令

**附原函**

迳启者，案据广西高等法院首席检察官陈锡珊呈称，呈为转请解释事，案据桂林地方法院贺县分庭检察官萧奋成冬代电称，窃职处受理有私带枪炮一案，查该枪系双向粉枪，与俗称鬼炮之装置无殊，惟比较短小且系并排装置两枪筒，分别设备枪机，可以同时接续射击两响，全枪长六寸余，枪身长三寸半，口径四分，非用子弹射击，系噫枪之一种。此类枪炮是否包括于军用枪炮之范围，现查普通法与特别法之规定，所谓军用枪炮并无明白标准，颇滋疑义，悬案以待，理合电请核示俾资遵循等情。据此，查军用枪炮在事实上极不一致，究以何种枪炮为军用枪炮，法无明文，理合具文呈请钧署察核俯赐转呈司法院解释，并候指令祇遵等情。据此，相应函请迅予解释径复，并见示备查。此致

**院字第一五七三号**

**二十五年十一月十七日　司法院指令河南高等法院　附原呈**

呈悉，业经本院统一解释法令会议议决，关于公共危险案件，除单纯侵害公共法益者(例如放火烧毁自己所有物)，应依公诉程序办理外，如不仅侵害公共法益，同时并侵害个人法益者(例如放火烧毁他人所有物)，其被害之个人亦得提起自诉。合行令仰转饬知照。此令

**附原呈**

案据本院第三分院院长杨资洲呈称，按《刑事诉讼法》第三百十一条规定，犯罪之被害人始得提起自诉，若非被害人自无自诉之权，本无疑义。惟关于公共危险案件，其被害人属于国家社会一般不特定之人，而事实上个人实受其害是否得提起自诉，于此意见不一，兹有甲、乙两说：(甲)说谓此类案件系妨害公共安全，被害者属诸国家社会，直接被害人无权自诉，非诉请检察官起诉后不能受理；但(乙)说则谓被害者虽系国家社会，而个人实受其害，不能不谓为被害人，亦应准其自诉。现本院受理有此类案件，究应依据何说办理？未便率为主张，自非呈请解释，不足以资遵从，理合备文呈请钧院鉴核俯赐，转呈司法院予以解释，指令祇遵等情。据此，案关适用法律疑义，理合据情转请钧院鉴核俯赐解释，俾资饬遵，实为公便。谨呈

**院字第一五七四号**

**二十五年十一月十七日　司法院指令河南高等法院　附原呈**

呈悉，业经本院统一解释法令会议议决，乙将甲丙先后殴伤，自系各别犯罪，并非不能分离审判。经甲、丙连名提起自诉后，因甲无行为能力，固应由法院就该部分谕知不受理之

判决,至丙之自诉,如别无不合法之原因,仍应予以受理(院字第一零九三号解释所谓牵连犯罪,与刑诉法第七条所谓牵连案件不同)。合行令仰转饬知照。此令

**附原呈**

案据郑县地方法院院长邱祖藩呈称,查本院适用自诉程序发生疑义,例如甲无行为能力,依《刑事诉讼法》第三百十一条不得提起自诉,先被乙殴伤回报其父丙,丙即寻乙理论,又被乙殴伤,是乙先后伤害甲、丙,意思、行为均系两个,学者谓为牵连案件。经甲、丙伙具一状提起自诉,若按照公诉、自诉程序分别办理,是一案分为两案,在当事人不免多受传讯之累。在法院及检察官亦徒多事传讯,公私皆不利益,似可一并适用公诉程序较为妥当,可否依司法院院字第一零九三号解释之精神,依《刑事诉讼法》第三百十一条、第三百三十五条、第二百九十五条第一款一并谕知自诉不受理。案关法律疑义,未敢擅专,可否转请解释,伏乞鉴核示遵等情。据此,查事关解释法律,理合备文呈请钧院鉴核俯赐解释示遵,俾便转饬遵照,实为公便。谨呈

**院字第一五七五号**

**二十五年十一月十七日　司法院指令山东高等法院　附原呈**

呈悉,业经本院统一解释法令会议议决,刑诉法第三百十七条第一项只就告诉或请求乃论之罪,其本刑为七年以上有期徒刑以上之刑者,限制自诉人不得于第一审辩论终结前撤回自诉,则自诉人虽就该条项之罪提起自诉,倘审理结果系属告诉或请求乃论之轻微事件,自应准其撤回,由书记官依同条第三项速将撤回自诉之事由通知被告,无须制作判决书。合行令仰转饬知照。此令

**附原呈**

案据潍县地方法院推事兼院长李鹏呈称,查刑事自诉案件关于告诉或请求乃论之罪,自诉人于第一审辩论终结前得撤回其自诉,此在《刑事诉讼法》第三一七条第一项前段固有明文规定,惟自诉人每于自诉时多过甚其词,引用罪刑较重而不准撤回之法条,至审理结果则认为实系告诉或请求乃论之轻微事件而可以撤回者,经劝论或由自诉人和解,于辩论终结前声请撤回,此类案件究依其自诉条文依法审判,仍须作判决书,抑或依审理结果所认定之法条亲告罪准其撤回,无须作判决书。理合备文,呈请鉴核示遵等情。据此,案关法律解释,理合备文呈请钧院核示祇遵。谨呈

**院字第一五七六号**

**二十五年十一月十七日　司法院指令司法行政部　附原呈**

呈悉,业经本院统一解释法令会议议决,对于不起诉处分之声请,再议限于有告诉权人且实行告诉者,方得为之。合行令仰转饬知照。此令

附原呈

案据四川高等法院首席检察官本年九月微代电称,查《刑事诉讼法》第二百三十五条,声请再议以告诉人为限。所谓告诉人者,是否指实际到案告诉之人而言,颇有疑义。例如杀人案件被害人业已死亡,依《刑事诉讼法》第二百十二条第二项得为告诉之人,既未具状告诉,嗣经第三人告发亦未到案陈述,第一审兼理司法之县长认被告犯罪嫌疑不足为不起诉处分后,该已死被害人之胞弟某甲始具状向原县长声明不服,可否认某甲为合法告诉人准其声请再议?请解释示遵等情。据此,事关适用法令疑义,理合具文呈请钧院鉴核指示,以便转饬遵照。谨呈

院字第一五七七号

二十五年十一月二十日 司法院指令绥远高等法院 附原呈

呈悉,业经本院统一解释法令会议议决,依《管收民事被告人规则》所得管收者,仅以民事被告人为限事。被告人如系团体,其代表人不过居于法定代理人之地位,被告人纵有不遵判履行情事,要不得将其代表人予以管收。合行令仰转饬知照。此令

附原呈

案据绥远归绥地方法院院长万宗周呈称,呈为呈请转请解释示遵事,设有甲、乙两村因水利涉讼,均举代表出庭,案经终审判决确定,甲村不遵判履行,能否管收甲村之代表人,有子、丑两说:(子)说谓甲村既系法人,自无管收之理,非管收该村代表人,难达执行目的,贯彻判决效力;(丑)说谓部令(二十五年五月二十六日司法行政院指令第一二二三九号,查管收被告之代理人究属不合,见司法公报第一百十八号)既无禁止管收被告之代理人,而代表人与代理人实无分别,自不能管收。以上两说言各成理,究以何说为当,事关法律疑义,理合具文呈请钧院鉴核,俯予转请解释示遵等情。据此,事关管收疑义,理合备文转呈祇乞鉴核解释,俾便饬遵施行。谨呈

院字第一五七八号

二十五年十一月二十日 司法院指令山东高等法院 附原呈

呈悉,业经本院统一解释法令会议议决,(一)附带民事诉讼,由刑事庭移送于民事庭以后,依《刑事诉讼法》第四百九十四条但书,即应适用《民事诉讼法》,若被告人在逃亡中,其中止诉讼程序之裁定有可以撤销之情形时,民事庭自得依《民事诉讼法》第一百八十六条之规定予以撤销;(二)来问所称附带民事诉讼移送管辖,无论上级法院之裁定有无错误,在该裁定未经依法废弃以前,下级法院自应受其拘束;(三)生前赠与并无特留份之规定,自不受此限制。合行令仰转饬知照。此令

附原呈

案据威海地方法院院长翟鸿畴呈称,查诉讼程序中止间,依民诉法第一百八十八条第

一项规定,法院及当事人间虽不得为关于本案之诉讼行为。然设有某甲因杀人案,在第二审审理中越狱潜逃,二审法院遂停止审判,并将被害人之附带民诉移送民庭。民庭受理后,复以有犯罪嫌疑牵涉其裁判为理由,裁定中止诉讼程序,其后乙对该裁定一再抗告,亦经三审驳回。惟该民事诉讼是否必俟某甲获案判决确定后始能进行,有甲、乙两说:(甲)说谓民事诉讼程序既经三审裁判确定中止,依据上开法条,法院当然须俟某甲获案判决确定后始能进行;(乙)说谓诉讼中有犯罪嫌疑牵涉其裁判者,法院原得就其牵涉之程度而为斟酌,并非必予中止诉讼程序。若刑事诉讼有不能开始或不能续行之情形,更不待论,应撤销其裁定,不必俟某甲获案后始再进行。以上两说各执一词,究以何说为是?又附带民事诉讼移送民事法院后,依司法院院字第九九五号解释,其管辖与刑事同。设有被害人在旧刑诉法施行期内,就地方管辖之案件第二审提起附带民诉,经二审法院刑庭移送民庭,而民庭复作为第一审法院管辖之地方案件,依当事人之声请以裁定将案移送第一审法院,民庭审判第一审法院是否应受该裁定之拘束?如不受拘束时,应否将该案送还第二审法院管辖?又遗嘱人于不违反关于特留份规定之范围内,原得以遗嘱自由处分遗产,但生前赠与是否亦受特留份之限制,均不无疑义,理合备文呈请鉴核转呈解释示遵,实为公便等情。据此。事关解释法律,理合呈请钧院鉴核俯赐解释,以便饬遵。谨呈

**院字第一五七九号**

**二十五年十一月二十日　司法院指令司法行政部　附原呈**

呈悉,业经本院统一解释法令会议议决,债务人所有之不动产因执行实施强制管理,并命不动产之承租人按期向管理人给付租金,承租人自不得以押金有无着之虞为借口,而主张于押金内扣抵。若承租人因此抗不交租,管理人自得提起交租或交出租赁物之诉,又该租赁物纵经拍卖,其租赁契约对于拍买人仍继续存在,其押金即可认为对于拍买人之债权,不能就租赁物之卖得金主张优先受偿。合行令仰转饬知照。此令

**附原呈**

案据湖南高等法院本年九月四日呈称,案据湘潭地方法院呈称,查强制管理决定后法院应禁止债务人干涉管理人事务及处分该不动产之收益,若有给付收益之第三人时,应命第三人嗣后向管理人付给。又管理人由法院委任管理人,对于已查封之不动产,因管理及收益得占有之。若遇抵抗时,得随时声请法院核办或警察官吏协助,此在暂准沿用之《民事诉讼执行规则》第八十一条及第八十二条,定有明文适用,原无疑义。惟查湘潭习惯,承租人于缔结租赁契约,均须预纳押金,约当每期租金之数倍以为给付租金之担保。如租金短欠,出租人得于押金内扣抵,否则应于解除租赁契约时全数退还。兹有执行事件,已将债务人所有不动产查封,实施强制管理,并命不动产之承租人按期向管理人给付租金,乃承租人以租赁物业被查封,恐将来押金无着,不允交纳行租,请求于押金内照数扣除,俟扣除完毕时,即行终止契约,迁让房屋。于此情形,可否径向承租人强制执行,勒令照纳租金,抑应由

执行法院指示管理人或债权人向承租人提起给付租金或交出租赁物之诉之处,法律上颇滋疑义。又此项押金与动产质权之性质颇相类,似如将租赁物拍卖时,承租人对于所纳押金能否就租赁物之卖得金优先受偿,亦属不无疑问。理合备文呈请钧院转呈核示祗遵等情。据此,理合备文呈请鉴核指令饬遵等情。据此,事关法律适用疑义,理合具文呈请钧院鉴核示遵,以便转饬遵照。谨呈

**院字第一五八〇号**

**二十五年十一月二十一日　司法院指令江苏高等法院　附原呈**

呈悉,业经本院统一解释法令会议议决,租赁物拍卖时,依《民法》第四二五条规定,其租约对于受让人既仍继续存在,则承租人原交顶首之款,即系原约内容之一部,自亦应移转为对于受让人之债权。惟租约尚未因拍卖而终止,则出租人或其受让人均不必遽行付还顶款,更不生优先与否问题(参照院字第一二六六号解释)。合行令仰转饬知照。此令

**附原呈**

呈为呈请解释事,案据常熟县县长翟桓快邮代电内称:窃查租屋顶首租赁人有无受优先清偿之权利。设租赁物已经拍卖,由第三人买受,租赁人是否必须归清顶首始可迁让。属县于执行案件中发生此项疑问,多数债权人对于租赁人主张顶首优先受偿极端否认,于此有甲、乙两说:(甲)《民法》债编第四百二十五条载,出租人于租赁物交付后,纵将其所有权让与第三人,其租赁契约对于受让人仍继续存在云云。是则租赁人自得于卖得金内尽数扣除,法律已认其有优先受偿之权;(乙)租赁顶首之性质为租金之担保,盖防承租人不支付租金时,在顶首内取偿,故有顶首之设定。但出租人因负债甚巨,将其租赁物拍卖,应分别优先、普通,按数摊派。租赁人之顶首既无优先清偿执行之名义,本件系根据和解执行,而和解内容并无优先受偿之名义,亦无将租赁物另行设定其他优先之权利,当然只可认为普通债权之一,与其他普通债权同样分配,方昭公允。依上两说,究系何说为是,亟待解决,请予转呈解释示遵等情到院。事关法律疑义,职院未敢擅断,理合具文呈请钧院鉴核迅赐解释,俾便饬遵。谨呈

**院字第一五八一号**

**二十五年十一月二十一日　司法院指令浙江高等法院　附原呈**

呈悉,业经本院统一解释法令会议议决,债权人对于债务人之财产有选择执行之请求权,不得由债务人任意以某特定财产强供执行。至银行股东所未缴足之股款,系属银行之债权,自得为执行之标的。合行令仰转饬知照。此令

**附原呈**

案据嘉兴地方法院二十五年六月五日呈称,今有某储蓄银行甲于宣告清算中,经债权人乙以求偿储款,由法院判决令甲清偿,如甲无力清偿时,由甲之董事及监察人丙、丁负连

带清偿责任确定在案。乙声请执行,甲即提供不动产以供抵偿,而该不动产系甲在清算中,由其债务人抵充债务所取得者,乙以该银行之董事及监察人丙、丁(即该行股东)尚未缴足股款请求,直接向丙、丁财产执行,而拒绝执行甲提供之不动产,于此发生二说:(子)说原判主文既令甲清偿,甲已提供财产,当然就其提供之财产执行,如不足时方得执行丙、丁财产。至丙丁之股款有无缴足,系该行内部关系,非乙所能过问;(丑)说甲提供之不动产及丙、丁(即该行股东兼董事监察人)未缴足之股款均为甲之财产,乙对有选择执行之权,即可向丙、丁财产直接执行,故不能谓乙对丙、丁未缴足之股款为该行内部关系而无权过问。二说均言之成理,持之有故,未知孰是,本院现有上述是项案件亟待解决,理合专文呈请钧院鉴核迅赐,转呈司法院予以解释示遵等情。据此,案关请求解释,理合备文转呈仰祈钧院鉴核迅赐解释,以便饬遵。谨呈

**院字第一五八二号**

**二十五年十一月二十六日　司法院训令广西高等法院首席检察官　附原函**

为令知事,该首席检察官呈最高法院检察署为平乐分院首席检察官转请解释《刑法》第一九五条疑义一案,业经本院统一解释法令会议议决,限制行使之银币在兑换期间内,仍应认为《刑法》上之通用货币。合行令仰转饬知照。此令

**附原函**

迳启者,案据广西高等法院首席检察官陈锡瑚呈称,呈为转请解释事,案据平乐分院首席检察官蒙钟贤马代电称,查大洋、毫洋等银币原为《刑法》第一百九十五条所称之通用货币,惟此种银币自民国二十四年十一月四日起在一切交易上收付均禁止行使。国民政府已有明令禁止行使,已失却原有之一般强制通行力,当视为货物,自不能目为《刑法》上所称之通用货币;乙说谓此种大洋、毫洋等银币之效用现尚可兑换通用纸币,以资交易上之行使,实质上其通用力当属存在。在交易上虽禁止直接行使,不过限制其流通耳,并非消灭其通用力,仍应认为《刑法》上所称之通用货币。二说似以甲说为正当,但未有释例可资遵循,不无疑问,职处现有须援用此项条文之案件亟待解决,理合电请察核,转请解释令遵等情到院。案关解释法律疑义,理合具文呈请钧署察核俯赐转呈司法院解释,并候指令饬遵,等情。据此,相应函请迅予解释径复,并见示备查。此致

**院字第一五八三号**

**二十五年十一月三十日　司法院指令司法行政院　附原呈**

呈悉,业经本院统一解释法令会议议决,《南京市住宅租金办法》因未经法规制定标准法所定之立法程序,依该法第四条应以与现行法律不相抵触之部分为限,始为有效。该办法第五条所载,房客如不欠租,房东不得任意辞租等语,既与现行《民法》第四百五十条第二项租赁未定期限者,各当事人得随时终止契约之规定不无抵触,自难发生效力。至南京市

有无与该办法所定相同之习惯，即应否适用前开《民法》条文第二项但书之规定，则属另一问题。合行令仰知照。此令

**附原呈**

查《修正南京市住宅租金办法》系南京市政府拟定，由行政院提出会议通过，函请中央政治会议备案，经国民政府于民国二十二年十二月五日训令，并经行政院令行本部知照，复经本部令行江苏高等法院转饬前江宁地方法院知照在案。查《修正南京市住宅租金办法》第五条载，有房客如不欠房租，房东不得任意辞租等语，而按之《民法》第四百五十条第二项规定，未定期限者，各当事人得随时终止契约，但有利于承租人之习惯者，从其习惯。又第三项规定，前项终止契约应依习惯先期通知，但不动产之租金以星期、半个月或一个月定其支付之期限者，出租人应以历定星期、半个月或一个月之末日为契约终止期，并应至少于一星期、半个月或一个月通知之。适有抵触之处，上开办法能否视为《民法》之特别法，事关法律疑义，理合备文呈请钧院解释指令祇遵。谨呈

**院字第一五八四号**

**二十五年十一月三十日　司法院指令四川高等法院　附原呈**

呈悉，业经本院统一解释法令会议议决，查《四川省政府典契税暂行条例》第一条之补充一项，仅系规定完纳税款之办法，与当事人间缔结契约之性质并无影响，如关于税款应归何人负担有所争执，自可依该补充规定解决。合行令仰转饬知照。此令

**附原呈**

呈为呈请解释事，案据署四川高等法院第三分院院长薛良呈称，案查本院本年四月三十日，准四川省政府二十五年四月九日财字第二零七号公函开，查租税以公平为原则，近因民间关于田房不动产之典当及大押佃，其业主与典户、佃户间往往发生纠葛，究其原因，则由拥有赀财者企图避免纳税，不肯购置产业。惟妥当加押藉弁厚利，遂使穷苦之家始因负累而押当产业，继因产业当押，而负累愈增，收入逐渐减少，税款负担依然甚，或业已属人粮仍存在，以致粮款流欠无法清厘。诉讼纷争相持不决，弊既滋大，事尤不平。本府为防止高利剥削主佃纠纷，并明白规定完纳租税办法起见，特于现行《典契税暂行条例》第一条原文之后补充一项文曰："凡民间非耕农而从中取得原产业全部收益二分之一以上，及民间信用借贷契约注明以田房收益付给利息，而所付之息已占全部收益二分之一以上者，均应依本条例之规定完纳典当税。"依照此项规定，其粮款及一切派垫均应由承典人负担，将来解约时亦不得向业主索偿，以昭平允。而示限制又从前因负担争执发生诉讼尚未解决者，及以后征收一切税款均应依照上项规定办理，除分别函令外，相应函请贵院烦为查照，仍希见复为荷，此致等由。查其补充规定及函嘱尚未解决之诉讼，以后应依该规定办理两点，与(《民法》物权编第七百五十七条、第九百一十一条)暨(司法院院字第一四三七号解释)不无歧异，究应如何办理方免滞碍，经本院司法研究会会员于第三次会议提出研究一部会员意见，

以该补充规定之意旨在征收税款,如有纠葛发生,省府曾有命令先由征局调解,不谐即送县府处理。是此项纠葛系属行政事件,司法机关应不受理。多数会员意见则以此项补充规定显与《民法》及解释冲突,既准函请查照,应否查照亦应覆函表明。况各县政府奉到此项命令,万无不遵行之理,若不先事解决,一旦所属各县适用此补充规定判决之事件上诉到院,则不能以不受理故驳回上诉。若依法予以纠正,又恐于省府税收前途有碍,若依照该补充规定办理,则又显然违背《民法》违背解释,事处两难,本会无权议决,理合呈请钧院转请司法院解释,以资应用等情。据此,除指令外,理合具文呈请钧院俯赐解释,俾资遵循。谨呈

**院字第一五八五号**

**二十五年十一月三十日 司法院指令四川高等法院 附原呈**

呈悉,业经本院统一解释法令会议议决,法律行为违反强制或禁止之规定者无效,在《民法》第七十一条著有明文。贩卖烟土既为现行法令所禁止,则当事人以此等禁止事项为标的之合伙契约,依法当然无效,其因此契约所发生之债权债务关系,诉请裁判法院自应于受理后予以驳回。合行令仰转饬知照。此令

**附原呈**

呈为呈请事,案据暂代本院第五分院兼雅安地方法院院长李永成号日代电称:窃本院对于《民法》合伙事件有发生疑问之点,如甲、乙二人在军事委员会委员长行营颁布禁烟实施办法前,甲出资本,乙出劳力,合伙贸易烟土生理并向本省禁烟机关领有执照,嗣因亏欠发生债权债务关系,应否由法院受理,于兹有三说焉:(一)谓行营颁布禁烟实施办法,系指运、售、种、吸四项而言,有违反上开规定者,应由禁烟督察处、县长、禁烟委员会等为主管机关。甲、乙两人既为禁烟机关特许营业,其所生出之债权债务关系属于私权问题,应由司法机关受理;(二)谓贩卖鸦片烟为现行法令所厉禁,则关于此种上之债权债务关系,自不能认其成立,曾经最高法院二十一年上字第一三零九号著为判例,甲、乙二人既因贩卖烟土发生债权债务,则其为讼争标的已属根本无效,自不应由司法机关受理;(三)谓甲被乙亏欠,系属损害私权,如以合伙事件缴费起诉,法院不予受理,不惟损失无从取偿,所缴之讼费已粘用印纸,又不能发还,是必受累,更巨应照无管辖权之规定,移送县府或禁烟委员会等机关办理,用资救济。以上三说,未知孰是,悬案以待,恳速示遵,再在行营颁禁烟实施办法后发生此类案件,亦应如何办理,并乞示遵等情。据此,案关法律解释,理合备文呈请钧院迅赐核示以便饬遵。谨呈

**院字第一五八六号**

**二十五年十一月三十日 司法院指令湖北高等法院 附原呈**

呈悉,业经本院统一解释法令会议议决,对于船舶之强制执行,得依《补订民事执行办法》第二十一条,准用关于不动产执行之规定者,应以船舶法第一条所称,依海商法规定之

船舶为限。合行令仰转饬知照。此令

**附原呈**

案据武穴地方法院院长吴肇和呈称，查航行内河帆船，以橹权为运动方法所载总吨数及容量已在二十吨或二百石以上，此项帆船依照司法院二十一年院字第八三七号解释，不适用海商法船舶之规定，则此种船舶在民事执行拍卖中应否依照《补订民事执行办法》第二十一条认为不动产，不无疑义。理合具文呈请钧院鉴核示遵等情。据此，查《补订民事执行办法》第二十一条，仅载对于船舶之强制执行，准用关于不动产执行之规定，而关于船舶之范围并未有明文，似该案所称之船舶，不以适用海商法之船舶为限。惟事关法令疑义，理合呈请钧院解释示遵，以便转令遵照，实为公便。谨呈

**院字第一五八七号**

**二十五年十一月三十日　司法院指令湖南高等法院　附原呈**

呈悉，业经本院统一解释法令会议议决，原告提起土地所有权确认之诉，依《民事诉讼法》第二百七十七条规定，自应就其主张负举证责任，其所提证据果能证明其有权利并不以地契为限。至对造所提之契据，原告虽得引用，但法院非必以该契据为判决之基础。合行令仰转饬知照。此令

**附原呈**

案据长沙等县教育局呈称，窃查湘省各处地价日增，奸民盗占官产、公产事所恒有，而各县学产之田山屋宇多因旧日之官产、公产随时指拨，且有指拨后沿例管至数十百年者。而奸民知管产机关或契据，或稍涉含混，遂致乘机越占或声请登记，迨至管理机关诉诸法庭，而法庭则以所有权之诉，应由原告证明其所有权之存在。如原告不能为此证明，即不问被告有无反证，及反证之证明力如何，应将原告之诉驳回云云。如此判决，则保管数十百年确定管理之官产、公产，一旦变更，丧失无余，虽就被告之契据而论，明明不能逾越契管之范围，而管理官产公产者，坐视其越界侵占，无法制止，似非法理之平。现在本七局所管各种官产、公产甚多，而人民契据虽有一定界限，终不免明明占越，究竟就该对方之契据，是否即可限制对方之侵占，抑或必待管理官产、公产机关提出明朗之契据，然后可诉请确定所有权？而法院遇此诉，请确定学产之诉应否即以人民所持之契为判决基础？事关各县学产，典守人员极感困难，理合呈请钧院转呈最高法院详赐解释，转令示知，俾资遵守，深为学便等情。据此，事关解释法律疑义，理合具文呈请钧院解释指令饬遵。谨呈

**院字第一五八八号**

**二十五年十一月三十日　司法院指令江苏高等法院　附原呈**

呈悉，业经本院统一解释法令会议议决，（一）依照田土绝卖留赎之习惯，互订契约既于出卖之外载明留赎字样，并酌留价金，仍许加找，则推究其立约真意，自应认为典权之设定；

(二)上开契约既系设定典权,其约定回赎期限如不违反典权之规定,自应从其约定,不适用买回之期限。合行令仰转饬知照。此令

**附原呈**

案据兼理司法靖江县县长苏民呈称,查靖江习惯,田土绝卖留赎已历有年所,卖主出立绝卖契载明“永无取赎”“永无加找”字样,买主出立留赎字,载明几年以外听凭备价取赎,绝不阻止,并留价少许以为异日取赎之地,双方交互收执。异日卖主赎田,要以留赎字为凭,盖无此,即无从证明有留赎之约订,若赎字在握,虽子孙亦可备价取赎,买主不得拒绝,已为一般社会所公认。间有卖主无力取赎,央中向买主靠借银钱,或加找原价者,买主亦多允许。此种契约在法律上之性质究属若何,现有两种见解:(甲)谓系物权法上之设定典权契约,因典权为用益物权,重在使用收益,上开几年以外听凭取赎之约订,即系待买主获得相当收益,始凭回赎,此其一。在回赎前,即准告找,显系典当,此其二。卖主不取田价之全数,留存少许即应解为含有典价轻于卖价之意在内,此其三;(乙)谓系债权法上之买回契约,因设定典权之业主应留法律上之处分权能。上开契约虽同时有买主出立之留赎字,但其土地卖买既属杜绝性质,其所有权即应全部转让,即买主非仅使用收益,并得为事实上或法律上之处分。而卖主在回赎前得为之此,不能认为典当性质者一。于买卖当时约定原价留赎,与《民法》之买回契约正相吻合,在《民法》施行前依典当办法办理,固无不可。在《民法》施行后依《民法》第一条,法律有规定者,自应尽先适用,此不能认为典当性质者二。综上两说,前者较近地俗,后者适合法理,究应何从,未便率断,此应请解释者一。又查《民法》债编施行法第十二条,《民法》债编施行前,所定买回契约定有期限者,依其期限,但其残余期限自施行日起算,较《民法》第三百八十条所定期限为长者,即自施行日起适用。《民法》第三百八十条之规定如买回契约未定期限者,自施行日起不得逾五年等语。是买回权之行使应于五年之期限内为之逾,此即有较长之约定期限,均属无效。明矣靖江旧习,买回契约情形特殊,有规定几年以内、有规定几年以外,如规定五年以内可以买回,逾五年则不能买回矣,于上开法条适相符合,或契定买回期限为十年,以四年或一年为《民法》债编施行前,以六年或九年为残余,年分均缩短为五年,共计九年或六年核算处断,于民情法意尚不大相径庭。如规定在五年、或五年、或一年、或十年以外可以买回,是契约成立之五年、一年、十年以内依以约不能买回。若仍依上开法条办理,则一年契约尚有四年法定期限可以行使买回,而五年契约则成为契约开始买回之日,即法定期满之日,则契约等于废纸。况靖邑习惯买回契约以几年以内者,少以几年以外者,多因几年以外即父可以传子,祖可以传孙,抱有无限制之希望,如概缩短为五年,则五年以前之买回契约,均属逾期作废,社会上必起重大变化,此应请解释者一。此上两端既关全国法令,复系邑民俗,情法既难兼顾,处理恐兆纷歧,究应如何解释之处,理合具文仰祈鉴核迅予转呈核示祇遵等情。据此,按来呈第一问所称买卖田土,当时约定日后依照原价留赎,似与《民法》第三百七十九条第一项规定相符。第二问所称买回契约,定为五年以外,似应受《民法》债编施行法第十二条,不得逾五年之限

制,惟事关法律疑义,职院未便擅专,理合具文呈请钧院迅赐解释,俾资饬遵。谨呈

**院字第一五八九号**

**二十五年十二月五日　司法院指令浙江高等法院　附原呈**

呈悉,业经本院统一解释法令会议议决,(一)因《民事诉讼法》第二十三条第一款情形,应为指定管辖,而该直接上级法院亦有不能行审判权之情形,不能为之指定时,应向再上级法院声请指定之;(二)非因不动产涉讼者,不能以被告置有不动产之地方遂依《民事诉讼法》第十条,由该不动产所在地之法院管辖。又对于有营业所之人,关于其营业所之业务涉讼,亦不得以该营业所所在地以外设有分销处或代办商地方,遂依同法第六条之规定,由该设有分销处或代办商所在地之法院管辖,但有同法第二十三条第一款情形指定管辖者,自当别论;(三)依前项所示,如指定分销处或代办商所在地之法院管辖时,应仍以原店号或其经理为被告。合行令仰转饬知照。此令

**附原呈**

案据吴兴地方法院院长涂景新二十五年九月二日呈称,查《民事诉讼法》第一条第一项规定,诉讼由被告住所地之法院管辖。又同法第六条规定对于设有事务所或营业所之人,因关于其事务所或营业所之营业涉讼者,得由该事务所或营业所所在地之法院管辖,惟被告住所地之法院或营业所所在地之法院均因法律或事实不能行审判权,此际依同法第二十三条第一项规定,直接上级法院应依当事人声请指定管辖。譬如东北四省固为我国之领土,但事实上现在各级法院已均不能行审判权,如对于所住该四省之被告起诉,或对于设有营业所之人因业务而涉讼,此际原告究应声请何级法院指定管辖？此应解释者一。又该被告如在他省置有不动产,但非因不动产涉讼,或该营业所之人在他省通商口岸设有分销处或代办商,此种场合原告能否径向该被告他省不动产所在地法院起诉,暨能否向该营业所之人在他省设有分销处或代办商所在地之法院起诉？此应请解释者二。又对于在东北四省设有营业所之人,因业务而涉讼,如能于其在他省通商口岸所设之分销处或代办商所在地之法院起诉,则是否仍应以其原店号及经理为被告,抑应以其分销处或代办商之负责人为被告？此应请解释者三等情。据此,案关法令疑义,理合备文转请仰祈钧院鉴核解释示遵。谨呈

**院字第一五九〇号**

**二十五年十二月五日　司法院指令浙江高等法院　附原呈**

呈悉,业经本院统一解释法令会议议决,抵押权人依法声请拍卖抵押物,在声请时债务人或第三人如无争执,即可径予拍卖,无庸经过裁定。业经院字第一五五三号及第一五五六号解释有案。此项拍卖,在拍卖法未颁布施行以前,应准照不动产执行之程序办理,既亦经第一五五三号解释内叙明,则遇无合格承买人时,自得适用《民事诉讼执行规则》及《补订

民事执行办法》关于减价之规定。合行令仰转饬知照。此令

**附原呈**

案据萧山地方法院院长傅廷瑞二十五年九月五日呈称,窃查《民法》第八百七十三条第一项规定,抵押权人于债权已届清偿期而未受清偿者,得声请法院拍卖抵押物就其卖得价金而受清偿。又查二十五年二月四日院字第一百零四号解释内开,在《民法》物权编所规定之登记法律尚未施行以前,抵押权人于债权已届清偿期而未受清偿,声请法院拍卖抵押物时,如债务人或第三人就该抵押关系并未发生争执,毋庸经过判决程序即可径予拍卖,亦不因该地之已未实行登记制度而受清偿而有差异。据此以观,可知曾经设定抵押权之债权,以后毋庸经过诉讼程序,即可径行声请法院拍卖抵押物,于债权人固属便利异常,但法院究竟应否先由民庭裁定,俟确定后再由民事执行处执行,抑由民事执行处径行开始拍卖,以及拍卖期日无合格承买人时,可否适用现行《民事诉讼执行规则》三次减价之规定,于此有二说焉:(甲)说上开院字第一四零四号解释既明白规定“径予拍卖”,当然毋庸经过民庭裁定,由民事执行处径行拍卖。既由民事执行处拍卖,则无合格承买人时,当然得适用《民事诉讼执行规则》三次减价之规定;(乙)说按民事执行处得据以开始执行者,以确定判决、和解、调解、宣示假执行之判决或支付命令,以及假扣押、假处分裁定,或其他得强制执行之裁定为执行名义者为限。《民事诉讼执行规则》第四条第三、第四、第五等项,《补订民事执行办法》第三条第一、第二两项定有明文,此项拍卖如不经过民庭裁定,即不发生执行名义,民事执行处当然未便径予执行。况上开院字第一四零四号解释得径予拍卖者,以债务人或第三人就该抵押关系并无争执者为限,可知法院对于该项声请显有准驳之权,更非先经民庭裁定,不可俟民庭裁定确定后既已得有执行名义,则于拍卖日期无合格承买人时当然得适用民事执行规则三次减价之规定。以上二人说,究以何说为当,请核转解释,等情据此,案关法令疑义,理合备文转请仰祈钧院鉴核解释示遵。谨呈

**院字第一五九一号**

**二十五年十二月七日 司法院咨行政院 附原咨**

为咨复事,准贵院本年八月十三日咨(第二二三号)开,据广东省政府呈请解释商会执监委员选举疑义,请查照见复等由,业经本院统一解释法令会议议决,商会法施行后,依该法选任之执监委员,因事故不能依该法第十九条改选,其原选任之执监委员,于该条所定任期届满后,虽不得继续行使职权,但依该条不得连任之规定,原选任之执监委员于更新改选中仍不得有被选举权。相应咨复贵院查照饬知。此咨

**附原咨**

案据广东省政府本年七月二十八日呈称,案据广东建设厅二十五年六月二十四日呈称,现据台山县县长章萃伦呈称,现据新昌商会主席黄植蕃等本年六月四日状称:窃商会为商人集合机关,系以图谋工业及对外贸易之发展,增进工商业公共之福利为宗旨,对于选举

委员须择有热心公益、勇于任事者充任之,方有裨益于商场。是选举一节为至重,且要查《商会法》第十九条,执监委员之任期为四年,每二年改选半数之规定,自应依照遵章改选,但因听候各同业公会成立,而埠内各行同业之不满七家者,已归多数,即间有既满七家以上之同业,依法组织同业公会经选出委员者,又因呈缴章程多次批令更改公事,往还煞费多月,以故阻延未能依期改选。现正欲着手改选,但未知准照改选法改选半数,抑完全另行选举,倘完全另行选举,现任执监委员应否仍有被选权,属会尚未明晰。现合备文呈请钧台恳详为解释,指示遵行,实为公便等情。据此,查商会执监委员之任期均为四年,每二年改选半数,不得连任,乃商会法第十九条及商会法立法原则第八项之规定。该会于民国十九年间成立,迄今将有六载,已于每届二年间未有半数之改选,复于全部执监之任期早经届满,依照奉发广东省各县市商会章程第二十八条第二项之规定,自不得继续行使其执监职权,从而该会更新改选似难援用半数改选之规定。惟早经失去执监职权之委员,于新选当中有无被选举权。换言之,有无连任权能,在商会法则与章程并无明文规定,未便擅予解释。据呈前情,除指复外,理合据情转请察核示遵,实为公便等情。据此,卷查前据该县十九年六月九日呈缴该商会简章,及第一届执监委员名册、会员代表名册各一份。请核备案前来,当以呈附,均悉该县属新昌商会,既经依法改组,所缴章程名表亦由该县长核明,与现行商会法相符,自应暂准备案。惟案据分呈仰,仍候省政府核示祗遵,可也此令等词指复在案。惟至今从未据报该商会依法办理改选,兹据呈前情应否准予重新改选,及所请解释一节,未敢擅断,除指复外,理合备文呈请钧府察核指遵,等情前来。查该商会改组章册业于十九年十月间,咨准前工商部咨复应准备案在案,兹据前情,理合备文呈请钧院转咨解释,明示下府,俾便饬遵等情。据此,事关法律适用疑义,相应咨请贵院查照解释见复,以便饬遵。此咨

**院字第一五九二号**

**二十五年十二月七日　司法院咨行政院　附原咨**

为咨复事,准贵院本年八月十三日咨(第二二四号)开,据实业部呈请解释商标法第三条疑义,请查照见复等由,业经本院统一解释法令会议议决,《商标法》第三条之规定,系专为商标审查员发现,二人以上于同一商品以相同或近似之商标各别呈请注册时,应如何分别准驳而设。故呈请注册时之"时"字,虽不限于同日,而先后时期要均在声请程序中,始得由审查员依该条所定孰先使用之标准,以定准驳。若一方之呈请已在他方之商标审定登报或实行注册以后,则商标局自身应受拘束,非依同法第二十八条、第二十九条所定异议及评定等程序,不能变更,自无再行适用该条之余地。相应咨复贵院查照饬知。此咨

**附原咨**

案据实业部呈称,案据商标局二十五年六月十一日第一零八号呈称,呈为《商标法》条文发生疑义,请转求统一解释事。窃查《商标法》第三条前段二人以上于同一商品以相同或近似之商标各别呈请注册时,应准在中华民国境内实际最先使用并无中断者注册。关于各

别呈请注册时一语,在解释上现有甲、乙二说:(甲)说以时字作同时解,即非同日,亦仅限于双方商标均尚在声请注册程序中,而未经审定者,以同条末段之同日二字相比照可以知之,若某一商标已依法注册,取得专用权,而另一商标尚在声请程序中,无论两造商标是否近似,及孰先使用均无适用该条之余地;(乙)说谓第三条前段乃抽象之规定,其各别二字,并非限于同时,否则与本法第二十条及第二十九条第三项之规定,难征一贯,故该条之适用不限于两造商标均尚在声请注册程序中,即一方已取得专用权,一方尚在声请程序中,其图样文字等相同或近似时,亦得适用。细绎二说,各有理由,究应适用何说,本局未敢擅断,现且悬案待决,理合备文呈请钧部转请行政院,咨行司法院迅予统一解释,以资遵守等情。据此,事关法律疑义,理合备文呈请钧院转咨司法院迅予统一解释,俾便饬遵等情。据此,除指令外相应据情咨请贵院查照解释见复,以便转饬遵照。此咨

**院字第一五九三号**

**二十五年十二月七日　司法院咨行政院　附原咨**

为咨复事,准贵院本年七月三日咨(第一九四号)开,据江苏省政府呈请解释执行行政处分适用程序疑义,请查照见复等由,业经本院统一解释法令会议议决,行政官署依行政程序所为责令人民出资之处分确定后,如人民抗不缴纳,仍应用行政职权为强制执行,并不因该官署系兼理司法之县政府,遂可认行政处分为民事裁判,而径以司法职权予以执行。至院字第八三三号解释例,系就民事诉讼误用行政处分者而言,非来问情形所得援引。相应咨复贵院查照饬知。此咨

**附原咨**

案据江苏省政府本年六月二十七日秘字第一八七号呈称,查行政官署因某种案件依行政程序责令人民出资(并非罚金)之处分,被处分人对于此项处分曾表示不服,先后提起诉愿、再诉愿及行政诉讼,均以逾越法定期限,经分别决定及判决驳回,是此项处分业经确定,乃由该管县政府限期催缴,而被处分人一再拖延抗不缴纳,如县政府将被处分人之房屋予以扣押并公告拍卖,似不能认为依行政执行法所为之强制处分。若就处分人民财产而言,应属司法范围,但此项责令出资之处分,既非民事诉讼之判决,与通常债务有别,该管县政府虽兼理司法,对于此案所为之执行,可否根据司法院院字第八三三号解释,认为一种民事裁判以兼理司法名义,按照司法程序拍卖?被处分人之房屋抑或即由县政府以行政职权为之拍卖?究应依照何种程序执行方为适当,事关适用法律疑义,理合呈请转咨解释等情。据此,相应咨请贵院查照解释见复,俾便饬遵。此咨

**院字第一五九四号**

**二十五年十二月十日　司法院咨行政院　附原咨**

为咨复事,准贵院本年六月十五日咨(第一六五号)开,据江苏省政府电请解释商会职

员改选疑义，请查照见复等由。业经本院统一解释法令会议议决，商会职员之改选，依《商会法》第十九条，仅规定任期及改选方法，至改选会之召集违法或有不当情事，该法既未订明，由其监督官署得以行政职权宣告其选举结果为无效，则遇有此项情事发生，只可依私法关系，由会员提起确认无效之诉。相应咨复贵院查照饬知。再原问第二、第三两项疑义，系从第一项问题而来，兹如上述，可毋庸另行解答，合并声明。此咨

**附原咨**

案据江苏省政府二十五年五月三十一日秘字、第二一四号代电开，查商会为人民团体之一种，在《民法》上应认为社团法人。依中央规定之修正人民团体组织方案，应受党部之指导及政府之监督。如商会职员之改选，经党部核准备案后，而监督官署认为该改选会之召集有违法或不当情事，能否依行政职权宣告其选举之结果无效，抑应依《民法》第三十六条或同法第五十六条所规定，由有请求权之人向法院请求宣告解散或宣告无效，此应请解释者一；又如监督官署对于商会职员之改选，依行政职权为无效之宣告后，会同当地党部另订处理办法，并呈经中央民众训练部核准备案，而该商会会员中有表示不服提起诉愿者，行政官署能否予以受理，而就实体上审查决定，若认为诉愿有理由时，能否由行政方面单独决定撤销原处分，抑应指示径向中央民众训练部呈请救济，此应请解释者二；再查《诉愿法》第一条载，人民因中央或地方官署之违法或不当处分致损害其权利或利益者，得提起诉愿，是提起诉愿当以因官署之违法或不当处分而致受有损害之人民为限。如商会职员之改选，经监督官署依行政职权宣告无效时，商会中之一部会员如有不服，能否认为系《诉愿法》第一条所指权利受有损害之人，而以会员资格提起诉愿，此应请解释者三。以上各节，事关法律疑义，理合遵照钧院二十五年四月二十四日第二五二八号训令，电请鉴核并乞迅赐示遵等情。据此，事关法律适用疑义，除指令外，相应备文咨请贵院查照解释见复，以便饬遵。此咨

**院字第一五九五号**

**二十五年十二月十日　司法院函铨叙部　附原函**

迳复者，准贵部本年六月一日公函（甄闰巳东发六六二四号）开，为《法院组织法》第四十八条第二项疑义，请解释见复等由，业经本院统一解释法令会议议决，《法院组织法》第四十八条第二项"荐任书记官长、书记官，非曾任委任书记官长、书记官二年以上不得任用"之规定，参照法文前后意旨，自以具有同条第一项委任书记官长书记官之资格者为限。惟该法施行前，未具有同条第一项资格，而已任委任书记官长书记官二年以上者，于该法施行时既未有特别规定，自不受其限制。相应函复贵部查照。此致

**附原函**

迳启者，查《法院组织法》第四十八条第二项规定，荐任书记官长、书记官，非曾任委任书记官长、书记官二年以上，或具有荐任公务员之资格者不得任用。所称曾任委任书记官

长、书记官,未经明加限制,致有两种解说:(一)本项所称曾任委任书记官长、书记官,系对本法同条第一项而言,依照第一项规定,曾任委任书记官长、书记官资格之取得,除曾经书记官考试及格或修习法律学学科二年以上得有毕业证书者外,别无其他产生方法。故就立法原意,本项曾任职务,应以具有第一项资格者为限。如于第一项规定之资格以外,而任委任书记官长、书记官满二年,亦一律认为有荐任书记官长书记官之资格,则荐任书记官长、书记官资格将较委任书记官长、书记官为低,似嫌宽严倒置。且本项下半段规定或具有荐任公务员之资格者,此项荐任公务员资格,其以委任职升用者,依照修正公务员任用法第三条第三款规定,必须任最高级委任三年以上,经甄别审查或考绩合格者,方为合法。又依照《修正考试法》第七条第五款规定,曾任委任职三年以上始有应高等考试之资格,高考及格,始能为荐任职公务员。兹仅曾任书记官长书记官满二年,不复受其他限制即认为有荐任书记官长、书记官资格,则于前列各规定出入过巨,难以贯通,故本项所称曾任委任书记官长、书记官,似应以具有第一项资格者为限;(二)本项所称曾任委任书记官长、书记官,在条文内并未明白规定,必须具有第一项之资格,凡曾任该项职务满二年者,依照条文解释均得认为合法,按该项规定系注重经验,既有曾任委任书记官长、书记官二年以上之经验,以之升充荐任书记官长、书记官当能胜任,至所任之委任书记官长、书记官系以何种资格取得,法律既无明文规定,不必再予追溯。以上两说各有理由,迭径与司法行政部磋商,意见迄未一致,为彼此照应而免误会起见,相应函请督照迅赐解释见复,以凭办理为荷。谨致

**院字第一五九六号**

**二十五年十二月十日　司法院指令司法行政部　附原呈**

呈悉,业经本院统一解释法令会议议决,《法院组织法》第三十三条第四款,所谓荐任司法行政官办理民刑事件,既无专办字样,则凡荐任司法行政官于其职务上曾经办理属于民刑事件者,皆可包含在内,不以专办民刑某特种事务为限。至兼理司法之县长,既掌民刑裁判事件,自应解为与本款之规定亦属相当。合行令仰知照。此令

**附原呈**

案据江西高等法院院长呈略称,该院书记官长陈宽馨具有《修正法院组织法》第三十三条二、四两款资格,请以推检调用等情。查所称第二款资格曾据附送证件,如经审查合格自无问题,至所称第四款资格,各高等法院书记官长是否可认为相合,现有两说:(甲)说《修正法院组织法》第三十三条第四款所称,荐任司法行政官应以司法行政部民刑事司科长为限,即推广言之亦只能包括最高法院民刑庭荐任书记官(亦称科长)在内,信如其说,则如本部参事处之科长,实际上亦办理民刑事件,司法院之荐任秘书、荐任科员亦有办理此类事件者,而最高法院民刑庭之荐任书记官,名义上虽分属于民刑各庭,职务上亦列有纪录一项,然按之实际,不过对于民刑案件之进行中专司编案、文牍、统计、登记、分配等事务,法律上尚无裁判民刑事件之规定。至于各高等法院之书记官长,及最高法院检察署书记官长所有

编案、文牍、统计、登记、分配等职务，亦与最高法院之民刑庭荐任书记官相类。又如同法第三十七条第三款所列之简任司法行政官，亦未专限民刑事司司长，即司法院院部参事、简任秘书，与其他各司司长暨最高法院书记官长均可包括在内。而谓本款所登之荐任司法行政官，系限于此两项人员，于法理上及实际上似难言之成理；（乙）说《修正法院组织法》第三十三条第四款所称，荐任司法行政官并不以司法行政部民刑事司科长及最高法院民刑庭之荐任书记官为限，凡其官等系属荐任称，而其职务又系办理民刑事件者，均包括于本款之内。若依其说，则如司法行政部参事处之科长，及司法院荐任秘书、荐任科员，凡办理此等事件者，固均具有本款资格，即高等法院之书记官长及最高法院检察署书记官长，其职务与最高法院民刑庭之荐任书记官并无不同，亦应具有此项资格。观于前北京司法部十年八月九日训令（见旧司法例规上册第一零页）所定，荐任法官资格第九项第三款，现任大理院总检察厅书记官长、荐任书记官之后，于第四款列入现任京师高等地方各审判检察厅，荐任书记官长第五款列入现任各省高等审判检察厅，荐任书记官长即可为其例证。以上两说，究应以何说为是？再法律学校出身，而任兼理司法之县长，历应办民刑案件，此项人员是否有同条第四款之资格，亦不无疑义。理合具文呈请钧院赐予解释指令祇遵。谨呈

**院字第一五九七号**

**二十五年十二月十二日　司法院指令广东高等法院　附原呈**

呈悉，业经本院统一解释法令会议议决，以自己之名或堂名附入股本于合伙内者，与附股于他合伙人之股内而为隐名合伙者不同，不问其有无执行合伙事务，均为出名合伙人。合行令仰转饬知照。此令

**附原呈**

现据广州地方法院院长陈达材呈称，窃职院近年以来，收受合伙破产事件月有数宗，而依《民法》第六百八十一条规定，合伙人对于合伙之债务负连带责任，在此情形之下遂发生出名合伙人与隐名合伙人之责任问题。在广州商人习惯合伙营业，其股东常不用真姓名而用堂名，且多有永不执行合伙事务者，因此对于出名合伙与隐名合伙区别之标准遂有两说：（甲）说谓附股于他合伙人（即股东）之股内者，始为隐名合伙，此外凡附股于合伙内者，无论是否用真姓名，或是否执行合伙事务，均为出名合伙；（乙）说谓附股于他合伙人之股内，固为隐名合伙，即附股于合伙内（即直接股东），若不参与合伙事务之执行，或无《民法》第七百零五条情形时，一律皆为隐名合伙，以参与执行与否，为出名与隐名合伙区别之标准，其所持理由：（一）观于《民法》第六百七十一条各项规定，普通合伙如无特约，由合伙人全体共同执行；（二）依甲说所言，附股于他合伙人之股内，始为隐名合伙人，则该隐名合伙人在合伙之直接股东观之，乃合伙之第三人，与路人无异，非其他直接股东所能认识，自无从检查合伙账簿及财产，岂非与《民法》关于合伙各条之规定大相冲突；（三）合伙人既用堂名附股，而对于合伙事务又不参与执行，且与其他合伙人亦无特约，此种合伙人至合伙破产之后，而依

甲说使其负连带无限责任,固非彼等附股之初意,且亦非情理之平。究竟甲乙两说孰为允当,事关法律解释,职院未敢擅拟,理合备文呈请钧院鉴核,俯赐转请解释,指令祇遵,实为公便等情。据此,理合备文转呈钧院鉴核,俯赐解释,迅复下院,俾便饬遵,实为公便。谨呈

**院字第一五九八号**

**二十五年十二月十二日　司法院指令湖南高等法院　附原呈**

呈悉,业经本院统一解释法令会议议决,(一)遗族恤金系对于遗族所为之给予,既非亡故者之遗产,自无继承之可言。亡故者债务,如非基于《民法》继承编之规定,应由该遗族负偿还责任,即不得以领受恤金之故令其负责;(二)合伙中之一人,虽于中途抽出股本,但既未声明退伙,仍应认为合伙人。至解散清算经通知而故不到场,其余合伙人之清算,对于该未到场之人并非无效。惟该未到场之人对于清算所为之决议,如有争执,仍得诉请法院裁判。合行令仰转饬知照。此令

**附原呈**

案据常宁县主任承审员胡之超删代电称:窃查现行法例承继遗产,即承担债务。惟恤金可否视为遗产,不无疑义,兹有甲、乙两说:(甲)说谓恤金为国家抚恤遗族之费,属于受恤人之权利,与遗产性质不同,不能以某某承受恤金,即应承担债务;(乙)说谓恤金为因死亡发生之权利,与遗产承继之因死亡开始者正复相同,即应视为遗产之一种。无论承受者为父母、为妻子,应于恤金范围之内为被继人负担债务。二说持之有故,未知孰是,此应请解释者一。合伙解散之清算,《民法》第六九四条至第六九六条固有明文,然苟合伙人中之一人中途抽还股本,又未声明退股,其后解散清算,经通知而故不到,其余合伙人之清算究竟是否有效,此应请解释者二。以上二端,事关法律疑义,未敢擅断,理合电请解释示遵等情。据此,事关法律疑义,理合具文呈请钧院迅赐解释令遵。谨呈

**院字第一五九九号**

**二十五年十二月十二日　司法院指令湖北高等法院　附原呈**

呈悉,业经本院统一解释法令会议议决,民事因强制执行拍卖不动产,经三次减价未能拍定,而债权人又不愿收受,复不适于管理者,本得再行减价拍卖。如仍未能拍定,此时有无再行递减之必要,无论债务人同意与否,均得由执行法院斟酌情形定之。合行令仰转饬知照。此令

**附原呈**

案据署湖北汉口地方法院院长张启鸿呈称,呈为呈请解释事,查民事强制执行事件关于不动产之拍卖,经三次减价未能拍定,债权人又不愿收受,复不适于管理者,依最高法院二十二年抗字第七七六号判例,固得再行减价拍卖,但以社会经济之衰落,虽再行减价拍卖往往仍未能拍定,于是有两造合意,请求再为递减拍卖者,亦有一造愿意递减,一造表示不

同意者。究竟前述判例所谓再行减价,除经两造合意者外,是否有次数限制,抑可不计次数连续递减,总期卖出为度?现在此类案件甚多,亟待解决,理合备文呈请钧院鉴核解释示遵等情。据此,除指令外,理合备文呈请钧院鉴核俯赐解释,以便转饬遵照,实为公便。谨呈

**院字第一六〇〇号**

**二十五年十二月十四日 司法院指令绥远高等法院 附原呈**

呈悉,业经本院统一解释法令会议议决,未确定之给付判决,如有假执行之宣示,依《民事诉讼执行规则》第一三二条之规定,自得予以执行,纵令以后之确定判决,将宣示假执行之本案判决变更,债务人因假执行所受之损失,未先命债权人预供担保,但依同规则第一三四条,法院仍可命债权人另行赔偿,不得因此而谓假执行之宣示,必须判决确定后始可执行。合行令仰转饬知照。此令

**附原呈**

案据归绥地方法院院长万宗周呈称,为呈请转呈解释示遵事,查《民事诉讼执行规则》第一百三十二条规定,有假执行之宣示债权人得即声请执行等语。设有甲债务人欠乙债权人之债款,经法院判决宣告假执行,由民事执行处依法将债务人之动产查封,该动产能否估价拍卖,颇滋疑义:(甲)说谓债权人依法向法院声请执行,不必待判决确定,自可按照查封拍卖程序执行;(乙)说谓债权人并未提出担保金,万一判决确定将原判变更债务人之财产拍卖后,既难回复原状,又无损害担保。司法院既有解释(参照司法院十九年院字第三八零号解释,关于不动产查封拍卖管理之规定,可斟酌情形分别办理),法院于此场合只有斟酌情形,将债务人之财产查封,以待判决确定再行拍卖,较为妥当。以上二说,各有理由,究以何说为当,事关法律疑义,理合具文呈请钧院鉴核俯予转请解释,俾便有所遵循,谨呈等情据此,事关法律疑问,理合备文呈请钧院鉴核俯予解释,俾便饬遵。谨呈

**院字第一六〇一号**

**二十五年十二月二十二日 司法院指令湖北高等法院**

呈悉,业经本院统一解释法令会议议决,(一)侵害国家或社会法益,同时被害之个人,如渎职罪第一百二十六条第一项之被凌虐人,公共危险罪第一百七十三条第一项之被烧毁人,得依《刑事诉讼法》第三百十一条被害人资格提起自诉,与《刑法》章次无关。至妨害秩序罪第一百五十八条之被诈欺人,来呈未叙明其被诈事实,无从解答。(二)称夜间者,应参照《刑事诉讼法》第一百四十六条第四项规定,以日出前、日没后为准。(三)附带民事诉讼,因刑事判决谕知无罪、免诉或不受理,驳回原告之诉,原告对于此项未经实体上审理之案件,得另行提起民事诉讼,合行令仰转饬知照。此令

**附湖北高等法院原呈**

案据恩施地方法院院长赵之骙呈称,查自诉范围,新刑诉法较旧刑诉法范围为广,观于

新刑诉法第三百十一条及旧刑诉法第三百三十七条之规定,固属明显。惟新法所谓被害人,是否与旧法直接侵害个人法益一语相当,不无疑义,于此分为二说:甲说,新法被害人一语,较旧法直接侵害个人法益之范围为广,如《刑法》渎职罪章第一百二十六条第一项之被凌虐人,妨害秩序罪章第一百五十八条之被诈欺人,公共危险罪章第一百七十三条第一项之被烧毁人。凡因犯罪直接受有损害者,不问犯罪系侵害国家法益,抑系侵害社会法益,均可提起自诉,初与《刑法》分则章次无关(参照院字第一三二四号解释)。乙说,与此相反,谓新法所谓被害人,与旧法直接侵害个人法益一语相当。凡非直接侵害个人法益之罪,如上开条项之类,或系侵害国家法益,或系侵害社会法益,纵实际受害系属个人,仍属不得自诉(参照解字第二二二号解释),此应请解释者一。又查《刑法》第三百二十一条第一项第一款之夜间侵入窃盗,所称夜间,在《刑法》总则法例章,无解释明文,其界说殊不明了,于此亦分二说:丙说,应以刑诉法第一百四十六条第四项之规定为准。称夜间者,为日出前、日没后;丁说,仍应依解字第一九三号解释,以旧刑诉法第一百四十九条第三项之规定为准,称夜间者,谓四月一日至九月三十日午后九时起至午前五时止,十月一日至三月三十一日午后九时起至午前七时止,此应请解释者二。又查刑诉附带民诉,于刑事谕知无罪、免诉或不受理之判决时,应以判决驳回原告之诉,刑诉法第五百零七条第一项,原有明文。但判决后,能否重向管辖民事法院起诉,于此亦分二说:戊说,此项附带判决,只能于刑事法院发生既判力,原告除得附带上诉外,尚得另向民事法院起诉;己说,此项附带判决,于民事法院亦生既判力,既经刑事法院予以驳回,即不得再向民事法院起诉,此应请解释者三。总上三端,共分六说,究以何说为当,事关法律疑义,理合具文呈请钧长鉴核,转呈解释示遵等情前来。事关法律疑义,理合呈请钧院核示祗遵,谨呈国民政府司法院院长居。代理湖北高等法院院长郗朝俊

**院字第一六〇二号**

**民国二十五年十二月二十五日　司法院复湖南高等法院电**

湖南高等法院陈院长览,本年九月佳代电悉,所请解释兼祧两姓改用复姓是否合法疑义一案,业经本院统一解释法令会议议决,养子女从收养者之姓,既为《民法》第一零七八条所明定,则养子女自不得兼用本姓。如以本姓加入姓名之中,其本姓只能认为名字之一部,而不得视为复姓。至兼承两姓宗祧,虽无禁止明文,但参照同法第一零八三条之趣旨,仍不生法律上之效力。合电知照。司法院有印

**附湖南高等法院原代电**

南京司法院院长居钧鉴,兹有某甲幼失怙恃,赖其姑丈夫妇抚育成立,现在其姑丈夫妇无嗣,商酌甲之祖母及甲本人夫妇同意收甲为养子,并仿该地先例永用复姓、兼祧两姓、子女亦同,已请凭戚族到场双方书立出抚、承抚约据,交换收执,拟请官厅准予备案,查兼祧两姓改用复姓,《民法》并无规定,究竟是否合法,理合电请钧院解释示遵。湖南高等法院院长

陈长簇叩佳印

**院字第一六〇三号**

**民国二十五年十二月二十五日　司法院复河南高等法院电**

河南高等法院凌院长览，本年九月皓代电悉，所请解释上诉程序疑义一案，业经本院统一解释法令会议议决，被告上诉，由第二审误为不受理之判决，经非常上诉撤销后，即恢复未判决前之状态，如发见第一审检察官亦提起上诉，自应由管辖之法院一并审理，合电知照。司法院有印

**附河南高等法院原代电**

南京司法院居院长钧鉴，查被告上诉，由第二审为谕知不受理之判决，经非常上诉，将原判撤销后，第二审审理时，又发现第一审检察官前对于此案，亦曾提起上诉，应否一并受理，于此分为两说。甲谓案经非常上诉程序，其审理范围，应以非常上诉判决书内所指示者为限，检察官上诉，既不在非常上诉范围以内，应另依通常程序办理，不能一并受理。乙谓第二审判决，既经撤销，即回复第二审判决前原状，检察官对于同一案件提起上诉，自应一并审理，以免判决纷歧之弊，二说未知孰是，抑另有其他办法？案悬待结，理合电请核示，俾资遵循。署河南高等法院推事兼院长凌士钧叩皓印

**院字第一六〇四号**

**民国二十五年十二月二十五日　司法院指令浙江高等法院**

呈悉，业经本院统一解释法令会议议决，所询情形，原非并合论罪案件，嗣因赦令分别减刑后，仍应就各罪减定之刑合并执行，不生更定执行刑之问题，合行令仰转饬知照。此令

**附浙江高等法院原呈**

案据金华高等法院第二分院院长仇预呈称，窃查旧《刑法》第六十九条载，裁判宣告前犯数罪者并合论罪，与《刑法》第五十条裁判确定前犯数罪者，并合处罚之规定不同。故当旧《刑法》有效期内，判决宣告后，尚未确定前，复犯他罪者，既在前罪已经宣告判决后不得并合论罪，此经司法院院字第四八八号解释有案。兹有甲犯强盗掳人勒赎罪，于民国十五年八月间判处无期徒刑，宣告判决，尚未确定，羁押于看守所时，复犯脱逃罪，判处有期徒刑五年，均先后确定送监执行。至民国二十一年依赦令分别减为有期徒刑十五年及有期徒刑三年四月，迨至本年五月由检察官声请更定其执行刑，对于该项声请，是否合法，有子、丑两说。子说，该二案在旧《刑法》有效期内业已确定，由检察官指挥执行，是其执行方法，早经确定，本不发生更定执行刑之问题，自不得因事后法律之变更而依数罪并罚之规定，更为声请。丑说，关于并合论罪，《刑法》系以裁判确定前为限，较之旧《刑法》第六十九条之规定为有利于受刑人，既于《刑法》施行后尚在执行中，由检察官声请更定其执行之刑，自应依《刑法》第二条第一项但书之规定而为之裁定。以上二说，究以何说为当？事关适用法律疑义，

理合备文呈请钧院鉴核,转请解释令遵等情。据此,案关请求解释,理合备文转呈,仰祈钧院鉴核,俯赐解释,以便饬遵,谨呈国民政府司法院。署浙江高等法院院长郑文礼

**院字第一六〇五号**

**民国二十五年十二月二十五日　司法院指令山东高等法院**

呈悉,业经本院统一解释法令会议议决,纵容配偶与人通奸,告诉权即已丧失,不能因嗣后翻悔而回复。又所谓纵容,但有容许其配偶与人通奸之行为即足。至相奸之人,原不必经其容许。故原举两问,均不得再行告诉,合行令仰转饬知照。此令

**附山东高等法院原呈**

案据长山县县长兼理司法行政事务周义章呈称,为呈请解释事。查犯《刑法》第二百三十九条之罪,配偶纵容或宥恕者,不得告诉,为同法第二百四十五条第二项所明定,关于本项有两问题:(一)某甲概括的纵容,(如使其妻卖奸之类,)或特定的纵容(如许其妻与某特定人奸淫,)其配偶与人通奸,经过相当时期,甲忽将其纵容撤回,而其配偶不听,仍继续与一般人或该特定人通奸,甲此时是否复得告诉;(二)又如某子纵容其配偶与特定人丑通奸,而其配偶除与该丑通奸外,复与该丑以外之寅通奸,此时子对其配偶与寅通奸部分,是否仍得告诉?事关法律疑义,本处未便擅专,理合呈请鉴核,迅示解释祗遵,实为公便等情。据此,案关法律解释,理合备文呈请钧院核示遵行,谨呈司法院院长居。山东高等法院推事兼院长吴贞缵、庭长丁亦葵、李法先代行

**院字第一六〇六号**

**民国二十五年十二月二十五日　司法院咨行政院**

为咨复事,准贵院本年七月二十一日咨(第二零五号)开,据江苏省政府代电请解释《禁烟法》疑义,请查照见复等由,业经本院统一解释法令会议议决,《禁烟法》施行期内,身藏鸦片烟泡,意图供人吞食,在未交付收受前即被搜获,自系意图供犯帮助吸食鸦片罪而持有,依现行《禁烟治罪暂行条例》第二十条第二项规定,应适用《禁烟法》第十三条处断,相应咨复贵院查照饬知。此咨行政院

**附行政院原咨**

案据江苏省政府本年七月咸代电称,设有某甲于《禁烟法》施行期中,身藏鸦片烟泡,意图递与在戒烟所施戒之某乙,供其私行吞食,于未交付收受前,即被搜获,是否仅负意图供犯《禁烟法》各罪之用而持有鸦片,或帮助食未遂之罪责,抑应负帮助吸食已遂责任,可分二说。子说,查最高法院二十一年非字第九七号判例载,帮助犯之成立,以正犯成立犯罪为要件,又二十二年上字第九九六号判例载,《刑法》上之从犯,因帮助正犯而成立。苟正犯之犯罪行为终了,从犯即无由成立。某乙在未施戒以前,虽系连续吸食鸦片,然其连续行为,已因到案而终了。此次某甲身藏烟泡,意图递给吞食,既尚未递到,则某乙并未构成新犯罪行

为，而以前某乙之吸食鸦片，又不能证明某甲曾予帮助。核之上开判例，某甲自不成立帮助吸食已遂之罪，而应究明其与正犯有无犯意之联络，及已否着手实行，然后使负帮助吸食鸦片未遂，或意图供犯《禁烟法》各罪之用而持有鸦片之罪责。丑说，查《禁烟法》第十三条规定，“意图供犯本法各罪之用而持有鸦片”，指本无一定犯意或不能证明其犯意所在之单纯持有鸦片者而言。如有一定犯意，或审核情节，已足证明其犯意之所在者，自应依其所犯各条分别论处。又吸食鸦片系连续行为。某乙吸食鸦片行为，既早已实行，而达于可罚之程度，虽此次某甲递给烟泡，未及接受，即被查获，然帮助犯即对于正犯犯罪事实，具有认识，而加以助力。某甲既明知某乙烟瘾未断，而帮助其继续吸食，自仍应负帮助已遂责任。两说孰是，案关法律疑义，理合电请核转司法院迅赐解释示遵等情。据此，案关适用法律疑义，相应备文咨请贵院查照，迅予解释见复，俾便饬遵。此咨司法院

**院字第一六〇七号**

**民国二十五年十二月二十六日　司法院指令安徽高等法院**

呈悉，业经本院统一解释法令会议议决，关于假扣押之规定，于假处分准用之，为《民事诉讼法》第五二九条上半段所明定。至于同法条但书所谓不在此限者，仅指第五三零条至第五三三条之规定有不同者而言。若同法第五三零条上半段所规定，假处分之声请，由本案管辖法院管辖，核与同法第五二零条第一项上半段规定，假扣押之声请，由本案管辖法院管辖并无不同，则该两条所谓本案管辖法院，自应概依第五二零条第二项以为解释。质言之，即本案如系属于第三审时，仍以第一审法院为其本案管辖法院。至于最高法院二十三年度声字第六一一号裁定，乃系就原法院所为假处分之裁定而认为正当，并非径自为假处分之裁定，自不可因而有所误会。合行令仰转饬知照。此令

**附安徽高等法院原呈**

案据署安徽高等法院第二分院院长李祖庆艳代电呈称，查《民事诉讼法》第五百三十条假处分之声请，由本案管辖法院管辖。关于本案管辖法院，甲说，当然准用同法第五百二十条第二项之规定，如本案系属于第三审法院时，即以前曾系属之第一审法院为管辖法院，以同法第五百三十条前段所规定与同法策五百二十条第一项之规定，除关于标的物所在地部分外，并无不同，自不在同法第五百二十九条但书限制之内。乙说，本条与第五百二十条第二项之规定不同，除有急迫情形，得向请求标的所在地之地方法院声请假处分外，如本案系属第三审法院，即以第三审法院为本案管辖法院，有最高法院二十三年十二月九日就假处分当否所为之裁定可稽（见司法公报第二十号第四十二页第一行）。两说孰是，理合电请转呈解释示遵等情，到院。事关解释法律疑义，本院未便擅拟，理合据情呈请钧院鉴核，俯赐解释，俾便饬遵，实为公便。谨呈司法院院长居。安徽高等法院院长陈长簇

**院字第一六〇八号**

**民国二十五年十二月二十六日　司法院指令江苏高等法院第三分院**

呈悉，业经本院统一解释法令会议议决，(一)有别除权之债权人，原可不依破产程序，就其对于债务人有别除权之财产行使其权利，但其他债权人既有异议，在破产法施行前，业经法院裁定命其起诉，在该债权人未起诉前，自不得为别除权之主张。(二)前拍定人不遵令缴纳《民事诉讼执行规则》第七十七条第二项所定之不足数额及费用，执行法院得径予执行，毋庸由债权人或债务人另行起诉。合行令仰转饬知照。此令

**附江苏高等法院第三分院原呈**

呈为据情呈请解释指令饬遵事，案据署江苏上海第二特区地方法院院长王思默呈称，呈为转请解释事。窃查《破产法》第一百二十五条规定，对于破产债权之加入或其数额有异议者，(中略)其争议由法院裁定之。今假定债务人甲在破产法施行前宣告破产，债权人乙对于破产财团一部分财产主张别除权，其他债权人因乙未经判决，对之有异议，经破产法院裁定，限期命乙提起确定债权之诉，乙逾期延不提起。至破产法施行后，仍不提起，此时应如何办理，爰有三说。(1)谓破产法施行前已经确定之裁定，不因破产法施行而失效，此际既无破产法第一百二十五条规定之适用，而已受异议之债权人提起确定债权之诉，乃其权能，而非义务。若怠于诉之提起，则当分配之时，自应拒绝其分配，该债权人如为主张有别除权之债权人，亦应否认其别除权之存在，而将其质物或抵押物之卖得价金，分配于其他债权人，但在分配表公告后，一定期间内若已为起诉之证明，则应将其应分配之金额提存之。(2)谓有别除权之债权人，不依破产程序行使其权利，故已受异议之债权人，若为主张有别除权之债权人，而怠于提起确定之诉时，应将其债权金额提存。俟其起诉，不能根本否认其别除权之存在。(3)谓命受异议之债权人提起确定债权之诉，系按旧时破产法办理。若使债权人在破产法施行后既尚未起诉，自应依《破产法》第一百二十五条之规定，由法院裁定之。三说未知孰是，此应请解释者一。复查暂准援用《民事诉讼执行规则》第七十七条规定，拍定人若不能如期缴足价金，法院应以职权将该不动产行再拍卖，(中略)再拍卖拍定价额。若较低最初拍定价额时，应令负担其不足之数及此项程序之费用。但此所谓应令负担，若该拍定人不遵令缴款时，是否可对之强制执行，厥有二说，(1)谓强制执行，须有执行名义，该拍定人虽应负担再拍卖后不足之数及此项程序费用，但既无执行名义，自不能对之执行，须由债权人或债务人对之诉请赔偿。如债务人已宣告破产，则由破产管理人为之。俟取得执行名义后，始可执行。(2)谓执行法院拍卖债务人不动产，乃公法上之行为，拍定人应负担再拍卖后不足之数及此项程序费用，系对法院所负之责任。其责任及数额，既无争执余地，为便利当事人及维持法院威信计，自得径予执行。二说未知孰是，此应请解释者二。以上问题，事关法律疑义，究应如何办理，未敢擅专。职院现有类似此种之案件甚多，亟待解决，理合备文呈请鉴核，转请迅予解释，以便遵循等情。据此，理合据情备文，转呈钧院

俯赐解释，令饬祗遵，实为公便。谨呈司法院院长居。署江苏高等法院第三分院院长梁仁杰

**院字第一六〇九号**

**民国二十六年一月六日　司法院指令广东高等法院**

呈悉，业经本院统一解释法令会议议决，《刑法》第二百四十条第二项所定有配偶之人，并无年龄限制，无论已否满二十岁之男女，如经和诱脱离家庭，即成立本项之罪。合行令仰转饬知照。此令

**附广东高等法院原呈**

现据广州地方法院院长陈达材呈称，现据本院刑一庭庭长梁立桀签呈称，窃查《刑法》第二百四十条第一项载，和诱未满二十岁之男女脱离家庭或其他有监督权之人者，处三年以下有期徒刑。第二项载，和诱有配偶之人脱离家庭者亦同各等语。关于第二项之规定，究竟有无年龄限制，不无疑问。甲说，谓第二项系根据第一项而规定，第一项既声明和诱未满二十岁之男女云云，则第二项之有配偶之人，亦以未满二十岁之男女为限。诚以已满二十岁之男女，知识完备，具有行为能力，和诱之者，《刑法》本无处罚明文，否则若无年龄限制，只以有配偶为条件，则和诱已满二十岁而无配偶之男女不罚，和诱已满二十岁而有配偶之男女，应处以三年以下有期徒刑，殊与立法本旨不符。在立法本旨，原以旧《刑法》并无此项规定，因而和诱未满二十岁有配偶之男女，基于已有行为能力之原因，不能处罚，故增加本项，以示和诱未满二十岁有配偶之男女，虽有行为能力，因知识薄弱，亦以和诱无配偶之未满二十岁男女同一论罪。乙说，则谓第二项之规定，系注重于已有配偶之事实，既无声明（犯前项之罪者）字句，当然无年龄限制，凡和诱有配偶之男女，均应成立本罪。甲、乙二说，似均不无相当见解，究以何说为是，非经解释，于适用时，殊觉困难，拟请转呈广东高等法院呈请司法院核示，俾资遵循等情。据此，理合备文呈请钧院察核转呈，实为公便等情。据此，理合备文转呈钧院察核，俯赐解释，迅复下院，俾便饬遵，实为公便。谨呈司法院院长居。代理广东高等法院院长谢瀛洲

**院字第一六一〇号**

**民国二十六年一月六日　司法院训令山东高等法院首席检察官**

为令知事，该首席检察官呈最高法院检察署，据第三分院首席检察官转请解释羁押折抵疑义一案，业经本院统一解释法令会议议决，某甲先后犯子、丑二罪，均处有期徒刑。惟丑罪先经三审确定，子罪尚在三审上诉中。当丑罪执行时，应自丑罪羁押开始之日起，至该案确定时为止，计抵丑案之刑期。在丑罪以前，因子罪羁押之日数，仍应于子罪执行时计抵。合行令仰转饬知照。此令

**附最高法院检察署原函**

迳启者，案据山东高等法院首席检察官胡绩呈称，案据福山第三高等分院首席检察官

刘鸿枢呈称,窃职处有执行事件,因羁押折抵发生疑义。设有甲先后犯子、丑二罪,均处有期徒刑。现丑罪业经三审确定,子罪仍在三审上诉中,因甲在子罪案内被押,至丑罪案内系继续在押。现若执行丑罪,其羁押日数,应如何折抵,计有二说:甲说,谓某甲俟子罪确定后,查其有无更定其刑之事,再与丑罪一并执行。乙说,谓可将某甲羁押日数分别折抵,即自丑罪案内继续羁押之日数,算至该案确定时为止,折抵丑案之刑期。究竟以何说为当,职院未敢擅专,理合具文呈请鉴核,转呈解释,俾有遵循等情。据此,查以上两说,均各持之有故,经本处详加讨论,亦有二说,丙说,谓某甲既因子罪先押在所,其子罪并在上诉中,是子罪羁押,迄未依法撤销或停止,而其后犯之丑罪,虽在子罪继续羁押中,有提讯还押之事,亦系借提性质,不得谓为丑罪羁押。执行丑罪,应自第三审判决确定日起算刑期,即无羁押折抵,及分别折抵羁押之可言。丁说,谓甲某先后犯子、丑二罪被押,而子罪尚在上诉中,丑罪业已确定,如羁押日数,不先折抵丑罪刑期,则日后子罪谕知无罪时,甲难免不利。为求受刑人利益起见,应将所有羁押日数先折抵丑罪刑期为宜。诸说究以何说为当,事关法律疑义,未便臆断,理合具文并呈钧署鉴核,俯赐指令或转请解释示遵等情。据此,相应函请迅予解释径复,并见示备查。此致最高法院

**院字第一六一二号**

**民国二十六年一月七日 司法院咨行政院**

为咨复事,准贵院上年六月二十六日咨(第一八五号)开,为商标法第二条第四款发生疑义,请查照解释见复等由,业经本院统一解释法令会议议决,袭用他人夙著盛誉之注册商标,使用于非同一商品,如其性质相同或相似,易使人误认其商品为他人出品而购买者,即属欺罔公众之一种,自应适用商标法第二条第四款之规定。至同条第六款,系对于使用同一商品之标章所加之限制,与商品之性质相同或相似者有别,不得援引该款,仅以同一商品为限,相应咨复贵院查照。此咨行政院

**附行政院原咨**

查袭用他人夙著盛誉之注册商标,于类别虽属不同,但性质极相接近,而常为同一厂家所兼出之商品,使购买者,误认为此二相同或相似商标之二种商品为一家出品时,是否构成商标法第二条第四款后段所谓欺罔公众之虞,计分两说。甲,商标法第二条第四款后段,系指商标本体有欺罔公众之虞者而言。若商标本体,并无欺罔公众之虞,而仅系相同,或近似于他人世所共知之标章者,则以使用于同一商品为限,方始不得注册。同法同条第六款另有明文规定,夫法既另有明文规定,而该款所设标章,系包括商标在内。又商标已否注册,亦所不问,并经司法院院字第一五零零号及第一零零八号解释有案,则同条第四款后段所谓欺罔公众之虞,自不包括仅系相同或近似于他人世所共知之注册商标者在内。倘认以相同或近似于他人世所共知之注册商标,使用于性质虽属极相接近,而类别并不同一之商品,为有欺罔公众之虞,应在禁止之列,则商标法第二条第六款,即不应复以同一商品为条件。

细绎法意,至为明显,商标虽系袭用他人夙著盛誉之注册商标,虽能使购买者误认此二商品为同一家之出品,惟实际上于另一厂家,并无损害可言,充其量亦不过相同于他人世所共知之注册商标而已。但其商标本体,既无欺罔公众之虞,而其指定之商品,又非同一,自应准予注册,不能指为有欺罔公众之虞,乙、商标所指定之商品,虽与他人商标专用权之范围,不相侵越,但有可欺罔公众之虞。换言之,即因二者商标之相同或相似,而遂使购买者认此商品与他商品为同一工厂或商店之出品者,要不得以与他人商标呈准注册所指定之商品,并非同一,遂准其注册。今商标所指定之商品,类别虽属不同,但他人之注册商标,既系夙著盛誉,其商品之性质,又属极相接近,而常为同一厂家所兼出者,要与普通绝无关系之非同一商品情事迥异,则予以袭用。其意图欺罔公众,既已显让,而同时他人之注册商标,复有上述特殊情形,其事实上将有欺罔公众之虞,亦难漠视。须知此种商标欺罔公众之虞,即在易使人误认其商品为他人出品而加以购买之一点,本非购买者将误购商品之谓,若谓商品不同,即不得援用第二条第四款后段,试问袭用者欺罔公众之用心,既以昭然,事实上欺罔公众之可能,又甚明显,是袭用者呈请注册之商标,诚有欺罔公众之虞,与第二条第四款后段之规定相合,何得强引此外条文而主张该款之不适用。至于同条第六款之规定,则指一切标章而言,既非业已注册之商标,政府自无保护之责。惟因系世所共知之标章,故亦不欲使奸商仿冒,因而以同一商品为条件,以示保护之限制。至于业已注册之商标,政府自有保护之责,今商品虽非同一,而两商标既属相同或近似,易使人误认为同一商厂出品,若其恶意显然,自应应用第二条第四款之规定,加以取缔以资保护,而不必以同一商品为条件而限制之,否则将使已注册之商标与未注册之一切标章,置于同一地位。揆之立法原意,恐不如是,是袭用他人夙著盛誉之注册商标,虽非同一商品,但二商品之性质极相接近,而常为同一厂家所兼出者,当然构成商标法第二条第四款后段所谓欺罔公众之虞。以上二说,各执一是,现在本院悬案以待,亟待解决,究以何说为是,事关法律疑义,相应咨请贵院迅予解释见复,至纫公谊。此咨司法院

**院字第一六一二号**

**民国二十六年一月七日 司法院咨行政院**

为咨复事,准贵院上年七月十八日咨(第二零三号)开,为商标法第四条发生疑义,请查照解释见复等由,业经本院统一解释法令会议议决,商标法第四条所谓类似,系指比较两商标虽稍有差异而大致相同易使人误认者而言。例如,将两商标并置一处,细为比对,虽有差别,而异时异地分别观察,在仓卒之间,又难于辨认者是,至同法第二条各款所谓近似,与本条所谓类似,一系指近似于他人之标章,一系指与自己之商标相类似,在文义上虽无甚悬殊,但对己对人,其限制既有宽严之别,则用语程度,自不无深浅之差。相应咨复贵院查照。此咨行政院

附行政院原咨

查商标法第四条所谓类似,应以何者为认定之标准,与同法其他各条所谓近似,有无程度深浅之分别,事关法律疑义,相应咨请贵院解释见复,至纫公谊。此咨司法院

院字第一六一三号

民国二十六年一月十一日　司法院指令浙江高等法院首席检察官

呈悉,业经本院统一解释法令会议议决,羁押期间之限制,原为保护被告自由而设,不得因承办人员之更调而更新起算,合行令仰转饬知照。此令

附浙江高等法院首席检察官原呈

案据丽水分院首席检察官周海珊呈称,窃查侦查中被告羁押期间,依刑诉法第七十三条规定,至多不得过四月,逾限即以撤销押票论。但在事实上,有时遇案情繁重,一时未能终结,而承办检察官适有更调,其后任接替之检察官,对于该被告之羁押日期,是否一并计算,抑应自该检察官接收后另行起算,颇滋疑义,兹有甲、乙两说。甲说,刑诉法第七十三条规定被告羁押之期间,原为尊重被告自由而设,断不能以承办检察官之更调,而可另行起算,使之久系囹圄,以受剥夺自由之苦。况检察官本为一体,无论检察官几经更调,仍应承前继后,不得另行起算,以符法旨。乙说,刑事案件,关系甚巨,检察官侦查自应特别审慎,不容草率,故被告羁押期间,依刑诉法第七十三条规定至多以四月为限。对于重大繁难案件,本嫌其短,如适遇原办检察官进行中有所更调,则接替后任之检察官,其羁押期间若须前后合并计算,尤感困难。当此场合,遽予开释,责任攸关,延长羁押,于法无据,似应依照前司法部所定刑事诉讼审限规则第五条第二项规定,于后任检察官接收人卷之翌日起,另行起算羁押期间,较为允当。综上两说,究以何说为是,理合备文呈请,仰祈钧长察核,解释令遵,实为公便等情,到处。案关法律疑义,理合备文呈请钧长迅赐解释,俾便饬遵,实为公便。谨呈司法院院长居。署浙江高等法院首席检察官郑畋

院字第一六一四号

民国二十六年一月十一日　司法院指令河南高等法院

呈悉,业经本院统一解释法令会议议决,关于保安处分之判决,固得提起上诉,但据来呈所述情形,依覆判暂行条例第十一条第一项之规定,不得上诉(县司、法处刑事案件覆判暂行条例第十二条规定同)。合行令仰知照。此令

附河南高等法院原呈

呈为呈请解释法律事,兹有某甲犯伤害罪,经县政府初判有期徒刑十月,于呈送覆判后发回覆审,经复审判决,以某甲被诉伤害,未满责任年龄谕知无罪,同时依照保安处分,宣告施以感化教育十月。某甲对于此次判决,提起上诉。按此两判决,一为科刑判决,一为保安处分,虽覆审判决保安处分之期间,与初判处刑相等。然其性质各异,究难评其轻重,似不

适用覆判暂行条例第十一条之规定。惟某甲对于保安处分,能否上诉,不无疑义,理合具文呈请钧院,迅赐解释示遵,实为公便。谨呈司法院院长居。试署河南高等法院推事兼院长凌士钧

**院字第一六一五号**

**民国二十六年一月十一日　司法院指令湖北高等法院**

呈悉,业经本院统一解释法令会议议决,甲长行其检查甲内奸宄及稽查出境、入境人民之职务时,除法令有特别规定外,无搜索人民住宅之权。合行令仰转饬知照。此令

**附湖北高等法院原呈**

呈为呈请解释示遵事,案据恩施地方法院院长赵之骙呈称,查人民非依法律不得逮捕拘禁,人民住所,非依法律不得侵入搜索,载在训政时期约法第八条、第十条,其所云法律,又必须定有明文,如《刑事诉讼法》中关于拘提、逮捕、搜索等规定是。倘有搜捕等行为,于法无明文可据,即不能谓非犯罪,乃本院辖区,近常发生保甲长搜捕事实,一经被害人具诉,辄借口国民政府军事委员长行营颁发之修正剿匪区内各县编查保甲户口条例有准许明文,以致传唤、拘提,时感困难。夷考其实,所执为口实者,仍复不甚正确,查所云上开条例,有准许明文者,不外第二十一条第四款载辅助军警搜捕人犯事项,指保长职务。第二十二条第三款载,检查甲内奸宄及稽查出境入境人民事项。第四款载辅助军警及保长搜捕人犯事项,以上指甲长职务。第二十六条载,保长、甲长知户口有异动,或接受保甲内户长或住民之通知时,除甲长速报保长转报区长外,遇有前条第一款之情形,有形迹可疑之人潜入各户时,并得先为搜索、逮捕之紧急处分等语。其第二十一条第四款及第二十二条第四款,既云辅助军警,而第二十二条又系承接第二十一条之规定而来,则保甲长无独立行使搜捕人犯之权可知。又第二十六条既明定遇有形迹可疑之人潜入各户时,始得先为搜索、逮捕。则保甲长所可搜索、逮捕者,亦仅限于如此场合而止,尤足见保甲长此外实无搜索、逮捕之权,倘未具此项条件而犹有此项行为,自应构成犯罪。关于以上三条款,似尚无甚疑义。惟第二十二条第三款内有检查、稽查等规定,分有甲、乙两说。甲说,检查、稽查不完全包括搜索意义在内,充其量亦只能搜索人之身体,而不能搜索人之住宅,观于同条例第二十六条内载,保甲长遇有形迹可疑之人,潜入甲内各户时,得先为搜索之紧急处分,此则仅著检查、稽查之文,足证此言之不谬(参照最近立法院通过之保甲条条例,已将检查甲内奸宄及稽查出境、入境人民事项,改为盘查甲内奸宄事项,适与本说相符)。乙说反是,谓检查、稽查足以包括搜索全部意义,甲长因行使检查、稽查职务,而搜索人民住宅,系依法令之行为,不在处罚之列。以上二说,未知孰是,本院近来受理此类案件颇多,所有上述疑义,亟待解决,理合具文呈请钧院鉴核,转呈解释示遵谨呈等情。据此,事关法律疑义,理合据情呈请钧院察核,俯赐解释,俾便饬遵。谨呈司法院院长居。代理湖北高等法院院长郗朝俊

院字第一六一六号

民国二十六年一月十一日　司法院指令广东高等法院首席检察官

呈悉,业经本院统一解释法令会议议决,诬告罪以有使他人受刑事或惩戒处分之意图为其构成要件,于侵害国家法益外,同时具有侵害个人法益之故意,被诬告人固可提起自诉,其向检察官告诉,经检察官为不起诉处分者,亦得声请再议。合行令仰转饬知照。此令

附广东高等法院首席检察官原呈

呈为转请解释事,现据广东高等法院第二分院首席检察官呈称,呈为呈请转呈解释事,窃查诬告罪之被害法益,系国家之审判权,被诬告人向有诉追权之公务员呈告被诬之事实,只能谓之告发,不能谓之告诉。如检察官不予起诉处分,当然无声请再议之权,业经司法院二十一年院字第七七一号解释有案。是此项解释,不认被诬告人为被害人,故不予以声请再议之权,亦不许其单独提起自诉。然新《刑事诉讼法》第三百零七条载,犯《刑法》伪证及诬告罪章或妨害名誉及信用罪章之罪者,因被害人或其他有告诉权人之声请,得令将判决书全部或一部登报,其费用由被告负担等语。又关于自诉一章,亦无与旧《刑事诉讼法》第三百五十六条同样之规定,在现行法是否认被诬告人为被害人,当然得提起自诉。于自诉一章,无须另设规定,并有权声请再议。前项解释,是否因新法之施行而有所变更,抑被诬告人虽为被害人,但非直接受侵害之人,仍无声请再议之权,及得提起自诉。事关法律疑义,本处现有此等案件,急待解决,理合具文呈请,转呈解释,俾资率循,实为公便等情。据此,案关法律疑义,理合据情备文转呈钧院察核,迅赐解释,俾便饬遵。谨呈国民政府司法院院长居。署广东高等法院首席检察官廖愈簪

院字第一六一七号

民国二十六年一月十一日　司法院复浙江高等法院电

浙江高等法院郑院长览,上年九月真代电悉,所请解释《刑事诉讼法》第三百十一条疑义一案,业经本院统一解释法令会议议决,查犯罪同时侵害国家及个人法益者,其被害之个人,如《刑法》第一百二十五条第一款之被逮捕人、被羁押人,可以提起自诉(参照院字第一五六三号解释)。合电知照。司法院尤印

附浙江高等法院原代电

南京司法院院长居钧鉴,查《刑事诉讼法》第三百十一条所谓犯罪之被害人,系以因犯罪而直接被害之人为限,经钧院院字第一三零六号解释有案。惟直接被害与间接被害之区别,法律初无明文,适用易涉疑似。例如《刑法》第一百二十五条之罪,甲说,公务员渎职,直接被害者为国家赋与之职权,故直接被害者即为国家,不得提起自诉。乙说,公务员而有本条犯罪行为,即系渎职行为,其影响径及于个人,故直接被害者为个人,可以提起自诉。以上两说,观察不同,持论各异,究以何说为是,不无疑义,请赐解释,并乞电复。浙江高等法

院院长郑文礼真印

**院字第一六一八号**

**民国二十六年一月十一日　司法院复浙江高等法院首席检察官电**

浙江高等法院郑院长、宋首席检察官览，二十四年十二月鱼代电悉，该法院第一分院及永嘉地方法院转请解释兼犯盗匪罪审理先后疑义一案，业经本院统一解释法令会议议决，一人犯数罪，而所属之审判机关不同者，应由先受理之机关，就其有权审判之犯罪先为审判后，再将其他部分，转送该管审判机关审判。合电转饬知照。司法院尤印

**附浙江高等法院首席检察官原代电**

南京司法院院长居钧鉴，案据永嘉高等法院第一分院，永嘉地方法院本年十月养日会电，以《剿匪期内审理盗匪案件暂行办法》公布施行后，关于盗匪兼犯普通《刑法》罪，及危害民国案件兼犯盗匪罪，应归何处先行审理，请核示等情，到院。查盗匪案件，其应遵照钧院本年十一月十一日训字第七六六号令，由普通司法机关依通常程序终结者，无论兼犯普通《刑法》罪，或《危害民国紧急治罪法》罪，在该院等原无问题。惟此后盗匪案件，按照《剿匪期内审理盗匪案件暂行办法》第五条，既由驻在地有审判权之军事机关或已兼或未兼本行营军法官之行政督察专员及县长审判之。其有触犯普通《刑法》，或《危害民国紧急治罪法》，应属该院等管辖，而兼犯《剿匪期内审理盗匪案件暂行办法》罪名者，究归何处先行审理，不无疑义，理合转请钧院鉴核，解释示遵。浙江高等法院院长郑文礼、暂代首席检察官职务检察官袁士鑑叩鱼印

**院字第一六一九号**

**民国二十六年一月十一日　司法院咨行政院**

为咨复事，准贵院上年九月二十四日咨(第二五六号)开，为交易所法第一条发生疑义，请查照解释见复等由，业经本院统一解释法令会议议决，交易所法第一条规定得设交易所以为买卖之物品，参照同法第二十八条所举物品之种类，系专指动产中富有代替性，能依标准物以为买卖之物品而言。若房屋等类属于不动产者，自不包括在内。相应咨复贵院查照。此咨行政院

**附行政院原咨**

查交易所法第一条载："商业繁盛区域，得由商人呈请实业部核准设立买卖有价证券或买卖一种或同类数种物品之交易所。"此之所谓物品，是否包括不动产物在内，如房产等类，可否适用该法设立交易所，或系专指能依标准物为买卖而富有代替性之物品而言。事关法律疑义，相应咨请贵院查照，解释见复，至纫公谊。此咨司法院

## 院字第一六二〇号

### 民国二十六年一月十一日　司法院指令司法行政部

呈悉,业经本院统一解释法令会议议决,侵害国家或社会法益之犯罪,如个人亦因而同时受害者,则被害之个人亦得提起自诉,合行令仰转饬知照。此令

**附江苏高等法院首席检察官原呈**

案据吴县地方法院首席检察官徐世勋呈称,查自诉范围,旧刑诉法限于初级法院管辖之直接侵害个人法益之罪,或告诉乃论之罪,方得提起。新刑诉法则规定凡犯罪之被害人而有行为能力者,除对于直系尊亲属或配偶外,均得提起,其范围自较扩张。是在新刑诉法,凡关于直接侵害个人法益之罪,即新《刑法》第二十二章杀人罪以下各章之罪,均得自诉,固无疑义。惟对于侵害国家或社会法益之罪,而个人间接受害者,能否自诉,不无疑问。甲说,谓凡侵害国家或社会法益之罪,其所保护者为国家或社会,如妨害公务罪因而致伤公务员,诬告罪之被诬告人,公共危险罪之被放火人,个人虽事实上因之受害,不过为民事上之被害人,非刑事上之被害人,仍不得提起自诉。乙说,谓上述情形,个人既实际上受害,即可自诉,否则如社会法益中告诉乃论之罪甚多,在旧刑诉法尚可自诉,而在新刑诉法反不得自诉,实与扩张自诉之立法原意不符。再查新刑诉法自诉案件,须告诉或请求乃论之罪,而本刑在七年以下者方可撤回,是侵害国家或社会法益之罪,既经提起自诉,即不得撤回,更不患国家或社会因自诉而受不利,自无禁止自诉之必要。丙说,谓社会法益中,原含有个人法益,因之受害者,可以自诉,若侵害国家法益,则与个人无关,即不得提起自诉。以上三说,究竟孰是,或另有其他解释,理合具文呈请转呈,迅赐解释示遵等情到处,据此,事关法律解释,理合具文转呈,仰祈钧部鉴核,迅赐转院解释,指示祗遵。谨呈司法行政部部长王。署江苏高等法院首席检察官胡诒谷

## 院字第一六二一号

### 民国二十六年一月二十二日　司法院复浙江高等法院电

浙江高等法院郑院长览,上月冬代电悉,丽水地方法院转请解释《惩治盗匪暂行办法》第五条第二款疑义一案,业经本院统一解释法令会议议决,《惩治盗匪暂行办法》第五条第二款,所谓以恐吓方法取人财物,仅包括《刑法》第三百四十六条第一项之恐吓罪,不包括同条第二项之恐吓罪在内。合电转饬知照。司法院养印

**附浙江高等法院原代电**

南京司法院院长居钧鉴,案据丽水地方法院院长洪达二十五年十一月皓代电称,《惩治盗匪暂行办法》第五条第二款所谓以恐吓方法取人财物者,是否包括《刑法》第三百四十六条第一、第二两项之恐吓罪在内,请核示等情。据此,案关适用法律疑问,合电转请钧院鉴核解释,以便饬遵。浙江高等法院院长郑文礼叩冬印

**院字第一六二二号**

**民国二十六年一月三十日　司法院咨行政院**

为咨复事,准贵院上年九月二十五日咨(第二五八号)开,据浙江省政府呈请解释违警犯起诉时效疑义,请查照见复等由,业经本院统一解释法令会议议决,未经公署准许,在路旁开设店棚,现尚存在,应认为违警行为继续中,不生时效问题。但得因其情节,适用违警罚法第二十一条规定,酌减处罚。相应咨复贵院查照饬知。此咨行政院

**附行政院原咨**

案据浙江省政府本年九月筱秘二代电称,案据民政厅文民二代电称,查违警犯之起诉时效,依违警罚法第二十八条第一项规定,应自违警行为完毕之日起,以六个月为限,细绎是条所称之违警行为完毕,究系包括连续或继续之状态犯在内与否,法文并无明示,适用颇有困难。例如违警罚法第四十一条第四款规定未经公署准许,于路旁河岸等处开设店棚者,应处拘留或罚金。兹有某甲门前路旁于四十余年前,未经公署准许,设有店棚,现仍继续存在,此种事件,其起诉时效,究应如何起算,发生如下之不同主张。甲说,条文所称之违警为完毕,其完毕字义,即含有连续继续状态之意味在内,且《刑法》总则明定有连续继续犯之起诉时效,自行为终了之日起算,而《刑法》总则之所定,在违警罚法上亦应适用之。依此见地,应认某甲之违警行为尚未完毕,而予以起诉。乙说,违警罚法上既无连续继续犯之明文,即不能任意比附,而此等继续数十年之行为,其危险性质早成过去,如再加以处罚,未免有溯及既往与情轻法重之嫌,且《刑法》总则之适用,以无特别规定者为限。违警罚法关于时效,既有特别规定,自不适用《刑法》总则。依此见地,则某甲之违警行为,其起诉时效,应自开设店棚之始,即违警成立之日起算,业已时效消灭,不能再行起诉。以上二说,究以何说为是,本厅现有此类案件,急待解决。事关适用法律疑义,理合电请迅赐解释示遵等情。据此,本府查违警罚之起诉,告诉、告发时效,违警罚法第二十八条第一项既规定自违警行为完毕之日起算,是条文规定只着重在违警行为何时完毕,已甚明显,其违警行为未完毕前,是应有连续或继续之状态,俱可不问。该某甲未经公署准许,在路旁开设店棚,现尚存在,自应认为违警行为尚未完毕,不生时效问题。惟某甲开设店棚,既历四十余年之久,当其开设之初,违警罚法尚未施行,亦无其他警察章程可资依据,而违警罚法,对于应行呈请公署准许各款,又无于本法颁行复须补行呈请核定之规定。某甲本于习惯,继续开设,如果尚无故意违抗情事,应予酌量从宽处置。惟案关解释法令,是否有当,未敢擅拟,理合转请核定示遵等情。据此,案关法律适用疑义,相应咨请查照,解释见复,以便饬遵。此咨司法院

**院字第一六二三号**

**民国二十六年二月一日　司法院复江苏高等法院第二分院电**

江苏高等法院第二分院徐院长览,上年五月寒代电悉,上海第一特区地方法院转请解释破产事件移送管辖疑义一案,业经本院统一解释法令会议议决,受移送之法院,依《民事诉讼法》第三十条规定,不得以该诉讼更移送于他法院。关于破产之程序,依破产法第五条规定,除该法有规定外,准用《民事诉讼法》之规定,则受理破产之甲法院,既依债务人声请,以裁定移送于乙法院。受移送之乙法院,更将该事件移送于他法院,该裁定虽均已确定,但受后裁定之当事人,可依《民事诉讼法》第五零三条规定,准用同法第四九二条第十款规定,提起再审之诉。合电转饬知照。司法院先印

**附江苏高等法院第二分院原代电**

南京司法院院长居钧鉴,据上海第一特区地方法院微代电称,兹有甲法院受理破产事件,依债务人声请以裁定移送于乙法院,乙法院以为应归甲法院或丙法院管辖,谕由当事人声请,又以裁定送回甲法院或转送于丙法院,均经送达确定,于此有子、丑、寅三说。子,谓按照《破产法》第五条准用《民事诉讼法》第三十条规定及司法院第一四一四号解释,乙法院既不应更为送回或转移之裁定,则其裁定当然无效。如认为有效,则置甲法院确定之裁定于何地,且甲法院或丙法院岂不可起而效尤。丑,谓乙法院违法裁定,不生无效问题,此时甲法院之确定裁定等于经废弃而失效,在受送回或转送之法院,即应为受理。寅,谓违背专属管辖而为移送之裁定,在受移送之法院,虽不得更为移送,然可准用《民事诉讼法》第二百四十九条第二款将当事人声请驳回,以免上级审因其无管辖权而废弃原裁判,另为移送之裁判。乙法院对甲法院移送之裁定及甲法院或丙法院对乙法院更为送回或转移之裁定,均应就该事件审认其是否专属本院管辖,以定受理或驳回,庶几适合?以上三说,似各有理由,抑另有正常解决方法?事关法律疑义,合请转呈解释等情到院,理合转电,仰祈钧长鉴核,俯赐解释令遵。署江苏高等法院第二分院院长徐维震叩寒

**院字第一六二四号**

**民国二十六年二月一日　司法院复广西高等法院电**

广西高等法院朱院长览,上年三月冬代电悉,所请解释民事判决主文记载疑义,业经本院统一解释法令会议议决,原告之请求既无理由,则其判决主文,自应载明原告之诉驳回。合电知照。司法院先印

**附广西高等法院原代电**

司法院院长居钧鉴,窃查民事原告之诉,有民诉法第二四九条所列各款情形之一,应以裁定驳回之,原无可疑。惟经审查并无前开条款情形,进而从实体上予以审究,认原告之请求为无理由而驳回之者,其判决主文之记载,则主张各有不同。甲说,应记为原告之诉驳

回，其理由略谓，驳回请求，裁判上虽不无其例，但请求二字，乃习惯上所沿用。现行民诉法究无此项用语，自以驳回其诉为宜。乙说，应记为原告之请求驳回，其理由略谓，原告请求无论解释上、裁判上均有前例（大理院六年统字七二五号解释、四年上字九六一号判决，又最高法院十八年上字一五九号，二十一年上字五六五号、九七八号、一六九八号判决），且认定原告请求无理由。如不将其请求驳回，而反驳回其诉，文气亦欠连贯。至现行民诉法虽无驳回原告请求明文，然亦无以判决驳回原告之诉之规定，尤不能以此为责难之理由。两说似各言之成理，究以何者为是。事关法律疑义，合电请察核示遵。广西高等法院院长朱朝森呈冬印

**院字第一六二五号**

**民国二十六年二月一日　司法院指令山东高等法院**

呈悉，业经本院统一解释法令会议议决，（一）有抵押权之债权人声请拍卖抵押物，如其他债权人，在第一次拍卖期日终竣以前，请求参加分配，确能证明其就同一不动产亦有抵押权，若在已施行登记之区域均未依法登记（旧法），则抵押权不生对抗效力，其他债权人自可按其卖得价金，与声请拍卖抵押物之债权人平均分配；（二）抵押权之登记，在法律上并无期间限制，苟取得抵押权之债权人，就其抵押标的物请求查封拍卖，于其他债权人，对于该标的物另案提起确认抵押权之诉，在未经第二审辩论终结以前，已为抵押权之登记，自仍应生登记之效力（参照十八年上字一零七一号、十九年上字二一八一号判例）。合行令仰转饬知照。此令

**附山东高等法院原呈**

案据日照县司法处审判官韩云鹄呈称，设有债务人甲与债权人乙以债务关系，于民国二十年在兼理司法之县政府起诉，经诉讼上和解，以债务人之房产一处作担保，设定抵押权后，债务人甲延不清偿，债权人乙声请执行，拍卖抵押之房屋，执行法院即予查封，并估定价额，布告拍卖后，有债务人甲之其他债权人丙、丁、戊等，以甲、乙为被告，诉请偿还债务，并各主张对拍卖之房屋有抵押权（均未登记），请求将卖得价金平均分配。如此情形，乙、丙、丁、戊对于执行甲之不动产卖得价金，究应各按抵押权先后成立之次序受偿，抑应平均分配，应请解释者一。又乙已声请执行法院查封拍卖，于丙、丁、戊与甲涉讼判决前或后，依法登记，是否发生登记效力，应请解释者二。事关法律解释，理合备文呈请鉴核，转请解释，指令示遵等情。据此，事关法律疑义，理合具文呈请钧院，迅赐解释，俾转饬遵照。谨呈司法院院长居。山东高等法院院长吴贞缵、庭长丁亦葵、李法先代行

**院字第一六二六号**

**民国二十六年二月一日　司法院指令山东高等法院**

呈悉，业经本院统一解释法令会议议决，丙误以甲所寄托乙处之物，认为与已有嫌之丁

所寄托及其实施强取,虽无意图为自己或第三人不法之所有,只在泄其对丁之私愤,但既妨害他人行使权利,即应成立《刑法》第三百零四条之罪,合行令仰转饬知照。此令

**附山东高等法院原呈**

案据长山县县长兼理司法行政事务周义章呈称,为呈请解释事,前有甲之物,寄存乙处,丙在乙处误认该物系与自己(指丙)素积嫌怨之丁所存,爰对受寄人乙实施强暴取得该物,以泄其对丁之私愤,(但丙并无为自己或第三人不法所有之意图,)此时丙应否构成《刑法》第三百零四条之以强暴妨害人行使权利之罪,有两说焉。一说,甲物寄存乙处,乙因寄托关系,即对之取得管理之权,丙因泄愤强取该物,自系妨害乙行使管理之权,应构成《刑法》第三百零四条之强制罪。丙纵误认该属甲之物为丁所有,而强取之,但其妨害乙管理之权则一,不阻却故意。二说,《刑法》第三百零四条强制罪之构成,以妨害人行使权利为要件,所谓权利,系指法律上之权利而言。乙受寄甲物,系占有事实,依法只负保管义务,并无权利可言,丙纵对乙有强暴行为,除有伤害情事另案成立犯罪外,初不能构成《刑法》第三百零四条之强制罪,(乙自可依《民法》第九百六十二条请求返还其占有物)。以上两说,未知孰是,事关法律疑义,本处未便擅专,理合呈请解释,迅示祗遵,实为德便等情。据此,案关法律解释,理合备文呈请钧院,核示祗遵。谨呈司法院院长居。山东高等法院推事兼院长吴贞缵、庭长丁亦棻、李法先恭代

**院字第一六二七号**

**民国二十六年二月十五日　司法院指令江西高等法院**

呈悉,业经本院统一解释法令会议议决,《银制品用银管理规则》第八条所称停业,系指确已停止营业而无复业之意思者而言,至来文所称停业已有数月,究系暂停或无复业意思,则属事实问题。合行令仰转饬知照。此令

**附江西高等法院原呈**

案据署江西高等法院第二分院院长叶在畴呈称,呈为呈请事,案准中央银行九江分行函开,案奉敝总行函示,并抄发财政部颁布之银制品用银管理规则一件,嘱查照办理等因,奉此。查前项规则第八条银制品制造者停业时,应将所存银器、银饰、银料按所含纯量向中央或中国、交通银行兑换法币之规定,敝行对于规则内之停业有所疑义,相应开具事项,函请贵院查照,赐予解释并祈函复,以便核办等由,附送事实一纸,准此。查该行函称各节,事关解释法律,理合备文呈请钧长鉴核,俯准转呈司法院迅赐解释,以便函复,等情,计呈送照抄事实一纸。据此,除指令候转呈核示外,理合钞同事实,具文呈请钧院俯赐解释,俾便饬遵。谨呈司法院院长居。代理江西高等法院院长梁仁杰

**附原钞事实**

计开

有银制品制造者某甲,已于本年一月间闭门停业。兹据某甲声称,系暂停营业,并未宣

告歇业等语。查某甲停业已近五个月,是否暂停营业及并未宣告歇业为词,即可作未停业论,抑作已停业论?

**院字第一六二八号**

**民国二十六年二月十五日　司法院指令广西高等法院**

呈悉,业经本院统一解释法令会议议决,《民法》第一千二百十条所定不得执行遗嘱之人,称为未成年人、禁治产人,而不称为无行为能力人。是关于未成年人,显系专就年龄上加以限制,故未成年人虽因结婚而有行为能力,仍应依该条规定,不得为遗嘱执行人。合行令仰转饬知照。此令

**附广西高等法院原呈**

呈为呈请事,案据龙州地方法院院长陈文煊本年九月二十二日第一零一六号呈称,设有遗嘱人甲以遗嘱指定其亲属中未成年而已结婚之乙为遗嘱执行人。因乙执行遗嘱,而受有不利益之人对乙诉请否认遗嘱执行人资格。究竟乙是否得为遗嘱执行人,兹有二说,子,主张得为遗嘱执行人,此说谓未成年人已结婚者有行为能力,既为《民法》第十三条第三项所明定,未成年人一经结婚,即与成年人无殊,乙虽属未成年,但其已经结婚,自得单独为法律行为,创设权利或负担义务,《民法》第一千二百十条虽有"未成年人不得为遗嘱执行人"之规定,第就法理推论,则已结婚之未成年人,当不包括于该条所定未成年人之内,应认其得为遗嘱执行人。丑,主张不得为遗嘱执行人,此说谓《民法》第一千二百十条既明定未成年人不得为遗嘱执行人。乙虽已结婚,依法视为有行为能力,但实际尚未成年,就本条之文义观察,除禁治产人外,仅有年龄限制,不问其有无行为能力,是乙仍应包括在该条未成年人之内。且查已结婚之未成年人未加限制者,在《民法》上大都有"但未成年人已结婚者,不在此限"之但书规定,如《民法》第一零九一条是也。今该条既无此种但书,则乙当不得为遗嘱执行人,以上二说,究以何说为是,理合具文呈请核示或转请解释,俾有遵循等情。据此,案关法律疑义,理合据情转请钧院察核,俯赐解释,俾便转饬遵照。谨呈司法院院长居。代理广西高等法院院长朱朝森

**院字第一六二九号**

**民国二十六年二月十五日　司法院咨行政院**

为咨复事准贵院上年十月二十八日咨(第二九二号)开,据内政部呈请解释诉愿疑义,请查照见复等由,业经本院统一解释法令会议议决,本院第一四六一号解释内,关于新事实及新证据之用语,一系指诉愿或再诉愿决定确定后,另行发生与原处分原因不同之事实而言,一系指处分当时该证据已经存在,至诉愿或再诉愿决定确定后始行发现者而言,两者意义各别。来问所举事例,再诉愿人于再诉愿官署撤销原处分之决定确定后,忽就原处分认定之事实,向官署自白,此系表明诈伪之事实,原处分官署基于该事实另为处分,仍无不可。

相应咨复贵院查照饬知。此咨行政院

**附行政院原咨**

案据内政部呈称,查司法院院字第一四六一号解释,再诉愿决定,有拘束原处分及该决定官署之效力者,系指已诉愿之事实,业经决定者而言,若另发生新事实,当然得由该管官署另为处分。倘仅发现新证据,在现行《诉愿法》,并无再审之规定,原处分及原决定官署,自仍应受其拘束等语。惟新事实、新证据之界限如何,何种情况始可认为新事实之发生,现行法令均无依据。设有某地方官署,认某僧化名变卖庙产,予以驱逐处分,该僧不服,迭向主管官署提起诉愿、再诉愿。经再诉愿官署详加审核,以化名之证据尚难确定,遂将原处分、原决定撤销,再诉愿书送达后,该僧忽在地方官署自白化名情节,此种自白,究系已诉愿决定案件之新证据,抑系另外发生之新事实,颇滋疑义。兹以本部办理诉愿案件,发生此项问题,理合呈请钧院转请司法院解释咨复令遵等情,相应咨请查照,解释见复,至纫公谊。此咨司法院

**院字第一六三〇号**

**民国二十六年二月十六日　司法院咨行政院**

为咨复事,准贵院上年六月二十六日咨(第一八八号)开,为《公务员交代条例》第十条发生疑义,请查照解释见复等由,业经本院统一解释法令会议议决,公务员因恐交代不清,而于交代前逃匿,或因亏款潜逃,致交代无从进行者,均应适用公务员交代条例第十条关于交代不清之规定。惟该条下段所载查封其财产抵偿一语,系指行政官署得向管辖法院为此声请之意,并非谓行政官署得自为处分,该条于查封财产之下,既载有抵偿字样,则属于拍卖程序,而不属于假扣押程序,至此项声请,径由亏款人员所属之行政官署为之,抑或委托该人员住所地之行政官署为之,均无不可。相应咨复贵院查照。此咨行政院

**附行政院原咨**

查公务员之有舞弊、侵占或亏欠公款情事,而非合于《公务员交代条例》第十条前段因交代不清而逃匿或捏报病故者之情形,未便径将其财产查封,仅得由行政官署向之诉追。行政官署向该管法院声请假扣押时,如已将请求及假扣押之原因释明,即无须提供担保,法院如命为假扣押后,并应查照补订民事执行办法第三一条立即执行。前经本年二月间准贵院第一零号咨开,已令行司法行政部转饬各法院遵照等由,并由本院通饬所属知照在案。嗣后公务员如系舞弊、侵占或亏欠公款,而非合于上述条例第十条情形,自得按照该项办法办理。惟查该条例所谓交代,系指前后任交代而言,该条例第一条已有明文规定,如在交代程序中而逃匿者,其合于该条例第十条交代不清之规定,固无疑义。但交代不清之情形不一,有因恐交代不清,而于交代前逃匿,或因亏空巨款,弃职潜逃,并未交代,致交代无从进行者。此种情形,是否亦得认为该条所谓交代不清情形之一种,而适用同条下半段查封其财产抵偿之规定,不无疑义者一。该条下半段所谓查封其财产抵偿,是否得由行政官署径

行查封及径行拍卖或换价，抑仅得由行政官署查封，其拍卖或换价，则须经过司法程序，以声请司法机关于假扣押后为之始可，不无疑义者二。如须声请假扣押，应由该交代不清之人员所属官署声请，抑该员住所地之行政官署亦得声请，“因住所地之行政官署在事实上恒为执行查封之官署”，以资捷便，不无疑义者三。上开疑义，关系法律适用，行政官署办理此种案件，尚乏明确之标准，以资依据，相应咨请贵院查照，迅为解释见复，至纫公谊。此咨司法院

**院字第一六三一号**

**民国二十六年二月二十二日　司法院咨行政院**

为咨复事，准贵院上年九月一日咨(第二三八号)开，据财政部呈请解释农工商会等团体可否认为印花税法第三条所称自治机关疑义，请查照见复等由，业经本院统一解释法令会议议决，农工商会，虽系公共团体之一，但印花税法第三条第三款所称自治机关，并不包括在内。倘其所发凭证，系内部所用，不生对外关系，自可适用同条第八款规定，免纳印花税。相应咨复贵院查照饬知。此咨行政院

**附行政院原咨**

案据财政部本年八月二十八日第二三四六号呈称，查印花税法第三条第三款规定“各级政府或自治机关处理公库金或公款所发之凭证免纳印花税”等语。关于自治机关，有谓包括地方自治团体、公共组合、营造物法人三种，而公共组合亦即农工商会等团体，究竟各地方之农工商会等团体，是否可以认为印花税法第三条第三款所称之自治机关？法无明文规定，不免发生疑义，理合呈请转咨司法院解释祇遵等情。据此，案关法律适用疑义，相应咨请贵院查照，解释见复，以便饬遵。此咨司法院

**院字第一六三二号**

**民国二十六年二月二十二日　司法院致铨叙部函**

迳复者，准贵部二十四年九月十七日公函(甄藏申巧发一一四零号)开，准河北省政府代电请核复褫夺公权业已满期者能否充任县长疑义，函请查照解释见复等由，业经本院统一解释法令会议议决，修正县长任用法第二条规定，褫夺公权者，不得任用为县长，系指夺权尚未复权者而言。其已复权者，自不在限制之列，相应函复贵部查照转知。此致铨叙部

**附铨叙部原函**

敬启者，准河北省政府通代电称，修正县长任用法第二条规定褫夺公权者，不得任用为县长，核与公务员任用法规定褫夺公权，尚未复权者不得任用为公务员限制不同。如褫夺公权业已满期，依法自得仍充公务员，但是否仍得充任县长，抑凡经褫夺公权者，绝对不得充任县长，请迅核复等由。查关于褫夺公权一节，修正县长任用法与公务员任用法之规定，法文既有不同，适用易滋疑义，究应如何解释，相应函请大院核明见复，以凭转知为荷。谨

致司法院

**院字第一六三三号**

**民国二十六年二月二十三日　司法院复中央执行委员会民众训练部**

迳复者,准贵部上年十一月十九日公函(第五一零三号)开,准浙江省执委会请解释全省渔会联合会组织疑义,转请查照见复等由,业经本院统一解释法令会议议决,渔会联合会,系为渔会相互间共同达到目的而设。渔会法关于联合会之区域及渔会单位若干,既无明文限制,则有两个以上之渔会,如认为有设立渔会联合会之必要,即可联合组织,惟不得称为全省渔会联合会。相应函复贵部查照转知。此致中央执行委员会民众训练部

**附中国国民党浙江省执行委员会原呈**

呈为呈请释示发起组织全省渔会联合会疑义事,案据本省鄞县、奉化、象山三县渔会常务理事庄崧甫等呈,为发起组织全省渔会联合会,拟具章程,申请发给许可证书,并请派员指导等情,前来。查渔会法第二十二条规定,渔会为相互共同达到其目的,得联合组织渔会联合会。但对于全省渔会联合会,应有全省几分之几或若干以上之县渔会及渔分会之联合发起,方得组织,并无明文规定,理合备文呈请鉴核,仰祈释示,以便饬遵。谨呈中央执行委员会。中国国民党浙江省执行委员会常务委员方青儒、胡健中、罗霞天

**院字第一六三四号**

**民国二十六年二月二十三日　司法院致中央执行委员会民众训练部函**

迳复者,准前中央执行委员会民众运动指导委员会二十四年五月十五日公函(第一零零三零号)开,据湖南衡阳县百货业同业公会等呈请解释,缓刑期内能否当选为委员等疑义,请查照见复等由,业经本院统一解释法令会议议决,(一)被处有期徒刑,正在缓刑期内,仍得当选为商会或同业公会委员。(二)商会及同业公会之委员,虽在缓刑期内,但既已受刑之宣告,如经会员大会认为有重大不正当之行为,亦得议决令其退职。至候补委员,除别有关于委员之解任原因外,仍不得停止其递补权。相应函复贵部查照饬知。此致中央执行委员会民众训练部

**附前中央民众运动指导委员会原函**

案据湖南衡阳县百货案同业公会等呈称,为会员代表中,有因伪造商标或妨害名誉,经司法当局判处有期徒刑,正在缓刑期间,可否当选为委员?又商会及同案公会之委员或候补委员,有受缓刑之宣告,应否令其退职,或停止其递补权等情,到会。查以上各情,是否适用商会法第十三条第一款之规定褫夺公权者?事关法令解释,除批答外,相应据情函请查照,解释见复,以凭转知为荷。此致司法院

**院字第一六三五号**

**民国二十六年二月二十四日　司法院指令安徽高等法院**

呈悉,业经本院统一解释法合会议议决,(一)自诉人撤回自诉除依法不得撤回者外,只须由书记官将撤回事由通知被告,毋庸另加裁判。(二)检察官既在自诉程序中担当诉讼,法院判决书当事人栏,除列自诉人外,应并列担当诉讼人。(三)在旧法时代之犯罪,依旧法须告诉乃论,而依新法无须告诉乃论者,仍应经过告诉之程序。合行令仰转饬知照。此令

**附安徽高等法院原呈**

案据兼署芜湖地方法院院长王振南呈称,案查本院现因办理刑事案件,关于法律问题,颇有疑义,兹胪列于下,(一)自诉人撤回自诉,法院应否加以裁判?甲,谓自诉准用公诉规定,提起自诉,依法得撤回者,系属告诉乃论之罪,自应准用刑诉法第二百九十五条第三款告诉经撤回之规定,谕知不受理之判决。乙,谓自诉与告诉性质迥异,撤回自诉,系撤回起诉之程序,证以同法第三百十七条第三项书记官应速将撤回事由通知被告,益见通知被告后,诉讼程序即行终结。再证以检察官撤回公诉,法无加以裁判之明文,自诉人撤回自诉,亦无须加以裁判。(二)检察官于自诉程序依法担当诉讼后,法院判决书当事人栏,应否仍列自诉人?甲,谓检察官担当诉讼,系担当自诉程序,起诉者仍为自诉人,故除仍列自诉人外,应另列检察官为担当诉讼人。乙,谓检察官担当诉讼后,法院系本于检察官之担当行为而为判决,当事人栏内无须再列自诉人,应依公诉程式,而制成判决书。(三)犯罪在旧法时期,依旧法须告诉乃论,依新法无须告诉乃论,而未经告诉者,检察官应否依新法予以起诉?甲,谓告诉系诉追之条件,依新法既无须告诉论。是检察官之诉追条件,无所限制,自应予以起诉。乙,谓裁判前之法律,有利于行为人者,适用最有利于行为人之法律,法有明文,则依旧法既须告诉乃论。是旧法较有利于行为人也,而未经告诉,检察官予以起诉者,法院应依刑诉法第二百九十五条第三款,以判决谕知不受理。以上三点,究以何说为是?事关法律疑义,理合具文呈请钧长鉴核,俯赐转请解释,指令祇遵等情。据此,除令候转请解释外,理合具文呈请钧院鉴核,迅予解释令遵,实为公便。谨呈司法院院长居。安徽高等法院院长陈长簇

**院字第一六三六号**

**民国二十六年二月二十四日　司法院指令河南高等法院**

呈悉,业经本院统一解释法令会议议决,民、刑诉讼状面,依司法状纸规则第四条,虽应由司法行政部制造颁发,他人不得仿造,但系空白状纸,自不成为文书,其仿造售卖得财者,如有欺骗情形,仅应成立诈欺之罪。合行令仰转饬知照。此令

**附河南高等法院原呈**

案据渑池县承审员李生文呈称,查属县各区部,有私制民刑状纸售卖,每本卖价贰角,

现被告发到案,急待讯判。钧院对于此犯,有无单行状纸罚法,抑或用《刑法》伪造文书处断,理合请示。如有单行法,即恳钞赐一分备用等情。据此,查私行制卖民、刑状纸,既乏处罚单行法规,《刑法》上亦无明文规定,究应依据何法处断,本院未敢擅拟。据呈前情,除指令外,理合备文转请钧院迅赐解释,俾使饬遵,实为公便。谨呈司法院院长居。署河南高等法院院长凌士钧

**院字第一六三七号**

**民国二十六年二月二十四日　司法院指令河北高等法院**

呈悉,业经本院统一解释法令会议议决,私人家宅,自非公共场所,亦非当然为公众得出入之场所。其集人赌博,如并无意图营利或以为常业者,自不构成犯罪。合行令仰转饬知照。此令

**附河北高等法院原呈**

呈为转呈事,案据井陉县县长边树栋呈称,赌博案如甲、乙、丙、丁在戊家宅内赌博财物,该甲、乙、丙、丁及戊应否成立《刑法》第二百六十六条赌博罪。查有子、丑两说:子说,戊之家宅既经罗致甲、乙、丙、丁聚赌,即成甲、乙、丙、丁共同赌场。在赌博期间,该甲、乙、丙、丁均能在戊之家宅出入,其家宅即成暂时之公共得出入场所,自应依照《刑法》第二百六十六条科罚,否则人人之家宅聚赌均不为罪,不啻明弛赌禁,定必扰及社会安宁。丑说,戊之家宅自非公共场所,亦非公共得出入之场所,虽经甲、乙、丙、丁在戊家赌博财物,确与《刑法》第二百六十六条文义不合,自不能构成本条之罪,立法原意或认家宅聚赌为娱乐寓不罚之义。以上两说,未知孰是,请指示祗遵等情,理合具文转呈钧院,俯赐解释示遵。谨呈司法院院长居。河北高等法院院长胡祥麟、刑二庭庭长张耀代行

**院字第一六三八号**

**民国二十六年二月二十四日　司法院指令河北高等法院**

呈悉,业经本院统一解释法令会议议决,(一)本院二十四年训字第三三八号训令,及《妨害国币惩治暂行条例》,既无追溯既往之特别规定,凡事犯在前者,依《刑法》第一条应不处罚。(二)法院所认为无管辖权,系不当者,得依上诉程序,以资救济。合行令仰知照。此命

**附河北高等法院原呈**

呈为适用法律发生疑义请赐解释事,查偷运银币银类出洋,或前往不行使银本位币地之人犯,一律准照《危害民国紧急治罪法》分别情节轻重处以死刑、无期徒刑或五年以上有期徒刑,并得并科币额或价额五倍罚金,系奉钧院民国二十四年六月一日训字第三三八号令遵照办理。而《妨害国币惩治暂行条例》系同年七月十五日公布施行,其在本年六月一日以前,偷运银币或银类出口者,应如何办理:甲说,法律不溯既往为一般法律之原则,偷运银

币或银类既在本年六月一日以前，自不能依该命令或条例办理。乙说，此项特别法，系应一时特殊事项而设，若不予处罚，恐有违立法之本旨，不能不依该命令或条例办理。如从乙说，究应适用《危害民国紧急治罪法》，抑应适用《妨害国币惩治暂行条例》办理，又如适用《危害民国紧急治罪法》，第一审是否属高等法院管辖？如不属高等法院管辖或应从甲说办理，而地方法院对于该项案件已为管辖错误之判决，应如何救济，均有疑义。案关适用法律发生疑义，理合呈请钧院解释祇遵。谨呈司法院。河北高等法院院长胡祥麟

**院字第一六三九号**

**民国二十六年二月二十四日　司法院训令江西高等法院首席检察官**

为令知事，该法院祝前首席检察官呈最高法院检察署，为第一分院首席检察官转请解释指定代行告诉人疑义一案，业经本院统一解释法令会议议决，告诉乃论之罪，检察官得指定代行告诉人者，以无得为告诉之人者为限。被害人虽属年龄幼稚，不解告诉之意义。而其法定代理人又系被告，或因与被告有亲属关系不为告诉，此外复无《刑事诉讼法》第二百十四条后段所示之告诉人。但检察官亦仅得审查情形，对于被害人晓以告诉意义，仍不能径以职权指定代行告诉人。至同法第二百十五条所谓利害关系人，系指依普通观念在财产上或精神上有直接利害关系者而言。合行令仰转饬知照。此令

**附最高法院检察署原函**

迳启者，案据江西高等法院首席检察官祝谏呈称，案据本院第一分院首席检察官何奇伟感代电称，兹有告诉乃论之侵占罪，被害人为一无诉讼能力之数龄幼童，不解告诉之意义，其有告诉权之保佐人，即其现任扶养之姑母，因与应为被告之人有亲属关系，不惟不陈述刑事上之告诉，且于民事亦舍应为被告之人，而对于第三者为返还财物之请求，又无利害关系人为指定代行告诉人之声请。检察官如以职权谕令保佐人告诉，于法似嫌无据，可否依民国二年统字第八号解释，以职权指定代行告诉人以资救济？再刑诉法第二百十七条之利害关系，究必须与被害人或被害事件有直接或间接之利害关系，抑或泛指凡怜悯被害人或对被害事件抱不平者，皆可为利害关系人，得为指定代行告诉人之声请？悬案以待，请鉴核指示祇遵等情。据此，案关解释法律疑义，理合具文转呈钧长核示，转请解释电示祇遵等情。据此，相应函请迅予解释径复，并见示备查。此致最高法院

**院字第一六四〇号**

**民国二十六年二月二十七日　司法院指令河北高等法院**

呈悉，业经本院统一解释法令会议议决，甲、乙因房产涉讼，乙提起第二审上诉，在诉讼进行中死亡，而无人承受诉讼时，该诉讼程序应予中断，不能遽认为终结。至乙之遗产，虽无合法继承人，自可依继承编关于无人承认继承之规定，选任遗产管理人，由其依法承受诉讼。在未承受前，原判决既未确定，自不生执行问题。合行令仰转饬知照。此令

**附河北高等法院原呈**

呈为呈请事,案据署河北北平地方法院院长李栋呈称,为呈请解释事。兹有甲、乙二人,因房产涉讼,经第一审判决认定,系争房产为甲(原告)所有,并着乙(被告)将该房产及契据等件,交还甲接收管业。乙对于原判提起上诉,旋于第二审诉讼进行中亡故,第二审法院以乙无合法继承人可以承受诉讼。依据前大理院统字第一八六零号解释,认为诉讼关系业已消灭,该事件应即终结,毋庸裁判,将该诉讼卷宗发还第一审,现据甲向第一审状请移付执行,究竟该诉讼事件可否依据甲之声请,将第一审判决移付执行,抑认另有其他办法?事关法律疑义,理合呈请司法院迅予解释,俾资遵循等情。据此,理合呈请钧院鉴核,迅赐解释,以便转令祗遵。谨呈司法院院长居。代理河北高等法院院长邓哲熙

**院字第一六四一号**

**民国二十六年二月二十七日　司法院指令湖南高等法院**

呈悉,业经本院统一解释法令会议议决,(一)诬告罪以有使他人受刑事或惩戒处分之意图为其构成要件,于侵害国家法益中,同时具有侵害个人法益之故意,被诬告人得提起自诉,反诉适用自诉之规定。对于自诉人,亦得提起诬告之反诉(参照院字第一五四五号解释)。(二)一案中之被告,一人犯数罪,并无方法结果之关系,或数人共犯一罪或数罪,或数人同时在同一处所各别犯罪,其中如有不得对之自诉之人,或不得提起自诉之罪,应依《刑事诉讼法》第三百二十六条,就该部分为不受理之判决,移送检察官侦查。其他部分,仍应依法审判,不得一并谕知不受理。(三)不起诉处分确定后,因传讯证人发见新证据者,依《刑事诉讼法》第二百三十九条第一款规定,与同法第四百十三条第一项第六款,所谓确实之新证据,其情形不同。合行令仰转饬知照。此令

**附湖南高等法院原呈**

案据署衡阳地方法院院长谢光国呈称,查诬告罪,可否自诉及反诉,主张不一。甲说,诬告为侵害国家法益之犯罪,即直接被害者为国家审判权。被诬告之个人,虽亦不无损害,究居于间接被害地位,应不将由个人提起自诉,反诉适用自诉之规定,旧刑诉法第三百五十六条,既为新刑诉法所不得用,被告对于自诉案件自亦不得提起诬告之诉。乙说,诬告固为侵害国家审判权之犯罪,但被诬告之个人,与国家审判权同时被害,现行法律扩张自诉。准之司法行政部二十四年十一月十九日电字第四二九号代电,转奉司法院同年十一月八日指字第六九七号指令,所谓个人与国家或社会,因犯罪而同时被害,则被害之个人,自得提起自诉之意,被诬告之个人,当然可以自诉,可以自诉,即可以反诉。在旧法时代,诬告罪原不得提起自诉,当以法条特许其反诉。现今扩张自诉范围,被告对于自诉案件,得提起诬告之反诉,为立法之当然意思,无待特别规定。二说孰是,应请解释者一。又如自诉案件之被告,一人犯数罪,或数人共犯数罪,或数人同时在同一处所各别犯罪,其一人犯数罪,此数罪中,有得自诉者,有不得自诉者,如具有《刑法》第五十五条之关系,固得并予谕知刑诉法第

三百二十六条之判决。若一案之被告,一人犯数罪,并无方法结果之关系,或数人共犯一罪或数罪,或数人同时在同一处所各别犯罪。其中有不得对之自诉之人,或不得提起自诉之罪,为不受理之判决,而其牵连之得自诉之人或罪,应否一同谕知不受理,由检察官合并侦查,不无疑义,应请解释者二。又《刑事诉讼法》第四百十三条第一项第六款,所谓确实之新证据,准之十七年抗字第二四号判例,"《刑事诉讼法》所谓发见确实新证,司直接指摘原判不当者,系限于该证据之本体,可以证明原审不当,毋庸再行调查,已属确实足信者而言",人证当不能包括在内。刑诉法第二百三十九条第一款所称之新证据,是否可以人证为之,应讲解释者三。总此三端,理合备文呈请钧院俯赐转呈,解释祇遵等情。据此,事关法律疑义,理合具文呈请钧院解释指示,俾便饬遵。谨呈国民政府司法院院长居。代理湖南高等法院院长陈长簇

**院字第一六四二号**

**民国二十六年二月二十七日　司法院指令山西高等法院**

呈悉,业经本院统一解释法令会议议决,铺东甲、乙,以执行业务之铺东丙、丁侵占铺款,先以民事起诉,虽其后又以刑事告诉,究不能谓其民事部分为附带之民事诉讼,刑事庭之移送民事庭,虽误认为附带民事诉讼,而在民事庭,仍应认为独立之民事诉讼,令其缴纳审判费用。合行令仰知照。此令

**附山西高等法院原呈**

呈为呈请解释示遵事,窃本院受理民事上诉案件,发生疑义。兹有商号铺东甲、乙二人,控告铺东兼执事丙、丁侵占,其在第一审系先按民事起诉,并缴纳审判费洋四元五角(诉讼标的之金额为舞弊十万元)。迨将账算清,丙、丁确有舞弊情形,甲、乙又按刑事告诉,经第一审合并判决,宣告丙、丁有罪,并令退款五万余元。丙、丁不服,提起上诉,甲、乙亦对附带民事诉讼部分提起附带上诉,复经第二审判决,刑事部分撤销另判,附带民事诉讼认为繁杂,依旧《刑事诉讼法》第五百十条移送民庭,嗣丙、丁上诉三审,发回更审,第二审又按新《刑事诉讼法》第二百九十条裁定,停止审判,将附带民事诉讼移送民庭办理。于此发生此案为独立之民事诉讼,抑为附带民事诉讼,及应否缴纳审判费用之问题。甲说,谓此案第一审判决既标明为刑事附带民事诉讼,当事人提起上诉及附带上诉,又系按附带民事诉讼程序办理,第二审判决复特别载明附带民事诉讼移送本院民庭,则民庭因受移送判决之拘束,依新《刑事诉讼法》第二百零八条第一、第二两项之规定(旧《刑事诉讼法》第五百十条注同),不能不认为附带民事诉讼,即不应征收审判费用。纵原诉人在第一审曾先以民事起诉,然一、二两审均系按附带民事诉讼程序办理,自仍以按照附带民事诉讼办理为是(如认为附带民事诉讼,则在刑事未有确定判决以前,能否将刑事部分停止,附带民事诉讼移送民庭,亦属疑问)。乙说,谓此案原诉人先以民事起诉。迨将账算清后,又以刑事起诉,显系两个独立诉讼。民、刑对立,虽第一审误将民、刑两案合并裁判,当事人又各依附带民事诉讼

程序上诉,但此案之犯罪成立与否,以民事法律关系为断。换言之,即丙、丁构成侵占罪否,应以算账后有无舞弊情形为先决问题,原诉人在第一审既按民事程序起诉,而第一审亦就此为裁判,第二审于发回更审后,又裁定依新《刑事诉讼法》第二百九十条停止审判。此际仍应认为民事诉讼上诉案件,并令当事人缴纳审判费用,不能因一、二两审误认独立民事诉讼为附带民事诉讼而不加以纠正,致令一误再误也,自以认为独立民事诉讼上诉事件为是。以上两说,各执一词,究以何者为当?事关法律解释,本院未敢擅拟,理合备文呈请钧院鉴核,俯赐解释示遵,实为德便。谨呈司法院院长居。山西高等法院院长邵修文

**院字第一六四三号**

**民国二十六年三月六日　司法院咨行政院**

为咨复事,准贵院上年三月二十八日咨(第六二号)开,据财政部呈请解释《海关缉私条例》第三十条疑义,请查照见复等由,业经本院统一解释法令会议议决,《海关缉私条例》第三十条,系为关于追缴税款之规定,其因违犯同条例应处罚之行为,不因发觉之在当时,或在事后而有区别,故在事后发觉者,除追缴未纳税款外,亦得再予处罚。相应咨复贵院查照饬知。此咨行政院

**附行政院原咨**

案据财政部二十五年三月二十四日第一八三九号呈称,查《海关缉私条例》第三十条载,有违犯本条例情事,而于事后发觉者,得追缴未纳税款。但以其情事发生后,未满三年者为限等语。窃按违犯本条例之情事,最重者莫过于私运漏税,该条例第二十一、二十二等条,对于私运漏税情事,经海关随时发觉者,均规定严重之处罚,该三十条所谓事后发觉之违犯本条例情事。按其情节,则与二十一、二十二等条所列之行为相等,但仅规定追缴税款,并无处罚明文,究竟遇有事后发觉违犯本条例情事之案,应否于追缴税款以外,再予处罚。兹因海关执行该条例发生疑问,亟待解决,理合呈请钧院转查司法院解释咨复饬遵等情。据此,除指令外,相应据情咨请贵院查照,解释见复,以便饬遵。此咨司法院

**院字第一六四四号**

**民国二十六年三月十三日　司法院致中央执行委员会民众训练部函**

迳复者,准贵部上年十月三日公函(第四五零四号)开,据津浦铁路及京沪沪杭甬铁路特别党部先后呈请解释《工会法》第二条疑义,请查照并案见复等由,业经本院统一解释法令会议议决,依《工会法》第一条规定,得为工会会员者,本以属于同一产业或同一职业之工人为限。同法第二条,虽就同一产业或同一职业之限制设有例外规定,但该条既明称工人具有下列资格云云。是得依该条一、二两款资格入会者,仍以现为工人为其前提之要件。如现非工人,则该条规定无从适用,故凡同一产业或同一职业之被雇职员或员役,除合于同法施行法第五条前段规定外,不得为工会会员。相应函复贵部查照转知,此致中央执行委

员会民众训练部

**附中央执行委员会民众训练部原呈**

案据津浦铁路特别党部呈，为不合法定资格之会员，曾任或现任工会职员，能否援用《工会法》第二条继续参加工会，请鉴核解释等情，复据京沪沪杭甬铁路特别党部呈同前由到部。事关法令疑义，除分令外，相应抄同原呈，函请查照，并案解释见复为荷。此致司法院

**附中国国民党津浦铁路特别党部原呈**

案查关于本路管理局令饬本路工会斥退不合法定资格之会员，如有曾任或现任工会理监事或候补理监、分会干事或候补干事、支部干事或小组组长者，可否援引《工会法》第二条第一项之规定，准予继续参加工会一案，前经本部第一九七号呈请钧部解释，旋奉第四五零二号指令，已函司法院查照解释各在案。查该项条文之规定，凡曾当选为工会职员者，虽非同一职业之工人，尚可参加其工会，则本路此次所写不合法定资格之会员，虽依照同法第三条但书之广泛解释，应即退出工会，但曾任或现任工会职员者，依照第二条之规定，自得继续参加其工会。惟事关法令解释，本部未敢擅专，且此案既经钧部转函司法院解释，亦宜静候毋渎。惟工会理监事改选在即，虽经党、路双方商决会员退会问题俟工会改选后再办，但斯项资格问题，亟应事先决定。理合具文呈请钧部转催司法院速为解释令示，以便遵循。谨呈中央民众训练部。中国国民党津浦铁路特别党部常务委员王世辅、周文俊、何人豪

**附中国国民党京沪沪杭甬铁路特别党部执行委员会原呈**

案据本路工会呈称，窃查本会前奉令派整理及正式成立，关于会员入会，绝对遵奉法令办理，惟《工会法》第二条、第十一条等条文至今尚未援用，一年以来，颇感困难。过去对于本路热心工运之工会职员，或因在路职务之升调，或未详晰法令之真意，相继退会，遂致领导乏人，事业停滞，《工会法》第二条原文之精神，系注重于第一款、第二款之资格。如仅限于工人，则雇主或其代理人已无工人之资格，何用但书之限制，且该条系指一般工会而言，《工会法》施行法第五条，凡从事于《工会法》第三条所列举事业以外之同一产业或同一职业之被雇人员，无论其为职员、员役或工人，均得以《工会法》加入工会，是《工会法》第二条绝非专指工人，已属明甚。本会兹为推进工作，领导全体工人努力生产建设起见，拟援用《工会法》第二条第一款"曾选任为其工会之职员者，第十一条第一款，理事由会中选任之，但有必要时经主管官署之认可，得选非工会会员任之"之规定，如前经确任本会之职务者，准予入会，嗣后改选理事，并拟酌用《工会法》第十一条办理，且全国各铁路工会，以员司参加工会者，所在多有，在法规与实际情形，俱无抵触之处，本路自未便独异，爰经第十五次理事会议决议，(呈请特别党部转呈中央)在案，为特备文呈请钧会，仰祈鉴核，俯准所请，实为党便等情。据此，查所呈各节，确系实情，领导工运，虽为党部之职责，但工会内部事务之处理及其活动之发挥，实非工人能力所能胜任。本路工会会员，已近一万，全体纯属真正工人，本会前为谋工人提高智识起见，曾举办工会干部人员训练班二期，颇著成效。惟过去热心工

运声望素孚之旧职员,悉数退会。会员失其重心,凡事未能推行尽利,兹据呈请援用《工会法》第二条及第十一条,并参照各路情形,核与法令尚无不合,似应准予所请,以利工运,转呈钧部,仰祈鉴核,迅赐照准,指令祇遵,实为党便。谨呈中央民众训练部。中国国民党京沪沪杭甬铁路特别党部执行委员会常务委员陈承栻、李达三、宋传骥

**院字第一六四五号**

**民国二十六年三月二十日　司法院致军政部函**

迳复者,准贵部二十三年十二月三日公函(第五五四八号)开,准太原绥靖公署转请解释《惩治盗匪暂行条例》第一条疑义,请查照见复等由,业经本院统一解释法令会议议决,《惩治盗匪暂行条例》现已废止,现行之《惩治盗匪暂行办法》,已将溃兵、游勇四字删去,亦无逃兵字样,至该条例第一条第十三款之械字,凡足以供暴行所用之器械皆是,持用皮带、铜环殴打事主,或用皮带绑勒事主,而有聚众抢劫情事者,即合于《惩治盗匪暂行办法》第三条第二款之罪。惟须注意同办法第十一条及《刑法》第二条第一项之规定。相应函复贵部查照转知。此致军政部

**附军政部原函**

案准太原绥靖公署二十三年十一月二十一日法字第六九号公函内开,案查近来本署所属对于《惩治盗匪暂行条例》第一条第七款之所云溃兵、游勇及第十三款之械字,均不无疑问,先后请示前来,兹特分述如下。第七款之溃兵,是否包括变兵在内,游勇二字,是否指在军队士兵乘隙或托故外出生事者而言,此应请解释者一。如溃兵或游勇一人与常人结伙抢劫,此种溃兵、游勇,是否依照第七款论科,抑系必须被结伙者亦同为溃兵、游勇,方可按该款处断,此应请解释者二。溃兵、逃兵究竟必须经过若干时间或如何程度,方为脱离军籍以常人论,此应请解释者三。逃兵持用皮带、铜环殴打事主或用皮带绑勒事主脖项图害,此项皮带是否包括在十三款械字之内,此应请解释者四。相应函请贵部查照,迅赐转函司法院详为解释,早日见复,以便饬遵等由,准此,相应函达,即希查照,迅赐解释见复,以凭转复为荷。此致司法院

**院字第一六四六号**

**民国二十六年三月二十三日　司法院咨行政院**

为咨复事,准贵院上年十二月十七日咨(第三三六号)开,关于商标法第三条仍有疑义,请查照解释见复等由,业经本院统一解释法令会议议决,商标法第三条所谓,二人以上于同一商品以相同或近似之商标呈请注册时,应准在中华民国境内实际最先使用并无中断者注册云云,系指二人以上之呈请均在他方之商标尚未注册,亦未经审定公告者而言。若一方之呈请,已在他方注册以后,复以自己最先使用为理由,同时提起异议,或请求评定,该异议既逾公告期间,而请求又非以他方注册有法定无效原因为理由,均应不予受理。若在他方

商标公告期间内为此呈请，而亦以前项理由提起异议者，则应依异议程序办理，相应咨复贵院查照。此咨行政院

**附行政院原咨**

查关于商标法第三条前段“各别呈请注册时”一语之疑义，业经贵院院字第一五九二号解释有案。惟是项解释，仅就呈请在后之当事人未提起异议或请求评定时，商标局审查员办理之手续而言。设有一方商标呈经商标局审定公告，或且已公告期满，实行注册。在此场合，另一方以用于同一商品相同或近似之商标呈请注册，并同时根据商标法第三条规定，主张自己之商标使用在先，对前已审定或注册之商标，提起异议或请求评定，商标局对于此种异议或请求，应否予以受理？就其是否实际使用在先而审究，抑应以他方商标业经审定（或注册），并非尚在声请程序中，此时根本无主张使用在先之余地为理由，不予受理，仍不无疑义。但已审定或注册之商标，若使他人仍能以使用在先为理由，对之提起异议或请求评定，是既得之商标权利，常在不定状态之中，且失商标保护之原意，似非所宜。本院现有与上述疑义有关之件，亟待解决，相应咨请查照，迅为解释见复，至纫公谊。此咨司法院

**院字第一六四七号**

**民国二十六年三月二十五日　司法院咨行政院**

为咨复事，准贵院上年十二月十四日咨（第三二九号）开，为诉愿事件适用法律发生疑义，请查照解释见复等由，业经本院统一解释法令会议议决，行政官署对于工商业为一般的处分，致工商业各店之权利或利益均受有损害时，则其损害之主体，明系工商业各店，并非同案公会之本身，依《诉愿法》第一条规定之趣旨，如对于该处分提起诉愿，自应由受有损害之工商业各店为之，相应咨复贵院查照。此咨行政院

**附行政院原咨**

查设有某工商业，因官署一般的处分，致此工商业之各店，其权利或利益均受损害，其同业公会是否得为主体出而提起诉愿，兹分甲、乙二说：甲，谓同业公会，即系其工商业之集团，工商同业公会法第二条明定其以维持增进同业之公共利益及矫正营业之弊害为宗旨。如其工商业之各店，因官署之处分，而致其权利或利益受有损害时，同业公会自得出为诉愿之主体。乙，谓处分之得提起诉愿者，以权利或利益直接受损害之人民为限，其工商业因处分致有权益之损害，并非其同业公会本身受有损害，应由直接受损害之各店各为主体提起诉愿，或由该受损害之工商业各店委托其同业公会代为诉愿则可。如以同业公会为主体而提起诉愿则不可。事关法律疑义，相应咨请查照，解释见复，至纫公谊。此咨司法院

**院字第一六四八号**

**民国二十六年三月二十五日　司法院咨行政院**

为咨复事，准贵院上年十月二十九日咨（第二九七号）开，据内政部呈请解释《民法》第

五百十六条,及《著作权法》第二十三条等疑义,请查照见复等由,业经本院统一解释法令会议议决,《民法》第五百一十六条所指著作人之权利,其对于侵害人提起诉讼之权,应解为系在其必要范围内。又,《著作权法》第二十三条所称权利人,亦包括享有出版权之出版人在内,故无论出版契约就此有无订定,出版人均得依前述规定,对于侵害人提起诉讼。相应咨复贵院查照饬知。此咨行政院

**附行政院原咨**

案据内政部二十五年十月二十四日警壹叁第六二九五号呈称,查《民法》第五百一十六条第一项载"著作人之权利,于契约实行之必要范围内,移转于出版人"。又,《著作权法》第二十三条载"著作权经注册后,其权利人得对于他人之翻印、仿制,或以其他方法侵害利益提起诉讼"各等语。前者所谓著作人之权利,是否包括著作人因他人侵害利益而提起之诉讼权。后者所谓得提起诉讼之权利人,是否包括依出版契约的法律关系而享有出版权之出版人?法无明文规定,于此有甲、乙两说:甲说,谓出版人依《民法》规定而主张之出版权,乃对于特定人之权利,与著作人依《著作权法》规定而主张之著作权,如对于一般人之权利者,其权利性质及行使对象,既各有不同,则著作人依《民法》第五百一十六条第一项移转于出版人之权利,自不包括其因他人侵害利益而提起之诉讼权。而出版人自亦不在《著作权法》第二十三条所定权利人之内,在著作权受侵害时,除契约已订明授与出版人以诉讼权外,出版人自只能依《民法》关于债务不履行之规定,向著作人行使其权利,或依《民事诉讼法》关于诉讼参加之程序,辅助著作人为诉讼之参加,尚难对侵害人直接提起诉讼。乙说,谓出版人之取得出版权,虽本于债权债务关系之出版契约,但其性质实为一种形成权,具有独立排斥他人之效力,其权能既为法律特别所赋与,则出版人于出版契约成立后,当然享有著作人专有重制利益之权能,而附丽于著作权上之诉讼权,自亦因契约实行之必要而移转。故于其所出版之著作权受侵害时,著作人纵未于出版契约内订明授与出版人以诉讼权,出版人本于出版权之主张,亦得视为《著作权法》第二十三条之权利人,向侵害人提起诉讼。以上两说,究以何说为是?事关法律疑义,理合备文呈请钧院鉴核,转咨司法院解释示遵等情。据此,案关法律适用疑义,相应咨请贵院迅为解释见复,以便饬遵。此咨司法院

**院字第一六四九号**

**民国二十六年三月二十七日　司法院指令浙江高等法院**

呈悉,业经本院统一解释法令会议议决,甲工厂于《民法》物权编施行后,向乙借款,以厂内之机器对乙设定质权,已将机器移转归乙占有后,又另由甲出立借用书据,向乙借用该机器,此际占有之谁属,应视其事实上管领之力属于何方为断。如因甲使用之故,由甲占有该机器,而乙已失其事实上管领之力,则依《民法》第八八五条第二项规定,其质权之效力,自不存在。若甲虽使用该机器,而其事实上管领之力仍在于乙(即仍由乙直接占有),则与其质权之效力,自无影响,至乙对甲诉请返还质物后,又并请清偿借款,即系诉之追加,其审

判费用,应按借款之数额计算,合行令仰转饬知照。此令

**附浙江高等法院原呈**

案据义乌地方法院院长徐祖荫二十五年十月十三日呈称,查质权之设定,因移转占有而生效力,且质权人不得使出质人代自己占有质物,为《民法》第八百八十五条所明定,如甲工厂向乙借款,以厂内机器设定质权(在《民法》物权编施行以后),订立合同。其内载明机件于借款成立时,移转于乙,并由甲出立借用书据,向乙借用机器,故实际上机器仍由甲占有使用。于此情形,乙主张质权,与上开法条及司法院院字第一四零四号解释有无抵触?又如乙先请求甲返还借用之质物,续状并请判甲清偿原质权所担保之借款本利,是否追加新诉,而应令其另行缴纳审判费?以上两点,事关法律疑义,悬案待结,理合备文呈请鉴核示遵等情。据此,案关法律疑义,理合备文转呈,仰祈钧院鉴核,解释示遵,谨呈国民政府司法院。署浙江高等法院院长郑文礼

**院字第一六五〇号**

**民国二十六年四月二十一日　司法院指令山东高等法院**

呈悉,业经本院统一解释法令会议议决,遗嘱系要式行为,《民法》第一零九三条既定明以遗嘱指定监护人,则其遗嘱之方式,自应与同法继承编第三章第二节所定相合,方能生效。合行令仰转饬知照。此令

**附山东高等法院原呈**

案据东平县县长孙永汉审判官李宾如电称,《民法》亲属编第一千零九十三条指定监护人之遗嘱,其方式是否必须合与同法继承编第三章第二节各条之规定,方生效力,恳请鉴核,并电赐解释等情。据此,事关法律疑义,理合具文呈请钧院鉴核,俯赐解释,俾资饬遵。谨呈司法院院长居。山东高等法院推事兼院长吴贞缵、庭长丁亦葵、李法先代行

**院字第一六五一号**

**民国二十六年四月二十二日　司法院咨行政院**

为咨复事,准贵院上年十二月三十一日査(第三四九号)开,据江苏省政府电请核示再诉愿期间疑义,请查照解释见复等由,业经本院统一解释法令会议议决,诉愿人对于驳回诉愿之裁定提起再诉愿,依旧《诉愿法》第二条规定,固应向直接上级官署为之,但同法第七条第二项,既订明原官署自收到诉愿书副本后,附具答辩书等送于上级官署并得自行撤销其处分,足见原官署收到诉愿书,即可发生再诉愿提起之效力,故不问以后向上级官署提出诉愿书时已否逾期,及其逾期之原因如何,均应予以受理。相应咨复贵院查照饬知。此咨行政院

**附行政院原咨**

案据江苏省政府二十五年十二月十一日秘字第五六四号代电称,查县、市政府呈奉省

政府主管厅核准所为之处分,依照司法院院字第五零六号解释,仍应认为县、市政府之处分。如人民不服此项处分,误向省政府提起诉愿,经以程序不合决定驳回后,诉愿人于法定期间内,一面具呈省政府声明不服驳回诉愿之决定,另一面又遵照该项决定所指示,向主管厅提起不服原处分之诉愿,经主管厅就实体上审查,为驳回诉愿之决定,诉愿人复于法定期间内,向该厅声明不服,但未正式向省政府提起再诉愿,仅对于省政府前次因程序不合驳回诉愿之决定,向中央主管部提起再诉愿,并请求为实体上审查之决定。又经中央主管部以省政府原决定认为管辖错误尚无不合,乃决定驳回再诉愿,并于决定书理由栏内载明,该再诉愿人如对于主管厅之决定有所不服,即应向省政府提起再诉愿等语。如该再诉愿人于收受主管部此项决定书送达后,已逾三十日,始以不服主管厅之原决定,又向省政府提起再诉愿,则省政府应否受理,殊滋疑义,约有两说:甲说,谓该再诉愿人虽于法定期间内,对主管厅诉愿原决定曾为不服之表示,但并未即依法向省政府提起再诉愿,竟又以不服省政府前次因程序不合驳回诉愿之决定,向主管部提起再诉愿,并越级请求为实体之决定。是此项不服主管厅决定之表示,已因向部诉愿而失效。如该再诉愿人仍对于主管厅之决定提起再诉愿,自应参照司法院院字第四二二号解释,于收受主管部决定送达后三十日内为之,方为合法,否则再诉愿权即已消灭。乙说,谓该再诉愿人收受主管厅决定送达后,既于法定期间内曾为不服之表示,无论何时向省政府提起再诉愿,均应予以受理。上述两说,究以何者为是,事关处理诉愿案件疑义,理合电请核示祇遵等情。据此,事关法令适用疑义,除指令外,相应咨请贵院查照,解释见复,以便饬遵。此咨司法院

**院字第一六五二号**

**民国二十六年四月二十二日　司法院训令福建高等法院首席检察官**

为令知事,该法院首席检察官呈最高法院检察署,为第三分院首席检察官转请解释和诱、略诱罪疑义一案,业经本院统一解释法令会议议决,(一)《刑法》第二百四十条第二项规定有配偶之人,包括有妇之夫在内。(二)单纯略诱有配偶之人,依《刑法》第三百零二条第一项处断。合行令仰转饬知照。此令

**附最高法院检察署原函**

迳启者,案据代行福建高等法院首席检察官职务检察官何脩呈称,本年十一月三十日据本院第三分院首席检察官柯凌汉呈称,窃查《刑法》第二百四十条第一项规定,和诱未满二十岁之男女脱离家庭或其他有监督权之人者,处三年以下有期徒刑。第二项规定,和诱有配偶之人脱离家庭者亦同各等语。是和诱有配偶之人脱离家庭者,不问其被诱人年龄已满二十岁与否,均应处罚,法文规定,固甚明显。惟兹谓有配偶之人,是否专指有夫之妇而言,抑包含有妇之夫在内?若包含有妇之夫在内,则与《刑法》修正原案要旨第七十款所揭,“和诱有夫之妇破坏家庭组织,现行法无处罚明文,法界多有主张应予处罚者,故本案增定之”之说明,似有不符,此可疑者一。又单纯(即无何种不法之意图)和诱有配偶之人脱离家

庭者,既应处罚,则单纯略诱有配偶之人脱离家庭者,情节较重,理宜加重处罚。但细考《刑法》第二百四十一条各项,对于略诱有配偶之人脱离家庭者,并未设有处罚之规定。则对于此种行为,究愿依据何条处罚,亦难免发生问题。若谓应依第二百四十一条第一项处断,然该项之被诱人,原以未满二十岁之男女为限,对于略诱已满二十岁有配偶之人脱离家庭者,即无适用之余地。若谓应依第二百九十八条第一、第二两项处断,然该条之略诱罪,原以有一定之意图为构成要件,对于单纯之略诱,复无处罚之明文,此可疑者二。以上两点,均关法律疑义,理合具文呈请察准,转呈解释,俾有遵循等情。据此,事关法律疑义,理合具文呈请钧长察准,转院解释指令祇遵等情。据此,相应函请迅予解释径复,并见示备查。此致最高法院

**院字第一六五三号**

**民国二十六年四月二十二日　司法院指令湖南高等法院**

呈悉,业经本院统一解释法令会议议决,金钱债务约定利息每周年给付一次,其利息请求权,依《民法》第一百二十一条规定,应以每届周年之末日为其可行使之起算时期,如以一诉请求数年之利息,除由该末日起算在五年内之部分时效尚未完成外,其已逾越此项期间之部分,自应因时效而消灭。合行令仰转饬知照。此令

**附湖南高等法院原呈**

案据宁乡县司法处审判官刘煌呈称,窃查《民法》第一百二十六条,关于利息各期给付请求权,因五年间不行使而消灭。又第一百二十八条,消灭时效自请求权可行使时起算,职意以为例,为甲于民国二十年一月一日借乙千元,约定周年二分算息。此项利息,应以一周年为一期,二十年一月一日成立之债权,其利息行使时自应从二十一年一月一日起算至二十六年一月一日前一日。如乙尚未请求偿息,则民国二十年一月一日起至二十一年一月一日止之利息,即应依时效而消灭。是民国二十年一月一日至二十六年一月一日,时间虽有六年,假如在二十六年一月一日前一日起诉,求偿民国二十年一月一日起至二十一年一月一日止之利息,似不在时效消灭之内。然又有一说,如前例乙如在民国二十六年一月一日前一日起要求偿利息,则民国二十一年一月一日以前之利息,即应依时效而消灭。又如在民国二十五年十二月二十日起诉,则民国二十年十二月二十日以前之利息,因时效而消灭,因其已历五年也。职以为如此解释,与《民法》第一百二十六条所谓各期给付请求权及第一百二十八条消灭时效自请求权可行使时起算之意义不符。究以何说为是,乞赐示遵,俾有遵循等情。据此,窃事关法律疑义,理合据情呈请钧院,赐予解释指令,俾便饬遵。谨呈司法院院长居。湖南高等法院院长陈长簇

院字第一六五四号

民国二十六年四月二十二日　司法院指令湖北高等法院

呈悉,业经本院统一解释法令会议议决,赘夫应以妻之住所为住所,如对于妻之直系尊亲属为虐待,致不堪为共同生活时,即与《民法》第一千零五十二条第四款之情形相同,妻对于赘夫,自得请求离婚。合行令仰转饬知照。此令

附湖北高等法院原呈

案据钟祥县县长熊道琛代电称,窃甲女招乙男为赘夫,从其女姓,嗣后夫妇不和,发生口角,以致甲之生母被乙伤害致死,业验明尸伤,乙畏罪潜逃,亦经通缉在卷。现甲对乙以殴毙直系尊亲属,致不堪共同生活,提起离婚之诉。查《民法》第一千零五十二条第四款,系妻对夫之直系尊亲属为虐待,或受夫之直系尊亲属虐待,致不堪共同生活者,得请求离婚。兹乙对甲之直系尊亲属虐待,可否援用此款?又同条第十款,以判处徒刑者为限。而乙因刑事案件逃匿未获,未经判决,能否引用此款,亦有疑义。现本处受理此种案件,急待解决。事关法律问题,理合电请核示祗遵等情。据此,理合呈请钧院,迅赐解释示遵,实为公便。谨呈司法院。代理湖北高等法院院长郗朝俊

院字第一六五五号

民国二十六年四月二十二日　司法院咨行政院

为查复事,准贵院上年九月九日咨(第二四三号)开,据内政部呈请解释违警罚法之公共场所疑义,请查照见复等由,业经本院统一解释法令会议议决,商店之店堂,不得视同违警罚法第四十五条之公共处所。相应咨复贵院查照饬知。此咨行政院

附行政院原咨

案据内政部二十五年九月四日警字第四九六七号呈,为准江苏省政府咨,据民政厅请解释各级公安局所预审庭及违警罚法之公共场所疑义一案。经该部签注意见,请转咨司法院解释等情,到院。除指令外,相应钞同原件,咨请查照。此咨司法院

附内政部原呈

案准江苏省政府二十五年七月十六日秘字第二五七号咨,以据民政厅转请解释各级公安局所预审庭及违警罚法之公共场所疑义一案,请查核见复等由,到部。查关于赌博及类似赌博两罪疑义一案,前准该省政府咨请解释,经函准司法院二十五年一月三十日院字第一四零三号解释,违警罚法第四十五条第一款之行为,以于公共道路或公共处所为要件等由,业经咨复该省政府查照转知,暨分别咨令各在案。本案所称人民在商店店铺内赤身露体或作放荡之姿势或为狎亵之言语举动,其地为任何人所得出入,且易于望见者,影响社会风俗,良非浅鲜。若比照上项院字第一四零三号解释办理,则警察人员将束手无策,殊与维持风化之原旨背驰。本部意见:凡店铺内应分店堂与住宅为二,店堂轩敞,一切公开,等于

公共场所。如在上项地方违犯,则非制裁不可。若在住宅内为一般人所不易见,似可免议,其余部分,尚无不合,似可准予备案。准咨前由,本案究应如何解释之处,案关法令疑义,理合钞同原咨备文呈请钧院,转咨司法院解释示遵。谨呈行政院。内政部部长蒋作宾

**院字第一六五六号**

**民国二十六年四月二十六日　司法院指令湖南高等法院**

呈悉,业经本院统一解释法令会议议决,被继承人生前嘱托他人,对于未成年之继承人应继遗产,永禁变卖继承人于成年后竟行变卖,在现行法上究非无权处分,受托人自无撤销之权。合行令仰转饬知照。此令

**附湖南高等法院原呈**

案据署宁乡县司法处审判官刘煌江代电称,查生前托孤,永禁嗣子变卖产业,嗣子成年后,变卖资产业,受托人有无撤销之权。法无明文,乞赐解释示遵等情。据此,事关解释法律,理合据情呈请钧院鉴核,俯赐解释,俾便饬知。谨呈司法院院长居。湖南高等法院院长陈长簇

**院字第一六五七号**

**民国二十六年四月二十七日　司法院复江苏高等法院第二分院电**

江苏高等法院第二分院徐院长览,上年十二月蒸电悉,所请解释破产管理人声请假扣押疑义一案,业经本院统一解释法令会议议决,储蓄、银行之董事、监察人,于银行破产后,依《储蓄银行法》第十五条第一项,就其不足之额,固应负连带偿还之责。但此项请求权,应属于债权人不在破产管理人职务权限以内,故破产管理人对于董事、监察人之财产,不得径为假扣押之声请。合电知照。司法院感印

**附江苏高等法院第二分院原电**

司法院院长居钧鉴,股份有限公司组织之银行破产时,其储蓄部财产,显有不足清偿储蓄存款情形,破产管理人对于《储蓄银行法》第十五条一项,应负连带无限责任之董监事财产,有无声请假扣押之权,事关法律疑义,理合电请解释示遵。江苏高等法院第二分院院长徐维震叩蒸印

**附节抄江苏高二分院原函**

(上述)其股份有限公司倒闭后,业经法院宣告破产,其储蓄部财产显有不足清偿储蓄存款情形,破产管理人对于该公司依《储蓄银行法》第十五条第一项应负连称无限责任之董监事财产,声请法院为假扣押裁定后,经各该董、监事提起抗告,敝院对此事件,于破产管理人是否有权就破产债务人公司以外之第三人,即董、监事之财产,声请假扣押,见解两歧。一说,谓破产管理人之权限,系代表破产财团、债务人及债权人三方面,其为各储户利益计,自有权声请假扣押,对于该公司储蓄部债务,应负无限责任之董、监事财产,以备日后补偿

该储蓄部分配不足清偿之余额。一说,谓破产管理人之权限,破产法均有明文规定,其职务应于破产终结时终止。该公司董、监事既能受宣告破产之债务人,并仅应于储蓄部财产不足清偿储蓄存款,即破产分配完毕后,始就其不足之额对于各储户负连带无限责任。其事项似不属于破产范围,各该董、监事财产财,亦不属于破产财团,破产管理人自无权径行声请假扣押。两说出入悬殊,而于各储户及董、监事之权益关系尤为重大,未能即决,于本月十日电请大院解释,只以案关假扣押,未便久悬。且电文简略,深恐仍按普通呈请解释事件办理,有稽时日,用特肃函详陈,崙希垂注,提前赐办,迅予电复。(下略)

**院字第一六五八号**

**民国二十六年四月二十七日　司法院致财政部函**

迳复者,准贵部上年四月十六日公函(第一九七五零号)开,据上海市商会代电请核示适用印花税法疑义,转请查照解释见复等由,业经本院统一解释法令会议议决,合资营业互相信订立之合同,系以出资之股东为主体,经理并未出资,又非以劳务代资本,自不能认为订立合同之合伙人。纵习惯上有将经理分红事项载明于合同之内,由经理签名另执一纸为据,亦与合伙之本质无关,不适用《印花税法》第七条之规定,相应函复贵部查照饬知。此致财政部

**附财政部原函**

案据上海市商会本年二月马日代电称,合伙集资营业其合同议据内之贴用印花税率,自照各合伙员所负出资数额办理,并无问题。惟习惯上尚有经理签名收执之一纸,载明经理每届结账得分红若干,既有权义关系,自与仅备查考并不使用者不同,其由经理照章贴用印花自无疑义。惟经理并不出资,其服劳务亦系按月给薪,与《民法》第六六七条之劳务合伙员不同。所谓分红系额外之酬报,与凭实缴股本之应给官利不同,究竟贴花税率如何计算,应请钧部查照核示,俾有遵循等情,并附金业同业公会原送合同样张一分到部。查印花税率表第十八目合资营业之字据备考栏内,载明订立二分以上者,各按其所出资本额贴用印花,上海市商会所送之金号合资营业合同,内容订明资本系甲、乙、丙三人所出,经理丁既不资,而此项合同全部应纳之印花税,依法又应由甲、乙、丙三人各按其所出资本额分别负担,则存号之一分,自可认为副本,毋庸另贴印花。惟《印花税法》第七条有"以副本视同正本使用者,应另贴印花税票"之规定。上项存号之合同,系交经理收执,应否认为以副本视同正本使用,计有甲、乙两种之见解如下:甲说,以原合同订有"号中营业年终结算,倘有盈余,除先提公积若干,作若干股分派,股东得若干股,经理得若干股,监理、协理各得若干股"字样。是存号之合同,经理即可作为享受权利之根据,自应认为以副本视同正本使用。乙说,以合资营业合同之性质,系二人以上互约出资以经营共同事业之凭证,订立此凭证之主体,系属出资之股东,如股东与股东或经理发生诉讼,而其原有之合同又已遗失,须将存号之一分提出作为法律上之证物时,始可认为以副本视同正本使用,仍应按其原出资本额另

贴印花。经理既不出资,又非以劳务代替资本(上海市商会原电声称经理系按月给薪),自非订立此合同之主体,而以红利酬报劳务。照合同之规定,监理、协理、工友均在其列,亦不仅经理一人独享之权利,故不能因经理有权利关系,即谓其以存号之合同副本视同正本使用。进一步言,经理既非订立合资营业合同之主体,已如上述,而经理根本并未执有合同之正本,纵使经理与股东因权利争执以致发生诉讼,须以存号之副本作为证物时,亦只可认为以股东所立合资营业合同之副本内中所载有关之条款,为其权和主张之根据。在该副本自身固有之性质及效力,原未发生如何变化,核与股东之以合同副本视同正本使用情形不同,故不能认为使用副本。以上两说,如取乙说,自无问题。倘依甲说办理,则合资营业合同应纳之印花税,依法既应由出资者各按其所出资本额分别负担,经理并不出资,其应纳之印花税率,印花税法并无另文规定,究应如何遵贴?至工友以及非股东兼任之监理、协理,均可以存号之合同副本作为享受权利之根据,与经理无异,又应如何贴用印花?事关解释法律疑义,相应函请贵院转发统一解释法令委员会予以解释,以便转饬遵照。此上司法院

**院字第一六五九号**

**民国二十六年四月二十九日　司法院咨行政院**

为咨复事,准贵院本年一月六日咨(第五号)开,据江苏省政府代电,请解释撤销官产承领案适用法律疑义,转请查照见复等由,业经本院统一解释法令会议议决,行政官署本于其职权放领之官产地亩,其所有权即已移转于承领人,该管行政官署,固不得任意变更。惟发现该项地亩做法令不应属于私人所有者(如名胜古迹之类),该管上级官署自得依监督权之行使而撤销之。若该项地亩确为人民私产,行政官署误为官产而放领,原所有人除得向司法机关提起民事诉讼外,并得提起行政诉愿。在未诉愿以前,该管上级官署不得径行撤销。相应咨复贵院查照饬知。此咨行政院

**附行政院原咨**

案据江苏省政府二十五年十二月三十一日秘字第六一一号世代电称,查官产地亩之放领,系属行政官署之职权。如有依官产章程规定之程序放领之地亩,于给发部照归由承领人执业之后,始发现该项领案与现行法令有所抵触(如系名胜古迹不得为私有之情形等),或经人民提出证据证明所放之地系其私有并非官产者,则该项领案能否由该管行政官署径依职权予以撤销,其说有二:甲说,谓放领官产虽属行政官署之职权,惟一经放领给照之后,承领人即已取得其所有权,是国家与人民间私法上之买卖契约行为,业经成立,纵使官产机关当时办理领案,未将领地沿革及状现勘查明确,以致发生无效或得撤销之原因。而此项买卖契约既经成立,究竟应否宣告无故或撤销,及能否对抗承领人,则系私法上权利之争执,与国家公法上权力之关系无涉,应由司法机关为之审判,否则依照行政法院二十三年度判字第四十三号判例,该管行政官署,除依法征收外,不得任意变更。乙说,谓放领官产既系行政官署之职权,亦可认为行政行为之一种,虽于领案确定之后,如上级官署认为该领案

有违法或不当情事,自得依监督权之行使,停止或撤销之,而参照行政法院二十五年度判字第四号判例,受益人只得提起诉愿,毋庸由司法机关为之裁判。上述两说,何者为是,事关适用法律疑义,理合电请迅赐示遵等情。据此,除指令外,相应咨请贵院查照,解释见复,以便饬遵。此咨司法院

**院字第一六六〇号**

**民国二十六年四月三十日　司法院咨行政院**

为咨复事,准贵院上年十二月十四日咨(第三三零号)开,据南京市政府呈请解释土地登记疑义,请查照见复等由,业经本院统一解释法令会议议决,不动产权利登记之制度,在《土地法》施行前,乃专为保护第三人之利益而设。凡有应登记之权利,未经法定管辖登记机关(即法院)依法登记。依现尚沿用之《不动产登记条例》第二条、第三条、第五条之规定,不生对抗第三人之效力。在不动产所有人破产中,自亦不得为别除权之主张。至依《土地法》办理土地登记之地方,依《各省市地政施行程序大纲》第二十条规定,法院所办不动产登记,于开始登记之日起,固应即停止办理。但依该大纲第十五条规定,在本大纲施行前业经呈准举办土地登记之地方,仍应照案进行,则同条例在该大纲同条所定第一次所有权及他项权利登记完毕前,尚未废止。因之所有权以外之权利,在未依《土地法》登记所有权以前,自愿由登记机关仍依同条例第三条登记,俾得发生同条例第五条所定之效力,不适用同条例第七条之规定。其未依同条例登记完毕以前,不得以已登记论。相应咨复贵院查照饬知。此咨行政院

**附行政院原咨**

案据南京市政府二十五年十二月五日府字第一二一三六号呈称,查《不动产登记条例》第三条列举应为登记之权利,第一项为所有权,第二项至第八项皆所有权以外之权利,均可各别登记。初无因所有权未经登记而所有权以外权利不得登记之规定。惟《土地法》第四十四条载"未依本法登记所有权之土地,不得为所有权以外权利之登记。"本市土地登记暂行规则第五条亦规定,为"凡土地所有权以外权利之登记,应于所有权登记后登记之。"于是所有权以外权利之登记,恒因所有权未经登记或所有权办理登记程序未毕而发生阻滞与延缓,致滋纠纷。本市自首都奠定后,颇多以房地产向金融界为抵押借款,在本市未举办土地登记以前,受押人之向法院或本市办理地政机关声请为抵押权登记,颇不一致。法院及本市办理地政机关,依照反参照《不动产登记条例》予以核准登记,因无先须所有权登记关系办理,均简便迅捷,自本市举办土地登记以后,法院亦既停止登记。本市则按登记暂行规则第五条办理,爰有下列两项情事发生:(一)某甲受押某丙不动产,于民国二十二年曾向市财政局为抵押权设定之声请,领有不动产抵押登记证明书。迨本市举办土地登记后,某甲于二十四年复将前领抵押登记证续请为他项权利登记,即多得一重保障。惟某丙之不动产未为所有权登记,无从将其抵押权先行登记,辗转经年,某丙忽宣告破产,于是某甲二十二年

向财政局所为之抵押权登记。司法机关认为不能比于依《不动产登记条例》向法院登记之效力,(因二十三年九月一日首都法院始将不动产登记事务移归土地局办理),而二十四年之登记,又因延搁未办,致某丙之破产,某甲有无别除权,致生疑义。(二)某乙亦受押某丙之另一不动产,其受押原因,系由欠款诉经法院调解成立,以不动产抵押,其不动产之孳息并经移转归某乙经收。某乙当于二十四年三月检呈该不动产契据向市土地局声请他项权利登记,同时据某丙声请为所有权登记,并附带抵押与某乙之登记。惟某丙迄无负责人指界测量,致该所有权登记无法进行,某乙之抵押权登记亦即无由办理。事历数月,某丙乃有破产之宣告,于是某乙对某丙之破产有无别除权,亦生疑义。按本市在未举办土地登记以前,受押不动产人向市属办理地政机关声请为抵押登记,亦以办理地政机关审认契据及测丈土地面积较为详密之故。惟当时法院并未停止登记,此乃行政与司法办理抵押权登记事件之未能专一,而人民声请抵押登记,所以办原业产权是否真实与求得登记之一重保障,其用心初无二致。本市未举办土地登记以前,所核准抵押登记发给登记证之案件甚多,如果认为无效,诚恐引起纠纷亦多,此项核准之抵押登记,是否可认为与《不动产登记条例》第七条一项,未具备声请登记程序上必要之条件时,得为暂时登记之情形相合,予以发生物权上之效力,此应请解释者一。又查某甲第二次声请他项权利登记,因某丙未为所有权登记,某乙所声请他项权利登记,某丙虽同时声请所有权登记,又因无负责指界人而停止进行。甲、乙两人之抵押权,其他项权利登记之不获完成法定程序,皆应归责于丙,则丙在后之声请破产。如使甲、乙两人无别除权,衡之法理,似失其平。现甲、乙两人均以办理登记之迟延责任诿之登记机关,不知此中迟延原因皆《土地法》第四十四条之所致,此项因法律规定所生之故障,似不能不求救济,可否将此类他项权利登记,规定凡声请登记后,如因所有权未登记及登记程序未完成,致该他项权利未领登记证书者,经查明声请登记之权利属实,即以已登记论。遇有丙类之破产情事,具有别除权,此应请解释者二。上述各节理合呈请鉴核,转咨解释示遵等情。据此,事关法令适用疑义,相应据情咨请贵院查照,解释见复,以凭饬知。此咨司法院

**院字第一六六一号**

**民国二十六年四月三十日　司法院指令福建高等法院**

呈悉,业经本院统一解释法令会议议决,院字第一三六九号解释,所谓第三审法院非法律上之判断,更审法院不受拘束者,乃指不受发还意旨之拘束,非谓第三审之判决根本无效。来问情形,原第二审判决既因废弃之结果不复存在,则更审法院自应仍依第二审程序办理。合行令仰转饬知照。此令

**附福建高等法院原呈**

案据闽侯地方法院院长左赋才呈称,窃查第三审法院,对于《民事诉讼法》第四百六十三条第一项所定不得上诉之上诉,不予驳回,反将该案发回更审,既与法律明文抵触,即非

法律上之判断,更审法院自不受拘束,案经司法院院字第一三六九号解释有案。兹本院有类此案件,因应参照办理。惟所谓不受拘束者有两说:甲说谓,不得上诉。第三审之案件于第二审判决时即已确定,第三审对于已确定案件之上诉,不予驳回,反发回更审,根本违法,即属无效,更审法院自可视为自始已经确定,依据《民事诉讼法》第四百五十九条,由书记官将卷宗送交第一审法院。乙说谓,不受拘束。不过不受发回更审意旨之拘束,更审法院仍应依照第二审程序,为实体上或程序上之裁判,以终结之。两说各有理由,未知孰是。事关法律疑义,理合呈请转请解释示遵等情。据此,查来呈所称情形,似应由第二审之更审法院,依《民事诉讼法》第四百七十八条、第四百三十九条,以裁定驳回其第三审上诉,庶为终结。惟事关法律疑义,未便擅专,理合具文呈请钧长俯赐解释,指令饬遵,实为公便。谨呈司法院院长居。福建高等法院院长章杭时

**院字第一六六二号**

**民国二十六年五月一日　司法院复广西高等法院电**

广西高等法院朱院长览,本年一月真代电悉,所请解释第二审法院驳回上诉适用法条及侵权行为之赔偿责任各疑义一案,业经本院统一解释法令会议议决,(一)《民事诉讼法》第四三九条第一项,系法律上授权第一审法院驳回第二审上诉之规定。同法第四四一条,系第二审法院自行驳回第二审上诉之规定。来问所称上诉利益未逾五百元不得上诉于第三审之事件,当事人于第二审判决后提起上诉,如由第二审法院以裁定驳回,即与第一审驳回第二审上诉同一情形,自愿依同法第四七八条,准用第四三九条第一项之规定。(二)侵权行为之赔偿责任,以加害人之故意或过失与损害有因果联络者为限,来问所称事主被盗失牛,悬红寻觅,此项花红如有必要,即不能谓无因果联络,至其数额是否相当,则属于事实问题。合电知照。司法院先印

**附广西高等法院原代电**

南京司法院居院长钧鉴,窃查因上诉所得受之利益未逾五百元不得上诉于第三审之民事案件,当事人在第二审判决后,于法定期间内提起上诉,究应依民诉法第四四一条以裁定驳回,抑应依同法第四七八条准用第四三九条以裁定驳回,兹分两说:甲,主张民诉法第四三九条第一项规定:“提起上诉,如逾上诉期间或系对于不得上诉之判决而上诉者,原第一审法院应以裁定驳回之。”是依条文解释,提起上诉如有条文规定不合法之情形,而由第一审法院裁定者始能引用。倘案件系属于第二审法院而由第二审法院以裁定驳回,则同法第四四一条第一项另有专条,似无再适用第四三九条第一项之必要。乙主张民诉法第三编第一章内所称上诉,系指不服第一审判决提起上诉者而言。该法第四四一条以裁定驳回之上诉,即为第四四零条所称上诉未经依前条第一项之规定驳回,由第一审法院书记官所送交之案件。若当事人不服第二审判决而提起上诉,关于条文之引用,自应以第二章所规定者为宜。又事主被盗失牛,悬红寻觅。该项花红,是否系被告犯罪直接所生之损害,应否责令

被告赔偿,亦有两说:甲说,谓侵权行为之赔偿责任,其构成要件有三:(一)为加害人之故意或过失;(二)为被害人之损害;(三)为加害与损害间之因果联络。三者有一不备,始不负赔偿责任(参照前大理院四年上字第四号判例)。被告窃牛,既具有侵害之故意,则事主因失牛而悬红寻觅,乃为人情之常。如果被告不窃牛,则事主自无庸悬红,其间显有因果关系,倘以其非必要而不责令赔偿,则此种损失岂非无从追偿。乙说,谓侵权行为与损害之间有无因果关系,应依事物通常之状态,本于社会普通观念判断之。若某种事实仅于现实情形发生某种结果,尚不能遽认其有因果关系。如失牛固须寻,但不必悬红,且悬红多少不定,非加害人通常所可预见。若责令赔偿,则被害人可乘机串通他人舞弊,超越损害赔偿之范围,殊与法律之目的不合。以上两点,均各言之成理,未知孰是,理合电请赐予解释。广西高等法院院长朱朝森呈察真印

**院字第一六六三号**

**民国二十六年五月三日　司法院复南京警备司令部电**

南京警备司令部鉴,本年三月江代电悉,所请解释《刑法》第一二五条疑义一案,业经本院统一解释法令会议议决,宪兵官长,明知所属士兵为有罪之人,而无故不使其受追诉,自系犯《刑法》第一百二十五条第一项第三款之罪。合行电复。司法院江印

**附南京警备司令部原代电**

司法院院长居钧鉴,查《刑法》第一二五条有追诉犯罪职务之公务员。宪兵官长是否包括在内?例如宪兵官长明知所属士兵为有罪之人,而无故不予检举,是否构成该条第一项第三款后段罪责,颇滋疑义,现有二说:甲说,谓宪兵官长对于军人犯罪,依《陆海空军审判法》第十九条第二款规定,虽有搜查证据之职权,但非《刑法》第一二五条第一项之公务员,则明知为有罪之人,而无故不予检举,尚难以该条第三款后段论科。乙说,谓宪兵官长依《陆海空军审判法》第十九条第一项第二款规定,为军事检察官。依同法第十七条规定,有搜查证据之职权。复依同法第四条规定,军事检察官有起诉之权,依同法第二十三条规定军事检察官对于军人犯罪行检证处分后,对被告等件应付以证据物件,添具调查书,按情分别详报长官或该管所属机关办理。是宪兵官长依军审法之规定,对于军人犯罪有追诉之责,似无疑义。惟起诉之方式与普通检察官不同,盖普通检察官以法定之程序,径以起诉书向该管法院为之,而军事检察官碍于统帅权之行使,而将犯罪证据添具调查书报告该管长官,即为其起诉之方式。故宪兵官长对于军事司法上之地位,为一有追诉职务之公务员亦无疑义。且依刑诉法第二零九条第一项第二款及第二项之规定,宪兵官长为司法警察官,知有犯罪嫌疑者,尚应报告第二零八条之该管检察官或司法警察官之责任,何况明知所属为有罪之人,而无故不予检举,若不以《刑法》第一二五条第一项第三款后段论科,予以处分,轻重未免失衡。以上二说,究以何说为当,亟待援用,为求迅速起见,特敢径电恳请解释示遵。南京警备司令谷正伦叩江警法

**院字第一六六四号**

**民国二十六年五月三日　司法院复广西高等法院电**

广西高等法院朱院长览,本年一月删代电悉,所请解释刑诉法第五零七条第二项疑义一案,业经本院统一解释法令会议议决,《刑事诉讼法》第五百零七条第二项,所谓非对于刑事诉讼之判决有上诉云云,系专指有合法之上诉而言,原审法院认该条项之刑事上诉不合法,以裁定驳回时,自应就附带民事诉讼一并驳回。合电知照。司法院江印

**附广西高等法院原代电**

南京司法院钧鉴,查刑诉法第五零七条第二项所称,对于刑事诉讼之判决有上诉云云,其解释现有二说:(一)主应解为只须有上诉,不问其上诉是否合法。(二)主应解为须有合法上诉,如其上诉不合法,即不能认为与该项所称之有上诉相当,所见各殊,遂生下列问题:假如法院判决谕知被告无罪,并驳回附带民事原告之诉,告诉人即附带民诉原告,对于判决全部上诉。于此场合,甲说,谓告诉人对于刑事判决,既无上诉权,原审法院自应依同法第三五四条或第三七六条,将其刑事上诉部分裁定驳回。至附带民事上诉部分,则不得因其刑事上诉不合法,遽依同法第五零七条第二项,适用同法第三五四条或第三七六条由原审法院并予以裁定驳回,应于驳回刑事部分之上诉外,仍将附带民诉部分之上诉移送上级法院民事庭核办。乙说,谓同法第五零七条之规定,其立法意旨原在防止诉讼关系人(即告诉人)滥诉,故同条第二项所称之有上诉,系指有合法之上诉而言。刑事上诉部分既因不合法,而应由原审法院以裁定驳回,则其上诉即等于不成立,与无上诉同。且就实际论,刑事既不成罪,附带民事之诉,亦多终应驳回。为诉讼进行之实益计,亦以同法第五零七条第二项所称有上诉,应解为有合法上诉为宜,故刑事上诉部分既应驳回,附带民事部分之上诉,亦应依同法第四九四条适用同法第三五四条或第三七六条并由原审法院以裁定驳回。二说各有理由,应以何说为是,事关法律疑义,理合电请解释示遵。广西高等法院院长朱朝森叩删印

**院字第一六六五号**

**民国二十六年五月三日　司法院指令山东高等法院**

呈悉,业经本院统一解释法令会议议决,《县司法处办理诉讼补充条例》第七条第一项,所谓应自行回避,须具有《民事诉讼法》第三十二条,或《刑事诉讼法》第十七条之法定原因。合行令仰转饬知照。此令

**附山东高等法院原呈**

案据昌邑县司法处主任审判官杨镇呈称,案查《县司法处办理诉讼补充条例》第七条第一项规定,审判官认为应自行回避者,得请该管高等法院或分院裁定之,此项解释有二说焉:甲说,谓审判官自行回避,须具有《刑事诉讼法》第十七条各款或《民事诉讼法》第三十二

条各款规定方可自行回避。若无各项法定原因,自不得声请回避。乙说,谓审判官自行回避,无须具有《刑事诉讼法》第十七条各款或《民事诉讼法》第三十二条各款之法定原因,只审判官认为有应行回避之必要者,即可自行回避。良以司法处与法院不同审判官所处之环境,情势与推事亦不同,故条文有认为字样,且《县司法处办理诉讼补充条例》第一条规定,除本条例有规定外,适用或准用《民事诉讼法》、《刑事诉讼法》及其他关于法院通用之法令。就此条观之,审判官回避果适用法定原因,则无庸于县司法处办理。诉讼补充条例中有第七条之规定,即使规定,亦无庸加以认为二字,而用其他之文字矣。以上甲、乙两说,究以何者为是,于审判官承办案件之困难利便关系殊巨,事关法律解释,理合备文呈请钧院指令示遵等情。据此,案关法律解释,理合备文呈请钧院核示祇遵。谨呈司法院院长居。山东高等法院推事兼院长吴贞缵

**院字第一六六六号**

**民国二十六年五月八日　司法院咨行政院**

为咨复事,准贵院本年二月十五日咨(第三二号)开,据江苏省政府代电请解释修正《诉愿法》疑义,请查照见复等由,业经本院统一解释法令会议议决,(一)受理诉愿或再诉愿之官署,于原处分或原决定官署已逾《诉愿法》第六条所定十日之限期,不将答辩书及必要关系文件送到时,自得以职权调查事实,径为决定。(二)《诉愿法》第八条第二项所称前项决定,自收受诉愿书之次日起,应于三个月内为之,系包含再诉愿应为决定之限期在内。此项限期之规定,纯为促令官署注意于执行职务之迅速而设,与行政诉讼法第一条所称提起再诉愿逾二个月不为决定者,得向行政法院提起行政诉讼等语,系为人民利益所设期间之规定不同,不得因此疑及再诉愿应为决定之限期亦为二个月。相应咨复贵院查照饬知。此咨行政院

**附行政院原咨**

案据江苏省政府齐代电称,查修正《诉愿法》第六条第二项规定,原处分或决定之官署,自收到诉愿书或再诉愿书副本之次日起,十日内附具答辩书,并将必要之关系文件送于受理诉愿或再诉愿之官署。如原处分或决定官署已逾上开规定之限期,而未遵照办理者,能否由受理诉愿或再诉愿官署,以职权调查事实,不待其答辩或送卷,径为决定,此应请解释者一。又查诉愿决定依修正《诉愿法》第八条第二项规定,自收受诉愿书之次日起,应于三个月内为之。惟修正行政诉讼法第一条第一项后半段规定,人民提起再诉愿,逾二个月不为决定者,得向行政法院提起行政诉讼。则再诉愿决定之期限,究应比照修正《诉愿法》第八条第二项之规定,为三个月,抑系参照修正行政诉讼法第一条第一项后半段为二个月,此应请解释者二。以上两节,均关法律疑义,理合电请迅赐示遵等情。据此,事关法律适用疑义,相应咨请查照,解释见复,俾便饬遵。此咨司法院

院字第一六六七号

民国二十六年五月十四日　司法院指令山东高等法院

呈悉,业经本院统一解释法令会议议决,甲一状诬告乙、丙、丁三人,经乙一人提起自诉,自应予以实体上之审判。倘丙、丁二人事后复行自诉,可依《刑事诉讼法》第三百三十五条分别情形,适用同法第二百九十四条第一款或第二百九十五条第二款,而为免诉或不受理之判决。合行令仰转饬知照。此令

附山东高等法院原呈

案据长清地方法院院长袁伯箴呈称,查诬告者固可提起自诉,已经解释在案,自无疑义。兹有某甲以一状向检察官告诉乙、丙、丁三人,而乙复具状自诉甲诬告,能否予以实体上之审判,有二说焉:甲说,谓一诬告罪,同时侵害国家及个人二个法益,既经解释得提起自诉,国家法益与个人法益,依法律立场而论,不能有所轩轾。今甲以一状告诉三人之一人,亦谓直接被害之人,不过为侵害四个法益而已,何能因侵害多数法益之故,而不能予以实体上之审判。乙说,谓一状诬告多人,仅能成立一罪,既为一罪,自不能割裂裁判,设将乙诉甲诬告部分,予以实体审判,谕知无罪。若丙、丁事后又自诉甲诬告,纵经审讯结果,认为确系诬告,依法亦必予以不受理之判决,岂得谓平,故不能从实体上审究,当依不得提起自诉之法理论拟。以上二说,未知孰是,实滋疑义,理合备文呈请钧院鉴核,转请解释示遵等情。据此,事关法律疑义,理合备文转呈钧院俯赐解释,以便转饬遵照。谨呈司法院院长居。山东高等法院推事兼院长吴贞缵

院字第一六六八号

民国二十六年五月十四日　司法院指令湖南高等法院

呈悉,业经本院统一解释法合会议议决,(一)一行为而犯侮辱与诽谤罪,如一部分之被害人,仅就侮辱罪提起自诉,经判决后提起上诉,其有关系之诽谤罪,依审判不可分之原则,第二审法院仍应并予审理。(二)前项情形,如其他被害人在侮辱罪上诉中,对于诽谤罪复向第一审法院提起自诉,该法院应依《刑事诉讼法》第二百九十五条第二款谕知不受理,若误为有罪之判决确定后,只得以非常上诉救济之。合行令仰转饬知照。此令

附湖南高等法院原呈

案据署本院第三分院院长罗任珊代电称,设有人印发传单,攻击多数人,对于甲部分人,仅有侮辱行为,对于乙部分人,则摘事实涉及私德。是印发传单之人,系犯《刑法》第三百零九条第一项之侮辱罪及第三百一十条第二项之诽谤罪。如同时自诉,应依同法第五十五条从一重处以诽防罪。惟甲部分人,先行自诉,经一审判处侮辱罪,正在上诉中,乙部分人,又以诽谤罪自诉。此种场合,在印发传单之人系一行为,只应论以诽谤之重罪。现较轻之侮辱罪,既已判决,第一审能否就诽谤罪再为有罪或不受理之判决?如果为有罪之判决

竟不上诉，第二审对于已上诉之侮辱罪部分，又将如何办理，谨电恳转请解释等情。据此，事关法律疑义，理合具文呈请钧院解释，指令饬遵。谨呈司法院院长居。湖南高等法院院长陈长簇

**院字第一六六九号**

**民国二十六年五月十四日　司法院指令绥远高等法院首席检察官**

呈悉，业经本院统一解释法令会议议决，告诉乃论之罪，未经有告诉权之人告诉，又无利害关系人声请指定代行告诉人，应参照院字第二一七号解释办理。合行令仰转饬知照。此令

**附绥远高等法院首席监察官原呈**

案据丰镇地方法院检察官陈守忠呈称，窃查告诉乃论之罪，无得为告诉人者，该管检察官得依利害关系人之声请，指定代行告诉人，此在《刑事诉讼法》已有明文，惟对于既无有告诉权者告诉，又无利害关系人之声请之案件，法无规定并乏先例，究竟如何办理等情。据此，事关法律疑义，理合备文呈请鉴核，俯赐解释令遵。谨呈司法院院长居。代理绥远高等法院首席检察官李生华

**院字第一六七〇号**

**民国二十六年五月十四日　司法院指令司法行政部**

呈悉，业经本院统一解释法令会议议决，(一)第三人对于执行标的物有地上权、地役权、永佃权、抵押权者，其权利系存在于该执行标的物之上。如该权利业经依法登记，则无论在执行中、执行后，均可追及物之所在而行使其权利，否则应由有争执之人提起确认之诉。(二)对于已拍卖之不动产，有优先受偿之权利人，于拍卖时其债权已届清偿期时，自可追及物之所在而行使其权利。合行令仰知照。此令

**附司法行政部原呈**

案查补订民事执行办法第七条第一项规定，第三人对于执行标的物，有地上权、地役权、永佃权、抵押权者，仅能主张该不动产拍卖后或管理中，其权利依然存在，或行使优先受偿之权利，而不得提起异议之诉，以排除强制执行等语。寻绎原文意义，有此项地上权等权利之人，自应于不动产执行中主张其权利，但若于执行中未及为之，而于执行终结后始行主张者，如非别有法律上消灭之原因，似亦不能即谓其权利为丧失。惟于执行终结后，应用何项程序主张，当不无研究之余地。据本部所见，其权利如有争执时，似宜依照普通民事诉讼程序，提起确认之诉，又如于执行终结后，对于已拍卖之不动产，主张有优先受偿之权利。若其卖得金业经分配于各债权人，究应如何办理，各国立法例及学说颇不一致。有以为应按照各债权人分受之成数追还，如债权人不允交还，应另行起诉者；有以为本于物权追及之效力，得对于拍买人诉请确认其优先权者。究应以何说为是，本部未便擅决，理合具文呈请

钧院鉴核指示,以便遵循。谨呈司法院院长居。司法行政部部长王用宾

**院字第一六七一号**

**民国二十六年五月十四日　司法院复贵州高等法院首席检察官电**

贵州高等法院王首席检察官览,上年十二月删代电悉,第二分院首席检察官转请解释《刑事诉讼法》第三百二十八条疑义一案,业经本院统一解释法令会议议决,《刑事诉讼法》第三百二十八条所称之该管检察官,系指原受理自诉法院所配置之检察官而言。合电转饬知照,司法院寒印

**附贵州高等法院首席检察官原代电**

南京司法院院长居钧鉴,案据贵州高等法院第二分院首席检察官萧伟二十五年十一月陷代电称,设有甲地方法院依《刑事诉讼法》第三百二十八条第二项、第三百三十五条、第二百九十六条谕知管辖错误之判决,并同时谕知移送于乙地方法院管辖,其判决依同法第三百二十八条第一项所载,应送达于该管检察官,是否乙地方法院之检察官,于此有二说焉:甲说,谓该管辖错误之判决,应送达于乙地方法院检察官,盖甲地方法院既同时谕知乙地方法院管辖,则乙地方法院是为该管检察官,与《刑事诉讼法》第三百二十八条第一项规定该管检察官之意旨相符。乙说,谓该管辖错误之判决,应送达于甲地方法院检察官。盖甲地方法院检察官接受该判决,应即调卷审核,是否违法?如有违法,于上诉期内,即可上诉,如送达于乙地方法院检察官,调卷上诉,适与甲地方法院相距甚远,不能于上诉期内向乙地方法院上诉,且非甲地方法院配置之检察官,上诉于原审之甲地方法院亦不合法,故《刑事诉讼法》第三百二十八条第一项规定之该管检察官,解为判决法院之检察官,未为不可。二说孰是,事关法律疑义,未敢臆断,理合电请解释示遵等情。据此,案关法律解释,未敢擅拟,理合转呈钧院鉴核解释,以便饬遵。贵州高等法院首席检察官王承濬叩删

**院字第一六七二号**

**民国二十六年五月十九日　司法院指令司法行政部**

呈悉,系经本院统一解释法令会议议决,警械使用条例第三条第三款所谓要犯,系指依案情可认为重要人犯者而言。合行令仰转饬知照。此令

**附司法行政部原呈**

案据河北高等法院首席检察官本年三月二十五日呈称,据冀县地方法院检察官智代电称,查《警械使用条例》(司法例规二零八一页)第三条第三款所列要犯二字,现有甲、乙二说:甲说,本款要犯,系指一切犯罪人,视为于本案有重大关系者,不问其实际如何,均得谓之要犯。乙说,要犯之意义,系指内乱、外患及命盗重要人犯而言,且必须事先对于该犯有详确之认识,始得谓之要犯。究以何说为当,现有此类案件待决,恳迅赐指示遵循等情。据此,事关法律解释,未敢擅断,理合呈请解释示遵等情。据此,理合具文转请钧院鉴核示遵,

俾便转饬遵照。谨呈司法院院长居。司法行政部部长王用宾

**院字第一六七三号**

**民国二十六年五月十九日　司法院指令浙江高等法院**

呈悉,案经本院统一解释法令会议议决,(一)破产法关于驳回和解之声请或不认可和解,均系基于归责债务人之事由,故应由法院以职权宣告职务人破产。若和解之经债权人会议否决者,则系基于债权人决议之事由,故法院接到报告后,非经当事人声请,即毋庸依职权为破产之宣告。(二)有破产法第一四六条或第一四八条所定情形,始得为破产终结或终止之裁定。若法院为破产宣告,债权人于公告后,虽均不依限申报债权,而法院对于其所已知之债权人及其债权数额,仍得依破产程序进行。(三)破产人犯破产法第一五四条、第一五六条之罪,而不合于破产法第七九条之规定,在破产管理人,固不得径自撤销该破产人之行为。惟债权人及破产管理人,仍得依《民法》第二四四条或破产法第七八条规定,声请法院撤销之。(四)破产管理人行使破产法第七九条之撤销权,原可以其意思表示为之,惟因债务人之此项行为而受利益之人如有异议时,自可诉请法院确认其撤销之无效。(五)破产法第七八条所谓声请法院,自应依民事通常程序缴纳审判费,其裁判并须以判决为之。(六)破产法第一三八条所称拍卖破产人之财产,固应依民事执行法规执行。若经三次减价拍卖尚无人承买,而破产债权人又皆不愿承受权利移转之书据,自可再行减价拍卖(参照司法院院字第一一零四号及第一二三六号解释)。合行令仰转饬知照。此令

**附浙江高等法院原呈**

案据永嘉地方法院院长杨尚时二十五年八月二十九日呈称,窃查破产法施行未久,既无成例可援,复少解释依据,审阅全文,办理时不免发生疑义者约有数点,谨陈于下:(一)破产法第二十八条规定:“和解经债权人会议否决时,主席应即宣告和解程序终结,并报告法院。”但法院接到此项报告后,应为如何之处分,法无明文。查和解既遭否决,似与不认可和解情形相同,是否可以类推解释?依破产法第三十五条规定,法院接到报告后,应依职权宣告债务人破产或采民事不告不理之原则,如无当事人声请破产,则和解程序既告终结,即将案卷归档,不再进行,此应请示者一。(二)破产法第一百三十一条规定:“破产人因诈欺和解或诈欺破产受有罪之判决者,不得提出调协计划。”可见破产人虽受诈欺破产之有罪判决,尚仅限制其不得提出调协计划,仍须依破产法第六节规定,待破产财团最后分配完结时,为破产终结之裁定(第一四五条、第一四六条)。则破产一经宣告,依法不得撤销,极为明显。但现在新法甫经施行,一般民众以破产法第一四九条前段有债务人负责之规定认宣告破产为债务人赖债之方法,遂纠约各债权人反对破产,全体不申报债权,并声请法院撤销破产之宣告。经法院劝告无效,遇此情形,法院可否因申报债权期限届满,无人申报债权而裁定终结破产,此应请示者二。(三)如破产人犯破产法第一五四条、一五六条之罪,而不合于破产法第七十九条之规定,例如在破产宣告前一年内,以优良财产清偿其亲戚之全部债

款,或为其他不利于债权人之行为,将依何种程序救济之。是否法院依职权撤销其清偿行为,仍将此项优良财产列入破产财团之中,抑须待债权人提起确认无效之诉,以解决之,或由破产管理人依法提起此项确认之诉,此应请示者三。(四)破产法第七十九条规定:"债务人在破产宣告六月内所为之下列行为,破产管理人得撤销之。"破产管理人行使此项撤销权,究以单方面意思表示即可为之,抑仍须诉请法院判决,如以破产管理人单方之意思表示即可撤销,则因债务人此项行为而受利益之人,如生异议反对撤销时,将如何解决,此应请示者四。(五)破产法第七十八条规定:"债务人在破产宣告前,所为之无偿或有偿行为,有损害于债权人之权利,依《民法》之规定得撤销者,破产管理人应声请法院撤销之。"此项声请撤销之诉讼程序,应否缴纳审判费,经过法院判决,抑不须依通常诉讼程序即以声请始以裁定终结,此应请示者五。(六)破产法第一三八条规定:"破产财团之财产有变价之必要者,应依拍卖方法为之。"关于此点,最近经司法院院字第一四八七号解释:"由该管法院依照民事执行各法规予以执行。"但查执行规则第七十三条第一项规定:"拍卖经三次减价,无人承买者,由审判厅以职权发给权利移转之书据,交债权人收受。"惟破产债权人人数既多,债额不一,如各债权人均不愿承受此项移转管业证书时,破产程序将如何终结,此应请示者六等情。据此,案关法律疑义,理合备文转请,仰祈钧院鉴核,解释示遵。谨呈国民政府司法院。署浙江高等法院院长郑文礼

**院字第一六七四号**

**民国二十六年五月十九日　司法院指令湖北高等法院**

呈悉,业经本院统一解释法令会议议决,对现在强制执行管收中之民事被告人具保出外,致债务人逃匿,执行无着,其保人依侵权行为所应赔偿实际之损害,应以因债务人逃匿致其财产执行无着者为限。惟此项赔偿责任及数额,当事人有争执时,应诉由裁判定之。合行令仰转饬知照。此令

**附湖北高等法院原呈**

案据公安县司法处审判官姜秉衡代电称,兹有某乙驱甲债巨万,挟资举室遁逃,化名另谋生理,甲遍觅无踪,诉追至于执行,亦无结果。会乙潜归,甲侦知居所,鸣警捕押,某丙出而负责具保,保出之日,乙即潜移居所,并将所有财物分别分处藏匿,仅有卖不出之破屋一栋,留存原籍,弃而远飏,一面串出代理人利用诉讼上拖延手段,拒抗日久不得逞,保人丙亦遂以不能交案,闻乙残存之破屋又不敷偿债远甚,其他财产一时无从发觉,甲愤丙有意侵权,向丙提起损害赔偿之诉。按《民法》第一百八十四条规定及前大理院十五年上字第六三零号判例,丙自不能不负赔偿之责,惟赔偿额数依最高法院十九年上字第二三一六号判例,系以实际损害定之。关于实际损害之范围如何算定,于此有两说:(一)全部债额受损说,意谓被告负巨额债款潜逃,其情节等如诈骗,与经济窘迫无力偿还者有别,保人保出即潜移居所,听其从容变匿财产,借保掩护,利便其骗债,最后不能交案,回复其未保以前之原状,与

藏匿犯人湮没赃证无异，朋比为奸，致债权者可能索偿之巨额债款悉归乌有，商场之借此共同诈骗者不知凡几。如不彻底根究，影响社会金融交易信用至巨。本案乙在保逃亡，甲无法索偿债额，纯系丙具保不能交案所加之实际损害，保人丙应负全部债额赔偿之责，且被告如确无资力清偿，或偿难足额，不妨声请破产，以了悬案，乃竟借保逃亡，明系有力偿还不堪押追，串保伙骗之一种诈伪手段。丙深知内情，有意使甲受损，尤不能不负全额赔偿之责。(二)原籍现存财产标准说，意谓债务人有无偿债能力，应以实有财产价额为标准。乙现既只原籍有房屋一栋，其偿还能力当然仅只有此，其他已变卖或隐匿未发觉查明之财产，自不能空言推定。即丙保乙逃亡不能交案，所加于甲之实际损害，只此原籍现存财产之属而已，丙当然仅负以原籍现存财产为标准，定赔偿额数之责。二说未知孰是，事关法律疑义，理合电乞转请解释示遵等情，据此，理合呈请钧院迅赐解释示遵，以便转令遵照，实为公便。谨呈司法院。代理湖北高等法院院长郗朝俊

**院字第一六七五号**

**民国二十六年五月十九日　司法院复广西高等法院电**

广西高等法院朱院长览，本年一月庚代电悉，所请解释《民事诉讼法》条文引用疑义一案，业经本院统一解释法令会议议决，《民事诉讼法》第八七及第三八一至第三八三各条规定，系就诉讼情形分别应为或得为何种判决之指示，法院判决，如合于某条所示之情形，即为适法。至上述条文，除当事人有争执者，宜于理由中示明外，其余引用与否，均可斟酌情形定之。合电知照。司法院皓印

**附广西高等法院原代电**

南京司法院居院长钧鉴，窃查民事第一审本于舍弃或认诺及由一造辩论而为判决，引用民诉法第三八四条或第三八五条，为裁判上所公认，惟因诉讼达于可为裁判之程度而为终局判决，或为一部判决、中间判决，应否引用同法第三八一条或第三八二条、第三八三条，则有两说：(一)民诉法第三八一条至第三八三条，均为指示之规定，判决时无须具引。(二)民诉法第三八一至第三八五条，与同法第四四六条、第四四七条、第四四八条、第四四九条及第四七四条，均属同一种类之规定，特因判决之性质各异与审级之不同而有区别。第三八四条、第三八五条、第四四六条、第四四七条、第四四八条、第四四九条、第四七四条既应援用，则第三八一条、第三八二条、第三八三条，当无不可引用之理。且裁判诉讼费用，尚宜援引法条，而于为诉讼标的之裁判时，反不引用法条以为根据，尤不免本末倒置。两说未知孰是，又关于第一、二审判决，诉讼费用应否引用民诉法第八七条各项，主张亦不无差异。甲主张不必赘引，其理由与上述一说相同。乙主张应酌引第二项，其理由以该法条第二项乃特别规定，与同法第九五条相同。若未引用，不免无所依据。丙主张第一、二项均应分别情形引用，其理由略谓，以裁定终结本案或与本案无涉之争点，既应引用同法第九五条，以彼例此，则判决诉讼费用，引用第八七条，自亦理所当然。且如乙主张，第二项既应引

用,则第一项之可引用,尤属不待词费,究以何者为合,并请赐予解释示遵。广西高等法院院长朱朝森呈察庚印

**院字第一六七六号**

**民国二十六年五月十九日　司法院咨行政院**

为咨复事,准贵院本年三月八日咨(第六二号)开,据实业部呈请解释商标法疑义,请查照见复等由,业经本院统一解释法令会议议决,使用商标之商品,依商标法第二十五条规定,固应于商标法施行细则内指定之,而关于指定之方法及其范围,既无明文限制,则甲商请准注册之商标,如指定使用于某类商品,纵未列举各商品之名称,亦应认其商标专用权及于全类,乙商不得以相同或近似之商标,指定使用于同类中某一商品。至该商品在实际上是否为甲商所未使用,在所不问。相应咨复贵院查照饬知。此咨行政院

**附行政院原咨**

案据实业案部呈称,据商标局呈称,查商标法第十三条第二项,商标专用权以呈准注册之图样,及所指定之商品为限。依同法第二十五条规定,使用商品,应就施行细则商品类别中指定之,现行《商标法施行细则》,于商品类别分为七十项,每项更分为若干类。兹有甲、乙二商,甲之商标,指定使用于某一全类商品,商品名称未据列举,乙商以相同或近似之商标,指定使用于同类中甲实际不使用之某种商品。经将商品名称列出,甲能否对乙主张专用权利,则关于指定商品一语,在解释上现有子、丑二说。子说,谓甲之商标,既系指定使用于全类商品,自毋须列举名称,该商标之专用权,即应以全类商品为其范围。如乙再以相同或近似之商标,使用于应列入该类之商品,自当认为侵害甲之专用权,即使甲之商标,确未经使用于该种商品,然亦应先行依照商标法第二十九条第一项第二款之规定,对于甲商标专用权之范围,请求评定。在专用权范围未经评定前,自不容再有相同或近似之商标使用于该类中之任何商品。丑说,谓商标专用权,既以指定之商品为限,则商品名称,则应列出,如系指定全类,亦应以该商标实际使用之商品为限,方与商品法第三条前段及第十八条第一项第二款之立法原意不生抵触。如乙之商标使用之商品,确为甲商所未实际使用,虽商标相同或近似,要亦不得对乙主张权利,否则商标法之立法精神,难徵一贯,且不免有垄断之嫌。故指定商品一语,应以列出或实际使用者为限。细绎二说,各有理由。究竟采用何说,现在悬案待决,理合备文呈请转呈,咨请迅予统一解释,以资遵守等情。理合呈请转咨,迅予统一解释,俾便饬遵等情。据此,相应咨请查照,解释见复为荷。此咨司法院

**院字第一六七七号**

**民国二十六年五月十九日　司法院咨行政院**

为咨复事,准贵院本年三月十九日咨(第七三号)开,据福建省政府代电请解释《诉愿法》第二条、第三条疑义,请查照见复等由,业经本院统一解释法令会议议决,不服直属各省

政府主管厅之官署(例如税务局之于财政厅,省会工务处之于建设厅)处分,应依《诉愿法》第三条,比照同法第二条第一款规定,以省政府为诉愿机关。相应咨复贵院查照饬知。此咨行政院

**附行政院原咨**

案据福建省政府宥代电称,查新旧《诉愿法》第二条第一款关于诉愿管辖之规定不同,设有不服直属各厅官署(如税务局之于财政厅,省会工务处之于建设厅)之处分,应向何处提起诉愿,计有甲、乙两说。甲说,主张《诉愿法》第三条既有按其管辖等级比照前条规定提起诉愿之明文,自应向各主管厅提起诉愿。乙说,主张依《诉愿法》第二条之规定,各厅并非受理诉愿之机关,且合署办公后,以各厅成为省政府之一部,直属各厅之官署,即无异直属省政府之官署。依同法第三条及比照第二条第一款之规定,自愿径向省政府提起诉愿。案关法律适用疑义,理合电乞迅赐解释示遵等情。查《诉愿法》第二条第一款之修正,其用意当系因省政府合署办公后,各厅处理事务,多系以省政府名义行之,原电乙说所称应径向省政府提起诉愿,似不无理由。惟事关法律疑义,相应咨请查照,迅为解释见复为荷。此咨司法院

**院字第一六七八号**

**民国二十六年五月二十二日　司法院咨行政院**

为咨复事,准贵院上年十二月二十五日咨(第三四零号)开,据内政部呈请解释《土地法》第八条疑义,请查照见复等由,业经本院统一解释法令会议议决,《土地法》第八条所载不得为私有之名胜古迹,系指原属于国有或公有者而言。若原属于私人所有,在所有权未经依法消灭以前,仍应认为其私有。相应咨复贵院查照饬知。此咨行政院

**附行政院原咨**

案据内政部礼二十三,二十五年十二月二十一日,发001432号呈,为《土地法》第八条所定之名胜古迹,是否仅指向无所有权者而言,请鉴核转咨解释等情到院。除指令外,相应钞同原件,咨请贵院查照解释,并希见复为荷。此咨司法院

**院字第一六七九号**

**民国二十六年五月二十二日　司法院指令广东高等法院**

呈悉,业经本院统一解释法令会议议决,作成《民事诉讼法》第一百三十八条所定之通知书人,依该条立法趣旨,应即属于该条所定将文书寄存之人(即执达员)。合行令仰转饬知照。此令

**附广东高等法院原呈**

案据职院第三分院院长廖介和呈称,呈为请求转请解释事,按民事诉讼程序中关于法院交付书状于当事人,有所谓通知送达之法定方式,即现行民诉法第一百三十八条之规定,

所谓送达不能依前二条规定为之者,得将文书寄存送达地之公安局或邻长处,并作成通知书黏贴于应受送达人住居所、事务所或营业所门首,以为送达是矣。兹关于作成此通知书者,究竟应用何人名义,不无疑问,约有两说:甲说,谓应由承办案件之书记官出名,因同法第一百二十三条已规定送达除别有规定外,由法院书记官依职权为之,则应适用何种送达方法,当然在其职权之内,故实施通知送达方式之通知书,应用书记官名义行之。乙说,谓应由送达该书状之执达员出名,因送达原由书记官执达员或邮务局行之,此为同法第一百二十四条所明定。其通知送达,无非为执达员不得于一定场所会晤,应受送达人实行送达时之救济办法,应用此办法之场合,大抵发生于临时,而不必常有。其通知书若必由书记官出名,苟非事先预拟交付执达员,则须执达员遇事返院,向取照前法则每交送一文件,即须附发一通知书,以备临时需要。其事繁而且多虚糜,依后法则送件到达地者,往返费时,势必有所不能。且法文内,一则曰得将文书寄存送达地之某机关,再则曰并作送达通知书黏贴于应受送达人门首。就此规定情事而观,此时执持文书寄存者,必为执达员,则同时并作通知书者,亦即其人,当可无疑,其依法行为原毋庸书记官代庖。正如留置送达,亦为送达方法之一,初不必先得书记官命令,而概由执达员为之,事例相同,类推更明。以上两说,未知孰是,事关法律疑义,未便擅断,理合备文呈请钧院鉴核,乞即转呈解释示遵等情。据此,事关法律疑义,理合具文呈请钧院俯赐解释,俾便转饬遵照。谨呈司法院院长居。代理广东高等法院院长史延程

**院字第一六八〇号**

**民国二十六年五月二十八日　司法院指令绥远高等法院**

呈悉,业经本院统一解释法令会议议决,当事人对于确定判决声请再审,除依《民事诉讼执行规则》第五条但书规定外,本不应停止执行。纵令再审人于再审结果得有胜诉判决,其因强制执行致受不能回复原状之损害,亦只可另行请求对造赔偿,要不得因预防损害,据为停止执行之理由。合行令仰转饬知照。此令

**附绥远高等法院原呈**

案据绥远高等法院第一分院院长于存灏呈称,案据五原县长兼理司法处行政事务王礼馨代电称,设有甲、乙二人,因债务纠葛涉讼事件,原告某甲于起诉时,即声请假扣押,当时即以裁定核准,将被告某乙所有不动产,完全扣押,并交由原告保管,经判决被告败诉确定后,被告提起再审,原告即声请执行拍卖,在再审期内,应否依执行程序拍卖扣押物,于兹有二说焉:(一)拍卖物一经拍卖,即无回复原状可能,倘将来再审结果,再审原告(即债务人)胜诉,请求回复原状时,因《民事诉讼执行规则》及补订民事执行办法,均无救济规定。执行时即无法处置,查对于不动产之强制执行,以查封拍卖管理之方法行之,又执行处得依声请或职权对于应拍卖之不动产,同时命行强制管理,或先命管理而后拍卖,强制管理于认为适当时,亦得以债权人为管理人各等词,均在《民事诉讼执行规则》第五十二条第一项及补订

民事执行办法第十七条第一、第二两项明白规定。本件债务人不动产,既于审判时施行假扣押程序,并将扣押物交由债权人保管。此项保管,虽与执行时之管理字样有异,实则性质相同,依上开说明,自应先以管理方法令债权人管理。其原保管之物,俟再审终结,如将再审驳回时,再为进行拍卖程序,较为允当。(二)依《民事诉讼执行规则》第五条第一项前段规定,声请再审不停止强制执行等语。不论将来再审如何,及再审终结执行时有无困难情事,依上开法文,应将扣押之物先行拍卖,以符法意。以上二说,究以何说为是等情。据此,理合将上开疑义,呈送钧院鉴核,转请司法院解释示遵等情。据此,案关法律疑问,理合具文呈请钧院鉴核,解释示遵。谨呈司法院院长居。署绥远高等法院院长余俊

**院字第一六八一号**

**民国二十六年五月二十八日　司法院咨行政院**

为咨复事,准贵院本年二月二十七日咨(第四六号)开,据河南省政府呈请核示代物清偿之地契应否投税,咨请查照解释见复等由,业经本院统一解释法令会议议决,因代物清偿而移转不动产所有权者,系《民法》第三百四十七条所规定之有偿契约,应准用买卖之规定,按照卖契投税。相应咨复贵院查照饬知。此咨行政院

**附行政院原咨**

案据河南省政府本年二月十九日第三七号呈,为债务人对于官立银行以不动产代物清偿之地契,应否投税,请赐核示等情。据此,案关法律适用疑义,除指令外,相应钞同原呈,咨请贵院查照,解释见复,以便饬知。此咨司法院

**院字第一六八二号**

**民国二十六年六月八日　司法院获四川高等法院首席检察官电**

四川高等法院首席检察官览,上年十一月寒代电悉,据第三分院首席检察官转请解释《刑法》第二百三十一条疑义一案,业经本院统一解释法令会议议决,《刑法》第二百三十一条之罪,虽无年龄规定,但被引诱人如系未满十四岁之女子,应依《刑法》第二百三十三条处断。合电转饬知照。司法院庚印

**附四川高等法院首席检察官原代电**

南京司法院院长居钧鉴,案据署四川高等法院第三分院首席检察官景志仲虞代电称,窃《刑法》第二百二十一条第二项之犯罪,以被害人年龄为要件,第二百三十一条之罪,于被害人年龄并无设定。设有犯第二百三十一条之罪者,而被害人年龄又系未满十四岁,究应适用何条方为妥协,今有甲、乙二说:甲说,以为《刑法》第二百二十一条第二项奸淫未满十四岁之女子以强奸论,则被告应为同法第二百二十一条第二项之帮助犯,盖以受害人之年龄在《刑法》第十六章有特别之规定,即不能适用未规定年龄之条文也。乙说,则以为应犯《刑法》第二百三十一条第二项之罪,盖以该条规定,本不以年龄为限,虽未满十四岁之女

子,被人引诱或容留与人奸淫,亦包括该条所定范围以内。故凡有图利行为,不论被奸之人年龄何若,皆不愿构成其他罪名。两说究属谁是,事关法律疑义,理合电请转呈解释,俾资遵循等情。据此,事关适用法律疑问,理合电请钧院俯赐解释,以便饬遵。署四川高等法院首席检察官毛家骐叩、检察官朱镜涵代行寒印

**院字第一六八三号**

**民国二十六年六月八日　司法院复广西高等法院电**

广西高等法院朱院长览,本年一月陷代电悉,据第五分院转请解释适用新旧刑诉法疑义一案,业经本院统一解释法令会议议决,关于不得上诉或抗告于第三审之限制,如第一审裁判在法院组织法施行前,应依《刑事诉讼法》施行法第三条,适用旧《刑事诉讼法》之规定。合电转饬知照。司法院庚印

**附广西高等法院原代电**

南京司法院院长居钧鉴,案据郁林高等法院第五分院院长刘品彬二十六年一月养代电称,查在旧《刑事诉讼法》施行时发生而第二审裁判则在《刑事诉讼法》施行后之初级管辖案件。其不得上诉或抗告于第三审之限制,究依旧法抑依新法办理,于此有甲、乙二说:甲说,谓凡在法院组织法施行前发生之刑事初级管辖案件,仍依旧法办理,二十四年六月司法行政部赚电经已明白指示。故第二审裁判虽在新《刑事诉讼法》施行之后,但其发生既在法院组织法施行前,仍应适用旧法办理。乙说,谓法院组织法施行前,新《民事诉讼法》施行后之民事案件,其第三审上诉之限制,应依新法司法院经有明令,(二十五年十二月七日训字第八六七号)以此例彼,刑事自应从同,且该令经有关于刑事诉讼在《刑事诉讼法》施行法第三条既有"不得上诉或抗告于第三审法院之限制,在法院组织法施行前,仍适用旧法规定"之明文,在施行法院组织法以前,如适用新法裁判,自属违法之语,则在法院组织法施行后,适用新法裁判,当为法之所许。二说未知孰是,事关法律疑义,理合电请解释示遵等情,前来,理合电呈鉴核,俯赐解释,以便转饬遵照。广西高等法院院长朱朝森呈陷印

**院字第一六八四号**

**民国二十六年六月八日　司法院指令河北高等法院**

呈悉,业经本院统一解释法令会议议决,所询情形,应仅将丙、丁两部分覆判。合行令仰转饬知照。此令

**附河北高等法院原呈**

呈为呈请解释示遵事,兹据本院第一分院呈称,设有某县政府初判被告掳绑甲一罪,处有期徒刑八年,被诉杀害乙之嫌疑无罪。经被告对于所处掳绑甲之一罪提起上诉,第二审法院因其上诉逾期,判决驳回,由第二审法院之检察官转送覆判,覆判审以初判处刑部分未认定事实,无罪部分未详加调查,均予发回覆审。某县覆审判决共同掳绑甲一罪,处有期徒

刑七年,共同强盗杀害乙一罪,处有期徒刑十年,共同杀伤乙之子丙一罪,处有期徒刑七年,执行有期徒刑十二年。关于掳绑甲之叔丁之嫌疑无罪,详查覆审判决处刑部分,亦未认定事实,仅叙述该案之经过。复经被告提起上诉,第二审法院又因其过期,判决驳回,该案卷宗尚在,第二审法院应否径行覆判,于兹有三说。第一说,无庸覆判,其意谓覆审判决,不能再予覆判,纵令覆审判决内添有杀伤丙一罪及被诉掳绑丁无罪两部分,因被告对于乙、丙之加害有牵连关系,原应以一罪论,被诉对于甲、丁之加害亦有牵连关系,本属无庸另为无罪之谕知,现覆审判决虽误为并合论罪或为无罪之谕知,因既名为覆审判决,即不能再加覆判。第二审法院已无过问之权,如以覆审判决为不当,检察官可于接受卷宗之十日内提起上诉,倘已逾期,尚可提起非常上诉,以资救济。第二说,仅将丙、丁两部分径行覆判,其意谓甲、乙两部分既为覆审判决,而检察官对之复未提起上诉,即属已臻确定。丙、丁两部分虽列在覆审判决内,应以初判视之。第二审法院对于初判自应加以覆判,如覆判结果发回更审,除将丙、丁两部分撤销外,尚应将合并执行之执行刑期撤销。原县覆审后,若为牵连案件,即无庸另行谕知有罪或无罪,否则仍可分别谕知有罪或无罪。至甲、乙两部分纵令未认定事实,只有另求救济之途,不能令甲、乙、丙、丁四部分混为一谈,全行不予覆判。第三说,应全案径行覆判,其意谓覆审判决固无庸为第二次之覆判,但该案之覆审判决,既叙有丙、丁两部分之新事实,复案关牵连,只好仍以初判视之。若分别认为甲、乙两部分已经确定,无庸覆判,丙、丁两部分未经确定,尚应覆判,倘丙、丁两部分覆判结束,应发回更审。而更审又为有罪,岂非一个牵连案件,而谕知二次之罪刑?如不谕知二次之罪刑,则丙、丁两部分之覆审判决主文无法为有罪之记载,故应将该案甲、乙、丙、丁四部分全行覆判。以上三说,究以何说为当,理合呈请钧院鉴核,俯赐转请解释示遵等情到院。理合呈请钧院鉴核,俯赐解释示遵。谨呈司法院院长,代理河北高等法院院长邓哲熙

**院字第一六八五号**

**民国二十六年六月八日　司法院指令湖南高等法院**

呈悉,业经本院统一解释法令会议议决,《刑事诉讼法》第三百十三条所称直系尊亲属,系包括直系血亲尊亲属及直系姻亲尊亲属而言。合行令仰转饬知照。此令

**附湖南高等法院原呈**

案据署长沙地方法院院长袁赞德呈称,窃查《刑事诉讼法》第二百十三条明载,直系血亲尊亲属字样,而同法第三百十三条,仅云直系尊亲属,适用上有二说。甲说,谓该条所谓直系尊亲属,专指直系血亲尊亲属而言(见司法行政部二十六年一月二十三日第一七二号指令)。乙说,谓依现行《民法》之规定,直系尊亲属中应分直系血亲尊亲属及直系姻亲尊亲属二种。该条既仅云直系尊亲属,则直系血亲尊亲属与直系姻亲尊亲属均包括在内。究竟该条之直系尊亲属是否专指直系血亲尊亲属,抑包括直系姻亲尊亲属在内,理合具文呈请转呈解释示遵等情。据此,事关解释法律,理合据情呈请钧院鉴核,迅赐解释饬遵。谨呈司

法院院长居。湖南高等法院院长陈长簇

**院字第一六八六号**

**民国二十六年六月八日　司法院训令福建高等法院首席检察官**

为令知事,该首席检察官呈最高法院检察署转请解释声请再议程序疑义一案,业经本院统一解释法令会议议决,告诉人声请再议,既未依《刑事诉讼法》第二百三十五条,于接受不起诉处分书七日内叙述不服理由,经检察官驳回后,纵再补提理由,亦不发生声请再议之效力。合行令仰知照。此令

**附最高法院检察署原函**

迳启者,案据福建高等法院首席检察官林炳勋呈称,窃查告诉人自接受不起诉处分书后,七日内具状声请再议,并未叙述不服理由,延至旬日,始行补提不服理由书前来,经检察官于其未提出不服理由之前,业已认为无理由,驳回再议在案。告诉人又复来状请求回复原状,应否照准,有甲、乙两说。甲说,谓《刑事诉讼法》第二百三十五条载,告诉人接受不起诉处分书后,得于七日内以书状叙述不服理由,经由原检察官向直接上级法院首席检察官,或检察长声请再议等语。依此法文规定,是声请再议,于声请时,即须以书状叙述不服理由,与《刑事诉讼法》第三百四十二条第一项及同法第三百七十四条所规定,提起上诉只须提出上诉书状,可于一定期间内补提理由书之情形不能相同,既经检察官,以其未备具理由,予以驳回,即无救济余地。乙说,谓再议效力不能因未叙述理由而丧失,盖《刑事诉讼法》第二百三十五条声请再议,虽载得于七日内以书状叙述不服理由,但对于未备具理由者,并无应予驳回,或应认为不合程式,而予驳回之规定,自不容以未叙述理由为驳回再议之原因。且告诉人又已具状补叙理由,尤应准其回复原状,予以受理。以上二说,究以何说认为是,案关法律疑义,职处现有此类事件,悬案待决,理合备文呈请钧长鉴核,准予转呈司法院解释,转令祇遵等情。据此,相应函请迅予解释径复,并见示备查。此致最高法院

**院字第一六八七号**

**民国二十六年六月八日　司法院复贵州高等法院首席检察官电**

贵州高等法院王首席检察官览,上年十二月文代电悉,据第二分院首席检察官转请解释《刑法》第一百二十四条疑义一案,业经本院统一解释法令会议议决,(一)明知为无罪之人而使受处罚,或明知为有罪之人而使不受处罚,《刑法》第一百二十五条第一项第三款既有特别规定,应不包括于同法前条所谓枉法裁判之内,亦非一行为而触犯两罪名。又《刑事诉讼法》第三百七十条、第三百七十一条之违法判决,或民、刑事一事再理之裁判,如非出于枉法故意,即不属于枉法裁判。(二)《刑法》第一百二十四条未如第一百二十五条有第二项之规定,不属解释问题。合电转饬知照。司法院庚印

**附贵州高等法院首席检察官原代电**

南京司法院院长居钧鉴,案据贵州高等法院第二分院首席检察官萧伟二十五年十二月东代电称,查《刑法》第一百二十五条载,有处罚犯罪职务之公务员,明知为无罪之人而使其受处罚,或明知为有罪之人,而无故使其不受处罚,不能谓非同法第一百二十四条有审判职务之公务员为枉法裁判之一种。《刑法》分别规定其罪刑,岂非一行为而触犯两罪名,抑除《刑法》第一百二十五条第一项第三款规定情形外,其他属于同法第一百二十四条之枉法裁判,如《刑事诉讼法》第三百七十条、第三百七十一条之违法判决,或民刑事一事再理之裁判,是否属于枉法裁判?又《刑法》第一百二十四条何以不如第一百二十五条有第二项之规定,均滋疑义,为此电讲钧席鉴核,解释示遵等情。据此,案关法律解释,未敢擅拟,理合转呈钧院鉴核解释,以便饬遵。贵州高等法院首席检察官王承濬叩文

**院字第一六八八号**

**民国二十六年六月八日　司法院指令福建高等法院**

呈悉,业经本院统一解释法令会议议决,(一)印花税法所载之罚款,系属行政罚性质,商号如违反该法被罚,得仅以该商号列为被告。(二)《刑事诉讼法》第二百九十八条所载不待被告陈述径行判决之情形,仍应经过检察官或自诉人一造之辩论终结程序为之。合行令仰转饬知照。此令

**附福建高等法院原呈**

呈为转请解释事,案据福建闽侯地方法院院长左斌才呈称,查商号不得为刑事被告,业经司法院院字第一四五三号解释有案。惟该号解释,系指纯粹之刑事被告而言。至于法院受理违反印花税法事件,虽依司法院院字第一三五一号解释,关于当事人栏,应概称被告,法院所为裁定,可称刑事裁定。然处罚违反印花税法之裁定,其性质为行政处分之一种,究竟可否将商号列为被告,颇滋疑义。又《刑事诉讼法》第二百九十八条载,法院认为应科拘役罚金或谕知免刑或无罪之案件,被告经合法传唤,无正当理由不到庭者,得不待其陈述径行判决等语。此项不待被告陈述所为之判决,究竟应否经过辩论终结程序,计有两说:甲说,《刑事诉讼法》第二百九十八条既规定得径行判决,即指毋须经过辩论终结程序而言。况得径行判决者,限于法院认为应科拘役罚金或应谕知免刑或无罪之案件,如被告所犯罪嫌,其法定刑为五年以下有期徒刑、拘役或一千元以下罚金,则法院审理后予以辩论终结,无形中即将此案不科有期徒刑之结果显露,致启招谣敲诈之弊,甚非立法之本意。乙说,《刑事诉讼法》第二百九十八条之规定,系被告经合法传唤而无正常理由不到庭,故法院认为应科轻微刑或谕知免刑、无罪时,得不待其陈述径行判决。是被告之无正当理由不到庭,乃其自愿抛弃辩论权,至于检察官或自诉人之辩论权,并不因被告之不到庭而失之存在,故仍应经过辩论终结程序。上开两点,均关法律适用疑义,本院未敢擅专,理合俯文呈请鉴核,转请司法院予以解释,俾资遵从云云等因,本院查违反印花税法处罚案件,依钧院院字

第一三五一号、二三两项释例,既应由法院刑庭裁定,其受罚人并应概称为刑事被告,则依院字第一四五三号解释,其受罚人似仍以自然人或法人之代表为限,不能以商号列为被告。至《刑事诉讼法》第二百九十八条所谓不待陈述径行判决,只对于不到庭之被告限制其辩论权而言,与不经辩论程序显然有别,似应以乙说为是。惟事属解释范围,职院长未敢擅断,除指令外,理合备文转请,仰祈钧院鉴核令遵,实为公便。谨呈司法院院长居。福建高等法院院长童杭时

**院字第一六八九号**

**民国二十六年六月九日　司法院指令福建高等法院**

呈悉,业经本院统一解释法令会议议决,法人为诉讼当事人时,其委任诉讼代理人,应由其代表人为之,始为合法。合行令仰转饬知照。此令

**附福建高等法院原呈**

呈为呈请解释事,案据闽侯地方法院院长左斌才呈称,查《民事诉讼法》第四十五条载,能独立以法律行为负义务者,有诉讼能力,究竟法人有无诉讼能力问题,分甲、乙二说。甲说,法人无事实上行为能力,亦当然无诉讼能力。凡《民事诉讼法》中称无诉讼能力者,应解为包括法人在内,所有关于无诉讼能力者,法定代理人之各规定,在法人亦有适用。故如以法人名义起诉,其委任诉讼代理人,应由其法定代理人委任之。乙说,此项能否以法律行为负义务之问题,乃实体法所规定。例如,未成年人、禁治产人等,因其无行为能力,不能以法律行为负义务,而亦无诉讼能力,故有法定代理人之规定。中国法人则因其行为能力,亦有诉讼能力,仅以法人名义起诉,委任诉讼代理人已足,法院自无须命其补正法定代理人,再由法定代理人委任诉讼代理人。国家机关以其机关名义起诉,委任诉讼代理人亦同。二说孰当,理合具文呈请解释,俾资遵循等情。据此,理合据情呈请钧长察核,俯赐解释,俾便饬遵。谨呈司法院院长居。福建高等法院推事兼院长童杭时

**院字第一六九〇号**

**民国二十六年六月九日　司法院咨行政院**

为咨复事,准贵院上月十二日咨(第一三六号)开,据南京市政府呈请解释《民法》第八百六十七条疑义,请查照见复等由,业经本院统一解释法令会议议决,抵押权为物权,其权利乃存在于抵押物之上,故抵押物所有人于抵押权设定后,将所有权让与第三人。其原设定之抵押权仍随其物之所在而存在,抵押权人自得依《民法》第八七三条,声请法院拍卖以清偿其债权。同法第八六七条所谓不因其抵押物让与他人而受影响者,即示此旨。若谓须抵押关系消灭后,方许卖买,显与该条规定抵触,自为法所不许。相应咨复贵院查照饬知。此咨行政院

**附南京市政府原呈**

案据本市地政局本年四月三十日呈称,案准南京市民银行函开,案查借款人以不动产抵押款项,应由债权人声请贵局为抵押权登记,领取他项权利证明书。俟借款清偿后,再行声请撤销抵押登记,历经本行遵章办理在案。惟现查贵局定章,凡不动产买卖与抵押权之撤销,须于呈报买卖时先行撤销抵押权,否则不予核准。此项办法似与债权人合法取得之抵押权不无妨碍,盖抵押权人对于不动产合法取得抵押权后,不动产所有人仍得将该不动产让与(包括买卖、赠与、互易等项)他人,但其抵押权不因此而受影响,《民法》第八百六十七条有明文规定。此盖物权追及效力,并排他性之当然结果。由此可知,不动产之买卖与该不动产上原有之抵押权应否继续存在,各不相同,若必于买卖之当时责令先行撤销抵押权,否则不予为买卖之核准,或于核准之际同时将已设定之抵押权,予以撤销登记。是无异一面限制所有人合法处分其所有物,一面又无端剥夺抵押权人合法取得之抵押权,于理既不可通,于法尤无根据。纵令承买抵押物者即系该抵押权人,则自抵押权人取得抵押物之所有权之日起,其抵押权同时因而自然消灭,此乃法定抵押权消灭之原因,亦不应用人为的方法于买卖当时撤销其抵押权,其理至明。谅亦贵局睿虑中所能顾及,相应函达请烦查照,将前项规定再行详加考虑酌变更,以免纠纷而重债权,至纫公谊,即希核辨见复为荷等由,准此。查各户业经设定抵押权之地产,于其声请移转时,饬先与抵押权人解除抵押关系,否则不予核准买卖,历经办理在案,缘抵押权人于债权已届清偿期而未受清偿者,依照《民法》第八百七十三条之规定,得声请法院拍卖抵押物,就其卖得价金而受清偿。若债务人出卖其提供担保债权之抵押物而不先行清偿债务,则一经依法核准买卖后,其抵押物所有权即移转过户,已不属于原债务人,似难再由法院拍卖,以之清偿其原保债款。本局为顾全抵押权人债权,俾免日后债款无着,滋生纠纷起见,故对于抵押人出卖其抵押物,饬与抵押权人先行解除抵押关系,原系慎重处理,初非剥夺抵押人,更非故为限制所有权人也。兹市民银行根据《民法》第八百六十七条之规定,以本局对于抵押物之买卖先撤销抵押权,始准予买卖之办法为不合,请酌予变通以重债权等由。查抵押人之债权,原定有清偿期限,在债权未届清偿期前,而即解除其抵押权,核与债权孳生利息方面或不无影响,该行来函之主张,似亦具有相当理由。查《民法》第八百六十七条但书之规定,所谓抵押权不因其抵押之不动产让与他人而受影响一节,是否抵押物之所有权移转与他人以后仍得由抵押权人声请拍卖抵偿其债权,抑系抵押权人于其抵押物移转时,收回债款,虽未届债权清偿时期,仍得按其原来约定期间计算利息,否则其不受影响之范围界限若何,自非呈请解释,不足以资遵守而利进行,除先行函复该行知照外,理合呈请鉴核,俯赐转请解释令遵等情。据此,理合据情呈请鉴核,转咨解释令遵,实为公便。谨呈行政院代院长居。南京市市长马超俊

**院字第一六九一号**

**民国二十六年六月十八日　司法院指令司法行政部**

呈悉,业经本院统一解释法令会议议决,告诉乃论之罪,其告诉虽误指他人,但犯罪事实既经告诉,对于被获人犯,应以已经告诉论。合行令仰转饬知照。此令

**附司法行政部原呈**

案据河南高等法院首席检察官呈称,据汝南地方法院检察官呈称,查刑诉法第二百十八条告诉乃论之罪,对于共犯之一人告拆或撤回告诉者,其效力及于其他共犯。设告诉权人于告诉乃论之罪,告诉真正犯人,则其效力及于其他共犯,自无疑义。若其告诉误指他人,嗣后正犯查获,则该告诉人误指犯人之告诉能否及于真正共犯,现有二说。甲说,其所告诉者,既非正犯,即不得谓为对于共犯中之一人,已为告诉,其告诉效力自不及于其他共犯。检察官虽据其告诉将正犯公诉,法院亦应为不受理之判决。乙说,告诉系报告犯罪事实,其人之为告诉也,只须指明犯罪事实为已足,毋庸指明犯人。苟已指明犯罪事实,即对于犯人全未指明或误指他人,其告诉亦属有效。盖告诉人所应报告者,系犯罪事实,非犯罪犯人,故告诉效力,不因误指犯人而生影响。二说究以何说为是,事关法律疑义,理合呈请钧处鉴核,俯赐转请解释示遵等情。据此,查原呈所述情形,与刑诉法第二百十八条之规定不符,似以甲说为当。惟事关法律疑义,未便擅专,理合呈请鉴核,转请解释饬知等情。据此,理合转呈钧院核示,以便饬遵。谨呈司法院院长居。司法行政部部长王用宾

**院字第一六九二号**

**民国二十六年六月十八日　司法院训令福建高等法院首席检察官**

为令知事,该法院薛前首席检察官呈最高法院检察署,据第三分院首席检察官转请解释,羁押日数能否折抵劳役疑义一案,案经本院统一解释法令会议议决,判处罚金案件,如被告未决,羁押日数已逾六月,依《刑法》第四十六条及第四十二条第四项各规定,决无残余罚金之可言,来文恐有误会。合行令仰转饬知照。此令

**附最高法院检察署原函**

迳启者,案据福建高等法院首席检察官薛光锷呈称,本年六月二十四日据本院第三分院首席检察官郭怀璞铳代电称,查判处罚金案件,应于裁判确定后两个月内完纳,期满而不完纳者强制执行。其无力完纳者,易服劳役,又易服劳役以一元以上三元以下折算一日,但劳役期限不得逾六个月,《刑法》第四十二条已有明文规定。兹有某甲判处罚金四百六十元,而未决羁押日数已逾六月以上,除依法折抵罚金外,尚有残余罚金,经强制执行后仍属无力完纳,可否易服劳役,有甲、乙两说:甲说,谓罚金刑本较徒刑为轻,《刑法》上对于未决羁押日数既准折抵徒刑,当然亦可折抵劳役,则判决确定前既经羁押六月以上,对于残余罚金,自无再执行之余地。乙说,谓《刑法》上对于裁判确定前羁抑日数,只有准予折抵罚金之

规定，并无准予折抵劳役之明文，无论未决羁押若干日，与后之易服劳役均不受影响。二说未知孰是，本处现因执行发生困难，恳准俯予指示祇遵等情。据此，事关法律疑义，理合具文呈请钧长察准，转院解释，指令祇遵等情。据此，相应函请迅予解释径复，并见示备查。此致最高法院

院字第一六九三号

民国二十六年六月十八日　司法院复军事委员会委员长行营军法处电

军事委员会委员长行营军法处鉴，上年十一月致最高法院删代电，请解释图财杀人案件，适用法律疑义一案，业经本院统一解释法令会议议决，依来电所述情形，应构成《惩治盗匪暂行办法》第三条第六款共同抢劫而故意杀人之罪。合电查照。司法院巧印

附军事委员会委员长行营军法处原代电

南京最高法院崇鉴，兹拟一案，特请贵院作详细之解释，其事实如后，甲某存法币数十元于其侄家，被其侄之弟乙知悉后，又被丙见甲皮包中储有券洋，于是乙与丙乃互相商议，于某日午后各暗藏凶器约甲饮，同时经乙、丙二人预约之丁，经过其间，彼此会晤，又给甲到乙家，乙先行，甲次之，丙又次之，丁最后，至一河边时，约午后九时，丙抽出凶器，突向甲后颈砍去，乙又返身抽出凶器杀中甲之腿部，乙、丙二人登时将甲杀毙，丙在甲身上搜出皮包一个，将凶器抛置河中，后乙、丙、丁三人同行，由丙清点券洋，乙、丁均分得数元，其余全被丙拿去。次日地方人士发见死尸，由甲侄认领安埋，说出乙有嫌疑，当将乙捕获供认杀甲俵分券洋不讳。此案之认定，现有二说：（一）乙等杀甲先有杀死之决心，始有杀死之行为，其杀人罪业经成立。且杀甲时复无强暴胁迫之行为，显系图财，而故意杀人，凶犯乙应由法院照通常法律程序办理。（二）乙等犯意之目的在财，因与甲系素识，不置甲于死则自己之性命必因甲之呈诉而遭危害，其为强盗而杀人显无疑义，凶犯乙应归军事机关照军法审判。二说谁是，用请贵院详为解释示知，实为公便。国民政府军事委员会委员长行营军法处删牧印

院字第一六九四号

民国二十六年六月十八日　司法院指令福建高等法院

呈悉，业经本院统一解释法令会议议决，来呈所述收买载运巨量之碎片，意图修补盐坎，系属制造私盐之预备行为，不能论罪。合行令仰转饬知照。此令

附福建高等法院原呈

案据平潭县县长李为公东代电称，兹有未经盐务最高机关之特许而收买载运巨量之碎片，意图修补盐坎，制造私盐，此等行为是否得包括于《私盐治罪法》所规定制造私盐之内，殊滋疑问，抑有其他办法可资裁判，似非统一解释不能认为有援引之效力，本县有此类案件，急待解决，理合电请鉴核，迅赐解释示遵等情前来。查案关法律解释，理合具文呈请钧

长察核,迅赐解释,以便饬遵,实为公便。谨呈司法院院长居。福建高等法院院长童杭时

**院字第一六九五号**

**民国二十六年六月十九日　司法院指令司法行政部**

呈悉,业经本院统一解释法令会议议决,(一)法院拍卖之不动产,如经原所有人设定典权或出租者,拍定人于按照时价拍定后,得就卖价内扣除该典价或押租金之原额以为给付,又若拍定人于拍定后始知有典权或押租金之关系而不愿拍卖者,自得声请撤销其拍定。(二)执行名义,系债务人向债权人交付某物者,该物如在第三人之手而有占有权者,执行法院应发命令将债务人对于第三人得请求交付之权利移转于债权人,此在补订民事执行办法第二十八条固已明定。惟第三人如有争执,可由债权人对于第三人诉请其交出,在未经判决确定以前,不能径予强制执行。合行令仰转饬知照。此令

**附司法行政部原呈**

案据首都地方法院本年十二月二十八日呈称,查因强制执行而被查封拍卖之不动产,于第三人合法投标承买,经裁定允许拍定后,该不动产之承租人与债务人所订之租赁契约,依《民法》第四百二十五条规定,当然继续存在,其所付债务人之押租金,为原约内容之一部,自应一并移转与拍买人,亦经院字第一二六六号解释有案。历年来本院对于此类事件,均系依据解释意旨,于移转拍卖之不动产时,由承租人声明承租事实,命债务人提出原租赁契约,经审查属实,即连同租约内容所载押租金,(就卖得金内扣出)一并交付拍卖人收执,同时并依《民事诉讼执行规则》第七十二条规定,填发权利移转书据,交该拍买人以资执业,且必俟此项转移程序办理终竣,始将卖得金给债权人具领,或依法分配。如经三次减价拍卖,无人承买,依法移转债权人接收之不动产,苟最低价格仅足抵价债额,则关于承租人之押租金,仍就房价内扣除,因此致不足抵偿之债额,即就债权人另就债务人其他财产续请执行。行之已久,迄未发生何项窒碍,近阅院字第一五七九号解释,以"承租人所付押租金,因租赁契约仍继续存在,即可认为对于拍买人之债权,不能就租赁物之卖得金主张优先受偿"云云,于适用上实不无疑义。第一点,拍卖不动产之价格,系按该不动产之现状,照市价估计,承租人押租金,或典权人之典偿,均未包括在内。例如拍卖之不动产,照市价估值五千元,拍买人以五千一百元投标承买,当然合格。但该项卖得金,仅足抵偿债额,而该不动产内,有承租人多户,其押租金共有一千五百元。又典权人有典价二千五百元,如此项押租金及典价均认为应移转拍买人之债权,则不异强制拍买人以九千元之巨款受买仅值五千元之不动产,殊难适合我国社会情况。且以后对于法院拍卖之不动产恐将无人问津。是承租人之押租金,及典权人之典价,依法虽不得主张就卖得金优先受偿。然执行法院应否就房价内扣交拍买人,以免将来之纠纷,仍不无疑义,本院对于此问题之见解,有甲乙二说。甲说,依《民法》第四百二十五条规定,应继续存在之租赁契约,让与人对于承租人契约上之权利义务,既应一并移转于受让人,承租人当日所付押租金,系原约内容之一部,自应由拍买人

于将来终止租约时，照数退还承租人。惟此项押租金，既系代替债务人垫还之款，拍买人自得于垫付后，向债务人诉求偿还。至典权人之典价，于出典人将典物之所有权让与他人时，是否得由受让人就房价扣留，法律既无明文规定，参照《民法》第九百十八条第二项法意，自应亦由受让人于典期届满时备价低向典权人回赎。此项垫付典价，拍买人自亦得于垫款回赎后向原出典人要求偿还。乙说，租赁契约或典权，依法既不因所有权之让与而受影响，承租人所付押租金及典权人之典价，为原约内容之一部，依法虽应认为一并移转于受让人。惟法院拍卖，与民间自行买卖，情形略有不同。因法院拍卖之最低价，系由鉴定人就不动产之现状按市价估计。承租人之押租金，或典权人之典价，并未包括在内，拍买人亦系照法院标价投标承买，投标时原不知该不动产有租赁关系或典权。于移转所有权时，知悉此种情形，并经执行法院审查属实，关于承租人之押租金，或典权人之典价，拍买人主张就其标价内扣留，以免将来之纠纷，似不得谓为违法。第二点，查拍买人因裁定允许拍定，即取得该不动产所有权，苟非对于该不动产所有权尚有涉及实体上之争执，得依法诉请解决外，当然不能任意主张将拍定撤销。惟遇第一点所举情形，拍买人因有巨额押租金或典价，为避免将来纠纷，不愿接收该项不动产，是否得请求将拍定撤销，领回标价，本院见解亦有二说。甲说，租赁契约或典权，依法均不因所有权让与而受影响。拍买人不能因有巨额押租金或典价，据为撤销拍定理由，如果拒绝接收，执行法院自可依《民事诉讼执行规则》第七十二条规定以职权缮制权利移转之书据，径将卖得金发给债权人具领。乙说，法院拍卖，与民间自行买卖情形不同。法院拍卖之最低价，既未将该项租金或典价包括在内，因此请求将拍定撤销，自可准许，惟应参照《民事诉讼执行规则》第七十七条办理。以上两点，关于甲、乙二说，究以何说为是，此应请解释者一。又查执行名义系命债务人向债权人交付某物者，不问其请求之原因为物权为债权，补订民事执行办法第二十八条，已就《民事诉讼执行规则》第九十一条明定有执行之方法。惟债务人应交付之物，在第三人之手而有占有权者，依该条第三款所定执行方法，仅有应发命令将债务人对于第三人得请求交付之权利移转于债权人一语。例如承租人甲与出租人乙之租赁契约，业经判决确定终止，并应由甲将租赁房屋腾交乙收回，于强制执行时，发觉该房早经甲分租一部分于丙、戊等多人居住，执行法院当然依照上开执行方法办理。惟该丙、丁、戊等于发出命令后，经债权人请求命其腾交房屋，而竟不遵照。此种情形，执行人员是否得准用同法第二款规定，径予解除该次承租人丙、丁等之占有，点交债权人，抑应指示债权人另对该次承租人等正式起诉，俟取得执行名义后始能执行，于适用上不无疑义，兹有二说。甲说，次承租人之租赁关系，已因承租人与出租人经判决确定终止租赁契约而消灭，参照钧部本年十一月二十六日指字第二七二二六号部令"法院对于甲、乙间诉讼之确定判决，其效力虽不及于丙，惟甲仍得本其所有权之作用，请求收回该房屋"云云，是既经执行法院依补订民事执行办法第二十八条第三款规定，命令将债务人对于该第三人得请求交付之权利，移转于债权人。复据债权人请求命其腾交房屋，如不遵照，自得准用同法条第二款径予解除其占有，点交债权人，无庸另饬起诉。乙说，确定判决,除当事人外,其效力不及于第三人。次承租人既非原案当事人,如不遵照迁让,仅可指示债权人径对该次承租人要求交房,在未经判决确定以前,不能径予强制执行。以上二说,均言之成理,未知孰是,此应请解释者二。本院对于上述各项案件甚多,亟待解决,理合备文呈请钧部鉴核,迅赐转呈司法院予以解释等情。据此,事关法律疑义,理合备文呈请钧院鉴核指示,以便转饬遵照。谨呈司法院院长居。司法行政部部长王用宾

**院字第一六九六号**

**民国二十六年七月二日　司法院咨行政院**

为咨复事,准贵院本年二月二十二日咨(第三八号)开,据浙江省政府呈请解释《土地法》与《渔业法》中相互关系疑义,请查照见复等由,业经本院统一解释法令会议议决,(一)非公用水面,本得为私人所有,其与公用水面连成一体者,亦得就非公用部分划分界限,依《土地法》关于土地所有权登记之规定,请求登记。(二)与公用水面划分后之非公用水面,除占有人或所有人欲在该水面上取得渔业权,应依《渔业法》第四条第一项及《渔业登记规则》第三条规定为渔业登记外,其余任何用途,于登记土地所有权时,均不须另有渔业登记。若欲限制或废止他人关于渔业之利用,则依《渔业法》第四条第二项规定,仅向该管行政官署请求核准,即为已足。(三)渔业权除依《渔业登记规则》为登记外,毋庸再为土地所有权之登记,又《渔业法》虽认渔业权为物权,并准用《民法》关于土地之规定。但此项物权,既与土地所有权之性质有别,而《渔业法》及《渔业登记规则》所举示,又仅有抵押权之一种,则与渔业权性质不相容之其他物权,自属无从准用。相应咨复贵院查照饬知。此咨行政院

**附行政院原咨**

案据浙江省政府本月十六日秘字第一七二号呈称,案据民政厅呈称,案据兼永嘉县县长许蟠云呈称,为土地登记疑义,呈请解释事。查《土地法》第一条载称,本法所称土地,谓水陆及天然富源,兹有(一)非公用水面而与公用水面连成一体者,为鳗鳢地、菱荷地等,即为水产动植物之采捕或养殖者,是项起地往往由买卖而来,执有契据,并已升科完粮或仅一部分已升科完粮者,可否准作土地所有权登记。(二)如可作所有权登记,是否先依照《渔业法》第三条,“凡在中华民国领海,或其他公用水面取得渔业之权利者,应依本法呈请该管行政官署核准登记,转报主管官厅部备案”之规定办理,然后再声请土地所有权登记。(三)《渔业法》第五条规定:“渔业权视为物权,准用《民法》关于土地之规定。”如渔业权与土地所有权相当,则可否设定他项权利,如抵押权、典权、地上权、地役权、永佃权等等,以及是否适用《土地法》关于土地登记之规定。以上三点疑义,急待解决,理合具文呈请鉴核,详予释示,俾有遵循,实为公便等情。据此,查所陈各节,事关法律疑义,本厅未敢擅拟,理合备文呈请,仰祈鉴核,转呈中央解释,俾便饬遵等情。据此,事关解释法律,除指令外,理合具文呈请,仰祈鉴核,指令示遵等情。据此,查渔业权得设定抵押权,此参照《渔业法》第六

条及《渔业登记规则》第三条第二款及第十二条各规定而自明。惟可否设定典权、地上权、地役权、永佃权等,则无明文规定。又渔业登记,既有《渔业登记规则》以资适用,应否再适用《土地法》关于土地登记之规定,及应否再声请土地所有权登记,以及来呈所述(一)之情形,可否准作土地所有权登记,均关法律适用疑义。据呈前情,除指令外,相应咨请贵院查照,解释见复,以便饬知。此咨司法院

**院字第一六九七号**

**民国二十六年七月二日　司法院指令中央公务员惩戒委员会**

呈悉,业经本院统一解释法令会议议决,惩戒处分,与刑罚之性质不同,被付惩戒人纵因刑事已受有褫夺公权之处分,而其应受惩戒之行为,情节又非重大,仍不能准用《刑事诉讼法》第二百九十四条第五款之规定,为免议之议决。合行令仰知照。此令

**附中央公务员惩戒委员会原呈**

呈为呈请解释事,窃查惩戒案件同一被付惩戒人,往往有各种不同之行为,有应负刑事责任者,有仅应负惩戒责任者,设其应负刑事责任之行为已经确定判决,宣告罪刑,褫夺公权,而其应负惩戒责任之行为既与刑事无关,自非《公务员惩戒法》第二十六条所指之同一行为,即不得因已受褫夺公权之宣告,而不再为惩戒处分。惟其应受惩戒责任之行为,情节并不重大,应得处分,当属较轻,然仅予以轻微处分,以视严重之刑事判决,实际上又无多意义,可否准用《刑事诉讼法》第二九四条第五款,被告就他罪受重刑之判决已经确定,因其于执行之刑无重大关系,认为本罪无庸科刑正,应谕知免刑之规定,予以免议之议决,抑或仍应按其情节,予以适当处分。事关适用法律疑义,理合备文呈请钧院解释示遵,实为公便。谨呈司法院院长居。兼中央公务员惩戒委员会委员长覃振

**院字第一六九八号**

**民国二十六年七月五日　司法院咨行政院**

为咨复事,准贵院本年四月二十六日咨(第一一九号)开,据山西省政府呈请解释村副闾邻长是否公务员能否提起诉愿疑义,请查照见复等由,业经本院统一解释法令会议议决,旧设村长副,无法令依据,倘与县组织法所定之乡长副相当,自得比照乡长副。按乡长副与闾邻长,均系依自治法而从事于公务之人员,自应认为公务员,其因执行自治事务不当,经县政府予以处分。村长副、闾邻长对于该处分,自不得提起诉愿。相应咨复贵院查照饬知。此咨行政院

**附行政院原咨**

案据山西省政府二十六年四月十六日代电称,查本省自改进村制以来,每村设有村长副及闾邻长,因执行行政及自治事务,往往发生摊款及其他纠纷。按司法院院字第一三四二号解释,村长为公务员。又《诉愿法》第一条规定,提起诉愿须以人民因中央或地方官署

之违法或不当处分,致损害其权利或利益为先决条件。村长既系公务员凡因执行村务而处置不当,发生纠葛或滥支村款,被人民告发或官厅察觉,经该管县政府对之处分者,自不得提起诉愿。惟村副闾邻长等为帮助村长执行村政重要人员,在上述情形内,是否为公务员,能否提起诉愿,颇滋疑义,恳请转咨解释等情。据此,相应咨请贵院查照,解释见复,俾便饬遵。此咨司法院

**院字第一六九九号**

**民国二十六年七月八日 司法院指令司法行政部**

呈悉,业经本院统一解释法令会议议决,单纯诬告他人吸食鸦片,不包括在《禁烟治罪暂行条例》第十条第一项所规定之诬告罪内,普通法院有权审判,如受军事机关委任之地方政府,系用兼理司法县政府刑庭名义而为判决,并有合法上诉,该管之上级法院,亦自有权纠正。合行令仰转饬知照。此令

**附司法行政部原呈**

案据江苏高等法院呈称,据江苏高等法院第一分院院长代电称,单纯诬告他人吸食鸦片,是否包括在《禁烟治罪暂行条例》第十条第一项规定之诬告罪内?如不包括在内,普通法院是否有权审判?又如受军事机关委任之地方政府审判此种诬告案件,判决书内误用兼理司法某某县政府刑庭字样,其该管之上级法院能否有权纠正?悬案待决,请即核示或转请解释为盼等由,前来。事关解释法律,理合具文呈请鉴核示遵等情。据此,理合转呈钧院鉴核示遵,以便转令知照。谨呈司法院院长居。司法行政部部长王用宾

**院字第一七〇〇号**

**民国二十六年七月十日 司法院指令江西高等法院**

呈悉,业经本院统一解释法令会议议决,《刑法》第二十条所谓聋哑人,自系指出生及自幼聋哑者言,聋而不哑,或哑而不聋,均不适用本条,合行令仰转饬知照。此令

**附江西高等法院原呈**

案据婺源县承审员吴锦明代电呈称,窃查《刑法》第二十条所称之聋哑人,有因先天不足,生而聋哑者,有因后天失养,发生疾病或受伤而聋哑者,是否包括二者在内,抑仍依前大理院四年上字八四零号判例,仅以生而聋哑者为限,此疑义者一。又查本条所称聋哑人者,当然系指聋兼哑者而言。若遇有聋而不哑,或哑而不聋者犯罪,能否适用本条减轻其刑,此疑义者二。总上两点,关系法律疑义,未敢臆断,理合电呈钧长俯赐鉴核,准予解释示遵等情前来。查案关法律解释,本院未敢擅专,理合据情具文呈请钧院鉴核,迅赐解释,以凭饬遵,实为公便。谨呈司法院院长居。代理江西高等法院院长梁仁杰

**院字第一七〇一号**

**民国二十六年七月二十四日　司法院致内政部函**

迳复者，案查贵部上月七日公函（第六二五号）致最高法院请解释《民法》第九百八十二条疑义一案，业经本院统一解释法令会议议决，（一）男女二人，约证婚人二人及亲友数人，在旅馆之一房间内，举行结婚仪式，其结婚既系在旅馆之一房间内，自须有足使一般不特定之人均可知悉之表征而得共见者，始得认为公开。（二）男女二人，约证婚人二人及亲友数人，在旅馆之宴会厅，置酒一席，如其情状无从认为举行结婚仪式，虽其主观以为举行婚礼，仍不得谓有公开之仪式。（三）男女二人，在某一官署内举行婚礼，如无足使一般不特定之人均可知悉之表征而得共见者，纵有该署之长官及证婚人二人在场，仍不得谓有公开之仪式。（四）结婚时之证人，无论是否签名于结婚证书之人，均以曾经到场者为限。若未亲到，虽委托他人在结婚证书内代表签名、盖章，仍不得认为证人。（五）结婚证书列名之证人二人，仅有一人到场者，其未到场之一人，不得认为证人。（六）前开未到场之一人，虽于事后自称曾经到场证婚，亦不得认为证人。相应函复贵部查照。此致内政部

**附内政部原函**

查本部现正起草礼制，婚礼内关于结婚仪式一节，拟就《民法》第九百八十二条“结婚应有公开之仪式及二人以上之证人”之规定，加以补充订入。惟对于公开仪式及证人两点，稍有疑义，亟待解释，兹特设例如下，（一）设有男女二人，约证婚人二人或再邀亲友数人，在某旅馆之一房间内，举行婚礼，可否认为公开仪式？（二）设有男女二人，约证婚人二人或再邀亲友数人，在某旅馆之宴会厅内置酒一席，借行婚礼，厅内纵有他宴客，顾与结婚者无关，结婚者亦未当众宣布。故虽有多数之人，同时在一公共场所，但所谓多数之人，固无由知悉此男女二人系在举行婚礼，此种仪式，可否认为已具备公开条件？（三）设有男女二人，背其父母或假称已得父母同意，在一官署内，如警察署或本国驻外领事等，举行婚礼，除该官署之长官及证婚人二人在场外，别无他人参加，可否认为公开仪式？（四）结婚时证人二人，均未亲到，委托他人在结婚书代表签名、盖章，此种证人，是否有效？（五）证人二人只有一人到场签名、盖章，另一证人始终未到，由他人将其姓名列入结婚证书，如此情形，与结婚须有二人以上之证人之要件，是否符合？（六）结婚证书虽列有证婚人二人，但实际只有一人签名、盖章，另一人既未到场，亦未签名、盖章，但于事后，自称曾经到场证婚，此其证人资格，可否承认？上述各点，虽属法律问题，但与订定婚礼颇有关系。相应函请贵院查照，提交统一解释法令会议，迅予解释见复为荷。此致最高法院

**院字第一七〇二号**

**民国二十六年七月二十四日　司法院复江苏高等法院首席检察官电**

江苏高等法院孙首席检察官览，上年七月世代电悉，据吴县地方法院首席检察官转请

解释伪造文书罪应否准其提起自诉疑义一案,业经本院统一解释法令会议议决,伪造文书罪,一方侵害社会法益,同时具有侵害个人法益(不以制作权为限)之故意。其受损害之个人,自可提起自诉,合电转饬知照。司法院敬印

**附江苏高等法院首席检察官原代电**

南京司法院院长居钧鉴,案据署江苏吴县地方法院首席检察官徐世勋呈称,查《刑法》伪造文书罪,应否准其提起自诉,不无疑义,于是有二说焉:甲说,伪造文书罪,乃为保护交易之安全,直接侵害者为社会法益,个人既非直接被害者,依法即难准其提起自诉。乙说,伪造文书罪,乃为保护个人文书之制作权,同时即所以保护交易之安全,伪造文书者既系假借个人名义以达其犯罪之目的,即属直接侵害个人之文书制作权,同时即所以保证交易之安全,伪造文书者,既系假借个人名义以达其犯罪之目的,即属直接侵害个人之文书制作权,因之个人即难谓非直接被害者,自应准其提起自诉。二说究以何说为是,呈请核转解释示遵等情。据此,理合据情电陈,伏祈钧院迅赐解释,以便饬遵。署江苏高等法院首席检察官孙鸿霖叩世印

**院字第一七〇三号**

**民国二十六年七月三十一日　司法院咨行政院**

为咨复事,准贵院本年五月二十九日咨(第一六一号)开,据江苏省政府呈请解释田面权登记疑义,请查照见复等由,业经本院统一解释法令会议议决,来问所称田面权,既系由佃户承垦生田而来,其承佃纳租及得将权利让与他人,各情形与《民法》第八四二条所定永佃权之性质相当,自可依声请以永佃权登记。至保有田底权之地主,本为土地所有人,当然以所有权登记。相应咨复贵院查照饬知。此咨行政院

**附行政院原咨**

案据江苏省政府二十六年五月二十日地字第八号呈称,据省地政局案呈启东县地政局呈称,查启东土地有买价地与崇划地之分。前者为一人完全所有,面积甚少,后者分底、面两项权利,各有所属,占全县面积百分之八十以上。面权设定由于佃户承垦生田,除投施垦本外,复须缴纳巨额顶首,顶首与垦本并称田面价,佃户取得田面权,力田约租移转买卖,转佃造屋得自由处置,业主保留田底权收租完粮由来已久,江苏各县因不乏其例,惟以耕地缺乏,面价因供求关系移转频繁而益涨,底价因时势(如十七八年时之匪患,二十二三年时之水旱歉收及田赋增加等)推演而益跌。现时底面价比率自六倍至十倍不等,远出其他有面权设定县分之上。查现行法对于面权之位置,尚无明文规定,《土地法》上应行登记之土地权利,只所有权及地上权、永佃权、地役权、典权、抵押权六种,底面权既已成为业佃对于同一土地所有权同时享受之各别权利,本身均似为所有权之一部,面权如亦为所有权,则应与底权同时合并登记,否则居附带登记地位,俟办理他项权利时,再行登记。本局土地登记开办在即,因鉴于面权实际地位重要权利膨大。又因底面价比率较之其他县分相差悬殊,既

以省颁各项办理登记章则多适于办理普通业主声请登记之用，是否应仿有面权设定之登记县分，先办所有权登记，而列面权为他项权利附带登记之处，未敢决定，理合呈请鉴核示遵等情。查一起地划分为田底权田面权，系属地方相沿之旧习惯。本省如常熟、吴县、无锡等县分，均有同样情形，且其田面之价值，每有高于田底者，故权利之重要，并不亚于田底所有权。现在各该县地政局，开办土地登记，对于此项田面权以现行法并无明文规定，究应以何种权利予以登记，每苦无所适从，事关设定权利，本府未便擅定。据呈前情，理合呈请鉴核示遵等情。据此，查物权除《民法》或其他法律有规定外，不得创设，为《民法》第七五七条所明定。而依《土地法》第三三条之规定，应行登记之土地权利为所有权及地上权、永佃权、地役权、典权、抵押权六种，此件据称佃户取得田面权，业主保留田面权。所谓田面权，是否与永佃权之性质相当，田底权是否与所有权之性质相当，以及究应认为何种权利而予以登记，核与《土地法》关于登记部分之适用，不无疑义。兹据前情，除指令外，相应咨请贵院解释见复以便饬遵。此咨司法院

**院字第一七〇四号**

**民国二十六年八月十一日　司法院咨行政院**

为咨复事，准贵院本年五月十九日咨（第一四一号）开，为商标法第二十九条第三项发生疑义，请查照解释见复等由，业经本院统一解释法令会议议决，商标法第二十九条第三项所定之期间，系无时效性质之法定期间，经过此期间，其请求评定权应归消灭。反之在此期间内，依同条第一项第一款规定请求评定，应予受理，如认其请求为有理由，自得将该商标专用之注册评定为无效。相应咨复贵院查照。此咨行政院

**附行政院原咨**

查商标法第二十九条第三项载：“注册之商标，违背第二条第八款、第九款，第三条或第四条规定者，自登载商标公报之日起，已满三年时，概不得请求评定。”此三年之期间，是否为消灭时效，颇有不同之解释。倘在此期间内，利害关系人以与他人注册商标相同或近似之商标呈请注册，并同时根据同法第三条前段规定，以自己之商标实际使用在先为理由，对他人之注册商标请求评定，对此请求，应否予以受理，依照评定程序办理？如受理审查结果，认为请求有理由，能否将该他人之注册商标撤销，不无疑义。相应咨请贵院查照，解释见复，至纫公谊。此咨司法院

**院字第一七〇五号**

**民国二十六年八月二十六日　司法院咨行政院**

为咨复事，准贵院本年二月二十日（第三六号）及四月五日（第九一号）先后咨开，据实案部呈请解释工业奖励事件提起诉愿疑义一案，业经本院统一解释法令会议并案议决，工业技术之发明人呈请奖励，经再审查认为不合格不予奖励，或经审查认为应予奖励，在公告

期间内,因利害关系人之异议,予以再审查,而为异议成立与否之决定。又或已得专利权者,有《奖励工业技术暂行条例》第十八条各款情事之一,经他人举发,予以再审查而撤销其专利权,虽均为施行奖励应有之程序,然究不能谓非一种消极或积极之处分。此种处分是否违法或不当,于发明人所可预期之利益及异议人之权利,与原呈请人之专利权,均有密切关系。该法关于再审查决定,既无不得声明不服之限制,则其以该处分之违法或不当致损害其权利或利益为理由,提起诉愿,依《诉愿法》第一条之规定,自非不应准许。相应咨复贵院查照饬知。此咨行政院

**附行政院原咨**

案据实业部呈称,查《诉愿法》第一条规定:"人民因官署不当处分,致损害其权利或利益者,得提起诉愿。"关于人民依照《奖励工业技术暂行条例》呈请专利之物品或方法,经依条例规定交付审查合格者,自当依该条例第十六、第十七两条办理。惟对于审查不合格,并经再审查结果,不予奖励之案,究应如何办理之处,似尚有详加解释之必要。诚以此种奖励性质,既与褒扬相似,合格与否有一定之标准,又与考试略同,应否视为一种处分,不能不认为疑问者一。即认不予奖励系属一种处分,但该项处分,仅为不准专利,而其物品之制造销售,或方法之使用,仍可自由,与其他处分结果,发生行为或不行为之强制力,致当事人之权利或利益直接受损害者,情形似有不同。此种处分,是否合于《诉愿法》第一条规定,得提起诉愿,不能不认为疑问者二。以上二点,均属法律问题,本部未敢擅断,理合呈请鉴核,转咨解释,以便遵行等情。据此,事关法律问题,相应咨请查照,迅为解释见复,俾便饬遵。此咨司法院

**附行政院原咨**

案据实业部二十六年三月二十二日工字第一九四六六号呈称,查依照《奖励工业技术暂行条例》呈请经审查认为应准奖励之案件,在公告期内,利害关系人得提起异议,经发交原呈请人答辩后,予以再审查,为该条例第十六条及该条例施行细则第十、第十一两条所规定,凡属认为应准奖励案件之予以公告,原在使他人辨别与其有无利害关系。而经公告者,亦只可谓提交社会公众审查,并非已准奖励,则对于异议案再审查之结果,无论异议成立与否,要只可认为施行奖励之一种程序,在日本特许法中规定。对于此种异议之决定,不得申请不服。至《奖励工业技术暂行条例》虽未明白规定,而应否视为行政处分,得提起诉愿,不无疑问。又查对于依照《奖励工业技术暂行条例》,呈准奖励案件举发,其有该条例第十八条各款情事之一,而予以再审查,为该条例施行细则第二十四、第二十五两条所规定,良以对于工业技术加以奖励,意在促进工业,增加生产,故予发明人以特殊利益,倘发觉原准奖励有第十八条第一、四两款之冒滥,或同条第二、三两款之任意延搁等情事,予以撤销,亦属撤销所予之特殊利益,与其他取消已得之权利者不同。是此种举发案之再审查,仍属施行奖励之一种程序,应否视为行政处分,得提起诉愿,亦不无疑问,再就上述两种再审查之性质而言,虽各有不同,而所争执者,除举发案之为该条例第十八条第二、三两款及第一款违

背第三条规定之部分完全属于事实外，其余之异议或举发，不出于是否首先发明，与是否以诈伪方法朦请两点，对于此两种再审查，悉应就异议人或举发人所送证据以为决定之标准。如果证据确凿，异议案或举发案，自应成立，如对于原案加以维持者，所有公告或已准奖励之物品或方法，必与异议人或举发人提供证据之物品或方法，有所不同，不致损害其利益。倘即以此两种再审查为行政处分，究与其他处分致当事人之权利或利益直接受损害者情形有别，此种处分，是否合于《诉愿法》第一条规定，得提起诉愿，更不无疑问。惟对于此两种再审查，能否提起诉愿，系属法律问题，本部未敢擅断，理合呈请钧院鉴核，转咨司法院迅予解释，以便遵行等情。据此，查前据该部呈请转咨解释，经依《奖励工业技术暂行条例》再审查不予奖励案件，可否提起诉愿疑义，当以第三六号咨请贵院解释在案。兹据前情，除指令外相应咨请查照，并案解释见复，以便饬遵。此咨司法院

**院字第一七〇六号**

**民国二十六年九月十七日　司法院指令浙江高等法院**

呈悉，业经本院统一解释法令会议议决，破产法第七十九条所定期间，系以破产宣告时为计算之标准，与声请时无关。债务人就现有债务提供担保，得由破产管理人撤销，以其提供在破产宣告六个月内为限。来问所称债务人提供担保，既在破产宣告前六个月以前，自不在得予撤销之列。合行令仰转饬知照。此令

**附浙江高等法院原呈**

案据兼理司法于潜县县长沈乃庚二十六年二月二日呈称，窃查县政府办理破产事件，于民国二十一年间由债务人声请破产，县政府只将债务人财产清册及债权人清册送达债权人，并通知其声明异议后，未予调查，亦未予准驳之裁定，即将原卷归档。时隔五六年后，如声请破产人及债权人中有具状以业经声请破产在案，请将声请不动产实行拍卖分配者，在此场合，似应依照破产法令，声请破产人补具财产状况说明书及其债权人、债务人清册（因无此项清册存案），再行着手调查，为准驳之裁定。如调查结果应予驳回，固不生疑问，如准予宣告破产，则声请破产人在声请前最近一个月内，如对现有债务以不动产提供担保（如缔结抵押契约等是），迄今早已逾破产宣告前六个月之期间，此项提供担保之契约，破产管理人可否依破产法第七十九条第一款之规定撤销之，不无疑问，请核示。

**院字第一七〇七号**

**民国二十六年九月十七日　司法院指令湖南高等法院**

呈悉，业经本院统一解释法令会议议决，盐务机关请求法院查封欠税商家抵押之产业，应依法定程序补具书状，并缴纳声请费用。合行令仰转饬知照。此令

**附湖南高等法院原呈**

案据兼署邵阳地方法院院长朱道融呈称，案查官吏舞弊侵占获亏欠公款案件，行政官

署向该管法院声请假扣押时,如已将请求及假扣押之原因释明,即无须提供担保,法院于命为假扣押后,并应查照补订民事执行办法第三十一条立即执行,前奉钧院转奉司法行政部训令饬知在卷。兹设有盐税机关对欠税商家,函请法院将抵押产业查封拍卖案件,应否照章缴纳声请费用,及应否补具民事书状,理合具文呈请钧院鉴核示遵等情。据此,事关法律解释,理合具文呈请钧院鉴核,予以解释,俾便饬遵。谨呈司法院院长居。湖南高等法院院长陈长簇

**院字第一七〇八号**

**民国二十六年九月三十日　司法院指令陕西高等法院**

呈悉,业经本院统一解释法令会议议决,典权人于出典人将典物所有权让与他人时声明留买,若未即时提出同一之价额,尚未发生留买之效力。至以后出典人另卖与他人,价值如有涨落,典权人复行声明留买,并提出价额,固可留买,但应以提出价额时之同一价额计算,不得依当初声明时之同一价额计算。合行令仰转饬知照。此令

**附陕西高等法院原呈**

呈为呈请解释示遵事,案据长安地方法院院长许其襄呈称,呈为呈请转呈解释事,查《民法》第九百一十九条,出典人将典物之所有权让与他人时,如典权人声明提出同一之价额留买者,出典人非有正常理由,不得拒绝。设有甲典到乙市房一所,乙将典物所有权让与他人,经甲声明以同一价额留买,乙诉于法院告赎,经一、二两审驳回,第三审因乙在原第一、二两审预缴审判费不足,将乙之上诉驳回,并将原第一、二两审判决废弃,该典物乙,又设定抵押权于丙,丙因债诉乙于法院。经审判上和解,法院封抵押物(即该典物)实施执行拍卖超过留买时一倍以上。现甲提起异议之诉,主张以原价留买,惟涉讼经年,物价暴涨,该典物价值较留买时超过一倍,关于留买,已有从前经过事实,不容其争执。惟关于债额部分,于兹有两说:子说,谓如依现时价额计算,则甲何必主张留买?似于法律上规定典权人留买利益之旨不符,设或当乙出卖之时,甲不出而声明留买,亦不至延展以待价值增涨。丑说,谓系争留买物在乙出卖于甲之时,并未提出价金,现在物价已涨至原价一倍,如仍责乙照原价出卖,显失公平。以上二说,究以何说为是,事关法律疑义,理合具文呈请钧院转呈解释,实为公便等情,据此,事关法律疑义,理合据情转呈钧院,伏乞俯赐解释示遵,至为法便。谨呈司法院院长居。试署陕西高等法院推事兼院长孟昭侗

**院字第一七〇九号**

**民国二十六年九月三十日　司法院咨行政院**

为咨复事,准贵院本年三月二十六日咨(第八三号)开,据财政部呈请解释中央银行对于储蓄银行保证品保管责任疑义,请查照见复等由,业经本院统一解释法令会议议决,中央银行依储蓄银行法第九条之规定,保管储蓄银行交存之公债库券等项,其保管行为,虽系根

据行政法令，与当事人间因契约而发生寄托关系之性质不同。惟关于保管物品毁损赔偿之责任，行政法令既然特别加重明文，自应适用《民法》一般之规定。如毁损原因系由于天灾、战祸之不可抗力，只可另图补救，中央银行保管证，关于此项订定，并无不合。相应咨复贵院查照饬知。此咨行政院

**附财政部原呈**

查储蓄银行法，系于民国二十三年七月四日奉国府公布施行，其第九条规定，储蓄银行至少应有储蓄存款总额四分之一相当之政府公债库券及其他担保确实之资产，交存中央银行特设之保管库。为偿还储蓄存款之担保，当经由部分令经营储蓄各银行遵照办理，并函请中央银行拟具代理保管储蓄银行公债库券及资产办法十二条，由部核定，复以该项保管事务至为繁复，为便于实施并增进银行信誉起见，特设储蓄存款保证准备保管委员会负监督及检查之责，于同年九月间缮具该会章程，呈奉钧院决议通过，指令遵照办理各在案。至上年十二月间，本部接准中央银行总字第一二二一号函略开，准储蓄存款保证准备保管委员会函，以本行保管证第五条所载，如遇天灾、战祸而为人力不能抵抗者因而致保管品毁损时，本行不负责任一节，请讨论见复等由。查储蓄银行缴存存款保证准备，系践行政府法令所命之义务，且本行保管系受贵部之委托，与普通寄托保管性质似属不同。设遇天灾或叛乱、外战及地方暴动等事变，在政府立场应如何加以保障，实有研究之必要，当送由英伦银行驻华代表劳杰士君及本行经济研究处详加核议，根据拟具意见书前来，究应如何办理之处，希察核见复等由，并附送意见书两分到部。查中央银行保管储蓄银行保证品专库保管证附载条文第五条，如遇天灾、战祸而为人力不能抵抗者，因而至保管品毁损时，本行不负责任一节，上海市银行业同业公会及劳杰士君均主张删除，其理由不外下列三点，(一)因政府强制储蓄银行将存款保证准备存于中央银行，在储蓄银行系践行国家法律所命之义务，核其性质，属在公法关系，与通常寄托保管之私法关系不同。(二)叛乱与内乱为人力所可挽救防护，但只政府有此权力，中央银行系国营之故，对此自愿负责。(三)就奖励积聚储金之金融政策言，以允给储蓄银行所要求之保护为宜。查对于不可抗力不负责任，为私法上之通则。而上述理由三点，关系法令解释及银行责任问题，至为重大。兹经部详加审核，似尚有商榷余地，谨胪陈意见于下，(一)查中央银行虽为国家营业机关，而与通常以国家权力执行法令(即公法行为)之国家机关不同，一切营业行为纯属私法行为，其受储蓄银行交付此项保证准备为之保管之行为，亦与《民法》第五百八十九条规定(当事人一方以物交付他方他方允为保管)之契约行为无异，且既曰不可抗力，自非人力所能避免，若为该银行尚可改存以图避免，则中央银行亦可为之，且应为之。若可避免而中央银行不为避免，是则中央银行应另负未尽保管注意之责任，而非应对于不可抗力负责也。(二)查叛变与内乱，虽为人力所可挽救或防护，当其发生时要为意外事变，实与天灾无异，若以变乱为人力所可挽救或防护，则天灾亦何不可挽救或防护，岂亦应负责。况中央银行究与通常以国家权力执行法令之国家机关不同，不能谓中央银行即政府。政府不能防护叛乱，中央银行即应负责也。

(三)查奖励积聚储金,虽属要政,但愿由国家特别制定法律明文,未便由中央银行自行规定,负担通常私法上保管关系所不负之责任也,并查各储蓄银行之存款保证准备,不外公债及其他证券或地产契据等类,公债及他证券若因不可抗力而致毁损,依照《民法》第七百一十八条及七百二十五条,均有证券(指示证券或无记名证券),遗失、被盗或灭失者,法院得因持有人之声请,依公示催告之程序宣告无效之规定。地产契据若因不可抗力而致毁损。现行《土地法》及各省市田房契据章程亦有报失补契之规定,尽有补救之余地,于各储蓄银行并无损失,即万一遇有巨变,如一九二三年日本地震大灾之类,亦可仿照该国规定,临时法律或命令以为补救,似亦无于此时课中央银行以特殊责任之必要。惟关于上述寄托保管性质,究属何种关系,以及该项附载条文,应否照列抑或删除各节,在法理上似应予以明确指示,理合钞同中央银行原函,暨原附意见书两分,具文呈请钧院鉴核,转咨司法院解释示遵,至为公便。谨呈行政院。财政部部长孔祥熙

**院字第一七一〇号**

**民国二十六年十月十二日　司法院咨行政院**

为咨复事,准贵院本年二月二十二日咨(第三七号)开,据实业部呈请解释商标法第二十七条疑义,请查照见复等由,业经本院统一解释法令会议议决,商标法第二十七条,关于呈请再审查之期间,既定明自审定书送达之日起三十日以内,则此项期间,自应由审定书送达之日起算。相应咨复贵院查照饬知。此咨行政院

**附行政院原咨**

案据实业部呈称,查商标法第二十七条:“商标呈请人对于核驳有不服者,自审定书送达之日起三十日以内,得具不服理由书,呈请再审查。”关于自审定书送达之日起一语,现发生两种解释,甲说,查民、刑诉讼法关于类似此项审定书之文件,均规定自达到之次日起算。又修正《诉愿法》第四条及修正行政诉讼法第十六条,亦明定为达到或到达之次日起算,是审定书送达时日,亦似应从次日起算。惟查民法总则第一一九条规定:“法令审判或法律行为所定之期日及期间,除有特别订定外,其计算依本章之规定。”依此则须本法无规定时,始得适用《民法》或援用其他法规之规定。商标法为特别法,本法自身如有明白规定,自不能再以《民法》或其他法规为依据。商标法原条文既明定为自审定书送达之日起,自应连送达之日,一并计入三十日之内,毫无疑义。乙说,此类审定书文件,无论何项法律,例由达到后次日起算限期,民刑诉讼法、《诉愿法》、行政诉讼法,莫不如是,商标法第二十七条,殆仅示法定限期由送达之日起,限定三十日之意,并非指送达之当日任何时间即为一日之谓,自应以达到之时至次日同时为一日,绝不能对于下午十时以后,所到达者亦解为一日。例如一日到达者,倘限期为十日,应计算至十一日为届满,不能以十日为满限,此理至明。事关商《民法》益极巨,似不能仅拘泥于条文文字,而置法理于不顾。细绎二说,各有理由,究竟应适用何说,本部未敢擅断现,且悬案待决,理合备文呈请钧院,转咨司法院迅予统一解释,以

资遵守等情。据此,相应咨请查照,迅予解释,俾便饬遵。此咨司法院

**院字第一七一一号**

**民国二十六年十月二十九日　司法院指令山东高等法院**

呈悉,业经本院统一解释法令会议议决,罚金之执行乃国家刑罚权之作用,与债权之性质不同。倘就受刑人遗产为罚金之执行,经减价拍卖,无人承买,应由法院斟酌情形,再行减价拍卖,或准用《民事诉讼执行规则》第八十条至八十二条规定,以职权决定管理,委任适当之人为管理人。倘管理之结果,不能达完满执行之标的,于有可得适当价格时,仍得以职权命为拍卖。合行令仰转饬知照。此令

**附山东高等法院原呈**

案据莱阳地方法院院长李瑶圃呈称,呈为呈请解释事,查《刑事诉讼法》第四百七十四条第三项规定,罚金得就受刑人之遗产执行等语。设经查封受刑人遗产后,既不能实施强制管理(因乡村长皆畏事而不肯应管理人之选,亦无其他适当之人),而减价拍卖终结,又无人承买。若依执行规则,即应将查封财产,移转于债权人,而法院(或国库)是否亦可视为债权人而转与查封财产,或应如何办理,疑义滋多,理合备文呈请钧院,转呈解释祇遵等情。据此,当以系属执行范围,函转本院检察处核示,旋准本院检察处函称,案准贵院长函选莱阳地方法院院长李瑶圃呈,为因罚金执行与查封财产发生疑义呈请解释一案,原呈一件,嘱为核办等由过处。查本案系该地方法院院长呈请贵院长解释之件,相应将原呈一件,送请察核办理等由,准此,事关解释执行罚金疑义,究应如何办理,理合具文转呈钧院俯赐解释,以便转饬遵照。谨呈司法院院长居。山东高等法院推事兼院长吴贞缵

**院字第一七一二号**

**民国二十六年十月二十九日　司法院指令广东高等法院**

呈悉,业经本院统一解释法令会议议决,依《民事诉讼法》第二三八条规定,裁定经宣示或送达后,法院始受羁束。来问情形,前后两裁定,既属同时送达,则前裁定系在未送达前,即已废弃可知,法院自行废弃其未受羁束之裁定,尚非法所不许。虽前裁定亦经送达,但业被废弃,自不因送达而生羁束之效力。合行令仰转饬知照。此令

**附广东高等法院原呈**

案据阳江地方法院院长林哲长呈称,设有某甲因请求迁让事件,不服第一审判决提起上诉,其上诉所得受之利益,不逾五百元,第一审裁定,令补缴上诉审判费,甲依限补缴,因第一审法院延不转送,致第二审法院依《民事诉讼法》第四百四十一条第二项以裁定书将上诉驳回。追第一审法院将补缴上诉审判费之状转送后,第二审又以裁定,自将原驳回上诉之裁定撤销,谕知上诉仍予受理。该项裁定与驳回上诉之裁定同时送达,于此有二说焉:(一)本案系不得上诉或抗告于第三审之案件,经第二审法院以裁定终结本案,该裁定即以

确定,第二审法院应受其羁束,无自行撤销而继续受理之权。除合于再审条件得提起再审之诉外,别无救济之途。(二)第二审法院将本院所有之裁定(即驳回上诉之裁定)撤销更为裁定(即撤销原裁定谕知仍予受理之裁定),于法固属无据。而某甲既依限缴上诉审判费,则其上诉显非不合程式,第二审法院竟以此为理由,驳回其上诉,亦非适法,此等违法之裁定,均当然无效,仍应继续进行诉讼。二说究以何者为是?再如采第一说,则因前后二裁定同时送达之故,某甲一方面虽知悉裁判已经确定,一方面又误以既确定之裁定已经撤销,诉讼业已继续进行,则再审之诉之三十日不变期间,从何时起算?本院现有此等案件,亟待解决,理合备文呈请钧院迅赐转请解释示遵等情。据此,事关法律疑义,理合具文呈请钧院,俯赐解释,俾便转饬遵照。谨呈司法院院长居。代理广东高等法院院长史延程

**院字第一七一三号**

**民国二十六年十月二十九日　司法院指令贵州高等法院**

呈悉,业经本院统一解释法令会议议决,无人拍买之不动产,业经发给权利移转书据交债权人收受,其最后减定价值,虽超过债权额,债权人既愿找价,自应依《民事诉讼执行规则》第七十三条第一项前段,及补订民事执行办法第十六条第三项所定趣旨,归债权人收受,不得因第三人愿照最后标价承买,援用已废止之《民事诉讼执行规则》第七十三条第一项但书及第二项规定办理。至《民法》第九百一十九条,系关于典权人留买典物之规定,自亦不得援用。合行令仰转饬知照。此令

**附贵州高等法院原呈**

呈为呈请解释事,案据贵阳地方法院院长欧阳樛呈称,查有债务执行案件,经查封债务人不动产三次拍卖,无人承买,已将该项不动产依照《民事诉讼执行规则》第七十三条第一项前段,及补订民事执行办法第十六条第二项,缮发权利移转证书交债权人收受。但该不动产最后减定价值尚超过债权额,自发交后已逾年余,忽有第三人愿照最后标价承买,债权人亦即愿找价留买。此种情形法无明文规定,是否可以援用已废止《民事诉讼执行规则》第七十三条一项但书及第二项之办法及《民法》第九百一十九条典权人留买典物之规定办理,理合备文呈请钧院,转请解释,指令示遵等情。据此,理合俯文呈请钧院,俯赐解释,指令示遵。谨呈司法院院长居。试署贵州高等法院院长漆璜

**院字第一七一四号**

**民国二十七年四月十九日　司法院复广东省绥靖主任公署电**

广东有绥靖主任公署余主任鉴,本年二月侵未法电致最高法院请解释债务抵押权疑义一案,业经本院统一解释法令会议议决,有抵押权之债权,就抵押物之卖得金,本得先受清偿,不因抵押物之查封,系由债务人拖欠公款而受影响。合电知照。司法院皓印

**附广东省绥靖主任公署原电**

最高法院焦院长勋鉴,兹有某商店拖欠某机关公款,经将该店东某甲之产业查封,以备投变抵偿。惟所封之产,经某甲先行设定抵押权,于某乙将来投变时,究竟须先偿还有抵押权者,抑应先偿还其公款,于此有二说焉:子说,谓抵押乃最强硬之物权,依法应享受优先权。况某乙之抵押权设定在封产之先,则变产所得之款,自应先偿还有抵押权者。丑说,谓某乙之抵押权虽强有力之物权,然究属私人权利,某甲所负公款,乃国家公帑,任何物权不能对抗,变产所得之款,应尽数先行偿还公款,以免公帑无着。以上子、丑两说,究以何说为当,事关法律疑义,特电请迅赐解释核复,弟余汉谋侵未法。

**院字第一七一五号**

**民国二十七年四月十九日　司法院复甘肃高等法院电**

甘肃高等法院孟院长览,上年八月俭代电悉,所请解释关于适用《刑法》第二十九条第一项疑义一案,业经本院统一解释法令会议议决,社员如明知其事为犯罪,而请求社团法人为之,法人之代表人如有责任意思及责任能力,而实施其所请求之行为,该社员即应成立教唆犯,合行电仰知照。司法院皓印

**附甘肃高等法院原代电**

重庆司法院居院长钧鉴,查本院于上年八月俭代电请解释关于适用《刑法》第二十九条第一项疑义原文称,查以公益为目的之社团法人,根据其社员之请求为某种行为,而此行为触犯《刑法》者,为此请求之社员,应否成立教唆犯,有甲、乙二说。甲说中又有二说:(一)社员之请求是否正当,法人有核夺之权,法人经核夺后,仍根据其请求而为此行为,当系认其请求为正当,即令此行为触犯《刑法》,亦仅应由法人之代表人负刑事责任,为此请求之社员不应成立教唆犯。(二)教唆他人犯罪者,为教唆犯,固为《刑法》第二十九条第一项所明定,但所谓他人,当指自然人而言,法人并不包含在内。故若社员请求法人为某种行为,即令法人根据其请求而为此行为,且此行为触犯《刑法》,因社员既非请求自然人为犯罪行为,即与《刑法》第二十九条第一项所定之情形不符,法律亦无其他明文规定处罚,自不应成立教唆犯。乙说,则谓法人虽不能为犯罪之主体,但如法人之行为犯罪,自应由其代表人负刑事责任。社员请求法人为犯罪行为,即系教唆法人之代表人为犯罪行为,与一般之教唆情形完全相同,仍应成立教唆犯。究以何说为是,于适用《刑法》第二十九条第一项不无疑义,理合电请解释示遵等语在案,迄未奉令,理合再行电请迅赐解释示遵。署甘肃高等法院院长孟昭侗叩虞印

**院字第一七一六号**

**民国二十七年四月十九日　司院法指令湖南高等法院**

呈悉,业经本院统一解释法令会议议决,合族公同共有之祀产,因管理人之侵蚀,而请

求清算,依《民法》第八百二十八条第二项关于权利行使之规定。苟非另有约定或惯例,自应得公同共有人全体之同意。如仅由族中一、二人自行起诉,即难谓当事人为适格。仰即转饬知照。此令

**附湖南高等法院原呈**

案据署湘潭地方法院院长彭矩呈称,查民事诉讼之当事人适格与否,应尽先审究,如有不适格者,即无庸审查其内容而予以驳回,以省劳力。本院受理民事诉讼,其中有关于当事人适格之案件,发生疑义,谨述于此。设某族有子孙千人,其中有一、二人,以祠堂经理侵蚀祀产,乃单独具状向法院提起民事诉讼,请求清算。此种案件之原告适格与否,分为两说。甲说,谓此种情形,原告应认为适格,其理由系以族中子孙为祀产之共有人,虽其中一、二人单独向法院起诉请求清算经理账目,然此为保存行为,依《民法》第八百二十条第二项之规定,原得由各共有人单独为之。乙说,谓《民法》物权编第二章第四节关于共有之规定,其中有分别共有与公同共有两种,二者不可混为一谈(自八百十七条至八百二十六条为分别共有,八百二十七条至八百三十条为公同共有)。祀产根据历来判例(最高法院十八年上字第四七八号,前北京大理院九年上字第七九七号),均认为公同共有之财产,除分割方法,依《民法》第八百三十条第二项之规定,可依关于共有物(即分别共有之规定)之分割规定外,其余处分与其他之权利行使,应依《民法》第八百二十八条第二项关于公同共有之规定办理,不能适用分别共有各条,故祀产之保存行为,不能适用《民法》第八百二十条第二项之规定,由各共有人单独为之,应包括于同法第八百二十八条第二项其他之权利行使范围内,须得公同共有人全体之同意(参照司法院院字第一四二五号解释)。如族中子孙一、二人未得利害相同之公同共有人全体同意,单独向法院诉求与经理清算账目,应认为当事人不适格,而予以驳回,两说各执一词,无所适从。事关法律疑义,悬案待结,理合备文呈请鉴核示遵等情,前来。查案关法律解释,本院未敢擅专,理合据情呈请钧院鉴核,迅赐解释,以便饬遵,实为公便。谨呈司法院院长居。湖南高等法院院长陈长簇

**院字第一七一七号**

**民国二十七年四月十九日　司法院指令四川高等法院**

呈悉,业经本院统一解释法令会议议决,某甲和诱某乙年十八岁之女丙,即系侵害某乙之监督权,某乙自得对之提起自诉。合行令仰转饬知照。此令

**附四川高等法院原呈**

呈为转请解释以便遵循事,案据四川高等法院第五分院院长李永成电称,查《刑事诉讼法》第三百十一条规定,犯罪之被害人,得提起自诉,但以有行为能力者为限。所谓被害人,曾经司法院解释,系专指因犯罪而直接被害之人而言。兹假定某甲,和诱某乙十八岁闺女丙脱离家庭,核其所为,自系犯《刑法》第二百四十条第一项之罪名,毫无疑义。惟某乙对于某甲,能否向法院提起自诉,兹有两说。子说,谓《刑法》第二百四十条第一项所谓之家庭,

乃系指有监督关系之家庭而言，该案定明和诱未满二十岁之男女，以脱离家庭为犯罪成立条件之一，即为保护监督权而设，间接亦所以保护未成年之利益也。凡有监督权人之监督权，与其所享有之财产权、自由权以及名誉权同为法律所付与，如果其被监督之人，因他人之不法行为而脱离其监督范围，致令监督人不能行使其监督权时，则其所享有之监督权，即应认为已因犯罪而受侵害，有监督权人即可谓为直接被害之人。依法而论，某乙自得对某甲提起自诉。丑说，谓该条犯罪，直接被害人为未满二十岁之男女，所谓脱离家庭，或其他有监督权之人，不过为其犯罪成立要件之一耳。监督权人之监督权，虽因犯罪行为暂时不得行使，但其监督权之本身，并无损伤。换言之，即监督人之监督权，不因他人之犯罪行为而丧失或有所变更。故该条犯罪，未成年人之法定代理人，不能谓为犯罪之直接被害人，实不能提起自诉。以上二说，究以何说为是，职院现有此项类似案件，理合电请解释，以便遵循等情，前来。案关法律疑义，理合具文呈请钧院，俯赐迅予解释，令饬遵照，谨呈司法院院长居。署四川高等法院院长谢盛堂

**院字第一七一八号**

**民国二十七年四月二十日　司法院咨行政院**

为咨复事，准贵院上年六月二十八日咨（第七——二零三号）开，据福建省政府呈请解释《民法》第七六九条及第七七零条适用疑义，转咨查照见复等由，业经本院统一解释法令会议议决，久淤成畈之湖基，如不在《土地法》限制私有之列，经开垦成田，且具备《民法》第七百六十九条或第七百七十条之占有要件，自得请求登记为所有人，相应查复贵院查照饬知。此咨行政院

**附行政院原咨**

案据福建省政府二十六年六月十六日余已铣府秘法第四七八一六号呈称，查《民法》第七六九条、七七零条占有规定，除取得时效完成外，尚须具备和平继续占有等要件，其时效期间较短者，尤须占有之始，系善意而无过失，方能依法取得所有权。今有久淤成畈之湖基一段（系先贤因田为湖备公共灌溉之用，非天然形成之湖泽），乡民相率开垦，致湖基一部成为已开垦之田，一部为未开垦之畈。现经计划整理，除划为灌溉沟止湖田，仍应还湖外，其其淤塞已高，还湖不易，业经开垦之田，人民是否同占有取得所有权，于此有数说。甲，谓人民垦湖成田，与占有规定相符，自应取得所有权。乙，谓湖原为公共灌溉之用，虽经失效，今垦湖为田于水利终有妨碍，况间或彼此争垦，发生纠葛，与善意和平之规定有违，不能认其取得所有权。丙，谓善意系缩减取得时效之要件，依《民法》第七六九条之法意，即非善意而有过失，亦得依法取得所有权，且善意系就主观而有非就客观而有占有他人之不动产，若就所有权人观察，即无论如何均非善意。今就废弃已久之湖，开垦成田，就主观有原无妨害水利之恶意，又和平亦分两点，即对所有权人之和平，与对第三者之和平，湖虽公有，业经废弃，开垦之后，素未干涉，对所有权人自不能谓有失和平。至对第三者纠葛，法律且有保护

占有之规定,要无碍其取得所有权,由甲、丙二说,似可取得所有权,乙说则否。究以何者为是？兹有此类案件待决,理合呈请转咨解释等情。据此,事关法律适用疑义,除指令外,相应咨请贵院解释见复,以凭饬遵。此咨司法院

**院字第一七一九号**

**民国二十七年四月二十日　司法院复湖北高等法院电**

湖北高等法院郗院长览,本年一月元代电悉,所请解释关于继承遗产公示催告疑义一案,业经本院统一解释法令会议议决,继承人为限定之继承。虽于法定期限内,开具遗产清册呈报法院,且经公示催告,但被继承人之债权人,主张有《民法》第一千一百六十三条第一款隐匿遗产情事,经查讯属实,自可依债权人之声请,而为继承人不得享有限定继承利益之裁定。合电知照。司法院智印

**附湖北高等法院原代电**

重庆司法院院长居钧鉴,设有合于《民法》第一千一百五十四条第一项、第一千一百五十六条第一项之规定,而为限定继承人之件,法院经依同法第一千一百五十七条公示催告中,债权人称有第一千一百六十三条第一款情事讯核属实。在此场合,应如何处置,计分二说:(一)继承人为限定之继承,既于法定期限内开具遗产清册呈报法院,原不得以裁定驳回,院字第一零五四号解释甚明,且为限定继承之事件,经行公示催告程序即已终结,纵在公告中,不无隐匿遗产情事,亦无庸更为不得主张《民法》第一千一百五十四条所定利益之裁定。(二)法院既于公示催告中,认有隐匿遗产情事,即应准用《民事诉讼法》之一般规定(因非讼事件程序法尚未制定),为不得主张《民法》第一千一百五十四条所定利益之裁定。至院字第一零五四号解释,系就法院仅因继承人对于遗产无确切统计,即不准公示催告以裁定驳回者所为之指示,与本件情形不同。二说孰是,事关法律疑义,理合呈请鉴核,解释示遵。湖北高等法院院长郗朝俊叩

**院字第一七二〇号**

**民国二十七年四月二十三日　司法院致中央执行委员会秘书处函**

前准中央执行委员会民众训练部上年六月二日函(第七七一八号)开,集据福建省党部呈转请解释工商同业公会法第十条及商会法第十九条疑义,请查照见复等由,业经本院统一解释法令会议议决,商会及工商同业公会候补、递补或补选当选之执行委员,其任期均应与原来选出之执行委员合并计算,不能因商会法及工商同业公会法有不得连任之限制而变更。兹因民众训练部组织已有变更,相应函请贵处查照转知。此致中央执行委员会秘书处

**附中央执行委员会民众训练部原函**

案准福建省党部呈略称,据闽侯县党部呈请解释工商同业公会法第十条及商会法第十九条不得连任之规定,依据司法院院字第九零一号解释,原执行委员全体或多数退职,应先

递补或补选足额后再依改选程序办理之规定，倘候补或补选当选委员，于递补之翌日而任期已满，应行改选，适如昙花一现，照连选不得连任之限制，不啻剥夺其被选举权，有无补救办法，转请核示等由，到部。查事关法令疑义，除函复外，相应函请贵院解释见复，以凭转知为荷。此致司法院

**院字第一七二一号**

**民国二十七年四月二十八日　司法院指令四川高等法院首席检察官**

呈悉，业经本院统一解释法令会议议决，查《县司法处办理诉讼补充条例》第十条规定，应由检察官实施之勘验处分。如县长因事故不能实施时，得由审判官代行，是审判官所得代行者，当然以勘验处分为限，至四川省县司法处处务规程第十条第一项规定，系指代理一切职务而言，与仅代行勘验处分之情形不同。依该条规定，必须经过呈报高等法院之手续，若如原呈所称，兼理县司法处检察职务之各县长，未经呈报高等法院得其核准，即将所有检察官一切职务，概托审判官代为执行，自不能认为适法。仰即知照。此令

**附四川高等法院首席检察官原呈**

呈为呈请解释法律疑义事，窃查《县司法处办理诉讼补充条例》第十条规定，应由检察官实施之勘验处分，如县长因事故不能实施时，得由审判官代行，是审判官所得代行者，仅限于勘验处分，并非谓检察官一切职务，于审制官皆可代行。惟查本省经核准施行之四川省县司法处处务规程第十条第一项，则规定县长因事故不能执行职务时，得呈报高等法院由审判官代理。审判官因事故不能担任所配受之案件时，得呈报高等法院由他审判官或县长担任，依此规定，其所谓职务，既无另有限制规定，自系指其检察官之一切职务而言，故不惟勘验处分，即实施其他一切侦查程序及其侦查结果所为起诉不起诉之处分，于审判官皆可以代理，殆无可疑。近来兼理县司法处检察职务之各县长，每以因事故不能执行职务，亦未经呈报，凡所有检察官一切职务，遂依该处处务规程之规定，概托由审判官以代为执行。所以近日据各县司法处呈送之声请再议案卷宗，当发现其一切侦查程序，皆系由审制官实施，于处分书亦由审判官署名代行。究竟此种由审判官实施之侦查程序及其所为之处分，是否可依该处务规程第十条第一项之规定，而应认为有效，抑因该处务规程之规定与其补充条例之规定有抵触，而应认为无效，于法律上自不无疑义。理合备文呈请钧院，迅赐解释，俾便遵循。谨呈司法院院长居。四川高等法院首席检察官林超南、检察官林乔楠代行

**院字第一七二二号**

**民国二十七年五月三日　司法院咨行政院**

为咨复事，准贵院二十五年十一月二十四日（第三一四号）咨开，案据实业部呈请解释特许银行应否依公司法登记疑义，请查照见复等由，业经本院统一解释法令会议议决，中国银行、交通银行、中国农民银行，虽均为经国民政府特许之银行，但依国民政府公布之各该

银行条例第一条规定,系特许其为某种银行,或特许其以某种事业为其营业之标的,依照股份有限公司组织或设立之,则各该银行既应依照股份有限公司组织或设立,自应适用关于一般股份有限公司所应适用之法规,即应同受公司法及公司登记规则之适用。又中国银行及交通银行之条例,系公布于公司法施行以前,其第一条所称依照股份有限公司条例云者,自系指该条例公布时及公布后关于股份有限公司所应适用之一切法规而言。相应咨复贵院查照饬知。此咨行政院

**附行政院原咨**

案据实业部二十五年十一月十九日商字第五零零零三号呈称,查中国银行、交通银行,系经国民政府于十七年十月及十一月间先后公布条例特许成立,依照条例规定该行等为股份有限公司组织,除官股外并容纳民股,既为官民合资之公司,似即应依照公司法登记。惟前准财政部二十二年九月二十日钱字第一零一四一号咨,略以该两行系奉政府特许,可毋庸再行注册。惟两行如在各地设立分支行,应仍依照公司法施行法第二十八条规定办理等由过部,当就法理研究,以为《民法》第三十条规定,法人非经向主管官署登记不得成立,又公司法第五条亦有同样规定。该两行既为股份有限公司组织,即非向主管官署登记,不能取得法人资格,至政府特许,系特许其营业之范围与普通商业银行不同,并非特许其法人资格,经咨复意见,请查照转饬该两行依法补请登记在案。该两行迄未遵照办理,又二十四年六月四日中国农民银行经国民政府公布条例特许设立,依照条例该行亦为官民合资之股份有限公司组织,与中、交两行性质相仿,究竟特许银行为公司组织者应否一律仍依公司法登记之处。事关法律疑义,理合呈请鉴核,转咨司法院解释示遵,以便办理等情。据此,事关法律适用疑义,相应咨请贵院解释见复,以凭饬遵。此咨司法院

**院字第一七二三号**

**民国二十七年五月三日　司法院咨行政院**

为咨复事,准贵院二十五年十一月四日咨(第三零三号)开,据实业部呈请解释屠业公会公产保管权疑义一案,转咨查照见复等由,业经本院统一解释法令会议议决,院字第一四五一号之解释,系就同业公会建设之会所原有出资人者而言。来文所称屠业公会所有之公产,由于各屠业人之入会金及该会年费、月费余款所购置,并无原出资之特定人,则此项公产,属之于公会,该会会员因剔除积弊,自得基于会员大会之议决,组织公产保管委员会而为保管,与第一四五一号所解释者不同,自不得适用该解释。相应咨复贵院查照饬知。此咨行政院

**附行政院原咨**

案据实业部二十五年十月二十七日商字第四九三二一号呈称,案据湖南省建设厅呈,据湘潭县长刘绍诚呈,转据该县屠业同业公会呈,为该业所有公款与其他各行业公产不同,应如何办理,请求解释等情,转请到部。查对于公会出资建设之会所,司法院曾于二十五年

三月二十日以院字第一四五一号公函解释,谓原出资人虽均歇业,如其建设之目的或规约,并无特别表示,则该会所自应仍归属于原出资人。而现组织之同业公会不得向其保管人请求腾交,载明司法公报。兹据原呈所称,设屠业公会所有堂产系由前清各屠业人之入会金及年费、月费之余款而来,相沿已二百余年,每年以产业所收之租金,除祭祀外,备办酒席,无论营业、歇业、会员及已故会员之子孙,均可参加与宴。是该项产业由团体之余资而来,实为当地屠业历代相承之公产,具有相续之性质,与其他行业一时集资兴建之会所,似不无区别。是否无论现在过去之屠业者及其遗族均有参与议决管理办法之权,及应否适用上述院字第一四五一号解释之处,理合附钞原呈,具文呈请鉴核,转咨司法院解释示遵,实为公便等情,附钞原呈一件。据此,案关解释适用疑义,相应钞同原件,咨请贵院查照见复,以凭饬遵。此致司法院

**院字第一七二四号**

**民国二十七年五月四日　司法院咨行政院**

为咨复事,准贵院上年九月一日咨(第七——二四六号)开,据江苏省政府请示土地登记疑义一案,转咨查核见复等由,业经本院统一解释法令会议议决,声请登记之土地,经公告期满已予登记,并发给权状后,始发生声请蒙冒虚伪之争执。在土地裁判所成立前,应由权利关系人,向该土地登记地之法院,提起确认产权之诉,一俟判决确定,即由该管地政机关,依照判决旨趣办理。相应咨复贵院查照饬知。此咨行政院

**附行政院原咨**

案据江苏省政府本年八月九日地字第十三号呈称,查办理土地登记之目的,在于确定产权之所属,如登记程序进行中发生争议,固可依法予以相当之解决。倘声请登记之土地,经公告期满,并未由权利关系人提出异议,地政机关依照《土地法》第一百零三条第一项予以登记,并已依同法第八十九条发给权状后,始发现声请登记人之声讲,有朦冒虚伪情事,是该地产权,究应谁属,如有争执,能否再由主管地政机关径依行政职权为之,查明处断,抑应指示权利关系人先向司法机关诉请确认,殊滋疑义。且查依《土地法》所为之登记,有绝对效力,为该法第三十六条所明定,此项土地若经行政或司法方面审究结果,认为原登记确属蒙冒诈欺,则已发之权状,可否由主管地政机关径予撤销,尤无明文足资依据,究应如何办理之处。事关法令疑义,理合呈请示遵等情。据此,查关于土地登记案件之争执,依法应由土地裁判所管辖,惟现在该项机关尚未成立,其有关法规亦未制定,则关于该项争执,似应指示权利关系人先向司法机关诉请确认。其确认结果,若原登记确属蒙冒诈欺,似亦得径由该管地政机关撤销已发之权状。据呈前情,案与司法职权有关,相应咨请贵院查照见复,以凭办理。此咨司法院

**院字第一七二五号**

**民国二十七年五月二十八日　司法院指令江苏高等法院**

呈悉,业经本院统一解释法令会议议决,(一)不定期限之租用耕地契约,于解约有争,出租人声明解约,其计算诉讼标的之价额,除有《土地法》第一百八十条所列之第三款、第五款情形,应以该法第一百八十三条所定预告期间之租金为准外,因其他情形声明解约者,应以习惯上预告期间之租金为准。(二)耕地租用,依《土地法》第一百七十七条规定,不得收取押租,其出租人已收取押租者,于有同法第一百八十条第七款情形终止契约时,自应于其已收取之押租抵充积欠地租外尚达二年之总额,始得终止。(三)耕地之出租人,于《土地法》施行前已收押租者,《土地法施行法》并无应行退还之规定,出租人自毋庸退还,但承租人得随时以之抵充租金。(四)债务人之财产,系债权之总担保,其已查封之不动产,经三次减价拍卖,无人买受,债权人又拒绝收受,法院自可依债权人之声请,另行查封债务人其他财产。(五)债权人对于在强制管理中业经三次减价拍卖无人承买之不动产,声请再行减价拍卖,不以一次为限。仰即转饬知照。此令

**附江苏高等法院原呈**

案据南通地方法院院长盛世珍呈称,为呈请解释事,(一)查未定期间之租赁,而于解约有争,出租人声明解约,诉请迁让,关于诉讼标的之价额,以习惯上预告期间之租金为准,业经钧院院字第八六三号、第一一三四号解释有案。惟查《土地法》施行后,关于耕地租用之规定,与《民法》永佃权之规定相类似,非有《土地法》第一百八十条所列各款情形之一者,不得中止契约。除同条第三款、第五款终止契约时,已于同法第一百八十三条定有预告期间外,因其他各款情形终止契约,率无预告之规定,其计算诉讼标的之价额,是否仍以习惯上预告期间之租金为准?(二)依《土地法》第一百七十七条规定,耕地租用,出租人不得收取押租。设出租人已收取押租时,依《土地法》第一百八十条第七款请求终止契约,是否应将押租抵偿后积欠地租达二年之总额,始得终止契约?(三)出租人于《土地法》施行前已收押租,应否返还?(四)查封债务财产经三次减价拍卖无人买受,债权人又拒绝作价收受,可否依债权人之声请,另行查封债务人其他财产?(五)执行标的物,经三次减价拍卖无人承买,依法强制管理,在管理中据债权人声请再行减价拍卖,是否以一次为限?事关法律疑义,呈请转请解释等情,前来,理合具文呈请钧院,解释示遵,实为公便。谨呈司法院院长。江苏高等法院院长朱树声

**院字第一七二六号**

**民国二十七年五月二十八日　司法院指令云南高等法院**

呈悉,业经本院统一解释法令会议议决,河岸私有之田地,因水道变迁,致坍没一部或全部者,其所有权,依《土地法》第九条所定,应即视为消灭。除该岸土地回复原状时,仍得

回复其所有权外,不得以对岸淤地增多,请求拨补。仰即转饬知照。此令

**附云南高等法院原呈**

呈为呈请解释事,案据元谋县县长张锡龄快邮代电称,兹有河边水田四分,甲、乙二人之田在河东岸,丙、丁二人之田在河西岸,但河身甚宽,水流无定,现因河流移易东岸,甲田占去二分之一,乙田全数占去,西岸丙田涨出二分之一,丁田涨出一倍,双方发生争执。据甲、乙二人则称,该民之田既冲去一半及全分,应向西岸寻找,即应由丙、丁二人涨出之田内划分。丙、丁二人则称,甲、乙二人之田既在东岸,现被河流冲没,是田在河中,不应向西岸争执,其西岸涨出之田,乃系河身淤出,非甲、乙二人之田迁移等语。查河田之法,《民法》上未经规定,而县属此类案件,不时发生,究应依甲、乙之说,抑依丙、丁之说,事关法理,盼速解释示遵,俾有遵循等情。据此,事关法律疑义,理合据情呈请钧院,俯赐解释,以便饬遵。谨呈司法院院长居。兼代云南高等法院院长黄希仲

**院字第一七二七号**

**民国二十七年五月二十八日　司法院致外交部函**

迳复者,准贵部上年一月十一日公函(国26字第二零九号)开,为关于外国女子嫁与中国人为妻,其婚姻经撤销后之国籍问题,请查照解释见复等由,业经本院统一解释法令会议议决,外国女子嫁与中国人为妻,于其为中国人妻时,依国籍法第二条之规定,已取得中华民国之国籍者,其婚姻关系,虽因重婚而经法院宣告撤销,但国籍法并无因此而丧失其已取得之中华民国国籍之规定,则其已取得之中华民国国籍,自不因之而丧失。相应函复贵部查照。此致外交部

**附外交部原函**

查外国女子为中国人之妻,依我国国籍法第二条第一款规定,取得中华民国国籍者并不因其夫之死亡,或因与其夫离婚,而丧失其国籍,前经贵院二十三年院字第一一一一号及二十四年院字第一三三六号解释有案。兹有某外国女子嫁与中国人为妻,依法取得中华民国国籍,但其婚姻因重婚经利害关系人按照我国《民法》第九百九十二条之规定,诉准法院宣告撤销,其情形与其夫之死亡及与其夫离婚同为婚姻关系之消灭。根据上开各解释,则其婚姻撤销前已取得之中华民国国籍,似不能因之丧失,或谓该女子嫁与中国人为妻,如因重婚而婚姻经法院宣告撤销,则应认为自始未取得中华民国国籍。惟依《民法》第九百九十八条规定,结婚撤销之效力,不溯及既往,似亦不应因婚姻之撤销而丧失其国籍,究应如何解释之处,悬案以待,相应函函查照,迅予核夺,解释见复,以资依据为荷。此致司法院

**院字第一七二八号**

**民国二十七年五月二十八日　司法院咨行政院**

为咨复事,准贵院上年四月二十四日咨(第一一五号)开,据江苏省政府呈请解释公司

法适用疑义一案,咨请查照见复等由,业经本院统一解释法令会议议决,公司法施行前之股分有限公司,如确系公司组织,依公司登记取缔办法而定,只须登记,不生创立会召集之问题。若不合于公司组织,并经主管官署撤销登记,即应由七人以上之新发起人召集创立会,与原来发起人是否存在无关。相应咨复贵院查照饬知。此咨行政院

**附行政院原咨**

案据江苏省政府二十六年四月十六日秘字第六一号呈称,案据高邮县政府二十六年四月五日呈称,案查有某股分有限公司,于民国初年开始组织,集资数十万元,早经营业,直至现行公司法施行后,始行呈请奉准登记,发给证书。旋因股东会议无效,复奉主管部厅撤销登记,并命依公司法重召创立会办理,于是发生法律上疑问,甲说,依公司法第九十九条规定,创立会应由发起人召集,而同法第八十七条规定,应有七人以上为发起人。某公司创设以来,历时二十余年,原发起人虽有七人以上,然以年久先后死亡,现仍存在者只一、二人而已,其发起人之身分,又系人格权,于法不得由其子继承,且多数已将股份移转售让与他人。为救事实之穷起见,自可由现存之发起人一、二人召集创立会,且公司法第九十九条明文,但曰发起人召集创立会,既无全体或七人以上等字样,即以现在实存之原发起人一人或二人召集之,并无限制。乙说,此项公司系奉准登记后复被撤销登记之公司,自与初次设立之公司不同,其实际上早经推选董事执行职务,此时重行办理登记事宜,只须现职董事出名召集最高意思机关之股东会以代创立会,而资救济,于法理及事实两有裨益,不必拘泥于发起人现存之多寡,与夫创立会之有无。丙说,谓创立会系公司法上进行登记之阶段,未可免除,其发起人又多因年久先后死亡,为法令及事实兼顾计,应由现存之原发起人一人或二人会同实际上现在执行业务之董事召集创立会,依法修订章程决议事项等程序,重行呈请登记,俾法人资格早日成立各等情。以上三说,究以何说为是,理合呈请释示等情。事关适用法律疑义,除先指令外,理合据情呈请转咨解释等情。据此,事关法律适用疑义,除指令外,相应咨请贵院解释见复,以便饬遵。此咨司法院

**院字第一七二九号**

**民国二十七年五月三十日　司法院指令山东高等法院**

呈悉,业经本院统一解释法令会议议决,甲、乙二人共同犯罪,乙冒甲名顶替到案,检察官侦查起诉及第一审判决,均误认乙为甲本人,乙且更冒甲名提起上诉。第二审审理中,发觉乙顶冒甲名,并将真甲逮捕到案。此时第二审对于此种诉讼主体错误之判决,可参照院字第五六九号解释,将原第一审判决撤销,对真甲另为判决,以资救济。至乙之犯罪部分,自应径送该管检察官另行侦查起诉。仰即转饬知照。此令

**附山东高等法院原呈**

案据本院第二分院院长麦鼎华支代电称,查有甲、乙二人共同犯罪,乙隐匿真名,冒顶甲名被捕到案,经检察官侦查起诉及第一审判决,均认甲为其本人,且乙仍冒顶甲名提起上

诉,经第二审审判中被人告发,始悉乙系冒顶甲名,而真正之甲亦逮捕到案,此际第二审对于甲、乙究应如何办理,兹分子、丑二说。子说,谓乙冒顶甲名,检察官系对甲提起公诉,第一审亦系对甲判处罪刑,乙虽属共犯,但乙之犯罪事实未经侦查起诉,依《刑事诉讼法》第二百四十七条规定,法院对乙当然不得审判。至甲在第一审时既未到案,遽予判处罪刑,显系违法,第二审自应将原判决撤销,另为甲有罪或无罪之判决。乙之犯罪部分,应送检察官另行侦查起诉。丑说,谓甲、乙二人既系共犯,乙冒顶甲名,但其犯罪相同,检察官侦查起诉,第一审判处罪刑,名义上虽为甲,实际上乃为乙,第二审厅将甲名更正为乙名,对乙予以判决,甲之犯罪暨乙之顶替部分,应另由检察官侦查起诉。以上二说,未知孰是,事关法律疑问,乞俯赐核转解释示遵等情。据此,理合备文转呈钧院核示,俾资饬遵,谨呈司法院院长居。山东高等法院推事兼院长、庭长丁亦葵、李法先代行

**院字第一七三〇号**

**民国二十七年六月四日　司法院指令湖北高等法院**

呈悉,业经本院统一解释法令会议议决,甲因与乙争土地挟仇,聚众持械抢劫乙家财物,并放火烧毁房屋,伤害二人以上,自系触犯《惩治盗匪暂行办法》第三条第二、第六、第七各款之罪,依同办法第九条规定,应归军事机关审判。仰即转饬知照。此令

**附湖北高等法院原呈**

案据襄阳地方法院院长李棠呈称,案据本院候补推事秦昶呈称,查有甲、乙因土地争执,结有仇怨,甲竟聚众执持枪械前往乙家抢劫财物,并放火烧毁房屋,伤害二人以上。此案应否由军事机关审判,有丙、丁二说。丙说,甲之行为虽合于《惩治盗匪暂行办法》第三条第二款、第六款、第七款之规定,但其起事原因,系挟争执土地之仇,自与通常之盗匪案件有别,不应由该办法第九条所列之军事机关审判。丁说,甲之行为,既与《惩治盗匪暂行办法》第三条第二、第六、第七各款规定之要件相合,自不能因其由民事起因,即不认其为盗匪,当然由军事机关审判。以上二说,究以何说为是,请转请解释等情。据此,职意甲之抢劫财物,有无所有意思,为解决本案关键。如并无所有之意,仅因民事以抢劫为要挟或报复之方法,纵此外尚有不法之事,仍属普通司法范围,否则自应由该办法第九条所列之机关处理,是否有当,未敢擅专,理合据情转呈,恭候转请解释令遵等情。据此,事关法律解释,理合据情转呈钧院,俯赐解释祗遵。谨呈司法院湖北高等法院院长郗朝俊

**院字第一七三一号**

**民国二十七年六月四日　司法院指令河南高等法院**

呈悉,业经本院统一解释法令会议议决,同业公会主席,虽曾判处有期徒刑,嗣经假释出狱,尚未期满,如无商会法第十三条所列各款情事之一,又未经同法第十七条会员大会之议决,将其除名,自不能否认其会员代表出席之资格。仰即转饬知照。此令

**附河南高等法院原呈**

案据郾城县政府蒸日代电称,案据本县商会组织筹备委员会呈称,为呈请解释事,设有某同业公会主席,前曾判处有期徒刑三年,嗣经假释出狱,尚未期满。现值商会改组时间,该主席究竟有无出席代表资格,呈请核示等情到府。事关法令疑义,未便擅行断定,理合电请钧院鉴核,迅赐解释示遵等情。据此,查事关适用法律疑义,本院未敢擅拟,除指令外,理合备文转请钧院,迅赐解释,俾便饬遵,实为公便。谨呈司法院院长居。试署河南高等法院推事兼院长凌士钧、庭长王启光代行

## 院字第一七三二号

**民国二十七年六月十日　司法院指令浙江高等法院**

呈悉,业经本院统一解释法令会议议决,吸食鸦片人犯判处罚金易服劳役,于发监执行时,复在身旁搜获鸦片,如在服役中,又有吸食行为,自系独立另犯一罪,与前犯无连续关系,否则仅止意图吸食而持有,自不能论以吸食之罪。唯此种情形,与现行之《禁烟治罪暂行条例》第十六条相当。若其行为在该条例施行前者,并应注意该条例第二十条第二项之规定。仰即转饬知照。此令

**附浙江高等法院原呈**

案据兼理司法桐乡县县长张周汶呈称,案查吸食鸦片获案判处罚金,以无力完纳,当庭声讲易科劳役,发监执行时,复由看守在受执行劳役人身中搜获鸦片,应认连续犯,谕知不起诉处分,抑应认为犯罪为科刑之判决,法律上颇滋疑义,于此有下列二说。甲说,谓吸食鸦片,当然有瘾,非旦夕所可戒除,倘然获案判决后,未经过足以戒除烟瘾之相当期间,复意图吸食而持有鸦片,除将搜获之鸦片依法裁定没收外,应认为连续犯,谕知不起诉处分。乙说,谓吸食鸦片系犯罪行为,既经判决发监执行劳役,即其烟瘾尚未戒除,只能服用药品,倘意图吸食而持有鸦片,即系另一犯罪行为,应予科刑。以上二说,究以何说为是,请解释示遵等情。据此,案关法令疑义,理合备文转请,仰祈钧院鉴核,解释示遵。谨呈国民政府司法院。署浙江高等法院院长邓文礼、庭长沈敏树代行

## 院字第一七三三号

**民国二十七年六月十日　司法院指令江苏高等法院第三分院**

呈悉,业经本院统一解释法令会议议决,意图供吸用而持有鸦片或毒品者,如事犯在二十五年六月重行公布之《禁烟、禁毒两治罪暂行条例》施行前,应依同条例第二十条第二项,适用行为时之法律处断,即其行为在《禁烟法》有效期内,依该法第十三条论科。若在旧《禁烟、禁毒两治罪暂行条例》有效期内,因无处罚明文,应不为罪。仰即转饬知照。此令

**附江苏高等法院第三分院原呈**

呈为呈转事,案据署江苏上海第二特区地方法院院长王思默呈称,为呈请事,查《禁烟、

禁毒治罪暂行条例》业经奉令施行，并依普通程序审理，且在适用该两条例区域之内，《刑法》第二十章规定停止施行各在案，惟查该两条例对于意图供犯罪之用而持有鸦片毒品或专供吸用鸦片或毒品之器具，并无处罚明文。遇有此案件发生（如仅图供吸食而持有鸦片或毒品），究应依《刑法》第一条及《刑事诉讼法》第二百九十三条第一项谕知无罪，抑依该两条例第二十条援用《刑法》第二百六十三条之规定，予以论罪科刑？事关适用法律疑义，且有案亟待解决，理合具文呈请院长鉴核，迅予电请核示祇遵，实为公便等情。据此，理合备文呈请钧院鉴核，指令饬遵，实为公便。谨呈司法院院长居。署上海江苏高等法院第三分院院长梁仁杰

**院字第一七三四号**

**民国二十七年六月十一日　司法院致内政部函**

迳启者，贵部二十四年十一月九日（民参一九第一六二零六号）公函，请解释《公务员惩戒法》各疑义一案，业经本院统一解释法令会议议决，（一）代理县长因犯刑事嫌疑，由委代之长官，将其撤任解送法院讯办，乃系刑事案件之告发，并非施行惩戒之程序，自不适用《公务员惩戒法》关于停止职务各规定。（二）《公务员惩戒法》第十六条第三项之复职补俸，以合于同条一、二两项因惩戒程序而停职者，始能适用，同法第十七条之情形，自不包括在内，但长官亦得依其他原因，本其行政上之任命权，令其复任。（三）代理县长虽未荐请国民政府正式任命，但有应付惩戒之原因，仍应适用《公务员惩戒法》，则关于因惩戒事件所生之停职复职问题，自亦适用同法各规定。（四）《公务员惩戒法》施行前发生之惩戒原因，亦应适用该法之规定，其因惩戒事件所生之停职复职诸问题，亦应依照该法办理。惟在该法施行前，业因刑事嫌疑而去职，虽至该法施行以后，始经判决确定，仍无适用该法之余地，相应函请贵部查照。此致内政部

**附内政部原函**

兹有某甲于民国十九年六月间，由乙省省政府委派代理丙县县长，是年七月七日到任，在职六个月零十四天，并未经过试署或实授程序，旋乙省省政府以某甲迭被控告滥权渎职纵匪殃民，暨擅发市票剥削人民各案，将其撤任，解送法院讯办，经判决无罪。某甲依据《公务员惩戒法》第十六条第三项请求复职补俸，乙省省政府认为本案事实核与《公务员惩戒法》第十六条第二项后半段所谓长官依职权先行停止其职务者，显有区别，不能适用同条第三项复职补俸之规定。是乙省省政府与某甲对于此案意见各殊，本部职掌吏治，奉令审议本案，因之发生下列各种疑义。查县长因刑事案件撤任由长官解送法院讯办，究与《公务员惩戒法》第十六条第二项所称，长官依职权先行停止其职务者，有无区别，抑或应适用同法第十七条第一项第一款当然停止职务之规定，此应请解释者一。又《公务员惩戒法》第十六条第三项原文内载依前二项规定停止职务之公务员，应许其复职，并补给停职期内之俸给等语。所谓依前二项规定，当系指本条而言，如系依同法第十七条第一项第一款当然停止

职务之公务员,在判决无罪时,应否亦适用前条复职补俸之规定。如不适用上项规定,有无其他救济方法,此应请解释者二。又某甲前任丙县县长,仅系由乙省省政府委派代理,并无署理字样,亦未经依照中央现行法令荐请国民政府正式任命,所有关于某甲停职复职各事宜,可否适用《公务员惩戒法》各条之规定,此应请解释者三。又查《公务员惩戒法》系于二十年六月八日奉国民政府明令公布,某甲奉委代理丙县县长,暨因案撤任解送法院讯办,均在《公务员惩戒法》公布施行以前,而终审判决确定,则在《公务员惩戒法》公布施行以后。某甲停职复职,应否适用《公务员惩戒法》,及应如何适用《公务员惩戒法》之处,此应请解释者四。以上四点,事关法律适用问题,本部悬案待决,相应函请贵处查照转陈,迅赐解释示复,以便办理为荷。此致司法院秘书处

**院字第一七三五号**

**民国二十七年六月十三日　司法院指令广西高等法院**

呈悉,业经本院统一解释法令会议议决,不经言词辩论之再审判决书,仍就其书状内所表明者,为事实之记载。仰即转饬知照。此令

**附广西高等法院原呈**

呈为呈请解释事,案据广西高等法院第五分院院长刘品彬二十六年五月十九日高字第五一六号呈称,查制作民事判决书必须记载事实,而事实项下,又应记载言词辩论时当事人之声明及其提出之攻击或防御方法,此在《民事诉讼法》第二百二十六条第一项第四款及同条第二项经有明文规定。惟同法第四百九十八条第二项载,再审之诉显无再审理由者,得不经言词辩论以判决驳回之等语。关于此项驳回再审之判决,既不经言词辩论为之,则言词辩论时当事人之声明及提出之攻击或防御方法均付阙如,在判决书内自难为事实之记载。然如不记事实,仅列理由,又与判决书之法定格式不符。是上开法文,在适用上不无疑义,理合备文呈请察核,迅赐转请解释示遵等情。据此,事关法律疑义,理合据情呈请钧院察核,俯赐解释,俾便饬遵。谨呈司法院院长居。代理广西高等法院院长朱朝森

**院字第一七三六号**

**民国二十七年六月十三日　司法院复广西高等法院电**

广西高等法院朱院长览,上年十二月养代电悉,该法院第四分院转请解释强奸罪适用法条疑义一案,业经本院统一解释法令会议议决,轮奸致被害人羞忿自杀,应依《刑法》第二百二十二条处断,不适用同法第二百二十六条第二项规定。电仰转饬知照。司法院元印

**附广西高等法院原代电**

司法院居院长钧鉴,案据本院第四分院院长陈文煊元代电称,查因强奸致被害人羞忿自杀,应依《刑法》第二百二十一条、第二百二十六条第二项处断,固无疑义。惟二人以上犯《刑法》第二百二十一条第一项或第二项之罪,而共同轮奸因而致被害人羞忿自杀,并无处

罚专条。设有此类案件,究应如何办理,事关法律适用疑义,理合电呈鉴核,转请解释示遵等情。据此,理合电请赐予解释,俾便饬遵。广西高等法院院长朱朝森呈察养印

**院字第一七三七号**

**民国二十七年六月十三日　司法院指令山东高等法院**

呈悉,业经本院统一解释法令会议议决,外国私人将有永租权之土地移转于中国人。如其设定之初,确有买卖性质,则受移转之中国人,自可准其为所有权移转之登记。仰即转饬知照。此令

**附山东高等法院原呈**

案据福山地方法院院长石铭勋呈称,查外国教会从前在内地绝买之土地,应以永租权论,若出卖于中国人,应从其性质为所有权移转之登记。又外国私人从前在内地绝买之土地,出卖于中国人,亦应因中国人请求而为不动产所有权移转之登记,均经院字第九八一号、第一三三零号解释在案。惟外国私人从前在中国内地只有永租权,其将永租权移转于中国人,中国人应如何登记,尚无明文。兹本院登记处受理外国私人于清光绪年间在内地永租中国土地,并领有中国官厅执照,载有永租字样,并无绝买字样。现外国私人将永租权移转于中国人,中国人声请为所有权登记,应否准许,抑仅准其为租借权移转之登记,颇滋疑义。理合备文呈请转呈司法院解释示遵,实为公便等情。据此,事关法律疑义,理合备文呈请钧院,俯赐解释,以便转饬遵照。谨呈司法院院长居。代理山东高等法院推事兼院长胡绩

**院字第一七三八号**

**民国二十七年六月十三日　司法院指令山东高等法院**

呈悉,业经本院统一解释法令会议议决,仿造第三人商标出售同一商品,其仿造行为既在他人将该商标依法注册(登记)以前,自不发生仿造已登记商标之问题。即使在他人注册后,知情而仍继续出售,亦不负《刑法》上之责任。仰即转饬知照。此令

**附山东高等法院原呈**

案据长山县长兼理司法行政事务周义章呈称,为呈请解释事,兹有子外国丑图商标某商品,畅行我国,一般商人多起而仿造该丑图商标出售同一商品,中有甲商于本年八月十三日在实业部商标局将该丑图商标请准注册,发有商标注册证收执,以前仿造丑图商标之乙商,于甲注册后,知情而仍继续使用以前仿造之丑图商标出售同一商品,甲即以乙仿造商标告诉,乙此时应否构成《刑法》第二百五十三条之仿造已登记商标罪,有二说焉。一说,按犯罪之构成,以行为时为准,乙于甲商注册后使用之丑图商标,既系在甲注册前所印刷者,是制造之行为在注册以前,即无仿造责任可言,乙之知情继续使用他人已登记之商标,当以《刑法》第三百三十九条第一项之诈欺罪论,并负《民法》上之赔偿义务。二说,查仿造商标

之构成犯罪,以其有欺骗他人之意图也,有无此种意图,应以犯罪人使用仿造商品于同一商品出售时为断,乙商之仿造丑图商标,虽在甲注册前,但其使用则在甲注册后,知情而使用之,其欺骗他人之意图既表露靡遗,即不能不负仿造已登记商标罪责。换言之,即仿造商标罪之构成,应以表现其欺骗意图时(使用仿造商标时)为犯罪时,不以其印刷时为犯罪时(以其印刷而不使用,犯罪人犹可辩称无欺骗意图也)。以上两说,未知孰是。事关法律疑义,本处未便擅专,理合呈请鉴核,解释示遵,悬案待结,不胜待命之至等情。据此,事关法律疑义,理合具文呈请钧院俯赐解释,以便转饬遵照。谨呈司法院院长居。山东高等法院推事兼院长吴贞缵

**院字第一七三九号**

**民国二十七年六月十三日　司法院指令湖南高等法院**

呈悉,业经本院统一解释法令会议议决,提起自诉,与告诉不同,设有数人共犯告诉乃论之罪,被害人于提起自诉后,对于共犯中之一人请求撤回自诉,其效力自不能及于共犯。仰即转饬知照。此令

**附湖南高等法院原呈**

案据南县司法处呈称,窃查侦查中告诉乃论之罪,对于共犯之一人告诉或撤回告诉,其效力及于其他共犯,刑诉法第二百十八条前段规定极明。设有数人同犯告诉乃论之罪,被害人于提起自诉后,对于共犯中之一人,请求撤回,其效力应否及于其他共犯。如效力及于其他共犯,应由书记官通知被告,抑仍判决谕知不受理。案关法律疑义,恳请钧座俯赐解释,指令祗遵,实为公便等情。据此,事关法律问题,理合具文呈请钧院,迅赐解释,俾便饬遵。谨呈司法院院长居。湖南高等法院院长陈长簇

**院字第一七四〇号**

**民国二十七年六月十四日　司法院致内政部函**

迳复者,准贵部本年二月十八日及三月三十日先后公函(第三八四号及第九一一号)开,迭准军政部咨请核复同母异父之兄弟同住一家,是否均以独子论一案,转函查照,解释见复等由,业经本院统一解释法令会议议决,免除当备兵役之独子,系指其无同父兄弟者而言,不得因与同母异父之兄弟同居,而认为非独子。相应并案函复贵部查照转咨。此致内政部

**附内政部原函**

案准军政部二十七年二月江役乙鄂代电内开,据贵州师管区筹备处长武思光(三零一二)电称,独子免役一节,如一妇人前在张姓生一子,后改嫁李姓亦生一子,现仍同住一家,是否均以独子论,乞示等情,特请核复,以凭办理等由,准此。查本部前准军政部二十七年一月十八日役衡字第二四零号咨,转据赣南师管区司令杨挺亚呈请解释,同母异父之独子

与随母嫁爷之兄弟,可否视为独子一案,请查照解释见复,以便饬遵等由。当以案关法律疑义,经钞同原咨,于本年二月十七日函请贵院查照,解释见复,以便咨复在案,准电前由。查本案与前案性质相同,相应函请查照,迅予并案解释见复,以便转复饬遵为荷。此致司法院

**院字第一七四一号**

**民国二十七年六月十四日　司法院指令湖南高等法院首席检察官**

呈悉,业经本院统一解释法令会议议决,关于《惩治偷漏关税暂行条例》之刑事案件,其得没收之扣押物,如有丧失毁损之虞或不便保管者,得依《刑事诉讼法》第一百四十一条拍卖之,而保管其价金。仰即转饬知照。此令

**附湖南高等法院首席检察官原呈**

案据署衡阳湖南高等法院第五分院首席检察官邓廷桂二十六年九月三日呈称,案据衡阳地方法院检察官王经畬本年九月二日第五八号呈称,查刑事案件,得没收之扣押物,有丧失毁损之虞,或不便保管者,得拍卖之,保存其价金,《刑事诉讼法》定有明文,并奉湖南高等法院检察处本年八月二日训字第二二二号会衔训令,饬知认真办理,处理自无困难。惟查本处近来受理走私案件甚伙,关于处分该项案件得没收之扣押物,《惩治偷漏关税暂行条例》,尚无规定,如有丧失毁损之虞或不便保管者,可否遵照上开训令处理,抑另有其他办法之处,未敢擅拟,理合备文呈请钧处鉴核,指令祇遵等情。据此,查所呈是项扣押物,究应如何处分,尚无法令可资依据。据呈前情,除指令外,理合备文转呈钧处鉴核,指令祇遵谨呈等情,据此,除指令外,理合具文呈请钧院察核解释,俾有遵循。谨呈司法院院长居。署湖南高等法院首席检察官邓静安

**院字第一七四二号**

**民国二十七年六月十五日　司法院指令福建高等法院**

呈悉,业经本院统一解释法令会议议决,(一)《惩治盗匪暂行办法》第三条第十款所谓掳人勒赎,与《剿匪期内审理盗匪案件暂行办法》第二条第九款所谓意图勒赎而掳人,法意相同。掳人苟系意在勒赎,虽被掳人逃回起回或未知生死,而并未接洽赎款,亦成立掳人勒赎之既遂罪。至掳人强卖,在《惩治盗匪暂行办法》第三条第十一款,定有处罚明文。(二)意图勒赎而掳人,因而致人于死者,依《惩治盗匪暂行办法》第三条第十款处断,其行为在民国二十四年六月三十日以前者,依《惩治盗匪暂行办法》第十一条、《刑法》第二条第一项但书、第三百四十七条第二项处断。仰即转饬知照。此令

**附福建高等法院原呈**

呈为转请解释事,案据惠安县长林鸿辉代电称,查本府审理盗匪案件有疑义数则,(一)被匪掳去逃回或起回或被贩卖或未知生死而并未接洽赎款者,在新旧惩治盗匪法令均无明文规定,有主张勒赎虽未遂而掳人既遂,应照最高法院二十年上字第三八七号判例办

理,有主张既未接洽赎款,尚无未遂可言,虽掳人既遂,要不能引用该判例处断。(二)在二十四年六月三十日以前或以后掳人致死,而未接洽赎款,及二十四年六月三十日以后掳人勒赎致死者,在新旧惩治盗匪法令亦无明文规定。究应适用何法,事关法律疑义,请迅转呈司法院分别解释电示,俾有遵循。查所呈各节,事属适用法律疑义,职院长未敢擅专,理合备文转请,仰祈钧院鉴核令遵,实为公便。谨呈司法院院长居。福建高等法院院长童杭时

**院字第一七四三号**

**民国二十七年七月二日　司法院指令四川高等法院**

呈悉,业经本院统一解释法令会议议决,未依法登记之外国教会,其代表人或管理人不得以非法人团体名义单独提起,或与其他自然人共同提起自诉(参照院字第五三三号解释)。仰即转饬知照。此令

**附四川高等法院原呈**

案据万县地方法院院长曾逵呈称,呈为呈请解释事。查外国教会,非依法登记,不得为诉讼当事人,若以非法入团体名义所设有之代表人或管理人起诉,在《民法》上许其有当事人能力,曾经二十一年九月五日,司法院复外交部第二二零号函,解释有案。但在刑事能否依照上开解释提起自诉,又其代表人或管理人,以非法人团体名义,与其他之自然人共同提起自诉,是否合法,不无疑义。事关涉外诉讼,自应慎重办理,理合具文呈请钧长俯赐鉴核,指令祇遵等情到院。事关解释法律疑义,理合具文转呈钧院,恳予解释。谨呈司法院院长居。署四川高等法院院长谢盛堂

**院字第一七四四号**

**民国二十七年七月二日　司法院指令广东高等法院**

呈悉,业经本院统一解释法令会议议决,被告因犯伪证等罪,于受有《刑事诉讼法》第三百零七条之确定判决,而不缴纳登报费用时,得准用民事执行规则强制执行。仰即转饬知照。此令

**附广东高等法院原呈**

呈为呈请解释事,窃本院据蕉岭地方法院呈称,查《刑事诉讼法》第三百零七条载,犯《刑法》伪证及诬告罪章或妨害名誉及信用罪章之罪者,因被害人或其他有告诉权人之声请,得令将判决书全部或一部登报,其费用由被告负担等语。其登报费用,如被告不缴纳时,可否准用民事执行法例,予以强制执行等情,请转呈解释到院。据此,理合转请钧院解释示遵,实为公便。谨呈司法院院长居。广东高等法院院长史延程

**院字第一七四五号**

**民国二十七年七月十二日　司法院指令安徽高等法院首席检察官**

呈悉,业经本院统一解释法令会议议决,宣告缓刑之案件,虽经非常上诉判决,将原判决适用法则违法部分撤销,但其效力既不及于被告,则原宣告之缓刑期间,仍属有效。至缓刑期内,更因他案受有期徒刑以上之宣告,应依《刑事诉讼法》第四百八十条规定,经检察官声请法院裁定撤销缓刑后,方能合并执行。仰即转饬知照。此令

**附安徽高等法院首席检察官原呈**

案据合肥地方法院首席检察官许恩麟呈称,案据本院候补检察官徐逵呈称,查宣告缓刑之要件,在《刑法》第九十条第一、第二两款规定甚为明晰。设有某甲因犯窃盗罪经判处有期徒刑一年,并宣告缓刑二年,判决确定后,发觉该被告曾受拘役以上刑之宣告,复经非常上诉判决,将原判适用法则违法之部分撤销。依《刑事诉讼法》第四百四十条规定,其效力不及于被告。换言之,即不执行其宣告之刑,但原判所宣告缓刑之期间,是否仍受其拘束?如谓已因违法撤销,当然无效,则其缓刑期间应至何时届满,此应请解释者一。如某甲又因他案受有期徒刑以上刑之宣告,其前判之有期徒刑一年,是否不经其他程序径予合并执行,此应请解释者二,拟请转呈解释等情。据此,查事关法律疑义,理合呈请钧席鉴核,俯赐转请解释示遵,实为公便等情。据此,事关法律疑义,理合据情具文呈请钧院鉴赐解释,指令祇遵,实为公便。谨呈国民政府司法院院长居。安徽高等法院首席检察官王树荣

**院字第一七四六号**

**民国二十七年七月十二日　司法院指令江西高等法院**

呈悉,业经本院统一解释法令会议议决,邮局信差,系邮政法第四十四条所称之邮政人员,并系《刑法》第十条第二项所称之公务员。仰即转饬知照。此令

**附江西高等法院原呈**

案据清江县司法处审判官刘金麟养日代电称,窃查(一)邮政法第四十四条所称邮政人员,关于邮局信差,是否包括在内?(二)邮局之信差,是否认为《刑法》第十条第二项之公务员?事关法律疑义,理合电请示遵等情。据此,理合备文转请钧院解释示遵。谨呈司法院院长居。署江西高等法院院长梁仁杰

**院字第一七四七号**

**民国二十七年七月十二日　司法院致中央执行委员会社会部函**

迳启者,前准中央执行委员会民众运动指导委员会二十四年一月二十三日(第九零零二号)及同年七月八日(第一零五二五号)先后函开,准安徽省党务特派员办事处及广西省执行委员会电请解释有吸食鸦片或有赌癖者,可否为人民团体会员或职员疑义两案,函请

并案解释见复各等由,业经本院统一解释法令会议议决,人民团体法令中,如无禁止吸食鸦片或有赌癖者为会员或职员之明文,即不能因吸食鸦片或有赌癖而拒绝其入会为会员或当选为职员。相应函请贵部查照,分别转知。此致中央执行委员会社会部

**附中央执行委员会民众运动指导委员会原函**

案准安徽省党务特派员办事透、删快邮代电开,查本省各人民团体,行将次第改组改选及组织完竣,而各该人民团体中,有少数会员及职员,均有鸦片嗜好,对于民运工作殊多阻碍。惟吸食鸦片者能否参加人民团体为会员及当选为职员之处,各项法规均无明文限制,用特电请核复等由。查关于人民团体会员吸食鸦片,除文化团体组织大纲、监督慈善团体法、妇女会组织大纲、渔会法及国内侨务团体组织办法等已有规定不得为会员外,至《农会法》、《工会法》、商会法均无明文规定。案关法令解释,本会未便臆答,除函复该处外,相应函请贵院解释见复为荷。此致司法院

**附中央执行委员会民众运动指导委员会原函**

案准广西省执行委员会江电开,查民众团体职员,有不良嗜好吸烟、赌癖者,党部应如何处办,法未规定,特电请解释,祈速电复等由。查本会第九零零二号公函,曾请贵院解释吸食鸦片者,可否为人民团体会员及职员一案,为日已久,未邀见复。兹又据广西执委会江电请解释,有不良嗜好者可否为人民团体职员?案关法令解释,本会未便臆答,除电复该会外,相应再函贵院,统希解释见复为荷。此致司法院

**院字第一七四八号**

**民国二十七年七月十五日　司法院指令福建高等法院**

呈悉,业经本院统一解释法令会议议决,法院受理偷漏关税案件,除依《惩治偷漏关税暂行条例》论罪科刑外,不得兼适用含有行政罚性质之《海关缉私条例》并科罚金。仰即转命知照。此令

**附福建高等法院原呈**

案据福建晋江地方法院院长李宝森呈称,窃本院受理偷漏关税案件,关于处罚问题,除依照惩治偷漏关税暂行条例办理外,可否依照《海关缉私条例》并科罚金,计有甲、乙两说。甲说,谓《海关缉私条例》之处罚,参照该条例第二十八条第一项、第三十一条、第三十二条之规定,似为行政罚性质,不必由法院办理。且法院既依据《惩治偷漏关税暂行条例》第八条规定,偷漏关税行为,为本条例所未规定者,依《刑法》及《海关缉私条例》,以及其他关于漏税法令办理,亦仅指偷漏关税而言,并非指偷漏关税之处罚,得依《海关缉私条例》办理,法院自不必并科罚金。乙说,谓偷漏关税,影响国家税法甚巨,自有罚金之必要,偷漏关税案件既由法院依《惩治偷漏关税暂行条例》科刑,似不应再由其他机关依《海关缉私条例》科以罚金,自以由法院并科为当。两说各有理由,未知孰是。事关适用法律疑义,理合具文呈请钧长鉴核,迅赐转呈解释。再漏税货物未获,可否追征货价,而为没收,仰祈一并示遵等

情。据此，查偷漏关税行为，应当如何处罚，惩治偷漏关税暂行条例，已有明文规定，唯该条例未规定者，方得援用《海关缉私条例》办理，该条例第八条已经明白规定，似不能于依照该条例科刑外，同时再依《海关缉私条例》并科罚金。唯事关法律解释，本院未敢擅专，理合具文呈请解释示遵。谨呈司法院院长居。福建高等法院院长童杭时

**院字第一七四九号**

**民国二十七年七月十八日　司法院指令山东高等法院**

呈悉，业经本院统一解释法令会议议决，民刑诉讼法既于证人具结前，应告以具结之义务及伪证之处罚等程序，规定甚详。若未履行此等程序，而命其具结，纵其陈述虚伪，不能依《刑法》第一百六十八条伪证罪论科。仰即知照。此令

**附山东高等法院原呈**

案据本院第三分院推事兼院长胡咏高呈称，为呈请解释事，查伪证罪之成立，以证人具结而为虚伪之陈述为要件。关于具结之程序，须告以具结义务及伪证之处罚，并命书记官朗读结文，于必要时并应说明其意义，民刑诉讼法复有详细规定。兹有证人具结而为虚伪之陈述，但法院未尽履行上项程序，该证人是否成立伪证之罪，约有甲、乙两说。甲说，依《刑法》规定，证人为虚伪之陈述，一经具结，其伪证要件即以具备，即令具结之程序欠缺，亦不影响伪证罪之成立。乙说，《刑法》上所谓具结，当然系适法之具结，其具结而欠缺具结之程序，即非适法，不适法之具结与未具结同。况此种程序，意在使具结人明了结文内容及作证责任。法院既未履行，不能推定具结人已经明了，使负伪证罪责。以上两说，究以何说为当，理合呈请解释，以便遵循等情。据此，案关法律解释，理合备文呈请钧院核示，俾资饬遵，谨呈司法院院长居。山东高等法院推事兼院长吴贞缵

**院字第一七五〇号**

**民国二十七年七月二十五日　司法院复广西高等法院电**

桂林广西高等法院朱院长览，上月微电悉，据请示《工会法》罚则法院能否适用一案，业经本院统一解释法令会议议决，《工会法》罚则第四十七条前段规定，系特别《刑法》，法院得适用之。合电知照。司法院有印

**附广西高等法院原电**

渝司法院院长居钧鉴，《工会法》罚则法院能否适用，乞迅电示遵。桂高等法院院长朱朝森呈微印

**院字第一七五一号**

**民国二十七年七月二十七日　司法院致中央执行委员会社会部函**

迳启者，前准中央执行委员会民众训练部上年七月二十八日公函开，准广西省党部电，

为户籍问题发生疑义,转函解释见复等由,业经本院统一解释法令会议议决,某妇既由甲县嫁适乙县,依户籍法第四条第四款妻以夫之本籍为本籍之规定,则其本籍属于乙县,自不得参加甲县同乡会之组织。相应函请贵部查照转知。此致中央执行委员会社会部

**附中央执行委员会民众训练部原函**

案准广西省党部江电节称,甲县某妇已嫁适乙县,兹甲县发起组织旅桂同乡会,某妇可否参加为发起人或会员,请解释等由,准此。查案关法令解释,相应函请解释见复为荷。此致司法院

**院字第一七五二号**

**民国二十七年七月二十七日　司法院指令湖北高等法院**

呈悉,业经本院统一解释法令会议议决,教唆或帮助避免兵役,应适用《刑法》第十一条前段、第二十九条或第三十条,依违反《兵役法治罪条例》各本条之规定论科。仰即转饬知照。此令

**附湖北高等法院原呈**

案据湖北南郡地方法院院长吴猷琛呈称,查《违反兵役法治罪条例》,并无处罚教唆或帮助犯该条例所定各罪之规定,如有教唆或帮助避免兵役者,应如何处断,颇滋疑义。甲说,依《刑法》第十一条前段"本法总则于其他法令有刑罚之规定者,亦适用之"之规定,无论何人犯上开之罪,均可据此适用《刑法》第二十九条或第三十条,及该条例各本条之规定论科,乙说,该条例第一条明定:"本条例于应服兵役男子及依法办理兵役人员犯本条例之罪者,适用之。"是得适用该条例论科者,仅以应服兵役男子,及"依法办理兵役人员"二种特定身分之人为限。故(一)若有此身分者犯上开之罪,尚可依甲说论科。(二)若无此身分而犯之者,该条例第一条既排除其适用,根本即无适用《刑法》第十一条前段以辗转适用该条例论科之余地,而《刑法》或其他特别法令,又无相常于该条例罪名之规定,应依《刑事诉讼法》第二百九十三条第一项谕知无罪之判决。查甲说似于该条例第一条之文义不符,乙说失之宽纵,似又非政府重视兵役之本意。未知二说孰当,抑或另有正解?事关适用法律疑义,理合具文呈请钧长转呈司法院解释示遵等情。据此,理合俯文呈请钧院鉴核示遵。谨呈司法院院长居。湖北高等法院院长郗朝俊

**院字第一七五三号**

**民国二十七年七月二十七日　司法院指令湖南高等法院**

呈悉,业经本院统一解释法令会议议决,第二审法院之管辖区域有变更时,当事人对于第二审法院之确定判决,提起再审之诉,依《民事诉讼法》第四九五条规定,仍应向该原法院为之。仰即知照。此令

附湖南高等法院原呈

查再审之诉专属为判决之原法院管辖,《民事诉讼法》第四百九十五条前段定有明文,但第二审法院之管辖区域,因增设高等分院而有所变更时,如当事人对第二审确定判决声明不服,其再审之诉可否由现在能受理该县二审案件之高等分院受理,计分两说:(一)谓再审之诉乃专属管辖,不能依当事人之合意及其他情形予以变更,应由为判决之原二审法院办理;(一)谓高等法院分院管辖事件与高等法院同(见法院组织法第二十条第一项),是分院与本院及甲分院与乙分院间其管辖区域虽有差异,实则原为一体,不能视为独立之数法院。增设分院之目的,在谋当事人就审之便利,故由变更管辖后之分院,受理未变更管辖区域前确定案件之再审,实与专属管辖之规定无所违背。以上二说,究以何者为当,理合备文呈请钧院解释令遵。谨呈司法院院长居。湖南高等法院院长陈长簇

院字第一七五四号

民国二十七年七月二十七日　司法院指令安徽高等法院

呈悉,业经本院统一解释法令会议议决,纯系民事关系事件,具状人误用刑事诉状,提起自诉,其后声明系误递或误用刑事诉状者,应将原状径送民庭,毋庸谕知不受理之判决。仰即转饬知照。此令

附安徽高等法院原呈

案据兼芜湖地方法院院长王振南一月俭代电称,查纯系民事关系事件,具状人不明手续或冀图省费提起刑事自诉者,经予传讯晓谕,滥行自诉之利害,后有声明不明手续误递刑状者,亦有未经晓谕,即声明系误用刑事诉状者,此类案件除得撤回自诉者,指示其撤回外,如依法不能撤回者,可否命其另行提起民事诉讼而将其自诉依《刑事诉讼法》第三百二十六条规定谕知不受理之判决。事关法律疑义,敬祈核转司法院迅赐解释示遵等情前来。理合据情转呈钧院,俯赐解释,以便转令遵照,实为公便。谨呈司法院院长居。代理安徽高等法院院长陈福民

院字第一七五五号

民国二十七年七月二十七日　司法院复广西高等法院电

广西高等法院朱院长览,二十五年九月巧代电悉,所讲解释《刑事诉讼法》第三零条疑义一案,案经本院统一解释法令会议议决,依《刑事诉讼法》第三十条规定,选任辩护人,应于每审级为之,经过一审级,其选任之效力,即不复存在。故案件发回同一法院更审时,在前次审判程序中所选任之辩护人,非另行提出委任状,不得要求出庭辩护。合电知照。司法院感印

附广西高等法院原代电

南京司法院院长居钧鉴,查辩护人之选任,应于每审级为之,荆诉法第三零条已有规

定。惟发回更审之案件,在同审级前程序所为之选任,是否继续有效,原辩护人于更审中续求出庭辩护,应否另提出委任状,不无疑义,合请解释示遵。再钧院院字第一五三二号解释第四点,其情形虽与本件略同,但民《刑事诉讼法》规定既属各异,上项解释能否于刑事辩护准用,仍属未敢擅拟,合并陈明。广西高等法院院长朱朝森叩巧印

**院字第一七五六号**

**民国二十七年七月二十七日　司法院指令湖北高等法院首席检察官**

呈悉,业经本院统一解释法令会议议决,甲、乙互殴各负微伤,甲告诉而乙自诉,既非同一案件,应依自诉、公诉各规定分别办理。仰即转饬知照。此令

**附湖北高等法院首席检察官原呈**

案据黄陂地方法院首席检察官李学源呈称,查《刑事诉讼法》第三百十五条规定,同一案件在侦查终结前,检察官知有自诉者,应即停止侦查,将案件移送法院等因。兹有甲、乙二人,在同时、同地因事互殴,并各负微伤,甲先赴检处告诉乙伤害,而乙于翌日至刑庭自诉甲伤害,于此情形,检察官发见之后,可否认为同一案件,移送法院办理,约有两说。一说谓,如甲告诉之后,又向刑庭自诉,始能认为同一案件。上述情形,虽系同时、同地发生互殴,然既系甲告诉而乙自诉,即不能视为同一案件,仍应分别受理。二说谓,只须同一事实,即应认为同一案件,上述情形,虽系甲告诉而乙自诉,然既系同时、同地发生互殴,即系同一事实,应认为同一案件,移送法院办理。二说各有理由,未知孰是。事关法律解释,理合具文呈请解释示遵等情。据此,理合呈请钧院解释,令示祇遵,谨呈司法院。署湖北高等法院首席检察官鲁师曾

**院字第一七五七号**

**民国二十七年七月二十七日　司法院指令浙江高等法院首席检察官**

呈悉,业经本院统一解释法令会议议决,《刑事诉讼法》第二百四十八条第一项规定,与同法第二百三十一条及第二百三十二条相关联,该项后段所称以不起诉为适当之情形,当然以《刑法》第六十一条所列各罪之案件为限。仰即转饬知照。此令

**附浙江高等法院首席检察官原呈**

案据诸暨地方法院首席检察官骆允协呈称,窃查关于新刑诉法第二百四十八条第一项后段所称或以不起诉为适当之情形者,究竟是否以《刑法》第六十一条所列各罪之案件为限,解释两歧,颇滋疑窦,兹分陈如下。甲说,本条项与旧刑诉法第二百六十四条第一项相当,依历来解释,旧法规定得撤回起诉之案件,并无限制,本条自应同样解释。况依第二百四十九条之规定,撤回起诉后,告诉人得声请再议,以资救济,更无限制适用范围之必要。任何案件,检察官认为以不起诉为适当者,不问其有无犯罪嫌疑,均可撤回。乙说,本条项依文字解释,明系第二百三十一条及第二百三十二条之补充规定,即应以合于上开两条规

定之案件为范围,其所称或以不起诉为适当之情形者,自以《刑法》第六十一条所列各罪之案件为限,且撤回起诉后,告诉人虽得声请再议,但无同法第二百三十九条之情形,不待再行起诉,即经起诉,而法院每依同法第二百九十五条第四款之规定为不受理之判决,事实上仍不足以资救济。综上两说,各执一是,无所适从,究应如何解释之处,理合备文呈请核示祇遵,实为公便等情,到处。案关法律疑义,理合备文呈请,仰祈鉴核,解释示遵。谨呈司法院院长居。署浙江高等法院首席检察官郑畋

**院字第一七五八号**

**民国二十七年七月二十七日　司法院指令浙江高等法院首席检察官**

呈悉,业经本院统一解释法令会议议决,《矿业法》第一百十一条所追缴之相当代价,不扣除工资、运费及其他一切费用。仰即转饬知照。此令

**附浙江高等法院首席检察官原呈**

案据本院第一分院首席检察官张毓泉呈称,窃查《矿业法》第一百零八条第一款,以欺诈取得矿业案权或违法私自采矿者,依同法第一百十一条应没收其所采之矿产物,如已出售或自用时,应追缴其相当之代价,均订有明文,惟所称相当代价,究仅指矿产物本质之价值,抑包括工资、运费及其他一切费用在内,分为两说。甲说,凡没收违法之物,例如私盐鸦片等,均无返还资本及运费办法,私采之矿产物,既亦为违法之物,追缴其代价。若除出工资运费等,则违法之损失,止于盈利,恐非立法之本意。乙说,细核《矿业法》第一百十一条之文义,原以没收所采之矿产物为原则,但已出售或自用时,矿业物已不存在,故例外追缴其相当代价,其所谓相当二字,明指矿产物本质之价值而言。否则,矿在山中,采取甚难,质量极重,运输价昂,往往工资、运费,有超过矿产物本质价值数倍者,所以《矿业法》追缴代价,订有相当二字,今如追缴代价,不将工资、运费等除外,殊失立法之本意。以上二说,各有理由,究以何说为是?事关法律疑义,理合备文呈请鉴核,转讲解释示遵等情到处。查上列甲、乙两说,似以乙说为是。惟案关法律疑义,未敢擅断,理合备文转请,仰祈钧院迅赐解释示遵,俾便转饬遵照。谨呈司法院院长居。浙江高等法院首席检察官宋孟年

**院字第一七五九号**

**民国二十七年七月二十八日　司法院复湖南高等法院首席检察官电**

湖南高等法院邓首席检察官览,二十五年十二月寒代电悉,湘潭地方法院首席检察官电请解释户口册疑义一案,业经本院统一解释法令会议议决,为调查公民资格而设之户口册,系属公文书之一种,该册认为确有公民资格者之姓名上,加以相当标识后,其有非法涂销该标识,致销灭他人合法之公民资格者,应成立《刑法》第二百十一条之罪。合电转饬知照。司法院俭印

**附湖南高等法院首席检察官原代电**

南京司法院院长居钧鉴,案据湘潭地方法院首席检察官何奇伟代电称,设有以户口册为调查公民资格之用,凡认为确有公民资格者,均于册载姓名之上,加以相当标识,该册应否认为公文书,其有非法涂销该标识致销灭他人合法之公民资格者,应否负刑事责任,祈鉴核转请解释示遵等情。据此,除指合外,合电恳钧院核示下处,俾便饬遵。署湖南高等法院首席检察官邓静安叩寒印

**院字第一七六〇号**

**民国二十七年七月二十九日　司法院复贵州高等法院首席检察官电**

贵州高等法院毛首席检察官览,上年一月俭代电悉,该法院第一分院首席检察官电请解释行求贿赂论罪疑义一案,业经本院统一解释法令会议议决,甲为要求第二审维持胜诉,向无其职务之第一审检察官行贿,不成立《刑法》第一百二十二条第三项之罪。合电转饬知照。司法院艳印

**附贵州高等法院首席检察官原代电**

南京司法院院长居钧鉴,案据贵州高等法院第一分院首席检察官谢况二十六年一月晉代电称,兹有甲、乙涉讼于兼理司法之某县政府,尚未判决而甲上诉,经第二审检察官批交原县核办,甲乃向第一审法院检察官某丙要求第二审维持胜诉,约谢洋若干元,当立有兑条一纸为据,某丙得条即举发甲行贿,究竟甲犯罪与否,有子、丑二说。子说,《刑法》第一百二十二条第三项之罪,系指向关于违背职务行为之公务员行求而言,某丙既非承办本案之人,甲对其行贿,乃系一种不能犯,即甲不应负刑责。丑说,甲向某丙行求,系认某丙为有职务之公务员,既请求维持,即系要求为违背职务之行为,显系触犯《刑法》第一百二十二条第三项之罪。二说未知孰是,事关法律疑义,理合电祈钧席鉴核,转呈司法院,迅赐解释示遵等情,据此,理合转呈钧院鉴核解释,以便转饬遵照。署贵州高等法院首席检察官王承濬叩俭

**院字第一七六一号**

**民国二十七年七月三十日　司法院致军政部函**

迳复者,前准贵部上年六月四日公函(法丁字第三零五三号)开,准太原绥靖公署代电为适用法律,发生疑义数项,转函查照解释见复等由,业经本院统一解释法令会议议决,(一)各县看守所之看守,军法审判机关之看守所看守,及陆军监狱之看守,均应认为公务员。(二)其无看守名义之士兵遇有临时缉获人犯,就便管押于禁闭室或其他空房内,指派其负责看守者,该看守之士兵与普通看守不同,不得认为公务员。(三)士兵犯罪经拿获后,为调查证据在该管营运部管押,其管押之日期,可以折抵徒刑。(四)村警被派解送依法逮捕拘禁之人,因过失致令脱逃,应依《刑法》第一百六十三条第二项处断。(五)士兵逃亡后,必经该管长官呈请顶补,方应认为脱离军籍。至(六)计算逃亡既遂期间之标准,《陆海空军

刑法》第九十三条第二、第三两款既已明白规定，过三日过六日之字样，自不适用民法总则第一百二十条第二项。如逃亡时间超过七十二小时或一百四十四小时，即应认为既遂。又（七）军人无逃亡之犯意，在服务时间，不请假而私自外出，逾数小时或三二日始行回归，或不在服务时间，不请假私自外出，逾数小时回归者，均不得以逃亡论。相应函复贵部查照。

此致军政部

**附军政部原函**

案准太原绥靖公署本年五月二十二日养法代电开，南京军政部公鉴，兹有关于法律疑点数端，分陈如下，各县看守所看守、军法审判机关之看守所看守，或陆军监狱看守，因过失致犯人脱逃，准备酌理，均应按照《刑法》第一百六十三条第二项处断。惟细绎该条文义，系限于公务员，所有各该看守，是否为公务员，不无疑义，此应请解释者一。如前项看守解释为非公务员，则遇有上项情事，应依何法论罪，此应请解释者二。查各军队均无看守所，亦无看守名义，如遇有案件组织军法会审或虽未组织军法会审，而临时缉获人犯，向例均就便管押于禁闭室或其他空屋内，指派士兵负责看守。倘有疏忽，发生犯人脱逃情事，该负责看守之士兵，应否以普通看守论，此应请解释者三。士兵犯罪经拿获后为调查证据起见，多在该管营运部管押数日，始行送审，将来判处罪刑，所有在各该管营运部管押日期能否折抵徒刑，此应请解释者四。设有某村长抓获案犯，派村警捆绑送县，行至中途，未加注意致令脱逃，该村警可否以公务员论，依《刑法》第一百六十三条第二项处断，此应请解释者五。士兵逃亡之后，另犯他罪，其身分关系适用法条及其管辖问题至为重要。究竟逃兵之脱离军籍，是否以逃亡已过三日或六日为标准，抑以该管长官呈请顶补后，方认为脱离军籍，此应请解释者六。逃亡罪除敌前外，其余必须过三日或六日方为既遂，对于时期之计算法有二说焉。甲说，谓旧《刑法》第二十二条时期之初日不计时刻，以一日论，现行新《刑法》将时例删去，应适用《民法》，已为《刑法》修正案再稿要旨第一条第二款前段所说明，民法总则第一百二十条第二项既有以日、星期、月或年定期间者，始日不算入之规定，则逃亡之始日，自应不予算入，方为合法。乙说，谓《陆海空军刑法》第九十三条第二、第三两款，既明有过三日或过六日字样，自应按每日二十四小时计算，必须逃亡时间超过七十二小时或一百四十四小时始能既遂。若始日不算入认为内，殊嫌过宽，似失立法之原意，究以何说为是，此应请解释者七。设有军人在服务时间并不请假，私自外出逾数小时，或三二日始行回归，若以逃亡论，则该军人并无逃亡之犯意。如认为无罪，实已无故离去职役，究应如何办理，此应请解释者八。如有士兵在不服务时间，并不请假，私自外出逾数小时回归，可否以逃亡论，此应请解释者九。事关法律解释，相应电请查照，转函司法院明白解释，早日见复等由，准此。除函复外，相应函请查照，迅予解释见复为荷。此致司法院

院字第一七六二号

民国二十七年八月六日　司法院咨行政院

为咨复事,准贵院上年四月十四日查(第一零六号)开,为土地征收诉愿事件,发生疑义,请查照解释见复等由,业经本院统一解释法令会议议决,征收土地,依《土地法》第三百三十八条、第三百三十九条、第三百六十条,应由国民政府行政院或省政府核准,令知地政机关公告(并通知)。是征收处分之权,原不属于需用土地人,但需用土地人亦系官署者。如在土地征收后,因实行使用另为处分(如未给与所有权人定着物之迁移费,即令迁移之类),亦得视为原处分官署,而对之提起诉愿。相应咨复贵院查照。此咨行政院

附行政院原咨

查《土地法》第三百八十八条载,诉愿于征收土地有违法或不当之处分时,依法为之。此种诉愿事件之原处分官署,是否以核准或公告征收之官署为限,抑需用土地人亦可作为原处分官署,例如铁路工程局征收土地,人民不服其征收,能否以该局为原处分官署,向其上级官署提起诉愿?法无明文,颇滋疑义。相应咨请贵院查照,解释见复,至纫公谊。此咨司法院

院字第一七六三号

民国二十七年八月十五日　司法院咨行政院

为咨复事,准贵院上年五月二十九日咨(第陆——一六五号)开,据实业部呈请核示农会职员选举疑义,转咨解释见复等由,业经本院统一解释法令会议议决,受委任之在职人员,依修正《农会法》第二十条之规定,不得被选为农会职员,其兼任自亦为法所不许。惟此项在职人员,具有农会会员资格者,选举他人为农会职员,在《农会法》并无禁止明文,自不在限制之列。相应咨复贵院查照饬知。此咨行政院

附行政院原咨

案据实业部呈,以农会选举职员,对于受委任之在职人员,有无选举及被选举权,《农会法》暨《农会法》施行法,并未明定。又受委任之在职人员,本以不得兼任社员团体职员为原则,但《农会法》第十六条规定会员资格,如(一)款、有农地者,(三)款、中等以上学校毕业习农业者,事实上在职人员,自必不少,能否准其兼任农会职员,亦无明文规定,究应如何办理,请核示等情到院。案关解释法律疑义,相应咨请贵院,迅予解释见复,以便饬遵。此咨司法院

院字第一七六四号

民国二十七年八月十七日　司法院指令安徽高等法院

呈悉,业经本院统一解释法令会议议决,典权人将典物转典与第三人,其与出典人之典

权契约依然存续，并不因出典之继承人曾有向转典之第三人加典情事而更新。故自出典人立约之日起算，至《清理不动产典当办法》施行时已逾三十年，或于施行后始满三十年（参照院字第一四一三号解释）。如未于施行或期满后三年内向典权人回赎，依该办法第三条所定，即不许再行告赎。仰即转饬知照。此令

**附安徽高等法院原呈**

集据盱眙县司法处审判官程超群呈称，窃有某甲于咸丰八年将田产出典某乙，某乙又转典于某丙（将典契约已遗失，无从证明其时期）后，某甲之继承人某丁于光绪十七年又直接向某丙立加典契约（仍以原典约为根据，增加典价之意），得价二十元，并载明于回赎时与原典价一并返还。现某丁之继承人求赎，某丙之继承人不允，发生二说。一说，某丁既于光绪十七年向某丙加典，并非新立典约，且载明于回赎时与原典价一并返还，显系继续以前某甲之原典约，则计算出典时期，应以咸丰八年为始期，算至《清理不动产典当办法》施行时已逾三十年，依该办法第三条应不准回赎。二说，某丁对于某丙，不过为转典关系，并非让与典权，纵某丁直接向某丙加典，并不能谓某甲与某乙间之典权关系当然移转于某丙，应视为另一契约，计算出典时期，应以光绪十七年为始期，算至《清理不动产典当办法》施行时尚未逾三十年，算至现时尚未逾六十年，自不适用该办法第三条，应依该办法第二条准予回赎。究以何说为是，法无明文，未敢擅断，理合具文呈请钧院鉴核，俯赐转请解释示遵等情。据此，事关法律疑义，理合据情备文呈请钧院鉴核，俯赐解释，指令祗遵。谨呈司法院院长居。
安徽高等法院院长陈福民

**院字第一七六五号**

**民国二十七年八月十九日　司法院复安徽高等法院电**

安徽高等法院院长览，上年八月二日代电悉，宣城地方法院所请解释破产程序疑义一案，业经本院统一解释法令会议议决，已有执行名义之债权，不在破产法第六十五条第一项第五款所定限制之列。故虽逾申报期限，仍得就破产财团而受清偿（参照院字第一六七三号解释）。合电转饬知照。司法院印

**附安徽高等法院原代电**

国民政府司法院院长居钧鉴，案据宣城地方法院院长余其贞敬电开，查破产法第六十五条第一项第五款规定应公告之事项云，破产人之债权人应于规定期限内，向破产管理人申报其债权，其不依限申报者，不得就破产财团受清偿。是凡属破产人之债权人，苟不依限申报，均不能就破产财团受清偿甚明。惟对于宣告破产以前，业经取得确定判决，正在强制执行中之债权人，经执行法院于宣告债务人破产后，谕知向破产管理人申报债权，乃因该债权人对前项谕知提起抗告，致逾申报债权之期间，于此是否依照上开规定，其债权不得就破产财团受清偿，其说有二。甲说，谓依照上开法条该债权人既未依限申报，其债权自不得就破产财团受清偿。乙说，谓该债权人之债权，既已在破产宣告前开始强制执行，自与普通债

权有别,且其延误申报期间,系因对于执行法院命其申报之谕知提起抗告所致,亦与放弃债权不申报之情形不同。苟因此不能就破产财团受清偿,岂非使其已经开始强制执行之债权发生巨大影响,殊非保护人民权益之旨,应认为可就破产财团受清偿。二说究以何说为是,理合电请转呈解释等情。据此,事关解释法律疑义,理合转呈解释,以便饬遵。安徽高等法院院长陈福民叩

**院字第一七六六号**

**民国二十七年八月十九日　司法院指令司法行政部**

呈悉,业经本院统一解释法令会议议决,典权不得为拍卖之标的,债权人如就债务人之典物行使权利,只可命债务人将典权让与债权人。仰即转饬知照。此令

**附司法行政部原呈**

案据江西高等法院呈称,案据署江西九江地方法院院长代电称,兹有债权人请求将债务人对于第三人之典权拍卖,届期无人承买,能否减价再行拍卖,有甲、乙二说。甲说,典价原有定额,转典不得超过原典价,法有明文,足征典权之价值不能自由增减。如经一次拍卖无人承买,除由债权人找价承受外,只有强制管理之一法。乙说,典权与所有权同系财产权,典物之转典及典权之让与,于法只有不得超过原典价之限制,而无不得少与原典价之限制在典权人既有抛弃一部分典价之利益之自由,则因拍卖而受一部分典价之损失,与拍卖所有物因减价而受损失者无异,自可与拍卖所有物一例办理。二说孰是,事关法律疑义,理合电请解释示遵等情。据此,理合据情转呈钧长俯赐解释示遵,以凭转饬遵照等情。据此,事关法令疑义,理合备文呈请钧院鉴核指示,以便转饬遵照。谨呈司法院院长居。司法行政部部长谢冠生

**院字第一七六七号**

**民国二十七年八月二十五日　司法院指令湖南高等法院**

呈悉,业经本院统一解释法令会议议决,甲与乙、丙等因拨粮轇轕,经县政府为行政处分后,提起民事诉讼,如其诉之声明系请求他方履行契约上或惯例上关于拨粮之某种义务,而并不涉及行政处分,则无论其请求之当否,均应就实体上予以裁判。如系请求以判决变更行政处分或确认纳粮义务之谁属,则不属于普通法院之权限,应依《民事诉讼法》第二百四十九条第一款之规定,以裁定驳回之。仰即转饬知照。此令

**附湖南高等法院原呈**

案据署芷江县司法处审判官唐景桐本年六月佳日代电称,兹有甲与乙、丙等为拨粮轇轕,曾经县政府以行政处分,揭示堂谕在案,兹据甲又向司法处正式起诉,应否受理,查有二说:(一)按赋粮过拨手续若何,及以拨粮未楚而发生纳粮义务谁属问题,应系行政财务之范围,自非普通法院之权限。况经县府业已行政处分,法院自不能再事受理,以明权限,而免

抵触。依民诉法第二百四十九条第一项规定,法院对甲请求,当然以裁定驳回之。(二)拨粮轇轕及纳粮义务谁属各问题,均系私权争执。法院依法受理,并无不合,虽经县政府行政处分有案,自难谓为合法。除由甲、乙等依据《诉愿法》第二条第一项第一款提起诉愿,以资救济外,要与法院受理权限,并无抵触。以上两说,究以何者为宜,事关法律疑义,理合电呈钧院,俯赐转呈核示祇遵,不胜待命之至等情。据此,案关法律疑义,本院未便擅拟,理合据情呈请钧院俯赐解释,以便饬遵。谨呈司法院院长居。湖南高等法院院长陈长簇

**院字第一七六八号**

**民国二十七年八月三十一日　司法院复广西高等法院电**

广西高等法院朱院长览,本年六月鱼代电悉,所请解释相奸、和诱等罪适用法律疑义一案,业经本院统一解释法令会议议决,甲与有夫之妇乙相奸,嗣因恋奸起意将乙诱逃,应依相奸及意图奸淫而和诱二罪并罚,若甲以奸淫目的诱乙出逃,行至中途始与奸淫,应就相奸及意图奸淫而和诱二罪,从一重处断。合电知照。司法院世印

**附广西高等法院原代电**

司法院院长居钧鉴,兹有适用法律问题发生疑义,例如甲相奸有夫之妇乙,嗣因恋奸情热,始起意和诱乙出逃。又如甲先以奸淫意思和诱乙出逃,行至中途始与奸淫。关于前者,是否依相奸与意图奸淫、和诱二罪并合处罚;关于后者,是否依相奸与意图奸淫二罪从一重处断,抑或前后二例均仅依意图奸淫和诱一罪处断?敬乞迅予解释电复,俾便遵循。广西高等法院院长朱朝森呈鱼印

**院字第一七六九号**

**民国二十七年八月三十一日　司法院复四川高等法院电**

四川高等法院谢院长览,本年六月巧代电悉,所请解释《妨害国币惩治暂行条例》疑义一案,业经本院统一解释法令会议议决,《妨害国币惩治暂行条例》所称伪造、变造之币券,包括银币、镍币、银行券在内。合电知照。司法院世印

**附四川高等法院原代电**

司法院院长居钧鉴,《妨害国币惩治暂行条例》所称伪造、变造之币券,是否专指法币而言,如银币、镍币、银行券等,是否包括在内?悬案待结,乞迅赐解释示遵。署四川高等法院院长谢盛堂叩巧印

**院字第一七七〇号**

**民国二十七年八月三十一日　司法院致国民政府军事委员会函**

迳复者。准贵会二十六年五月七日法丑字第六五二三号公函,请变更院字第二九八号解释一案,业经本院统一解释法令会议议决,《陆海空军刑法》第九十五条第二款关于军人

在戒严地域携带兵器马匹或其他重要物品无故离去职役者,既无过三日之规定,则不问其就获系在何日,均应依该条款处断。本院院字第二九八号解释应予变更。相应函复贵会查照。此致国民政府军事委员会

**附国民政府军事委员会原函**

案查贵院十九年院字第二九八号解释:军人在戒严地域携带兵器马匹,或其他重要物品,无故离去职役,次日就获者,应依《陆海空军刑法》第九十八条规定,仍依同法第九十五条第二款及第十五条论科等语。惟查该法第九十四条、第九十五条、第九十六条均系第九十三条之加重规定。如果第九十五条二、三两款应受第九十三条二、三两款法定期限之拘束,则第九十四条似无再定期限之必要。该条既明定期限,则第九十五条、第九十六条之未经规定者,自不受第九十三条期限之拘束。上开解释,应否变更,以免适用困难之处,相应函请查照,迅赐解答为荷。此致司法院

**院字第一七七一号**

**民国二十七年八月三十一日　司法院指令湖南高等法院**

呈悉,业经本院统一解释法令会议议决,抵押权本不因抵押物之所有人将该物让与他人而受影响。其追及权之行使,自亦不因抵押物系由法院拍卖而有差异。故抵押物由普通债权人声请法院拍卖后,抵押权人未就卖得价金请求清偿,亦仅丧失此次受偿之机会。而其抵押权既未消灭,自得对于拍定人行使追及权。仰即转饬知照。此令

**附湖南高等法院原呈**

案据祁阳县司法处审判官胡之超呈称,窃查抵押权有追及权,业经最高法院十八年抗字第六号著为判例。惟抵押物经普通债权人声请法院拍卖终结,并将其卖得金分别给与普通债权人及债务人具领后,有抵押权之债权人,是否仍得行使追及权,不无疑义。兹有甲、乙、丙三说。甲说,谓抵押权为物权,有对抗世人之权利,不能因拍卖人在法院承买而使抵押权受其影响,自得行使追及权。乙说,谓抵押权为就抵押物之卖得金先受清偿之权利。今抵押物既经法院查封拍卖,有抵押权人自应向法院声明权利,请求先受清偿。如怠于此种声明,致法院将卖得金给普通债权人及债务人分配者,应自负重大过失之责,不能行使追及权。丙说,谓抵押权人不能于查封拍卖期内声明权利,固不能对抵押物行使追及权,使拍买人无故受累。但对受领卖得金之普通债权人,仍得行使追还价金之权利。以上三说,各有相当理由。究以何说为是,不敢擅断。案悬待结,理合备文呈请鉴核,解释示遵等情。据此,案关法律疑义,本院未便擅拟,理合据情呈请钧院,俯赐解释,以便饬遵。谨呈司法院院长居。湖南高等法院院长陈长簇

**院字第一七七二号**

**民国二十七年八月三十一日　司法院训令河南高等法院**

为令知事。前据河南辉县县政府代电请解释《矿业法》罚金疑义到院，业经本院统一解释法令会议议决，《矿业法》第八章所定之罚则中，罚金与徒刑并见，故依该法所处罚金，系刑罚而非行政罚。合行令仰该法院转饬知照，原代电钞发。此令

**附河南辉县县政府原代电**

南京司法院钧鉴。本县兼理司法关于依《矿业法》所处罚款，系行政罚抑系司法罚。发生甲、乙两说争执。甲说，《矿业法》处罚之案，既由司法机关处理，关于罚款又无何种法律另定处分办法，自与一般刑事案件之罚金相同，应系司法罚金。乙说，凡行政法规所附之罚则，并非特别《刑法》，无论应否归法院受理，均不失为行政制罚金。例如县长依契税规则处罚，不归法院受理，系行政处分，业经钧院二十年院字第四八一号解释，《印花税暂行条例》所定罚金，归司法机关科罚系行政罚，亦经二十年院字第四八七号解释。此外如《土酒税额稽征章程》及《卷烟税额章程》等，无不附有罚则，历来办理均为行政罚。或经二十一年院字第六九八号解释，《矿业法》自系行政法规。其第八章所定罚则，不能谓归法院审理，即不能谓非行政罚金。以上两说，似觉均有理由。究以何说为是，钧院有统一解释之权，理合电请示遵。河南辉县县长鲍之淦谨呈胥印

**院字第一七七三号**

**民国二十七年九月三日　司法院咨行政院**

为咨复事。准贵院上年六月十二日咨（第七一一八七号）开，据广西省政府呈请解释不动产登记效力疑义一案，转咨查照见复等由。业经本院统一解释法令会议议决，（一）办理土地登记之地方，土地权利人因已依《不动产登记条例》登记，不肯依《土地法》再为登记之声请，以致未再登记，其以前已经取得对抗第三人之效力，仍继续不变。（二）土地所有人以前未为不动产登记，又不向办理土地登记之机关声请为所有权之登记，固不生登记之效力，但亦不得遽视为公有。至该土地上以前设有其他权利，并依当时有效之《不动产登记条例》登记，其对抗之效力，自不因办理土地登记而失其存在。若在《土地法》施行后办理土地登记之地方，未为土地所有权之登记，而为登记其他权利之声请时，依同法第四十四条之规定，自属不应准许。相应咨复贵院查照饬知。此咨行政院

**附广西省政府原呈**

案奉钧院第七一二六六二号训令开，案查前据南京市政府二十五年十二月五日府字第一二一三六号呈请，转咨解释土地登记疑义到院。除原文有案邀免冗录外，后开，合行钞发本院原咨令仰知照。并转饬所属一体知照此令等因，计钞发本院原咨一件，奉此，自应遵照。惟查依《不动产登记条例》所为之登记之效力，似仍有疑义，须待解释者：（一）依各省市

地政施行程序大纲第二十条第二款之规定,已经法院办理不动产登记之土地,应免费予以登记。如有依法办理土地登记之地方权利人,因已为不动产登记,不肯再为土地登记之声请,其以前所为之不动产登记之效力,在开始办理土地登记后,是否继续不变。(二)依《土地法》办理土地登记地方,有某宗土地业主不声请所有权登记,自应视为公有土地。但此宗土地上,以前曾设定有其他权利,并经其他权利人在法院依《不动产登记条例》登记。如其他权利人向土地登记机关为其他权利之登记,应如何处理。上述二节,理合呈请鉴核,转咨解释示遵。谨呈行政院。广西省政府黄旭初

**院字第一七七四号**

**民国二十七年九月七日　司法院复四川高等法院电**

四川高等法院谢院长览,虞代电悉,查岳池县司法处审判官转请解释征收声请费用疑义一案,业经本院统一解释法令会议议决,查当事人以私权关系,具状向法院声请备查,既非诉讼或非讼事件,自应予以驳回,不得征收声请费用。合电转饬知照。司法院阳印

**附四川高等法院原代电**

重庆国民政府司法院院长居钧鉴,案据四川岳池县司法处主任审判官秦藩养代电称,窃查《民事诉讼法》并无当事人得向法院声请备查之规定,而一般人民狃于旧习,常常具状声请备查。对此类事件可否审酌情形,分别准驳,并依《非讼事件征收费用暂行规则》征收费用;抑认为声请备查于法无据,一概予以驳回,谨电请示遵等情。据此,查当事人以私权关系声请法院存案备查事件与非讼事件不尽相同,似不能按《非讼事件征收费用暂行规则》征取费用。但可否依修正诉讼费用规则第七条第二项征收声请费,未敢擅专,理合据情转恳钧院俯赐解释示遵。署四川高等法院院长谢盛堂叩。虞印

**院字第一七七五号**

**民国二十七年九月八日　司法院指令湖南高等法院**

呈悉,业经本院统一解释法令会议议决,回赎典产如原典价系属铜元,应以当时铜元之价值折合银元,即按银元之数,以法币交付。仰即转饬知照。此令

**附湖南高等法院原呈**

呈为转请解释事。案据署本院第四分院院长朱道融呈称,窃本分院现有县司法处判决确定之典价案件,因原执行处按照民国十七年典契注载典价铜元八千六百四十串,遂令出典人折合法币一千四百四十元取赎。承典人不服,提起抗告。关于此有甲、乙二说。甲说,现在通行铜币,即当日铜元。依辅币条例第五条之规定,每次授受,以合法币五元为限,自应以现时之法定铜币六串折合法币一元取赎。乙说,原确定判决,系根据典契特约,认定应以市面通行之铜币回赎。若折合法币,显与特约及确定判决抵触。且民国十七年铜元折合银元为三千六百文,现在铜币虽法定为六串文,实际只五千八九或五串五六百文。以六串

折合银币，承典人所受不利益之处甚大。至辅币条例第五条之限制，系指该条例第二条所载一分及半分之铜币而言。旧有铜元，并不在限制之列。以上二说，究以何说为是，颇滋疑义，理合备文呈请鉴核示遵等情。据此，查典价由铜元折合法币，似可依最高法院十八年上字第一一九零号判例办理。惟确定判决未明示折合标准，执行法院有权迳依该号判例所示标准而为执行，不无疑义，理合据情转请钧院鉴核示遵。谨呈司法院院长居。湖南高等法院院长陈长簇

**院字第一七七六号**

**民国二十七年九月十日　司法院咨行政院**

为咨复事。准贵院上年四月十六日咨（第一一零号）开，据内政部呈准浙江省政府咨，据永嘉县政府转请解释公有土地所有权问题疑义，请查照解释见复等由，业经本院统一解释法令会议议决，《土地法》所称之公有土地，无论其管理、使用、收益之权系属于省、市、县等地方政府，抑或属于区、坊、乡、镇等自治团体，而其所有权应专属于国家。盖地方政府系国家机关，其自身并无人格，根本上不得为权利主体。至地方自治团体，虽为法人，而对于公有土地行使管理、使用、收益之权，则应视为国家所付与（如监督寺庙条例所定荒废寺庙由地方自治团体管理之类），不得视为所有权之归属。如另依法令取得土地所有权，则该土地已成为私有，亦不属于公有土地之范围。又《土地法施行法》第五条所称之保管机关，即为《土地法》第二十八条所称，亦即《土地法施行法》第八条所称之地政机关。相应咨复贵院查照饬知。此咨行政院

**附内政部原呈**

案准浙江省政府二十六年四月二日府民四字第三七八号咨开，案据永嘉县县长许蟠云呈称，窃查《土地法》第十二条规定，凡未经人民依法取得所有权之土地为公有土地。私有地之所有权消灭者，为公有土地。故公有地之意义，《土地法》规定原甚明显。唯属县现开办土地登记，对于此项公有地之所有权归属问题，发生疑义。甲、公有地之所有权专属于国家，而省、市、县、乡、镇、坊等各级地方不得享有所有权说。理由：盖《土地法》第十三条规定，地方政府对于管辖区内公有土地，除法令别有规定外，有使用及收益之权。前项土地非经国民政府核准，不得处分或设定负担或为超过十年期间之租赁。又同法施行法第五条第一项，各级政府机关需用公有土地时，应商得该公地保管机关之同意，予以租用或无偿拨用，并呈请国民政府备案。依此二条之规定，则公有地之所有权，专属于国家，而各级地方不得享有所有权，原极明显也。乙、公有地之所有权不专属于国家。而省、市、县、区、乡、镇、坊等各级地方，均得享有公有地所有权说。理由：查《修正浙江整理土地规程》，系二十五年十二月十四日省政府公布，并呈经行政院备案。其第一条内载，凡本省土地无论公有、私有，关于地籍之整理，除法令别有规定外，均依本规程整理之。前项所称公有，系包括国有、省有、市有、县有、区有、坊乡、镇有各项公有者而言。依此条之规定解释，而公有地之所

有权,不专属于国家,而省、市、县、区、坊、镇等各级地方,亦得享有所有权。丙、公有地之所有权专属于国家,但区乡、镇、坊等各级地方如依法取得所有权者,亦得为所有权主体人。而省、市、县等各级地方,则不得为所有权之主体人说。理由:盖《土地法》第十二条所谓“凡未经人民依法取得所有权之土地,为公有土地”之人民一词,当然不专限于自然人,而法人亦在其内。而所谓法人又分为公法人与私法人二种。地方团体或地方官署,如经法律或判例承认其为公法人者,即享有与私人相同之财产权,并得受此财产权出而起诉、应诉。国家非有法律之根据不得任意处分。如妄为处分,该法人即得提起民事诉讼,请求私法上之裁判,以保护其财产,并得提起诉愿与行政诉讼,以撤销其处分。否则,苟无法人资格,设国家对于此种财产加以处分,即为上级官署对于下级官署基于监督权之行政处分,绝非私法上之行为,而不能受私法之拘束。故省、市、县、区、坊、乡、镇等各级地方,是否得为土地所有权之主体人,要问该各级地方是否有取得公法人资格与否。但吾国现行法律中,对省、市、县、区、坊、乡镇各级地方,绝无予以法人资格之明文(过去失效法令中,有规定县、市为法人者。如八年之县自治法第九条规定,县自治团体为法人;十年之市自治制第四条规定市为法人)。遍查训政时期约法、修正省政府组织法、市组组织法、县组织法、区自治施行法、乡镇自治施行法等皆然(至已经立法院通过未经国府公布施行,市自治法、县自治法不能为限制之根据)。不过法文中纵未明认某级地方为法人,若已承认某级地方为地方自治团体者,亦得推定其为法人。因地方自治团体为公法人之一种。兹查监督寺庙条例第四条规定,荒废之寺庙由地方自治团体管理之。如其所指之地方自治团体为省、市、县、区、坊、乡、镇等各级地方,则法律虽未直接明认其为法人,亦可因是而谓间接认定其为法人。对此问题,司法院曾为明确之解释为院字第八一七号。第四条所称之地方自治团体,自系指区公所、乡镇公所、坊公所而言。依此解释,则省、市、县非地方自治团体,而区、坊、乡、镇是地方自治团体至为明显。夫区、乡、镇、坊等各级地方,法令既承认其为地方自治团体,其间接承认其为公法人。既为法人,当然得为土地所有权之主体。至于省、市、县各级地方机关则不然。法律直接间接均未承认其为法人。既非法人,则省、市、县乃为代表国家之官署耳,本身不得为土地所有权之主体。以上三说,究以何说为是,或另有其他解说,事关法律疑义,理合备文呈请释示祗遵。再公有地所有权之归属问题,如采上述之甲说,则《土地法施行法》第五条所谓公有地之保管机关,是否依《土地法》原则第八条第二款之规定,推定为地政机关?如采上述之乙说,则何种公有地属于国家,何种公有地属于省、市、县,何种公有地属于区、坊、乡、镇,其界限如何,法无明文,亦无可资依据之法令足供推定。如采上述之丙说,则地方自治团体所取得所有权之土地,是否须本于私法或本于公法之规定?如本于公法,现在尚无足资依据之法。凡此种种,均有急待释明之必要,理合呈请鉴核示遵等情。事关法律疑义,相应咨请查核见复等由。准此。查依照《土地法》法意,公有土地应属于国家所有,地方政府只有管理之权。本部前订公有土地处理规则时,即系依据该法之规定。各级地方政府对于管辖区内公有土地,只有使用管理及收益之权。惟案关法律解释,未便擅断,理合备

文呈请钧院转咨解释，以便转复。谨呈行政院。内政部部长蒋作宾

**院字第一七七七号**

**民国二十七年九月十日　司法院复江苏高等法院第二分院电**

上海江苏高等法院第二分院徐院长览。二十五年二月巧代电请解释兑换法币办法第七条疑义一案，业经本院统一解释法令会议议决，兑换法币办法第七条所谓意图偷漏，系指偷漏出口而言。至平价收换银币，查与同条规定高价收换之条件不合，不得科处罪刑。但该银币如何处分，应注意民国二十四年十一月六日国民政府第八七二号训令办理。合电知照。司法院灰印

**附江苏高等法院第二分院原代电**

南京司法院钧鉴。查财政部公布之兑换法币办法第七条所谓意图偷漏，是否仅指偷漏出口而言，抑系包括国内之私运、私带在内？又高价收换银币，亦为犯罪构成要件之一。如系平价收换银币（如以一元法币易一元银币），是否亦成立犯罪？上述情形之案件，近日时有发生。虽其所取之方法不同，而妨害国币则一。此项单纯之私换行为，有无他项法条可资科断，亦乞指示。事关法律疑义，未敢专擅，仰祈解释示遵。署江苏高等法院第二分院院长徐维震叩巧印

**院字第一七七八号**

**民国二十七年九月十日　司法院指令中央公务员惩戒委员会**

呈悉，业经本院统一解释法令会议议决，查业经任用之人员，事后虽经主管长官因铨叙机关查明证明资格之文件系属虚蒙，将其撤职，但移付惩戒时，既仍用公务员之名称，无论其任职前之虚伪蒙混，是否即系构成惩戒之原因。惩戒机关要不得谓非公务员，而不予受理。仰即知照。此令

**附中央公务员惩戒委员会原呈**

呈为呈请解释事。窃查公务员之任用，依公务员任用法及施行细则之规定，须具备一定之资格。而此项资格之证明，须有相当之证明文件。设有业经铨叙合格之人员，于任用后，经铨叙机关调查结果，认为证明文件或证明书所载事实有虚伪蒙混情事，因呈准将其实授任用案撤销。其主管长官一面将该员撤职，一面以该员此项虚伪蒙混行为移付惩戒。是项被付惩戒人应否仍认为公务员，由本会予以受理。于此有甲、乙二说。甲说，公务员有违法失职之行为，虽已命令免职或停职，仍应惩戒，有司法院迭次解释可资遵循。此项撤销资格之人员，其地位与已去职之公务员相同。其被付惩戒案件，自应由惩戒机关依法受理。乙说，惩戒案件之客体为公务员。若在法律上并未取得公务员之身分，自不得为惩戒案件之客体。被撤销任用资格之人员，与仅系命令免职及停职人员之法律上地位不同。盖命令免职或停职之人员，其公务员之资格身分依然存在。停职人员倘经惩戒机关议决不受惩

戒,且应许其复职。而铨叙机关呈准撤销资格之人员,则自始即未取得公务员之资格,亦不生复职之问题。此项人员既非公务员,惩戒机关自属无权管辖,依法应为不受理之决定。以上二说,以何说为是,事关法令适用疑义,理合备文呈请钧院解释示遵,实为公便。谨呈司法院院长居。兼中央公务员惩戒委员会委员长覃振

**附中央公务员惩戒委员会原呈**

呈为呈请解释事。案查本会前因有业经铨叙合格之人员,于任用后,经铨叙机关查明其证明文件或证明书所载事实有虚伪蒙混情事,呈准将其任用案撤销。其主管长官除一面将其撤职外,一面即以该员此项虚伪蒙混行为移付惩戒。本会对于是项被付惩戒人,应否认为公务员予以受理,曾列举甲、乙二说,于二十六年六月八日以呈字第一五四号呈请钧院解释在案。迄尚未奉指示。兹尚有类似问题,为前呈乙说所未尽者。即此项被撤销任用资格,而被其主管长官撤职之人员,其拟任之官职,系委任最低级。查此项人员,其最低级公务员之身分既被撤销,则其得为惩戒案件客体之公务员身分,自始即无从取得。惩戒机关似未便予以受理。再查《公务员惩戒法》第三条第一项第一、二、三各款之惩戒处分,依据同法第四条至第六条规定,均以现任之公务员为客体。若既无现任公务员之资格,惩戒处分盖已无法实施。究竟此项被撤销任用之委任最低级公务员之被付惩戒案件,本会应否不予受理,事关法令适用疑义,理合备文呈请钧院查核前呈,并予解释示遵,实为公便。谨呈司法院院长居。中央公务员惩戒委员会委员长王用宾

**院字第一七七九号**

**民国二十七年九月十日　司法院指令广东高等法院**

呈悉,业经本院统一解释法令会议议决,(一)抵押权人于债权清偿期届满后,与债务人另订延期清偿契约,附以延期以内不为清偿,即将抵押物交与债权人管业之条件,则与自始附此条件者无异。应依《民法》第八百七十三条第二项规定,认其约定为无效。(二)拍卖抵押物之最低价额,依《民事诉讼执行规则》第六十二条规定,应以估定之价额为准。仰即转饬知照。此令

**附广东高等法院原呈**

案据蕉岭地方法院快邮代称,窃查《民法》第八百七十八条载"抵押权人于债权清偿期届满后为受清偿得订立契约,取得抵押物之所有权"等语。依此规定,若其订立契约,系同时取得抵押物所有权,适用上固无问题。惟若该契约设一期限,准予延期清偿,载明如某月以前不为清偿,愿将该抵押物交给抵押权人管业字样,则其契约应否认为有效,而不受《民法》第八百七十三条第二项规定之拘束,此应请示者一。又如上举契约限期满后,抵押人仍不将债务清偿,抵押权人(取得有执行名义)亦不愿管领该抵押物,乃声请法院将该抵押物照约内债权金额为拍卖最低价予以拍卖。在此场合,如该债权金额较之鉴定人就该抵押物估定之价为低(相差数倍)时,究应依债权金额为拍卖最低价,抑应依鉴定价额为拍卖最低

价而予拍卖。此应请示者二。事关法律疑义,职院现有此等案件亟待解决,理合电请鉴核,俯赐解释示遵等情。据此,案关请求解释,理合备文转呈,仰祈钧院鉴核,迅赐解释,以便饬遵。谨呈国民政府司法院。署广东高等法院院长史延程

**院字第一七八〇号**

**民国二十七年九月十二日　司法院指令司法行政部**

呈悉,业经本院统一解释法令会议议决,(一)声请再议已逾法定期间,上级法院首席检察官自得迳予驳回。(二)告诉人不经原县政府,迳向直接上级法院首席检察官声请再议,其住所在县政府所在地,得扣除由县政府所在地至上级法院之在途期间。仰即转饬知照。此令

**附司法行政部原呈**

案据贵州高等法院首席检察官本年三月俭代电称,案据贵阳地方法院首席检察官感代电呈,兹有告诉人接收不起诉处分书后,未于七日内以书状经由原兼理司法之县长向直接上级法院首席检察官声请再议。乃以书状叙述不服之理由,迳向直接上级法院首席检察官声请再议,于此发生疑问者二。(一)再议声请逾期,上级法院首席检察官能否自为处分予以驳回,又有两说。甲说,谓《刑事诉讼法》第二百三十六条第三项之规定,参以办理刑事诉讼案件应行注意事项第五十二则,为原检察官驳回之规定,上级法院首席检察官只限于再议声请无理由者应驳回之。同法第二百三十七条前段有明文规定。此时应送交原县县长予以驳回,方为适法。乙说,谓再议声请逾期,《刑事诉讼法》第二百三十七条虽无明文规定,然参以同法第二(恐系三字之误)百五十九条、第三百七十六条等规定,即由上级法院首席检察官依同法第二百三十六条第三项处分驳回,亦无不合。(二)再议声请逾期,应否扣除在途期间,又有两说。甲说,谓告诉人如住在原县所在地,于法定期间内不经原县县长声请再议,乃迳向上级法院首席检察官声请,应不扣除在途之期间。盖法定程期往往较实际程期为长。如准予扣除,在原县声请本已逾期,乃因向上级法院首席检察官声请,扣除法定程期,反获未逾期之利益。其中易启巧诈之弊,有失法定期间之效用。乙说,谓告诉人虽住在原县所在地,必向原县县长声请,往往为人民所不知。告诉人既于法定程期内向上级法院首席检察官声请,不论其实际程期如何,应扣除在途期间,以顾其利益。以上各说,以何说为是,未敢臆断。理合电请鉴核,解释示遵等情。据此,案关解释法律,未敢臆断。理合据情电请核示祗遵等情。据此,事关法律适用疑义,理合具文呈请钧院鉴核指示,以便转饬遵照。谨呈司法院院长居。司法行政部部长王用宾

**院字第一七八一号**

**民国二十七年九月十二日　司法院训令湖南高等法院首席检察官**

为令知事。该首席检察官呈最高法院检察署,为长沙地方法院首席检察官转请解释

《刑事诉讼法》第二百四十条疑义一案,业经本院统一解释法令会议议决,《刑事诉讼法》第二百四十条规定检察官得停止侦查之案件,包括民事已未起诉者两种情形而言。刑事起诉后,在审判中亦得于民事已经起诉者依同法第二百九十条停止审判。但应注意各该条均系得停止,并非必应停止。合行令仰转饬知照。此令

**附最高法院检察署原函**

案据湖南高等法院首席检察官,转据长沙地方法院首席检察官贺寿嵩呈称,查《刑事诉讼法》第二百四十条规定停止侦查之情形,是否包括民事已起诉及不起诉两种而言。若民事未起诉者,检察官应行停止侦查,而漏未停止,迳予起诉,审判中可否停止,以资救济?现有此类案件,急待解决,理合备文呈请钧处转呈司法院鉴核示遵等情。据此,事关法律疑问,理合呈请鉴核,转请解释示遵等情到署。相应转请查照,迅予解释迳复,并见示备查为荷。此致最高法院

**院字第一七八二号**

**民国二十七年九月十四日　司法院指令司法行政部**

呈悉,业经本院统一解释法令会议议决,江西各县保长联合办公处之主任及书记,既由县长或该主任按照组织规则委任或委用,应均认为《刑法》第十条第二项之公务员。至各县义图之图长,原由粮户推举之甲正所轮充,即不得认为该法条之公务员。仰即转饬知照。原附钞件发还。此令

**附司法行政部原呈**

案据江西高等法院院长呈称,案据清江县司法处审判官刘金麟皓代电称,窃查各保联办公处之保联主任与书记(即二十二年一月十九日第五三六次省务会议通过《江西省各保甲长联合办公处组织规则》第六条第一款规定主任与第二款规定之书记)及各县义图之图长(即《修正江西省各县义通则》第三条规定之图长),是否《刑法》第十条第二项所称之公务员,理合电乞一并示遵等情。据此,案关法律疑义,除指令外,理合钞具江西省各保甲长联合办公处组织规则,《修正江西省各县义通则》各一分呈请钧部鉴核指示,俾便饬遵等情。据此,事关法令疑义,理合备文呈请钧院鉴核指示,以便转饬遵照。谨呈司法院院长居。司法行政部部长谢冠生

**院字第一七八三号**

**民国二十七年九月十四日　司法院复广西高等法院电**

广西高等法院朱院长览,二十六年四月东代电悉,该法院第一分院所请解释《民法》第九百八十九条撤销婚姻疑义一案,业经本院统一解释法令会议议决,《民法》第九百八十九条但书所谓已达结婚年命之当事人,系包括双方而言。故须双方当事人均达结婚年龄,方受不得撤销之限制。若有一方未达结婚年龄,则双方当事人均不受其拘束。合电转饬知

照。司法院寒印

**附广西高等法院原代电**

南京司法院居院长钧鉴,案据桂林广西高等法院第一分院院长陈祖信二十六年三月漾代电称,窃查《民法》第九八零条载,男未满十八岁女未满十六岁不得结婚。又同法第九八九条载,结婚违反第九百八十条之规定者,当事人或其法定代理人得向法院请求撤销之,但当事人已达该条所定年龄或已怀胎者不得请求撤销等语。设有甲、乙男女间均未达于结婚年龄而正式结婚,嗣甲尚未违于结婚年龄,对于已达结婚年龄之乙,或乙已达结婚年龄对于未达结婚年龄之甲请求撤销,于此场合,应否准许,计有三说。子说,《民法》第九八九条但书所谓当事人已达该条所定年龄,须甲、乙婚姻当事人双方均已达于《民法》第九八零条所定年龄,始受不得请求撤销之限制。倘结婚后任何一方尚未达于结婚年龄,其任何他一方均得请求撤销。丑说,《民法》第九八九条但书所谓当事人已达该条所定年龄云云,既无双方已达该条所定年龄之积极规定,则甲、乙婚姻当事人间任何一方,苟已达于结婚年龄,其任何方即应受《民法》第九八九条但书之限制,不得请求撤销。寅说,《民法》第九八九条但书,系于限制请求撤销之一方之规定。倘请求撤销之一方尚未达于结婚年龄,即他一方已达结婚年龄,可不问他方已否达于结婚年龄,均属不得请求撤销。以上三说,究以何说为当,事关法律疑义,理合电请钧院鉴核,仰祈转请司法院迅赐解释,俾资遵循等情。据此,事关法律解释,理合据情转请钧院鉴核,迅赐解释,俾便饬遵。代理广西高等法院院长朱朝森呈东印

**院字第一七八四号**

**民国二十七年九月二十二日　司法院指令广西高等法院**

呈悉,业经本院统一解释法令会议议决,不得上诉第三审之财产权诉讼,其第二审判决,在宣示或送达时,即属确定,自无宣示假执行之必要。仰即转饬知照。此令

**附广西高等法院原呈**

呈为呈请解释事。案据玉林广西高等法院第五分院院长刘品彬二十六年九月一日高字第一五六三号呈称,查财产权之诉讼,在判决确定前不为执行,债权人恐受难于抵偿或难于计算之损害者,得声请宣告假执行。此在《民事诉讼法》第三百九十条第一项有规定明文。设有不得上诉于第三审之财产权诉讼事件,其第一审判决债权人已获胜诉。嗣因债务人提起上诉,债权人在第二审辩论终结前声请宣告假执行,而第二审判决系维持第一审判决者。在此场合,第二审判决应否宣告假执行,兹有甲、乙二说。甲说,谓不得上诉第三审之时产权诉讼,其第二审裁判依法在宣示或送达时即已确定,债权人既可于是时迳请执行,与其他应待上诉期间届满无上诉时始得声请执行之事件不同,则第二审判决原无宣告假执行之必要。乙说,谓《民事诉讼法》第四百五十四条既已明白规定,应于其范围内依声请宣告假执行,遇有上开情形,仍应宣告假执行,始为适法。以上二说,究以何说为是,理合备文

呈请察核,恳即转请解释示遵等情。据此,事关法律疑义,理合据情转请钧院察核,俯赐解释俾便转饬遵照。谨呈司法院院长居。代理广西高等法院院长朱朝森

**院字第一七八五号**

**民国二十七年九月二十三日　司法院训令贵州高等法院**

为令行事。查遵义地方法院呈请解释代替物执行疑义一案,业经本院统一解释法令会议议决,执行标的为代替物,如债务人不能以种类、品质、数量相同之物返还,而尚有其他财产可供执行时,即就该财产变价清偿,亦不失为强制执行之方法。合行令仰该法院转饬知照。原呈钞发。此令

**附贵州遵义地方法院原呈**

案据本院执行处推事何福雄签称,查替代物之强制执行,例如判决命债务人甲偿还债权人乙租谷十石,依据补订民事执行办法第二十八条第一款规定,于债务人家中存有代替物者,自无问题。然如派员执行,经搜索而未发现应执行标的物之时,是否得查封其财产,变价偿还其代替物。查照现行《民事诉讼执行规则》及补订民事执行办法,均无规定。于此发生二说。甲说,查代替物既非特定物,不生给付执行不能之问题。况《民事诉讼法》对于就金钱请求,或得易为金钱请求之请求,得声请假扣押。所谓得易为金钱请求之请求,自包括物权上之代替物在内。代替物既可为假扣押,自无不许于强制执行时查封财产之理。故于经搜索后而未发现应执行之代替物时,宜赓续查封其财产变价抵偿。乙说,代替物为物权上之动产,既非金钱债权,即不得适用为保全金钱债权所施之动产执行。如经搜索而未发现应执行之代替物,则执行之道已穷,惟有指示债权人另案诉求损害赔偿。以上二说,未知孰为正当。抑更有适当之措置,用特签请转呈司法院,俯赐解释,俾资遵循等情。据此,查本院此等案件,不在少数,急待清厘。理合据情转请钧院,速赐解释,俾利执行,实为公便。谨呈司法院院长居。贵州遵义地方法院院长卢文巨

**院字第一七八六号**

**民国二十七年九月二十三日　司法院指令司法行政部**

呈悉,业经本院统一解释法令会议议决,(一)不动产之拍定人,不于限期内缴足价金,执行法院仅得依《民事诉讼执行规则》第七十七条第二项予以制裁,不得另以命令或裁定,将其预交之保证金没收。(二)无执行名义之他债权人声明参与分配,因须以债权人或债务人之异议告知于声明人,而其送达之处所不明时,依《补订民事执行办法》第二条准用《民事诉讼法》总则,固可依债权人或债务人之声请而为公示送达。但声明人之送达处所,为声明书状中应行记载之事项。其不予记载,即系自己之过失。如债权人或债务人不愿为公示送达之声请,该声明人又未另状补正,则应行告知声明人之事由,即属无从送达,更难望其为起诉之证明。自应不顾及该债权,迳行分配。仰即转饬知照。此令

**附司法行政部原呈**

案据广东高等法院呈称，案据广州地方法院呈称，查《民事诉讼执行规则》第六十八条、第七十七条规定，非预交保证金可当声明价额二十分之一，不许拍卖；以及拍定人不能如期缴足价金，于再拍卖程序中，不得主张再拍卖权利，并须负担较最初拍定价额不足之数，及此项程序费用。寻释意义，要在防止虚伪拍卖，保护债权人利益。本院受理诉讼，向以民事给付案件为多。关于不动产拍卖，至属烦杂。更因市侩、掮客勾串图利，每于拍卖中竞抬价额，务使真实之拍卖人无标可得，裹足不前，继则避不缴价。于再行拍卖无人竞买时，另依最低价额投承，借图厚利。执行上为制止把持操纵起见，曾限拍定人于七日内缴足价金。倘逾限不缴，除再行拍卖外，并将所缴二十分之一保证金予以没收。业于各拍卖案内布告周知，并经前任历办有案。此项没收处分，既因拍卖程序中所生特殊情形，为杜绝弊窦而设，核与上开法意，似无违背。惟应否由执行上命令没收或以裁定行之，不无疑义。究应如何办理之处，未敢擅专。又查无执行名义之他债权人，声明参与分配后，应为送达之处所不明。如债权人或债务人有异议时，关于《补订民事执行办法》第二十六条告知证明起诉部分，能否依同办法第二条，准用《民事诉讼法》公示送达规定办理？倘于送达发生效力，仍不为前项证明，即不顾及声明人债权，迳予分配。又公示送达，须依声请为之。设债权人或债务人均不愿为此项声请时，则案悬无期，又将如何进行？案关执行疑义，理合具文呈请迅赐鉴核示遵等情到院。事关法律疑义，理合据情转呈鉴核示遵等情。据此，事关适用法令疑义，理合备文呈请钧院鉴核指示，以便转饬遵照。谨呈司法院院长居。司法行政部部长谢冠生

**院字第一七八七号**

**民国二十七年九月二十三日　司法院咨行政院**

为咨复事，准贵院本年八月十日咨（第六三五八号）开，据福建省政府呈，据地政局转请解释典权人取得所有权疑义一案，咨请查照见复等由，业经本院统一解释法令会议议决，转典契约与典权让与契约，性质各别，因之典期届满后，依法取得典物所有权之利益，亦异其归属。原呈第一例系转典契约，该利益应属于乙；第二例名虽转典，实系典权让与契约，该利益应属于丙。相应咨复贵院查照饬知。此咨行政院

**附行政院原咨**

案据福建省政府二十七年六月十八日成巳巧府地甲永字第四八七一一号呈称，据地政局案呈福州土地登记处二十七年五月三十一日呈称，窃按《土地法》第三十三条之规定，凡所有权、地上权、永佃权、地役权、典权、抵押权之取得、设定、移转、变更或消灭，均应按照本法登记。是则何种土地权利应行声请登记，法律上早已明白规定，无何疑问。但本处办理土地登记以来，对于土地权利之性质，有发生莫能审定之苦心，尤其对于典权之取得所有权更多疑义，兹将疑义之点陈述于下：（一）甲于光绪二十年三月间，将产业有期限或无期限设

定典权与乙,至民国十六年七月间,将该业转典与丙。按《不动产典当办法》施行前司法院院字第一四一三号解释,出典逾三十三年不回赎者,典权人即可取得典物所有权。兹如上例,乙于民国十七年三月即可取得所有权,惟转典与丙,丙方受典不数月,即亦可取得所有权。如此情形,该所有权究系属于乙,抑属于丙,应请核示者一。(二)甲将产业设定典权与乙,复由乙转典与丙。惟当乙转典之时,依法已可取得所有权。但其契约又载,自转典之后,永不得取赎,原主取赎不拘年限等字样。按上列情形,原主甲早已时效损失,本可由乙作为已取得所有权卖断,又竟作转典。且其所立契约,乙方殊蒙受损失,实有违《民法》第九百十三条维护业权之本意。似此情形,可否仍由乙方为取得所有权登记,抑就其契约所定,由丙方取得所有权,应请核示者二。以上两点,均关系人民权利之得丧甚大,本处对于处理该项案件复多,并且亟待解决。是以关于典权取得所有权之疑点,理合具文呈请钧核,并乞指令祇遵等情。据此,关于第一点,查转典与典权让与不同,乙虽将所典产业转典与丙,并非将典权让渡与丙,依法仍应由乙取得所有权。关于第二点,乙将产业转典与丙时,既经订明自转典之后永不得取赎,即乙已默示将其典权让渡与丙,因此所有因典权而发生之一切权利(包括取得所有权),似应由丙享受。以上所拟解释,是否有当,案关法律适用,理合呈请钧院咨转司法院查核,并乞指令祇遵等情。据此,案关法律解释,相应咨请贵院查核见复,以便饬知。此咨司法院

**院字第一七八八号**

**民国二十七年九月二十六日　司法院咨行政院**

为咨复事,准贵院二十五年六月二十四日咨(第一八零号)开,据内政部呈,据浙江民政厅转,据鄞县县政府请解释寺庙住持被革后住持人选疑义一案,咨请查照见复等由,业经本院统一解释法令会议议决,(一)院字第八一七号第十九项之解释,系就当地僧道设有教会,而其住持被革除或逐出之寺庙已属于教会者而言。若当地未设有教会或有教会之组织,而其住持被革除或逐出之寺庙未曾入会,即系原无所属之教会,自应由该管官署于不违反该寺庙历来传授习惯之范围,征集当地宗教相同各僧道意见,为之遴选新住持。至该地之教会,对于未入会之寺庙(即非其所属之寺庙)之遴选新住持,自属无权参与(参照四二三号、七二四号解释)。(二)已入会之寺庙,其新住持无论由原住持遗嘱所传授,抑由十方所公推,苟不违反该寺庙历来传授之惯例,而当地僧道又别无争执,则其所属之教会,自不得任意变更。(三)所谓当地僧侣,不限于各该关系寺庙之僧侣。凡宗教相同之当地僧侣均属之(参照院字第七二四号解释)。相应咨复贵院查照饬知。此咨行政院

**附浙江省民政厅原呈**

案据鄞县县长陈宝麟呈称,查寺庙住持被革除或逐出后,继任住持人选一案,前奉司法院第八百十七号第十九项解释,应由所属佛教会以不违反该寺历来传受习惯,并征得当地僧侣同意,遴选新住持等语。本县虽有佛教会之组设,但各寺庙仍多有未入会者,亦有已入

会而历来传授习惯,有由原住持订立遗嘱传授者,有由十方公推者。究竟未入会之寺庙,该佛教会是否有权参与决定?已入会而由原主持订立遗嘱传授,或由十方公推之继任住持,该佛教会是否有权予以变更?再则原解释所称当地僧侣,是否指各该关系寺庙之僧侣,抑指关系寺庙以外之僧侣?如指该关系寺庙时,则该关系寺庙住持仅有一人,别无其他僧侣同住时,应如何办理,均不无疑义。理合具文呈请,仰乞解释示遵等情。据此,案关法令解释,除指令外,理合备文转呈,仰乞钧部鉴核示遵。护呈内政部。浙江省民政厅厅长徐青甫

**院字第一七八九号**

**民国二十七年十月四日　司法院咨行政院**

为咨复事,准贵院上年五月十三日咨(第诉——一三九号)开,为商标法第二条第八款发生疑义,请查照解释见复等由,业经本院统一解释法令会议议决,商标法第二条第八款以他人之商号作为商标呈请注册,须得他人承诺之规定,系为保护他人之权利而设。若他人之商号并未依法注册,尚不生权利关系,即不得承诺而以之作为商标,请求注册。该他人殊无请求撤销之权。相应咨复贵院查照。此咨行政院

**附行政院原咨**

查依商标法第二条规定,该条所列各款均不得作为商标呈请注册。其第八款载,有他人之肖像、姓名、商号或法人及其他团体之名称者,但以得其承诺时,不在此限等语。此所谓商号是否以已注册者为限?倘未得他人承诺,迳以他人未经注册之商号作为商标呈请注册,该他人能否请求撤销其商标,不无疑义。于此有相反之两说:甲,谓商标法第二条第八款所指之商号,并未规定须依商人通例注册,不应凭空加以限制。且根据商标法此项规定反对别人以自己之商号作为商标,既非根据商人通例主张商号专用权,以禁止别人使用其商号为商号,亦无限以必须曾经注册之理。若以商号之注册为适用商标法第二条第八款之先决条件,则不啻谓个人之肖像亦必先依《著作权法》取得著作权后,始可适用该项规定,显非法律之本意等语。乙,谓商号二字,在法律上应以商人通例为根据。依该通例规定,惟已注册之商号始得禁止别人冒用。故商标法第二条第八款之商号,当然指已注册者而言,并非凭空加以限制。反对别人以自己之商号为商标,即系对商号主张权利,禁止别人冒用,何得谓非主张商号专用权?至肖像、姓名属于人格权与姓名权范围,依《民法》规定,此项权利能力。始于人之出生,故不以注册为准。而商号则须注册后始取得法律上之地位,禁止别人冒用,否则不能对抗第三人,商人通例业经明定,两者截然不同云云。本院现有涉及此项问题之案件,亟待解决,相应咨请贵院查照解释见复,至纫公谊。此咨司法院

**院字第一七九〇号**

**民国二十七年十月五日　司法院复贵州高等法院首席检察官电**

贵州高等法院王首席检察官览,二十六年三月咸代电悉,镇远地方法院首席检察官转请解释兼军法官之县长枪毙保安队兵犯罪疑义一案,业经本院统一解释法令会议议决,兼军法官之县长,对于教唆保安队兵结伙抢劫之犯妇,及实行抢劫之保安队兵,未经呈报核准,即行枪毙,应成立《刑法》上之杀人罪。合电转饬知照。司法院歌印

**附贵州高等法院首席检察官原代电**

南京司法院院长居钧鉴:案据暂代贵州高等法院第一分院首席检察官谢况二十六年三月青代电称,据镇远地方法院检察处庚代电称,设有兼行营军法官之县长,未经呈报核准,即行枪毙教唆保安队兵结伙抢劫之犯妇一名,及实行抢劫之保安队兵一名,究竟犯罪与否,今有三说:甲说,依《陆海空军刑法》第八十四条,该犯兵实犯死刑,未经呈准,先行枪毙,仅负行政上之处分,不负《刑法》上之罪责;乙说,该犯兵虽犯死刑,依《陆海空军审判法》第三十五条及三十六条,应呈报上级长官核准,方得执行。在未呈准以前,即行枪毙,实犯《刑法》上杀人之罪;丙说,执行犯兵死刑,既属未经呈准,显系犯《刑法》上第一百二十七条之渎职罪,究以何说为是?至于该犯妇应否依《刑法》第三十一条第一项,认为亦犯《陆海空军刑法》第八十四条之罪,亦有疑义。本处受有类似之案,不敢臆断,祈转请解释,俾便遵循等情。据此,理合据情转呈,伏祈赐予解释,俾便饬遵等情。据此,事关法律解释,未敢擅拟,理合据情转呈,伏祈解释示遵,以便转饬遵照。署贵州高等法院首席检察官王承浚叩咸

**院字第一七九一号**

**民国二十七年十月十五日　司法院指令司法行政部**

呈悉,业经本院统一解释法令会议议决,意图营利销毁或私运银币,如正在收买,或收买后尚藏家内,即被查获,则系销毁或私运前之预备行为,尚未着手实行,不成立《修正妨害国币惩治暂行条例》第六条(《旧妨害国币惩治暂行条例》第五条)之罪。仰即转饬知照。此令

**附司法行政部原呈**

案据江苏高等法院首席检察官本月皓代电称,案据吴县地方法院首席检察官代电称,查《妨害国币惩治暂行条例》第一条及第二条,须意图营利而销毁银币,或中央造币厂厂条,或私运出口者,方构成各该条之既遂罪。否则亦须着手实行而未遂者,始可依同条例第五条论科。设有人以前述意思,正在收买银币之际,或收买后尚藏在家内之时,即被查获。此种情形,究应论以着手而未遂,抑仅系预备行为,关系罪刑出入甚巨。现常有此项情事发生,迫切待决,为特请转部,迅赐核示祇遵等情。据此,事关法条疑义,理合据情电请鉴赐,迅予核示饬遵等情。据此,理合转呈鉴核示遵,以便转饬遵照。谨呈司法院院长居。司法

行政部部长王用宝

**院字第一七九二号**

**民国二十七年十月十一日　司法院指令山西高等法院**

呈悉，业经本院统一解释法令会议议决，债务人以土地向债权人设定抵押权，援照该地习惯，双方成立契约，约明债权届清偿期不为清偿，即将土地交债权人承种，以其收益抵偿利息。此系于设定抵押之外，同时附有条件之租赁契约，以为给利方法。该土地之占有，既非基于抵押权之作用，又不在《民法》第八百七十三条第二项所定限制之列，原不能谓为无效。惟约定利率，依法不得超过周年百分之二十。如其收益超过上开限制，关于超过部分之抵利约定，应以之充偿原本。仰即转饬知照。此令

**附山西高等法院原呈**

案据山西岚县县长钟英呈称，为呈请解释事。查民事法律所未规定者依习惯，《民法》第一条定有明文。而习惯有法之效力，则须以多年惯行之事实，为一般人所共信，且不害公益为要件。否则纵属旧有习惯，亦难认为有法之效力，历经前大理院暨最高法院著有成例。现本县乡间对民事借贷抵押事件，有一多年习惯。如债务人某甲向债权人某乙借洋一百元，月息若干(此项利息多超过法定)，并以某甲土地若干亩为担保抵押物。双方成立契约时，即援照习惯，言明届期偿息。某甲如不清偿利息，某乙即承种其抵押物，按年所获之收益，以抵债权原本所生之利息，嗣后某甲一日不能清偿原本，抵押土地即一日归某乙承种。本县乡间此种习惯，应否认为有法之效力，有甲、乙二说。甲说，谓习惯有法之效力，既以多年惯行之事实以一般人共信为要件。今某甲与某乙订定之契约，非特为乡间订立借贷抵押契约普遍之现象，且又为一般人民所共信守，自应视为有法之效力。况民事契约，尊重契约当事人之自由意思，若不认此种习惯有法之效力，而使当事人双方受其拘束，岂非显与当事人之原意违背？乙说，谓习惯有法之效力，固以惯行之事实一般人所共信为要件，而尤以不害公益为主要成分，此从《民法》第二条可以推知者也。某甲与某乙订立之借贷抵押契约，表面观之，是无关公益，而实际审之，则与公益关系至巨。盖以债务人之土地，因抵押关系归债权人承种，在债权人方面，因承种抵押物仅系以收获而抵利息，所有权并未移转，自咸存维持原状之心，而对土地设法之改良，以增进其收获效率毫不及顾；在债务人方面，谓抵押物之所有权虽未移转，而实际自己失使用收益之权，自未便劳时费财，以图改良而成他人好事。长此以往，岂非与社会经济之发展大有妨碍，谓非关乎公益？而何况乡间此种契约之设立，多系债权人故与债务人约定高利而设抵押，以遂其意图承种抵押物之目的。倘认其有法之效力，非但与保护债务人本位之立法有背，抑且使专以耕种土地生活之债务人，永难脱离负债之苦累。故不应认乡间此种习惯为有法之效力。两说究以何说为是？事关解释习惯疑义，未便擅专，理合备文呈请鉴核解释示遵等情到院。查所呈情事，纯系法律疑义，本院未敢擅专，理合备文转请钧院鉴核，俯赐迅予解释，以便饬遵。谨呈司法院院长居。

山西高等法院院长邵修文

**院字第一七九三号**

**民国二十七年十月十七日　司法院指令湖南高等法院**

呈悉,业经本院统一解释法令会议议决,未入罗业公会之乡民,以在车站及码头有起卸货物之权,对于已入罗业公会之工人诉请确认,司法机关即应就其诉之有无理由予以裁判。仰即转饬知照。此令

**附湖南高等法院原呈**

案据醴陵县司法处审判官方树东呈称,兹有甲镇当水陆交通之冲,工人组织罗业分会,在距离甲镇里许之火车站及不及三里之河岸码头,起卸货物。有乙乡未加入甲镇罗业分会之农民多人(乙乡农民加入甲镇工会者有一百余人),另欲组织分会,未经党部许可,以致甲镇工会会员与乙乡农民因争执起卸货物,时兴械斗纠纷,数年未能解决。兹乙乡方面以火车站及河岸码头为乙乡辖境,即向司法机关起诉,请求确认火车站及河岸码头起卸权利应判归当地民众所有。其起诉有无理由,分为二说:丙说,系争之火车站及河岸码头既属乙乡区域,其起卸权利即应根据土地所有权,判归乙乡当地民众所有。丁说,土地所有权与火车站及河岸码头起卸权利,不得混为一谈。土地所有权系根据所有之权源,与取得车站或码头起卸权利并无联系关系。凡在车站或码头起卸货物者,未必即为土地所有权之人;有车站或码头、土地所有权者,未必即取得该车站或码头之起卸权利。土地所有权之确认,固属司法管辖范围,而在车站或码头起卸货物,应依照人民团体各项法规及组织方案,受当地高级党部之指导及县、市政府之主管监督,依法取得工会会员资格为已足,固不问其车站或码头土地所有权之谁属。乙乡请求标的,既系在请求确认车站或码头起卸权利,应属于人民团体问题。司法机关应依《民事诉讼法》第二百四十九条第一款规定,对于乙乡农民请求确认车站或码头起卸权利,认为不属于司法权限,予以裁定驳回。以上二说,未知孰是,理合具文呈请钧院俯赐鉴核,准予转请解释,迅予指示祗遵,实为公便等情。据此,除令准呈转外,理合据情呈请钧院鉴核,俯赐解释,俾便饬遵。谨呈司法院院长居。湖南高等法院院长陈长簇

**院字第一七九四号**

**民国二十七年十月十八日　司法院咨行政院**

为咨复事,准贵院上年十月二十二日咨(第诉——二七一号)开,为商标法适用疑义,请查照解释见复等由,业经本院统一解释法令会议议决,以自己之商号作为商标,呈请注册,如其商号文字之组织特别显著,既与商标法第一条规定相合,即应准予注册。相应咨复贵院查照。此咨行政院

**附行政院原咨**

查以自己之商号作为商标呈请注册，能否核准，不无疑义。于此有相反之两说：甲，主张不应核准者，略谓商标法第二条第八款所谓有他人之商号，显指商标附属部分而言。同法第十四条又为商标之普通使用方法，均非商标之本体，自不能据为商号可以作为商标注册之理由。又单纯以商号为商标，并无特别显著构造，亦属违背商标法第一条第二项应特别显著之规定。且依同法第十四条，以商号注册，不得为商标专用权之效力所拘束。换言之，即不得用以对抗第三人。是纵令准予注册，既不能取得专用权，即属毫无意义云云。乙，主张应予核准者，略谓依商标法第二条第八款规定，得他人之承诺，即可以他人之商号作为商标。是则以自己之商号为商标，当然不成问题。又以自己创设非一般人所惯用之商号为商标，自亦与商标法第一条第二项应特别显著之规定无背。至商标法第十四条虽有凡以普通使用之方法，而表示自己之姓名、商号者，不为商标专用权之效力所拘束之规定，但此非禁止以商号为商标，不过限制商标专用权之效力，使不能拘束善意之第三人耳。以上两说，各有理由。事关商标法适用疑义，相应咨请贵院查照，解释见复，至纫公谊。此咨司法院

**院字第一七九五号**

**民国二十七年十月二十日　司法院复河北高等法院首席检察官电**

河北高等法院首席检察官览，二十五年七月筱代电请解释告诉乃论罪追诉权时效疑义一案，业经本院统一解释法令会议议决，告诉乃论之罪，因告诉权人不为告诉，或无告诉权人之告诉，致侦查起诉诸程序不能开始时，自可停止追诉权时效期间之进行。合电知照。司法院号印

**附河北高等法院首席检察官原代电**

南京司法院院长居钧鉴，查刑事追诉权因一定期间内不行使而消灭。如依法律之规定，侦查起诉或审判之程序不能开始，或继续时应停止时效之进行，此在《刑法》第八十条第一项、第八十三条第一项已定有明文。惟查告诉乃论之罪，因无告诉权人之告发，而依法律之规定未能开始侦查，或审判时能否阻却时效期间之进行，尚不无疑义。本院现有此类案件亟待解决，理合电请解释示遵。河北高等法院首席检察官汪祖泽叩筱印

**院字第一七九六号**

**民国二十七年十月二十日　司法院指令四川高等法院**

呈悉，业经本院统一解释法令会议议决，《民法》第十四条所定得为宣告禁治产之声请者，原指本人及其配偶或最近亲属三者而言。来呈所称情形，如心神丧失之某乙，既得某丁之辅助，尽可以自己名义为宣告禁治产之声请，并不生亲属人数足否之问题。仰即转饬知照。此令

附四川高等法院原呈

呈为呈请事,案据乐山县司法处呈称,呈为办理执行案件发生困难,恳请明白指示,以资遵守事。案查兹有甲、乙、丙三人,乙为甲之继母,丙为甲之庶母。甲父死后,甲、乙、丙三人遂讼争遗产,乙、丙为原告,甲为被告。在开言词辩论时,乙未到庭。讼争结果,乙、丙胜诉。及判决确定,传两造到案执行,此时乙到庭,始发现乙为心神丧失之人。其在判决确定上所得主张之利益,竟不能主张,又无权委任代理人到庭请求。此时乙有母家弟丁,遂出而宣告乙为禁治产人,同时甲亦向原审法院为同样之请求。在此种情形下,遂发生以下各疑点:(一)查《民法》第十四条,对于心神丧失或精神耗弱,致不能处理自己事务者,法院得因本人配偶或最近亲属二人之声请,宣告禁治产。惟查甲之父业已亡故,固无配偶可言,至法条所指之最近亲属,其范围究竟若何?(二)甲如认为系乙之最近亲属,但又系诉讼相对人,其利害恰相反,其声请宣告禁治产,是否合法?(三)假认甲声请合法,但《民法》十四条之规定系二人以上,又无其他合格人,应如何救济?(四)假认甲声请为不合法,则乙之胞弟丁,系乙之旁系血亲,可否认为合法声请人?(五)假认丁为合法声请人,其他又无如丁同类资格之人,而又不足二人,如何救济?以上五点,本处均无相当法律解释可资依据,执行极感困难。用特呈请钧院俯赐查核,予以明白指示办法,抑恳转请极峰解释,指令祇遵等情。据此,案关法律解释,理合备文呈请钧院迅赐核示,以便饬遵。谨呈司法院院长居。署四川高等法院院长谢盛堂

院字第一七九七号

民国二十七年十月二十日　司法院指令山东高等法院

呈悉,业经本院统一解释法令会议议决,某乙之佣工人某甲,为某乙告诉某丙抢劫案内之证人。如在旧《刑事诉讼法》施行时,具结伪证,应成立伪证罪,不因新《刑事诉讼法》第一百七十三条第一项第五款之规定而免除其责任。仰即转饬知照。此令

附山东高等法院原呈

案据鱼台县司法处审判官李乃格呈称,窃查现行《刑事诉讼法》第一百七十三条第一项第五款规定,证人为被告或自诉人之受雇人或同居人者,不得令其具结。假定有某甲于二十三年在乙家佣工,乙家被抢,乃向县政府指控某丙为实施抢劫之匪犯,县政府判处某丙无期徒刑,并经呈准许其上诉。在高等法院某乙举某甲为证人,因某甲与某乙之供词率多矛盾不符,经法院认为显系串饰,谕知某丙无罪。案既确定,某丙因告诉某甲伪证,究竟某甲应谕知无罪,抑应科刑,于此计有两说。甲说,谓依旧法,甲既不能免除具结之义务,则具结之后为虚伪之陈述,自应依《刑法》第一百六十八条论科。且依旧法,某乙为告诉人,不得为自诉人,则甲尤不得援用现行《刑事诉讼法》第一百七十三条第一项第五款,而受其利益,故仍应依法科刑。乙说,谓据《刑法》第二条第一项载“行为后法律有变更者,适用裁判时之法律,但裁判前之法律。有利于行为人者,适用最有利于行为人之法律”,依旧刑诉法,某乙虽

不得为自诉人,但依现行《刑事诉讼法》第三百十一条,则为自诉人。某甲在行为时虽曾具结,但适用最有利于行为人之法律,依现行《刑事诉讼法》第一百七十三条第一项第五款,则毋庸具结。既无具结之要件,则不能构成《刑法》第一百六十八条之罪名,故应谕知无罪。两说各有理由,未知孰是。事关法律疑义,理合呈请钧院鉴核,转请解释示遵等情。据此,案关法律解释,理合备文转呈钧院核示,俾资饬遵。谨呈司法院院长居。山东高等法院推事兼院长胡绩

**院字第一七九八号**

**民国二十七年十月二十一日 司法院指令湖北高等法院**

呈悉,业经本院统一解释法令会议议决,《维持治安紧急办法》(原呈误为维持治安紧急治罪办法)第一、第二两项末段所谓其他有效方法,凡武力以外之方法,在当时情形,足以制止或排除者皆属之。仰即转饬知照。此令

**附湖北高等法院原呈**

案据秭归县县长严际迪呈称,呈为呈请事,案奉钧院第五一四四号训令,附发维持治安紧急治罪办法七条下县。奉此,除遵照办理,并密令所属知照外,惟查原办法第一条末段载,得以武力或其他有效方法制止。第二条末段载,以武力或其他有效方法排除其抵拒各等语。县长详加研究,认为其他有效方法六字,似有两种解释。甲说,此语载于武力二字之后,其制止与排除之手段,必须较以武力强迫慑服更为严重,方能有效。盖当武力弹压所不能慑服就范时,则最后手段惟有开枪射击,当场格毙,以示惩儆,方能达其制止或排除之目的。乙说,此语虽载在武力二字之后,但有一或字为之过渡,其意旨似谓,苟能避免用武力解决,则用比较和平之手段,如演讲开导,或责成其亲属各自约束其子弟,师长各自约束其学生等等,凡可能达到制止及排除之目的,而又可避免轻用武力,以免激成大变者皆属之。以上两说所采手段,大相悬殊。究以何说为是,抑除以上二说之外,另有其他之解释,事关解释法令,理合备文呈请钧院俯赐核转,请求解释,指令遵行等情前来。理合转呈钧院核示指导。谨呈国民政府司法院院长居。署湖北高等法院院长史延程

**院字第一七九九号**

**民国二十七年十月二十四日 司法院复浙江省政府电**

浙江省政府黄主席鉴,本年七月巧代电悉,所请解释卷烟公卖事件诉愿管辖疑义一案,业经本院统一解释法令会议议决,卷烟公卖分处既隶属于卷烟公卖处,则人民不服该分处之处分,提起诉愿时,依《诉愿法》第三条之规定,自应由其直辖上级官署之卷烟公卖处受理。合电知照。司法院敬印

**附浙江省政府原代电**

重庆司法院钧鉴,查浙省本年试办卷烟公卖,咨经财政部特准设置浙江省卷烟公卖处,

直隶本府。又于省内各地设置分处,隶属卷烟公卖处。设或有商民不服某分处处分,诉愿于卷烟公卖处,应否准予受理,抑应饬其改送本府核办,不无疑义。计分两说。甲说,该处既系直属本府,其地位相当于本府之各厅。依法比照,该处应无受理诉愿之权。若准该处受理诉愿,则不服其决定,将由本府受理再诉愿。修正《诉愿法》尚无此规定,况该处与各地分处同为办理卷烟公卖事宜,仅所辖区域有大小,非有职权之不同,与省、县政府之为截然两级行政机构各有其独立职权者有别,亦以由本府受理诉愿为适当。乙说,谓卷烟公卖处为独立机关,非如各厅之为省政府之一部。《诉愿法》第三条规定,人民对于第二条以外之官署提起诉愿时,应按其管辖等级比照前条之规定为之等语。是受理诉愿,应为其直辖上级官署。倘舍该处而由省政府受理,殊与上开法条按其管辖等级之规定不符,自得受理诉愿。以上二说,究以何说为是?事关法律疑义,理合肃电,呈请鉴赐解释示遵。浙江省政府主席黄绍竑叩巧秘一法永印

**院字第一八〇〇号**

**民国二十七年十月二十七日　司法院复广西高等法院电**

广西高等法院朱院长览,上年九月庚代电悉,田阳县长请解释判决正本未经推事签名是否有效一案,业经本院统一解释法令会议议决,判决正本系依原本制成,正本既未列有推事姓名,而其原本又已焚失,除该判决书业已宣示,并非当然无效外,应认该判决尚未成立,不发生执行力。合电转饬知照。司法院感印

**附广西高等法院原代电**

南京司法院院长居钧鉴,现据田阳县县长郭春田本年八月沁代电称,查最高法院十七年上字第二七三号判例载,判决书未经推事签名,又未附记不能签名之理由者,在法律上不能认为有效等语。又查前大理院十年统字第一六五五号解释例载,无效之判决,不发生执行力,毋庸予以执行云云。按此种无效之判决,当然系指判决原本而言。设有甲某以未经推事签名之正本为执行名义,而原本又已被焚无存,以致无从查考。在此场合,该甲某所持为执行名义之正本,是否有效,及是否发生执行力,计有二说:子说,谓判决之有效无效,应以原本为准。如果仅系正本,未经推事签名,而原本又已灭失,无从稽考者,应推定原本为有效,予以执行。丑说,谓判决正本已于末尾注明:右判决正本,证明与原本无异等字样。若系正本,未经推事签名,以类推解释,原本当属相同,依法自应认为无效,亦毋庸予以执行各等语。职县现有此种案件,急待解决,二者究以何说为是,电请解释等情到院。事关法律疑义,未敢臆断,理合据情转请解释,伏候电示饬遵。广西高等法院院长朱朝森呈察。庚印

**院字第一八〇一号**

**民国二十七年十月二十九日　司法院咨行政院**

为咨复事,准贵院上年四月三日咨(第九零号)开,据实业部呈,据商标局转请核示院字

第一六一一号解释，性质相同或相似一语疑义，咨请查照解释见复等由，业经本院统一解释法令会议议决，院字第一六一一号解释，系以袭用他人夙著盛誉之注册商标为前提。因商标之注册，依商标法第二十五条第一项，应就各商品之类别，指定其所使用商标之商品。如原注册商标指定商品为中药、中鹿茸，而袭用其商标使用之商品为鹿角、鹿胶；或所指定商品为剪类，而袭用其商标使用之商品为小刀针钳，虽使用之商品并非同一，而与注册商标指定商品之性质实属相同或相似，易使购买者误为他人出品，故认为有欺罔公众之虞（近似他人注册商标使用商品分类之基准，与袭用他人注册商标使用商品分类之基准不同），并非谓同法施行细则第三十七条所列同项同类，其性质不同或不相似之商品，亦应在限制之列。相应咨复贵院查照饬知。此咨行政院

**附行政院原咨**

案据实业部二十六年三月八日商字第五三二七二号呈称，案据商标局呈称，查商标法第二十五条规定，呈请注册者应就各商品之类别，指定其所使用商标之商品。前项商品之分类方法，于施行细则定之。同法施行细则第三十七条，将商品分为七十项，约二百五十余类。商标注册人均得于呈请注册时，在同类中指定使用于一部或全部之任何商品。如其使用商品有跨入他类者，仍得以该商标分别呈请注册，并无限制。苟某种商品为彼所未曾使用而未经呈请注册者，即有人以相同或近似之商标使用于该项商品时，既无营业上之利害冲突，即不生影响于其表彰商品之利益。此指定商品一节，为商标法立法精神所在，不容忽视者也。施行细则商品类别原分六十五类，民国二十年修订为七十项，每项之中再分若干类。此项分类方法，虽未必臻于完善，但创设商标者，仅于同一商品所使用之商标中，构一新颖特殊之意匠，审查者亦仅就各该类别以内，核阅其是否有近似之虞。专用权限既有一定范围，斯办理案件，可免各方争执。兹查司法院院字第一六一一号解释，袭用他人夙著盛誉之注册商标，使用于非同一商品，如其性质相同或相似，易使人误认其商品为他人出品而购买者，即属欺罔公众之一种。此性质相同或相似一语，商标法既无规定，解释上极感困难，若不确定范围，将来之纠纷滋甚。虽欲定性质相同相似之标准，其依据不外数端：(一)同类，(二)同项，(三)形态相同，(四)用途相同，(五)原料相同，(六)同一商店所出售。然就本局历来案例，欲择一完善之解决途径，则上项办法，均有窒碍难行之势。试分别言之：(一)性质相同相似自应易使人误认其商品为他人出品之条件，若以同类之商品为范围，则如三十八项酒类之绍酒与白兰地酒，四十七项烟丝卷烟类之纸烟与福建皮丝、兰州水烟等各种烟丝，四十九项纸类之新闻纸与金锡箔纸，五十项墨类之墨锭与洋墨水，二十二项中乐器类之铜锣铙钹与弦乐器等：或用途不同，或原料各异，即其发售之商店，亦非同一。则同类之商品，亦往往难确指其为性质相同或相似，而使人误认其为他人出品。此以同类为范围，其窒碍难行者一也。(二)同项之中，商品之性质其相同相似与否，尤不一律。第四项之香皂、药皂、粗皂，第八项之针、钉、刀、剪，第二十一项之钟表，固可谓为近似；但第一项之中药与西药，第五项之牙粉与革油，第十八项之度量衡器与眼镜，第二十三项之猎枪与爆

竹,第二十四项之蚕种与茧,第六十四项之电影片与票据,区别显然,绝不至认为同一商店出品。此以同项为范围,其窒碍难行者二也。(三)如以外表形态之相同或相似,认为即商品之相同相似,则第一项至第五项同属化学工业品类,外形大抵均为油水胶粉,其中不少相同;第六项至第十五项尽为金石之原料或其制造品;第二十四项至三十七项同为纤维工业之原料及其制品。其质料用途纵不尽同,但其外形多相近似,而事实上决非同一商店出品,此其荦荦大者。他如五十五项肥田粉之与化学品、与食盐,三十八项酒品之与酱油、醋与果汁之类,形态相同,而原料用途制造工厂绝对不同者,不知凡几。此以商品之形态为范围,其窒碍难行者三也。(四)商品用途,其范围至简,不外衣、食、住、行。如二十四项至第三十七项之大部属于衣,三十八项至四十六项之大部属于食,其用途可谓完全相同。但丝棉织厂决不制售靴鞋,乳牛场亦不兼制茶叶,此为尽人皆知之事实。此外尚有用途合一,而原料工厂通常均不相同者,如车胎之与车轮,二者相辅而行,不能偏废。但一为橡胶制,一为金属制,车胎厂向不兼制车辆。又如药物、漆、乐器之类,中西异制,界限分明,决不以同一用途而有所混淆。此以商品用途为范围,其窒碍难行者四也。(五)如以原料相同或近似为言,则尤错综混杂,不可究诘。盖凡百物品,制造原料,不外金石或动植物质而已。兹姑以铜铁为例,同用此种原料,而可认为同一工厂所制造者,如第六项之钢铁及半制品、铜及半制品,第七项、第八项之全部商品,第九项之仿造品,第十五项之搪瓷器、景泰蓝,第十七项之全部商品,第十八项之一部分,第十九项之全部商品,第二十项、第二十一项之主要机件,第二十二项之响器,第二十三项之枪炮,第三十六项之钮扣,第三十七项之床,第四十八项之烟具,第五十项文具之一部,第六十一项之灯,第六十二项之头饰品,第六十三项之一部,第六十七项之电机、电扇、电线。以上各种商品,规模稍巨之工厂,确能全数制售,次焉者亦能制造其大部分,此不过仅就铜铁言之耳。他如玻璃制、如木制、如橡胶制跨及各项商品者,所包之广,与此正同。设有人指为性质相同、相似,谁能否认?此以商品原料为范围,其窒碍难行者五也。(六)如以发售商品之商店相同,即认为性质相似,其困难尤甚于前述诸端。盖商标法第一条规定,凡表彰自已所生产、制造、加工、拣选、批售或经纪之商品,均可专用商标,呈请注册。则就本局之立场言,所谓他人出品,即包括生产、制造、加工、拣选、批售或经纪而言,不仅以制造为限,是为应有之解释。兹先就第一项化学品为例,出售处所恒为西药房,而西药房所生产、制造、加工、拣选、批售或经纪者,除第一项之化学品、西药以至医治补助品等为当然之商品外,尚兼售第三项之香水、香油,第四项之香皂、药皂,第五项之牙粉、牙膏,第八项之医术用刀剪,第十三项之石膏,第十四项之暖水壶、乳钵等之磁器,第十五项之玻璃制品,第十六项之橡胶、热水袋及冰帽、乳瓶嘴等,第十七项之压榨机、消毒机,第十八项之医术及照相用具,第三十八项之白兰地酒,第三十九项之果汁,第四十一项之蜜,第四十三项之特种糖果,第四十五项之兽乳及乳粉,第四十六项之淀粉,第五十四项之油蜡,第六十五项之冷热水瓶,第六十六项之蚊香等。以上各种商品,恒为同一西药店所经售,即可认为同一商店出品或性质相似。此不仅西药店为然,其他各种商店,泰半类是。

据本局经验及案例,多数外国进口商人,往往以一个商标分别呈请注册用于七十项全部商品者。以该商之地位言,则无论何种商品,彼均有批售或经纪,亦即无论何种商品,均有被人误认为其出品之可能。是彼只用一个商标而垄断一切商品,夫岂情理之平?此以商店为范围,其窒碍难行者六也。更有进者,一商品之制,往往兼用金、石、土、木、橡胶、纤维者。苟金工厂商以为与其出品相同,橡胶厂商又以为使用原料,不少橡质,易使人误认为其制品,将使一商标之创设备受各方攻击,体无完肤。保护之道既穷,审查商标亦将漫无标准。不仅此也,所谓性质相同或相似,范围既广,争执焦点不能尽同。苟某一商品,其原料用途、形态及经售商店诸项,或相似于甲商,或相似于乙商或丙商时,胥有被人请求撤销之虞。盖甲商以为原料相同,乙商、丙商以为用途近似或形态相同,各执其有利于己者发为主张,其纠纷将益无纪极。此非本局无病而呻,盖大势所趋,有必然者,不难预决也。日人三宅发士郎,于其所著日本商标法中(昭和六年三月版第一八七页),将类似商品之分类基准分为六项:(一)需要者之范围一致,(二)营业之范围一致,(三)商品用途之一致,(四)原料及品质之一致,(五)外观之一致,(六)完成品与其构成部分。凡与上列之各点大部分相符合,即可谓为类似商品。如仅具备其一、二条件,仍不得谓之类似商品(此类似商品即吾国性质相同或相似之商品)。此亦以类似商品之争执綦多,于无办法之中,定一范围,以为取决之标准也。今吾国商标亦有商品相同或相似之主张,而纠纷之多、解释之难,既如上述,且此次司法院解释一经公布,则因此而发生关于商标之争议,势必接踵而来。本局办理案件,若无标准,必至举步荆转,困难滋多,歧路彷徨,莫知所措。理合沥陈所见,备文呈请鉴核,赐予解释,或转请统一解释,以资遵循等情。据此,事关法文解释,本部未敢擅拟。除指令外,理合据情呈请钧院转咨司法院迅予统一解释,以便饬遵等情。据此,除指令外,相应咨请贵院查照。解释见复,以便转饬遵照。此咨司法院

**院字第一八〇二号**

**民国二十七年十月二十九日　司法院咨行政院**

为咨复事,准贵院上年四月九日咨(第九九号)开,据内政部呈准浙江省政府转请解释《土地法》第八条疑义,咨请查照解释见复等由,业经本院统一解释法令会议议决,《土地法》第八条第一项各款所载不得为私有之土地,系指《土地法》施行时,属于国有或公有者而言。若原属于私人所有,在其所有权未经依法消灭以前,仍应认为私有(参照院字第一六七八号解释)。相应咨复贵院查照饬知。此咨行政院

**附内政部原呈**

案准浙江省政府三月二十六日民字第一四九号咨开,案据兼永嘉县县长许蟠云呈称,窃属县地政处办理土地所有权登记事项,对于《土地法》第八条各款规定,发生疑义,计分两说。(一)本条所列各款土地不得为私有者,仅限于本法施行后而言。若于本法施行前,已因时效占有转让,或判决而取得各该款之土地者,依法律不溯既往之原则,仍得为私有。

(二)无论在《土地法》施行前或施行后,对于《土地法》第八条所列各款土地,不问其取得之权原如何,均不得为私有。如在《土地法》施行前已属于私有者,应自施行后失其效力。盖以本法尚未施行前,本条各款土地被人占去者,所在皆是。设仍沿用前说,得为私有,似与现代土地政策精神不符。且该项土地之由私有变为公有,与土地征收不同,无庸给付偿金。究以何说为是,未敢擅专,呈请解释示遵等情。查《土地法》第八条所列不得私有之地,其目有八,种类不同,性质互异。如第三目公共交通道路,本省办理清丈,各县已均划作公有,路基之向由两旁地主承粮者,均免征其粮赋,人民初无异词。即第一目可通运之水道,本省如绍兴等县通运河道,向多由人民承完荡粮,分界养鱼、植菱,或堆泥作为私有。自清丈后,是项荡粮业已改为荡租,不发土地执照,而发租用证,实际亦与收回公有无异。惟其他各项尚无成案可据,如已经人民依法取得所有权,能否追溯既往,认为违反强制规定,根本不能有效,不无疑义。既据该县呈请解释,相应咨请查核见复等由。准此,理合备文呈请钧院转咨解释,以便转复。谨呈行政院。内政部部长蒋作宾

**院字第一八〇三号**

**民国二十七年十一月一日　司法院指令湖北高等法院**

呈悉,业经本院统一解释法令会议议决,中国农民银行钞票,既经财政部核定,与法币同样使用。如伪造该行钞票,即系伪造纸币。仰即转饬知照。此令

**附湖北高等法院原呈**

案据汉口地方法院院长余谷呈称,查我国施行法币制度之后,所有省、市及商营银行发行之钞券,经财政部于二十五年十一月八日通电截止发行。惟中国农民银行为复兴农村而设,并经国民政府公布条例,赋予发行特权,故财政部就该行发行之钞票,核定与法币有同样行使之效力。现在伪造该行钞票者,数见不鲜,究竟认为伪造纸币,抑认为伪造银行券,于兹有两说。甲说,主张为伪造银行券,所持理由谓我国改革币制后,仅认中、中、交三行发行之钞票为法币,中国农民银行虽有发行特权,而究不能遽认该行钞票系为法币。故伪造该行钞票者,自应认为伪造银行券。乙说,主张为伪造纸币,所持理由谓纸币与银行券之区别,应以有无强制通用力及是否准许兑换为标准。查中国农民银行自国民政府公布条例,赋予发行钞票特权后,社会上对该行钞票既不能拒绝通用及要求兑换。就此观察,已应认该行钞票具有纸币性质。况钱币行政系由财政部主管,该行钞票又经财政部核定,与法币同样使用(见财政部二十五年二月十日钱李第二二五三三号训令),更不能再认该行钞票仍属银行券之一种。上列二说,均属言之有故。究竟孰是孰非,事关解释法律,未敢擅专,理合具文呈请钧院鉴核,恳即转呈司法院迅赐解释,以便祇遵,实为公便等情。据此,理合备文转呈钧院迅赐解释,实为德便。谨呈司法院。湖北高等法院院长郗朝俊

**院字第一八〇四号**

**民国二十七年十一月一日　司法院指令湖南高等法院**

呈悉，业经本院统一解释法令会议议决，甲以《惩治盗匪暂行办法》上罪名对乙提起自诉，法院因无审判权，谕知不受理之判决后，甲又改换应归法院审判之罪名，另行起诉。既经法院审核事实，认为确非盗匪而为有权审判之事件，自可就实体上而为裁判，不受前此所为程序判决之拘束。仰即转饬知照。此令

**附湖南高等法院原呈**

案据衡阳地方法院院长谢光国呈称，呈为呈请核示事。设有甲以应归法院审判之刑事案件，用《惩治盗匪暂行办法》上罪名，提起自诉，经法院认为无审判权，引《刑事诉讼法》第二百九十五条第六款谕知不受理之判决。此判决送达后十日内，甲又以状叙同前情，惟改换应归法院审判之罪名，另行提起自诉。经审核事实，认为确不类《惩治盗匪暂行办法》上之罪，而又以当事人及事实皆与前案相同。欲用实体判决，则不免与前不受理判决冲突。欲作已经提起自诉之案件，在同一法院重行起诉，仍予不受理，或认前判决为已确定谕知免诉，而又以前判决未必与事实尽符，其案情又非可由军事机关或县政府审判，颇费踌躇。关于此之研究，兹有四说：(一)谓前不受理之判决，乃程序之判决。现甲既改用可由法院受理之罪名，即可不受前判决之拘束，而竟予以实体判决。(二)谓自诉人、被告及事实均全相同，仅改换罪名，仍属同一案件。不论前不受理之判决是否合法，而在第二次自诉，要不能不受前判决之拘束，而为与前判决相反之实体判决，以自相矛盾。故只能依《刑事诉讼法》第二百九十五条第二款，而仍予不受理，或以前判决为已确定，依刑诉法第二百九十四条第一款谕知免诉。(三)谓现既认定为应归法院受理之案件，势不能抹煞真正事实，仍用刑诉法第二百九十五条第二款谕知不受理，再蹈错误。至刑诉法第二百九十四条第一款系以确定判决为限，现第二次自诉之提起，既尚在前判决上诉期间之内，已足阻却前判决之确定。只有将第二次自诉状作为上许状，移案第二审法院，依法救济。(四)谓同案件重行起诉，固不能不受前判决之拘束。而无论对第二次自诉，为不受理判决或免诉判决，当事人就第二次判决上诉后，第二审法院仅能将第二次判决撤销，而前判决仍为存在。故不受理或免诉判决，只能为承办人员推却案件，终非解决本案之道。现此案前判决送达后，既未据于上诉期间内正式提起上诉，其判决当然认为确定。为事实法律兼顾起见，只有由检察官对前判决呈请提起非常上诉，俟将前判决撤销后，再就第二次之自诉审判。以上四说，孰为可采，除此四说之外，有无其他解决方法，理合备文呈请钧院核示，或予转呈解释，下院祗遵等情。据此，除指令准予转请解释外，理合备文呈请钧院鉴核，迅予解释令遵。谨呈司法院院长居。湖南高等法院院长陈长簇

## 院字第一八〇五号

### 民国二十七年十一月三日　司法院复湖南高等法院首席检察官电

湖南高等法院邓首席检察官览,二十五年十一月筱代电悉,邵阳地方法院首席检察官转请解释自诉程序疑义一案,业经本院统一解释法令会议议决,甲某以被人伤害提起自诉,未裁判前,因伤死亡,经验明属实者,法院应依《刑事诉讼法》第三百二十四条,通知检察官担当诉讼,并可就自诉事实所发生之结果,而为判决。合电饬知。司法院江印

### 附湖南高等法院首席检察官原代电

南京司法院院长居钧鉴,案据邵阳地方法院首席检察官夏家琨本月鱼代电称:兹查有甲某生前因受伤,已向法院刑庭自诉,验不成伤,在自诉中尚未判决,而甲某已死亡,复由甲某之亲属状请检察官相验,结果验得甲某委系生前因受伤后身死。如此场合,究应归并自诉案内办理,抑应另由检察官提起公诉,于是有子、丑二说。子说,甲某生前因受伤,已经提起自诉,尚未判决,虽系因伤身死,亦应归并自诉案内办理,由法院通知检察官担当诉。丑说,自诉以直接被害人为限,甲某在自诉中验明无伤,死亡后经检察官验明因伤身死,应由检察官依法提起公诉。以上两说,似均言之成理,究以何说为是?本院现有类此案件,急待解决,伏乞迅予解释,俾便遵照等情。据此,事关法律疑义,理合电恳钧院迅赐解释,俾便饬遵为祈。署湖南高等法院首席检察官邓静安叩。筱印

## 院字第一八〇六号

### 民国二十七年十一月四日　司法院咨行政院

为咨复事,准贵院上年七月三日咨(第七——二零八号)开,据广东省政府呈据民政厅转请解释《修正乡镇自治施行法》第十一条疑义一案,咨请查照见复等由,业经本院统一解释法令会议议决,乡镇自治施行法第十一条第一项第四款所定学校毕业之资格,既概称中学以上,而并未限于高级中学以上,则凡在初级中学毕业者,即与该款资格相合。相应咨复贵院查照饬知。此咨行政院

### 附行政院原咨

案据广东省政府二十六年六月二十三日民字第八二六四号呈称,案据民政厅二十六年六月筱日代电称,现据兼潮安县县长胡铭藻支日代电称,查现行《修正乡镇自治施行法》第一章第十一条第一项第四款末段所规定之中学校,应否分别初级、高级?因未奉载明,现本县进行改选乡、镇、区长、副,据县民请求解释是项法规前来,亟应电请察核,迅予解释,电示祗遵,实为公便等情。据此,除指复外,理合转电钧府核示饬遵等情。据此,案关法规解释,理合呈请转咨解释示遵等情。据此,相应咨请贵院解释见复,以凭饬遵。此咨司法院

**院字第一八〇七号**

**民国二十七年十一月五日　司法院指令湖南高等法院**

呈悉,业经本院统一解释法令会议议决,承租不动产所交之押租,依院字第一二六六号解释,系属租赁契约内容之一部。该不动产如因出租人之破产而被拍卖,在拍买人既得于买价内扣存押租,以俟租约终止时返还于承租人,则承租人自不发生加入破产程序而受清偿之问题。仰即转饬知照。此令

**附湖南高等法院原呈**

案据湘潭地方法院呈,以破产人所有之不动产曾经出租与人者,如于破产程序中因变价而拍卖,该不动产之承租人,已向破产人所缴之押租,究应视为普通债权,加入破产程序受分配,抑应依照院字第一六九五号之解释,准由拍定人于卖价内扣除押租之原额以为给付,而认承租人之押租为对于拍定人之债权,不加入破产程序受偿(参照《民法》第四百二十五条)?悬案待决,理合备文呈请示遵等情。据此,事关法律疑义,理合具文转请钧院鉴核,迅赐解释,俾便饬遵。谨呈司法院院长居。湖南高等法院院长陈长簇

**院字第一八〇八号**

**民国二十七年十一月七日　司法院咨行政院**

为咨复事。准贵院上年七月十九日咨(诉——二一七号)开,为商标专用权发生疑义,请查照解释见复等由,业经本院统一解释法令会议议决,注册之商标,已依商标法第二十五条,于呈请时就该法施行细则内,仅指定其商标使用于某类中之一种商品,则其专用权当然不及于全类。相应咨复贵院查照。此咨行政院

**附行政院原咨**

查注册商标,如指定使用于某类商品,纵未列举各商品之名称,亦应认其商标专用权及于全类,前经贵院院字第一六七六号解释有案。惟注册时如仅指定用于某类之一种商品,其专用权能否及于全类各商品,仍不无疑义。相应咨请查照解释见复,至纫公谊。此咨司法院

**院字第一八〇九号**

**民国二十七年十一月七日　司法院咨行政院**

为咨复事。准贵院上年七月十七日咨(第一——二一六号)开,据广东省政府呈,据民政厅转请解释《乡镇自治施行法》第十一条所指委任官及现任职官疑义一案,咨请查照解释见复等由,业经本院统一解释法令会议议决,《修正乡镇自治施行法》第十一条第一项第三款所称之委任官,系指国民政府所统属之各机关,依其组织法规所定职务、名称予以委任,而其待遇又与法定之官等、官俸相当者而言,并不以依公务员任用法所委用之人员为限。

至同条第二项第二款所称之现任职官,不包括义务职员在内。相应咨复贵院查照饬知。此咨行政院

**附广东省政府原呈**

现据民政厅厅长王应榆本年五月七日第一一零一号呈称,现据海丰县县长姚之荣本年四月养日代电开:关于乡镇自治施行法第十一条所指委任官及现任职官,尚有疑义。(一)查国民政府规定,行政官阶分为特任、简任、荐任、委任四级。该条所指委任官,是否依照上列官阶为限,抑普通受有委任者俱得混称,例如公安分局稽查、督察、警长,后备队中、小队长,税收机关委员、主任、征收员等,各受该管机关委任,可否充任乡镇长、副、候选人?又前曾充县参议员,区、副,乡镇长、副等,有无委任官资格,可否充任乡镇长、副候选人?(二)查现任官职,分为有给职与无给职。该条所指职官,系属通称,有无分别?例如本县现任水利委员、禁烟委员、国民经济建设委员,以及其他机关义务职官,可否当选为乡镇长、副?乞赐解释,迅予示遵等情。据此,除指复外,理合备文转呈钧府核示饬遵等情到府。事关法规解释,本府未便核拟,自应转呈核示。除令复外,理合备文转呈钧院察核,指令祇遵。谨呈行政院。广东省政府委员兼主席吴铁城

**院字第一八一〇号**

**民国二十七年十一月七日　司法院致铨叙部函**

迳复者,准贵部上年一月二十五日公函(甄余子有发一一一九五号)开,伪造资格证件,是否构成伪造公文书罪,请解释见复等由,业经本院统一解释法令会议议决,来函所述各节,除伪造公印或公印文,构成《刑法》第二百十八条第一项之罪外,其余伪造资格证件,必审查其内容,足生损害于公众或他人者,始能成罪,不能为抽象之推定(参照院字六八九及八零零号解释)。相应函复贵部查照。此致铨叙部

**附铨叙部原函**

敬启者,查本部办理公务员任用审查,关于被审查人所提各项资格、证件,间有核明确系伪造者,其伪造情形约分两种:(一)证书内所载之事实及盖用之印信,均系伪造;(二)印信并非伪造,仅伪造事实。为整饬官方、澄清吏治计,对于伪造资格证件人员,自应严加制裁,以昭儆戒。查伪造公印或公印文者,应处五年以下有期徒刑,《刑法》第二百十八条已有明文规定。上开第一点关于伪造印文部分,似应移送各该管法院依法办理。至上开第二点及第一点伪造事实部分,是否构成伪造公文书罪,不无疑义。按《刑法》第十五章关于伪造公文书各条,均以损害公众或他人为必要条件,究竟伪造资格证件,是否足以生损害于公众或他人,应否负《刑法》上伪造公文书犯罪责任,事关《刑法》解释问题,相应函请大院迅赐解释见复为荷。谨致司法院

院字第一八一一号

民国二十七年十一月七日　司法院指令四川高等法院

呈悉，业经本院统一解释法令会议议决，以制钱或铜元交付之押租，至返还时折合银圆，应以交付时之市价为准。纵另换佃约，如未将钱数折合银圆，仍不得依换约时之市价计算。仰即转饬知照。此令

附四川高等法院原呈

呈为呈请事，案据署本院第一分院院长费有俊呈称，案据武胜县县长张德敷呈称，查有某甲于清光绪年间，安押钱六百钏文，租佃某乙丙弟兄田业耕种。因民国十九年，某乙丙弟兄分家，该业分归某乙所有，致将佃约另行换立。惟押钱仍旧，无有增减。如现以押钱折合银元，究应以初安押钱时之银价个头为准，抑应以换立佃约时之银价个头为准，不无疑义，恳请俯赐解释等情。据此，事关适用法律，本院未敢擅专，理合具文呈请钧院转呈司法院俯赐解释，指令饬遵，实为公便，谨呈等情。据此，理合具文呈请钧院俯赐解释，指令祇遵。谨呈国民政府司法院院长居。代理四川高等法院院长谢盛堂、庭长李培业代行

院字第一八一二号

民国二十七年十一月八日　司法院复广东高等法院首席检察官电

广东高等法院谢首席检察官览，筱代电悉，防城地方法院候补检察官转请解释自诉疑义一案，业经本院统一解释法令会议议决，侵害坟墓尸体之罪，死者之子孙，除其自己即系犯罪人之情形外，管理权既亦被害，自得提起自诉。合电转饬知照。司法院庚印

附广东高等法院首席检察官原代电

司法院院长居钧鉴，案据广东防城地方法院候补检察官容锡铭二十六年十二月二十四日呈称，为呈请转请解释事。窃查刑事之自诉案件，以犯罪之被害人得提起自诉。若纯然侵害国家或社会法益之罪，自不得提起自诉，自无疑义。兹有甲发掘乙之先祖坟墓，而又盗取遗骨，甲系触犯《刑法》上侵害坟墓尸体之罪刑。侵害坟墓尸体，是否侵害社会之法益，而不能提起自诉，颇滋疑义。于此分为二说：甲说，谓侵害国家或社会法益之罪，既不能提起自诉，今甲侵害乙之先祖坟墓及尸体，系侵害社会法益，并非侵害个人法益，自不得提起自诉。乙说，谓甲侵害乙之先祖坟墓及尸体，于社会法益既有侵害，而被侵害坟墓及尸体之子孙乙之法益亦被其侵害，故乙即为犯罪之被害人，应得提起自诉。以上二说，究以何说为当？事关法律疑义，理合具文呈请钧席鉴核，俯予转请解释示遵等情。据此，案关法律解释，未敢擅拟，理合转呈钧院鉴核解释，以便饬遵。广东高等法院首席检察官谢英伯叩筱印

### 院字第一八一三号

### 民国二十七年十一月九日　司法院指令福建高等法院

呈悉,除关于征收声请费用各项,另由本院核饬司法行政部转令遵照外,其余两项业经本院解释法令会议议决,未设法院之司法处,只有审判官一员,于和解声请许可后,应由该审判官自为监督人。又破产法第十一条第二项,法院命监督辅助人提供相当之担保,即系命监督辅助人向法院为之。至以若何情形而命其提供,应由法院斟酌定之。仰即转饬知照。此令

**附福建高等法院原呈**

呈为呈请解释事,案据宁化县司法处呈称,窃查民事事件,无论声请声明,应以纳费为要件。如债务人因无力清偿债务,声请和解或破产者,对于征收费用,是否依照非讼事件第二条各款所定等差征费,抑应依照修正诉讼费用规则第七条二项征费?如应照非讼事件第二条征费者,是否即按债务人所声明债务总额为计算征费标准?此应请示者一。又当事人所声请者为和解(破产法),倘驳回和解,或不认可和解,应依职权宣告债务人破产时,应否再征费用?此应请示者二。查前项和解之监督人,破产法第十一条一项明定为法院之推事。在未设立法院之司法处,审判官只有一员,无相当之员额可指定。如指定书记官或录事为监督人,是否适法,抑应如何救济,此应请示者三。又同条第二项,有规定法院认为必要时,得命监督辅助人提供相当担保云云,究竟以命监督辅助人向债务人提供担保,抑使监督辅助人本人负担保之责,并以若何情形才可命其提供相当担保,此应请示者四。又对于声请结婚或离婚备案事件征收费用,以依照《非讼事件征收费用规则》第三条征费,抑应依《修正诉讼费用规则》第七条第二项征费,此应请示者五。以上各点,发生疑义,统乞察核示遵等情。据此,事关法律疑义,理合具文呈请钧长鉴核,俯赐解释,俾资饬遵。谨呈司法院院长居。福建高等法院院长童杭时

### 院字第一八一四号

### 民国二十七年十一月十一日　司法院指令司法行政部

呈悉,业经本院统一解释法令会议议决,初判一部被告上诉,其余部分转送覆判。覆判审就覆判部分为提审之裁定,其上诉部分之被告于审理中撤回上诉者,该部分之初判,如应核准,得另为核准之判决。仰即转饬知照。此令

**附司法行政部原呈**

案据四川高等法院胥代电称,兹有多数被告案件,初由一部被告声明上诉,其余部分转送覆判。上诉法院认其余部分有合并审理之必要,依《县司法处刑事案件判暂行条例》第九条为提审之裁定,其上诉部分之被告于审理中撤回上诉,此部分依同条例第一条前段为覆判时应为核准,此时能否还为核准之判决,发生子、丑两说。子说,谓其余部分既经提审,纵

撤回上诉部分之判决,应核准,依同条例第八条第一款应为覆审之裁定。丑说,谓其余部分提审在先,撤回上诉部分覆判在后,与上开条款系全部覆判之情形不同,不能适用该款规定,应迳为核准之判决。事关法律疑义,理合电请转请解释示遵等情。据此,事关适用法令疑义,理合备文呈请钧院鉴核指示,以便转饬遵照。谨呈司法院院长居。司法行政部部长谢冠生

**院字第一八一五号**

**民国二十七年十一月十七日　司法院咨行政院**

为咨覆事,准贵院本年九月十九日咨(渝字第七四七〇号)开,据财政部转请解释银行存单、存折是否为证券,适用公示催告程序一案,咨请查照见覆等由,业经本院统一解释法令会议议决,银行发给存户之各种存单、存折,系属权利证书之一种,与证券不可与权利分离者有别,不适用《民事诉讼法》关于宣告证券无效之公示催告程序。若遇遗失,除得依照银行惯例以求救济外,别无他法可据。相应咨复贵院查照饬知。此咨行政院

**附行政院原咨**

案据财政部二十七年九月十四日第四二五号呈称,准中、中、交、农四行联合办事总处二十七年八月三十一日合字第一三五零号函开,案准交通银行港稽特字第三号函陈,查银行发给之各种存单、存折,设遇遗失,依照银行通例,应由失主缮具申请书,向银行声明理由,挂失止付,并登银行同意之著名报纸两分,声明作废。一面邀同殷实保证人,填具保证书,经过相当期间后,如无纠纷,再行补给新单据。以上办法,在平时行之,原无不便。自战事发生以来,存户迁徙频仍,存单、存折遗失情事日见增多。在存户流亡异地,觅保既多困难。在银行,则以手续欠缺,不无顾虑。尤其对于撤退行之存户,究应登载何地报纸,亦无适当办法。因此,银行有嘱存户办理公示催告及除权判决程序,以求法律救济者。惟各地法院,对于存单、存折遗失,声请公示催告,有认为与民诉法第五百五十三条、第五百五十四条第二项相符,并依同法第五百三十六条裁定照准者。有认为存单、存折仅系通常权利证书,与权利即存在于券上之证券不同,无可为公示催告之规定,因而裁定驳回者。在法院或准或驳,自均有其法律上之观点,而存户奉判不一,银行即有无所适从之苦。究竟此项存单、存折,与《民法》第七百十九条所称之无记名证券意义是否相同?民诉法第五百五十四条第二项所称前项以外之证券,存单、存折是否包括在内?如存款单折之遗失,不适用公示催告程序,则于法是否另有救济?事关法律疑义,相应钞附湖北汉口地方法院及上海第一特区地方法院关于存单、存折声请公示催告裁定各一件,即请转函财政部,咨请司法院迅予明白解释,俾资遵循等由。准此,相应检同原附件函达查照转咨并见复等由,附钞件到部。事关法律疑义,理合照录原附件呈请察核,转咨司法院迅予明白解释,行知到部,以凭转复等情。相应钞同原附件,咨请贵院查照,迅予解释见复为荷。此咨司法院

**院字第一八一六号**

**民国二十七年十一月二十三日　司法院训令四川高等法院**

为令知事,查该法院第一分院本年十月八日致最高法院公函,据璧山县司法处审判官转请解释大佃押银是否与耕佃押银同有优先受偿权一案,业经本院统一解释法令会议议决,耕佃或大佃之押租金,如系交纳于不动产原所有人者,依租赁契约,对于受让人仍继续存在之法则,则取得该不动产之所有人,对于此项押租金,自均得就卖价内扣除,以为给付。合行令仰该法院转饬知照。原函钞发。此令

**附四川高等法院原函**

案据璧山县司法处主任、审判官吴禹廷呈称,窃查自《民法》施行以后,普通租赁不能援用物权各编之规定,有优先受偿之权利。迨至民国二十六年六月十九日,经司法院第一六九五号解释,押银有优先受偿之权利。但吾川押银有耕佃与大佃押银之分,耕佃为将佃业自行耕种,大佃则系将所佃转佃与他人耕种,每年坐取租谷,纯与放债收利谷之性质无异。而大佃与耕佃押银是否同样有优先受偿之权利,理合具文呈请钧院察核,指令祗遵,谨呈等情。据此,除指令转请解释外,相应据情转请贵院查核解释,函复过院,以凭转令遵照。此致最高法院

**院字第一八一七号**

**民国二十七年十一月二十三日　司法院咨行政院**

为咨复事,准贵院上年十月十四日咨(第一二一六六号)开,据内政部呈准河南省政府转请解释联保主任、保甲长是否为公务员一案,咨请查照解释见复等由,业经本院统一解释法令会议议决,联保主任及保甲长,依修正剿匪区内各县编查保甲户口条例,既系从事于公务之人员,虽与《公务员惩戒法》所称之公务员有别(参照院字第一一五八号解释),而在《诉愿法》上,要不能不视为公务员。相应咨复贵院查照饬知。此咨行政院

**附内政部原呈**

案准河南省政府二十六年九月十六日民三字第二七九号咨开,案据信阳县县长谢随安二十六年八月呈称,案奉钧府训令民二字第九九号内开,准内政部咨,以奉行政院训令,以准司法院咨复,山西省政府请解释村、副,闾、邻长是否为公务员,能否提起诉愿疑义案,令仰知照等因,饬即遵照等因,奉此查联保主任、保甲长可否比照办理,法无明文,无所依据,理合具文呈请鉴核示遵等情。据此,查本省情形特殊,前经制定河南省各县联保主任任用办法通令行颁行,并于二十五年十二月间咨准贵部民壹15二十六年一月二十七日发零零四二六号咨复,准予备查在案。所有本省联保主任,均系依照该项办法之规定,由区长遴选合格人员呈靖县政府核委。至各县保甲长之选派,仍系遵照《修正剿匪区内各县编查保甲户口条例》第十五条规定,由户长或甲长公推充任。所有联保主任及保甲长,可否比照村、

副，闾、邻长之解释认为公务员，除指令外，相应咨请贵部查核见复，以凭饬遵为要等由。准此，查联保主任及保甲长，均系依《修正剿匪区内各县编查保甲户口条例》而从事于公务之人员，其职责视乡、镇闾、邻长且为重大，能否比照司法院院字第一六九八号乡长、副与闾、邻长均应认为公务员之解释？事关法令解释，除先行咨复外，理合呈请核示祗遵。谨呈行政院。内政部部长蒋作宾

**院字第一八一八号**

**民国二十七年十一月二十四日　司法院咨行政院**

为咨复事，准贵院上年五月五日咨（第诉一一二五号）开，为据江苏省政府呈请解释《诉愿法》疑义一案，转咨查照见复等由，业经本院统一解释法令会议议决，人民违反地方单行章程，应否处罚，系属行政官署之职权。如被告发后，已为不罚或免罚之处分，则告发人依章得赏之利益即不发生，自不得以被损害为理由，提起诉愿。相应咨复贵院查照饬知。此咨行政院

**附行政院原咨**

案据江苏省政府呈称，查人民违反地方单行章程，被处罚锾者，每有提成充赏告发人之规定。如告发人因行政官署对于被告发人所为不罚或免罚之处分，能否认为损害其得赏利益，而依《诉愿法》提起诉愿？事关法律疑义，理合电请转咨解释，迅赐示遵等情。据此，相应咨请查照，迅予解释，俾便饬遵。此咨司法院

**院字第一八一九号**

**民国二十七年十一月二十六日　司法院指令浙江高等法院**

呈悉，业经本院统一解释法令会议议决，（一）普通商业，按照习惯于年中三节清账，即系以节期到来，为债权人得请求给付之时。债务人如经催告，未为给付，应自受催告时起，负迟延责任。（二）以物供人使用之商业，于收取使用费外，另向使用人收受保证金，以为该物及使用费之担保。此项保证金，于使用关系终止时，固应返还。但无计利之特约，即不得以收有使用费为理由，而主张返还利息。仰即转饬知照。此令

**附浙江高等法院原呈**

案据鄞县地方法院院长王秉彝呈称，兹有法律疑问二点，分述如下：（一）查给付有确定期限者，债务人自期限届满时起，负迟延责任。给付无确定期限者，债务人于债权人得请求给付时，经其催告而未为给付，自受催告时起，负迟延责任。此在《民法》第二百二十九条第一、二两项，固属定有明文。但现在普通商业通例，以逢节、（端午、中秋、年终）清账为习惯，又非无给付确定期限者，如果逢节经催收而不给付，此种场合，债务人是否应自催收时起，负迟延责任？此其一。（二）公用性质之商业，以使用物装置于顾主处，命顾主提供该物之相当价值，以作保证，而按月向顾主收取使用费。其后使用关系解除，该商业将使用物收

回,其保证金固应按照不当得利之原则,返还顾主。但该保证金所生之利息,应否一并偿还,因此有下列二说:甲,商业既以使用物为营业之孳息,向顾主收取使用费,则顾主已尽该物使用费以外所供之保证金。而生之利息权利,再行剥夺,殊失权利平衡之法则。况商业受领是项保证金时,系知无法律上之原因,明示将来于使用关系解除时返还,依照《民法》第一百八十二条第二项规定,应将现存之利益附加利息,一并偿还。然则该商业于返还保证金时,并应将保证金所生之利息一并偿还,明甚。乙,商业将使用物装置于顾主处,令顾主供该物之保证金,虽以收取使用费为营业,但当时既无利息之约定,则使用关系解除时,该商业自不负还保证金以外之利息义务。两说未知孰是?此其二。上开两点疑问,请转解释,俾有遵循等情。据此,案关法令疑问,理合备文转请,仰祈钧院鉴核令遵。谨呈国民政府司法院

**院字第一八二〇号**

**民国二十七年十一月三十日　司法院指令广西高等法院**

呈悉,业经本院统一解释法令会议议决,典权契约载明典期三年,期满后任凭出典人银便回赎者,仍属定有期限之典权。如出典人于典期届满后,经过二年尚未回赎,依《民法》第九百二十三条第二项规定,应许典权人取得典物所有。仰即转饬知照。此令

**附广西高等法院原呈**

呈为呈请解释事,案据郁林地方法院院长刘品彬二十六年六月十二日地字第九七一号呈称,查定有期限之典权,出典人于期满后经过二年不以原典价回赎者,典权人即取得典物所有权,此为《民法》第九百二十三条所明定。设有某甲将不动产出典与乙,约定典期三年,期满后任便出典人银便回赎。关于此种典权,如期满后经过二年,甲某无力回赎,乙某是否取得典物所有权,今有子、丑二说。子说,谓甲、乙所订典权契约,虽定期限三年,惟既约定期满后任出典人随时回赎,可见其订约目的仅在限制典期内不准回赎,以维持典权人之利益。如期满不赎,典权人对于典物仍能继续使用收益,在典权人方面并非认为不利。故期满无论经过若干年,仍有准许回赎之意思,是其所为期满后之约定,转足形成系一未定期限之典权。此种典权契约,在会上比比皆是。若因其订有数年期限,即认为定有期限之典权,而忽略当事人关于约定期满后仍准随时回赎之真意,诚恐出典人因逾限两年而丧失所有权者,当非少数,不但直接损害出典人,而间接亦足影响社会之经济状况,与立法本旨注意维持社会经济之目的不符。自以认定甲、乙之典权契约系属未定期限之典权,始为允协。丑说,谓甲、乙契约既订定典期三年,已足具体的认为定有期限之典权。虽有期满后任便出典人银便回赎之约定,此种情形不能认为形成无期限之典权,仅可认为乙有预先抛弃除斥期间利益之意思表示。盖《民法》第九百二十三条第二项之期间,非如时效之因某种事由可以中断,在学说上认为系属除斥期间,其期间一经完成,即生权利得丧之结果,而此种权利亦不许抛弃。是乙某于典期届满后,经过二年,甲某如不回赎,当然取得典物所有权。以上二

说,各有理由。究以何说为是,不无疑义,理合备文呈请钧院迅赐转请解释示遵等情。据此,事关法律疑义,理合据情转请钧院察核,迅赐解释,俾便饬遵。谨呈司法院院长居。代理广西高等法院院长朱朝森

**院字第一八二一号**

**民国二十七年十二月三日　司法院复江苏高等法院电**

江苏高等法院朱院长览,上年七月佳代电悉,南通地方法院电请解释提存及破产事件适用法律各疑义一案,除原问第二点不属解释范围,已另令司法行政部查核饬遵外,其第一、第三两点,业经本院统一解释法令会议议决,(一)提存法第一条第二款所称之诉讼保证金,既系概括规定,则凡关于民、刑事诉讼程序及破产程序所缴纳之保证金,无论由法院命为提供或自行提出,均属之。(三)法院于许可和解或宣告破产后,尚未终结前,发觉债务人或破产人有隐匿财产或虚报债务情事,如该许可和解或宣告破产之裁定,业经确定,仍应照法定程序进行。合电转饬知照。司法院江印

**附江苏高等法院原代电**

南京司法院居院长钧鉴,案据南通地方法院院长盛世珍东代电称,窃本院对于提存及破产事件,在法律上及手续上发生疑义:(一)提存法第一条规定提存之客体,其第二款诉讼之保证金及担保物品,关于假扣押、假处分事件,法院所命提供,或债权人、债务人自己提出之保证金,及民事诉讼案件、执行案件中依管收民事被告规则第三条第一项被告提出之保证金,又刑事案件依刑事法第十一条第二项监督辅助人所提供之担保等,是否均包括在内,此应请核示者一。(二)如上述各项在应提存之列,则关于处务之手续,即承办假扣押、假处分、破产执行、刑事案件,各推事及刑事侦查程序中命具保之检察官,遇当事人缴纳保证金时,因提存事件别立提存所,抑由承办推、检谕知当事人应向提存所提存,于提存后,再由提存所将已提存之事由通知各承办推检,抑由当事人缴纳,系属之案内,于各该卷内证明已收受之意旨后,再由法院代办提存手续?前者之手续,合于规定而欠简捷,且声请假扣押、假处分及破产法上之担保金,恒多于当初声请时由邮汇寄,事前难于谕知者。后者又与应由当事人提存之规定有违。究应如何办法,应请核示者二。(三)查破产之宣告,或依破产法声请和解之准许,依破产法第六条、第五十七条规定,均须债务人不能清偿债务者,始得为之,原属无疑。唯声请人声请时,恒竭尽隐匿财产或虚设债务之能事,不知情之债权人又无从攻击,调查颇属不易,因致宣告破产或准许和解,嗣后在未终结前,因其他情形或债权人日后调查,发觉隐匿财产或虚设债务情形,并非不能清偿债务者,除得依破产法移送侦查外,对于本件宣告之裁定,抑依职权认为既不具备要件,即为当然无效,并因当然无效之故,不发生法律上裁定之效力,仅制作通知书,通知各声请人、债权人、破产受财人,无庸另以裁定宣示无效?抑须由主张能清偿之债权人或破产受财人,依破产法第五条、《民事诉讼法》第五百零三条提起再审?而此项情形,又与法定再审条件无一相当,抑有其他救济办法?

此应请核示者三。理合电请鉴赐核示,指令祗遵等情。据此,事关适用法律疑义,理合电请迅赐示遵。江苏高等法院院长朱树声叩佳印

**院字第一八二二号**

**民国二十七年十二月十日　司法院咨行政院**

为咨复事,准贵院二十四年三月十八日咨(第八二号)开,据湖南省政府呈,据民政厅呈,据新化县长代电请解释诉愿案件确定后发生新证据,可否提起再审之诉一案,转咨查照解释见复等由,业经本院统一解释法令会议议决,诉愿事件经诉愿官署决定确定后,在《诉愿法》上并无当事人发见有利益之新证据,得为再审之规定,自不得向原处分官署提起再审(参照院字第一四六一号解释)。相应咨复贵院查照饬知。此咨行政院

**附行政院原咨**

案据湖南省政府呈称,据本府民政应案呈,据新化县长曹琦皓代电呈称,凡诉愿案件,经受理诉愿官署决定确定后,如发生新证据,有利益之当事人,可否向原处分官署提起再审之诉,乞察核示遵等情。据此,查该县长电呈各节,关系法律解释,理合呈请钧院察核转咨解释饬遵等情。据此,相应咨请贵院查照,解释见复,俾便饬遵。此咨司法院

**院字第一八二三号**

**民国二十七年十二月十日　司法院咨行政院**

为咨复事,准贵院上年五月二十八日咨(第诉——一五九号)开,据河北省政府呈请解释诉愿执行疑义一案,转咨查照等由,业经本院统一解释法令会议议决,行政官署所为没收金钱或科罚金之处分,在未撤销前,虽不因诉愿而失其效力,但执行以后,非俟诉愿之最终决定,不得遽行提奖。如原官署主官不俟最终决定,即以该金钱或罚金之一部,奖给原办员役或举发人,自属过失行为。迨原处分撤销后,该主官如不能向受奖人追回奖款,即应自行赔偿。此项赔偿责任,并不因其去职或调任而可免除。相应咨复贵院查照饬知。此咨行政院

**附行政院原咨**

案据河北省政府二十六年五月十七日呈字第一六零三号呈称,查《诉愿法》第十条规定"诉愿未决定前,原处分不失其效力"等语。关于没收金钱或科罚金之处分,于未决定前业已执行,嗣经受理,诉愿官署予以撤销时,其原处分既不存在,则已执行没收或科罚之款,自当退还于诉愿人。惟原处分官署已将此种款项照章提出一部,奖励举发人及原办员役。迨诉愿决定,原办员役离职,或举发人不知去向时,则充奖之款甚难追回,而诉愿人之正当权利又不容漠视,应如何予以救济?其执行原处分照章提奖之原官署主官,应否负何责任?设该员已去职离省或调任他职时,是否仍负有责任?事关诉愿,理合具文呈请鉴核,转咨解释,俾便遵循等情。据此,相应咨请查照,迅予解释,俾便饬遵。此咨司法院

**院字第一八二四号**

**民国二十七年十二月十四日　司法院咨行政院**

为咨复事,准贵院上年十月八日咨(第诉——二六五号)开,为诉愿期间起算疑义,请查照解释见复等由,业经本院统一解释法令会议议决,行政官署对于不特定人所为之处分,不适用送达程序。一经张贴布告,即应生效。如对于该处分有所不服,其诉愿期间,应自布告之次日起算。相应咨复贵院查照。此咨行政院

**附行政院原咨**

查前大理院统字第一八八二号解释后段载:“对于不特定人所为之处分,虽仅张贴布告,亦应以达到谕。”是项解释,现在能否援用,不无疑义。于此约有三说:甲、谓依照现制,处分书之达到,当事人须有证明(参照行政法院二十三年度判字第五五号判决及二十四年度判字第四零号判决)。布告之本身无从证明达到,自难以达到谕,故该解释不能认为有效。乙、谓对不特定人之处分以布告行之,系属正当办法。惟一经布告即以达到谕,未免损害当事人诉权,故该解释不能认为有效。在此场合,应参照院字第一四三零号解释办理。即诉愿期间,应以当事人知悉该处分时起算。至何时知悉,应负证明之责。丙、谓对于不特定人之处分,情形不同。该解释应属继续有效,但应严格的以对(不特定人)为限。若受处分者系(特定)之人,而处分书无从送达(例如住址不明等),则须参照院字第七一六及九九二号解释,准用《民事诉讼法》关于公示送达之规定办理,方为正当等语。事关诉愿期间起算疑义,相应咨请贵院查照,迅为解释见复,至纫公谊。此咨司法院

**院字第一八二五号**

**民国二十七年十二月十四日　司法院致中央执行委员会社会部函**

迳复者,准贵部本年八月二十七日公函(第二五八号)开,准广东省党部函请解释现任公务员可否被选充渔会理事一案,转函查照见复等由,业经本院统一解释法令会议议决,各地渔业区管理所主任,或其他现任公务员,如合于渔会章程会员之资格,自得为该会会员。惟由会员被选为理监事,则因官吏服务规程第十一条所定之限制,自不得兼在此项职务,其以非会员当选为理事时亦同。相应函复贵部查照转知。此致中央执行委员会、社会部

**附中央执行委员会社会部原函**

案查接管卷内,准广东省党部函为渔会法第八条、第九条及现任公务员或各地渔业区管理所主任,可否加入渔会为会员,及被选充任理监事等疑义,请予解释等由。准此,查关于现任公务员或渔业之直接主管长官,能否适用渔会法第八条但书之规定,抑受限制一点,本部无案可稽,应请贵院解释。除函复外,相应函请查照,并希见复为荷。此致司法院

院字第一八二六号

民国二十七年十二月二十四日　司法院指令司法行政部

呈悉,业经本院统一解释法令会议议决,撤回自诉与判决确定之情形不同。某乙自诉某甲伤害,于审判进行中将自诉撤回,并非判决确定,其后某乙因伤致死,检察官自得侦查起诉,不适用《刑事诉讼法》第二百三十一条第一款之规定。仰即转饬知照。此令

附司法行政部原呈

案据山东高等法院首席检察官呈称,据临沂地方法院首席检察官呈称,设有某甲伤害某乙,致有轻伤,某乙于提起自诉后,旋复撤回。嗣某乙因伤受风身死,某乙之亲属对某甲伤害致死,诉请侦查。如何处理,不无疑问。约有二说:一说,谓甲伤害乙之犯罪,乙既撤回自诉,参以院字第一三八八号解释(自诉撤回,不另作判决书),似与判决确定有同等之效力。乙伤虽于撤回自诉后,因受风致死,系属同一事实,应依院字第一五一三号解释,适用《刑事诉讼法》第二百三十一条第一款处分不起诉。二说,谓乙被甲伤害后,在法院提起自诉,又复撤回,固属审判行为,将该案终结,但未制作判决,究与判决确定有别。乙因前伤受风身死,仍可追诉,不发生一事再理问题。二说未知孰是,事关法律疑义,理合备文呈请钧座鉴核,转请解释示遵等情。据此,除指令仰候转请解释示遵外,理合呈请鉴核,转请解释示遵等情。据此,理合呈请钧院核示,以便转饬遵照。谨呈司法院院长居。司法行政部政务次长、代理部务洪陆东

院字第一八二七号

民国二十七年十二月二十四日　司法院致中央执行委员会社会部函

迳复者,准贵部本年九月五日公函(渝字第三六七号)开,准湖南省党部转请解释教育会会员选举疑义一案,请查照解释见复等由,业经本院统一解释法令会议议决,教育会法并无会员得请他人代替出席之规定。如由他人代替参与选举,其所投之选举票自属无效。惟被选人除去该票,仍能当选者,亦不因此而受影响。相应函复贵部查照转知。此致中央执行委员会社会部

附中央执行委员会社会部原函

案准湖南省党部民字第九一号函,为案据宜章县教育会呈请解释会员可否请人代替出席,其代替人有无参与选举之权,此种选举是否合乎法定手续,选举之人员能否发生效力各疑点,转请解释见复等由到部。准此,案关法令解释,相应函请查照,解释见复为荷。此致司法院

### 院字第一八二八号

**民国二十七年十二月二十四日　司法院咨行政院**

为咨复事,准贵院上年四月十四日咨(第一零四号)开,为商标法适用疑义,请查照解释见复等由,业经本院统一解释法令会议议决,依商标法第四条,呈请注册之商标,如合于同法第三条最先使用之要件,遇有他人以其相同或近似之商标呈请注册时,自得适用《修正商标法》第三条及第二十八条,主张自己之商标使用在先,而提起商标异议。相应咨复贵院查照。此咨行政院

**附行政院原咨**

查根据旧商标法第四条,以商标呈请注册者,能否同时对于他人已呈经审定,正在公告期间之商标提起异议,依照同法第三条主张自己之商标使用在先,请求撤销他人之商标,不无疑义。于此约有两说:甲、谓旧商标法第四条,系对于同法第三条之特别规定。立法原意盖为保护善意继续使用多年之商标起见,通常在不能援用第三条后,始援用第四条注册。今既自愿依第四条声请注册,即不啻承认先已另有相同或近似之商标存在,自无再适用第三条以对抗他人之余地。乙、谓旧商标法第四条,不过规定以善意继续使用十年以上之商标,均得呈请注册。并无依该条呈请注册者,有默认他人未经注册商标之存在,而抛弃第三条及二十九条(即新法二十八条)提起异议各权利之意,甲说之推定于法无据等语。本院现有涉及此项问题之案,亟待解决,相应咨请贵院查照,解释见复,至纫公谊。此咨司法院

### 院字第一八二九号

**民国二十七年十二月三十一日　司法院致中央执行委员会社会部函**

迳复者,准贵部二十七年十一月十一日公函(渝第一零九九号)开,准福建省党部呈请示商会委员选举疑义一案,转函查照解释见复等由,业经本院统一解释法令会议议决,修正商会法第十七条第二项但书之规定,系为第一次改选,而委员人数为奇数时而设。所谓得多一人,系对照第一项所定之半数言,不得解为可多可少。故留任者之一方,只许多一人,不许少一人。相应函复贵部查照转知。此致中央执行委员会社会部

**附中国国民党福建省党部特派员原呈**

案奉钧部渝第三四九号公函,略以准呈报闽清县柴薪业同业公会改选职员并送册表请核备一案。查该会系第二次改选,其留任委员较新选委员占多数,核与法令不符,应饬更正等因。奉此,查商会法第十九条第二款所载,前项第一次之改选,以抽签定之。但委员人数为奇数时,留任者之人数得较改选者多一人,按……得较改选者多一人之规定,似系相对而非绝对。故本部对于商会及各同业公会呈报第一次改选时,其委员人数苟为奇数,则留任者之人数较改选者多一人时,固然予以存转备案,但留任者之人数较改选者少一人时,亦未便予以批驳。至第一次改选,既不能绝对限定留任者之人数,须较改选者多一人,故第二次

改选时,留任者之人数似亦不能绝对限定较改选者少一人。奉函前因,理合呈复钧部察核,并乞示遵。谨呈中央社会部。中国国民党福建省党部特派员陈肇英

**院字第一八三〇号**

**民国二十七年十二月三十一日　司法院指令江苏高等法院**

呈悉,业经本院统一解释法令会议议决,因地役权诉讼提起上诉时,不问上诉人为地役权人,抑为供役地所有人,亦不问对造之主张如何。其上诉之利益计算,概以上诉人一造因主张地役权所得增加需役地之价额,或否认地役权免致减少供役地之价额为准。又原告诉请被告返还土地,并拆除地上房屋,或砍去树木之诉讼,不问由何造上诉,应各按其请求改判部分,以其因胜诉所得积极或消极之利益,为计算上诉利益之标准。仰即知照。此令

**附江苏高等法院原呈**

呈为呈请解释事,窃查钧院二十二年院字第八六三号解释第三点谓:地役权之争执,如地役权人为原告,应以需役地所增之价额为准;若供役地所有人为原告,即应以供役地所减之价额为准等语。假使地役权人为原告,其所主张为需役地所增之价额三千元,而供役地所有人为被告,其所减之价额为二百元,判决结果,被告败诉,提起上诉,计算上诉利益,是否以二百元为准,抑系以三千元为准?反之,原告需役地所增之价额为三百元,被告供役地所减之价额为五千元,亦属被告败诉,提起上诉,应如何计算上诉利益?又原告诉请被告返还土地,及拆除土地上房屋,并砍去树木,计算诉讼标的之价额,是否仅以土地之价额为准,抑将被告拆屋、砍树所受之损失一并计算在内?如原告起诉,只须以土地之价额为准,则被告上诉应如何计算上诉利益?事关法律疑义,本院未便擅专,理合具文呈请钧院迅赐解释示遵,实为公便。谨呈司法院院长居。江苏高等法院院长朱树声

**院字第一八三一号**

**民国二十七年十二月三十一日　司法院指令河南高等法院**

呈悉,业经本院统一解释法令会议议决,出财使人顶替兵役,及得财顶替者,违反兵役法治罪条例第六条,已定有处罚明文。惟于甲、乙能否适用,应注意《刑法》第一条之规定。仰即转饬知照。此令

**附河南高等法院原呈**

案据陕县司法处呈称,案查军政部二十六年三月四日务役字第二八二九号令第二项,关于冒名顶替之处置第三节所载,查明顶替者确有得财情事,应将双方及关系人送司法机关依法惩办云云,自应遵照办理。惟关于出财、得财,双方在普通《刑法》上,究应处以何种罪名,不无疑义。(一)如甲为应征新兵,私自出财雇乙,而乙得财甘愿受雇冒替,甲出财、乙得财,纯系出于双方自愿,别无其他不法行为,似此甲与乙究应成立何种罪名?(二)查《刑法》所谓冒名顶替者,必须冒犯罪者之名而顶替,其犯罪始可成立。现应征之兵,原非有罪

之人，若论以《刑法》冒顶之罪，显有未合。以上二点疑义，现因本处受有此项案件多起，急待讯判，理合备文呈请钧院鉴核，迅予令示祗遵等情。据此，案关适用法律，理合转请钧院俯赐解释，俾便饬遵。谨呈司法院院长居。试署河南高等法院推事兼院长凌士钧

**院字第一八三二号**

**民国二十八年一月十八日　司法院指令山西高等法院**

呈悉，业经本院统一解释法令会议议决，债务人依当地习惯，以所负债额作为不动产卖价，与债权人订立买卖契约，既不移转占有，并约明于一定期限内备价回赎。则此种契约名为买卖，实系就原有债务设定抵押权，而以回赎之期间为其清偿之期间。此与附期限之买卖有别，自应受《民法》第八七三条第二项之限制。纵令届期不赎，亦不发生所有权移转之效力。仰即转饬知照。此令

**附山西高等法院原呈**

案据山西朔县司法处呈称，窃查朔县民间习惯，债务人往往以负债金额作为卖价，将自己所有不动产与债权人成立买卖契约者，(不移转占有)并订明限至一定时日，由债务人备价回赎该不动产。若至日不能取赎，债权人即有报税印契，取得该不动产之所有权之权利，此种契约，究属何种性质？有谓系一种附期限之买卖契约者，有谓系属抵押契约者。如从前说，依《民法》第一零二条，该契约应于期限届至时发生效力，如债务人迟误给付，债权人即有报税绝买之权利。法院亦应认为买卖契约如期成立，不许债务人请求交价回赎，亦不许债权人请求债务人返还债额。如从后说，应受《民法》第八七三条第二项之限制，即不许债权人报税绝买，二说究以何者为是，请核示等情到院。查所呈情形，关系法律疑义，职院未便擅专，理合据情转呈，敬请钧院鉴核，俯赐迅予解释，以便饬遵，实为公便。谨呈司法院院长居。山西高等法院院长邵修文

**院字第一八三三号**

**民国二十八年一月十八日　司法院指令广西高等法院**

呈悉，业经本院统一解释法令会议议决，不动产所有权之回复请求权，应适用《民法》第一百二十五条关于消灭时效之规定。故所有人未经登记之不动产，自被他人占有而得请求回复之时起，已满十五年尚未请求者，则不问占有人之取得时效已否完成，而因消灭时效之完成，即不得为回复之请求。仰即转饬知照。此令

**附广西高等法院原呈**

呈为呈请解释事，案据郁林地方法院院长刘品彬二十六年六月十二日地字第九七零号呈称，查《民法》第一百二十五条前段规定，请求权因十五年间不行使而消灭。同法第七百六十九条规定，以所有之意思，二十年间和平继续占有他人未登记之不动产者，得请求登记为所有人。前者系请求权消灭之普通时效，后者系因占有而取得不动产所有权之时效。设

有甲某以所有之意思,和平继续占有乙某未登记之不动产,已逾十五年,乙某始请求返还,在此场合发生子、丑二说。子说,谓乙某之请求权,因十五年间不行使,已罹时效而消灭,自不能请求返还。丑说,谓甲某占有乙之不动产,本属无权占有,且占有期间未足二十年,依法不能请求登记为所有人,是甲方尚未取得时效。按之《民法》第七百六十七条规定,所有人乙某自得请求返还所有物。以上二说,未知孰是。事关法律疑义,理合备文呈请钧院,迅赐转请解释示遵等情。据此,除指令候转请解释外,理合具文呈请钧院察核,迅赐解释,俾便饬遵。谨呈司法院院长居。代理广西高等法院院长朱朝森

**院字第一八三四号**

**民国二十八年一月十八日　司法院指令安徽高等法院**

呈悉,业经本院统一解释法令会议议决,外国教会在《内地外国教会租用土地房屋暂行章程》施行前,已绝买之土地及房屋,如在该暂行章程施行后,尚未遵章向该管官署补行呈报,其契约自不发生物权之效力。至已经补报核准占用之土地及房屋,依同暂行章程第五条、第六条之规定,亦与所有权人得行使之权利有别。仰即转饬知照。此令

**附安徽高等法院原呈**

案据嘉山县承审员徐雪如呈称,窃查外国教会在内地设立教会、医院或学校,而为该国与中国条约所许者,得以教会名义,租用土地,建造或租买房屋,系《内地外国教会租用土地房屋暂行章程》第一条所规定。而在该章程施行前,外国教会在内地已占用之土地及房屋,应向该管官署补行呈报。倘其土地系属绝卖者,以永租权论,亦经同章程第六条定有明文。综观立法意旨,要在保持领土完整,限制外国教会取得内地土地所有权。法意良善,无过此者。惟对此有两问题:(一)外国教会在该章程施行前,在内地已绝买之土地及房屋,未向该管官署补行呈报。该教堂与原业主间之买卖契约,是否认为自始无效?(二)如已呈报,则该教堂对占用土地,亦仅有永租权,并无所有权。以永租权人身分,可否行使所有权人应有之一切权利?事关法律疑义,未便妄拟,理合具文呈请解释,仰祈训示祇遵等情。据此,事关法律疑义,本院未便擅拟,理合据情备文,呈请钧院鉴核,俯赐解释,指令祇遵。谨呈司法院院长居。安徽高等法院院长陈福民

**院字第一八三五号**

**民国二十八年一月十八日　司法院指令江苏高等法院**

呈悉,业经本院统一解释法令会议议决,(一)经三次减价而未拍定之不动产,在命强制管理中,如依声请再行估价拍,仍无合格声明拍卖价额者,执行法院自得斟酌情形,为三次之递减。(二)一再减价拍卖,仍无人承买,债权人又不肯收受。除该不动产之性质不适于管理,得仍依前项程序办理外,法院只得命为强制管理,以资终结(参照院字第一一零四号,第一二三六号,第一六七三号解释)。仰即转饬知照。此令

**附江苏高等法院原呈**

案据江都地方法院院长方仲颖呈称，案据分发本院学习推事郭继秦呈称，办理民事执行，将债务人之不动产查封拍卖，经过三次减价，无人承买，法院得依最低价格，以职权发给权利移转证书之书据交债权人。如债权人不愿收受，依最高法院二十二年抗字第七七六号判例，法院固得斟酌情形，再行减价，或别经鉴定人最近之评估，另定拍卖最低价格及拍卖期日，以公告拍卖。于此即发生两点疑义：(一)三次减价后之再行减价拍卖，是否仅以一次为限？若系另行估价拍卖而无合格之承买，能否递减价格至三次？(二)再行拍卖或重行拍卖，依然无合格之承买，而债权人仍不接受移转或管理，而依事件之性质，又非第三人可以管理者，将如何终结？本案为此，具呈钧长，请求赐予递呈司法院，予以解释等情。据此，事关法律疑义，本院未便擅专，理合具文呈请钧长赐予解释，以便饬遵。谨呈司法院院长居。
署江苏高等法院院长朱树声

**院字第一八三六号**

**民国二十八年一月十九日　司法院咨行政院**

为咨复事，准贵院二十六年四月一日咨(第八九号)开，据前实业部呈据商标局转请解释商标法条文疑义一案，转咨查照见复等由，业经本院统一解释法令会议议决，合伙商号使用之商标，原由兼任经理之合伙人，以经理名义呈请注册者，如该合伙人退伙，将股份转让与他人，并改由其他合伙人兼任经理，与移转营业有别，既不影响商标专用权，自不适用商标法关于移转注册之规定。相应咨复贵院查照饬知。此咨行政院

**附行政院原咨**

案据实业部本年三月二十五日商字第五三八三五号呈称，案据商标局二十六年三月十七日第三二二号呈称，呈为商标法条文发生疑义，请转求统一解释事。窃查商标法第十三条第一项规定，商标自注册之日起，由注册人取得商标专用权，商标专用权之移转，依同法第十七条规定，非经商标局核准注册，不得以之对抗第三人。如遇有其他注册事项之变更，依同法第二十三条规定之法意，亦应由商标专用权者为变更注册之呈请。兹有某商号商人甲呈请之商标，业经依法核准在案。嗣据商人乙以该商号之经理名义具呈，略谓该商号原系甲、丙、丁等所合伙经营，甲兼任经理，当时甲即系以商号经理资格，为商标注册之呈请。现甲商已辞去经理职务，并将原有股份让与他人，由乙继任经理，请求将前由该商号甲呈准注册各商标之原呈请人名义，变更为该商号经理乙等情。关于合伙商号单纯之更换经理问题，依法固仅须为注册事项变更之呈请，惟其一部份股份之转让或合并，于解释上现有子、丑两说。子说，谓合伙成立后，合伙人非经他合伙人全体之同意，不得将自己之股份转让于第三人。合伙人退伙后，对于其退伙前合伙所负之债务，仍应负责，以及加入为合伙人者，对于其加入前合伙所负之债务，与他合伙人负同一之责任各节，《民法》均有明文规定。且除合伙存续、期限届满等《民法》第六九二条所规定者外，其合伙并不因一部份合伙人之退

伙而解散,是合伙之内部股份,容有变更,其合伙之事业仍属先后一贯。以整个合伙名义言,其营业亦不发生转让情事,与一般商标应连同其营业一并移转之情形不同,应依注册事项之变更规定办理。丑说,谓商标专用权之应否呈请移转往册,须视其权利主体人之是否先后同一为断。合伙商号,并非法人,不能为权利义务之主体人。商标系无形财产权之一种,依《民法》第六六八条(……合伙财产为合伙人全体之公同共有)之规定,应为全体合伙人所公同共有,若内部股份有转让或合并情事,则其公同共有人之分子已不能完全先后一致,亦即其注册各商标之权利主体人已有变更。此种情形应呈请移转注册,不能以注册事项之变更论。细绎二说,各有理由,究应采用何说,现正悬案待决,理合具文,呈请钧部转请行政院咨行司法院,迅予统一解释,以资遵守等情。据此,理合具文呈请钧院转咨司法院,迅予统一解释,俾便饬遵等情。据此,除指令外,相应咨请贵院查照解释见复,俾便饬遵。此咨司法院

**院字第一八三七号**

**民国二十八年一月二十一日　司法院指令湖北高等法院**

呈悉,业经本院统一解释法令会议议决,国民兵义勇壮丁常备队,系属战时编制。该常备队在营训练服役期间,犯普通《刑法》罪,依战时国民兵义勇壮丁常备队编成办法第十五条规定,应归军法审判。仰即转饬知照。此令

**附湖北高等法院原呈**

案据沔阳县县长兼理司法行政事务王治锷真电开,查国民兵义勇壮丁常备队,在营训练服役期间,犯普通《刑法》罪,应依普通司法程序审判,抑由军法审判,伏乞示遵等语。据此,案关法令解释,本院未便擅专。除指令外,理合备文转请钧院核示,转令遵行。谨呈司法院院长居。湖北高等法院院长郗朝俊。庭长刘道贞代行

**院字第一八三八号**

**民国二十八年一月二十三日　司法院指令司法行政部**

呈悉,业经本院统一解释法令会议议决,来呈所称之县国民兵义勇壮丁常备大队,如与战时国民兵义勇壮丁常备队编成办法第三条所载之常备队相同,即系战时编制。除该队士兵归休后,在乡触犯普通《刑法》案件,应归普通法院受理外,若系在营训练服役期间触犯普通《刑法》案件,依该办法第十五条规定,应归军法审判。其官长既系在战时编制之常备队服务,则其触犯普通《刑法》案件,亦应归军法审判。至江西人民自卫队,系为民众组织,与陆军编制不同。其官长、士兵触犯普通《刑法》案件,应由普通法院受理。又违反兵役法治罪条例第六条规定,使人顶替兵役之人,包括第三人在内。仰即转饬知照。此令

**附司法行政部原呈**

案据署江西高等法院院长梁仁杰呈称,案据广丰县司法处审判官李景稷东代电称,江

西高等法院院长梁钧鉴，查县国民兵、义勇、壮丁、常备大队及人民自卫大队之官长、士兵，是否为军人？如犯普通《刑法》，司法机关能否受理？又违反《兵役治罪暂行条例》第六条规定，使人顶替兵役者，处二年以下有期徒刑。其使之之人，是否专指壮丁本人而言，抑包括第三人在内（如壮丁业已逃避，由其父母或戚友为之雇人顶替之类）？上开二项疑义，恳请解释示遵等情。据此，理合具文呈请钧部俯赐解释示遵，以凭转饬遵照等情。据此，事关法令疑义，理合具文呈请钧院鉴核指示，以便转饬遵照。谨呈司法院院长居。司法行政部部长谢冠生

**院字第一八三九号**

**民国二十八年一月二十四日　司法院致军政部函**

迳复者，准贵部上年五月二十四日公函（法戊武字第九七四号），为军人犯结伙抢劫及吸食鸦片等罪适用法律，发生疑义，请查照解释见复等由，业经本院统一解释法令会议议决，《陆海空军刑法》固为关于身分之特别法，在通常情形，军人犯罪，自应较诸其他一般刑罚法令优先适用。唯该法施行之后，其他一般刑罚法令，如因特殊情势之需要，重为修改，并附加特别加重条件。其改定之刑更较该法为重者，自应注重制定新法之精神，而适用加重之规定。军人结伙抢劫，因该法与《惩治盗匪暂行办法》所定之刑相等，固应仍依该法处断。至于吸食鸦片或其代用品者，在《禁烟治罪暂行条例》《禁毒治罪暂行条例》均附有加重条件，其处刑且较该法为重，如所犯合于各该条例之规定，自应适用各该条例处断。相应函复贵部查照。此致军政部

**附军政部原函**

查《陆海空军刑法》对于结伙抢劫与吸食鸦片及其代用品等罪，本均有专条规定。惟现行之《惩治盗匪暂行办法》及禁烟、禁毒两治罪暂行条例颁布施行在后，因之审判机关对于军人犯结伙抢劫及吸食鸦片等案件，有以后法胜于前法之例，援引后法处断者，有依身份仍适用《陆海空军刑法》办理者。且查前后法所定罪名相同，而刑度轻重悬殊。适用如不一致，处刑即失平允。为免除此项流弊起见，亟应确定军人犯结伙抢劫与吸食鸦片及其代用品等罪，以适用何种法条为是。相应函请查照，迅赐解释见复为荷。此致司法院

**院字第一八四〇号**

**民国二十八年二月二日　司法院咨行政院**

为咨复事，准贵院上年十二月二十二日咨（渝字第一零五八二号）开，据福建省政府电请解释汉奸案件没收财产程序疑义一案，转咨查照解释见复等由，业经本院统一解释法令会议议决，汉奸财产之没收，依《修正惩治汉奸条例》第十一条之规定，该管地方行政机关，须经有委托权者之委托，始得执行。其委托程序，应由委托机关以公文书行之。至同条例第九条第三项之查封财产，得由该管行政机关呈准办理。相应咨复贵院查照饬知。此咨行

政院

**附行政院原咨**

案据福建省政府元财民永电呈称,查汉奸未获案而没收其财产,行政机关能否主办,依照《修正惩治汉奸条例》第十一条,委托二字应备何种手续?及同条例第三条第三项,是否应由军法机关奉本核准,抑行政机关亦可呈准办理,乞解释电示等情。据此,相应咨请查照,迅为解释见复。此咨司法院

**院字第一八四一号**

**民国二十八年二月三日　司法院指令司法行政部**

呈悉,业经本院统一解释法令会议议决,《民事诉讼法》第七十条第一项但书,关于所列各行为非受特别委任不得为之之规定,不过表明其权限与普通委任有别,并非谓上级审或再审。及关于强制执行等行为,应受委任事项,因在前已有特别委任之故,即可不必另行委任。仰即转饬知照。此令

**附司法行政部原呈**

案据江苏高等法院第三分院呈称,查民事诉讼当事人在第一审程序委任诉讼代理人,其委任状内载明,代理人有提起上诉或再审之诉及关于强制执行或领取所争物之特权者,在上诉审程序或强制执行程序,应否命其另具委任状,职院现分两说:(一)诉讼代理人就其受任之事件,经当事人特别委任,得提起上诉者,如别无限制,则关于上诉程序中之一切诉讼行为,均有代理权限,无庸于上诉后另为委任,有最高法院二十五年度上字第二五六四号判决可稽。强制执行既为民诉法第七十条第一项但书列举诉讼行为之一,原委任状复已载明有关于强制执行,或领取所争物之权限,则关于强制执行,或领取所争物之行为,自无庸另具委任状。(二)强制执行程序,系与审判程序截然划分,并非一贯之诉讼行为。关于补订民事执行办法第二条之规定,本极明显。则当事人委任他人代为强制执行之行为时,不问其在受诉法院所递之委任书状如何记载,均须另行委任,方得代理。况查当事人委任律师代理某审诉讼,其代理关系即以该审为限。如案件发回原审,仍须另行委任,方得代理,业经司法院院字第一五三二号解释在案。则与发回原审不相伴之上诉审程序,或强制执行程序,更须另行委任,又何待言。最高法院判决,就具体案件,虽有拘束下级法院意见之效力,但统一解释法令之权限,则在司法院。最高法院判决关于法律上之意见,与司法院解释不一致时,自应以司法院之解释为准。况《民事诉讼法》第七十条第一项但书规定,应受特别委任事项,意在保护当事人之利益,并非谓于最初为诉讼行为时,提出特别委任之书状,其效力即应及于上诉程序或执行程序。两说中不知以何说为当,理合呈请鉴核示遵等情,并钞呈最高法院二十五年度上字第二五六四号判决节本一件。据此,查所称情形,究以何说为当,理合钞同原钞件具文呈请钧院鉴核示遵,以便转令遵照。谨呈司法院院长居。司法行政部部长王用宾

院字第一八四二号

民国二十八年二月三日　司法院指令山东高等法院

呈悉，业经本院统一解释法令会议议决，父母为其未成年之子女与他人解除婚约，所受败诉之判决，关于讼费部分得向该父母执行者，以该父母系判决所列之诉讼当事人为限。若仅列为法定代理人，即不问其子女有无私财，均不得就法定代理人之财产予以执行。仰即转饬知照。此令

附山东高等法院原呈

案据滕县地方法院推事兼院长展恒举呈称，案查未成年之甲女与其父丙（即甲之法定代理人）对于未成年之乙男及其父丁（即乙之法定代理人）向本院提起解除婚约之诉。经审理判决，甲女胜诉，乙男与其父丁又上诉于第二审法院。复经判决，将其上诉驳回，确定在案。嗣后甲女与其父丙，据此确定判决，声请执行两审诉讼费用前来。惟查乙男本未成年，又无私财可供执行，能否迳对其父丁之财产予以强制执行，发生二说。子说，按原执行名义，负担诉讼费用主体系乙男，而非其法定代理人丁。就乙男因两审败诉，应赔偿甲女支出之诉讼费用，亦属通常债之关系。要不能因乙男未成年，又无财产，即可迳对其父丁之财产而予执行。此征诸债为对人关系，似无疑义。在乙男未合法取得其父丁之财产以前，要属无法执行。丑说，查乙男既未成年，又无私财，而其两审涉讼，皆系其父丁以法定代理人之资格代为诉讼。是乙男因败诉，应对甲女赔偿之诉讼费用，当然应由其法定代理人，即其父丁，负代偿责任。因而迳对丁之财产强制执行，揆诸情法，自难谓为不合。究竟两说孰是，颇滋疑义，理合具文呈请转请解释示遵，实为公便等情。据此，事关法律疑义，理合备文呈请钧院迅赐解释，俾便转饬遵照。谨呈司法院院长居。山东高等法院推事兼院长吴贞缵。庭长丁亦蔡、李法先代行

院字第一八四三号

民国二十八年二月六日　司法院指令四川高等法院

呈悉，业经本院统一解释法令会议议决，甲将出租于乙之不动产抵押于丙后，复因丙行使抵押权，致将该不动产拍卖于丁。倘该不动产已由甲交付于乙，乙并已付有押金，除当事人间关于终止租约返还押金另有特约外，则不问丁于受让时是否知甲受有乙之押金，及曾否由卖价内扣除，依《民法》第四百二十五条之规定，乙自得向丁为返还之请求。至丁所还之押金，如事前未于卖价内扣除，其得向甲求偿，自不待言。仰即转饬知照。此令

附四川高等法院原呈

案据成都地方法院推事兼院长邹庆章呈称，案据本院民庭庭长刘毓璋呈称，呈为法律疑义，仰祈转请解释事。设有甲以其不动产租赁于乙，并向丙设定抵押权。丙为行使权利起见，请求拍卖抵押物，对其价金受偿。经法院标价拍卖，有丁照价承买缴案。价金由法院

给丙全数领去后,(此时丙、丁均不知乙系承租人),乙始根据《民法》第四百二十五条主张,其租赁契约对丁依然存在,请求丁退还押金。此种情形,与院字第一二六六号及一四二一号解释所称不动产系移转于债权人营业者不同。又因丁营业已久,即院字第一六九五号解释所称,拍定后始知有押租金之关系,而不愿拍卖,得请撤销其拍定云云,似亦不能适用。关于解决办法,有子、丑二说。子说,谓《民法》第四百二十五条,既规定租赁契约对于受让人继续存在,当丁承买该不动产时,对于押金无论知与不知,或由业价丙扣存与否,均应由丁将乙应得之押金如数退还。丑说,谓法院拍卖时,并未说明该不动产价外尚有押金。丁承买时,亦不知尚应退还押金。丁既毫无过失,乙反不免疏虞,殊无令丁价外给价之理。以上二说,究以何说为是,抑另有解决办法,现在悬案待结,理合呈请迅赐转请解释,俾资遵循是祈谨呈等情。据此,理合转请钧长,俯赐迅予核示,俾资遵循,实为公便,谨呈等情。据此,理合转请钧院,俯赐迅予核示,俾资遵循,实为公便。谨呈司法院院长居。署四川高等法院院长谢盛堂

**院字第一八四四号**

**民国二十八年二月八日　司法院指令湖北高等法院首席检察官**

呈悉,业经本院统一解释法令会议议决,(一)公司经理人对于公司被害事件,非受有代表权之事委任,不得代表公司提起自诉。(二)某甲以被人伤害提起自诉,在未判决前死亡,经其配偶乙报告后,应由法院勘验。如验明其死与伤有因果关系,依《刑事诉讼法》第三百二十四条通知检察官担当诉讼,法院并可就自诉事实所发生之结果而为判决。倘无因果关系,则迳就伤害事实而为判决。又设乙不向法院报告,而向检察官告诉,检察官应停止侦查,移交法院勘验。(三)某甲自诉某乙伤害,某乙亦以某甲与丙、丁共同伤害互诉。嗣某甲因伤身死,关于某甲自诉部分,应参照第二问解答办理。其被诉部分,应谕知不受理之判决。至某乙自诉丙、丁部分,法院仍应继续受理。又戊自诉其妻已与庚通奸,或共同轻微伤害,戊与己系属配偶,既受刑诉法第三一三条限制,不得提起自诉,依告诉不可分原则,戊对于庚之自诉,自应并予不受理。(四)检察官接受自诉案件不受理,或管辖错误之判决后,认为应提起公诉者,得开始侦察。即使该案件为告诉乃论之罪,亦毋须另行告诉。仰即转饬知照。此令

**附湖北高等法院首席检察官原呈**

案据汉口地方法院首席检察官李如萍呈称,案据本处检察官饶振公、候补检察官陈环玉呈称,呈为呈请解释事。查法人为被害人时,得由其代表人提起自诉,业经司法院院字第一三九四号解释有案。兹有某银行(商办股份有限公司组织)因营业上被诈欺受害,由其经理人代表提起自诉,发生二说:甲说,该银行既属公司性质,而公司法第一百四十五条第一项规定,公司得依章程或股东会之议决,特定董事中之一人或数人代表公司等语,并无经理人得代表公司之明文。该银行被害,自应由董事长或其委任代理人为代表,始得提起自诉。

经理既非董事,即不得代表银行。如由其代表提起自诉,法院应为不受理之判决。乙说,公司法对于代表公司之人,固有规定,但参照司法院院字第六三八号解释,以现行《民法》第五百五十五条明定,经理人就所在之事务,视为有代表商号,为原告或被告,或为其他一切诉讼上行为之权。公司所选任之经理人,法律上既未另定限制,自不能因其为法人而有差异等语。则经理人对于法人营业上所生之一切诉讼行为,有代表之权,于公司法既难谓为抵触,且银行往往在各地设立分行,其董事长又未必常在该行服务。如有诉讼,必责由董事长或由其委任代理人,始得提起自诉,事实上亦殊窒碍难行。该银行选任之经理,既代表银行提起自诉,应予以受理。二说各属持之有故,究竟经理人是否仅得于民事诉讼上为该银行之法定代理人,在《刑事诉讼法》上,必须由该银行董事代表,殊有疑义,此应请解释者一。又某甲向法院刑庭自诉伤害后,在未判决前死亡,其配偶乙向法院报告,应如何勘验及判决,于此亦发生三说。甲说,谓应由法院勘验。如验明其死与伤有因果关系,依《刑事诉讼法》第三百二十四条通知检察官担当诉讼,法院并可就自诉事实所发生之结果而为判决。倘无因果关系,则迳就伤害事实而为判决。乙说,亦谓应由法院勘验,但验有因果关系后,应以该自诉案件已因伤害致死,而无被害人,含有不得自诉之牵连犯罪为理由,予以不受理之判决。倘无因果关系,与上述同。丙说,谓某甲既发生致死之事实,该部分原未自诉,即应送请检察官勘验,将该案为不受理之判决。而检察官勘验后办法,又分三说。子说,谓检察官勘验后,不问其死与伤有无因果关系,其伤害部分既经自诉,应依《刑事诉讼法》第三百十五条第二项停止侦查,将案件移送法院。丑说,谓不问勘验结果,其所谓伤害致死部分,应认为另一案件,迳行侦查。寅说,谓如验明死与伤无因果关系,应如子说;倘有因果关系,应如丑说。又设乙不向法院报告而向检察官告诉,应由检察官勘验,抑移送法院勘验。其验勘后办法,在上列数说中,究以何者为当,此应请解释者二。又某甲在法院自诉某乙伤害,某乙亦以某甲与丙、丁共同伤害互诉,嗣某甲因伤身死。如某甲对乙自诉,依第二问认为应为不受理之判决,则某乙互诉丙、丁之自诉,是否仍应继续受理,抑应一并判决不受理。又有戊在法院自诉其妻己与庚通奸或共同犯轻微伤害,戊与己为配偶关系,其自诉固不合法。惟戊对庚之自诉,是否应依告诉不可分之原则,并予不受理;抑应认为牵连案件,分别予以受理或不受理,此应请解释者三。又查《刑事诉讼法》第三百二十八条第二项规定,检察官接受不受理或管辖错误之判决书后,认为应提起公诉者,应即开始或续行侦查云云。如该案件为告诉乃论之罪,于此可生二说:甲说,谓自诉与公诉程序各别,同法复无如旧法第三百四十三条第二项,自诉驳回者,法院应通知该管检察官,以已经告诉论之规定,被害人仅提起自诉者,自不能认为已有告诉,须待其另行告诉,始得侦查。乙说,谓同一案件经提起自诉者,不得再行告诉,为同法第三百十六条所明示。该条既未就该案件判决不受理等之情形,有除外之规定,被害人自不能另行告诉。且其于上诉判决后,另行告诉时,如已逾告诉期间,倘认为不合法,或责其声请回复原状,更予被害人以不利,自应迳认其自诉为告诉,酌核办理,以冀适合事实。二说究以何者为当。此应请解释者四。所有以上问题,事关法律疑义,理合备文呈请鉴核,转请解释,俾有遵循等情。据此,查事关法律疑义,理合备文呈请鉴核,俯赐转请解释示遵等情。据此,理合转呈钧院鉴核,解释示遵。谨呈司法院。署湖北高等法院首席检察官鲁师曾

**院字第一八四五号**

**民国二十八年二月十三日　司法院咨行政院**

为咨复事,准贵院上年十二月二十三日咨(第一零六零三号)开,据交通部呈请解释《商业同业公会法》关于会员国籍疑义一案,转咨查照解释见复等由,业经本院统一解释法令会议议决,商业同业公会会员之代表,依《商业同业公会法》第十四条规定,既以有中华民国国籍者为限,则其所代表之会员,亦当然受此限制。至中华民国人民,因经理或代理外籍轮汽船而自行设立之公司、行号,如无外人资本,自得加入商业同业公会为会员。相应咨复贵院查照饬知。此咨行政院

**附交通部原呈**

案准浙江省政府二十七年十月十七日府建二字第五六一号咨,为转送温州航业公会章程委员名册各一分,应否准予设立,请查核见复等由过部。查《商业同业公会法》第五条,规定成立商业同业公会,在同一区域内以一会为限。现永嘉县内已设有永嘉县轮船业同业公会,该温州航业公会,既同为轮、汽船业所组织,又均设于永嘉县境,依法应令其合并组织。惟《商业同业公会法》第十四条所规定,会员代表以有中华民国国籍者为限。至会员应否受同一之限制,法无明文规定。各地轮船业同业公会,亦无外籍轮船公司、行号加入之先例。该温州航业公会之会员代表,虽有中华民国国籍,但其会员则均为外国籍之轮船公司、行号。究竟商业同业公会会员,是否亦以有中华民国国籍者为限?又如有此限制,则经理或代理外籍轮、汽船之公司、行号,其经理人、代理人均系中华民国人民时,是否得加入商业同业公会为会员?事关法令解释,理合呈请鉴核,转咨司法院解释,核定令遵。谨呈行政院

**院字第一八四六号**

**民国二十八年二月十三日　司法院复江苏高等法院首席检察官**

江苏高等法院孙首席检察官览,二十六年六月,齐代电悉,上海地方法院首席检察官电请解释《刑事诉讼法》第四百八十一条疑义一案,业经本院统一解释法令会议议决,某甲犯盗案二起,由子、丑两法院分别判决。虽甲曾对子法院判决在先之部分提起上诉,并于丑法院之判决确定后始行撤回,但丑法院既系判决在后,依刑诉法第四八一条规定,应由丑法院检察官声请定其执行刑。至子、丑两法院各就检察官之声请,为执行刑之裁定,按诸前开说明,子法院之裁定当然无效。合电转饬知照。司法院元印

**附江苏高等法院首席检察官原代电**

司法院院长居钧鉴,据江苏上海地方法院首席检察官杜保祺微代电开,查数罪并罚,依

法应定其执行刑者,由该案犯罪事实最后判决之法院之检察官声请该法院裁定之,为《刑事诉讼法》第四百八十一条所明定。兹有某甲犯盗案二起,分别经子、丑两法院判决。子法院判决在先,已经甲提起上诉,而丑法院之判决在此时即已确定。嗣甲又对于子法院之判决撤回上诉,应由何法院检察官声请裁定其执行刑,于此有两说:甲说,谓《刑事诉讼法》第四百八十一条规定,由该案犯罪事实最后判决之法院之检察官声请裁定者,系指判决时之先后而言。子法院虽因上诉关系确定在后,但在第二审已撤回上诉,未为事实上之审判。子法院自为先判决之法院,应由丑法院之检察官声请该法院裁定。乙说,谓有两法院之确定判决存在,方发生声请裁定之问题。《刑事诉讼法》第四百八十一条所谓最后判决,当然系指最后确定之判决而言。子法院虽判决在先,但该案在上诉中,其判决并未确定。至撤回上诉之日,始为该判决确定之日,参照十九年非字一九六号、二十年上字一七八三号最高法院判例。丑法院判决确定在先,应由子法院之检察官声请该法院裁定。二说究以何说为当,如子、丑两法院之检察官各不相谋,均已声请各该法院为定其执行刑之裁定,且均经确定,两裁定当然不能并存。其不应裁定之裁定,苟非当然无效,应用何法救济。事关执行疑义,理合备文呈请鉴核,转请解释示遵等情前来。理合电请钧院解释,以便饬遵。署江苏高等法院首席检察官孙鸿霖叩齐印

**院字第一八四七号**

**民国二十八年二月十三日 司法院训令山东高等法院**

为令行事,前据该法院第六分院电请解释审判官代理执行检察官职务,所为判决是否有效一案,业经本院统一解释法令会议议决,审判官应行回避而参与审判,其判决自属违法。但第二审对于第一审违法之判决,除有《刑事诉讼法》第三百六十一条第一项但书情形得发回原审法院外,应予撤销改判,无须发回更审。合行令仰该法院转饬知照。原代电钞发。此令

**附山东高等法院第六分院原代电**

南京司法院院长居钧鉴,本省兼理司法各县,早经各设司法处,兹有兼理检察事务之县长,侦查完毕,应予提起公诉之案件,仅由该县审判官于起诉移送片上加盖私章代理。起诉后,又经该审判官审理判决。被告不服,提起上诉。是项判决是否合法,如以审判官曾执行检察官之职务,应行回避而参与审判者,其判决为违背法令。第二审法院对本案,究依《刑事诉讼法》何条撤销发回原审法院,于适用法律不无疑义,案悬待结。理合恳请钧院迅予解释,俾资遵循,是为公便。山东高等法院第六分院院长王怀晋筱叩

**院字第一八四八号**

**民国二十八年二月十五日 司法院复陕西高等法院电**

陕西高等法院党院长览,上年十一月庚代电悉,长安地方法院代电,请解释违反印花税

案件适用法律疑义一案,业经本院统一解释法令会议议决,(一)国营或地方公营事业所发之货票,应行免税。依印花税法第四条,既无营利除外之限制,则不问其性质是否营利,及发售所为本所,抑为分所,均应适用。惟商人承包,系为私人利益计,而办理公营事业,其所发货票,自不在免税之列。(二)法院就应行免税事项所为处罚之裁定,虽属违法,但与无权裁判者有别。如案经确定,在未经依法撤销以前,仍不能免予执行。合电转饬知照。司法院删印

**附陕西高等法院原代电**

司法院院长居钧鉴,顷据长安地方法院院长郭德沛江代电称,陕西高等法院院长党钧鉴,窃查本院办理违反印花税法案件,发生下列疑义:(一)长安公膏发售所,原为官办制售烟膏之处所。至于各区发售所,有官办者,亦有纯为商人承包者,而核其性质,均与营利之商店无异。该所及分售所所发之货票,能否依《印花税法》第四条第二项之规定,免除纳税义务?(二)如果免税,则已经裁定处罚之确定案件,是否免予执行?上开各点,事关适用法律疑义,理合电请转请司法院迅赐解释,俾有遵循,署陕西长安地方法院院长郭德沛叩江等情。据此,理合电请钧院鉴核,俯赐解释,实为公便。署陕西高等法院院长党积龄叩庚

**院字第一八四九号**

**民国二十八年二月十六日　司法院咨行政院**

为咨复事,准贵院上年十二月八日渝字第一零一四七号咨开,据四川省政府代电请示《诉愿法》疑义一案,转咨查照解释见复等由,业经本院统一解释法令会议议决,受理诉愿官署所为之决定,不得自行撤销。此以《诉愿法》第六条第二项但书之规定,比较观之,即其明显。如诉愿人于决定确定前,发见有利益之新证据,亦只能由诉愿人提起再诉愿,以资救济。在未经再诉愿决定撤销以前,原处分官署仍应受其拘束。至决定确定前,为决定基础之法令变更,原决定官署不得因诉愿人有不服之声明而自行撤其决定,亦与上述情形同。相应咨复贵院查照饬知。此咨行政院

**附行政院原咨**

案据四川省政府二十七年十一月二十二日财字第三二二七三号代电称,查司法院院字第一四六一号解释,再诉愿决定有拘束原处分及该决定官署之效力者,系指已诉愿之事实,业经决定者而言。若另发生新事实,当然得由该管官署另为处分。倘仅发现新证据,在现行《诉愿法》并无再审之规定,原处分及原决定官署,自仍应受其拘束等语。所谓(新事实)与(新证据)云者,复经院字第一六二九号解释,系指诉愿或再诉愿决定确定后,另行发生或始行发现者而言。兹于诉愿决定变更原处分以后,而未确定以前,经由前项决定受有损害人之呈述,因而发现与诉愿事实相反之新证据,因其呈系于决定确定以前,自与上项决定确定后始行发现者之情形不同,原处分似不受其拘束。若由受理诉愿官署自行撤销决定,或于撤销决定以后,并另为处分或决定,此种类似情形,原处分官署于受有损害人提起诉愿

时，虽于《诉愿法》之规定及司法院解释，均属可行，而于受理诉愿官署决定以后，则无法令根据。若由受理诉愿官署饬其依法提起再诉愿，则原官署由于发现新证据之结果，已认其再诉愿为有理由，似于再诉愿之立法旨趣不符。又，依据法令所为之诉愿决定，在未确定以前，经受有损害人声明不服后，其为决定基础之法令变更，与不服决定人之请求目的相符时，其处理困难亦与上述情形相同。事关法律疑义，究应如何办理之处，理合电请迅予并示祇遵等情。据此，事关法令适用疑义，除指令外，相应咨请查照解释见复，以便饬知。此咨司法院

**院字第一八五〇号**

**民国二十八年二月十七日　司法院咨行政院**

为咨复事，准贵院本年一月五日咨(吕字第九三号)开，据浙江省政府电请解释不服征兵官处分诉愿疑义一案，转咨查照见复等由，业经本院统一解释法令会议议决，被征服兵役之壮丁或其家属，对于办理征兵事务之县长，以征兵官之资格，所为关于缓役或免役之裁决有不服者，在《修正陆军征募事务暂行规则》第三十三条至三十五条既有申诉之特别规定，则其救济方法，自应依该规定，向其直接上级征兵官为之，不得提起普通诉愿。相应咨复贵院查照饬知。此咨行政院

**附行政院原咨**

据浙江省政府二十七年十二月马电称，兹有关于兵役诉愿事件疑义数点：(一)被征服兵役之壮丁，其家属主张曾于法定免缓役条件声请予以免役或缓役，经该官署查明驳斥者，即指为征兵手续为违法或不当者，是否以损害权益为理由，可提起诉愿？(二)照军政部颁陆军征募事务暂行规则第七条、第八条规定，征募事务，以师团管区司令为主体，省府仅居监督地位。若人民对县政府经办之征募处分提起诉愿，应由何机关受理？(三)诉愿如经决定应免役或缓役，而其人已补充队伍开赴前线者，应如何执行？(四)如不应照诉愿手续办理，如何救济？本省现有此类事件，亟待解决，请核转司法院解释示遵等情。据此，查人民不服征兵官所为关于免役、缓役事项之处分，可否提起诉愿，得分下列二说：甲说，诉愿之制，系对于不法行政之救济方法。兵役事项乃属于单纯之军事范围，与行政处分之性有别，不得提起诉愿。其有不服征兵官之处分，应依《陆军征募事务暂行规则》第三十二条至第三十四条之规定，而为申诉，以资救济。乙说，依《兵役法施行暂行条例》第三十六条规定，缓役、免役之处置，属于军政部主管事项。关于征兵官此等事项之处分，即不得谓非行政处分之一种，自得依《诉愿法》诉愿(《陆军征募事务暂行规则》系军政部公布，呈准本院备案，国府并未备案。该规则虽有关于申诉之规定，似不能排除《诉愿法》之适用)。即不服县、府之征募处分，得向团管区司令诉愿；不服团管区司令之决定，得向师管区司令再诉愿(参上述规则第十七条、第十八条、第二十条、第二十一条。又依《修正团管区征兵事务处编制表》之规定，县长系以征兵官资格，办理征募事务)。如经诉愿决定确定后，应免役、缓役，而其人

已补队伍开赴前线者，则须斟酌情形，予以免役或缓役。上述二说，究以何说为是，相应咨请贵院查照解释见复，以便饬遵。此咨司法院

**院字第一八五一号**

**民国二十八年二月二十日　司法院指令湖南高等法院**

呈悉，业经本院统一解释法令会议议决，县长于侦查后，认为应行起诉之案件，未经填明移送片，亦无足认为业已起诉之记载，自系不合程序。第二审得依《刑事诉讼法》第三百五十六条，准用第二百九十九条、第二百九十五条第一款之规定办理。仰即转饬知照。此令

**附湖南高等法院原呈**

案据署本院第一分院院长钟馥呈称，查《县司法处办理诉讼补充条例》第十二条载，县长侦查案件，认为应行起诉者，填明移送片，送致审判官办理云云。此项移送片似相当于刑诉法上之起诉书，而为必须具备之程序，否则不能审判。今如第二审受理县司法处成立以后发生之经实体审判之杀人案件，其判决书上虽载公诉人兼检察官，而细阅原卷，并无上项移送片可稽。除验断书之莅验官系填兼县长之名义外，亦未有若何笔录或书面记载，足认为该案业经合法起诉之证明。于斯场合，是否合乎最高法院二十一年上字第一零零七号判例(见司法院公报第四十二号裁判栏)，视为诉讼程序违背法律上之规定，将原判撤销，谕知不受理。又如此类应改判之第二审判决，固不在刑诉法第三百六十四条之列举以内(参照司法公报第一百二十六号载之司法行政部二十五年七月八日指字第一五七三二号指令)，但以不能涉及实体，而为节省无谓之程序法，可否得不经言词辩论为之。倘得不经言词辩论，其法条即援引刑诉法第三百五十六条，准用第二百九十九条及第二百五十九条第一款之规定否。均滋疑义，理合备文呈请解释示遵等情。据此，事关解释法律疑义，理合据情呈请钧院赐予解释，俾便饬知。谨呈司法院院长居。湖南高等法院院长陈长簇

**院字第一八五二号**

**民国二十八年二月二十三日　司法院指令山东高等法院**

呈悉，业经本院统一解释法令会议议决，凡县司法处所收受之刑事案件，如系不得自诉，而被害人误用自诉字样者，其意思既只求受理，又经兼检察事务之县长移片送审，自应依法为之审判，不得适用《刑事诉讼法》第二百九十五条为不受理之判决。仰转饬知照。此令

**附山东高等法院原呈**

案据济阳县司法处审判官张子翼呈称，查本处受理刑事案件，当事人多不明诉讼程序。或系告诉案件，于刑状第一栏内，误写自诉字样；或系自诉案件，于刑状第一栏内，误写告诉字样。而当事人之意思，只求受理，告诉、自诉，在所不论。若不得自诉之案，而误写自诉，

县长兼检察官事务，迳填明移送片送审。如此情形，是否受理，分甲、乙二说。甲说，按《刑事诉讼法》第二百九十五条第二款之规定，应判决不受理。乙说，按当事人之意思，只求受理，不明告诉与自诉。若因其填写之误，而判决不受理，则法院人民皆多费手续。不如依其案件之情形，按当事人之意思，其案件应归自诉者，固按自诉程序办理；应归公诉者，检察官迳行起诉，应予受理（参照十七年抗字第四八号判例之意），不必拘泥其填写之误，即迳予驳回。二说不知以何说为是。本处有此种情形，办理案件，辄生困难，恳请钧院鉴核，转呈解释，以资遵循，实为公便等情。据此，事关法律疑义，理合备文转呈钧院，俯赐解释，以便转饬遵照。谨呈司法院院长居。山东高等法院推事兼院长吴贞缵

**院字第一八五三号**

**民国二十八年二月二十五日　司法院指令河南高等法院**

呈悉，业经本院统一解释法令会议议决，《刑事诉讼法》第五百零八条第二项所谓前项移送案件，免纳审判费用，系指被移送之本级审而言，并不以第一审为限。来呈所述两种情形，均应免纳审判费用。仰即知照。此令

**附河南高等法院原呈**

呈为呈请解释事，窃查《刑事诉讼法》第五百零八条第二项规定，前项移送案件，免纳审判费用云云。该条第二项所谓移送案件免纳审判费用一语，是否专指第一审而言。如刑事被害人，在第一审起诉时，已附带提起民事诉讼。经第一审判决后，被告对于民刑事件，一并提起上诉，由第二审刑事庭以裁定将附带民事移送民庭审判，在此场合，能否免纳审判费用，应请解释者一。又如刑事被害人，在第一审并未附带提起民事诉讼。迨被告提起上诉后，始附带提起，由第二审刑庭以裁定将附带民事移送民庭审判。此项移送案件，能否免纳审判费用，如不能免纳，其应征审判费额数，究应按第一审征收，抑应按第二审征收，应请解释者二。事关法律疑义，理合备文呈请钧院鉴核，俯赐解释示遵，实为公便。谨呈司法院院长居。试署河南高等法院推事兼院长凌士钧

**院字第一八五四号**

**民国二十八年二月二十七日　司法院指令安徽高等法院**

呈悉，除第六项并非法令上条文疑义，应视证据如何依法判结外，其余各项，业经本院统一解释法令会议议决，（一）兼理司法县政府受理自诉案件，除合于《刑法》第六十一条各款之规定外，仍应依县司法处刑事案件覆判暂行条例第一条，呈送覆判。（二）被害人之法定代理人或配偶，独立提起自诉，应依《刑事诉讼法》第三百二十六条谕知不受理。（三）《刑法》第二条第一项但书所称之法律，系指实体法而言，程序法不在其内。原呈所举两例，在旧《刑事诉讼法》有效时期，其告诉已不适法，或告诉人已经合法撤回告诉，不能因新《刑事诉讼法》之施行而变更。此与适用《刑事诉讼法》施行法第二条无关。（四）所述和

诱、略诱案内之得为告诉人,仅请求被告交人,而未表示诉求处罚之意思,应认为欠缺追诉条件。(五)应参照《民事诉讼执行规则》第八十八条第一项,及《补订民事执行办法》第二十九条第一项规定办理。(六)失踪人之财产,既由其亲属代为管理,关于失踪人应负担之捐税债务,自应令该财产管理人负责。仰即转饬知照。此令

**附安徽高等法院原呈**

案据滁县县长林友松二十四年十二月支代电称:(一)自诉人为当事人之一,覆判暂行条例仅有检察官、被告、原告诉人之规定,兼理司法县政府办理自诉程序案件,谕知免刑、无罪,免诉、不受理、管辖错误之判决。自诉人舍弃上诉权,或撤回上诉,或上诉违背法律上之程式,或未提起上诉,可否免送覆判?(二)查提起自诉以因犯罪而直接被害之人且有行为能力者为限。设有被害人之法定代理人或配偶独立自诉,应否谕知不受理?(三)查《刑法》第二条第一项但书,裁判前之法律有利于行为人者,适用最有利于行为人之法律。依同法施行法第一条系指实体法律,程序法律当不在内。而刑诉法施行法第二条又明定《刑事诉讼法》施行前已经开始侦查或审判之案件,除有特别规定外,其以后之诉讼程序,应依《刑事诉讼法》终结之。例如旧刑诉法第二百十五条第三项与刑诉法第二百十三条第四项比较,告诉之人增加家长、家属。又例如旧刑诉法第二百十九条第一项与刑诉法第二百十七条第一项后段比较,撤回告诉加以限制。设有案件合于刑诉法施行法第二条情形,或因未经亲属告诉,仅有家长、家属告诉,或因告诉人已经撤回,因本刑在七年以上,若依刑诉法终结,自不能谕知不受理,则于行为人不利,究应如何适法?(四)查告诉乃论之罪,须表示希望诉追之意思。设有《刑法》第二百四十条第二项、第二百九十八条和诱、略诱案件,告诉人仅请求交人,并未表示刑事诉追,可否认为未经告诉,指示以民事起诉?(五)查被诱人已满二十岁,有行为能力。原告请求被告交人(非夫妻同居之诉),而被诱人藏匿不出。即或查知行踪,又非刑事被告,不能逮捕拘提。若强制被告交案,又恐促成妨害自由,究应如何办理?(六)查《刑法》第二百四十四条、第三百零一条法意,固不以被诱人到案为要件,但和诱、略诱抑或自行逃走,无从认定,非被诱人到案讯明,不能为适当之判决。设被诱人查传无着,踪迹不明,可否暂缓判结?(七)查《民法》第十条,失踪人失踪后未受死亡宣告前,其财产之管理,依非讼事件法之规定,而非讼事件法尚未奉到。设有失踪人未受死亡宣告前,其所有财产由失踪人亲属管理,固不得视为继承编之继承人。但权利既有归属,关于失踪人应负担捐税债务,可否即令管理财产人负责?以上七点,理合电请鉴核,分别指示遵循等情到院。事关法律疑义,理合备文呈请钧院鉴核,俯赐解释,指令饬遵。谨呈司法院院长居。代理安徽高等法院院长陈福民

**院字第一八五五号**

**民国二十八年二月二十七日　司法院咨行政院**

为咨复事。准贵院上年十二月十五日咨(第一零三零四号)开,为商标法适用疑义,请

查照、解释、见复等由，业经本院统一解释法令会议议决，以文字、图形、记号或某联合式组成之商标，依商标法第一条第二项之规定，只以特别显著为必要，并未限以应与商品形状、功用及颜色分离独立，成为一个物体。因之，商标之构成，虽系以特殊文字等缀为花纹，连贯使用于整个商品外部，苟合于特别显著之要件，即难谓其呈请注册，不应准许。相应咨复贵院查照。此咨行政院

**附行政院原咨**

查商标法第一条第二项载，商标所用之文字、图形、记号或其联合式应特别显著，并应指定名称及所施颜色。又第十四条载，凡以普通使用之方法，而表示自已之姓名、商号或其商品之名称、产地、形状、功用等事者，不为商标专用权之效力所拘束等语。是商标之注册，以不违反上述各规定为其要件。兹设有商家以特种之文字、图形等组成花纹，连贯使用于整个车胎商品外围之上作为商标，呈请注册专用，应否准许，有下列二说：甲说，商标应脱离商品之形状、功用等而独立成为一个物体。商标法第一条第二项及第十四条对于商标所用文字等之形成及其使用方法，均有明白规定，则法律上认商标应具有独立性，似无疑义。查车胎制造，例有定型，其上使用之花纹，不论为文字、图形、记号或其联合式，为求旋转平衡之故，必延长于整个车胎之外围，不能脱离其固有形体，显与商品上之图案意匠相近。且因商品物质之关系，复不能施以任何颜色(《商标法施行细则》第一条第二项规定，商标图样如不使用着色者，以墨色为准)。是该花纹商标已完全受商品形状所支配，而不成为另一物体。再，车胎花纹，原为防滑与耐久起见，并为制造车胎之必要方法，系商品本身重要功用之一。制造商利用此种功用，将文字、图形等缀成花纹作为商标，纵具有特殊意义或组织，但其性质上既同时具有表现商标及商品功用两种不可分离之效能，亦即失却商标之独立性。为贯彻上开法条之精神，自不应予以注册。乙说，商标应否与商品之形状、功用等分离，而独立成为一个物体，法律并无明文。车胎花纹固含有防滑与耐久之作用，惟若以特殊之文字、图形、记号等，以构成商标图样，即不能谓为以普通使用之方法而表示商品之功用。且车胎外围上亦非必为部位、物质、效率等事项所限，而不能创作种种不同之图样。作为商标，此项图样，既有特殊之意匠构造，即难谓为非特别显著，依法自应予以注册。上述二说。究以何者为是？事关法律适用疑义，案悬待决，相应咨请贵院查照，迅为解释见复，至纫公谊。此咨司法院

**院字第一八五六号**

**民国二十八年三月二日　司法院致中央执行委员会社会部函**

迳复者，准贵部上年十二月九日公函(渝字第一四一二号)开，准江西省党部梗电请示国营钨矿工人可否组织工会一案，转函查照解释见复等由，业经本院统一解释法令会议议决，钨砂、钢铁及其他可供主要军用物资之五金产业，尚难谓为军用工业。如依修正《工会法》第三条之规定，其工人组织工会，即不在该条但书限制之列。至在抗战期间，此项产业

之工人,应否停止组织工会,不属于解释法令上之范围。相应函复贵会查照。此致中央执行委员会社会部

**附中央执行委员会社会部原函**

案查前准江西省党部梗电,以赣南国营钨矿工人可否组织工会,请予电示到部。当以钨矿系军用材料之一,与军事工业性质似有不同,究竟该项工人可否准予组织工会,未敢决定,经函请经济部查核见复在案。兹准经济部川工字第一四三零九号公函节开,经令饬资源委员会核议去后,据该会二十七年十一月二十五日资渝矿字第二五一四号呈复略开,查钨矿为主要军用物资,非寻常军用材料可比,钨砂生产关系抗战前途至巨,似可援用《工会法》第三条但书(军用工业)之规定。目前军事紧急,江西钨矿工人工会,似以暂缓组织为宜等情。据此,查该会所称各节,尚属实情,钨矿工人工会拟请从缓组织,相应函复查照等由。准此,查主要军用物资,不只钨矿,所有后方生产事业,咸关系抗战前途至巨。兹准前由,凡属钢铁、五金工人似均不能出例外。相应函请查照,解释见复为荷。此致司法院

**院字第一八五七号**

**民国二十八年三月六日　司法院指令广西高等法院**

呈悉,业经本院统一解释法令会议议决,刑事判决正本送达后,发现原本错误,不得以裁定更正。仰即转饬知照。至此项错误,如果确系文字误写,自可以通常方式更正之。并仰饬知。此令

**附广西高等法院原呈**

案据钟山县司法处二十七年十一月十四日法字第五三八号呈称,案据审判官张光翥声称,查判决如有错写、误算,或其他类此之显然错误者,法院得随时以裁定更正之。其正本与原本不符者亦同。除民诉法有规定外,刑诉法并无明文规定。如刑事判决正本于发出后而发现原本有错误时,而该项错误又仅系文字误写,并非违背法令,得为提起非常上诉之件。如此场合,究应如何办理等情前来。事关法律问题,未敢擅断,理合将情具文,呈请察核示遵等情。据此,案关适用法律疑义,理合转请钧院迅赐解释,俾便饬遵,实为公便。谨呈司法院院长居。代理广西高等法院院长朱朝森

**院字第一八五八号**

**民国二十八年三月十三日　司法院指令司法行政部**

呈悉,业经本院统一解释法令会议议决,依《刑法》第八十六条第二项但书情形,于刑之执行前,施以感化教育者,其结果如认为无执行刑罚之必要,得免其刑之执行,为同条第四项所明定。来呈所述某甲因年未满十八岁,受减刑之判决,既经宣告缓刑,自毋庸再予谕知。感化教育之期间,如已谕知,应俟缓刑期满,或撤销缓刑,执行刑罚后,再实施感化教育,以资救济。仰即转饬知照。此令

**附司法行政部原呈**

案据陕西高等法院首席检察官呈称，案据陕西长安地方法院首席检察官呈称，呈为适用法律，发生疑义，请解释事。查《刑法》第八十六条第二项施以感化教育，系以未满十八岁而减轻其刑者，得于刑之执行完毕或赦免后，其宣告三年以下有期徒刑、拘役或罚金者，得于执行前为之。该条感化教育，似专就未满十八岁之被告而受减刑，或三年以下徒刑、拘役、罚金之宣告，于刑之执行前后为之。其宣告缓刑之被告，可否同时谕知入感化处所，施以感化教育，无明文规定。兹有某甲因年未满十八岁受减刑之判决，乃依同法第七十四条第一款之情形，为缓刑之宣告，复同时谕知施感化教育一年以上，是否合法，理合呈请核示祇遵。再，此项判决如不合法，应如何救济，并请示遵谨呈等情。据此，查此案关系解释法令，理合具文呈请钧部核示祇遵等情。据此，事关适用法令疑义，理合备文呈请钧院鉴核指示，以便转饬遵照。谨呈司法院院长居。司法行政部部长谢冠生

**院字第一八五九号**

**民国二十八年三月十三日　司法院指令贵州高等法院**

呈悉，业经本院统一解释法令会议议决，依《刑事诉讼法》第三百六十一条第一项规定，第二审法院认为上诉有理由，将原判决撤销，即应就该案自为判决。若仅撤销原判决，本属不合。惟第一审判决，既经第二审法院撤销，并将卷宗发还第一审法院，除由第一审依法更为判决外，别无他法可资救济。仰即转饬知照。此令

**附贵州高等法院原呈**

案据署安顺地方法院院长陈宽香本年十二月江代电称，兹有刑事案件，经第一审法院为科刑之判决，被告不服，上诉第二审法院。因第一审法院未经履行勘验程序，认为违背法令，即依《刑事诉讼法》第三百六十一条第一项前段，以判决将原判撤销(主文仅载原判决撤销五字)，并用训令发还卷宗，饬第一审法院依法办理。在此场合，第二审法院既未自为判决，又非依据该条第一项但书，发回更审。第一审法院，究应如何依法办理，不无疑义。理合电请鉴核，并转呈司法院迅赐解释，指令祇遵等情。据此，除指令外，理合备文转呈，伏祈钧院俯赐解释，令示饬遵。谨呈司法院院长居。代理贵州高等法院院长刘含章

**院字第一八六〇号**

**民国二十八年三月十五日　司法院指令司法行政部**

呈悉，业经本院统一解释法令会议议决，(一)印花税法第二十条但书规定，系指违反印花税法各事件，虽应分别科处罚锾，但其总数不得超过最重事件应处罚锾之三倍(非常时期改为六倍)而言，与《刑法》第五十一条情形不同，不得依该条办法处罚。(二)印花税法第十八条第二项(非常时期征收印花税暂行办法第六款)包括不贴印花及贴用印花不足额之两种情形。(三)漏贴、欠贴印花税票，如在非常时期征收印花税暂行办法施行以前，依印花

税法第二十二条令其补贴印花,自应依同法第十六条税率表所定税率征收。仰即转饬知照。此令

**附司法行政部原呈**

案据四川高等法院院长代称,兹有违反印花税法疑义三点,(一)印花税法第二十条但书合并处罚之金额,不得超过其情事最重之件应处罚锾之三倍(非常时期改为六倍),可否参照《刑法》第五十一条办法,酌量情形,在六倍以下处罚?(二)非常时期征收印花税暂行办法第六条后段,罚锾倍数计算不满五元时,应处以五元之罚锾,似指不贴印花税票者而言。又印花税法第十八条后段,其贴用不足额者,减半处罚。如遇此种情事,其应受罚锾倍数计算不满五元时,是否减半处以二元五角或仍处五元?(三)漏贴、欠贴印花税票,系在非常时期征收印花税暂行办法施行以前,依印花税法第二十二条,令其补贴印花,是否依同法第十六条税率表所定税率征收,或依照暂行办法规定加倍贴用。以上三点,均亟待解决。务乞迅赐解释示遵等情。据此,事关适用法令疑义,理合备文呈请钧院鉴核指示,以便转饬遵照。谨呈司法院院长居。司法行政部部长谢冠生

**院字第一八六一号**

**民国二十八年三月十五日　司法院指令湖北高等法院首席检察官**

呈悉,业经本院统一解释法令会议议决,《妨害国币惩治暂行条例》第四条第二项之罪,须有供行使之意图及收集伪造、变造币券之行为。有此意图及行为,而又将其收集之伪造、变造币券对人行使,或意图供行使之用,而交付于人,仍应依该条项论科。如不具备该条项规定之要件,仅止行使伪造、变造之币,或意图供行使之用,而交付伪造、变造之币券于人,并无收集伪造、变造币券之行为者,只能依《刑法》各该条规定处断。至来问第三项,已见院字第一七六九号解释。仰即转饬知照。此令

**附湖北高等法院首席检察官原呈**

案据汉口地方法院首席检察官李如萍呈称,窃查《刑法》第一百九十六条第一项所定,意图供行使之用而收集伪造、变造币券者,于《妨害国币惩治暂行条例》施行后,应依该条例第四条第二项处断,此固毫无疑问。惟《刑法》同条项所定之行使伪造、变造币券,或意图供行使之用而交付于人者,究应如何处断,兹有二说:甲说,行使伪造、变造币券或意图供行使之用而收集,或交付于人者,在《刑法》上系属同一法条之罪刑。且行使行为,尤为意图供行使之用而收集之高度行为。收集行为,已应依较重之《妨害国币惩治暂行条例》处罚。如行使或交付于人者,仍适用《刑法》,则原属同一罪刑者,办理时竟有轩轻之分,显于事实与理论上均欠妥善,故应以同一适用特别法为是。乙说,《妨害国币惩治暂行条例》,系仅就意图供行使之用。而收集伪造、变造币券者,加以特别规定,而未将行使或交付于人者,一并列入,则法无明文。依刑事不能比附援引之原因,自不能因二者在《刑法》上规定于同一法条,即认为亦应适用该条例处断。二者各具理由,究以何说为当,此应请解释者一。又如认为

以乙说为是,则收集伪造、变造币券后,而更有行使行为者,究因依在前之收集行为处断,抑仍依一般原则,就较高度之行使行为处断,此应请解释者二。又《妨害国币惩治暂行条例》所指之币券,系指政府认定之法币而言,抑银行券亦包括在内,此应请解释者三。事关法律疑义,理合备文呈请鉴核,转呈解释示遵等情。据此,理合呈请钧院解释令遵。谨呈司法院。署湖北高等法院首席检察官鲁师曾

**院字第一八六二号**

**民国二十八年三月十七日　司法院指令安徽高等法院首席检察官**

呈悉,业经本院统一解释法令会议议决,(一)感化教育之处分,既无可供执行之场所,依《刑法》第九十二条第一项,自得以保护管束代之。该保护管束,并应声请法院裁定。(二)先已与有配偶之妇相奸,嗣又意图续奸而和诱,显系先后各别,触犯《刑法》第二百三十九条及第二百四十条第三项之罪,应依同法第五十条并合处罚(参照院字第一七六八号解释)。仰即转饬知照。此令

**附安徽高等法院首席检察官原呈**

案据怀宁地方法院首席检察官梅荫阶呈称,查《刑法》第九十二条第一项载,第八十六条至第九十条之处分,按其情形得以保护管束代之。今有某甲被判施行感化教育一年之处分,因此间无感化院设置,其他亦无感化教育类似机关可供执行。如此场合,能否按照上开规定,代以保护管束?如能代以保护管束,应直接由检察官命令行之,抑应声请法院裁定?法无明文可据,此请解释者。又查《刑法》第二百四十条第三项之罪,只以有营利或使被诱人为猥亵之行为,或奸淫之意图,即行成立。设有甲男与有配偶乙妇已有奸淫在先,后因意图续奸和诱乙妇脱离家庭。此种情形,应否将甲男在先之奸淫行为,认为因后之意图续奸和诱行为而吸收?仅论以《刑法》第二百四十条第三项意图奸淫而和诱有配偶之人脱离家庭之罪已足,抑仍须将其在先奸淫行为论以《刑法》第二百三十九条之罪,依《刑法》第五十五条从一重处断?此请解释者二。以上问题,均关适用法律,不无疑义,理合转请解释令遵等情。据此,案关解释法律疑义,理合具文转呈,仰祈钧院鉴核,迅赐解释,以便饬遵。谨呈司法院院长居。署安徽高等法院首席检察官朱焕彪,检察官唐祖谦代行。

**院字第一八六三号**

**民国二十八年三月十七日　司法院指令四川高等法院首席检察官**

呈悉,业经本院统一解释法令会议议决,以最粗鄙之语言在公共场所向特定之人辱骂时,倘为其他不特定人可以闻见之情形,而其语言之含义,又足以减损该特定人之声誉者,自应成立《刑法》第三零九条第一项之罪。仰即转饬知照。此令

**附四川高等法院首席检察官原呈**

案据署四川高等法院第三分院首席检察官景志仲微日代电称,窃查《刑法》第三百零九

条第一项载,公然侮辱人者,处拘役或三百元以下罚金。又违警罚法第四十四条载,有下列各款行为之一者,处十日以下之拘留或十元以下之罚金。第三款载,当众骂詈嘲弄人者各等语。设有以最粗鄙言语在公共场所向特定人辱骂,究触犯违警罚法,抑触犯《刑法》,于此有甲、乙两说。甲说,谓以最粗鄙言语在公共场所加之于人,对于个人在社会上所保持之人格,有所毁损,实触犯《刑法》第三百零九条第一项之罪,不能以违警罚法论。乙说,谓违警罚法法文既明定为骂詈嘲弄,则凡以言语骂詈嘲弄,无论何种词句,均属该法范围。诚以骂詈嘲弄之言句,不能谓非侮辱之词,但既明文列入违警罚法,则不能再属之《刑法》也。至《刑法》之侮辱之范围,应以超过骂詈嘲弄之言语以外之行为为断。以上二说,不知究以何说为当。案关法律疑问,未敢臆断,理合电请钧席,俯赐转请解释,以便遵循等情。据此,理合具文呈请钧院解释令遵。谨呈司法院院长居。四川高等法院首席检察官林超南

**院字第一八六四号**

**民国二十八年三月十七日　司法院咨行政院**

为咨复事,准贵院本年一月十二日咨(吕字第三一四号)开,据内政部呈,据浙江省民政厅转请解释违警案件撤回告诉问题疑义一案,咨请查照解释见复等由,业经本院统一解释法令会议议决,告诉乃论之违警案件(如违警罚法第四十四条第三款、第四款之违犯),违警罚法既无不得撤回告诉之规定,则告诉人于该案件判定前,自得撤回告诉。相应咨复贵院查照饬知。此咨行政院

**附行政院原咨**

案据内政部二十八年一月六日渝警字一四号呈称,案据浙江省民政厅二十七年十一月三日呈,为违警案件撤回告诉问题,列举甲、乙两说,请解释示遵等情到部。查违警罚之性质,系属刑事罚,抑属行政罚,无确定解释可资依据。以行政处分立场而论,当事人似不能声请撤回。以《刑法》补充法之立场而论,凡属告诉乃论之事件,如加暴詈骂等案,似应准由当事人声请撤回。但此纯属法理之论断。而违警案件,事实上均属行政处分,能否援用《刑事诉讼法》之规定,实属疑问。事关法律解释,本部未便擅拟,理合呈请转咨司法院解释,核示遵行等情。据此,相应钞同原附呈咨请查照,解释见复,俾便饬遵。此咨司法院

**院字第一八六五号**

**民国二十八年三月十七日　司法院复四川高等法院电**

四川高等法院苏院长览,上年十二月寒代电悉,永川地方法院转请解释告诉程序疑义一案,业经本院统一解释法令会议议决,被妨害名誉之甲,不自出名,以书状或言词告诉,而仅以机关名义函请检察官侦查,按之《刑事诉讼法》第二百十一条、第二百二十一条第一项规定,不能认为合法之告诉。合电转饬知照。司法院筱印

**附四川高等法院原代电**

重庆司法院院长居钧鉴，据永川地方法院推事兼院长沈仲荧呈称，呈为呈请转予解释示遵事。窃查《刑事诉讼法》第二百二十一条第一项告诉、告发，应以书状或言词向检察官或司法警察官为之。兹有某甲以某乙有妨害名誉嫌疑，自属告诉乃论之罪，因某甲现在某机关服务，乃以该机关名义，函请法院检察官依法侦查。此种告诉，是否合法，分两说焉。子说，谓上开条文规定之书状，系指正式诉状而言。某甲既未依法提出，即难认为合法告诉。检察官自不应有何处分。丑说，谓上开条文中书状二字，并不以正式诉状为限。某甲既函请检察官依法侦查，此项公函自包括在书状之内，其告诉即应认为合法。此两说究以何说为是？事关法律疑义，未敢擅断，理合备文呈请钧院准予转请解释，以资遵循等情。据此，除指令外，理合据情转请钧院俯赐解释，电令祗遵。署四川高等法院院长谢盛堂叩寒印

**院字第一八六六号**

**民国二十八年三月十八日　司法院咨行政院**

为咨复事，准贵院上年十二月二十八日咨（渝字第一零七六三号）开，以外国文字为商标注册，发生疑义，请查照解释见复等由，业经本院统一解释法令会议议决，商标法第一条所谓文字，并未以中国文字为限，则以外国文字为商标呈请注册，自仍应认为文字。如文字不同，而读相同者，亦应包括在内。至商标名称之指定，原为便于一般人购买其商品而设。外国文字用作商标，为注册之呈请，既欲在中国境内营业，而取得其专用权，则该商标之应有中文名称，自不待言。相应咨复贵院查照。此咨行政院

**附行政院原咨**

查呈请注册之商标，得为单纯之文字。商标所用文字，包括读音在内，商标法第一条规定甚明。惟以外国文字为商标注册时，该项文字在商标法上应否认为文字，抑应以单纯之图形论，而不问其读音与字义如何？又呈请注册之商标，应指定名称，商标法第一条亦有明文。若以外国文字为商标时，应否限定必须有中文名称，均不无疑义。事关法律适用，案悬待决，相应咨请贵院查照，迅为解释见复。此咨司法院

**院字第一八六七号**

**民国二十八年三月十八日　司法院复兴集第二战区司令长官司令部军法执行监电**

兴集第二战区司令长官司令部谢军法执行监览，微电悉，所请解释军官二字疑义一案，业经本院统一解释法令会议议决，战时军律补充条文第二条规定之军实，系指充实军用之一切物品而言，特复。司法院巧印

**附兴集第二战区司令长官司令部军法执行监原电**

渝司法院居院长钧鉴，查战时军律补充条文第二条有冒领、浮领、浮报、军实之罪。军实二字，前此各种法规尚未见到。究应如何解释，无处参考。现有甲、乙两说。甲说，谓凡

军用一切财物无不包括在内。乙说,谓军实二字,仅指军用物品器械、粮秣而言。若饷项公杂等费,不应包括。二说孰是?抑另有其他解释,未敢擅拟,理合电请解释,电示祇遵为祷。第二战区军法执行监谢濂叩微印

**院字第一八六八号**

**民国二十八年三月二十一日　司法院指令四川高等法院**

呈悉,业经本院统一解释法令会议议决,《民法》第一千一百五十四条关于限定继承之规定,原为保护继承人之利益而设。故为限定之继承者,开具遗产清册,呈报法院后,法院即有公告之义务。纵其清册内仅为消极遗产(即债务)或有少许积极遗产,尚不敷程序上之费用,亦不待以无从宣告破产为理由,而对于限定继承之呈报不为公告。仰即转饬知照。此令

**附四川高等法院原呈**

呈为呈请解释事,案据内江地方法院呈称,查限定继承,依《民法》第一千一百五十六条及第一千一百五十七条之规定,为限定之继承者,应于继承开始时起,三个月内开具遗产清册,呈报法院。法院应依公示催告程序公告,命被继承人之债权人于一定期限内,报明其债权。又依破产法第五十九条遗产不敷清偿被继承人之债务,而继承人为限定继承时,依破产程序宣告破产,是在被继承人尚有相当遗产,而继承人为限定之继承时所宜遵循之一定程序。设被继承人负有巨量债务,但并无遗产,或虽有少许遗产,尚不足缴纳各程序费用。其继承人仍为限定继承,声请公示催告时,应否照准,于此有二说:甲说,应予照准。限定继承之制,系有保护继承人并维持社会经济而设。盖在被继承人之遗产不敷清偿其债务时,使继承人得依限定继承之制度,脱免其对于被继承人之债务之重压,而易遂其经济生活之发展。此在被继承人尚有相当遗产时为然,在其毫无遗产或仅有少许遗产尚不足缴纳程序费用时,亦何独不然云云。乙说,不应准许。因被继承人毫无遗产或虽有少许遗产尚不足程序费用时,在前者继承人即不能依法提出遗产清册,法院亦不能据以开始公示催告,在后者纵勉予公示催告,而在被继承人之债权人报明债权以后,又无财产以供分配。依破产法第一百四十八条,其业已宣告之破产尚应终止,即未宣告即当然不得宣告。此时依破产法,债务人之债务仍然存在,与准为限定继承之本旨,不能贯彻。况查限定继承,原为权利之抛弃。若被继承人毫无遗产,则无权利可言。于此而准其限定继承,公示催告,是不啻准其抛弃义务矣,宁有是理?两说均不无相当理由,无从抉择。理合具文呈请钧院转请司法院解释示遵谨呈等情。据此,除指令外,理合转呈钧院迅赐解释,以凭饬遵。谨呈司法院院长居。代理四川高等法院院长苏兆祥

院字第一八六九号

民国二十八年三月二十一日　司法院指令中央公务员惩戒委员会

呈悉，业经本院统一解释法令会议议决，县政府附属机关所用人员，如土地陈报处丈田干事，表面上虽由县长委任，实质上既与雇员无异，则其委任自非有单行规程上之根据，即不得认为《公务员惩戒法》上之公务员。仰即知照。此令

附中央公务员惩戒委员会原呈

呈为呈请解释事，窃查公务员惩戒委员会，掌管一切公务员之惩戒事宜，此为修正公务员惩戒委员会组织法第一条所明定。雇员并非惩戒法上之公务员，亦经呈奉钧院解释，指令饬遵有案。惟查县政府附属机关所用人员，有时用干事名称，如土地陈报处丈田干事等，表面上虽由县长委任，实质上似无异雇用。究竟是项干事，应否认为公务员，由惩戒委员会受理，于此有甲、乙二说。甲说，谓不问公务员之名称为干事，抑用其他称谓，若为依据某县单行规程所设置而由县长委任者，即为委任职公务员，应由惩戒委员会依法受理。乙说，谓公务员无干事等名称。所谓干事，如县属土地陈报处丈田干事等，顾名思义，似系雇员性质。雇员并非惩戒法上之公务员，惩戒委员会自应不予受理。以上二说，应以何说为当？事关适用法令疑义，理合呈请钧院迅赐解释示遵，实为公便。谨呈司法院院长居。中央公务员惩戒委员会委员长王用宾

院字第一八七〇号

民国二十八年三月二十一日　司法院咨行政院

为咨复事，准贵院上年六月二十日咨（渝字第四九六七号）开，据江西省政府呈，据瑞昌县县长转请解释江西人民自卫队官佐丁夫犯罪管辖疑义一案，咨请查照解释见复等由，业经本院统一解释法令会议议决，江西人民自卫队系为民众组织，与陆军编制不同。其官佐丁夫犯罪以及违法失职等行为，不问平时与战时，均不能依《陆海空军刑法》审判。相应咨复贵院查照饬知。此咨行政院

附行政院原咨

案据江西省政府二十七年五月二十七日民字第四六九八号呈称，据瑞昌县县长缪忠谟筱代电称，查人民自卫队官佐丁夫，虽非现役军人，但负有保卫地方之责。似应以地方警备队论。依《陆海空军刑法》第六条第三款，地方警备队官长士兵，视同陆海空军军人之规定，如有犯罪行为，自应适用《陆海空军刑法》判处。因此不无疑义。各县市人民自卫队是否论为地方警备队之处，理合电呈鉴核示遵等情。据此，本省组织人民自卫队，照简则规定，与过去之保卫团、义勇队、壮丁队等性质略同。若依十八年十二月十三日司法院院字第一八二号复湖北高等法院电，又二十四年一月十四日院字第一二零四号训令湖南高等法院首席检察官文，暨二十五年四月二十日军委会法字第二八八八号复福建第六区专员公署哿代电

各解释例,则人民自卫队之官佐丁夫均难认为军人。惟查国民兵义勇壮丁队管理规则第七章第十八条,对于利用义勇壮丁队之组织而谋扰乱治安及危害国家者,概照《陆海空军刑法》处理。此项义勇壮丁队,与本省之人民自卫队性质亦属相同。对于利用其组织以作违法行为之人,既皆认为军人,照军法处理。而同章第十九条,对于平时在乡犯法违警,又规定照普通法律处办。则又似非军人。且平时如此,战时又应如何,亦无明文规定。再查同章第二十条,对于各级职员及壮丁服务有功及伤亡者,均照陆海空军奖恤各条例办理。是于权利方面认为军人,而对于违法失职之责任方面(如违抗命令克扣费款、临阵脱逃等)应否亦认为军人照军法办理,又未明白规定。究竟本省之人民自卫队能否与《陆海空军刑法》第六条第三款之地方警备队相提并论;其官佐丁夫如有违法失职行为,在平时与战时之惩处办法是否不同;及其犯罪之性质(普通《刑法》上之罪或职务上之罪)是否为军人与非军人区别之标准,解释上不无疑义。据呈前情,理合检同自卫队组织简则,转请钧院迅赐解释等情。据此,除指令外,相应检同原附件咨请贵院查照解释见复,以便饬知。此咨司法院

**院字第一八七一号**

**民国二十八年三月二十五日　司法院指令湖北高等法院**

呈悉,业经本院统一解释法令会议议决,(一)《刑事诉讼法》第四百十三条第一项第六款,并无足认受有罪判决之人应受不受理之判决之规定。告诉乃论之罪,于处刑判决确定后,发见告诉逾期,法院有不应受理而受理之情形,乃系违背法令,得依非常上诉程序救济,与再审无涉。(二)《刑法》第六十一条所列各罪之案件,经第二审法院裁定,开始再审,应受《刑事诉讼法》第三百九十七条之限制,不得依同法第四百二十八条第三项提起抗告。(三)民事财产权上之诉讼,不得上诉于第三审法院者,经第二审法院为诉讼救助准驳之裁定,应受《民事诉讼法》第四百八十一条之限制,不得提起抗告。仰即转饬知照。此令

**附湖北高等法院原呈**

案据本院第三分院院长廖鹤龄呈称,窃查《刑事诉讼法》第四百十三条第一项第六款规定,因发现确实之新证据,足认受有罪判决之人应受无罪、免诉、免刑,或轻于原判决所认罪名之判决者,为受判决人之利益,得声请再审。关于不受理之判决则无之。假如亲告罪受有罪判决之人能提出新证据,证明告诉已逾六个月之期间,倘许其再审,则此种不受理之判决未列举于上开条款之内。倘不许其再审,则有罪判决之人,不能享受再审之利益,此应请解释者一。同法第四百二十八条第三项规定,对于第一项之裁定,得于三日内抗告云云。假如再审案件系为《刑法》第六十一条规定之案件,经第二审裁定,开始再审,是否应受《刑事诉讼法》第三百九十七条之限制,此应请解释者二。《民事诉讼法》第一百十五条规定,本节所定之各裁定,得于五日内抗告云云。假如财产权上之诉不得上诉于第三审法院,经第二审为诉讼救助准驳之裁定,是否应受同法第四百八十一条之限制,此应请解释者三。以上三点,理合呈请钧核,或转司法院解释,转饬祇遵等情。据此,本院按,第一问依理论解

释,似应准予再审。查应受不受理之判决,与应受无罪、免诉、免刑,或轻于原判决所认罪名之判决,同为利于受有罪判决之人之情形。如谓刑诉法第四百十三条第一项第六款漏列不受理之判决,提出新证据,亦不许其声请再审,核与法律为受判决人谋利益之意旨不相贯彻。但依文理解释,似又以不准再审为是。诚以法无明文规定,如遽许,殊乏根据。观点不同,结果即异,原不得谓无疑问。至于二、三两问,在刑诉法第三百九十七条、民诉法第四百八十一条,既无关于再审裁定,或关于诉讼救助裁定除外之规定,自应与其他裁定,同受不得抗告之限制。法文明了,似足依据。惟事关法律疑义,未敢擅拟,理合转请钧院迅赐解释,以便饬遵。谨呈司法院院长居。湖北高等法院院长郗朝俊

**院字第一八七二号**

**民国二十八年四月十八日　司法院指令湖南高等法院**

呈悉,业经本院统一解释法令会议议决,甲法院或县司法处侦查之案件,由最高法院检察署检察长或高等法院首席检察官依法院组织法第三十二条之规定,命令移转侦查于乙法院检察官或兼理检察事务之县长。经侦查终结,认为应予起诉时,如乙法院或县司法处有管辖权,得向乙法院或县司法处起诉。仰即转饬知照。此令

**附湖南高等法院原呈**

案据署长沙地方法院院长袁赞德呈称,查甲法院或县司处侦查之案件,由最高法院检察署检察长或高等法院首席检察官,依法院组织法第三十二条之规定,命令移转侦查于乙法院检察官或兼理检察事务之县长。经乙法院检察官或兼理检察事务之县长侦查时,被告遵传到案,侦查终结,是否仍应向原有管辖之甲法院或县司法处提起公诉,抑得迳向乙法院或县司法处提起公诉?本院现有此项案件,关于上述程序,发生争议,急待解决等情到院。案关法律疑义,本院未便擅拟,理合具文呈钧院鉴核,迅赐解释示遵。谨呈司法院院长居。湖南高等法院院长陈长簇

**院字第一八七三号**

**民国二十八年四月十九日　司法院咨行政院**

为咨复事,准贵院本年二月十日咨(吕字第一二六四号)开,为《诉愿法》适用疑义,请查照解释见复等由,业经本院统一解释法令会议议决,诉愿官署对于诉愿事件,因有特殊情形,所为从缓办理之批示,既非就该事件之法关系有所处断,诉愿人自不得指该批示为《诉愿法》上之处分,而再行提起诉愿。相应咨复贵院查照。此咨行政院

**附行政院原咨**

查《诉愿法》第一条载:人民因中央或地方官署之违法或不常处分,致损害其权利或利益者,得提起诉愿等语。设人民不服甲官署之处分,向乙上级官署提起诉愿,乙官署以本案有特殊情形(例如卷证遗留在京,或有法律疑义,须请解释等)批示,俟将来再行办理。人民

又以乙官署此种批示为处分表示不服,向丙官署(乙官署之上级官署)提起诉愿。乙官署此种批示,能否认为《诉愿法》上之处分,而准许人民对之提起诉愿,约有下述两说。子说,谓乙官署此种停止案件进行之表示,不得谓非处分。如有不服,自得对之提起诉愿。丑说,谓得以提起诉愿者,应仅以对于就具体事件定其实在法律关系之原处分为限。乙官署之批示,不过于诉愿程序进行中,表示暂时停止办理,并未就争执之标的有所处断。换言之,并非对于该具体事件另定一种法律关系,自不能认为处分而对之提起诉愿。上述两说,究以何说为是?事关法律适用疑义,相应咨请查照解释见复,至纫公谊。此咨司法院

**院字第一八七四号**

**民国二十八年四月十九日　司法院指令江西高等法院**

呈悉,业经本院统一解释法令会议议决,当事人于补正期间内声请诉讼救助,经裁定驳回后,仍不遵期补正,致其诉或上诉被裁定驳回者,原可分别提起抗告。纵令驳回,其诉或上诉之裁定,因当事人未为抗告而确定。而关于救助之抗告,经抗告法院认为应行准许,依《民事诉讼法》第五百零三条、第四百九十二条第一项第九款,仍得声请再审。不能谓当事人对于驳回救助之声请,提起抗告,为无实益(参照院字第一四一二号解释)。仰即转饬知照。此令

**附江西高等法院原呈**

案据署江西南昌地方法院院长叶在畴呈称,呈为呈请事,窃查审判长所定之补正期间,并不因当事人之声请救助而失其效力,故其救助之声请,非经法院裁定准许,应仍受前定期间之限制,业经最高法院著为判例。惟适用上尚有争执,甲说,谓审判长所定补缴审判费之期间,既不因当事人之声请救助而失其效力,故当事人之于前定期间内声请救助者,如经法院裁定,将其声请驳回,则不问此裁定是否确定,只须前定期间已满,未据补正,即可认其诉或上诉为不合法,予以驳回。乙说,谓审判长所定补缴审判费之期间,并不因当事人声请救助而失其效力云者,仅指审判长在当事人声请救助前,已定有补正期间,于声请救助被驳回后,仍为有效,无须更定补正期间而言。至于驳回其诉或上诉,非惟应在补正期间已满之后,且须俟驳回声请救助裁定确定,始得为之。否则,《民事诉讼法》第一百十五条第一项规定之抗告,殆于当事人毫无实益。又如果抗告,法院将驳回声请救助之裁定废弃,准予诉讼救助,则因其诉或上诉已先被驳回,而陷于无法补救。以上两说,究以何说为是?事关法律疑义,理合备文呈请鉴核,赐予转请解释示遵等情。据此,理合呈请钧院俯赐解释,以凭转饬遵照。谨呈司法院院长居。江西高等法院院长鲁师曾

**院字第一八七五号**

**民国二十八年四月十九日　司法院复甘肃高等法院电**

甘肃高等法院孟院长览,上年六月鱼代电悉,该法院第三分院所请解释,代替物借贷及

债权、请求权、时效各疑义一案,业经本院统一解释法令会议议决,(一)代替物之借贷,依《民法》第四百七十八条规定,本应由借用人返还与该物种类、品质、数量相同之物,无论返还时物价如何高涨,其所之价既非利息,即不生利息过本之问题。至同法第四百七十九条,关于偿还物价之规定,系专为借用人在约定返还时,不能以物返还者而设。如因返还逾期,物价高涨,并非不能以物返还,即不得适用该条。即使折价偿还,亦应以实行返还时之物价为准。(二)债权人之请求权,并不因债务人之逃避而不得行使(参照《民法》第九十七条、《民事诉讼法》第一百四十九条等规定)。故于请求权之消灭时效期间经过后,不得以此为时效中断或妨碍中断之事由。合电转饬知照。司法院皓印

**附甘肃高等法院原代电**

重庆司法院院长居钧鉴:案据本院第三分院呈称,呈为呈请解释事,兹有甲借用乙代替金钱之消费物,写立到期本利偿还条据。至期物价渐涨,甲未偿还,经过年余,乙始诉追。甲以现时物价较前增涨三倍以上,声请仍照约定偿还时该物市价以金钱代偿。于此场合。子说,谓:借据写明到期还物,至期不偿,甲负迟延责任。即使现时物价增涨数倍,应仍由甲购买种类相同之物,以清偿本息。《民法》第四百七十九条第一项,系为不能以种类、品质、数量相同之物返还之规定。今该物既尚能于当地买得,即不适用该条项。丑说,谓:金钱借贷,债务人至期不偿,迟延岁月,利息至多,不得过本。甲借乙之物,亦即金钱之代替物。如必令甲买物偿还,仅就还本而言,甲于此时买物用费,与借用该物时所得利益相比较,并易以金钱计算。甲负利息过本三倍,即至期不偿,亦只能负迟延利息之责任,不能受此过大之损失,应按《民法》第四百七十九条第一项按照约定返还时所借该物应有之价值偿还之。既于债权人无损,亦可保护债务人。且该条第一项所载,不能以种类、品质、数量相同之物返还者之不能二字,是否为狭义的,仅限于该物断绝,无从买得,方能达到不能之程度。抑或本人无该物,亦可为谓不能,非无疑问。以上二说,何者为当?此应请解释者一。通常债务之请求权,因十五年间不行使而消灭,时效中断之事由,已为《民法》第一百二十九条所列举。设有丙欠丁债款,偿期届至。三年内,丁未求偿,至第四年,丙避远方。至第十六七年之间,丁见丙而请求偿还。丙以消灭时效早经完成,拒绝不偿。丁以丙逃避远方,不知行踪,不能行使请求权为理由,提起诉讼。于此场合,如谓丙避远方之十余年中,丁于事实上不能行使请求权,不应算入消灭时效期间以内,而《民法》第一百二十九条所列举,既无不能请求之规定,此外亦无因不能行使请求权停止消灭时效进行之条文。如谓丙逃走远方,丁所不知,为不可避之事变,其后丁见丙面,即为妨碍事由消灭。一个月内,其时效不完成,应适用《民法》第一百三十九条。然丁之见丙,系在十五年期间经过以后,与该条所载时效之期间终止时不尽相符。又如以丙逃避在外,无论丁能否请求,只须连前未逃之三年合算,已满十五年,消灭时效即已完成。然查消灭时效之规定,系因债权人不于法定期间内行使请求权。质言之,即系因债权人于法定期间内,其请求权本有可能行使之机会,而不行使者而设。今丁对丙之债权,非不欲于法定期内行使请求权,实因丙于时效进行中逃避远方,事实

所迫,无从行使。因应归责于丙之事由,而乃令丁丧失其权利,似非所以保护债权人。究应如何办理,此应请解释者二。悬案以待,恳祈钧院转呈解释,俾有遵循,谨呈等情。据此,合肃代电,呈请解释,并祈令遵。甘肃高等法院院长孟昭侗叩鱼印

**院字第一八七六号**

**民国二十八年四月二十一日　司法院咨行政院**

为咨复事,准贵院二十五年十二月三十一日咨(第三四六号)开,据前实业部请解释立体实物商标注册各疑义一案,转咨查照解释见复等由,业经本院统一解释法令会议议决,凡以非图样之立体实物为商标呈请注册者,依商标法第十三条第二项及商标法施行细则第一条之规定,自属不应准许。至商标之注册,是否无效,经评定之评决确定后,依商标法第三十六条之规定,既不得就同一事实请求为同一之评定,亦自不得违反评定之评决,撤销其注册。相应咨复贵院查照饬知。此咨行政院

**附行政院原咨**

案据实业部二十五年十二月二十四日商字第五一一一零号呈称,查注册之商标,依商标法第十三条(商标专用权,以呈请注册之图样为限),及同法施行细则第一条(商标呈请注册,应附呈商标图样及印板)各规定,是以图样为商标,虽属绝对合法,但以非图样之立体的实物,如纸造或绢制花枝为商标,是否合法,商标法并无明显规定。按商标一经注册,依法不准变动。如果以实体物为商标,其商标之形状、位置、排列及颜色,殊难保永久确定不变,核与商标法法意似有未合。究竟实体物作为商标,是否应不认为合法,及能否依照上开法条及理由为不准注册之根据,应请解释示遵。又已注册之商标,非依法不能撤销,兹查有已注册之商标,曾由商标局审查员因案查知其实际使用之商标为实物,不无违法,提请评定。经决撤销注册后,当事人不服,依法提请再评定。复经局以法无不准注册之明文规定为理由,竟再评决恢复其注册,而将原评决予撤销。因原请评定者之审查员为公务员,不能对商标局及局长提起诉愿,案遂无法依照法定程序进行。现因另案经部查觉,认该注册商标有违法之嫌,依照商标法第三十六条,案经评定确定,不得再就同一事实请求评定之规定,既不能交由商标局审查员再请评定,又不能令审查员对于隶属机关及其长官提起诉愿,而由部迳行令局撤销注册,复无法律规定可资依据。事关取消既得专用权,究应依据何项程序办理,未敢擅专。理合具文呈请鉴核,俯赐转咨司法院,请并案予以解释,指令祗遵等情。据此,除指示外,相应咨请贵院查照,解释见复,以便转饬遵照。此咨司法院

**院字第一八七七号**

**民国二十八年四月二十二日　司法院训令湖南高等法院首席检察官**

为令知事,该首席检察官呈最高法院检察署,为据耒阳县司法处转请解释《惩治盗匪暂行办法》第四条结伙疑义一案,业经本院统一解释法令会议议决,《惩治盗匪暂行办法》第四

条第一款所谓结伙,包括二人以上结伙在内。合行令仰该首席检察官转饬知照。此令

**附最高法院检察署原函**

案据湖南高等法院首席检察官转据耒阳县司法处呈称,窃查《惩治盗匪暂行办法》第四条第一款之结伙抢劫罪,关于结伙人数最低限度,未有明文规定。现分甲、乙两说,甲说,谓仅包括《刑法》上结伙三人以上之强盗罪在内。如系二人结伙,则属普通《刑法》范围内之罪,并引院字第一五六一号解释为证。乙说,则谓《惩治盗匪暂行办法》,原为剿匪期内所颁布之一种特别法,自系嫌《刑法》规定结伙必须三人以上始得加重之范围太狭,故不规定最低人数。如系二人结伙抢劫,则亦成立该办法第四条第一款之罪。立法精神,至为明显。至院字第一五六一号解释,系根据请解释者所指定《刑法》上所谓结伙三人以上,是否包括惩治盗匪法上所谓结伙抢劫在内之疑问,而加以释明,要非仅以结伙三人以上者始能根据该办法办理。以上二说,莫衷一是。理合备文呈请钧席俯赐察核,转请解释,以资遵守,实为法便,谨呈等情。据此,事关法律疑问,理合呈请钧长转请解释示遵等情前来。相应转请查照,迅予解释迳复,并见示备查。此致最高法院

**院字第一八七八号**

**民国二十八年四月二十四日　司法院指令湖北高等法院**

呈悉,业经本院统一解释法令会议议决,人民固有信仰宗教之自由,但不能因信仰宗教而免其法律上之义务。故妻矢志为尼,不得认为有《民法》第一千零一条但书所谓不能同居之正当理由。仰即转饬知照。此令

**附湖北高等法院原呈**

案据钟祥县县长熊道琛代电称,窃以设有甲男乙女结婚数载,相安无异。近因意见不一,乙竟厌弃红尘,逃居观庙矢志为尼,而甲请求与乙同居,究应如何办理?本处受理此类事件急待解决,理合电呈示遵等情。据此,查《民法》第一千零一条载,夫妻互负同居之义务,但有不能同居之正当理由者,不在此限。乙与甲成婚数年,似难仅以矢志为尼为不能同居之正当理由。惟事关解释法律,本院未敢擅专。理合呈请钧院俯赐解释,以便转饬遵循,实为公便。谨呈国民政府司法院。代理湖北高等法院院长郗朝俊

**院字第一八七九号**

**民国二十八年四月二十四日　司法院指令安徽高等法院**

呈悉,业经本院统一解释法令会议议决,《不动产登记条例》施行后,就同一不动产重复买卖,因而重为所有权移转契约时,如先之移转尚未登记,而后之移转则已登记,依该条例第五条之规定,先受移转之人,不得以其先受之移转对抗后受移转之人。仰即知照。此令

**附安徽高等法院原呈**

窃查不动产之重复买卖,历来判例均认所有权应属第一买主,原无问题。惟自《不动产

登记条例》施行后,有第二买主已为所有权移转登记,而第一买主并未依法登记,适用上不无疑问。于此有二说:甲说,重复买卖,系无权处分,在实体法上其处分行为无效。故第一买主虽未登记,然既已合法取得所有权于先,则第二买主不问是否善意,其买卖契约及登记证书均无效,有前大理院统字第一九四八号解释可据。乙说,不动产物权契约合法成立,虽亦同时发生物权效力,但依《不动产登记条例》第五条规定,非经登记,尚不得对抗第三人。质言之,当事人受所有权之移转,未经登记,如与为第三人之原告或被告,因所有权涉讼,在法律上无保护之请求权,迭经最高法院二十二年上字第五九一号及上字第一零八四号著有判例。第一买主取得所有权后,既未依法登记,在法律上无保护之请求权,当然不能对抗第二买主(即第三人)。重复买卖之问题,实无从发生(第二买主为重复买卖,当然因第一买主提出买卖在先之契约而认定。现在第一买主所持之买契因未登记,无保护请求权,即不能据以对抗第二买主,则重复买卖问题,自属无从发生)。故第二买主,如为善意之第三人(恶意又当别论),则其提出之买卖契约及登记证书,均不能认为无效。如依前大理院上述之解释,则登记条例不得对抗第三人之规定,将等于具文。究以何说为是,及前大理院统字第一九四八号之解释,有无变更。事关法律疑义,理合备文呈请钧院俯赐解释,俾资遵循,实为公便。谨呈司法院院长居。安徽高等法院院长陈长簇

**院字第一八八〇号**

**民国二十八年四月二十五日　司法院咨行政院**

为咨复事,准贵院二十五年十月七日咨(第二七四号)开,据江苏省政府俭代电请解释诉愿案件适用法律疑义一案,转咨查照解释见复等由,业经本院统一解释法令会议议决,本院院字第七一零号解释所谓如尚未予驳回,系指受理诉愿或再诉愿官署之决定书原本尚未作成而言。设再诉愿人于决定书原本作成后,始将再诉愿书法定程式更正(新《诉愿法》称补正),受理再诉愿之官署,仍依法定程序作成正本,分别送达,原无不合。惟在决定书正本未送达前,该决定书尚未对外发生效力,受理再诉愿之官署,并不受其拘束。如认为有必要时,亦得注销决定书,再予受理。相应咨复贵院查照饬知。此咨行政院

**附行政院原咨**

案据江苏省政府俭代电呈称,查司法院院字第七一零号解释载,诉愿官署依《诉愿法》第八条发还更正,可将酌各种情形,指定相当期间,与以更正机会。逾期仍不更正,可依同条前段驳回。惟期间虽已经过,如尚未予驳回,诉愿人于此时依法更正,仍应受理等语。所谓如尚未予驳回一语,是否仅指尚未作成驳回诉愿之决定书原本而言,抑系包括此项决定书原本作成后,而正本尚未封发送达前之时期在内?如决定书原本经主管长官判行,尚未制成正本封发者,能否即认为该决定业已作成,殊滋疑义,应请解释者一。又查设有人民因不服诉愿官署之决定,于法定期限内向受理再诉愿官署具呈,声请展期进行再诉愿。经再诉愿官署依照《诉愿法》第八条酌定限期,批饬于限期内补具正式再诉愿书,呈送审查,并将

该项批示依法送达。嗣因逾越期限,尚未据补送正式再诉愿书,又未声明障故,再诉愿官署遂认为此案不应受理,决定驳回。当此项决定书原本作成之次日,始行收到该再诉愿人补具之再诉愿书,而再诉愿官署于此项决定书原本经主管长官判行后,遂发交制作正本,仍依法定手续送达。旋复据该再诉愿人呈请准予受理等情,乃审核原补送之再诉愿书上所填日期,已在酌定限期之后,但系在驳回决定书原本作成之前,而邮寄到达再诉愿官署之日,则又显在驳回决定书原本作成经主管长官判行之后,正本尚未封发送达之前。究竟应否依照上开之司法院院字第七一零号解释后段,准予再行受理,抑可维持驳回再诉愿之原决定,亦有疑问。应请解释者二。以上两点,均关处理诉愿案件,适用法律疑义,理合电请迅赐示遵等情。据此,相应咨请查照,解释见复,以便饬遵。此咨司法院

**院字第一八八一号**

**民国二十八年四月二十八日　司法院咨行政院**

为咨复事,准贵院二十六年七月二十九日咨(第壹—二二八号)开,据河北省政府呈,据广宗县政府请解释征粮书记及街长是否认为公务员一案,转咨查照解释见复等由,业经本院统一解释法令会议议决,街长及县政府所雇用之征粮书记,均非《公务员惩戒法》上之公务员。相应咨复贵院查照饬知。此咨行政院

**附河北省政府原呈**

案据广宗县政府呈,以县政府征粮书记系临时雇用性质,田赋一经征完,即行解雇,是否认为公务员?又街长一职,依乡镇坊自治员选举及罢免法规定,系属自治职员,既无官阶又无俸给,是否亦认为公务员?上项人员遇有惩戒事项,应否按照公务员办理,请鉴核示遵等情。据此,案关法令解释,理合具文呈请鉴核,转咨解释,令示祇遵。谨呈行政院。河北省政府主席冯治安

**院字第一八八二号**

**民国二十八年五月三日　司法院复湖北省政府电**

恩施湖北省政府鉴,三月三十日呈及附件均悉,元电请解释一案,业经本院统一解释法令会议议决,湖北省政府设立之省银行,其科长由行长依该银行章程任用者,应认为《刑法》上之公务员。合电知照。司法院江印(渝)

**附湖北省政府原电**

渝司法院钧鉴,查本省省银行科长向由该行直接委任,是否《刑法》上所称之公务员,未敢臆断,恳迅赐解释为祷。湖北省政府叩。元保法施印

**院字第一八八三号**

**民国二十八年五月三日　司法院致交通部函**

迳启者,前准贵部二十六年七月谦代电开,为电信条例所定罚金性质,发生疑义,请解释见复等由,业经本院统一解释法令会议议决,电信条例第二十一条规定之罚金,系行政罚而非刑罚。相应函请贵部查照。此致交通部

**附交通部原代电**

司法院钧鉴,查法律上术语,所谓罚锾,系指行政罚而言;所谓罚金,系指《刑法》上之财产刑而言。但往时制定公布之法规,对于行政罚或财产刑均用罚金字样,未加区别,以致于实施时发生疑义。如国府十八年八月间公布之电信条例内第二十一条规定之罚金,是否属于行政罚,抑属于刑事特别法令,未能确定其性质,应请钧院予以解释见示,交通部部长俞飞鹏谦管。

**院字第一八八四号**

**民国二十八年五月三日　司法院咨行政院**

为咨复事,准贵院上年十二月一日咨(渝字第九九四二号)开,据教育部呈,据浙江民政厅及教育厅会呈,转请解释已捐出之学产,复为所有权登记疑义一案,咨请查照解释见复等由,业经本院统一解释法令会议议决,地产所有人以捐助行为,将其地产之所有权移转于学校后,不得因该学校停办,复以自己名义为所有权之登记。惟依《土地法》所为之登记,有绝对效力,既为该法第三十六条所明定。该管教育行政机关,在未依法使其登记之效力消灭以前,不得就该地产另为指拨处分。相应咨复贵院查照饬知。此咨行政院

**附行政院原咨**

案据教育部二十七年十一月二十四日费肆字第一二六四零号呈称,据浙江省民政厅及教育厅会呈称,案据永嘉县县长罗毅呈称,查本县办理土地登记发生下列事实:本县私立某子小学校产基金,有地产二处,原系某丑众所有,由管理人某寅等于民国二十四年间立据捐助。迄本县举办土地登记时,该寅突复以管理人名义,向本府地政处代表丑众声请为所有权登记。当经公告期满,登记确定,发给所有权状。现某子小学停办,校董会亦失其存在。本府乃据卯镇镇长请求,准予依照教育部私立学校规程第二十三条(私立学校及其财产不得收归公有,但学校停办,校董会失其存在时,其财产得由主管教育行政机关处置之)之规定,将上开校产拨充该卯镇小学基金。惟现在登记权利人丑众,不服此项改拨之处置。因而关于移转登记程序,发生下列相反二说:甲说,谓依照二十年五月九日行政院第二二一三号训令颁行《地方教育经费保障办法》第九条(凡私人已捐出之教育资产不得收回)之规定,则该丑众既已出捐在前,函复声请于后,其登记原因显属无效,则其原登记权利亦应不发生法律上之效力。主管行政机关,自得根据部章,迳以行政处分强制,将其土地移转为卯镇小

学所有,作成新登记,以免私人侵蚀教育款产。乙说,谓该丑众之登记,虽明知其原因无效,但既经法定程序完毕,依《土地法》第三十六条规定,即有绝对效力,得以对抗一般人,此固为土地登记篇之根本立法精神也。受害人除照《土地法施行法》第二十八条之规定,因其登记原因之无效,依法诉请救济,并同时声请异议登记,杜防不测外,即不能推翻其原登记。且依绝对效力之规定,所得对抗之一般人,乃包括自然人、法人或公共团体、政府机关而言。本府为某子小学之主管机关,所处分之对象为某子小学校产。该两地现既已由丑众依法登记,其所有权应属于丑众,而非属于某子小学。则事关人民产权争执,自应先行依法诉追,未便迳依教育法规,以行政权处分之。综上甲、乙二说,似各持之有理。事关登记土地疑义,应如何办理之处,理合备文呈请核示祗遵等情。据此,查本案丑众声请登记之地,论情既助充学产在先,自不能再托词收回,矧行政院又颁有地方教育经费保障办法,可以制止,其收回自应仍以拨充学产为宜。惟照《土地法》规定,依本法所为之登记为绝对效力,该丑众既登记在先,自可依据《土地法》规定对抗一般人。纵有行政院之保障办法,似亦不能以命令更变法律赋予之权益。事关法令解释,本厅等未便擅专,除指令并分呈内政部外,理合具文呈请钧部鉴核,解释示遵等情。据此,查本案涉及土地登记疑义,究应如何办理,理合备文呈请转咨解释等情。除指令准予照办外,相应咨请贵院查照解释见复。此咨司法院

**院字第一八八五号**

**民国二十八年五月四日　司法院咨行政院**

为咨复事,准贵院二十五年十月二日咨(第二六六号)开,据前实业部请解释公司名称被商号仿用,应如何救济一案,咨请查照解释见复等由,兹经本院统一解释法令会议议决,业经登记之公司、商号,如有他人冒用,或以类似之商号为不正之竞争者,虽在公司本支店所在地之城镇乡以外,依商人通例第二十条第一项规定,公司亦得请求禁止其使用,并得请求损害赔偿。惟是否为不正之竞争,须由公司负证明责任,与同条第二项所定在同一城镇乡以内,推定其为不正之竞争者不同而已。故仿用者如不在同一城镇乡以内,公司能否呈请禁止,须视其能否证明为不正之竞争(院字第一一四零号解释,关于此项应予变更)。相应咨复贵院查照饬知。此咨行政院

**附行政院原咨**

案据实业部本年九月二十五日商字第四八二五一号呈称,查公司法施行法第二十七条:凡同种类之公司,不问是否在同一省、市区域以内,不得使用相同之名称,及商人通例第十九条第一项:同一城、镇、乡内,他人既注册之商号,不得仿用以营同一之商业。两种规定:一为公司,与公司不论是否同一省、市区域,不得用同一名称;一为商号,与商号在同一城、镇、乡内,不得仿用他人注册商号。又商人通例第十七条有公司之商号云云。公司当亦为商号之一种,在同一城、镇、乡内,公司与商号应互受通例第十九条、第二十条之限制。曾经登记之公司,在其本店及支店所在各地,商号自无从为仿冒之行为。但在公司本支店所

在地以外,商号似即不受拘束。此种办法,殊有发生流弊之可能。盖商号若有意仿用某某著名之公司名称,只须设在该公司本支店所在地以外,即属于法无悖。而著名之公司,往往省略公司字样,仍为众所知晓,如商务印书馆、三友实业社、中国酒精厂等。设有商号仿用,至易混淆,是公司名称之保护,实欠周密。惟若因一公司而限制全国商号不许用同一名称,事实亦有困难。现本部办理案件,发生此项疑义,究竟法律对于公司名称被商号仿用,有无救济办法,理合呈请钧院鉴核,转咨司法院解释示遵等情。据此,案关法律适用疑义,相应咨请贵院查照解释见复,以便饬遵。此咨司法院

**院字第一八八六号**

**民国二十八年五月二十四日　司法院指令广东高等法院**

呈悉,业经本院统一解释法令会议议决,关于罚金、罚锾、没收、没入之强制执行,得由检察官嘱托民事执行处为之(参照院字第七七六号解释)。其因执行行为所需之特别费用,可依照补订民事执行办法第三十四条办理。若第三人对于执行标的物有权利,并得以原嘱托执行之机关为被告,提起异议之诉。仰即转饬知照。此令

**附广东高等法院原呈**

现据始兴地方法院呈称,查《刑事诉讼法》第四百七十四条前段载,罚金、罚锾、没收、没入及追征之裁判,应依检察官之命令执行之。同条第二项载,前项命令与民事执行名义有同一之效力。又同法四百七十五条载,前条(第四百七十四条)裁判之执行,准用执行民事裁判之规定各等语。于此场合,究竟是否应由检察官依照民事执行法规迳予实施强制执行,抑应由检察官嘱托法院民事执行处代执行?如民事执行处受检察官嘱托而为执行时,则执行处因为执行行为所需之特别费用,究应在何项开支?又第三人以执行标的物有足以排除强制执行之权利而提起执行异议之诉时,是否应以检察官为该执行异议案之被告,由法院受理?如以执行处执行刑事罚金,系属行政处分,不能提起执行异议之诉,则有足以排除强制执行之第三人应用何种方式请求救济?上开各点均待解决,理合备文呈请鉴核,指示祇遵等情。据此,事关法律疑义,未便擅拟,理合备文转请钧院察核,俯赐解释,俾便遵循,实为公便。谨呈司法院院长居。署广东高等法院院长史延程

**院字第一八八七号**

**民国二十八年五月二十六日　司法院复四川高等法院电**

四川高等法院苏院长览,本年一月世代悉,阆中地方法院请解释违反兵役案件适用法律疑义一案,业经本院统一解释法令会议议决,应服兵役之甲,如于征集后、入营前,因其母乙、妻丙赶至中途,对于依法执行征调职务之公务员实施暴行抗拒,致甲乘间脱逃,别无事前串通情形,则甲系触犯违反兵役法治罪条例第五条第一项第二款之罪,乙、丙均构《刑法》第一百三十五条第一项之罪。合电转饬知照。司法院宥印

**附四川高等法院原代电**

重庆司法院钧鉴,兹据四川阆中地方法院院长黄钟英寒代电称:(上略)。查《违反兵役法治罪条例》第一条规定,本条例于应服兵役男子适用之。兹有甲男系抽签壮丁,应服兵役,于征调时,由其母乙女及其妻丙女赶至中途,向征调人实施暴行抗拒,致甲男乘间脱逃,由县府送案。对于适用法律发生疑问,有下列甲、乙两说。甲说,谓乙女、丙女并非男子,虽意图甲男避免兵役,实施抗拒行为,但该条例第一条规定,既以男子为限,对乙女、丙女不能适用,该乙、丙女应依《刑法》第一百三十五条第一项妨害公务罪论处。乙说,谓甲男既依违反兵役法治罪条例第七条科刑,乙女、丙女帮助抗拒,即应依同条之帮助犯论处。悬案待结,理合电请核示,或转请司法院解释示遵(下略)等情。据此,理合电请迅赐解释,实为法便。四川高等法院院长苏兆祥叩世印

**院字第一八八八号**

**民国二十八年六月二日　司法院指令四川高等法院**

呈悉,业经本院统一解释法令会议议决,父在《民法继承编施行法》第二条所定日期前死亡者,其女依旧法所有得受酌给财产之权利,与《民法》第一千一百四十九条所定酌给遗产之情形同。如因其利被侵害,为回复之请求,自应依《民法》第一千一百四十六条及《民法继承编施行法》第四条之规定办理。仰即知照。此令

**附四川高等法院原呈**

为呈请解释事,查《民法》继承编施行前之法例,亲女为亲所悦者,应酌分财产。此项酌分财产请求权,是否应因十五年不行使而消灭?如应因十五年不行使而消灭,设有丁女为其母戊所悦,其父甲(即被继承人)死于清光绪元年,其母戊死于民国二十六年,而甲之继承人乙、丙,于民国二十七年始行分析遗产,丁女于民国二十八年是否尚能请求酌分财产?此项请求权之消灭时效,究应自甲死时起算,抑应自戊死时起算,或应依乙、丙分析遗产时起算,不无问题。事关法律疑义,理合具文呈请钧院解释示遵。谨呈司法院。代理四川高等法院院长苏兆祥

**院字第一八八九号**

**民国二十八年六月七日　司法院指令山东高等法院**

呈悉,业经本院统一解释法令会议议决,债务人于其不动产,已依补订民事执行办法第三十一条执行假扣押后,所为移转所有权于第三人之处分,对于债权人为无效。在施行《不动产登记条例》区域内,登记官吏误为所有权移转之登记者,自得由债权人提起涂销登记之诉。其处分及登记,在准许假扣押之裁定,尚未依上开办法实施执行前为之者,如处分行为合于《民法》第二百四十四条第一项、第二项之规定,债权人亦得提起撤销该行为及涂销登记之诉,以资救济。仰即转饬知照。此令

**附山东高等法院原呈**

案据威海地方法院院长龚德潜呈称,呈为恳祈转请解释示遵事。窃查不动产移转及设定其他权利,非经登记,不生效力。而登记错误,亦应有救济办法,以济其穷。设有甲之不动产,经为所有权保存登记后,乙因与甲债务涉讼,由乙声请将该不动产假扣押。经法院裁定照准以后,甲又将该不动产卖与丙,经丙与甲声请为所有权移转登记。登记官吏因一时未及详查,准其为所有权登记,于登记完毕后,始发现错误,依《不动产登记条例》第七十九条第一项之规定,传甲与丙到院,命其撤回声请,而甲与丙均不愿撤回。似此情形,应以何法救济,理合备文恳转请解释,指示祇遵,实为公便等情。据此,事关法律疑义,理合备文呈请钧院俯赐解释,以便转饬遵照。谨呈司法院院长居。代理山东高等法院推事兼院长胡绩

**院字第一八九〇号**

**民国二十八年六月八日　司法院复甘肃高等法院电**

甘肃高等法院孟院长览,本年二月俭代电悉,该法院第三分院所请解释上诉利益价额计算疑义一案,业经本院统一解释法令会议议决,当事人对于第二审判决,于上诉期间内提起上诉时,依《民事诉讼法》第四百七十八条、第四百三十九条之规定,原第二审法院因定其判决是否不得上诉,自应调查同法第四百六十三条所定之上诉利益。来电所称情形,依同条第三项准用第四百零四条第二项之规定,应以起诉时之价额为准。如调查结果,起诉时诉讼标的之价额逾五百元,自不得因一、二两审按照先年买契所载价额计算不逾五百元,遽为驳回上诉之裁定。合电转饬知照。司法院庚印

**附甘肃高等法院原代电**

重庆司法院院长居钧鉴,案据本院第三分院赵贞元蒸代电称,兹有甲、乙二人讼争房产,甲于起诉时,依照先年买契所载未满三百元价额交纳讼费。一审将房判归于甲,并判令乙负担讼费,乙不服,上诉二审。复经二审判决,驳回上诉。乙于收到二审确定判决后,声请调查该房时价,补交讼费,上诉三审。经调查结果,该房时价为六百元。此案应否准补讼费,转送三审,发生如下两说。子说,谓诉标的之价额由法院核定,既经二审法院依据声请调查该房时价为六百元,即应准乙补交讼费,上诉三审。丑说,谓诉讼标的之价额不逾五百元,一经二审判决,即已确定。法院核定价额,应于原告起诉后或于一审未判前核定之。今乙于一审审判期间及上诉一审判决以前,对于原告甲起诉该房之价额并无争议,直至二审确定判决后,乃复声请调查该房时价,补交讼费,上诉三审。在乙,此项声请及二审法院依据声请进行调查,均属于法无据。且查民间习惯,对于讼争田地、房屋,均系依照先年置买价额交纳讼费。一审法院因田房地点距院较远,未为核定价额,事所恒有。此案如准上诉三审,将来类似此案,经二审确定判决败诉之被告,均将援例声请调查讼争价额借以缠讼。事关变更审级,应以不准乙上诉三审为合法。以上两说,未知孰是,悬案以待,谨电请钧院

核示遵行等情。据此,理合电请核示,转令祗遵。甘肃高等法院院长孟昭侗叩。俭印

**院字第一八九一号**

**民国二十八年六月二十九日 司法院致军事委员会军法执行总监部函**

迳复者,准贵部本年六月七日公函(法审(二八)渝(三)字第四二九九号)开,据鲁苏战区军法执行分监部敬达电,请示《修正惩治汉奸条例》条文适用疑义一案,请查照解释见复等由,业经本院统一解释法令会议议决,伪军系通谋敌国、图谋反抗本国之叛徒。某甲通谋伪军,侦察本国军情,系《修正惩治汉奸条例》第二条第一款之帮助犯,应依该条款及《刑法》第三十条论处。如更有泄漏或传递军事上之秘密与叛徒情事,即应依修正《危害民国紧急治罪法》第一条第四款处断。相应函复贵部查照。此致军事委员会军法执行总监部

**附军事委员会军法执行总监部原函**

案据鲁苏战区军法执行分监部敬达电称,查《惩治汉奸条例》第二条第七款规定,通谋敌国而侦察有关军事之消息等语。如有某甲通谋伪军,而侦察我国军情,应否援用该条款论处,兹有四说:(一)伪军既已降敌,即为敌军。某甲应依该条款论处。(二)伪军通谋敌国,而反抗本国,即同条例同条第一款之汉奸。某甲则为帮助是项汉奸之从犯,应依同条第一款、《刑法》第三十条论处。(三)伪军即是敌军。某甲所为,即系为敌人作间谍,应依《陆海空军刑法》第十八条第二款办理。(四)伪军亦系敌人。某甲所为,系通敌不利于我军之行为,应依《中华民国战时军律》施行条例第一条,按照该军律第五条论处。以上四说,未知孰是,乞示等情。查与某甲通谋之伪军,如系受敌指挥与我军作战,或在敌势力范围内分担一部责任者,则某甲之与其通谋而侦察军情,似应依(一)说办理。否则通谋敌国以图反抗本国,或扰乱治安而私自组织之军队,不能视为敌军。如某甲为其侦察军情,似应依(二)说办理。惟案关法律解释,系属贵院职权,相应函请查照,希从速赐予解释见复,以便饬遵为荷。此致司法院

**院字第一八九二号**

**民国二十八年七月四日 司法院指令湖南高等法院**

呈悉,业经本院统一解释法令会议议决,《民法》第七百九十条第二款所谓围障,系指墙垣篱笆,或其他因禁人侵入所设围绕土地之物而言。私有之湖荡,非必尽有围障。其未设围障之湖荡,除依社会观念,非可视同田地、牧场者外,自得适用同条款关于未设障之规定。仰即转饬知照。此令

**附湖南高等法院原呈**

案据安乡县司法处审判官蔡代征二十八年二月十三日元代电称:查私有湖荡所产鱼藻,是否可依《民法》第七百九十条第二款规定,任人采取,兹有二说,甲、谓《民法》第七百九十条第二款,已载定为未设围障之田地、牧场、山林。而湖荡自有天然围障,所产鱼藻,物主

苟不放弃主权,他人自不能任意采取,纵地方习惯得许他人采取,亦属有妨私权,即非善良风俗,依法应不适用。乙、谓湖产鱼藻,并非出自资本劳力,应比按《民法》第七百九十条第二款规定之山地、牧场所产杂草、野生物,地方习惯任人采取,非湖主所能禁止。究应以何说为是,未敢揣定。事关法律疑义,理合电请鉴核示遵等情。据此,理合备文转请钧院核示祗遵。谨呈司法院院长居。湖南高等法院院长陈长簇

**院字第一八九三号**

**民国二十八年七月五日　司法院致军事委员会军法执行总监部函**

迳复者,准贵部本年六月十一日法审(二八)渝(二)字第四五三五号公函开,奉交阎司令长官电,请示《修正惩治汉奸条例》条文疑义一案,转函迅予解释见复等由,业经本院统一解释法令会议议决,《修正惩治汉奸条例》第三条包庇纵容汉奸罪犯之罪,不以该汉奸未就捕禁者为限。惟警察或看守纵放职务上依法逮捕拘禁之汉奸,或便利其脱逃,如仅意在破坏公之拘束力,而无助长该汉奸活动之故意者,即非该条所称之包庇纵容,只应依《刑法》第一百六十三条第一项处断。相应函复贵部查照。此致军事委员会军法执行总监部

**附军事委员会军法执行总监部原函**

案奉委座交下阎司令长官卅未军法电,转据第五区戎专员略称,《修正惩治汉奸条例》第三条所称包庇纵容,是否专指包庇纵容未经逮捕拘禁之汉奸而言,抑依法逮捕拘禁之汉奸亦包括在内？再,警察或看守纵放职务上依法逮捕拘禁之汉奸,或便利其脱逃,是否按该条处断,乞示等情。查对于《修正惩治汉奸条例》第二条规定之罪犯,如确有包庇或纵容之事实,则无论受包庇或纵容者已否拘获,似均应依同条例第三条论处。至纵放依法逮捕拘禁之汉奸,或便利其脱逃,或于脱逃后藏匿,或使之隐避者,似均应依《刑法》各本条处断,不能依同条例第三条论处。惟案关解释法令,系属贵院职权,相应函请查照,迅予解释见复,以凭核办为荷。此致司法院

**院字第一八九四号**

**民国二十八年七月十七日　司法院致中央执行委员会社会部函**

迳复者,准贵宾本年四月六日公函(渝字第二九四零号)开,据福建省党部呈请示农会干事长等递补办法疑义一案,转函核复到院,业经本院统一解释法令会议议决,县、市以下农会所设之候补干事,既与干事长等同由会员大会选出,则干事长或副干事长于任期未满以前,因故去职,应由干事依次递补为干事长或副干事长,再由候补干事依次递补为干事,相应函复贵部查照。此致中央执行委员会社会部

**附中央执行委员会社会部原函**

准福建省党部呈略称,各级农会干事长及副干事长,系由会员大会选出。设因故去职,其遗缺似以候补干事先行递补为干事,再由干事会中就干事选任一人为干事长或副干事

长,较为简便。惟法无明文规定,是否有当,呈请核示等由。查该部所拟补救办法,事关法令解释,可否采用之处,相应函请查核见复为荷。此致司法院

**院字第一八九五号**

**民国二十八年七月十七日　司法院致军事委员会军法执行总监部函**

迳复者,准贵部本年六月二十日法审(二八)渝(二)字第四八二五号公函开,奉交浙江全省保安司令电,请示《惩治盗匪暂行办法》第三条第十四款适用疑义一案,转函查照解释见复等由,业经本院统一解释法令会议议决,《惩治盗匪暂行办法》第三条第十四款所谓啸聚山泽,抗拒官兵,系指有组织之盗匪,啸聚于山岭或水泽间,遇有官兵查缉时,凭借险阻,实施抗拒者而言。(一)啸聚不限于盘据,毋须有固定区域及结寨情事。(二)啸聚只须多众集合,不限于一定之人数。(三)啸聚并不以有所标榜、借资号召为要件。(四)啸聚之处,不限于山泽,兼有又既以抗拒官兵,为构成要件之一。则泽字涵义,当然指江、河、海足资凭借者而言,其较小之沟、溏、池、沼等均不在内。(五)保卫团及义勇壮丁队,如系奉行法令查缉盗匪,即合于该条款之官兵。相应函复贵部查照。此致军事委员会军法执行总监部

**附军事委员会军法执行总监部原函**

奉委座交下浙江全省保安司令歌三法金丙电,以适用《惩治盗匪暂行办法》第三条第十四款发生疑义:(一)啸聚山泽,是否须固定区域而有结寨盘据情事?(二)啸聚之人数如何?(三)啸聚二字,是否有所标榜以资号召?(四)啸聚之处,是否必须有山兼有泽,所谓泽者其意义如何?(五)官兵是否包括保卫团及义勇壮丁队等在内,又本罪构成要件如何?乞示等情。据此,案关法律解释,相应函请查照,赐予解释见复,以凭核办为荷。此致司法院

**院字第一八九六号**

**民国二十八年七月十七日　司法院指令湖南高等法院**

呈悉,业经本院统一解释法令会议议决,(一)于《非常时期征收印花暂行办法》施行前,违反印花税法之规定,不贴印花税票,而查觉在该办法施行后者,仍应照印花税法处罚。(二)于该办法施行后,在同一商店查觉漏贴印花之凭证两件,一在印花税法施行中,一在该办法施行后者,应予合并处罚。两件之各别处罚,既有多寡不同,自应以处罚较重之件,为情事最重之件。惟以原设之例言之,尚不发生合并金额,超过情事最重之件,应处锾三倍或六倍之问题。(三)商营企业银钱收据,漏贴印花,在同时期发生多起,经二三次查获后,又续有查获者,应就查获次数分别处罚。仰即转饬知照。此令

**附湖南高等法院原呈**

案据本院第三分院院长罗任呈称,查《非常时期征收印花税暂行办法》,自去岁十月十一日公布施行。其在同办法施行后,违反印花税法者,应照暂行办法第六条处罚,固无疑问。惟其违反情事在落法中,于新法施行后始经查觉者,是否亦照新法处刑,法无明文。依

法律不溯及既往之义,似应仍照旧法处罚。本分院见解如此,未知是否适当,此应请核示者一。又如新法施行后,在同一商店查觉漏贴印花之凭证两件,一在旧法施行中,一在新法施行后,同为税率表第十一目之营业簿册,因而对于合并处罚之金额发生疑问。甲说,违反印花税法之凭证两件,在新法中各有一件,其前一件依同法第十八条第二项应罚锾三元,后一件依新法第六条之规定,应罚八元以上、二十四元以下。若照新法令并处罚,与适用旧法之前一件,其适用法律不能一贯。如照旧法令并处罚,又显违新法之规定,只能分别处罚,不能合并。乙说,违反本法情事既有两件,如不合并处罚,即属违法。惟两件之各别处罚,既有多寡不同,应以处罚较重之件为情事最重之件,仍应依旧法第二十条但书规定,合并之金额,不得超过三倍。丙说,凭证两件,一为违反旧法,一为违反新法,既系同时查觉,应合并处罚。仅就后之一件,依新法第七条,其合并金额得罚至六倍,不受法三倍之限制。以上三说,究以何说为是?此应请核示者二。又如商营企业,每月发出银钱收据,在同时期发出若干,已经查出二三次,以后续有查获,是否依查获次数各次处罚,抑亦视作印花税法第二十条所载两件以上之列?此请核示者三等情到院。查法律不溯既往,原呈第一点见解自属无误,第二点似以丙说为合法。至印花税规定处罚,既以件数为计算标准,原呈第三点似可就查获之次数分别裁定,而每次裁定中再按件数合并处罚。如在同一时期,仍须受印花税法第二十条但书之限制。惟事关解释法令,是否有当,理合备文转呈,伏乞钧座核示祇遵。谨呈司法院院长居。署湖南高等法院院长陈长簇

**院字第一八九七号**

**民国二十八年七月十七日　司法院指令湖南高等法院**

呈悉,业经本院统一解释法令会议议决,解释意思表示,应探求当事人之真意,不得拘泥于所用之辞句,《民法》第九十八条定有明文。地方习惯,自足为探求当事人真意之一种资料。如果该地习惯,出典不动产多书立卖契,仅于契尾载有原价到日归赎,或十年、二十年期满听赎等字样,则除有特别情形,可认为当事人之真意别有所在外,自应认为典权之设定。不能拘泥于所用卖契之辞句,解为保留买回权之买卖契约。仰即转饬知照。此令

**附湖南高等法院原呈**

呈为呈请解释事。案据署邵阳地方法院院长朱道融呈称,查《民法》第九百一十二条及第九百二十四条规定,典权之回赎期限不得逾三十年。又同法第三百八十条规定,买回之期限不得超过五年。是典当回赎与买卖买回之期限相去甚远,关系当事人间之权利甚巨。兹因邵阳、新化等县习惯出典房屋、田土,多书立卖契,仅于契尾有原价到日归赎无阻,或十年、二十年期满,听其回赎等语,并无典当或保留买回权字样。在当事人间因公认为卖头、赎尾之典契,所争者只远年典产及契载限期届满后能否回赎而已。惟适用法律上见解各殊,关于此有二说焉:甲说,是项房屋、田土既系书立卖契,又无典当字样,当然为买卖契约。虽契尾载有价到归赎无阻,或限期回赎,只能认为买卖契约附有原价买回之条件。其买回

期限，应依《民法》第三百八十条规定办理。乙说，解释契约应就全文探求立约人之真意，不能拘泥于一、二字句。即就字句言，是项契约虽无典当字样，亦无保留买回权字样，而契尾复载明原价到日归赎无阻，或期满听其回赎等语，显系一种典当契约，与《民法》第三百七十九条附有条件之买卖契约不同。况当事人间公认为卖头、赎尾之典契，并无争执。其立约之真意，纯系根据习惯设定典权，自应认为典权争执，依《民法》第九百一十二条及第九百二十四条之规定办理。再就典权言，其约定期限不满十五年者，依《民法》第九百一十三条规定，尚不得附有到期不赎即作绝买之条款。则此项根据习惯设定之典权，岂能由法院拘泥一、二字句，视作附有买回条件之买卖契约，缩短期限，致当事人一造之权利，受重大之损失。以上二说，究应以何说为是？事关法律疑义，理合备文呈请钧院鉴核，恳予转请解释示遵，深为法便等情。据此，除令准照转外，理合据情呈请钧院俯赐解释，俾便饬遵。谨呈司法院院长居。署湖南高等法院院长徐声金

**院字第一八九八号**

**民国二十八年七月十七日　司法院指令司法行政部**

呈悉，业经本院统一解释法令会议议决，(一)典权人得将典权让与他人，《民法》第九百十七条第一项定有明文。强制执行时，将债务人之典权拍卖，自无不可。征之同法第八百八十二条、第八百七十三条第一项之规定，尤无疑义。院字第一七六六号之解释，应予变更。(二)破产程序中，如破产财团之财产，经三次减价拍卖，无人承买，自可迳予再行减价拍卖。院字第一六七三号关于此部份之解释应予变更。仰即转饬知照。此令

**附司法行政部原呈**

案据江西高等法院本年一月十一日呈字第一九号呈称，案据临川地方法院院长王纲煦呈称，按典权不得为拍卖之标的，债权人就债务人之典物行使权利，只可命债务人将典权让与债权人，业经院字第一七六六号解释有案。惟在多数债权人或破产时，债权人俱不愿承受典权，势必无法分配，究应如何办理？(二)破产事件经三次减价拍卖，破产财团之财产，无人承买，无法分配。若准用补订民事执行办法第十六条第四项命强制管理，则该项财产早经破产管理人管理，无再命强制执行之可言，究应如何终结破产程序？以上两点疑义，理合电请核示，或转请解释示遵等情前来。事关法律解释，本院未敢擅拟，理合据情转呈钧长，俯赐解释，以便饬遵等情。据此，理合具文呈请钧院鉴核指示，以便转饬遵照。谨呈司法院院长居。司法行政部部长谢冠生

**院字第一八九九号**

**民国二十八年七月十八日　司法院指令广东高等法院**

呈悉，业经本院统一解释法令会议议决，检察官误乙为甲，侦查起诉；法院仍误乙为甲，判处罪刑。此种事实错误之有罪判决确定后，如实际受有罪判决之某乙所提出之新证据，

足认其对于该案应受无罪之判决,即与《刑事诉讼法》第四百十三条第一项第六款之规定相合,自得为受判决人之利益,声请再审。仰即转饬知照。此令

**附广东高等法院原呈**

现据顺德地方法院呈称,呈为呈请解释事。查检察官误以某乙为告诉人诉状所列之被告某甲,侦查起诉。经刑庭判处罪刑确定执行后,某乙提出证据,证明确非某甲,声请再审。于此有两说:一、谓起诉之效力,不及于检察官所指被告以外之人。本案检察官起诉书,仅列某甲为被告,未列某乙为被告,该某乙即非检察官所指被告,法院判处罪刑自属违法。案既确定,应由检察官送请最高法院检察长提起非常上诉。二、谓某乙确已犯罪,纵检察官起诉,误以某乙为某甲,经法院判决,亦不过名字之错误,于实际犯罪人无关。其提出证据声请再审,应依再审程序审究其是否合法,及有无理由,以为裁判。以上两说,究应由检察官送请检察长提起非常上诉,抑应由法院以再审程序办理。案关法律适用疑义,未敢擅断,而悬案待决,理合具文呈请钧院解释示遵等情。据此,事关法律疑义,未便擅拟,理合备文转请钧院察核,俯赐解释,俾便遵循,实为公便。谨呈司法院院长居。广东高等法院院长史延程

**院字第一九〇〇号**

**民国二十八年七月十八日　司法院指令湖南高等法院**

呈悉,业经本院统一解释法令会议议决,《县司法处办理诉讼补充条例》,关于民事诉讼部分,为对于《民事诉讼法》之特别法。其第二十四条第二项所定抗告期间,系对《民事诉讼法》所定一切抗告期间之特别规定,并非专对同法第四百八十四条第一项而设。故审判官所为关于声请命供担保之裁判,或关于诉讼救助之裁判,无论所用名称为批谕,抑为裁定,其抗告期间,均应适用同条例第二十四条之规定。仰即转饬知照。此令

**附湖南高等法院原呈**

案据南县司法处审判官龙润猷本年三月敬代电称:查《县司法处办理诉讼补充条例》第二十四条第一项,审判官对于诉讼人之请求有所准驳,或于诉讼进行中有所指挥,得以批谕行之。同条第二项,前项批谕除关于指挥诉讼不得抗告,得以牌示代送达外,应为送达。诉讼人如有不服,应于送达之翌日起,七日内提起抗告。细绎上开条文,第一项除关于实体终局裁判外,余如驳回声请救助,命提供现金担保等,均得以批谕为之。惟同条例第二项应为送达之批谕,当事人提起抗告期间,与《民事诉讼法》第四百八十四条规定抗告期间不同。究应依《县司法处办理诉讼补充条例》第一条规定,适用同条例第二十四条第二项规定抗告期间,抑或适用《民事诉讼法》第四百八十四条规定抗告期间?又县司法处办理诉讼关于驳回声请救助,或命提供现金担保,如以裁定行之,其记载裁定抗告期间,仍依《县司法处办理诉讼补充条例》第二十四条第二项规定,亦应依《民事诉讼法》第一百条、第一百十五条、第四百八十四条第二项所定期间记载;抑或同一类之事件(例如声请救助)以批谕驳回者,应

适用《县司法处办理诉讼补充条例》所定之抗告期间,以裁定驳回者,应适用《民事诉讼法》所定之抗告期间?案关法律适用疑义,恳核示祗遵等情。据此,事关适用法律疑义,理合据情转请钧院俯赐核示,令饬祗遵。呈司法院院长居。湖南高等法院院长陈长簇因公晋省,庭长朱人杞代行。

**院字第一九〇一号**

**民国二十八年七月十八日 司法院致中央执行委员会社会部函**

迳复者,准贵部本年三月七日渝字第二五四零号公函开,据甘肃夏河县党部请解释《商业同业公会法》疑义一案,转函查照解释见复等由,业经本院统一解释法令会议议决,营重要商业者,在同一区域内之同业,虽仅四家或五家,且因小本营业未用伙工,而依《商业同业公会法》第二条第一项规定,仍应为同业公会之组织。至公会职员,因法文内并无最少数之限制,自可于会员四、五人中,互选执行委员、监察委员各一人,俾得行使法定各委员会之职权,而以其余二人或三人为普通会员,兼供改选职员之用。又未经指为重要之商业,在同一区域内有同业七家以上,依同法第五十七条组织公会者,其职员之互选及改选,如采用上述办法,尤不生人数不足之问题。相应函复贵部查照饬知。此致中央执行委员会社会部

**附中央执行委员会社会部原函**

案据甘肃省夏河县党部呈,节开,同业如有三家以上,即可组织同业公会。假设同业四家或五家,当然合于组织。可是小本营业没有使用伙工,一经组织,职员多过会员。比喻四家商业组织一个同业公会,最低限度选举三个委员、一个候补委员,于是全成职员而无会员。此种组织是否合法,应请解释等情。据此,查来文所谓同业小本商店四家,每家营业人仅有一人,只能出代表一人。又因系重要商业,依《商业同业公会法》第二条规定,非组织公会不可,而人数太少,不足供选举执监委员之用。以后改选,更感无法为继。又如未经指定之同业小本商店七家,依《商业同业公会法》第五十七条规定,得组织商业同业公会,但每家营业人仅有一人,只能各出代表一人。设公会成立时,选举执委三人、候补执委一人、监委二人、候补监委一人,如此则监委方面是否可以成会?又即令成立时,如此办法,不生问题;但至改选时,受不得连任之限制,即发生无人当选之困难。又公会成立时,所有代表均当选为职员,是否可行?相应检同经济部指定重要商业名单一纸,函请查明解释见复。此致司法院。部长陈立夫

**院字第一九〇二号**

**民国二十八年七月十九日 司法院致中央执行委员会社会部函**

迳启者,前准中央执行委员会民众训练部二十五年九月二日第四零零五号公函开,准中央秘书处检送河南省党部呈请示工商同业公会法第四条条文疑义一案,转函解释见复等由,业经本院统一解释法令会议议决,旧工商同业公会法第四条第一项,系规定订立章程时

出席代表人数之最少限度。条文内既于同业之公司、行号代表之上冠有该地二字,同法第七条复有同业之公司、行号,均应为公会会员之规定,则其所谓代表三分之二,自系指全县或全市公司、行号代表总数之三分二而言。新《商业同业公会法》第十条、第十二条第一项之规定,与旧法第四条、第七条趣旨相同,亦应为同一之解释。相应函请贵部查照转知。此致中央执行委员会社会部

**附中央民众训练部原函**

案准中央秘书处检送河南省党部呈,呈为呈请事。案据汤阴林县县党部呈称,查工商同业公会法第四条(工商同业公会章程,须有该地同业公司、行号代表三分二以上之出席,方得议决……)。本条内三分二系指全县同业公司、行号总数,或限于向公会登记为会员之公司、行号而言?人民团体以自由加入为原则,自无强制入会之理。若公会登记之会员,未能超过同业总数三分二以上时,其章程应如会议决,其团体宜如何组织,请鉴核示遵等情。据此,除指令外,理合备文呈请钧会鉴核示遵,实为公便等由。准此,查此案事关法令解释,相应函请贵院解释,函复为荷。此致司法院

**院字第一九〇三号**

**民国二十八年七月十九日　司法院致中央执行委员会社会部函**

迳启者,前准中央执行委员会民众训练部二十八年六月三日第七七三二号公函开,为民船船员工会组织区域发生疑义,请查照解释见复等由,业经本院统一解释法令会议议决,《民船船员工会组织规则》第五条所定组织区域,系就普通情形而为规定。如有特别情形,依同规则第十条,准用《工会法》施行法第六条但书,自得由主管官署另行划定。相应函请贵部查照。此致中央执行委员会社会部

**附中央民众训练部原函**

案查民船船员工会组织区域,在民船船员工会组织规则第五条已有明文。惟该项规则第十条有除外准用之规定,因此发生甲、乙两说。甲说,民船船员工会组织区域,普通情形固应依据《民船船员工会织规则》第五条之规定办理。但遇特别情形时,仍可准用《工会法》施行法第六条但书,由主管官署另行划定。乙说,民船船员工会组织区域在《民船船员工会组织规则》第五条已有规定,关于此点,即遇特别情形,亦无准用《工会法》施行法第六条但书之理。二说未知孰是,相应函请查照,解释见复为荷。此致司法院

**院字第一九〇四号**

**民国二十八年七月二十日　司法院复湖南高等法院首席检察官电**

湖南高等法院邓首席检察官览,本年三月冬代电悉,所请解释不服检察官所为羁押处分适用法律疑义一案,业经本院统一解释法令会议议决,(一)不服县长兼理检察职务所为之羁押处分,依《县司法处办理诉讼补充条例》第一条,准用《刑事诉讼法》第四百零八条之

规定,应向其所属县司法处声请撤销或变更之。如有原代电所称不能由审判官或主任审判官裁定之情形,则送由直接上级法院裁定。(二)非就法令条文请求解释,应不解答。合电知照。司法院哿印

**附湖南高等法院首席检察官原代电**

重庆司法院院长居钧鉴,查对于检察官所为之羁押处分有不服者,得声请所属法院撤销或变更之,《刑事诉讼法》第四百零八条著有明文,《县司法处办理诉讼补充条例》第一条固亦有准用《刑事诉讼法》之规定。惟同法第四百零八条所称所属法院,系指该检察官之本法院而言。县司法处组织简单,其不服县长检察职权所为之羁押处分,能否向原处审判官声请撤销或变更?又如该项处分系由审判官代行,审判官仅为一员,或虽另有主任审判官,而其处分系由主任审判官代行时,关于上项声请应否改由上级法院核办,法无明文,应请解释者一。查最高法院二十一年度抗字第一八八号判例,载有兼理司法之县长,基于检察职权所为之羁押处分,如有不服,在法律上别有救济之途,要不能对之抗告等语。所谓法律上别有救济,是否即指《刑事诉讼法》第四百零八条(旧刑诉法第四二八条)之声请撤销或变更而言,抑系指该条以外之各项救济?如被告得声请检察官依《刑事诉讼法》第一百二十一条以命令停止羁押,不服此项命令,更得请由上级检察官以命令撤销或变更之之类,殊滋疑义,应请解释者二。本处现有此类案件,亟待解决,特电恳钧院迅予核示祗遵。署湖南高等法院首席检察官邓静安叩冬印

**院字第一九〇五号**

**民国二十八年七月二十九日　司法院致国民政府军事委员会函**

迳复者,准贵会本年七月四日法审(二八)渝(二)字第五三一零号公函开,为盗匪案件共同正犯问题发生疑义,请迅赐核复等由,业经本院统一解释法令会议议决,事前与盗匪同谋,事后得赃,如系以自己犯罪之意思,推由他人实施,即应认为共同正犯。相应函复贵会查照。此致国民政府军事委员会

**附国民政府军事委员会原函**

查盗匪事前同谋,事后得赃,在新刑律施行时代,本认为共同正犯(前大理院五年统字第四一四号解释及同年上字第七四八号判例)。自旧《刑法》公布施行后,此项解释随而变更,必须参加实施,分担犯罪构成要件之行为,方得认为共犯(最高法院二十一年上字第二零二二号判例)。嗣后取义较宽,即于实施时,如以共同犯意,参与犯罪,即使与者为犯罪构成要件以外之行为,亦应认为共犯(最高法院二十五年上字第二八六八号判例)。惟最高法院二十五年上字第二八六八号判例中,有"各该共犯,既以合同意思,互相利用,推由他人实施,即应包括的认为一个共同行为"之申言,致因发生事前同谋,事后得赃,是否成为共同正犯之争议。甲说,前开判例,已明言以合同意思,互相利用,推由他人实施,即应认为共犯。则凡具有共同犯意,并依此犯意,实施犯罪,纵于施时未曾参与,亦应认为共犯。是事前同

谋、事后得赃,应为共同正犯,显无可疑。乙说,犯罪须有行为。前开判例所谓“互相利用,推由他人实施”,虽不必亲身参加实施分担犯罪构成要件之行为,但亦必于实施时参与犯罪,于犯罪构成要件行为以外,分担可资相互利用之行为,方能认为共犯。倘系单纯事前参加谋议,事后得赃,在事中绝无何种行为表现者,显系事前对于犯罪方法上为研讨、指导之帮助,只能认为帮助犯,不能认为共同正犯。以上两说,以何说为是?事关法律解释,相应函请迅赐核复,以资依据。此致司法院

**院字第一九〇六号**

**民国二十八年七月二十九日　司法院致军政部函**

迳复者,准贵部本年四月二十七日法执(二八)渝字第二四五九号公函开,据第六师师长电请解释师部各种表册文件,是否称为军用物品疑义一案,转函查照解释见复等由,业经本院统一解释法令会议议决,查刑事法上之物品二字,其涵义不一,如该法条系将物品与文书或图画为列举之规定者,则该物品当然不能包括文书或图画在内。倘该法条仅以物品、其他物品、其他重要物品、其他军用物品,为概括之规定者,则文书或图画,自属于该物品之种。又所谓军用物品,系指该物品于军事上有直接之效用者而言,非若一般观念。凡军中一切物品,皆得称为军用。师部各种表册、文件,原属于文书或图画之性质,究为文书或图画,抑为物品甚或为军用物品,自应就其所适用之法条系属如何规定,及其表册、文件之效用如何以为断?相应函复贵部查照转知。此致军政部

**附军政部原函**

案据第六师师长张洪元电称,本部各种表册、文件,是否称为军用物品,事关法律疑义,理合电请解释示遵等情。据此,案关解释法令,相应函请查照,迅予解释见复,以便饬遵为荷。此致司法院

**院字第一九〇七号**

**民国二十八年八月二日　司法院致中央执行委员会社会部函**

迳启者,前准中央执行委员会民众训练部二十五年十一月十八日第五零八二号公函开,准福建省党部呈,据海澄县党部转请示处理码头工会纠纷疑义一案,请查照解释见复等由,业经本院统一解释法令会议议决,(一)雇主或其代理人雇用工人,《工会法》第三十一条,虽有不得因工人为工会会员而拒绝雇用之规定,但未限定雇用之工人,非工会会员不可。设在我国之外国公司,雇用非工会会员为工人,苟非因工人为工会会员而拒绝雇用,自不能指为违法。(二)工会不得妨害未入会工人之工作,《工会法》第二十条第三项定有明文。外国人雇用未入会之工人,于其租建之码头内搬运货物,依上规定,即非工会所得干涉。(三)包工制度,现行法上并未定有禁止之明文,无从据以取缔。相应函请贵部查照饬知。此致中央执行委员会社会部

**附中国国民党福建省党部原呈**

案据海澄县党部呈称，查本县码头业工会之组织，原为民国二十年海澄县运输业工会改组而成。民国二十四年间，经由陈前指导员派员指导改组，迨至本年五月一日始行选举成立。惟因当地环境之关系，纠纷亦无已时。穷究其源，即因争取美孚、亚细亚油池搬运工作，并请求取缔包工制度而起。缘美孚、亚细亚与码头业职业工会，同在本县第四区辖之嵩屿，所有该两油池搬运工作，昔日概由该工会搬运。讵有亚细亚职员叶鸿禧，一方串通工头林文同，滥发证章，拒绝工会工友搬运。他方则就公司所发工资，实行刻扣，剥削工人。该码头工会以该叶鸿禧、林文同等如此不法，实系有意破坏工运，即呈请本处依法取缔。当经本处派员前往调查，会同县政府实行调处。其方法为，公司每日应需多少工人，由公司直接通知工会负责人分派前往工作。工资若干，亦应由公司方面直接发交工会，分发各工友。抑或由公司方面直接发放，或由公司方面将所有货件、搬运工值列表送交工会备考，借杜包工制之剥削。工会方面对本处与县政府之调处办法极表赞同，只因旧工头林南星表示反对，并声称码头业工会只能在码头执行职务，岂能干及油池搬运工作而未获结局。殊不知该两公司货件之起卸多经由码头而入栈，已经过码头，是该会工友自有搬运之权，岂能谓其不能搬运耶？查林南星原籍同安，其过从者又多日籍台民，既非会中工友，又非会内职员，竟敢加阻抗，实属有意破坏工运。若不加以儆戒，是纠纷必因以延长。除与海澄县政府妥筹强制办法外，并有疑义四点，请予指示：（一）外国人在我国领土之内开设公司，倘有拒绝雇用我国合法组织之工会会员时，有无约章而可资交涉；（二）外国人在我国领土内租建码头，该码头搬运工作，是否任其私人雇用非工会会员；（三）外国人在我国领土内开设公司，可否实行包工制度，有无法规取缔；（四）该业工会已发生纠纷，在此国民大会选举期间中，是否可以随时变动。以上四点，理合具文呈请核示令遵等情。据此，查所陈疑义四点，除第四点业由本部解释，以该业工会如已发生纠纷，虽在国民大会选举期间内，仍可随时变动，指令知照外，其余三点，因事关外交范围，本部未敢擅专，理合备文转请钧部核示，以便饬遵，实为党便。谨呈中央民众训练部。中国国民党福建省党部特派委员陈肇英

**院字第一九〇八号**

**民国二十八年八月三日　司法院致中央执行委员会社会部函**

迳复者，准贵部本年六月五日渝字第四零六三号公函开，准福建省党部代电，请示商业同业公会职员选举疑义一案，转函查照解释见复等由，业经本院统一解释法令会议议决，商业同业公会设执行委员、监察委员，为该公会法第十八条所明定。监察委员，自属必须设置。惟委员人数，法文内并无最少数之限制，即仅选执、监委员各一人，亦无不可。相应函复贵部查照饬知。此致中央执行委员会社会部

**附中央执行委员会社会部原函**

案准福建省党部连岁民第一四号代电开，以设有某公会会员仅有三个（重要商业）依照

所缴会费单位计算,只能共派代表六人时,可否不设监察委员,抑或如何补救,请予释示等由。除函复外,相应函请查照,解释见复为荷。此致司法院

**院字第一九〇九号**

**民国二十八年八月三日　司法院指令四川高等法院**

呈悉,业经本院统一解释法令会议议决,(一)《民法》第四百二十五条所谓对于受让人继续存在之租赁契约,系指《民法》第四百二十一条第一项所定意义之契约而言。若因担保承租人之债务而授受押金,则为别一契约,并不包含在内。此项押金,虽因其所担保之债权,业已移转,应随同移转于受让人,但押金契约为要物契约,以金钱之交付为其成立要件,押金权移转,自亦须交付金钱始生效力。此与债权移转时,为其担保之动产质权,非移转物之占有不生移转效力者无异。出租人未将押金交付受让人时,受让人既未受押金权之移转,对于承租人自不负返还押金之义务。惟承租人依租赁契约所为租金之预付,得以之对受让人,故租赁契约,如订明承租人得于押金已敷抵充租金之时期内,不再支付租金,而将押金视为预付之租金者,虽受让人未受押金之交付,亦得以之对抗受让人,此为本会议最近之见解,所有以前关于此问题之解释,应予变更。至来呈所设之例,甲以价值一千元之房屋,出租于丙,收取一千元之押金,似与普通因担保承租人之债务而授受之押金不符,究竟甲、丙间立约之真意如何?丙是否于所交押金外,尚须支付租金,其所交押金一千元,是否果为担保丙之债务,而授受之事实关系,尚欠明了,其法律适用问题,即属无从解答。(二)订立移转或设定不动产物权之书面,以十字代签名者,依《民法》第三条第三项既以经二人在该书面上签名证明,为与签名生同等效力之要件,则证明者二人亦仅签十字时,立书面人之以十字代签名,自不能与签名生同等之效力。惟法律行为法定方式之欠缺,并非不许补正,一经补正,该法律行为即为有效。(三)来呈所称情形,究系抵押权,抑系典权,依《民法》第九十八条,应探求当事人之真意定之,支付金钱之一方,有占有他方不动产,而为使用及收益之权时,如当事人之真意,只许他方还钱赎产,不许支付金钱之一方求偿借款者,虽授受之金钱,在书面上名为借款,亦应解为典价,典物因不可抗力而灭失时,典权人自不得请求偿还典价。反之,当事人之真意,如认支付金钱之一方,而向他方求偿借款,其占有不动产而使用及收益为别一租赁关系,即以其应付之租金,抵偿其应得之利息者,则为抵押权,抵押物因不可抗力而灭失时,债务人仍有返还借款之义务。仰即转饬知照。此令

**附四川高等法院原呈**

案据四川高等法院第三分院院长薛良感代电称,成都四川高等法院院长谢钧鉴,按《民法》第四百二十五条规定,出租人于租赁物交付后,纵将其所有权让与第三人,其租赁契约对于受让人仍继续存在。至于承租人所缴之押金,究系另行提供信用保证租约之履行,抑系租赁契约之一部,能否对于受让人继续存在,《民法》尚无明文规定。依照司法院第一二六六号、第一四二一号解释,则似已认为租赁契约之一部。本院现对于是项法律之适用,仍

不无疑义之点。设有甲向乙借款一千元，以其值价一千元之房屋作抵，而甲复将此屋出租与丙，收取一千元之押金，比及执行，则依照上开解释之结果，当然无人愿买，若移转与乙，则乙之千元债权，表面上似已受偿，而实则须负担千元之押金，结果毫无所得。是后成立之债权，其实质效力竟强于先成立之物权，而狡诈之债务人，更得借增加押金为对抗执行之工具，遇有此种情形，可否解为房屋受让人以曾明示、默示承担债务者为限，方负直接将押租偿还承租人之义务？否则得俟向出卖人索得后再为返还，此种拟议，是否妥实？本院未敢擅断，应请解释者一。又查《民法》第七百六十条载，不动产物权之移转或设定，应以书面为之，第三条第一项载，依法律之规定有使用文字之必要者，得不由本人自写，但必须亲自签名；同条第三项载，如有指印十字或其他符号代签名者，在文件上经二人签名证明，亦与签名生同等之效力各等语。川省买卖契据，中证人等类皆不亲自签名，而出卖人亦常仅划一十字。设中证人等均经到庭，证明出卖人之十字为真实，或中证人等二人以上曾于契约上签有十字，此项情形，可否认为物权移转之书面已合法成立？此应请解释者二。又查我国《民法》无不动产质权之规定，而本省之抵押，多系移转占有，就文书言，双方授受之金钱，系借款而非典价，就不动产言，则贷款人对之已直接使用收益，该不动产因不可抗力而灭失，受款人是否有返还款项之义务，本院亦不无疑义，应请解释者三。综上三点，悬案待决，理合电恳转请解释示遵等情。据此，事关法律解释，理合据情呈请钧院鉴核，迅赐解释饬遵，谨呈司法院院长居。代理四川高等法院院长苏兆祥

**院字第一九一〇号**

**民国二十八年八月四日　司法院致中央执行委员会宣传部函**

迳复者，准贵部本年六月二日渝美宣字第五二二六号公函开，据福建省党部转请解释公务员可否充任刊物发行人等疑义一案，请查照解释见复等由，业经本院统一解释法令会议议决，公务员为新闻纸或杂志之发行人，除有官吏服务规程第十条、第十一条所禁情事乃系服务违反规程外，既不在出版法第十三条、第十四条限制之列，即非不得为登记之声请。至由省政府支拨资本开设之省银行其董事系由省政府依法令聘任者，应认为广义之公务员。相应函复贵部查照转知，此致中央执行委员会宣传部。

**附中央执行委员会宣传部原函**

据福建省党部呈称，案据永安县党部呈称，窃查本部前准永安县政府函，据(老百姓)刊社声请变更登记送请考查签注意见等由。准此，查该声请书内载各项尚无不合，惟发行人系福建省银行董事会秘书，是否认为公务人员。业经函查福建高等法院准该院函复，依民国二十三年司法院院字第一零六一号解释，服务于国营事业机关之人员，亦应视为公务员。是银行董事能否视为公务员，应以该银行是否国营为断，查该省银行资本系由省政府支拨，其董事亦由省政府所聘任，是则该行纯为省营机关，可否认为公务员，可否充任刊物发行人，本部未敢擅断。理合呈请钧部鉴核释示，俾资遵循等情。据此，查公务员可否充任刊物

发行人一节,考修正出版法暨施行细则各条款,均无明文规定。至该省银行董事,应否认为公务员,本处未敢决定,为此理合具文呈请钧部察核,一并示遵,等情。事关法律解释,相应据情函达,即希查照,解释见复,以便转知为荷。此致司法院,部长叶楚伧。

**院字第一九一一号**

**民国二十八年八月五日　司法院训令湖南高等法院首席检察官**

为令知事,该首席检察官呈最高法院检察署,为据常德地方法院检察官转请解释公务员侵占公务上持有物适用法律疑义一案,业经本院统一解释法令会议议决,公务员犯《刑法》第三百三十六条第一项侵占公务上持有物之罪,毋庸依同法第一百三十四条前段加重其刑。合行令仰转饬知照。此令

**附最高法院检察署原函**

案据湖南高等法院首席检察官,转据常德地方法院检察官宾联鏕巧代电称,窃公务员假借职上之权力、机会或方法,侵占对于公务上所持有之物,是否只能依《刑法》第三百三十六条第一项处断,抑应适用同法第一百三十四条前段加重其刑,有甲、乙两说。甲说,《刑法》第三百三十六条第一项所谓公务上持有之物,虽不以公务员身份为限,而公务员则当统括于内,不能谓该条款为非对于公务员侵占之特别规定,按诸《刑法》第一百三十四条但书,自不能适用同条前段而加重;乙说,公务上侵占既无须公务员之身份(见最高法院适用刑事新法规会议录),足见《刑法》第三百三十六条第一项系就一般人侵占公务上持有物之普通规定,并非因公务员之身份而特别规定其刑,显与《刑法》第一百三十四条但书情形不符,自应适用同条前段加重其刑。二说孰是,颇滋疑义,拟恳转请解释示遵等情。据此,事关法律疑义,除指令外,理合呈请钧署转请解释示遵等情前来,相应函请迅予解释迳复,并见示备查。此致最高法院

**院字第一九一二号**

**民国二十八年八月二十三日　司法院指令司法行政部**

呈悉,业经本院统一解释法令会议议决,确定判决效力所及之人,《民事诉讼法》第四百条定有明文。原呈所称情形,某丙并非该确定判决效力所及之人,自不得对之执行。仰即转饬知照。此令

**附司法行政部原呈**

案据广东高等法院呈称,案据梅县地方法院推事兼院长张光龙二十八年一月二十四日呈称,呈为法律疑义祈赐解释事。兹有某甲擅将某乙地基卖与某丙,某丙买受后即在该地建筑房屋,业经假处分,某丙不遵谕止,日夜赶工建筑完成,某乙遂以某甲为被告诉经确定判决,认某甲为无权处分,责令某甲拆卸房屋,回复原状,将地交还某乙管业。于此场合,能否将某丙所建房屋执行拆卸,计有两说:子说,谓无所有权之第三人私擅将他人不动产出卖

者，此项行为，无论买主是否知情，当然不生物权移转效力。买主有因此已缴买价或受其损害者，只可迳向该第三人请求赔偿，不得以此为理由，对抗所有权人，曾经院判著有先例（见二十一年上字第三四四号判例）。某丙虽非原判决当事人，但既于诉讼中实施假处分，乃不遵谕止，赶工建筑完成，依照上开判例，仍得对某丙实施执行，某丙如有损害，只许迳向某甲请求赔偿。丑说，谓确定判决之效力，仅能及于当事人及其继承人，《民事诉讼法》第四百条第一项定有明文，原判决系令某甲拆屋交地，该屋实系某丙所建，即为某丙所有，某丙既非原判决所列之当事人，又非某甲继承人，此项判决效力，当然不能及于某丙，因之亦不得将某丙所建房屋执行拆卸，仅能谕知某乙另向某丙诉请拆卸。俟将来判决确定，对丙部分，得有执行名义再予执行。本院现有此类执行案件，亟待解决。上列两说，各有主张，究以何说为当，未敢擅拟，理合具文呈请鉴核，迅赐解释示遵等情到院。除指令外，理合据情呈请钧部鉴核示遵等情。据此，事关法令疑义，理合备文呈请钧院鉴核指示，以便转饬遵照。谨呈

司法院院长居。司法行政部部长谢冠生

**院字第一九一三号**

**民国二十八年八月二十三日　司法院咨行政院**

为咨复事，准贵院本年一月六日咨（吕字第一二九号）开，据经济部呈，为公司无限责任股东以信用或劳务为出资时，其估价标准疑义一案，转咨查照解释见复等由，业经本院统一解释法令会议议决，无限责任股东以信用或劳务为出资者，依《公司法》第十三条第五款及第二百十七条第三款亦应于章程内载明估价标准，至其标准如何，由订立章程者自由定之。相应咨复贵院查照饬知。此咨行政院

**附经济部原呈**

案据上海机制国货工厂联合会二十七年十二月十日呈称，呈为请求转呈解释公司法条文事。窃据公司法第七十条，两合公司以无限责任股东与有限责任股东组织之，其第二项云，有限责任股东以出资定额为限对于公司负其责任，又第七十三条，有限责任股东不得以信用或劳务为出资。依此规定，是在无限责任股东方面并不以出资定额为限，并得以信用或劳务为出资，要无疑义，今因某公司无限责任股东，对于公司法第二百十七条第三款之规定，载有（无限责任股东之出资，除以生财、房产作价若干为股款外，当以劳务、信用为股款以外之出资，其估价之标准，俟股东会定之）。因此在于股东会时有二说焉：甲说，劳务、信用不比生财、房屋，殊无价格可言，既以生财、房产作价若干为股份外，不应再有以劳务、信用为出资；乙说，无限责任股东所负责任，并不以公司财产为限，所有生财、房产作价若干为股款者，系属有限股份，即公司法第二百二十一条但书所规定。细按公司法之条文，即足以知股份二字，系专用于有限责任股东方面，故于第八十八条第三款及第二百十七条第一款所应载明股份之总额，及每股金额均指有限责任股东方面而言。其在无限责任股东方面，应以公司法第十三条第五款及第二百十七条第三款之规定，即其出资之种类，虽不限于银

钱财产,而依公司法第七十三条之规定,即在无限责任股东方面,应得以信用或劳务为出资。至其估价之标准,在于信用方面,应以信用担保之流动金额为准,其在劳务方面,应以最高职工所得薪给之一倍数比照公司法第一百七十三条第二项之股息计算估定之。上列二说,根本有所不同,事关法理,应请解释,究竟无限责任股东于股款以外之出资,是否以信用、劳务两种分别估价之处,理合备文呈请,仰祈钧部转呈司法行政院乞赐明令解释,以资遵循,而祛疑义,不胜待命之至等情。查公司法第七十三条规定,有限责任股东不得以信用或劳务为出资,是无限责任股东以信用或劳务为出资,自属为法所许。惟如依照公司法第十三条或第二百一十七条之规定,订立章程须载明股东出资种类、价格或估价之标准时,对于信用或劳务之出资,应否与金钱外之财产一并估价及用如何标准之处,不无疑义。理合呈请钧院转咨司法院解释令遵,以便转饬,实为公便。谨呈行政院。经济部部长翁文灏

**院字第一九一四号**

**民国二十八年九月十三日　司法院指令四川高等法院首席检察官**

呈悉,业经本院统一解释法令会议议决,某甲犯子罪,于判处徒刑未确定前,在所脱逃,并于子罪裁判确定后续犯寅罪获案。经法院就其脱逃之丑罪与寅罪分别论科,嗣该丑、寅二罪亦先后确定,某甲所犯丑罪,既在子罪裁判确定前,如子、丑两罪之宣告刑具有《刑法》第五十一条第五款、第七款之情形,自应由检察官依刑诉法第四百八十一条、《刑法》第五十三条声请定其应执行之刑,至寅罪既在子罪裁判确定后所犯,即与《刑法》第五十条之规定不合,自应将寅罪所宣告之刑与子、丑两罪所定之执行刑合并执行。仰即转饬知照。此令

**附四川高等法院首席检察官原呈**

呈为呈请解释事,案据资中地方法院检察官呈称,兹有某甲先犯子罪经判处徒刑,尚未确定,在所脱逃,(假定为丑罪)续因更犯寅罪,经拿获解送法院就丑罪及寅罪分别依法论科。某甲对寅罪不服提起上诉,经第二审法院仍为科刑之判决,该三罪先后确定,就某甲所犯之寅罪对子罪言,固为裁判确定后所犯,而就丑罪(即脱逃罪)与子罪以及寅罪与丑罪言,均不失为裁判确定前所犯之罪。此际如何声请定某甲应执行之刑,不无疑义,理合备文呈请钧席鉴核,转请解释,俾有遵循,等情。据此,查事关法律疑义,理合具文转请钧院俯赐鉴核,指令祇遵。谨呈司法院院长居。四川高等法院首席检察官林超南

**院字第一九一五号**

**民国二十八年九月十三日　司法院复河南高等法院电**

河南高等法院徐院长览本年六月世代电悉,该法院第五分院所请解释上诉疑义一案,业经本院统一解释法令会议议决,检察官对于呈送覆判之再审案件,未于接受判卷后十日内提起上诉,纵后查明该再审判决为违法,亦不得复行上诉。合电转饬知照。司法院元印

附河南高等法院原代电

重庆司法院院长居钧鉴，案据本院第五分院推事兼院长范锡畴二十八年五月三日呈称，案查县知事审理诉讼暂行章程第二十六条载，检察官因其他情形发见县判有不当者，得分别管辖，自行提起上诉。又第二十七条载，第二十五条第二项及前条之上诉期限，自各该检察官接收卷宗后起算，规定明晰，本无疑义。惟设有案原经第二审法院为实体上判决，并早已确定，原告诉人复在第一审提起再审判决后，呈由检察官转送覆判，正审核间，旋由检察官将该卷调回，令发原审详细查明。该案确经二审判决，即将该卷连同二审判决，一并呈送，经检察官提起上诉到院，查该再审判决，事实栏内既认定业经二审判决，则第一审法院受理再审显属违法。对此上诉期限，如依首开规定，由第一次送覆判时接收卷宗后起算，早已逾期，应将上诉驳回，则对于该违法之再审判决，即属无法救济，如依第二次接收卷宗后起算而为救济之判决，则其上诉尚未逾期。究应由何时起算，事关上诉期限疑义，未敢擅专，理合呈请鉴核，俯赐解释示遵等情。据此，查事关法律解释，理合电请钧长鉴核，电示祗遵。署河南高等法院推事兼院长徐声金叩世印

院字第一九一六号

民国二十八年九月十三日　司法院咨行政院

为咨复事，准贵院二十六年五月二十九日（第柒——一六三号）咨开，据江苏省政府呈为再请解释撤销官产承领案适用法律疑义一案，转咨查核见复等由，业经本院统一解释法令会议议决，行政官署放领官产，虽系基于公法为国家处理公务，而其所为放领之行为则系代表国库，与承领人订立私法上之买卖契约，所卖官产如为《土地法》第八条所列不得私有之土地，其因履行买卖契约，而订立之物权契约，法律上当然无效，无待于上级行政官署之撤销。至物权契约是否无效，及物权契约无效时，其债权关系如何，官署与承领人间有争执者，应向法院提起民事诉讼以求解决。再人民对于行政官署认为官有而放领之产业主张系其私有，只得提起民事诉讼，请求确认，或回复其所有权，不得提起诉愿，请求撤销领案，院字第一六五九号解释关于上述两点，应予变更。相应咨复贵院查照饬知，此咨行政院。

附行政院原咨

案据江苏省政府本年五月二十一日秘字第一零零号呈，为奉令知司法院解释撤销官产承领案适用法律疑义，再请转咨解释等情。据此，查同一事件可认为行政处分提起诉愿，亦可认为司法事件，诉请法院裁判。因行政法上之救济方法与民事法上之权利，原不相妨，其得依法提起诉愿之人，如有民事法规之依据，亦自得另向司法法院起诉（参照前大理院六年上字第六七一号判例）。关于放垦官产，原属于行政官署之职权，系公法上之行政行为，故发现该项地亩依法令不应属于私人所有者，该管上级官署自得本于监督权而撤销之，若行政官署误认私产为官产而放领，是即侵权行为，原所有人亦自得向司法机关提起民事诉讼。惟关于放领官产事项，公法、私法适用之界限，每多混淆，尤易启人民之争执，亦属实情，据

呈前情,除指令外,相应钞同原呈,咨请贵院查核见复。此咨司法院

**院字第一九一七号**

**民国二十八年九月十五日　司法院咨行政院**

为咨复事,准贵院二十六年八月四日咨(第柒——二三三号)开,据内政部呈转请解释抵押权设定登记法律疑义一案,请查核见复等由,业经本院统一解释法令会议议决,债权人与债务人间之确定判决,虽认债权人对于第三人之房屋有抵押权,并判令债务人会同债权人为抵押权设定登记,但此项判决之效力,既不能及于抵押物所有人,而抵押权设定登记之义务人,又为设定抵押权之所有人,并非债务人,即不能据该判决命抵押物所有人声请登记。如该抵押权确系抵押物所有人或其代理人所设定,抵押权人自可对于抵押物所有人提起诉讼,请求为抵押权设定登记,其所有权未经登记者,并得请求先为所有权之登记。相应咨复贵院查照饬知,此咨行政院。

**附行政院原咨**

案据内政部地壹——二十六年七月二十四日一四七九号呈,以准北平市政府咨请解释永寿堂李诉同元祥债务,经法院判决双方应会同到局登记一案。该房主迄未遵判履行,可否按照《民法》第二四二条及《土地法》第五九条之规定,准许债权人代为所有权登记?请核覆等由,转请鉴核示遵等情。据此,除指令外,相应钞同原呈,咨请查核见复。此咨司法院

**院字第一九一八号**

**民国二十八年九月十五日　司法院致内政部函**

迳启者,贵部二十六年四月二十四日民玖第二零九六号公函请解释区公所处分诉愿疑义一案,业经本院统一解释法令会议议决,依县组织法设置之区公所,系属自治机关,不在《诉愿法》第三条所称地方官署之列。该公所之违法或不当处分,自有区务会议、区监察委员会或区民大会,足以防止或纠正之,区民不得依《诉愿法》对之提起诉愿,更不生诉愿管辖之问题。院字第一二九七号解释,应予变更,相应函请贵部查照。此致内政部

**附内政部原函**

查二十四年六月二十一日院字第一二九七号解释,人民对于区公所之处分,如有不服,依《诉愿法》第三条管辖等级比照之规定,应向其直接上级官署之县市政府提起诉愿等语。基于此项解释,区公所之得为处分,已甚明显,但依《诉愿法》第一条之规定,所谓处分,必须官署所为之处分。复按县以下之区之设置,依照现行法规有两种,一为依照军事委员会南昌行营二十三年十二月五日公布之剿匪区域内各县分区设署办法大纲设置之区署,系为辅佐县政府处理县政之机关,依其大纲规定之职掌,自属官署。一为依照县组织法及区自治施行法设置之区公所,系为办理自治事务之机关,依县组织法第二十八条及区自治施行法第二十六条之规定,系为自治机关而非行政官署。铨叙部于二十年六月十一日曾以甄字第

三八零号公函解释各县区长系管理区自治事务，已经县组织法第二十八条明文规定，现虽在民选未实行以前系民政厅委任，但其任务仍属自治范围，自不能与普通官吏同论。此虽对于区长之解释，但于区公所之性质颇有关连。此种区公所依其组织法之规定，既非行政官署，是其处分是否合于《诉愿法》第一条规定，所谓官署之处分，此应请解释者一。又下级官署呈奉上级官署核准所为之处分，与下级官署遵奉上级官署命令执行之件，仍应认为下级官署之处分，曾经二十一年三月三十一日院字第七零五号，暨二十三年十二月十九日院字第一一六五号解释有案。设使区公所系属行政官署，则区以下尚有乡、镇公所，与闾邻三种阶级，基于同种法规设置，以此类推，当同为行政官署。设有县政府令区执行之件，区又转饬乡、镇公所执行，乡镇公所复令闾长执行，闾复令邻长执行，闾邻俱有图记，邻长即以邻长名义行之，比照上述解释例，此项处分，当为邻长之处分，人民如不服此项处分，当以闾为诉愿官署，乡、镇为再诉愿官署。似此比照办理，似又太失人民信仰，果认区公所为行政官署，关于呈准处分或奉令执行之案件，在区以下诉愿官署，究应如何规定，此应请解释者二。再区以下乡、镇公所及闾、邻自为之处分，其诉愿官署又应如何认定，此应请并予解释者。又设认区公所及乡、镇公所与闾、邻系属办理自治事务之机关，而非行政官署，人民对其处分或呈准与遵奉执行之处分，仍得以最后实施处分之区或乡、镇与闾、邻为对象，提起诉愿，关于前述第七零五号、第一一六五号解释例，有时须资依据时，则其自身既非官署，显与解释意旨不符，究竟此类解释例，可否比照援引，此应请解释者三。上述三点，事关法令疑义，本部因案亟待办理，相应函请查照，迅予转请解释，从速见复为荷。此致司法院秘书处

**院字第一九一九号**

**民国二十八年九月十五日 司法院咨行政院**

为咨复事，准贵院上年十二月十日咨（渝字第一零二一六号）开，据内政部呈据浙江省政府转请解释土地登记效力疑义一案，请查照解释见复等由，业经本院统一解释法令会议议决，《土地法》第三十六条所谓登记有绝对效力，系为保护第三人起见。将登记事项赋予绝对真实之公信力，故第三人信赖登记而取得土地权利时，不因登记原因之无效或撤销，而被追夺。惟此项规定，并非于保护交易安全之必要限度以外剥夺真正之权利，如在第三人信赖登记，而取得土地权利之前，真正权利人仍得对于登记名义人主张登记原因之无效或撤销，提起涂销登记之诉，并得依《土地法施行法》第二十八条向主管地政机关声请为异议登记。此项异议登记之声请，与《土地法》第一百零一条第五款所谓提出异议，系在未为第一次所有权登记前，向土地裁判所为之者，本属两事，此就《土地法施行法》第二十八条、第二十九条，与《土地法》第一百零一条第五款、第一百零三条第一项对照观之自明。真正权利人得于登记完毕后提起诉讼，并声请为异议登记，既为《土地法施行法》第二十八条所明定，同条又未就第一次所有权登记。设有例外，则《土地法》第一百条所定六个月公告期间，虽已届满亦仅有同法第一百零三条第一项、第一百零四条第一项所定之效力，不能据以除

斥真正之权利。相应咨复贵院查照饬知。此咨行政院

**附内政部原呈**

案准浙江省政府廿七年十月十四日府民三永字第二九九四号咨开,民政厅案呈,据永嘉县县长罗毅呈称,查《土地法》第三十六条所规定之登记效力,系采托仑斯制精神,凡依法定程序所谓之登记,其登记本身系难登记原因而单独发生物权变动之效力,即登记权利不因与实质权利不符而失其效力,此系一般之解释。惟登记如有虚伪原因时,其受损害之真正权利人,能否诉请返还,则有下列三说,第一说,谓我国《土地法》悉采托仑斯制原意,凡已登记确定之权利,无论何人不能推翻。申言之,即原登记作成后,纵使发现错误,或证明登记权利在未登记前确非属于原登记名义人所应享受者,其真正权利人亦不能发生异议或诉请返还。第二说,谓土地登记之绝对效力,虽从托仑斯制法例,但依据《土地法施行法》第二十八条之规定,对于虚伪登记,自可依据《民法》不当得利章诉请返还。惟原登记名义人未履行返还义务作成新登记前,原登记仍发生效力。换言之,即真正权利人得于不妨碍第三人(即已从系争地为设定或移转登记之权利人)之范围内,行使其物上请求权之谓也。第三说,折衷以上二说,谓依第一次所有权登记程序所为之登记,业经六个月之公告,应从第一说为宜,否则公告即失其意义。此外各种权利得丧、变更之登记,应从第二说,否则绝对效力之规定,适足长虚伪、欺诈之风。以上三说各异,其理究以何者为当,抑另有其他解释,事关登记法规疑义,理合备文呈请详赐释示,以资遵循,实为公便等情。据此,查该县长所称各节,案关解释条文本意,除指令外,相应咨请查照解释见复,以便饬遵等由,准此。查《土地法》第三十六条规定,系指一切登记事件而言,所谓有绝对效力者,质言之,即依该法所为之登记,不再受任何拘束,至同法施行法第二十八条所规定之异议登记,系指权利关系人对原声请人之声请登记事件,在公告期间内发见因登记原因之无效或撤销提起诉讼者,依同法第一百零一条第五款之规定声明异议,并得声请为异议登记。反之,公告期间经过以后,地政机关依法所为之登记,原声请人即享有绝对效力,事后纵有权利关系人对声请原案有所异议,勿论其所持理由如何充分,事实如何真确,亦应受《土地法》第三十六条之限制,不能为一事之再理。原呈第一说之主张,自属正当,若如第二说之主张,不但与上述条文有绝对效力之规定相违反,且登记后之纠纷,必将永无息,地籍清理业务,亦永无完成之期,殊失《土地法》彻底清理地籍之主旨。况《民法》不当得利章各规定,指属于债权方面之权利,倘用以为救济土地登记后诉请返还之理由,未免牵强附会。惟案关法律解释,本部未便擅自断定,理合加具意见,一并备文呈请钧院转咨司法院迅予解释,以便咨复。谨呈行政院内政部部长何键

**院字第一九二〇号**

**民国二十八年九月十八日　司法院咨行政院**

为咨复事,准贵院二十六年七月二十六日咨(第诉——二二五号)开,为前平政院裁决

效力发生疑义,请解释见复等由,业经本院统一解释法令会议议决,前平政院就各省区行政诉讼所为裁决,其裁决日期在各该省区隶属国民政府之后者,当然无效。相应咨复贵院查照。此咨行政院

**附行政院原咨**

查最高法院民国十七年解字第九零号解释,对于江宁律师公会请解释前平政院裁决之效力疑义,认为应采乙说,其乙说略称,本案纯属一种普通债务纠葛,只能诉诸法院,不能假行政处分没收厂产,况依国府命令,凡在十六年三月以后北庭大理院判决之案,一概无效。该平政院之裁决系在十六年五月更,不能拘束我革命区域内之人民等语。此项解释是否认定前平政院裁决,凡在十六年三月以后者,不问情形如何,一概无效,不无疑义。本院现有与此解释有关案件,亟待解决,相应咨请查照,再为解释见复,至纫公谊。此咨司法院

**院字第一九二一号**

**民国二十八年九月二十三日　司法院指令山西高等法院**

呈悉,业经本院统一解释法令会议议决,图利供给赌博场所之罪,本不以其场所为公众得出入者为要件。某甲意图营利,以其家宅供人赌博,该家宅是否合于上述之场所,乃属事实问题,若仅邀约特定之人在家赌博,尚不能谓系当然为公众得出入之场所,因之被邀入赌之乙丙,自亦不成犯罪。仰即转饬知照。此令

**附山西高等法院原呈**

呈为转请解释事,案据山西太原地方法院院长张耀呈称,为呈请解释示遵事。兹有某甲,意图营利,在其家内供给赌博场所,乙、丙均共同参加与赌,某甲成立《刑法》第二百六十八条之罪,固无疑义。乙、丙究否成立犯罪,有下列二说,第一说,谓《刑法》第二百六十六条第一项规定,在公众得出入之场所赌博财物者,始克成立犯罪。某甲在其家聚赌,乙、丙虽已参加赌博,然究与在公众得出入之场所赌博财物者有别,自难据以论罪。第二说,某甲既供给赌博场所,意图营利,是凡参加赌博之人,均可以任意出入甲家,是甲家已含有公众得出入场所之性质,乙、丙既在甲家实施赌博财物,自应依《刑法》第二百六十六条第一项论科。二说未知孰是,案悬待理拟请迅予解释,以便遵循理合备文呈请鉴核示遵等情。据此,除指令外查该院长所请情事,纯保法律问题,本院未便擅专,理合据情转呈,敬请钧院鉴核,迅予解释,以便饬遵。谨呈国民政府司法院院长居。署山西高等法院院长邵修文

**院字第一九二二号**

**民国二十八年九月二十三日　司法院训令贵州高等法院首席检察官**

为令知事,前据该法院第一分院首席检察官代电请解释《刑法》各疑义一案,业经本院统一解释法令会议议决,(一)有追诉或处罚犯罪职务之公务员,认为有必要紧急情形,于命侦讯前,将被告暂行看管、管押或看守,如无滥用职权剥夺人行动自由之故意,自不成立犯

罪;(二)《刑法》第一百二十五条第一项第一款之犯罪,以滥用职权为前提,来问所称有追诉或处罚犯罪职务之公务员,依职权为逮捕或羁押等语。设无脱误,则其命令逮捕或羁押,既系依据职权所为,即不生犯罪问题,如该公务员滥用职权而为逮捕或羁押,即系成立《刑法》第一百二十五条第一项第一款之罪,其逮捕或羁押未遂者,应依《刑法》第三百零二条第一项、第三项,第一百三十四条处断;(三)无故侵入机关或官署办公室内者,应成立《刑法》第三百零六条无故侵入他人建筑物之罪;(四)于公务员依法执行职务时,在其办公室仅隔一交通门扇之所属职员连席办公室内,加以侮辱者,既非该公务员执行职务之场所,即不成立《刑法》第一百四十条第一项前段当场侮辱之罪,至同条项后段所称之公然侮辱,系指该侮辱行为,使一般不特定人得以共闻共见者而言。来问所称情形,与公然条件不合。仰即转饬知照,原代电钞发。此令

**附贵州高等法院第一分院原代电**

重庆司法院院长居钧鉴,兹有适用法律疑问数则,谨列于次,(一)《刑事诉讼法》仅有羁押名词,设有追诉或处罚犯罪职务之公务员,认有必要紧急情形时,于命预备开庭侦查前,命将被告暂行看管、管押或看守以待侦查,应否认为《刑事诉讼法》上之紧急必要或适当处分,及是否因此即已成立《刑法》第三百零二条第一项以非法方法剥夺人行动自由罪?此应请解释者一;(二)《刑法》第一百二十五条第一项第一款与第三百零二条第一项所规定之行为,查系同一事实,适用时究应如何分别?设有追诉或处罚犯罪职务之公务员,依职权为逮捕或羁押未遂,因前条无未遂处罚明文,能否论以后条普通妨害自由之未遂罪?此应请解释者二;(三)《刑法》第三百零六条仅有无故侵入住宅罪,此外并无无故侵入机关及官署办公室内亦应处罚规定。然实际上机关或官署之办公室,较普通住宅为重,应加保护,依入于罪举轻以明重之原则,设有犯之者可否即依本条论罪?此应请解释者三;(四)《刑法》第一百四十条第一项前半段之罪,如于公务员依法执行职务时,在其办公室仅隔一交通门扇之所属职员连席办公室内,加以侮辱,因有一帘之隔,应否认为虽监督所及之地,耳虽能及但目或不及,即与当场要件不合。又后半段之罪,如实施于官署办公室之内,虽有同官署及其他同房舍之另一官署不特定之职员、雇役等可共见、共闻,但因外有门卫之设,不能使不特定之途人可共见、共闻,是否与公然条件相合?此应请解释者四。事关法律疑义,悬案亟待解决,伏乞迅赐解释电示祗遵。暂代贵州高等法院第一分院兼镇远地方法院首席检察官黄震东有叩

**院字第一九二三号**

**民国二十八年九月二十三日　司法院训令江西高等法院首席检察官**

为令知事,该首席检察官代电最高法院检察署转请解释《非常时期监所人犯临时处置办法》适用疑义一案,业经本院统一解释法令会议议决,依法得假释或保外服役之监犯,依《非常时期监所人犯临时处置办法》第二条第一项,自应迳予保释,不以宣告戒严为限。其

造具书册，依同办法第六条规定仍照定程办理，至同办法第八条第一项所谓与外患罪性质相同之罪者，除《刑法》外患罪章所列举者外，凡利敌国不利本国之犯行皆是。危害民国各罪，何者属于与外患罪性质相同之罪，应依此标准定之。合行令仰知照。此令

**附最高法院检察署原函**

案据江西高等法院首席检察官筱代电称，查《非常时期监所人犯临时处置办法》第二条第二项及第三条各规定，以该地已宣告戒严时为限，原属毫无疑义。惟第二条第一项如该地未宣告戒严，亦未发生与戒严地域同样之危险事实，监犯依法得假释或保外服役者，是否依该条项一律迳予保释，倘迳予保释。依上开办法第六条，应照通常程序办理之规定，各监犯假释或保外服役，应送书册，是否仍照假释或保外服役定程办理。又第八条第一项，本办法于犯外患罪或与外患罪性质相同之罪者，不适用之。危害民国罪，是否与外患罪性质相同，事关适用法令，理合电呈钧长俯赐转院解释示遵，等情到署，相应转请查照，迅予解释迳复，并见示备查。此致最高法院

**院字第一九二四号**

**民国二十八年九月二十三日　司法院咨行政院**

为咨复事，准贵院本年一月十日咨（吕字第二五二号）开，据浙江省政府转请解释匿报契价责任疑义一案，请查核见复等由，业经本院统一解释法令会议议决，匿报契价之责任，既属于死亡之甲，除甲之继承人仍应照章补税外，自不应再行处罚。相应咨复贵院查照饬知。此咨行政院

**附行政院原咨**

案据浙江省政府二十七年十一月皓财一永代电称，查二十四年一月间，奉钧院秘字第三二八号训令，以准司法院咨复，解释匿报契价责任疑义令仰知照等因，奉经转饬所属，一体知照在案。兹有某甲匿报契价，经征收契税机关向某甲一再查催，旋据某甲之子某乙持契投税，声明某甲业已死亡，是项匿报契价之责任，是否应照钧院秘字第三二八号训令解释，属于死亡之甲，不再处罚，抑可视其匿报契价行为已在某甲生前催告，应责成其继承人某乙补税认罚？事关法律疑义，理合电请转咨解释等情。查所称本院二十四年秘字第三二八号训令，系转行贵院院字第一一九七号解释，据呈前情，相应咨请查核见复为荷。此咨司法院

**院字第一九二五号**

**民国二十八年九月二十三日　司法院指令浙江高等法院**

呈悉，业经本院统一解释法令会议议决，继母、嫡母，依《民法》第九百七十条第一款之规定，系直系尊亲属，依旧法立嗣者，所后之母，亦为直系尊亲属，其子女对之提起自诉，应不受理。仰即知照。此令

**附浙江高等法院原呈**

查《刑事诉讼法》第三百十三条之直系尊亲属与《刑法》第二百七十二条、第二百八十条之直系血亲尊亲属不同。所谓直系尊亲属,是否包括继母、嫡母、嗣母在内,如对于嫡母、继母、嗣母提起自诉,应否受理,不无疑义。理合备文呈请,仰祈钧院鉴核,解释示遵。谨呈司法院浙江高等法院院长郑文礼

**院字第一九二六号**

**民国二十八年九月二十九日　司法院指令湖南高等法院**

呈悉,业经本院统一解释法令会议议决,(一)乡民捐建之积谷仓,未依《民法》规定为法人之登记者,何人得向侵蚀仓产之管理人起诉,应就事实上审认该仓之性质如何,方能断定。如系乡民之公同共有物,自非公同共有人全体或其选定之人不得起诉。如系非法人之财团,则可依产生管理人之方法,选任特别代理人代表该团体起诉。(二)自诉案件,经法院审核纯属民事纠葛,其行为既在不罚之列,自应依《刑事诉讼法》第二百九十三条第一项谕知无罪。仰即转饬知照。此令

**附湖南高等法院原呈**

案据湘潭地方法院院长彭矩呈,以(一)查乡民捐建之积谷仓,未依《民法》规定为法人之登记,如该仓经理有侵蚀情事,其出捐之少数乡民,可否诉求返还,现分甲、乙两说:甲说,该项积谷仓为财团法人,依财团法人之捐助人,为维持财团之目的或保存其财产,平日对于财团董事(或经理)之处置有监察权之原则。如董事(或经理)有侵蚀时,其少数捐助人当然得单独起诉,不得谓为当事人不适格;乙说,我国《民法》对于财团法人之成立,系采许可主义,且关于法人之设立登记,系采德国之立法例,认为成立要件,此观乎《民法》第二十五条、第三十条、第五十九条之规定甚明。故乡民捐建之积谷仓,倘未依上开法条规定办理,即未便认为财团法人,仅能认为当地乡民依契约组成之公同关系,其仓产仅能认为公同共有物(参照《民法》第八百二十七条)。如经理仓产之人有侵蚀情事,除契约另有订定或另有习惯外,不得由少数捐助人单独起诉,应由利害关系相同之捐助人(即公同共有人),全体或有权代表全体之人起诉,始能认为当事人适格(参照院字一七一六号解释)。(二)刑事自诉经审核纯属民事轇轕,法院究应谕知无罪之判决,抑应谕知不受理之判决。如应谕知不受理之判决,应以自诉人非被害之人为理由(即《刑事诉讼法》第三百十一条),抑应以起诉之程序违背规定为理由(即《刑事诉讼法》第二百九十五条第一款)?以上二点,究以何说为是,事关法律疑义,理合具文呈请鉴核,俯赐转请解释等情。据此,按本件民事当事人部分,甲说系根据最高法院民国二十四年度上字第二三零号判例,与乙说之以院字第一七一六号解释为依据者,持论各别。究竟上开事实,当事人之起诉,如何方为适格,未敢擅拟。再按刑事自诉部分,自诉事实如纯系民事纠葛,并非犯罪事实,则自诉人即非因犯罪而受损害之人,核与《刑事诉讼法》第三百十一条规定相违,似可依《刑事诉讼法》第三二六条谕知不受理之

判决,是否有当,亦不无疑义。据呈前情,理合备文转请钧院核示,以便饬遵。谨呈司法院院长居。湖南高等法院院长陈长簇

**院字第一九二七号**

**民国二十八年九月二十九日　司法院指令河南高等法院**

呈悉,业经本院统一解释法令会议议决,(一)《民法》继承编施行前夫亡无子,如尚有其他可继之人,而其妻未为择立者,于该编施行后,依其施行法第八条规定,仍应为之立嗣,以继承其遗产(参照院字第七六二号、第七六八号、第七七七号解释)。至妻在当时原无遗产继承权,不能因其延至《民法》继承编施行后,尚未代夫立嗣而适用《民法》继承编之规定,以妻为夫之遗产继承人;(二)甲因得财,令已嫁之女改嫁他人为妻,如有和、略诱情事,应分别依《刑法》第二百四十条第三项或第二百九十八条第二项论科。如无诱拐故意,仅唆令其女改嫁,依《刑法》第二十九条规定,应成立同法第二百三十七条之罪;(三)按现行破产法,系采免责主义,故破产债权人已依破产程序受减成清偿者,未能受清偿之部分,依同法第一百四十九条之规定,其请求权既应视为消灭,各债权人自不得因破产人嗣后续行获有财产,而再为给付之请求。惟该破产事件,如在破产法施行前已处理完结者,依《破产法施行法》第三条,不适用破产法第一百四十九条之规定,破产人就未清偿部分之债务仍不能免其责任。仰即转饬知照。此令

**附河南高等法院原呈**

案据宜阳县司法处审判官刘凤堂灰代电称,兹有(一)甲妇之夫乙于民国十五年前死亡无子,甲立志守节,迄至新《民法》继承编施行,尚未代其夫乙择立嗣子,甲妇能否依照新《民法》继承编规定为其夫甲之继承人;(二)甲之女乙,年已满二十岁,与其夫丙结婚月余,丙即外出服务军界,时经年余,甲借词其女乙无力维持现状,得洋若干元,饬其女乙再嫁与丁为妻,该甲之行为,能否依照《刑法》第二百四十条第二项、第三项或第二百九十八条第二项办理;(三)债务人甲,于民国二十年间因所有财产不足以清偿对乙、丙、丁、戊等所负之债务,即依法请求宣告破产,经各债权人组织破产财团,清理甲之财产总额,仅清偿十分之四之债务。迄至去年,甲之财产回复原状,乙、两、丁、戊等各债权人,有无再请求甲给付前未清偿十分之六债权之权。上列疑义,均系悬案待决,理合电请鉴核,转请解释电示祇遵等情。据此,查该审判官所称各情,事关法律疑义,理合据情具文呈请钧院鉴核,俯赐解释,指令祇遵,实为公便。谨呈司法院院长居。署河南高等法院推事兼院长徐声金

**院字第一九二八号**

**民国二十八年九月三十日　司法院致国防最高委员会秘书厅函**

迳复者,准贵厅九月一日国议字第三一六八号公函开,准国民政府文官处函,为关于兼职长官兼领特别办公费范围适用法令各疑义,请转陈核示一案,经陈奉批发交司法院解释

等因,函行到院,兹经本院统一解释法令会议议决,(一)依省政府组织法第十六条,于省政府委员中任命之厅长应认为国民政府委员会关于兼职长官兼领特别办公费范围一案,决议所谓第一机关之长官。(二)国民政府认为中央官吏不得兼任地方官吏之通令,于有特殊情事时,应予变通。明令中央官吏兼任地方官吏者,该官吏固应同时执行中央官吏与地方官吏两种职务,若仅将现任中央官吏人员任命为省政府委员兼厅长,而未明示为兼任者,该官吏如同时执行中央官吏之职务,即与国民政府通令相违反。(三)中央官吏既不得兼任地方官吏,地方官吏当然不得兼任中央官吏,但国民政府明令兼任者,不在此限。相应函复贵厅查照转陈。此致国防最高委员会秘书厅

**附国防最高委员会秘书厅原函**

案准国民政府文官处二十八年七月二十日渝字第二二九六号公函开,奉政府交下政务官惩戒委员会报告,为关于国民政府委员会决议兼职长官兼领特别办公费范围,查有法令适用上之疑义三点请核示一案,遵谕签注意见,奉批送请国防最高委员会核示,钞同原报告及本处签呈意见,请转陈核示等由,当经本厅签注意见,陈奉批送法制专门委员会审议去后,兹准该会报告。按查司法院组织法第二条,有司法院院长、最高法院院长及所属各庭庭长会议议决后行使统一解释法令及变更判例之权之规定。原报告所请核示各点,均属法令解释范围,拟请发交司法院详细解释,以一事权等语。复经转陈奉批,发交司法院解释,相应钞同国民政府政务官惩戒委员会报告国民政府文官处签呈意见及本厅签注函达,即希查照办理见复为荷。此致司法院

**院字第一九二九号**

**民国二十八年十月三日　司法院指令湖南高等法院首席检察官**

呈悉,业经本院统一解释法令会议议决,来呈所称之族公,并非法人,其财产之经管人,对于该财产之加害者,不得提起自诉。仰即转饬知照。此令

**附湖南高等法院首席检察官原呈**

案据署湘潭地方法院首席检察官何奇伟呈称,呈为呈请转请解释事,设有某姓族公,财产被人侵害,其经管是否可以自诉,于此有甲、乙二说。甲、族公非法人,无诉讼能力经管又非直接被害之人,不得提起自诉;乙、直接被害者虽为某族公,但亦侵害经管人之管理权,依照司法院二十七年十一月八日院字第一八一二号解释比例类推,可以提起自诉。两说未知孰是,事关法律疑义,理合备文呈请钧席鉴核,俯准转请解释示遵谨呈等情。据此,事关法律疑问,理合转请钧院迅赐解释示遵。谨呈司法院院长居。署湖南高等法院首席检察官邓静安

院字第一九三〇号

民国二十八年十月三日　司法院指令陕西高等法院

呈悉，业经本院统一解释法令会议议决，（一）自诉人在第一审判决宣示前，以书状声明不服，无论向何机关为之，皆不发生上诉之效力。又自诉人于奉判后经过十日之上诉期间，始行提起上诉，即属违背法律上之程式不因其在未判决以前，曾有不服声明，即认为已有合法之上诉；（二）行政督察专员公署对于普通刑事案件所为之判决，当然无效，毋庸经过撤销之程序。但自诉人向行政督察专员公署所提起之上诉，是否出于误递有管辖权之第二审法院，应依职权调查自诉人上诉之真意而为认定，不得迳依被告之请求，即谓该自诉人系向该法院提起上诉，遽为第二审之审判。仰即转饬知照。此令

附陕西高等法院原呈

案据榆林陕西高等法院第二分院院长李藩侯呈称，查刑事诉讼当事人，对于第一审判决，向无第二审管权机关上诉后，移归管辖法院办理时，其应认为有上诉之效力者，以该上诉状在期间内提出者为限。兹有自诉人，在兼理司法县政府第一审判决前，向该管行政督察专员公署提起上诉，正调卷间，原县政府就该案适已判决，依法送达，自诉人奉判后，经过通常上诉期间，仍向专署上诉，此类情形，其上诉是否合法，有二说焉。甲说，自诉人在判决前，既已有上诉之声明，其判决后之上诉，虽不在上诉期间内，但以自诉人不谙法律之故，推其心理，以为业经上诉在前，则判决后之上诉应不受上诉期间之限制，其上诉应认为合法；乙说，上诉之提起，以不服判决为前提，判决前之上诉，无上诉之效力。又上诉期间为法定不变期间，自诉人于本判后，既逾越上诉期间，其上诉自不得认为合法。二说未知孰是，应请指示者一。再专员公署对于前开刑事案件，据自诉人之上诉，迳为判决，被告不服，请求第二审法院救济，法院应如何办理，有二说焉。甲说，专员公署对于普通刑事并无管辖权，其判决当然无效。第二审法院据被告之请求，应以自诉人在专署之上诉为上诉，迳为第二审之审判，其诉讼之进行，不受专署判决之拘束。乙说，专员公署对于普通刑事，虽无管辖权，但既经判决，自非经直接上级官署合法撤销，其判决依然存在，第二审法院，并非专署之上级官署，纵被告请求法院救济，法院在专署判决未经合法撤销前，自不得以自诉人之上诉为上诉而为第二审之审判。二说未知孰是，抑另有其他程序可资救济，应请指示者二。本分院现有此项案件，亟待解决，理合具文呈请钧院鉴核示遵，谨呈等情。据此，查事关解释法律问题，本院未便指示，除指令外，理合具文呈请钧院鉴核，迅予指示，以便饬遵，实为公便。谨呈司法院院长居。署陕西高等法院院长党积龄

院字第一九三一号

民国二十八年十月三日　司法院指令浙江高等法院

呈悉，业经本院统一解释法令会议议决，商号经理人所管理之事务，或商号合伙人所执

行之合伙事务,各为关于营业上之事务,其依《民法》第五百五十四条或第六百七十九条对于第三人所得为之行为,应以关于营业上者为限。代表股份有限公司之董事或代表其他公司之股东,仅关于公司营业上之事务,有办理之权,亦为公司法第一百四十五条、第三十一条、第七十一条、第二百二十四条所明定。为人保证,除属于该公司或其他商号之营业范围,或依特殊情事,可认为营业上之行为外,自无代为之权,如竟擅自为之,对于该公司或其他商号不生效力。至《民法》第五百五十七条、《公司法》第三十二条,仅于限制经理权或代表权时适用之,若原非经理权或代表权范围内之行为,既无所谓限制,即无适用各该条之余地。仰即转行知照。此令

**附浙江高等法院原呈**

案准浙江省财政厅函称,查各县田赋征收人员之任用,应取具殷实商铺保证,为浙江省田赋征收细则第十二条所规定。惟各县所送之保证书内,其保证商号有为公司或普通商号者,而其店主姓名栏内,则由公司之董事长或公司之经理或公司之董事或公司之股东或普通商号之经理或普通商号之股东签名、盖章。设遇被保证者发生亏款舞弊情事,该保证公司或普通商号是否负完全责任?本厅现正整理各县征收人员保证,上述各点,均关法律问题,相应函请查核见复为荷,等由到院。本院按公司法第三十二条,公司对于股东代表权所加之限制,不得对抗善意第三人,而最高法院民国二十一年上字第一四八六号判例,则谓公司董事之代表权,及公司经理之经理权,若加以限制,除有法定之情形外,固不得对抗善意第三人。然所谓代表权、经理权者,乃就其公司之一切事务,为该公司之董事或经理,依法而有代表或经理之权者而言,若其所代表或经理之事务,非公司之一切事务,即属无权代表或经理,即不问第三人是否善意,非经公司之特别委任或追认,自不能对于公司发生效力。又普通商号之经理人,依《民法》第五百五十七条经理权之限制,除第五百五十三条第三项、第五百五十四条第二项及第五百五十六条所规定外,不得以之对抗善意第三人。而最高法院民国十九年上字第一八九七号判例,则谓商号经理人或伙友,为人盖章作保,除经号东同意或追认外,无论有无特别习惯,其效力皆不及于号东。今该财政厅来函所称保证书,其签名、盖章者,倘未经公司之特别委任或追认,及商号号东之同意,万一发生亏款舞弊情事,其保证责任,是否应由公司或商号负担,诚属疑问。惟行政及司法机关常例,注重殷实商保,此种保证书沿用已久,效力颇大,是否应从严格解释?事关法律疑义,本院未敢擅断,理合备文呈请钧院俯予解释令示,以便转知。谨呈司法院浙江高等法院院长郑文礼

**院字第一九三二号**

**民国二十八年十月七日　司法院复广西高等法院电**

广西高等法院朱院长览,本年八月江代电悉,该法院第四分院所请解释第二审判决主文用语疑义一案,业经本院统一解释法令会议议决,《民事诉讼法》第四百四十七条所谓变更原判决,系指废弃原判决而自为判决而言,故变更原判决之判决,其主文之第一项,亦应

载原判决废弃字样。合电饬知。司法院阳印

**附广西高等法院原代电**

重庆司法院院长居钧鉴,案据龙州广西高等法院第四分院七月铣代电称,查民事诉讼第二审法院依民诉法第四百四十七条所为之判决,其主文用语应用原判决废弃,抑原判决变更,兹有三说,甲,谓本条条文虽无废弃字样,但依司法院十八年院字第二九号解释,凡遇第一审判决一部或全部违法或无效者,控告审判决,主文用语仍应援用原判废弃字样。而所谓违法,不以适用法律为限,凡采证错误致判决失当,均为违法之,此种解释与现行民诉法并无抵触,当可适用。况查最近奉到之第一、第二两审裁判格式内,均系用废弃而不用变更,自应用原判决废弃,不可为条文所拘束。乙,谓本条条文仅有变更而无废弃字样,如用废弃即与法律规定不符。是第二审判决主文,自以用原判决变更为当。丙,查院字第二九号解释内,系指遇有违法或无效者应用废弃,则第二审判决主文,除用变更外,倘遇有此种情形,亦可用废弃字样。以上三说,未知孰是,案关法律疑义,理合电请核示遵等情。据此,案关适用法律疑义,理合电请迅赐解释,俾便饬遵。代理广西高等法院院长朱朝森呈江察印

**院字第一九三三号**

**民国二十八年十月二十七日　司法院致军事委员会军法执行总监部函**

迳复者,准贵部上月二十三日法审(一一二八)渝三字第八三八零号公函开,普通人民与保长共同隐没查获之鸦片并将人犯纵逃,应依何法处断,请解释见复等由。业经本院统一解释法令会议议决,来函所称之甲,虽无公务员身分,但如与保长共同查获烟犯,将其鸦片俵分,并故纵烟犯脱逃,依《禁烟治罪暂行条例》第二十三条及《刑法》第三十一条第一项规定,应成立同条例第十三条第二项之共犯。相应函复贵部查照。此致军事委员会军法执行总监部

**附军事委员会军法执行总监部原函**

兹有某甲与保长某乙、某丙查获贩卖烟土某丁,共同将其鸦片俵分而纵放某丁脱逃,乙、丙身充保长是公务员,自应依《禁烟治罪暂行条例》第十三条第二项论罪,惟某甲系普通人民,是否亦共同成立该条项之罪,抑应适用他法条处断,殊有疑义。相应函请贵院解释,案悬待决,并希迅赐见复为荷。此致司法院

**院字第一九三四号**

**民国二十八年十月三十日　司法院咨行政院**

为咨复事,准贵院二十六年六月二十一日咨(第柒——一九五号)开,据内政部呈为关于土地登记疑义解释,尚有疑义一案,请查照解释见复等由,业经本院统一解释法令会议议决,法院所办之不动产登记,不在各省市地政施行程序大纲第十五条所谓呈准举办土地登记之内。依同大纲第二十条第一项规定,自该地方地政机关开始登记之日起,应即停止办

理,院字第一六六零号解释后段,应予变更。相应咨复贵院查照饬知。此咨行政院

**附内政部原呈**

案奉钧院二十六年五月八日第柒——二六六二号训令,以准司法院解释南京市政府对于土地登记疑义一案,令知照并转饬所属一体知照,等因,附钞咨一件。奉此,查司法院解释后段谓,至依《土地法》办理土地登记之地方,依各省市地政施行程序大纲第二十条规定,法院所办不动产登记,于开始登记之日起,固应即停止办理。但依该大纲第十五条规定,在本大纲施行前,业经呈准举办土地登记之地方,仍应照案进行,则同条例在该大纲同条所定第一次所有权,及他项权利登记完毕前,尚未废止。因之所有权以外之权利,在未依《土地法》登记所有权以前,自应由登记机关仍依同条例第三条登记,俾得发生同条例第五条所定之效力,不适用同条例第七条之规定,其未依同条例登记完毕以前,不得以已登记论云云。查各省市地政施行程序第十五条,所谓业经呈准举办土地登记之地方,仍得照案进行,系指各地方地政机关,依中央政治委员会核定之单行法规举办之登记而言,并不含有司法机关依《不动产登记条例》办理之登记在内。法院所办之不动产登记,应自各地方依法办理土地登记之日起,即行停止办理,该大纲第二十条规定至为明白。前项解释将该大纲第十五条所谓呈准举办之登记,认为法院不动产登记,与事实殊有未符,似应再请司法院复议。奉令前因,理合将对于此项解释意见,具文呈请鉴核施行,谨呈行政院,内政部部长蒋作宾,政务次长陶履谦代行。

**院字第一九三五号**

**民国二十八年十月三十日　司法院训令广西高等法院**

为令知事,据宾阳县司法处代电请解释《民法》亲属编施行后,纳妾诉请脱离关系应如何办理疑义一案,业经本院统一解释法令会议议决,妾与男方依《民法》第一千一百二十三条第三项所有之家属关系,与其相互间之结合关系不可混同。此与夫妻间家属关系与其婚姻关系之区别,颇相类似。故妾与男方脱离结合关系,不适用《民法》第一千一百二十七条、第一千一百二十八条之规定。妾之身分,既为《民法》所不认,则妾不愿继续为妾时,自得自由脱离,无须诉请法院准许脱离之形成判决。惟其诉讼如由男方不许脱离而起,可认为确认同居义务不存在之诉者,应即予以确认。合行令仰该法院转饬知照,原代电钞发。此令

**附宾阳县司法处原代电**

重庆国民政府司法院钧鉴,查现行《民法》亲属编并无妾之规定,则于该编施行后纳妾,诉请脱离主妾关系时,究应如何办理,兹有三说焉,(一)谓现行《民法》亲属编施行之后,既无妾之规定,即不生主妾脱离问题。其诉请脱离,应以原告如不愿与被告同居,尽可自由为理由,认原告之诉为要件不备,依民诉法第二四九条第六款规定,以裁定驳回其诉,不应为实体上之判决。(二)谓现行《民法》亲属编虽无妾之规定,但查主妾结合既以永久共同生活为目的,同居一家,依照《民法》第一一二三条第三项规定,自应视为家属。如作人妾者诉请

离异时,应即审认其有无理由,分别为准驳脱离家属之判决,不能拘泥于当事人对于请求标的用语之不当,而为驳回之裁定。(三)丙、谓在《民法》亲属编施行后纳妾,可视为契纳之一种,惟缔结此种契约,究系违背善良风俗,依《民法》第七十二条规定,不能认为有效。如妾诉请离异时,应为确认契约无效之判决,亦不宜拘泥于当事人对法律用语之不当,而为驳回之裁定。以上三说,究系何说为当,适用上颇滋疑义,倘认甲说为是,则当事人向法院起诉时,应否征收裁判费,或于其起诉时不予受理,迳由收发处嘱其自由脱离便是。现本处有此案件发生,亟待办理,理合电请察核解释示遵。广西宾阳县长兼司法处行政事务朱昌奎呈寝印

**院字第一九三六号**

**民国二十八年十月三十一日　司法院复广西高等法院电**

广西高等法院朱院长览,本年六月敬代电悉,所请解释一案,业经本院统一解释法令会议议决,公务员侵占公务上所持有之物,不适用《刑法》第一百三十四条加重其刑(参照院字第一九一一号解释)。合电知照。司法院世印

**附广西高等法院原代电**

重庆司法院院长居钧鉴,查公务上侵占罪除引用《刑法》第三百三十六条第一项外,应否尚须引用同法第一百三十四条之规定,再予加重其刑。悬案待结,合请迅予电示祇遵。广西高等法院院长朱朝森呈敬印

**院字第一九三七号**

**民国二十八年十一月二十九日　司法院致军事委员会军法执行总监部函**

迳复者,准贵部上月十日公函[法审(二八)渝一字第八八四三号]开,四川各盐场评议长评议员等是否有公务员身分疑义,请解释见复等由。业经本院统一解释法令会议议决,四川各盐场所设之评议公所,依其简章所载,系由全场井灶各商共同组织,并按划分区域,推选评议员,复由评议员中互推一人为评议长,经主管官署许可后,办理关于各该场特定事务。此项评议公所之评议长或评议员,自系特种商业团体之职员,不能因其简章订有评议长、员选出后开单呈由盐务管理局加委,及该公所直接受本场场长监督指挥等字样,遂认为《刑法》上之公务员,至其执行上述事项,并非办理社会公益事务,与《惩治贪污暂行条例》第一条第二项之规定不合,自亦不能以办理公务论。相应检同原附件,函复贵部查照,此致国民政府军事委员会军法执行总监部。

**附军事委员会军法执行总监部原函**

案查四川各盐场均设有评议公所直接受各该场场长监督指挥,其中设有评议长、员多人,系由全场商灶开会推选,呈由场长转呈盐务管理局加委办理全场一切公益事宜。查此项评议长、员是否有公务员身分或依《惩治贪污暂行条例》第一条第二项,以办理公务论,抑

或仅能视为一般工商团体负责任人,不能认为公务员。案关适用法律疑义,相应检附该公所简章一分函请查照,迅赐解释见复,并希将原简章掷还为荷。此致司法院

**院字第一九三八号**

**民国二十八年十一月二十九日　司法院致国民政府军事委员会函**

迳复者,准贵会上月二十六日法审(二八)渝三字第九二四八号公函开,据桂林行营梗行法一代电以都安县转请示省邮政管理局之邮政代办员犯贪污罪审判机关疑义一案,请解释见复等由。业经本院统一解释法令会议议决,邮政代办人系依邮政代办所规则从事于邮务之人员,自属《刑法》上之公务员,如就其职务上所发售之邮票浮收邮资图利,按照《惩治贪污暂行条例》应由军法机关审判之。相应函复贵会查照饬知。此致国民政府军事委员会

**附国民政府军事委员会原函**

案据桂林行营梗行法一代电,以据都安县佳法代电内称,省邮政管理局所正式委用之邮政代办员,是否公务员,该项邮政代办员,于抗战期间,如就其职务上所发售之邮票,乘机图利浮收邮资,究应由司法机关依《刑法》科处罪刑,抑由军事或地方行政机关依照《惩治贪污暂行条例》审判,请释示等情。据此,相应函请贵院查照,即予解释见复,以便饬遵为荷。此致司法院

**院字第一九三九号**

**民国二十八年十一月二十九日　司法院致中央执行委员会社会部函**

迳复者,准贵部上月十三日渝字第六八四零号公函开,为理发业应否组织同业公会或职业工会疑义请解释见复等由,业经本院统一解释法令会议议决,理发业为设场屋以集客之业,不失为商业之一种。如未经经济部指定为《商业同业公会法》第二条所称之重要商业,固不在应依同法组织商业同业公会之列。惟依同法第五十七条在同一区域内有同业七家以上者,得依同法第九条至第十一条之规定,设立商业同业公会,至理发师为《工会法》第一条所称之职业工人,自得组织职业工会。相应函复贵部查照,此致中央执行委员会社会部。

**附中央执行委员会社会部原函**

案查理发业究应组织同业公会抑或职业工会,前中央民运指导委员会解释为:“理发业者如以公司、行号为单位,自可依法组织同业公会。”前实业部二十年一月二十六日呈复行政院亦有如下之解释,理发业与浴堂亦是正当营业,其理发师与堂倌实为职业工人之一种,自当依法组织职业工会。至若店主虽兼任理发师及堂倌而其所营事业,已认定其为有经商行为,自可组织同业公会加入商会以昭公允。是理发业之店主以及兼营理发师之店主,均应以公司、行号为单位,组织同业公会,理发师则应组织职业工会。惟事关法令解释,相应

函请查核见复为荷。此致司法院

**院字第一九四〇号**

**民国二十八年十一月三十日　司法院训令甘肃高等法院首席检察官**

为令知事,查永登地方法院检察官代电请解释,保甲长是否《刑法》上公务员各疑义一案,业经本院统一解释法令会议议决,保甲长系依法令从事于该保甲之公务,自属《刑法》上之公务员,不因其由居民轮充而有异。至他人代其处理公务,仍与该保甲长之公务员身份不生影响。《惩治贪污暂行条例》所称之公务员,与《刑法》上之公务员同。惟《公务员惩戒法》上之公务员,系以荐任、委任职以上公务员,或由中央及地方各公署聘任之人员为限,保甲长自非该法所称之公务员。合行令仰该首席检察官转饬知照,原代电钞发。此令

**附甘肃永登地方法院检察处原代电**

司法院院长居钧鉴,查保甲从事于公务,若有法令可据即属(旧)《刑法》所称公务员,前经钧院第一零二零号解释在案。查此间保甲多由居民轮流当,地方政府亦不加以委任,以故人选择难,举多目不识丁,实际上且有由某甲应名而由某乙负责,或由某姓担任而由其父子、兄弟共同办理,保甲人选既如上述,似此应否认为《刑法》上所称之公务员?又,查钧院第一一五八号解释,有谓保甲长既系各户甲长公推,不能认为《公务员惩戒法》上之公务员,其可否认为《刑法》上之公务员?且自《惩治贪污暂行条例》施行后,公务员之犯罪者多所涉及,总其《刑法》《公务员惩戒法》《惩治贪污暂行条例》所称之公务员,三者解释是否相同?以上数点,不无疑义,理合电请钧院鉴核,迅赐解释示遵。甘肃永登地方法院检察官杨泉远叩艳印

**院字第一九四一号**

**民国二十八年十二月七日　司法院致国民政府军事委员会军法执行总监部函**

迳复者,准贵部上月一日法审(二八)渝二字第九四一二号公函开,据浙江省政府黄主席寒三法金志请示惩治汉奸案件适用法律疑义一案,转函查照解释见复等由,业经本院统一解释法令会议议决,在游击区域敌人探听私盐消息,替敌伪带路捉拿私盐,及同车为敌伪带路巡视者,应依《修正惩治汉奸条例》第二条七、八两款论处。相应函复贵部查照饬知。此致国民政府军事委员会军法执行总监部

**附军事委员会军法执行总监部原函**

案据浙江省政府黄主席寒三法金志电称,在游击区域替敌人探听私盐消息,替敌伪带路捉拿私盐,及同车为敌伪带路巡视,是否得依《修正惩治汉奸条例》第二条七、八两款论处,请核示等情。据此,案关解释法令,相应函请贵院查照,迅予解释见复,以便饬遵为荷。此致司法院

## 院字第一九四二号

**民国二十八年十二月七日　司法院致国民政府军事委员会军法执行总监部函**

迳复者,准贵部上月五日法审(二八)渝二字第九五三三号公函开,为食盐是否可为《修正惩治汉奸条例》第二条第五款所谓可充食粮之物品疑义,列举二说请解释见复等由。业经本院统一解释法令会议议决,《修正惩治汉奸条例》第二条第五款所称可充食粮之物品,不以米麦等足以充饥果腹者为限,食盐为民生食用之必需品,自应包括于该条款规定之内。相应函复贵部查照。此致国民政府军事委员会军法执行总监部

**附国民政府军事委员会军法执行总监部原函**

查食盐是否可为《修正惩治汉奸条例》第二条第五款所谓可充食粮之物品,兹有二说,甲说,以食盐为食用不可缺少之物品,自应视为该项所谓可充食粮之物品;乙说,该条款所谓可充食粮之物品者,系指可以代替米、麦、杂粮等而足以疗饥饱腹之物品而言,至食盐不可以疗饥饱腹,自不能谓为可充食粮之物品。二说未知孰是,事关法律疑义,相应函请贵院迅予解释,见复为荷。此致司法院

## 院字第一九四三号

**民国二十八年十二月七日　司法院指令湖南高等法院**

呈悉,业经本院统一解释法令会议议决,《民事诉讼法》第四百八十一条所谓第二审法院之裁定,包含抗告法院之裁定在内。故依同法第四百八十三条第二项规定,对于抗告法院之裁定再为抗告时,如为关于财产权之诉讼,其标的之金额或价额,在第四百六十三条所定之上诉利益额数以下者,仍在不应准许之列。至执行中关于财产权之诉讼,对于抗告法院之裁定,再为抗告者,亦应受同一之限制。仰即转饬知照。此令

**附湖南高等法院原呈**

呈为转请解释事,案据本院第三分院院长罗任呈称,窃查《民事诉讼法》对于抗告法院之裁定,得再为抗告者,以抗告为不合法而驳回之或以抗告为有理由而废弃或变更原裁定者为限,该法第四百八十三条第二项规定甚明。惟此项再抗告,是否受同法第四百八十一条之限制,发生疑问。甲说,仍应受第四百八十一条之限制,如其讼争财产权之标的在千元以下,纵令于第四百八十三条第二项情形,亦不得再抗告,原抗告法院应依第四百八十七条第二项以裁定驳回之。乙说,如合于第四百八十三条第二项,不受第四百八十一条之限制,原抗告法院应附具意见,送由再抗告法院核办。二说未知孰是,又如上开情形,系在执行中,是否亦适用上开法条办理?本分院现有此类案件,亟待解决,理合备文呈乞转请解释等情。据此,事关法律疑义,理合备文转呈钧院解释示遵。谨呈司法院院长居。湖南高等法院院长陈长簇请假,庭长顾昌炁代行。

**院字第一九四四号**

**民国二十八年十二月七日　司法院指令云南高等法院**

呈悉，业经本院统一解释法令会议议决，依《民法》第三百十八条第一项但书之规定，法院许债务人分期给付或缓期清偿，须于无甚害于债权人利益之相当期限内为之。即债务人财产在战区内者亦然所定期限，必须确定而不失于过久，不得以战事结束为期，亦不得以《民法》所定时效期间为准。至法院判决命将债务人之财产变价执行者，如无《民事诉讼法》第四百九十二条第一项第九款所定情形不得仅以在国难期间，遽援用此规定，准予再审。仰即知照。此令

**附云南高等法院原呈**

呈为法律疑义仰祈解释事，窃职院民事庭对于《民法》第三一八条之但书规定，认有疑义，请求解释。据称设有被难人民请求破产，但其财产大都陷在失地中，故有抵押权之债权人，正向保证人责令代为清偿，而保证人之产业，亦复陷在失地，无法处分，请求法院依《民法》第三一八条之但书规定缓期，至失地收复后，再行斟酌债务人之境况，分期付给，以资清偿等因，发有甲、乙、丙三说如次。甲说，缓期须有年期，若以失地收复后再行酌定分期给付，则即不啻无期。例如缓刑亦不过至多五年为期，至于斟酌债务人之境况，许其于无甚害于债权人利益之相当期限分期给付，亦应有一定期，不应无期。乙说，被难人民在此非常时期中之境况特殊，所以不能清偿之原因，正与非故意杀人者同，即犯无期徒刑，亦得宥减，其在失地之财产，究竟损失至如何程度，亦难预决，惟于收复之后，方可斟酌境况，庶有分期付给之可能。若在失地上竟至完全丧失者，则又无异死亡，即其诉讼应得中断，仍保留其权利，不得乘此国难期间，遽行别除投变，以示法律有保护之权。丙说，法院得斟酌债务人之境况，许其于无甚害于债权人利益之相当期限内分期给付，或缓期清偿。条文既以得许为主旨，自必因债务人之请求为根据，就其境况，得定相当期间请求法院之许可，至于无甚害于债权人利益之相当期限，则《民法》本有十五年时效之规定，是在立法之本旨，亦正与《刑法》之一等有期刑之期限相当。至其利益，本有一本一利为清偿之限度，亦即无甚害于债权人之利益。至于分期给付，应得准用公司债之债券方式，许其分期十五年给付，并得援引缓刑之例，缓至二年或五年后开始履行，以致本利相当为清偿之目的。据此三说，究以何说为当，值此国难期间其财产有经各级法院判决别除、投变、执行者，债务人为谋救济，声请准用非常上诉之例，请求再审，能否适用民诉法第四九二条第一项第九款之规定，准予再审，乞赐一并解释等情。据此，事关法律疑义，理合具文呈请钧院解释示遵。谨呈司法院院长居。

署云南高等法院院长胡觉

## 院字第一九四五号

**民国二十八年十二月七日　司法院指令司法行政部**

呈悉,业经本院统一解释法令会议议决,罚金易服劳役之人犯,在服役期内保外,其残余日数,如存有该人犯所缴保证金可供执行,自得扣抵罚金。仰即转饬知照。此令

**附司法行政部原呈**

案据江西高等法院首席检察官呈称,案据南昌地院首席检察官钟尚斌呈称,被告某判处徒刑罚金并科,确定后,送监执行,其徒刑经呈请保外服役,其罚金易服劳役六月。在监执行未及一月,亦经呈请援照钧部寒代电钞发江苏省呈准临时处置监犯办法第一项规定予以保释。嗣保释后,发现被告某尚有保证金,可供执行罚金,此项保证金,究竟能否扣抵,有甲、乙二说。甲、查罚金应于裁判确定后两个月内完纳,期满而不完纳者,强制执行,其无力完纳者,易服劳役。《刑法》第四十二条第一项有明文规定,该被告在监服役并未满足六个月,其保外残余日数既存有保证金肆百元及息金,显非无力完纳者可比,应将保证金扣抵罚金,不足之数仍应追缴。乙、查该被告既已送监易服劳役,其保释复有苏省呈准临时处置监犯办法足资依据,自应视为已经执行终了,所存保证金殊无再行扣抵罚金之余地。以上二说未知孰是,理合备文呈请鉴赐转呈解释,指令祇遵等情。据此。查被告某所处罚金,既经准易服劳役六月,在监执行又仅一月,其保外残余日数,并未服役,自不能以保释即视为执行终了,似以甲说为是,惟案关法律疑义,本处未便擅专,理合据情转请鉴核,指令祇遵等情。据此,事关法律疑义,理合备文呈请钧院鉴核指示,以便转饬遵照。谨呈司法院院长居。司法行政部部长谢冠生

## 院字第一九四六号

**民国二十八年十二月七日　司法院致中央执行委员会社会部函**

迳复者,准贵部本年十月十七日渝字第六九五三号公函开,准四川省执行委员会代电关于假决议可否援用于自由职业团体职员选举一案,转函查照解释见复等由。业经本院统一解释法令会议议决,自由职业团体之职员选举,在人民团体职员选举通则,并无准许假决议之明文,自不得为假决议。相应函复贵部查照转知。此致中央执行委员会社会部

**附中央执行委员会社会部原函**

准四川省执行委员会代电称,据自贡市执委会呈,以该市国医公会本年改选发生纠纷一案,其争执焦点,即在当日会场以假决议实行选举等语。经查,假决议之行使,仅限于商工业及其他同业公会会员代表大会之指定事项,对于自由职业团体之职员选举,可否援用之处,法无明文规定。特电请核复,以便饬遵等由,查自由职业团体之法规,均系政府颁行,相应函请查照,解释见复为荷。此致司法院

**院字第一九四七号**

**民国二十八年十二月十一日　司法院咨行政院**

为咨复事,准贵院二十五年六月间咨开,据前实业部呈,据国际劳工组织理事院中国理事李平衡呈请示农业工人是否可与工业工人在同等条件下组织工会疑义一案,转咨查照解释见复等由。业经本院统一解释法令会议议决,基于雇佣契约,为雇主从事耕作之农业工人,属于职业工人之一种,自得依《工会法》组织工会,修正《农会法》第十三条第三款虽有一年以上之雇农得为农会会员之规定。但此项雇农,并不包含一年未满之雇农在内,且工会以维持改善劳动条件为其目的之一,农会则否,农业工人织工会之权利,自不因有一部分农业工人得入农会而受影响。相应咨复贵院查照饬知。此咨行政院

**附实业部原呈**

案据国际劳工组织理事院中国理事李平衡二十五年四月二十七日劳字第三二五号呈略称,查我国本年所编送国际劳工局之年报,共有五种。经国劳年报专家委员会审查,认为有请我国政府加以解释或注意者,共有三公约之年报,内第一项关于农业工人集会结社权之年报专家委员会询问我国实业工人是否有工会之组织,农工是否有与实业工人在同等条件下组织工会之权利,此事在未奉钧部训令前,自不敢擅为解答。事关履行国际公约,理合备文,将年报专家委员会之报告书送呈钧部迅赐鉴核示遵等情。据此,经详加审核,关于农业工人是否有与实业工人在同等条件下组织工会之权利一点,查农业工人一词,指依雇佣关系从事于劳动者而言,似与吾国通称之雇农意义相同。吾国法令上、习惯上对于雇农,向不认为工人,依据《农会法》第十六条雇农且不得加入农会,至可否依《工会法》组织工会,颇属疑问。前此中央训练部、司法院暨本部对《工会法》第一条之解释,关于此点,均无可据,细按雇农性质,本系基于雇佣契约之体力劳动者为人耕作亦为职业,其他在新式农场之雇工,应称农业工人,更属当然。且依司法院二十二年受雇捕鱼工人得组织工会之解释,则受雇农业工人,依据《工会法》组织工会,似亦无不可。惟兹事所关者大,前此并无解释明文,究竟可否组织工会之处,理合备文呈请钧院,迅赐转咨司法院详为解释示遵。谨呈行政院

**院字第一九四八号**

**民国二十八年十二月十二日　司法院指令湖南高等法院**

呈悉,业经本院统一解释法令会议议决,湖荡所有人以外之人,入湖荡取藻,如合于《民法》第七百九十条第二款之情形,湖荡所有人自不得因政府征收湖荡赋税或登记费遂加阻止。至院字第一八九二号仅就湖荡是否为《民法》第七百九十条第二款所称未设围障之田地牧场加以解释,并未谓私有湖荡所产莲藻、鱼类及一切有价之物,均任他人入内采取,原代电所称解释意旨,未免误会。仰即转饬知照。此令

**附湖南高等法院原呈**

案据南县司法处审判官龙润猷本年九月筱代电称,查私有湖荡,在未举行土地登记启征新赋以前,各湖荡所有人,仅领湖荡执照时缴纳照费,此外不纳何种赋税,以故对于湖荡所产之鱼莲,视为所有人应得天然孳息,禁止他人入内网采,其他所产之藻(即俗名筵草),尚任附近农民用划捞取,以作肥料。自前年举办土地登记起所有湖荡按亩征收登记费,税务局按亩启征新赋,各湖荡所有人,以政府对于湖荡收费征赋,既与普通农作物之田土无异,则湖荡所产之藻,可作肥料,同应视为湖荡所有人应得天然孳息。如他人入内取藻,即须给价方许捞取,并称政府如准许他人入内取草,则拒纳赋税,而湖荡附近之农民,则以向例向他人湖荡取藻,不愿给价。双方言之成理,本处受理此类案件,已有数起,究竟应否依司法院本年七月四日院字第一八九二号解释,私有湖荡所产莲藻、鱼类及一切有价之物,均任他人入内采取,抑或应加以限制?案关法律疑义,恳转请释解示遵等情。据此,理合据情转请钧院俯赐解释示遵。谨呈司法院院长居。湖南高等法院院长陈长簇

**院字第一九四九号**

**民国二十八年十二月十五日　司法院指令广东高等法院**

呈悉,业经本院统一解释法令会议议决,来呈所称情形,甲既将无主古人遗骸迁葬他处而承祀之,该坟即应属甲所有。如不在乙之地内,而乙将其平除时,甲自得请求回复。仰即转饬知照。此令

**附广东高等法院原呈**

案据丰顺地方法院推事兼行院长职务蔚砚臣本年九月十日呈称,窃查丰顺县习俗,有所谓遇缘古人坟,即甲掘地下棺,偶然发见前人遗骨,将之迁葬他处并从而承祀之。是设有乙拟平除该古人坟,而另置新棺,甲即主张所有权出而加以阻拦因生争执,究竟该甲之主张,是否合法,于此计有两说,子说,坟墓所有权,应属葬于该坟墓者之后人,甲非该坟古人之子孙,当然不能取得该古人坟之所有权;丑说,甲虽非该坟古人之子孙,惟其既举以葬,又从而承祀之,自始显系即有占有该古人坟之意思,似应比照《民法》上占有各条之规定,推定为其所有。以上两说,究以何说为是,事关解释法律疑义,未便臆断,理合备文呈请察核,迅予俯赐转请解释示遵等情,到院。除指令外,理合转请钧院鉴核,准予解释,指令祇遵,实为公便。谨呈司法院院长居。广东高等法院院长史延程

**院字第一九五〇号**

**民国二十八年十二月十六日　司法院指令湖南高等法院**

呈悉,业经本院统一解释法令会议议决,(一)为诉讼标的之权利,非数人共同不得行使者,固须数人共同起诉,原告之适格始无欠缺。惟《民法》第八百二十一条规定,各共有人对于第三人得就共有物之全部为本于所有权之请求,此项请求权,既非必须由共有人全体共

同行使，则以此为标的之诉讼，自无由共有人全体共同提起之必要。所谓本于所有权之请求权，系指《民法》第七百六十七条所规定之物权的请求权而言，故对于无权占有或侵夺共有物者，请求返还共有物之诉，对于妨害共有权者，请求除去妨害之诉，对于有妨害共有权之虞者，请求防止妨害之诉，皆得由各共有人单独提起。惟请求返还共有物之诉，依《民法》第八百二十一条但书之规定，应求为命被告向共有人全体返还共有物之判决，不得请求仅向自己返还。至债权的请求权，例如共有物因侵权行为而灭失毁损之损害赔偿请求权，固不在《民法》第八百二十一条规定之列，惟应以金钱赔偿损害时（参照《民法》第一百九十六条第二百一十五条），其请求权为可分债权，各共有人仅得按其应有部分请求赔偿，即使应以回复原状之方法赔偿损害，而其给付不可分者，依《民法》第二百九十三条第一项之规定，各共有人亦得为共有人全体请求向其全体为给付。故以债权的请求权为诉讼标的之诉讼，无论给付是否可分，各共有人均得单独提起，以上系就与第三人之关系言之。若共有人中之一人，越其应有部分，行使所有权时，他共有人得对之行使物权的或债权的请求权，并单独对之提起以此项请求权为标的之诉，尤不待言。（二）原告就物或权利提起确认为己独有之诉，法院认为两造共有者，应将其诉驳回。（三）经理人就商号对于他人之请求权，以自己名义提起给付之诉者，应认为原告不适格，予以驳回，就商号所负债务，迳向该商号之经理人提起给付之诉者，如未主张该经理人应自负清偿责任之原因（例如经理人负有保证责任或有《民法总则施行法》第十五条情形），应认为被告不适格，予以驳回，其认经理人有自为清偿之责任，判令经理人偿还者，不得就商号财产为执行。至原告仅请求判令经理人自为清偿，而未就院字第六三八号解释所谓经理人之清理偿还责任为预备的声明者，不得判令经理人清理偿还。（四）墓田、墓庐或坟地以外之合族共有山场，并非《民事诉讼法》第四十条第三项所谓有当事人能力之团体。其共有如系公同共有，依《民法》第八百二十八条第二项之规定，除定其公同关系之法律或契约另有规定外，固非得公同共有人全体之同意，不得由公同共有人中之一人起诉。惟既当置经管管理，则充任经管之公同共有人，能否单独起诉，应解释契约定之。（五）租赁之房屋，因天灾或其他事变致全部灭失者，依《民法》第二百二十五条第一项、第二百六十六条第一项，出租人免其以该房屋租与承租人使用之义务，承租人亦免其支付租金之义务，租赁关系当然从此消灭。惟当事人间订有出租人应重盖房屋租与承租人使用之特约者，从其特约，该地方有此特别习惯，可认当事人有作为契约内容之意思者，即为有此特约。至房屋之承租人对于房屋之基地，固得因使用房屋而使用之，若租赁关系已因房屋灭失而消灭，即无独立使用之权，其在该地基搭盖棚屋居住者，究为侵权行为，抑为无因管理，应视具体事实定之，仅据原呈所称情形，尚难断定。仰即知照。此令

**附湖南高等法院原呈**

为呈请解释事，兹有法律疑义五点，列举于下：（一）各共有人向第三人或其他共有人对于共有物全部加侵害者，得依《民法》第八百二十一条之规定起诉否：甲说，谓凡共有人就共有权利之全部为诉讼，乃属固有之必要共同诉讼，依该条起诉，当亦不能例外，应由共有人

全体或其内利害相同之全体共同起诉或共同被诉,否则为当事人不适格;乙说,谓共有人内部仅就管理或处分行为发生争执,本诸《民法》第八一九条第二项、第八二零条第一项、第八二八条第二项起诉,固不能谓非必要共同诉讼。惟查《民法》第八百二十一条所指第三人,当包括一切侵害者在内,即共有人中有对共有物全部加以侵害者,自亦不能除外。如果各共有人因第三人或其他共有人对共有物全部已发生侵权行为情事,依该条对之起诉,有何当事人不适格之可言,至甲说认此场合,亦应为当事人不适格,实未注意《民法》第八百二十一条之规定。我国各地民智多未启发,共有财产当为少数人把持,如必依甲说方能向侵害者诉追,则共有人如人数有万千之众,微特征集全体同意事实上已极困难,且诉讼进行,亦必因而濡滞,何能抵御侵害者之急迫,故持甲说似反易为狡黠把持公产者所利用,两说未知孰是。(二)原告起诉就某物或某项权利为己独有之争执,经审查结果,认为应属两造共有,是否应驳回其诉,抑应认共有亦系所有之一种,而为其一部胜诉一部败诉之判决。(三)经理代表商号为原告而起诉(即以己名起诉),如认其诉为有理由,究应判令被告对原告(即经理)为某行为,抑应判令对该商号为某行为?又某人因某商号欠债,迳向其经理诉请偿,还可否迳判令经理偿还?如判经理偿还,是否得就该商号财产而为执行,倘认为经理只应负清理偿还之责,此时应否将原告之诉驳回,抑得判令被告(即经理)负清理偿还之责,而将其余之诉驳回?(四)此间习惯,墓田、墓庐或坟地以外之合族共有山场,当置经管管理,遂呼此项公产为某某公(即以该祖先之名呼之),如果涉讼,即以某某公之名义起诉,而列其经管为法定代理人,是否得参照《民法》总则第九条之规定,而认为有当事人能力之团体(即民诉法第四十条非法人之团体),抑应谕令其依民诉法第四十一条规定,另由该族共有人全体选定一人或数人为全体起诉?(五)租赁房屋,因天灾或其他事变致全部烧毁,仅存地基者,其租赁关系是否因房屋灭失当然终止,抑因地基为房屋构成之一部分,仍不能谓为标的物全部灭失,租约非当然终止,如认为应当然终止,则承租人于房屋焚毁后,不得出租人同意,擅在其处搭盖棚屋住居,是否为侵权行为,亦系无因管理,抑或因其基于终约前之租赁关系而继续占管,尚难指为违法行为。以上所述五点,均关法律疑义,理合具文呈请钧院俯赐解释示遵。谨呈司法院院长居。湖南高等法院院长陈长簇请假庭长颜昌寿代行

**院字第一九五一号**

**民国二十九年一月三日　司法院致国防最高委员会秘书厅函**

迳启者,贵厅上年八月二十五日国核字第三二九三号公函致最高法院,请解释军事机关部队官兵是否公务人员疑义一案,业经本院统一解释法令会议议决,军事机关及部队所属之官佐,与公安机关之长警,自系党政军机关人员小组会议与公私生活行为辅导办法所称之公务人员,士兵则否。相应函请贵厅查照。此致国防最高委员会秘书厅

**附国防最高委员会秘书厅原函**

查军事机关及部队所属之官兵是否为公务人员尚无明文规定,有亟待解释之必要,拟

请查照,予以解释。至公安机关之长警,曾经前大理院解释为公务人员,该项解释是否仍属有效,并希一并赐复为荷。此致最高法院

**院字第一九五二号**

**民国二十九年一月十三日　司法院指令司法行政部**

呈悉,业经本院统一解释法令会议议决,附带民事诉讼在第二审移送民事庭后,追加原非当事人之人为当事人,依《刑事诉讼法》第四百九十四条但书,及《民事诉讼法》第四百四十三条前段规定,非经他造同意,不得为之。仰即转饬知照。此令

**附司法行政部原呈**

案据福建高等法院院长宋孟年呈称,案据本院第二分院院长邱信炘呈称,兹有十二人合伙开张某号,先由合伙四人自诉合伙二人,并附带民诉请求赔偿。经刑庭一、二两审认该合伙二人对于某号有诈财情事,各判处罪刑确定在案,同时刑事第二审将附带民诉移送同级民事庭审理,其余合伙六人始在民事庭追加于原合伙四人共同诉讼。此种于刑事诉讼终结后,在民事庭追加,原非当事人之人为当事人,是否合法,分甲、乙两说。甲说,谓《刑事诉讼法》第四百九十二条规定,附带民诉应于刑事诉起诉后第二审辩论终结前为之。本例其余合伙六人,既在刑事诉讼第二审辩论终结后始提起附带民诉,自非为法所许。乙说,谓本例原合伙四人于自诉时业已提起附带民诉,是其余合伙六人乃诉之追加问题,将来判决对于其余合伙六人与原合伙四人内容不能互异,必须合一确定,实无碍于对造之防御及诉讼之终结。依《刑事诉讼法》第四百九十四条,附带民诉移送民事庭后,适用《民事诉讼法》之规定,此种诉之追加,乃为《刑法》所许可。二说以何说为当,事关适用法律,未敢擅专,理合具文呈请钧长察核,准予转请司法院解释,俾资遵循等情。据此。除指令外,理合据情呈请鉴核,俯赐转请解释令遵等情。据此,事关适用法律疑义,理合备文呈请钧院鉴核指示,以便转饬遵照。谨呈司法院院长居。司法行政部部长谢冠生

**院字第一九五三号**

**民国二十九年一月十三日　司法院指令陕西高等法院**

呈悉,业经本院统一解释法令会议议决,来文所称老当不赎之土地,如其契据载有永远管业永不回赎字样,亦无其他情事,可认出当人对于该土地尚有何种权利关系者,依《民法》第九十八条解释,当事人之意思表示自系所有权之移转,应准为所有权登记。仰即转行知照。此令

**附陕西高等法院原呈**

呈为呈请解释事,前准陕西民政应代电,据省会土地登记处转询老当不赎之业产,能否为所有权之登记,当经本院以物权不得创设,老当不赎之业产,依法只能认为发生典权关系,除另因时效完成而得声请登记为其所有外,自不得迳予为所有权之登记电复后,旋复准

民政厅代电。以该会谓按《土地法》第三十五条之规定,老当不赎之名义,虽与第三十三条第一项所列各种不符,而其性质即可审认与所有权同种类,不得视为创设,而应予为所有权之登记等情。对于本院所复发生疑义,再请查核见复前来,本院以上述二点,究以何者为是,事关法律解释,未敢擅专,理合照钞原代电呈请钧院鉴核,迅赐解释,俾便转知遵照。谨呈司法院。署陕西高等法院院长党积龄

**院字第一九五四号**

**民国二十九年一月十六日　司法院指令贵州高等法院**

呈悉,业经本院统一解释法令会议议决,查《刑法》虽有变更,但关于强奸杀被害人之结合罪,及犯该罪须告诉乃论各规定,征诸《刑法》第二百二十三条、第二百三十六条与旧《刑法》第二百四十条第六项、第二百五十二条完全相同,则此种犯罪,既经检察官起诉,虽未据有告诉权者之告诉,仍应参照院字第十七号解释,专就杀人部分,予以论科。仰即转饬知照。此令

**附贵州高等法院原呈**

案据贵定县司法处九月三十日代电称,查告诉乃论之罪未经告诉者,依《刑事诉讼法》第二百九十五条第三款规定,本院谕知不受理之判决。《刑法》第二百二十三条犯强奸罪而故意杀被害人之重案,未据告诉即经侦查起诉,如全部谕知不受理,不惟骇人听闻,滋扰社会抑于司法威信,影响尤巨。职处现有此类案件急待解决,可否将杀人部分认为独立诉追,仅就杀人部分审判,以济法律之穷,理合电请鉴核,速赐示遵等情。据此。查《刑法》第二百二十三条之犯罪,系结合犯,在旧《刑法》时代虽有得就杀人部分单就诉追之解释,而《刑法》业已变更,关于该条之结合犯,未经告诉,可否分割就其杀人行为,予以论科?案关法律疑义,未敢擅拟,理合呈请鉴核,解释示遵。谨呈司法院院长居。贵州高等法院院长刘含章

**院字第一九五五号**

**民国二十九年一月十六日　司法院指令四川高等法院首席检察官**

呈悉,业经本院统一解释法令会议议决,(一)依抽查印花税规则第八条应由甲法院裁定之案件,误由乙法院而为裁定,其裁定只能谓为违法,并非当然无效;(二)关于违反印花税法之裁定,检察官如认为违法,亦得提起抗告。仰即转饬知照。此令

**附四川高等法院首席检察官原呈**

案据署四川资中地方法院检察官朱建励呈称,呈为呈请核示事,窃查违反印花税法案件,应由违法商店所在地之司法机关审理。此在抽查印花税规则第八条定有明文(检查及督查印花税规则有同样规定),设有抽查委员会查获甲县商店违反印花税法事实,竟函送乙县法院审理,乙县法院亦误为科罚之裁定,此项裁定,究属违法,抑为无效?又关于违反印花税法之裁定,如显然违法,除原检查机关及被告均得提起抗告外,检察官有无抗告之权,

实用上均不无疑义，理合具文呈请钧席鉴核示遵，谨呈，等情。据此。案关法律疑义，职处未便核示，除指令外，理合具文呈请钧院俯赐鉴核，指令祗遵。谨呈司法院院长居。四川高等法院首席检察官林超南

**院字第一九五六号**

**民国二十九年一月十六日　司法院咨行政院**

为咨复事，准贵院上年十一月八日吕字第一四一九六号咨开，据内政部呈请复议土地登记效力解释一案，转咨查核见复等由。业经本院统一解释法令会议议决，《土地法施行法》第二十八条第二项所称权利之新登记，系对于该权利之前登记，而指第三人取得权利之新登记，观《土地法》第一百零八条、第一百零九条均以新登记与前登记对称，其义自明。施行法第二十九条所称土地权利登记名义人，即在登记簿上有土地权利名义之人，征以同条所并举之预告登记，须对于请求权负义务者之土地权利已经登记，始得为之，亦甚明显。是施行法第二十八条、第二十九条所称之异议登记，系对于既存之土地登记为之，与《土地法》第一百零一条第五款无涉。施行法第二十八条之本旨，系因该条第一项之诉讼为请求涂销登记之诉，此项诉讼提起后，如有第三人取得土地权利之新登记，即不得涂销前登记，以追夺第三人取得之权利。故许提起诉讼者，声请为异议登记，并认异议登记有停止此项新登记之效力，以保全其涂销登记请求权。施行法与其本法同为依立法程序制定之法律，以施行法确定其本法之意义，或制限其适用，本无不可，综合《土地法》与其施行法之规定，而探求其一贯之法意，《土地法》第三十六条所谓登记有绝对效力，系为保护第三人起见，将登记事项赋与绝对真实之公信力。真正权利人在已有第三人取得权利之新登记后，虽得依《土地法》第三十九条请求损害赔偿，不得为涂销登记之请求，而在未有第三人取得权利之新登记时，对于登记名义人，仍有涂销登记请求权，自无疑义，院字第一九一九号解释无须变更。相应咨复贵院查照饬知。此咨行政院

**附内政部原呈**

案奉钧院二十八年九月二十七日吕字第一一五三八号训令，以准司法院咨复，关于浙省府转请解释土地登记效力疑义一案，解释全文，令仰转行知照等因，奉此，自应遵办。惟细绎所释法义，似与原立法精神不符，而于推行登记业务亦多窒碍。《土地法》所规定之登记效力，系采托仑斯制精神，凡土地权利一经依法登记后，即有绝对效力，无论在当事人间或对于第三人，均有绝对拘束力，无论何人，不能借任何理由予以变更。倘于登记完毕后，发见错误，且明知原应享有权利之人，因登记错误而受损害，亦只得由国家负其损害赔偿之责任，此在《土地法》第三十九条、第四十条中规定綦详，纵即同法施行法第二十八条有声请异议登记之规定，亦不能以子法变更母法之原旨。如谓土地经依法登记后，所谓真正权利人在公告期限外，仍得对于登记名义人主张登记原因之无效或撤销，提起涂销登记之诉，则依法所发土地权利书状，与一般临时执照之效用有何区别？此不特增加登记后之纠纷，且

将使地籍整理永无完成之期,殊失《土地法》彻底厘整地籍之目的。再查《土地法施行法》第二十八条与第二十九条之意旨,本部依照《土地法》第一百零一条第五款之规定,认为应在公告期间以内,始得声请异议及为异议之登记,与《土地法》第三十六条绝对效力之法理精神自属一贯,若照司法院解释,是子法超过于母法,不特《土地法》第三十六条之规定形同虚设。且同法第三十九条与第四十一条之规定,亦成具文矣,又,司法院解释《土地法施行法》第二十八条与《土地法》第一百零一条所规定之异议为两事,似亦有未妥,盖《土地法》既于第一百零四条明白规定,应于公告期满后开始审理,则期满后之异议,自不得接受与开始审理。同法施行法第二十八条之规定,只可视为就前项异议于土地裁判所审理外,加以补充,并得提起诉讼,及得为声请异议登记而已,故同法施行法第二十九条有同意为之之明文,如其在公告期满后,依法登记之土地,谁肯同意为之?再《土地法》自第九十六条至第一百零二条规定登记程序至为繁复。且依同法第二十四条之规定,必须依法为地籍测量之地方,方得为之,绝非《不动产登记条例》可比。如经过正式地籍测量及严密之登记程序后,所谓真正权利人视若无睹,及至依法登记确定,并颁发土地权利书状后,方出而声请异议,竟谓登记原因之无效,并不受《土地法》第三十九条但书之限制,则法律规定时效之谓何?事关变更立法原旨及影响地政工作之进行,本部职责所在,未便缄默。理合加具意见,呈请鉴核,转咨复议。谨呈行政院。内政部部长周钟岳

**院字第一九五七号**

**民国二十九年一月十七日　司法院致国民政府军事委员会函**

迳复者,准贵会上年十二月十二日法审(二八)渝三字第一零五七七号公函开,为吸食鸦片案件适用法律疑义一案,请迅予解释见复等由,业经本院统一解释法令会议议决,烟犯于初犯交送勒戒期内,虽曾拒绝服药,但经执行判决期满烟瘾业已断绝,则其后再有吸食鸦片行为,自属《禁烟治罪暂行条例》第八条第三项之再犯。相应函复贵会查照。此致国民政府军事委员会

**附国民政府军事委员会原函**

案据浙江全省保安司令齐三法金丙电称,现有烟犯于初犯交送勒戒期中拒绝服药,迨判决确定执行期满烟瘾断绝后,再有吸食鸦片之罪行,应否以再犯论处。祈释示等情,相应函请贵院查照,迅予解释见复,以便饬遵为荷。此致司法院

**院字第一九五八号**

**民国二十九年一月十八日　司法院咨行政院**

为咨复事,准贵院二十七年九月八日渝字第七零八八号咨开,据内政部呈据浙江民政厅转请示《土地法施行法》条文疑义一案,咨请查照解释见复等由,业经本院统一解释法令会议议决,(一)依《土地法施行法》第二十七条之规定,得以预告登记保全之权利,系以土地

权利之移转消灭，或其内容或次序之变更为标的之请求权，并非土地权利之本身。至此项请求权之预告登记，依同法第二十九条，因假处分或经土地权利登记名义人之同意为之，该请求权是否曾受何种侵害，与能否为预告登记之问题无涉。(二)《土地法施行法》第二十七条第二项，不过示明第一项之请求权不以现已发生者为限，附有条件或将来之请求权亦在其内，并非谓附有条件或将来之请求权，不以土地权利之移转消灭，或其内容或次序之变更为标的者，亦得为预告登记。同条第三项所称第一项之请求权，自系包含第二项之请求权在内，否则就附有条件或将来之请求权所为预告登记，即属毫无效力，显与法律许为预告登记之本旨不符。(三)甲、原呈所谓先买权，当指《土地法》第一百七十三条之优先承买权而言，此项优先承买权，以出租人出卖耕地时，得依同样条件优先承买，为其内容，实属订立买卖契约之请求权，买卖契约订立后，始有耕地所有权之移转请求权。惟其将来可以取得耕地所有权移转请求权之原因业已存在，应解为将来之请求权，许为预告登记，如其优先承买权未为预告登记，则在买卖契约订立后，自得就耕地所有权之移转请求权，为预告登记。乙、原呈所谓通行权，当指地役权而言，供役地所有人与地役权人订定供役地内建筑房屋时，地役权人应为抛弃地役权之意思表示者，供役地所有人固于建筑房屋之停止条件成就时，有消灭地役权之请求权，此际自得就该请求权为预告登记。惟设定地役权之初，即有此种特别订定者，依《土地法》第一百十八条、第八十二条第二项，既于为地役权设定之登记时，将其订定一并登记，自无须再为预告登记。倘地役权设定契约，系附以供役地内建筑房屋时地役权即消灭之解除条件，则解除条件成就时，地役权当然消灭，无所谓地役权消灭之请求权，此际应为地役权消灭之登记，无为预告登记之可言；丙、土地权利内容之变更，例如地上权存续期间之变更，永佃权地租数额之变更，地役权目的范围之变更是也，以此为标的之请求权固得为预告登记。若原呈所举之例，系将土地所有权移转于他人后，禁止他人变卖土地，其请求权系以不变卖土地之不作为为标的，与土地权利内容变更之请求权，以变更土地权利内容之作为为标的者迥异，自不得为预告登记；丁、土地权利次序变更之请求权，例如，次序在后之抵押权人，以某种原因对于次序在先之抵押权人，有请求抛弃次序在先之利益之债权是也，(参照《民法》第八六五条、第八七四条)原呈所举之例，系以遗嘱变更法律所定遗产继承人之顺序，既非所谓土地权利次序之变更，更无所谓土地权利次序变更之请求权，绝无为预告登记之余地。戊、原呈所举之例，系全族就其公同共有之养贤田，订定由将来毕业于某种学校之族中子弟收益，此项收益请求权，既非关于土地权利之移转消灭，或其内容或次序之变更之请求权，自不得为预告登记。至附有条件之请求权之例，可参照乙项前段之说明。己、原呈所举之例，如系地上权之设定，且定有地上权存续期间者，将来存续期届满时，地上权当然消灭，无所谓使地上权消灭之请求权。惟土地所有人与地上权人约定，地上权存续期间届满时，地上权人应将该地上房屋之所有权移转于土地所有人者，得就将来之房屋所有权移转请求权，为预告登记。(四)关于此点，已于院字第一九一九号解释文内解释在案。(五)《土地法施行法》第二十九条，系就同法第二十七条之预告登记，或同法第二十八条之异议登记,规定其程序上应备之要件,并非于该两条以外别认预告登记或异议登记之原因。至《土地法施行法》第二十七条之情形,已有判决命土地权利人为移转或消灭其土地权利,或变更其内容或次序之意思表示时,因该判决之确定,即视与土地权利人已为此项意思表示同(参照补订民事执行办法第三十条前段),此际既可为土地权利移转消灭或变更之登记,即无须为预告登记。又《土地法施行法》第二十八条之情形,已有确定判决认登记原因之无效或撤销,命被告为涂销登记之声请者,依《土地法》第五十九条后段,得仅由原告声请为涂销登记,亦无须为异议登记。相应咨复贵院查照饬知。此咨行政院

**附行政院原咨**

案据内政部二十七年九月一日呈称,据浙江民政厅二十七年七月七日呈称,案据本省永嘉县县长呈称,查本县地政处办理土地登记人员,对于《土地法施行法》第二十七条、第二十八条及第二十九条之意义,均欠明了,特举疑义如下,(一)《土地法施行法》第二十七条之意义有两说:甲、预告登记所保全之标的乃某种请求权,并非标的物之本身权利;乙、预告登记即所以保全标的物之本身权利,如依甲说则一般的请求权在何种场合受侵害,而需要保全,如依乙说,则所有物权均已声请为第一次所有权或他项权利登记,何必重为预告登记?(二)《土地法施行法》第二十七条第三项规定,何以第一项登记之效力优于第二项?(三)《土地法施行法》第二十七条第一项条文内各名词列举下列各例以说明之,是否适当:甲、保全土地权利移转之请求权,例如某甲报买荒地一片,租给某乙垦植成熟,甲若出卖该地,则乙应有先买权。惟欲保全该项先买权,须作预告登记。乙、保全土地权利消灭之请求权,例如张三房屋傍近李四空基,双方约定,在目前状况之下准予张三出入该基,若李四兴造房屋张三则愿抛弃通行权,此种场合,须作预告登记。丙、保全土地权利内容之变更之请求权,土地权利之内容,包含使用收益处分,如欲保全变更,须作预告登记。例如某慈善家愿将伊之手创民田一百亩,助给孤老堂,收取租息养赡孤老,但不许变卖是。丁、保全土地权利次序之变更之请求权,例如王富翁有遗产万顷,依照继承法例,应先直系血亲卑亲属,次及配偶。惟富翁意欲先配偶而后及直系血亲卑亲属,乃立遗嘱或召开亲族会议,而将继承之次序变更,须作预告登记。戊、附条件之请求权,例如杨氏祠众,有养贤田五十亩,全族公议某房之子弟须在某种学校毕业,始得享受该田之权利是。己、将来之请求权,例如某甲以土地给予某乙搭盖使用,不取租息,惟约至民国五十年间,乙则将该屋及基一并交还某甲是。(四)《土地法施行法》第二十八条规定,已登记之土地权利,似得因登记原因之无效或撤销,而提起涂销登记之诉,此说如属无误,则《土地法》第三十六条规定之绝对效力,将作何解?(五)《土地法施行法》第二十九条有两种解释:甲、本法第二十七条、第二十八条之预告登记,或异议登记,须因假处分或权利名义人之同意,始得为之;乙、除有前二条之原因当然得为预告及异议登记外,因如有法院假处分或得权利名义人之同意,亦得为之,倘依甲说,非特当事人离已具备以上二条之原因,不得为异议及预告登记,即有因法院之判决,亦不得为之矣。如依乙说,则任何人均可将他人权利妄为预告登记或异议登记。上列各端有

关登记业务,理合具文呈请详赐逐条释示,以祛疑窦,而免错误,实为公便等情。据此,查此案关系解释土地法令,本厅未便擅释,除指令外,理合备文呈请钧部鉴核释示,以便转饬,实为公便等情。据此,案关解释《土地法施行法》,本部未便擅拟,除指令外,理合备文呈请钧院鉴核,转咨司法院解释,以便饬遵等情,相应咨请贵院查照,解释见复为荷。此咨司法院

**院字第一九五九号**

**民国二十九年二月二日　司法院致中央执行委员会社会部函**

迳复者,准贵部上年九月十六日公函(渝字第六二四二号)开,据浙江玉环县党部请解释参加农会单位疑义一案,转请查核见复等由,业经本院统一解释法令会议议决,中华民国人民具有《农会法》第十三条所定资格者,不分男女,亦无论是否家长,均得为农会会员。院字第四八零号及第五九零号解释,系就旧《农会法》第十六条第一、第二两款加以解答,亦非以农户为参加农会之单位,相应函复贵部查照饬知。此致中央执行委员会社会部

**附中央执行委员会社会部原函**

案据浙江省玉环县党部民运通讯第一号请求解释之疑问第五点内载,农会会员未臻二十岁者,不准入会,倘有某会员身故,其子年幼,可否由其妻加入为会员,抑由其子为会员等情。查关于农会会员资格,前经贵院于二十年三月二十四日院字第四八零号解释,有农地之农家有二十岁以上之男女五六人,是否仅由家长一人参加农会案内,经解答,《农会法》第十六条第一项所谓,有农地者,系指农地之所有人而言,农地所有人之家属子女,除因赠与或继承关系而业已取得该农地之所有权外,非该条第一项之有农地者。又于同年九月二十二日院字第五九零号解释,佃农兄弟三人,共耕佃田十亩,如何参加农会案内,经解答,佃农兄弟数人,共耕佃田十亩,只能推举一人为农会会员……依据以上两项解释,均系以农户为参加单位。惟查中央最近通过非常时期人民团体组织纲领第九条之规定,全国人民,除受法令限制者外,均得分别参加人民团体之组织,侨居国外之人民亦同。依前条之规定,则在农会方面,自应以农民个人作参加单位为宜。又,查《农会法》第十三条规定,会员资格五项,其三、四、五各项关于雇农及农业学校毕业或具有农业知识经验并现在从事农业工作者,既显系以其个人资格加入农会,并无户的限制,则对于第一项有农地者,包括地主、自耕农、半自耕农,及第二项佃农,似亦不能例外,限其每户一人。如果照此决定,凡属自耕农及佃农等年满二十岁者,均可依法加入农会,自无所谓妻子继承入会问题。兹据通讯前情,除先予答复外,事关法令解释,相应函请查核见复,以凭饬遵为荷。此致司法院

**院字第一九六〇号**

**民国二十九年二月二日　司法院指令司法行政部**

呈悉,业经本院统一解释法令会议议决,当铺因敌军烧抢,以致所当物件损失者,除事

前确有避免之机会,因过失而未及避免外,对于当户,不负赔偿责任。仰即转饬知照。此令

**附司法行政部原呈**

案据山西高等法院本年十月五日呈晋(宜)字第五二六号呈称,查关于当铺或其他以受质为营业者不适用《民法》物权编质权之规定,在《民法》物权编施行法第十四条定有明文。设有当商以敌军过境,焚烧抢劫,将当户所质物件完全损失时,此际各当户能否向当商要求赔偿,计分甲、乙两说。甲说,谓当铺营业法律既无规定,应依习惯,而清律所定典物因天灾事变灭失时,当商仍负赔偿之责,即系以习惯为立法之渊源,自应参照向例责令赔偿;乙说,谓清律所定赔偿办法系一种法律,现在既因《民法》施行而失效,则关于典物因不可抗力而毁灭时,除法律有特别规定外,自不能令当商负赔偿之责。究竟二说孰是,理合具文呈请钧部鉴核,示遵施行等情。据此,事关法律疑义,理合备文转呈钧院鉴核指示,以便转饬遵照,谨呈司法院院长居。司法行政部部长谢冠生

**院字第一九六一号**

**民国二十九年二月十二日　司法院指令四川省禁烟督办公署**

呈悉,业经本院统一解释法令会议议决,盗用军用舰船、飞机、车辆、证明文件(如车辆牌照之类),运送鸦片或其代用品,与以军用舰船、飞机、车辆运送鸦片或其代用品不同,自不能依《陆海空军刑法》第四十六条论科。仰即知照。此令

**附四川省禁烟督办公署原呈**

案查本署军法室对于《陆海空军刑法》第四十六条第一项以军用船舰、飞机、车辆运载鸦片,或其代用品者,处死刑或无期徒刑之规定,发生疑义。即盗用军用船舰、飞机、车辆之证明文件(如车辆牌照之类)运送鸦片,或其代用品者,是否仍依本条论罪科刑?是已,甲说,证明文件即所以表明该船舰、飞机、车辆之信物,盗用证明文件与盗用船舰、飞机、车辆无异,应论以本条之罪;乙说,证明文件究非军用船舰、飞机、车辆,《刑法》以从严解释为原则,不能依本条论科。以上二说,究以何说为当,理合呈请钧院解释复示为祈,谨呈司法院,兼理四川省禁烟督办蒋中正印会办贺国光印

**院字第一九六二号**

**民国二十九年二月十三日　司法院致中央执行委员会社会部函**

迳复者,准贵部本年一月十一日第八六六号公函开,据重庆市执行委员会转请解释银行公会可否举行执监联席会议各疑义一案,函请查照见复等由,业经本院统一解释法令会议议决,《商业同业公会法》于执行委员会或监察委员会之召集人未设明文,如该法施行细则亦无规定,得以公会章程定之;章程未定明者,得以会员大会之决议定之;大会未议定者,得以执行委员会或监察委员会之决议定之;委员会未议定者,各执行委员或各监察委员皆得召集之;其执行委员互选常务委员者,各常务委员皆得召集之;至执行委员会与监察委员

会职权,各不相同。自应分别开会,相应函复贵部查照。此致中央执行委员会社会部

**附中国国民党中央直属重庆市执行委员会原呈**

案据本市银行商业同业公会呈称,窃查前颁工《商业同业公会法》之规定,公会设有常务委员会,其执行委员会之开会由常务委员会召集。兹奉国府颁定修正《商业同业公会法》,对于执监各委员会平时开会次数虽有规定,而究由何人召集,则均未有规定,同时常委会亦无举行会议之明文。如是在每次执监各委员会开会时,是否均由主席召集,抑或另有办法,理合具文呈请大会俯予解释,指令祗遵等情。正拟办间,复据该会呈称,窃查新颁商业同业公会章程准则第十五条,本会设执行委员若干人,组织执行委员会,监察委员若干人,组织监察委员会,其职权既各有不同,而开会日期复有每月至少一次与两次之差别,兹如不分别召集,而每次举行执监联席会议,是否认为合法?倘果允予举行,其开会法定人数,是否以两会到会人数合并计算,抑系各别计算,联会主席是否即以执委会主席担任,会议纪录可否合并办理,以上各节,因无明文规定,而属会改组在即,亟须解决,以便办理。除分呈社会局外,理合具文呈请大会俯赐解释令遵等情,各到会,查所呈各节,法令均无明文规定,理合呈请鉴核示遵。谨呈中央社会部,中国国民党中央直属重庆市执行委员会主任委员洪兰友。

**院字第一九六三号**

**民国二十九年二月十四日　司法院复湖南高等法院首席检察官电**

湖南高等法院邓首席检察官览,上年四月养代电悉,所请解释追诉权时效各疑义一案,业经本院统一解释法令会议议决,(一)于侦查或审判中通缉被告,其追诉权之时效,均应停止进行,但须注意《刑法》第八十三条第三项之规定;(二)县政府受理刑事案件,应否认为已经起诉,须视其诉讼行为至如何程度而定,不能为具体之解答。合电知照。司法院寒印

**附湖南高等法院首席检察官原代电**

重庆司法院院长居钧鉴,兹有某甲在旧刑律有效时期因犯杀人罪逃亡,迭经通缉未获,迄今历二十一年尚在继续通缉中,此项通缉行为,能否认为《刑法》第八十三条法律上停止原因之一,持论各殊,有子、丑二说,子说,通缉在旧刑律有效时期,固可认为旧刑律第七十二条之侦查上强制处分,得为时效中断之原因。但现行《刑法》并无时效中断之规定,《刑法》第八十三条所谓法律上停止原因,系指《刑事诉讼法》第二百四十条以民事法律关系为断,得停止侦查。及宪法所定议员除现行犯外,在会期内非得大会之许可,不受司法之制裁之各种规定而言,通缉虽为诉讼程序之一。然被告之追诉并不以通缉到案为限,观于刑诉法第二百三十条第二项被告之所在不明者,亦应提起公诉之规定自明。某甲所犯杀人罪,自其犯罪成立之日起,如已经过《刑法》第八十条第一项第一款所定二十年之期间,无论《刑法》施行后曾否继续通缉,均不停止时效之进行,其追诉权已因时效届满而消灭;丑说,《刑法》第八十三条追诉权时效之停止,包括审判程序在内。侦查起诉固不以通缉被告到案为

限,而审判程序则否,审判期日除有特别规定外,被告不到庭者不得审判,刑诉法第二百六十条著有明文,被告因在逃迭被通缉,在未经缉获以前,审判无从进行,自应停止,足见通缉亦为《刑法》第八十三条时效停止原因之一。某甲于《刑法》施行后,既尚被继续通缉,其追诉权之时效应自犯罪成立之日起经过二十五年方得消灭。两说各具理由,未知孰是,应请核示者一。又上项案件,未经该管兼理司法之县知事侦查起诉或审判,依当时法律,县知事兼有检察、审判两种职权(修正县知事审理诉讼暂行章程第十条,刑事案件,县知事因告诉、告发、自首或其他情事,知有犯罪之嫌疑,或由司法警察官署移送者得迳行审判)。其因被告逃亡呈请通缉,应否视作审判进行之程序,抑应视为侦查进行程序,亦不无疑义,应请核示者二。以上两点悬案待决,特电恳钧院俯赐察核,迅予电示祇遵。署湖南高等法院首席检察官邓静安叩养印

**院字第一九六四号**

**民国二十九年二月十四日　司法院指令云南高等法院**

呈悉,业经本院统一解释法令会议议决,应付利息之金钱债务,约定以粮食纳年利者,如按给付时之价额折算为金钱,超过周年百分之二十,依《民法》第二百零五条之规定,债权人对于超过部分之利息无请求权。仰即转饬知照。此令

**附云南高等法院原呈**

二十八年十一月二十四日,案据职院所属云南高等法院第一分院院长沈沅呈称,案据华坪县县长谭其赏快邮代电呈称,查职县审理民事案件中,每遇有典当抵借等项纠纷,地方习惯原多以谷米及苞谷、莜麦上纳年息者,然在往年粮价未涨之际,计其利率尚属平衡,殊至本年地方各种粮食飞涨至四五倍以上,以是凡典借者纷纷发生争执。此项租息,若判令照原定契约数目履行纳息,则超过法定利率四倍之多,若援照法定利率计算制,原日已履行之契约即归无效。假如,甲于民国二十六年向乙抵借票币一千元,契载每对年纳利谷二十石,以当时粮价计算,仅只折合价洋一百六十元,尚未超过法定利率范围,殊延至本年扐纳利谷时期,乙主张理由,系请求按照原日契定谷数履行。而甲以本年粮价飞涨,原定利谷二十石,照本年市价折合七百余元之多,则超过法定利率倍蓰,请求维持法定效力,各具理由,纷纷告争来案。如此类案件,应否根据原定契约效力,抑应根据法定利率判断,理合肃电呈请钧鉴核示,俾资遵循办理,实为公便等情。据此,查所呈各节,事关法律解释,理合备文呈请钧院转呈司法院核示祇遵等情。据此,理合具文呈请钧院鉴核示遵。谨呈司法院院长居。署云南高等法院院长胡觉

**院字第一九六五号**

**民国二十九年三月五日　司法院致国民政府军事委员会函**

迳复者,准贵会本年一月二十八日公函[法审(二九)渝二字第一一号]开,据河南全省

保安司令卫立煌俭电请示代匪洽商赎回贼物论罪疑义一案,转查照解释见复等由,业经本院统一解释法令会议议决,丁代劫匪向事主商赎所劫之牲畜,应成立《刑法》第三百四十九条第二项之牙保赃物罪。相应函复贵会查照。此致国民政府军事委员会

**附国民政府军事委员会原函**

据河南全省保安司令卫立煌俭电略称,设有甲、乙数人,伙劫丙之牲畜,丁代匪向丙洽商出钱赎回,则丁是否构成帮助抢劫罪,抑为《刑法》上买卖赃物之牙保罪,或其他罪名,请核示等情。据此,案关适用法律疑义,相应函请贵院迅赐解释见复,以便饬遵为荷。此致司法院

**院字第一九六六号**

**民国二十九年三月五日　司法院致国民政府军事委员会函**

迳复者,准贵会本年一月二十八日公函[法审(二九)渝二字第一三号]开,据驻闽绥靖主任公署陈主任江绥法电请示《修正惩治汉奸条例》第七条前段阴谋罪疑义一案,转函查照解释见复等由,业经本院统一解释法令会议议决,(一)《修正惩治汉奸条例》第七条所谓阴谋,须有二人以上之协议;(二)甲奉命向乙侦察,佯以通敌相商,乙不知其伪与之谋议,既与双方均有犯意而相协议者不同,自不成立犯罪。相应函复贵会查照。此致国民政府军事委员会

**附国民政府军事委员会原函**

据驻闽绥靖主任公署陈主任江绥法电略称,(一)《修正惩治汉奸条例》第七条前段之阴谋罪,是否须二人以上协同谋,议抑一人独自谋划即可成立?(二)甲奉命向乙侦察,佯以通敌相商,乙不知其伪,与之谋议应否构成犯罪,乞示等情。据此,案关法律疑义,相应函请贵院迅予解释见复,以便饬遵为荷。此致司法院

**院字第一九六七号**

**民国二十九年三月六日　司法院指令四川高等法院首席检察官**

呈悉,业经本院统一解释法令会议议决,商民对于营业税抗不缴纳,在《四川省营业税暂行征收章程》仅有勒缴税款之规定,自不得予以押缴。仰即转饬知照。此令

**附四川高等法院首席检察官原呈**

呈为转请解释事,案据署四川永川地方法院检察官石铭勋呈称,为呈请解释事,查营业征收机关因商民抗税不缴,是否可以函请当地警察机关将其押缴,及警察机关有无押缴之权,分为二说。甲说,按《四川省营业税征收章程》第三十七条,及《四川省各市县警察行政机关协助征收营业税暂行办法》第二条规定,营业税征收机关,遇有商民抗不缴税,应停止其营业勒缴税款,及得随时迳请该管警察行政机关协助执行,并无得以押缴之规定。查商人所欠营业税数额,当较其资本额为少,如抗不缴纳,除停止营业外,非无财产可供执行,自

不得将其押缴,以妨害其身体之自由。乙说,照上开章程及办法,既有纳缴税款及请该管警察机关协助之规定,若不能将抗税商人押缴,则所谓勒缴,究指用何种方法?勒缴显含有押缴之意义,营业税征收机关对于抗税商人函请警察机关押缴,并非违法。以上二说,究以何说为是?事关法律疑义,理合备文呈请鉴核,转请解释示等情。附钞《四川省各市县警察行政机关协助征收营业税暂行办法》及《四川省营业税章程》第三十七条。据此,事关法律疑义,职处未便解释,理合检同原钞件具文呈请钧院俯赐鉴核,指令祗遵。谨呈司法院院长居。四川高等法院首席检察官林超南

**院字第一九六八号**

**民国二十九年三月二十三日　司法院致国民政府军事委员会函**

迳复者,准贵会上月十一日法审(二九)渝三字第一九号公函开,据浙江全省保安司令电请示贩卖鸦片案件论罪疑义一案,转函解释见复等由。业经本院统一解释法令会议议决,某甲以鸦片样品托乙介绍售卖,乙佯与约定同往乡间销售,并嘱随带鸦片至某地会晤。迨甲如约至某地,乙即暗示另探将甲拘获者,某甲应成立意图贩卖而持有鸦片之罪。相应函复贵会查明饬知。此致国民政府军事委员会

**附国民政府军事委员会原函**

案据浙江全省保安司令黄绍竑文法电称,某甲以鸦片样品托乙介绍售卖,乙佯与约定同往乡间销售,并嘱随带所有鸦片至某地会晤。迨甲如约至,乙即暗示另探将甲拘获,甲是否犯贩卖鸦片未遂罪,抑系犯意图贩卖而持有鸦片罪,二罪区别标准如何,请核示等情。查意图贩卖而持有鸦片罪,仍指持有鸦片意在贩卖而未实施售卖者而言,与正在实施售卖时因意外障碍而不遂者不同,原电所称之甲既未实施售卖,似应以意图贩卖而持有鸦片罪论。惟案关解释法令,相应函请查照,迅赐解释见复,以凭饬遵为荷。此致司法院

**院字第一九六九号**

**民国二十九年三月二十三日　司法院致国民政府军事委员会函**

迳复者,准贵会上月十九日法审(二九)渝三字第二二号公函开,据天水行营电请示私人未经请准贩卖公膏应如何处断疑义一案,转函解释见复等由。业经本院统一解释法令会议议决,私人既非领有照证之土膏行店,其未经请准而贩卖公膏,自系成立贩卖鸦片之罪,不适用《特许设立土膏行店暂行规则》第十三条之规定。相应函复贵会查照饬知。此致国民政府军事委员会

**附国民政府军事委员会原函**

案据天水行营程主任充甲删电,请示私人未经请准而贩卖公膏应如何处断等情,查未经请准而贩卖公膏,似系违反特许设立土膏行店暂行规则之规定,应依该规则办理,惟案关法令疑义,相应函请查照,迅赐解释见复,以便饬遵为荷。此致司法院

院字第一九七〇号

民国二十九年三月二十五日　司法院指令四川高等法院首席检察官

呈悉,业经本院统一解释法令会议议决,上级法院首席检察官对于不合法之声请再议,误依刑诉法第二三七条第一款发回续行侦查,如续查结果认为仍应不起诉时,除将该不起诉理由呈报上级检察官外,无庸再作处分书。仰即转饬知照。此令

附四川高等法院首席检察官原呈

案据署四川万县地方法院检察官梁泽渊呈称,案据本院候补检察官林孝贤呈称,窃查某甲告发某乙杀人,经处分不起诉后,某甲声请再议,上级法院首席检察官误认告发人亦得声请再议,并以某甲之声请为有理由,引用《刑事诉讼法》第二百三十七条第一款发回续查。如续查结果认某乙实无犯罪嫌疑,仍应不起诉时,应否制作处分书送达,有下列二说,子说,谓得对不起诉处分声请再议者,以告诉人为限,《刑事诉讼法》第二百三十五条已有明文规定。某甲既居告发人地位,对于原不起诉处分,自不得声请再议,因之该处分一经送达,即属确定。纵上级机关误认某甲有权声请再议,并认其声请为有理由,引用《刑事诉讼法》第二百三十七条第一款发回续查,但某甲之地位并不因此而更易,亦不得因其误引上开法条,即谓原处分已被撤销,仅能视为上级机关依职权复令侦查。如侦查结果认为不应起诉,即当按照院字第二百八十四号解释,将不应起诉之理由,呈报上级机关,不必再为不起诉之处分,否则不特有二重处分之嫌。且明认上级机关有变更法律之权,不当实甚,如果某甲再对后之处分声请再议,无论上级机关认其有权声请与否,均足坏法堕信,执此亦可见不作不起诉处分较为适宜。丑说,谓某甲固无声请再议之权,但上级机关既误认其声请为合法,并有理由援引《刑事诉讼法》第二百三十七条第一款发回续查,下级法院检察官自应受其拘束,不得更谓原不起诉处分仍属存在。如续查结果认为不应起诉,当然应作不起诉处分书送达。至某甲能否再对该处分声请再议,及上级机关对其声请应如何办理,均属另一问题,显难据此作为不作不起诉处分书之根据。二说孰是,案关法律疑义,理合具文呈请鉴核,转请解释,实为公便等情。据此,案关法律疑义,理合备文呈请钧座鉴核示遵,谨呈等情。据此,查案关法律疑义,理合转呈钧院解释示遵。谨呈司法院院长居。四川高等法院首席检察官林超南

院字第一九七一号

民国二十九年三月三十日　司法院致国民政府军事委员会函

迳复者,准贵会本年二月十一日法审(二九)渝三字第二零号公函开,据浙江全省保安司令黄绍竑电请示运输鸦片论罪疑义一案,转函查照解释见复等由,业经本院统一解释法令会议议决,查《禁烟治罪暂行条例》第五条第一项之运输鸦片罪,以知系违禁鸦片而为运输为成立要件,至其运输原因如何,及是否图利,皆所不问。又该罪既遂、未遂之区别,应以

已否起运为准,不以到达目的地为既遂条件。相应函复贵会查照饬知。此致国民政府军事委员会

**附国民政府军事委员会原函**

案据浙江全省保安司令黄绍竑庚法金午电称,运输鸦片罪,是否不问原因如何及有无图利意思,一经故意运送,即已成立,抑须具有其他要件,又起运后未至目的地而被查获者,是否以未遂论,请示等情。查运输鸦片罪似以明知鸦片违禁而运输为要件,其原因如何,及是否因图利而运输,似可不问。至既遂与未遂之分,似应以已否实施运输为断,如起运后未至目的地而被查获,似不能谓为未遂。惟案关解释法律,相应函请查照,迅赐解释见复,以凭饬遵为荷。此致司法院

**院字第一九七二号**

**民国二十九年三月三十日　司法院致国民政府军事委员会函**

迳复者,准贵会本年二月三日法审(二九)渝二字第一五号公函开,据浙江全省保安司令黄绍竑代电请示《修正惩治汉奸条例》适用疑义一案,转函查照解释见复等由。业经本院统一解释法令会议议决,诬告他人充任汉奸,如未虚构,系犯《修正惩治汉奸条例》第二条何款之事实,尚不能以同条例第五条论。相应函复贵会查照饬知,此致国民政府军事委员会。

**附国民政府军事委员会原函**

据浙江全省保安司令黄绍竑皓三法金士代电,以诬告他人充任汉奸,如未虚构,系犯《修正惩治汉奸条例》第二条某款之罪,应否以同条例第五条诬告罪论,有二说,(一)诬告罪以虚构事实为要件,如仅诬告他人充任汉奸,而未虚构其系犯该条例第二条何款之罪,不成立诬告罪;(二)同条例第五条仅称各条,未指明某条款。则诬告他人犯该条例某条,而未虚构某款条事实时,亦应成立第五条诬告罪。二说孰是,请核示等情。查诬告他人充当汉奸,关系至为重大,如有诬告他人通谋敌国,虽未虚构该条例第二条某款之罪,但被诬告人受害已属不浅,如不予论罪,似不足以示平允。惟事关法律疑义,相应函请查照,迅予解释见复,以便饬遵为荷。此致司法院

**院字第一九七三号**

**民国二十九年四月六日　司法院致国民政府军事委员会函**

迳复者,准贵会本年二月十九日法审(二九)渝三字第二四号公函开,据浙江全省保安司令黄绍竑电请示以毒具代吸鸦片,应如何处断疑义一案,转函查照解释见复等由。业经本院统一解释法令会议议决,某甲以红丸简代替烟枪吸食鸦片,系《犯禁毒治罪暂行条例》第十六条持有专供吸用毒品之器具,及《禁烟治罪暂行条例》第八条吸食鸦片之罪,依《刑法》第十一条及第五十条规定,应予并合处罚。相应函复贵会查照饬知,此致国民政府军事委员会。

**附国民政府军事委员会原函**

案据浙江全省保安司令黄绍竑巧法金未电称，某甲因烟枪破碎，以红丸筒代替吸食鸦片，应如何论处，有二说，(一)某甲以吸食鸦片为目的，其持有毒具行为，为吸食鸦片行为吸收，应以吸食鸦片论处；(二)某甲以一行为而犯数罪名，应从一重处断。二说孰是，请核示等情。据此，查吸食毒品器具与吸食鸦片器具，罚法虽有不同，但事实上本可相互为用，某甲持有毒丸器具，如仅以代替吸食鸦片，似应以第一说为是。惟案关法律疑义，相应函请贵院查照，迅赐解释见复，以便饬遵为荷。此致司法院

**院字第一九七四号**

**民国二十九年四月九日　司法院复甘肃高等法院电**

甘肃高等法院孟院长览，本年一月养代电悉，岷县地方法院请解释民事诉讼管辖疑义一案，业经本院统一解释法令会议议决，共同诉讼之被告数人，其住所均不在受诉法院管辖区域内者，虽依《民事诉讼法》第四条、第六条或第十五条第一项对于被告一人之诉讼，得由该受诉法院管辖，亦不得援用同法第二十条认该法院就共同诉讼有管辖权。合电转饬知照。司法院佳印

**附甘肃高等法院原代电**

司法院居院长钧鉴，案据岷县地方法院院长康绍先呈称，窃查甲于子地经营运输事业，设立货运招揽所于丑地，其丑地经理乙承揽丙、丁、戊三人运输药材各若干担，已过载行居中为乙雇脚起运，讵料甲以乙积欠运费未解，将运送药材中途扣留，以为索偿之要挟。丙、丁、戊三人于丑地招揽所倒闭后，向乙、己所在地之法院对甲、乙、己三人共同起诉，请求返还货物及赔偿损失。兹对丙、丁、戊三人能否向乙、己所在地之法院对甲、乙、己三人提起返还货物及赔偿损失之诉，有三说焉，甲说，甲既于丑地设立货运招揽所，其因该招揽所业务上所生之债务，甲、乙二人自应负连带之责，虽丑地招揽所于起诉前已不复存在，但乙仍寄寓丑地。丙、丁、戊三人以甲、乙为共同被告，向丑地法院起诉，依《民事诉讼法》第二十条前段、第二十二条丑地法院自属有权管辖；乙说，丑地招揽所既于起诉以前取消，依《民事诉讼法》第二十七条规定，自不能援用同法第六条而向丑地法院起诉。如丙、丁、戊三人对甲系因业务涉讼，应由子地之法院管辖。如因扣留货物涉讼，应由不法行为地之法院管辖。乃丙、丁、戊三人竟以甲、乙、己为共同被告，向丑地法院起诉，除乙、己因居住丑地，丑地法院应予审判外，而于甲则属无权管辖；丙说，乙为甲之丑地经理，丑地招揽所虽已倒闭，尚有其子地主营业所(即甲之营业所)，其因丑地招揽所之业务涉讼，自仍得以主营业所所在地之法院为甲、乙二人之共同管辖法院。同一诉讼，如依乙说分数法院管辖，不惟徒增原告诉讼之烦，且于裁判上将来不无矛盾之虞。以上三说，究以何说为是，合具文请解释等情。据此，除指令外，理合电请解释，伏候示遵。甘肃高等法院院长孟昭侗叩养印

**院字第一九七五号**

**民国二十九年四月九日　司法院指令广西高等法院**

呈悉,业经本院统一解释法令会议议决,据原呈所称情形,第一审判决驳回甲向丁请求返还借款之诉之部分,既未由甲提起上诉,即已确定,与丁同为被告之丙,虽对于第一审判决命其向甲返还借款之部分提起上诉,但其被上诉人为甲而非丁,依法亦不得以丁为被上诉人。是丁在第二审并非当事人,第二审法院仅能就第一审判决关于甲、丙间之部分调查其当否,不得判及甲、丁间之关系,其判令丁向甲返还借款之部分,对丁不生效力。丁对于该判决提起再审之诉,应认为不合法予以驳回,甲在第一审如系声明求为命丙、丁各返还借款二分之一之判决,而第二审判决亦系命丙返还借款二分之一者,甲就其他二分之一另行起诉,求为命丙返还之判决,在诉讼法上自无不可。仰即知照。此令

**附广西高等法院原呈**

呈为呈请解释示遵事,兹有甲主张乙向其借款供乙父商业之用,乙与父在起诉前均已死亡,因在第一审以乙之妻丙及乙之弟丁(丁与乙已分财异居)为共同被告,提起求偿债款之诉。第一审认为乙向甲借款,系乙私自借用,并非为其父商业所借,丁不负偿还责任,判令丙偿还,丙不服向第二审法院提起上诉,其上诉状被上诉人栏内,虽仅列甲名,但其陈述上诉理由,有该借款系其父商业上所使用,应由父之遗产继承人共负偿还责任之主张。第二审因而于判决书并列丁为被上诉人,将第一审判决关于令丙个人偿还债款及讼费部分变更改判。乙所借甲之债款,应由丙、丁就父遗产提出偿还,此判决确定后,丁以发现新证物能证明乙借款非为其父商业所借,纯系乙私人债务,向原第二审法院具状列丙与甲同为再审被告提起再审之诉。经再审法院认为该借款系乙私人债务,应由继承乙之遗产之丙偿还,因而以判决废弃原第二审确定判决,将丙之上诉驳回。丙对该再审判决不服,以甲与丁同为被上诉人,向第三审法院提起上诉,经第三审判决,将该再审判决废弃,交原法院更审,并指示再审之诉,在实质上不过为前诉讼之再开及续行,当事人之地位未便予以变更。前诉讼系甲为原告,以丙、丁为共同被告,兹虽仅由丁提起再审之诉,但列丙、甲为共同被告,而以丁为其对造,究有未妥,应于更审时并予注意及之。于是对该再审更审关于当事人地位之点,遂发生子、丑两说,子说,谓再审之诉,固为前诉讼之再开及续行,但撮要言之,再审之诉,乃系对于确定判决有不服之当事人求权利保护之方法。原确定判决既列丁与甲同为被上诉人,即系以丁为丙之对造,丁提起再审之诉,亦以原确定判决之对造丙,为再审被告,似无不合,且若不认丙为再审被告,而仅认甲为再审被告,倘再审之更审结果证明,乙向甲借款确为其私人所用,应由乙之财产继承人丙独负偿还之责,丁无偿还责任,则独以不能列丙为再审被告之故,丁必无从受较有利益之裁判,其所受原确定不利益判决,必致无从救济,未免有失公平。丑说,谓甲在第一审起诉,既系以丙、丁为共同被告,纵丙所主张之上诉理由与丁之利益相反,依《民事诉讼法》第五十五条规定之精神,及前大理院民国四年上字

第二七五号、五年上字第六四三号判决先例，在上诉审亦不得认丁为丙之对造，与甲同列为被上诉人，原确定判决，列丁为被上诉人并令受不利益之裁判，本属错误。丁虽亦以丙、甲同为再审被告，提起再审之诉，法院自不应一误再误，违前述法条规定之精神及先例，复列丙为再审被告，纵丁发现之新证物，能证明乙借甲款应由丙独负偿还责任，亦只能另案对丙诉求赔偿，其所受原确定判决之损害，不能以再审之诉，请求废弃原确定判决驳回丙之上诉各云云。该两说未知究以何说为是，事关法律解释，本院未敢擅决，理合具文呈请钧院鉴核，俯赐解释，令示祇遵。谨呈司法院院长居。代理广西高等法院院长朱朝森

**院字第一九七六号**

**民国二十九年四月九日　司法院指令福建高等法院**

呈悉，业经本院统一解释法令会议议决，《清理不动产典当办法》施行前定有期限之典产，自立约之日起算至该办法施行时未逾三十年者，得于满三十年后三年内回赎，既于院字第一四一三号解释在案，仍应遵照办理。仰即转饬知照。此令

**附福建高等法院原呈**

呈为呈请解释事，案据古田县审判官余祖光呈称，按不动产之典当定有期限者，依《民法》物权编施行法第十五条应适用当时有效之《清理不动产典当办法》第三条规定，典产自立约之日起算，已逾三十年，统限原业主于办法施行后三年内回赎，如在该办法施行前立约而于施行后始满三十年者，自亦应于三十年期满后三年赎回，见司法院二十五年二月七日院字第一四一三号解释例。如光绪三十四年所立，定有期限之典权，迄今已三十一年，依上开解释虽届满三十年期间，但尚有犹豫期间三年，仍得回赎。究竟此项之典权应否准予回赎，适用法律有所疑义，未敢擅断，理合备文呈请钧长察核，俯赐解释示遵等情。据此，查关于本问题，有甲、乙两说，甲说，根据前开说明谓三十年期间虽届满，尚有犹豫期间三年，自得回赎；乙说，谓在《民法》物权编施行前定有期限之典权，仍适用法规者，以依旧法规得回赎之典权为限。若典权虽定有期限，并系在物权编施行前所设定，若已过三十年，即依旧法规，亦系不得回赎之典权，自不得再行告赎。所谓于本办法施行后三年回赎者，专指民国四年，《清理不动产典当办法》施行时，已逾三十年者而言，并非《清理不动产典当办法》施行后，无论何时届满三十年者，均应加以三年犹豫期间。两说究系孰是，事关适用法律，未敢擅断，理合备文呈请钧长察核，俯赐解释，以便饬遵，实为公便。谨呈司法院院长居。福建高等法院院长宋孟年

**院字第一九七七号**

**民国二十九年四月十二日　司法院致国民政府军事委员会函**

迳复者，准贵会本年二月二十四日法审（二九）渝三字第二七号公函开，据浙江全省保安司令黄绍竑电请示保民共同筹办平粜之米款，应否以公有财物论一案，转函解释见复等

由。业经本院统一解释法令会议议决,保民共同筹办平粜之米款,如其平粜之目的,确系利益于公众,自得认为社会公益团体之财物。相应函复贵会查照饬知,此致国民政府军事委员会。

**附国民政府军事委员会原函**

案据兼浙江全省保安司令黄绍竑有法金丑电略称,保民共同筹集平粜之米款被政工队员侵占,应否以侵占公有财物论,乞示等情。查人民共同筹办平粜之米款,如足以利益于公众者,似应以公有财物论,惟事关法律疑义,相应函请查照,迅予解释见复,以便饬遵为荷。此致司法院

**院字第一九七八号**

**民国二十九年四月十二日 司法院致国民政府军事委员会函**

迳复者,准贵会本年二月十九日法审(二九)渝二字第二六号公函开,据浙江全省保安司令黄绍竑电请示在伪组织内服务,应如何论罪各疑义一案,转函解释见复等由。业经本院统一解释法令会议议决,某甲充任某伪维持会副会长及伪蚕丝改进会委员兼总务主任,显系一方通敌,一方图谋反抗本国,应构成《修正惩治汉奸条例》第二条第一款之罪。相应函复贵会查照饬知。此致国民政府军事委员会

**附国民政府军事委员会原函**

案据浙江全省保安司令黄绍竑二十八年十二月江三法金庚代电称,某甲充任某伪维持会副会长及伪蚕丝改进会委员兼总务主任,办理制发蚕种及统制敌占区域内蚕丝事业,经讯明尚非有关军事之职役。查《修正惩治汉奸条例》及《陆海空军刑法》叛乱章、《刑法》外患章对于充任敌伪有关政治经济之职者,均无处罚明文,应如何论处,请核示等情。据此,案关解释,相应函请贵院查照,迅予解释见复,以便饬遵为荷。此致司法院

**院字第一九七九号**

**民国二十九年四月十三日 司法院复湖南高等法院首席检察官电**

湖南高等法院邓首席检察官览,本年二月删代电悉,邵阳地方法院检察官所请解释一案,业经本院统一解释法令会议议决,军事参议院之参议、咨议,或为现役军官或为在部队服军人勤务之人员,依《陆海空军刑法》第五条之规定,均为陆海空军军人,如为普通刑事被告,在抗战期内,法院无审判权。合电转饬知照。司法院元印

**附湖南高等法院首席检察官原代电**

重庆司法院院长居钧鉴,据湖南邵阳地方法院检察官寿璞江代电称,查军事参议院参议及咨议,依军事参议院组织法第五条虽规定以曾任重要军职、学识优长、勋望卓著、久在党国服务之海陆空军将官及上校分别充任,但此项将官及上校,究系现役军官,抑系备役军官或系在乡军官,前开法条既未定明,又无其他法令或解释可为依据。倘遇有人民以普通

《刑法》事件向普通法院控告军事参议院之参议或咨议时,普通法院对之究竟有无审判权限,深滋疑义,现本处受理此类案件,亟待解决,理合肃电呈请鉴核,并祈示遵等情。据此,事关法律疑义,理合转请钧院解释示遵。湖南高等法院首席检察官邓静安叩删印

**院字第一九八〇号**

**民国二十九年四月十三日　司法院指令安徽高等法院**

呈悉,业经本院统一解释法令会议议决,某人先后犯子、丑两罪,丑罪先发觉,经宣告缓刑,在缓刑期内,又发觉子罪,复经宣告缓刑确定者,如子罪受有期徒刑以上刑之宣告,依《刑法》第七十五条第一项第二款规定,应为撤销丑罪缓刑宣告之原因。至子罪缓刑之宣告,与同条各款所列情形未符,如丑罪系宣告有期徒刑以上之刑者,得依非常上诉程序纠正。仰即转饬知照。此令

**附安徽高等法院原呈**

案据本院第二分院院长魏翰章于本年十一月八日呈称,呈为呈请转请解释示遵事,窃查某人先犯子罪,后犯丑罪,丑罪先行发觉,经判决宣告缓刑后,在缓刑期内,又发觉子罪,复经判决宣告缓刑,分别确定在案。检察官对于某人两重缓判之宣告声请撤销,兹分甲、乙两说,甲说,某人所犯两罪既经前后判决,宣告缓刑确定在案,自应依《刑法》第七十五条第一项第二款,以裁定一并撤销之;乙说,查《刑法》第七十五条第一项第二款之规定,就其文义解释,仅能依先判丑罪缓刑之宣告,以裁定撤销之,其子罪之缓刑。经发见后,仅能由检察官依《刑事诉讼法》第四百三十五条规定,添具意见书,将该案卷证送交最高法院检察长,声请提起非常上诉,以资救济,自无适用《刑法》第七十五条第一项第二款规定之余地,即不得以裁定一并撤销其缓刑之宣告。以上两说,未知孰是,事关法律解释疑义,理合备文呈请钧院转请解释示遵,实为公便等情。据此,事关法律疑义,除指令外,理合备文转呈钧院俯赐解释,以便饬遵。谨呈司法院院长居。兼代安徽高等法院院长廖江南、庭长张廷曜代行

**院字第一九八一号**

**民国二十九年四月十五日　司法院致国民政府文官处函**

迳复者,准贵处上月十八日渝文字第一零二九号公函开,为《陆海空军刑法》条文适用疑义,请解释见复等由,业经本院统一解释法令会议议决,《陆海空军刑法》上之伙党,就其分别首谋及余众观之,其最低限度之人数,必须在三人以上。相应函复贵处查照,此致国民政府文官处。

**附国民政府文官处原函**

迳启者,查《陆海空军刑法》第四、第五、第十三各章所规定之伙党,均未明定最低限度人数,现有二说,甲说,谓应从文义解释,党的意义为众,虽不能限于一定人数,但必须三人以上方可为众,方可成党。此观之各该条所规定之伙党,有首谋及余众之分,其意义益觉明

显,且司法院第一一零一号解释,谓伙党指同伙党羽而言,则在性质上,必须指平日有团体组织及意思联络之多众,就人数言,其最低限数亦必须三人以上。乙说,谓伙党既未明定最低限之人数,则纵系二人共犯,亦应认为伙党。以上二说,究以何说为是,事关适用法令疑义,相应函请解释迅复为荷。此致司法院

**院字第一九八二号**

**民国二十九年四月十六日　司法院咨行政院**

为咨复事,准贵院上月四日阳字第四二八六号咨开,据财政部请解释人民以旧有铜元交易,应以何时兑价偿还一案,转咨核复等由。业经本院统一解释法令会议议决,金钱借贷约定以铜币为计算,而无必须返还铜币之特约者,如以法币折合铜币偿还,依《民法》第四百八十条第三款之规定,应按返还时财政部所定兑价计算。至其他以铜币定给付额,而未订明应以铜币为给付者,依同法第二百零二条之法意推之,债务人如以法币折合铜币给付,亦应按给付时财政部所定兑价计算。相应咨复贵院查照饬知。此咨行政院

**附行政院原咨**

据财政部二十九年二月二十日呈称,查各地市面上流通之旧有当十铜元,曾经本部于二十四年施行法币时规定,每法币一元,兑换当十铜元以三百枚为准。惟自连年抗战,并值欧战发生,铜价逐步上涨,复经本部重新规定,每法币一元,兑换当十铜元二百枚,通行照办各在案。但人民以旧有铜元交易或借贷债款者,如对于清偿标的有特别约定时,自应从其契约,如无特别约定,而于清偿时因铜元兑价变动,折合其他货币发生争议时,究应以何种兑价为标准,于此有甲、乙两说,甲说,因其交易或借贷行为在铜元兑价发生变动以前,清偿时自应仍照以前之兑价折合偿付;乙说,对于此种情形可为折衷规定,查明其原契约,若订有清偿日期,系在兑价变动以后,而并无其他特别约定者,应即按照现时兑价折合偿付。若未订有清偿日期,亦无其他特别约定,延至兑价变动后始行偿还者,应仍按照以前兑价折合偿付,事关债权、债务问题,应属司法范围。理合呈请钧院鉴核,转咨司法院赐予解释,转令祇遵等情。据此,除指令外,相应咨请贵院查核见复,以便饬遵。此咨司法院

**院字第一九八三号**

**民国二十九年四月十七日　司法院致国民政府文官处函**

迳复者,准贵处上月十八日渝文字第一零二八号公函开,查军政部军务司准尉司书是否陆海空军军人,如有犯罪,应否适用《陆海空军刑法》各疑义一案,经陈奉主席论交司法院解释等因,函行到院。兹经本院统一解释法令会议议决,军政部军务司准尉司书,依《军用文官任用暂行条例》第二条、《陆海空军刑法》第八条及第六条第二款规定,应视同陆海空军军人。相应函复贵处查照转陈。此致国民政府文官处

**附国民政府文官处原函**

迳启者,查军政部军务司准尉司书是否得认为《陆海空军刑法》上所规定之陆海空军军人或视同陆海空军军人,如有犯罪应否适用《陆海空军刑法》,现有甲、乙二说,甲说,谓依二十二年八月五日司法院院字第九五二号,军政、海军各部为行政系统下之官署,不能视为服军人勤务之部队。其次长以下虽有将、校、尉之分,而其职掌纯属陆、海军行政事务,其各级公务员自应认为行政官之解释,则军政部军务司准尉司书应认为行政官,自非《陆海空军刑法》第五条所规定之陆海空军军人,亦不得认为同法第六条所规定之视同陆、海、空军军人,如有犯罪,自不得适用《陆海空军刑法》。乙说,谓依二十四年十一月司法院院字第一三三二号,军事委员会委员长行营公路处秘书,依《陆海空军刑法》第八条规定,应认为军属之解释,则军政部军务司准尉司书亦得认为军属。依《陆海空军刑法》第六条规定,应视同陆、海、空军军人,如有犯罪,自应适用《陆海空军刑法》。事属适用法令疑义,且与军事、行政组织有关,经本处奉谕先函请军政部意见,兹准函复《陆海空军刑法》第六条规定,下列各款之人视同陆海空军军人,其第二款列载为陆海空军军佐、军属,同法第八条又明定称陆海空军军属者,谓现服勤务之陆、海、空军文官。而二十六年七月国民政府公布之《军用文官任用暂行条例》第二条规定,所称军用文官谓秘书、书记、司书——及其他军用文职人员,基上开各条规定,是本部准尉司书,应为军属,并应视同陆海空军军人等由。查该部准尉司书是否同法第八条规定现服勤务之陆、海、空军文官,仍不无疑义,经陈奉主席谕,交司法院解释等因,相应函达查照迅复,以便转陈为荷。此致司法院

**院字第一九八四号**

**民国二十九年四月十八日　司法院指令湖南高等法院**

呈悉,业经本院统一解释法令会议议决,(一)当事人专对于附带民事诉讼提起上诉,亦系《刑事诉讼法》第五百十五条第一项所谓仅应就附带民事诉讼为审判,自应由上诉法院以裁定将该案件移送法院之民事庭。其上诉期间,应依同法第四百九十四条本文,准用关于《刑事诉讼法》之规定。(二)刑事诉讼经裁定复判者,其未经上诉之附带民事诉讼判决,并不视同撤销。惟为附带民事诉讼判决基础之刑事判决,依其后之确定裁判已变更者,得依《刑事诉讼法》第五百十六条、《民事诉讼法》第四百九十二条第一项第九款提起再审之诉。仰即转饬知照。此令

**附湖南高等法院原呈**

案据署本院第一分院院长钟馥本年二月冬代电称,兹有适用程序法律疑义二则如下,(一)当事人专对于第一审附带民事诉讼判决提起上诉,应否适用《刑事诉讼法》第五百十五条之规定,由刑事庭以裁定移送民事庭办理,抑应不待移送,由民事庭迳行受理。如由民事庭迳行受理时,其上诉期间是否受第一审附带民事诉讼判决内指示之上诉期间(十日)之拘束。(二)复判发还更审之件,其未经上诉之附带民事诉讼,是否视同撤销,由初审于更审中

再为判决。理合电请鉴核,转请解释示遵等情。据此,事关法律解释,理合据情呈请钧院鉴核,指令祇遵。谨呈司法院院长居。湖南高等法院院长陈长簇

**院字第一九八五号**

**民国二十九年四月二十二日　司法院复河南高等法院电**

河南高等法院胡院长览,上年五月代电悉,西平县司法处审判官请解释继承遗产法律疑义一案,业经本院统一解释法令会议议决,夫在《民法》亲属编施行后重婚者,如后婚未经撤销而夫已死亡,后妻亦不失为配偶,依《民法》第一千一百四十四条有继承其夫遗产之权。惟其应继分,应与前妻各为同条所定配偶应继分之二分之一。合电转饬知照。司法院养印

**附河南高等法院原代电**

重庆司法院院长居钧鉴,兹据代理西平县司法处主任审判官濮世桢二十八年五月敬代电,略以有某甲已有配偶而重为婚姻,未经告发判罪,本人于《民法》继承编施行后死亡,生前关于前婚既未离异,后婚亦未撤销,在维持一夫一妻制度之下,后婚之女人能否与前婚之妻同以配偶主张继承其遗产?事关法律疑义,理合呈请解释示遵等情。据此,查事关法律疑义,理合电请钧院鉴核示遵。署河南高等法院推事兼院长徐声金

**院字第一九八六号**

**民国二十九年四月二十二日　司法院指令中央公务员惩戒委员会**

呈悉,业经本院统一解释法令会议议决,同一行为,既经褫夺公权,纵令宣告缓刑,亦不得再为惩戒处分。仰即知照。此令

**附中央公务员惩戒委员会原呈**

呈为呈请解释事,窃查《公务员惩戒法》第二十六条之规定,同一行为,虽受刑之宣告而未褫夺公权者,仍得为惩戒处分。此就反面解释,其受刑之宣告并已褫夺公权者,自不得为惩戒处分。但若受刑之宣告暨已褫夺公权经宣告缓刑者,是否仍得为惩戒处分,则有两说,甲说,谓依《刑法》第七十五条规定,受缓刑之宣告而有同条一、二两款情形之一者,随时尚得撤销,故凡经受刑之宣告并褫夺公权者,无论是否缓刑,均不得为公惩戒处分;乙说,谓惩戒法最重之处分为免职并停止任用,公务员经受刑之宣告并褫夺公权者,结果固属相同。若谓经原审或上级审为缓刑之宣告者,亦不得再为惩戒处分,是其人即尚得继续任职,立法本旨,当不如是,故若受刑之宣告并褫夺公权而经缓刑者,应仍得为惩戒处分。以上两说,未知孰当,理合具文呈请迅赐解释祇遵,实为公便。谨呈司法院院长居。中央公务员惩戒委员会委员长王用宾

**院字第一九八七号**

**民国二十九年四月二十六日　司法院致国民政府军事委员会抚恤委员会函**

迳复者,准贵会上月十六日抚三七渝字第一六六四六号公函开,为恤金被侵吞应如何论罪一案,请解释见复,并通行各省、市、县各司法机关知照等由。业经本院统一解释法令会议议决,政府核发之阵亡将士恤金,在受恤人未领受以前,系属公有之财物,地方政府及保甲人员侵吞此项恤款者,应成立《惩治贪污暂行条例》第三条第三款之罪。除令饬司法行政部通令所属一体知照外,相应函复贵会查照。此致国民政府军事委员会抚恤委员会

**附国民政府军事委员会抚恤委员会原函**

查本会检发恤金给与令,及凭恤令核发恤金,莫不顾虑周全,总期受恤人得沾实惠,以无负我伤亡将士尽忠为国之初心。乃近来常有受恤人呈报恤令被抢,或恤金被劫情事,影响抗战与兵役至巨,似应从重处罪,以戢刁风。上年七月七日委员长蒋慰问阵亡将士家属通电内,曾经特定抚恤补充办法法项,其第四项内载,倘地方政府及保甲人员,有故意侵吞各家属应领恤款者,一经查实,无论数目多寡,即置重典等语。惟按照现行《刑法》应科以何种罪刑,事关司法范围,相应函请贵院查照,烦为解释见复,并请通行各省、市、县各司法机关一体知照,无任公感。此致司法院

**院字第一九八八号**

**民国二十九年四月二十六日　司法院指令司法行政部**

呈悉,业经本院统一解释法令会议议决,(一)物之构成部分,除有如《民法》第七百九十九条之特别规定外,不得单独为物权之标的物。未与土地分离之甘蔗,依《民法》第六十六条第二项之规定,为土地之构成部分,与同条第一项所称之定着物为独立之不动产者不同,自不得单独就甘蔗设定抵押权,以此项抵押权之设定声请登记者,不应准许。惟当事人之真意,系就将来收获之甘蔗为设定动产质权之预约者,自甘蔗与土地分离并由债权人取得占有时,动产质权即为成立;(二)未与土地分离之甘蔗、稻麦,虽因其为土地之构成部分,不得单独为不动产物权之标的物,然将来与土地分离时,即成为动产,执行法院于将成熟之时期予以查封,并于成熟后收获之而为拍卖或变卖,自无不可。其执行既以将来成为动产之甘蔗、稻麦为标的物,即应依对于动产之执行程序办理;(三)《修正优待出征抗敌军人家属条例》第九条第一项,所谓出征抗敌军人在应征召前所负之债务,不以其本人单独所负之债务为限,其与他人负同一债务者,亦在其内。惟他债务人对于连合债务所分担之部分(《民法》第二七一条),或对于连带债务或不可分债务所负全部给付之义务(《民法》第二七二条、第二九二条),均不在适用同条项规定之列。出征抗敌军人在应征召后负债务时,本可斟酌自己应征召之情事,以定债务之清偿期,与同条项所谓在应征召前所负之债务,并无同一或类似之立法理由,同条项之规定,不得类推适用。至同条项所谓服役期满,即服役终止

之谓,出征抗敌军人在服役中死亡或因其他事故不能再行服役者,服役即已终止,依同条项展期之债务,在服役终止后第二年内应即清偿。惟该军人因作战阵亡,或因公积劳成疾或受重伤致成残废,或因伤病请假回籍而死亡者,得自阵亡或停役或请假之日起满第三年后,于二年内清偿之,已于修正之同条项后段设有规定,自应依其规定办理;(四)《修正优待出征抗敌军人家属条例》第九条第一项所揭债务之债权人,在准许展缓之期限届满前,提起请求清偿债务之诉,或同条例第十条所称之出租人在服役期内提起请求返还租赁物之诉者,法院应为驳回原告之诉之判决。如同条例施行时,已有原告胜诉之确定判决,或该确定判决前最后之言词辩论已终结者,债务人得依强制执行法第十四条提起异议之诉;(五)《优待出征抗敌军人家属条例》第九条、第十条之规定,于债权人或出租人为出征抗敌军人时,既未定有例外,自不得排除其适用,如其家属因此而不能维持生活者,可依同条例第七条第一款请求救济。仰即转饬知照。此令

**附司法行政部原呈**

案据四川高等法院本年二月七日民字第二四二号呈称,案据内江地方法院二十八年十二月牍字第六三五号呈称,查本院近来办理民事诉讼强制执行等事件,曾发生疑义数点,(一)内江地方,常有土地所有人或承租人在甘蔗未与土地分离以前,即以之单独抵与债权人不移转占有而供担保之习惯。依《民法》第六十六条第二项,甘蔗即出产物,在与土地未分离前,本不失为土地即不动产之部分,但在《民法》物权编抵押权章有关条文,又无不动产之部分单独可为抵押权标的之规定。则前开取得以甘蔗供担保权利之债权人,是否应认其有抵押权之效力?又本院现正奉令办理不动产登记,为当事人就取得前述以甘蔗供担保之权利,声请为抵押权之登记时,应否准许,均不无疑义;(二)与土地未分离之甘蔗、谷麦等类,在强制执行中可否单独为查封拍卖之标的物,为可供查封拍卖,是否应依不动产执行之程序办理?(三)查《优待出征抗敌军人家属条例》第九条前段规定(出征抗敌军人在应征召前所负之债务无力清偿者,得展至服役期满后第二年内清偿之),所谓(应征召前所负之债务)是否以其本人单独所负之债为限,其与家属或他人共同或连带负担者,是否一并在内,又在应征召后所负之债务,应否亦在比照优待之列?再所谓(得展至服役期满后第二年内清偿之),此在出征抗敌军人本人于服役期满回籍者,固无问题,设其在服役期内亡故或失踪,其所负债务,究应如何解决?(四)出征抗敌军人在服役期内,其家属赖以维持生活之财产,债权人不得请求强制执行,观《优待出征抗敌军人家属条例》第九条后段规定,纯系执行范围,固甚明显。惟如有合于前开条例第九条前段及第十条(出征抗敌军人或其家属承租耕种之土地或自住之房屋,在服务期内出租人不得收回或改租与他人)之情形,在债权人提起民事诉讼时,债务人即依同条例声请优待,受诉法院究应依上开条例关系法条认原告之诉为无理由而予以驳回,或仍应为债务人照数给付之判决,俟将来于债权人声请执行时再为查照上开条例有关法条办理;(五)查《优待出征抗敌军人家属条例》中与同法有关之第九条、第十条,均不过对出征抗敌军人为债务人时,予以相当之优待。设同时债权人亦为出

征抗敌军人，且系赖此惟一债权为其公共家属维持生活之财产，若仍依该条例仅对债务人予以优待，则同系出征抗敌军人之债权人，反因此而蒙更不利益之结果，亦似有欠公平，此时受诉法院或执行法院可否依两造既均系出征抗敌军人，而不适用该条例之规定，以期平允。以上数点，关系法律解释，理合屡呈钧院，恳请鉴核示遵，实为公便等情。据此，查所列一、二两点，关于不动产之出产物尚未分离者为该不动产之部分，《民法》第六十六条第二项既定有明文，则未与土地分离之甘蔗、谷麦等类，以之设定抵押权，自属有效，并可许其登记。至此种出产物得为查封拍卖之标的，应依不动产执行之程序办理，尤不待言，似毋庸转请解释。三、四、五各点，关于优待出征抗敌军人家属者，其第四一点，出征抗敌军人或其家属承租耕作之地或自住之房屋在服役期内，出租人不得收回或改租与他人，此种规定有排除《民法》通常租赁各条文适用之效力，受诉法院自应据以裁判。且有裁判在先者，日后遇有此种情形，更不得强制执行，似亦无何疑义。惟三、五两点，涉及法令疑义，本院未便擅拟，除无疑义各点另予指令外，理合具文呈请钧部俯赐鉴核，转院解释示遵，等情。据此，查该院对于原请示第一、第二、第四各点，核议意见，以尚妥洽原请示第三点，《优待出征抗敌军人家属条例》第九条有(出征抗敌军人在应征召前所负之债务，无力清偿者得展至服役期满后第二年内清偿之)等语。浑言债务，似应包括该出征抗敌军人个人所负之债务及其与家属或他人共同或连带所负之债务而言。惟既标明在应征召前，则应征召后所负之债务，自不在展期清偿之列，关于出征抗敌军人在服役期内亡故者，其所负债务应如何解决一节，业经内政、军政两部订有优待之补充规定。此项规定，并奉钧院本年一月三十日训字第一三三号训令饬知，复经本部于同年二月十七日以训字第五五九号训令通饬知照在案，自无疑义。至出征抗敌军人在服役期内失踪者，其所负债务应如何解决一节，《优待出征抗敌军人家属条例》既无明文规定，不免发生疑义。而失踪原因，亦至不一，或捐躯于战场，或为敌所俘虏，或临阵而逃，或不战而降，似不能不分别情形而概予该失踪军人以优待，究应如何办理，应请钧院指示。原请示第五点，债权人、债务人同系出征抗敌军人时，其债务之清偿，似应仍依一般法例办理，以期公允。惟事关法律疑义，本部未敢擅专，理合具文呈请钧院鉴核指示，以便转饬遵照。谨呈司法院院长居。司法行政部部长谢冠生

**院字第一九八九号**

**民国二十九年四月二十七日　司法院复甘肃高等法院电**

甘肃高等法院孟院长览，本年二月皓代悉，该法院第四分院请解释损坏罪疑义一案，业经本院统一解释法令会议议决，甲用石击毙践食菜园之他人猪只，如系出于故意，应成立《刑法》第三百五十四条之损坏罪，但应注意同法第二十四条第一项之规定。合电转饬知照。司法院咸印

**附甘肃高等法院原代电**

重庆司法院院长居钧鉴，案据本院第四分院院长罗洪帑代电称，设有甲某借口乙某之

猪践食园菜,用石击毙,触犯《刑法》何条,分子、丑二说,子说,系犯《刑法》第三百五十四条之损坏罪;丑说,上开法条并不包括有生命之物,如猪、羊之类在内,甲某系犯《刑法》第三零四条第一项妨害人行使权利罪,究以何说为当,抑或并不犯罪,仅负《民法》上赔偿责任,合肃电恳转请解释等情。据此,理合电请解释示遵。甘肃高等法院院长孟昭侗叩皓印

**院字第一九九〇号**

**民国二十九年四月二十七日　司法院指令司法行政部**

呈悉,业经本院统一解释法令会议议决,(一)《惩治贪污暂行条例》第三条第一项第一款所谓克扣职务上应行发给之财物,并非《刑法》第一百二十九条第二项全部之特别法,若其克扣之目的系在图利国库,自不包括在内;(二)下级公务员甲因公出差,自向人民征收应得费用,其监督长官乙令甲提成入己,除另有其他犯罪情形,应成立其他罪名外,尚不构成《惩治贪污暂行条例》第三条第一项第二款或《刑法》第一百三十一条第一项之罪。仰即转饬知照。此令

**附司法行政部原呈**

案据江西高等法院首席检察官本年十一月十四日呈字第二四四号呈称,查《惩治贪污暂行条例》第三条第一项规定,有下列行为之一者,处无期徒刑或五年以上有期徒刑:(一)于前条第一款以外,克扣职务上应行发给之财物者云云,核与《刑法》第一百二十九条第二项公务员对于职务上发给之款项、物品,明知应发给而抑留不发或克扣者之规定,是否同一意义,适用上发生疑义,兹分甲、乙二说:甲说,《刑法》第一百二十九条第二项所定公务员对于职务上发给之款项、物品,明知应发给而不发给或克扣者之规定,重在罚其误国病民,故其不发给或克扣之意思不问其为图利国库或图利自己,概行包括在内。至创设《惩治贪污暂行条例》之立法意旨,原在惩罚贪污,公务员对于职务上应行发给之财物,克扣不发者,其克扣之意思,如系图利自己,即属贪污行为,在该条例施行以后之贪污行为,固应适用该条例第八条规定,由军法职权之机关审判之。若其克扣之意思,系图利国库,并非图利自己者,其行为虽足误国病民,然究难论为贪污,仍应适用《刑法》第一百二十九条第二项处断。故《惩治贪污暂行条例》第三条第一项第一款之规定,只能解为《刑法》第一百二十九条第二项所定犯罪中之克扣财物图利自己一部分之特别法,并非该条第二项所定全部分之特别法;乙说,解释法律应先从文义,次重论理,《刑法》第一百二十九条第二项,关于公务员克扣财物处罚之规定,核与《惩治贪污暂行条例》第三条第一项第一款所定之文义相同。《刑法》上之克扣财物行为,既不分图利国库,或图利自己,皆须认为犯罪而罚之。则于《刑法》所定文义相同之《惩治贪污暂行条例》第三条第一项第一款,从其文义解释,亦应解为不问其克扣之意思,是否图利自己,均行包括在内,方为允当。且《刑法》施行在前,《惩治贪污暂行条例》施行在后,若该条例第三条第一项第一款之规定,系仅指图利自己之克扣行为而言,应于条文规定中加入图利自己字样,而该款中并无此语,自不容作歧异之解释,应认该

条例第三条第一项第一款为《刑法》第一百二十九条第二项全项之特别法。二说孰是，未敢擅定，此应请解释者一。又同条项第二款之罪，与《刑法》第一百三十一条第一项之罪，因规定文字略有不同，适用上发生疑义，设有甲、乙二人，甲系下级职员，乙为监督长官，因公出差，职务上自向人民征收应得之费用，乙令提成入己，究应适用何种法条，约有三说：子说，《惩治贪污暂行条例》第三条第一项第二款之罪，与《刑法》第一百三十一条第一项之罪，文字虽略有不同，但法条意义并无二致。且《惩治贪污暂行条例》，为特别法既经公布施行，《刑法》第一百三十一条第一项条文，业已停止效力，无再事适用之余地。乙为甲之监督长官，甲因公出差，自向人民征收之费用，纵为甲自己应得，其征收是否合法，乙要不得谓为无权监督，令其提成入己之贪污行为，自应成立上开《惩治贪污暂行条例》之罪；丑说，上开条例之罪，明明首冠有前条第二款以外字样，与《刑法》上罪名之规定既有不同，自可分别适用，如有《惩治贪污暂行条例》第二条第二款所谓，建筑军工，或购办军用品之类似情形，因而直接或间接图利者，始能成立上开条例之罪，否则应适用《刑法》处断，乙之行为，仅能成立《刑法》之罪；寅说，甲因公出差，自向人民征收应得之费用，如有违法情事，应由甲自行负责，并不受乙之监督。乙令提成入己，仅系失职行为，应受惩戒处分，不受《刑法》上制裁。三说究以何说为是，未敢擅断，此应请解释者二。事关适用法律疑义，理合备文呈请钧长鉴核，俯赐训示祗遵等情。据此，事关法律疑义，理合备文呈请钧院鉴核，指示以便转饬遵照。谨呈司法院院长居。司法行政部部长谢冠生

**院字第一九九一号**

**民国二十九年四月二十七日　司法院致国民政府军事委员会函**

迳复者，准贵会上月三十一日法审（二九）渝二字第四零号公函开，据第二战区司令长官阎锡山电请示《修正惩治汉奸条例》第五条诬告罪疑义一案，转函查照解释见复等由，业经本院统一解释法令会议议决，《修正惩治汉奸条例》第十四条后段（或部队）三字，经国府通令停止适用之后，始向部队诬告他人犯该条例之罪者，如该部队亦无侦查该项犯罪之权，自不成立该条例第五条之诬告罪。相应函复贵会查照饬知。此致国民政府军事委员会

**附国民政府军事委员会原函**

案据第二战区司令长官阎锡山毕桑军法电略称，查《刑法》上诬告罪，以向该管公务员诬告为要件，而诬告他人为汉奸者，多向部队为之，其向部队告他人充当汉奸，应否构成《修正惩治汉奸条例》第五条之诬告罪，乞示等情。据此，查《刑法》第一六九条之该管公务员，以有侦查犯罪或直接审判权者为限，迭经贵院解释有案，是人民依据同条例第十四条规定，向部队诬告他人为汉奸者，自应成立同条例第五条之诬告罪。惟该第十四条后段（或部队）审判之规定，业经本曾呈奉国民政府于二十八年十一月三十日以渝字第二八八七号通令停止适用在案，如人民于该条后段停止适用后，向部队诬告他人为汉奸者，是否仍构成该条例第五条之诬告罪，不无疑义。相应函请查照，迅赐解释见复，以凭饬遵为荷。此致司法院

**院字第一九九二号**

**民国二十九年四月二十七日　司法院致国民政府军事委员会函**

迳复者,准贵会上月二十五日法审(二九)渝三字第三六号公函开,据浙江省政府主席兼全省保安司令黄绍竑电请示《刑法》第四十七条适用疑义一案,转函查照解释见复等由,业经本院统一解释法令会议议决,前犯有期徒刑以上之罪,经法院判决执行完毕后,五年以内再犯有期徒刑以上之罪,应受军法裁判者,应适用《刑法》第四十七条以累犯论。相应函复贵会查照饬知。此致国民政府军事委员会

**附国民政府军事委员会原函**

案据浙江省政府主席兼全省保安司令黄绍竑宥三法金庚电称,某甲前犯有期徒刑以上之罪,由法院判决执行完毕后,又犯有期徒刑以上之罪,应归军法审判,应否以《刑法》上之累犯论处,请核示等情。据此,查《刑法》第四十九条累犯之规定,于前所犯依军法受裁判者,不适用之至前犯有期徒刑以上之罪,经法院判决执行完毕后,五年内再犯有期徒刑以上之罪,应受军法裁判者,应否以累犯论处,不无疑义。相应函请贵院解释见复,以便饬遵为荷。此致司法院

**院字第一九九三号**

**民国二十九年四月二十七日　司法院咨行政院**

为咨复事,准贵院上年十二月七日吕字第一六零零六号咨开,据经济部转请解释破产法疑义一案,请查照见复等由,业经本院统一解释法令会议议决,破产法第二十七条之债权人会议,除无债权人出席时,应变更期日外,不问出席债权人若干,及其所代表之债权额若干,均应开会。惟为和解之决议时,如无出席债权人过半数之同意,或虽有之,而其所代表之债权额未达无担保总债权额三分之二者,其和解即因经债权人会议否决而不成立。至同条所谓无担保总债权额在法院之和解,系指已申报之无担保总额而言,在商会之和解,系指商会依同法第四十二条查明之无担保总债权额而言,并非以债务人提出之债权人清册所载者为准。相应咨复贵院查照饬知。此咨行政院

**附上海市会计师公会原呈**

谨呈者,我国自经破产法颁布以还,债务人因不能清偿债务时,得依法声请和解或破产之程序,以了结其债务。施行以来嘉惠商民,殊为匪浅。债务人因不能清偿债务者,在破产声请前,得向法院或商会依破产法之规定,声请和解,会计师依法受法院之指定,为监督辅助人或商会之推举,会同该会委员办理和解事宜。会计师接受办理后,其先则依据债务人所提出之债权人清册,公告债权人自和解声请日起,为十日以上二个月以内之申报债权之期间并依法于申报债权期间届满后,七日以外一个月以内举行债权人会议。查债权人会议,为和解程序之进行,而其可否之决议,尤为解决和解成立之要件。依据破产法第二十七

条之规定，债权人会议为和解之决议时，应有出席债权人过半数之同意，而其代表之债权，并应占无担保债权总额三分之二以上。此项法令之主旨，盖所以确实维护债权人全体之利益而设也，但事实上监督辅助人遵奉上项法令而办理时，发生下列困难，(一)在登报公告债权人申报债权额期间，有一部份债权人意存观望，并不前来登记，致使债权申报根本不足债权总额三分之二以上；(二)债权人虽已登记，而举行债权人会议时，并不前来出席，致使出席金额，不足法定表决金额之数。前者虽经监督辅助人数度公告，或分别函催各债权人登记债权，而迄不登记，后者虽经监督辅助人于开会时数度公告，或分别函告各登记债权人与会，而迄不列席，致使会议屡次不能决议，延迟时日，殊有背于维护债权人全体利益为前提之初旨。夫法律应以事实与人情为本，而和解之程序，似应以迅期解决为宜。属会会员办理是项案件，遇有困难无法解决，谨以上列情形呈请钧部转呈解释下列两点，(1)登记虽屡次展期，而仍不足额，正式债权人会议不能举行，无法解决。(2)登记虽经足额，而出席债权人代表金额不足总额三分之二以上，在此二种情形下，应否作为和解不成立，或就已登记而到会之债权人三分之二以上之决议，作为有效。翘候钧示，俾属会会员办案，得有遵循。谨呈经济部。具呈人上海市会计师公会

**院字第一九九四号**

**民国二十九年四月三十日　司法院指令安徽高等法院**

呈悉，业经本院统一解释法令会议议决，(一)以房屋及其基地为标的之典权存续中，房屋因不可抗力而灭失者，依《民法》第九百二十条第一项之规定，就其房屋部分，典权与回赎权均归消灭，典权人不得请求返还典价，出典人亦不得请求返还房屋。关于基地部分，典权与回赎权虽未消灭，但出典人不回赎时，典权人并无回赎之请求权，自亦不得请求返还典价，至典权人得在该房屋之基地重建房屋，《民法》第九百二十一条规定甚明，典权人重建房屋时，对于该房屋仍有典权，出典人亦仍有回赎权；(二)租赁之房屋，在租赁关系存续中，因不可归责于当事人之事由而灭失者，租赁关系即归消灭，嗣后承租人自无支付租金之义务，因担保租金支付义务所交之押租，亦得请求返还，至出租人就该房屋之基地，如有所有权或其他得建筑房屋之权利，当然得再建筑房屋。若原呈所称乙能否就该房屋基地建筑房屋，其乙字系甲字之误，则系承租人能否在该基地建筑房屋之问题，应查照院字第一九五零号解释第五段办理。仰即转饬知照。此令

**附安徽高等法院原呈**

案据盱眙县县政府呈称，有甲典受乙市房一所，典价一千元，言明三年回赎，在回赎期内，房屋因不可抗力焚毁，甲就该房基地能否建筑房屋及能否向乙请求返还典价，乙能否向甲请求交房，应请解释者一。又有甲租得乙市房一所，押租二千元，每月租价甚微，在租赁期内租赁房屋，因不归责于甲之事由灭失，乙于租赁房屋灭失后，能否按月索取租价，乙能否就该房基基址建筑房屋及能否请求偿还押租，应请解释者二。等情前来，查事关解释法

律疑义,本院未敢擅拟,理合转呈钧院核示祇遵。谨呈司法院院长居。兼代安徽高等法院院长廖江南

**院字第一九九五号**

**民国二十九年五月二日　司法院致中央执行委员会社会部函**

迳复者,准贵部本年三月二十五日利组字第二七一七号公函开,据福建南靖县党部通讯,为商会会员所缴会费计算权数疑义一案,转函查照解释见复等由,业经本院统一解释法令会议议决,公会会员代表之表决权、选举权,以其所缴会费比照单位计算权数,为《修正商会法》第十三条第二项所明定。公会会员依同法第二十九条第一款之甲,就该公会所负担会费之数额比照单位时,其不足单位之数,达于一单位二分之一者,依同法第十三条第一项及第二十九条第一款乙之规定,应认其权数为二分之,其不满二分之一者,不计算权数,所缴会费不因此而受影响。相应函复贵部查照。此致中央执行委员会社会部

**附中央执行委员会社会部原函**

案据福建省南靖县党部书记长庄达衡通讯节称,商会章程第十六条规定,会员代表之表决权、选举权,比例于其缴纳会费单位额。又附款(公会会员代表之表决权、选举权,以其所缴会费,比照单位计算权数)是项所指之单位,如系非公会会员会费单位,即公会会员之权数,应就该公会所收入会费总数十分一至十分二所负担之额数比照单位计算,如其额数不能适合整数单位,致有剩余,应如何规定其权数?例如,非公会会费单位为六元,某公会会员所负担之会费按照该公会会费总额十分之一比例计,有十三元五角,即某公会会员应有权数二,惟余款一元五角,可计算为四分一之权数否,或该款应如何处理等情,查本件所述情节,尚无法令可据,相应函请查照,解释见复为荷。此致司法院

**院字第一九九六号**

**民国二十九年五月十一日　司法院致国民政府军事委员会函**

迳复者,准贵会上月十六日法审(二九)渝三字第四八号公函开,据浙江全省保安司令黄绍竑智法金午电请示烟毒案件适用法律疑义一案,转函查照解释见复等由到院,兹经本院统一解释法令会议议决,某甲意图营利设所以鸦片及烟具供人吸食,并供人吸用毒品,系犯《修正禁烟治罪暂行条例》第六条及《修正禁毒治罪暂行条例》第五条之罪。某乙贩卖红丸及鸦片,系犯《修正禁毒治罪暂行条例》第四条及《修正禁烟治罪暂行条例》第五条之罪,均应并合处罚,相应函复贵会查照饬知。此致国民政府军事委员会

**附国民政府军事委员会原函**

案据浙江全省保安司令黄绍竑智法金午电称,某甲意图营利,设所以鸦片及烟具供人吸食并供人吸用毒品,某乙贩卖红丸及鸦片,应否各予分别论科,抑各从一重处断,请核示等情。据此,查营利设所供人吸食鸦片并供人吸用毒品,及贩卖鸦片兼贩红丸者,其目的均

在营利。惟毒品与鸦片所含之毒性既有重轻,而获利亦有厚薄,究应依其所犯禁烟及禁毒治罪暂行条例各条各予分别论科,再定其应执行之刑,抑各予从一重处断。案关法律疑义,相应函请查照,迅予解释见复,以便饬遵。此致司法院

**院字第一九九七号**

**民国二十九年五月十四日　司法院咨行政院**

为咨复事,准贵院本年三月三十日阳字第六二五一号咨开,为商人通例第十九条适用疑义,请查照解释见复等由,业经本院统一解释法令会议议决,已登记之商号,添设支店于他人已登记同一商号之县市者,当声请登记时,应于其商号附记足以表示其支店之字样,始能登记,此为《商业登记法》第二十一条第二项所明定。《商业登记法施行细则》第三十四条,虽有他人登记前业经使用之商号,不受《商业登记法》第二十一条限制之规定,惟此种效力仅在同一县市内有之,若于他人已登记同一商号之别一县市添设支店,仍应受《商业登记法》第二十一条第二项之限制。来咨所称呈请登记之商号,于他人已登记同一商号之县市内,先已使用其商号开设支店者,自应准予登记。如其用本店商号开设支店,已在他人登记之后,则该支店之商号,非照本店之商号附记足以表示其支店之字样,不得准予登记。至仅于本店之商号附记支店两字,尚不足以资区别,必附记其他足资区别之字样而后可,再商人通例于商业登记法施行后,已不适用,兹照来咨请求解释原意,依商业登记法之规定,予以解答。相应咨复贵院查照。此咨行政院

**附行政院原咨**

查创设在商人通例施行前之商号,于创设在商人通例施行后之同一或类似商号业经注册后,如呈请注册,因其在商人通例施行前既已行用,即非仿用他人既注册之商号,亦应准其注册,经贵院明白解释有案(院字第一二五九号)。惟若该使用在后、注册在前之商号,在其他城、镇、乡设立支店,并经主管官署依法登记给照,而该使用在商人通例施行前,呈请注册在后之同一商号,亦在同一城、镇、乡内设立支店,仅附添某某支店字样,以呈请注册,可否准许,于此有甲、乙二说:甲说,使用在商人通例施行前之商号,呈请注册在后亦应照准者,原为顾全过去事实之补救办法,若再准许该商号在其他同一城、镇、乡内开设相同于他人已注册在先之支店,是徒增加事实上之纠纷,与商人通例第十九条规定"同一城、镇、乡内他人既注册之商号不得仿用以营同一之商业"之立法意旨不符,自不应惟许;乙说,使用在商人通例施行前之商号,呈请注册在后,既经准许,则在其他同一城、镇、乡内设立相同于他人已注册在先之支店,并附添有某某支店字样,则依照商人通例第十九条第二项之规定,亦自无不准许之理。事关法令适用疑义,相应咨请贵院查照,解释见复为荷。此致司法院

**院字第一九九八号**

**民国二十九年五月十四日　司法院致国民政府军事委员会函**

迳复者,准贵会上月二十五日法审二九渝三字第六一号公函开,据浙江全省保安司令黄绍竑支法金寅电请示吸食鸦片案件适用法律疑义一案,转函查照解释见复等由,业经本院统一解释法令会议议决,再犯吸食鸦片判决确定后,未经交医施戒断瘾,因故保外又吸鸦片如其初犯曾经勒令戒绝者,应依《修正禁烟治罪暂行条例》第八条第三项前段处断与该确定判决所处之刑并执行之。相应函复贵会查照饬知。此致国民政府军事委员会

**附国民政府军事委员会原函**

案据浙江全省保安司令黄绍竑支法金寅电称,再犯吸食鸦片,判决确定后,未经交医施戒断瘾,因故保外又吸鸦片,当场被获,应依《禁烟治罪暂行条例》何条处断,乞示等情。据此,再犯吸食鸦片有瘾者,于判罪确定后,因故保外期内继续吸食鸦片,是即在执行未完毕以前之犯罪,依法似应处以吸食鸦片之刑,与已判确定之刑并执行之,其烟瘾仍限期交医勒令戒绝,尚不能以三犯论。惟案关法律疑义,相应函请查照,迅赐解释见复,以便饬遵为荷。此致司法院

**院字第一九九九号**

**民国二十九年五月十七日　司法院致中央执行委员会社会部函**

迳复者,准贵部上月十一日公函开,准湖南省执行委员会转请解释《农会法》疑义一案,函请解释见复等由,业经本院统一解释法令会议议决,县市以下各级农会所设之干事长,副干事长、干事按诸立法本旨,副干事长应协助干事长处理会务,干事应受干事长之指挥处理会务,毋庸组织干事会举行会议。至省农会所设之理事、监事,与县市以下各级农会所设干事长、副干事长、干事性质不同,自有分别组织理事会、监事会之必要。相应函复贵部查照。此致中央执行委员会社会部

**附中央执行委员会社会部原函**

案准湖南省执行委员会函据湘潭县执行委员会呈称,案查县以下各级农会职员之组织为干事会,但查核法规并无干事会议之明文规定,兹据各该级农会间有于办事细则中订干事会议之条文者,究竟能否举行会议,本会未敢决断,应呈请解释者一……查省农会设理事、监事,县市以下各级农会设干事长、副干事长、干事,《农会法》及《农会法》施行法,对于省农会可否设理事会与监事会,县市以下各级农会可否设干事会,均无明文规定。相应函请查照,解释见复为荷。此致司法院

院字第二〇〇〇号

民国二十九年五月十七日　司法院指令四川高等法院

呈悉，业经本院统一解释法令会议议决，强制执行法第十二条第十三条所谓执行法院，系指为强制执行之法院而言，执行法院依该两条所应为之裁定，或由执行推事为之，或由其他推事为之均无不可。对于执行推事之行为，为声请或声明异议时，纵令实际上以由兼任院长之推事或其他推事裁定为宜，但由该执行推事裁定，仍非法所不许。仰即知照。此令

附四川高等法院原呈

案据成都地方法院院长郑庆章呈称，案奉钧院民国二十九年三月五日牍字第一九九号训令转奉司法行政部二十九年二月十七日训字第五五八号训令施行强制执行法等因，计抄发强制执行法一份，奉此自应遵办。惟查该法第十二条、第十三条所谓执行法院，系指执行处或系民庭，不无疑义。理合具文呈请钧长鉴核，指令祗遵等情，前来。查强制执行法第十二条、第十三条所谓执行法院，究指执行处，抑指民庭，实难解答，统观全部条文，或曰执行法院，或曰执行处。两者意义有无区别，仍不明了。事关解释未敢擅专，除指令外，理合具文呈请钧院俯赐解释，指令示遵。谨呈司法院院长居。代理四川高等法院院长苏兆祥

院字第二〇〇一号

民国二十九年五月十八日　司法院咨行政院

为咨复事，准贵院本年一月二十九日咨（阳字第一九一一号）开，据财政部请示标卖地产适用法律疑义一案，转咨查照解释见复等由，业经本院统一解释法令会议议决，投标人表明标价，不载一定之金额，而仅就他人标价表明增减之数者，不应准许。相应咨复贵院查照饬知。此咨行政院

附行政院原咨

据财政部二十九年一月二十三日渝赋字第一五八八号呈称，查标卖地产系属特种买卖，自应依《民法》关于契约及法律行为之规定办理。兹有某地方政府公开标卖地产，开标时最高标额为某甲之一万零五百一十五元，又有某乙标为愿比最高标价再增加一千元，究应何人得标，因有下列两说：（一）某乙之标价，较甲多一千元，其标额最高，应由某乙得标；（二）法律行为在有确定之意思表示，某乙之标额虽云较某甲为高，但未列确定数额，显系意图取巧，其意思表示不能认为有法律上之效力，仍应由某甲得标。上列两说，事关法律疑义，理合呈请鉴核，转咨司法院予以解释，俾便遵行，实为公便等情。据此，相应咨请查核见复，以便饬知。此咨司法院

## 院字第二〇〇二号

民国二十九年五月十八日　司法院咨行政院

为咨复事,准贵院本年二月十六日咨(阳字第三一九二号)开,据财政部转请解释诉愿管辖疑义一案,咨请查照解释见复等由,业经本院统一解释法令会议议决,依《诉愿法》第二条之规定,不服省政府所属各官署之处分者,不问省政府之下是否另有该官署之上级官署,均应向省政府提起诉愿。不服各省政府所属县税务分处或营业税分局所之处分,提起诉愿者,依同法第三条比照其第二条之规定,应向省政府为之,院字第一七九九号解释,应予变更。相应咨复贵院查照饬知。此咨行政院

附行政院原咨

据财政部二十九年二月七日呈称,查《诉愿法》第三条载,人民对于前条(即第二条)以外之中央或地方官署提起诉愿时,应按其管辖等级比照前条之规定为之。此在等级分明之各级官署比照时,自无疑义。惟各省地方财务行政机构制度纷歧,繁简不一,除由县设处征收者外,有于各县专设征收局直接归省厅统辖者,(如湘省)对于不服县征收局处分之诉愿管辖,自应比照县政府之处分,诉愿于省政府,再诉愿于中央主管部会,亦无疑问。有等省份,则于各县设立税务分处,而于省厅与各县税务分处之间,就全省份为数区,各区设立区税务处,(如浙省)是省与区县共为三级。例如,川省征收营业税,系于各县设立营业税分局或稽征所办理,而于财政厅之外,特设一独立之省营业税局,统辖全省各分局所,其省与局所之间亦为三级。因之对于不服税务分处或营业税分局所之处分者,其诉愿管辖即不免发生下列疑义:甲说,《诉愿法》第三条所谓比照同法第二条之管辖等级为之,应按处分官署之地位,递向其主管上级官署为之。修正《诉愿法》废除省政府各厅受理诉愿之一级,其原因在于省府各厅合署办公并非省政府所属机关,不能受理诉愿之谓,人民不服税务分处或分局所之处分,自得向该区税务处或省局提起诉愿,向省政府提起再诉愿;乙说,《诉愿法》第三条所谓比照同法第二条之管辖等级为之,系按处分官署之性质,先定其相当于第二条各款所列之处分官署,再按该款之规定为之,如县税务分处或分局所,就财务行政上,其地位相当于县政府,如不服其处分,应即比照第二条第一款向省政府提起诉愿,向中央主管部会提起再诉愿。且修正《诉愿法》之精神,在使不服县厅或与县相当之官署之处分者,均得再诉愿于中央主管部会,以昭慎重,区税务处为相当于行政督察专员之官署,省局为相当于财政应之官署,自不得受理诉愿,致使中央主管部会无从受理再诉愿。上述二说,究以何说为是,事关法律疑义,本部现有此类事件,亟待解决,理合备文呈请鉴赐咨行司法院解释令遵等情。据此,除指令外,相应咨请贵院查照解释见复,以便饬遵。此咨司法院

院字第二〇〇三号

民国二十九年五月二十一日　司法院指令湖南高等法院

呈悉,业经本院统一解释法令会议议决,强制执行法第九十五条所谓未拍定之不动产,如债权人不愿承受,应命强制管理,在管理中依债权人或债务人声请,得另行估价拍卖,另行估价拍卖时,如该不动产之时价确已高涨者,自得将原定拍卖最低价额,酌予增加。仰即转饬知照。此令

附湖南高等法院原呈

案据署衡山地方法院院长侯仗义呈称,查职院现有执行案件,业将债务人田产拍卖三期,无人承买,债权人亦无力找价承受,依法固得再行减价拍卖。惟查近来田价陡涨,较之原估价额约在一倍以上,如果再行减价拍卖,似于债务人不甚利益,究竟可否重行估定增价拍卖之处,法无明文,悬案以待。理合具文呈请钧院,伏乞核示祗遵,深为公便等情。据此,案关法律疑义,理合据情呈请钧院核示饬遵。谨呈司法院院长居。湖南高等法院院长陈长簇

院字第二〇〇四号

民国二十九年五月二十一日　司法院训令广西高等法院首席检察官

为令知事,该首席检察官代电致最高法院检察署请解释旅客私运巨额钞票出口,适用法律疑义一案,业经本院统一解释法令会议议决,旅客私运巨额钞票出口,除具有通谋敌国扰乱金融或渎职等情形,应依法移送或诉追外,不成立犯罪,应为不起诉之处分,不得适用《海关缉私条例》诉请法院科罚。合行令仰知照。此令

附最高法院检察署原函

案据广西高等法院首席检察官陈锡瑚马代称,查旅客私运巨额钞票出口,由查获机关送请法院办理,检察官应依何法诉究,兹有二说:有谓此为货物之一种,依二十八年八月七日颁布之《防止水陆空私运特种物品进出口办法》第七条之规定,应适用《海关缉私条例》第二十一条诉请法院审判者;有谓《防止水陆空私运特种物品进出口办法》第七条第一项,既规定私运禁止出口货物,应按《海关缉私条例》规定没收货物,并予处罚。其报运应结外汇货物,或金银、金银制成品、钞票等,有违反第四条规定之行为者,照下列办法分别处理,而处理办法又规定:(一)应结外汇货物不照章结汇者,作私货论,照《海关缉私条例》各项规定处罚,(二)(三)(四)略。依上开规定观察,是私运禁止进出口货物及不照章结汇应结外汇货物,均应按照海关私条例没收并处罚,而(二)(三)(四)各款运送金银,或携带运送金银制成品逾额,或旅客携带钞票、商号运钞逾额之处理办法,除没收充公外,并未涉及应适用《海关缉私条例》处罚,已与私运禁止进出口货物及不照章结汇应结外汇货物等各有分别规定者不同。如该办法第七条末项所谓除货物概予没收充公外,并分别报由军法机关或法

院,将有关人犯依法从严惩处之法,系指《海关缉私条例》而言,则在该条第一项关于私运禁止进出口货物。及(一)关于不照章结汇应结外汇之货物,当无应按照《海关缉私条例》处罚之特别规定,今关于上述两种之货物既明白规定,应按《海关缉私条例》处罚,则该条所载本条各项报由军法机关或法院依法惩处之法,似系于《海关缉私条例》之外,另有他法。且查《海关缉私条例》第三十一条又有对于海关税务司所为罚金或没收之处分不服者,得于接到处分通知书后十日内,以书面声明异议,向该管税务司请求撤销之规定,则同条例第二十一条之科处罚金及没收等处分,已有税务司职以权处理,亦无报由军法机关或法院再依《海关缉私条例》惩处之必要,故不能依《海关缉私条例》起诉者。本省现发生此类案件,可否依《海关缉私条例》或援用何种法律办理,亟待解决,请察核示遵等情。案关法律解释,相应函请查照解释,并迳予示遵为荷。此致最高法院

**院字第二〇〇五号**

**民国二十九年五月二十三日　司法院指令司法行政部**

呈悉,业经本院统一解释法令会议议决,申报权利之公示催告,以法律有规定者为限,《民事诉讼法》第五百三十五条第一项定有明文,宣告证券无效之公示催告,为申报权利之公示催告之一种,自应依此规定办理。故证券未经实体法明定具有某种情形时,得依公示催告程序宣告无效者,虽属有价证券,亦不许行公示催告程序。《民法》第七百十八条固规定指示证券遗失、被盗或灭失时,得依公示催告程序宣告无效。惟其所称指示证券,谓指示他人将金钱、有价证券或其他代替物给付第三人之证券,《民法》第七百一十条第一项规定甚明,更参以《民法》第七百十一条以下各条之规定,指示证券系指示他人为给付,而非发行该证券之指示人自为给付之证券,尤无疑义。《民法》第六百十五条之仓单,或《民法》第六百二十五条之提单,则系填发仓单之仓库营业人,或填发提单之运送人自为给付而非指示他人为给付之证券,显非《民法》第七百十八条所称之指示证券。记名式之仓单或提单在法律上既无与《民法》第七百十八条、第七百二十五条第一项、票据法第十六条第一项同一之规定,即不得依公示催告程序宣告无效。至《民事诉讼法》第五百五十四条不过就实体法上已明定具有某种情形时,得依公示催告程序宣告无效之证券,规定何人有公示催告之声请权,并非因实体法所定许行公示催告程序之证券范围过狭,加以扩张。此观同条第一项所称之无记名证券及空白背书之指示证券,在实体法上均已明定遗失、被盗或灭失时,得依公示催告程序宣告无效。同条复未规定所称之证券,具有何种情形时,得为公示催告之声请,其义自明,故同条第二项所称前项以外之证券,系指记名式之票据及指示证券等,未以背书转让或其背书记载被背书人者而言,并不包含实体法上未经明定许行公示催告程序之证券在内,自不得据此即将仓单、提单解为许依公示催告程序宣告无效。原呈所称之寄托证,不得依公示催告程序宣告无效,更不待言。仰即知照。此令

**附司法行政部原呈**

案据上海市银行业同业公会本年十月三十日呈称，呈为呈请解释仓单等单据，设有遗失，能否适用公示催告程序宣告证券无效事。窃查仓库营业人为他人堆藏或保管物品时，因寄托人之请求，应由仓单簿填发仓单，此为我《民法》第六百十五条所明定。寻绎法义，盖仓库营业以物品之寄托保管为目的，为要物契约之一种，本非要式契约，无须作成定式之书据，其仓单之填发与否，则纯视寄托人之请求与否以为断，原非仓库营业人之定式行为。故在事实上，此项寄托物之债权债务关系，原本以仓库契约订定，惟于仓库契约之外，准许仓库营业人另行发行仓单，论其性质，虽填发之原因基于仓库契约之成立，但发行之后，实质上即独立而为证券债权，且有流通之特性。征之日本《民法》，其称仓单即曰仓库证券者，职是之故，而法、意诸国，对于仓单之发行，并采复券主义，于同一寄托物发行仓单二联，一曰存货仓单，以供寄托物之让与；二曰质货仓单，以供寄托物之出质。比诸票据证券之发行复本或誊本者，情形相似盖所以化货物之呆滞，而为证券之流通。我国《民法》虽采单券主义，但与仓单持有人之权利，亦认与寄托人无异。凡仓单经合法之移转，即生单载货物所有权移转之效力，是其权利显即存在于仓单之上，换言之，仓单与单载内容之权利，亦即有不可分离之关系，虽其名称无日本所谓仓库证券之明显，而实际自应认为证券之一种，其权利义务之实质，除依实体法所规定而外，对于程序法之适用，自得比照关于证券之规定。惟近自司法院第一八一五号解释，认银行出立之存单、存折不属于证券范围，设遇遗失情事，不得适用公示催告程序。而后敝会各会员银行，对于仓单遗失，能否援用公示催告程序一点，认为亟应慎重研究，或且疑仓单亦仅为权利证书之一种，不能适用公示催告程序者。敝会细加研究，以为仓单之发行，于物品寄托保管之仓库契约而外，复以信用为基础，与《民法》所定指示证券及无记名证券渊源相同，其债权债务之主体，非仅以仓单营业人及寄托人为限，且更进而及于仓单持有人。质言之，仓单持有人，在法原有特定之保护，言仓单一经背书转让，即生物权移转之效力，其为证券性质殆无疑义，其得适用公示催告程序，似亦不待论。且退一步言，查民诉法第五百五十四条第一项规定：无记名证券或空白背书之指示证券，得由最后之持有人为公示催告之声请，第二项规定：前项以外之证券，得由能据证券主张权利之人为公示催告之声请。是所称前项以外之证券，其范围自属甚广，而我《民法》除规定有指示证券及无记名证券两种而外，即绝少其他证券之规定，则所谓前项以外之证券，其为广义之解释，而非拘泥于文字者，尤可推见民事法例有相同类似之事件即准类推援引，使实际情形得受相当法条之保护。仓单虽无证券字样之明定，其性质与证券相当，似可比照证券之规定，以适用公示催告程序。敝会各会员银行，所营各项业务，对于债权债务关系纂巨，均须依适法之准则，以资绳尺，其在民诉法上能否适用公示催告程序之单据，除上述仓单之外，尚有(一)《民法》第六百二十五条规定之提单，依同法第六百二十九条所规定，交付提单与物品之交付有同一之效力，其权利显即存在于提单之上。换言之，该提单与单载内容之权利同有不可分离之关系，其单载托运人及运货人姓名，亦与指示证券之形式相符合，且与海商法所定之载货证券,无论其性质与所载事项,亦几尽相当。两者之间,仅属名异而实同,其为证券自无疑义,设有遗失情事,似亦可予适用公示催告之程序。(二)敝会各会员银行颇多兼营保管业务,于收受寄托人交付寄托物后,出给寄托证或保管证为凭,在法律上虽无特定名称,事实上每有以之背书移转,而为出质买卖者。是项寄托证,其性质亦与证券近似,设遇遗失情事,可否援用公示催告程序,凡此各点,要均有待于解释,理合备文呈请,究竟上述(一)仓单(二)提单(三)寄托证等。设有遗失情事,是否可以适用民诉法关于宣告证券无效之公示催告程序,尚祈钧部一并俯赐解释,俾资遵循,实为公便等情。据此,查仓单及提单在法律上为当然的指示证券,遇有遗失等情形,依《民法》第七百十八条规定自得依公示催告程序宣告无效,至寄托证法律原无此名称,惟据称事实上多以背书移转而为出质买卖,则颇与仓单类似,究应否认为指示证券,事关法律疑义,理合具文呈请钧院鉴核指示,以便转饬知照。谨呈司法院院长居。司法行政部部长谢冠生

**院字第二〇〇六号**

**民国二十九年五月二十三日　司法院指令司法行政部**

呈悉,业经本院统一解释法令会议议决,宣告证券无效之公示催告程序,依《民事诉讼法》第五百三十五条第一项,惟于法律有规定时,始许行之。银行发给存户之记名存单、存折,在实体法上既无得以公示催告程序宣告无效之规定,自不得行此程序。至存单、存折依惯例挂失后,持有单、折者,向银行交涉时,如其人并非真正债权人,无论单、折是否载有凭以支取字样,银行均无支付存款之义务。即其人为真正债权人,而银行前向挂失之第三人支付存款,如合于《民法》第三百一十条规定之情形,亦免其责任。院字第一八一五号解释,无须变更。仰即知照。此令

**附司法行政部原呈**

案据上海市银行业同业公会常务委员吴蕴斋等呈称,呈为银行存单、存折遗失不适用公示催告程序,仍有疑义,恳请转陈重加解释事。窃查本年一月间接奉钧部一月十日第七零号批,附钞司法院第一八一五号咨文内开,案经统一解释法令会议议决,银行发给存户之各种存单、存折,系权利证书之一种,与证券不可与权利分离者有别,不适用民诉法关于宣告证券无效之公示催告程序。设遇遗失,除得依照银行惯例以求救济外,别无他法可据等因。奉此,敝会迭经研究,佥以遗失单折,一概不准适用公示催告宣告无效,于银行责任解除上极感困难。际此战事绵延,人民流离迁徙,遗失单据十百倍于平日,纠纷复杂在所难免,若仅凭惯例挂失,日后持有单据者再向银行交涉,银行责任是否已因凭惯例挂失而可解除,法律上极有争执。银行与存户利害势难兼顾,其中尤以不凭印鉴,仅凭单、折之争执为最。缘银行对于此种不凭印鉴之单、折,大都有凭单支取或凭折支付字样之戳记,其性质实于不可与权利分离者无殊,虽单、折上记载户名,而该户名绝对与付款手续无关,等于无记名证券,既未宣示无效,银行责任是否解除,自不无疑义。查民诉法第五百五十四条第一

项,虽仅规定无记名证券或空自背书之指示证券,得由最后之持有人为公示催告之声请。但第二项又规定,前项以外之证券,得由能据证券主张权利之人为公示催告之声请。该项泛称前项以外之证券,原期包括一切能据券主张权利之证券,立法意旨至为明显他国民诉法,对于此项采用证书字样,以别于证券,解释上自较显达。我民诉法虽同用发券字样,而就其能据证券主张权利之文义而言,似不能从狭义解释,必须称为证券者,始可适用。能凭单、折主张权利者,自亦应包括在内,各级法院中亦颇有持此种见解者,统一解释法令会议,对于不凭印鉴之单、折未予区别,法律上尚不无疑义。敝会关切银行责任问题,理合缕陈管见,恳请钧部核转,俯赐重加解释,以资遵循等情。据此,查此案前据该委员等,呈请解释到部,当经钞发钧院二十七年十一月十七日院字第一八一五号解释,并批示在案。据呈前情,理合备文呈请钧院鉴核指示,以便转饬遵照。谨呈司法院院长居。司法行政部部长谢冠生

**院字第二〇〇七号**

**民国二十九年五月二十五日　司法院致中央执行委员会社会部函**

迳复者,准贵部上月二十六日公函(利编字第三四四四号)开,据四川省达县县党部通讯请示民船船主及员工组织疑义一案,函请查核见复等由,业经本院统一解释法令会议议决,民船船主自备船只,自操驾驶劳作者,不在民船船员工会组织规则第二条所称服务员工之列,不得加入民船船员工会。至航商组织补充办法第二项理由所载,轮船或民船之未设立公司行号者多以其船只牌号直接经营业务,除有移动性质外,几与普通商店无异。而其营业状况、资本数量、使用人数,且有超过普通商店若干倍以上者,自不能不使有参加团体组织之机会,故设本项以为之救济等语,不过就未设公司、行号之轮船或民船,比拟普通商店,以说明得用船只牌号参加同业公会之理由。其民船船员公会组织规则第二条所称服务员工之范围,并不因此有所出入。相应函复贵部查照。此致中央执行委员会社会部

**附中央执行委员会社会部原函**

据四川省达县县党部第二次通讯称,本县操舟业职业工会,多数会员系以驾驶木船为业务。本年一月该会奉县府转经济部令饬,改为民船业同业公会,性质属商,如以船主而论,似有改之必要,但以驾驶而言,性质属工,似宜组织工会,究应如何解决?缘此间经营船业者概系小本,多数人均系本人的船本人驾驶,究应加入民船业同业公会抑或操舟业职业工会,请示遵等情。查民船船主,应加入民船业同业公会,其工人应加入民船船员工会。惟船主自备船只且自操驾驶劳作者,可否加入公会一节,不无疑义。又按照《航商组织补充办法》第二条理由内说明,民船性质等于普通商店,其对于船主以外之船员,似认为相当于商店店员,但依据民船船员工会组织规则第二条之规定,则概称为服务员工,得组织船员工会,此点在员工之范围上颇有出入。相应函达,即请查核见复,以便饬遵为荷。此致司法院

**院字第二〇〇八号**

**民国二十九年五月二十五日　司法院指令广西高等法院**

呈悉,业经本院统一解释法令会议议决,第二审判决,命非当事人之丁向甲返还借款之部份,对丁既不生效力,执行法院即不得因甲之声请对丁为强制执行,丁自无对丙另行起诉之必要。仰即知照。此令

**附广西高等法院原呈**

呈为呈请解释示遵事,案奉钧院二十九年四月九日院字第一九七五号指令,呈一件。为请解释民事诉讼程序疑义由内开,呈悉,业经本院统一解释法令会议议决,据原呈所称情形,第一审判决驳回甲向丁请求返还借款之诉之部分,既未由甲提起上诉,即已确定。与丁同为被告之丙,虽对于第一审判决其向甲返还借款之部分提起上诉,但其被上诉人为甲而非丁,依法亦不得以丁为被上诉人。是丁在第二审并非当事人,第二审法院仅能就第一审判决关于甲丙间之部分调查其当否,不得判及甲丁间之关系。其判令丁向甲返还借款之部分,对丁不生效力,丁对于该判决提起再审之诉,应认为不合法,予以驳回。甲在第一审如系声明求为命丙、丁各返还借款二分之一之判决,而第二审判决,亦系命丙返还借款二分之一者,甲就其他二分之一另行起诉。求为命丙返还之判决,在诉讼法上,自无不可,仰即知照,此令,等因。奉此,除遵照外,查依上开解释,如丁蒙违法之确定判决,既不能依再审程序请求救济。设甲对于确定判决声请执行,执行法院依法仅负照判执行之职责,不能将丁之一部分之确定判决视为无效,而拒绝执行,则丁将不免终蒙违法判决之损害,于此场合,丁可否对丙另行起诉,请求将前确定判决判令负担一部分之债务一并归丙负担,不无疑义。事关法律解释,本院未敢擅专,理合具文呈请钧院鉴核,俯赐解释,令饬祗遵。谨呈司法院院长居。代理广西高等法院院长朱朝森

**院字第二〇〇九号**

**民国二十九年五月二十五日　司法院指令湖南高等法院**

呈悉,业经本院统一解释法令会议议决,《民事诉讼法》第四百三十九条第一项之规定,系以同法第四百三十八条第一项关于上诉状应提出于原第一审法院之规定为前提。《县司法处办理诉讼补充条例》第二十二条第一项明定,民事上诉书状应向第二审法院提出虽其但书规定,得请求原县司法处转送上诉书状于第二审法院。但依同条第二项之规定,县司法处接受此项请求后,既应速将上诉书状连同卷宗送交第二审法院,则《民事诉讼法》第四百三十九条第一项之规定,自不在同条例第一条所称适用或准用之列。至院字第五一三号解释,虽有关于原呈所列第二问题之解决,但未涉及原呈所列之第一问题,此问题应视司法行政最高官署所定应扣除之在途期间,是否定为应予扣除,以解决之。仰即转饬知照。此令

附湖南高等法院原呈

案据本院第一分院院长钟馥上月养代电称：查本分院管辖区域，上诉程期，业经呈奉核定，自无问题。惟当事人向原院处提起上诉书状时，应否扣除当事人所住乡村之在途期间，此应请示者一。当事人于原院处指定有收受送达处所，而代收人（非诉讼代理人）转致裁判书于当事人，应否扣除其转致在途之期间，此应请示者二。当事人提起上诉书状违背程序时，原院固得依法裁定驳回，而各县司法处能否准用，此应请示者三。以上三点适用不无疑义。等情，查第一、第二两点，无论法院与县司法处均应依照民国二十年八月七日院字第五一三号解释，当事人住乡村之在途期间，自应扣除，而代收人转致裁判书于当事人之在途期间，不应扣除，似不能因法院与县司法处而有差别。惟第三点因县司法处办理诉补充条例第二十二条，与《民事诉讼法》第四百三十八条之规定，对于当事人之上诉，其权限不无异同。究竟可否依照《县司法处办理诉讼补充条例》第一条，适用《民事诉讼法》第四百三十九条第一项办理，实滋疑义，理合据情转呈钧院俯赐解释，俾便饬遵。谨呈司法院院长居。湖南高等法院院长陈长簇

院字第二〇一〇号

民国二十九年五月二十五日　司法院致国民政府军事委员会函

迳复者，准贵会上月二十六日法审（二九）渝三字第六四号公函开，据天水行营代电，据陕西省政府转请示持有烟渣以供制膏之用，应如何论罪疑义一案，函请查照解释见复等由。业经本院统一解释法令会议议决，意图供掺土制膏而持有含有鸦片成分之烟渣，应成立《修正禁烟治罪暂行条例》第十六条之罪，相应函复贵会查照饬知。此致国民政府军事委员会

附国民政府军事委员会原函

案据天水行营程主任本年三月梗整甲黄代电，以据陕西省政府转据第六区行政督察专员请示持有烟渣意图供掺土制膏之用，是否构成犯罪，如系犯罪，应依何条处断等情，转请核示前来。据此，查持有烟渣者，如明知其尚有鸦片成分而持有，似应依《禁烟治罪行条例》第十六条论处，惟案关法律解释，相应函请查照，迅赐解释见复，以便饬遵为荷。此致司法院

院字第二〇一一号

民国二十九年五月二十八日　司法院咨行政院

为咨复事，准贵院本月八日咨（阳字第九七九六号）开，据福建省政府呈据地政局转请解释典权疑义一案，咨请解释见复等由，业经本院统一解释法令会议议决，典契载明每逢辰戌年所典田地，仍归原主使用者，究系如何意义之意思表示，应斟酌一切情事，探求当事人之真意定之。其真意系在每次五年届满时，应提出原典价回赎，回赎后届满一年，应更为典权设定行为者，固系设定五年期限之典权，同时又为每次回赎后届满一年，更须出典五年之

预约。若其真意系在每次五年届满时,无须提出原典价回赎,当然应将典物交出典人使用。使用届满一年时,无须更有典权设定行为,当然应将典物交付典权人者,则除有特别情事,可认为全部出典。而其约明每六年内出典人无偿使用一年,仅为使用借贷之预约外,自应解为仅以该田地六分之五出典,此与共有人以其应有部分六分之五出典无异。典权人依《民法》物权编施行法第五条第一项、《民法》第九百二十四条但书取得典物所有权时,仅按其应有部分六分之五对于该田地有共有权,出典人对于该田地尚有应有部分六分之一之共有权。相应咨复贵院查照饬知。此咨行政院

**附行政院原咨**

案据福建省政府二十九年四月五日律卯歌府地乙永三五七七九号呈称,据地政局呈称,兹有典权疑义一点:甲于前清同治十二年将田地一起出典于乙,契载每逢辰戌年该田地仍归原主使用,此项订约可有二种不同解释:(一)甲仅出典田地六分之五;(二)甲仅出典田地五年,仍回赎一年。照第一点解释,则该典约早逾法定期限,该典权人乙对于出典田地六分之五,依法业已取得所有权。照第二点解释,其典约似又有期限,但回赎一年后,又须出典五年,循环不已,其所有权似仍应属甲。倘照第一点解释,认乙取得所有权,于甲之权益显有损害,究竟此项田地所有权,应属于乙,抑属于甲?又倘属于甲,拟饬甲回赎一年再行出典时,仍应与乙重订典约,以符法定。倘甲自愿备价永远赎回,并拟准其照办,是否有当,理合呈请核示等情。本案事关法律解释,理合呈请钧院转咨司法院察核示遵等情。据此,相应咨请贵院解释见复,以凭饬知。此咨司法院

**院字第二〇一二号**

**民国二十九年五月三十日　司法院复湖南高等法院电**

湖南高等法院陈院长览,本年四月铣代悉,南县县长所请解释民事清算账目案件应否征收费用疑义一案,业经本院统一解释法令会议议决,法院选任会计师或其他有计算技能之人清算账目,即系命行鉴定,因此所需费用,自应适用关于鉴定之规定,其嘱托公署或团体陈述此项鉴定意见或审查之者,亦应依《民事诉讼法》第三百四十条办理。合电转饬知照。司法院册印

**附湖南高等法院原代电**

重庆司法院院长居钧鉴,据南县县长兼理县司法处行政事务张光三鱼代电称:查民事案件因账目纠葛,须派本处职员或函托其他机关清算,应否由诉讼当事人纳清算费,现行诉讼费用规则无明文规定。如应由当事人缴纳清算费,其征收标准若何,乞迅赐示遵等情。据此,查因民事涉讼,清算账目本系审判人员之职责,如系由本机关职员辅助办理,对于辅助清算之人,似无庸另给费用,若选定会计师或其他有计算技能之人为之清算,似应斟酌案情及事务之繁简,饬当事人缴纳相当数额之清算费。案关法律疑义,未便擅断,理合电恳钧院迅予解释示遵。湖南高等法院院长陈长簇叩铢印

**院字第二〇一三号**

**民国二十九年六月五日　司法院致国民政府军事委员会函**

迳复者,准贵会上月一日法审(二九)渝二字第七二号公函开,据浙江全省保安司令黄绍竑代电请示者,任伪盐务稽征局盐引主任职务应如何论罪一案,转查照解释见复等由,业经本院统一解释法令会议议决,某甲充任某镇伪盐务稽征局盐引主任职务,应依《修正惩治汉奸条例》第二条第一款之罪论处,相应函复贵会查照饬知。此致国民政府军事委员会

**附国民政府军事委员会原函**

案据浙江全省保安司令黄绍竑本年二月法金寅字第八七四号灰代电称,某甲充任某镇伪盐务稽征局盐引主任职务,月薪八十元。查在伪公署执役收捐,与《修正惩治汉奸条例》第二条第六款规定,通谋敌国而供给金钱盗产之犯罪行为不同,亦与同条例第八款所称有关军事职役之情节迥异,其他现行法令亦乏论罪依据应如何论处,请核示等情。据此,案关法律疑义,相应电请贵院查照,迅予解释见复,以凭饬遵。此致司法院

**院字第二〇一四号**

**民国二十九年六月七日　司法院咨监察院**

为咨复事,准贵院本年一月十一日咨(庆字第四五六四号)开,为《抗战期内受免职停止任用处分公务员暂缓执行办法》条文疑义,请查照解释见复等由,业经本院统一解释法令会议议决,《抗战期内受免职停止任用处分公务员暂缓执行办法》第六条第二、第三两款所载情形,其内容虽有时涉及刑事嫌疑,但系指未受刑之宣告者而言,与同条第一款以已受刑之宣告者不同。来咨中所举各例,除任用私人应视被用人之贤否,以定其是否不利于国家,及擅征税捐如确系图利国库,不能认为迹近贪污外,余如虚糜公款、贻误要政、浮鉴开支、兼职兼薪等行为,均应属于各该条款范围以内。又同条第五款,据国民政府公报刊载原文中有一"或"字(见渝字第九十五号),自系不良嗜好与破坏廉耻二者并列,尚不发生疑问,来咨所举赌博、酗酒、狎妓、重婚等例,核与该条款之规定亦属相当。相应咨复贵院查照。此咨监察院

**附监察院原咨**

案据本院监察委员朱雷章签称:查本院司监察,各项法令均所关涉,惩戒法规自亦不在例外。按二十七年十月二十四日国民政府公布之《抗战期内受免职停止任用处分公务员暂缓执行办法》第六条规定,不适用本办法之各情形,就中有应请解释者计有三点:(一)该条第二款有不利于国家之行为者,倘照广义解释,不利于国家,即有损国家之利益。则公务员服务国家,无论何项被付惩戒事件,其违法失职行为情节重大,既至于免职停用,必其行为直接、间接有损于国家之利益,如此本办法将罕有适用机会,反之倘照狭义解释,不利于国家。即叛国卖国,则危害民国及汉奸行为,乃最重之刑事犯,应包括于第一款刑事嫌疑之

内,似毋须专款规定,究竟本款所谓不利于国家,其范围若何?如虚糜公款、贻误要政、任用私人等,是否认为不利于国家,此应请解释者一。(二)该条第三款迹近贪污者,所谓贪污当指贿赂、侵占等行为。纯粹贪污,必涉及刑事,及近于贪污之明知不应征收而征收等,亦为刑事犯,皆应包括于第一款范围之内。然则本款所谓迹近贪污,不涉及刑事者,究竟指何种行为而言,如浮滥开支、兼职兼薪、擅征税捐等,是否认为迹近贪污,此应请解释者二。(三)该条第五款有不良嗜好,破坏廉耻之行为者,所谓不良嗜好,除吸食鸦片及其代用品外,如赌博、酗酒等,是否认为不良嗜好。所谓破坏廉耻,除妨害风化外,如狎妓、重婚等,是否认为破坏廉耻?又不良嗜好与破坏廉耻并无因果关系。而本款未有或字,究竟是否两者具备,抑仅有其一即合规定,此应请解释者三。以上各点,事关法令疑义,拟请咨司法院饬交统一解释法令会议,释明见复等语。据此,相应咨请查照见复为荷。此咨司法院

**院字第二〇一五号**

**民国二十九年六月八日　司法院致国民政府军事委员会函**

迳复者,准贵会本年四月二十九日公函[法审(二九)论三字第六九号]开,据天水行营主任电请示帮助领照烟民购吸私膏是否犯罪疑义一案,函请查照解释见复等由,业经本院统一解释法令会议议决,《修正禁烟治罪暂行条例》第九条之帮助犯,虽应独立处罚,但其成立犯罪,仍以主犯成罪为要件,领照。烟民购买私膏吸食,既不成立犯罪,则其帮助该烟民购食私膏,除有同条例第十六条犯罪之情形外,自亦不应处罚。相应函复贵会查照饬知。此致国民政府军事委员会

**附国民政府军事委员会原函**

案查前据天水行营程主任行取甲回代电请示领照烟民购吸私膏,是否犯罪一案,经函准贵院二十八年十二月十四日公字第九一一七号解释函复过会,并已饬知在案。兹又据该主任文中荒真电略称,领照烟民购吸私膏,依司法院解释,仅撤销执照,勒令戒绝,不成立犯罪,但帮助其吸食私膏者,是否应负刑责,兹有二说:(一)吸食私土系违法行为,帮助吸食仍应论罪;(二)从犯之成立,以正犯成立犯罪为条件,正犯不成立犯罪,无成立从犯之余地。两说孰是,乞示等情。据此,查《禁烟治罪暂行条例》第九条第二项,对于帮助吸食鸦片者已有特别规定,似与《刑法》第三十条规定意旨不同。如查获违犯该条项之罪者,其主犯虽未成立犯罪,仍得独立论罪,原呈第二说似有未当。惟案关法律疑义,相应函请查照,迅赐解释见复,以便饬遵为荷。此致司法院

**院字第二〇一六号**

**民国二十九年六月十日　司法院训令四川高等法院**

为令行事,查四川开县县长代电致最高法院,请解释收售废金属或废棉絮案件适用法律疑义一案,兹经本院统一解释法令会议议决,于抗战时期未经呈准警察机关许可之小贩,

或未经县市商会指定之商店，擅自收售废金属或废棉絮，如无资敌等情形，应依县市警察机关发给收售废金属废棉絮小贩营业执照暂行规则第七条由行政机关处以罚锾，法院无审判之权，合行令仰该法院转饬知照。原代电抄发此令

**附开县司法处原代电**

重庆最高法院钧鉴，查在抗战时期未经呈准警察机关许可之小贩，或未经县市商会指定之商店，擅自收售废金属或废棉絮者，应由地方官署交当地法院依法惩处，此抗战时期统制废金属废棉絮办法第九条有明文规定。惟关于此案，依法惩处，《刑法》既无专条，其他法令亦鲜列入，职处现发生此项案件，究应依何法惩处？伏乞迅予解释示遵。开县县长兼司法处行政事务冯均逸叩个

**院字第二〇一七号**

**民国二十九年六月十二日　司法院指令四川高等法院**

呈悉，业经本院统一解释法令会议议决，《所得税暂行条例》第二十条所谓移请法院追缴，系指移请法院为强制执行而言，此际主管征收机关所送确定欠缴税额之公文书，即为强制执行法第四条第六款之执行名义，毋庸另由法院予以审判。仰即转饬知照。此令

**附四川高等法院原呈**

案据署自贡地方法院院长谢鸿恩其呈节称，查《所得税暂行条例》第二十条载，纳税义务人或扣缴所得税者不依期限缴纳税款，主管征收机关得移请法院追缴等语。详查原条例及其施行细则于追缴方法原无明文规定，惟据自贡区分处钞送川康办事处训令一件，据万县区分处拟具催缴税款办法案内，曾经财政部所得税事务处核准，凡逾限不纳税者，除得移请法院追缴外，并得声请强制执行。查法院应为追缴，固为原条例所明定，惟所指强制执行一语，是否指《民事诉讼执行规则》及补订民事执行办法而言，殊有疑义，法院适用自感困难等情，计钞呈川康办事处训令一件，附件一件。据此，查《所得税暂行条例》第二十条所定主管征收机关，移请法院追收之件，及四川所得税万县区分处所拟凡逾限不纳税者，移法院声请强制执行之办法，（经财政部核准）是否与民事执行名义，有同一之效力，抑或须经过法院裁判，始可认为执行名义？事关法律疑义，未敢擅拟，除指令外，理合检齐附件，备文呈请钧院俯赐解释，指令祇遵。谨呈司法院院长居。代理四川高等法院院长苏兆祥

**院字第二〇一八号**

**民国二十九年六月十七日　司法院复湖南高等法院电**

湖南高等法院陈院长览，本年五月支代电悉，所请解释一案，业经本院统一解释法令会议议决，确定判决，既已确认回赎典物之典价为铜元若干，并于理由内说明应遵照特约，不得以银元回赎，自应依确定判决办理，不得援用院字第一七七五号解释，予以变更。合电知照。司法院筱印

附湖南高等法院原代电

重庆司法院院长居钧鉴,查甲承典乙之田亩,典价为铜元若干,并于典契内附有以七年为满期,过期无论远近原价归赎,以市面铜币交还之特约。嗣甲主张以立约当时铜元之市价折合银元回赎,乙主张应依特约,以原典价同数之铜元回赎,因诉经三审法院判决,于主文载明,确认乙向甲回赎某处田亩之典价为铜元若干,并于理由中阐明,应遵照协定之特约,不得以银元回赎在案后移付执行。适院字第一七七五号解释例颁布,双方又起争执,此项判决可否执行?如可执行,究应照确定判决之内容准乙以现时市面通行之铜元(每法币一元合铜元六串)回赎,抑应按院字第一七七五号解释之旨趣,命乙照立约当时之铜元市价折合法币(每法币一元合铜元三串六百文)回赎?颇滋疑义,理合电请核示,俾资遵循。湖南高等法院推事兼院长陈长簇叩支印

院字第二〇一九号

民国二十九年六月十七日 司法院致中央执行委员会社会部函

迳复者,准贵部本年四月十五日公函(利组字第三二一九号)开,据四川省第三区党务督导专员转请示商会对县司法处行文程式一案,函请查照解释见复等由,业经本院统一解释法令会议议决,各商会对于不和统属之官厅得用公函,为修正商会法施行细则第二十九条但书所明定。县司法处自系同条所称不相统属之官厅,其相互行文,应以公函行之,相应函复贵部查照。此致中央执行委员会社会部

附中央执行委员会社会部原函

案据四川省第三区党务督导专员林紫贵呈称,据大足县商会来呈,以该会对县司法处行文之程式,究应用函或用呈,因无详细规定,争论未决,请予明白解释等情,查事关法令上之疑义,未便擅予决定,理合检附原呈转陈察阅,敬祈核示,俾便转知为祈等情,相应钞同原附件,函请查照解释见复为荷。此致司法院

院字第二〇二〇号

民国二十九年六月十八日 司法院致军事委员会军法执行总监部函

迳复者,准贵部上月十六日(法审(二九)渝一)代电开,据陆军第三十四集团军总司令电请示团附携带借来枪械潜逃论罪疑义一案,转请释明见复等由到院,兹经本院统一解释法令会议议决,团附奉长官命令因公借用枪支,嗣与团长积不相能,乘间携枪潜逃,应构成携带枪械逃亡罪。相应函复贵部查照饬知。此致军事委员会军法执行总监部

附军事委员会军法执行总监部原代电

司法院勋鉴,陆军第三十四集团军胡总司令有法电,为某补充兵训练处新成立无枪,由该处长嘱某团附借枪数枝,为公使用,嗣某团附不安于职,将其借来枪支一并携带潜逃,该团附某应否成立携带枪械逃亡罪,抑单纯逃亡罪,请核示等情。查案关适用法律疑义,特抄

附原电送查照，迅赐释明见复，以凭转知为荷。军法执行总监部伟铣法审（二九）渝一印

**院字第二〇二一号**

**民国二十九年六月十八日　司法院指令中央公务员惩戒委员会**

呈悉，业经本院统一解释法令会议议决，县长因兼理军法所发生之违法失职事件，依县长及地方行政长官兼理军法暂行办法之规定，仍属县长职务上之行为，其惩戒应由掌管县长本职之惩戒机关行使。仰即知照。此令

**附中央公务员惩戒委员会原呈**

呈为呈请解释事，窃查县长兼理军法职务所发生之惩戒案件，本会向系遵照钧院院字第一四零五号解释意旨，先送军事惩戒机关核办，再行处理，历来均无异议。乃本会最近审议监察院移付惩戒福建建瓯县县长闵佛九违法案，因其系兼军法职务上之违失行为，故移送军事机关先行核办。嗣准军政部复开，该案各犯行均在军事委员会二十六年十月三十日公布各省行政督察专员及县长兼理军法暂行办法施行以后，依该办法规定，县长仅兼理军法，而不兼军法官名义，自系职权之授与，其身分已不能认为军属，本部无权管辖，未便受理云云。惟查本会移送此类案件中，亦有犯行在该办法施行以后，军事机关仍照旧受理未持异议者、亦有县长在兼理此类案件时署名兼军法官或兼理军法字样者、亦有未署兼职者，体例纷歧，办法各别，在审议上殊有标准难分之感。此类案件，究应迳由本会受理，抑或仍照钧院解释，先送军事机关核办，于此计有两种不同之主张：甲说，谓按司法院院字第一四零五号解释意旨，关于兼职上惩戒事件之管辖，系以其事件所由发生之职务为标准，而不以被付惩戒人之资格为标准。县长在兼理军法职务上所发生之违失行为，无论是否以兼军法官名义构成，然既非由其县长本职所发生，依据以职务定管辖之原则，其惩戒权自不能由管辖县长本职之惩戒机关行使。又，据县长兼理此项职务，基于中央最高军事机关之授权及监督，此见于二十七年五月《修正之县长及地方行政长官兼理军法暂行办法》第一条、第二条、第十四条规定甚明。其性质既属于军事事项，其纪律复部勒于军事系统，此在军法判决书中署有兼军法官名义者之案件，固属显而易见。即凡未经署有此项名义而适用军法程序者，亦难否认其为军事项，故基于此类事项所由发生之违失行为，先送军事惩戒机关核办，不惟于上级军事长官行使监督权时易收效力，且于上述暂行办法所示授权之立法原意，亦较为符合，故此类案件仍应依照司法院原解释办理；乙说，谓惩戒权为对于特定身分之人员而行使，县长兼理军法，初系行于剿匪区域，基于最高军事机关之明令委任，以兼军法官之名义行之。自各省行政督察专员及，兼理军法暂行办法施行以后，县长对于军法事务，即在无最高军事长官之委任时，亦为一当然兼职。此项兼职为县长之从职，而县长则为其主职。从职与主职有不可分离之关系，此类兼职，不过为普通文官增加其职务活动之范围，并非独立职务，更未另有特定身分，故此类兼职上之违失行为，除有中央最高军事机关之明令委任而于审判案件上署有兼军法官字样者外，其惩戒权，应由管辖县长主职之惩戒机关行使。

以上两说,应以何说为当,理合具文呈请迅赐解释祗遵。谨呈司法院院长居。中央公务员惩戒委员会委员长王用宾

**院字第二〇二二号**

**民国二十九年六月十八日　司法院咨行政院**

为咨复事,准贵院本年四月十一日咨(阳字第七三零零号)开,官商合办之银行办事员,是否为公务员,请解释见复等由,业经本院统一解释法令会议议决,官商合办之银行,既为股份有限公司之组织,其办事员又系依其章程从事业务,自非《刑法》上之公务员。相应咨复贵院查照。此咨行政院

**附行政院原咨**

查《惩治贪污暂行条例》第一条第一项载,军人或公务员于作战期间内犯本条例之罪者,依本条例处断而所谓公务员,依《刑法》第十条第二项规定,则为依法令从事于公务之人员设有官商合办之银行(股份有限公司)办事员,是否能认为本条例所称之公务员不无疑义,于此约有两说:甲、谓此种银行既系官商合资经管,受官方之直接管辖,并经官方照章咨部核准注册有案,其分支行之设立,复经董事会决议呈部核准,其董事及监察人等虽有官、商二股,但常务董事,系由各董事中互选,其董事长则由各常务董事互推,其总经理又系该行董事会选举所产生者,其办事员乃由该行总经理直接委派,自系依法令从事于公务之人员;乙、谓此种银行虽系官商合办,其最高机关乃该行股东大会,官方不过立于监督地位,其总经理系该行董事会所选举,非官厅委派人员可比。是总经理所委派之办事员,更不能取得公务员之资格,且此种办事员身份之取得,系根据其股东大会订定之章程,并非根据法令而所从事者又系为股东谋利之商业,并非公务与法定公务员之条件亦不相符等语。事关法令疑义,相应咨请贵院查照解释见复,至纫公谊。此咨司法院

**院字第二〇二三号**

**民国二十九年六月二十一日　司法院致国民政府军事委员会抚恤委员会函**

迳复者,准贵会上月八日公函(抚三七渝字第三零八三二号)开,关于恤金被侵吞论罪疑义,请再行详加解释见复等由,业经本院统一解释法令会议议决,阵亡将士遗族应领之恤金,被其叔伯或夫兄弟等侵吞者,该叔伯兄弟等既非军人又非公务员,仅应论以普通《刑法》上侵占之罪。相应函复贵会查照。此致国民政府军事委员会抚恤委员会

**附国民政府军事委员会抚恤委员会原函**

案准贵院二十九年四月二十六日院字第一九八七号公函略,为解释恤金被侵吞论罪疑义一案,函复查照等由。准此,查所解释者系专指地方政府及保甲人员侵吞此次恤款而言,如关于遗族方面之叔伯或夫兄弟等,非合法遗族及非现役地方人员而有侵吞恤款情事,应科以何种罪刑,应请贵院再行详加解释见覆为荷。此致司法院

**院字第二〇二四号**

**民国二十九年六月二十四日　司法院致国民政府军事委员会函**

迳复者，准贵会本年四月二十五日[法审(二九)渝三字第五八号]公函开，据河南全省保安司令电请示《惩治贪污暂行条例》第六条适用疑义一案，转函查照解释见复等由，业经本院统一解释法令会议议决，追缴赃款以属于公有者为限，私人被勒索之款，如已扣押者，应发还受害人，否则经受害人请求返还，不问其共犯(包括教唆犯、正犯、从犯)。朋分数额之多寡，对于赃款之全部，均负连带返还之责任，其有未经获案者，得由到案之他共犯负担，相应函复贵会查照饬知。此致国民政府军事委员会

**附国民政府军事委员会原函**

案查前据河南全省保安司令卫立煌东未保四安电，请示普通人民帮助军人或公务员借端勒索，应依何法及何项程序办理等情。当经援照贵院二十八年十月二十七日院字第一九三三号解释意旨，依《刑法》第三十一条第一项规定，以《惩治贪污暂行条例》第二条第四款共犯论。电复在案，兹复据该司令保四公东电称，帮助犯尚无从中渔利之证明，既以共犯论，而追缴勒索之款，应否负连带责任？又款由共犯朋分，但各得数未能确定，且有在逃犯，是否酌定分担额，俟获案分别追缴，抑令已受审判之被告照缴总额，请核示等情。据此，查《惩治贪污暂行条例》第六条规定，应行追缴之赃款、赃物，似应由实施犯罪之共同正犯共负连带责任，至帮助犯或有未经获案之共同正犯，其曾否分得赃款赃物，在所不问。惟案关法律疑义，相应函请查照，迅予解释见复以凭饬遵为荷。此致司法院

**院字第二〇二五号**

**民国二十九年七月一日　司法院致军事委员会军法执行总监部函**

迳复者，准贵部本月三日法审(二九)渝一代电开，奉交驻闽绥靖主任公署电请示赌博罪适用法律疑义一案，请查照解释见复等由，业经本院统一解释法令会议议决，军营与公署均为公共场所，则军人在营房，公务员在公署内，赌博财物，应依《刑法》第二百六十六条第一项论科。相应函请贵部查照。此致军事委员会军法执行总监部

**附军事委员会军法执行总监部原代电**

司法院勋鉴，奉交驻闽绥靖主任公署电，为请示军人在营房，公务员在公署内赌博，应否以《刑法》第二百六十六条第一项在公共场所赌博论罪一案。事关《刑法》疑义，特电请查照，迅赐解释见复，以凭转知为荷。军法执行总监部伟江法审(二九)渝一印

**院字第二〇二六号**

**民国二十九年七月一日　司法院致铨叙部函**

迳复者，准贵部本年一月二十五日公函(育字第九七九号)开，为《公务员惩戒法》第五、

七两条所定限制晋级,发生疑义,附陈意见,请解释见复等由,业经本院统一解释法令会议议决,公务员因受降级或记过之处分,非经过《公务员惩戒法》第五条、第七条所定之年限,不得叙进或进级。此项限制晋级之期间,不以原受惩戒处分之职务为限,纵有在年限未届满以前,升转他项官职,而原处分仍不失其执行之效力。铨叙机关须俟其年限届满以后,方能就其所升转之现职,依文官官等官俸表所定核叙等级。相应函复贵部查照。此致铨叙部

**附铨叙部原函**

案查《公务员惩戒法》第五、七两条规定,降级改叙者自改叙之日起,非经过二年不得叙进。记过者自记过之日起,一年内不得进级。此项限制晋级之时间,是否以受惩戒处分之职务为限,法无明文,兹为慎重惩戒处分起见,谨附陈意见,函请大院解释见复为荷。谨致司法院

**附原附意见**

查本部核叙简荐委任公务员官级,依法不能低于各种官俸表所定各该职务之最低级。例如国民政府荐任科员,原叙荐任十二级,改任科长,只须资格与法相符,最低应依暂行文官官等官俸表所定最低级,核叙荐任八级。惟《公务员惩戒法》第五、七两条规定,降级改叙者自改叙之日起,非经过二年不得叙荐,记过者自记过之日起,一年内不得进级。是限制进级之时间虽有明文,而范围并未规定。且如某甲原任某部科长,叙荐任九级在职曾受降级之惩戒处分,未满二年,转任某省一等县长,依官俸表所定最低级,应叙荐任四级。又如某乙原任某部荐任科员,叙荐任十二级,在职曾受记过之惩戒处分,未满一年改任科长,依官俸表所定最低级,应叙荐任九级。此种因转官或改任职务,依法核叙之级,较其曾任职务所叙官级高者,是否为前项条文所称之进级,亦无依据。若以进级论,不独上述情事难以处理。设有委任官在职曾受降职或记过之惩戒处分,未满一年改任荐任官,具有法定资格,审查应予合格,是非但进级,且已升等,势必更难处理。兹查《公务员惩戒法》第五条上半段明定,降级依其现任之官级改叙,其下半段所定,自改叙之日起非经过二年不得叙进,法意所在,但亦仅就惩戒处分之职务而言。依此精神推论,第七条上半段所载自记过之日起,一年内不得进级之规定,亦系专指受惩戒处分之职务而言。况此项条文,系加惩罚于公务员者,法律既未明定及于改任或转任之职务,似不宜作广泛之解释。

**院字第二〇二七号**

**民国二十九年七月二日　司法院指令四川高等法院**

呈悉,案经本院统一解释法令会议议决,《土地法》第一百八十三条,既明定依第一百八十条第三款、第五款之规定,终止契约时,应于一年前通知承租人,则自通知后,计至《民法》第四百六十条所定之终止,期自须经过一年,方为合法。仰即转饬知照。此令

**附四川高等法院原呈**

呈为据情转请解释事，案据长寿地方法院院长二十九年四月八日代电称，查《土地法》第一百八十三条载，依一八零条第三款、第五款之规定，终止契约时，出租人应于一年前通知承租人，按所谓一年前之解释如何：甲说，一年前者，即本年收益节季以后次年耕作节季开始前之时间，质言之，即次年租佃契约须上年订定或终止也。与四川习惯，每年秋收后九月间为退佃时期，暨《民法》所定，次期作业开始前为终止佃约时期，大同小异；乙说，一年以前者即与次期作业期间相距一年以前也。盖《土地法》以保证耕作农为目的，故将出租人终止租约之预告期间延长，与《民法》之规定自有不同。如甲说则本年秋后预定次年耕作契约，双方均无不利，如乙说则退佃必须长期之犹豫期间，人事变迁无常，权利状态经久不定，事实上阻碍必多，恐非所宜，究以何说为是，川省此类案件较多，理合电请转呈解释祇遵等情。据此，事关解释法律疑义，理合据情转呈，仰祈钧院俯赐解释，俾便饬遵。谨呈司法院院长居。代理四川高等法院院长苏兆祥

**院字第二〇二八号**

**民国二十九年七月二日　司法院指令湖南高等法院**

呈悉，业经本院统一解释法令会议议决，凡为维持一家生活直接经营耕作者，虽非自任耕作，亦不失为《土地法》所称之自耕，在《土地法施行法》第十三条规定甚明，但所谓维持一家生活，专指自然人而言，故《土地法》第一百八十条第三款之规定，惟耕地之出租人为自然人时，始可适用。仰即转饬知照。此令

**附湖南高等法院原呈**

案据署湘潭地方法院院长彭矩呈称，案据本院小组会议讨论关于耕地出租人收回自耕疑义，分甲、乙两说：甲说，自耕应采严格主义，必以自力耕作始能克当。如雇人耕作而徒拥虚名，即与法律规定意旨不合，故根据此项理由，凡非习农业之出租人，以收回自耕为终止租赁契约之原因而无其他理由者，即应迳予驳回。至非自然人（包括法人及得为诉讼当事人之团体）其不得为此主张尤无待论；乙说，自耕系对于出租而言，耕地所有人虽系雇人耕作，而己仅总其成，仍不失为自耕，故对承租人主张收回自耕，苟合于一定条件，即应准其请求，不以出租人是否农人而为准驳。至非自然人既为该耕地之权利主体，其得主张自耕，亦与自然人无异云云，议决呈由院长转呈核示等语，究竟该会议所举甲、乙两说，应以何说为是，理合具文呈请钧院核示祇遵等情。据此，案关法律疑义，理合具文转请钧院解释示遵。谨呈司法院院长居。湖南高等法院院长陈长簇

**院字第二〇二九号**

**民国二十九年七月三日　司法院复广西高等法院电**

广西高等法院朱院长览，本年四月支察代电悉：博白地方法院请解释重婚罪疑义一案，

业经本院统一解释法令会议议决,甲得其妻乙同意,立契将乙价卖与丙,虽乙与甲尚未正式离婚,但乙、丙如因误认甲、乙间之婚姻关系已经消灭,而再行结婚,即属欠缺重婚故意,自不构成《刑法》第二百三十七条之罪。合电转饬知照。司法院江印

**附广西高等法院原代电**

司法院院长居钧鉴,案据博白地方法院第一八七号本年三月寒代电称,窃查《刑法》第二百三十七条重婚罪,以有配偶而重为婚姻为构成犯罪要件,若甲书立买身文契,将其妻乙价卖与丙,乙亦同意,乙与丙结婚,乙、丙是否成立重婚罪,于此有两说:(一)谓甲书立卖身文契,将乙价卖与丙,乙当时业经同意,显已表示两愿离婚。甲、乙既经两愿离婚,其婚姻关系已经消灭,乙、丙之结婚,应不成立重婚罪;(二)谓卖身文契依法无效,甲虽书立卖身文契,将乙价卖,但其婚姻关系并不因此消灭,乙、丙之结婚,应成立重婚罪。以上两说,究以何说为是,事关法律解释,理合电呈转请解释示遵等情,查离婚在《民法》上属于要式行为,甲书立文契价卖其妻乙与丙,甲、乙间之婚姻关系,固难谓已消灭,惟乙、丙尚欠缺《刑法》上之故意条件,似不构成重婚罪。理合电请解释,俾便转饬祗遵。代理广西高等法院院长朱朝森呈支察印

**院字第二〇三〇号**

**民国二十九年七月三日　司法院指令广西高等法院**

呈悉,业经本院统一解释法令会议议决,(一)事前同谋,事后分赃,并于实施犯罪之际,担任在外把风,显系以自己犯罪之意思而参与犯罪,即应认为共同正犯;(二)一罪已经裁判尚未确定,又另犯一罪,应仅就另犯之罪科处,俟各裁判确定后,依《刑事诉讼法》第四百八十一条及《刑法》第五十三条规定办理。仰即转饬知照。此令

**附广西高等法院原呈**

案据桂林地方法院院长曾贯一呈称,案据职院分发推事王家楣呈称,呈为转请解释法律疑义事,窃查(一)事前同谋、事后分赃,及实施犯罪之际,担任在外把风行为,究应认为共同正犯,抑或从犯:甲、谓应成立共同正犯,彼既具有共同意思,而犯罪之际又担任在外把风行为,虽其参与之事实,系犯罪构成要件以外之行为,究与其犯罪意思相一致,即应认为正犯。纵有院字第七八五号解释,及最高法院二十一、二十二年上字第二零二二号第一七一三号判例,系采客观说,必有分担实施犯罪行为之一部,始得认为正犯。但此判解,均制在旧《刑法》时代,可以而接重要之帮助法例处以正犯之刑以资救济,现行《刑法》无此法例规定,自以认为正犯方符法旨;乙、谓应成立从犯。共同正犯与从犯之区别,依《刑法》第二十八条与第三十条比较以观,则应视其所参加犯罪之行为,究为官施犯罪,抑为帮助犯罪而定,而定其实施与帮助之标准,原有主观说重视犯人之意思,与客观说重视犯人行为之实质和形式之不同。院字第七八五号解释,固明揭从犯应采客观说中之形式说。前开判例,固亦明示听纠上盗在外把风,事前同谋,事后分赃,不得谓为分担实施犯罪行为之一部,而分

担一部分犯罪行为,亦必究须构成犯罪事实之内容,始有分担实施之可言。是正从犯之标准,不能凭诸犯罪意思,而应决于犯罪行为已极明显,虽现行《刑法》无旧《刑法》第四十四条第三项后段法例之规定,但此仅为科刑问题,与正从犯之构成要件无关,况在量科上尽可运用得按正犯之刑减轻之法意斟酌妥善,从犯之刑得不减轻,从犯之名究宜分清。(二)数罪并罚案件,如一罪已经裁判,尚未确定中另犯一罪,审判另犯之罪时,可否依《刑法》第五十二条并合处断,抑依第五十三条程序办理:甲、谓应依第五十三条程序办理,因第五十二条明定为裁判确定后,发觉未经裁判之余罪,始得就余罪处断。如一罪经裁判而未确定,此际另犯一罪,既非裁判确定后所发觉者,则应仅就另犯之罪科处。俟各裁判确定后,依有二裁判以上之数罪成立,由检察官声请裁定,定其执行之刑;乙、谓可依第五十二条并合处断,凡裁判确定前所犯数罪者,即合于并合处罚之规定,《刑法》第五十二条与第五十三条无非为贯彻并合处罚之补救法条。今一罪已经裁判,虽在未经确定之际,另犯一罪,在审判其另犯之罪时,依第五十二条并合处断,与立法意旨并无不合,而诉讼程序上本较直截了当。若为该条之文义所拘,必俟有二裁判后再经声请裁定定其执行之刑,未免迂回转折,徒滋纷扰。以上法律问题实用上时感疑义,理合具文呈请鉴核,转呈解释,俾资遵循,实为公便等情。据此,理合具文呈请察核,转请司法院解释示遵等情。据此,查所问二则,均应以甲说为是,似无疑义,惟案关解释法律,理合具文呈请钧院鉴核,附予解释,以便转饬祗遵,实为公便。谨呈司法院院长居。代理广西高等法院院长朱朝森

**院字第二〇三一号**

**民国二十九年七月三日　司法院指令广西高等法院**

呈悉,业经本院统一解释法令会议议决,依《民事诉讼法》第四百十九条第二项规定,视为调解时已起诉者,既经《诉讼费用暂行规则》第二十条定明,仍依同规则第二条、第十二条征收裁判费,则在此项应征之裁判费数额内,不得扣除声请调解所征收之裁判费,至为明显。其调解不成立后起诉者,不许扣除,尤不待言。至《民事诉讼法》第四百二十三条之规定,不过将调解程序之费用,并入诉讼费用定其负担,不得据以扣除裁判费之一部。仰即转饬知照。此令

**附广西高等法院原呈**

呈为呈请解释事,案据桂林地方法院院长曾贯一本年二月十七日第一零三号呈称,呈为征收诉讼费用发生疑义,请予核示:窃查民事诉讼当事人两造于调解期日即为诉讼之辩论者,调解之声请人,自声请时即视为已经起诉,此固《民事诉讼法》第四百十九条规定之程序。而此类视为已经起诉之案件,另征裁判费时,应扣除声请时所征之裁判费,亦经司法行政部二十七年十月五日训字第三四六一号训令饬遵在案。惟是调解不成立后起诉者,征收裁判费应否扣除声请时所征之裁判费,分有甲、乙两说:甲、谓应予扣除。《民事诉讼法》第四百二十三条规定,调解不成立后起诉者,其调解程序之费用,应作为诉讼费用之一部,既

为诉讼费用之一部,前已缴纳之费用,自应予以扣除;乙、谓不应扣除。声请调解,系照《诉讼费用暂行规则》第十八条规定征收之声请裁判费,起诉系照同规则第二条征收之裁判费。今起诉与声请调解既有两个阶段,并不能以声请时视为已经起诉,当然应依诉讼标的另行征费,不能将声请调解时所征费用予以扣除。至民诉法第四二三条系规定,调解费用之负担,与此无涉,不能援用。二说究以何说为是,事关征收诉讼费,不无疑义,理合呈请核示祗遵等情。据此,查来问似以乙说为当,惟是案关法律疑义,理合据情转呈钧院察核,俯赐解释,俾便饬遵。谨呈司法院院长居。代理广西高等法院院长朱朝森

**院字第二〇三二号**

**民国二十九年七月三日　司法院指令青海高等法院**

呈悉,业经本院统一解释法令会议议决,《刑法》第二百二十一条第二项及第二百二十七条第一项所称之女子系专指未结婚者而言(参照院字第一二四六号及第一二八二号解释)。乙、丁二女与甲、丙结婚,虽均违反适婚最低年龄之规定,致被判令撤销,但仍不失为已婚之妇,从而该二女于婚姻撤销后,乙尚未满十四岁,丁亦未满十六岁,戊、己各别与之相奸,自亦不能依《刑法》第二百二十一条第二项及二百二十七条第一项分别论科。仰即知照。此令

**附青海高等法院原呈**

呈为转请解释事,案据本院推事王建勋呈称,查《刑法》第二百二十一条第二项所谓奸淫未满十四岁之女子,及第二百二十七条第一项所谓奸淫十四岁以上未满十六岁之女子者,系指奸淫未结婚之未满十四岁女子及奸淫未结婚之十四岁以上未满十六岁女子而言。若已婚之妇与人通奸,虽其年龄未满十四岁或十四岁以上未满十六岁,仍不得依各该条项分别处断,参照司法院历次解释固甚明了,原无疑义。兹有甲男与未满十四岁之乙女结婚,丙男与十四岁以上未满十六岁之丁女结婚,旋均依法撤销后,乙女(尚未满十四岁)又与戊男通奸,丁女(十四岁以上尚未满十六岁)又与己男通奸。于此场合,戊、己二人应否依照上开法条分别处断,有二说焉:子说,甲男与乙女、丙男与丁女虽曾一度结婚,然其结婚系属违法,且其婚姻关系既因违法而撤销,自不能以已结婚论。盖此种情形,原与已违法定结婚年龄人结婚后离异者不同,故应仍视乙女为未结婚之未满十四岁女子。丁女为未结婚之十四岁以上未满十六岁女子,戊、己二人,自可按照《刑法》第二百二十一条第二项及第二百二十七条第一项分别处断;丑说,已嫁为妇,未嫁为女,界限分明,未可相混。乙女与甲男、丁女与丙男既已结婚,无论撤销之原因为何,要不能再视为未嫁之女子彰彰明矣。且已婚未嫁之分,专视曾否依法结过婚姻而已,并不以现时尚在婚姻关系存续中者为已结婚婚姻关系消灭者为未结婚,故乙女现虽未满十四岁,丁女现虽十四岁以上未满十六岁,而对戊、己自难依照《刑法》第二百二十一条第二项及第二百二十七条第一项分别论科。以上二说,未知孰是,理合呈请核转解释,俾资遵循等情。据此,事关法律疑义,理合转呈钧院俯赐解释,以

便饬遵。谨呈司法院院长居。署青海高等法院院长马师融

院字第二〇三三号

民国二十九年七月五日　司法院指令司法行政部

呈悉,业经本院统一解释法令会议议决,《刑法》分则中公然二字之意义,只以不特定人或多数人得以共见共闻之状况为已足,院字第一九二二号关于该部分之解释,应予变更,仰即知照。此令

附司法行政部原呈

窃查《刑法》分则中公然二字之意义,学说上本有二说:甲说,谓公然系指不特定之多数人得以共见共闻之状况而言;乙说,则谓公然系指不特定或多数人得以共见共闻之状况。依照钧院二十八年九月二十三日院字第一九二二号解释及最高法院十八年上字第三三八号暨二十三年非字第三九号各判决,采用甲说,原无可疑。惟依照此说,则特定之多数人得以共见共闻之状况,即不得谓为公然。例如在有多数固定会员之团体开会时,侮辱他人,因会员系特定之人,虽属共见共闻,仍不能构成公然侮辱罪,适用上殊感困难,究应如何变通办理之处,事关法令解释,理合备文呈请钧院鉴核示遵。谨呈司法院院长居。司法行政部部长谢冠生

院字第二〇三四号

民国二十九年七月六日　司法院指令山西高等法院

呈悉,业经本院统一解释法令会议议决,女方乘出征壮丁未归之际,逼令该壮丁之父退婚,拟将其女另嫁,涉讼后经司法机关不予受理,复听从后定之家择吉迎娶,司法机关派警阻止,后定之家仍率众将该女抢至其家。除法警阻止迎娶,非依法执行职务,不能为妨害公务罪之客体外,其参与抢亲之人,应成立《刑法》上之何种妨害家庭罪,须视其女被抢时之年龄,是否未满十六岁或二十岁,并曾否得其同意以为断(可参照《刑法》第二百四十条第三项第二百四十一条第二项第三项)。如该女已满二十岁,被抢时又未得本人之同意,则应成立《刑法》第二百九十八条第一项之略诱罪。至被抢之女在未解除前定之婚约以前,仍为出征壮丁之未婚妻,应责令该女家长将其领回。仰即转行知照。此令

附山西高等法院原呈

案据山西省第七区行政督察专员公署开专员民权梗五法代电称,据解县张县长呈称,前奉钧署法字第五二三号寒六法代电转奉军事委员会办四渝字第九八六七号训令内开(中略),除函司法院转饬各级司法机关嗣后对于有关出征壮丁离婚案件,凡在壮丁出征期间,无论女方所持何种理由,一概不予受理,须至解除兵役后,方得依法办理等因在案,倘女方乘出征壮丁未归之际,逼令出征壮丁之父退婚,将女另嫁于人,涉讼后复经司法机关谕知不予受理,女方竟听从后定之家,择吉迎娶,司法机关闻悉,派警前往阻挡,后定之家率众抢

亲,将女抢至其家,此种抢亲行为,是否成立《刑法》上之略诱罪及妨害公务罪从一重处断,此女是否仍应归出征壮丁,抑应如何处理,颇有疑义等情到署。事关法律疑义,理合转请解释示遵等情。到院,据电前情,理合具文转呈祇请钧院鉴核,俯赐解释示遵,实为公便。谨呈司法院。山西高等法院院长邵修文

**院字第二〇三五号**

**民国二十九年七月二十四日　司法院复湖南高等法院电**

湖南高等法院陈院长览,本年四月真代电悉,所请解释民事诉讼程序各疑义一案,业经本院统一解释法令会议议决,(一)《民事诉讼法》第一百四十九条既明定公示送达依声请为之,则除有同法第一百五十条情形外,虽无声请之人,亦不得依职权为之;(二)上诉状不能送达于被上诉人时,审判长得定期限命上诉人补陈,被上诉人应为送达之处所或为公示送达之合法请不遵行者,法院应认上诉为不合程式,以裁定驳回之。至上诉状送达后,被上诉人应为送达之处所不明,法院书记官对于上诉人为《民事诉讼法》第一百四十二条第二项之通知,而上诉人不为公示送达之声请者,虽该诉讼事实上不能进行,究不得认其上诉为不合程式,予以驳回。(三)上诉人合法上诉后,该上诉人及被上诉人应为送达之处所均不明者,诉讼既属无法进行,自不得为如原电所称之处置。(四)第三审法院嘱托送达之文件,因当事人一造应为送达之处所不明,无从送达时,受托法院不得迳依他造之声请,准予公示送达,合电知照。司法院敬印

**附湖南高等法院原代电**

重庆司法院院长居钧鉴,窃诉讼文件之送达,当事人合法收受与否,实影响诉讼之进行,兹有疑义数点,列举如下:(一)公示送达,应依声请为之,系《民事诉讼法》第一百四十九条第一项所规定,但如无声请之人,可否解为得依职权送达;(二)上诉人提起上诉后,因被上诉人之送达处所不明,第二审法院限期饬上诉人查明补正,或声请公示送达,该上诉人逾期不为补正或声请,可否认为上诉不合程式,裁定驳回,抑应认为该案已无法进行,暂予搁置;(三)上诉人合法上诉后,初仅被上诉人之送达处所不明嗣上诉人亦因迁徙处所不明,致其应收受之文件,无从送达,是否得认为上诉不合程式,予以驳回,抑仍应指定言词辩论期日,将两造传票依职权公示送达,须届期两造均不到场,始得依法休止诉讼程序;(四)第三审法院嘱托送达之件,如因当事人一造之送达处所不明,受托法院可否据他造声请而裁定公示送达,抑仍应转送受诉之第三审法院裁判。上列数点疑义,未敢臆断,伏乞迅予解释示遵。湖南高等法院院长陈长簇叩真印

**院字第二〇三六号**

**民国二十九年七月二十四日　司法院致国民政府军事委员会函**

迳复者,准贵会上月八日公函(法审(二九)渝三第九零号)开,据浙江全省保安司令黄

绍竑电请示毒品案件适用法律疑义一案,转函查照解释见复等由,业经本院统一解释法令会议议决,甲对已贩入之红色毒丸,因被水浸湿,复借机改造,以便出售,是其制造行为,显为意图售卖之方法,系连罪之一种,应从较重之制造毒品罪处断。相应函复贵会查照。此致国民政府军事委员会

**附国民政府军事委员会原函**

案据浙江全省保安司令黄绍竑元法金丑电略称:某甲自某地贩入红丸,中途被水浸湿,乃借得制造红丸机,将水湿红丸加以改造,以便出售,应否认为制造毒品,乞示等情。据此,查某甲对于已被水湿之红丸,借机改造,以便出售,似应以意图贩卖而持有毒品及制造毒品两罪从一重处断。惟案关法律疑义,相应函请查照,迅赐解释见复,以便饬遵为荷。此致司法院

**院字第二〇三七号**

**民国二十九年七月二十四日　司法院复四川高等法院电**

四川高等法院苏院长览,本年六月微代电悉,所请解释《民法》继承适用法律疑义一案,业经本院统一解释法令会议议决,嗣子与其所后父母,依《民法亲属编施行法》第九条之规定,既有与婚生子女与其父母同一之亲属关系,则与其所后父母之他子女,当然有与兄弟姊妹同一之亲属关系。故嗣子与其所后父母之他子女,亦不失为《民法》第一千一百三十八条第三款所称之兄弟姊妹,至院字第七三五号解释,不过谓同父异母或同母异父之兄弟姊妹,均为《民法》第一千一百三十八条第三款同一顺序之继承人。院字第八九八号解释,亦不过谓《民法》第一千一百三十八条所谓兄弟姊妹,系指同父母之兄弟姊妹而言,同祖父母之兄弟姊妹不包含在内,均非含有嗣子与其所后父母之他子女非属兄弟姊妹之意义。原电所列乙说,未免误会,合电知照。司法院敬印

**附四川高等法院原代电**

重庆司法院院长居钧鉴,查《民法》继承编施行前,依当时法例,所立嗣子系以所后之亲为父母,已有钧院院字第七八零号解释可资参照。又《民法》第一千一百三十八条第三款之兄弟姊妹,系指同父异母或同母异父或同父同母之兄弟而言,亦有钧院院字第七三五号及八九八号解释可为依据。惟《民法》继承编施行前入嗣之嗣子,其与所后之亲之亲生女,是否可视为前述《民法》第一千一百三十八条第三款之兄弟姊妹,按之前述三号解释,发生下列甲、乙两项争议:甲、谓为人后者,既以所后之亲为父母,则嗣子与所后之亲之亲生女,当然应视为前述《民法》条文上之兄弟姊妹,自不能因现行法不认有宗祧继承存在而认嗣子与亲生女早已成立之兄弟姊妹关系为不存在;乙、谓嗣子与所后之亲之亲生女,依《民法》继承编施行前之法例,虽应认为兄弟姊妹,但既非院字第七三五号及八九八号所指之血缘的兄弟姊妹,当然不能认为前述法条文上之兄弟姊妹。两说各具理由,在适用上不无疑义,事关适用法律,理合电请钧院俯赐解释示遵。署四川高等法院院长苏兆祥叩微印

**院字第二〇三八号**

**民国二十九年七月二十四日　司法院复浙江高等法院电**

浙江高等法院郑院长览,本年五月啓代电悉,义乌地方法院所请解释县兵役科长兼任国民兵团团附犯罪管辖疑义一案,业经本院统一解释法令会议议决,县兵役科长兼任国民兵团团附,犹之县长兼任国民兵团团长,役政既为县政之一部,该兵役科长如因办理役政而发生犯罪,自应归普通法院审判。合电转饬知照。司法院敬印

**附浙江高等法院原代电**

司法院院长居钧鉴,案据义乌地方法院院长徐祖荫寒代电称,本院受理县兵役科长侵占一案,因该科长兼任国民兵团少校团附,其身分是否视同军人,发生疑义。依检察官之见解,以兵役事务为县政之一部,如果兵役科长因办理役政而发生犯罪,应属普通法院管辖,不能因其兼任国民兵团团附而受影响。而军管区司令部则主张,该兵役科长系兼任国民兵团团附,自属现役军人,依照《陆海空军审判法》第一条第一项规定,应归军法审判。令县政府转函法院,移送司令部讯办。本院查各县国民兵团,设团长一人,由县长兼任,团附二人,一为专任(系完全军人身分),一由县政府兵役科长兼任。今兵役科长因办理役政而犯侵占罪,可否援照二十三年院字第一零八四号解释,归普通法院审判?乞转电请示,迅赐饬遵等情。据此,案关法令疑义,理合电请钧院迅赐解释,以便饬遵。浙江高等法院院长郑文礼卯啓印

**院字第二〇三九号**

**民国二十九年七月二十六日　司法院致国民政府军事委员会军法执行总监部函**

迳复者,准贵部上月二十八日公函[法审(二九)渝三字第九二号]开,县长因兼理军法而发生普通刑事犯罪行为,应归何项机关审判,请解释见复等由。兹经本院统一解释法令会议议决,县长兼理军法,既为《县长及地方行政长官兼理军法暂行办法》第一条所明定,则其触犯普通《刑法》上罪名,纵因兼理军法而发生,仍应归法院审判。相应函复贵部查照,此致国民政府军事委员会军法执行总监部。

**附国民政府军事委员会军法执行总监部原函**

案查县长因兼任军法官之职务上所发生之普通刑事犯罪行为,应归军法机关审判,业经贵院于民国二十三年六月二十九日院字第一零八四号解释有案。惟自民国二十六年十月三十日本会公布《各省行政督察专员及县长兼理军法暂行办法》,暨二十七年五月十五日修正为《县长及地方行政长官兼理军法行办法》以后,县长得以本职名义兼理军法,并未委兼军法官名义。如因兼理军法而发生普通刑事犯罪行为,应归司法审判,抑归军法审判,兹有二说:甲说,县长兼理军法而不兼军法官名义,是不过军法职权之授与,并无军属身分。纵因兼理军法而发生普通刑事犯罪行为,应归司法机关审判;乙说,县长以本职名义兼理军

法，虽不能视同军属，但因利用军法职权而发生普通刑事犯罪行为，自以归军法审判为宜。二说孰是，相应函请查照，迅赐解释见复，以凭核办为荷。此致司法院

**院字第二〇四〇号**

**民国二十九年七月二十六日　司法院复安徽高等法院电**

安徽高等法院廖院长览，本年三月元代电悉，泗县县长请解释常备队预备队官兵犯罪管辖疑义一案，业经本院统一解释法令会议议决，来呈所称之常备队，如与战时国民兵义勇壮丁常备队编成办法第三条所载之常备队相同。该队队兵在营训练服役期间犯罪，依该办法第十五条规定，应归军法审判，其长官既由在乡军官、军士或上等兵中委派，则其犯罪亦应归军法审判，但注意县长及地方行政长官兼理军法暂行办法第四条规定。至预备队队兵，不得视同现役军人，如犯普通《刑法》之罪，应归普通法院审判，其长官若系保甲长兼任者亦同，合电转饬知照。司法院宥印

**附安徽高等法院原代电**

司法院院长居钧鉴，案据泗县县长朱天修电称，常备队、预备队官兵犯罪，是否由县长以军法官职权适用陆海空《刑法》处刑，抑依普通《刑法》处刑，乞电示祇遵等情。据此，查所称常备队、预备队，似非正式军人，惟事关法律解释，本院未便擅拟，乞即电示，以便转饬祇遵。兼代安徽高等法院院长廖江南叩元印

**院字第二〇四一号**

**民国二十九年七月二十九日　司法院咨行政院**

为咨复事，准贵院本年五月二十四日咨（阳字第一一五零四号）开，据经济部转请解释，有限公司支店未经登记，股东责任疑义一案，咨请解释见复等由，业经本院统一解释法令会议议决，已在本店所在地主管官署登记之股份有限公司设立支店时，依公司法施行法第二十八条虽应向支店所在地主管官署声请登记。但在未登记前，他人与该支店交易而有对于该支店之债权时，应由公司负清偿责任，不得请求公司之股东连带清偿。至公司法第九条之规定，与此种情形不符，自不在适用该条规定之列。相应咨复贵院查照饬知。此咨行政院

**附重庆市银行商业同业公会原呈**

窃查未登记之公司，视为普通合伙组织之商号，所负债务由各合伙人连带负责，此为历来最高法院判例所阐示，本无疑义。惟合法登记之股份有限公司设立支店，（例如银行设立分行）如未依公司法施行法第二十八条为设立支店之登记，依公司法第九条对于此未登记之支店即不得以公司支店对抗第三人。因而该未登记之支店，有谓亦应依上述判例，视为合伙组织之商号，其债务应由该公司股东负合伙人之责任。第查未登记之支店依公司法第九条，虽不得以公司支店对抗第三人，然该支店系由股份有限公司所设立，非由公司股东所

设立,公司股东与该支店,法律上根本不发生关系。公司既系法人,有独立享受权利负担义务之能力,具有独立之人格,则一个法人所设立之支店与一个自然人所设立者无异,似不能视该未登记之支店为合伙组织之商号,而使公司股东负合伙责任。盖上述判例,系指未登记之公司,确由数人合股所设立,具有合伙之性质,并无其他法人或自然人之债务主体存在者而言,与由一具有独立人格之法人所设立之支店,不能为同一之论断。今支店虽未登记,但由该支店所发生之债务,其债务主体仍不失为公司法人,公司股东自不负责,至公司法第九条所谓不得对抗第三人之事项,无非在法律上该未登记之支店是否为公司支店,即公司有无该支店之问题?所谓支店又仅指法人之事务所而言,决不涉及于公司法人资格或股东之责任问题,盖(一)公司之设立,固已登记(公司法第五条);(二)公司股东之责任,依法应为有限责任(公司法第一一二条第一项),二者均非不得以之对抗第三人也。是股东于缴清股份金额后,别无其他任何责任,设若公司开设支店之业务上行为,因未为登记,各股东即须对于由该支店发生之债务负合伙责任,则股份有限公司股东之责任,将永与无限公司或合伙商号股东之责任无异,核与公司法第一一二条第一项立法原旨又显不符。故股份有限公司所设支店若未登记,似不应视为合伙,其债务不应由股份有限公司之股东负责,仅应由股份有限公司负责,而与公司股东不涉。事关法律疑义,经属会常务委员会核议呈部转请解释在案,理合录案具文呈请钧部鉴核,转请司法院解释示遵,实为公便。呈经济部。重庆市银行商业同业公会主席康心如

**院字第二〇四二号**

**民国二十九年八月一日　司法院致国民政府军事委员会函**

迳复者,准贵会本年六月二十八日公函(法审(二九)渝二字第九八号)开,据第三战区司令长官电请示充任伪监狱主任看守及在伪警卫队受训,应如何论处一案,函请解释见复等由。兹经本院统一解释法令会议议决,某甲充伪监狱主任看守,某甲在伪组织所办警卫队受训,均犯《修正惩治汉奸条例》第二条第一款通谋敌国而图谋反抗本国之罪。相应函复贵会查照转知。此致国民政府军事委员会

**附国民政府军事委员会原函**

案据第三战区司令长官顾祝同寒河电称,某甲充任伪浙江第一监狱主任看守,某乙在汪逆所办警卫队受训,应如何论处,请核示等情。据此,查来电所称之甲、乙,一任伪职,一在汪逆所办之警卫队受训,既非直接通谋敌国,亦无《修正惩治汉奸条例》第二条各款之行为,究应适用何项法令论处,不无疑义。相应函请查照,迅赐解释见复,以便饬遵。此致司法院

院字第二〇四三号

民国二十九年八月三日　司法院咨行政院

为咨复事，准贵院本年五月十七日咨（阳字第一零八一六号）开，据重庆市政府呈请示关于违警罚法与行政执行法之划分疑义一案，咨请查照解释见复等由，业经本院统一解释法令会议议决，违警罚法中之罚金与行政执行法中之罚锾，均为行政罚，不因其用语不同，及列举或概括规定并处罚金额多寡而有所区别。但违警罚限于违警事件，应由警察机关适用之。行政执行法，凡行政官署，均得适用（警察机关亦包括在内）。相应咨复贵院查照饬知。此咨行政院

附行政院原咨

据重庆市政府呈节称，查行政机关对于人民之处罚，不外由于依法令或本于法令处分负有行为义务而不为其行为，与依法令或本于法令之处分负有不行为义务而为之者之两种情形。其所依据之法规，则为违警罚法及行政执行法，违警罚法对于处罚之行为，系属列举，行政执行法，则系概括规定。又违警罚法关于金钱处罚，名为罚金，行政执行法，则为罚锾，其最高金额亦各不同。究竟两法之划分，是否由于执行机关之不同（一系警察机关，一系其他行政机关），或系由于应罚行为之各异（即行政机关认为应罚之行为，而违警罚法又无规定，始引用行政执行法），抑另有其他划分之标准等情。据此，事关法律解释，相应咨请贵院查照解释见复，俾便饬遵。此咨司法院

院字第二〇四四号

民国二十九年八月三日　司法院致国民政府军事委员会军法执行总监部函

迳复者，准贵部本年六月二十六日［法审（二九）渝一］代电开，士兵窃取该管长官证章、符号等佩带逃亡，应如何论罪，请解释见复等由，兹经本院统一解释法令会议议决，士兵窃取该管营长之证章、符号、臂章，佩带逃亡，以免沿途检查。除构成其他犯罪外，并触犯《陆海空军刑法》第九十五条之罪，其携带本人符号逃亡者，亦应论以同条之罪。但若仅将其本人服装穿着逃亡者，只应成立普通逃亡之罪。相应函复贵部查照。此致国民政府军事委员会军法执行总监部

附国民政府军事委员会军法执行总监部原代电

司法院勋鉴，兹有某部队士兵甲，窃取该管营长之证章、符号、臂章，佩带逃亡，以免沿途检查。除构成其他犯罪外，应否依《陆海空军刑法》第九十五条之携带其他重要物品逃亡罪论处？又士兵将其本人服装、符号，穿着逃亡，应否亦以前开罪名论处？事关适用法律疑义，请迅赐解释见复，以凭办理为荷。军法执行总监部祥寝法审（二九）渝一印

**院字第二〇四五号**

**民国二十九年八月六日　司法院复湖南高等法院电**

湖南高等法院邓首席检察官览,本年五月元代电悉,所请解释窃占罪疑义一案,业经本院统一解释法令会议议决,故将他人之不动产作为已有,私行盗卖于人,或串通买主买受者,应成立《刑法》第三百二十条第二项之窃占罪,合电知照。司法院鱼印

**附湖南高等法院原代电**

重庆司法院院长居钧鉴,查《刑法》上窃占罪之成立应以何种情形为限,现有二说。(甲)说,罪名窃占,须先有实力占领之事实,如窃占他人墓地,须先有进葬情事;窃占他人田产,须先有耕种情事。若未实力占领,仅暗将他人不动产盗卖于人,不得认为窃占。(乙)说,就窃占二字之涵义,言固重在占领,但如盗卖他人土地,明知地属他人,乘其不备而盗卖之,或串通买主买受,虽在盗卖之先,尚未实力占领。然既系以不法所有之意思,进而为所有权之处分,其危害之程度,已较占有为高,且因盗卖而为指示,或点交不动产,亦不能谓非实力占领之表现。若不认为窃占,则不法盗卖他人土地,反可逍遥法外,殊与情理不合。二说各持理由,未知孰是?理合电请钧院俯赐鉴核解释示遵。湖南高等法院首席检察官邓静安叩元印

**院字第二〇四六号**

**民国二十九年八月十六日　司法院致国民政府军事委员会军法执行总监部函**

迳复者,准贵部上月八日代电(法乐渝)开,为国营事业机关之司机,应否视为公务员,请解释见复等由,兹经本院统一解释法令会议议决,中国运输公司所用之司机,既为服务国营事业机关之人员,自系《刑法》上之公务员。相应函请贵部查照。此致国民政府军事委员会军法执行总监部

**附国民政府军事委员会军法执行总监部原代电**

司法院居院长勋鉴,案准交通部本年六月十七日人甄渝字第一四六二一号函,中国运输公司为国营事业机关,其押运员及司机与本部其他直辖机关之员司同有公务员身份,请查照等由。准此,服务于国营事业机关之人员亦应视为公务员,经贵院于二十三年院字第一零二零号解释有案。该公司虽为国营事业机关,但其司机应否视为公务员,事关法律疑义,相应电请查照,迅赐解释,见复为荷。军法执行总监何成浚剑齐法乐渝印

**院字第二〇四七号**

**民国二十九年八月十七日　司法院致中央执行委员会社会部函**

迳复者,准贵部本年五月一日公函(利组字第三五三八号)开,准湖南省执行委员会代电,请示工会会员应否受国籍限制疑义一案,转函解释见复等由,业经本院统一解释法令会

议议决，工人加入工会现行法上并无以中华民国人民为限之明文，自不受国籍之限制。相应函复贵部查照转知。此致中央执行委员会社会部

**附湖南省执行委员会原代电**

中央执行委员会社会部赐鉴，据宜章县执行委员会呈，以工会章程准则第五条，凡字下是否须添中华民国人民字样请核示等情。查《工会法》及《工会法》施行法，对于工人加入工会均无国籍限制。在工会章程准则内第五条可否须加添中华民国人民等字样？事关变更法规，本会未便遽断。据呈前情，除指令外，谨电请大部核示，以便饬遵。湖南省执行委员会叩民宣有印

**院字第二〇四八号**

**民国二十九年八月十七日　司法院指令浙江高等法院**

呈悉，业经本院统一解释法令会议议决，《民法》继承编施行前所立之嗣子女，对于施行后开始之继承，其继承顺序及应继分，与婚生子女同为《民法继承编施行法》第七条所明定。法律上对其与嗣父同一亲属关系之嗣母(《民法》亲属编施行法第九条)并未限制其代位继承。来呈所称，已嫁之女先于其父而死亡，其父之继承开始在该编施行之后，依《民法》第一千一百四十条，自应由其嗣子代位继承其应继分。仰即转饬知照。此令

**附浙江高等法院原呈**

案据吴兴地方法院院长涂景新二十五年十月十九日呈称。兹有某甲为乙、丙夫妻二人之嗣子，系于亡故后其妻丙在时所立。其时《民法》各编尚未施行，丙之父丁亡于丙后，且在《民法》亲属继承两编施行之后，甲于丁之遗产究竟有无代丙之位而与其他继承人共同继承之权，于此有两说焉。(甲)说，谓《民法》继承编第一千一百四十条明载，第一千一百三十八条所定，第一顺序之继承人有：于继承开始前死亡者，由其直系血亲卑亲属代位继承其应继分。丙之继子既非血亲，自无代位继承之权。(乙)说，谓上开条文所称直系血亲卑亲属，系对养子女而言。《民法》上既已无嗣子之制，该条文自非对嗣子而言，以表示其不能代位继承。上开问题仍应另寻解决之根据。按《民法继承编施行法》第七条明载，《民法》继承编施行前所立之嗣子女，对于施行后开始之继承，其继承顺序及应继分与婚生子女同等语。婚生子女既得代母之位，以继承外祖之遗产，则嗣子女自必同然。况据男女平等之立法原则，嗣子既可代嗣父之位以继承，何以不能代嗣母之位以继承？若谓嗣子依旧时法律，仅可继承嗣父母之遗产，并代嗣父之位以继承祖遗财产。《民法》亲属、继承两编之施行法，承认该两编施行以前所立嗣子女之身分，仅以其固有之权义为限，代母位继承，并非当时已有之权利，自不能因此取得。则查上开继承编施行法条文，明称与婚生子女同。婚生子女在旧时亦无代母位继承之权。兹既取得，则嗣子女自亦同。然至上开继承编施行法第七条之规定，是否包括代位继承之一问题在内，则按继承编施行前所立之嗣子，所以迄今仍能代嗣父之位以继承祖产者，无非因有该施行法第七条之规定，是可知该条规定确包括代位继承之

问题在内。且该条又明定其解决与婚生子女同,则嗣子自可与婚生子女同有代母位继承之权。事关法律疑义,理合呈请钧长鉴核,俯予转请解释示遵等情。据此案关请求解释,理合备文转呈,仰祈钧院鉴核令遵。谨呈国民政府司法院。署浙江高等法院院长郑文礼

**院字第二〇四九号**

**民国二十九年八月十七日　司法院指令湖南高等法院**

呈悉,业经本院统一解释法令会议议决,承租人将其承租之耕地一部变更原状,占为己有者,出租人之所有权虽不因之而丧失,但既使出租人失其间接占有人之地位,该土地所有权即已失其从来之圆满状态,不得谓承租人非违反《民法》第四百三十二条之规定。出租人自得依《土地法》第一百八十条第五款终止契约。仰即转饬知照。此令

**附湖南高等法院原呈**

案据署湘潭地方法院院长彭矩呈称,查承租人将租赁物之土地一部变更原状,占为己有,能否依《土地法》第一百八十条第五款,终止租赁契约,颇滋疑义。兹分两说:(甲)说,承租人侵占租赁物,须于侵占罪成立后,依不当得利原则,请求返还所有物。盖因侵占其物仍然存在,与不尽善良管理之注意,致租赁物毁损灭失情形不同,不能因侵占租赁物一部,按照该条请求终止租赁契约。(乙)说,所谓毁损灭失,乃指主权而言,不以其物消灭或为第三人取得为限。如承租人将租赁物一部占为己有,即业主所有权之丧失自可依据该条款,请求终止全部租约。以上二说,应以何说为当,理合备文呈请核示祗遵等情。据此,案关法律疑义,未敢擅断,理合据情呈请钧院核示饬遵。谨呈司法院院长居。湖南高等法院院长陈长簇

**院字第二〇五〇号**

**民国二十九年八月十七日　司法院指令云南高等法院**

呈悉,业经本院统一解释法令会议议决,未定期限之典权,自出典后经过三十年,出典人不以原典价回赎典物者,依《民法》第九百二十四条之规定,典权人即取得典物之所有权。虽典契内载有不拘年月远近,银到田房归字样,出典人亦不得再行回赎。至同条所称三十年之期间,法文已明定自出典时起算加找典价,不过就已设定之典权变更其典价之数额,并非重新设定典权,不得解为出典。据以起算,此期间原呈所称情形,系三十年前所设定之典权而未定有期限者,依《〈民法〉物权编施行法》第五条第一项或第二项,自应适用《民法》第九百二十四条之规定。仰即转饬知照。此令

**附云南高等法院原呈**

呈为呈请法律解释事,案据兼理司法华宁县县长彭树甲呈称,案查职县田地房屋诉讼案件,有典当期限已逾三十年,但不断继加找并典当。加找各约内载明不拘年月远近、银到田房归,或日后有力取赎、银到田房归等字样。查此种案情,典权、年限,究系以原典日期起

算，抑以最后加找之日期起算？契内不拘年月远近、银到田归，日后有力取赎，银到田归能否回赎，尚有疑义，祈解释令遵等情。据此，案关法律疑义，请求解释，理合据情呈请钧院鉴核，俯赐解释示遵。谨呈司法院院长居。署云南高等法院院长胡觉

**院字第二〇五一号**

**民国二十九年八月十九日　司法院致国民政府军事委员会军法执行总监部函**

迳复者，准贵部本年六月二十七日公函（法审（二九）渝三字第九六号）开，为鸦片案件适用法律发生疑义，请解释见复等由。兹经本院统一解释法令会议议决，（一）运输鸦片不因其数量之多寡而异，若不能证明其有运输故意，或意图贩卖而持有，自应依《修正禁烟治罪暂行条例》第十六条科处。（二）土膏行店不向公栈及土膏行购售土膏而兼售私土、私膏图利，除以私土膏售给有照烟民，系属行政处分范围，《特许设立土膏行店暂行规则》第十三条不成立犯罪外，若以之售给无照烟民，即应依《修正禁烟治罪暂行条例》第五条第一项之贩卖鸦片罪科处。（三）土膏行店以烟具供人（有照烟民）吸食，固属行政处分范围，若供无照烟民吸食，并供给场所及鸦片图利，即与《修正禁烟治罪暂行条例》第六条规定相当。至禁烟人员收受贿赂，纵容土膏行店以烟具供人（有照烟民）吸食，《禁烟法》令尚无相当处罚明文，应依《修正禁烟治罪暂行条例》第二十三条，适用《刑法》第一百二十二条规定处断。如其受贿纵容土膏行店犯《修正禁烟治罪暂行条例》第六条之罪，应依同条例第十三条第一项科处，相应函复贵部查照。此致国民政府军事委员会军法执行总监部

**附国民政府军事委员会军法执行总监部原函**

案查本部对于鸦片案件之适用法律，尚有下列疑义数点，（一）运输鸦片罪，以知系违禁鸦片而为运输为成立要件。至其原因如何，是否图利，皆所不问。业经贵院于本年三月三十日院字第一九一七号解释有案，运输鸦片与数量多寡有无关系，不无疑义。如有持有少数鸦片由甲地带至乙地，而又不能证明其有贩卖意图者，是否得以运输鸦片论？抑以单纯持有鸦片论。（二）领照烟民购吸私土或私膏系不依规定购吸，应依《禁烟治罪暂行条例》第二十二条及《禁烟禁毒实施规程》第三十九条后段规定，撤销其执照，勒令戒绝，不成立犯罪，亦经贵院于上年十二月十四日公字第九二七号函复。有案如土膏行店不依《特许设立土膏行店暂行规则》第二条第一项及第四条规定而兼售私土、私膏图利，是否依同规则第十三条规定撤销其照证并得处以罚金，抑应以贩卖鸦片论罪。（三）土膏行店不得以烟具供人吸食，已于《特许设立土膏行店暂行规则》第六条明白规定，如有违反是项规定，是否亦依同规则第十三条办理，抑依《禁烟治罪暂行条例》第六条论罪？又禁烟人员收受贿赂，纵容土膏行店以烟具供人吸食鸦片是否依同条例第十三条第一项论罪，抑依《刑法》第一二二条分别办理？案关适用法律疑义，相应函复，迅赐解释见复，以凭核办为荷。此致司法院

**院字第二〇五二号**

**民国二十九年八月二十二日　司法院致国民政府军事委员会军法执行总监部函**

迳复者,准贵部上月八日代电[法审(二九)渝一字]开,奉交四川广安县政府呈请解释国民兵团部所属官佐士兵私纵壮丁逃亡论罪疑义一案,请解释见复等由。兹经本院统一解释法令会议议决,国民兵团部所属官佐士兵私纵壮丁逃亡,应视其是否办理兵役职务人员,分别适用《妨害兵役治罪条例》第四条第一项或第二项论处,相应函请贵部查照。此致国民政府军事委员会军法执行总监部

**附国民政府军事委员会军法执行总监部原代电**

司法院勋鉴,奉交四川广安县政府呈,为呈请解释国民兵团团部所属之军官佐及士兵受人嘱托,私纵壮丁逃亡,应依何法惩治等情一案。查国民兵团,除团本部及所属常备队士兵应认为军人,如受人嘱托私纵其逃亡者,似可以帮助逃亡罪论处外,其余自卫队、后备队、预备队及壮丁俱无军人身份,如受人嘱托,私纵是项壮丁逃亡者,应依何法论处?事关适用法律疑义,特电请迅予解释见复,以凭转知为荷。军法执行总监部祥齐法审(二九)渝一字

**院字第二〇五三号**

**民国二十九年八月二十二日　司法院致国民政府军事委员会军法执行总监部函**

迳复者,准贵部本年六月二十九日法审(二九)渝一代电开,奉交安徽李兼全省保安司令电,请示军人包庇奸商贩运禁运物品,或敌货者,应依何法处断一案,请解释见复等由。兹经本院统一解释法令会议议决,奸商贩运禁运物品,如直接售卖于敌人,系犯《禁运资敌物品条例》第六条之罪。其贩运敌货,系犯《查禁敌货条例》第十四条第一款之罪。军人包庇奸商犯之者,如非办理敌货,检查鉴别登记及处分或执行查禁之人员,即系上开各条之共犯,应由军法机关审判,相应函请贵部查照。此致国民政府军事委员会军法执行总监部

**附云南高等法院原电**

军人包庇奸商贩运、禁运物品或敌货者,《修正中华民国战时军律》及《陆海空军刑法》均无处罚明文,可否《依禁运资敌物品条例》第七条及《查禁敌货条例》第十五条论科由军法机关审判?

**院字第二〇五四号**

**民国二十九年八月二十二日　司法院训令司法行政部**

为令饬事,查《民法》物权编关于不动产物权登记之效力,与《不动产登记条例》规定不同。兹经本院统一解释法令会议议决,《不动产登记条例》施行区域在物权未能依《土地法》登记前。该条例第五条关于依法律行为所为不动产物权之变动,非经登记不得对抗第三人之部分,固尚继续有效。而其关于不动产物权之保存及依法律行为以外之原因,所生不动

产物权之变动,非经登记不得对抗第三人之部分,自《民法》物权编施行之日,即已失其效力。所有从前解释判例与此见解有异者,应予变更。合行令仰该部通饬各省高等法院一体知照。此令

**附最高法院原呈**

窃查《不动产登记条例》第五条规定,不动产应行登记之事项,非经登记不得对抗第三人,由同条例第三条所举应行登记之事项观之,不动产物权之保存及依任何原因所生不动产物权之变动,均以登记为对抗第三人之要件。《民法》则于第七百五十八条规定,依法律行为所为不动产物权之变动,以登记为生效要件。未登记者,不仅不得以之对抗第三人,即在当事人间亦不生效力。至依法律行为以外之原因,所生不动产物权之变动及不动产物权之保存,皆非以登记为对抗第三人之要件。是《不动产登记条例》第五条之规定,显与《民法》相抵触。除《民法物权编施行法》有特别规定外,当然因《民法》物权编之施行而失其效力。查《民法物权编施行法》第三条第二项规定,物权于未能依前项法律即《土地法》登记前,不适用《民法》物权编关于登记之规定。其所谓《民法》物权编关于登记之规定,专指《民法》物权编关于以登记为法律效果发生要件之规定而言。其不以登记为法律效果发生要件之消极方面,本不以物权能依《土地法》登记为其适用之前提,自不包含在内,故在物权未能依《土地法》登记前,《不动产登记条例》第五条之规定仅于《民法》第七百五十八条不适用之限度内,即其关于依法律行为所为不动产物权之变动以登记为对抗要件之部分,尚继续有效。至其关于依法律行为以外之原因所生不动产物权之变动及不动产物权之保存,以登记为对抗要件之部份,则自《民法》物权编施行之日,即已失其效力。此为现在本院民事各庭一致之见解。惟此项见解与从前解释判例有异,应否将从前解释判例予以变更(下略)。

**院字第二〇五五号**

**民国二十九年八月三十日　司法院训令中央公务员惩戒委员会**

为令知事,查行政督察专员因兼任军职而发生之违法失职行为,关于惩戒管辖问题,兹经本院统一解释法令会议议决,行政督察专员之违法失职行为虽因所兼军职而发生,但其本职原系地方行政长官,应由中央公务员惩戒委员会行使其惩戒权,院字第一四零五号解释应予变更。合行令仰该会知照。此令

**院字第二〇五六号**

**民国二十九年九月二日　司法院致国民政府军事委员会函**

迳复者,准贵会上月十七日公函[法审(二九)渝三字第一一一号]开,据驻闽绥靖主任电,请示串造伪供,诬告他人庇纵种烟案件适用法律疑义一案,请解释见复等由。兹经本院统一解释法令会议议决,某甲栽种罂粟,某乙因欲诬告某丙庇纵,遂唆令某甲伪供系某丙令其

栽种,某乙自系构成《修正禁烟治罪暂行条例》第十条第一项之捏造证据诬告罪,某甲除犯栽种罂粟罪外,其伪证行为,应视其有无陷害某丙之意思,分别依同条第二项或《刑法》第一百六十八条处断,相应函复贵会查照。此致国民政府军事委员会

**附国民政府军事委员会原函**

案据驻闽绥靖主任陈仪巧绥法略称,有甲栽种罂粟,乙诬告丙庇纵,唆甲供系丙令其栽种,乙是否构成《禁烟治罪暂行条例》第十条一项之捏造证据诬告罪,抑仅构成《刑法》上诬告罪乞示等情。查乙与甲串造伪供,诬告丙庇纵栽种罂粟,乙似应以该条例第十条第一项之捏造证据诬告论,甲应以栽种罂粟及帮助捏造证据诬告论。惟案关适用法律疑义,相应函请查照,迅赐解释见复,以便饬遵为荷。此致司法院

**院字第二〇五七号**

**民国二十九年九月四日　司法院指令司法行政部**

呈悉,业经本院统一解释法令会议议决,私营银行代人汇款所出之收款便条,既载明只为将来换取正式收据,或因故退汇时领回汇款之用。即与《印花税法》第十六条税率表第四目所称凭以支取汇兑或存放银钱收据之性质有别,自非《印花税法》上所规定之凭证,毋庸完纳印花税。至直辖于中国国民党中央执行委员会宣传部负有宣传三民主义任务之日报,对外所立关于报费或广告费之收据,其应纳税、免税之种类,可比照《印花税法》第四条关于国营事业或地方公营事业所用之凭证(指广告收据)及所发之货票(指报费收据)分别办理。仰即转饬知照。此令

**附司法行政部原呈**

案据贵州高等法院本年六月十日刑字第三号呈称,窃本院受理违反《印花税法》抗告案件,发生法律上之疑义者有二。(一)关于私人所营之银行代人汇款,于收到汇款人交行之款项时所出之汇款便条内载有"请于三个月内随带此条,驾临敝行,领取收款人正式收据,如因其他事故以致解款行退汇时,汇款人得凭此便条向本行领回汇款金额。"等字样,此项便条核与《修正印花税法》第十六条税率表第四目所载凭以支取汇兑或存放银钱单据之性质似不相同,究竟应否贴用印花?如不贴用者,应否处罚?此应请核示者一。(二)凡直辖于国民党中央党部宣传部,而负有宣传三民主义任务之日报,其对外所立关于报费或广告费之收据,虽含有营业性质,但核与普通商事凭证似属有异。应否比照普通商事凭证一律用印花?如不贴用者,应否处罚?此应请核示者二。事关适用法律疑义,未便擅拟,理合缮具缘由,呈请钧部鉴核示遵等情。据此,事关法令疑义,理合具文转呈钧院鉴核指示,以便转饬遵照。谨呈司法院院长居。司法行政部部长谢冠生

**院字第二〇五八号**

**民国二十九年九月四日　司法院致国民政府军事委员会函**

迳复者,准贵会本年七月十七日公函[法审(二九)渝三字第一一三号]开,据驻闽绥靖主任请示普通人民与军人或公务员共犯《惩治贪污暂行条例》之罪,审判管辖疑义一案。请查照解释见复等由。兹经本院统一解释法令会议议决,无军人及公务员身分之人,而与军人或公务员共犯《惩治贪污暂行条例》各条之罪,依该条例第十条及《刑法》第三十一条第一项规定,既应成立该条例所定罪名之共犯,自应并依同条例第八条由有军法职权之机关审判。相应函复贵会查照。此致国民政府军事委员会

**附国民政府军事委员会原函**

案据驻闽绥靖主任陈仪蒸西绥法电略称,非军人公务员而与军人或公务员共犯《惩治贪污暂行条例》各条之罪,是否得依该条例第八条规定,或视为相连之案件归军法机关审判,乞示等情。查普通人民与军人或公务员共犯因身份或其他特定关系成立之罪,依贵院二十八年十月二十七日院字第一九三三号关于普通人民与保长共同隐没查获之鸦片解释意旨,虽应依《刑法》第三十一条第一项规定,以共犯论。但普通人民既无该条例第一条所定之身分及特定关系,则其共犯该条例之罪,似仍应由司法机关审判。惟案关管辖疑义,相应函请查照。迅赐解释见复,以便饬遵为荷。此致司法院

**院字第二〇五九号**

**民国二十九年九月六日　司法院致中央执行委员会社会部函**

迳复者,准贵部本年六月二十八日公函(利组字第四八六二号)开,准广东省执行委员会电请示《渔会法》第五条疑义一案,转函核复到院。兹经本院统一解释法令会议议决,《渔会法》所称之渔业人,依《渔业法》第一条第二项之规定,系指为渔业之人及有渔业权或入渔权之人而言,不包含渔业人所雇用之工人在内。而渔业人之入渔会,每一渔户或行店均以一人为限,又为《渔会法》施行规则第五条所明定。渔业人所雇用之工人,自不得加入渔会。惟此项工人,既系受雇于渔业人而从事于捕鱼工作,即属职业工人之一种。仍应依院字第九百号解释后段,许其依《工会法》组织工会,相应函复贵部查照。此致中央执行委员会社会部

**附广东省执行委员会原代电**

中央社会部勋鉴,查中央民众训练部二十六年一月编订之《人民团体法规释例汇编》内列《渔会法》第五条释例三"渔轮工人应组织工会,抑参加渔会"(节录二十二年十月七日中央民众运动指导委员会令中华海员工会筹备委员会第四八三一号)。查该项渔工按照《渔业法》第一条及《渔会法》第五条之规定,当然属于渔业人,自应加入渔会。所请另组工会一节,疑难准行。复查《渔会法施行规则》第五条释例一,渔业工会可否查依照工商法令自由

组织,抑或合并组织渔会(节录民国二十二年五月十七日司法院院字第九零零号解释)?依《渔会法施行规则》第五条,渔户或行店,可依照《渔会法》组织渔会,其所组织之同业公会,实即法律上所谓之渔会?故渔会虽与商会有不同,而《渔会法》实系工商同业公会法之特别法,依特别法应先于普通法而适用之原则,渔户或渔行自不得迳依工商同业公会法组织公会。且渔会及工商同业公会均为资方所组织,核与工会之组织系由劳方以维持改善劳动条件等为目的者迥异。故渔业之资方,更不得组织工会,惟受雇于渔业人而为之捕鱼之工人(即劳方)则得依法组织工会,而不得组织渔会。是依据中央民运指委会之解释,渔会为从事渔业者之劳资双方共同之组织,若依照司法院之解释,则渔会为资方之团体,而渔工须另组工会。此两解释似有抵触,究应如何办理,相应电请核示为荷。广东省执行委员会巳佳社印

**院字第二〇六〇号**

**民国二十九年九月十二日　司法院复四川省禁烟督办公署电**

四川省禁烟督办公署鉴,上月鱼法代电悉,所请解释一案,业经本院统一解释法令会议议决,医院出售之戒烟药品,经化验呈吗啡反应,如其所含吗啡成分,确为戒烟所必需,并非资以抵瘾者,即难论以贩卖毒品之罪。特复司法院文印

**附四川省禁烟督办公署原代电**

重庆司法院钧鉴,兹有医院所售戒烟之药而内,经化验呈吗啡反应,惟重量甚微,不敷定量分析。是否即以贩卖毒品治罪,则有二说。(甲)说,药面内呈吗啡反应,即属贩卖毒品。自应依法治罪。(乙)说,戒烟药本含有少量鸦片,吗啡即为鸦片之精,戒烟药呈吗啡反应,乃属当然之结果。不能认为禁毒条例第一条所规定之吗啡,从而不能以贩卖吗啡治罪。究以何说为当,仰请赐予解释,以凭遵行。兼督办蒋中正、会办贺国光、徐孝刚鱼法印

**院字第二〇六一号**

**民国二十九年九月十二日　司法院咨行政院**

为咨复事。准贵院本年七月二十七日咨(阳诉字第一五八五八号)开,据广东省政府代转请解释提起诉愿可否附带请求损害赔偿一案,咨请查照解释见复等由,业经本院统一解释法令会议议决,《行政诉讼法》第二条之规定,于诉愿或再诉愿不能准用。故提起诉愿或再诉愿,不得附带请求损害赔偿。至官署之处分,经受理诉愿或再诉愿之官署决定撤销者,人民因该处分所受之损害。如有私法上之赔偿请求权,自得以赔偿义务人为被告,向法院提起请求损害赔偿之诉。相应咨复贵院查照饬知。此咨行政院

**附行政院原咨**

据广东省政府本年六月秘法制字第一九五零号代电称,查行政诉讼法有得附带请求损害赔偿之规定,《诉愿法》则无之。如因行政官署之违法或不当处分,损害人民权益而受理

诉愿或再诉愿之官署已决定撤销原处分时,即无再提行政诉讼之余地。于此情形之下,当事人将依何种方法以取偿其损失,于此有三说。(一)得准用行政诉讼法之规定。于诉愿或再诉愿时,附带提起请求原处分官署为损害赔偿之诉。由受理诉愿或再诉愿之官署,并予审查决定之。(二)《诉愿法》既无得请求损害赔偿及准用行政诉讼法之规定,自不得于诉愿或再诉愿时,附带提起此项请求。惟人民得于撤销行政处分之决定确定时,根据决定所确认之事实,另向法院提起民事诉讼,请求判令原处分官署赔偿损害,或回复原状。(三)此种损害究属行政处分之结果。除别有假借行政处分以损害他人权利之人,得由被害人对之提起民事诉讼外,要不得由法院对原处分之行政官署为损害赔偿等之裁判。依此说之结果,则行政官署非因请求而直接以行政处分损害人民权利,经上级官署决定撤销原处分时,其人民已受之损害,似无请求赔偿或回复之方法。以上三说,有无可采?如遇此种事件,究应如何办理?拟请转咨司法院解释,指示祗遵等情。据此,相应咨请贵院查照解释见复,以便饬知。此咨司法院

**院字第二〇六二号**

**民国二十九年九月十二日　司法院致军政部函**

迳启者。据光化第十补训处长钟纪全电请解释军人持枪强取货款,适用法律疑义一案。兹经本院统一解释法令会议议决,军人持枪将路人及货款拦回部队,声言来历不明,而强取其货款者,应成立《陆海空军刑法》第八十三条之罪。如在战时犯之者,应依《修正中华民国战时军律》第十一条处断。相应钞同原电,请贵部查照饬知。此致军政部

**附光化第十补训处原电**

渝司法院院长。设有军人持枪将路人及款货拦回队部队,声言来历不明严办,而强取其款货。(甲)说,持枪胁迫夺取财物,应成立抢夺强盗罪,依《陆海空军刑法》掠夺罪办理。(乙)说,恶言恐吓强取财物,应成立恐吓罪,依《刑法》恐吓罪办理。究以何说为是?请贵院赐予解释复明,以息争点。光化第十补训处长钟纪全法印

**院字第二〇六三号**

**民国二十九年九月十六日　司法院致国民政府军事委员会军法执行总监部函**

迳复者,准贵部本年六月十七日法审(二九)渝一代电开,奉交四川全省保安司令代电请示四川各县联防办事处之侦缉队长是否《刑法》上公务员一案,请解释见复等由,兹经本院统一解释法令会议议决,四川各县政府所委联防办事处之侦缉队长,如与该省邻县联防大纲第十条内载之侦探性质相同,应认为《刑法》上之公务员,相应函请贵部查照。此致军事委员会军法执行总监部

**附国民政府军事委员会军法执行总监部原代电**

军事委员会委员长蒋钧鉴,查各县政府因奉省政府颁定邻县联防大纲,为肃清毗连地

方盗匪,设立联防办事处时,间有由县政府查酌情形临时委任侦缉队长,用资侦缉盗匪。该项侦缉队长应否视为《刑法》上之公务员,有下列二说。(甲)查县组织法及本省颁发之联防大纲,均无设侦缉队长之规定。所委之侦缉队长,既无法令根据,系属临时用为侦缉盗匪之人,不能视为公务员。(乙)侦缉队长既由县长依肃清盗匪职权予以委任,并指办特定之职务。究非公役性质,自可视为公务员。二说孰是,案关法律解释,理合电请核示饬遵。兼全省保安司令蒋中正铣省保法印

**院字第二〇六四号**

**民国二十九年九月十九日　司法院复广西高等法院电**

广西高等法院朱院长览,本年八月东民代电悉,西林县司法处代电请解释回赎典物期限疑义一案,业经本院统一解释法令会议议决,《民法》第九百二十三条第二项及第九百二十四条但书所定之期间。不为无时效性质之法定期间,不适用《民法》关于时效之规定。《修正优待出征抗敌军人家属条例》第九条第二项之规定,亦与各该条所定之期间无涉。出典人于各该条所定之期间内,应征召出征抗敌者。在《优待出征抗敌军人家属条例》既未就此设有特别规定,自不得于经过此项期间后回赎典物,合电转饬知照。司法院效印

**附广西高等法院原代电**

重庆司法院院长居钧鉴,案据西林县司法处本年六月感代电称,(一)某甲于民国二十四年一月一日立约典田与乙,契内载明三年期满,适甲于民国二十六年八月间被征,调出前方服兵役。甲之亲属只有妻子丙、丁二人。本年三月间,甲之妻丙向乙回赎甲前当之典物。乙以《民法》第九百二十三条第二项抗赎,丙不服提起诉讼。(二)某甲于前清宣统元年废历二月初一日立约典田与乙(契约无定回赎期限)。至民国十二年甲之夫妻逝世,遗下一子丙。迨至民国二十六年三月间,丙被征调出前方服兵役,家内只遗妻子丁、戊二人。本年四月间,丁向乙回赎甲前当之典物。乙以《民法》第九百二十四条但书抗赎,丁不服提起诉讼。查上列两事实,均逾回赎法定期限。但丙、丁二人皆以丈夫出征抗敌时间,为法定回赎时效之中断,并应享优待出征军人家属为理由,正式起诉。以此情形,若依《民法》第九百二十三条第二项及《民法》第九百二十四条但书判归乙方所有,则失政府优待出征抗敌军人家属之美意。倘援引《优待出征抗敌军人家属条例》判归丙、丁所有,而条例中又无明文规定,殊失《民法》上之立法精神。事关用法疑义,乞释示遵等情。据此,查来问情形,《优待出征抗敌军人家属条例》固无明文规定,本应依法办理。惟该条例修正案之第九条后段载"出征抗敌军人,在服役期内,其家属赖以维持生活之财产,债权人不得请求强制执行云云"。本件现虽尚未达于执行程序,但该出征抗敌军人家属,仍不免借口系赖回赎前当之典物维持生活,而为主张。迨执行时,终属不无疑义之处。事关优待出征抗敌军人家属问题,理合据情转请钧院俯赐解释。电示祇遵,俾便转饬遵照。代理广西高等法院院长朱朝森东民印

院字第二〇六五号

民国二十九年九月二十四日　司法院指令广西高等法院首席检察官

呈悉,业经本院统一解释法令会议议决,(一)初判对于有罪之被告依《刑法》第六十一条各款论处罪刑时,对于其他被告谕知无罪,如无涉及上开条款以外之事项,依《县司法处刑事案件覆判暂行条例》第一条第一项但书,毋庸予以覆判。(二)案件之一部应覆判者,如覆判审对于应覆判之部分裁定发回更审。对于其余部分,仅于理由内说明为《刑法》第六十一条所列各罪,不予覆判。依同条例第一条第二项,仍应将该部分补行覆判,以资救济。仰即转饬知照。此令

附广西高等法院首席检察官原呈

本年三月二十四日据本院第三分院首席检察官卢佩铨呈称,呈为呈恳转请解释事,查《县司法处刑事案件覆判暂行条例》第一条第一项后段规定,《刑法》第六十一条所列各罪之案件,不在应送覆判之列。而认定其是否属于该条所列各罪,在有罪判决,应以原判所引法条为准。无罪判决,则以起诉法条或所诉事实为准。均有判例可循,历经办理无异。惟如原兼检察官起诉片,仅载被告所犯罪名,并未举出其所犯法条,而告诉人所诉事实。则非属《刑法》第六十一条所列各罪之行为。至判决结果,宣告共同被告中之一为有罪,适用《刑法》第六十一条各款中之法条论处。其他被告则谕知无罪,于此应否送覆判,计有两说。(甲)谓告诉人所诉事实,虽属触犯较重主刑之罪。然既经原判认定系犯六十一条所列范围之罪,予以论科。则对于无罪部分之被告,如系出于同一事实,自应以原判所认定者为准。不能以告诉人所诉事实非《刑法》六十一条所列之罪,而将其送覆判。(乙)谓原判所认定者,乃犯罪事实,即对于有罪被告所为论科之根据。至于无罪被告,既不在此犯罪事实范围,自不能持此事实以定其应否送覆判之标准,而当以告诉事实为衡。二说未知孰是,又《覆判暂行条例》第七条第二项规定,覆判裁定不得抗告。然如数被告同时各别犯罪,经初判审以一个判决分别论科,其中有一部应送覆判者,依同条例第一条第二项原应将全案送覆判。设覆判审仅对于应覆判部分为审判,以其认定事实未尽明了,裁定发回覆审。而对于其余部分,则于理由中说明其系属《刑法》第六十一条所列范围,不在覆判之列,不予覆判。则此种裁定,既限于明文不许抗告,又将用何法以为救济。于适用上均不免发生疑义,为此理合具文呈请钧院鉴核,赐予转请解释,俾有遵循,实为公便等情。据此,职按第一问:无罪判决,以仅就《刑法》第六十一条所列各罪范围内之罪嫌而为论述。则无罪与有罪部分,同属该条案件之一,无庸予以覆判。反之若就该条各罪范围外之罪嫌而为论述,则其判决既涉及应行覆判之件,即应全案覆判。第二问:覆判审裁定一部分发回更审,其余应覆判部分只于理由内说明,系属《刑法》第六十一条所列各罪范围,不予覆判。则此部分自属未经覆判,应即补行覆判,以资救济。惟事关法律疑义,职未敢擅断。除指令候转呈核示饬遵外,理合呈请察核,迅赐解释,指令饬遵。谨呈司法院院长居。代理广西高等法院首席检察

官陈锡瑚

**院字第二〇六六号**

**民国二十九年九月十六日　司法院指令福建高等法院**

呈悉,业经本院统一解释法令会议议决,《印花税法》之罚锾,系行政罚而非刑罚,不适用《刑法》总则关于时效之规定。仰即知照。此令

**附广西高等法院原呈**

案查《刑法》第八十条第一项规定,追诉权因左列期内不行使而消灭,其第五款载拘役罚金者一年等语。此项时效规定,对于违反《印花税法》案件,可否依《刑法》第十一条予以适用,不无疑问。案关法律疑义,理合具文呈请赐予解释示遵。谨呈司法院院长居。福建高等法院院长宋孟年

**院字第二〇六七号**

**民国二十九年九月二十七日　司法院指令司法行政部**

呈悉,业经本院统一解释法令会议议决,非军人煽惑现役军人逃亡,应由普通法院受理,适用《刑法》第一百五十五条处断。仰即转饬知照。此令

**附司法行政部原呈**

案据湖南高等法院首席检察官本年七月十三日呈称。案据平江县县长兼理县司法处检察职务陈鲲呈送梁斌煽惑现役军人逃亡一案,请核示到处。审阅原卷,该梁斌仅供认约同现役军人二名逃亡,并不能证明其具有危害民国之目的。是其行为,除依《陆海空军刑法》第十五条,适用《刑法》第二十九条,构成《陆海空军刑法》第九十三条之教唆罪外,似别无何种处罚规定。而其应由何种机关审判,亦属不无疑义。究应如何办理之处,理合备文呈请钧部鉴核示遵等情。据此,查非军人而与军人共犯《陆海空军刑法》之罪,究应由何种机关审判,法无明文规定。如应由司法机关审判,能否适用《陆海空军刑法》第二条所列各条以外之法条处断,均滋疑问。事关法律解释,理合具文呈请钧院鉴核指示,以便转饬遵照。谨呈司法院院长居。司法行政部部长谢冠生

**院字第二〇六八号**

**民国二十九年十月四日　司法院致中央执行委员会社会部函**

迳复者,准贵部本年五月二十三日公函(利组字第四一零五号)开,准四川省执行委员会转请示工人应带学徒人数一案,函请查照释复等由,业经本院统一解释法令会议议决,(一)一般工人招收学徒,现行法上并无禁止明文,自非不得招收。(二)一般工人携带之学徒,不适用《工厂法》第十一章之规定。(三)关于一般工人之学徒,现行法上尚未见有特别规定,相应函复贵部查照转知。此致中央执行委员会社会部

**附中央执行委员会社会部原函**

案准四川省执行委员会函为。据广安县执行委员会呈称，窃查各职业工会之工人，希图本身利益，大量搜罗学徒为其苦工，不给一钱，致学徒无形受其榨取。至于外出佣工，亦将其徒众带往工作，照规定获得工资后，学徒不得实惠。在顾主方面，因学徒于学习期间能力薄弱，亦不免蒙损失。本会为谋学徒工人，及工人与雇主间之利益起见。拟对于每一工人，所带学徒予以限制，同时学徒每年应得津贴。在随行于雇主工作之学徒，工资价目不与工人相等，并经提付第三次会报工作讨论决议。工人应带学徒人数法令并无规定，具呈请示上级党部核示，余通过。由社会科斟酌情形决定，并通令各工会知照办理，等议，纪录在卷。理合备文呈请钧会俯予鉴核，对于工人应带学徒人数，及关于各种工人学徒之待遇与保障，于法均无规定。除指令外，相应据情函请贵部查核指示，见复等由，查本案有疑点三项应先请释示。（一）一般工人可否招收学徒。（二）一般工人携带之学徒，可否适用《工厂法》第十一章之规定。（三）关于学徒除《工厂法》外，是否有其他规定，相应函请查照释复为荷。此致司法院

**院字第二〇六九号**

**民国二十九年十月四日　司法院指令司法行政部**

呈悉，业经本院统一解释法令会议议决，《民事诉讼法》第五百六十四条第二项所谓住所不明，系指已为相当之探索，而犹不知其住所者而言。妻提起离婚之诉，知其夫之住所者，虽夫之住所在战区内亦不得谓之住所不明。如其夫住所地之法院，因战事不能行审判权，得依《民事诉讼法》第二十三条声请指定管辖。仰即转饬知照。此令

**附司法行政部原呈**

案据宁夏高等法院本年六月齐代电称。窃查《民事诉讼法》第五百六十四条"婚姻无效或撤销婚姻与确认婚姻成立或不成立及离婚或夫妻同居之诉，专属夫之住所地，或其死亡时住所地之法院管辖"云云。法律规定固无疑义，惟因事实关系，适用上不免发生困难。设现有夫妻侨寓宁地，或因逃难来宁。其夫之住所在沦陷区域，其妻对于其夫提起离婚之诉，法院若迳予受理，即属违法。如以事件不属受诉法院管辖，以裁定驳回其诉，合赴其夫住所地之法院告诉，为事实上所不可能，且系专属管辖不适用合意管辖之规定。于此场合，能否依前条第二项之规定，视为住所不明，适用同法第一条第二项，以其在中华民国之居所视为住所。抑或有其他方法可以解决适用之困难，用特电恳示遵等情。据此，事关适用法律疑义，理合备文呈请钧院鉴核。指示以便转饬遵照。谨呈司法院院长居。司法行政部部长谢冠生

**院字第二〇七〇号**

**民国二十九年十月十二日　司法院复湖南高等法院电**

湖南高等法院陈院长览,本年六月智代电悉,所请解释一案,业经本院统一解释法令会议议决,某甲代办邮政如因私人委托关系,于收到汇款后尚未代购汇票,即将其汇款侵吞,系犯《刑法》第三百三十五条第一项之罪。若已开给汇票,将应交邮局之汇票款项占为己有,即属占公有财物,自应成立《惩治贪污暂行条例》第三条第三款之罪,合电知照。司法院文印

**附湖南高等法院原代电**

重庆司法院院长居钧鉴,查《惩治贪污暂行条例》第三条第一项第三款规定之侵占罪,系以公有财物为条件。兹有某甲经邮政局依邮政代办规则委派代办邮政,于收到汇款人汇款后,干没入己,其应负侵占责任固甚明。惟此此项汇款原属汇款人所有,事实上仍应由邮局交付收款人,与邮局经收之邮资性质各别,是否可认为前述条例规定之公有财物不无疑问。案悬待决,理合电恳迅赐解释示遵。湖南高等法院院长陈长簇叩智印

**院字第二〇七一号**

**民国二十九年十月十二日　司法院指令湖南高等法院**

呈悉,业经本院统一解释法令会议议决,《民事诉讼法》第三十二条第七款所谓"推事曾参与公断",系指推事曾于公断程序为公断人参与判断者而言。曾参与公断之推事,于当事人请求撤销公断人之判断或就其判断请求为执行判决之事件,应自行回避。若推事试行和解,并非就事件为判断,与为公断人参与判断者迥异。故于当事人主张和解未成立请求继续审判之事件,仍得执行职务。至推事行调解程序,与试行和解性质相同。院字第七五一号解释应予变更。仰即转饬知照。此令

**附湖南高等法院原呈**

案据署常德地方法院院长周星明呈称,查民事案件由推事和解,终结后当事人一造具状指摘和解笔录有若干重要部分系事后添注。未得同意,声请撤销违法部份,继续审判。若仍由原和解推事接办此案,裁判上显失公平。该推事能否援用《民事诉讼法》第三十二条第七款所定参与公断之例,自请回避,不无疑义。理合备文呈请钧院鉴核,转请解释示遵等情。据此,案关法律疑义,理合据情转请钧院解释示遵。谨呈司法院院长居。湖南高等法院院长陈长簇

**院字第二〇七二号**

**民国二十九年十月十二日　司法院致国民政府军事委员会函**

迳复者,准贵会上月六日公函[法审(二九)渝三字第一二一号]开,据浙江全省保安司

令电请示吸食鸦片案件适用法律疑义一案，函请查照解释见复等由到院，兹经本院统一解释法令会议议决，吸食鸦片自动投戒戒绝后，再行吸食，经判决确定并勒令戒绝后，又吸食鸦片，应依《修正禁烟治罪暂行条例》第八条第三项前段处断，相应函复贵会查照饬知。此致国民政府军事委员会

**附国民政府军事委员会原函**

案据浙江全省保安司令黄绍竑寝法未电略称。初犯吸食鸦片，经投戒戒绝后再吸鸦片拘案，判决确定，并勒令戒绝烟瘾后又吸鸦片，是否得以三犯论，抑以再犯论，乞示等情。查《禁烟治罪暂行条例》第八条第三项末段规定，三犯吸食鸦片之罪，似指两次勒戒戒绝后又犯吸食鸦片者而言。原电所称情形，似应以同条同项上段之再犯论。惟案关适用法律疑义，相应函请查照迅赐解释见复，以便饬遵为荷。此致司法院

**院字第二〇七三号**

**民国二十九年十月十二日　司法院致军事委员会抚恤委员会函**

迳复者，贵会上月十三日抚一布渝字第五七零零一号公函，准浙江保安司令部转请解释继父母应否受领恤金一案，业经本院统一解释法令会议议决，原函所称之继父母，据附件所述情形，即系《民法》亲属编施行法第九条所称之所后父母。嗣子女与其所后父母依同条之规定，既有与父母子女同一之亲属关系，则嗣子充当士兵阵亡时，关于遗族之领受恤金，所后父母自与父母无异。相应函请贵会查照转知。此致军事委员会抚恤委员会

**附军事委员会抚恤委员会原电**

浙江黄保安司令宣保安处长勋鉴，巧参人电诵悉，冒名顶替阵亡，奉准更正姓名请恤，业经复电在案。继父母合于《民法》规定者，应为合法遗族。但其身份须由地方政府查明确定，再行办理特复。渝抚委令印

**附浙江全省保安司令部原电**

军委会抚恤委员会勋鉴，异密。(1)故兵仅有继父母有谱牒，年幼时得受抚从之恩，应否给恤？(2)冒名顶替，入营后阵亡，可否准予改复原名给恤？事关恤典，请速电示。浙江全省保安司令黄绍竑。保安处长宣铁吾巧参人

**附浙江全省保安司令部原电**

军委会抚恤委员会勋鉴，抚布价艳电敬悉，彩密。查《民法》第一三八条规定，遗产继承人为(1)直系血亲之亲属；(2)父母；(3)兄弟姊妹；(4)祖父母。并无继父列入在内。兹有抗战阵亡某甲，幼年承继叔父，载在谱牒。由叔父抚养成人，受有养育之恩。今兹阵亡，于法不能领恤，于情似应变通。事关恤典，究应如何办理，请迅赐电，示浙江保安司令黄。保安处长宣印

## 院字第二〇七四号

### 民国二十九年十月十五日　司法院致国民政府军事委员会函

迳复者,准贵会本年八月二十七日公函[法审(二九)渝三字第一一六号]开,据浙江全省保安司令代电请示调验烟毒人犯,未经具结而为虚伪陈述者,应否构成犯罪一案,函请查照解释见复等由,到院,兹经本院统一解释法令会议议决,某县立医院院长调验烟毒人犯,于鉴定书内为虚伪之记载,应成立《刑法》第二百十三条之罪。相应函复贵会查照饬知。此致国民政府军事委员会

### 附国民政府军事委员会原函

案据浙江全省保安司令二十九年七月法金卯字第四六六二号冬代电略称,某县立院院长,调验烟毒人犯,未具鉴定切结,而于鉴定书内,为虚伪陈述,是否构成《刑法》第一六八条之罪?有二说。(甲)说,某院长既未具结,则与该条犯罪构成要件不合,不能依该条论罪。(乙)说,依该院组织规程及本省各县卫生院组织通则规定,该院长负有戒烟、戒毒及调验实施事项之职责。是项调验鉴定书既为该院长应负之职责,似与通常证人、鉴定人具结手续有别。该院长虽未具结,亦应依该条论罪。二说孰是,乞示等情。查《刑法》第一六八条所称之具结,应依《刑事诉讼法》第一八九条之规定,于结文内记载必为公正诚实之鉴定等语。如该院长所具之鉴定书内,已附有如上之记载。则其鉴定书似应视同具结,可依《刑法》第一六八条论处。否则与法定条件不符,似难率予论罪。惟案关适用法律疑义,相应函请查照,迅赐解释见复,以便饬遵为荷。此致司法院

## 院字第二〇七五号

### 民国二十九年十月十六日　司法院复湖南高等法院

湖南高等法院陈院长览,本年八月虞代电悉,代理宁乡县司法处审判官转请解释破产事件法律疑义一案,业经本院统一解释法令会议议决,承租人因担保租金债务所交付之押金,仅得向收受之出租人请求返还,业经院字第一九零九号解释有案。此项押金之返还请求权,于出租人宣告破产时,自属破产债权,只能依破产程序行使其权利,合电转饬知照。司法院铣印

### 附湖南高等法院原代电

重庆司法院院长居钧鉴,案据代理宁乡县司法处审判官刘煌上月马代电称,查佃户所进庄钱,如业主破产时,是否有别除权?而不与普通债权同摊。又宁乡习惯每田一亩进庄洋六元五角,是为正进,但同时有每亩进至数十元者,减租作息。甚至因进庄特重,而仅取租谷数升者,名曰外进。于此情形,对于外进部分(除六元五角外)究仍以进庄论,抑应另以普通债权论?如以普通债权论,似可准业主随时为一部偿还,恢复正进常态。遇业主破产时,该外进部分应受摊还无疑。如以进庄论,即应于退佃之日,与正进一并偿还,不能由业

主先为一部清偿。迩来此项纠纷颇多,究应如何办理,统乞示遵等情。据此,查不动产之押金,应否加入破产程序而受清偿。依钧院院字第一八零七号解释,当然不在加入破产程序而受清偿之列。惟钧院院字第一九零九号解释押金为别一契约,不属租赁契约内容之一部,亦无得由受让人在买价内扣存返还之明文。如因出租人破产时,应否加入破产程序,不无疑问,理合电请钧院核示饬遵。湖南高等法院院长陈长簇叩虞印

**院字第二〇七六号**

**民国二十九年十一月十一日　司法院致中央执行委员会社会部函**

迳复者,准贵部本年九月五日公函(利组字第七二零一号)开,准湖南省执行委员会转请示工会职员,可否酌支生活费一案。函请释示等由,业经本院统一解释法令会议议决,工会经费之收支预算,依《工会法》第十三条第二款之规定,须经会员大会或代表大会之议决。工会职员可否酌支生活费,应视此项预算定之。相应函复贵部查照转知。此致中央执行委员会社会部

**附中央执行委员会社会部原函**

案准湖南省执行委员会公函,为据零陵县党部呈以工会职员为无给职,抑为有给职?法无明文规定,可否于各该工会入会费及经常费项下酌量支给,转请核示等由,准此。事关法制解释,是否可以酌支生活费一节,相应函请查核释示为荷。此致司法院

**院字第二〇七七号**

**民国二十九年十一月十一日　司法院复广西高等法院电**

广西高等法院朱院长览,本年九月灰民代电悉,所请解释民事诉讼程序疑义一案,业经本院统一解释法令会议议决,依《民事诉讼法》第一百八十二条第一项之规定,中止诉讼程序,必他诉讼已系属于法院而后可。诉讼进行中,于某法律关系之成立与否有争执,而其裁判应以该法律关系为据者。在未经当事人就该法律关系另行提起确认之诉以前,自不得中止诉讼程序。如当事人不另行提起确认之诉,或虽提起而法院认为无中止诉讼程序之必要者,法院仍得就该法律关系之成立与否,于理由中自为判断。此项判断虽迳由第二审法院为之,亦无不可。来电乙说所述各节,未免误会,合电知照。司法院真印

**附广西高等法院原代电**

重庆司法院院长居钧鉴,窃查诉讼全部或一部之裁判,以他诉讼之法律关系是否成立为据者,法院得命在他诉讼终结以前中止诉程序,此为《民事诉讼法》第一八二条第一项著有明文。设有甲请求确认乙与丙间买卖契约无效事件,其乙、丙间之买卖契约,是否有理,应以乙曾否在《民法》继承编施行前继承开始时,合法入继乙之胞叔丁为其先决问题。于是所谓他项诉讼之意义,计有二说。(子)说,谓所谓他项诉讼,乃专指为本件诉讼先决问题之法律关系另为诉讼标的而已,系属于法院尚未终结者而言。若他项诉之诉讼标的虽系本件

诉讼法律关系先决问题,但并非在系属中者,不生裁判抵触之问题,毋庸中止诉讼程序。(丑)说,谓法院不得就当事人未声明之事项为判决,而第二审得为变更原判决之判决,亦仅限于上诉声明之范围内,均经《民事诉讼法》第三八八条、第四四七条明白规定。兹甲所声明者,仅系请求确认买卖契约无效。且惟就该买卖契约之标的缴纳裁判费,乙亦无请求确认入继身份之明示。依《民事诉讼法》第三八八条,第一审法院自不得就当事人未声明之事项,而迳为确认有无继承身份之诉外裁判,对于此项先决问题为避免诉外裁判之嫌,自得依《民事诉讼法》第一八二条第一项中止诉讼程序又第一审法院就上事例。倘仅将买契约应否有效予以判决,对于乙之曾否合法入继并未涉及。案经就原标的提起上诉,而第二审法院之裁判,限以上诉人声明之范围以内,尤属不能就该先决问题之曾否入继加以确认。关此场合,自无论该先决问题之法律关系已否系属于法院,凡在该先决问题未终结前,均应中止诉程序,应免越权而符民事不告不理之法旨。二说未知孰是,抑或另有其他解释,未敢擅拟。理合恳请俯赐解释,电令祗遵。代理广西高等法院院长朱朝森呈灰民印

**院字第二〇七八号**

**民国二十九年十一月十一日　司法院指令湖南高等法院**

呈悉,业经本院统一解释法令会议议决,(一)族人对于祠内之权利,除该祠规约有特别订定外,不因拒绝参加修谱而受影响。(二)关于族中事务之决议应依族众公认之规约或惯例办理,必依此项规约或惯例所为之决议,始有拘束族人之效力。仰即知照。此令

**附湖南高等法院原呈**

案据茶陵县文江乡乡长尹树仁本年七月呈称,案准本乡调解委员会函开。迳启者,案查本会调解事项第十案有疑难两点,请转详上级司法机关逐一解释。(一)查各姓族谱之续修,对于有关族人,本宜一律参加。但同一村落同一支祖之中,共计人丁一百八十余名之谱内,有一百六十余名参修谱牒,仅有十余人抗拒不修。在此十余人之中,显系蔑视祖宗脱离谱籍。既经脱离谱籍,对于祠内权利关系应否解除。而其祖遗祭会,可否归参加修谱者独行管理。(二)查各团体机关召开会议,关于议决案件自可施行。而各姓族祠是否属于团体范围,如依法由各房推举代表召开亲族会议,所有议决案件,应否与各团体机关议决案收同样效果。以上两点,于法尚无明文规定。遽以臆断,恐致陨越,相应函请转详上级司法机关逐一解答等由。准此,理合据情转请钧院察核,迅予解释,俾资遵循等情。据此,理合据情转请钧院俯赐解释示遵。谨呈司法院院长居。湖南高等法院院长陈长簇

**院字第二〇七九号**

**民国二十九年十一月十一日　司法院指令浙江高等法院**

呈悉,业经本院统一解释法令会议议决,(一)《遗产税暂行条例》第八条所称三年内,系连本数计算,适满三年者亦包含之。其下文所称三年以上,应解为逾三年之意。(二)《遗产

税暂行条例》第八条所称三年内,系指前次继承开始后三年内而言。(三)遗产总额在五千元以上者,无论多至若干,依《遗产税暂行条例》第十二条第一项,均应一律征税百分之一。须将此项基本税与依同条第二项所加征之税相加始为应征之税额。仰即转饬知照。此令

**附浙江高等法院原呈**

案据永嘉地方法院院长杨尚时呈称,窃《遗产税暂行条例》已定于本年七月一日施行,唯因条文简单,适用上有应请解释者数端。兹谨将疑点条举如下,查《遗产税暂行条例》第八条第一项规定,已纳遗产税之遗产,于三年内再有开始情事者,其已纳遗产税价额免再征税,其在三年以上五年以内者减半征税。此内字上字之解释,如俱连本数计算,则依该条项首段规定,适满三年时,应解为免再征税。依同条项后段规定,则适满三年时,又应解为仅许减半征税。倘俱不连本数计算,则依该条项首段规定,应解为未满三年,使适满三年时则予课税,三年少一日者则免予课税。依同条后段规定,则适满三年时,又应解为免予课税,三年零一日者则予课税。由前说论,则适满三年时究应解为免再征税乎,抑应解公侄征半税乎由后说论?则适满三年时究应解为课税乎,抑应解为免税乎?如谓该条项首段之内字,不连本数计算;后段之上字内字,连本数计算。非特解释上不统一,且将置本条例第十三条所定之死亡前三年内,第十五条第一项所定之十日内,第十九条所定之一个月内,本条例施行条例第八条第六款所定之开始前三年内,第二十七条所定之五亲等内血亲、三等内姻亲,第三十条所定之三十日内,第三十一条所定之三个月内,一个月内等内字,于何解释耶?适用上殊滋疑窦,此应请解释者一。又该条项所称三年内再有开始情事者,其始期之计算方法,有谓应自继承开始日起计算,有谓应自缴纳遗产税之日起开始计算。本院拟采取前说,是否有当,此应请解释者二。又查《遗产税暂行条例》第十二条第一项规定,遗产总额在五千元以上者,一律征税百分之一。第二项各项规定,则就其超过额按级计算。加征其计算方法,有谓仅须将超过加征之税与未超过额之五千元至五万元所征百分之一税额相加,即为应征之税额。有谓该条规定,系包含基本税、超额税两种税率在内,其在五千元以上者,不论遗产额多至若何程度,均先一律征基本税百分之一,再与超过额部分所征之超额税相加,始为应征之税额。本院拟采后说,是否有当,此应解释者三。以上三节均关法律疑义,理合呈请解释示遵等情。据此,事关法律疑义,本院未敢擅断,理合据情呈请钧院俯赐解释,以便转饬遵照。谨呈司法院,浙江高等法院院长郑文礼。

**院字第二〇八〇号**

**民国二十九年十一月十九日　司法院复湖南高等法院电**

湖南高等法院陈院长览,本年八月寒代电悉,该法院第三分院所请解释《强制执行法》适用疑义一案,业经本院统一解释法令会议议决,《强制执行法》第十二条第二项之裁定,得由执行推事为之,业经解释在案(院字第二零零零号)。县司法处办理执行事务之审判官,自亦得为此项裁定,合电转饬知照。司法院皓印

附湖南高等法院原代电

重庆司法院院长居钧鉴,案据署本院第三分院院长罗任呈称,查《强制执行法》第十二条第一、二两项规定,当事人或利害关系人对于强制执行程序终结前为声请或声明异议时,由执行法院裁定之等语。核与《民事诉讼执行规则》第九、十两条之规定不同(由院长裁断)。执行法院对于此项声请或声明,由其他推事裁定,固无问题。惟县司法处仅置审判官一员,应否亦由其裁定,不无疑义,理合备文呈请钧院核转解释示遵等情。据此,查《强制执行法》第十二条第二项关于声请及声明异议,仅概括规定由执行法院裁定,并无不得由原承办人员裁定之规定。则县司法处虽仅置审判官一员,关于该审判官承办执行事件之声请及声明异议,似仍可由其裁定。案关法律疑义,理合电请钧院迅予解释示遵。湖南高等法院院长陈长簇叩寒印

院字第二〇八一号

民国二十九年十一月十九日　司法院咨行政院

为咨复事,准贵院本年九月二十八日咨(阳字第二零一五七号)开,据经济部呈据商标局转请解释商标案件适用法律疑义一案,咨请查照解释见复等由,业经本院统一解释法令会议议决,甲、乙二人于同一商品以相同或近似之商标各别呈请注册,经审查员审查均认为合法,登载于商标公报者。如仅甲在六个月内以实际最先使用商标为理由,对于乙之呈请注册提出异议。虽经审定认乙为实际最先使用商标之人,亦只能将甲之异议驳回。至甲之呈请注册若在六个月内未经乙或其他利害关系人提出异议,则依商标法第二十六条第一项之规定,自应仍予注册。相应咨复贵院查照饬知。此咨行政院

附行政院原咨

据经济部本年九月十四日商字第六八四五六号呈称,据商标局二十九年九月三日渝字第八六六号呈称,查司法院院字第一五九二号解释。谓《商标法》第三条之规定,系专为商标审查员发见二人以上于同一商品以相同或近似之商标,各别呈请注册时应如何分别准驳而设。故呈请时之时字,虽不限于同日,而先后时期要均在应声请程序中,始得由审查员依该条所定,孰先使用之标准,以定准驳。若一方之呈请,已在他方之商标审定登报或实行注册以后,则商标局自身应受拘束,非依同法第二十八条、第二十九条所定异议及评定等程序不能变更,自无再行适用该条之余地等语。兹有甲、乙两商标均经先后审定登报公告,在公告时期内,甲以使用在先为理由,对乙提出异议。而审定结果,认乙商标使用在先,能否将甲商标撤销,颇滋疑义。于此有二说。(子)说,谓使用在后之商标,于商标法上实无与最先使用者抗衡之余地,则在异议程序中可不问其为异议人或被异议人之商标,均得予以撤销。且按诸既往事实,前例垒垒,历历可考,相沿成习,似不应以其为异议人之商标而有所轩轾。(丑)说,谓依照上开解释例意旨,既谓商标审定登报或实行注册以后,则商标局自身应受拘束。非依商标法第二十八条、第二十九条之异议及评定等程序,不能变更。足证甲商标之

应否撤销,必须乙对之提出异议,权利主体方免倒置。再以一般普通诉讼原则而论,倘被告于本诉系属程序中既未提起反诉,法院绝不能对原告加以任何处分。由此例彼,如将甲商标撤销,则显失法律所以持平之道。商标法虽无类似反诉之条文,但商标经审查认为合法之后,即行登报公告。命意所在,无非防止仿冒。若一般商人于公告期内,明知该商标有仿冒之嫌,不即对之提出异议,请求撤销。则该商标之存在,已为法律所认许,岂容任意变更。苟因利乘便,迳于同一异议案内,将异议人之商标撤销,固属违反法定程序,即一般商人亦势将视异议为畏途。况查商标于呈请注册程序中,经审查认为与业经审定或注册之商标有相同或近似之情形,即应对之核驳。如被核驳者,复以使用在先之事实,请求核驳再审查商标局碍于业经审定或注册之商标。不能立为变更,必须批饬呈请人非同时另案提出异议或请求评定解决后,核驳再审查之应否准驳,始有所依据。益足以为审定或注册之商标,非据他人对之提出异议或请求评定,不能遽为撤销之明证。以上二说,言之有因,持之成理,各执一是。现在本局悬案以待,亟候解决。究以何说为当,事关法律疑义,理合沥陈所见,备文呈请鉴核。赐予解释,或转请统一解释,籍资遵循等情。事关法律疑义,理合备文呈请钧院转咨司法院解释,俾便饬遵等情。据此,相应咨请贵院查照解释见复,以便饬知。此咨司法院

**院字第二〇八二号**

**民国二十九年十一月二十日　司法院致军事委员会军法执行总监部函**

迳复者,准贵部本年九月六日公函[法审(二九)论一字第一一八号]开。公路局司机是否《刑法》上公务员,请查照解释等由,兹经本院统一解释法令会议议决,公路局系国营事业机关,其所用之汽车司机,自系《刑法》上之公务员。相应函复贵部查照。此致军事委员会军法执行总监部

**附军事委员会军法执行总监部原函**

查中国运输公司系国营事业,其汽车司机应视为《刑法》上之公务员。业经贵院本年院字第一零四六号解释有案。关于公路局之汽车司机,可否亦视为《刑法》上之公务员,不无疑义。兹有此类案件,亟待办结,相应函请,迅予解答以便办理为荷。此致司法院

**院字第二〇八三号**

**民国二十九年十一月二十日　司法院致军事委员会军法执行总监部函**

迳复者,准贵部本年九月六日公函[法审(二九)论一字第一一九号]开,县政府军法承审员犯罪审判管辖疑义,请查照解释等由,兹经本院统一解释法令会议议决,县政府所设置之军法承审员,依《县长及地方行政长官兼理军法暂行办法》第九条规定,仅系辅助县长办理军法事务。如因承办军法案件触犯普通《刑法》上罪名,仍应由法院审判。相应函复贵部查照。此致军事委员会军法执行总监部

**附军事委员会军法执行总监部原函**

查县长因办理军法案件触犯普通《刑法》仍应归司法机关审判,业经贵院本年院字第二零三九号解释有案。县军法承审员在组织上为县政府行政人员,而其任务又系负承办军法专责,与县长之兼理军法似不相同。如因办理军法案件触犯普通《刑法》,应否由军法机关审判,抑归普通法院审理,不无疑义。兹有此类案件待结,相应函请查照,迅予解答,以便办理。此致司法院

**院字第二〇八四号**

**民国二十九年十一月二十日　司法院致军事委员会军法执行总监部函**

迳复者,准贵部本年九月十四日公函[法审(二九)渝一字第一二六号]开,中国运输公司机工,是否有公务员身份,请解释见复等由,兹经本院统一解释法令会议议决,中国运输公司为国营事业,其在该公司修车厂服务之机工,应认为《刑法》上之公务员,相应函复贵部查照。此致军事委员会军法执行总监部

**附军事委员会军法执行总监部原函**

查中国运输公司系国营事业,其司机应视同公务员,业经贵院解释在案。惟该公司修车厂机工,是否有公务员身份,尚乏依据。相应函请贵院查照见复为荷。此致司法院

**院字第二〇八五号**

**民国二十九年十一月二十日　司法院复湖南省政府电**

湖南省政府薛主席鉴,本年六月来民四俭代电悉,所请解释一案,业经本院统一解释法令会议议决,承租人为《土地法》第一百八十一条之意思表示,虽非在次期作业开始,或收获时期之三个月前,亦得为之。合电知照。司法院智印

**附湖南省政府原代电**

重庆司法院钧鉴,查《土地法》第一百八十一条承租人抛弃其耕作权利,应于三个月前向出租人以意思表示为之。所谓三个月前,是否指次期作业开始之三个月前,抑或指收获时期之三个月前,抑或指承租人准备抛弃其耕作权利时期之三个月前而言。敬请迅赐解释示遵。湖南省政府主席薛岳呈来民四俭印

**院字第二〇八六号**

**民国二十九年十一月二十日　司法院咨行政院**

为咨复事,准贵院本年九月六日咨(阳捌一八七三八号)开,据财政部转请解释行政罚时效各疑义一案,请查照解释见复等由,业经本院统一解释法令会议议决,(一)依行政法令应处之罚锾,既无刑罚之性质,自不适用《刑法》总则关于时效之规定。原呈一、二两点,均不生追诉权消灭问题。(二)主管官署对于违反法定义务之人民,就其违法行为,经传案调

查,迄未为何种处分。嗣后发觉其行为应予处罚者,自得予以处罚。若已曾为免议之处分后,即不得再予处罚。相应咨复贵院查照饬知。此咨行政院

**附行政院原咨**

据财政部二十九年八月二十三日呈称,查《刑法》第八十条第一项第五款规定,对于专科罚金之罪之追诉权,因一年间不行使而消灭。惟依行政法令科处罚锾者,现行法令并无时效之规定,致使行政犯之违法状态,永不消灭。殊多困难,可否对于行政罚之时效,准用《刑法》第八十条之规定,此应请核示者一。前项时效之期间,在该违法行为有继续状态者,依《刑法》第八十条第二项之规定,自行为终了之日起算,此在不作为犯,在其履行作为之义务以前,其追诉权固应存在。惟其不作为之犯行如已为有追诉权之机关所查悉,而该主管机关并未予以惩处,亦未命令该义务人履行其法定之义务,或指示其履行之义务并非其法定之义务。经过一年以后,其追诉权应否视为消灭,此应请核示者二。人民违反法令所规定之义务,主管官署对于其违法之行为,既经量加处罚,其违法行为即不复继续存在。纵使事后查明处罚过轻,亦不能就同一行为再加处罚,此为行政法院二十四年度第七十一号判决之要旨。是一事不再理之原则,在行政处分上亦有适用。惟主管官署对于违反法令义务之人民,就其违法行为虽已传案调查而不为科罚之处分,或迳为免议之处分。嗣后如再发觉其行为应予处罚,能否再予处罚,前项判例未能援引,此应请核示者三。以上三项情形,本部现有此类案件,亟待解决。事关法律疑义,理合备文呈请鉴赐转咨司法院解释示遵等情。据此,相应咨请贵院查照解释见复,以便饬遵。此咨司法院

**院字第二〇八七号**

**民国二十九年十一月二十日　司法院指令司法行政部**

呈悉,业经本院统一解释法令会议议决,某甲将京赣铁路已拆去电线之电杆木窃锯为柴,系犯《惩治盗匪暂行办法》第四条第五款之罪。依《非常时期保护国有电报电话杆线及惩治盗犯规则》第九条甲项,应归军法机关审判。仰即转饬知照。此令

**附司法行政部原呈**

案据安徽高等法院本年七月真代电称,据本院第二分院院长魏翰章呈称,兹有某甲于本年二月间在电报局所辖京赣铁路某地,将已拆去电线因前方须用电线取去之电杆木锯断三根,窃取作为木柴。案关通用法律,发生下列两说。(子)说,谓盗取国有电信杆线,应交军法机关审理,依照《惩治盗匪暂行办法》治罪,为《非常时期保护国有电报电话杆线及惩治盗犯规则》第九条所明定。某甲窃取行为,既在该规则施行以后,应归军法机关审判,依该规则办理。(丑)说,谓国有电报电话杆线及惩治盗犯规则,所谓盗取国有信杆线者,依文理观之,系指能通电流之杆线而言。某甲所窃已不通电流之电杆,系属《刑法》上窃盗罪,应归普通司法机关办理。案关法律疑义,未知以何说为是,祈予转请解释示遵等情到院。事关法律疑义,理合据情电请钧部鉴核示遵等情。据此,理合呈请钧院鉴核,指示以便转饬遵

照。谨呈司法院院长居。司法行政部部长谢冠生

**院字第二〇八八号**

**民国二十九年十一月二十一日　司法院致国民政府军事委员会函**

迳复者,准贵会本年九月十四日公函[法审(二九)渝三字第一二八号]开,据安徽全省保安司令皖南行营主任电请示鸦片案件适用法律疑义一案,函请查照解释见复等由,兹经本院统一解释法令会议议决,原文所称甲吸烟投戒,于复验时雇乙顶替。如甲投戒后并未吸食鸦片,乙仅顶替复验,自不负何罪责。又如甲虽仍吸食,而系领照烟民,在其烟瘾戒绝前,本不处罚,乙亦不成立犯罪。若甲系无照烟民,于投戒后继续吸食,或系领照烟民,于投戒断瘾后重行吸食者,甲依法仍应论罪。乙之顶替复验,应视其系意在隐匿甲之吸烟证据,抑系为甲避免勒戒。就其继续吸食之行为予以助力,分别成立《刑法》一百六十五条之隐匿证据罪,或《修正禁烟治罪暂行条例》第九条第二项之帮助吸食鸦片罪。相应函复贵会查照饬知。此致国民政府军事委员会

**附国民政府军事委员会原函**

案据安徽全省保安司令皖南行营主任黄绍耿屯营法未洽电略称,某甲吸烟投戒,于复验时雇乙顶替投验,被发觉后将甲传验。如有毒有瘾,是否依吸食鸦片及帮助吸食论。如有毒无瘾或无毒无瘾,甲既不能论罪,乙应如何处分,乞示等情。查甲既因吸烟投戒,无论传验时是否有毒有瘾,而其吸食鸦片行为已属实在,似仍应依法论罪。至乙顶替投验,如其意在帮助甲继续吸食鸦片,自应以帮助吸食鸦片论。如果意在隐匿关系他人刑事被告案件之证据,似应依《刑法》办理。惟案关适用法律疑义,相应函请查照,迅赐解释见复,以便饬遵为荷。此致司法院

**院字第二〇八九号**

**民国二十九年十一月二十一日　司法院致中央执行委员会社会部函**

迳复者,准贵部本年六月六日公函(利组字第四四零七号)开,据四川万县执行委员会请示工会组织疑义一案,函请查照解释见复等由,业经本院统一解释法令会议议决,工会系由工人组织之团体,《工会法》规定甚明,殊无令合作社加入工会之余地。惟依《工会法》得入工会之工人,依《非常时期职业团体会员强制入会与限制退会办法》第二条规定,自应加入当地业经依法设立之工会为会员。相应函复贵部查照饬知。此致中央执行委员会社会部

**附中央执行委员会社会部原函**

据四川省万县执行委员会呈称,案据各工业同业公会各职产工会先后呈诉中国工业合作协会万县办事处所主办之各种工业合作社皆抗不加入各同业公会,暨职产工会之组织。查其所持理由,为根据《合作社法施行细则》第十条之规定"合作事业不受任何行规之限

制”。职会当即依据《工业同业公会章程》第七条之规定，除关系国防之公营事业或法令规定之国家专营事业外，均应分别参加为会员。然该合作社员等仍不入会，为此具文呈请钧部转函行政院中国工业合作协会，令饬万县工协会促其参加同业公会与职产工会之组织。俾万县社会工作不致受工协会之影响，是否有当，指令祇遵等情。据此，除依法组织成立之各种合作社不属公司、行号范围不加入各业同业公会，前经经济部解释有案外，关于工会组织部份，相应函请查照，解释见复为荷。此致司法院

**院字第二〇九〇号**

**民国二十九年十一月二十一日　司法院复贵州高等法院电**

贵州高等法院刘院长览，本年五月巧代电悉，所请解释一案，业经本院统一解释法令会议议决，抢夺案件执行中，发现该案应由军事机关审判，经非常上诉判决将原确定判决撤销。谕知不受理，自得将该案件移送军事机关审判。合电知照。司法院个印

**附贵州高等法院原代电**

重庆司法院院长居钧鉴，兹有已经判决确定之抢夺案件，第二审检察官于执行中发见应由军事机关审判，呈由最高法院检察署检察长提起非常上诉，将原判决关于违背法令部分撤销，谕知本件不受理之判决在案。于此场合，关于该被告应否移送有审判权之军事机关审判，抑仍依原判继续执行，发生下列二说。（甲）说，谓综核《刑事诉讼法》第四百四十条及第四百四十一条之规定，非常上诉判决之效力及于被告者，仅以原判不利于被告者为限。凡应由军事机关适用特别程序审判之案件，既由法院按照通常程序予以判决。是原判决并非不利于被告，虽经非常上诉判决，将原判予以撤销，其效力应不及于被告，仍应照原判继续执行，不能移送军事机关。（乙）说，谓原判既经撤销，若再继续执行，于法无所依据。既不能继续执行，若遽予省释，不特违背有罪必罚之旨，且亦危及社会之秩序安宁，应以移送军事机关另行审判方为适当。二说究以何说为是，事关法律疑义，理合电请钧院解释示遵。贵州高等法院院长刘含章叩巧印

**院字第二〇九一号**

**民国二十九年十一月二十一日　司法院指令司法行政部**

呈悉，业经本院统一解释法令会议议决，牵连犯中之一罪，为应由有军法职之机关审判之特别犯者，不问罪名轻重，均归军法审判，原请示第一点，以乙说为是。仰即转饬知照。此令

**附司法行政部原呈**

案据江西高等法院本年七月四日呈字第四六零号呈称，本院办理案件发生法律上疑义，兹分别开列于下。（一）兹有某甲一个犯罪行为，其方法触犯普通《刑法》上之罪，其结果触犯《惩治贪污条例》之罪。二者罪质不同，合于《刑法》第五十五条从一重处断之规定。究

应归普通司法机关审判,抑归军事法庭审判,分甲、乙、丙三说。(甲)说,谓《刑法》总则得适用于该特别法时,在不相抵触之部分,可视为该特别法之总则。自应依《刑法》第五十五条从一重处断之规定,比较罪名之重轻,以为审判机关所属及适用法律之标准,与特别法优于普通法之原则,并不违背。如专适用特别法归军法审判,万一特别法之刑较轻时,即不免罪刑失出,似非立法本意。在不适用《刑法》总则之特别法,既无《刑法》第五十五条之依据,当然从特别法优于普通法之原则,不问罪名重轻,均适用特别法,归军法审判。(乙)说,谓特别法优于普通法,为立法上之大原则。《刑法》总则虽因第十一条或特别法本身之规定,得予适用。然仅限于不相抵触之部分,不能视为特别法之总则。特别法者乃对于普通法之特别规定,以应随时随地发生特殊事项之需要,应不问罪名重轻,均仅先适用特别法,归军法审判。《刑法》总则不能适用者,更不待论。(丙)说,谓特别法优于普通法指触犯同一罪名,均有规定者而言。如一行为因方法或结果之关系,触犯两个罪名,即不适用该原则。在《刑法》总则适用于特别法时,应如甲说,依《刑法》第五十五条从一重处断之规定办理。《刑法》总则不适用于特别法时,普通司法机关与军事法庭均得受理,由受理在先之机关就其有审判权之罪名予以审判。其另一罪名,则因与受审判之罪名同属一个行为之故,而不再行诉追。(二)一个犯罪行为触犯普通法与特别法两个罪名,依法应适用特别法归军法审判。普通司法机关于接管案卷后,始行发觉,须用如何程序办理。分子、丑两说。(子)说,谓既应适用特别法归军法审判,则普通法上之罪名已吸收于特别法之内,普通司法机关不复有审判权,自应依《刑事诉讼法》第二百九十五条第六款谕知不受理之判决。(丑)说,谓依《刑事诉讼法》第二百九十五条第六款谕知不受理之判决,如将普通法上罪名一并叙述在内,于法未尽允洽。不予叙述,又嫌挂漏。不若以行政方式移送军事法庭,较为妥当。以上所列法律上疑义,未审何说为当。理合备文呈请钧长鉴核,指令祗遵等情。据此,除原请示第二点,应依《刑事诉讼法》第二百九十五条第六款谕知不受理之判决,业经本部指令知照外,其第一点请示内容,关涉法律疑义,理合具文呈请钧院鉴核指示,以便转饬知照。谨呈司法院院长居。司法行政部部长谢冠生

**院字第二〇九二号**

**民国二十九年十一月二十一日　司法院致中央执行委员会社会部函**

迳复者,准贵部上月八日公函(利组字第八一五三号)开,准四川省执行委员会函请核复商业同业公会委员辞职递补一案,转请查核见复等由,业经本院统一解释法令会议议决,商业同业公会执行委员之辞职,应否照准依《商业同业公会法》第二十一条第二款之规定,须经会员大会之议决。故仅由执监联席会议决准予辞职者,该委员并不因之而解任。相应函复贵部查照转知。此致中央执行委员会社会部

**附中央执行委员会社会部原函**

案准四川省执行委员会函。为据成都市执行委员会呈,为该市纸烟商业同业公会执行

委员郑沼波请给长假经该会第五次执监联席会议决准予辞职,并以候补执委赖祯麟递补,请予鉴核备查等情,函请查核见复等由。查商业同业公会委员解职由执监联席会议决议,与法是否可行,尚无例案可援。相应函请查核见复为荷。此致司法院

**院字第二〇九三号**

**民国二十九年十一月二十一日　司法院复湖南高等法院首席检察官电**

湖南高等法院邓首席检察官览,本年九月微代电悉,所请解释一案,业经本院统一解释法令会议议决,本夫甲因其妻乙向与某丙有奸怀恨,适于野外撞见乙、丙在山坳下密谈,遂触发旧忿,将丙杀害,不能认为当场激于义愤而杀人。合电知照。司法院个印

**附湖南高等法院首席检察官原代电**

重庆司法院院长居钧鉴,查本夫于奸夫奸妇正在行奸之际,或行奸已毕尚未离开奸所,当场将奸夫杀死,固应认为触犯《刑法》第二百七十三条第一项当场激于义愤而杀人之罪。设有本夫某甲,得悉其妻某乙与某丙向有奸情,怀恨颇久。适于野外撞见某乙与某丙在山坳下密谈尚未行奸,触发旧忿,即在该山坳地点,将奸夫某丙登时杀毙。能否援用上述法条办理,不无疑义。理合电请钧院迅赐解释示遵。湖南高等法院首席检察官邓静安叩微印

**院字第二〇九四号**

**民国二十九年十一月二十五日　司法院复安徽高等法院电**

安徽高等法院廖院长览,本年九月煌刑文代电悉,所请解释一案,业经本院统一解释法令会议议决,《惩治贪污暂行条例》上所列各罪,系以军人或公务员在作战期内所犯者为限。如在作战期前纵犯与该条例相当之罪,至该条例公布后始行裁判,仍不适用该条例之规定,自无援用《刑法》第二条第一项之余地。又非军人,而与军人共犯《陆海空军刑法》第二条所列各条以外之罪,仍应由普通法院审判。合电知照。司法院有印

**附安徽高等法院原代电**

重庆司法院院长居钧鉴,《惩治贪污暂行条例》第一条规定,军人或公务员于作战期内犯本条之罪者,依本条例处断。如在作战期前犯本条例之罪,至作战期内尚未经确定裁判者,应否归普通法院管辖,而适用《刑法》第二条第一项办理。又非军人而教唆或帮助军人犯《陆海空军刑法》上之罪,除属于该《刑法》第二条所列者应由法院审判外,其余各条罪名,应否归普通法院管辖?而适用该《刑法》办理,乞电示遵。安徽高等法院院长廖江南叩文印

**院字第二〇九五号**

**民国二十九年十一月二十五日　司法院指令司法行政部**

呈悉,业经本院统一解释法令会议议决,某县旧监任听犯人在监狱炊爨中有死刑人犯,乘无人时用吸烟纸煝点燃编织草鞋稻草,焚烧监房。因门窄小未及尽行趋避,致烧毙监犯

多人,不得谓非灾害。该监管狱员看守废弛职务,与其灾害之发生如具有相当因果关系,即应成立《刑法》第一百三十条之罪。仰即转饬知照。此令

**附司法行政部原呈**

案据湖南高等法院本年八月二十二日呈字第七九六号呈称,案据署本院第一分院院长钟馥呈称,查《刑法》第一百三十条规定,公务员废弛职务酿成灾害者云云。细译法文所谓酿成,当系指自然力而言。所谓灾害者,当系指普遍不特定之人而言。设有某县旧监,平日任听犯人在监内炊爨,不加禁止。中有死刑犯乘监犯在发领菜之时,瞰其无人,用吸烟纸煝点燃编织草鞋稻草焚烧监房脱逃时。火势猛烈蔓延全监,监犯百余,因门窄小不及尽行趋避,致被烧毙者为数过半。此种情形,监内不禁火烛,管狱员、看守等不得谓非废弛职务。但火由犯人图逃举发,系属人力所致,与酿成似有不同。烧毙人犯为数甚多,固属惨绝,然其害仅及于监内特定之人,与灾害似有不同。则该管狱员及看守等,是否应触犯该条之罪,抑或其他罪责,不无疑问。理合备文恳请鉴核,转请解释示遵等情。据此,除指令外,理合据情呈请钧部鉴核示遵等情。据此,事关法律疑义,理合据情呈请钧院核示,以便饬遵。谨呈司法院院长居。司法行政部部长谢冠生

**院字第二〇九六号**

**民国二十九年十一月二十八日　司法院咨行政院**

为咨复事,准贵院本年九月二十八日咨(阳八字第二零一九一号)开,据湖南省政府转请示律师公会应否受当地县政府直接监督指挥一案。请查照解释见复等由,业本院统一解释法令会议议决。《非常时期人民团体组织纲领》第四条,固规定各种人民团体之成立,均应先经政府之许可。惟此所谓政府,非专指县政府而言。律师应于地方法院所在地设立律师公会,既为《律师章程》第二十四条所明定,律师公会之成立,即无须先经县政府之许可。至律师公会应受中国国民党之指导,及所在地地方法院首席检察官之监督。关于抗战动员工作,并受军事机关之指挥,已于《非常时期人民团体组织纲领》第十一条、律师章程第二十五条分别定有明文。县政府对于律师公会,自无监督指挥之权。相应咨复贵院查照饬知。此咨行政院

**附行政院原咨**

据湖南省政府二十九年八月三十一日呈称,据桂阳县县长胡济石删代电呈称,查县律师公会系属自由职业团体,依照《人民团体组织方案》应受县政府之监督。钧府前颁县政府对地方团体行文划一办法第二条内载,除法令别有规定外,以令行之,惟律师公会之组织是否另有特别法令规定,当地政府有无直接监督指挥之权,未敢臆断,理合电请核示祇遵等情。据此,查律师公会之组织,依二十年三月二十八日司法院第一五一号解释内载,律师公会之主管官署,为所在地之地方法院。惟应依人民团体组织方案,具备章程及会员名册,呈报当地高级党部核准等语。基此认定,是律师公会除受主管官署及当地高级党部之监督指

挥外,无受当地县政府监督指挥之明文。又查本年六月二日国民政府公布《人民团体组织纲领》第四条规定,各种人民团体之成立均应先经政府之许可。是律师公会既系人民职业团体,又应受当地政府之监督指挥。究竟当地县政府对于律师公会,有无直接监督指挥之权。事关法令疑点,本府未敢擅专,理合备文呈请钧院察核示遵等情。据此,事关法令疑义,相应咨请贵院查照解释见复,以便饬遵。此咨司法院

**院字第二〇九七号**

**民国二十九年十二月四日　司法院致中央执行委员会社会部函**

迳复者,准贵部本年十月二十二日公函(利组字第八五五三号)开,准浙江省执行委员会代电请核释县财务委员等可否被选为渔会理事一案。函请查照解释见复等由,业经本院统一解释法令会议议决,公务员是否得被选为渔会理事,与其是否得兼任渔会理事,实为两个问题。《渔会法》既无如《农会法》第二十条之规定,公务员即非不得被选为渔会理事。公务员兼任渔会理事,虽为《公务员服务法》所禁止,亦不过公务员不愿或不能辞职时,不得就渔会理事之职。如未呈准辞职,即兼任渔会理事,应负违反《公务员服务法》之责任。其被选为渔会理事,仍非当然无效。此与被选为农会职员之公务员,纵令呈准辞职,亦因其被选无效而不能为农会职员者,显有不同。至就原代电所举各项人员言之,私立学校教职员及各级党部设立社会服务处办法所称之董事,均非《公务员服务法》第二十四条所称受有俸给之公务员,不在同法禁止兼任渔会理事之列。公立学校教职员、县财务委员会委员及乡镇保甲长,如非受有俸给亦应同论。相应函复贵部查照转知。此致中央执行委员会社会部

**附中央执行委员会社会部原代电**

中央社会部勋鉴,案据瑞安县党部呈称,查公务员不能兼任渔会理事,业经司法院统一解释法令会议议决。在案,惟县财务委员会委员、社会服务处董事、学校教职员及乡镇保甲长等,是否系公务人员?可否被选充渔会理事?本部尚有疑义,合特电请鉴核释示等情。据此,相应电请查照核释,以便饬遵为荷。浙江省执行委员会主任委员李敬斋文印

**院字第二〇九八号**

**民国二十九年十二月四日　司法院复甘肃高等法院电**

甘肃高等法院孟院长览,本年九月感代电悉,平凉地方法院请解释壮丁出征期间,关于离婚案件应如何办理一案,业经本院统一解释法令会议议决,当事人于战时服兵役者,依《民事诉讼法》第一百八十一条之规定,法院本得依职权命在障碍消灭以前中止诉讼程序。本院二十八年第九七三号训令,所载有关出征壮丁离婚案件,在壮丁出征期间不予受理,须至壮丁解除兵役后,方仍依法办理等语。即系训令法院对于此种案件,务须依职权命在壮丁解除兵役以前,中止诉讼程序。惟壮丁之妻所提起之诉有《民事诉讼法》第二百四十九条所列各款情形之一,应以裁定驳回者,仍应即予驳回,无须中止诉讼程序。其于起诉前声请

调解,而有《民事诉讼法》第四百零九条第一项但书各款所定情形之一,法院认为应以裁定驳回者亦同。至所谓有关出征壮丁离婚案件,固不包含出征壮丁之妾与该壮丁脱离关系案件。所谓壮丁出征期间,亦不包含壮丁在出征前及出征完毕后之服役时期。惟《民事诉讼法》第一百八十一条并未限定诉讼事件之种类,其所谓于战时服兵役,亦不限于现在出征中之时期。所有壮丁为当事人之诉讼事件,如合于《民事诉讼法》第一百八十一条之规定,虽不在上开训令范围之内,法院亦得依职权命在障碍消灭以前中止诉讼程序。合电转饬知照。司法院支印

**附甘肃高等法院原代电**

重庆司法院院长居钧鉴,案据署甘肃平凉地方法院推事兼院长万身正元代电称,甘肃高等法院院长孟钧鉴。窃查司法院民国二十八年十月二十四日第九七三号训令内开,离婚案件凡在壮丁出征期间,无论女方所持何种理由,一概不予受理。至壮丁解除兵役后,依法办理,以利抗战云云,自应遵办。惟在壮丁出征期间,究系谓被征入伍以后解除兵役以前之期间均包括在内,抑系专指在前方作战之期间而言,不无疑问。又法院对之不予受理,是否据状声请调解,即依《民事诉讼法》第一百八十一条裁定中止诉讼程序?再壮丁之妾如请求脱离家属关系,可否依上开训令办理,均有疑问。事关法律疑义,理合电请钧院转请解释示遵等情前来。理合电请钧院解释,以便转饬遵照。甘肃高等法院推事兼院长孟昭侗叩感印

**院字第二〇九九号**

**民国二十九年十二月十一日　司法院致军政部函**

迳复者,准贵部本年十月二十五日法核(二九)渝字第八七四五号公函开,为《陆海空军刑法》及《修正中华民国战时军律》适用疑义,请速赐解答等由,业经本院统一解释法令会议议决,(一)《陆海空军刑法》第四十条缺额不报罪之成立,自以其明知缺额而故意不报者为要件。(二)《陆海空军刑法》第九十三条之离去职役罪,只以无正当事故而故意离去职役即应成立。(三)《修正中华民国战时军律》第十条之逃亡罪,系以携带重要军用物品逃亡为其构成要件,与《陆海空军刑法》第九十五条之罪,只须携带重要物品逃亡即行成立者,其范围自有不同。军人之证章、符号、臂章,乃资识别身分之用,尚非重要军用物品。其携带逃亡者,自不成立上开军律第十条之罪。相应函复贵部查照。此致军政部

**附军政部原函**

查《陆海空军刑法》第四十条缺额不报罪,依法条所定罪名,及贵院院字第一一五零号解释,固毋须另具别项条件。惟对于该罪究至如何程度,方认成立,尚有疑义。兹有二说。(甲)说,缺额应随时呈报,为军人职责。不但士兵逃亡,应依防止逃兵办法第十六条规定须于二十四小时内呈报,即因其他原因缺额(如死亡等),亦应准照上开期限报补,以杜流弊。如逾此期限,不问系何原因,亦毋须另具条件,罪即成立。(乙)说,犯罪之成立,以其有故意者为限。过失之行为,非有特别规定,不能处罚,为《刑法》上大原则。缺额不报,并无处罚

过失之规定。若仅行政上呈报之迟延，不能直接或间接证明其不报出于故意者，自不成罪。倘不问其是否出于故意，仅以呈报迟早为定罪唯一标准。不但违反上述原则，且在前敌军事倥偬，或军事失利奉命退却时。即明知缺额，每多无法于二十四小时内呈报，不将皆成犯罪，亦为事理所不通。以上二说，究以何说为是，应请解释者一。又贵院院字第一七六一号解释，军人无逃亡之犯意，在服务或不在服务时间，不请假私自外出，逾数小时或三二日回归者，均不得以逃亡论处。查抗战以后，军人不论前后方无故离去职役，一律以敌前论。业经国民政府二十七年五月九日渝字第一七四号通令有案，依《陆海空军刑法》第九十三条第一款所定之敌前无故离去职役罪。照条文直释，只须无正常事故，擅行离去职役，即已成罪。并无附有逃亡犯意，及时间之条件。且所谓数小时、三二日，措辞笼统，并无一定标准。若依此解释，只须无逃亡犯意，不请假擅离职役在三二日内，仍行回归。甚至在三二日外，或数十日，以至数月始行回归者，皆不成立该罪。影响所及，必致自由来去，纪律废弛。不但不利此次抗战，抑且攸关整个军纪。此项解释，拟有变更必要，应请解释者二。又贵院院字第二零四四号解释，以士兵窃取官长之证章、符号、臂章，佩带逃亡，或携带本人符号逃亡，除构成他罪外，均犯《陆海空军刑法》第九十五条之罪。查该条所定罪名，为携带兵器、马匹或其他重要物品无故离去职役。与《修正中华民国战时军律》第十条所定之携带枪弹或重要军用物品逃亡，罪质上究竟有无区分。携带证章、符号、臂章逃亡，是否得认为携带重要军用物品逃亡，似尚有疑义，应请解释者三。以上均系悬案待决，相应函请迅赐解答，以便办理。此致司法院

**院字第二一〇〇号**

**民国二十九年十二月十一日　司法院致国民政府军事委员会函**

迳复者，准贵会上月三日法审(二九)渝二字第九六四五号公函开。据兼浙江全省保安司令电请示盗匪案件适用法律疑义一案，请查照迅予解释见复等由，业经本院统一解释法令会议议决，某甲以连续之犯意，结伙据守要道，先后拦劫数人，并故意杀死一人者。依《惩治盗匪暂行办法》第十一条、《刑法》第五十六条，应论以同办法第三条第六款之一罪。相应函复贵会查照饬知。此致国民政府军事委员会

**附国民政府军事委员会原函**

据兼浙江全省保安司令黄绍竑真法金称，某甲结伙据守要道，先后拦劫数人，故意杀死一人。核其犯意一贯，且先后数行为均犯同一性质之盗匪罪名，似应以连续犯论。惟其行为之一部，犯《惩治盗匪暂行办法》第三条第六款之罪，一部犯同办法第四条第一款之罪。论科时是否从其重罪，以共同连续抢劫而故意杀人论。请核示等情。据此，案关解释法律疑义，相应函请贵院查照，迅予解释见复，以凭饬遵。此致司法院

## 院字第二一〇一号

### 民国二十九年十二月十一日　司法院致军事委员会军法执行总监部函

迳复者,准贵部本年九月二十七日公函[法审(二九)渝一字第一三四号]开,据第三战区军法执行监呈请解答军人或公务员以军用舟车装运客货图利案件,适用法律疑义一案,请查照迅予解释等由,业经本院统一解释法令会议议决,军人或有特定关系或身分之公务员,以军用舟车装运客货图利,或供私人使用图利者,应依《修正中华民国战时军律》第十六条治罪。若是项舟车属于其主管或监督之事务,而有上开行为者,应适用《惩治贪污暂行条例》第三条第一项第二款处断。相应函复贵部查照饬知。此致军事委员会军法执行总监部

**附军事委员会军法执行总监部原函**

据第三战区军法执行监倪弼呈,以军人或公务员以军用舟车装运客货图利,或供私人使用图利,是否应按《惩治贪污暂行条例》第三条第一项第二款后段对于主管或监督事务直接或间接图利论处,抑或依《修正战时军律》第十六条以军用舟车供私人使用图利治罪,不无疑义,请解答等情。据此,查关于上开疑义,兹有两说。(甲)说,《惩治贪污暂行条例》第三条第一项第二款后段,以负有主管或监督职责为要件。《修正战时军律》虽公布在后,但其第十六条无此要件规定,而处刑又较为轻。按诸制定《惩治贪污暂行条例》之立法意旨,军人或公务员若对于此项舟车负有主管或监督职责而以之图利,自应依该条例规定论处,否则始可按军律规定治罪。(乙)说,《惩治贪污暂行条例》第三条第一项第二款后段系概括规定,为补充条文。《修正战时军律》第十六条系具体规定,若犯行合于具体规定者,应适用具体条文治罪。其不合于具体规定者,始适用概括规定论处。军人或公务员以军用舟车供私人使用图利,或运载客货图利,《修正战时军律》对于其具体犯行既明定有处罚专条。且其公布又在《惩治贪污暂行条例》之后,则不问其对于此项车用舟车是否为其主管或监督,亦不问其处刑较《惩治贪污暂行条例》谁为轻重,应依后颁之军律规定处断。两说究以何说为是,案关法律疑义。相应函请查照,迅予解释,以便饬遵。此致司法院

## 院字第二一〇二号

### 民国二十九年十二月十二日　司法院致中央执行委员会社会部函

迳复者,准贵部本年六月二十五日公函(利组字第四七八七号)开,为载盐长船组织同业公会各疑义,请解释见复等由,业经本院统一解释法令会议议决,前经济部会同交通部依《商业同业公会法》第二条第二项指定重要商业之种类时,如仅将民船业指定为一类。即不得因民船所运输之货物种类不同,再行分类,各别组织同业公会。载盐长船既与其他民船同属民船业,自不能独立组织同业公会。至民船业同业公会监督机关,《航商组织补充办法》第四条定有明文,应即依照办理。相应函复贵部查照。此致中央执行委员会社会部

**附中央执行委员会社会部原函**

查民船业已经交通、经济两部指定为重要商业,并解释其范围。指应公众需要,以使用橹櫂帆篷等主要运输方法之船舶,运输旅客或货物之营业而言,四川富顺县之载盐长船应属上述范围之内。所谓事业,应指运输。依《商业同业公会法施行细则》第九条、第十条之规定,主管运输事业之机关,应属交通部,与所运输之货物盐及盐务机关无关。其次,民船业组织同业公会,其所依据之法规。首为《航商组织补充办法》,次为《商业同业公会法》及该法施行细则。依照《航商组织补充办法》之规定,民船业只分区域,不以所运之货物而分类。故载盐长船根本不能独立组织同业公会,应归并民船商业同业公会。如此规定,是否正确,相应函请查照,解释见复为荷。此致司法院

**院字第二一〇三号**

**民国二十九年十二月十七日　司法院复广西高等法院电**

广西高等法院院长览,本年十一月虞民代电悉,该法院第二分院所请解释抗敌军人请求撤销婚姻应如何办理一案,业经本院统一解释法令会议议决,婚约当事人之一方,无《民法》第九百七十六条之理由而违反婚约与他人结婚者,依《民法》第九百七十八条之规定。对于他方因此所受之损害,应负赔偿之责,他方或其直系尊亲属并无请求法院撤销其与他人所结婚姻之权。抗战军人之直系尊亲属请求法院撤销该军人之未婚妻与他人所结之婚姻,自属无从准许。至原代电所举军事委员会令,殆以抗战军人因从军而不能依期约结婚者,本非《民法》第九百七十六条第一项第二款所谓故违结婚期约。而抗战军人之未婚妻恒有借口抗战军人故违结婚期约,擅自另嫁情事,故特通令禁止,并非即认抗战军人之直系尊亲属有请求法院撤销该军人之未婚妻与他人所结婚姻之权。合电转饬知照。司法院筱印

**附广西高等法院原代电**

重庆司法院院长居钧鉴,案据苍梧广西高等法院第二分院二十九年十月二十九日代电称,按对于抗战军人定婚未娶之妻,不得擅自离异,以示优待,业经国民政府军事委员会办四字第七四九号令通饬有案。惟如果抗战军人定婚未娶之妻(以下简称未娶之妻)业经成年并未向法院诉请解除婚约,而迳与第三人结婚。事为抗战军人之直系尊亲属查悉,乃具状向法院请求撤销彼等婚姻关系。在此场合,如果准其撤销以示优待抗战军人,则于法无据,且无实益。倘若不准其撤销,将其诉驳回,此风一开,则未娶之妻,必纷纷另嫁。于是前方将士已定婚而未娶者,必将以回家娶妻为词,纷纷请假,军心惶惶,影响抗战前途,似非浅鲜。虽云抗战军人尚可依《民法》第九百七十八条之规定,诉请损害赔偿。然究于优待军人之目的无从达到,而首开通令无异等于具文。似此情形,应如何办理,事关法律解释。职院悬案待结,理合电请察核转请解释示遵等情。据此,理合据情转请钧院俯赐解释,电令示遵。代理广西高等法院院长朱朝森呈虞民印

**院字第二一〇四号**

**民国二十九年十二月二十八日　司法院咨行政院**

为咨复事,准贵院上月二十七日阳诉字第二四四六六号咨开,为《商业登记法施行细则》第三十四条适用疑义,请查照解释见复等由,业经本院统一解释法令会议议决,商号之创设与使用,意义不同。创设系选定某文字为商号之意思表示,使用即以已创设之商号行用于商业之谓。《商业登记法施行细则》第三十四条但书所谓创设在前,系指商号之创设,在他人登记之商号创设之前而言。相应咨复贵院查照。此咨行政院

**附行政院原咨**

查《商业登记法施行细则》第三十四条载,他人登记前业经使用之商号,不受本法第二十一条、第二十二条之限制,但须有创设在前之证明等语。本条但书之规定,适用时不无疑义,约有两说。(甲)本条所谓创设在前者,系指自己商号之创设在他人商号创设之前而言。(乙)本条所谓创设在前,只须自己商号之创设,在他人商号登记之前为已足。又本条使用创设两名词,是否意义相同,亦有相反之见解。如认为意义各别,则上述两说之外,又可增加一说。即以本条创设在前一语,系指自己商号之创设,在他人商号使用之前是也。究以何说为是,案悬待决,相应咨请贵院查照,迅为解释见复,以资适用。此咨司法院

**院字第二一〇五号**

**民国二十九年十二月二十八日　司法院指令四川高等法院**

呈悉,业经本院统一解释法令会议议决,甲以奸淫目的,和诱妇女脱离家庭租屋姘度。检察官既已叙入犯罪事实,提起公诉。则关于通奸部分,纵第一审因无合法告诉,未能迳予审判。嗣后果有合法诉追,检察官只应将此情形,通知系属之第二审法院为已足。倘竟重行起诉,法院应《依刑事诉讼法》第二百九十五条第二款为谕知不受理之判决。惟该案在第二审辩论终结前,关于通奸部分之诉追条件,既已具备。如第二审法院审认该甲确有相奸事实,且与和诱罪具有牵连关系,自可从一重处断。仰即转饬知照。此令

**附四川高等法院原呈**

呈为转请解释事,案据署四川达县司法处主任审判官姚镇甲呈称,为呈请解释事。设甲男乘乙妇之本夫丙外出之际,意图奸淫,而和诱乙妇脱离家庭,租屋姘度。为丙之父丁查知,扭送检察官侦查起诉。审理判决,以甲意图奸淫和诱有配偶之人脱离家庭,判处罪刑。乙为被诱人,无罪责可言,谕知无罪。甲不服判决,提起上诉。丙旋自外归家,复以甲、乙通奸罪诉请检察官侦查起诉。查院字第一七六八号解释,以奸淫之目的和诱妇女出逃,中途成奸,应就相奸及意图奸淫而和诱二罪从一重处断。甲之所犯罪情,适与此号解释相符。惟甲之和诱罪,已经乙妇翁父丁,诉请检察官提起公诉,判处罪刑。同一行为之相奸罪以未经合法告诉,未便迳予起诉或审判。现和诱重罪已判处罪刑,同一行为之相奸轻罪,又据合

法告诉提起公诉,法院对之将如何办理?如谓依《刑事诉讼法》第二百九十五条第二款规定,谕知不受理之判决耶,情法既未吻合,且如予不受理判决,其通奸行为即无论究之机会,又与历年判例一行为触犯数罪名,轻罪不得置而不问之意旨有所违背。如谓就相奸部分另行判罪耶,又与从一重处断之精神相背驰。事关法律疑义,理合具文呈请解释示遵等情。据此,查本件法律疑义,核与二十七年八月三十一日院字第一七六八号解释微有出入。未便擅拟,理合转请钧院俯赐迅予解释示遵。谨呈司法院院长居。署四川高等法院院长苏兆祥

**院字第二一〇六号**

**民国二十九年十二月三十日　司法院复广西高等法院电**

广西高等法院朱院长览,本年十一月齐民代电悉,柳州地方法院所请解释办理土地登记案件适用法律疑义一案,业经本院统一解释法令会议决。依《土地法》规定,应由土地裁判所裁判之事件,本系《法院组织法》第一条所称之民事案件。如未就此种案件另设民事特别法院,当然属于普通法院之权限。故在土地裁判所未设立以前,仍应由普通法院审判。普通法院审判此种案件,除《土地法》有特别规定外,自应适用关于民事诉讼程序之法令。至原代电所称情形,某甲声请为第一次土地所有权之登记,经地政机关公告后,如于公告期满前无人提出异议,依《土地法》第一百零三条第一项之规定,地政机关应即为所有权之登记。某乙于公告期满后,再就该土地声请为第一次所有权登记时,地政机关应依《土地法》第七十六条第一项第二款予以驳回。即使该土地确为某乙所有,亦须由某乙对于某甲提起涂销登记之诉,得有胜诉之确定判决后,始得向地政机关声请为所有权登记。合电转饬知照。司法院册印

**附广西高等法院原代电**

重庆司法院院长居钧鉴,案据柳州地方法院二十九年十一月二日呈字第二八九号呈称,为呈请示遵事,兹某甲有土地一所,经向地政机关声请为私有土地登记,并公告确定。嗣某乙又以该土地嘱托为公有土地登记,发生争议。该地政机关呈奉内政部解释,将案移送当地法院裁定,遍查《土地法》,并无关于土地权利在登记进行中发生争议,应由当地法院裁定之规定。而内政部之解释,在土地裁判所未成立前,应由当地法院或司法处或兼理司法之县政府依照司法程序受理审查。俟审查裁定,始得准由办理登记机关予以更正云云,兹有疑义二点。(一)查法律解释向归司法院,内政部之解释,普通法院应否受其拘束?(二)对于此类事件,究应依何种法律程序办理?事关法律适用,理合备文呈请钧院察核,令示祇遵等情。据此,事关适用法律疑义,职院未敢擅拟。理合据情转请钧院俯赐解释,电示祇遵,俾便转饬遵照。代理广西高等法院院长朱朝森呈齐民印

**院字第二一〇七号**

**民国二十九年十二月三十一日　司法院致国民政府军事委员会函**

迳复者,准贵会本年十一月七日法审(二九)渝二字第九七六三号公函开,据浙江全省保安司令电请示零星售卖鸦片是否以连续犯论一案,请查照迅予解释见复等由,业经本院统一解释法令会议议决,某甲一次买入鸦片数两,零星售出,应论以连续贩卖鸦片罪。相应函复贵会查照。此致国民政府军事委员会

**附国民政府军事委员会原函**

案据浙江全省保安司令黄绍竑删法金寅电略称,某甲一次买入鸦片数两,零星售出,是否以连续贩卖鸦片论,乞示等情。查某甲以所贩鸦片零星售出,似系继续犯之一种,只成一罪,核与连续犯之基于一个概括意思而反复实行数个独立行为者不同。案关法律疑义,相应函请查照,迅赐解释见复,以凭饬遵。此致司法院

**院字第二一〇八号**

**民国二十九年十二月三十一日　司法院复军事委员会航空委员会电**

军事委员会航空委员会鉴,本年十一月法庚蓉第四零二二号代电诵悉,所请解释一案,业经本院统一解释法令会议议决,(一)子托丑同机关之军人寅,以军用舟车装运漏税货物带交与丑,子事前向丑函知托代销售。如果丑明知其为漏税货物而收受销售,自应成立《惩治偷漏关税暂行条例》第四条之罪。至子偷漏关税及寅以军用舟车代为装运,丑在法律上并无防止义务,事前虽未拒绝代销,仍不负帮助漏税及装运罪责。再丑既具有军事检察官之身分,其对于寅之犯行故意不予检举,并犯《刑法》第一百二十五条第一项第三款后段之罪。(二)中国银行分行或支行行长,非《刑法》上之公务员(参照院字第二零二二号解释)。又私人营业之银行,既以营利为目的,其行长亦不能以办理社会公益事务论,特复。司法院世印

**附军事委员会航空委员会原代电**

司法院公鉴,本会现有一贪污等情嫌疑案件,关于适用法律发生疑问。例如甲地公务员子与乙地军人丑(具有《陆海空军审判法》第十九条军事检察官之身份),夙有友谊。适有与丑同机关之军人寅,因公由甲地返往乙地,子即利用事机,将商货数箱作为寄丑之物品,托寅以军用舟车装运。途中经过关卡,未予报关纳税。带交与丑,事前向丑函知,并托代为销售。丑接函后默予同意,未加拒绝。迨寅将物品带到,由丑收妥后,亦经代为销售。关于丑之事前预知,及运到时收货,收到后代为销售之行为,是否构成《惩治贪污暂行条例》第二条第五款帮助以军用舟车装运漏税物品犯罪,或构成其他罪名,兹有下列数说。(一)说,凡帮助犯罪,须事前对于正犯之实施犯罪行为加以助力,始能成立。丑之接函后默予同意,假以名义利用军用舟车漏税,系消极行为。仅系受子之托,因友谊关系,故不便拒绝于前,并

代为销售于后，事前既未有共同营利之证明。该项商货之由甲地运至乙地，利用军用舟车未经纳税，丑只消极同意，并未加以积极助力。且子之犯罪行为，于将该项货物运到后，业已完成，丑之收货行为，不负帮助之责。惟该项商货，由军用舟车装运，途中经过关卡，又未报关纳税。明知系属赃物，乃代为销售，应构成《刑法》第三百四十九条第二项之牙保赃物罪。（二）说，凡犯罪之是否成立，以有无故意为前提。丑接子之函托销售商货，明知用其名义为收货人始能由该项军用舟车装运，于接函后未起运前，既未加以拒绝，自系默许假以名义。对子之犯罪，非第有意思联络，且已加以不作为之行为帮助。运到后又为收货，该项商货系属漏税物品，复代为销售，以完成其漏税图利之目的，应以帮助贪污犯罪论科。（三）说，丑之消极帮助行为同（一）说理由，不构成贪污犯罪。但其代子销售之商货，既未附有关税凭证，当知系属漏税物品，应依《惩治偷漏关税暂行条例》第四条科断。以上诸说，未知孰是。又中国银行分行或支行行长是否为公务员，其他私人营业之银行行长是否以办理社会公益事务论？再丑具有军事检察官身份，对于寅之代带商货未予检举，是否并犯《刑法》第一百二十五条第一项第三款后段之罪？案悬待决，相应电请查照，迅赐解释见复为荷。航空委员会巧法庚蓉印

**院字第二一〇九号**

**民国三十年一月三日　司法院指令司法行政部**

呈悉，业经本院统一解释法令会议议决，强制执行依《强制执行法》第四条之规定，应依执行名义为之。其为执行名义之确定终局判决，仅命债务人交付一定之动产，而未判明不交付时，应支付金钱若干者。执行法院不能因债务人无该动产可供同法第一百二十三条之执行，迳对债务人之其他财产为执行。虽关于动产执行之规定，依同法第一百二十五条于第一百二十三条之执行准用之。然亦不过于性质所许之范围内得为准用（例如第四十六条、第四十八条、第四十九条得将条文所载查封动产字样，变为取交动产之意义予以适用）。不得将执行名义所载动产之交付，变为金钱之支付而适用之。至《民事诉讼法》第五百十八条许就得易为金钱请求之请求，声请假扣押，无非为保全变为金钱请求后之强制执行起见。债权人仍须日后得有业经变为金钱请求之执行名义，始得拍卖扣押物，以其卖得价金清偿债权。若执行名义系命债务人交付一定之动产者，究不得迳对其他曾被假扣押之财产，为变价清偿之执行。院字第一七八五号解释应予变更。惟《强制执行法》第一百二十七条所谓债务人应为之行为，并无如《补订民事执行办法》第二十九条除去物之交付之明文。执行名义命债务人交付之动产，为金钱以外一定数量之代替物者，其代替物之交付行为，亦包含之。此项代替物为债务人，或对债务人负有交付义务之第三人占有者，固应依同法第一百二十三条、第一百二十六条之规定执行，无适用第一百二十七条之余地。若债务人及对债务人负有交付义务之第三人并不占有，则无从依第一百二十三条、第一百二十六条之规定执行。此际债务人依执行名义，本应采买此项代替物而交付之。债务人不为此项行为者，

依同法第一百二十七条之规定,执行法院得以债务人之费用,命第三人代为采买交付。此项费用,由执行法院斟酌该代替物现时价格及其他情事定其数额,命债务人预行支付。命支付费用之裁定,即为同法第四条第二款后段之裁判,债务人不支付时,得以之为执行名义,对于债务人之一切财产为执行。仰即转饬知照。此令

**附司法行政部原呈**

案据江苏高等法院本年八月二十六日代电称,据泰县地方法院院长朱治礼呈称,查确定判决命债务人给付一定数量代替物,如稻租、麦租等之执行案件。经派员执行,债务人并无稻麦,乃以其财产封卖移转与债权人管业以代清偿时。关于计算稻麦之价格,如双方发生争执,究应以何时为准?有下列三说。(甲)以应为清偿时为准。此说以债务人无稻麦可付,而以产价代偿。然其所偿者为稻麦,稻麦既应给付于应为清偿之时,则稻麦价格之计算,即应以应为清偿时之市价为标准。至于给付迟延因而使债权人发生损害,乃系损害赔偿之另一问题。(乙)以实际清偿时为准。此说以代替物如稻租、麦租之清偿期,通常为新稻、新麦登场价格最贱之际。如以此时价格为计算给付标准,不唯债权人将无案不另请求赔偿,难胜诉讼之累,抑且易起债务人拖延之心。况判令给付者为稻麦,并非产价。债务人如不同意,尽可购买稻麦清偿。既不此图,即应以实际清偿时稻麦价格为计算标准。用符社会一般实际情形,如实际清偿时价格低于应为清偿时,债权人亦可另请赔偿损害,核与《民法》第二二九条规定亦甚相符。(丙)以起诉时价格为准。此说以物品之价格历时愈久,中间变化愈多,即以稻租、麦租之应为清偿时而论,中间至少有一月或半月之期间。在此期中价格如有多种,又将以何者为准?至于实际清偿时亦非无此情形。最善标准,莫若起诉时之价格,既公允且易稽查。盖其为诉讼标的价额,依照民诉法第四零四条规定,固确定于起诉时也。以上三说,未知孰是。本院此类案件甚多,理合具文呈请钧长鉴核,俯准转请司法院解释祇遵等情。查案关法律解释,本院未敢臆断,理合据情电呈,敬乞转请司法院解释赐示饬遵等情。据此,理合具文呈请钧院鉴核指示,以便转饬遵照。谨呈司法院院长居。司法行政部部长谢冠生

**院字第二一一〇号**

**民国三十年一月三日　司法院指令四川高等法院**

呈悉,业经本院统一解释法令会议议决,当事人约明一方就其田业向他方收取押银,其田业仍由自己或第三人耕种,每年向他方交付租谷者,其租谷之最高额应如何限制,须依《民法》第九十八条探求当事人之真意,解释其为何种契约,始能决定其真意系在借贷金钱,并就田业设定抵押权。而由一方或第三人交付租谷为利息之交付方法者,应适用《民法》第二百零五条之规定。如按交付时市价折算为金钱超过周年百分之二十者,他方对于超过部分之租谷无请求权(参照院字第一九六四号解释)。其约定由他方迳向第三人收取租谷以充利息者,他方仅得收取不超过部分之租谷,其超过部分之租谷,仍应由该一方收取。若当

事人之真意,系就该田业设定典权,而一方或第三人之耕种,系向他方承租者,应适用《土地法》第一百七十七条之规定。苟约定之租谷,不超过耕地正产物收获总额千分之三百七十五。无论按交付时市价折算为金钱之数与典价之比例如何,均应如数交付。仰即转饬知照。此令

**附四川高等法院原呈**

案据长寿地方法院院长文必第俭代电开,四川高等法院院长苏钧鉴。案据本院候补推事朱凤鸣签呈称,窃查川省民间放款,概以所贷之金额书作押田之押银。双方订立租佃契约,约定每年由债务人向债权人年纳租谷若干(每百元约给谷三石左右),实则田业仍由债务人佃回自种,或另觅第三人向债权人书一背佃字据(又名磨佃),债权人决非实际耕田之人。最近谷价高涨,债权人主张照约索租,债务人则主张照法定利息给付,以致因此类事件涉讼者甚伙。法院如照契约判断,债务人仍应照约纳租。则一年利谷,照市价计算,超过本金数倍。如判令给付法定利息(即周年百分之二十),则债权人又吃亏过甚。此种因战时发生之特殊情形,法院几无依据。可否呈请解释之处,敬乞示遵。署四川长寿地方法院推事兼院长文必第叩俭印等情。据此,查事关法律疑义,理合具文转请钧院,俯赐解释,俾便饬遵。谨呈司法院院长居。署四川高等法院院长苏兆祥

**院字第二一一一号**

**民国三十年一月四日　司法院指令湖南高等法院**

呈悉,业经本院统一解释法令会议议决,公共防空壕洞或防空室,既系公众得出入之场所,在该处赌博财物,应成立《刑法》第二百六十六条第一项之罪。仰即转饬知照。此令

**附湖南高等法院原呈**

案据黔阳县司法处审判官周国英呈称,查城郊公共防空壕洞或防空室,为公众被难出入之场所,如有集合该处赌博财物者,是否触犯《刑法》第二百六十六条第一项前段之罪。事关法律疑问,理合具文呈请钧长察核示遵等情。据此,案关解释法律疑义,本院未敢擅拟。除指令外,理合具文呈请钧院解释示遵。呈司法院院长居。湖南高等法院院长陈长簇

**院字第二一一二号**

**民国三十年一月十五日　司法院咨监察院**

为咨复事,准贵院上年七月二十九日咨(庆字第六四六三号)开,据广东广西监察使呈请示各省县参议员是否惩戒法上之公务员一案,咨请查核见复等由,业经本院统一解释法令会议议决,各省临时参议会参议员,依省《临时参议会组织条例》第四条规定,系由各该省属县市住民中,及该省文化团体、经济团体人员中选出候选人,由省政府呈送行政院转呈国防会议决定之,同条例第十六条复有现任官吏不得为该参议员之限制。至县参议会参议

员,依县各级组织纲要丙项规定,系由乡镇民代表会选举之,均与《修正公务员惩戒委员会组织法》所载被付惩戒之公务员,以委任或荐任职以上为限之条件不合,即不得认为《公务员惩戒法》上之公务员。再各该会办事人员如属委任或荐任职以上阶级,自得依照该法予以纠弹。相应咨复贵院查照饬知。此咨监察院

**附监察院原咨**

案据本院广东广西监察使刘侯武本年七月四日呈称,案查《弹劾法》第二条内载监察委员对于公务员违法或失职之行为,应提出弹劾案于监察院。又查《修正非常时期监察权行使暂行办法》第一条内载,监察委员或监察使对于公务员违法或失职行为,认为应速去职或为其他急速处分者,得以书面纠举各等因,历经遵照办理。兹查各省县地方,现均有临时参议会之设,各该会之参议员及办事人员,是否为惩戒法之公务员?尚无明文规定。如发觉或据人民呈诉其违法失职,可否依照《惩戒法》上之公务员办理,提出弹纠。案关法令解释,本署未敢擅拟,理合备文呈请察核。应如何办理之处,伏候指令祇遵等情。据此,除指令外,相应咨请贵院查核转饬核办并见复为荷。此咨司法院

**院字第二一一三号**

**民国三十年一月十五日　司法院致军事委员会军法执行总监部函**

迳复者,准贵部上年十一月十二日法审(二九)渝一字第九八七零号公函开,准李司令长官电请解答官兵图利私运或包运资敌物品案件,适用法律疑义一案。请查照迅予解答等由,业经本院统一解释法令会议议决,来文所称食粮、皮革、生油、棉麻等物,如系经济部指定之禁运物品。官兵图利私运或包运往经济部所指定之禁运区域,虽非直接售于敌人,但若上项私运之物品,委托他人转售于敌人,或知系向敌售卖而为之包运。合于教唆或帮助情形者,应依《禁运资敌物品条例》第六条之共犯科处。否则法无论罪明文,依《刑法》第一条规定,自不为罪。相应函复贵部查照转知。此致军事委员会军法执行总监部

**附军事委员会军法执行总监部原函**

顷准李司令长官法梗电,略以据称近日食粮及皮革生油棉麻等物因价高涨,大宗外运。并有不肖官兵,罔顾利害,私运或包运走私,影响抗战至大。应否以资敌论罪?请解答电复等由,准此。查上项物品,依《禁运资敌物品条例》第一条第一项规定,自属足以增加敌人实力之禁运物品,私运此项物品,如有该条例第六条直接售于敌人查有实据情事,即依该条论处。其包运他人偷运之上项物品,亦犯该条之罪者,依法自可以共犯论处,似均无疑问。惟查该条既明定以直接售于敌人查有实据者为构成要件,若官兵图利私运或包运此项物品外运,而非直接售于敌人,究应依何法论处,不无疑义。案关解释法令,相应函请查照迅予解答,为荷。此致司法院总监何成濬

**院字第二一一四号**

**民国三十年一月十六日　司法院致国民政府军事委员会函**

迳复者,准贵会上年十一月七日法审(二九)渝一字第九七六二号公函开,据江西吉安警备司令部电请示人民自卫队纵容部属劫掠不报,应如何办理一案。请查照迅予解释见复等由,案经本院统一解释法令会议议决。人民自卫队官长尚非具有《修正战时军律》第九条之特定身份,其纵容部属劫掠秘不举发,自不构成该条纵兵殃民之罪。惟此项行为核与《惩治盗匪暂行办法》第四条第二款包庇盗匪之规定相当。如该人民自卫队之组织,合于团防或有查缉盗匪职责之性质,并应依同办法第八条处断。相应函复贵会查照饬知。此致国民政府军事委员会

**附国民政府军事委员会原函**

据吉安警备司令部电称,人民自卫队纵容部属出外劫掠,秘不举发,是否依《惩治盗匪暂行办法》以包庇盗匪论罪,抑依战时军律以纵兵殃民论罪,请核示等情。查该省人民自卫队,并非现役军人,业经贵院二十八年十一月二十三日院字一八三八号解释有案。其纵容部属,劫掠不报,应如何论处。事关法律疑义,相应函请查照,迅予解释函复为荷。此致司法院

**院字第二一一五号**

**民国三十年一月十七日　司法院指令四川高等法院**

呈悉,业经本院统一解释法令会议议决,(一)被告就法人所提起之自诉,不得对法人之法定代理人提起反诉。除法有处罚法人之特别规定者外,亦不得对于该法人提起反诉。(二)税务管理所既系一次查获某商号违反《印花税法》之证件共六十起,即与该法第二十条内称,违反本法所载情事两件以上之规定相当。其先后分次送请处罚,经本院分别裁定,其合并处罚之总额,仍应依法定限制,不得超过情事最重之件应处罚锾之倍数(通常时期三倍、非常时期六倍)。仰即转饬知照。此令

**附四川高等法院原呈**

呈为转请解释法律疑义事,案据四川成都地方法院院长郑庆章呈称。案据本院推事邵一秋、易汇丹等呈称,案查自诉人提起自诉后辩论终结前,被告得对于自诉人提起反诉,《刑事诉讼法》固有明文规定。若自诉人为法人,由其法定代理人提起自诉。被告于辩论终结前提起反诉,是否以其法定代理人为被告,适用上不无疑问,应请解释者一。税务管理所向各商号检查,一次查获某商号违反印花税法之证件共陆拾件。如一次送院声请处罚锾之倍数,不得超过其情事最重之件应处罚之六倍,前为三倍。若该管理所对于一次查获之证件六十件,分为十次先后送院声请处罚,法院于办理时不知为一次查获,遂照其声请次数予以处罚,即对于一次查获之证件予以十次处罚,商人受损甚巨。此项案件,除第一次应处罚

外,其余二三四五六等次之声请,是否用裁定谕知本处罚仅饬商号补贴印花税票?如业已照送院次数处罚,对于二三四五等次之裁定,可否由原法院自行裁定更正?该法无明文可据,应请解释者二。近查本院受理上述各案件甚多,适用法律不无可疑。理合具文呈请转予解释,示遵谨呈等情。据此,事关法律疑义,理合具文呈请钧长审核,指令祇遵等情。据此,除令准外,理合具文转请钧院俯赐解释合遵。谨呈司法院院长居。署四川高等法院院长苏兆祥

**院字第二一一六号**

**民国三十年一月十八日 司法院指令司法行政部**

呈悉,业经本院统一解释法令会议议决,依《民事诉讼法》第三百十二条第二项、第三百二十四条之规定,审判长于鉴定人具结前,应告以伪证之处罚。是同法之使鉴定人具结,系以其具结而为虚伪陈述时,应成立伪证罪为前提。强制执行程序中之鉴定人,并非《刑法》第一百六十八条所称于审判时或侦查时为陈述之鉴定人。即使为虚伪之陈述,亦不成立伪证罪,自无从准用《民事诉讼法》之规定命其具结。仰即转饬知照。此令

**附司法行政部原呈**

案据江西高等法院呈称,案据署江西南康地方法院院长陆琛代电称,窃查《强制执行法》第四十四条强制执行程序,除本法有规定外,准用《民事诉讼法》之规定。则强制执行程序进行中之鉴定人,应依《民事诉讼法》第三百三十四条具结无疑。又查《刑法》第一百六十八条略载,于执行审判职务之公署审判时,或于检察官侦查时,鉴定人于案情有重要关系之事项具结,而为虚伪陈述者云云。所谓审判或侦查时,自不包括强制执行时在内。鉴定人如于强制执行程序进行中具结,而为虚伪陈述,其所负责任如何?如其所陈述并非虚伪而未具结,是否影响于已进行之强制执行之程序之效力?请赐解释,俾资遵循等情到院。事关法律疑义,本院未敢擅便,理合据情呈请钧长俯赐解释,俾便饬遵等情。据此,事关适用法律疑义,理合呈请钧院鉴核指示,以便转饬遵照。谨呈司法院院长居。司法行政部部长谢冠生

**院字第二一一七号**

**民国三十年一月二十四日 司法院训令浙江高等法院**

为令行事,查浙江东阳七都乡乡长呈最高法院,请解释《民法》第九百二十三条第二项疑义一案,业经本院统一解释法令会议议决,《民法》第一条规定,民事法律所未规定者依习惯,是法律已有规定者。除有如《民法》第七百八十四条第三项等特则外,自无依习惯之余地。出典人于典期届满后,经过两年不以原典价回赎者,典权人即取得典物所有权。既于《民法》第九百二十三条第二项设有规定,同条又未定有先从习惯之特则。虽有三十年内得回赎之习惯,出典人亦不得依以回赎。至《民法》第九百十三条,不过禁止典期不满十五年

之典权，附以到期不赎，即作绝卖之条款。违者仍得于典期届满后二年内回赎，不能据此即为《民法》第九百二十三条第二项之规定，限于典期满十五年者始得适用。合行令仰转饬知照。原呈钞发。此令

**附浙江东阳七都乡长原呈**

呈为请求解释《民法》第九百二十三条第二项疑义，以凭转知各保甲农民一体遵照而免纠纷事。窃公民忝为乡长数年于兹，平日对国家可助抗战建国工作，无不间接竭力从事。对地方可谋利益与解纠纷事件，亦无不直接竭力从事。兹以各保甲农民鉴于先年典价贱，今年物价贵，照向来习惯可以取赎之不动产，纷纷备价请求取赎（东阳习惯，契内写有取赎年限者，惟年限内不得取赎。而年限外过于三十年，亦有得予取赎者。若在三十年以内，无有不得取赎者）。而一般典权人，以近来东阳地方法院审理典契定有期限案件，不论契内写明或三年、五年、七年、十年，若照所定期限后经过二年不取赎者，皆引用《民法》第九百二十三条第二项判决之，判令典权人即取得典物所有权。故执有定有期限之典契与上列经过情事相同者，皆有不得取赎之表示。而一般出典人，谓照向来习惯三十年之典契，均可取赎。今所取赎者非但不满三十年，而且不满十五年，亦皆抱有定要取赎之决心。东阳典契写明典过十五年取赎者，百不得一，大约以十年为最长。各保甲农民纠纷迭起，公民身既忝为乡长，理宜力谋解决。乃判决如彼，习惯如此。劝典权人准予取赎既不许，劝出典人暂不取赎又不肯。有何解决方法？由是众说纷纷，有谓民事既有法律规定，无再从习惯之可言。有谓法律以嘉惠平民为原则，如浙江省二五减租办法。法律有重于习惯者，则从习惯；法律有轻于习惯者，则从法律。有谓仍俟法律解决，即《民法》第九百二十三条第二项亦有甲、乙二说。（甲）谓该条第二项既载明有出典人于典期届满后经过二年不以原典价回赎者，典权人即取得典物所有权之规定。是出典人所写典契而定有取赎期限者，无论或三年、五年、七年、十年，如期限届满后经过二年不回赎者，典权人当然即取得典物所有权，原以该项法文明白。凡遇有此种情事，如已起诉者，法院亦当然照该项法文为判决。如未起诉者，出典人亦当然受该项法文之拘束。（乙）谓该条第二项既载明典期届满后经过二年不回赎者，典权人即取得典物所有权。是明明以典期届满后尚有所经过之二年，得以回赎。就此研究则该项所谓之典期，乃指十五年以外者而言，非指十五年以内者而言，亦非指三十年者而言。经过三十年不回赎者，典权人即取得典物所有权。有同法第九百二十四条但书所规定，是经过三十年者，再无有所经过之二年尚得回赎之可能。则该条第二项所谓之典期，非指三十年而言者，固甚明白。不满十五年者，不得附有到期不赎即作绝卖之条款，亦经同法第九百十三条所规定。夫所谓不得附有到期不赎即作绝卖之条款者，亦即民四施行《清理不动产典当办法》第八条末段所载，违者虽经逾期于自立约之日起十年期限内，仍准业主随时告赎之谓也（典当办法不满十年者，不得作绝，现行《民法》不满十五年者，不得作绝）。然此犹指违者而言，若不违者于十五年期限内，尤得随时告赎，更不待言十五年内。既得随时告赎，则不满十五年者，即定期届满后经过二年不回赎，典权人亦不能取得典物所有权。是该项

所谓之典期,非指十五年以内而言者,亦甚明白。就该项于期满后尚有所经过之二年得以回赎言,则不但经过三十年者,不适用该项法文。即不满十五年者,亦不适用该项法文也。以上二说,未知孰是,纠纷众多,均待解决。用是不揣冒昧,备文呈请钧院解释赐示,以凭转知各保甲农民一体遵照,而免纠纷。毋任感德。谨呈最高法院。呈请人浙江东阳七都乡乡长王皋舒

**院字第二一一八号**

**民国三十年一月二十五日　司法院指令湖南高等法院**

呈悉,业经本院统一解释法令会议议决,某甲伪造某军事机关公函持向食盐公卖局购盐转售图利,则其行使伪造公文书,向食盐公卖局购盐取得不法利益,即应成立《刑法》第二百一十一条、第二百一十六条及第三百三十九条第二项之罪。其以购得之盐转售,既与《私盐治罪法》第一条规定相当,自应依该法第二条及《刑法》第五十五条处断。仰即知照。此令

**附湖南高等法院原呈**

窃抗战时期食盐统制设局公卖,设有某甲伪造某军事机关公函,持往食盐公卖局购得食盐转售图利。除成立行使伪造公文书罪外,应否构成诈欺及售卖私盐之罪,分甲、乙两说。(甲)说,《刑法》第三百三十九条第二项之罪,须以诈欺手段取得财产上不法利益为成立要件。食盐公卖规定牌价,均系一律。某甲使用伪造公文书购买食盐,其所缴之价额与普通人民购买缴价无稍差异,并未得有何种不法利益。除成立行使伪造公文书罪外,不另成立诈欺罪。且此项食盐既经政府设局公卖,即非未经盐务署特许之私盐。某甲于买得后转售图利,亦不构成售卖私盐之罪。(乙)说,《刑法》第三百三十九条第二项所谓以诈术得财产上不法利益,不问有形或无形,均应包括在内。某甲使用伪造公文书购买食盐,纵其所缴之盐价,与普通人民购买缴价相同。然既将购得之食盐转售图利,即于无形中取得不法利益。且当食盐设局公卖时违反禁令,将购得之盐转售,亦与《私盐治罪法》第一条所称未经盐务署特许而售卖之私盐相当。既系基于一贯之犯意,具有方法结果之牵连关系,应依《刑法》第二百十六条、第二百十一条、第三百三十九条第二项,《私盐治罪法》第二条及《刑法》第五十五条从一重处断。二说究以何说为是,事关法律疑义,理合具文呈请鉴核解释示遵。谨呈司法院院长居。湖南高等法院院长陈长簇

**院字第二一一九号**

**民国三十年一月二十五日　司法院致社会部函**

迳复者,准贵部上年十二月十五日公函(社组字第三七六号),查接管前中央社会部卷内,准经济部函为解释镇商会对于区署行文程式请转行一案。事关法律疑义,请查照解释等由,业经本院统一解释法令会议议决,区署辖境内之镇商会,为《各县分区设署暂行规程》

第五条第一项第八款所谓区内之职业团体。区署所设之区长,既有承县长之命监督指导区内职业团体之职权,其与该商会,即非不相统属之官厅。虽依颁行在后之《商会法施行细则》,该商会以县政府为主管官署,但《各县分区设署暂行规程》第五条,系将本应由县政府办理之事项,特使区长承县长之命办理。此种特别规定,不因《商会法施行细则》之颁行而失其效力,该商会对于区署行文,自应用呈。相应函复贵部查照。此致社会部

**附中央执行委员会社会部原函**

案查接管前中央社会部卷内准经济部商字第七二七一九号函,为解释区署辖境内之镇商会对区署行文应用呈,请查照转行等由。查经济部解释镇商会对于主管该镇之区署行文用呈,核与二十五年六月二十九日行政院之解释相同。惟经济部所根据之《各县分区设署暂行规程》系二十六年六月公布,而商会同业公会之主管官署,在《修正商会法施行细则》暨《各同业公会法施行细则》内均有特别规定。该项法规公布并均在《各县分区设署暂行规程》之后,似应首先适用,以县政府为区镇商会之主管官署而非区署,区镇商会对区署行文似应仿最近贵院解释县商会对县司法处行文用函之例办理。事关法律疑义,相应钞同原函函请查照解释赐复为荷。此致司法院

**附福建省政府原函**

案准福建省政府本年十月十日律西灰府民秘永第一一四五六四号咨开,案据永定县政府呈称,案据本县第五区署区长朱汤铭呈称,据峰市镇商会建字第八六号函称。现奉永定县执委会会律社字第六二号训令开,案查前据该会呈,以对于第五区署来往文件可否准用公函等情,业经转呈核示并先行指令知照在案,顷奉省执委会连律社字第一一五二号指令。呈悉,查人民团体对于当地官厅有所陈述时用呈,对于其他不相统属之机关公文往复时用公函,业经前中央训练部通告有案。该县第五区署,非该县人民团体直辖之主管机关,该县峰市镇商会与第五区署,既系彼此不相统属,如有公文往复时可用公函。仰祈转饬知照,此令,等因奉此。合行令仰知照,此令,等因奉此。除遵照外,相应函达贵署,希为查照为荷等情,除指令以函悉。查行政院二十六年六月公布,《各县分区设署暂行规程》第五条规定,区署办理事项第八项关于区内各职业团体之监督指导事项等语。该会既属本区职业团体之一,自应接受监督指导,何得谓为不相统属。据函前情,除呈报并函请县党部转请重行解释外,合行令仰遵照,此令,等语即发外。案关统属体系,究应如何办理之处,理合具文报请察核示遵等情。据此,查峰市镇商会,系该区辖境内职业团体之一,对区署究应如何行文,理合转请鉴核示遵等情。据此,在监督人民团体之机关,在省为省政府,在县为县政府。而《各县分属设署暂行规程》第五条第八项,又规定区署应监督指导区内各职业团体,该镇商会与主管该镇之区署行文,究应如何规定?相应咨请贵部查核见复为荷,等由准此。查镇商会对于主管该镇之区署行文自应用呈,除咨复外,相应函请查照,转行福建省党部知照为荷。此致中央执行委员会社会部

**院字第二一二〇号**

**民国三十年一月二十八日　司法院致军事委员会抚恤委员会函**

迳启者,据本院秘书处转陈贵会上年十一月二十八日抚一布渝字第二九八一九号公函,请解释继父母及生父母领受恤金疑义一案,业经本院统一解释法令会议议决,(一)嗣子女与本生父母之关系如何,应依《民法》所定养子女与本生父母之关系决之。《民法》第一千零八十三条,但书所谓第三人已取得之权利,即为养子女因收养关系之发生而丧失之权利。以子女之身份所能取得之权利,既因为他人之养子女而丧失,则以子女之身分所应负担之义务,自亦因为他人之养子女而消灭。故《民法》第一千一百十四条第一款所谓直系血亲相互间,不包含养子女与本生父母在内,嗣子女对于本生父母自不负扶养义务。(二)给与遗族恤金,系以其对于遗族有法律上或道德上之扶养义务为前提。嗣子女与本生父母在法律上仍有父母子女之亲属关系,其相互间虽无法律上之扶养义务,要不得谓无道德上之扶养义务。故嗣子女之所后父母与本生父母俱生存时,其恤金固应由所后父母承领。而所后父母一方已无应受恤金之遗族时,如其本生父母尚生存,自应由其本生父母承领。相应函请贵会查照。此致军事委员会抚恤委员会

**附军事委员会抚恤委员会原函**

查遗族之受领恤金,所后父母与父母无异,业准贵院于十月院字第二零七三号函复在案。兹尚有征询事项如下。(一)嗣子女出继以后,对于生父母是否尚保留扶养义务,假使继父母及生父母均存在时,其恤金应否由继父母承领。(二)继父母死亡以后无其他合法遗族,而生父母存在时,恤金可否给其生父母具领。事关法律解释,相应函请查照,转陈核议见复,以凭办理为荷。此致司法院秘书处

**院字第二一二一号**

**民国三十年一月二十八日　司法院致军政部函**

迳复者,准贵部上年十二月十一日公函(渝孝役宣字第九一五号)开,准战地党政委员会函转核复《优待出征抗敌军人家属条例》第九条规定之债务,可否停计利息一案,请解释见复等由,业经本院统一解释法令会议议决,出征抗敌军人在应征召前所负之债务无力清偿者,《修正优待出征抗敌军人家属条例》第九条第一项,既仅许其展期清偿,并未免其应付之利息,则其应付之利息,自无从停止计算。惟金钱债务之债务人迟延者,虽非原应支付利息之债务,依《民法》第二百三十三条第一项之规定,债权人亦得请求依法定利率计算之迟延利息。出征抗敌军人所负之债务,自依该条例第九条第一项展期清偿时起,即不负迟延责任。故在应征召后所展期限届满前,除原应支付利息者仍应照付外,无须支付迟延利息。相应函复贵部查照。此致军政部

近代司法史料丛编 3

—— 刘昕杰 主编

# 民国时期司法院解释例全文（1929-1948）

—— 下册 ——

刘昕杰 周芩宇 等◎整理

法律出版社
LAW PRESS·CHINA
—— 北京 ——

**院字第二一二九号**

**民国三十年二月八日　司法院咨监察院**

为咨复事，准贵院上年十二月二十八日咨（庆字第七八三二号）开，据本院福建浙江监察区监察使陈肇英呈，请示《公务员惩戒法》第四条条文疑义一案，请查照解释见复等由，业经本院统一解释法令会议议决，《公务员惩戒法》第四条所称之停止任用，不以停止其原职之任用为限，其他委任职以上公务员之任用，亦包括在内。相应咨复贵院查照饬知。此咨监察院

**附监察院原咨**

案据本院福建浙江监察区监察使陈肇英二十九年十月二十六日呈节开，为呈请事，查《公务员惩戒法》第四条规定免职除免其现职外，并于一定期间停止任用。此项停止任用，是否仅停止其原职之任用，抑停止其他一切公职之任用。如系仅停止其原职之任用，则该被惩戒人尽可改任他职，似失惩戒之本意。如系停止其他一切公职之任用，则不啻与《刑法》第三十六条第一款之褫夺公权无异。颇滋疑义，此应请核转解释者一等情。据此，相应咨请查照，转饬解释见覆，实纫公谊。此咨司法院

**院字第二一三〇号**

**民国三十年二月八日　司法院致国民政府军事委员会函**

迳复者，准贵会上年十二月十一日公函[法审（二九）渝一字第一零九零九号]开，据河南全省保安司令电请示军官包庇购运资敌物品案件，应依何法处断一案，请查照解释见复等由，业经本院统一解释法令会议议决，军官包庇商人购运大批桐油，军用证明书填到资敌区域，甫经接近战区，即被查复，尚未达到《禁运资敌物品条例》第六条程度。除该军官系图利自己或第三人，以经济部呈准管理之桐油供给敌人，应依《非常时期农矿工商管理条例》第二十九条第二项处断外，法无论罪明文，应不为罪。相应函复贵会查照饬知。此致国民政府军事委员会

**附国民政府军事委员会原函**

案据兼河南全省保安司令卫立煌保四安删电称，军官包庇商人购运大批桐油，军用证明书填到资敌区域，甫经接近战区，即被查获，尚未达到《禁运资敌物品条例》第六条程度。该军官应依何法处断？请核示等情，相应函请贵院查照，迅予解释见复，以便饬遵为荷。此致司法院

**院字第二一三一号**

**民国三十年二月八日　司法院指令湖南高等法院**

呈悉，业经本院统一解释法令会议议决，婚约当事人之一方，在抗战以前数年出外从

戎,久已生死不明者,依《民法》第九百七十六条第一项第三款之规定,他方自得解除婚约。至关于婚约之诉讼,当事人一造于战时服兵役者,依《民事诉讼法》第一百八十一条之规定,法院得依职权或依声请命在障碍消灭以前,中止诉讼程序。仰即转饬知照。此令

**附湖南高等法院原呈**

案据蓝山县司法处审判官刘煌上月有代电称,查出征军人未婚妻于该军人出征期间不得擅自解除婚约经钧院通令有案。但女方如能证明男方确系在抗战以前数年出外从戎,历无音信,久已生死莫明。或当日婚约并非合法订定(如父母代订及女方未达订婚年龄之类),可否不受上项限制?悬案待决,伏乞示遵等情。事关法律疑义,未便擅拟,理合据情转呈钧院俯赐解释,俾便饬遵。谨呈司法院院长居

**院字第二一三二号**

**民国三十年二月八日　司法院训令司法行政部**

为令知事,查关于川省大佃契约性质问题,业经本院统一解释法令会议议决,大佃契约当事人之一方,因支付巨额押金只须支付小额租金即得占有他方之不动产,而为使用及收益者,应认为租赁契约与典权设定契约之联立。一方所支付之押金,即为《民法》第九百十一条所称之典价,对于该不动产相当于押金数额部分之使用收益权,即为同条所称之典权。该不动产之其他部分,因支付租金所得行使之使用收益权,仍为租赁权。但当事人明定一方所支付之金钱为借款,他方就该不动产全部设定抵押权,并将该不动产全部出租于抵押权人,约明以其应付之租金,扣作借款之利息,仅须支付其余额者,仍应从其所定。所有以前解释及判例与此见解有异者,应予变更,合行令仰该部转令四川高等法院通饬知照。此令

**院字第二一三三号**

**民国三十年二月十四日　司法院指令湖南高等法院**

呈悉,业经本院统一解释法令会议议决,(一)甲、丁、戊(原呈其子下脱落戊字)如知系执达员丙会同该管保长至家执行民事判决,而于其将强制开仓量谷之际,丁大呼有匪,戊鸣锣集众五六十人,均持锄头扁担,与甲、丁、戊将丙围住。丙惧不敢执行而去,则甲、丁、戊应成立《刑法》第一百三十六条第一项之罪。(二)下级机关主管人员某甲对于职务上应购之中等品质米粮,于未领得公款之先,以自己私款照上述等质买进应用,其后造册浮开高于买进时行市之价,呈经上级机关核准照发,因之获利。自系对于主管之事务,行使登载不实事项之公文书诈财,应依《惩治贪污暂行条例》第三条第一项第二款,及《刑法》第二百十六条、第二百十三条、第五十五条处断。(三)甲将自己十三岁之女乙价卖与丙为娼,乙不表示反对。丙于送乙为娼途中,被警发觉,乙仅十三岁,无同意能力(参照《刑法》第二百四十一条第三项)。如乙除甲以外,尚有其他有监督权人,甲、丙事前未得该监督人之同意,将乙卖买

为娼，甲、丙自系共犯《刑法》第二百四十一条第二项之罪。又如乙除甲以外，并无其他有监督权人，或虽有其他监督权人，而事前已得该监督权人之同意者，甲、丙即系共犯同法第二百九十八条第二项之罪。仰即转饬知照。此令

**附湖南高等法院原呈**

案据署零陵地方法院院长葛光宇呈称，为呈请解释事，兹有法律疑义三点，列举于下。（一）兹有甲欠乙租谷若干担，判决确定后，法院依声请派执达员丙前往执行。丙探悉甲仓宅内储谷甚多，会同该管保长至甲宅正将强制开仓量谷之际，甲妻丁大呼有匪。其子鸣锣集众，约五六十人均手持锄头、扁担与甲、丁、戊共同将丙围住，丙惧遂不敢执行而去。如此场合，甲、丁、戊应否构成《刑法》上之妨害公务罪。子说，《刑法》第一五三条第一项之妨害公务罪，以对于公务员依法执行公务时，实施强暴胁迫为构成要件。丙至甲宅，其目的虽在执行量谷，然当未执行之时，甲、丁、戊纠众，仅手持铜锣、锄头围丙，以图恐吓，并未实施不法腕力于丙。即未达于强暴胁迫之程度，系属妨害公务之未遂行为，应不负刑事责任。丑说，丙会同该管保长，既至甲宅正将开仓尚未开仓之际，是强制执行已经着手，即不能谓非公务员执行职务之时。甲、丁、戊纠众围丙以致丙心理上发生恐怖，停止执行，尤不能谓为未达于强暴胁迫之程度。甲、丁、戊均成立《刑法》第一三五条第一项之罪。寅说，丙未实行开仓，不能谓系执行职务之时，惟甲、丁、戊纠众围丙，致不能实施执行，显系妨害公务员依法执行一定之职务，而施强暴胁迫，均应成立《刑法》第一三五条第二项之罪。三说未知孰是，此请解释者一。（二）下级机关主管人员某甲，对于职务上应购之中等品质米粮，于未领得公款之先，以自己私款照上述等质买进应用。然后造册浮开高于行市之价，呈经上级机关核准照发，因而获得财产上不法之利益者，应构成何罪。子说，甲以私人之款，垫付职务上应购买之米粮，当购买时公款既未领得归其持有，所买米粮又系中等品质，与侵占、背任两罪之构成要件，均属不符。甲之行为应依《刑法》第二一三条、第一三一条从一重处断。丑说，《刑法》第一三一条之罪，系指国家不致受财产或其他利益之损害者而言，该条为关于公务员职务上图利之概括规定，若图利行为《刑法》上已有特别规定者，仍不受该条之支配。甲之图利行为，国家而已受财产上损失，自与《刑法》第一三一条罪质不同。核其行为，显系以诈术使上级机关陷于错误而为交付，应依《刑法》第一三四条、第三三九条第一项、第二一三条从一重处断。二说未知孰是，此请解释者二。（三）甲以自己十三岁之女乙，得价二百元出卖于丙，言明为娼，乙不表示反对。丙正欲带乙至某地实行令其为娼，在途被政警发觉带局，于此情形应否构成犯罪。子说，人身不能为买卖之标的，甲将自己之女得价出卖于丙为娼，不啻视乙为物品，实属违反公共秩序善良风俗。甲、丙应均构成使人为奴隶或使人居于类似奴隶之不自由地位之罪。丑说，使人为奴隶或使人居于类似奴隶之不自由地位之罪，系指确有以奴隶待遇之事实而使人丧失其固有自主力者而言。甲将自己之女乙得价出卖于丙为娼，虽属违背公共秩序、善良风俗，然亦只能在《民法》上认为无效，而不予以保护。况丙并未实行令乙为娼与人奸淫，乙本人亦不反对，不但与《刑法》第二三三条、第二四一条

各项之罪不符，即与第二九八条第二项规定之罪亦异。且娼妓现在尚未废止，犹给照征税，则乐户在法律上不能谓非职业之一种。对于妓女日常饮食起、居、衣、食、住、行，与一般人相同，并未剥夺其固有自由，亦无有以奴隶待遇或其他不法事实，显与《刑法》第二百九十六条第一项之罪构成要件不合。甲、丙之行为，因法无明文，应均不为罪。二说未知孰是，此请解释者三。以上所述三点，均关法律疑义，理合具文呈请钧院俯赐解释令遵等情。据此，案关法律疑义，理合据情呈请钧院鉴核解释指令饬遵。谨呈司法院院长居

**院字第二一三四号**

**民国三十年二月十五日　司法院咨行政院**

为咨复事，准贵院上月十日勇诉字第五三七号咨开，据经济部转请解释修正商标法第三十七条条文适用疑义一案，请查照解释见复等由，业经本院统一解释法令会议议决，《商标法》第三十七条前段所谓关于商标专用权之事项，征以同法第十三条第一项之规定，系指关于因注册而取得之商标专用权之事项而言。其后段所谓评定之评决，征以同法第二十九条以下之规定，系指评定委员于利害关系人，或审查员请求评定商标注册无效，或商标专用权之范围时所为之评决而言。同条之规定，自须关于因注册而取得之商标专用权之事项，有民事或刑事诉讼之提起。而对于该注册商标已有同法第二十九条之评定请求时，始得适用。同法第二十八条所称之异议，为商标未因注册而取得专用权时之争议。就此项异议所为之审定，无从认为评定之评决，纵令民事或刑事诉讼与此有关，亦无适用第三十七条之余地。至《刑法》第二百五十三条所谓已登记之商标，在现行法上既无所谓商标之登记，自系指已注册之商标而言，不能据此即谓评定之评决，包括异议之审定在内。相应咨复贵院查照饬知。此咨行政院

**附行政院原咨**

据经济部二十九年十二月二十七日叁字第七五九二三号呈称，据商标局川审字第五零七号呈称。查《商标法》于二十九年十月十九日经国民政府修正公布，增加第三十七条，关于商标专用之事项有提出民事或刑事诉讼者，应俟详定之评决确定后，始得进行其诉讼程序。业奉钧部二十九年十一月八日叁字第七二四九一号训令饬知在案，自该条文公布以还，一般商人甚为重视。惟条文中评定之评决一语，是否仅指《商标法》第二十九条之评定事项而言，抑同法第二十八条规定之异议事项亦包括在内，则颇滋疑窦。因而迭据请求解释到局，于此共有甲、乙二说。（甲）说，主张谓就文义解释该条文。既以商标专用权之事项为前题，而所谓商标专用权，在《商标法》第十三条已有明文规定"商标自注册之日起由注册人取得商标专用权"。反之其未经注册之商标并无专用权之可言，至为明显。况且得为请求评定之事项，又以注册之商标为鹄矢，故所谓评定之评决一语，仅系指《商标法》第二十九条规定之评定事项不言而谕。（乙）说，主张谓该条文之规定，无非防免司法与行政两权运用之抵触而设。按商标法规定，对于审定商标之争议事件，系适用异议程序；对于注册商

标,系适用评定程序。而事实上因商标专用权之事项,而提出民事或刑事诉讼者,其范围恒及于注册商标与审定商标。若谓评定之评决一语,不包括《商标法》第二十八条之异议事项,设遇注册商标对审定商标或审定商标对审定商标提出诉讼时,法院自得进行其诉讼程序,迳为判决,则司法与行政之抵触仍难尽免(参见本局二十八年十一月二十七日渝字第五八八号呈),与本条立法之本旨,显属有违。再就《刑法》第二百五十三条而论,亦明白规定“意图欺骗他人而伪造或仿造已登记之商标……”《刑法》上既泛称已登记之商标,而不曰注册商标,足见其范围已包括审定商标在内。诚如甲说所云,又不免与《刑法》之规定相背。故在解释上评定之评决一语,自应包括《商标法》第二十八条之异议事项及其他商标争议事件,始可免除以文害意之弊。上列两说,各执一词,究竟孰是,事关法律疑义,未便擅断。理合肤陈所见,备文呈请鉴核赐予解释等情。查民事诉讼以权利为主,在未取得商标专用权以前,当无诉讼可言。而《刑法》上所谓已卷记之商标,当即商标法上之注册商标,似以该局原呈所列甲说为是。惟案关法律疑义,应经统一解释,理合附具意见呈请钧院鉴核,转请司法院予以统一解释,俾有遵循等情。据此,案关法律适用疑义,相应咨请查照解释见复,以便饬知。此咨司法院

**院字第二一三五号**

**民国三十年二月十五日　司法院指令浙江高等法院**

呈悉,业经本院统一解释法令会议议决,《民法物权编》施行前设定之典权未定期限者,依《民法物权编》施行法第二条第五条之规定,出典人固得依《民法》第九百二十四条于出典后三十年内回赎典物,惟此仅指出典人之回赎权依旧法规在《民法物权编》施行之日尚未消灭者而言。其回赎权在《民法物权编》施行前,已依旧法规消灭者,不能因《民法物权编》之施行而回复。《清理不动产典当办法》施行后,《民法物权编》施行前设定典权者,依该办法第八条规定。务须约定不逾十年之期限,未约定期限者,按诸同条之本旨,仅得于出典后十年内随时回赎。故自出典后至《民法物权编》施行时,尚未满十年者,出典人虽得依《民法》第九百二十四条于出典后三十年内回赎,其已满十年者,出典人仍不得援用同条回赎。原呈所称未定期限之典权,既为民国六年所设定,则至民国十六年出典人之回赎权,已因十年届满而消灭,自无援用嗣后施行之《民法物权编》回赎典物之余地。仰即转饬知照。此令

**附浙江高等法院原呈**

案据丽水地方法院院长郑式康呈称,查二十五年六月五日院字第二五零三号解释,典权在《民法物权编》施行前发生者,依同编施行法第十五条规定,以定有期限之典权依旧法规得回赎者为限,始适用旧法规。《清理不动产典当办法》第八条关于听凭典主过户投税之规定,系属不得回赎之典产,依同编施行法第二条适用同编关于典权之规定等语。设有某甲于民国六年典得某乙耕作地一处,典契未定期限,典权人于经过《清理不动产典当办法》第八条所定届十年期满后投税过户,兹出典人提起诉讼,向典权人请求回赎典产。于此发

生甲、乙两说。(甲)说,援据上开解释,以听凭典主过户投税之规定,系属不得回赎之典产,主张不得回赎。(乙)说,以本号解释不得回赎之语,系针对前段依旧法规得回赎而言。下即明载依同编施行法第二条适用关于典权之规定,即依物权编第九百二十四条典权未定期限者,出典人得随时以原典价回赎典物。两说究以何者为当,理合呈请钧院鉴核,迅赐解释,俾资遵循等情。据此,事关解释疑义,理合转请钧院俯赐释示,以便饬遵。谨呈司法院院长居

**院字第二一三六号**

**民国三十年二月十七日　司法院指令湖南高等法院首席检察官**

呈悉,业经本院统一解释法令会议议决,旧有制钱,早经财政部禁止行使,自非《修正妨害国币惩治暂行条例》所称之铜币,其单纯收集销毁之行为,法无论罪明文,应不为罪。仰即转饬知照。此令

**附湖南高等法院首席检察官原呈**

案据署长沙地方法院首席检察官王自新二十九年十月十一日呈字第二六三号呈称。查《妨害国币惩治暂行条例》第二条规定,意图营利销毁银币、铜币或中央造币厂厂条者,处一年以上七年以下有期徒刑,得并科币额或价额三倍以下罚金。兹有收集制钱(俗称缗钱)而销毁者,究竟该项制钱是否属于该条所称铜币,颇滋疑义,设为甲、乙二说。(甲)说,该条所称铜币系指现行之铜质辅币及铜元而言。制钱并未定为辅币,苟有销毁行为,法无处罚明文,不能构成犯罪。(乙)说,制钱虽非法定辅币,但政府并未明令废止,在事实上尚可通用,且习惯上仍保存有铜币之价值,应属上开法条所称铜币之一种,苟有销毁行为仍应构成犯罪。以上二说,究以何说为是,事关法律疑义。现本处有此类案件,急待解决,理合备文呈请钧席察核,准予转呈解释令遵,至为公便等情。据此,事关法疑义,理合备文转呈钧院俯赐解释示遵。谨呈司法院院长居

**院字第二一三七号**

**民国三十年二月二十四日　司法院指令司法行政部**

呈悉,业经本院统一解释法令会议议决,查第四届中央执行委员会第六次全体会议决议追认,交由国民政府于民国二十四年十一月六日通令照办之《改定货币政策办法》第五款载“旧有以银币单位订立之契约,应各照原定数额于到期日概以法币结算收付之”。又中央政治会议决议通过,函由国民政府于民国二十二年四月五日通令照办之《实行废两改元办法》内载,自四月六日起所有公私款项之收付及一切交易,须一律改用银币不得再用银两。其是日以前原订以银两为收付者,应以规元银七钱一分五厘折合银币一圆为标准,概以银币收付。如有发生争执,各司法机关应将主张以银两收付者之请求驳斥。其在是日以后新立契约票据,与一切交易及公私款项之收付,而仍用银两者,在法律上为无效等语。是在民

国二十二年四月六日以前，原订以银两为收付者，不问日后收付时实际上之比价如何，应以规元银七钱一分五厘折合银币一元为标准，概以银币收付。其在是日以后新立契约，而仍用银两者，在法律上关于应以银两收付之约定为无效，自亦不问日后收付时实际上之比价如何，应以规元银七钱一分五厘折合银币一元为标准，概以银币收付。所有是日以前或以后订明以银两为收付者，既须一律按照一定之换算率折为银币，在法上即视与原以银币单位订立之契约无异，仍应依《改定货币政策办法》第五款，于到期日概以法币结算收付之。此与以生金定给付额者，不能相提并论。原呈所称以生银为押金之情形，自应以规元银七钱一分五厘折合法币一元为标准，以法币收付。仰即转饬知照，并通令遵照。此令

**附司法行政部原呈**

案据西康高等法院六月二十二日呈称，本年五月十六日据汉源县长刘裕常呈称，案据汉源县农会干事长郝仁则等呈称，窃汉源农民佃种田土，向以白银为押金。自国家行使法币以来，白银已成货物，当民国二十七年五六月时，汉源市价每白银壹拾两约值法币一十六元。前县长张为免除主佃纠纷，特规定凡有地主退押每银壹拾两付给法币十六元，并布告民众一体遵照在案。近日以来，百物高涨，向日法币壹拾陆元可购白米八斗，现在法币一十六元不能购白米二斗。一般地主有米可售，乘此时机仍照县府曩时陈案以法币一十六元当白银拾两退给佃户作还押金，佃农受痛不堪，纷纷请求设法救济到会。伏查汉源向有斗米秤肉一两银之谚，现值禁止行使白银之际，所有佃户押金，拟请规定为每银拾两付米一石或八斗以昭允当而维民生。如蒙愈允，仍请布告周知，实为公便等情。据此查县属自抗战以来，生活高涨，百物价值较前陡增数倍，以致因租佃赎取事项而引起之银价折合纠纷，实屡见叠出。若按张前县长规定办理，则佃农未免吃亏太大。可否比照租佃时物价酌予折合法币，而免纠纷。是否有当，未敢专擅。理合具文呈请钧院俯赐鉴核，详为训示，俾有遵循等情。据此，查法币推行以来，传有生银及银币之性质与货物无异，其价值之高低似应以各地中央银行收购银类之定价为准。但当事人租典之时，又多在施行法币政策以前。本省经济情形，近来变动过巨，其以生银作押金者，退佃回赎之时，若照旧例以生银七钱二分折合法币一元，佃农不免无形受损，殊与国家保护佃农之旨相违。若照现时市价折合，或依当时物价与现任物价比例计算，又觉鲜有依据。似此情形，究应如何处理方臻妥善，本院未敢专断。理合呈请钧部俯赐核示，指令祗遵等情。据此，查制钱或铜元折合银元，应以交付时之市价为准，迭经钧院解释有案（十九年院字第三八四号、二十年院字第五八二号、二十一年院字第八三四号、二十七年院字第一八二号）。就此解释意旨推之，则以生银为押金之佃约，退佃时亦应按照交付时之市价，折算法币返还押金。唯抗战以来经济情形变动过剧，如此办理，佃农将不免受损，似与保护佃农之旨不合。究应如何办理之处，理合具文呈请钧院鉴核指示，以便转饬遵照。谨呈司法院院长居

**院字第二一三八号**

**民国三十年二月二十七日　司法院指令司法行政部**

呈悉,业经本院统一解释法令会议议决,出征抗敌军人家属,虽系现任公务员,亦得依《优待出征抗敌军人家属条例》第五条减免各项临时捐款。但专因公务员之身分所应缴纳者,不在减免之列。仰即转饬知照,并通饬知照。此令

**附司法行政部原呈**

案据湖南高等法院本年十月巧代电称,在国民政府二十七年十二月三十一日渝字第七五三号训令颁发《优待出征抗敌军人家属条例》第五条规定,出征抗敌军人家属,除担负法定赋税外,得减免各项临时捐款等语。其家属如系现任公务员,是否得一体受此优待?同条例另无明文规定,适用时颇滋疑义,敬乞迅赐解答俾便遵行等情。据此,事关适用法令疑义,理合备文呈请钧院鉴核指示,以便转饬遵照。谨呈司法院院长居

**院字第二一三九号**

**民国三十年二月二十七日　司法院致军事委员会抚恤委员会函**

迳启者,据本院秘书处转陈贵会上月八日抚一布渝字第二一九号公函请解释关于夫死与人同居,不能认为再醮疑义一案,业经本院统一解释法令会议议决,(一)《陆军抚恤条例》系以妻未再醮为其应受恤金之条件。妻未再醮者,虽事实上与人同居亦难谓非应受恤金之遗族。(二)《陆军抚恤条例》所谓再醮,系指通俗观念之再婚而言,不以《民法》上之再婚为限。妻于夫死亡后,以永久共同生活为目的,而与他男为类于夫妻之同居者,虽未具备结婚之法律上条件,亦应认为再醮。其与他男同居而生有子女者,如系以永久共同生活为目的,而与之为类于夫妻之同居,即不得谓非再醮。相应函请贵会查照。此致军事委员会抚恤委员会

**附军事委员会抚恤委员会原函**

查《陆军抚恤条例》规定,已再醮之遗族不能领取恤金。但仅事实上与人同居而未再婚者不能认为再醮,业经函准贵院二十八年十月七日公字第七八一号公函解释在案,兹尚有疑义如下。(一)事实上与人同居而未再婚者不能认为再醮,但与人同居后对其原夫是否尚保留夫妻关系或尚有其他限制。(二)凡夫死其妻事实上与人同居虽无再婚之仪式而生有子女时,是否构成再婚之条件。以上事关法律,相应函请查照,转陈见复为荷。此致司法院秘书处

**院字第二一四〇号**

**民国三十年二月二十八日　司法院致军事委员会军法执行总监部函**

迳复者,准贵部上年十二月二十七日公函[法审(二九)渝一字第一一五三五号]开,为

盗卖军用品或公有财物所得价款，应否没收疑义，请解释见复等由，业经本院统一解释法令会议议决，《刑法》上所谓因犯罪所得之物，系指因犯罪直接取得者而言，变卖盗赃所得之价金，并非因犯罪直接所得之物。至同法第三百四十九条第三项所谓因赃物变得之财物，以赃物论，乃属赃物罪所设之特别规定。《惩治贪污暂行条例》第六条第二项既称赃物无法追缴，或不能没收时追征其价额，则赃物变得之价金，自亦不包括于同条第一项赃物之内，盗卖军用品或公有财物所得之价金，自不得予以没收。相应函复贵部查照。此致军事委员会军法执行总监部

**附军事委员会军法执行总监部原函**

查《惩治贪污暂行条例》第二条第三款及第三条第一项第三款之盗卖军用品或公有财物者，除被盗卖之物应依该条例第六条第一项追缴外。至盗卖所得之价款，应否没收？兹有甲、乙两说。（甲）说，以此项价款为盗卖者，因犯罪所得之物，自应依《刑法》第三十八条第一项第三款予以没收。（乙）说，依《刑法》第三十八条没收之因犯罪所得之物，依该条第三项规定，以属于犯人者为限。盗卖行为根本违法，其所盗卖之物，依法既应追缴，则其价款显系不法所得，尚难认为已归属于犯人。况对于善意买受者，既追缴其买受之物，自应保留其价金，使其可以依法追偿。即对于故买赃物之价金，亦应与该故买者同时判决。认为供犯罪所用之物，予以没收，不能于盗卖案内一方追缴盗卖品，一方又没收其所得之价金。二说究以何者为是，抑另有解说，案关法律疑义，相应函请贵院迅赐解释见复为荷。此致司法院

**院字第二一四一号**

**民国三十年二月二十八日　司法院指令广西高等法院**

呈悉，业经本院统一解释法令会议议决，事件经第三审判决废弃第二审判决，以第二审上诉为不合法而驳回者，当事人所提起之再审之诉，如系对于第一审判决声明不服，依《民事诉讼法》第四百九十五条专属第一审法院管辖。原呈所述情形，甲以发见未经斟酌之证物为理由，提起再审之诉。既主张第一审判决驳回其对丙之诉为不当，自系对于第一审判决声明不服，应由第一审法院管辖。仰即知照。此令

**附广西高等法院原呈**

呈为呈请解释示遵事，兹有甲谓乙、丙系丁商号之合伙人，用丁商号名义借欠其债款，以乙、丙为共同被告提起求偿债款之诉。丙抗辩该款系乙假商号名义借归个人私用，应由乙偿还。第一审判决命乙个人向甲偿还，将甲对丙之诉驳回。乙不服，以甲、丙为被上诉人，提起上诉，主张丙系合伙人之一，亦应负偿还义务。甲因乙上诉后亦对丙提起附带上诉，请求判令丙连带负偿还责任。第二审认乙对于丙之上诉及甲之附带上诉为有理由，判令丙与乙连带负责，向甲清偿。丙不服上诉至第三审，经第三审判决，认乙对于丙之上诉及甲对于丙之附带上诉，均不合法，将第二审命丙连带负清偿责任之判决废弃，乙在第二审对

于丙之上诉及甲在第二审之附带上诉均驳回。嗣甲以发见丙应连带负偿还责任之新证物,对丙提起再审之诉,于是关于再审管辖问题遂发生子、丑两说。(子)说,谓甲既系以发见新证物,对于第三审判决提起再审之诉,依《民事诉讼法》第四百九十五条第二款规定,自应由原第二审法院管辖。(丑)说,谓本案第三审判决,不过系纠正第二审于程序法上之违误,将第二审违背程序法之判决废弃,因而致第一审判决之原状,回复成为确定判决。第三审既未为实体法上之裁判,是本件再审之诉,在实际上纯系对于第一审判决提起,应依上开法条前段规定,属为该确定判决之原第一审法院管辖。两说究以何说为是,事关法律疑义,理合具文呈请钧院解释示遵。谨呈司法院院长居。代理广西高等法院院长朱朝森

**院字第二一四二号**

**民国三十年三月一日　司法院指令司法行政部**

呈悉,业经本院统一解释法令会议议决,国民兵团自卫队、后备队及区乡(镇)保队均与军队编制惩罚相同(参照《国民兵组织管理教育实施办法大纲》所附编制各表及《国民兵役施行规则》第六十八条)。其队长及区乡(镇)保队队附,系由军管区司令部考训在部军官及备役干部派充。在训练服役期间,各该队队长及队附、队兵均应视同军人,如犯普通《刑法》之罪,应归军法审判。至常备队、预备队队长及队兵犯普通《刑法》之罪,应归何机关审判已有解释(参照本院院字第二零四零号解释)。仰即分别转饬知照。此令

**附司法行政部原呈**

案据安徽高等法院江北地方法院、江西高等法院先后以国民兵团自卫队、常备队、后备队、预备队之队长、队兵及区乡(镇)保队之队附是否军人?抑或视同军人?如犯普通《刑法》之罪?应归何机关审理等情,呈请核示到部。查所称国民兵团常备队、自卫队、后备队、预备队及区乡(镇)保队,系依据《国民兵组织管理教育实施办法大纲》第三条以下各条所组织,参照该大纲第十八、第十九、第二十三、第二十七各条,及所附各种编制表,暨《国民兵役施行规则》第六十八条各规定,其编制人事管理惩罚等项,均与军队相同。则来呈所询之点,除预备队为应地方服役之用,由常备队、后备队、自卫队退伍者编成之,其队长系由区长兼任。参照钧院本年七月二十四日院字第二零三八号,及同年七月二十六日院字第二零三九号各解释意旨,似不得认为军人,如触犯普通《刑法》之罪,应归法院审判外,其余自卫队、常备队、后备队之队长及区乡(镇)保队之队附暨各队队兵在训练服役期间者,似均应视为军人,如犯普通《刑法》之罪,即应归军法审判。唯事关审判疑义,本部未敢擅专,理合具文呈请钧院鉴核指示,以便转饬遵照。谨呈司法院院长居

**院字第二一四三号**

**民国三十年三月六日　司法院致中央执行委员会组织部函**

迳复者,准贵部本年一月二十日公函(信卢军字第一七号)开,据军政部特别党部转请

示各级军队党部录事，应否视同现役军人或公务员一案，请解释见复等由，业经本院统一解释法令会议议决，来文所称之军政部第七监护大队第七区党部第六十九区分部录事，与《陆海空军刑法》第六条所列各款均不相符，自不得视同现役军人。至各机关雇用之司书、录事，虽非《公务员惩戒法》上之公务员，惟既依法令从事于公务，仍属《刑法》第十条第二项所称之公务员。相应函复贵部查照饬知。此致中央执行委员会组织部

**附中央执行委员会组织部原函**

案据军政部特别党部浩组字第五一七七号呈称，案准军政部军法司法理（二九）渝字第八七八八号函节开，以据该部第七监护大队本年九月十三日呈解陶维钦等纵放人犯嫌疑一案。查共同被告陶荫五系本部第七区党部第六十九区分部录事，应否视同现役军人，尚有疑义，嘱查明见复等由，当经本部转饬第七区党部查明该录事是否专任及其原职出身如何。兹据呈复，该陶荫五系专任录事，月支薪三十元，四川忠县县立中学及重庆速记传习所毕业。曾任忠县参事会自治员，忠县城厢公立小学校长，及四川开县政府提款委员等职等情。据此，该录事陶荫五一员，是否能视同现役军人，本部无所根据。理合备文呈请鉴核，赐予详释为祈等情。查各机关司书、录事为雇员性质，是否视同正式公务人员，相应函请解释见复为荷。此致司法院

**院字第二一四四号**

**民国三十年三月六日　司法院致国民政府军事委员会函**

迳复者，准贵会本年一月二十一日公函［法审（三〇）渝一字第三八六号］开，据军法执行总监部转请解释《陆海空军刑法》第六十一条第二款疑义一案，请解释函复等由，业经本院统一解释法令会议议决，《陆海空军刑法》第六十一条第二款所载之调戏妇女，凡以不正语言或动作，希图挑引妇女性欲之发动者，均属之。相应函复贵会查照饬知。此致国民政府军事委员会

**附国民政府军事委员会原函**

据军法执行总监部案呈五十一师电称，《陆海空军刑法》第六十一条第二款规定，调戏妇女之犯行，究至某种程度方为构成本罪之要件，尚无明确界说，呈请解释等情。事关法律疑义，相应函请贵院迅予解释函复，以凭转知。此致司法院

**院字第二一四五号**

**民国三十年三月八日　司法院指令浙江高等法院**

呈悉，业经本院统一解释法令会议议决，《民法》第一百二十五条所称之请求权，不仅指债权的请求权而言，物权的请求权亦包含在内，业以院字第一八三三号解释在案。惟当事人之一方，支付定额之金钱，取得占有他方之不动产而为使用及收益之权，约明日后他方得以同额之金钱回赎者，不问当事人所用名称如何，在法律上应认为出典。出典人之回赎权，

为提出原典价向典权人表示回赎之意思,使典权归于消灭之权利,其性质为形成权。出典人提出原典价向典权人表示回赎之意思时,虽因典权消灭而有不动产之返还请求权,然此系行使回赎权所生之效果,不能据此即认回赎权为请求权。故关于出典人之回赎权,应依《民法》第九百二十三条、第九百二十四条办理,不适用《民法》第一百二十五条之规定。据原呈所述情形,甲于民国十年十二月出典,约定种过四年原价取赎。依《民法物权编施行法》第二条、第五条第一项,《民法》第九百二十三条第二项之规定,甲本不得于出典满六年后回赎。惟依《民法物权编施行法》第十五条、《清理不动产典当办法》第八条之规定,甲得于出典满四年后六年内,即民国二十年十二月前回赎。一届十年期满,当然不得再行回赎。所有以前解释及判例与此见解有异者,应予变更。仰即转饬知照。此令

**附浙江高等法院原呈**

案据本院驻绍临时庭庭长王烈歧呈称,窃查《民法总则》第一百二十五条规定,请求权因十五年间不行使而消灭,但法律所定期间较短者,从其规定等语,呈请求权原有一定之限制例。如甲有己业田一坵,于民国十年十二月以顶价洋一百元出顶与乙耕种,立有顶契,并约定种过四年原价取赎。本无问题,惟甲于种期四年届满之时并不取赎,至今已有十九年。则应否准予取赎,遂成疑问。(子)说,谓请求回赎亦属请求权之一种,本问题之请求权,自业主于民国十四年十二月可行使之日起算,扣至二十九年十二月末日已满十五年。过期不赎,其请求权即已消灭。(丑)说,谓《民法》第一百二十五条之请求权,专指普通债权而言。观乎第一百二十六条、第一百二十七条列举各种债权而可知之,列举之各种债权,为特别债权,其消灭时效期间较短,与第一百二十五条但书相合。而第一百二十五条之请求权,则对于除列举特别权以外之债权之总括规定也。若夫田亩出顶,实与所有权出卖相对峙,故或称大卖小卖,或称一卖二卖,或称田皮田骨,或称大田小田,习惯上行之既广且久。核其性质,实为物权之一种,其效力反较永佃权为强大。若以经过十五年不赎而谓其请求取赎之权业已消灭,则活顶之田忽然变绝,殊非所以保护物权之道。故《民法》第一百二十五条请求权消灭时效之规定,绝对不能适用。即使经过十五年不赎,而其可赎之性质并不变更云云。以上二说,未知孰是,理合具文呈祈转请解释示遵等情。据此,查佃权出顶,承顶人既须向所有权人缴纳租息,不生物权之效力,曾经钧院二十五年院字第一四四四号解释有案。至能否适用《民法》第一百二十五条请求权消灭时效之规定,事关法律解释,本院未敢擅断,理合据情转呈,仰祈钧院鉴赐释示,以便饬遵。谨呈司法院院长居

**院字第二一四六号**

**民国三十年三月八日　司法院指令四川省政府**

呈悉,业经本院统一解释法令会议议决,典权为支付典价占有他人之不动产而为使用及收益之权,《民法》第九百十一条定有明文,典权人之使用及收益,得将典物出租于他人为之。观《民法》第九百十五条之规定,亦无疑义。同条所称得为承租人之他人,系指典权人

以外之人而言，出典人自非不得为承租人。耕地之出典人为承租人时，其所支付之租谷，实为利用耕地之对价，并非对于典价支付之利息。苟当事人所约定之租谷，不超过《土地法》第一百七十七条所定之限制，无论按市价折算为金钱之数，与典价之比例如何，要不能不按约定数额支付。关于限制约定利率最高额之《民法》第二百零五条，自属无可适用。若典权人自行耕作，或出租于出典人以外之人耕作者，尤无适用同条之余地。大佃之押金支付人，对于不动产相当于押金数额部分有典权者（参照院字第二一三二号解释），亦同惟当事人明定一方所支付之金钱为借款，他方就不动产全部设定抵押权并将该不动产出租于抵押权人，约明以其应付之租谷，扣作借款之利息者，其扣作利息之租谷，如按支付时市价折算为金钱，已超过周年百分之二十，他方得就超过部分请求支付。合钞院字二一三二号解释，仰即分别转饬知照。此令

**附四川省政府原呈**

案据本省兴文县东北乡农会干事长彭斐然呈称，略以抗战以来谷价激增，对于一般借贷款项收受谷利，业经政府明令规定，应按付给时之价额折算为金银，并不得超过周年百分之二十在案。惟以近来多有因典当大佃等之变象借贷追收谷利，该县司法处每以典当大佃仍应照字约履行致纠纷时起，特为呈请转令遵照前案执行，以息纠纷而安民意。正拟办间，复据梓潼县农民黄彝铭等呈。以债权人另寻方针改账为当，贫农非当田则不能贷款，无谷则不足以付利，遂至有当无账。值此谷价高涨，罔不利超于本。当田与借贷均系最高利率，恳请一律依照法定办法办理各等情前来。查本府前准四川省参议会函请变更谷利借贷办法，请查照办理一案。曾经遵照钧院院字第一九六四号指令解释，通饬各县市府遵照布告周知在案。兹据前情。对于典当大佃追收谷利是否仍应依照前令办法办理，本府未敢擅专，理合钞同原呈呈请钧院俯赐察核解释，以凭饬遵。谨呈司法院。兼理四川省政府主席张群

**附兴文县东北乡农会干事长原呈**

窃兴文地瘠民贫，经济向极枯窘，一般贫农及有小资产者，饱受拥有资财之富商大地主之高利贷剥削，已历有年载。其中黑幕利息达五六分，更有变象之借贷形式，如典当大佃等。抗战以来谷价激增，每石达四五十元，而一般高利贷每百元息谷竟达四五石，本息相较，利超过本之一倍有奇，甚至达到二倍。幸前奉钧府二十九年财金字第二零六一二号训令开，借贷款项约定以粮食纳年利者，应按付给时之价额折算为金钱，但不得超过周年百分之二十。并依《民法》第二百零五条规定，债权人对于超过部份之利息无请求权，早经司法院公布。鸿恩仁政，民困得苏。乃最近据城农民报称，利息纠纷诉之于本县司法处，而陶审判官仍以典当大佃，仍照字约履行。查抗战迄今，政府为安定后防，解除民困，已尽最大努力。为发展合作事业，扩大农贷，暨此次明令规定，约定以粮食纳利，应照百分之二十折算为金钱，即是打倒高利贷之有效办法。今本县陶审判官为此措置，似为效高利贷者之烟幕朦蔽，同时对钧府皇皇政令，亦有莫不冲突之点。盖贷款之借约，为生息之有效证据也，而

典当大佃之字约,亦生息之有效证据也,名虽异而旨则一。政府意在制止高利贷,未必听任彼奸猾之徒,巧立名目以遂其盘算高利贷之狡计乎。夫政府应保障之典当权、债权,乃在合理之利息百分之二十,且能保障因时代生活环境变迁超过百分之二十以上利息之有效证据也属会为消除争执,减少纠纷起见。理合具文呈请钧府,请再转令兴文县政府暨司法处遵照前案执行,以息纠纷而安民意。所呈是否有当,伏候钧府衡裁批示祗遵。谨呈四川省政府主席蒋。兴文县东北乡农会干事长彭斐然

**附梓潼县复兴乡农民原呈**

梓潼县复兴乡农民黄彝铭等呈,为天年亢旱,农村破产,泣恳钧府特别垂怜,以苏农困事。窃吾梓地瘠民贫,生产有限,加以天旱,农事失望。一般贫农,受资本主义之压迫,无不为最高利率所盘剥。民国二十四年经司法院依《民法》第二百零五条规定,每周年利息不得超过百分之二十解释公布在案。债权人遂另向方针改账为当,贫农非当田则不能贷款,无谷则不足以付利,遂至有当无账,罔不利超于本,复不任其田之粮税。当与借名称虽异,而高利盘剥实相同,农民俯首任其宰割而已。值此谷价高涨,利率超于本者三倍,今沐钧府见谷价之高涨,念民力之维艰,曾以财金字第二零六一二训令停止债权人收受谷利,以每周年利率不得超过法币百分之二十在案。使农民沾惠良深,其法至善。梓潼县政府罔恤民艰,误解法令,被土劣所包围,竟出布告示知,谓法令与当田之高利无涉。债权人手段愈见强硬,如数追索谷利。区区小民,食粮为艰,值此天年,又何力负担此重利。为有泣请钧府,当田与借贷收谷均系最高利率,请一律垂怜。使农村巩固,野无饥民,则民等感德不尽矣。泣血上陈,是否有当,迫切待命之至外,呈县府布告一份。如沐恩批示,恳邮交梓县复兴场杏林春药室即可收到。合并陈明,谨呈四川省政府主席蒋公鉴。农民黄彝铭等

**附四川省政府原呈**

案据南川县政府以典当收益可否准照借贷谷利给息,又据南川县公民胡治平请维持大佃以安农村各等情,先后呈请核示前来。查各县谷利纠纷,前据兴文县东北乡农会干事长彭斐然暨梓潼县农民黄彝铭等纷呈到府,业经本府以二十九年财金字第二九二九一号呈文呈请钧院察核解释在案。兹据呈称各情,对于典当大佃,追收谷利应否一律依照《借贷给息办法》办理之处理?合钞呈原呈,并请钧院鉴核,迅赐解释以凭饬遵。谨呈司法院。兼理四川省政府主席张群

**附南川县政府原呈**

案据本县第二区石墙乡乡长冉汇成具呈略称,窃读前次省府通令,以农耕利率往往利过于本,妨害民生过大。凡以谷利为利率者,特许一律减给币息三分等因,久在倒悬之民众,闻命之下,无不欢欣鼓舞,感谢政府德意。但一般典当贷款者,坚谓布告文中只言借项未提典当,而出典乞借者,均援例付息,因此纠纷顿起,碍难解决。查四川农村破产,人民之乞借,迫于衣食问题。而一般贷款者,为保全一己之权利起见,每遇乞借前来,必将田土划界过耕,将抵押品稳稳坐硬,往往每百元取息至七八石之多,非此办法决不出贷。而乞借人

因需钱孔急之故，每多忍痛承受。以现任谷价而论，每小石在五十元以上，取息之高，骇人听闻，完全为一种变相稳靠之高利借贷。不料恰拦入法令保护之中，若典当不事变通，不在借项爰恤减息之列。以后农村乞借，全趋典当一途，高利贷之积弊，从何改革？并恰予操纵者以剥削贫民之机会，而多数民众日趋贫瘠，民间过分困苦之结果，必致盗贼增多，逼成铤而走险。地方之不安靖，亦即政府隐忧。乡长观此情形，不得不具实上闻，素稔钧座为恤民之主，必蒙转请予以变通，使典当旧法准与借项一体待遇，每百元仍以三分行息。在抗战建国之国策下，改善民生，不为违法。至于安靖地方，销患无形，造福民众，裨益更大，无任迫切待命之至等情。据此，查该乡长所称各节，不无见地，在此非常时期中，应否将典当收益与借贷之谷利一律以法币三分给息之处。理合具文呈请钧府俯赐鉴核，指令祇遵。谨呈四川省政府兼理主席张。南川县县长杨伯元

**附四川南川县北固乡公民原呈**

呈为请示令遵以维社会而杜纠纷事，缘本年八月省政府通令各县政府，债务利息，以钱折合，以二分或三分照算，不得超过此额等因。晓谕以后，各地人民无问押佃、当价、债务，根据此令进行，片地纠纷四起，各镇各乡调解处或司法处无日不专司调解。此事无问佃约、当约、借约或定期佃当，因此悉行推翻，社会动摇，农村全体不安，佃权全失。民觏此情形，请示大府变更风俗，通令意旨，在维持农民，在维持粮户。若保护粮户则不言也，若保护农民，则此令影响甚大，农民反遭其害。以前业主强迫佃户重加该业押佃，或数百元或数千元，减轻业内租石以作利息，名为大押佃。佃约指定年限，使佃权之稳固。大府明令，概照钱息折合，以前所结减轻租石佃约或当约，悉为无效。借此骗赖，发生无数纠纷，社会实为不安，农民大受亏损，业主暗得政府之厚奖。大押佃与当约是为有产阶级所作，并非信义借款可比。大府通令钱息，用以处理借款，实为相当，用以佃、当两项未为适宜。民所请者，大府以为合法与否，若合法，指令南川县政府与司法处出示晓谕，分别进行，以免农村破产，而杜社会纠纷，感德。谨呈四川省政府。四川省南川县北固乡竹林编具陈公民胡治平

**院字第二一四七号**

**民国三十年三月八日　司法院指令四川高等法院**

呈悉，业经本院统一解释法令会议议决，当事人之一方因支付巨额押金，只须支付小额租谷，即得占有他方之耕作地而为耕作者。其所支付之押金，应认为典价，对于该地相当于押金数额部分之耕作权，应认为典权，业以院字第二一三二号解释，业经饬部通令知照在案。典权人一年之收益，纵令超过典价百分之二十，出典人亦不得援用《民法》第二百零五条请求支付超过部分之收益。惟当事人明定一方所支付之金钱为借款，他方就该地全部设定抵押权，并将该地全部出租于抵押权人。约明以其应付之租谷，扣作借款之利息，仅须支付其余额者。其扣作利息之租谷，如按支付时市价折算为金钱，已超过周年百分之二十，他方得就超过部分请求支付。仰即转饬知照。此令

**附四川高等法院原呈**

案据安县司法处审判官刘锡琨青代电开,成都四川高等法院院长苏钧鉴,查债务利率最高额不得超过周年百分之二十,本为法所明定。惟川省各地租赁习惯,承租人租赁耕作地,无不安有押金。是项押金,除少数地方不扣押利外,每多就应纳租息内扣有利息。其所扣者恒多谷米,并非金钱,过去农作物低廉,尚无问题。迩来物价腾涨,承租人所扣之押利(如谷米之类),若以债务利率相绳,超过几近十倍,以致近来出租人与承租人间常因押利发生诉讼。究竟是项押利应否受普通债权、债务利率限制,事关法律疑义,伏乞核示遵行,或转请司法院迅赐解释,统乞令遵。代理安县司法处审判官刘锡琨叩青印等情。据此,查事关法律疑义,理合具文转请钧院俯赐解释,俾便饬遵。谨呈司法院院长居

**院字第二一四八号**

**民国三十年三月八日　司法院训令四川高等法院**

为令饬事,查四川安岳县第二区护龙乡调解第四分会呈请解释典权及佃权法律疑义一案,业经本院统一解释法令会议议决,原呈所举二例,其押少租多之第一例,为租赁契约,当事人所授受之押租,即系担保租金支付义务之押租。其押多租少之。第二例,为租赁契约与典权设定契约之联立,应依院字第一一三二号解释(业经饬部通令知照)办理。合行令仰该法院转饬知照,原呈及附件钞发。此令

**附四川安岳县第二区护龙乡调解第四分会原呈**

窃农村纠纷每因租种田地或典当田地而生,故关于典权、佃权不得不有所鉴别,以资调解。惟川北习惯,押少而租多者,概作租赁。只一方订立佃约交付地主存执(如例一的方式),佃权即已成立。其押多而租少或并无租而负担粮税者,相沿仍书佃约合同交地主,地主同时书领约合同交佃户(如例二的方式)。然其异于普通租赁者,契约上押金之数额恒等于当时之地价。彼法律常识乡愚无知,纵有注明典当字样,亦认为怪诞不经,不合习惯。今以典佃质疑,究竟能否依类推解释,适用《清理典当办法》及《民法》典权,抑或只能适用租赁,而法律又无明文。职会责任所在,未敢草率,前曾呈县司法处请示,久未奉令。用特迳呈钧院就附例明白解释,俾有遵循。此呈司法院公鉴。调解主席戴钦承

(例一)普通佃约式　(假定为田地二十亩)

立佃田土房屋山场文约人〇〇〇。(佃户)今凭证佃到

〇〇〇(地主)名下水田二十亩,山土概行在内,牛栏房廊概行齐全,比日凭证议定安押租法币一百元正,每年撝纳租谷十九石,秋收晒干,车撝不少升合。倘若年岁欠丰,主人量田纳租。佃内黄荆茨草,随客取用,成林树竹,不得妄伐。议佃耕三载,主人赎取押退田还两无异言。恐口无凭,立佃约一纸为据。

凭证人

〇〇〇(代笔)、〇〇〇、〇〇〇、〇〇〇(同在)

民国〇〇年〇月〇日立佃田土房屋山场文约人〇〇〇(佃户)押

(例二)典当佃领合同式(假定为田地二十亩)

立佃田土房屋山场文约人〇〇〇(佃户)今佃到

〇〇〇(地主)名下水田二十亩,山土在内,房屋牛栏房廊概行齐全,比日凭证而议安押租法币肆仟圆正,每年搞纳租谷贰斗正,秋收晒干,车搞不少升合。其有粮差杂派,由佃户完纳,不与主人相涉。佃内黄荆茨草,随客取用,成林树竹,不得妄伐。原议佃耕不拘年限,主人赎取押退田还两无异言。恐口无凭,立佃领合同为据。

凭证人

〇〇〇、〇〇〇、〇〇〇(同在)〇〇〇(代笔)

民国〇〇年〇月〇日立佃领合同文约人〇〇〇(佃户)押

立领随租押洋文约人〇〇〇(地主)今凭证领到

〇〇〇(佃户)名下领出随租押洋肆仟元正,比日凭证亲手如数领足是实,并无少欠角分,自领之后,不得异言。恐口无凭,立佃领合同为据。

凭证人

〇〇〇(代笔)、〇〇〇、〇〇〇、〇〇〇(同在)

民国〇〇年〇月〇日立佃领合同文约人〇〇〇(地主)押

**院字第二一四九号**

**民国三十年三月八日　司法院复安徽高等法院电**

安徽高等法院廖院长览,上年十二月皓代电悉,所请解释一案,业经本院统一解释法令会议议决,国民兵团自卫队,系以已受国民兵教育者志愿所组织,该队士兵私逃,与《妨害兵役治罪条例》第十二条第一项第一款之意图避免兵役于征集后入营前逃亡者不同,自不成立该条款之罪。其他法令对于此项行为,亦尚无论罪明文,应不为罪。合电知照。司法院齐印

**附安徽高等法院原代电**

重庆司法院院长居钧鉴,查国民兵团自卫队士兵,不得视同军人。如有私逃,是否适用《妨害兵役治罪条例》第十二条第一项第一款办理,抑或适用其他法律论罪,请电示遵。安徽高等法院叩皓印

**院字第二一五〇号**

**民国三十年三月八日　司法院致社会部函**

迳启者,据本院秘书处转陈贵部本年一月十八日社叁字第一三零六号函,请解释商会联合会会员代表人数及行使表决权、选举权各疑义一案,业经本院统一解释法令会议议决,《商会法》第四十条所称之本法系指商会法而言,本无疑义。全省商会联合会会员代表之人

数,及其表决权、选举权之行使,自应依该条之明文准用《商会法》第十一条第一项、第十三条之规定。《商会法》第三十八条所定全省商会联合会之会员,为全省各商会,其会员代表固仅与商会之公会会员代表相当。但所谓准用,应于性质所许之范围内行之。关于商会之非公会会员代表之规定,当然不在准用之列,不得以商会之有非公会会员,遂舍第四十条之明文,而别求准用之法律。相应函请贵部查照。此致社会部

**附社会部原函**

迳启者,兹有法律疑义一则,另笺钞附。敬乞转陈惠予解释见复,以凭办理。此致司法院秘书厅。社会部启

**附原呈**

查省商会联合会应以全省商会为其会员,在《修正商会法》第三十八条已有明文规定。惟关于各商会遣派代表之人数及其表决权、选举权之行使,尚无明白规定,适用之际遂生甲、乙两说。(甲)说,略谓《修正商会法》第四十条规定,商会联合会除本章各规定外,准用本法第一章至第七章之规定。故各商会所派遣于联合会之代表人数及其选举权与表决权之行使,均可准用同法第十一条及第十三条之规定。(乙)说,略谓《修正商会法》既明定联合会系以全省各商会为其会员,而无非公会会员。则与商会会员有非公会会员与公会会员两种之情形,显有不同。且此规定,既已明见于联合会之一章,则所谓同法第一章至第七章之规定,便不在准用之例,而应别求其准用之根据。查《商业同业公会法》对于同业公会联合会,曾有明白规定。此种同业公会之联合会,亦无非公会会员,且亦系以公会为会员。故其性质方式及会员资格,均与商会联合会无殊。故关于同业公会联合会之会员经费单位,暨代表数额限制(《商业同业公会法》第三十一条、第四十九条、第五十条参照),均可于商业联合会中准用之。盖就事实上观察,亦惟如此始足促各商会之联合,泯可能之纠纷云云。两说究以何者为是,敬乞解释见复。

**院字第二一五一号**

**民国三十年三月十一日　司法院致国民政府军事委员会函**

迳复者,准贵会本年二月二日公函[法审(三零)渝三字第五八九号]开,据四川全省保安司令呈请示《非常时期维持治安紧急办法》条文适用疑义一案,请解释见复等由,业经本院统一解释法令会议议决,《非常时期维持治安紧急办法》第二条、第三条所谓于必要时,系指各该条所列之犯罪,足认为有发生之虞。或已发生,或于逮捕解散有抗拒等类情事,非依武力或其他有效方法不克制止,或排除其抗拒时而言。至所谓其他有效方法之意义,应参照本院院字第一七九八号解释,相应钞同该号解释文。函复贵会查照饬知。此致国民政府军事委员会

**附国民政府军事委员会原函**

案据四川全省保安司令张群二十九年十二月三十日保字第一八七八一号呈略称,奉颁

《非常时期维持治安紧急办法》第二条、第三条,均有于必要时并得施以武力,或其他有效方法等语。所谓必要时,系指何种情形何项时间而言。所谓有效方法,系指何项方法而言,范围如何,乞示等情。查《非常时期维持治安紧急办法》于二十九年七月二十四日本国民政府渝文字第六五三号训令施行,其第二、第三两条内所称,必要时得施以武力或其他有效方法等语,词意未明,适用上易滋疑义。相应函请查照,迅赐解释见复,以便饬遵为荷。此致司法院

**院字第二一五二号**

**民国三十年三月十一日　司法院指令四川高等法院首席检察官**

呈悉,业经本院统一解释法令会议议决,非告诉乃论之罪,检察官误认为亲告罪,据告诉人之撤回告诉,依《刑事诉讼法》第二百三十一条第五款为不起诉之处分确定后,续据另有告诉权之人告诉,经侦查结果,认为应予起诉时,自得再行起诉,不受同法第二百三十九条之限制。仰即转饬知照。此令

**附四川高等法院首席检察官原呈**

案据本院第四分院首席检察官陈煜元代电称,查《刑法》非告诉乃论案件,依法不能撤回其告诉。设检察官误认为告诉乃论之罪,遂据原告诉人之撤回告诉,而依《刑诉法》第二百三十一条第五款为不起诉处分,业经确定。嗣续据另一有权独立告诉之人具状告诉,经侦查结果,虽无同法第二百三十九条各款情形。但如认该案应起诉时,是否发生再诉问题,其说有二。(甲)说,谓本案不起诉处分既已确定,依《刑诉法》第二百三十九条之规定,如无该条各款情形,当然不能再诉。(乙)说,谓原处分仅因原告诉人之撤回告诉而不起诉,初未涉及实体问题,则其确定力亦仅能拘束,不得仍据原告诉再行起诉。兹已经另有独立告诉权人之告诉,并经侦查认为案应起诉,当然仍可另案起诉,不生再诉问题。二说似以后者为是,惟事关法律疑义,未敢擅决。理合电请鉴核,迅赐解释示遵等情。据此,《刑诉法》第二百三十一条第一款规定,曾经确定判决者,应为不起诉之处分。所谓确定判决,自系指实体判决,已发生实体确定力者而言。如为形式判决,仅能发生形式确定力,于检察官仍可再行起诉。依此以类推,则《刑诉法》第二百三十九条规定,不起诉处分已确定者,不得对于同一案件再行起诉,所谓不起诉处分已确定,亦当系指为实体上之处分而言。如仅为形式上之处分,虽不合于该法条各款所规定之情形,于检察官亦仍可再行起诉。本件原检察官系据原告诉人之撤回告诉,而依《刑诉法》第二百三十一条第五款以为形式上不起诉之处分,且其处分又显属违法。兹既另有独立告诉权人再行告诉,而侦查结果又认为案应起诉,似应以乙说为是。惟事关法律疑义,未便擅专,理合具文转请俯赐解释,以便饬遵。谨呈司法院院长居

**院字第二一五三号**

**民国三十年三月十一日　司法院指令四川高等法院首席检察官**

呈悉,业经本院统一解释法令会议议决,《刑法》上之脱逃罪以依法逮捕或拘禁之人,用不法行为回复其自由,而脱离公力监督为成立要件。司法警察官对于所逮捕之犯罪嫌疑人,认有羁押之必要,即应依《刑事诉讼法》第二百零八条第二项之规定,于二十四小时内移送该管检察官处置。若别无正当理由,逾时并不移送,竟自行拘禁。则该犯罪嫌疑人即非依法拘禁之人,纵有乘间脱离公力监督情事,亦不构成脱逃罪责。仰即转饬知照。此令

**附四川高等法院首席检察官原呈**

呈为转请核示事,案据署四川资中地方法院检察官朱建勋呈称。窃查司法警察官接受被逮捕之犯罪嫌疑人,认其有羁押之必要时,应于二十四小时内移送该管检察官,《刑事诉讼法》第二零八条第二项定有明文。设有司法警察官接受逮捕之犯罪嫌疑人,自行拘禁,并不依期移送,又无不及移送之情形,迁延月余。该犯罪嫌疑人乘间脱离公力监督,能否成立脱逃罪有二说。(甲)说,查《刑法》上之脱逃罪,其脱逃之人须为依法逮捕拘禁之人。司法警察官对于接受之犯罪嫌疑人,既应于二十四小时内移送,则二十四小时以外司法警察官仍拘禁该犯罪嫌疑人,自难认为适法。换言之,犯罪嫌疑人此际即不能认为依法拘禁之人,其乘间脱离公力监督,乃属脱离违法之拘禁,不能成立脱逃罪。(乙)说,《刑诉法》第二零八条第二项所谓应于二十四小时内移送,不过为训示规定。故不于期内移送,其拘禁之效力,并不发生影响。该犯罪嫌疑人竟乘间脱离公力监督,仍应成立脱逃罪。二说究以何说为是,理合具文呈请钧席鉴核示遵等情。据此,事关法律疑义,未便擅拟,理合具文呈请钧院俯赐鉴核指令祇遵。谨呈司法院院长居

**院字第二一五四号**

**民国三十年三月十一日　司法院复四川高等法院首席检察官电**

四川高等法院林首席检察官览,二十八年二月铣代电悉,自贡地方法院首席检察官请解释地方防空指挥部警备总队部内之指挥队长等是否认为军人或公务员疑义一案,业经本院统一解释法令会议议决,后方之税警队长、警察局长,因维持平时及空袭时治安,将所在地之联保主任、保长、团丁等编为某地防空指挥部警备总队部,内设指挥队长、班长等,即以该队长、局长、联保主任、保长、团丁兼充。此项部队系为消极防空及维持治安,并非依陆海空军之编制。各该指挥队长、团丁等除原有军人身分或原职具有公务员资格外,不能认为军人或公务员。合电转饬知照。司法院真印

**附四川高等法院首席检察官原代电**

司法院院长居钧鉴,兹据自贡地方法院首席检察官代电称,设有战区后方某地税警队长、警察局长为维持平时及空袭时治安担任警备工作,将所在地之联保主任、保长、团丁等

编成为某地防空指挥部警备总队。部内设指挥、副指挥、总队长、副总队长、大队长、中队长、分队长及班长等,大都以警察局长、税警队长、联保主任、保长、团丁等兼充。曾报由省防空司令部核准,并分别向绥靖主任公署、省政府呈请备查有案。该部之指挥队长、团丁等,是否均认为军人及公务员,曰兹有二说。(甲)谓该部队既为消防防空及维持治安而设,并未经陆海空军最高长官准派,当与随时可以调遣或远征国防军之性质不同。其所设指挥队长、班长等,除原职具有公务员资格外,不得认为军人及公务员。(乙)谓该部队虽未含有国防军积极征调之任务,究为防空警备所需要。其维持战区后方之秩序,甚为重要,自与军事组织无异,不得谓非军人及公务员。以上二说究以何说为是,理合呈请核示或转请迅赐解释,俾有遵循,并乞令遵,实为德便等情。据此,事关法律疑义,理合转请钧院解释示遵。四川高等法院首席检察官林超南叩铣印

**院字第二一五五号**

**民国三十年三月十一日　司法院复四川高等法院电**

四川高等法院苏院长览,本年一月删代电悉,所请解释一案,业经本院统一解释法令会议议决,(一)附带上诉,除法律有特别规定外,适用关于独立上诉之规定。《诉讼费用暂行规则》第十四条所谓民事向第二审法院上诉,既未将附带上诉除外,则无论附带上诉诉讼标的之价额或金额,是否高于独立上诉,均应依该条规定征收裁判费。(二)民事再审之诉,依《诉讼费用暂行规则》第十五条,固应征收裁判费。惟裁判费之缴纳,仅为再审之诉合法要件之一种,如已有其他不合法之情形不能补正者,可迳以裁定驳回之,毋庸命其补缴裁判费。合电知照。司法院真印

**附四川高等法院原代电**

重庆司法院院长居钧鉴,查《诉讼费用暂行规则》施行后,当事人提起附带上诉者,应否征收裁判费,有三说焉。(甲)说,谓附带上诉与上诉有从属关系,依照司法行政部二十四年一月二十八日令河北高等法院指字第一二四零号指令,不应征收裁判费。(乙)说,谓附带上诉与独立之上诉均为对判决声明不服之方法,在现行《诉讼费用暂行规则》第十四条既无排斥附带上诉不得适用之规定,则其应行征费,自与独立之上诉无殊。况附带上诉之具备上诉要件者,并不因撤回上诉而失效,且上诉人仅不服判决之一部而上诉者,被上诉人亦得就其全部附带上诉。若附带上诉之诉讼标的,其金额或价额高于独立之上诉时,该被上诉人得借口附带上诉而避免缴纳费用。宁为事理之平,故应解为附带上诉亦应同样征费。(丙)说,谓附带上诉之标的,如其金额或价额低于或等于独立之上诉时,可不征费,否则应就其超过之部分征收裁判费用。以上三说,未知孰是,此应请解释者一。又再审之诉,如不具备《民事诉讼法》第四百九十二条或第四百九十三条之要件,或显无再审理由者,应否征费,亦有二说。(甲)说,谓再审既谓之诉,则其提起首应遵守程式。《诉讼费用暂行规则》第十五条定有明文,违背此项程式者,不问其是否合法有无理由,均应一律以裁定驳回之。否

则再审频繁,既长狡黠之风,又滋裁判之累。自应先命缴费,以重确定之判决。(乙)说,谓再审之诉如不合于上述要件者,应迳以裁定驳回,为《民事诉讼法》第四百九十八条第一项所明定,自毋庸再命缴费,以增繁扰。至再审之诉显无理由者,此时须从实体上审究,自应命其缴费。二说以何说为当,此应请解释者二。理合电请钧院核示祇遵。署四川高等法院院长苏兆祥叩删印

**院字第二一五六号**

**民国三十年三月十一日　司法院训令湖南高等法院首席检察官**

为令行事,查该首席检察官呈最高法院检察署为据第四分院首席检察官转,请解释误驳上诉案件适用法律疑义一案,业经本院统一解释法令会议议决,被告对于兼理司法县政府或县司法处之判决不服,提出上诉书状于原县知事或原审县司法处者,该县知事或县司法处均应送交第二审法院,不适用《刑事诉讼法》第三百五十四条之规定。无论其上诉是否合法,原审均未能加以任何裁判。来文所称之丙具状上诉,既在上诉期限以内,初判审竟以批示驳回,其上级法院亦竟予以覆判裁定发回覆审。所有覆判之裁定及原审驳回上诉之批示,并覆审之判决,均属无效,仍应由该上级法院进行第二审审判。合行令仰转饬知照。此令

**附湖南高等法院首席检察官原函**

案据湖南高等法院首席检察官,转据该院第四分院首席检察官夏家琨呈称,呈为呈请解释事。兹查有甲被诉杀人,乙、丙被诉教唆杀人。经第一审判处甲、乙死刑,丙处有期徒刑十五年,但未践行宣示判决及送达判决正本程序。原审于判决后,即检卷呈送第二审法院覆判,当由主任检察官发见该案程序欠缺,发还令其补正。甲、乙于法定期间内,均未声明不服,惟丙于上诉期间届满之前一日,具状上诉。第一审以其上诉逾期,当以批示驳回,复检卷呈送第二审法院核办。由主任检察官附具意见书,送经刑庭覆判,依覆判程序裁定,全部发回覆审。关于丙之部份,即以其在上诉期内曾上诉为理由,经原审覆审判决,改处甲、乙为无期徒刑,丙仍处有期徒刑十五年。判决确定后,复由原审呈送第二审法院检察官核办。除甲、乙部份尚无不当外,惟关于丙之原来上诉部份不无疑义,现有二说。(甲)说,谓覆判案件,如发见有合法之上诉书状,自应照上诉程序办理。覆判之裁定及原审驳回上诉之批示,当然均归无效。(乙)说,谓覆判案件,如发见有合法之上诉书状,其覆判之裁判应归无效,而原审驳回上诉之裁定非经原审或上级法院撤销,或声请回复原状,或非常上诉,不能进行第二审审判。以上二说,究以何说为是,理合备文呈请钧处鉴核,转请解释祇遵等情。事关法律疑义,理合备文呈请钧署鉴核,转请解释示遵等情到署。相应函请查照,迅予解释迳覆,并见示备查。此致最高法院

院字第二一五七号

民国三十年三月十一日 司法院指令湖南高等法院

呈悉，业经本院统一解释法令会议议决，本院二十八年第九三七号训令所谓出征壮丁，不以被征入伍者为限，自愿入伍者亦包含之。所谓出征期间，不以在前线作战时为限，其驻守后方而在随时可调往前线作战之状态者，亦包合之。军属为现服勤务之陆海空军文官，固非所谓出征壮丁。惟为当事人之军属，系于战时服兵役者，法院得依《民事诉讼法》第一百八十一条之规定，命在障碍消灭以前中止诉程序（参照院字第二零九八号解释）。仰即转饬知照。此令

附湖南高等法院原呈

案据署零陵地方法院院长葛光宇二十九年十二月三十一日呈称，出征壮丁离婚案件，在壮丁出征期间无论女方所持何种理由，一概不予受理。迭经本会饬知，自应遵办。惟所谓出征壮丁是否以被征入伍并在前线作战者为限，军属是否包括在内，有甲、乙两说。（甲）夫妻之一方以他方有《民法》第一千零五十二条各款情形之一者，依法得向法院请求离婚。兹特别加以上述之限制者，良以国难方殷，我武装健儿，正在为中华整个民族求生存而与侵略者从事战争，非如斯不足以弛其内顾之忧，而坚其杀敌之心。实用上应从严格解释，从而所谓出征壮丁应以被征入伍并在前方抗敌之军人为限。至于军属依《陆海空军刑法》第八条规定，系为现服勤务之陆海空军文官，既未实际在前方作战，自不能包括在内。（乙）按限制壮丁之妻请求离婚，其目的既在使其同心协力一致杀敌。则本此意旨所谓出征壮丁，应从广义解释，以期普及而利抗战。换言之，在抗战期内凡属出征现役壮丁，不问其服役之原因由于征集或出自于志愿，亦不问其在前方作战，抑在后方驻守，均应不分畛域，一视同仁，方符法令之精神。况其入伍原因虽有自动、被动之不同，而为抗敌军人则一。今对自动从军者，不与被征入伍者同等待遇，自未免有失情理之平。又军队调动无常驻所，萍迹不定，有朝在后方驻守，夕则调至前线作战者，亦有今日在前线，明日即调至后方驻守者。出征壮丁之妻不准离婚，倘仅以在前方作战之壮丁为限，则法院向其属部队调查，是否在前线抗敌之事实，极感困难，而事实上亦种种不便，故不如不限以在前线抗战及被征入伍之军人之为愈。至于军属虽系文职，然为部队必不可缺之份子，与军人同有保护之必要。亦不宜畸重区分彼此，应认为包括在出征壮丁之内，以示一律之说。未知孰是，事关法律疑义，理合具文呈请钧院俯赐转请解释令遵，等情到院。理合据情转呈钧院俯赐解释，俾便饬遵。谨呈司法院院长居。湖南高等法院院长陈长簇

院字第二一五八号

民国三十年三月十一日 司法院指令湖南高等法院

呈悉，业经本院统一解释法令会议议决，不得上诉于第三审之刑事案件，当事人对于第

一审判决提起上诉,经第一审认为逾期,以裁定驳回,复提起抗告,经抗告审驳回后,又提起再抗告。虽于再抗告中发现当事人之上诉并未逾期,但依《刑事诉讼法》第四百零七条第二项、第三百九十七条各规定,亦祇能就程序上驳回再抗告。从而第一审之判决,即属确定除该确定判决具有再审或非常上诉之原因,得提起再审或非常上诉外,别无救济之途。仰即转饬知照。此令

**附湖南高等法院原呈**

案据署本院第一分院院长钟馥呈称,兹有不得上诉第三审之刑事案件,当事人于第一审判决后提起上诉,原审以其上诉逾期裁定驳回。当事人提起抗告,复经抗告审予以驳回,又提起再抗告,始发现其上诉并未逾期,有无救济方法。乞转请解释示遵等情。据此,事关法律疑义,理合据情转请钧院核示,俾便饬遵。谨呈司法院院长居

**院字第二一五九号**

**民国三十年三月十一日　司法院指令湖南高等法院**

呈悉,业经本院统一解释法令会议议决,(一)《所得税暂行条例》第十九条之罚金、徒刑、拘役,及第二十条后段各款之罚金,乃刑罚之性质,应由法院刑庭以判决之方式裁判之。对于此项裁判,自可依通常程序上诉,确定后应由检察官执行。又此项徒刑、拘役、罚金,依《刑法》第十一条,自得适用同法第四十一条、第四十二条各规定。其罚金易服劳役之期间,并应受第四十二条第二项六个月之限制。(二)依《所得税暂行条例》第二十条移请法院追缴之案件,应由民事执行处依《强制执行法》办理(参照院字第二零一七号解释)。其强制执行之费用,依《强制执行法》第二十八条第一项之规定,以必要部分为限,由债务人即欠税额人负担。(三)《印花税法》第十九条所定处罚数额,已因《非常时期征收印花税暂行办法》第六条之规定,增加其罚锾之倍数。仰即转饬知照。此令

**附湖南高等法院原呈**

案据署长沙地方法院院长袁赞德呈称,查《所得税暂行条例》及《印花税法规》适用上不无疑义,谨列举于下。(一)《所得税暂行条例》第十九条之罚金、徒刑、拘役及第二十条后段各款之罚金,是否由法院刑庭办理?其裁判书方式为判决抑为裁定,对于此项裁判能否上诉或抗告,确定后是否仍由检察官执行?又此项徒刑、拘役或罚金,能否援用《刑法》第四十一条或第四十二条之规定办理?如易服劳役时,是否受《刑法》第四十二条第二项六个月规定之限制?(二)依《所得税暂行条例》第二十条前段移送法院追缴之案件是否由法院民庭准用《民事强制执行规定》办理,如能准用,其执行费用由何人负责?(三)《印花税法》第十九条所定处罚数额,是否因《非常时期征收印花税暂行办法》第六条之规定,增加其罚锾之倍数?所有上列疑义,理合具文呈请迅赐核示祇遵等情。据此,案关法律疑义,本院未便擅专,除令候据情转请解释,再行饬遵外,理合具文呈请钧院迅赐解释,俾便饬知。谨呈司法院院长居

院字第二一六〇号

民国三十年三月十一日　司法院致国民政府军事委员会函

迳复者,准贵会本年一月十九日公函[法审(三〇)渝一字第三三九号]开,为院字第二零五八号解释与《陆海空军审判法》第二十八条不无抵触,究应如何办理,请释明见复等由,业经本院统一解释法令会议议决,《惩治贪污暂行条例》第八条所谓有军法职权之机关,原不限于军法会审,即各省区保安司令及兼理军法之县长或地方行政长官均包括在内。各级军法令会审机关,因基于该条例第八条所特别付与之审判权,在作战期内对于非军人而与军人共犯该条例之罪,应归军法审判之案件予以受理,当然不受《陆海空军审判法》不得审判非军人共犯之拘束。院字第二零五八号解释与《陆海空军审判法》第二十八条之规定并不抵触,相应函复贵会查照。此致国民政府军事委员会

附国民政府军事委员会原函

案准贵院二十九年九月四日院字第二零五八号公函解释,无军人及公务员身分之人而与军人或公务员共犯《惩治贪污暂行条例》之罪,应并由有军法职权之机关审判等由,准此。查《陆海空军审判法》为审判军人犯罪之程序法,对于军人犯《惩治贪污暂行条例》之罪者,依该法第一条第一项之规定,自可适用。惟该法第二十八条规定,审问与军人共犯之非军人完毕后,应即将该非军人连同供词证据物件,送交该管法院检察官云云,似与上开解释意旨不无抵触。究应如何办理,相应函请查照释明见复为荷。此致司法院

院字第二一六一号

民国三十年三月十一日　司法院致国民政府军事委员会函

迳复者,准贵会本年一月十六日公函[法审(三〇)渝三字第二六八号]开,据军法执行总监部转请示普通人民与军人或公务员共犯《惩治贪污暂行条例》之罪,应如何办理一案,请解释见复等由,业经本院统一解释法令会议议决,《惩治贪污暂行条例》所定各罪名,并非均系因身分成立之罪,无军人及公务员身份之人,与军人或公务员共犯同条例所称之盗卖、勒索、侵占、窃取及舞弊等情。该无身分之人,既可成立《刑法》或其他特别《刑法》上之相当罪名,仅因身分关系致刑有重轻。按照《刑法》第三十一条第二项,自应科以通常之刑,与同条第一项以具有身分关系始成立犯罪应论以同一罪名者不同。至同条例第八条规定,系以犯本条例之罪者为限,由有军法职权之机关审判。其无身分之人,应科以通常之刑时,除依《特别刑法》应受军事裁制者外,军法机关即应送交该管法院检察官,或其他有检察权之官署依法办理。相应函复贵会查照饬知。此致国民政府军事委员会

附国民政府军事委员会原函

案据军法执行总监部案呈军事运输军法执行监部二十九年十二月九日筑法字第一九三二号辰佳代电略称,无军人及公务员身分之人,与军人或公务员共犯《惩治贪污暂行条

例》各条之罪,不能成立《刑法》或其他特别《刑法》之罪者,自应遵照司法院二十九年九月四日院字第二零五八号解释办理。倘与军人或公务员共犯同条例所称之盗卖、勒索、侵占、窃取、舞弊等罪,而可成立《刑法》或其他特别《刑法》上窃盗、强盗、侵占、诈欺、恐吓之罪,因身分致刑有重轻之情形。其无身分之人,是否遵照上开解释,依《刑法》第三十一条第一项科以同条例所定之刑,抑依《刑法》第三十一条第二项科以通常之刑,又因身分致刑有重轻。如无身分之人应科以通常之刑时,是否遵照上开解释,依同条例第八条由有军法职权之机关审判。抑依《陆海空军审判法》第二十八条规定及其法意,送交该管法院检察官,均乞示遵等情。案关解释法令,相应函请查照,迅赐解释见复,以便饬遵为荷。此致司法院

**院字第二一六二号**

**民国三十年三月十一日　司法院致社会部函**

迳启者,据本院秘书处转陈贵部本年一月二十五日咨(社组字第一五八五号),请解释关于鱼行能否参加渔会及可否组织同业公会各疑义一案,业经本院统一解释法令会议议决,渔会以增进渔业人之智识技能,改善其生活,并发达渔业生产为目的,《渔会法》第一条定有明文。故渔会会员,除《渔会法》第五条第一项所称营水产之制造、运输、保管各业者外,惟《渔业法》第一条所定意义之渔业人始得为之。代客买卖鱼类,或自行贩卖鱼类之行店,既非《渔业法》第一条所定意义之渔业人,又非以水产之制造、运输、保管为营业,自不得为渔会会员。《渔会法》第三条第四款虽将筹备渔业共同贩卖事项,列为渔会任务之一种,然其所称渔业共同贩卖,显与渔业以外之商人自设行店所为之贩卖有别。不足为贩卖鱼类之鱼行,得为渔会会员之论据。至《渔会法施行规则》第五条所称之行店,系指依《渔会法》之规定,得为渔会会员之行店而言。如营水产之制造、运输、保管各业者,所设之行店是也。代客买卖鱼类,或自行贩卖鱼类之行店,并不包含在内,不能据以断定此种行店,亦得为渔会会员。此种行店,既不得为渔会会员,自可依法组织商业同业公会。院字第五百号及第九百号关于此部分之解释,应予变更,相应函请贵部查照。此致社会部

**附社会部原咨**

查关于鱼行能否参加渔会及渔业工会可否依照工商法令自由组织,抑或合并组织渔会疑义,前经贵院院字第五零零号解释有案。主管机关经据以通饬各地将鱼行业同业公会结束,使参加渔会组织。施行以来,各地鱼行业、鱼货业或鲜咸鱼业同业公会,多以各该业或为代客买卖或售卖鲜咸鱼类,纯系牙行商店性质,既无《渔会法》第一条所称之目的,亦与第五条规定之资格迥不相侔。加以经售水产,即须加入渔会,曾未闻经售农产品之粮行米店,有须加入农会之说。强行合并,窒碍滋多,纷纷呈请免予合并,分别保留。地方党政机关,亦不乏持此项见解者,文电往复,数年不绝。前中央民众训练部曾派员与实业部会商,原有请贵院重为解释之议。旋以抗战军兴,政府西迁,中央民众训练部及实业部相继改组,遂致搁置,延宕迄今。本部改隶,接管前中央社会部卷内,复有福建省党部呈请核示各县鱼商业

或鱼货商业同业公会，应否一律合并于渔会，及无渔会组织之处，是否予以撤销案件。经细译五零零号，则贩卖鱼类之鱼行，自可加入渔会。原文自可二字，按照辞义，似无强制性质。且按诸《渔会法》第四条之规定，渔会之设置，限于渔业繁盛之县市。而贩卖鲜咸鱼货及其他水产品之鱼行商店，则所在多有。倘其所隶之县市并无渔会组织，此等行店即将无所归属，又有何法可资补救。再九零零号解释，渔户或渔行，自不得迳依《工商同业公会法》组织公会。文中所称之渔行，当系指经营渔业之行店，亦即有《渔会法》第五条所称营水产之制造、运输、保管各业行为之一者而言。此外，如售卖鱼货海味之行店，应不在上文解释范围之内。检查过去公文书，关于此类案件，援用九零零号解释，每将鱼行视同渔行，鱼、渔音虽同而含义各异，混为一谈，或亦为惹起纷争之一因。惟此案历时甚久，牵涉虽多，本部未便遽加论断。提请贵院依照解释程序重付会议讨论，补充解释，俾资准据。相应专案咨达，即烦查照转陈核办见覆为荷。此咨司法院秘书处。部长谷正纲

**院字第二一六三号**

**民国三十年三月十四日　司法院指令四川高等法院首席检察官**

呈悉，业经本院统一解释法令会议议决，明知为他人不动产私擅出卖，如有实行交付或登记及其他将该不动产移置于第三人实力支配下之行为，即应成立《刑法》上之窃占不动产罪。仰即转饬知照。此令

**附四川高等法院首席检察官原呈**

呈为据情转呈请予解释事，案据崇庆地方法院检察官张洵呈称。查盗卖他人不动产是否犯罪，有两说。（甲）说，如变卖他人之田，完全出于秘密行动，并未得所有人同意，亦未由所有人之授权，与民事上侵权行为迥别。既系意图为自己不法之利益而处分他人田产，即为窃占他人之不动产而以自己之支配力施诸其上，自应构成《刑法》第三百二十条第二项之罪。（乙）说，依《民法》第一百一十八条第一项规定，无权利人就权利标的物所为之处分，经有权利人之承认，始生效力。是盗卖他人不动产，对于所有人为无效，并非侵害所有人财产监督权。盗卖他人不动产，亦非意图不法利益，乃系以他人之不动产以为自己所有而擅加处分，实系意图不法所有。其实现此种不法之意图，亦仅以自己之意思而为支配（如订立盗卖契约），并非以自己之实力施诸他人不动产之上。故盗卖他人不动产，根本与窃占罪要件不合，除所有人得依民事程序主张盗卖契约无效及依侵权行为主张损害赔偿外，不生刑事责任。两说孰是，事关法律疑义。兹有此类案件，急待解释，理合具文呈请钧座俯赐迅予转请解释，以资遵循，谨呈等情。据此，查系解释法律疑义，除指令外，理合具文呈请钧院俯赐察核，指令祇遵。谨呈司法院院长居。四川高等法院首席检察官林超南

**院字第二一六四号**

**民国三十年三月十五日　司法院复湖南高等法院电**

湖南高等法院陈院长览,上年十二月俭代电悉,所请解释一案,业经本院统一解释法令会议议决,《查禁敌货条例》第十四条第一款所称之销售,系指有实施售卖之行为者而言。如于禁购期间,故买敌货,尚未实施售卖,即被查获,应依同条例第十三条处断。合电知照。司法院删印

**附湖南高等法院原电**

重庆司法院院长居钧鉴。查销售敌货,《查禁敌货条例》第十四条第一款固有处罚明文,但销售二字含义如何,是否承销售卖之略词,不无疑问。兹有某甲意图转售,而收买未经登记之敌货,于该敌货甫经到手后,即被查获,是否成立前述条款之销售敌货罪,于此有子、丑两说焉。(子)说,谓销售二字就文理解释,系销行售卖之意,为出卖方面之叠词。与他项法文所用贩卖二字包括买入及售出两方面者迥异。某甲于收买敌货后未及实施售卖即被发觉,该条例对于意图销售而持有者,既别无处罚规定,则持有敌货尚属销售之预备行为,不应成立前述条款之犯罪。(丑)说,谓销售二字即贩卖之意,就该条例全部立法精神观察,对于定购输入运输,既均有处罚规定,则贩卖敌货应无恝置不究之理。因之所谓销售即系指承销售卖而言,只要意在转售而承销敌货即已构成该条款之犯罪,不必问其有无售卖事实。二说未知孰是,理合电恳迅赐解释示遵。湖南高等法院院长陈长簇叩俭

**院字第二一六五号**

**民国三十年三月十七日　司法院指令湖南高等法院**

呈悉,业经本院统一解释法令会议议决,军政部所属兵工厂储备之火药,自属军用品,现役士兵窃取此项火药,依国防最高委员会第五十一次常会议决,应以盗卖军用品论罪。但须分别其犯行是否在作战期内,适用《惩治贪污暂行条例》第二条第三款或《陆海空军刑法》第七十八条第一项处断。仰即转饬知照。此令

**附湖南高等法院原呈**

案据安化县县长周仲衡二十九年十二月有代电称,设有现役士兵,窃取军政部所属兵工厂火药,究应依《陆海空军刑法》盗窃军用品罪处断,抑或依《刑法》窃盗罪判处,请核示等情到院。查所称情形,关系军人犯罪适用法律问题,本院未敢擅拟。理合具文呈请钧院鉴核,迅赐示遵,实为德便。谨呈司法院院长居。湖南高等法院院长陈长簇、湖南高等法院首席检察官邓静安

**院字第二一六六号**

**民国三十年三月十八日　司法院指令司法行政部**

呈悉，业本院统一解释法令会议议决。(一)因征收裁判费而核定诉讼标的之价额，应先明其为原告要求如何判决之诉讼。原呈所谓关于大佃之征收诉讼费用问题，究指如何之诉讼而言，未据说明，无从解答。(二)大佃契约之性质，业以院字第二一三二号解释在案。关于典权部分之税捐，法令规定向典权人征收者(参照《土地法施行法》第七十五条)，应由典权人负担。关于租赁部分税捐之负担，除当事人订有特约者外，固应依《民法》第四百二十七条办理。惟此种大佃契约，租赁常占极小部分，其典权部分应由典权人负担税捐时，探求普通当事人之意思，自可认其有使承租人负担租赁部分税捐之特约。仰即转饬知照。此令

**附司法行政部原呈**

案据四川高等法院本年十一月三十日呈称，案据四川重庆地方法院院长李祖庆呈称，为呈请解释事。查大押田契约为四川普遍之习惯，乃当事人之一方支付押银，占有他方之不动产而为使用收益之契约。交付押银为必备之要件，其数额与不动产之价额相差无几。租金则渺乎其微，其数额与押银成反比例，押银逾多，租金逾少，有至每年国币数角或租谷数升，或竟至大押无租。此类契约为法所未规定，其有租金之给付者，无论数额小至若何程度，应认为租赁契约。不给付租金许所有人还押赎产者，则为典权契约。议明押银给付利息，占有人就不动产使用收益，以抵充所有人应给付之利息，并就不动产之卖得金优先受偿者，则为有人收受押银系基于抵押关系，占有人占有不动产系基于租赁关系，其契约为抵押与租赁之混合契约。若未约定占有人就不动产卖得金优先受偿者，则所有人收受押银系基于借贷关系，占有人占有不动产系基于租赁关系，其契约为借贷与租赁之混合契约(俗谓之骑田食利)。此项契约适用法律发生之疑义有二。(甲)征收诉讼费用问题关系，此项问题有下列诸说。(一)应按大押佃契之性质，分别依照《诉讼费用暂行规则》之规定征收诉讼费用。(二)大押佃契约为典权契约，或抵押与租赁，或借贷与租赁之混合契约时，固可分别依《诉讼费用暂行规则》之规定征收诉讼费用。若为单纯租赁契约时，依同规则第九条之规定。因租赁权涉讼其租赁定有期间者，征收诉讼费用以权利存续期间之租金总额为准，未定期间者，以两期租金之总额为准。而大押佃约之租金，恒只国币数角，租谷数升，其价额未满二十五元，应不征费。若原告仅请求终止租约，而其诉有理由。判决确定后，占有人返还之不动产，所有人返还之押银，其金额或价额均达数千元。当事人所受裁判上之利益，当不在二十五元以下，且诉讼标的之金额或价额，亦以租金计算。则此类案件均不得受第三审之裁判，殊有未当，故应将租金及押银合并计算，征收诉讼费用。(三)大押佃契约乃四川特有之习惯，其性质或为典权契约，或为抵押与租赁之混合契约，或为借贷与租赁之混合契约，应分别按其契约性质征收诉讼费用，固无不可。但大押佃契约不成立单纯租赁契约，因

大押佃契约以交付押银为要件,押银非担保租金之给付。而不动产之移转占有乃担保押银之返还者,与普通租赁契约性质不同,征收诉讼费用不适用《诉讼费用暂行规则》关于租典权涉讼之规定。(乙)税捐负担问题关于此问题,有下列诸说。(一)《四川典契税暂行条例》第一条补充第一项规定,凡民间非耕农而从中取得原产全部收益,二分之一以上及民间信用借贷契约注明以田房收益给付利息,而所付之息已占全部收益二分之一以上者,均应依本条例之规定,完纳典当税。院字第一五八四号解释,既称关于税款应归何人负担有所争执时,可依该补充规定解决,自应由占有人负担税捐。(二)大押佃契约为典权契约时,固可依上述条例及解释办理,若为抵押与租赁或借贷与租赁之混合契约,或单纯租赁契约时,则不能依该条例及解释办理。因《民法》第四百二十七条规定租赁物应纳之一切税捐由出租人负担,此条非强行规定,虽得由当事人另订相反之特约,但行政命令不得与现行法令相抵触。倘有与该条相异之命令,殊难认为有效,院字第一一四一号解释已有明文。上述《四川典契税暂行条例》第一条补充规定,系地方行政法令院字第一五八四号解释不能变更法律,均难认为有效。故大押佃契约为单纯租赁契约时,应适用《民法》之规定,由出租人负担税捐。(三)大押佃契约无单纯租赁契约,已如上述,故无《民法》第四百二十七条之适用,应依《四川典契税暂行条例》第一条补充规定及院字第一五八四号解释,命占有人负担税捐。上述疑义,应以何说为是,理合具文呈请鉴核转请解释,实为公便等情。据此,事关解释法律疑义,理合具文转请鉴核,俯赐转请解释,指令祇遵等情。据此,理合转呈钧院鉴核指示,以便转饬遵照。谨呈司法院院长居。司法行政部部长谢冠生

**院字第二一六七号**

**民国三十年三月二十五日　司法院致国民政府军事委员会函**

迳复者,准贵会上年十一月十二日公函[法审(二九)渝一字第九八五八号]开,据浙江全省保安司令转请示县国民兵团所委之教练长及保书记是否有军人或公务员身份一案,请解释见复等由,业经本院统一解释法令会议议决,县国民兵团所委之乡队部教练员,既非县市国民兵团各级干部规定之人员,即不能视同军人。但其在乡队部任教练员之职,核与《战时各队部协助国民兵组训办法》第九条第三项所载乡队附负训练之责者相当,并系受该县国民兵团所委派,究不失为依法令从事于公务之人员。至保书记名义,在县各级组织纲要虽无规定,但既办理该保书记事务,亦系依法令从事于公务,依《刑法》第十条第二项均属公务员。其同犯借端勒索罪,依《惩治贪污暂行条例》第一条、第二条第四款、第八条,应由有军法职权之机关审判。相应函复贵会查照饬知。此致国民政府军事委员会

**附国民政府军事委员会原函**

案据浙江全省保安司令黄绍竑二十九年十月支法金午代电称,案据鄞县县长俞济民本年八月文代电称。兹有本县班长训练班毕业,现受国民兵团委充乡队部之教练员,由乡公所给予月薪。因与保书记同犯藉端勒索罪刑,该教练员是否视同军人或公务员,保书记是

否称公务员或以办理社会公益事务论，均得依《惩治贪污暂行条例》由军法审理，应请释示等情。据此，查现制保无设置书记规定，国民兵团各级干部亦并无教练员名称。惟各县因特殊关系，往往设有保书记，虽非依法令编制，但如系“有给职”，是否得依《公务员服务法》第二十四条规定，于受惩戒时应认为公务员。至该县长所称之教练员，既非法定编制以内人员，似不能视同军人，惟既系“有给职”，并是否得依同法条规定认为公务员，请核示等情。据此，案关解释，相应函请查照，迅予解释见复，以便饬遵为荷。此致司法院。国民政府军事委员会

**院字第二一六八号**

**民国三十年三月二十六日　司法院指令湖南高等法院**

呈悉，除原呈第一项在法律上本无疑义，且《强制执行法》奉令公布已另有规定，第二项亦有院字第一八六零号解释（载司法公报第二九八号）可以参照外，其第三、第四两项，业经本院统一解释法令会议议决，（一）《刑事诉讼法》第四百七十四条之执行，虽得由检察官嘱托民事执行处行之。但民事执行处如确有困难情形，拒绝嘱托，而检察官又无不便执行之正当理由时，自应仍由检察官准用执行民事裁判各法令，命令法警为之。（二）关于执行《刑事诉讼法》第一百十八条规定，应命缴纳指定之保证金额，仅得对于保证人之财产为强制执行，不得就所保被告之财产执行。又如财产经拍卖而无人拍定者，应分别为动产或不动产，适用《强制执行法》第七十一条或第九十一条以下各规定办理，不能遽作为其他终结。仰即转饬知照。此令

**附司法行政部原呈**

案据署衡阳地方法院院长陈绳毅呈称，查高等法院分院管辖之地方法院，对于《民事诉讼执行规则》第九条第二项，及《补订民事执行办法》第六条第二项所称上级司法行政监督长官，系指高等法院分院院长，抑指高等法院院长。兹分二说。（甲）说，依《法院组织法》第八十七条第四款规定，高等法院分院院长监督该分院，及所属下级法院，及其分院。则上级司法行政监督长官，自系指高等分院院长而言。（乙）说，单纯司法行政之监督，与有指挥任免惩奖全权之监督不同。此观《法院组织法》第二十条，并无准用同法第十八条之规定，甚为明显。则司法行政监督长官，自系指高本院院长而言。究以何说为是，此请解释者一。再对于《印花税法》第二十条规定，违反本法所定情事在两件以上者，依第十八条规定之罚锾，分别裁定合并处罚，其意见亦分二说。（甲）说，既称分别裁定，合并处罚，应将各件分别裁定处罚并执行之。惟须受同条但书之限制耳，不能准用《刑法》第五十一条第七款之规定（参照院字第四百八十四号及第四百八十七号解释）。（乙）说，条文于分别裁定后，规定合并处罚，自系于各罚锾中之最多额以上，各罚锾合并之金额以下，定其执行金额。再受同条但书之限制，此于被罚者有利，当为立法原意所在。行政罚虽不能准用《刑法》总则，然参照其法意办理自较妥当（参照第九十九号司法公报所载司法行政部二十五年二月二十一日第

三九八零号指令福建高院云“查《印花税法》施行前违背印花案件,在《印花税法》施行后裁定之时,应参照《刑法》第二条第一项法意办理”等语)。至以前解释,系因《印花税暂行条例》并无合并处罚之规定,在《印花税法》施行以后,自难适用。究以何说为是,此请解释者二。又对于《刑事诉讼法》第四百七十五条所定准用执行民事裁判之规定,其见解分三说。(甲)说,所谓准用,系指检察官对于《刑事诉讼法》第四百七十四条规定之执行准用民事执行各法令,命令法警执行之。并非民事执行处准用民事执行各法令,命令执达员执行。(乙)说,系民事执行处准用执行民事裁判之规定,执行《刑事诉讼法》第四百七十四条规定之裁判,并非检察官准用。(丙)说,对于《刑事诉讼法》第四百七十四条之执行,本应由检察官准用执行民事裁判之规定,命令法警办理,惟因便利起见,仍应完全嘱托民事执行处执行(参照院字第七百七十六号解释)。如以丙说为是,则民事执行处,倘因人少事繁或其他困难,碍难办理。而检察官又无不便利执行之正当理由时,能否斟酌情形,拒绝嘱托。此请解释者三。又关于执行《刑事诉讼法》第一百十八条规定,应命缴纳指定之保证金额,如对于保证人之财产强制执行,不生效果,能否就所保被告之财产执行。如财产经拍卖而无人拍定,法院又不便强制管制,则应如何办理。可否暂将该案作其他终结,一俟有人承买,或另外发现保证人或被告之财产时,再为执行,此请解释者四。事关适用法律疑义,理合备文呈请钧院鉴核,指令祗遵等情。据此,事关法律解释,本院未便擅拟,理合据情呈请钧院鉴核示遵。谨呈司法院院长居。湖南高等法院院长陈长簇请假,庭长颜昌焘代行

**院字第二一六九号**

**民国三十年三月三十一日　司法院指令湖南高等法院**

呈悉,业经本院统一解释法令会议议决,甲被诉伪造印章,既经讯明系未经起诉之乙所为,应予宣告无罪。该项伪造之印章,并非违禁物,自不得宣告没收。至《刑法》上得单独宣告没收之物,依同法第四十条但书之规定,系以违禁物为限。关于分则所设不问属于犯人与否没收之规定,其没收之物,并非均系违禁物。如被告并不成立犯罪时,该物应否单独宣告没收,仍应视其是否属于违禁物为断,不能因分则有没收之规定,概行没收。院字第六十七号解释,应予变更。仰即转饬知照。此令

**附湖南高等法院原呈**

案据署南县司法处审判官龙润猷呈称,《刑法》除免除其刑者,仍得专科没收外,其余宣告无罪之案件,并无专科没收明文。设有甲被诉伪造印章,经说明系未经起诉之乙所为,应否依《刑法》第二百一十九条、第三十九条及院字第六七号解释于甲之无罪判决一并宣告没收,请核示等情。据此,查从刑为主刑之附属刑,除有特别规定外,必须科以主刑,方能科以从刑。甲被诉伪造印章,既经讯明系乙所为,应予宣告无罪。关于伪造之印章,似不能依《刑法》第二百一十九条于甲之无罪判决内专科没收。但与钧院院字第二七号解释又相违背,究应如何办理之处,案关法律疑义,理合据情呈请钧院鉴核,解释示遵。谨呈司法院院

长居。湖南高等法院院长陈长簇

**院字第二一七〇号**

**民国三十年三月三十一日 司法院致卫生署函**

迳启者,据本院秘书处转陈贵署上年十二月十七日医字第一零二八二号公函,准第八战区军法执行监部请解释《修正麻醉药品管理条例》及《购用麻醉药品暂行办法》各条文疑义一案,业经本院统一解释法令会议议决,(一)各地医院或医师依《购用麻醉药品暂行办法》第三条规定,得直接向中央卫生试验所麻醉药品经理处购买麻醉药品。其每次购买之数量,不得逾《修正麻醉药品管理条例》第九条但书之限制。至请购之数量逾越定额时,既因上述但书之限制,麻醉药品经理处或分机关有权核减,殊难更为何项之制裁。其违法舞弊而购买逾量者,参照第二问之解答办理。(二)医院或医师购用麻醉药品,虽逾《修正麻醉药品管理条例》第九条之限制,但如无朦混或串同购买等项情事,尚不能认为即系同条例第十三条所称之违法舞弊。至该购买人倘有违法舞弊情事,除应受行政处分外,其应受之刑事制裁,应视犯罪之情形而定。如系故买逾量鸦片或吗啡、高根、海洛因及其化合物等之毒品,即应分别有无贩卖之意图,成立《禁烟禁毒治罪暂行条例》所定贩卖或持有之罪。如系分派人员图利串同购买者,该购买人依《刑法》第三十一条第一项规定,应成立《惩治贪污暂行条例》第三条第一项第二款之罪。自应适用各该规定惩治,余可依此类推。(三)《购用麻醉药品暂行办法》第五条所称之地方该管机关,系包括该地之司法机关及卫生主管官署而言。如不法转售之麻醉药品为鸦片或吗啡、高根、海洛因及其化合物等类毒品,既系成立《禁烟禁毒治罪暂行条例》之贩卖罪,依同条例第二十二条规定,应归军法机关审判。(四)《购用麻醉药品暂行办法》第五条,既明定购用麻醉药品者,其用途以配制方剂及科学研究为限,并禁止不法转售。则医院医师等以其所购得之麻醉药品,高价转售于其他医院或医药机关,即属不法转售。相应函请贵署查照转知。此致卫生署

**附卫生署原函**

案准军事委员会军法执行总监部第八战区军法执行监部本年十一月九日法字第一五四二号公函,为请解释《修正麻醉药品管理条例》及《购用麻醉药品暂行办法》等条文分列五点,请予解释等由到署。除第五点纯属技术方面可由本署解释外,其余各点关于解释法律条文,相应钞录原文,检送《修正麻醉药品管理条例》及《购用麻醉药品暂行办法》各一份,函请查照,迅赐分别解释见示,以凭转复为荷。此致司法院秘书处。署长金宝善

**附军事委员会军法执行总监部第八战区军法执行监部原函**

查本部兹以办理案件,关于下列各项应请惠予解释。(一)各地医院或医师是得直接向贵署所属之麻醉药品经理处购买麻醉药品,其每次购用之数量,是否得不受《修正麻醉药品管理条例》第九条所定五十克或十克之限制?若购买逾越该条所定限量时,有何制裁?(二)医院或医师购用麻醉药品超过《修正麻醉药品管理条例》第九条所定之限量时,是否应

认为有同条例第十三条所称违法舞弊情事？又该条所称依法严惩，究系依照何项法令惩处？是否另有特种法规？（三）依《购用麻醉药品暂行办法》第五条之规定，购用麻醉药品者，如有不法转售情事，除停止其购买外，并请地方该管机关查明法办。所称地方该管机关，系指该购用麻醉药品者之该管卫生行政机关，抑系司法机关？又，如有此种不法转售情事时，依照何项法令惩办？

**院字第二一七一号**

**民国三十年四月十日　司法院指令湖南高等法院**

呈悉，业经本院统一解释法令会议议决，原呈所称一方请求他方履行契约上未拨足粮米之诉讼，当指原告请求被告将其已卖土地所纳粮米之税额，拨入被告户内完纳之诉讼而言。此项诉讼系以被告应拨去粮米税额之请求权为诉讼标的，原告就诉讼标的所有之利益，即在免其将来之纳税义务。其诉讼标的之价额，自应以原告将来所得免纳之粮米总额为准。查《土地法》所规定之地价税，系照占定地价定其税率。依《各省市地政施行程序大纲》第二十八条之规定，业经举办地价税之地方，自开始征税之日起，原有由土地负担各项正杂赋税，应即一律取消。是土地之原所有人，因移转所有权时，未依旧制拨足粮米，致仍由其完纳者，自开始征地价税之日起，当然免其纳税义务。故核定此项诉讼标的之价额，应斟酌该地方约在何时举办地价税，以该时期前应纳之粮米总额为准。仰即转饬知照。此令

**附湖南高等法院原呈**

案据临澧县司法处审判官欧阳玉本年十二月六日第二九八号呈称，查一方请求他方履行契约上未拨足之粮米提起民事诉讼事件，其计算裁判费是否比较以一年未拨足应纳税额二十倍为准，抑以该田一年所获利益二十倍或以地价为准，请鉴核示遵等情。事关法律疑义，理合据情呈请钧院鉴核，俯赐解释示遵。谨呈司法院院长居。湖南高等法院院长陈长簇

**附湖南高等法院原呈**

案查前奉钧院本年二月十二日指字第三八九号指令本院，呈据临澧县司法处审判官请示拨粮涉讼事件核定裁判费疑义，转呈解释示遵由一案。内开，呈悉，原呈所称一方请求他方履行契约上未拨足之粮米，是否指由被告户内拨出言，抑指拨入被告户内言。仰即转饬查明声复，以凭核办等因。奉此，当经转饬该审判官欧阳玉声复去后，兹据复称，原呈所称一方请求他方履行契约上未拨足之粮米，系指拨入被告户内而言等语，理合据情呈请钧院鉴核示遵。谨呈司法院院长居。湖南高等法院院长陈长簇

**院字第二一七二号**

**民国三十年四月十一日　司法院指令湖南高等法院**

呈悉，经本院统一解释法令会议议决，《惩治盗匪暂行办法》第四条第一款所称抢劫，与

《刑法》上强盗罪同。其劫取方法,凡以强暴、胁迫、药剂催眠术或他法至使人不能抗拒者,皆包括在内,不专以施用强暴、胁迫行为为限。甲、乙以药饼迷人,取人财物未遂,自系构成上述条款结伙抢劫之未遂罪。其犯罪如在该办法施行后,应依该办法第九条由军法机关审判。仰即转饬知照。此令

**附湖南高等法院原呈**

案据安化县县长兼理县司法处行政事务周仲衡本月文代电称,兹有甲、乙二人伙图劫财,制备麻醉药饼携带身畔,途遇身藏多金之丙、丁,即出药饼予食。丁食后比时昏迷,丙亦觉舌麻头昏,乃呼喊附近居民,将甲捉住乙逃脱,丙、丁藏金尚未劫去。如此场合,甲、乙系犯《刑法》第三百二十八条第三项之强盗未遂罪,归普通司法机关审判,抑系犯《惩治盗匪暂行办法》第四条第一款之未遂罪,由兼军法职权之机关审判,有下列二说。(一)谓《惩治盗匪暂行办法》第四条第一款抢劫二字之涵义,以对被害人积极施以强暴、胁迫之手段者为限。其以药剂、催眠术或他法至使人不能抗拒之行为,该条款既未列举,自不包括在内。故甲、乙只构成《刑法》第三百二十八条第三项之罪,由司法机关审判。(二)谓《惩治盗匪暂行办法》,乃《刑法》加重之特别法。该办法第四条第一款之抢劫二字,系概括规定,其结伙二人以上之劫财,无论对被害人施用强暴、胁迫之手段,抑系用药剂、催眠术或他法均包括在内。故甲、乙应构成《惩治盗匪法》第四条第一项之未遂罪,归兼军法职权之机关审判。二说孰是,理合电请核示等情。据此,事关适用法律疑义,本院未便臆断,理合据情呈请钧院鉴核,迅赐示遵。谨呈司法院院长居。湖南高等法院院长陈长簇、首席检察官邓静安

**院字第二一七三号**

**民国三十年四月十二日　司法院咨行政院**

案准贵院上月八日勇诉字第四零零六号咨开,据重庆市政府代电请示再诉愿案件受理范围疑义一案,请查照解释见复等由,业经本院统一解释法令会议议决,诉愿须对于中央或地方官署之处分为之,再诉愿须对于受理诉愿官署之决定为之,此在《诉愿法》规定甚明。对于官署之处分提起诉愿,并就未经处分而与处分有关之事项附带有所呈请者,如受理诉愿之官署,业已就其呈请为准驳之处分,固得对于该处分提起诉愿。但此与对于决定提起之再诉愿别为一事,不能作为再诉愿予以受理。若受理诉愿之官署,仅就诉愿为决定,并未就其附带呈请为准驳之处分。则关于附带呈请部分之再诉愿,不应受理,尤不待言。相应咨复贵院查照饬知。此咨行政院

**附行政院原咨**

据重庆市政府本年二月二十日市秘叁字一零三二四号代电称,查再诉愿依法系因不服受理诉愿官署之决定而提起。如再诉愿人在原诉愿期间除诉愿案件之主要标的外,另有其他有关事项并未经过处分,仅用普通呈请方式向受理诉愿之官署附带请求,但未经受理诉愿之官署予以决定者,受理再诉愿之官署,应否予以受理,现有甲、乙二说,见解不同。

(甲)说,以此类事项非依照正式诉愿程式以为请求,且未经处分程序,受理诉愿之官署,不能认为诉愿之标的,自未便并案予以决定。受理再诉愿之官署,对于再诉愿人此种请求,自不应予以受理。在此种情形之下,再诉愿人应先向有处分权之官署呈请处分。如不服时,始得提起诉愿,由其决定后,如再不服,始得提出再诉愿。(乙)说,以依照前大理院十三年上字第一五八一号及最高法院十九年上字第四八九号各判例上载,诉愿书虽不合程式,而以普通呈文式声请者,只要在合法期间,亦即能认为合法诉愿,予以受理。则此种请求可视为一种诉愿行为,受理诉愿之官署,自应并案予以决定。否则依照钧院二十二年八月五日第三六四七号训令规定,再诉愿人提出再诉愿后,原受理诉愿之官署,应补作决定书,交再诉愿人收执。并同受理再诉愿之官署,补行答辩,以便并案核办。以上二说,究以何者为是,理合电请鉴核指示,俾有依据等情。据此,查提起诉愿,以不服官署之处分为前提,此参照《诉愿法》第一条之规定而自明。惟再诉愿人向受理诉愿官署以普通呈请方式附带请求与诉愿有关而未曾经过处分之事项,受理诉愿官署并未就该部分事项予以审查决定,再诉愿官署可否就该事项并予受理,不无疑义。据电前情,除指令外,相应咨请贵院查照解释见复,俾便饬知。再原代电所引本院二十二年第三六四七号训令系对于各官署受理诉愿或再诉愿案件,仅以批示或命令行之,并未作成决定书送达之补救办法,核与本案之情节不同,合并声明。此咨司法院院长蒋中正

**院字第二一七四号**

**民国三十年四月十二日　司法院指令河南高等法院**

呈悉,业经本院统一解释法令会议议决,来文所述情形,能否认为出口,应以私运银币之地,与敌人暴力控制之接近游击区域,其间曾否设有关卡或其他查禁物品出境之机关为断。如该地设有关卡或其他查禁机关,则其私运银币至上述区域,即系出口,应适用《妨害国币惩治暂行条例》第一条之规定办理。仰即转饬知照。此令

**附河南高等法院原呈**

案据本院第一分院院长王启光称,按《妨害国币惩治暂行条例》第一条所谓出口者,在平时固指出海口而言。但值此抗战时期,如有私运银币至敌人暴力控制之接近游击区域,能否视为出口,援用该条例办理,不无疑义。理合备文呈请鉴核转请解释,俾资遵循等情。据此,案关法律解释,理合据情呈请钧院核示饬遵。谨呈司法院院长居。代理河南高等法院推事兼院长胡绩

**院字第二一七五号**

**民国三十年四月十二日　司法院训令福建高等法院**

案查福建浦城第二区水北乡调解委员会呈请解释典产回赎适用法律疑义一案,业经本院统一解释法令会议议决,《清理不动产典当办法》第三条虽规定不许告赎之典产,仍准原

业主向典主告找作绝。但自《民法物权编》施行后,此项规定已失其效力。《民法物权编》仅于第九百二十六条规定,出典人于典权存续中,表示让与其典物之所有权于典权人者,典权人得按时价找贴,取得典物所有权。若典产已因经过法定回赎期间,而由典权人取得典物所有权,该典权即不复存续,出典人自无援用同条告找之余地。此外既无不许回赎之典产,尚得告找之规定,则该典权虽系《民法物权编》施行前所设定,亦不得于《民法物权编》施行后再行告找。合行令仰该法院转饬知照,原呈钞发。此令

**附福建浦城第二区水北乡公所调解委员会原呈**

窃乡镇之范围虽小,究为自治之基层,组织乡镇调解委员会,有减轻人民苦讼之可能,法不可谓不美且善。但最近由于抗战关系,一切物价倍增,本县不动产土风亦随波而涨。计平时普通典价十元,今已增至三十元,故不动产每有典业已经足价,今且可找出原价两倍之数,是出典人于无形中骤得梦想不到之土风价值,由此而典业争执之案实多。本委员会乃采取《民法物权编》,以典业逾三十年者不得告找。而他乡镇每五六十年之典权,尚找得巨款(如从前出典时仅百元,今且找出二百元)。由是而向本会质问者益多。本会乃穷于应付,由其而向司法起诉。而司法方面,又无一定之标准。究竟典业已逾三十年,曾经推粮过户契据登记清楚之物权,出典人可否按今之时价告找,为此不计万里。具文恳请钧院恩准明示俾有遵循,实为公便。谨呈司法院公鉴。具文福建浦城二区永北乡公所调解委员会主任委员吴全达

**院字第二一七六号**

**民国三十年四月十二日　司法院训令司法行政部**

呈悉,业经本院统一解释法令会议议决,拍卖公告只须揭示于执行法院及该不动产所在地,即生效力。《强制执行法》第八十四条虽载,如当地有公报或新闻纸,亦应登载字样。然同一拍卖公告,未便以当地之有无公报或新闻纸,而异其效力之发生要件,自应解为训示规定,不能以其未登载公报或新闻纸即认拍卖为无效。仰即转饬知照。此令

**附司法行政部原呈**

案据福建高等法院二十九年十二月七日称,案据本院临时公庭庭长陈硕英呈称,查《强制执行法》第八十四条规定,拍卖公告应揭示于执行法院及该不动产所在地。如当地有公报、新闻纸,亦应登载。如有其他习惯,并得依其习惯方法公告之。以应字之文例而论,属于强行规定,核与前《民事诉讼执行规则》第六十七条规定,得酌量登载一种或数种之报纸,其立法之旨趣不同。兹某执行法院既拍卖不动产之先,未刊登新闻纸,当有数人出价竞买,于拍定交清买价后,并发权利移转证书于第三人。正在执行交管,债务人以丧失多得价金之机会,声明异议。旋即提起抗告,极力主张执行法院未将不动产拍卖之事由登载于当地新闻纸,其拍卖程序无效等情。因《强制执行法》甫经施行,无先例可为依据等情。据此,事关法律疑义,本院未敢擅专,理合据情呈请钧长核示祗遵等情。据此,理合具文呈请钧院鉴

核指示,以便转饬遵照。谨呈司法院院长居。司法行政部部长谢冠生

**院字第二一七七号**

**民国三十年五月三日　司法院咨行政院**

案准贵院本年二月二十七日(勇伍字第三一七七号)咨开,据财政部转请解释,公有沙洲被人民占有,应否补缴地价,填发部照一案,请查照见复等由,业经本院统一解释法令会议议决,沙洲淤地未经人民依法取得所有权者,依《土地法》第十二条第一项之规定,为公有土地,此项土地,就私法关系而论,其所有权属于国家。国家为公法人,占有公法人之土地,自属《民法》第七百六十九条、第七百七十条所谓占有他人之不动产。故公有土地,除《土地法》第八条所定不得私有者外,亦有取得时效之适用。人民已因取得时效取得所有权者,既系《土地法》第七条所谓依法取得所有权,嗣后即为私有土地,国家得向该人民征税,不得再令补缴地价。相应咨覆贵院查照饬知。此咨行政院

**附行政院原咨**

案据财政部三十年二月十五日渝赋字第二五三〇号呈称,案准福建省政府处财秘电内开,按《民法物权编》第七六九、七七〇两条,善意占有应以有主不动产为限。但沙洲淤地,在本省处分官产条例未施行前(即清末及民国初年),已被占垦成田,擅造契据投税,且经移转,或未投税而经登记之手续者,是否仍按该条例补缴地价,填发官产部照,祈电示等由。准此,查沙洲被垦成田,已历二十年以上,造有契据投税,且经转移或未投税而经登记之手续。是其以所有之意思,和平继续占有,已达法定年限,似尚合于《民法物权编》第七百六十九条及第七百七十条与《物权编施行法》第七条及第八条之规定。至闽省府所称《民法物权编》第七六九及第七七〇两条善意占有,应以有主不动产为限一节。官产是否在该两条所称他人不动产之列,事关法律疑义,除电复应候转请解释外,理合呈请鉴核,仰祈转咨司法院迅予解释,俾有遵循,洵为公便等情。据此,相应咨请解释见复。此咨司法院

**院字第二一七八号**

**民国三十年五月三日　司法院致军政部函**

案准贵部本年三月十九日(渝仁役宣字第三四八〇号)公函开,准浙江省政府、军管区司令部代电请解释《优待出征抗敌军人家属条例》第九条适用疑义一案,请查照赐覆等由,业经本院统一解释法令会议议决,依《修正优待出征抗敌军人家属条例》第九条第一项,展期清偿之债务于该军人死亡后,应由其继承人依同条项后段所定期限清偿之,在非其继承人之家属,自不负清偿责任。至债务非出征抗敌军人本身所负,而为其家属所负者,不得援用同条项前段展期清偿。相应函覆贵部查照转知。此致军政部

**附军政部原函**

案准浙江省政府民三永、军管区司令部役二字第一六四四二号代电,依照《优待出征抗

敌军人家属条例》第九条，征人在应征召前所负之债务，其因作战阵亡，或因公积劳成疾，或受重伤致成残废，或因伤病请假回籍而死亡者，得自阵亡或停役或请假之日起满第三年后于二年内清偿之。则清偿是项债务，是否由其家属负责？又出征抗敌军人在应召前，其家属所负之债务无力清偿者，可否援照同条第一项上半段得展至服役期满后第二年内清偿之规定办理，请赐解释等由。查《修正出征抗敌军人家属条例》第九条条文第一项，既指明出征抗敌军人在应征召前所负之债务无力清偿者，得展缓至一定期间清偿。则其家属所负之债务，似不在此例。又出征抗敌军人因作战阵亡，或因公积劳成疾，或受重伤致成残废，或因伤病请假回籍而死亡者，其所负之债务，过一定期间后，似应就其私有财产或其财产之继承人请求清偿。惟案关民事，相应函请查照赐复，以便办理为荷。此致司法院

**院字第二一七九号**

**民国三十年五月五日　司法院复湖南高等法院首席检察官电**

本年二月有代电悉，所请解释一案，业经本院统一解释法令会议议决，《刑法》上之公然侮辱罪，只须侮辱行为足使不特定人或多数人得以共见共闻即行成立（参照院字第二〇三三号解释），不以侮辱时被害人在场闻见为要件。又某甲对多数人骂乙女为娼，如系意图散布于众而指摘或传述其为娼之具体事实，自应成立《刑法》第三百十条第一项之诽谤罪。倘仅谩骂为娼，并未指有具体事实，仍属公然侮辱，应依同法第三百零九条第一项论科。合电知照。司法院歌印

**附湖南高等法院首席检察官原电**

重庆司法院院长居钧鉴，《刑法》第三百零九条第一项之公然侮辱罪，当时是否须被害人在场闻见始行构成？又如某甲对多数人骂乙女为娼？是否仅触犯违警罚法第四十四条第一项第三款之罚则，抑应构成公然侮辱罪或诽谤罪，均不无疑义，理合电请迅予解释示遵。湖南高等法院首席检察官

**院字第二一八〇号**

**民国三十年五月六日　司法院指令湖南高等法院**

呈悉，业经本院统一解释法令会议议决，(一)不服下级法院科刑判决提起上诉，纵上诉审认原判决论罪无误，仅只处刑失当，仍应将原审判决罪刑部份一并撤销改判，毋庸就论罪部份另为其他上诉驳回之谕知。(二)查《改定货币政策办法》第五款载，旧有以银币单位订立之契约，应查照原定数额于到期日概以法币结算收付之等语，此项办法业经第四届中央执行委员会第六次全体会议决议追认，交由国民政府于民国二十四年十一月六日通令施行在案。是在法币政策施行前债之关系以银币定给付额者，不问当时银币兑换法币之价格与现时法币兑换铜币之价格有无高低，债务人均得照原定数额以法币给付之，债权人不得按当时兑低将银币折为铜币请求清偿。此与原系约定以铜币计算之金钱贷借得以法币按财

政部所定兑价折合铜币偿还者不能同论。仰即转饬知照。此令

**附湖南高等法院原呈**

案据本院第一分院院长钟馥养代电称,按刑事上诉案件,其上诉各论旨虽不足采,如第二审认原判决确系不当,或第一审判决后法令已有变更,均应认上诉为有理由(十七年九月一日施行之《刑事诉讼法》第三百八十五条第一项后段正与此旨相同)。依《刑事诉讼法》第三百六十一条将原判决撤销自为判决,此固有院字第一四四一号解释可据。惟原判决不当,有罪刑全部或处刑一部,则撤销自判。关于主文之逾知,有下列二说:(甲)说谓第一审罪刑全部不当,应全部撤销无论已。即使仅处刑部分不当,既认上诉为有理由,亦应全部撤销。如仅撤销其处刑部分而维持其罪,而第二审改判其刑时,理由内仍援引所犯该罪之法条主文内犹列出其罪名,未免与原判重复,故应将罪并予撤销,连同刑自为判决。(乙)说谓第一审判决既仅处刑部分不当。其认定犯罪事实与夫论罪及援引所犯法条均属妥洽,亦无第一审判决后法令变更之关系,应只撤销其处刑部分另判而认该部分之上诉有理。将其他之上诉(即罪之部分)依刑诉法第三百六十条驳回,与上述解释并不抵触。因解释内所引刑诉法第三百六十一条有"经上诉部分"字样,一部分不当认,一部上诉有理。盖罪与刑原属可分。征之最高法院十九年非字第五三号、二十二年上字第三三一号、同年上字第四二八号、二十三年上字第二九九五号各判例,自为明了。二说未知孰是,此应请解释者一。又按金钱借贷,约定以铜币计算,而无必须返还铜币之特约者,如以法币折合铜币偿还,或其他以铜币定给付额而未订明应以铜币为给付者,债务人如以法币折合铜币给付,应按返还或给付时财政部所定兑价计算(原定为每法币一元兑换当十铜元以三百枚为准,后定为每法币一元兑换当十铜元二百枚),此为院字第一九八二号解释明白。惟二十四年施行法币政策之先,银币流通市面在所不禁,而折合当十铜元若干亦有一定价格。其债之关系,约定以银币偿还或给付者,自属不少。迨至施行法币以后,银币未通行市面,其以前债务要难强债务人以银币偿还或给付,但似可依照上述解释法币折合铜元之比例为之。因为银币辅币之铜元既可折合法币,而原具有铜元价格之银币亦自可依之比例而折合,此应请解释者二。以上两项,理合电请核示祇遵等情。据此,事关法律解释,理合转呈钧院鉴核迅赐示遵。谨呈司法院

**院字第二一八一号**

**民国三十年五月十四日　司法院指令司法行政部**

呈悉,业经本院统一解释法令会议议决,《妨害兵役治罪条例》第八条第一项后段所载并追还其财物交回被害人,系属特别规定,不待被害人之请求,法院应依职权予以追还,并应于刑事判决主文内一并谕知。至此项判决,仍应依《刑事诉讼法》第四百六十一条之原则由检察官指挥执行。但该项财物既须交回被害人,若被害人于审判中已表示抛弃其请求权时,则实际上并无返还其财物之必要,自可不为追还之裁判。仰即转饬知照。此令

**附司法行政部原呈**

案据江西高等法院二十九年十二月二十九日呈称，案据临川地方法院院长王纲煦代电称，查《妨害兵役治罪条例》第八条后段载“并追还其财物交回被害人”，似属附带民事诉讼范围。兹规定于特别《刑法》条文内，是否采干涉主义，不必经被害人之请求，即应于刑事判决主文内一并谕知？又该项判决究应由检察官于施行刑罚时并予执行，抑应由民事执行处执行？如被害人于审判中已表示抛弃返还赃物之请求权时，可否不为追还财物之裁判，俱不无疑义，此应请予核示者一。又公务员要求期约或收受贿赂为贪污中普遍之行为，而《惩治贪污暂行条例》并无规定，是否认为已包含于同条例第三条第一项第二款，对于主管或监督之事务直接或间接图利之概括规定内，抑认为应依《刑法》处罚故不予规定，此应请核示者二。事关法律疑义。理合电请钧长核示，或转请解释指令祗遵等情前来。事关法律解释，本院未便擅专，理合据情呈请钧部鉴核示遵等情。据此，除原请示关于公务员对于主管或监督事务收受贿赂一点，业经国防最高委员会决议当然适用《惩治贪污暂行条例》第三条第一项第二款处断，不生疑问外，其余各点，事关法令疑义，理合具文呈请钧院鉴核。指示以便转饬知照。谨呈司法院

**院字第二一八二号**

**民国三十年五月十四日　司法院指令司法行政部**

呈悉，业经本院统一解释法令会议议决，债之关系发生后给付不能者，无论其不能之事由如何，债权人均不得请求债务人为原定之给付，此观《民法》第二百二十五条第二百二十六条之规定自明。物之交付请求权发生后，其物经法律禁止交易致为不融通物者，给付即因法律之规定而不能，其禁止交易，在诉讼系属中者，为原告之债权人如因此而有金钱之支付请求权，得依《民事诉讼法》第二百五十六条第三款、第四百四十三条第一项但书变更其诉。若仍求为命被告交付该物之判决，应认其诉为无理由，予以驳回。其禁止交易在命被告交付该物之判决确定后者，该判决自属不能执行。仰即转饬知照。此令

**附司法行政部原呈**

案据甘肃高等法院本年一月删日代电称，案据署武威地方法院院长孙呈祥上年十二月梗代电称，兰州高等法院院长孟钧鉴，查我国禁烟最后期限系定二十九年年底禁绝，自民国三十年一月一日起所有因烟土发生诉讼，是否以违禁物品论？如果认为违禁物品，例如在二十九年底以前发生之烟土案件，延至三十年一月尚未办结，以及判还烟土确定之案正在执行间者，又当如何办理？刻下二十九年度转瞬即将届满，上项问题实有及早解决之必要。理合电请钧院核示令遵等情。据此，事关法令疑义，未便擅拟，理合肃电转请钧部核示，俾转饬遵照等情。据此，查鸦片烟自三十年一月一日起已入禁绝时期，自应认为违禁物品。其在三十年以前发生而现在尚未办结之烟土案件。如系请求返还烟土者，似应以判决驳回。如系因烟土而发生之金钱债务事件，似仍应依法继续审理。至判还烟土已确定案件正

在执行中者,其执行标的物既变为违禁,自应停止执行。唯事关适用法律,本部未敢擅专。理合具文呈请钧院鉴核指示。以便转饬遵照。谨呈司法院

**院字第二一八三号**

**民国三十年五月十四日　司法院电安徽高等法院**

本年一月真代电悉,所请解释一案。业经本院统一解释法令会议议决,第一审法院检察官收受刑事判决后,由其首席检察官于上诉期间内片致同院刑事庭。内称主办检察官应行上诉,如该片未经主办检察官或首席检察官签名,依《刑事诉讼法》第三十九条不能认为合法之上诉。纵令嗣后经主办检察官提出上诉理由书,但既在上诉期间以外,依同法第三百四十一条,仍应由法院适用同法第三百五十四条,或第三百五十九条为驳回上诉之裁判。合电知照。司法院寒印

**附安徽高等法院原电**

重庆司法院院长居钧鉴。地方法院检察官收受刑事判决后,由其首席检察官于上诉期间内片致刑庭,内称,主办之检察官认为应向第二审上诉,片内亦未经主办之检察官署名。此种文件能否认为刑诉法第三百四十二条所载之上诉书状?虽主办之检察官自收受判决之翌日起,迟至上诉期间外,始提出上诉理由书,第二审法院仍须以其上诉为合法而予以受理,抑可参照最高法院刑事第二庭二十九年度上字第三一八七号判决迳将其上诉驳回?乞电回示祗遵。安徽高等法院

**院字第二一八四号**

**民国三十年五月二十日　司法院指令湖南高等法院**

呈悉,业经本院统一解释法令会议议决,《刑事诉讼法》第五百零二条系第二百条及第四百九十五条第五款之特别规定。附带民事诉讼之当事人两造经合法传唤均无正当理由不到庭者,自得依该条迳行判决。仰即知照。此令

**附湖南高等法院原呈**

查刑事案件被告已受合法传唤,无正当理由不到庭者,依《刑事诉讼法》第二百九十八条第三百六十三条各规定,得不待其陈述迳行判决。即他造当事人为自诉人受传唤未到,亦可适用同法第三百二十六条由检察官担当诉讼。惟关于附带民事,如两造当事人均未到庭,能否迳行判决,分甲、乙两说:(甲)说谓事实审之判决系采言词辩论主义,故判决除有特别规定外,应经当事人言词辩论为之,《刑事诉讼法》第二百条规定甚明。若两造当事人均未到庭迳行判决,则其程序等于书面处理,而非言词辩论,显与立法主义相违。况《刑事诉讼法》第四百九十五条规定:《民事诉讼法》关于诉讼程序之停止,及当事人本人之到场,于附带民事准用之,则两造当事人均未到场,自得依该条将诉讼程序停止,或依同法第五百零八条以裁定移送同院民事庭,不得迳行判决。(乙)说谓附带民事诉讼当事人经合法传唤无

正当之理由不到庭或到庭不为辩论者,得不待其陈述而为判决,《刑事诉讼法》第五百零二条已定有明文,此项规定既未揭明有必待一造当事人到场辩论字样,则双方当事人均受合法传唤而均未到庭,自得适用该条迳行判决。况附带民事之诉讼标的多属细微,且于刑事程序中已同时调查,即当事人提出之书状,及刑事调查时到庭,亦将请求明白表示,若于审判期日必待有一造当事人到场,并为声请始能由一造辩论而为判决,则于当事人反感不利,殊与附带民事原期便捷之本旨显有不符。以上两说,究以何说为是,事关法律疑义,理合具文呈请鉴核,解释示遵

**院字第二一八五号**

**民国三十年五月二十二日　司法院致军事委员会函**

案准贵会上月十一日[法审(三〇)渝三字四七四一号]公函开。据军法执行总监部转请解释办理军法案件适用法律疑义一案,请查照见覆等由,业经本院统一解释法令会议议决,《刑法》第五十六条所谓同一罪名,系指其连续数行为所侵害之法益性质相同,即在法律上属于同一罪质者而言。来文所述,(一)和奸有夫之妇,及意图奸淫而和诱有夫之妇,或未满十六岁之女子脱离家庭,其侵害他人家庭关系之法益性质相同。至和奸未满十六岁之女子,虽系犯妨害风化之罪,但和奸有夫之妇,不仅妨害他人之婚姻及家庭关系,即社会风化亦同时显有妨害。关于此点被害法之性质仍属相同,如以概括之犯意先后犯有上列各行为,自应成立连续犯。(二)结伙抢劫及恐吓取财,均系侵害他人之财产法益,属于同一性质之罪。至《惩治盗匪暂行办法》所定之掳人强卖罪,系《刑法》上营利略诱之加重规定。其所侵害之法益为被掳人之家庭监督权,或个人身体之自由(参照《刑法》第二四一条第二项第二九八条第二项),与抢劫及恐吓两罪之性质不同。如以概括之意思,先后结伙抢劫恐吓取财及掳人强卖,除抢劫恐吓应成立连续犯外,关于掳人强卖部分应并合处罚。(三)以概括之犯意,先后运输鸦片毒品及贩卖鸦片毒品,并贩卖专供吸食鸦片及吸用毒品之器具,暨营利设所供人吸食鸦片毒品,均系连续数行为侵害国民健康之公共法益而犯同一性质之罪,应成立连续犯。(四)同时持有鸦片毒品及专供吸食鸦片与吸用毒品之器具,系一行为而触犯数罪名,应依《刑法》第五十五条从一重处断。相应函覆贵会查照饬知。此致军事委员会

**附国民政府军事委员会原函**

案据军法执行总监部报称:现因办理军法案件,关于适用法律发生疑义数点:(一)以概括之奸淫犯意,先后和奸有夫之妇及未满十六岁之女子,又意图奸淫而和诱上述妇女脱离家庭。(二)以概括之得财犯意,先后结伙抢劫,掳人强卖,恐吓取财。(三)以概括之营利犯意,先后运输鸦片及毒品,又贩卖鸦片及毒品,并贩卖专供吸食鸦片及吸用毒品之器具,又营利设所供人吸食鸦片及毒品。(四)同时持有鸦片毒品,及专供吸食鸦片与吸用毒品之器具。以上第一二三三项均以概括之犯意而犯性质相同之罪,是否均以连续犯论,抑须并合论处?第四项是否从一重论处,抑须并合论处?请转函司法院迅予分别解释等情。据此,

案关法律疑义,相应函请查照。迅予解释见复为荷

**院字第二一八六号**

**民国三十年五月二十四日　司法院复湖南高等法院电**

本年三日筱代电悉,安仁县司法处审判官请解释征收诉讼费用疑义一案。业经本院统一解释法令会议议决,(一)对于财产管理人之计算请求权,为债权之一种,请求计算之诉既以此种请求权为诉讼标的,自属财产权上之诉讼。核定此项诉讼标的之价额,应以原告就履行计算义务所有利益之客观价额为准。惟其价额通常只能约计其最高最低之限度,不能核定其确数,自可依《民事诉讼费用法》第十一条办理。(二)以一诉请求计算,及被告因该法律关系所应为之给付者,诉讼标的虽有两项,而自经济上观之,其利益不能超出终局标的之范围。依《民事诉讼法》第四百零六条之规定,其诉讼标的之价额,应依其中价额最高者定之。原告依《民事诉讼法》第二百四十五条,于被告为计算之报告前保留关于给付范围之声明者,依《民事诉讼费用法》第十一条之规定,定其价额。惟法院就第一请求以一部判决命被告为计算之报告。原告于被告任意或依强制执行为,此报告后补为关于给付范围之声明时,如其诉讼标的之价额高于原定之价额,法院自应命原告补缴裁判费。合电转饬知照。司法院敬印

**附湖南高等法院原电**

案据署安仁县司法处审判官蔡泰来代电称,查关于请求判令清算经管财产之民事诉讼,其经收裁判费颇滋疑问,兹将各疑问分列于后。(一)单纯请求判令清算之诉。甲说谓未清算以前出入余亏或相敷与否无从知悉,只能认为明了经理财产状况之请求,作非财产事件征收裁判费。倘作财产事件,其诉讼标的价值实难得公平之核定。乙说谓此为财产权之诉,未清算前其诉讼标的之价额无从核定,其裁判费应照《诉讼费用暂行规则》第十一条预先征收。除显逾或未满五百元外。纵不及一元或多至数千万元。法条上既曰视为五百元,亦不生不当问题。(二)请判令清算交付不定额剩余财产之诉。甲说谓只能先缴清算裁判费,得判令清算后照清算结果再照结果征收裁判费,如是则无多收少征之弊。乙说谓毋庸分先后判决。原告胜诉,只判被告经理某款应清算。如有余款应交付某某,故只须照《诉讼费用暂行规则》第十一条预征裁判费。至其将来清算及交付财产,属执行问题。以上两疑问,均各有其说,究应如何办理为当,理合电请核示祗遵等情。据此,案关法律疑义,本院未便擅拟,理合电请钧院解释示遵。湖南高等法院院长陈长簇叩筱印

**院字第二一八七号**

**民国三十年五月二十八日　司法院复广西高等法院电**

本年四月虞民代电悉,该法院第五分院转请解释债权清偿期各疑义一案。业经本院统一解释法令会议议决,(一)《民法》第八百七十三条第一项所谓清偿期,系指应为清偿之时

期而言,不以约定者为限。其依《民法》第三百十五条债权人得随时请求清偿,债务人亦得随时为清偿者,须经债权人请求清偿,而债务人不为之,始与《民法》第八百七十三条第一项所谓已届清偿期而未受清偿之情形相符。(二)债权人除契约有特别订定或法律有如《民法》第三百六十七条、第五百十二条第二项等特别规定外,不负受领给付之义务。依《民法》第二百三十四条之规定,债权人负受领迟延责任,并非以负有受领给付之义务为要件。第三百二十六条所谓债权人受领迟延,自不以负有受领给付之义务者为限。合电转饬知照。司法院勘印

**附陕西高等法院原电**

案据广西高等法院第五分院本年三月迳代电称。查《民法》第八百七十三条第一项所谓债权已届清偿期。是否系指约定之清偿期而言。兹分二说:甲,谓本条项规定之清偿期,不仅约定之清偿期,即如未定期清偿之债务,依同法第三百十五条规定,债权人得随时请求清偿。是随时均届清偿期,自得适用本条迳行声请法院拍卖抵押物。乙,谓本条项系不经判决债权人得声请法院拍卖抵押物之特别规定,自应以约定之清偿期业已届满始得适用。若未定期之债务,既无期限之可言,尤无所谓已届清偿期,当不能适用本条迳请法院拍卖抵押物。否则殊非保护债务人之道。又《民法》第三百二十六条所谓债权人受领迟延,是否以债权人有受领之义务为限,亦有二说:甲,谓债务人欲将给付物提存,只须债务人表明债权人拒绝受领或迟不受领之情形,即为已足,当其请求提存时应予照准。至债权人有无受领义务,系事实上问题,尽可诉请为实体上裁判,与提存不生影响。谓本条规定,债权人受领迟延,须视债权人有无受领义务为断。若债权人并无受领义务,即不生迟延问题,殊无提存必要。例如因回赎典产事件,是项典产能否回赎,尚有疑义,则债务人何能强债权人收领典价而谓为受领迟延。若以此请求准予提存,应不准许。以上各点,未知孰是。案关法律适用,理合电请解释示遵等情。据此,查来问第一二点,似应均以乙说为是。惟事关法律疑义,未敢擅决,理合电请俯赐解释,俾便饬遵。代理广西高等法院院长申守真呈虞民印

**院字第二一八八号**

**民国三十年五月二十八日　司法院复安徽高等法院电**

本年四月东代电悉,所请解释一案,业经本院统一解释法令会议议决,《民事诉讼法》第四百九十五条第一款之规定,以对于同一事件之第一审及第二审判决同时以再审之诉声明不服者为限,始适用之。若经第二审法院认上诉为不合法,以裁定驳回者,对于第一审判决提起再审之诉,自应专属原第一审法院管辖。即同时对于第二审法院之裁定,依同法第五百零三条声请再审者。对于第一审判决提起之再审之诉,亦不属第二审法院管辖。合电知照。司法院勘印

**附安徽高等法院原电**

兹有甲与乙因确认所有权事件,经第一审法院判决确认系争地为甲所有,乙不服提起

上诉。因未补正程式,第二审法院以裁定驳回,确定在案。乙向第一审法院提起再审之诉,经裁定驳回。复以再审程序,向第二审法院对于第一审判决第二审裁定同时声明不服。惟再审理由。专系攻击第一审判决失当,于管辖问题发生疑义。子说:乙既系对一二两审裁判同时声明不服,依《民事诉讼法》第四百九十五条第一项第一款之规定,应属第二审法院管辖。丑说:乙虽系对一二两审裁判同时声明不服,但再审理由系专攻击第一审判决失当,依照十八年抗字第七八〇号判例,应专属第一审法院管辖。至乙对于第一审法院已驳回再审之裁定未提起抗告,系因该裁定引用上述法条之规定,以为可以向第二审法院请求救济,并非甘愿不向第一审法院提起再审之诉。且此种裁定,显系违背法令,根本不能生效。自可不受其拘束二说。未知孰是,谨电请核示祇遵。安徽高等法院院长廖江南东印

**院字第二一八九号**

**民国三十年五月二十八日　司法院训令四川高等法院**

呈悉,业经本院统一解释法令会议议决,请求于自己生存期内按月给付生活费之诉讼,即系《民事诉讼费用法》第十条所谓因定期给付涉讼。其诉讼标的之价额,应以可推知之原告生存期内收入总数为准。可推知之原告生存期长于十五年者,类推同法第四条之法意,应以一年收入数之十五倍为准。此项诉讼标的之价额既已定有计算方法,即非不能核定同法第十一条之规定,自属无从适用。仰即转饬知照。此令

**附四川高等法院原呈**

案据四川三台地方法院院长袁士鉴呈称,查征收诉讼费用应以原告请求标的物之金额或价额为准,设当事人请求每月生活发一百元,给付终身,似此漫无限制。若依不能估价视为五百元征收,而于文义似有违误,理合具文呈请解释示遵等情。据此,查定期给付或定期收益之权利有争执时,如定有期间,应以权利之存续期间内权利人将来应收入之总额为准。若期间为不确定时,则应推定存续期间因原告之请求而依客观的可受之利益为准,业经钧部二十二年二月二十五日院字第八六三号解释在案。惟查给付终身定期生活费,系以请求人之生活存续为前提。从客观上核定可受之利益,事实上已感困难,且现行适用之《诉讼费用暂行规则》第十一条复有诉讼标的之价额不能核定者,其标的价额视为五百元之规定是关于请求终身定期生活费之金额核定。究仍应推定其存续期间依客观核定其可受之利益,抑应认为不能核定而视其请求金额为五百元,不无疑义。事关法律解释,未敢擅专。理合具文转呈钧院俯赐解释,俾便饬遵。

**院字第二一九〇号**

**民国三十年五月二十九日　司法院指令贵州高等法院**

呈悉,业经本院统一解释法令会议议决,(一)典物因不可抗力而灭失之部分。典权人依《民法》第九百二十一条之规定重建者,消灭之典权与回赎权既经回复出典人回赎典物

时，即应支付该部分及余存部分之典价。惟该部分重建后之价值低于灭失时之价值者，其消灭之典权与回赎权仅于重建后之价值限度内回复，不能即以该部分原有之典价为其典价重建后之价值。本为回复之典权与回赎权两项价值之总和，其中属于回赎权价值之部分，为出典人所受之利益。典权人得依《民法》第九百二十七条请求偿还。其中属于典权价值之部分，即因典权之回复而回复之典价。此项典价之数额，应依《民法》第九百二十条第二项之规定推算之。即由原典价中扣减灭失部分灭失时价值之半数为余存部分之典价，其灭失部分灭失时价值之半数即为灭失部分灭失时之典价。灭失部分因重建而回复之典权，自应以重建完成时价值之半数为其典价。例如典物为价值二千元之基地与在该基地以八千元建筑之房屋，典价为五千元。房屋灭失时之价值为八千元。典权人在该基地重建之房屋价值一千元。出典人回赎典物时除重建费用半数五百元之利益现存者应行偿还外，须支付基地部分典价一千元。重建房屋部分典价五百元。（二）典物因不可抗力而灭失之部分，典权人重建者，关于回复典权部分以外之重建费用，依《民法》第九百二十七条之规定，仅得于回赎时现存利益之限度内请求偿还，故其数额应比较支出之费用额与回赎时之价值定之。回赎时之价值少于支出之费用额者，以回赎时之价值为准。多于支出之费用额者，以支出之费用额为准。典权人请求偿还重建费用，其数额既不得逾回赎时之价值，则超过灭失部分灭失时之价值限度而为重建时，虽未经出典人同意，亦无损于出典人之利益。惟重建部分之典价，系依重建完成时之价值定其数额。此项价值除社会经济状况有变动外，必因典权人之使用收益日渐减低。若典权人得擅为超过典价限度之重建以扩张其典权之范围，出典人必将蒙其不利。《民法》第九百二十一条之规定即为防止典权人擅自扩张典权之范围而设，典权人违背此规定而为重建者，其消灭之典权只能回复至灭失部分灭失时之价值限度不能扩张至超过部分之价值。其典价之数额仍与灭失部分灭失时之原典价同，不得将超过部分价值之半数算入典价，同条规定之本旨不过如此，并非以此限制典权人之费用偿还请求权。再就《民法》第九百二十七条而论，典权人超过原价限度而为重建，虽与支出有益费用使典物价值增加有别。其使出典人受增加典物原价之利益则一。同条既不以支出有益费用先经出典人同意为偿还请求权之发生要件，则典权人不经出典人同意超过原价限度而为重建时，其超过部分之费用偿还请求权，自亦不在同条排斥之列。兹举例以明之，假如典物为价值二千元之基地与在该基地以八千元建筑之房屋，典价为五千元，房屋灭失时之价值仍为八千元。典权人在该基地重建一万元之房屋，至回赎时价值已减至九千元。其超过原价之重建，经出典人同意者，房屋部分之典价为五千元，与基地部分典价一千元，合成六千元。其余重建费用五千元之现存利益为四千五百元，出典人回赎时共须支付一万零五百元。倘超过原价之重建未经出典人同意，则仅其中四千元为房屋部分之典价，加以基地部分典价一千元仍为典价五千元。其余重建费用六千元之现存利益为五千四百元，出典人回赎时其须支付一万零四百元。（三）出典人之回赎权同为形成权之一种。惟请求放赎诉讼物之诉，系以行使此项形成权所生之典物返还请求权为其诉讼标的，自属给付之诉。至事实审之言词辩论终结时，《民法》第九百二十五条所定放赎典物之时期未到者，即系请求将来给付之诉。依《民事诉讼法》第二百四十六条之规定，只须被告有到期不履行之虞，此项诉讼即得提起。被告争执原告之请求时，通常可认为有到期不履行之虞。出典人于《民法》第九百二十五条所定放赎典物之时期未到前，提起请求放赎之诉者。法院斟酌典权人争执情形如何，认典权人有到此时期拒绝放赎之虞，即应为命典权人到期放赎之判决。若典权人本非不认出典人得为回赎，仅以其回赎违背《民法》第九百二十五条之规定，拒绝即时放赎。并无到此时期拒绝放赎之虞者，应将出典人之诉驳回。仰即转饬知照。此令

**附贵州高等法院原呈**

案据关岭地方法院院长呈称，案据本院候补推事杨守成签以《民法》物权编第八章典权之规定适用上，计有疑义三点。（一）查典权存续中典物因不可抗力致全部或一部灭失者，就其灭失部分典权与回赎权均归消灭。又在此种场合，典权人得为重建或修缮，《民法》第九百二十条第一项及第九百二十一条分别定有明文，其重建之房屋典权人仍有典权。出典人亦仍有回赎权，亦经司法院院字第一九九四号解释有案，自无疑义。惟出典人对于典权人重建之房屋回赎时，是否应支付该灭失部份原有之典价，计有二说。（甲）典物既因不可抗力而灭失，其灭失部份之典权及回赎权，依法均归消灭。则原有之典价，自亦不复存在。典权人对于重建之房屋，虽仍享有典权。然系法律规定之结果，要与原有之典权不相牵涉。故出典人回赎时，除依法应偿还现存利益于典权人外，并无支付原典价之义务。（乙）回赎典物应支付原典价为《民法》所明定，灭失后重建之房屋，出典人既有回赎权，则回赎时除应偿还该房屋现存之利益外，并应将原典价返还于典权人。院字第一九九四号解释中所谓就其房屋部份典权与回赎权均归消灭，典权人不得请求返还典价，出典人亦不得请求返还房屋云云，系指房屋灭失后典权人并未重建之情形而言，于此不能适用。以上二说，未知孰是。（二）《民法》第九百二十七条规定，典权人依第九百二十一条之规定重建或修缮者，于典物回赎时得于现存利益之限度内请求偿还。而第九百二十一条又系包括典权人重建房屋时，关于修建费用之数额，已否征得出典人同意之两种情形而言？换言之，即出典人如表同意，典权人重建之费用，可以超过典物灭失时灭失部份之价值，否则仅能于典物灭失时灭失部份之价值限度内为之。设有甲将房屋连同地基一并出典于乙，在典权存续中房屋全部因不可抗力而灭失。乙重建时关于建筑费之数额，并未征得甲之同意。结果竟超过该房屋灭失时之时价，出典人回赎时，典权人是否可以请求偿还现存利益之全部，抑或仅能按房屋灭失时之价值求偿，其余另依一般不当得利之原则请求返还？再所谓现利益其计算方法，是否以回赎时该房屋之时价为准，抑或按重建时之价值依通常折旧方法计算之？颇滋疑窦。（三）出典人之回赎，如典物为耕作地者，应于收益季节后次期作业开始前为之。如为其他不动产者，应于六个月前先行通知典权人，此为《民法》第九百二十五条所明定。如出典人违反此项规定，诉求回赎。法院可否分别情形，以判决命出典人应于收益季节后次期作业开始前之时期内回赎，或按起诉时起算于扣足六个月后回赎，抑应认出典人行使回赎

权之要件不备,迳予驳回原告之诉等情,乞转请解释前来。事关法律疑义,理合转呈钧院转请解释示遵等情。据此,理合转请钧院俯赐解释,俾便饬知。

**院字第二一九一号**

**民国三十年五月三十日　司法院复湖南高等法院电**

本年三月俭代电悉,安乡县司法处审判官转请解释出征壮丁婚姻案件,适用法律疑义一案,业经本院统一解释法令会议议决,婚约当事人之一方再与他人订定婚约或结婚者,《民法》仅许他方解除婚约并请求赔偿损害,并未认其有请求撤销再订之婚约及阻止结婚或撤销结婚之权。此观《民法》关于婚约及结婚各条之规定自明。与出征壮丁订有婚约之女子,在该壮丁出征期间,再与他人订定婚约并定期结婚者,该壮丁或其直系血亲尊亲属诉请维持婚约,在现行法上无从认为有理由,此问题与本院二十八年九七三号训令无关。原呈所称,若予驳回,恐与前令抵触云云,未免误会。合电转饬知照。司法院册印

**附湖南高等法院原电**

据代理安乡县司法处审判官伍嘉谋呈称,查关于出征壮丁离婚案件,在壮丁出征期间,无论女方所持何种理由,一概不予受理,曾经钧院二十八年训字第二一四四号训令递转司法院二十八年十月二十四日训字第九七三号训令饬遵在案,自应遵照办理。惟查前项明令规定,系指女方提起离婚或解除婚约之诉而言,如在壮丁出征期间,女方对于婚约并不向法院请求解除竟尔另订婚约并定期结婚。经出征壮丁之直接血亲尊亲属提起维持婚约之诉,并以上项明令为理由。查男方之婚约当事人,既已出征,其直系血亲尊亲属以自己名义起诉。若认为不合法予以驳回,恐与上项明令抵触。若以判决维持婚约,于法令又乏根据。本处现有此类案件多起,亟待解决。究应如何办理方为合法,审判官不敢擅拟。理合备文呈请钧院鉴核示遵,至为公便等情。据此,案关法律疑义,本院未便擅拟,理合电恳钧院解释示遵。湖南高等法院院长陈长簇叩俭印

**院字第二一九二号**

**民国三十年六月三日　司法院致社会部函**

案据本院秘书处转陈贵部本年四月四日公函(社组字第三六七一号)准军政部转,请解释合作社是否属于人民团体,及有无官公性质一案,业经本院统一解释法令会议议决,依合作社法第一条之规定,合作社系以谋社员经济之利益与生活之改善为目的,自属私法人之一种。即依县各级组织纲要第四十六条设立之合作社,亦不失为私法人。其职员不得认为《兵役法施行暂行条例》所称主任官公事务人员许其缓役。相应函请贵部查照转知。此致社会部

**附社会部原函**

案准军政部函开,案据江西省军管区司令部呈,为民众团体是否合作社包括在内请核

示等情。查人民团体之组织，系依照民众团体组织方案办理。而合作社系如何组织，其组织系统如何，是否可包括民众团体之内，又合作社事业范围甚广，是否含有官公性质请查核见覆等由。查合作社为人民团体之一种，在修正合作社法第一条内业有明文规定，似无疑义。惟行政院颁布之县各级组织纲要第四十六条，又将合作社与国民学校等同列于机关之规定，究竟如何解释？案关法律疑义，应请转送贵院法规统一解释委员会解释见覆。至合作社之职员，如认其含有官公性质，则遇其工作不能中辍时，按照《兵役法施行暂行条例》第二十八条规定，便可予以缓役。但合作社系由人民自由组织，迩来发展较速。其职员日渐增加，如概予以缓役待遇。恐于辅助兵役之推行及人民之观感上又不无影响。究竟此项职员应否认为《兵役法施行暂行条例》第二十八条规定之官公性质，亦希并赐解释。至纫公谊

**院字第二一九三号**

**民国三十年六月四日　司法院复广西高等法院电**

本年四月二十五日民代电悉，象县临时参议会转请解释典权回赎适用法律疑义一案，业经本院统一解释法令会议议决，《民法》第七百五十八条之规定限于依律法行为所生不动产物权之变动始适用之。依法律直接之规定，取得不动产所有权者并不包含在内。《民法》第九百二十三条第二项既仅规定出典人于典期届满后经过二年不以原典价回赎者，典权人即取得典物所有权。则虽在物权能依《土地法》登记后，典权人亦不待登记即取得典物所有权。惟其依法律直接之规定取得不动产所有权，与因继承于登记前已取得不动产所有权者无异。依《民法》第七百五十九条之规定，非经登记不得处分其所有权。合电转行知照。司法院豪印

**附广西高等法院原电**

重庆司法院院长居钧鉴，案准象县临时参议会叁字第一六号本年四月灰民代电开，查《民法》物权编第七五八条所载，不动产物权依法律行为而取得、设定、丧失及变更者，非经登记不生效力。可见吾国《民法》对于物权之取得本取登记要件主义。故非经登记，绝对不能生效。如出典人于典期届满后不备价回赎，经过二年，依《民法》第九二三条第二项规定，典权人取得典物之所有权。查本县各典权人，多数未举行登记及过户投税，依照《民法》典编第九二三条，虽取得典物之所有权，依照《民法》物权编第七五八条，则绝对不能生效。有上列情形，是否尚可由出典人备价回赎，敬请详为解释示遵等由。属《民法》第七五八条所谓非经登记不生效力，似指不生对抗第三人之效力而言。《民法》第九二三条第二项之典权人，即取得典物所有权，系属出典人于典期届满后经过二年，不能以原典价回赎。其典权人即当然取得典物所有权之特别规定，似不受《民法》第七五八条之拘束。惟是案关法律疑义，未敢擅断，理合据情转请钧院俯赐解释。电示祇遵。俾便转行知照。代理广西高等法院院长申守真有民印

**院字第二一九四号**

**民国三十年六月十日　司法院致军事委员会函**

案准贵会上月六日法审(三〇)渝一字第五三三三号公函开,为排长捞拾漂流物,占为己有,并得价变卖,适用法律发生疑义,请解释见复等由,业经本院统一解释法令会议议决,甲排长据乙班长报告,发见漂流之竹木排,由甲率同乙及其他士兵捞取持有。经该竹木排所有人索还,设词拒绝,命乙变卖得价。依《陆海空军刑法》第一条第二项及第十五条之规定,甲应适用《刑法》第三百三十七条侵占漂流物处断,乙应论以共同正犯。相应函复贵会查照。此致国民政府军事委员会

**附国民政府军事委员会原函**

兹有排长甲据班长乙报告,发现无主漂流之竹木排,由甲率同乙及其他士兵捞取持有。经该排主索还,设辞拒绝,命乙变卖得价。甲应否以《刑法》第三三七条侵占漂流物,及同法第三三五条第一项侵占自己持有他人之物以从一重处断,抑构成他罪?乙应否以共犯论?事关法律疑义,相应函请贵院赐予解释。

**院字第二一九五号**

**民国三十年六月十一日　司法院指令浙江高等法院**

呈悉,业经本院统一解释法令会议议决,三民主义青年团服务队乃该青年团社会服务工作机构之一。依其订定各级团队社会服务实施计划纲要所载,原使该团员一律参加社会服务习知实际艰苦而设,并非依法令从事于公务,自不能认为《刑法》上之公务员。至调查粮食亦为该团队人员实习战时服务事项之一,与办理社会公益事务不同。不问其着手调查粮食曾否受有县长命令,均不能以办理公务论。如该服务队队员奉谕调查粮食,对于人民借端恫吓,诈得钱财,除所犯罪名合于《惩治盗匪暂行办法》第五条第二款规定,应由驻在地有审判权之军事机关审判外,余由普通法院受理,适用《刑法》处断。仰即转饬知照。此令

**附浙江高等法院原呈**

案据宣平县县长兼理县司法处行政事务叶家龙呈称,设有某甲身任三民主义青年团服务队队员,查县长谕调查食粮,对人民借端恫吓,诈得钱财,被诉到处。在作战期内,以是类被告身份及办理事务性质犯罪手段论,此种案件应否归军法机关审判,抑由普通司法机关审判,请解释示遵等情。据此,查公务员借端诈财,应适用《惩治贪污暂行条例》处断,曾经国防最高委员会解释有案。惟三民主义青年团服务队队员是否具有公务员之身份?又,县长谕令调查食粮,是否即以办理公务论?事关法令疑义,本院未敢擅断,理合据情转呈仰祈钧院俯赐释示,以便饬遵。

院字第二一九六号

民国三十年六月十一日　司法院指令四川高等法院

呈悉,业经本院统一解释法令会议议决,非军人而收容逃亡军人,应由普通法院审判,适用《刑法》第一百六十四条第一项处断。仰即转饬知照。此令

附四川高等法院原呈

案据四川泸县地方法院首席检察官余钟秀呈称,兹有农人某甲收容逃亡之军人某乙,暨其携带之军装。于此情形,应依军法治罪,抑照《刑法》论科,约分二说。甲说,收容逃亡军人,暨其携带之军装,实犯《陆海空军刑法》第九十九条之罪,至为明了,自应依军法治罪。细绎该条立法意旨,系专为维持军纪,犯收容逃亡罪者而设。虽《刑法》第一百六十四条著有藏匿人犯罪,但系对于普通藏匿犯人者而言,性质既殊,罪刑各别,显难与收容逃亡罪相比拟,即按适用法律之标准。原以特别法优于普通法,亦难舍狭义之军法而用广义之《刑法》。乙说,《陆海空军刑法》以适用于军人为限,其非军人而犯《陆海空军刑法》,亦仅以第二条列举之罪名为限。某甲既非军人,虽有收容逃亡罪,不得适用军法。惟《刑法》第一百六十四条之藏匿犯人罪尚可援用。二说应以何说为是,理合具文呈请钧座鉴核示遵,抑或赐予转请解释,俾有遵循,均为公便等情。据此,查该农人收容逃亡军人,固系犯《陆海空军刑法》第九十九条及《刑法》第一百六十四条之罪。惟依特别法优于普通法之原则,似应适用《陆海空军刑法》之规定。然该农人并非军人,于参酌《陆海空军审判法》第一条第二项之法意,似又应由普通法院审判。所见是否有当,事关法律疑义,殊未敢擅专,理合具文转呈俯赐解释。以便转令遵照

院字第二一九七号

民国三十年六月十七日　司法院致军事委员会函

案准贵会上月二十三日[法审(三〇)渝一字第五九七二号]公函,以桂林警备司令部电请解释《修正中华民国战时军律》第七条适用疑义一案,请解释见覆等由,业经本院统一解释法令会议议决,《修正中华民国战时军律》第七条之罪,系指以妨害抗战之意图对于后方之安宁秩序为扰乱之行为者而言。来文所述情形,纵与后方之安宁秩序不无影响。如非出于妨害抗战之意图,除应成立其他相当罪名外,尚难论以该条之罪。相应函复贵会查照饬知。此致军事委员会

附军事委员会原函

据桂林警备司令部代电称,查《修正中华民国战时军律》第七条所称意图妨害抗战扰乱后方,应具备何种要件方为构成该条罪名,适用上不无疑问。因之发生甲、乙两说。今有普通人民与一二公务人员组织帮会,私带枪弹,进而秘密开会,图谋不轨。伪造陆军某师司令部关防师名章,且伪造委任状及差假证供自己使用,一面伪造现役在营证明书卖与壮丁,使

人避免兵役，业经赃证俱获。甲说，前项各种行为，均属一贯。依重行为吸收轻行为之原则，其结果适已构成共同意图妨害抗战扰乱后方一罪，自应依该条处断。乙说，此种犯行并无意图妨害抗战扰乱后方之行为，与事实仅系触犯《刑法》上之妨害秩序伪造文书印文，或公共危险诈欺及《妨害兵役治罪条例》之伪造关于兵役文书等罪，应移送法院核办，不能由军法机关审判，究应如何办理，理合电恳解释示遵等情。案关法律解释，相应函请查照，迅赐解释函复，以便饬遵。

**院字第二一九八号**

**民国三十年六月十七日　司法院致军法执行总监部函**

案准贵部本年二月二十五日［法审（三〇）渝一字第九二二号］公函，以奉交驻闽绥靖主任公署电，请示义勇警察逃亡适用法律疑义一案，请查照解释等由，业经本院统一解释法令会议议决，义勇警察依战时警察方案所定，系在补充警力及予优秀健全民众以防空救护技术之用，既与正式警察不同，其逃亡自难按战时警察逃亡之例，依《陆海空军刑法》逃亡罪或修正战时军律第十条论处。相应函复贵部查照转知。此致军法执行总监部

**附军法执行总监部原函**

案奉交办驻闽绥靖主任公署虞绥法电，以该省义勇警察逃亡，或携带枪械逃亡，是否得按战时警察逃亡之例，依《陆海空军刑法》逃亡罪，或修正战时军律第十条论处乞示一案。当以该省义勇警察如何编制，本部无案可稽。经电准复称，系根据内政部二十六年九月订颁战时警察方案拟订实施。究竟此项警察逃亡，或携械逃亡，应否适用上开法律规定论处，不无疑义。相应函请查照，赐予解释，以便办理为荷。

**院字第二一九九号**

**民国三十年六月十七日　司法院致军事委员会抚恤委员会函**

案据本院秘书处转陈贵会上月二十三日抚一布渝字第三一三四五号公函，请解释兼祧子之法律关系疑义一案，业经本院统一解释法令会议议决，前清现行律关于民事部分在《民法》施行前仍属有效。该律立嫡子违法条例载，如可继之人亦系独子而情属同父周亲两相情愿者，取其阖族甘结，亦准其承继两房宗祧等语。是兼祧须备四种条件，一须可继之人为独子；二须情属同父周亲；三须两相情愿，如无子者，一方已无人可表示情愿之意思，则由亲属会议表示之；四须取具阖族甘结。如其他条件已备，阖族犹不为具结，得以裁判代之。兼祧不备此四种条件者，固非合法。惟两相情愿之条件已备时，即为有权立嗣者所立之嗣子非经有告争权人诉经法院撤销，仍不失其效力。《民法》亲属编施行前已兼祧者，依同编施行法第九条之规定，兼祧子与其所后父母之关系与婚生子同。同编施行前身故无子者，依历来解释及判例，既许于同编施行后立嗣，则此项兼祧子与其所后父母之关系，自亦应解为与婚生子同。至兼祧子对于其本生父母仍有婚生子之身分尤不待言。相函请贵会查照。

此致军事委员会抚恤委员会

**附军事委员会抚恤委员会原函**

查本会迭据各阵亡官兵遗族兼祧子请求具领恤金及请求优待情事,此项兼祧子在法律上之地位及应备具何种条件,暨其范围如何?相应函请查照,转陈解释见复。

**院字第二二〇〇号**

**民国三十年六月十七日　司法院指令司法行政部**

呈悉,业经本院统一解释法令会议议决,重庆私人防空洞之剩余洞位,应开放与他人避难,以补公共防空洞之不足,早经重庆防空司令部会同其他主管机关于上年三月间布告周知。除已照前此规定,开放给有避难许可证者外并制就避难许可证,发交警察局各分局存备各洞主接洽,及分函洞主在案。此项办法,自系防空主管机关本于防空法第八条第二款职权所为之命令。持有前项许可证之人,于空袭时为避免轰炸之危害,前往私人防空洞避难,其事前已受接洽之洞主(或主持之人)就该洞所剩余洞位。苟非临时因人数拥挤,及其他不得已情形事实上无法开放,依法既应容纳,即系对于危害之发生在法律上负有防止之义务。该洞主(或主持之人)拒绝容纳,致避难人遭遇敌机轰炸发生死伤之结果,依《刑法》第十五条规定,与因积极行为发生结果者同。应查明该洞主(或主持之人)如有犯罪之故意或过失,分别论以故意或过失杀伤之罪。仰即转饬知照。此令

**附司法行政部原呈**

案据四川高等法院本年二月十日呈称,案据署四川重庆地方法院院长李祖庆删代电,据本院推事梁尚经签称,窃查重庆市私人防空洞,于紧急警报时拒绝市民入洞,及敌机临空投弹,炸死洞外避难人五十余人。对于《刑法》之适用,于此有四说焉。(甲)查渝市公私防空洞,应尽量容纳人民避难,迭经重庆市防空司令部通令饬遵。而某私人防空洞,于紧急警报时拒绝或不尽量容纳市民入洞避难,致洞外被炸伤亡,显系触犯《刑法》第一九四条之公共危险罪。(乙)查渝市公私防空洞既经政府规定应尽量容纳人民避难,而某私人防空洞竟敢违抗命令,妨害人行使权利,因而发生灾害,实犯《刑法》第三〇四条第一项之妨害自由罪。(丙)查《刑法》第一九四条之公共危险罪,及《刑法》第三〇四条第一项之妨害自由罪,各有其构成要件,与本案事实不符。按公私防空洞,应尽量容纳人民避难,叠有政府之通令饬遵在案。是则凡有防空设备之公私团体或个人,均有依法保护无自救能力之紧急避难人之义务。查渝市某处一带居民,富少贫多,贫者即无资力自设防空洞。在紧急警报之后,敌机临空之际,并无其他方法足以自救。而某防空洞内尚有空隙,其负责人员竟违背法令,拒绝此辈无自救能力之人避入防空洞,而不为其生存所必要之保护,因而致人于死,显犯《刑法》第二九四条第二项之遗弃罪。(丁)查《刑法》第二九四条第二项之遗弃罪,必须对于无自救能力之人,依法令或契约,应扶助养育或保护而遗弃之,或不为其生存所必要之扶助养育或保护者为其要件。今某防空洞本为其私人所设备,为该处一带之贫富人民所素知。且

查渝市防空司令部有预行警报、空警报、紧急警报等之设备，即紧急警报与敌机临空亦尚有相当时间。该处市民并非老弱残废，既不遵照政府通令，按时依居住证避入政府指定防空洞内避难，而故意于紧急警报时强入私人之防空洞避难。至被拒绝而犹徘徊洞外，显非无自救能力之人可比，有何保护遗弃之可言？且人数较洞内容量为多，如果某防空洞于紧急警报时准许无量不遵守秩序之市民拥入，其本身之危险亦复相同，此种紧急避难之行为于法亦不应处罚。以上四说，未知孰是，悬案以待，恳速示遵等情。据此，《刑法》第二百九十四条所谓无自救力之人，自系就必须经人扶助养育，保护始能生存者而言。值此非常时期，一般人民于敌机空袭之际，事实上未能离开轰炸区者，是否即属无自救力之人。设有私人自备防空洞于紧急警报后不遵政府命令尽量容纳避难人民，并拒绝其入洞而发生死伤结果，是否对于无自救力之人不为生存必要之保护，应请解释者一。《刑法》第二十四条所谓不得已之行为，自系舍此即无其他避免损害之方法。如商人奉命疏散，自在市外建筑防空洞为保存货物之用，于紧急警报之际，为避免其货物之损失，不允开放洞门容纳一部分市民避难，致洞外露天避难者死伤多人。此种行为，是否上述法条所谓不得已之行为，应请解释者二。事关非常时期适用法律问题，理合电请鉴核，转呈司法院解释祗遵等情。据此，事关适用法律问题，除电饬外，理合具文呈请钧部俯赐鉴核，指令祗遵等情。据此，查渝市公私防空洞应尽量容纳人民避难，虽迭经重庆市防空司令部通令饬遵，但仅系政府一种行政命令。设有私人自备防空洞违反命令，拒绝或不尽量容纳避难人民入洞，似只能发生行政执行法问题，而不发生《刑法》问题。因之纵令有死伤结果之发生，亦尚难科以刑事责任。来呈请示第一点，似难认为无自救力之人。其第二点拒绝或不尽量容纳入洞，既不构成刑事罪名，似尚不发生紧急避难问题。唯当此抗战时期，空防紧要，究应如何处理？关系重大，理合具文呈请钧院鉴核指示，以便转饬遵照。

**院字第二二〇一号**

**民国三十年六月十八日　司法院致社会部函**

案据本院秘书处转陈贵部上月二日社组字第四五五六号咨，据四川省自贡市执行委员会转请解释，油业与麻烟业可否合组同业公会一案，业经本院统一解释法令会议议决，《商业同业公会法》第三条既仅规定，两类以上之重要商业得于同条所定情形合组商业同业公会。重要商业之同业公会与非重要商业之同业公会，于同法第五十七条第一项但书所举各条，又有适用与否之别。重要商业与非重要商业自不得合组商业同业公会，即兼营重要商业与非重要商业者，亦未便准予合组。惟依同法第五十七条第一项之规定，非重要商业并非必须设立同业公会，兼营重要商业与非重要商业各公司、行号，除应就重要商业设立同业公会外，如就非重要商业另设同业公会确有困难，不妨暂缓设立。相应函请贵部查照饬知。此致社会部

**附社会部原咨**

案据中国国民党四川省自贡市执行委员会本年一月二十一日呈,案查前奉中国国民党四川省执行委员会社礼字第三〇七九号训令开,以准钧部利组字第五四〇六号公函后开,为麻烟商业应另行分别组织公会并仰速即派员指导进行,仍将指派人员及日期具报备查等因,奉此,遵即转令油麻烟商业同业公会遵照分别组织公会去讫。兹据该会呈称,窃本会会员为便利于井灶及市民之需要,向系小本兼营油麻烟以维生计,爰于民国十九年至二十八年迭经钧会发给人民团体组织许可证书,准予合组为四川自贡市油麻烟商业同业公会,并历于十九、二十一、二十三、二十五、二十七年呈报四川省政府咨准实业部备案在案。惟以会员营业微末,公款会缴过多,本会已债台高筑,进行困难。二十八年转奉本市党政机关令饬遵照部令改组,在疏散歇业者又多,会员日形减少,颇有停会之虞。但念历蒙党国扶植有年,会员福利稀有,推其因素,实缘会员之营业仅为附属盐场之依存业务。兹就经济部指定为重要商业一项加以研讨,在部规之油类,定系煤桐油两大类,在本会员购运返市,供给井灶及市民需用之油类。对煤油形如绝迹,桐油亦进出无几,所购者多为菜油、花油、卷油等,均非本市制造,更非煤桐油之产场可知。兼以近来井灶对于所需油类多直向产地购用,本会会员之业务因之而萧索,此所切恳钧会转陈之苦衷也。爰经会员大会之同意,仍依兼营习惯合组公会。随即遵照部颁《商业同业公会法》说明"……按照各该地方实际情形根据法令规定之",于二十八年十二月乃改组完竣,及改定章程报请钧会及市府核转层峰备案。殊奉钧会本年九月社字第三四九号训令转饬遵照,社会部令油与麻烟各组公会等因,遵即先后召集各级会议决定。查本会油与麻烟之不能分设公会,与本市井灶各公会之不能合组一公会,均属地方实际情形。营业习惯,在井灶之不能合组,已蒙钧会转请部核准有案。本会非煤桐油重要商业之产销区域,且公会负债已多,会员营业微末,必须分设,势必会务一概停止进行等语。除录案呈请市府转请省府咨部核准外,理合备文恳祈钧会转呈省会咨请社会部收回成命,以资会务进行之顺利,而示维护本会之至意,实为公便,谨呈等情。据此,除指令准予转请核示外,理合具文呈请钧部俯赐鉴核,指令祗遵等情。据此,查油系重要商业,麻烟系非重要商业,可否因其兼营关系,准予合组公会?法无明文规定,相应咨请查照,转陈解释赐复为荷。此咨司法院秘书处

**院字第二二〇二号**

**民国三十年六月十八日　司法院致国民政府军事委员会函**

案准贵会上月二十二日[法审(三〇)渝三字第五九〇六号]公函,以军法执行总监部转电请示警察巡长与窃盗串通窝藏赃物并为兜销,应依何法处断一案,请解释见复等由,业经本院统一解释法令会议议决,来文所述警察巡长与窃盗串通窝藏赃物,并代为兜销。如果该警察巡长与窃犯系属事前通谋,应成立《刑法》上窃盗共犯。其仅事后处置赃物,只应论以寄藏及牙保赃物罪。如有假借职务上之权力机会或方法,应适用同法第一百三十四条加

重本刑处断,不构成《惩治贪污暂行条例》第三条第二款之图利罪。相应函复贵会查照饬知。此致国民政府军事委员会

**附国民政府军事委员会原公函**

案据军法执行总监部呈第五战区军法执行监唐星筱略称,警察巡长与窃盗串通窝藏赃物,代为兜销,可否从重依《惩治贪污暂行条例》第三条第二款处断,乞示等情。查警察巡长职司查缉犯罪之人,如明知其为窃盗而窝藏赃物,并为兜销图利,似可依《惩治贪污暂行条例》第三条第二款之间接图利罪论处。惟案关适用法律疑义。相应函请查照,迅赐解释见复,以便饬遵为荷。此致司法院

**院字第二二〇三号**

**民国三十年六月十八日　司法院致国民政府军事委员会函**

案准贵会本年五月二十二日公函[法审(三〇)渝一字第五九〇五号],以第一战区司令长官请示禁运资敌物品案件适用法律疑义一案,请解答见复等由,业经本院统一解释法令会议议决,禁运资敌物品罪犯之审判机关,依国防最高委员会第五十二次常务会议决议案,系以其犯罪行为已构成汉奸,破获地点亦大半属于战区,可依《惩治汉奸条例》或援用戒严法之规定,由军法机关审判?《修正惩治汉奸条例》第十四条及戒严法第九条第十条所定,由军法机关审判之案件,关于犯罪发觉之时,并未设有何种限制,则禁运资敌物品条例上之犯罪,虽发觉在奉令改由军法审判以前,而奉令时尚未经确定审判者,自亦应由军法机关审判。相应函复贵会查照饬知。此致国民政府军事委员会

**附国民政府军事委员会原函**

案据第一战区司令长官卫立煌保四清寒电称,查违犯禁运资敌物品条例之犯行已奉令改由军法裁判。倘是类案件发觉在奉令之前,应适用何种程序,颇滋疑义。有谓司法有上诉之规定,依《刑法》第二条第一项但书之精神。为被告利益计,应仍归司法裁判。此说是否可行,谨电请核示等情。据此,案关法律解释,相应函请查照,迅予解答见复,以便饬遵为荷。此致司法院

**院字第二二〇四号**

**民国三十年六月十九日　司法院训令广东高等法院首席检察官**

案查该法院第五分院首席检察官呈最高法院,请解释律师法第三十七条条文疑义一案,业经本院统一解释法令会议议决,律师为诉讼人撰作书状,即为律师职务之执行。如该律师曾为司法人员,自应受律师法第三十七条之限制。至曾为司法人员之律师受人聘为法律顾问,固不得谓为执行律师职务,但为其聘请人办理同法第二十条第一项所列事务,仍在同法第三十七条限制之列。合行令仰转饬知照。此令

**附广东高等法院第五分院检察处原呈**

为呈请解释事,窃查本年一月十一日国府公布之律师法第二十七条:"司法人员自离职之日起三年内不得任曾任职务之法院管辖区域内执行律师职务。"按上项立法之意,系以曾任该法院管辖区域内之司法人员虽已离职。但三年内与法院法官多为旧日同事,具有感情。若出庭执行律师职务,恐不免有偏颇之虞,其不得出庭为诉讼人辩护固无疑问。惟离职之司法人员三年内,能否在曾任法院管辖区域内受人聘为法律顾问及替诉讼人撰作书状,不无疑义。于此有二说焉。(甲)说,谓离职之司法人员,三年内在曾任职务之法院管辖区域内,在未设律师事务所因具法律专门学识,又合法领用律师证书在外受人聘为法律顾问,及替诉讼人撰作书状,于该管法院并不发生若何关系,自不在回避之列。况查现各法院均设立缮状处,尚得替诉讼人代撰书状。领有律师证书之离职司法人员,得替诉讼人撰作书状,其不生回避问题尤为明定。(乙)说,谓离职司法人员受人聘为法律顾问及替人撰状词亦许执行律师职务之一种,三年内应在回避之列。以上二说,究以何说为是?案关解释法律,职处未便擅拟,理合备文呈请俯赐解释示遵。谨呈最高法院院长署广东高等法院第五分院首席检察官

**院字第二二〇五号**

**民国三十年六月二十六日　司法院指令广西高等法院**

呈悉,业经本院统一解释法令会议议决,(一)《民法》第九百二十三条第二项之规定,凡典权定有同条第一项所称之期限者,除有依《民法》第九百十三条之反而解释所许之特约外,皆适用之。当事人虽曾约定出典人得于典期届满后不拘年限随时回赎,亦不得排斥其适用。(二)典权约定期限逾三十年者,依《民法》第九百十二条之规定,缩短为三十年。迨三十年期限届满后,仍适用同法第九百二十三条第二项之规定。(三)《民法》物权编施行法第十五条所谓旧法规系指《清理不动产典当办法》而言,依同办法第九条应从各省单行章程或习惯办理者,即指该章程或习惯而言。仰即转饬知照。此令

**附广西高等法院原呈**

案据百色地方法院三十年四月二十四日法字第一〇〇号呈称,窃查《民法》物权编规定,订有期限之典权适用上诸多疑义,分述如下。(一)设定典期在三十年内《民法》第九二三条第二项(以下简称该条项)所定典期届满后二年回赎之期限,其适用范围,兹有三说。甲说,不问典期久暂及当事人是否有于典期届满后,随时均得回赎之意思表示,如于经过该条项所定二年后不赎,典权人即取得典物所有权。缘典权系发生于我国数百年前社会上之一种习惯契约,当事人多只订有典期而不定有赎期,往往权利状态永久不能确定,纠纷固由之而起,而社会经济发展上亦大有障碍。前清康乾与同治年间及《清理不动产典当办法》均严定回赎期限,以资救济。而当事人违反如故,该条项所定二年回赎期限正所以杜此种积弊而设,故出典人逾此期限不赎,典权人即应取得典物所有权。而当事人所定典期久暂及

立约意思如何，皆可不问。乙说，该条项所定二年回赎期限，须以当事人契约内订有到期应即回赎之意思表示时方可适用。盖此二年回赎期间，乃法律所畀予出典人于契约内订有到期须即回赎后之犹豫期间。缘同法第九一三条既定有当事人不能在十五年内附有到期不赎作绝之条款以保护出典人，自不得不设出典人于逾期所订到期须即回赎后之一定犹豫期间内仍不为回赎，即失典物所有权等规定，以保护典权人不然于当事人所定典期久暂。及有立约意思如何均置不问，一逾该条项所定二年期间，即失回赎之权。揆诸上开法条所定，十五年内不得附有到期不赎作绝之条款等，立法意旨殊难融贯。丙说，该条项所定二年回赎期限，应于不能证明当事人契约内曾有典期届满后，随时均得回赎典物之意思表示时始适用之。按契约以当事人双方意思表示一致而成立，故须在无可采求当事人之真意时始可以法律定其办法。可见该条项所定之二年回赎期限，乃为不能证明当事人曾有典期届满后，随时均可回赎之意思表示等典权契约而设。且适用法条须前后条文参证互酌，始可得立法真意。同法第九二四条对于未定典期之契约，所以许其在三十年内均可随时回赎典物者，始亦以此项契约可推定，当事人有随时均可回赎之意思表示存在之故。兹若认定该条项所定之二年回赎期限，尽可适用于已可证明当事人曾有典期届满后，随时均可回赎之约定意思表示等典权契约。则前者对于无典期限制，即无在某期间内不准回赎典物等约定之出典人，尚应推定其有随时可赎之意思表示，而延长其回赎期间至三十年。而后者对于有典期限制即在某期间内不准回赎典物等约定之，出典人更可不认其曾有随时可赎之意思表示，而缩短其回赎期间为二年，当非立法原意。至永久不赎典物之积弊，同法第九一二条、第九二四条已设限制专条，要亦无再设此项限制期间之必要。故该项所定二年回赎期限，自以仅可适用于不能证明当事人曾有典期届满后随时可赎之意思表示等契约为宜。(二)设定典期在三十年外，该条项所定典期届满后之二年回赎期限，是否仍可适用，兹亦有二说。子说，一逾三十年不赎即失典物所有权，但于三十年届满时仍须留一交易上一般观念所认为回赎必需之时期以为出典人回赎权之行使。丑说，所谓须留一般交易观念所认为回赎必需之时期既无一定标准，且亦于法无据，且该条项所定二年回赎期限于三十年届满后仍须适用，否则出典人之回赎权即属无从行使。(三)设定有期限之典权，在《民法》物权编施行前，依法规得回赎者，其适用之法规兹又有二说。天说《民法》物权编施行法第十五条内所载之旧法规，系指《清理不动产典当办法》第三条及第八条而言。故依《民法》不得回赎之典物，必须依该二条规定得回赎者，始适用该法规。至其余各省所有之单行章程及习惯并非法规，自无适用之余地。地说《清理不动产典当办法》第九条既载有各省已另有单行章程或习惯者，仍从其章程或习惯办理等规定，则依该办法第三条第八条不得回赎之典物，而依各省另有单行章程或习惯得回赎者，仍可根据此项章程及习惯主张告赎。以上各说，未知孰是，理合备文呈请察核。转请解释，祇遵等情。据此，查原呈第一问，似应以甲说为是。第二问典期届满后之二年回赎期限，似可适用。第三问所谓旧法规，似指《清理不动产典当办法》而言。惟是案关法律疑义，未敢擅断，理合呈请钧院鉴核，俯赐解释，俾便饬遵。谨呈司

法院院长居。代理广西高等法院院长申守真

**院字第二二〇六号**

**民国三十年六月二十六日　司法院指令司法行政部**

呈悉,业经本院统一解释法令会议议决,关于不动产之事项,法令定为应行登记。不必以非经登记不得对抗第三人者为限。《不动产登记条例》第五条关于不动产物权之保存及依法律行为以外原因所生不动产物权之变动,非经登记不得对抗第三人之部分。虽已失其效力,但嗣后依法律行为发生不动产物权之变动应行登记时。既须先为此种事项之登记始得为之。则此种事项之应行登记,自不因其非以登记为对抗要件而受影响。仰即转饬知照。此令

**附司法行政部原呈**

案据江西高等法院本年三月十九日呈称,据署南康地方法院院长陆琛呈称,查不动登记条例关于不动产物权之保存,及依法律行为以外之原因所生不动产物权之变动,非经登记不得对抗第三人之部分,自《民法》物权编施行之日即已失其效力。所有从前解释判例与此见解有异者,应予变更,曾经司法院院字第二〇五四号训令,转由钧院于二十九年十月十四日第二四〇六号训令饬知在案,但《不动产登记条例》尚未修正。关于不动产物权之保存及依法律行为以外之原因所生不动产物权之变动,又未奉令停止登记。而本院自开办不动产登记以来,所收登记事件关于所有权之保存者占百分之九十五,如不予受理,则无法令可资依据。如概予受理,则既不生登记之效力,即属徒劳无益,且恐将来对于各该登记事件之诉讼裁判上不免矛盾。关于上开各项登记事件应否停办,未敢擅拟,理合具文呈请钧长鉴核示遵,实为公便等情前来。事关法令疑义,未敢擅拟,除指令候转呈核示外,理合据情具文呈请钧部鉴核示遵等情。据此,查《不动产登记条例》关于不动产物权之保存,及依法律行为以外之原因,所生不动产物权之变动,非经登记不得对抗第三人之部分,自《民法》物权编施行之日即已失其效力,既经钧院院字第二〇五四号解释有案。办理不动产登记之法院,遇有人民声请为所有权保存之登记,及依法律行为以外原因所生不动产物权变动之登记者,自不应再予受理。唯所有权保存之登记,与其他登记有牵连关系,参照《不动产登记条例》。关于登记程序之规定,及民国十一年九月十五日前北京司法部第八五三八号指令,似无可疑。倘不先为所有权保存之登记,以后与有声请为变更移转或其他登记者如何办理,深滋疑义。事关通案,理合具文呈请钧院鉴核指示,以便转饬遵照。前北京司法部指令抄呈参考谨呈司法院院长居。司法行政部部长谢冠生

**附前北京司法部指令**

呈悉,查就不动产所有权以外权利声请登记者,必先已定所有权合法登记后始得为之。又就以所有权以外权利为标的之权利声请登记者,除先已就所有权登记外,并应先已就该为标的之权利合法登记后始得为之。至《不动产登记条例》第一百十四条乃系例外规定,须

以有同条例第三十条情形者为限,方可适用。来呈并叙声请既无此项情形,自不得适用该条规定,应依同条例第四八条分别办理。仰即遵照。此令

**院字第二二〇七号**

**民国三十年六月二十六日 司法院指令司法行政部**

呈悉,业经本院统一解释法令会议议决,没收汉奸财产,乃国家刑罚权之行使。纵令汉奸负有普通债务,但在未清偿以前,其财产仍属于汉奸所有,如依《修正惩治汉奸条例》第九条第一项或第二项规定,没收时,对于没收前汉奸所负之普通债务,自无庸由该财产上予以清偿。仰即转行知照。此令

**附司法行政部原呈**

案准绥远省政府本年一月三十日代电开,查《修正惩治汉奸条例》第九条,汉奸财产虽有应予全部没收之规定,惟对于汉奸在没收前所负之普通债务,应否由汉奸财产上予以偿还,则尚无明白规定,于此有下列两说。甲说,没收汉奸财产是予汉奸以财产上之制裁。若认为必须清偿,则汉奸财产倘不足以清偿其债务时,在官厅势必须代为办理破产手续。是不啻为汉奸清理善后,奖励汉奸,与没收之旨不符。且普通债权既系对人关系,依法理言,债权人仅能向汉奸请求为债务之履行,而不能直接在其财产上主张行使债权。如以没收财产上清偿汉奸债务,是对汉奸之普通债权俨然无形成为对其财产上之担保债权也。故汉奸之债务,不应由逆产上予以清偿。乙说,没收汉奸财产原为对汉奸之一种制裁。如用没收汉奸财产而使善意之第三人(即汉奸之债权人)同受损失,于情未合。以上二说,究以何者为是,应请示遵等由。准此,事关适用法律,理合具文呈请钧院鉴核指示,以便遵照电复。谨呈司法院院长居。司法行政部部长谢冠生

**院字第二二〇八号**

**民国三十年六月二十七日 司法院指令广西高等法院**

呈悉,业经本院统一解释法令会议议决,据原呈所述情形,甲出典于乙之不动产,由丙得甲之同意代向乙赎出。是丙系为甲之代理人向乙回赎典物,乙之典权既已因回赎而消灭。在乙丙间即无所谓转典或让与典权之关系。甲如别无出典于丙之行为,则丙并未取得典权。甲与丙之关系为委任关系,不生可否回赎典物之问题。其委任关系发生于《民法》债编施行后者,依《民法》第五百四十一条第一项之规定,丙应将该不动产及其历年孳息交付于甲。依《民法》第五百四十六条第一项之规定,甲亦应将回赎及管理之必要费用,连同自丙支付时起之利息偿还于丙。双方订有甲不得请求孳息,丙亦不得请求管理费用及利息之特约者,从其特约。仰即转饬遵照。此令

**附广西高等法院原呈**

案据本院第一分院三十年五月七日第六号呈称,兹有某甲于去今三十年前,以其所有

不动产出典于某乙,未定典期,旋由某丙于去今十年前得甲同意备价代向某乙赎出,即由某丙承受典业。现某甲向某丙告赎,应否准许,因之有(子)(丑)两说。(子)说,谓典权自出典后,不论有无加典赎典或转典情事,均自原出典之日起算。某乙既已将典权转让于某丙,且已移转占有情形,即与转典无异,自应视同转典。计自出典迄今已逾《民法》第九百二十四条所定得赎期限,则《民法》物权编施行法第五条第二项及第二条适用《民法》第九百二十四条但书规定,应已由典权人某丙取得典物所有权。某甲殊无告赎余地,应不准赎。(丑)说,谓《民法》第九百二十四条但书所称取得典物所有权者为典权人,设定典权者本为某乙,至某丙之备价代赎,承受典物。虽有类似转典之情形,而实无转典之名义,又未由某甲或某乙立交典契,究难认为合法之典权人。则《民法》第九百二十四条但书所定已满三十年不得回赎之限制,仅能于某甲与某乙相互间发生效力。某甲对于某丙自始不受此种拘束,某丙即不得根据该法条而拒绝某甲之回赎。纵使视同转典,亦应自转典之日起算典期。某丙向某乙赎出典物,既尚在三十年内,则某甲自得向其告赎各云云。二说究以何说为是?查无判解根据,敬乞转请明予解释,俾得有所遵循,实为法便等情。据此,查来问依院字第一七六四号及第一四一三号解释例,似应以子说为当。惟是案关法律疑义,未敢擅断,理合呈请钧院鉴核,俯赐解释,俾便饬遵。谨呈司法院院长居。代理广西高等法院院长申守真

**院字第二二〇九号**

**民国三十年七月十日　司法院复广西高等法院电**

广西高等法院申院长览,本年五月俭民代电悉,所请解释一案,业经本院统一解释法令会议议决,血亲之配偶之血亲,不在《民法》第九百六十九条所定姻亲范围之内。甲之女乙嫁与丙为妻,甲与丙之父丁自无姻亲关系。合电知照。司法院灰印

**附广西高等法院原代电**

重庆司法院院长居钧鉴,查《民法》第九六九条载,称姻亲者谓血亲之配偶、配偶之血亲及配偶之血亲之配偶。例如甲之女乙出嫁与丙为妻,甲对于其女婿丙之父丁究竟是否姻亲?如属姻亲,其亲系亲等究应如何计算。兹有二说。甲说,谓《民法》第九六九条既无血亲之配偶之血亲之规定。则丁当然不属于甲之姻亲,更无亲系亲等之计算可言。乙说,谓乙系甲之血亲,即得依《民法》第九六九条血亲之配偶之规定,从广义解释,乙夫丙之父丁当属甲之姻亲,其亲系及亲等得依丙之亲系亲等计算。按上两说,似以甲说为当。惟是案关法律疑义,未敢擅拟,理合电请钧院察核,俯赐解释,电示祇遵。代理广西高等法院院长申守真呈俭民印

**院字第二二一〇号**

**民国三十年七月十日　司法院咨行政院**

案准贵院本年四月十九日(勇诉字第六〇七八号)咨,为商标法第十八条第一项第三款

适用疑义,请解释见复等由,业经本院统一解释法令会议议决,甲公司扩充营业更改其名称为丙公司,自不过为公司名称之变更。该公司如仅受让乙公司之营业,而非与之合并,原属甲公司之商标专用权固未变更。其主体即使乙公司之营业与股东一并移转于甲公司与之合并,甲公司既系合并后存续之公司。其改称丙公司又仅为公司名称之变更,原属甲公司之商标专用权,其主体亦未尝有所变更,必甲乙两公司均因合并而消灭,丙公司系因合并而另立之公司,原属甲公司之商标专用权,始依公司法第五十一条之规定移转于丙公司。商标专用权依该条之规定移转时,关于商标法第十八条第一项第三款之适用,应与自然人之继承同论。相应咨复贵院查照。此咨行政院

**附行政院原咨**

查依商标法第十八条第一项第三款之规定,商标权移转后已满一年,未经呈请注册者,商标局得依职权撤销之,但因继承之移转不在此限。兹设有原系以甲公司名义呈准注册之商标而取得专用权,嗣后因另有一乙公司解散,将其全部营业让与甲公司以并合于甲公司之内。甲公司扩充营业而更改其名称为丙公司,请求商标局将原系甲公司注册之商标更改为丙公司所有之商标。此种情形究系公司名称之更改,抑系商标权主体之变更,即商标权之移转而得适用商标法第十八条第一第三款上半段之规定?又该款但书所谓“继承之移转”,仅指自然人之继承移转而言,抑公司之继承移转亦包括在内?上述乙公司并合于甲公司而更改名称之情形,是否为继承之移转而适用该款但书之规定?事关法律适用疑义,案悬待决,相应咨请贵院查照,迅为解释见复为荷。此咨司法院。行政院院长蒋中正

**院字第二二一一号**

**民国三十年七月十二日　司法院咨行政院**

案准贵院本年四月十五日(勇壹字第五八四八号)咨开,据内政部转请解释公有土地处理规则疑义一案,请查照解释等由,业经本院统一解释法令会议议决,民国二十三年六月二日行政院公布之公有土地处理规则与《土地法》抵触之部分,自民国二十五年三月一日《土地法》施行后,业已失其效力。各县已经拆除之城墙基地既系公有土地,依《土地法》第十三条之规定,该管地方政府仅有使用及收益之权,非经国民政府核准不得处分,或设定负担,或为超过十年期间之租赁。相应咨复贵院查照饬知。此咨行政院

**附行政院原咨**

据内政部本年四月七日渝地字第二四八号呈称,案准福建省政府三十年一月三十日府地乙永字第一一三二七号咨开地政局案呈,窃查公有土地处理规则第二条内载,“本规则所称公有土地指国有、省市有、县有土地。”又第五条第一项内有中央管有部份之规定。究竟国有省有如何划分,并何者属于中央管理?各县已经拆除之城墙基地属于何种公地?再查本省处分官产暂行条例第六条有“官产在各地者,由所在地县市政府处分”之规定。此种城墙基地,是否得由县市政府管理处分,请予转咨解释等情,相应咨请查核,迅予解释见覆等

由。准此。查本案关于“司法院二十七年院字第一七七六号解释”公有土地所有权归属问题疑义,曾经司法院二十七年院字第一七七六号以“《土地法》所称之公有土地,无论其管理使用收益之权,系属于省市县等地方政府,抑或属于区坊乡镇自治团体,而其所有权应属于国家。盖地方政府,系国家机关,其自身并无人格,根本上不得为权利主体。至地方自治团体,虽为法人,而对于公有土地行使管理使用收益之权,则应视为国家所付与(如监督寺庙条例所定荒废寺庙由地方自治团体管理之类),不得视为所有权之归属等语解释,并经本部通行有案。该省地政局原呈所称,管有部分如何划分一节,自应以在沿革上原属于国有省有县有为划分标准。至各县已经拆除之城墙基地,依照上述解释,似应由国家付与于县政府管理收益,其处分时仍应依照公有土地处理规则第五条一二两项之规定办理。惟案关法规解释,未便擅断。理合加具意见,呈请钧院鉴核,转咨司法院解释等情。据此,相应咨请查照解释,此咨司法院。行政院院长蒋中正

**院字第二二一二号**

**民国三十年七月十二日　司法院致军政部函**

案准贵部本年五月二十九日公函[法核(三〇)渝字第四九八六号],以据第四补充兵训练处电,请示《妨害兵役治罪条例》适用疑义一案,请解释见复等由,业经本院统一解释法令会议议决,新兵与壮丁之区别,本以已否入营(队)为准。惟《妨害兵役治罪条例》第九条所称之新兵,系就接收方面而言,若从征送方面言之,实与入营(队)前之壮丁无异。至同条例第八条所称之壮丁,则包括应服兵役与不应征集之两种壮丁在内。又同条例所称办理兵役人员,凡各师团管区各部队与其所设置之机关及地方政府,与其所属各级机关各自治机关等承办兵役事务之人员皆属之。相应函复贵部查照饬知。此致军政部

**附军政部原公函**

案据第四补充兵训练处本年三月处法(三〇)常字第二一六八号巧法代电称,查《妨害兵役治罪条例》第八条中之壮丁与第九条中之新兵,其称谓之界说如何划分,又第四条中所称办理兵役人员,其所指范围系包括现时何种办理兵役人等,均滋疑义。用特电恳核示等情。据此。案关解释法令,相应据情函请贵院迅赐解释见复为荷。此致司法院。军政部部长何应钦

**院字第二二一三号**

**民国三十年七月十五日　司法院复甘肃高等法院电**

甘肃高等法院孟院长览。本年三月铣代电悉,酒泉地方法院请解释无人继承遗产处分疑义一案,业经本院统一解释法令会议议决,继承开始时继承人之有无不明者,依《民法》第一千一百七十七条及第一千一百七十八条第一项之规定,应由亲属会议选定遗产管理人,并将继承开始及选定遗产管理人之事由呈报法院,并未认检察官有此职权。即在亲属会议

无人召集时,国库虽因其依《民法》第一千一百八十五条,于将来遗产之归属有期待权,得以《民法》第一千一百二十九条所称利害关系人之地位召集之。但遗产归属国库时由何机关代表国库接收,现行法令尚无明文规定。按其事务之性质,应解为由管辖被继承人住所地之地方行政官署接收,则因继承开始时继承人之有无不明,须由国库召集亲属会议者,亦应由此项官署行之,未便认检察官有此权限。再依《民法》第一千一百八十五条之规定,遗产于清偿债权并交付遗赠物后有剩余者,于《民法》第一千一百七十八条所定之期限届满无继承人承认继承时,当然归属国库,不以除权判决为此项效果之发生要件。《民法》第一千一百七十八条,所谓法院应依公示催告程序公告继承人于一定期限内承认继承,仅其公告之方法,应依公示催告程序行之,非谓期限届满无继承人承认继承时,尚须经除权判决之程序。况依《民事诉讼法》第五百四十一条以下之规定,除权判决应本于公示催告声请人之声请为之,亲属会议不过将继承开始及选定遗产管理人之事由呈报法院,并非声请为公示催告,亦无从声请为除权判决,则检察官不得声请为除权判决尤无疑义。合电转饬知照。司法院咸印

**附甘肃高等法院原电**

重庆司法院院长居钧鉴,案据兼署甘肃酒泉地方法院院长罗洪蒸代电称,案查无人继承之遗产于清偿债权并交付遗赠物后,如有剩余,归属国库,《民法》第一一八五条固有明文规定。然依照同法第一一七七及第一一七八条规定,对于此项遗产,应由亲属会议选定管理人,并将无人继承及选定管理人之事实呈报法院,再由法院为公示催告,命应继承人于一定期限承认继承。逾期后如确无人承认时,法院自应依照民诉法第五四一条关于公示催告之规定,为除权判决,并确定该遗产归属国库。综观以上各规定,其声请权似仅属于亲属会议。检察官对于此种事件,是否亦有声请权未据明文规定。事关法律疑义,未敢擅拟。现职院受有检察官关于上开事件之声请,急待解决,理合电请钧院核示祇遵等情。据此,事关法律疑义,未便擅拟,合肃转恳钧院核示。俾转饬遵照。甘肃高等法院院长孟昭侗叩铣印

**院字第二二一四号**

**民国三十年七月二十三日　司法院指令四川省政府**

呈悉,业经本院统一解释法令会议议决,出典人回赎典物时,应返还之典价系以银角或铜币定其数额者,得按回赎时财政部所定兑价折合法币返还。仰即转饬知照。此令

**附四川省政府原呈**

案查前据达县县政府与文县商会先后呈以民间借贷典当租佃押金各项,在前以制钱铜元生银立约者近因偿还赎取折合法币苦无标准,以致发生纠纷,请予核示解释并恳通令遵行等情一案到府,业经本府函准四川高等法院函复生银应以规元七钱一分五厘折合法币一元为标准在案。惟查借贷一项前经四川高等法院于二十八年解释,民间借贷履行契约,应照交付时价额折合银币偿还,与本年一月三十一日钧院咨复行政院院字第二一二四号咨,

借贷除约明偿还办法者仍从其所定外,以银角或铜币之借贷,借用人以法币偿还时,自应以偿还时财政部所定兑价计算之解释不无出入,自应改遵钧院解释办理。至赎取典当可否适用偿还借贷折合办法,理合具文呈请鉴核解释,以便通饬遵行。谨呈司法院。兼理四川省政府主席张群

**院字第二二一五号**

**民国三十年七月二十三日　司法院指令司法行政部**

呈悉,业经本院统一解释法令会议议决,战区(即军事委员会依照军事作战上之需要所划定之地区)警务人员借故擅离职守,既应依照《陆海空军刑法》以敌前逃亡论罪,自不以该地区是否属于敌前防务吃紧之际而有所区别。仰即转饬知照。此令

**附司法行政部原呈**

案据广东高等法院院长史延程二十九年十二月呈称,案据本院第六分院院长傅圣岩本年十一月二十一日呈称,查战区警务人员借故擅离职守者,应依照《陆海空军刑法》以敌前逃亡论罪,曾于二十八年五月十二日奉钧院同年四月二十日韶总字第一〇六九号训令,以转奉司法行政部同年三月二十一日训字第一〇三三号训令,转奉司法院同月十四日训字第二二五号训令,转奉国民政府同月十一日渝字第一〇四号训令饬知有案。是凡属战区警务人员擅离职守案件,均应依照《陆海空军刑法》第九十三条第一款处断,原属明显。惟窃查该款所称"敌前"者当系指我敌双方,正在我方部伍驻扎之区域,以武力战斗或随时有开始或续行战斗之情势而言。参绎原令节录,第九战区陈司令长官陷法渝武代电所开,战区各县警务人员往往以地方防务吃紧之时,借故离职或乘机潜逃。地方尚未沦陷,秩序已无人管理。若不严加纠正,影响何堪设想……原意乃以警务人员于暴敌当前防务吃紧之际擅离职守,至足影响战局,斯有严法以绳之必要。若地方虽经划归战区而敌踪尚远,秩序安谧无异常时者,则似原未拟议一律援处。近年以来,战局已达我敌相持阶段。同一战区地域颇广,在相持之前线虽有交绥或随时有开始或续行战斗之情势存在,而后方秩序恒安堵如故,此实在情形也。此等秩序安谧地方,设有忽视法令之警务人员擅离职守情事,以地论则系属战区范围,显应遵令援处,以时论则非属敌前防务吃紧之际,与该款规定似不相侔。于是适用之际既不敢煦煦曲解,原令乃又恐有失国家慎刑之至意。于此等情形,究竟应否一律援处?可否分别情形援照同法同条第二款、第三款规定处断,或仍应适用《警察逃亡惩治条例》办理?尚非毫无疑义,为此呈请钧院鉴核,俯赐转请解释,以便祇遵等情。据此,事关法律疑义,理合备文转呈钧部鉴核等情。据此,查原呈不无见地,惟案关法令疑义,理合呈请钧院核示,以便饬遵。谨呈司法院院长居。司法行政部部长谢冠生

**院字第二二一六号**

**民国三十年七月二十三日　司法院复湖南高等法院电**

湖南高等法院陈院长览，本年六月支代电悉，资兴县司法处审判官请解释买卖坟山适用法律疑义一案，业经本院统一解释法令会议议决，《民法》物权编施行前处分公同共有之不动产，未得公同共有人全体之同意者，除其公同关系之契约另有订定外，固属无效。惟因其处分而占有该不动产之人已依《民法》物权编施行法第七条或第八条之规定，取得所有权者，公同共有人之权利当然消灭，即使取得时效尚未完成。而公同共有人之公同共有物返还请求权，依《民法》第一百二十五条《民法总则施行法》第十六条之规定，消灭时效已完成者，该占有人亦得依《民法》第一百四十四条第一项之规定拒绝返还。合电转饬知照。司法院漾印

**附湖南高等法院原代电**

重庆司法院院长居钧鉴，据资兴县司法处审判官龙润猷代电称，兹有某甲之祖派分五房公有坟山一处，于前清嘉庆九年由其两房后裔出卖与丙管业。书有卖契经当时投税，至上年该未在场出卖坟山之后裔某甲，诉请卖契无效，分子、丑二说。子说，公同共有物非经全体共有人同意不得处分。该某甲之祖两房后裔处分五房共有坟山，其买卖契约依法应认为无效。丑说，《民法》请求权因十五年间不行使而消灭。某甲之祖两房后裔于前清嘉庆九年出卖五房公有坟山，未在场出卖坟山之后裔某甲不于出卖后十五年内请求撤销买卖契约，其请求权之时效早已消灭，仍应驳回其诉。二说未知孰是，案悬待结，恳请迅赐示遵等情。案关法律疑义，本院未便擅断。理合据情转请钧院解释示遵。湖南高等法院院长陈长簇叩支印

**院字第二二一七号**

**民国三十年七月三十一日　司法院指令司法行政部**

呈悉，业经本院统一解释法令会议议决，伪装旅客之奸商携带金制成品过往偷漏，可依《防止水陆空私运特种物品进出口办法》，并准用《惩治偷漏关税暂行条例》从严惩办，既经国防最高委员会决议于二十九年五月通行饬遵在案。某甲于是年七八月间先后三次将金戒指多枚私运往敌人控制下之区域，其数量在关秤一两以上。该项金戒指系属《防止水陆空私运特种物品进出口办法》第七条第一项后段所称之金制成品，自应依该条第一项第三款及第二项之规定分别办理。至《惩治偷漏关税暂行条例》所称之漏税货物，依同条例第九条虽以未领完税凭证运销执照之进口货物为限，但上开决议案谓私运金制成品过往偷漏，准用《惩治偷漏关税暂行条例》惩办，系指准用该条例科刑而言。前项私运案犯，如情节重大，依《防止水陆空私运特种物品进出口办法》第七条第二项报由法院惩处。即应视其偷漏之数量如何，准用《惩治偷漏关税暂行条例》第一条第一项或第二项处断（其有触犯应归军

法审判之罪名时,则由军法机关审判)。再此项案件,关于刑事上之制裁,如经第一审检察官以法无明文为不起诉处分,即已确定除具有《刑事诉讼法》第二百三十九条各款所列情形之一得再行起诉外,别无救济办法。仰即转饬知照。此令

**附司法行政部原呈**

案据福建高等法院首席检察官林炳勋三十年四月十日代电称,案据本院第一分院首席检察官张慎微灰代电称,今有某甲于二十九年七八月间先后三次将金戒指多粒装在肉酱罐内,私运往敌人控制下之区城,其金戒指数量在一两以上,依《防止水陆空私运特种物品进出口办法》第六条第三款规定,旅客携带以一两为限,第七条私运禁止进口货物应按《海关缉私条例》没收,并予处罚,其金银制成品有违反第四条规定行为(违章私运)者,照下列办法分别处理:(一)(二)略(三)携带金制成品越过准带额未领部照,查获后应将逾额部份没收充公。(下略)第二项本条各项其情节重大如组织团体经营私运数量巨大者,除货物概予没收外,并分别报由军法机关或法院将有关人犯依法惩处等语。又查国防最高委员会二十九年五月十五日国议字第三九六四号令以旅客携带金制品以关秤一两为限,系指真正一时过往旅客而言。如同一旅客数次过往偷漏,则其人显非真正旅客,而系伪装旅客之奸商,可依《防止水陆空私运特种物品进出口办法》,并准用惩治偷漏关税条例从严惩处云云。窃查该条例第一条虽可处罚,而第九条明定为进口货物,某甲运往敌人控制下之区域,系属出口而非进口。该条例似不能引用,是否依《海关缉私条例》第二十一条或《非常时期农矿工商管理条例》第一条第二款、第十三条、第三十二条第二款,抑以《取缔收售金类办法》第九款办理之处?事关法律解释,职处未敢擅断。再案件如经第一审检察官以法无明文处分不起诉,破获机关函引国防最高委员会令请究办,程序上有无救济办法,理合电请钧长察核,转请司法院统一解释指令祇遵等情。据此,事关法律疑义,理合电恳钧长察核,俯赐转请解释,以便饬遵等情。据此,事关法令疑义,理合转请钧院核示,以便饬遵。谨呈司法院院长居,司法行政部部长谢冠生。

**院字第二二一八号**

**民国三十年八月一日　司法院致国民政府军事委员会函**

案准贵会本年六月三日[法审(三〇)渝二字第六三一九号]公函,以《陆海空军刑法》《修正惩治汉奸条例》及《危害民国紧急治罪法》各条文适用疑义,请解释函复等由,业经本院统一解释法令会议议决,《陆海空军刑法》第十一条所称之部队,系包含有军法审判权及无军法审判权之一切部队而言。《修正惩治汉奸条例》第十四条所称有军法审判权之部队,则以依法令有军法审判权之部队为限。又同条例第十四条既将有军法审判权之机关与部队并列,该项机关自系除部队以外之军法机关,但《危害民国紧急治罪法》第七条仅称由该区域最高军事机关审判,并未将部队分别规定,凡有权审判之部队当然包括在内。至该治罪法第七条系规定,危害民国案件之审判机关,其行使审判权之区域系属管辖问题,自应由

中央最高军事机关划定。相应函复贵会查照。此致国民政府军事委员会

**附国民政府军事委员会原函**

案查《陆海空军刑法》第十一条,称部队者谓陆海空军军队官署学校及一切特设机关。惟《修正惩治汉奸条例》第十四条规定,犯本条例之罪者由有军法审判权之机关或部队审判之,是部队又与机关不同。又《危害民国紧急治罪法》第七条所称由该区域最高军事机关,是否包括部队在内?所谓区域,究指省区或县区而言,不无疑义。相应函请查照,迅赐解释函复为荷。此致司法院

**院字第二二一九号**

**民国三十年八月一日　司法院致军事委员会抚恤委员会函**

案据本院秘书处转陈贵会本年六月三十日抚一布渝字第三三〇六二号公函,转请解释冒领恤金论罪疑义一案,兹经本院统一解释法令会议议决,已死军人之堂兄。携同冒充该军人遗族之妻向县政府请领恤令(即《陆军抚恤暂行条例》所称之恤金给与令),当被发觉,未予给领,均应成立《刑法》第三百三十九条第三项之以诈术使人将物交付未遂罪。其保甲长与族长明知其人原非军人遗族,捏称为军人遗族,联名出具请求更正遗族之保结以便他人冒领恤金。该恤金既尚未领得,自应构成帮助以诈术使人将物交付未遂罪。如该管公务员已据其保结登载于职务上所掌之公文书,即又成立《刑法》第二百一十四条之罪,应依同法第五十五条,从较重之诈欺未遂罪处断,相应函请贵会查照。此致军事委员会抚恤委员会

**附军事委员会抚恤委员会原函**

案据湖南省新化县政府代电,以曾义林等希图冒领故员曾柏林恤金,及保甲族长伙同朦报,应如何处理,乞核示等情。查曾罗氏冒领恤金未遂,该保甲族长帮同舞弊,似应照意图侵占未遂罪处办,是否适当?相应抄同原案,函请查照转陈解释见复为荷。此致司法院秘书处

**附湖南省新化县政府原代电**

军事委员会抚恤委员会主任委员何钧鉴,案奉湖南省政府三十年三月十六日来省秘二抚字第一九八九号训令,以准钧会函送故员曾柏林恤令遗族名称校正表饬遵照办理等因。遵经将校正表粘贴于恤令左上角,并加盖骑缝县印,同时通知具领。兹据曾义林携带曾罗氏来府冒充故员曾柏林遗族妻曾萧氏具领恤令,察其言语支吾,形迹可疑。当经庭讯据曾义林供称,我是故员曾柏林的堂兄,其母段氏已于七年前嫁与游家湾地方刘植祖去了。其妻萧氏是没有结婚的,红庚八字,是二十八年退还的,久已改嫁。其抚子承先是二十九年七月亡故的,想领着这笔恤金为该故员抚子继承。曾罗氏供称我是嫁与该故员曾柏林的堂兄曾旺林,因为该故员的父亲桂心死在我家里,代为诊病送葬,借用法币八九十元,想假名领着这笔恤金还那借款。并且该故员无子,族间商议拟抚子承祧各等语。卷查该保保长曾植

芬、甲长曾稼轩族长曾繁植等联名出具请求更正遗族保结,系在二十九年十月二日,是已在该故员母妻再醮之后。似此情形,显有伙同舞弊嫌疑,业经票拘限期投案在卷。除该故员曾柏林恤令无合法遗族可领另文呈转缴销外,所有该曾义林及曾罗氏冒名曾萧氏请领恤令,是否构成冒领恤令罪责?保长曾植芬、甲长曾稼轩、族长曾繁植伙同舞弊,是否构成欺诈罪责?谨电呈鉴核示遵。湖南新化县县长胡瀚叩新财卯养印

**院字第二二二〇号**

**民国三十年八月二日　司法院咨行政院**

案准贵院本年六月三日咨(勇捌字第八七五〇号)开,据教育部呈请示原业主可否向受赠典物之学校要求放赎一案,请查核见复等由,业经本院统一解释法令会议议决,典权人以其典权捐助学校为典权之让与,依《民法》第九百十七条第二项之规定,受让人对于出典人仅取得与典权人同一之权利,出典人在法律所定得回赎之期间内,向让受典权之学校回赎典物,自非该学校所得拒绝。相应咨复贵院查照饬知。此咨行政院

**附行政院原咨**

据教育部三十年五月十二日叁字第一八五七九号呈称,窃查我国各地小学校产多系由私人相助,或由祠会公产提充。是项产业固有为捐主或祠所有者,亦有为祠主或祠会承典私人产业历若干年而捐赠于学校者。迩来物价上涨,地价亦增,一般原业主垂涎重价,企图转卖,多纷向受赠与之学校请求回赎,致学校赖以维护事业进行之经费遽受影响,于是争执以起。在原业主方面,以为典权回赎,系属私法上之关系,自应适用《民法》第九百二十三条及第九百二十四条之规定。典权人将典物赠与学校为典权之移转,非为转典,出典人自可迳向学校回赎。而在学校方面则以出典物既已由典权人捐助与学校,并经向当地主管教育行政机关登记有案,视为学校常年经费之固定来源,已与公益有关,与原出典人不发生直接关系。且往往年代远久,旧案重翻,有各发掘古墓,算及枯骨,不应受适用于通常典权回赎场合之现行《民法》第九百一十七条及第九百二十四条之限制。双方所持,似皆有理。当兹全国积极推行国民教育之际,各地方亟需增筹大量经费,俾能如期普及。而中心小学国民学校之校产,不乏类似上述之事实。如一许回赎,则风声所播必致动摇学校基础,影响匪浅。私人利益固当保护,公共利益自亦不应漠视。惟事涉法律,本部未敢擅断等情。据此,相应咨请贵院查核见复。此咨司法院。行政院院长蒋中正

**院字第二二二一号**

**民国三十年八月二日　司法院咨监察院**

查四川各县联保办公处结束前之联保主任是否与别省之联保主任相同,及是否为《公务员惩戒法》上之公务员问题,前以尚待研讨,业于本年一月二十四日咨行贵院查照在案。兹经本院统一解释法令会议议决,四川各县联保办公处结束前之联保主任,系依整理川黔

两省各县保甲方案任用之人员,固与院字第一八一七号解释所称之联保主任不同。惟此项人员亦不能认为《公务员惩戒法》所称之公务员。相应咨请贵院查照。此咨监察院

**附司法院致最高法院原函**

迳启者。查联保主任与《公务员惩戒法》所称之公务员有别,业于民国二十七年十一月间就河南省政府转请解释时解释有案(院字第一八一七号)。现在时逾二年,前项解释是否仍应适用,及是否适用于川省,经陈奉院长谕"着交最高法院依照解释法令程序拟案呈核"等因。相应函请查照办理。此致最高法院。司法院秘书处

**院字第二二二二号**

**民国三十年八月二日　司法院致社会部函**

案准贵部本年六月二十八日社组字第六〇〇号文,以准四川省执行委员会转请解释教育会是否文化团体一案,兹经本院统一解释法令会议议决,教育会依国民大会代表选举法附表四之规定,固为同法所称之自由职业团体。惟其他法令所称之文化团体,如依该法令之本旨可解为包含教育会在内者,仍不妨解为文化团体。相应函请贵部查照转知。此致社会部

**附社会部原咨**

案准中国国民党四川省执行委员会公函,以据安岳县党部呈请解释教育会是否文化团体一案,请解释见复等由。准此,查教育会之性质,依教育会法第一条所规定之目的及第十六条所规定之会员资格,实与文化团体相近。前中央民众运动指导委员会曾经解释认为属于文化团体。惟国民大会代表选举法所附表内则列教育会为自由职业团体之一。究竟教育会系属文化团体,抑系自由职业团体,应有确定解释,始足以资遵循。准函前由,相应咨请大院查照解释见复为荷。此咨司法院。社会部部长谷正纲

**院字第二二二三号**

**民国三十年八月二日　司法院致国民政府军事委员会函**

案准贵会本年五月二十九日[法审(三〇)渝一字第六二〇九号]公函,以《修正中华民国战时军律》及《惩治贪污暂行条例》适用疑义,请解释见复等由,业经本院统一解释法令会议议决,(一)《修正中华民国战时军律》第十二条浮报军实之罪,只须有浮报之行为,即为犯罪之完成。其冒领军实之罪,则应以领到军实方始成立,均与《陆海空军刑法》第四十五条限于所浮报者为名额,且以冒领经费之目的为意思条件者不同。至该条所称之军实,系指充实军用上之一切物品而言,业经院字第一八六七号解释有案。若以浮报名额达其冒领或浮报经费之目的,则其所冒领或浮报者,既非充实军用之物品,除有触犯《惩治贪污暂行条例》第三条第一项第二款之情形应从一重处断外,仅应就其浮报名额之多寡,分别适用上开军《刑法》第四十五条各款之规定,不能论以战时军律第十二条之罪。(二)《惩治贪污暂行

条例》第二条第一款之克扣军饷罪,乃为惩治贪污而设之特别规定,自以有不法所有之犯意为成立条件。《陆海空军刑法》第三十九条之扣饷不发,不必真有入己之意图,只须抑留至一月以上尚未发给者,即可成立。相应函复贵会查照。此致国民政府军事委员会

**附国民政府军事委员会原函**

查意图冒领经费浮报名额者,不论经费已领未领,均应依《陆海空军刑法》第四十五条处断,曾经贵院二十三年十二月四日院字第一一五〇号公函解释在案。惟查《修正中华民国战时军律》第十二条对于浮报或冒领军实者已有处罚明文。所谓浮报或冒领似亦毋须以领到经费为构成条件,只须有浮报或冒领之行为即已成罪。如于领取或报销经费中浮报名额,即系以浮报名额达其冒领或浮报经费之目的,应否以浮报名额及浮报或冒领军实从一重处断?如应从一重处断,而上开军《刑法》第四十五条系按浮报名额多寡分款处刑,其第一款浮报百名以上者死刑或无期徒刑固较上开军律为重,但其余各款均属校轻,究应一律从浮报或冒领军实罪处断,抑按浮报名额数目以《陆海空军刑法》第四十五条各该款与《修正中华民国战时军律》比较处断?又《惩治贪污暂行条例》第二条第一款之“克扣军饷”,与《陆海空军刑法》第三十九条之扣饷不发至一月以上者之区别,是否以克扣军饷者具有不法所有之犯意,而扣饷不发者仅系一时不发,并无克扣入己之意思为断?案关法律疑义,相应函请查照解释见复。此致司法院

**院字第二二二四号**

**民国三十年八月十六日　司法院指令司法行政部**

案据该部呈,据江西高等法院转请示妨害兵役及公务员要求或期约贿赂适用法律各疑义到院,除关于妨害兵役适用法律疑义一项,业经本院于本年五月十四日以院字第二一八一号指令饬知外,关于公务员要求或期约贿赂疑义一项,兹经本院统一解释法令会议议决,查公务员对于主管或监督事务收受贿赂,既经国防最高委员会决议,应适用《惩治贪污暂行条例》第三条第一项第二款办理。虽原决议对于军事委员会原函列举之要求期约收受贿赂等行为,只明示收受一点。然不过就上述数种行为中举一以概其余,要求或期约贿赂,既均有图利情形,亦当然适用该条款处断。合行令仰该部转饬知照。此令

**附司法行政部原呈**

案据江西高等法院二十九年十二月二十九日呈称,案据临川地方法院院长王纲煦代电称,查《妨害兵役治罪条例》第八条后段载“并追还其财物交回被害人”,似属附带民事诉讼范围。兹规定于特别《刑法》条文内是否采干涉主义,不必经被害人之请求,即应于刑事判决主文内一并谕知?又该项判决究应由检察官于执行刑罚时并予执行,抑应由民事执行处执行?如被害人于审判中已表示抛弃返还赃物之请求权时,可否不为返还财物之裁判,俱不无疑义,此应请予核示者一。又公务员要求期约或收受贿赂为贪污中普遍之行为,《惩治贪污暂行条例》并无规定,是否认为已包含于同条例第三条第一项第二款,对于主管或监督

之事务直接或间接图利之概括规定内，抑认为应依《刑法》处罚，故不予规定，此应请核示者二。事关法律疑义，理合电请钧长核示，或转请解释指令祇遵等情前来。事关法律解释，本院未便擅专，理合据情呈请钧部鉴核示遵等情。据此，除原请示关于公务员对于主管或监督事务收受贿赂一点，业经国防最高委员会决议，当然适用《惩治贪污暂行条例》第三条第一项第二款处断，不生疑问外，其余各点，事关法令疑义，理合具文呈请钧院鉴核指示，以便转呈令饬知照。谨呈司法院院长居。司法行政部部长谢冠生

**院字第二二二五号**

**民国三十年八月十九日　司法院咨行政院**

案准贵院上月八日勇捌字第一〇七四六号咨开，据经济部转请解释公司法第一百八十六条第一项疑义一案，请查核见复等由，业经本院统一解释法令会议议决，股份有限公司发起人所得受之特别利益，如有冒滥，依公司法第九十二条第一项、第一百零四条第一项之规定，主管官署或创立总会得裁减之。若载明此项特别利益之章程业已确定，受益人之权利即为既得权，嗣后除经受益人之同意外，不得变更章程予以裁减。相应咨复贵院查照饬知。此咨行政院

**附行政院原咨**

据经济部呈，转据上海会计师公会呈，为公司法第一百八十六条第一项条文疑义，请转咨解释等情到院。事关法律解释，相应抄同原呈，咨请贵院查核见复。此咨司法院。行政院院长蒋中正

**附经济部原呈**

案据上海会计师公会本年四月二十五日呈称，据会员王思方会计师函称，查公司法第八节变更章程第一百八十六条，公司非经股东会决议，不得变更章程或增减资本。惟股份有限公司多有依照公司法第八十九条及第一百零四条各规定，发起人一部或全体得于每年结算盈余享受特别利益，订入公司章程。此项公司章程既经创立会之通过，或经一主管官署依照公司法第九十二条之规定查核尚无不合，呈准登记后，所有公司章程规定之发起人所得享受之特别利益，将来是否得未经受益人同意即由股东会之通过，与公司章程其他条文相同予以修改或删除。主张正面者，为股份有限公司之章程，原系发起人自行拟定（公司法第八十八条）。所得享受特别利益，亦系发起人自行拟定，其他股东仅同意给予而已。是以此项特别利益乃属公司之自由赠与，公司自得随时停止或增减。况公司章程所订定之公司名称所营事业及其他条文，既得由股东会之特别决议加以修改，发起人享受特别利益亦属公司章程包含条文之一。公司法并无不得修改之特别规定，故主张公司股东会得不经受益人之同意，即可迳行修改或删除公司章程之给予发起人特别利益之条文。主张反面者，谓公司章程规定给予发起人之特别利益，乃一种约定分期给付之报酬。有系发起人起草章程时，即订入条文给予全体发起人或一部分发起人者，亦有在举行创立会或股东会时经其

他股东之提议再修订加入公司章程条文者,当公司呈准设立登记或修改之章程呈准主管官署备案。公司即与受益人及其继承人或让与人发生契约上之关系,在公司存续期间,公司股东会不能以单方面之决议解除其义务。如公司已发行优先股者,其章程之变更如损害优先股之权利时,除股东会之决议外,更应先经优先股东会之决议(公司法第一百八十八条)。可见公司股东会之决议如有损害他人权利时,非经他人同意不生效力,不能与公司章程其他条文一概而论也。故主张公司股东会不得未经受益人之同意,即迳行议决修改或删除公司章程之给予发起人特别利益之条文。以上陈述,理由各执,会员以吾会计师同业多有受当事人之委托代为修订公司章程,对于公司章程已订定之给予发起人特别利益条文,可否予以修改或删除,未有标准,为特函请贵会呈请经济部核予解释,俾资遵循,至感公谊等由到会。查会员所请解释一节,尚属实情,为此具文呈请鉴核,并祈赐予解释,仰候示遵等情。据此,查公司章程所订定给予发起人之特别利益,是否应经受益人之同意始得修改或删除,在公司法尚无明文规定。本案所陈正面及反面之意见,前者系就公司法立论,主张得以股东会之决议予以变更。后者则以涉及契约关系,认为在契约存续期间,股东会不能以单方面之决议迳予删改。故两说均具有相当理由,而其在法令上之观点则各有不同。事关解释法令,理合呈请钧院鉴核,恳赐咨行司法院解释,并转令祇遵。谨呈行政院

**院字第二二二六号**

**民国三十年八月二十日　司法院致国民政府军事委员会函**

案准贵会上月十三日办四二字第二〇二二四号公函,以据本会铨叙厅转请示《优待出征抗敌军人家属条例》适用疑义一案,请核办见复等由,业经本院统一解释法令会议议决,《优待出征抗敌军人家属条例》所称之出征抗敌军人,以直接参与作战之军人军属为限,该条例第二条规定甚明。军事委员会铨叙厅服役科科长及通信兵学校兽医,均非直接参与作战之军人军属,其家属自不得享受该条例之优待。况出典人向典权人回赎典物,与该条例第九条之规定无涉。典权人纵为出征抗战军人或其家属,亦无援用该条拒绝出典人回赎之余地。相应函复贵会查照饬知。此致国民政府军事委员会

**附军事委员会原函**

案据本会铨叙厅本年七月一日呈字第八七二号呈称,案据本厅第一处服务科科长阮宗权呈称,为勒赎财产恳请拨用《优待出征军人家属条例》签请军事委员会令行闽省府饬遵以弭讼争而维生活等由。查该科长为业主勒赎田产所请援用《优待出征军人家属条例》,似属可行,理合抄呈原报告一件呈请鉴核,准予令行福建省政府转饬建宁县政府及建瓯地方法院以符功令等情前来。查该员家属是否合于优待条例之规定,实有移请查明核办之必要。据呈前情,除指令外,相应抄同原附件函请贵院核辨见复为荷。此致司法院

**附原报告**

呈为恳请援用《优待出征军人家属条例》以弥讼争而维生活事。窃宗权世居福建建宁

县,以耕以读,守困守贫,既乏附郭之田,复无容膝之产。迄宗权兄弟四人,或佃田而农,或受廛以贾宗权承志读书,得先后卒业法政警察等校,出为政府供职,将月薪所得,帮助家庭生活之需,一切家政董于长兄,曾将勤俭节缩之余资典得邑城住宅数间附郭薄田数亩,日作夜息,赖以休宁。迨民二十年……[1]陷城,长兄率全部眷属十余口奔避南京时,宗权为第七师会计课长。嗣改委军事委员会铨叙事务处中校处员在京供职故也。民二十二年匪氛平息,长兄率眷属一部分回籍。居宅多败堵残垣,田地皆蓬蒿荆棘,盖荒凉毁坏已数年矣。家长兄走告各原有业主请求备价收赎,因此时房产稻谷之价贱,而葺屋垦荒之费巨,各皆逃避责任不肯接受。家长兄乃复修葺残败,芟除荆榛,次第规复。迨二十四年长兄谢世,家事由胞弟阮宗翔董治,尚称规随不变,得以粗安。二十六年秋抗战军兴,宗权随公府西迁,家属送回原籍。因抗战期间物价日涨,货币日跌,市侩者流,咸认为通货易致,物力难求。有先长兄在邑之西乡名社院下地方以银元五十五元典得水田一处,计田租十担,实收丰年五担,自耕丰年可得八九担或十担之间。原业主为张月生以闽币五十五元勒赎,胞弟阮宗翔以当日典业时每银一元可购白米三十斤以上,近闽币一元购米仅及三觔,不啻十与一之比。民间完粮纳税,均按物价增涨,如曩者完粮应纳一元者现改纳三元七角以上,不愿与兄弟间血汗所积之资,而为投机取巧之地主售其技,因是彼此兴讼。曾以信来嘱宗权设法救济,当经函复以为宇宙间事物,人弃我收,人取我与。彼张姓者既欲收赎此田,可迳与之不必争执。顷又接函谓业已被诉,欲罢不能。经县府判决照价收赎,并已照指定二审地点上诉矣,嘱宗权从速筹寄讼费。又社亲谢积之亦来函称,如此案败诉,则宗权所有房屋田产各原业主均逐一乘时权赎等语。盖言其数日之内,可使宗权全家十余口食无粟、居无宅也。按宗权家中所有全部不动产不及千元,皆系典业。每月生活费依现在物价最少须四百元。宗权月薪一百五十四元。至多月汇百元接济家用。其不敷之数,在四分之三。若所有典业全部照现在币价收赎完毕,则所收之现款不足三月之需,而宗权复无他生产足资救济。惟宗权服行军役已在十五年以上,现充本厅服役科科长,承办全国现备役军官佐起退停回之役务事宜。有长子阮瑞璋,现亦充通信兵学校上尉兽医,均系在军服行现役。按二十七年十二月三十一日公布之《优待出征军人家属条例》第九条"出征抗敌军人在应征召前所负之债务无力清偿者,得展至服役期满后二年内清偿之。其家属赖以维持生活之财产,债权人不得请求强制执行。"似可援用。并查在抗战大时代中,前方后方努力抗战工作,毫无差异。宗权现供职本会,亦即在统帅部供职也。统帅部为抗战最高军事机关,所属职员与战斗员无相轩轾,亦与本条例第三条之限文不相抵触。况宗权所请求援用者仅第九条之后段,其他各条之优待条件概不援引,且不愿援用。兹维求稳定生活以弭讼争起见,可否俯赐签请军事委员会令行地方当局暨本案初审之建宁县政府,及二审之建瓯地方法院,对于此项案件得适用《优待出征抗敌军人家属条例》第九条后段之规定,使狡狯之地主不能投机,而现役

[1] 此处删去一词。

之军人不被压迫,则戴德靡涯矣。否则全家十余口,将尽沦为饿莩。欲求不发生最惨烈悲剧恐不可能,从井救人,仁者乐为。临颖悲恻,伏乞矜垂,是否可行,理合检同迭次家函恭呈鉴核。谨呈处长余厅长吴副厅长钱科长。阮宗权谨呈

**院字第二二二七号**

**民国三十年八月二十日　司法院致国民政府军事委员会函**

案准贵会上月八日法审(三〇)渝一字第七七二一号公函,以据军政部转请释示《妨害兵役治罪条例》第十五条第一项疑义一案,请解释见复等由,业经本院统一解释法令会议议决,《妨害兵役治罪条例》第十五条第一项所称之顶替兵役,系指他人冒充应服兵役壮丁为之替代,俾该壮丁得以避免兵役者而言。中签壮丁某甲,托某乙介绍价买某丙,用某丙本人名字报送志愿兵。其目的虽在替服兵役,但某丙既非冒充某甲应征,某甲之兵役义务本不能因而避免,即与顶替兵役之情形不符。甲乙丙除有其他犯罪行为应论以相当罪名外,自不构成该条第一项使人顶替兵役、介绍顶替兵役及顶替兵役之罪。相应函复贵会查照饬知。此致国民政府军事委员会

**附国民政府军事委员会原函**

案据军政部本年五月十九日法核(三〇)渝字第四六〇四号呈称,案据兼浙江省军管区司令黄绍竑本年二月俭军法金代电称,有中签壮丁某甲请托某乙介绍价买某丙顶替。为避免冒名计,乃用某丙本人名字报送志愿兵。则甲乙丙应否构成《妨害兵役治罪条例》第十五条第一项使人顶替兵役、介绍顶替兵役及顶替兵役等罪名,请核示等情。据此,案关解释法令,理合据情转请鉴核释示祇遵等情。据此,案关法律疑义,相应转请贵院解释见复,以便饬遵为荷。此致司法院

**院字第二二二八号**

**民国三十年八月二十八日　司法院致军政部函**

案准贵部本年七月十七日法理(三〇)渝字第六九四七号公函。为军事交通器材及通信器材可否认为重要军用物品,请查照解释见复等由。兹经本院统一解释法令会议议决,军事机关为增强军事交通设置之交通器材库,其所存储之交通器材及通信器材,自系《修正中华民国战时军律》第十三条第一项第七款规定之重要军用物品。相应函复贵部查照。此致军政部

**附军政部原函**

查军事机关为增强军事交通设置之交通器材库,其所存储之交通器材及通信器材,可否认为军事上有直接效用物品?依贵院院字第一九〇六号解释,应为军用物品,抑系修正战时军律规定之重要军用物品,不无疑义。如不能认为上开物品,倘有不尽保管之责,致遗失此项器材者,应适用何项法令惩处?案关法令解释,相应函请查照,迅赐解释见复为荷。

此致司法院军政部部长何应钦

**院字第二二二九号**

**民国三十年九月四日　司法院指令司法行政部**

呈悉,业经本院统一解释法令会议议决,《没收敌货及罚金分配办法》第二项第五款及第三项所称之执行出力人员,依《查禁敌货条例施行办法》第二十八条规定,系专指办理检查敌货出力之人员而言。执行检察事务之员警,如因参加检查敌货而办理出力,自亦包括在内。至其分配罚金成数如何,应由地方主管官署酌定。仰即转饬知照。此令

**附司法行政部原呈**

案据安徽高等法院三十年四月二十三日歙呈字第四〇号呈称,案据贵池县县长兼检察职务谢汝昌呈称,案奉钧院训字第一八一三号令转司法行政部,准行政院颁发《没收敌货及罚金分配办法》,业经布告周知在案,内第二条载分为十成比例分配。第五款载,奖励执行出力人员二成。又查第三项载,凡不经告发而查获没收之敌货,其执行出力人员得多提奖一成。查司法机关检察职务,亦为本案执行人员。上开办理执行人员是否泛指司法机关亦在其内?如在内,则分配成色为上开成色全部,抑亦再分若干成?事关解释疑义,理合具文呈请仰祈鉴核,俯赐详予示知,俾便遵循等情。查查禁敌货固由地方主管官署或关卡办理。惟违禁之刑罚则由司法机关审判检察官职司检举职权,自得自动检举,既非基于行政官署之移送,或他人之告发,即不得谓非执行查禁职务。该办法第二条第五款所称奖励执行出力人员,似司法机关办理检察职务之员警亦应包括在内。事关法令解释,未敢擅断,理合具文呈请钧部核示,以便饬遵等情。据此,事关法令疑义,理合转请钧院核示,以便饬遵。谨呈司法院院长居。司法行政部部长谢冠生

**院字第二二三〇号**

**民国三十年九月四日　司法院致国民政府军事委员会函**

案准贵会上月六日法审(三〇)渝二字第八七五四号公函,以据兼浙江全省保安司令电请示充伪中国国民党党员应否论罪一案,请解释见复等由,业经本院统一解释法令会议议决,伪组织之中国国民党,系《危害民国紧急治罪法》第三条所载之团体。某甲充该党党员,自应依该条处断。相应函复贵会查照饬知。此致国民政府军事委员会

**附国民政府军事委员会原函**

案据兼浙江全省保安司令黄绍竑七月午鱼法近电,为某甲充伪中国国民党党员,惟尚无其他犯行,应否依《修正惩治汉奸条例》第二条第一款处断,抑即如何办理,请核示等情。案关适用法律疑义,相应函请贵院迅赐解释见复。此致司法院

**院字第二二三一号**

**民国三十年九月四日　司法院致军政部函**

案准贵部本年七月二十八日法核(三〇)渝字第七四二五号公函,以据福建省军管区司令请示《妨害兵役治罪条例》第六条条文疑义一案,请解释见复等由。业经本院统一解释法令会议议决,《妨害兵役治罪条例》第六条所称凌虐,凡对于壮丁施以强暴胁迫或其他有背人道之残刻行为皆属之。相应函复贵部查照饬知。此致军政部

**附军政部原函**

据兼福建省军管区司令陈仪本年六月漾区法电,以《妨害兵役治罪条例》第六条规定,对于壮丁为凌虐之行为,须具何种条件始能构成,请核示等情。据此,事关解释法令,相应函请查照,迅赐解释见复,以便饬遵为荷。此致司法院。军政部部长何应钦

**院字第二二三二号**

**民国三十年九月十七日　司法院复广西高等法院电**

广西高等法院陈首席检察官览,本年七月文代电悉,邕宁地方法院检察处所请解释一案,业经本院统一解释法令会议议决,关于战地战区之涵义,业经军事委员会于二十九年二月二十三日以办一会字第九二〇六号公函行知在案(本院同年三月五日以训字第二二二号令部通饬)。《陆海空军刑法》第二条所称战地,应以该函所载情形定其范围。至来文所述案件管辖之如何区别,当系审判权之误。法院对于战地或战区之案件有无审判权,自应依各有关法令之规定定之。合电转饬知照。司法院筱印

**附广西高等法院检察处原代电**

重庆司法院院长居钧鉴,案据邕宁地方法院检察处甲字第五〇〇号本年六月陷代电称,查《陆海空军刑法》第二条所称战地,兹有二说:(甲)说谓战地即现已划为战区内之各县属之地域均属之,即不问区内有无敌踪及战斗事实存在与否,均应一律视为战地。故战区内若甲县属地域,已有敌踪发生战斗与敌对峙事实,固成为战地。而乙县属地域既划入同一战区内,其距甲县属地域纵尚辽远,敌迹未至,战斗事实虽不发生乙县属地域内,则乙县亦不得谓非战地。(乙)说谓战地包含在战区内,乃指现已划为战区内之某一县属地域,或与其相邻之县所属之地域内,已有与敌接触发生作战事实可能之地带而言,并非指凡战区内各县属之地域均系战地。二说各有其是。然若从甲说,则该地域内并无与敌战斗之事实发生而竟称之为战地,去实际太远,未免与常情相背,其解释似失之太广。若从乙说,则称战地之意义又与《陆海空军刑法》上所称敌前之意义(敌前解释见二十三年院字第一一〇一号)似有混同。究甲乙二说孰当,应从谁说,实发生疑问。谨电鉴核转请解释示遵等情。按该法第二条所称之战地,当较战区之范围为狭,似应以乙说为当。惟民国二十三年院字第一一〇一号解释敌前之范围,又当与战地之区域为狭,并非混同。不过其界限究应如何划

分，战区与战地之案件管辖又如何区别，仍不无疑问，理合电请解释，俾便转饬祇遵。署广西高等法院检察官陈锡瑚呈文印

**院字第二二三三号**

**民国三十年九月十七日 司法院指令湖南高等法院**

呈悉，业经本院统一解释法令会议议决，（一）原告提起确认某地为其所有之诉，被告亦提起确认该地为其所有之反诉者，本诉之诉讼标的为原告之所有权，反诉之诉讼标的为被告之所有权。所有权之主体既异，诉讼标的即非相同。本诉与反诉，自应各按所有权之价额征收裁判费。惟原告对于第一审驳回其诉并确认该地为被告所有之判决提起上诉时，上诉如有理由，在经济上仅受确认该地为其所有之利益，依《民事诉讼法》第四百零六条之本旨，只须按本诉诉讼标的之价额缴纳裁判费。至第一审判决将本诉与反诉并予驳回，两造各提起上诉时，至经济上各有确认该地为其所有之利益，即应各按本诉与反诉诉讼标的之价额缴纳裁判费。若第一审先为驳回本诉之一部判决，再为反诉有理由之判决时。原告对于该两判决提起之上诉，系各别之上诉，仍应各按本诉与反诉讼标的之价额，分别缴纳裁判费。再原告提起请求给付六百元之诉。被告亦提起请求给付六百元之反诉，原告于本诉及反诉均受败诉判决时，其对于该判决提起上诉，在经济上既有一千二百元之利益，即应按一千二百元之金额缴纳裁判费。此皆与本问题情形不同，不能相提并论。（二）法院误认上诉为不合法以裁定驳回者，其裁定所表示之意思，与其本来之意思并无不符，不能认为《民事诉讼法》第二百三十二条所称之显然错误。仰即转饬知照。此令

**附湖南高等法院原呈**

案据桂阳地方法院院长熊进荣呈称，呈为适用法律发生疑义恳予转请解释事。（一）甲以乙为被告提起确认某地为其所有之诉，乙亦提起确认某地为其所有之反诉。所争之物虽同，而其为诉讼标的之法律关系，一为原告之所有权，一为被告之所有权，是本诉与反诉诉讼标的并不相同，反诉自应另征裁判费。但如第一审判决确认该地为被告乙所有，并驳回原告甲之诉时，甲对此两部份一并提起上诉，其第二审裁判费应仅就本诉部分缴纳，抑应合并本诉反诉两部分缴纳，分为二说：（甲）说甲在第一审起诉，系请求确认某地为其所有。其提起上诉，仍系同一请求。反诉部分虽系提起上诉，应认为与本诉合而为一。如因上诉结果，本诉获胜，反诉当然胜诉。是其因上诉所得受利益，仅只本诉一部。若谓上诉利益应合并本诉、反诉两诉讼标的之价额计算，则如某地值洋六百元，依法不能上诉第三审。若被告提起反诉则本诉与反诉价额合并计算为一千二百元，可以上诉第三审矣。是因被告提起反诉而使审级变更，似有未合。且为减轻当事人负担计，应仅就本部分缴纳裁判费为已足。（乙）说原告在第一审败诉后，对本诉反诉一并提起上诉。其上诉之声明即有两部：（一）废弃原判，驳回原告之诉部分，改判系争地为上诉讼人所有。（二）废弃原判，确认系争地为被告所有之部分，改判驳回被上诉人在第一审之反诉。是原告对于本诉既有积极之利益。对

于反诉复有消极之利益,自应合并本诉反诉两部分为计算上诉利益之标准(参照院字第一八三〇号解释)。而如甲说所举之例,本诉与反诉诉讼标的价额合并计算,既为一千二百元。参照院字第一一四七号解释旨趣,如原告在第二审全部败诉,自可上诉第三审(如仅一部败诉则否)。且第一审既由原被两造各别缴纳本诉及反诉裁判费,而判决结果,如将本诉及反诉均行驳回时,又须由原被两造各别缴纳本诉及反诉之第二审裁判费。则原告一造败诉后上诉,应由原告缴纳该两部分之第二审裁判费,其理论方属一贯。例如给付之诉,原告诉请被告给付六百元,被告提起确认其给付请求权不存在之反诉,反诉与本诉诉讼标的相同,固不另征裁判费。但若被告反诉另请给付六百元。原告全部败诉时,自应缴纳本诉与反诉两部之上诉裁判费。又经第二审判决原告复全部败诉时,并得上诉第三审,似均无疑义。确认之诉,应亦相同。若如甲说主张,不惟使诉讼标的不同之本诉反诉于上诉时合而为一,于法律上未见有何根据,且如法院依《民事诉讼法》第三百八十二条,将本诉先为一部终局判决。经过上诉期间后,始将反诉判决,而原告均行败诉时,则原告就本诉先行上诉,已缴纳裁判费,其嗣后对反诉之上诉,岂非可以免缴裁判费耶?此则尤与《诉讼费用暂行规则》第十三条、第十四条显相抵触者也(诉讼标的相同之本诉与反诉,理论上必可合并裁判。不致发生《民事诉讼法》第三百八十二条一部判决之问题)。至谓为减轻当事人负担,则属事实问题,且未可因此损及正当法收。又若仅命缴纳本诉之第二审裁判费,而上级审认为反诉未经上诉业已确定,或认为反诉上诉不合程式予以驳回,岂非于该当事人更为不利,故应合并本诉反诉两部缴纳第二审裁判费。(二)第一审法院依《民事诉讼法》第四百三十九条第一项或第二审法院依同法第四百四十一条第一项以裁定驳回上诉后,如该上诉人提起抗告,原法院认抗告为有理由者,可否自行更正原裁定,亦分二说:(甲)说依《民事诉讼法》第二百三十八条规定,驳回上诉之裁定经送达后,原法院固受其羁束,而依同法第四百八十七条第一项,原法院更正原裁定,复以不受该裁定之羁束者为限。但如本为上诉期间内之上诉,原法院误以为上诉逾期,或本已缴费,原法院误以为上诉不合程式以裁定驳回者,不能谓非显然错误。依《民事诉讼法》第二百三十九条,准用第二百三十二条,原法院得随时以裁定更正之,否则此种显然错误之裁定,概须送由抗告法院办理,徒然旷时废日,并无实益。(乙)说《民事诉讼法》第二百三十二条所谓显然错误,系指判决中所表示者与法院本来意思显然不符者而言(参照最高法院十八年声字第三〇七号判例)。原法院误以为上诉逾期,或误以为上诉不合程式,驳回上诉之裁定,不能谓其所表示者与法院本来意思显然不符。即非同条所谓显然错误,自亦不能准用同条予以更正。故此种裁定,为法文所限,仍应送由抗告法院办理。以上两问题,究以何说为当。此间适有此种事件,亟待解决,理合备文呈请钧院转呈解释示遵,实为法便等情到院。案关法律疑义,本院未便擅拟,理合备文转请钧院解释示遵。谨呈司法院院长居。湖南高等法院院长陈长簇

院字第二二三四号

民国三十年九月二十六日　司法院指令司法行政部

呈悉，业经本院统一解释法令会议议决，各县市党部书记长干事及区分部书记，既为依党章执行职务之人员，即系律师法第三十条所称之公务员，律师当然不得兼任。仰即转饬知照。此令

附司法行政部原呈

案据广东高等法院本年五月三十日呈称，窃查党部之执监委员及候补执监委员系属公务员，院字第一一三七号、第一一四六号先后解释有案。律师法第三十条规定：律师不得兼任公务员，而县市党部之组织亦经变更，各县市党部书记长干事及区分部书记，均依党章执行职务，是否概为公务员？律师能否予以兼任？事关法律疑义，理合备文呈请钧部鉴核示遵等情。据此，查各县市党部书记长干事及区分部书记，均系依党章执行职务，参照钧院二十三年第一一三七号及第一一四六号解释，自应认为公务员，依律师法第三十条规定，不得由律师兼任。唯查民国二十年间本部曾函准中央执行委员会秘书处函复，略谓奉常务委员批，各级党部委员职员不能认为公务员，自未便受律师章程第十三条（相当于律师法第三十条）之限制云云（见改订国民政府司法例规中册第一九七九页），与前开解释颇有出入。究应如何适用之处，本部未敢擅专，理合具文呈请钧院鉴核指示，以便转饬遵照。谨呈司法院院长居。司法行政部部长谢冠生

院字第二二三五号

民国三十年九月二十九日　司法院指令山西高等法院

呈悉，业经本院统一解释法令会议议决，抵押权人依《民法》第八百七十三条之规定，声请法院拍卖抵押物，系属非讼事件，业经院字第一五五六号解释在案。关于此项声请之裁定，是否得为抗告，现在非讼事件程序法未经颁行，尚无明文可据。惟按诸法理，应许准用《民事诉讼法》之规定提起抗告，此项裁定，仅依非讼事件程序之法理审查强制执行之许可与否，抗告法院之裁定，亦仅从程序上审查原裁定之当否，均无确定实体上法律关系存否之性质。故此项裁定于债权及抵押权之存否无既判力，当事人仍得起诉请求确认。仰即知照。此令

附山西高等法院原呈

窃查抵押权人依《民法》第八百七十三条之规定，为拍卖抵押物之声请，须经法院为许可强制执行之裁定。此观强制执行法第四条第五款规定甚为明了，惟此项许可强制执行之裁定，究为非诉事件上之裁定，抑为诉讼上之裁定？若为非讼事件上之裁定，是否对之得提起抗告？如不许对之提起抗告，而债务人或抵押物所有人就抵押关系有所争执时，应依何种程序以为救济？即如许其提起抗告，是否仍许依诉讼程序（如依普通诉讼程序提起消极

确认之诉)而为救济?事关法律疑义,理合具文呈请鉴核俯赐解释,实为公便,谨呈司法院。

**院字第二二三六号**

**民国三十年九月二十九日　司法院复安徽高等法院电**

安徽高等法院廖院长览,本年四月文代电悉,所请解释一案,业经本院统一解释法令会议议决,来文所述情形(参看院字第二一八三号解释),地方首席检察官于上诉期间内致片刑庭,声明上诉,该片内既钤盖其为一般公文所用之木刻名戳,即与该首席检察官签名无异。至主办检察官所提出之上诉理由书,虽在上诉期间外,但经地方首席检察官于上诉期间内声明上诉,不因主办检察官提出上诉理由书逾期,而认其上诉为不合法。合电知照,司法院艳印。

**附安徽高等法院原代电**

重庆司法院院长居钧鉴,奉钧院本年五月十四日院字第二一八三号寒代电,自当遵办。惟首席检察官于致刑庭片内钤盖其为一般公文而用之木刻名戳,是否可认为首席检察官之签名?如可认为签名,则主办检察官于上诉期限外提出上诉理由书,能否认为合法之上诉?职院尚未敢臆断,乞再电示祗遵,安徽高等法院院长廖江南卯文印。

**院字第二二三七号**

**民国三十年九月二十七日　司法院致国民政府军事委员会函**

案准贵会本年七月二十六日法审(三〇)渝三字第八四七四号公函,以各县政府军法承审员书记员等应否视同军属,请解释见复等由,业经本院统一解释法令会议议决,县长兼理军法审判案件,依县及地方行政长官兼理军法暂行办法第一条规定,系以该县长之本职所兼理,并非现服勤务于陆海空军之文官,不能认为有军属身分。则县长所设助理军法事务之承审员及书记员,自亦不得视同军属。至本院二十五年第七二八号训令,因前开暂行办法施行之结果,已不适用。相应函复贵会查照,此致国民政府军事委员会。

**附国民政府军事委员会原函**

查行政督察专员,前以兼军法官职权所委任之军法承审,应认为军属。若犯军法以外之罪,仍归军事机关审判,曾经贵院二十五年十月十六日训字第七二八号训令饬属遵照有案。本会前据浙江全省保安司令请示各县军法人员应如何铨叙等情,经发交军法执行总监部会同铨叙厅核议,以此项人员与各专员公署前所设置之承审员职务相同,依贵院训令意旨,则其任用应照陆军军法人员办理。至其等级,在法规未经颁定以前,按其现支薪给,比照军职饷章等级,军法承审员视同上尉待遇,军法书记员视同少尉待遇等语,经于二十九年十月四日指令饬遵在案。嗣准贵院二十九年十一月二十日院字第二〇八三号解释,以县政府所设之军法承审员,仅系辅助县长办理军法事务,如因承办军法案件,触犯普通《刑法》上罪名,仍应由法院审判等由。查此项人员,与专员公署前所设置之承审员,均系辅助办理军法事务，职责相同，则其身份似难予以歧视，究竟各县政府承审员书记员应否视同军属，仍不无疑义。相应函请查照，迅予解释见复，此致司法院。

**院字第二二三八号**

**民国三十年十月二日　司法院指令湖南高等法院**

呈悉，业经本院统一解释法令会议议决，商人承租房屋开设店铺，因在该地点营业多年，渐为人所共知，使该地点成为易获多数顾客之营业场所者，对于该地点即有一种商业上之利益，承租人与出租人约定租赁关系消灭时，承租人得将此种利益出顶于人者，自不得妨害其出顶。其约定房屋，因事变灭失，致租赁关系消灭后重建房屋出租时，有此利益之原承租人，依同样条件有承租之优先权者，出租人亦不得违反其约定。如该地方有许承租人出顶其利益或优先承租之习惯，可认当事人有以此为契约内容之意思者，即应按照习惯办理。仰即知照。此令

**附湖南高等法院原呈**

案据长沙市商会改组筹备会二十九年五月十五日商字第五九四号函开，敬启者，案据本市绣业针线业绸布业丝制业卷烟业印刷业各同业公会联名函称，迳陈者，查长沙近年以来，商业颇称发达，以致商场码头顶项亦因之增高，商人得一码头极不容易，甚至超过屋价一二倍之多者。然此种习惯，行之已久，虽有少数屋主稍持异议，但事实上尚无多大问题。惟自文夜大火以后，全市房屋均焚毁无余，屋主事前早已他往，因无份外之损失，佃户为生活所迫，并未离开，致一旦火发，仅以身免。讵各屋主近见市面略安，乃利用此时机，纷纷向法院捏词请求条件解除佃约，以达其又可另行辗转租人，从中图利。乃司法当局不顾事实，徒然株守法律，竟凭一面之请求，判令解约，遂使商人相依为命之码头权承佃权完全丧失。若不请求大会设法救济，不独全市商人永无噍类，即抗建国策，社会经济，将必同受其累。为此谨将管见所及，分为两点，请求如次：(一)查现行《民法》所载目的物不存在而地上一切权利因之同归消灭之规定，考立法之意，当然指局部及天灾不可抗力而言。此次长沙火灾，系由政府整个抗战计划所致，又系全市整个问题，情形特殊，与上开法文是否相合，此应请求解释者一也。(二)查无故不能解除佃约，法律已有明文规定，现目的物虽不存在，而不存在之原因既与寻常情形不同，将来房屋恢复后，原承佃人应有优先承佃权，此应请求维持又一也。以上两点。恳转呈省政府转咨湖南高等法院呈请最高法院予以解释等情到会。查长沙大火以后，各商店均损失不赀，多拟仍在原址继续营业以谋恢复。惟以房东请求终止租约，以致纠葛丛生。来函所述情形，尚属实在，用特函请查照，如请办理等情。查租赁房屋，因天灾或其他事变致全部灭失者，其租赁关系当然从此消灭。如当事人间订有出租人应重盖房屋租与承租人使用之特约者，从其特约，前已呈奉院字第一九五〇号解释在案。长沙火灾，本属其他事变之一，租赁关系亦当消灭。至于优先承佃权亦当以有无此项特约为准，不生解释问题。惟码头权应否因房屋灭失而消灭，不无疑义，理合据情转呈钧院俯赐

解释,俾便饬遵。谨呈司法院院长居。湖南高等法院院长陈长簇

**附湖南高等法院原函**

案准贵院二十九年十月十六日行字第一〇八号公函,请查码头权发生及效力与租赁之关系如何见覆等因过院,当经令饬长沙地方法院就近切实调查去后,兹据覆称,案奉钧院二十九年十一月六日第二二一〇号训令,以准最高法院函请调查长沙市码头权发生及效力与租赁之关系,除原文有案邀免冗录外,着即就近派员从多方面切实调查,详明具覆,以凭核办等因,附钞发长沙市商会改组筹备会原函一件。奉此,当经指派分发本院办事候补推事邝护华切实调查,旋据回报。遵即先后三次偕李书记官中孚亲往长沙市分别向各行业切实调查,谨将调查结果呈报于下。依据长沙市习惯,通常铺屋均有码头权,虽租约内载明并无码头顶项等字样,亦然例外。如承租人对房东同时书立承佃铺屋字及承租码头字各一纸,分别议纳租金,于此场合,则房东已将码头权收回,租户即无码头权可言。考码头权之发生,本系因承租人对铺屋支出修理及什物器皿费用。遇有第三人继续承租此项铺屋时,即对原租人出备承顶什物器皿及修理费用,如是辗转承顶,斯码头权发生矣。就通常情形言之,码头权之发生,殆未有不得房东明示或默示之同意者,否则决不至有码头权之发生。历时愈久,转辗承顶次数愈多,商业愈发达,则码头权之价格愈高。此项码头权之价格,最初本与租户所支出之什物器皿及修理费用之数额大致相等,迨商业益盛,商人亟谋商场图获大利,每至竞争,不惜支付巨额偿金,承顶码头。故在事实上其所支出之偿金,有超过什物器皿费及修理费数倍以上者,亦有超过铺屋本身之价值者。凡有码头权之铺屋,除大规模改建由出租人负责外,其他装修均由承租人自理,出租人可不置问。其所定租金之数额,亦较轻微,遇铺屋因事变灭失时,则其租赁关系或归消灭,酌由房东本于道义观念,弥补损失寝事;或待房东重建铺屋后,仍由原承租人议立租约承租;亦有因房东无力建筑,即由承租人自行建筑,与房东约定较长之租赁期限,在约定租赁期限内不得加租,待期限届满,即由出租人取得铺屋所有权者。码头权之内容,实即原承租人对于后之承租人或其房东所得主张之修理及什物器皿费用请求权,并无物权之性质,遇房屋已因事变灭失时,原无主张此等费用之余地,亦无使租赁契约继续存在之效力。质言之,即码头权之效力归于消灭,虽如理发业豆腐业之类,有所谓上七下八之禁止例规(即理发业须上隔七家下隔八家始能开设一家,余类推)。实际仍系为杜绝同业竞争之计。其码头权之效力,与租赁契约之关系,仍与通常情形无异等语。忠汉以该员查报各节,是否尽与长沙市习惯相符,不无疑问,经钞录该项报告,函请长沙市商会覆查去后,兹准长沙市商会改组筹备会本年元月十三日商字第一一六九号公函节开,查此案贵院派员调查码头权之发生各节,原极为详尽。惟就事实而言,尚有两点不能不请予注意者:(一)码头权之构成,除房屋修理及什物器皿等项外,尚应将建筑房屋之土地包括在内。盖码头权即营业人对于营业场所之营业权。所谓营业场所者,自系指房屋地基全部而言,商人营业除修理什物器皿等项须支出费用外,其他支出之费用,可以直接间接辗转积累使该处房屋占有之地基变为极佳之营业场所,而提高该地基地位之价

值者,尚属不少(土地价值之增高,虽由于社会进步,交通发达,商场繁荣之故,但基于商人在该处营业,而耗费人力财力之代价,亦为其主要原因)。此次贵院既查得码头费实质上常超过什物器皿修理等项之价值数倍,则此超过之部分,当然为该房屋基地适合为营业场所之代价。此代价既历为承租人所负担,则承租人取得码头权后,纵令房屋灭失,但其地基尚堪为营业场所之一部,仍不失码头权尚有一部份之存在,不过其价值应较房屋存在者稍廉而已,似不能谓有房屋方有码头权,而码头权乃附着于房屋之修理及什物器皿等项之权利。(二)租赁房屋,除码头权已由房东收回,须另立承租码头字约外,其通常习惯,无论该处码头系承租人向他人承顶或承租,莫不照例于佃约内书有并无码头顶项字样。然核其实际,凡承顶或承租,殆未有不得房东同意者,假令日后终止租约,纯以佃约所载为码头权未经房东同意之证明,而对承租人之权利,不予顾及,则嗣后房东再行出租时仍可以码头权为标的,责令承租人于佃约外另立承租码头字约,按月收取码头租金,在已经解约之承租人,岂不无故损失?而房东则可借诉讼程序为保障,而毫无代价享有一种不当利得(房东收回房屋后,即不与继续承租人另立承租码头契约,其佃约内每声明码头为其自有,其行佃较普通为多,如房东将房屋出卖,其退佃清庄者价值亦较转佃者为高)。法律乃维持社会相互间之公平规率,似此情形,似未免有失公平之旨。总之,现在市面,对于码头价值之估计,系以该处房屋地基是否适宜于营业,定其数目之高低,至什物器皿装修等项之有无,尚居次要。虽码头权之存在,不能阻却租赁关系之解除,但出租人收回房屋或残留之地基后,可因码头权之存在而增加其收益,则确系事实。虽承租人对于该房屋地基上增加收益支出之码头费并非《民法》上规定之物权,有向任何人追溯之效力,但依据不当得利之原则,出租人方面似宜比例酌量于得享之利益内予以补偿,方为合理。准函前因,相应函覆即烦查照等由到院,忠汉以事关解释码头权疑义,审核不厌求详,复经召集本院全体推事会议,佥以该会覆函内第一点所称码头权之构成,除房屋修理什物器皿等项外,尚应将建筑房屋之土地包括在内,土地之自然增价应归功于承租人,虽房屋灭失,尚有一部分存在于其土地之上,得向土地所有人求偿其价值云云,殊与人情法理不合。良以商人所以不惜重金取得码头权者,本含有侥幸投机之性质,幸则得于短期内赢利,将所付码头权之代价收回,不幸而蒙受损害,亦所不惜。此种损害,本早在其意计之中,究不得谓其历久承租房屋营业,即对于房屋所定着之上地亦有增价之功能,而可随土地之永久存在主张权利。诚如所云,则土地之自然增价,将与土地所有人无关,将置土地所有人于何地,且无异直指承租个人即足代表社会全体矣,其说之不通,自无待言。至其第二点所称,虽佃字内载明,并无码头顶项等字样,而实际上仍非无码头权者云云。纵长沙市确有此种惯例,亦与现行法令不无抵触,似仍应以契约当事人书面所定之内容为准,庶可杜绝纠纷。是否有当,未敢臆断,奉令前因,理合将饬查情形具文呈祈鉴核施行等情,前来。相应函覆,即希查照为荷。此致最高法院。湖南高等法院院长陈长簇

院字第二二三九号

民国三十年十月二十一日　司法院指令司法行政部

呈悉,业经本院统一解释法令会议议决,《司法官退养金条例》第三条所称领受退养金之权利,不以领受终身退养金之权利为限。领受一次退养金之权利,于有同条所列情事之一时亦即丧失。此项情事发生后,朦领退养金者,应行追缴。至领受一次退养金时,本有领受之权者,其领受之退养金,自不因嗣后发生此种情事而受影响。仰即转饬知照。此令

附司法行政部原呈

案据云南高等法院院长胡觉呈称,案据云南昭通地方法院院长来嗣鹄呈称,呈为法令疑议,恳请转呈核示事,窃查司法官退养金条例第三条载有下列情事之一者,丧失其领受退养金之权利,其第五款载执行律师会计师职务者等语,究竟此种规定是否仅于给予终身退养金者尚未领受部份,其有适用,计有二说焉:(甲)说谓如果领受退养金系一次而非终身,其事已成过去,嗣后执行律师会计师职务自无适用该条款足言,且条文既只言丧失其领受之权利,则其已经领受者不应有追还之余地,尤极显明。(乙)说谓该条款并未明定仅适用于给予终身退养金者,则于给予一次退养金者当然亦有其适用,若谓其金已领受不应追还,亦得不许其为律师会计师以示限制云云。以上二说,应以何说为是。事关法令疑义,理合备文呈请钧院俯赐,转呈核示,实为公便。等情。据此,除指令外,理合呈请钧座鉴核示遵等情。据此,事关法令疑义,理合备文呈请钧院鉴核指示,以便转饬遵照。谨呈司法院院长居,司法行政部部长谢冠生。

院字第二二四〇号

民国三十年十月二十二日　司法院复河南省政府电

河南省政府卫主席鉴,本年八月东午民二洛代电悉,所请解释一案,业经本院统一解释法令会议议决,房屋之租赁关系,如依法并未终止,承租人对于租赁之房屋既有使用权,其利用该屋生产,自属正当权利之行使,出租人因承租人妇女怀孕,威迫迁移,或用无理滋闹之方法,使其不能安居,即系以胁迫手段妨害他人行使权利,应成立《刑法》第三百零四条之罪。倘前项租赁关系业已终止,出租人请求返还房屋,固不得谓系妨害承租人权利之行使(参照《民法》第四百五十条、第四百五十五条)。但其威迫或滋闹之情形,除合于违警罚法之规定时,应依该法处罚外,如果竟以加害生命、身体、自由、名誉、财产之事恐吓他人,致生危害于安全者,仍应依《刑法》第三百零五条处断。合电知照。司法院印

附河南省政府原代电

重庆司法院钧鉴,豫省教育落后,民智不开,民众对于产妇禁忌多端,遇有房客妇女怀孕者往往立逼迁移,或无理吵闹横加侮辱,使不能安心生产。曾有因此致产妇死于非命情事,违背人道,妨害妇婴康健,莫此为甚。本府前曾一再严令纠正,并就行政权力范围内规

定取缔办法,收效甚鲜。盖以对此顽固愚民,非严厉处罚,不足收效。按房客对于租赁房屋,依法享有使用之权利,用租屋生产当然为正当权利之行使,如有强迫妨碍者,似应负《刑法》上第三四四条妨害行使权利之罪责,处三年以下有期徒刑、拘役,或三百元以下的罚金。虽此条罪名之构成,应以强暴胁迫为要件,惟为公益上之理由,似应从宽解释,凡强加干涉威迫迁移,或以无理吵闹之方法使产妇心神不能安于生产者,均应认为构成前条罪责,以保育妇婴健康,而维人道。是否有当,理合电请钧院鉴核,俯赐明令解释祗遵。河南省政府主席卫立煌东午民二洛印

**院字第二二四一号**

**民国三十年十月二十三日　司法院致军事委员会抚恤委员会函**

案据本院秘书处转陈贵会本年八月二十九日抚一布渝字第三五一一二号公函,请解释官兵死后其继母应否补列受恤疑义一案,业经本院统一解释法令会议议决,依《民法》第九百七十条第二款、第九百六十七条之规定,续娶之妻为前妻所生子之直系姻亲,续娶后所生子女为前妻所生子之旁系血亲,均非前妻所生子之直系血亲。前妻所生子与父续娶之妻有家长家属之关系者,依《民法》第一千一百十四条第四款之规定,虽互负扶养之义务,但前妻所生子已死亡者,依《民法》第六条之规定,对于父续娶之妻,即无负法律上义务之余地。至故员兵之恤金,由其父母受领者,如其母已死亡,得由其父单独受领,其父续娶之妻无受领之权。相应函请贵会查照。此致军事委员会抚恤委员会

**附军事委员会抚恤委员会原函**

案奉军事委员会交下湖南省政府呈,据蓝山县政府呈,以故员兵之父母已领恤数年,母忽病故,其父续娶之妻,可否会同领恤,乞核示一案。查《陆军抚恤条例》规定,受领恤金之遗族,有子女及孙而无儿媳受领之明文,则领恤人应以直系血亲属之系统为基准无疑。关于该官兵死后,其父所续娶之母及其所生之子女亲属关系虽已成立,是否仍适合直系血亲属之条件,及死亡之子对于其父后娶继母之义务如何,相应函请查照转陈解释见复,以便签办为荷。此致司法院秘书处

**院字第二二四二号**

**民国三十年十月二十三日　司法院复广西高等法院电**

广西高等法院申院长览,本年五月养刑代电悉,桂林地方法院所请解释一案,业经本院统一解释法令会议议决,债务人不依确定判决交出某项书据及书据上所载之财产,该项书据及财产如原属他人所有,该债务人以图为自己或第三人不法所有之意思,隐匿不交,自应成立侵占罪名。否则仅不遵判履行,尚不构成犯罪。至其家属帮助隐匿,是否成罪,亦应以该债务人是否构成犯罪为断。合电转饬知照。司法院漾印

**附广西高等法院原代电**

司法院院长居钧鉴,案据桂林地方法院院长曾贯一本年五月文第五八号代电称,查《刑法》第三百五十六条之毁弃损坏罪,虽系以债务人于将受强制执行之际,意图损害债权人之债权而毁损处分或隐匿其本己之财产为构成要件,惟查其立法本旨,原在保护债权人之权利,以免执行困难而设。倘债务人苟有上开犯罪之意图,将确定判决所命交付于债权人之财产隐匿,其危害债权人之债权既属相同,则其构成犯罪似不应以隐匿之财产是否为其本己所有为限。如确定判决命甲将某项书据及书据上所载之财产交付于乙,而甲不履行,经执行法院依强制执行法第二十二条第一项第一款将其管收,仍不交付,复依据同法第一百二十三条及第一百二十五条,准用同法第四十八条第一项规定,派员前往甲之居住所实施检查,及启视之方法亦无所获。此种情形,定见甲显有隐匿执行名义所命交付于乙之动产之嫌疑,可否以《刑法》第三百五十六条之毁损罪论处,解释上殊滋疑窦,又如甲之家属帮同隐匿此项判决所命交付之书据,能否依照司法行政部二十二年第九六八八号指令办理,以帮助犯处罚,亦属不无疑义。职院现有此类案件亟待解决,理合电呈察核,伏候迅赐示遵等情到院。查《刑法》第三百五十六条之毁弃损坏罪,应具债务人于将受强制执行之际,意图损害债权人之债权而毁损处分或隐匿其本己之财产为构成要件,照来电所称情形,似与上开要件不符,除应依强制执行法第一百二十八条第二项规定办理外,如甲之不允依照确定判决履行对于应交付与乙之某项书据及书据上所载之财产,具有不法所有之意图,亦应构成《刑法》第三百三十五条第一项之罪,似难遽依同法第三百五十六条论处,至甲之家属能否以帮助犯处罚,仰应以有无实施帮助行为为断,惟案关适用法律疑义,本院未便擅拟。理合据情电请迅赐解释,以便饬遵。广西高等法院院长申守真养刑印

**院字第二二四三号**

**民国三十年十月二十三日　司法院复广西高等法院电**

广西高等法院申院长览,本年八月宥民代电悉,苍梧地方法院转请解释一案,业经本院统一解释法令会议议决,原呈所述情形,当事人既约定三年满后方准回赎典物,该三年自即《民法》第九百二十三条第一项所称之期限,其约明三年不满回赎,须补灰粪银若干,意在禁止三年内之无条件回赎,仍不失为定有期限之典权,其约明过期不赎每两银每月行息若干,并不因而变为未定期限之典权,尤无疑义。《民法》第九百二十三条第一项所称之期限,及第二项所称之典期,均为回赎权停止行使之期限,须俟期限届满后始得回赎典物。在当事人约定此项期限时,纵有期限届满后不拘年限随时得为回赎之意思,亦不得排斥同条第二项之适用。业经院字第二二〇五号解释在案,自应依照办理。合电转饬知照。司法院漾印

**附广西高等法院原代电**

司法院院长居钧鉴,案据苍梧地方法院梧字第一四七二号八月佳代电称,查定有期限之典权出典人,于期满后经过二年不以原典价回赎者,典权人即取得典物所有权,《民法》第

九百二十三条第二项原有明文规定。设有某甲将不动产出典与某乙,契内书为"当三年为满方准言赎,如三年不满者要补灰粪银若干元",或载为"三年为满方准言赎,如过期不赎,每两银每月行息若干分"各等语。关于此种约定,可否认为有定期限之典权,兹有子、丑两说:子说,谓甲乙间之典约既明订三年为满,此三年之期间当属定有期限之典权,至约定期前或逾期回赎者,须补银或纳息各若干,此不过为限制当事人必须依期回赎之特约,否则须受补银或纳息之赔累,要非不定期限之与典权可比。若甲某于期满后经过二年不回赎,乙某即应取得典物所有权,不许再行回赎。丑说,谓解释意思表示,应探求当事人之真意,不得拘泥于所用之辞句,此为《民法》第九十六条所明定,关于甲乙间之典权,其约定三年之期满,纯为限制回赎之期限,以维持典权人之利益而设,此观于下文如未满三年须补灰粪银或逾期回赎须每月纳息各若干,并无不许回赎之约定,可见其非限制典期存续之期限。易言之,三年后仍许存续,只须纳逾期之息而已,其为不定期限之典权,当事人之真意如见肺腑。再由《民法》第九百二十三条规定期间严格观察,即可知甲乙间之典权,所谓三年为满,止系不用补灰粪银或纳息之起始期间,亦止系准许赎回之起始期间,并非必须回赎之起始期间。既非必须回赎之起始期间,当不能适用前项法定期满经过二年而取得典物所有权也。两说各有理由,未审孰是,惟以职经验所得,关于上述典权之约定,我省普遍皆然,无论经过年限久暂,均许回赎,征诸抗战前当事人对于典期回赎权之争执事件,不啻凤毛麟角,今因金融剧变,此类案件始有如雪片飞来,足见此为不定期之典权,久已为社会一般习惯所公认。若认其为定有期限之典权,殊与环境事实完全相背,处理确感困难,似以丑说采当事人之真意为当。事关法律解释,悬案待决,理合电请察核,迅赐转请解释示遵等情。据此,理合转请钧院鉴核,俯赐解释,俾便饬遵。代理广西高等法院院长申守真呈宥民印

**院字第二二四四号**

**民国三十年十月二十三日　司法院指令湖北高等法院首席检察官**

呈悉,业经本院统一解释法令会议议决,原呈所称现役适龄之甲,如确已依《民法》之规定被收养为子,于其从父之家庭为独子者,依《修正兵役法施行暂行条例》第二十九条第一项第二款及第二项之规定,仅服国民兵役。即在战时,亦无须受动员召集入营服役。仰即转饬知照。此令

**附湖北高等法院原呈**

案据郧县地方法院检察官吴必达呈称,为呈请转请解释事,设同胞二人,甲系现役适龄,弟仅十有二岁,父素浪不顾家,流落在外,母弟之生活均赖甲以维持,兼之邻佑夫妇老而无嗣,去岁又乞养甲为子,甲系负担双方之扶养,是甲对本生母弟负有家庭生活责任,而对于养父母又系独子身分,保甲长未依法予以证明,酌请缓役或免役,甲是否不应征集之壮丁,本处受理此类案件,以兵役要政未便轻予处分,理合具文呈请钧席鉴核,俯赐转请解释,以凭办理等情。据此,查院字第一七四〇号解释,免除常备兵役之独子,系指无同父兄弟而

言,不得因与同母异父之兄弟同居而认为非独子。原呈所称之养子,是否亦可认为独子,于此有二说,子说,养子与养父母之关系,依《民法》亲属编第一千零七十七条载,与婚生子女同,则养子在其养家如所后,父母并无他子女,该养子应即认为独子,且养父母因无子而养他人之子为子,又年龄老迈,生活悉赖维持,尤于无同父兄弟之独子有同一关系。丑说,吾国惯例,一家有兄弟数人者,或因本生父母境遇不良而将某子寄养于人,借减负担,或因某房略有财产,无人承嗣而将其某子出继某房,因以占产,由是有兄弟数人者,每每分继数房而无余,值兹兵役法施行,此风谅必更多,如认为独子,则适役者均得避免兵役。将来应役之人,势必因而减少。究系何说为是,不无疑义。至原呈所称某甲系现役适龄,而其母弟生活全赖维持,甲是否不应征集之壮丁一层,似系事实问题,如另有指示之处,应请一并核示。理合呈请钧院鉴核解释,以凭饬遵,谨呈司法院。湖北高等法院首席检察官鲁师曾

**院字第二二四五号**

**民国三十年十一月三日　司法院指令司法行政部**

呈悉,业经本院统一解释法令会议议决,《修正妨害国币惩治暂行条例》第二条销毁罪之客体,系以银币、铜币或中央造币厂厂条为限,其单纯销毁镍币、铝币之行为,既无处罚明文,依《刑法》第一条自不成立犯罪。仰即转饬知照。此令

**附司法行政部原呈**

案据江苏高等法院第二分院本年十月江电称,据地院电称,工部局来员询问奥人收集销毁大批镍币铝币,法无惩治明文,应如何办理,请指示一案,转乞迅电示遵等情。据此,查销毁镍币、铝币,在《修正妨害国币惩治暂行条例》内,虽无处罚明文,但销毁铜币,该条例既有处罚规定,则对于情节较重之销毁镍币、铝币,似亦应依该条例处断。唯事关法律疑义,理合备文呈请钧院鉴核指示,以便转饬遵照。谨呈司法院院长居,司法行政部部长谢冠生

**院字第二二四六号**

**民国三十年十一月四日　司法院指令司法行政部**

呈悉,业经本院统一解释法令会议议决,来文所述某主管公务员对于所属职员认储所发出之储蓄券,以折扣收回,从中渔利,如果纯属私人间合意买卖,别无诈欺或其他不法行为,应不成立犯罪。仰即转饬知照。此令

**附司法行政部原呈**

案据云南高等法院首席检察官本年六月七日呈称,案据本院第一分院首席检察官杨炳章呈称,查节约建国储蓄券,乃有价证券之一种,设有某机关之主管公务员,于所属职员认储发出储券后,复主使下级职员将所发之储券按八折或七五折收回,从中渔利,究应构成《刑法》上第一百三十一条第一项"公务员对于主管或监督之事务直接或间接图利"之罪,抑构成《惩治贪污暂行条例》第二条第六款"意在图利扰乱金融或违背法令收募税捐公债"之

罪，颇滋疑义，理合呈请钧处转呈司法行政部核示祗遵等情。于此问题约有三说，甲说，谓《惩治贪污暂行条例》为《刑法》之特别法，依特别法优于普通法之例，不生适用《刑法》第一百三十一条问题。前开事实，应依《惩治贪污暂行条例》第二条第六款上段或同条例第三条第二款处断。乙说，某机关公务员主使下级人员以折扣收回已发出之储蓄券从中渔利，仅系意在图利，并不发生扰乱金融或违法收募税捐问题，应构成同条例第三条第二款之罪，不适用同条例第二条第六款及《刑法》第一百三十一条。丙说，谓同条例第二条第六款上段规定，系指意在图利，大规模向外收买，减低储券信用，扰乱金融而言。如某机关主管公务员之所为，仅收取本机关少数人员储券，仍应依《刑法》第一百三十一条第一项规定处断。以上三说，各具理由，事关法律适用疑义，理合转请钧长鉴核，俯赐转呈解释示遵等情，据此，理合具文呈请钧院鉴核指示，以便转饬遵照。谨呈司法院院长居，司法行政部部长谢冠生

**院字第二二四七号**

**民国三十年十一月四日　司法院致国民政府军事委员会函**

案准贵会本年九月十二日法审(三〇)渝二字第一〇五七〇号公函，以据浙江全省保安司令代电转请示结伙抢劫米谷，当场给以较低之价金，应依何法处断一案，函请解释见复等由，业经本院统一解释法令会议议决，人民因粮食恐慌，结伙强买米谷，既给付价金，虽比市价较低，究难认为具有不法所有之意图，不能论以结伙抢劫之罪。如其行为已达于强暴胁迫之程度，即应依《刑法》第三百零四条处断，否则只能依违警罚法第五十一条第四款处罚。相应函复贵会查照饬知，此致国民政府军事委员会

**附国民政府军事委员会原函**

案据浙江全省保安司令黄绍竑本年六法(三〇)风字第四四四〇号陷代电，以据庆元县长朱馥桂呈称，近来粮食恐慌，人民结伙抢谷之风甚炽，有以强暴胁迫之手段，结伙抢得谷米，当场给付与市价较低之价金，此种行为，应否以结伙抢劫罪论处，抑依《刑法》第三百零四条治罪，转请核示等情前来。案关适用法律疑义，相应抄同原件，函请贵院迅赐解释见复为荷，此致司法院。

**附庆元县县长原呈**

查近来粮食恐慌，人民结群抢谷之风甚炽，其纯用强暴胁迫手段而劫取食谷，以强盗罪论处，固无疑问。其攫取方法，虽用强暴胁迫，但当场付有价金，核其所为似同强卖，而于所付价金，不合市面上一般市价时(每担给以十分六七之价金)，其短付价金，强取谷米行为，应否以结伙抢劫罪论处，抑或依《刑法》第三百零四条治罪，有下列两说：子说，谓结伙抢劫罪，以意图自己或他人不法之所有，并施用强暴等方法致使他人不能抗拒而取其物为构成要件。今某甲等结群施用强力而取他人谷米，其实施方法，固系强暴，情同抢劫，但当场既给有价金(未付足额)，即无意图不法所有之故意条件，是其所为，即未具有强盗罪之构成要件，要难以结伙抢劫罪处断，仅可依妨害自由惩治。丑说，谓某甲等既结群施用强力而取他

人谷米,其所给付价金又不合市面上之一般市价,其未照额付足部分,即属不法所有之取得,故结群强取谷米,纵付有少数价金,不能赖此而免除罪责,仍应以结伙抢劫罪论科。以上两说,究竟孰是,未敢擅断,案悬待结,理合备文呈请钧长察核解释示遵。谨呈浙江全省保安司令黄庆元县县长兼军法官朱馥桂

**院字第二二四八号**

**民国三十年十一月四日　司法院咨行政院**

案准贵院本年八月十日勇捌字第一二三二三号咨,以据浙江省政府电请解释合作社职员舞弊适用法律疑义一案,请解释见复等由,业经本院统一解释法令会议议决,《惩治贪污暂行条例》第一条第二项所谓社会公益事务,系指一般社会公共利益之事务而言。合作社系以该社员经济利益为目的之社团法人,其职员经营该社业务,与办理社会公益事务不同,如有舞弊及亏欠款项情事,自不得比照该条例治罪。相应咨复贵院查照饬知,此咨行政院

**附行政院原咨**

据浙江省政府三十年七月地慎字第二三一七九号佳电称,案据建设厅呈称,据本厅合作事业管理处技术专员范达枚呈称,合作社职员舞弊及亏欠款项,可否比照《惩治贪污暂行条例》治罪,请核示等情。据此,查合作社法第一条,合作社为平等互助,谋社员经济利益之团体组织,又第二条,合作社为法人,据此而论,合作社既为平等互助,谋社员经济利益之法人,则其与办理社会公益事务之团体无异,复查《惩治贪污暂行条例》第一条第二款,办理社会公益事务,以办理公务论,则合作社职员如有发生贪污情事,似可比照是项《贪污暂行条例》第三条三、四两款及第六条、第八条之规定办理。是否有当,理合呈请鉴核,指令祗遵等情。据此,查合作社系以经济为目的之社团,与办理社会公益事务之团体性质稍有不同,其职员如有发生营私舞弊情事,能否依《惩治贪污暂行条例》论处。事关适用法律疑义,未敢擅专,理合电请鉴核转咨释示,以便饬遵等情。事关适用法律疑义,相应咨请查照解释见复。此咨司法院,行政院院长蒋中正

**院字第二二四九号**

**民国三十年十一月四日　司法院指令司法行政部**

呈悉,业经本院统一解释法令会议议决,出征抗敌军人或其家属承租之房屋,虽供经营工商业之用,但别无住宅而自住于该房屋时,仍为《优待出征抗敌军人家属条例》第十条所称自住之房屋。其专供经营工商业之用者,自不在同条规定之列。仰即转饬知照。此令

**附司法行政部原呈**

案据四川高等法院院长苏兆祥呈称,案据署宜宾地方法院院长宋景燕呈称,查《优待出征抗敌军人家属条例》第十条载,出征抗敌军人或其家属承租耕作之地,或自住之房屋,于服役期内出租人不得收回或改租与他人所谓自住之房屋,是否专指住宅而言,抑或包括经

营工商业之店铺在内,适用上不无疑义,理合具文呈请钧院解释,以便遵办等情。据此,查《出征抗敌军人家属条例》第十条之房屋,既已指明"自住之房屋",依文理解释,自系专指出征抗敌军人或其家属自居之住宅而言,似不能谓并非自住之经营工商业之店铺亦当然包括在内。惟事关出征抗敌军人或其家属之利益,是否有扩张解释之必要,本院未敢擅专。除指令外,理合具文呈请钧部俯赐鉴核,指令祇遵等情。据此,事关通用法令疑义,理合备文呈请钧院鉴核指示,以便转饬遵照。谨呈司法院院长居,司法行政部部长谢冠生

**院字第二二五〇号**

**民国三十年十一月五日　司法院指令江西高等法院首席检察官**

呈悉,业经本院统一解释法令会议议决,《刑法》第一百五十七条意图渔利挑唆或包揽他人诉讼之罪,非同时侵害个人法益,不得提起自诉,其有向检察官呈告者,应认为告发人。仰即知照。此令

**附江西高等法院检察处原呈**

呈为法律疑义请予解释示遵事,查《刑法》第一百五十七条,意图渔利挑唆或包揽他人诉讼之犯罪,能否提起自诉,其向检察官呈告者,能否认为告诉人,抑为告发人,于此有二说:甲说,《刑法》第一百五十七条之妨害秩序罪,不特对于国家维持秩序之目的有所扰害,而挑唆或包揽诉讼,即对于秩序之自体亦有扰害,实系侵害国家法益,其因挑拨或包揽之结果,对造当事人虽不无有受侵害之危险,然此种侵害,应由受挑唆包揽之一方负其责,不能认为同时侵害个人法益,即不能提起自诉。其向检察官呈告者,亦只能认为告发人,而非告诉人。乙说,本条之罪固系侵害国家法益,但其目的意在渔利,即不能谓非同时侵害个人法益,且因挑唆或包揽之结果,不仅对造当事人可能受侵害,即被挑唆或包揽而为诉讼之一方,亦有受损害之虞,事实上更有对甲乙双方肆其挑拨而成诉讼者,则双方当事人均有被侵害之危险,尤不能谓非同时侵害个人法益,自应许其提起自诉。其向检察官呈告者,亦应认为告诉人,而非告发人。上述二说,各具理由,究以何说为准,殊难定断。事关诉讼程序,理合具文呈请钧院迅赐解释指令祇遵,实为公便。谨呈司法院院长居,署江西高等法院首席检察官郭德彰

**院字第二二五一号**

**民国三十年十一月五日　司法院复广东高等法院电**

广东高等法院史院长览,本年九月申冬连总代电悉,该法院第六分院所请解释一案,业经本院统一解释法令会议议决,行政官署放领或标卖公有土地,系与报领人或投标人订立私法上之契约(参照院字第一九一六号、第二一二七号解释)。原代电所述情形,如行政官署与报领人子所订移转所有权之契约先已发生效力,则其标卖同一土地,更与投标人丑订立移转所有权之契约,并撤销先发与子之执照均非有效,子之取得所有权,自不因此而受影

响。合电转饬知照。司法院微印

**附广东高等法院原代电**

重庆司法院院长居钧鉴,案据本院第六分院院长傅圣岩本年八月元代电称,设有山地一处,在甲乙两县争界未决之地区以内,原为甲县人子占有,其后乙县政府将是项山地布告招人投标承领,子未参与投标,迳向该管财政厅报领,已经发给所有权执照,其间乙县人丑在乙县政府中标,该县政府呈请向财政厅核发所有权执照,该厅以丑缴价较多,即据请发给执照与丑,并将先发与子之执照布告取消。子对此处分,并未依诉愿及行政诉讼程序声明不服,而就是项山地占有如故。如此情形,所有权究应谁属,计有二说:一说,谓子之所有权执照既经该管财政厅处分取消,该处分复因子未声明不服而确定,其所有权即已丧失,故丑于次后应取得所有权。二说,谓子既先领有所有权执照,当时即已取得所有权,按人民之私权,非依法令不得由行政官署任意剥夺,该财政厅处分取消子之执照,非依公用征收等法律所为,乃夺之于子,付之于丑而已,无论子曾否声明不服,其越权处分,根本不能有效。故子之所有权,不能论为丧失,从而丑无由取得所有权。二说究以何说为当?事关法律疑义,理合电请钧院俯赐转请解释饬遵等情。据此,查事关法律疑义,理合电请钧院迅赐解释指令祇遵,实为公便。广东高等法院院长史延程叩申冬连总

**院字第二二五二号**

**民国三十年十一月六日　司法院指令湖南高等法院首席检察官**

呈悉,业经本院统一解释法会议议决,《妨害兵役治罪条例》第十五条之顶替兵役,应以顶替者实行顶替,罪始成立。若顶替者仅书立字据,表示承诺,尚未实行顶替,或已着手实行而未遂时,则介绍顶替者,纵有介绍之行为,仍不得谓为既遂,应不处罚。仰即转饬知照。此令

**附湖南高等法院原呈**

据署邵阳地方法院检察官寿璞呈称,案据本处检察官金瑞生签呈称,兹有中签壮丁甲,由丙、丁介绍,价买乙顶替,书立字据后行将入营,遽被发觉。丙丁之行为,处罚与否,有二说,甲说,《妨害兵役治罪条例》第十五条之使人顶替兵役罪与顶替罪,均以顶替者已未入营为既遂与否之标准,介绍顶替之罪自不能例外,诚以该法条并无处罚未遂之规定,使人顶替兵役者与顶替者,于顶替之人,尚未入营,犹不处罚,若独对介绍者加以处罚,殊失情理之平。本问丙丁之介绍行为,虽已完成,而顶替尚未入营,自应不罚,以示平允。乙说,使人顶替兵役罪、顶替罪、介绍顶替罪,系各自独立之罪名,不容牵混。其既遂、未遂之标准,亦不能以顶替者已未入营为据。"介绍"乃介绍顶替罪之行为,今丙丁介绍行为,既已完成,理应认为既遂,依法科刑,自不能认为顶替者尚未入营,犹为未遂状态,而不处罚。以上二说,究以何说为是,理合呈请解释等情。据此,事关法律疑问,理合具文呈请钧处转请解释示遵,实为公便等情。据此,事关法律疑义,理合备文呈请钧院俯赐解释,以凭饬遵,实为公便,谨

呈司法院院长居，湖南高等法院首席检察官邓静安。

**院字第二二五三号**

**民国三十年十一月八日　司法院致国民政府军事委员会函**

案准贵会本年八月三十日法审(三〇)渝三字第一〇五四六号公函，以据浙江全省保安司令电请示以鸦片转托抵押款项，适用法律疑义一案，请解释见复等由，业经本院统一解释法令会议议决，甲以自吸之鸦片，托乙向丙抵押款项，越日取赎，甲丙各应成立《禁烟禁毒治罪暂行条例》第九条第一项持有烟之罪。乙介绍丙之持有鸦片，应分别情形，依教唆犯或从犯论处。至于赎款处分问题，甲之备款取赎，以便继续持有，自系供犯罪所用之物，得依《刑法》第三十八条第一项第二款没收。唯该款如已交付于丙，则属于丙之所有。丙之放赎，并非犯罪行为，即非因犯罪所得之物。甲虽用以取赎，仍应受同条第三项之限制，不得没收。相应函复贵会查照饬知。此致国民政府军事委员会

**附国民政府军事委员会原函**

案据浙江全省保安司令黄绍竑午皓法州傍电称，某甲以自吸之鸦片，托某乙向某丙抵押款项，越日取赎时被获，该甲乙丙三人应依何法条处断，赎款如何处分，请核示等情。据此，案关法律疑义，相应函请查照，迅予解释见复，以便饬遵。此致司法院

**院字第二二五四号**

**民国三十年十一月八日　司法院致中国国民党中央执行委员会组织部函**

案准贵部本年九月十七日信重单字第一九六六三号公函，以据军政部特别党部代电，再请解释军队党部录事应否视同现役军人一案，请解释见复等由，业经本院统一解释法令会议议决，第五届中央执行委员会常务委员会第一五三次会议，关于各级军队特别党部工作人员以现役在营论之决议案，系专就该项人员应服兵役与否所为之决议(参照行政院据军政部呈请核示原案)，至其应否视同现役军人，系关于身分问题，仍应依《陆海空军刑法》第六条之规定以资解决，本院院字第二一四三号解释无庸变更，相应函复贵部查照饬知。此致中央执行委员会组织部

**附中国国民党中央执行委员会组织部原函**

查军队党部录事应否视同现役军人一案，前经呈请中常会暨函贵院解释，并奉中常会第一五三次常会议决，“各级军队特别党部工作人员以现役在营论，但以规定名额以内为限，其余特党部之区分部因系对外秘密，所有人员一律不准缓役。”及准贵院院字第二一四三号函复解释，“来文所称之军政部第七监护大队第七区党部第六十九区分部录事，与海陆军《刑法》第六条所列各款均不相符，自不得视同现役军人”各节，均转知军政部特别党部及通饬各级军队党部知照在案。兹复据军政部特别党部代电，以“中央常会决议，与司法院解释细核似有抵触，特述疑义数点：(一)查《陆海空军刑法》颁布在先，而军队党部成立及中央

第一五三次常会以现役在营论之决议在后,自应以中央决议为根据。(二)《陆海空军刑法》第六条系属一般规定,而中央常会决议系特别规定,依照一般法律常识,凡有特别法令规定者,应照特别法令规定办理,故各级军队党工人员身份问题,亦应遵照中央常会决议办理。(三)中央第一五三次常会关于军队党工人员身份之决议,所指各级军队党工人员,当系将各级军事机关及各级部队党部之工作人员包括在内,本部第七区党部第六九区分部录事并非中央所颁编制以外人员,自亦系军队党工人员,应视同现役在营论自无疑义。(四)中央规定,既于军队党部之外复指出,其余特别党部之区分部,因系对外秘密,所有人员一律不准缓役。可见其余党部,当系除开各级军队党部外之特别党部(如铁路海员等特别党部)而言,因其区分部之工作人员(不仅录事),均系对外秘密,故不准缓役,而军事机关党部之区分部对外并不秘密,故与此语含义不合。倘军队党部之区分部工作人员与其余党部之区分部之工作人员一律看待,仍予以所有人员一律不准缓役之解释,则不免使中央各级军队党工人员之规定失其效用。奉电兹因,特复请鉴核转函司法院修正复示为祷等情,查该区分部录事为编制内之专任党工人员。事关法律役政,相应据情转函查照解释见复为荷。此致司法院

**院字第二二五五号**

**民国三十年十一月十日　司法院致国民政府军事委员会函**

案准贵会上月七日法审(三〇)渝三字第一一五〇八号公函,以《惩治贪污暂行条例》第二条第四款适用疑义,请查照解释见复等由,业经本院统一解释法令会议议决,《惩治贪污暂行条例》第二条第四款之强占财物罪,不以图为自己或第三人不法所有而强占自己持有他人之物为限。凡为自己或第三人不法之利益强占他人财物,即可成立。该项财物,并非专指动产,即不动产亦包括在内。至同条款所谓勒索财物,系借势或借端使人为交付财物之行为,其勒索之手段,只以施用恫吓使人发生恐怖心理为已足。强占行为,则须所用手段足以排除他人占有之原状而占领其物,始属相当。相应函复贵会查照。此致国民政府军事委员会

**附国民政府军事委员会原函**

查《惩治贪污暂行条例》第二条第四款之强占行为,是否指为自己或第三人不法之所有而强占自己持有他人之物而言,抑仅以为自己或第三人不法之利益而强占者为限?所谓财物,是否包括不动产在内。又强占之强字及同条款勒索之勒字,究应达于如何程度,始构成各罪,不无疑义。因案待结,相应函请查照迅予解释见复为荷。此致司法院

**院字第二二五六号**

**民国三十年十一月二十一日　司法院指令江西高等法院**

呈悉,业经本院统一解释法令会议议决,某乙曾在系争地内葬有坟墓,由某甲提起确认

该地所有权之诉,虽经民事确定判决,确认地属某甲所有,但某甲以某乙窃占不动产提起自诉时,刑事法院就地属何方所有之民事法律关系,仍应依职权自行判断,不受民事判决之拘束。即令刑事判决复认地属某乙所有,前项民事判决,除别有《民事诉讼法》所定之再审原因外,不得仅据刑事判决,提起再审之诉。仰即知照。此令

**附江西高等法院原呈**

兹有某甲对于某乙提起确认田产所有权之诉,某地方法院判决确定系争田产为某甲所有,某甲旋以某乙曾在该项田地内葬有坟墓,于判决确定后,复以某乙窃占不动产提起刑事自诉。经以民事确定判决为基础,判处某乙窃占不动产罪刑。某乙不服,提起上诉。第二审法院审理结果,认为刑事第一审为裁判基础之民事确定判决确系错误。此际应如何办理,分下列二说:子说,上述情形,业已犯罪是否成立,应以民事法律关系为断。民事确定判决,既确定系争田产为某甲所有,刑事自应受其拘束。即令民事判决确属错误,刑事第二审上诉法院只能指示刑事被告某乙对于确定民事判决提起再审之诉,以资救济。在民事再审确定前停止审判,不得遽为与民事抵触之裁判。丑说,上述情形,与《刑事诉讼法》第二百九十条之规定并不相当。刑事判决不受民事判决拘束,尽可各行其是。刑事判决无可为民事再审之原因。以上二说,未审孰是。如以子说为是,而刑事第二审法院采取丑说,将案判决确定,并应如何补救。理合具文呈请钧院迅赐解释祇遵,谨呈司法院院长居,署江西高等法院院长梁仁杰。

**院字第二二五七号**

**民国三十年十二月三日　司法院指令司法行政部**

呈悉,业经本院统一解释法令会议议决,来文所述,纵放奉命看管行政上被监视行动之人脱逃,是否成立《刑法》第一百六十三条第一项之罪,应以其是否依法令而为逮捕拘禁为断,如果被监视人并非依法逮捕拘禁之人,则奉命看管者纵放脱逃,除有其他犯罪行为应论以相当罪名外,自不构成该条项之罪。仰即转饬知照。此令

**附司法行政部原呈**

案据甘肃高等法院院长孟昭侗本年八月二十三日第二八三号代电称,查纵放奉命看管行政上被监视行动之人脱逃,是否构成《刑法》第一百六十三条第一须之罪名,请示遵等情。据此,事关法律疑义,理合备文呈请钧院鉴核指示,以便转饬遵照。谨呈司法院院长居,司法行政部部长谢冠生。

**院字第二二五八号**

**民国三十年十二月三日　司法院指令湖南高等法院**

呈悉,业经本院统一解释法令会议议决,某甲先后犯子、丑两罪,子罪曾经通缉,而停止追诉权时效之进行,丑罪并未通缉,其时效期间,自不因子罪之曾经通缉而停止进行。仰即

转饬知照。此令

**附湖南高等法院原呈**

案据本院第五分院院长谢光国本年二月皓代电称,查某甲于民国七年先后犯子、丑两杀人罪,子罪于民国二十六年通缉有案(通缉书填载子罪之犯罪月日),其时效业已中断,经谕知无罪之判决确定在案。丑罪并未通缉,其追诉权已因时效完成而消灭,但经侦查起诉,判处罪刑,现正在二审上诉中。究竟子罪之通缉,其效力能否及于丑罪,认为时效中断,抑或完成(子、丑两罪系编成一卷并案判决),法律上不无疑问。应请察核转呈解释等情。据此,案关法律疑义,理合据情呈请钧院迅赐解释,并乞指令祇遵,实为公便。谨呈司法院院长居,湖南高等法院院长陈长簇。

**院字第二二五九号**

**民国三十年十二月三日　司法院指令四川高等法院**

呈悉,业经本院统一解释法令会议议决,因赌赢得之现金,与赌赢后由输者立给之票据,如为赌犯所持有,得依《刑法》第三十八条第一项第三款没收。其已费失之现金,与该票据票面所载之金额,法律上既无追征或追缴之特别规定,即不得予以如何之处分。仰即转饬知照。此令

**附四川高等法院检察官原呈**

案据署资中地方法院检察官刘士笃快邮代电称,赌博所赢得之现金,已为赢者所持有或以使用,暨输者基于赌债所出立之票据,可否宣告没收及追缴其票面金额。职处悬案待结,恳请示遵等情。据此,按赌博赢得之现金,已为赢者所特有,系因犯罪所得之物,依《刑法》第三十八条第三款自可宣告没收。其已使用者既未有追征之特别规定,自不能没收。至输者基于赌债所立之票据,其原因既出于不法,固属无效,若追缴其票面金额,于法律事实似均属非当。所拟是否有当,案关法律疑义,理合具文呈请钧院解释示遵。谨呈司法院院长居,四川高等法院首席检察官林超南。

**院字第二二六〇号**

**民国三十年十二月三日　司法院致国民政府军事委员会函**

案准贵会本年十月二十五日法审(三〇)渝二字第一二〇一七号公函,以准行政院函据广东省政府电请示,沦陷区域智识份子担任实施奴化教育,应否以汉奸论罪一案,函请解释见复等由,业经本院统一解释法令会议议决,来文所述沦陷区域智识份子甘受敌伪利用,担任实施奴化教育,该项教育,如系以反抗本国为主旨,即属通敌而图谋反抗本国,应成立《修正惩治汉奸条例》第二条第一款之罪。相应函复贵会查照,此致国民政府军事委员会。

**附国民政府军事委员会原函**

案准行政院三十年九月十日勇捌子第一三九〇〇号公函,据广东省政府电称,据新会

县政府呈,以沦陷区域智识份子甘受敌伪利用,担任实施奴化教育,应否以汉奸论罪,并适用何条处断,请查核见复等由。案关适用法律疑义,相应函请贵院迅赐解释见复为荷,此致司法院。

**院字第二二六一号**

**民国三十年十二月十三日　司法院指令四川高等法院首席检察官**

呈悉,业经本院统一解释法令会议议决,《刑法》第二百四十五条第二项之纵容与宥恕,其不得告诉之范围相同,如有告诉权人对于共犯中一人宥恕,按照告诉不可分之原则,对于其他共犯,自亦不得告诉。仰即知照。此令

**附四川高等法院检察官原呈**

呈请解释事,按《刑法》第二百四十五条第二项规定,第二百三十九条之罪,配偶纵容或宥恕者不得告诉。所谓纵容者,谓受害人已舍弃告诉权,对于共犯全体均不行告诉,惟宥恕一项,是否与纵容有别?如受害人对于共犯中一人宥恕,对于其他共犯是否不得告诉,不无疑义。有谓宥恕之效力,仅及于被宥恕人,对于其他共犯,仍不失其告诉权;有谓纵容与宥恕,均系舍弃告诉权之表示,对于一人纵容,其效力可及于其他共犯,宥恕亦然。两说孰是,事关法律疑义,理合具文呈请钧院解释,俾资遵循,谨呈司法院院长居。四川高等法院首席检察官林楚南

**院字第二二六二号**

**民国三十年十二月十五日　司法院致军政部函**

案准贵部本年十月三十一日法核(三〇)渝字第一〇九七六号公函,以据广东省军管区司令代电,请示出征军人未婚妻违约另嫁或与人通奸等行为是否犯罪一案,请解释见复等由,业经本院统一解释法会议议决,《刑法》第二百三十七条之重婚罪,及第二百三十九条之通奸罪,均以有配偶关系者为构成要件。未婚妻既未结婚,即非有配偶关系之人,其违约另嫁,或与人通奸同居,自不得比照已婚妻室之妨害婚姻及家庭罪办理,亦不成立妨害秩序之罪,相应函复贵部查照饬知,此致军政部。

**附军政部原函**

案据兼广东省军管区司令李汉魂本年八月未陷军枢去代电,略以出征军人之未婚妻,违约另嫁或与人通奸同居,可否援照已婚妻室之妨害婚姻及家庭罪办理,抑律以妨害秩序罪,请核示等情到部,查事关法律疑义,相应函请查照,迅赐解释见复,以便饬遵为荷。此致司法院。部长何应钦

**院字第二二六三号**

**民国三十年十二月十五日　司法院指令江西高等法院首席检察官**

呈悉,业经本院统一解释法令会议议决,《刑事诉讼法》第二百十七条第一项但书所谓,本刑为七年以上有期徒刑以上之刑,系指法定刑中有七年有期徒刑以上之刑者而言,来问应以乙说为是。仰即转饬知照。此令

**附江西高等法院检察官原呈**

案据本院第一分院首席检察官万继勋呈,转南康地方法院检察官徐日彰呈称,查《刑事诉讼法》第二百十七条第一项但书规定,不得撤回告诉之案件,系以告诉乃论之罪,其本刑为七年以上有期徒刑之刑者为限,此观于该项但书所载本刑为七年以上有期徒刑以上之刑等字样即知,法定最低刑为七年有期徒刑之告诉乃论之罪始属之。若其法定最高刑为七年有期徒刑,其法定最低刑则为一年有期徒刑时,似不受该项但书之限制,究竟该项但书是否包括《刑法》上法定刑为七年以下或五年以上有期徒刑之告诉乃论之罪在内?事关适用法律疑义,理合呈请核转等情前来。当经职首席检察官召集检察官会商讨论,约分二说:甲说,谓《刑事诉讼法》第二百十七条第一项规定告诉乃论之罪,告诉人于第一审辩论终结前得撤回其告诉,但本刑为七年以上有期徒刑以上之刑者不在此限,云云,但书既明定有七年以上有期徒刑以上之刑等字样,自系指法定最低度之刑期而言,故告诉乃论之罪,其法定最低度本刑为七年以上有期徒刑以上之刑者,依该项但书规定,固不得由告诉人撤回告诉。若其法定最高度之刑为七年有期徒刑,或虽在七年以上而其最低度之刑不满七年时,则依该项前段规定,自得由告诉人撤回告诉。乙说,谓该项但书所定七年以上有期徒刑以上之刑,如系指法定最低度之本刑而言,则法文内当有最轻本刑字样。此观诸同法第二十一条定有最轻本刑字样即可推知,该条但书既只称本刑而无最轻本刑之明白规定,自应解释为包括最轻及最重之本刑而言。则凡其重本刑在七年以上有期徒刑以上之刑者,即应受该项但书限制,不得撤回告诉,必须其最重本刑为未满七年之有期徒刑时,始得于第一审辩论终结前由告诉人撤回告诉云云。二说各具理由,究以何说为是,事关法律解释,未敢擅拟,理合呈请钧长鉴核,解释令遵。谨呈司法院院长居,署江西高等法院首席检察官郭德彰。

**院字第二二六四号**

**民国三十年十二月十七日　司法院致国民政府军事委员会函**

案准贵会本年十月二十五日法审(三〇)渝二字第一二〇一八号公函,以据浙江全省保安司令电,请示抢取无人看管之财物论罪疑义一案,请解释见复等由,业经本院统一解释法令会议议决,某甲乘敌人进城,秩序紊乱之际,聚众空手抢取无人看管之财物,仍系窃盗行为,应视其犯罪情形如何,分别成立《刑法》第三百二十一条第一项各该款之罪,相应函复贵会查照饬知,此致国民政府军事委员会。

**附国民政府军事委员会原函**

案据浙江全省保安司令黄绍竑申文法卅傍电称，某甲乘敌人进城秩序混乱之际，聚众空手抢取无人看管之财物，是否以结伙抢劫罪论，不无疑义，请核示等情前来。查抢取无人看管之财物，既非以强暴胁迫之方法使人不能抗拒，依法似难以抢劫论罪，惟各来电所述，其情节实不亚于实施强暴胁迫之抢劫，究应适用何法处断？事关法律疑义，相应函请贵院迅赐解释见复为荷。此致司法院

**院字第二二六五号**

**民国三十年十二月十七日　司法院致中央警官学校函**

案据本院秘书处转陈贵校本年四月二十三日渝四发字第六六六号公函，请解释中国运输公司职员犯罪审判机关疑义一案，业经本院统一解释法令会议议决，中国运输公司为国营事业之机关，服务于其所属部处课室等处之人员，自系《刑法》上之公务员，如有对于主管或监督事务图利等情事，合于《惩治贪污暂行条例》所定之罪名者，依同条例第八条规定，应由有军法职权之机关审判，相应函请查照。此致中央警官学校

**附中央警官学校原函**

为转请解释法律疑义事，据本校毕业学生指导组组长王泰兴转，据毕业学生马造等呈称，生等奉派在中国运输公司服务承办有关司法案件，于执行职务时发生法律上疑义二点：其一，公司职员如有违法事件涉及《刑法》上之罪刑者，向系解送普通法院依法办理，惟近有人主张该公司职员如有伪造单据，私刻图章侵占款项情事，应按照惩治贪污条例移转军法审判，又有人主张仍应依法送请普通法院办理，孰从孰违，至感困难。其二，该公司职员是否具有公务员之身份，或谓该公司董事长系由交通部长兼任，其职员应认为公务人员，或谓该公司为商业机关，其所用人员系私法上关系，不得认为公务员，二说孰为适当，用特报请解释，俾有所遵循等情前来。经派员查核，并将该公司组织规程详予研究去后，兹据复称，公务员身份之认定，按照行政法令中所称公务员，重在任命之形式，故对于虽在从事公务之人员而未经过正式任命形式者，仍不得认为公务员，《刑法》上之公务员，则须为依法令从事于公务之职员，其所谓公务者，即指依国家组织法而任国家职务者而言。反之若从事之职务，非依国家之组织法，则不得视为公务，即不得视为公务员。盖《刑法》上公务员之认定，重在现实从事之职务，是否公务为断。如非公务时，则虽经过正式任命形式，仍不得认为公务员。简言之，即行政法令中之公务员，以是否经过任命形式为断，而《刑法》上之公务员，以是否现实从事公务为断也。查该公司设立，系国民政府特许，并向交通部注册，经济部登记（见该公司规程第一、二两条）。其适用之法规为公司法（见该公司法规第四十条），其人员之职务，系依该公司自定之章程，非不依交通部之组织法。又该公司之名称为中国运输股份有限公司，其股本为官商各半，其经费收支均系报由该公司董事会审核而不报请审计部审核。又查该公司公报第三页第四页所载张董事长之训词，亦谓该公司为商业机关。由

上举各点观之,则该公司事务之主体,纯为商业性质而非公务,则从事于该公司之职务之人,认为《刑法》上之公务员,似有未合。又查该公司之职员,均自行聘用,并不经政府任命,其薪给亦不依照官等官俸铨叙,似此则任该公司职务之人员,如认为行政法令中之公务员,亦有未符等情。据此,事关法律解释,究竟中国运输股份有限公司职员是否有公务员身份,相应检同该公司规章一份,备函转请迅赐解释见复,以便转饬知照,至纫公谊,此致司法院。

**院字第二二六六号**

**民国三十年十二月二十七日　司法院咨行政院**

案准贵院上月八日勇诉字第一七七四八号咨开,为本院水利委员会能否受理诉愿事件发生疑义,请查照解释等由,业经本院统一解释法令会议议决,水利委员会依《管理水利事业暂行办法》第二条之规定,对于所属各水利机关既有独立监督指挥之职权,则不服水利机关之处分提起诉愿,自应向该委员会为之,相应咨复贵院查照,此咨行政院。

**附行政院原咨**

查本院水利委员会业经遵照国防最高委员会核准备案之《管理水利事业暂行办法》组织成立,惟关于该会能否受理诉愿事件,颇有不同之见解,约分两说:甲、谓该水利委员会乃本院内部暂设机关,并非独立官署,其主管长官又系聘任,与《诉愿法》第二条规定之"中央主管部会"迥别,自不能受理诉愿事件。乙、谓该会在形式上虽与一般中央主管部会微有不同,但依《管理水利事业暂行办法》第一、第二两条所定,该会既有一定之职掌,且有监督指挥所属机关之权责,实质上与一般中央主管部会无异,自应依法受理诉愿事件。否则关于水利事件诉愿案,并无其他主管之中央部会受理诉愿程序,两级制之原则将为之紊乱云云。事关受理诉愿疑义,相应咨请贵院查照,迅即解释见复,至纫公谊。此咨司法院。行政院院长蒋中正

**院字第二二六七号**

**民国三十年十二月二十七日　司法院咨行政院**

案准贵院本年十月九日勇捌字第一五六六八号咨开,为设有永佃权之土地能否适用《民法》第四百四十二条,不无疑义,请查照解释等由,业经本院统一解释法令会议议决,《民法》第四百四十二条之规定,于永佃权佃租之增减,亦应类推适用,相应咨复贵院查照。此咨行政院

**附行政院原咨**

查开于《民法》第四百四十二条之规定于地上权地租之增加,亦应类推适用,曾经贵院院字第九八六号解释有案。至设有永佃权(未定有期限者)之土地所有人,能否适用《民法》第四百四十二条增加佃租,不无疑义,相应咨请贵院查照解释见复,至纫公谊。此咨司法院。行政院院长蒋中正

院字第二二六八号

民国三十年十二月二十七日　司法院指令司法行政部

呈悉,业经本院统一解释法令会议议决,《民事诉讼费用法》第二十二条关于邮电费运送费之部分,不过规定当事人因行民事诉讼所支出之此项费用,于确定诉讼费用额时,应依实支数计算,并非如裁判费等为法院所应征收之费用。仰即转饬知照。此令

附司法行政部原呈

案据署安徽高等法院院长廖江南三十年九月八日煌计呈字第四四二号呈称,案据本院第一分院院长徐家騆呈称,案奉钧院本年七月十日煌会训字第一七四一号训令,转奉司法行政部令发民事诉讼费用沾饬即遵照,并将奉文日期呈报备查,复奉钧院本年七月十日煌会训字第一七四〇号训令,转奉司法行政部令发《民事诉讼费用法》施行应行注意事项,饬即遵照各等因。奉此,查上项令文,本院于七月二十日奉到,自应遵照施行。惟查《民事诉讼费用法》第二十五条规定加征之限度,施行日起应否予以加征二成或三成,借裕法收,此应请核示者一。又同法第二十二条内载邮电运送两费,其征收种类未奉指明,无凭依据,收费时难免困难,此应请核示者二。综上两点,似于施行时不无疑问,理合具文呈请鉴核,指令祗遵等情。据此,查所请增加之裁判费,业经本院于六月三十日电呈在案。惟查《民事诉讼费用法》第二十二条内载,邮电运送两费,其征收种类如何,未奉指明,本院未敢臆断,除指令外,理合具文呈请,仰祈钧部鉴核示遵等情。据此,事关法律疑义,理合具文呈请钧院鉴核指示,以便饬遵。谨呈司法院院长居,司法行政部部长谢冠生。

院字第二二六九号

民国三十年十二月三十日　司法院指令云南高等法院

呈悉,业经本院统一解释法令会议议决,事实为法律关系发生之特别要件者,在消极确认之诉,应由被告就其存在负举证之责任。在其他之诉,应由原告就其存在负举证之责任。非债清偿之不当得利返还请求权,以对于不存在之债务而为清偿之事实,为其发生之特别要件,自应由主张此项请求权存在之原告就该事实之存在负举证之责任。而该事宜之存在,系以所清偿之债务不存在为前提,故该原告就其所清偿之债务不存在之事实有举证责任,最高法院二十八年度上字第一七三九号民事判决,不过本此理由而为同一之论断,与消极确认之诉之举证责任毫无关涉。仰即转饬知照。此令

附云南高等法院原呈

呈为呈请解释事,案据昭通地方法院院长来嗣鹄呈称,窃查消极确认之诉,关于诉之原因事实,即学者所谓使法律上效果发生之特别要件事实,究应由原告就其不存在负举证之责任,抑由被告就其存在负举证之责任,本院职员中有甲、乙两说焉,甲说,谓应由原告就其不存在负举证之责任,业经最高法院二十八年上字第一七八九号著有判例,该判例之原案,

固系非债清偿之不得返还请求权事件,但已明文述及原告应就债务不存在之事实负举证责任,自足引以为据。乙说,谓应由被告就其存在负举证责任,是为向例,且系学者之通说。至上开判例,则系着眼于非债清偿之不当得利返还请求权,不过因而间接涉及债务不存在之事实而已,非可据以解释一般消极确认之诉之举证责任各等语,以上两说,考其所见,虽似以乙说为是,惟事关证据法则疑义,未敢擅专,请转呈解释示遵等情。据此,查案关请求解释证据法则疑义,理合据情备文呈请钧院鉴核俯赐解释示遵,实为公便。谨呈司法院院长居,署云南高等法院院长胡觉。

**院字第二二七〇号**

**民国三十年十二月三十日　司法院指令四川高等法院**

呈悉,业经本院统一解释法令会议议决,称无记名证券者,谓持有人对于发行人得请求其依所记载之内容为给付之证券,《民法》第七百十九条定有明文,是具有此种意义之证券,即为无记名证券,并无其他应备之要件,无记名证券因毁损或变形不适于流通时,持有人得依《民法》第七百二十四条之规定,请求发行人换给新无记名证券,则无记名证券不以适于流通为要件,毫无疑义,原呈所谓适于流通,如指持有人得以交付证券之方法让与他人而言,则具有《民法》第七百十九条所定意义之证券,当然适于流通,不得谓具有此种意义之证券,尚须另备适于流通之要件,始为无记名证券。凭票给付之借款条据,如其所载内容可认为具有《民法》第七百十九条所定意义之证券,自属无记名证券,除依《民法》第七百二十八条不适用第七百二十五条之规定者外,当然有《民法》第七百二十五条之适用。仰即转饬知照。此令

**附四川高等法院原呈**

案据署石柱县司法处审判官柳谦呈称,查《民法》第七二五条第一项之无记名证券,是否包括凭票给付之一切借款条据(习惯上借人之债款,与债权人出一凭票给付之条据,俗称原票。未注明付某人手收字样,俗称敞口票),发生疑义,兹有二说,甲说,谓无记名证券,其证券上之权利与证券有不可分离之关系,且可在交易市场上自由转让,证券本身即属一种权利。至习惯上借人之款,与债权人所出之凭票付条据,纵未注明债权人名义,仍属借贷契约之一种,如有遗失,债权并非即随之消灭。此种借贷性质之条据,不在《民法》第七二五条第一项所称无记名证券之列。乙说,谓债务人与债权人所出之条据,既未注明债权人名义,即系债权人债务人双方同意,债权人须持票乃能取款,债务人不见票即免给付义务,与《民法》第七一九条所称之无记名证券,并无二致。《民法》第七二五条第一项之无记名证券,当然包括在内。究以何说为是,职处有此案件待结,理合备文呈请钧院准予转呈司法院解释示遵等情。据此,查《民法》上之无记名证券,于具有持有人对于发行人得请求其依证券所记载之内容为给付之要件外,并须具有适于流通之要件。此观于《民法》第七百十九条、第七百二十一条第一项及第七百二十四条第一项之规定,甚属明显。因借款而出立之条据,

是否系《民法》第七百二十五条第一项之无记名证券之一种,自应就该项条据是否适于流通之具体之事实详予审认。如果审认结果,并不适于流通,即属债权存在之凭证,不能认为无记名证券,谓其有公示催告程序之适用。惟事关适用法律疑义,未敢擅专,理合具文呈请钧院俯赐解释指令祇遵,谨呈司法院。

**院字第二二七一号**

**民国三十年十二月三十日　司法院指令湖南高等法院**

呈悉,业经本院统一解释法令会议议决,(一)检察官依《刑事诉讼法》第二百四十八条撤回起诉,或自诉人依同法第三百十七条第一项撤回自诉,而初审竟为不受理之判决,转送覆判者,覆判审仍应依《县司法处刑事案件覆判暂行条例》第七条第一项第一款为覆审之裁定,至该案经裁定覆审后,依同条例第六条第二项,其初判已视为撤销,如检察官或自诉人系合法撤回起诉或自诉,覆审机关即无庸更为审判。(二)收养子女违反《民法》第一千零七十四条之规定者,《民法》虽未设有关于撤销结婚之规定,仅许一定之人向法院请求撤销,但结婚与收养子女,同为发生身份关系之行为,关于撤销违法结婚之规定,在违法之收养,亦有同一之法律理由,自应类推适用。况《民法》施行后颁行之《民事诉讼法》第五百七十九条以下,就撤销收养之诉,规定特别诉讼程序,实以《民法》上认有撤销收养之诉为前提。所谓撤销收养之诉,系指请求法院以判决撤销收养之形成诉讼而言。收养子女,因有《民法》第八十八条、第八十九条、第九十二条等情形得撤销者,依《民法》第一百十六条之规定,其撤销只须以意思表示为之,确认此项意思表示有效与否之诉讼,为确认收养关系成立或不成立之诉,并非撤销收养之诉。《民法》上既别无关于撤销收养之诉之规定,则关于撤销结婚之规定,于违法之收养应类推适用。按诸《民事诉讼法》,就撤销收养之诉,规定特别程序之法意,尤无疑义,故有配偶者,收养子女未与其配偶共同为之者,其配偶得向法院请求撤销之,并非当然无效。(三)自诉人自诉伤害,经判决被告无罪,确定后自诉人死亡,尸亲复以自诉人系伤害致死,诉经检察官侦查起诉,又判决被告无罪,二审检察官对于第二次判决上诉,第二审自应依《刑事诉讼法》第三百六十一条第一项、第二百九十四条第一款改判免诉。仰即转饬知照。此令

**附湖南高等法院原呈**

案据署本院第一分院院长钟馥呈称,本院小组会第一组讨论法律疑义数点,请转请解释。(一)关于覆判者,检察官依刑诉法第二四八条撤回起诉,或自诉人依同法第三一七条第一项撤回自诉,法院均不应有何裁判。倘初审竟为不受理之判决送达,此种场合,覆判审为合乎《县司法处刑事案件覆判暂行条例》第四条第一项第三款,依同条例第二项于理由内予以纠正,抑依同条例第六条第一项为覆审之裁定?(二)关于《民法》者,有配偶者收养子女,应与配偶共同为之,此在《民法》第一〇七四条定有明文,倘某甲收养子女,非与其配偶某乙为之,而系与另一姘识之某丙共同收养,此项收养行为,究为无效,抑仅得以依法撤销?

(三)关于刑诉法者,自诉人自诉伤害,经判决被告无罪确定而死亡,尸亲复以自诉人系伤害致死,诉经检察官侦查起诉,又判决被告无罪,二审检察官对第二次判决上诉,是否可认第一审为一事再理,由第二审撤销原判,改判免诉等情。据此,事关法律疑义,未敢擅断,理合呈请转请解释等情。据此,查所称第一第二两点情形,事关程序上适用法律疑义,第三点所称情形,似属一事再理,应依《刑事诉讼法》第二百九十四条第一款为免诉之判决,惟既据呈请解释前来,理合转呈钧院鉴核示遵,谨呈司法院院长居,湖南高等法院院长陈长簇。

**院字第二二七二号**

**民国三十一年一月十日　司法院复湖南高等法院电**

湖南高等法院陈院长览,上年九月寝代电悉,该法院第五分院所请解释一案,业经本院统一解释法令会议议决,《土地法》第一百七十七条第一项所载,不及千分之三百七十五者,从其约定一语,不过宣示其约定之为有效,并非限制《民法》第四百四十二条之适用,《土地法施行法》第五十二条第三项之规定,亦仅于其所定情形排除《民法》第四百四十二条所定之限制,俾定有期限之租赁,亦得请求增加租金,非谓耕地增加金之原因,以该条项所定情形为限。耕地之出租人,自得于不超过耕地正产物收获总额千分之三百七十五范围内,依《民法》第四百四十二条之规定,声请法院增加租金,合电转饬知照。司法院灰印

**附湖南高等法院原代电**

重庆司法院院长居钧鉴,案据本院第五分院院长谢光国本月文日代电称,按地租不得超过耕地正产物收获总额千分之三百七十五,约定地租超过千分之三百七十五者,应减为千分之三百七十五,不及千分之三百七十五者,依其约定,此在《土地法》第一百七十七条第一项定有明文。今有甲于民国初年出租茶子山地一处与乙,约定租金每年元钱二十余串,现因茶子出产年有增加,茶油价额逐日高涨,诉求于正产物收获总额千分之三百七十五限度内增加租金,应否准许,分子、丑两说:子说,前项法条既载,不及千分之三百七十五者从其约定,即属不得加租之限制,虽同法施行法第五十二条第三项载有承租地因土地重划,致增加其利用之价值,出租人得请求租金之相当增额,但系指土地已经重划者而言。今甲之出租山地,尚未划分,前项规定,不适用之。丑说,则谓加租与约定租金,系为两事,不可混为一谈,甲之出租山地,以前租金,虽经约定,但其价值,现在既有升涨,依《民法》第四百四十二条前段,自可为加租之原因,且山地非市地可比,根本无划分之必要,不受《土地法施行法》第五十二条之拘束,究以何说为是,请转电解释示遵等情。案关法律疑义,不便擅拟,理合据情电请解释示遵。湖南高等法院院长陈长簇叩寝叩

**院字第二二七三号**

**民国三十一年一月十三日　司法院致军政部函**

案准贵部上年十一月二十八日法核(三〇)渝字第一一九七二号公函,以据广东省军管

区兼司令电，请示国民兵团关防遗失适用法律疑义一案，请查照解释见复等由，业经本院统一解释法令会议议决，国民兵团关防，系属普通公物，并非重要军用物品，遗失此项关防，自可适用《修正陆海空军惩罚法》办理，相应函复贵部查照饬知，此致军政部。

**附军政部原函**

案据广东省军管区兼司令李汉魂酉陷辰均军枢法电，以各县国民兵团关防如有遗失，此项关防，《陆海空军刑法》及《刑法》均无明文规定，究应认为重要军用物品，适用战时军律，抑应认为普通公物，依用陆海空军惩罚法论处，请核示等情。据此，案关适用法律疑义，相应函请查照，赐予解释见复，以便饬遵为荷，此致司法院。部长何应钦

**院字第二二七四号**

**民国三十一年一月十五日　司法院致军政部函**

案准贵部上年十一月十九日法核(三〇)渝字第一六五七号公函开，为乡镇保长等人员办理兵役受贿舞弊，适用法律疑义，请解释赐复等由，业经本院统一解释法令会议议决，《妨害兵役治罪条例》系《惩治贪污暂行条例》施行后颁布，如犯罪行为在该两条例均有处罚规定时，依后法优于前法之原则，自应适用《妨害兵役治罪条例》。乡镇保长等在《妨害兵役治罪条例》施行后，办理兵役受贿或管理壮丁诈索财物，既与该条例第五条第一项至第三项或第八条规定相合，自应适用该条例归普通司法机关审判。相应函复贵部查照。此致军政部

**附军政部原函**

查对于管理或监督之事务，收受贿赂或借端诈财，概依《惩治贪污暂行条例》第三条第一项第二款处断，归军法审判，曾经国民政府二十九年十二月三十一日渝文字第一一〇九号通令在案，而同年六月公布之《妨害兵役治罪条例》第五条，关于办理兵役人员对于职务上之行为或对于违背职务上之行为要求期约或收受贿赂者亦有处罚明文，依该条例第二十二条，非军人应由司法机关审判。最近承办关于乡镇保甲长等人员办理兵役受贿诈索案件之各原审机关，有适用《惩治贪污暂行条例》论科迳予判决者，有认为犯《妨害兵役治罪条例》第五条之罪，以被告无军人身份，移送普通司法机关讯办者，于适用法律之见解，分歧不一，关于乡镇保长等人员办理兵役受贿诈索者，究应适用《妨害兵役治罪条例》论科，抑应以严惩贪婪为主，概依国民政府二十九年十二月通令以《惩治贪污暂行条例》科断？事关适用法律疑义，相应函请贵院迅予解释赐复，以凭饬遵为荷。此致司法院。部长何应钦

**院字第二二七五号**

**民国三十一年一月十六日　司法院致财政部函**

案据本院秘书处转陈贵部上年十月十七日渝盐丁字第三三五九九号公函，请解释关于私盐案件，司法机关予以不起诉处分后，主管盐务机关能否声请再议疑义一案，业经本院统

一解释法令会议议决,刑事诉讼除自诉案件外,均由检察官代表国家追诉。《刑事诉讼法》第二百十一条所谓犯罪之被害人得为告诉,系为促动国家追诉权之行使,予私人以告诉之权,国家之法益被害时,既有检察官为其追诉机关,即不应更由其他机关代表告诉,上开法条关于被害人告诉之规定,自不包含国家在内,盐务机关缉获私盐嫌疑犯,由该管公务员函送县司法处侦查,仍系依《刑事诉讼法》第二百二十条所为之告发,并非代表国家而为告诉,该案经检察官处分不起诉后,原为告发之公务员除发现具有同法第二百三十九条所列情形,得请求检察官再行起诉外,依法不得声请再议。相应函请贵部查照。此致财政部

**附财政部原函**

前据盐务总局呈,略以据西岸盐务办事处呈请关于法院检察官对私盐案件不起诉处分之后,认为主管机关无权声请再议一点,设法补救,转请司法院解释等情前来,本部当以该总局来呈文内,所引西岸盐务办事处原呈,对于缉获该项盐斤之原案,暨如何确认为私盐,并基何理由声请再议各情形,均未据详加声叙,经饬转查明录案呈复,再凭核办去后,兹据该总局呈复,略以私盐案件犯罪之客体,纯为侵害国家税收,盐务机关为代表国库机关,可认为《刑事诉讼法》第二百十一条之被害人。是对于私盐犯以利害关系而论,当具有告诉及声请再议之权,法院对于私盐案件不起诉处分之后,盐务机关如不能设法补救,则将来各属办理缉案,殊多困难,且影响国课,亦甚重大,究应如何设法补救,仍恳转请解释示遵等情。查盐税为国家正常岁入,如受侵害,则主管征收机关自可认为被害人,依法得对国税之危害人提起诉讼,如不服司法机关处分,自可有权声请再议,且私盐治罪法自经明令公布后,迄未改订,现仍继续有效,所有未经盐务官厅之特许而制造贩运售卖或意图贩运而收藏之盐,均为私盐,则犯私盐罪者,依法处断,似属不成问题。再本部现为加强对敌经济封锁起见,经呈准设立缉私处,并于各省分设缉私分处,统一各种物资缉私,盐务缉私事务,亦即交该处负责办理,刻正在交接之中,如司法机关对于私盐案件予以不起诉处分之后,盐务或缉私机关不能依法声请再议,则缉案无从办理,影响国课,尤为重大。据陈前情,相应照抄原呈二件,函请查照转陈,惠予解释见复,实纫公谊。此致司法院秘书处。财政部部长孔祥熙

**院字第二二七六号**

**民国三十一年一月十六日　司法院指令司法行政部**

呈悉,业经本院统一解释法令会议议决,被告对于第一审依《刑事诉讼法》第四百五十六条驳回声请正式审判所为之判决,经合法提起上诉时,除有同法第二百九十九条所载情形外,无论上诉有无理由,第二审法院均应经过言词辩论程序,始得予以判决。再第一审如对于被告并未合法传唤,迳为判决,虽属违法,但此种情形,与同法第三百六十一条第一项但书之规定不合,仍不得发回原审法院。仰即转饬知照。此令

**附司法行政部原呈**

案据广东高等法院本年九月一日呈称,案据本院第七分院院长郑缨本年七月一日呈

称，查刑事被告对于处刑命令声请正式审判后，于审判期日经合法传唤无正当理由不到庭者，得不为调查，迳以判决驳回其声请。《刑事诉讼法》第四百五十六条定有明文。惟被告对于驳回其声请之判决提起上诉，第二审法院如认其上诉无理由，即第一审已合法传唤，被告无正当理由不到而为驳回之判决，得否不经言词辩论为之。如认上诉为有理由，即第一审传唤未经合法送达，是否不经言词辩论，撤销原审判决，发回第一审法院为正式审判，《刑事诉讼法》并无明文规定，究应如何办理，理合备文呈请钧院察核，转请解释示遵，实为公便等情。据此，事关法律疑义，理合转呈钧部鉴核，指令祗遵等情。据此，理合具文呈请钧院鉴核指示，以便转饬遵照，谨呈司法院院长居，司法行政部部长谢冠生。

**院字第二二七七号**

**民国三十一年一月二十日　司法院指令陕西高等法院**

呈悉，业经本院统一解释法令会议议决，（一）略诱未满二十岁之女子脱离家庭，如其目的仅在使与他人结婚，只能论以《刑法》第二百四十一条第一项之罪。（二）《刑法》第二百四十三条及第三百条所定罪名，均以营利或使被诱人为猥亵之行为或奸淫为意思条件，来文所述意图使被诱人与自己或他人结婚而收受藏匿被诱人，或使之隐避，自不成立上开各条之罪。仰即转饬知照。此令

**附陕西高等法院原呈**

案据本院第三分院院长段韶九呈称，窃查《刑法》第二百九十八条第一项，既有意图使妇女与自己或他人结婚而略诱之规定，其第二项之加重略诱罪，又有意图使被诱人奸淫而犯者，是则结婚与奸淫二者。按照该条条文意义，显有犯意轻重之差别。惟查《刑法》第二百四十一条第二项仅有使被诱人奸淫而略诱之规定。设有人略诱未满二十岁之女子，其意图系在使与他人结婚，究应依法第二百四十一条第一项之单纯略诱罪论，抑依该条第二项之加重略诱罪论？又查《刑法》第二百四十三条与第三百条所定，收受藏匿被诱人或使之隐避者，亦以意图使被诱人奸淫者为限，设有人意图使已满二十岁或未满二十岁及未满二十岁而具有行为能力之被诱人与自己或他人结婚，而收受藏匿或使之隐避，能否依《刑法》第二百四十三条或第三百条处断，案关法律疑义，理合呈请鉴核示遵等情。据此，理合具文呈请鉴核示遵，以便转令遵照，谨呈司法院院长居，陕西高等法院院长魏大同。

**院字第二二七八号**

**民国三十一年一月二十一日　司法院指令江西高等法院**

呈悉，业经本院统一解释法令会议议决，（一）管理壮丁之公务员（非军人）向壮丁诈取财物，《妨害兵役治罪条例》第八条第一项，定有处罚明文，虽此项行为同时触犯《惩治贪污暂行条例》第三条第一项第二款之罪，但依后法优于前法之原则，应由普通法院适用《妨害兵役治罪条例》处断。（二）《妨害兵役治罪条例》第八条第一项，关于管理人员向壮丁或其

亲属诈取财物之规定,系指该管理人员向所管之壮丁或其亲属就管理职务范围之事件行其诈欺者而言。又该条所称之壮丁,不以在征召中者为限。仰即知照。此令

**附江西高等法院呈**

查《惩治贪污暂行条例》与《妨害兵役治罪条例》,均属特别《刑法》,犯《惩治贪污暂行条例》之罪者,依同条例第八条第一项规定由军法职权之机关审判,非军人由司法机关审判,本至明晰。兹有管理壮丁之公务员(非军人)向壮丁诈取财物,既犯《妨害兵役治罪条例》第八条第一项之罪,同时又犯《惩治贪污暂行条例》第三条第一项第二款之罪。此种法条,竞合情形,是否依后法优于前法之原则,不问罪刑轻重,均适用《妨害兵役治罪条例》,归司法机关审判;抑因其由触犯有军法职权之机关审判之故,应从军法审判特别规定适用《惩治贪污暂行条例》归军法审判(参照院字第二〇九一号解释),此应请解释者一。《妨害兵役治罪条例》第八条第一项规定,"负有管理壮丁之人员以诈欺方法取得壮丁或其亲属之财物者,(下略)"其犯罪之主体为管理壮丁之人员,客体为壮丁或其亲属。其间是否须有隶属关系,即必须管理人员向所管理之壮丁或其亲属,就其职务范围内之事件,行其诈欺,方能成立本罪?又所谓壮丁,是否以在征召中者为限,抑适龄壮丁均包括在内,此应请解释者二。以上两点法律疑义,理合具文呈请钧院鉴核,迅赐解释,指令祗遵,谨呈司法院院长居。署江西高等法院院长梁仁杰

**院字第二二七九号**

**民国三十一年一月二十一日　司法院指令司法行政部**

呈悉,业经本院统一解释法令会议议决,乡镇村街甲长于作战期内办理兵役事务,要求期约,或收受贿赂,或其他不正利益,虽亦合于《惩治贪污暂行条例》第三条第一项第二款之图利罪,但《妨害兵役治罪条例》于《惩治贪污暂行条例》施行后颁布,依后法优于前法之原则,仍应分别情形,适用《妨害兵役治罪条例》第五条第一项至第三项之规定论处。仰即转饬知照。此令

**附司法行政部原呈**

案据广西高等法院本年八月十二日呈称,案据隆安县司法处庚文代电称,查办理兵役人员对于职务上之行为要求期约,或收受贿赂,或其他不利益者,《妨害兵役治罪条例》定有处罚明文,而公务员在作战期内借势或借端勒索,与对主管或监督之事务直接或间接图利者,《惩治贪污暂行条例》又有处罚规定。设有乡镇村街甲长于作战期内,办理兵役事务,竟敢要求期约,或收受贿赂,或其他不正利益,依新法优于旧法,特别法优于普通法之原则,固应适用前条例办理。惟查前条例对于贪污处罚之规定有较后条例为轻者,若尽依前条例处断,使办理兵役之公务员有贪污行为所受刑罚反较其他公务员为轻,似非立法之本意。故关于办理兵役之乡镇村街甲长之要求期约,或收受贿赂,或其他不正利益,究应适用何种法律办理,殊有疑义,理合电呈察核,恳乞迅赐解释示遵等情。据此,查《妨害兵役治罪条例》,

既系颁布在后，自应依新法优于旧法之原则，适用后法，至后法处罚规定，有较前法为轻时，若仍适用后法，及于现时情状，难得持平，系立法问题，在现行制度之下，似未便任意取舍。惟事关法律疑义，本院未敢擅拟，理合具文呈请钧部鉴核，转请司法院解释示遵等情。据此，理合具文呈请钧院鉴核指示，以便转饬遵照。谨呈司法院

**院字第二二八〇号**

**民国三十一年一月二十一日　司法院指令浙江高等法院**

呈悉，业经本院统一解释法令会议议决，《县司法处刑事案件覆判暂行条例》第一条第一项前段规定，应由该管高等法院或分院覆判之案件，以未经上诉、或撤回上诉、或上诉不合法未经第二审为实体上之审判者为限，自系指该项案件曾经县司法处判决者而言。县司法处受理之自诉案件，依《非常时期刑事诉讼补充条例》第十三条第一项各款，以裁定终结，未据当事人提起抗告，既与前开法条所定之情形不合，《非常时期刑事诉讼补充条例》内复无准用覆判程序之规定，自不在应行覆判之列。仰即转饬知照。此令

**附浙江高等法院原呈**

案据浙江高等法院院长杨树猷首席检察官张毓泉呈称，案据泰顺县司法处呈称，本处受理《刑法》第六十一条所列以外各罪之案件，于判决后未经上诉者，向均依照《县司法处刑事案件覆判暂行条例》第一条规定，呈送钧院覆判。兹查《非常时期刑事诉讼补充条例》业经公布施行，凡遇对上列各自诉案件依该条例第十三条各款以裁定终结者，如未据当事人提起抗告，应如何办理，事关疑问，理合具文呈请示遵等情前来，案关法律解释，理合具文据情转呈，仰祈鉴核示遵等情。据此，查《非常时期刑事诉讼补充条例》第十三条所列各自诉案件，以裁定终结未据当事人抗告者，是不包括在《县司法处刑事案件覆判暂行条例》第一条未经上诉案件以内。事关法律解释，本院未敢擅专，理合据情转呈，仰祈钧院迅赐释示，以便饬遵。谨呈司法院院长居，浙江高等法院院长郑文礼。

**院字第二二八一号**

**民国三十一年一月二十一日　司法院致财政部函**

案据本院秘书处转陈贵部上年十月二十日渝直字第三三七一〇号公函，以报费收据并非货票，应否贴用印花税票，请核复一案，兹经本院统一解释法令会议议决，报费收据，既系向依银钱收据例贴用印花，核与印花税法第十六条税率表第二目所定性质尚无不合，则中央日报所出立之报费收据，自亦未便独异，本院院字第二〇五七号解释，关于报费收据部分，应予变更。相应函请贵部查照。此致财政部

**附财政部原函**

查报费收据，系报馆于收到订报人之报费后所立之单据，与印花税法第十六条税率表第二目银钱收据性质相符，与第一目随货开具载列品名数量或价目之发货票不同，更与同

法第四条第一项但书所规定之货票迥异。本部对报费收据,历经解释,应依银钱收据例贴用印花。兹据本部直接税处案呈,以据湖南直接税局转据邵阳分局呈,为准中央日报函略称,各报报费收据(即货票),应予免贴,经贵州高等法院呈请司法行政部转呈司法院,于二十九年九月四日以院字第二〇五七号指令解释有案,与部历次解释互异,究应如何处理,转请核示等情。本部意见,以报费收据,与银钱收据性质完全相合,既非随货附送之单据,自与发货票有别,至第四条所规定之货票,系指火车汽车装运货物所出之货票而言。观其与提单并举与发货票名称不同,甚为明显,是报费收据认为发货票尚觉未能符合,与货票更属性质悬殊,若准予援货票之例免贴印花,似属不无疑问,据呈前情,相应说明情形,函请查照转呈核示见复为荷。此致司法院秘书处。财政部部长孔祥熙

**院字第二二八二号**

**民国三十一年一月二十三日　司法院指令江西高等法院**

呈悉,业经本院统一解释法令会议议决,商号使用之福食簿(即逐日交付伙食之账簿)既与营业有关,即属印花税法第十六条税率表第十一目所载营业所用簿册之一种,应依该目贴用印花税票。其未贴用者,除应补贴外,并应依法处罚。仰即转饬知照。此令

**附江西高等法院原呈**

案据清江县司法处主任审判官刘金麟代电称,查各商号便用福食簿,即记载逐日支付伙食数目,并无其他营业性质,似与印花税法第三条第五款规定情形相符,亦应免纳印花税。故此项簿册,纵未贴用印花税,似应免予处罚。是否有当,未敢擅处,理合电请鉴核示遵等情前来。查商号逐日支付伙食之账簿,核与个人或家庭所用账簿不同,按之印花税法第十六条税率表第十一目所称营业所用之簿据亦有未合,究应作如何解释,可否不贴印花税票,本院未敢擅拟,理合具文呈请钧院迅赐解释祗遵。谨呈司法院院长居。署江西高等法院院长梁仁杰

**院字第二二八三号**

**民国三十一年一月二十四日　司法院复甘肃高等法院电**

甘肃高等法院孟院长览,上年十一月皓代电悉,所请解释一案,业经本院统一解释法令会议议决,第二审法院将事件发回原法院之判决,并非原法院更审程序之前审裁判,故在原法院更审程序执行职务之推事,虽曾参与第二审法院所为发回事件之判决,亦无庸回避。合电知照。司法院敬印

**附甘肃高等法院原代电**

重庆司法院院长居钧鉴,据本院第四分院院长孙呈祥有代电称,兰州甘肃高等法院院长孟钧鉴。设有某地院受理民事案件,试行和解成立送达笔录后,当事人之一方主张和解无效,声请继续审判,经审理结果,认为已因和解而终结判决后,原声请之当事人复提起上

诉,经第二审法院审理结果,认为第一审之诉讼程序,有重大瑕疵,废弃原判决,将该事件发回原法院继续审判,适于此时参与该诉讼事件之第二审裁判推事某甲奉令调地院(即该诉讼事件之原法院)办事。于此场合,推事某甲对于该诉讼事件,应否回避,不无疑问,理合电请钧座鉴核指令祗遵等情。据此,事关法律疑义,理合情转请钧院解释,指令饬遵,甘肃高等法院院长孟昭侗叩皓印。

**院字第二二八四号**

**民国三十一年一月二十四日　司法院指令湖南高等法院**

呈悉,除原呈第二点系属具体事实,不属解释范围,候另令司法行政部饬知外,其第一点业经本院统一解释法令会议议决,向通常司法机关起诉案件,所诉事实,或法院审理结果,涉及特别刑事罪名而不属普通法院审判者,则普通法院对于被告为无审判权,无论实际上是否成立犯罪,自应谕知不受理,不得迳为无罪之判决。仰即转饬知照。此令

**附湖南高等法院原呈**

案据署宁乡县司法处审判官龙云呈称,查近年来特种刑事法令施行,每遇案件之涉及是项法令,因起诉罪名与实际事实不尽符合,通常司法机关是否有权管辖,常生疑问。依最高法院历次判例,受理是项案件之司法机关,仍应就事实上详予调查,如调查结果,系判普通《刑法》之罪,即由该司法机关予以实体上之审判,不得以起诉罪名系犯特别刑事为谕知不受理之根据。惟此系指起诉罪名属于特别刑事而实际事实触犯普通《刑法》者而言,如向通常司法机关起诉特别刑事罪名,而审理结果认为不成立犯罪,究应如何办理,分甲乙两说:甲说,谓起诉之事实,既经司法机关调查不成犯罪,自不必移送军法机关转滋拖累,可迳由司法机关谕知被告无罪之判决。乙说,谓起诉罪名既属特别刑事,如特别刑事法令已明定应归军事审判,是此类案件惟军法机关得以宣告无罪,司法机关只能谕知不受理之判决,仍应移送军事机关核办,此应请解释者一。又有某警察长官因据报告某处打牌,有违新运,遂命令警士于日间或夜间拨门或踰墙入室,将打牌之四人带局,认为妨害风俗,命其具结,并处以拘留或罚金,此项行为是否构成犯罪,分甲乙两说:甲说,警察长官派警至他人住宅,将打牌之四人带局具结,并处拘留或罚金,既因本于总裁禁令,欲达新运之目的,并误认为违警,如无其他不法之意思,纵其施用手段,微嫌不合,只应得行政上之处分,究不构成《刑法》上之犯罪,乙说,执行命令,仍应遵守法律,打牌虽违禁令,究属行政上之制裁,只能制止或用其他有效方法。私人住宅既非道路或公共场所,纵有人在内赌博财物,或为类似赌博之行为,亦不发生犯罪或违警问题,警察长官竟派警侵入,将其逮捕带局,并依违警罚法处以拘留或罚金,显系妨害住宅安全及身体自由。如已经合法告诉,应构成《刑法》上假借职务上权力,无故侵入他人作宅,私行拘禁,或恐吓等项,应从一重处断。设因禁止打牌,可至私人住宅,并赋予拘禁之权,则凡吸烟饮酒同一违反禁令,同一可至他人住宅拘捕,殊不可通。二说未知孰是,此应请解释者二。以上两点,事关法律疑问,本处现有此类案件,急待

解决,理合备文呈请鉴核,转呈解释示遵等情。据此,除指令外,理合据情转呈钧院鉴核示遵,谨呈司法院院长居,湖南高等法院院长陈长簇。

**院字第二二八五号**

**民国三十一年一月二十四日　司法院指令山西高等法院**

呈悉,业经本院统一解释法令会议议决,夫妻之一方潜逃他处,如其情形系恶意遗弃他方者,他方得请求离婚。至夫妻之一方,参加伪组织后,他方若仍与之同居,精神上所受之痛苦,实与受不堪同居之虐待无异,自得请求离婚。仰即转饬知照。此令

**附山西高等法院原呈**

案据蒲县司法处审判官高煊呈称,呈为呈请核示事,查关于出征壮丁离婚案件,须至壮丁解除兵役后,始依法办理,在出征期间,无论女方所持何种理由,一概不予受理,业有司法院二十八年十月二十四日训字第九七三号训令通饬在案。惟上开通令,是否指出征壮丁有音讯者而言?其生死不明已逾三年者,是否亦在不受理之列?设有甲男于民国二十六年十月间参加八路军服役,至今杳无音讯,家留妻乙,只身一人,既无翁姑,又鲜叔伯,且无财产,以资生活,年来米珠薪桂,生活程度日高,乙之衣食遂成一严重问题。乙遂以夫甲生死不明,已逾三年为理由,诉请离异,如何处办,应请核示者一。又夫妻之一方以他方随叛潜逃,或参加伪组织,遂以背叛党国甘心附逆为理由,向县提起离婚之诉,如准其请求,而法无明文,否则不啻予叛逆降敌者之保障,究应如何处理,应请核示者二。以上两点,均待解决。理合备文呈请鉴核,迅予指令祇遵,实为法便等情。据此,案关解释法律疑义,本院未敢擅拟,除指令外,理合具文转请钧院俯赐解释,俾便饬遵,谨呈司法院院长居,山西高等法院院长邵修文。

**院字第二二八六号**

**民国三十一年一月二十六日　司法院咨行政院**

案准贵院上年十二月十七日勇十一字第二〇四九八号咨,以据经济部转请示优先股东权限问题一案,请解释见复等由,业经本院统一解释法令会议议决,公司各股东,每股有一表决权,公司法第一百二十九条定有明文,此为股东应有之权利,不问其为普通股东,抑为优先股东,均不得以公司章程剥夺之。公司发行优先股者,依公司法第一百八十八条但书之规定,虽应于公司章程中订明优先股应有权利之种类,但所谓优先股应有权利之种类,系指优先股所享优先权之种类而言,非谓优先股东出席股东会而为表决之权,得以公司章程剥夺之。至公司法第一百八十九条第一项亦仅规定公司章程之变更,如有损害优先股东之权利时,除经股东会之决议外,更应经优先股东会之决议,并不含有禁止优先股东出席股东会行使表决之意义,优先股东自非不得出席股东常会或股东临时会行使其表决权。相应咨复贵院查照饬知,此咨行政院。

**附行政院原咨**

案据经济部三十年十一月二十八日(三〇)商字第二三一五四号呈称,案据上海市商会三十年十月三十日代电称,查公司法第一百八十九条,公司已发行优先股者,其章程之变更,如有损害优先股东之权利时,除股东会之决议外,更应经优先股东会之决议,优先股东会准用关于股东会之规定等语。股东会为公司之最高权力机关,依理只有一,不容有二。今既另有股东会,并定明须于章程变更有损及优先股东权利时,始另行召集优先股东会决议。是则依此规定,通常召集之股东会,似乎优先股东无须出席,非有变更章程损及优先股东之权利时,优先股东亦无可以发言之权利,因之有人依据该条规定,谓吾国公司法对于优先股东,亦系依照美国法例限制其有表决权者,此问题现颇引起工商业注意。上说是否有当,仰祈钧部鉴核示遵,实为公便等情。查公司法第一百八十九条规定,乃系保障优先股东之合法权益,公司章程之变更,如无损于优先股东之权利,则优先股东自不必另行召集会议。至优先股东可否限制其出席通常召集之股东会,抑不能予以限制,在公司法中尚无明文规定。惟依公司法第一百八十八条关于优先股东应有权利之种类,应在章程内订明,是公司发行优先股时,如章程已订明优先股东不得出席股东会,并于招股章程或认股书中载明,则优先股东自应受此项限制之拘束。倘未订明而于日后变更章程加以限制,则属于损害优先股东之权利,依照公司法第一百八十九条之规定,应经过优先股东会之决议,如为有效,目前各地工商业对此事颇为注意,各有争持。本部拟就上述意见,电复该会,转行知照,俾有遵循,是否有当,理合备文呈请鉴核示遵等情。据此,相应咨请查照解释,见复为荷,此咨司法院。行政院院长蒋中正

**院字第二二八七号**

**民国三十一年一月二十七日 司法院复四川高等法院电**

四川高等法院苏院长览,上年十月江代电悉,所请解释一案,业经本院统一解释法令会议议决,混合契约,系由典型契约构成分子与其他构成分子混合而成之单一债权契约。若其契约系复数,而于数契约间,具有结合关系者,则为契约之联立。大佃契约,为租赁契约与典权设定契约之联立,并非混合契约,故在法律所许范围内,应依当事人立约之本旨,使租赁权与典权同其存续时期,依法律之规定,其存续时期,不能一致者,仍应分别办理。大佃契约之出典人,经过《民法》第九百二十三条第二项或第九百二十四条但书所定期间,不以原典价回赎者,典权人仅就其有典权之部分取得典物所有权。关于租赁部分,仍属出租人所有,出租人依法有契约终止权时,自得终止租赁契约。此际双方对于该不动产成立共有关系,其应有部分各为若干,应视典价数额与租金数额之多寡定之,各共有人得随时请求分割,其分割之方法,则在《民法》第八百二十四条设有规定。又耕地大佃契约定有期限者,出租人如依法律之规定,有于期限届满前终止租赁契约之权,自得专就租赁部分,终止契约。当事人明定期限届满前终止租赁契约时典期即为届满者,从其所定。当事人虽未明

定,依两契约之结合关系,亦应解为有此意思,故于终止租赁契约时,得即回赎典物。至耕地大佃契约未定期限者,其租赁部分,应解为定有租至回赎典物时为止之不确定期限。至回赎典物时,自得收回自耕,其不收回自耕而由承租人继续耕作者,依《土地法》第一百七十二条之规定,视为不定期限继续租赁契约。回赎典物前终止租赁契约,或于回赎典物后继续租赁契约者,《民法》关于共有之规定,于定当事人间之关系时,应准用之。合电知照,司法院感印。

**附四川高等法院原代电**

重庆司法院院长居钧鉴,查关于川省大佃契约性质,业经钧院以院字第二一三二号解释,认为系属租赁契约与典权设定契约之联立,一方所支付之押金,即为《民法》第九百十一条所称之典价,对于该不动产相当于押金数额部分之使用收益权,即为同条所称之典权,该不动产之其他部分,因支付租金所得行使之使用收益权,仍为租赁权等因,自应遵照办理。惟查所谓相当之部分,事实上尚有不易分辨者,例如整块之土地或以整栋之房屋大佃与人,每年仅收极少之租金数元或数角,就契约上既无由认定其何部为典权,何部为租赁权,就物之使用目的,亦无由将该整个之不动产予以分割。此际如出典人请求回赎,若其期限已经届满,或已于出典后经过三十年,则关于典权设定之部分,依照《民法》第九百二十三条第二项或第九百二十四条之规定,固不得请求回赎。但关于租赁之部分能否终止契约,有二说焉:甲说,谓大佃契约既为租赁契约与典权设定契约之联立,其内容即属于混合契约之一种。详言之,即典权与租赁权均概括的依不动产而存在,不能强分何部为典权何部为租赁权。故在出典人回赎逾期时,在典权人既已取得典物之全部所有权,则其联立之租赁关系,即随同所有权而归于消灭(参照《民法》第七百六十三条第一项),出典人自不得复以尚有租赁契约存在为理由请求终止。乙说,谓大佃契约之出典人回赎典物逾期者,仅于价值相当于押金数额部分之不动产丧失其所有权,而就其他有租赁权之部分,出典人于租赁权之存续尚不得谓无法律上之利益,依《民法》第七百六十三条第二项之规定,不能谓其权利因混同而消灭,故在典物不可分或无由分割之场合,出典人尚可残留其几分之几之所有权,应适用《民法》物权编关于共有之规定办理。以上二说,应以何说为是,抑或另有他说,此应请求解释者一。又耕作地之大佃契约,关于典权设立部分期限尚未届满,关于租赁部分,如出佃人以有《民法》第四百五十九条所定原因请求终止契约时,或未定期限之大佃契约出佃人请求回赎,关于租赁部分,如承租人以无《民法》第四百五十八条或第四百五十九条所定原因为抗辩时,应如何办理,适用上亦感困难,可否认为租赁部分应随同典物之回赎而终止,此应请求解释者二。事关法律疑义,未敢擅专,理合呈钧座鉴核示遵。署四川高等法院院长苏兆祥叩䐜江印

**院字第二二八八号**

**民国三十一年一月二十七日　司法院训令江西高等法院首席检察官**

查江西袁宜地方法院首席检察官代电，请解释侵占案件适用法律疑义一案，业经本院统一释法令会议议决，甲女与乙男姘居，嗣后乙男因犯罪入监受刑，将其衣物交与甲女管理，甲女即与丙男将乙男衣物一同卷逃，丙男虽非持有人，但与持有人甲女一同卷逃，依《刑法》第三十一条第一项应成立同法第三百三十五条第一项之共同正犯，合行令仰该首席检察官转饬知照。原代电抄发。此令

**附江西袁宜地方法院首席检察官原代电**

司法院院长居钧鉴，兹设有甲女与乙男姘居某处三年有余，乙男因犯罪判处徒刑，在监狱执行，遂将其所有衣物，概交甲女管理，甲女与丙男将乙男衣物一同卷逃，甲女犯《刑法》第三百三十五条第一项之罪，固无疑义，惟丙男既未管理乙男之衣物，究犯《刑法》第三十一条第一项、第三百三十五条第一项以共同正犯论罪，抑犯《刑法》第三十条第一项、第三百三十五条第一项之帮助侵占罪，故发生两说。甲说，谓丙男应犯《刑法》第三十一条第一项、第三百三十五条第一项，以共同正犯论罪，盖以丙男既与甲女将乙男衣物一同卷逃，则有共同实施侵占行为，虽乙男之衣物由甲女持有，丙男无从成立侵占之罪，而甲女所犯《刑法》第三百三十五条第一项之罪，又属普通侵占罪，并非因身分或其他特定关系成立之罪。但甲女与乙男既姘居三年有余，可视为有家长与妾之关系，认甲女为乙男之家属，其虽非亲属，然家属既规定于《民法》亲属编，亦得以广义之亲属论，则甲女依《刑法》第三百三十八条、第三百二十四条，不能谓非因同财共居亲属间之特定关系成立之侵占罪。故甲女与丙男卷逃乙男之衣物，仍应依《刑法》第三十一条第一项以共同侵占之正犯论罪，不能认为帮助犯。乙说，谓丙男应犯《刑法》第三十条第一项、第三百三十五条第一项之帮助侵占罪。盖以《刑法》第三百三十五条第一项为普通侵占罪，甲女与乙男姘居三年有余，即令甲女可视作为乙男之妾，亦不过甲女视为乙男之家属，仍非亲属，《民法》第一千一百二十三条第三项有明文规定。是则甲女非因同财共居亲属间关系，犯《刑法》第三百三十五条第一项之罪，而丙男与甲女一同卷逃乙男之衣物，自不能依《刑法》第三十一条第一项以共同正犯论。惟丙男对于乙男衣物非其持有，只应成立帮助侵占罪，依《刑法》第三十条第一项、第三百三十五条第一项论科方为正当。以上两说，孰是孰非，事关法律解释，未敢擅断，理合电请鉴核，俯赐解释示遵，署江西袁宜地方法院首席检察官萧伟叩歌。

**院字第二二八九号**

**民国三十一年一月二十七日　司法院指令司法行政部**

呈悉，业经本院统一解释法令会议议决，得提起自诉之案件，经被害人提起自诉，而县司法处兼检察职务之县长误依公诉程序侦查，予以不起诉处分，复经自诉人声请再议者，上

级法院首席检察官应撤销其不起诉处分，该项案件仍由原县司法处依自诉程序办理。至县司法处之公诉案件，如将未经起诉之人列入被告加以判决，既经提起上诉，第二审只应将原判决撤销，毋庸另为如何裁判。仰即转饬知照。此令

**附司法行政部原呈**

案据署安徽高等法院首席检察官朱焕彪本年八月十六日煌呈字第一〇八五号呈称，查得以提起自诉之案件，经被害人提起自诉，县司法处兼检察职务之县长误依公诉程序侦查予以不起诉之处分，复经自诉人声请再议，计分甲乙两说，甲说，《刑事诉讼法》采扩张自诉主义，故已经侦查之案件，检察官知有自诉者，尚须停止侦查，将案件移送法院，况被害人本属提起自诉，其误以公诉程序所为之不起诉处分，应视为无效，仍将案件移送审判官依自诉程序受理。乙说，得以移送之案件，系指在侦查终结前而言。若已经侦查终结，而侦查又系检察官应有之职务，其处分自非无效，且被害人已经接受送达而声请再议，是已同意于公诉程序，此项自诉应即改为公诉，依公诉程序办理，二说究以何说为当？再县司法处对于公诉案件将未经兼检察职务县长列入被告之人加以判决，此项判决是否当然无效，抑须经上级审撤销，如须经过上级审撤销，则提起上诉后，第二审法院仅为撤销之判决，或撤销后予以何种判决，于法均无明文依据。案关法律疑义，职处未敢擅专，理合备文呈请钧部转呈司法院核示饬遵等情，据此，事关法律疑义，理合备文呈请钧院鉴核指示，以便转饬遵照，谨呈司法院。

**院字第二二九〇号**

**民国三十一年一月二十八日　司法院指令四川高等法院**

呈悉，业经本院统一解释法令会议议决，大佃契约为租赁契约与典权设定契约之联立，两契约相互间，具有结合关系，在法律所许范围内，应依当事人立约之本旨，使租赁权与典权同其存续时期，依法律之规定，其存续时期不能一致者，仍应分别办理。当事人所约定之期限为三十年者，关于租赁部分，依《民法》第四百四十九条第一项、第四百五十条第一项之规定，其租赁关系，于二十年届满时消灭，惟有《民法》第四百五十一条或《土地法》第一百七十二条情形时，视为以不定期限继续租赁契约。关于典权部分，当事人明定三十年内租赁关系消灭时，典期即为届满者，从其所定。当事人虽未明定，依两契约之结合关系，亦应解为有此意思。故二十年届满时租赁契约不再继续者，典权部分，得即回赎典物，二十年届满后租赁契约继续者，得于终止契约时回赎典物，租赁关系在回赎典物前消灭者，《民法》关于共有之规定，于定当事人间之关系时，应准用之，仰即转饬知照。此令

**附四川高等法院原呈**

案据代理兴文县司法处审判官杨文远呈称，窃四川大佃契约性质问题，业经司法院三十年二月八日院字第二一三二号训令，应认为租赁契约与典权设定契约之联立，固无疑义，惟查《民法》第四百四十九条第一项前段明定，租赁契约之期限不得逾二十年，又同法第九

百一十二条前段明定,典权约定期限不得逾三十年,据前开训令既认为大佃,为租赁契约与典权设定契约之联立契约,其最高大佃年限就应从租赁之期限,抑从典权限期,不无疑义,应明令解释,以资遵守,当否之处,指令祇遵等情。据此,查原呈所述情形,在适用院字第二一三二号解释时确属不无疑义。事关法律解释,未敢擅专,除指令外,理合具文呈请钧院俯赐核示,指令祇遵,谨呈司法院院长居,署四川高等法院院长苏兆祥。

**院字第二二九一号**

**民国三十一年一月二十八日　司法院指令中央公务员惩戒委员会**

呈悉,业经本院统一解释法令会议议决,(一)官商投资合办之银行或其他公司,系属私法人,其所营之商业自为《公务员服务法》第十三条所称之私营商业。(二)《公务员服务法》第十三条所称之经理,系指有《民法》所定之经理权者而言。商号于总经理之外,所设之经理、协理或襄理,是否同条所称之经理,应以商号所授与之权限是否《民法》所定之经理权为断,不得专依名称定之。至同条所称之董事长,包含副董事长在内,不设董事长仅设常务董事者,其常务董事即为同条所称与董事长相同之职务,但于董事长之外所设之常务董事则否,仰即知照。此令

**附中央公务员惩戒委员会原呈**

呈为呈请解释事,窃查《公务员服务法》第十三条载,"公务员不得兼任私营商业之经理董事长或相同职务",第十四条载"公务员除法令所定外不得兼任他项公职或业务,其依法令兼职者不得兼薪及兼领公费"。对于适用上发生疑义,有应请钧院解释之点如下。(一)按《公务员服务法》第十四条载,公务员除法令所定外不得兼任他项公职或业务,对于公务员不得兼职之范围,仅以公职或业务为限,至私营机关则不在此例,自为明了。惟官商投资合办之公司或银行,其性质至难区分,如视为私营商业,则公务员兼任此类机关职务时,应受《公务员服务法》第十三条之限制;如视为公职,则应适用同法第十四条之规定。其性质究应如何认定,始于适用时符合立法意旨,此应请解释者一。(二)按公务员经营商业行为早经悬为厉禁,前《修正官吏服务规程》第十条载,"官吏无论直接间接均不得兼营商业",其限制至为严格。但现行《公务员服务法》第十三条则仅以"公务员不得兼任商业之经理、董事长或相同职务"为限,其禁止之范围已有变更,且国防最高委员会二十九年七月五日国核字第一〇九九六号训令更谓公务员父兄原系经商,其法定继承之商业如无《公务员服务法》第十三条之情形,自不应认为违法。又公务员以储蓄所得投资于正当生产事业,并非本身自行经理者,亦不在限制之列,此更明示公务员仅不得为私营商业之管理人,而于其投资商业,并不禁止。惟查现行私营商业组织,至不一律,其管理人之性质及名义,均不易明确认定,有于总经理之外,另设经理、协理或襄理者;有于董事长之外,另设副董事长或常务董事等职位者,或仅设常务董事数人而无董事长者。此在仅设经理一人或董事长一人之商业组织,其管理人之地位尚易依法认定,但同一商业组织而有(一)同时并设总经理及经

理,或(二)董事长及常务董事,或(三)仅设常务董事一人或数人之情形时,应否视为各别,具有其同管理之性质,而适用《公务员服务法》第十三条末句“相同职务”之规定,既无确定之标准,未便遽予审断,此应请解释者二。以上两点,系法令适用疑义,理合具文呈请钧院解释示遵,实为公便,谨呈司法院院长居,中央公务员惩戒委员会委员长王用宾。

**院字第二二九二号**

**民国三十一年二月四日　司法院指令湖南高等法院首席检察官**

呈悉,业经本院统一解释法令会议议决,告诉乃论之罪,经告诉人向司法警察官告诉后,旋复撤回,即应生效,按照《刑事诉讼法》第二百十七条第二项该告诉人不得再行告诉,嗣后如再向检察官告诉,检察官应依同法第二百三十四条第一项予以不起诉处分,本院院字第一三四五号关于该部分之解释应予变更。仰即转饬知照。此令

**附湖南高等法院检察处原呈**

案据安化县县长兼理县司法处检察职务周衡呈称,查告诉或请求乃论之罪案经撤回者,检察官应为不起诉之处分,在《刑事诉讼法》第二百三十一条第五款定有明文。如此类罪案先向警察机关告诉撤回后,复向司法机关告诉,是否应视其已经撤回,依该条办理无所依据,理合备文呈请钧处核示祇遵谨呈等情。据此,查县警察局长既无《刑事诉讼法》第二百零八条之司法警察官有协助检察官侦查犯罪之职权,同法第三百二十一条又规定告诉告发应以书状或言词向检察官或司法警察官为之,则告诉乃论之罪,告诉人向警察机关告诉后复向该机关撤回告诉,其撤回之效力应与向司法机关撤回者同,其于撤回后再向司法机关告诉,似非法所应许。惟事关法律疑义,理合转请钧院解释示遵,谨呈司法院院长居,湖南高等法院首席检察官邓静安。

**院字第二二九三号**

**民国三十一年三月六日　司法院复航空委员会电**

航空委员会鉴,本年一月元会法壬渝(二)八八号代电悉,所请解释一案,业经本院统一解释法令会议议决,国防最高会议常务委员第九十二次会议决议第一款、第五款内载,公务员兼职不得兼薪,违者除追缴外,应分别惩处等语,则违背兼薪禁令者,应负刑事责任与否,应以其行为是否触犯《刑法》及其特别法之罪名为断。兼职机关之长官对于兼职之公务员给予薪俸,即系意图为第三人不法之所有,侵占自己持有之公款,应依《惩治贪污暂行条例》第三条第一项第三款处断,其支领兼薪之公务员,依《刑法》第三十一条第一项之规定,应以共犯论,该公务员如隐蔽原有职务之事实,使该长官给予薪俸者,应成立《刑法》第三百三十九条第一项之诈欺罪,军人犯之者亦同,特复,司法院鱼印。

**附航空委员会原代电**

司法院公鉴,查国民政府二十七年八月二十七日渝字第四四二号训令,关于兼职兼薪

按照收受贿赂及侵蚀公帑论罪一案，经国防最高会议常务委员会第九十二次会议议决，除追缴外并分别惩处（议决第五项）该项议决，既未指明应依收受贿赂或侵蚀公帑论罪，所谓惩处是否系指行政处分而言？如应负刑事上责任，此项罪质核与《刑法》渎职罪章贿赂罪及《惩治贪污暂行条例》侵占公有财物罪构成要件不同。在普通公务员兼职兼薪，似尚无适当法条可资援据。又《陆海空军刑法》第三十七条有收受贿赂之处罚规定，如军人犯兼职兼薪罪者，即以该条处断，于适用上殊滋疑义。奉令现在类此案件，急待解决，相应电请查照，迅赐解释电复为荷，航空委员会元曾壬渝回印。

**院字第二二九四号**

**民国三十一年三月六日　司法院复广西高等法院电**

广西高等法院申院长览，上年十二月微民代电悉，苍梧地方法院所请解释一案，业经本院统一解释法令会议议决，（一）《公证暂行规则施行细则》第四条所称之公证处印章在司法行政部未定办法以前，得由该地方法院自定式样自行刻用。（二）公证书正本，毋庸盖用法院或公证处之印。（三）推事于《公证暂行规则》第五条所许范围内拒绝请求人之请求，得任以书面或言词行之，但请求人请求说明理由时，应付与理由书。（四）推事通知请求人到场，除面告外，得依该推事认为便宜之方法行之，合电转饬知照，司法院鱼印。

**附广西高等法院原代电**

司法院院长居钧鉴，案据苍梧地方法院梧字第二〇七六号十一月筱代电称，查《公证暂行规则》早经公布施行，职院并经遵照该规则规定设立公证处，从事办理公证事宜，惟（一）公证处设立后是否应另刻公证处印章。若不另刻印章，则依该规则施行细则第四条“公证处应加盖该处印章”之规定办理时，必无印章可盖。另刻印章，则该项印章之式样字体如何制定，又应由职院自行刻用，抑应呈由钧院刻发，该规则均无规定，此应请核示者一。（二）公证处推事依公证规则作成之公证书正本，除照第三十六条由推事签名盖章外，是否仍应盖用公证处印章或法院印章，以资信守？该规则亦无明定，如须盖用处印，在未奉明令刻制或颁发前可否用院印暂代，此应请求核示者二。（三）依《公证暂行规则》第五条反面规定，倘推事有正当理由拒绝请求人之请求时，应用何种方式表示，又当事人以书状声请为公证，而公证处推事认为有疑义应讯问调查当事人时，通知当事人到处查询，应用通知书，抑用民事传票，此应请核示者三。以上疑义，职院莫能解决，理合电请核示，或转请解释示遵等情，据此，理合转请钧院鉴核，俯赐解释，俾便饬遵。代理广西高等法院院长申守真呈微民印

**院字第二二九五号**

**民国三十一年三月六日　司法院指令司法行政部**

呈悉，业经本院统一解释法令会议议决，遗产依《民法》第一千一百八十五条规定归属

国库时,遗产管理人依《民法》第一千一百七十九条第一项第五款,应向国库为遗产之移交,此项私法上之义务如不履行,国库自得向法院提起请求履行之诉。仰即转饬知照。此令

**附司法行政部原呈**

案据四川高等法院首席检察官三十年十二月十一日呈称,案据署资中地方法院检察官刘士笃寝代电称,查《民法》第一千一百八十五条所定无人继承而剩余之遗产归属国库,其管理人如能尽其职务移交国库固无问题,如不移交,国家官吏发觉时,究应用何种程序使之移交,法无明文可资依据,谨请鉴核示遵等情。据此,事关法律程序问题,未便擅专,理合具文转呈钧部俯赐鉴核,指令示遵等情。据此,查遗产归属国库时,依《民法》第一千一百七十九第一项第五项之规定,应由遗产管理人为遗产之移交,遗产管理人违背此项职务时,如何办理,法无明文。事关适用疑义,理合具文呈请钧院鉴核指示,以便饬遵,谨呈司法院院长居,司法行政部部长谢冠生。

**院字第二二九六号**

**民国三十一年三月七日　司法院致粮食部函**

案准贵部本年一月三日裕叁字第八三一三号代电,以受理诉愿案件发生程序疑义,请解释见复等由,业经本院统一解释法令会议议决,依《诉愿法》第一条之规定,诉愿惟人民因中央或地方官署之违法或不当处分,致损害其权利或利益者,始得提起对于受理诉愿之官署所为决定提起再诉愿,自非人民不得为之。若原处分官署,则无论受理诉愿之官署管辖有无错误,均不得对于变更其处分之决定,提起再诉愿。原代电所述情形,依《诉愿法》第七条之规定,应将再诉愿驳回。相应函复贵部查照。此致粮食部

**附粮食部原代电**

司法院公鉴,本部现有受理诉愿案件发生程序疑义,兹叙明于下,某甲违反粮食管理,经某县粮食管理委员会将某甲粮食予以没收处分,某甲不服,提起诉愿,经某省省政府决定原处分变更,某县粮食管理委员会不服,向本部提起再诉愿,关于此案,约有两说。子说,依行政院颁布之《县粮食管理委员会组织通则》第二条,主任委员由县长兼任,是县粮食管理委员会之处分,即县长所为之处分,如有不服,自应向省政府提起诉愿。如向县政府提起诉愿,则县长系原处分之负责人,依法应回避,县政府除县长外又无相当代为决定之人,故此案之诉愿程序,并无不合,惟公务员不服主管官署处分,不适用《诉愿法》之规定,早经贵院院字第三三二号解释在案,应依此解释办理。丑说,依同通则第一条,各县设粮食管理委员会隶属县政府,是县粮食管理委员会为县政府以下之机关,人民如有不服该会之处分而提起诉愿,依照贵院院字第三五四号解释,"《诉愿法》第二条对于县市以下各机关之处分诉愿至何机关未经列举,自应依据第三条按其管辖等级比照第二条定之"之规定,则不服县粮食管理委员会之处分,应以县政府为受理诉愿官署,省政府为受理再诉愿官署。今某省省政府对此案以受理再诉愿官署而为诉愿之决定,自系违背程序。又查《诉愿法》只有不服原处

分提起诉愿,及不服诉愿官署决定提起再诉愿之规定,即再诉愿官署之决定为最终之决定,对此最终决定官署所为违背程序之决定,应用何种方法救济,未有规定。案关法律疑义,用特电请解释见复,以凭办理为荷。粮食部子江印

**院字第二二九七号**

**民国三十一年三月九日　司法院致国民政府军事委员会函**

案准贵会本年一月六日办四二法字第二四八一〇号公函,以据宪兵司令部呈,为宪兵官长于执行军事检察职务时,签发传票传唤被告,法律上发生疑义,转请解释见复等由,业经本院统一解释法令会议议决,宪兵官长执行军事检察职务,因侦查军司法案件认有传唤被告之必要时,依现行法令,虽无签发传票之权,但得请求被告直接长官令其到案受讯。相应函复贵会查照。此致国民政府军事委员会

**附国民政府军事委员会原函**

案据宪兵司令部三十年十二月四日警法渝字第〇一八六二号呈称,窃查宪兵主管军事警察兼掌行政司法警察,基于国家刑罚权之作用,得依法侦查犯罪,其权限之大小,已详刑诉法二〇八条及二〇九条二一〇条各条款中,近以宪兵各团营服务各地,因侦查军司法案件票传当事人及关系人,往往被各该地方县政府认为依刑诉法第七一条第四项及《陆海空军审判法》第二十五条、第三十一条之规定,刑诉法第二〇八条之司法警察官及军审判法第十九条之军事检察官,均无签发传票传唤被告之权。而向配属之高级军事机关控告滥用职权,徒因职权问题发生无谓纠纷。矧查刑诉法第二〇八条之司法警察官既有协助检察官侦查犯罪之权,其侦查权当与检察官相等。尤其宪兵服务各地,如遇当地无检察官之处,宪兵队长官依刑诉法二〇八条之规定,当有独立侦查之职权,对于被告有时必需传唤,然传唤又不得不依刑诉法七十一条之规定办理。又《陆海空军审判法》第十九条规定,宪兵官长为军事检察官,依同法第十七条规定,"军人犯《刑法》或违警罚法或其他法律之罪者,有军事检察权,各官长均有搜查证据之权。"又依据同法第二十三条之规定,军事检察官于搜查证据之后,得行检证处分之权,其检证权依《军法审判审限规则》第二条第一款之规定,检证处分期限三日。又依同规则第四条之规定,其期限得呈请该管长官核准限展一次,则其检证处分期限可由三日延至六日,复依同规则第七条第一项第一二两款之规定,关于依例休息或向该管区以外调查证据,提出共犯,传拘被告证人等所需之时间得扣除之,则其检证处分期限更可扩展至六日之外,再依钧会二十八年五月二十六日复天水行营宥电,"《刑事诉讼法》各规定,不适用于军法审判,其法理但可以参酌"之解释,其刑诉法之法理,既可以参酌,则军事检察官为传唤被告侦查证据起见,似不得不参酌刑诉法第七十一条之规定,签发传票传唤被告,如被告无正当理由,故意不到场者,又,不得不参酌刑诉法第七十一条第四款及第七十七条之规定,签发拘票拘提被告。而被告倘有逃亡之虞,或有淹灭伪造变造证据,或勾串共犯或证人之虞者,更不得不参酌刑诉法第一〇一条、第一〇八条之规定,酌予羁押,

以行侦查证据,在事实上往往势必如此,惟因军审判法上对于军事检察官执行职务时,虽无明文规定,惟对于被告认为有传唤拘提及羁押之必要时,自可参酌刑诉法第七十一条、第一〇一条、第一〇八条之规定行之,而无疑问。复查宪兵官长所掌职权及执行职务,既有上述法令根据,在行使侦查犯罪权时,依法签发传票传唤被告,自不谓之为滥用职权破坏司法行政系统,为特具文报请钧座鉴核,俯饬通令各部队机关知照,俾利服务,免在滋生误会,并乞指令祗遵等情。据此,查所呈各情,关系法律疑义,亟应付予统一解释,俾有遵循,相应函请查照解释见复,以凭转饬为荷,此致司法院。

**院字第二二九八号**

**民国三十一年三月九日　司法院致国民政府军事委员会函**

案准贵会上年十二月二十三日法审(三〇)渝三字第一四〇〇六号公函,以烟毒案件适用法律发生疑义,请解释等由,业经本院统一解释法令会议议决,自卫大队长甲由形迹可疑之乙身上查获鸦片烟膏少许,经保长丙证明乙之烟膏系经医处方购回,为其子丁治病之用,甲因而将烟膏当众焚毁并将乙交保开释,既无纵放罪犯之认识,即其行为非出于故意,自不构成犯罪,相应函复贵会查照,此致国民政府军事委员会。

**附国民政府军事委员会原函**

兹有自卫大队长甲途遇乙,以其形迹可疑,施以检查,搜获鸦片烟膏少许,将其带队。嗣经保长丙证明乙持有之烟膏系经医处方购回,作其子丁治病之用,甲因而将烟膏当众焚毁,并将乙交保开释,甲应否构成《禁烟禁毒治罪暂行条例》第十三条第二项纵放罪犯脱逃罪或构成他罪,抑或不负刑责?事关法律疑义,相应函请贵院迅予解释为荷,此致司法院。

**院字第二二九九号**

**民国三十一年三月十一日　司法院指令陕西高等法院**

呈悉,业经本院统一解释法令会议议决,《民法》第一千一百八十五条所称之遗产包括债权在内,强制执行开始后,债权人死亡而有同条所定情形时,依《民法》第一千一百七十九条第一项第四款、第五款之规定,其遗产应由遗产管理人于清偿债权并交付遗赠物后,将所剩余者移交国库。该强制执行事件,自应继续进行。仰即转饬知照。此令

**附陕西高等法院原呈**

案据榆林地方法院三十年十一月十一日第一八九号呈称,窃查民事债务执行事件,债权人于执行中死亡,并无法定继承人存在,此时执行事件应否继续进行。兹有甲、乙二说。甲说,谓债权债务系特定人与特定人间之关系,债权人今既亡故,又无法定继承人存在,是债权主体业已消灭,即诉讼主体之不存在,此项执行事件,自无庸进行。乙说,谓无继承人承认继承时,被继承人之遗产归属国库,《民法》继承编第一千一百八十五条定有明文。今债权人既系于执行中死亡,虽无法定继承人存在,而债务人所欠该债权人之债款,自属该债

权人遗产之一部,仍应依法执行,移缴国库。二说均有理由,未便臆断。本院现有此类事件,亟待解决,理合具文呈请鉴核,转请解释,俾资遵循等情。据此,事关法律疑义,理合转请钧院解释,以便转饬遵照,谨呈司法院院长居,陕西高等法院院长魏大同。

**院字第二三〇〇号**

**民国三十一年三月十七日　司法院咨行政院**

案准贵院本年一月二十四日顺八字第一一九二号咨,以据内政部请解释典权人因典期届满依法取得典物所有权,应如何声请登记等情,转咨解释到院。业经本院统一解释法令会议议决,为第一次所有权登记后,典权人依《民法》第九百二十三条第二项或第九百二十四条但书取得典物所有权者,其登记应依移转登记之方法为之。此项登记依《土地法》第五十八条之规定,自应由典权人及出典人或代理人声请之,如出典人不肯会同声请,典权人得对之起诉,俟得有胜诉之确定判决后,再依《土地法》第五十九条后段单独声请登记。相应咨复贵院查照饬知。此咨行政院

**附行政院原咨**

据内政部三十一年一月五日渝地字第四号,呈请解释典权人因典期届满依法取得典物所有权,应如何声请登记等情。相应抄送原呈咨请贵院解释见复。此咨司法院。行政院院长蒋中正

**附内政部原呈**

案据浙江省地政局三十年十二月二日地三永字第二四二号呈称,案据永嘉县长李则渊呈称,查依照《民法》第九二三条第二项及第九二四条下段各规定,典权人取得典物所有权时,其声请登记程序应否由权利人会同义务人为之,如不能邀同义务人到场,是否须诉请法院确认,抑由权利人迳凭原典权证明书声请登记?法无明文可资遵循,案关登记程序,理合备文呈请鉴核释示祗遵等情。据此,查第一次所有权登记前土地设有典权逾法定期限而不回赎,经查明属实者,典权人得凭原典契声请为所有权登记,业于修正本省土地登记施行细则草案内订明,并经省政府咨报钧部在案。但在第一次所有权登记后是项典权人依时效取得所有权时,其声请登记程序,法无明文规定,究应如何办理,本局未便擅拟,除指令外,理合备文呈请释示祗遵,俾便转饬等情。据此,查土地设有典权逾法定期限而不回赎,经查明属实者,在第一次所有权登记前依该省修正土地施行细则内规定典权人自可凭原典契声请为所有权登记,但如此第一次所有权登记后,则应依照《土地法》第五十八条、第一百零六条及一百一十五条之规定,由权利人(承典人)及义务人(出典人)会同声请为土地权利移转登记及涂销登记。倘义务人不能到场,或持异议时,可依法诉请当地法院或兼理司法之县政府提起确认之诉,俟判决确定之后,照判执行。事关法令解释,本部未便擅专,据呈前情,理合加具意见,呈请鉴核,转请司法院解释祗遵,谨呈行政院,内政部部长周钟岳。

## 院字第二三〇一号

### 民国三十一年三月十八日　司法院致财政部函

案据本院秘书处转陈贵部上年十月二十日渝直字第三三七〇八号公函,请解释中药店就售药药单内标载售药价目,应否粘用印花疑义一案,业经本院统一解释法令会议议决,印花税法第十六条税率表第一目之发货票,原指各业商店售卖货物成交后随货开具载列品名数量或价目之单据而言。中药店于售药时仅就原药方内标载该药价目,既与上开发货票有异,则其未贴印花税票尚难遽予处罚。相应函请贵部查照。此致财政部

**附财政部原函**

案查中药药方经药店批有银钱数目加盖戳记者,本部前曾依据《印花税法施行细则》第九条规定解释,应依印花税法第十六条税率表第一目发货票贴用印花税票在案。兹据本部直接税处案呈,以据浙江直接税局呈,以江山清湖镇周恒裕成记药号因有药方未贴印花,为检查人员移送江山地方法院裁定处罚。该号不服,向浙江高等法院第二分院刑庭提起抗告。该法院根据司法院二十七年四月十六日第一五四号指令,以药店既未另开发货票,自不得因其就药方批明价目即认该药方与发货票相当,乃将原裁定处罚部份撤销,另行裁定,该药号未贴印花之药方不罚,解释互异,究应如何处理转请核示等情。本部意见以中药业情形与其他各业颇有不同,如各药店于售药时另开发货票,势必将原药方所列药名数量等重新抄录于发票上,以每一药方所列药名少者有十余种,多者甚至达数十种,限于事实,欲使各药店于售药时重新抄录多数药名数量等以另开发货票,殆不可能。故各药店均就原方利用其原列药名数量等以节重抄之繁,即于其上书写银钱数目加盖戳记以代替发货票,此外更无另开发货票之习惯。事实既属如此,对于此种经药店批有银钱价目加盖戳记之药方,似在实质上及形式上均已具备发货票之条件。揆诸情理,认其为发货票似尚无牵强之处,再各药店于售药时不能另开发货票之事实既如前述,若复不认其就原药方批明银钱数额加盖戳记以代替发货票之习惯,是中药业不再有发货票印花税之负担,衡诸他业,似亦失纳税应公平之原则。据呈前情,相应说明实在事实,函请查照转陈核示见复为荷,此致司法院。

## 院字第二三〇二号

### 民国三十一年三月十八日　司法院致国民政府军事委员会函

案准贵会本年一月十六日法审(三一)字三字第五七九号公函,以据军法执行总监部请示普通人民与公务员共同盗卖公有财物案件管辖疑义一案,请解释见复等由,业经本院统一解释法令会议议决,无军人或公务员身分之人盗卖公有财物,在普通《刑法》原有相当规定,其事后售卖该项财物,乃属处分赃物之行为,应包括于盗罪之内。故与军人或公务员共犯之者,依同法第三十一条第二项仍应科以通常之刑,由普通法院审判,相应函复贵会查照

饬知,此致国民政府军事委员会。

**附国民政府军事委员会原函**

据军法执行总监部案呈,该部派驻中国运输公司办事处处长朱传礼,呈请释示公务员某甲与民人某乙共犯《惩治贪污暂行条例》盗卖公有财物罪案件,审判管辖疑义到会,事关解释法律,相应抄同原呈,函请查照迅予解释见覆,以便饬遵,此致司法院。

**附中国运输公司办事处原呈**

按查本处受理公务员某甲与无特殊身份之某乙等共同盗卖公有财物,甲固触犯《惩治贪污暂行条例》第三条第一项第三款之罪,依同条例第八条规定,由本处审判,自无问题。惟乙因无特殊身份,究由本处并案审判,抑应移送司法机关办理,有子、丑二说。子说,乙之盗卖行为与《刑法》上窃取罪名相当,依司法院本年三月十一日院字第一二六一号解释,应送交该管法院检察官或其有检察权之官署依法办理,军法机关无权受理,应予谕知不受理之判决。丑说,又分数点。(一)依军事委员会法审(二八)渝三字第一〇二六号解释,该乙虽无军人及公务员身分,然既与甲共犯《惩治贪污暂行条例》所规定之罪,即应由军法职权之机关并案审判,按照该条例之罪名论科。(二)与甲系共同"盗卖公有财物",核《刑法》上并无与其相当之罪名,有之惟窃盗罪耳。乃查《刑法》上之窃盗罪之构成,既不以"卖"为要件,又不以盗卖"公有财物"为前提,自不能强论以"相当",既乙之行为无从成立《刑法》上之相当罪名,即不能适用院字第二一六一号解释,仍应由军法机关并案审判。(三)或谓贪污条例所规定之盗卖公有财物罪,其"卖"之行为系盗之结果,未能认为罪之构成要件之一。此说非但于"文理解释"为不可通。抑观该条例既将"盗卖"与"窃取"并为规定,可见盗卖与窃取显有不同。果如所说,盗卖不以"卖"为要件之一,则将可别于"窃取",此在"法理解释"上亦应认盗卖公有财物罪为贪污条例上之特别罪名,绝不能以"比附援引"之例释为与《刑法》上之窃盗罪名相当,因之即莫从科以通常之刑,自应由军法机关并案审判,此正符院字第二一六一号最后段(即自其无身份之人起至终)之旨。(四)再审院字第二一六一号解释明白指出,至同条例第八条规定系以犯本条例之罪者为限,由有军法职权之机关审判。乙所犯之盗卖公有财物罪,既系专犯本条例(指贪污条例)之罪,依此解释,"由有军法职权之机关审判"正符解释之旨。(五)再自立法之精神言之,贪污条例系因《刑法》之不能适应现实需要而订立,其所保护之法益,专以国家社会为对象。乙既侵害国家法益,即应适用该条例由军法机关审判。(六)更从刑事政策言之,《刑法》第三百二十一条之对于侵害私人法益者即在加重处罚之列,若谓乙应送司法机关受理,结果势非适用普通窃盗论处不可,轻重颠倒,显非所宜。以上两说,究以何说为是,事关适用法律疑义,理合呈请钧部迅赐指示祇遵。

### 院字第二三〇三号

**民国三十一年三月十八日　司法院指令湖北高等法院首席检察官**

呈悉,业经本院统一解释法令会议议决,监所公务员准许在押吸食鸦片烟犯具保外出,以致脱逃。如对于脱逃之事实预见其发生而又不违背其本意者,应成立《禁烟禁毒治罪暂行条例》第十三条第二项之罪,否则如有过失情形,仅应适用《刑法》第一百六十三条第二项处断。仰即转饬知照。此令

**附湖北高等法院原呈**

案据建始地方法院检察处江代电称,兹有监所公务员因在押吸食鸦片烟犯向该监所具有妥保,遂准其请假外出,以致脱逃,该公务员究犯何项罪名,有甲、乙两说。甲说,押犯向监所具保,法无明文。该公务员因吸食鸦片烟犯具有妥保,准其请假外出脱逃,实与纵放无异,其脱逃之烟犯无论已否判决,该公务员实已触犯《禁烟禁毒治罪暂行条例》第十三条第二项纵放烟犯脱逃之罪。依同条例第二十二条第一项规定,由有军法职权之机关审判。乙说,纵放押犯脱逃应有纵放之故意,监所公务员以吸食鸦片烟犯具有妥保,意其不致脱逃,遂准其请假外出,以致发生意外,系予以脱逃之便利,仅应构成《刑法》第一百六十三条第一项便利脱逃之罪,仍由普通法院审判。至《禁烟禁毒治罪条例》第十三条第二项纵放烟犯脱逃,系指已判决之烟犯而言。此观于该条项之"罪犯"二字法意甚明,若纵放之烟犯尚在调查证据中,并未谕知科刑判决。该公务员仍只触犯《刑法》第一百六十三条第一项纵放押犯脱逃之罪。以上两说,各有理由,且事与处刑轻重及审判机关均有关系。未便臆断,理合电请鉴核示遵等情。据此,案关法律疑义,本处未敢擅专,理合呈请钧院鉴核,俯赐解释,俾便饬遵。谨呈司法院,署湖北高等法院首席检察官鲁师曾因公赴施检察官董廷芬代行。

### 院字第二三〇四号

**民国三十一年三月十八日　司法院复安徽高等法院电**

安徽高等法院朱首席检察官览,上年三月删代电悉,所请解释一案,业经本院统一解释法令会议议决,(一)关于刑事诉讼之文书,其应受送达人之住居所如系沦陷区城,经挂号付邮而不能达到者,得依《刑事诉讼法》第五十九条第二款为公示送达。(二)前项文书虽得嘱托他法院书记官代为送达,但关于公示送达,依《刑事诉讼法》第六十条第一项应经嘱托法院或检察长首席检察官或检察官之许可,合电知照。司法院巧印

**附安徽高等法院原代电**

重庆司法院院长居钧鉴,查被告、自诉人、告诉人或附带民事诉讼当事人有《刑事诉讼法》第五十九条各款情形之一者,得为公示送达,惟应受送达人居住于沦陷区域,可否适用该条为公示送达,意见不一。子说,谓其地既已论陷,法院权力在事实上已不能及,应受送达人是否仍居住该区域,抑避难于他地,亦殊不可知,为保护应受送达人诉讼上利益计,不

得为公示送达。丑说，谓沦陷区域法院既不能行使审检职权，即属法权所不及之地，如不能以其他方法送达，应依该条第三款办理。寅说，谓沦陷区域偶因特殊状态不能行使审检职权，尚难谓为法权所不及之地，仍可利用邮务送达。其挂号付邮而不能达到者，始得依该条第三款办理。究以何说为当，应请解释者一。又，查同法第六十条第一项上段规定，公示送达，应由书记官分别经法院或检察长首席检察官或检察官之许可等语。关于嘱托送达事件，在受托法院固得依各种送达方法以为送达，惟许可之权属于何方亦滋疑问，分为两说。甲说，谓应属于嘱托机关，以送达文书，原为嘱托机关事件，应否公示送达，仍应由受托机关将应行公示送达之事由通知嘱托机关决定应否许可。乙说，谓应属于受托机关，以其既受嘱托，即应运用法定各种送达方法以为送达，如遇有同法第五十九条情形，自得本其职权为应否之许可。究以何说为当，应请解释者二。事关法律疑义，谨乞钧院鉴核示遵。署安徽高等法院首席检察官朱焕彪叩删

**院字第二三〇五号**

**民国三十一年三月十八日　司法院复甘肃高等法院电**

甘肃高等法院孟院长览，上年十月刑筱代电悉，静宁地方法院所请解释一案，业经本院统一解释法令会议议决，《妨害兵役治罪条例》第十五条第一项所定本刑为三年以下有期徒刑，核与《刑法》第六十一条第一款前段之规定相当。法院受理此项案件，得因检察官之声请，适用《刑事诉讼法》第四百四十二条第一项迳以命令处刑，合电转饬知照，司法院巧印。

**附甘肃高等法院原代电**

司法院院长居钧鉴，据静宁地方法院呈称，查《刑法》第六十一条所列各罪之案件，第一审法院依被告在侦查中之自白或其他现存之证据，已足认定其犯罪者，得因检察官之声请不经通常审判程序，迳以命令处刑，《刑事诉讼法》第四百四十二条定有明文，在普通刑事法上本无疑问。惟本院以前对于《妨害兵役治罪条例》第十五条第一项之案件，亦多以命令处刑，究竟是否适当，有甲、乙两说。甲说，谓《刑事诉讼法》第四百四十二条明定，《刑法》第六十一条所列各罪之案件，得以命令处刑，则《妨害兵役治罪条例》不能包括在内，自不得以命令处刑。乙说，谓《妨害兵役治罪条例》第十五条最重本刑既为三年以下有期徒刑，即得依简易程序办理。二说未知孰是。理合具文呈请钧院鉴核示遵谨呈等情。据此，理合电请解释示遵。甘肃高等法院院长孟昭侗刑筱印

**院字第二三〇六号**

**民国三十一年三月二十日　司法院指令甘肃高等法院首席检察官**

呈悉，业经本院统一解释法令会议议决，某甲以一状诬告乙、丙、丁三人，只犯一个诬告罪，既系同一案件，经乙、丙对甲提起自诉，无论曾否判决确定，丁均不得再行告诉。如检察官就该案予以不起诉处分后，丁复声请再议，上级法院首席检察官应认为无理由而驳回之，

仰即知照。此令

**附甘肃高等法院检察处原呈**

查有某甲一状诬告乙、丙、丁三人,乙、丙对甲提起自诉,经法院判决确定,丁始向检察官告诉,被处分不起诉后声请再议,于此有子、丑二说。子说,谓该罪置重于国家法益之被害而以个人法益被害为其附属,丁某虽未参加自诉,但甲既被处罪刑,则刑罚之目的已达。且按诸《刑事诉讼法》第三百一十六条,同一案件,经提起自诉者,不得再行告诉之规定,依同法第二百三十七条上半段之规定驳回之。丑说,谓二十五年九月二十八日发表院字第一千五百四十号解释后,已变更已往之判解,故认该罪于侵害国家法益外,兼及个人法益。丁某亦被侵害者之一,同样享受法律之保护,是丁之被诬告虽与乙丙系属同一案件,但参加自诉究不能谓为不得再行告诉,似应依《刑事诉讼法》第二百三十七条下半段之规定,分别为同条一、二两款之处分。以上二说,未知孰是,本处未敢擅拟,理合备文呈请钧院鉴核,迅赐解释示遵,实为公便,谨呈司法院院长居,署甘肃高等法院首席检察官詹世铭。

**院字第二三〇七号**

**民国三十一年三月二十三日　司法院指令江西高等法院**

呈悉,业经本院统一解释法令会议议决,《游击战区人民奖惩暂行办法》第十五条所谓犯该办法第八条至第十四条之罪,当地人民得依公断执行者,系以政府无法执行惩治时为限。至无军法审判权之公务员,尚难谓为当地人民,对于所捕获之敌探,依法应送由有军法审判权之机关审判。如果确有移送困难情形,亦应交付当地人民公断执行,不得适用该条之规定处决。仰即转饬知照。此令

**附江西高等法院原呈**

案据江西省战区巡回审判推事左穆未寒代电称,查《游击战区人民惩奖暂行办法》第十二条载,为敌军作奸细刺探我方军情(中略),致受损失者,处死刑。而犯该条之罪者,在政府无法执行惩处时,当地人民得依法执行之,又为该办法第十五条所明定,是战区人民对于捕获之敌探,若遇情势紧张不能送请政府执行时,得自由处决,极为明了。至于无军法审判权之公务员如遇此种情形,能否处决此项人犯,颇滋疑义,于此有甲、乙二说。甲说,谓该办法第十五条既明定为当地人民得依法执行之,军法审判权之公务员并未包括在内,自不得适用该条之规定擅予处决。乙说,谓人民既可依法执行,公务员任有公职,无论其有无军法审判权,对于此项人犯既有不得已之情形,自得从权处决。且该公务员亦为公民之一份子,离开公务员之身份以人民资格为国除害,亦与该办法第十五条无抵触。二说以何说为是,恳迅予解释等情到院。查来电所称,似应采取乙说。惟事关法律解释,本院未敢擅便。理合备文呈钧院鉴核,迅赐解释指令,俾便转饬祇遵。谨呈司法院院长居,江西高等法院院长梁仁杰因公赴泰。庭长熊汇荜代行

**院字第二三〇八号**

**民国三十一年三月二十三日　司法院指令江西高等法院**

呈悉，业经本院统一解释法令会议议决，军用地图为军事上机密之图画，依《军机防护法》暨《战时军用地图领用及保管规则》之规定，不许私人擅自持有。其非合法持有之军用地图，应认为违禁物。仰即转饬知照。此令

**附江西高等法院原呈**

案据兼理万载县司法处行政职务县长丁国屏呈，请解释军用地图是否为违禁物等情前来。查军用地图应否认为违禁物，有甲乙两说。甲说，谓军用地图系供军事之用，不得由私人持有，以免泄漏军事秘密，应认为违禁物。乙说，谓军用地图固属有关军事秘密，然法律上无禁止私人持有明文，自不能认为违禁物。以上两说，未知孰是，理合备文呈请钧院鉴核，迅赐解释指令祇遵，谨呈司法院院长居。署江西高等法院院长梁仁杰。因公赴泰庭长熊汇苹代行

**院字第二三〇九号**

**民国三十一年三月三十一日　司法院复浙江省政府电**

浙江省政府黄主席鉴，丑皓乐二电悉，所请解释一案，业经本院统一解释法令会议议决，原处分官署裁撤后，接办其职务之官署虽非受理诉愿之官署所属者，关于《诉愿法》所定原处分官署应办之事项，亦应由接办官署行之。原处分经撤销或变更后，应发还款顶，或另行处分者。亦由接办官署办理。合电知照。司法院世印

**附浙江省政府原电**

渝司法院，人民不服省属征收机关处分，向省府诉愿，应由原处分机关答辩。本年省税改隶中央原设征收机关均已裁撤，但人民对于原机关存在时所为处分提起诉愿，省府自当受理。惟关于程序上有应请解释：(一)原处分机关已不存在，案卷又移，接办机关无从答辩，而接办机关又非省府所辖，是否由省府迳为决定，或指定何机关答辩？(二)如果因事实未明非经答辩或彻查不能决定者，应如何办理？(三)原处分依《诉愿法》规定以不停止执行为原则，如因诉愿决定而撤销或变更原处分，须发还其已缴款项或另行处分者，应如何办理？谨祈电示，永浙江省政府丑皓乐二印

**院字第二三一〇号**

**民国三十一年四月二日　司法院指令司法行政部**

呈悉，业经本院统一解释法令会议议决，拍定人依《民事诉讼执行规则》第七十五条之规定，取得不动产所有权，并缴足价金后，其地位不因强制执行法施行及有停止执行之裁定而受影响，执行法院自不得停止权利移转证书之发给。惟拍定人所缴价金，执行法院如未

交付债权人,应依停止执行之裁定停止交付。仰即转饬知照。此令

**附司法行政部原呈**

案据江西高等法院呈称,查强制执行法第一百四十一条规定,本法施行前已开始强制执行之事件,视其进行程度依本法所定之程序终结之,其已进行之部分不失其效力等语。兹有业经三审判决确定案件,债权人声请强制执行。原第一审法院查照当时有效《民事诉讼执行规则》(现已废止),将债务人之不动产查封拍卖,由第三人拍买,已缴足价金,尚未制发权利移转证书之际,债务人向原第二审法院提起再审之诉,并声请停止执行,于此发生疑义,分甲、乙两说。甲说,债务人供执行之不动产既经执行法院依法拍卖,第三人依执行时有效《民事诉讼执行规则》第七十五条之规定,已因允许拍定之决定缴足价金取得该不动产所有权,是该执行事件即属终结,至权利移转证书之未制发,乃由于执行法院之濡滞。强制执行法第一百四十一条虽有“本法施行前已开始强制执行之事件,视其进行程度,依本法所定之程序终结之”之规定,然同条下段既明定其已进行之部分不失其效力,自不因同法第九十八条关于买受人取得供执行不动产所有权之时期有所变更,而使第三人之权利受其影响。原第二审法院停止执行之裁定,在执行终结之后可不受其拘束,执行法院仍应制发权利移转证书,即或债务人再审胜诉,亦仅发生向债权人请求损害赔偿问题。乙说,第三人虽依当时有效《民事诉讼执行规则》第七十五条之规定,因允许拍定之决定缴足价金但尚未领取权利移转证书,占有该项不动产。其程序仍难谓为终结。强制执行法第九十八条既规定,拍卖之不动产,买受人自领得执行法院所发给权利移转证书之日起,取得该不动产所有权,则依同法第一百四十一条上段应依该法所定之程序终结之。第二审法院停止执行之裁定,执行法院当然受其拘束。以上二说,似以甲说为是。惟事关法律疑义,本院未便擅专,理合备文呈请钧部鉴核,指令祇遵等情。据此,理合具文呈请钧院鉴核指示,以便饬遵。谨呈司法院院长居。司法行政部部长谢冠生。政务次长洪陆东代行

**院字第二三一一号**

**民国三十一年四月二日　司法院指令司法行政部**

呈悉,业经本院统一解释法令会议议决,《民事诉讼费用法》固无送达费由当事人支出之明文,但同法第二十四条关于执达员送达传票文书之食宿舟车费,系以由当事人支出为前提,定其数额。执达员为送达时所需之费用,既由当事人支出,邮务送达所需邮费,即属事同一律。同法第二十二条所称邮费,自系包含此种邮费在内。仰即转饬知照。此令

**附司法行政部原呈**

案据江西高等法院三十一年一月十六日呈称,查民事诉讼邮务送达所需邮费,似包括于《民事诉讼费用法》第二十二条规定邮费之内,应由败诉当事人负担。惟现时邮费加多,本院所属各院处多有因预算关系难以垫支,纷纷呈请设法救济前来。兹为案件易于进行,并厉行邮务送达起见,可否于收受案件时,仿照《征收裁判费办法》,预向起诉或上诉之诉讼

当事人征收,其数额拟暂定为每案伍元,并由承办书记官制作邮费支出表证明数目,附卷备查。如有多余,先行发还预缴之诉讼当事人,其支用实在数目,于案件终结后再命败诉人支出,是否可行,理合备文呈请钧部核示祇遵等情。据此,民事诉讼邮务送达所需邮费,是否包括于《民事诉讼费用法》第二十二条规定邮费之内?事关法律疑义,理合具文呈请钧院鉴核指示,以便饬遵。谨呈司法院院长居。司法行政部部长谢冠生。政务次长洪陆东代行

**院字第二三一二号**

**民国三十一年四月三日　司法院指令四川高等法院首席检察官**

呈悉,业经本院统一解释法令会议议决,区保安司令部课查系警察性质,其军法承审亦非现服勤务于陆海空军之文官,除原有军人身份者外,均不得视同军人。仰即转饬知照。此令

**附四川高等法院原呈**

案据绵阳地方法院检察官吴辉春呈称,本年十二月五日,案准绵阳县政府三十年十二月三日军法字第一四二号公函开,案查前奉四川省政府三十年十月秘一字第一六一七七号训令开,案据该县民苟大松为害夫夺妻嗾咬良民等情前来,除以呈悉案关普通刑事应由司法机关管辖,仰候令行该县政府侦查明确依法办理,此批等语揭示外,合行抄发原呈令仰遵照,迅将此案侦查明确依法办理,仍将遵办情形具报,此令等因,计抄发原呈一件,奉此。查该张勤现充十三区保安司令部课查,周孔树现充十三区保安司令部军法,本府未便侦查,当经呈复去讫。兹奉三十年十二月十五日秘一字第一八二五〇号指令开,呈悉,查该县已设法院,仰即函请法院办理此令。等因,奉此,相应抄附原呈,备文函请贵处查照办理为荷等由,准此。查张勤现充十三区保安司令部课查,周孔树现任十三区保安司令部军法承审,应否视为现役军人,职处未敢擅断,理合备文呈请钧席鉴核指遵等情。据此,理合具文转呈钧院俯赐核示祇遵。谨呈司法院院长居。四川高等法院首席检察官林超南

**院字第二三一三号**

**民国三十一年四月九日　司法院指令广西高等法院**

呈悉,业经本院统一解释法令会议议决,第一审判决确定后发见有误写误算者,该事件虽曾系属于第二审,第一审法院亦得以裁定更正之,毋庸转请第二审法院更正。仰即转饬知照。此令

**附广西高等法院原呈**

呈为呈请事。案据永福县司法处以第一审判决列载之数字,经第二审判决驳回上诉确定以后,始发现其有误写误算情形,究应由第一审法院裁定更正,抑由第一审法院转请第二审法院更正,请核示等情到院。事关适用法律疑义,职院未敢擅专,理合转请钧院察核解释令遵,俾便转饬知照。谨呈司法院院长居,代理广西高等法院院长申守真。

**院字第二三一四号**

**民国三十一年四月九日　司法院复四川高等法院电**

四川高等法院苏院长览。上年十二月佳代电悉,所请解释一案,业经本院统一解释法令会议议决,来文所举三例,乙均为直接被害人,自得提起自诉。合电知照。司法院佳印

**附四川高等法院原代电**

重庆司法院院长居钧鉴,窃查《刑事诉讼法》第三百一十一条规定,犯罪之被害人得提起自诉。所谓被害人,依院字第一三零六号解释,自系指直接被害人而言。而所谓直接被害人,亦自系指因犯罪直接受损害者而言,院字第一三二四号解释参照。惟例一,甲将其所有某种货物交乙代售,乙即嘱丙为之转运某地,而丙将其侵占。例二,乙租赁甲之房屋器具而被丙加以损坏。例三,甲寺庙主持乙所管理该庙之树木被丙窃盗。似此情形,乙是否直接被害人、能否提起自诉,不无疑问。子说,第一例之货物、第二例之房屋器具、第三例之树木,均为甲所有。既被侵占损坏窃盗,即系直接侵害甲之所有权,故惟甲始得提起自诉,乙仅能向检察官告诉,不得自诉。丑说,第一例甲之货物既交乙代售,则甲乙间已有委任契约存在。第二例甲乙间关于房屋器具,既订有租赁契约,则租赁关系终止后承租人自应返还租赁物,此二例甲丙间皆不生何种关系。纵甲之货物或房屋器具为丙侵占或损坏,甲自得各基于其契约而对乙主张权利,殊无对丙以刑事提起自诉之必要。即使乙对甲告知丙有侵占或损坏之事实,甲亦无对丙提起自诉之义务,乙亦不能因告知而对甲免其契约上诉之责任,故其直接被害人实为乙而非甲。盖第一例乙既因委托行为而管领甲之货物,即其占有权被侵害。第二例乙既租赁甲之房屋器具,即其使用被侵害。如谓此种权利被害尚不得谓之直接被害人,而必须有所有权之甲始为直接被害人,始得对丙提起自诉,似失立法本旨。至第三例乙住持既负有管理甲寺庙之责,则甲寺庙所有之树木被丙窃盗,即系侵害乙之管理权,参照院字第一八一二号解释,乙自亦得对丙提起自诉。以上子、丑二说,未知孰是。事关法律疑问,理合电请俯赐解释令饬祗遵。署四川高等法院院长苏兆祥。庭长宋维经代行叩牍佳印

**院字第二三一五号**

**民国三十一年四月九日　司法院复湖南高等法院电**

湖南高等法院陈院长览,本年二月马代电悉,湖南省粮政局转请解释一案,业经本院统一解释法令会议议决,依法得由政府强制采购之物,虽在假扣押假处分中,仍不妨强制采购,但依强制执行法第一百三十四条之类推适用,执行法院得因声请或依职权提存其卖得金。如非依法得由政府强制采购之物,则债务人在假扣押或假处分中所为之处分,对于债权人为无效,政府自亦未便采购。合电转行知照。司法院佳印

**附湖南高等法院原代电**

重庆司法院院长居钧鉴。案准湖南省粮政局三十一年二月五日第一七八零号代电开。案据桃源县政府三十一年一月五日粮字第〇〇三五号代电称,本县各乡田亩有因产权涉讼,经司法机关在未判决前予以假扣押、假处分之租谷,似属余粮,可否作军粮采购,乞电示遵等情。事关司法,相应电请查照,予以解释见覆等情。准此,查案关法律疑义,未敢擅拟,谨电迅赐解释,以便转遵。湖南高等法院院长陈长簇叩丑马印

**院字第二三一六号**

**民国三十一年四月九日　司法院复湖南高等法院电**

湖南高等法院邓首席检察官览。本年二月鱼代电悉,新田县县长所请解释一案,业经本院统一解释法令会议议决,杀人犯远飏既属无法讯结,依《刑事诉讼法》第五百条、第五百零五条及第五百零四条规定,被害人方面所提起之附带民事诉讼,即难予以进行,或为移送民事庭之裁定。合电转饬知照。司法院佳印

**附湖南高等法院检察处原代电**

重庆司法院院长居钧鉴,据新田县县长兼理县司法处检察职务李光泽本年一月马代电称,杀人犯远飏,例请通缉,虽依法起诉,大多悬搁无法讯结。而被害人方面之附带民诉,亦因此终难得偿。长此迁延,殊失保全之旨。言念及此,无任扼腕。现本处有上述案件难结,特电疑义请立赐解释,以保法益等情。据此,查附带民事诉讼,依《刑事诉讼法》第五百零八条第一项之规定,法院如认为繁难复杂,非经长久之时日不能终结其审判者,不问诉讼程度如何,固得以裁定移送该法院之民事庭。惟如原代电所述情形,刑事案件既无法进行审判,关于附带民诉可否得以裁定移送,如移送后民事庭又可否不受同法第五百零四条之拘束,暨不适用《民事诉讼法》第一百八十三条之中止诉讼程序仍应审判,均不无疑义。理合电请示遵。湖南高等法院首席检察官邓静安。因公赴衡检察官罗芳椟代行鱼叩

**院字第二三一七号**

**民国三十一年四月九日　司法院指令江西高等法院首席检察官**

呈悉,业经本院统一解释法令会议议决,公署划出一部为职员眷属居住,如另辟有出入门户,不与该公署同一门禁者,自不能谓为公共之场所。其在该眷属寝室内单纯赌博财物,尚难论以《刑法》第二百六十六条第一项之罪。仰即转饬知照。此令

**附江西高等法院检察处原呈**

案据代理河口地方法院检察官陈士諴文代电称,按查《刑法》第二百六十六条所谓公共场所。依司法院院字第二零二五号解释,公署固亦属之。惟有一疑义,例如邮务机关向例准许职员住眷于邮政局内,倘在此项职员眷属寝室内赌博,是否认为在公共场所赌博,成立该条之罪。兹有甲、乙两说。甲说,谓职员眷属寝室,既附属于公署内,即为公署之一部。

如在其中赌博,自应成立在公共场所赌博罪。乙说,谓职员眷属寝室,虽附属于公署内,但既划为职员眷属寝室,平时非为办公场所,而为职员起居之地,公众且不得自由出入,自不能以其附属于公署之内认为公共场所,使在其中赌博者负该条之罪责。两说各持之有理,未敢擅断,理合电请鉴核,赐予转呈司法院解释令遵,实为公便等情。据此,查邮务机关与公署相同,依钧院院字第二零二五号解释自为公共场所。但该机关既经划出一部为职员眷属寝室,平时又不在内办公,显难认为公共场所,亦非公众所得自由出入。纵令在该寝室内赌博,依照钧院院字第一四零三号解释,如无《刑法》第二百六十七条或第二百六十八条之情形,似以原代电所称乙说为是。惟事关法律疑义,本处未敢擅专,除指令外,理合据情呈请钧院鉴核,赐予解释指令祇遵,谨呈司法院院长居。署江西高等法院首席检察官郭德彰

**院字第二三一八号**

**民国三十一年四月九日　司法院咨行政院**

案准贵院本年二月二十日顺壹字第三零六九号咨。以据重庆市政府请示《修正非常时期重庆市房屋租赁暂行办法》适用疑义一案,请查核见复等由,业经本院统一解释法令会议议决,(一)《修正非常时期重庆市房屋租赁暂行办法》第十一条第一项所称社会局之许可,仅为出租人终止契约之意思表示发生效力之要件,并非命承租人返还房屋之处分,自不适于执行出租人基于终止契约之结果请求返还房屋时,如承租人不肯返还,仍须有强制执行法第四条所列之执行名义,始得声请法院为强制执行。(二)《非常时期重庆市房屋租赁暂行办法》第七条第七款不过规定出租人得强迫承租人退租之一种情事,并非认市政府得迳以命令强迫承租人退租,或强迫出租人出租。出租人强迫承租人退租,须有执行名义后,声请法院依强制执行法为之。因公租用房屋,仍须与出租人订有租赁契约。至航空委员会及中央海外部为设立招待所租用房屋,如其招待所系为公务而设者,自属因公租用。相应咨复贵院查照饬知。此咨行政院

**附行政院原咨**

据重庆市政府本年二月十一日市秘四字第五二七号呈,请核示《修正非常时期重庆市房屋租赁暂行办法》第十一条适用疑义到院。相应抄同原件咨请查核见复。此咨司法院。行政院院长蒋中正

**附重庆市政府原呈**

查《修正非常时期重庆市房屋租赁暂行办法》第十一条第一项规定,租赁期满或租赁未定期限者,出租人如将房屋收回自用,须于三个月前通知承租人,并取得当地保甲长具结保证后,向重庆市社会局声请许可。至经该局许可后是否即可交付执行,抑须再送法院裁决,未予规定。现有甲、乙二说。甲说,以出租人收回房屋自用,原属其应有之权利,惟恐出租人收回以后并非自用,而以高价另租他人。房租如是逐次递增,则赁屋居住之市民必增加其生活上之负担,故为防止此种增租现象发生,经规定出租人如将房屋收回自用,须于取得

当地保长具结保证后向社会局声请许可，以杜流弊。如经该局查明出租人确系收回自用，自应予以许可。此项许可，系维护财产所有人之当然处置，既经核定，自可迳行交付执行，承租人不得提出异议，或向法院呈诉之。乙说，以本市房屋租用案件已移送法院办理，该局核准许可，当系审查性质。虽经许可，如承租人不服，可向法院呈诉。以上二说，各持理由，惟查出租人收回出租房屋自用，既经规定，须向社会局声请许可，该局核定，自须发生拘束力量，交付执行，始生效力。否则由该局核准许可之规定，失其作用，衡诸事理，似以甲说为宜。又该项办法第七条第七款规定，奉市政府命令因公租用者，出租人得强迫承租人退租，所谓因公究系如何标准，是否由各机关来函声请本府即可依据执行，此其一。再各机关为其本身租用房屋固可谓之因公，若非自用而系为其有关连之业务请租，例如航空委员会及中央海外部为设立招待所请求租用房屋时，本府可否概予执行，此其二。执行时不待承租人同意而强迫其退租，倘出租人亦不同意，本府可否强迫出租人出租，此其三。以上各节，均无明文规定。案关法令解释，本府未敢擅专，应请钧院迅赐解释，俾资依据，是否有当，理合具文呈请鉴核示遵。谨呈行政院

**院字第二三一九号**

**民国三十一年四月十日　司法院指令司法行政部**

呈悉，业经本院统一解释法令会议议决，《非常时期民事诉讼补充条例》第二十条第二项之规定，以有同条例第十九条情形之事件为限始适用之。系属于第二审之事件，如未经当事人依同条例第十一条或第十二条声请调解，即不发生第十九条情形。纵令当事人之一造，经他造之同意变更其诉，请求为第二十条第二项之裁判，亦属不应准许。至典物依法已不得回赎者，除有因战事致不能于法定期间内回赎之特别情形外，既非因战事致情事剧变而依原有关系发生效力，亦非显失公平，亦不得援用同条项之规定，以裁判命典权人找贴。仰即转饬知照。此令

**附司法行政部原呈**

案据浙江高等法院第四分院三十年十二月五日发字第三二六号代电称：奉浙江高等法院文字第一七五四号令开，转奉钧部三十年十月十四日训民字第三五六三号训令略开，嗣后各法院遇有回赎典物案件，斟酌实际情形，如有合于《民事诉讼补充条例》第十一条、第十二条、第二十条规定者，务须注意查照办理，俾臻平允等因，奉此，查回赎典物涉讼逾期不得回赎为尤多，而其利害关系之重大，亦以此为特甚。若遇期限内可回赎之典物，固依《民事诉讼补充条例》第二十条第二项规定酌量办理，至逾期不得回赎典物之案件，或典权人按时价找贴，或找贴之多寡，得由法院斟酌情形权衡裁判，始与《民事诉讼补充条例》第二十条第二项后段所定为增减给付之裁判旨趣相符。惟在第二审程序遇有此项案件，可否依该条项之规定，迳为裁判，抑认为诉之变更须经他造之同意方得办理？如果不能以找贴为裁判，究以何种方法救济，庶得双方公平，于法无违背？兹因适用法律上尚有疑义，理合电陈钧长鉴

核示遵等情。据此,事关法律疑义,理合具文呈请钧院鉴核指示,以便饬遵。谨呈司法院院长居。司法行政部部长谢冠生。政务次长洪陆东代行

**院字第二三二零号**

**民国三十一年四月十日　司法院训令陕西高等法院首席检察官**

案据该法院第一分院首席检察官代电,请解释现任军官兼任会馆执行委员,是否违反《公务员服务法》疑义到院,兹经本院统一解释法令会议议决,原代电所谓会馆执行委员,如即为财团法人之董事,则公务员为之,并不违反《公务员服务法》第十四条之规定。合行令仰转饬知照。原代电抄发。此令

**附陕西高等法院第一分院原代电**

司法院院长居钧鉴,现任军官兼任会馆执行委员职务(即财团法人董事职务),是否违反《公务员服务法》第十四条规定,请示遵。南郑陕西高等法院第一分院首席检察官张炳炎冬

**院字第二三二一号**

**民国三十一年四月二十九日　司法院咨行政院**

案准贵院上月三日顺壹字第三六七八号咨,以据陕西省政府电请核示违反《姓名使用限制条例》,应由何机关执行制裁一案,请查核见复等由,业经本院统一解释法令会议议决,《姓名使用限制条例》第四条至第六条所规定,徒刑拘役及罚金均系刑罚,触犯各该条之罪,自应由普通司法机关追诉处罚。相应咨复贵院查照饬知。此咨行政院

**附内政部原呈**

案准钧院秘书处三十年十一月忠字第二九一二八号通知单,关于陕西省政府请示违反《姓名使用限制条例》,应由何种机关执行一案,奉院长谕交内政部议复,抄同原电通知到部。查人民违反《姓名使用限制条例》,由各该县(市)政府执行制裁。如有关捐税收入时,应与各该地方之税收机关会同办理。是否有当,理合备文呈请鉴核示遵,谨呈行政院。内政部部长周钟岳

**附陕西省政府原代电**

重庆行政院长蒋副院长孔钧鉴,案查前奉钧院本年七月二十五日勇壹字第一一六一一号训令,颁发《姓名使用限制条例》下府,遵经抄发原件分行知照在案,惟查违反该条例应由何种机关执行未奉指示,兹据本省第八区行政督察专员蒋坚忍转据蒲城县长何绍曾电请解释前来,谨电请鉴核示遵为祷。职熊斌委员兼秘书长辜仁发代行西府秘总文

**院字第二三二二号**

**民国三十一年五月五日　司法院致国民政府军事委员会函**

案准贵会本年一月十九日法审(三一)渝一字第六六三号公函,以据广西绥靖主任电请示《修正中华民国战时军律》第一条适用疑义一案,请解释见复等由,业经本院统一解释法令会议议决,已废止之修正战时军律第一条但书所谓特定关系,应就该军律各条(第六条至第八条除外)所规定之犯罪内容有无特殊关系而定。所谓身份,系指具备《陆海空军刑法》第五条、第六条所列之人而言。普通公务员强奸出征军人妻室,既无军人身份,又非有上述之特定关系,自不能依该军律第十一条处断。相应函复贵会查照。此致国民政府军事委员会

**附国民政府军事委员会原函**

案据广西绥靖主任李宗仁三十年十月江法电称,查《修正中华民国战时军律》第一条但书内载无特定关系或身份之人等语,所谓特定关系或身份,系指何种关系或身份而言,颇滋疑义。兹有某公务员强奸出征军人妻室,可否视为有特定关系或身份之人,依照军律办理,乞示等情。案关适用法律疑义,相应函请查照,迅赐解释见复,以便饬遵。此致司法院

**院字第二三二三号**

**民国三十一年五月五日　司法院致国民政府军事委员会函**

案准贵会本年二月十三日法审(三一)渝字第一八一九号公函开,查服务于国营铁路之职工、警役、夫役,应否认为公务员疑义,请解释见复等由,兹经本院统一解释法令会议议决,依法令服务于国营铁路之职工(如司炉)、警察及从事于公务之夫役,自应一律认为《刑法》上之公务员。相应函复贵会查照。此致国民政府军事委员会

**附军事委员会原函**

查服务于国营铁路之职工(如司炉)、警役、夫役,应否一律认为公务员,殊滋疑义。相应函请查照,迅赐解释见复为荷。此致司法院

**院字第二三二四号**

**民国三十一年五月六日　司法院指令湖南高等法院**

呈悉,业经本院统一解释法令会议议决,领放食盐转运处主任及办事员奉令将残存盐包变价归公,法令上若有禁止该项职员承买之明文,该主任等合商承买盐包熬盐发售图利,应构成《惩治贪污暂行条例》第三条第一项第二款及私盐治罪法第二条第一项之罪,适用《刑法》第十一条、第五十五条从一重处断。若其承买盐包,并不禁止,仅将所买盐包熬盐私行发售,则应分别数量依私盐治罪法第二条第一项各款及第七条第一项论处。仰即转饬知照。此令

**附湖南高等法院原呈**

案据安化县县长周仲衡代电称,受政府委任充当领放食盐转运处主任及办事员,有盐包奉令变价归公,所得盐包价款业已涓滴归公,但盐包即由该主任等合商承买熬盐,熬出之盐,系照当地私盐价格发售,既未挪移公款,公家亦无何项损害,是否应负刑事责任,及应依何项法条处断,理合电呈请转解释等情。据此,事关法律疑义,理合转呈钧院鉴核示遵。谨呈司法院院长居

**院字第二三二五号**

**民国三十一年五月十一日　司法院致财政部函**

案据本院秘书处转陈贵部直接税处本年二月十一日公函,请解释《民法继承编施行法》第九条疑义一案,业经本院统一解释法令会议议决,被继承人在《遗产税暂行条例》施行前死亡者,同条例之施行条例并无应征遗产税之规定,依法律不溯既往之原则,不得征收遗产税。《民法》继承编之施行系在同条例施行之前,被继承人在《民法》继承编施行前死亡者,无论应否设置遗产管理人,及曾否设置,均不发生计算遗产税之问题。且依《民法》第一千一百七十七条之规定,遗产管理人以继承开始时继承人有无不明者为限,始设置之。继承在《民法》继承编施行前开始者,如开始时已有继承人,虽因继承人未成年,由其母管理继承之财产,其母亦非《民法继承编施行法》第九条所称之遗产管理人。依《民法》亲属编施行法第十三条、《民法》第一千零八十六条之规定,母在其子女成年前以法定代理人之资格为之管理继承之财产,不得另行选定遗产管理人。相应抄同原件函请贵部查照饬知。此致财政部

**附财政部直接税处原函**

案查《民法继承编施行法》第九条之规定,《民法》继承编施行前所设置之遗产管理人,其权利义务自施行之日起适用《民法》继承编之规定。是项遗产管理人之权利义务,有关遗产税之计算,本处所属各局呈请解释遗产税计算疑义,多系被继承人死于现行《民法》施行前,按当时法例被继承人之配偶无继承权。而实际情形,往往因继承人年幼,所有被继承人财产全由其配偶管理。在此情形下,被继承人之配偶是否即视为遗产管理人,抑需经法定程序选定为遗产管理人,其管理之期限,是否至继承人成年为限。以上各端,统请转呈司法院详予解释,以利税政,并希赐复为荷。此致司法院秘书处。财政部直接税处处长高秉坊

**院字第二三二六号**

**民国三十一年五月十一日　司法院致国民政府军事委员会函**

案准贵会本年三月办四渝政(二)字第二六八六五号公函,以划拨祀产争执事件发生疑义,请解释见复等由,业经本院统一解释法令会议议决,江西省各县保立小学自筹经费,区乡镇统收转付实施办法,系江西省政府制定之单行条例,其第二条第二款所载,祠款产包括

祭产等,会款产包括神会、戏会等,除去应缴纳之捐税外,所余应即提充保学经费,其数额不得少于全数百分之六十等语,与中央法令抵触,自属无效。相应函复贵会查照。此致国民政府军事委员会

**附国民政府军事委员会原函**

案据江西省广丰县民妇傅徐氏呈,以其夫三大房共有祀田十八石七斗五升,前因有人垂涎,经向广丰县司法处及河口高四分院告诉判明属于祀产而非祠产,始未被强拨,讵关西镇公所又将此祀产朦报县府。依据江西省各县保立小学自筹经费,区乡镇统收转付实施办法,拨充办学,并将其子傅炎魁拘押勒拨,诉请救济前来。经即分调江西省政府所订该办法,其第二条第二款略开,祠产包括祭产即祀产,而江西高四分院判决谓该项产业确属祀产,并非祠产,仍归共有人所有,核与双方自相矛盾。查此项地方单行法规,似不能发生法律效力。既经法院判定产权仍属共有人所有,似难变更,而行政机关滥权处分殊有未合。据诉前情,理合抄附江西省高四分院判决书,及江西省各县保立小学自筹经费,区乡镇统收转付实施办法各一份,呈请钧会转函司法院,予以解释,并令饬遵行,当否谨祈鉴核示遵等情。附抄呈江西省高四分院判决书、及江西省各县保立小学自筹经费,区乡镇统收转付实施办法各一份。据此,相应抄同原附件函请查照解释见复为荷。此致司法院

**院字第二三二七号**

**民国三十一年五月十一日　司法院指令四川高等法院**

呈悉,业经本院统一解释法令会议议决,土地设有典权者,政府依法向出典人或典权人征收之税捐,除法令别有规定(如《土地法施行法》第七十五条第二项),或当事人别有订定外,缴纳之一方不得以田赋改征实物向他方求偿。仰即转饬知照。此令

**附四川高等法院原呈**

案据代理名山县司法处审判官王礼仁巧代电称,查田赋改征实物,业经奉令实行。对于典当之田产,应如何缴纳,尚有疑义。兹有三说。甲说,田产出典后,典权人即得有收益,应负缴纳义务。乙说,田产出典时,契约如未证明粮税由典权人负担,则仍应由出典人完纳。丙说,田产出典,其收益系归典权人,而所有权仍属出典人,无论契约已否注载,粮税由某方负担,田赋改征实物,情形特殊,在典权存续中,可由典权人与出典人共同负担,以期平允。究以何说为是,现有是项事件,亟待解决。理合电请钧长俯赐察核示遵等情。据此,查本院亦有类此事件亟待解决,事关法律疑义,未敢擅拟,理合具文呈请钧院俯赐解释,指令祗遵。谨呈司法院院长居。署四川高等法院院长苏兆祥

**院字第二三二八号**

**民国三十一年五月十一日　司法院指令司法行政部**

呈悉,业经本院统一解释法令会议议决,钢洋已于民国二十八年四月底禁止行使,从前

以钢洋计算之不动产典价,应按禁止行使时之比价折合法币。禁止行使时钢洋一圆既值法币一圆,出典人回赎典物,即应按照钢洋数额支付法币。仰即转饬知照。此令

**附司法行政部原呈**

案据西康高等法院本年十月江代电称,案据冕宁县县长张植初九月二十三日电称,雅安高等法院钧鉴,属县迩来赎当纠纷迭起,往往均以法币一元能换钢洋一元七八,以钢洋五角购米一斗。现钢洋一元换法币八元,每斗米须法币二十元。过去典当产业恒多钢洋,近因大夷人焦地行使之故,以引起一般纠纷,暂照法币一元折批过去钢洋一元而归之,损失过大。倘照目前钢洋价值赎取,则业主亦受损不小。此事谨电请示遵等情。据此,查康省类此情事颇多,前据汉源县长呈请核示,本院以文字第一七四号转呈在案。兹据前呈各节究应如何折算,对于办理诉讼关系尤钜,理合电呈仰恳核示,或转请解释,以资遵循等情。据此,查此种问题,前据该院转据汉源县县长呈请核示前来,业经本部于本年七月二十二日呈请钧院核示在案,兹据前情,理合具文转呈钧院鉴核,并案指示,以便转饬遵照。谨呈司法院院长居。司法行政部部长谢冠生

**院字第二三二九号**

**民国三十一年五月十五日　司法院咨行政院**

案准贵院上年十二月二日勇壹字第一九一三四号咨,以据安徽省政府电,请示战区经济委员会办事处长等是否现任官吏一案,请解释见复等由,业经本院统一解释法令会议议决,依《省市图书杂志审查处组织通则》第五条简派或荐派之省市图书杂志审查处处长、依《修正图书馆规程》第十一条派充之省立图书馆馆长、依《民众教育馆规程》第九条派充之县立民众教育馆馆长,均为《省临时参议会组织条例》第十六条所称之现任官吏。战区经济委员会办事处处长,如系依《第五战区经济委员会立煌办事处组织规程》第三条选派者亦同。相应咨复贵院查照饬知。此咨行政院

**附行政院原咨**

据安徽省政府本年十一月民铨戌冬电称,查省临时参议会参议员,依照其组织条例第十六条规定,现任官吏不得充任。惟查战区经济委员会办事处处长、图书杂志审查处长、省立图书馆馆长、县民教馆馆长,是否为现任官吏,请予核示等情。据此,事关法令解释,相应咨请查照核办见复。此咨司法院

**院字第二三三〇号**

**民国三十一年五月十五日　司法院咨行政院**

案准贵院本年二月十九日顺十一字第二九六九号咨,以据经济部转,呈请解释公务员兼任公私厂矿经理等职,是否经商行为一案,请解释见复等由,业经本院统一解释法令会议议决,矿业工业均非《公务员服务法》第十三条第一项所称之商业,公务员兼任私营矿场或

工厂之经理董事长或相同之职务,并不违反同条项之规定。惟此等职务,为同法第十四条所称之业务,公务员除法令所定外,仍不得兼任。相应咨复贵院查照饬知。此咨行政院

**附行政院原咨**

案据经济部本年二月九日(三一)总字第二三五二号呈称,案据宁夏省建设厅三十年十二月二十五日建二字二八八七号呈称,查现任公务员投机买卖及经营商业行为,早经中央悬为厉禁,且《公务员服务法》第十三条,公务员不得兼任私营商业之经理董事长或相同之职务。同条第二项公务员不得经营投机事业及同法第六条公务员不得假借权力以图本身或他人之利益,并不得用职务上之机会加损害于人,亦有明白规定。惟公务员兼任公营、私营或官商合办之工厂,或矿场经理董事长,或相同之职务者,是否认为经营商业行为,或公务员以储蓄所得,投资于正当之工矿生产事业而自行经理者,或兼任经理等而不兼薪给者,是否违法。又本省工矿生产事业,较为落后,公务员投机经营工矿生产事业正为现时所需,如有斯项情形请求备案,或其他情事者,应如何处理?似此情形,不无疑虑。事关法令应用,理合具文呈请钧部鉴核,解释祗遵等情。据此,理合据情呈请钧院鉴赐解释等情。据此,相应咨请查照解释见复为荷。此咨司法院。行政院院长蒋中正

**院字第二三三一号**

**民国三十一年五月十五日　司法院复广西高等法院电**

广西高等法院申院长览,本年二月二十一日代电悉,宁明县司法处所请解释一案,业经本院统一解释法令会议议决,出征抗敌军人之未婚妻,违反婚约与他人结婚时,应受如何之制裁,《修正优待出征抗敌军人家属条例》并未设有特别规定,仍应依一般规定办理。故出征抗敌军人,对于违反婚约之未婚妻,除依《民法》第九百七十八条之规定,请求赔偿损害外,不得请求法院加以其他之制裁。再出征抗敌军人之未婚妻违反婚约,如有《民法》第九百七十六条之理由,本不负《民法》第九百七十八条所定之赔偿责任,但依《修正优待出征抗敌军人家属条例》第三十条之规定,则在该军人服役期内,虽有《民法》第九百七十六条之理由,亦以无此理由论,应负《民法》第九百七十八条所定之赔偿责任。是该条例第三十条关于禁止解除婚约之规定,非无实益。合电转饬知照。司法院咸印

**附广西高等法院原代电**

司法院院长居钧鉴,案据宁明县司法处处字第六二号本年二月鱼代电,查婚约不得请求强迫履行,《民法》第九百七十五条已有明文规定。故婚约当事人之一方,违反同法第九百七十六条第一项各款规定者,只得解除婚约。受害人并得依同法第九百七十八条请求赔偿损害,则婚约当事人之一方对违反婚约之他方诉请结婚者,当不能认为有理由,应以判决驳回之,似无疑义。惟查婚约当事人之一方,为现役军人,解除婚约案件,得依声请或职权命在障碍消灭前中止诉讼程序,业经司法院解释有案。近《修正优待出征军人家属条例》,对于出征军人之未婚妻,无论持有任何理由,不得解除婚约,亦有明文规定,(龙州日报已

载)出征军人甲请假回家结婚,他方乙不与结婚,显系故违结婚期约,甲向法院诉请判乙与甲结婚,依照前开法文,本应驳回。甲为现役军人,中央政府既特予优待,若遽判决驳回,似与优待条例规定不符。又出征军人之未婚妻,如未解除婚约而擅自与人结婚,出征军人或其家属向法院告诉时,有何制裁以实现优待之旨,否则亦具文耳。以上二点,不无疑义。本处已受有此种案件,兹为慎重办理起见,谨电呈鉴核示遵等情。据此,查据呈各节,案关法律疑义,未敢擅拟,理合转请鉴核,俯赐解释俾便饬遵。代理广西高等法院院长申守真呈马民印

**院字第二三三二号**

**民国三十一年五月十五日　司法院致广西高等法院**

广西高等法院申院长览,本年二月俭民代电悉,隆安县司法处所请解释一案,业经本院统一解释法令会议议决,《民法》第一千零七十九条但书之所谓幼,系指未满七岁者而言。合电转饬知照。司法院咸印

**附广西高等法院原代电**

司法院院长居钧鉴,案据隆安县司法处齐代电称,《民法》第一千零七十九条之幼字,其标准如何,恳予转请核示等情。据此,事关法律疑义,理合电请鉴核,俯赐解释示遵,俾便转饬知照。代理广西高等法院院长申守真俭民印

**院字第二三三三号**

**民国三十一年五月十五日　司法院指令浙江高等法院**

呈悉,业经本院统一解释法令会议议决,(一)典物被敌机炸毁全部或一部者,依《民法》第九百二十条第一项之规定,就灭失部分之典权,即归消灭,典权人不得向出典人请求返还该部分之典价。(二)租赁物被敌机炸毁全部者,租赁关系即归消灭(参照院字第一九五〇号解释),承租人因担保其债务所交付之押租,如该承租人之债务业已履行,或虽未履行而其债务额少于押租额者,自得向出租人请求返还全部或一部,租赁物被敌机炸毁一部,承租人依《民法》第四百三十五条第二项之规定终止契约者,亦同。承租人如依同条第一项之规定,按灭失之部分请求减少租金,其交付之押租,亦得请求返还一部。至原呈所称之顶首当事人授受之意义如何,尚欠明了,无从解答。仰即转饬知照。此令

**附浙江高等法院原呈**

案据瑞安县政府财务委员会呈称,现在典权人及承租人对于典或租占有他人所有之不动产,被敌机轰炸,以致全部及一部灭失,其该契约内所订典价或顶首或押租金,业主是否予以没收,抑须返还,其纠纷多未解决。是项纠纷,虽属民事问题,但对于店住屋捐契税附征之置产捐抗卫经费商人积谷捐种种县地方款有间接之影响,曾提出核议,以维地方岁收等由,当经提付讨论,结果有三说。甲说,谓典权人或承租人因典或租占有他人不动产,被

敌机炸毁,实属人力不能抵抗之事,与平时失火不同,不能归责于典权人或承租人之过失,原契约内所订之款,无论为典价、为顶首、为押租金,应准典租人请求全数返还。乙说,谓不动产被敌机轰炸延烧灭失,虽属人力不可抵抗之事,然典租人若能依照奉颁防空常识,事前多备泥沙等防御物品,极力扑灭,亦不致有着火延烧之患。典租人既不预为之防,竟至不动产灭失,以致业主受重大之损害,自应归责于典权人或承租人之过失。所有原契约内所订之款,无论为典价、为顶首、为押租金当然亦随之而消灭。假使再令业主照数返还,则业主于损害上更受一重之负担,殊失保护所有权人利益之主旨。在此场合,其原契约所订之典价、或顶首、或押租金,绝对无返还之义务。丙说,谓瑞邑典当租赁不动产,其支付之款有四:(一)典价;(二)当价;(三)顶首;(四)押租金。订立典当契约者,其支付之款不起息,典当之业不起租。订立租赁契约者,其租金之多寡,视顶首或押租金之轻重为断,顶首或押租金重,则租金减轻,顶首或押租金轻,则租金加重。是则顶首或押金即典价当价之变相,名目虽异,而其实则同。典权人或承租人支出之典价、或顶首、或押租金,不过对于该不动产得有使用之利益,而所有权仍归属于业主。今目的物既被敌机轰炸以致全部或一部灭失,自应依照《民法》第九百二十条,除就其灭失之部份典权与回赎权均归消灭外,其业主应照同条第二项得由原典价中扣典物灭失部份灭失时之价值之半数,以扣尽原典价为限。典权人或承租人且可依据《民法》第九百二十一条,商经业主之同意,得于灭失时灭失部份之价值限度内为重建或修缮。以上三说,各有理由,不知究以何说为是。案关法律解释,理合备文呈请仰祈鉴核释示祗遵等情。据此,本院查原呈乙说,以敌机轰炸归责于典权人或承租人之过失,显不合理。丙说虽有法律根据,而对于顶首及押租金之应否返还,仍不能包括。事关法律疑问,本院未敢擅断,理合据情转呈,仰祈钧院鉴核,迅赐释示,以便转饬知照。谨呈司法院院长居。浙江高等法院院长郑文礼

**院字第二三三四号**

**民国三十一年五月二十二日　司法院咨行政院**

案准贵院本年三月二十三日顺捌字第三一四四号咨,以据教育部呈请转咨,将关于伪造修业或毕业证书之解释变更一案,请核办见复等由,业经本院统一解释法令会议议决,伪造学校修业或毕业证书,应依《刑法》第二百十二条处断,本院院字第六八九号及第八零零号关于该部分之解释应予变更。相应咨复贵院查照饬知。此咨行政院

**附行政院原咨**

据教育部本年三月十一日呈,为伪造修业或毕业证书事件,有严格禁止之必要,请转咨将院字第六八九号及第八零零号解释变更等情到院,事关请求变更解释,除指令外,相应抄同原件,咨请贵院查核办理见复。此咨司法院。行政院院长蒋中正

**附教育部原呈**

案查本部前准军事委员会办公厅特检处三十年七月二日函,以据检获成都南新街上海

银行刘仲华寄康定康藏茶叶公司王导时收函一件,内附伪造之南京私立五卅中学毕业证书四件,该收发件人串通伪造此项毕业证书,殊属不法。事关教育,检送原函件嘱查照核办等由,当经本部检同原件转饬四川省教育厅依法严办去后,兹准四川省政府咨,略以本案前据教育厅转呈,经函四川省地方法院检察处查照办理。准复,已依法侦讯完毕,予以不起诉处分,检送处分书到府,相应抄同该项处分书咨达查照等由。查该案据成都地方法院检察处不起诉处分书所开,该被告李其英、王治安伪造证书,事实已极明确,原处分于未到案之刘仲华既未追究,仅以"未详"两字轻易了结,于业经传讯到案,承认伪造属实之李其英、王治安亦予以不起诉之处分,使伪造学校印信,假冒学历借施诈骗之违法行为,竟得逃于法网。本部职掌教育,对此实觉遗憾。据原处分书所述现行司法解释,则原处分似亦为确有依据。惟查学生之修业或毕业证书,为学历之证明。设或于校铃真伪疏于审辨,竟获任职政府机关,则紊乱人事行政关系綦巨。且在一般民营企业机关及社会团体,对于持用此类文件之真伪,根本即无审查机会,更无鉴别能力,尤易使伪造获售。故此类伪造文件,在客观存在上实足以损害于公众或他人,若必待使用而经发觉始为有罪,是无异以私造军火无罪,必待有所伤害始为有罪。私造货币无罪,必待流通行使始为有罪。且此项伪造,不仅加害于公众或他人,即被假借之学校,其名誉亦遭受损害,非严格禁止,实亦无以保障其合法之权益。关于现行法之解释,殆以伪造证书不无情有可原之处,然当此国民道德尚未普遍提高之际,此类罪行屡出不穷,倘能于法略有惩处,似于戢刁风正人心不为无补,拟请准予转函司法院将此项解释重加修正,是否可行,理合抄同该案原处分书备文呈请核示祇遵。谨呈行政院院长蒋副院长孔

**附原呈处分书一件**

不起诉处分书

被告:

李其英　男　年三十六岁　华阳人　住春熙路商务印书馆

王治安　男　二十八岁　成都人　住外东大面铺

刘仲华　未详

右被告为伪造文书案件,业经侦查终结,本检察官认为应不起诉,特述理由于后。本件被告王治安及李其英代刘仲华各别致函康定康藏茶叶公司王导时,并附空白南京市私立五卅中学校毕业证明书四件,嘱为加盖五卅中学校图记,并填明班数,均经李其英、王治安分别承认属实,并有军事委员会办公厅特检处检获空白证书为凭。核被告伪造证书事实自极明确。惟查学生之修业或毕业证书,必足以生损害于公众或他人者,始成立《刑法》上之罪名。此项证明,非经审查认为确实,不能取得学籍或职位,故伪造此项文件,并非当然足生损害于公众或他人,业经司法院院字第六八九号及八零零号解释在案。本件被告等纵属伪造毕业证书,尚难认当然足生损害于公众或他人,其行为应予不罚,除王导时有无伪造公印及招摇诈财情事,因该被告远在西康,应俟到案再行侦讯,依法办理外,合依《刑事诉讼法》

第六百三十一条第八款处分不起诉。四川成都地方法院检察官徐尔僖，书记官马宜卿

**院字第二三三五号**

**民国三十一年五月二十二日　司法院致国民政府军事委员会函**

案准贵会本年三月二十四日法审(三一)渝三字第二八七九号公函，以据广东绥靖主任电，请示制造鸦片罪疑义一案，请解释赐覆等由，业经本院统一解释法令会议议决，《禁烟禁毒治罪暂行条例》第二条所谓制造鸦片，凡加工于含有鸦片物质之行为皆是，以烟土煎制熟膏，除别有阻却违法之原因外，应构成该条之罪。相应函复贵会查照饬知。此致国民政府军事委员会

**附国民政府军事委员会原函**

据广东绥靖主任余汉谋三十年十二月绥法行字第五六六八号亥肴代电略称，查以烟土煎制熟膏，是否构成《禁烟禁毒治罪暂行条例》第二条制造鸦片之罪，有下列三说。子、积极说以收取罂粟浆晒干后无须如何制造，即成烟土，亦即鸦片原料，迨将烟土制成熟膏始能吸食，此时方系制造鸦片，应成立是条之罪。丑、消极说以烟土即鸦片，所谓制造鸦片者，系指以罂粟制成烟土而言，以烟土煎制熟膏，即系以鸦片变造鸦片，不能成立是条之罪。寅、折衷说以烟土烟膏均系鸦片，无论以罂粟浆晒制烟土，抑或以烟土煎制熟膏皆系制造鸦片，在已废止之《禁烟治罪暂行条例》有效时期，如意图营利，设所以鸦片及烟具供人吸食一罪，未尝不自制熟膏。然不罚其制造之罪，则以当时条文无处罚制造之规定。现行《禁烟禁毒治罪暂行条例》，既将制造鸦片罪规定条文，则煎制熟膏自应成立是条之罪。以上三说，究以何说为当，请解释等情，事关解释法律疑义，相应函请查照，迅予解释赐覆，以凭饬遵。此致司法院。国民政府军事委员会委员长蒋中正

**院字第二三三六号**

**民国三十一年五月二十二日　司法院复四川省政府电**

四川省政府张主席鉴，本年三月寅有保法电悉，所请解释一案，业经本院统一解释法令会议议决，四川各县粮食监察委员会委员，应认为《刑法》上之公务员。特复。司法院养印

**附司法院训令　令最高法院院长李茇**

据四川省政府电，以各县粮食监察委员会委员是否《刑法》上之公务员，请解释示复等情到院。合亟令仰该法院拟具解答案，于文到七日内呈核。此令。司法院院长居正

**院字第二三三七号**

**民国三十一年五月二十二日　司法院指令广西高等法院**

呈悉，业经本院统一解释法令会议议决，甲奉公署命令检获某商店应受行政处分之簿据，携存寓所箱内。该店东伙乙丙丁，因该簿被检获，于其商店不利，乃乘甲未回寓之际，向

该寓所主人将该簿骗取到手。如有毁损隐匿等行为,即应成立《刑法》第一百三十八条之罪。仰即转饬知照。此令

**附广西高等法院原呈**

呈为呈请解释事。案据苍梧地方法院宥代电称,查窃取自己已受查封或负担质权之所有物,及窃取他人依共有权、质权其他物权,或奉公署之命令而以善意所管有之自己共有物或所有物,在旧《刑法》第三百三十九条、暂行新刑律第三百七十七条第一项均定有处罚明文,列于窃盗罪内。现行《刑法》对于此种行为已无明定。设有某甲奉公署之命令前往搜查某商店簿据,当在该店会计室内检获应受行政处分之簿据一本,遂携回寓所存放于衣箱内,仍继续前往搜查。讵该店经理某乙、股东某丙、会计员某丁等以该簿被检去,对于商店诸多不利,乃乘某甲在该店搜查未回寓所之际,潜往某甲寄寓之处所,向该寓主人某戊绐称某甲已在商店住宿,不再返寓,嘱我等来将衣箱携去,以便使用。某戊信以为真,即将某甲之衣箱照交。某乙某丙某丁等得箱后,乃开脱取出被检之簿一本,复将原箱送返寓所交与某戊,谓甲又不愿宿于商店。迨某甲检查工作完毕回至寓所,探悉前情,检视衣箱,始发觉检获之簿一本已失去(余物均无所失)。在此场合,乙丙丁是否成立犯罪,又系成立何种罪名,法无明文,颇滋疑义。兹有四说。子说,谓乙丙丁向戊诈称甲在商店寄宿,致戊信以为真,将甲衣箱交去,乙丙丁即在该箱内抽去被检之簿一本。该簿为乙丙丁所有,但经甲奉公署之命令以善意所管有,即应视为他人所有物。乙丙丁将之以诈术骗取,其行为即应成立《刑法》第三百三十九条第一项之诈欺罪。丑说,谓乙丙丁将衣箱骗去之初,仅怀取回原簿之意,余无所图,嗣将原箱交还,只在箱内取出原簿一本,显系窃盗行为,应成立《刑法》第三百二十条第一项之窃盗罪,毫无欺诈之可言。寅说,谓戊将甲之衣箱交乙丙丁携去,衣箱内各物即无异点交与乙丙丁所持有,乙丙丁竟将该簿抽出,自属侵占,应成立《刑法》第三百三十五条第一项之侵占罪。卯说,谓《刑法》上之窃盗、诈欺、侵占各罪之构成,均系侵害财产所有权之罪,乙丙丁之行为,是否构成犯罪,自应以该簿究系谁属为依归。该簿既为商店之账簿,即为乙丙丁所有,乙丙丁等将该簿取回,虽系乘甲之不觉,但系取回自己所有物,并未侵害他人财产所有权,现行《刑法》对于窃取他人奉公署命令,以善意所管有自己之所有物之行为,既无处罚明文,极其所为,亦不过仅负民事上赔偿之责任,或推定该簿之记载为真实或虚伪,受其他单行法规之处分(如受《非常时期过分利得税条例》所规定之处分等)而已,要无犯罪之可云,依《刑法》第一条,其行为自不应加以处罚。以上四说,究以何说为当,职院莫能解决,理合电请核示或转请解释示遵等情。据此,查甲既系奉公署之命令前往乙丙丁之商店搜查簿据,检获应受行政处分之簿一本携回寓所,存贮衣箱内,则该簿当成为公务员职务上掌管之文书,乙丙丁往绐甲之居停主人,将甲之衣箱交其携去,仅启键取出该簿,余仍原物送还,若乙丙丁取出该簿,意在将该簿毁弃损坏或隐匿,以妨害甲行使职权,似应成立《刑法》第一百三十八条之妨害公务罪,则该代电所开之子丑寅卯四说均有未合。倘乙丙丁取出该簿仅意在需用,并无毁弃损坏或隐匿之目的,则似应以该代电胪列之卯说为是。

事关法律疑义,理合备文转请钧院鉴核,迅赐解释示遵。谨呈司法院院长居。广西高等法院院长申守真

**院字第二三三八号**

**民国三十一年五月二十二日　司法院指令安徽高等法院首席检察官**

呈悉,业经本院统一解释法令会议议决,甲县盐商将盐斤运至乙县,而为税率牌价不同之冲销,或为税率牌价相同,但经禁止运售时之通销,均系未经盐务署之特许而为售卖,应成立私盐治罪法第二条第一项之罪。至商栈或公卖处触犯私盐罪,应处罚其参与实际犯罪之自然人。再甲县盐商,虽因违禁售卖于乙县而犯罪,但既经取得之甲县特许权,除盐务法规别有规定外,应不受其影响。仰即转饬知照。此令

**附安徽高等法院检察处原呈**

案据代理休宁地方法院首席检察官翁振书呈称,案准两浙徽属纲盐上溪口公卖处本年九月十五日公字第三三号代电开,案据鼎泰盐栈等声称,查本两浙盐区惯例,甲县盐商将盐斤销至乙县,若甲乙两县税率不同,牌价互异谓之冲销,若税率牌价相同,谓之通销,冲销固绝对查禁,而通销则有时禁止。然查禁系行政处分,是否与无部颁执照之民商同一触犯私盐罪,抑仅系缉私条例第一条第二项所指之售卖不如法,处分上既有行政刑事之不同,诉讼上即因之而异,以后遇有他县盐商将盐斤侵销本县,应向盐务机关请求查禁,抑应向缉私营队或法院检察处为刑事上之告诉,声请核示前来。本处查司法院十九年二月六日院字第二二七号指令浙江高等法院内开,从前公布之私盐治罪法,暨缉私条例与党纲主义及国民政府法令既无抵触,自应暂行援用。盐商于特许销盐区域外销盐,应即依据办理等因。其前段明示上述两法例之继续有效,固能了解,其后段依据办理云云,则有甲乙两种疑义。甲说,谓应依据私盐治罪法作为私盐办理,其理由谓盐务署之特许,只限于一定区域,区域外即非特许。故甲县盐商若在乙县行销,即构成私盐罪。乙说,谓盐商于特许区域外销盐,虽违背特许执照之内容,究与无照私卖(即未经特许)有别,只能依据缉私条例第一条第二项认为售卖不如法,而非同条第一项之私盐行为。况查民国十九年财政部发给特许执照,每照每年配销贰百捌拾贰担,即如休宁一县,计发照有叁百贰拾张之多,共应配销玖万余担,以每人每年食盐九斤除算,须有壹百万人口方能销尽,而休宁婺源两县人口总数岂能有如许之巨。故虽事实上每年销不足额,而在理论上言之,盐商于区域外销盐,已不能遽认为犯罪,但于禁止通销时期,则为违犯禁令。而盐务官吏为增裕税收维持民食起见,亦得有随时斟酌之余地。以上两说,孰为正当,再如依甲说,则(一)商栈或公卖处犯私盐罪者,应由充任职务之自然人当之,法人似不能处罚。(二)区域外之乙县销盐既以非特许处罚,则甲县之特许权似应不受其影响。上述疑义,相应电请贵处迅予转请解释见覆等由。准此,按行政处分与刑事处罚截然两事,而盐务官员缉私警役犯私盐罪,依私盐治罪法第七条尚须加重处罚,原代电所称,盐商于特许销盐区域外销盐,显与同法第一条规定私盐之要件相符,

即系犯私盐之罪,要不得因缉私条例第一条第二项已有查禁规定,解免刑事罪责。来电所引二说,似以甲说为当,事关解释法令,理合备文呈请鉴核,转请释示,实为公便等情。本处按未经盐务署之特许而贩运或售卖食盐,即构成私盐罪,原呈内所称之冲销,既据声明绝对查禁,显属未经特许,固应依法治罪。而所称之通销,业据声明有时禁止,则与准许通销,当可视为特许。若在禁止通销时期,违禁通销仍应依私盐治罪法办理。次查犯罪主体,系以自然人为限,商栈或公卖处触犯私盐罪,自应处罚其代表人或其他实际犯罪之自然人。至若甲县盐商,虽因违禁通销于乙县而犯罪,但既经取得之甲县特许权,除盐务法规别有规定外,应无影响。原呈所列三款,似均不成问题,惟查原呈系对于钧院十九年二月六日院字第二二七号令文后段依据办理一语,发生疑义。事关法律解释,未敢擅专,理合具文呈请钧院鉴核,俯赐逐款解释,以便转饬遵照。谨呈司法院院长居。署安徽高等法院首席检察官朱焕彪

**院字第二三三九号**

**民国三十一年五月二十六日　司法院指令湖南高等法院**

呈悉,业经本院统一解释法令会议议决,《非常时期民事诉讼补充条例》第二十条第二项规定,限于有同条例第十九条情形者,始适用之。同条例第十一条之争议,在施行前已有诉讼系属者,法院如未于施行后,按照第十二条规定,依声请将事件移付调解,即不发生第十九条情形,自无依第二十条第二项为裁判之余地,在施行后发生之争议,当事人未声请调解者亦同。至原呈所举第二至第四各点,均系胪列具体事实,请求解释法令,依《司法院统一解释法令及变更判例规则》第三条第二项规定,应不予解答。仰即知照。此令

**附湖南高等法院原呈**

为呈请解释事,兹有法律疑义数点,(一)《非常时期民事诉讼补充条例》施行前,有同条例第十一条所列各款之法律关系,因受战事影响致生争议,已起诉而不声请调解者,法院固应依同条例第二十条规定为裁判。若于同条例施行后,而有同条例第十一条所列各款之法律关系,因受战事影响致生争议,如当事人不声请调解,迳行起诉法院,可否适用同条例第二十条规定为裁定?(二)丑于民国二十四年十一月《改定货币政策办法》施行后,向子借法币原本一千元,利息已按年付清。现丑以法币一千元向子清偿原本,子以现时法币因受战事影响,不能与借贷时之同额法币购买同一之物品,要求加二倍偿还,双方争执,声请调解。子于调解书送达提出异议后起诉法院。如仍判丑偿还法币一千元,似与《非常时期民事诉讼补充条例》第二十条之规定有违,若判令加二倍偿还法币三千元,或谓有减低法币信用、搅扰战时金融之嫌,究以如何办理为宜?(三)某族有祀产值国币一万元,设经理一人掌管,对内对外均以其始祖思敬公名义行之,如该祀产内有田数亩与他人发生所有权争执,可否视该公为独立财产(民总施行法第九条),或非法人之团体,准其提起所有权确认之诉,抑应由思敬公之子孙全体起诉?(四)甲男七岁时曾与六岁之乙女举行结婚仪式,现甲已满十四

岁,父母均故,因土地所有权与人发生争执,须向法院起诉,可否依《民法》第十三条第三项认甲有行为能力及诉讼能力?以上所述四点,均关法律疑义,理合具文呈请钧院俯赐解释示遵。谨呈司法院院长居。湖南高等法院院长陈长簇

**院字第二三四零号**

**民国三十一年五月二十六日　司法院咨行政院**

案准贵院本年二月十九日顺十一字第二九八二号咨,以据经济部转请解释杂粮商业公会合并为粮食公会,其资产与负债应否合并一案,请解释见复等由,业经本院统一解释法令会议议决,法人解散后清算之程序,依《民法》第四十一条虽准用股份有限公司清算之规定,但公司法第二百零四条,系规定公司因合并而解散之程序及效力,并非规定公司清算之程序,自无依《民法》第四十一条准用于商业同业公会之余地。商业同业公会因与他公会合并而解散时,即未如公司之合并,设有省略清算程序之特别规定,则杂粮商业同业公会,因奉令合并为粮食业同业公会而解散时,仍应践行清算程序。相应咨复贵院查照饬知。此咨行政院

**附行政院原咨**

案据浙江省建设厅三十年十二月建辛二字第三八一五号养代电。以据永嘉县商民赵荣洲呈,为本县杂粮商业同业公会令合并为粮食业同业公会,但杂粮业公会所有资产与负债,应否合并,请予解释等情前来。查商业同业公会合并,其财产(包括负债)如何处理,《商业同业公会法》虽未明定,然公会为法人,其因合并而消灭之公会,似应视同法人之解散,适用清算之规定。惟《商业同业公会法》清算章规定甚明,其未规定之事项,当然援用民法总则中关于法人清算之各条。查《民法》第四十一条云,清算之程序除本通则有规定外,准用股份有限公司清算之规定。而公司法第二零五条有除合并及破产外一语,其合并时之办法,则因同法第二零四条规定,准用同法第五十一条,即因合并而消灭之公司,其权利义务应由合并后存续或另立之公司承受,似又应迳由合并后之公会承受,而不必清算,于此发生疑义。甲说,应依《商业同业公会法》第七章清算之程序为之。乙说,由《民法》、公司法辗转准用,由合并后之公司承受,无须清算。事关解释法令,本部未便擅专,理合备文呈请鉴核,转请司法院统一解释,俾有遵循等情。据此,相应咨请查照解释见复为荷。此咨司法院。行政院院长蒋中正

**院字第二三四一号**

**民国三十一年五月二十六日　司法院致军事委员会抚恤委员会函**

案据本院秘书处转陈贵会本年四月十九日抚一布渝字第二二四七一号公函,转请解释故员遗族父母争领恤金,应如何办理一案,业经本院统一解释法令会议议决,陆军伤亡官佐士兵之父母,虽以法定财产制为其夫妻财产制,而其依《陆军抚恤暂行条例》第二十条应受

之恤金,既有应予计口均分之明文,即与声明为各人之特有财产无异,依《民法》第一千零十三条第三款、第一千零十六条之规定,不在联合财产之内。夫对于妻应受之恤金,无权管理,妻自得就其应受之部分,自行具领,而夫所应受之部分,妻亦无具领之权。相应函请贵会查照。此致军事委员会抚恤委员会

**附军事委员会抚恤委员会原函**

案奉军事委员会交下湖南省政府呈,据慈利县政府呈,以故员吴竹林遗族父母争领恤金,应如何办理,乞核示一案,查恤金与产业不同,应仍依《陆军抚恤条例》第二十条之规定,予以计口均分。惟关于法律上解释如何,相应抄同原呈函请查照,转陈核议见复为荷。此致司法院秘书处

**附湖南省政府原呈**

案据慈利县政府呈称,案查接管卷内据吴向氏呈称,窃氏子竹林,抗战阵亡,蒙政府以中尉排长抚恤,其恤令于去年由氏夫吴雪松具领,初意为竹林存嗣,讵知夫妾刘玉珍嫉妒益厉,不许为竹林继嗣。氏以竹林之死,系为牺牲,既无超度,又不继嗣,心实难安。为此具呈钧座,请将恤金发交氏领,以便为竹林继嗣,存殁均感等情,当经石前县长批示,准于奉发恤款到县时通知该民夫妇,共同领取在卷。旋于三月十八日奉抚恤委员会汇发恤款到县,又经令行该民住在地乡公所转知同来具领去后,兹据该吴雪松呈,以此项恤金应由伊单独具领,并以《民法》第一零一八条联合财产由夫受理,又第一零一九条夫对妻之财产有使用收益之权,第二一一五条家务由家长处理,伊为家长,又为向氏之夫,若要共同具领,是剥夺伊之夫权,请予改正前任通知等语前来。查此案系同一顺序遗族争领恤金,依照《修正陆军抚恤暂行条例》第二十条规定,似应平均分配,惟该吴雪松引用《民法》条文,改请单独具领。究应如何办理之处,理合备文转请解释令遵等情。据此,除指令外,理合备文转恳鉴核示遵。

**院字第二三四二号**

**民国三十一年六月十六日　司法院致国民政府军事委员会函**

案准贵会本年四月三十日法审(三一)渝一字第四三一一号公函,请解释本会西南进出口物资运输总经理处职员驾驶兵身分疑义等由,兹经本院统一解释法令会议议决,军事委员会西南进出口物资运输总经理处所属职员及驾驶兵,既系按照陆军编制组成,自应认有军人身分,如触犯刑事上之罪名,应由军法机关审判,相应函复贵会查照。此致国民政府军事委员会

**附国民政府军事委员会原函**

查本会西南进出口物资运输总经理处,原按陆军编制组成,所有职员驾驶兵,早经本会认为有军人身分。惟查贵院二十八年十二月五日指字第二四八号解释,不认该处所属驾驶兵为《陆海空军刑法》第八条所称之军属,核与事实不无抵触,兹为办理案件便利起见,相应

函请查照,即将上开解释酌予变更,并希见覆为荷。此致司法院

**院字第二三四三号**

**民国三十一年六月十六日　司法院致国民政府军事委员会函**

案准贵会本年三月三十日法审(三一)渝一字第三零五四号公函,请变更院字第一零六三号解释等由,兹经本院统一解释法令会议议决,本院二十三年五月二十五日院字第一零六三号复军政部公函,系就不能离军队独立执行职务之一般士兵而为解释。若别有法令依据而从事于一定公务之士兵,自当别论,如宪兵依法执行司法警察之职务时,当然系《刑法》上之公务员。至于押运兵及汽车驾驶兵等,倘系依法令派充执行公务者,亦同上开解释,与此并无抵触,毋庸予以变更,相应函复贵会查照。此致国民政府军事委员会

**附国民政府军事委员会原函**

案查贵院二十三年五月二十五日院字第一零六三号函复军政部解释,士兵不能离军队独立执行职务,故现役士兵不得视为《刑法》上之公务员一案,对于独立执行职务之宪兵押运兵及汽车驾驶兵等,颇难适用。现在兵种既多,服务法规各有不同,似应分别按其是否得依法令独立执行职务,定其有无公务员身份,上开解释似有变更之必要。相应函请查照核办见覆为荷。此致司法院

**院字第二三四四号**

**民国三十一年六月十六日　司法院致国民政府军事委员会函**

案准贵会上月六日法审(三一)渝三字第四五二五号公函,以据第三战区司令长官电,请示我国商民受敌国间谍利诱,向英领馆盗取密电码未遂,应如何办理一案,请解释见复等由,业经本院统一解释法令会议议决,商民某甲受敌国间谍利诱,向英领事馆盗取密电码未果,即被查获,核与帮助间谍刺探军情者有别,不能构成《陆海空军刑法》第十八条第二款及《刑法》第一百零七条第一项第五款之罪。惟英国为我同盟国,其领事馆之密电码,系足以用为传达有关军事、政治、经济之物品。倘与敌国通谋,受其间谍利诱而着手窃盗未遂者,仍应成立《修正惩治汉奸条例》第二条第七款之未遂犯,依同条例第十四条应由有军法审判权之机关审判。相应函复贵会查照饬知。此致国民政府军事委员会

**附国民政府军事委员会原函**

案据第三战区司令长官顾祝同鱼怨畅电称,兹有我国商民某甲,于战地内受敌国间谍利诱,向英领事馆盗取密电码未果被获,究应依《陆海空军刑法》第十八条第二款处断,归何机关审判,抑应依《修正惩治汉奸条例》第二条第七款或戒严法第九条、《刑法》第一零七条第一项第五款论处,归军法机关办理,迅示等情。案关适用法律疑义,相应函请查照,迅赐解释见复以便饬遵。此致司法院

**此处删去一条。**

**院字第二三四六号**

**民国三十一年六月十六日　司法院指令浙江高等法院**

呈悉,业经本院统一解释法令会议议决,某甲于民国九年七月犯杀人罪,经第一审迭拘未获,并呈请通缉后,如因其共犯某乙由第二审民国十一年十二月之确定判决,足认为有当时适用之暂行新刑律第七十二条第一项各款所载,侦查上强制处分或公判上诉讼行为之停止情形时,其时效自应更行起算,并有利于行为人之该律第六十九条第一项第一款规定,计至民国二十六年十二月,已逾十五年之消灭时效期间,则某甲于民国三十一年始被拘提到案,即难再予追诉。仰即转饬知照。此令

**附浙江高等法院原呈**

案据宣平县县长兼理县司法处行政事务叶家龙呈称,为呈请解释事。兹设有某甲于民国九年七月十八日被诉其于同年月十七日杀死某乙,迭经原审饬警拘提,并呈请通缉未获,其同案被告某乙经第二审于民国十一年十二月判决确定。某甲逃亡外县二十余年,于民国三十一年一月回家,当经饬警拘提到案发押,某甲追诉权时效是否消灭,计有两说。甲说,查当时有效之暂行新刑律第六十九条第一项第一、二两款规定,系死刑者十五年,系无期徒刑或一等有期徒刑者十年。比较现行《刑法》第八十条第一项第一款规定,死刑无期徒刑或十年以上有期徒刑者二十年,以暂行新刑律为最有利于行为人。又查同律第七十二条第一项规定,其侦查预审上强制处分、公判上诉讼行为之停止,其时效更行起算。某甲虽经通缉,但该案之诉行为已于民国十一年十二月因第二审判决而停止,其时效自民国十一年十二月起继续进行,至民国二十六年十二月已届满十五年,其追诉权时效业已消灭。乙说,查某甲既于民国九年呈请通缉,其时效即已中断,而通缉期间并无规定,其中断效力继续存在,自不生消灭时效之问题。两说究以何说为是,不无疑义,理合备文呈请,仰祈释示等情。据此,查某甲犯罪,既在民国九年间,其计算追诉权之时效,当然依暂行新刑律规定,在新刑律第七十二条案经侦查公判,其时效须更行起算,且明定对于一切共犯有同一之效力,则某甲因同案被告之某乙获案判决,其时效当然亦须另行起算,固无疑义。惟检察长官通缉行为,可认为刑律第七二条所称之强制处分,起诉权时效应即中断。曾经钧院二十年院字第五七二号解释有案,是某甲之时效早已中断,如依来呈甲说,其时效自十一年十二月起算,似有未合。倘依乙说,则犯罪被告一经通缉,其起诉权永无消灭之期,是刑律时效等于虚设。究竟此种通缉案犯时效,如何起算?事关法律解释,本院未敢擅拟,理合据情转呈,仰祈钧院迅赐释示,以便转饬遵照。谨呈司法院院长居。浙江高等法院院长郑文礼。浙江高等法院首席检察官王秉彝

**院字第二三四七号**

**民国三十一年六月十六日　司法院训令贵州高等法院**

据该法院第二分院代电，请解释覆判程序疑义一案，业经本院统一解释法令会议议决，（一）检察官对于覆判审核准判决上诉经第三审撤销发回，应依通常程序办理。（二）覆判审核准判决经第三审撤销发回原法院审理中被告死亡，即应依《刑事诉讼法》第二百九十五条第五款为不受理之判决。合行令仰该法院转饬知照。原代电抄发。此令

**附贵州高等法院第二分院原代电**

司法院院长居钧鉴，窃职院近发生法律疑义两点，列举如下：（一）查第二审法院所为之覆判审核准判决由检察官上诉，经最高法院撤销发回，是否仍应照覆判审程序，抑或照第二审普通上诉程序办理，兹有二说。甲说，第二审法院之覆判审核准判决既经最高法院撤销发回，乃系回复覆判审原状，自应仍照覆判审程序，依据《司法处刑事案件覆判暂行条例》办理，盖覆判审原系一种特别程序，自并无上诉情形及上诉之人，如照第二审普通上诉程序办理，刑诉法殊无条文可资援引。乙说，第二审法院之覆判审核准判决既经最高法院发回，当无复再有覆判审之存在，而覆审既系一特别程序，自无须有上诉情形及上诉之人，尽可依照第二审普通上诉程序办理。（二）第二审法院之覆判审核准判决经最高法院发回，在覆判审中被告死亡，可否由覆判审依《刑事诉讼法》第一百九十五条第五款迳为不受理之判决，抑或依《县司法处刑事案件覆判暂行条例》第六条第一项、第七条第一项第一款裁定发回，命原审为不受理之判决。以上两点，事关适用法律疑义，未敢擅专，理合呈请钧院鉴核，解释示遵。贵州高等法院第二分院院长杨通权叩寝印

**院字第二三四八号**

**民国三十一年六月十六日　司法院指令宁夏高等法院首席检察官**

呈悉，业经本院统一解释法令会议议决，窃盗罪之标的物不以非违禁物为限，鸦片虽系违禁物品，窃取之者仍应成立《刑法》第三百二十条第一项之罪。仰即转饬知照。此令

**附宁夏高等法院原呈**

案据贺宁地方法院检察官赵怀道呈称，查旧《刑法》第三百四十条第一项规定，违禁物关于本章（指窃盗章）之罪，以所有物论，而新《刑法》则删除之。按新《刑法》之窃盗罪，系以窃盗他人所有物为要件之一，所谓所有物系指对于该物有合法之所有权者而言，鸦片乃违禁物，征诸同法第二百六十三条，凡持有鸦片者处拘役或五百元以下罚金。又同法第二百六十五条规定，犯本章各条之罪者，其鸦片不问属于犯人与否没收之，则鸦片显系绝对禁止持有。既绝对禁止持有，则持有鸦片，似难视为有合法之所有权。而窃盗鸦片，是否成立窃盗罪，不无疑问。事关法律解释，理合具文呈请转呈解释示遵，谨呈等情。据此，查窃盗罪系侵害财产监督权，似不因是否违禁物而有歧异，惟事关解释，理合具文呈请钧院鉴核，

解释示遵,实为公便。谨呈司法院院长居。署宁夏高等法院首席检察官高近枢

**院字第二三四九号**

**民国三十一年六月十八日　司法院训令广西高等法院**

案据广西隆安县司法处代电,请解释妨害兵役案件适用法律疑义一案到院,兹经本院统一解释法令会议议决,甲乙明知丙为壮丁,在某地经商,于将届抽征兵签时,同赴该管村公所具结伪证丙已失踪十余年,自系便利应服兵役之壮丁逃避兵役,应成立《妨害兵役治罪条例》第四条第二项之共犯。合行令仰该法院转饬知照,原代电抄发。此令

**附广西隆安县司法处原代电**

重庆司法院钧鉴,职处近受有妨害兵役一案,系甲乙明知丙为壮丁,且在某地经商,于将届抽征兵签时,同赴该管村公所具结伪证丙已失踪十年有奇,当以此种情形,与《妨害兵役治罪条例》各规定似有未合,即据情呈请广西高等法院释遵去后,隆安县政府复电请广西邕龙师管区核示。嗣经师管区指覆,认为系犯《妨害兵役治罪条例》第三条之罪,隆府即催请速判,以利役政,当经依据师管区解释判决以后,复奉高院指释认为应依《妨害兵役治罪条例》第四条第二项拟处,与师管区解释不同,以后如有此类案件发生,应依据何说处断,抑另有办法,事关法律适用,理合电呈钧院统一解释,电示祗遵。广西隆安县县长兼司法处行政事务葛维廷呈主任审判官莫纯朴代震文印

**院字第二三五〇号**

**民国三十一年六月十八日　司法院复湖南高等法院电**

湖南高等法院陈院长览,上年十一月江代电悉,祁阳县司法处所请解释一案,业经本院统一解释法令会议议决,(一)原告否认被告有某项给付请求权提起消极确认之诉,被告主张有该项给付请求权提起请求给付之反诉时,本诉与反诉均以被告之某项给付请求权为诉讼标的,即属《民事诉讼费用法》第十三条所谓本诉与反诉之诉讼标的相同之情形。(二)县司法处就自诉案件,依《非常时期刑事诉讼补充条例》第十三条第一项所为之裁定,当事人于法定期间内提起抗告时,如认为全部或一部无理由者,依同条例第一条,应适用《刑事诉讼法》第四百条第二项添具意见书送交抗告法院。又此项裁定,纵系《刑法》第六十一条所列各罪以外之案件,但未经当事人抗告,即属确定,不在应行覆判之列(参照院字第二二八零号解释)。合电转饬知照。司法院巧印

**附湖南高等法院原代电**

重庆司法院院长居钧鉴,案据祁阳县司法处本年十月马代电,兹有法律疑义数点于下:(甲)民事诉讼本诉与反诉之诉讼标的相同者,依照《民事诉讼费用法》第十三条之规定,反诉不另征裁判费,兹奉钧院本年十月六日训字第二四五二号令转司法院,本年九月十七日院字第二二三三号指令第一项,以原告本诉与被告反诉虽同争某地,因其所有权之主体既

异,诉讼标的即非相同,本诉与反诉自应按各所有权之价额征收裁判费云云。依此解释,则必所有权之主体相同,诉讼标的方能谓之同一,否则虽本诉与反诉同争一地,亦不能视为同一诉讼标的,然查原告与被告本立于相反地位,如所有权之主体相同,则无原告被告与本诉反诉之可言,究竟《民事诉讼费用法》第十三条规定本诉与反诉之诉讼标的相同者一语,系指如何情形而言,殊滋疑义。(乙)县司法处依照《非常时期刑事诉讼补充条例》第十三条裁定《刑法》第六十一条所列各罪以外之自诉案件,如经当事人于法定期间内提起抗告时,是否须添具意见书解答,而逾期不抗告者,是否须送覆判。上列二点,均关法律疑义,理合电请钧院核示祗遵等情。据此,关于甲点民事部份,未便参加意见,关于乙点刑事部份,查县司法处依《非常时期刑事诉讼补充条例》所为之裁定,当事人于法定期间提起抗告时,应否添具意见书,尚无明文规定,又覆判系指对于初审判决之案件而言,故关于核准或更正以判决行之。是项裁定案件,逾期未抗告,似无须送覆判。惟上开两部份,系属法律上之疑义,理合据情转请解释令遵,湖南高等法院院长陈长簇叩江印。

**院字第二三五一号**

**民国三十一年六月二十日　司法院指令湖南高等法院**

呈悉,业经本院统一解释法令会议议决,(一)管辖再审之诉之第二审法院,认其于前诉讼程序核定起诉时诉讼标的之价额不逾千元为错误者,应依其重行核定之价额征收裁判费,对于该再审判决提起上诉,是否逾《民事诉讼法》第四百六十三条所定上诉利益之额数,由裁判该上诉之法院核定之,其核定不受原法院核定诉讼标的价额之羁束,至对于第二审判决,于上诉期间内提起再审之诉时,应否认为提起第三审上诉,须就书状内容解释当事人之意思定之。如其不服之理由仅得提起再审之诉者,不得认为提起第三审上诉。(二)确定之终局判决,误认当事人适格者,于再审之诉有再审理由为本案之裁判时,除《民事诉讼法》第五十条所定情形外,应就声明不服之部分迳认当事人不适格而为判决,毋庸命其补正。仰即转饬知照。此令

**附湖南高等法院原呈**

案据本院第一分院院长钟馥三十年十二月十二日代电称,(一)查民事案件经核定诉讼标的价额未逾一千元者,于二审判决送达后,即时确定。嗣由当事人举出法定再审情形,提起再审之诉,在再审程序中,发现该项诉讼标的价额,于起诉时确已逾一千元,原核定系属错误。对于再审征收裁判费,究应依原错误核定之价额办理,抑应重予核定价额?如应重予核定价额,而其核定之价额已逾一千元者,其全部败诉之当事人是否对该再审判决得提起三审上诉?又全部败诉之当事人,于接受二审判决(经核定诉讼标的价额未逾一千元者)后二十日内提起再审之诉,于再审程序中发现原确定判决之诉讼标的价额起诉时确已逾一千元,究应仍依再审程序办理,抑应将再审之声请视为第三审上诉?(二)于再审程序中发见原确定判决之当事人不适格,例如,公同共有物之诉,应由利害相同之公同共有人一同起

诉,或一同被诉,原确定判决仅由其中一人起诉,或一人被诉,再审程序中应否依职权命其补正,如不遵命补正,可否即对不适格之当事人迳予败诉之判决?以上两项,理合电请核示祇遵等情到院。事关法律疑义,未便擅拟,理合据情转呈钧院俯赐解释,俾便饬遵,谨呈司法院院长居。湖南高等法院院长陈长簇

**院字第二三五二号**

**民国三十一年六月十四日　司法院致国民政府军事委员会**

案准贵会本年五月十六日法审(三一)渝一字第四七五三号公函,以据第四战区司令长官代电,请示军人私擅缉私伤毙人命案件适用法律疑义一案,请解释见复等由,业经本院统一解释法令会议议决,数军人知有大帮漏税私货经过防地,拟截收中饱,既有不法所有之意图,其因共同持械追赶不上,而开枪击毙私贩一人,伤一人,结果虽无所获,仍应成立《惩治盗匪暂行办法》第三条第六款之既遂罪(参照院字第五九三号之一解释),相应函复贵会查照饬知。此致国民政府军事委员会

**附国民政府军事委员会原函**

案据第四战区司令长官张发奎本年一月肃法柳字第一一号子世代电称,设有数军人侦知有大帮漏税私货经过防地,拟截收中饱,共同持械追赶不上,开枪制止,致毙私贩一人,伤一人,结果并无所获。该军人等私擅缉私,以致伤毙人命,应否以抢夺未遂,与过失伤害杀人各罪,从重处断,抑犯其他罪名乞示等情。案关适用法律疑义,相应函请查照,迅赐解释见复,以便饬遵。此致司法院

**院字第二三五三号**

**民国三十一年七月三日　司法院指令江西高等法院首席检察官**

呈悉,业经本院统一解释法令会议议决,侵占罪之持有关系,为特定关系之一种,如持有人与非持有人共同实施侵占持有他人之物,依《刑法》第三十一条第一项、第二十八条,均应论以同法第三百三十五条之罪。至无业务上持有关系之人,对于他人之业务上持有物根本上既未持有,即无由触犯同法第三百三十五条之罪。若与该他人共同实施或教唆帮助侵占者,依同法第三十一条第一项规定,应成立第三百三十六条第二项之共犯,仰即知照。此令

**附江西高等法院检察官原呈**

案查《刑法》第三百三十五条第一项规定,意图为自己或第三人不法之所有而侵占自己持有他人之物者,云云,其"持有"二字,是否应解为同法第三十一条第一项所定之特定关系,适用上发生疑义,兹分甲乙两说。甲说,《刑法》第三十一条所定其他特定关系云云,非仅以该关系有关于罪之成立,且须有关于刑之重轻或免除者,始能包括在内,如同法第三百三十六条第二项所定之业务上侵占罪,由于业务上持有之特定关系而成立,其法定刑为六

月以上,五年以下有期徒刑,得并科五千元以下罚金,其无业务上持有之特定关系人与之共同实施时,该无业务上持有关系之人,仍依同法第三百三十五条所定五年以下有期徒刑、拘役或科或并科一千元以下罚金之法定刑内裁定其刑。关于《刑法》第三百三十五条所定之侵占罪,其无持有关系之人与有持有关系者共同实施时,法定刑既无轻重之分,即与同法第三十一条第二项所定无关,故该条所定持有二字,不能解为《刑法》第三十一条第一项所定之特定关系,且业务上侵占,始依《刑法》第三百三十六条第二项处断,其无业务上持有关系之人与之共同实施时,仍依同法第三百三十五条所定,科以通常之刑,更可知业务上之持有,始能解为同法第三十一条第一项所定之特定关系。若将普通持有解为特定关系,在因委托而持有之时,尚可以自解,其持有原因之由于无因管理者,即难自圆其说。乙说,《刑法》第三十一条第一项所定其他特定关系云云,原为补充身分关系之不足,除承揽工程从事业务等关系外,其凡犯罪之成立,必须先具有某种关系存在为要件,即以该关系与其行为相合而始成为犯罪行为,如无此项关系即不能成立该犯罪行为者,则该关系即为特定关系。《刑法》第三百三十五条所定之侵占罪,以侵占自己持有他人之物为要件。如他人之物,非于实施侵占行为以前已经为其持有者,即无从实施侵占行为,其共犯间亦然。如甲乙二人,非甲方或乙方对于其物已有持有关系之他方,即无从与之共同实施或教唆帮助其侵占行为,必其一方已有持有关系,其无持有关系之他人,始能与之共犯。在侵占罪之成立,既须先具有持有关系存在为要件,则其持有关系,自为《刑法》第三十一条第一项所定之特定关系。若不如是解释,则对于上开之例之无持有关系者,与有持有关系者,共同实施侵占时,将无持有关系者谓为侵占,则缺乏持有要件,若将其共同实施侵占行为分割而论为别罪,又为法所不许,竟行弃置不论,更与《刑法》在例外上增设第三十一条第一项以共犯论之拟制规定相背。至该条第一项系解决犯罪能否成立之问题,第二项系解决科刑问题,性质不同,适用亦异,其无特定关系之人,与有特定关系之人,共同实施犯罪时,如不发生刑有重轻或免除之情形时,只须引用该条第一项,与第二项无关。若发生刑有轻重或免除之情形时,始须兼引该第一、第二两项。观诸该条第一项,不迳加但书定为但无特定关系之人,科以通常之刑,而必设立第二项定为因身分或其他特定关系致刑有重轻或免除者,其无特定关系之人,科以通常之刑,云云。且于条文中加一致字,义至明显。至《刑法》第三百三十六条第二项所定之业务上侵占罪,则因其持有之原因,由于业务系为同法第三百三十五条之加重规定,对于业务上侵占自己持有他人之物,与第三百三十五条所定侵占自己持有他人之物,其持有之原因,虽有基于业务上与非由于业务之其他关系,如委托等关系之不同,而均以持有为要件,则理无或殊,两者既均以持有为成立侵占罪之要件,则《刑法》第三百三十五条所定持有、第三百三十六条第二项所定之业务上持有,自系均属于同法第三十一条第一项所定之其他特定关系。唯无持有关系之人,与有持有之人,共犯《刑法》第三百三十五条之侵占罪,只须仅引同法第三十一条第一项。若非业务持有人与业务上持有人共犯《刑法》第三百三十六条第二项之业务上侵占罪,则因涉及科刑问题,须兼引同法第三十一条第一、第二两项,又,无因管理之为法律行为,与委托无异,故其持有他人之物之原因,纵使由于无因管理,仍无妨其为法律上之持有,更难因此将《刑法》第三百三十五条所定侵占罪成立要件之持有,认为非特定关系,云云。两说究以何者为是,事关法律疑义,未敢擅专,理合备文呈请钧院鉴核,俯赐解释示遵,谨呈司法院院长居。署江西高等法院首席检察官郭德彰

**院字第二三五四号**

**民国三十一年七月三日　司法院指令陕西高等法院**

呈悉,业经本院统一解释法令会议议决,非公务员与公务员共同收受贿赂,而纵容他人吸食鸦片,依《刑法》第三十一条第一项应成立《禁烟禁毒治罪暂行条例》第十三条第一项之共同正犯,依同条例第二十二条第一项规定,应由有军法职权之机关审判。仰即转饬知照。此令

**附陕西高等法院原呈**

据榆林地方法院院长王肇基呈称,查公务员犯收受贿赂,而纵容他人吸食鸦片之罪,依《禁烟禁毒治罪暂行条例》第二十二条规定,由有军法职权之机关审判,原无疑义。设有公务员与非公务员共同犯收受贿赂,而纵容他人吸食鸦片罪之案件,其对于非公务员之被告,应由有军法职权之机关审判,抑应由普通司法机关审判,兹分二说。甲说,查因收受贿赂,而纵容他人吸食鸦片之罪,系以有公务员身分者,方始成立,其无身分之人,而共同实施或教唆帮助时,依《刑法》第三十一条第一项虽以共犯论,但依同条第二项规定,其无此种特定关系之人,既应科以通常之刑,自应归由普通司法机关审判,以收名实相符之效。乙说,《刑法》第三十一条第一项对于无身分或其他特定关系人,既以共犯论,而具有公务员特别身分之其他共犯,依各特别法令,应由军事机关审判,则无身分或其他特定关系之共犯,按之公诉不可分之原则,亦应由特别机关审判,不能因《刑法》第三十一条第二项科刑之不同,而异其管辖。二说各具理由,究以何说为当,未敢擅拟,理合具文呈请鉴核解释,俾资遵循等情。据此,事关法令解释,未敢擅专,理合备文呈请解释,俾资遵循,谨呈司法院院长居。陕西高等法院院长魏大同

**院字第二三五五号**

**民国三十一年七月三日　司法院指令陕西高等法院**

呈悉,业经本院统一解释法令会议议决,甲将其所有房屋出租于乙,在租赁关系存续中,甲将该房拆毁,仅负违反契约之责任,不成立毁坏罪。但如施用强暴、胁迫,以妨害乙之使用权利,应依《刑法》第三百零四条第一项处断。仰即转饬知照。此令

**附陕西高等法院原呈**

案据陕西南郑地方法院院长徐杰呈称,呈为适用法律发生疑义恳请解释事,设甲将其所有之房屋出租于乙,在租赁关系存续期内,甲擅将出租之房拆毁,应否成立毁坏他人建筑

物罪,于此有子、丑两说。子说,谓《刑法》第三百五十三条第一项规定,毁坏他人建筑物,并不以他人所有为限,即他人占有之建筑物亦包括在内。甲所有之房屋,既在乙合法占有之中,则甲加以毁坏,即应构成《刑法》第三百五十三条第一项之罪。丑说,谓按所有人处分其所有物,为所有权本有之作用,甲出租于乙之房屋,加以毁坏,纵使乙之租赁权受有损害,亦仅生违背租赁契约之责任,不成立毁损罪。惟如甲系以强暴、胁迫行为毁损房屋,致乙不能使用时,应依妨害他人行使权利罪论科。两说所持,未知孰是,理合备文呈请钧院鉴核解释祗遵,实为公便,谨呈等情。据此,事关法律解释,未敢擅专,除指令外,理合具文呈请鉴核示遵,谨呈司法院院长居。陕西高等法院院长魏大同

**院字第二三五六号**

**民国三十一年七月十日　司法院咨行政院**

案准贵院上年十二月九日勇壹字第一九三九五号咨,以据内政部转请解释国民工役法公务员免役规定疑义一案,请查照解释见复等由,业经本院统一解释法令会议议决。士兵为国民工役法第六条所称之公务员,团警如系执行警察之职务者亦同,技工公役均非同条所称之公务员,相应咨复贵院查照饬知,此咨行政院。

**附行政院原咨**

准内政部十二月二日渝礼字第二六三三号呈称,案准河南省政府三十年十月十六日午洛建二第一三九九号锡代电开,据本省第十一区行政督察专员公署三十年九月专俭代电称,查国民工役法规定,现任公务员、学校教职员及肄业学生得免服工役,此项公务员是否系广义解释?凡从事公务之公务员、团警、士兵、技工、公役,一律包括在内,并查有矿业技工,及其他公营工厂之技工,普通工人,有曾呈准缓服兵役,而其应服工役,是否比照公务员予以免役,抑应照国民工役法第七条因职业关系或其他关系不能服役之规定,饬觅人代役,亟须请明白解释,理合电请核示祗遵等情。查该署所称各节,案关解释法令,相应电请查核见复,以便饬遵等由。查矿业技工,及其他公营工厂之技工、普通工人,如经呈准缓服兵役者,则其应服工役,自可依照国民工役法第七条之规定觅人代役,或纳相当之代役金。至团警、士兵、技工、公役,是否一律为从事公务之公务员?事关法令解释,本部未敢擅断,理合备文呈请钧院鉴核,转请解释示遵等情。据此,相应咨请查照解释见复。此咨司法院。行政院院长蒋中正

**院字第二三五七号**

**民国三十一年七月十一日　司法院致航空委员会函**

航空委员会鉴,上月鱼会法壬渝(二)代电诵悉,所请解释一案,业经本院统一解释法令会议议决,某甲请由某看护附员施打药针后,反应过烈,疼痛不堪,该看护附员因无止痛药针,嘱令吸食鸦片,以减少苦痛,某甲即吸食鸦片一次,均系以治疗为目的,其行为并无违法

性,自不构成犯罪,特复。司法院真印

**附航空委员会原代电**

司法院公鉴,兹有某甲因时疫流行或患病,请由某看护附员施打清血针或六零六针,反应过烈,身体疼痛不堪,一时无强心针及吗啡针,某看护附员为减少其苦痛起见,嘱令吸食鸦片以止痛,某甲即吸食鸦片一次。此种情形,某甲是否构成吸食鸦片犯罪?某看护附员是否构成教唆犯?有子、丑二说。子说,某甲因施打药针后,反应过烈,身体疼痛不堪,由某看护附员之嘱令,而吸食鸦片一次以止痛,与故意吸食者不同,尚难认为有违法性,某看护附员之令吸食鸦片,系本于其业务上治疗之行为,均不构成犯罪。丑说,吸食鸦片不问原因如何,一经吸食,即构成犯罪,某看护附员嘱令吸食,并应负教唆罪责。以上两说,究以何说为是,案悬待结,特电请查照,迅赐解释电复为荷,航空委员会鱼会法壬渝(二)印。

**院字第二三五八号**

**民国三十一年七月十五日　司法院致军事委员会执行总监部函**

案准贵部本年五月二十六日法审(三一)渝三字第五二零二号公函,以勾引他营士兵逃亡,或入本营当兵,应如何论罪,请解释见复等由,业经本院统一解释法令会议议决,某甲勾引某部士兵逃亡,与煽惑不特定军人逃叛情形不同,应论以《陆海空军刑法》教唆逃亡之罪,某乙勾引他营之兵逃入本营当兵,应依《陆海空军刑法》教唆逃亡罪及收容逃亡罪,从一重处断。本院院字第一一五零号第八款解释系就旧法而为解答,已不适用,相应函复贵部查照。此致军事委员会军法执行总监部

**附国民政府军事委员会军法执行总监部原函**

查抗战期内军人无故离去职役,一律以敌前逃亡论,曾奉国民政府二十七年五月七日渝字第一七四号训令饬遵在案,兹有某甲勾引某部士兵逃亡,某乙勾引他营之兵逃入本营当兵,应如何分别论罪,有子、丑二说。子说,依司法院二十三年十二月四日院字第一五零号解释,甲乙均应依《刑法》第一百五十五条煽惑军人逃叛罪论处。丑说,某甲勾引某部士兵逃亡,应以教唆逃亡论,某乙勾引他营之兵逃入本营当兵,应以教唆逃亡及收容逃亡罪从一重处断。甲乙二说,所为与煽惑不特定之军人逃叛情节均属不同。事关适用法律疑义,相应函请查照,迅赐解释见复为荷。此致司法院。军事委员会军法执行总监部总监何成濬

**院字第二三五九号**

**民国三十一年七月十七日　司法院指令山西高等法院**

呈悉,业经本院统一解释法令会议议决,当时铜元一枚,当旧有制钱十文,借贷制钱而于失其通用效力后以法币偿还者,不问其借贷系于何时为之,均应按偿还时财政部所定铜元兑换法币之价计算,仰即知照。此令

**附山西高等法院原呈**

呈为呈请解释示遵事，查某甲在银币施行以前，向某乙借制钱若干吊，施行以后又借若干吊，均未清偿。现在制钱已禁止使用，所借之款，不能以制钱归还。如以法币清偿，关于后借之款，应按借款时市价折合银币，而以法币给付，似无问题。惟前借之款，究应如何折合，于此有三说焉。甲说，谓金钱借贷，如系以制钱为标的，清偿时而不能以制钱归还者，依《实行废两改元》办法，及《改定货币政策办法》第五款之法意推之，应以借款时市价折成银两，再以规元银七钱一分五厘折合银币一元之标准折合银币，按银币之数而以法币给付。乙说，谓金钱借贷，如系以制钱为标的，清偿时而不能以制钱归还者，依《民法》第二百零二条之法意推之，应按偿还时偿还地之市价折合法币以之给付。丙说，谓现在通行之当十铜元，与禁止使用以前之制钱有同一之效力，现行法令对于制钱虽禁止使用，而于铜元则否，是铜元于制钱禁止使用后自可代替制钱，履行债务，既能代替制钱履行债务，则以制钱为借贷标的，清偿时而不能以制钱归还者，本可以铜元归还，即以法币清偿，而不以铜元给付，依《民法》第四百八十条第三款之规定，亦应按返还时财政部所定兑价计算，即以铜元二百枚折合法币一元，以之给付，而不能以甲乙两说为折算标准。盖铜元折合法币，既有特别规定，则应遵办故也。以上三说，究以何说为是，事关法律疑义，理合具文呈请钧院俯赐解释，俾便遵循，谨呈司法院院长居。

**院字第二三六〇号**

**民国三十一年七月十八日　司法院指令湖南高等法院**

呈悉，业经本院统一解释法令会议议决，当十铜元一枚，当旧有制钱十文，以旧有制钱定给付额者，其折合法币应按给付时财政部所定铜元兑换法币之价计算，常德府票之折合法币，亦应就当事人以之定给付额时可兑换之制钱额或铜元额，依上述标准计算之。仰即转饬知照。此令

**附湖南高等法院原呈**

案据桃源县司法处三十年十一月三日呈称，案准桃源县政府本年十月三十一日桃府财字第一八一零号公缄开，案据本府九溪乡第八保保长李德成呈，请解释钱币价格标准。(一)清季制钱，每串应折合现行国币若干。(二)民国初年至民国十年常德府票或铜元，每串应折合现行国币若干。(三)银元与现行国币有无折扣，或折合若干，恳予核示等情。据此，查法币政策施行以来，硬币小洋铜元与法币所成立债务纠纷，应如何处理一案，曾奉湖南省政府转奉行政院咨准司法院解释饬知在案，惟清季铜钱及常德府票，在法理上究应如何解释，相应函请查照见复为荷，此致等由。准此，查制钱及常德府票折合法币，未奉明令规定，理合备文呈请钧院察核示遵等情。据此，案关解释法令，未便臆断，理合据情呈请钧院迅赐解释示遵，谨呈司法院院长居。湖南高等法院院长陈长簇

**院字第二三六一号**

**民国三十一年七月十八日　司法院指令湖南高等法院**

呈悉,业经本院统一解释法令会议议决,《民事诉讼法》第四百三十八条第一项第三款所列事项,在旧《民事诉讼法》第五百三十五条,以此为上诉状之准备的记载事项,记载与否,与上诉程式无关,在旧《民事诉讼法》第四百零五条亦可为同一之解释。现行《民事诉讼法》,则与旧民事诉讼条例第五百零二条同,以此为上诉状必须表明之事项,未表明者,上诉程式即有欠缺。惟综核上诉状之记载,可认上诉人关于该事项之意思如何者,即为已有表明。仰即转饬知照。此令

**附湖南高等法院原呈**

案据本院第二分院院长张心翊呈称,查民事诉讼当事人对于第一审判决提起上诉之上诉状,固应表明《民事诉讼法》(以下简称新法)第四百三十八条第一项各款。但状内如果欠缺上开条项第三款规定,对于第一审判决不服之程度,及应如何废弃或变更之声明,(以下简称声明)经第二审法院限期命其补正,而当事人逾限仍延不补正者,法院能否认为上诉不合程式予以裁定驳回,兹分甲、乙二说。甲说,上开第三款恰当旧《民事诉讼法》(以下简称旧法)第四百零五条第三款,而新旧两法法文中又均有"应"字,则解释上当然同一,依最高法院二十二年抗字第三七五号判例,该款(指旧法)不过为诉讼准备言词辩论事项之例示,并非确定上诉基础所必须表明者,在新法施行后既无变更之例解,则法院如认欠缺声明为不合程式,予以裁定驳回,即属违法。乙说,新法已将声明认为上诉基础所必须表明者,列入第四百三十八条第一项应表明事项之内,而以旧法定为应表明之新事实及证据,并其他准备言词辩论事项,认为宜记载之事项另列入同条第二项,不啻已谓该例认声明为例示规定之不当,而明白分定为应表明与宜记载两项,显与旧法将训示与例示各事项一概混用"应表明"三字者用语不同,其意旨亦必有别,又何能执旧法有效时之判例以指摘法院,对于欠缺声明并不遵命补正者,因而驳回其上诉之裁定为违法。以上两说,均各言之成理,事关法律疑义,理合呈恳转请解释示遵等情。据此,除指令外,理合备文呈请钧院俯赐解释,以便饬遵,谨呈司法院院长居。湖南高等法院院长陈长簇

**院字第二三六二号**

**民国三十一年七月二十日　司法院训令广东高等法院**

案据本院统计处签呈称,据广东高等法院第七分院统计员呈请解释律师法适用疑义一案,请鉴核等情。据此,兹经本院统一解释法令会议议决,律师法第三十二条及第三十七条所称司法人员,依《律师法施行细则》第十三条之规定,不包含法院统计室统计员在内。合行令仰该法院转饬知照,原呈抄发。此令

附广东高等法院第七分院统计室原呈

为呈请签请解释事，查律师法第三十七条载，司法人员自离职之日起，三年内不得在曾任职务之法院管辖区域内执行律师职务。又查《律师法施行细则》第十三条载，律师法第三十二条、第三十七条所载司法人员，指推事、检察官、书记官、通译、录事及执达员而言。例如，甲现在子高等法院分院统计室任统计员，该甲离职后能否在子法院执行律师职务，兹有二说如下。甲说，谓统计员离职后，即得在曾任职务之法院管辖区域内执行律师职务，其理由有二：（一）谓依照《律师法施行细则》第十三条司法人员之解释，既采列举规定，而统计员并不在内。（二）查统计员系主计处委任，只冠以所在机关之名，系统不同，尤难解为司法人员。乙说，谓统计员离职后，非三年不得在曾任职务之法院管辖区域内执行律师职务，其理由谓统计员虽非司法行政部委任，但冠以所在机关之名，统计室仍设在法院内办事，自应回避。以上二说，未知孰是，又如认为应行回避，是否只系回避所在之子高等法院分院，抑连高等法院分院辖下之各地方法院均在回避之列，并恳一并示覆，实为公便，谨呈司法院统计主任何。代理广东高等法院第七分院统计员汤祖檀

院字第二三六三号

民国三十一年七月二十日 司法院致行政院函

案准贵院上月一日顺捌字第四四零号公函，以铜元或制钱数目订立典价，回赎时折算法币标准一案，请查核见覆等由，兹经本院统一解释法令会议议决，当十铜元一枚，当旧有制钱十文，不动产典价系以制钱或铜元定其数额者，出典人回赎典物得按回赎时，财政部所定铜元兑换法币之价折合法币返还，相应函复贵院查照。此致行政院

附行政院原函

据贵州省鳛水等三县农民代表穆炳荣等呈请，以铜元或制钱数目订立典价，可否依照田赋征收税价，概以一千文作法币一元计算等情。经交据财政部复称，当十铜元，本部业于二十九年九月间规定每一百枚兑换法币一元前来，查以铜元或制钱数目订立典价，回赎时可否比照田赋征税兑换法币办法办理。案与司法有关，相应抄同原件函请贵院查核见复为荷。此致司法院。行政院院长蒋中正

附穆炳荣原呈

呈为不平则鸣吁恳持平处理以顺舆情事，窃公民黔北各地，近有一大不平之事，就是关于从前以制钱或铜元典当产业，不拘年限，出典人仅以法币一元估合制钱或铜元拾千文回赎产业，而典权人以现在法币一元所购任何物品，仅值当时制钱或铜元拾文所购之物，两相比例，损失未免过巨，不允回赎。因地方区保不便强制，致起纠纷，诉之官厅，又任意出入，亦无适当解决，甚或以铜元百千回赎产业之争执，致两造耗用千元或数千元不等之讼费，因而破产失业者，尚未终讼，虽民二十七年司法院院字第一七七五号法令解释，应以当时铜元价值折合银元，即按银元之数以法币计算，此法在当时固属可行，至二十八年后行之即不能

通。盖天下无百年不弊之法,须随时酌变方利推行。犹幸去岁新田赋成立催税以前典卖契,凡以铜元或制钱成立之契,概以一千作法币一元征收税费,并明白填注新契纸上,此显示民间赎业,当然根据契纸填注以一千作一元计算,以免纷歧争执,即按之民二三年间硬洋一元亦不换铜元或制钱一千,于理于法当无不通。无如地方区保,及司法机关,以未奉层峰明令,仍任意出入,不能根据田赋处法令实施,以致诉讼愈众,累害日深,势非阻耕抢收,酿成重大刑事不止。良以法律务本公平切合实际公私畅行为本旨,断未有政府税契,概以一千作一元,而民间赎业,就成例外,有是理乎?纵民间安于缄默,殊失法律本旨。况一方财发意外,一方濒于破产,事不平,孰甚于此。以此大不平之事酝酿民间,而欲其不鸣也得乎?情迫水火,不容不具情呈明钧院鉴核。对于民间回赎产业,可否根据田赋处规定实施,或另有其规定,早日通令各省县遵行,俾昭平允,而免纷歧,庶纠讼永息,隐祸潜消,不胜铭感之至。

**院字第二三六四号**

**民国三十一年七月二十一日　司法院致中央执行委员会秘书处函**

案准贵处上月二日渝(三一)文字第八零九一一号公函,以据浙江省执行委员会转请解释继承权疑义一案,请查核见复等由,兹经本院统一解释法令会议议决,《民法》仅于第一千二百二十五条规定应得特留分之人,如因被继承人所为之遗赠致其应得之数不足者,得按其不足之数由遗赠财产扣减之,并未如他国立法例认其有于保全特留分必要限度内,扣减被继承人所为赠与之权,解释上自无从认其有此权利,院字第七四三号解释未便予以变更。相应函复贵处查照转知。此致中央执行委员会秘书处

**附中央执行委员会秘书处原函**

顷据浙江省执行委员会呈,以据金华县党部呈,为据情转请解释财产继承特留分发生疑义,以维女权而昭平允,祈鉴核俯赐转函,予以解释救济等情到会。事关法律疑义,相应抄同原函,即希查核见复,以便转知为荷,此致司法院

**附浙江省执行委员会原呈**

案据金华县党部组字第一八七号呈称,案据直属二十四区分部书记蒋崇正呈称,顷据本分部党员徐永芳来部声称,窃以男女平权,早为本党政纲所明定,而我国重男轻女之遗风,习俗相沿,势不可破,在本党统治之下,尚有封建余毒之存在,言之良堪痛心。兹举一例,即足证明:某甲拥有巨资,生一女二子,俱已婚嫁,而其男女歧视之心理殊深,于女子承继财产权反对尤力,乃延请律师百计推翻,竟借司法院民国二十一年六月七日院字第七四三号关于特留分之解释,载有"继承人之特留分,依《民法》第一千二百二十四条固已规定,由应继财产中除去债务额算定之,查第一千一百七十三条第一项前半段,虽规定继承人中有在继承开始前因结婚分居或营业,已从被继承人受有财产之赠与者,应将该赠与价额加入继承开始时被继承人所有之财产中,为应继遗产,惟同条项后半段之但书已明有被继承

人于赠与时有反对之意思表示者，不在此限之规定。而关于特留分，民法继承编，又，仅明定遗嘱人以遗嘱自由处分遗产时，应不违反特留分规定之范围，及被继承人所为之遗赠，致应得特留分人应得之数不足者，得按其不足之数由遗赠财产扣减（参照第一千一百八十七条、一千二百二十五条），可见特留分之规定，仅系限制遗产人处分其死后之遗产，若当事人处分其生前之财产，其赠与原因，若非第一千一百七十三条所列举者，固不得算入应继遗产中，即其为第一千一百七十三条列举之原因，如赠与人明有不得算入应继遗产之意思表示，自应适用第一千一百七十三条但书之规定，而不得于法定之外，曲解特留分规定，复加何项限制”等释例以为法宝，擅作生前之处分，将全部所有财产，除酌留祀产外，分拍二股赠与二子承受，其女丝毫无着。查赠与固应尊重当事人本人之意思，而特留分之规定，又为承继人应继财产之唯一保障，其在承继财产之赠与，似与其他赠与财物情节显有不同。揆诸欧美各国，被继承人每有将全部私有财产不分给于应承继之子女，而赠与其他戚友，或慈善团体者，事所恒有。惟在传统思想与家族观念尚未打破之中国，实属罕觏，丁兹男女畛界未能消灭以前，若仅偏重于赠与权，而不顾继承权之被侵害，遽认某甲之生前处分为合法，则一般生性固执之家长，势必多援此成例，作恶意侵害其生女之继承财产权，擅予处分，非唯与女子享有承继权立法意旨大相违悖，即民法继承编亦属等于具文。所有女子继承财产，均被剥夺殆尽，法理人情，岂得谓平。上项司法院释例，不无偏颇之处，似非详为解释，予以救济，不足以维政纲，而昭平允等情。据称情形，显与本党女子享有承继财产权之立法原意有所抵触，似非详加解释，予以救济，实不足以保女权，而维纲政。据陈前情，理合具文呈请察核，迅赐逐级转呈中央党部，函转司、立法两院予以解释救济，用符本党男女平等之本旨，实为公便等情。据此，事关法律解释，理合备文呈请，仰祈鉴核，俯赐转呈函转解释，实为公便等情。据此，除指复外，理合备文呈请仰祈鉴核，俯赐函转解释，谨呈中央执行委员会。中国国民党浙江省执行委员会主任委员吴挹峰

**院字第二三六五号**

**民国三十一年七月二十三日　司法院致国民政府军事委员会函**

案准贵会本年四月二十七日法审（三一）渝一字第四一二七号公函，以据第九战区司令长官电，请示强拉友军出差或落伍士兵当兵，应如何办理一案，函请查照解释等由，兹经本院统一解释法令会议议决，强拉友军出差或落伍之士兵当兵，应依《刑法》第三百零四条处断，如有同法第三百零二条情形，应适用该条论科（院字第一一五〇号解释参照），相应抄同本院院字第一一五零号解释原文，函复贵会查照饬知。此致国民政府军事委员会

**附国民政府军事委员会原函**

案据第九战区司令长官薛岳本年四月寅俭辉审叚馥电，请示强拉友军出差，或落伍士兵当兵，应如何办理等情。案关适用法律疑义，相应函请查照，迅赐解释见覆，以凭饬遵。此致司法院

**院字第二三六六号**

**民国三十一年七月二十三日　司法院致国民政府军事委员会函**

案准贵会本年四月二十七日法审(三一)渝三字第四一一五号公函,以各省公路局修理厂之艺徒、学徒,可否认为《刑法》上之公务员,请解释见复等由,兹经本院统一解释法令会议议决,各省公路局修理厂之艺徒、学徒,系学习修理各项机械,与正式员工不同,不能认为《刑法》上之公务员。相应函复贵会查照。此致国民政府军事委员会

**附国民政府军事委员会原函**

查各省公路局修理厂之艺徒、学徒,系在各该修理厂学习修理各项机械。是项学徒,可否认为《刑法》上所称依法令从事于公务之人员,殊滋疑义,相应函请查照,迅赐解释见复为荷。此致司法院

**院字第二三六七号**

**民国三十一年七月二十三日　司法院致国民政府军事委员会函**

案准贵会本年五月十六日法审(三一)渝一字第四七六八号公函,以据军法执行总监部转请示某军事机关副官携带人犯存款潜逃,应如何办理一案,请解释见复等由,兹经本院统一解释法令会议议决,军法机关收押人犯时,将该人犯携带之款项交由副官代为保管,并以机关名义给予收据。嗣后该副官将款全数拐逃,该人犯自得就其所交付之金钱数额,于应返还时请求该军法机关返还。至该军法机关应否由经费节余项下偿还,则不属于解释之范围。相应函复贵会查照饬知。此致国民政府军事委员会

**附国民政府军事委员会原函**

案据本会军法执行总监部案呈,第六战区军法执行监冯庸黔酉灰丙代电略称,军法机关收押人犯时,将各该人犯身边所有之款交由副官代为保管,并以机关名义给予收据。嗣该副官将该款全数拐逃,究竟此种款项系属何种法律关系,应否由该副官赔偿,抑由机关经费节余项下赔偿,或由该机关主管赔偿,乞示等语。查所称该副官携带人犯款潜逃,似应以《刑法》上侵占公务上持有物及逃亡罪并罚,惟该款应如何追偿,不无疑义。相应函请查照,迅赐解释见复,以凭核办。此致司法院

**院字第二三六八号**

**民国三十一年七月二十三日　司法院致国民政府军事委员会函**

案准贵会本年三月七日法审(三一)渝一字第四一五号公函,请变更院字第二二二三号解释等由,兹经本院统一解释法令会议议决,《中华民国战时军律》第十三条所称之军实,乃指充实军用上之一切物品而言。关于浮报或冒领薪饷办公等经费,自不包括在内,仍应分别适用《惩治贪污暂行条例》第三条第一项第二款,《陆海空军刑法》第四十五条各款处断,

至因应行发给之军用实物不足，改发代金，令其就地自行采购，则此项代金，其效用既与实物无异，倘有浮报或冒领情事，自应成立该军律第十三条之罪。本院院字第二二二三号解释，与此并不冲突，毋庸予以变更，相应函复贵会查照。此致国民政府军事委员会

**附国民政府军事委员会原函**

查本会前为《修正中华民国战时军律》第十二条对于浮报或冒领军实者，已有处罚明文，如于领取或报销经费中浮报名额，即系以浮报名额达其冒领或浮报经费之目的，应否以浮报名额及浮报或冒领军实从一重处断疑义，函准贵院三十年八月二日院字第二二二三号公函解释，以该条所称之军实，系指充实军用上之一切物品而言。若以浮报名额达其冒领或浮报军实之目的，则其所冒领或浮报者，既非充实军用之物品，除有触犯《惩治贪污暂行条例》第三条第一项第二款之情形，应从一重处断外，不能论以战时军律第十二条之罪等由在案。惟查经费开支，除薪饷办公等费外，复因我国军需实物不足，未能普遍发给现品，多系改发代金，以便就地采购。此项经费，对于军事上之效用，既与现品无异，而浮报或冒领现金者，亦较侵蚀实物为易，故本会对此经费款项，历经认为军实。上开解释，似有变更之必要，相应函请贵院核办见复为荷，此致司法院。

**院字第二三六九号**

**民国三十一年七月二十三日　司法院复重庆市政府电**

重庆市政府鉴，本年二月感代电悉，所请解释一案，业经本院统一解释法令会议议决，各区镇保甲长及区署录事、镇公所干事暨公立学校校长，均应认为《刑法》上之公务员，至区署干事、镇公所录事，如系依法令从事于公务者亦同，私立学校校长则否，特复。司法院漾印

**附重庆市政府原代电**

司法院钧鉴，各区镇保甲长及区署镇公所干事、录事均依法令从事公务，又公私立学校校长系主管教育行政，公立学校校长且系政府委派，是否均应认为公务员，不无疑义，理合电请鉴核示遵。重庆市市长吴国桢叩感

**院字第二三七〇号**

**民国三十一年七月二十三日　司法院致福建省临时参议会函**

案查贵会本年五月二十日调辰智参秘议第五八二号公函，致最高法院以第六次大会建议关于典权回赎时效一案，兹经本院统一解释法令会议议决，《民法》第九百二十三条第一项所称典权之期限，系附于回赎权之始期，亦即回赎权停止行使之期限。在期限届满前，出典人不得回赎典物，同条第二项所称之典期，即系第一项所称之期限，非指当事人约定若干年内得为回赎之期限而言。故当事人约定若干年外始得回赎之期限者，虽依其意思或习惯，在若干年外，不拘年限，随时可以回赎。出典人之回赎，亦仅得于典期届满后二年内为

之,未便反于法律明文解为未定期限之典权,以排斥第二项之适用,至《民法》第九百十三条,不过就典期不满十五年之典权,禁止当事人附有到期不赎即作绝卖之条款,违者出典人仍得于典期届满后二年内回赎,非谓《民法》第九百二十三条第二项仅适用于典期满十五年之典权。相应函请贵会查照,此致福建省临时参议会。

**附福建省临时参议会原函**

本会第六次大会真参议员尧恭等提,“建议最高法院对于典权回赎时效之解释,请予纠正案”,经付审查,于本年五月十二日第九次会议提出讨论决议,“照审查意见通过”纪录在卷,相应检同原决议案函请查照办理,并希见复为荷。此致最高法院。议长郑祖荫副议长林希谦

**附原决议**

议题　建议最高法院对于典权回赎时效之解释,请予纠正案

理由:查本省各级司法官署,对于民事典权回赎案件,在十九年五月四日以前成立契约者,引用《清理不动产典当办法》第八条之规定,在十九年五月五日以后,则引用《民法》物权编第九百二十三条之规定,而对于本省契约习惯所载三年或五年、七年之外得备价取赎者,概认为有定期限之典权,经过二年,即判受典者取得所有权,而忽略本省民间习惯,凡契约所载三年或五年、七年以外得对期备价取赎者,即在三年或七年之内为保障受典者之权益,出典者在此期间之内,无权言找言赎,必俟三年或五年、七年期满,回赎之权方为开始,在字义及习惯上均为无定期限之典权;反之,载有十年或十五年之内得备价取赎,逾限不得言找言赎之契约,始得确认为有定期限之典权。兹以解释错误,与地方习惯相差太远,致贫民受法律之拘束,突然丧失业权,弱者诟病法律,偏重富者权益,而颓丧自杀,强者痛恨富者攫夺业权,而酿成斗争,社会因此纠纷,实非法律保障人民权益之本旨。查《不动产典当办法》第九条已明白规定,本办法所定各节,各省已另有单行章程或习惯者,仍从其章程或习惯办理。至《民法》物权编第九百三十三条,亦有典权未到十五年不得附注到期不赎,即作绝卖之规定,是法律原甚持平,并采纳地方习惯。至若三年或五年、七年等限之短促时间,自无作绝卖之理,应准予回赎,至为明显。兹既以解释法律,与地方习惯不符,贫民蒙受不利太巨,亟应为民请命,愿请重为解释,明令纠正,以免社会发生不良影响。

办法　由本会建议最高法院纠正解释“三年或七年等限之外,得备价取赎”之契约,确认为无定期限之典权。提案人真尧恭,连署人王怀晋、雷寿彭、林仲易、郭公本、蔡鼎当,方如玉、陈村牧、黄赵、陈维垣、卢智锟、黄诰、江醒英、叶慕贺。录案建议最高法院

**院字第二三七一号**

**民国三十一年七月二十五日　司法院指令湖南高等法院**

呈悉,业经本院统一解释法令会议议决,《非常时期过分利得税条例》第十二条所称之罚锾,系行政罚,不能准用《刑法》关于罚金之规定,其科罚之最低额,并无一定限制。又原

裁定科处罚锾过轻，纵由被告不服，提起抗告，抗告法院亦得将其撤销，自为适当之裁定，不受《刑事诉讼法》第三百六十二条之拘束。仰即知照。此令

**附湖南高等法院原呈**

查《非常时期过分利得税条例》第十二条第一项规定，纳税义务人不于限定期间缴清税款时，除令其缴纳外，并得科以所欠税额二倍以下之罚锾等语。所称二倍以下，系指罚锾之最高额而言，其最低额是否准用《刑法》总则关于罚金之规定，自一元以上起算？又如原审所科罚锾过轻，而系由被告提起抗告时，抗告法院是否受《刑事诉讼法》第三百六十二条之拘束，不得将其撤销，自为裁定？事关法律疑义，理合呈请钧院鉴核，迅赐解释令遵，谨呈司法院院长居。湖南高等法院院长陈长簇

**院字第二三七二号**

**民国三十一年七月二十二日　司法院指令江西高等法院**

呈悉，业经本院统一解释法令会议议决，男女满七岁后有结婚之意思，经其法定代理人主持，举行婚礼，并具备《民法》第九百八十二条之方式者，自应发生婚姻效力，纵未合卺同居，但该配偶之一方，如于婚姻关系存续中，复与他人结婚，仍应成立重婚罪，惟须注意《刑法》第十八条第一项、第二项之规定。仰即知照。此令

**附江西高等法院原呈**

查赣南各县习惯有男女均仅七八岁，由其法定代理人主持，具备《民法》第九百八十二条结婚方式，举行婚礼。惟并不合卺同房，有留居夫家如童养媳者，有仍回母家居住者，迨至相当年龄，始令同居，亦不举行何项仪式。在未同居以前，当事人之一方复与他人结婚，应否成立重婚罪，分甲、乙两说。甲说，既经具备《民法》第九百八十二条结婚方式，举行婚礼，纵未合卺同房，在未经当事人或其法定代理人向法院请求撤销前，其婚姻要属有效成立，当事人之一方苟复与他人结婚，不能不认为有配偶而重为婚姻，自应成立重婚罪。乙说，为婚姻之当事人，虽已具备《民法》第九百八十二条之方式，既未合卺同房，是其尚未达到婚姻之目的，发生婚姻之效果，其留居夫家者，与童养媳何异？仍回母家居住者，更不待言，只可视为一种要式婚约，不能认为婚姻成立。当事人之一方复与他人结婚，他方得为解除婚约之理由，请求损害赔偿，不发生重婚问题。且此种不良习惯，实无维持必要。以上二说，未审孰是，理合备文呈请钧院迅赐解释，指令祇遵，谨呈司法院院长居。江西高等法院院长梁仁杰

**院字第二三七三号**

**民国三十一年八月五日　司法院咨行政院**

前准贵院本年六月五日顺捌字第一零九二五号咨，关于公务员因案受有免职停止任用之处分，在停止任用期间内，能否充聘任人员问题，业经本院统一解释法令会议议决，公务

员因案受有免职并停止任用之惩戒处分,在停止任用期间内,不得充任中央及地方公署之聘任人员,相应函请贵院查照。此咨行政院

**附司法院训令　令最高法院院长**

据本院参事处签呈称,公务员因案受有免职并停止任用之惩戒处分,在停止任用期间内能否充聘任人员,请鉴核等情,合亟令仰该法院拟具解答案呈核。此令。司法院院长居正

**院字第二三七四号**

**民国三十一年八月七日　司法院指令司法行政部**

呈悉,业经本院统一解释法令会议议决,军人俱乐部演剧时,其剧场自系娱乐场所。其所售凭以入场入座之票券,售价既在二元以上,即应依印花税法第十六条税率表第二十三目贴用印花税票,仰即知照。此令

**附司法行政部原呈**

案查各娱乐场所发售入场入座票券,应贴印花,印花税法第十六条第二十三目定有明文。设有军人俱乐部长期演剧募款,发售二元以上各种入场入座票券,该俱乐部是否为该法第十六条第二十三目所指之娱乐场所,其所发售之票券,是否为同目所指之娱乐票,应否照章贴用印花?事关法令疑义,理合备文呈请鉴核,指示祇遵,谨呈司法院院长居。司法行政部部长谢冠生

**院字第二三七五号**

**民国三十一年八月八日　司法院指令福建高等法院**

呈悉,业经本院统一解释法令会议议决,夫妻之一方外出已逾三年,生死不明,如其未经受死亡之宣告,或他之一方亦未依法诉经准予离婚者,其配偶关系仍在存续中,若与他人结婚,自应成立重婚之罪。仰即转饬知照。此令

**附福建高等法院原呈**

案据福鼎县司法处审判官林登名快邮代电呈称,查大理院七年统字八九一号解释,夫外出四年未归,其妻之父复凭媒改嫁,如确系其夫逃亡三年不还者,不成立重婚罪。又九年统字一四一五号解释,甲妇以夫外出八载,生死不明,改嫁某乙,除明知甲夫生死不明,确尚未满三年外,不得论罪。窃按夫妻之一方,以他方生死不明,已逾三年者,得向法院请求离婚,为《民法》第一千零五十二条第九款所明定。依此规定,夫妻一方以他方生死不明已逾三年,系得向法院请求离婚,究非认为业已离婚,则夫妻之一方,以他方外出已逾三年,生死不明,未经向法院请求判准离婚,而与他人结婚,应否构成《刑法》第二百三十七条之重婚罪,不无疑义,合亟电请察核示遵等情。据此,案关法令疑义,理合备文转请,仰祈钧院解释示遵,谨呈国民政府司法院。福建高等法院院长宋孟年

**院字第二三七六号**

**民国三十一年八月八日　司法院复广西高等法院电**

广西高等法院申院长览,本年五月冬代电悉,敬德县司法处所请解释一案,业经本院统一解释法令会议议决,来文所称,盖有信封或公文封套上机关名义之长戳,非《刑法》第二百十八条第一项之公印。如伪造该长戳而具备足生损害之条件,应论以同法第二百十七条第一项伪造印章之罪,合电转饬知照。司法院庚印

**附广西高等法院原代电**

重庆司法院院长居钧鉴,案据敬德县司法处本年三月俭字第一五零号代电称,查《刑法》第二百一十八条规定,仅有伪造公印之一语,对于长戳(即盖在信封或公文套外边之长条)二字,则无明文规定。如有伪造某机关之长戳,是否以伪造公印论,请解释示遵等情前来。查国民政府颁发印信条例,印信分印及关防、钤记、小章四种。《刑法》上所称公印,当然指此四种而言。原电所称某机关长戳,似应包括于《刑法》第二百一十七条印章二字之内,如有伪造该项长戳,当可依照上开法条办理。惟案关解释法律疑义,本院未便擅拟,理合电请解释示遵,以便转饬知照。广西高等法院院长申守真冬印

**院字第二三七七号**

**民国三十一年八月十一日　司法院致国民政府军事委员会函**

案准贵会上月三日法审(三一)渝四字第六四六三号公函,以据皖南行营主任电,请示《非常时期处理军事犯办法》适用疑义一案,请查照解释见复等由,兹经本院统一解释法令会议议决,依《非常时期处理军事犯办法》,保释之人犯如出监后以故意犯罪,更受二月以上有期徒刑之宣告者,依同办法第四条规定,仍应继续执行其残余刑期,则此项保释人犯之再犯罪,自与《刑法》第四十七条所谓赦免后之再犯罪不同。相应函复贵会查照饬知。此致国民政府军事委员会

**附国民政府军事委员会原函**

案据皖南行营主任三十一年屯营法辰俭电称,以依《非常时期处理军事犯办法》保释之人犯,再犯他罪,是否依《刑法》第四十七条赦免论,谨电核示等情。据此,案关法律疑义,除电复外,相应函请查照,迅予解释见复为荷。此致司法院

**附皖南行营主任原电**

重庆军委会,依《非常时期处理军事犯办法》,保释之人犯再犯他罪,是否依《刑法》第四十七条赦免论,谨电核示。皖南行营兼主任费绍耿屯营法辰俭印

## 院字第二三七八号

**民国三十一年八月十一日　司法院致考试院考选委员会函**

案据本院秘书处转陈贵会本年六月二十七日专字第一一八号笺,函请解释在军官学校教授民《刑法》二年以上,能否认为有律师资格一案,兹经本院统一解释法令会议议决,在中央军官学校教授民《刑法》二年以上者,应认其有律师法第一条第二项第二款所定之资格。相应函请贵会查照。此致考试院考选委员会

**附考试院考选委员会原函**

案据周佛林四月十一日函,呈请解释在军官学校教授民《刑法》二年以上,能否以律师法第一条第二项第二款资格论,经本会律师检核委员会第三次会议,佥以教授资格应律师检核者,依照律师法第一条第二项第二款及同法施行细则第三条,及律师检核办法第八条均已明文规定。军官学校似可相当于公立专门以上学校,否则在高级军事学校教授主要法律科目者,均无应检核资格,似难得其平。惟案关原则认定,旋据提经本会第二八七次会议决议,函请司法院解释等语纪录在卷。相应函请贵处转陈解释见复为荷。此致司法院秘书处。考选委员会

## 院字第二三七九号

**民国三十一年八月十一日　司法院复航空委员会电**

航空委员会鉴,上月支会法壬渝(二)一四零六号代电悉,所请解释一案,业经本院统一解释法令会议议决,军用医药品,关系军人生命或健康甚巨,自系包括于战时军律上所定重要军用物品之内。至该军律关于适用《刑法》总则一点,虽未定有明文,但依《刑法》第十一条前段,仍应在适用之列。特复。司法院真印

**附航空委员会原代电**

司法院公鉴,查战时军律所谓军实,前经贵院解释,系指充实军用之一切物品而言。军用医药品自系属于军实之一种,惟是否得认为其他重要军用品,不无疑义。又现行战时军律,并无适用《刑法》总则之规定,关于违反军律案件,是否仍可适用《刑法》总则。案关法律解释,及适用法律发生疑义,相应电请查照,迅予解释见复为荷。航空委员会支印

## 院字第二三八〇号

**民国三十一年八月十一日　司法院复甘肃高等法院电**

甘肃高等法院孟院长览,本年五月冬代电悉,平凉地方法院所请解释一案,业经本院统一解释法令会议议决,《非常时期民事诉讼补充条例》第二条所谓战区,系指作战或沦陷之区域,或谓此种区域所围绕之区域而言。其余系胪列具体事实请求解释法令,依《司法院统一解释法令及变更判例规则》第三条第二项,应不予解答。合电转饬知照。司法院真印

**附甘肃高等法院原代电**

重庆司法院院长居钧鉴，据平凉地方法院院长万身正巧电称，(一)查《非常时期民事诉讼补充条例》第二条第一项载，依住所定管辖之诉讼，其住所在战区者，得由居所地之法院管辖。其第二项谓前项规定于专属管辖之依住所而定者，亦适用之。究竟此战区二字，应作何种解释？若系指现在所划分之第一第二等战区而言，则全国多已划成战区，《民法》上专属管辖之规定，即无异废除。若系指作战或沦陷区域而言，设有一地虽非作战或沦陷区域，但其周围尽为作战或沦陷区域，交通隔绝，邮电不通，若由住所地之法院管辖，为事实所不能，又应如何办理？(二)查甲商号于民国三十四年间委托乙商号经理丙代售烟土数百两(涉讼后甲乙商号均倒闭)，因久未归价，则以寄存烟土于乙商号为词，向初审提起请求返还烟土之诉，初审即准其请求，而为判决。乙商号以非号内事务，按期提起上诉，第二审法院又将上诉驳回，并依被上诉讼人(甲商号)声请宣告假执行。乙商号复上诉三审法院，经最高法院废弃原第二审判决发回更审(假执行部分未废弃)。在此期间，第一审法院因甲商号之请求开始假执行，并将乙商号所有铺面房院一所(现值数万元)，照彼时市价七千余元拍卖与丁，以此价金抵偿该项烟土，并将房交与丁占有，业经假执行完结在案。及第二审更审后，又废弃第一审判决，驳回被上诉讼人(甲商号)在第一审之诉。甲商号不服，又上诉第三审法院，最高法院以烟土为非融通物品，将上诉驳回，仍认第二审更审判决为正当。案已确定，乙商号据此以甲商号及某丁为被告，向初审提起请求返还原铺面房院之诉，此时甲商号早将房之价金化费无存，其所有财产，亦不足赔偿。究竟应否返还其原有房院？于此有二说焉。子说，谓乙商号之房院，既经法院依假执行拍卖与丁所有，不能指为无效，其只能请求赔偿，不能返还房院。丑说，本件初审判决，只命返还原烟土若干两，当此禁烟时期，自属不能执行。况该烟土业经乙商号经理丙出售无存，更无原物可返还，而初级法院竟将房屋变价抵偿烟土，于法不能谓合，此之非法执行，当然无效，今乙商号既经三审判决，不应负返还烟土责任，其请求返还房屋，即可照准，不得一误再误。再查售烟土者为丙所为，本与乙商号无涉，乙商号又无故牵连案内，亦属冤枉，尤不能令其受有若何损害，自以将其原房恢复原状，始谓正当。否则乙商号虽云胜诉，甲又无充分财产可供赔偿，乙商号无故受损，已失去法律保障人权之旨，终非事理之平。以上两说，究以何说为是等情。据此，事关法律疑义，除指令外，理合据情电请钧院鉴核示遵，俾转饬知照。甘肃高等法院院长孟昭侗冬印

**院字第二三八一号**

**民国三十一年八月十一日　司法院复广西高等法院电**

广西高等法院申院长览，本年四月筱代电悉，隆安县司法处所请解释一案，业经本院统一解释法令会议议决，(一)同胞半数已经现役在营，则不问在营者是否适龄，其余现役及龄在家之人，均得依《修正兵役法施行暂行条例》第三十条第一项第六款予以缓役。(二)《修正非常时期管理银行暂行办法》第十四条各款之罚金及停业，系财政部为执行管理银行事

务,基其与银行之特别权力服从关系,对于违反该办法者,所科之行政处分,应由财政部办理。至依同条第六款所定之妨害公务及应依同办法第十三条以侵占论者,均系关于罪刑之规定,应分别性质,由普通司法机关或军法机关办理。合电转饬知照。司法院真印

**附广西高等法院原代电**

司法院院长居钧鉴,据隆安县司法处本年三月皓文字第二六零号代电称,兹有法律疑义两点:(一)《修正兵役法实施暂行条例》第十三条第六款之同胞二字,未知指何种年龄之同胞而言,如有同胞兄弟二人,尚未达兵役年龄,或已逾兵役年龄,而现役在营,其余适龄之一人,应否缓役?(二)《修正非常时期管理银行暂行办法》第十四条各项所规定之处罚,应归普通司法机关,抑归何机关办理?以上二点,怀疑莫决,理合电请转呈司法院解释示遵等情。据此,查《修正兵役法实施暂行条例》第三十条第一项第六款之同胞二字,参阅该条项法意,系指已及龄者而言,惟在来电所称情形,既有一人现役在营,则无论是否适龄之另一同胞,似仍得请求缓役。又查《修正非常时期管理银行暂行办法》第十四条各项之处罚,除停业处分外,其余罚金,既属刑罚之一种,似应由司法机关办理。惟案关普通法律疑义,本院未便擅拟,理合转请钧院鉴核,赐予解释,以便饬遵。广西高等法院院长申守真筱刑印

**院字第二三八二号**

**民国三十一年八月十一日　司法院指令司法行政部**

呈悉,业经本院统一解释法令会议议决,第一审对于自诉案件,应依《非常时期刑事诉讼补充条例》第十三条或第十四条裁定而误以判决行之者,应视该判决为裁定。当事人对于该判决送达后十日内提起上诉,即应视为合法之抗告,由第二审法院分别情形,适用同条例第十八条或《刑事诉讼法》第四百零三条至第四百零五条之规定办法。惟该条例第十三条第一项第四款所谓犯罪嫌疑,经调查结果,显然不足云者,与足认被告有犯罪嫌疑而不能证明其犯罪之情形不同。如第一审法院认被告犯罪不能证明,依《刑事诉讼法》第二百九十三条第一项以判决谕知无罪时,一经当事人上诉,仍应由第二审法院依照通常上诉程序进行第二审审判。仰即转饬知照。此令

**附司法行政部原呈**

案据广西高等法院代电称,案据职院第二分院院长唐联桂呈称,窃查《非常时期刑事诉讼补充条例》第十三条、第十四条所列以裁定行之之自诉案件,如第一审于该条例施行后,仍以判决行之,遇有上诉时,第二审应否依《刑事诉讼法》第三百六十一条第一项后段将原判决撤销,发回原审法院?关于此问题,兹有三说。甲说,该条例所以规定以裁定行之者,原为便利当事人,冀免拖延起见。如第一审误以判决定之,而第二审不审查其判决内容是否适当,仅以适用法则不合概将原判决撤销发回原审法院,依该条例另为裁定,是则辗转周折,反不便利,似宜分别情形,先审查原判决内容。如认原审判决谕知管辖错误免诉不受理为适当,则将上诉驳回。倘认为不当,仍适用《刑事诉讼法》第三百六十四条、第三百六十一

条第一项后段发回原审法院，至原审判决谕知无罪之案件，既不合于上述条项之规定，不能发回原审法院，仍应按照第二审程序为实体上审判。若仅就程序上审查认为适用法则不合，将原判决撤销，发回原审法院，不特无法条可以引用，且有拖延之虞。乙说，按特别法优于普通法，如今于条例第十三条、第十四条所规定之情形，而第一审仍依《刑事诉讼法》以判决行之，适用法则，显属违误，若当事人上诉，就此指摘原判决不当，不能谓无理由。纵当事人不加指摘，而第二审亦应就诉讼程序上加以审查，原判适用法则既属违误，即应撤销，发回原审法院依该条例另为裁定。惟对第一审谕知无罪之判决，系因不能证明被告犯罪，而非若该条例第十三条第一项第四款规定之情形者，第二审仍应依通常程序审判。丙说，《刑事诉讼法》第二百九十三条第一项所谓不能证明被告犯罪等语，与该条例第十三条第一项第四款所谓犯罪嫌疑经调查结果显然不足云云，表面上观之，其情形似有不同。然就实际上研究之，第一审认为不能证明被告犯罪之案件，亦必经调查结果，始行认为罪嫌不足，适用《刑事诉讼法》第二百九十三条第一项谕知无罪，核与该条例第十三条第一项第四款之规定则无或异。倘原审已适用该条例为谕知无罪之裁定，抗告法院认为未尽调查能事，或有其他情形，认抗告为有理由，依该条例第十八条将原裁定撤销，发回原审法院，或发交与原审同级之他法院。若第一审误以判决谕知无罪，而第二审仍依通常程序审判，不将原判决撤销，发回原审法院，则对于同一情形之案件，适用法则，殊不划一。似宜仍将原判决撤销，发回原审法院。以上三说，未知孰是，理合电请察核示遵等情前来。查《非常时期刑事诉讼补充条例》第十三条、第十四条之立法意旨，虽在采用简略程序，以图诉讼迅速终结，但第一审法院对于应用上开二法条之案件，竟以判决行之。在事前既须经过详细调查，使案情益臻明了，在事后又可以上诉方法请求救济，似于诉讼当事人并非不利。若第二审法院仅据第一审误用判决之一点，即将原判决撤销，发回原审，更为裁定，非特往返周折，反于当事人不利，且失立法在于便民之本旨。在此场合，似应由第二审仍依通常诉讼程序办理，以省讼累。惟案关法律疑义，未便擅拟，理合电请核示，或转请解释，俾得转饬遵照等情。据此，事关法律疑义，理合备文呈请钧院鉴核指示，以便转饬遵照，谨呈司法院院长居。司法行政部部长谢冠生，政务次长洪陆东代行。

**院字第二三八三号**

**民国三十一年八月十二日　司法院指令湖南高等法院**

呈悉，业经本院统一解释法令会议议决，(一)二人以上因共同之过失发生犯罪者，应各科以过失罪之刑，不适用《刑法》第二十八条条文，其判决主文亦毋庸为共同过失之宣示。(二)连续伤害因而致人于死，自应成立伤害人与伤害人致死之连续犯，伤害人部分如已有合法告诉，而检察官仅以伤害罪起诉者，仍应依连续伤害人致死罪论科。(三)意图供行使之用，而收集伪造变造币券之后，又将该币券对人行使或交付，其行使或交付之后行轻行为，自为收集之先行重行为所吸收，只应依《妨害国币惩治暂行条例》第四条第二项论科，不应再论以行使或交付之罪。(四)妨害公务并故意杀人或重伤或加普通伤害于人,除有牵连关系,应从一重处断外,均应并合处罚。最高法院十八年上字九八二号判例,系以持刀行凶,致妨害公务。其妨害公务,为伤害之结果,故从伤害之一重罪处断。来文所列院字第五四一号解释,最高法院二十年上字七五零号、二十年上字九八九号、二十年上字一七七六号各判例,亦系就强盗与轻微伤害人有方法或结果之牵连关系,认为牵连犯,与院字第六十九号解释并无抵触,自无一律改采牵连说之必要。(五)甲将乙杀毙后,即向法院邮递诉状自首,或呈请乡公所转行自首,并于呈状内载明住址,以待传唤,自应认为有受裁判之表示,其自首既在犯罪未发觉以前,虽因乡公所转递呈状到达法院在被害人亲属告诉之后,仍不失其自首之效力。(六)甲将途中被他人杀毙之无名尸体移置于乙之门首,又或将他人窃赃移置于乙之室内,以图嫁害,如系基于使乙受刑事处分之意思,自应成立《刑法》第一百六十九条第二项伪造证据之罪。(七)收受送达人,为当事人撰状缮状作保,并盖用铺戳代当事人收递送达,收取撰状缮状作保盖戳送达等费,除有诈欺等行为应成立他罪外,尚难律以《刑法》第一百五十七条包揽诉讼之罪。(八)无故侵入机关,应经该机关有监督权之长官代表告诉,检察官方能对之提起公诉,如该一建筑物内有二以上之机关,亦得由各该机关之一长官就其被侵害之事实单独告诉。(九)司法警察官仅有协助检察官侦查犯罪之职权,除对于被通缉人或现行犯得拘提或迳行逮捕者外,在侦查中如认为有传拘被告之必要时,其传票拘票均应由检察官签发。至协助县长侦查,应依军法职权审判之刑事案件,其传拘或逮捕被告,亦无发票之权。(十)《刑事诉讼法》第二百九十五条第三款所谓未经告诉,乃包括未经合法告诉者在内。配偶对于已经纵容或宥恕之奸罪,既不得告诉,检察官据其告诉而起诉者,应依上开法条为不受理之判决。(十一)甲之妻乙,被丙和诱,脱离家庭,乙之衣物,被丙侵占。甲对丙之侵占行为,非直接被害人,仅得对于妨害其家庭部分提起自诉。又未满二十岁之妾,被人和诱,脱离家庭,其家长亦得自诉。(十二)战地为沦陷区之统称,战区为军事委员会依照军事作战上之需要所划定之地区。湘省虽经划为战区,自与《陆海空军刑法》第二条所称战地意义不同,非军人而在非战地或非戒严区域,冒用陆海空军制服徽章,除具备《刑法》第一百五十九条之要件,适用该条处断外,别无论罪明文,自不成立犯罪。仰即转饬知照。此令

**附湖南高等法院原呈**

案据本院第二分院院长张心翊呈称,呈为适用法律发生疑义,恳予转请解释事,查《刑法》上之共犯,以有意思联络为要件,过失犯罪根本无故意之可言。而旧《刑法》第四十七条过失正犯之规定,已为《刑法》所不采。则遇有二人以上,因共同之认识过失,或不认识过失而犯罪,是否成立《刑法》第二十八条之共犯,抑应各别负过失责任,判决主文内应否为共同过失之宣示,此应请解释者一。连续伤害,因而致人于死,经检察官以伤害致死起诉,其以前之连续伤害行为,如未经告诉,应否认为吸收于伤害致死行为之内,如经合法告诉,检察官就此部分虽漏未起诉,依起诉不可分之原则,应否论以连续伤害致死之罪,抑仍仅论以伤

害致死之罪,此应请解释者二;意图供行使之用,而收集伪造变造币券之后,又将该币券对人行使,或意图供行使之用,而交付于人,应依《妨害国币惩治暂行条例》第四条第二项处断,业经院字第一八六一号解释有案,但同号解释所依同条项处断,是否采吸收说,置行使或交付行为于不论,抑仍应依同条项及《刑法》第一百九十六条第一项,适用《刑法》第五十五条从一重处断,此应请解释者三;妨害公务,并故意杀人,或重伤或普通伤害,依院字第六十九号解释,应并合处罚,但依最高法院十八年上字第九八二号判例,妨害公务并轻微伤害,则采牵连犯说。又强盗轻微伤害人,依院字第五四一号解释,及最高法院二十年上字第七五零号判例、二十年上字第九八九号判例、二十年上字第一七七六号判例,亦采牵连犯说,而妨害公务、轻微伤害人,与强盗轻微伤害人情形颇相类似,则妨害公务,并故意杀人,或重伤或普通伤害,有无改采牵连犯说之必要,此应请解释者四;甲将乙杀毙后,向法院邮递诉状自首,或呈请乡公所转行自首,并于呈状载明住址,以待传唤,应否认为已有受裁判之表示,抑必须前往法院投案方可?如乙之亲属,亦于同日递状法院告诉,甲可否认为自首,又如甲向乡公所递呈自首时,固在乙亲属告诉之先,而乡公所转递于法院时,则已在乙亲属告诉之后,甲可否认为自首,此应请解释者五;甲将途中被他人杀毙之无名尸体移置于乙之门首,又或甲将他人窃盗所得之物移置于乙之室内(无代他人搬运赃物之意思),以图嫁害,是否成立犯罪,适用何项法条处断,此应请解释者六;收受送达人为当事人撰状缮状作保,并盖用铺戳,代当事人收递送达,收取撰状缮状作保盖戳送达等费,可否认为包揽诉讼,适用《刑法》第一百五十七条处断,又其犯罪之成立与否,是否与法院已未成立缮状处而有差异,此应请解释者七;无故侵入机关,应成立无故侵入他人建筑物之罪,业经院字第一九二二号解释有案,但此罪须告诉乃论。如值日检察官对此罪迳行检举,可否认为检察官已同时代表国家行使告诉权,其起诉书已经首席检察官画阅,可否认为机关长官已有告诉之表示,抑须经长官代表机关另行告诉,如发交侦查之类,又如建筑物内有二以上机关,应否认其长官之共同告诉,抑各机关长官均得单独告诉,此应请解释者八;依《刑事诉讼法》第二零八条第一项第二款规定,公安局长,于其管辖区域内为司法警察官,有协助检察官侦查犯罪之职权。所谓协助侦查,有无不能独立侦查之意,又同条第二项规定,限于接受被拘提或逮捕之犯罪嫌疑人,认其有羁押之必要时,应于二十四小时移送该管检察官,云云,则县警察局长有无因侦查犯罪而自动传唤拘提或逮捕犯罪嫌疑人之权,不无疑义。如不能自动传拘或逮捕犯罪嫌疑人,则协助侦查之职权,于如何情形,方得行使,又如,应归军法审判之犯罪,如由县长兼理,军法县警察局长,是否得准用《刑事诉讼法》第二百零八条之规定,有协助县长侦查犯罪之职权,如被害人误向县警察局长告诉,该局长可否经呈明县长,即自动传拘或逮捕被告,此应请解释者九;《刑法》第二百三十九条之罪,配偶纵容或宥恕者,不得告诉,如配偶竟行告诉并检察官据以提起公诉者,法院可否依《刑事诉讼法》第二百九十五条第三款规定,谕知不受理之判决,同条款未经告诉之告诉二字,是否包括此种不合法之告诉在内,此应请解释者十;甲之妻乙,被丙和诱,脱离家庭,乙之衣物,被丙侵占,如乙不愿自诉,甲可否对丙提起自诉,又如未满二十岁之妾,被人和诱,脱离家庭,家长可否提起自诉,抑须向检察官告诉,此应请解释者十一;冒用陆海空军制服徽章,《修正陆海空军刑法》第九十二条定有处罚明文,但陆海空军军人触犯同条之罪者,依同法第二条第十款规定,须在战地或戒严区域方得适用同法科处,则非陆海空军军人在非战地或非戒严区域冒用陆海空军制服徽章者,究应如何处断,又湘省现经划为战区,所谓战区是否与同法第二条所称战地之意义相同,此应请解释者十二。以上诸问题,亟待解决,理合备文呈请钧座转呈解释,指令祇遵,实为法便等情。据此,按一问行为人之过失,既非故意,二人以上,虽同以一过失犯罪,自无意思联络之可言,应各别负责,不成立《刑法》第二十八条之共犯;二问连续伤害致人死,其他伤害事实,虽检察官漏未起诉,而连续犯系以一个预定犯罪计划,反复而为同一之行为,其起诉之一部效力及于全部,即应依连续伤害致人死罪论科;三问意图供行使之用,而收集伪造变造币券之后,又将该币券对人行使,或交付于人,此系收集行为当然之结果,应照院字第一八六一号解释,只依《妨害国币惩治暂行条例》第四条第二项处断,不再论罪;四问妨害公务,并故意杀人或重伤不相牵连,适用数罪并罚,惟故意普通伤害,则应分别情形,依数罪并罚,或从一重处断;五问甲将乙杀毙后,既于罪未发觉之先,已向法院递状自首,或呈由乡公所转行自首,纵乙之亲属同日告诉,或乡公所之转呈后到,仍不失为自首;六问甲将尸体移置乙之门首,或将窃赃移置乙之室内,以图嫁害,应成立《刑法》第一百六十九条第二项伪造证据罪;七问收受送达人,为当事人撰状缮状作保盖戳,并收取各费,除有从中骗财情形,应成立他罪外,尚难认为系包揽诉讼,适用《刑法》第一百五十七条处断;八问侵入机关,即侵入建筑物,应以其有监督权之长官代表机关依法告诉,如建筑物有二以上机关,并得由各机关长官单独告诉;九问警察局长既有协助检察官侦查犯罪之职权,则因侦查犯罪,自得自动传唤拘提或逮捕之犯罪嫌疑人,即兼理军法之县长,办理军法案件,警察局长无论是否受有告诉,对于犯罪嫌疑人自亦得协助侦查,并得自动传拘或逮捕,但拘捕到案后,应迅速送交县长审判;十问《刑法》第二百三十九条之通奸罪,配偶于纵容或宥恕之后,竟行告诉,纵经检察官据以提起公诉,而此种告诉既系不合法之告诉,自应依《刑事诉讼法》第二百九十五条第三款谕知不受理之判决;十一问甲妻乙之衣物,被丙侵占,如乙不愿自诉,甲非被害人,自不得提起自诉。又,妾之制度,虽非现行法律所保护,但家长对于妾有监督权,未满二十岁之妾,既无行为能力,被人和诱,脱离家庭,不能谓于其监督权无所侵害,家长自可提起自诉;十二问湘省虽经划为战区,究与《陆海空军刑法》第二条所称战地之意义不同,非陆海空军军人在非战地或非戒严区域冒用陆海空军制服徽章,除合于《刑法》第一百五十九条之要件,应适用该条处断外,否则不成犯罪。惟以上各问,均关法律疑义,未敢擅专,除指令候转呈核示饬遵外,理合具文呈请钧院查核,迅赐解释示遵。谨呈司法院院长居。湖南高等法院院长陈长簇

**院字第二三八四号**

**民国三十一年八月十九日　司法院指令司法行政部**

呈悉，业经本院统一解释法令会议议决，中国工业合作协会，据其组织章程，既非国家公营事业，亦非依《特种股份有限公司条例》组织之公司。且据同章程第二条规定，该协会系以发展合作事业，增加生产，树立工业基础为宗旨；第七条复规定，以技术组导供销视察为业务。是该协会及其附属机关，系以辅助及指导各种工业生产机构，俾其合理发展为任务，与以一般社会公共利益为目的之事务亦属不同，其职员不能认为《惩治贪污暂行条例》第一条第一项之公务员，其所执行之业务，亦与同条第二项之办理社会公益事务有别，如于职务范围内营私舞弊，应由普通司法机关依法审判。仰即转饬知照。此令

**附司法行政部原呈**

案据陕西高等法院首席检察官三十一年六月九日呈字第二八八号呈称，案据陕西长安地方法院战区检察官孙士英快邮代电称，窃查中国工业合作协会（西北区办事处及西安事务所）所属办事人员，是否公务员，其事务是否以社会公益事务同论，如有舞弊情事，其审判权究由军法机关，抑归法院管辖，均无规定。现职承办有案，急待解决，理合呈请钧座鉴核，电请司法院解释，以便遵循，特此电陈，敬候指示前来。正核办间，旋据战区检察官刘克俭呈称，为签呈事，查中国工业合作协会，其任务以发展全国工业事业为目的，动员失业技工流亡难胞及后方民众，收容于各种生产合作组织之内，予以技术上之指导，经济上之辅助，而发挥其生产效能，以供应军需，并解决社会上工业用品缺乏诸困难。其经费来源，系由于国库之拨付、四行之贷款、与友邦人士之捐助，以中央某院院长为理事长，设总会于重庆，下设西北西南各区办事处，暨各地事务所。揆其性质，虽有别于国营事业机关，然究非单纯营利之法团所可比，设该会及其所属或附属机关之职员，于其职务范围内有营私舞弊情事发生，究应认为具有公务员身份，依《惩治贪污暂行条例》处断，抑应依同条例第一条第二项之规定，认系办理社会公益事业，仍依同条例处断？事涉普通法院与特别法院之审判权限问题，于适用法律，不无疑义，刻案悬待结，理合签请鉴核，并祈迅予转陈司法院法律解释委员会解释示遵为祷，谨呈等情。据此。除分别指令外，事关同一适用法令疑义，悬案待决，理合具文呈请钧座鉴核，示遵等情。正核办间，复据该首席检察官同月二十日电请迅赐电示前来，本部以该会所属人员，是否具有公务员身份，应依其组织章程为据，当经派员前往该会抄来中国工业合作协会组织章程一份，依该章程第二条、第三条、第七条及第十五条各规定，其业务显然在于谋国家社会之利益，因之该会所属人员，即难谓非办理社会公益事务，如于其职务上有贪污行为，似由军法机关依《惩治贪污暂行条例》办理。惟事关法令解释，理合抄呈该会组织章程，转请钧院迅予核示，以便饬遵，谨呈司法院院长居。司法行政部部长谢冠生

**附中国工业合作协会组织章程**

第一章　总　　则

第一条　本会定名为中国工业合作协会。

第二条　本会以适应抗战建国,发展合作事业,增加生产,树立工业基础,促进民生主义之实现为宗旨。

第二章　组　　织

第三条　本会设理事会,由本会创办人聘请理事若干人组织之。

第四条　理事会设理事长一人综理一切会务,由本会创办人聘请之,并得由理事会就理事中推选二人至三人为常务理事,襄助理事长处理会务。

第五条　理事长或理事因事辞职或因故出缺时,其继任人由理事会推选之。

第六条　理事会设名誉理事长及名誉理事若干人,由理事会聘请之。

第七条　本会设下列各处,秉承理事长分掌本会事务。

甲、秘书处　掌理关于文书、事务、人事、编辑及不属于其他各处事项。

乙、业务处　掌理关于技术组导、供销视察事项。

丙、财务处　掌理关于贷款、会计、出纳、稽核事项。

丁、推进处　掌理关于宣传、教育、福利事项。

第八条　本会各处分组办事。

第九条　本会各处设处长,副处长各一人,各组设组长一人,组员若干人。

秘书处设秘书一人至三人,业务处设工程师、专员、技士、技术员若干人,推进处设专员若干人。

第十条　各处得设办事员雇员若干人。

第十一条　各处处长、副处长、秘书、工程师、专员、组长、技士、技术员,由理事长任用之。组员及办事员,由理事长派充之。雇员,由处长录用之。

第十二条　本会为推进各地工作,得依事业计划于各地设区办事处,各区办事处之下并得分别设置事务所。

办事处及事务所组织通则另定之。

第十三条　各区办事处及各事务所主任由理事长任用或派充之。

第十四条　本会设顾问委员会,延聘中外热心赞助本会事业者为会员。

第十五条　本会设捐款管理委员会,负责保管及处理国内外之捐款,其组织另定之。

第十六条　本会得因事实需要在国内外各地酌设国际机关,协助推进会务。

第三章　会　　议

第十七条　本会理事会每年举行常会二次,由理事长定期召集之,遇有必要时,得召集临时会议。

第十八条　本会每年召开年会一次,讨论一切工作,由理事长召集之。

第十九条　本会每月举行会报一次,组长以上人员一律出席,由理事长主席,理事长不能出席时,得指定常务理事代理之。

第四章　附　　则

第二十条　本会办事细则另定之。

第二十一条　本章程如有未尽事宜,由理事会修改之。

第二十二条　本章程自理事长核定之日施行,并呈请行政院备案。

**院字第二三八五号**

**民国三十一年八月二十九日　司法院指令湖南高等法院**

呈悉,业经本院统一解释法令会议议决,甲犯子罪被押,于侦查中发觉又犯丑罪,结果子罪宣告无罪,确定丑罪判处徒刑,其羁押日数折抵徒刑,自应由丑罪发觉后羁押之日起计算。仰即转饬知照。此令

**附湖南高等法院检察处原呈**

据署长沙地方法院首席检察官王自新呈称,呈为呈请解释事,甲犯子罪,归军法机关审判,羁押九个月,于侦查中复发觉又犯丑罪,结果子罪宣告无罪,确定将丑罪移送普通法院审判,丑罪判处有期徒刑七个月,亦经确定。其羁押折抵,有三说:(一)羁押折抵,旨在注重被告利益,被告为子罪羁押之日期,因子罪既已宣告无罪,无从折抵,为赔偿其冤狱及为被告利益计,应予一并计算认为折抵期满开释;(二)子罪既与丑罪毫无牵连关系,其羁押日期,自应各别计算,以子罪判决确定之日为划分标准;(三)自发觉丑罪之日起计算,丑罪之羁押日数,因丑罪未发觉前固与丑罪羁押无关也。究应以何说为是,理合备文呈请钧院核示祗遵等情。据此,案关法律疑义,本处未敢擅拟,除指令外,理合备文呈请钧院鉴核,解释示遵,谨呈司法院院长居。湖南高等法院首席检察官邓静安

**院字第二三八六号**

**民国三十一年八月二十九日　司法院指令宁夏高等法院首席检察官**

呈悉,业经本院统一解释法令会议议决,本院院字第二零五八号公函,系就以军人或公务员之身份为犯罪成立要件者而为解释,院字第二一六一号公函,系就无上开身份之共犯人,应依《刑法》或其他特别《刑法》论科者而为解释,彼此并无抵触,其审判权之谁属,依照前开解释,亦易辨别。来呈所述情形,殊有误会,仰即知照。此令

**附宁夏高等法院检察处原呈**

查无军人或公务员身分之人,与军人或公务员共犯《惩治贪污暂行条例》各条之罪者,依院字第二零五八号解释,既应成立该条例所定罪名之共犯,即应由军法职权之机关审判。但依照院字第二一六一号解释,似共犯该条例之罪名者,如果其罪名同时又为《刑法》或其他特别《刑法》上所规定(如该号解释例举之盗卖勒索侵占窃取等),该无身分之人,因依

《刑法》第三十一条第二项科以通常之刑,如应归普通法院办理,似此因其共犯之罪名,区别其是否亦为普通法上所规定,以定其应否由军事机关审判,不仅有普通法反优于特别法之嫌,且在办理上亦不无滋扰。究竟该两解释有无抵触,无军人及公务员身分之人,而与军人或无公务员共犯《惩治贪污暂行条例》各条之罪者,由何机关审判,不无疑义,理合具文呈请钧院俯赐解释,俾便祗遵,实为公便。谨呈司法院院长居。宁夏高等法院首席检察官高近枢

**院字第二三八七号**

**民国三十一年八月二十九日　司法院咨行政院**

案准贵院本年三月二十日顺壹字第四九四五号咨,以据内政部转请解释福建《仙游县土地权利清理暂行办法》内所载庄权、根权含义一案,抄附原表请查照解释见复等由,业经本院统一解释法令会议议决,据原咨附表所叙,福建仙游县地权形态,纳大租人对于土地之权利,为附有负担之所有权,收大租人之权利,则为物上债权之一种。纳大租人之权利移转于他人时,纳大租之义务当然随之移转。相应咨复贵院查照饬知。此咨行政院

**附行政院原咨**

据内政部本年三月十一日渝地字第三六六号呈称,案查前准福建省政府咨送《仙游县土地权利清理暂行办法》,请备案等由到部,当以查所送《仙游县土地权利清理暂行办法》第二条内载庄权、根权两名词,含义不明,是否与本部核准之长汀、清流两县土地权利清理办法内之田皮、田骨意义相同,及其与《土地法》第三十三条所规定之何项土地权利性质相似,应请分别铨释,以凭核办等语。咨复查照办理去后。兹准福建省政府三十一年一月二十五日调子有府地乙永字第六一九五号咨,转据仙游县政府呈称,略以本县前呈核土地权利清理暂行办法所称庄权、根权,即本县习惯俗称之大租收租人与纳租人。收大租人称为庄权,纳大租人称为根权,似均有土地所有权,与长汀、清流两县所称田皮、田骨意义不甚相同,其性质亦不与《土地法》第三十二条所规定之何项土地权利相似等情,抄同该县地权形态调查表,复请核备等由前来。查所称庄权、根权两名词,含义似嫌含混,在未解释明确以前,原送办法,本部未便擅据。该项庄权、根权,究应属于《土地法》所规定之何项土地权利性质?案关法律解释,事属司法院主管范围,理合缮同原送地权形态调查表,备文呈请鉴核示遵等情。据此,相应咨请查照解释见复为荷。此咨司法院。行政院院长蒋中正

**院字第二三八八号**

**民国三十一年八月三十一日　司法院指令湖南高等法院**

呈悉,业经本院统一解释法令会议议决,被告提起第二审上诉,未经缴纳裁判费,经定期间命其补缴而未遵行者,第二审法院既应以裁定驳回上诉,则虽曾以原告未缴纳第一审裁判费,经定期间命其补缴而未遵行,亦不得废弃第一审判决,驳回原告之诉。仰即转饬知

照。此令

**附湖南高等法院原呈**

案据本院第一分院本年六月三十日第一六九号呈称，查司法院二十二年院字第八九零号解释载，民事诉讼照章应按审级各别征收诉讼费用，如当事人起诉未缴讼费，或缴不足额，经第一审为实体上之判决，上级法院本于当事人之上诉以裁决命其连同上诉费用一并补正。若当事人仅补正上诉费用，而对于第一审之讼费抗不遵缴，则无论第一审实体上之判决是否正当，自应认其上诉为无理由，予以驳回。倘因他造提起上诉，并应废弃第一审判决，驳回原告之诉，云云。此项解释，与现行《民事诉讼费用法》无有抵触，自当适用。惟设有被告提起第二审上诉，逾期不遵命补缴裁判费，而原告即被上诉人对于第一审欠缴之裁判费亦不依限补正，似应即以裁定驳回其上诉，对于被上诉人一审之欠缴讼费程式，虽逾限可不置议，即不对之为何裁判。盖上诉既不合法，一审之判决有无理由不能审究，必待上诉人补正讼费程式后，依照上开解释后段废弃原判决，将原告之诉驳回，如斯办理，是否有误，抑另有他项办法，颇滋疑义，理合备文呈请示遵等情。据此，案关法律疑义，本院未便擅拟，理合具文转呈钧院解释示遵，谨呈司法院院长居。湖南高等法院院长陈长簇

**院字第二三八九号**

**民国三十一年九月五日　司法院复广西高等法院电**

广西高等法院申院长览，本年五月马代电悉，苍梧地方法院所请解释一案，业经本院统一解释法令会议议决，《惩治贪污暂行条例》第二条第四款所谓强募财物，凡借势或借端募集财物，强令他人应募者皆是，至借势或借端强占财物之意义，本院院字第二二五五号已有解释，合电饬知照。司法院歌印

**附广西高等法院原代电**

司法院院长居钧鉴，据苍梧地方法院院长甘嘉勋呈称，查《惩治贪污暂行条例》第二条第四款所谓借势或借端强占或强募财物云云，解释颇不一致。甲说，谓借势或借端强占或强募财物云者，须公务员于执行职务时，乘机实施强暴胁迫而取他人之财物，始行构成。如村长检查旅馆，目睹旅客有金表，该村长遂以强暴之方法胁迫旅客交付而取之（如以刀枪指吓之情形），在此场合，方能成立该款之罪。若村长于检查旅客时，仅乘机将旅客之财物公然携去，未予强暴胁迫，嗣经旅客交涉不还，只成立《刑法》上之抢夺罪，不生强占问题。乙说，谓借势或借端强占强募财物云者，系指公务员于执行职务时，凭借当时职务上之权力机会，违反他人意思，而夺取他人财物，实行占为己有而言。如村长于检查旅店时，未经旅客之同意，遂乘机将旅客之财物携去，经交涉而不返还，即应成立该款之罪，不必实施强暴胁迫。盖所谓借端、借势、强占、强募，实已含有强制之性质。若再实行强暴胁迫，则系强盗，而非强占。纵观条文，其所以不订为强盗财物者，足见取财之际，只须未得他人之同意，迳将物携去，即足成立，无须施以强暴胁迫，以示与强盗有别，殊为明显。二说究以何说为当，

职院莫能解决,悬案以待,理合电请核示或转请解释示遵等情前来。查该条例第二条第四款,既定明勒索勒征强占或强募等字样,当然含有暴胁之意义。来电所称情形,似以甲说为是,惟事关法律疑义,本院未敢擅拟,理合电请解释,以便转饬遵照。广西高等法院院长申守真马印

**院字第二三九〇号**

**民国三十一年九月五日　司法院致国民政府军事委员会函**

案准贵会上年九月二十一日法审(三零)渝三字第一一零七七号公函,以据军法执行总监部转请示中国运输公司油库材料伕等是否公务员各疑义一案,请解释见复等由,业经本院统一解释法令会议议决,中国运输股份有限公司依该公司规程第四条规定,系由交通部与其他政府机关或商业机关分认股本所组织,自属官商投资合办之公司,其所营之业务,即系私营商业,并非国营事业机关。其在该公司从事业务之油库材料伕及小工(即杂工),均非《刑法》上之公务员。至在该公司服务之青年服务大队官长队员,除原有军人身份者外,不得认为军人,或《刑法》上之公务员。本院院字第二零四六号及第二零八四号关于该公司司机及机工之解释应予变更。惟依特种股份有限公司条例组织之公司,其服务人员执行职务而有贪污行为者,依《惩治贪污暂行条例》办理,业经国民政府三十一年三月七日渝文字第三零三号令饬有案。该公司既系依特种股份有限公司条例所组织,则该公司之油库材料伕小工及青年服务大队官长队员,如因执行该公司业务而有贪污行为者,均应依《惩治贪污暂行条例》办理,相应函复贵会查照饬知。此致国民政府军事委员会

**附国民政府军事委员会原函**

据军法执行总监部先后案呈,派驻中国运输公司办事处处长朱传礼呈,以中运公司油库材料伕为该公司编制上必需之人员,负有单独执行职务之使命,同为运输业务上重要人员之一,又该公司之小工(即杂工),为编制以内之普通工人,是项工伕可否以公务员论?再该公司所组成之青年服务大队,为警卫公路之用,该队组织,每大队辖三中队,每中队分三分队,其队兵一律称为队员,均系高小毕业程度,并施以相当训练。究竟该队官长及队员有无军人或公务员身份,请核示等情。据此,案关身份问题,相应函请查照,迅予解释见复,以便饬遵。此致司法院

**院字第二三九一号**

**民国三十一年九月八日　司法院咨行政院**

案准贵院本年四月二日顺壹字第五八一八号咨,以据广西省政府请示当选之县参议员有犯罪嫌疑,是否有当选资格一案,请查核见复等由,兹经本院统一解释法令会议议决,《县参议员选举条例》对于通缉中之犯罪嫌疑人,既无禁止被选为县参议员之规定,而褫夺公职候选人之资格,依《刑法》第三十六条第二款、第三十七条第四项,又,须经确定裁判始生效

力，则仅通缉中之犯罪嫌疑人自仍有当选县参议员之资格，在其行动自由未被拘束以前，除有法定原因应受出席之限制外，自得出席。相应咨复贵院查照饬知。此咨行政院

**附行政院原咨**

前据广西省政府请示当选之县参议员有犯罪嫌疑而在通缉中者，是否有当选资格，经饬据内政部核复，以当选之参议员如仅有犯罪嫌疑，未经审判程序判决确定前，似仍有当选资格，但应限制其出席等情到院。此项解释，是否妥当，相应咨请查核见覆为荷。此咨司法院。行政院院长蒋中正

**院字第二三九二号**

**民国三十一年九月九日　司法院复广西高等法院电**

广西高等法院申院长览，本年七月有代电悉，信都县司法处所请解释一案，业经本院统一解释法令会议议决，某甲出征前方，其妻在籍与人同居，既据诉请其直接上级连长转请原籍县政府惩办，自应认为已经合法告诉。合电转饬知照。司法院佳印

**附广西高等法院原代电**

重庆司法院院长居钧鉴，案据信都县司法处本年七月真处字第三六八号代电称，兹有出征军人甲向所属连长乙申诉其妻与丙同居，请求咨请原籍县政府惩办，县政府以案系属司法范围，咨送司法机关办理。此种情形，是否已具告诉条件，司法机关可否受理，请核示指遵等情。据此，查某甲出征前方，其妻在籍与人同居，既经某甲诉由其直接上级连长咨请原籍县政府据情函送到院，似可认为已经依法告诉，应予受理，由兼检察官职务县长依法侦查。惟案关法律疑义，本院未便擅拟，理合电请钧院迅赐解释，以便转饬遵照。广西高等法院申守真有刑印

**院字第二三九三号**

**民国三十一年九月九日　司法院训令四川高等法院**

案据潼南地方法院代电，请解释诬告案件适用法律疑义一案，业经本院统一解释法令会议议决，检察官就实质上或审判上一罪之犯罪事实起诉一部者，依《刑事诉讼法》第二百四十六条之规定，其效力固应及于全部。惟其已起诉之事实如不构成犯罪，即与未经起诉之其他事实不发生该条所称犯罪事实一部与全部之关系，依同法第二百四十七条规定，法院不得就未经起诉之其他事实并予审判，合行令仰转饬知照，原代电抄发。此令

**附四川潼南地方法院原代电**

司法院院长居钧鉴，设有某甲自诉某乙犯子、丑、寅三罪，经刑庭审理，得悉某乙被诉子、丑两事实固属不虚，但基于法律上之原因不能成立犯罪，而被诉寅罪部份则根本无此事实，遂一并宣告某乙无罪。又以所诉寅罪部分纯属虚构，认某甲有诬告嫌疑，移送检察官侦查，旋经检察官提起公诉，其起诉事实仅涉及某甲具诉子、丑两罪部分，将诬告寅罪部分漏

未论列,对于本案应如何审判,于兹有二说焉。甲说,检察官就犯罪事实一部起诉,其效力及于全部,《刑事诉讼法》第二百四十六条设有明文。某甲具诉某乙犯子、丑、寅三罪,同载一个诉状,自系一个行为,按诸公诉不可分之原则,其诬告寅罪部分,虽未经检察官起诉,而检察官起诉诬告子、丑两罪部分,纵使宣告无罪,观于上开刑诉法文,法院仍得予以审判,不受《刑事诉讼法》第二百四十七条法院不得就未经起诉之犯罪审判之限制。乙说,《刑事诉讼法》第二百四十六条检察官就犯罪事实一部起诉者,其效力及于全部之规定,系指其已起诉之事实,确为犯罪之事实,而未经起诉者,亦即此犯罪事实之一部而言。如一行为而犯数罪名,或牵连犯连续犯之类。今检察官起诉某甲诬告子、丑二罪部分,核与诬告罪之构成要件不合,应予谕知无罪,即足征其所起诉者非犯罪事实之一部,亦即检察官就犯罪事实(指诬告寅罪部分)根本未曾起诉,自无牵连关系可言,更无一部起诉其效力及于全部之可能,依据《刑事诉讼法》第二百四十七条之规定,法院自不得迳予审判,致达不告不理之原则。以上两说,事关法律疑义,未知孰是,理合电请核示祗遵。职四川潼南地方法院院长陈光虞首席检察官周宏迹同叩午感印

**院字第二三九四号**

**民国三十一年九月九日　司法院复广西高等法院电**

广西高等法院申院长览,本年五月巧代电悉,该法院第二分院所请解释一案,业经本院统一解释法令会议议决,律师代人撰状,捏称对造律师在外宣传,谓有同乡在上诉法院任事,可以情面推翻原案等语,系从事律师业务之人,明知为不实之事项,而登载于其业务上作成之文书,且于对造律师之名誉等,并非不足以生损害,自应构成《刑法》第二百十五条之罪。合电转饬知照。司法院佳印

**附广西高等法院原代电**

司法院院长居钧鉴,据职院第二分院院长唐联桂呈称,呈为请解释事,设有甲师代人撰状辩诉,捏称对造律师在外大肆宣传,谓有两同乡在上诉法院任事,可以情面推翻原案,不知是空气作用,抑系招摇撞骗,为防万一起见,合并声明等语。此种情形,甲应负何种责任,遂有三说。子说,谓甲捏词攻击对造律师,大肆宣传,其有两同乡在上诉法院任事,可以推翻原案,既非诉讼人意思,竟于辩诉状内声明,不惟使对造律师之名誉蒙受损害,且使其陷于犯罪嫌疑,并意图蒙蔽上诉法院之裁判人员,使其视线转移为不利于对方之裁判,自属构成《刑法》第二百一十条伪造私文书罪。丑说,谓甲系从事律师业务之人,明知上述事实系属虚伪,并足以生损害于他人,仍记载本于业务作成之辩诉状,实与《刑法》第二百一十五条罪质相当,依该条之罪论处。寅说,谓甲虽有上述行为,但未公然指摘传述,或意图散布于众,仅于辩诉状内声明,是于对造律师名誉殊无若何损害,至上诉法院裁判人员,尽可本其职权自由裁判,当不受此种声明之拘束,似不构成伪造私文书罪。再甲虽系从事律师业务之人,惟此项声明既非当事人之嘱托,而为甲己意所捏造,核与《刑法》第二百一十五条之规

定显有不同,则甲之行为实不过蒙蔽法院,尚不发生刑事问题,仅负律师法第二十八条之惩戒责任。三说究以何说为是,事关适用法律,发生疑义,理合具文呈请钧院察核,俯予转请解释指令祗遵等情。前来。查甲律师以委托人之名义具状辩诉,虽其中有指摘对造律师之语句,系由甲律师捏造,非出于委托人之意思,但不能谓该辩诉状即为甲律师所伪造,自与《刑法》第二百一十条之构成要件不合。至法院办理案件,本可依其职权自由裁判,甲律师捏词指摘对造律师,揆其用意,固在图得胜诉,惟受诉法院,并不因此而使对方即有受不利益裁判之虞,核与《刑法》第二百一十五条所定足生损害之要件亦不相符。详核甲律师之所为,系在蒙蔽法院,仅应负律师法第二十八条之惩戒责任。原呈所列三说,似以寅说为当。事关法律疑义,职院未敢擅拟,理合电请钧院解释,以便转饬遵照。广西高等法院院长申守真巧印

**院字第二三九五号**

**民国三十一年九月九日　司法院指令广西高等法院首席检察官**

呈悉,业经本院统一解释法令会议议决,《刑事诉讼法》第二百零八条第一项第二款及《调度司法警察章程》第三条第二款之公安局长,包含县公安局长在内,实施新县制各县之县警察局长或警佐室警佐,其司法警察官之地位,仍与旧制之县公安局长相当,有协助检察官侦查犯罪之职权,而非应听检察官指挥以侦查犯罪之警察官长。法院检察官关于侦查事项,仅能请其协助,不得迳以命令指挥。其公文往复,应以公函行之。仰即转饬知照。此令

**附广西高等法院检察处原呈**

案据宜山地方法院首席检察官周祖贻呈称,查检察官请求协助或指挥命令时,以书面或言词行之,此为《调度司法警察章程》第六条上半段所明定,惟检察官以书面指挥县警察局局长侦查犯罪时,是否用令,兹有二说。第一说,谓不应用令,应用公函,此说以警察局局长,即旧制之公安局局长,依《刑事诉讼法》第二零八条及《调度司法警察章程》第三条之规定,有协助检察官侦查犯罪之职权。检察官以书面请求协助时,不应用令,而且不相隶属之机关,公文往覆,应用公函,《公文程式条例》已有规定。警察局与法院检察官,为不相隶属之机关,其公文往覆时,应用公函。第二说,谓应用令,不应用公函,此说以不相隶属之机关,公文往覆,应用公函,《公文程式条例》固有明文规定。惟此乃指该项机关彼此并无隶属之关系,对于普通事件行文时应用公函而言,且系就一般之规定,如法令另有特别规定,即因特定事项生隶属关系而有特别规定者,依所生隶属之关系,固已不能在公文往覆中迳用公函。且依特别规定优于一般规定之原则,自应尽先适用特别规定。县警察局局长隶属于县长之下,为委任级警察官长,自不能与旧制公安局局长隶属省政府之下而又为荐任级之警察官长相比拟。则县警察局局长为警察官长,依《刑事诉讼法》第二百零九条及《调度司法警察章程》第四条规定,警察官长为司法警察官,应听检察官之指挥,侦查犯罪,县警察局局长因其负有司法警察官之职务,而失司法警察官之身份,乃已隶属于检察官指挥之下,依

《公文程式条例》有所指挥时用令之规定,检察官对县警察局局长有所指挥,自可用令行之。县警察局局长对侦查犯罪事项有所报告时即应用呈。例如,区乡镇村街公所与法院检察处之间,本为不相隶属之机关,惟区乡镇村街长对侦查犯罪事项向检察官报告时,必须用呈,即因其依《调度司法警察章程》第十五条之规定,具有司法警察官之身份,而生隶属关系之故。且依照新县制所成立之县警察局局长或警佐室警佐,乃隶属于县政府之下,应受县长之指挥监督,在该项组织法上亦有明白规定。而兼检察官职务之县长指挥县警察局局长或警佐室警佐侦查犯罪时,以令行之,县警察局局长或警佐室警佐执行其司法警察官之职务,向兼检察官职务之县长有所报告时用呈,在事实上已成通例,在法律上亦属有据,故检察官以书面指挥县警察局局长侦查犯罪时,应用令。以上二说,究以何说为当,理合具文呈请鉴核,俯赐解释示遵等情。据此,查所问二则,似以甲说为当。惟依新县制所设立之县警察局局长或警佐室之警佐,核与《刑事诉讼法》第二零八条第二款及《调度司法警察章程》第三条第二款各规定之公安局长名称既不相同,而隶属之机关亦异,其职位是否彼此相当,仍不无疑问。案关解释法律,理合具文呈请钧院鉴核,俯予解释,以便转饬祗遵。谨呈司法院院长居。广西高等法院首席检察官陈锡瑚

**院字第二三九六号**

**民国三十一年九月十日　司法院咨行政院**

案准贵院本年一月二十四日顺捌字第一一九八号咨,以据浙江省政府代电请解释法律疑义一案,请解释见复等由,业经本院统一解释法令会议议决,(一)《妨害兵役治罪条例》第六条第一项所称不应征集之壮丁,非专指免役、缓役、禁役、停役,已经核准有案者而言。凡未中签或已中签而依征集顺序尚未轮到之壮丁,均包括在内。(二)同条例第十五条第一项之顶替兵役,须以冒名为必要,其意义已见本院院字第二二二七号解释。(三)《陆海空军刑法》第九十三条之逃亡罪,虽以现有职役为前提,但在医院之伤病官兵,不能认为已离去职役。如未请假离院,另投部队服役,仍应论以该条之罪,其无军人身份之自卫队兵乘间逃亡,并未拐带公物者,法无论罪明文,自不构成犯罪。(四)《惩治贪污暂行条例》第六条第一项之受害人,与《刑事诉讼法》第二百十一条之被害人同。(五)《陆海空军审判法》所定覆审程序,与《刑事诉讼法》所定再审程序,虽同为判决后之救济方法,但一则就已宣告之判决发见事实上或法律上之错误而为救济,一则就已确定之判决发见事实上之错误而为救济,其意义不尽相同。至该审判法第四十一条系指对于未宣告之判决认为有不合法之情形,复令军法会审重行议处者而言,与覆审系对于已宣告之判决而予以补救者有别,且复议并不以引律错误为限。相应咨复贵院查照饬知。此咨行政院

**附行政院原咨**

据浙江省政府三十年十一月地慎字第三六八三九号俭代电请解释法律疑义等情,相应抄同原电咨请贵院解释见复。此咨司法院。行政院院长蒋中正

**附浙江省政府原电**

重庆行政院钧鉴，案据兰溪县政府代电称，查本府研究奉颁法令发生种种疑义，举其荦荦大者，厥有后列数端：(一)《妨害兵役治罪条例》第六条第一项所称不应征集之壮丁，是否专指免役、缓役、禁役、停役，而经核准有案之壮丁而言，抑或兼及除此以外之中签壮丁而未挨号轮征者在内？若由前说，则范围甚狭；若由后说，则包含甚广，举凡无故越号滥征之行为，均可构成本条之罪，案关罪名出入，影响甚大；(二)又同条例第十五条第一项之顶替罪，是否以冒名为必要，以及其意义如何？(三)《陆海空军刑法》第九十三条之罪，以战役为前提，在院伤病官兵，似无职役之可言，倘竟未经请假离院他去，另投部队服役，是否仍以逃亡罪论处？又倘无军人身份之自卫队兵乘间逃亡，并未拐带公物，检阅现行法令，似尚无处罚明文，除得酌情予以惩戒处分外，是否并不构成犯罪？(四)《惩治贪污暂行条例》第六条第一项之受害人等字样，是否与《刑事诉讼法》第二百十一条之被害人意义相同，抑或系指法益间接被害之人言？(五)《陆海空军审判法》第四十四条、第四十六条之复审，是否与《刑事诉讼法》第四百十三条、第四百十五条之再审意义相同？又《陆海空军审判法》第四十一条复议，究与复审有何区别，是否专指引律有误之情节而言？综上五点，肃电呈请鉴核示遵等情。据此，案关法律疑义，理合电请钧院核示，以便饬遵。永浙江省政府主席黄绍竑戌俭地慎印

**院字第二三九七号**

**民国三十一年九月十一日　司法院指令司法行政部**

呈悉，业经本院统一解释法令会议议决，(一)耕作地之租金约定以金钱充之者，如依《非常时期民事诉讼补充条例》第二十条第二项规定，为增加给付之裁判，仅得增加其金钱之数额，不得变更给付物之种类，使以耕作地之孳息充租金；(二)请求放赎典物事件，法院命典权人放赎时，如有适用《非常时期民事诉讼补充条例》第二十条第二项之情形，虽当事人间之争执，仅在能否回赎，而不及于赎价之多寡，亦得为增加赎价之裁判。仰即转饬知照。此令

**附司法行政部原呈**

案据广东高等法院本年六月筱速总代电称，兹有关于适用法律发生疑义，转请解释，(一)按耕作地之租赁，原约定给付租金，但租金与现时租谷之比价相差悬殊，能否依《非常时期民事诉讼补充条例》第二十条第二项，如该法律关系因战事致情事剧变，非当时所得预料，而依原有关系发生效力显失公平者，法院得斟酌社会经济情形，为增减给付裁判之规定，将立约时租金所得租谷之数额改为给付租谷，分甲、乙二说。甲说，谓补充条例第二十条第二项规定增减给付，未包括变更给付种类，此问题为变更给付种类，不在该条例之列；乙说，谓在立法本意在获得公平之裁判，在此非常时期，非准其变更给付，难达公平之目的，以准许变更为宜，如能变更为给付租谷，应照其立约时租金所得租谷之数额改为给付租谷，

但应注意《土地法》第一百七十七条,不得超过收获总额千分之三百七十五,其(二)《非常时期民事诉讼补充条例》第二十条第二项,法院得斟酌社会经济情形、当事人生活状况及其因战事所受损失之程度,为增减给付延期或分期给付之裁判。此项裁判,是否得以职权为之,抑须斟酌当事人争执之意旨?如赎典案件,当事人仅就能否回赎争执而不及于赎价多少,若认为应回赎时,得以职权迳增赎价否,分子、丑二说。子说,谓依立法本旨及司法行政部三十年十月十四日训民字第三五六三号训令观察,应以职权增加;丑说,谓民事诉讼裁判,应采不干涉主义,不得以职权增价。以上二说,究各以何说为是,理合具文电请鉴核,转请解释指示祇遵等情。据此,事关法律疑义,理合备文呈请钧院鉴核,俾便饬遵。谨呈司法院院长居。司法行政部部长谢冠生

**院字第二三九八号**

**民国三十一年九月十一日　司法院指令司法行政部**

呈悉,业经本院统一解释法令会议议决,(一)当事人约定一方以不动产交与他方使用收益,他方支付租金及押金之契约,究为单纯之租赁契约,抑为租赁契约与典权设定契约之联立,应视租金数额是否足为该不动产全部使用收益之对价定之。当事人之一方,将其不动产全部出租,如不收取押金,每年至少可得租金若干,在客观上自有一定之标准。当事人约定之租金数额,依订约时情形达此标准者,虽有押金之授受,其押金亦为担保承租人债务之押租,此项契约即为单纯之租赁契约。若当事人约定之租金数额,较此标准为少,则仅足为该不动产一部分使用收益之对价,其他部分之使用收益权,系因支付押金而取得之,其押金既应认为典价,此项契约即应解为租赁契约与典权设定契约之联立。(二)原呈所称第三点情形,其租赁部分如无不许终止契约之特别情事,应如甲说所述,为原告一部胜诉一部败诉之判决。惟判令被告返还之部分,究为该房屋若干分之几,应予明白判定,判决确定后,当事人或依《民法》第八百十八条各自使用收益,或依《民法》第八百二十三条第一项请求分割,听从其便。如请求分割,而其分割之方法,不能协议决定者,依《民法》第八百二十四条第二项、第三项办理。(三)当事人所订契约为租赁契约与典权设定契约之联立时,除去租赁部分,即为典权部分。其租赁部分应以租金数额与订约时该不动产全部租金数额之比值为准,订约时该不动产全部出租,可得租金若干,应斟酌当时经济状况及其他情事定之,而其典价与当时全部典价之比值如何,亦在应行斟酌之列。例如,租金十元押金九百元之大佃契约,倘订约时该不动产全部出租,可得租金一百元,全部出典,可得典价一千元,则租赁部分为十分之一,典权部分为十分之九。仰即转饬知照。此令

**附司法行政部原呈**

案据云南高等法院第二分院本年四月寒代电称,查重押轻租契约,依院字第二一三二号解释认为租赁契约与典权契约之联立,实用上颇感困难,谨开列于下:(一)重押轻租之标准如何?关于重押轻租之标准,依三十年二月八日院字第二一三二号解释,固有支付巨额

押金小额租金之说明。但所谓巨额押金及小额租金,究竟以何为标准,及巨额与小额比例之程度如何,尚乞明显之标准可资准绳,约有二说。甲说,重押轻租之标准,应以典产价格与押金数额比较定之。查民间典当习惯,其典价多在典产价格半数以上,准此而论,凡押金超过典产半数以上者,即为重押,否则不能以重押论。既非重押,则不问租金之轻重,均不能适用三十年二月八日院字第二一三二号解释办理。乙说,重押轻租之标准,应以押金与租金数额比较定之,其定期者应以出租期限内租金总和与押金数额比较之,凡出租期限内租金总和超过押金数额者,即非轻租。换言之,其押金不及租期内租金总和者,即非重押。如押金超过租期内租金总和者,应以重押轻租论,其不定期者应以付租期与押金数额比较定之,以年或季或月付租者,即以年或季或月所付租金与押金数额比较,押金多者为重押,押金少者为轻租。至押与租相等或押不重而租轻,均不能适用三十年二月八日院字第二一三二号解释办理,此应请示者一。(二)典权人取得所有权后,与租赁部分应如何解决,于此有三说焉。甲说,按院字第二一三二号解释,既认定重押轻租契约为租赁契约与典权契约之联立,则此两种契约当然同时并存,而租赁契约自不容为典权契约所吸收,尤不能谓依已变更之解释,再将重押轻租契约之全部认为租赁契约,置典权契约于不顾。故如重押轻租契约所定回赎期限届满时,在典权人只能取得相当于押金部分之所有权,而其余相当于租金之部分,则应为出租人所有,彼此属于公同共有之关系。如分割发生争执,不能以协议方法行之,可依《民法》第八百三十条第二项规定,适用同法第八百二十四条第二项或第三项办理。乙说,契约订立,应探求当事人真意。出租人出租时若因避典当之名,以其产业作为重押轻租,而押金系对全部,租金亦对全部,依契约性质为不可分,探其真意,实为出典,则应依典权之规定,如已逾越法定不变期间,即应依物权契约强于债权契约之法理,先适用物权契约,认承租人取得所有权。至租金部分,自承租时至承租人取得所有权时之欠租,应由承租人一并给付出租人,较为允当。丙说,应保护经济上之弱者。出租人因经济困难,以其产业向人抵押巨款,收取轻租,乃出于急迫情形,若因逾越典权契约法定不变期间,即依典权规定丧失所有权,在一般人尚乏此种法律上之认识。如此办理,则经济上之弱者,所受损失过巨,似应仍解为租赁契约,以昭划一。至承租人所缴之押金,仅应以其利息视为一部租金之预付,仍许出租人依租赁契约行使所有权,此应请示者二。(三)主文应如何记载,有甲乙两说。甲说,应依院字第二一三二号解释意旨为抽象之揭示,即相当于押金部分为承租人所有,相当于租金部分为出租人所有,例如重押轻租房屋契约所定回赎期限早已届满(即承租人已取得典权部分之所有权),此际出租人提起交还系争房屋(全部)之诉,则主文第一行应载为被告应将系争房屋相当于租金部分交还原告,第二项应载为原告其余之诉驳回。如有争议,尽可于执行时斟酌情形以为解决,或依《民法》第八百三十条第二项、第八百二十四条第二项或第三项各规定提起分割之诉。乙说,如照甲说记载主文,则房屋之某部分究为某人所有,依公同共有之关系,乃无法为明显之划分,执行时将大感困难,势必另行提起分割之诉,以为救济。是徒增当事人之烦琐,实属毫无实益。诚莫如疑义二之乙说或丙说为简单明了,故若采二之乙说,则主文为原告之诉驳回。若采二之丙说,则主文为被告将系争房屋(全部)交还原告,(均适用本问题甲说所举之例)此应请示者三。(四)院字第二一三二号解释,关于相当押金数额部分之典权范围,如何主张,不一其说。甲说,应以立契时该不动产价与押金数额比例定典权范围,不问租金多寡。例如立契时产价为一千元,而押金七百元,即对于值千元之不动产有七百元之典权,换言之,即对于该不动产有十分之七之典权,因现时价额(即回赎或终止租约时之价额),往往高于立契之时,甚有高至数倍者。如以现时之价额为准,在立契时虽为大押,在现时有变为非大押之嫌,而大押契约之租金通常甚微,有值千元之产价,每年所纳租金仅三数元者,倘以押金及租金与产价比例划分典权范围,则租金所得行使之使用收益权仅有千分之三,不惟事实上等于无,且其余千分之九百九十七为典权,他日典权人取得典物所有权,业主未免损失过巨。乙说,应以现时(即回赎或终止租约时)之价额与押金比例,定典权之范围,在院字第二一三二号解释,明谓对于不动产相当于押金数额部分之使用收益权,即为《民法》第九百十一条所称之典权,依此文义,是应以押金与产价比例,定典权之范围。惟大押契约有定期一二十年以上者,有未定期者,如在一二十年以后调查立契当时之产价,事实上极感困难,自应以回赎时或终止租约时之产价与押金数额比例,划定典权之范围,较少纷纠。依此方法划分,固因产价变多,押金变少,划定之典权范围,亦因之而小,对于支付押金者有所不利,其实租赁部分之使用收益扩大,亦足以填补其损失,尚乏不公平之处。丙说,应以押金及租金与产价比例,定典权范围,按典价通常为原价(即不动产价值)十分之七八,如依前说,以押金与产价定典权范围,则是以押金等于产价之部分为典价,于收支押金人未免不利,应以押金及租金与产价比例,划分典权范围,较与设定典权之恒情为合。丁说,应以押金与租金之二十倍数额与产价比例,定典权范围,按依金融状况,利息之二十倍(按周年百分之五计算),恰与原本相当。如仅以押金与产价比例,定典权范围,其不平允已如丙说,而依丙说以极少租金定租赁范围,则承租人所得行使之使用收益权甚微,在事实上甚至有等于无之弊,似以租金之二十倍数额及押金与产价比例,定典权之范围,较为合理,此应请示者四。以上各点,均滋疑义,未悉可否准予转请解释,理合电请钧部鉴核示遵等情。据此,查原代电请示四点,除第二点曾经钧院本年一月二十七日院字第二二八七号解释有案外,其余三点尚乏依据。事关法律疑义,理合备文呈请钧院鉴核指示,以便饬遵。谨呈司法院院长居。司法行政部部长谢冠生

**院字第二三九九号**

**民国三十一年九月十八日　司法院咨行政院**

案准贵院上月七日顺伍字第一五三四二号咨,以据财政部转请解释契税疑义一案,请解释见复等由,业经本院统一解释法令会议议决,典权人依《民法》第九百二十三条第二项,或第九百二十四条但书取得典物所有权,系直接基于法律之规定当然取得,当事人间既无买卖行为,即非《修正契税暂行条例》第十七条所谓先典后卖,自不得令其补立契纸,完纳契

税。相应咨复贵院查照饬知,此咨行政院。

**附行政院原咨**

据财政部三十一年七月二十六日渝田推字第六一六七号呈称,案据广西省田赋管理局三十一年五月赋二字第二五四八号(零五一五)代电,请示契税疑义第三项称:《民法》第九二三条第二项内载,出典人于典期届满后经过二年,不以原典价回赎者,典权人即取得典物所有权。又第九二四条内载,典权人未定期限者,出典人得随时以原价回赎典物,但自出典后经过三十年不回赎者,典权人即取得典物所有权各等语。如有典权人依照上项规定取得典物所有权时,应否补正契纸投税,并依《契税暂行条例》第十二条先典后卖之例办理,以原纳典契税额划抵应补税项,如应补立契纸,不能取得原业主及原中证人签押时,可否取得典物所有权人自行书契补税等情。事关法令解释,拟请钧院转咨司法院予以解释等情。据此,案关解释法令,相应咨请查照解释见复。再《契税暂行条例》业经国民政府于本年五月二十五日修正公布,通饬施行,原呈所引《契税暂行条例》第十二条,依上项修正条例,应为第十七条,合并咨明。此咨司法院

**院字第二四零零号**

**民国三十一年九月十八日　司法院致国民政府军事委员会函**

案准贵会本年七月二十一日法审(三一)渝一字第七三一六号公函,以据第六战区军法执行监电,请示参谋长对于奉令押解之人犯,伪报离职,以期了案,应如何办理一案,请合照解释见复等由,业经本院统一解释法令会议议决,某参谋长对于奉令押解之人员,伪报早已离职,以期释放了案,如令文内已叙明该人员犯有刑事嫌疑,则某参谋长应构成《刑法》第一百六十四条第一项之藏匿犯人罪。倘其伪报以书面为之,并犯同法第二百十六条行使第二百十三条之公文书罪名,应适用五十五条从一重之第二百十六条,依第二百十三条之规定处断。相应函复贵会查照饬知。此致国民政府军事委员会

**附国民政府军事委员会原函**

案据第六战区军法执行监冯庸已铣育电,请示某参谋长受人之托,对于因案奉令押解之人员,伪报早已离职,以期释放了案,应如何办理等情。案关适用法律疑义,相应函请查照,迅赐解释见复,以便饬遵。此致司法院

**院字第二四零一号**

**民国三十一年九月十八日　司法院指令司法行政部**

呈悉,业经本院统一解释法令会议议决,勋章条例第五条第八款所称中央或地方官吏任职十年以上,不以在同一机关任职者为限。其在同一机关任职时期,与在其他机关任职时期合并计算时,其所在各职,亦不以在同一主管机关管辖下任同官等职务者为限。仰即转饬知照。此令

**附司法行政部原呈**

案据湖北高等法院院长郗朝俊本年六月己皓代电称,查勋章条例第五条第八款规定,中央或地方官吏在职十年以上,成绩昭著者,得授予以勋章,自应照办。惟此项在职年限,是否以在一机关任职为限,如在其他机关任职时期,得合并计算,其所在各职,又是否以在同一主管机关管辖下任同官等职务为限,不无疑义,理合电请鉴核,示遵等情到部。事关法令疑义,理合转呈钧览鉴核指示,以便饬知,谨呈司法院院长居。司法行政部部长谢冠生

**院字第二四零二号**

**民国三十一年九月十八日　司法院复广西高等法院电**

广西高等法院申院长览,本年七月支代电悉,罗城县司法处代电所请解释一案,业经本院统一解释法令会议议决,乡村甲长如依法令有缉拿解究逃兵之职责,乃因收受该逃兵贿赂,不予拿究,应依《惩治贪污暂行条例》第二条第一项第二款处断。至单纯徇情包庇,不予缉拿解究,如合于藏匿或使其隐避之情形,即应构成《刑法》第一百六十四条第一项之罪,合电转饬知照。司法院巧印

**附广西高等法院原代电**

司法院院长居钧鉴,据兼罗城县司法处行政事务县长黄人超本年六月元日法字第三三零号代电称,设有乡村甲长收受逃兵贿赂,或单纯徇情包庇,不予缉拿解究,此种行为究竟为触犯《妨害兵役治罪条例》上罪名,抑为《惩治贪污暂行条例》上罪名?如属触犯《妨害兵役治罪条例》上罪名,究与何条规定之罪名相当,滋生疑义,谨电请察核,准予解释示遵等情前来。查乡村甲长如已奉有缉拿逃兵之通缉令,乃因收受逃兵贿赂之故不予缉拿解究,似应构成《惩治贪污暂行条例》第三条第一项第二款之罪,倘系单纯徇情包庇,其包庇行为又已达于藏匿犯人或使之隐避之程度,似应构成《刑法》第一百六十四条第一项之罪。事关法律疑义,本院未敢擅拟,理合电请钧院解释,以凭转饬遵照。广西高等法院院长申守真

**院字第二四零三号**

**民国三十一年九月十八日　司法院指令陕西高等法院**

呈悉,业经本院统一解释法令会议议决,《非常时期民事诉讼补充条例》第二十条第二项规定,限于有同条例第十九条情形者,始适用之,业经本院解释在案(院字第二三一九号、第二三三九号)。至第二十条第一项之规定,不过就具有第十九条情形之诉讼事件,于有该项所列之法律或办法时应依以裁判,非谓此项法律及办法之适用,以有第十九条情形之诉讼事件为限。况查关于离婚或解除婚约之争议,依同条例第十一条之规定,不得依同条例声请调解。《修正优待出征抗敌军人家属条例》第三十条之适用,尤与《非常时期民事诉讼补充条例》第二十条第一项规定无涉。仰即转饬知照。此令

**附陕西高等法院原呈**

案据南郑地方法院三十一年六月二十五日第一四三号呈称,查《非常时期民事诉讼补充条例》第二十条第一、二两款之适用,分甲乙两说。甲说,法院依该两款之规定为裁判者,必限于同条例第十一条所列之法律关系,经当事人声请依该条例为之调解,对于调解条款未经同意,于调解或正本送达后二十日之不变期间内提出异议,并经当事人起诉,或于调解前已起诉者之案件。观同条例第十八条、第十九条及第二十条规定极为明了,如未经该条例所定之调解程序,即不得适用该两款以为裁判。乙说,同一法律关系,在实体上应得同一之结果,不应因是否适用本条例调解而有歧异。如出征抗敌军人在服役期内,其妻请求离婚者,无论持何种理由,不应准许,《优待出征抗敌军人家属条例》定有明文,自不应因女方请求离婚,未经本条例所定之调解程序,遂排斥《优待出征抗敌军人家属条例》之适用。且该两款之规定,原系以时值非常,系争之法律关系既受战事之影响,并感社会情事剧变,遂于通常法律规定之外,另求解决之方案。如因是否适用本条例调解程序而得歧异之结果,尤非法理之宜。故系争之法律关系,不问是否经本条例所定之调解程序,应一律适用该两款以为裁判。两说各有所见,未知孰是,理合呈请鉴核示遵等情。据此,事关法律疑义,理合转请钧院解释,以便转饬遵照,谨呈司法院院长居。陕西高等法院院长魏大同

**院字第二四〇四号**

**民国三十一年九月九日　司法院复国民政府军事委员会函**

案准贵会本年六月十一日法审(三一)渝三字第五七五八号公函,以据第六战区司令长官电,请示《刑法》第二十八条疑义一案,请解释见复等由,业经本院统一解释法令会议议决,《刑法》第二十八条所谓实施,系指犯罪事实之结果直接由其所发生,别乎教唆或帮助者而言。即未着手实行前犯阴谋预备等罪,如有共同实施情形,亦应适用该条处断。至实行在现行《刑法》上乃专就犯罪行为之阶段立言,用以别乎阴谋预备着手各阶段之术语。相应函复贵会查照饬知。此致国民政府军事委员会

**附国民政府军事委员会原函**

案据第三战区顾司令长官是有畅电称,《刑法》第二十八条所谓实施,是否包括阴谋及预备在内,实施与实行有无区别,乞示等情。案关解释《刑法》疑义,相应函请查照,迅赐解释见复,以便饬遵。此致司法院

**院字第二四零五号**

**民国三十一年十月九日　司法院咨行政院**

案准贵院本年七月二十七日顺捌字第一四六七零号咨,以《矿业法》第一零八条第一款适用疑义,请解释见复等由,业经本院统一解释法令会议议决,《矿业法》第一百零八条第一款所谓取得矿业权,系以取得同法第四条之探矿权或采矿权为限。其第二十五条第一项矿

业权之优先权,不包括在内。又在他人测勘矿区着手绘图准备设定矿业权之期间,于同一地点迅速备具图件提前请领矿照,对于主管官署,并无诈欺行为,亦不成立该条款之罪。相应咨复贵院查照。此咨行政院

**附行政院原咨**

查《矿业法》第一百零八条第一款规定,以诈欺取得矿业权者,处三年以下有期徒刑,或三千元以下罚金,适用此种规定时,颇有疑义,分述于下:(一)此所谓取得矿业权,是否包括同法第二十五条第一项之"优先权"在内,抑仅指经中央主管部核准发给矿业执照,取得采矿权或探矿权者而言?(二)在他人测勘矿区着手绘图准备呈请设定矿业权之期间,自己于同一地点迅速备具图件,提前请领。此种情形,是否足以构成本款"诈欺"之罪,抑可认为合法之竞争?本院现有涉及是项问题之案件,亟待解决,相应咨请贵院查照,迅为解释见复,至纫公谊。此咨司法院。行政院院长蒋中正

**院字第二四零六号**

**民国三十一年十月九日　司法院咨行政院**

案准贵院本年七月十八日顺捌字第一四零一一号咨,以据内政部呈,请示人民不服区署乡镇公所保办公处之处分,能否提起诉愿一案,请解释见复等由,业经本院统一解释法令会议议决,不服区署乡镇公所及保办公处所为自治行政之处分,不得提起诉愿。相应咨复贵院查照饬知。此咨行政院

**附行政院原咨**

据内政部三十一年六月十九日呈,转请核示自治人员被控事件处理疑义到院,原案请示五点,除第一至第四点另行办理外,其第五点涉及诉愿程序问题,在关于人民不服区署乡(镇)公所保办公处之处分,能否提起诉愿,有相反之两说,分述如下:甲说,查《诉愿法》第二条对于县以下各机关之处分诉愿至何机关未经列举,自应依据第三条按其管辖等级比照"第二条定之",又"人民对于区公所之处分如有不服,依《诉愿法》第三条管辖等级比照之规定,应向其直接上级官署之县市政府提起诉愿",经院字第三五四号及第一二九七号解释有案,人民不服区署以下各机关处分,自得比照现行《诉愿法》第二条第一款规定,向县市政府提起诉愿。乙说,查诉愿之提起,原以对于中央或地方官署之处分为限,《诉愿法》第一条有明文规定。乡(镇)公所及保办公处为自治机关,与官署之性质有别,自法理上言,对于乡镇公所及保办公处之处分不得提起诉愿,仅得以通常呈诉方式向该管自治监督之官署请求救济,不服各该官署之处分,始得诉愿。以上两说,各具相当理由,事关适用法律疑义,相应抄同原件,咨请贵院解释见复,以便办理。此咨司法院。行政院院长蒋中正

**院字第二四零七号**

**民国三十一年十月九日　司法院复湖南高等法院电**

湖南高等法院邓首席检察官览，本年一月删代电悉，沅陵地方法院检察官所请解释一案，业经本院统一解释法令会议议决，私盐治罪法第一条所谓私盐，据其明文规定，系指未经盐务署之特许而制造、贩运、售卖或意图贩运而收藏之盐而言，不以漏税私运及违反盐务机关所指定销岸之盐为限。至计口授盐区域之人民于购盐证外私自买卖之盐是否该条之私盐，仍应按上列规定标准而定。倘原系特许售卖之盐，并不因其未凭购盐证购买而变为私盐，合电转饬知照。司法院佳印

**附湖南高等法院检察处原代电**

重庆司法院院长居钧鉴，据沅陵地方法院检察官李骏三十年十二月世代电称，查私盐治罪法第一条之所谓私盐，是否专指漏税私运及违反盐务机关所指定销岸之盐而言，抑或包括现在计口授盐时人民于购盐证之外私自买卖之盐，亦应认为该法之所谓私盐，理合电呈请赐解释等情。据此，事关法律疑义，理合电请解释示遵，湖南高等法院首席检察官邓静安叩删印。

**院字第二四零八号**

**民国三十一年十月十三日　司法院致军政部函**

案准贵部本年三月二十八日法核(三一)渝字第三六一一二号公函，再请解释乡镇保长办理兵役舞弊适用法律疑义等由，兹经本院统一解释法令会议议决，乡镇保长因办理兵役，收受要求期约贿赂，或管理壮丁，诈取财物，《妨害兵役治罪条例》第五条第一项至第三项及第八条，已有处罚规定。虽在此作战期内，同时不免触犯《惩治贪污暂行条例》第三条第一项第二款公务员对于主管或监督事务图利之罪名，然此乃法规竞合问题，不但依后法优于前法之原则，应适用颁行在后之《妨害兵役治罪条例》处断，并归普通法院审判，即参诸狭义法(《妨害兵役治罪条例》限于办理兵役及管理壮丁之人员)排斥广义法(《惩治贪污暂行条例》系就一般军人及一般公务员而为规定)之理论，亦应如此办理，本院院字第二二七四号解释，系斟酌上述关系而为分析之解答，正与院字第二二二四号解释并行不悖，相应函复贵部查照。此致军政部

**附军政部原函**

案准贵院上月十五日院字第二二七四号函略开，《妨害兵役治罪条例》，系《惩治贪污暂行条例》施行后颁布，各犯罪行为在该两条例均处罚规定时，依后法优于前法之原则，自应适用《妨害兵役治罪条例》。乡镇保长等在《妨害兵役治罪条例》施行后，办理兵役受贿或管理壮丁诈索财物，既与该条例第五条第一项至第三项或第八条规定相合，自应适合该条例“归普通司法机关审判”等由，准此。惟查贵院上年八月十六日训令司法行政部院字第二二

二四号略开,公务员对于主管或监督事务收受贿赂,国防最高委员会决议应适用《惩治贪污暂行条例》第三条第一项第一款办理。虽原决议对于军事委员会原函列举之要求期约收受贿赂等行为,只明示收受一点,然不过就上述数种行为中举一以概其余,要求或期约贿赂既均有图利情形,亦当然适用该条款处断之解释,则乡镇保长等既系依法令从事于公务之人员,其对于办理兵役事务,似亦应认为系其主管。如其因办理兵役图利而要求期约或收受贿赂,适用《妨害兵役治罪条例》论科,归普通司法机关审判,此不独与《惩治贪污暂行条例》第一条第一项、第八条及上述院字第二二二四号解释相违背,且公务员因办理兵役事务,发生贪污行为,而与一般公务员犯贪污罪者异其处罚与管辖,似有使整个公务员身分割裂之虞,本部认为有重行研究之必要,相应再行函请查照,迅予释明赐复为荷。此致司法院。军政部部长何应钦

**院字第二四零九号**

**民国三十一年十月十三日　司法院训令广东高等法院**

案据本院统计处签呈称,据广东高等法院第七分院统计室呈请解释律师法第三十七条疑义,签请鉴核等情,兹经本院统一解释法令会议议决,法院必有二以上之同级者,始有所谓管辖区域之划分。律师法第三十七条所称之法院,既以划有管辖区域为前提,自系指高等以下之法院而言。曾任职于高等法院之司法人员,在该法院及其管辖区域内各地方法院执行律师职务,应受同条之限制。巡回审判区划为数区,各有其管辖区域者,曾任职于某区之司法人员,在该区之管辖区域内执行律师职务,应受同条之限制。至同一区之巡回审判人员,分作一至四地方法院及五至八地方法院两部分巡审者,不过为内部之事务分配,曾在一至四地方法院巡审之司法人员,在五至八地方法院执行律师职务,仍应受同条之限制。合行令仰该法院转饬知照。此令

**附广东高等法院第七分院统计室原呈**

窃查律师法第三十七条规定,司法人员自离职之日起三年内不得在曾任职务之法院管辖区域内执行律师职务,但曾任职务于第一审或第三审法院之司法人员,其回避区域如何,有下列两说。甲说,曾任职于第三审法院之司法人员执行律师职务,其应行回避之区域为该第二审法院及其诉讼管辖内之各地院,若任职于第三审法院之司法人员,则凡最高法院管辖内之各省高等法院及地方法院,皆在应行回避之列,不得于期内执行律师职务。乙说,曾任职于最高法院之司法人员,其回避区域应以最高法院及其所在地之第一、二两审法院为限。若任职于第二审法院之司法人员,亦只以该第二审法院及其所在地之地方法院为回避之区域而已。则该第二审法院所在地以外之地方法院,虽以该第二审法院为上诉机关,仍不在应行回避之列。以上二说,究以何者为是?又设有甲高等法院因战时关系将其辖区二十县中之八县划归该院临时庭管辖,八县划归该院第一巡回区管辖,四县划归该院第二巡回审判区管辖。曾任职于巡一区之司法人员,其回避区域,是否以巡区一区管辖区域为限,

抑并临时庭及二区管辖区域亦在应行回避之列？又设巡一区内因有八地方法院，其巡回审判人员分作一至四地方法院及五至八地方法院两部分巡审，其曾巡审一至四地方法院司法人员之回避区域，是否以该一至四地方法院为限，抑五至八地方法院亦在应行回避之列，俱属不无疑似之处，理合备文呈请钧处核转司法院解释，实为公便。谨呈司法院统计处处长何。广东高等法院第七分院统计员汤祖檀

**院字第二四一零号**

**民国三十一年十月十三日　司法院指令湖南高等法院**

呈悉，业经本院统一解释法令会议议决，公务员提会议决，扣发职务上应行发给之财物，变价全数兴办地方事业，如无以不法所有之意思图利自己或第三人情事，自不成立《惩治贪污暂行条例》第三条第一项第一款之罪。仰即转饬知照。此令

**附湖南高等法院原呈**

案据安化县政府三十一年三月五日安财字第五二五号代电称，公务人员提会议决，扣发职务上应行发给之财物，变价全数兴办地方事业，如无中饱舞弊情事，是否仍应依照《惩治贪污暂行条例》处办，理合电恳转请解释，俾资遵循等由到院。案关解释法律问题，理合备文转请钧院鉴核示遵。谨呈司法院院长居。湖南高等法院院长陈长簇

**院字第二四一一号**

**民国三十一年十月二十四日　司法院致国民政府军事委员会函**

案准贵会本年八月十四日法审(三一)渝三字第七七二一号公函，以制造鸦片罪适用法律发生疑义，请解释见复等由，兹经本院统一解释法令会议议决，以烟土交由其家属或佣工代为制膏，以供自己吸食或备自己图利，设所供人吸食者，该家属等除成立制造鸦片之实施正犯外，如对于吸食或营利设所供人吸食，亦有意思之联络，并成立吸食鸦片罪，或图利设所供人吸食鸦片罪之帮助犯，依《刑法》第五十五条从制造鸦片之一重罪处断，相应函复贵会查照。此致国民政府军事委员会

**附国民政府军事委员会原函**

案准贵院本年五月二十二日院字第二三三五号公函，解释制造鸦片罪疑义一案略称，凡加工于含有鸦片物质之行为，皆为制造鸦片。以烟土煎制熟膏，除别有阻却违法原因外，应构成制造鸦片罪等语。查吸食或营利设所供人吸食鸦片者，多系自购烟土制膏，以供自己或他人吸食，亦有以烟土交其家属或佣工代为制膏以供吸食者。依上开解释，则制膏以供自己吸食或供人吸食以营利者，均应从一重之制造鸦片罪论，如交由家属或佣工代为制膏以供吸食者，则其家属或佣工亦应以制造鸦片论，如此办理，于事实法律，似均不无抵触。事关适用法律疑义，相应再请查照，迅赐解释见复为荷。此致司法院

**院字第二四一二号**

**民国三十一年十月二十四日　司法院致国民政府军事委员会函**

案准贵会本年九月十六日法审(三一)渝三字第八八八三号公函,以据本会成都行辕代电,请示已立案私立学校教职员办理事务,是否认为办理公益事务一案,请解释见复等由,业经本院统一解释法令会议议决,已立案之私立学校,自系社会公益团体之一种,办理该项学校之事务,依《惩治贪污暂行条例》第一条第二项应以办理公务论,相应函复贵会查照饬知。此致国民政府军事委员会

**附国民政府军事委员会原函**

案据本会成都行辕本年八月蓉辕法和字第五零五一号鱼代电,为已立案私立学校教职员办理事务,是否可认为《惩治贪污暂行条例》第一条第二项所称办理社会公益事务,乞示等情。据此,案关适用法律疑义,相应查照迅赐解释见复,以凭饬遵。此致司法院

**院字第二四一三号**

**民国三十一年十月二十四日　司法院致军事委员会军法执行总监部函**

案准贵部本年六月二日法审(三一)渝三字第六四三一号公函,以通讯兵团所存之军用电线及其他通讯材料,可否认为军用物品,抑为公有财物,请解释见复等由,兹经本院统一解释法令会议议决,专为军事电讯而设之通讯兵团,其所存之军用电线,及其他之通讯器材系军用品,亦属公有之财物。军人或公务员如在作战期内盗卖或窃取该项器材者,应分别适用《惩治贪污暂行条例》第二条第三款或第三条第一项第三款论罪。相应函复贵部查照。此致军事委员会军法执行总监部

**附国民政府军事委员会军法执行总监部原函**

查通讯兵团,专为军事电讯而设,如有军人或公务员盗卖或窃取该团所存之军用电线及其他通讯材料,应以盗卖或窃取军用品论,抑以盗卖或窃取公有财物论,不无疑义,相应函请查照,迅赐解释见复为荷。此致司法院。军法执行总监部总监何成濬

**院字第二四一四号**

**民国三十一年十月二十七日　司法院咨行政院**

案准贵院上月十二日顺捌字第一八零四一号咨,以据经济部转请解释商标事件适用法律发生疑义一案,请解释见复等由,业经本院统一解释法令会议议决,关于商标呈请或争议事件,经当事人或代理人指定送达代收人向商标局陈明者,送达文件于该代收人时,即生送达之效力,法定期间亦即由此起算。当事人或代理人收到文件时,已不及为期间内之行为,而该代收人于转送无过失者,自属商标法第十一条但书所称之窒碍。当事人或代理人居住外国及边远或交通不便之地者,并有同法第十条之适用。相应咨复贵院查照饬知。此咨行

政院

**附行政院原咨**

据经济部三十一年八月二十六日(三一)商字第一四三三五号呈称,案据商标局三十一年八月六日川审字第一零二一九号呈称,查关于商标呈请或争议案件文件之送达,由当事人或代理人收受者,自应认为合法送达。其经由当事人或代理人指定文件代收人收转者,是否亦应认为合法送达,现有两种解释。甲说,按当事人或代理人经指定送达代收人,应向该代收人为送达,乃为一般法律之原则,在《民事诉讼法》第一百三十三条第一项定有明文。故送达文件于代收人,即应认为合法,从而法定期间亦应由文件代收人收受之日起算,不能由代收人转达于当事人或代理人之日起算。乙说,商标法第七条所谓之代理人,系对于本法及其他法令所定关于商标之一切程序,及诉讼事务,均代表本人。至若文件代收人,仅能为文件之收受及转递,并不负程序上之任何责任,与选任之代理人性质不同。故送达文件于代收人,自难认为合法送达。况值此非常时期,其因商标事件而指定文件代收人者,必基于环境特殊(如当事人或代理人在沪,因恐文件寄递遗误,另行指定在渝之文件代收人是),非若《民事诉讼法》上所谓应向代收人为送达之情形可比。倘以委托代收人之故,反将转递之在途期间致被剥夺,亦非情理之平。事关商《民法》益极巨,似不能仅拘泥于条文,而置实际情形于不顾。细绎二说,各有理由,究竟适用何说,并应如何加以限制,事关法律疑义,理合备文呈请鉴核,赐予解释,以资遵循等情。据此,案关法律疑义,理合备文呈请钧院转咨司法院统一解释示遵等情,据此,相应咨请贵院解释见复,以便饬遵,此咨司法院。

**院字第二四一五号**

**民国三十一年十月三十日　司法院复甘肃高等法院电**

甘肃高等法院孟院长览,本年九月齐代电悉,榆中县司法处审判官所请解释一案,业经本院统一解释法令会议议决,声请强制执行时,依《民法》第一百三十七条第二项规定,重行起算之时效期间,虽已届满,其声请亦非当然可予驳回。纵令债权人受确定判决后无中断时效或使时效不克完成之事,亦得由债务人依强制执行法第十四条提起异议之诉。合电转饬知照。司法院卅印

**附甘肃高等法院原代电**

重庆司法院院长居钧鉴,据榆中县司法处审判官杜增珪呈称,本案系民国十九年五月二十日经最高法院终审判决确定以迄于今,已历十余年之久,声请人某甲始来本处声请强制执行。在强制执行法无时效之限制,是否适用《民法》第二百二十五条之规定等情。据此,事关法律疑义,除指令外,理合据情电请鉴核示遵,俾便转饬知照。甘肃高等法院院长孟昭侗叩齐印

**院字第二四一六号**

**民国三十一年十月三十日　司法院指令司法行政部**

呈悉,业经本院统一解释法令会议议决,(一)公务员在任病故时所负交代责任,以财产上之义务为限,由其继承人承受。其同居任地之家属非继承人者,不负责任。(二)《公务员交代条例》第十条之规定,虽不适用于在任病故之公务员,但该公务员之继承人所承受之偿还公款义务不履行时,得依对于继承人之执行名义为强制执行。至该公务员之财产,以虚伪行为隐匿于其同居任地之家属名下者,其虚伪行为既属当然无效。虽该家属非继承人,亦得依对于继承人之执行名义就此项财产为强制执行。仰即转饬知照。此令

**附司法行政部原呈**

案据广西贺县地方法院三十一年七月二十三日贺字第四九九号呈称,案查《公务员交代条例》及司法行政部所属各机关公务员交代条例施行规则,对于生存之公务员办理交代者,规定綦详,足资依据。惟对于在任病故而亏短公款者,仅有交代条例第四条但书之简略规定,适用时殊滋疑义,兹谨条举如下:(一)修正公务员交代条例第四条但书因病卸任,或在任病故者,得由各机关佐理人员代办交代,仍由前任负责。所谓前任,当然指因病卸任或在任病故之公务员而言。惟既属在任病故,则其一切权利义务,均因死亡而终,则此规定之前任,是否包括已故公务员同居任地之家属,所谓负责,是否须负同条上段所规定之一切责任?(二)《公务员交代条例》第十条,因交代不清而逃匿或捏报病故者,除查封其财产抵偿外,此条规定,得迳行查封其财产抵偿之情形,乃因交代不清而逃匿或捏报病故者,如果在任病故,而亏短公款交代不清,可否比照此条规定,迳行查封其财产,抵偿亏款?再如已故公务员之大部财产隐藏于同居任地之家属名下,以致查封该故员本己之财产毫无所得,可否将该故员同居任地家属之财产一并查封,抵偿亏短之公款?以上疑问,如持消极说者,则眼见亏短公款之公务员,因其病故而无追偿,其家属犹可得金以徜徉,国库于此亏款,势将准予勾消。如持积极说者,则以公帑为重,不能因其亡故而避卸抵偿之责,应及时向其同居任地之家属追偿,毋任纵逝。二说有关于交代清结之迟速,及追偿亏短公款之张弛,职院发生此类疑问,亟待解决,理合具文呈请钧长鉴核指令祇遵等情。据此,事关法律疑义,理合具文呈请钧院解释,俾便饬遵。谨呈司法院

**院字第二四一七号**

**民国三十一年十一月四日　司法院指令司法行政部**

呈悉,业经本院统一解释法令会议议决,(一)覆判审判决后,经上诉第三审撤销发回更审者,更审法院应依第二审通常诉讼程序办理。如误依覆判程序以裁定发回原县司法处更审,此项裁定根本无效,无庸抗告。(二)原审县司法处根据前项之无效裁定所为之更审判决,亦属无效,第二审检察官接受原审县司法处依《县司法处刑事案件覆判暂行条例》第十

一条第一项呈送卷判后,不问其更审之结果如何,均不必对之上诉,应仍由原更审法院依通常程序进行审判。仰即转饬知照。此令

**附司法行政部原呈**

案据署贵州高等法院首席检察官毛家骐呈称,案据署本院第二分院首席检察官谢况呈称,本年七月八日据本处检察官签称,为签呈事,窃于民国三十年四月十五日奉最高法院检察署平字第一零四零号训令,本处检察官对于同院覆判审判决罗朝珍因杀人案件上诉一案,经最高法院判决后,转发卷判到处。查判决主文,“原判决撤销,发回贵州高等法院第二分院”等因,当即片送同院刑庭核办去后,旋于同年五月十二日经同院刑庭以裁定将本件发回兴仁县司法处更审,当经检察官于接收裁定正本后详加查核,以本件在前原审(覆判审)虽依覆判程序判决初判核准,但原检察官既已上诉,经第三审判决撤销发回后,自应适用通常程序为第二审审判。乃原判决仍依覆判程序以裁定发回兴仁县司法处更审,似有未合。惟此项裁定,依《县司法处刑事案件覆判暂行条例》第七条第二项之规定,不得抗告,自属无法救济,当加具意见附卷,并一面以关于此类程序,商由同院以代电,分甲乙两说(原呈抄附于后),呈由高等法院转请解释,旋奉指令,应以甲说为是,毋庸转送解释等因。此项问题,终致怀疑,莫可解决,洎本年六月十六日司法院院字第二三四七号解释(上略),(一)检察官对于覆判审核准判决上诉经第三审撤销发回,应依通常程序办理(下略)。依此寻绎,是院解释核与检察官原本主张乙说恰相吻合,从而第二审发回县司法处更审之裁定,不无违误。虽县司法处对于该案至今尚未判决,呈送本处,但该案以后难免不发生法律重大问题,检察官再三考究,似有请予转呈解释之必要,兹拟问题如下:第二审对于第三审撤销覆判审核准判决,发回案件,仍用覆判程序,以裁定发回县司法处更审。此项裁定,依司法院三十年六月十六日院字第二三四七号解释,洵属违误,惟(一)检察官于接收裁定后,依《县司法处刑事案件覆判暂行条例》第七条第二项之规定,不得抗告,此种违法裁定,应如何办理,以资救济?(二)前述裁定,既不得抗告,经发回县司法处,而县司法处受该裁定之拘束,更为审判。甲、设县司法处于判决后呈送该管检察官审核,认为判决尚无不合,然根本上程序既属违法,则对于此违法之判决,是否根本无效,究应如何办理,或能否以非常上诉救济。乙、设县司法处判决,认事用法(实体法)均属不当,经检察官审核,认为应提起上诉,则对于明知不应由县司法处更审而更审之判决,是否适用通常上诉程序,及《县司法处办理诉讼补充条例》第十九条办理,或仍依《县司法处刑事案件覆判暂行条例》第十二条第一项后段提起上诉?案关法律疑义,应请转呈解释,检察官为谋解决法律问题起见,理合签请钧席鉴核,转呈核示祗遵,实为公便,附抄呈请解释原文一件等情。据此,理合备文转呈,伏祈钧席鉴核,转请解释等情,附抄呈请解释原文一件。据此,查该首席检察官呈称各节,事关法律解释,理合照抄原件,呈请钧部陈核示遵等情。据此,案关法律疑义,理合照抄原附件呈请钧院核示,俾便饬遵,谨呈司法院院长居。司法行政部部长谢冠生

**附呈请解释原文**

窃查第二审法院所为之覆判审核准判决,检察官上诉,经最高法院撤销发回,是否仍应照覆判程序,抑或照第二审普通上诉程序办理。兹有二说。甲说,第二审法院之覆判审核准判决,既经最高法院撤销发回,乃系回复覆判审原状,自应仍照覆判审程序,依据司法处刑事案件覆判暂行条例办理。盖覆判审原系一种特别程序,自始并无上诉及上诉人,如照第二审普通上诉程序办理,刑诉法上殊无条文可资援引。乙说,第二审法院之覆判审核准判决,既经最高法院撤销发回,当无复再有覆判审之存在,而覆判审既系一种特别程序,自无须有上诉及上诉人,尽可依照第二审普通上诉程序办理。以上二说,究以何者为当,事关适用法令疑义,理合备文呈请钧院转请解释。

**院字第二四一八号**

**民国三十一年十一月四日　司法院复甘肃高等法院电**

甘肃高等法院孟院长览,本年九月冬代电悉,武威地方法院所请解释一案,业经本院统一解释法令会议议决,自诉案件被告中之一人,合于《非常时期刑事诉讼补充条例》第十三条第一项第三款、第四款规定谕知无罪者,应另以裁定行之。合电转饬知照。司法院支印

**附甘肃高等法院原代电**

司法院院长居钧鉴,据甘肃武威地方法院院长孙德耕本年八月六日呈字第一一七号呈称,查刑事自诉案件有《非常时期刑事诉讼补充条例》第十三条第一项各款情形之一,应以裁定行之。此在共同被告同为无罪之宣示,或不受理之谕知者,适用上自无困难。设有某甲将乙丙二人同列为一案件被告而提起自诉,经审讯结果,被告中之乙应判处罪刑,丙则应为无罪之宣示,则应如何办理,于此有二说焉。子说,主张依裁定为判决吸收之原则,丙之无罪裁定可并合于乙之有罪判决,既合于补充条例立法之意旨,适用上亦极简便。丑说,主张《非常时期刑事诉讼补充条例》优先适用于《刑事诉讼法》,而有罪判决系依法上诉,至无罪裁定,仅可抗告,其对于不服裁判之救济方法既非合一,自应分别办理,究以何说为是,未敢擅专,理合具文呈请钧院鉴核示遵,实为公便,等情。据此,除指令外,理合电请解释示遵,俾便转饬知照。甘肃高等法院院长孟昭侗叩冬印

**院字第二四一九号**

**民国三十一年十一月四日　司法院复安徽高等法院电**

安徽高等法院廖院长览,本年八月真代电悉,霍邱县司法处审判官所请解释一案,业经本院统一解释法令会议议决,某甲由军官大队毕业,经安徽省驿运管理处委充运输队第三大队第九中队第二分队队长。此项运输队如非依陆军部队之编制,除某甲原系补实军官应认为军人外,不得视同军人。其向壮丁家属诈取财物,既与《妨害兵役治罪条例》第八条第一项所规定之犯罪主体不合,自应视其有无军人身份,由通常法院或军法机关依《刑法》第

三百三十九条第一项论以诈欺之罪。合电转饬知照。司法院支印

**附安徽高等法院原代电**

重庆司法院院长居钧鉴，案据霍邱县司法处审判官沈佩玉铣代电称，兹有某甲由军官大队毕业，经安徽省驿运管理处委充运输队第三大队第九中队第二分队队长，借为壮丁请托免役为名，敲诈壮丁家属国币七百元。此项运输队组织，是否与军队编制一律应视为现役军人，归军法机关审判，抑为临时组织，仍属普通司法机关受理，电请示遵等情到院。查此项运输队应否视为现役军人，事关法律疑义，理合电请解释示遵，以便转饬遵照。署安徽高等法院院长廖江南叩未真印

**院字第二四二〇号**

**民国三十一年十一月四日　司法院复广东高等法院电**

广东高等法院史院长览，本年八月宥代电悉，阳山地方法院所请解释一案，业经本院统一解释法令会议议决，《民法》第九百二十三条第二项所谓典期，为《民法》第九百十二条所谓典权约定期限之简称，系指以契约所定回赎权停止行使之期限而言，此与《民法》第九百二十三条第一项对照观之自明。当事人约定五年满后始得回赎者，所定五年，自属典权之约定期限，虽依习惯或契约，五年满后不拘年限随时得为回赎，依《民法》第九百二十三条第二项之强制规定，亦仅得于五年满后二年内回赎。至《民法》对于出典后随时得回赎之典权，许于三十年内回赎，而其对于约定五年满后始得回赎之典权，仅许于五年满后二年内回赎。纵或有失权衡，亦不能因此遽为反于法律明文之解释。合电转饬知照。司法院支印

**附广东高等法院原代电**

重庆司法院院长居钧鉴，案据阳山地方法院推事兼行院长职务陈进文午回代电称，窃查民事关系所生之法律行为，至多且繁，现行法规未能一一举列而包括之。故民事契约苟无违反强制或禁止之规定，及有背于公共秩序或善良风俗者，均难予以否认，此为当然之法理。次查解释意思表示，应探求当事人之真意，不得拘泥于所用之辞句，民事法律所未规定者，依习惯，无习惯者，依法理，《民法》第九十八条、第一条定有明文。此间典田习惯，对于回赎期间，多系约定五年外方得回赎，双方之真意系在禁止出典后五年内之回赎。如五年后以迄《民法》第九百十二条所定之三十年期间内准出典人随时回赎，此种典权契约，已无违反强制及禁止之规定。而对于《民法》第九百十二条、第九百二十三条、第九百二十四条，又无排除其适用之情形，则此种典田习惯，自难谓非适法而无效。兹有甲将典物于民国二十年一月一日出典与乙，约定无论何时，均可回赎，但须满五年后方可回赎。迨民国二十八年一月一日乙向甲请求回赎典物，该典物应否准许回赎，有子、丑二说。子说，谓司法院院字第二二四三号解释载明，当事人既约定三年满后方准回赎典物，该三年自即《民法》第九百二十三条第一项所称之期限，其约明三年不满回赎，须补灰粪若干，意在禁止三年内之无条件回赎，仍不失为定有期限之典权。其约明过期不赎，每两银每月行息若干，并不因而变

为未定期限之典权,及院字第一八二零号解释之本旨推之,应不许乙向甲回赎。丑说,谓当时双方当事人之真意,系约定出典后五年外至不违反《民法》最长期之规定即三十年期间内,随时均可回赎,且此种真意之约定,并无违反强制及禁止之规定,而与《民法》第九百二十三条、第九百二十四条又无排除适用之情形。且查出典人多系经济上之弱者,《民法》第九百十三条载,典期未满十五年者,不得附有过期不赎即作绝卖。可见立法本旨,为不欲经济上优势之人任意压迫经济上之弱者极明。抑尤有进者,《民法》第九百二十四条规定,未定期限之典约,尚许出典人于三十年内随时回赎,而经双方订明于出典后五年外方可回赎之契约,乃独予以否认,而不许乙向甲回赎,不独有失公平,且与双方当事人订约时之意思表示亦属相反。至司法院院字第二二四三号及第一八二零号解释之情形,一系双方当事人立约时之真意,系约明三年为回赎之期限,一系双方当事人之真意不明而言。此观诸该第二二四三号解释内载,过期不赎每两银每月行息若干等字样极为明显。是院字第二二四三号第一八二零号解释,与本问题之情形不同,故乙向甲请求回赎,应予准许。以上二说,究以何说为是,事关适用法律疑义,理合电请准予转呈司法院迅赐解释示遵等情。据此,查事关法律疑义,理合电呈钧院鉴核解释示遵,广东高等法院院长史延程叩未宥连总。

**院字第二四二一号**

**民国三十一年十一月四日　司法院复贵州高等法院电**

贵州高等法院刘院长览,本年九月效代电悉,所请解释一案,业经本院统一解释法令会议议决,当事人约定典权人死亡后始准回赎典物者,系属定有不确定期限之典权,而以出典人知典权人死亡时,为其期限届满之时。若自出典后满三十年,典权人尚未死亡,或虽已死亡,而为出典人所不知者,依《民法》第九百十二条之规定,应以满三十年时为其期限届满之时。出典人于典期届满后,经过二年不以原典价回赎者,依《民法》第九百二十三条第二项之规定,典权人即取得典物所有权。合电知照。司法院支印

**附贵州高等法院原代电**

司法院院长居钧鉴,兹有回赎典产疑义事件,应请解释示遵,设有甲将不动产向乙设定典权,约明于乙死后始能回赎。此种情形,究应视为定期典权,抑视为不定期之典权,以定其何时得以回赎,则有二说。甲说,谓典期虽未确定,然既以典权人之生存期间为典期,仍应视为定期典权,依《民法》第九百二十三条第二项之规定,于典权人死亡之日起,二年内不回赎者,即不得主张回赎。乙说,典期既不确定,应视为未定期限之典权,出典人于出典之日起三十年内得随时主张回赎,不受乙死亡日期之限制。以上两说,究以何说为是,伏候核示。贵州高等法院院长刘含章效叩

**院字第二四二二号**

**民国三十一年十一月四日　司法院指令广西高等法院**

呈悉,业经本院统一解释法令会议议决,军用枪炮零件,为组成该枪炮之一部,铁匠某甲就他人枪炮上已损坏之零件,而加以修理,即属制造军用枪炮,无论该枪炮已未烙印,曾否领照,以及为村甲公有或居民私有,如其制造行为未受允准,而又无正当理由,应成立《刑法》第一百八十六条之罪。其迭次修理,如系出于概括之犯意,并应依连续犯之例论处。仰即转饬知照。此令

**附广西高等法院原呈**

呈为呈请解释事,案据都安县司法处本年三月元代电称,设有素业铁匠之某甲,未受允准,迭为他人修理军用枪炮已损坏之零星机件,如枪机之弹簧螺旋钉或其他机件等,而所修理之各枪支中,有业经枪支所有人向政府报请烙印或领取枪照者,有未经烙印或领枪照者,有系属全村或全甲公枪者,有纯属居民私有枪支者。嗣为人向司法机关告发。对于某甲此项修理枪支行为,应否成立犯罪,有主张某甲如所修理之枪支系村甲公枪,或业经烙印领照之枪支,即不能成立犯罪,其余纯属居民私有,且未经烙印领照之枪支,其修理行为,则不能避免罪责者;有主张某甲所修理之枪支不问系属村甲公枪,抑私人所有枪支,除已经烙印领照者,其修理行为应不成立犯罪外,其余修理未经烙印领照之枪支,即应成立犯罪者;有主张某甲为他人修理枪支,既未受允准,其所修理之枪支,不论是否村甲公枪,或私人所有枪支,不论已否烙印领照,其行为均应成立犯罪者。议论纷纭,莫衷一是。究以何说为当,殊未便擅决,合电请察核,迅予解释示遵。再如果某甲修理枪支之行为应成立犯罪时,是否成立《刑法》第一百八十六条之未受允准而制造军用枪炮罪?又其迭次修理枪支,可否认为一行为以一罪处断,抑认为违犯数罪并合处罚,或认为连续犯以一罪论,亦颇滋争议,并请解释核示,俾有所遵循等情。据此,查军用枪炮机件损坏,即不能使用成为废物,经某甲将机件修理,仍变为利器,有似制造,核与构成《刑法》第一百八十六条之未受允准而制造军用枪炮罪之要件相合,应以该代电所列最后一说为是,系犯《刑法》第一百八十六条之罪。又某甲系迭次修理,似属连续数行为而犯同一之罪名,依《刑法》第五十六条以一罪论。惟事关法律疑义,本院未敢擅断,理合具文转请鉴核,解释示遵,谨呈司法院院长居。代理广西高等法院院长申守真

**院字第二四二三号**

**民国三十一年十一月四日　司法院致国民政府军事委员会函**

案准贵会十月四日法审(三一)渝一字第九七四八号公函,以据军法执行总监部转请示连长出卖士兵请假余米作副食费用,是否犯罪一案,请解释见复等由,业经本院统一解释法令会议议决,某连长奉军事学校派往某处接收学兵,因副食费告罄,校方汇款未到,经开会

决议后,变卖学兵请假剩余之米以补充副食,并非出于不法所有之意图,自不构成《惩治贪污暂行条例》第二条第三款之罪,亦不应负其他刑责。相应函复贵会查照饬知。此致国民政府军事委员会

**附国民政府军事委员会原函**

案据本会军法执行总监部案呈,第六战区军法执行监冯庸中真丙电略称,有某军事学校派连长甲率排长乙丙丁,赴某处接收学兵一百三十名,及兵数已满,副食费告罄,校方汇款未到。连长甲于紧迫下开校务会议,决议以学兵请假剩余之米,变卖救济副食,即席推排长乙担米出卖,经查获送案。此种纯公无私之行为,应否构成犯罪,乞示等语。查军米系重要军用品,如有盗卖行为,自应依法论罪。惟来所称,因副食费告罄,汇款未到,将请假学兵之剩余米出卖补充,此种行为似系出于一时权宜,初无盗卖之意思,应否令负刑责,抑仍须依《惩治贪污暂行条例》第二条第三款论处,不无疑义,相应函请查照,迅予解释见复,俾便饬遵。此致司法院

**院字第二四二四号**

**民国三十一年十一月五日　司法院指令甘肃高等法院**

呈悉,业经本院统一解释法令会议议决,法院就其认定之事实适用法规,应依职权为之,不待当事人之援用,故《民法》第九百二十三条第二项、第九百二十四条但书所定回赎权之除斥期间经过后,虽典权人拒绝回赎,未以此为理由,法院亦应认出典人之回赎权已消灭。至请求权之消灭时效完成后,《民法》第一百四十四条第一项,仅认债务人有拒绝给付之抗辩权,非使请求权当然消灭。若债务人未以消灭时效之完成为拒绝给付之抗辩,法院自不得据此即认请求权已消灭,此亦为依职权适用法规之结果,并非对此原则之例外。仰即转饬知照。此令

**附甘肃高等法院原呈**

案据甘肃高等法院第四分院院长孙呈祥本年九月宥日代电称,按现行《民事诉讼法》系采当事人进行主义,非当事人所主张之事项,法院固不得据以判决,惟当事人往往仅就事实而为辩论,对于法文之规定,多因不知,无从主张。例如债务人对于债权人之追偿,并不以罹于时效为拒绝抗辩,又如典权人对于出典人之回赎,亦不以经过法定期间为拒赎之抗辩。此项情形,法院可否就当事人所主张之事实,分别根据法文规定,而为原告败诉之判决,殊属疑问,应恳转请解释祗遵等情。据此,理合呈请钧院予以解释,以便转饬祗遵,谨呈司法院院长居。甘肃高等法院院长孟昭侗

**院字第二四二五号**

**民国三十一年十一月五日　司法院指令湖南高等法院**

呈悉,业经本院统一解释法令会议议决,县司法处未经合法传唤被告而为无罪之判决,

其诉讼程序之违法,不能谓与判决显无影响,覆判审法院自不得适用《县司法处刑事案件覆判暂行条例》第四条第一项第三款予以核准。仰即转饬知照。此令

**附湖南高等法院原呈**

案据署本院第一分院院长朱道融三十一年八月十五日呈称,查县司法处刑事案件覆判暂行条例第四条第一项第三款规定,诉讼程序,虽系违背法令,而显然于判决无影响者,应为核准之判决。此为以前覆判暂行条例中所无,系新增之法例。诚以无影响于判决之诉讼程序,违背法令,依同条第二项于核准判决之理由内,纠正已足,不予发回更审,适合节省劳费时间之诉讼上大原则,意至善也。惟所谓诉讼程序,虽系违背法令,而显然于判决无影响,其范围若何?抽象言之,凡属诉讼程序之疵累,而不影响于判决,为显而易见者,皆可核准而于理由内纠正,但实际上有不能遽依此抽象论断者。设遇初判无罪之案件,事实明了,毫无可疑。而被告未受合法传唤,是否可照上述规定办理,于此有甲、乙两说。甲说,谓事实明了之无罪判决,其被告未受合法传唤,在普通程序第二审为续判制,此种程序疵累,应视上诉为有理由,予以改判,否则无法条可以援用。而覆判为特别程序,既有特别规定,自可据以核准。若恐被告到场自白,影响于原为无罪之判决,此乃对事实不明者言之,而事实明了,纵使被告自白,亦属与事实不符,不能采为证据,与原为无罪之判决不生影响。乙说,谓诉讼程序违背法令,必须不影响于判决者,如未宣示言词辩论终结,或未指定宣判日期,或所指日期超越定限,以及其他类此之诉讼程序违背法令,显然不影响于判决,可于核准判决理由内纠正之。而被告未受合法传唤,不待其陈述迳行判决,此种程序上之疵累,不在核准判决而于理由内纠正之列。盖《刑事诉讼法》第二百九十八条规定,不待被告陈述,迳行谕知无罪之判决,以曾经合法传唤,无正当理由不到庭者为限,如被告未受合法传唤,自不能谓无正当理由不到庭,安得不待其陈述,迳行判决?况被告若到场自白,且与事实相符,其先之无罪判决,即不得谓无影响,应依《县司法处刑事案件覆判暂行条例》第六条及第七条第一项第一款发回更审。上列二说,究以何说为是,事关法律疑义,理合呈请钧院鉴核,转请解释示遵等情。据此,理合据情呈请钧院鉴核示遵,谨呈司法院院长居。湖南高等法院院长陈长簇

**院字第二四二六号**

**民国三十一年十一月十一日　司法院复广西高等法院电**

广西高等法院申院长览,本年九月文代电悉,永福县司法处所请解释一案,业经本院统一解释法令会议议决,适龄壮丁犯《广西省禁赌办法》第四条至第七条之罪,依同办法第十一条规定,并无不得即时调服兵役之限制,自得随时调服兵役,毋庸俟其刑期执行期满。合电转饬知照。司法院真印

**附广西高等法院原代电**

司法院院长居钧鉴,案据永福县司法处代电称,《广西省禁赌办法》第十一条适龄壮丁

调服兵役,是否在执行期间得随时提征,抑押候期满后应征?谨电呈核示遵等情到院。查事关解释法令,未便擅拟,合电转请解释示遵。广西高等法院院长申守真文印

**院字第二四二七号**

**民国三十一年十一月十六日 司法院指令陕西高等法院**

呈悉,业经本院统一解释法令会议议决,在战区配备正规军之无线电队人员,为《修正优待出征抗敌军人家属条例》第二条第一项第一款所称之军属,此项人员之家属,应依该条例予以优待。仰即转饬知照。此令

**附陕西高等法院原呈**

案据蓝田县司法处呈称,查出征抗战军人,在《优待出征抗敌军人家属条例》第二条固有明文规定,但在战区配备正规军之无线电队人员,是否属于出征抗敌军人,无明文可据。此项人员,可否依法予以优待,恳请电示祇遵等情。据此,事关法律疑义,理合转请钧院解释示遵,以便转饬遵照办理。谨呈司法院。陕西高等法院院长魏大同

**院字第二四二八号**

**民国三十一年十一月十六日 司法院复广西高等法院电**

广西高等法院申院长览,本年九月宥代电悉,该法院第二分院所请解释一案,业经本院统一解释法令会议议决,适用《土地法》关于房屋救济之规定,不以地政机关已有公告为要件,至适用此项规定之房屋,不以供住居者为限,开设店铺之房屋,亦包含在内。合电转饬知照。司法院铣印

**附广西高等法院原代电**

司法院院长居钧鉴,案据本院第二分院文字第二五号本年九月文代电称,查《土地法》第三编第二章第二节房屋救济各法条,仅广义规定"房屋"二字,依第一百六十二条第三款载"建筑市民住宅"文义观察,则以住居为目的之房屋,因租赁关系发生诉讼,当可援引该节法条办理,固无疑义。惟关于以营商为目的之铺屋,是否包括在内,尚无明文规定。若谓铺屋租赁关系事件不能适用,设某甲之铺屋由某乙包租,而以一部为营商,一部住家,或以一部转租他人居住。若甲乙间发生终止租约诉讼,究应依《民法》或《土地法》办理,不无疑义。职分院现受理是项案件颇多,亟待解决。理合电请察核解释示祇遵等情。据此,查该分院所称各节,案关适用法律,固属不无疑义,抑且法院是否应视当地主管地政机关已有依上开《土地法》第二节明示为房屋救济之公告后,始得适用《土地法》房屋救济之规定,似亦不无问题,理合电呈鉴核,统请俯赐解释示遵,俾便转饬知照。代理广西高等法院院长申守真宥民印

**院字第二四二九号**

**民国三十一年十一月十六日　司法院复安徽高等法院电**

安徽高等法院廖院长览，本年九月申铣代电悉，南陵县长所请解释一案，业经本院统一解释法令会议议决，买人顶替壮丁之金钱，应认为系供犯罪所用之物，得依《刑法》第三十八条第一项第二款没收之。合电转饬知照。司法院铣印

**附安徽高等法院原代电**

重庆司法院院长居钧鉴，案据南陵县县长王建五代电称，以金钱为买卖以使人顶替壮丁，其金钱可否认为供犯罪所用，予以没收，请核示遵等情前来。查买人顶替壮丁之金钱，似难认为供犯罪所用之物而予以没收。惟事关法律疑义，本院未敢臆断，理合呈请钧院解释电示转饬祇遵。安徽高等法院院长廖江南叩申铣印

**院字第二四三零号**

**民国三十一年十一月十六日　司法院指令安徽高等法院**

呈悉，业经本院统一解释法令会议议决，《遗产税暂行条例》第二十二条及《非常时期过分利得税条例》第十二条之罚锾，既均由法院以裁定宣示之，自属《修正司法印纸规则》第六条第六款所列之司法收入。仰即转饬知照。此令

**附安徽高等法院原呈**

案据青阳县司法处电称，查依《修正非常时期过分利得税条例》第十二条及依《遗产税暂行条例》第二十二条之罚锾，均规定由法院以裁定宣示，惟上开罚锾，是否列为司法收入购贴印纸，抑应缴由征收机关作为行政收入，请核示祇遵等情。据此，查依《非常时期过分利得税条例》及依《遗产税暂行条例》之罚锾，是否列为司法收入？事关法律解释，未敢擅拟，理合备文呈请钧院鉴核示遵，谨呈司法院院长居。署安徽高等法院院长廖江南

**院字第二四三一号**

**民国三十一年十一月十九日　司法院指令广西高等法院**

呈悉，业经本院统一解释法令会议议决，律师法第一条第一项第一款所称推事或检察官，不包含县司法处审判官在内。仰即转饬知照。此令

**附广西高等法院原呈**

案据河池县司法处呈称，查律师法第一条第二项第一款所称推事或检察官，包括候补推事或检察官而言，为律师检核办法第二条所明定。惟县司法处之审判官，可否视同候补推事之资格，以应律师检核，兹有三说。甲、以律师法及律师检核办法等，均未定有审判官得应律师检核之明文，为当然无资格应律师检核。乙、以审判官之任用资格与候补推事之任用资格略有差异，因候补推事原已具有推事之资格，不过候缺补实而已，而审判官则未必

人人皆具备推事之资格,故审判官除已有司法官之资格,或任职满二年而成绩优良者得应律师检核外,余则不得应律师检核。丙、以审判官与候补推事不能异其待遇,以两者之职务比较,审判官除办理民刑案件外,更负协助司法处行政事务,及代县长办理检察职务之责,实繁重于推事,故审判官经部派任者,一律得应律师检核。以上三说,究以何说为当,理合呈请察核,转请司法院解释示遵等情。据此,理合具文转请钧院察核示遵,俾资转饬遵照,实为公便,谨呈司法院院长居。代理广西高等法院院长申守真

**院字第二四三二号**

**民国三十一年十一月十九日　司法院指令司法行政部**

呈悉,业经本院统一解释法令会议议决,甲乙于调查户口时浮报年龄,如足生损害于公众或他人时,应成立《刑法》第二百十四条之罪,否则只系违反户籍法规,仅应受行政处分,不构成犯罪。至丙于户口册内改变年龄,应依《刑法》第二百十一条变造文书罪处断。仰即转饬知照。此令

**附司法行政部原呈**

案据广西高等法院三十年十一月二十日刑字第三零四号代电称,案据宁明县司法处本年十月俭处字第三二六号代电称,查有壮丁甲年龄三十岁,于调查户口时浮报为三十五岁,仍为适龄壮丁,应行抽签。壮丁乙为三十七岁,于调查户口时浮报为四十七岁。壮丁丙为三十五岁,于户口册内改为四十九岁。关于此种事实发生,适用法律疑义,有下三说:一、查壮丁之甲乙伪报年龄,显为避免兵役,而意图便利自己,法院应依户籍法第一百三十条上段论科。二、壮丁丙之改高年龄,显为避免兵役,足以生损害他人,但他人法人亦包括之,国家乃法人也,应依《刑法》第二百十一条变造公文书论科。三、查户籍所载年龄,为壮丁是否及龄应予抽签之唯一根据,即为有关于兵役之重要文书。壮丁甲提高年龄,虽仍为及龄壮丁,究有将服兵役期间缩短,显有避免之企图,与壮丁乙丙之意图避免兵役而伪报或涂改为逾龄壮丁者无殊。《妨害兵役治罪条例》既系特别法,自应优先适用。壮丁甲乙调查户口时业为伪报,无论其为自己填写,抑为村甲长代为填写,既致户籍册为虚伪之记载,均应成立该条例第十条之伪造罪。壮丁丙之涂改,应成立该条例第十条之变造罪。就职管见,似以第三说为是。县属户口,如此情形者实多,时有告发。事关法律适用疑义,谨电呈察核解释示遵等情。据此,查《妨害兵役治罪条例》,以关于妨害兵役之事件始能适用,照来电所称情形,甲乙之浮报年龄,及丙之涂改户口册,虽均不免含有避免兵役之企图,但该户口册乃户籍法上之户籍登记簿,该簿虽可供办理兵役人员之参考,究非办理兵役所用之壮丁名册,上开情形,自不能遽依该条例论处。又户籍法第一百三十条所定之罚则,以图便利自己或他人,妨害他人关于户籍及人事登记为诈伪之声请者,为构成要件。甲乙既系于调查户口时为不实之呈报,丙系涂改户口册,似除丙应成立《刑法》第二百十一条之变造公文书罪外,甲乙仅能依户籍法第一百二十六条上段处罚。惟案关适用法律疑义,本院未便擅拟,理合电

请钧部鉴核,转请解释,以便饬遵等情。据此,事关法律疑义,理合具文呈请钧院鉴核指示,以便饬遵,谨呈司法院院长居。司法行政部部长谢冠生

**院字第二四三三号**

**民国三十一年十一月二十日　司法院咨行政院**

案准贵院本年十月五日顺捌字第一九七一九号咨,以据经济部转请解释处理敌国商标事件适用法律疑义一案,请查照见复等由,兹经本院统一解释法令会议议决,(一)经济部呈经行政院核准备案,并转报国防最高委员会之敌国人民申请商标专用注册案件处理办法,系以我国与敌国关于商标相互保护之条约,已因宣战而废止,敌国人民不得再依商标法第五条申请商标专用注册。故除敌国人民已呈准取得之商标专用,应予尊重外,今后对于敌国人民所为之一切申请商标专用注册案件,应概不受理。其已在进行程序中者,停止其程序。是其所谓不予受理之申请,仅指敌国人民欲专用其商标时所为商标法第五条之呈请而言,敌国人民将其已因注册而取得之商标专用权移转于中立国人民呈请为移转之注册者,不包含在内。敌国人民已因注册而取得之私有商标专用权,依《敌产处理条例》第七条规定,既应予以尊重,则除有特别规定外,自非不得处分。惟同条例第九条所谓管理,包含处分在内。敌国人民将其商标专用权移转于中立国人民时,应依同条之规定办理,并受敌产登记办法第十一条之限制。(二)敌国人民非不得为商标法上之代理人,惟《敌国人民处理条例》之适用,不因敌国人民之为此项代理人而受影响,如敌国人民因受同条例之适用,致其为商标法上之代理人不适当者,商标局自得依商标法第九条办理。相应咨复贵院查照饬知。此咨行政院

**附行政院原咨**

案据经济部三十一年九月十七日呈称,案据商标局本年八月十五日密呈称,查敌国人民在中国依法取得专用权之商标,拟请将该商标移转于中立国人民使用,应否受理,兹有两说:甲说,商标专用权之移转,须双方连署呈请。现对于敌国人民所为之一切申请商标专用注册案件,已奉钧部(三一)商字第一八七零号密令规定,概不受理,该项连署行为,关于一切申请范围,自应不予受理。乙说,敌国人民已经呈准取得之专用权,参照我国此次颁布之敌产处理条例第七条规定,系敌国人民私有财产之一种,除依商标法第十八条、第十九条、第二十条及第二十九条所定撤销消灭或应无效之处分者外,自不受宣战条约废止之影响,亦为上述密令所明定。是敌国人民注册商标,既承认为其私有财产,即有权移转于他人,应予受理。又商标案件呈请人为中立国人民,而委托敌侨为代理人,此代理权应否核准注册,亦有两说。甲说,敌侨免予收容,但仍受严密监视,且敌产处理条例第九条仅限于自行管理,其财产代理人之行为,非管理自己财产,故商标代理人之行为,应在受限制之中。乙说,商标法第七条凡在中华民国境内无住所或营业所者,非委托在中华民国境内有住所或营业所者为代理人,不得为商标注册之呈请,及其他程序。该项代理人以在中华民国境内有住所

或营业所者为限。则免予收容之敌侨,按照敌产处理条例许其居留,且准自行管理其财产,而为商标代理人,自无不可。以上各说,究以何者为是,事关法令适用款文,本局未敢擅专,且案悬待决,理合备文呈请鉴赐解释,俾资遵循等情。据此,按该局所呈询两事,前者就私权之认许言,乙说固有理由,然除连署为申请程序无以解于甲说外,在敌产处理条例所谓私有财产之尊重,只言管理,未言处分。让与之行为,系处分而非管理,似已出敌产处理条例规定之范围。后者乙说依商标法立论,而敌国人民之活动已受处理条例之限制,能否准其代表他人对于官署为法律行为执行类似律师之职务,在监视上亦一重大问题。事关法令适用疑义,理合备文呈请钧院鉴核,转咨司法院统一解释,俾便饬遵等情。据此,相应咨请贵院查照,迅为解释见复为荷,再关于敌国人民商标处理办法,前据经济部呈经本院核准备案,并转报国防最高委员会兹并抄送备查,此咨司法院。

**附经济部原呈**

查外国人民在中国国境内商标专用权之取得,系依关于商标互相保护之条约。现在政府既已对敌宣战,并明白布告,所有相互间一切条约、协定、合同一律废止,故今后敌国人民在中国领域内,依照最近颁布之《敌国人民处理条例》,虽得核准其继续居留,但在法律上之地位,与一般无约国人民相似。按无约国人民不得为商标专用注册之声请,揆诸商标法第五条所规定之法意,已甚明显。惟为适应对敌宣战后处理敌国人民商标申请案件起见,自应审慎从事。兹经与外交部详加研讨,并参考国际法例,认为今后对于敌国人民所为之一切申请商标专用注册案件,应概不受理。其已在进行程序中者,停止其程序。至敌国人民已经呈准取得之专用权,参照我国此次颁布之敌产处理条例第七条规定,对敌国人民私有财产应予尊重之意旨,商标专用权,既为私有无形财产之一种,则除依商标法第十八条、第十九条、第二十条及第二十九条所定撤销消灭或应无效之处分者外,自不受宣战条约废止之影响,而应依照敌产管理条例办理之。所有上述办法,理合具文呈请鉴核准予备案,谨呈行政院。

**院字第二四三四号**

**民国三十一年十一月二十五日　司法院复广西高等法院电**

广西高等法院申院长览,本年九月梗代电悉,该法院第一分院所请解释一案,业经本院统一解释法令会议议决,在营军官固属军人,但其依法令从事于公务,亦系《刑法》上之公务员。合电转饬知照。司法院有印

**附广西高等法院原代电**

司法院院长居钧鉴,据本院第一分院本年九月十日第四四号呈称,查称公务员者,谓依法令从事于公务之人员,《刑法》第十条第二项固有明文规定。惟在营军官是否系与该条项所规定之公务员相当,不无疑义。一说谓军官与兵士不同,征服兵役为国民之义务,军官则否,故应认为公务员之一;一说谓《惩治贪污暂行条例》第一条第一项将军人及公务员并列,

军官为军人之一,则军官似与公务员有别。职院因有牵涉此种问题案件亟待解决,拟请转呈司法院解释,以资遵循等情。据此,查军官与士兵有别,至《惩治贪污暂行条例》第一条第一项所列军人乃包括士兵在内,来电所称各节,似以第一说为是。惟案关法律疑义,本院未便擅拟,理合转呈钧院鉴核,迅赐解释,以便饬遵。广西高等法院院长申守真梗刑印

**院字第二四三五号**

**民国三十一年十一月二十五日　司法院复安徽高等法院电**

安徽高等法院廖院长览,本年九月申艳代电悉,蒙城县司法处所请解释一案,业经本院统一解释法令会议议决,印花税法第十六条税率表第一至第三等目,既经规定,为满百元以上者贴印花三分,而未如同表第十五至第二十一等目文例,定为满百元以上者每一百元贴印花三分,则满百元以上者,无论多至若干,均仅须按贴用印花三分之税率,依《非常时期征收印花税暂行办法》第一条加倍征收。合电转饬知照。司法院有印

**附安徽高等法院原代电**

重庆司法院院长居钧鉴,案据蒙城县司法处呈请,查印花税法第十六条规定税率,发货票每件货价满三元以上者贴印花一分,满十元以上者贴印花二分,满百元以上者贴印花三分,又银钱货物收据及账单均同。是百元以上者贴用印花三分,(依《非常时期征收印花税暂行办法》贴用六分)固无问题。惟查该条并无余类推字样,倘有发货票银钱货物收据及账单,每件价洋或金额在二百元以上至千万元者,究系贴用印花若干,无从依据。事关法律问题,理合备文呈请鉴核指令祇遵等情到院。查该条既规定满百元以上者贴印花三分,而未载满二百元或若干万元以上者应贴印花若干,似可按百元以上之比例推算,如满二百元以上,即须贴印花六分之类推。事关法律疑义,本院未敢臆断,理合电请解释示遵,以便转饬遵照。安徽高等法院院长廖江南叩申艳印

**院字第二四三六号**

**民国三十一年十二月七日　司法院指令司法行政部**

呈悉,业经本院统一解释法令会议议决,《优待出征抗敌军人家属条例》第三十条,既规定出征抗敌军人在服务期内,其妻无论持何理由不得离婚,则出征抗敌军人之妻,在其夫服役期内,虽有《民法》第一千零五十二条所定之离婚理由,亦不得行使其离婚请求权。如提起离婚之诉,自属欠缺权利保护要件,应认其诉为无理由,以判决驳回之。《民事诉讼法》第二百四十九条第六款所称之要件,系属诉讼成立要件。同款之规定,于此情形,不适用之。仰即转饬知照。此令

**附司法行政部原呈**

案据广西高等法院第五分院本年十月十六日代电称,查《优待出征抗敌军人家属条例》第三十条,关于不得离婚或解除婚约之规定,当系强行法规。设有该条所定之军妻向法院

起诉,如仅依照二十九年院字第二零九八号解释,予以中止诉讼程序,固不能贯彻该条不许离婚之本旨。而案件虚悬,亦难终结,可否认为不备法定要件,援用《民事诉讼法》第二百四十九条第六款,以裁定驳回其诉,不无疑义。理合电请钧部迅赐转请解释示遵等情。据此,案关法令适用疑义,理合转呈钧院鉴核指示,以便饬遵,谨呈司法院院长居。司法行政部部长谢冠生

**院字第二四三七号**

**民国三十一年十二月八日　司法院指令湖南高等法院**

呈悉,业经本院统一解释法令会议议决,(一)《民法总则施行法》第十六条,系认民法总则关于消灭时效之规定,适用于其施行前发生之请求权时,就施行时时效期间残余不足一年,或时效业已完成而无同条但书情形者,许于施行后一年内行使之。故民法总则施行前发生之请求权,依《民法》第一百二十八条及其他关于消灭时效之规定。至施行时时效期间尚有残余在一年以上者,其消灭时效,因残余期间内不行使请求权而完成。(二)《民法》债编施行后发生之利息债务,虽以同编施行前所订契约为其发生原因,亦当然依同编之规定,定其数额,无适用同编施行法第五条之必要。同编施行前所约定之利率逾过年百分之十二者,虽利息债务在同编施行后始行发生,亦有同编施行法第四条之适用。至利息请求权,依《民法》第一百二十六条定其消灭时效者,非必无《民法》债编施行法第四条第五条之适用。(三)法律上认债务人有拒绝给付之抗辩权者,不仅《民法》第一百四十四条第一项而已,他如《民法》第一百九十八条、第二百六十四条、第二百六十五条、第七百四十五条亦皆认之。债务人行使拒绝给付之抗辩权,非单纯之拒绝给付所能济事,必其主张足以明其为如何之抗辩权而后可。《民法》第一百四十四条第一项之抗辩权,系因消灭时效完成而发生,债务人拒绝给付,而未以消灭时效完成为理由者,不得谓已有此项抗辩权之行使。惟所谓以消灭时效完成为理由,不必用消灭时效完成之字样,亦不必引用规定消灭时效之法条,其拒绝给付系以请求权因时之经过而不得再为行使为理由者,即属已有此项抗辩权之行使。仰即转饬知照。此令

**附湖南高等法院原呈**

案据署零陵地方法院院长葛光宇本年四月二十三日呈称,在民法总则施行前发生之债务,其请求权依民法总则规定,消灭时效业已完成或其时效期间尚有残余不足一年者,得于施行之日起一年内行使请求权。但自其时效完成后至民法总则施行时已逾民法总则所定时效二分之一者,不在此限,为《民法总则施行法》第十六条所明定。设有民法总则施行二三年前发生之请求权,旧法并无消灭时效之规定,于民法总则施行后应否适用民法总则消灭时效之规定?子说,民事在民法总则施行前发生者,依《民法总则施行法》第一条规定,除该施行法有特别规定外,不适用民法总则之规定。而民法总则施行二三年前发生之请求权,核与《民法总则施行法》第十六条规定情形有所不同。此项请求权,《民法总则施行法》

既未别有规定，则于民法总则施行后，似不应适用民法总则消灭时效之规定，即令适用，而其时效之起算，究竟应否适用民法总则第一百二十八条溯及既往，自其请求权可行使时起算，抑或自民法总则施行日起算，均有待于法律或解释之补充。丑说，《民法总则施行法》第十六条所以就施行前发生之请求权规定者，实表明民法总则消灭时效之规定有溯及力，且恐权利长久存续于债务人，不免过刻，其生活安宁影响甚巨也。盖消灭时效在民法总则施行前并无法令，足资依据。而依本条规定，民法总则施行前依民法总则规定，消灭时效业已完成或其时效期间尚有残余不足一年者，尚仅限于民法总则施行之日起一年内行使，其自时效完成后至民法总则施行时已逾民法总则所定三分之一者，另以但书使其权利于民法总则施行之日归于消灭，则依民法总则规定消灭时效尚未完成或其时效期间尚有残余在一年以上者，应用民法总则时效规定，使其权利经过相当期间，亦归于消灭，尤不待言。因消灭时效为法律关系消灭之原因，纵法律关系成立于旧法时代，新法亦应适用，与为发生法律关系之原因之事实应受法律不溯既往之限制有所不同，更不能借《民法总则施行法》第一条之法文，而主张民法总则施行前之请求权，于施行后关于消灭时效应排除其适用，极为明显。否则，同为民法总则施行前发生之请求权，何以一则使其于民法总则施行之日或仅限于施行后一年内不行使，即令其消灭，一则使其于民法总则施行后永远存在？立法本意，决非如此。依举重明轻及《民法》第一条论理解释，民法总则施行前之请求权于施行后除另有规定外，应一律适用民法总则消灭之规定，毫无容疑，而其施行前与施行后所进行之期间，尤应合并计算。二说未知孰是，此请解释者一。又，查民法债编系十九年五月五日施行，设有前例该编施行二三年前发生之债权债务契约，于施行十年后未满十五年前行使请求权，其在施行后应计之利息，是否得认为《民法》债编施行后发生之利息债务，亦有两说。甲说，此种债权债务契约虽发生于《民法》债编施行前，但其利息则在《民法》债编施行后，方始发生，明为《民法》债编施行后发生之利息债务，应适用民法总则第一百二十六条，无《民法》债编施行法第四条、第五条之适用。乙说，《民法》债编施行法第五条所定利息债务云云，系两种事项之列举。《民法》债编并未创立利息债务之一名词，该项债权债务契约，既发生在《民法》债编施行二三年前，其施行后应计之利息，亦系发生于《民法》债编施行前。《民法》债编施行法第四条第五条之适用，乃属当然的，并无任何疑问。二说未知孰是，此应转请解释者二。《民法》第一百四十四条第一项规定，时效完成后债务人得拒绝给付。所谓拒绝给付，是否应以主张时效消灭为理由？寅说，时效完成后债务人得拒绝给付，纯属于消灭时效之效果，债务人若不自行主张，法院即毋庸赋与消灭时效之利益，故债务人拒绝给付，应以时效消灭为唯一理由，债权人之权利方能消灭。卯说，法文仅规定债务人得拒绝给付，并未定明须以时效消灭为理由。顾文思义，只须债务人在拒绝给付事实之抗辩，即为已足，其所持理由，无论基于时效消灭与否，可以不问。二说未知孰是，此请解释者三。以上三点，均属法律疑义，理合具文呈请钧院，俯赐转请解释指令祇遵等情。据此，案关法律疑义，未便擅拟，理合据情转呈钧院俯赐解释令遵。

**院字第二四三八号**

**民国三十一年十二月十日 司法院致军政部函**

案准贵部本年七月二十三日法审(三一)渝字第九五一一号公函,以避役壮丁家长拒绝缴纳赏金案件适用法律发生疑义,请解释见复等由,兹经本院统一解释法令会议议决,行政执行法上之管束,乃系对人之直接强制处分,如合于行政执行法第七条第一项之规定,实施管束时自得拘束其行动自由,但管束期间,依同条第二项不得逾二十四小时。相应函复贵部查照。此致军政部

**附军政部原函**

查逃役壮丁家长拒绝缴纳三十年度《增补兵员实施办法》第十九条所规定,应行缴纳之赏金,得由县政府依行政执行法第六条各款之规定办理,经本部令饬有案。兹据广西省军管区本年二月征字第三九九号征二平辛代电,以行政执行法第六条第一款规定,对人之管束是否得予以拘押,拘押期间有无限制,请核示到部。案关解释适用法律疑义,相应函请查照,迅赐解释见复,以凭饬遵为荷。此致司法院军政部部长何应钦

**院字第二四三九号**

**民国三十一年十二月十日 司法院复广西高等法院电**

广西高等法院申院长览,本年七月支代电悉,藤县司法处所请解释一案,业经本院统一解释法令会议议决,刑事诉讼当事人对于县司法处所为裁判,因迟误上诉或抗告期间声请回复原状之书状,应向何处提出,在《县司法处办理诉补充条例》上,虽未设有明文,但参照同条例第二十二条第一项之规定,关于因上诉逾期声请回复原状之书状,自应向第二审法院提起之。若向原审县司法处请求转送者,原审县司法处对于该声请,无论应否许可,均无庸添具意见书。至因抗告逾期声请回复原状之书状,依同条例第二十四条第三项第一款、《刑事诉讼法》第六十八条第一项、第三百九十九条各规定,应向原审县司法处出之,合电转饬知照。司法院灰印

**附广西高等法院原代电**

司法院院长居钧鉴,据藤县司法处本年六月梗日法字第一二零二号代电称,查刑事诉讼当事人不服县司法处裁判提起上诉或抗告者,应向该管高等法院或分院为之,《县司法处办理诉讼补充条例》第二十一条定有明文,固无疑义。惟当事人迟误上诉或抗告期间,声请回复原状者,究系向原审法院为之,抑系向该管高等法院或分院为之,则有二说。甲说,当事人不服县司法处裁判提起上诉或抗告,既系向高等法院或分院为之,其迟误上诉或抗告期间,声请回复原状,亦向高等法院或分院为之,始与《县司法处办理诉讼补充条例》第二十一条规定之立法意旨,不相违背。若向县司法处为之,该司法处直接对其声请有准驳之权,间接对其上诉亦有准驳权含义在内,与办理诉讼补充条例第二十一条之规定不合。乙说,当事

人不服县司法处裁判提起上诉或抗告,应向该管高等法院或分院为之,已为《县司法处办理诉讼补充条例》第二十一条所明定。若当事人迟误上诉或抗告期间声请回复原状者,应依《刑事诉讼法》第六十八条规定办理,不受《县司法处办理诉讼补充条例》第二十一条之限制。二说究竟孰是,事关法律疑义,未敢擅断,理合具文电请察核示遵等情前来。查回复原状之声请,由受声请之法院与补行之诉讼行为合并裁判之,此为《刑事诉讼法》第六十九条第一项前段所明定。县司法处对于上诉案件,无论其是否违背法律上之程式或其上诉权是否丧失,均无准驳之权,核与上开所谓"与补行之诉讼行为合并裁判之"之意义不符,来电所称情形,似以甲说为是。事关法律疑义,理合电请解释,以凭转饬遵照。广西高等法院院长申守真支印

**院字第二四四〇号**

**民国三十一年十二月十八日　司法院致行政院函**

案准贵院本年九月二十一日顺壹字第一八五六零号公函,以据内政部转请解释户籍法疑义一案,请解释见复等由,业经本院统一解释法令会议议决,无近亲及监护人而能操作营生之未成年人,独成一户者,自应编为一户,其人亦即为户口普查条例及县保甲户口编查办法所称之户长,相应函复贵院查照饬知。此致行政院

**附行政院原函**

据内政部呈转广西省政府请解释户籍法关于户主填列疑义一案,相应抄同原件,函请查照解释见复为荷。此致司法院

**附内政部原呈**

案准广西省政府三十一年七月二十四日民肆字第二二五号咨,以未成年童龄,家无父母兄弟姊妹,复无监护人独自居家,并能劳作营生者,可否填为户口,在现行法规上尚无明文规定,请核释见复等由过部。查《民法》第一一二二条规定,称家者,谓以永久共同生活为目的而同居之亲属团体,是须有亲属二人以上始能成为一家。依户籍法第八条及《修正户籍法施行细则》第五条之规定,一家而异居或分产而仍同居者,均各为一户,是同属一家而可分作数户,并无人数之限制,故一人亦可成户。原咨所称之户主及户口普查条例及县保甲编查办法中所称之户长户之构成条件,既不同于家,故户长之产生亦不同于家长,在法规上对户长人选,虽无明文规定,但为便于行政上之管理起见,凡户必须设置户长,使负一户之责。未成年人既能劳作营生,事实上已成为一户,自应认为有取得户主之资格。此类事实所在恒有,拟通行各省市政府饬属一体知照,是否可行?案关法规解释,理合呈请钧院鉴核示遵。谨呈行政院。内政部部长周钟岳

**院字第二四四一号**

**民国三十一年十二月十八日　司法院指令湖南高等法院**

呈悉,业经本院统一解释法令会议议决,中央陆军军官学校已毕业或未毕业之学生,不合于《优待出征抗敌军人家属条例》第二条之规定者,无适用同条例第三十条之余地。仰即转饬知照。此令

**附湖南高等法院原呈**

案据本院第二分院院长张心翊本年十月侵代电称,按《修正优待出征军人家属条例》第三十条规定,出征抗敌军人在服务期内,其妻或未婚妻,无论持何理由,不得离婚或解除婚约。是所谓出征军人,固以在前方服务者为限,惟中央陆军军官学校第六分校已毕业或未毕业之学生,虽非上开出征抗敌军人,能否视同出征军人,颇滋疑义,理合恳转请解释指令祗遵等情。据此,除指令外,理合备文呈请钧院俯赐解释,以便饬遵,谨呈司法院院长居。

湖南高等法院院长陈长簇

**院字第二四四二号**

**民国三十一年十二月十八日　司法院训令广东高等法院**

查该法院第七分院公函致最高法院请解释民事诉讼程序疑义一案,业经本院统一解释法令会议议决,《民事诉讼法》第四百六十三条所定不得上诉之额数有增加时,依《民事诉讼法施行法》第十条第二项规定,对于增加额数实行前第二审法院所为之裁判,仍得上诉或抗告。合行令仰该法院转饬知照,原函抄发。此令

**附广东高等法院第七分院原函**

查奉令关于《民事诉讼法》第四百三十三条第二项所定第三审上诉利益之最高额数增至一万元一案,依照功令非常时期重庆以外各省区系自奉令之日起实行,似甚明显,惟得否上诉第三审,是否以第二审法院判决日期或提起第二审上诉日期或视起诉日期,是否在实行最高额数之前或后为准,实不无疑义之处。相应函请查照明白见复为荷。此致最高法院院长李

**院字第二四四三号**

**民国三十一年十二月三十日　司法院指令司法行政部**

呈悉,业经本院统一解释法令会议议决,依选举法令选出之乡镇村街民代表,系《刑法》上之公务员,其向该乡镇村街民众伪称归并乡镇村街,应收费而诈取钱财,与公务员就监督事务图利之情形,尚有不同,应认为假借职务上机会而诈财,适用《刑法》处断。至省办营业机关(如贸易公司或液体燃料管理处)之练习生及中央或地方机关之公丁杂役,并非当然从事于各该机关之公务,原则上固不能认为《刑法》上之公务员。如上述各该机关临时派其保

管公有财物，而有侵占情事，就其所从事之公务而论，则应视同《刑法》上之公务员，并应论以《惩治贪污暂行条例》第三条第一项第三款之罪。仰即转饬知照。此令

**附司法行政部原呈**

案据广西高等法院本年二月二十日刑乙字第七一号代电称，据苍梧地方法院甘嘉勋呈称，(一)查乡镇村街民代表，原代表一乡镇村街主张权益之人员，职位常设，是否应视为《刑法》上依法令从事于公务之公务员，此应请解释者一。(二)政府明令调整基层区域，曾饬各县乡镇村街开会讨论归并事宜，而乡镇村街民代表竟假借职位上之机会，向该乡镇村街民诈取钱财，(如向民众伪称归并乡镇村街应行收费，竟向乡镇村街民收取费用)在此场合，是否可视为对于其主管或监督之事务借端诈财，此应请释者二。(三)省办营业机关(如贸易公司或液体燃料管理处等)之练习生及中央或地方机关之公丁杂役，是否可视为《刑法》上之公务员，其侵占公有财物，应否以《惩治贪污暂行条例》办理，此应请求解释者三。以上疑问，众说纷纭，莫衷一是，而职院悬案待结，理合电请转呈解释示遵等情前来。查乡镇村街民代表，虽系长任职务，但仅能代表民众主张权益，究与从事于公务之公务员性质不同，似不能认为《刑法》上所规定之公务员。故纵有假借其代表身份向该管乡镇村街居民诈取钱财之情事，亦仅能构成《刑法》上之诈财罪，不能依《惩治贪污暂行条例》论处，至省办营业机关系属营业性质，其所用之练习生，亦似不能认为公务员。又中央或地方机关之公丁杂役，其非依法令从事于公务之人员，不得视为公务员，要与前同。如有侵占公有财物情事，似均能依《刑法》上之侵占罪论处，不能援用《惩治贪污暂行条例》论科。惟事关法律疑义，理合电呈察核示遵或转请解释令行下院，俾便转饬遵照等情。据此，在原呈请示各点，除第二点依国民政府二十九年十二月三十一日渝文字第一一零九号训令已有解释外，其第一点依县各级组织纲要有乡镇民代表会之设置，其代表系依据乡镇民代表选举条例而产生，似应认为《刑法》上依法令从事于公务之人员，第三点国营事业机关之人员，应认为《刑法》上之公务员，业经钧院解释有案，省办营业机关与以国营事业机关，虽其业务范围有大小之别，但其性质则一，该机关练习生如有章程可资依据，似亦应认为《刑法》上之公务员。至公丁杂役，系属雇用性质，自不得视为公务员。惟事关法令疑义，理合备文呈请钧院鉴核指示，以便转饬遵照。谨呈司法院院长居，司法行政部部长谢冠生。

**院字第二四四四号**

**民国三十一年十二月三十日　司法院致外交部函**

案准贵部本年十一月二十六日条引字第六二八二号公函，以据驻新疆特派员电请解释国籍法疑义一案，请查核见复等由，兹经本院统一解释法令会议议决，国籍法第十四条第一项所谓非中国人不能享有之权利，系指依法令之规定，惟中国人始能享有之公权或私权而言，例如训政时期约法第七条所称选举、罢免、创制、复决之权，惟中华民国国民始能享有。《土地法》第十七条及其施行法第十条第一项所称土地权利，亦惟中华民国人始能享有，依

《矿业法》第五条第一项、《渔业法》第三条第二项之规定,矿业权、渔业权非中华民国人不能取得。依中央银行法第七条、中国银行条例第四条、交通银行条例第四条、中国农民银行条例第四条之规定,各该银行之股份,亦非中华民国人不能认购。其他法令上规定,惟中国人始能享有之权利,不及一一列举。相应函复贵部查照饬知。此致外交部

**附外交部原函**

据本部驻新疆特派员吴泽湘电称,查我国国籍法第十四条有丧失国籍者,丧失非中国人不能享有之权利之规定。此项权利,应包括何种权利,请详加解释等情。事关解释法律,相应抄录国籍法第十四条原条文一件,函请查核见复,以凭饬遵为荷。此致司法院

**院字第二四四五号**

**民国三十一年十二月三十一日　司法院咨行政院**

案准贵院本年十一月二十日顺伍字第二三七五六号咨,以据财政部呈请示各专卖条例中没收处分机关一案,请解释见复等由,兹经本院统一解释法令会议议决,战时火柴专卖暂行条例、战时烟类专卖暂行条例、战时食糖专卖暂行条例、盐专卖暂行条例所定之没收,均为行政处分,应由行政机关处理。相应咨复贵院查照饬知。此咨行政院

**附行政院原咨**

案据财政部三十一年十月二十日渝专戌字第七一五四号呈称,查国民政府公布之火柴专卖暂行条例第二十九条、烟类专卖暂行条例第三十七条、食糖专卖暂行条例第四十三条、盐专卖暂行条例第五十一条均规定,本条例之罚锾由法院以裁定行之,对于各该条例内之没收处分,均未加规定。关于该项处分之权限,究属行政机关,抑并归法院裁定,解释意见不一。甲说,没收为《刑法》第三十四条所列,从刑自属《刑法》之一种,罚锾原为行政罚,改由法院裁定,当然应照明文规定。没收既属《刑法》,依法应由法院宣告,毋庸再于条例中订明。乙说,条例中之没收,实为行政罚之没入,与《刑法》上之没收,应随主刑宣告者不同(《刑法》第四十条上段),条例中之没收与罚锾并列,此可见没收为行政罚之性质,不得以用语与《刑法》上没收混同,即认为刑罚。条例对于罚锾,虽订定由法院裁定,而没收则无由法院裁定之明文,自应由各专卖机关处理。丙说,条例中之没收含有三种性质:(一)科刑与没收并列者,依从刑从主刑宣告之原则,应由法院一并裁判;(二)有得单独宣告没收者,如违禁物之私盐贩运,不满五百斤者,依盐专卖暂行条例第三十一条,虽亦只处罚锾,但同时应没收其盐,此种没收仍应一并由法院宣告;(三)有罚锾与没收并列者,除没收物为违禁物外,原为行政罚,不过罚锾改由法院裁定而已,其他并列之没收即非法院所能裁判。本部查《刑法》第三十四条第二款所列之没收,系以《刑法》上之犯罪为原因,依同法第三十八条所列举之范围:一、违禁物,二、供犯罪所用或供犯罪预备之物,三、因犯罪所得之物,应由法院裁判与主刑同时宣告。若本为行政处分之没收,纵令有时与罚锾并列,其性质仍属行政处分,与《刑法》上之没收,显有区别。各专卖条例内仅将罚锾一项订明由法院裁定,则法院所

能裁定之范围,当然以罚锾为限,其原为行政处分之没收,自不在法院裁定之列,应由行政机关以行政处分行之,况查各专卖条例均规定法院对于受罚人逾限不缴罚锾者,得强制执行之,而不复于没收,尤足证明没收处分不应同归法院裁定,再依《国家总动员法》第四条,专卖业务属于本部职责,在战时施行专卖,应为严厉督促迅速机动之处置,方足以资推进。如将行政处分之没收,一并由法院裁定,恐有迟缓之嫌,拟将各专卖条例已订明由法院裁定之罚锾,依照规定由法院裁定,未订明由法院裁定之没收处分,仍由各该管专卖机关办理。惟事关解释法令,理合呈请钧院转咨司法院解释,以资遵循。惟现在关于没收处分之案甚多,未便久悬不结,拟于解释未定以前,将罚锾案件,依照规定,送由法院裁定,其原为行政性质之没收处分,暂由各该管专卖机关办理,俾免悬搁,并乞鉴赐核准备案,指令祇遵等情。据此,查案关解释法令,相应咨请查照,迅予解释见复,俾便饬遵。此咨司法院。行政院院长蒋中正

**院字第二四四六号**

**民国三十一年十二月三十一日　司法院复甘肃高等法院电**

甘肃高等法院孟院长览,本年十一月巧代电悉,所请解释一案,业经本院统一解释法令会议议决,原第二审法院所为更审判决,在《民事诉讼法》第四百六十三条第一项所定额数实行增加后为之者,如对于该判决因上诉所得受之利益不逾增加之额数,不得上诉。至原呈所举第二问题,系胪列具体事实请求解释法令,依《司法院统一解释法令及变更判例规则》第三条第二项之规定,应不予解答,合电知照。司法院世印

**附甘肃高等法院原代电**

司法院钧鉴:(一)由第三审发回更审之案件,其诉讼标的价额不满五千元者,仍否能上诉第三审?(二)例如,甲乙丙三人共同使用一场地,即共同占有已逾二十年,兹甲乙忽以丙非共有人,提起消极确认之诉,而丙能否依《民法》第七百六十九条规定,主张已取得共有权?以上二项事关法律疑义,理合电请钧院俯赐解释,俾便遵行。甘肃高等法院院长孟昭侗庭长荆先鼎代行叩巧印

**院字第二四四七号**

**民国三十一年十二月三十一日　司法院指令浙江高等法院**

呈悉,业经本院统一解释法令会议议决,执行名义命债务人交付利息至清偿原本之日为止者,依强制执行法第二十七条第二项再予强制执行时,其利息自应算至清偿原本之日为止,至其利息总额,是否超过原本,在所不问。惟执行法院依同条项发给凭证交债权人收执时,执行行为即为终结,因开始执行行为而中断之时效,由此重行起算。如再予强制执行时,利息请求权之消灭时效已完成者,债务人得依同法第十四条提起异议之诉。仰即转饬知照。此令

附浙江高等法院原呈

案据署浙江温岭地方法院院长周时铸呈称,本院受理民事强制执行案件,发生疑义,兹有债务案件,依强制执行法第二十七条第二项发给凭证者,以后债权人发现债务人有财产而声请执行,其利息是否算至发给凭证之日止,抑算至清偿之日止?如果算至清偿之日止,新《民法》债权编,并无利息不得超过本银之规定,滚存至巨,应否加以如何之限制?理合备文呈请钧院鉴核,指令祇遵,实为公便,等情。据此,查此项利息,似应算至清偿之日为止。惟结算利重于本时,能否加以限制,应有统一解释,俾资遵循。据呈前情,理合备文呈请钧院释示,以便饬遵。谨呈司法院院长居

院字第二四四八号

民国三十一年十二月三十一日　司法院指令司法行政部

呈悉,业经本院统一解释法令会议议决,监犯调服军役后,如合于《优待出征抗敌军人家属条例》第二条之规定,其家属自得享受该条例所定之优待。仰即转饬知照。此令

附司法行政部原呈

案据广西高等法院本年十月二十日典字第五三八二号呈称,窃查监犯奉令核准调服军役后,或在补充团队编训中,或已加入前线杀敌,实际与现役军人无异。惟其家属可否视同出征抗敌军人家属享受优待之处,不无疑义。理合具文呈请钧部鉴核,俯赐迅予令示祇遵等情。据此,案关法律适用疑义,理合转呈钧院鉴核指示,以便饬遵。谨呈司法院院长居。司法行政部部长谢冠生

院字第二四四九号

民国三十一年十二月三十一日　司法院指令司法行政部

呈悉,业经本院统一解释法令会议议决,《修正非常时期管理银行暂行办法》第十四条各款罚金之性质及应由何机关处分,业经本院于院字第二三八一号代电内明白解释矣。仰即转饬知照。此令

附司法行政部原呈

案据广西高等法院三十一年五月一日财字第四二〇五号代电称,案据隆安县司法处文字第三七六号本年四月删支代电开,查《修正非常时期管理银行暂行办法》奉钧院令发在案,兹关于该办法之适用发生疑义:(一)广西银行所属各行处及其职雇员,是否受该办法各条所规定之则例?(二)该办法第十四条各项所规定之处罚,应归普通司法机关,抑归何机关办理?(三)如非应归普通司法机关办理,则普通司法机关发觉各行处或其职雇员有应受上列条项之处罚时,应如何之处置?以上三点,敬乞察核示遵等情。据此,查原电第一点原无若何问题,第三点与第二点为解释关键。惟第二点所称,关于原办法第十四条各点涉及罚金及妨害公务等罪刑,并有停业处分之规定,其应处罚金或论以妨害公务之件,应由司法

机关裁判,自无疑义。第停业处分是否亦得并为司法机关为之,及单纯科处罚金之件,不涉及《刑法》上其他罪刑者(如第十四条、第一二四五条等款所规定),是否应依普通刑诉程序办理,抑或得以裁定行之,尚无明文依据,不无疑问。事关法律适用,本院未敢擅专,理合据情电请钧部核示,或转请解释示遵,俾便转饬遵照等情。据此,除原电所称原办法第十四条规定之停业处分,是否得由司法机关为之一点,业经函准财政部函复,应由财政部执行外,关于原电所称如原办法第十四条、第一二四五条等款规定,不在于《刑法》上其他罪名,单纯科处罚金之事件,是否应依普通刑诉程序办理,抑或得以裁定为之一点。查无明文规定,事关法律疑义,理合备文呈请钧院鉴核指示,以便饬遵。谨呈司法院院长居。司法行政部部长谢冠生

**院字第二四五〇号**

**民国三十一年十二月三十一日　司法院指令司法行政部**

呈悉,业经本院统一解释法令会议议决,甲壮丁被征入营,保长乙预以丁往某地工作之通行证与甲,以为将来脱逃时通行之用。甲在营未逃,即被搜出,此项通行证,既为该保长职务上所掌之公文书,其内容之登载,又系不实之事项,自应依《刑法》第二百一十三条论处。仰即转饬知照。此令

**附司法行政部原呈**

案据福建高等法院首席检察官林炳勋本年四月十八日呈安字第七九五号呈称,案据本院第一分院首席检察官张慎微呈称,窃查兹有甲壮丁被征入营,保长乙发有丁往某地工作通行证与甲,以为将来脱逃时通行之用。甲在营未逃时,此证被营中搜出,供称系乙给与,留为将来逃脱之用。讯诸丁,不认有领此证,甲不久亦遂畏罪逃脱,乙应依何法办理?若以便利脱逃论,则甲非依法逮捕拘禁人;若以帮助兵役逃亡论,则甲未逃之先,此证已被搜去,不过预备逃亡尚未达未遂程度。正犯既无正条,从犯更有疑义,其事后逃亡,又非此证作用,与乙无涉。此种犯罪影响役政甚大,又不能置而不办,或谓应依《刑法》第二一三条办理。究应引用何法,职处未敢擅便,理合备文呈请钧首席察核,转呈司法院统一解释,以资依据等情。据此,理合备文呈请钧长察核指令,以便转饬祇遵等情。据此,事关法律疑义,理合备文呈请钧院鉴核指示,以便转饬遵照。谨呈司法院院长居。司法行政部部长谢冠生

**院字第二四五一号**

**民国三十二年一月六日　司法院致行政院函**

案准贵院上年十一月二十一日顺捌字第二三八〇六号公函,以被付惩戒人减俸处分执行疑义,请查核见复等由,兹经本院统一解释法令会议议决,被付惩戒之公务员已去职者,其所受之减俸或降级处分,应于其再任官职时所任职务之级俸执行。相应函请贵院查照。此致行政院

**附行政院原函**

查被付惩戒人已去职者,其所受之减俸或降级处分,应于其再任官职时执行,曾经贵院二十四年六月八日第六三号及本年七月十一日修字第三五二六号咨复在案,惟所谓于其再任官职时执行,究系按照其违法失职时所任职务之原级原俸执行,抑应就其再任官职时所任职务之级俸执行,适用上不无疑义,相应函请查核见复为荷。此致司法院。行政院院长蒋中正

**院字第二四五二号**

**民国三十二年一月七日　司法院指令浙江高等法院**

呈悉,业经本院统一解释法令会议议决,《清理不动产典当办法》施行前设定之典权未定期限者,如于《民法》物权编施行后回赎,依同编施行法第二条、第五条第一项第二项,《民法》第九百二十四条但书之规定,仅得于出典后三十年内为之。至同编施行法第十五条之规定,于未定期限之典权,不适用之。仰即转饬知照。此令

**附浙江高等法院原呈**

本年九月三十日据浙江天台县司法处主任审判官杜时敏代电称,《清理不动产典当办法》施行前所设定未定期限之典权,究应准于三十年内,抑三十三年内回赎,发生疑义,兹有甲、乙两说。甲说,依物编权施行法第二条,应适用《民法》第九百二十四条之规定,只准于三十年内回赎。乙说,比照定有期限之法例,援引物权编施行法第十五条及司法院关于定有期限典权之解释,准于三十三年内回赎。不知究以何说为当,用特电请鉴核,伏祈转请解释,俾资遵循。再本处采甲说,高四分院采乙说,合并呈明等情。据此,事关适用法律疑义,本院未敢擅拟,理合据情备文呈请钧院释示,以便转饬遵照。谨呈司法院院长居。浙江高等法院院长郑文礼

**院字第二四五三号**

**民国三十二年一月七日　司法院复四川高等法院电**

四川高等法院苏院长览,上年十月鱼代电悉,内江地方法院所请解释一案,业经本院统一解释法令会议议决,原代电附呈之商店所出比期票式样内载,收到某某字号存来某月底法币若干元,右款到期交付不误字样,自非单纯之银钱收据,如依交易上之习惯支取所载法币,应凭此单据为之者,即系印花税法第十六条税率表第四目所谓凭以支取银钱之单据。纵令立据之商店未收法币,实因贷与法币于受据人而出此单据,亦无从认为同表第十九目所称之借贷单据。合电转饬知照。司法院阳印

**附四川高等法院原代电**

巴县歇马乡莲池沟司法院院长居钧鉴,案据署内江地方法院院长万宗周本年九月十六日铣代电称,查本院受理印花税款案件甚伙,关于比期票之性质,亟待确定,约有三说,

一、普通民众认系票据，因其性质大致与本票相同，不过文字记载，略有差异，但既不具备票据之要件，自不能认为票据法上之票据。惟其贴用印花，是否适用印花税法税率表第四目之规定，则大有疑问。二、一般银钱业则认系收据，其贴用印花，亦即依税率表第二目办理，每件贴用印花六分，实已足额。三、税局为图取提成，则将此种比期票认为借据，每百元即须贴用印花四分，而比期票之票面甚大，商场因见解不同，贴用印花，每不足额，误被处罚，怨声四起，大有不堪税吏骚扰之势，甚至疑法院亦为图取提成而故按借据处罚者。按司法机关依《印花税法科罚及执行规则》第六条各款规定，法院提成，早经部令取消，依该规则应提成之四成司法办公费，均作杂项收入，解交国库。只因该规则未经明令修改，税务机关所印售之税务法令仍载原文，民间因起误会，故该规则既有修正公布之必要，而关于比期票之性质尤待于解释。本院为求办案迅速，除已按借据科处大批外，尚有比期票数百张等待裁定，理合抄具是项票据之式样，电请钧院转呈司法院解释祇遵，计抄呈票据样式一份。据此，查以比期票性质而论，票面虽有收到、存来等字样，实际并非具存。有时系划拨，有时系借给，而实含有定期负责付交之意，似原代电所陈三说，当以第三说认为借据为是。事关解释，未敢擅专，理合电请解释，伏祈垂察，并候示遵。署四川高等法院院长苏兆祥午鱼牍印

**院字第二四五四号**

**民国三十二年一月七日　司法院复四川高等法院电**

四川高等法院苏院长览，佳代电悉，岳池县司法处所请解释一案，业经本院统一解释法令会议议决，人民对于实施防空，依防空法第三条第一项本有服役之义务，担任防空监视职役之人，除原有军人资格外，不能一律视同军人。合电转饬知照。司法院虞印

**附四川高等法院原代电**

重庆司法院院长居钧鉴，案据岳池司法处代电称，防空监视队班长是否为现役军人，恳乞示遵等情，查电称情形，尚无成例可稽，理合电呈钧院俯赐核示，以凭饬遵。代理四川高等法院院长苏兆祥叩佳印

**院字第二四五五号**

**民国三十二年一月二十五日　司法院复广西高等法院电**

广西高等法院陈首席检察官览，上年十一月皓代电悉，容县地方法院首席检察官所请解释一案，业经本院统一解释法令会议议决，《惩治盗匪暂行办法》第三条三、四、六、七、八、九各款之抢劫罪，其人数不问为一人为数人，凡合于各该款特别要件者，即应依各该款处断。至窃盗如因防护赃物、脱免逮捕或淹灭罪证，当场行强杀人，依《刑法》第三百二十九条规定，应成立同法第三百三十二条第四款之罪。合电转饬知照。司法院印

**附广西高等法院检察处原代电**

重庆司法院院长居钧鉴，案据兼行容县地方法院首席检察官梁廷高呈称，为呈请解释

事,查《惩治盗匪暂行办法》第三条三、四、六、七、八、九等款所谓抢劫,是否指同条第一款结合大帮抢劫而言,抑一人以上抢劫而合于各款特别要件时即应否依各该款处罪?又结伙抢劫,是否须三人以上,再窃盗杀人是否应认为同条六款之罪?以上所列,因无明文解释,适用时殊滋疑义,理合备文呈请察核,转呈解释,俾便遵循等情。据此,查所请解释法律疑义各情,除结伙抢劫是否须三人以上之点,业经钧院院字第一八七七号明白解释有案,应分别指令外,至称《惩治盗匪暂行办法》第三条第三、四、六、七、八、九等款所谓抢劫,是否指同条第一款结合大帮抢劫而言,抑一人以上抢劫而合于各款特别要件时即应依各该款处罪一则,依照院字第二一七二号解释抢劫之方法,凡以强暴、胁迫、药剂、催眠术或他法至使人不能抗拒者,皆包括在内,不专以施用强暴胁迫行为为限,云云。既无人数多少之要件,即仅一人或二人以上抢劫,具备上述方法而合于各款特别要件者,自应依各该款处罪。又窃盗杀人,是否应认为同条第六款之罪一则?按窃盗因防护赃物、脱免逮捕或淹灭罪证,而当场施以强暴胁迫者,以强盗论,此为《刑法》第三百二十九条所明定。若窃盗有该条规定之情节而杀人,仍应依该暂行办法第三条第六款论科。所拟是否有当,案关适用法律疑义,理合电请鉴核解释示遵。署广西高等法院首席检察官陈灼明叩皓印

**院字第二四五六号**

**民国三十二年一月二十五日　司法院复安徽高等法院电**

安徽高等法院廖院长览,上年十一月铣代电悉,繁昌县承审员电请解释一案,业经本院统一解释法令会议议决,兼理司法县政府对于《妨害兵役治罪条例》所定有权审判各罪,其最重本刑为三年以下有期徒刑者,虽得由承审员独自审判,但其余各罪,纵经县长交由承审员审理,仍应由县长与承审员同负责任,不得由承审员独自审判。合电转饬知照。司法院有印

**附安徽高等法院原代电**

重庆司法院院长居钧鉴,案据繁昌县承审员艾官思午筱代电略称,兼理司法县政府受理妨害兵役案件是否得由承审员独自审判,请示遵等情前来。查《县知事审理诉讼暂行章程》第一条第二项规定,设有承审员各县,属于初级管辖案件概归承审员独自审判,以县公署名义行之,由承审员负其责任。地方管辖案件,得由县知事交由承审员审理,但县知事应与承审员同负其责任。惟现行《妨害兵役治罪条例》所定各罪,其最重本刑有为三年以下,有为非三年以下有期徒刑者,是否一律得由承审员独自审判,抑系最重本刑在三年以下者归承审员独自审判?事关法律疑义,未敢擅拟,理合电请鉴核示遵。立煌安徽高等法院院长廖江南公出庭长易新代行叩文戌铣印

**院字第二四五七号**

**民国三十二年一月二十五日　司法院指令湖南高等法院**

呈悉,业经本院统一解释法令会议议决,补实军官未退休前就任他职,而于他职任内犯罪者,应依《陆海空军审判法》第一条第一项归军法审判。仰即转饬知照。此令

**附湖南高等法院原呈**

案据院派暂代邵阳地方法院院长王时润代电称,补实军官之陆军军官未奉明文退休前就任他职,而于他职任内犯罪,是否归法院审判,抑应由军事机关受理,恳转请解释示遵等情。据此,事关管辖疑义,理合转呈钧院鉴核示遵。谨呈司法院院长居。湖南高等法院院长陈长簇

**院字第二四五八号**

**民国三十二年一月二十六日　司法院致司法行政部函**

迳启者,贵部上年八月十四日第六九八五号呈,据四川高等法院转请解释县司法处对区署行文疑义一案,兹经本院统一解释法令会议议决,自新县制实施后,依《乡镇组织暂行条例》第三十三条第一项既明定乡镇公所设置警卫股,办理警卫等事。其乡镇长自系执行公安事务之人员,实与《刑事诉讼法》第二百零九条第一项第三款之司法警察官相当。至依县政府分区设署规程所设之区署,虽为县政府辅助机关,但仅系代表县政府督导区内各乡镇办理各项行政及自治事务,则其区长并非直接执行公安事务之人员,自不能认为司法警察官。除兼理县司法处检察职务之县长,就侦查犯罪事项指挥乡镇长时,应用令外,其县司法处审判官对于区署或乡镇公所所用之公文,均应以公函行之。相应函请贵部查照饬知。此致司法行政部

**附司法行政部原呈**

案据四川高等法院三十一年五月一日牍字第一〇〇二号呈称,案查前准四川省政府公函,为据兴文县政府呈请解释县司法处对于区署行文疑义一案,请查核见复等由,本院以县司法处对于区署在行政系统上自是不相统属。惟司法处包括检察官在内,检察官有指挥司法警察之权,曾经本院呈请钧部解释,奉有二十八年五月九日指字第特二字指令内开,查区长及联保主任关于侦查犯罪,均应受检察官之指挥,自得以令行之,其依各县分区设署暂行规程设置之区长,并应认为司法警察官等因,在卷。依此解释,县司法处既行使地方法院检察官之职权,及受理自诉案件,依刑诉法第三百十九条第三项后段之规定,对区署行文,自得以令行之,当即函复查照在案。兹复准四川省府三十年十一月十七日民一字第三九五〇五号公函开,案准贵院三十年九月二十七日牍字第一一三四九号公函,以前准本府转据兴文县政府呈请解释县司法处对区署行文疑义一案,业经呈奉司法行政部解释,区长及联保主任关于侦查犯罪,均应受检察官之指挥,自得以令行之。其依各县分区设署暂行规程设

置之区长,并应认为司法警察官等因,嘱为查照等由,准此。查本省实施新县制后,县以下各级组织业经依据法令分别调整,机构权责均有变更,其原有之各县分区设署暂行规程,亦早经废止。依现行县政府分区设署规程所设置之区长,其性质及职权系代表县府督导区内乡镇办理各项行政及自治事务,虽属行政人员,但非直接施政者。乡镇则系自治单位,乡镇长尤非行政人员。前项解释,是否适合,不无疑义。准函前由,相应抄同现行之县政府分区设署规程,暨《乡镇组织暂行条例》,函达贵院,烦请转呈再为解释赐复为荷等由,附抄送县政府分区设署规程一份,《乡镇组织暂行条例》一份,准此。事关法令解释,未敢擅专,理合检同抄件备文呈请钧部俯赐鉴核令遵等情。据此,查新县制实施以后,县以下各级组织,虽经变更,但对于法定之司法警察事项,似不应因其变更而受影响。惟事关法令解释,理合抄同原附规章,呈请钧院核示,以便饬遵。谨呈司法院院长居

**院字第二四五九号**

**民国三十二年一月二十六日　司法院致考选委员会函**

案据本院秘书处转陈贵会上年十月二十七日专字第一六三号公函,请解释律师检核资格一案,兹经本院统一解释法令会议议决,曾在中央宪兵学校、中央军需学校、中央警官学校及其他中央军事学校,教授主要法律科目二年以上者,如各该学校之入学资格及修业年限,与现行法规所定专门学校之入学资格及修业年限相当,即为具有律师法第一条第二项第二款所列之资格。相应函请贵会查照。此致考选委员会

**附考选委员会原函**

查在中央军官学校教授民《刑法》二年以上者,应认为具有律师法第一条第二项第二款所定之资格,业经贵院解释在案。惟查中央宪兵学校、中央军需学校、中央警官学校及其他中央军事学校教授《律师法施行细则》第三条所定法律主要科目二年以上者,可否援用此例,一律认为具有律师法第一条第二项第二款所定之资格,尚有疑义,相应函请查照转陈见复为荷。此致司法院秘书处。考选委员会委员长陈大齐

**院字第二四六〇号**

**民国三十二年一月二十八日　司法院致社会部函**

案据本院秘书处转陈贵部上年十二月二十三日组二字第三四九七八号公函,请解释理发业店主兼为理发师可否加入工会疑义一案,业经本院统一解释法令会议议决,理发师数人合伙开设理发店,而其相互间并无雇佣关系者,虽各自为理发师,亦不得加入工会。相应函请贵部查照。此致社会部

**附社会部原函**

查理发业店主得组织同业公会,理发师得组织职业公会一案,业经大院于民国二十九年一月解释有案,惟对于共同伙办,在实际上并非居于雇主地位,且自身仍兼为理发师者,

可否加入工会一节，未有明示，相应函请查照转陈补充解释见复为荷。此致司法院秘书处。社会部部长谷正纲

**院字第二四六一号**

**民国三十二年二月三日　司法院指令安徽高等法院**

呈悉，业经本院统一解释法令会议议决，《遗产税暂行条例施行条例》第三十六条所谓扣押，即强制执行法所谓之查封。所谓声请法院扣押其财产，系指声请法院为强制执行而言。遗产税征收机关为此声请时，所送载明欠缴税之公文书，即为强制执行法第四条第六款之执行名义，法院毋庸依假扣押程序予以裁定。仰即转饬知照。此令

**附安徽高等法院原呈**

案据青阳县司法处电称，查《遗产税暂行条例施行条例》第三十六条，逾限定期间不完清税额或照补税额者，应声请法院扣押其财产。（一）是否依《民事诉讼法》第七编假扣押程序予以裁定，抑为强制执行法第四条第六款之执行名义？（二）如依《民事诉讼法》假扣押程序，是否应用民事状及征收声请费（参照《民事诉讼费用法》第十七条第六款），颇滋疑义，请赐示遵等情。查遗产税与所得税，系同归中央直接税征收机关征收，《所得税暂行条例》第二十条所谓移请法院追缴，其征收机关所送欠缴税额之公文书，即为强制执行名义，经钧院院字第二〇一七号解释有案，遗产税如逾限定期间不完清税额或照补税额者，其征收机关声请法院扣押其财产之公文书，似亦即为强制执行法第四条第六款之执行名义，不发生假扣押之裁定与适用民事诉状及征收声请费等问题。惟案关法律解释，未敢擅便，理合呈请核示，以便饬遵。谨呈司法院院长居。署安徽高等法院院长廖江南

**院字第二四六二号**

**民国三十二年二月三日　司法院指令湖南高等法院**

呈悉，业经本院统一解释法令会议议决，（一）《土地法》第一百六十五条、第一百六十六条虽未明定其适用期间，然其前之第一百六十三条、第一百六十四条与其后之第一百六十七条、第一百六十八条，既均于依同法第一百六十二条第一款规定之房屋标准租金时，始适用之，则第一百六十五条、第一百六十六条之规定，亦惟在房屋标准租金施行期间始有适用，自无疑义，《土地法施行法》第三十五条之规定亦同。（二）《土地法》第三编第二章所谓市地，为市行政区域内之土地，同法第一百四十八条第一项规定甚明。故通俗所谓市镇，不在市行政区域内者，不包括在内。仰即知照。此令

**附湖南高等法院原呈**

窃查《土地法》第三编第二章第二节各条规定，纯为市内之准备房屋额继续六个月不及房屋总数百分之一时之救济方法，在市政府未查明该市内之标准房屋额，是否不及房屋总数百分之一？定期施行房屋标准租金以前，关于该市内因收回房屋涉讼事件，可否适用同

法第一六六条各款及土地施行法第三五条等规定办法?又同编章所谓市地,是否以设有市政府之市地为限,抑未设有市政府之市镇亦包括在内?事关法律适用疑义,理合具文呈请钧院俯赐解释示遵。谨呈司法院院长居。湖南高等法院院长陈长簇

**院字第二四六三号**

**民国三十二年二月十二日　司法院指令湖南高等法院首席检察官**

呈悉,业经本院统一解释法令会议议决,(一)《非常时期违反粮食管理治罪暂行条例》第十三条第一项第一款所谓检举人,系指向县市政府或各级粮食主管机关秘密检举之人而言。公务员以私人资格依同条例第十一条规定秘密检举,自亦包括在内,因此检举而查获者,即应提给奖金。(二)同条例第三条第一项第三款所定粮户或农户之余粮,经粮食主管机关规定出售而规避藏匿之情形,固应以囤积居奇论,但须具备该机关有出售之规定,若仅布告不准囤积居奇云云,尚不得解为已规定出售。至所谓粮食主管机关,仅限于粮食部及其所属各省市县主管粮政机关始克当之。仰即知照。此令

**附湖南高等法院检察处原呈**

据战区检察官李朋巧代电称,窃查《非常时期违反粮食管理治罪暂行条例》第十三条第一项第一款之所谓"检举人"是否专指一般人民而言?如系具有公务员身份或系有追诉或处罚犯罪职务之公务员检举而查获者,是否亦提给奖金?又第二条第一项第三款"粮户或农户之余粮经粮食主管机关规定出售而规避藏匿者",所谓经粮食主管机关规定出售,是否必具形式要件,如布告仅谓"不准囤积居奇",是否可解为规定出售?又,粮食主管机关是否仅指粮食部及粮政局而言?省县政府及战区长官司令部、保安司令部是否亦可解为粮食主管机关?以上不无疑问,理合电恳示遵等情。据此,事关疑义,理合呈请钧院解释示遵,实为公便。谨呈司法院院长居。湖南高等法院首席检察官邓静安

**院字第二四六四号**

**民国三十二年二月十二日　司法院指令江西高等法院**

呈悉,业经本院统一解释法令会议议决,《刑法》第二十三条所称之权利,不包含国家拘禁力在内,执行拘禁之公务员,追捕脱逃罪犯而将其击毙者,不适用该条规定。仰即知照。此令

**附江西高等法院原呈**

查依法逮捕之人脱逃,本系仅害国家之拘禁力,以脱离公力监督范围,惟国家之拘禁力可否认为《刑法》第二十三条之权利,于此有甲、乙二说。甲说,国家之拘禁力,由公务员执行,即系国家授与之执行权利。如果依法被逮捕拘禁之人,不法侵害拘禁力,以脱离公力监督范围,自与侵害其权利无异,执行拘禁之公务员,跟踪追捕,不能不谓为防卫权利之行为。纵因追捕结果,击毙脱逃之人,则以具有《刑法》第二十三条正当防卫之违法阻却原因,当然

不罚。特应注意依法被逮捕之人所犯罪名轻重,与其脱逃之时(是否现行犯),以为防卫行为过当之参考。乙说,《刑法》第二十三条系专就私人之防卫权利行为而为规定,公务员执行国家公力均有法令之依据,与私人行使正当防卫权利,性质上根本不同。依法被逮捕拘禁之人脱逃,执行拘禁力之公务员即属失职,其追捕脱逃之人,为职务上应尽之责任。如因追捕击毙脱逃之人,应视其有无法令上之依据,以定其免责与否,无适用《刑法》第二十三条之余地。以上二说,未审孰是,理合备文呈请钧院鉴核,迅赐解释指令祇遵。谨呈司法院院长居。江西高等法院院长梁仁杰

**院字第二四六五号**

**民国三十二年二月十五日　司法院复广西高等法院电**

广西高等法院申院长览,上年七月铣代电悉,所请解释一案,业经本院统一解释法令会议议决,逃避兵役之家长拒缴或因无力缴纳优待金,在《妨害兵役治罪条例》并无相当规定,除别有庇护或便利该应服兵役之壮丁逃避兵役,应依同条例第四条第二项处断外,法无论罪明文,应不为罪。合电知照。司法院咸印

**附广东高等法院原代电**

司法院院长居钧鉴,案准广西省军管区司令部三十一年五月庚征字第一四八〇号代电称,案据蒙山县区岳生卯敬军代电称,查三十一年度《征补兵员实施办法》第二十五条规定,逃避兵役之家无力缴纳优待金者,按照《妨害兵役治罪条例》办理等词。惟职县对于拒缴无力缴纳优待金之逃避兵或其家长移送司法处办理时,每以不合于相当罪名宣告无罪之判决,影响兵役前途至大,应如何补救,以杜逃风而利役政等情。查非军人触犯《妨害兵役治罪条例》,应由司法机关审判,业经《妨害兵役治罪条例》第二十二条规定有案。据电前情,相应电请查照,通饬所属依照条例规定办理,以利役政,并希见复为荷等由前来。查逃避兵役之壮丁,在《妨害兵役治罪条例》固有处罪明文,惟逃避兵役壮丁之家长,如拒缴或因无力缴纳优待金者,应否依照《妨害兵役治罪条例》第四条第二项规定科处罪刑,似不无疑义。案关役政,理合电请钧院解释示遵。广西高等法院院长申守真铣印

**院字第二四六六号**

**民国三十二年二月十七日　司法院致司法行政部函**

案查贵部上年十一月十九日叁字第九六〇二号呈,据甘肃高等法院转请解释番民诉讼案件管辖疑义一案,兹经本院统一解释法令会议议决,原呈所称番区,如为庄浪茶马厅理番委员管辖区域,则民事诉讼当事人两造或一造为番民,或其讼争事项在番区内发生者,究由该理番委员管辖,抑由法院管辖,应依《民事诉讼法》之规定决之。被告住所或其他据以定管辖法院之地在番区内者,理番委员有管辖权;在法院管辖区域内者,法院有管辖权。同一诉讼,依《民事诉讼法》之规定,理番委员与法院均有管辖权者,原告得任向其中一处起诉。

至于刑事诉讼案件,其第一审之管辖权,亦应依《刑事诉讼法》之规定决之,即视案件之犯罪地或被告之住所居所与所在地在番区内者,理番委员有管辖权,在法院管辖域者,法院有管辖权。同一刑事案件,理番委员与法院均有管辖权者,原则上应由系属在先者审判之。相应函请贵部查照。此致司法行政部

**附司法行政部原呈**

案据甘肃高等法院三十一年十月三十一日第八一二号呈称,案据署甘肃永登地方法院院长康绍先本年九月十一日呈称,为呈请示遵事。查永登县番民诉讼案件,应由庄浪茶马厅理番委员援用理藩院则例及番例条款管辖,业经司法院院字第一四三号解释在案,唯下列案件:(一)番民及非番民间之诉讼;(二)番民间之诉讼于番区外发生;(三)非番民间之诉讼于番区内发生者,究应归法院管辖,抑归原理番委员管辖,不无疑义。上述三点,理藩院则例及番例条款既未著有明文,又无判解可资依据,近且以番汉往来关系日切,此类案件不时发生,在汉民愿归法院管辖,番民则主张归原理番委员管辖,使此类案件概归原理番委员管辖,纵当事人无所争议,则舍完善之法规,屈就陈陋之章则,于理亦觉不合。似此情形,若不及早解决,该厅往往以番案所关频与异词,事关法令适用,未便擅断,理合具文呈请钧院鉴核示遵等情。据此,案关法令适用,未便妄拟。除指令外,理合备文呈请钧部鉴核示遵等情。据此,事关法院管辖疑义,理合具文转请核示,俾便饬遵。谨呈司法院院长居。司法行政部部长谢冠生

**院字第二四六七号**

**民国三十二年二月十九日　司法院致司法行政部函**

查贵部上年十一月十九日叁字第九六〇四号,呈以据山西高等法院转请解释战区巡回审判案件办理疑义一案,兹经本院统一解释法令会议议决,战区巡回审判办法第八条内载,诉讼关系人虽未备用状纸,巡回审判推事仍应受理,民事诉讼案件,并免缴诉讼费用等语,因专指第二审程序而言,但为贯彻该条之精神起见,巡回审判推事发见当事人在第一审起诉时未购用状纸,或未缴诉讼费用,亦无须命其补正。相应函请贵部查照饬知。此致司法行政部

**附司法行政部原呈**

案据山西高等法院呈称,案据本院巡回审判第八区推事寻光辉呈称,呈为呈请核示祗遵事,查民刑诉讼案件,诉讼关系人虽未购用状纸,巡回审判推事仍应受理民事诉讼案件,并免征诉讼费用,战区巡回审判办法固有明文规定。各县司法处是否同样适用,未奉明令。设遇民刑诉讼案件,诉讼关系人在第一审未购用状纸,或虽用状纸而不缴纳诉讼费用(诉讼救助除外),第一审未以裁定命其补正,竟为实体上之裁判,上诉巡回审判推事后,发现前情,可否以裁定命将第一审程序补正后再进行第二审审判,抑或置之不顾,只进行第二审审判,理合备文呈请鉴核示遵施行等情。据此,查当事人在第一审起诉,除得用言词起诉之件

得只缴裁判费用，毋购用状纸外，均应缴纳裁判费用，并购用状纸，为必须具备之程式，不然则属于法不合。第一审判决后，当事人提起上诉，第二审法院似应以裁定先命补正，非俟补正后不得进行第二审审判。顾战区人民经济困难，为体恤当事人起见，又似不应命其补正。惟事关法律疑义，本院未敢擅拟，理合具文呈请钧部鉴核指示，俾便饬遵等情，到部。查当事人在第一审起诉，未经购用状纸，或虽用状纸而不缴纳裁判费用，原审法院未命其补正，竟为实体上之裁判，本属于法不合，惟巡回审判制度，意在便利战区人民，若依通常情形命其补正，势必往返费时，多所困难，为体恤战区人民起见，似可无庸令其补正。惟事关法令变通适用，是否可行，理合备文呈请钧院鉴核指示，以便转饬遵照。谨呈司法院院长居。司法行政部部长谢冠生

**院字第二四六八号**

**民国三十二年二月十九日　司法院指令湖南高等法院**

呈悉，业经本院统一解释法令会议议决，甲女与乙男均未达《民法》第九百八十条所定结婚年龄，由双方法定代理人主持结婚者，如甲女以此为理由，向乙男提起离婚之诉，应认为依同法第九百八十九条请求撤销结婚。惟双方如均已达结婚年龄，即应受同条但书之限制(参照院字第一七八三号解释)。仰即转饬知照。此令

**附湖南高等法院原呈**

案据汝城县司法处审判官方树东三十一年十二月十日呈称，设有甲女年未满十岁与年未满十岁之乙男，由双方法定代理人主持结婚仪式，甲女即在乙家同居，但未同房。甲女年到十九岁时，向法院请求与乙男离婚，受诉法院应依离婚程序办理，抑依撤销婚姻之程序办理，兹有丙丁二说。丙说，甲女与乙男虽均未成年，但既已由双方法定代理人主持结婚，即与《民法》第九百八十一条之规定相当，受诉法院应就甲女提起离婚之诉为准驳之判决。丁说，男未满十八岁，女未满十六岁，不得结婚，《民法》第九百八十条已有明文规定，甲女与乙男既均未满十岁，由双方法定代理人主持结婚，并未同房，仍应视为童养媳之一种，显已违反《民法》第九百八十条之规定。甲女因不明法律，向法院提起离婚之诉，受诉法院应依《民法》第九百八十九条之规定撤销之。以上二说孰是，事关法律适用疑义，理合呈请钧院核示，或转请解释示遵等情。据此，查案关法律疑义，未敢擅专，理合具文呈请钧院俯赐解释，以便饬遵。谨呈司法院院长居。湖南高等法院院长陈长簇

**院字第二四六九号**

**民国三十二年二月十九日　司法院训令陕西高等法院**

案查南郑地方法院代电请解释出租人以一诉请求终止租赁契约并求返还租赁物，应如何缴纳裁判费疑义一案，兹经本院统一解释法令会议议决，《民事诉讼费用法》第九条所谓因租赁权涉讼，系指以租赁权为诉讼标的之诉讼而言，其以租赁关系已经终止为原因，请求

返还租赁物之诉,系以租赁物返还请求权为诉讼标的,非以租赁权为诉讼标的,其诉讼标的之价额,应以租赁物之价额为准。至出租人终止租赁契约,依《民法》第二百六十三条、第二百五十八条第一项之规定,只须向承租人以意思表示为之,不必请求法院为宣告终止之形成判决,自无所谓请求终止租赁契约之诉。原代电所称请求终止租赁契约之诉,当即出租人主张终止之意思表示有效,所提起确认租赁权消灭之诉。其诉讼标的之价额固应依《民事诉讼费用法》第九条之规定计算之。惟此项诉讼与请求返还租赁物之诉合并提起时,诉讼标的虽有两项,而自经济上观之,其利益不超出终局标的之范围,依《民事诉讼法》第四百零六条之规定,其诉讼标的之价额,应依其中价额最高者定之。合行令仰该法院转饬知照。原代电抄发。此令

**附陕西南郑地方法院原代电**

重庆司法院院长居钧鉴,查出租人以一诉请求终止租赁契约并求返还租赁物,应如何缴纳裁判费,兹分甲、乙两说。甲说,请求返还租赁物,仍系请求终止租赁契约之结果,其请求虽有二,仍为基于同一租赁权之诉讼,应按《民事诉讼费用法》第九条之规定缴纳裁判费。乙说,请求终止租赁契约,固应按《民事诉讼费用法》第九条之规定纳裁判费,但其请求返还租赁物,则应按租赁物之价额缴纳裁判费,不过出租人以一诉请求终止租赁契约,并请求返还租赁物,乃系以一诉主张之数项标的互相竞合,应依其中价额最高者定之。两说不知孰是,理合电请解释示遵。署陕西南郑地方法院院长徐杰叩亥养印

**院字第二四七〇号**

**民国三十二年三月二日　司法院复安徽高等法院电**

安徽高等法院廖院长览,上年十二月巧代电悉,泾县司法处审判官所请解释一案,业经本院统一解释法令会议议决,非讼事件法现未颁行,关于非讼事件之程序,尚无法条可据,应依法理办理。将诉讼事件作为非讼事件声请者,自非合法,按诸法理,应以裁定驳回之。至非讼事件程序上合法之声请,实体上是否正当,应依规定该事项之法律决之,例如指定亲属会议会员事件,应视其声请是否合于《民法》第一千一百三十二条之规定以为准驳。合电转饬知照。司法院冬印

**附安徽高等法院原代电**

司法院院长居钧鉴,案据泾县司法处审判官许时霖呈称,查当事人依《非讼事件征收费用暂行规则》所为声请,或就诉讼事件而依非讼事件为声请时,民事庭应为之准驳,究应适用何法条办理等情。据此,事关法律疑义,未敢擅拟,理合电请钧长鉴核示遵。署安徽高等法院院长廖江南庭长易新代行叩亥巧印

院字第二四七一号

民国三十二年三月二日　司法院致国民政府军事委员会函

案准贵会本年一月十五日法审(三十二)渝四字第六三四号公函,以据浙江全省保安司令电,请示《惩治盗匪暂行办法》适用疑义一案,请解释见复等由,业经本院统一解释法令会议议决,《惩治盗匪暂行办法》第三条第四款之抢劫罪,系以舟车、航空机为犯罪之物体,其结伙抢劫舟车内之旅客财物或船上重要机件者,仅依同办法第四条第一款论处。相应函复贵会查照饬知。此致国民政府军事委员会

附国民政府军事委员会原函

案据兼浙江全省保安司令黄绍竑亥删法电称,《惩治盗匪暂行办法》第三第四款犯罪客体,是否专指供水陆空公众运输之舟车航空机本身而言。如有结伙在供公众运输之内河义渡船、及商办快船公司或汽车公司所开驶船车内,抢劫旅客财物或船上重要机件者,是否适用该条款论处,不无疑义,谨电核示祇遵等情。案关法律疑义,相应函请查照,迅赐解释见复,以便饬遵。此致司法院

院字第二四七二号

民国三十二年三月二日　司法院致国民政府军事委员会函

案准贵会本年一月二十二日法审(三十二)渝三字第九三〇号公函,以《中华民国战时军律》条文适用疑义,请解释见复等由,兹经本院统一解释法令会议议决,军用驮马不包括于《中华民国战时军律》第十八条所谓军用舟车之内,部队某甲以军用驮马供私人使用图利,如其对于是项驮马之使用,系属主管或监督之事务,应适用《惩治贪污暂行条例》第三条第一项第二款处断。倘以是项驮马供私人装运违禁或漏税物品,则不问属于其主管或监督与否,均应按同条例第二条第五款处断,相应函复贵会查照。此致国民政府军事委员会

附国民政府军事委员会原函

查中华民国战事军律第十八条规定,以军用舟车航空器供私人使用图利者,处五年以上十年以下有期徒刑等语。兹有部队某甲以军用驮马供私人使用图利。查军用驮马是否包括于军用舟车之内,不无疑义,事关适用法律,相应函请查照释明见复,以凭办理。此致司法院

院字第二四七三号

民国三十二年三月三日　司法院致行政院函

案准贵院本年一月二十一日仁贰字第二〇八三号公函,以广西省政府代电请解释《优待出征抗敌军人家属条例》第二十九条第二款疑义一案,请解释见复等由,业经本院统一解释法令会议议决,出征抗敌军人或其家属于承典耕作或收益之田地或自住之房屋外,虽非

全无耕作或收益之田地或自住之房屋,然其所承典者,经出典人收回或改典于他人后,仅就此项田地耕作或收益,不足维持生活,或仅此项房屋不敷居住者,亦为《优待出征抗敌军人家属条例》第二十九条第二项,所谓别无耕作或收益之田地或自住之房屋。在该军人出征抗敌期内,出典人自不得将该项典物收回或改典于他人。至该军人家属与出典人就此有争执者,得声请法院调解或提起民事诉讼,未便以行政处分为之解决。相应函复贵院查照饬知。此致行政院

**附行政院原函**

广西省政府代电请解释《优待出征抗敌军人家属条例》第二十九条第二款疑义一案,经饬据内政、军政两部议复到院,相应抄同各件,函请查照解释见复为荷。此致司法院。行政院院长蒋中正

**附广西省政府原代电**

重庆行政院钧鉴,案据永淳县政府申农优代电略称,《优待出征抗敌军人家属条例》第二十九条第二款后段,在出征抗敌期内以别无耕作或受益之田地为自住之房屋为限,出典人不得收回或改典于他人等词,于解释上有甲乙二说。甲说,所谓别无者,指征属田地房屋除被出典人收回或改典于他人之外,已全无田地或房屋者而言。若尚有一亩半亩十分之一亩之田地,或一间半间之房屋者,即不能限制出典人收回或改典于他人。乙说,优待征属意旨,以维持征属生活为必要,故有同条例第二十七条第二款之规定,对于征属赖以维持生活之财产,不许债权人请求强制执行。以此立法意旨推绎之,所谓别无者,当指别无相当田地房屋可资维持其最低生活者而言。若出典人将原典与征属之田地房屋收回或改典于他人后,征属即发生恐慌,不能维持其最低生活者,当受本条本款之限制。二说究以何说为是,如以乙说为是,可否由县府或优待委员会根据征属声请查酌情形决定,或令取具乡村甲长证明核定,以行政处分办理,乞核示等情。查本案事关法令解释,未便擅拟,理合电请核示祇遵。广西省政府呈世民贰印

**附内政部原呈**

案准钧院秘书处三十一年十二月九日孝字第六一九八八号通知为广西省政府代电,请核示《优待出征抗敌军人家属条例》第二十九条第二款疑义一案,本院长谕交内政、军政两部议复,附抄原电代一件分行到部。查优待征属之意旨,原以维持征属生活为必要,依《优待出征抗敌军人家属条例》第二十七条第二款之规定,对于征属赖以维持生活之财产,不许债权人请求强制执行等词推绎之,是同条例第二十九条第二款规定,在出征抗敌期内,以别无耕作或受益之田地或自住之房屋为限,出典人不得收回或改典于他人。所谓别无者,自系指别无相当田地房屋可资维持其最低生活者而言。若出典人将原典与征属之田地房屋收回或改典于他人后,征属即发生恐慌,不能维持其最低生活,自应受《优待出征抗敌军人家属条例》第二十七条第二款之限制,以符立法本旨。根据上述释义,本案似应以原代电乙说为是。所称由县政府或优待委员会根据征属声请查酌情形决定,或令取具乡村甲长证明

核定,以行政处分办理一节,似属可行,奉交前案,理合拟具意见,备文呈复钧院鉴核施行。谨呈行政院。内政部部长周钟岳

**附军政部原代电**

行政院秘书处勋鉴,孝字第六一九八八号通知单敬悉,查优待条例所指征人家属承典产业,出典人不得收回一项,应以维持生活为原则。如经起诉,须由司法机关判决,始为有效,特电复请查照转陈为荷。军政部子佳信役宣印

**院字第二四七四号**

**民国三十二年三月十日　司法院指令浙江高等法院**

呈悉,业经本院统一解释法令会议议决,县政府军法室所为追缴贪污赃款之确定判决,指挥执行人员自得准照《刑事诉讼法》第四百七十四条第一项指挥执行。此项执行命令,依同条第二项即与强制执行法第四条第六款之执行名义相当,民事执行处如受托执行,其执行费用可依照强制执行法第二十八条及《民事诉讼费用法》第十九条办理。仰即转饬知照。此令

**附浙江高等法院原呈**

案据遂昌县司法处本年十二月七日呈称,查受理执行案件,须有强制执行法上所定之执行名义,在县政府军法室所审判之确定判决,是否得为强制执行法上所定之执行名义?其判决内所载追缴之贪污赃款,执行处应否受理执行,如应受理执行,执行费应如何征收?事关法律疑义,理合备文呈请仰祈释示祗遵等情。据此,事关法律疑义,应有统一解释,理合转呈钧院迅赐释示,俾有遵循。谨呈司法院。浙江高等法院院长郑文礼印

**院字第二四七五号**

**民国三十二年三月十一日　司法院致行政院函**

案准贵院本年一月二十七日仁十一字第二四八〇号公函,以据经济部呈,请示《会计师条例》疑义一案,请解释见复等由,业经本院统一解释法令会议议决,三民主义青年团为服从党的领导,从事团结,并训练革命青年之团体,担任该团会计上职务,既非服务于各级政府或其所属机关,即不能认为具有《会计师条例》第三条第二款规定之资格。相应函复贵院查照饬知。此致行政院

**附行政院原函**

案据经济部呈称,案据萧谊槎呈请发给会计师证书一案,据称曾在三民主义青年团中央监察会派充书记长办公室稽核组副组长职务已满二年,附具服务证明书,请予鉴核到部。查请领会计师证书所应具备之资格,依照《会计师条例》第三条第二款规定,其属于担任会计主要职员者,系以服务于各级政府或其所属机关或实收资本十万元以上之公司为限。本案呈请人在三民主义青年团中央监察会担任会计上职务,应否视同服务于政府公务机关,

本部未便擅拟,理合具文呈请鉴核示遵等情。据此,相应函请查照解释见复,以便饬遵为荷。此致司法院。行政院院长蒋中正

**院字第二四七六号**

**民国三十二年三月十一日　司法院致外交部函**

查贵部条约司函本院秘书处转请解释国营事业机关职员可否任非中国籍人员疑义一案,兹经本院统一解释法令会议议决,国营事业机关之职员,除法令有特别规定外,虽无中华民国国籍之人,亦得任用。至在国民政府特许中国运输股份有限公司任工程师,现行法令尚无国籍之限制,自不以有中华民国国籍者为限。相应函请贵部查照。此致外交部

**附外交部原函**

准美国大使馆本年一月五日函,以美侨某君生于广川,现任中国运输公司助理总工程师。其任职该公司,是否必须先取得中国国籍,请查复等由,相应函请查照,将国营事业机关任用外籍人员之办法赐示,俾便办理为荷。此致司法院秘书处

**附外交部条约司原函**

关于国营事业机关任用外籍人员之办法一案,准贵处二月六日复函,以此项办法无案可稽,嘱向主管部查询等。查国营事业机关之职员,可否任用非中国籍人员?事关法律,相应函请查核见复,以凭转复为荷。此致司法院秘书处。外交部条约司启

**院字第二四七七号**

**民国三十二年三月十五日　司法院指令湖南高等法院**

呈悉,案经本院统一解释法令会议议决,查封之动产或不动产保管人,因故意或过失致该动产或不动产灭失或毁损者,非有命该保管人赔偿损害之执行名义,不得为强制执行。强制执行法第二十三条后段之规定,于此种情形无从准用,即同法第二十二条第一款之规定,亦须对于保管人有执行名义,对之为强制执行后,始有适用。仰即转饬知照。此令

**附湖南高等法院原呈**

案据署零陵地方法院院长葛光宇上年十二月十六日呈称,查办理强制执行事件,查封当事人动产及不动产交第三人就近保管,强制执行法已有明文规定。设保管人从中舞弊,或放弃职责,致将保管之件或失或损,如有犯罪嫌疑,《刑法》上固有专条,惟保管物品之追取,依法应由债权人提附带民事诉讼程序,已觉繁难,而为债权人所不愿。而关于放弃职责因而减损者,除由债权人依法另案诉追外,法律上别无救济之法。以上两种事情,关于保管物品之追还,可否准用强制执行法第二十三条规定,迳向保管人而为强制执行?如有履行义务之可能,故不履行时,得否拘提管收?法无明条,未便臆断,理合具文呈请钧院俯赐核示祇遵等情。据此,事关法律疑义,未敢擅断,理合据情转请钧院鉴核示遵。谨呈司法院院长居。湖南高等法院院长陈长簇

**院字第二四七八号**

**民国三十二年三月十五日　司法院指令陕西高等法院**

呈悉，业经本院统一解释法令会议议决，(一)因可归责于债务人之事由，致给付不能者，债权虽仍存在，而其内容则已变为损害赔偿请求权，不复以原定之给付为标的，故债权人仅得依《民法》第二百二十六条第一项规定，请求赔偿损害，不得请求为原定之给付。如债权人起诉请求为原定之给付，而未依《民事诉讼法》第二百五十六条第三款变更为请求赔偿损害之诉者，应认其诉为无理由而驳回之。(二)及(三)受任人受管理财产之概括委任者，虽就财产之管理得为委任人为一切法律行为，但依《民法》第五百三十四条第五款之规定，起诉非有特别之授权，不得为之。受任人遇有起诉之必要，因委任人失踪无从受其特别之授权者，在《民法》第十条所称之非讼事件法颁行以前，按诸法理，得经委任人住所地法院之许可代为起诉。其起诉应以委任人之名义为之。至证明其代理权，只须提出法院许可起诉之裁定正本，无须提出委任书。(四)《民事诉讼法》第六十九条之委任书，为证明授与诉讼代理权之文书，当事人之函电或其他文书载明授与诉讼代理权之事实者，即系委任书。委任书为《民事诉讼法》所称书证之一种，而非同法所称之当事人书状。故作成委任书，无须购用司法状纸。仰即转饬知照。此令

**附陕西高等法院原呈**

据署陕西南郑地方法院院长徐杰呈称，为适用法律发生疑义，恳请解释事，按《民法》第二百二十六条第一项规定，因可归责于债务人之事由，致给付不能者，债权人得请求损害赔偿云云。如此情形，债权人不能为损害赔偿之主张，诉求命为本来给付者，其诉是否有理由，分甲乙两说。甲说，民事诉讼在审查原告之请求权是否合法存在，如原告之请求权合法存在者，其诉即为有理由。给付之不能既系因可归责于债务人之事由，依《民法》第二百二十六条第一项又无免除债务人给付义务之规定，则债权人请求本来给付，即应认为其请求权合法存在。且同条所谓得请求损害赔偿，不过予债权人以选择之权，债权人之本来给付请求权，并不因之而消灭，则债权人不为损害赔偿之主张，而为本来给付之诉求，要难谓为无理由。乙说，民事诉讼在满足原告预期之私法上利益。给付已属不能，则原告纵得胜诉判决，亦无法满足其利益，因不能以强制执行之方法，使不能之给付复归于可能也。且《民法》第二百二十六条第一项虽无免除给付义务之规定，然参照同法第二百二十五条规定，亦可为免除给付义务之解释。况既曰债权人得请求损害赔偿，显系于给付不能之情形即以损害赔偿代替本来给付，即债权人仅能为损害赔偿之主张，不能再为本来给付之请求，其请求本来给付，即非有理由。两说未知孰是，此应请解释者一。设有甲应征召服兵役，当其入营前，凭同二三村老，将其所有之全部不动产委托与某乙管理，嗣即随军他去，不知所在。其后某甲之佃客某丙积欠租金达二年总额以上，拒不给付，某乙遂以其己名义以代某甲收取租金、终止租约，返还不动产为理由，对某丙起诉，此诉是否正当，计分二说。一、谓依法之

规定,受任人就委任事务之处理,有为一切必要行为之权,某乙既受有某甲之委任,为其管理不动产,则关于收取租金以及违反纳租义务时,终止租约返还租赁物,即属其委任范围内之事务,自得以其自己名义为之。况受任人以自己名义取得之权利,应移转于委任人,《民法》又定有明文。某乙以其自己名义对丙起诉,请交付租金、终止租约,交还不动产,将来即应移转于某甲,则其以自己名义起诉,自非不合。二、谓某乙受某甲之委托,为其管理不动产,在其管理方面,固有为一切行为权限。然其对某丙收取租金、终止租约,返还不动产,则属委任之对外关系,系以某甲之代理人名义而为,并非以某乙自己之名义而为也。故某丙欠租不付时,某乙只可某甲代理人名义起诉,主张交付租金、终止租约,返还租赁物,其迳以自己名义起诉,显属当事人不适格。二说未知孰是,此应请解释者二。又就上开第二问题,如某乙以某甲代理人名义起诉时,关于其代理权方面,某乙既未持有某甲委任起诉之书据,而某甲现又所在不明,亦无法令其补正,此时如依《民事诉讼法》第二百四十九条第五款,将原告之诉予以驳回,似非保护某甲之道,如遇此情形,究应如何办理,此应请解释者三。按诉讼代理人于最初为诉讼行为时,应提出委任书,民诉法第六十九条前段定有明文。此项委任书之提出,依现在惯例,即由诉讼当事人购买司法状纸,记载授与代理权之事实,由当事人或代理人提出于法院。设当事人远在外国,征服兵役,去向不明,无法提出委任书时,可否由代理人提出授与代理权之函电,或其他授权文书,于证明有诉讼委任后,即认其代理为合法,免其依惯例提出委任书状?倘以未提出委任书状,其代理为不合法,又可否迳由代理人以授权人名义补具委任书状,此应请解释者四。综上四端,理合备文呈请钧院鉴核示遵,谨呈等情。据此,查事关解释法律疑义,除指令外,理合具文呈请鉴核指令,以便饬遵。谨呈司法院院长居。陕西高等法院院长魏大同

**院字第二四七九号**

**民国三十二年三月十七日　司法院训令广东高等法院**

案查该法院第一分院代电请解释店屋租赁关系涉讼案件,适用法律疑义一案,兹经本院统一解释法令会议议决,租赁房屋未定期限者,不问承租人支付租金有无迟延,出租人皆得依《民法》第四百五十条第二项之规定,随时终止契约,但有利于承租人之习惯者,除有反于习惯之特约外,出租人须依《民法》第四百四十条或其他之规定,有契约终止权时,始得终止契约。至房屋租赁契约之字据所载,租清任住字样,意义如何,应依具体情事,解释当事人意思定之。如解为以该房屋存在之时期为其租赁期限,自非无效。但自租赁时起,该房屋存在逾二十年者,依《民法》第四百四十九条第一项、第四百五十条第一项之规定,其租赁关系于二十年届满时消灭。如二十年届满后,已依《民法》第四百五十一条视为以不定期限继续契约者,出租人亦得随时终止契约。又出租人得随时收回房屋之特约,现行法上尚无禁止规定,不得谓有《民法》第七十一条所举无效原因。惟适用《土地法》第一百六十六条时,出租人不得本于此项特约收回房屋,《土地法》第一百六十六条之规定,如在《土地法》第

一百六十二条第一款之房屋标准租金施行期间,自应先于《民法》而适用之。合行令仰该法院转饬知照。原代电抄发。此令

**附广东高等法院第一分院原代电**

司法院院长居钧鉴,本院原设汕头,嗣以汕头沦陷,奉准疏散丰顺县之汤坑墟,所辖各地院,多属接近前线,且年来物价奇昂,各处商业有畸形发展,因店屋租赁关系,涉讼案件为数甚多,其中每多疑义,兹为便捷起见,谨将现拟请钧院解释各点,申述如下。某甲向某乙租店铺一间,未定租赁期限,某乙向其收回店屋,如是发生下列疑义,(一)依《民法》第四百五十条第二项规定,除有利于承租人之习惯外,某乙自得随时终止契约;(二)依同法第四百四十条第二项规定,其租赁物既为房屋,则非迟付租金之总额达两期之租额,不得依前项之规定终止契约。由前之说,则当事人自得随时终止契约。由后之说,则欠租达两期之总额,经定相当期限,催告承租人支付,仍不支付,始得终止契约。又市内店屋,应否适用《土地法》第二节之规定?又当事人订定租赁店铺契约内每订有租清任住字样,应否视为有效?又有约定业主要用随时收回者,关于此点,如其租赁契约为未定期限者,若应依《民法》第四百五十条第二项办理,自不生问题,如须同法第四百四十条办理,则颇滋疑问,即其终止租赁契约,是否必须具备该项之原因,抑应从其约定?又此项约定与《民法》第七十一条有无抵触,经查历来判解,仍难明了,理合电请迅赐解释。并祈电示祗遵。广东高等法院第一分院院长黄秩庸佳叩青

**院字第二四八〇号**

**民国三十二年三月十七日　司法院复安徽高等法院电**

安徽高等法院廖院长览,上年十月鱼代电悉,岳西县政府所请解释一案,业经本院统一解释法令会议议决,国民兵及其备役干部,均属在乡军人(参照《陆海空军刑法》第七条、《兵役法施行暂行条例》第三十五条第一项)。安徽各县国民兵团清乡队既以乡(镇)为单位,由所属各保,抽调役龄壮丁编组使用,即系依《国民兵役施行规则》第三十九条受召集而服任清乡役务之部队。依同规则第六十八条规定,国民兵团各级干部与国民兵在训练服役期内,如有犯罪行为,应适用《陆海空军刑法》处分,则该清乡队队长及为其干部之队长,在召集使用期内,均属《陆海空军刑法》第五条之军人。于此期内犯普通《刑法》之罪,依民国二十七年七月十一日国民政府渝字第三七〇号训令,及《陆海空军审判法》第一条第一项,应归军法审判。合电转饬知照。司法院篠印

**附安徽高等法院原代电**

重庆司法院院长居钧鉴,案据岳西县政府呈称,查各县国民兵团清乡队队长队兵是否军人,抑或视同军人,如犯普通《刑法》之罪,应归何机关审判?适用法律,不无疑义。按清乡队之组织,系依据安徽军管区司令部所颁订之《加强各县国民兵团警卫暂行办法》及安徽省各县地方武力整训计划之规定,以乡(镇)为单位,由所属各保抽调役龄壮丁编组之。其

训练应集合于国民兵团及县政府所在地行之,并应列具报告表及官佐简历册专案呈报军管区司令部及保安处备查编整,由军管区司令部及保安司分部派员点阅。其给养由队丁自备,有事集合,无事分散,如因环境特殊,必要时得召集使用,其武器尽量拨用公枪,及征用民枪。本县情形特殊,区乡(镇)清乡队均召集使用,已属常役,惟此分甲乙两说。甲说,谓此项清乡队之编制,既有法令可据,在营服役期间,其队长队兵似应视同军人。乙说,谓该队并非常役性质,给养多由队丁自备,不能有军人身份。事关法律疑义,未便妄拟,理合具文呈请解释,仰祈训示祇遵等情到院。事关法律疑义,理合电请解释示遵,以便转饬遵照。署安徽高等法院院长廖江南叩酉鱼印

**院字第二四八一号**

**民国三十二年三月十七日　司法院复甘肃高等法院电**

甘肃高等法院詹首席检察官览,上年十一月咿代电悉,陇西地方法院检察官所请解释一案,业经本院统一解释法令会议议决,出征军人之妻与人通奸或被人和诱脱离家庭,该军人不能亲行告诉,委托他人代行告诉,只须事实上足认其受有代行告诉之委托,不以提出代行告诉之证明函件为必要。合电转饬知照。司法院筱印

**附甘肃高等法院原代电**

司法院院长居钧鉴,顷据陇西地方法院检察官王建勋十一月鱼代电称,甘肃高等法院首席检察官詹钧鉴,查《刑法》第二百三十九条之通奸罪及第二百四十条第二项之和诱罪,非配偶不得告诉,刑诉法已有明文规定。如出征军人之妻与人通奸、或被人和诱同居、或另居,父母兄弟及家属代行告诉时,是否须提出委托代行告诉证明函件?若须提出,在此交通不便,或出征军人生死住址不明,此项证明函件一时无从取得,应如何办理,祈鉴核电示遵行等情前来。事关法令统一解释,敬祈电示饬遵。署甘肃高等法院首席检察官詹世铭叩咿印

**院字第二四八二号**

**民国三十二年三月十七日　司法院咨行政院**

案准贵院上年十二月八日顺捌字第二五三三七号咨,以据内政部转请示县临时参议会副议长,应否受《公务员惩戒法》停止任用处分疑义一案,请查核见复等由,业经本院统一解释法令会议议决,县参议会为人民代表机关,其副议长由该会参议员所选举,核与公务员任用法及《公务员惩戒法》所称之公务员不同。虽于未当选以前任公务员时,曾因违法失职受免职并停止任用之惩戒处分,但查《县参议员选举条例》及《县参议会组织暂行条例》,并无关于因曾受惩戒处分不得当选副议长之限制,究难据为停其现职之理由。相应咨复贵院查照。此咨行政院

**附行政院原咨**

据内政部三十一年十一月二十三日呈称,黔江县临时参议会副议长尚惜凡,于过去任公务员时,因违法失职受停止任用处分,应否停其现职,请予核示等情到院。查公务员受停止任用处分,在停止任用期间,除合于《抗战期内受免职停止任用处分公务员暂缓执行办法》关于暂缓执行之规定外,不得充任公务员。县临时参议会系民意机关,副议长与《公务员惩戒法》上规定之公务员似未便停其现职,惟以被停止任用人员充任该职,亦有未妥。该项民意机关之代表,究竟应否亦受《公务员惩戒法》停止任用处分之限制,案关法令适用疑义。相应抄同原件咨请贵院查核见复为荷。此咨司法院

**院字第二四八三号**

**民国三十二年三月十七日　司法院致国民政府军事委员会函**

案准贵会本年一月二十六日法审卅二渝三字第一〇四四号公函,以据浙江全省保安司令电,请示《陆海空军刑法》条文适用疑义一案,请释明见复等由,业经本院统一解释法令会议议决,《陆海空军刑法》第八十二条之掠取罪,只须掠取特定处所之械弹为已足,与同法第八十三条之抢夺罪须具有为自己或他人不法所有之意图者不同。相应函复贵会查照饬知。此致国民政府军事委员会

**附国民政府军事委员会原函**

据兼浙江全省保安司令黄绍竑亥寝法体电称,查《陆海空军刑法》第八二条掠取二字,依掠字讲即掳掠抢夺。而八三条抢夺财物,最重主刑为死刑,八二条掠取保卫团等械弹,最重仅为无期徒刑。依处刑轻重言,掠取行为似比抢夺轻,但掠取究应如何解释,请核示等情。查掠取二字涵义如何,又掠取与抢夺如何区别?案关法律解释,相应函请查照释明见复,以凭饬遵。此致司法院

**院字第二四八四号**

**民国三十二年三月十七日　司法院指令浙江高等法院**

呈悉,业经本院统一解释法令会议议决,(一)省银行行长照章任用银行之职员,如依其章程或成例,毋须呈报省政府或财政厅核派或备案者,该行员自系《刑法》上之公务员;(二)省银行行长因该银行某办事处主任某甲侵用库款嫌疑,委派另一办事处主任某乙往查。如某乙按照上开解释具有公务员身份,则其受甲贿嘱为之掩饰者,自应成立渎职罪名。仰即转饬知照。此令

**附浙江高等法院原呈**

案据浙江高等法院第二分院院长郑澧呈称,查省银行职员如由行长依该行章程任职者,应认为《刑法》上之公务员,业经司法院二十八年第一八八二号解释有案。惟查二十八年四月军事委员会复浙江全省保安司令冬法审卯三电,谓该省各金库主任于遴派时,如经

呈报省政府或财政厅备案,应以公务员论。倘有侵占公款行为,可依《惩治贪污暂行条例》论处,而最高法院二十九年度上字第一一七七号判决关于江山县金库主任张枏侵占部分,亦以其未经财厅核派,认非公务员,而谓为业务上之侵占。按浙江省金库职员均由省银行职员兼充,是否省银行职员除由行长照章任用外,尚须呈报省政府或财政厅核派或备案,方能以公务员论,此应请解释者一。又如省银行某办事处主任兼充县金库主任甲有侵用库款嫌疑,由省银行某支行派另一办事处主任乙前往查。乙受甲贿,嘱为之掩饰。甲与乙均未经省厅核派或备案,军事机关依照前开军委会电,认甲非公务员,不能依《惩治贪污暂行条例》论处,移送普通法院审判。经第三审法院判决,认甲侵用库款,为业务上之侵占,确定在案。惟乙之收受贿赂,是否亦应以同一理由,认非公务员,不依渎职罪论处,抑可不受甲案之拘束,仍得自由认定,此应请解释者二。职院现有是项案件,亟待解决,仰祈鉴核,俯赐转院解释,实为公便,等情。据此,案关法令疑义,理合据情转呈,仰祈钧院俯赐解释,以便转令遵照。谨呈司法院院长居。浙江高等法院院长郑文礼

**院字第二四八五号**

**民国三十二年三月十七日　司法院致国民政府军事委员会函**

案准贵会上月十日法(卅二)高渝字第九九号公函,以据军训部转请示冒顶学籍行为适用法律疑义一案,请解释见复等由,业经本院统一解释法令会议议决,冒充或顶替军事学校之毕业生,是否成立犯罪及应适用何项法条处罚,不能一概论定。如职司登记各该毕业生之公务员,已据其冒充或顶替而登载于职务上所掌之公文书时,应成立《刑法》第二百十四条之罪。如其冒充或顶替系提出伪造或变造军事学校毕业证书,或其他效力相同之证书为之者,则应视其已否登记,或仅成立同法第二百十六条行使第二百十二条文书之罪,或更犯同法第二百十四条之罪。倘其冒充或顶替另有不法企图,而触犯其他罪名者,并应论以该罪。凡牵连各罪,均适用《刑法》第五十五条从一重处断,相应函复贵会查照饬知。此致国民政府军事委员会

**附军事委员会原函**

案据本会军训部三十二年一月六日训步(二)璧字第三十一号呈称,案据中央各军事学校毕业生调查处电称,本处年来办理中央各军事学校毕业生之登记考核等事宜,间常发现冒充或顶替学籍情事,因无法令规定,处理殊感困难。查冒充军人,国家尚有明文制裁,冒替各军校学籍之行为,似较冒充军人为尤甚,若不严加处分,殊不足以儆刁风,而伸法纪。拟请贵部订定是项条文,明令公布,并通知本处以资依据等情。据此,查冒充或顶替学籍,较冒充军人尤甚,嗣后如发觉此项不肖份子,拟即按冒充军人依法严予议处,是否可行,理合备文呈请鉴核示遵等情。据此,查冒充或顶替他人学籍,现行法令无处罚明文,原呈拟依《陆海空军刑法》第九十二条论处,似有未合,对于冒顶学籍之行为,究应适用何项法条,抑另有解释或判例可资依据办理之处,相应录案函请查照,迅赐解答见复为荷。此致司法院

**院字第二四八六号**

**民国三十二年三月十七日　司法院致国民政府军事委员会函**

案准贵会本年一月二十二日法审(卅二)渝一字第九二九号公函,以军粮局库兵将刮遗斗外余粮扫存入己,应如何办理疑义,请解释见复等由,兹经本院统一解释法令会议议决,军粮局仓库库兵,职司看守仓库。人民送粮于该仓库,由斗手过斗时所刮遗斗外少数之余粮,乃属送粮之人民所有,并非该库兵公务上所持有之物。该人民对于此项余粮,既已弃置不取,亦不能认为离本人所持有之物。该库兵于送粮人离去之后,将余粮扫存入己,自不成立何项罪名。相应函复贵会查照。此致国民政府军事委员会

**附国民政府军事委员会原函**

兹有军粮局仓库库兵职司看守仓库,每逢人民送粮交由斗手过斗时,其刮遗斗外之少数余粮,均由该兵扫存,以送粮者于过斗后即行离去,未曾追究,该兵乃将逐渐积存之余粮占为己有。此种行为应如何办理,有甲乙两说。甲说,谓刮遗斗外之余粮,原系送粮者所有之物,该兵以送粮者弃置不取,扫为己有,系犯《刑法》第三二七条侵占离本人持有物之罪。乙说,谓此项遗粮,虽非公有财物,应认为公务上所持有之物。该兵扫存遗粮,虽非其主管或监督之事务,但可包括于《惩治贪污暂行条例》第三条第一项第二款直接图利行为之内,应依该条款论处。两说究以何说为是?案关适用法律疑义,相应函请查照,迅赐解释见复为荷。此致司法院

**院字第二四八七号**

**民国三十二年三月二十三日　司法院复广东高等法院电**

广东高等法院史院长览,上年十二月世代电悉,该法院第八分院所请解释一案,业经本院统一解释法令会议议决,第二审法院对于被通缉之被告,经依法公示送达,传票发生效力后,该被告如无正当理由而不到庭者,自得依《刑事诉讼法》第三百六十三条迳行判决。合电转饬知照。司法院梗印

**附广东高等法院原代电**

重庆司法院院长居钧鉴,案据本院第八分院院长霍维四代电称,职院现受理某伤害致死上诉一案,被告曾在第一审判决后脱逃,经原审呈请通缉有案。但该案系检察官提起上诉,如案情已经明了,第二审法院可否依《刑事诉讼法》第五十九条第一款公示送达后,依同法第三百六十三条迳行判决?事关法律疑问,职院未敢擅断,谨电请鉴核示遵等情到院。查事关适用法律发生疑义,理合转电钧院鉴核,俯赐解释指示祇遵,实为公便。广东高等法院院长史延程叩。推事程镜堂代行亥世连总

院字第二四八八号

民国三十三年三月二十三日　司法院指令湖南高等法院

呈悉,业经本院统一解释法令会议议决,《民法》第八百二十一条之规定于公同共有不适用之。仰即转饬知照。此令

附湖南高等法院原呈

案据安化县县长兼理县司法处行政事务周仲衡本年十一月十七日呈称,查公同共有,是否可适用《民法》第八二一条,兹有二说。甲说,公同共有,与分别共有,虽均规定于《民法》节内,但其性质迥不相同,考诸德日立法例甚明。《民法》第八二一条实只能适用于分别共有,而不适用于公同共有。乙说,我国《民法》将公同共有与分别共有,同规定于共有节内,与德日《民法》之分别规定者,已有不同。则关于《民法》第八二一条所为保护共有物之一般规定,既与同法第八二八条第二项系就公同共有而别为规定者有别,而与公同共有之性质又不相违,自亦可以适用。而谓其不能适用者,无非以参考德日立法例为言,不知各国国情不同,立法精神亦异。我国《民法》就此既有与德日《民法》不同之规定,何能仍拾他人牙慧以削足适履?且我国民智未启,公同共有之产,如以宗族祭祀为目的之祠堂等,当被少数人把持或侵害,若不能适用《民法》第八二一条以资保全,而在此场合,亦认为乃系必要公同诉讼,必待公同共有人之全体,或利害相同之全体,方能对侵害者起诉,则有时共有人数众多,散居各地,无法召集或征求同意,或甚难召集及征求同意,将因此而不能起诉,或起诉亦必因当事人不适格而被驳回。甚至法院为济此之穷,乃命当事人依《民事诉讼法》第四十一条第一项补正其为全体共有人所推之代表。而当事人如果无法召集其全体以补正之,当亦只得捏造推选字呈案以敷衍塞责。持前说者不外防止少数人滥诉,不知防止滥诉法有诉讼费用由败诉人负担制裁之明文。当我国现时情形,实尤有置重保护公同共有物安全之必要,否则公同共有人不能适用《民法》第八二一条,不仅徒供被侵权者之利用,且近似奖励作伪之风。在法院方面,因系当事人不适格将其裁判,或虽较易而在社会经济方面之损失甚大,实有百害而无一利。况财团法人之捐助人,对于董事如侵蚀时,尚得对之提起诉讼(参照最高法院二十四年上字第二三〇号判例,见司法公报一四〇号)。而谓公同共有人对于第三人或共有人中少数人之侵蚀,非得利害相同之全体同意,只能任其侵蚀而不能诉追,似亦失平。以上二说,究以何者为是,理合具文呈请钧院鉴核,俯予转请解释示遵等情。据此,理合据情呈请钧院鉴核,俯赐解释指示,以便饬遵。谨呈司法院院长居,湖南高等法院院长陈长簇

院字第二四八九号

民国三十二年三月二十三日　司法院指令湖南高等法院首席检察官

呈悉,业经本院统一解释法令会议议决,商人售卖茶油,渗合桐油,致买主购食后,均发

生呕吐，自应成立《刑法》第一百九十一条之公共危险罪。如茶油售价高于桐油，以渗合之油冒充纯净茶油，冀图骗取高价者，并触犯同法第三百三十九条第一项之诈欺罪，应适用第五十五条从一重处断。仰即转饬知照。此令

**附湖南高等法院检察处原呈**

案据驻郴县司法处执行职务战区检察官章観呈称，兹有商民某甲向某乙油盐店兜售茶油，议定每担价格，实行给付后，嗣后依照原价续买若干担。其中一担被甲渗合桐油在内，经乙店零星发售，买户购食后，均发生呕吐，因而发觉。于此场合，某甲应依何法处罚，约有三说。甲说，本案并不涉及刑事范围，仅适用违警罚法第四条第二款“掺杂有害卫生之物质于饮食而售卖借牟不正利益者”处罚之。乙说，应构成《刑法》第一百九十一条之公共危险罪。丙说，此种情形系意图为自己不法之所有，以诈得财产上不法之利益，应成立《刑法》第三百三十九条第二项之罪。上开三说，言之均有理由，实用上殊深滋疑，职未便擅专，理合缕叙详情，敬请解释祇遵等情。据此，案关法律疑义，理合备文呈请钧院鉴核，迅赐解释示遵。谨呈司法院院长居

**院字第二四九〇号**

**民国三十二年三月二十三日　司法院复湖南高等法院电**

湖南高等法院邓首席检察官览，上年十一月巧代电悉，所请解释一案，业经本院统一解释法令会议议决，合作社职员将其执行业务上所领得之农贷处贷款侵占入己，自系构成《刑法》第三百三十六条第二项业务上侵占之罪。合电知照。司法院漾印

**附湖南高等法院检察处原代电**

重庆司法院院长居钧鉴，合作社职员将领得农贷处贷款侵占入已，是否构成《刑法》第三百三十六条第二项之业务上侵占罪，请核示。湖南高等法院首席检察官邓静安叩巧印

**院字第二四九一号**

**民国三十二年三月二十七日　司法院复广西高等法院电**

广西高等法院申院长览，本年一月梗代电悉，全县司法处所请解释一案，业经本院统一解释法令会议议决，《广西省禁赌办法》第十六条所谓赌犯身上之金钱物品，应以足认为供赌博所用或预备及赌博所得者为限。合电转饬知照。司法院感印

**附广西高等法院原代电**

司法院院长居钧鉴，案据全县司法处电称，查《广西省禁赌办法》第十六条规定，当场赌博之器具与赌犯身上或兑换筹码处之金钱物品，应一律没收之等语，适用上对于赌犯身上之金钱物品，不无疑义。兹有甲乙二说，甲说，赌犯身上之金钱物品，以供赌博之用者没收之。乙说，赌犯身上之金钱物品，即非供赌博之用者（如金银、首饰、手表、眼镜、衣裤、水笔、鞋袜帽、私章等）亦应没收。以上两说，究以何说为当，请予解释示遵等情前来。查《广西省

禁赌办法》,既有刑罚性质,自可适用《刑法》总则。来问情形,如依《刑法》总则第三十八条第一项第二款规定,当以甲说为是。惟事关适用法律疑义,未敢擅专,理合电请解释,以便转饬知照。广西高等法院院长申守真梗印

**院字第二四九二号**

**民国三十二年三月三十一日　司法院致司法行政部函**

案查贵部上年十二月三十一日叁字第一一二三四号呈,据四川资中地方法院转请解释律师法第三十条适用疑义一案,业经本院统一解释法令会议议决,依《县参议会组织暂行条例》第二十四条规定,由省政府遴委之秘书,自系律师法第三十条所称之公务员,律师不得兼任。相应函请贵部查照饬知。此致司法行政部

**附司法行政部原呈**

案据四川资中地方法院本年九月三日牍字第二〇一号代电称,依《县参议会组织暂行条例》第二十四条规定,县参议会置秘书一人,由省政府遴委职责,又属于该会之行政范围,是否应解释为律师法第三十条所称之公务员,抑应论如同条但书后段所称之地方机关特定之临时职务,律师能否兼任该项秘书不无疑义,应请速示祇遵等情。据此,案关法令适用疑义,理合转呈钧院鉴核指示,以便饬遵。谨呈司法院院长居。司法行政部部长谢冠生

**院字第二四九三号**

**民国三十二年三月三十一日　司法院致国防最高委员会秘书厅函**

案准贵厅本年一月十一日国纲字第三二四一四号公函,以准鄂陕甘边区警备司令部电,请示地方军政长官为提倡实业而担任实业公司董监事是否视同营商一案,经陈奉国防最高委员会常务会议决议,交司法院解释等因,并以华西建设股份有限公司亦呈请解释,复准中央执委会秘书处先后函送浙江四川等省党部电请解释公务员不得经营商业疑义到厅,抄同原件请查照并案解释见复等由,兹经本院统一解释法令会议议决,公务员投资于农工矿事业而为股份有限公司、股东两合公司或股份两合公司之有限责任股东者,不以经营商业论,既为《修正公务员服务法》第十三条第二项所明定。则该条第一项所称之商业,自系包括农工矿事业在内。公务员兼任此项实业公司之董监事,不得谓非违反该条第一项之规定。惟兼任公营事业机关或特种股份有限公司代表官股之董事监察人,依同项但书之规定,则不在禁止之列。至受有生活费之党务工作人员,依《修正公务员服务法》第二十四条,自非同法所称之公务员,不适用同法第十三条第一项之规定。相应函复贵厅查照转陈为荷。此致国防最高委员会秘书厅

**附国防最高委员会秘书厅原函**

查前准鄂陕甘边区警备司令部养电称,地方军政长官为提倡实业、开发矿产而担任此项实业公司之董监事,是否视同营商,亦在禁止之列,祈解释电示等由到厅。经陈奉发交法

制专门委员会审查报告，提出国防最高委员会第一百次常务会议决议，交司法院解释等因，相应函达贵院查照办理。再查关于此类案件，尚有华西建设股份有限公司请予解释公务人员及商业二项定义呈一件，中央执委会秘书处先后函据浙江省党部及四川省党部来电转请解释公务员不得经营任何商业之疑义函二件。合并抄同各原件随函送请查照，并案解释见复为荷。此致司法院

**附法制专门委员会原审查报告**

奉交审查地方军政长官为提倡业开发矿产，担任此项公司之董监事，是否视同经营商业一案，经予审查，查公务员不得兼任私营商业之经理董事长及相同职务，在《公务员服务法》中有明文之规定，三十一年十一月国民政府渝文字第九一一号训令，亦有“凡政府各级公务员皆不得经营任何商业或担任商业机关之董监事职务”之规定。如地方军政长官仅为提倡实业、开发矿产而担任该项非公营实业公司之董监事时，当然亦在禁止之列。以上意见是否有当，敬请裁决，谨呈国防最高委员会。法制专门委员会主任委员王世杰

**附华西建设股份有限公司原呈**

查报载钧会决议公务人员不得经商充任董监事等因，奉此，自应遵行，惟查公务人员及商业二项，定义如何，未经明示。即如本公司业务范围，定为农林公矿等，现所举办者，为制革工厂及垦殖农场，是否应包括于商业范围？再则本公司股东，中央及地方政府占全额之大多数，私股以华侨为多，其代表官股之官吏，应否充任董监事，理合备文一并呈请鉴核，赐予解释，俾便遵行，实为公便。谨呈国防最高委员会

**附中央执委会秘书处原函**

前准贵厅国纲字第二九五五七号为函达本会，通令严禁公务员不得经营任何商业或担任商业机关之董监事职务一案，希即查照转陈分饬遵照等由到处，经分函中央各部处会局团并通饬各省市铁路及军队党部遵照在卷。兹据浙江省执行委员会亥文电称，所有关于发展本党经济事业各种组织之负责人，是否受同样限制，祈核示等语，相应函达，即希查核见复，以凭转知为荷。此致国防最高委员会秘书厅

**附中央执委会秘书处原函**

顷据四川省党部亥文电称，自中央重申严禁公务员兼营商业之禁令后，各县工作同志有来信请解释下列二点者，(一)工矿生产事业之经营，是否亦同受限制？(二)上项实业组织之董监事，党工人员是否可以兼任？窃以党本为各阶层之组合，党员必须渗透社会各阶层，乃克表现党之力量。而党员应实际参加经济建设事业，亦为中央屡所昭示，当此经济第一，生产最重之抗战时期中，党工人员参加经济生产事业，似应加以倡导，否则党之社会基础，益将空虚，似非所宜。惟因无明文规定，是否有当，仰祈分别指示等情。查此案前据浙江省党部呈请核示前来，经以渝(三一)文二〇八〇九号函请核复在卷，兹据前情，相应函达，即希查照，并案查核见复为荷。此致国防最高委员会秘书厅

院字第二四九四号

民国三十二年四月九日　司法院致行政院函

案准贵院本年二月十五日仁壹字第三九二四号公函,以据内政部呈请解释已经通缉之逃役壮丁应否取销其公民资格一案,请查照解释见复等由,兹经本院统一解释法令会议议决,县公民犯避免兵役罪,经宣告褫夺公权者,自裁判确定时起,不得行使选举、罢免、创制、复决之权。若在此项判决确定前,虽已被通缉,仍得行使之,未便撤销其公民资格。相应函复贵院查照饬知。此致行政院

附行政院原函

据内政部呈请解释已经通缉之避役壮丁,应否取消其公民资格等情到院,相应抄同原呈函达,查照解释见复。此致司法院。行政院院长蒋中正

附内政部原呈

案据浙江省民政厅三十一年十二月十一日民二云字第一二〇五号呈称,案据黄岩县县长徐用呈,为已经通缉之避役壮丁业经公民宣誓登记,查照奉颁《乡镇组织暂行条例》第五条宣誓词规定意旨,该民既不履行公民应尽之义务,又不分担抗建大业,显属违背国家法令,应否取销其公民资格,请核示等情。据此,查避役壮丁虽经通缉,惟究竟应否取销其公民资格,法无规定,事关法令解释,除指令外,理合备文呈请,仰祈核示祇遵等情。据此,查服役为人民应尽义务之一,凡经依法通缉之避役壮丁,应否取消其公民资格,虽无法令规定,但既未能履行公民应尽之义务,似应撤销其公民资格,以儆效尤。惟事关人民权利义务之变更,应否呈请国民政府备案之处,理合呈请鉴核示遵。谨呈行政院

院字第二四九五号

民国三十二年四月九日　司法院咨行政院

案准贵院本年二月十一日仁伍字第三七五五号咨,以据财政部呈,请示在《土地法》未实行地方,人民不动产权移转应以业经投税取得官契始生效力一案,请查核见复等由,兹经本院统一解释法令会议议决,《民法》第七百五十八条之规定,依《民法》物权编施行法第三条第二项,于《土地法》所规定之土地登记未开办地方不适用之。征收契税不能代替土地登记,典买不动产不依期完纳契税者,行政上本有一定之制裁,未使适用《民法》第七百五十八条之规定,认其物权之设定移转不生效力。相应咨复贵院查照饬知。此咨行政院

附行政院原咨

据财政部三十一年一月二十九日呈称,查三十一年度全国各省(市)契税核定预算数额为数甚巨,本部为求增加税收、保持征额起见,曾以扩大契税范围提高税率实行监中制度。查挤白契提成给奖奖励告密与征收地价税区域暂仍征收契税等方法,节经呈请钧院察核在案。惟查契税滞征之主要症结,仍在人民之偷漏。自来民间对于契税偷漏,几成习惯。推

原其故，盖以未税之契，在遇有产权争执诉讼时，仍可提出作证，不影响其凭证产权之效力，于是纵有处罚告密查挤等规定，而人情趋利，遂亦漠然置之。若不从法律方面使税契与产权发生密切联系，使未税之契不足为产权之凭证，实不足以促人民之自动投税而裕税收。查税契与否，与契之效力无关系，本于前大理院判例及司法院解释前大理院判例载，契据之已否投税与契据之真伪并无关系，苟其成立确系真实，当然可以发生效力。又谓税契原为裕赋起见，民间白契虽未过印投税，若依其他凭证可认为真实者，仍不失其证明。民国十八年四月，司法院为验契事项指令司法行政部谓，未经呈验之旧契，遇有诉讼，应令先向该管公署呈验，方能提出作证。但与此契本身之是否真实及其效力无关，法院仍有自由认定之权各等语。惟当时《民法》及《土地法》尚未公布施行，现《民法》及《土地法》早经公布施行，自应依照新规定办理。《民法》第七百五十八条规定，不动产物权依法律行为而取得设定丧失及变更者，非经登记，不生效力。《土地法》复详定登记办法，意即产权之取得，必须经官厅予以登记方生效力。现《土地法》所规定之登记办法，虽尚未能普遍实行，但不动产之必应税契，本兼有由官厅证明产权之意义，拟请钧院通令各省，凡在《土地法》所规定登记办法未实行地方，关于不动产权之移转登记，应以业经投税取得官契代替之。其未经投税取得官契之移转行为，认为未经登记，依照《民法》第七百五十八条之规定，不生效力。并祈司法院行知各级法院，对于上项规定，依照办理，俾重产权而利税收等情。据此，查人民产权移转税契与否，与契之效力无关系，本于前大理院判例及贵院十八年四月间之解释。当时《民法》及《土地法》尚未公布施行，现《民法》及《土地法》既经公布实施，所请依照新规定办理契税一节，是否可行，相应咨请查核见复为荷。此咨司法院。行政院院长蒋中正

**院字第二四九六号**

**民国三十二年四月九日　司法院指令四川高等法院首席检察官**

呈悉，业经本院统一解释法令会议议决，甲乙因终止租约事件，第一审判令两造间之租约准于秋收后终止，被告应扺清租谷领约搬迁交业。被告不服上诉于第二审，因未遵限缴纳裁判费，致被裁定驳回，旋又提起抗告，第三审尚未裁定终结，乃第一审法院竟根据原告之声请，误以第一审未确定之判决具有执行名义，命令强制执行，于法固有未合。被告对此违法之执行命令，自可依强制执行法第十二条，于强制执行程序终结前声明异议，以资救济。惟该奉派执行人员持有法院命令，前往强制执行，究不得谓非依法执行职务，斯时被告对于上开执行人员，果施强暴胁迫，仍应成立《刑法》第一百三十五条第一项之罪。仰即转饬知照。此令

**附四川高等法院检察处原呈**

呈为呈转事，案据署四川江北地方法院首席检察官曹克襄呈称，呈为转请解释法律疑义事，兹将问题开列于后。某甲与某乙因终止租约事件，第一审判决，二造间之租约准于秋收后终止，被告应扺清租谷领约搬迁交业，被告不服上诉第二审，因未缴纳裁判费，原审裁定

补正,逾期仍未缴纳。经第二审裁定驳回,被告提起抗告,由第二审将卷宗呈送第三审核办,迄未终结。第一审法院根据原告之声请,派员依第二审判决强制执行。此时被告对执行人员施强暴胁迫,是否构成《刑法》第一百三十五条第一项之罪,有三说。一、《刑法》第一百三十五条第一项之罪,以公务员依法执行职务时,对之施强暴胁迫为构成要件,某甲与某乙终止租约之诉,虽由第一审法院判决,两造间之租约准于秋收后终止,被告上诉,第二审亦因未缴讼费而被裁定驳回。然被告已提起抗告,卷送第三审法院迄未终止,是第一审判决既未确定,而第二审裁定本身又无执行名义,依法不能执行。故此时如第一审法院派员强制执行,已属违法,公务员前往执行,更不能谓依法执行职务,法律实无特加保护之必要也。二、某甲与某乙终止租约之诉,第一审已判决两造间租约准于秋收后终止,被告上诉,第二审因未缴诉费裁定驳回,被告抗告,第三审迄未终结。此时第一审法院根据原告声请,依照第一审判决强制执行,虽有未合,被告亦仅可对执行异议。书记官、执达员既根据法院命令执行职务,被告如对之施强暴胁迫,即构成《刑法》第一百三十五条第一项之罪。三、抗告除法律有明文规定者外,不停止执行。某甲与某乙终止租约之诉,既由第一审法院判决,两造间租约准予秋收后终止,被告上诉,第二审亦因未缴讼费裁定驳回,虽被告提起抗告,然抗告不停止执行,故抗告虽未终结,第一审法院亦可根据原告之声请,依第一审判决强制执行。执行之时,被告如对公务员施强暴胁迫,应构成《刑法》第一百三十五条第一项之罪。以上三说,何者为是,理合呈请钧长核转司法院加以解释,以资遵循,实为公便,谨呈等情。据此,理合具文呈请钧院俯赐鉴核,指令祗遵。谨呈司法院院长居。四川高等法院首席检察官林超南

**院字第二四九七号**

**民国三十二年四月九日　司法院指令湖南高等法院**

呈悉,业经本院统一解释法令会议议决,《非常时期民事诉讼补充条例》第二十条第二项之裁判,应斟酌社会经济情形、当事人生活状况及其因战事所受损失之程度为之,不得以物价增涨之指数为唯一标准。且依该条项为增加给付之裁判,仅得增加原定给付物之数额,不得变更给付物之种类。原呈所举之例,当事人间借贷国币三十元,法院仅以借贷时谷价每石三元,遂为命借用人给付谷十石或关金三十元之裁判,显与该条项之规定不合。仰即转饬知照。此令

**附湖南高等法院原呈**

案据署湘潭地方法院院长彭矩三十二年一月十一日呈称,呈为对于《非常时期民事诉讼补充条例》第二十条第三项之规定避免运用时发生误会,恳请将立法意旨详予说明,通令各级法院及司法处,以崇法治而杜纠纷事。查该项规定,无前项法律及办法时,如该法律关系因战事致情事剧变,非当时所得预料,而原有关系发生效力显失公平者,法院得斟酌社会经济情形,当事人生活状况及其因战事所受损失之程度为增减给付、延期或分期之裁判,法

条意义本极明晰,原无再加阐明之必要。惟近来根据同法第十一条依当事人之声请而为调解者,多有误以实物折付,或以关金为现金,甚至注重法律关系发生时之物价,以为折付标准。例如,债务人于抗战前借债权人国币三十元,当时谷价三元,即令债务人给付稻谷十石,或关金三十元。而法条中所谓社会经济情形、当事人生活状况以及因战事所受影响之程度,概置不问,显属有背立法之精神。盖社会经济情形,大概虽属相同,而当事人生活状况,每案必异,至因战事所受损失之程度,尤为某特定人之特殊情形,更不能一概而论。故法文中有增减给付、延期或分期给付之规定,良以全面抗战,危难与共。此种损害程度,直接间接或不免稍有参差,究不得谓某一方绝无影响。损害最烈者果为债务人,自应减轻其给付;损害最烈者为债权人,自应权衡债务人之资力而增加其给付,究竟增加至何项数字,全由承办人斟酌双方实际情形,以最精细最平允之观察定之,并无何项最高额与最低额数字之限制。自未便因关金流通市面,商场交易恒以一元折合法币二十元,遂不问债权债务两方立场如何,即认现时之关金为抗战以前之现金,命其抵付昔时债务,更未便因金钱债务之关系,违反当事人立约真意,画蛇添足,令债务人折付实物,引起第二重之纠纷。事关适用法条,见解稍谬,贻误必多,拟恳钧院将该条立法精神及应如何运用之方法,详予说明,通令各级法院及司法处纠正错误,以杜争端而崇法治。是否有当,理合备文呈请察核指令祗遵等情。据此,案关法律疑义,未便擅拟,理合具文转请钧院解释示遵。谨呈司法院院长居。湖南高等法院院长陈长簇

**院字第二四九八号**

**民国三十二年四月九日　司法院指令广西高等法院**

呈悉,业经本院统一解释法令会议议决,出征抗敌军人之妾终止其结合关系,不在《优待出征抗敌军人家属条例》第三十条限制之列,虽在该军人服役期内,亦得终止。仰即转饬知照。此令

**附广西高等法院原呈**

呈为呈请事,案据北流县司法处天字第二五三号本年二月俭代电称,兹有出征抗敌军人,在《民法》亲属编施行前所纳之妾请求离异案件。查妾虽为习惯所有,但与男女平等原则不符,基于此点,若本人不愿为妾,应准离异,为司法院十八年院字第七号解释有案。惟出征抗敌军人妻室,无论持何理由,在抗战期间不得请求离婚,又为《优待出征抗敌军人条例》第三十条所规定,本条系专指妻而言,于条文本无疑义,但若依前者解释,准其请求,似于优待出征抗敌军人之旨有违,究应如何办理,理合电请察核示遵等情。据此,案关法律疑义,未敢擅拟,除指令候转呈核示饬遵外,理合具文呈请钧院鉴核,俯赐解释令遵,俾便转饬遵照。谨呈司法院院长居。代理广西高等法院院长申守真

**院字第二四九九号**

**民国三十二年四月九日　司法院复广西高等法院电**

广西高等法院申院长览,本年二月筱代电悉,融县司法处所请解释一案,业经本院统一解释法令会议议决,依《广西省禁赌办法》第六条,没收之房屋系他人与犯人所共有者,该他人得依《刑事诉讼法》第四百七十七条之规定,就其应有部分向检察官声请发还,不得提起执行异议之诉。合电转饬知照。司法院佳印

**附广西高等法院原代电**

司法院院长居钧鉴,案据融县司法处本年一月融字第二十号鱼代电称,查职处前将赌徒供给赌博场所之房屋布告查封,兹据共有房屋人具状请求揭封等情前来。上开情形是否准予揭封,禁赌办法并无明文规定。事关法律问题,理合电请解释示遵等情前来。查来问情形,如该被查封供给赌博场所之房屋确系他人与犯人共有,该共有人请求揭封共有部份,似应提起执行异议之诉,以资办理。案关适用法律疑义,职院未敢擅专,理合电请解释,俾便转饬知照。广西高等法院院长申守真筱印

**院字第二五〇〇号**

**民国三十二年四月九日　司法院致广东高等法院电**

广东高等法院史院长览,上年十二月宥代电悉,所请解释一案,业经本院统一解释法令会议议决,(一)原代电第一问题所举各例,皆为关于财产权之诉讼,其诉讼标的之价额,除请求移交所管理之财产者以请求移交之财产价额为准外,应以原告就该法律关系所受利益之客观价额为准,非依所管理之财产价额定之。如其价额只能约计其最高最低之限度,不能核定其确数者,依《民事诉讼费用法》第十一条办理。(二)共有物或公同共有物分割之诉,其诉讼标的之价额,以原告因分割所受利益之客观价额为准,非依共有物或公同共有物全部之价额定之。合电知照。司法院青印

**附广东高等法院原代电**

重庆司法院院长居钧鉴,查本院现有法律问题二则,应请解释。(一)因财产管理权涉讼,如财产值理公司或合伙经理,因值理或经理权之争执而确认其职权,或因请求移交所管理之财产涉讼,应如何核定诉讼标的,有三说。甲说,谓此为非财产权涉讼,应依《民事诉讼费用法》第十二条征收裁判费。乙说,谓既因财产管理权涉讼,自系财产权之诉讼,应依其所得管理之财产总额为诉讼标的价额。丙说,谓虽系财产权之诉讼,惟所争仅在该财产之管理权,而非该财产之所有权,如不能就所得管理后之利益计算,应依同法第十一条视其标的价额为五百元。三说孰是?(二)因分割遗产或共有物涉讼,应如何核定诉讼标的,有二说。甲说,谓所争既及于遗产及共有物之全部,应依全部遗产或共有物之总值为诉讼标的价额。乙说,谓核定诉讼标的价额,其无交易价额者,以原告就诉讼标的所有之利益为准,

《民事诉讼法》第四百零四条定有明文。此种诉讼,应以原告主张分割后所得部分之利益额计算核定。二说未知孰当,理合电呈鉴核,俯赐解释指令祗遵。广东高等法院院长史延程亥宥连总

**院字第二五〇一号**

**民国三十二年四月十七日　司法院指令江西高等法院**

呈悉,业经本院统一解释法令会议议决,中央银行发行之关金券,既与法币同为货币之代用,伪造该券即系伪造通用之纸币。仰即转饬知照。此令

**附江西高等法院原呈**

案据黎川地方法院院长章朝佐呈称,为转请解释事,查中央银行发行之关金券,原为关金兑换券之简称,专为便利商人完纳关税之用,故其性质在《刑法》上为通用之银行券,而非纸币。但自本年四月一日起,中央银行即将原有关金券取出发行,并确定对法币比率而流通市面,并准人民完粮纳税。于是关金券之效用,等于法币矣。若有伪造此项证券,是否为伪造通用之纸币,抑为银行券,不无疑义,理合备文呈请钧长鉴核,转请解释等情前来,理合据情具文呈请钧院鉴核,迅赐解释示遵。以凭转饬遵照,实为公便。谨呈司法院院长居。江西高等法院院长梁仁杰

**院字第二五〇二号**

**民国三十二年四月十九日　司法院指令湖南高等法院**

呈悉,业经本院统一解释法令会议议决,出租人应返还之押租,以旧有制钱定其数额者,应依民国三十一年十二月间财政部所定制钱一千枚折合法币一元之标准,以法币返还之。至铜元折合法币,依同月财政部所定标准,旧有各种铜元不分别其面额,概以一百枚折合法币一元。仰即转饬知照。此令

**附湖南高等法院原呈**

案据本院第三分院呈,据澧县司法处呈称,查废清末年承租人缴存出租人手中庄钱(即押租钱),均为制钱(约中均注为九九八钱),此项钱币早经明令废止,只准按铜斤计算价额。现在有当事人请求返还上项庄钱,每千钱究应按法币若干计算,或每斤铜价值法币若干,此应请求指示者一。又民国十年左右所用当十单铜元,与民国二十年前后所用当二十双铜元,在现时计算,每百枚各值法币若干,此应请求指示者二。以上两点,本处悬案急待解决,理合呈请钧院核示等情。据此,理合备文转请钧院核示饬遵等情。据此,查制钱与铜元已经前后明令废除,作为辅币流通之资格。兹据前情,关于前此有关制钱与铜元折合法币之解释,是否尚有变更之处?案关法律解释,理合备文呈请钧院鉴核示遵。谨呈司法院院长居。湖南高等法院院长陈长簇

**院字第二五〇三号**

**民国三十二年四月二十日　司法院复甘肃高等法院电**

甘肃高等法院孟院长览,本年一月俭代电悉,该法院第四分院所请解释一案,业经本院统一解释法令会议议决,(一)原代电第一点,系胪列具体事实请求解释法令,核与《司法院统一解释法令及变更判例规则》第三条第二项规定不合,应不予解答。(二)言词辩论期日被告不到场,原告意欲如何办理不明了者,审判长应依《民事诉讼法》第一百九十九条第二项向原告发问或晓谕,令其叙明。其愿另定期日辩论,不声请由其一造辩论而为判决者,应予延展辩论期日。若拒绝叙明,不为辩论者,依同法第三百八十七条规定,视同不到场,并依同法第一百九十一条规定,视为休止诉讼程序。至请求权人依《民法》第一百五十二条第一项规定,拘束义务人之自由,声请法院援助时,法院应为如何之处置,《民事诉讼法》虽未如外国立法例,设有人身保全之假扣押程序,然查强制执行法第二十二条之规定,于假扣押之执行亦适用之。故该请求权人即时声请假扣押者,法院应即时予以裁定,其命假扣押者,并应即时予以执行。若该义务人有同条所列情形之一者,得管收之。再被告所在无定,于诉讼中有管收之必要者,亦得依此程序办理。合电转饬知照。司法院訚印

**附甘肃高等法院原代电**

重庆司法院院长居钧鉴,据甘肃高等法院第四分院院长孙呈祥巧代电称,设有甲因使用必须向乙为要约,欲承买乙之子地,而乙对甲表示如能以丙之丑地对换,则当将子地让出,然后俾甲转向丙承买,甲恐乙日后翻悔,乃请由乙先为出立允诺约据,以凭向丙商议后甲得丙之承诺,乙竟翻悔前议,此时甲丙如起诉请求判令乙与丙履行换地之行为。法院应下如何之判决,不无疑问,于此有二说焉。一说,乙对甲之表示,既经甲立时承诺,即应受其拘束,乙于其所附之条件成就时,翻悔前议,自应据甲之请求判令乙履行换地之义务。一说,互易亦即物权移转之一种,而不动产物权之移转,依法应以书面为之。当事人未经正式订立书据之前,自不应认其契约为成立。乙为甲出立之允诺书据,既非移转不动产物标的物之书据,固不生不动产物权移转之效力。如以乙应受要约之拘束,甲仅可据债权法上之效力请求损害赔偿。若判令乙向丙履行换地之行为,则不啻强制乙移转子地之所有权,实与不动产物权移转要式之本旨不合。二说究以何说为当,抑另有他说,应请核示者一。又查《管收民事被告规则》废止后,于诉讼中对于被告之拘提及管收,顿失法律上之依据。设法院指定言词辩论日,被告故不于其日期到场,原告经指示后又不声请由其一造辩论而为判决,法院将何以终结审判?又如被告所在无定,于诉讼中既无法命其取具保证,更无法施以管收。倘任其逃匿,殊足有碍审判之进行,纵能进行判决,亦将无法执行。且查《民法》第一百五十一条、第一百五十二条规定,当事人为保护自己之权利,对于他人之自由,得施以拘束。倘债权人于法定条件之下,因保护自己之权利,对债务人施以拘束后,即向法院声请援助,法院既不能命其取具保证,以待指示债权人起诉,更不能施以管收,究用何种有效方

法以援助之,应请核示者二,等情。据此,事关法律疑义,除指令外,理合据情电请鉴核示遵,俾便转饬知照。甘肃高等法院院长孟昭侗叩俭印

**院字第二五〇四号**

**民国三十二年四月二十一日　司法院咨行政院**

案准贵院本年二月十七日仁捌字第四二〇四号咨,以据湖南省政府电,请示禁止公务员经商,对于乡镇保甲人员是否适用一案,请解释见复等由,业经本院统一解释法令会议议决,乡镇保甲人员非受有俸给者,依《修正公务员服务法》第二十四条之规定,不在适用同法第十三条规定之列。公务员之家属经营商业,系受公务员之委托,以公务员之名义,为公务员之计算为之者,自属公务员直接经营商业。其受公务员之委托,以自己之名义,为公务员之计算为之者,亦属公务员间接经营商业。若该家属以自己之名义,为自己之计算为之者,则非公务员经营商业,又原系经营商业之人,任为有俸给之公务员者,如不停止其经营,即属违反同法第十三条第一项之规定,应依同法第二十二条办理。相应咨复贵院查照饬知。此咨行政院

**附行政院原咨**

据湖南省政府三十二年元月二十一日代电,为禁止公务员经营商业,对于乡镇保甲人员是否适用,请予核示等情。查公务员不得直接或间接经营商业,《修正公务员服务法》第十三条已有明文规定,乡镇保甲人员认为广义之公务员,亦经本院令知有案。惟乡镇保甲人员之待遇,原较一般公务员为菲薄,禁止公务员经营商业,应否包括乡镇保甲人员在内,似须斟酌。再查公务员家属如果经营商业,则该公务员是否认为直接或间接经商?又原系经营商业之人,并未停业,如任为公务员时,应否亦受《公务员服务法》第十三条之限制,而责令其停业?该条规定,公务员不得直接或间接经营商业,适用时易滋疑义。相应抄同原件,咨请贵院查照解释见复,以便饬遵。此咨司法院。行政院院长蒋中正

**附湖南省政府原代电**

重庆行政院钧鉴,案据省属衡阳市政府三十一年十二月三十一日艳代电称,查各级公务员禁止经商,经国防最高委员会议决公布施行,旨在防止公务员假借职权,营私舞弊,或妨害公务。法良意美,各级公务员均应砥砺廉隅,身体力行。惟奉钧府民政厅本年十二月民钦二齐一四〇一三号代电,转奉行政院令解释,乡镇保甲人员,应认为广义公务员,而市区居民,大都从事商业。例如,本市东华镇,系商业中心,居民全系商人。乡镇保甲人员,均系就地遴选委派,待遇又极菲薄,禁止经商,事实极感困难。对于前项禁令,是否适用于广义公务员,未有明文规定,理合电请钧府鉴核示遵等情。查奉令禁止公务员经商,对于乡镇保甲公务员,应否适用?事关法令解释,未敢擅专。据电前情,除电复外,谨电请鉴核示遵。末主席薛岳府民钦二子马印

### 院字第二五〇五号

### 民国三十二年四月二十一日　司法院致国民政府军事委员会函

案准贵会上月八日法审(卅二)渝四字第二七五二号公函,以据太原绥靖公署电,请示《刑事诉讼法》第八十八条疑义一案,请解释见复等由,业经本院统一解释法令会议议决,告诉乃论罪之现行犯,不问何人均得依《刑事诉讼法》第八十八条第一项之规定,迳行逮捕,相应函复贵会查照饬知。此致国民政府军事委员会

**附国民政府军事委员会原函**

案据太原绥靖公署子有未克法电称,查《刑事诉讼法》第八八条规定,现行犯不问何人,得迳行逮捕,惟对于告诉乃论罪之现行犯,是否可以迳行逮捕,分甲乙两说。甲说,《刑事诉讼法》第八八条,现行犯不问何人得迳行逮捕,对告诉乃论之罪,并无例外规定。无告诉权之人,对告诉乃论罪之现行犯,亦得迳行逮捕。乙说,告诉乃论罪,多与个人名誉有关,故未经有告诉权者之告诉,即属现行犯,他人亦不得迳行逮捕,如逮捕即构成《刑法》上之妨害自由罪。二说以何说为是,请示遵等情。案关法律疑义,相应函请查照,迅赐解释见复,以便饬遵。此致司法院

### 院字第二五〇六号

### 民国三十二年四月二十八日　司法院致粮食部函

案准贵部本月一日裕叁寅卯东代电,以商人承包建筑国仓,借故延宕,不能如期完成,可否援用《中华民国战时军律》惩处疑义,希迅予解释等由,兹经本院统一解释法令会议议决,各省建筑储藏军粮之国仓,如承包商人借故延宕,不能如期完成,自系在抗战期内对于供给军需有关之事项不照契约履行,应依《中华民国战时军律》第十六条第一项前段论处,相应函请贵部查照。此致粮食部

**附粮食部原代电**

司法院公鉴,查各省建筑国仓以备储藏军粮之用,核与其他军事工程同样重要。如有承包商人借故延宕,不能如期完成者,可否援用战时军律第十六条规定惩办?现各省此类案件甚多,急待解决,敬希迅予解释,以凭办理。粮食部裕叁寅卯东印

### 院字第二五〇七号

### 民国三十二年四月二十八日　司法院致司法行政部函

案查贵部上年十一月十九日叁字第九六〇三号呈,据陕西高等法院首席检察官转请解释单独没收案件适用法律疑义一案,兹经本院统一解释法令会议议决,单独宣告没收之确定裁定,与科刑之确定判决有同等效力。如发见该裁定有违法情形,自得由最高法院检察署检察长提起非常上诉。但该裁定如与当时解释无违,不得以嗣后变更之解释为提起非常

上诉之论据，相应函请贵部查照饬知。此致司法行政部

**附司法行政部原呈**

案据陕西高等法院首席检察官曹文奂本年九月十五日呈字第四一三号代电称，本年九月十日据榆林地方法院检察官武鸿恩代电开，窃查检察官依院字第六七号解释声请法院单独宣告没收之物，如法院误认为违禁物，以裁定没收，业已确定在案。正拟处分间，忽奉司法院三十年三月三十一日院字第二一六九号解释，其后段明载，如被告并不成立犯罪时，该物应否单独宣告没收，仍应视其是否属于违禁物为断，不能因《刑法》分则有不问属于犯人与否没收之规定概行没收，院字第六七号解释应予变更等语（见钧院司法公报第八期）。是单独宣告没收，仅限于违禁物，《刑法》第四十条但书已有明文规定。再查院字第六七号原解释内载，应没收之物已送审者，应于判决内并予宣告。若案未起诉或不起诉，则由检察官声请法院以裁定没收，是此项裁定与大赦条例减刑（包括主刑从刑而言）之裁定，似均为科刑之裁定，核与科刑判决应有同等之效力。故因大赦主刑减轻之结果影响于褫夺公权之从刑时，得依非常上诉救济（参照最高法院二十二年非字第二二号及同年第二一一号判决例），则以裁定单独宣告没收之物，如确非违禁物，纵裁定业已确定，似亦应比照大赦减刑之裁定确定后发现于法有违，随时可以请求最高法院检察署检察官提起非常上诉以资撤销原裁定。事关解释法令，职处未敢擅专，理合电请俯赐转呈司法院解释示遵等情。据此，查事关适用法律疑义，悬案待决，除指令外，理合电请俯赐转呈司法院解释指令祇遵等情。据此，案关法律适用疑义，理合转呈钧院鉴核指示，以便饬遵。谨呈司法院院长居。司法行政部部长谢冠生

**院字第二五〇八号**

**民国三十二年四月二十八日　司法院训令湖南省政府**

案查该省新化县卫生院代电请解释公务员收受投稿稿费等，是否为公务员经商疑义一案，兹经本院统一解释法令会议议决，公务员在报纸杂志投稿，或著作书籍出版，收受报酬，或编辑研究学术之杂志刊物，均非《修正公务员服务法》第十三条第一项所谓经营商业。合行令仰该省政府转饬知照。原代电抄发此令

**附新化县卫生院原代电**

司法院院长居钧鉴，公务员在报纸杂志投稿，收受稿费，或著作书籍出版，收受版税，或兼任杂志刊物编辑，纯以宣扬文化，增进公余进修为主旨，是否作公务员经商论？恳乞指示解释，实为公便。湖南新化县卫生院院长朱云达叩文

**院字第二五〇九号**

**民国三十二年五月一日　司法院复广西高等法院电**

广西高等法院申院长览，本年一月元代电悉，罗城县司法处所请解释一案，业经本院统

一解释法令会议议决,依《广西省禁赌办法》第十一条,适龄壮丁犯第四条至第七条之罪,得调服兵役或劳役者,以在各该罪判决确定后或执行中之人犯为限,其已执行完毕者,并不包括在内。关于调服兵役或劳役之规定,纯属行政处分,毋庸于判决主文中宣示,至调服之手续如何,系立法问题,未便予以解答。又经第一审法院依该办法判处六月以下有期徒刑拘役或罚金之案件,无论处刑是否允当,依第二十五条规定,当事人均无上诉之余地。惟如系无罪判决,检察官对之仍得提起上诉。合电转饬知照。司法院先印

**附广西高等法院原代电**

司法院院长居钧鉴,据罗城县司法处电称,查依《广西省禁赌办法》第四条至第七条判处之适龄赌犯得调服兵役或劳役,在该办法第十一条固既明定。惟于执行刑罚完毕后,是否仍得调服兵役或劳役,抑只问其是否与该办法第十一条规定相符,不问其任刑罚执行中或执行完毕后均可调服兵役或劳役?又调服兵役或劳役,应否在判决主文记明及调服手续如何,均生疑义。又判处六月以下有期徒刑拘役或罚金之案件,依该办法第二十五条系以一审终结不得上诉,但判处无罪之案件,公诉人是否得提起上诉,未见明文,亦生疑义,请予解释示遵等情。查依原禁赌办法判决调服兵役之犯,得随时调服兵役,毋庸俟其刑期执行期满,业奉钧院院字第二四二六号真代电解释有案。惟查上开院例,只释明于刑期执行中得随时调服兵役,而于刑期执行期满后,是否仍得调服兵役,尚无明白指示,原禁赌办法第十一条规定又甚含浑,故关于执行刑罚完毕后,是否仍得调服兵役,尚属疑问。又查赌犯调服兵役或劳役,是否应与所科之刑同时裁判,并予判决主文内一并记明,以及原禁赌办法第二十五条所称一审终结不得上诉,是否专指被告不得上诉而言?检察官对于无罪或处刑过轻之判决,是否仍得上诉,均无明文依据,不无疑义,理合电请解释示遵,以便转饬知照。广西高等法院院长申守真元印

**院字第二五一〇号**

**民国三十二年五月一日　司法院指令贵州高等法院**

呈悉,业经本院统一解释法令会议议决,检察官以某甲犯子、丑两罪提起公诉,第一审判决仅就子罪谕知罪刑,丑罪部分则未明白宣示,原检察官遂专以丑罪漏判为理由提起上诉,某甲对于科刑判决并未声明不服,斯时第二审审判之范围,自应就子、丑两罪是否属于裁判上之一罪而定。设使子、丑两罪系属裁判上一罪,丑罪既经上诉,子罪部分应视为亦已上诉,只须第一审判决理由内曾就丑罪之成立与否加以判断。无论丑罪能否证明,或其行为应否处罚,主文内本不应分别谕知。若第二审对于子、丑两罪审认结果,与第一审判决所认无异,自应将检察官之上诉驳回。又如子、丑两罪系属实质上数罪,则审判上并无不可分之关系,子罪因未上诉已经确定,第二审仅得就上诉之丑罪部分审判。第一审判决主文内未将丑罪明白谕知无罪,其判决固属违法。苟理由内业已明认丑罪犯行不能证明,或其行为不应处罚,究难谓第一审对之未加裁判,自与漏判情形有殊。倘第二审审理结果,仍与第

一审所认相同,检察官之上诉论旨,虽不成立,而第一审判决既非适法,亦属无可维持,应将第一审判决关于丑罪部分撤销,自行谕知无罪,仰即知照。此令

**附贵州高等法院原呈**

为呈请解释事,设有检察官以某甲犯子、丑两罪提起公诉,法院审理结果,仅就子罪,原检察官以丑罪漏判提起上诉,对于子罪则无一字论及,某甲对于科刑裁判亦未声明不服,第二审审理事实,认为某甲被诉所犯之丑罪不能证明,子罪所处之刑尚无不合。此时应如何裁判,有下列四说。一、子、丑两罪如有牵连关系,丑罪既经上诉,则子罪亦应视为已上诉,第二审纵认丑罪犯行不能证明,原审漏未判决殊有未合,应将其谕知子罪罪刑之原判撤销,另谕知子罪如第一审同一之刑,就丑罪宣告无罪。二、子、丑两罪如无系连关系,则子罪因未上诉已经确定,丑罪因未经第一审判决于主文内明白宣示,而第二审不能越级审判(十七年最高法院上字第三六一号判例参照),应将其上诉驳回,丑罪只能由原检察官声请原审补判。三、声请补充判决,《刑事诉讼法》尚无明文。判决除当事人外,其构成分为主文、事实、理由三大部分,苟于一部分内叙述,其他部分脱漏,即应认为已经裁判,不仅以主文内有无宣示为已未裁判之标准。子、丑两罪若无牵连罪关系,显属并合论罪案件。纵令其主文中仅就子罪部分谕知罪刑,其他丑罪部分未于主文内明白宣示,倘果于理由内明认该丑罪犯行不能证明,自属已经裁判,而与漏判情形有异(院字第一一九二号解释参照)。第二审审理结果,如与第一审所认定之情事相同,则第一审不就丑罪于主文内明白揭示,仍属违法,亦应将原判撤销,如第一说改判。四、已受请求之事项未予判决者,其判决为违背法令,《刑事诉讼法》第三百七十一条第十二款定有明文,第一审检察官以某甲犯子、丑二罪提起公诉,如已于审判期日陈述起诉要旨,并就事实法律辩论,无论原判理由就丑罪部分有无叙述,而主文内既未明白揭示,即属违背法令,当事人对于违法判决上诉,第二审应认为有理由,依《刑事诉讼法》第三百六十一条及二十二年二月六日最高法院刑庭会议录旨趣予以撤销原判,另行如第一说改判。四说孰是,事关法律疑义,理合备文呈请钧院解释祗遵。谨呈司法院院长居。贵州高等法院院长刘含章

**院字第二五一一号**

**民国三十二年五月一日　司法院指令西康高等法院**

呈悉,业经本院统一解释法令会议议决,对于外国教会为条约所未许可之土地权利之移转或设定负担者无效。设定典权,即系设定负担。典权之设定,既属无效,外国教会自不能依《民法》第九百二十三条第二项、第九百二十四条但书取得土地所有权,故除嗣后所订条约别有规定外,出卖或出典土地,在《土地法施行法》施行后为之者,依同法第十条办理。在同法施行前为之者,出卖人或出典人对于外国教会有土地返还请求权。仰即转饬知照。此令

**附西康高等法院原呈**

案据本院康定驻庭庭长饶世科呈称,呈为转请解释示遵事,兹有教会在逊清末年及民国初年直接向人民典当及承买田土,拥有庞大地权使用收益,当顶当及承买时并未向我国政府呈报登记,现人民备价赎取,于是遂生两说。甲说,谓本案不问典当及承买系在何时,该教会既未向我国政府呈报登记,私自向人民典当及承买而取得所有权。若不予以赎取,直接有损人民之权利,间接妨害国土之完整,自不应受《民法》期间之限制。对于典当一层,当应准许回赎。至买卖一层,姑无论有无契约,应认为买卖无效,仍准人民赎取。乙说,谓外国教会享受条约上之利益,对于我国之土地有永佃权,纵使向人民典当或承买田土,不能因未经呈报登记而受影响,自应受现行法律之保障。两说孰是,悬案待结,未敢擅断,理合备文呈请钧院转请解释示遵。谨呈等情。据此,事关法律解释,理合据情呈请钧院俯赐解释,指令祇遵。谨呈司法院院长居。署西康高等法院院长费有浚

**院字第二五一二号**

**民国三十二年五月一日　司法院指令江西高等法院**

呈悉,业经本院统一解释法令会议议决,印花税法第十六条税率表第五目所列支取货物之单据簿折,既指各业商店所出者而言,则商会或个人所出凭以支取物品之单据簿折,自不包括在内,但各业商店出立支取货物之单据簿折,以商会或个人名义行之者,仍应认为商店所出。仰即转饬知照。此令

**附江西高等法院原呈**

案据会昌县司法处审判官王阶平呈称,查印花税法税率表第五目支取货物之单据簿折性质栏内载,凡各业商店所出记名或不记名,凭以支取货物之单排簿折皆属之。依照字义解释,以系单指各业商店所出凭以支取货物之单据簿折而言,究竟商会或个人所立之上项单据簿折,是否包括在内,颇滋疑窦,为此备文呈请钧长察核示遵等情前来。事关适用印花税法税率表疑义,本院未取擅断,理合据情具文呈请钧院鉴核,迅赐解释,以凭转饬遵照,实为公便。谨呈司法院院长居。江西高等法院院长梁仁杰

**院字第二五一三号**

**民国三十二年五月三日　司法院致国民政府军事委员会函**

案准贵会本年三月三十一日法审(三十二)渝字第四〇八〇号公函,以据甘肃全省保安司令代电,请示有审判权之公务员因他人主办案件收受贿赂适用法律疑义一案,请释明赐复等由,业经本院统一解释法令会议议决,甲乙为同一机关有审判职务之公务员,丙因案托丁,向甲行贿,甲以该案系乙主办,允代向乙请托,丁交款后,甲收为已有,并未交乙,亦未向乙关说。此种情形,尚非于其主管或监督之事务图利,与《惩治贪污暂行条例》第三条第一项第二款之规定不符。惟甲如系伪允向乙请托,为其诈得该款之方法,自应成立《刑法》第

三百三十九条第一项之诈欺罪。设甲之允为请托,并非虚伪,仅于丁交款后起意据为己有,即属侵占行为,应依《刑法》第三百三十五条第一项处断,相应函复贵会查照饬知。此致国民政府军事委员会

**附国民政府军事委员会函**

案据甘肃全省保安司令谷正伦三十二年第一三四一号丑灰代电略称,兹有甲、乙二人,系同一机关有审判权之公务员,丙因案托丁向甲行使贿赂,甲以该案系乙主办,允代向乙请托,丁交款后,甲收为己有,并未交乙,亦未向乙关说,甲应构成何罪,约有两说。一、既非甲主管之事务,从中骗财,应适用《刑法》诈财论罪;二、甲之行为,无异收受贿赂,应依《惩治贪污暂行条例》第三条第一项、第二项以贪污论罪。究以何说为当,请核示等情,事关法律疑义,相应函请查照释明赐复,以凭饬遵。此致司法院

**院字第二五一四号**

**民国三十二年五月三日　司法院致国民政府军事委员会函**

案准贵会本年三月三十一日法审(三十二)渝三字第三六七一号公函,以据兼福建全省保安司令代电,请示《惩治贪污暂行条例》适用疑义一案,请释明赐复等由,业经本院统一解释法令会议议决,《惩治贪污暂行条例》第二条第四款所定强占及勒征罪,其意思条件只以图为自己或第三人不法之利益为已足。至勒索强募财物各罪,均须具有为自己或第三人不法所有之意图,方能成立。但犯各该罪之目的,如专系图利国库,显与贪污之意义不合,除成立《刑法》或其他特别《刑法》上相当罪名外,不构成该条款之罪。又该条款所谓财物兼指动产及不动产而言,其财产上不法之利益,并不包括在内。相应函复贵会查照饬知。此致国民政府军事委员会

**附国民政府军事委员会原函**

案据兼福建全省保安司令刘建绪三十二年一月司法癸字第二三二号梗代电略称,《惩治贪污暂行条例》第二条第四款之借势或借端勒索、勒征、强占或强募财物罪,依司法院三十年十一月十日院字第二二五五号解释,不以图为自己或第三人不法所有之意思条件为限。凡图为自己或第三人不法之利益,亦包括在内。是否对于图利国库而犯者,亦应成立本条款之罪。又财产上不法之利益,能否包括于本款所谓财物之内,请释示等情。案关解释法律疑义,相应函请查照,迅予释明赐覆,以凭饬遵。此致司法院

**院字第二五一五号**

**民国三十二年五月三日　司法院复安徽高等法院电**

安徽高等法院廖院长览,本年二月寝代电悉,六安县司法处所请解释一案,业经本院统一解释法令会议议决,和解笔录如有误写误算或其他类此之显然错误者,法律上虽无得为更正之明文,而由《民事诉讼法》第三百八十条、强制执行法第四条第三款等规定观之,诉讼

上之和解与确定判决有同一之效力,关于判决书更正错误之规定,于和解笔录有同一之法律理由,自应类推适用。惟《民事诉讼法》第二百三十二条系以判决书为法院所作,故规定判决书错误之更正,以法院之裁定为之。和解笔录则为法院书记官所作,其错误之更正,自应以法院书记官之处分为之。对于此项处分提出异议时,依同法第二百四十条第二项之规定,始由其所属法院裁定。合电转饬知照。司法院江印

**附安徽高等法院原代电**

司法院院长居钧鉴,兹据六安县司法处呈请解释和解笔录送达后,发现笔录内容有误写误算或原本与正本有不符处,可否以职权或依声请以裁定更正。事关法律疑义,本院未敢擅专,理合电请钧院核示祇遵。安徽高等法院院长廖江南叩煌民二寝印

**院字第二五一六号**

**民国三十二年五月三日　司法院复广西高等法院电**

广西高等法院申院长览,本年二月号代电悉,邕宁地方法院所请解释一案,业经本院统一解释法令会议议决,《修正印花税法》及《修正营业税法》所定罚锾,均系行政罚,不适用《刑法》关于时效之规定。合电转饬知照。司法院江印

**附广西高等法院原代电**

重庆司法院院长居钧鉴,案据邕宁地方法院三十二年一月二十六日文字第一七六号呈称,窃查违反印花税法及《营业税法》之案件,关于处罚时效之限制,上项法规并无明文规定。遇有逾时一年以上之前项案件,应如何办理,不无疑义,理合呈请察核,转呈核示饬遵等情。据此,事关法律疑义,理合电请解释,俾便转饬遵照。广西高等法院院长申守真号印

**院字第二五一七号**

**民国三十二年五月五日　司法院致军事委员会政治部函**

案据本院秘书处转陈贵部本年三月二十四日机巴(三十二)字第八五号公函,请解释典当土地回赎法律疑义一案,兹经本院统一解释法令会议议决,典物之价值较出典时增涨者,《清理不动产典当办法》本有加价回赎之规定,自此项办法因《民法》物权编之施行失其效力后,无论典物之价值涨至如何程度,依《民法》第九百二十三条、第九百二十四条之规定,出典人只须以原典价回赎,不得责令加价。当此非常时期,诚如原函所言,有定补救办法之必要。惟在依立法程序定有此项办法以前,除当事人依《民事诉讼补充条例》第十一条、第十二条声请调解者,有时得依同条例第二十条第二项为加价回赎之裁判外,法院仍不得命出典人增加赎价,相应函请贵部查照。此致军事委员会政治部

**附国民政府军事委员会政治部原函**

案据本部第一厅厅长袁守谦转据该厅上校主任科员王晴初报告略称,窃职籍隶湖南安化县,从事政工,未遑顾及家人生产作业,室人杨晓庄于民国二十八年曾以九百五十元典当

同邑夏定仪水田二石,以维全家老幼生计。现夏定仪欲以原佃价赎回,因今昔货币价值悬殊(按当时田价九百五十元可买水田一石二斗,现水田一石约值三万元),纠纷莫决,而夏定仪不顾职全家生活,控告职父于县之司法处,经于三十一年六月判决,以四千八百元准原业主赎回,则又至今延未遵判赎取,希图期待物价续涨,意存操纵,谨提供意见二点,请函湖南省府公平解决等情。查本案在法理上言,地主以原价赎回,自无不合,但因物价随时上涨之故,承典人实际上蒙受无形之巨大损失,如此种现象成为农村普遍问题,可能酿成严重事态。值此非常时期,是否可斟酌事实,于人情法理之中另订一折中补救办法,以安民生,而泯纷争之处,相应摘抄原提意见二点,函达查照核办,并赐解释见复为荷。此致司法院秘书处。军事委员会政治部部长张治中

**附原意见**

一、凡战前战初典当土地,其地主于战时思求赎回,应比照典出时间之土地粮价,备价赎回,不能使地主因抗战之机会而得其利,典主则受其失。

二、地主典主若有异议时,请采民生主义之规定,由政府照典出时间之价格收买典产,照原典价发还典主,则实施民生主义,解决土地问题之办法,亦可以逐步实施。

**院字第二五一八号**

**民国三十二年五月五日　司法院复甘肃高等法院电**

甘肃高等法院孟院长览,本年四月微代电悉,该法院第四分院所请解释一案,业经本院统一解释法令会议议决,僧死亡时所遗私产,以何人为其继承人,现行法上尚无特别规定,自应依《民法》第一千一百三十八条所列顺序定之,其徒如无同条所列之身分,亦非为其以遗嘱指定之继承人者,无遗产继承权。合电转饬知照。司法院歌印

**附甘肃高等法院原代电**

重庆司法院院长居钧鉴,据甘肃高等法院第四分院院长孙呈祥冬代电称,僧人私有之财产,应由其徒继承,抑或适用《民法》第一千一百三十八条之规定,不无疑义,谨电恳钧座迅予核示祗遵等情。据此,事关法律疑义,除指令外,理合据情电请鉴核示遵,俾便转饬知照。甘肃高等法院院长孟昭侗叩微印

**院字第二五一九号**

**民国三十二年五月六日　司法院致行政院函**

案准贵院本年一月十九日仁壹字第一八一七号公函,以据地政署转请解释《土地法》第一七七条正产物疑义一案,请解释见复等由,业经本院统一解释法令会议议决,耕地每年均有两季节可收益者,虽其收益较多之季节为主要季节,而主要季节与非主要季节之产物,仍各有正副之分,不得谓非主要季节之产物概为副产物。况两季节之收益数量相等时,无所谓主要季节,尤无从以季节之主要与否分产物之正副,故《土地法》第一百七十七条第一项

所称之正产物,非专谓主要季节之产物,乃指每一季节之主要产物而言。例如,耕地每年均有春麦秋黍可收获者,麦黍皆为正产物,麦黍之稾及地边附种之物为副产物,若当事人约定地租以春麦秋黍分为两期支付者,应就春麦秋黍分别定其正产物之收获总额。惟耕地每年通常仅有一季节可收益者,纵令有时可为两季节之收益,亦惟每年可收益季节之主要产物为正产物,当事人约定以一季节主要产物之一部充全年地租者,可推定其耕地每年通常仅有一季节可收益。至水田与山地合并租用,约定以稻谷支付地租者,应并算水田与山地主要产物之价值以定正产物之收获总额。相应函复贵院查照饬知。此致行政院

**附行政院原函**

据地政署本年一月八日呈称,案准安徽省政府三十一年十二月第八二〇〇号民济亥冬代电开,案据本省岳西县政民戌支代电,以该县地租支付以稻谷为主,有东八佃二或东七佃三不等,而山地所产之马铃薯、玉蜀黍与农田麦,均为佃农所得用补收入不足。查照奉颁《改善租佃关系实施办法》第三条,地租支付应以正产物为原则,而本县山地所产之马铃薯与农田二麦,是否属于正产物,抑或为附产物?法无明文规定,须加以明确解释,以免纷扰。出租人收入既为正产物总额千分之三百七十五,实较过去收入骤减一倍左右。拥有大量产权者,生活所受影响尚小,而鳏寡孤独为出租人,田少租微,生活顿成困难,刻正加以统计,电恳救济等情。据此,查本省各地产物情形至不一致,南部各县之农田,以秋季稻谷为主要产物,春季二麦及杂粮则产量甚微;北部各县平原地带之农田,以春季二麦为主要产物,秋季高粱、棉豆等类产量则稍次之。至山地春麦与秋季之马铃薯、玉蜀黍等类之产量相等,而沿山地带之农田,则仍以产稻为主,麦稍次之。《土地法》第一七七条所谓正产物,是否系以各该田地每年一季产量最多之产物为标准,抑或春秋二季大宗产物均得视为正产物,而予以地租支付之处,并无明文详为规定。据呈前情,除电复外,相应连同本省各地产物情形一并电请查核详释见复,以便办理而免纷歧为荷等由,准此。查《土地法》第一七七条所称正产物似应指当地主要一季产物而言,是否之处,以案关法令解释,理合备文呈请钧院鉴核,转函司法院详为解释等情。据此,相应函请查照解释见复。此致司法院

**院字第二五二〇号**

**民国三十二年五月十八日　司法院复安徽高等法院电**

安徽高等法院廖院长览,上年十月俭代电悉,霍山县县长所请解释一案,业经本院统一解释法令会议议决,军人在寄押监所或保外服役中犯脱逃罪,如在免官免役前,不问已决未决,均应依《陆海空军审判法》第十六条由军法会审审判,并由执行该军法裁判之机关执行之。其在免官免役后或其他应归军法审判之人犯,犯该罪时,亦不问已决未决,均归普通法院审判。但如系已决犯,应由检察官专就脱逃罪刑指挥执行。至未决犯,如最后裁判者为法院时,应依《刑事诉讼法》第四百八十一条之规定,由检察官声请法院以裁定定其应执行之刑,否则由该管执行机关声请该军法裁判机关更定其应执行之刑。合电转饬知照。司法

院巧印

**附安徽高等法院原代电**

重庆司法院院长居钧鉴,案据霍山县兼理司法县长莫仲尼代电称,查司法人犯无论已未决,凡在监所脱逃者,由司法机关审判,固无问题。惟军事人犯有已决未决者,有军人之身份者,其在监所脱逃,是否亦由司法机关审判?其未决者,又是否先由军事机关审判后,再由司法机关判处脱逃罪者?其有已决军事人犯保外服役者,而脱逃罪刑期,是否并合计算?此等人犯,应否列入军事,抑列入司法,请核示遵等情前来。查军事人犯在监所脱逃,其脱逃罪系《刑法》上之罪名,所犯又非在任官任役前,似应归普通司法机关审判,若保外服役而脱逃,则脱逃罪之刑期,亦似可与所犯军法罪刑并执行之。惟事关法律疑义,本院未敢臆断,理合电请钧院解释,乞电示转饬祇遵。安徽高等法院院长廖江南叩庭长易新代行酉俭印

**院字第二五二一号**

**民国三十二年五月十八日　司法院指令甘肃高等法院**

呈悉,业经本院统一解释法令会议议决,法院应依职权或声请宣告假执行时,其宣告假执行,得附以须经原告预供担保,始得为假执行之条件,此观《民事诉讼法》第三百八十九条、第三百九十条第一项、第三百九十二条之规定自明。同法第四百五十四条,不过规定第二审法院应依声请宣告假执行,非若同法第四百五十三条第一项之宣告假执行,必为无条件者。同法第三百九十二条之规定,依同法第四百六十条,既准用于第二审程序,则依第四百五十四条宣告假执行时,自得宣告非经第一审原告预供担保,不得为假执行。但无此必要时,仍应宣告无条件之假执行。仰即转饬知照。此令

**附甘肃高等法院原呈**

案据天水地方法院院长裴书印本年二月二十七日呈称,兹有某甲请求某乙返还田地,在第一审全部胜诉,某乙不服,提起上诉。在言词辩论中,某甲见第二审有维持第一审判决之意思,请求第二审法院宣告假执行,第二审法院谕知某甲预供担保,某甲以第二审程序中对于维持第一审判决驳回上诉,无预供担保之规定,抗不遵行。在此场合,某甲究应预供担保与否,有甲、乙二说。甲说,第二审法院依《民事诉讼法》第四百五十四条宣告假执行,无须准用前章预供担保之普通规定,如适用前章规定,使声请宣告假执行之人于前条特别规定外,复负普通规定之要件,殊于立法意义不合。乙说,预供担保为声请宣告假执行应备之要件,在第二审程序中,如依《民事诉讼法》第四百五十四条宣告假执行,对于前章预供担保之规定,当然准用。以上二说,未知孰是,理合备文呈请钧院鉴核,俯赐转请解释示遵等情。据此,理合转请钧院鉴核,指令解释,俾便转令饬遵,实为公便。谨呈司法院院长居。甘肃高等法院院长孟昭侗

**院字第二五二二号**

**民国三十二年五月十八日 司法院致国民政府军事委员会函**

案准贵会本年四月二十日法审(三二)渝四字第四四四七号公函,以据特派四川省川南区禁烟巡察执法监代电,请示普通人民与公务员共犯《禁烟禁毒治罪暂行条例》之罪,应如何论处一案,请解释见复等由,兹经本院统一解释法令会议议决,《刑法》第三十一条第一项规定,系指因身分或其他特定关系成立之罪,其共同实施或教唆帮助之人,虽无特定关系,仍应按共犯之例论处而言。该项犯罪,既系因特定关系而成立,并非因特定关系致刑有重轻,其无特定关系之共犯,只能依该罪所定之刑科处,别无所谓通常之刑,自无适用同条第二项之余地。《禁烟禁毒治罪暂行条例》第十三条第一项之包庇罪,系因公务员身分而成立之罪,普通人民帮助公务员抽收烟灯捐,包庇烟犯,关于包庇行为,依《刑法》第三十一条第一项、第三十条应即适用《禁烟禁毒治罪暂行条例》第十三条第一项论处。如正犯公务员原有禁烟职责,其抽收烟灯捐,原属收受贿赂性质,即系公务员对于主管或监督事务图利,依上述《刑法》之规定,该帮助犯应又成立《惩治贪污暂行条例》第三条第一项第二款之罪,并应依《刑法》第五十五条从一重处断,相应函复贵会查照饬知。此致国民政府军事委员会

**附国民政府军事委员会原函**

案据特派四川省川南区禁烟巡察执法监寅号代电称,查无特定关系者,仍得成为因身份或其他特定关系成立之罪之共犯,惟应科以通常之刑,《刑法》总则第三十一条已定有明文。兹有普通人民某乙帮助公务员某甲抽收烟灯捐,包庇烟犯,依照上开说明,某乙与某甲为《禁烟禁毒治罪暂行条例》第十三条第一项罪名之共犯,某乙无军警或公务员身份,应科以通常之刑,当无疑义。第现行禁烟禁毒条例,关于是项行为未明定罪刑,《刑法》上以某乙无冒充公务员或诈欺行为,亦无适当刑罚,所谓某乙应科以通常之刑,究系何刑乞示等情。案关适用法律疑义,相应函请查照,迅赐解释见复,以凭饬遵。此致司法院

**院字第二五二三号**

**民国三十二年五月十八日 司法院致国民政府军事委员会函**

案准贵会本年二月十五日法审(三二)渝三字第一八三〇号公函,以据江北县政府呈请示《惩治贪污暂行条例》适用疑义一案,请解释见复等由,业经本院统一解释法令会议议决,办理社会公益事务之人,在《惩治贪污暂行条例》施行以前,盗卖、侵占或窃取该公益团体之财物,而连续其行为至同条例施行以后者,不问其以前连续若干年,均应依同条例规定审判。若事犯在前,而于同条例施行以后始被发觉,则犯行既不在作战期内,即与同条例无关(参照本院院字第二〇九四号解释),应由普通法院就其行为之性质,分别适用《刑法》上相当条文处断。惟所谓社会公益事务,乃指一般社会公共利益之事务而言,原呈所列各例,除私立学校已经立案者,应认为公益团体外,其各种神会及慈善团体所办理之事务,是否合于

公益之事务，系属事实问题，未便予以解答，相应函复贵会查照饬知。此致国民政府军事委员会

**附国民政府军事委员会原函**

案据江北县政府三十一年十二月二十一日法字第九五九号呈，以各种神会及各种慈善团体之首事并各级私立学校之校董等，于任期内对其所保管之款产不公开报销，直接或间接图利，或有盗卖侵占窃取等情事，是否不问以前侵蚀若干年，概予受理，依照《惩治贪污暂行条例》审判，请核示等情。据此，事关适用法律疑义，相应抄同原呈函请查照解释见复，以凭饬遵。此致司法院

**院字第二五二四号**

**民国三十二年五月二十四日　司法院致司法行政部函**

案据本院秘书处转陈贵部本年二月十二日公叁字第三九七号函，据甘肃高等法院转请核示《公证暂行规则》适用疑义一案，兹经本院统一解释法令会议议决，《公证暂行规则》，于公证法施行时失其效力。公证人于有公证法第十三条第一项所称之正当理由拒绝请求人之请求时，依同条第二项规定，得以言词或书面为之。此项书面不过对于请求人通知其请求之拒绝，并非同法第四条、第五条所称之公证书，自无须依作成公证书之方式作成之。其余系胪列具体事实，请求解释法令，与《司法院统一解释法令及变更判例规则》第三条第二项规定不合，应不予解答。相应函请贵部查照饬知。此致司法行政部

**附司法行政部原函**

案据甘肃高等法院呈称，案据本院所属兰皋地方法院院长宋文贵三十一年十二月十四日第五五八号呈称，窃查《公证暂行规则》第四十三条第一项规定，推事认证私证书，应使当事人当面于证书签名或盖章，或承认为其签名或盖章，并于证书内记明其事由。第四十四条第三项规定，第十四条至第二十三条、第二十六条、第二十七条、第二十八条第四项之规定，于认证书准用之第十七条第一项前半段规定，推事作成公证书，如不认识请求人时，应使其提出该管区长或商会或警察署长之证明书，或以推事所认识之证人二人证明其实系本人。第二十条规定，由代理人请求者，除适用前三条之规定外，应提出授权书，前项授权书如为未经认识之私证书，应依第十七条第一项之方法证明之。第十条规定，推事作成之文书，非具备本规则及其他法令所定要件，不生公证效力。兹有某矿产股份有限公司商借甲、乙、丙、丁四银行分行债款法币二百万元，并由某省政府为承还保证人，经订妥合同，声请认证到院，公证推事于认证合同时，依上开第四十三条第一项规定，应使其矿业公司甲、乙、丙、丁四行分行及某省政府之主管负责人到场，当面承认借款合同上签名或盖章为其签名或盖章，推事作成认证书，如不认识各该主管负责人时，依上开第四十四条第三项及第十七条第一项各规定，应使其提出该管区长或商会或警察署长之证明书，或以推事所认识之证人二人证明其实系本人。倘该负责人等另由代理人请求认证时，依上开第四十四条第三

项、第十七条第一项各规定,须由代理人另提出该管区长或商会或警察署长之证明书,或以推事所认识之证人二人证明其授权书为真实。推事作成之认证书,依上开第十条规定,始生公证效力。但实际上此等主管负责人,或以地位关系,或以工作繁忙,或以扭于旧日观念,认为亲自到场认证时,不免有损其身分之尊严,且恐被人疑为有不幸之诉讼发生,永不肯到场陈述。倘已亲自到场,或授权代理人代行到场,又为公证推事所不认识时,仍须使其提出该管区长或商会或警察署长之证明书,或以推事所认识之证人二人,证明其实系本人或其授权书为真实,方为合法。似此情形,以堂堂省政府之主管负责人,仍非另由其所属下级之区长为之证明,不可于理论上已有欠通,而此等区长商会警察署长推事所认识之证人,或以责任重大,或以素无关系,又多不敢为之证明,致认证工作无法进行。职院现有此项事件亟待解决,除叙明认证事件情形,函请各该当事人承认后,作为承认书为其签名或盖章外,似此情形,可否将该规则第十七条第一项前半段之规定,变通办理?倘声请认证者为公法人时,经公证处叙明认证事件情形,函准该公法人承认后,视为其私证书上签名或盖章已得其承认,抑或别有其他妥善办法?再查该规则第十五条规定,推事不得就违反法令事项,及无效之法律行为作成公证书。倘当事人以违反法令事项,或无效之法律行为,声请公证,或其声请不合声请程式时,此时应由公证推事当场谕知,所请于法不合,不予公证之旨,或以通知批示行之,抑或仍须作成本件不予公证之公证书以终结该案,核之该项规则,无可依据。以上二点,究应如何办理之处,理合具文呈请钧院鉴核,转请指令祇遵等情。据此,除指令外,理合具文呈请钧部鉴核,俯赐令示俾便饬遵等情。据此,事关法律适用疑义,相应函请贵处查照转陈核示,以便饬遵。此致司法院秘书处。司法行政部部长谢冠生

**院字第二五二五号**

**民国三十二年六月一日　司法院复广西高等法院电**

广西高等法院申院长览,本年四月养代电悉,柳州地方法院所请解释一案,业经本院统一解释法令会议议决,《所得税暂行条例》第二十条所谓不依期纳税款,指不依同条例施行细则第二十六条所定纳税期限缴纳税款而言,该第二十条第一款至第三款所谓逾若干月之期间,应自纳税期限届满之翌日起算,该条例已因所得税法之施行失其效力。所得税法第二十条所称缴纳税款之期限,应依同法施行细则定之。合电转饬知照。司法院先印

**附广西高等法院原代电**

司法院院长居钧鉴,案据广西柳州地方法院本年三月十六日第四二号删代电称,兹因《所得税暂行条例》第二十条各款所定逾期之起算日期,发生疑义,有下列二说。甲说,谓纳税义务人有自行缴纳税款之义务,若经过该条例施行细则第二十六条第一款规定纳税之期间而不完纳者,其逾期之起算日期,即自规定纳税期间终了之翌日起算。乙说,谓纳税义务人应纳税款若干,须俟征收机关查定通知后,始能照缴,故其逾期之起算日期,应自通知纳税期限届满后起算,二说究竟孰是等情。据此,事关法律疑义,职院未便擅拟,理合据情转

请察核解释示遵,俾便转饬遵照。代理广西高等法院院长申守真刑养印

**院字第二五二六号**

**民国三十二年六月三日　司法院指令湖南高等法院**

呈悉,业经本院统一解释法令会议议决,当事人约定一方以不动产交与他方使用收益,他方支付租金及押金之契约,为租赁契约与典权设定契约之联立时,关于典权部分,如依法已不得回赎,则虽被告误于法律上之见解,以此项契约纯属租赁契约为拒绝回赎之抗辩理由,亦应驳回原告请求放赎之诉。但被告于言词辩论时,陈述情愿受领原告之押金,而将该不动产返还原告者,依《民事诉讼法》第三百八十四条规定,应本于其认诺为被告败诉之判决。仰即转饬知照。此令

**附湖南高等法院原呈**

案据署湘潭地方法院院长彭矩本年四月七日呈称,查本院前以重押轻租契约,适用法律发生疑义,曾于本年三月二十日以九九号呈文请求钧院转呈司法院解释在卷,近读三十一年九月十一日院字第二三九八号解释,关于重押轻租契约之性质,解释本甚详明,惟于适用之际,仍有不免发生疑义之处。按未定期限之典权,自出典后经过三十年不回赎者,典权人即取得典物所有权,此在《民法》第九百二十四条但书及《民法》物权编施行法第五条第二项定有明文。湘潭之重押轻租契约,多未定期限,经过三十年未经终止契约者甚多。设于上项契约订立三十年后请求回赎典物,及终止租赁契约,如认为典权设定契约与租赁契约之联立,则关于回赎典物部分,即应以承租人已取得所有为理由,予以驳回。但湘潭之承租人,每不承认其为典权设定契约与租赁契约之联立,力争为单纯之租赁契约。按之权利可以抛弃之原则,可否依权利主体之主张,即按租赁法则予以裁判之处,理合备文呈请钧院转呈司法院并案解释饬遵等情。据此,理合备文转请钧院鉴核,并予解释示遵。谨呈司法院院长居。湖南高等法院院长陈长簇

**院字第二五二七号**

**民国三十二年六月三日　司法院指令陕西高等法院**

呈悉,业经本院统一解释法令会议议决,(一)《非常时期民事诉讼补充条例》第十二条所谓受诉法院,包含第二审法院在内,其第二十条第一项所谓调解前已起诉,非专指第一审法院为调解前该事件已起诉者而言。第二审法院为调解时,该事件之起诉亦未尝不在调解之前,同条例所称之调解,自非不许在第二审法院行之。(二)第二审法院依《非常时期民事诉讼补充条例》第十二条将事件移付调解时,应由该法院指定推事一人为调解主任,指挥调解程序。其第十三条之选任调解人,亦由该法院院长行之,毋庸移送第一审法院调解。(三)计算金钱借用人所欠利息之数额,自应以其所受领之原本数额为标准,惟请求返还借款本利事件,法院依《非常时期民事诉讼补充条例》第二十条第二项为增加给付之裁判时,

得就原本与利息,分别增加给付。仰即转饬知照。此令

**附陕西高等法院原呈**

据陕西高等法院第三分院院长段韶九呈称,敬呈者,《非常时期民事诉讼补充条例》适用稍有疑义,请转请解释事。查《非常时期民事诉讼补充条例》第十二条载,前条争议,已有诉讼系属者,受诉法院得依声请将事件移付调解中止诉讼程序。所谓诉讼系属,似已包含上诉审在内,而观于同条例第二十条第一项,前条情形,经当事人起诉或于调解前已起诉者,法院应依下列规定为裁判,似又仅指第一审而言。究竟在第二审上诉程序进行中,如经当事人声请调解,是否应予准许,即行中止第二审程序,移付调解,不无疑问,此应请解释者一。如果在第二审诉讼程序进行中,经当事人声请调解,应否准许移付调解,究应由第二审自行调解,抑或移送第一审调解处调解,俟调解不成立后,再行进行上诉审程序,此应请解释者二。同条例第二十条第二项之增减给付,设有当事人甲在民国二十六年借与乙债权二百元,至三十一年起诉,甲主张现时物价高涨,经济状况剧变,请乙增加给付原本及利息,法院如认有增加给付之必要,设认原本应增加给付为一千元,则此项利息究按原债权本额二百元计算,抑按增加给付之一千元计算利息,此应请解释者三。理合呈请鉴核,转请解释示遵。谨呈等情。据此,查事关解释法律疑义,除指令外,理合具文呈请鉴核指令,以便饬遵。谨呈司法院院长居。陕西高等法院院长魏大同

**院字第二五二八号**

**民国三十二年六月五日　司法院致行政院函**

案准贵院上月八日仁壹字第一〇三九六号公函,以据甘肃省政府呈转榆中县政府办理庙产拨作学校基金一案,请查核见复等由,兹经本院统一解释法令会议议决,监督寺庙条例上之住持,在寺庙管理之不动产,通常为寺庙之财产。故此项财产属于寺庙,抑属于该住持或其亲属不明者,推定为寺庙之财产。若主张为该住持或其亲属之财产,必有确切之反证而后可,相应函复贵院查照。此致行政院

**附行政院原函**

据甘肃省政府呈称,榆中县朝阳观道人刘子乾在兰州市政府登记土地五十五亩七分八厘一毫,其中三十三亩九分一厘八毫,确系庙产,其余二十一亩八分六厘三毫,系该道及其族侄刘兆荣以私人名义登记之土地。据报老契遗失所有权,来源无法查明,拟饬勒缴老契,以凭核办。业据内政部签注意见,此项财产来源,如确属不明,应依照贵院第七二四号解释,道教财产来源不明者,视为寺庙财产等情。此项财产究应如何处置,相应函请查核见复为荷。此致司法院。行政院院长蒋中正

**院字第二五二九号**

**民国三十二年六月五日　司法院致铨叙部函**

案准贵部本年四月十二日级俸字第三一一四号公函，以准福建省政府代电，请核复公务员受降级与免职处分，适用《公务员惩戒法》疑义一案，请核复等由，兹经本院统一解释法令会议议决，受降级处分之人员，依《修正公务员惩戒法》第五条，自其改叙之日起，非经过二年，不得叙进。是受有该项处分之人员，纵于改叙后确著劳绩，亦不能先行恢复原级，再按考绩办法予以晋叙。至受免职停止任用处分之人员，虽依同法第四条第二项规定，其期间至少为一年，并非一俟停用期满当然复任原职，仍依原级叙俸，自不得专就甫满一年复任原职，仍叙原俸之偶然事例以为口实，遂谓降级处分，反较免职处分为重。相应函复贵部查照。此致铨叙部

**附铨叙部原函**

案准福建省政府代电开，据某甲签称，兹有荐任人员两人，均叙荐任六级，各以玩忽公务案件，同时受惩戒处分，甲受免职停用一年，乙受降一级改叙。现甲停用期满，复任原职，仍叙原级，于一年后参加考绩，自应从荐任六级晋叙五级或四级。乙依照规定，非经两年不得晋叙，至满两年后考绩，亦须从降叙荐任七级，晋叙为荐任六级或五级。是降级改叙者，较免职者损失为重。或谓依惩戒处分次序降级，轻于免职，似应先请恢复原级，再按考绩办法予以晋叙，以资持平。或谓明文规定，非经两年不得叙进，自应从降级后之级叙进，不能恢复原资。若照前说，法令无所依据，如从后说，则降级改叙处分，反较免职为重，似非立法本意，请解释前来。究竟曾受降级改叙处分之人员，如果著有劳绩，可否于相当时期，先请恢复原级后，再予参加考绩管叙之处，祈查核见复为荷，等由过部。查《公务员惩戒法》规定受降级处分人员，非经两年，不得晋叙。来电所拟，先请恢复原级，再按考绩办法予以晋级一节，现无法令根据。至谓降级处分，反较免职为重等语，事实不然。不可专就一年后复任及二年后晋叙相比较，盖免职人员，实际上已离去本职，以后是否复任，全视机关意思而定。其因任本职或继续任职之一切奖励与法定利益，自亦随带而受限制或竟至终止，与仅受降级处分者，其程度自有不同，何得谓降级处分，反较免职为重？本案系属解释《公务员惩戒法》，相应函请查照核复，以凭办理为荷。此致司法院。铨叙部部长贾景德

**院字第二五三〇号**

**民国三十二年六月七日　司法院致粮食部函**

案准贵部上月六日裕叁第四二九三九号代电，以办理储运征收征购实物员工等窃盗实物论罪疑义，请迅予解释等由，兹经本院统一解释法令会议议决，各省征收征购之实物，在未拨充军粮或其他军用以前，仅属公有财物，尚不能认为军用品。办理加工储运员工与承运力夫、水手等，如将所持有之实物共同盗卖，该员工系依法令从事于公务之人员，自应成

立《惩治贪污暂行条例》第三条第一项第三款之侵占公有财物罪。承运之力夫、水手等,均无公务员身分,对该实物系因业务关系而持有,按照《刑法》第三十一条第二项,应只科以《刑法》第三百三十六条第二项之业务上侵占罪刑。倘该犯等为各别犯罪,则此项盗卖行为,除持有实物之人,仍各自成立上述之侵占罪外,其无持有关系之员工,应成立《惩治贪污暂行条例》第三条第一项第三款之盗卖公有财物罪。力夫、水手等应分别情形,依《刑法》上关于窃盗罪各条论科。相应函请贵部查照。此致粮食部

**附粮食部原代电**

司法院公鉴,查各省征收征购之实物,大都供应前后方之军粮。办理加工储运员工与承运力夫、水手等,其有盗卖或用搀水搀杂及其他方法,从中盗取一部分售卖,或预将承运之粮食盗卖,再将船只故意触礁沉没,谎报损失者,其犯罪情节甚为重大,如依普通《刑法》办理,似有失出,可否以盗卖军用品按照《惩治贪污暂行条例》第三条第一项第三款论处?现各省此类案件甚多,急待解决,特电请迅予解释,俾饬办理。粮食部裕叁辰鱼印

**院字第二五三一号**

**民国三十二年六月九日　司法院复甘肃高等法院电**

甘肃高等法院孟院长览,本年五月灰代电悉,临泽县司法处审判官所请解释一案,业经本院统一解释法令会议议决,原代电所述情形,应参照院字第二一三七号、第二五〇二号解释办理。合电转饬知照。司法院佳印

**附甘肃高等法院原代电**

重庆司法院院长居钧鉴,据代理临泽县司法处审判官姚文献铣代电称,窃查前以制钱及硬币、银块等典当田地或借贷者,近因民间私相授受,与法币相差甚远,发生纠纷,致起讼争,究应如何折算之处,电请示遵等情。据此,事关法律疑义,除指令外,理合据情电请鉴核示遵,俾便转饬知照。甘肃高等法院院长孟昭侗叩灰印

**院字第二五三二号**

**民国三十二年六月九日　司法院指令广西高等法院**

呈悉,业经本院统一解释法令会议议决,关于《盐专卖暂行条例》之案件,应处徒刑拘役或应谕知无罪者,依《刑事诉讼法》第二百九十一条及第二百九十三条之规定,应以判决行之。又同条例所定之没收,系行政处分,应由盐务行政机关自行处理,业经本院院字第二四四五号解释咨复行政院查照矣。仰即转饬知照。此令

**附广西高等法院原呈**

案据广西邕宁地方法院院长谢迦灵呈称,查《盐专卖暂行条例》第五十一条第一项规定,本条例之罚锾,由法院以裁定行之,至处徒刑或宣告无罪之裁判,应用裁定,抑用判决?又私盐之没收,究由法院宣告,抑由盐务机关自行处理?如由法院没收,如何变价充赏及提

成,以上数点均无明文,究应如何办理,适用上颇滋疑义,理合呈请转请解释示遵等情。据此,理合据情转请钧院察核,解释示遵,俾便转饬遵照。谨呈司法院院长居。代理广西高等法院院长申守真

**院字第二五三三号**

**民国三十二年六月九日　司法院复甘肃高等法院电**

甘肃高等法院詹首席检察官览,本年二月哿代电悉,岷县地方法院检察官所请解释一案,业经本院统一解释法令会议议决,(一)监狱官长将四十五岁以上之普通监犯报由军政部核准调服军役,或将其年龄捏为不满四十五岁报由军政部核准调服军役,有指挥执行刑罚权责之检察官,对于该监长自非不得过问。其所犯刑事嫌疑,该管检察官并应依法侦查。(二)四十五岁以上之监犯,业经军政部核准调服军役,尚未实行调拨者,在未调拨以前,当然应仍继续执行其刑。惟既经核准调拨,应与军政部如何接洽更正,系属行政上处理问题,不属解释范围。(三)前项人犯于调拨后,实际并未服役,或因迟役逃役,或以马代丁而归家者,其应执行之刑,并不因而消灭。如经人告发,除行政处理上仍应通知原服军役之机关接洽外,该管检察官应即参照《刑事诉讼法》第四百七十三条规定分别将该犯传拘或通缉到案,继续执行其刑,但依非常时期监犯调服军役条例第五条,准予抵算刑期之日数应仍予以抵算。(四)十八岁以上不满四十五岁之监犯,于调服军役后,实际并未服役,或因退役逃役,或以马代丁而归家者,既与不应调服军役之监犯不同,检察官据人告发,应即通知原服军役机关核办。如发觉该犯为无故离去职役,或不就职役,即又触犯《陆海空军刑法》第九十三条之逃亡罪,并应依《陆海空军审判法》第二十二条之规定办理(参照《非常时期监犯调服军役条例》第八条及第十条)。合电转饬知照。司法院佳印

**附甘肃高等法院检察处原代电**

司法院院长居钧鉴,顷据岷县地方法院兼行首席检察官职务杨文蔚元月沁代电称,窃查《非常时期监犯调服军役条例》第三条第三款载,年未满十八岁或在四十五岁以上之监犯不得调服军役。又,同条例第十条载,监犯调服军役期内,不得请假或退役,违者以无故离去职役论。是普通人犯年龄在四十五岁以上者不得调服军役,固甚明显。然监狱长官若将四十五岁以上之普通监犯报由军政部核准调服军役,或将其年龄捏为四十五岁以下报由军政部核准调服军役。此种情事,若果发生,法院检察官对于该监长能否过问,且应如何处理?又能否对于该四十五岁以上之监犯,业经核准调服军役而尚未调拨者,暂仍加以监督执行其刑,亟待钧命再行决定,抑或依照军政部令听其调拨?如调拨后该犯实际并未服役,或因退役,或因逃役,或以马代丁而归家,被人告发,法院对之又将如何处理,并能否立刻拘提,继续执行其刑?再四十五岁以下十八岁以上之监犯于调服军役之后,实际亦未服役,或退役,或逃役,或以马代丁而回其家者,于时被人告发,又将如何处理,抑或送由军法机关办理?事关刑事执行程序上之疑义,理合电请察核示遵等情。据此,除指令外,理合电恳迅赐

解释示遵。甘肃高等法院首席检察官詹世铭叩哿印

**院字第二五三四号**

**民国三十二年六月十日　司法院复甘肃高等法院电**

甘肃高等法院孟院长览,本年四月支代电悉,会宁县司法处审判官所请解释一案,业经本院统一解释法令会议议决,以钢洋定给付额,并约定按给付期之比价折合银币或法币给付者,如其给付期在钢洋禁止行使以前,应按给付期之比价折合银币或法币,依其折合之数额,以法币给付之。其仅以钢洋定给付额而无特别约定者,仍应以铜洋禁止行使时之比价,折合法币给付之。合电转饬知照。司法院灰印

**附甘肃高等法院原代电**

重庆司法院钧鉴,案据会宁县司法处审判官王毓琳本年三月感代电称,查本处近来受理民刑案件内,因从前钢洋与现行之法币发生纠纷甚多,虽有民国三十年七月一日公布之《非常时期民事诉讼补充条例》第二十条第二项规定,及民国三十一年五月十一日司法院院字第二三二八号解释,可资遵守。惟对于禁止行使钢洋以前,每钢洋一元,与现行法币如何折合,无所依据,理合电请钧座鉴核,俯赐指示标准,俾便遵循,实为公便等情。据此,理合电请鉴核示遵。甘肃高等法院院长孟昭侗叩支乙印

**院字第二五三五号**

**民国三十二年六月十日　司法院复安徽高等法院电**

安徽高等法院廖院长览,本年四月铣代电悉,涡阳县司法处审判官所请解释一案,业经本院统一解释法令会议议决,违禁酿酒与寻常私酿漏税情形不同,故禁酿区内酿酒之户违禁酿酒,纵向税务局按月完纳酒税,持有收据,并未逾期,亦不因此而免处罚,仍应援用《非常时期农矿工商管理条例》第三十二条办理。合电转饬知照。司法院灰印。此令

**附安徽高等法院原代电**

司法院院长居钧鉴,案据涡阳县司法处审判官任福成,以在禁酿区内酿酒之户,已向税务局按月完纳酒税,持有收据,并未逾期者,是否可以处罚等情,呈请解释前来,查所呈情形,应否依照《非常时期农矿工商管理条例》第三十二条规定办理?事关适用法律疑义,本院未敢擅专,谨电请核示祇遵。安徽高等法院院长廖江南庭长易新代行卯铣印

**院字第二五三六号**

**民国三十二年六月十一日　司法院致司法行政部函**

案查关于请求返还租物并附带请求支付租金之诉,计算诉讼标的价额问题,兹经本院统一解释法令会议议决,以一诉请求返租赁物,并附带请求支付租金者,其诉讼标的之价额,专以租赁物之价额为准,不得将租金支付请求权之价额计算在内。院字第一五五一号

解释,应予变更,相应函请贵部查照,转饬各省高等法院通行知照。此致司法行政部

**附最高法院原呈**

敬呈者,查以租赁契约已终止为理由请求返还租赁物之诉,其诉讼标的之价额,应以租物之价额为准,业经钧院以院字第二四六九号解释在案,以一诉请求返还租赁物,并支付由该租赁关系所生之租金者,其请求支付租金,即系附带主张孳息,此与以一诉请求返还借款附带请求支付利息者相同,计算诉讼标的之价额时,依《民事诉讼法》第四百零五条第二项规定,自不得将租金支付请求权之价额并算在内,院字第一五五一号解释与此见解有异,拟请予以变更,是否有当,理合具文呈请鉴核指令祇遵。谨呈司法院院长居

**院字第二五三七号**

**民国三十二年六月十一日　司法院指令宁夏高等法院**

呈悉,业经本院统一解释法令会议议决,《民事诉讼法》第五百六十六条所谓夫或妻,不包含未婚夫或未婚妻在内。所谓婚姻无效或确认婚姻不成立之诉,亦不包含确认婚约无效之诉在内,未成年之未婚妻提起确认婚约无效之诉,自无诉讼能力。仰即转饬知照

**附宁夏高等法院原呈**

呈为呈请解释事,案据惠平地方法院院长耿梦秋呈称,查《民事诉讼法》第五百六十六条载,未成年之夫或妻,就婚姻无效或确认婚姻不成立之诉,亦有诉讼能力云云。该条所载之夫或妻,是否包括未婚夫或妻在内?如未成年之未婚妻,以父母代订之婚约无效,诉请解除,该未婚妻是否有诉讼能力,不无疑义,理合呈请钧院鉴核,赐予解释指令祇遵,实为公便等情。据此,查未成年之夫或妻,就婚姻无效或确认婚姻不成立之诉,始有诉讼能力,前开法条已有规定,则未成年未婚夫或妻,似不包括在内。其未婚妻诉请解除婚约,不能认为有诉讼能力,是否适当?事关法律疑义,未敢擅专,理合据情恳请钧院迅赐解释指令祇遵。谨呈司法院院长居。署宁夏高等法院院长苏连元

**院字第二五三八号**

**民国三十二年六月二十三日　司法院致国防最高委员会秘书厅函**

案准贵厅上月三十一日国明字第三六二一一号公函,以准军事委员会转据成都行辕电,请核示粮商赌期预货案件适用法律疑义一案,请查核见复等由,兹经本院统一解释法令会议议决,来文所述斗纪对于粮食有赌期预货行为,依《非常时期取缔日用重要物品囤积居奇办法》第十八条第三款规定,应由普通法院适用《非常时期农矿工商管理条例》第三十一条,予以论处,相应函复贵厅查照。此致国防最高委员会秘书厅

**附国防最高委员会秘书厅原函**

准军事委员会法审(三二)渝字第六三八九号公函开,案据本会成都行辕三十二年四月二十九日法和字第七九七九号卯艳代电称,据四川省政府代电称,窃查近来产区米价,以有

不肖粮商时作买空卖空、赌期赌盘非法交易,致粮价日趋上涨,尤以郫县为甚,乃于本月二十日由本府粮政局副局长赵述言率同股长谢昌周启浔等驰赴该县秘密侦察,当拿获赌期预货之斗纪李春如、干作培、张时中、余焕如、李光表五名。经个别诘讯,该张时中、余焕如、李光表三名尚无赌期实据,已准取保开释。该李春如、干作培二名赌期预货证据确凿,自应严予究治,以资警惩。依照《非常时期取缔日用重要物品囤积居奇办法》第十八条第三款,对于应行依限出售之囤积物品,有黑市买卖赌期预货及空头仓飞交易等行为者之规定,应将该犯等送请司法机关依照《非常时期农矿工商管理条例》第三十一条治罪,惟值此加强管制期内,本案是否适用军法拟办之处,理合电请鉴核示遵等情。据此,查本案似可依照《非常时期违反粮食管理治罪暂行条例》第七条、第十四条规定,由军法机关审判。事关适用军法发生疑义,理合电请鉴核示遵等情。查粮商买空卖空、赌期赌盘,已于《非常时期取缔日用重要物品囤积居奇办法》第十八条第三款及《非常时期农矿工商管理条例》第三十一条有处罚规定,惟依照各该规定,应由司法机关办理,兹据前情,案关变更审判机关,相应函请查照转陈核定见复,以便饬遵等由,准此。查统一法令解释系属贵院职权,兹准前由,相应函请查核见复,俾便转知为荷。此致司法院

**院字第二五三九号**

**民国三十二年六月三日　司法院致国民政府军事委员会函**

案准贵会上月七日法审(三二)渝三字第五四〇二号公函,以据军法执行总监部转据第九战区军法执行监部,请解释湖南各县市乡镇食盐公卖店职员,可否认为办理社会公益事务疑义一案,请查照解释见复等由,兹经本院统一解释法令会议议决,湖南区各县市所设立之食盐公卖店,依该区《食盐公卖店管理规则》第三条规定,系由各该管专卖机关招致商人或合作社承办,经营该项公卖业务,自属私营商业之一种,与办理一般社会公共利益之事务不同。其店员办理食盐公卖事宜,有掺杂舞弊情事,构成犯罪者,应由普通法院审判,相应函复贵会查照饬知。此致国民政府军事委员会

**附国民政府军事委员会原函**

据军法执行总监部案呈第九战区军法执行监部代电称,查湖南各县市乡镇食盐公卖店职员办理各该乡镇食盐公卖事宜,本部认与《惩治贪污暂行条例》第一条第二项所规定之办理社会公益事务者不同,所有该项公卖店职员食盐掺杂舞弊案件,应由司法机关审判。惟长沙地方法院检察处则认系办理社会公益事务,应归军法审判,究竟何者为是,事关法律解释,理合检同湖南区《食盐公卖店管理规则》一份,电请解释示遵等情,附湖南区《食盐公卖店管理规则》一份到会。查该项食盐公卖店,依前开规则第三条规定,系由湖南盐务管理局所属各该管盐专卖机关招致正当殷实商人或依法组织之合作社承办,似系私营商业,与《惩治贪污暂行条例》第一条第二项规定之办理社会公益事务不同。惟案关法律疑义,相应转请贵院迅予解释见复,以便饬遵。此致司法院

**院字第二五四〇号**

**民国三十二年六月二十四日　司法院咨行政院**

案准贵院本月五日仁捌字第一二六〇八号咨，以盐务机关诉愿管辖及《非常时期取缔日用重要物品囤积居奇办法》适用各疑义，请解释见复等由，兹经本院统一解释法令会议议决，(一)不服盐务管理局之处分提起诉愿时，应向财政部为之；(二)商人以出卖自行制造或加工之物品为营业者，其购存所卖物品之原料，例如酱园之购盐，饼干店之购面粉，织布厂之购棉纱，自在《非常时期取缔日用重要物品囤积居奇办法》所谓经营本业范围之内，相应咨复贵院查照。此咨行政院

**附行政院原咨**

查不服各省盐务管理局之处分者，应向何官署提起诉愿，约有两说。甲说，依财政部组织法及盐务总局组织法规定，各省盐务管理局，隶属于盐务总局，盐务总局隶属于财政部，不服各省盐务管理局之处分者，应按一般诉愿管辖等级原则，向其直接上级官署盐务总局提起诉愿。乙说，盐务总局对外公文，系以财政部名义行之(参《盐务总局组织法》第二十二条前段)。在对外关系，总局与部既为一体，关于诉愿管辖，自不能将总局与部分为两级，故人民对于各省盐务管理局之处分有所不服，应依《诉愿法》第三条比照第一条第三款前段，不服省政府之处分者，向中央主管部会提起诉愿之规定，迳向财政部提起诉愿。此与不服关务署或缉私署所属各税务管理处或缉私处之处分者，迳向财政部提起诉愿之情形相同。复查《非常时期取缔日用重要物品囤积居奇办法》所载经营本业与非经营本业之区别，其结果出入颇大(参阅该办法第十七条第四款及第十八条第一款)。关于经营本业之范围有两种见解。主张狭义说者，谓本业之标的物，仅以该商人日常直接买卖之货品为限，故必如洋货店商人之贩售洋货，药材店商人之贩售药材，始可称为经营本业。主张广义说者，谓凡与所营业务有必要关系之行为，例如酱园之购盐、饼干店之购面粉、织布厂之购棉纱，此种商人购存必需之原料物品，亦属于经营本业范围。上述各节，事关法律疑义，案悬待决，相应咨请查照，迅为解释见复，至纫公谊。此咨司法院。行政院院长蒋中正

**院字第二五四一号**

**民国三十二年六月二十四日　司法院复广西高等法院电**

广西高等法院申院长览，本年三月宥代电悉，广西省第二区行政督察专员兼保安司令公署所请解释一案，业经本院统一解释法令会议议决，在街巷摆设象棋，或以香烟散包分布摊上供人抛圈以赌输赢者，应视其所赌者是否供暂时娱乐之物，分别适用《广西省禁赌办法》第四条或第八条论处。合电转行知照。司法院敬印

**附广西高等法院原代电**

司法院院长居钧鉴，案准广西省第二区行政督察专员兼保安司令公署本月分民二字第

二二七号迥代电称,查柳州市近有于街头巷尾以象棋设局,或以香烟散包分布摊上引人抛圈等类之变相赌博,阳假游戏之名,阴行赌博财物之实。司法机关对此认为系类似赌博,又不便受理。然值兹厉行禁令之下,狡黠赌徒难免不出此种种巧避方式,施其技俩以达目的,若不彻底查禁,诚恐将来层出不穷,影响禁政至巨。惟上述所谓类似赌博,应否予以施禁,如不施禁,而类似赌博与赌博行为又如何区别,本署未便擅专,合电请察核详示等由,准此。查来问情形,业经详为研究,分为三说。甲说,以既系在街头巷尾设局或布摊为类似赌博之行为,是与违警罚法第四十五条第一项之规定相当,自应由警察官署依据违警罚法办理。乙说,以《广西省禁赌办法》业已公布施行,该办法对予以供人暂时娱乐之物为赌博者,既有处罚规定,则以象棋设局用财物决胜负,即系以供人暂时娱乐之物为赌博,自应依该办法第八条办理。至以香烟分布摊板上引人出资购圈抛掷,即系赌博财物,自应依同办法第四条办理。丙说,以供人暂时娱乐之物为目的,系指以饮食或戏票之类为赌博者而言,来问虽以象棋设局,然所赌博者仍系财物,自应依《广西省禁赌办法》第四条论处,殊难谓系以供人暂时娱乐之物为赌博,稍徒末减。至以香烟分布摊板引人出资购圈抛掷以决胜负,自系赌博财物,尤不待言。以上三说,究以何说为当,抑或另有正当解释?事关法律疑义,本院未敢擅拟,理合电请解释,俾便转知遵照。广西高等法院院长申守真刑甲宥印

**院字第二五四二号**

**民国三十二年六月二十九日　司法院致航空委员会函**

案准贵会本年五月皓人法二癸代电,以《陆海空军刑法》第六十四条适用疑义,请迅赐解释等由,兹经本院统一解释法令会议议决,《陆海空军刑法》第六十四条之长官命令或指挥,无论军事机关或部队,凡与军事有关之命令指挥均属之,不以作战或作战有关之命令指挥为限。某甲奉派领机赴某地供训练之用,及某乙奉派检查赴某国受飞行训练人员之身体,其所奉之长官命令均与军事有关,自属于该条所定命令之范围,相应函请贵会查照。此致航空委员会

**附航空委员会原代电**

司法院公鉴,查《陆海空军刑法》第六十四条所云命令或指挥,依院字第一一五〇号解释,以属于军事者而言,惟关于军事二字之范围,究竟是否以对于作战或作战有关之命令或指挥为限,抑无论军事机关部队,凡与军事有关之命令指挥皆属之,适用上不无疑问。例如某甲奉派领机赴某地供训练之用,又某乙奉派检查赴美受飞行训练人员之身体,此种命令,是否属于军事范围?本会现有类此事件,亟待解决,用特电请查照,迅赐解释电复为荷。航空委员会皓人法二癸印

院字第二五四三号

民国三十二年七月七日　司法院指令四川高等法院

呈悉，业经本院统一解释法令会议议决，第一审就未经起诉之自诉人判处罪刑，第二审法院认自诉人之上诉为有理由时，只须依《刑事诉讼法》第三百六十一条第一项前半段规定，将原判决撤销。仰即转饬知照。此令

附四川高等法院原呈

案据署本院第三分院院长曾逵三十二年四月二十一日刑智字第一二〇号马代电称，按法院不得就未经起诉之犯罪审判，《刑事诉讼法》第二百四十七条已有明文规定，但第一审竟将未经起诉之自诉人为有罪之判决，经自诉人不服提起上诉，原判自属违法，应予撤销。有说引用《刑事诉讼法》第三百六十一条第一项（该条规定，第二审法院认为上诉为有理由者，应将原审判决经上诉之部分撤销，就该案件自为判决），仅对原判决撤销，似与该条项规定未尽相符，舍此亦别无依据。案关适用法律疑义，俯祈转呈解释电示祗遵等情。据此，查事关适用法律疑义，未敢擅拟，理合具文呈请钧院俯赐解释指令祗遵。谨呈司法院院长居。

四川高等法院院长苏兆祥

院字第二五四四号

民国三十二年七月十日　司法院训令广西高等法院

案据河池县政府代电请解释烟毒案件适用法律疑义一案到院，业经本院统一解释法令会议议决，非军人而犯烟毒案件，军法机关如认被告应为有罪之判决时，依《禁烟禁毒治罪暂行条例》第二十条，当然适用《刑事诉讼法》第二百九十一条之规定，但判决书内不以记载该条文为必要。合行令仰该法院转饬知照。原代电抄发。此令

附河池县政府原代电

重庆司法院院长居钧鉴，查烟毒罪犯，系由军法机关依照《禁烟禁毒治罪暂行条例》论科，惟对于有罪之判决书所引用之程序法条文，甲主张引用《刑事诉讼法》第二百九十一条前段之规定，其理由谓，根据《禁烟禁毒治罪暂行条例》第二十条应引用《刑事诉讼法》。乙主张引用《陆海空军审判法》第三十五条第一款之规定，其理由谓《陆海空军审判法》为军法机关审判适用之程序法，烟毒案件已归军法机关审判，当然应引用《陆海空军审判法》为当。两说究竟应以何说为宜，理合电呈察核示遵。广西河池县县长钟鑫呈卯梗秘法印

院字第二五四五号

民国三十二年七月四日　司法院复广西高等法院电

广西高等法院申院长览，本年六月支代电悉，怀集地方法院所请解释一案，业经本院统一解释法令会议议决，传唤被告，《刑事诉讼法》第七十一条第一项既规定应用传票，传唤在

监狱或看守所之被告,自亦应用传票。合电转饬知照。司法院灰印

**附广西高等法院原代电**

司法院院长居钧鉴,案据怀集地方法院院长张世杰三十二年五月十九日法字第三〇〇号呈称,传唤被告,应用传票,传唤在监狱或看守所之被告,应通知该监所长官,为《刑事诉讼法》第七十一条第一项、第七十三条所明定。惟被告之须经传唤者,按之实际,应指能自由到庭候讯者而言。至不能自由到庭候讯之在押被告,是否应用传票及应备通知书于审讯期以前通知该监所长官,于此有甲乙二说焉。甲说,在看守所收押之被告,大多数均为检察官提起公诉移送审判之被告,案经起诉,早有起诉书送达被告收受。间有一部分为自诉案件之被告,迨收押后再度审讯,其自诉状缮本必已送达,被诉事由业经明了,无须再予被告以准备辩论之犹豫时间,自可依照向例,于审讯时以部定提票行知。况该提票,既系部颁定式,且提票内已载有一被告姓名性别犯罪行为各栏,及此致本院看守所长查照办理等字样,是其内容既涵有传唤被告及通知该所长官等意义,则更无先期送达传票及另行备具通知书通知该所长官之必要,以免重复,且可节省人力物力。及监所员丁极少对于在押被告提讯时之戒护,疏失堪虞,故向例由法院填发提票,派警守提,以昭慎重。如改用传票,窒碍滋多,矧在押被告收受传票,仍不能自由出入,而有待于监所之提送,则又何贵乎传票之送达,徒费一种手续而已。虽刑诉法对此未予详密规定,乃立法技术问题,此甲说主张对于在押被告之传唤及通知监所长官,可迳行以提票行之,毋庸另行送达传票及通知。乙说,以《刑事诉讼法》第七十一条第一项仅规定传唤被告应用传票,对于在押被告之传唤,即未附有但书,又无专条规定,则不问被告之在押与否,自应一律送达传票。至同法第七十三条规定,传唤在监狱或看守所之被告,应通知该监所长官,乃一种行政手续。然既订有明文,则对于在押被告之传唤,自应先期另备通知书通知该监所长官,以符法旨。以上二说,究以何说为是,于法令适用,不无疑义,理合备文呈请钧院俯赐核示,俾有遵循等情前来。案关法律疑义,本院未便擅拟,除指令外,理合据情电请解释,迅赐示遵,以便转饬遵照。广西高等法院院长申守真即支印

**院字第二五四六号**

**民国三十二年七月十日　司法院复安徽高等法院电**

安徽高等法院廖院长览,上年九月铣代电悉,太平县政府所请解释一案,业经本院统一解释法令会议议决,商人于年终结算盈亏,通知各股东之清单(俗称盘单或红簿)系属营业报告之性质,各股东虽可按照清单支取盈余或补缴亏欠,然清单上既未载明凭单支付款项,即不能视为支取银钱之单据或簿折。此项清单与《修正印花税法》第十六条所定税率表种类无一相符,原不在纳税之列,自不得以其未贴印花税票,予以处罚。又发觉商人于民国十三年使用之账簿,未贴印花税票,虽在民国十六年十一月二十三日《印花税暂行条例》施行以前,但此项账簿,应贴印花,其未贴者,应处罚金,按诸民国三年十二月七日之《修正印花

税法》第二条第一项、第六条第一项，均定有明文，且该罚金为行政罚，不适用《刑法》上之时效，而在该条例及现行《修正印花税法》上，对于该条例施行前之违反印花税法者，既无从新法处罚之规定，依法律不溯既往之原则，仍应适用当时有效之《修正印花税法》第六条第一项处罚。合电转饬知照。司法院灰印

**附安徽高等法院原代电**

重庆司法院院长居钧鉴，案据太平县政府呈称，据本府司法承审员刘慕锜呈称，窃查商人每于年终结算账项营业之盈亏开列清单（俗称盘单又称红簿），分别通知各股东，如有盈余，即按单支取红利，如有亏折，亦照单找补亏欠，是种单据，如漏贴印花，应否依法处罚，分甲、乙两说。甲说，该清单系商店每年终盘账所结盈亏，照账簿抄出，通知各股，乃系对内性质，并非对外营业所使用，即无异《修正印花税法》第三条第七款所定之抄本，免纳印花税，不予处罚。乙说，谓该清单既系商店年终结算所载盈亏之账项通知各股，而各股即可凭此单据支取盈利或补亏欠，其性质与商店所出记名或不记名，凭以支取汇划，兑取或存放银钱之单据或簿折同，应依《修正印花税法》第十六条税率表第四目征税，如在非常时期，并依《非常时期征收印花税暂行办法》第一条加征，应予处罚。未知以何说为是，倘认该单据应贴印花，究竟视为单据抑或视为簿据，贴用印花若干，亦似不无疑义。又民国十三年商人使用往来之账簿未贴印花，至今始行发觉，应否照章处罚，亦分甲、乙、丙三说。甲说，谓该账簿不但在《修正印花税法》施行（民国二十三年十二月八日公布，二十四年九月一日施行）以前，亦在《印花税暂行条例》施行（民国十六年十一月二十三日财政部公布同日施行）之前，迄今已有十八年之久，虽未贴印花，其时效早经消灭，不应处罚。乙说，谓该账簿既系漏贴，法律上既无时效之规定，纵经十余年，亦应依行为时之法律处罚。丙说，谓该账簿虽在民国十三年使用，未贴印花，至今始行发觉，应依现行《修正印花税法》及《非常时期征收印花税暂行办法》处罚。以上三说，法律上既无明文规定，究以何说为是，承审亦罔敢擅拟，本府现有类此之案件，理合一并签呈鉴核，俯予核转安徽高等法院指示祇遵等情到院。查案关法律疑义，理合电请解释示遵，以便转饬遵照。署安徽高等法院院长廖江南叩申铣印

**院字第二五四七号**

**民国三十二年七月九日　司法院指令陕西高等法院**

呈悉，业经本院统一解释法令会议议决，法院对于自诉案件，依《非常时期刑事诉讼补充条例》第十三条第一项第三、第四各款以裁定行之者，自得不经言词辩论。仰即转饬知照。此令

**附陕西高等法院原呈**

案据陕西高等法院第一分院院长关福森本年五月十五日代电呈称，查《非常时期刑事诉讼补充条例》第十三条第一项载，自诉案件有下列情形之一者，以裁定行之，其一、二两款，依同条例第一条适用《刑事诉讼法》第二百九十九条，固得不经言词辩论为之。至三、四

两款,是否亦得不经言词辩论为之,尚不无疑问,理合电请钧院转请解释,实为公便等情。据此,案关法律解释,未敢擅专,除指令外,理合具文呈请鉴核示遵。谨呈司法院院长居。陕西高等法院院长魏大同

**院字第二五四八号**

**民国三十二年七月十五日　司法院致行政院函**

案准贵院本年五月二十二日仁壹字第一一四六二号公函,以据地政署呈请解释《土地法》第一七七条疑义一案,请查核见复等由,兹经本院统一解释法令会议议决,(一)及(二)参照院字第二五一九号解释办理,(三)以自为收畜为目的,租用他人之农地者,《土地法》第一百七十七条第一项所称耕地正产物收获总额,以其因在该地收畜通常所可得之主要利益总额为准。相应函复贵院查照饬知。此致行政院

**附行政院原函**

前据地政署呈转安徽省政府请解释《土地法》第一七七条疑义,经函准贵院本年五月六日院字第二五一九号公函解释在案,兹续据该署呈转四川省地政局请解释该条疑义到院,所称各节,有无予以补充解释必要,相应抄同原件函请查核见复。此致司法院。行政院院长蒋中正

**附地政署原呈**

案据四川省地政局三十二年四月二十八日地三字第九〇号呈称,查本省耕地租用纳租习惯,原甚纷歧,兼以幅员辽阔,土地肥瘠不同,各县市之约定地租亦颇不一,关于法定地租,依《土地法》第一七七条前段之规定,地租不得超过耕地正产物收获总额千分之三百七十五。惟按本条所称耕地正产物,每因立法意旨不明,适用上深滋疑义,兹特缕呈于后。(一)以耕地之主要产物为标准,如坝田山田以稻谷为正产物,其余小春如豆麦杂粮蔬菜等为副产物,似甚合理。惟查川西之成都平原,暨川东南北之丘陵地带,情形特殊,其每年副产物之收获量,及其产品之价格,或远较大春为高,此种特殊情形,究应如何决定租额,实有斟酌之必要。(二)耕地内栽种杂粮或其他农作物者,其正产物收获总额之计算,究应以何种产物为标准?(三)依《土地法》第一七一条二项之规定,前项所称耕作,包括牧畜。关于此项以收畜为目的而使用他人之农地者,至地租之支付,究应如何计算?以上数端,如不加以解释,则执行《土地法》第一七七条法定地租时殊感困难,为此理合备文呈请钧署鉴核,迅予解释示遵等情。据此,查《土地法》第一七七条正产物之意义,前准安徽省政府三十一年第八二〇〇号民渝亥冬代电请予解释见复等由到署,当于本年元月八日以渝权字第三号呈请钧院转函司法院解释,并电复安徽省政府查照在案。兹据前情,除指令外,理合备文呈请钧院鉴核,转函司法院迅予并案详为解释,实为公便。

**院字第二五四九号**

**民国三十二年七月二十一日　司法院指令浙江高等法院**

呈悉,业经本院统一解释法令会议议决,原呈所称之杜顶,系支付顶价于土地所有人,以为买受永佃权之价金,而由土地所有人为之设定永佃权。原呈所称之活顶,是否随有押租契约之租赁契约,应视租金数额是否足为该土地全部使用收益之对价定之。当事人之一方将其土地全部出租,如不收取顶价,每年至少可得租金若干,客观上自有一定之标准。当事人约定之租金数额,依订约时情形低于此标准者,其租金仅足为该土地一部分使用收益之对价,其他部分之使用收益权,系因支付顶价而取得之,其顶价应认为典价,该契约即为租赁契约与典权设定契约之联立(参照院字第二一三二号、第二二八七号、第二二九〇号解释)。当事人约定之租金数额如已达此标准,则其授受之顶价,为担保承租人债务之押租,该契约即为随有押租契约之租赁契约,依《土地法》第一百七十七条第二项之规定,耕地出租人不得收取押租,该契约关于押租之部分自属无效。至于其他部分是否仍为有效,应依《民法》第一百十一条之规定决之。倘依具体情事可认出租人有除去押租部分,亦可成立契约之意思者,其他部分仍为有效。原呈所称杜顶或活顶之承顶人辗转相顶,其契约内容如何,双方与土地所有人之关系如何,所称大业小业、大皮小皮、大卖小卖、田皮田骨,其发生原因及其相互关系之详情如何,均欠明了,无从解答。仰即转饬知照。此令

**附浙江高等法院原呈**

案据高等第二分院院长郑澧呈称,本院办理民事案件,发生疑义两点,应请解释,缕陈如下。(一)查院属东阳、义乌等县习惯上之所谓顶,即当事人之一方支付定额之顶价,及每年应纳之佃租,占有他人之土地而为耕作之权,可分为活顶与杜顶两种,而活顶又有定有期限与未定期限之别。定有期限者,在期限未满前不得取赎,未定期限者,可以随时告赎,取赎时应返还顶价。杜顶即绝顶之谓,不许取赎,但无论杜顶与活顶皆必须支付顶价,并必须向业主(即所有权人)缴纳佃租。其与典不同,即在应否缴租之一点。盖一则除支付顶价外,仍须交租,一则已出典价,无庸交租,此其区别之最重要者。然就其支付顶价并约定可以取赎之点言之,除杜顶不许取赎外,则又与典相类似,且业主(即所有权人)将土地出顶后,受顶之佃户即可将其承顶之土地递相转顶活顶,如此杜顶亦然,此又与典权之转典及让与相酷肖。再就其均须支付佃租之点言之,则又与耕作地之租赁契约无别。惟一辗转相顶,一则不许转租,又与耕作地之租赁契约不同。再就杜顶不许取赎支付佃租永久在他人土地上为耕作之点言之,又与永佃权无别。此种习惯上相沿之顶权,究应如何适用法律,颇滋疑义。本院同人见解纷歧。有主张应认为典权者,此说系以院字第二一四五号解释为根据,然仅按该解释所谓当事人之一方,支付定额之金钱,取得占有他方之不动产而为使用收益之权,约明日后他方得以同额之金钱回赎者,不问当事人所用名称如何,在法律上应认为出典,似系指所有权人与占有该不动产而为使用收益人间所为之契约,不问其所用之名称

为典为卖,或用其他名称,只须合于该解释所述之情形,即应认为出典而言,已有院字第一五八八号及院字第一八九七号解释足资参照,并不包括业主仅将土地之耕作权出顶于佃户,以佃户与佃户间将耕作权辗转相之情形在内。附有回赎期限之顶约,若可认为出典,则受顶之佃户,于顶期满后经过二年,即可取得顶物之所有权,是直以业主仅将其耕作权出顶,及佃户与佃户之间仅将耕作权递相转顶之契约,而影响及于业主之所有权,未免蔑视当事人之真意,与实际情形大相背戾。且顶价与典价相较,典价贵而顶价贱,顶价通常不过仅有典价十分之一。若认顶为典,因其经过回赎期间而竟使受顶人取得该不动产之所有权,则一方未免受意外之损失,而他方则享受过分之利益,亦非情理之平。有谓顶之情形不一,应分别活顶与杜顶以为适用法律之标准者,此说谓凡属活顶,不问是否定有期限,概应认为租赁关系,并应认其支付之顶价为押租性质,因顶价在习惯上原许扣抵租息,故不妨认为押租性质,惟杜顶既不许回赎,则应认为永佃权,是说颇与实际情形相脗合。究竟如何适用法律,方臻妥洽,应请解释者一。(二)又查院属衢县、江山、寿昌、金华、兰溪等县有所谓大业小业、大皮小皮、大卖小卖、田皮田骨,均属互相对峙,名称虽异,而实则同。小业可以自由典卖及抵押或出租与他人,与大业之得以典卖抵押者并无异致,惟小业须向大业缴纳大租而已。其与永佃权不同之点,即在一许典卖及出租,一则不许典卖及出租。其与典不同之点,则在一许向大业缴租,一则无庸缴租;一可自典卖,一则只许转典或将典权让与于他人,而无所谓出卖;且典可以回赎,而小业之出卖,则无所谓回赎,惟小业之出典,则仍可回赎,此又其不同之点也。其与东阳、义乌等县之所谓顶,性质亦复不同。在小业可以自由典卖及抵押或出租,而顶则准许转顶,在出租无所谓典卖及抵押,此种习惯上相沿之物权,可否参照院字第一七〇三号解释,认为永佃权之处,亦属不无疑义,应请解释者二。本院近多此类案件,亟待解决,理合备文呈请鉴核,转请解释示遵等情。据此,查关于顶种田亩取赎年限疑义,前奉钧院三十年三月八日院字第二一四五号指令释示到院,本院驻绍临时庭来呈,请变通解释以资救济,复由本院于同年六月三十日以一七一号呈文转请钧院鉴核在卷,迄今未奉指令。兹查该高等第二分院所陈情形,颇与前案有关,理合据情转呈,仰祈钧院查核前示并案迅赐解释,以便分别饬遵,谨呈司法院。浙江高等法院院长郑文礼

**院字第二五五〇号**

**民国三十二年八月三日　司法院指令浙江高等法院**

呈悉,业经本院统一解释法令会议议决,检察官之侦查程序,以就所侦查案件为起诉或不起诉处分而终结,《刑事诉讼法》第三百十五条所谓之终结侦查,自系指该案件曾经检察官为起诉或不起诉之处分者而言,不能仅以其在点名单内记载侦查终结字样,即认为终结侦查。但其所为之起诉或不起诉处分,只须对外表示,即属有效,该起诉书或不起诉处分书之制作与否,系属程式问题,不影响终结侦查之效力。仰即转饬知照。此令

**附浙江高等法院原呈**

案据永嘉地方法院院长杨尚时本年五月二十日呈称，查《刑事诉讼法》第三百十五条第一项，同一案件经检察官终结侦查者，不得再行自诉，该条项所谓终结侦查之界限，分为两说。甲说，检察官侦查终结，须依照同法第二百三十条及第二百三十一条制作处分书而言。在未经制作处分书以前，侦查能否终结，尚有疑问，不能以检察官在点名单内谕知侦查终结字样，即认为侦查终结，自诉人于此时提起自诉，即非法所不许。乙说，诉讼程序应以笔录为凭，如审判之于辩论终结，其审理之程序自因辩论终结而终结，其辩论终结后之制作判决期间，自不在调查程序之内。检察官本有代表国家诉追犯罪之职权，当其行使侦查，调查被告犯罪事实程序完毕，并为侦查终结之谕知，于点名单内写明侦查终结字样，其侦查即为终结，与审判之辩论终结同，不问其已否制作处分书，即不许再行提起自诉，以免白费劳力时间，及发生缠扰浪费之结果。二说未知孰是，请鉴核示遵等情。据此，案关法律疑义，两说均持之有故，究以何说为是，理合备文转请，仰祈钧院鉴核，迅赐解释，以便饬遵。谨呈司法院

**院字第二五五一号**

**民国三十二年八月十一日　司法院指令广西高等法院**

呈悉，业经本院统一解释法令会议议决，《欠赋催征通则》第七条所谓移请司法机关拍卖其欠赋财产抵偿，系指移请法院为强制执行而言，此际应以经征机关所送达确定欠赋额数之公文书，为强制执行法第四条第六款之执行名义，毋庸再经起诉程序。经征机关既以公文移请拍卖财产抵偿，即可认为已有强制执行之声请，毋庸另具声请书状。仰即转饬知照。此令

**附广西高等法院原呈**

呈为呈请事，案据思恩县司法处第二七二号本年四月寝民代电称，查职处兹有法律疑义一则，分述如次。(一)查《欠赋催征通则》第七条内载，欠赋抗完经传追未清者，得移请司法机关拍卖其欠赋财产抵偿，余款发还等语。究竟此类案件，应否经过正式起诉程序，或一经声请，即可还予查封拍卖，此应请核示者一也。(二)如不须经过正式起诉程序，即可查封拍卖，则应否由田赋管理处正式具状声请，或由田赋管理处以公文移请办理，即可照办，此应请核示者二也。以上二点，事关法律疑义，职处未敢臆断，谨电请察核，俯赐电饬祇遵等情。据此，案关法律疑义，未敢擅拟，除指令候转呈核示饬遵外，理合具文呈请钧院鉴核，俯赐解释令遵，俾便转饬遵照，谨呈司法院院长居。代理广西高等法院院长申守真

**院字第二五五二号**

**民国三十二年八月十一日　司法院复安徽高等法院电**

安徽高等法院廖院长览，本年五月寒代电悉，太平县县长所请解释一案，业经本院统一

解释法令会议议决,田赋管理处陈报科编绘大队之编绘员,虽于编绘工作完毕后任务即行终了,但在服务期内,既系依法令从事于公务,仍属《刑法》上之公务员。该编绘员向地方勒派捐款,如合于借势或借端勒索,或强募财物之情形,按照原请解释时之法令,系触犯《惩治贪污暂行条例》第二条第四款所定罪名,依同条例第八条第一项规定,应由有军法职权之机关审判。惟《惩治贪污条例》现已公布施行,上述情形亦系触犯《惩治贪污条例》第二条第四款之罪,按照国防最高委员会第一〇五次常务会议决议,及该条例第十一条规定,应由司法机关依特种刑事案件之审判程序办理。在特种刑事案件之审判程序未制定法律公布以前,依国民政府本年六月三十日渝文字第四四六号训令,仍暂依军事审判程序办理。合电转饬知照。司法院文印

**附安徽高等法院原代电**

司法院院长居钧鉴,案据太平县县长余蔚然呈称,窃田赋管理处陈报科编绘大队之编绘员,应否认为《刑法》第十条第二项所定公务员,兹有两说。甲说,编绘员既系依法令所组织,从事公务之人,自应认为《刑法》上之公务员。乙说,编绘员虽系依法令所组织,系属临时性质。如编绘工作完毕,则其任务即行终了,乃为雇员之一种,不能认为《刑法》之公务员。此两说究以何说为是,倘认为《刑法》上公务员,该编绘员如有向地方勒派捐款情事,应归有军法职之机关审判,抑系由司法机关审判,洵属不无疑义。本府现受理有类此之案件,究应如何办理之处,理合签呈鉴核等情前来。事关法律疑义,谨电请核示祗遵。安徽高等法院院长廖江南庭长易新代行辰寒印

**院字第二五五三号**

**民国三十二年八月十二日　司法院致国民政府军事委员会函**

案准贵会上月九日法审(三二)渝四字第八二七八号公函,以据兼浙江全省保安司令代电,请核示《国家总动员法》第五条条文疑义一案,请解释见复等由,兹经本院统一解释法令会议议决,田赋改征实物,仍属征收租税之性质,与因加强国防力量,贯彻抗战目的,而征购征用国民总动员物资不同。妨害田赋征实,除其所实施之妨害行为具备其他刑罚法令构成犯罪要件,应依该法令处断外,不能认为妨害依《国家总动员法》第五条规定所发之命令,而适用《妨害国家总动员惩罚暂行条例》第五条第一项第一款论处,相应函复贵会查照饬知。此致国民政府军事委员会

**附国民政府军事委员会原函**

案据兼浙江全省保安司令黄绍竑亥艳法金代电略称,查《国家总动员法》第五条系规定,征购征用国家总动员物资,征收田赋,与征购征用之情节似有不同。妨害田赋征实,是否依上开法条论处,请核示等情。案关适用法律疑义,相应函请查照,迅赐解释见复,以凭饬遵。此致司法院

**院字第二五五四号**

**民国三十二年八月二十五日　司法院致财政部函**

案准贵部本年七月九日库渝四字第五七三七〇号公函，以据湖南省财政厅代电，请解释《学校教职员养老金及恤金条例》适用疑义一案，请查核见复等由，兹经本院统一解释法令会议议决，学校教职员因病请假而未去职者，其在假期中死亡，自系《学校教职员养老金及恤金条例》第八条所称之在职死亡，相应函复贵部查照饬知。此致财政部

**附财政部原函**

案据湖南省财政厅未彦恤字第一一二六号代电称，查《学校教职员养老金及恤金条例》第八条所谓在职死亡，应以现任教职员为限，其非现任教职员，无论年资积至何种程度，不能依据该条请恤，立法意义本属甚明。惟有教职员甲，因病请假，经主管教育行政机关派乙正式代理，事阅数月，甲乃病故。谓为卸任，则尚未开缺；谓为在职，则确已离校，情形特殊，可否变通，仍由法定承领人依照该条请领一次恤金？设或不能变通，而教育行政机关竟予填发恤金证书，拨发机关有无拒绝请款之权？事关法律疑问，故恳速转司法院解释示遵等情到部。查人之死亡，除因不可抗力之危害，或其他意外事故致死者外，通常情形在死亡之前，大多经过疾病阶段，患病者既不能继续工作，自可依照规定请假诊治，在请假期间虽经主管长官指定人员代理其职务，其本人如未经免职手续，自应视同继续在职人员，死亡后仍由其法定承继人依照条例规定请领恤金，且依照修正学校教职员养老金及恤金条例第二条后项，因病请假在一学期以上二学期以下，经学校许可并报主管教育行政机关备案者，得以前后服务年数合并计算之规定，其服务年数，即可病假合计，似以将请准病假人员视为现职人员。原电所称教员某甲病故各节，是否可以依据上述理由，准予照案给恤？事关法律解释，相应函请查核见复，以凭转复为荷。此致司法院。财政部部长孔祥熙

**院字第二五五五号**

**民国三十二年八月二十六日　司法院指令湖南高等法院**

呈悉，业经本院统一解释法令会议议决，婚约应由男女当事人自行订定，《民法》第九百七十二条定有明文。其由父母代为订定者，当然无效，无待于解除。女子以其与出征抗敌军人之婚约系由父母代为订定为理由，提起确认婚约不成立之诉者，不在《优待出征抗敌军人家属条例》第三十条禁止之列，纵令该女子主张父母代为订定之婚约应行解除，亦不过为此项婚约不应受其拘束之意，不得谓之承认婚约。且婚约为不许代理之法律行为，父母代为订定之婚约，本人虽未承认，亦不适用关于无权代理行为得由本人一方承认之规定。如由当事人双方承认，应认为新订婚约，尤不得以一方主张解除婚约，即谓已有承认。至女子就其与出征抗敌军人自行订定之婚约，于《优待出征抗敌军人家属条例》第三十条施行后，为解除之意思表示，以此为理由，提起确认婚约不存在之诉者，依同条之规定，其诉为无理

由,法院予以驳回,应以判决行之。再女子对于战时服兵役之男子提起关于婚约之诉,而该男子未委任诉讼代理人者,虽依其情形不适用《优待出征抗敌军人家属条例》第三十条之规定,亦应依《非常时期民事诉讼补充条例》第八条命在障碍消灭以前中止诉讼程序。仰即转饬知照。此令

**附湖南高等法院原呈**

案据本院第二分院本年五月灰代电称,按《修正优待出征抗敌军人家属条例》第三十条,出征抗敌军人在服役期内,其未婚妻无论持何理由,不得解除婚约。关于此项规定,发生疑问,有甲乙二说。甲谓该条虽有未婚妻无论持何理由不得解除婚约之规定,但所谓婚约者,系指合于《民法》婚约各条规定而言,如果出征抗敌军人与未婚妻之婚约,系幼年由双方父母口头为子女代订,根本无效,自无解除可言,即难适用该条办理。乙谓该条所谓未婚妻者,无论是否幼年由双方父母口头代订之婚约,抑系男女自行订定之婚约,均包括在内。出征抗敌军人在服役期内之未婚妻,当然不得请求解除婚约,且该婚约虽系其父母代为订定,而女子成年后仅主张解约,并不诉请确认婚约无效,即应视为追认,与自行订定者无异,自应适用该条办理。究竟应采用何说为当,其一二审裁决,可否均以批示行之?事关法律疑义,理合电恳转请解释指令祗遵等情。据此,除指令外,理合备文呈请钧院俯赐解释,以便饬遵。谨呈司法院院长居。湖南高等法院院长陈长簇

**院字第二五五六号**

**民国三十二年八月二十六日　司法院致国民政府军事委员会函**

案准贵会本年七月二十一日法审(三二)渝四字第八七〇八号公函,以据兼浙江全省保安司令转请核示《刑事诉讼法》关于没入保证金规定适用疑义一案,请解释见复等由,兹经本院统一解释法令会议议决,《刑事诉讼法》第一百十八条关于没入保证金之规定,既经明定,以具保停止羁押之被告逃匿者为限,被告在判决确定后执行中因病保外医治,与具保停止羁押之情形不同,自不得因其逃亡,依该条规没入所缴之保证金。相应函复贵会查照饬知。此致国民政府军事委员会

**附国民政府军事委员会原函**

案据兼浙江全省保安司令黄绍竑午冬法已电称,查刑诉法第一百一十八条规定,没入之保证金以具保停止羁押之被告逃匿者为限,今有被告在判决确定后执行中,因病缴保证金保外医治逃亡,其所缴之保证金,是否得依上开法条规定没入,请核示等情。案关适用法律疑义,相应函请查照,迅赐解释见复,以凭饬遵。此致司法院

**院字第二五五七号**

**民国三十二年八月二十六日　司法院致财政部函**

案准贵部本年七月五日渝叁字第五七二二七号公函,以据广西省田赋管理处转请解释

《公务员服务法》适用疑义一案，请查核见复等由，兹经本院统一解释法令会议议决，《公务员服务法》第三条所称之主管长官，与兼管长官，其区别应视两长官命令所示事项按诸法令孰为主管与兼管者定之。相应函复贵部查照饬知。此致财政部

**附财政部原函**

案据本部广西省田赋管理处赋一字第一一五号呈称，案据职属绥渌县田赋管理处呈请解释《公务员服务法》第三条后段所载，主管长官与兼管长官同时所发命令，以主管长官之命令为准，究竟所称主管长官与兼管长官之分别如何，乞核示等情。查案关法令解释，未便擅专，理合具文呈请察核示遵等情到部。查《公务员服务法》第三条后段所载之主管长官与兼管长官，在权限上既有同时所发命令，应以主管长官之命令为准之区别，则主管长官与兼管长官之分别，应明白规定，俾便遵循。即如由田赋改征实物以后之各省田赋管理处，在其主管业务内经征经收，固以财政部为主管长官，而粮食部则又为其军粮公粮以及民食供需调度之主管长官，似未便依其业务主管之性质，为同时所发命令应以何者为准等语。案关中央颁布之法令，相应函请查核见复，以凭转饬为荷。此致司法院。财政部部长孔祥熙

**院字第二五五八号**

**民国三十二年八月二十八日　司法院训令浙江高等法院**

案据浙江黄岩地方法院呈请解释典权案件，适用法律疑义一案到院，兹经本院统一解释法令会议议决，(一)当事人于未定期限之典权，复以契约订定期限，或于定有期限之典权，复以契约加长期限者，为典权之变更，非典权之更新设定；(二)未定期限之典权，当事人以契约订定期限者，须于得回赎之时期为之，且由《民法》第九百十三条之本旨推之，其所定之期限，与该典权已经过之时间合并计算，不得逾三十年。例如出典满十年时，订定自其时起算之期限者，其时限不得逾二十年，逾二十年者缩短为二十年，仍自出典后满三十年时，期限即为届满。未定期限之典权订定期限后，依《民法》第九百二十三条第二项之规定，仅得于期限届满后二年内回赎。至未定期限之典权，订定期限后，再以契约加长期限者，与定有期限之典权，以契约加长期限时无异，参照后开第五段解释办理；(三)《民法》物权编施行前，《清理不动产典当办法》施行后设定之典权，未定期限者，如在《民法》物权编施行时，已满十年，无论曾否以契约订定期限，均不得回赎(参照院字第二一三五号解释)。其在《民法》物权编施行时，未满十年，而以契约订定期限者，与上开第二段情形同，应参照办理，但在《民法》物权编施行前，以契约订定期限者，如自出典时至期限届满时不满八年，仍有《民法》物权编施行法第十五条之适用。例如民国十五年七月一日设定典权未定期限，至民国十七年七月一日以契约订定自其时起算之期限三年者，虽《民法》第九百二十三条第二项所定二年之期间，于民国二十二年七月一日届满，仍得于民国二十五年七月一日前回赎(参照院字第二一四五号解释)；(四)《清理不动产典当办法》施行前，设定之典权，未定期限，而在《民法》物权编施行前以契约订定期限者，得于出典满三十年后三年内回赎(参照院字第

一四一三号、第一九七六号解释)。其在《民法》物权编施行后始以契约订定期限者,除在《民法》物权编施行时已满三十年者不得回赎外(参照院字第二四五二号解释),得于所定期限届满后二年内回赎,但所定之期限与该典权已经过之时间合并计算逾三十年者,自出典后满三十年时,期限即为届满;(五)定有期限之典权,当事人以契约加长期限者,须于期限届满前为之。且由《民法》第九百十二条之本旨推之,所加之期限,与该典权已经过之时期合并计算逾三十年者,自出典后满三十年时,期限即为届满。其数次加长期限者,《民法》第九百二十三条第二项所定二年之期间,自最后所加期限届满时起算,但自出典时至最后所加期限届满时逾三十年者,自出典后满三十年时起算。(六)《民法》物权编施行前,《清理不动产典当办法》施行后设定之典权定有期限者,如在《民法》物权编施行时已满十年,无论曾否以契约加长期限,均不得回赎。其在《民法》物权编施行时未满十年而以契约加长期限者,与上开第五段情形同应参照办理。但在《民法》物权编施行前以契约加长期限者,如自出典时至所加期限届满时不满八年,仍有《民法》物权编施行法第十五条之适用。例如民国十五年七月一日设定典权,定有期限三年。至民国十八年七月一日以契约加长,自其时起算之期限二年者,虽《民法》第九百二十三条第二项所定二年之期间于民国二十二年七月一日届满,仍得于民国二十五年七月一日前回赎;(七)《清理不动产典当办法》施行前设定之典权定有期限者,不问曾否以契约加长期限,均得于出典满三十年后二年内回赎;(八)未定期限之典权设定后,更以契约订定,嗣后不拘年限随时得回赎者,仍为未定期限之典权。依《民法》第九百二十四条但书之规定,仅得于出典后三十年内回赎(参照院字第二〇五〇号解释)。定有期限之典权,得以契约变更为不定期限之典权。但《民法》第九百二十三条第二项所定二年之期间不许加长,业经解释有案(院字第二二〇五号、第二二四三号、第二四二〇号)。定有期限之典权,如许于此二年期间进行中变更为不定期限之典权,则与此二年期间不许加长之本旨不符,故此项变更之契约,仅得于约定期限届满前为之,不得于此二年期间因约定期限届满而进行后为之。定有期限之典权,变更为不定期限之典权者,《民法》第九百二十四条但书所定三十年之期间,应自出典时起算。合行令仰转饬知照,原呈抄发。此令

**附浙江黄岩地方法院原呈**

查本院所属地方习惯,当事人于设定典权后,每再合意订立长票记明,今向典权人长得典价若干,自长之后,或自原定年限满后加定期限几年,将来连同原典价一并取赎字样。如此立票加长年限,并加找典价,或仅加长年限,并不加找典价,有继续多至八九次者,阐其立票真意,或因出典人于出典时未定期限,随时可赎,嗣后迫于需款,故行立票加长期限,借达找价目的;或于期满时无力回赎,立票加长期限,预留将来回赎机会;或因受典人一时不允放赎,预先要求立票加长期限,或于期限满时加长期限,借达缓期放赎目的。此项长票,虽必定有年限,或并加找典价之约定,原不问设定典权时曾否定有期限,习惯上均得再行订立,则其在法律上之性质,可否一律视为当事人更新契约,似亦不无疑问,此应解释者一。

又按典权回赎期限，新旧法规定不同，就此陆续订立长票之情形加以研究，亦生种种疑问，例如（一）就未定期限之典权再行订立长票者，其情形有三。（1）典权设定在《民法》物权编施行后，虽原未定期限而各长票中则各定有期限，此时裁判，能否回赎，可有三说。甲，就原典契着眼，不问长票之有无，在设定后三十二年以内，应准回赎；乙，就长票之定有期限着眼，应将长票加长年限，合并计算，期满后二年以内方准回赎；丙，按最后长票所订年限满后二年以内方准回赎，逾期则不准回赎。以上三说，究以何说为是，不无疑义。（2）典权设定在《民法》物权编施行前，《清理不动产典当办法》施行后，订立长票二纸以上，有在《民法》物权编施行前订立者，有在《民法》物权编施行后订立者，此时裁判，能否回赎，可有三说。甲，就原典契着眼，不问长票有无，在设定后满十年者，应即不准回赎；乙，就长票着眼，凡在《民法》物权编施行前所订加长年限，一并扣算。至《民法》物权编施行时已满十年者，即认为不能回赎，若扣算十年至其时尚未期满，则于约定期满后二年以内方准回赎，即不认其在《民法》物权编施行后再订加长年限之约定为有效；丙，《民法》物权编施行后，最后所立长票订定期限满后二年之内方可回赎。以上三说，究以何说为是，不无疑义。（3）典权设定在清理典当办法施行前，订立长票计三纸以上，有同在清理典当办法施行前订立者，有在清理典当办法施行后、《民法》物权编施行前订立者，亦有在《民法》物权编施行后订立者，此时裁判，能否回赎，可有四说，甲，不问长票所立之期限，而认自设定典权时起算，凡已过三十三年者，概不准回赎；乙，长票现均定有期限，即可认为系定有期限之典权，自第一次长票所定年限起算，在未超过三十三年以内，可照其历次约定年限合并计算，满后三年以内回赎；丙，就清理典当办法施行后，《民法》物权编施行前期间内最后所立长票着眼，按其所定年限一并扣算。至《民法》物权编施行时已满十年者，应即不准回赎。若扣算十年，至其时尚未期满，则于约定期满后二年内方准回赎，即不能认其在《民法》物权编施行后再行立票加长年限之约定为有效；丁，仅就在其《民法》物权编施行后最后所订立加长年限满后，二年以内方准回赎。以上四说，究系何说为是，不无疑义。（二）就定有期限之典权，再行订立长票者，其情形亦有三：（1）典权设定，在《民法》物权编施行后，数次订立长票，此时裁判，能否回赎，可有三说。甲，自设定典权时起算，按典契及各次长票所定年限合并计算期限后二年以内方准回赎；乙，第一次长票内，倘载自长之后加长年限几年，即不应问出典时至加长时实际相隔年份久暂之何如，应自第一次加长时，按此后有同一记载之各长票所定年限合并计算期满后二年以内方准回赎；丙，最后长票倘载明自长之后加长几年，则不问前此历次长票有无自长之后等语，及出典后实际上已经过之时效期间能否与各次书面约定期限合并计算所得者相符，仅应按当事人间最后所立长票中约定期限计算期满后二年以内方准回赎。以上三说，究系何说为是，不无疑义。（2）典权设定在《民法》物权编施行前，清理典当办法施行后，订立长票二纸以上，有在《民法》物权编施行前订立者，有在《民法》物权编施行后订立者，此时裁判，能否回赎，可有二说。甲，自设定典权时起，算至《民法》物权编施行时，实际上已满十年者，不问典契及以后长票所定年限久暂之何如，即不准回赎；乙，自设定典权时起算,按典契及《民法》物权编施行前所立长票内约定年限合并计算。至《民法》物权编时已满十年者,方不准回赎。以上二说,究以何说为是,不无疑义。(3)典权设定在清理典当办法施行前,订立长票计三纸以上,有同在清理典当办法施行前订立者,有在清理典当办法施行后、《民法》物权编施行前订立者,有在《民法》物权编施行后订立者,此时裁判,能否回赎,可有四说,其疑义与前(一)(3)之甲、乙、丙、丁同。上开各点,所生疑义,迄无定说,应请逐点解释者二。以上系就定期限之典权加长一定期限之长票言,其他更有长票内载自长之后不拘年限者,此在未定期之典权,固仍为未定期,其计算典期,究应自立典契时起算,抑应自立长票时起算,不无疑问。若在有定期之典权,可否因长票而变更为未定期,适用法律,殊属悬殊,尤成疑问,此应请解释者三。总之长票之主要内容,在乎变更原约定期限,并非仅在加找典价,自不能适用院字第二〇五〇号解释,计算期限,概自出典时起算。对此问题之解决,尚无法律明文,及其他适当之判例解释,可资援用。案关法律疑义,理合备文呈请,仰祈鉴核俯赐解释,借资遵循,实为公便,谨呈国民政府司法院。浙江黄岩地方法院院长徐可懋

**院字第二五五九号**

**民国三十二年八月三十日　司法院指令广西高等法院**

呈悉,业经本院统一解释法令会议议决,以外国货币定典价额者,除订有回赎典物时典价应以外国货币返还之特约外,出典人得按回赎时回赎地之市价,以法币返还典价。若此种外国货币,在回赎地经政府定有法币兑换率者,其回赎地之市价,应以此项兑换率为准。至请求放赎典物之诉,原告声明愿以定典价额之外国货币返还典价者,如其请求放赎为正当,自应判令被告于原告提出典价同额之外国货币时放赎典物。仰即转饬知照。此令

**附广西高等法院原呈**

呈为呈请事,案据镇边县司法处本年五月法字第二一一号辰微法代电称,查本处受理某甲与其乙因回赎田产一案,其典契内载明典价越币(即法国钞票),原告已当庭允交越钞数。对于该项钞票,是外国货币法光经已禁用,越币是法光之一,该越币尚未明令禁用,亦未明令准予流通我国,但镇边县各市场均有该越币行使,其行使越钞票一元,可兑我国币十四五元。处此场合,对于裁判文书,可否得照当事人所请列明越币,或依市面所用国币数列载,未奉规定,理合电呈察核示遵等情。据此,查民事采不干涉主义,当事人既自愿以越钞给付,其裁判书似可照其意旨,依《民法》第二百零二条之规定分别办理,惟当事人一方主张给付越钞,一方请以国币折合给付,互有争执,是否亦应援据上开法条予以裁判?该项越钞之折合,又应否比照外国硬币法光之例,视为杂银,依照广西省政府核定通案,以每越钞一元二角六分,不无疑问。刻下广西边远县份,尚有此类事件,并待解决。案关金融法令疑义,未敢擅拟,理合汇案具文呈请钧院鉴核,俯赐解释令遵,俾便转饬遵照。谨呈司法院院长居。代理广西高等法院院长申守真

**院字第二五六〇号**

**民国三十二年八月三十日　司法院指令贵州高等法院**

呈悉,业经本院统一解释法令会议议决,养子女为被继承人时,以其养方之父母兄弟姊妹祖父母,为《民法》第一千一百三十八条所定第二至第四顺序之遗产继承人。仰即转饬知照。此令

**附贵州高等法院原呈**

案据清镇县司法处主任审判官丁树常三十二年六月俭代电称,养子女之遗产,如无直系血亲卑亲属时,是否由养父母及养父母家之兄弟姊妹祖父母依序继承,抑应由其本生父母及本生父母家之兄弟姊妹依序继承,颇滋疑义,请赐解释等情。据此,事关法律疑义,理合呈请鉴核,俯赐解释,以便饬遵。谨呈司法院院长居。贵州高等法院院长刘含章

**院字第二五六一号**

**民国三十二年八月三十日　司法院复湖南高等法院电**

湖南高等法院陈院长览,本年七月文代电悉,所请解释一案,业经本院统一解释法令会议议决,送达言词辩论期日之传票时,送达证书内本应记载该传票之言词辩论期日系何日时,俾与其他期日之传票有所区别。第二审法院书记官于当事人一造之传票,误载原定期日以后之日时为言词辩论期日,法院亦因送达证书记载简略,未发现其错误,遂以该一造未到场,许由他造辩论而为判决者,该一造如因事件不得上诉于第三审,即据其传票提起再审之诉,自应认其传票为民事诉讼第四百九十二条第一项第十一款之证物。合电知照。司法院卅印

**附湖南高等法院原代电**

重庆司法院院长居钧鉴,查书记官制作传票,将其中一造之期日误填至法院所定期日以后,因就送达证书审查无从发现其错误,法院乃据他造声请,就一造辩论判决。此项第二审案件,又不得上诉第三审,判决后即已确定,旋据未到场之一造,于《民事诉讼法》第四百九十六条第一项规定之三十日不变期间内,提出该项误填之传票提起再审之诉。在此场合,甲说,当日言词辩论,因传票填写错误,以致当事人未到场,亦无诉讼代理人到场,此项判决,即系当事人于诉讼未经合法代理,核与《民事诉讼法》第四百九十二条第一项第三款之规定相符,应依再审程序进行。乙说,此项一造辩论判决未经合法传唤,依法无效,该当事人状请再审,虽与再审条件不合,仍应视为声请继续审判,即依通常程序进行,另为适法判决。以上二说,究以何者为是,抑别有救济方法,悬案待决,敬祈迅予电示祗遵。湖南高等法院院长陈长簇叩文印

院字第二五六二号

民国三十二年九月二日　司法院咨行政院

案准贵院本年七月二十六日仁捌字第一六九七一号咨,以据司法行政部转请解释回赎典物适用法律疑义一案,请查照解释见复等由,业经本院统一解释法令会议议决,(一)出典人于其得回赎典物之期间内,向典权人提出原典价为回赎之意思表示者,典权人虽拒绝受领典价,返还典物,其典权亦于回赎之意思表示发生效力时消灭。嗣后出典人既无所谓回赎权,即不生回赎权除斥期间届满与否之问题。至出典人之典物返还请求权,自典权消灭时起算《民法》第一百二十五条之消灭时效。如出典人起诉请求返还典物时,消灭时效尚未完成,或虽已完成而典权人不以此拒绝返还者,法院自应判令典权人返还典物。(二)出典人于其得回赎典物之期间内,向典权人提出原典价为回赎之意思表示者,典权既归消灭,出典人即有典物返还请求权,嗣后法院依《非常时期民事诉讼补充条例》第二十条第二项为增加赎价之裁判时,典权人虽就所加赎价有给付请求权,而其请求权系发生于此项裁判确定之时,非于出典人回赎时即已存在。以前所生回赎之效力,并不受其影响,出典人之典物返还请求权,自不得因有加价之争议,而使之停止行使。相应咨复贵院查照饬知。此咨行政院

附行政院原咨

据司法行政部本年七月十三日呈(叁)字第三〇六号呈称,案据河南高等法院三十二年五月二十四日卢字第三号呈称,本年五月十六日据南阳地方法院呈称,查出典人之回赎权,为提出典价向典权人表示回赎之意思,使典权归于消灭之权利,其性质为形成权,与出典人因典权消灭所生之典物返还请求权不同。故关于出典人之回赎权,应依《民法》第九百二十三条、第九百二十四条办理,不适用《民法》第一百二十五条之规定,已详院字第二一四五号解释。依照此号解释推论,如出典人先在法定回赎期间内提出典价表示回赎之意思,嗣因典权人延不收价放赎,致于逾越法定回赎期间后始诉请放赎,或交还典物,在此场合,究应认为行使回赎权逾期予以驳回,抑应为行使典物返回请求权,于不逾《民法》第一百二十五条所定请求权行使期间内判令典权人放赎,或返还典物,此有疑义者一。如出典人在法定回赎期间内回赎典物,典权人为加价争执不放赎,若认为典权消灭,典物占有收益权应归出典人,而依照《非常时期民事诉讼补充条例》第十一条、第二十条回赎典物之争执,法院得依当事人声请为加价回赎之裁判,即典权人之要求加价,为法所赋予,在未获得适当加价前,即使其丧失典物占有收益权,似于情法未合。若认为典权不消灭,典物占有收益权仍属典权人,则遇典权人为加价过当之请求,故意缠讼,以使出典人对典物有不能及时收益之损失,甚至判决终结,确定加价数额时,已逾法定回赎期间,有不能回赎之虞,又觉情法失平。在此场合,可否一面视为典权人之典权消灭,一面视为出典人之典物返还,请求权应在加价争执解决前停止行使,如系典权人为加价过当之要求,致出典人有不能及时收益之损失时,

应对出典人负赔偿之责,以期各方利害兼顾,此有疑义者二。上列两点,均关法律解释,理合呈请钧院鉴核,转请解释,以便祇遵等情到院。据此,查上开两点疑义,均关法律解释,未敢擅便,理合转请钧部核示饬遵等情。据此,事关法律疑义,理合据情呈请钧院转函司法院解释,以便转饬遵照等情。据此,相应咨请贵院查照解释见复,俾便饬遵。此咨司法院。行政院院长蒋中正

**院字第二五六三号**

**民国三十二年九月十八日　司法院致考选委员会函**

案据本院秘书处转陈贵会本年六月二十三日渝会公(创)字第四一八号公函,以《省县公职候选人考试法》条文疑义,请转陈解释一案,业经本院统一解释法令会议议决,《省县公职候选人考试法》第七条第八款及第八条第三款所谓自由职业,指其职业系供给劳务于他人,而与之无雇佣关系,常居独立自由之地位者而言,如律师、会计师、医师即其适例。相应函请贵会查照。此致考选委员会

**附考选委员会原函**

查《省县公职候选人考试法》已奉国民政府本年五月十七日明令公布施行,上项考试法第七条第八款及第八条第三款所定应检核之资格,均有曾从事自由职业之规定。关于自由职业一词,其性质及其范围如何,尚无明确解释,拟请贵处转陈核交司法院统一解释委员会迅予解释,以便办理是项候选人考试之根据。相应函请查照办理见复为荷。此致司法院秘书处

**院字第二五六四号**

**民国三十二年九月十八日　司法院咨行政院**

案准贵院本年七月二十四日仁捌字第一六八八四号咨,以据司法行政部转请解释律师惩戒程序疑义一案,请查核见复等由,业经本院统一解释法令会议议决,被付惩戒之律师在逃,其住、居所事务所均不明时,决议书应如何送达于该被付惩戒人,律师惩戒规则既无明文,自得准用《刑事诉讼法》关于公示送达之规定。相应咨复贵院查照饬知。此咨行政院

**附行政院原咨**

据司法行政部本年七月十二日呈(叁)字第二九六号呈称,案据贵州省律师惩戒委员会三十二年六月一日律总字第一四号代电开,查本会受理律师武长达被付惩戒一案,兹有应行送达该被付惩戒人决议书一件,因该被付惩戒人在逃,无法送达。查现行律师法内关于送达方法,并无明文规定,亦无准用《刑事诉讼法》公示送达之明文,究应如何办理之处,理合电请钧长鉴核饬遵等情。据此,事关法律适用疑义,理合呈请钧院核转司法院解释,俾便饬遵等情。据此,相应咨请查核见复,俾便饬遵。此咨司法院。行政院院长蒋中正

**院字第二五六五号**

**民国三十二年九月二十日　司法院致航空委员会函**

案查空军第五路司令官电请解释驻华美军雇用工人身分疑义一案,业经本院统一解释法令会议议决,驻华美军临时按日计算工资,或长期按月计资雇用之我国小工,如搬运夫或汽车夫之类,并无军人身份。如犯窃取财物或盗卖军用品罪嫌,应归普通法院审判,相应抄同原电函请贵会查照转知。此致航空委员会

**附空军第五路司令官原电**

国民政府司法院院长居钧鉴,驻华美军临时按日计算工资,或长期按月计资雇用之我国小工,如搬运夫或汽车夫之类,有无军人身份,如犯有窃取财物或盗卖军用品罪嫌,是否应送普通法院审判,电请惠予解释赐复核办为荷。空军第五路司令官晏玉盏法癸昆

**院字第二五六六号**

**民国三十二年九月二十日　司法院复安徽高等法院电**

安徽高等法院廖院长览,上年四月帑代电悉,太平县县长所请解释一案,业经本院统一解释法令会议议决,《所得税暂行条例》第十九条所谓隐匿不报或为虚伪之报告者,系指同条例第八条至第十一条所定应为报告之人而言。征收机关征收人员,自不包括在内。法院对于是项案件,认为情节重大者,即可依据上开法条判处徒刑拘役,并应依普通刑事诉讼程序办理。又同条例施行细则第四十四条之送达处分书及给予收据,系指当地主管征收机关自为处分者而言,其属于刑事处分者,应由法院以判决之形式行之,不能用处分或裁定。惟该条例及其施行细则,已因所得税法之施行,失其效力,应注意新法之规定。至法院对于此项罚金,应否作司法收入,不属解释范围。合电转饬知照。司法院帑印

**附安徽高等法院原代电**

重庆司法院院长居钧鉴,案据太平县县长俞蔚然呈称,案据司法承审员刘慕锜签呈称,查《所得税暂行条例》第十九条规定,隐匿不报或为虚伪之报告者,除科以二十元以下之罚锾外,并得移请法院科以漏税额二倍以上五倍以下之罚金。其情节重大者,科以一年以下有期徒刑或拘役等语。盖所谓隐匿不报,或为虚伪之报告者,不知系指缴纳所得税者而言,抑系指扣缴所得税者或征收机关征收人员而言?法院对于是项案件,如认为有重大情节,判处有期徒刑或拘役,究应视为特别刑事即依该条特别刑事办理,亦应依普通刑事程序办理?如依普通刑事程序办理,究应根据《刑法》何条办理?再同条例第二十条规定,纳税义务者或扣缴所得税者不依期限缴纳税款,主管征收机关得移请法院追缴,并依下列规定处罚之,依《所得税暂行条例》施行细则第四十四条第一项规定,当地主管征收机关依暂行条例第十八条、第十九条、第二十条各款规定科罚时,应向受罚人送达处分书,对于缴纳之罚款应给予收据;同条第二项,前项处分书及收据,应加盖处罚机关之关防及负责人之名章云

云。照此规定,对于应处罚之事件,似应由该主管征收机关处罚办理。如依《所得税暂行条例》第十九条、第二十条各规定,又似应由法院处罚办理。如由法院处罚办理,是否应制作处分书或裁定?又法院对于此项罚金,究应作为司法收入贴用司法印纸,抑应送交主管征收机关处理,法律均无明文,承审罔敢擅拟。本府现受理有类此之案件,急待处理,理合签呈鉴核,准予核转安徽高等法院指示祇遵等情。据此,理合备文呈请鉴核,指示祇遵等情前来。事关法令疑义,未敢臆断,乞电示遵。安徽高等法院院长廖江南叩卯㫥印

**院字第二五六七号**

**民国三十二年九月二十日　司法院致国民政府军事委员会函**

案准贵会本年七月二十日法审(三二)渝四字第八六四二号公函,以据兼浙江全省保安司令电,请示渔会职员办理贩卖匪物行为,适用法律疑义一案,转请解释见复等由,业经本院统一解释法令会议议决,海匪以其所制之保险片出售与各船户,以为不加恶害之保证,本属恐吓取财之行为。渔会职员向该匪购买是项保险片,转售于各船户,如系代匪推销,则不问受买者是否自愿,均属该罪之帮助行为,应依《惩治盗匪暂行办法》第五条第二款处断,否则本于善意而为各船户谋安全之行为,自不成立犯罪。相应函复贵会查照饬知。此致国民政府军事委员会

**附国民政府军事委员会原函**

案据兼浙江全省保安司令黄绍竑巳陷法戊电略称,渔会职员向海匪购买大批保险片,转卖各船户以作避匪之护符,各船户受买时均系自愿,并非出于强迫恐吓,究竟该渔会职员办理贩卖匪物行为,依据何法处断,乞示等情,案关适用法律疑义,相应函请查照,迅赐解释见复,以凭饬遵。此致司法院

**院字第二五六八号**

**民国三十二年九月二十一日　司法院指令湖北高等法院**

呈悉,业经本院统一解释法令会议议决,《民法》第三百九十二条之规定,于强制执行法上之拍卖亦适用之,强制执行法第六十一条、第八十三条之执行推事书记官及执达员,即为《民法》第三百九十二条所称之拍卖人,如自行应买或使他人为其应买,则主张拍卖无效有法律上利益者,自得以诉主张无效。至执行法院之院长及其他职员,均非《民法》第三百九十二条之拍卖人。纵令司法行政监督长官曾有禁止应买之命令,其应买亦仅发生应否惩戒之问题,仍不得谓拍卖为无效。仰即转饬知照。此令

**附湖北高等法院原呈**

案据南漳地方法院院长卢重明本年六月十五日呈称,法院职员可否为该法院执行拍卖时之买受人,请核示等情到院。查关于法院执行拍卖之买受人,强制执行法虽无特别限制规定,然拍卖系特种买卖之一,就《民法》第三百九十二条拍卖人对于其所经营之拍卖,不得

应买,亦不得使他人为其应买之规定以观,执行法院承办拍卖之人员,对其拍卖物,似不得为应买人。又关于强制执行之命令,系以法院院长名义行之,执行法院之院长,纵非以兼推事资格办理其事,似亦不得为应买人。如上列人员不得应买,而执行法院误为拍定由其买受,并已执行终结者,当事人及利害关系人,似得以诉主张其拍卖无效。至法院之院长、职员如非由上列不得应买之人员使为其应买者,其买受是否不在限制之列?案关法律疑义,本院未敢擅专,理合具文呈请钧院鉴核,迅赐解释指令祗遵。谨呈司法院。湖北高等法院院长郗朝俊

**院字第二五六九号**

**民国三十二年九月二十一日　司法院指令福建高等法院**

呈悉,业经本院统一解释法令会议议决,食盐公卖店店东,如系承销官盐之商人,即不能认为有公务员身分,其将代领户口盐私售图利,除触犯《刑法》上相当罪名外,不构成《惩治贪污暂行条例》第三条第一项第二款之罪。惟《惩治贪污条例》现已公布施行,该店东代领户口盐,如系受公务机关之委托承办,则其私售该盐直接图利,自与同条例第三条第六款相当,但应注意同条例第十三条、《刑法》第二条各规定。仰即转饬知照。此令

**附福建高等法院原呈**

案据闽侯地方法院院长左赋才快邮代电呈称,查作战期内官吏,或乡镇保甲长,或办理盐务人员配销公盐而有克扣短发、私售图利等情弊,应依照《惩治贪污暂行条例》办理,业经司法行政部二十九年二月三日代电电字第七二号解释在案。兹有食盐公卖店店东,是否为办理盐务人员,其将所领户口盐私售图利,应否依《惩治贪污暂行条例》办理,伏乞迅赐核示祗遵等情。据此,案关法令疑义,理合备文转请仰祈钧院解释示遵。谨呈国民政府司法院。福建高等法院院长宋孟年

**院字第二五七〇号**

**民国三十二年九月二十一日　司法院咨行政院**

案准贵院本年五月三十一日仁捌字第一二〇四六号咨,以《公务员惩戒法》适用疑义,请解释见复等因,兹经本院统一解释法令会议议决,查《修正公务员惩戒法》第十六条第三项所定之补给停职期内俸给,应以许其复职为先决要件。某公务员因案被该管长官先行停止职务,并送交军法机关审判,经判决无罪后,纵该管长官未再为何处分,要不得遽认为已许其复职。所停职务既未回复,自不发生补给停职期内俸给之问题。相应咨复贵院查照。此致行政院

**附行政院原咨**

查《公务员惩戒法》第十六条第一项载,惩戒机关对于受移送之惩戒事件认为情节重大者,得通知该管长官先行停止被付惩戒人之职务;第二项载,长官对于所属公务员,依第十

一条之规定送请监察院审查或公务员惩戒委员会审议而认为情节重大者,亦得依职权先行停止其职务;第三项载,依前二项规定停止职务之公务员,未受免职处分或科刑之判决者,应许其复职,并补给停职期内俸给等语。设有公务员因案被该管长官予以停止职务之处分,并交付军法机关审判,经判决无罪后,该管长官即不置议,该公务员亦已转任其他公职,此种情形应否依照上开法文补给该公务员停职期内之俸给,不无疑义,约有两说。甲说,该公务员停职后,系交付军法机关审判,并非送请监察机关或惩戒机关审议,被任其他公职,亦与复职有异,其情形与上开规定不符,未便补给停职期内俸给。乙说,对于同一行为,刑事裁判程序应先于惩戒程序,案经刑事裁判结果并无罪嫌时,如认为已可证明无违法失职情事,自得不再予以惩戒处分。此参阅《公务员惩戒法》第五章之规定而自明。前述事例,该公务员经判决无罪后,该管长官认为已无送请审议或迳予惩戒处分之必要(参同法第十二条)而免予置议。按诸上开法文自应补发停职期内之俸给,未便诿为行政处分而不予补发。事关适用法律疑义,案悬待决,相应咨请贵院查照迅为解释见复,至纫公谊。此咨司法院

**院字第二五七一号**

**民国三十二年九月二十四日　司法院致教育部函**

案准贵部本年七月九日叁字第三八三九七号公函,以再诉愿期间发生疑义,检同有关各卷请解释见复等由,业经本院统一解释法令会议议决,人民对于官署之处分,于诉愿期限内向原处分官署声明异议者,有遵守期限之效力,业经本院以院字第一四一五号就旧《诉愿法》第五条解释在案。现行《诉愿法》第四条与旧《诉愿法》第五条相同,其关系条文,两法亦无差异。不服诉愿决定,于决定书到达之次日起,三十日内向原决定官署提起再诉愿者,自亦有遵守期限之效力。相应检还原件,函复贵部查照。此致教育部

**附教育部原函**

案据广西省兴安县道冠乡石坑一村国民学校蒋作柱、秦定铭、邓荣轩等呈为该乡黄金桥村国民学校因教产争执一案,不服广西省政府之决定,提起再诉愿到部,当经本部于三十二年二月以需参阅原卷,业经函请广西省政府调送,俟案卷送部即依法决定等语,批示知照在案。惟综览全卷,广西省政府所为诉愿决定书,系于三十年十一月十一日二时送达再诉愿人,并于书内注明,如有不服,限于接到决定书之次日起,三十日内向中央主管部会提起再诉愿。再诉愿人等于同年十二月九日仍向广西省政府提起再诉愿后,于同年十二月二十二日具呈广西省政府请转国民政府。广西省政府据呈后,于同年十二月三十日批,应迳向教育部提起再诉愿,再诉愿人等遂于三十一年四月二十三日向本部呈递再诉愿书,在形式上此中距离时间已远逾三十日之规定,而在实际上本部于前批所指示似已予以受理。究竟是否逾越法定时效,事关解释法令,相应检同有关各卷,函请查照见复为荷。此致司法院

**院字第二五七二号**

**民国三十二年九月二十八日　司法院复甘肃高等法院电**

甘肃高等法院孟院长览,本年八月文代电悉,平凉地方法院所请解释一案,业经本院统一解释法令会议议决,原审法院认《非常时期刑事诉讼补充条例》第十七条之抗告为有理由或无理由时,依同条例第一条及《刑事诉讼法》第四百条第二项之规定,应更正其裁定,或添具意见书,送交抗告法院。合电转饬知照。司法院勘印

**附甘肃高等法院原代电**

重庆司法院院长居钧鉴,据甘肃平凉地方法院推事兼院长万身正感代电称,查《非常时期刑事诉讼补充条例》第十七条之抗告,原审法院如认为无理由,应否添具意见书,并无明文规定,颇滋疑义,兹有二说。甲谓查非常时期办理刑事诉讼,除《非常时期刑事诉讼补充条例》有规定者外,仍适用《刑事诉讼法》及其他有关系之法令,《非常时期刑事诉讼补充条例》第一条定有明文。原审法院对于依该条例第十七条之抗告,该条例虽无添具意见书之明文,依上开法条所定,自应适用《刑事诉讼法》第四百条第二项,添具意见书送交抗告法院。乙谓查《非常时期刑事诉讼补充条例》规定,自诉案件应谕知免诉、不受理、无罪者以裁定行之,原所以避繁重而趋敏捷。该条例既未规定,原审法院对于该抗告应具意见书,或系以意见书为不必要,省略此种程序,以期迅速,且依特别法优于普通法之原则,具意见书似欠法律根据。未识以上二说,究以何说为是?又上开抗告原审法院如认为有理由,能否更正原裁定,亦有疑问,理合电请转院解释示遵等情。据此,除指令外,理合电请解释示遵。署甘肃高等法院院长孟昭侗印

**院字第二五七三号**

**民国三十二年九月二十八日　司法院指令湖南高等法院**

呈悉,业经本院统一解释法令会议议决,法院组织法施行前,高等法院以第三审判决将民事初级管辖事件发回邻县县长公署为第二审审判者,依民国二十四年六月司法行政部赚电,应由该邻县县长公署终结之。如未终结,而该邻县设地方法院者,应由地方法院合议庭为第二审审判。仰即转饬知照。此令

**附湖南高等法院原呈**

案据暂代本院第二分院院长萧崇道三十二年七月蒸代电称,窃采用四级三审制之时,由高等法院受理第三审民事诉讼事件,以判决发回邻县前县长公署更审,迄今尚未终结,该事件应属何级法院管辖,本院庭员有二说。甲说,高等法院发回邻县更审时,因其所在地无地方法院之设置,现在该邻县设有地方法院,应由地方法院受理第二审,高分院虽有该原县上诉之管辖权,但系前高等法院之分院,对于高等法院第三审发回更审之事件,自未便由现在同一管辖第二审之高分院予以受理。乙说,高等法院发回更审之民事诉讼事件,无论其

当时是否采用四级三审制，而邻县前县长公署既未更审终结，高分院对于该事件之原县上诉有管辖权，自可由高分院为第二审审判。以上二说，究竟采用何说？案关法律解释，未便擅断，理合电请钧院核转解释，俾便遵循等情。据此，理合据情转呈钧院，俯赐解释，俾便饬遵。谨呈司法院院长居。湖南高等法院院长陈长簇

**院字第二五七四号**

**民国三十二年九月二十八日　司法院咨行政院**

案准贵院本年八月四日仁捌字第一七六五三号咨，以适用处罚囤积居奇法规发生疑义，请解释见复等由，业经本院统一解释法令会议议决，各行政机关所定管制物资之规章，其有处罚性质者，除合于《非常时期取缔日用重要物品囤积居奇办法》之规定，得依该办法办理外，如未经过立法程序，或呈转国防最高委员会核准之规章，殊难据以援用前开办法办理。相应咨复贵院查照。此致行政院

**附行政院原咨**

查《非常时期取缔日用重要物品囤积居奇办法》所定处罚条例甚为详明，惟各行政机关颁布有关管制物资之规章，每有明定"违反是项规章者，以囤积居奇论之"条文，而所定处罚条例，与上述办法并不一致。此种条文之效力如何，颇有不同之见解，分述如下。甲说，《非常时期取缔日用重要物品囤积居奇办法》系国民政府公布之法律，各机关及规章明定准用此正式法律以处罚人民。是项规章，毋庸经过立法程序，亦不必问其所定处罚条件是否与该办法相同，均应认为有效。乙说，人民非依法律不得处罚人民之财产，非依法律不得查封或没收，为训政时期约法第八条第一项及第十六条所明定。各机关所定规章，关于囤积居奇论之规定，必须其处罚条件与上开办法相同，始能据以援用该办法实施处罚，否则是项规章，须经过立法程序或呈转国防最高委员会核准，始为有效。若仅由各机关规定，以囤积居奇论，则其援照上开办法所为没收科罚或论罪之处分，自难认为有效。事关适用法规疑义，案悬待决，相应咨请贵院迅为解释见复，至纫公谊。此咨司法院

**院字第二五七五号**

**民国三十二年九月二十八日　司法院咨监察院**

案准贵院本年七月六日设字第一八六七〇号咨，据广东广西监察区监察使呈，以《修正非常时期监察权行使暂行办法》适用疑义转请解释见复等由，业经本院统一解释法令会议议决，监察委员或监察使因执行职务发见公务员涉有刑事或军法等犯罪嫌疑，依《刑事诉讼法》第二百二十条、《陆海空军审判法》第二十条及《修正非常时期监察权行使暂行办法》第二条第一项后段各规定，自得迳向该管审判机关（指广义审判机关而言，包括检察官在内）纠举之。与同办法施行细则第二条，应由接受纠举之主管长官或其上级长官交审之规定无涉。相应咨复贵院查照饬知。此咨监察院

**附监察院原咨**

案据本院广东广西监察区监察使刘侯武呈称,为呈请转咨解释事,查《修正非常时期监察行使暂行办法》(以下简称本办法)第二条第一项后段规定,其违法行为涉及刑事或军法者,得交各该管审判机关审理之。对于交审权之谁属,现有两说如下。甲说,谓本办法本条项之规定,依本办法施行细则第二条所载,被纠举之公务员违法行为涉及刑事或军法者,各该主管长官或其上级长官于接受纠举书后,应交各该管审判机关审理之,是凡违法行为涉及军法或刑事之案件,仍应由接受纠举之主管或上级长官交审,而非可由提出纠举方面直接送交,条文规定,至为明显。乙说,谓本办法系适应非常时期为监察委员或监察使对违法或失职行为之公务员行使监察权而设,本办法第二条规定监察委员或监察使之权限,为得以书面纠举,如该被纠举人之违法行为涉及刑事或军法者,并得交付审判。观本条第一项"得以书面""得交各该管"之"得"字之文义自明。再参以本办法施行细则第二条所规定,"被纠举之公务员(中略)各该主管长官或其上级长官应交各该管审判机关审理之"之"应"字,愈臻明显。因本办法第二条为监察委员或监察使行使职权之规定,故曰"得交",而施行细则第二条则为被纠举者之主管长官或上级长官所负义务之规定,故曰"应交"。主体与权义不同,用字遂相区别。就本办法第二条之一贯文义与立法意思而言,均应认为提出纠举方面,亦有得行交审之权云云。两说各有理由,事关法律疑义,似应由司法院统一解释,为此备文呈请核转解释示遵,实为公便,等情。据此,事关法律解释,相应抄同《修正非常时期监察权行使暂行办法》及其施行细则各一份,咨请查核见覆为荷。此咨司法院。监察院院长于右任

**院字第二五七六号**

**民国三十二年九月二十八日　司法院致财政部函**

案准贵部本年八月二十一日库渝一字第五八八九二号公函,以据国库署案呈,请示民遗绝产国库接收案件,适用法律发生疑义一案,请解释见复等由,业经本院统一解释法令会议议决,据原函抄附各件所述情形,某甲于民国元年死亡,其独子随亦夭亡,是父子之继承均在《民法》继承编施行前开始,依同编施行法第一条,不适用同编关于无人承认之继承之规定。同编施行前适用之现行律例载,其寻常夭亡未婚之人,不得概为立后。若独子夭亡,而族中实无昭穆相当,可为其父立继者,亦准为未婚之子立继。又载,户绝财产,果无同宗应继之人,所有亲女承受。无女者,听地方官详明上司酌拨充公各等语。是某甲独子之财产,如族中有昭穆相当,可为某甲或其独子立继者,由所立继子承受;其族中实无昭穆相当可为某甲及其独子立继者,由某甲之亲女承受;无亲女则由地方官呈明上司酌拨充公。惟此项财产,已由他人依《民法》物权编及其施行法关于取得时效等规定,取得其所有权,或其他财产权者,虽有继子或亲女,不得请求返还。即无继子及亲女,亦不得由地方官呈明上司充公,相应函复贵部查照饬知。此致财政部

**附财政部原函**

据本部国库署案转准四川云阳地方法院公函,为该县路阳乡乡民朱文还遗留绝产,已请该县县府代表国库接收一案,转陈到部,当经核示办法,训令四川省财政厅遵办,并饬该署函复该法院依法办理在案。兹复据该署案呈,又准该法院公函略称,本案所引《民法》条文,似不适用等由前来,事关适用法令发生疑义,相应抄附前后收发文件,函请查照,惠予解释见复为荷。此致司法院。财政部部长孔祥熙

**院字第二五七七号**

**民国三十二年九月二十八日　司法院致司法行政部函**

案查关于律师公会监督机关问题,业经本院统一解释法令会议议决,律师公会为《非常时期人民团体组织法》所称人民团体之一种,除律师法有特别规定外,自应适用同组织法之规定。故县市政府依同组织法,所有对于县市人民团体之职权,对于律师公会亦得行使之。律师法第十条虽规定律师公会受所在地地方法院首席检察官之直接监督,是亦不过就其目的事业之主管官署规定其直接监督机关,非以排斥县市政府依同组织法所有对于律师公会之职权。此征之同组织法第二条但书所载,其目的事业,应依法受该事业主管官署之指挥监督等语,尤无疑义。同组织法与非常时期人民团体组织纲领规定迥异,院字第二〇九六号系据同纲领而为解释,现已不能适用,相应函请贵部查照,转令各省高等法院通行知照。此致司法行政部

**附司法院原令**

案据本院参事处签呈称,律师公会应受所在地方法院首席检察官之监督,二十九年十一月二十八日曾以院字第二〇九六号解释,依据律师章程释明有案,三十年一月十一日公布之律师法所定亦同。自三十一年二月十日《非常时期人民团体组织法》公布后,在县市之律师公会,是否受县市政府之监督指挥,抑仍受地方法院首席检察官之直接监督,说遂两歧。事关解释沿用问题,究应如何,请依统一解释法令程序办理等语,应即照办,为此令仰该法院拟具解答案呈核。此令

**院字第二五七八号**

**民国三十二年九月二十九日　司法院致中央执行委员会秘书处函**

案准贵处本年八月十八日渝(三二)机字第八四二〇号公函,以据福建省执行委员会转请解释县党部执行委员可否兼任律师疑义一案,请核办见复等由,兹经本院统一解释法令会议议决,各级党部执监委员、县市党部书记长、干事,及区分部书记,均为公务员,业经本院解释在案(院字第一一三七号、第一一四六号、第二二三四号)。律师法第三十条虽限制律师兼任公务员,惟律师兼充中央或地方人民代表机关之人民代表,为同条但书之所许。各级党部之委员或职员系由推选充任者,与前项人民代表相类似,自应类推解释,律师亦得

兼充。相应函复贵处查照饬知。此致中央执行委员会秘书处

**附中国国民党中央执行委员会秘书处原函**

案据福建省执行委员会呈,据松溪县执行委员会呈,为本会执行委员黄占梅呈称,占梅在松溪县司法处执行律师职务,本届承本县代表大会选举为本县党部执行委员,仅于每星期参加例会一次,且规定为无给职,占梅以旧律师法曾规定无给职者律师得以兼任,故于本年一月间呈请福建高等法院解释,旋奉批答:呈悉,查县市党部书记长干事及区分部书记,为依党章执行职务之人员,即系律师法第三十条所称之公务员,律师不得兼任,业经司法院院字第二二三四号解释有案。县党部执行委员,既同为依党章执行职务之人员,按之上开解释,自属该条所称之公务员,律师当然不得兼职。谨按批示律师不得兼任县党部执行委员之理由,系受上开解释例执行党章一语而推定。果如原批所示情形,则党员每月参加区分部大会,莫不执行党章决议要案,行见律师亦不得兼为党员,关于此点,颇滋疑义,请予转呈上级党部咨司法院解释,以资循守等情。按党员均有履行党章并担任党内指定工作之义务,县执行委员核与党员对党任务,大致相同,律师既可为党员,则其任县党部执行委员,原无不合,似不受律师法第三十条之限制。事关法令疑义,请转呈释示。据此,理合呈请核示祇遵等情到会,查各级党部委员、职员不能即认为公务员,未便受律师章程第十三条之限制,前经中央核示,由司法行政部于二十年十一月五日以第二七二〇号训令通饬有案。现律师法第三十条与旧律师章程第十三条条文文字虽有更易,而立法精神似无不同。至所谓公务员,依一般解释,自系指依法令从事于公务者而言,但党章与国家法令究有不同,似未可一概而论,更就事实方面言,本党组织普及于各职业部门。从事于自由职业之党员,随时均有被选举或委派担任党务工作之可能。倘因此而影响其本身职业,殊足以阻碍党务之发展。事关法令解释,相应函达,即希查照核办见复为荷。此致司法院

**院字第二五七九号**

**民国三十二年十月二日　司法院咨行政院**

案准贵院本年七月二十二日仁捌字第一六六六五号咨,据财政部呈,以《海关缉私条例》与各专卖条例适用疑义转请解释见复等由,业经本院统一解释法令会议议决,违反战时烟类食糖火柴等专卖暂行条例之规定,私自国外输入烟糖火柴者,经缉私关员缉获时,应由海关依《海关缉私条例》第二十一条予以处罚。但其输入未经海关破获,至专卖区域内始行发觉者,除罚锾由法院裁定外,应由各该专卖机关,依上开各该专卖暂行条例所定,分别处罚,无庸送由海关罚办。相应咨复贵院查照饬知。此咨行政院

**附行政院原咨**

据财政部本年七月五日渝专戊字第一〇七九四号呈称,查专卖物品,如烟类之输入,原属洋货进口范围,依照进口程序,须先报由海关查验征税。如遇有漏纳关税,与违反输入有关法令之案件,海关系适用民国二十三年六月十九日公布之《海关缉私条例》办理。专卖机

关办理火柴食糖烟类之违章输入案件,须依民国三十一年五月十三日公布之各该专卖条例办理。按照《海关缉私条例》第二十一条之规定,私运货物进口者处以一倍至三倍之罚金,得没收私运货物。火柴食糖烟类专卖条例之罚则,均为一倍至二倍之罚锾,并没收货物处罚,轻重不同。又《海关缉私条例》第三十一条至第三十二条规定,对于海关税务司所为罚金或没收处分,得于接到处分书后十日内声明异议,向该管税务司请求撤销,如海关税务司认为无理由者,应以书面叙述理由,连同原请求书呈经总税务司转呈关务署决定。如关务署决定,再有不服,得于接到决定书后二十日内提起行政诉讼。如依专卖条例,则罚锾部分应由法院裁定,不服裁定,得向上级法院抗告一次。其不服没收处分者,须依通常诉愿程序,经过两级诉愿,其声明期间均为三十日,不服再诉愿决定,始得于两个月内提起行政诉讼。受理机关与声明不服之程序期间亦不符,此种一行为而触犯数行政法规案件,究应依据何种条例办理?又私行输入专卖物品案件,未经海关破获,至专卖区域内始行发觉,是否应送由海关依照缉私条例处分,抑或即由专卖机关依专卖条例处分?事关法令解释,理合呈请钧院鉴核,转咨司法院解释,俾有遵循等情。据此,相应咨请查照解释见复,以便饬知。此咨司法院。行政院院长蒋中正

**院字第二五八〇号**

**民国三十二年十月五日　司法院致国民政府军事委员会函**

案准贵会本年八月六日法(三二)高渝字第七六七号公函,以联保同结户内有汉奸间谍盗匪等情事,知情不报,或任令脱逃者,适用法律,发生疑义,请迅予赐解释等由,业经本院统一解释法令会议议决,联保同结户长明知结内联保之人,具有汉奸间谍盗匪及扰乱地方等行为,如别无包庇纵容窝藏或其他帮助情事,其仅不予报告,致令脱逃或有意任令脱逃者,均应论以《刑法》第一百六十四条第一项之罪。相应函复贵会查照。此致国民政府军事委员会

**附国民政府军事委员会原函**

查各省市县依照修正剿匪区内,各县编查保甲户口条例第二十条,组织民众肃奸网,及《办理联保连坐切结办法》第八条,非常时期各地举办联保连坐注意要点之规定,曾于各保甲内举办五户联保连坐切结,联保同结各户对于结内联保之人有作汉奸间谍盗匪及乱地方等行为,有随时共负防范搜查及报告之责。倘有扶同隐匿及不揭报者,即负连坐责任。兹设联保同结户长,明知结内联保之人,有上项不法行为,不予报告,或有意任令脱逃情事,此种犯行,可否适用《刑法》第一五条、第一六四条及《惩治汉奸条例》第三条等规定,抑或另有其他法条可资依据之处,颇滋疑义。相应函请贵院迅赐释示,以凭办理为荷。此致司法院

**院字第二五八一号**

**民国三十二年十月五日　司法院致军事委员会军法执行总监部**

案准贵部本年八月二十五日法(三二)高渝字第八三〇号公函,准军事委员会办公厅函,以关于无军人或公务员身份犯盗卖油料罪,应由何种机关审判,转请解释等由,业经本院统一解释法令会议议决,非军人或公务员单独盗卖油料,应归普通法院审判。相应函复贵部查照转达。此致军事委员会军法执行总监部

**附军事委员会军法执行总监部原函**

案准军事委员会办公厅(四二)政未第二三一六四号函开,奉总长交下航空委员会签呈变通处理盗卖油料人犯案件意见一案,暨贵部法商渝一七四六号签复审核意见一件,并奉谕关于无军人或公务员身份者,如犯该项罪嫌,究应并归军法受理,抑应分别受理?事关司法与军事法职权范围,既经司法院解释有案,仍应与司法院函商决定,以便叙述理由,并请核示,而免将来适用再有疑义,仍交军法执行总监部核办等因,相应抄同原案,函请查照办理见复为荷,等由,准此。查本年六月三十日国府公布《惩治贪污条例》第一条规定之旨趣,非军人或公务员而与军人或公务员为共犯者,同受军法审判,如系共犯,自无问题。但遇有非军人或公务员身份,而单独犯盗卖油料罪时,究以何种审判机关受理为宜,准函前由,相应抄同有关各件,请烦大院明予解释,以凭转达为荷。此致司法院

**院字第二五八二号**

**民国三十二年十月五日　司法院致军事委员会军法执行总监部函**

案准贵部本年八月二十一日法审(三二)渝字第一〇一〇九号公函,以据第四战区军法执行监代电,请解释乡镇保长办理兵役舞弊,适用法律疑义一案,请解释见复等由,业经本院统一解释法令会议议决,办理兵役人员,对于职务上之行为要求期约或收受贿赂,以及有管理壮丁职务之人员,诈取壮丁或其亲属之财物者,在《惩治贪污条例》未施行前,固应由普通法院分别适用《妨害兵役治罪条例》第五条、第八条论科。但其行为既与《惩治贪污条例》第三条第四款、第五款各规定相当,依后法排斥前法之原则,自应适用同条例处断。至审判机关在特种刑事案件之审判程序未制定法律公布以前,依国民政府渝文字第四四六号训令,仍暂依军事审判程序办理。相应函复贵部查照饬知。此致军事委员会军法执行总监部

**附军事委员会军法执行总监部原函**

案据第四战区军法执行监吴仲禧三十二年七月肃法柳字第六三号沁午代电称,查乡镇保长办理兵役舞弊适用法律疑义一案,司法院三十一年十月十三日院字第二四〇八号解释,以法规竞合,后法优于前法之原则,及狭义法排斥广义法之理论,认为具有《刑法》上公务员之乡镇保长办理兵役收受要求期约贿赂,或管理壮丁诈取财物者,应依颁布在后,且属狭义法之《妨害兵役治罪条例》第五条第一项至第三项及第八条处断,并归普通法院审判,

不能适用《惩治贪污条例》处断,归军法审判在案。惟查《惩治贪污条例》,近重经国府修正公布施行,其中并明定公务员对于主管或监督事务收受要求期约贿赂罪行。是此项新修正之《惩治贪污条例》,其颁布施行已反在《妨害兵役治罪条例》之后,则对于上述罪犯,是否可依后法优于前法之例,适用修正《惩治贪污条例》处断,归军法审判?而《妨害兵役治罪条例》第五条第一项至第三项及第八条,暨司法院院字第二四〇八号解释,应否停止其效力,抑依狭义法排斥广义法之理论,《修正惩治贪污条例》不适用于上述情形之罪犯,而仍依《妨害兵役治罪条例》处断,归法院办理之处,不无疑义,谨电乞赐解释等情。案关适用法律疑义,相应函请查照,迅赐解释见复,以凭饬遵。此致司法院

**院字第二五八三号**

**民国三十二年十月二十八日　司法院复山东高等法院电**

山东高等法院刘首席检察官览,本年三月齐代电悉,所请解释一案,业经本院统一解释法令会议议决,(一)检察官侦查具有《刑事诉讼法》第二百四十条所定情形之刑事案件,其牵涉之民事法律关系,原可自行调查认定,以为起诉或不起诉之准据,要非必须停止侦查。如认为该民事部分,先以民事诉讼程序解决为便利,自亦得酌定相当期间,晓谕当事人先就民事部分起诉,而停止侦查。如当事人不同意,或经过所定期间延不起诉,则应于其不同意之表示或期间届满时继续侦查。(二)检察官对于普通法院无审判权之特种刑事犯罪嫌疑,自得以代表国家公益之资格予以检举,其方式应参照《陆海空军审判法》第二十二条规定之法意,以通知或移送行之。合电知照。司法院勘印

**附山东高等法院检察处原代电**

重庆司法院院长居钧鉴,兹有法律疑义两点,恳请俯赐解释,俾便遵行,(一)《刑事诉讼法》第二百四十条与同法第二百九十条之规定,内容不同,应如何适用?查同法第二百九十条规定,犯罪是否成立,或刑罚应否免除,以民事法律关系为断。而民事已经起诉者,得于其程序终结前停止审判,则刑事案件于审判中遇有该条所规定之情形,必以所牵涉之民事法律关系已经起诉,始得于其程序终结前停止审判,否则所牵涉之民事法律关系,并未起诉,不得停止审判,依该条之文义解释,自甚明了,不待赘究。但同法第二百四十条之规定,犯罪是否成立,或刑罚应否免除,以民事法律关系为断者,检察官得于民事诉讼终结前停止侦查,则刑事案件于侦查中遇有同样情形,其所牵涉之民事法律关系已经起诉,检察官因而停止侦查,固无问题。如该民事部分并未起诉,检察官可否谕知关于民事部分先以民事诉讼程序诉请解决,刑事部分停止侦查?倘得如此谕知,而谕知后当事人不同意,是否发生停止侦查之效力,或已同意而民事部分延不提起,则刑事部分停止之期限,究至何时为止,法无依据,未敢臆断。兹以前后两条之规定不同,适用上不无疑义,此应请解释者一。(二)关于各种刑事特种法令之案件,检察官有无检举之权?按检察官应厉行检举,久已迭奉明令,凡属于普通法院管辖之案件,检察官知有犯罪嫌疑时,应即开始侦查,侦得犯罪实据,应即

依法起诉,此乃当然之程序,不待烦言。至若触犯各种刑事特种法令,如《惩治贪污暂行条例》《惩治盗匪暂行办法》《禁烟禁毒治罪暂行条例》等之案件,大半规定应由军法机关审判,检察官对于此种案件,明知普通法院无审判权,是否亦即认为无检举权,不予检举,抑或基于代表国家公益之职权,亦得行使其检举权?如果有权检举,则其检举之程度,究以自知有犯罪嫌疑时,仅用书面通知该管机关法办,即认为检举,抑须经过调查或传讯或其他类似起诉之方式,始得谓之检举,亦属不无疑问,此应请解释者二。以上两点,法无明文以资依据,本院远处敌后,所有法令解释,殊不完全,且乏成例借供参考,详经研讨,无所是从,理合电请钧院解释示遵,实为公便。山东高等法院首席检察官刘世卿叩寅齐印

**院字第二五八四号**

**民国三十二年十月二十八日　司法院致国民政府军事委员会**

案准贵会本年八月三十一日法审(三二)渝四字第一〇四一〇号公函,以据兼福建全省保安司令代电,请示公务员于战时犯抢劫而故意杀人罪,适用法律疑义,转请解释见复等由,业经本院统一解释法令会议议决,文职公务员在战时抢劫而故意杀人,应视其有无牵连关系,依战时军律第十一条,及《刑法》第二百七十一条第一项或第二项,并合或从一重论处,其杀人既遂,而抢劫未遂者,应成立《惩治盗匪暂行办法》第三条第六款之既遂犯。相应函复贵会查照饬知。此致国民政府军事委员会

**附国民政府军事委员会原函**

案据兼福建全省保安司令刘建绪三十二年七月司法癸字第三七五九号真代电称,查负有查缉盗匪职责之文职公务员于战时犯伙劫罪,固应依中华民国战事军律第十一条之共同抢劫罪论处,前项人员如犯抢劫故意杀人,而抢劫既遂者,究应适用《惩治盗匪暂行办法》结合规定之第三条第六款论处,抑应依《中华民国战时军律》第十一条与《刑法》第二百七十一条、第五十五条从一重处断,乞示等情。查《中华民国战时军律》,对于抢劫罪,不问其是否结伙,及同时有无其他犯罪行为,概处死刑,其规定自较《惩治盗匪暂行办法》为重。如公务员或军人于战时犯抢劫而故意杀人罪,依该军律第十一条及《刑法》第二百七十一条从一重处断,固不能谓无理由。惟查该军律各条,并无未遂罪之规定,如公务员或军人杀人已遂,而抢劫未遂者,应如何办理,不无疑问。案关适用法律疑义,相应一并函请查照,迅赐解释见复,以凭饬遵。此致司法院

**院字第二五八五号**

**民国三十二年十月二十八日　司法院复陕西城固地方法院电**

陕西城固地方法院刘院长览,删电所请解释一案,业经本院统一解释法令会议议决,营业商号为逃税故将一部营业收入不登账者,应依《修正营业税法》第十八条处罚。司法院俭印

**附城固地方法院原电**

司法院长居钧鉴,为逃税故将一部营业收入不登账,能否依《营业税法》第十八条论处,悬案待决,破例迳电示遵。城固地院长刘汝湘叩删

**院字第二五八六号**

**民国三十二年六月二十九日　司法院指令湖南高等法院**

呈悉,业经本院统一解释法令会议议决,依《非常时期民事诉讼补充条例》第十三条之规定,调解由调解主任及当事人推举,或法院院长选任之调解人,依会议方式行之。故为调解主任之推事,在调解期日前应定期间命当事人推举调解人。如当事人不于期间内推举时,由法院院长选任之,必有此项调解人,而后得开调解期日。当事人之一造于调解期日不到场者,亦得举行调解会议,并依同条例第十八条第一项规定,议定调解条款,作成调解书,以正本送达于当事人。迨当事人于同条第二项期间内对于调解条款提出异议时,调解始为不成立。同条例所谓调解不成立,既与《民事诉讼法》所谓调解不成立异其意义,则依同条例第十六条适用《民事诉讼法》第四百二十条时,其所谓视为调解不成立,只可视为未到场之当事人对于调解条款未经同意,以适用同条例第十八条第二项之规定,不得即视为调解不成立。依同条例第十六条适用《民事诉讼法》第四百二十二条第一项时,其所谓调解不成立,亦即当事人对于调解条款未经同意之义,但依同条例第十六条适用《民事诉讼法》第四百二十三条时,其所谓调解不成立,系指当事人于同条例第十八条第二项期间内,对于调解条款提出异议时而言。仰即转饬知照。此令

**附湖南高等法院原呈**

案据署湘潭地方法院院长彭矩三十二年八月三十日呈称,按依《非常时期民事诉讼补充条例》第二十条第二项为增减给付之裁判,须先经调解,业经司法院著有院字第二三三九号解释,但此种调解,他造多不遵传到场,虽一再罚锾,仍抗传不到,以致案件拖延,迄无结果。遇有此种情形,究依该条例第十六条适用《民事诉讼法》第四百二十条视为调解不成立,通知声请人进行诉讼,抑应依该条例第十三条由法院代他造选任调解人,仿照公断意义,议定调解条款,作成调解书,以正本送于当事人,俟其提出异议后,再通知声请人进行诉讼,尚属不无疑义,究应如何办理,伏乞指示祇遵等情到院。案关解释,理合据情转请钧院俯赐解答示遵。谨呈司法院院长居。湖南高等法院院长陈长簇

**院字第二五八七号**

**民国三十二年十月二十九日　司法院指令广西高等法院**

呈悉,业经本院统一解释法令会议议决,男女之一方未达《民法》第九百八十条所定年龄而结婚,即系违反同条之规定,当事人双方或其法定代理人均得依第九百八十九条向法院请求撤销之。至第九百八十九条但书,既限于当事人已达第九百八十条所定年龄,或已

怀胎者,不得请求撤销。是其撤销请求权,必须起诉时已有但书所载情形之存在,始行消灭,如起诉时尚未违第九百八十条所定年龄,纵令在诉讼系属中已达该条所定年龄,其已行使之撤销请求权,亦不受何影响。仰即转饬知照。此令

**附广西高等法院原呈**

呈为呈请事,案据贺县地方法院贺字第六七九号本年八月陷代电称,查男未满十八岁、女未满十六岁者,不得结婚,结婚违反第九百八十条之规定者,当事人或其法定代理人得向法院请求撤销之,但当事人已达该条所定年龄,或已怀胎者,不得请求撤销,此为《民法》第九百八十九条所规定。设有男女婚姻当事人,一方已达结婚年龄,一方未达结婚年龄,可否撤销婚姻,发生下列三说。甲说,不应准其撤销。此说以男女双方均未达结婚年龄,始得请求撤销,苟有一方已违法定婚龄,或已怀胎,即合《民法》第九八九条但书规定,其请求撤销权,即已丧失,不得率尔准许,所以维持婚姻之安全。乙说,相对的准许撤销。此说以请求撤销婚姻者一方是否已达婚龄为断,如十六岁之男与十七岁之女结婚,在男之一方固未达法定婚姻年龄,不能谓与《民法》第九八〇条无违反,由该本人或其法定代理人诉请撤销婚姻,自应准其请求。反之若女之一方已达法定结婚年龄,其本身已丧失撤销请求权,不得以对方未达婚姻而再诉请撤销,良以彼已自愿与之结婚,或其愆误已达不得撤销之年龄,法律上实无保护之必要,其已怀胎者亦然。丙说,绝对的准许撤销。此说以《民法》第九八〇条所谓之男女系各自独立之结婚限制,观于条文,曰“男……岁女……岁者不得结婚”,而不曰“男……岁”与“女……岁”者不得结婚,非以男女双方相互为要件者,其义甚明,故婚姻当事人苟有一方未达婚龄,仍属违反法定限制,无论请求者之一方结婚年龄为已达未达,均应准其撤销,方足防杜早婚之流弊。惟怀胎为双方既成之事实,自可不受该条所定年龄之限制。以上三说,究以何说为是,再已达结婚年龄,在诉讼进行中之时间可否算入,抑以起诉时之年龄为准?事关法律解释,理合电请转呈解释核示祇遵,实为公便等情。据此,查来问似以丙说为当,其年龄之计算,亦似宜以起诉时为准,惟是案关法律疑义,未便擅断,理合具文呈请钧院鉴核,俯赐解释示遵,俾便转饬知照。谨呈司法院院长居。代理广西高等法院院长申守真

**院字第二五八八号**

**民国三十二年十月二十九日　司法院指令江西高等法院**

呈悉,业经本院统一解释法令会议议决,学校收取学生缴费之收据,同业公会联合会及同业公会收取会员缴纳经常费之收据,均不属于《修正印花税法》第三条第八款范围以内,依同法第十六条所定税率表第二类,自应贴用印花税票。仰即转饬知照。此令

**附江西高等法院原呈**

案据瑞金县司法处审判官钟皓呈称,案查本处受理违反印花税案件,内有崇文小学校学生缴费收据,及瑞金工商业同业公会联合办公处收取同业公会经常费收据,与瑞金国货

疋头业同业公会收取同业各商号经常费收据，应否购贴印花税票，分甲、乙两说如下。甲说，依印花税法第三条第八款所载，凡公私机关或组织，其内部所用不生对外权利义务关系之单据，免纳印花税之规定而言，则上开三项收费单据，均属会员对于本会，学生对于本校，缴纳费用，即属内部所用，不生对外权利义务关系之单据，自不负缴纳印花税责任，应不处罚。乙说，印花税法第三条所载，免纳印花税之各种凭证均已列举。今上开三项收据，并未明白指定免税，且各机关人员所发薪饷收据，均须购贴印花税票，以此类推，是上开三项收费单据，亦应援照购贴印花税票，违者应予处罚。两说究以何说为当，未敢擅专，理合备文呈请钧长解释示遵等情。据此，案关适用法律疑义，本院未便擅断，理合据情备文呈请钧院鉴核，迅赐解释指令祗遵。谨呈司法院院长居。江西高等法院院长梁仁杰

**院字第二五八九号**

**民国三十二年十月二十九日　司法院复广西高等法院电**

广西高等法院申院长览，本年八月真代电悉，藤县司法处所请解释一案，业经本院统一解释法令会议议决，行商运货由子地至丑地，匿不报税，除合于《修正惩治偷漏关税暂行条例》所定罪名，应依该条例处断外，别无论罪明文，应不构成犯罪。合电转饬知照。司法院艳印

**附广西高等法院原代电**

司法院院长居钧鉴，案据藤县司法处本年七月法字第一〇四七号支代电称，查《营业税法》对于单纯逃税，并无处罚之规定，若行商某甲于子地运货至丑地，匿不报税，为丑地直接税局查获，因之扣解法院办理，某甲应构成何项罪名，并依何法处断，理合电请察核，迅赐解释示遵等情前来。事关解释法令，职院未便擅断，合电据情转请解释遵，俾便转饬遵照。代理广西高等法院院长申守真刑甲真印

**院字第二五九〇号**

**民国三十二年十月二十九日　司法院复广西高等法院电**

广西高等法院申院长览，本年八月号代电悉，该法院第二分院转请解释一案，业经本院统一解释法令会议议决，《县司法处律师执行职务办法》，已因《修正县司法处律师执行职务办法》之公布而失效。其第七款所载县长得不出庭之刑事案件，律师亦毋庸出庭，与新办法第五条规定相同，乃系限制律师执行职务之规定。审判官于县长不出庭之刑事案件，自亦不得准许律师出庭辩护。合电转饬知照。司法院艳印

**附广西高等法院原代电**

司法院院长居钧鉴，案据广西高等法院第二分院本年七月二十一日刑字第一八号午马代电，据藤县司法处七月寒法代电称，查《县司法处律师执行职务办法》第七款载，依《县司法处办理诉讼补充条例》第十三条规定，县长得不出庭之刑事案件，律师亦毋庸出庭云，则

县长起诉之刑事案件,被告委任律师为辩护人,依上开法文意义所谓律师无庸出庭云者,似非绝对禁止。如经审判官核准律师为辩护人,对于律师出庭执行职务,是否违背前条规定,抑或除《刑法》第六十一条下列各款罪刑案件之外,其余由审判官定其准许,不无疑义,理合电请察核解释示遵等情。事关法律解释,合请钧院核示饬遵等情前来。事关法律疑义,本院未便擅断,理合据情转请钧院察核,解释令遵,俾便转饬遵照。代理广西高等法院院长申守真刑号印

**院字第二五九一号**

**民国三十二年十月二十九日　司法院指令湖南高等法院首席检察官**

呈悉,业经本院统一解释法令会议议决,《刑法》第二百三十九条之罪,其告诉权专属于配偶之一方,非他人所得代行告诉,甲侦知其妻某乙与丙奸宿,持刀前往捉奸,适乙丙奸毕,在奸所门外相遇,被乙夺刀杀毙,其杀人虽系因奸酿成,但《暂行新刑律补充条例》第七条之规定,已为现行《刑法》所不采,其奸罪既无得为告诉之配偶,自在不论之列。仰即转饬知照。此令

**附湖南高等法院检察处原呈**

案据安化县司法处执行职务战区检察官袁绥邦代电称,设有甲妻某乙约定与丙奸宿之时间地点为甲侦知,持刀前往捉奸,适乙丙奸后,在奸所门外相遇,被乙夺刀杀毙。关于乙丙通奸部份,甲说,依照司法院院字第一五二四号解释,该管检察官既不能指定代行告诉人,法律上别无救济办法。乙说,按前解释系指配偶生前已有明示或默示之宥恕之表示而言,本件情形自属例外,被害人之直系血亲属,仍得代行告诉,否则影响地方善良风俗甚巨,在法律上亦失公平。惟事关法律适用疑义,理合电请解释祇遵等情。据此,案关法律疑义,理合备文呈请钧院解释示遵。谨呈司法院院长居。湖南高等法院首席检察官邓静安

**院字第二五九二号**

**民国三十二年十月二十九日　司法院致国民政府军事委员会函**

案准贵会本年九月十一日法审(三二)渝字第一〇八一九号公函,以据兼浙江全省保安司令电,请示不遵交通部航政办事处限定票价,逾额出售船票,适用法律疑义,转请解释见复等由,业经本院统一解释法令会议议决,某内河轮船公司负责人,不遵交通部航政办事处所限定之票价,擅自抬价出售船票,核与《国家总动员法》所定之各种情形无一相合,自不构成《妨害国家总动员惩罚暂行条例》上之罪名。此种违反主管机关依据法令所发之限价命令,亦无其他论罪明文,只应就行政上予以处分,相应函复贵会查照饬知。此致国民政府军事委员会

**附国民政府军事委员会原函**

案据兼浙江全省保安司令黄绍竑未真法平电称,内河轮船公司负责人某甲,不遵交通

部航政办事处所限定票价，逾额出售船票，固属有背限价，但此种行为与违反《国家总动员法》第八条、第十一条及第二十条各规定不尽相符，究应依照何项条款处断，祈示等情。案关适用法律疑义，相应函请查照，迅赐解释见复，以凭饬遵。此致司法院

**院字第二五九三号**

**民国三十二年十月三十日　司法院复航空委员会电**

航空委员会鉴，本年九月马人法二癸第二五二三号代电诵悉，所请解释一案，业经本院统一解释法令会议议决，（一）已有配偶之军人奉派国外服役，又与驻在地之外国女子结婚，核与《陆海空军刑法》第六十一条第二款所定调戏妇女罪不相符合。（二）业经院字第二一四四号解释有案。（三）巧掩已婚之事实，以欺骗女子与其结婚，如具备《刑法》第二百四十一条第二项意图奸淫而略诱之要件，又为犯罪地法律所应处罚者，自应适用该条项处断。相应抄同院字第二一四四号解释原文，电复查照。司法院卅印

**附航空委员会原代电**

司法院公鉴，查（一）《刑法》对于本国人民在本国领域外犯罪者，依同法第七条规定，除所犯为同法第五六两条所列之罪外，须其最轻本刑为三年以上有期徒刑，始适用之。设有本国军人奉派国外服役，其在国内原已娶妻，复与驻在地之外国女子结婚，此项行为，自系有配偶而重为婚姻，但重婚罪本刑为五年以下有期徒刑。依前说明，显难适用《刑法》处断。然以我国军人在奉派驻外服役期内，有如此损失军誉行为，不能无所制裁，因此有主张照《陆海空军刑法》第三条规定，援引同法第六十一条第二款论以调戏妇女罪，以济其穷者。惟重婚行为与调戏妇女行为不尽相同，可否因《刑法》上重婚罪不能适用，而适用《陆海空军刑法》上调戏妇女罪论科，及有无其他律文可引，以资救济？（二）调戏妇女罪之意义及其要件如何？（三）一方巧掩其已婚之事实，而欺骗他方与其重婚，可否认为调戏行为？事关法律适用疑义，特电请迅赐解释电复为荷。航空委员会马人法二癸印

**院字第二五九四号**

**民国三十二年十月三十日　司法院致军事委员会军法执行总监部函**

案准贵部本年八月二十八日法审（三二）渝四字第一〇三二一号公函，以据军事运输军法执行监呈，请示军法案件关于民事损害赔偿部分适用法律疑义，转请解释见复等由，业经本院统一解释法令会议议决，军法审判案件，关于民事损害赔偿部分，应由受损害之人另向法院提起民事诉讼，不适用《刑事诉讼法》第五百零八条之规定。相应函复贵部查照饬知。此致军事委员会军法执行总监部

**附国民政府军事委员会军法执行总监部原函**

案据军事运输军法执行监杨思熙三十二年八月七日监法（三十二）筑字第二一九四号呈略称，查军法审判无附带民诉之规定，本部受有各机关此类案件数起，曾将其民事损害赔

偿部分移送法院办理,均被退回,究竟此类案件应由承办军法机关移送,抑由受害机关直接向法院另案起诉?如须另案起诉,可否援照刑诉法第五百零八条第二项附带民诉办法免纳裁判费用,乞示等情。案关法律程序疑义,相应据情函请查照迅赐解释见复,以凭饬遵。此致司法院。军事委员会军法执行总监部总监何成濬

**院字第二五九五号**

**民国三十二年十月三十日　司法院致社会部函**

案准贵部本年七月二十八日合二字第五〇二四三号公函,以准广西省政府电请核复合作社职员营私舞弊,应如何办理一案,请解释见复等由,业经本院统一解释法令会议议决,合作社之业务,并非社会公益之事务,服务于该社之人员,因营私舞弊具备犯罪构成条件者,只应适用普通《刑法》相当条文处断,与《惩治贪污条例》无涉。相应函复贵部查照转知。此致社会部

**附社会部原函**

案准广西省政府本年六月建合字第一〇七二五号代电内开,查合作社职员措发社员借款,或挪用社员借还款项等营私舞弊情事,本应依据贵部三十一年十二月二十八日合二字第三五一九二号训令各省合作事业管理处,依《惩治贪污暂行条例》第一条办理。惟查与司法院三十年十一月四日院字第二二四八号咨复行政院不得比照该条例治罪之处,互有抵触[见司法公报三十年十二月出版(渝)第四九四号至第四九七号合刊三六页],究应如何办理,相应函请查照,迅予见覆为荷,等由,准此。查本部前据浙江省建设厅呈,以合作社服务人员营私舞弊,请比照《惩治贪污暂行条例》处断等情,经查该条例第一条末段载,办理社会公益事务,以办理公务论。合作社服务人员,当可视为办理社会公益事务,故准如拟办理,并分行各省市合作主管机关在案。兹准前由,则贵院已有不得比照适用之解释。惟对于合作社服务人员营私舞弊之处理,现尚无其他法令可资依据,究应如何办理,相应函请查照解释见覆,以便转知为荷。此致司法院。社会部部长谷正纲

**院字第二五九六号**

**民国三十二年十月三十日　司法院致行政院函**

案准贵院本年九月十日仁十一字第二〇一二六号公函,以据河南省第十区行政督察专员公署电,请核示《非常时期农矿工商管理条例》第三十一条适用疑义,转函解释见复等由,业经本院统一解释法令会议议决,犯《非常时期农矿工商管理条例》第三十一条之罪,囤有货物者,应以该货物售出后实际所获之利得为其所得之利益。相应函复贵院查照饬知。此致行政院

**附行政院原函**

据河南省第十区行政督察专员公署电称,查《非常时期农矿工商管理条例》第三十一条

后段规定，所得之利益，究系指所囤之货物被其查获处理确定时实在出售后与原囤货之成本比较所得之利益而言；抑系指查获囤货当时市价（案未处理、货亦未售），与原囤货之成本比较所得之利益，实不无疑问。如谓所得利益，即囤货被获当时市价与原囤货成本比较所得之利益，但案经处理，时日较长，被获之货价骤然飞涨数倍，依此处理，不惟不能以儆操纵垄断之奸商，且使反得重利，则地方官署似有帮助囤积操纵之嫌。事关法律疑问，理合电请鉴核解释，迅予示遵等情。据此，相应函请查照解释见复为荷。此致司法院。行政院院长蒋中正

**院字第二五九七号**

**民国三十二年十一月三日　司法院致国民政府军事委员会函**

案准贵会本年八月三十一日法审（三十二）渝四字第一〇四一一号公函，以据兼湖南全省保安司令电，请示乡镇保丁犯罪适用法律疑义，转请解释见复等由，业经本院统一解释法令会议议决，湖南省乡镇保丁，既系依据该省乡镇公所及保长办公处编制所设置，即属《刑法》上依法令从事于公务之人员，其奉令查获鸦片，伙同私分，纵放烟犯脱逃，应成立《惩治贪污条例》第三条第六款及《禁烟禁毒治罪暂行条例》第十三条第二项之罪，并依《刑法》第五十五条规定，从一重处断。相应函复贵会查照饬知。此致国民政府军事委员会

**附国民政府军事委员会原函**

案据兼湖南全省保安司令薛岳秘法未冬电称，（一）本省乡镇公所及保长办公处编制设有乡镇保丁，该项乡镇保丁如犯贪污及纵放烟犯脱逃等罪，可否依《刑法》上之公务员论？（二）乡镇保丁如不能依《刑法》上之公务员论，倘奉命派查案件，借得搜获鸦片，伙同私分，纵放烟犯脱逃，是因从事于公务而发生犯罪行为，可否以公务员论？以上二项，请迅赐解释示遵等情。案关适用疑义，相应函请查照，迅赐解释见复，以凭饬遵。此致司法院

**院字第二五九八号**

**民国三十二年十一月四日　司法院复四川高等法院电**

四川高等法院苏院长览，本年九月陡申虞代电悉，自贡地方法院所请解释一案，业经本院统一解释法令会议议决，《营业税法》第二十条规定罚锾之裁定及其强制执行，由法院行之，并未谓得请法院追缴欠税。所得税之追缴，得移请法院为之，所得税法第二十条定有明文，营业税之追缴，既无此种规定，自应由征收机关自行追缴，法院未便为之强制执行。合电转饬知照。司法院豪印

**附四川高等法院原代电**

巴县歇马乡司法院院长居钧鉴，据署四川自贡地方法院院长万宗周本年八月十三日呈称，案准川康直接税局自贡分局本年七月十四日营字第九六五号公函开，案奉财政部四川税务管理局本年一月七日乐丙字第一六三二号训令开，案据遂宁直接税分局三十二年四月

十五日营字第一二四号呈称,窃查《修正营业税法》第二十条之规定,本法之罚锾由法院以裁定行之。关于违章案件,自应送请法院执行处理,但受罚人之应补税额,是否由法院同时执行,抑或由征收机关自行追缴,修正税法并未规定,施行细则亦未解释,万一狡赖商人顽抗不缴,法院无法定根据,似不能与罚锾同时执行,而征收机关又无法追缴。似此情形,如何办理,理合具文呈请钧局鉴核解释,俾资遵循等情前来。当经转呈财政部直接税处核示去讫。兹举三十二年六月五日渝营字第三五三号指令,呈悉,所拟受罚人之应补税款,应由主管征收机关核定,并案送请法院查照追缴一节,办法核尚可行,准予备查等因。奉此,除分令外,合行令仰知照等因。奉此,自应遵办,今后关于违章案件,其受罚人应补正税,即由本局核定并案送请追缴,以资简便。奉令前因,相应录令函达,请烦查照办理为荷,此致等由,准此。查违反所利得税款移请法院追缴,即系移请法院为强制执行而言,主管征收机关所送确定欠缴税额之公文书,即为强制执行法第四条第六款之执行名义,业经司法院院字第二〇一七号解释,并指令本院遵行各在案。兹准前由,该滞纳营业税款之受罚人应补税额,是否得为强制执行,原主管征收机关之核定书,是否即为强制执行法第四条第六款之执行名义,《营业税法》并无明文规定。事关适用法律疑义,理合具文呈请钧院鉴核,转请核示祗遵等情。据此,钧院院字第二〇一七号解释,系专指欠缴所得税,对于主管征收机关所送确定欠缴税额之公文,得为强制执行法第四条第六款之执行名义而言,至滞纳营业税,由原主管征收机关所为之核定书,是否亦得为上开条款之执行名义,抑或适用钧院院字第一二二九号解释,依行政执行法办理,尚滋疑义,理合电请解释,伏祈示遵。四川高等法院院长苏兆祥叩牍申虞印

**院字第二五九九号**

**民国三十二年十一月四日　司法院指令湖南高等法院**

呈悉,业经本院统一解释法令会议议决,第三人与征税机关约定纳税义务人不依限缴纳税款时,由该第三人缴纳者,届时该第三人固有按照税款数额支付金钱之义务,惟此系依契约所负之私法上给付义务,非公法上之纳税义务。所得税法第二十条所称之纳税义务人,不包含此项第三人在内,此项第三人不履行其给付义务时,自无同条之适用。如无确定之给付判决,或其他之执行名义,不得对之为强制执行。至于营业税等,无论对于纳税义务人,是否得请法院追缴欠税,对于此项第三人非别有执行名义,亦不得对之为强制执行。仰即转饬知照。此令

**附湖南高等法院原呈**

案据署湖南衡阳地方法院院长胡英呈称,查《营业税法》第二条,营业税以营业总收入额为课征标准,金融业及其他不能以营业总收入额计算之营业,得以营业资本额为课征标准。第十七条后段,主管征收机关并得迳行决定其营业总收入额或营业资本额。所得税法第二十条,纳税义务人或扣缴所得税者不依期限缴纳税款,主管征收机关得移请法院追缴。

《非常时期过分利得税法》第十二条,非常时期过分利得之计算申报调查等程序准用所得税法之规定,各等语。过去湖南省直接税局衡阳分局依上开各规定,决定各该项纳税义务人应纳税额,而逾期不纳者,送请追缴过院,原得以其决定为执行名义迳予执行,尚无问题。惟有纳税义务人事前请托第三人向主营征收机关出具保结,注明对于纳税义务人保证其纳税责任字样,主管征收机关致常有因决定纳税义务人应纳税款,经追缴无着时,函嘱本院对该保证人追缴之情事。第查决定原案,并无纳税义务人不履行义务时,由保证人履行之决定。此类情形,本院能否迳对保证人执行,法无明文,未便擅专,理合备文呈请钧院核示祇遵等情。据此,查事关适用法律疑义,本院未便擅拟,理合具文转呈钧院鉴核示遵。谨呈司法院院长居。湖南高等法院院长陈长簇

**院字第二六〇〇号**

**民国三十二年十一月四日　司法院指令浙江高等法院**

呈悉,业经本院统一解释法令会议议决,《非常时期征收印花税暂行办法》,系就旧印花税法修正其一部,旧印花税法既因新印花税法之施行,全部失其效力,此项办法自亦失其效力。况该办法第一条系规定旧印花说法第十六条税率表第一目至第三十五目所定税率一律加倍征收,新印花税法所定税率已较该办法所定者为高,其余各条亦皆与新印花税法抵触,则该办法已因新印花税法之施行而失效,尤无疑义。《印花税法施行细则》第十八条关于该办法之部分,自应解为印花税法施行后,所有该办法之规定,不复适用,一律按照《修正印花税法》办理之。仰即转饬知照。此令

**附浙江高等法院原呈**

案据建德地方法院院长王仁湛呈称,查《修正印花税法施行细则》第十八条载有,即花税法施行后,所有非常时期征收印花税暂行办法(以下简称暂行办法),暨财政部以前解释之成案或法令,一律按照《修正印花税法》办理之等语。依此规定,其用语殊欠明了,就一律按照《修正印花税法》办理之一语以观,似暂行办法已不适用,同条上段又贯以所有暂行办法云云,其用意究竟何在?况研究结果,该暂行办法似已无适用余地,若谓修正税率表上所定税率仍照暂行办法第一条所举之例一律加倍征收,非特事实上税率过高,且与新法(即《修正印花税法》)优于旧法(即暂行办法)之原则有背,该条如不适用,则其余各条皆可勿论,盖均在新法修正而失效故也。事关适用法律发生疑义,理合呈请释示祇遵等情。据此,查核所呈情形,系对于法律条文上发生抽象疑问,理合备文转请,仰祈钧院鉴核迅赐解释,以便饬遵。谨呈司法院。浙江高等法院院长郑文礼

**院字第二六〇一号**

**民国三十二年十一月五日　司法院致行政院函**

案准贵院本年九月二十五日仁叁字第二一五四六号公函,以据地政署呈请解释耕地产

物疑义等情,转函解释见复到院,兹经本院统一解释法令会议议决,(一)租用之耕地,依约种植桐杉后,其隙地在桐杉成长前,每年均有两季节可收益者,以两季节之主要产物为正产物。桐杉成长后,其桐子之收益,及桐杉出售之利益,固皆为正产物。如其隙地每年仍均有两季节可收益者,其两季节之主要产物,亦皆为正产物。(二)在租用之耕地种麦,所应有之产量,因夹种茶、豆而减少者,其正产物之收获总额,应将麦茶豆三者之主要产物一并计算在内。(三)租用之耕地边沿所长之树类,如非耕作所出之产物,依《民法》第七百六十六条之规定,于分离后仍属于该地之所有人。相应函复贵院查照饬知。此致行政院

**附行政院原函**

据地政署呈请解释耕地产物疑义等情,相应抄同原呈函请查照解释见复为荷。此致司法院

**附地政署原呈**

案据安徽省政府三十二年七月第三九二六号民济午感代电开,查本府前以安徽省《改善租佃关系实施办法》内关于正产物之涵义,业经电请解释在案,兹以各县推行改善办法,对于耕地产物,尚有疑问数点。(一)若山垦为熟地,以种植桐杉为目的,在树木未成长前,佃农均利用其隙地种植菜子二麦(春李)玉蜀黍芝麻(秋季)等,出租人仅分得秋季农产物收获总量十分之一。迨桐杉成长后,其桐子之收益,或桐杉出售之利益,均按业四佃六分配,在普通农产物,其孳息成熟时间,最多不过一年,树类收获,至少须有三年。该项桐杉是否能为耕地正产物?隙地麦黍,既不妨害桐杉生殖孳息或熟,又与桐杉异时,能否与桐杉均为正产物?(二)有一地种麦,并在隙地夹种茶与豌豆,如以麦为正产物,则茶豆已占用土地面积,必致减少麦之产量,及地主应得之租额,该项茶豆是否可以并入麦内认定其为正产物?(三)在田地边沿(不占田地面积)所长之树类,其所有权应如何判定?以上数项,相应请解释并希见复为荷等由,准此。查本案关系法令解释,理合具文呈请钧院鉴核,转函司法院详为解释,实为公便。

**院字第二六〇二号**

**民国三十二年十一月六日　司法院咨行政院**

案准贵院本年八月二十六日仁捌字第一九一〇七号咨,以据司法行政部呈,转请解释律师法第二条适用疑义一案,请解释见复等由,兹经本院统一解释法令会议议决,律师法第二条第二款既明定律师曾受有期徒刑以上刑之宣告者,撤销其资格,与已废止之律师章程第四条第一款所定曾处徒刑或拘役者,不得充律师之意义不同,故自律师法施行后,只须律师曾受有期徒刑以上刑之宣告,不问同时宣告缓刑与否,概应撤销其资格,并注销其登录。本院院字第六六一号第一〇三一号,及第一〇七五号解释,均系就旧章程而为指示,现时已不适用。相应咨复贵院查照饬知。此咨行政院

**附行政院原咨**

据司法行政部三十二年八月十三日呈(叁)字第三四五号呈称,案据江西高等法院本年六月二十四日文字第一二二七号呈称,案查鄱阳地方法院登录律师沈国英,前因犯伪造私文书罪,曾判处有期徒刑一年宣告缓刑三年确定在案,依照律师法第二条第二款规定,自不得再充律师,应否撤销其律师资格,并查照律师登录规则第六条第一项第三款注销登录之处,理合具文呈请钧部鉴核饬遵等情。据此,查律师曾受有期徒刑以上刑之宣告者,撤销其律师资格,律师法第二条第二款及律师登录规则第七条后段均定有明文。其宣告缓刑与否,并无区别。惟查二十三年六月十六日司法院院字第一〇七五号解释,对于律师曾处拘役或徒刑以上之刑,经宣告缓刑者,认为仅先撤销其登录,此项解释,自律师法颁行后,能否继续援用,不无疑义,理合检同上开解释一份,呈请钧院鉴核转函司法院解释,俾便饬遵等情。据此,相应咨请贵院查照解释见复,以便饬知。此咨司法院。行政院院长蒋中正

**院字第二六〇三号**

**民国三十二年十一月十一日　司法院复航空委员会**

航空委员会鉴,本年十月鱼人法二癸第二六五八号代电诵悉,所请解释一案,业经本院统一解释法令会议议决,主办军工工程人员与包商洽订建筑契约,不照当地物价及包商要求之价格切实审核,而擅自核增者,如与包商勾串舞弊,应成立《惩治贪污条例》第二条第二款之罪。特复。司法院真印

**附航空委员会原代电**

司法院公鉴,设有主办某项军工工程人员与包商洽订建筑契约时,未照当地物价及包商要求之价格切实审核,而擅自核增,将所订价格超过包商所要求之数(如包商仅要求九万元,竟报准以十万元订约),该主办工程人员应负何种罪责,有下列二说。甲说,该主办工程人员为他人处理事务,未按当时物价切实审核,订立契约,使本人多事支出建筑费,应构成《刑法》第三百四十二条背信罪。乙说,该主办军工工程人员擅自核增超过包商所要求之价款,报核订立契约,虽非图利自己,但其未照时价及包商所要求之价加以审核,使他人(即包商)多得利益,已属《惩治贪污条例》第二条第二款建筑军工舞弊之一种,应构成该罪。至《刑法》上背信罪已为特别规定贪污罪所吸收,不另成背信罪。上述两说孰是,适用法律深滋疑义,现本会有此案件,亟待解决,相应电请迅赐解释见复为荷。航空委员会鱼人法二癸印

**院字第二六〇四号**

**民国三十二年十一月十三日　司法院指令湖南高等法院**

呈悉,业经本院统一解释法令会议议决,《非常时期民事诉讼补充条例》第十二条之移付调解,非依声请不得为之,但声请之当事人不以原告为限,被告有声请时,亦得移付调解。

至当事人之一造,于调解期日不到场,如何进行调解,院字第二五八六号已有解释,仰即抄同该号指令转饬知照。此令

**附湖南高等法院原呈**

案据湘乡县司法处主任审判官谢仁尧本年九月十八日呈称,查《非常时期民事诉讼补充条例》第十一条所列各项法律关系,依该条规定,当事人得声请调解,并依同条例第十二条规定,凡此项争议已有诉讼系属者,法院亦应依声请将事件移付调解,中止诉讼程序。设有此类争议事件,当事人向法院起诉后,审讯时经谕知应移付调解,而原告坚执不允移付调解,只请求判决,是否应即予以判决,抑应不待原告之声请,以职权中止诉讼程序,移付调解?又如原告不请求移付调解,被告则请求移付调解,此时应否仅依被告之请求移付调解?又每有业已移付调解之案件,经指定调解日期,而当事人一造不遵期投到,重定调解日期,仍复不到,此时究如何进行调解?上述三项,均关法律疑义,本处现有此类事件悬待解决,理合具文呈请钧院鉴核,迅赐指令祗遵等情。据此,案关解释,理合据情转呈钧院鉴核示遵。谨呈司法院院长居。湖南高等法院院长陈长簇

**院字第二六〇五号**

**民国三十二年十一月十三日　司法院致国民政府军事委员会函**

案准贵会本年九月二十七日法审(三二)渝字第一一四八六号公函,以据第八战区副司令长官电,请示商人承办军需品不遵限交货,适用法律疑义,转请解释见复等由,业经本院统一解释法令会议议决,(一)《刑事诉讼法》关于附带民事诉讼之规定,于有军法职权机关所行之审判程序不适用之,犯战时军律第十六条第一项、第二项之罪者,依同律第十九条之规定,既由有军法职权机关审判之,自不得于其审判程序提起附带民事诉讼。但依同律第十六条第三项之规定,有军法职权机关所为之有罪判决,并得命此项犯罪人履行契约,该判决俟呈经中央最高军事机关核准后,关于此部分即为强制执行法第四条第六款之执行名义。再该判决仅得命犯罪人履行契约,不得命其赔偿损害。如欲为赔偿损害之强制执行,仍须得有法院之民事确定判决,或其他之执行名义。(二)因军需物品之出卖人给付迟延,得请求以金钱赔偿损害时,如自订约后货物价格逐日上涨,自得照以后之市价计算损害额。惟办理军需机关已另向他处买得此项军需物品以代之者,以另买之价格为准,又自订约时至应为履行之期,因战事致物价狂涨,非当时所得预料,而依原约命其履行显失公平者,如具备适用《非常时期民事诉讼补充条例》第二十条第二项之要件,法院得为同条项之裁判。(三)军需物品之出卖人,犯战时军律第十六条第一项、第二项之罪时,不得于其有罪判决内命其保证人履行契约,或赔偿损害。对于其保证人为强制执行,非有民事确定判决,或其他之执行名义,不得为之。相应函复贵会查照饬知。此致国民政府军事委员会

**附国民政府军事委员会原函**

案据第八战区胡副司令长官未养秦仁卅电称,(一)商人承办军事机关军需用品,于签

订合同领款后到期货物未交，依战时军律第十六条第三项得强制其履行契约，如因故不能履行时，可否援用刑诉法第九编附带民事查封其财产，拍卖抵偿？（二）因承购货物价格逐日上涨，与签订合同时差数太巨，令购原物，显有困难，如以金钱赔偿，是否仍照价清偿，抑照以后市价计算？（三）如承购人财产不足抵偿时，依《民法》规定，自应由保证商号负责赔偿，可否同样依战时军律第十六条第三项强制执行？查战时物价波动太快，承办商与各机关发生纠葛颇多。上项疑义，悬案待结，未敢擅决，敬乞核示等情。据此，案关法律疑义，相应函请贵院迅予解释见复，俾便饬遵。此致司法院

**院字第二六〇六号**

**民国三十二年十一月十五日　司法院致国民政府军事委员会函**

案准贵会本年十月八日法审（三二）渝四字第一一九一三号公函，以据兼浙江全省保安司令电，请示使令十三岁之女吞服鸦片治病，适用法律疑义，转请解释见复等由，业经本院统一解释法令会议议决，某甲以鸦片嘱令十三岁之幼女吞服治病，除关于持有鸦片部分，应视其犯罪情形如何，适用《禁烟禁毒治罪暂行条例》相当条文论处外，不能成立吸食鸦片之间接正犯。相应函复贵会查照饬知。此致国民政府军事委员会

**附国民政府军事委员会原函**

案据兼浙江全省保安司令黄绍竑未卅法耕电称，甲以鸦片令其十三岁之女吞服治病，该甲应构成教唆犯，抑属其同正犯？如系间接正犯，则应以《刑法》第二十八条之共同正犯论，抑依第二十九条教唆犯处断，不无疑问，请核示等情。查甲以鸦片令其十三岁之幼女吞服治病，除其女应依《刑法》第十八条第一项不罚外，甲应否成立犯罪，略有以下二说。子说，按司法院十八年院字第一八八号解释，又三十一年七月十一日第二三五七号解释，谓素无烟瘾之人以鸦片和药服食治病，及看护员因病人疼痛剧烈，嘱令吸食鸦片止痛，其行为无违法性，应不为罪。甲以鸦片令其女吸食，其目的系在治病，按之上开解释，除获有鸦片部分应查明事实，构成他罪外，自亦不为罪。丑说，前开解释，系究无烟瘾之病人本身以烟和药治病，无违法认识及业务上正当行为而言，甲既非医务人员，又无医生之处方，且鸦片为违禁品，非普通治病之药物，为甲所应知，其以鸦片令女吞服，不能认为有业务关系，或欠缺违法性，应以间接正犯论，按正犯之刑处断，再与其获有鸦片部分罪刑依法办理。以上两说以何说为是，抑另有解说，相应函请迅赐解释见复，以凭饬遵。此致司法院

**院字第二六〇七号**

**民国三十二年十一月十五日　司法院致行政院函**

案准贵院本年七月二十二日动叁（三二）字第十四号公函，以据司法行政部呈转请示《妨害国家总动员惩罚暂行条例》适用疑义一案，请查照解释见复等由，业经本院统一解释法令会议议决，《国家总动员法》所称政府，系指国民政府及其所属之行政机关，为同法第二

条所明定,自不包括司法机关在内。至同法第十一条所称从业者,系指从事于国家总动员业务之人而言。司法机关之职员或雇员,仅就其原有职务未经请假弃职他去,除按其情节轻重,应予分别惩处外,不能适用《妨害国家总动员惩罚暂行条例》第八条第三款办理。相应函复贵院查照饬知。此致行政院

**附行政院原函**

案据司法行政部转据甘肃高等法院呈,为依照《国家总动员法》第十一条之规定,本院实施后政府于必要时得对从业者之就职退职、受雇解雇及其薪俸工资加以限制或调整。如有司法机关职员或雇员未经请准长假,弃职他往,似应依照《妨害国家总动员惩罚暂行条例》第八条第三款之规定,以违反退职或解雇限制之命令送交有军法审判权之机关审判。但依同法第二条之规定,所称之政府,系指国民政府及其所属之行政机关而言,司法机关是否能以适用该法所定之惩罚,不无疑义,理合呈请核示祗遵。等情。据此,查《国家总动员法》第二条所称之政府,似无等级之限制,即应包括各级行政机关在内。究应如何解释,相应函请查照见复,以便饬遵为荷。此致司法院。行政院院长蒋中正

**院字第二六〇八号**

**民国三十二年十一月十七日　司法院致国民政府军事委员会函**

案准贵会本年十月十五日法审(三十二)渝三字第一二三一一号公函,据广西绥靖公署主任电,以院字第九五二号解释,关于军政、海军各部次长以下各级公务员应认为行政官一案,尚有疑义,转请补充解释见复等由,业经本院统一解释法令会议议决,军政海军两部为国家行政系统下之官署,同时又为陆海空军军事系统下之官署,依《陆海空军刑法》第十一条所定,此项官署,仍包括于部队称谓之内。因而军政海军两部自次长以下各级公务员,一方固应认为行政官,在另一方面仍不失为在部队服行勤务之军人或军属。如遇上开人员犯罪,应依《修正战时陆海空军审判简易规程》之规定,按其任职阶级,分别依法审判。本院院字第九五二号解释应予变更。相应函复贵会查照饬知。此致国民政府军事委员会

**附国民政府军事委员会原函**

案据广西绥靖公署主任李宗仁本年九月胥法一电称,查军政、海军各部为行政系统下之官署,不能视为有军人勤务之部队,其次长以下,虽有将校尉之分,而其职掌纯为陆海军行政事务,其各级公务员,自应认为行政官,前经司法院三十二年八月五日院字第九五二号指令中央惩戒委员会有案。兹有军政部属下官兵,在桂犯罪,依上开解释,自不属于军法审判,但在事实上多由军法机关审判,是否合法生效,请察核示遵等情。据此,查现服勤务之陆海空军文官称为军属,应视同军人,《陆海空军刑法》第六、第八两条已有明文规定。军政海军各部自次长以下所有将校尉,各级公务员,除原有军官佐身份者外,概属服行军事勤务之人员,与普通行政官显有区别,自应认为军用文官军属视同军人。前开解释,虽无不认为军人之明文,惟谓为行政官,易滋误解,且为时已历十载,现在已否变更,本会无从悬揣。如

未变更，似有补充解释之必要，相应函请贵院查照，迅予解答见复，以凭饬遵为荷。此致司法院。国民政府军事委员会委员长蒋中正

**院字第二六〇九号**

**民国三十二年十一月二十日　司法院致国民政府文官处函**

案准贵处本年十一月十三日渝文字第六四一二号公函开，奉主席交下周席珍呈请解释《修正优待出征抗敌军人家属条例》第二十八条条文疑点等情一案，奉谕交司法院解释等因，函行到院，兹经本院统一解释法令会议议决，《优待出征抗敌军人家属条例》第二十八条所谓出征抗敌军人在应征召前出典之田地或房屋，系指出征抗敌军人在应征召前自为出典人而出典之田地或房屋而言。设出征抗敌军人之家属，在该军人应征召前出典之田地或房屋，则惟该军人因其家属已死亡，自为继承人而承受者，得与自行出典同论，其余皆不包含在内。同条例之名称虽有优待出征抗敌军人家属字样，然其内容，非以直接优待家属者为限，有就出征抗敌军人之财产上法律关系为优待之规定，俾该军人所扶养之家属，受间接之优待者。第二十八条之规定，即属于此。甚有就出征抗敌军人之身分上法律关系为优待之规定，而其家属未尝因此而受优待者，如第三十条之规定是。各该条既仅就出征抗敌军人本身之法律关系定其特则，自不得拘泥条例之名称，扩张于其家属之同种法律关系，相应函复贵处查照转陈。此致国民政府文官处

**附国民政府文官处原函**

奉主席交下周席珍呈请解释《修正优待出征抗敌军人家属条例》第二十八条条文有军人无家属之疑点等情一案，奉谕交司法院解释等因，相应抄同原呈，函达查照办理见复为荷。此致司法院。国民政府文官处文官长魏怀

**附四川璧山丹凤乡周席珍原呈**

呈为恳予解释条文疑点，以凭遵守事，本年八月十二日以修正优待条例第二十八条条文有军人无家属之疑点，具呈军政部请予解释在案，奉军政部兵役署信役宣字八六六八号批示开，呈悉，查合于优待条例第一章受优待人之资格者，即应享受该条例所规定之一切优待，仰即知照，此批等谕。现值家属赎典，纷纷发生诉讼，在承典人谓二十八条有军人条文，无家属两字下文，提前回赎，是优待军人，不是优待家属等语。在出典人谓该条有军人条文，无家属两字，是用军人为下文，应征召之衔接家属不能应征召一用，家属即与征召隔绝，修正题名原为第二十八条优待家属等语。查我国国情，人民产业，尽在尊属家长手，出征壮丁年龄在二十四五，是为大概并未继承产业，该条文在应征召前出典之田地或房屋等文，显在应征召前由家属出典之产业，原是优待家属，况有阵亡归休死亡，既无本人，应由何人回赎，钧府悯念出征抗敌军人家属之艰苦，颁行优待条例，其原意究系优待家属，抑优待军人，应请解释也。即以文字论，顾名思义，全部条文，总名称优待出征家属，钧府今年四月二十七日令兹《修正优待出征抗敌军人家属条例》第二十八条条文公布之，此令等谕，原系指定

二十八条是优待家属,如以壮丁青年尚未继承产业论,本条又限于军人本人有效,则前之优待与不优待等,今之修正与未修正等,研究中本条条文在应征召前出典之田地或房屋等文,原是在出典之上遗漏家属两字,因此发生争执,法院主张又不一定,应请解释也。为此呈明条文疑点,仰恳钧院鉴核,准予将本年《修正优待出征抗敌军人家属条例》第二十八条条文有军人无家属之疑点,明白解释批示,以凭遵守。谨呈国民政府主席。具呈人四川璧山丹凤乡征属周席珍

**院字第二六一〇号**

**民国三十二年十一月二十日　司法院复甘肃高等法院电**

甘肃高等法院杨院长览,本年九月铣代电悉,靖远县司法处所请解释一案,业经本院统一解释法令会议议决,关于借贷赤金如何折合法币偿还问题,已以院字第二一二八号解释在案。民国二十八年五月间借贷之赤金,亦得依此解释请求借用人偿还。至其余赤金交易,应依何时价格折合法币偿还,其交易关系未据说明,无从解答。合电转饬知照。院字第二一二八号解释抄发。司法院艳印

**附甘肃高等法院原代电**

重庆司法院钧鉴,案据靖远县司法处审判官王硕德陷代电称,足赤金价若干,究应由当初交易之价额为标准,抑由偿还执行时之价额为标准,或另有其他标准?每两足赤金折合法币若干元,以及民国二十八年古五月初一日借贷足赤金,现在求偿,应否准许,无所从违,请电示遵等情。据此,案关法律疑义,理合电恳钧院俯赐解释,以便饬遵。甘肃高等法院院长杨鹏叩铣乙印

**院字第二六一一号**

**民国三十二年十一月二十三日　司法院咨行政院**

案准贵院本年十月十二日仁捌字第二二七一五号咨,以据司法行政部呈请解释民事判决原本遗失如何办理疑义,转咨查核见复等由,业经本院统一解释法令会议议决,判决原本交付法院书记官后,未作成正本而灭失,为判决之推事有他调者,仅得由法院书记官依宣示之判决主文,作成判决节本送达于当事人。《民事诉讼法》第二百二十七条关于推事因故不能签名之规定,惟为判决之推事未于判决原本签名时适用之。若为判决之推事于判决原本签名后,发见原本灭失前他调者,不得援用同条规定,由为判决之其他推事补作原本,附记其不能签名之事由。相应咨复贵院查照饬知。此咨行政院

**附行政院原咨**

据司法行政部三十二年九月二十九日呈,为民事案件已经宣判尚未送达之判决原本遗失,原任审判长推事业已他调,可否由主办推事补作一份,并适用《民事诉讼法》第二百二十七条规定,代审判长推事签名,请转咨解释等情。据此,相应抄同原呈,咨请贵院查核见复,

以便饬遵。此咨司法院。行政院院长蒋中正

**附司法行政部原呈**

案据云南高等法院院长鲁师曾三十二年八月二十三日文字第五三五三号呈称,案据本院第一分院本年七月三十一日呈称,案据职院雇员王效礼七月十五日签呈称,为签呈事,窃五月二十五日吴书记官发下缮写大理马贤案判本一件,适值沈院长交代之期,各种移交文件表册,纷纷交缮,其他杂务,亦多临时发生。奉发判稿,无法即缮,加以缮写室内,又无收藏文件处所,各同事只好分别装置于写字桌抽屉内,因而被鼠撕咬者,已屡见不鲜。于其他文件缮清后,是项判稿竟不知如何遗失,而遍寻未获,疏略之咎,自知难辞。惟实以有上述原因,并非故意,用敢据实签请钧长鉴核等情。据此,经派书记官长周嘉式会同书记官吴少衡查明据报去后,旋据报称,遵查雇员王效礼遗失判稿,所呈经过情形,尚属实在,职等已悉心详查,并无别故,实系一时疏忽,应请从宽免议,理合签请鉴核等情前来。该雇员王效礼遗失判本,虽非故意,然殊属玩忽职务,业已会同地院李院长将其斥革,查马贤等与张子骧因荒地涉讼一案,前经宣示判决主文,有案可查该判决原本,既因该员遗失,可否另由该案主办推事薛继贤补作一份?又其原本上之审判长推事,系前院长沈沅签名,现沈院长已奉调,可否亦由主办推事代为签名?据呈前情,理合备文呈请钧院鉴核示遵等情。据此,查来呈所述情形,发生甲、乙两说。甲说,以来呈所述情形,似可比照《民事诉讼法》第二百二十七条规定处理,来呈所拟办法,尚无不合。乙说,以《民事诉讼法》第二百二十七条之规定,系指在判决原本制成时,推事或审判长因故不能签名之事实而言,来呈既称判决原本业已制作,并经审判长及推事分别签名,于交付制作正本后遗失,与《民事诉讼法》第二百二十七条规定情形并不相符,不能适用该条规定办理。惟该案判决主文既已宣示,自不能予以撤销,似可仅将主文送达两造当事人,而当事人得以判决不备理由为第三审上诉,以资救济。以上两说,究以何说为是,事关法律疑义,本院未便擅专,理合转呈鉴核示遵等情。据此,查原呈所称,已经宣判尚未送达之判决原本遗失,原任审判长推事业已他调,可否由主办推事补作一份,并代审判长推事签名等情形,自与《民事诉讼法》第二百二十七条规定情形不符。唯本于同一理由,可否适用该条规定办理之处,事关法律适用疑义,理合呈请钧院鉴核,转送司法院解释,俾便饬遵。谨呈行政院

**院字第二六一二号**

**民国三十二年十一月二十四日　司法院咨行政院**

案准贵院本年十月二十二日仁伍字第二三六二六号咨,以据财政部呈请解释契税条例分割契税疑义,转咨解释见复等由,业经本院统一解释法令会议议决,分割共有不动产所立之契,虽标其名称为分析或析分,亦应依契税条例第三条第五款、第八条完纳契税,各继承人就其公同共有之遗产为分割时,关于不动产之部分,亦包含于契税条例第八条所称分割共有不动产之内。相应函复贵院查照饬知。此咨行政院

**附行政院原咨**

据财政部本年十月十三日渝曰推第一二一〇六号呈称,查契税条例第三条第五款规定,分割契税,为其税价百分之六;第八条规定凡分割共有不动产者,应估价立契,由分割人完纳契税。近据各省田赋管理处呈,以民间立契在习惯上有分析或析分等名称,应否按分割契税征收,声请核示前来。查现行《民法》并无分析之规定,民间习用分析、析分名称,其本质似与《民法》所定分割无异,应照分割税率征收契税,惟既无明文规定,似应明白解释,俾知遵循。又《民法》关于分割之规定,分见两处,其一为第三编第二章第四节关于共有物分割之规定,其一为第五编第二章第三节关于遗产之分割之规定。契税条例第八条所称分割共有不动产,自系指共有物之分割。惟遗产而为数继承人所继承时,是否亦视为共有物,而于分割时亦征分割契税,亦应确定解释,免滋疑义。上陈两项,拟请钧院察核转咨司法院解释,以便饬遵等情。相应咨请查照解释见复为荷。此咨司法院。行政院院长蒋中正

**院字第二六一三号**

**民国三十二年十一月二十四日　司法院咨行政院**

案准贵院本年十月一日仁捌字第二一九九一号咨,以据湖南省政府代电转请示适用战时军律疑义一案,请解释见复等由,业经本院统一解释法令会议议决,《修正中华民国战时军律》第十条第一项之犯罪主体,系以军人或地方团队人员为限。乡镇长及负有地方治安责任之人员,虽为《刑法》上之公务员,其在抗战期间如有擅离职守或畏难逃避情事,除同时具有军人或地方团队人员身份,应适用该军律第十条第一项处断,或不尽厥职擅弃守地,应论以《刑法》上之渎职罪,以及战区警务人员等擅离职守,应援《陆海空军刑法》规定,以敌前逃亡论罪外,其余文职公务员或乡镇长擅离职守或畏难逃避,尚无治罪明文,仅得依《修正公务员服务法》《公务员惩戒法》或《乡镇组织暂行条例》各规定,予以惩治。相应咨复贵院查照饬知。此咨行政院

**附行政院原咨**

据湖南省政府本年六月九日代电称,据常德党政战斗指挥所三十二年五月有电称,凡乡镇长及负有地方治安责任人员如有散离职守畏难逃避,经查明属实者,可否援用战时军律处以极刑,谨电鉴核示遵等情。查战时乡镇长及负有地方治安责任之人员,是否合于战时军律第一条所开地方团队人员及文职公务员之规定?如不适用上项规定,有擅离职守畏难逃避情事,经查属实时,应依何种法令处办,事关法令解释,未便擅断,据电前情,除电复外,谨电请察核示遵等情。据此,经饬据内政部及司法行政部拟具意见呈复,事关适用法律疑义,相应抄同原意见,咨请贵院解释见复,以便饬遵。此咨司法院。行政院院长蒋中正

**附内政部意见**

(一)查乡镇长为广义之公务员,亦即《刑法》上之公务员,钧院及司法院迭有解释,其在平时犯罪适用《刑法》,固无疑义。惟战时军律第一条规定,文职公务员,在战时犯罪适用军

律，所谓文职公务员之解释如何，若仅指任用法上之公务员而言，则乡镇长自不在内，只应适用《刑法》。若指广义之公务员而言，则乡镇长亦包括在内，自可适用军律。事关军律解释，关系甚大，拟请钧院解释示遵。（二）乡镇长如兼任国民兵乡镇队长，以地方团队人员之身份适用战时军律。（三）湖南省政府原代电所称，负有地方治安责任人员，如具有战时军律第一条第一项所规定之身份，或合于同条第二项之规定者适用军律。又警务人员同负治安及守土卫民之责，关于战区警务人员擅离职守之论罪，前奉钧院二十八年三月十六日吕字第二五四七号训令，准依《陆海空军刑法》规定，以敌前逃亡论罪等因到部，经于同年三月二十八日以渝警字第一〇五二号咨行各省政府查照在案，合并陈明。

**附司法行政部意见**

查乡（镇）长及负有地方治安责任人员，除同时具有军人或地方团队人员身份，其逃亡得依照《修正中华民国战时军律》第十条处罚外，如仅以文职公务员身份擅离职守、畏难逃避者，核与《中华民国战时军律》各条之规定尚不相符，似仅得依《公务员服务法》第十条、第二十二条及《公务员惩戒法》第二条之规定办理。

**院字第二六一四号**

**民国三十二年十一月二十六日　司法院指令湖南高等法院首席检察官**

呈悉，业经本院统一解释法令会议议决，县司法处就《刑法》第六十一条所列以外之刑事案件，以被告死亡之理由，为不受理之判决者，仍应由该管高等法院或分院覆判。仰即转饬知照。此令

**附湖南高等法院检察处原呈**

案据本院第一分院首席检察官朱远模呈称，窃查县司法处因被告死亡，依《刑事诉讼法》第二百九十五条第五款所为之不受理判决，除《刑法》第六十一条所列之案件外，应否送请覆判，兹分甲、乙两说。甲说，认为不应送覆判，其理由以犯罪主体既已消灭，送请覆判，并无实益。况查司法院二十三年十二月三十一日院字第一一七七号解释载，初审判决后被告死亡，虽经覆判，亦无实益，故无庸再送覆判，由此益可推知。乙说，认为应送覆判，其理由以《县司法处刑事案件覆判暂行条例》第一条，除在但书规定《刑法》第六十一条案件不送覆判外，并未明定，依《刑事诉讼法》第二百九十五条第五款所为之不受理判决，毋庸送覆判。况查县司法处乃属一种过渡组织，内容简陋，审判案件多欠完善，政府为慎重刑狱计，故设覆判制度，以资救济。在事实上，吾人审查此类不受理判决案件之卷宗，往往发现有告诉人或告发人攻击被告并未死亡之情事，而县司法处多草率从事，不予调查。例如本院新近受理泸溪县司法处审判之孙应武妨害兵役案件，该孙应武即有诈称死亡，希图获得不受理判决，以逃避法院缉办之事实。由此足证县司法处所为此项不受理判决，如送请覆判，并非绝无实益，故不能引证司法院院字第一一七七号解释，而认为此类案件毋庸送覆判。既以院字第一一七七号解释而论，果被告经初审为有罪之判决后死亡，如再送覆判，则初审所

为之有罪判决,倘发生《县司法处刑事案件覆判暂行条例》第五条第一项第一款之情事,纵不能为更正之判决,亦可因被告死亡,依同条例第六条第一项之规定作覆审之裁定,发回原县司法处为不受理之判决,使初审失入之判决,归于撤销,而回复死者生前之名誉,并免玷污其子孙,且附带民事诉讼部分亦可因此失入之初审有罪判决撤销,而依《刑事诉讼法》第五百十六条之规定,适用《民事诉讼法》第四百九十二条第一项第九款提起再审之诉,以资救济,何得谓无实益?准是以观,则院字第一一七七号解释亦非无变更之余地。以上二说,各执一词,事关法律疑义,理合具文呈请钧长鉴核俯准,转请解释,实为公便,谨呈等情。据此,查被告死亡,在初审判决(实体法上之判决)后,院字第一七七号解释既明示毋庸再送覆判,则初审因被告死亡所为不受理之判决(程序法上之判决),自无呈送覆判之必要。惟事关适用法律,究应如何办理,理合转请钧院鉴核示遵。谨呈司法院院长居。湖南高等法院首席检察官邓静安

**院字第二六一五号**

**民国三十二年十二月三日　司法院致国民政府军事委员会函**

案准贵会本年十一月三日法审(三十二)渝字第一三二二六号公函,以结伙抢劫案件适用法律发生疑义,请解释见复等由,业经本院统一解释法令会议议决,某甲与匪伙约定时间抢劫某家,因上盗落后,行至距离目的地里许地方,同伙已将某家抢劫终了,是某甲尚未着手于抢劫之实行,系属《惩治盗匪暂行办法》第四条第一款结伙抢劫之预备犯,应依同办法第七条第二款处断。相应函复贵会查照。此致国民政府军事委员会

**附国民政府军事委员会原函**

兹有某甲与匪伙约定时间前往某家抢劫,某甲因上盗落后,追赶至距离某家里许地方,某家已被同伙抢劫终了,甲被获案,应如何处断,有子、丑、寅三说。子说,甲事前同谋,虽因上盗落后,但对于同伙之抢劫行为,应负共同责任。丑说,甲已参与抢劫谋议,虽因上盗落后,未及实施,但已着手于犯罪行为之实行而不遂,应以结伙抢劫未遂论。寅说,甲因上盗落后,未抵目的地已被查获,尚不能谓已着手于犯罪行为之实行,应以预备结伙抢劫论。以上三说,究以何说为是,事关法律疑义,相应函请查照,迅赐解释见复为荷。此致司法院

**院字第二六一六号**

**民国三十二年十二月三日　司法院咨行政院**

案准贵院本年十月二十日仁玖字第二三四二二号咨,据社会部呈,以《公务员服务法》规定公务员不得兼任其他业务,发生疑义,转请查核见复等由,兹经本院统一解释法令会议议决,医师或药剂师之业务,固为《公务员服务法》第十四条所称之业务。惟医师法或药剂师法未以现任公务员为医师或药剂师之消极资格,自不得以其为公务员,拒绝其加入医师或药剂师公会。公务员兼任医师或药剂师业务者,依《公务员服务法》第二十二条之规定,

虽应予以惩处，而其加入医师或药剂师公会之资格，仍不因此而受影响。相应咨复贵院查照饬知。此咨行政院

**附行政院原咨**

广西省政府前请核示现任公务员之医师药师可否参加医药师公会，经本院指令，查现任公务员之医师药师，现行法令并无许其得执行各该业务之明文，依照《公务员服务法》第十四条所规定，应不得参加各该业职业公会，并分行社会部卫生署各在案。兹据社会部呈，对《公务员服务法》第十四条，关于公务员不得兼任其他业务，与同法第十三条公务员不得兼营商业之规定并列，前条所称业务是否系指商业以外之其他自由职业而言，发生疑义。事关法律解释，相应抄同原件，咨请查核见复为荷。此咨司法院。行政院院长蒋中正

**附社会部原呈**

案据全国医师公会联合会呈称，案奉卫生署三月二十五日三十二医字第四五〇二号批，为遵令定于本年五月七八九三日在渝举行第五届代表大会，修订章程，改选理监事，呈请核备由，内开，呈悉，应予备案，惟查本署奉行政院顺玖字第二六四二四号训令，依照《公务员服务办法》第十四条规定，现任公务员之医师药师，并不得参加该业职业公会等因。该会应切实注意，并仰知照，此批，等因。奉此，遵经召集会议，一再讨论，佥以医药职业团体会员，曾经规定以领有合格证书，并执行业务之各该从业人为限，本无公私从业之分，当此抗战期中，医药人员为战时必要技术人才之一，正宜厉行强制入会，加紧管制，不仅自由从业人员应即加入公会为会员，尤应督促合格医药师应先加入公会，使取得从业资格，以应统制管理策动劳动服务之需要。兹查《公务员服务法》第十四条之规定，原系限制公务人员不得兼任他项公职或业务，并非限制现在各机关执行业务之医师不得加入公会为会员。在各机关服务之医师，倘纯粹非行政主管人员，其执行之诊疗研究工作，与一般医师原属一致，亦复需要由团结而互为业务上道德之砥砺，与信条之遵守，似未能使令丧失入会资格，证以医师法规定医师应先行加入公会，方得执行业务，自未可视入会即为兼营业务之确证，而予以限制。或有引用法官不得加入律师公会之例，以为医师不得加入公会之限制，确非事实所可比拟。查律师原为诉讼者与被诉讼者之代理人，本与法官所处地位相反，为规避职权，预防流弊计，法官自不得加入律师公会为会员，在医师仅有服从主管目的事业机关之义务，并无向主管卫生机关抗辩或参与法律性案件之权益，情形不同，未可强合。复查各级医师公会，尤赖现在机关服务曾经入党入团之医师参加指导，推行主义，以期协助推行党务，倡导民族健康，似未可以奋勉从公，限令退会。究应如何办理之处，理合备文呈请鉴核，准予解释示遵等情。据此，查关于现任公务员之医师药师参加公会问题，自奉钧院顺玖字二六四二四号训令遵照转行后，曾奉军事委员会委员长卯巧侍秘代电开，据刘赞周君条陈关于医务行政意见节称，医药职业团体之组织，应特许曾经入党入团，现在机关服务之医药师参加领导，以资推行主义等语，特转参考。当以原条陈请求仅对入党入团之医药师要求特许，理由殊欠充分，未敢据以拟义，变更定案。兹复据该公会呈列前情，经缜密研究，医药从业

人员以其本业技能承受各级政府机关委聘,固为需要,即政府机关人员兼有医药学识及资格,于公余之暇,为人担任诊疗工作,似亦为社会所欢迎。推而至于其他自由职业,除律师与司法官法禁兼营有其必要外,如律师会计师各种技师受政府机关聘任,及政府机关人员具有律师会计师技师之技能资格,为私人顾问或设计,亦为事实所恒有。自《非常时期人民团体组织法》公布后,其第四条规定各种职业之从业人,均应依法组织团体,并应依法加入各该团体为会员,原为非常时期统制各种技术人员,以应动员需要,正在由本部与各该主管机关协商,如何督促各种自由职团之组织,及各该从业人之一律参加。依钧院训令释示,各该以自由职业为本业者,方且谋借政府聘派为避免参加公会之义务,其实际兼营副业之公务员,更且讳莫如深,化公开为秘密,其影响职团之筹组,殆成为极大之阻碍。数月以来,各业进行筹组职团之声,异常岑寂,本部亦实感督促无方。细绎原令所据以释出为《公务员服务法》第十四条,公务员不得兼任他项公职或业务,此业务二字,究为属公属私,诚属不无疑问。但其下文为其依法令兼职者,不得兼薪及兼领公费。是本条之主旨,为限制兼职兼薪,任何限制兼职兼薪法案,所限制者必双方均为公职,方有薪及公费之可言,则业务二字似应属公,即同法第二十四条所列之公营事业机关之业务。至于属私业务,是否限制,则尚有同法第十三条公务员不得兼营商业之规定。是商业以外之私业,显不在不得兼营之列。反之,新旧《农会法》均仅有公务员不得被选为农会职员之规定,则公务员明自得为农会会员,亦即明白得兼营农业,各种自由职业自亦不应一概限制其执行。惟查钧院原令,系据广西省政府之呈请,其提出此主张自亦有所顾虑。按各该自由职业从业人之管制,各有其业务主管机关,如现任业务主管机关行政人员,亦得同时执行业务,或不免有假借权力,操纵把持情事。拟请将原令酌予变通,改为各自由职业从业人如出任各级政府之各该目的事业主管机关行政人员,应停止执行业务,退出公会,以示限制,而免流弊,所有据呈转请将公务员不得执行自由业务之限制,酌予变更各缘由,是否有当,理合呈乞核示遵。

**院字第二六一七号**

**民国三十二年十二月三日　司法院复安徽高等法院电**

安徽高等法院廖院长览,本年九月刑申有代电悉,该法院太湖分庭所请解释一案,业经本院统一解释法令会议议决,有同胞兄弟之现役及龄男子为他人之嗣子或养子者,纵为他人之独子,而其本人仍不得谓无同胞兄弟。至此项男子为赘夫者,其非无同胞兄弟,尤不待言。故在所后父母养父母或妻之家庭,虽独负生计责任,亦与现行兵役法第二十条第一项第五款所列缓征情形不符,院字第二二四四号解释,系就《修正兵役法施行暂行条例》为之,同条例关于此点之规定,既与嗣后施行之兵役法抵触,该号解释,亦即不得再行援用。合电转饬知照。司法院肴印

**附安徽高等法院原代电**

重庆司法院院长居钧鉴,案据本院太湖分庭午贞代电称,查司法院三十年二月十三日

院字第二二四四号解释内载，现役适龄之甲，如确已依《民法》之规定被收为养子，于其养父母之家庭为独子者，依《修正兵役法施行暂行条例》第二九条第一项第二款及第二项之规定，仅服国民兵役，即在战时亦无须受动员召集入营服役。而军政部三十一年八月二十四日渝爱役务字第一〇七〇八号训令，各军管区之训令，则谓凡父母亲生之独子，应依照《修正兵役法施行暂行条例》第二十九条第二项之规定，仅服国民兵役。其他宗祧继承收养或招赘种种原因构成之独子，无论在任何时期发生，均仍应依法征服常备兵役，其以前关于宗祧继承及收养等项解条，均予废止。此项训令，显与上开之解释不同，究竟在兵役法及《修正兵役法施行暂行条例》施行前，其因宗祧继承或收养或招赘而构成独子者，是否应依上开解释，认为仅服国民服务，抑应依军政部之训令办理，等情到院。查事关法律疑义，本院未敢擅拟，理合电请核示祗遵。署安徽高等法院院长廖江南卯煌刑申有印

**院字第二六一八号**

**民国三十二年十二月十三日　司法院指令江西高等法院**

呈悉，业经本院统一解释法令会议议决，《盐专卖暂行条例》第三十八条所谓一倍至五倍云者，系指以所倍之数字与当地盐价相乘之数而言，例如当地盐价十元，处以一倍之罚锾仍为十元，余由此类推。仰即转饬知照。此令

**附江西高等法院原呈**

案据临川地方法院院长王纲煦呈称，窃查《盐专卖暂行条例》第三十八条，违反第九条规定者，没收其已制之盐及制盐器具材料，并处以全盐量当地盐价一倍至五倍之罚锾，其计算倍数科罚时，是否连原盐价计算在内？例如当地盐价每斤十元，如科一倍罚锾，是否为十元，抑为二十元，于此分为甲、乙二说。甲说，谓该案规定，并处以全盐量当地盐价一倍至五倍之罚锾一语，系指科罚锾时，以没收之食盐量依当地盐价为计算倍数之标本，如将全盐量价额一并计算在内，是处一倍罚锾者事实上即变为两倍，观于印花税法第十八条所载，处应纳税额十倍以上三十倍以下罚锾之规定，则全盐量当地盐价系为计算罚锾之标准，更属明显。乙说，谓一倍应连同原盐价计算，比如当地盐价为十元，如处一倍之罚锾时，即应以二十元计算，处二倍罚锾时，应以三十元计算科罚，如仅处以十元罚锾，则一倍之规定，等于虚设，似与原立法之本旨相违。以上两说，以何说为是，事关法律疑义，理合备文呈请钧长鉴核，迅赐解释示遵等情。据此，事关法律疑义，本院未便擅专，理合据情具文呈请钧院鉴核，迅赐解释指令祗遵。谨呈司法院院长居。江西高等法院院长梁仁杰

**院字第二六一九号**

**民国三十二年十二月十五日　司法院咨行政院**

案准贵院本年九月二十七日仁捌字第二一六四八号咨，以据社会部呈请解释人民团体或其职员不服主管机关处分，能否提起诉愿等情，转咨见复等由，兹经本院统一解释法令会

议议决,人民团体或其职员,因主管官署之违法或不当处分,致损害其权利或利益者,依《诉愿法》第一条之规定,自得提起诉愿。相应咨复贵院查照饬知。此咨行政院

**附行政院原咨**

据社会部三十二年九月六月呈称,查《非常时期人民团体组织法》第十八条,《农会法》第二十四条第三款,《工会法》第二十八、第二十九、第三十七等条,商会法第二十条第四款,《商业同业公会法》第四十三、第四十四、第四十五等条,《工业同业公会法》第四十二、第四十三、第四十四等条,《输出业同业公会法》第四十六、第四十七、第四十八等条,教育会法第三十四条,均有主管(或监督)官署对于各种人民团体及其职员加以处分之规定。又《农会法》第三十一条第二项,《工会法》第三十九条,商会法第三十二条第二项,《商业同业公会法》第四十二条第二项,《工业同业公会法》第四十一条第二项,《输出业同业公会法》第四十五条第二项、教育会法第三十三条第二项,均有主管(或监督)官署对于各该人民团体解散决议之核准或许可之规定。上列各法条,除《工会法》二十八、九两条之处分,有同法第三十条得提起诉愿之规定外,其他能否提起诉愿,法无明文规定,迩来人民团体或其职员,有因不服主管机关处分时,有提起诉愿案件等情到部,应否受理,发生下列两种意见。甲说,人民团体,系公益法人,其权利义务,除管有财产为私法行为,应依普通法办理外,其他活动,概应依特别法之规定,应视为公法行为,其法定职员,有公职候选人资格,应视为准公职人员。故各级社会行政机关对于人民团体或其职员有所处分,或变更处分,多有须先经上级官署核准,及提经行政院决议之规定。如再准受处分者提起诉愿,则对象不明、审级重复,均成问题,且《诉愿法》第一条所称权利或利益,应以人民私法上之权益为限,公益法人或其职员所受处分,无关私法上之权益,应不许提起诉愿,《工会法》第三十条所定,为其他法同等处分所无,且对同法第三十七条较重处分,亦未规定得提起诉愿,于法理显有错误。此项法条,在未修改前,根据本条提起之诉愿自应有效外,不应予以比例援用。乙说,法人或其职员受有处分,不免损害权益,《诉愿法》第一条所指权益,并无私法上之明文限制,且人民团体职员遭受处分,亦往往影响其私人信誉,且《工会法》第三十条既有得提起诉愿之规定,其他同等或较重法条,当然可以比例援用,应一律准许提起诉愿。上列意见,究以何者为是,本部未敢擅专,理合备文呈请钧院鉴核,转咨司法院予以解释,以资遵循等情。据此,除指令外,相应咨请贵院解释见复,以便饬遵。此咨司法院

**院字第二六二〇号**

**民国三十二年十二月十五日　司法院咨行政院**

案准贵院本年十一月二日仁捌字第二四四二〇号咨,以据司法行政部呈请解释强制执行法适用疑义等情,转咨查核见复等由,兹经本院统一解释法令会议议决,基于宣告假执行之判决,拍卖债务人所有之不动产者,依强制执行法第九十八条之规定,买受人自领得执行法院所发给权利移转证书之日起,取得该不动产所有权。嗣后该判决虽经上级法院判决废

弃，买受人取得之所有权，仍不因此而受影响。纵令该不动产尚未点交于买受人，及买受人所缴价金尚有一部未经债权人受领，债务人亦仅得请求债权人返还其所为之给付，及赔偿其所受之损害，不得请求撤销拍卖。相应咨复贵院查照饬知。此咨行政院

**附行政院原咨**

据司法行政部三十二年十月十二日呈称，案据四川璧山实验地方法院代电称，查执行法院执行假执行之判决，据债权人之声请拍卖债务人之不动产，已由第三人拍定，并提出价金，由债权人具领，发给第三人管业证书在案，正在勘界饬领余款间，该假执行之判决经终审法院予以废弃，究应如何救济，兹有三说。甲、原执行名义虽被废弃，但以前执行程序并无瑕疵，且已终结，不能撤销，仅能由债务人根据不当得利，请求债权人返还受偿金额，并赔偿因此所生之损害，第三人因拍卖取得之所有权不受影响。乙、执行程序虽可视为终结，但执行名义既因确定判决而消灭，则债权人声请执行之根据丧失，以前之拍卖程序亦丧失法律上之原因，应由债务人与债权人及第三人（即拍买人）为被告提起撤销拍卖之诉，以求回复执行标的之所有权。丙、执行标的物虽已由第三人拍定，并发给管业证书，但既未勘界，所余价金亦未据债务人领还，执行程序当不能认为终结，执行法院尽可根据债务人之声明异议，以裁定撤销拍卖，将标的物返还债务人。究以何说为是？现有待决案件，事关适用法律疑义，理合电请钧座鉴核示遵等情。据此，查原代电所称情形，其救济办法，似应以甲说为是。惟事关适用法律疑义，理合备文呈请钧院鉴核，函转司法院解释指示，以便转饬遵照等情。据此，相应咨请贵院查照见复，以便饬知。此咨司法院。行政院院长蒋中正

**院字第二六二一号**

**民国三十二年十二月二十二日　司法院指令陕西高等法院**

呈悉，业经本院统一解释法令会议议决，兵役法虽已修正公布施行，其施行法尚在拟订中，在该施行法未颁布以前，原有兵役法之各种子法，与新兵役法不相抵触部分，仍准适用，业经军事委员会呈奉国民政府本年三月二十七日渝文字第四六六号指令准予备案在案。甲乙丙同胞兄弟三人均系现役及龄男子。甲乙二人既经征集入营服行现役，显系同胞半数以上现役在营，无论其家庭生计是否由丙独负，依现尚有效之《修正兵役法施行暂行条例》第三十条第一项第六款之规定，某丙虽系现役及龄男子，亦应予以缓役。仰即转饬知照。此令

**附陕西高等法院原呈**

案据平利县承审员张效先甲文代电称，设有甲乙丙同胞兄弟三人，均系现役及龄男子。甲乙经战时征集入营后，其家庭生计责任，为丙负担，而在甲乙服役期间内，对于丙之身分，是否视与修正兵役法第二十条第五款之规定同，电请解释示遵等情。据此，事关法律解释，本院未便擅拟，理合具文呈请钧院鉴核示遵。谨呈司法院院长居。陕西高等法院院长魏大同

**院字第二六二二号**

**民国三十二年十二月二十三日　司法院指令北高等法院**

呈悉,业经本院统一解释法令会议议决,私人对于祀神会田之所有权,或永佃权,为中央法令之所保护。省政府制定或核准之单行条例及规程,以之移转于乡镇公有,或为其他变更,其法律关系之规定,既与中央法令抵触,自属无效。仰即转饬知照。此令

**附湖北高等法院原呈**

案据罗田县司法处审判官陈树勋呈称,乡镇内私人共有之祀神会田,及其设定之永佃权,是否依照《湖北省各乡镇清理公学款产暂行通则》及《湖北省各乡公款公产保管章程》,予以移归公有另佃,请求解释到院。查祀神会田之所有权,既系私人所共有,并经其管理永佃于人,此纯系私权关系,尚非地方公产之性质。上项通则章程,关于此项产权规定,与中央法令不无抵触,其原有私人之所有权及永佃权,未能据以移转变更。案关适用法律疑义,本院未敢擅专。除指令外,理合抄同原通则章程条款,具文呈请钧院鉴核,迅赐解释指令饬遵。谨呈司法院。湖北高等法院院长郗朝俊

**院字第二六二三号**

**民国三十二年十二月二十四日　司法院复航空委员会电**

航空委员会鉴,本年十月寒人法(二)癸代电诵悉,贵会驻桂军法室所请解释一案,业经本院统一解释法令会议议决,空军路司令部总务股股长职务,查与《陆海空军审判法》第十九条第一项第一款副官职务相当,虽应认为军事检察官,但依同法第二十三条之规定,并无追诉犯罪之职务。又同法第四章所规定之该管各级长官,既与军事检察官职务相同,自亦不能认为《刑法》第一百二十五条之公务员。电复查照饬知。司法院敬印

**附航空委员会原代电**

司法院公鉴,案据本会驻桂军法室电请解释空军路司令部总务股股长职务,是否与《陆海空军审判法》第十九条第一项第一款副官职务相当,有无追诉犯罪之职权等情。又《陆海空军审判法》军事检察官章所规定该管各级长官,是否具有与军事检察官同一身分,认为《刑法》第一百二十五条之犯罪主体。事关法律疑义,相应抄同总务股业务区分纲目表,电请迅赐解释见复为荷。航空委员会寒人法二癸印

**院字第二六二四号**

**民国三十二年十二月二十四日　司法院指令广西高等法院**

呈悉,业经本院统一解释法令会议议决,未定期限之房屋租赁,因房屋价值之升高,出租人得声请法院增加其租金,此在《民法》第四百四十二条本有明文规定,定有期限之房屋租赁,其租金不敷缴纳土地税及房捐者,业经行政院定有补救原则四项,陈奉国防最高委员

会第九十次常务会议决议,准予备案,出租人自得依以请求增加租金。仰即转饬知照。此令

**附广西高等法院原呈**

呈为呈请事,案据田阳县司法处法字第七二八号本年十月感法代电称,窃查各省田赋改征实物后,业主收租,不敷完粮,补救办法所载系指耕地而言,至地面建筑房屋后出租之租金,不敷完粮,应如何办理,未有明文规定。第查事同一律,究竟可否比照援用该办法救济,属处未明,理合电请察核迅予解释示遵,俾资遵循等情。据此,案关法律疑义,未敢擅拟,理合具文呈请钧院鉴核,俯赐解释令遵,俾便转饬遵照。谨呈司法院院长居。代理广西高等法院院长申守真

**院字第二六二五号**

**民国三十二年十二月三十一日　司法院复安徽高等法院电**

安徽高等法院廖院长览,上年九月铣代电悉,霍邱县司法处主任审判官所请解释一案,业经本院统一解释法令会议议决,应服兵役之某甲,不愿应征,托乙介绍用洋千元雇丙顶替。此项洋款,自系《刑法》第三十八条第一项第二款之物。纵如来文所述,丙因被验收机关验不合格遣回,但既经征送于役政机关而为顶替,则甲之使人顶替兵役,即已达于既遂时期,其所供以雇用之款,自得予以没收,合电转饬知照。再《妨害兵役治罪条例》第十五条条文已于本年五月二十七日修正,并应注意。司法院世印

**附安徽高等法院原代电**

重庆司法院院长居钧鉴,案据霍邱县司法处主任审判官沈佩玉世代电称,查《妨害兵役治罪条例》第十五条载,使人顶替兵役者处三年以下有期徒刑,其顶替或介绍顶替者亦同。查顶替大多由雇买而成,设有甲应服兵役,自己不愿应征,托乙介绍用洋千元雇买丙顶替,经送验收机关验不合格遣回以后,丙持条取款,甲以未曾验上,阻止发条商店兑款,因此发生讼争。此项钱款,可否认为系供犯罪所用之物,依《刑法》第三十八条第二款没收,抑仅判甲乙丙罪刑,而将钱款发还原雇买人,法无明文规定,理合电请钧座鉴核示遵等情到院。查本案所称钱款,可否认为系供犯罪所用之物,依法没收,抑仅判该犯罪刑,而将钱款发还原雇买人?事关法律疑义,理合电请解释示遵,以便转饬遵照。署安徽高等法院院长廖江南叩申铣印

**院字第二六二六号**

**民国三十二年十二月三十一日　司法院指令广西高等法院**

呈悉,业经本院统一解释法令会议议决,(一)应贴印花税票二十元之凭证,仅贴十九元印花税票,依《修正印花税法》第十八条第一项后半段规定,其处罚倍数,应以所欠贴之数额(即一元)为计算之标准。(二)《修正印花税法》上所谓税率,乃计算应纳税额之标准,所谓

税额,即依此标准计算所得之数额,二者性质不同。(三)违反《修正印花税法》所定情事在两件以上者,得以一个裁定,于主文内分别谕知所处罚锾之数额,毋庸记载合并处罚字样。(四)《修正印花税法》第二十二条系属训示规定,毋庸于裁定之主文或理由内记明。(五)因经营商业载明出资数额派分红利等事项之账簿数本,由股东各执一份,余一份存店内,其存店之一份,虽与股东所执者,内容完全相同,但既为营业上所使用,即非《修正印花税法》第三条第七款所称之副本,依同法税率表第十五目,仍不得免贴印花税票,但须注意该目备考栏内所载之情形。仰即转饬知照。此令

**附广西高等法院原呈**

案据贵县地方法院本年九月二日院字第八三九号呈称,窃查职院近来办理违反印花税法科罚案件,发生疑义数端,(一)印花税法第十八条第一项规定,处应贴税额二十倍以上六十倍以下罚锾,其贴用不足定额者,减半处罚,所谓减半处罚,究系就应贴用印花税额处罚,抑仅就其不足之额按倍处罚?例如某一凭证,应贴用印花二十元而仅贴十九元,应照二十元税额按照倍数减半数罚,抑照不贴足之一元税额照倍数减半处罚?(二)上述所称应纳税额,其性质是否与第二十二条所谓应纳税率相同?(三)同法第二十条所谓分别裁定,合并处罚,究系先以二以上之裁定为分别处罚锾后,再用裁定合并处罚,抑系以一裁定于同一主文内记载分别处罚,再合并处罚?(四)同法第二十二条载,违反本法之凭证,于处罚后仍令负责人按应纳税率补纳印花税,是否应予裁定主文内标明令其补纳,或于理由内谕知?(五)同法第六条规定,同一凭证须备具二份以上,由双方或各方关系人各执一份者,应每份各别贴用印花税票。设甲乙丙丁四人合资设店,经营某种商业,合立载明出资数额派分红利及其他事项等章程之股东簿五本,由股东各持一份,余一份存店内。股东所执一份,应各按其出资数额贴用印花税,虽无疑义,但存店一份是否应按总资本数额贴用印花,抑应视为同法第三条第七款所称之副本免贴印花?以上各点事关法律解释,职院未敢擅专,理合呈请鉴核,转请解释示遵等情前来。理合据情转请察核解释令遵,俾便转饬遵照,谨呈司法院院长居。代理广西高等法院院长申守真

**院字第二六二七号**

**民国三十二年十二月三十一日　司法院指令陕西高等法院**

呈悉,业经本院统一解释法令会议议决,《民法》关于消灭时效之规定,仅为请求权而设,典物回赎权为形成权之一种,《民法》第九百二十三条第二项、第九百二十四条但书所定回赎权之除斥期间,并非消灭时效,不适用时效停止之规定。故除有如《优待出征抗敌军人家属条例》第二十八条第一项、第二十九条第二项之特别规定外,出典人虽因战事致不能于期间内回赎典物者,期间并不停止进行,其回赎权仍于期间届满时消灭。仰即转行知照。此令

**附陕西高等法院原呈**

案准陕西省临时参议会秘书处本年十月二十一日函开，案据本会参议员黄统提议，关于人民财产因战时影响对回赎典当之法律适用情形一案，经由本会驻委会第十九次常会决议，由秘书处函询本省高等法院关于此案解释见复等语，通过纪录在卷，相应照抄原提案函请贵院查照办理见复为荷等由，准此。查原提案略称，如某甲将其乙地之房屋出典于某丙，而甲又移居丁地，后丁地沦陷，交通隔绝，以致不能如期回赎，是否以受战事影响不能于法定期间内回赎之特别情形，视为时效中断，仍准逾期回赎？如仍可回赎，而出典人不能亲至乙地，或通信困难，或已身亡故，并不能亲具委托书时，其亲属可否代为回赎云云。本院按《民法》第九百二十三条第二项所定二年之期间，及《民法》第九百二十四条但书所定三十年之期间，均为无时效性质之法定期间，如其期间已届满者，回赎权即行消灭，不能回赎。惟因战事影响，交通隔绝，不能回赎，而法定期间届满者，应如何救济，在适用法律上不无疑义，除先行函复外，理合具文转请钧院解释示遵。谨呈司法院院长居。陕西高等法院院长魏大同

**院字第二六二八号**

**民国三十三年元月八日　司法院指令广西高等法院**

呈悉，业经本院统一解释法令会议议决，依《优待出征抗敌军人家属条例》第二十九条第二项规定不得收回或改典之田地，出典人自不得依《民法》之规定而为回赎，《民法》第九百二十三条第二项、第九百二十四条但书所定之期间，当然因此延展。同条例既未明定展至何时为止，即应准用同条例第二十八条第一项之规定，出典人得于出征抗敌军人服役期满后第二年内回赎之。该军人因作战阵亡，或因公积劳成疾，或受重伤致成残废，或因伤病请归休回籍而死亡者，出典人得自该军人阵亡或停役或归休之日起满三年后于二年内回赎之。仰即转饬知照。此令

**附广西高等法院原呈**

呈为呈请事，案据武鸣县司法处本年七月二十八日代电称，出征抗敌军人或其家属承典耕作或收益之田地，或自住之房屋，在出征抗敌期内，以别无耕作或收益之田地或自住之房屋为限，出典人不得收回或改典于他人，《优待出征抗敌军人家属条例》第二十九条第二项定有明文。而《民法》第九百二十三条第二项规定，出典人于典期届满后经过二年不以原典价回赎者，典权人即取得典物所有权；第九百二十四条规定，典权未定期限者，出典人得随时以原典价回赎典物，但自出典后经过三十年不回赎者，典权人即取得典物所有权。设有出征抗敌军人某甲典得某乙之田地一处，其家属别无田地可耕，专恃该处田地以维持生活，而该处田地之回赎期间，行将逾越，某乙现在可否依据《民法》规定请求回赎？如不能回赎，将来期限已过，某甲是否即取得该田地之所有权？某乙于某甲退伍回家，可否再言回赎，而不受《民法》规定之限制？案关法律疑义，理合电呈察核，恳乞核示祇遵等情。据此，

案关法律疑义,理合具文呈请钧院解释示遵,俾便转饬知照。谨呈司法院院长居。代理广西高等法院院长申守真

**院字第二六二九号**

**民国三十三年一月八日 司法院指令湖南高等法院**

呈悉,业经本院统一解释法令会议议决,《遗产税暂行条例施行条例》第三十六条所谓声请法院扣押其财产,系指声请法院为强制执行而言(参照院字第二四六一号解释),并非《民事诉讼费用法》第十七条第六款所谓声请假扣押,不得依同条款规定征收裁判费,亦毋庸依假扣押程序予以裁定。此所谓扣押,即强制执行法所称之查封,查封后执行推事应速定拍卖期日,纳税义务人如于拍卖期日前不提出现款声请撤销查封者,应即拍卖查封物。仰即转饬知照。此令

**附湖南高等法院原呈**

案据衡阳地方法院三十二年五月二十五日呈称,查《遗产税暂行条例施行条例》第三十六条逾限期间不完清税额,或照补税额者,应声请法院扣押其财产等语,此项扣押应否依《民事诉讼费用法》第十七条第六款之规定,由为声请之遗产税征收机关缴纳声请费,法院是否应依《民事诉讼法》中规定之保全程序予以裁定,抑或依遗产税征收机关之声请,不必裁定而迳予扣押,不无疑义。再查其财产如经法院依声请而命为扣押后,纳税义务人如仍不履行其纳税义务,则其财产长处于被扣押之状态中,抑将如何终结其事件,同条例尚无明文规定,亦属无所依据等情。据此,案关法律解释,理合据情呈请钧院鉴核示遵。谨呈司法院院长居。湖南高等法院院长陈长簇

**院字第二六三〇号**

**民国三十三年一月十一日 司法院复安徽高等法院电**

安徽高等法院廖院长览,上年十月寒代电悉,太湖县司法处审判官所请解释一案,业经本院统一解释法令会议议决,《修正营业税法》上之罚锾,依该法第二十条第一项之规定,既应由法院以裁定行之,自属《修正司法印纸规则》第六条第六款之司法收入,其依法令应提奖之部分,毋庸贴用司法印纸,该规则第六条亦有明文。至应如何核给奖金成数,不属于法令解释之范围。合电转饬知照。司法院真印

**附安徽高等法院原代电**

司法院院长居钧鉴,据太湖县司法处审判官张允瑢代电称,查本处受理违反《营业税法》案件,所处罚锾,应否列为司法收入贴用司法印纸,未奉明令。再查《营业税法》施行细则第三十八条略载,营业商号,如有违反《营业税法》及本细则各项之规定者,征收机关应移送法院依法受理,并核给奖金等语,究竟给奖金若干,亦无明文规定,此项罚锾,如不贴用司法印纸,可否仿照办理违反印花税法案件,将罚锾按其成数提给原征收机关作为奖金,余数

补助司法机关办公费用？案悬以待，理合电请鉴核示遵等情前来。查《营业税法》及《遗产税暂行条例》之罚锾，均规定由法院以裁定行之，遵照钧院院字第二四三〇号解释，《营业税法》之罚锾，似应列为司法收入，又应核给奖金若干，及可否仿照违反印花税法案件办理，均事关适用法令疑义，未敢擅专，理合电请鉴核示遵。署安徽高等法院院长廖江南叩酉寒印

**院字第二六三一号**

**民国三十三年一月十二日　司法院致财政部函**

案据川康直接税局叙永县分局遗产评价委员会代电，请解释《遗产税暂行条例》遗产范围疑义到院，兹经本院统一解释法令会议议决，《遗产税暂行条例》第十一条所谓被继承人配偶及子女之特有财产，不以《民法》第一千零十三条、第一千零八十七条列为配偶或未成年子女之特有财产为限。凡为配偶或成年与未成年子女所有之财产，皆包含在内。故被继承人成年之子或孙以自己名义用私财所购产业，不归入被继承人之遗产总额内计算征税。相应抄同原代电函请贵部查照饬知。此致财政部

**附川康直接税局叙永县分局遗产评价委员会原代电**

陪都司法院法律解释委员会钧鉴，查《遗产税暂行条例》内遗产二字之范围，不无疑义，例如某甲有子数人，均早已成年，子乙、孙丙均于十年前以私财经营获利，以乙丙名义购有产业，曾经立契投税。去年甲病故，其遗产由其继配及诸子继承，曾因析产诉经法院审理判决，宣告确认乙丙私有产业，仍各为其所有，不加入应继遗产内计算，确定在案。近因征收遗产税，该乙丙私有产业应否并入甲之遗产内计算，发生争议。子说，谓《遗产税暂行条例》第十一条规定之特有财产应依《民法》第一千零十三条、第一千零八十七条之规定，该乙丙为成年之子孙，与法定条件不合，因之乙丙产业，不能认为特有财产，即应并入甲之遗产内计算征税，以杜规避。丑说，谓乙丙买业报税时，《遗产税暂行条例》尚未公布，实无取巧规避可言，既系乙丙私财所买，即非甲之遗业，援引《民法》关于特有财产之规定，殊属误会。况经法院确定判决，确认其为乙丙之私有财产，不加入甲之遗产内，由应继诸人共同继承有案，自不应将此产业并入甲之遗产内计算征税。究竟二说孰是，事关法令疑义，应请解释示遵。川康直接税局叙永县分局遗产评价委员会委员何廷琦、王恭逊、岳选青、孔宪冬、袁昭明

**院字第二六三二号**

**民国三十三年一月十五日　司法院致司法行政部函**

案查贵部二十八年十月五日呈，据江西高等法院首席检察官呈转请解释刑事诉讼程序各疑义一案，兹经本院统一解释法令会议议决，（一）伪造署押诬告他人犯罪者，原属牵连犯之一种，诬告部分既已起诉，其效力应及于全部，法院仅就起诉之诬告部分审判，谕知无罪者，如已确定，既不发生牵连犯问题，即无犯罪事实一部与全部关系之可言，原告自得再就

伪造署押部分起诉,否则案未确定,若认其判决为不当,只能依上诉程序救济,不得另就伪造署押部分起诉。(二)上述问题关于伪造署押部分,经提起自诉者,第一审误认自诉人为非被害人,适用《刑事诉讼法》第三百二十六条谕知不受理,经上诉后第二审法院以诉不可分为理由,认为不能就该部分再行自诉,将第一审判决理由加以纠正,仍维持第一审不受理之谕知为驳回上之判决,且经确定,检察官自不能再依同法第三百二十八条第二项侦查起诉。(三)第一审误认自诉人为非被害人,依《刑事诉讼法》第三百二十六条谕知不受理,既属不当,检察官自得依同法第三百三十九条独立上诉,以资救济。(四)第二审判决对于第一审判决适用法则违法之点未予撤销,仅于判决理由内纠正其错误,而谕知上诉驳回者,其主文自非适法。(五)《刑事诉讼法》第三百二十六条所规定,不得提起自诉而提起者,不以同法第三百十三条至第三百十五条第一项有明文规定者为限,其非犯罪之被害人提起自诉者亦同(参照院字第一三二〇号解释)。至于自诉程序违背同法第三百十二条规定者,应依第三百三十五条准用第二百九十五条第一款谕知不受理。(六)《刑事诉讼法》第三百二十八条第二项所谓不受理判决,仍以依第三百二十六条规定谕知者为限,其依第二百九十五条各款谕知不受理之判决,自不包括在内,相应函请贵部查照饬知。此致司法行政部

**附司法行政部原呈**

案据江西高等法院首席检察官郭德彰呈称,案据襄宜地方法院首席检察官萧伟呈称,窃查伪造署押告诉或告发人犯罪,经法院仅就起诉之诬告部分审判谕知无罪者,能否就其伪造署押部分再行起诉,此有问题者一,就此问题如能就伪造署押部分再行起诉,设有自诉案件第一审误以自诉人非被害人,依《刑事诉讼法》第三百二十六条谕知不受理之判决,经上诉第二审乃以伪造署押为诬告之方法,诬告既经判决,依诉不可分之原则,不能就伪造署押部分再行自诉,而予受理等词,为纠正第一审判决之理由。且因第一审判决结果为不受理,仍予维持谕知上诉驳回之判决,以致确定,能否置第二审判决纠正之理由以不顾,即以其主文系维持第一审判决,仍由检察官依《刑事诉讼法》第三百二十八条第二项侦查再行起诉,此有问题者二。又,如上述第一审判决,在第一问题苟能就伪造署押部分再行起诉,其不受理之判决,关于此点重要之错误,能否置之不问,即因其系援引《刑事诉讼法》第三百二十六条,检察官应依同法第三百二十八条第二项办理,不必提起上诉,此有问题者三。又,如上述第二审判决,既因上诉结果而纠正第一审判决理由之错误,乃复谕知上诉驳回,其主文是否合法,此有问题者四。又,查《刑事诉讼法》第三百二十六条所规定,不得提起自诉而提起者,是否以同法第三百十三条至第三百十五条第一项有明文规定者为限,他如非犯罪之被害人,及不合同法第三百十二条规定之程序提起自诉者,能否概依同法第三百三十五条准用第二百九十五条第一款谕知不受理之判决,此有问题者五。又同法第三百二十八条第二项所谓不受理之判决,是否以同法第三百二十六条规定者为限,他如依同法第三百三十五条准用第二百九十五条谕知不受理之判决,能否不包括在内,此有问题者六。在上述第一问题不外两说,甲、消极说。以伪造署押为诬告之方法,既就诬告一部起诉,其效力及

于全部,《刑事诉讼法》第二百四十六条有明文规定,故再就伪造署押部分起诉,则于诉不可分之原则违背,苟再行起诉前之诬告部分之判决未确定时,则应依《刑事诉讼法》第二百九十五条第二款谕知不受理之判决。若其判决已经确定,应依同法第二百九十四条第一款谕知免诉之判决。乙、积极说。以《刑法》第五十五条之系牵连犯,必其行为均各成立犯罪,始有牵连犯之可言,其诬告既经判决无罪,则其伪造署押为独立犯罪,不能认为与前之判决诬告部分仍有牵连犯之关系,故再行起诉,于诉不可分之原则并不违背,否则伪造署押,证据确凿,应行追诉时,竟无法以资救济。又上述第二问题亦无非两说,甲,消极说以虽经第二审判决确定纠正第一审判决之理由,但其主文既维持第一审判决,则第一审判决所援引《刑事诉讼法》第三百二十六条为谕知不受理之根据,可视为存在,由检察官依同法第三百二十八条第二项于追诉权时效未完成前,就实体上侦查,得再行起诉。乙,积极说以第一审判决既误以自诉人非被害人,依《刑事诉讼法》第三百二十六条为逾知不受理之根据,经第二审判决纠正其见解错误,认为应依诉不可分之原则,不予受理为理由,方属合法,则第一审判理由与适用法条,因已纠正而不存在,其纠正理由既经判决确定,则其所谓诉不可分之原则,不外采上开第一问题中之消极说。以《刑事诉讼法》第二百四十六条、第二百九十五条第一款为不受理之根据,其确定判决漏引此法条,固属不合。但其认定伪造署押与诬告有牵连犯之关系,即属诉不可分之犯罪,诬告一部,既经自诉判决其效力及于伪造署押之部分,虽未经就伪造署押与诬告一并审判,然系就已经自诉之案件在同一法院重行起诉为不受理之根据,恰与上开法条相合,无可讳言者。如照消极说主张,依《刑事诉讼法》第三百二十八条第一项侦查得再行起诉,除非《刑事诉讼法》第二百三十一条第一款、第二百九十四条第一款所规定之曾经判决之确定者,解为程序判决之确定者不包括在内,未为不合,否则侦查起诉,应谕知免诉之判决,其明知判决确定之案件,而开始或续行侦查,岂非徒劳无益,故应采上述第一问题中之积极说,认为原确定判决违法,提起非常上诉,将原一二审判决撤销,由原一审法院受理,而为实体上之审判,方足以资救济。又上述第三问题仍有两说,甲,消极说以第一审判决既援引《刑事诉讼法》第三百二十六条为谕知不受理之根据,于能否就伪造署押部分再行起诉,本属一问题,不必本第一问题中积极说之见解提起上诉,以免上诉驳回判决确定而生枝节,应依同法第三百二十八条第二项就实体上侦查再行起诉,较为适当。乙,积极说以第一审判决既误认自诉人非被害人,即非不得提起自诉而提起者,乃援引《刑事诉讼法》第三百二十六条谕知不受理显属错误,则同法第三百二十八条第二项规定,认为应提起公诉者为要件,自无适用之余地,应依同法第三百三十九条独立上诉以救济其判决之错误,方为合法,即上诉驳回,判决确定,再行违法。是属提起非常上诉之事,不能复以第一审判决系援引同法第三百二十六条即应依同法第三百二十八条第二项侦查起诉谓无上诉之必要,纵令不独立上诉,而侦查再行起诉,于能否就伪造署押部分再行起诉之问题未解决以前,尚不能保再不谕知不受理或免诉之判决,复行上诉驳回,与前之自诉不受理而上诉驳回同一结果,至是仍非提起非常上诉不足以资救济。又上述第四问题亦有两说,甲,积极说以第一审判决理由,虽经第二审判决纠正其错误,然判决结果同为不受理之谕知,故不必将第一审判决撤销,而再谕知不受理,以免重复,故不能认其主文为不合法。乙,消极说以第一审判决理由既经第二审判决纠正其错误,则两判决不受理之法律根据各有不同,主文与理由亦不一致,且既因检察官之上诉而得纠正之结果,其上诉不能不认为有理由,应《刑事诉讼法》第三百六十一条第一项前段将原一审判决撤销,自为不受理之判决,方为合法,自无疑义。否则因两判决之结果相同,置纠正之理由以不顾,乃谓上诉无理由,援引《刑事诉讼法》第三百六十条以驳回之,岂非自认其判决无纠正之理由,始有上诉驳回之结果,其主文为不合法至为明显。又上述第五问题发生两说,甲说,谓不以有明文规定者为限,如非犯罪之被害人,虽无否定明文之规定,然依《刑事诉讼法》第三百十一条肯定明文之规定,即可解释为不得提起自诉者,至不合同法第三百十二条规定之程序提起自诉者,则应依同法第三百三十五条准用第二百九十五条第一款谕知不受理之判决。乙说,谓除有明文规定者外,他如非犯罪之被害人,及不合《刑事诉讼法》第三百十二条规定之程序提起自诉者,均应认为不得提起自诉者,否则不能依同法第三百二十六条谕知不受理之判决,而检察官接受不受理之判决书后,亦不能依同法第三百二十八条第二项规定办理。盖以第三百二十八条第二项所规定不受理之判决,及认为应提起公诉者各等语,系对第三百二十六条不受理之判决及不得提起自诉而提起者而云然尔。且查《刑事诉讼法》第二百九十五条第一款自诉程序准用之固有院字第一三二〇号解释,但此种不受理之判决,又不能不依同法第三百二十八条第二项办理,非如自诉程序准用同法第二百九十五条第二至第七各款,一经谕知不受理之判决后,认为无上诉必要时,即已完事,不涉及认为应提起公诉开始或续行侦查与否之问题。况查同法第三百二十六条至第三百二十八条,本连贯一气而有此三条之规定,可知第三百二十八条第二项所谓不受理之判决,其立法本意,似亦专指第三百二十六条不受理之判决而言,故照此意见解释适用上庶较有条而不混,免生其他误会(如准用第二九五条第二至第七款谕知不受理之判决,应否依第三百二十八条第二项办理,不免发生误会)。又上述第六问题亦生两说,甲说,谓《刑事诉讼法》第三百二十八条第二项所谓不受理之判决,不以同法第三百二十六条规定者为限,盖以同法第二百九十五条第一款自诉程序准用之,有院字第一三二〇号解释可据,如此种不受理之判决不依该第三百二十八条第二项办理,则无以资救济。乙说,谓《刑事诉讼法》第三百二十八条第二项所谓不受理之判决,是以同法第三百二十六条规定者为限,苟如甲说所举之例,固有解释可据,但除照第五问题中之乙说理由不赘述外,他如自诉程序准用第三百九十五条第二至第七款谕知不受理之判决时,岂非亦应包括在该法第三百二十八条第二项所谓不受理之判决内,则如该法第二百九十五条第二款自诉案件不能重行起诉谕知不受理之判决(如第一第二问题),即依同法第三百二十八条第二项侦查亦不得重行提起公诉。既不能重行提起公诉,则无适用该法条开始或续行侦查之必要,故解为凡自诉程序准用该法第二百九十五条谕知不受理之判决者,不包括同法第三百二十八条第二项规定不受理之判决范围内,似较整齐一贯,免生误会,而致纷乱。以上六问题中所列各说，孰是孰非，事关法律解释，未敢擅断，理合备文呈请钧席核转示遵等情。据此，事关法律疑义，理合备文转呈仰祈钧长核转释示饬遵等情。据此，事关法律疑义，理合备文呈请钧院俯赐解释指示，以便转饬遵照。谨呈司法院院长居。司法行政部部长谢冠生

**院字第二六三三号**

**民国三十三年一月十五日　司法院指令四川高等法院首席检察官**

呈悉，业经本院统一解释法令会议议决，县政府发给各小学校之领米执据，为县长粮食科长职务上制作之文书，自属公文书之一种。仰即转饬知照。此令

**附四川高等法院检察处原呈**

案据署四川崇庆地方法院首席检察官孙定华呈称，查县政府发给各小学校之领米执据，是否为有价证券，现有二说。一、肯定说。谓有价证券之特质，在券面权利之行使，与证券占有有不可分离之关系，其证券本身具有流通性，县政府发给各小学校之领米执据，米粮业公会既系凭条发米，而不问条据占有者是否为有权领米人，领米时又别无其他手续，且此项领米执据，亦能自由买卖让与流通，其为有价证券，似无可疑。二、否定说。谓此项领米执据，既有债权债务者及经手人姓名之记载，又为县长粮政科长基于职务关系所制作之通知，事实上此项执据虽可自由买卖让与，但法律上并未公认其有流通性，应认为公文书则甚明显。以上二说各执，未敢擅拟，本院悬案待结，理合检同领米执据样本，具文呈请仰祈转请解释示遵等情到处，理合检同领米执据样本具文呈请钧院俯赐鉴核示遵。谨呈司法院院长居。四川高等法院首席检察官林超南

**院字第二六三四号**

**民国三十三年一月十五日 司法院指令浙江高等法院**

呈悉，业经本院统一解释法令会议议决，自诉人在检察官侦查未终结前均得提起自诉，检察官于提起自诉以后仍继续侦查，并为处分，无论检察官是否知有自诉之存在，而其自诉之效力，均不受其影响，该处分如系不起诉，应认为无效。如系起诉，则法院应依《刑事诉讼法》第二百九十五条第二款谕知不受理，并就该自诉案件受理裁判。仰即转饬知照。此令

**附浙江高等法院原呈**

案据浙江丽水地方法院呈称，窃有某甲先向检察官告诉某乙窃盗，在侦查中又向法院提起自诉，其提起自诉时检察官尚未终结侦查，但于自诉后终结其侦查，并分别送达处分书，该自诉案件，法院应否受理发生疑义。有谓同一案件经检察官终结侦查者，不得再行自诉，《刑事诉讼法》第三一五条第一项定有明文，应谕知不受理，有谓在侦查终结前，检察官知有自诉，应停止侦查，将案件移送法院，《刑事诉讼法》第三一五条第二项亦有明文规定，检察官在提起自诉后终结侦查，系属违法，应仍由法院受理。有谓检察官在提起自诉后之

终结侦查,如不知有自诉存在,或虽知有自诉而其自诉显然为法律所不许者,检察官之终结侦查并非违法,应仍谕知不受理。以上二说,似以后说为是,然若检察官知有合法之自诉,或误认其自诉为不合法,而终结侦查时,法院就该自诉案件,是否仍予受理,即检察官该项处分是否认为无效,视同未处分。事关法律疑义,理合具文呈请钧长鉴核,或转呈解释指令祗遵等情。据此,按刑事案件在侦查中,告诉人复行提起自诉,纵为检察官所明知,而仍终结侦查,其处分似难认为无效,盖其处分如系起诉法院,可认为同一案件,就系属之先后,分别为实体与程序之裁判,如系不起诉处分,告诉人亦得于接受处分书后于法定期间内以业已提起自诉为理由声请撤销其处分。但又有谓在立法本意,自诉强于公诉,检察官既知有自诉之存在,无论合法与否,依法即应停止侦查,应停止而不停止,其处分当然无效,究竟来呈所述情形,应以如何解决为宜。事关法律疑义,理合备文呈请钧院释示,俾便转饬遵照。谨呈司法院。浙江高等法院院长郑文礼

**院字第二六三五号**

**民国三十三年一月十五日　司法院指令陕西高等法院**

呈悉,业经本院统一解释法令会议议决,国民兵团之区队后备队官兵暨乡(镇)保队预备队官兵均系地方民兵部队性质,如非正式军校出身,曾授武职之长官,皆不能视同军人,除其犯罪依法应受军法审判者外,仍应由该管法院审判,院字第二一四二号解释与此有异之部分,应予变更。仰即转饬知照。此令

**附陕西高等法院原呈**

三十二年十一月十六日据盩厔县县长兼理司法处行政职务左玉韬、司法处主任审判官刘绍禹呈称,查本处受理解生、发董志贞纵放人犯一案,经审理终结,被告解生发系本县国民兵团哑柏乡队班长,董志贞系该队队兵,依照司法院三十年三月一日令司法行政部之院字第二一四二号指令之解释,其在服役期间均应视同军人,曾经谕知不受理之判决送达,移送有军法职权之盩厔县政府,依军法程序审判去后,旋准该县政府本年八月十九日法字第四二号公函复称,经审理终结,依法判决后,呈请复核,顷奉陕西全省保安司令部三十二年八月十二日保法核孝字第一一〇二三号指令,指饬被告解生发等并无军人身分,仍送由本处审理前来,本处以该被告等应视同军人,不但有上开司法院之解释可据,且前曾审理梁明娃等因伤害致人死一案,被告梁明娃系本县国民兵团哑柏乡队队兵,依据上开司法院之解释令,谕知不受理之判决,呈经钧院三十二年度覆字第九六号刑事判决核准有案,当经抄同司法院三十年三月一日第二一四二号指令全文,函请盩厔县政府再检卷判呈核各在卷,兹准该县政府本年十月十四日府法字第一三〇号公函内开,案查前准贵处三十二年九月八日函字第九八四号公函,以纵放人犯被告解生发董志贞二名,依据司法院三十年三月一日令司法行政部之院字第二一四二号令解释,其身分视同军人,嘱再检同原卷,呈请复核等因,奉此。经呈奉陕西全省保安司令部三十二年十月六日保法核孝字第一三一三三号指令内

开,呈卷均悉,查国民兵团内之乡保队长,如非军校出身,虽予武职名义,亦不能视同军人,业经军事委员会三十一年七月法乐荃艳电解释有案,被告解生发系乡队班长,董志贞系乡队士兵,依照上开解释,自无军人身分,合将原电抄发,仰仍遵照前今各令办理为要,卷发还等因,计发还原卷二宗照抄原电一份,奉此,自应遵办,相应检同原卷,并附原电文函请查照办理为荷等由,附送原卷二宗军事委员会原电文一件,准此。查所抄军事委员会三十一年七月法乐荃艳电解释与司法院三十年三月一日院字第二一四二号解释,似有冲突,究竟国民兵团之乡镇保队队长队附队兵是否应视同军人,理合抄同原电令具文呈请钧院鉴核,转请解释,指令祇遵等情。据此,理合具文呈请钧院鉴核,俯赐解释,以资转饬遵办,实为公便。谨呈司法院院长居。陕西高等法院院长魏大同

**院字第二六三六号**

**民国三十三年一月十五日　司法院训令河南高等法院**

案据该法院第一分院代电请解释刑事诉讼程序疑义一案到院,兹经本院统一解释法令会议议决,第三审法院撤销复判审核准之判决发回原法院后,原法院所践行之通常程序为更审程序,并非第二审,自不能列检察官为上诉人。合行令仰该法院转饬知照。原代电抄发此令

**附河南高等法院第一分院原代电**

重庆司法院院长居钧鉴,第二审检察官对复判审核准判决提起上诉,经第三审法院撤销原判决发回更审,仍由原法院为第二审实体上之审判,已入于《刑事诉讼法》上通常程序之范围,以检察官上下一体之原则言,似可列检察官为上诉人。惟法无明文,事关适用法律程序,发生疑义,理合电请钧院鉴核解释示遵。署河南高等法院第一分院院长王启光卯寝印

**院字第二六三七号**

**民国三十三年一月二十一日　司法院咨行政院**

案准贵院上年十二月九日仁捌字第二七〇八七号咨,以据司法行政部呈,转请解释诉讼卷宗因火灾灭失适用法律疑义一案,请解释见复等由,兹经本院统一解释法令会议议决,诉讼卷宗因战事灭失与因其他事故灭失,灭失之原因虽异,其为灭失则一,诉讼卷宗灭失后之处理方法,自无按其灭失原因分别定之之必要,《非常时期民刑诉讼补充条例》关于诉讼卷宗因战事灭失之规定于因其他事故灭失时,亦有同一之法律理由,应准用之。相应咨复贵院查照饬知。此咨行政院

**附行政院原咨**

据司法行政部三十二年十一月二十五日呈总字第五六一号呈称,案据四川高等法院三十二年七月十日呈称,案查前据峨嵋县县长兼理司法处行政事务叶青,署同处审判官张四

维,本年六月真代电,呈报该县本年六月八日午后一时许发生火灾,县府及司法处同时化为灰烬。该处除将处印携出并抢救进行案件一部分外,其余多数卷证文件公物簿册损失殆尽等情到院,业于本年六月二十六日以陡字第三八四七号呈文据情呈报钧部鉴核及电饬该司法处速将文件公物损失确数查明具报核办各在案。关于该处损失之卷宗文件,亟待筹划善后补救办法。查《非常时期民刑事诉讼案件补充条例》,案件卷宗因战事灭失之事件,虽有明白之规定,但因天灾损失,法无明文,此次峨嵋县司法处因火灾损失之卷宗文件,可否准用上开条例之规定,未敢擅专,拟恳钧部先行核示办法,俟该处具报后,以便指示遵办,是否有当,理合具文呈请钧部俯赐鉴核,指令祇遵等情。据此,查该处民刑案件既因火灾焚毁,则除适用或准用《非常时期民刑事诉讼补充条例》关于因战事灭失卷宗各规定办理,尚无较为妥善补救办法。惟该处卷宗灭失原因与该项条例规定不同,可否适用或准用该项条例各规定办理,本部未敢擅专,理合备文呈请钧院鉴核,转请解释祇遵等情。案关法律适用疑义,相应咨请查照解释见复为荷。此咨司法院。行政院院长蒋中正

**院字第二六三八号**

**民国三十三年一月二十一日　司法院咨行政院**

案准贵院上年十一月二日仁捌字第一四四一七号咨,以据司法行政部呈,转请解释《刑事诉讼法》条文适用疑义一案,请解释见复等由,业经本院统一解释法令会议议决,法院将判处徒刑或拘役之人犯,移送检察官执行,如检察官尚未送监执行,该受刑人具有《刑事诉讼法》第四百七十一条所列情形之一时,自得由检察官依照同法第四百七十二条将受刑人送入医院或其他适当之处所,其日数不应算入刑期,如当地无医院或其他适当处所,可否将患病之受刑人交保在外医治,应由指挥执行之检察官斟酌其患病之情状定之。相应咨复贵院查照饬知。此咨行政院

**附行政院原咨**

据司法行政部三十二年十月十三日呈称,案据湖南高等法院首席检察官邓静安三十二年六月七日呈字第三〇六号呈称,案据本院第一分院首席检察官朱远谟三十二年五月二十一日呈称,查《刑事诉讼法》第四百七十一条所定停止执行之情形,乃指未受执行者而言,若已在执行中而有该条所列各款情形时,应由监狱长官依照监狱规则第六十六条、第六十七条各规定,呈请监督官署许可后,保外医治或移送病院,其在外或病院之日数,仍算入刑期。此有民国十八年院字第八十七号解释可据,固不发生何种问题。惟有时二审法院判决确定之案件,移送同院检察官执行,而同院检察官以所在地监狱人犯拥挤,无法容纳,乃将受刑人解送原第一审法院检察官执行,所有执行指挥书,亦饬由原第一审法院检察官填发,如在刑期业已起算尚未解送之际,受刑人忽发生《刑事诉讼法》第四百七十一条所列各款之情事,究应认为尚未开始执行,由第二审法院检察官依《刑事诉讼法》第四百七十一条办理,抑应认为在执行中由所在地监狱长官依监狱规则第六十六条、第六十七条办理?又检察官依

《刑事诉讼法》第四百七十二条之规定，将受刑人送入医院或其他适当之处所，其日数应否算入刑期内，再如当地无病院或其他适当处所，可否将受刑人交保在外医治？事关法律疑义，理合备文呈请核示祇遵等情。据此，理合转请钧部鉴核示遵等情。据此，查原呈所陈情形，法律不无疑义，理合呈请钧院鉴核，转送司法院解释，俾便饬知等情。据此，案关适用法律疑义，相应咨请贵院查照解释见复，以便饬遵。此咨司法院。行政院院长蒋中正

**院字第二六三九号**

**民国三十三年一月二十四日　司法院致司法行政部函**

案据本院秘书处签呈称，准贵部上年四月十六日公叁字第一〇七八号函，据河南高等法院转呈请解释刑事诉讼程序各疑义一案，请查照转呈等由，谨签请鉴核等情，兹经本院统一解释法令会议议决，(一)防空指挥部委派之上尉副官，并已任职，自已取得军人之身分，其在任官中犯罪且经发觉者，应受军法审判，普通法院无审判权。(二)初判杀人与单纯窃盗二罪，杀人罪部分，既经上诉，不在应复判之列，其窃盗罪部分，自毋庸呈送复判。(三)应以裁定为裁判之案件，误以判决行之者，经上诉后，上级法院应作抗告案件受理裁判。(四)起诉或第一审判决为强奸杀人之结合犯，伤害致死之结果犯，杀人弃尸之牵连犯，窃取粮食布匹之窃盗犯，皆属裁判上之一罪，第一审或上诉审如认为仅成立强奸罪，或伤害罪，或杀人罪，或窃盗粮食罪，而不认其为杀人、为致死、为弃尸、为并窃布匹时，其判决主文中，只须谕知其应论处之罪刑，其余部分在判决理由中予以说明，无庸更为无罪之谕知。相应函请贵部查照饬知。此致司法行政部

**附司法行政部原函**

案据河南高等法院院长胡绩呈称，案据本院第三分院本年二月十六日呈文呈称，呈为呈请解释法律疑义事，窃查防空指挥部上尉副官犯罪在防空指挥部委派之后(以下简称本部委派)，防空司令部加委(以下简称上级加委)之前，始行发觉。其取得军人身分时期，于通常法院有无审判权，极有关系，分为两说。甲说，谓下级机关先自委派职员而后呈请上级加委，乃各机关之通则，既经本部委派即已取得军人身份，上级加委与否，在所不问，故犯罪发觉在本部委派之后者，应归军法机关审判。乙说，谓本部委派后，既须上级加委，必上级加委后始取得军人身分，故犯罪发觉在本部委派后上级加委前，应归通常司法机关审判，此应请解释者一。又复判案件一案中，有单一或多数被告犯数罪，依法应予并罚，而数罪中有应送复判者之杀人罪，有不应送复判之单纯窃盗罪，如仅就杀人罪上诉，其单纯窃盗罪应否复判，亦分两说。甲说，谓杀人窃盗既系一案，依《县司法处刑事案件复判暂行条例》第一条第二项规定，为应复判之件其未上诉之窃盗罪，不能因杀人罪上诉而变更为不应复判之件。乙说，谓窃盗罪本不应复判，因同条例第一条第二项规定始应复判，杀人罪既系上诉，其未上诉之窃盗罪，即不应复判，此应请解释者二。又自诉案件应谕知无罪者，依法应以裁定行之(应谕知管辖错误免诉不受理者亦同)，若第一审予以判决上诉后，如何办理，亦分两说。

甲说,谓判决程序较裁定程序为重,既将应以裁定行之之件适用判决,上诉审仍应分别有无理由而为判决。乙说,谓此项应以裁定行之之件,而以判决行之,显属违法,上诉审应以判决撤销原判决,另以裁定分别有无理由,予以准驳,此应请解释者三。又如起诉或第一审判决者为强奸杀人之结合犯,伤害致死之结果犯,杀人弃尸之牵连犯,窃取粮食布疋之窃盗犯,审判中或上诉审认为仅成立强奸罪或伤害罪或杀人罪或窃盗粮食罪,而不认其为杀人、为致死、为弃尸、为并窃布疋时,主文中应否为其余部份无罪之谕知,亦分两说。甲说,谓此项情形在判决主文中本为一个罪刑,既认定一部犯罪在主文中仅谕该部之罪刑,而其余一部认为不成罪者,在理由中释明为已足,无庸更于主文中为无罪之谕知。乙说,谓理由为主文所从生,理由中既认定不成罪,主文中亦应为无罪之谕知,否则主文与理由相抵触,此应请解释者四。以上关系法律疑义,理合具文呈请鉴核俯准,转请解释,俾便遵行等情。据此,查所列四项,关于第二项似以乙说为是,其余三项,似均以甲说为是。惟事关法律疑义,本院未便指示,理合备文呈请钧部鉴核,转饬遵行等情。据此,事关法令疑义,相应函请贵处查照,转陈解释见复,以便饬遵。此致司法院秘书处。司法行政部部长谢冠生

**院字第二六四〇号**

**民国三十三年一月二十四日　司法院复安徽高等法院电**

安徽高等法院廖院长览,上年十月艳代电悉,青阳县司法处所请解释一案,业经本院统一解释法令会议议决,(一)某甲于《修正妨害兵役治罪条例》公布后未到达前,犯该条例第十五条第一项之罪,应依《刑法》第二条第一项但书,适应有利于行为人之旧条例处断。(二)犯罪既在上开修正条例公布之命令实际到达该县发生效力以后,即应适用该条例处断,县司法处以未受通知,仍依旧条例判处罪刑,自系违法,如已确定,得依非常上诉程序纠正之。合电转饬知照。司法院敬印

**附安徽高等法院原代电**

司法院院长居钧鉴,据青阳县司法处审判官赵宗鼎代电称,查关于法律施行到达日期,在非常时期内,各省市一律以公布法律之命令实际到达各该省市县之翌日起,发生效力,曾经国民政府于二十八年九月十六日通令在案。(一)设如《妨害兵役治罪条例》第十五条第一项修正文较原条文处刑为重,某甲犯罪时,在修正文公布以后,奉到以前,而裁判时,则修正文已经奉到。按上开实际到达各省市县之翌日起发生效力之明令,在奉到以前之犯罪行为,似可仍依《刑法》第二条第一项但书适用有利于行为人之原条,更不受同条例第二十四条自公布日施行之限制。(二)设如犯罪时在修正文公布以后,因交通关系,县行政机关奉省政府转到在先,县司法机关奉高等法院转到在后,县司法机关因未准县行政机关之函知,依原条文判决,量刑于确定后,始知县行政机关早经奉到(犯罪时已在实际奉到以后)。此种判决,可否以县司法机关尚未实际奉到修正文,视为合法确定,抑应依《县司法处办理诉讼补充条例》第十九条送请检察官上诉,以声请提起非常上诉,以资救济等情,呈请解释前

来。查第一点似应适用《刑法》第二条第一项规定，为有利于行为人之判决，不受《妨害兵役治罪条例》第二十四条之限制，第二点自应遵照司法行政部本年八月第四五三四号训令与县行政机关取得联系。但在未奉令之前，如有因失联系，其犯罪及裁判时均在县行政机关奉到修正条文之后，因县行政机关未予函知，以致仍依原条文处断。此项裁判究应如何救济，均事关适用法律疑义，未敢擅拟，理合电请核示祗遵。署安徽高等法院院长廖江南叩酉艳印

**院字第二六四一号**

**民国三十三年一月三十一日　司法院致国民政府军事委员会函**

案准贵会上年十二月十七日法审(三十二)渝四字第一四九三六号公函，以据兼浙江全省保安司令电，请解释囤积居奇案件适用法律疑义，转请解释见复等由，业经本院统一解释法令会议议决，各省市关于管制动员物资及业务发见情节重大之囤积居奇案件，经国家总动员会议决定，改由有军法审判权之机关审判后，如为有罪判决，究应依《非常时期农矿工商管理条例》第三十一条惩处，抑应适用《妨害国家总动员惩罚暂行条例》相当条文惩处，应就其犯罪事实，选择援用最适当之法条处断。倘遇有法规竞合情形，并应注意《妨害国家总动员惩罚暂行条例》第二条，及《非常时期农矿工商管理条例》第三十三条从重之规定，至其囤积之物品，应见由主管官署没收，《非常时期取缔日用重要物品囤积居奇办法》第十八条既有特别规定，则受理该案之法院，不问该主管官署事前有无处分，均不适用《刑法》第三十八条第一项第二款予以没收。相应函复贵会查照饬知。此致国民政府军事委员会

**附国民政府军事委员会原函**

案据兼浙江全省保安司令黄绍竑戌回法澄电称，囤积居奇案如情节重大，依《妨害国家总动员惩罚暂行条例》第四条有改由军法机关审判之必要者，应否须经省动员会议讨论后转报国家总动员会议决定，并是否仍依《非常时期农矿工商管理条例》第三十一条予以惩处，抑得适用《妨害国家总动员惩罚暂行条例》相当条文处断，其囤积之物资，如主管官署未经行政处分予以没收，审判时，可否依《刑法》第一一条及第三八条第二款宣告没收，谨电请核示祗遵等情。查原所称情节重大之囤积居奇案，应否由军法机关审判，由省动员会议转报国家总动员会议决定，自属正当。惟关于适用法律及没收部分，相应函请查照迅予解释见复，以凭饬遵。此致司法院

**院字第二六四二号**

**民国三十三年一月三十一日　司法院致国民政府军事委员会函**

案准贵会上年十二月二十三日法审(三十二)渝字第一五二三六号公函，以据兼浙江全省保安司令电，请示军人帮助非军人结伙抢劫，适用法律疑义，转请解释见复等由，业经本院统一解释法令会议议决，军人甲帮助非军人乙丙结伙抢劫，甲系犯《中华民国战时军律》

第十一条之罪,乙丙系共犯《惩治盗匪暂行办法》第四条第一款之罪,如对于甲依从犯之例减刑时,应适用《刑法》第十一条、第三十条第二项,按照上开律条所定正犯之刑减轻之。相应函复贵会查照饬知。此致国民政府军事委员会

**附国民政府军事委员会原函**

案据兼浙江全省保安司令黄绍竑碧戌艳法澄电略称,军人甲帮助非军人乙丙结伙抢劫,是否适用战时军律及《惩治盗匪暂行办法》分别论处,如军人适用军律处断,则其帮助犯减刑,依何法为准,电请示遵等情。据此,案关适用法律疑义,相应函请贵院迅赐解释见复,以凭饬遵为荷。此致司法院

**院字第二六四三号**

**民国三十三年二月十日　司法院训令河南高等法院**

案据该法院第一分院呈请解释继承事件适用法律疑义到院,兹经本院统一解释法令会议议决,原呈所称甲之侄乙,如于甲死亡时已为胎儿,依当时之法律,应立为甲之嗣子者,虽出生于《民法》继承编施行之后,亦为同编施行法第八条所称之其他继承人,若乙于甲死亡时未为胎儿,则惟出生于同编施行之前,依当时之法律,应立为甲之嗣子者,始为同条所称之其他继承人。合行令仰该法院转饬知照。原呈抄发此令

**附河南高等法院第一分院原呈**

呈为呈请解释事,窃按《民法继承编施行法》第八条,继承开始在《民法》继承编施行前,被继承人无直系血亲卑亲属,依当时之法律,亦无其他继承人者,自施行之日起,依《民法》继承编之规定,定其继承人,被继承开始在《民法》继承编施行前,若始终无可继之人,于《民法》继承编施行后,依《民法》继承编之规定,固无问题。设有甲死亡于旧法时代,无直系血亲卑亲属,其侄乙于甲继承开始后《民法》继承编施行前出生,甚至于《民法》继承编施行后出生,能否均视为本条所谓可继之人,于是发生三说。子说,谓甲侄乙既于甲继承开始后《民法》继承编施行前,甚至于《民法》继承编施行后出生,是其于继承开始时,尚不存在,依当时法律自不能解为本条所谓可继之人。丑说,《民法继承编施行法》第一条,继承在《民法》继承编施行前开始者,除本施行法有特别规定外,不适用《民法》继承编之规定,本法第八条之规定,即本法第一条所指之特别规定,是其合于特别规定者,适用本法第八条之规定,不合于特别规定者,适用《民法》继承编施行前之当时法律规定。甲侄乙系出生于甲继承开始后《民法》继承编施行前,是对于第八条规定,继承开始亦无其他继承人之字义不合,自应视乙为依当时法律所谓可继之人。惟乙如出生于《民法》继承编施行后,是在《民法》继承编施行时尚不存在,自为本法第八条所谓无可继之人应适用本法之特别规定,即不应准许乙之告争继承。寅说,丑说所谓本法第八条为本法第一条之特别规定,甲侄乙于甲继承开始后《民法》继承编施行前出生,应视为本法第八条所谓可继之人,固不能谓为非是。惟乙如果于《民法》继承编施行后出生,仍不能不视为本法第八条所谓可继之人,诚以甲继承

开始,既在《民法》继承编施行前,依当时法律已应为之立继,而本施行法第八条之规定,又限于依当时法律无可继之人始依《民法》继承编之规定,兹新法施行后出生之乙,既不能谓依当时法律可继之人。若以其出生于《民法》继承编施行后,即指谓非本法第八条所谓可继之人,是无异变有为无,岂本法所谓无可继之人之无字之法意,故新法施行后出生之乙,仍应视为第八条所谓可继之人(准其依旧法告争)。以上三说未知孰是,理合具文呈请钧院俯赐解释示遵。谨呈司法院院长居。署河南高等法院第一分院院长王启光

**院字第二六四四号**

**民国三十三年二月十六日　司法院致考选委员会函**

案据本院秘书处签呈称,准贵会上月十五日渝会专字第一二〇六二号公函,请转陈解释律师检核疑义一案,谨签请鉴核等情,兹经本院统一解释法令会议议决,行政法院评事,在律师法上既无得比照推事或检察官应律师检核之规定,自不得适用该法第一条第二项第一款应律师检核。相应函请贵会查照。此致考选委员会

**附考试院考选委员会原函**

案据本会律师检委员会签呈称,据律师声请检核人邱怀瑾,以行政法院评事之资格,声请律师检核,经提会讨论,佥以行政法院评事掌理行政违法问题之审理,行政法规虽属公法范围,而关系私权亦巨,方兹吾国崇尚法治,研习公法为律师必备之学识。征之欧洲大陆国家,行政法院多允许律师出庭,以保障人民权利,可资明证。复查行政法院组织法规定评事资格,以具有丰富行政经验,并熟谙法律之简任职公务员为合格,其审理案件,复多准用《民事诉讼法》规定,而其审判独立及职位保障,又与一般法院之推检相同,是否可比照推检认为具有律师检核之资格,当即决议,综叙各委员意见签请核示等语,签请鉴核前来。查原签所陈,不无理由,惟评事可否比照推检得应律师检核,律师法尚无规定,事关法律疑义,相应函请查照,转陈解释,并希见复为荷。此致司法院院长居。考选委员会委员长陈大齐

**院字第二六四五号**

**民国三十三年二月十六日　司法院复浙江全省保安司令部电**

浙江全省保安司令部黄司令鉴,戌巧法平电悉,东阳县县长所请解释一案,业经本院统一解释法令会议议决,伪乡保长为敌伪向民间派募金钱粮食及民夫等,如系各别起意即应依《修正惩治汉奸条例》第二条第三、第五、第六各款分别论罪,并适用《刑法》第五十条并合处罚。特复司法院铣一印

**附浙江全省保安司令部原电**

渝司法院院长居,据东阳县县长丁喻电,以在伪组织方而充任伪乡保长为敌伪向民间派募金钱粮食及民夫等,应依《修正惩治汉奸条例》第二条第三、第五、第六各款分别论处,请核示祇遵等情。案关法律疑义,谨电请迅赐解释示遵。碧浙江全省保安司令黄绍竑戌巧

法平印

**院字第二六四六号**

**民国三十三年二月十六日　司法院复浙江全省保安司令部电**

浙江全省保安司令部黄司令鉴,戌冬法平电悉,业经本院统一解释法令会议议决,每日吸食鸦片赓续不断者系连续犯,依《刑法》第五十六条但书得加重其刑,至施打吗啡同时吸食鸦片,及施打吗啡数年改吸食鸦片者,均应依同法第五十条并合处罚,特复。司法院铣二印

**附浙江全省保安司令部原电**

渝司法院院长居,每日吸食鸦片赓续不断,应否认为习惯犯,抑为连续犯,得加重其刑,又施打吗啡同时吸食鸦片,及施打吗啡数年改吸鸦片,应否从一重处断,抑并合论处,均不无疑义,谨电请迅赐解释祇遵。碧浙江全省保安司令黄绍竑戌冬法平印

**院字第二六四七号**

**民国三十三年二月十六日　司法院致国民政府军事委员会函**

案准贵会上月四日法审(三十三)渝四字第四四号公函,以非军人买受盗卖之军粮,适用法律疑义,请查照解释等由,兹经本院统一解释法令会议议决,非军人于战地或戒严区域以外之地区,明知其为盗卖之军粮而买受者,应依《刑法》第三百四十九条第二项故买赃物罪处断,相应函复贵会查照。此致国民政府军事委员会

**附国民政府军事委员会原函**

查《盗卖军粮暂行办法》第三条规定,盗卖军粮者依《惩治贪污暂行条例》第二条第三款论罪,是即认军粮为军用品,如非军人于战地或戒严区域,明知其为盗卖之军粮而买受者,依《陆海空军刑法》第二条第八款规定,自应依同法第七十八条第二项论处。惟非军人在战地或戒严区域以外犯是项罪名者,是否亦依《陆海空军刑法》第七十八条第二项处断,抑依《刑法》上赃物罪论处,不无疑义,相应函请查照,迅赐解释,以凭办理。此致司法院

**院字第二六四八号**

**民国三十三年二月十六日　司法院致国民政府军事委员会函**

案准贵会上年十二月二十六日法审(三十二)渝四字第一五三二五号公函,以据兼浙江全省保安司令代电,请示违反物资管制案件审判机关疑义转请解释见复等由,兹经本院统一解释法令会议议决,《非常时期取缔日用重要物品囤积居奇办法》第十八条所定之囤积行为,依该条规定,应成立《非常时期农矿工商管理条例》第三十一条之罪,同时违反储藏管制,又触犯《妨害国家总动员惩罚暂行条例》第五条第一项第二款之罪。此等法规竟合,依《非常时期农矿工商管理条例》第三十三条及《妨害国家总动员惩罚暂行条例》第二条规定,

其实体法上之适用，固应依较重之《妨害国家总动员惩罚暂行条例》第五条第一项第二款处断，而其审判机关，除因情节重大由国家总动员会议决定改归有军法审判权之机关审判者外，其余仍应依该办法所定由普通司法机关审判之。相应函复贵会查照饬知。此致国民政府军事委员会

**附国民政府军事委员会原函**

案据兼浙江全省保安司令黄绍竑三十二年十月法耕字第二四六四号代电，以《妨害国家总动员惩罚暂行条例》第四条开，关于管制动员物资及业务，其他法令已规定审判机关及程序者，仍依其规定，是除同条但书情节重大有特殊必要者，得由国家总动员会议决定改归军法审判外，查照《非常时期取缔日用重要物品囤积居奇办法》第十八条规定，囤积行为（即违反《国家总动员法》第七条物资储藏管制行为）应向司法机关检举，依照《非常时期农矿工商管理条例》第三十一条惩处之明文，似违反物资储藏管制之案，军法机关无审判权。惟查该条例第三十三条犯前四条之罪而涉及他法，其处罚较重者从其规定等语，其第三十一条对于囤积居奇罪刑主刑，为五年以下有期徒刑，而《妨害国家总动员惩罚暂行条例》第五条第一项第二款对于违反《国家总动员法》第七条物资储藏管制之规定，其主刑为七年以下有期徒刑，实较《农矿工商管理条例》第三十一条为重。是又无论情节轻重，统应由军法机关审判。研读上开三种法令，互相参究事涉两可，此后对于违反物资储藏管制案件，应否不论情节轻重，一律迳由军法审判，抑依后法胜于前法之例，照《妨害国家总动员惩罚暂行条例》第四条办理，乞核示等情。案关法律疑义，相应函请查照，迅赐解释见复，以凭饬遵。此致司法院

**院字第二六四九号**

**民国三十三年二月十九日　司法院指令湖南高等法院**

呈悉，业经本院统一解释法令会议议决，《盐专卖暂行条例》第三十一条所载盐价之倍数，系采乘法计算法，以私盐量之盐价与倍数相乘所得之数，即其所倍之数（例如盐价为一千元一倍亦为一千元余类推）。又，依该条规定所科罚锾之数额，不限定必与倍数之数额相等（例如宣告罚锾之数额适合于盐价一倍或二倍之数额等），在法定一倍至五倍范围内，尽可自由裁量，如所科罚锾之数额不及盐价之一倍或超过盐价之五倍时，此项裁定，除依抗告程序得予纠正外，一经确定不能变更。仰即知照。此令

**附湖南高等法院原呈**

查《盐专卖暂行条例》第三十一条规定，贩运或售卖私盐者，处以照私盐量按当地盐价一倍至五倍之罚锾，关于倍数计算问题，有二说。一说，应依乘法方式计算，如盐价为一千元处罚锾一倍仍为一千元，五倍则为五千元。一说，应依加法方式计算，如盐价为一千元处罚锾一倍为二千元，五倍则为六千元，两说未知孰是。再所谓一倍至五倍之罚锾，是否应以盐价每倍之整数并其奇零之数扣足计算，亦得就一倍至五倍之范围内笼统计算（如盐价为

一千一百一十元,则罚锾每倍是否应以千百十之数足成,抑得以在一倍至五倍之范围内处锾一千五百元或二千元之类)亦不无疑问,又如应采用第一说则误依第二说裁定确定之件有无方法救济,现有此类悬案亟待解决,理合呈请钧院鉴核,迅赐解释示遵。谨呈司法院院长居。湖南高等法院院长陈长簇

**院字第二六五〇号**

**民国三十三年二月十九日　司法院致教育部函**

案准贵部上月十三日叁字第二二二三号公函,以诉愿程序发生疑义,请解释见复等由,兹经本院统一解释法令会议议决,上级官署自动决定办法令饬下级官署遵照执行者,究为何级官署之行政处分,应分别情形定之,上级官署如已将其决定之办法,自行对于人民为行政处分,因而令饬下级官署执行者,固为上级官署之处分。若上级官署之自动决定办法,不过为国家机关内部意思之决定,而其令饬下级官署执行,即系指示其对于人民为行政处分者,仍为下级官署之处分,相应函复贵部查照。此致教育部

**附教育部原函**

查下级官署呈奉上级官署核准所为之处分。或呈经上级官署指示办法或指驳命令所为之措置,依照贵院迭次解释,均应认为下级官署之处分。惟贵院解释,似皆针对原由下级官署处理或发动而请示上级官署之案件而言(如县政府因处理其案发生疑义而请示省政府之例)。至于原由上级官署处理或发动之案件(如省政府迳行处理某案或发觉某案事实自动决定办法令饬县政府遵照执行之例),应否包括在内,似不无疑义。就现行《诉愿法》之基本精神及一般法理而言,前项解释,似不应适用于后述案件,其理由如下。(一)诉愿以由原处分官署之上级官署受理为原则,其目的在使受理之官署,能以超然之立场客观之态度为公平之决定,设后述案件之诉愿,仍由决定办法命令执行之上级官署受理,则该官署因早有成见,必难为公平之决定,诉愿之程序将等于虚设。(二)依《诉愿法》之规定,原处分官署认诉愿为有理由者,得自行撤销原处分,并呈报受理诉愿之官署(见第六条第二项但书),该项规定系以原处分出于原处分官署之自由意思为前提,后述案件之下级官署完全出诸被动,因受上级官署之限制,并无自行撤销原处分之权(盖下级官署如对于上级官署之命令执行不力,往往须受上级官署之处分)。该项规定既系概括性质而未设例外,后述案件自非立法者意想所及,足征立法原意并不承认此类案件之处分为下级官署之处分。(三)行政执行行为与行政处分性质不同。前者未必专由一官署为之,而此类官署亦未必隶属于同一系统,即或隶属于同一系统,亦未必直接隶属于决定办法命令执行之上级官署。例如,卫生署关于某案决定之办法,得经由某省卫生处转令某县卫生行政机关执行之,某县之卫生行政机关与卫生署仅有间接隶属关系,当其执行卫生署之命令时,亦难免不需要隶属其他系统之行政官署,如警察机关等之协助。是奉命执行之下级官署与决定办法命令执行之上级官署,既多隔阂,未便代人受过,而执行事项由二以上之下级官署分任,职责不专,其诉愿究应

以何者之执行行为为对象,并向何种上级官署提起,亦不无疑义。为免除实施之困难,而发挥诉愿制度之效用起见,似有对行政执行行为与行政处分加以区别之必要,综观上述各点,凡由上级官署处理或发动而命令下级官署遵照决定或指定办法所为之执行行为,似应认为该上级官署之处分。事关法令疑义,究应如何办理,相应函请惠予解释见复为荷。此致司法院。教育部部长陈立夫

**院字第二六五一号**

**民国三十三年二月十九日　司法院咨行政院**

案准贵院上年十一月八日仁捌字第二四七一一号咨,以据司法行政部呈,转请解释《县司法处办理诉讼补充条例》适用疑义一案,请查照解释见复等由,兹经本院统一解释法令会议议决,非《刑法》第六十一条所列各罪之案件,县司法处误以命令处刑,如已经过声请正式审判之期间,即与确定判决有同一之效力,固非通常上诉程序所能救济,惟此类案件,既在应行复判之列,自应依《县司法处刑事案件复判暂行条例》所定,送由该管高等法院或其分院复判。相复咨复贵院查照饬知。此咨行政院

**附行政院原咨**

据司法行政部三十二年十月十四日呈叁字第四五四号呈称,案据福建高等法院首席检察官三十二年五月十四日察字第六七九号呈称,案据本院龙岩第一分院首席检察官养代电开,非《刑法》六十一条之公务员假借职务私禁案及教唆结伙三人以上窃盗案件,县司法处以命令处刑(有兼检察官请处刑移送书),告诉人不服,状请正式审判,原审不受理后,又状请职处调卷提起上诉,经检察官认为原判确有违法失出,应准提起上诉,关此案件,或云检察官对于处刑命令依十一年统字第一六八七号解释,不许检察官上诉,如不得上诉,则第二审检察官对第一审司法处处刑命令,认有违法失出,或失入时,将用何种程序救济,因已命令处刑,不能令兼检察官撤回声请改用起诉,或再行侦查。又《县司法处办理诉讼补充条例》第十八条第三项、第四项及第十九条之所谓检察官得提起上诉案件,能否包括司法处以命令处刑案件在内,该条例虽定有以批谕结案,并未规定得以命令处刑,刑诉法及《非常时期刑诉补充条例》,关于处刑命令之规定,司法处是否均可援用(因司法处检察官有名无实,皆审判官自请自办)?事关法令解释,未敢擅主,用特电请察核,迅赐转请最高法院统一解释指令示遵等情到处,理合具文呈请钧长察核,解释示遵等情。据此,查处刑命令已经过声请正式审判之期间者,依《刑事诉讼法》第四五八条之规定,既与确定判决有同一之效力,则上级检察官发现县司法处之处刑命令,确有违法失出之情事时,似可依《县司法处办理诉讼补充条例》第十九条之规定,提起上诉。惟事关法律疑义,理合呈请钧院核转司法院解释,俾便饬遵,等情。据此,案关适用法律疑义,相应咨请查照解释见复,以便饬遵。此咨司法院。行政院院长蒋中正

**院字第二六五二号**

**民国三十三年二月二十四日　司法院指令陕西高等法院**

呈悉,业经本院统一解释法令会议议决,驮运人于运盐入境时,经公卖店开具凭条,载明驮运食盐袋数交驮运人持条向盐仓运输,一面由公卖店报请盐务机关派员赴仓眼同过秤后,发给单照,再行缴税,此项凭条既系经盐务机关之许可,用以替代运盐单照,该驮运人虽未能提出单照,但非无充分理由,依《盐专卖暂行条例》第六条第三款之规定,自不构成贩运私盐罪。仰即转饬知照。此令

**附陕西高等法院原呈**

案据榆林地方法院呈称,查《盐专卖暂行条例》施行后经销食盐之公卖店,业已成立榆林以情形特殊,运输食盐大多仍照旧例,于运盐入境时,由驮运人报经公卖店开具凭条,载明驮运食盐袋数,交驮运人持条向盐仓运输,一面由公卖店报请盐务机关派员赴仓眼同过秤后,发给单照,再行缴税,此项办法亦经盐务机关许可。设有驮运人于运盐入境后,业同公卖店取有凭条于向盐仓运输大道中,经查缉机关查获,以未持有运盐单照,认为贩运私盐,予以扣留,于此有二说焉。甲说,专卖条例虽已施行,而盐务机关既允照旧手续运输,在运输人,如已照旧例向盐务机关所在地之公卖店掣有凭条,即无贩私意图,应不论以私盐。乙说,专卖条例系强行规定,原以防止走私,盐务机关之允许,既于该条例第二十二条规定抵触,其允许行为,依法当然无效,且是项允许,是否盐务机关与运盐人勾通舞弊,尤剧易滋疑窦,运盐人于被查缉时,既未依法持有运盐单照,仍应以该条例之贩运私盐论。以上二说各有见地,究以何说为是,理合具文呈请钧院转请解释等情。据此,案关法律疑义,理合备文呈请钧院鉴核,赐予解释,以便饬遵,谨呈司法院院长居。陕西高等法院院长魏大同、庭长王维翰代行

**院字第二六五三号**

**民国三十三年二月二十四日　司法院咨行政院**

案准贵院上年八月六日仁捌字第一七七二〇号咨,以中央警官学校入伍生是否适用《警察逃亡惩治条例》疑义,请解释见复等由,兹经本院统一解释法令会议议决,中央警官学校之入伍生,在受警察训练期间,无故不就职役过六日,除该入伍生原具有警官、警长、警士等之资格,或执行警察职役者外,不适用《警察逃亡惩治条例》第三条之规定,相应咨复贵院查照。此咨行政院

**附行政院原咨**

查《警察逃亡惩治条例》第三条载,在受警察训练或实习期间,无故不就职役过六日者处六月以下有期徒刑或拘役,此项在受警察训练者,是否包括中央警官学校之入伍生在内,不无疑义,相应咨请查照解释见复。此咨司法院。行政院院长蒋中正

院字第二六五四号

民国三十三年二月二十四日　司法院咨行政院

案准贵院上年十二月九日仁伍字第二七一三四号咨，以据财政部呈转请示《盐专卖暂行条例》第四十五条适用疑义一案，请解释见复等由，兹经本院统一解释法令会议议决，《盐专卖暂行条例》第四十五条所谓追缴法外利益，系属行政处分，自应由盐专卖机关执行之。相应咨复贵院查照饬知。此咨行政院

附行政院原咨

据财政部三十二年十一月二十七日渝盐销字第一二六〇五号呈称，据盐务总局呈请，以《盐专卖暂行条例》第四十五条所定追缴之法外利益，可否比照没收处分，由行政机关处理等情到部，查《盐专卖暂行条例施行细则》第三十四条载，依本条例第四十八条追缴之处分，由盐专卖机关执行之等语。所有依同条例第四十五条追缴之法外利益，似应比照前述规定，一律认为行政处分，由盐专卖机关执行，所拟是否有当，除先饬复盐务总局外，理合备文呈请钧院鉴核示遵等情。据此，案关解释法令，相应咨请查照，迅予解释见复，以便饬遵。此咨司法院。行政院院长蒋中正

院字第二六五五号

民国三十三年二月二十四日　司法院致国民政府军事委员会函

案准贵会上月三十日法审(三三)渝三字第一三七五号公函，以据浙江全省保安司令电请释示军人逃亡案件适用法律疑义等情，转函解释见复等由，兹经本院统一解释法令会议议决，军人在战时犯逃亡罪或犯携带重要军用物品逃亡罪，不问有无伙党，亦无分首谋与余众，均应适用《修正中华民国战时军律》(以下简称军律)第十条第一项分别处断。又上开军律乃《陆海空军刑法》之特别法，凡《陆海空军刑法》上之罪名，该军律内复有相当规定者，依同律第二十一条之规定，在其施行期内，自应排斥《陆海空军刑法》上相当之法条而优先适用，不以逃亡罪之一章为限。相应函复贵会查照饬知。此致国民政府军事委员会

附国民政府军事委员会原函

案据浙江全省保安司令黄绍竑子真法士电称，某甲首谋伙党逃亡，乙携带重要物品逃亡，如从重应依《陆海空军刑法》处断，丙伙党逃亡余众，如从重应依战时军律第十条处断，若从轻则适相反，究依何者为是，及战时军律第十条修正之后，《陆海空军刑法》之逃亡章，是否完全停止适用，均不无疑义，请解释祇遵等情。据此，案关适用法律疑义，相应函请贵院解释见复，俾便饬知。此致司法院

**院字第二六五六号**

**民国三十三年二月二十四日　司法院致国民政府军事委员会函**

案准贵会上年十二月二十八日法审(三二)渝四字第一五四五一号公函,以《惩治盗匪暂行办法》适用疑义,请查照解释见复等由,兹经本院统一解释法令会议议决,《惩治盗匪暂行办法》第四条第五款之盗取交通通信器材罪,系指盗取已设置之交通通信器材而言,不以致不堪用为要件。相应函复贵会查照。此致国民政府军事委员会

**附国民政府军事委员会原函**

查《惩治盗匪暂行办法》第四条第五款规定,于剿匪或戒严区域盗取或损坏交通通信器材,致不堪用者,各方见解不同。甲说,盗取行为如已完成,则是项器材已为盗取者所持有,不必问其堪用与否,已构成该款之罪,即应归军法审判,所谓致不堪用一语,系指损坏之程度而言,并不包括上文盗取行为。乙说,盗取交通器材与损坏交通器材,均以致不堪用为本罪构成要件,故致不堪用一语,实总括盗取损坏二种行为,如有盗取行为而结果不致其他部分不堪用者,即为单纯窃盗,不属军法审判。丙说,该条款所称交通通信器材,系指已设置之交通或通信器材而言,如已架设之电报话线或电杆及铁道上之螺丝道钉或转辙器等,如仅盗取或损坏用余或堆存之交通或通信器材,应依普通《刑法》分别办理。三说究以何说为是,案关法律疑义,相应函请查照,迅赐解释见复为荷。此致司法院

**院字第二六五七号**

**民国三十三年三月一日　司法院致航空委员会函**

案准贵会上年十二月八日人法二癸字第三一七三号公函,以关于运输商行经理应否认为有公务员身分各疑义,请查照见复等由,兹经本院统一解释法令会议议决,按国民政府三十年二月十七日渝文字第一八七号训令,所载国防最高委员会第五十次常务会议决议结果,仅谓战时盗卖汽车器材油料案犯,应加重处罚,未云凡从事运输业务之人,均认为公务员,运输商行经理,亦非依法令从事于公务之人员,自不能认为公务员。惟《惩治贪污条例》现已施行,如该商行经理与军人或公务员共犯该条例上之罪,在特种刑事案件诉讼条例未施行前,仍应由军法机关援用该条例办理。相应函复贵会查照。此致航空委员会

**附航空委员会原函**

查贵院三十年三月七日训字第二三四号训令,为转奉国民政府三十年二月十七日渝文字第一八七号训令,认定从事运输业务人员为公务员一案,经本会于本年十一月二十五日以人法二癸字第三〇六〇号函请抄送一份见复,以凭办理在案。上项解释现在是否仍应适用,凡关于运输商行经理认为有公务员身分,如有贪污共犯嫌疑,可否由军政机关依《惩治贪污条例》审判之处,相应再行函请查照,一并见复为荷。此致司法院

**院字第二六五八号**

**民国三十三年三月一日　司法院指令广西高等法院**

呈悉，业经本院统一解释法令会议议决，律师法第二条第四款之公务员免职处分，系指经过法定之惩戒程序，受有《公务员惩戒法》第三条第一项第一款之免职者而言，其仅由主管长官迳予免职，而未依照上开惩戒法所为之免职处分，不在该律师法第二条第四款所载免职惩戒处分之列，仰即知照。此令

**附广西高等法院原呈**

查律师法第二条第一项规定有下列情事之一者，不得充律师，其已充律师者，撤销其律师资格，同条第四款规定，曾任公务员而受免职之惩戒处分者各等语。依此规定，凡曾任公务员而受过免职之惩戒处分者，不得充当律师，义本甚明。惟查公务员之免职惩戒处分，依《公务员惩戒法》之规定，原应经过法定之惩戒程序，而依《公务员惩戒法》第十二条之规定，得迳由主管长官行之者，亦仅为记过或申诫，所有免职处分，并无得迳由主管长官行之之规定。设有公务员，曾受免职之处分，而其处分系由主管长官迳行为之，并未经过惩戒法上所规定之惩戒程序，此种免职处分，是否得认为律师法第二条第四款所称之免职惩戒处分，即凡公务员曾经其主管长官迳行免职者，是否不得充当律师，殊属不无疑义，理合具文呈请钧院察核，迅赐解释示遵。谨呈司法院院长居。代理广西高等法院院长申守真

**院字第二六五九号**

**民国三十三年三月三日　司法院指令江西高等法院**

呈悉，业经本院统一解释法令会议议决，因前婚姻关系消灭而再婚者，依《民法》第一千一百四十四条虽有继承其后配偶遗产之权，然于后配偶之继承开始前死亡或丧失继承权者，《民法》既无由其与前配偶所生子女代位继承其应继分之规定，《民法》第一千一百四十条所定被继承人直系血亲卑亲属之代位继承，又无同一或类似之法律理由，可以类推适用，其与前配偶所生子女，自不得代位继承其应继分。至其与前配偶所生子女，如由后配偶收养为子女者，固应依《民法》第一千一百四十二条规定办理，但是否为后配偶之养子女，应以有无收养行为为断，不得谓其与前配偶所生子女，当然为后配偶之养子女，认其有继承权。仰即知照。此令

**附江西高等法院原呈**

按《民法》第一千一百四十四条规定，配偶有相互继承遗产之权，第一千一百四十条规定第一千一百三十八条所定第一顺序之继承人，有于继承开始前死亡或丧失继承权者，由其直系血亲卑亲属代位继承其应继分，配偶所生之子女，依同法第九百六十九条规定为姻亲，不在第一千一百三十八条所列遗产继承人之对于其血亲（父或母）之配偶，（继父或继母）所有之遗产，依条文规定似无继承权。惟如血亲（父或母）在其配偶（继父或继母）继承

开始前死亡(其在继承开始前尚生存者,自不发生问题)。此际配偶之子女,是否有代位继承权,分甲、乙、丙三说。甲说,《民法》第一千一百三十八条、第一千一百四十条及第一千一百四十四条均属强行规定,第一千一百四十四条既无配偶之一方于其对方(配偶)继承开始前死亡或丧失继承权时,由直系血亲卑亲属代位继承或准用第一千一百四十条之规定,在配偶间自不许代位概承。乙说,父母(配偶)所生子女均为直系血亲卑属,其因夫死改嫁,或妻死续娶,发生对于配偶之前夫前妻子女之姻亲,与普通一般亲族间之姻亲不同,《民法》于此虽未规定代位继承,当系立法疏漏,自应准许代位继承,方与习俗不相违背。丙说,配偶之一方对于他方前妻或前夫之子女,依《民法》第九百六十九条虽属姻亲,实与养子女无异,关于其继父或继母之遗产继承,可按《民法》第一千一百四十二条办理,故不必另为规定代位继承。以上三说,未知孰是,理合备文呈请鉴核,迅赐解释祗遵,实为公便。谨呈司法院院长居。江西高等法院院长梁仁杰

**院字第二六六〇号**

**民国三十三年三月三日　司法院致财政部函**

案准贵部上月一日渝税甲字第六五三八四号公函,以据税务署案呈,转据浙江税务管理局呈请核示税局关于违章案件之处分执行疑义等情,转函查照解释到院,兹经本院统一解释法令会议议决,来函所称之违章罚金及违章货物之没收,非法令有移请法院为强制执行之规定,法院未便为之强制执行。相应函复贵部查照饬知。此致财政部

**附财政部原函**

本部税务署案呈,据浙江税务管理局呈,据衢县分局呈节称,查各项罚案,以无具体强制执行之规定,行政执行法系对作为及不作为义务之强制,关于给付义务之强制,尚无明文规定,移请地方政府协助执行,又以不能依法押追,亦无效果,以是每案拖延,久悬不结,究竟以后对于罚案,可否视同《民法》中之金钱债权移请司法机关就其财产强制执行,或其他更较直接有效之方法与夫特别法令之依据,以利执行之处,理合具文呈报鉴核示遵,转请核示等情。据此,查违章案件之处分,可分为违章罚金及违章货物之没收两部分,设应行之没收之违章货物,业被货主销售,无可追缴,而被处分人复不遵章补缴价税各款,是否可请由司法机关查封其财产备抵?至违章罚金,是否可就被处分人所有其他财产强制执行,因无明文规定,相应函请查照并予解释为荷。此致司法院

**院字第二六六一号**

**民国三十三年三月四日　司法院咨监察院**

案准贵院上年九月十七日设字第一九六四五号咨,以据山西陕西监察区监察使呈请解释杀人案件适用法律疑义等情,转咨查核办理见复到院,兹经本院统一解释法令会议议决,(一)兼检察官之县长遇有命案发生,如县长因事故不能实施勘验时,除依《县司法处办理诉

讼补充条例》第十条由审判官代行外，无派人代为勘验之职权；（二）派由他人代为验尸，而于验断书内填注亲验字样，此项虚伪记载，如不足以生损害于公众或他人者，即不负刑事上之责任；（三）加害人如欲取被害人所持有之财物，故意将该被害人杀毙，即应构成《惩治盗匪暂行办法》上之抢劫而故意杀人罪，若仅以图财或他故为杀人之原因时，除合于法律上所规定之结合犯或牵连犯外，只应成立单纯杀人罪；（四）如以抢劫之意思于杀死被害人后取其财物，即系抢劫而故意杀人，不得谓为攘窃，且法律上并无攘窃罪名，至窃盗罪与抢劫罪之区别，自其主观条件言之，固均须意图为自己或第三人不法之所有，而自其客观条件言之，一则系乘人不知而窃取他人之动产，一则须对人施强暴胁迫或其他不正之手段，至使不能抗拒而取他人之物或使其交付，二者之构成要件，不尽相同；（五）《刑法》上之抢夺罪，与《惩治盗匪暂行办法》所规定之抢劫罪，毫不相当，至《刑法》上之强盗罪，以合于同法第三百二十八条第一项所定情形为限，方与《惩治盗匪暂行办法》上之抢劫罪相当，其仅取得财产上不法之利益或窃盗抢夺，因防护赃物等而当场施暴行者，均不包括在内；（六）刑事案件应否归军法审判，自应依被告之犯罪事实定之，（七）仅有抢劫杀人嫌疑，尚未十分肯定之事实，亦得为移送军法审判（来问误为移转管辖）之原因；（八）法院对于被诉杀人之被告，因罪证不足，依法宣告无罪，一经确定，该案即行终结，至杀人者为谁，系另一问题，不在该案审判范围以内，其余各点，或系具体事实，或系司法行政问题，按照《司法院统一解释法令及变更判例规则》第二条、第三条第二项，自未便予以解答。相应咨复贵院查照饬知。此咨监察院

**附监察院原咨**

案据本院山西陕西监察区监察使王陆一呈称，为呈请解释法律疑义俾资遵循事，查陕西永寿县杨万儒杀人一案，数年未决，本署据申诉后，特为追究其原因与责任起见，经加审查结果，发生法律疑义，十有三项，兹谨并其案情，另缮附呈，敬祈钧院或转送司法院统一法令解释委员会详予解释，俾有遵循，以利工作等情，计呈附关于陕西永寿县某命案之法律疑义十三项前来。查本案有关法律解释，相应检同原呈附件，咨请查核办理，并希见复为荷。此咨司法院监察院院长于右任

**附关于陕西省永寿县某命案之法律疑义**

（甲）案情

（一）甲为地方政府赋税经征员，年三十九岁，于十一月间，下乡工作，某晚宿其经常借宿之现年二十三岁尚未结婚之小学教师友人乙处，当晚曾有素某丙，参与闲谈后，甲乙二人即共榻同宿于该校，翌晨乙突以甲暴毙，闻于其家，并舁甲尸还其乡，由该家属报经兼有检察职务者，派一检验员前往验明甲尸，受有木伤戳伤打伤口齿，系生前咽喉被捏身死等语。惟未履勘犯所，及立即讯问被告凶犯之乙，暨参与谈话之丙，亦无为私访密查等一切必要方法之调查，即以甲为生前伤而非死后伤，并据事后查称，甲身当日收有税款一百余元，死后遗失，断为系乙因财而害命，乃按杀人罪章，处乙无期徒刑。（二）乙不服上诉，二审撤销原

判决,改判不受理,其理由谓乙起意攘窃甲之款项,乘甲半夜睡熟之际,将其捏毙,此种事实如果属实,即系触犯《惩治盗匪暂行办法》抢劫而故意杀人之罪名,故应归军法审判。(三)追移该管初级军法机关,以甲所带之款,系据事后核算所得之数,是否全数带身,并不为事实上之证明,仅凭理想推测,人既有伤,必系杀害,杀害原因,当在抢钱,殊嫌无据,谓甲死非因抢劫而杀害,乙果有杀人情事,系犯普通刑章,应归司法审判,故亦为不受理之判决。

(乙)问题

(一)初审对此命案之侦讯工作,是否完成法定要件?(二)兼有检察职务之地方行政官吏,遇有该管地方命案发生,除应躬亲莅验外,有无权责派员代为莅验,及应派某种人员代为莅验方为适当?(三)职官派员验尸,而于验断书填注亲验,有何责任?(四)事后核算甲身遗失生前所带税款,而无其他证明,可否遽断此为乙杀甲之原因,抑应另求其他原因?(五)具有前述身分之甲乙及本案发生之时地,如乙确因图财或因他故而捏毙甲命,究各构成何种罪名?(六)如乙果系图财而杀甲,其所用之前项犯罪手段,是否即为攘窃?又攘窃与抢劫之构成要件,有无不同?(七)普通《刑法》上所定之抢夺强盗罪章与《惩治盗匪暂行办法》所定之抢劫罪条,有无区别?(八)二审撤销初审之判结,而以此种事实如果属实之语气为之推断,认为应归军法审判,是否适当?抑此种事实,如果非实,则应移归何处审判?(九)是否以事实决定军法审判?(十)不肯定之事实,可否为前项移转管辖之确定?(十一)二审及初级军法机关均为不受理之判决,其对久押不决之被告乙之不利益,应否共负其责,抑由某一级单独负之?(十二)设乙因罪证不足而宣告无罪,但杀甲者为谁,现因时过境迁,无从查究,其将何以终结本案?(十三)总结本案办理情形之症结,究系属于法文不备,抑属于人未尽职?

**院字第二六六二号**

**民国三十三年三月十六日　司法院训令浙江高等法院**

案据该法院第四分院代电,以《浙江省战时处理典产回赎纠纷办法》适用疑义,请鉴核示遵等情到院,兹经本院统一解释法令会议议决,《非常时期民事诉讼补充条例》第二十条第一项第二款所称之办法,系指其规定可为裁判之准据者而言,《浙江省战时处理典产回赎纠纷办法》,定有乡镇公所调解典产赎价争议之标准,而未规定调解不成立后,起诉时法院应如何裁判,既无可为裁判准据之规定,即不能认为同款所称之办法。合行令仰该法院转饬知照。此令

**附浙江高等法院第四分院原代电**

司法院院长居钧鉴,查浙江省政府最近订有《浙江省战时处理典产回赎纠纷办法》,能否认为《非常时期民事诉讼补充条例》第二十条第一项第二款所称之处理办法,见解不一,颇有争执,兹分甲、乙二说。甲说,谓上开条款所指处理办法,以该争议之法律关系,必须因战事为前提,并非无战事地方,皆可适用。通观民刑事诉讼补充条例全文而自明,本省战时

处理典产回赎纠纷办法所谓战时，系指当此非常时期之意，乃以各地人民因土地价值激增，回赎典产之争议，日益加多，爰订是项办法，定赎价之调解标准，全省一般适用，而非限于战事地方，始得适用，是核与上开条款所指处理办法之旨趣不合，法院自不得依本省政府所订办法为裁判。乙说，谓是项办法，省政府既就战时处理典产回赎纠纷所订定，函请高等法院饬属遵办，即属上开条款所指之处理办法，可不问该争议之法律关系，有无因战事情形，全省法院，即应一律依为裁判，不得拘泥文字致失立法之真意。以上二说，究以何说为是？事关法律疑义，急待解决，理合电请鉴核，迅赐电示祗遵。浙江高等法院第四分院院长卢丹墀叩筱

**院字第二六六三号**

**民国三十三年三月二十四日　司法院咨行政院**

案准贵院上月九日义捌字第二七二八号咨，以据司法行政部呈转请解释《土地法》第一百七十三条适用疑义一案，请查核解释见复等由，兹经本院统一解释法令会议议决，耕地经所有人出典后，由典权人出租者，《土地法》第一百七十三条及《土地法施行法》第三十七条所称之出租人，为典权人，而非所有人，典权人出卖其对于耕地之典权时（参照《民法》第三百四十五条第一项、第三百四十八条第二项、第九百十七条第一项），承租人依《土地法》第一百七十三条之规定，有优先承买之权，《土地法施行法》第三十七条之通知，应由典权人为之，所有人出卖耕地时，典权人声明提出同一之价额留买者，依《民法》第九百十九条之规定，所有人非有正当理由不得拒绝，承租人则无优先承买之权，所有人自不必为《土地法施行法》第三十七条之通知。相应咨请贵院查照饬知。此咨行政院

**附行政院原咨**

据司法行政部三十三年一月二十七日呈称，案据四川高等法院第一分院院长孙鸿霖呈称，案据代理重庆地方法院院长倪征㬇呈称，案据重庆律师公会三十二年十一月十三日律字第一二〇号呈称，案准本会会员王继兴函称，查《土地法》第一百七十三条之出租人，是否系指土地所有人而言，设因耕地，设定典权，移转占有，原耕作农直接向典权人承租后，所有人出卖耕地时，该条规定之优先承买权，原承租人是否仍旧得以主张，依《土地法施行法》第三十七条，究属何人负通知义务，兹有甲、乙两说。甲、查出卖人出卖耕地时，承租人依同样条件，固有优先承买之权，但该项土地，既因设定典权，移转占有，而由原耕作农直接向典权人承租则出租人为典权人，已非土地所有人，条文明明规定出租人字样，土地所有人既已非出租人，则原承租人，即不得向所有人主张该条之优先权，所有人出卖耕地，亦即不负通知义务。乙、查《土地法》第一百七十三条之出租人，当然系指土地所有人而言，此在条文上明明规定，为出卖耕地之出卖二字，可为明证，若非土地所有人，何能出卖耕地，显见该规定之出租人，系指土地所有人而言，毫无疑义，出租人既指土地所有人而言，则原耕作农虽直接向典权人承租。而原出租人，即系土地所有人，且优先为对物权耕作地，所有权仍然如故，

则所有人此时出卖耕地,原承租人即耕作农,自得仍旧主张优先承买权。倘如甲说,则凡设定典权之土地,即无形取消耕作农之优先承买权,该条等于虚设,不但违反立法本意,抑且失去保护耕作农之意义,耕作农既仍旧得向土地所有人主张优先承买权,则依《土地法施行法》第三十七条规定,负通知义务者,自为土地所有人。以上两说,究以何说为是,事关法律疑义,应请转请迅赐解释祗遵等由,准此,理合具文呈请鉴核,转请解释,俾资遵循,至为德便等情。据此,查《土地法》第一百七十三条所谓出租人出卖耕地时,系指土地所有权人为出租人而出卖其耕地者而言,如土地所有人某甲,将其耕地出典于某乙,由某乙出租于某丙,则某甲既非出租人,其出卖耕地于某丁时,某丙自不得主张优先承买权,某甲亦即不负通知之义务。又依《民法》第九百十九条之规定,某甲出卖耕地于某丁时,某乙既得声明提出同一价额留买,如认某丙有对某甲主张优先承买之权利,与某乙之行使留买权,殊有抵触。综上所述,似应以来呈内甲说为当,事关法律疑义,未便擅专,理合据情备文呈请鉴核,转请解释,俾便饬遵等情。据此,理合据情呈请钧部鉴核,转请解释指令饬遵等情。据此,事关法律疑义,理合备文呈请钧院鉴核,函请司法院解释指示,以便转饬遵照等情,案关法律适用疑义,相应咨请查核,解释见复。此咨司法院。行政院院长蒋中正

**院字第二六六四号**

**民国三十三年四月四日　司法院咨行政院**

案准贵院本年二月二十五日义捌字第四〇五二号咨,以据司法行政部转呈请解释民事诉讼程序各疑义一案,请查核解释见复等由,兹经本院统一解释法令会议议决,(一)高等法院或分院于其管辖区域内划分数区,各派推事巡回审判者,所划之区,不过为巡回审判推事事务分配之标准,非其独立之管辖区域,故两第一审法院管辖区域毗连,而有《民事诉讼法》第二十三条第一项第二款情形者,如该两法院系以同一高等法院或分院为其直接上级法院,则虽不属于同一巡审区,当事人亦得任向其中一区之巡回审判推事声请指定管辖。(二)第一审判决后,如有《民事诉讼法》第二十三条第一项所列各款情形之一者,当事人亦得声请指定管辖。相应咨复贵院查照饬知。此咨行政院

**附行政院原咨**

据司法行政部三十三年二月九日呈叁字第一〇九号呈称,案据山西高等法院呈称,查实行巡回审判区域,关于民事诉讼第一审管辖之指定,应向巡审推事声请,即应由巡审推事为之,此观《战区巡回审判民刑诉讼暂行办法》第二条规定之旨趣,固自显然。唯设因不动产物权涉讼,遇有《民事诉讼法》第二十三条第一项第二款之情形,而此毗连之二县,又不属于同一巡审区(但此不同一之巡审区,均属同一高等法院或分院),则关于第一审管辖之指定,究应由所属高等法院或分院为之,抑该二巡审区推事,均得为之,不无疑义,民事诉讼当事人声请指定管辖于起诉后,固亦得为之。但于第一审已为判决后(上诉期间内或第二审审判中以及第一审判决确定提起再审之诉),是否仍得声请,亦属不无疑义,理合具文呈请

鉴核示遵等情。据此,事关适用法律疑义,理合备文呈请钧院鉴核,转函司法院解释指示,以凭转饬遵照等情,案关适用法律疑义,相应咨请查核解释见复,以便转饬遵照。此咨司法院。行政院院长蒋中正

**院字第二六六五号**

**民国三十三年四月五日　司法院复甘肃高等法院电**

甘肃高等法院杨院长览,本年二月支代电悉,所请解释一案,业经本院统一解释法令会议议决,《刑法》第五十八条,乃关于罚金刑量定标准之规定,犯人所得之利益超过罚金最高额时,自得于所得利益之限度内酌量加重,与同法第六十八条加重方法之规定无涉。合电知照。司法院歌印

**附甘肃高等法院原代电**

重庆司法院院长居钧鉴,查《刑法》第五十八条后段载,如所得之利益超过罚金最多额时,得于所得利益之范围内,酌量加重等语,现因适用发生下列两种意见。甲说,该条规定,原系予法官在犯人所得利益范围内酌量加重之权,无论超过罚金最多额若干数,只要不出犯人所得利益之范围,法官尽可尽量加重,不受几分之几之限制。乙说,罚金加减者仅加减其最高度,在同法第六十八条著有明文。依该条规定,法官酌量加重,似应以法定刑为限。倘以犯人所得利益之多寡为标准,漫无限制,置法定刑于不顾,立法精神前后未免难期一贯。设有同一案案件对于犯人得有利益者,即在所得之利益范围内,尽量加重其刑,对于教唆犯及从犯未遂犯,又将如何处罚?以上两说,究以何说为是,事关适用法律疑义,未敢擅专,理合电请解释示遵。甘肃高等法院院长杨鹏叩丑支印

**院字第二六六六号**

**民国三十三年四月五日　司法院指令浙江高等法院**

呈悉,业经本院统一解释法令会议议决,刑事案件书记官于审判期日作成之审判笔录,毋庸命受讯问人紧接其记载之末行签名画押盖章或按指印,与《刑事诉讼法》第四十一条所定之讯问笔录不同,最高法院浙赣闽分庭三十二年度永上字第二二九号判决末段,系就讯问笔录而为指示,并非对于审判笔录之说明。仰即转饬知照。此令

**附浙江高等法院原呈**

案据本院第二分院院长郭澧本年一月十八日第二十一号呈称,查刑事案件书记官于审判期日作成之审判笔录,与审判期日前讯问被告证人等作成之讯问笔录,本属不同,前者规定于《刑事诉讼法》第四十四条,后者则为同法第四十一条所明定,虽第四十四条第二项,亦定有受讯问人得就其陈述部份请求朗读,或交其阅览,但既无如第四十一条第四项有应命受讯问人紧接其记载之末行签名画押盖章或按指印之规定,而第四十三条复明定,审判笔录得于每次开庭后三日内整理之,则依法似无命受讯问人,在审判笔录签名画押盖章或按

指印之理,职分院历来均遵照上述办法分别办理。兹本最高法院浙赣闽分庭三十二年度永上字第二二九号刑事判决指示,以审判期日之审判笔录,未经受讯问人签名画押盖章或按指印,为违背《刑事诉讼法》第四十一条第四项规定,似系将审判笔录与讯问笔录并为一谈,是否不问审判期日之讯问笔录,或审判期日之审判笔录,均应命受讯问人于紧接记载之末行签名画押盖章或按指印,抑仍可照职分院向来办法分别办理,理合抄同最高法院浙赣闽分庭刑事判决,呈请转呈解释示遵等情,并抄呈王裕华等因伤害人致死案件,最高法院浙赣闽分庭判决一件。据此,事关适用法律疑义,理合检同原抄判决备文转请,仰祈钧院鉴核,迅赐解释,以便饬遵,谨呈司法院。浙江高等法院院长郑文礼

**院字第二六六七号**

**民国三十三年四月五日　司法院致司法行政部函**

案查关于国民兵团后备队及区乡(镇)保队队长队附队兵等身分问题,本院曾以院字第二一四二号指令解释有案,兹经本院统一解释法令会议议决,国民兵团后备队及区乡镇保队官兵,除在正式军校出身已予武职名义之长官外,皆不能视同军人,院字第二一四二号解释与此有异之部分,应予变更,业经本院院字第二六三五号指令解释在案,相应函请贵部查照,通饬各省法院知照。此致司法行政部

**附最高法院原呈**

查国民兵团后备队及区乡(镇)保队队长及队附队兵,均应视同军人,如犯普通《刑法》之罪,应归军法审判,前经钧院院字第二一四二号解释在案,嗣奉钧院三十年六月二十三日训字第六七〇号训令,为准军事委员会函开,查国民兵团团部及常备队自卫队之官兵并区队后备队,在正式军校出身,已予武职名义之长官,一律视同军人。至其余后备队员兵暨预备队乡(镇)保队官兵,均不得认为现役军人,如有犯罪,除依法应归军法审判者外,其余仍应由该管司法机关讯办,业经本会令知军政部在案,相应函请查照,并饬属知照等由,转饬知照到院。惟查上开院字第二一四二号解释,关于后备队及区乡(镇)保队之队长队附队兵,均一律视同军人,而军事委员会原函则仅以在正式军校出身已予武职名义之长官为限,始视同军人,致其余员兵之犯罪,其审判机关之所属,彼此见解不一。法院对于此类案件,依法自应遵照钧院解释为不受理之判决,但军事委员会既已通令军政部在案,军法机关如亦认为无审判权,谕知不受理,事实上恐有窒碍,究应如何解决之处,理合备文呈请钧院鉴核指令祗遵。谨呈司法院院长居

**院字第二六六八号**

**民国三十三年四月五日　司法院致国民政府军事委员会函**

案准贵会本年二月十七日法审(三十三)渝字第二〇五二号公函,以据兼甘肃全省保安司令电,请示共同隐没查获鸦片及行贿受贿,适用法律疑义等情,函请查照解释见复等由,

兹经本院统一解释法令会议议决,《禁烟禁毒治罪暂行条例》第十三条第二项,系因公务员军警特别身分成立之罪,某甲身充保长,本系公务员,哨丁某乙,如系依法令从事于公务,其共同隐没查获之鸦片,固应成立该条项之犯罪。民人某丙,虽无公务员身分,既与公务员共同隐没,依《刑法》第三十一条第一项仍以该条项之共犯,论适用该条项处断。乡公所干事某丁,与哨丁班长某戊,查悉前情跟踪追询,甲、乙、丙三人畏其举发,托民人某己说情,贿洋数千元,丁戊收受后,隐匿不报,如丁戊对于烟毒案件有检举之责,自应构成《惩治贪污条例》第二条第七款之罪。某己过交贿款,是已参加行求贿赂之实施,应成立同条例第四条之正犯,丁戊已犯罪既在同条例施行前,应注意《刑法》第二条之规定。相应函复贵会查照饬知。此致国民政府军事委员会

**附国民政府军事委员会原函**

案据兼甘肃全省保安司令谷正伦感电略称,在《惩治贪污暂行条例》施行期内,有保长甲、哨丁乙与民人丙,共同隐没查获鸦片,旋被乡公所干事丁哨丁班长戊,查悉追询,甲乙丙三人畏其举发,托民人己说情,贿洋数千元,丁戊收受后,隐匿不报,甲乙为公务员,自应依《禁烟禁毒治罪暂行条例》第十三条第二项论断,丙系普通人民依《刑法》第三十一条一二两项,应科以通常之刑。但查上开条例,无适合之条,是否以通常之持有鸦片论罪,又丁戊收受贿赂,是否应依《惩治贪污暂行条例》第三条第一项第二款论科,己从中过交贿款,是否应依《刑法》第一百二十二条第三项之帮助犯论罪,乞示等情,案关适用法律疑义,相应函请查照,迅赐解释见复,以凭饬遵。此致司法院

**院字第二六六九号**

**民国三十三年四月五日　司法院咨行政院**

案准贵院本年三月四日义捌字第四八四〇号咨,以据司法行政部呈,转请解释《妨害兵役治罪条例》适用疑义一案,请查照解释见复等由,业经本院统一解释法令会议议决,(一)介绍未达责任年龄之人顶替兵役,应成立顶替兵役罪之间接正犯。(二)有监督权人对于受自己监护之有责任能力之未成年人,教唆帮助使其犯顶替兵役罪,达于既遂程度时,依《刑法》第十一条、第二十九条第一项、第三十条第一项及《修正妨害兵役治罪条例》第十五条规定,应分别成立顶替兵役罪之教唆犯或从犯。(三)同条例第六条第一项所载,强迫不应征集之壮丁,其壮丁二字,不包括不适龄者在内。相应咨复贵院查照饬知。此咨行政院

**附行政院原咨**

据司法行政部三十三年二月十九日呈称,案据署陕西高等法院首席检察官朱观三十二年十二月二十四日他勤字第六〇九号呈称,三十二年十二月二十二日据兼代陕西长安地方法院首席检察官朱观同年月二十一日呈称,案据战区检察官冯秀山签称查《妨害兵役治罪条例》第十五条,介绍顶替兵役罪之成立,系以介绍他人冒充应服兵役之壮丁为之顶替,俾该壮丁,得以避免兵役为要件(参考院字第二二二七号解释)被顶替者,固必须系应服兵役

之壮丁,而顶替者之是否成年,有无监督权人,则与本罪之成立无涉,故凡具备上开要件,而达于既遂程度(参考院字第二二五二号解释),纵顶替者,未达刑事责任年龄,不罚其顶替兵役罪,而介绍顶替兵役者,仍应成立介绍顶替兵役罪(顶替、介绍顶替及使人顶替,均应独立犯无主从之关系)。有监督权人,对于受自己监护之未成年人,如有教唆帮助使犯顶替兵役罪等情事,并应分别成立顶替兵役罪之教唆从犯或间接正犯,此乃适用特别法(即上开该条例)。所生之当然结果,自无适用《刑法》第二百四十条、第二百四十一条认该犯顶替兵役罪之未成年人为被害人,对该有监督权人之监护权,转予保护之余地,倘不具备上开要件,或未达既遂程度顶替,及使人顶替者,固均不成立顶替,及使人顶兵役罪(有监督权人,自亦无帮助顶替兵役等罪之可言),其介绍之者,亦非当然应依《刑法》第二百四十条及第二百四十一条和诱略诱罪处断。盖和诱略诱罪,均以将被诱人移置自己支配范围内,使与家庭或有监督权人脱离为要件,入营服役,断难认为即系脱离家庭,或有监督权人介绍之者,亦未必果有此犯意,其无此犯意,或仅只唆使促成,因而为之介绍,并无和诱略诱行为者,尤难遽依和诱略诱处断(参考院字一九二七号解释之二)。又同条例第六条第一项强迫不应征集之壮丁,其壮丁二字,应包括适龄与不适龄者在内,举轻以赅重,法意至为明显,强迫不应征集之适龄壮丁,尚重其罚,强迫不适龄者(即不及龄或已除役者)应征,自难转依《刑法》第三百零二条、第三百零四条之轻罪处断等情。据此,查迩来此类案件其多,关系兵役制度之推进至巨,据呈前情,拟恳转上峰解释,以谋认识上之一致,免适用法则之漫然两歧,是否有当,理合呈请钧座鉴核祗遵等情。据此,案关法律适用疑义,除指令外,理合据情呈请钧部鉴核指示,以便饬遵等情。据此,事关法律适用疑义,除指令外,理合呈请钧院鉴核,转函司法院解释令知,以便饬遵等情,案关适用法律疑义,相应咨请查照解释见复,以便饬遵。此咨司法院。行政院院长蒋中正

**院字第二六七〇号**

**民国三十三年四月五日　司法院咨行政院**

案准贵院上年十一月十八日仁捌字第二五四一〇号咨,以据财政部呈,转请解释清理公产适用法律疑义一案,请查照办理见复等由,兹经本院统一解释法令会议议决,公有土地供公用者,在废止公用后,得为取得时效之标的(参照院字第二一七七号解释),城壕一部分淤成平地,经人民占有建造房屋,历数十年者,应认为公用早已废止,如人民之占有,具备《民法》第七百六十九条或第七百七十条之条件者,自得请求登记为所有人。《清理各县市公有款产暂行通则》第二十五条第一项载,凡侵占公产经查觉或经人举发查明属实者,应比照邻地出租之租额,追缴其自侵占之时起至清理时止之租金,但侵占人向清理机关自行声报者,得核减其百分之二十至百分之四十,其年度久远者,并得豁免其五年以外之欠租等语,系指未经人民取得所有权者而言。若人民已依取得时效取得所有权,既非复为公产即不在同条项规定之列,至其但书所载年度久违者,并得豁免其五年以外之欠租字样,由其豁

免欠租之年限推之，凡超过五年者，即为年度久远，同条项之规定，自非排除取得时效之适用。相应咨复贵院查照饬知。此咨行政院

**附行政院原咨**

案据财政部三十二年十月十九日渝地一字第一二二〇六号呈称，案准湖南省政府三十二年八月四日来财府四字第一三六五号咨开，案据衡阳市政府市君财整字第（七八）号呈称，查本市财政整理委员会成立月余，工作推行颇为努力，惟适用法令发生下列疑义。甲、城基城壕原为公产，设有城壕，一部分淤填隆为平地，被人民侵占建造房铺，辗转变卖，历时数十年或百年，并经合法登记取得土地所有权状，财整会本可依照奉颁《清理各县市公有款产暂行通则》第二十五条第一项，追缴其自侵占时起之租金，乃侵占人或受让人以占有此项不动产，业经二十年以上，并经合法登记，依《民法》第七百六十九条暨《土地法》第三十六条之规定，产权早已确定，提出质问。在此场合，拟答理由，一、《清理各县市公有款产暂行通则》第二十五条第一项规定，追缴以前租金无年代限制，其但书且称年代久违者，并得豁免其五年以外之欠租，以特别法优于普通法，自不受《民法》第七百六十九条拘束，且该条所称取得时效之条件为占有，倘为买有，非构成该条要素，不能有取得时效之存在，而为所有权之登记。二、登记制度原为保护正直权利而设，若其权利根本上即不存在，自无依法登记而取得其权利，亦即不能发生能否对抗之问题，已有最高法院二十四年度上字第二〇六八号判例可资依据，该侵占人或受让人，何能以取得土地权利状对抗政府。三、法律行为有背于公共秩序或善良风俗者无效，《民法》第七十二条已有明文规定，城壕原为保卫城墙，防御寇盗而设，公安公益攸关，人民侵占淤填城壕土地，建造房铺，实有违背公益公安，姑无论其占有年代如何，根本不能取得所有权，右项在整理公产进行中，确关重要，理合备文呈请钧府察核示遵等情。据此，查占有人依法律行为取得公有不动产所有权，并消灭请求回复之时效，可否引用《清理各县市公有款产暂行通则》第二十五条第一项追缴其租金，并回复其占有物，案关法令解释，相应咨请贵部转呈核示，以凭饬遵，仍希查照见复等由到部。查《民法》第七百六十九条内载，以所有之意思，二十年间和平继续占有他人未登记之不动产者，得请求登记为所有人，原条文既称他人似系指私人而言。至公有土地，属于政府管有，乃系法人性质，虽于公有土地，并无明白规定，其意义当可推测而知。是公有土地，对和平继续占有之条文，似不适用。惟以前政府对于公有土地，向乏适当之管理，以致任其荒废，人民利用此项弱点，或竟串通管理人员，故意放弃责任，遂得以继续为和平之占有，因而致公家之损失。又以管理土地机关，未加审察，竟为人民登记，取得所有权，反使人民得借《土地法》第三十六条“依本法所为之登记有绝对效力”之条文，据为保障，然公产究属公有，自不容因人民之侵占，而听其丧失，即系备价购得，并经合法登记，究其原始，乃属非法行为。如本案情形既已查明真象，照《民法》第七十二条“法律行为有背于公共秩序或善良风俗者无效”之规定，令其归公，当亦为正当之处分，现在关于国家及地方所有之公产，正在积极清理，指为开辟财源之一端，亟应力图矫正，以免影响合法之收入。至此项纠纷问题，按之各

地情形当不在少,设非确定标准,势必窒碍滋多,惟事关法令解释,究竟公有土地,是否适用《民法》第七百六十九条之规定,应请钧院转函司法院,予以解释,以便遵循等情。据此,案关解释法律疑义,相应咨请查照办理见复为荷。此咨司法院。行政院院长蒋中正

**院字第二六七一号**

**民国三十三年四月八日　司法院咨粮食部**

案准贵部上月十三日裕叁字第六七九七二号代电,以违反粮食管理案件诉愿程序发生疑义,请解释等由到院,兹经本院统一解释法令会议议决,兼理军法案件之县长,依《非常时期违反粮食管理治罪暂行条例》第七条,对于商人科以罚金,本为有军法审判权之机关所为之裁判,即使援用同条规定,误为没收,亦不得谓非有军法审判权之机关所为之裁判,此项裁判,须经中央最高军事机关核准,始得执行,不得对之提起诉愿。如提起诉愿,而受理诉愿之官署,不依《诉愿法》第七条驳回者,诉愿决定当然无效,原电所称之再诉愿,自应予以驳回。相应函请贵部查照。此致粮食部

**附粮食部原代电**

司法院公鉴,查违反粮食管理案件,应由有军法职权之机关审判,此在《非常时期违反粮食管理治罪暂行条例》第十四条定有明文,兹有某县政府处理此类案件,依同条例第七条,予以没收之处分,但其所为之处分系依行政诉愿程序办理,而受理诉愿之决定官署未予纠正。迨案经确定后,始据当事人提起再诉愿,现处理此案分为甲、乙两说。甲说,因其逾越再诉愿期间,已属违背诉愿程序,应予以驳回。乙说,应依院字第八三三号第一〇五五号解释,认原县为无权受理,将其违法之原处分及原决定,宣告无效。以上两说,究以何说为是,如以乙说为是,则宣告无效应以何种方式行之。本部现有此种案件,亟待解决,用特电请迅赐解释,以凭办理。粮食部寅裕叁寅元印

**院字第二六七二号**

**民国三十三年四月十日　司法院咨行政院**

案准贵院上年十一月二十四日仁捌字第二五八一五号咨,以据财政部呈转请解释缉获私收金类案件,适用法律疑义等情,请查照办理见复等由,兹经本院统一解释法令会议议决,在准许人民在国内自由买卖黄金案核准施行以前,查缉机关所缉获之私收金类,及私运私带金银之案件,关于行政上之处分,仍应依缉获当时之法令办理,不适用《刑法》总则第二条之规定。相应咨复贵院查照饬知。此咨行政院

**附行政院原咨**

据财政部三十二年十月三十日渝叁字第一二三七五号呈称,查自防止私运暨携带金银出口暂行办法公布以后,前颁发《防止水陆空私运特种物品进出口办法》,即于同日废止,本部前颁之限制黄金私运出口及运往沦陷区域办法,暨运输银币银类请领护照及私运私带处

罚办法，亦经本部通令作废，又自准许人民在国内自由买卖黄金，经钧院核准后，原颁取缔买卖黄金各办法，亦均暂停执行。兹查新法公布以前，查缉机关缉获之私收金类，及私运私营金银案件，尚未处分确定，或执行尚未完毕者，新法公布以后，如依《刑法》总则第二条之规定，自应依新颁办法办理，惟各该办法内所定之罚锾及没收处分，系属行政处分，与《刑法》上罚金之属于主刑者，性质显然不同，本部前以《刑法》上关于追诉权之时效期间，对于行政罚是否准用发生疑义，呈请解释，经司法院为否定之解释有案，则行政罚应否适用《刑法》第二条第二项第三项之规定，似亦有待研究。上述案件，究应仍依旧法论处，抑依新法办理，适用法律发生疑义，事关法律解释，理合呈请钧院鉴核，转请司法院解释，俾资遵循，实为公便等情。据此，事关法律疑义，相应咨请查照办理见复。此咨司法院。行政院院长蒋中正

**院字第二六七三号**

**民国三十三年四月十二日　司法院咨行政院**

案准贵院上月十日义捌字第五二三九号咨，以据司法行政部呈，转请解释自诉程序疑义一案，请查核见复等由，兹经本院统一解释法令会议议决，未委任代理人之自诉人，于提起自诉后，因兵役被征入营，无法传唤到庭，如该自诉人不能继续其应为之诉讼行为时，得通知检察官担当诉讼。相应咨复贵院查照饬知。此咨行政院

**附行政院原咨**

据司法行政部三十三年二月二十八日呈叁字第一六六号呈称，案据安徽高等法院三十二年十二月九日呈称，案据代理歙县地方法院院长沈乃康呈称，查自诉人于提起自诉后，因兵役被征入营，无法传唤，而又未经委任代理人，以致案莫能结，据甲之说，得迳判决。拟乙之说，得通知检察官，担当诉讼。然与《刑事诉讼法》第二百二十三条、第二百二十四条之规定，尚有未合，两说似均无据。案关法律问题，究应如何办理，应有呈请解释之必要，理合备文呈请核转示遵等情。据此，案关法律疑义，本院未敢擅拟，理合据情具文转呈，仰祈鉴核令遵等情。据此，查原呈所称情形，似可通知检察官担当诉讼，唯法律上尚无依据，理合具文呈请钧院核转司法院解释示知，以便饬饬遵照等情。据此，查所称情形，法律上尚无依据，办理时不免发生疑义，相应咨请查核见复，以便转饬为荷。此咨司法院。行政院院长蒋中正

**院字第二六七四号**

**民国三十三年四月十二日　司法院致行政院函**

案准贵院本年一月二十一日义十一字第一三四五号公函，以据江西省政府代电，请解释违反限价案件适用法律疑义一案，请查照解释见复等由，兹经本院统一解释法令会议议决，关于违反限价案件，依《国家总动员法》第八条及《妨害国家总动员惩罚暂行条例》第五

条第一项第三款所定,系指就国家总动员物资及民生日用品之交易价格,所发管制命令有所违反或妨害而言,故依法宣告没收时,应以超过限价部分之价金为限。相应函复贵院查照饬知。此致行政院

**附行政院原函**

案据江西省政府代电称,查违反限价案件,关于违反限价之买卖标的物及价金审判机关如何,根据《刑法》之规定,于裁判时并同宣告没收之问题,不无疑义,依照《刑法》第三十八条第一项第二款第三款规定得没收之物,为供犯罪所用之物,因犯罪所得之物,处理违反限价案件如何适用此项规定,并科没收刑之处,自法理上言,得有下述三种主张。(一)违反限价之买卖,其对买卖标的物之出与买受行为,为违反限价法令之行为,故对于为买卖标的之物品,得依《刑法》第三十八条之规定,予以没收。(二)违反限价之买卖,除得没收其标的物外,因买受人之支付价金行为,出卖人之受领价金行为,均为违反限价法令之行为,故对全部价金,亦得依《刑法》第三十八条之规定,予以没收。(三)违反限价之买卖,其违反限价法令之行为,仅为超过限价部份价金之双方约定行为,故违反限价案件,所谓供犯罪所用之物,及因犯罪所得之物,均系指超过限价部份之价金而言,固不涉及为买卖行为标的物之物品,从而依据《刑法》第三十八条之规定,并科没收之徒刑时,亦仅能对超过限价部分之价金为之。以上三说,究以何说为当,事关法律解释,理合缕陈鉴核,迅赐解释示遵等情,相应函请查照解释见复为荷。此致司法院。行政院院长蒋中正

**院字第二六七五号**

**民国三十三年四月十二日　司法院致航空委员会函**

案准贵会上月六日人法二甲渝字第四五七号公函,以据空军第二路司令部电,请解释军人身分及公有财物范围各疑义一案,请查照解释见复等由,兹经本院统一解释法令会议议决,(一)军事委员会战地服务团空军招待所雇用之侍者,既系雇佣性质,不能认为有军人身分,其犯普通侵占及窃盗罪,应送司法机关办理。(二)盟国军队之财物,不包括于《惩治贪污条例》第三条第二款公有财物之内,相应函复贵会查照饬知。此致航空委员会

**附航空委员会原函**

据空军第二路司令部电请解释,(一)军事委员会战地服务团空军招待所雇用之侍者,有无军人身分?其触犯普通侵占及窃盗嫌疑应送何机关讯办?(二)《惩治贪污条例》第三条第二款侵占或窃取公有财物罪,凡属盟军之财物,是否包括于该款公有财物之内等情,相应函请查照,即希解释见复为荷。此致司法院

**院字第二六七六号**

**民国三十三年四月十二日　司法院指令四川高等法院**

呈悉,业经本院统一解释法令会议议决,《妨害兵役治罪条例》第六条前段所称之不应

征集之壮丁，凡未依法抽签或已中签而未受征集之壮丁均包括在内，不以缓征或缓召之壮丁为限。仰即转饬知照。此令

**附四川高等法院原呈**

案据署四川合川地方法院院长文必第三十三年一月八日呈称，窃查《妨害兵役治罪条例》第六条前段所称不应征集之壮丁，解释上有两说。甲、凡未依兵役法抽签程序中签之壮丁，概属不应征集之壮丁，强迫其服兵役者，应成立该条之罪。乙、不应征集之壮丁，指免役缓役而言，司法行政部民国三十一年一月五日指叁字第一一七号指令已有核示，观以不适兵役年龄之男子，如强迫其服兵役，尚只成立妨害自由之轻罪，而本有兵役义务之适龄壮丁，不过未经抽签，强迫使服兵役者，而成立妨害兵役之重罪。可见上项核示，系指免役缓役而言，若无免役缓役之条件，仅未经抽签程序，而强迫使服兵役，亦不过妨害自由，不能成立《妨害兵役治罪条例》第六条之罪。两说不知以何说为是，本院有此种妨害兵役案件多件待结，敬祈鉴核示遵等情。据此，查兵役法第四章规定征集，第十五条第二项第四款规定常备兵现役及龄之年应受征集，同法第十八条规定体格地位相同者，分明兵种，依抽签定征集顺序。是凡常备兵现役及龄者，应受征集，纵未中签，亦不过后受征集，而非不受征集，《妨害兵役治罪条例》第六条所称之不受征集之壮丁，自系指缓征及缓动员召集者而言，不包括未中签者在内，两说中似以乙说为是。惟事关法律解释，未敢擅专，理合具文呈请钧院鉴核解释示遵。谨呈司法院院长居。四川高等法院院长苏兆祥

**院字第二六七七号**

**民国三十三年四月十五日　司法院复广西高等法院电**

广西高等法院申院长览，本年丑篠电悉，业经本院统一解释法令会议议决，《战时房屋租赁条例》施行时，关于房屋租赁之诉讼，已系属于第一审或第二审法院者，是否适用同条例裁判，应分别情形定之，例如，出租人依《民法》第四百四十二条提起请求追加租金之诉后，同条例施行，且该地区定有标准租金者，固有同条例第三条第二项第三项之适用。至出租人于同条例施行前，为终止租约之意思表示，依当时法律为有效者，其租赁关系既于当时消灭，即不因嗣后同条例之施行而复活，其提起请求返还租赁物之诉，虽在同条例施行之后，亦无适用同条例第七条之余地。合电知照。司法院咸印

**附广西高等法院原电**

渝司法院，《战时房屋租赁条例》经于三十二年十二月十三日公布施行，在施行前发生之租赁事件，是否仍适用旧法，抑一致适用裁判时之新法，乞电示遵。代理桂高院长申守真呈丑篠民印

院字第二六七八号

民国三十三年四月十五日　司法院咨行政院

案准贵院本年三月七日义捌字第四九二一号咨，以据司法行政部呈，转请解释公示送达程序进行疑义一案，请查照解释见复等由，兹经本院统一解释法令会议议决，第二审法院审判长命上诉人补缴裁判费之裁定，因其住居所及其他应为送达之处所不明，不能送达者，苟非具备公示送达之要件，即无从命其补缴，第二审法院自应以裁定驳回其上诉。相应咨复贵院查照饬知。此咨行政院

附行政院原咨

据司法行政部三十三年二月十九日呈称，案据江西高等法院院长梁仁杰呈称，案据江西高等法院第二分院院长汤本殷第一八〇八号元代电呈称，查公示送达，非依当事人之声请，不得为之，兹有当事人，不服第一审判决，提起上诉后，应为送达之住所不明，致不能将限期缴费之裁定送达。迭经本院通知，并令饬原审票传被上诉人到庭讯问，攘复称被上诉人不愿公示送达等语，是本件诉讼程序已无从进行，究应如何办结，尚无先例可援，悬案以待，理合呈请钧院核示祗遵等情到院。查事关法律适用问题，本院未敢擅专，理合备文呈请钧部鉴核，指令祗遵等情。据此，事关法律适用疑义，理合呈请钧院鉴核，转函司法院解释令知，以便饬遵等情，案关适用法律疑义，相应咨请查照解释见复，以便饬遵。此咨司法院

院字第二六七九号

民国三十三年四月十七日　司法院指令河南高等法院首席检察官

呈悉，业经本院统一解释法令会议议决，依法应由军政警机关没收其所查获之银币银类，而该机关未予没收，连同人犯送经法院侦查，结果予以不起诉处分后，该项银币银类，并非《刑法》上所定不问属于犯人与否应予没收之物，院字第六七号解释不能适用，仍应送还该原送之军政警机关处理。仰即转饬知照。此令

附河南高等法院检察处原呈

案据许昌地方法院首席检察官呈称，案查《运输银币银类请领护照及私运私带处罚办法》第四条，凡未请领部照，或未携有兑换机关证明书，私行运输银币银类者，经军政警机关或海关查获，即予没收充公，前项缉获之银币银类，如查有故存隐匿，意图偷漏出口者，并应将人犯送由当地法院。按照《妨害国币惩治暂行条例》惩处等语，似没收之权属之军政警机关。如果军政警机关查获私带银币人犯，不依上开规定予以没收，将人犯银币一并解送法院，经法院侦查结果，并非私运出口，不合于第二项规定，予以不起诉处分后，关于银币部分，究应归法院没收，抑仍送还原军政警机关没收，不无疑义。本处现有此案，急待解决，理合呈请鉴核示遵等情。据此，查《私带银币银类处罚办法》第四条第一、二两项及第六条末段规定，凡私带银币者，无论是否偷漏出口，其银币均应由查获之军政警机关没收充公，义

甚明显。但该查获机关未将银币没收,将人犯银币一并解送法院,经侦查,结果予以不起诉处分。此际银币应如何处置,参之民国十八年院字第六七号解释,应没收之物,已送审判者,案不起诉,则应由检察官声请法院,以裁定没收之例,应由检察官声请法院裁定没收之。事关没收疑义,未敢擅专,理合备文呈请钧院鉴核示遵,实为公便。谨呈司法院院长居。河南高等法院首席检察官张秉铖

**院字第二六八〇号**

**民国三十三年四月二十日　司法院复甘肃高等法院电**

甘肃高等法院詹首席检察官览,上年十二月鱼代电悉,所请解释一案,业经本院统一解释法令会议议决,保甲长办公处经呈准由县市政府刊发之图记,应认为公印。合电知照。司法院号印

**附甘肃高等法院原电**

重庆司法院院长居钧鉴,保甲长办公处经呈准由该管县市政府刊发之图记,能否视为公印,请赐解释示遵。署甘肃高等法院首席检察官詹世铭叩亥鱼印

**院字第二六八一号**

**民国三十三年四月二十日　司法院指令湖北高等法院**

呈悉,业经本院统一解释法令会议议决,关于依财务法规科处罚锾,及属于行政罚性质而称为罚金之案件,既非刑事案件,自毋庸经检察官之起诉莅庭及执行,应由为裁定法院迳自行之。又罚锾系行政罚,而非刑罚,亦不得易服劳役。仰即转饬知照。此令

**附湖北高等法院原呈**

案据本院第二分院院长喻兆麟三十三年二月二日漳字第一五四号呈称,案查关于财务法规科处罚锾,及属于行政罚而称为罚金者,与《刑法》上之罚金性质不同,此类案件,究应作为普通刑事案件程序办理,抑应作为民事案件程序办理,如应作为刑事案件,则关于起诉莅庭及罚锾之执行,是否均应由检察官行之?再《刑法》上之罚金得准易科,而行政上之罚锾,能否易科,各财务法规及行政法,均无规定,事关法律解释,理合备文呈请核示,或转请解释示遵等情。据此,查行政罚非刑罚,自毋须依刑事诉讼程序办理,不必由检察官起诉莅庭,其罚锾亦不能予以易科。至执行事实上固多由检察官行之,然此既非刑事裁判,法律上颇乏根据,为裁定之法院,似可迳自行之。案关法律解释,本院未敢擅专,理合具文呈请钧院鉴核,迅赐解释饬遵。谨呈司法院

**院字第二六八二号**

**民国三十三年四月二十日　司法院训令四川高等法院**

案据崇宁县司法处审判官代电,请解释终止租赁契约及窃盗案件适用法律各疑义一案

到院,兹经本院统一解释法令会议议决,(一)《非常时期民事诉讼补充条例》第十一条之争议,已有诉讼系属于第二审者,第二审法院虽得依声请将事件移付调解,但其调解应由第二审法院为之,毋庸移送第一审法院(参照本院院字第二五二七号解释),其当事人未声请调解者,第二审法院仅得依《民事诉讼法》第三百七十七条,嘱托第一审法院推事试行和解,不得命第一审法院饬当事人声请调解。(二)某甲于夜间侵入某乙住宅窃盗既遂后,又于次日夜间侵入某丙住宅窃盗未遂,两次窃盗如系出于概括之犯意,反复而为,自属连续犯,否则即应按数罪并罚办理。合行令仰该法院转饬知照。原代电抄发。此令

**附崇宁县司法处原代电**

重庆司法院院长居钧鉴,设有不定期租赁耕地之出租人,于收益季节后,次期作业开始前,以收回耕地自耕为理由,请求终止契约,承租人关于押金部分,并未主张增加退还声请调解,在答辩书状内及言词辩论时,亦均未以增加押金为抗辩理由,经第一审判决,准许终止契约,押金照原数退还。该承租人不服上诉,其上诉理由,仍未主张增加押金,此种情形,第二审法院,能否不经裁判,迳将该案卷宗发还原审,令传承租人到庭?关于押金部分,饬承租人声请调解,如承租人拒不声请,又应如何办理?再设有某甲,在某城市于某年某月某日夜间侵入某乙住宅窃盗既遂,在同一城市内于次日夜间,复侵入某丙住宅窃盗未遂而被捕获,此种行为是否构成连续犯,抑系数罪并罚?事关法律疑义,理合电请解释示遵。署四川崇宁县司法处审判官章愚叩巧印

**院字第二六八三号**

**民国三十三年四月二十日　司法院致国民政府军事委员会函**

案准贵会本年三月二十五日法审(三三)渝叁字第三五三九号公函,以士兵携带重要物品逃亡适用法律发生疑义,请解释见复等由,兹经本院统一解释法令会议议决,《修正中华民国战时军律》第十条第一项所称其他重要军用物品,系指该条所举枪弹粮饷以外,于作战有关之重要军用物品而言,与《陆海空军刑法》第九十五条所称兵器马匹以外之其他重要物品范围不同。军人窃取他人证章臂章符号佩带逃亡,或携带自己符号证章臂章逃亡者,应依《陆海空军刑法》第九十五条处断,参照本院院字第二〇九九号解释,意义极明,该条所定之其他重要物品,是否与作战有关之重要军用物品相当,应视实际情形而定,并不因现行修正战时军律第十条第一项之规定而完全排斥适用。相应函复贵会查照。此致国民政府军事委员会

**附国民政府军事委员会原函**

案准贵院本年二月二十四日院字第二六五五号公函略开,军人在战时犯逃亡罪或犯携带重要军用物品逃亡罪,不问有无伙党,亦无分首谋与余众,均应适用《修正中华民国战时军律》(以下简称军律)第十条第一项分别处断。又上开军律乃《陆海空军刑法》之特别法,凡《陆海空军刑法》上之罪名,该军律内复有相当规定者,依同律第二十一条之规定,在其施

行期内，自应排斥《陆海空军刑法》上相当之法条而优先适用，不以逃亡罪之一章为限等由，准此。案查士兵窃取该管营长之证章符号臂章佩带逃亡，及携带本人符号逃亡者，均应论以《陆海空军刑法》第九十五条携带其他重要物品逃亡罪，业经贵院二十九年八月三日院字第二〇四四号公函解释在案。又证章符号臂章，乃资识别身份之用，尚非重要军用物品，其携带逃亡者，自不成立战时军律第十条之罪，亦经贵院二十九年十二月十一日院字第二〇九九号公函解释有案，现《修正中华民国战时军律》第十条对于携带其他重要物品逃亡，并无明文规定。而《陆海空军刑法》第九十五条依照贵院此次解释，久为该军律所排斥而不适用，则嗣后凡窃取他人符号证章臂章佩带逃亡，或携带自已符号章臂章逃亡者，是否依修正军律第十条第一项前段处断，不无疑义，相应函请贵院迅赐解释见复为荷。此致司法院

**院字第二六八四号**

**民国三十三年四月二十二日　司法院致国民政府军事委员会函**

案准贵会本年三月十一日法审(三三)渝叁字第二九一一号公函，以据浙江全省保安司令电，请示顶名续服兵役案件适用法律疑义一案，请解释见复等由，业经本院统一解释法令会议议决，部队长官于甲兵逃亡后，嘱乙顶甲名继续服役，该乙如系顶补甲兵名额而服兵役，并非顶替甲之姓名，自应取得军人身分。乙在队服役未久，又复潜逃，该长官又以丙顶甲名服役，如该丙仍系顶补原来之甲兵名额，而非顶替甲之姓名者，乙应于丙之顶补时，视为脱离军籍，丧失其军人之身分，倘乙丙俱系顶用甲兵之姓名，而非顶补其名额者，即不发生军人身分得丧之问题。相应函复贵会查照饬知。此致国民政府军事委员会

**附国民政府军事委员会原函**

案据浙江全省保安司令黄绍竑丑铣法丙电称，部队长官于甲兵逃亡后，嘱乙顶甲名继续服役，该乙应否认为合法取得军人身分，如该乙在队不久又复潜逃，部队长官以丙顶甲名服役，该乙之军人身分，应于何时起认为丧失，不无疑义，谨电请核示遵等情。据此，案关法律疑义，相应函请查照解释见复，以凭饬办。此致司法院

**院字第二六八五号**

**民国三十三年四月二十二日　司法院咨行政院**

案准贵院上年十一月二日仁捌字第二四四一九号咨，以据司法行政部呈，转请解释刑事诉讼程序疑义一案，请查核见复等由，业经本院统一解释法令会议议决，同造之甲乙于退庭后，印发传单，记载不实之侦查庭讯，并涉及讯问及记录者之礼貌态度，且有讽刺之词，如已达于侮辱程度，即应成立《刑法》第一百四十条第一项后段规定之罪，且系一行为而犯数罪名，并含有应经公诉之部分在内，记录人员自不得以甲乙二人妨害名誉提起自诉，否则仅散布不真实之文字，指摘足以毁损他人名誉，只应成立《刑法》第三百一十条第二项之罪。检察官于记录人员对甲乙二人提起自诉后，始对甲一人提起公诉，第一审不依《刑事诉讼

法》第二百九十五条第二款谕知不受理之判决,反为实体上之审判,显系违法,第二审于甲乙不服第一审,就自诉案件之判决,提起上诉时,发见检察官对甲公诉部分之确定判决,仍应就甲乙不服自诉判决之上诉,予以审判,至甲公诉部分之确定判决,应依非常上诉程序,以救济之。相应咨复贵院查照饬知。此咨行政院

**附行政院原咨**

据司法行政部三十二年十月十三日呈称,案据贵州高等法院院长刘含章三十二年八月二十四日文循字第三三四号呈称,案据本院第三分院院长周旋冠本年七月二十九日午艳代电称,兹有同造之甲乙于退庭后,印发传单记载不实之侦查庭讯,并涉及询问及记录者之礼貌态度,且有讽刺之词。经记录人员以妨害名誉,对甲乙提起自诉,检察官旋以妨害公务对甲提起公诉,先行判罪确定,自诉亦为科刑判决,甲乙均提起上诉,第二审乃发现两判决,即发生下列疑义。(一)可否自诉分二说。子说,谓不得提起自诉,以印发之传单,系对于公务员执行之职务公然侮辱,被害者为国家,个人不得提起自诉;丑说,谓可以自诉,以甲乙印,发之传单,除妨害公务外,又妨害个人之名誉,系一行为而触犯两项罪名,被害人自得提起自诉。(二)如能自诉,该部份应如何审究,亦分二说。子说,谓自诉在先,公诉在后,应就甲乙之全部行为审究,对甲不受在公诉判决之影响,至公诉之确定判决,应由非常上诉救济之;丑说,谓甲之犯罪行为,既经公诉判决确定,该部份之自诉,应受其影响,而谕知不受理,仅对乙之犯罪行为进行审判。案关法律疑义,未敢擅专,悬案待决,伏乞迅赐指令祇遵等情。据此,查来呈所称印发传单记载不实之侦查庭讯,并涉及讯问及记录者之礼貌态度,且有讽刺之词各情,能否构成对于公务员依法执行之职务公然侮辱之罪,不无疑义,理合备文呈请鉴核,示遵等情。据此,查该院所附意见及原呈请示各点,均属法律疑义,理合据情呈请钧院鉴核,转送司法院解释,俾便饬知等情。据此,相应咨请贵院查核见复,以便饬知。此咨司法院。行政院院长蒋中正

**院字第二六八六号**

**民国三十三年四月二十八日　司法院复甘肃高等法院电**

甘肃高等法院詹首席检察官览,本年三月代电悉,皋兰地方法院首席检察官所请解释一案,业经本院统一解释法令会议议决,判处罚金确定之被告在逃,及保人避匿,可依《刑事诉讼法》第四百七十五条准用执行民事裁判之规定,就被告所有之财产而为强制执行,不能对于被告同财共居之家属责令缴纳。合电转饬知照。司法院勘印

**附甘肃高等法院检察处原代电**

重庆司法院院长居钧鉴,顷据皋兰地方法院首席检察官赵桂林本年二月二十六日称,案查本处执行本院判处罚金被告逃亡保人避匿,时或有之,致案久悬无法结束。嗣后如有上项情事,可否向判处罚金之被告同财共居之家属,责令缴纳,理合备文呈请钧处鉴核示遵,实为公便,谨呈等情。据此,除指令外,理合电恳迅赐解释示遵。甘肃高等法院首席检

察官詹世铭叩印

**院字第二六八七号**

**民国三十三年四月二十八日　司法院指令四川高等法院**

呈悉，业经本院统一解释法令会议议决，《修正县司法处律师执行职务办法》第五条所定县长得不出庭时，律师亦无庸出庭之刑事案件，系专指公诉案件而言。至自诉案件，经自诉人委为代理人之律师，则不因县长不出庭而受限制。仰即转饬知照。此令

**附四川高等法院原呈**

案据署四川开县司法处主任审判官萧孝允三十三年二月二十六日廉字第一〇六号呈称，案奉钧院三十二年十二月六日牍字第一四五〇四号指令，转抄附发司法院同年十月二十九日院字第二五九〇号解释，审判官于县长不出庭之刑事案件，自亦不得准许律师出庭辩护，其所称之刑事案件，当然指公诉自诉通知县长兼检察官不出庭之刑事案件，惟查刑诉法第三十七条自诉人得委任代理人到场，倘自诉人依该条之规定，委任律师代理出庭，而县长兼检察官又不能出庭时，应否准其律师出庭？如应准许，则该律师以普通代理人待遇，抑仍照律师资格待遇？事关律师出庭疑义，理合具文呈请核示，指令祇遵等情。据此，查检察官在公诉程序中，必莅庭执行职务，在自诉程序中，则得出庭陈述意见（刑诉法第三百二十二条第二项），兼行检察官职务之县长，于司法处审理公诉案件，依法本应莅庭。惟因特种关系，法律上许其不出庭而已，故《县司法处办理诉讼补充条例》第十三条所谓刑事案件，县长得不出庭者，系专指公诉案件而言。若自诉案件县长是否莅庭，仍可适用《刑事诉讼法》之规定，自由酌量，则钧院院字第二五九〇号解释所谓审判官于县长不出庭之刑事案件，不得准许律师出庭辩护云云，当亦系指公诉案件而言。在自诉案件，似不受此限制，故自诉人委任律师为代理人出庭代理其为诉讼行为，似亦非法所不许，即依惯例，仍予以律师身分之待遇，亦属无妨。惟事关法律疑义，所见是否有当，理合具文呈请钧院俯赐鉴核，解释示遵。谨呈司法院院长居。四川高等法院院长苏兆祥

**院字第二六八八号**

**民国三十三年六月六日　司法院咨行政院**

案准贵院本年四月三日义捌字第七三〇二号咨，以据教育部呈请核示各机关聘派人员应否依法宣誓，并由何人监誓疑义，转咨解释到院，业经本院统一解释法令会议议决，原文所称之聘派人员，当即指聘用或派用之人员而言，此项人员，如合于宣誓条例第一条所称之文官，虽系由各机关聘派，亦应照文官宣誓词宣誓。至举行宣誓时，除由上级机关派员监誓外，得由其所属机关之长官监誓。相应咨复贵院查照饬知。此咨行政院

**附行政院原咨**

据教育部呈，为各机关聘派人员应否依照宣誓条例照文官誓词举行就职宣誓，并由何

人监督,请核示等情到院。事关法律适用疑义,相应咨请查照解释见复为荷。此咨司法院。行政院院长蒋中正

**院字第二六八九号**

**民国三十三年六月六日　司法院咨行政院**

案准贵院本年四月十五日义伍字第八四六五号咨,以据河南省政府电请核示牙行及拍卖行课征营业牌照税额疑义,转咨解释到院,业经本院统一解释法令会议议决,营业必有资本,拍卖业及牙行业非能独异,惟资本不必为金钱,得以其他之物及劳务信用充之,营业牌照税应按资本额分别划分等级课税,为《营业牌照税法》第三条所明定,征收拍卖业及牙行业之营业牌照税,自应遵照办理,不得以其全年营业总收入额为标准。相应咨复贵院查照饬知。此咨行政院

**附行政院原咨**

据河南省政府卯东鲁丙冬电称,查奉颁《营业牌照税法》第三条规定,营业牌照税应按资本额分别划分等级课税等因,自应遵办。惟查本省营业牌照税,以牙行收入为大宗,以便遵照前颁征收通则规定,按上年全年营业总收入额之标准课征,甚为便利,因牙行及拍卖行等业,皆系代人介绍买卖,收取佣金,本身并无资本。如骡马一头,每头价值动逾数万元,牙行按百分之七收佣,每次收益即在三五百元以上,全年收入至足惊人,故以往按照全年营业总收入额征税,收入甚多。兹奉颁本法第三条规定,改按资本额征税,则牙外行等业收入虽大,而本身实无资本可言,不但课税标准难期公允,亦且影响税收至大,可否由本省于拟订征收细则时,将牙税等项增加条款仍按上年全年营业总收入额之标准课征,抑应如何办理之处,理合电请迅示祗遵等情,牙行拍卖行等业,本身多无资本,其营业牌照税,应如何计算税额?事关法律疑义,相应咨请查照解释见复为荷。此致司法院。行政院院长蒋中正

**院字第二六九〇号**

**民国三十三年六月六日　司法院咨行政院**

案准贵院本年四月六日义肆字第七五六六号咨,以据社会部呈转请解释关于交通部公路总局所辖各路运输局及各省公路运输局暨重庆市公共汽车管理处,应否加入重庆市汽车商业同业公会为会员疑义,转咨解释到院,业经本院统一解释法令会议议决,交通部公路总局所辖各路运输局、各省公路运输局及重庆市公共汽车管理处,系经营以汽车为工具之运送业,不得谓非公营商业之行号,此项商业既非关系国防之公营事业,或法令规定之国家专营事业,依《商业同业公会法》第十二条第一项规定,自应为汽车商业同业公会会员。相应咨复贵院查照饬知。此咨行政院

**附行政院原咨**

据社会部本年三月二十日组字第四〇一四号呈称,案查前据重庆市社会局三十二年四

月三日社元组字第一一六五号呈转该市工商团体第十八次工作会报纪录,载有重庆市汽车商业同业公会出席代表请示事项,重庆公共汽车管理处四川省公路局及中国运输公司(现移并西南公路运输局),暨各银行车辆,均系经营运输商业,是否应加入本会为会员,请解释等语。当以汽车运输业务,事属交通部主管,经先后咨请该部查核去后,兹迭准咨复,以查各处局等,并非公司行号,不能视为商业组织,乃系为公服务之专营事业,似不应加入同业公会各等由。查《商业同业公会法》第十二条规定,同一区域内之商业同业公司行号,不论公营或民营,除关系国防之公营事业或法令规定之国家专营事业外,均应为商业同业公会会员……该条所称"公司行号",不仅以公司或行号为名义者为限,凡有商行为之组织均属之,该部公路总局所辖各路运输局及各省公路运输局暨重庆市公共汽车管理处等营业,显属商行为,且为无关国防非法定专营之公营事业,依法各该局处等,似应加入汽车商业同业公会,以符规定,理合抄具本部与交通部来往文件,呈请钧院转咨司法院解释,是否有当,敬候核示等情,附呈社会部与交通部来往文件。据此,相应抄同附件,咨请查照解释见复为荷。此咨司法院。行政院院长蒋中正

**院字第二六九一号**

**民国三十三年六月六日　司法院指令广西高等法院**

呈悉,业经本院统一解释法令会议议决,强制执行,非有强制执行法第四条所列之执行名义,不得为之,纳税义务人所欠税款,法律上设有得请法院追缴之规定,征收机关确定所欠税额之公文书,即为同条第六款之执行名义,法院固应予以强制执行,若法律上并未设有此项规定者,既无执行名义,法院自不得为之强制执行。仰即转饬知照。此令

**附广西高等法院原呈**

呈为呈请事,案据永淳县司法处三十三年三月七日法字第三一七号呈称,案准邕宁税务分局驻永淳办公处先后代电略开,转奉财政部税务署去年九月三日庆税巳字第八八〇六号训令开,查酒税一项,关系国税收入甚巨,各熬户如有积欠税款不缴,即请由司法机关查封其产业,备抵欠税,并附欠税熬户三益祥理李崇厚等产业表一份过处,嘱查照办理见复等由,准此,自应照办。惟对于未经裁判之案件,究竟是否可以强制执行,职处未敢擅专,理合具文呈请察核示遵等情。据此,案关法律疑义,未敢擅拟,理合呈请钧院鉴核,俯赐解释示遵,俾便转饬遵照。谨呈司法院院长居。代理广西高等法院院长申守真

**院字第二六九二号**

**民国三十三年六月九日　司法院指令江西省第一区行政督察专员兼保安司令公署**

呈悉,业经本院统一解释法令会议议决,合于《惩治贪污条例》规定之犯罪,如裁判时,该条例已经到达,在《特种刑事案件诉讼条例》未施行以前,普通法院无权审判。合行令仰知照。此令

**附江西省第一区行政督察专员兼保安司令公署原呈**

案经本署于三十二年八月十四日发现一乡公所干事某甲,交付贿赂,惟其时《惩治贪污暂行条例》并无明文处罚,而《惩治贪污条例》虽定有处罚明文,然彼时尚未到达,因而对于适用法律发生疑义。兹有子、丑两说,分述如次,一、查某甲交付贿赂行为,既系在三十二年八月十四日,虽有公务员身分,而行为时《惩治贪污暂行条例》并无处罚明文,且该暂行条例尚未奉令废止,依照《刑法》第一条之规定,自应认为触犯《刑法》规定之罪,应由普通司法机关审判。次查《惩治贪污条例》虽于三十二年六月三十日已由国民政府公布施行。然本省各县系奉江西省政府三十二年八月二十六日保政字第七六六三号训令,及江西高等法院三十二年十一月五日文字第二九〇七号训令转发,先后到达施行,遵照国民政府二十八年九月十六日渝字第五一九号训令,以各省市县一律以公布法律之命令,实际到达之翌日起发生效力等因之规定。纵属《惩治贪污条例》第四条定有处罚交付贿赂之明文,然其犯罪行为时,系在该条例到达发生效力以前,依据法律不究既往原则,亦难援引该条例论罪,由有军法职权之机关审判,又依《刑法》第二条第一项之规定而论,该某甲行为时,《刑法》规定之刑期,较裁判时《惩治贪污条例》规定刑期为轻,亦应依照《刑法》第二条第一项但书规定适用《刑法》处断,由普通司法机关审判(本署见解,某甲应归司法审判)。二、查某甲既系现任乡公所干事,即应认为公务员,既在公务员任内交付贿赂,应认为触犯《惩治贪污条例》第四条之罪嫌,依同法第十一条规定,依特种刑事案件之审判程序办理,但在特种刑事案件审判程序之法令未颁发施行以前,不属司法机关审判,仍由军法机关审判,司法机关对于某甲案件,应谕知不受理。次查《惩治贪污条例》第十三条,《刑法》总则之规定与本条例不相抵触者,仍适用之《刑法》第二条第一项前段,行为后法律有变更者,适用裁判时之法律。今某甲犯罪虽在《惩治贪污条例》到达以前,但裁判时法律既有变更,自应适用上开《刑法》第一项前段之规定,由军法审判,同条项但书虽有裁判前之法律有利于行为人适用最有利于行为人之法律,此系审判上论罪科刑时,应行斟酌之问题,于该条项前段之原则规定,不生影响(江西高等法院袁宜分庭见解,某甲应归军法审判)。以上两说,究以何者为是,事关法律解释,理合备文呈请钧院鉴核,俯赐解释示遵。谨呈司法院院长居。江西省第一区行政督察专员兼保安司令熊鎣

**院字第二六九三号**

**民国三十三年六月十七日　司法院致国民政府军事委员会函**

案准贵会本年四月八日法审(三十三)渝字第四二八〇号公函,以据浙江全省保安司令电请解释国民兵团后备队分队长有无军人身分疑义一案转函到院,业经本院统一解释法令会议议决,国民兵团后备队官兵除在正式军校出身已予武职名义之长官外,皆不能视同军人,业经院字第二六三五号指令解释有案,其以前之院字第二四八〇号解释与此有异之部分,自不能再予援用,相应函复贵会查照饬知。此致国民政府军事委员会

**附国民政府军事委员会原函**

案据浙江省保安司令黄绍竑丑艳法未电称，某甲非正式军校出身，充任县国民兵团后备队少尉分队长，依照钧会三十年二月法审解三十渝一字第九四〇九号训令释示，不得视为现役军人，其被诉伤害，应不归军法审判。依司法院三十二年三月十七日院字第二四八〇号解释意旨，国民兵团各级干部，只须在训练服役期内，即属《陆海空军刑法》第五条之军人。如有犯罪行为，应归军法审判，并不以正式军校出身为要件，究应如何办理，谨电示遵等情。据此，查国民兵团团部及常备队自卫队之官兵，并区队后备队，在正式军校出身，已予武职名义之长官，一律视同军人，其余后备队员兵暨预备队乡（镇）保队官兵，均不得认为现役军人。如有犯罪行为，除依法应归军法审判者外，应由该管司法机关讯办，业经本会于三十年二月二十六日法审解（三十）渝一字第九四一号通令饬遵，并经函准贵院同年六月二十三日训字第六七〇号通令饬遵各在案。兹查贵院三十二年三月十七日院字第二四八〇号解释，匪特与本会前开解释不符，且与贵院三十年六月二十三日训字第六七〇号训令，亦有抵触之处。案关犯罪管辖问题，前后解释两歧，相应函请查照，希即解答见复，以便饬知。此致司法院

**院字第二六九四号**

**民国三十三年六月二十一日　司法院咨行政院**

案准贵院本年四月二十七日义捌字第九四一六号咨，以据司法行政部呈，转请解释《非常时期民事诉讼补充条例》第二十条第二项适用疑义一案，请查照解释见复等由到院，业经本院统一解释法令会议议决，原咨所开情形，依本院院字第二五八六号解释办理，相应抄同该号解释。咨复贵院查照饬知。此咨行政院

**附行政院原咨**

据司法行政部本年四月十四日叁字第二八六号呈，以据广东高等法院转据兴宁地方法院丑巧代电称，查《非常时期民事诉讼补充条例》第二十条第二项之规定，限于有同条例第十九条情形者，始适用之，经司法院院字第二三一九号、第二四〇三号解释有案。惟依同条例第十六条，仍可适用《民事诉讼法》第四百二十条关于调解之规定，则因当事人一造于期自不到场，而视为调解不成立者，可否仍适用补充条例第二十条第二项之规定，不无疑问。甲说，谓既系视为调解不成立，当事人即无从依据同条例第十九条而提出异议，当无不能为增减延期或分期给付之裁判；乙说，谓调解既不成立，即应视为已经提出异议，当事人即可依法起诉，请求为同条例第二十条第二项规定之裁判，否则该条例即失其效用。应以何说为是，谨电呈核示等情。据此，查所陈情形，关系法律解释，未便擅拟，理合备文呈请鉴核示遵等情。据此，事关法律适用疑义，理合呈请钧院核转司法院解释，俾便饬遵等情。据此，事关法律适用疑义，相应咨请查照解释见复。此咨司法院。行政院院长蒋中正

**院字第二六九五号**

**民国三十三年六月二十一日　司法院咨行政院**

案准贵院本年四月四日义捌字第七四二七号咨,以据司法行政部呈,转请解释《法院组织法》第三十三条第四款疑义,请查照办理见复等由到院,业经本院统一解释法令会议议决,兼理司法事务之县长,与《法院组织法》第三十三条第四款所谓荐任司法行政官办理民刑事件者相当,业经本院以院字第一五九六号解释在案。设有县司法处各县县长,依《县司法处组织暂行条例》第四条及第九条之规定,既兼理司法处行政事务及检察职务,自亦为《法院组织法》第三十三条第四款所谓荐任司法行政官办理民刑事件。相应咨复贵院查照饬知。此咨行政院

**附行政院原咨**

案据司法行政部三十三年三月二十一日叁字第二三八号呈称,据河南高等法院检察处三十一年十一月十七日呈人字第五六五号称,以据巩县司法处兼司法行政及检察职务县长李子俊审判官苏大乾呈称,案查《法院组织法》第三十三条第四款规定,在公立或经立案之大学独立学院专门学校修习法律学科三年以上,得有毕业证书,并曾任荐任司法行政官办理民刑事件二年以上者,即得以推检任用。今有在公立大学修习法律三年以上,曾任县长兼司法行政暨检察职务二年以上者,是否合于《法院组织法》第三十三条第四款之规定,理合备文呈请鉴核,俯赐转请解释示遵等情。据此,查兼理司法行政暨检察职务各县县长既非钧部所派之司法行政官,亦难认为办理民刑案件,即使任职二年以上,核与《法院组织法》第三十三条第四款规定不合。惟各县县长既经修习法律学科三年以上,并兼理司法行政暨检察职务二年以上,如果成绩良,对于司法事务具有经验,可否认为有司法资历,与各县司法处审判官同等待遇之处,理合备文呈请鉴核示遵等情。据此,查兼理司法行政及检察职务二年以上之县长,应否解为与《法院组织法》第三十三条第四款之规定相当,事关解释法律疑义,理合呈请核转解释,以便转饬知照,等情到院,案关法律疑义解释,相应咨请查照办理见复,以便转饬知照。此咨司法院。行政院院长蒋中正

**院字第二六九六号**

**民国三十三年六月二十一日　司法院咨行政院**

案准贵院本年一月二十日义伍字第一三〇八号咨,以据财政部转请核示购盐违反限价应如何处罚等情,请解释见复等由到院,业经本院统一解释法令会议议决,购买违反限价之盐,法无处罚明文,应不论罪,相应复请贵院查照饬知。此咨行政院

**附行政院原咨**

案准经济部三十二年十一月十八日管字第六〇二五七号代略开,案准福建省政府本年十一月物丁冬电,略以违反限价买方亦按军法惩处奉令有案,私加盐价,依行政院三十二年

二月九日仁伍第三五〇九号(按系三六〇九号之误)指令,适用盐专卖条例办理,卖方如何处罚,请电复等由,转请查照迳复等由过部。查关于经营销盐业务抬价售盐者,《盐专卖暂行条例》第四十五条已明定罚则,对于卖方抬价案件,自应遵照钧院三十二年二月九日仁伍字第三六〇九号指令,适用《盐专卖暂行条例》,并送由法院办理,惟购盐者违反限价,《盐专卖暂行条例》并未明定罚则,究应如何处理,理合电请钧院核示,祗遵等情。案关法律解释,相应咨请查照见复为荷。此咨司法院。行政院院长蒋中正

**院字第二六九七号**

**民国三十三年六月二十一日　司法院致军政部函**

案准贵部本年四月十七日(三十三)法理字第三九一〇号公函,请解释《惩治贪污条例》第二条第三款疑义等由到院,业经本院统一解释法令会议议决,某甲将经管之军用品私售,应依《惩治贪污条例》第二条第三款侵占军用品之罪处断。来文所举两说,以乙说为是,相应函复贵部查照。此致军政部

**附军政部原函**

查某甲将经管之军用品私售,究应构成《惩治贪污条例》上之盗卖或侵占军用品罪,有甲、乙两说。甲说,查盗卖军用品罪,只须有不法出售之犯意与行为,初不问其出售之军用品为自己或他人所持有,该某甲所售之军用品,虽为其所经管,但既系基于出售之犯意与行为而为之,自应构成盗卖军用品之罪,不能将其出售行为仍割裂为侵占后之处分行为,而论以侵占军用品之罪。乙说,盗卖军用品罪,应以盗取他人所持有之军用品而出售为构成要件,该某甲出售之军用品,既系为所经管,则其出售该项军用品,仅系侵占后之处分行为,与盗卖军用品罪之构成要件不合,应以侵占军用品论处。以上两说,孰为允当,案关解释法令,相应函请贵院迅赐解释见复为荷。此致司法院军政部部长何应钦

**院字第二六九八号**

**民国三十三年六月二十一日　司法院致国民政府军事委员会函**

案准本会本年四月十日法审(三三)渝字第四四一八号公函,以据浙江全省保安司令电,请核示甲匪抢得财物后,被乙匪劫去,乃以绑掳方法,图索回赃物,其绑掳行为,适用何法处断一案,请解释见复等由,业经本院统一解释法令会议议决,甲匪抢得财物,乙匪中途劫去后,甲匪又纠人将乙匪绑回,图索回赃物,此项绑掳行为,意在追回被劫之赃物,并非勒赎,仅应成立《刑法》上妨害自由之罪。相应复请贵会查照饬知。此致国民政府军事委员会

**附国民政府军事委员会原函**

案据浙江全省保安司令黄绍竑寅养法翰电称,甲匪等于抢得财物后,途中被乙匪等劫去,甲匪复纠集多人将乙匪绑回押解,图索回赃物,此等绑掳行为,应否构成掳人勒赎罪责,抑仅犯《刑法》上妨害自由罪,不无疑义,谨电请核示祗遵等情。据此,案关适用法律疑义,

相应函请查照,迅赐解释见复,以便饬知。此致司法院

**院字第二六九九号**

**民国三十三年六月二十一日　司法院训令湖南高等法院**

据该法院第五分院呈请解释共有人占有共有物,能否取得独自所有权,适用法疑义一案,业经本院统一解释法令会议议决,其有系数人按其应有部分,对于一物有所有权之状态,各共有人既各按其应有部分而有独立之所有权,则其中一人,对于他共有人之应有部分,自不得谓非他人之物,公同共有系数人基于公同关系而共有一物之状态,各公同共有人既无独立之所有权,其中一人对于该物,亦不得谓非他人之物,故共有人或公同共有人中之一人对于共有物或公同共有物,皆得依《民法》关于取得时效之规定,取得单独所有权。惟共有人或公同共有人中之一人单独占有共有物或公同共有物,依其所由发生之事实之性质,无所有之意思者(例如受全体之委托而保管时),非依《民法》第九百四十五条之规定,变为以所有之意思而占有,取得时效不能完成,以前最高法院判例与此见解有异者,应予变更。合行令仰该法院转饬知照,原呈抄发。此令

**附湖南高等法院第五分院原呈**

呈为迳恳迅赐解释事,按共有分一般共有(即分别共有)与公同共有两种,其根本不同之点,即公同共有系基于法律规定或契约而成立,前者如公同继承,后者如合伙契约之例,此固不以能否分割为区别,观于《民法》第八百二十三条第一项(物之使用目的不能分割句)暨第八百三十条第二项(公同共有物分割句)之规定自明。惟共有能否适用占有之法则,查公同共有依《民法》第八百二十七条第二项规定,各公同共有人之权利及于公同共有物之全体,则就自已有公同共有权利之公同共有物行使权利者,自核与占有他人动产或不动产之情形不同。最高法院二十三年上字第二二九一号判例,认此不能有取得时效之存在,自属毫无问题。至一般共有,则分甲、乙两说:甲说,谓各共有人对于一共有物,各自有其应有部分之权利,如共有人中之一人越其应有部分,事实上管领共有物全部,似不能谓非占有他人之动产或不动产;乙说,谓各共有人按其应有部分对于共有物之全部有使用收益之权,又共有物之简易修缮及其他保存行为,得由各共有人单独为之,已为《民法》第八百十八条及第八百二十条第二项所明定,则其行使权利及负担义务范围,并可及于共有物之全部,虽各共有人自由处分,应以其应有部分为限,暨其共有物之处分变更或设定负担,应得共有人全体之同意。然一共有物未经各共有人分割以前,似难认其非应有部分即为他人之动产或不动产。况数人共占有一物时,不问其为一般共有,抑为公同共有,依《民法》第九百六十五条规定,于其占有物使用之范围,不得互相请求占有之保护。就该条之本旨推之,则数人共有一物时,各共有人于其共有物使用之范围,似亦不得互相主张占有之效力。例如,甲乙丙共有灌溉田亩水塘一口,经甲一人改变为田,经过二十年,乙丙对之未曾过问,该甲可否依《民法》第七百六十九条取得独自所有权之类?于此场合,究应以上开何说为是?事关法律疑

义,理合备文呈请鉴核,迅赐解释,俾行示遵,实为公便。谨呈司法院。湖南高等法院第五分院谢光国

**院字第二七〇〇号**

**民国三十三年六月二十一日　司法院复军法执行总监部电**

军法执行总监部鉴,本年五月三日法审(三十三)渝字第五一九八号代电悉,所请解释一案,业经本院统一解释法令会议议决,《陆海空军刑法》第五章之暴行胁迫罪,只须施暴行或施胁迫,皆可成立,不以暴行与胁迫兼施为要件,特电复请查照。司法院马印

**附军法执行总监部原电**

司法院勋鉴,查《陆海空军刑法》第五章暴行胁迫罪之构成,兹有甲、乙、丙三说。甲说,于暴行之外须并具胁迫条件;乙说,只须有暴行,即无胁迫行为亦可成立;丙说,暴行与胁迫之间,虽无或字间隔,实际上应视其行为分别成立暴行罪或胁迫罪。究以何说为当,因案待决,相应电请查照,迅赐解释见复为荷。军法执行总监部楚江法乐渝印

**院字第二七〇一号**

**民国三十三年六月二十一日　司法院复广西高等法院电**

广西高等法院申院长览,本年四月二十日刑甲字第一〇八号代电悉,该法院第六分院转请解释一案,业经本院统一解释法令会议议决,《出征抗敌军人婚姻保障条例》第六条所谓出征抗敌军人生死不明,并非必须有官署之证明,亦非仅以出征抗敌军人无书信回家为已足,苟系事实上无从确知其为生存或死亡者,即属生死不明。惟《民法》第八条第一项至第三项之死亡宣告,均以失踪人之生死不明为前提。上开条例第六条既为保障出征抗敌军人之婚姻而设,则该条所谓生死不明满三年后,始得声请为死亡之宣告,自应仍具备《民法》第八条第三项之要件,即限于出征抗敌军人遭遇战争或其他之特别灾难而生死不明时始适用之,前项期间,亦应自遭遇灾难之翌日起算。至宣告死亡之判决,除有反证经法院认其系在他时死亡者外,即以该期间最后日终止之时为其死亡之时。合电转饬知照。司法院马印

**附广西高等法院原电**

司法院院长居钧鉴,案据本院第六分院本年元月马总代电称,据天河县司法处本年元月法字第二六号删代电称,查三十二年八月十一日公布《出征抗敌军人婚姻保障条例》第六条内载,出征抗敌军人生死不明满三年后,其妻或未婚妻始得向法院声请为死亡之宣告等语。所谓生死不明者,是否出征抗敌军人在前方作战断绝音讯,以致踪迹不明为已足。从广义言之,若出征军人在外,不有书信回家,已满三年后,即可为死亡之宣告,此种宣告,其死亡之年月日时,似属不能臆测。从狭义言之,须有相当官署证明,始得行之,较有根据,俾处此机械化与立体之战争,无论战胜或战败,死伤动辄以千数计,似亦无从一一登记为之证明。现以该条例颁布后,有关家属纷纷声请依法宣告,关于适用法律疑义,为此电请解释示

遵等情。据此,事关解释法律,未便擅拟,理合电请察核,电示饬遵等情前来。事关适用法律疑义,职院未敢擅专,理合电请解释,俾便转饬遵照。广西高等法院院长申守真刑号印

**院字第二七〇二号**

**民国三十三年六月二十三日 司法院咨行政院**

案准贵院本年三月十五日义捌字第五七一八号咨,以据司法行政部呈,转请解释关于易科罚金适用法律疑义一案,请查照解释见复等由到院,业经本院统一解释法令会议议决,数罪并罚中之一罪,其最重本刑,虽在三年以下,而他罪之最重本刑,如已超过三年,则因并合处罚之结果,根本上不得易科罚金,故于谕知判决时,亦无庸为易科折算标准之记载,法院竟于并合处罚判决确定后,又将其中之一部以裁定谕知易科罚金,其裁定应认为无效。相应咨复贵院查照饬知。此咨行政院

**附行政院原咨**

据司法行政部三十三年三月四日呈刑字第一七七号呈称,案据署广西高等法院首席检察官陈锡瑚三十二年十二月二十一日检之字第五二四号呈转桂林地方法院检察官黄肇德呈请核示,关于执行易科罚金裁定一案。据原呈略称,查有被告某甲犯窃盗及赌博两罪,经判决各处有期徒刑两月,合并执行有期徒刑三月,旋被告声请易科罚金,又经裁定赌博一罪,准予易科,业经确定。查该被告所犯窃盗一罪,其最重本刑为三年以上有期徒刑之刑,与《刑法》第四十一条规定,不符参照前北京大理院统字第一八四六号解释,其所犯数罪中,既有一罪之最重本刑为三年以上有期徒刑者,即不得易科罚金。况案经宣告合并执行有期徒刑三月,而又据被告声请,特抽出判处赌博罪有期徒刑二月部份,裁定准予易科罚金,亦有未合,是该裁定不能谓非违误,究应如何救济之处,理合呈请核示祇遵等情。据此,查所称情形系属适用法律疑义,理合据情呈请钧院鉴核,准予转请司法院解释饬知,俾便转饬遵照,实为公便等情。据此,案属适用法律疑义,相应咨请查照解释见复。此咨司法院。行政院院长蒋中正

**院字第二七〇三号**

**民国三十三年七月八日 司法院复广西高等法院电**

广西高等法院申院长览,本年五月二十日鄀代电悉,武鸣县司法处所请解释一案,业经本院统一解释法令会议议决,《出征抗敌军人婚姻保障条例》第四条第二项之婚约无效及撤销婚姻,未便依职权于刑事判决主文内谕知,此项婚约既属当然无效,自不必经判决宣告。惟有即受确认判决之法律上利益者,得提起确认之诉,至同条项之撤销婚姻,应由法院于利害关系人起诉请求时,以判决行之。合电转饬知照。司法院齐印

**附广西高等法院原代电**

司法院院长居钧鉴,案据武鸣县司法处五月佳代电称,查《出征抗敌军人婚姻保障条

例》第四条第二项所谓婚约无效撤销婚姻，应否经过判决，如须经过判决，应依职权于刑事判决主文内同时谕知，抑俟刑事判决确定后，始由利害关系人，以民事诉讼请确认婚约无效，及请求撤销婚姻，适用上不无疑义，理合电请察核，解释示遵等情前来。事关适用法律疑义，职院未敢擅专，理合电请解释，俾便转饬遵照。广西高等法院院长申守真刑甲帮印

**院字第二七〇四号**

**民国三十三年七月十日　司法院致行政院函**

前准贵院本年四月二十八日义壹字第九五三四号公函，据地政署呈，以需用土地人不依限发给补偿费，致原业主蒙受损失，应如何补救，转请解释见复等由到院，业经本院统一解释法令会议议决，需用土地人不依《土地法》第三百六十八条第一项规定，于公告完毕后十五日内，将应补偿地价及其他补偿费额，缴交主管地政机关发给完竣者，法律上既无强制需用土地人缴交之规定，实际上又未便使征收土地核准案久悬不决。寻绎立法本旨，征收土地核准案，自应解为从此失其效力，土地所有人如因此而受损害者，得向需用土地人请求赔偿。相应函复查照饬知。此致行政院

**附行政院原函**

据地政署呈称，《土地法》第三百六十八条、第三百七十一条，关于发给补偿费及征收完毕之规定，如因需用土地人，不依法定期限缴纳补偿费，致不能完成征收程序时，对于原权利人之损失，应如何补救？法无明文规定，究应如何办理？事关法律解释，理合呈请鉴核，转咨司法院解释示遵等情。据此，相应函请查核解释见复为荷。此致司法院。行政院院长蒋中正

**附重庆市政府原函**

案据本市地政局三十三年四月三日地三字第八三五号呈称，查《土地法》第三百六十八条规定，征收土地应于公告完毕后十五日内，将应补偿地价及其他补偿费，发给完竣，意在于对土地原所有权人，及其他权利关系人权利之顾及，而明白规定时间，以示限制。但征收土地人，如于征收公告期满后，不遵限将应补偿各费送由主管地政机关转发时，应如何办理，原法及施行法，均无明文规定，仅于《土地法》第三百六十九条有被征收土地之使用人，于其应得补偿金未发给完竣前有继续使用该土地之权。又《土地法》第三百五十一条规定，征收完毕一年后，不实行使用者，其原土地所有权人，得要求照原价买回其土地，今如业主已遵照规定，于公告期内，将被征收土地上之定着物迁移清楚，而征收土地人于公告期满十五日内，并不遵照补偿，亦不使用原业主因以遵照迁移，致无法继续使用。嗣后征收土地人，于数月后或一年以内，始将应补偿各费，送请地政机关转发，是既不能依三百五十一条规定，由原业主买回，复无从依三六九条继续使用，原业主于此种情形下，所蒙受之损失，似应补偿，而征收土地人，不依限补偿，亦应受限制，究应如何予以解释之处，理合呈请鉴核，准予转咨地政署核，复俾资遵循办理，实为公便等情。据此，查本案事关法律解释，除指复

外,相应函请查照核定见复为荷。

**院字第二七〇五号**

**民国三十三年七月十日　司法院致行政院函**

前准贵院本年五月十六日义壹字第一一一四四号公函,以据司法行政部呈请解释《战时房屋租赁条例》适用疑义,抄同原呈函请解释见复等由到院,业经本院统一解释法令会议议决,战前发生之房屋租赁关系,在《战时房屋租赁条例》施行时,尚存续者,自施行之日起,适用同条例之规定(参照本院院字第二六七七号解释),相应抄附该号解释,函复查照饬知。此致行政院

**附行政院原函**

据司法行政部呈请解释《战时房屋租赁条例》适用疑义,相应抄同原呈函请查照,解释见复为荷。此致司法院。行政院院长蒋中正

**附司法行政部原呈**

案据广东高等法院代电称,案据河源地方法院推事兼行院长职务谢兆吉呈称,查《战时房屋租赁条例》,业经奉发到院,惟该条例第一条上段规定战时房屋之租赁依本条例之规定,其所云战时房屋之租赁,是指契约订立于战时,始有适用而言,抑契约订立于战前,亦均适用,尚生疑问,且出入颇大,未敢遽断,为慎重计,理合呈请解释示遵等情。据此,查核所呈系属法律解释,未敢擅拟,理合电请解释示遵等情。据此,事关适用法律疑义,理合备文呈请钧院鉴核,函转司法院解释指示,以便转饬遵照。谨呈行政院

**院字第二七〇六号**

**民国三十三年七月十二日　司法院致航空委员会函**

前准贵会本年五月十一日法二甲渝发字第九二二号公函,以据空军第五路司令部代电,请解释军人犯贪污罪嫌在任官任役中,发觉在免官免役后,其诉追应属法院或军法机关管辖,函请解释见复等由到院,业经本院统一解释法令会议议决,军人在任官任役中犯罪,而发觉在免官免役后者,固应归法院审判,但其所犯,如系《惩治贪污条例》之罪,在《特种刑事案件诉讼条例》未施行前,仍应暂依军事审判程序办理,相应函复查照饬知。此致航空委员会

**附航空委员会原函**

案据空军第五路司令部本年四月第五六六号俭代电,为军人某甲在职期间,犯有贪污罪嫌,至卸职离差后,方被发觉,其诉追应属法院或军法机关管辖,兹有甲、乙二说:甲说,依《陆海空军审判法》第十六条所犯在任官任役中,而发觉在免官免役后归法院审判之规定,应归普通法院审判;乙说,所犯系贪污罪嫌,依《惩治贪污条例》第一条及第十一条规定,犯本条例之罪者,依特种刑事案件之审判程序办理,应归军法机关审判。究以何说为是,请解

释等情，相应函请查照解释见复，以便饬知为荷。此致司法院

### 院字第二七〇七号

### 民国三十三年七月十二日　司法院咨行政院

前准贵院本年五月十五日义捌字第一〇九五〇号咨，以据司法行政部呈，转请解释出典回赎疑义，咨请查核见复等由到院，业经本院统一解释法令会议议决，民国纪元前二十年出典之不动产，经民国十年前之确定判决，命典权人放赎者，出典人固非不得声请强制执行。惟此项典物，依《清理不动产典当办法》第三条之规定，出典人仅得于出典后三十三年内回赎，出典人未于期间内提出典价回赎者，回赎权即归消灭，典物返还请求权亦即不能发生，其于期间内曾提出典价回赎，而典权人拒绝受领典价、返还典物者，因回赎而发生之典物返还请求权，即自回赎时起算。《民法》第一百二十五条之消灭时效，如典物返还请求权已不能发生，或其消灭时效已完成者，典权人得依强制执行法第十四条规定，提起异议之诉，相应咨复查照饬知。此咨行政院

**附行政院原咨**

据司法行政部三十三年五月五日呈(叁)字第三六四号呈称，案据广东高等法院代电称，案据河源地方法院推事兼院长职务谢兆吉筱代电称，本院受理民事强制执行案件，有持民国十年前惠阳地方审判厅终局判决判，准光绪十七年十九年出典二契物业回赎声请执行交赎等情到院，兹有疑义，分下列二说。甲说，民事判决执行，并不如行刑权有时效消灭之规定，一经判决，绝不因久暂而影响执行效力，仍应照判执行；乙说，查民事法律在回赎固有期限之规定，请求权亦有规定，因时效而消灭，如任其久搁延不声请执行，则社会经济永无确定之日，该光绪年间出典二契，实已逾赎期，自不能据以声请执行。职意以为一经判决债务人实有即予自动履行之义务，似以甲说为当。然两说孰是，事关法律疑义，理合电请俯赐解释指令祇遵等情。据此，事关法律解释，未便擅拟，理合电请鉴核转请解释饬遵等情。据此，事关适用法律疑义，理合备文呈请钧院鉴核，函转司法院解释，以便转饬遵照等情。案关法律适用疑义，相应咨请查核见复。此咨司法院。行政院院长蒋中正

### 院字第二七〇八号

### 民国三十三年七月十二日　司法院复甘肃高等法院电

甘肃高等法院杨院长览，本年卯巧代电悉，该法院第四分院所请解释一案，业经本院统一解释法令会议议决，依书状之记载或其他情事，可认当事人有提出消灭时效抗辩之意思者，依《民事诉讼法》第一百九十九条第二项规定，审判长固应向该当事人发问或晓谕，令其为提出与否之陈述，若无何种情事，可认当事人有提出消灭时效抗辩之意思者，审判长不得援用同条项规定，为此发问或晓谕。合电转饬知照。司法院文印

**附甘肃高等法院原代电**

重庆司法院院长居钧鉴,案据甘肃高等法院第四分院院长孙呈祥佳代电开,兰州甘肃高等法院院长杨钧鉴,查《民法》第一百二十五条之消灭时效,因现行《民事诉讼法》系采当事人进行主义,债务人既不主张,法院自无适用之余地。惟现系农村破产之时,而债务人半系赤贫,欠缺法律常识,审判长能否根据《民事诉讼法》第一百九十九条第二项规定,晓谕债务人,令其主张,理合电请核示祗遵。署甘肃高等法院第四分院院长孙呈祥叩佳印等情。据此,案关法律疑义,理合电请钧院俯赐解释,以便饬遵。甘肃高等法院院长杨鹏叩卯巧印

**院字第二七〇九号**

**民国三十三年七月十二日　司法院复甘肃高等法院电**

甘肃高等法院杨院长览,本年卯寝代电悉,榆中县司法处所请解释一案,业经本院统一解释法令会议议决,原代电所述情形,可解为当事人已有价金依市价之约定,除有《民法》第三百四十六条第二项但书情形外,其价金应依取货时之市价。嗣后货价高涨,如具备《非常时期民事诉讼补充条例》第二十条第二项之适用要件者,法院得就未付之货价,为增加给付之裁判。合电转饬知照。司法院文印

**附甘肃高等法院原代电**

重庆司法院院长居钧鉴,案据甘肃榆中县司法处审判官杜增珪代电称,查有某甲欠取乙商号货物,当时未付货价,乙商号即于账簿内记明欠货之名称及数量,但未证明价格,时隔一载货价高涨颇巨,双方争执,究应以取货时之价计算,抑以偿还时之货价计算,本处受理此类案件甚多,急待解决,理合电请鉴核示遵等情。据此,事关法律疑义,本院未便擅拟,理合电请鉴核示遵,俾便转饬遵照。甘肃高等法院院长杨鹏叩卯寝印

**院字第二七一〇号**

**民国三十三年七月十二日　司法院训令浙江高等法院**

案据该法院第二分院呈请解释浙江省佃农二五减租等办法适用疑义到院,业经本院统一解释法令会议议决,《浙江省战时处理佃业纠纷暂行办法》曾奉国防最高委员会第四十六次常务会议决议,准予备案,该办法第二条载,凡佃业双方因缴租或协订新租约而发生争议,及因欠租或收回自耕而发生撤佃纠纷时,先由田亩所在地之乡镇公所调处之,调处不协,由县佃业仲裁委员会裁决之,如再不服由区(行政督察区)佃业仲裁委员会复裁决之。第十八条载,凡经争议当事人双方同意之调处笔录,或县佃业仲裁委员会之确定裁决,或区佃业仲裁委员会之复裁决,均有强制执行力,由县政府执行之各等语,是其第二条所列佃业纠纷事件,已不属普通法院之权限。如向普通法院起诉,依《民事诉讼法》第二百四十九条第一款之规定,应以裁定驳回之,合行令仰转饬知照。原呈抄发。此令

**附浙江高等法院第二分院原呈**

呈为呈请解释事,查《修正浙江省佃农二五减租暂行办法》《修正浙江省佃农二五减租办法施行细则》《浙江省战时处理佃农纠纷暂行办法》,均系浙江省行政机关公布之单行法令,其内容不特与中央法律多相抵触(参照《中华民国训政时期约法》第六十条、《修正法规制定标准法》第一条、第五条、第六条,《法院组织法》第一条,《民法》债编第二章第五节租赁,《土地法》第三编第三章第一节耕地租用,且有破坏国家司法权统一之嫌。嗣后法院对于此种案件,可否仍予受理?认上项办法为地方行政机关命令,抵触中央法律当然无效,抑认该诉讼事件,不属普通法院之权限,应依《民事诉讼法》第二百四十九条规定,以裁定驳回原告之诉。事关适用法律疑义,理合备文呈请钧长鉴核,准予解释示遵。谨呈司法院院长居。署浙江高等法院第二分院院长郑文礼

**院字第二七一一号**

**民国三十三年七月十三日　司法院指令四川高等法院**

呈悉,业经本院统一解释法令会议议决,《优待出征抗敌军人家属条例》第二十八条第一项之规定,不因典权人为出征抗敌军人而排除其适用。其第二项之规定,则于典权人为受同条例第二十九条第二项优待之出征抗敌军人或其家属时,排除其适用,仰即知照。此令

**附四川高等法院原呈**

案查《优待出征抗敌军人家属条例》第二十八条第一、二两项,系关于典产回赎之规定,于典权人亦为出征抗敌军人时,依钧院二十九年四月二十六日院字第一九八八号解释第五款所示于债权人或出租人为抗敌军人时,既未定有例外,自不得排除其适用之类推解释,似应解为无排除其适用之效力。惟查该条例之立法意旨,在于保护出征抗敌军人,使之享受一定权利之优待,原属无分轩轾,然若权利者与义务者皆系出征抗敌军人,其应受保护,立于对等地位时,应如何适用法律,方能剂事理之平,不无疑义,理合具文呈请钧院鉴核示遵。谨呈司法院院长居。四川高等法院院长苏兆祥

**院字第二七一二号**

**民国三十三年七月十九日　司法院致国民政府军事委员会函**

案准贵会本年六月十七日法审(三十三)渝四字第七二三五号公函,以《非常时期违反粮食管理治罪暂行条例》第五条所定之没收,是否行政罚疑义,函请解释见复等由,业经本院统一解释法令会议议决,《非常时期违反粮食管理治罪暂行条例》第五条之没收,非行政罚,依同条例规定,应由有军法审判权之机关审判,俟核准后,移送当地粮食主管机关执行之,相应函复贵会查照。此致国民政府军事委员会

**附国民政府军事委员会原函**

查《非常时期违反粮食管理治罪暂行条例》第五条所定之没收,是否为行政罚,迳由行政机关处罚,抑归军法机关办理,有甲、乙二说。甲说,关于没收粮食超过量,系规定于该条例治罪范围之内,依该条例第十四条下段规定,关于没收罚金之执行及提奖,由原审判机关移送当地粮食主管机关执行之,则其所存所购之粮,有无超过量应行没收几何,自应由该管军法机关审判确定后,检同原判移送该管粮食机关执行之。乙说,粮食非违禁物,在刑事判决上依法不得单独宣告没收,则该条例所定之没收,自属行政处罚之一种,应由行政机关办理。以上二说,究以何说为是?事关法律疑义,相应函请查照,迅赐解释见复为荷。此致司法院

**院字第二七一三号**

**民国三十三年七月十九日　司法院致国民政府军事委员会函**

案准贵会本年四月十四日法审(三十三)渝四字第四五〇三号公函,以据兼浙江全省保安司令代电,转请核示以鸦片付令无刑事责任能力人吸食案件,应如何处理,函请解释见复等由到院,业经本院统一解释法令会议议决,使令无刑事责任能力之人,吞服鸦片治病,其目的既在治病,自不能认为有违法性,其持有鸦片部分,应成立何项罪名,参照本院院字第二六〇六号解释自明。至吞服鸦片之人,既无责任能力,该使令吞服之人,自不发生教唆或帮助之问题,若明知他人素有烟瘾,而使之吞服鸦片抵瘾,如吞服者,未达责任年龄,则使令之者,即为吸食鸦片之间接正犯,否则应分别情形,以帮助或教唆犯论拟,相应函复贵会查照饬知。此致国民政府军事委员会

**附国民政府军事委员会原函**

案据兼浙江全省保安司令黄绍竑三十三年丑俭法村代电,据青田县政府请示,以鸦片付令无刑事责任能力人吸食案件,应如何处理,抄附原呈转请核示等情。案关法律疑义,相应抄同原件,函请查照,迅赐解释见复,以凭饬遵。此致司法院

**院字第二七一四号**

**民国三十三年七月十九日　司法院咨行政院**

案准贵院本年五月十七日义伍字第一一二五六号咨,以据财政部呈转请解释同一土地有二重权益,其一转移时,应否征收契税疑义一案,咨请解释见复等由,兹经本院统一解释法令会议议决,依来文所述情形,下皮田权尚难认为所有权或典权,此项权利让与他人时,未便责令受让人完纳契税或典契税。相应咨复贵院查照饬知。此咨行政院

**附行政院原咨**

据财政部呈称,案据浙江田赋粮食管理处云三字第一二七号代电称,查浙江各县民间多有将同一土地划分二重权益,分属二人之习惯,如温岭之上皮田下皮田,寿昌之民田客

田，平湖之田面田底等，名异实同考其成因，大率最初二重权益同属一人，嗣因原所有人生活困难，将土地收益之一部，立约出卖他人，订定每年交纳买主租谷若干（租额视卖价高下有所增减，大多为全租额之三分之一），同时并将粮赋移转归买主完纳，习惯上随粮转买，买主即为该田所有权人，称其田为上皮田（或称田面或民田）。至出卖人仍保留其耕种之权，有如永佃权人，而称其田为下皮田（或称田底或客田），如此相沿既久，耕种权亦转相自由移转，除出卖收回卖价外，并可出租他人权缴租谷，性质颇似转租房屋之二房东，其买卖价额或所收租谷，往往高过上皮田一倍以上。此种情形各县颇多，对于征收契税不无影响，缘上下皮田，卖价悬殊，同时粮价高涨而赋谷负担加重（完粮归上皮田所有人），因之上皮田承买无人，移转极少，反之下皮田卖价既高，移转亦多。惟后者纵有移转，其性质与所有权之出卖或出典皆是而非，如于移转时，课征契税法无明文，因之影响契税收入甚大，惟按诸实际情形，实类变相出典，可否于其设定或移转时，比照典契税规定，课征契税，俾资补救，而裕库收，理合电请察核示遵等情。查该处所称之上下皮田系属地方习惯，关于所谓下皮田产权之移转，课征契税问题，法无明文规定，兹就法理事实拟具数说如次。一、查《民法》第七百五十七条规定，物权除本法或其他法律有规定外，不得创设。该项上下皮田产权，性质属于物权，而无法律根据，应不予承认，但此项产权既为习惯所有，事实上不易废除，如任其处于课征契税范围之外，非惟有损国库收入，且将鼓励人民避重就轻，更使此种不合法之物权，普遍发展。二、该项上下皮田之成立，系原业主以土地收益之一部立约出卖他人，并将粮赋随同移转，承买人所得为上皮田权，出售人所保留者为下皮田权，但承买人所得之权益，衡以《民法》第七百六十五条所有人于法令限制范围内，得自由使用收益处分其所有物之规定，显非完全之所有权。是仍有一部份为出售人，即下皮田权人所保留，及下皮田如以出售他人时，似仍应比照所有权移转办理，按价课征卖契税。三、如认为所有权不可分割，则出售人于出售其田产收益之一部，并将粮赋随转时，即认为所有权已经出让于上皮田权人，但下皮田权人仍保留一部使用收益之权，类似典权，此权如再有移转时，其性质有类转典，似可比照典契税率课征契税。以上所拟，究以何者为当，理合备文呈请鉴核示遵等情。据此，事关法律解释，相应咨请贵院解释见复为荷。此咨司法院。行政院院长蒋中正

**院字第二七一五号**

**民国三十三年七月十九日　司法院复广西高等法院电**

广西高等法院申院长览，本年四月刑灰代电悉，桂林地方法院所请解释一案，业经本院统一解释法令会议议决，将已用过之烟类专卖凭证重为使用，系对烟类专卖机关，施用诈术取得财产上不法利益，应依《刑法》第三百三十九条第二项处断，合电转饬知照。司法院皓印

**附广西高等法院原代电**

司法院院长居钧鉴，案据桂林地方法院本年三月法字第八四号寅养代电称，窃查《战时

烟类专卖暂行条例》第三十八条载,将本条例所定各项凭证单据私自改窜,或旧证重用及伪造凭证者,除将货件没收外,并依《刑法》处断等语。此种烟类专卖凭证,能否视为《刑法》上之有价证券,抑为公务员职务上制作之公文书,适用上似属不无疑义,此应声请解释者一。又如,视为有价证券,倘有旧证重用情事发生,可否依《刑法》上伪造有价证券论罪,于此发生两说。甲说,《刑法》第二百零二条第三项之伪造有价证券罪,系指涂抹邮票或印花税票上之注销符号,重为使用而言,烟类专卖凭证既非邮票亦非印花税票,除有伪造变造情事,应依伪造变造有价证券罪处断外,如仅系旧证重用,《刑法》上并无处罚明文,其行为应不为罪。乙说,《刑法》第二百零二条第三项之印花税票应作为广义解释,《战时烟类专卖暂行条例》第三十八条既有旧证重用,应依《刑法》处断之规定,则烟类专卖凭证,自可视为印花税票之一种,如有重为贴用情事,应依《刑法》第二百零二条第三项处断,以期与《战时烟类专查暂行条例》所定处罚之旨趣相符。以上二说,未审孰是,此应声请解释者二。职院现有此类案件,亟待解决,理合电请察核,伏候转请迅赐解释示遵等情,前来,事关适用法律疑义,职院未敢擅专,理合电请解释,俾便转饬遵照。广西高等法院院长申守真刑灰印

**院字第二七一六号**

**民国三十三年七月十九日　司法院指令宁夏高等法院**

呈悉,业经本院统一解释法令会议议决,《战时烟类专卖暂行条例》第二十五条规定,专卖烟类,应于包面上实贴专卖凭证,其未贴凭证者,不得持有使用消费移转或为其他处分,亦为该条例第六条所明定,则此项凭证专为许可持有等处分之用,自属特许证之一种,与有价证券之本身具有一定价格,而有流通性之性质不同,其有伪造或变造烟类专卖凭证,应依《刑法》第二百十二条伪造或变造特许证之例处断。仰即知照。此令

**附宁夏高等法院原呈**

查自《战时烟类专卖暂行条例》公布施行后,依据该条例所贴用之烟类专卖凭证,尚有等级之分,并按级征收专卖利益,类似有价证券之一种,但为凭证,又似一种许可专卖之证书,设有伪造变造或行使是项伪造变造之凭证者,究依《刑法》伪造有价证券章论罪,抑应依《刑法》第二百十二条处断?如应依伪造有价证券章论罪,而烟类专卖凭证,又相类印花税票,但伪造有价证券章中第二百零二条系列举规定,究应依第二百零一条论科,抑即依第二百零二条论科,不无疑问,理合备文呈请钧院鉴核,解释示遵。谨呈司法院院长居。署宁夏高等法院院长苏连元

**院字第二七一七号**

**民国三十三年七月二十六日　司法院致行政院函**

案准贵院本年五月十六日义捌字第一一一二〇号公函,以据广东省政府转请核示人民向政府赎回典当产业,可否适用《非常时期民事诉讼补充条例》第二十条第二项之规定,增

加赎价，函请查核见复等由到院，兹经本院统一解释法令会议议决，请求放赎典物事件，如与《非常时期民事诉讼补充条例》第二十条第二项之适用要件相符，典权人虽为公库，法院亦应依同条项规定办理，此系适用现行法上关于情事变更之规定而为裁判，初非贬损法币价值。相应函复贵院查照饬知。此致行政院

**附行政院原函**

据广东省政府以据财政厅签呈，转据英德县税捐征收处呈称，查本处学产，尽在抗战前，由本县三属总局典受县民产业，现因产价高涨，所有出典人，纷向本处请求赎回，抗战前支付典价尽是银两，例如，典价一百元可买稻谷二十石，现在完来国币一百元购买稻谷仅得一斗五升。似此情形，典受人与出典人之利益盈亏，未免相悬过甚。兹职处为使出典人与受典人之利益两无偏颇起见，拟定原典价一百元可买稻谷二十石者，现准予稻谷十石之时价六千五百元被赎，是否有当，抑尚有其他补救法令，理合备文呈请察核示遵等情。查不动产之出典人以原典价回赎典物，核与《民法》之规定，尚属符合，至国币之定值，抗战前后并无变更，是则出典人之回赎典物，依照约定典价元数，以国币给偿，自属履行债务之合法行为，该英德税捐处所拟以典当时谷价，将典价折为稻谷，更以现在谷价将稻谷折为国币之半数取偿，于法并无根据，公产虽为县地方收入，因应自治行政之支需，而人民权益不能侵犯，为立法之原则，该处所拟办法，似属窒碍难行。且产地由人民典当于政府者，各县甚少，更不应以小部份之地方收益，而损害人民权利，拟饬县准由出典人照约定典价元数以国币赎回，是否有当，理合签请察核示遵等情。查《非常时期民事诉讼补充条例》第二十条第二项规定，如该法律关系，因战事致情事剧变，非当时所得预料，而依原有关系发生效力，显失公平者，法院得斟酌社会经济情形，当事人生活状况及其因战事所受损失之程度为增减给付、延期或分期给付之裁判。又司法院三十一年九月十一日第二三九七号解释内载，请求放赎典物事项，法院命典权人放赎时，如有适用《非常时期民事诉讼补充条例》第二十条第二项之情形，虽当事人间之争执，仅在能否回赎，而不及于赎价之多寡，亦得为增加赎价之裁判等语。本案英德县人民系抗战前出典产业于该县税捐征收处，现值抗战时期物价膨涨，经济情形剧变，非当时所得预料，如果准照原典价予出典人回赎，则该税捐处，实际上必受无形之损失，似应适用上开补充条例与解释于原典价之外，斟酌实际情形，令出典人增加若干倍，然后准其回赎。惟该税捐处系站在国家立场，自应维持法币信用，若令出典人于原典价之外多出若干倍，然后准其回赎，是即政府自贬法币之价值，准是观之，本院又似碍难适用上开补充条例与解释。据呈前情，究应如何办理，事关适用法律发生疑义，理合呈请鉴核，转请司法院解释示遵等情，经以案与币值有关交据财政部复称，查旧以银币订立之契约于结算偿付时，应以一元折合法币一元，业经本部明白规定通行在案，事关现行币制，未便有所变更，就典价言，因现值物价高涨，典权人在此占有典物期间内，已获得典物使用及收益之意外利益，若准出典人以原典价回赎，在实际上典权人并不致受若何损失。如典权人系国家机关，尤不应以损失为借口，以致影响法币价值等情前来，查典价争议属于司法裁判范

围,该部呈复意见,核与贵院三十一年九月十一日第二三九七号解释不无出入,相应函请查核见复为荷。此致司法院。行政院院长蒋中正

**院字第二七一八号**

**民国三十三年七月二十六日　司法院致军事委员会函**

案准贵会本年六月十七日法审(三十三)渝四字第七二三四号公函,以据兼浙江全省保安司令代电,请核示关于窃占公有不动产罪适用法律疑义,函请解释见复等由到院,兹经本院统一解释法令会议议决,已废止之《惩治贪污暂行条例》及现行之《惩治贪污条例》,虽均有窃取公有财物之规定,但不包括窃占不动产行为在内,故遇有窃占不动产之犯罪,仍应依《刑法》第三百二十条第二项处断。又犯罪行为着手于旧法有效期间,而完成于新法施行以后,自应适用新法,相应函复贵会查照饬知。此致军事委员会

**附国民政府军事委员会原函**

案据浙江全省保安司令黄绍竑三十三年五月法行字第四六七二号辰冬代电称,查《刑法》第三百二十条第二项固为窃占不动产之规定,而新旧贪污条例虽有窃取公有财物之规定,并无窃占二字,则其是否包括在内,当乏依据,又如窃占行为着手于《惩治贪污暂行条例》有效期间,而完成于《惩治贪污条例》施行之后,究应适用何者为当,乞核示等情。案关法律疑义,相应函请查照,迅赐解释见复,以凭饬遵。此致司法院

**院字第二七一九号**

**民国三十三年七月二十六日　司法院复甘肃高等法院电**

甘肃高等法院杨院长览,辰灰代电悉,武威地方法院所请解释一案,业经本院统一解释法令会议议决,所得税法第二十条各款所定罚金,非行政罚,应以判决行之,与司法机关依《财务法规科处罚锾支配办法》所称之罚金无关,又此项罚金之执行,应依《刑事诉讼法》第四百七十四条、第四百七十五条办理。合电转饬知照。司法院宥印

**附甘肃高等法院原代电**

重庆司法院院长居钧鉴,据甘肃武威地方法院院长孙德耕卯微代电称,查依所得税法第二十条所列各款处一倍或三倍之罚金,系属刑罚性质,应以判决为之,但依三十二年八月二十一日行政院核准公布施行之司法机关,依《财务法规科处罚锾支配办法》第一条后段载,其性质属于行政罚,而称为罚金者亦同,则前条所称之罚金,似又属罚锾性质,应以裁定为之。再查此项罚金,应由民事执行处依强制执行法办理,抑由检察官执行,并此项罚金,应否依照支配办法办理,均属疑问,理合一并电请祗遵等情。据此,本院查所得税法第二十条各款所列之罚金,比照同法第十九条罚金,既在罚锾除外之列,并罚金之下,又有自由刑之规定,则第二十条各款所列罚金,似为《刑法》性质之罚金,其处罚应以判决行之。惟司法机关依《财务法规科处罚锾支配办法》第一条后段所载,性质属于行政罚而称为罚金者,究

指何种法令规定而言，再所得税法第二十条第三款既载明罚金得强制执行追缴之。关于该项罚金之裁判，又似应送检察官执行，得准用民事强制执行之规定，是否有当。事关法律疑义，未敢擅断，理合电请解释示遵。甘肃高等法院院长杨鹏叩辰灰印

**院字第二七二〇号**

**民国三十三年七月二十九日　司法院致军事委员会函**

案准贵会本年五月二十四日法审（三十三）渝四字第五九六九号公函，以据兼浙江全省保安司令电，请核示私人创办之社仓积谷历年办理春放秋收，可否认为办理社会公益事务，所设社正及其司账可否以办理公务人员论一案，函请解释见复等由到院，兹经本院统一解释法令会议议决，私人集款创办社仓积谷，历年办理春放秋收，此项社仓之设立，如系以一般社会公共利益为目的，即属社会公益之事务，其办理社务之社正及由社正委托之司账，依《惩治贪污条例》第一条第二项规定，自应均以办理公务论。相应函复贵会查照饬知。此致军事委员会

**附国民政府军事委员会原函**

据兼浙江全省保安司令黄绍竑辰江法村电称，私人集款创办之社仓积谷，历年办理春放秋收，社设社正一人并由社正委托一人司账，此项社仓，是否得认为《惩治贪污条例》第一条第二项所称办理社会公益事务，其社正及由社正委托司账之人，是否得以办理公务之人员论，乞示等情。案关适用法律疑义，相应函请查照迅赐解释见复，以凭饬遵。此致司法院

**院字第二七二一号**

**民国三十三年七月二十九日　司法院咨行政院**

案准贵院本年六月二十四日义伍字第一四二三〇号咨，以据司法行政部呈，转请解释《财产租赁出卖所得税法》第九条及第十七条疑义，咨请解释见复等由到院，兹经本院统一解释法令会议议决，出卖财产者，自向主管征收机关为虚伪报告时，承买财产者不负责任，惟承买财产者不依《财产租赁出卖所得税法》第九条为报告时，应负同法第十六条之责任，至同法第十七条所称之应纳税额于为虚伪报告之情形，系指因虚伪报告而减少之税额而言。相应咨复贵院查照饬知。此咨行政院

**附行政院原咨**

据司法行政部三十三年六月十日呈（叁）字第四五九号呈称，案据贵州高等法院三十三年四月二十六日文总（三十三）字第六〇三号呈称，案据本院第二分院院长杨通权呈称，案据本院推事陈铭彝签呈称，窃查《财产租赁出卖所得税法》第九条所定财产出卖所得，均以承买财产者为扣缴所得税者，应由其于订立买卖契约之日起十五日内，将所得额报告于主管征收机关，此项规定固已明载承买财产者有扣缴及报告义务。设由出卖财产者，虚伪报告，承买财产，是否负同一责任？又同法第十七条所定虚伪报告，设仅产价一部，是否以全

部虚伪论?其应纳税额之计算,是否照虚伪部份计算,抑照全部产价计算?以上疑义,理合签请解释等情。据此,事关法律疑义,未敢擅便,理合备文转呈敬祈钧院鉴核,俯赐转请解释示遵等情到院,理合备文转呈鉴核示遵等情。据此,事关法律解释疑义,理合呈请钧院核转司法院解释,俾便饬遵等情。据此,相应函请查照解释见复为荷。此咨司法院。行政院院长蒋中正

**院字第二七二二号**

**民国三十三年七月二十九日　司法院复广西高等法院电**

广西高等法院申院长览,已文民寅代电悉,所请解释一案,业经本院统一解释法令会议议决,《刑事诉讼法》第五百零八条第二项、第五百零九条第二项所谓免纳审判费用,系指免纳移送后在该审级新为诉讼行为所应缴纳之审判费用而言(参照院字第一五〇九号解释)。至移送前为诉讼行为,本不必缴纳审判费用,自无所谓免纳,故同法第五百十五条虽无免纳审判费用之规定,亦不过移送后新为诉讼行为所应缴纳之审判费用不予免纳,其移送前之上诉及其他诉讼行为,仍不得于移送后,责令缴纳审判费用。合电知照。司法院艳印

**附广西高等法院原代电**

重庆司法院院长居钧鉴,窃查第二审法院依刑诉法第五一五条规定,以裁定移送民事庭之案,应否缴纳裁判费,于此有二说。甲说,谓应照通常诉讼程序缴纳,其理由,以该条并无免纳审判费用之明文,核与同法第五〇八条第二项、第五〇九条第二项揭有前项移送案件免纳审判费,字样不同,自应照缴。乙说,则谓无须缴纳,其理由,以刑事庭移送民事庭之附带民事诉讼仅移送后之诉讼程序,应适用民诉法,若移送前之诉讼行为,是否有效,仍应依刑诉法决之,例如,附带民事诉讼在未移送民事庭前提起第二审上诉,本无须缴纳裁判费用,移送民事庭后,自不得将关于独立民事诉讼之法规,溯及于上诉提起之时而适用之,现行刑诉法第五一五条,又无必须缴纳裁判费用之明定,自应免予缴纳。两说未知孰是,事关法律疑义,未敢擅拟,理合电请俯赐解释祗遵。代理广西高等法院院长申守真呈巳文民寅印

**院字第二七二三号**

**民国三十三年七月三十一日　司法院指令湖南高等法院**

呈悉,业经本院统一解释法令会议议决,《刑法》第三百二十八条第一项所定强盗罪之物体,固不以动产为限,但对于不动产仅能使人交付,而不能迳自夺取,如以强暴胁迫手段使人不能抗拒,而于他人不动产上取得财产上不法利益者,则属于同条第二项之罪。仰即转饬知照。此令

**附湖南高等法院原呈**

案据署常德地方法院院长周星明呈称,查《刑法》第三百二十八条第一项所载,取他人

之物并未如同法第三百二十条第一项及第三百二十五条第一项明言为动产，倘有突以强暴胁迫手段，使不能抗拒而占取他人不动产者，是否构成该条项之罪，颇滋疑窦，理合备文呈请钧院察核示遵等情。据此，事关法律疑义，本院未便擅拟，拟理合据情转呈钧院鉴核示遵。谨呈司法院院长居。湖南高等法院院长陈长簇

**此处删去一条。**

**院字第二七二五号**

**民国三十三年八月十二日　司法院致行政院函**

案准贵院本年六月二十九日义壹字第一四六七三号公函，以据广西省政府呈，转请核示《战时房屋租赁条例》可否适用于商铺，函请解释见复等由到院，兹经本院统一解释法令会议议决，《战时房屋租赁条例》于开设商铺之房屋租赁亦适用之。相应函复贵院查照饬知。此致行政院

**附行政院原函**

据广西省政府呈，略以商铺租金任意增加，商民不堪负担，可否依照《战时房屋租赁条例》，核定标准租金，予以限制等情，查《战时房屋租赁条例》，可否适用于商铺，未见明文规定，相应抄同原件，函请查照解释见复为荷。此致司法院。行政院院长蒋中正

**附广西省政府原呈**

现据本省博白县商会呈，略以据该县商民报称铺主任意增加租金，转请核定铺屋租金标准等情，查钧院前以抄发国民政府三十二年十二月十三日公布之《战时房屋租赁条例》，其所称之房屋，仅适用于住宅，抑系适用于商铺，博白县商会所请核定铺屋租金标准，可否依照该项条例之规定核饬，理合抄同原呈，呈请钧院转陈迅赐核示祗遵。实为公便

**院字第二七二六号**

**民国三十三年八月十二日　司法院致航空委员会函**

前准贵会本年六月二十八日人法二甲渝发字第一三五九号公函，以据空军第五路司令部代电，请解释民人与军人共犯盗卖军用品案件审判机关管辖疑义，函请解释见复等由到院，兹经本院统一解释法令会议议决，民人某甲串通军人某乙共同盗卖军用品，系属《惩治贪污条例》第二条第三款之共犯，按照同条例第十一条应依特种刑事案件之审判程序办理，不因共犯之军人某乙是否逃匿未获而有差异，但在《特种刑事案件诉讼条例》未施行前，应暂依军事审判程序办理，相应函复贵会查照饬知。此致航空委员会

**附航空委员会原函**

案据空军第五路司令部本年六月法甲昆字第〇八四四号元代电称，查民人某甲串通军人某乙共同盗卖军用品，其民人某甲应归军法机关审判，抑归普通法院审判，兹有子、丑两

说。子说,谓依照《陆海空军审判法》第二十八条规定,审问与军人共犯之非军人完毕后,即应将该非军人连同供证送交该管法院检察官,及司法院三十年三月十一日院字第二一六一号解释(见三十年五月司法院公报第四五四号至第四五九号合刊)应归普通法院审理。丑说,谓《惩治贪污条例》三十二年六月三十日修正公布,后法优于前法,依照该条例第一条规定,则非军人而与军人为共犯者,应同受军法机关审判。又如,上述之例,军人某乙于案发后,潜逃追缉未获,仅将民人某甲捕获,该民人某甲应归军法机关审判,抑普通法院审判,亦有寅、卯两说,寅说,谓依上丑说应归军法机关审判。卯说,谓共犯而须并案审判者,系因并案审判,比较迅速公平,今军人某乙已潜逃,既无并案之可言,依照《陆海空军审判法》第二十八条规定,应移普通法院审判。上列各说以何说为当,事关法律疑义,请转函司法院解释等情,相应函请查照解释,见复为荷。此致司法院

**院字第二七二七号**

**民国三十三年八月十二日　司法院指令贵州高等法院**

呈悉,业经本院统一解释法令会议议决,(一)《乡镇组织暂行条例》上之乡镇长,因侦查犯罪持有赃物后起意实施侵占,应成立《惩治贪污条例》第三条第六款之罪。(二)《惩治贪污条例》第三条第二款盗卖侵占或窃取公有财物罪之犯罪主体,不以本部队或本机关之人员为限。(三)事前教唆他人窃盗,事后复分取赃物,只能认为窃盗之教唆犯,不能认为共同正犯。(四)《营业税法》第十八条所载一倍至五倍罚锾,司法机关为裁定时,所科罚锾之数额,不限于必与倍数之数额相等,尽可于法定一倍至五倍范围内自由裁量(参照院字第二六四九号解释),仰即知照。此令

**附贵州高等法院原呈**

为呈请解释事,兹有法律疑义数点,(一)查施行新县制之各县乡镇长,系《刑事诉讼法》第二百零九条第一项第三款之司法警察官,业经院字第二四五八号解释在案,设该乡镇长因侦查犯罪持有赃物后,起意实施侵占者,能否构成贪污条例第三条第六款之罪。甲说,乡镇长依法既得侦查犯罪则其侦查所持有之物即不能不认为主管事务之一种自构成该条例第六款之罪。乙说,乡镇长虽有侦查犯罪之权,然并非其主管事务,因主管追诉犯罪者,为普通或特别司法机关,自不构成该条款之罪,应构成《刑法》上侵占罪名,此请解释者一。(二)《惩治贪污条例》第三条第二款盗卖侵占或窃取公有财物,应否以本机关之公务员或军人为限?甲说,法文既无本机关之人员为限之规定,则子机关之公务员或军人在丑机关犯盗卖侵占或窃取公有财物之罪者,亦应认为犯上述条例之罪。乙说,该条例既命名贪污,立法意旨自以本机关之公务员或军人为限,若子机关之公务员或军人在丑机关犯盗卖侵占或窃取公有财物之罪,应认为犯普通《刑法》上相当罪名,不能过于广义解释,认为构成《惩治贪污条例》上之罪,致失立法本旨,此请解释者二。(三)某甲教唆某乙窃盗,事后分取赃物,应否认为共同正犯。甲说,甲仅教唆某乙窃盗,并未共同实施,纵其事后得赃,只负教唆罪

责。乙说，按事前同谋，事后分赃，认为共同正犯，经院字第一九〇五号解释有案，某甲虽未与某乙共同实施，然既利用某乙之行为而分得赃物，即与单纯教唆不同，应认为共同正犯，此请解释者三。（四）查《营业税法》第十八条所载一倍至五倍罚锾，司法机关为裁定时，其科罚之数额是否必以所漏税额之倍数为计算标准，甲说，法文既明定一倍至五倍之罚锾，则为裁定时自应斟酌案情，处以所漏税额一倍至五倍罚锾，不能处以一倍半、二倍半、三倍半、四倍半或其他舍零为整之数额。乙说，法文既定一倍至五倍之罚锾，则在此法定范围内斟酌案情，处以一倍半、二倍半、三倍半、四倍半或舍零就整，均无不可（例如漏税额一千零一元零五分，而处以二千元、三千元、四千元、五千元之数），此请解释者四。以上四点，似均以乙说为是。惟事关法律疑义，理合备文呈请钧长鉴核，俯赐解释，俾有遵循。谨呈司法院院长居。贵州高等法院院长刘含章

**院字第二七二八号**

**民国三十三年八月十四日　司法院指令四川高等法院**

呈悉，业经本院统一解释法令会议议决，《民法》第十条所称之非讼事件法公布施行前失踪人之财产，未经该失踪人置有管理人者，由其配偶管理，无配偶者，由其最近亲属管理，除失踪人自置之管理人，依其委任之本旨，或依《民法》第五百三十四条第五款之规定，其起诉须有特别之授权者，得经失踪人住所地法院之许可代为起诉外（参照院字第二四七八号解释），管理人得以失踪人之名义代为起诉，及其他一切诉讼行为。原呈所述情形，于战时服兵役之人已失踪者，自可依照办理，若其人并未失踪，则其配偶或其最近亲属于有代为起诉或其他诉讼行为之必要时，不难经其授权为之。至于战时服兵役之人为被告时，其人如已失踪，本有财产管理人为其代理人，《非常时期民事诉讼补充条例》第八条之规定，于当事人有法定代理人代为诉讼行为时，应解为不适用之，若其人尚未失踪而无法定代理人，亦未委任诉讼代理人者，法院仍应依同条之规定，命在障碍消灭以前中止诉讼程序。仰即转饬知照。此令

**附四川高等法院原呈**

案据署四川射洪地方法院院长余素廉三十三年五月二十七日牍字第三三号感代电称，查当事人于战时服兵役而未委任诉讼代理人者，法院应命在障碍消灭以前中止诉讼程序，为《非常时期民事诉讼补充条例》第八条规定，意义明显适用固无疑义。惟服兵役之人在出征前订立租佃契约，地主因求交租或增租，对之起诉，则服兵役人事实上一时无从委任，间所在不明，不能通知委任，依照上开法条应即中止诉讼程序，该服兵役人之妻，亦即不为纳租，地主不能收租，一则无可上纳田赋，一则若系出征人之家属，依此维生，势必罹于绝境。遇此场合，可否依据《民事诉讼法》第一百七十二条所指，本于一定资格之人，及《民法》第一千零零三条夫妻得互为代理之意旨，由法院命对其处理家事之妻，或其直系尊亲属卑亲属起诉，以资救济而免纷扰，反之出征人之妻或子女若欲收回自耕或求交租，及加租等起诉，

因未受本人委任,而不克进行,困累亦属相同,且其不能适应事实,极为明显。属院现有此类诉讼案,究应如何补充之处,未便擅专,理合电祈转请核示,祗遵等情。据此,查出征军人为租约当事人,出租人能否迳对出征军人之配偶或其家属起诉,及出征军人之配偶或其家属能否以自己名义迳对承租人起诉,法律对之尚无明文规定,不无疑义。兹据前情,除指复外,理合具文呈请钧院鉴核令遵,谨呈司法院院长居。四川高等法院院长苏兆祥

**院字第二七二九号**

**民国三十三年八月十四日　司法院复广西高等法院电**

广西高等法院申院长览,本年五月铣代电悉,所请解释一案,业经本院统一解释法令会议议决,《惩治贪污条例》为身分之特别《刑法》,其犯罪主体,应以同条例第一条所列举者为限,不合该身分之一般普通人民,行求期约或交付贿赂行为,具备犯罪构成要件者,仅应依《刑法》第一百二十二条第三项处断,不能援用该条例第四条论处。合电知照。司法院寒印

**附广西高等法院原代电**

重庆司法院院长居钧鉴,查上年六月三十日修正公布施行之《惩治贪污条例》第四条前段载,对于军人或公务员关于违背职务之行为,行求期约或交付贿赂或其他不正当利益者,处一年以上七年以下有期徒刑等语,法文规定,本甚明了。惟查本条例之适用范围,在同条例第一条已有明文规定,是其得依本条例处断之犯罪,必其犯罪之主体为军人公务员或受公务机关委托承办之人抑或属于与军人公务员为共犯者,方为相当,究竟上开同条例第四条之犯罪是否属于犯罪人为军人公务员或具备同条例第一条所定其他各条件者,方得适用,抑或犯罪人为一般普通人民,亦应适用殊属不无疑义。现悬案待决,理合电请迅赐解释,以便遵办。代理广西高等法院院长申守真呈铣印

**院字第二七三〇号**

**民国三十三年八月十四日　司法院致国民政府主计处函**

前准贵处本年二月十二日渝会字第一〇〇号公函,以据湖南省政府会计处呈,转请解释《惩治贪污条例》第九条疑义,函请解释见复等因到院,兹经本院统一解释法令会议议决,《惩治贪污条例》第九条之不为告发罪,以职务上明知他人贪污有据,为构成要件之一。办理会计人员依法执行职务时,如无由知有贪污情事者,自无从成立该条之罪,但其职务上有无明知之机会,则属事实问题,应依实际情形定之,相应函复贵处查照饬知。此致国民政府主计处

**附国民政府主计处原函**

案据湖南省政府会计处三十三年十二月二十日耒计仁二字第四五七八号呈称,案据湖南省耒阳县政府会计室三十二年十一月二十七日计法字第二八〇号呈称,案查前奉钧处耒计仁三字第八四八五号训令,转颁《惩治贪污条例》其中第九条规定,办理审计会计及其他

人员因执行职务明知他人贪污有据不为告发者,处三年以下有期徒刑或拘役等语。查会计人员处理收支事务所负之责任,依照会计法第八十二条之规定,会计人员非根据合法之原始凭证,不得造具记账凭证,非根据合法之记账凭证,不得记账……又原始凭证,仅以不违背同法第六十二条各款之规定,即为有效,会计人员即应据以造具记账凭证入账,至于原始凭证所表明之收支事项,有无违法舞弊情形,则非实地稽察不可。此项稽察职权,系属审计范围,于审计法第二条规定明白,会计人员既依法不负稽查财务上不法行为之责任,则于执行职务时,他人有无舞弊情事,当无由知悉,理甚明显。今惩治贪污条例以非职掌之责任,而欲使连带负之,如遵奉执行,则为审计法所不许,若遵审计法,而于《惩治贪污条例》又有违背,两者之间,依违颇难抉择,为此备文呈请钧处审核,恳予转请中央予以解释,实为公便,等情。据此,除指令外,理合据情备文呈请鉴赐核转解释,并候示遵等情。据此,案关法律解释,相应转请查照办理见复为荷。此致司法院国民政府主计处处长陈其果

**院字第二七三一号**

**民国三十三年八月十四日　司法院复湖南高等法院电**

湖南高等法院陈院长览,本年卯鱼代电悉,长沙市商会所请解释一案,业经本院统一解释法令会议议决,(一)《民法》第八百六十条规定抵押权之意义,虽有不移转占有字样,然基于别一法律关系,移转占有非同条之所禁止,故设定抵押权之当事人,约定将抵押物交由抵押权人收取孳息抵充利息者,仍无碍其为抵押权,据原代电所述情形,甲以房屋向人抵借款项,并将房屋交乙出租收取租金,约定房屋因天灾事变灭失或不堪出租时,由甲按月以几厘补息。是房屋出租时,系以乙所收取之租金抵充甲应支付之利息,观于房屋不堪出租时,甲应补付利息,即可明了,甲所抵借之款既应支付利息,房屋灭失时又应偿还借款本利,其为以房屋供债务之担保向乙设定抵押权,而非将房屋出典于乙,毫无疑义,自不得仅以房屋曾移转占有,即认为典权而非抵押权。(二)出典之房屋,因不可抗力毁损至不能遮蔽风雨之程度,而其墙壁屋架仍存者,自系典物之一部灭失,依《民法》第九百二十条第一项之规定,就其灭失之部分典权与回赎权均归消灭,出典人就余存部分回赎时得依同条第二项之规定扣减典价。(三)法币政策施行前借贷银本位币,按当时市价折合黄金,约定日后以黄金清偿本息,或依清偿时之黄金市价偿还银币者,其约定之给付物,既本为黄金,即非《改定货币政策办法》第五款所谓以银币单位订立之契约,核与院字第二一二四号、第二三九七号、第二四九七号解释所述情形,亦属不符。此项契约,并不违反强制或禁止之规定,债务人自应照约履行,如果具备《非常时期民事诉讼补充条例》第二十条第二项之适用要件,法院得为减少给付之裁判。(四)上开(三)之情形,债务人应给付之黄金,不能依法律行为之性质,或当事人之意思定其品质者,依《民法》第二百条第一项之规定,债务人应给以中等品质之黄金,如依清偿时之市价偿还法币者,应以清偿地中等品质之黄金市价为准。合电转饬知照。司法院寒印

**附湖南高等法院原代电**

重庆司法院院长居钧鉴,案据长沙市商会本年寅祃代电称,本会调解民事案件关于法律上发生下列各项问题。(一)甲以房屋向乙抵借款项,立有抵押字据,载明期限,同时将该产交乙,迳行出租与他人,收取租金,并无利息之约定,仅于约内订明。如房屋因天灾事变灭失或不堪出租时,由甲按月以几厘补息,此种契约究为抵押权,抑为典权,关于此有二说。甲说,当事人间契约既为抵押复有抵押物灭失由债务人补息之约定,自应认为抵押权,甲亦有依约补息之义务。乙说,解释意思表示,应探求当事人之真意,不得拘泥于所用之约名与辞句,《民法》第九十八条定有明文,典权与抵押权之区别,即在是否移转占有之一点,典权人因占有其物,可直接收取孳息,故出典人不须支付利息。而抵押权则反是,前例甲既以房屋交乙迳行出租,即已移转物之占有,乙既得有房租,自无利息之可言,此种情形当事人契约虽为抵押,实际上应认为典权,如房屋因天灾事变而灭失,典权亦随之消灭,甲更无补息之义务,虽有特约,亦属无效。二说未知孰是,此其一。(二)以房屋及其基地为标的之典权存续中,房屋因不可抗力而灭失者,典权与回赎权均归消灭,迭经司法院解释有案,设房屋仅因不可抗力损失一部(已达不能遮蔽风雨之程度),而墙壁屋架仍存,其典权与回赎权是否全部消灭,抑仅就毁损之部分消灭,出典人回赎时,能否请求依比例减付典权,此其二。(三)法币施行前银本位币之借款,债权人与债务人于缔约时按金价折合黄金,订明日后以黄金清偿,或依清偿时之金价给付,即利息亦按黄金折合,在现今金价暴涨之下,如依原约履行,债务人应为给付之数,超过原债额数百倍以上。此种契约应否有效,关于此亦有二说。甲说,《民法》为随意法契约,尤以自由为原则,前例双方在借款当时,即以特约为黄金之折合,即为生金债务,无论金价高涨至若何程度,债务人应以黄金为给付。乙说,《民法》虽为随意法,除法文中有从其特约之规定外,如当事人契约显然违反强行或禁止之规定者,仍属无效,《民法》第七十一条定有明文,债之给付原定以金钱充之者,虽因战时经济状况变迁,债权人得依民诉法补充条例第二十条请求增加原定给付物之数额,不得变更给付物之种类,司法院院字第二三九七号及第二四九七号解释甚明。且查国民政府民国二十四年十一月六日公布之《改定货币政策办法》第五款载,旧有以银币单位订立之契约,应各照原定数额于到期日,概以法币结算支付之。是在法币施行前,以银本位币贷与他人者,同征诸司法院院字第二一二四号解释内开,约定借用银币一元以法币三元偿还之特约债权人就其余部份无请求权,则基于想象而预为增加给付或变更给付物种类之约定者无效。尤可概见前例,双方原为银本位币之贷借,与直以生金贷借者不同,债权人在缔约当时将银币折合黄金,此种变更给付物种类之特约,显为上开司法院解释所不许,揆其用意正与上述以法币三元偿还银币一元之特约相同,即不得谓非违反法律之强行规定,依《民法》第七十一条应属无效,在审判或调解中,债权人除得就原借银本位币之数额,依民诉法补充条例第二十条请求增加给付外,不得为黄金给付之请求。又此项特约,即如甲说认为有效,而依原有关系发生效力,在现时显失公平,债务人在审判或调解中,亦得依民诉法补充条例第二十条请求核减给付，二说未知孰是，此其三。（四）再如第三项所述之例，在法币施行前，以银本位之借款，债权人与债务人于缔约时，按金价折合黄金，订明日后以黄金清偿，或依清偿时之金价给付之契约，因偿还时之金价各地互异，即一地甲店与乙店亦不相同，究竟如何计算金额，亦分两说。甲说，黄金在政府收购时，国家原有一定牌价，去年八月以后政府虽暂准民间对于生金可以自由交易，但系临时性质，现中央银行美金牌价仍规定美金每元折合法币二十元，外加补助费二十元，合计四十元。而美金每元含金量为八八八六七一公毫，每美金三十五元共含金量市秤一两。换言之，即黄金一两折合法币只能依政府规定按美金比例计算，此就司法院院字第二三五九号及第二三六〇号解释，对于制钱及府票折合办法类推，自应如是。乙说，黄金市价纵甲地与乙地不同，甲店与乙店互异，但契约所定金价应按债务履行地之中等黄金市价为标准，不能以国家银行美金牌价折合计算。两说未知孰是，此其四。以上各节，事关法律疑义，本会未敢妄断，理合电呈转请解释等情。据此，理合转请鉴核示遵。湖南高等法院院长陈长簇叩卯鱼印

**院字第二七三二号**

**民国三十三年八月十六日　司法院复广西高等法院电**

广西高等法院申院长览，上年十二月真代电悉，思恩县司法处所请解释一案，业经本院统一解释法令会议议决，（一）提起自诉之程序，《刑事诉讼法》第三百十二条已有特别规定，不在第三百三十五条准用第二百四十三条规定之列，自诉状中未将被告所犯法条记载者，不能认为起诉程序违背规定。（二）上述自诉之案件，县司法处既应受理裁判，自不发生兼检察官之侦查问题。（三）变造投票之结果，致当选人落选者，该落选人即为因犯罪直接被害之人，自得提起自诉。（四）《县司法处办理诉讼补充条例》关于移送片之如何记载，并无规定，立法精神乃注重县长先行着手侦查，并确有移送行为，并非注重于移送片之形式，公诉案件，县长纵未填明移送片，如按其情形足认其确曾着手侦查，并确有移送行为者，即应认为已经起诉，县司法处审判官自应进行第一审审判，合电转饬知照。司法院铣印

**附广西高等法院原代电**

司法院院长居钧鉴，案据思恩县司法处本年十月第八四二号齐代电称，兹有法律疑义四则，分述如次，（一）查起诉书应记载犯罪事实及证据，并所犯法条，此为《刑事诉讼法》第二百四十三条第二项第二款定有明文，依同法第三百三十五条规定，自诉程序准用第一章第二节及第三节关于公诉之规定，是自诉人向法院提出之自诉状，即为公诉中之起诉书，应记载被告所犯之法条。倘自诉人于自诉状中未将被告所犯法条记载，可否命其补正，抑依《刑事诉讼法》第二百九十五条第一款之规定，认为起诉之程序违背规定，予以谕知不受理之判决，此应声请核示者一也。（二）上项情形，倘应依《刑事诉讼法》第二百九十五条第一款之规定，予以谕知不受理之判决，则检察官（指兼检察职务县长而言）接受不受理之判决书后，如认为应提起公诉者，应即开始或续行侦查，值此场合，应如何救济，此应声请核示者

二也。(三)查妨害投票案件,系属侵害国家法益,原无待言,惟《刑法》第一百四十六条,因变造投票之结果之被害人(如某甲当选为参议员,因变造投票之结果以致落选),是否认为系因犯罪而直接被害之人,能否提起自诉,此应请核示者三也。(四)凡县司法处所收受之刑事案件,如系不得自诉而被害人误用自诉字样者,其意思既只要求受理,又经兼检察事务之县长移片送审,自应依法为之审判,不得适用《刑事诉讼法》第二百九十五条为不受理之判决,此为司法院二十八年院字第一八五二号解释有案,如未经县长填片移送审判,可否仍得为之审判,此应请核示者四也。以上四项事关法律疑义,职处未敢臆断谨电请钧院鉴核,俯赐电饬祇遵等情前来,查第一点自诉状中未记载所犯法案,虽与《刑事诉讼法》第二百四十三条之规定不符,惟同法第三百十二条第二项关于自诉状之记载,业有特别规定,自不能仍援第三百三十五条准用同法而为不受理之判决。第二点查第一点如可依照上述解决,则此点自不发生何种问题,第三点查某甲既系因变造投票之结果,以致落选,似可认为直接被害人,准予提起自诉,第四点兼检察职务之县长,对于不得自诉之公诉案件,如未填片送审,且卷内又无其他足以证明业已起诉之登载,自系违背法律上之程式,应为不受理之判决。惟案关法律疑义,职院未便擅断,理合转请钧院察核解释令遵,俾便转饬遵照。代理广西高等法院院长申守真刑真印

**院字第二七三三号**

**民国三十三年八月十六日　司法院致军事委员会函**

前准贵会本年五月十九日法审(三十三)渝字第五八四四号公函,以战时军律第十六条适用疑义,函请解释见复等由到院,业经本院统一解释法令会议议决,某国营制革厂出卖全套机器与某军事机关订立合同,如订购此项机器确系由买方供给部队制作装具之用,自属于供给军需有关事项之契约,卖方经办人员不按契约履行者,应分别故意或过失之情形,适用《中华民国战时军律》第十六条第一项或第二项处断,相应函复贵会查照。此致军事委员会

**附国民政府军事委员会原函**

兹有某国营制革厂出卖全套机器与某军事机关,订立合同,规定于七日内双方交接清楚,交付价款,逾期合同作废,嗣买方依约派员前往验收,发现该项机器种类与清单不符,数目又复缺少不敷,拒绝受领,辗转交涉,七日之期已过,卖方即以合同业已逾期,主张无效,买方以该项机器系供制作部队装具之用,该厂延不履行,请依战时军律第十六条不照供给军需之契约履行之规定,处以罪刑。查关于因可归责于卖方之事由,致契约迟延履行,其应负之民事上责任,应由该管法院办理外,该卖方经办人员,不照契约供给制造军需品之器具,应否负前开军律之第十六条之刑责。事关适用法律疑义,相应函请查照,迅赐解释见复为荷。此致司法院

**院字第二七三四号**

**民国三十三年八月二十二日　司法院致中央执行委员会秘书处函**

案准贵处本年二月十日渝(三十三)文字第一八二三号公函,以据甘肃省党部转来兰州市执行委员会第四区分部呈送党员詹世铭等建议,请将《民法》第九百二十三条第二项予以修正,在未修正以前司法院院字第二四二〇号解释应变更以苏民困一案,检同原附件函达核办见复等由到院,业经本院统一解释法令会议议决,《民法》上所谓未定期限之典权,系指出典后随时得回赎之典权而言,其约定出典后一定期限内不得回赎之典权,例如,约定五年满后始得回赎者,则为定有期限之典权,此就《民法》第九百二十三条与第九百二十四条对照观之自明,定有期限之典权,于期限届满后二年内不回赎者,典权人即取得典物所有权,既为《民法》第九百二十三条第二项之所明定,则虽解释当事人之意思表示,可认其真意有在期限届满后,永远得回赎之约定者,其约定亦不能认为有效。如认为有效,则自出典后已逾三十年者亦未尝不可回赎,此与《民法》规定回赎权除斥期间之本旨,显相刺谬,《民法》第九百二十三条第二项与九百二十四条但书之规定,纵令在立法上有失权衡,究不能因此遽为反于法律明文之解释,院字第二百二〇号解释,未便予以变更。相应函复贵处查照饬知。此致中国国民党中央执行委员会秘书处

**附中国国民党中央执行委员会秘书处原函**

据甘肃省党部转来兰州市执行委员会第四区分部呈送党员詹世铭等建议,请将《民法》第九百二十三条第二项予以修正,在未修正前司法院院字第二四二〇号解释应变更以苏民困一案,并附原提案恳请鉴核示遵等情,相应检同原附件函达,即希查照核办见复为荷。此致司法院

**附检原提案一份**

《民法》第九百二十三条第二项应予修正,在未修正以前,司法院院字第二四二〇号解释,应予变更,以资适应而苏民困由。理由:查我国《民法》物权编典权一章,关于出典人回赎权之行使,原分两种,(一)典权未定期限者,出典人于出典后三十年内,得随时以原典价赎回典物;(二)典权定有期限者,出典人于典期届满后,经过二年不回赎,即丧失所有权,关于前者无论矣,兹就后者之立法上缺点,及不适应社会上之经济情形。略言之,中国自古以农立国,一般人民之所以维持生计者,全赖此不动产,倘非穷至万不得已时,断不至以自己不动产使他人占有而享有使用及收益之权。以社会上之普通现象观察,出典人多系贫者,典权人多系富者,当此世界大战,社会经济情形剧变,国家亦知依原有法律关系发生效力,显失公平,颁行特别法令(如《非常时期民事诉讼补充条例》),对于典权人所受之损失,斟酌补偿,若就民间之实际而论,当日支出之典价,其效力与物价比较,今则激增至数百倍或数千倍不等。因之典权人于出典人回赎典物时,需索其填补典价之损失甚多,甚至以当日支付之典价为现银,现仍索求现银者,纠葛既起辗转需时,一般人民又不知此二年犹豫期间,

为法定除斥期间,不适用时效中断或停止,及不完成而延长,出典人于不知不觉中已因二年犹豫期间经过,而丧失其典物之所有权矣。岂知出典人设此典权,原期典物得能回赎,今则典物已为他人所有,在富者尚有余力可资救济,若在贫者,则失此赖以凭借生活之不动产,无法维持,其结果势必富者愈富,贫者愈贫,与平均地权之旨,背道而驰,国家经济民生疾苦,尚堪言裁。再就立法上之缺点言之,盖未定期限之典权,出典人于三十年期间内,尚得随时可以回赎(《民法》第九百二十四条),典权之约定期限不满十五年者,亦不得附有到期不赎即作绝卖之条款(《民法》第九百十三条),乃独于定有期限之典权,不论当事人约定期限之长短,一律于典满后经过二年不回赎即丧失其典物所有权,立法精神未免有失平衡。此《民法》第九百二十三条第二项关于回赎犹豫期间,实有修正延长之必要,也惟修正法律程序繁重,颇非容易,在未修正以前,应有合理之法令解释,以适应社会经济之需要。查司法院院字第二四二〇号解释,当事人约定五年满后,不拘年限,随时得为回赎者,亦应依《民法》第九百二十三条第二项之强制规定,仅得于五年满后二年内回赎云云,须知解释法令应探求当事人之真意,不得拘泥于所用之辞句(参照《民法》第九十八条)。当事人约定五年满后,不拘年限随时得为回赎,明明对于回赎之年限未加限制,只要自出典后,未经超过三十年,出典人仍有回赎权,乃司法院院字第二四二〇号解释,竟认此种契约为定有期限之典权,应适用《民法》第九百二十三条第二项规定办理,不惟违背当事人立约之真意,且与现代之社会经济情形不相适应。即按诸立法精神,亦属难期贯彻,所谓解释以济法令之穷者,顾如是乎,此司法院院字第二四二〇号解释,在《民法》第九百二十三条第二项未修正以前,实有先行变更之必要也,同人等同睹社会实际情形,心所谓危难安缄默。谨具上述意见,提出本区分部党员大会,付诸讨论,如荷赞同,即请递至中央党部转函国民政府分别施行。提案人兰州市党部直属第四区分部执行委员詹世铭、刘理会、彭骏杰

**院字第二七三五号**

**民国三十三年八月二十二日　司法院致航空委员会函**

前准贵会本年五月二十九日人法二甲渝发字第一一一四号公函,以盟军军用品是否包括于《惩治贪污条例》第二条第三款军用品之列,颇滋疑义,函请解释见复等由到院,兹经本院统一解释法令会议议决,《惩治贪污条例》第二条第三款之军用品,本应以属于国军之军用品为限。但在与敌国作战期内,驻在我国与我军并肩作战之同盟国军队,其所有军用品,则与我军之军用品无异,自应包括在内,至院字第二六七五号解释,不专指盟军军人私有财物而言。相应函复贵会查照。此致航空委员会

**附航空委员会原函**

查盟国军队之财物,不包括于《惩治贪污条例》第三条第二款公有财物之内,业经贵院本年四月十二日二六七五号解释在案,惟盟国之军用品是否包括于《惩治贪污条例》第二条第三款军用品之列,颇滋疑义,迩来昆明一带,发生盗卖美军军用品及财物案件,层出不穷。

值兹美国空军正与我国并肩作战之际，按照上开释例，此类案件均不能适用该条例从严惩办，殊不足以遏盗风，而重盟军军实，关于盟国军用品是否包括于《惩治贪污条例》所列军用品之内，及第二六七五号解释是否指盟军军人私有财物而言，或盟军公有财物亦包括在内，亦不无疑问，相应函请查照解释见复为荷。此致司法院

**院字第二七三六号**

**民国三十三年八月二十四日　司法院致军事委员会函**

前准贵会本年五月九日法审(三十三)渝三字第五三五〇号公函，以据福建全省保安司令代电，请核示窃盗因脱免逮捕或防护赃物而当场杀人适用何法处断，函请解释见复等由到院，兹经本院统一解释法令会议议决，窃盗因脱免逮捕当场行强杀人，应依《刑法》第三百三十二条第四款处断，业经本院院字第二四五五号解释有案，院字第一〇一三号及第一三〇〇号解释，已因《惩治盗匪暂行条例》之废止而不能援用。至《惩治盗匪暂行办法》第四条第一款之罪，既以抢劫为成立要件，自亦不包括窃盗因脱免逮捕当场施暴行者在内，均应由普通司法机关审判。相应函复贵会查照饬知。此致军事委员会

**附国民政府军事委员会原函**

案据福建全省保安司令刘建绪三十三年三月司法甲字第一一八九号巧代电称，查窃盗因脱免逮捕而当场杀人，应依《惩治盗匪暂行条例》第一条第十二款(与现行《惩治盗匪暂行办法》第三条第六款相当)处断，前经司法院院字第一〇一三及第一三〇〇号解释有案。现阅司法院三十二年院字第二四五五号解释末段载，至窃盗如因防护赃物脱免逮捕或湮灭罪证当场行强杀人，依《刑法》第三百二十九条规定，应成立同法第三百三十二条第四款之罪，等语，适用法律不无疑义，可分甲乙二说。甲说，以《惩治盗匪暂行办法》第三条第六款原为《刑法》第三百三十二条第四款强盗杀人罪之特别规定，窃盗因防护赃物脱免逮捕或湮灭罪证，而当场行强杀人，既依《刑法》第三百二十九条规定，应成立同法第三百三十二条第四款之罪，依特别法优于普通法之原则，仍应归军法机关适用《惩治盗匪暂行办法》第三条第六款办理。乙说，以《刑法》第三百二十九条规定，以强盗论，原属拟制之规定，与前条强盗罪情形既有不同，且司法院三十二年院字第二四五五号解释，仅谓应成立《刑法》第三百三十二条第四款之罪，并无适用《惩治盗匪暂行办法》第三条第六款论科归军法审判之记载，依后解释有变更前解释之效力，该院字第一〇一三号及第一三〇〇号解释，当然无适用之余地。二说孰是，及如司法院解释已有变更，对于结伙二人以上，犯《刑法》第三百二十九条之罪者，是否亦应归司法机关审判，不能依照《惩治盗匪暂行办法》第四条第一款论科，理合电请鉴核示遵等情。据此，查上项问题贵院前后解释互异，适用上不无疑义，相应函请查照希即解释见复，以便转知。此致司法院

院字第二七三七号

民国三十三年八月二十九日　司法院复航空委员会电

航空委员会鉴,本年七月佳人法二甲渝发第一四四九号代电悉,所请解释一案,业经本院统一解释法令会议议决,褫夺公权为从刑之一种,须随其所宣告之主刑为转移,故凡遇应依减刑办法减轻主刑之案件其夺权部分,自得予以审酌,但仍应受《刑法》第三十七条第一二两项之限制,特电复请查照。司法院艳印

附航空委员会原代电

司法院公鉴,查国民政府颁布减刑条例,其内容仅规定减轻主刑之标准,对于褫夺公权之从刑,并未有减处明文,是否关于有褫夺公权之判决部分,无庸予以减处,抑仍须斟酌案情,予以核减如须减处,其标准如何,事关适用法律疑义,相应电请解释,迅赐电复为荷。航空委员会佳人法二甲印

院字第二七三八号

民国三十三年九月一日　司法院复广西高等法院电

广西高等法院申院长览,本年六月马代电悉,该法院第三分院所请解释《出征抗敌军人婚姻保障条例》适用疑义一案,业经本院统一解释法令会议议决,《出征抗敌军人婚姻保障条例》第四条第二项之婚约无效及撤销婚姻,未便依职权于刑事判决主文内谕知,业经院字第二七〇三号著有解释,同条例第三条第一项之婚约无效及第二项之撤销婚姻,与第四条第二项之规定,相同来文所称情形,应查照上开解释办理,合电转饬知照。司法院东印

附广西高等法院原代电

司法院院长居钧鉴,案据本院第三分院本年六月文字第一二五号虞代电称,窃法院依《出征抗敌军人婚姻保障条例》第三条第一项或第二项规定,判处罪刑,应否依职权同时为其婚约无效或撤销其婚姻之判决,于刑事判决主文内,一并谕知,不无疑义,于此有甲乙两说。甲说,主张民事部分应依职权与刑事判决同时谕知,其理由谓有配偶而与人订婚,当为法所不许,其与人重婚者,利害关系人得向法院请求撤销之,《民法》已定有明文。若出征抗敌军人在出征抗敌期内,其妻与人订婚或重行结婚,须待其夫(即出征抗敌军人)请求确认其婚约无效或撤销其婚姻,方可受理判决,则此婚姻保障条例第三条何须另行规定。查其第一项文义所谓,除婚约无效外,处六月以下有期徒刑拘役或一千元以下罚金云者,即是除其婚约当然无效外,并科以相当之刑之谓也,第二项文义亦然,其所以特别规定者,在乎无待其夫之请求,核与普通法之规定,当属有异,苟不如是不足以保障其婚姻。乙说,主张民事部分,应依民事诉讼程序为民事判决,不能与刑事判决同时谕知,其理由谓《出征抗敌军人婚姻保障条例》,为特别《民法》及特别《刑法》,其中并无特别诉讼程序之规定,自仍适用《民事诉讼法》及《刑事诉讼法》。查《刑事诉讼法》,并无无须起诉,即以职权为民事判决之

明文,自难认为于刑事判决内,并可对于未经起诉之民事事件,同时予以判决,且《出征抗敌军人婚姻保障条例》第三条第一项所称之婚约无效,系指当然自始无效而言,无待于法院为无效之形成判决后,始为无效。若当事人对于该项婚约无效,并无争执,而法院迳以职权为婚约无效之形成判决,亦属赘判,并无实益,至于谓非以职权判决,即不能达到特别保障之目的,亦属过虑。盖依《民法》解释,妻与他人订婚,其婚约并非当然无效,而《出征抗敌军人婚姻保障条例》第三条第一项规定,出征抗敌军人之妻与人订定之婚约,当然无效,自已含有特别保障之意,何能谓非以职判决,即不能达特别保障之目的。惟同条第二项撤销其婚姻之规定,依文义解释,则系属注意规定,二说均不无理由,理合电请详予解释示遵等情前来。事关适用法律疑义,理合电请解释示遵,俾便转饬遵照。代理广西高等法院院长申守真呈刑甲马印

**院字第二七三九号**

**民国三十三年九月一日　司法院指令山西高等法院**

呈悉,业经本院统一解释法令会议议决,《禁烟禁毒治罪暂行条例》第一条既明定称烟者为鸦片、罂粟及罂粟种子三种,则单纯罂粟壳固不包括在内。惟该壳内如尚含有烟之成分而故为持卖,自应依该条例第九条第一项处断,倘提取其中之烟质而制成鸦片,则应论以同条例第二条制造鸦片之罪仰即转饬知照。此令

**附山西高等法院原呈**

案据本院巡回审判第五区推事窦清瑞三十三年四月卯铣蒲代电称,查《禁烟禁毒治罪暂行条例》所称烟者,指鸦片、罂粟及罂粟种子而言,对于罂粟壳是否包括在内,并无明文规定,因之适用上颇滋疑义,一说罂粟壳即鸦片烟之一种,当然包括在内。如有人持卖此项罂粟壳,即应依该条例治罪,殊无疑问,一说《禁烟禁毒治罪暂行条例》,既明指烟为鸦片罂粟及罂粟种子,显属狭义之规定,仅系持卖罂粟壳者,似在不论之列。二说未知孰是,事关适用法律疑义,谨电呈请指示祇遵等情。据此,查罂粟壳尚含有鸦片毒质,故恒有以之制造鸦片者,唯应否认为《禁烟禁毒治罪暂行条例》第一条所称之罂粟,持有罂粟壳而无其他犯罪之证明者,即依同条例第九条第一项论科,究属不无疑义,理合备文转呈鉴核解释施行。谨呈司法院院长居

**院字第二七四〇号**

**民国三十三年九月一日　司法院指令四川高等法院**

呈悉,业经本院统一解释法令会议议决,中央银行之会计员与《中华民国战时军律》第一条之文职公务员相当,其在战时犯强奸者,应依同军律第十一条论处,仰即知照。此令

**附四川高等法院原呈**

查中央银行会计员甲强奸乙,该会计员是否战时军律上文职公务员,或应依普通《刑

法》论科,对之有子、丑二说。子、谓中央银行会计员,虽与战时军律之文职公务员相当,强奸罪刑又为同律第十一条所明定,但强奸非有关于军事之犯罪,该会计员且非服军事勤务之人员,如非于作战前方犯之,应依普通《刑法》处断。丑、谓中央银行会计员,既属战时军律之文职公务员,只要战时触犯该军律之罪,该军律关于文职公务员,既无限于服军事勤务,及某种犯罪限于作战前方之规定,该会计员之犯强奸罪,自与该军律第十一条规定相合。以上二说应以何说为是,不无疑义,理合具文呈请钧院核示祇遵。谨呈司法院院长居。四川高等法院院长苏兆祥

**院字第二七四一号**

**民国三十三年九月二日　司法院复广西高等法院电**

广西高等法院申院长览,本年六月江代电悉,苍梧地方法院所请解释自诉案件疑义一案,业经本院统一解释法令会议议决,警察局咨请解检察处之刑事案件,纵属于得提起自诉之案件,而在未经被害人提起自诉以前,检察官应依法侦查,分别为起诉或不起诉之处分,不得停止侦查移送法院,如因认为合于自诉,片送法院办理者,究与业经提起自仅自诉程式未备得按情形限令补正者不同,法院自不得就未经提起自诉之案件为实体上之裁判。至司法行政部二十四年九月五日第四五九六号训令,所称其他机关,系指无追诉权之机关而言,检察处自不包括在内,合电转饬知照。司法院冬印

**附广西高等法院原代电**

司法院院长居钧鉴,案据苍梧地方法院本年五月二十二日呈称,查犯罪之被害人而有行为能力者,得提起自诉,提起自诉应向管辖法院提起自诉状为之,《刑事诉讼法》第三百十一条、第三百十二条定有明文,兹本院受理自诉案件中,间有由警察局咨请本院检察处认为合于自诉,即片送本院刑庭办理,但该项案件,既未具备被害人自诉书状,依照上开法条,自应拒不受理。惟查司法行政部二十四年九月五日第四五九六号训令,关于处理自诉案件程式未备办法,以提起自诉应备刑事诉状至公安局,或其他机关,向法院检送,合于自诉之案件,法院自应收受,即或程式未备,亦可限令补正,不得拒不受理云云。究竟所谓其他机关,是否包括检察处在内,办理上不无疑义,理合具文呈请察核转请解释,仍候指令祇遵等情前来。事关适用法律疑义,职院未敢擅专,理合电请解释,俾便转饬遵照。广西高等法院院长申守真刑甲江印

**院字第二七四二号**

**民国三十三年九月五日　司法院复四川璧山实验地方法院电**

四川璧山实验地方法院李院长览,本年七月四日刑勤字第七三六号代电悉,该法院所请解释《盐专卖暂行条例》第四十五条第一项适用疑义一案,业经本院统一解释法令会议议决,《盐专卖暂行条例》第四十五条关于追缴法外利益之处分,应由盐务机关处理,不应由法

院以裁定行之。合电知照。司法院微印

**附四川璧山实验地方法院原代电**

司法院院长居钧鉴,《盐专卖暂行条例》第四十五条第一项规定,经营销盐业务而将政府所规定盐价抬高出售,或克扣盐量,以图法外利益者,处以一千元以下之罚锾,并追缴其法外利益,其情节重大者,得处三年以上有期徒刑或拘役,除关于科处罚锾部分,应依同条例第五十一条第一项由法院以裁定行之,及关于处徒刑及拘役部分,经司法院院字第二五三二号解释,应依《刑事诉讼法》第二百九十一条以判决行之外,至关于该条第一项所称追缴其法外利益部分,究应如何处理,分甲乙两说。甲说,谓追缴其法外利益,与科处罚锾性质相同,具有因果关系,均应由法院以裁定行之。乙说,谓追缴其法外利益,系行政处分,上开条例既未定明由法院以裁定行之,即应由盐务行政机关自行处理,况同条例所定之没收,依院字第二五三二号解释,亦由盐务行政机关自行处理,自可类推。二说究以何者为是,抑另有解决办法之处,未敢擅断,理合电请鉴核,俯赐解释。兼代四川璧山实验地方法院院长李祖庆叩印

**院字第二七四三号**

**民国三十三年九月五日　司法院复四川璧山实验地方法院电**

四川璧山实验地方法院李院长览,本年七月十七日民慎字第七八二号代电悉,该法院所请解释《遗产税暂行条例施行条例》扣押财产执行疑义一案,业经本院统一解释法令会议议决,《遗产税暂行条例施行条例》第三十六条所谓扣押,即强制执行法所称之查封遗产税征收机关声请法院扣押纳税义务人之财产,法院既应依照强制执行法关于查封之规定办理,则依同法第五十七条第一项之规定,执行推事自应于查封后速定拍卖期日予以拍卖(参照院字第二六二九号解释),毋庸另为准予拍卖抵偿之裁定。合电知照。司法院歌印

**附四川璧山实验地方法院原代电**

司法院院长居钧鉴,查遗产税征收机关,依《遗产税暂行条例施行条例》第三十六条规定,送请扣押欠税人财产之公文书,即为强制执行法第四条第六款之执行名义,院字第二四六一号解释有案,惟此项执行名义,法院能否依征收机关之声请,迳予拍卖抵偿抑仅查封其与欠税数额相等之财产为止,有甲乙二说。甲说,谓遗产税征收机关,函请拍卖欠税人之财产时,自得迳予查封拍卖,毋庸为准予拍卖之裁定,参照院字第二〇一七号第二一五九号第二五五一号解释,可以类推。乙说,谓院字第二四六一号解释所谓执行名义,系指扣押之执行名义而言,征收机关公文书所欠缴税额为扣押财产之范围,非经依征收机关之声请,准予拍卖抵偿之裁定后,执行法院即不得迳予拍卖,盖《遗产税暂行条例施行条例》第三十六条仅规定声请法院扣押其财产,与《所得税暂行条例》规定移送法院追缴及《欠赋催征通则》所规定之移送司法机关拍卖其欠赋财产抵偿,截然不同也。以上二说,以何说为是,事关法律疑义,理合电请解释示遵。兼四川璧山实验地方法院院长李祖庆叩

院字第二七四四号

民国三十三年九月五日　司法院致国民政府军事委员会函

案准贵会本年五月十六日法审(三十三)渝三字第五七三九号公函,以据湖北省政府电,请示乡丁携械逃入匪伙并威胁他人同逃适用法律疑义一案,请解释见复等由,业经本院统一解释法令会议议决,乡公所乡丁甲乙二人,奉派送新兵至县。途遇匪徒丙煽惑甲携械逃入匪伙为匪,甲允之,复同时威胁乙同逃。乙恐受累举发,如甲对丙仅有应允之表示,尚未实行携械逃亡,而对于乙之威胁,如已达于强暴胁迫之程度,只成立以强暴胁迫使人行无义务之事之未遂犯,如甲受丙煽惑后,已着手于携械逃亡之实行,更应依侵占公务上持有物罪处断,其对于所送兵,如有便利其逃避兵役之行为,则兼犯《妨害兵役治罪条例》,便利壮丁逃避兵役之罪,相应函复贵会查照饬知。此致国民政府军事委员会

附国民政府军事委员会原函

案据湖北省政府卯养省法电称,兹有某乡公所乡丁甲乙二人,奉派送新兵至县城,途遇匪徒某丙,煽惑某甲携械逃入匪伙为匪,甲允之,复威胁某乙同逃,乙恐事发累及家族,报告该管乡公所,将某甲捕获,究应依何法处断,案悬待决,恳迅赐核示祇遵等情。据此,事关适用法律疑义,相应函请查照解释见复,以便饬遵。此致司法院

院字第二七四五号

民国三十三年九月五日　司法院指令贵州高等法院

呈悉,业经本院统一解释法令会议议决,(一)第二审检察官提起上诉后,对于被告所有提起之上诉理由,仍应依《刑事诉讼法》第三七五条第二项规定提出答辩书。(二)《刑事诉讼法》第一二〇条所定,不命羁押迳命具保之被告,仍为具保停止羁押之一种,如该被告事后逃匿,自得命缴纳指定之保证金额并没入之。(三)甲告诉其妻乙,被丙强奸,经侦查结果,认丙系与乙和奸,除甲曾特别表示不告和奸罪外,检察官仍应就丙之相奸行为,予以起诉,仰即知照。此令

附贵州高等法院原呈

为呈请解释事,兹有法律疑义数点,(一)查第二审检察官与被告,不服第二审判决,同时其有理由书状,声明上诉者,此时第二审检察官应否答辩。甲说,检察官为他造当事人者,应就上诉之理由,提出答辩书,《刑事诉讼法》第三百七十五条第二项定有明文,并非任意规定,故无论检察官上诉与否仍应答辩。乙说,第二审检察官之答辩系以被告上诉有无理由。换言之,第二审判决并无不当,是以答辩之目的在请求第三审就被告之上诉驳回。若检察官与被告均认第二审不当而提起上诉,此时检察官已同情于被告之主张,即无再为答辩之必要,此请解释者一。(二)具保停止羁押之被告逃匿者,应令缴纳指定之保证金额并没入之,《刑事诉讼法》第一百十八条固定有明文,若依同法第一百二十条其不命羁押之

被告逃匿者,应否令缴纳指定之保证金额并没入之。甲说,《刑事诉讼法》第一百十八条法文既仅规定具保停止羁押之被告逃匿者,命缴纳保证额而为没入,则同法第一百二十条交保情形,自与上开法定条件不符,不能命缴保证金额并予没入。乙说,保证书依《刑事诉讼法》第一百十一条规定,自应记载保证金额,及依法缴纳之事由,则依同法第一百二十条不命羁押交保逃匿者,自应认为系具保停止羁押之一种情形,命缴纳指定保证金额没入之,否则此项交保无丝毫效力,殊失立法本旨,此应声请解释者二。(三)按亲告罪未经告诉者不得起诉处罚,参诸《刑事诉讼法》第三百九十五条第三款自明,设有某甲告诉其妻某乙被某丙强奸,侦查结果认为某丙系与某乙和奸,某甲对和奸并未告诉检察官,能否依法起诉。甲说,强奸与和奸之情形有所不同,在强奸某乙处于不能抗拒地位,其被污某甲犹有词可借。若系和奸,则某乙同意与某丙私通,某甲名誉殊大有妨碍,某甲仅就强奸告诉,即不能就未告诉之和奸起诉。乙说,强奸和奸均属不名誉事件,某甲虽未就和奸部分告诉,然既将其妻被人奸淫事实告诉则不应问奸之为强为和,依犯罪事实一部告诉,及于全部之义,均得就和奸部分起诉,此请解释者三。以上三点,似均以乙说为是。惟事关法律适用疑义,理合备文呈请钧长鉴核,俯赐解释,俾得有所遵循,谨呈司法院院长居。贵州高等法院院长刘含章

**院字第二七四六号**

**民国三十三年九月五日　司法院训令西康高等法院**

案据西昌地方法院本年五月艳代电,请解释补发停职期内之俸薪疑义到院,兹经本院统一解释法令会议议决,依《公务员惩戒法》第十六条第一项或第二项停止职务之公务员,未受免职处分或科刑之判决者,如已调任同官等之他职,即属已经复职,依同条第三项之规定,自应补给停职期内之俸给,合行令仰转饬知照。原代电抄发。此令

**附西康西昌地方法院原代电**

重庆歇马场司法院居院长钧鉴,公务员停职后许其复职者,不问复职后是否继续任职,均应补给停职期内之俸给,经司法行政部呈奉钧院三十年十月七日指字第二九四六号指令饬遵有案,设于停职原因消灭后,奉部令调任同官等之他职。就其调字之意义言,当然须有原职,始得调任,与未复职而改派他职者不同。此种情形是否可认为已复原职,而补给其停职期内之俸薪(其俸薪并无他员支领)。本院现遇此项疑义,亟待解决,敬祈钧院迅赐解释,俾资遵循。西康西昌地方法院院长范康叩艳

**院字第二七四七号**

**民国三十三年九月五日　司法院训令广西高等法院**

案据广西高等法院第四分院本年巳感代电,请解释养子与嗣子对于养父母与所后父母可否称为直系血亲疑义到院,兹经本院统一解释法令会议议决,《民法》第一千零七十七条所谓养子女与养父母之关系,及《民法》亲属编施行法第九条所谓嗣子女与其所后父母之关

系,皆指亲属关系而言(参照院字第二〇三七号、第二〇四八号解释)。婚生子女与其父母之亲属关系为直系血亲关系,养子女或嗣子女与其养父母或所后父母之亲属关系,依上开各条之规定,既与婚生子女与其父母之亲属关系相同,自亦为直系血亲关系。合行令仰转饬知照,原代电抄发。此令

**附广西高等法院第四分院原代电**

重庆司法院院长居钧鉴,查养子与嗣子对于养父母与所后父母可否称为直系血亲,谨电请即解释示遵。署广西高等法院第四分院院长何隽鸿呈巳感印

**院字第二七四八号**

**民国三十三年九月五日　司法院训令最高法院**

案据本院参事处签请解释《优待出征抗敌军人家属条例》第二十九条疑义一案,业经本院统一解释法令会议议决,《优待出征抗敌军人家属条例》第二十九条之规定,于出租人与承租人或出典人与典权人,双方均为出征抗敌军人或其家属时亦适用之,未便斟酌双方家庭经济状况定其适用与否。合行令仰知照。此令

**院字第二七四九号**

**民国三十三年九月六日　司法院致国民政府军事委员会函**

案准贵会本年七月二十六日法审(三十三)渝三字第八六一〇号公函,以破坏正在使用中之防御工事案件,适用何法处断,函请解释见复等由,业经本院统一解释法令会议议决,正在使用中之防御工事(如掩体及散兵壕之类),于军事上显有直接之效用,自属军用物品之一种。又土地得为军事征用之标的,《军事征用法》及其施行细则已有明文规定,则其犯罪主体无论是否为该基地业主,如有将该弃地破坏翻作耕地,纵无利敌故意,仍应论以《陆海空军刑法》损坏军用物品之罪。相应函复贵会查照。此致国民政府军事委员会

**附国民政府军事委员会原函**

查军用物品系指该物品于军事上有直接之效用者而言,业经贵院二十八年七月二十九日院字第一九〇六号解释有案。惟贵院二十八年十一月六日公字第八四七号解释,对于已经筑成之防御工事机构,认为不在军用物品之列,似指此项工事非在使用中者而言,如正在使用中之防御工事(掩体及散兵壕),显于军事上有直接之效能。倘基地业主将该工事破坏翻作耕地,虽无利敌故意,然其妨害军事影响甚大,此项犯罪。究应适用何法处断,不无疑义,相应函请查照,迅予解释见复为荷。此致司法院

**院字第二七五〇号**

**民国三十三年九月六日　司法院咨行政院**

案准贵院本年七月二十九日义捌字第一六四九〇号咨,以据司法行政部呈,转请核示

《非常时期农矿工商管理条例》第三十一条疑义一案，咨请解释见复等由到院，业经本院统一解释法令会议议决，触犯《非常时期取缔日用重要物品囤积居奇办法》第十八条各款之罪，其所囤积之物品，既应由主管官署没收，如实际上别无所得利益，即不具备并科罚金之要件，只应依《非常时期农矿工商管理条例》第三十一条科处徒刑，毋庸并科罚金。相应咨请贵院查照饬知。此咨行政院

**附行政院原咨**

据司法行政部本年七月十一日呈(叁)字第五三七号呈称，据安徽高等法院转据代理歙县地方法院院长沈乃康本年一月十日第二十四号呈称，案据推事承谷香签呈称，窃查《非常时期农矿工商管理条例》第三十一条后段所定，并科所得利益一倍至三倍之罚金。核其所得利益四字之意义，究应限于实际上已经取得之现实利益，抑并可包括实际上虽未取得而形式上可以视为系属所有之利益，因见解不同，适用法律结果遂有下列两异。子说，谓应限于实际上已经取得之现实利益，例如，甲于一年前囤布一百疋，每疋进货价格为一千元，一年后，发觉每疋暗市价格业涨至二千元，此际甲在形式上虽已获有每疋一千元之非法利润，顾因布未出卖，依法应予全部没收，实际上殊无获有丝毫现实利益之可言，虽条文规定并科系属必科性质。然甲于利既无所得，自不能溢出条文规定所得利益之范围。而就甲之其他财产科处，除仅科以同条所定徒刑外，关于罚金部份，即应认为不合条件不予科处。丑说，谓应包括形式上可以视为系属所有之利益，如前例甲之布，虽经没收，其囤布每疋所涨之非法利润一千元，固不能认为其实际上业已现实取得。然截至没收时止，此一千元之非法利润要不能不认为系属其所有之利益，依照现行法令，本条例上之没收，应由其主管官署处置之，乃系发觉后专对其所囤布疋之行政处分与科刑问题，截然两事，要不能因发觉后之没收，而无视没收前属其所有之利益，故仍应依其在没收前对于囤货所有之非法利润科以法定倍数之罚金，以符条文所定必科旨趣。二说各有相当理由，未知孰是。事关法律疑义，未敢擅断，案悬待结，理合签请鉴核等情，事关法律疑义，理合具文呈请鉴核，转请解释示遵等情。据此，查《非常时期农矿工商条例》第三十一条所定罚金，系规定并科罚金之标准数额，并不限于实得利益，自以丑说为当，惟事关法律疑义，本院未敢擅拟，理合具文呈请钧院核示，以便饬遵等情。据此，查犯《非常时期农矿工商管理条例》第三十一条之罪，囤有货物者应以该货物售出后，实际所获之利得为其所得之利益，业经司法院于三十二年十月三十日以院字第二五九六号解释有案。唯如囤积物品，业经主管官署依照《非常时期取缔日用重要物品囤积居奇办法》第十八条规定，予以没收，其所得利益应如何计算，事关法律疑义，理合具文呈请核转司法院解释，俾便饬遵等情。据此，案关法律适用疑义，相应咨请查照解释见复。此咨司法院。行政院院长蒋中正

**院字第二七五一号**

**民国三十三年九月十四日　司法院致军事委员会函**

前准贵会本年七月二十六日法审(三十三)渝三字第八六一一号公函,以强劫水陆空公众运输之舟车航空器罪,是否以本物为限,不无疑义,函请解释见复等由到院,兹经本院统一解释法令会议议决,《惩治盗匪条例》第三条第一项第一款系就强劫罪之物体而为规定,与同条例第二条第一项第五款就强劫之地点规定者不同。其列举之犯罪物体,既仅为水陆空公众运输之舟车航空器三种,则本罪之构成当然以劫取者为上列之物为限。若在该物体上强劫旅客财物者,自不包括在内,只应适用同条例第五条第一项第一款处断,至其法定刑罚是否适当,事属立法问题,不属解释范围,殊难于法文所未规定之事项,而以解释创造之。本院院字第二四七一号之解释未便遽予变更,相应函复贵会查照。此致国民政府军事委员会

**附国民政府军事委员会原函**

前准贵院三十二年三月二日院字第二四七一号公函,略以《惩治盗匪暂行办法》第三条第四款之抢劫罪,系以舟车航空机为犯罪之物体,其结伙抢劫舟车内之旅客财物或船上重要机件者,仅应依同办法第四条第一款论处等由,准此(按《惩治盗匪暂行办法》第三条第四款与现行之《惩治盗匪条例》第三条第一项第一款之规定相当)。查水陆空公众运输之舟车航空器关系行旅安全,影响甚大,在该项舟车航空器内行劫者,匪特旅客之财物受其损害,抑且危及公众之安全,与普通强劫所生之结果显有不同。如必须强劫该项舟车航空器本物,始成立该款之罪,在事实上既极少发生,且与保护公众运输之初意,亦觉未尽吻合。现在抗战期间,匪风仍炽,行旅交通时遭扰害,若于舟车航空器内行劫,仅论以普通强劫罪,则处刑较轻,殊不足以资惩儆,贵院前开解释似有变更之必要,相应函请查照,迅予解释见复,以凭办理为荷。此致司法院

**院字第二七五二号**

**民国三十三年十月二日　司法院训令最高法院**

据本院参事处签请解释支票于受款人之姓名下载有或来人字样者,究为无记名式,抑为记名式一案,业经本院统一解释法令会议议决,票据法第一百二十一条第二项规定,未载受款人者,以执票人为受款人,是所谓无记名式支票,以未载受款人者为限,支票于受款人姓名下载有或来人字样者,既非未载受款人,即不得谓为无记名式支票,其所载或来人字样,只能解为或其被背书人之义。此种形式之支票,立法例有特以明文,视为无记名式者,我国票据法并无此项特别规定,自不能于解释上认同一之结果,合行令仰知照。此令

**附司法院训令　令最高法院院长李芰**

据本院参事处签呈称,支票于受款人之姓名下载有或来人字样者,究为无记名式,抑为

记名式,兹有应办事件,须待此项问题经本院统一解释法令会议议决后,方可办理,拟交最高法院,拟具解答案呈核,是否有当,理合签请鉴核示遵等情。据此,合行令仰该法院,拟具解答案呈核。此令。司法院院长居正

**院字第二七五三号**

**民国三十三年十月三日　司法院致中央银行函**

案准贵行本年八月十八日总业字第六九八号公函,以本行所发行无利息见票即付之无记名本票应依何法为据,请迅予解释见复等由到院,业经本院统一解释法令会议议决,依票据法第一百二十条、第二十五条第一项、第六十二条第一项第三款及第一百十七条第三项之规定,本票得为无利息见票即付之无记名式,此项本票既不失为票据法上之票据,执票人丧失票据时,自应适用票据法第十五条、第十六条,不适用《民法》关于无记名证券之规定,相应函复查照。此致中央银行

**附中央银行原函**

查近因钞券来源困难,本行推行无记名本票,代替现钞流通市面,惟使用既繁,辗转授受难免有请求挂失止兑之事发生,查此种本票,(一)并无记名。(二)均系即期见票即付。(三)支取时并无利息,依照票据法第十五条、第十六条之规定,票据丧失时应为止付之通知。本票亦为票据之一种,似应可挂失止付。惟按照《民法》第七二〇条、第七二一条、第七二八条关于无记名证券之规定,则此项无利息见票即付之无记名本票,其价值实与现金无异,既不能拒绝付款,亦不能实施公示催告程序,似又应适用《民法》上列条文,不能声明挂失止付。两者规定不同,究以何法为据,关于是项见票即付之无记名本票,辗转流通,实与现金无异,票据法既无明文规定,是否应适用《民法》之处,用特抄同票据法及《民法》有关条文一纸,备函奉询,敬请查照迅予解释见复,以资依循为荷。此致司法院。中央银行总裁孔祥熙

**院字第二七五四号**

**民国三十三年十月三日　司法院复甘肃高等法院电**

甘肃高等法院杨院长览,本年寅巧代电悉,武威地方法院所请解释一案,业经本院统一解释法令会议议决,军政部西北军需工厂制革工厂铁工部工人,如非原有军人身分而系受雇作工者,乃属雇佣性质,不能认为军人,其犯罪应由普通法院审判。合电转饬知照。司法院江印

**附甘肃高等法院原代电**

司法院院长居钧鉴,据甘肃武威地方法院代电称,查军政部西北军需工厂制革工厂铁工部工人,是否有军人身分,如犯刑事罪名,普通法院可否受理,乞电示遵等情。据此,事关管辖问题,职院未便擅拟,理合电请示遵。甘肃高等法院院长杨鹏卬刑寅巧印

**院字第二七五五号**

**民国三十三年十月三日　司法院复安徽高等法院电**

安徽高等法院廖院长览,本年巳马代电悉,该法院第一分院所请解释一案,业经本院统一解释法令会议议决,《财产租赁出卖所得税法》,依法律施行日期条例第一条、第四条及国民政府二十八年九月十六日第五一九号训令,在各省市县以公布该法之命令实际到达各该省市县之翌日起发生效力。合电转饬知照。司法院江印

**附安徽高等法院原代电**

司法院院长居钧鉴,据本院第一分院院长徐家驹巳微代电称,查《财产租赁出卖所得税法》,业经国民政府公布施行,该主管税局并奉财政部电开,财产出卖所得税、财产租赁所得税,均自税法公布之日起征,于此发生两说。甲说,该税法既经财政部订明自公布之日起征,自应受其拘束。乙说,依照国民政府二十八年九月十六日渝字第五一九号训令,各省市县一律以公布法律之命令寄发到达各该省市县之翌日起发生效力,是国民政府命令优于财政部命令,参照法律施行日期条例之旨趣,应指该税法到达该省市县之主管官署,始生效力。上开两说,究以何说为是,事关解释法律发生效力日期,致滋疑窦,职院悬案待结,电请钧长鉴核迅赐转请解释并指令等情。查事关解释法律效力问题,未敢擅专,理合电请鉴核示遵。安徽高等法院院长廖江南巳马叩

**院字第二七五六号**

**民国三十三年十月三日　司法院复四川璧山实验地方法院电**

四川璧山实验地方法院李院长览,本年六月二十三日文字第三四八号代电悉,所请解释一案,业经本院统一解释法令会议议决,行政院颁行之《各县市公产租佃办法》第十二条所列情形,如依《民法》或其他法令之规定,出租人本得终止契约,或虽不得终止,而当事人双方曾订明以此为终止之原因,并不违反禁止规定者,公产管理机关得于承租人有此情形时,终止契约,其终止契约之意思表示发生效力时,租赁关系即为消灭,自可另行出租。惟承租人不认其租赁关系已消灭者,得向法院提起确认之诉,承租人拒绝返还租赁物者,公产管理机关得向法院提起请求返还租赁物之诉。合电知照。司法院江印

**附四川璧山实验地方法院原代电**

司法院院长居钧鉴,查行政院三十一年十二月九日颁行之《各县市公产租佃办法》第十二条,公产承租人有下列情形之一者,撤销其承租权,另行招标租佃:一、承租后有转租或分租之行为者。二、拖欠租金已满一年或规定按月按季纳租而拖延达两期以上者。三、荒芜田土或毁损公产及其定作物者。四、承租后借公产经营不正当之业务者。五、有不正当之行为经判处罪刑确定者。六、承租耕地后人口散亡无力耕种者。设有承租人具有上述撤佃条件时,出租人(即公产管理机关)可否竟行据以撤销佃约,并强制承租人将佃业交还,另招

新佃,承租人如依民事程序诉请确认其承租权依然存在,法院是否为实体上裁判,有甲、乙两说。甲、行政院公布之公产租佃办法,既明定公产管理机关得撤销租佃,另行招佃,管理机关自得依据通知撤佃,并强制执行,以贯彻保护公产之目的,如有不服,应依行政诉愿程序办理,法院对于此种诉请确认承租权存在,或不终止租约事件,应认为起诉不合法予以驳回。乙、行政院公布之租佃办法乃各县市公产管理规则,未经立法程序及国防最高委员会核准,并无特别法之效力,公产管理机关与承租人订立租约时,如根据约定为终止条件,固得据以民事程序向法院诉请裁判,第事属私法上契约问题,公产管理人自不得以出租人地位迳行撤销租赁契约,并对承租人滥施强制,法院接受承租人确认租约存在之诉,当然依法裁判,且此种违法行为并无行政法令之根据,应由主其事者自负其责,尤与行政诉愿程序无涉。事关适用法律疑义,悬案待结,理合附录原呈电请钧院依法解释祇遵。兼代四川璧山实验地方法院院长李祖庆叩印

**院字第二七五七号**

**民国三十三年十月三日 司法院致行政院函**

案准贵院本年七月二十三日义壹字第一六二一〇号公函,以据内政部呈,转请核示办理县参议员选举适用法律疑义,函请解释见复,正核办间,复准贵院本年七月二十七日义壹字第一六三三九号公函,以司法行政部转请解释《县参议员选举条例》第二条疑义,函请并案解释见复各等由,兹经本院统一解释法令会议议决,《县参议员选举条例》第三十七条虽有本条例之解释权属于选举监督之规定,然其规定之本旨,不过就同条例未经本院统一解释之疑义,认选举监督有解释权,各省选举监督所为之解释并非统一之解释,统一之解释自应仍由本院行之,故就原呈所举同条例各疑义,予以解答。(一)《县参议员选举条例》第二条第一款,既规定现任本县区域内之公务员,停止其被选举权,则此项公务员,虽不办理选举,亦无当选为县参议员之资格。至乡镇保长及其他办理地方自治人员,是否同条款所称之公务员一节,查《乡镇民代表选举条例》第二条第一款规定,现任本乡镇区域内之公职人员,停止其被选举权,其称为公职人员而不称为公务员,即以乡镇保长及其他办理自治人员,应停止其被选举权,而又不认为公务员之故,《县参议员选举条例》第二条第一款所称之公务员,自不包含乡镇保长及其他办理地方自治人员在内。此项办理地方自治人员当选应选为县参议员后,以不妨碍其原其职权之行使者为限,得兼任原职(参照后开第十一段解释)。(二)乡镇保长为职业团体之会员,经该团体之选举,当选为县参议员者,其当选自非无效,至应选后得否兼任原职,可参照第一段解释办理。(三)《县参议员选举条例》第四条第一项载于区域选举、职业选举,均有选举权或被选举权者,应参加区域选举等语。此所谓参加,系指行使选举权或被选举权之行为而言,行使选举权之行为即为从事选举,行使被选举权之行为,即为当选后之应选,故于区域选举、职业选举,均有被选举权。且均当选时,如愿应选,应就区域选举之当选为之,其仅于区域选举或职业选举当选或无一当选者,同条项

关于被选举权之部分,即无适用之余地。若谓同条项关于被选举权部分,所谓应参加区域选举,系指仅得为区域选举之被选举人而言,则凡具有同条例第一条所定被选资格之县公民为职业团体之会员者,无不于区域选举、职业选举均有被选举权。果仅得为区域选举之被选举人,所有职业团体之选举,势必无人可以当选,此与同条例认职业选举之本旨,显相矛盾。同条项所称之参加关于被选举权部分,既应解为区域选举、职业选举均当选后之应选,即不致发生职业选举无人可以当选之结果。(四)先任县参议员而后被选为乡镇保长时,得否兼任原职,可参照第一段解释办理。(五)现任他县或中央或省级机关公务员,当选为县参议员,或先任县参议员,而后被派充上述公务员者,虽非不得为县参议员,然此项公务员受有俸给者,依《公务员服务法》第二十四条之规定应适用同法,依同法第十四条之规定,不得兼任他项公职,则非辞去其一职,不得谓非违反《公务员服务法》之行为。(六)所称中央或省县金融贸易机关人员,其机关及人员之名称,未据说明,是否《公务员服务法》第二十四条所称公营事业机关服务人员,尚难悬断。如系此种人员,则依同法第十四条之规定,不得兼任县参议员,又其服务机关有组织规程而不送请铨叙之人员,不得谓必非适用《公务员服务法》之公务员,虽可当选为县参议员,其得兼任与否,仍难悬断,惟原呈所称社会服务处人员,如系党部所设社会服务处之人员,则非《公务员服务法》上之公务员(参照院字第二〇九七号解释),自非不得当选,并兼任县参议员。又支领俸给公粮或米代金人员,如其服务机关之组织法设有此职者,虽已超过定额,仍为《公务员服务法》上之公务员,惟组织法上未设有此职,如省政府咨议参议等,不能认为《公务员服务法》上之公务员,自非不得当选,并兼任县参议员。(七)公立中小学校长受有俸给者,为《公务员服务法》上之公务员,虽得当选为县参议员,仍不得兼任。至私立中小学校长,并非公务员,自非不得当选,并兼任县参议员。(八)游击区县临时参议会,如在本县境内不能集会,自非不得在邻县或其他适当地点开会。(九)县参议员候补当选人,仅得依《县参议会组织暂行条例》第八条、第九条规定,递补为县参议员,不得代表不能出席之县参议员出席,虽参议员因不归责于本人之事由,致不能出席时亦然,原呈拟于县参议员现在地过远或行踪不明时,许候补当选人代表出席,自非法之所许。(十)《县参议员选举条例》第七条所谓数乡镇合选,或使所有乡镇均与他乡镇合选,或使特定之数乡镇合选,法文既未限定,自可由省政府斟酌人口交通等情形定之。(十一)依《乡镇组织暂行条例》第八条第一项第七款之规定,乡镇民代表会有能罢免本乡镇之县参议员之职权,乡镇民代表如兼任县参议员,实足妨碍其原有职权之行使,自不得兼任,至县参议员亦不得兼任省临时参议员。(十二)县参议会或县临时参议会秘书,以县政府内具有委任资格而有党员身分之现任人员兼任自无不可。相应函复贵院查照饬知。此致行政院

**附行政院原函**

据内政部呈转浙江省民政厅请示办理县参议员选举疑义到院,案关法令解释,相应抄同原件函请查照解释见复为荷。此致司法院。行政院院长蒋中正

**附内政部原呈**

据浙江省民政厅盈致字第四七六号呈，为办理县参议员选举发生疑义，请核示等情到部，兹将本部解释意见开列于下，(一)所请解释第一点，关于受被选限制之公务员乡镇保长及其他自治人员，如不由其办理选举，可否当选本乡镇县参议员，当选后是否须择一辞职一节。查办理地方自治人员，依法毋须经过铨叙任命，依照钧院解释，原不受被选举为县参议员之限制，又依法不应受被选限制者，法亦无明文许其于膺选后，必兼任原职。惟乡镇长职重事务繁，理宜专任，在未依法实施民选以前，原系由县政府遴委，本有斟酌任免之权，为预防流弊，增进效率起见，似可于该乡镇长当选为县参议员后，由县政府令其辞去乡镇长原职，另行遴员接替，以专责成。至保甲长及其他自治人员地位较低，事务较简，似可准予于当选为县参议员后，仍得兼任原职。至受被选限制之公务员，不论是否由其办理选举，法律上即无被选为县参议员之资格，自不发生兼任与否之疑义。(二)所请解释第二点，关于乡镇保长当选县参议员，非由本乡镇产生，而由职业团体产生，应否认为有效，并毋须辞去原任乡镇保长职务一节。查乡镇保长当选为县参议员，如系由职业团体产生，亦应认为有效，除乡镇长仍应照前项解释，由县政府令其辞去乡镇长原职外，至保长似可毋须辞去原任职务。(三)所请解释第三点，关于在职业团体有被选举权者，同时均可为所在区域之被选人，职业团体势将无人当选，应如何补救一节。查本案与钧院令交查复中央秘书处函转浙江省党部请解释《县参议员选举条例》第四条疑义一案内容相同，前案业经拟其意见函请钧院秘书处查照，转呈核示在案，拟俟本核定后，再行转饬遵照。(四)所请解释第四点，关于先任在县参议员而后被选为乡镇保长，法令并未限制，但若有此情形，可否不必辞去参议员职务一节。查先任县参议员而后被选为乡镇保长时，除当选之乡镇长应择一辞职外，保长得不辞去参议员职务。(五)所请解释第五点，关于现任他县或中央或省级机关公务员当选为县参议员，或先任县参议员而后派充上述公务员，可否毋须辞去原任职务一节。查凡任他县区域内之公务员，不受本县县参议员被选限制者，当选为本县县参议员，或先任本县县参议员，而后被派充上述公务员时，得毋须辞去原任职务。(六)所请解释第六点，关于中央或省县金融贸易机关人员，及服务机关虽有组织规程，但不送请铨叙之人员，以及额外人员等，是否均可当选县参议员，并毋须辞去原任职务一节。查中央或省县金融机关人员，及其服务机关虽有组织规程但并不送请铨叙者，如社会服务处人员等，以及额外人员，如省政府咨议参议等，均非正式公务员，似均可当选县参议员，并毋须辞去原任职务。(七)所请解释第七点，关于公私立中小学校校长，虽系政府委派，但并不送请铨叙，自得被选为县参议员，惟当选后可否不必辞去原职一节。查钧院前核复陕西省政府请示之复电中曾谓，公立学校校长，应视为现任官吏，不得兼任县临时参议会参议员，公立学校校长自应遵照上项解释，不得兼任县参议员，至私立中小学校校长，似可不受被选为县参议员之限制，当选后得不必辞去原职。(八)所请解释第八点，关于游击区县临时参议会，如在本县境内不能集会，可否准在邻县成专员公署或该管行署所在地集合一节，似可准予斟酌实际情形，改在邻县或安全地点举行,以策安全。(九)所请解释第九点,关于县参议员现在地过远,或非归责于本人之事由,以致行踪不明,为顾全法定人数计,可否暂准其候补当选人代表出席,并限制是项代表出席人数不得超过开会法定人数三分之一一节,似可暂准变通办理,以应实际需要。(十)所请解释第十点,关于《县参议员选举条例》第七条规定,乡镇数超过一百之县,得由数乡镇合选县参议员一人,所谓数乡镇合选是否系普通合选,抑仅以特定数乡镇举行合选一节。查乡镇数超过一百之县,由数乡镇普遍合选,或仅以特定数乡镇合选,均无不可,惟应依照同条下半段之规定,其名额分配办法,由省政府斟酌当地人口交通等情形定之,并报本部备案。(十一)所请解释第十一点,关于乡镇民代表可否兼任县参议员,县参议员可否兼任省临时参议员一节,查前奉钧院三十一年二月二十七日顺壹字第三五〇一号训令,以据广西省政府电请核示,省临时参议会参议员可否兼任县参议员或乡镇民代表等情到院。查省临时参议员如当选为县参议员或乡镇民代表,仅能择定一职,不能兼任等因,并本部通行各省民政应知照在案,应遵照上项解释办理。(十二)所请解释第十二点,关于县参议会或县临时参议会秘书,可否得以县政府内具有委任资格,而有党员身份之现任人员兼任一节,似可准照此项意见办理,是否有当,事关法令解释,理合抄同浙江省民政厅原呈,呈请鉴核示遵。谨呈行政院

**附浙江省民政厅原呈**

兹因办理县参议员选举发生疑义,应声请钧部核示,(一)受被选限制之公务员,乡镇保长及其他自治人员,如不由其办理选举可否当选本乡镇县参议员,当选后是否须择一辞职,如有不愿辞职,是否需由政府择一,令其辞职。(二)《县参议员选举条例》第四条规定,于区域选举、职业选举,均有选举权或被选举权者,应参加区域选举,设乡镇保长当选县参议员,非由本乡镇产生而由职业团体产生,应否认为有效,并毋须辞去原任乡镇保长职务?(三)在职业团体有被选举权者,同时均可为所在区域之被选人。若依上开法条规定,应参加区域选举,势必至职业团体无人当选,是职业选举易致落空,此应如何补救?(四)先任县参议员而后被选为乡镇保长,法令并未限制。但若有此情形,可否不必辞去参议员职务?(五)现任他县或中央或省级机关公务员,当选为县参议员,或先任县参议员,而后被派充上述公务员,可否毋须辞去原任职务?(六)中央或省县金融贸易机关人员可否兼任县参议员?又其服务机关虽有组织规程,但不送请铨叙,如社会服务处人员,又其所任职务虽支俸给公粮或米代金,但依编制系属额外人员,如省政府咨议参议等,是否均可当选县参议员,并毋须辞去原任职务?(七)公私立中小学校校长,虽系政府委派,但并不送请铨叙,依法自得被选为县参议员,惟当选后,可否不必辞去原职?(八)游击区各县临时参议会,如在本县境内不能集会,为顾念事实困难,可否准在邻县或专员公署或该管行署所在地集会,以策安全?(九)县参议员现在地过远,或非归责于其本人之事由,以致行踪不明,未能依限赶到开会,自不得认系无故缺席,但为顾全法定人数计,可否暂准其候补当选人代表出席,并限制是项代表出席人数不得超过开会法定人数三分之一?(十)《县参议员选举条例》第七条规定,乡镇数超过

一百之县，得由数乡镇合选县参议员一人，所设数乡镇合选，是否系普遍合选（如每二乡镇合选一人），抑仅以特定数乡镇举行合选？若以特定数乡镇合选，其标准应如何规定？（十一）乡镇民代表可否兼任县参议员？县参议员可否任省临时参议员？（十二）县参议员或县临时参议会秘书，可否得以县政府内具有委任资格，而有党员身分之现任人员兼任？以上疑义，如何解答，本厅未敢擅专，理合备文呈请鉴核，迅赐释示祗遵。谨呈内政部

**院字第二七五八号**

**民国三十三年十月四日　司法院咨行政院**

案准贵院本年七月二十九日义捌字第一六四八九号咨，以据司法行政部转请解释财政法规所定欠税之追缴及所处罚锾之执行疑义，咨请解释到院，业经本院统一解释法令会议议决，纳税义务人所欠税款，法律上设有得请法院追缴之规定者，其强制执行应迳由地方法院所设民事执行处行之，至法院依财务法规以裁定所处之罚锾，或具有罚锾性质之罚金，亦应由为裁定之法院，迳送民事执行处为强制执行。相应咨复贵院查照饬知。此咨行政院

**附行政院原咨**

据司法行政部本年六月二十七日呈叁字第五〇七号呈称，据广西高等法院三十三年四月十日会字第二九四三号呈称，案据龙川地方法院本年三月龙案字第六六号筱代电称，查依财务法规所定欠税之追缴及所处罚锾，或性质上系属行政罚之罚金之执行，究应本于检察官之命令行之，抑应由地方法院民事执行处依强制执行法执行，法无明文规定，适用上颇滋疑义。依《刑事诉讼法》第四百六十一条第一第二项第四百七十四条之规定，及司法行政部三十一年十二月十日指叁字第一二五〇六号就宜由地方法院所拟请将追缴营业税事件，及因营业税案所科之罚锾，归检察官执行，准如所拟之指令而类推解释，似均应一律依检察官之命令执行之，惟查过分利得税追缴欠税之税局公函，视为强制执行法上之执行名义，准由法院迳予执行，业经钧院递奉司法院三十一年一月三十日修字第三六五号训令饬遵有案。《营业税法》与非常时期过分利得税，同属财务法规，一则以命令定由检察官为之，一则定由法院强制执行，事既似出于两歧，理论自难得其贯彻，因之其他未奉令之财务法规所定欠税追缴及所科罚锾执行之权限，适从上即未免有所争议。复查财务法规所科之罚锾，乃行政罚之一种，与《民事诉讼法》《刑事诉讼法》所定之罚锾，自有区别，按之司法机关依《印花税法科罚及执行规则》第五条规定，得强制执行云云之本旨，以及《营业税法》第二十条、《战时食糖专卖暂行条例》第四十五条、《战时火柴专卖暂行条例》第三十三条、《战时烟类专卖暂行条例》第三十七条、《盐专卖暂行条例》第五十一条，各该条之第一项及末项均定为罚锾由法院以裁定行之，及法院得酌定期限，命受罚人缴纳罚锾，不缴纳者，得强制执行之各等语。就文理解释，各该条第一项所称之法院，既均系指行使审判权之法院而言，则各该同条末段所称之法院似亦应与第一项所称之法院同义，按诸《刑事诉讼法》上所称之法院，

亦恒系指行使审判权之法院而言,以示与检察官有别,则各该条末段所称法院……得强制执行之云云,亦似属于强制执行法第四条第六款所定其他依法律之规定得为强制执行者所包涵,应由民事执行处执行,所有依财务法规所定欠税之追缴,及所科罚锾之执行,其权限究应谁属,似尚有待于统一解释,理合电请迅赐转请解释,俾资遵循等情。据此,理合具文转请解释,迅赐核示俾便转饬遵照等情。据此,事关法律疑义,理合呈请核转解释等情。据此,相应咨请查照解释见复,以便饬遵。此咨司法院。行政院院长蒋中正

**院字第二七五九号**

**民国三十三年十月四日　司法院训令广西高等法院**

据贺县地方法院代电,以关于确定判决之金额或价额是否可适用《非常时期民事诉讼补充条例》增减给付,请解释示遵等情到院,兹经本院统一解释法令会议议决,《非常时期民事诉讼补充条例》第二十条第二项所称之情事剧变,发生于确定判决之事实审言词辩论终结后者,为该确定判决之既判力所不及,故确认给付义务存在,或命债务人给付之判决确定后给付义务消灭前情事剧变,具备同条项之适用要件者,法院自得为增减给付之判决。合行令仰转饬知照,原代电抄发。此令

**附广西贺县地方法院原代电**

重庆司法院院长居钧鉴,查确定判决之金额或价额尚未履行,是否仍可适用情事变更之法则,依《非常时期民事诉讼补充条例》第十一条、第二十条另为增减给付之判决,持有两说。甲说,既有确定判决,只应照判执行,即无适用补充条例再为增减给付之余地。乙说,《非常时期民事诉讼补充条例》第十一条所列事项,如有因战事致情事剧变,非判决当时所得预料而为金额价额之谕知者,该债务人既未履行完竣,仍可依补充条例第二十条为增减给付之判决,方足维持公平,以应情事变更之救济需要。所持二说,未知孰是。事关法律疑义,本院悬案待决,理合电请钧院俯赐解释,乞电示遵。广西贺县地方法院推事兼院长王家楣胥印

**院字第二七六〇号**

**民国三十三年十月四日　司法院复安徽高等法院电**

安徽高等法院廖院长览,本年辰微代电悉,该法院第二分院所请解释一案,业经本院统一解释法令会议议决,(一)依印花税法及《营业税法》科处罚锾之案件,经司法机关裁定后,即均得向该管上级法院抗告,则受理该项案件之抗告法院,其关于抗告之一切程序,除别有规定外,自得准用《刑事诉讼法》第四编各规定办理。(二)《优待出征抗敌军人家属条例》第二十八条第二项之规定,于典权人为受同条例第二十九条第二项优待之出征抗敌军人或其家属时,排除其适用业经本院以院字第二七一一号解释在案。原代电所述情形,出典人甲与典权人乙,既均为出征抗敌军人,甲自不得援用同条例第二十八条第二项之规定,于典

权约定期限届满前向乙回赎典物。(三)《盐专卖暂行条例》上所谓一倍至若干倍之罚锾,其计算方法已见院字第二六一八号及院字第二六四九号解释。合电转饬知照,上项解释抄发。司法院豪印

**附安徽高等法院原代电**

重庆司法院院长居钧鉴,案据本院第二分院三十三年四月一日呈字第四一五号呈称,兹有法律问题数则请予请解释示遵事,(一)查印花税法及《营业税法》科罚锾之案件,得向该管上级法院抗告,该法已有明文规定,惟受理法院应否适用《刑事诉讼法》第四编各规定,兹有甲乙两说。甲说,印花税法及《营业税法》所定之罚锾,并非《刑法》上之刑名,系行政罚之一种,故依印花法及《营业税法》科处罚锾,不适用刑诉法第四编各规定。乙说,违反印花税法及《营业税法》,既由法院裁定科罚,且该法明定得向该管上级法院抗告,则受理之法院,自应依照刑诉法第四编各规定办理,两说未知孰是。(二)设有甲乙二人,均为出征抗敌军人,甲有房屋一所,于出征抗敌前出典于乙,定期十年,尚未届满,甲依照《修正优待出征抗敌军人家属条例》,请求提前回赎,乙亦以所承典之房屋为自住之房屋,依该条例规定在出征抗敌期内出典人不得收回为抗辩,二者各有法律依据,究应如何处断?(三)查《盐专卖暂行条例》第三十一条规定,贩运或售卖私盐者,处以照私盐量按当地盐价一倍至五倍之罚锾,该条所谓之一倍,是否将原盐价加倍计算处罚(即一倍以二乘原盐价、二倍以三乘原盐价余类推),抑仅依原盐价本数处罚,不知以何者为当,理合具文呈请鉴核,俯赐转呈解释,并祈指令祇遵等情。据此,事关法律疑义,本院未便擅拟,理合据情电请钧院解释示遵,以便转饬遵照。安徽高等法院院长廖江南辰微印

**院字第二七六一号**

**民国三十三年十月十一日　司法院复航空委员会电**

航空委员会鉴,本年九月齐人法二甲渝发字第〇一九一八号代电悉,业经本院统一解释法令会议议决,(一)减刑办法第一条所谓犯唯一死刑之罪者,系以罪之本刑为标准,故遇有上开犯罪已依法减轻其本刑之案件,亦应依该条但书所定不予减刑。(二)依减刑办法第二条第一项第一款将原处无期徒刑之人犯,减处有期徒刑十五年时,该条第二项既无准其将已执行之日数算入减刑后刑期之明文,自属不得算入,亦无类推适用《刑法》第四十六条之余地,惟其减刑后之刑期,应自减刑办法施行之日起算。(三)凡遇应依减刑办法减轻主刑之案件,关于褫夺公权,应如何审酌,已见院字第二七三七号解释,特电复请查照。司法院真印

**附航空委员会原代电**

司法院公鉴,兹因办理减刑案件,发生下列疑义两点,(一)犯唯一死刑之罪已经原判减处无期徒刑或有期徒刑者,应否按减刑办法第二条第一、二两款予以减刑,抑依第一条但书不得减刑。(二)减刑办法第二条第二项仅为同条第一项第二、三两款之减刑后,抵算刑期

之规定,对于同条第一款无期徒刑减为有期徒刑者,并不包括在内。凡原处无期徒刑之刑减为有期徒刑者,其裁判前羁押日数,应否依《刑法》第四十六条之规定予以抵算。相应电请迅赐解释见复,以凭办理。再本会于本年七月七日电请解释减刑办法,关于褫夺公权疑义,并请一并电复为荷。航空委员会齐人法二甲印

**院字第二七六二号**

**民国三十三年十月十二日 司法院致行政院函**

案准贵院本年八月二十四日义捌字第一八〇〇三号公函,以据国家总动员会议呈请核示经营银行业务兼营商业囤积居奇案件,适用法令疑义,抄同原呈及财政、经济两部议复文,函请查核见复等由,准此。兹经本院统一解释法令会议议决,《非常时期管理银行暂行办法》第十四条第五款之罚金,系对于银行所定之行政处分(司法院院字第二三八一号参照),依《非常时期取缔日用重要物品囤积居奇办法》第十八条第一款,适用《非常时期农矿工商管理条例》第三十一条惩治之徒刑与罚金,系对于行为人(自然人下同)所定之刑罚,两者处罚之客体不同,银行业兼营商业或囤积货物,该银行应依《非常时期管理银行暂行办法》第十四条第五款处罚,如其所囤积者为日用重要物品,其实施该项行为之人,并应适用《非常时期取缔日用重要物品囤积居奇办法》第十八条第一款及《非常时期农矿工商管理条例》第三十一条惩治。相应函复贵院查照饬知。此致行政院

**附行政院原函**

据国家总动员会议本年六月十六日呈请核示,经营银行业务兼营商业囤积居奇案件,应援引何项法条裁处一案,经交据财政、经济两部先后议复。惟查本案涉及刑事法令之适用疑义,相应抄同原件及财政经济两部复函,请查核见复。此致司法院。行政院院长蒋中正

**附国家总动员会议原呈**

窃查非经营商业之人,或非经营本业之商人,于地方主管官署公告后,对于指定物品仍有囤积居奇者,按照《非常时期取缔日用重要物品囤积居奇办法》第十八条规定,除由主管官署没收其囤积物品外,并向法院检举,依《非常时期农矿工商管理条例》第三十一条惩治之,而银行经营商业囤积货物,依《非常时期管理银行暂行办法》第七条、第十四条第五款之规定,系处以所营业务金额百分之五十以下罚金。惟银行利用庞大资金经营商业囤积货物,此项行为之处罚,揆诸法理似应较普通非本业商人囤积居奇而膺重惩,倘援引《非常时期管理银行暂行办法》之规定予以处分,则反较普通商人囤积居奇处罚轻微。如以银行为非本业商人论处,则似又与特别法优于普通法之原则有背,复查《非常时期取缔日用重要物品囤积居奇办法》,系府令公布施行,而《非常时期管理银行暂行办法》则系由财政部公布实施,后法第十四条第五款之规定,关于银行经营商业囤积货物处罚一节,似与前法第十八条第一款之规定,非本业商人囤积居奇之惩处,亦不无抵触之处,所有银行经营商业案件,究

以援引何项法条裁处为当，理合呈请钧院鉴核示遵。

**附财政部原函**

案奉钧院交议案件通知单信人字第二六三七七号为国家总动员会议，呈为银行兼营商业囤积居奇案件究应援引何项法条裁处为请核示由，奉院长谕，分交财政、经济两部议复等因，查《修正非常时期管理银行暂行办法》第十四条所订罚则，系就银行运用资金不当而予以处罚，如银行违反前项规定，并同时违反《非常时期取缔日用重要物品囤积居奇办法》第十八条规定者，似应并予处罚，依《刑法》第五十五条之规定，从一重处断。本部意见如此，相应复请查照，汇陈核定为荷。

**附经济部原函**

案准贵处三十三年六月二十九日信人字第二六三三七号通知，以国家总动员会议呈为银行兼营商业囤积居奇案件，应引何项法条裁处为当，请核示一案，奉院长谕分交财政、经济两部议复等因，相应通知等由，附抄原呈一件到部，查关于银行业之管理，现有《非常时期管理银行暂行办法》可以依据，如系日用重要物品之囤积，自当援用《非常时期取缔日用重要物品囤积居奇办法》处罚，奉交前因，相应核具意见，函请查照转陈为荷。

**院字第二七六三号**

**民国三十三年十月十二日　司法院指令湖北高等法院**

呈悉，业经本院统一解释法令会议议决，最高法院三十三年度上字第二七五号判决，以作战期内办理兵役人员对于违背职务之行为，收受贿赂与《惩治贪污条例》第二条第七款之罪名相当，应依特种刑事案件之审判程序办理，在《特种刑事案件诉讼条例》未施行以前，普通法院尚无审判权，因而谕知不受理论断，自属妥洽。至本院院字第二二七四号、第二二七八号及第二二七九号解释，以此类案件，应由普通法院适用《妨害兵役治罪条例》论处，系因已废止之《惩治贪污暂行条例》颁布在先，依后法优于前法之原则而为指示。迨至《惩治贪污条例》颁行，揆诸上述原则，即应适用该条例，仍暂依军事审判程序办理，业经本院以院字第二五八一号公函明白解释矣。仰即转饬知照。此令

**附湖北高等法院原呈**

案据谷城地方法院三十三年七月二十五日谷法字第五二四号呈称，窃查三十二年六月三十日公布之《惩治贪污条例》第三条第四款与二十九年六月二十九日公布之《妨害兵役治罪条例》第五条，均有处罚因职务要求期约或收受贿赂之规定，而两者审判程序不同，因之办理兵役人员要求期约或收受贿赂，适用法律不无疑问，或谓依后法优于前法之原则，办理兵役人员要求期约或收受贿赂，即系公务员对于职务上之行为，要求期约或收受贿赂，应依公布在后之《惩治贪污条例》第三条第四款及第十一条规定，适用特种刑事审判程序办理，此在最高法院三十三年度上字第二七五号已著有判例（按该项判决，系被告于四月因办理兵役收受贿赂，经一二两审，依《妨害兵役治罪条例》第五条第二项判处罪刑，上诉第三审于

三十三年二月据上述理由撤销一二两审原判,谕知不受理)。或谓三十二年六月三十日公布之新《惩治贪污条例》,系原二十七年六月二十七日公布之旧《惩治贪污暂行条例》而来,并非从新另订之刑罚法令,旧条例虽无关于要求期约或收受贿赂罪之规定,但包括于第三条第一项第二款于主管事务图利罪之内,经司法院解释有案(见院字第二二二四号解释)。办理兵役人员要求期约或收受贿赂,依后法优于前法之原则,应由普通法院适用《妨害兵役治罪条例》办理,又经司法院解释有案(见院字第二二七八号及第二二七九号解释),且《妨害兵役治罪条例》于《惩治贪污条例》为广义法中之狭义法,特别法中之特别法,依狭义法排斥广义法、特别法优于普通法之原则,办理兵役人员要求期约或收受贿赂,仍应由普通法院适用《妨害兵役治罪条例》办理,上开最高法院判例,以行为后之法律有变更,未注意《刑法》第二条但书规定适用有利于行为人之《妨害兵役治罪条例》办理(按《妨害兵役治罪条例》第五条第二项法定最重刑为十五年以下有期徒刑,《惩治贪污条例》第三条法定最重刑为死刑,两相比较,当以《妨害兵役治罪条例》有利于行为人),未可持为定论。惟事关法律疑问,而此类案件又多亟待解决,理合呈请钧院鉴核,转请解释示遵等情。据此,除指令外理合具文呈请钧院鉴核,迅赐解释饬遵,谨呈司法院。湖北高等法院院长郗朝俊

**院字第二七六四号**

**民国三十三年十月十八日　司法院致行政院函**

案准贵院本年八月十八日义捌字第一七六〇三号公函,以据军政部呈据广西军管区代电,请示后备队受训国民兵雇人顶训及冒名顶训者应如何惩处一案,抄同原呈函请查核办理见复等由,准此,兹经本院统一解释法令会议议决,后备队集训国民兵为兵役法第二十一条第一款教育召集之一种,其有意图避免而雇人顶训者,自应成立《妨害兵役治罪条例》第十一条第三款之罪。其冒名顶训者,即为该条款之帮助犯,惟该项人犯,既非军人亦不能视同军人,依同条例第二十二条之规定,并应由该管普通司法机关审判,除令饬最高法院知照外,相应函请贵院查照饬知。此致行政院

**附行政院原函**

据军政部呈据广西军管区代电,请示后备队受训国民兵雇人顶训及冒名顶训者,应如何惩处到院,案与司法审判有关,相应抄同原呈函请查核办理,见复为荷。此致司法院。行政院院长蒋中正

**附军政部原呈**

案据广西军管区三十三年五月编字第一三四二号江代电,请示后备队受训国民兵雇人顶训及冒名顶训者,应如何惩处等情。查《国民兵役施行规则》第六十七条,虽有国民兵团干部及受训或应征召之国民兵,如有违反兵役法令,依照《陆军兵役惩罚条例》与《妨害兵役治罪条例》办理之之规定,详查兵役惩罚条例及治罪条例内所定,大多均指征集之壮丁为对象。惟《妨害兵役治罪条例》第十一条第三款规定,平时受召集无故不到逾五日者,为意图

避免兵役,处一年以下有期徒刑或拘役,后备队集训系教育召集,为兵役法第五章所定召集之一种,其雇人顶训及冒名顶训者,似可属于意图避免兵役之范围,拟适用《妨害兵役治罪条例》第十一条之规定办理。惟该项受训国民兵,尚未服现役,不属军法管辖,其惩处之执行,应由县市国民兵团呈请师区饬送该管司法机关办理,拟请钧院转咨司法院通饬施行,当否敬请鉴核示遵。谨呈行政院。军政部部长何应钦

**院字第二七六五号**

**民国三十三年十月二十五日　司法院训令最高法院**

据本院参事处签请解释银行内部所用传票装订成册者,应否贴用印花税票一案,兹经本院统一解释法令会议议决,银行内部所用传票,如系银行内部彼此通知所用之单据,而其通知之事项,仍须记入账簿,并非以之充账簿之用者,自系印花税法第三条第八款所称之单据,虽于用毕后,汇订成册,亦与同法施行细则第十一条所称活页汇订之簿册不同,无须贴用印花税票,合行令仰知照。此令

**附司法院训令　令最高法院院长李芠**

据本院参事处签呈称,银行内部所用传票装订成册者,应否贴用印花税票,兹有应办事件须待此项问题,经本院统一解释法令会议议决后,方可办理,拟交最高法院拟具解答案呈核,是否有当,理合签请鉴核施行等情。据此,合行令仰该法院拟具解答案呈核。此令

**院字第二七六六号**

**民国三十三年十月二十五日　司法院指令四川高等法院**

呈悉,业经本院统一解释法令会议议决,依本院院字第二三九八号解释,当事人所定契约为租赁契约与典权设定契约之联立时,判断租赁部分与典权部分各为若干,应就租赁部分之数额先予确定,至典权部分之典价,与订约时该不动产全部典价之比值如何,不过为确定租赁部分数额所应斟酌事项之一,租赁部分之租金与订约时该不动产全部租金之比值,及典权部分之典价与订约时该不动产全部典价之比值,各别求得相加适等于一时,固应以此为准,否则尚应斟酌典价与订约时全部典价之比值,将租金与订约时全部租金之比值为适当之增减,租赁部分之数额,既经确定,则由一减去租赁部分,即为典权部分,仰即知照。此令

**附四川高等法院原呈**

案查钧院三十一年九月十一日院字第二三九八号解释第三项,关于大佃契约划分租赁与典权部分之计算方法,不无疑义,原解释谓,租赁部分应以租金数额与订约时该不动产全部租金数额之比值为准,订约时该不动产全部出租可得租金若干,应斟酌当时经济状况及其他情事定之,而其典价与当时全部典价之比值如何,亦在应行斟酌之列。例如,租金十元,押金九百元之大佃契约,倘订约时该不动产全部出租,可得租金壹百元,全部出典可得

典价壹千元，则租赁部分为十分之一，典权部分为十分之九云云。依此例言之，固甚洽当，倘有大佃契约之租金八角，押金八百元，而订约时该不动产全部出租可得六元四角，全部出典可得典价壹千元，其计算结果，则租赁部分为全部不动产八分之一，典权部分为全部不动产五分之四，两者之比值，既不能互相适应，则两者之和，自不能等于一，若以通分之方法相加后，再以二除之，得如下式，$(1/8+1/5)\div 2=13/40\times 1/2=13/80$，则租赁部分应为八十分之十三，典权部分应为八十分之六十七，此依算术方式，固非无解决之途，若遇有分母数字较大时，其计算既极繁杂，而划分更感困难，故关于大佃契约租赁与典权部分之划分问题，似应另定简明计算方法，以便适用，是否有当，理合具文呈请钧院鉴核示遵。谨呈司法院院长居，四川高等法院院长苏兆祥

**院字第二七六七号**

**民国三十三年十二月二日　司法院致行政院函**

案准贵院本年九月一日义捌字第一八五三六号公函，以食盐专卖店囤盐不售审判管辖问题之法令适用疑义，请查核见复等由到院，兹经本院统一解释法令会议议决，盐专卖店承销人，因风闻加价，将所储食盐不应市销售，系属《非常时期取缔日用重要物品囤积居奇办法》第四条所定之居奇行为，依同办法第十八条应由法院审判，相应函复贵院查照。此致行政院

**附行政院原函**

查浙江松阳县食盐专卖店囤盐不售一案，前据浙江省政府电请依照《妨害国家总动员惩罚暂行条例》，由军法机关审理到院，经饬据财政部查复略称，关于囤盐不售行为，依法似应适用《非常时期取缔日用重要物品囤积居奇办法》办理等情，案涉审判管辖问题之法令适用疑义，相应抄同浙江省政府原电及财政部复文，函请贵院查核见复为荷。此致司法院

**院字第二七六八号**

**民国三十三年十一月四日　司法院致国民政府军事委员会函**

案准贵会本年八月五日法审（三十三）渝五字第九二四六号公函，以据安徽全省保安司令代电，请解释《军事犯调服劳役暂行办法》疑义，转请迅予解释见复等由到院，兹经本院统一解释法令会议议决，因吸食鸦片，经军法机关判处徒刑，又因诬告，经司法机关判处徒刑，并由最后审判之司法机关定其执行刑之某甲，如无军人身分，除合于《非常时期监犯调服军役条例》之规定，得调服军役外，不得依《军事犯调服劳役暂行办法》调服劳役，相应函复贵会查照饬知。此致国民政府军事委员会

**附国民政府军事委员会原函**

案据安徽全省保安司令李品仙本年四月二十四日第三二四三号代电称，兹有某甲犯吸食鸦片罪，经军法判处徒刑一年，又因诬告罪，经司法判处徒刑一年，并由最后审判之司法

机关依法裁定定其应执行之刑一年六月。此种依军法程序判处之罪与依司法判处之罪竞合，并由最后审判之司法机关裁定并定其刑之案犯，能否依《军事犯调服劳役暂行办法》规定调服劳役，不无疑义，谨请电示祇遵等情。据此，案关法律疑义，相应函请查照，迅予解释见复，以便饬遵为荷。此致司法院

**院字第二七六九号**

**民国三十三年十一月四日　司法院复广西高等法院电**

广西高等法院申院长览，本年五月灰代电悉，柳州地方法院所请解释一案，业经本院统一解释法令会议议决，数罪并罚案件，如有期徒刑、拘役、罚金各处其一时，当然并执行之，毋庸援用《刑法》第五十一条第十款，自不必于判决主文内标示，合电转饬知照，司法院支印

**附广西高等法院原代电**

司法院院长居钧鉴，案据柳州地方法院本年四月陷代电称，兹因《刑法》第五十一条第十款适用发生疑义，即数罪并罚、徒刑、拘役、罚金等各处其一时，可否引用该款，并于主文标明并执行之字样。甲说，不须引用与标明，盖该条第十款规定依第五款至第九款所定之刑并执行之，系指各刑均有二以上，依第五款至第九款定执行刑后，其执行刑并执行之。若各刑都属单数，即不能引用该款，且不同种类各刑均属单数时，当然合并执行，故亦无庸于主文标明并执行之字样。乙说，主张适相反，谓数罪并罚，除宣告刑外，必须定其执行刑，故不同种类各刑均属单数时，自亦应于主文为并执行之之标明，例如，某甲窃盗处有期徒刑二月，侵占遗失物处罚金三百元，并执行之，并须引用《刑法》第五十一条第十款，盖该款不限于各类刑复数时始适用，即各刑单数时亦可同理引用。以上二说，究以何说为是，事关适用法律疑义，理合电呈察核，转请解释示遵等情前来，事关适用法律疑义，职院未敢擅专，理合电请解释，俾便转饬遵照。广西高等法院院长申守真刑甲灰印

**院字第二七七〇号**

**民国三十三年十一月六日　司法院致国民政府军事委员会函**

案准贵会本年九月七日法审(三十三)渝三字第一一〇九〇号公函，以据浙江全省保安司令电请释示《惩治盗匪条例》第七条第二项适用疑义，函请解释见复等由，准此，兹经本院统一解释法令会议议决，《惩治盗匪条例》第七条第二项所定，因前项财物变得之财产利益，系以基于盗匪所得之财物予以变得者为限，如盗匪将其所得之财物，消费殆尽，并未因此消费之结果直接得有财产利益，纵令间接生有利益，(即非基于变得而来)亦属不能包含在内，某甲自乙家劫得法币及米麦等物供家人食用，显已消费无余，虽因而减少其财产之支出，此项减少其财产支出之利益，不过间接生有利益，即与变得财产利益之规定不合，自不得谓与该条项因前项财物变得之财产利益相当。至该项财产利益，同条项规定，除应抵偿被害人者外，得没收之，是抵偿与没收均须为刑事判决时，以职权并予裁判(参照本院院字第二一

八一号解释),其因抵偿被害人之损失而发生之查封拍卖等事件,应由执行该裁判之机关处理,相应函复贵会查照饬知。此致国民政府军事委员会

**附国民政府军事委员会原函**

案据浙江全省保安司令黄绍竑未冬法村电称,某甲自乙家劫得法币及米麦等物,供家人食用,因而减少其财产上之支出,其所得利益,是否与《惩治盗匪条例》第七条第二项因前项财物变得之财产利益相当,又因抵偿被害人之损失而发生之查封拍卖等事件,应由军法机关处理,抑由司法机关受理,谨电请释示祇遵等情。据此,案关法律疑义,相应函请查照,迅予解释见复,俾便饬知。此致司法院

**院字第二七七一号**

**民国三十三年十一月十五日　司法院指令四川高等法院**

呈悉,兹经本院统一解释法令会议议决,(一)《优待出征抗敌军人家属条例》第二十九条第一项之规定,惟于出征抗敌军人或其家属与其出租人间适用之,甲以耕地出租于乙,乙转租于出征抗敌军人之家属丙时,依《土地法》第一百七十四条之规定,无从认甲为丙之出租人,甲本于《民法》第七百六十七条之所有物返还请求权,向丙请求返还耕地,自无《优待出征抗敌军人家属条例》第二十九条第一项之适用。(二)依《优待出征抗敌军人家属条例》得受优待之人不愿受其优待者,无强令受其优待之理,出征抗敌军人之家属,于诉讼进行中表示不愿受同条例第二十九条第一项之优待,并与出租人成立诉讼上和解,允诺返还租赁物者,自应受和解之拘束,不得于执行中复为应受优待之主张,至同条例第二十七条第二项所称之财产,系指出征抗敌军人或其家属之财产而言,出征抗敌军人之家属与出租人成立诉讼上和解允诺返还之租赁物,并非出征抗敌军人或其家属之财产,不在同条项规定之列,仰即知照。此令

**附四川高等法院第一分院原呈**

窃查某甲有耕地出租于乙,转租于丙耕种,丙系出征抗敌军人之家属,现某甲以乙有违法转租之原因,并本于所有权之作用,向乙丙提起终止租约及返还占有物之诉,关于《土地法》第一百七十四条及《优待出征抗敌军人家属条例》第二十九条之适用,发生以下两说。天说,《土地法》第一百七十四条既有承租人纵经出租人承诺,仍不得耕地全部或一部租于他人之强行规定,某丙之转租系居于次承租人之地位,当然不在《优待出征抗敌军人家属条例》第二十九条承租人之列,某甲之诉应认为有理由,某丙不得优待权利。地说,《土地法》虽有耕地不得转租之强行规定,但《优待出征抗敌军人家属条例》之施行,实为适应抗战政策之需要,律以后法优于前法之通则,某丙之次承租人应解为包括《优待条例》第二十九条承租人范围之内,某乙得以丙出征抗敌家属之障碍未除去前,拒绝某甲之止约,某丙亦得主张优待权利拒绝交业。以上两说,未知孰是。再《优待出征抗敌军人家属条例》所赋予之权利,受优待之人,能否事前抛弃?倘承租人家明有出征抗敌之军人,于诉讼进行中,承租人

不为主张,或明白抛弃并与承租人成立审判上之和解,允诺搬迁交业,至执行时承租人复主张其系出征抗敌之家属,此际承租人应否受和解之拘束,执行交业,抑仍可援用优待条例第二十七条第二项,主张不得强制执行,不无疑义,理合呈请钧院解释示遵。谨呈司法院院长居

**院字第二七七二号**

**民国三十三年十一月十六日　司法院训令最高法院**

据本院参事处签请解释支票记载两个以上之付款地,是否为票据法第一百二十一条第一项第七款之所许一案,兹经本院统一解释法令会议议决,依票据法第一百二十一条第一项第七款记载付款地必须单一,不得为两个以上之记载,合行令仰该法院知照。此令

**附司法院训令　令最高法院院长李茇**

据本院参事处签呈称,查支票记载两个以上之付款地,是否为票据法第一百二十一条第一项第七款之所许,兹有应办事件须待此项问题经本院统一解释法令会议议决后,方可办理,拟交最高法院拟具解答案呈核,是否有当,理合签请鉴核施行等情,据此,合行令仰该法院拟具解答案呈核。此令

**院字第二七七三号**

**民国三十三年十一月十六日　司法院致军政部函**

案准贵部本年八月二十四日(三十三)役务字第九四九五号公函,以据湖南省军管区司令部代电,请示出征军人之妻及寡妇私生子女疑义,函请查照核示等由,兹经本院统一解释法令会议议决,(一)出征抗敌军人之妻,在与该军人之婚姻关系存续中受胎所生之子女,虽在受胎期间内,该军人未与其妻同居,依《民法》第一千零六十三条第一项之规定,亦推定为该军人之婚生子女,在该军人依同条第二项之规定,提起否认之诉,得有胜诉之确定判决以前,曾与该军人之妻通奸之男子,不得主张为自已之非婚生子女,出而认领,至该男子是否鳏夫,与该军人是否同姓或兄弟及该军人是否先有子女,均所不问。(二)出征抗敌军人因遭遇特别灾难而生死不明满三年后,其妻始得向法院声请为死亡之宣告,自宣告死亡之判决所确定死亡之时起,逾六个月后,其妻始得再婚,此在《出征抗敌军人婚姻保障条例》第六条、第七条定有明文规定,自不得以出征抗敌军人之妻,贫无资力,许其不经宣告死亡程序即行再婚。至出征抗敌军人之妻,因与人通奸怀胎,即行改嫁,甚或与相奸者结婚,无论其相婚者是否与其夫同姓,均为法所不许。(三)孀妇于夫故多年后所生子女,经其生父认领者,依《民法》第一千零六十五条第一项前段之规定,视为生父之婚生子女,经其生父抚育者,依同条项后段之规定,视为认领经其生父认领后,依《民法》第一千零五十九条第一项之规定从其生父之姓,在未经其生父认领前,与其生父既无父与子女之亲属关系,而与其生母之关系,则依《民法》第一千零六十五条第二项之规定,视为婚生子女,无须认领,由《民法》

第一千零五十九条之本旨推之，自应解为从母姓。至孀妇以其故夫无子，将其于夫故多年后所生之子立为故夫嗣子自非合法。惟其故夫如死亡于《民法》继承编施行之后，遗产已由该孀妇继承者，其于夫故多年后所生子女，自得继承其母之遗产。相应函复贵部查照饬知。此致军政部

**附军政部原函**

案据湖南省军管区司令部本年三月三十一日未军任字第一三一二号代电称，(一)原案第一项一、二两款及第二项一款所称私生子女，依《民法》第一〇六五条之规定，如经某乙或某丁认领或抚育者，可视同乙子或丁子。(二)原案第一项四款及第二项三款所称私生子女，在无人认领以前，可从其母姓。(三)原案第一项三款情形，依《民法》第一〇五二条第九款之规定，得请求离婚。惟出征抗敌军人之妻，应依照国民政府三十二年八月十一日渝文字第五二六号明令公布之《出征抗敌军人婚姻保障条例》第六、七两条之规定办理，又私生子女随母出嫁，法律上并无限制。(四)原案第一项五款情形核与《民法》第一〇五二条之规定不合。(五)原案第二项二款依《民法》第一一三八条之规定，丙原有直系血亲卑亲属之女应为丙之第一顺序继承人，丙妻则依《民法》第一一四四条之规定，其应继分与第一顺序之继承人平均，若丙妻于丙物故多年之后，欲以己之私生子强继于丙，律以现行《民法》殊有未合。(六)原案第二项三款依前项解释，某妇所生子女有继承生母遗产之权等情，查事关解释法律疑义，相应函请查照核示，俾凭转饬知照，为荷。此上司法院。军政部部长何应钦

**附军政部原函**

案准贵院本年九月二日法叁字第一五一二号公函，以本部本年八月二十四日第九四九五号公函，据湖南省军管区司令部代电请示出征军人之妻及寡妇私生子女疑义，函请核示一案，嘱将原案抄送等由，兹将军区原案照抄附送，敬请查照核示，以凭转饬知照为荷。此致司法院。军政部部长何应钦

**附湖南省军管区原代电**

军政部长何钧鉴，案据芷绥师管区三十三年三月十一日征二字第八三二三号代电，案据绥宁县长钟华震本年三月五日东军征字第一六二六号呈称，案据本县青坡乡蓝氏谱馆代表蓝达尊等呈称，窃民等为编修族谱，曾于上年八月成立办事处于青坡乡第八保江抱，开始编修，发生疑窦数点，谨特条举于次：(一)出征军人之妻在其夫，(指出征军人)出征数年后所生之私生子女，应认何人为父？一、甲已出征数年，其妻某氏与乙苟合而生子女，在甲乙原属同姓兄弟者，甲先有子女，乙为鳏夫，是否可将某氏(指出征军人妻)之私生子女认为乙之非婚子女？二、甲先无子，惟有女者，则氏(出征军人妻)之私生子，若认为甲(指出征军人)之子，至将来甲荣归时，又否认其子(指某氏之私生子)为己子，甚至发生他变，恐亦难免，为顾虑未来计，是否可以某氏之私生子为乙之子？三、甲在三年以外确无家信寄回者，某氏(指出征军人妻)为生活逼迫，且无力依法呈请政府宣告其夫死亡，是否可自由另醮，并将其夫(指出征军人)出征后之私生子女，随带为后夫子女？四、在甲乙同姓而非兄弟，则某

氏(指出征军人妻)之私生子女,究应认谁(指甲乙言)人为父?五、在甲乙非同姓者,某氏(指出征军人妻)因有私孕,欲自行改嫁,或从乙为妻,而全已局者(指某氏言)在法是否可予原许?(二)寡妇之私生子女,究应认何人为父?一、丙已物故多年,其妻某因不安寡处,与丁私通,致生育子女者,如丙原有子女,丁固鳏独,则某(指丙妻言)之私生子女,是否可认为丁之非婚子女?二、丙原为无子仅有女者,且有相当之产,而某氏(指寡妇言)为权利计,欲已之私生强继亡夫(指丙言)嗣续,又为丙之亲族所否认究应采何人意志为合法?三、丙原有子女,丁固有妻之夫,但其妻未育有子女者,某氏(指寡妇言)不愿为人作妾,丁妻又不愿抚育某氏(指寡妇)之私生子女,则此类私生子女,应从何姓为适?至其生母死后,在生女原继承丙方之遗产,是否可享受其继承权?综上二项,理合备文呈请钧府,俯予解释明令示遵。谨呈等情前来,除批复准予转请释示,俟奉复后再行饬知外,理合备文呈请钧部鉴核,分别释示祇遵谨呈等情。据此,本案关系法令解释,未敢擅拟理,合电恳钧部鉴核示遵等情。查兵役法令,对此尚乏明确规定,除电复外,理合电请核示,以便转饬遵照。兼司令薛岳仁醒寅感

**院字第二七七四号**

**民国三十三年十一月十七日　司法院复安徽高等法院电**

安徽高等法院廖院长览,本年未马代电悉,该法院第四分院转请解释一案,业经本院统一解释法令会议议决,纳税义务人所欠税款,法律上设有得请法院追缴之规定者,征收机关确定所欠税额之公文书,既为强制执行法第四条第六款之执行名义,则其强制执行,自应依同法及其他关于强制执行之规定办理,关于强制执行费用之规定,亦在适用之列。至《遗产税暂行条例施行条例》第三十六条适用疑义,业经本院以院字第二七四三号解释在案,合电转饬知照,抄发院字第二七四三号解释。司法院筱印

**附安徽高等法院原代电**

重庆司法院院长居钧鉴,案据本院第四分院院长陈如翼本年八月三日呈称,案据阜阳地方法院院长席国昌呈称,查民事强制执行,其执行标的之拍卖金在五十元以上者征收执行费,为《民事诉讼费用法》第十九条第一项所明定。又强制执行法第二十八条第一项规定,强制执行费用以必要部分为限,由债务人负担,第二项规定,前项费用执行法院得命债权人代为预纳,是法院受理民事强制执行事件,其执行标的之拍卖金额在五十元以上者,应征收执行费,且可命债权人预缴,本院受理财务机关移送追缴欠税事件(如过分利得税遗产税等),按司法行政部三十二年七月二十八日训民字第四一三〇号训令指示各点第十二款规定,其送案公文,即可为执行名义,据以强制执行。查此项追税事件,适用民事执行程序,类似委托性质,与普通民事因私权涉讼者,究有不同,应否令纳税义务人负担执行费用,及可否先令送案财务机关代为预缴,均有疑问。又,查《遗产税施行条例》第三十六条规定,逾限定期限不完清税额或照补税额者,应声请法院扣押其财产,是法院办理此项案件,只限于

实施扣押而已(如查封揭示),是否仍应继续以其价金清偿税款等程序,亦生疑问。事关执行取费及实施程序等问题,未敢擅为主张呈请解释祇遵等情。据此,事关法律疑义,本院未敢擅拟,理合据情电请钧院解释祇遵,以便转饬遵照。安徽高等法院院长廖江南卯未马印

**院字第二七七五号**

**民国三十三年十一月十八日　司法院咨行政院**

案准贵院本年九月二十七日义捌字第二〇四八六号咨,以据司法行政部呈,转请解释《民事诉讼法》适用疑义咨请解释见复等由准此,兹经本院统一解释法令会议议决,(一)确认之诉,除确认证书真伪之诉外,应以法律关系为诉讼标的,此观《民事诉讼法》第二百四十七条之规定自明,契约为法律关系之发生原因,非即法律关系,契约之有效与否,本不得为确认之诉之标的。惟原告如以自己之所有物经被告本于他人无权订立之所有权移转契约,主张所有权提起确认之诉,虽其诉之声明,系求为确认所有权移转契约无效之判决,而其真意实系主张自己之所有权,不因此项无效之契约而移转于被告,求为确认所有权仍属于自己而不属于被告之判决,自应认其诉讼标的为所有权。法院认其诉为有理由时,判决理由内虽须说明所有权移转契约之无效,其主文内只须确认该物之所有权仍属于原告,无须确认所有权移转契约无效。又,原告如以自己之所有物,经被告本于他人无权订立之典权,设定契约主张典权,或本于他人订立之租赁契约主张有占有该物为使用收益之权,提起确认之诉,虽其诉之声明,系求为确认各该契约无效之判决,而其真意实系主张被告不因他人订立之契约而有典权或占有该物为使用收益之权,求为确认被告无此权利之判决,自应认其诉讼标的为其所否认之权利。法院认其诉为有理由时,判决理由内虽须说明各该契约对于原告不生效力,其主文内只须确认被告无此权利,无须确认各该契约无效,此系解释当事人之声明应有之结果,并非就当事人未声明之事项为判决。(二)甲以自己之所有物,经乙本于丙所订立之所有权移转契约,主张所有权提起确认之诉,虽其诉之声明系求为确认契约无效之判决,而其真意实系求为确认所有权存在之判决,已如上所说明,提起确认所有权存在之诉,法律上并无须以否认其所有权之多数人为共同被告之规定,则虽丙亦否认甲之所有权,而甲仅以乙为被告提起此诉,要不得谓当事人之适格有欠缺。又甲以自己之所有物,经乙本于丙所订立之租赁契约,主张有占有该物为使用收益之权,提起确认之诉,虽其之声明系求为确认租赁契约无效之判决,而其真意实系求为确认被告无此权利之判决,已如上所说明,提起此项确认之诉,法律上并无须以出租人为共同被告之规定,甲仅以乙为被告提起此诉,亦不得谓当事人之适格有欠缺。(三)《民事诉讼法》第五十三条规定,二人以上,于下列各款情形,得为共同诉讼人,一同起诉或一同被诉,其所谓得,无从解为必须之义,二人以上于同条所列各款情形,除法律上另有必须一同起诉或一同被诉之规定外,其中一人自非不得单独起诉,或单独被诉,原文所称因契约是否有效涉讼事件,如指前三段所载确认契约无效之诉而言,则仅以本于契约主张权利之人为被告不得谓当事人之适格有欠缺,相应

咨复贵院查照饬知。此咨行政院

**附行政院原咨**

据司法行政部本年九月十六日叁字第六八〇号呈称，据广东高等法院呈称，现据陆丰地方法院本年五月二十六日呈略称，(一)按法院不得就当事人未声明之事项为判决，倘当事人之诉，声明求为确认契约无效之判决，并无请求确认所有权之声明，则判决主文内，究应仅就所有权为之确认，抑须同时就契约是否有效一并为之确认，且物权移转契约如是，其他典当及租赁各种契约，是否事同一律，此疑义一。(二)设乙向丙租赁或买受房屋一所，甲以该业为其所有，请求确认其契约为无效，不以乙丙为共同被告，而仅以乙为被告，法院倘不认为当事人不适格而判甲胜诉，丙因非当事人不受判决拘束，必出而讼争，则每一确认之诉，当须经过多次涉讼，才能得直，实滋讼累，且如此办理，前后判决势必时生矛盾。例如，甲以乙为被告，丙不参加，乙因证据不足，被判败诉，丙闻知复提起诉讼，并举出充分证据，法院复判丙胜诉是也。此项诉讼，是否能只以主张因处分而得权利之人为被告，此疑义二。(三)按《民事诉讼法》第五十三条第二款规定为诉讼标的之权利或义务，本于同一之事实上及法律上原因者，得为共同诉讼人一同起诉或一同被诉等语，且因契约是否有效涉讼事件，契约之两方当事人均为必要共同诉讼中之当事人，须一同起诉或被诉，如仅以主张因处分而得权利之人为被告，是否仍照以前当事人不适格办理？此疑义三。事关适用法律发生疑义，理合具文呈请鉴核释示祇遵等情到院。事关法律疑义，本院未敢擅专，理合备文转呈察核指示祇遵等情。据此，事关适用法律疑义，理合备文呈请核转司法院解释，以便转饬遵照等情。据此，案关适用法律疑义，相应咨请查照解释见复，以便饬遵为荷，此咨司法院。行政院院长蒋中正

**院字第二七七六号**

**民国三十三年十一月十八日　司法院咨行政院**

案准贵院本年九月六日义捌字第一八九一三号咨，以据司法行政部呈请解释关于强制执行程序疑义，咨请解释见复等由，准此兹经本院统一解释法令会议议决，(一)强制执行法第十五条所定第三人异议之诉，以排除执行标的物之强制执行为目的，故同条所谓强制执行程序终结，系指对于执行标的物之强制执行程序终结而言，对于执行标的物之强制执行程序，如已终结，则虽因该执行标的物之卖得价金，不足抵偿执行名义所载债权之全部，致执行名义之强制执行程序尚未终结，第三人亦不得提起异议之诉，对于执行标的物之强制执行程序，进行至执行名义所载债权之全部或一部，因对于执行标的物之强制执行达其目的时始为终结，故执行标的物经拍卖终结，而未将其卖得价金交付债权人时，对于该执行标的物之强制执行程序，不得谓已终结，第三人仍得提起异议之诉，但已终结之拍卖程序，不能依此项异议之诉有理由之判决，予以撤销，故该第三人仅得请求交付卖得价金，不得请求撤销拍卖程序。同法第十四条所定债务人异议之诉，以排除执行名义之执行力为目的，故

同条所谓强制执行程序终结，系指执行名义之强制执行程序终结而言，执行名义之强制执行程序，进行至执行名义所载债权全部达其目的时，始为终结，故执行名义所载债权，未因强制执行全部达其目的以前，对于某一执行标的物之强制执行程序虽已终结，债务人仍得提起异议之诉。但此项异议之诉有理由之判决，仅就执行名义所载债权，未因强制执行达其目的之部分排除其执行力，不能据以撤销强制执行程序业经终结部分之执行处分，同法第十二条第一项所谓强制执行程序终结，究指强制执行程序进行至如何程度而言，应视声请或声明异议之内容，分别情形定之。例如，以动产及不动产为执行标的物之强制执行，对于动产之强制执行程序已终结，而对于不动产之强制执行程序未终结时，如债务人主张查封拍卖之动产为法律上禁止查封之物，声明异议，则同条项所谓强制执行程序终结，系指对于执行标的物之强制执行程序终结而言，如债务人主张，依以强制执行之公证书不备执行名义之要件，声明异议则同条项所谓强制执行程序终结，系指执行名义之强制执行程序终结而言，但在后之情形，认声明异议为有理由之裁定，仅得撤销对于不动产之执行处分，至对于动产之强制执行程序，既经终结，其执行处分即属无从撤销。(二)依同一执行名义，就属于一债务人或数债务人之数种财产为强制执行，其中一种财产已经拍卖终结，并将卖得价金交付债权人时，对于该种财产之强制执行程序，即为终结，对于他种财产之强制执行程序，虽未终结，亦不得对于业经终结之强制执行程序声明异议或提起第三人异议之诉。至债务人声明执行名义要件未备之异议或提起异议之诉，是否尚得为之，应视执行名义是否尚应对于该债务人为强制执行以为断。(三)无执行名义而为强制执行，将债务人之财产移转于债权人或第三人时，实体上不生财产权移转之效力，故在强制执行程序终结后，债务人得对于该债权人或第三人以诉主张其财产权。但第三人别有取得财产权之法律上原因，例如，依《民法》第八百零一条取得所有权时，债务人仅得分别情形，向债权人请求返还不当得利或请求赔偿损害。至依执行名义所为之强制执行，以法律所定，不得执行之财产为执行标的物者，在强制执行程序终结前，债务人固得声明异议，强制执行程序一经终结，即不得主张其强制执行为无效。惟其执行标的物依法律之规定不得让与者，虽其让与，系依强制执行为之，亦属无效。例如，强制执行法第一百二十二条所举债务人对于第三人之债权，即《民法》第二百九十四条第一项第三款所称禁止扣押之债权不得让与于人，执行法院如依强制执行法第一百十五条第二项之规定，以命令将此项债权移转于债权人时，其移转自属无效，强制执行程序终结后债务人对于债权人得主张移转无效，提起确认该债权仍属于己之诉。(四)声明异议经裁定驳回确定后，当事人复以同一理由声明异议，经认为有理由者，法院得为与前裁定相反之裁判。(五)撤销或更正强制执行之处分或程序，惟在强制执行程序终结前，始得为之，故声明异议虽在强制执行程序终结前，而执行法院或抗告法院为裁判时，强制执行程序已终结者，纵为撤销或更正原处分或程序之裁定，亦属无从执行，执行法院或抗告法院自可以此为理由，予以驳回。(六)债务人以查封违背强制执行程序之规定，声明异议，经法院认为有理由，以裁定撤销查封时，如依该裁定之意旨，原查封物非不得再予查封者,虽已进入拍卖程序执行法院亦应再予查封,另行拍卖。但拍卖物已经拍定为移转所有权于买受人之行为时,拍卖程序即为终结,撤销查封之裁定自属无从执行。(七)债务人以查封违背强制执行程序之规定,声明异议为有理由者,虽已进入拍卖程序,执行法院或抗告法院,亦得以裁定撤销查封以后之程序。但拍卖物已经拍定为移转所有权于买受人之行为时,拍卖程序即为终结,不得更以裁定撤销查封拍卖等程序,即使予以撤销,其裁定亦属无从执行。(八)债权人与债务人所订抛弃强制执行请求权之特约,在强制执行法上不生强制执行请求权丧失之效力,债权人与债务人在执行法院和解时,债权人表示抛弃其对于和解部分以外之强制执行请求权。纵令当事人间已成立合意,债权人且已向执行法院撤回强制执行之声请,而债权人之强制执行请求权,要不因而丧失,自得仍依原执行名义声请强制执行。(九)主文载明出与人于一定期间内返还典价,典权人应将典物返还之判决,如依其意旨,出典人非于一定期间内提出典价,即不得再行提出典价请求返还典物者,出典人声请强制执行,自须于期间内提出典价为之,其提出典价已逾期间者,虽其声请强制执行尚在期间之内,亦不得为之强制执行。(十)废弃执行名义或宣告不许强制执行之裁判,已有执行力,例如,废弃确定判决之再审判决已确定废弃,宣告假执行之本案判决之判决已宣示(参照《民事诉讼法》第三九五条第一项),认声明异议为有理由之裁定已宣示或送达(参照《民事诉讼法》第四八八条第一项),或认异议之诉为有理由之判决已确定时,其裁判正本一经提出,执行法院即应停止强制执行,并撤销已为之执行处分,此在强制执行法,虽未如他国立法例设有明文,亦为解释上所应尔。但强制执行程序若已终结,即无从撤销已为之执行处分,非另有执行名义,执行法院不能为之回复执行前之原状,相应咨覆贵院查照饬知。此咨行政院

**附行政院原咨**

据司法行政部本年八月二十五日(民)字第六三四号呈称,查法院办理强制执行案件对于下列各点适用上颇滋疑义,(一)当事人或利害关系人声明异议,及债务人或第三人提起异议之诉,依强制执行法第十二条、第十四条及第十五条各规定均须在强制执行程序终结前,始得为之,究竟执行程序进行至如何程度,始得谓为终结?(二)同一执行案件就债务人数种财产或数债务人之财产而为执行,其中某一财产已经拍卖移转于第三人并将卖得价金交付于债权人,而他种财产或其他债务人之财产,尚未执行终结时,对于已经拍卖移转于第三人并将卖得价金交付于债权人之财产部分,能否声明异议或提起异议之诉?(三)无执行名义或对于不得执行之财产(例如强制执行法第五十三条、《优待出征抗敌军人家属条例》第二十七条第二项所指之财产)而为执行,在执行终结后,其财产有移转于债权人者有为第三人买受者,应如何请求救济?(四)驳回异议之裁定确定后,当事人复以同一理由声明异议经认为有理由时,法院能否为与前裁定相反之裁判?(五)声明异议虽在执行程序终结前,而执行法院或抗告法院为裁判时,已在执行程序终结后,可否以此为理由,将异议驳回?(六)债务人以查封违背程序,声明异议,经法院认为有理由,以裁定宣告撤销查封,如执行

已进入拍卖程序,甚至已经拍定移转于拍定人时,执行法院应否补正查封程序,另为拍卖?(七)债务人以查封违背程序声明异议为有理由,而执行已进入拍卖程序,甚至已经拍定移转于拍定人时,执行法院或抗告法院,能否以裁定迳将拍卖各程序一并宣告撤销?(八)在执行法院所为之和解,固为诉讼外之和解,债权人于和解后,仍得请求依据原执行名义强制执行,惟债权人于和解时,如对于和解部份外之执行请求权,同时表示抛弃,则除和解部份外,是否仍得依据原执行名义请求执行?(九)判决主文载明业主于一定期间内返还典价,典主应将典物返还而业主逾期始提出典价,请求强制执行,或于期内声请强制执行,而逾期始提出典价,能否为之执行?(十)再审判决废弃原确定判决,或上诉审判决废弃宣告假执行之本案判决,而原确定判决或本案判决,已开始执行或已执行终结,如另无回复原状之判决,执行法院能否为之回复执行前之原状?又执行效力,因异议之诉或声明异议之结果而排除者,其回复执行前之原状,是否亦须另有执行名义,始得为之?以上十点,均关法律疑义,理合具文呈请钧院鉴核,转咨司法院解释,实为公便等情。据此,案关适用法律疑义,相应咨请查照解释见复,以便饬遵为荷。此咨司法院。行政院院长蒋中正

**院字第二七七七号**

**民国三十三年十一月二十四日　司法院指令四川高等法院**

呈悉,业经本院统一解释法令会议议决,未经裁判之死刑或无期徒刑之案件,适用减刑办法减刑者,应就其法定本刑上减轻之,其标准仍应比照同办法第二条第一项第一款办理,即死刑减为无期徒刑,无期徒刑减为有期徒刑十五年,不能适用《刑法》第六十四条第二项、第六十五条第二项减轻之规定,仰即知照。此令

**附四川高等法院原呈**

案查减刑办法第一条规定减轻本刑二分之一,自应就法定本刑依《刑法》减轻规定办理,惟《刑法》关于死刑无期徒刑之减轻,依第六十四条、第六十五条规定,死刑减轻者为无期徒刑或十五年以下十二年以上有期徒刑,无期徒刑减轻者为七年以上有期徒刑,均未定为分数范围,究竟死刑、无期徒刑减轻二分之一,其范围如何,适用上不无疑义,理合具文呈请钧院鉴核示遵。谨呈司法院院长居。四川高等法院院长苏兆祥

**院字第二七七八号**

**民国三十三年十一月二十四日　司法院复航空委员会电**

航空委员会鉴,本年十月佳人法二甲渝发字第二二三五号代电悉,业经本院统一解释法令会议议决,被告所犯本刑为死刑、无期徒刑之未经裁判案件,其减刑标准应比照减刑办法第二条第一项第一款之规定办理,已见院字第二七七七号解释,特电复请查照。司法院迥印

附航空委员会原代电

司法院公鉴，查减刑办法第一条所规定，减本刑二分之一，如被告所犯本刑为死刑、无期徒刑案件，裁判时应减二分之一，但无标准可资依据，是否依《刑法》第六十四条第二项、第六十五条第二项于法定范围内减处，不无疑义，相应电请赐予解释见复为荷。航空委员会申佳人法二甲印

院字第二七七九号

民国三十三年十一月二十五日　司法院致行政院函

案准贵院本年九月十二日义捌字第一九四五八号公函，以军法执行总监部对于国家总动员会议辰有动价电及动价(三十二)字第一四六六号代电发生疑义，函请查核见复等由，准此。兹经本院统一解释法令会议议决，《国家总动员法》实施后，政府于必要时对于国家总动员物资及民生日用品之交易价格，得加管制，为《国家总动员法》第八条所明定，而各该当地政府对于上开物品议定之交易价格，应予核定，并在辖境内公布施行，《加强管制物价方案实施办法》第五条亦有明文(见国民政府三十一年十二月二十八日谕文字第一一〇九号训令)。是各该当地政府所核定实施之上开物品交易之议价，即系依据《国家总动员法》第八条规定所发管制物价之命令，如有违反或妨害之者，自应成立《妨害国家总动员惩罚暂行条例》第五条第一项第三款之罪，除当时别有其他法令已规定审判机关及程序者外，依同条例第三条所定，应由有军法审判权之机关审判(现《特种刑事案件诉讼条例》业已施行，依该条例第一条第一项第二项规定，应由地方法院或县司法机关审理)，即其情节轻微之违反议价案件，亦无由行政主管官署依行政执行法处罚之余地，国家总动员会议三十二年辰有(即五月二十五日)动价电及同年八月十四日动价(三十二)字第一四六六号代电，所称违反议价情节轻微者可由主管官署依行政执行法处罚一节，核与《妨害国家总动员惩罚暂行条例》第一条、第三条及第五条第一项第三款显相抵触，不能认为有效。相应函复贵院查照转知。此致行政院

附行政院原函

查军法执行总监部函本院秘书处为国家总动员会议军法执行监呈请，将一切违反总动员管制案件均划归该监部审判一案，附具意见嘱核复等情。查该部对于违反总动员管辖案件，应分别案情依据法令定其管辖，不得概归该执行监审判一节，本院甚表赞同，至该总监部对于国家总动员会议三十二年辰有动价电，及三十二年八月十四日动价(三十二)字第一四六六号代电之所谓违反议价情节轻微者，可以行政执行法处理，情节重大者，得视为妨害《国家总动员法》，认为于违反国家总动员所发管制命令，与违反政府一般管制法令之性质，不免发生疑问一节，经本院向该会议调取辰有动价电及动价(三十二)字第一四六六号代电察核该会议之解释，与《妨害国家总动员惩罚暂行条例》第四条之法意，不甚符合，似仍应依照《妨害国家总动员惩罚暂行条例》第四条之规定办理，方为适法。惟案关法律之适用疑

义,相应抄同原函及辰有动价电及动价(三十二)字第一四六六号代电,函请查核见复为荷。此致司法院。行政院院长蒋中正

**附军法执行总监部原函**

案据国家总动员会议军法执行监徐业道三十三年六月二十日渝(三十三)动监法字第二三八三号呈称,查国家总动员物资在《国家总动员法》第三条已明白列举,而除国家总动员物资以外之民生日用品,其生产贩卖使用修理储藏消费迁移转让及交易价格数量,在《国家总动员法》第七条第一项及第八条亦明白规定,政府于必要时,得予指导管理节制或禁止。是政府现对粮食、工矿、花纱布、燃料及其他国防器材民生日用品所为一切指导管理节制或禁止之命令,即属国家总动员之实施,毫无疑义。再查《妨害国家总动员惩罚暂行条例》,对违反或妨害国家总动员各规定所发之命令,均定有刑事处罚。而第三条并规定犯本条例之罪者,由有军法审判权之机关审判,呈由中央最高军事机关核准后执行,本部为本会派驻国家总动员会议军法审判机关于违反或妨害国家总动员之特种刑事案件,应由本部受理审判,尤极明显。惟查本部成立以后,各物资及民生日用品之专管机关,对违反或妨害基于国家总动员各规定所发管理节制或禁止之命令,仍不免有受理自行处分情事,报章常有记载,此于现行法律既显有违背,而同一案情其送由专管机关办理者,则以行政处分行之,送由本部办理者,则予以刑事处罚,于政府威信,尤不无妨害,为此备文呈请鉴核,伏恳准呈会函请行政院,转饬财政经济粮食社会各部通知所属物资或民生日用品专管机关。嗣后对违反或妨害基于国家总动员各规定所发管理节制或禁止命令之案件,应一律转解本部办理,其所定之行政罚,则倘未经过立法程序,由国民政府公布之件,应并予废止,以符法令,而免纷歧,仍候指令祇遵等情,比以关于重庆市区违反或妨害国家总动员之法令或业务案件,依该监部组织规程原有审判权。惟于其他管制法令定有审判机关及程序者,非因情节重大特殊必要经国家总动员会议决定,改由军法审判,该监部即无审判权,已于《妨害国家总动员惩罚暂行条例》第四条明白规定,且经司法院三十二年二月十六日院字第二六八四号解释有案,自难以命令变更。至云各物资及民生日用品之专管机关,多以行政处分解决违反或妨害国家总动员案件,未经列举,事实颇难悬揣。如指《非常时期取缔日用重要物品囤积居奇办法》第十八条之除外规定而言,则依司法院三十三年一月三十一日院字第二六四一号解释,此项没收,应属主管官署之行政处分。至违反《粮食管理治罪条例》所定之没收,原属军法裁判范围,与《盐专卖条例》所定之没收处分,迥不相同,原难一概而论,如果有法外处分情事,自属不合。惟查国家总动员会议三十二年辰有动价电及三十二年八月十四日动价(三十二)字第一四六六号代电,均谓违反议价,情轻可依行政执行法处理,情节重大者,得视为妨害《国家总动员法》,似觉于违反国家总动员所发管制命令,与违反政府一般管制法令之性质,根本上不免发生疑问。据呈各节,应候转请行政院核复再行饬遵等语,指令在案,未知大院意见如何,相应函请查核见复为荷。

**附国家总动员会议辰有动价原代电**

福建省政府公鉴,永建梗(二四七二)电奉悉,所询违反议价如何惩处及检举违反限价如何给奖两项,兹奉复如下,(一)违反议价情节轻微者,可由主管官署依行政执行法处罚,情节重大者,得视为违反《国家总动员法》第八条之规定,依照《妨害国家总动员惩罚暂行条例》第五条议处。(二)检举违反限价给奖,可比照《取缔囤积居奇办法》第二十一条各款之规定提奖,相应电复查照。

**附国家总动员会议动价原代电**

军事委员会军法执行总监部公密,案准安徽省政府电询,关于买卖双方违反限价与违反议价,是否按同一罪刑处罚,又初犯与重犯之处罚有无差别一案,业经本会议解释如下,(一)违反限价,依实施限价办法第七项规定之处罚,应仅对卖方为之,若买方有囤积居奇行为,应依《非常时期取缔日用重要物品囤积居奇办法》办理。(二)违反议价情节轻微者,可由主管官署依行政执行法处罚,情节重大者,得视为违反《国家总动员法》第八条之规定,依照《妨害国家总动员惩罚暂行条例》第五条议处,若买方有囤积居奇行为,应依《非常时期取缔日用重要物品囤积居奇办法》办理。(三)违反限价与议价,遇有重犯时,由法官就本刑内从重议处,除电复安徽省政府查照外,相应电请查照为荷。

**院字第二七八〇号**

**民国三十三年十一月二十五日　司法院致国民政府军事委员会函**

案准贵会本年十月九日法审(三十三)渝三字第一三三一五号公函,以据甘肃全省保安司令电请核示,募匪为兵是否构成《陆海空军刑法》第二十七条之罪,函请解释见复等由,准此,兹经本院统一解释法令会议议决,保安团训练员某甲招募新兵,如经高级长官核准,即与私招要件不合,纵明知某乙等数人平素为匪,于未践行自新程序前,徇情募为新兵,旋某乙等数人又复潜逃,以致扰乱地方安宁,尚不能成立《陆海空军刑法》第二十七条之罪,相应函复贵会查照饬知。此致国民政府军事委员会

**附国民政府军事委员会原涵**

案据甘肃全省保安司令谷正伦保法清未敬电称,保安团训练员某甲招募新兵,明知某乙等数人曾经为匪,并未办理自新手续,竟以情谊关系募为保安队,某乙等旋复潜逃,在地方招摇敲诈,某甲是否构成军《刑法》第二十七条私招盗匪,致扰乱地方安宁之罪,敬祈电示等情。据此,案关适用法律疑义,相应函请查照,迅予解释见复,俾便饬知为荷。此致司法院

**院字第二七八一号**

**民国三十三年十一月二十五日　司法院致国民政府军事委员会函**

案准贵会本年十月二十一日法审(三十三)渝四字第一四〇九一号公函,以据浙江全省

保安司令代电,请核示土制手枪应否认为《刑法》上所谓军用枪械疑义,函请解释见复等由,准此,兹经本院统一解释法令会议议决,为匪徒所持之土制手枪装用机制弹药果与军用枪之效用无异,自应认为《刑法》第一百八十六条之军用枪械,相应函复查照饬知。此致国民政府军事委员会

**附国民政府军事委员会原函**

案据兼浙江全省保安司令黄绍竑三十三年六月法村字第六四一一号已删代电,为匪徒所持土制手枪装用机制弹药,其效用与机制之枪无异,其可能发生之危害与军火制造厂所出者亦无轩轾,应否认为《刑法》第一八六条所谓军用枪械,乞核示等情。案关法律疑义,相应函请查照,迅赐解释见复,以凭饬遵。此致司法院

**院字第二七八二号**

**民国三十三年十一月二十五日 司法院指令江西高等法院**

呈悉,业经本院统一解释法令会议议决,《刑事诉讼法》第二百九十条关于停止审判程序之规定,原就犯罪是否成立或刑罚应否免除,以民事法律关系为断,而民事已经起诉之案件而设,其尚未起诉而有前述情形之案件,关于民事之法律关系,应由刑事法院自行审认,不得停止审判,仰即知照。此令

**附江西高等法院原呈**

按《刑事诉讼法》第二百九十条规定,犯罪是否成立或刑罚应否免除,以民事法律关系为断,而民事已经起诉者,得于其程序终结前停止审判,此在适用上发生疑义,分甲、乙两说。甲说,犯罪是否成立或刑罚应否免除,以民事法律关系为断。条文既明定民事已经起诉者,得于其程序终结前停止审判,观于得之一字,即令已起诉者,尚可审酌案情,以定其停止审判与否,未经起诉者,更不待言,自不容仿照旧《刑事诉讼法》第三百一十三条办理,定期命当事人就民事法律关系起诉,于其未裁判前停止审判。乙说,犯罪是否成立或刑罚应否免除,既须以民事法律关系为断,刑事判决如与民事判决抵触,例如,刑事为有罪之判决,依其后之民事确定判决应不处罚,不特执行刑罚,该被告蒙受身体及名誉上之重大损失,即法院亦属徒劳无益,且依民事判决提起再审之结果,转失司法威信,决非立法之本旨,条文规定民事已经起诉者,得于其程序终结前停止审判,停止与否,固予法院以审酌之权。但案情简单,民事法律关系容易认定时,法院迳行判决,原不致发生抵触。然如民事法律关系复杂,势须经过繁重之程序,甚或视当事人意旨为转移,牵涉于第三人,在刑事判决须受民事判决拘束,民事判决影响及于刑事判决之条件下,自以先行确定民事法律关系为有实益,否则必如前述之徒劳无益,本条虽未明定,法院得定期命当事人先就民事法律关系起诉。惟法院为免除民刑裁判两歧起见,定期命当事人起诉,要非法所禁止,以上两说未知孰是,理合备文,呈请钧院鉴核,俯赐解释指令祇遵。谨呈司法院院长居。江西高等法院院长梁仁杰

**院字第二七八三号**

**民国三十三年十一月二十五日　司法院复广西高等法院电**

广西高等法院申院长览，本年六月马代电悉，该法院第三分院所请解释一案，业经本院统一解释法令会议议决，商号违反所得税法及《非常时期过分利得税法》，隐匿不报，经检察官分别起诉者，查商号不能为受刑主体，如其起诉书系以该商号行为人为被告时应依所得税法第十九条、《非常时期过分利得税法》第十一条，对该商号行为人分别论科，并依《刑法》第十一条、第五十条并合处罚，合电转饬知照。司法院有印

**附广西高等法院原代电**

司法院院长居钧鉴，案据本院第三分院本年六月文字第一二六号虞代电称，窃查违反所得税法及违反《非常时期过分利得税法》，其处罚各有规定，设有一商号，以资本在二千元以上，营利颇有所得并过分利得，乃逾定期一并隐匿不报，图骗税款，嗣被查觉，经检察官以一起诉书分别起诉，对于此种案件发生疑义，计有两说。甲说，谓隐匿两种款项不报，即属两个行为处罚，既各有规定，应即各别论科，然后依《刑法》第十一条、第五十一条定其执行之刑。乙说，谓所得利得虽系两种，但其隐匿不报同属一个行为，依《刑法》第十一条、第五十五条规定，应从一重处断。以上两说，究以何说为是，理合电请解释示遵等情前来。事关适用法律疑义，理合电请解释示遵，俾便转饬遵照。广西高等法院院长申守真刑甲马印

**院字第二七八四号**

**民国三十三年十一月二十七日　司法院指令湖南高等法院**

呈悉，业经本院统一解释法令会议议决，附带民事诉讼之本质即系民事诉讼，其所以规定于刑事诉讼程序中，得以附带提起者，盖为顾及审理上与因犯罪而受损害之人请求上之便利而设，此观诸《刑事诉讼法》第四百九十一条、第五百零一条及第五百零八条各规定，甚为明了，故关于附带民事诉讼确定裁判之执行，应由为裁判之法院，将该附带民事诉讼裁判正本，移付该管地院民事执行处，依照强制执行法之规定办理。仰即转饬知照。此令

**附湖南高等法院原呈**

案据邵阳地方法院院长陈振球本年八月八日呈称，窃查《刑事诉讼法》第四百九十四条上段载，附带民事诉讼除本编有特别规定者外，准用关于刑事诉讼之规定，又同法第四百六十一条第一项略载，执行裁判由为裁判之法院之检察官指挥之，但其性质应由法院指挥者，不在此限各等语。附带民事诉讼之执行，应否参照十二年统字第一八二五号解释，仍依上开原则，由检察官指挥执行，抑应认为民事性质，由法院指挥迳由民事执行处依强制执行法办理，适用时未免发生疑义，理合备文呈请钧院，转恳司法院迅赐解释饬遵等情到院。事关法律解释，理合备文呈请钧院鉴核示遵。谨呈司法院院长居。湖南高等法院院长陈长簇

**院字第二七八五号**

**民国三十三年十一月二十七日　司法院指令陕西高等法院**

呈悉,业经本院统一解释法令会议议决,乙未婚妻甲之父丙于乙出征后,意图营利得财,央媒将甲与丁结婚,丁除实际上有以利诱相与结婚情形外,不成立犯罪,丙之行为,应依《刑法》第二十九条第二项及《出征抗敌军人婚姻保障条例》第四条第二项后段处断。仰即转饬知照。此令

**附陕西高等法院原呈**

案据白水县司法处三十三年四月八日呈称,为请求解释事,查出征抗敌军人在出征期内,未婚妻与他人结婚者,除撤销其婚姻外,处一年以下有期徒刑或拘役得并科三千元以下罚金,已为《出征抗敌军人婚姻保障条例》第四条第二项后段所明定,本无疑义。设甲为乙之未婚妻,乙于三十一年出征之后,甲父丙,意图得财,央媒将其女与丁结婚,丁在未婚之前,如不知情,自不应予以论处,如知情时,是否以同条例第五条胁迫利诱或诈术分别处断,于此有二说焉。子说,上述条件列第五条规定以胁迫利诱或诈术等,考立法意旨乃系由男方以上述之手段施诸女方所成立之婚姻,而甲丁间现所成立之婚姻,系丙意图营利,始央媒与丁男说合为其女甲结婚,是丁显非以胁迫利诱或诈术之方法取得婚姻者可比,即在未结婚之前,虽知甲为出征抗敌军人之未婚妻亦不应予以论处。丑说,出征抗敌军人浴血抗战,端在安家保国,处在后方之人民,自应尽力保障其本身一切之安全,俾便其安心抗敌,如果后方人民明知其在前方杀敌,乃与其未婚妻结婚,是抗战未胜而家已亡,殊非保障其婚姻之至意,仍应论科。虽第四条第二项无其相婚者亦同之规定,但第五条有利诱相与订婚或结婚者,自可援用外,甲之父丙亦应处《刑法》上之和诱罪,以资保障,而贯彻法旨各等语,二说未知孰是。再查《出征抗敌军人婚姻保障条例》内,并无适用其他法令之明文,如果为甲女父丙治罪《刑法》条文是否适用,事关适用法律疑义,未敢擅专等情。据此,案关解释法律疑义,理合据情转请钧院鉴核,赐予解释,实为公便,谨呈司法院院长居。陕西高等法院院长魏大同

**院字第二七八六号**

**民国三十三年十一月十七日　司法院复安徽高等法院电**

安徽高等法院廖院长览,本年午支代电悉,泾县司法处所请解释一案,业经本院统一解释法令会议议决,《盐专卖条例》上所称之罚锾(已废止之《盐专卖暂行条例》亦同),系行政罚,军人如有违反之者,仍应依同条例第五十六条(《盐专卖暂行条例》第五十一条)之规定,由普通法院以裁定处罚。合电转饬知照。司法院感印

**附安徽高等法院原代电**

重庆司法院院长居钧鉴,案据泾县司法处审判官吴炳会代电,请解释军人违反《盐专卖

条例》第三十一条案件，职处能否受理等情到院。查军人违反上开法条，司法机关能否受理，不无疑义，本院未敢擅专，理合电请解释示遵。安徽高等法院院长廖江南叩午支印

**院字第二七八七号**

**民国三十三年十一月二十七日　司法院致国民政府军事委员会函**

案准贵会本年九月十五日法审（三十三）渝字第一一六七六号公函，以减刑办法疑义，函请解释见复等由，准此，兹经本院统一解释法令会议议决，（一）依减刑办法第二条第一项第一款应予减刑之案件，只能将原处死刑减为无期徒刑，原处无期徒刑减为有期徒刑十五年，无须说明其所减之分数。（二）凡数罪并罚应予减刑案件，依减刑办法第二条第一项第三款所定减执行刑三分之一，系指依《刑法》第五十一条第五款至第七款定其执行刑者而言，且以所定执行刑中未含有不应减之罪在内者为限。至依《刑法》第五十一条第三款宣告多数无期徒刑执行其一时，当然不能适用，自应先依同办法同条项第一款，将每罪原处无期徒刑各减为有期徒刑十五年后，再依《刑法》第五十一条第五款定其应执行之刑，又数罪中遇有应减之罪与不应减之罪互见时，亦应先就应减罪之宣告刑，依同办法同条项第一款或第二款减刑后，再与不应减罪之宣告刑，并合适用《刑法》第五十一条，定其应执行之刑，所问各种情形，均不能迳减原定执行刑三分之一。（三）凡遇应依减刑办法减处主刑之案件，其夺权部分，自得予以审酌，并须受《刑法》第三十七条第一二两项之限制，已见院字第二七三七号解释。（四）已于第三点内并予释明矣。（五）关于没收追缴追征等谕知，不在减刑范围以内，应照原判执行，仅于更正执行文书内予以记明为已足，毋庸于减刑裁定主文内重为标示，相应抄附院字第二七三七号解释，函复贵会查照。此致国民政府军事委员会

**附国民政府军事委员会原函**

查减刑办法第二条第一项第一款载，原处死刑者，减为无期徒刑，原处无期徒刑者，减为有期徒刑十五年，第二款载，原处有期徒刑拘役或罚金者，减其刑期或金额二分之一，第三款载，依《刑法》第五十一条第五款至第七款并合处罚者，减所定执行刑三分之一各等语。所谓原处死刑减为无期徒刑，原处无期徒刑减为有期徒刑十五年者，是否承第一条前段系指二分之一，抑因该款与第二款第三款并列，不问为二分之一，抑系三分之一，照此减刑，应请解释者一。设有一人犯数罪，均非唯一死刑，各处无期徒刑，执行其一，或该数罪中之一罪或数罪为唯一死刑，其余一罪或数罪则否。又如数罪均处有期徒刑，其中一罪或数罪系由唯一死刑减处者，所余一罪或数罪则否，又或数罪中处有期徒刑者系由唯一死刑减轻，余数罪均非唯一死刑，各量处无期徒刑，此等情形如何定其执行之刑，是否因数罪均应减刑者，即就原执行刑减轻三分之一？遇有应减与不应减互见时，各就应减者之宣告刑减轻后，再与不应减之宣告刑合并定其应执行者，如应减之刑经宣告为死刑或无期徒刑者，依第二条第一款之例减刑，再与他刑定其执行之刑，此应请解释者二。减刑办法仅就主刑设有规定，褫夺公权是否随主刑同为减轻，此应请解释者三。又，依《刑法》第三十七条二项宣告六

月以上有期徒刑,或依犯罪之性质认为有褫夺公权之必要者,宣告褫夺公权一年以上十年以下,如原曾宣告褫夺公权者,至主刑应减至不足六月,或褫夺公权随主刑减轻应不满一年时,是否可行,此应请解释者四。又没收追征追缴应不受减刑之影响,惟于减刑裁定中应否记明,抑仅于更正执行之公文或执行书内附注,此应请解释者五。以上各项减刑办法均无规定,现在亟待解决,相应函请查照分别解释见复为荷。此致司法院

**院字第二七八八号**

**民国二十三年十一月三十日　司法院指令湖北高等法院**

呈悉,业经本院统一解释法令会议议决,各省区保安司令部及各地卫戍或警备司令部之职掌,均核与《特种刑事案件诉讼条例》第三条所称司法警察官署之资格相当。仰即转饬知照。此令

**附湖北高等法院原呈**

案据巴东地方法院本年九月二十七日呈称,查《特种刑事案件诉讼条例》,奉令自本年十一月十二日施行,届时特种刑事案件即须移归法院审理,原无问题,惟条例第三条所载之司法警察官署,当系指《刑事诉讼法》第二百零八条第一项所列司法警察官执行职务之官署而言,其该条项第一、第二两款之县市长警察厅长公安局长(即现制之警察局长),尚属明了,但第三款宪兵队长官,是否包括具有警备维持军风纪及地方秩序职权之卫戍司令及警备司令在内?又第二款警务处长,是否包括全省保安司令及区保安司令在内,均不无疑义,此与是否有权移送审判,至有关系,亟须及早决定,以资适用,理合具文呈请钧院,转请解释示遵等情。据此,查宪兵配置于警备或卫戍区者,应受各该主管长官之指挥,《刑事诉讼法》第二〇八条第一项第三款所谓宪兵队长官以应包括卫戍司令及警备司令在内。又保安司令之职责在绥靖地方,具有警务之性质,省保安司令部、区保安司令部依同条项第三款之规定,似应认为《特种刑事案件诉讼条例》第三条之司法警察官署。案关法令疑义,未敢擅专,理合呈请鉴核,迅示祇遵,谨呈司法院院长居。湖北高等法院院长郗朝俊

**院字第二七八九号**

**民国三十三年十二月五日　司法院训令河南高等法院**

据该法院第一分院呈请解释民事诉讼程序疑义到院,业经本院统一解释法令会议议决,第一审判决之上诉期间届满后,迳向第二审法院提出上诉状,经第二审法院以裁定驳回上诉者,其裁定之效力,仅及于上诉期间届满后迳向第二审法院提起之上诉。若该上诉人曾于上诉期间内,提出上诉状于原第一审法院,则其于上诉期间内提起之上诉,非该裁定效力之所及,第一审法院书记官,将诉讼卷宗连同上诉状等送交第二审法院后,第二审法院仍应认为未逾期间之上诉,另为裁判,合行令仰转饬知照。此令

**附河南高等法院第一分院原呈**

呈为呈请解释事，兹有民事事件之当事人甲，于第一审判决后，即具状声请上诉，嗣后于上诉期间届满后迳向二审法院具状上诉，二审法院误以其上诉逾期，以裁定将其上诉驳回，于此发生两说。子说，此项驳回上诉之过失，在法院而不在当事人，应认该裁定不发生确定力，上诉法院仍须进行审判。丑说，此项驳回上诉之裁定，在抗告期限内者，可用抗告程序，逾此期限而在再审期限内者，用再审程序，以为救济，并再审期限亦行逾越者，该裁定即发生确定力，究以何说为是？事关法律解释，理合呈请解释核示祇遵，谨呈司法院院长居，署河南高一分院推事兼院长王启光

**院字第二七九〇号**

**民国三十三年十二月五日　司法院训令湖南高等法院**

据湖南省第一区战区检察官夏炳亚呈请解释执行检察职务管辖区域疑义到院，业经本院统一解释法令会议议决，检察官除法令有特别规定者外，只能于其所配置之法院管辖区域内执行职务，至指定法院管辖一节，并不限于起诉以后，早经本院以院字第六三号及第一九三号解释明白宣示矣。合行令仰转饬知照。此令

**附湖南省第一战区检察官原呈**

窃查检察一体、检察事务不可分为刑诉法之最大原则，检察官侦查时，宜无指定管辖及不受理情事，惟现行刑诉法及司法行政令，暨事实上之便利，有甲乙丙三说如下。甲说，依我国《刑事诉讼法》第十三条，法院因发见真实之必要，或遇有急迫情形，得于管辖区域外行其职务。第十四条，法院虽无管辖权，如有急迫情形，应于其管辖区域内为必要之处分，复于第十六条定，于检察官行侦查时准用之，第二百二十九条，检察官知有犯罪嫌疑，而不属其管辖，或于侦查后认为案件不属其管辖者，应即分别通知或移送该管检察官，但有急迫情形时，应为必要之处分各规定，显已明示法院有管辖问题，检察方面不发生管辖问题，刑事案件在起诉前，无须指定管辖。乙说，检察官在甲地法院或县司法处执行职务时，于其划分区域内不能同时受理乙地之案件，遇有乙地之案件，必须声请指定管辖。丙说，我国各地为事实上之便利起见，扩大《刑事诉讼法》第九条第一项第三款之范围，起诉前亦得事先请求指定管辖。以上三说，法律及事实显不一致，施行以来窒碍良多，究以何说为当，理合备文呈请钧长鉴核，俯赐解释指令祇遵。谨呈司法院院长居。湖南省第一区战区检察官夏炳亚

**院字第二七九一号**

**民国三十三年十二月五日　司法院指令陕西高等法院**

呈悉，业经本院统一解释法令会议议决，命被告返还不动产之判决，经第二审判决废弃，致其假执行之宣告，失其效力者，被告如在强制执行程序终结前，提出第二审判决正本，执行法院固应停止强制执行。惟执行法院已依强制执行法第一百二十四条，解除被告之占

有,使归原告占有者,强制执行程序即已终结,其后更依被告之声请,解除原告之占有使归被告占有,乃系另为强制执行,依同法第四条之规定,非有被告对于原告之执行名义,不得为之,《民事诉讼法》为使被告易得此项执行名义起见,特于第三百九十五条第二项设有简便程序,被告未能依此程序得有命原告返还该不动产之执行名义者,自须另行起诉,或依其他方法,得有此项执行名义后,始得声请为返还原判之强制执行,仰即转饬知照。此令

**附陕西高等法院原呈**

案据榆林地方法院院长王肇基呈称,查原告于返还不动产诉讼中请求宣示假执行,经第一审判决照准,执行法院业已依判执行,兹第二审法院依被告之上诉,仅将本案及假执行之裁判全部撤销,并未为命原告返还原物之裁判,原告于第二审判决后,上诉第三审,被告因第二审裁判,业将假执行撤销,迳向执行法院声请执行返还原物,于此有三说焉。甲、该项不动产现归原告占有,第二审判决虽将假执行撤销,并未判令返还,在本案未确定前,暂宜维持现状,且被告声请执行,又无执行名义可资依据,自难予以准许。乙、第二审判决既将本案判决及假执行撤销,该项不动产自不宜仍归原告占有,被告为避免损害计,应于本案未确定前,另案向第一审请求返还,以资救济。丙、该项不动产在判决未确定前,无论归原告或被告占有,将来均难免有执行困难之虞,不如由法院暂为管理,较为妥善。以上三说,在现行法并无依据,究以何说为当,抑另有其他补救方法,本院未便据拟,理合具文呈请鉴核示遵谨呈等情。据此,事关解释法律疑义,除指令外,理合据情转呈仰祈鉴核示遵。谨呈司法院院长居。陕西高等法院院长魏大同

**院字第二七九二号**

**民国三十三年十二月五日　司法院咨行政院**

案准贵院本年十月十二日义伍字第二一五二四号咨,以据浙江省政府呈,转请核示《战时征收土地税条例》第五条疑义咨请解释见复等由,准此,兹经本院统一解释法令会议议决,《战时征收土地税条例》第三十六条规定,本条例未规定之事项,依《土地法》之规定依同条例征收土地税之土地,是否包含土地之定着物在内,为同条例所未规定之事项,自应依《土地法》定之。《土地法》第一条规定,本法所称土地谓水陆及天然富源,第二百二十八条规定,土地定着物,其存在为施用劳力及资本之结果,而合于本法之规定者称改良物,第二百二十九条规定,土地及改良物之价值,应各别估计及各别申报,其于土地税之征收与改良物税之征收,亦系分章各别规定,是依《战时征收土地税条例》征收土地税之土地,并不包含《土地法》第二百二十八条所称之定着物在内,此项定着物,自不在同条例第五条规定不再征财产租赁出卖所得税之列。相应咨复贵院查照饬知。此咨行政院

**附行政院原咨**

据浙江省政府三十三年八月十日大署字第一九六二五号呈称,据永嘉县政府三十三年六月五日呈称,案奉钧府署字第一二〇七四号训令,以曾奉国民政府渝文字第一九〇号令

开，查《战时征收土地税条例》，现经制定明令公布，应即通饬施行等因，附发原条例一份，奉此，除府委会报告并分令外，合行抄发原条例，令仰知照等因，计发《战时征收土地税条例》一份，奉此。查本县系征收土地税县分，依该条例第五条，依本条例征收土地税之土地，不再征收财产租赁出卖所得税。但本县税务机关，仍依部令征收房屋、堆栈、码头、森林、矿场、舟车、机器等项之财产租卖所得税，惟依照《土地法》第一条，本法所称土地谓水陆天然富源，与《民法》第六六条，称不动产者土地及其定着物，及同法第七七三条，土地所有权除法令有限制外，其行使有利益之范围内及于土地之上下等之规定。究竟已征收土地税之土地，是否再征课该土地上定着物之租卖所得税，理合备文呈请，仰祈鉴核，转请释示祇遵等情。据此，理合备文转请仰祈鉴核释示，以便饬遵等情，案关法律疑义，相应咨请查照解释见复为荷。此咨司法院。行政院院长蒋中正

**院字第二七九三号**

**民国三十三年十二月五日　司法院致行政院函**

案准贵院本年十一月三日义捌字第二三〇六六号公函，以地政局出纳主任拐款潜逃查封财产疑义，函请核复等由，准此，兹经本院统一解释法令会议议决，来文所称地政局出纳主任，拐款潜逃，其父尚在，并未析居，如属于其父所有之财产，在继承开始前，自属不得查封，至查封其个人所有财产，亦应先取得强制执行法第四条所载之执行名义，声请该管司法机关依法办理，未便由行政机关迳予执行，相应函复贵院查照。此致行政院

**附司法院训令　令最高法院院长李茇**

准行政院公函，以地政局出纳主任，拐款潜逃，其父尚在，并未析居，其财产继承权犹未确定，此项财产，是否可以查封？又查封财产，行政机关可否本于行政权，迅予执行，抑仍应由请求查封财产之机关，请由产业所在地之司法机关，依法办理，函请查核见复等由，准此，合行令仰该法院，迅拟解答案呈核。此令

**院字第二七九四号**

**民国三十三年十二月六日　司法院致财政部函**

案准贵部本年六月一日库渝一第七〇八七一号公函，以准江西省政府咨请核复国有财产疑义，函请解释见复等由，准此，兹经本院统一解释法令会议议决，清查《国有财产暂行办法》第二条规定，凡属国家财政系统内，中央及省（市）各机关所有之不动产及动产，均为国有财产。财政部所发国有土地及国有土地附着物调查表，如系为清查国有财产而发，应依同条定其范围，县有或省辖市有之财产，虽系公有亦不包括在国有之内，各机关学校或飞机场管有租用或占用之房屋土地，属于县有、省辖市有或人民私有者，均非国有财产，县府公署，系公有者，属于县有，寺庙适用《监督寺庙条例》之规定者，其财产为寺庙所有，亦皆非国有财产，《孔庙财产保管规则》第二条甲乙两款之孔庙财产，及《先哲先烈祠庙财产保管规

则》第四条一、二两款之先哲先烈祠庙财产,均为国有财产,土地未经人民依法取得所有权,或其所有权已消灭而未拨归县有或省辖市有者,亦为国有财产,相应函复贵部查照转知。此致财政部

**附财政部原函**

案准江西省政府三十年四月二十七日赋地科(田)字第〇〇九八〇号咨开,案查前准贵部库渝字第六三〇四号公函,抄发国有财产调查表式各种,嘱查照转饬所属各机关填报核转等由,当经本府抄发国有土地附着物调查表两种,转饬各县政府查填各在案。兹据各县政府纷纷电请解释,国有土地及国有土地附着物调查标准前来,综计请示事项约有下列数点:一、国有土地是否包括一切公有土地,或纯属国有者。二、国立及省立学校管有之土地与建筑物,或租用及占用之民地公地,是否为国有?三、中央或省县各机关及公营机关占用之公房(如祠堂孔子庙等)公地,及无主之民房民地,可否作为国有?四、县府公署、文庙、城隍庙等建筑物,是否为国有?五、飞机场及军事机关占用之民房或公地,是否作为国有?以上各点,案关法令解释,相应咨请贵部查照,迅赐核明见复,以便转饬遵办等由。查本案本部意见如次,(一)查依照《土地法》第十二条规定,凡未经人民依法取得所有权之土地,为公有土地,私有土地所有权消灭者,为公有土地,依照《公有土地处理规则》第二条规定,公有土地包括国有、省有、县市有,自财政系统,则分省财政,改由中央统筹后,原属省有,即为国有,除属县市有或租用占用之民地民房属于私有及无主土地原财产。(二)参照《监督寺庙条例》及《孔庙财产保管规则》第二条甲乙两款,《先哲先烈祠庙财产保管规则》第四条一、二两款各规定,凡寺庙、孔庙、祠庙不属于县有或省辖市有者,依法均为国有,至县府公署,如非借用或占用国有者,自属县有权。案关法律解释,相应函请贵院查照,迅赐解释见复,以便转知为荷。此致司法院。财政部部长孔祥熙

**院字第二七九五号**

**民国三十三年十二月十五日　司法院复安徽高等法院电**

安徽高等法院廖院长览,本年午阳代电悉,霍山县县长所请解释一案,业经本院统一解释法令会议议决,壮丁经县府点交接收新兵之连长后,如尚未编入新兵部队前,中途逃亡,应成立《妨害兵役治罪条例》第十二条第一款之罪,合电转饬知照。司法院感印

**附安徽高等法院原代电**

重庆司法院院长居钧鉴,案据霍山县县长莫仲凡本年巳删代电称,壮丁经本府点交某军派来本县接收新兵之连长后,于该连长率领返回军部途中逃亡,斯时尚未配发各营连服役,亦未编列番号,是否犯《妨害兵役治罪条例》第十二条第一款入营前逃亡之规定,请予解释等情到院,事关法律适用疑义,本院未便擅断,理合电请钧院解释祇遵,以便转饬遵照。安徽高等法院院长廖江南叩午阳印

**院字第二七九六号**

**民国三十三年十二月十五日　司法院复广西高等法院电**

广西高等法院申院长览，本年戌东代电悉，柳州地方法院所请解释一案，业经本院统一解释法令会议议决，法院依《非常时期刑事诉讼补充条例》第十三条、第十四条及第十六条暨印花税法、《营业税法》、所得税法、《非常时期过分利得税法》、《盐专卖条例》等行政法规所为之裁定，均应适用（或准用）《刑事诉讼法》第四百条第二项之规定。至关于自诉案件，依《非常时期刑事诉讼补充条例》所为之裁定，原审法院如认抗告为有理由，而应就该案件为判决时，则其更正裁定之主文，可标示原裁定更正本件应以判决行之。合电转饬知照。司法院删印

**附广西高等法院原代电**

重庆司法院院长居钧鉴，案据广西柳州地方法院院长张光嗣三十三年六月二十一日文字第三二五号代电称，窃法院依《非常时期刑事诉讼补充条例》第十三条、第十四条及第十六条，暨印花税法、《营业税法》、所得税法、《非常时期过分利得税法》、《盐专卖条例》等法规所为之裁定，应否适用《刑事诉讼法》第四百条第二项，关于更正原裁定及添附意见书之规定，不无疑义，于此有肯定、否定二说。甲、肯定说。主张仍应适用《刑事诉讼法》第四百条第二项之规定，其理由谓《非常时期刑事诉讼补充条例》等法规，并无排斥不适用《刑事诉讼法》关于抗告之规定，故仍应适用。乙、否定说。主张不适用《刑事诉讼法》第四百条第二项之规定，其理由谓《刑事诉讼法》上之裁定，多属关于诉讼程序上之裁定，而依《非常时期刑事诉讼补充条例》等法规所为之裁定，多则为实体上之裁定。例如，原裁定系依《非常时期刑事诉讼补充条例》第十三条第一项第四款谕知被告无罪，若于抗告后，原裁定法院认为应谕知不受理为适当者，以裁定更正原裁定谕知不受理，固无问题，如若认为应为科刑之判决时，则非撤销原裁定更为审判，另以判决行之不可。如是则与《刑事诉讼法》上所称更正原裁定之意义，显有违背，故应不适用《刑事诉讼法》第四百条第二项之规定。二说均不无理由，且如可为更正之规定，该项裁定主文应如何标示，亦有疑义，事关法律解释问题，理合电请钧座转呈司法院详予解释，俾候指令祇遵等情。据此，案关法律疑义，理合转电钧院迅赐解释示遵。代理广西高等法院院长申守真呈戌东文宜印

**院字第二七九七号**

**民国三十三年十二月十六日　司法院致行政院函**

案准贵院本年十一月一日义捌字第二二九〇一号公函，以据财政部呈据苏浙区及贵州区烟类专卖局请示，伪造专卖凭证可否按照有价证券科处，函请查核见复等由，准此，兹经本院统一解释法令会议议决，单纯伪造烟类专卖凭证，应依《刑法》第二百十二条论处，业经本院以院字第二七一六号指令解释有案。设伪造此项凭证已至行使而图得财产上不法利

益者,应分别既遂未遂情形,成立《刑法》第三百三十九条第二项、第三项之罪,并依同法第五十五条从一重处断。相应函复贵院查照饬知。此致行政院

**附行政院原函**

据财政部本年十月十九日渝政未字第一五一三五号呈,为据苏浙及贵州区局请示伪造专卖凭证,可否按照有价证券科处等情到院。据此,案关适用法律疑义,相应抄送原呈一件,函请查核见复,以便饬遵。此致司法院。行政院院长蒋中正

**附财政部原呈**

案据本部苏浙区烟类专卖局三十三年六月二十三日浙业字第三七六九号呈称,案奉钧部三十二年十二月四日渝专内字第九五〇三八号代电,以转据永嘉卷烟工业同业公会电,以温埠自实施专卖后,因税率提高,致售价骤增,销路呆滞,私烟充斥市场,各厂卷烟无法推销,恳请妥定办法,严厉缉私等情,饬即核洽办理具报等因,奉此,遵经函请瓯海关暨浙江缉私处严厉查缉外,饬本局永嘉办事处遵办具报去后,兹据该处三十三年三月二十二日呈复,略以查烟类专卖,关系国家战时财政,私制及未贴证卷烟之行销,实有损于合法厂商正当营业之发展,反影响国库之收入。本处除函请瓯海关及查缉机关严禁外烟进口,并派员侦缉私制卷户外,特规定加强产制销售厂商之管理办法,(一)凡查获未贴凭证卷烟累积在五十包以上者,查封该出品之烟厂,并撤销其登记,一次在十包以上者,移送法院裁处罚锾,并予以停工处分,其在十包以下者,酌情惩罚。(二)烟类销售商委托代销商,私售未贴凭证之国产卷烟或外来卷烟暨冒牌私烟,一经查获,除没收其违章烟类外,如发见确系走私行为,纵属已贴凭证,烟件亦一律予以没收,并撤销其登记,将货主移送法院处罚,上列两项,均自本年三月八日起实施,除登报通告暨印发各制烟厂商烟类销售商委代销商及各驻厂员遵照外,理合检同登报通告一份,备文呈报,仰祈鉴核等情。正核办间,又据该处将遵办情形造具厂禁外烟情形报告表,征缉机关工作联系会报议决案办理情形一览表,缉获违章外烟案件统计表,各二份。据此,查该处所拟《加强产制销售厂商管理办法》两项,经核尚属扼要可行,惟第二项如发现确系走私行为,纵属已贴凭证,烟件亦一律予以没收一节,着予删去,业经指令,并令永嘉卷烟商业同业公会知照并转知在卷。查不法商人假冒产制私运外烟,非仅妨害合法厂商,且亦侵害国家法益,本区港湾纷歧,又复环境特殊,接近前线,实感查不胜查,缉不胜缉之困苦。其经缉获移送法院裁处者,则以限于专卖条例罚则之规定,所科罚锾,至多不过三千元。若依今日币值而言,既不足以敬刁顽,反因而助长走私之风,所以关于罚锾部分,亟有加以补充救济之必要,又查伪造专卖凭证,如何裁处,法无明文,亦为一大缺点,如本局永嘉缉获伪造凭证一案,人赃确凿,经移送司法机关,并报告请鉴核各在案,乃法院议以伪造文书罪,判处徒刑六个月,且准以三元赎刑一日,试思伪造凭证,所获非法收益,动以数十百万元计。如倖逃法网,则以极低之印刷代价,可得巨量之收入,即被缉获,亦不过罚锾一二千元,即行了事,无怪若辈铤而走险,诚恐此风一长,专政前途,不堪设想,故于永嘉地方法院之判决,本局殊难甘服,业已提起上诉,请按伪造有价证券,侵占国家法益

科处，尚恳钧部迅即厘定科处条文，专案公布救济，并咨司法行政部通饬遵照，借戢颓风，而维新政，奉令前因理合将遵办情形，及永嘉办事处所送原表各检一份，呈请鉴核示遵等情，计附永嘉办事处办理查禁外烟情形报告表、永嘉区征缉机关历次会商办理取缔外烟情形报告表、永嘉办事处办理缉获外烟案件统计表等件。及贵州区烟类专卖局三十三年七月三十一日(三十三)文督字第三五六号呈称，案查前据本局督察闵子玉签呈称，本市发现伪纸卷烟专卖凭证一案，奉批会同贵阳办事处核办等因，遵于本月十四日率同本室办事员康鼎及贵阳办事处查验员徐林，前往省立医院，假以厂商名义洽购，在该处等候多时，未见物主到来，职恐有不密走漏消息，于事不便，旋又约同本局驻厂员许鹤寿、警察局侦缉队探员陈陆儒等四人会同密报人范克玉，前往六座碑四十二号住户李荣生家中查缉，由该管甲长会同检查，在该姓床枕下，查获五级伪凭证五张，印制伪凭证空白纸一卷，后经职等严讯，虽由李荣生又于护国路三四七号张梓南家内支上伪凭证七百二十一张，职等恐尚有伪证存在，又往护国路三四七号查验，经该住户声称，系由李荣生寄存，而不知何物，经职再三检查，毫无伪证存在，特将物主李荣生一名，五级凭证七百二十一张，又五张，共七百二十六张，空白纸一卷，一并带局等情前来，当经将该李荣生一名，依法定时限内解送，并检同伪凭证及伪造凭证用纸，函请贵阳地方法院检察处查照核办见复去后，兹准公函开，前准贵局函送李荣生伪造纸烟专卖凭证一案，业经检察官起诉，本院刑庭判决确定在案，其伪造之纸烟专卖凭证七百二十六张，亦经谕知没收，除将已准随案送处之伪造纸烟专卖凭证十张，予以没收外，相应将判决一份，函送贵局查收办理等由，计送判决一份过局，准此。查纸卷烟专卖凭证发行者为国家，购用者为烟商，在国家为按级取得专卖利益之有价证券，在烟商购用此有价证券为业已按级缴纳专卖利益之凭证，其作用与征收统税上使用烟酒税票正同，自与仅具文书性质之特许证，迥然有别，不能混同，且伪造此类有价证券者，不仅负《刑法》第二百一十二条之责任，并应附带私诉赔偿国家之损失，此亦情法所必然者。今该法院误认此有价证券为特许证，处以三百元之罚金完案，虽无故出入罪之意，而结果以三百元罚金之代价，得获无穷非法之利益，必有悍然伪造接踵而起者，则损国家利益，讵有限量，理合抄同原判决备文呈请钧部，转咨司法行政部通饬全国司法机关，按照有价证券办理，实为公便，等情，计抄呈原判决一份。据此，除分别指复外，查伪造专卖凭证，既据呈报，迭有发生，亟应严予取缔，用维专政，惟可否按照伪造有价证券罪科处一节，案属法律适用疑义，本部未便擅专，拟请钧院准予转咨司法院依法解释，俾资遵循，是否有当，理合具文转呈鉴核，指示祗遵。谨呈行政院

**院字第二七九八号**

**民国三十三年十二月十八日　司法院复航空委员会电**

航空委员会鉴，本年十月感人法甲渝发第〇二四一七号代电悉，业经本院统一解释法令会议议决，减刑与赦免不同，故依减刑办法第二条第一项第二款以裁定减刑，仍处有期徒

刑六月以上,并宣告夺权之案件,其夺权效力之发生,应自减处徒刑执行完毕之日起算,但减刑裁定所谕知之刑期,在减刑前如已届满者,则应自减刑之日起算,特电复请查照。司法院巧印

**附航空委员会原代电**

司法院公鉴,兹有减刑案件关于褫夺公权起算日期发生疑义,例如某甲于三十年八月三十日判决确定,处有期徒刑四年,褫夺公权二年,即日送监执行,本年六月三十日裁定减刑为有期徒刑二年,褫夺公权一年,其褫夺公权开始日期,应否自减刑刑期届满之日(即三十二年六月二十九日)起算,抑自裁定减刑之日(即三十三年六月三十日)起算,有下列二说。甲说,《刑法》第三十七条第四项规定,依第二项宣告褫夺公权者,自主刑执行完毕或赦免之日起算,某甲裁定减刑,其褫夺公权开始日期,应自裁定减刑之日起算,因其减刑期满之日,褫夺公权尚未开始执行,不能追溯起算也。乙说,《刑法》第三十七条第四项后半段所称,或赦免之日起算者,系指未执行者而言,该项前半段既明定褫夺公权,自主刑执行完毕之日起算,某甲减刑刑期既于三十二年六月二十九日完毕,即应自该日起算,如赦免者,均须自赦免之日起算,则前项后半段之规定,应为但赦免者自赦免之日起算。以上二说,究竟孰是,事关法律疑义,相应电请解释示复为荷。航空委员会感人法二甲印

**院字第二七九九号**

**民国三十三年十二月十八日　司法院复广西高等法院电**

广西高等法院申院长览,本年五月齐代电悉,怀集地方法院所请解释一案,业经本院统一解释法令会议议决,法院对于违反《战时火柴专卖暂行条例》及《盐专卖暂行条例》(现已修正为《盐专卖条例》)规定,应受罚锾处分之被告,因不能命其具保责付,或缴纳相当保证金,而认为有羁押之必要时,自得准用《刑事诉讼法》关于羁押被告之规定,至罚锾裁定确定后,关于执行问题,依同法第四百七十五条,应准用执行民事裁判之规定。倘被处罚人有强制执行法第二十二条所列情形,执行机关并得予以管收,唯此项罚锾,乃行政罚,而非刑罚,不能适用《刑法》第四十二条关于易服劳役之规定。合电转饬知照。司法院巧印

**附广西高等法院原代电**

司法院院长居钧鉴,案据怀集地方法院本年四月敬代电称,窃查《战时火柴专卖暂行条例》第三十三条第一项,及《盐专卖暂行条例》第五十一条第一项,均经规定本条例之罚锾由法院以裁定行之有案。惟查(一)违反各该专卖条例,应科处罚锾之被告,率由缉私机关在中途截获函送办理,故被缉获送案之被告中,多系居住乡村,或籍隶邻省县者,法院受理关于该项案件之被告,依照规定科处罚锾,恒在数千元,乃至数万元之间,如不命具保责付,或提出现金保证,则将来在事实上,势必无法执行罚锾但审理后,被告不能具保或责付,或提出相当现金保证之时,可否予以羁押,或以管收行之,抑无庸交保羁押或管收,迳令饬回。俟科处罚锾裁定确定后,依强制执行程序行之,执行有无效果,系另一问题。(二)法院对于

依各专卖条例规定，科处罚锾裁定确定后，应行强制执行之被告，其无力完纳罚锾者，可否援引《刑法》第四十二条各规定易服劳役，如可易服劳役，则科罚锾之裁定，应否援用同条例第四项规定，载明折算一日数额。以上二点，于法令适用不无疑义，理合电请钧院俯赐核示，俾有遵循等情前来。事关适用法律疑义，职院未敢擅专，理合电请解释，俾便转饬遵照。广西高等法院院长申守真刑齐印

**院字第二八〇〇号**

**民国三十三年十二月十九日　司法院咨行政院**

案准贵院本年九月十九日义捌字第一九九〇七号咨，以行政官署所为没收金钱或科罚金之处分，未经诉愿最终决定，遽行提奖之赔偿责任，究应如何履行，咨请解释见复等由，准此，兹经本院统一解释法令会议议决，依本院院字第一八二三号解释，负赔偿责任之人，不履行其赔偿义务时，非有法院之确定判决，或其他之执行名义，不得对之强制执行，有权请求赔偿之人，如欲取得执行名义，自可向法院提起请求赔偿之诉，相应咨复贵院查照。此咨行政院

**附行政院原咨**

查贵院二十七年十二月十日院字第一八二三号解释，行政官署所为没收金钱，或科罚金之处分，在未撤销前，虽不因诉愿而失其效力，但执行以后，非俟诉愿之最终决定，不得遽行提奖。如原官署主官，不俟最终决定，即以该金钱或罚金之一部，奖给原办员役或举发人，自属过失行为，迨原处分撤销后，该主官如不能向受奖人追回奖款，即应自行赔偿，此项赔偿责任，并不因其去职或调任而可免除等语。惟此项赔偿责任义务人，倘不愿履行，应否即由最终决定之该管上级官署，强制其履行，抑应由有权请求赔偿之人，依照司法程序，向法院诉追义务人要求赔偿，不无疑义，案悬待决，相应咨请查照解释见复为荷。此致司法院。行政院院长蒋中正

**院字第二八〇一号**

**民国三十三年十二月三十日　司法院复甘肃高等法院电**

甘肃高等法院詹首席检察官览，本年戌賀代电悉，业经本院统一解释法令会议议决，易科罚金为减刑以外之事项，故凡依减刑办法第二条第一项第二款以裁定减为六月以下有期徒刑，纵其所犯之罪法定最重本刑为三年以下有期徒刑，且有执行困难情形亦不得准许易科罚金。合电知照。司法院卅印

**附甘肃高等法院原代电**

重庆司法院院长居钧鉴，兹有某甲犯最重本刑三年以下有期徒刑之刑，曾受有期徒刑八月之宣告，嗣因减刑办法施行后，经裁定减为有期徒刑四月，如执行显有困难，能否准许易科罚金，恳祈解释迅赐示遵。署甘肃高等法院首席检察官詹世铭叩戌賀印

**院字第二八〇二号**

**民国三十三年十二月三十日　司法院指令山西高等法院**

呈悉,业经本院统一解释法令会议议决,县司法处或兼理司法之县政府,均系《特种刑事案件诉讼条例》第一条第二项所称之县司法机关,由县司法处或兼理司法县政府,依该条例判决特种刑事案件,除宣告死刑、无期徒刑者外,若于法定期间内,未经有权声请之人声请覆判时,无庸依职权迳送复判,亦不能依《县司法处刑事案件复判暂行条例》送请复判。仰即转饬知照。此令

**附山西高等法院原呈**

案据乡宁县司法处代电称,查县司法处,依照特种刑事案件诉讼条例判决之案件,在送达判决正本后十日内,未据报告,或依《刑事诉讼法》有上诉权之人,或依其他法令有申诉不服权之人,声请复判,除宣告死刑、无期徒刑之判决,应不待声请,依职权迳送最高法院复判外,其他判决(如宣告有期徒刑拘役罚金等判决)应否自动送请复判,请核示为祈等情。据此,查正式法院依《特种刑事案件诉讼条例》所为之判决,除宣告死刑、无期徒刑者外,若于法定期间内,未经有权声请之人声请复判,依该条例第九条规定之旨趣,固不须依职权送请复判。惟该项判决,若系由县司法处,或兼理司法县政府所为时,是否尚须依《县司法处刑事案件复判暂行条例》之规定,送请复判,究属不无疑义,理合备文呈请鉴核,俯赐解释。谨呈司法院院长居。代理山西高等法院院长张秉铖

**院字第二八〇三号**

**民国三十四年一月八日　司法院致国民政府军事委员会函**

案准贵会上年十一月二十四日法审(三十三)渝四字第一五九一九号公函,以据浙江全省保安司令电请核示私运木材出口资敌及为敌探访矿场情形应如何论处,函请解释见复等由,准此,兹经本院统一解释法令会议议决,私运木材出口,应敌收购,如经证明确供军事上所用,应视其质料用途为军用品,或为制造军械之原料,而适用《修正惩治汉奸条例》第二条第四款相当规定处断,否则仅系违反禁止出口之命令,而无资敌情形,只应成立《妨害国家总动员惩罚暂行条例》第五条第一项第五款之罪,又受敌委托探访矿场情形,自系通谋敌国,侦察有关经济之消息,应依《修正惩治汉奸条例》第二条第七款论处,相应函复贵会查照饬知。此致国民政府军事委员会

**附国民政府军事委员会原函**

据兼浙江全省保安司令黄绍竑酉第二三二一号法贝代电称,私运木材出口,应敌收购,除有禁运证明确供敌军事上所用外,仅视为供给军用品为制造军械之原料,抑应依《妨害国家总动员惩罚暂行条例》处断。又受敌委托探访矿场详情,应否以侦察有关经济消息论,祈核示等情,案关适用法律疑义,相应函请查照,迅赐解释见复,以凭饬遵。此致司法院

**院字第二八〇四号**

**民国三十四年一月九日　司法院复贵州高等法院电**

贵州高等法院刘院长览,上年戌冬代电悉,所请解释一案,兹经本院统一解释法令会议议决,窃犯乙乘甲因空袭警报避至郊外,窃取其住宅财物,应成立《刑法》第三百二十一条第一项第五款之罪,又《刑法》第一百三十一条第一项之图利行为,应包含图利第三人在内。合电知照。司法院佳印

**附贵州高等法院原代电**

司法院院长居钧鉴,查《刑法》第三百二十一条第一项第五款,所谓灾害,系指水灾、火灾及其他一切天灾地变而言,非常时期表示敌机将临之空袭警报,当然包括在内,设有市民某甲因有是项警报至郊外,窃犯某乙乘机窃取其住宅财物,而结果敌机未到,实际并未发生灾害,该某乙是否构成《刑法》第三百二十一条第一项第五款之罪。又同法第一百三十一条第一项之罪,其图利第三人者,是否包括在内,理合电请钧院核示祗遵。贵州高等法院院长刘含章印戌冬

**院字第二八〇五号**

**民国三十四年一月九日　司法院致行政院函**

案准贵院上年十一月十四日义捌字第二三八二〇号公函,以据内政部呈请核示盗匪所劫财物,如物主无法查悉,不便发还,可否由县收作剿匪开支,函请解释见复等由,准此,兹经本院统一解释法令会议议决,盗匪所得之财物经起获后,如因被劫物主无法查悉,不能发还时,应依《刑事诉讼法》第四百七十九条办理。相应函复贵院查照饬知。此致行政院

**附行政院原函**

据内政部本年十月二十六日渝警字第一七七九号呈称,案查前奉钧院三十三年四月十八日义捌字第八六〇六号训令,转发《惩治盗匪条例》,其第七条规定,盗匪所得之财物,应发还被害人,其所得财物变得之财产利益,除应抵偿被害人者外,得没收之,自应遵照。惟如目前鄂湘川黔边区之股匪,因山峦重叠,行踪不定,其所劫物主,如无法查悉,不便发还时,可否由县收作剿匪开支,并详报省政府核准实施之处,事关法令解释,理合呈请鉴核示遵等情。据此,案关适用法律疑义,相应函请查照解释见复,以便饬遵。此致司法院。行政院院长蒋中正

**院字第二八〇六号**

**民国三十四年一月十一日　司法院复浙江全省保安司令电**

云和浙江黄兼保安司令鉴,亥冬法朋电悉,兹经本院统一解释法令会议议决,(一)捏造缓征缓召原因,希图避免兵役者,即应依《修正妨害兵役治罪条例》第十三条捏造缓役原因

之规定处断。(二)《修正妨害兵役治罪条例》第十一条第一、第四两款之犯罪主体,以应服兵役之壮丁为限。(三)受政府机关或部队雇用派用载运公物之人,即与《惩治贪污条例》第一条所称受公务机关委托承办者相当,如中途窃取盗卖该公物,应依同条例第三条第二款论处,特复。司法院真印

**附浙江全省保安司令原电**

渝司法院院长居,(一)自兵役法修正后,只有缓征缓召规定,如捏造缓征缓召原因,以图避免兵役者,可否以捏造缓役原因论,依《妨害兵役治罪条例》第十三条处断,抑依《刑法》第一条为不为罪?(二)同条例第十一条第一、四两款之犯罪主体,是否以应服兵役之壮丁为限,抑包括其亲属在内?(三)政府机关或部队所雇用派用民船民夫载运公物于途中,窃取盗卖,该船夫民夫,可否视为《惩治贪污条例》第一条第一项之受公务机关委托承办之人,依该条例第三条第二款论处。谨电请迅赐解释祗遵。浙江全省保安司令黄绍竑亥冬法朋印

**院字第二八〇七号**

**民国三十四年一月十二日　司法院复浙江省保安司令电**

云和浙江黄兼保安司令鉴,亥寒法贝电悉,兹经本院统一解释法令会议议决,乡保长乃依《乡镇组织暂行条例》,而从事于公务之人员,自与战时军律第一条所称之文职公务员相当,其犯抢劫,应依该律第十一条论处,特复。司法院文印

**附浙江省保安司令原电**

渝司法院院长居,战时军律第一条所称文职公务员,乡保长是否包括在内,如犯抢劫,应否依该律第十一条论,抑依《惩治盗匪条例》第六条处断,祈赐电复。兼浙江省保安司令黄绍竑叩亥寒法贝印

**院字第二八〇八号**

**民国三十四年一月十二日　司法院复陕西高等法院电**

陕西高等法院魏院长、朱首席检察官均览,上年亥铣会电悉,所请解释一案,兹经本院统一解释法令会议议决,监所人员纵放《禁烟禁毒治罪暂行条例》之罪犯脱逃,如并涉及贪污行为,而有牵连关系者,仍应依国民政府三十三年十月二日渝文字第五九〇号训令,由军法机关审判。合电知照。司法院文印

**附陕西高等法院原电**

司法院院长居钧鉴,监所人员,犯《禁烟禁毒治罪暂行条例》第十三条第一项,纵于烟毒犯,或并涉及《惩治贪污条例》之罪,应否由军法审判,乞解释电示祗遵。陕西高等法院院长魏大同、首席检察官朱观叩亥铣

**院字第二八〇九号**

**民国三十四年一月十三日　司法院复四川高等法院电**

四川高等法院苏院长览，上年戌巧代电悉，所请解释一案，兹经本院统一解释法令会议议决，依《民法》第一千一百八十五条规定，归属国库之遗产，应由管辖被继承人住所地之地方行政官署代表国库接收管理（参照院字第二二一三号解释）。因遗产管理人不移交遗产，或因其他必要情形，提起民事诉讼，亦应由此项官署代表国库为之（参照院字第二二九五号解释）。合电知照。司法院元印

**附四川高等法院原代电**

巴县歇马乡司法院院长居钧鉴，查户绝财产应归属于国库者，在非讼事件法未制定施行以前，当地之地方政府或行政长官有无代表国库接收管理，及提起民事诉讼之权限，如认为无此权限，则应由何种机关行使之，不无疑义，理合电请鉴核解释祇遵。四川高等法院院长苏兆祥叩牍戌巧印

**院字第二八一〇号**

**民国三十四年一月十三日　司法院致考选委员会函**

据本院秘书处签呈称，准考选委员会三十三年十一月二十三日（三十三）渝会任字第九四七七号公函，以《诉愿法》第一条适用疑义函请转陈解释等由，理合检同原函签请鉴核等情，兹经本院统一解释法令会议议决，依考试法举行之考试，对于应考资格体格试验，或检核经决定不及格者，此项决定，自属行政处分，其处分违法或不当者，依《诉愿法》第一条之规定，应考人得提起诉愿。惟为诉愿决定时，已属无法补救者，其诉愿为无实益，应不受理，依《诉愿法》第七条应予驳回，相应函请贵会查照。此致考选委员会

**附司法院训令　令最高法院院长李茇**

准考选委员会致本院秘书处公函，以应考人对于考试上提起诉愿之事项，约可分为三类，（一）对于审查应考资格不合格，或检核（即考试方法之一种，见《省县公职候选人考试法》第四条，暨《专门职业及技术人员考试法》第三条）不合格，或体格检验不合格者。（二）某科目或试卷成绩不及格，而自认为答题正确完备，不应落选者。（三）认为办理考试机关弥封计分，或其他试务上有错误致产生不正确之结果者。以上事项是否属于《诉愿法》第一条范围之内，函请转陈解释等由到院，合亟令仰该法院拟具解答案呈核。此令

**院字第二八一一号**

**民国三十四年一月十五日　司法院复中国农民银行电**

中国农民银行总管理处鉴，上年酉有储一第三〇三五一号代电悉，所请解释一案，兹经本院统一解释法令会议议决，银行依《节约建国储蓄券条例》，或《发行美金节约建国储蓄券

办法》发行之储蓄券,不记名者,为《民法》第七百二十五条第一项所称之无记名证券。此项储蓄券遗失被盗或灭失者,依同条项之规定,法院得因持有人之声请,依公示催告程序,宣告无效,财政部颁行之《节约建国储蓄券条例施行细则》第十五条,及《发行美金节约建国储蓄券办法》,说明所谓不记名储蓄券不得挂失,系指不得依其所定记名储蓄券挂失办法挂失而言,非以排斥《民法》第七百二十五条第一项之适用,购券人与银行约定不得挂失者,亦同。若其所谓不得挂失,意在排斥《民法》第七百二十五条第一项之适用,则在法律上碍难认为有效,至银行未受有该券遗失被盗或灭失之通知,亦不知有宣告该券无效之除权判决,向提示该券之持有人为给付者,苟非别有原因,知该持有人无处分之权利,则依《民法》第七百二十条之规定,银行免其债务,声请人不得再依除权判决,请求银行给付。又银行因除权判决,向声请人补发新券,或兑付券款者,依《民事诉讼法》第五百六十一条第二项之规定,除补发或兑付时,除权判决已撤销,且为该银行所已知者外,得以其补发或兑付,对抗债权人或第三人,其被对抗者,是否原券之善意持有人,在所不问,至《民法》第七百二十一条之规定,于无记名证券因发行人之意思而流通后,在持有人处遗失或被盗者,不适用之,特电覆请查照。司法院删印

**附中国农民银行原代电**

司法院公鉴,查银行根据《节约建国储蓄券条例》,及《发行美金节约建国储蓄券办法》之规定,发行国币及美金节约建国储蓄券,该项储蓄券均分记名与不记名,发行不记名券,系凭券兑付,不得挂失,均经节约建国储蓄券条例施行细则,及《美金节约建国储蓄券办法》说明,分别明白规定,同时各银行均另印备该项储蓄券简章于购券人购券时分发,亦有迳将此项不记名券不得挂失之文字,刊印于券背,或在装置储蓄券之封套上刊明,此外购券人,并应填具购券申请书一种,均有照章请购等文字,购券人对于此项条款于购券时,应已同意,而银行发行不记名储蓄券时,均依照不得挂失处理。该项契约行为之储蓄券交易之产生情形,即如上述,是银行对于不记名储蓄券,应不予挂失,不独系依照条例规定,且属契约双方之约定行为,惟近阅渝市各报刊载,当地法院布告,法院接受不记名储蓄券持有人之申请办理公示催告,限令持有该项储蓄券之人于六个月内申报权利,并提出原券以为证明,如不于期内申报,即由法院为除权之判决,宣告该项储蓄券无效。此项公示催告之申请,显系申请人意图于六个月限期届满以后,而未经持有该项储蓄券之人,于限期内申报权利时,作为向原发行储蓄券之银行办理挂失手续之根据。此项办法未悉与《节约建国储蓄券条例施行细则》第十五条等之规定,有无抵触,如无抵触而因申请人未经报请银行止兑,或因银行对于法院在报端刊登之布告(或法院所为除权之判决,及宣告储蓄券无效之处分)偶未注意,致将券款凭兑交原申请人以外之储蓄券持有人时,其损失是否应由银行抑由申请人负担。又如银行对于申请人已行补发新储蓄券,或兑付券款,同时于请求撤销除权判决之有效期间消灭后,对于善意持有人,是否仍应负责(《民法》第七百二十一条),均属不无疑义。事关法令解释,理合电请钧院核示,敬祈电复祗遵。中国农民银行总管理处酉有储一

**院字第二八一二号**

**民国三十四年二月三日　司法院复甘肃高等法院电**

甘肃高等法院杨院长览，亥真代电悉，该法院第一分院所请解释一案，业经本院统一解释法令会议议决，订定婚约违反《民法》第九百七十三条之规定者，《民法》既未设有类于第九百八十九条之规定，即属无效，出征抗敌军人在未出征前，与未满十五岁之女子订定婚约者，不能认该女子为其未婚妻，自无《出征抗敌军人婚姻保障条例》第四条之适用。合电转饬知照。司法院江印

**附甘肃高等法院原代电**

重庆司法院院长居钧鉴，案据甘肃高等法院第一分院呈称，查《出征抗敌军人婚姻保障条例》第四条规定，出征抗敌军人在出征期内，其未婚妻除依《民法》第九百七十六条第一款、第五款、第七款或第八款规定外，不得解除婚约，不依前项规定而与他人订婚者，除其婚约无效外，处拘役或五百元以下罚金，与人结婚者，除撤销其婚姻外，处一年以下有期徒刑或拘役，得并科三千元以下罚金等语。出征抗敌军人之合法婚约，固无问题。若出征抗敌军人与女方订婚时，女方仅十一二岁，尚未满十五岁，根本与《民法》第九百七十三条规定违背，迨后女方已达结婚年龄，复与他人（平民）订婚或结婚，关于此种出征抗敌军人违背订婚年龄之婚约，是否仍应予以保证。事关法律疑义，理合呈请钧院鉴核指示，或转请司法院解释等情。据此，案关法律疑义，理合电请钧院俯赐解释，以便饬遵。甘肃高等法院院长杨鹏叩亥真印

**院字第二八一三号**

**民国三十四年二月三日　司法院致内政部函**

据本院秘书处签呈称，准内政部公函，以违警罚法中关于告诉告发范围疑义，函请转陈解释等由，理合检同原函签请鉴核等情，兹经本院统一解释法令会议议决，违警罚法第三十六条第二款之告诉与发现告发或自首，同为从事侦讯之原因，并非处罚条件，与《刑法》上告诉乃论之规定无涉，相应函请贵部查照。此致内政部

**附内政部原函**

案据广西宜山警察局呈为违警罚法第三十六条规定，违警行为准许人民为告诉告发，而分则篇各条款中并无告诉乃论之规定，则何种违警行为应为告诉，何者应为告发，拟请解释等情。据此，查违警罚法分则篇，既未明定告诉乃论之条款，是任何违警行为，纵无人告诉，亦得准人民告发，以行处理。惟为顾及社会人情起见，凡本法分则篇第七十七条、第七十八条各款之违警行为，而有特定被害人者，经他人告发后，仍得先询明该特定被害人，愿否追诉，再行斟酌处理。以上所拟意见，是否可行，除分呈行政院鉴核外，相应函请查照，转陈统一解释为荷。此致司法院秘书处。内政部部长周钟岳

## 院字第二八一四号

### 民国三十四年二月六日　司法院训令最高法院

据本院秘书处签呈,以准英国大使馆函请解释《建筑法》第四条、第五条所称依法系依何法,签请鉴核等情,兹经本院统一解释法令会议议决,《建筑法》第四条第一项所称依法系指依技师登记法而言。同法第五条第一项所称依法,系指依《商业登记法》而言,合行令仰知照。此令

**附司法院训令　令最高法院院长李芠**

据本院秘书处签呈称,准英国大使馆函开,迳启者,查《建筑法》第四条及第五条条文内有依法二字,未知所指者是何法,拟请贵处赐予解释,俾祛疑误,至为感荷等由,准此,理合签请鉴核等情。据此,合亟令仰该法院于文到七日内,拟具解答案呈核。此令

## 院字第二八一五号

### 民国三十四年二月二十二日　司法院复安徽高等法院电

安徽高等法院廖院长览,上年辰文代电悉,该法院太湖分庭所请解释一案,业经本院统一解释法令会议议决,法院依《盐专卖暂行条例》及其他财务法规处罚锾之裁定,得抗告者,受罚人提起抗告时,抗告法院如认为处罚过轻,自得撤销原裁定而为适当之裁定。合电转饬知照。司法院养印

**附安徽高等法院原代电**

重庆司法院院长居钧鉴,案据本院太湖分庭三十三年四月二十二日呈字第三六号呈称,查违反《非常时期过分利得税条例》科罚疑义,业经司法院民国三十一年七月二十五日院字第二三七一号解释示明,《非常时期过分利得税条例》第十二条所称之罚锾过轻,纵由被告不服,提起抗告,抗告法院亦得将其撤销,自为适当之裁定,不受《刑事诉讼法》第三百六十二条之拘束在案。兹查《盐专卖暂行条例》《战时食糖专卖暂行条例》《战时火柴专卖暂行条例》《战时烟类专卖暂行条例》《印花税法》《财产租赁出卖所得税法》《契税条例》及《房捐条例》,均有罚锾之规定。其所定之罚锾,如经原审裁定被告抗告后,抗告法院是否均可依照前开解释办理,不无疑义,理合备文呈请钧院鉴核,转呈司法院迅赐解释电示祗遵等情。据此,理合据情电请钧院解释示遵,以便转饬遵照。安徽高等法院院长廖江南辰文印

## 院字第二八一六号

### 民国三十四年二月二十二日　司法院复军事委员会电

军事委员会公鉴,法襄卒宥代电悉,西安兼保安司令所请解释一案,兹经本院统一解释法令会议议决,人民身份证,并非有关军事政治经济之文书图画或物品,愚民将身份证盗卖奸区,除别具犯罪成立要件,应依其所成立之罪论处外,法无论罪明文,应不为罪,特电复请

查照饬知。司法院养印

**附军事委员会原代电**

司法院公鉴，据西安兼保安司令祝绍周亥筱保法栉义电称，本部一区有愚民将身份证盗卖奸区，究应如何处罚，谨请核示等情，究应否依《修正惩治汉奸条例》第二条第七款处断，抑或构成其他罪名，或依行政处分办理。事关法律疑义，相应转请查照，迅赐核复为荷。军事委员会法襄卒宥印

**院字第二八一七号**

**民国三十四年二月二十二日　司法院复甘肃高等法院电**

甘肃高等法院杨院长览，亥俭代电悉，该法院第一分院所请解释一案，业经本院统一解释法令会议议决，谕知管辖错误，移送于管辖法院之案件，受移送之法院，应迳自为审判，无庸再经配置之检察官重行起诉。合电转饬知照。司法院祃印

**附甘肃高等法院原代电**

重庆司法院院长居钧鉴，据甘肃高等法院第一分院院长龙乾元呈称，窃查检察官对于无管辖权之案件，误认为有管辖权而起诉，经审判谕知管辖错误，并将该案件移送于有管辖权之法院，于法原属无误，惟受移送之法院，能否迳行审判，抑或检察官重行补具起诉程式，不无疑问。于此情形，有甲乙两说。甲说，谓依检察一体之原则，检察官对于无权管辖之案件，误认为有权管辖而起诉，经审判结果，谕知管辖错误，并将该案件移送于有管辖权之法院，但其原检察官所经过之起诉程序，仍然有效，受移送之法院，已就起诉，尽可审判。倘检察官对于同一审级之同一案件，重新补具起诉程序，似与一事不再理之原则违背（参照《刑事诉讼法》第二百九十五条第二款前段）。乙说，谓检察官知有犯罪嫌疑，而不属其管辖或于开始侦查后，认为有不属其管辖者，应即分别通知或移送该管检察官，《刑事诉讼法》第二百二十九条已经明白规定，对于无管辖权之案件，检察官误认为有管辖权而起诉其起诉已因管辖错误而失效，受移送之法院检察官，当然另行起诉，法院始能依法审判也。二说究以何说为当，事关适用诉讼程序疑义，职院未敢擅专，理合呈请钧院电鉴核示，俾资遵循等情。据此，查以上两说，事关法律疑义，理合电请解释示遵。甘肃高等法院院长杨鹏叩刑亥俭印

**院字第二八一八号**

**民国三十四年二月二十二日　司法院复安徽高等法院电**

安徽高等法院廖院长览，酉敬代电悉，泾县司法处所请解释一案，业经本院统一解释法令会议议决，《盐专卖条例》第三十二条（修正前《盐专卖暂行条例》第三十一条亦同）所称之当地盐价，系指盐专卖机关核定各县市之零售盐价而言。合电转饬知照。司法院祃印

**附安徽高等法院原代电**

司法院院长居钧鉴，据泾县司法处审判官吴炳会午俭代电称，兹因适用《盐专卖暂行条

例》第三十一条所谓之当地盐价,是否即第二十八条之批发盐价,抑零售盐价或系第二十五条之仓价,请核示祇遵等情。查第三十一条所谓当地盐价,究系指批发盐价而言,抑系指零售盐价而言。事关适用法律解释,未敢擅专理合电请鉴核示遵。署安徽高等法院院长廖江南西敬印

**院字第二八一九号**

**民国三十四年二月二十二日　司法院指令陕西高等法院**

呈悉,业经本院统一解释法令会议议决,顶替他人名义,充当运输兵,如该管部队尚未将其列入军籍,不能认为具有军人身分。仰即转饬知照。此令

**附陕西高等法院原呈**

案据潼关县司法处三十三年十二月五日代电称,案准本县县政府函送窃盗嫌疑犯赵学贵等二名,经讯据供,在总监部运输大队十一中队充运输兵,因未补上名,暂顶史长禄之名,此种情形,该赵学贵是否有军人身分,法无明文可据,理合电请钧长核示祇遵,以便讯判为祈等情前来。查顶替他人名义充兵,是否有军人身分,系关解释法规疑义,理合据情转请钧院鉴核,赐予解释示遵,实为公便。

**院字第二八二〇号**

**民国三十四年二月二十二日　司法院指令湖北高等法院**

呈悉,业经本院统一解释法令会议议决,贩卖私盐法有处罚明文,(《盐专卖条例》第三十二条及第三十三条,已失效之《盐专卖暂行条例》第三十一条及第三十二条亦同)即属法令禁止之事业,自不能向其征收营业税。仰即转饬知照。此令

**附湖北高等法院原呈**

案据建始地方法院三十三年八月一日纪字第六四五号呈称,查贩卖私盐应否征收营业税,有甲、乙两说。甲说,谓《营业税法》第一条,凡以营利为目的之事业,均应依本法征收营业税。又同法第十八条,营业商号意图逃税者,除责令补税外,处以所漏税额一倍至五倍之罚锾。又查核定专卖物品价格时,对于厂商应纳营业税一律加入成本,以资兼顾,而利库收,其不依规定价格出售之专卖物品,统应按率百分之三课征营业税。若未办理免税手续之供应配销食盐,即视同营业性质,照章课征各税,现在盐价业经调整,所有专营食盐之公卖店,应课征营业税,商人运购私盐贩卖,是与普通营业无复稍殊,均应课征营业税。乙说,谓《盐专卖暂行条例》第一条,盐之专卖权,属于国民政府第二十五条,盐专卖机关就仓发售之盐价,称为仓价,由财政部分别等级种类,参照场价运费及其他必要费用,加入专卖利益核定之,不再征收任何税捐,第二十六条承办销盐之合作社或商人,应经政府之许可。依上开各条规定,盐之专卖权,既属国民政府,自非《营业税法》第一条所谓以营利为目的之事业,明定不再征收任何税捐,更不适用《营业税法》第十八条所指商号意图逃税之规定,其有

未经政府许可贩运或售卖，当属私盐，应依该条例第六章罚则各规定办理，亦复无加征税款，即可免罚明文。又查《营业税法》第六条第三款载，国家专卖事业免征营业税，以之参照，盐为国家专卖，私人贩销，非法所许，似不应从而征收税捐，准其通行，至为明显。若认为应征营业税，既征之而复罚，不但与立法意旨相违，抑且易滋人民误会，究应如何办理，方臻妥善，理合备文呈请钧院鉴核，指令祇遵，实为公便等情。据此，查原呈所述两说，似以乙说为当。惟事关法令解释，本院未敢擅专，除指令外，理合具文呈请钧院鉴核，迅赐解释饬遵。谨呈司法院。湖北高等法院院长郗朝俊

**院字第二八二一号**

**民国三十四年二月二十二日　司法院咨行政院**

案准贵院本年一月十三日平伍字第八〇四号咨，以据司法行政部呈请解释《营业税法》疑义一案，咨请解释见复等由到院，兹经本院统一解释法令会议议决，《营业税法》第五条第三款所称已纳出产税之出产人，系指物品之出产人，已就该项物品完纳出产税者而言。收买烟叶、刨丝出卖之商人为烟丝之出产人，已依《国产烟酒类税条例》完纳烟丝税者，固与同条款之规定相符。若收买烟叶仍以原物出卖之商人，则非烟叶之出产人，虽已依国产烟酒类税条例完纳烟叶税，亦不得援用同条款之规定，免征营业税。相应咨复贵院查照饬知。此咨行政院

**附行政院原咨**

据司法行政部三十四年一月四日呈(叁)字第一一号呈称，查《营业税法》第五条第三款规定，已纳出产税之出产人，免征营业税，在适用上，不无疑义，设有商人，在出产烟叶地域，零星收买烟叶，按照货色分类装扎整理，冠以牌号，并以该牌号名义，依照国产烟酒类税条例暨稽征暂行规程缴纳烟叶税(即出产税)取有各种证照，运赴销场，应否免征营业税，兹分甲、乙两说。甲，依《营业税法》第五条第三款规定，免征营业税，以已纳出产税之出产人为限，所谓出产人，系指从事于生产之农人而言。至依《国产烟酒类税暂行规程》第四条规定，烟叶税应由烟商运商或临时设庄之商人缴纳，系代扣代缴性质，自不免征营业税之列。乙，查《营业税法》第一条但书规定，农业不在此限，足见从事于农业者，根本不适用《营业税法》征税同法第五条第三项所谓出产人，自系指农人以外从事予以营利为目的之事业之商人而言。再查《国产烟酒类税稽征暂行规程》第四条规定，烟叶税应由收买烟叶之烟商运商或产地临时设庄之商人缴纳，是项烟叶税，应由商人负担纳税之义务，非课征于农人，又极显明。若谓出产人系指原始生产之农人而言，购运商缴纳烟叶税，系代扣代缴性质，实无法律根据，税法原理，要在已纳统税者，不得重征任何税捐，已纳烟叶税(即烟叶出产税亦即统税)之商号或个人，持有证照者，即纳税之出产人，即应免征营业税各等语。究以何说为当，事关法律疑义，理合呈请转咨司法院解释示遵等情。据此，事关法律疑义，相应咨请查照解释见复，以便饬遵为荷。此咨司法院

**院字第二八二二号**

**民国三十四年二月二十二日　司法院致国民政府军事委员会函**

案准贵会上年十月三十日法审(三十三)渝三字第一四七八九号公函,以士兵逃亡后经过二十四小时已未丧失军人身份,函请解释见复等由,准此,兹经本院统一解释法令会议议决,士兵逃亡后,军政部既已定有二十四小时内无故不归,即予开革之办法,则其逃亡满二十四小时,即应认为脱离军籍,嗣后另犯他罪,应依非军人之例定其审判机关,相应函复贵会查照。此致国民政府军事委员会

**附国民政府军事委员会原函**

案查前据江西全省保安司令曹浩森戌有保核电称,查士兵逃亡后,经呈准顶补始能脱离军籍,业经解释有案,惟各县审判逃兵案中,常发觉被告逃亡后,另犯他案,其实施犯行时,原部队是否呈补,又以调遣频繁,无法查询,对此类案件,究适用何项程序审判,案关管辖乞电示遵等情。据此,经饬军法执行总监部函准军政部函复称,查士兵未经该管长官核准,无故离营者,二十四小时内无故不归者,即认为构成逃亡罪犯,由该管长官层报查缉,随予开补,其粮饷亦自逃亡之日起停发,于诉追时效内捕获者,送由军法机关治罪。至其逃亡后,另犯普通《刑法》之罪,似不能认为有军人身分,而受军法审判等情。据此,查士兵逃亡后在二十四小时内,既由该管长官层报查缉,其粮饷亦自逃亡之日起停发,则其离营后经过二十四小时者,不待该管长官呈请顶补,即已丧失军人身分,贵院二十七年七月三十日院字第一七六一号解释,士兵逃亡后,必须该管长官呈请顶补,方认为脱离军籍,核与上开复函,意旨似有歧异。事关法律解释,相应函请查照,即希解释见复,以凭饬知。此致司法院

**院字第二八二三号**

**民国三十四年二月二十三日　司法院指令江西高等法院**

呈悉,业经本院统一解释法令会议议决,夫妻之一方叛国附敌,在未反正以前,他方因此所受精神上之痛苦,实较受不堪同居之虐待为尤甚,依《民法》第一千零五十二条第三款之类推解释,他方自得请求离婚。仰即转饬知照。此令

**附江西高等法院原呈**

案据武宁县政府呈请核示夫妻之一方叛国附敌,对方能否请求离异等情到院,查夫妻之一方,叛国附敌,在现行各种法令上,虽未规定为有离婚原因,惟能否认为合于《民法》第一千零五十二条第五款规定,分甲乙二说。甲说,叛国附敌,即系汉奸罪在不赦,夫妻之一方,既甘心叛国附敌,其心目中已无国家观念,对于配偶已无情感可言,若经他方喻以大义,犹不来归,不能谓非自绝于国殊难有复合之机缘,是其以恶意遗弃他方,至为明显,在未悔悟以前,即属在继续状态中,应认为具有《民法》第一千零五十二条第五款之情形。乙说,叛国附敌,虽系自绝于国,但是否以恶意遗弃他方,必须另有客观的事实,以为证明,盖叛国附

敌与恶意遗弃配偶之他方，系属两事，未便以夫妻一方叛国附敌之汉奸行为，解为构成《民法》第一千零五十二条第五款以恶意遗弃他方之离婚条件。以上二说，未知孰是，理合呈请解释，俾便转饬知照。

**院字第二八二四号**

**民国三十四年二月二十三日　司法院指令江西高等法院**

呈悉，业经本院统一解释法令会议议决，祖母与其孙之血亲属关系，并不因其改嫁而消灭，如其孙死亡在《民法》继承编施行后，而无《民法》第一千一百三十八条第一款至第三款之继承人者，依同条第四款之规定，自有继承其孙遗产之权。仰即转饬知照。此令

**附江西高等法院原呈**

案据广丰县司法处呈请核示已改嫁多年之祖母，能否依《民法》第一千一百三十八条第四款继承其孙遗产等情到院，查已嫁多年之祖母，能否继承孙之遗产，分甲、乙二说。甲说，已改嫁多年之祖母，能否继承孙之遗产，须视其改嫁在《民法》继承编之前，抑在施行以后，在《民法》继承编施行前，依当时有效现行律，祖母对于孙之遗产，本无继承权。若其夫死改嫁与原来之夫家脱离关系，母子间与祖孙间，名义虽仍存在，究难认为尚有继承权。乙说，被继承人之祖母虽已改嫁多年，但祖孙间关系，法律上并不视为断绝，如被继承人之继承开始，在《民法》继承编施行前，自应依当时有效现行律为被继承人立继，不认其祖母有继承权。然《民法》继承编施行后，宗祧继承，既已废除，认许祖母有财产继承权，且系强行法规，殊不容以其改嫁多年，予以剥夺其孙之财产，当然由其承继。以上二说，未知孰是，理合备文呈请钧院迅赐解释，俾便转饬知照。谨呈司法院院长居。江西高等法院院长梁仁杰

**院字第二八二五号**

**民国三十四年二月二十三日　司法院致国民政府军事委员会函**

案准贵会上年十月十四日法审（三十三）渝字第一三七四〇号公函，以据成都行辕主任请示减刑办法疑义函请解释见复等由，准此，兹经本院统一解释法令会议议决，原处无期徒刑之军事人犯，于依减刑办法第二条第一项第一款减为有期徒刑十五年后，如因该人犯合于调服劳役之情形办理调役时，自应溯及其最初受刑之日而计算执行刑期，不因该办法同条第二项之规定而受影响，相应函复贵会查照饬知。此致国民政府军事委员会

**附国民政府军事委员会原函**

据成都行辕张主任本年八月平字第一四六一八号未艳法平代电称，查减刑办法第二条第二项载，前项第二第三两款情形已执行之日数算入刑期后之刑期等语，是第一项第一款所指死刑及无期徒刑，已执行之日数，则不能算入减刑后之刑期，但查《军事犯调服劳役暂行办法》规定，无期徒刑执行五年，即可调役，原判无期徒刑或死刑，减为有期徒刑之人犯，其羁押日数，是否应算入减刑后刑期，不无疑窦。例如原判无期徒刑，已执行四年，依照上

开调役办法,再执行一年,即可声请调役,兹依减刑办法减为十五年,如以执行日数不算人减刑后刑期,则尚须再执行三年,始能调役,加上已执行四年,则无期徒刑人犯最少应执行七年以上,始能调役,不但与调役办法相抵触,即与本办法立法本旨亦相悖谬,是否依照《刑法》第二条但书仍查照调役办法规定之期间办理,抑并算入减刑后刑期内,以示平允等情。据此,案关法律疑义,相应函请查照,迅予解释见复,以凭饬知为荷。此致司法院。军事委员会委员长蒋中正

**院字第二八二六号**

**民国三十四年二月二十四日　司法院复甘肃高等法院电**

甘肃高等法院杨院长览,亥赚代电悉,景泰县司法处所请解释一案,业经本院统一解释法令会议议决,约定利率高于《民法》第二百零三条之法定利率者,依《民法》第二百三十三条第一项之规定,迟延利息,仍依其约定利率计算,原呈谓迟延利息为周年百分之五超过部分债权人对之无请求权,显系错误。至约定利率超过周年百分之二十者,无论款项之贷与人为国立或地方银行,抑为其他商人,依《民法》第二百零五条之规定,对于超过部分之利息,皆无请求权,惟借用人就超过部分之利息,任意给付,经贷与人受领后,不得谓系不当得利,请求返还。合电转饬知照。司法院敬印

**附甘肃高等法院原电**

重庆司法院院长居钧鉴,案据景泰县司法处呈称,查利率周年不得超过百分之二十(平均每月利息为一分六厘强),迟延利息为周年百分之五,超过部分,债权人对之无请求权,《民法》第二百零三条及第二百零五条所规定,此为保护经济上弱者,特设利率之最高限制,并经国民政府于十六年八月一日通令在案。是凡在此法定利率限度以内者有效,超过者,其超过部分,即属无效,概不保护,近因抗战关系经济大变,国立或地方银行之贷款,如抵押借款,其利率多有定为每月二分以上者,似有违反法定之限制,应否保护?而一般商民,因以银行提高利率为借口,因之其利率而逾超过法定者,倘人民为此而涉讼,其超过部分,应否认为有效,如何办理?事关法律疑义,理合呈请钧院鉴核示遵等情。据此,事关法律疑义,本院未便擅拟,理合电请俯赐解释,以便饬遵。甘肃高等法院院长杨鹏叩亥赚印

**院字第二八二七号**

**民国三十四年二月二十四日　司法院复陕西高等法院电**

陕西高等法院朱首席检察官览,上年十二月陷代电悉,所请解释一案,业经本院统一解释法令会议议决,中国国民党中央执行委员会训练委员会战时工作干部训练团教育委员会职员,如非正式军校出身,曾授武职者,不能认有军人身分。合电知照。司法院敬印

**附陕西高等法院原代电**

重庆司法院院长居钧鉴,中国国民党中央执行委员会训练委员会战时工作干部训练团

教育委员会职员,是否有军人身分,乞赐解释,电示祇遵。陕西高等法院首席检察官朱观叩陷印

院字第二八二八号

民国三十四年三月五日 司法院指令湖北高等法院首席检察官

呈悉,业经本院统一解释法令会议议决,(一)依减刑办法第二条第一项第一款,将原处无期徒刑之人犯,减为有期徒刑十五年时,其起算刑期,应以减刑办法施行之日为准,已见院字第二七六一号解释。(二)原处无期徒刑之人犯,于依减刑办法第二条第一项第一款减为有期徒刑后,如因该人犯合于假释或调役各规定办理,假释或调役之时,自应溯及其最初受刑之日,而计算执行刑期,不因同办法同条第二项之规定而受影响。仰即转饬知照。此令

附湖北高等法院检察署原呈

案据湖北第二监狱典狱长谢福慈呈称,案查本监合于减刑监犯,前经造送名册分送各该原判机关请予另行裁定在卷,兹除恩施巴东鹤峰三县政府暨湖北高三分院有一部尚未裁定外,多数均已另行裁定,先后送监,惟合于减刑办法第二条第一款后段,即无期徒刑减为有期徒刑十五年之监犯,其起算日期,各机关并不一致,有自以前原起刑日期起算者,有自现在裁定之日起算者,亦有未到起刑日期者,殊不划一,且欠平允,究应以何者为起算日期,此应请解释者一也。再查无期徒刑执行已逾十年,有期徒刑执行过半,其行状善良者,依法得予假释。又无期徒刑执行五年及十年以上,有期徒刑执行满五分之一,依法得予调服军役或劳役,如果无期徒刑减为执行有期徒刑十五年,其刑期应自裁定之日起算,假使有原判处无期徒刑不合调服军役劳役之监犯,已执行刑期九年六月,且行状善良六个月后,即合办理假释,又如上列合于调役之监犯,已执行四年又十个月,越二月即合调服军役或劳役,今因减刑,其刑期自裁定之日起算,则办假释者,必须再执行七年六月,则办调役者,亦须再执行三年,方合假释或调役规定。是判无期徒刑之监犯,蒙国家减刑厚泽,非但未受实惠,反使其合于假释或调役之时期,延长数年之久,不若不减刑之为愈,故人犯中甚有要求仍照原判刑期,请求办理假释或调役者,应否准其所请,此应请解释者二也。综上两义,如不呈请解释,非但与国家减刑加惠囚徒疏通监狱之本旨相背,且于办理经常疏通监狱,亦多滞碍,理合呈请解释,俾便遵循等情。据此,案关法律解释,职处未便擅拟,理合备文呈请钧院鉴核,俯赐解释,以便饬遵。谨呈司法院院长居。署湖北高等法院首席检察官毛家骐

院字第二八二九号

民国三十四年三月六日 司法院致行政院函

案准贵院上年九月十八日义捌字第一九五六三号公函,以据司法行政部呈据四川隆昌地方法院首席检察官代电,请解释兵役事件适用法律疑义,函请解释见复等由,准此,兹经

本院统一解释法令会议议决,甲乙丙丁意图营利,向戊己诈称已于子县介绍录事,戊己信以为真,即随甲等至子县,始悉已被出卖顶替兵额,甲等共得价数万元,而戊己入营,并未改用被顶替者之姓名,仍用戊己本人姓名。如甲等至子县后,对于戊己有《刑法》第三百零二条或第三百零四条第一项之情形,即应论以各该条之罪。又,壬诱年仅十六岁之庚至丑县,出卖壮丁,顶充兵额,庚入营时,仍用其本人姓名,即应成立《刑法》第二百四十一条第二项或第三项之罪,相应函复查照饬知。此致行政院

**附行政院原函**

据司法行政部三十三年九月一日呈叁字第六五三号呈称,案据四川隆昌地方法院首席检察官熊材达代电称。(一)设有甲乙丙丁,意图营利,向戊己诈称已于子县代为介绍录事工作,戊己信以为真,当即与甲乙同至子县,到达子县后,始悉已被甲等出卖子县,顶替该县兵额,甲等共得价款数万元,而戊己入营,并未改用被顶替人之姓名,仍用戊己本人之姓名。(二)某庚年仅十六岁,曾在辛店中学徒业已年余,忽被壬诱至丑县,出卖壮丁顶充丑县兵额,而庚入营时,仍系用庚本人姓名。查以上二问题,事实虽殊,而情节相似,甲乙丙丁壬等,意图营利,妨害役政,已属昭然,但核其行为,与《妨害兵役治罪条例》第十五条下段规定介绍顶替情形,不尽相符,而于普通《刑法》,又无适当条文,以资处罚,究应依何种法条处断?事关适用法律疑义,未便擅拟,理合电请解释,伏祈示遵等情。据此,事关适用法律疑义,理合备文呈请鉴核,函转司法院解释,以便转饬知照,等情。据此,案关适用法律疑义,相应函请查照解释见复为荷。此致司法院。行政院院长蒋中正

**院字第二八三〇号**

**民国三十四年三月八日　司法院致中中交农四行联合办事处函**

案准贵处本年二月一日会字第五四八五五号函,以据本处各行局实务研究委员会陈请,转函解释支票以外之票据画平行线适用法律疑义,请查酌见复等由到院,兹经本院统一解释法令会议议决,票据上记载票据法所不规定之事项者,不生票据上之效力。此在票据法第九条定有明文,票据法对于支票,固于第一百三十四条设有关于画平行线之规定,对于其他票据,则无此种规定,故在其他票据画平行线二道,或于其线内并记载银行公司或特定银钱业者之商号者,不能发生如同条所定票据上之效力,相应函复查照转知。此致中央中国交通农民银行联合办事总处

**附中中交农四行联合办事总处原函**

案据本处各行局实务研究委员会陈称,查票据法对于支票上画平行线,及于平行线内记载特定银钱业者之商号,均有明白之规定,惟对于本票及汇票暨汇款收条等,可以提付交换之票据,尚无此项明文规定,但一般习惯,于本票汇票暨汇款收条上,仍有画线及特别画线者,执票人无形中多一层保障,用意甚善,拟请转函司法当局,加以明文解释等情,相应函达,即希查酌见复为荷。此致司法院

**院字第二八三一号**

**民国三十四年三月二十一日　司法院复浙江全省保安司令电**

云和浙江黄兼保安司令鉴，丑铣电悉，兹经本院统一解释法令会议议决，(一)《妨害兵役治罪条例》第三条之嘱托罪，以受嘱托人就缓役、免役、停役、禁役、除役等事项，完成其虚伪证明之行为为既遂，同条例第六条所称不应征集之壮丁，包括年满十八岁至二十岁应服国民兵役之壮丁在内。(二)《禁烟禁毒治罪暂行条例》第十三条第一项之包庇罪，以包庇行为之完成为既遂，同条项之纵容罪，除有要求期约或收受贿赂之行为外，并须对于他人犯本条例第二条至第八条之罪，有纵容行为为既遂，至同条第二项之盗换罪，以使用他物换得所查获之鸦片为既遂，如仅着手盗换而未换得该项鸦片，仍属未遂。同条项之隐没罪，以就其查获之鸦片于盗换以外，而为其他表现不法领得意思之行为为既遂，其着手此项意思之表现，尚未完成者，亦属未遂，特复。司法院马印

**附浙江全省保安司令原电**

渝司法院院长居，(一)《妨害兵役治罪条例》第三条之嘱托，为虚伪证明免役等原因罪，是否须以被嘱托人为虚伪之证明时为既遂，抑系嘱托人一经实行嘱托即为既遂？(二)同条例第六条所称，不应征集之壮丁，是否单指应服常备兵役之壮丁而言，抑包括年满十八岁至未满二十岁应服国民兵役之壮丁在内？(三)《禁烟禁毒治罪暂行条例》第十三条第一项各罪，是否以包庇或要求期约收受贿赂行为完成即为既遂。谨电请迅赐释示。浙江全省保安司令黄绍竑丑铣法印

**院字第二八三二号**

**民国三十四年三月二十一日　司法院致财政部函**

案准贵部本年二月八日关渝字第二四一〇号公函，以关于违章私运而人犯涉及刑事案内之货物，应随同人犯解送军法或司法机关并案判处，抑人犯由上列机关讯办，货物仍由海关处理，函请解释赐复等由，准此，兹经本院统一解释法令会议议决，凡违反《海关缉私条例》及《战时管理进口出口物品条例》各规定，得由海关没收之，货物如经海关适用《海关缉私条例》，将该货物为没收处分，虽该私运货物之人，因触犯刑事罪名，应由军法或司法机关审判。但刑事判决内，即不得更为没收之谕知，至未经海关没收者，仍得予以没收，又海关将人犯解案，案内货物并非必须随同解送，应斟酌案情办理，相应函复查照。此致财政部

**附财政部原函**

查违反《海关缉私条例》及《战时管理进口出口物品条例》，私运货物，而人犯涉及刑事之案件，如人犯解往军法或司法机关讯办时，案内货物应随同人犯解往上列机关并案判处，抑或人犯由上列机关讯办，而货物仍由海关处理，兹有甲、乙两说。甲，单纯违反《海关缉私条例》及《战时管理进口出口物品条例》之货物并未涉及刑事者，得由海关依行政法规，予以

处分,如涉及刑事者,其私运货物为刑事案内之重要赃证,倘予没收,系从刑之一种,须经正式裁判,则非海关所得处分,应随案解送军法或司法机关,依法判决照判处分。乙、违反《海关缉私条例》及《战时管理进口出口物品条例》,与刑事部分虽有连带关系,其性质仍各独立,如依各该条例,私货应予没收处分者,海关得单独依法没收,刑事部分仅开具案情及没收私货之品量,连同人犯移送军法或司法机关讯办,军法或司法机关,除于判决书中申叙私货已由海关没收外,不能再科以没收之从刑,且从刑之没收,其供犯罪所用或因犯罪所得之物,必须于裁判时,属于犯人所有。若已经海关依法没收之物,即已非犯人之所有,军法或司法机关自不得再为没收之宣告。况从刑没收之宣告,除违禁品外,原非强制规定,《刑法》第三十八条第三项定为得没收之,可为明证,尤无拘束行政机关不能处分没收之理由,又查《违犯惩治偷漏关税暂行条例》案件,向系人犯由法院裁判,货物由海关处理,历办有案,似应照成案办理。以上二说,究以何说为合法,应请贵院予以解释,俾资遵循,用特函达,敬祈查核办理赐复为荷。此致司法院。财政部部长俞鸿钧

**院字第二八三三号**

**民国三十四年三月二十二日　司法院复陕西高等法院电**

陕西高等法院魏院长览,子智代电悉,陕西第一监狱典狱长所请核示一案,业经本院统一解释法令会议议决,无期徒刑人犯之减刑与调服军役,系属两事,其减刑前已执行之日数,自应算入《非常时期监犯调服军役条例》第三条第四款所定已执行之刑期,不受减刑办法第二条第二项之限制,已见院字第二八二五号解释。合电转饬知照。司法院养印

**附陕西高等法院原代电**

重庆司法院院长居钧鉴,案据陕西第一监狱典狱长徐崇文三十三年亥删代电称,查无期徒刑人犯减为十五年,其已执行日数不予算入减刑后之刑期,曾经电请比照减刑办法第二条第二项办理,仍予算入,以资疏通在案,兹奉令饬,以无期徒刑人犯,已执行日数,不算入减刑后之刑期,业经司法院三十三年十月院字第二七六一号解释有案。仰即转饬知照,等因,自应依照办理。惟据在监无期徒刑减处有期徒刑十五年人犯,纷纷请求,以执行将近五载,合于调役规定,若不予算入刑期,必须再执行三年,方能调役,是因减刑反而加重其刑,群情愤懑,难廿折服,吁恳免予减刑,俾资救济等情。查此类人犯将近三百,所称未得减刑实惠,且因而延长监禁,揆诸情理,要难谓为平允,核与政府颁赦典而恤囚之旨亦嫌未惬,似应予以变通,以昭激劝,所请将无期徒刑人犯,免予减刑之处,是否有当,理合据情电请鉴核,转请示遵等情,并据第二第五等监狱,呈同前情。查此案前据第一监狱同年酉微代电内称,案查判处有期徒刑人犯,减为二分之一,其已执行日数,算入减刑后之刑期,而无期徒刑减为十五年人犯,已执行刑期,不予算入,减刑办法第二条第二项已明白规定,自应依照办理,惟无期徒刑监犯,执行有已近五载,行将调服军役,如依前项办法减处十五年,经过刑期,不予计算,必须再执行三年,方合调役规定。是此类人犯,既未得减刑实惠,且因而延长

监禁,揆诸情理,已难谓为平允,核与政府减刑之旨,亦嫌未惬,拟请将无期徒刑执行日数,仍算入减刑后之刑期,俾同沾赦典而利疏通,是否有当,理合电请鉴核,迅赐转请示遵等情到院。当以中央此次颁布减刑办法,原为疏通监狱而设,其与疏通监狱各项条例,有所抵触者,似应酌予变通,以期协调,而便援引,该典狱长所称各节,不无理由。复查《非常时期监犯调服军役条例》第三条第四项所载,无期徒刑人犯执行五年以上,始得调服军役,十年以上有期徒刑人犯,执行刑期五分之一,始得调服军役,其受有期徒刑人犯,执行前之羁押日数,并得视作已执行之刑期等语。现在新颁之减刑办法第二条第一款后半段所载,原处无期徒刑者减为有期徒刑十五年,其同条第二项规定,对于无期徒刑已执行之刑期,不能算入减刑后之刑期云云,就以上两种条文而论,减刑办法施行后,无期徒刑人犯,一律减为有期徒刑十五年,表面上虽似已邀宽典,实际上依《非常时期监犯调服军役条例》规定,无期徒刑人犯,执行五年,即得调役如已在监执行将届五年,已达调役时期,而因减刑办法颁布,将该项人犯减为有期徒刑十五年。其执行经过日数,既不能算入减刑后之刑期,又势非于减刑后,再执行满三年,不得调役。是上项无期徒刑人犯,反因减刑而延长其享受调役之实惠,似欠公允,兹为仰体中央疏通人犯本旨,谋该项人犯得沾实惠起见,拟请量予变通,凡减刑办法施行前,已执行之无期徒刑人犯,虽经减刑,其调服军役,仍得依《非常时期监犯调服军役条例》规定之计算方法办理,则上项人犯,既免延期执行之苦,且与中央此次减刑初旨亦不违背,当由本院加具此项意见,电奉司法行政部同年十一月十七日指监字第一二六〇八号指令内开,酉皓代电悉,无期徒刑人犯,已执行日数,不算入减刑后之刑期,业经司法院三十三年十月院字第二七六一号解释有案。仰即转饬知照此令等因,在案。兹据前情,复查钧院上项解释,至今虽未奉到全文,无从知其内容,想系专着重于减刑方面,至于人犯疏通,以及《非常时期监犯调服军役条例》第三条第四项之规定,与减刑办法未能协调之处,尚未完全解决,以致各监所,均发生种种疑问,人犯方面,同时因减刑后,非再继续执行满三年始得调服军役,亦不免有错过报国机会大失所望之感,且近奉司法行政部上年十二月十六日监字第八〇九一号训令,以奉行政院令饬各监所人犯,疏通甚少,通令依各项疏通办法切实办理等因。现在各监所人犯,异常拥挤,积极疏通,尚虞人满为患,而此项无期徒刑人犯,反受减刑办法之限制,久困囹圄,不能疏通,微特坐耗公帑,在经济方面,受无穷之损失,而监所方面,防卫戒护,反增许多之困难,重以此人犯中,多属适龄壮丁且不少深明大义为国报效者。值此国难严重之期失地日多,兵源日少,区区后方诸省所征兵额大有供不应求之势,何如使此无数之罪囚,一变而为有用之士兵,省却无数之囚粮,一变而为有用之饷糈,于国家经济,抗战前途,均有相当裨益,目前军事第一,苟于前方军事有利,似宜从权处理各省监所。上项无期徒刑人犯,综计适龄服役人数,当不在少,徒以减刑办法之限制,不能使此项多数可用之健儿,效命疆场,殊深可惜,院长管见所及,用敢就法理与事实各点详晰电陈,可否变更前项解释,俾无期徒刑人犯,不受减刑办法第二条第二项之限制,得以仍依《非常时期监犯调服军役条例》第三条第四项之规定办理,以应非常局面,而示权变之处,理合电请

鉴核示遵。陕西高等法院院长魏大同叩子舒

**院字第二八三四号**

**民国三十四年三月二十二日　司法院咨行政院**

案准贵院本年一月二十六日平捌字第一八四〇号咨,以据内政部呈,转请核示保障人民身体自由办法第三条、第四条疑义一案,咨请解释见复等由,准此,兹经本院统一解释法令会议议决,(一)《保障人民身体自由办法》第二条所称之二日内,系指依法有权逮捕人民机关讯明被逮捕人不属其管辖时,所定应行移送之犹豫期间,在途解送时间,自不包括在内。至各级层转机关,接受被逮捕人,除如《刑事诉讼法》第二百零八条第二项设有特别规定外,应立即解送,不适用上开犹豫期间之规定。(二)《保障人民身体自由办法》所称之逮捕,包括拘提在内,司法警察官,依《刑事诉讼法》第二百零八条、第二百零九条、第七十八条及《保障人民身体自由办法》实施事项所定仅有协助检察官或听检察官之指挥,侦查犯罪与执行拘提之职权,除关于被通缉人、现行犯或准现行犯得迳行逮捕外,如因发见刑事嫌疑人犯,认有拘提之必要时,应经由检察官或依特别法令有权拘提人民机关签发拘票交其执行,司法警察官无自行发票之权(参照院字第二三八三号解释)。同办法第四条规定,应将拘票及逮捕原因示知本人,其拘票系指有权签发拘票机关所发之拘票,其逮捕原因系指拘提或逮捕之原因而言,相应咨复查照饬知。此咨行政院

**附行政院原咨**

据内政部三十三年十二月十五日渝警字第四二六二号呈称,以据本部警察总队三十三年十一月十四日渝警法字第二三一号呈称,查《保障人民身体自由办法》第三条规定,各机关依法逮捕人民经讯问后……如认为非属于其管辖权者,应于二日内移交有管辖权之机关核办,关于执行上项拘禁或逮捕之机关,对此二日内时间,究应如何计算,现有三说。甲说,除路途解送期间不计外,各级层转机关均有二日内之侦讯时间。乙说,各级层转机关侦讯人犯,应连同押解路程所经时间合并为二日以内。丙说,各级层解机关,除路程押解时间不计外,共为二日以内。以上三说,究以何说为当,此应请解释者一。又查本办法第四条规定,应将拘票及逮捕原因示知本人,究系指何种文书而言,现有二说。甲说,查《刑事诉讼法》规定,应迳行逮捕者,仅限于现行犯或准现行犯,此外对于刑事嫌疑人犯,必须用拘票,故本办法所称拘禁逮捕,谅系《刑事诉讼法》上之拘提,自必须依法将拘票示知本人。是项拘票之签发,在侦讯中由检察官,审判中由检察长或受命推事。乙说,《刑事诉讼法》第七十八条规定,拘提由司法警察或司法警察官执行,因此警察机关,当然有签发拘票及拘提之权,非然,则司法警察及司法警察官,势必无法侦查刑事人犯,且依现行惯例,司法警察机关,已有填发拘票及拘提人犯之事。以上二说,以何说为当,此应请解释者二。事关法令适用疑义,理合备文呈请解释祇遵,实为公便等情。据此,查案关法令解释,理合备文呈请鉴核示遵等情。据此,案关适用法令疑义,相应咨请查照解释见复,以便饬遵为荷。此致司法

院。行政院院长蒋中正、代理院长宋子文

**院字第二八三五号**

**民国三十四年三月二十二日　司法院咨行政院**

案准贵院本年一月三十一日平捌字第二二四一号咨，以据司法行政部呈请解释战俘在被俘前犯罪，应由何种机关审判一案，咨请解释见复等由，准此，兹经本院统一解释法令会议议决，《陆海空军审判法》第十四条所定，战俘犯罪应由军法会审审判，并不以被俘中犯罪为限。即犯罪在被俘前，而在被俘中受审判者，仍应依该条规定，由军法会审审判之，相应咨复查照饬知。此咨行政院

**附行政院原咨**

据司法行政部本年一月十八日叁字第四六号呈称，案准敌人罪行调查委员会三十三年八月三十一日敌秘字第一四九号函开，查本会第六次全体委员会议，关于战时俘虏在被俘前，犯有战罪者，经国际调查战争罪行调查委员会，按照国际法及日内瓦俘虏待遇公约决议，不待战争结束，可交审判惩治，吾国应交何种审判机关审判，案当经决议，(一)密函军政部，请将敌俘中犯有战争罪行者，随时调查见告。(二)函复外交部，将各国审判敌俘办法，详查见告。(三)函请司法行政部军法执行总监部对于战俘在被俘前所犯罪行，应交何种机关审判，详加研究，并将研究结果见复纪录在卷，除分函外，相应函请录案查照办理见复为荷等由。查《陆海空军审判法》第十四条只规定俘犯罪由军法会审审判，并无如同法第十六条对于军人犯罪情形类似之规定，则俘虏犯罪在被俘前者，似应由司法机关审判，军法或军事机关对之无审判权。唯事关法律适用疑义，除函复外，理合备文呈请钧院鉴核，转送司法院解释，俾资遵循。

**院字第二八三六号**

**民国三十四年三月二十四日　司法院咨行政院**

案准贵院上年七月二十九日义捌字第一六五〇六号咨，以据司法行政部呈，转请解释《盐专卖暂行条例》适用疑义，咨请解释见复等由，准此，兹经本院统一解释法令会议议决，《盐专卖暂行条例》施行后，在施行区域范围内，尚未设有公卖店前，某商将有税照之盐依向许自由买卖之惯例，由甲地运往相距数里之乙地售卖，既与同条例第六条所列情形不合，即不能依该条例处罚，修正之《盐专卖条例》亦同，相应咨复查照饬知。此咨行政院

**附行政院原咨**

据司法行政部三十三年七月十四日呈叁字第五五〇号呈称，案据江西高等法院三十三年二月九日刑字第一六四号呈称，案据会昌县司法处审判官王阶平呈称，查《盐专卖暂行条例》定自三十一年八月十日起施行，并以全国为其施行区域，经奉国民政府通行饬知有案，在尚未实行专卖地带，有某商人将有税照之盐，由甲地运往相距不过数里乙地售卖，中途被

缉私机关截获。此种情形,某商人是否有违《盐专卖条例》,不无疑义,为此备文呈请钧长察核示遵等情。据此,当经指令呈悉,据来呈所称某商人运至乙地售卖之盐,既领有税照,又在尚未实行盐专卖地带,自不适用《盐专卖条例》。惟查《盐专卖条例》系自三十一年八月十日施行,以全国为其施行区域,来呈谓有尚未实行盐专卖地带,不知如何解说,应妥慎研究明晰,再行办理,仰即知照此令印发去后,兹据该司法处审判官呈称,案奉钧院三十二年十二月三十日第九四三四号指令,本处三十二年十二月八日呈一件为某商人在未实行盐专卖地带将经政府发单照之盐,自甲地运往相距不过数里之乙地售卖,某商人是否有违《盐专卖条例》,请示遵由,略开,来呈。所谓尚未实行盐专卖地带,究不知如何解说,应妥慎研究明晰再行办理,仰即知照等因,奉此,查前呈所谓尚未实行盐专卖地带者,系指《盐专卖条例》施行后在施行区域范围内尚未设有盐公卖店,仍如未施行《盐专卖条例》前,一任商人自由买卖者而言。据此情形,该地是否适用《盐专卖条例》,理合具呈再呈请钧长鉴核示遵等情前来。查据称情形,应否适用盐专卖之处,本院未使擅断,理合据情备文呈请钧部鉴核,指令祇遵。以凭转饬遵照等情。据此,事关法律适用疑义,理合呈请钧院核转司法院解释,俾便饬遵等情。据此,事关适用法律疑义,相应咨请查照解释见复。此咨司法院

**院字第二八三七号**

**民国三十四年四月四日　司法院复广西省政府电**

广西省政府黄主席览,上年辰迴秘法代电悉,所请解释一案,业经本院统一解释法令会议议决,律师受当事人委托,对于民刑诉讼判决或行政诉愿决定,提起上诉或再诉愿中,主使当事人散发传单,广登启事,指摘原判决或决定为违法时,如其指摘之内容,具有律师法第二十六条第二项、第二十八条或第二十九条之情形,依同法第四十条第一款规定,应予提付惩戒。合电知照。司法院豪印

**附广西省政府原代电**

重庆司法院钧鉴,查律师受当事人委托,办理民刑诉讼或行政诉愿,经判决或决定后,有所不服,向上级机关提起上诉或再诉愿时,不静候判决或决定,竟主使当事人散发传单,广登启事,指摘原判决或决定机关为违法,希图眩惑观听,博取舆论同情。此种行为,虽未构成《刑法》之罪责,或违反其他法令之规定,但律师职责,在辅导当事人循法律正轨,以求权利之保障,兹不静候上级机关之裁决,而乃外求舆论之奥援,似已轶出法律正轨,且借传单广告造成舆论,冀以拘束受理上诉或再诉愿之上级机关,即无异间接侵犯上级机关之裁量自由,似更超越其职责范围,可否视同公务员之越权,而予以制止或惩戒。事关法律疑义,理合电请核释示遵。广西省政府辰迴秘法印

**院字第二八三八号**

**民国三十四年四月四日　司法院咨行政院**

案准贵院本年一月二十七日平捌字第一九八六号咨，以附逆有据，业经自新之律师，是否仍受律师法第二条第一款规定之限制，咨请解释见复等由，准此，兹经本院统一解释法令会议议决，原咨所谓附逆有据，如合于律师法第二条第一款之规定，应撤销其律师资格，自不得许其登录，相应咨复查照。此咨行政院

**附行政院原咨**

查律师法第二条第一款规定，背叛中华民国证据确实者，不得充律师，其已充律师者，撤销其律师资格，惟如附逆有据，业经自新之律师，声请律师登录，是否仍受前项法条之限制。事关法律适用疑义，相应咨请查照解释见复为荷。此咨司法院。行政院院长蒋中正、代理院长宋子文

**院字第二八三九号**

**民国三十四年四月十六日　司法院复甘肃高等法院电**

甘肃高等法院詹首席检察官览，上年午引代电悉，该法院第四分院首席检察官所请解释一案，业经本院统一解释法令会议议决，(一)甲乙夫妇二人，告诉丙丁夫妇强奸，及另一妨害名誉事实，经侦查结果，乙丙系属和奸，关于奸罪部分，本夫甲如无特别表示，不告和奸罪，检察官自得将丙夫之相奸罪，与丁妇之妨害名誉罪，并予提起公诉(参照本院院字第二七四五号解释)。(二)前项情形，依《刑事诉讼法》第二百十八条之规定，甲夫对于丙夫相奸罪告诉之效力，固应及于共犯之乙妇，但检察官起诉与否，并不受其拘束，检察官虽未并就乙妇通奸部分起诉，亦非丙夫所得强求救济。合电转饬知照。司法院铣印

**附甘肃高等法院原代电**

重庆司法院院长居钧鉴，案据署本院第四分院首席检察官杨泉远本年七月元代电称，设有甲乙夫妇二人，告诉丙丁夫妇强奸及妨害名誉另一事实等情，旋经侦查乙丙系属和奸，在未经甲夫变更告诉，能否将丙夫以相奸罪，与丁妇妨害名誉罪，并予提起公诉，此其一。又，丙夫若经以相奸罪起诉并判处罪刑不服上诉，第二审又复维持原判后，乃据上诉不可分之原则，并援引五年统字第四七五号解释，和奸案本夫不能只请究办奸夫不究其妻之告诉选择权，向第二审检察官请求救济，究应令原检察官将乙妇通奸部分补行起诉，抑另有救济办法，此其二。事关适用法律疑义，理合电请鉴核示遵等情前来。事关解释法令，理合电请钧院鉴核示遵，以便转知。署甘肃高等法院首席检察官詹世铭叩午引印

**院字第二八四〇号**

**民国三十四年四月十六日　司法院复湖北高等法院电**

湖北高等法院毛首席检察官览,上年十月真代电悉,襄阳地方法院首席检察官所请解释一案,业经本院统一解释法令会议议决,(一)原处无期徒刑之人犯,经依减刑办法第二条第一项第一款减为有期徒刑十五年者,其已执行之日数,不得算入减刑后之刑期(参照本院院字第二七六一号解释)。(二)宣告死刑案件确定后,尚未执行依减刑办法减为无期徒刑者,将来办理假释时,除减刑后之刑期,应自减刑办法施行之日起算外,其以前羁押之日数,不得算入执行刑期之内。合电转饬知照。司法院铣印

**附湖北高等法院原代电**

司法院院长居钧鉴,据襄阳地方法院首席检察官徐沐三呈称,减刑办法第二条第二项规定,前项二三两款情形,已执行之日数或金额,算入减刑后之刑期或金额云云,则关于第一款之无期徒刑减为有期徒刑十五年者,其已执行之日数,是否亦算入减刑后之刑期,又宣告死刑案件确定后,尚未执行,依减刑办法减为无期徒刑者,将来执行徒刑逾十年后,其已执行之日数,是否算入执行刑期之日得请假释,均属疑义,理合电请核示等情。据此,查依减刑办法无期徒刑减为有期徒刑十五年者,其已执行之日数同办法第二条第二项虽未明白规定,然为受刑人利益计,似亦应算入减刑后之刑期,又查《刑法》假释章所谓无期徒刑逾十年后有期徒刑逾二分之一后,应以所余之刑期计算,裁判确定前羁押日数,不能算入,若依减刑办法,死刑减为无期徒刑者,如办理假释,究以死刑判决确定前为羁押日数,抑以减刑裁定确定前为羁押日数,案关法律解释,理合电请解释示遵。湖北高等法院首席检察官毛家骐酉真叩

**院字第二八四一号**

**民国三十四年四月十七日　司法院训令江西高等法院**

据江西南康地方法院呈请解释《非常时期取缔日用重要物品囤积居奇办法》第十七条、第十八条疑义等情到院,业经本院统一解释法令会议议决,《非常时期取缔日用重要物品囤积居奇办法》第十七条、第十八条之没收均属行政处分,并非从刑,各该条所定应没收之囤积物品,不以曾经扣押者为限,但该没收物,已于没收前,经合法处分者,同办法既未规定,得请法院追征其价额,即不得声请法院为追征价额之执行。合行令仰转饬知照。此令

**附江西南康地方法院原呈**

案查本院本年四月份小组会议为讨论法律专题,关于《非常时期取缔日用重要物品囤积居奇办法》第十七条、第十八条所定罚则,聚讼纷纭,莫衷一是,谨举其疑难要旨如次,(一)民国三十年二月三日公布同日施行之《非常时期取缔日用重要物品囤积居奇办法》第十七条、第十八条所定没收,是否从刑性质,分甲、乙两说。甲说(积极说),谓该办法既有依

照《非常时期农矿工商管理条例》第三十一条科处徒刑罚金之规定，具见系属特别《刑法》之一种，因之依据《刑法》第十一条之规定，该办法既无特别规定，自仍应适用《刑法》总则之规定，《刑法》总则规定没收为从刑之一种。该办法所定没收，自亦难谓非从刑，故囤积之物品，除属违禁物得专科没收外，非经宣告主刑（如徒刑罚金或罚锾），不得单独宣告没收。盖没收既属从刑，非宣告主刑，从刑无所附丽故也。乙说（消极说），谓该办法所定没收，系由主管行政官署以处分形式为之，而其关于徒刑罚金之科处，则由司法机关裁判之，具见该办法所定之刑罚及没收，而无主从之关系，故囤积之物品，纵因行为人死亡，未经宣告刑罚，仍得由主管行政官署单独处分没收之，利害关系人亦得专对该处分提起诉愿。（二）前开办法同条所定，没收其囤积物品，应否以扣押者为限，亦有甲、乙两说。甲、主积极说，谓该办法之颁行，旨在取缔物品之囤积，故其没收应以囤积之原物为限，此就办法第十八条没收其囤积物品之用语观之，实甚明显。盖未经扣押之物品，势必为权利人所处分，其处分所得之金钱，显与囤积失去直接关系，即难认为囤积之物品，既非供犯罪所用或犯罪预备之物，亦非因犯罪所得之物，自无没收之可言，此就该办法立法精神，及《刑法》规定没收之旨趣而论，没收之处分，自应以先行扣押其原物为必要。再官署对于未经扣押之物，本属无权处分，而权利人对之应有权利，并无影响，其在未受没收处分之前，依法使用收益处分，未经扣押之一己物品之权利人。若使于受没收处分之后，溯及既往，负担赔抵责任在该办法未经修正添设明文之前，于法殊嫌无据，从而官署对于未经扣押并已由权利人处分之物品，不特无从审认，其物应否没收，亦将于没收后，陷于无法执行，此就法理及事实而论，该办法所谓没收，亦应以扣押之物为限。乙、主消极说，谓物之应否没收并不限于扣押之后，始得审究，其合于得没收之规定者，自可不问已否扣押，予以宣告没收。（三）如不以扣押物为限，则依该办法已实施检查而未扣押，并于主管行政官署宣告没收前，已经权利人或其继承人依法处分殆尽之囤积物品，嗣经主管官署处分没收，其应如何执行，亦有甲、乙两说。甲说，谓未经扣押物宣告没收后，仍应就原物为执行，原物如不存在，即属无法执行，因没收系对物之处分，而该办法又无追征价额或适用或准用强制执行之明文，苟该物已不复存在，该主管官署对于没收物之权利人或其继承人，既无迳自拘提管收押缴之法律依据，亦不得送由当地法院强制执行，自属无从执行。乙说，则谓可对该没收物之所有人为追征之执行，如不能交出原物，即追征其价额，或由主管官署送交地方法院，依强制执行法，就其财产或遗产实施强制执行程序，以为执行，因非如此不能贯彻宣告没收之意义也。上列诸端，事关法律疑义，理合具文呈请钧长鉴核，迅赐解释，以资遵循。谨呈司法院院长居。署江西南康地方法院院长徐日彰

**院字第二八四二号**

**民国三十四年四月十七日　司法院指令广西高等法院**

呈悉，业经本院统一解释法令会议议决，受刑人在判决确定后，执行中因病保外医治，

不能适用《刑事诉讼法》关于具保之规定,如误令受刑人缴纳保证金在外医治,而受刑人逃亡,无论法院曾否为没入保证金之裁定,仍应将保证金发还,其无从发还者,得提存之。仰即转饬知照。此令

**附广西高等法院原呈**

案据横县地方法院院长王国干三十三年七月文字第一一七八号感代电称,查刑事被告在判决确定后,执行中因病保外医治,其病愈或自保外后即逃亡,若其缴有保证金者,以往均引刑诉法以裁定没收之。但自阅三十二年八月二十六日司法院院字第二五五六号解释载明,是项保证金,不得引用刑诉法第一百十八条没收,则是项保证金,自应发还。似此监禁犯,嗣后因病请准缴金保释者,转不若饬令其具相当铺保负病愈回监守法责任之为愈,至被告因逃亡而已裁定没收其保证金,并已报解者,已无从发还,如已裁定没收,未解或未裁定,而被告又在逃未获案者,究应如何处置,抑长期予以保存。上述疑点,未敢擅专,理合电请察核示遵等情。据此,事关法律疑义,理合据情具文呈请钧院鉴核解释下院,俾便饬遵。谨呈司法院院长居。代理广西高等法院院长申守真

**院字第二八四三号**

**民国三十四年四月十七日　司法院致国民政府军事委员会函**

案准贵会上年九月二十六日二政字第五二四九六号公函,以《保障人民身体自由办法》内清剿警备部队,因执行清剿警备任务,对于通匪或有奸匪嫌疑人民有无逮捕权,函请解释见复等由,准此,兹经本院统一解释法令会议议决,查行政院三十三年九月一日义捌字第一八五三二号公函内载,《保障人民身体自由办法》之实施事项,第一点乙项,仅列举军法执行总监部、战司令长官部、卫戍总司令部、各省保安司令部、戒严司令部五种,为得逮捕或核准逮捕人民之机关,各绥靖公署、各边区总司令部、各边区总指挥部、各警备司令部等机关,以及附有军法组织之绥靖剿匪部队,既不在上述规定之列,除俟于上开办法实施事项第一点乙项补行列入外,自无逮捕或核准逮捕人民之权,相应函复查照。此致国民政府军事委员会

**附国民政府军事委员会原函**

本年九月十五日据军令部呈,以查《保障人民身体自由办法》规定事项内,所列有权逮捕人民军事机关,仅列有军法执行总监部、战区长官司令部、卫戍总司令部以及戒严司令部四种,关于各绥靖公署、各边区总司令部、各边区总指挥部、各警备司令部等机关,以及附有军法组织之绥靖剿匪部队,均未列入各该机关部队,因执行清剿警备任务,对于通匪人民或有奸匪嫌疑人民,似均应有逮捕之权,有无以明文列举之必要,理合呈请核示饬遵等情前来。案关法律解释,相应函请贵院查照,迅予核议见复,以便通令饬遵为荷。此致司法院

院字第二八四四号

民国三十四年四月十七日　司法院致国民政府军事委员会函

案准贵会上年十一月十四日法审(三十三)渝三字第一五五三六号公函，以据浙江全省保安司令电请核示人民兑换敌伪钞票向沦陷区购物适用何法处断疑义一案，函请解释见复等由，准此，兹经本院统一解释法令会议议决，人民兑换敌伪钞票向沦陷区购物，既无其他企图，自不成立犯罪。相应函复查照饬知。此致国民政府军事委员会

附国民政府军事委员会原函

案据浙江全省保安司令黄绍竑西鱼法请电称，人民兑换敌伪钞票，向沦陷区购物，依取缔敌伪钞票第二条规定，应依《惩治汉奸条例》第二条第十款论罪，惟其目的在于购物，尚无其他意义与行为，核与该条款之罪名之构成要件不符，应如何办理，谨请释示祇遵等情。据此，案关适用法律疑义，相应函请查照，迅予解释见复，俾便饬知。此致司法院

院字第二八四五号

民国三十四年四月十七日　司法院指令四川高等法院第一分院

呈悉，业经本院统一解释法令会议议决，特种刑事案件，因犯罪而受损害之人，对于被告及依《民法》负赔偿责任之人，请求回复其损害，仅得另向法院提起民事诉讼，不得于特种刑事诉讼程序中附带提起民事诉讼，仰即知照。此令

附四川高等法院第一分院原呈

查《特种刑事案件诉讼条例》业经施行，兹因于特种刑事诉讼程序，能否附带提起民事诉讼发生下列两说。甲说，谓特种刑事案件前由军法机关办理，因军法机关无民事审判权，故不得附带提起民事诉讼，现特种刑事案件，既经移由法院办理，则法院原有民事审判权，且《特种刑事案件诉讼条例》第一条第一项后段规定，本条例未规定者，仍适用《刑事诉讼法》及其他有关之法令，自得于特种刑事诉讼程序中附带提起民事诉讼。乙说，谓《特种刑事案件诉讼条例》，并无关于附带民事诉讼之规定，《刑事诉讼法》第四百九十一条第一项所谓，于刑事诉讼程序得附带提起民事诉讼，系指普通刑事诉讼程序而言，如在特种刑事诉讼程序附带提起民事诉讼，仍非法之所许。二说未知孰是，如认为得附带提起民事诉讼，遇有当事人对于第一审法院附带民事诉讼判决提起上诉时，第二审法院自不能于复判审中并予审判，可否参照钧院院字第一九八四号解释，认系专对于附带民事诉讼上诉，依《特种刑事案件诉讼条例》第一条第一项后段《刑事诉讼法》第五百十五条，由第二审法院刑事庭，以裁定移送民事庭，亦不无疑义，理合具文呈请钧院解释示遵。

**院字第二八四六号**

**民国三十四年四月十七日　司法院复甘肃高等法院电**

甘肃高等法院杨院长览,本年一月陷代电悉,武威地方法院所请解释一案,业经本院统一解释法令会议议决,(一)地方法院依财务法规,以裁定科处罚锾及属于行政罚性质之罚金,虽经提起抗告,仍应由为裁定之法院迳送民事执行处执行(参照本院院字第二七五八号解释)。(二)关于财务法规之行政罚,其未明定得对抗告法院之裁定提起再抗告者,不得对该裁定再行抗告。合电转饬知照。司法院霰印

**附甘肃高等法院原代电**

重庆司法院院长居钧鉴,据甘肃武威地方法院院长孙德耕齐代电称,甘肃高等法院院长杨钧鉴,查关于依财务法规科处罚锾及属于行政罚性质而为罚金之案件,既非刑事案件,自毋庸经检察官之起诉莅庭及执行,应由为裁定法院迳自行之,司法院三十三年四月二十日院字第二六八一号解释可资遵循。惟是依财务法规所为之行政罚,如经地方法院裁定不为抗告,当然移送该地方法院民事执行处执行,似无问题,如已向高等法院或分院抗告,则其执行不无疑问,于是有甲、乙两说。甲说,谓裁定法院包括地方法院及高等法院或分院,故其执行可由为确定终局裁定之法院办理。乙说,谓财务法规之裁定,法院应仅限于地方法院。至高等法院或分院则为不服裁定之抗告法院,而强制执行又专属于地方法院之民事执行处,故无论其终局裁定属于何级法院,均应由原裁定之地方法院执行,方属允当,此其一。又关于财务法规之行政罚,不得再抗告,如《营业税法》第二十条第二项已有明文之规定,其无明文规定者,是否得再抗告,于是亦有两说。甲说,谓法律既无禁止不许再抗告之规定,自得提起再抗告。乙说,谓许再抗告之事件,《刑事诉讼法》逐一列举,如财务法规科处之行政罚既不在列举之范围内,自无特许再抗告之理,此其二。总上两端均关于法律解释,未敢擅专,理合一并呈请钧院鉴核转请解释,俾资遵循实为公便,署甘肃武威地方法院院长孙德耕叩齐印等情。据此,事关适用法律疑义,未敢擅拟,理合电请解释示遵。署甘肃高等法院院长杨鹏叩陷印

**院字第二八四七号**

**民国三十四年四月十七日　司法院复甘肃高等法院电**

甘肃高等法院杨院长览,子梗代电悉,所请解释一案,业经本院统一解释法令会议议决,(一)司法警察官署移送之特种刑事案作,法院虽得据以迳行审判,但司法警察官非刑事诉讼当事人,对于该项判决自无声请覆判之权。(二)《中华民国战时军律》第一条第一项之文职公务员,关于公务员之解释,与《刑法》上之公务员同,行政院卫生署所属之医院助理员,自属该条项之文职公务员。(三)同律第十一条之强奸罪,不包括《刑法》第二百二十五条第一项之奸淫罪在内。(四)第一审依《刑法》判处罪刑之案件,经上诉第二审审理结果,

如第一审判决认定事实并无不当，而所犯罪名确系特种刑事案件，且第二审法院对于该案又有覆判权，即应以其上诉作为声请覆判，进行覆判程序。合电知照。司法院筱印

**附甘肃高等法院原代电**

重庆司法院院长钧鉴，查司法警察官移送特种刑事案件于法院，依照《特种刑事案件诉讼条例》第三条第二项既以提起公诉论，并于同条例第四条明定该项移送之案件审判期日，检察官得不出庭，是已认司法警察官就移送之案件具有当事人之资格，乃同条例第十条规定得声请覆判之人，司法警察官又不在内，究竟司法警察官对于移送之案件有无声请覆判之权。再《中华民国战时军律》第一条第一项所谓文职公务员，是否与《刑法》上之公务员采同一之解释，例如，在行政院卫生署所属之医院充任助理员，参照历来解释，固可认为《刑法》上之公务员。惟其性质属从事业务之人，亦即是否为该条项之文职公务员？又，同律第十一条之强奸罪，是否包括《刑法》第二二五条第一项之奸淫罪在内？再第一审依《刑法》判处罪刑之案件，经上诉第二审调查结果，确系特种刑事案件，此时第二审究应为实体上之裁判，抑或为程序上之判决，如为程序上之判决，又应依据某法条谕知如何之判决。以上四问题，事关适用法律疑义，未敢擅断，理合电请解释示遵。甘肃高等法院院长杨鹏叩刑公字梗印

**院字第二八四八号**

**民国三十四年四月十七日　司法院复安徽高等法院电**

安徽高等法院廖院长览，三十一年酉佳代电悉，怀宁县司法处所请解释一案，业经本院统一解释法令会议议决，县武装清乡队如其编制训练与陆军同，并备肃清匪源之用而含有地方警备队之性质，依《陆海空军刑法》第六条第三款之规定，其官长士兵自应视同陆军军人，所犯普通《刑法》上之罪嫌，应由军法会审审判。合电转饬知照。司法院霰印

**附安徽高等法院原代电**

重庆司法院院长居钧鉴，案据怀宁县司法处代电称，查县武装清乡队编制与县自卫队相同，其官兵是否视为军人，及其所犯普通《刑法》上罪嫌，究由司法机关审判，抑由军法机关审判，乞电示遵等情到院。事关法律疑义，理合电请解释示遵，以便转饬遵照。署安徽高等法院院长廖江南叩酉佳印

**院字第二八四九号**

**民国三十四年四月十八日　司法院咨行政院**

案准贵院上年六月二十一日义捌字第一三八九三号咨，以据司法行政部呈，转请解释《妨害兵役治罪条例》第八条适用疑义一案，咨请解释见复等由，准此，兹经本院统一解释法令会议议决，《妨害兵役治罪条例》第八条所定，负有管理壮丁职务之人员，以诈欺方法取得壮丁或其亲属之财物，既与颁行在后之《惩治贪污条例》第三条第五款之规定，相当依后法

优于前法之原则,自应适用同条例处断,纵其行为在同条例施行以前,依同条例第十三条及《刑法》第二条第一项但书,应适用有利于行为人之法律处断,但依裁判时之法律,仍属于《惩治贪污条例》上之犯罪,同条例对于此项案件之审判程序,亦无何种例外规定,按照其第十一条规定,自应依特种刑事案件之审判程序办理。相应咨复查照饬知。此咨行政院

**附行政院原咨**

据司法行政部三十三年六月六日呈叁字第四五二号呈称,案据四川潼南地方法院院长周宏迹三十三年五月十日呈刑字第一七〇号呈称,窃自新《惩治贪污条例》公布施行后,因该条例第三条第五款有处罚利用职务上机会诈取财物之规定,则《妨害兵役治罪条例》第八条所定处罚负有管理壮丁职务人员,以诈欺方法取得壮丁或其亲属之财物者之罪条,是否失效?且该两条例规定之审判机关,及其审判程序,复有各别,适用上更不无疑义,于兹有三说焉,甲说,依据后法优于前法之原则,凡在《惩治贪污条例》公布施行后,负有管理壮丁职务之人员,以诈欺方法取得壮丁或其亲属之财物者,应依同条例第三条第五款处罚,并在《特种刑事案件诉讼条例》未施行前,应由军法机关审判。且细绎《惩治贪污条例》第十二条及第十三条之法意,纵其犯罪行为发生在本条例施行之前,亦不得依《刑法》第二条第一项但书之规定,适用《妨害兵役治罪条例》第八条予以裁判。乙说,行为后法律有变更者,适用裁判时之法律,此为《刑法》第二条第一项所明定,凡办理兵役人员,以诈欺方法取人财物,而裁判时系在《惩治贪污条例》施行后者,应依同条例决定审判机关予以裁判固矣。惟查《妨害兵役治罪条例》与《惩治贪污条例》规定之罪刑,轻重悬殊,依照《刑法》第二条第一项但书,裁判时仍应适用《妨害兵役治罪条例》第八条,不过仍归有军法权之机关受理审判耳,苟其诈欺取财之行为系在《惩治贪污条例》施行之后,所有《妨害兵役治罪条例》上关于是项行为处罚之规定,不复适用,自不待言。丙说,《惩治贪污条例》为广义法,而《妨害兵役治罪条例》为狭义法,且该两条例规定之犯罪构成要件,复不尽同,则依狭义法优于广义法之原则,《妨害兵役治罪条例》第八条不因新《惩治贪污条例》之施行而失效,自无疑义,故负有管理壮丁职务之人员,以诈欺方法取得壮丁或其亲属之财物者,仍应适用《妨害兵役治罪条例》予以裁判。以上三说,各执一见,本院现有此类案件待决甚急,只以事关适用法律疑义,职未便擅断,理合具文呈请钧部迅赐核示,或转请司法院解释,以资遵办等情。据此,事关法律适用疑义,理合呈请钧院鉴核,转送司法院解释,以便转饬遵照等情。案关适用法律疑义,相应咨请查照解释见复。此咨司法院。行政院院长蒋中正

**院字第二八五〇号**

**民国三十四年四月十八日　司法院致行政院函**

案准贵院上年十一月一日义捌字第二二九四五号公函,以据四川省政府呈请核示,镇长兼该镇消费合作社理事长,与该社业务员假借合作社名义,套购花纱布管制局棉布渔利,适用法令疑义一案,函请查核见复等由,准此,兹经本院统一解释法令会议议决,镇长兼任

该镇消费合作社理事长，与该社业务员勾结假借该合作社名义，套购花纱布管制局棉布渔利。如该镇消费合作社理事长并非由该镇长当然兼任，则系利用其理事之职权机会或身份图利，并非利用镇长之职权机会或身份图利，实与非公务员兼任合作社理事假借合作社名义图利者无异，只应成立《刑法》第三百三十九条第二项之罪，不能成立《惩治贪污条例》第三条第五款、第六款或第七款之图利罪（参照本院院字第二五九五号解释），相应函复查照饬知。此致行政院

**附司法院训令　令最高法院院长李茇**

案准行政院公函，以据四川省政府呈请核示，镇长兼该镇消费合作社理事长，与该社业务员假借合作社名义，套购花纱布管制局棉布渔利，是否可认为成立《惩治贪污条例》第三条第五款或第六款、第七款之罪，函请查核见复等由，合亟令仰该法院迅拟解答案呈核。此令

**院字第二八五一号**

**民国三十四年四月十八日　司法院致行政院函**

案准贵院本年一月十六日平捌字第九八〇号公函，以据司法行政部呈，转请解释《特种刑事案件诉讼条例》第三条规定之司法警察官署疑义一案，函请解释见复等由，准此，兹经本院统一解释法令会议议决，陪都类似司法警察之机关，如依法令得行使司法警察官之职权者，皆应认为合于《特种刑事案件诉讼条例》第三条所定之司法警察官署其移送之特种刑事案件，该管法院自得迳行审判，相应函复查照饬知。此致行政院

**附行政院原函**

据司法行政部本年一月三日呈（叁）字第七号呈称，案据兼代重庆实验地方法院首席检察官李师沆迴代电略称，案查《特种刑事案件诉讼条例》第三条规定之司法警察官署，依照《刑事诉讼法》第二百零八条诠释，本院管辖区域内之机关，似仅指重庆市政府、重庆卫戍总司令部、重庆市警察局、宪兵司令部、内政部警察总队、巴县县政府、巴县警察局、巴县各乡镇公所。唯自战事发生后，陪都类似司法警察之机关林立，其较显著者，如军事委员会之特检处、重庆卫戍总司令部之稽查处、水陆交通统一检查处重庆市警察局之临时检查队侦缉大队、水上侦缉队宪兵司令部之警务处、粮食部之督察队，均分别移送案件来院，上开各机关应否视为司法警察官署，此应核示者一（下略）等情。据此，事关法律疑义，除指令外，理合呈请钧院鉴核，转送司法院解释，以便转饬遵照等情。据此，相应函请贵院查照解释见复，以便饬遵。此致司法院

**院字第二八五二号**

**民国三十四年四月十八日　司法院训令广西高等法院**

据怀集地方法院上年已卅代电请，解释投考录事人员，潜行隐匿试卷出场毁损，应适用

何项法条处断疑义到院,业经本院统一解释法令会议议决,某甲缴纳报名费,投考某机关录事,于入场领卷后,潜行出外将试卷毁弃水中,此项试卷,既经某甲领受,即非公务员职务上所掌管,该试卷本系专供某甲考试之用,其自行毁弃,亦于公众或他人无所损害,自不成立何种犯罪,合行令仰转饬知照。此令

**附广西怀集地方法院原代电**

重庆司法院院长居钧鉴,设某机关招考录事(每名收报名费三元),有某甲入场领卷,作文数行,即潜带试卷出外,撕毁投之水中,湿烂成团,不堪复用,嗣被监试人员查悉,派警追缴,始将已毁残卷交出。此种行为,究应适用何项法条处断,有甲、乙两说。甲说,被毁试卷,系某机关所制备,其封面并印有某机关录事考试试卷字样,被人隐匿毁损,核其行为,对该机关即非不足以生损害,应构成《刑法》第三百五十四条之毁损罪。乙说,毁损之试卷,既系国家机关正式制备之物品,其封面并印有某机关录事考试试卷等字样,则该项试卷显属公务员职务上掌管之物品,公务员本于其职务,非仅对于该项试卷有监督之权,且与考试之关防及公务有关,该项试卷考试时虽已交与应考人。然试毕仍应由应考人当场缴回典试人员评阅,是事实上此时尚在典试及监试人员监督之中,乃被应考人员潜行携带出场毁损,不但侵害典监视人员之职责,抑且影响试卷数目之正确。况公务员在职务上掌管之物品,原不以公有为限,即私有之物或其他保管之物亦均属之(参照钧院院字第二三三七号解释),应构成《刑法》第一百三十八条毁损公务员职务上掌管之物品之罪。以上二说,究以何说为是,于法律适用,不无疑义,理合电请钧院迅赐解释饬遵。署广西怀集地方法院院长张世杰叩巳卅印

**院字第二八五三号**

**民国三十四年四月十八日　司法院指令湖南高等法院**

呈悉,业经本院统一解释法令会议议决,(一)司法警察官署移送案件违背《特种刑事案件诉讼条例》第三条第一项各款规定应行补正者,经法院通知补正而不为补正时,即系起诉程序违背规定,应于谕知不受理之判决后,移送检察官侦查。(二)司法警察官署移送之特种刑事案件,经审理结果认为系犯普通《刑法》上之罪,受理法院应于谕知不受理之判决后,移送检察官侦查。(三)特种刑事案内有普通刑事犯罪,其两罪间无《刑法》第五十五条、第五十六条之情形,自应分别依法审判,其于起诉时误为特种刑事之犯罪,经审理结果始发见上述情形,但辩论终结后,仍应各别判决。至其执行刑,俟两判决确定后,由检察官声请法院裁定之。仰即转饬知照。此令

**附湖南高等法院原呈**

案据署常德地方法院院长周星明本年一月十二日呈称,查办理特种刑事案件发生疑义,仰祈鉴核转请解释事,查(一)司法警察官署移送案件违背《特种刑事诉讼条例》第三条第一项各款规定,如依司法行政部三十三年十一月二十一日指叁字第一二七三八号指令,

通知原移送机关补正而不为补正时，是否得依《刑事诉讼法》第二百九十五条第一款谕知不受理之判决，移送检察官侦查，抑或由法院迳为实体上之裁判。（二）司法警察官署移送之特种刑事案件，经审查结果认为触犯普通《刑法》，此种场合，因司法警察官署无检察官职权，究应由法院迳送检察官侦查，抑应依《刑事诉讼法》第二百九十五条第一款谕知不受理后，移送检察官侦查。（三）检察官侦查起诉之特种刑事案件内有普通刑事，又无《刑法》第五十五条、第五十六条情形，同时辩论终结时，究应制作两判决，抑制作一判决，如应制作两判决，并合定其执行之刑，究在何判决内宣示，抑或应于两判决确定后，再由检察官声请以裁定定其执行之刑期。以上三项疑义，理合备文呈请钧院转请解释令遵，至为法便等情。据此，查所称各节，事关法律疑义，本院未便擅拟，理合备文呈请钧院鉴核，俯赐解释示遵。谨呈司法院院长居。湖南高等法院院长陈长簇

**院字第二八五四号**

**民国三十四年四月十八日　司法院复浙江全省保安司令电**

云和浙江黄兼保安司令鉴，丑敬电悉，兹经本院统一解释法令会议议决，（一）《妨害兵役治罪条例》第二条第一项所称，应服兵役之壮丁，系指年满十八岁至年满四十五岁而非免役、停役、禁役、缓征、缓召之壮丁而言，但仅有得缓征缓召之原因，而未经延缓征召者，仍包括在内。（二）介绍他人顶替应服兵役之壮丁者为介绍顶替兵役，其以他项助力对于顶替行为予以实施之便利者为帮助顶替兵役。（三）实施上开条例第十六条第一项之强暴胁迫因而致人普通伤害者，应只依同条项处断。（四）同条例第十七条之犯罪主体，以应服兵役之壮丁为限，但应注意《刑法》第三十一条第一项之规定，特覆。司法院巧一印

**附浙江全省保安司令原电**

渝司法院长居，（一）《妨害兵役治罪条例》第二条第一项所称，应服兵役壮丁是否包括年满十八岁至届四十五岁之一切壮丁，抑指以有免役、缓役、缓召、停役、禁役原因壮丁以外之壮丁而言？（二）同条例第十五条之介绍顶替兵役罪，与帮助顶替兵役之区别，其标准如何？（三）犯同条例第十六条第一项之强暴胁迫罪因而致人于死或重伤，固可依同条例第十八条规定加重处刑，但如未达重伤程度而仅止轻微伤害时，究应依《刑法》上之普通伤害论处，抑仍依《妨害兵役治罪条例》同条项处断？（四）同条例第十七条之犯罪主体，是否以应服兵役之壮丁为限，抑包括常人在内，谨电请迅赐释示。浙江全省保安司令黄绍竑丑敬法肖印

**院字第二八五五号**

**民国三十四年四月十八日　司法院复浙江全省保安司令电**

云和浙江黄兼保安司令鉴，寅佳电悉，兹经本院统一解释法令会议议决，《惩治贪污条例》第三条第一款抑留财物不发之罪，与《刑法》第一百二十九条第二项之罪不尽相同，应以

图利自己或第三人为要件,如其目的系在图利公库,即不成立该条款之罪(参照本院院字第一九九〇号解释)。至抑留军饷不发,既与克扣军饷有异,自亦应包括于本条款之内,又同条例第二条第六款所定各种犯罪行为,系以意图得利为共同要件,非仅对于扰乱金融而言,特覆。司法院巧二印

**附浙江全省保安司令原电**

渝司法院长居,《惩治贪污条例》第三条第一款抑留不发应行发给之财物,是否以图利为意思条件,并是否包括抑留不发军饷在内,又第二条第六条,(意图得利)是否为全款各犯行之共同条件,如仅对扰乱金融而言,则收募税捐等各行为,应否须有图利之目的而构成,均滋疑义,悬案待结,祈迅赐释示。浙江全省保安司令黄绍竑寅佳法臧印

**院字第二八五六号**

**民国三十四年四月十八日　司法院复军事委员会电**

军事委员会鉴,本年办四二政丑皓代电悉,四川省政府转请核示《保障人民身体自由办法》疑义一案,兹经本院统一解释法令会议议决,(一)《保障人民身体自由办法》第一条所称之有权逮捕人民之机关,系以依普通或特别法令具有审检职权者为限,同办法实施事项修正第一点甲、乙两项,根据上开原则,规定有权逮捕人民机关得逮捕或核准逮捕人民机关,既未将行政督察专员公署兼区保安司令部列举在内,自非该办法实施事项上所定之有权逮捕人民或核准逮捕人民之机关。(二)行政督察专员兼区保安司令者,关于特定事项,虽得行使司法警察官之职权,但司法警察官对于人民之拘捕,除现行犯、准现行犯或被通缉人外,应声请检察官签发拘票,并无迳行逮捕之权,更不能因有指挥监督管辖区域内司法警察官之职权,即认为有权逮捕人民。(三)行政督察专员兼区保安司令,并非直接施政之地方行政长官,对于烟毒人犯,自无审检职权,其因执行职务,知有烟毒罪嫌人犯,可本于行政权之作用,令饬所属兼理军法之县长,依法办理,不得迳行逮捕,特电复请查照饬知。司法院啸印

**附军事委员会原代电**

司法院据四川省政府三十四年二月六日代电称,据本省第十五区行政督察专员兼保安司令彭编代电称,顷奉三十三年九月民保三决字第〇九〇二七号训令,以《保障人民身体自由办法》,已核定实施事项饬即遵照一案等因,自应遵办,曷容多渎。惟于执行督察行政绥靖地方之职务上,常有必须迅速处置而应暂守秘密者,多不能及时电呈请示,若受该办法之限制,将必发生困难,影响治安,其奸宄盗匪,恐借此嚣张危害社会,兹将适用上项办法及实施事项疑义分陈于下,一、查《保障人民身体自由办法》实施事项一项乙款,依照上开办法第五条规定之范围,得逮捕或核准逮捕人民之机关,有省保安司令部,对于区司令是否可以比照属于有权逮捕机关之列?二、依照《刑事诉讼法》第二百零八条至第二百一十条执行司法警察职权,得逮捕人民之官员有县长、市长。查县长为专员兼司令有权指挥之人员并一般

行政及治安事宜,亦为直接监督长官,既县长执行司法警察职权系属有权逮捕人民,而专员兼司令是否有执行警察官长职权之身份仍属有权? 三、查禁烟案件,前奉转国民政府三十二年十月九日渝文字第六四八号训令,为国防最高委员会第一百十八次常务会议决议二项,川康两省业经特设之烟毒军法机关暂缓结束,至抗战终结时为止。是禁烟案件,本公署似属有权审判,对于烟毒人犯之逮捕,是否不受上开办法之限制? 以上三端,事关适用疑义,理合电请指示祗遵等情。据此,查一、《保障人民身体自由办法》实施事项,核定有权逮捕人民之机关,系采列举方式,并未将行政督察专员兼保安司令公署列入有权逮捕人民机关之内,似不能视为有权逮捕人民之机关,即原有法令规定,其有权逮捕人民依钧会暨行政院三十三年十月二十六日会衔训令之规定,此种权力亦应丧失。二、国家设官分职,各依其任务性质而赋予一定之职权,其有权指挥某项官吏者,未必即应同时其有被其指挥者之职权,刑诉法对于为司法警察官之人员,与上述实施事项同系采强行列举之规定,行政督察专员兼保安司令既不在其列举范围之内,似不能因其为有权指挥司法警察官之人即类推解释为有权逮捕人民之司法警察官。三、依《县长及地方行政长官兼理军法暂行办法》第一条第二项规定,前项之地方行政长官以直接施政者为限,行政督察专员并非直接施政之地方行政长官,似已无兼理军法之权。至钧会暨行政院训令颁发县长及地方行政长官兼理军法整顿原则四项,暨钧会三十年七月颁行《四川省烟毒案件处理暂行办法》,均有关于县长兼理军法之规定,而毫无及于行政督察专员兼保安司令者,似行政督察专员兼保安司令对于烟毒案件并无权审判,亦无权逮捕人犯。综上所陈,似属尚无疑义。惟揆之实际,对于办理紧急重大案件,有非县长权力所能及,而需专员协助时,则逮捕人犯之权,似专亦员应具有,以案关法律解释,理合电请核示祗遵等情。案关法律解释,相应电请查照,迅予核复凭办为荷。军事委员会办四二政丑皓印

**院字第二八五七号**

**民国三十四年四月十八日　司法院训令贵州高等法院**

据贵州高等法院第五分院上年戌铣代电,请解释普通或特种刑事案件,如第一审认定事实无不当,仅适用法律错误者,应如何办理到院,业经本院统一解释法令会议议决,(一)第一审判决认为普通刑事案件,经第二审审理结果认为所犯罪名系特种刑事案件,并以第一审认定事实并无不当者,第二审法院对于该案如有覆判权,应以其上诉作为声请覆判,进行覆判程序。(二)第一审判决认为特种刑事案件,经覆判法院审理结果,认为所犯罪名系普通刑事案件,并以初判认定事实并无不当者,该法院如有第二审管辖权,应以其声请覆判作为上诉,进行第二审审判,合行令仰转饬知照。此令

**附贵州高等法院第五分院原代电**

重庆司法院院长居钧鉴,查刑事案件第一审判决认为通刑事案件,第二审审理结果认为特种刑事案件,或第一审判决认为特种刑事案件,覆判法院审理结果,认为普通刑事案

件,如第一审认定事实均无不当,仅适用法律错误者,究应如何办理?事关法律疑义,理合电呈鉴核,迅赐解释示遵。贵州高等法院第五分院院长傅启奎叩戌铣印

**院字第二八五八号**

**民国三十四年四月十八日　司法院复安徽高等法院电**

安徽高等法院廖院长览,上年申冬代电悉,青阳县司法处所请解释一案,业经本院统一解释法令会议议决,乡镇公所非地方政府,无违警罚法第三十二条第一项第二款之违警处罚权。合电转饬知照。司法院啸印

**附安徽高等法院原代电**

重庆司法院院长居钧鉴,案据青阳县司法处本年七月四日代电略称,未设公安局地方之乡镇公所能否代行违警罚法第三十二条第一项第二款违警处罚权,请予解释等情。据此,事关法律疑问,本院未便擅拟,理合据情电请钧院解释示遵,以便转饬遵照。安徽高等法院院长廖江南申冬叩

**院字第二八五九号**

**民国三十四年四月十八日　司法院致内政部函**

据本院秘书处签呈称,准内政部三十三年十月二十一日渝警字第三七四八号公函,以乡镇公所是否仍有违警处罚权,抄同说明函请转陈解释等由,理合检同原函及附件,签请鉴核等情,兹经本院统一解释法令会议议决,乡镇公所无违警事件之管辖权,未设警察官署之乡镇地方发生违警事件,应报由附近之警察局所处理,无警察局所者,则由地方政府行使违警处罚权,相应函请查照。此致内政部

**附内政部原函**

案据贵州省警察训练所等,先后呈为违警罚法第三十二条所列各级警察官署外,于未设警察官署地方之乡镇公所,是否仍有权处理违警事件,拟请解释等情。据此,查乡镇公所有无执行违警罚法权限一案,本部曾经于二十九年九月七日咨各省市政府以依县各级组织纲要之规定,区警察所并非普遍设置,而乡镇公所既有警卫股之设,要未授权处理违警事件解释在卷。三十年三月钧院颁布之《县警察组织大纲》第四项亦规定,关于违警处罚以由县政府警察局区警察所处理为原则,但在距离辽远,交通不便地方,得授权乡镇公所办理,盖以当时环境正当全国实施新县制之始,认为得授乡镇公所以违警处罚之权。惟查违警罚法第三十二条第二项明白规定,在地域辽阔交通不便地方,得由警察分驻所代行违警处罚权,是国家政策不复规定乡镇公所再有违警处罚之权。查自新县制实施以来,乡镇公所警卫股主任多未能依照《县警察组织大纲》之规定,以训练合格之巡官或警长充任,甚或有将警卫股裁并于民政股者,其组织人事尤为简单,是事实上乡镇公所即不能运用违警罚法,且中央对乡镇公所委办事项过多,不仅无暇兼顾,甚且易滋弊端。兹当全国厉行法治之始,新违警

罚法为慎重人民权利起见，即警察派出所犹未赋予违警处罚权，乡镇公所当无论矣，惟于未设警察官署之乡镇地方发生违警事件时，乡镇公所除得加以劝告或禁阻外，得斟酌情形报由就近之警察局所处理，以资救济。以上意见是否有当，除分呈行政院鉴核外，相应抄同说明一件，函请查照转陈，统一解释为荷。此致司法院秘书处。内政部部长周钟岳

**院字第二八六〇号**

**民国三十四年四月十八日　司法院致国民政府军事委员会函**

案准贵会上年六月十六日办四二政字第五〇〇六五号公函，以据军政部呈，为公务机关招商筹办事项明知营业对方为公务人员而与之为商业行为，是否犯罪请核示一案，函请解释见复等由，准此，兹经本院统一解释法令会议议决，公务机关主管人员于该机关举办业务时招商筹办事项，仅知营业对方为公务人员而与其为商业行为，别无违法或失职情形者，尚不成立犯罪，亦不构成惩戒原因，相应函复查照饬知。此致国民政府军事委员会

**附国民政府军事委员会原函**

案据军政部（三十三）法核字第六三三四号呈称，查严禁公务员兼营商业一案，前奉钧会制定办法，无论前后方部队机关，应由其高级长官负责切实调查。如查有经商者，应按其情节轻重以军法严办，又《公务员服务法》第十三条规定，公务员利用权力公款或公务上之秘密消息而经营商业者，依《刑法》第一百三十一条处断各在案，查上项规定，系对于兼营商业之公务人员之处罚办法，但对于公务机关在举办业务时，凡有招商筹办事项，如果明知营业对方为公务人员而仍与其为商业行为者，其公务机关主管人员是否应予惩处，以及如何惩处之处，呈请核示等情。查案关法律解释，呈同前情，相应函请查照，迅予解释为荷。此致司法院

**院字第二八六一号**

**民国三十四年四月十八日　司法院致国民政府军事委员会函**

案准贵会本年一月二十二日法审（三十四）渝三字第一〇三九号公函，以据安徽全省保安司令代电，请核示汉奸案件适用法律疑义一案，函请解释见复等由，准此，兹经本院统一解释法令会议议决，汉奸甲勾结敌寇，设于沦陷区专事吸收我方物资之某洋行过付伪造或未经完成发行手续即被劫去之国家银行纸币，潜来后方以伪乱真，冀图从中取利而遂敌寇套取物资扰乱金融之目的。纵已触犯《修正惩治汉奸条例》之罪，但其使用该项纸币套取物资，系以诈术使人交付所有物，该物资即属赃物，应依法发还被害人，不在同条例第八条没收之列，相应函复查照饬知。此致国民政府军事委员会

**附国民政府军事委员会原函**

案据安徽全省保安司令李品仙三十三年十月二十一日法（三十三）酉世第九〇一八号代电称，据第六区专员公署三十三年九月二十九日法字第五四六号代电，请示法律疑义二

点到部。案关法律解释,理合抄同原件电请核示,俾便饬遵等情,附抄原代电一件。据此,案关请示法律疑义,相应录同原抄件,函请查照解释见复,俾便饬知。此致司法院

**附第六区专员公署原代电**

立煌安徽全省保安司令部兼司令李钧鉴,查汉奸甲勾结敌寇,设于陷区专事吸收我方物资之某洋行过付,伪造或未经完成发行手续即被劫去之国家银行纸币一大宗,潜来后方以伪乱真,冀图从中渔取巨利,而遂敌寇套取物资扰乱我方金融之目的,除其所持伪造及未经完成发行手续即被劫去之国家银行纸币,系供犯罪所用之物并无疑义外,关于其以该项纸币套取之物资,究为因犯罪所得之物,应依《修正惩治汉奸条例》第八条专科没收,抑为该汉奸之财产,而应依同条例第九条没收或查封之,兹有二说。甲说,谓因犯罪行为为取物之手段,而以由该手段取得其物为目的意思,例如因贿赂所收受之财物,因赌博所获之钱财,因贬卖所得之卖金,或因欺罔他人或强盗窃盗所得之物品等均是,以此例彼,则汉奸甲因通谋敌国扰乱金融所取得之物资,自亦不能例外。易言之,即其夺取之物资,无论是否系以该项纸币购买而来,要皆不能谓非因犯罪所取得之物,当然可依《修正惩治汉奸条例》第八条专科没收。乙说,谓不然所谓因犯罪所得之物,系仅以因犯罪直接所得之物为限,至若现实所得之物,与因犯罪行为所取得之物,仅有间接关系,纵令实系因犯罪所得之物,亦不得予以没收,例如以所窃之枪射得鸟兽,以所抢之网捕得鱼介,以及因售卖窃取物、侵占物、诈取物所得之价金,均不得没收。是本件汉奸甲所使用之前项纸币,系为其因通谋敌国扰乱我方金融所得之物,同时亦为违禁物,而以该项纸币所夺取购买之物资,按之上开说明,已非为因犯罪直接所得之物,而系属于其财产之一种。除已获案者应依《修正惩治汉奸条例》第九条第一项予以全部没收外,其未获案而经国民政府通缉或未获案而又未经国民政府通缉者,只得依同条第二项之规定,视情形宣告没收其财产之全部,或呈由中央军事最高机关核准查封其财产之全部或一部,此其一次。查如前例汉奸甲,于谕知科刑判决并宣告没收其财产后,在呈送覆核期间死亡,而复核结果,又将原判决撤销令饬更审,此际对于初判所宣告没收之财产,在法律上究应发生如何之效果,亦有二说。甲说,谓刑止一身为近代刑罚之原则,《修正惩治汉奸条例》虽于普通《刑法》为特别法,顾对于在审判中死亡之被告,须与普通司法裁判同,应适用《刑事诉讼法》第二百九十五条第五款,谕知不受理之判决,殊无二致。盖人一死亡,人格即归消灭,刑罪亦即失去主体,所犯之罪,既仅应仅就程序审查,即予谕知不受理,则无论主刑从刑,均因刑罚主体消灭,无从科处,且再就《修正惩治汉奸条例》第九条第一项既仅规定,犯第二条之罪者,没收其财产之全部,而未如同条例第八条末段设有不问属于犯人与否没收之之规定观之,益知第九条第一项所定之汉奸财产不能如第八条所定因犯汉奸罪所得或供犯罪所用或供犯罪预备之物之可以专科没收,即单独宣告没收,亦至显然。故该汉奸甲之财产,即因应谕知不受理之判决而不能对之有何处分,以免违背刑止一身之原则,对于继承人或第三人善意取得之权利有所损害。乙说,谓刑止一身,仅为普通《刑法》上之刑罚原则,《修正惩治汉奸条例》本系特别法,既于第九条设有没收查封汉

奸全部或一部财产之明文，即已明示并不适用是项原则。盖汉奸在生存中之财产，除其继承人因该汉奸将来死亡之停止条件发生所应享受之继承遗产利益外，即第三人就该财产当亦难谓毫无债权物权等关系，一旦宣告没收，受不利益者又何尝仅止该汉奸一人，从可知其不能因死亡而幸免没收。换言之，即同条例第九条所定没收或查封财产之处罚，并不将死亡之汉奸除外殊至显然，汉奸甲既系于谕知科刑判决，并宣告没收其财产后，在呈送复核期间死亡，虽因复核结果，将原判决撤销，令饬更审以致未臻确定。然在审判程序上以视同条例第九条第二项所定，未获案而经国民政府通缉，以及未获案而又未经国民政府通缉之汉奸，已胜一筹，同条项对于此项未获案之汉奸，尚曾定有单独宣告没收其财产全部或呈由中央最高军事机关核准查封其财产全部或一部之明文，则依论理解释，对于此等于谕知科刑判决并宣告没收其财产后确定前，死亡之汉奸甲之财产，并不因须于更审时谕知不受理之判决而受影响，仍应单独宣告没收其全部财产，又复何疑云云，此其二。以上为本署办案适用法律所发之问题，数说见解各异，莫衷一是，事关法律疑义，案悬待结，理合缕呈鉴核，俯予指示或转请解释，指令祇遵。

**院字第二八六二号**

**民国三十四年四月十九日　司法院咨行政院**

案准贵院本年三月十六日平捌字第五三七〇号咨，以《军法人员转任司法官条例》第二条适用疑义，咨请解释见复等由，准此，兹经本院统一解释法令会议议决，《军法人员转任司法官条例》第二条，系将各级军法官与其他职掌军法裁判之人员并列，各级军法官以外之人员诚须职掌军法裁判者，乃为军法人员，若各级军法官，则不问其是否职掌军法裁判，均为军法人员，相应咨复查照。此咨行政院

**附行政院原咨**

查《军法人员转任司法官条例》第二条规定，本条例所称军法人员为各级军法官及其他执掌军法裁判之人员，本条例所称军法官，是否专指担任审判之军法官而言，抑包括其他职务之军法官，如主办复核纂修法规解答法令统率行政等军法人员在内。事关适用法律疑义，相应抄同有关文件，咨请查照解释见复，以便办理为荷。此咨司法院。行政院院长蒋中正、代理院长宋子文

**附司法行政部原呈**

案奉钧院三十三年十月二十七日义捌字第二四七六三号训令，饬迅速会同军法执行总监部将军法人员转任司法官审查成绩规则拟订呈核等因，遵经拟具《军法人员转任司法官审查成绩规则草案》十条，咨请军法执行总监部核复在案，兹准本年元月二十八日法(三十四)高渝字第七八号函，以军法人员并非全部担任审判如主办复核纂修法规解答法令统率行政，往往审判案件尤为重要，自无判词可送，兼以军法人事，现正筹议统一，核转机关亦不宜纷歧。至审查结果，无论合格与否，似宜均有明晰表示，开列修改意见，请查核办理等由。

查军法执行总监部对于本部原草案条文拟加修正者计有五条,其第二条、第八条、第九条、第三条关于统一核转机关及增加第二项似均可照原意见酌予修正,第五条所拟增加铨叙部简任职员一款。查军法人员经铨叙部登记合格者,须检送登记合格之证明文件,本草案第三条已有规定,将来任用为司法官时,仍须依通常程序转送铨叙部审查资格。至办案成绩之审查与一般司法官之成绩审查性质相同,向无铨叙部职员参加,本条似无修正之必要。又第三条于判词之外增入或其他文稿与著作等,系以军法人员并非全部担任审判为理由。惟依《军法人员转任司法官条例》第二条规定,似以执掌军法裁判之人员为范围,原函列举之主办复核纂修法规解答法令统率行政各项人员,是否本条例所称之军法人员?事关法令解释,本部未便擅议,理合缮同本部所拟原草案及军法执行总监部修改意见,呈请钧院鉴核

**院字第二八六三号**

**民国三十四年四月十九日　司法院咨行政院**

案准贵院本年二月一日平捌字第二四一六号咨,以据司法行政部呈请解释《营业税法》适用疑义一案,咨请解释见复等由,准此,兹经本院统一解释法令会议议决,凡以营利事业为目的之事业,除农业外均应征收营业税,为《营业税法》第一条所明定,即短期或一时之营利事业,依同法施行细则第十九条亦同在征税之列,初不以其有无商号而异。至违反《营业税法》应受处罚之主体,依该法所定,虽均冠以商号字样,但应纳营业税之营业者,于营业开始时本应依同法第二条将其商店名称声请征税机关调查登记,发给营业税调查证,方得营业,否则应依第十五条第一款处罚,故法文即以商号为处罚之主体,并非营业而无商号即可避免该法之适用。来文所称之船主贩运肥皂,自系以营利为目的之事业,如不合于《营业税法》第五条各款免税之情形,纵未将商店名称声请登记发给营业税调查证,其违反《营业税法》,以图逃税,仍应查照该法第十五条至第十八条各规定,分别处罚,即令依法应行免税,而不请领免税调查证,亦应依同法第十五条第二款处罚,相应咨复查照饬知。此咨行政院

**附行政院原咨**

案据司法行政部本年一月二十四日呈刑字第六五号呈称,案据四川高等法院呈,据资中地方法院呈称,准西川税务管理局资中直接税分局函请处罚船主贩运肥皂案件,略谓该船主所运肥皂,发生营业行为应照《营业税法》第一条之规定,完纳营业税。该船主既未经纳税,自应按照同法第十八条处罚,经查《营业税法》之处罚,纯系指明商号而言,船主贩运肥皂并无处罚明文,究应如何办理,转请令遵等情到部,查《营业税法》之处罚,虽多系指商号而言,但遇有不设商号营业之漏税者,若无处罚办法,似亦易滋流弊。究竟此项不设商号营业之漏税者,能否依《营业税法》处罚,并依何条处罚,事关适用法律疑义,且与税收有关,理合呈请钧院鉴核,俯赐转请司法院解释示遵等情。据此,案关适用法律疑义,相应咨请查照见复为荷。此咨司法院

**院字第二八六四号**

**民国三十四年四月十九日　司法院指令湖北高等法院**

呈悉,业经本院统一解释法令会议议决,(一)《军机防护法》施行期间既经国民政府命令延长,在该法施行后三十三年九月二十一日前犯同法所载各罪者,仍适用同法处刑。(二)原为特种刑事案件,第一审法院适用普通诉讼程序办理,经当事人上诉后第二审法院审理结果,如第一审判决仅系适用法律错误而其认定事实并无不当者,如第二审法院对于该案有覆判权,即应以上诉作为声请覆判,进行覆判程序,否则仍依第二审程序将原判决撤销,并于判决理由内指示原审法院应依特种刑事案件诉讼程序办理。仰即转饬知照。此令

**附湖北高等法院原呈**

案据本院第一分院呈称,查《军机防护法》前次延长日期为三十二年三月二十日算至三十三年三月十九日即已满期,此次延长日期为三十三年九月二十一日是否紧接三月十九日满期之日期,不无疑义,如非紧接满期之日期而另自三十三年九月二十一日起算,则自三十三年三月二十日满期后至同年九月二十日之《军机防护法》效力似应中断,凡在中断期间,所犯同法各罪,应否适用同法处断,此应请示者一。本为特种刑事案件,第一审认为普通刑事案件,依普通诉讼程序审判,经当事人提起上诉后,第二审可否依特种程序办理,如得改依特种程序办理,则其上诉之提起可否视为覆判之声请,以后即不得声请再覆判,此应请示者二。以上二点,理合具文呈请核示祇遵等情。据此,查《军机防护法》于二十二年四月一日施行,其施行期间历经延长至去年三月二十一日届满,此次命令延长之日为九月二十一日,在此四月一日至九月二十日之期间,该法效力是否中断,实不无疑义。惟查国府渝文字第三七一号训令,既称延长,则该法效力似未中断,又依法应适用特种刑事审判程序之案件,第一审误依普通程序办理,或第一审办理后经当事人于十日内提起上诉者,第二审法院如为覆判法院时,似应即认该上诉为覆判之声请,迳予覆判。如非覆判法院时,似应以判决驳回其上诉,并以监督职权命令原审法院移送覆判。案关法律疑义,未敢擅专,理合呈请鉴核,迅示祇遵。谨呈司法院院长居。湖北高等法院院长郗朝俊

**院字第二八六五号**

**民国三十四年四月十九日　司法院复广西高等法院**

广西高等法院申院长览,子寝文代电悉,天保县司法处所请解释一案,业经本院统一解释法令会议议决,水银仅系雷汞所含成分之一种,其本体亦无类似雷汞之爆裂性,自非《刑法》第一百八十六条所称之爆裂物,合电转饬知照,司法院效印

**附广西高等法院原代电**

重庆司法院院长居钧鉴,案据天保县司法处三十三年十一月法字第五四七号梗代电称,查职处受理欧觉群走私水银二十余斤一案,查水银即汞,在《刑法》第一百八十六条只有

雷汞二字。据医院解释,雷汞系液体爆炸物品,水银不过是其中一部分。询诸查征机关,亦谓无明文可据,不知可否根据《刑法》第一百八十六条判处,抑如何办理,悬案以待,特电请转请解释示遵等情。据此,案关法律适用疑义,本院未便擅拟,理合据情转请钧院解释示遵。署广西高等法院院长申守真呈子寝文印

**院字第二八六六号**

**民国三十四年四月十九日 司法院复四川高等法院第一分院电**

四川高等法院第一分院孙院长览,本年二月鱼代电悉,所请解释一案,业经本院统一解释法令会议议决,因违背印花税法被处罚锾之抗告人,于经抗告法院驳回抗告送达裁定后,始提出有漏未审酌之有利证据,声请撤销原裁定于法无据,应予驳回。合电知照。司法院效印

**附四川高等法院第一分院原代电**

司法院院长居钧鉴,查对于抗告法院之裁定,不得再行抗告,司法机关依印花税法科罚及执行规则第四条第二项定有明文,倘抗告法院对于违反印花税法之案件业经裁定,维持原法院科罚之裁定,将抗告人之抗告驳回,于送达后该抗告人提出有漏未审酌之有利证据,声请撤销裁定谕知不罚,惟此项裁定既非确定判决,不能请求再审,又非显然违法,与院字第五七一号解释之情形不同,究应如何救济,以符法意,理合电请钧院解释示遵。四川高等法院第一分院院长孙鸿霖叩鱼印

**院字第二八六七号**

**民国三十四年四月十九日 司法院复贵州高等法院电**

贵州高等法院李首席检察官览,寅元检正代电悉,所请解释一案,业经本院统一解释法令会议议决,县长甲,于盗匪攻城时,不尽其应尽责任,弃城逃亡者,应成立《刑法》第一百二十条之罪。合电知照。司法院效印

**附贵州高等法院原代电**

司法院院长居钧鉴,设有某县长于盗匪攻城时,不尽其应尽责任,弃城逃亡者,应否依《刑法》第一百二十条处断,有甲、乙二说。甲说,《刑法》第一百二十条之罪,立法本意,系指对外战争,有守土职责之公务员,不尽其应尽之责,委弃守土,结果丧权辱国者而设。国内盗匪攻城,县长不尽责任,弃城逃亡者,不包括在该条之内。乙说,《刑法》第一百二十条,仅规定公务员不尽其应尽之责,委弃守土,为构成犯罪要件,并未有限于对外战争之明文,自应广义解释,不论对外战争,抑对内遭遇事变,苟合于该条规定者,即应依该条处罚,从而县长于盗匪攻城时,不尽其应尽责任,弃城逃亡者,当然包括于该条之内。两说未知孰是,事关法律适用疑义,理合电请钧院鉴核,迅予指令遵行。贵州高等法院首席检察官李学灯叩寅元检正印

**院字第二八六八号**

**民国三十四年四月二十日　司法院指令贵州高等法院**

呈悉，业经本院统一解释法令会议议决，检察官认被告系犯特种刑事法令法条罪嫌而起诉之案件，经原审法院审理结果，认系触犯普通《刑法》上之罪名，依照通常刑事程序论处罪刑，检察官不服，提起第二审上诉后，第二审法院如认原审法院所为判决并无不当，即应驳回上诉。如确系触犯特种刑事法令罪名，而第一审判决认定事实为不当者，则应适用《刑事诉讼法》第三百六十一条第一项前段，《特种刑事案件诉讼条例》第一条将原判决撤销，并于判决理由内指示第一审法院应依特种刑事诉讼程序审判。假使第一审判决认定事实无不当，而所犯确为特种刑事罪名，仅适用法律错误者，虽第一审系依普通刑事程序办理，如第二审法院有覆判权，仍应认该上诉为声请覆判，进行覆判程序。至第一审以其行为不成立犯罪，适用普通刑事程序谕知无罪，经检察官上诉者，亦应认为声请覆判，依覆判程序办理，仰即知照。此令

**附贵州高等法院原呈**

查《特种刑事案件诉讼条例》第七条规定，对于依本条例所为之判决，不得上诉，但得声请覆判，设有检察官依特种刑事法令起诉之案件，经初审法院审理结果，认为系犯普通《刑法》之罪，依普通刑事诉讼程序办理，或谕知无罪，检察官依《刑事诉讼法》提起上诉是否合法，抑应声请覆判？如第二审法院认初审判决并无不当时，是否为驳回上诉之判决？反之，认初审法院不依特种刑事法令判处罪刑，显有不当时，应如何裁判，是否依《刑事诉讼法》第三百六十一条第一项前段规定，撤销原判决，援用特种刑事法令，自为判决，抑依《刑事诉讼法》第三百六十一条第一项前段、第二百九十五条第六款，谕知不受理之判决，或依本条例第二十二条第一项但书规定，以判决发回原审法院，更为审理？案关法律疑义，理合呈请鉴核示遵。谨呈司法院院长居。贵州高等法院院长刘含章

**院字第二八六九号**

**民国三十四年四月二十日　司法院训令广东高等法院**

据广东高等法院第六分院，上年七月二十九日第一〇九四号呈，以《盐专卖条例》及《刑事诉讼法》等疑义，请解释示遵等情到院，业经本院统一解释法令会议议决，(一)已失效之《盐专卖暂行条例》第三十二条规定，系指贩运或售卖私盐量在五百市斤以上者，应依第三十一条为没收及罚锾之处分，并依本条论处罪刑，自应并予处罚，虽前项罚锾依第五十一条规定，亦由法院以裁定行之，但其性质仍属行政罚，与第三十二条所定之刑罚不同，不能认为包括于刑罚之内不予另处罚锾，现行《盐专卖条例》第三十三条、第五十六条，亦应为同一之解释。(二)《刑事诉讼法》第三百六十三条，属于第二审程序之特别规定，不以同法第二百九十八条所定情形为限，凡被告经合法传唤，无正当理由不到庭者，无论为有利或不利于

被告之谕知,均得不待其陈述迳行判决。合行令仰转饬知照。此令

**附广东高等法院第六分院原呈**

查贩运或售卖私盐,其数量在五百市斤以上者,依《盐专卖条例》第三十一条,得处以照私盐量按当地盐价一倍至五倍之罚锾,而私盐量在五百市斤以上者,依同条例第三十二条,应视其为五百市斤以上,二千市斤以上,或五千市斤以上,分别处有期徒刑,或拘役,法文规定甚明。惟私盐量在五百市斤以上者,除依照此项条款治罪外,应否仍依前条之规定,处以罚锾,则不无疑义,兹有两说。子说,私盐量在五百市斤以上者,既应依第三十二条治罪,自不能再依前条另处罚锾,且第三十二条所谓依前条处分,系指没收私盐等行政处罚而言。参之三十二年院字第二四四五号及第二五三二号解释,当然不能认为包括罚锾在内,故无再适用第三十一条处以罚锾之余地。丑说,谓同条例第三十三条载,制盐人有前二条之行为者,除依前二条处分外,并没入其制盐器具,及撤销其制盐许可证等语,是制盐人有贩运私盐行为,固须依第三十一条或第三十二条处以罚锾或治罪,而第三十三条既统言依前条处分,似罚锾或治罪,均包括在处分之内,故私盐量在五百市斤以上者,除依第三十二条治罪外,仍应依第三十一条处以罚锾,此应请解释者一。又查《刑事诉讼法》第三百六十三条载,被告经合法传唤,无正当理由不到庭者,得不待其陈述而为判决等语。倘第一审所为判决,系谕知被告无罪,而第二审认定被告犯罪,应处有期徒刑以上之刑,此际被告不到庭,能否不待其陈述而为判决,亦有两说。子说,谓前开法条系第二审程序中之特别规定,明示不受同法第二百九十八条之限制,故无论第一审判决,是否谕知无罪,第二审均可不待被告陈述,改判有期徒刑以上之罪刑。丑说,谓《刑事诉讼法》第三百六十三条之规定,似系指被告在第一审,已受徒刑以上刑之谕知,而在第二审不到庭者,始能适用。观诸同法第二百九十八条规定,以被告受拘役、罚金或免刑无罪之案件为限,旨在慎刑,而第二审对于原判无罪之被告,不待其到庭陈述,而为有期徒刑以上刑之谕知,似与立法慎刑之意不合,故不能援用同法第三百六十三条之规定,迳行判决,此应请解释者二。事关适用法律,发生疑义,理合备文呈请钧院俯赐解释示遵,实为公便。谨呈司法院院长居。署广东高等法院第六分院院长卜廷枚

**院字第二八七〇号**

**民国三十四年四月二十日　司法院致财政部函**

案准贵部恩施税务征收局,上年九月二十四日电,以商人应纳所利得税,确经依限纳库,惟以昧于报告税收手续,致被裁定处罚,可否提出纳税证据,依《刑事诉讼法》第四百十三条第一项第六款之规定,声请再审,或另有救济办法,恳赐解释电复等情到院,兹经本院统一解释法令会议议决,商人应纳之所利得税,业经依限缴纳,而税局因未受国库通知,误为滞纳,送经法院裁定处罚后,该商人既未依限抗告,原裁定即属确定,乃于法院执行时,始提出纳税证据,请求免罚,自属不应准许,此项裁定科处之罚锾,系属行政罚,与刑罚

不同,原裁定确定后,不得适用《刑事诉讼法》,关于再审之规定,相应函请查照饬知。此致财政部

**附财政部恩施税务征收局原电**

歇马场司法院钧鉴,商人应纳所利得税,确经依限纳库,惟以昧于报告税收手续,及国库未依限通知税局,致税局误以滞纳送法院,法院又未传讯调查,迳予裁定处罚,事后商人只向税局声明,未依限抗告,于法院执行时,始提出纳税证据,请求免罚。查此种含有处罚性之裁定,似应准适用《刑事诉讼法》第四百十三条第一项第六款之规定,声请再审,以资救济,或另有其他救济办法,恳赐解释,并请电复。财政部恩施税务征收局叩

**院字第二八七一号**

**民国三十四年四月二十日　司法院咨行政院**

案准贵院上年九月二十五日义壹字第二〇三二号咨,以《惩治汉奸条例》第九条第三项适用疑义,咨请解释见复等由,准此,兹经本院统一解释法令会议议决,经国民政府通缉,而未获案之汉奸罪犯,其财产已由中央最高军事机关,依《修正惩治汉奸条例》第九条第三项规定,核准查封者,查封后之处置方法,应视将来裁判之结果而定。又同条例第二条之汉奸罪犯,如未经国民政府通缉,及中央最高军事机关核准查封财产前,即遭格毙,如无其他法定原因,不得查封拍卖,相应咨复查照。此咨行政院

**附行政院原咨**

查《惩治汉奸条例》第九条第三项规定,前项未获案之罪犯,未经国民政府通缉者,得由中央最高军事机关核准,查封其财产之全部或一部各等语。惟查封后之财产,如何处置,该条例并无明文规定,又该项犯罪之财产,在未经国民政府通缉,及中央最高军事机关核准查封以前,即遭格毙,其财产究应如何处分,亦无明文规定,可否准予拍卖?事关法律适用疑义,相应咨请查照解释见复。此致司法院。行政院院长蒋中正

**院字第二八七二号**

**民国三十四年四月二十一日　司法院复四川高等法院第一分院电**

四川高等法院第一分院孙院长览,上年十二月巧代电悉,所请解释一案,业经本院统一解释法令会议议决,第一审法院将特种刑事案件,误用通常程序审判后,经当事人提起上诉,第二审法院审理结果,如第一审认定事实,并无不当,而所犯罪名,确系特种刑事案件,且第二审法院,对于该案,又有覆判权者,即应以其上诉,作为声请覆判,进行覆判程序,除提审或莅审者外,应以书面审理。合电知照。司法院马印

**附四川高等法院第一分院原代电**

司法院院长居钧鉴,查《特种刑事案件诉讼条例》业已施行,第一审法院将特种特刑事案件用通常诉讼程序审理判决后,经当事人提起上诉,第二审法院究应为如何之判决,并是否

应不经言词辩论,法无明文,理合电请解释示遵。四川高等法院第一分院院长孙鸿霖巧印

**院字第二八七三号**

**民国三十四年四月二十一日　司法院致航空委员会函**

案准贵会上年十月二十日人法二甲渝发字第二三四七号公函,以汽车零件,能否认为战时军律所指称之重要军用品疑义,函请解释见复等由,准此,兹经本院统一解释法令会议议决,装配军用汽车之零件,如非有该装配足使失其效用者,自属军用重要物品,相应函复查照。此致航空委员会

**附航空委员会原函**

查本会所属厂库器材,在抗战期间,自得一律视为纯粹军用品,可援用《关于窃盗兵工厂制造物品治罪办法》,业经三十二年九月四日国民政府渝文字第五六二号训令饬遵有案,至本会各汽车修理所存储之军用汽车零件,自应包括在内。惟汽车零件,曾经军事委员会三十年十月二十五日法审(三〇)渝三字第一二〇一四号代电谓,尚难认为于军事上有直接效用,与上开训令显有抵触。按照从新主义原则,此项代电,自难适用。查汽车零件,为军运车辆时需换用之件,值兹战事紧张,军运浩繁,此项零件,国内多无制造补充之厂所,均须求之国外,而国外运输又异常困难,来源不易,实属异常珍贵。惟能否认为战时军律所指称之重要军用品,不无疑义。案关法令解释,悬案待结,相应函请贵院查照,希烦迅予解释见复为荷。此致司法院

**院字第二八七四号**

**民国三十四年四月二十八日　司法院复湖南高等法院电**

湖南高等法院邓首席检察官览,本年三月删代电悉,所请解释一案,业经本院统一解释法令会议议决,《盐专卖条例》第三十二条所谓之售卖,包括实物互易在内,如于政府凭证授盐之地方,将凭证购得之节积余盐,私自移出,易谷米自食,应按照同条例第六条第四款依第三十二条之规定办理。合电知照。司法院勘印

**附湖南高等法院原代电**

司法院院长居钧鉴,查由政府已限定凭证计口授盐之地方,私自移出者,为私盐贩运,或售卖私盐,或随身夹带私盐之处罚,《盐专卖条例》第六条第四款、第三十二条均有明文规定,如于凭证购盐后,节积余盐携赴邻县,易谷米自食,应否认为售卖私盐,或夹带私盐,颇滋疑义,理合电请钧院解释示遵。湖南高等法院首席检察官邓静安叩删印

**院字第二八七五号**

**民国三十四年四月三十日　司法院致行政院函**

案准贵院上年九月二十八日义捌字第二〇八五六号公函,以据四川省政府呈请解释,

囤积食盐事件，适用法律疑义一件，函请解释见复等由，准此，兹经本院统一解释法令会议议决，(一)非经营商业之人，或非经营本业之商人，于地方官署公告后，仍复大量囤积食盐，其盐之来源，不能证实为私盐，而系平日零星囤存者，为《非常时期取缔日用重要物品囤积居奇办法》第十八条第一款之囤积行为，不包含抬价出售在内。其并有抬价出售情形时，依同办法第四条第一项，应成立同办法第十八条第二款囤积居奇之罪。至《盐专卖条例》第四十五条(已失效之《盐专卖暂行条例》第四十四条)之处罚，系以未经政府许可，而擅自经营销盐业务为条件，非经营商业之人，或非经营本业之商人，若无上述情形，仅系私自囤积居奇，即不能遽依该条处罚。又同条例第四十六条第一项(已失效之《盐专卖暂行条例》第四十五条)所禁止之抬价出售食盐，应以经营销盐业务之人为限，其非经营商业之人，或非经营本业之商人，抬价出售其所囤存之食盐，亦无适用该条处罚之余地，虽经营本业之商人，而有囤积居奇行为时，依同办法第三条第三款，系同时触犯同办法第十八条第二款及失效之《盐专卖暂行条例》第四十五条之罪，原应适用《非常时期农矿工商管理条例》第三十三条从较重之法条处断，但现行之《盐专卖条例》第四十六条仅就此定有行政罚，并未定有刑罚，自不发生上述问题。(二)《非常时期取缔日用重要物品囤积居奇办法》及《盐专卖条例》(已失效之《盐专卖暂行条例》)所定之罚则，均包括有行政罚及刑罚二种(来问以该办法所为处罚，均属行政罚，殊有误会，参照同办法第十八条及《非常时期农矿工商管理条例》第三十一条自明)。同一囤积居奇行为，自《盐专卖条例》施行后，已无同时触犯上开办法及条例刑罚之情形，参照(一)项说明，同一囤积居奇行为，同时触犯上开办法及条例行政罚，或同时触犯上开办法及条例所定刑罚及行政罚者，应予分别处罚，但同一物品，已经甲机关没收者，乙机关不得再予没收。(三)《非常时期取缔日用重要物品囤积居奇办法》，系属《妨害国家总动员惩罚暂行条例》第四条前段所称之法令，同办法第十八条载，向法院检举惩治云云，亦即关于审判机关之规定，同办法第六条所载，执行取缔检查及处分之地方主管官署，不得认为《妨害国家总动员惩罚暂行条例》第四条所称审判机关及程序之规定，一行为同时触犯《非常时期取缔日用重要物品囤积居奇办法》及《妨害国家总动员惩罚暂行条例》之罚条时，其应依何法规处断，及应由何机关审判，已见本院院字第二六四八号解释，相应函复查照饬知。此致行政院

**附行政院原函**

据四川省政府三十三年九月二十一日秘一字第一三四四一号呈称，案据四川省物价管制委员会签称，非经营商业之人，或非经营本业之商人，于地方官署公告后，仍复大量囤积食盐，其盐之来源，不能证实其为私盐，而系平日零星囤存者，究应适用《盐专卖暂行条例》，抑应适用《非常时期取缔日用重要物品囤积居奇办法》处理，请予解释前来等情。查所举情形，依《非常时期取缔日用重要物品囤积居奇办法》第二条丁款规定，与同办法第十八条第一款规定，固属完全相合。惟此种囤积行为是否尚包含抬价出售行为，如包含抬价出售行为，是否尚构成《盐专卖暂行条例》第四十四条及第四十五条之处罚条件，此其疑问者一。

次查依非常时期取缔日用重罚部分者,又应如何办理,此其疑问者二。再查《妨害国家总动员惩罚暂行条例》第二条规定,本条例公布前,已经颁行之经济管制法令,有处罚较重之规定者,依其规定,第四条规定,关于管制动员物资及业务,其他法令已规定审判机关及程序者,仍依其规定,《非常时期取缔日用重要物品囤积居奇办法》是否可认为此处所称之法令?同办法第六条,对于地方主管官署,执行取缔检查及处分之规定,是否可认为此处所称审判机关及程序之规定?如可认为此处所称之法令,及此处所称审判机关及程序之规定,则如有同一行为,同时触犯《非常时期取缔日用重要物品囤积居奇办法》,及《妨害国家总动员惩罚暂行条例》,依同条例第二条规定,应依同条例处罚,依第四条规定,应依上开办法规定之机关处分,究应如何办理,此其疑问者三。事关法令之疑点,本府碍难解答,理合呈请钧院鉴核,转咨司法院解释示遵,等情。据此,案关适用法律疑义,相应函请查照解释见复为荷。

**院解字第二八七六号**

**民国三十四年五月四日　司法院复航空委员会电**

航空委员会鉴,上年十一月人法一甲渝发第二五六〇号代电悉,业经本院统一解释法令会议议决,(一)军用被服,关系军事上之供给,虽应认为军用物品,但其重要性,不能与枪弹粮饷同视,自不属于战时军律第十条及第十四条第七款所称之其他重要军用物品。(二)无权逮捕普通人民之军法机关,对于已经受理之战时军律第十六条,或其他法条所列之非军人案件,及仍归军法审判之烟毒案件,传讯非军人被告,发觉其犯罪。又《特种刑事案件诉讼条例》施行后,军法机关对于无权逮捕之人民,因军人犯罪传讯,发觉其有共犯或其他犯罪嫌疑者,应即依法移送有管辖权之机关办理,不得予以羁押,特电复请查照。司法院支印

**附航空委员会原代电**

司法院公鉴,查本会受理军法案件,发生下列两项疑问,(一)军用被服,是否属于重要军用物品,有二说焉。甲说,谓粮食被服,在《陆海空军刑法》第一〇四条,虽均列为军用品,但《中华民国战时军律》第十条及第十四条第七款,于重要军用品之上,仅列举械弹粮饷,而不及被服,足征被服不及粮饷之重要,自不能谓为重要军用物品。乙说,谓被服粮饷,同为供军事上效用之物品,本难有所轩轾,且值兹抗战期间,关于被服之供应,实较粮饷尤为困难,更不能谓非重要,再公款系属重要军用物品,早经军事委员会二十九年法审(二十九)渝一字第五一〇七号及第八三三九号令知在案,则被服自应属其他重要军用物品之列。以上二说,未知孰是。(二)无权逮捕普通人民之军法机关,对于已经受理之战时军律第十六条或其他法条所列之非军人案件,及仍归军法审判之烟毒案件,传讯非军人被告,发觉其犯罪,认为有羁押必要时,可否予以羁押?又《特种刑事案件诉讼条例》施行后,军法机关,对于无权逮捕之人民,因军人犯罪案传讯,发觉其有共犯或其他犯罪嫌疑,认为有羁押时,可

否予以羁押，再行依法移送有权审判机关办理？事关法律疑义，相应电请解释见复为荷。航空委员会筱人法一甲渝印

**院解字第二八七七号**

**民国三十四年五月十四日　司法院致国民政府军事委员会函**

案准贵会本年四月十三日法审(三十四)渝四字第四四七〇号公函，以据兼浙江全省保安司令电，请示《惩治贪污条例》第二条第六款，意图得利及违背法令疑义一案，请迅赐解释见复等由，准此，兹经本院统一解释法令会议议决，《惩治贪污条例》第二条第六款之违背法令，收募税捐公债，或擅提截留公款各罪，均须有图利之目的，始能成立，至该款之违背法令，与擅提截留公款并不连贯，相应函复查照饬知。此致国民政府军事委员会

**附国民政府军事委员会原函**

案据兼浙江全省保安司令黄绍竑寅帑法电称，查《惩治贪污条例》第二条第六项违背法令，收募税捐公债或擅提截留公款，是否均须有图利之目的，始能构成？又违背法令，是否包含提截公款在内，乞示等情。案关法律疑义，相应函请查照，迅赐解释见复，以凭饬遵。此致司法院

**院解字第二八七八号**

**民国三十四年五月十四日　司法院致行政院函**

案准贵院本年二月二十三日平捌字第二八一五号公函，以据司法行政部呈，转请解释执行刑期一案，函请解释见复等由，准此，兹经本院统一解释法令会议议决，(一)某甲犯子、丑两罪，经分别判处无期徒刑及有期徒刑二年六月，确定后经法院依减刑办法就无期徒刑部分减为有期徒刑十五年，就有期徒刑部分减为有期徒刑一年三月，此两项裁定，既已分别确定，即系具有《刑法》第五十三条所载之情形，应由审理事实最后法院之检察官，依《刑事诉讼法》第四百八十一条声请该管法院适用《刑法》第五十一条第五款，定其应执行之刑。(二)某乙犯寅卯两罪，经先后判处有期徒刑七年及二年六月，至执行时，经法院就该两罪分别依减刑办法裁定减刑，此两项裁定既已分别确定，亦系具有《刑法》第五十三条所载之情形，应依上开说明办理，相应函复查照饬知。此致行政院

**附行政院原函**

据司法行政部三十四年二月十日呈(叁)字第一一一号呈称，案据四川高等法院首席检察官林超南三十四年一月十八日检纪丁字第五九号呈称，案据署四川大竹地方法院检察官兼行首席检察官职务印铭贤，三十三年十二月二十六日检字第四九一号呈称，窃职接任前任移交卷内，有执行上疑义二点，请求指示。(一)某甲于民国三十一年犯子罪，判无期徒刑，褫夺公权终身，在判决未确定前，该甲又犯丑罪，判处有期徒刑二年又六月，判决确定后，分别裁定减刑，子罪减为有期徒刑十五年，丑罪减为有期徒刑一年三月，均已确定。查

甲所犯子罪,原处无期徒刑,依《刑法》第五十一条第四款规定,不执行丑罪之刑。现甲所犯子罪,已裁定减为十五年,丑罪裁定减为一年三月,现在该甲除执行有期徒刑十五年外,是否尚须执行丑刑之一年三月。(二)某乙于民国三十一年犯寅罪,判处有期徒刑七年,在判决未确定前,该乙复犯卯罪,判处有期徒刑二年又六月,某乙执行时,原应依照《刑法》第五十条、第五十一条、第五十三条规定,先裁定其应执行之刑,然后再依减刑办法,裁定减刑。现某乙所犯之寅卯两罪既分别裁判确定,并未裁定其应执行之刑,而自减刑办法施行后,又已分别裁定减刑确定在案,现在如欲依法办理,似应先就原裁判声请裁定应执行之刑,然后再声请减刑,但已确定之减刑裁定,应如何撤销,尚无法条根据。若依寅卯原已确定之减刑裁定分别执行,于法又有未合,究竟该乙所犯之寅卯两罪,应如何执行,均多疑义,理合具文呈请钧座鉴核指示,或转呈司法行政部指示,谨呈等情。据此,事关法律疑义,职处未便擅专,理合具文转请钧部鉴核指示饬遵等情。据此,事关法律疑义,理合具文转请钧院鉴核,转送司法院解释,以资遵循等情到院,案关适用法律疑义,相应函请查照解释见复,以便饬遵。此致司法院

**院解字第二八七九号**

**民国三十四年五月十四日　司法院训令湖南省政府**

据湖南省政府洪江行署代电,以处理诉愿案件,适用法律疑义,电请核示等情。据此,业经本院统一解释法令会议议决,受粮政机关公务员某甲委托代购军粮之商人某乙,虽因其与某甲共同舞弊而有赔偿亏欠之责任,该机关仍须对于某乙得有执行名义,乃得声请司法机关为强制执行,若自行查封某乙之财产,函由某县政府以行政处分予以拍卖,则某乙依法提起诉愿时,受理诉愿官署自应将原处分撤销。合行令仰转饬知照。此令

**附湖南省政府洪江行署原代电**

重庆司法院院长钧鉴,查有粮政机关公务员某甲,委托商人某乙代购军粮,与其共同舞弊,事发甲畏罪潜逃,经该管机关,将甲乙二人财产查封,函由某县政府执行拍卖,赔偿亏欠,乙不服向上级官署提起诉愿,处理此案,有子、丑二说。子说,以案关贪污,依照《特种刑事案件诉讼条例》,应归司法审判,其行政诉愿应予驳回。丑说,查封财产在未经审判程序以前,似不得执行拍卖,应将原处分撤销,此二说究以何说为是,如均未允当,应适用何种方式处理,谨电请核示遵。职戴岳丑寒洪行秘同

**院解字第二八八〇号**

**民国三十四年五月十四日　司法院指令湖南高等法院**

呈悉,业经本院统一解释法令会议议决,(一)原告提起给付之诉,已受胜诉判决,仅对第一审判决驳回其假执行之声请部份提起上诉者,应按其因宣告假执行所受利益之价额,依法征收裁判费,此项价额法院应斟酌第一审判决,命被告给付之金额或价额,因宣告假执

行而早为执行,在客观上原告应受如何之利益予以核定,不得即以原告请求之金额或价额为准。又原告对于第一审判决驳回其假执行之声请部分提起上诉,第二审法院认其上诉为无理由者,纵其情形具备《民事诉讼法》第四百五十四条之适用要件,亦应为驳回原告上诉,另行宣告假执行之判决。若原告在第二审并未另依同条规定声请假执行,则除驳回原告之上诉外,不得以其对于第一审判决驳回假执行之声请部分提起上诉,遂援用同条规定,另行宣告假执行。惟在此种情形,原告恒有依同条规定,声请假执行之意思,果为此项声请与否,审判长应依同法第一百九十九条第二项之规定阐明之。(二)原告及被告,各为二人以上诉讼标的,对于两造共同诉讼之各人,皆须合一确定,而言词辩论期日,两造各有一部分共同诉讼人,无《民事诉讼法》第三百八十六条各款情形而不到场者,得依两造到场当事人之声请,各对他造未到场人,由其一造辩论而为判决。(三)约定地租,超过耕地正产物收总额千分之三百七十五者,依《土地法》第一百七十七条第一项之规定,应减为千分之三百七十五,出租人对于应减之部分,当然无请求权,无待于承租人之抗辩故请求支付地租事件,法院审理结果,认为约定地租超过耕地正产物收获总额千分之三百七十五者,应依职权适用同条项之规定,就应减之部分驳回原告之诉。(四)《非常时期民事诉讼补充条例》第十一条系就当事人得声请法院依同条例规定调解之法律关系,一一列举,并非例示规定,惟其他法律关系,如有同一或类似之法律理由者,仍得类推适用许当事人声请法院依同条例之规定调解之。(五)《监督寺庙条例》所称之住持,不以一人为限。(六)《民事诉讼法》第八十五条第二项所谓共同诉讼人,因连带或不可分之债败诉者,系指共同诉讼人经判决认为连带债务人或不可分债务人者而言。此项共同诉讼人,提起上诉而又败诉者,固应连带负担上诉审诉讼费用,法院亦应于判决主文内载明其旨,若其他共同诉讼,虽其诉讼标的,对于共同诉讼之各人,必须合一确定者,亦无同条项之适用,仰即知照。此令

**附湖南高等法院原呈**

为呈请解释示遵事,(一)原告提起给付之诉,并声请假执行,一审判决驳回假执行声请外,余均原告胜诉,被告不服上诉,原告对于驳回声请假执行部分,亦不服上诉,此时原告缴纳二审裁判费,是否仍应依其请求金额或价额计算之。又第二审审核原审驳回假执行之理由,并无不合,但被告上诉,应予驳回,则原告虽未依《民事诉讼法》第四百五十四条之规定,声请假执行,是否仍应本该条立法精神,认原告上诉为有理由,废弃原判,该部分另予宣告假执行?(二)必须合一确定之共同诉讼,其不到场之共同诉讼人,与他造之关系,固仍应依《民事诉讼法》第三百八十五条定之(参照最高法院三十一年九月二十二日民事庭总会决议第八点)。惟若原被告两造均系必须合一确定之共同诉讼,而两造又均有一部分共同诉讼人,并无《民事诉讼法》第三百八十六条各款之情形,而不到场,是否均得由两造已到场者,互相声请,就两造未到场之共同诉讼人,皆为一造辩论判决。此类案件实属不鲜,如不得互相声请,就一造判决辩论,而必须再传,则再传结果,或仍如旧,拖累益深,似非立法本旨。(三)原告请求给付地租,如其租额超过《土地法》第一百七十七条之限制,被告对此并无抗

辩,法院能否以职权就其超过部分驳回原告之诉,以贯彻《土地法》之立法精神,抑应本民事采不干涉主义之原则,不予审究?(四)查《非常时期民事诉讼补充条例》第一条所举之法律关系似应认为例示规定,如有类似之法律关系,亦许声请调解,否则若应为具体之列举规定,则其他与此类似之法律关系,因受战事影响,致生争议,毫无救济方法,似亦失平,此种见解是否适当?(五)《监督寺庙条例》所称之住持,是否并不限予以一人充之?(六)必须合一确定之共同诉讼人,上诉后败诉,其诉讼费用之负担按通说应依《民事诉讼法》第八十五条第二项之规定,令上诉人连带负责,但有持异说者,谓应判令平均负担,究以何说为是,又在此场合,判决主文栏,可否仅载诉讼费用由上诉人负担,不标明连带或共同字样。以上各点,关系法律疑义,理合具文,呈请钧院鉴核,俯赐解释,俾资遵循。谨呈司法院院长居。湖南高等法院院长陈长簇

**院解字第二八八一号**

**民国三十四年五月十五日　司法院训令四川高等法院**

据四川崇宁县司法处本年三月俭代电,以租赁关系适用法律疑义,电请解释示遵等情。据此,业经本院统一解释法令会议议决,甲将其向乙抵借款项,使乙收租作利之土地,让与所有权于他人,致乙之承租人丙,不能就该土地为使用收益者,如乙已不能履行其使丙为使用收益之义务,则乙丙间之租赁关系,从此消灭,不问甲乙间之法律关系如何,乙不得请求丙支付租米,合行令仰转饬知照。此令

**附四川崇宁县司法处原代电**

重庆司法院院长居钧鉴,设有某甲,以土地抵借某乙国币若干元,由某乙占有上项土地,出租于某丙耕作,每年收取租米,作为其应收某甲之利息,约定某甲清偿本金时,某乙即退还土地,嗣某甲将上项土地之所有权,转让他人,某丙乃告知某乙,前往阻止未果,亦未清偿某乙本金,事经三载后,某乙忽对某丙诉请给付三年之租米,某丙应否给付,兹有子、丑两说。子说,按称租赁者谓当事人约定一方以物租与他方使用收益,他方支付租金之契约,《民法》第四百二十一条第一项有明文规定,某丙承租之土地,既于三年前,为原所有人某甲出卖与他人,某丙当时并告知某乙,前往阻止未果,则某乙出租与某丙之土地,已不存在。易言之,既某丙已无租赁物使用收益,依照上开法条规定,某丙当然不应支付租米,况此项租赁物不存在之原因,又不能归咎于某丙,乙丙间之租赁契约,自应认为消灭。丑说,某甲既未清偿某乙本金,则甲乙间之法律关系,依然存在,虽某丙将某甲出卖租赁之土地情事,告知某乙,但乙丙间之租赁契约,不能认为已经消灭,某丙仍应支付租米,事关法律疑问,理合电请解释示遵。四川崇宁县司法处审判官章愚叩俭印

院解字第二八八二号

民国三十四年五月三十日　司法院咨行政院

案准贵院上年三月二十三日义捌字第六四二三号咨，以据江西省政府呈请解释江西机器厂工人身分疑义一案，咨请解释见复等由，准此，兹经本院统一解释法令会议议决，江西机器厂工人，并非依法令从事于公务之人员，自不能认为《刑法》上之公务员，本院院字第二〇八四号关于在中国运输公司服务之机工身分问题之解释，已以院字第二三九〇号解释予以变更。唯该机器厂如系依《特种股份有限公司条例》组织之公司，则在该厂服务员工，而有盗卖侵占或窃取厂贮材料等行为，按照国民政府三十一年三月七日渝文字第三〇三号训令，仍应依《惩治贪污条例》办理，相应咨复查照饬知。此咨行政院

附行政院原咨

据江西省政府本年三月二十九日秘字第一七五七号呈称，据建设厅案呈，以据江西省重工业理事会呈，为据江西机器厂呈以厂贮材料，价值昂贵，厂内包工部份工人，屡次发生偷窃钢铁材料及煤炭等情事，人犯送警务机关后，均以普通窃犯转送法院讯办轻刑处理，难儆刁顽，拟请对于偷盗本厂材料工具者，以军法论罪等情，转请核示前来。据此，查盗卖侵占或窃取公有财物，《惩治贪污条例》第三条第二款设有明文规定。惟依同条例第一条之规定，须军人公务员或受公务机关委托承办之人，犯该条例之罪或与军人公务员共犯者，始得适用，该机器厂工人窃取工厂所有材料工具，能否适用《惩治贪污条例》第三条处断？须视工人是否《刑法》上之公务员为断？司法院曾于二十九年十一月二十日以院字第二〇八四号公函复军法执行总监部，其中略以中国运输公司为国营事业，其在该公司修车厂服务之机工，应认为《刑法》上之公务员。查江西机器厂，系经济部资源委员会，与本府合资设立者，其性质似与中国运输公司相同，固不失为国营事业，修车厂之机工基于雇佣契约而服务于运输公司，与江西机器厂工人，本于受雇人之身分而为厂方服务者，其法律关系，似无轩轾，且战时机械工业，影响国防民生，其重要性亦不亚于运输公司之修车厂。基上述意见，江西机器厂工人，自以解释系《刑法》上之公务员为宜，该项工人有犯偷盗行为，即依上开条例处断。惟事关法律解释，未便擅专，据呈前情，理合转乞钧长鉴核，转请解释指令祗遵等情。据此，案关适用法律疑义，相应咨请查照解释见复，以便饬遵。此咨司法院

院解字第二八八三号

民国三十四年五月三十日　司法院复四川省成都临时参议会电

四川省成都临时参议会文议长、县党部陈书记长钧鉴，上年十一月佳代电悉，业经本院统一解释法令会议议决，法律上如有得向人民强制征借金钱物品之规定，地方行政机关依以执行者，其执行行为，系属行政处分，人民固不得提起请求返还征借物之诉。若地方行政机关，因举办国家工程，向人民按照田亩筹借款项，无强制征借之法律上根据者，无论是否

依省令办理,均属借贷关系,事后不还,人民自得向法院提起请求返还借款之诉。特电复请查照司法院卅印

**附四川省成都临时参议会原代电**

重庆司法院钧鉴,地方行政机关举办国家工程,依省令向人民按照田亩,筹借款项,事后无款归还人民,可否向法院提起请求返还借款之诉,兹有两说。甲、地方行政机关,向人民借款,纯系私经济关系,与私人间之债权债务无异,自可向法院诉请给付。乙、地方行政机关,为举办国家工程,依省令向人民筹借款项,系本行政权之作用,并非私人间之债权债务可比,人民如向行政机关请求归还不得,只可提起诉愿,不能向法院起诉,否则历年之田赋征借,皆可诉诸法院。以上两说,不知孰是,敬请大院解释为祈。四川省成都县临时参议会议长文天县党部书记长陈烈贻佳印

**院解字第二八八四号**

**民国三十四年五月三十日　司法院复安徽高等法院电**

安徽高等法院廖院长览,上年卯东代电悉,立煌地方法院所请解释一案,业经本院统一解释法令会议议决,违反《营业税法》科处之罚锾,除按照司法机关依《财务法规科处罚锾支配办法》第三条移送当地该管财务机关之六成外,其余四成充作司法机关办公费之用,自不在《司法印纸规则》第六条第六款应贴用司法印纸之列。合电转饬知照。司法院卅印

**附安徽高等法院原代电**

重庆司法院院长居钧鉴,案据立煌地方法院呈请解释违反《营业税法》科处之罚,应否贴用司法印纸疑义等情。据此,查《营业税法》为财务法规之一,依《营业税法》科处罚锾,似应依照司法机关依《财务法规科处罚锾支配办法》办理,但与钧院于上述办法公布施行后所为之院字第二六三〇号解释,有所抵触,而该支配办法第三条上之以四成充作司法机关办公费,可否解为《修正司法印纸规则》第六条上之提奖,又不无疑义,究应如何办理,本院未便擅拟,理合将原文抄呈,电请解释示遵。安徽高等法院院长廖江南叩卯东印

**院解字第二八八五号**

**民国三十四年五月三十日　司法院指令四川高等法院**

呈悉,业经本院统一解释法令会议议决,存金钱于银行约定金钱之所有权移转于银行,并由银行以种类品质数量相同之金钱返还者,当事人订约之目的,不在金钱之使用,而在金钱价格之保管,诚为寄托之一种,而非消费借贷。惟依《民法》第六百零二条之规定此项寄托,自银行受领金钱时起,适用关于消费借贷之规定,《非常时期民事诉讼补充条例》第十一条关于借贷之规定,于请求银行返还存款事件,亦适用之。仰即转饬知照。此令

**附四川高等法院原呈**

案据四川广汉地方法院院长罗慕义三十四年三月三十日院牍字第九四号呈称,查《非

常时期民事诉讼补充条例》第十一条第三款，在适用上发生疑义，假定某甲于民国十九年，应某乙银行之要约广告，将硬币一百五十元五角，一次存入，订于十五年期满后，可以连本带利取款一千元。殊至民国三十三年约期届满之日，正值经济受战事之影响，变动甚巨，通用之法币一千元，已不能购买米一斗，因之声请法院，适用《非常时期民事诉讼补充条例》第十一条第三款之规定，予以调解，依照市面通例，增加给付，以期平允。此项请求，是否合法，分为甲、乙两说。甲说，查《非常时期民事诉讼补充条例》第十一条各款所列，殊无存款字样，而借贷之法律关系，显非存款之性质，法院当然不能适用上开条例，予以调解。乙说，银行存款，无论长短期限，核其性质，与通常之借贷法律关系无异，仅仅字样不同而已，比照银行放款(无论长期限)之情形，即可明了，其为通常借贷性质之法律关系，私人向银行借款，即不能不认为借贷关系，则私人向银行存款，其为借贷关系，自无可疑，准此而论。法院当然可以适用《非常时期民事诉讼补充条例》第十一条第三款之规定，予以调解，且此项极不公平之情事，揆之法理，即非完全与条文吻合，亦应死法活用，扩张解释，以求救济。例如土地租赁关系之押金纠纷，一般法律，亦均予调解是也。上开甲、乙两说，未知孰是，事关适用法律疑义，应请转呈解释俾资遵循等情。据此，查银行存款，系一种寄托关系，而非借贷关系，不在《非常时期民事诉讼补充条例》第十一条所列各事项之内，自无适用调解程序为增减给付之余地。来呈本以甲说为是，但揆之实际情形，乙说亦不无理由，事关法律疑义，理合据情呈请钧院鉴核解释，俾资适用，实为公便，谨呈司法院院长居。四川高等法院院长苏兆祥

**院解字第二八八六号**

**民国三十四年五月三十日　司法院咨行政院**

案准贵院本年四月三十日平捌字第九〇三二号咨，以据司法行政部呈转请解释，承租人不支出修缮费，出租人得否终止契约疑义一案，咨请解释见复等由，准此，兹经本院统一解释法令会议议决，租赁物之修缮，依契约或习惯应由承租人负担费用之一部者，承租人如拒绝支付，出租人自可提起给付之诉，并于有执行名义后，声请强制执行，不得以此为理由终止契约，租赁之房屋仅其被炸之后栋应行修建，无须全部改建者，亦不得援用《战时房屋租赁条例》第七条第六款终止契约，相应咨复查照饬知。此咨行政院

**附行政院原咨**

据司法行政部本年四月二十一日呈叁字第三二五号呈称，案据广东高等法院代电称，案据新丰地方法院院长吴长智本年十一月十一日呈总字第一〇五四号呈称，窃查租赁物之修缮，除契约另有订定或另有习惯外，由出租人负担。又租赁关系存续中，租赁物如有修缮之必要，应由出租人负担者，承租人得定相当期限催告出租人修缮。如出租人于其期间内不为修缮者，承租人得终止契约，或自行修缮，而请求出租人偿还其费用，或于租金中扣除之，均经《民法》债编第四百二十九条第一项及第四百三十条定有明文，即《战时房屋租赁条

例》亦明定房屋必须改建,且已领得建筑执照者,即得终止租赁契约,似租赁物修缮费用。依照订定或习惯应由承租人负担,且委有改建之必要者,若承租人拒绝支出应负修缮费用,纵租期未届满,出租人亦得诉请终止契约,本院受理某甲诉请终止某乙租赁契约一案。某甲起诉理由,则以租赁期间,虽未届满,然租赁物后栋,为敌机炸毁,设不急行修建,且有牵连前栋一并倒塌之虞,依照约定及习惯,某乙对于修缮租赁物,应负支出人工食用及铁钉等费,如欲继续租赁,应履行支出,否则即应准终止,方不失公平。某乙抗辩则谓残余租期仍有四年,在未届满之前,纵有改建之必要,且依契约应负支出一部修缮费,亦不能因无力负担支出,而抹杀法定利益,遽准终止,两方均持之有故言之成理。欲援《民法》第四百三十条反面解释,准为终止之判决,似乏前例可引,欲援第四百五十条迳予驳回,又似与公平立法旨趣相违,究应如何援引,方为适当,理合备文呈请钧院俯赐示祗遵等情。据此,事关法律疑义,未便擅拟,除指令外,理合据情电请鉴核示遵等情。据此,事关法律疑义,理合呈请核转司法院解释,俾便饬遵等情。据此,案关法律疑义,相应咨请查照解释见复,以便饬遵为荷。此咨司法院

**院解字第二八八七号**

**民国三十四年五月三十日　司法院致行政院函**

案准贵院本年四月二十七日平肆字第八八六一号公函,以据水利委员会呈请解释水利法第二条所称天然水道之意义一案,函请查照等由,准此,兹经本院统一解释法令会议议决,水利法第三条(来文误为第二条)但书所称天然水道,系指天然形成之水道而言,其经天然形成后加以人工者,仍不失为天然水道,相应函复查照饬知。此致行政院

**附行政院原函**

据水利委员会三十四年四月十七日(三十四)工字第六四九五七号呈称,准中国农民银行总管理处贷五字第三〇三一三号公函略开,查水利法第二条所称天然水道,究应如何解释之处,相应函请查照见复为荷等由。查水利法第二条所称天然水道之意义,似为凡因天然形势汇集水流之水道,无论曾否经过人工整理,统名之为天然水道。惟事关法律解释,理合具文呈请鉴核,赐转司法院迅予解释,以资遵循等情,相应函达查照。此致司法院。行政院院长蒋中正、代理院长宋子文

**院解字第二八八八号**

**民国三十四年五月三十日　司法院复安徽高等法院电**

安徽高等法院廖院长览,三十二年酉梗代电悉,该法院第二分院所请解释一案,业经本院统一解释法令会议议决,司法机关依《所得税暂行条例》科罚充奖规则,已因司法机关依《财务法规科处罚锾支配办法》之公布施行而失效,违反所得税法及违反《过分利得税法》科处之罚锾,依同办法第三条规定,除以六成移送当地该管财务机关依法处理外,其余四成既

系充司法机关办公费之用，自不在《司法印纸规则》第六条第六款应贴司法印纸之列，至依上开各法判处之罚金，仍应贴用司法印纸，合电转饬知照。司法院卅印

**附安徽高等法院原代电**

司法院院长居钧鉴，据本院第二分院院长王广铨歙计午寒代电称，查《所得税暂行条例》科罚充奖规则第一项，（一）由人民告发而判处罚金者，以三成先赏告发人；（二）由征收机关举发而判处罚金，以一成奖原办机关在事出力人员。惟查征收上开罚金，除按照规则提成充奖外，余下成数，是否购贴司法印纸列作法收，未奉明示，理合电请示遵。再违反所得税，除罚金订有规则外，关于科罚罚锾部分，以及违反利得税科处罚金罚锾，未奉颁有规则，本院对于前项科罚收入款甚多，应如何处分，并请核示等情。查所得税征收罚金，除提成充赏外，余下成数，自属《修正司法印纸规则》第六条第六款所列之司法收入，当然购贴司法印纸列作法收。至所得税之科罚罚锾，是否可以援照罚金提成充奖办法，再违反利得税之罚锾，本院三十年十月，曾奉司法行政部训叁字第三五四〇号令，司法机关依《非常时期过分利得税条例》科处之罚锾，准用《所得税暂行条例》科罚充奖规则办理。惟违反利得税之罚金，是否提成充奖，均未奉明文规定，事关适用法令，未敢擅专，理合电请示遵。署安徽高等法院院长廖江南叩酉梗印

**院解字第二八八九号**

**民国三十四年五月三十日　司法院致行政院函**

案准贵院本年四月二日平壹字第六六六五号公函，以据内政部呈，转请解释保民大会出席人疑义一案，函请解释见复等由，准此，兹经本院统一解释法令会议议决，市组织法第三十六条，虽仅规定保民大会由本保每户推出一人组织之，未明定被推者之资格。然依同法第七条之规定，惟市公民乃有依法行使选举、罢免、创制、复决之权，第三十六条所定保民大会之职权，既有选举等项在内，则组织保民大会之人，须为市公民自不待言，如其户无市公民者，不得推出该户之人出席保民大会，相应函复查照饬知。此致行政院

**附行政院原函**

据内政部呈转重庆市政府请解释市组织法第三十六条保民大会出席人疑义，相应抄同原件，函请查照解释见复为荷。此致司法院。行政院院长蒋中正、代理院长宋子文

**附内政部原呈**

准重庆市政府本年二月十二日（三十四）市秘民字第一八一三号咨，以如某户并无人取得公民资格时，可否准其推出代表，出席保民大会，并参加选举，请查照赐复等由，查民权之行使，以公民为限，建国大纲第八九两条，及训政时期约法第七条已明白规定，市组织法第三十六条规定，保民大会由本保每户推出一人组织之，其参加人员，并未指明应为公民，当系以保民大会出席人员，除行使四权外，尚有服从政府法令，遵守保甲公约，接受讲习训练等义务之故，重庆市政府原咨请示各点，依照规定，保内各户仍均应推出一人参加保民大

会。惟关于四权之行使,如选举或罢免保长副及区民代表等,则应以履行宣誓程序之公民为限,其合于公民资格而未举行宣誓之人民,应责由各级主管机构积极补办,以利施行,事关法令解释,究应如何办理之处,理合抄同原咨,呈请鉴核示遵。

**附重庆市政府原咨**

查市组织法第三十六条之规定,保民大会由本保每户推出一人组织之,设使该户推出之人未取得公民资格(即未参加公民宣誓登记或因故失去公民资格者),或该全户无一人取得公民资格者,是否准其出席保民大会,并参加选举,如不准则保民大会出席人之计算,应以宣誓登记取得公民资格之户为标准,查保民大会规定中并未注明,究应如何解释,相应咨请贵部,请烦查照赐复,俾便实施。

**院解字第二八九〇号**

**民国三十四年五月三十一日　司法院复四川璧山实验地方法院电**

四川璧山实验地方法院李院长览,本年二月皓代电悉,所请解释一案,业经本院统一解释法令会议议决,(一)行政督察专员依《行政督察专员公署组织暂行条例》第三条所定之职权,非司法警察官其以该公署名义移送特种刑事案件于法院时,不得以提起公诉论,但行政督察专员兼任县长或区保安司令者,其所兼之职务,依《刑事诉讼法》第二百零八条第一项第一款规定,及院字第二七八八号解释为司法警察官,对于特种刑事案件自得以该项资格移送法院审判。(二)《特种刑事案件诉讼条例》并无司法警察官署对于特种刑事案件只得移送法院审判之限制,司法警察官署斟酌情形,将此类案件送请检察官侦查,依该条例第一条第一项及《刑事诉讼法》第二百零八条、第二百零九条各规定,自非法所不许。(三)司法警察官署移送法院审判之特种刑事案件未具移送书,或其移送书不备法定程式应行补正者,如经法院通知补正而不为补正,即系起诉之程序违背规定,法院应依《刑事诉讼法》第二百九十五条第一款谕知不受理之判决后,再送检察官侦查(参照院字第二八五三号解释)。(四)民事执行处接受检察官移付执行罚金,及刑事庭移送执行罚锾,与行政机关移付执行欠粮等项案件,既适用民事强制执行之程序予以执行,关于执行费之征收与免征,自应依《民事诉讼费用法》第十九条之规定办理。合电知照。司法院世印

**附璧山实验地方法院原代电**

司法院长居钧鉴,(一)《特种刑事案件诉讼条例》第三条所谓司法警察官署自以《刑事诉讼法》第二百零八条及第二百零九条各款所列各机关为限,现在各省所设各区之行政督察专员,是否刑诉法第二百零九条第一项第三款依法令关于特定事项,得行使司法警察官之职权者,其以专署名义,移送特种刑事案件于法院时,应否以起诉论。(二)司法警察官对于特种刑事案件移送法院审判或送检察官侦查,有无选择权。甲说,《特种刑事案件诉讼条例》,旨在简化诉讼程序,并加重司法警察官之责任,司法警察官对于此项案件,应迅速搜集证据,迳送审判,不得仍依通常程序,移付侦查。乙说,《特种刑事案件诉讼条例》所定司法

警察官移送特种刑事案件于法院时,应用移送书,载下列事项,其第二项内载,以提起公诉论,换言之,即司法警察官如将案件迳送法院并以移送书移送时,则以起诉论,如依通常程序移送侦查,固无不可,尚难据此规定,认为司法警察官对特种刑事案件起诉与否无选择权。(三)司法警察官移送审判案件,尚未具备法定之移送书,或移送书未具备应列之事项,经通知而不为补正,应否认为起诉不合程式,予以不受理之判决,将原案送付检察官侦查。(四)民事执行处接受检察官移付执行罚金,及刑事庭移送执行罚锾与行政机关移付执行欠粮等项案件,开始执行,但应否依《诉讼费用法》征收执行费用,事无先例可援,适用上不无疑义,理合一并电请钧院鉴核示遵。兼代璧山实验地方法院院长李祖庆叩皓

**院解字第二八九一号**

**民国三十四年五月三十一日　司法院复空军第五路司令电**

空军第五路晏司令鉴,本年四月灰法乙昆字第七六三号代电悉,业经本院统一解释法令会议议决,军需正军需某甲,奉令核准长假,于新任接替后办理交代中,始被发觉有贪污嫌疑,如核准长假即系免官,则其犯罪之发觉,即不在任官中,虽该命令载明,以交代清楚之日为离职止薪之日,亦仅系于交代清楚前,限制其离去任所,非于交代中原官仍旧存续,自应归法院审判,特电复请查照。司法院世印

**附空军第五路司令原代电**

重庆司法院钧鉴,《陆海空军审判法》第十六条后段规定,军人犯罪,在任官任役中而发觉在免官免役后者,法院审判,本部受理本军某团三等军需正军需某甲贪污一案,该被告在任官中,因病请予长假休养,经呈奉核准,惟核准之命令明白规定,以交代清楚之日为离职止薪日期,而新任三等军需正军需某乙,经于三十三年十二月二十九日已到该团接替,该军需正军需某甲正在交代中,于本年元月四五日被发觉有贪污罪嫌,其审判权应归军法机关审判,抑普通法院审判,兹有甲、乙二说。甲说,谓该团三等军需正军需,按编制仅有一员,新任某乙既经到团接替,则某甲之职位已经终了,其发觉犯罪,在其职位终了之后,应归普通法院审判。乙说,谓核准长假之命令既明白规定,以交代清楚之日为离职止薪日期,应以交代清楚之日为实际离职日期,职位方告终了,不能以接替之日即为职位终了之日,应归军法机关审判。究以何说为是,事关法律解释,理合电请鉴核,迅赐示遵。空军第五路司令晏玉琮灰法乙昆叩

**院解字第二八九二号**

**民国三十四年五月三十一日　司法院复广西高等法院电**

广西高等法院申院长览,本年卯江代电悉,靖西县司法处所请解释一案,业经本院统一解释法令会议议决,乡镇公所,非《特种刑事案件诉讼条例》第三条所称之司法警察官署,其迳行移送之特种刑事案件,不能以提起公诉论,合电转饬知照。司法院世印

**附广西高等法院原代电**

重庆司法院钧鉴,案据靖西县司法处三十四年三月法字第八五号代电称,查各县乡村,原未设有警察机关,依法乡镇村街均有代行警察职权,乡镇公所并得办理违警案件,又烟毒之检查,匪案之侦探剿拿,乡镇长亦有特定责任。此种职权,可否认为系有《刑事诉讼法》第二百零九条第一项第三款或第二百一十条第一项第三款之司法警察权,乡镇公所是否系《特种刑事案件诉讼条例》第三条所称之司法警察官署,其直接送办之特种刑事案件,可否以提起公诉论,迳予审判,颇滋疑义,谨电请迅赐解释示遵等情。据此,查未设有警察机关区域内之乡镇长,依法固有代行警察职权,但乡镇公所,系属基层行政组织,是否得认为《特种刑事案件诉讼条例》第三条所称之司法警察官署,不无疑义,理合转电呈请察核解释示遵。广西高等法院呈叩江文印

**院解字第二八九三号**

**民国三十四年五月三十一日　司法院复广西高等法院电**

广西高等法院申院长览,三十二年九月有代电悉,隆安县司法处所请解释一案,业经本院统一解释法令会议议决,某甲伪造某师部之服役证明书,并盖有某师部之伪印,及师长之伪章,先后卖与乙丙二人,乙丙买得后,持向当地县府希图免役,乙丙既自知并无服役师部之事实,而仍出价购买,即非被骗,某甲向其售卖得价,自不成立诈欺之罪,唯此种证明书所记载之内容,如系说明在某师部所服之役为兵役,即与《妨害兵役治罪条例》第十条所定关于兵役之文书相当。除伪造公私印文属于伪造文书之一部不另论科外,其伪造两个文书,先后售与乙丙二人,如系一行为生数结果,或系基于连续之行为,应分别情形适用《刑法》第五十五条或第五十六条从《妨害兵役治罪条例》第十条之一重或以同条之一罪论处,曾在师部服役,既不在兵役法第四条规定免役原因之列,即不足据为免役之原因,乙丙购买该项伪证明书,持向县政府为有免役原因之证明,自亦无从成立同条例第十三条捏造免役原因之罪。伪造关于兵役之文书,在同条例第十条虽无处罚行使行为之规定,然由师长以师部名义所制作之文书,尚不失为公文书之一种,其行使之者,仍应负《刑法》上行使伪造公文书之罪责。合电转饬知照。司法院世印

**附广西高等法院原代电**

司法院院长居钧鉴,案据隆安县司法处电称,兹有甲伪造某师部之服役证明书,先后卖与乙丙二人,同时乙丙向甲买得伪证明书后,即先后持向当地县府,希图免役,而该证明书内,又均盖有某师部之伪印及某师长之伪章。于此场合,甲之行为是否成立《妨害兵役治罪条例》(以下简称条例)第十条上段及《刑法》第二一七条一项、第二一八条一项及两个第三三九条一项之罪,如应成立上述等罪,其伪造关于兵役文书,及两个诈欺罪部分,又是否应依《刑法》第五一条办理?至乙丙二人,并非伪造关于兵役之文书,不过行使而已,而行使此项文书,条例并无规定处罚明文,应否依条例第十三条以捏造免役原因论科,抑别有处罚法

令？职处现有此类案件，押犯待决，仰祈俯赐鉴核，迅予详释示遵等情前来，查来问情形，可分子、丑二说，以资审究。子说，该甲系意图诈财而以行使伪造文书为达目的之手段，应构成行使伪造文书及诈欺罪，当援《刑法》第二百十六条、第三百三十九条第一项、第五十五条从一重处断，又连续诈欺乙丙二人并应依照同法第五十六条办理，至乙丙如明知该项证明书系属伪造而仍行使以图避免兵役，自应构成行使伪造文书及妨害兵役罪，当援《刑法》第二百一十六条，及《妨害兵役治罪条例》第十三条，依《刑法》第五十五条从一重处断，否则仅系意图避免兵役，应各依《妨害兵役治罪条例》第十三条办理。丑说，特别法优于普通法，意图为自己或他人避免兵役而伪造关于兵役之文书，《妨害兵役治罪条例》业有明文规定，甲之行为应构成同条例第十条之罪，且连续卖与乙丙二人并应依《刑法》第五十六条办理，至乙丙既将该项证明书持向当地县政府希图免役，自系捏造免役原因，应各依《妨害兵役治罪条例》第十三条处断。惟案关法律疑义，职院未便擅断，理合电请解释令遵，俾便转饬遵照。广西高等法院院长申守真有印

**院解字第二八九四号**

**民国三十四年五月三十一日　司法院复甘肃高等法院电**

甘肃高等法院詹首席检察官览，本年四月筱代电悉，皋兰地方法院首席检察官所请解释一案，业经本院统一解释法令会议议决，处刑命令送达后，仅被告得于五日内声请正式审判，如检察官认为处刑命令违法，应俟其确定后依非常上诉程序予以纠正。至处刑命令确定时，依《刑事诉讼法》第四百五十八条之规定，既与确定判决有同一之效力，如果具有再审原因，检察官得为被告之利益或不利益声请再审，被告得为其利益声请再审，其发见系违背法令者，检察官亦得依同法第四百三十五条规定，声请提起非常上诉。合电转饬知照。司法院世印

**附甘肃高等法院原代电**

重庆司法院院长居钧鉴，案据皋兰地方法院首席检察官赵桂林三十四年四月十日第一〇四号呈称，查《刑事诉讼法》第四百四十九条第一项规定，被告得于处刑命令送达后五日内，声请正式审判，是非被告不得为此声请，甚为明显。如检察官于接受处刑命令送达后，认为处刑命令违法时，应以何种方法救济之？又处刑命令已经过声请正式审判之期间，或被告舍弃声请权，撤回声请或驳回声请之裁判确定者，与确定判决有同一之效力，在《刑事诉讼法》第四百五十八条亦经明白规定，如于处刑命令确定后，发见违背法令时，检察官或被告等可否对之声请再审，或检察官对之声请提起非常上诉，以资救济，法无明文，不无疑义，理合备文呈请钧座俯赐核示，俾有遵循，谨呈等情前来。事关解释法律疑义，理合电请钧院鉴核示遵。署甘肃高等法院首席检察官詹世铭叩筱印

**院解字第二八九五号**

**民国三十四年五月三十一日　司法院致国民政府军事委员会函**

案准贵会本年三月二十六日法审(三十四)渝三字第三七一五号公函,以据湖北全省保安司令代电请核示《惩治盗匪条例》第六条适用疑义一案,函请迅予解释见复等由,准此,兹经本院统一解释法令会议议决,《惩治盗匪条例》处罚之预备罪,虽分别规定于第二条至第五条之第三项,而第六条对于该项预备罪亦未明示除外,但团队官兵或有查缉盗匪职责之人员犯第二条至第五条第二项所定各未遂罪,依该条例第九条、《刑法》第二十六条均得减轻本刑,预备罪较未遂罪为轻,自不应依该条例第六条科处唯一死刑。如犯各该条之预备罪,应解为不在第六条加重规定之列,仍应分别情形适用第二条至第五条之第三项处断,相应函复查照饬知。此致国民政府军事委员会

**附国民政府军事委员会原函**

案据湖北全省保安司令王东原三十四年二月一日保法字第五五〇四号代电略称,查已废止之《惩治盗匪暂行办法》第七条专作预备犯犯罪规定,团防官兵或有查缉盗匪职责之人,如系盗匪预备犯自得适用该条处断,不受同条例第八条之限制。现行之《惩治盗匪条例》,对各条之预备犯均作分别规定,而第六条规定团防官兵或有查缉盗匪职责之人犯本条例之罪者处死刑,依其解释似系包括预备犯于该条之内,如此则预备犯与实施正犯科刑别无,亦照旧法为重,适用上不无问题,均关法律解释,谨请核示祗遵等情。据此,案关适用法律疑义,相应函请查照,迅予解释见复,以凭饬遵为荷。此致司法院

**院解字第二八九六号**

**民国三十四年五月三十一日　司法院致财政部函**

案据本院秘书处签呈称,财政部三十四年三月二十七日渝直二字第四〇四〇号公函,转请解释同业公会会费收据应否贴用印花等由,理合签同原函及附件,签请鉴核等情。据此,兹经本院统一解释法令会议议决,本院院字第一六三一号解释,即谓农工商会非印花税法第三条第三款所称自治机关,显系不认农工商会所发凭证得依同款免纳印花税,其后段虽谓农工商会所发凭证,倘系内部所用,不生对外关系,自可适用同条第八款免纳印花税,然农工商会收到会费后,立给会员之收据,实为该会与会员收付所载会费之权利义务关系业已消灭之凭证,并非内部所用不生对外权利义务关系之单据,自亦不得依同款免纳印花税。是该号解释与本院院字第一四七二号并无出入,商业同业公会收到会费后,立给会员之收据,仍应贴用印花税票,相应函请查照转知。此致财政部

**附重庆市社会局原呈**

案查前据本市百货商业同业公会三十三年十二月十五日百总字第二一三三号电,以公会征收会员会费收据,依法免贴印花等情,并附市商会(三十三)智安第三七一四号转四川

高等法院第一分院裁定主文理由之通知到局。惟市财政局以是项收据仍应粘贴印花，曾向法院检举，复由该会呈请核示前来，当经分函市财政局及实验地方法院去讫，兹准财政局三十四年一月十六日财税字第七四五号公函称，案准贵局三十四年一月五日社二商字第五二一七号函，为据本市百货商业同业公会呈，以会员会费收据，依照高等法院第一分院裁定，暨司法院解释，应予免贴印花，转请查照见复等由。查依据财政部川东税务管理局直接税重庆分局颁订之印花税法释要第二节，银钱货物收据第二款商会及各同业公会系地方法团，即属人民团体，并非自治机关，其收纳会员会费所掣给之收据，亦应照章贴花等语之规定。本局检举上项违反案件，系依照法令办理，相应复请查照转知为荷等由，查同业公会会费收据应否粘贴印花，解释各异，究应如何处理之处，理合呈请鉴核迅示，俾有遵循。谨呈社会部重庆市社会局局长包华国

**院解字第二八九七号**

**民国三十四年六月一日　司法院致行政院函**

案准贵院本年三月三十日平捌字第六三六六号公函，以据司法行政部呈请核示《妨害兵役治罪条例》与《惩治贪污条例》适用疑义一案，函请解释见复等由，准此，兹经本院统一解释法令会议议决，办理兵役人员于作战期内具有贪污行为，同时触犯《妨害兵役治罪条例》与《惩治贪污条例》所定之两种罪名者，除合于《惩治贪污条例》第十二条之规定者外，自应依《惩治贪污条例》处断，早经本院于前上两年以院字第二五八二号公函及二七六三号指令，明白解释在案，现仍认无变更之必要，相应函复查照饬知。此致行政院

**附行政院原函**

据司法行政部本年三月十七日呈(叁)字第二〇〇号呈称，案据四川泸县地方法院检察官彭令占呈略以《妨害兵役治罪条例》所定各项办理役政人员贪污之惩罚，与《惩治贪污条例》所定公务员贪污之惩罚主刑从刑之轻重，皆不一致，应如何处断请示遵等情，查来呈所称适用竞合情形，依民国三十一年一月司法院第二二七四号及第二二七九号解释，以《妨害兵役治罪条例》较之当时有效之《惩治贪污暂行条例》颁布在后，犯罪行为在两条例均有处罚规定时，依后法优于前法之原则，应适用《妨害兵役治罪条例》，惟现行之《惩治贪污条例》施行又在《妨害兵役治罪条例》之后，若按上述解释所依原则，其适用法律又将从而变更，且依此原则必致两种法律一有修正，适用即受其左右，恒循环不定有无所适从之慨，应否转咨司法院解释，免滋纷更之处，伏乞鉴核示遵等情。据此，案关适用法律疑义，相应函请查照解释见复，以便饬遵为荷。此致司法院。行政院院长蒋中正。代理院长宋子文

**院解字第二八九八号**

**民国三十四年六月五日　司法院致军政部函**

案准贵部上年八月三十一日(三十三)法核字第八九五〇号公函，以窃盗或侵占公有财

物人犯在逃,可否将其财产先行查封标卖,及在逃人犯经手所存公款,应依何种程序始可提回疑义,函请解释见复等由,准此,兹经本院统一解释法令会议议决,某甲窃盗或侵占公有财物在逃,无从为《惩治贪污条例》第七条之裁判者,自可对之提起民事诉讼,俟得有执行名义后,再行声请法院就其财产为查封拍卖之强制执行,又某乙将其经手之公款,以自己名义存入邮政储金汇业局。嗣因他案潜逃者,亦可对之提起民事诉讼,俟得有执行名义后,再行声请法院依强制执行法第一百十五条第二项,以命令许某乙原隶属机关向邮政储金汇业局提取存款相应函复查照。此致军政部

**附军政部原函**

迳启者,设有某甲窃盗或侵占公有财物人犯在逃,原可将其财产查封,俟获案审判确定后,再行标卖抵偿,惟如遇有被告人一时难以获案,或永难获案情形,为顾及公众损失,及避免被告人已被查封之财产日久生变起见,可否援照民事上假处分或假执行规定,先行将其财产标卖,以资抵偿? 又某乙以经手之公款存入邮政储金汇业局,嗣因他案潜逃,原隶属机关备文向邮储局提取,据复须经司法机关判决没收,始可提回,查某乙既因他案逃亡,一时无法获案,且该款系属公有,依法亦不能谕知没收。此类案件究应依何种程序办理? 相应函请查照,一并迅赐解释见复为荷。此致司法院

**院解字第二八九九号**

**民国三十四年六月五日　司法院致军政部函**

案准贵部上年十一月六日(三十三)法核字第一一六四一号公函,以逃亡罪适用法律疑义,函请解释见复等由,准此,兹经本院统一解释法令会议议决,某连新兵甲乙丙丁四人随同班长往菜园施肥,见班长未携武器,共谋分路逃跑,甲乙丙三兵逃去,丁兵当场被追获,该兵既未逃脱,自属未遂,《中华民国战时军律》第十条第一项之罪,并无处罚未遂之规定,应依同律第二十一条适用《陆海空军刑法》第九十八条论以伙党逃亡未遂之罪,相应函复查照。此致军政部

**附军政部原函**

查某连新兵甲乙丙丁四人,随同班长往该连自辟之菜园内施肥,见班长未携武器,因共谋分路逃跑,结果甲乙丙三兵逃去,丁兵当场被追获,该丁应如何论处,兹有二说,甲说,甲乙丙丁四人事前密谋同逃,其同谋之甲乙丙三人既已逃亡既遂,则该丁自应负共同逃亡罪责,且逃亡无论有无伙党,均应依战时军律第十条第一项上段论处,业经三十三年院字第二六五五号解释有案。在该军律施行有效期间,陆海空军逃亡章应停止适用,该丁似应以共同逃亡论处。乙说,共同正犯应以有意思之联络行为之分担为要件,该兵等虽共谋逃亡,但逃亡罪行为之内容,不能分割,胥为一整个之独立犯罪行为,该兵等之共谋,仅在乘机同逃,是只有意思之联络,而无行为之分担,此《陆海空军刑法》逃亡罪章之所以有伙党逃亡之特别规定,以其犯罪行为既毋庸加工,亦不须分担,不能适用《刑法》上之共同正犯论处也,则

甲乙丙三人虽已逃亡既遂，该丁仍属逃亡未遂，战时军律第十条虽无处罚未遂之规定，依同军律第二十一条军人犯本军律所规定以外之罪者，依《陆海空军刑法》办理之规定，自应仍论以《陆海空军刑法》上之伙党逃亡未遂罪。以上二说，究以何说为当，相应函请贵院迅赐解释见复为荷。

**院解字第二九〇〇号**

**民国三十四年六月五日　司法院训令四川高等法院**

据四川巫溪县司法处上年戌鱼代电，以人民家存食盐，及人民拾取零盐与灰土能否认为私盐，祈解释示遵等情。据此，业经本院统一解释法令会议议决，《盐专卖条例》所称私盐，在该条例第六条设有列举规定，单纯收储食盐，并无处罚明文。来文所列人民家内存储食盐，虽无单照，及贫民妇孺在地面捡取力夫背盐时包内溢出之盐粒留为自食，均不在处罚之列。至力夫扫取灶商或盐场官仓运盐包内脱落盐粒被人践踏与土泥合而成之灰土，如合于同条例第二条所定之成分积零为整，私自售卖依同条例第六条第二款应适用售卖私盐之规定办理。合行令仰转饬知照。此令

**附四川巫溪县司法处原代电**

重庆司法院院长居钧鉴，查本县系产盐之区，关于监务案件，时有纠纷，兹将办理该项案件疑点，分陈于后，请予解释，(一)自《盐专卖条例》施行后，人民家内存储之食盐，经盐务机关查获无单照可凭，此项食盐能否以私盐论处？(二)力夫于背盐时由包内溢出之盐粒，被贫民妇孺在地面捡取留为自食，经盐务机关查获，送请司法机关处理，此项食盐能否认为私盐？(三)灶商(即制盐商)或盐场官仓于运盐时由包内脱落之盐粒被人践踏与土混合成为泥灰，并无盐粒，经力夫扫取后积零为整，出卖与农民作为肥田之用，或卖与灶商经水淘溶另制食盐，此项灰土能否以私盐论处？本处现有此项案件甚多，亟待解决，恳予明白解释，以便办理。代理四川巫溪县司法处审判官顾冀阶戌鱼叩

**院解字第二九〇一号**

**民国三十四年六月五日　司法院指令湖南高等法院**

呈悉，业经本院统一解释法令会议议决，减刑办法第一条但书所谓犯唯一死刑之罪者，系以法定本刑为标准，旧《刑法》所定唯一死刑之罪，既于该法有效期内到判决确定，嗣后新《刑法》对于该罪之刑罚纵有变更，仍应依该条但书规定，不予减刑，仰即知照。此令

**附湖南高等法院原呈**

查减刑办法第一条但书规定犯唯一死刑之罪者，不予减刑，自系指法定刑而言，兹有某甲犯罪在旧《刑法》有效时期，原确定判决系依旧《刑法》第二百八十四条第一项第一款第七十七条论处有期徒刑，此类案件，就当时适用之法定刑论，固属唯一死刑之罪，不在应予减刑之列。旧《刑法》关于预谋杀人并无特别规定是项犯罪，包括于第二百七十一条第一项范

围之内,该条项规定,并非唯一死刑,就现行法律而论,似又不受前之减刑办法第一条但书之限制。事关法律疑义,理合备文呈请鉴核,赐予解释祇遵。谨呈司法院院长居。湖南高等法院院长陈长簇

**院解字第二九〇二号**

**民国三十四年六月五日　司法院复军政部四十五补充兵训练处电**

军政部四十五补充兵训练处步兵第三团一营三连黄连长览,上年十二月二十九日呈悉,所请解释《民法》第九百二十五条所称之季节疑义一案,兹经本院统一解释法令会议议决,耕作地在春秋两季各有收益,而于收益后各为次期作业之开始者,其每一收益季节后次期作业开始前,均为《民法》第九百二十五条所称之收益季节后次期作业开始前,电复查照。司法院微印

**附军政部四十五补充兵训练处步兵第三团一营三连原呈**

窃本连士兵有遵照《优待出征抗敌军人家属条例》赎典者,莫不谓国有优待军人之厚,皆乐于战斗,效命疆场。查优待条例二十八条后项载,仍应受《民法》九百二十五条之限制等文,尚待解释,该条称,收益季节后次期作业开始前一语,未指定节气时间。查耕作地之收益,于秋分后开始作业,俟次年清明时全部正产物收获入仓,是为春季收益,于立夏后开始作业。俟本年处暑时全部正产物收获入仓,是为秋季收益。据此研究,每年有两个收益季节,兹请解释,军人赎典,在春季清明收益季节完毕后,交耕作地产业是否与秋季收益季节有同等效力,且承典人将典业出租收益并未住耕,亦无搬迁之妨害,清明收益,处暑收益,是否均为《民法》第九百二十五条之限制?如以春季清明不为《民法》该条之限制,又非优待条例之原则,为此具呈钧院鉴核,恳予迅速解释,《民法》第九百二十五条条文是否每年有两个收益季节,实为优待军人之至。谨呈司法院院长居。军政部四十五补充兵训练处步兵第三团一营三连连长黄永忠

**院解字第二九〇三号**

**民国三十四年六月五日　司法院咨行政院**

案准贵院上年七月二十九日义捌字第一六五〇号咨,以据司法行政部呈,转请核示法院雇员警丁,可否兼营商业疑义一案,咨请解释见复等由,准此,兹经本院统一解释法令会议议决,各机关受有薪给之雇员,及受有工饷之警丁,均非《公务员服务法》第二十四条所称受有俸给之公务员,自不在同法第十三条第一项限制之列,相应咨复查照饬知。此咨行政院

**附行政院原咨**

据司法行政部本年六月二十七日呈叁字第五〇八号呈称,据江西高等法院首席检察官三十三年四月五日检总字第八五号呈称,案据黎川地方法院检察官兼行首席检察官职务彭

年鹤呈称,查受有生活费之党务工作人员,依《修正公务员服务法》第二十四条非同法所称之公务员,不适用同法第十三条第一项之规定,业经司法院于上年三月三十一日以院字第二四九三号解释有案。准此解释,各机关受有薪给之雇员,及受有工饷之警丁,似亦非同法所称之公务员,不适用上开条项之规定,苟此项见解不谬,则雇员警丁有直接或间接经营商业者,如不妨害其职务,似非该管长官所能禁止。事关监督权限问题,未敢擅断,理合备文,呈请核示祗遵等情。据此,查法院警丁依法院组织法之规定,似应认为受有薪给之公务员,不得直接或间接经营商业或投机事业。至雇员应否认为公务员,可否兼营商业,因无法令依据,未敢擅拟,理合备文请示,仰祈钧部鉴核指令祗遵等情。据此,事关法律疑义,理合呈请核转解释等情。据此,相应咨请查照解释见复,以便饬遵。此咨司法院。行政院院长蒋中正

**院解字第二九〇四号**

**民国三十四年六月五日　司法院指令陕西高等法院**

呈悉业经本院统一解释法令会议议决,依《刑事诉讼法》第三百九十五条对于法院之裁定,得提起抗告者,除有特别规定外,限于当事人及非当事人而受裁定之人,《营业税法》《盐专卖条例》及其他以裁定科处罚锾之一切税法,如无特别规定准许原检查机关或移送税局,对于违反税法所受罚锾之裁定提起抗告,而各该机关既非当事人,又非其他受裁定之人,自不许提起抗告,所有以前与此见解有异之解释,均予变更。仰即转饬知照。此令

**附陕西高等法院原呈**

案据本院第三分院三十三年六月十二日代电,查民国二十四年九月二十八日　司法院指令司法行政部第六〇九号内开,查违反印花税法处罚案件,得提起抗告,原属一种特别规定,关于抗告人之范围,既无限制明文,原检察机关应许其提起抗告(载司法例规二四六四页),司法院院字第三九五号解释亦云,原发觉机关得提起抗告,然皆系指印花税法而言。印花税法既许检察机关提起抗告,与印花税法类似之其他税法,若《营业税法》《盐专卖暂行条例》及其他一切应由法院以裁定科处罚锾准许抗告含有行政性质之法规、暂行条例、暂行办法等,检察机关或移送税局,能否提起抗告,兹分甲,乙两说。甲说,谓司法院之见解,只限于印花税法,其他税法,检察机关并无准许抗告之根据,自属不能类推适用。乙说,谓印花税法为行政罚得提起抗告,原属一种特别规定,关于抗告人之范围,既无限制明文,原检察机关许其提起抗告,则其他属于行政性质之一切税法,及暂行办法由法院以裁定科处罚锾之案件,而有明文准许抗告,并未示以抗告之范围者,即与印花税法事同一律,检察机关或移送税局自亦应准许抗告。二说究竟孰是,本院现有此种案件,亟待核办,特电请解释示遵等情前来,查所请系关解释法规疑义,理合电请钧院鉴核,赐予解释示遵。谨呈司法院院长居。陕西高等法院院长魏大同

**院解字第二九〇五号**

**民国三十四年六月五日　司法院复四川高等法院电**

四川高等法院苏院长览,上年十一月东代电悉,所请解释一案,业经本院统一解释法令会议议决,法院就未经起诉之所得税法第十九条后段及第二十条之罪犯以裁定科处罚金者,此项违法科刑之裁判确定后,在未经依法纠正以前仍应依减刑办法,予以减刑。合电知照。司法院歌印

**附四川高等法院原代电**

重庆司法院院长居钧鉴,案查所得税法第十九条后段及第二十条规定之罚金,系属刑罚性质,如依各该条科处罚金之案件,经判决确定后,自应依减刑办法予以减刑,设若法院误认此项罚金为行政罚,未经检察官侦查起诉,依各该条以裁定科处罚金,如经确定应否依减刑办法减刑,有甲、乙两说。甲说,该项罚金系《刑法》性质,应经检察官侦查起诉,以判决方式行之,此种不合方式又违反不告不理原则之非法裁定,不能认为有效,应另行依法办理,不能遽依减刑办法减刑。乙说,该项裁定虽不合法,究属有权审判之机关所为,适用法条亦属不差,既经确定,自可依减刑办法减刑。以上二说,究以何说为当,不无疑义,理合电请鉴核解释祇遵。四川高等法院院长苏兆祥叩陵西东印

**院解字第二九〇六号**

**民国三十四年六月五日　司法院复安徽高等法院电**

安徽高等法院廖院长览,上年辰删代电悉,青阳县司法处所请解释一案,业经本院统一解释法令会议议决,某甲因被诉犯妨害兵役罪,于判决前志愿入营服役,经征兵机关转送或参加远征或开拔远地者,如别无法定停止审判程序之原因,不得停止审判,但审判期日,被告如不到庭,除有特别规定外,不得审判。至该案可否报结,事关司法行政,不属法令解释之范围,合电转饬知照。司法院歌印

**附安徽高等法院原代电**

重庆司法院院长居钧鉴,案据本省青阳县司法处民国三十三年四月八日第一〇八号代电内开,设有某甲因被诉犯妨害兵役于判决前志愿入营服役,经征兵机关转送或参加远征或开拔远地,应如何办理,理合电请鉴核,迅赐示遵等情。据此,查当事人于战时服兵役,依《民事诉讼法》第一八一条规定,得命中止诉讼程序,在刑事诉讼是否得以为停止审判之原因,及该案可否作为其他报结,不无疑义,本院未敢擅断,理合据情电请钧院核示祇遵,以便转饬遵照。安徽高等法院院长廖江南辰删叩

院解字第二九〇七号

民国三十四年六月五日　司法院复甘肃高等法院电

甘肃高等法院詹首席检察官览，本年一月覃代电悉，皋兰地方法院首席检察官所请解释一案，业经本院统一解释法令会议议决，减刑或声请减刑，不问原确定裁判是否违法，即非以原确定裁判合法为减刑或声请减刑之前提，检察官纵就违法裁判而为声请，除与减刑办法第一条减刑之规定不合者外，法院仍应依同法第二条或第三条以裁定减刑。合电转饬知照。司法院歌印

附甘肃高等法院原代电

重庆司法院院长居钧鉴，案据皋兰地方法院首席检察官赵桂林三十三年十二月二十五日第一〇六号呈称，查检察官办理声请减刑，如发见原裁判违法时，除如一般情形发见时应声请提起非常上诉以资救济外，是否即不能对之声请减刑，即检察官于此时有无审究原裁判违法与否之义务，并是否必以原裁判合法为声请之前提，如检察官对于违法之裁判声请时，法院应为如何之裁定，抑应认检察官之声请为不合法予以驳回？更申言之，即法院于办理减刑时，有无审究原裁判违法与否之义务，并是否必以对于合法之裁判减刑为前提，以上均无明文规定，究应如何办理之处，悬案待决，理合备文呈请钧院鉴核示遵等情前来，理合电请钧院鉴核示遵。署甘肃高等法院首席检察官詹世铭叩覃印

院解字第二九〇八号

民国三十四年六月六日　司法院复贵州高等法院电

贵州高等法院刘院长览，上年九月俭代电悉，桐梓地方法院所请解释一案，业经本院统一解释法令会议议决，(一)减刑办法第一条但书所定唯一死刑系指法定刑而言，其因酌减判处无期徒刑者，仍依同条但书之规定不予减刑。(二)某甲犯普通《刑法》上之罪名判处有期徒刑，经送监执行，因尚犯有特别《刑法》之罪，复由军法机关依特别《刑法》判处有期徒刑，如合于《刑法》第五十条数罪并合处罚之情形时，应由最后审理事实之军法机关先以裁定定其应执行之刑后，再予依法减刑。合电转饬知照。司法院鱼印

附贵州高等法院原代电

重庆司法院院长居钧鉴，据桐梓地方法院代电称，查减刑办法第一条但书规定，犯唯一死刑之罪者，不予减刑，若犯罪系唯一死刑之罪，而原判系于所犯罪刑内依普通《刑法》第五十七条、第五十九条减为无期徒刑，此时应否依减刑办法减刑，于此有二说。甲说，谓应否减刑应以法定刑为标准，受刑人所犯之罪，其法定刑为唯一死刑，即不在减刑之列。乙说，谓应否减刑以执行刑为标准受刑人所犯之罪，虽为唯一死刑，然于科刑时已减为无期徒刑，此时所执行者既为无期徒刑，自应依减刑办法第二条第一项第一款下段减刑。二说究以何者为是，于适用法令，不无疑义，此应请示者一。又某甲因犯普通《刑法》上之罪名判处有期

徒刑,经送监执行,因尚犯有特别《刑法》之罪,复由兼理军法之县长,依特别《刑法》判处有期徒刑,迄未裁定定其应执行刑,该受刑人在未确定执行前,是否能予减刑?如能减刑,究应由最后审理事实之军法机关办理,抑由司法机关办理,或各别办理,此应请示者二。以上二点,案关适用法令疑义,未敢擅专,理合电请钧院迅赐解释俾资遵循等情。据此,案关减刑适用法令疑义,理合据情转请钧院迅赐解释,以便饬遵。贵州高等法院院长刘含章申俭叩

**院解字第二九〇九号**

**民国三十四年六月六日　司法院复贵州高等法院电**

贵州高等法院刘院长览,上年十月佳代电悉,所请解释一案,业经本院统一解释法令会议议决,刑事被告犯单纯一罪而应依法免除其刑者,其判决主文虽未记载其所犯之罪名,亦非违法,合电知照。司法院鱼印

**附贵州高等法院原代电**

司法院院长居钧鉴,查职院受理案件有须免刑者,依照司法行政部所颁发之刑事第一第二两审判决书格式,如被告所犯仅单纯一罪,仅于主文内某某免刑,若被告所犯为数罪,仅有一二罪应免刑者,则全文内应记明其免刑之罪名,某某窃盗免刑(参照《刑法》第三百二十四条第一项)。现在对于被告所犯单纯一罪,主文宣告,有甲、乙二说。甲说,主文内应记载某某及所犯罪名免刑如未将犯罪名揭明于主文,自嫌未洽,有司法行政部已于本年九月二十五日指刑字第一〇六六七号指令本院之令可据。乙说,免刑司法行政部前既颁有格式,应即遵照上开说明,宣告某某免刑,即为已足,不必于主文内揭明。两说未知孰是,案关法律疑义。理合快邮电请解释示遵,以资依据。贵州高等法院院长刘含章叩佳印

**院解字第二九一〇号**

**民国三十四年六月六日　司法院复广西高等法院电**

广西高等法院申院长览,上年酉元代电悉,荔浦县司法处所请解释一案,业经本院统一解释法令会议议决,(一)飞机零件非违禁物品,其单纯收藏或持有而不别具其他犯罪构成要件者,法无论罪明文应不为罪。(二)未受允准为人擦枪油或修理枪支而未达于制造程度,其仅持有该枪,既非无正当理由,自不成立《刑法》第一百八十六条之罪,合电转饬知照。司法院麻印

**附广西高等法院原代电**

重庆司法院院长居钧鉴,案据荔浦县司法处本年九月庚刑甲字第八九九号代电称,兹有用法疑义二点,(一)收藏或持有飞机零件,应依何法条办理?(二)未受允准为人擦枪油或为人修理枪支,是否均成立《刑法》第一八六条之罪,抑应依何法处断?以上二点,深滋疑义,理合电呈鉴核,敬乞迅赐示遵等情。据此,查飞机零件为兵工物品材料之一种,收藏或

持有者如系出于窃盗所得,参照国民政府三十年十月十一日渝文字第一四二二号训令,此项人犯,似应适用《陆海空军刑法》盗卖军用品罪治罪,由军法机关审判。至为人擦枪油或为人修理枪支,如确系未受允准,似无解于《刑法》上未受允准而持有军用枪炮之罪责。案关适用法律疑义,本院未便擅拟,理合电请钧院鉴核,迅赐解释,以便转饬遵照。代理广西高等法院院长申守真酉元法宜印

**院解字第二九一一号**

**民国三十四年六月六日　司法院复安徽高等法院电**

安徽高等法院廖院长览,上年未马代电悉,该法院太湖分庭所请解释一案,业经本院统一解释法令会议议决,法院依财务法规科处罚锾之裁定确定后,未执行前被罚人死亡者,除法令有特别规定外,自不能向其继承人执行,又被罚人于提起抗告后,未经抗告法院裁定前,既已死亡,即无庸再就该抗告为任何裁定,合电转饬知照。司法院麻印

**附安徽高等法院原代电**

重庆司法院院长居钧鉴,案据本院太湖分庭庭长郑世郁本年未文代电称,现行各条例及法律,如《盐专卖暂行条例》、《战时火柴专卖暂行条例》、烟类食糖等专卖暂行条例、印花税法、筵席及娱乐税法之类所言之罚锾,经法院裁定确定后,如被罚人死亡,能否向其继承人执行,又被罚人于提起抗告后,未经抗告法院裁定前死亡,抗告法院应否为不受理之裁定,抑仍须就其抗告之有无理由,及是否合法而为裁定?事关法律疑义,职庭未敢臆断,恳祈转呈司法院迅赐解释,以便遵行等情。据此,事关法律疑义,理合据情电请钧院解释祗遵,俾便转饬遵照。安徽高等法院院长廖江南叩未马印

**院解字第二九一二号**

**民国三十四年六月六日　司法院复广西高等法院电**

广西高等法院申院长览,上年八月迥代电悉,宜山地方法院所请解释一案,业经本院统一解释法令会议议决,(一)公务员在《惩治贪污条例》施行后,因办理兵役,对于违背职务之行为收受贿赂,或因管理壮丁诈取壮丁或其亲属财物,应依同条例第二条第七款或第三条第五款处断,其审判程序应适用《特种刑事案件诉讼条例》之规定。(二)在非公共场所,或非公众得出入之场所赌博财物,其行为地既在《广西省禁赌办法》施行区域以内,即应依同办法第四条论科,至其违警行为已触犯特别刑事法令,应适用该项法令论处,自不能更依违警罚法处罚。合电转饬知照。司法院麻印

**附广西高等法院原代电**

司法院院长居钧鉴,案据宜山地方法院本年六月第七一号灰代电称,兹有某公务员办理兵役,对于违背职务之行为收受贿赂或管理壮丁诈取财物,是触犯《妨害兵役治罪条例》第五条第二项及第八条之罪名,同时触犯《惩治贪污条例》第二条第七款及第三条第五款之

罪名,究应依《妨害兵役治罪条例》处断,抑应依《惩治贪污条例》处断,有甲、乙二说。甲说,《妨害兵役治罪条例》限适用于办理兵役之人员,系狭义法,《惩治贪污条例》系就一般军人公务员及受公务机关委托承办之人而为规定,系广义法,依狭义法排斥广义法之原则,应依《妨害兵役治罪条例》处断,并归普通法院审判。乙说,《妨害兵役治罪条例》,虽系狭义法,但于二十九年六月二十九日公布施行,依后法优于前法之原则,应依颁行在后之《惩治贪污条例》处断,并应依军法审判程序办理。以上二说,未知孰是。又有甲等于非公共场所或非公共得出入之场所赌博财物,是触犯《广西省禁赌办法》第四条之罪名,同时违反违警罚法第六十四条第一项第八款之罚则,究应依《广西省禁赌办法》处断,抑应依违警罚法处罚,有子、丑二说。子说,《广西省禁赌办法》系特别法,违警罚法系普通法,依特别法优于普通法之原则,应依《广西省禁赌办法》处断。丑说,《广西省禁赌办法》虽系特别法,但于三十一年七月十一日由广西省政府呈奉行政院施行,违警罚法虽系普通法,但系国民政府于三十二年九月三日公布同年十月一日施行,依后法优于前法之原则,应由警察官署依颁行在后之违警罚法处罚,否则警察官署既可依违警罚法处罚,普通法院又可依《广西省禁赌办法》科处,是同一行为受两重处罚,实为不当。以上二说,未知孰是,上述两问题,于适用法律均滋疑义,理合电请鉴核俯赐转请迅予解释示遵等情前来。事关适用法律疑义,理合电请解释示遵,俾便转饬遵照。广西高等法院院长申守真呈刑甲迥印

**院解字第二九一三号**

**民国三十四年六月十三日　司法院训令四川高等法院**

据崇宁县司法处本年三月铣代电,以妨害兵役案件适用法律疑义,电恳解释示遵等情。据此,兹经本院统一解释法令会议议决,《妨害兵役治罪条例》第六条之犯罪主体,以办理兵役人员为限。某甲如非办理兵役人员,其设词将丑县某乙诱至子县,串通当地乡公所所丁,强拉某乙出卖壮丁,并分用卖价一千元,自系犯《刑法》第三百零二条第一项之罪,如已介绍某乙顶替应服兵役之壮丁代服兵役,则兼犯《妨害兵役治罪条例》第十五条之罪,应依《刑法》第五十五条处断,合行令仰转饬知照。此令

**附四川崇宁县司法处原代电**

重庆司法院院长居钧鉴,设有子县某甲,设词将丑县某乙诱至子县,暗中串通乡公所所丁将某乙强迫拉卖壮丁,某甲分用卖价千元,此种行为,某甲是否构成《妨害兵役治罪条例》第六条第一项强迫不应征集之壮丁使服兵役之罪,抑构成同条例第十五条第一项之罪,或犯《刑法》第三百零四条之罪刑?悬案待结,理合电请解释示遵。署四川崇宁县司法处审判官章愚叩铣印

**院解字第二九一四号**

**民国三十四年六月十三日　司法院复安徽高等法院电**

安徽高等法院廖院长览，上年戌艳代电悉，该法院太湖分庭所请解释一案，业经本院统一解释法令会议议决，甲乙同胞兄弟二人，某甲在前清时代已出继他人为嗣子，保长某丙，曾于现行兵役法未施行前，将某乙编列壮丁签号，使服兵役，乙则贿买某丁为之顶替。依现行兵役法第二十条第一项第五款某乙固不能谓为无同胞兄弟，而在行为当时所适用之《兵役法施行暂行条例》第二十九条第一项第二款规定，自系于其家庭为独子，而仅服国民兵役，即属不应征服现役之壮丁，某丙使服兵役，如有强迫行为，即应论以《妨害兵役治罪条例》第六条第一项之罪，某乙既非应予征集，其使人顶替及顶替服役之某丁，均无同条例第十五条罪责之可言。合电转饬知照。司法院覃印

**附安徽高等法院原代电**

司法院院长居钧鉴，据本院太湖分庭庭长郑世郁戌佳代电称，查兵役法所称之独子，依照司法院以前解释，凡同胞兄弟二人中有一人为他人嗣子或养子者，即在独子之列，后有司法院三十二年十二月三日院字第二六一七号解释。关于此种情形，认其为非无同胞兄弟，不以独子视之，兹有甲乙同胞兄弟二人，甲在前清时代已出继他人为嗣子，其保长丙，当现行兵役法尚未颁行及司法院尚无三十二年十二月三日院字第二六一七号解释时，将乙编列壮丁签号使服兵役，乙则贿买丁为之顶替。如依《修正兵役法施行暂行条例》及司法院以前解释，是乙为独子，不应征集，保长丙应依《妨害兵役治罪条例》第六条科罚，乙非应予征集者，其使人顶替，及为之顶替之丁均无同条例第十五条罪责之可言。如依现行兵役法及司法院三十二年十二月三日院字第二六一七号解释，是乙非独子，保长丙征集乙使服兵役，并非不应征集，亦即不成立犯罪，乙与丁则触犯同条例第十五条罪刑，又如适用有利益于行为人之法律与解释，则前者有利益于乙丁而不利益于丙，后者有利益于丙而不利益于乙丁。事关法律上疑义，究应如何办理，职处未敢臆断，敬祈转请司法院从速赐予解释，电示祗遵等情。查事关法律适用疑义，未敢擅专，理合电请鉴核示遵。署安徽高等法院院长廖江南戌艳印

**院解字第二九一五号**

**民国三十四年六月十三日　司法院指令湖北高等法院**

呈悉，业经本院统一解释法令会议议决，(一)司法警察官署移送特种刑事案件，如违背《特种刑事案件诉讼条例》第三条第一项之规定，应行补正者，经通知补正而不补正，致不知其犯罪者为何人，或所犯为何罪时，自系起诉之程序违背规定，应由法院谕知不受理后，移送检察官侦查。(二)《刑事诉讼法》第二百零九条之司法警察官得依《特种刑事案件诉讼条例》第三条以其官署名义，将特种刑事案件移送法院审判，但不得以本人之名义行之，至

战区司令长官部省政府或其他无司法警察官职之军事机关,既非司法警察官署,其移送之案件,无论有无移送书,应一律送检察官侦查。(三)《特种刑事案件诉讼条例》第二十六条所谓其他被告,系指依本条例第十六条应送覆判之同案被告而言,如被告声请覆判,仍应由原审法院依同条例第十五条将该案卷宗证物送交最高法院覆判,不得将其声请驳回。(四)依《特种刑事案件诉讼条例》宣告死刑无期徒刑之判决,无论被告或其他有声请覆判权之人,已否声请覆判,原审法院均应将该案卷宗证物送交最高法院覆判,除其声请具有同条例第十九条应予驳回之情形,由覆判法院另以判决驳回外,仍应依职权予以覆判。仰即转饬知照。此令

**附湖北高等法院原呈**

案据本院第三分院呈称,查司法警察官依《特种刑事案件诉讼条例》第三条移送案件于法院时,果依法制作移送书,自以提起公诉论。如移送书之要件不备(即第三条第一项所载一二两款),由法院通知补正仍不补正时,可否认为提起公诉,抑送由该管警察官重行侦查?又各种司法警察官依《刑事诉讼法》第二百零八条已有明文规定,而同法第二百零九条所载之司法警察官可否用移送书移送案件于法院,又战区司令长官部省政府及其他军事机关,既非司法警察官,其移送之案件,无论有无移送书,似应一律送由该管检察官实施侦查为起诉或不起诉之处分。又查《特种刑事案件诉讼条例》第二十六条后段载,如有其他被告,仍应将其他被告部分送请覆判,似系指依职权送请覆判而言,如声请人于法定期内声请,究依声请程序办理,抑将其声请驳回,仍依职权送请覆判。又同条例第九条后段载,宣告死刑或无期徒刑之判决,应不待声请依职权迳送最高法院覆判等语。细绎文义,宣告死刑或无期徒刑之案件,为慎重起见,应依职权迳送最高法院覆判,不得声请覆判,如果于法定期内声请覆判,亦应依同条例第十九条前段以判决予以驳回,以上所举各点,适用上不无疑义,理合呈请钧院转请核示,俾有遵循等情。据此,查据司法警察官署移送书之记载,足以辨别被告并能认识犯罪事实之范围时,则虽未如《特种刑事案件诉讼条例》第三条第一项所定之详备法院似亦可迳行审判,如据其所载不能知被告为何人或不能认识犯罪事实时,则似应认起诉要件不备,由法院通知而不予补正者,似应送由检察官侦查。又同条所定,以移送书记载所列事项移送法院得以提起公诉论者,以司法警察官署之移送为限,则不能代表所属官署之司法警察官之移送,似不能以提起公诉论。至战区司令长官部省政府以及其他有警务性质之军事机关,似可认为同条之司法警察官署,如具备所定条件,似可据其移送迳行审判。又查同条例第九条但书应依职权迳送最高法院覆判之判决,如遇有声请覆判权人依法声请之情形,原审或覆判法院似应将迳送覆判之事实谕示令知,不宜遽予判决驳回。至同条例第二十六条后段所述,仍应送请覆判之其他被告,似系指第二十四条第一项经宣告死刑来电请核准或未经核准之被告而言。该项被告,既系宣告死刑,似应依照同条例第九条后段办理。案关法令疑义,未敢擅专,理合呈请鉴核,迅示祗遵。谨呈司法院院长居。湖北高等法院院长郗朝俊

**院解字第二九一六号**

**民国三十四年六月十四日　司法院致行政院函**

案准贵院上年三月七日义壹字第四九四五号公函，以广西省政府请示《乡镇民代表选举条例》第二条第一款疑义一案，函请解释见复等由，准此，兹经本院统一解释法令会议议决，《乡镇民代表选举条例》第二条第一款所称，现任本乡镇区域内之公职人员，其范围与《省县公职候选人考试法》第三条列举之公职人员不同，凡现任本乡镇区域内之乡镇长、副乡镇长、乡镇中心学校校长、乡镇国民兵队队长、队附、民政警卫文化经济各股主任及干事、专任事务员、保长、副保长、保国民学校校长、保国民兵队队长、队附，保民政警卫文化经济各干事、甲长，皆为同条例同条款所称现任本乡镇区内之公职人员，原代电所举各种人员，以与此相当者为限，停止其乡镇民代表之被选举权，相应函复查照饬知。此致行政院

**附行政院原函**

广西省政府请示《乡镇民代表选举条例》第二条第一款疑义，相应抄同原代电，函请查照解释见复为荷。此致司法院

**附广西省政府原代电**

重庆司法院钧鉴，查现任乡镇村街公所之职雇员及甲长、人民团体书记，县田赋管理处处长或征收分处主任，及其职雇员，县属部区分部委员及书记、学校校长教职员、农仓保管委员、财产保管委员等，是否《乡镇民代表选举条例》第二条第一款规定之公职人员。又该款所规定之公职人员，是否仅指《省县公职候选人考试法》第三条列举之省参议员、县参议员、乡镇民代表乡镇长或保长而言，颇滋疑义，理合电呈察核，敬候迅电示遵。广西省政府主席黄旭初呈。江民壹印

**院解字第二九一七号**

**民国三十四年六月十四日　司法院复甘肃高等法院电**

甘肃高等法院詹首席检察官览，本年三月迥代电悉，皋兰地方法院首席检察官所请解释一案，业经本院统一解释法令会议议决，旅馆在战时奉令凡无证明书之旅客不许留住，某甲在某机关服务，因应其友某乙之请求，出具证明书，遂盗用不属其主管之庶务室长条钤记一颗，加盖于纸条上，写就证明书交与某乙持向所寄宿之旅馆登入号簿，旅馆容留旅客，既已奉命必需证明书，原为战时保持治安防范奸宄之必要措施。此项证明书自不能谓与公众无利害之关系，某甲盗用钤记，伪造某机关庶务室之证明书，即不能谓无发生损害于公众之虞，应成立《刑法》第二百十一条伪造公文书之罪，合电转饬知照。司法院寒印

**附甘肃高等法院原代电**

重庆司法院院长居钧鉴，案据皋兰地方法院首席检察官赵桂林三十四年三月二十一日第七三号呈称，为呈请转请解释事。设有甲乙二人，素相识好，甲某在子机关服务，乙某在

丑旅馆寄宿,嗣因战事关系,旅馆奉令凡无证明书之旅客不许留住,乙某遂请其友出一证明书,甲某慨然应允,即将其不属主管之庶务室长条钤记一颗,盗用加盖于纸条之上,写就证明书一纸,内开,兹有乙某携眷来此任事,因房租困难暂借旅寓,特予证明,云云,并于钤记印文之下加盖甲某名章交给乙某,持去登入旅馆号簿旋被查觉,讯悉甲某系为公务员身分,乙某系为商人。按此种事实,依《刑法》第二百十八条第二项盗用公印之规定,必以生损害于公众或他人者方足成立犯罪。今甲某盗用庶务室存有该机关之长条钤记,兹就证明书之内容核夺,似不发生损害于公众或他人,但查乙某如果有不法之企图,或为汉奸时,则必凭借上开证明书为护符,当然要发生损害于公众或他人。综上事实情形,该甲某之盗用此项公印,究竟是否构成犯罪,理合具文呈请钧座鉴核,转呈解释,实为德便,谨呈等情前来。事关解释法律疑义,理合电请钧院鉴核示遵。甘肃高等法院首席检察官詹世铭叩迴印

**院解字第二九一八号**

**民国三十四年六月十四日　司法院指令西康高等法院首席检察官**

呈悉,业经本院统一解释法令会议议决,《刑法》第七十四条各款所谓受有期徒刑以上刑之宣告,系指宣告其刑之裁判确定者而言,某甲犯子、丑二罪,先发觉子罪,后发觉丑罪,经第一审先就子罪案件判处徒刑六月宣告缓刑二年,后就丑罪案件判决谕知无罪,某甲对于子罪案件上诉后,检察官亦对丑罪案件上诉,第二审先就丑罪案件判处徒刑六月,在未确定前又就子罪案件判决将上诉驳回,均非违法。两案裁判俱经确定,丑罪既非在子罪缓刑期内宣告之徒刑,则子罪所宣告之缓刑,即不合于《刑法》第七十五条第一项各款所列撤销之原因,检察官仅应就丑罪所宣告之徒刑予以执行,仰即知照。此令

**附西康高等法院检察处原呈**

窃查某甲偶因同一原因牵连犯子、丑二罪,情节皆轻,先发觉子罪,后发觉丑罪,一审即先判决子罪宣告徒刑六月缓刑二年,后判决丑罪无罪,某甲对子罪上诉后,检察官亦对丑罪上诉,经第二审先将丑罪调查完毕,判处徒刑六月,尚未确定即判决子罪,仅将上诉驳回,原判缓刑殊未论及。两案均经确定,是否认为违法,除两案确定后如应更定其刑,其一缓刑,一未缓刑,应如何办理,亦不无疑义外,兹分二说。一、缓刑之宣告,以未曾受有期徒刑以上刑之宣告刑者为限,子罪在第一审判决之时,甲虽未受徒刑之宣告固可予以缓刑。惟第二审既先将丑罪判处徒刑,姑无论其犯罪之先后抑系同时,犯罪之性质是否牵连,判决之次序是否变更,情节是否轻重,其后判决子罪,则缓刑要件已不具备,仅为上诉驳回之判决,而对原判缓刑竟未撤销,无异再予宣告缓刑,自属违背法令,未确定应提起上诉,既确定后亦应提起非常上诉,以资纠正,院字第一九八〇号解释可以参照。二、子罪经第一审宣告缓刑既属合法,迨后上诉第二审先判决丑罪,后判决子罪,系就审判上之便利,或因办案之迟速。揆厥情形,颇不一致,并非依其犯罪时日,及发觉之先后与依上程序之顺序而为判决,况判决子罪时丑罪之判决虽经宣告徒刑,尚未确定,且所犯两罪,性质牵连,情节亦轻,显非恶性

甚深者可比。如同时判决丑罪,亦未尝不可并予缓刑,其对子罪原判缓刑,虽未论及,仅能谓为消极上之维持,既未积极宣告缓刑,而宣告缓刑,确系第一审又在丑罪尚未宣告徒刑之前,子罪虽经上诉,二审自应就原审判决经上诉之部分调查认为上诉无理由者,应以判决驳回之,《刑事诉讼法》第三百五十八条及第三百六十条著有明文。至原审宣告缓刑,适用法条并无不当,其不应为撤销缓刑之判决,《刑事诉讼法》第三百六十一条及第三百六十二条亦足资参考,如因上诉二审判决之先后,牵涉原判决合法宣告之缓刑陷于撤销,即是以二审先后判决之倒置,归责第一审,何异李代桃僵,显不足以昭折服。纵提起非常上诉,其判决之效力,虽不及于被告,然要其归宿,仍是撤销一审缓刑,但仅据二审判决之先后,持为上诉之理由,诚属牵强。若以第二审先后判决之次序为有违误,应为纠正两判先后之次序,而不得为撤销缓刑之理由,剥夺被告缓刑之利益,尤为明显,且就判决之先后而论,殊无某案应当先判,某案应当后判之规定,若使办案人务必注意及此,后判丑罪方为合于缓刑,否则先判丑罪即应撤销缓刑,不惟于法令规定外,增加办案者一层限制,反予以左右缓刑之权,恐古今中外无此乖谬办法。细按院字第一九八〇号解释,核与此种事实极不相符,自难依据办理,再查子、丑两罪互相牵连,判决虽有先后之分,而犯罪并无先后之别,果如子、丑两罪上诉,第二审忽为变更原判两罪之次序,又有先后判决之不同,其不撤销子罪缓刑认为违法,若本此理由,撤销缓刑后丑罪上诉第三审宣告无罪,则子罪撤销缓刑之判决,亦属违法似此撤销缓刑,二审终不能免违法之范围。又如子罪经一审宣告缓刑后,未经上诉,或上诉第二审而先丑罪判决,即如二审变更先后次序之判决,如再上诉第三审先判子罪,后判丑罪,亦皆可谓为适法,于理殊觉欠通,再如子、丑两罪并合裁判,各处徒刑六月,合并执行徒刑八月,缓刑三年,固属合法。若经分别裁判,即其一罪宣告缓刑亦不可得,不独犯罪者自痛不平,即刑事政策亦不应尔尔。以上二说,未知孰是,事关法律疑义,理合具文呈请钧院俯赐解释示遵实为公便,谨呈司法院院长居。代理西康高等法院首席检察官夏惟上、检察官廖树芬代行

**院解字第二九一九号**

**民国三十四年六月十四日　司法院复四川高等法院第一分院电**

四川高等法院第一分院孙院长览,本年二月鱼代电悉,所请解释一案,业经本院统一解释法令会议议决,中央各部所属某种营业机关,以私人营业之公司资金困难,照部定管理某种规则,呈由该机关垫款救济,或该公司因设备不足,作某种管理条例,呈由该机关贷款补充,嗣后该公司归还垫款或贷款,由该机关出立收据,该机关如系官署,此项收据依印花税法第三条第三款应在免纳印花税之列,倘或属于国营事业,仍应依同法第四条办理。合电知照。司法院寒印

**附四川高等法院第一分院原代电**

司法院院长居钧鉴,查中央各部所属某种管理机关,以私人营业之公司,因资金困难,

照部定管理某种规则,呈由该机关垫款救济,或该公司因设备不足,依某种管理条例,呈由该机关贷款补充,嗣后该公司归还垫款或贷款,由该机关出立收据,此项收据,如未依印花税法第十六条税率表第二目贴用印花税票,可否认为同法第三条第三款规定之各级政府处理公款所发之凭证免纳印花税,不予科罚,颇有疑义,理合电请钧院解释示遵。四川高等法院第一分院院长孙鸿霖叩鱼印

**院解字第二九二〇号**

**民国三十四年六月十四日　司法院致交通部函**

据本院秘书处签呈称,准交通部三十四年二月十五日航字第二四二七号公函,以套购船票,高价转售之票贩,应援用何项法令从严处办,函请转陈解释等由,检同原函及附件,签请鉴核等情。据此,业经本院统一解释法令会议议决,轮船票贩,自己既不乘船而套购船票,高价转售渔利,自系以诈术取得财产上不法之利益,应成立《刑法》第三百三十九条第二项之罪,相应函请查照。此致交通部

**附交通部原函**

案查本部为取缔轮船客票黑市及防止轮船乘客超过定额起见,前经令饬长江区航政局召集有关机关,及各轮船公司开会商讨,妥拟办法呈核在案,兹据该局呈称,遵于三十三年十二月二十六日召集有关机关及轮船公司开会商讨,综合各代表佥以轮船客票发生黑市,及轮船乘客超过定额之原因,皆由于:一、后方人口激增而交通工具缺乏;二、轮船客票票价较之任何交通工具之代价为低,一般旅客均改乘轮船;三、警察局核发出境证与输船售票处缺乏连系;四、对于票贩之处罚过轻,不足以资惩戒;五、轮船中途停泊地点,尚有未设警察及治安机关维持秩序,当经决议取缔及防止办法八项。除分别办理外,查第五项决议案,关于调整川江轮船客票票价一节,实属必要,前经本局呈请核示在案,兹再依照决议案呈请钧部转函国家总动员会予以调整,借维航运安全。又第七项决议案,关于后方交通工具缺乏,需要增加输船一节,查滇缅路不久即将通车,造船材料当可源源内运,亟宜计划增加轮船,以利交通,拟请钧部转请行政院通盘筹划办理,并拨款资助航商,添造船只。再查第三项决议案,关于取缔票贩,应如何加重处罚一节,亦请转函司法院解释,应援何项法令,从严处办,奉令前因,理合检同会议纪录一份,呈请鉴核,指令祇遵等情,附会议纪录一份。据此查会议纪录内第三案决议第二项关系法令条文之援引,相应抄同原案,函请查照,转陈赐予解释,以便饬遵。此致司法院秘书处

**附决议案**

交通部长江区航政局取缔轮船客票黑市及防止轮船乘客超过定额会议纪录

(三)票贩套购船票高价转售,不独破坏限价政策,影响交通秩序,其转让出境证,尤足妨害治安,使宵小奸宄混淆出境,实属罪状重大,似应加重惩处案,决议:一、请重庆卫戍总司令部严缉票贩予以最严厉之处分其原送劳动总队者延长其劳动服役期间;二、请司法院

解释对于不法票贩应援用何项法令从重处分;三、请警察局科以巨额罚金。

**院解字第二九二一号**

**民国三十四年六月十四日　司法院致行政院函**

案准贵院本年一月二十六日平贰字第一八五七号公函,以据兵役部呈请核示,关于非军人妨害兵役案件处理事项疑义,函请解释见复等由,准此,兹经本院统一解释法令会议议决,(一)非军人犯妨害兵役之罪,既由司法机关审判,即应依照通常刑事诉讼程序办理,未便有所歧异,《刑事诉讼法》第二百零九条第一项第三款所称之特定事项,系指依据法令所规定者而言,国民兵团副团长团附及兵役部督察人员,如仅职司办理兵役而无关于特定事项得执行司法警察官职权之法令根据,自不属于上开规定之人员;(二)《调度司法警察章程》,已因《调度司法警察条例》之公布施行而失效,各师管区司令既无得行司法警察官职权之法令根据,自未便适用同条例第二条及《刑事诉讼法》第二百零八条之规定,相应函复查照饬知。此致行政院

**附行政院原函**

据兵役部呈称,查关于兵役违法案件属于军事人员者,系由军法机关办理,属于非军人者,系由司法机关办理。惟按诸数年来事实,非军人妨害兵役之犯罪行为,因审理机关不同,手续各异,常令案件羁延,失去处理时效,致重要犯罪人,每易于借机逃饰,或消灭证据。兹为谋合于法理事实之补救起见,拟请钧院转咨司法院,请准予解释,并确定(一)关于妨害兵役犯罪之侦查,属于《刑事诉讼法》第二百零九条第一项第三款前半段所指之特定事项,兵役部督察人员县市国民兵团副团长团附属于同法同条同项第三款后半段所指之得行司法警察官之职权者;(二)各师管区司令准用《调度司法警察章程》第三条第三款之规定,得协助检察官执行其司法警察官之职权。以上两项,如获解释确定,当由本部根据释义,拟制办法,呈请钧院核定,颁布施行,则今后对于非军人妨害兵役犯罪之侦查、拘提、搜索、扣押,均可由县市国民兵团副团长团附及本部督察人员协助检察官执行其司法警察官之职务,使各地兵役违法案件,得迅速严密之处置,是否可行,谨根据法理事实,备文呈请鉴核示遵,等情。案关适用法律疑义,相应函请查照解释见复为荷。此致司法院

**院解字第二九二二号**

**民国三十四年六月十四日　司法院致行政院函**

案准贵院本年二月三日平捌字第二五三二号公函,以据司法行政部呈,转请解释司法警察官及司法警察疑义一案,函请解释见复等由,准此,兹经本院统一解释法令会议议决,(一)《刑事诉讼法》第二百一十条所列各员为司法警察,对于特种刑事案件,不得直接移送法院审判。(二)《刑事诉讼法》第二百零九条第一项第三款及第二百一十条第一项第三款所指之司法警察官及司法警察,在《调度司法警察条例》第三条第一项第三款、第四款及第

四条第一项第三款、第四款已有列举之规定。(三)县政府以下警察局长、警察队长以下官长皆为司法警察官,各局队所属之警长警士皆为司法警察,至乡镇保甲人员并非司法警察官,亦非司法警察,相应函复查照饬知。此致行政院

**附行政院原函**

据司法行政部本年一月二十七日呈(叁)字第七八号呈称,案据贵州高等法院三十四年一月文总三十四字第一号呈略称,案据金沙县司法处主任审判官李邦英代电称,查《特种刑事案件诉讼条例》第三条及同条第二项暨第四条规定,固可不经检察官之侦查程序,法院得迳行审判,兹有疑义数点,谨胪于后。(一)该条所称司法警察官署系指《刑事诉讼法》第二百零八条、第二百零九条所列各员而言,其第二百一十条所列各员可否直接移送案件于法院迳行审判,疑义者一也。(二)刑诉法第二百零九条第三款及第二百一十条第三款何种机关属之,应请列举明示,疑义者二也。(三)在县政府以下有警察局或所有保安警察大队中队分队及乡镇公所保甲办公处,何者为司法警察官,何者为司法警察,疑义者三也。(下略)理合转请鉴核示遵等情。据此,事关法律疑义,理合呈请钧院鉴核,转送司法院解释,俾资遵循等情。据此,案关适用法律疑义,相应函请查照解释见复,以便饬遵。此致司法院

**院解字第二九二三号**

**民国三十四年六月十六日　司法院指令四川高等法院第一分院**

呈悉,业经本院统一解释法令会议议决,《妨害兵役治罪条例》第十六条所称之意图避免兵役,系指意图避免自己之兵役而言,其犯罪主体,自以应服兵役之壮丁为限。仰即转饬知照。此令

**附四川高等法院第一分院原呈**

案据署四川潼南地方法院院长周宏迹三十四年五月三日呈刑字第一〇九号呈称,窃以《妨害兵役治罪条例》第十六条之犯罪主体,其界说如何,适用上不无疑义。甲说,《妨害兵役治罪条例》第十六条之罪,系以有服兵役义务之壮丁意图避免自己兵役而有该条所载之行为为构成要件,如非该项壮丁,纵令为他人避免兵役而结伙持械,对于办理兵役人员执行职务时施用强暴胁迫,仅止成立《刑法》上妨害公务之罪,要不能为《妨害兵役治罪条例》第十六条之犯罪主体。乙说,《妨害兵役治罪条例》第十六条之罪以避免兵役为该条成立要件,其为本人或他人在所不问,参观该条第二项文义自明。以上两说,究以何者为是,本院现有此类案件亟待解决,理合呈恳钧院迅赐核转司法院解释指令祇遵等情。据此,案关法律适用疑义,理合据情具文呈请钧院鉴核,迅赐解释示遵。谨呈司法院院长居。四川高等法院第一分院院长孙鸿霖

**院解字第二九二四号**

**民国三十四年六月十六日　司法院训令陕西高等法院首席检察官**

据陕西高等法院第四分院首席检察官本年四月二十八日呈，以办理再议案件程序发生疑义，请解释示遵等情。据此，业经本院统一解释法令会议议决，某甲被诉伙同某乙犯杀人罪，兼理司法县政府因某甲所在不明，依旧《刑事诉讼法》裁定停止审判，虽同时因某乙罪嫌不足，依检察职权处分不起诉，关于某甲部分，究已入于审判程序，嗣后该县成立地方法院，某甲被获送案，自应迳由刑庭审判，如检察官再就某甲被诉杀人罪嫌为不起诉处分，其处分亦属无效，告诉人对于无效处分声请再议，上级法院首席检察官应认其声请为无理由，予以驳回。合行令仰转饬知照。此令

**附陕西高等法院第四分院原呈**

呈为呈请解释事，兹有某甲被诉伙同某乙犯杀人罪，经兼理司法县政府于民国二十三年十二月间因某甲所在不明，依旧《刑事诉讼法》裁定停止审判，同时因某乙罪嫌不足，依检察职权处分不起诉，至民国三十三年八月间该县成立地方法院，某甲被获送案，并由被害人之配偶呈出停止审判之裁定及不起诉处分书等件，请求调阅县卷依法论处，检察官以前卷遗失调取无着，遂重新侦查，对于某甲处分不起诉，经被害人之配偶声请再议，上级法院首席检察官应依何种程序办理，分甲、乙两说。甲说，该案虽经前兼理司法之县政府裁定停止审判，但未为实体上之侦讯，已极显明，既已由检察官于某甲获案后重新侦查处分不起诉，且据告诉人声请再议，遵照司法行政部三十四年三月二十六日指叁字第二六八一号指令（指令陕西高等法院首席检察官），自应按再议程序办理。乙说，查兼理司法县知事所受理之刑事案件，业经宣告辩论终结，或经裁定重开辩论，已入于审判程序者，于法院成立后应迳送刑庭审判，无庸检察官重行侦查，业经院字第一一四五号解释有案，兼理司法之县知事兼有审检两种职权，某甲既经裁定停止审判，证以对于共同被告某乙处分不起诉，其系依检察职权侦查终结提起公诉，并已进入审判程序，殊无疑义。上级法院首席检察官若依再议程序办理，其结果不外，一、认为声请无理由处分驳回，然原县停止审判之裁定，何能因之而无效，地方法院刑庭仍可进行审判。二、认为声请有理由发回续行侦查，原检察官继续侦查之结果，以有罪嫌复行提起公诉，则该院刑庭因前兼理司法之县政府曾进行审判对于同一事件同一被告重新起诉，即可依《刑事诉讼法》第二百九十五条第二款为不受理之判决，均属于法有违，县卷遗失，乃事实问题，故应依指挥监督之职权，将原处分撤销，命令第一审检察官将某甲移送该院刑庭迳行审判。究以何说为是，未敢擅专。事关法律疑义，理合具文呈请钧院鉴核解释示遵。谨呈司法院院长居。署陕西高等法院第四分院首席检察官朱巍然

**院解字第二九二五号**

**民国三十四年六月十六日　司法院致财政部函**

案准贵部本年五月八日渝直二字第五四四六号公函,以有关《民法》继承疑义四点,函请解释见复等由,准此,兹经本院统一解释法令会议议决,某甲于民国十三年死亡无子,其继承系开始于《民法》继承编施行之前,如依当时之法律,无可立为某甲之嗣子者,其妻依同编施行法第八条及《民法》第一千一百四十四条之规定,自同编施行之日起,继承其遗产,若依同编施行前之法律,有可立为某甲之嗣子者,应由其妻为之立嗣,所立嗣子,溯及于某甲死亡时继承其遗产,在未立嗣或嗣子未成年时期,当然由其妻管理遗产,其妻虽在同编施行时尚生存,亦无继承遗产之权,其余参照院字第二三二五号解释,相应函复查照。此致财政部

**附财政部原函**

查本部为办理遗产税案件,发生有关《民法》继承疑义四点,(一)设某甲于民国十三年死亡,是时现行《民法》继承编尚未颁行,其妻既无继承权,又无继嗣,是项遗产应如何处置?(二)上项遗产,如未依法选定遗产管理人,其妻可否作为当然管理人?(三)某甲之妻于民国二十年现行《民法》继承编颁行时尚在世,仍无继嗣,依法配偶应有相互继承权,则某甲之妻,可否溯及于某甲死亡时而继承其全部遗产?(四)某甲之妻于民国三十一年代夫立嗣,其嗣子对某甲之财产可否溯及于某甲死亡时而继承,如能继承,是否应与其嗣母依《民法》第一一四〇条之规定,各承受其应分?以上四点,事关《民法》疑义,相应函请查照解释见复为荷。此致司法院

**院解字第二九二六号**

**民国三十四年六月十六日　司法院复贵州省教育厅电**

贵州省教育厅鉴,本年四月灰代电悉,业经本院统一解释法令会议议决,行政机关以公库所有之意思,占有人民不动产者,如具备《民法》第七百七十条所定之要件,自得为公库请求登记为所有人,特电复查照。司法院铣印

**附贵州省教育厅原代电**

重庆国民政府司法院钧鉴,查行政机关以所有意思和平占有人民不动产,于十五年间如无时效中断情事,可否适用《民法》第七百七十条之规定,请求登记为所有权人,谨电请钧院解释赐复。贵州省政府教育厅教秘灰印

**院解字第二九二七号**

**民国三十四年六月十六日　司法院复湖南高等法院电**

湖南高等法院陈院长览,本年寅马代电悉,所请解释一案,业经本院统一解释法令会议

议决，某甲因违反《战时食糖专卖暂行条例》，被法院裁定处罚后，在抗告中该条例奉令停止施行，仍应依其行为时之有效法令办理。合电知照。司法院谏印

**附湖南高等法院原代电**

重庆司法院院长居钧鉴，查《战时食糖专卖暂行条例》，现奉明令停止施行，兹有某甲违反是项条例，经一审法院裁定处罚后，提起抗告中，适奉停止施行命令，抗告审究应如何办理，于此有甲、乙两种主张。甲说，谓某甲违法行为虽在《战时食糖专卖暂行条例》有效时期，但裁判尚未确定，而同条例既经停止施行，是裁判时之法律，已无处罚明文，抗告审应即将原处罚裁定予以撤销。乙说，谓行政罚与刑罚性质不同，其不适用《刑法》总则规定以及依法律不溯既往原则，处罚概以行为时法律为依据，曾经钧院迭次著有解释（院字第四八四号第二五四六号）。某甲行为当时，《战时食糖专卖暂行条例》既属有效，虽裁判未确定而同条例停止施行但停止施行之效力不能溯及既往，抗告审仍应就其行为时之有效法律，认一审裁定处罚合法，予以维持。二说未知孰是，事关法律疑义，理合电请迅赐解释遵行。湖南高等法院院长陈长簇叩安寅马印

**院解字第二九二八号**

**民国三十四年六月十六日　司法院致教育部函**

案准贵部本年五月十九日叁字第二六二二九号公函，以《诉愿法》第一条适用疑义，函请解释见复等由，准此，兹经本院统一解释法令会议议决，公立学校聘请教职员系属私法上之契约关系，学校当局之解聘，并非行政处分，如在约定期限届满前，无正当事由而解聘者，该教职员自得提起民事诉讼以资救济，不得提起诉愿，相应函复查照。此致教育部

**附教育部原函**

查《诉愿法》第一条规定，人民因中央或地方官署之违法处分致损害其权利者，方得提起诉愿。至公立学校（包括国省市县立），教职员因中途被学校解聘，是否得依《诉愿法》第一条向主管官署提起诉愿，颇滋疑义，查公立学校教职员虽非公务员任用法上规定之公务员，但受国家之俸薪，一切待遇均系比照公务员办理，究与一般普通人民不同。事关法令解释，相应函请查照，迅赐见复为荷。此致司法院教育部部长朱家骅

**院解字第二九二九号**

**民国三十四年六月十六日　司法院复贵州高等法院电**

贵州高等法院李首席检察官览，本年辰齐代电悉，所请解释一案，业经本院统一解释法令会议议决，被告犯甲乙两罪，检察官起诉书仅记载甲罪之犯罪事实，对于乙罪之犯罪事实并未记载者，如非甲乙两部分之犯罪事实合于《刑事诉讼法》第二百四十六条之规定，不能因该起诉书内曾引用乙罪之法条，即认乙罪为已经起诉。合电知照。司法院谏印

**附贵州高等法院原代电**

重庆司法院院长居钧鉴,查提起公诉,应由检察官提出起诉书为之,而起诉书应记载之事项,除被告姓名、年龄、职业、住所或居所或其他足资辨别之特征外,应记载犯罪事实及证据并所犯法条,此为《刑事诉讼法》第二百四十三条第一二两项所明定。设有被告犯甲乙两罪,检察官起诉书内犯罪事实栏仅叙甲罪犯罪事实,对于乙罪未及一语,只于证据及所犯法条栏内在末尾引用乙罪之犯罪法条,因此乙罪是否在起诉范围之内,分子、丑两说。子说,起诉书内关于乙罪虽未于犯罪事实栏叙明,但既引有乙罪之犯罪法条,已可表明起诉之范围,自应认为已经起诉。丑说,引用法条系训示规定,犯罪事实栏既无一语涉及乙罪,在证据栏内亦无说明,仅引一法条未便认为已经起诉。二说未知孰是,案关法律疑义,理合电请钧院鉴核示遵。贵州高等法院首席检察官李学灯叩俭正辰齐印

**院解字第二九三〇号**

**民国三十四年六月十六日　司法院指令贵州高等法院**

呈悉,业经本院统一解释法令会议议决,某被告犯贪污罪经具保停止羁押后,因犯窃盗罪复被羁押,并另行交保,在贪污案件未经撤销羁押,或再执行羁押,或因裁判而致羁押之效力消灭前,该贪污案之保证人,除已准其退保者外,依《刑事诉讼法》第一百十九条第一项规定,不能免除具保之责任,又某被告犯甲乙丙丁四案,经法院或军法机关分别取保后,纵丁案已因裁判而致羁押之效力消灭,但甲乙丙各案之保证人,依前开法条,其具保之责任,仍不得予以免除,仰即知照。此令

**附贵州高等法院原呈**

据本院庭长陈朴生四月二十一日签呈称,查《刑事诉讼法》第一百十九条第一项规定,撤销羁押,或再执行羁押,或因裁判而致羁押之效力消灭者,免除具保之责任云云,是否指具保之本案之情形而言。设有某被告犯贪污案交保停止羁押后,因另犯窃盗案被押,嗣又另行交保,时贪污案之保证人并未经呈准退保,可否主张某被告已因犯窃盗案被押而免除其贪污案之具保责任?又如某被告犯甲乙丙丁四案经法院或军法机关分别责令具保后,丁案因裁判而致羁押之效力消灭时,甲乙丙三案之保证人是否因丁案之裁判均免其具保责任?事关适用法律疑义,理合签请钧长鉴核,准予转请司法院解释电示等情。据此,理合备文呈请鉴核电示祇遵。谨呈司法院

**院解字第二九三一号**

**民国三十四年六月十六日　司法院指令中央公务员惩戒委员会**

呈悉,业经本院统一解释法令会议议决,考试及格人员尚未完成分发程序,或已经分发尚未任用,或于应考前任公务员,因参加考试而卸职者,均不能认为《公务员惩戒法》上之公务员,其所缴证件不实,不能适用该法移送惩戒,仰即转函知照。此令

**附中央公务员惩戒委员会原呈**

案准铨叙部函开，查本部审查考试及格人员分发经历案内，考试人员所缴证件有不实者，此项人员或尚未完成分发程序，或已经分发尚未任用，或于应考前任公务员因参加考试而卸职，其缴证不实行为，是否应受《公务员惩戒法》上之惩戒处分？此等惩戒案应如何提出，如何执行，相应函请查核，迅予见复等由。查原函所述情形，属于法令解释问题，理合转请钧院俯赐解答，以便转函知照。谨呈司法院院长居。兼中央公务员惩戒委员会委员长覃振

**院解字第二九三二号**

**民国三十四年六月十六日　司法院咨行政院**

案准贵院本年五月七日平捌字第九六五〇号咨，以据司法行政部呈请解释已决军事犯于确定执行中又犯其他军法或普通《刑法》罪名应如何报役疑义，咨请解释见复饬遵等由，准此，兹经本院统一解释法令会议议决，军事犯判处有期徒刑十年，确定后在监执行中，复犯其他军法或普通《刑法》罪名，判处有期徒刑一年三个月，亦经确定，依法本应各别执行，虽其应受执行之刑期合并为十一年三个月，但原判处一年三个月有期徒刑一罪，既不在限制调服军役之列，则其执行刑期如已逾原判处十年有期徒刑之五分之一，即二年以上时，即不受《非常时期监犯调服军役条例》第三条第四款之限制。又其执行刑期已逾原判处十年有期徒刑之十分之二，及原判处一年三个月有期徒刑之十分之一，即二年一个半月以上者，亦即与《军事犯调服劳役暂行办法》第二条第一项第一款、第二款之规定相当，苟无同条例同条其他各款即同办法第三条各款所定情形，自得分别调服军役或劳役，相应咨复查照饬知。此咨行政院

**附司法行政部原呈**

案据甘肃高等法院三十四年三月三日监字第一六〇号呈略称，案据平凉第三监狱三十三年十二月九日呈称，设有禁押军事犯某甲因犯伙党逃亡罪，经军法机关判处有期徒刑十年送监执行，二年后该犯请求予以调役，其执行刑期已合于《非常时期监犯调服军役条例》及《军事犯调服劳役暂行办法》之规定。设该犯于军法犯罪确定执行中，又犯其他军法或普通《刑法》罪名，经判处有期徒刑一年三个月，依法应分别执行有期徒刑十一年三个月。惟各别执行刑期之案件应如何报役之处，职监尚无先例可援，究应如何办理之处，理合具文呈请鉴核示遵等情。案关适用法令疑义，本院未便擅拟，理合具文呈请钧部鉴核示遵等情，据此，查一人触犯二罪，依照《刑事诉讼法》第四百六十三条规定，自应先执行重罪，然后再执行轻罪，原呈所称情形，其重罪执行经过刑期，已合于《非常时期监犯调服军役条例》及《军事犯调服劳役暂行办法》之规定，惟其轻罪尚未执行，其执行经过刑期究应纳入重罪一罪，抑以二罪刑期比例计算。事关法律适用疑义，理合呈请鉴核，转送司法院解释，俾资遵循。谨呈行政院

**院解字第二九三三号**

**民国三十四年六月十六日　司法院咨行政院**

案准贵院本年五月二日平捌字第九二五四号咨，以据内政部呈请核示县长经判决无期徒刑后，应否将其荐任状呈请注销一案，咨请查核见复等由，准此，兹经本院统一解释法令会议议决，公务员因案判处无期徒刑，经宣告褫夺公权终身者，关于褫夺其为公务员之资格，依《刑法》第三十七条第四项规定，应自裁判确定时发生效力，其本于原任职务经正式任命所颁发之任命状，除任命日期在裁判确定以后者，当然应予注销外，如任命日期在裁判确定前，自属不应注销，相应咨复查照饬知。此咨行政院

**附行政院原咨**

据内政部三十四年四月十七日渝民字第一三九四号呈，准陕西省政府函请转呈注销岐山蓝田等县长刘永德、王家麟等二员荐任状一案到院，案关适用法律疑义，相应抄同原呈咨请查核见复为荷。此咨司法院

**附内政部原呈**

案准陕西省政府三十四年一月五日府秘人典字第一〇〇九一号公函，以岐山县长刘永德、蓝田县长王家麟均经因案判处无期徒刑有案，奉颁发刘永德王家麟等二员署岐山、蓝山等县县长荐任状，请转呈注销等由，准此。查公务员因案判处无期徒刑，其原任职务业经国民政府正式任命所颁发之荐任状，应否由主管机关呈请注销，不再转发一节，法无明文规定，又无成案可援，虽《刑法》第三六条有褫夺公权者褫夺为公务员之资格之规定，及第三七条有宣告死刑或无期徒刑者宣告褫夺公权终身之规定。但同条内复又说明依此项宣告褫夺公权者自裁判确定时发生效力，则在裁判确定以前所为公务员之资格，应不予以褫夺，况褫夺其为公务员之资格，是否以注销其荐任状为执行条件之一，亦属疑问，是以上法条似未可适用于本案。又如勋章条例第十五条规定，因犯罪褫夺公权者应缴还勋章及证书等语，但政府颁发勋章，系对人民及公务员有勋劳于国家或社会者之一种荣誉奖励，与政府任命官吏颁发荐任状以为资格凭证之性质究有不同，似亦未可援用。兹准前由，以案关法律解释，本部未便擅专，理合呈请钧院核示或转请司法院核复指遵，至为公便。谨呈行政院

**院解字第二九三四号**

**民国三十四年六月十六日　司法院咨行政院**

案准贵院本年五月十五日平捌字第一〇四〇二号咨，以据地政署呈请解释《诉愿法》第六条第二项及第八条第二项适用疑义，咨请解释见复等由，准此，兹经本院统一解释法令会议议决，提起再诉愿，须对于诉愿决定为之，受理诉愿之官署就诉愿为决定，不依法作成决定书而以批示或命令行之者。人民提起再诉愿时，固应依本院院字第三四〇号解释办理。若受理诉愿之官署未作诉愿决定书亦无批示或命令者，诉愿既未决定即无从提起再诉愿，

其受理诉愿之官署逾《诉愿法》第八条第二项之期间延不决定者，人民自可呈请上级监督官署督催，相应咨复查照饬知。此咨行政院

**附行政院原咨**

据地政署三十四年四月三十日渝权字第九七号呈称，为《诉愿法》第六条第二项及同法第八条第二项在应用上发生疑义，恳请转咨司法院解释，俾资遵行，谨拟具抽象问题如下，设有某甲不服某省政府某厅所为之行政处分，于三十二年十二月二十四日向某省政府提起诉愿，事经半年，省政府延未决定，亦未有批示或命令，某甲依照司法院十九年九月十六日院字第三四〇号解释“受理诉愿官署如以批示或命令行之，自属形式不备，惟人民对之既经提起再诉愿，则管辖官署仍应受理，并令原官署补作决定书呈送审查”及行政院二十二年八月五日第三六四七号训令“嗣后凡受理诉愿官署，如久未依法作成决定书送达者，应由受理再诉愿官署限其于十日内补具决定书送达，如逾期仍不遵行，即以批示或命令视为决定书，依法受理再诉愿，并令原诉愿官署拟具答辩书”，于三十三年六月二十九日向中央主管机关提起再诉愿，中央主管机关依法受理，当经摘录上述解释与训令函请求受理诉愿之省政府，依法定十日期限提出答辩书，并补作决定书送核，并批示某甲知照各在案。嗣据某甲一再呈请从速决定，经两次函催原受理诉愿官署查照前函办理见复，时历十个月未准函复，某甲复依据司法院二十六年五月八日院字第一六六六号解释，请求受理再诉愿之中央主管机关以职权调查事实迳为决定，受理再诉愿之中央主管机关以该案适用法令颇有疑义。查《诉愿法》第六条第二项所定十日期限，系仅就答辩书及必要之关系文件而言，受理诉愿官署倘逾前项期限不为答辩，则受理再诉愿官署固可依照司法院院字第一六六六号解释，以职权调查事实迳为决定。至原受理诉愿官署已逾《诉愿法》第八条第二项所定三个月之期限而不为决定时，究应如何办理，《诉愿法》既无明文规定，前项司法院第一六六六号解释又未便援用。复查行政院二十二年八月五日第三六四七号训令内所开即以批示或命令视为决定书，系指原受理诉愿官署曾经有批示或命令者而言。今原受理诉愿官署于收到某甲诉愿书后（附有邮局回执），并未有批示或命令，且迭经受理再诉愿官署依司法院院字第三四〇号解释函催补作决定书，仍延不办理，受理再诉愿官署究应适用何项法令以结悬案？本署现有此种类似之再诉愿案件急待解决，理合备文呈请钧院鉴核，准予据情函转司法院迅予解释，俾利进行，是为公便等情，据此，案关适用法律疑义，相应咨请查照解释见复为荷。此咨司法院

**院解字第二九三五号**

**民国三十四年六月十六日　司法院致行政院函**

案准贵院本年五月十日平壹字第九九一二号公函，以征收土地补偿疑义，函请解释见复等由，准此，兹经本院统一解释法令会议议决，将以兴建房屋之私有土地，正完成其从事建筑之准备，即被征收致不得建筑者，其于准备所受之损失，《土地法》上既无予以补偿之规

定,自属无从请求补偿。又被征收土地所应得之补偿金额,不敷清偿该土地应有之负担者,其不足之额,权利人自可分别情形,请求该土地所有权人或第三人清偿,例如该土地所有权人为担保自己债务设定抵押权者,得请求该土地所有权人清偿,为担保第三人债务设定抵押权者,得请求该第三人清偿,相应函复查照。此致行政院

**附行政院原函**

查《土地法》对被征土地地价及定着物之补偿,均有明文规定,惟对于业已备齐材料,并与建筑公司订有合同,准备兴建房屋之私有土地,因公共事业需要,经政府依法征收,致原定建筑工程中途停顿,所受损失应否视同定着物予以补偿,法无明文规定。又征收土地,原所有权人在被征地上设定之负担,依《土地法》第三百七十八条规定,应由地政机关于补偿款额中清偿,同法第三百五十三条规定,清偿负担其款额计算以该土地所应得之补偿金为限。惟于征收补偿费额不敷清偿原权利人负担时,是否须有补救办法,应如何补救,亦无明文规定,相应函请查照解释见复为荷。此致司法院

**院解字第二九三六号**

**民国三十四年六月十六日　司法院指令湖南高等法院**

呈悉,业经本院统一解释法令会议议决,(一)法人之代表人,在《民法》上固非所谓法定代理人,在《民事诉讼法》上则视作法定代理人,适用关于法定代理之规定,故法人之代表人有数人时,在诉讼上,是否均得单独代表法人?按诸《民事诉讼法》第四十七条,应依《民法》及其他法令定之,《民法》第二十七条第二项所定代表法人之董事有数人时,均得单独代表法人,公司法第三十条所定代表无限公司之股东有数人时,亦均得单独代表公司。若依实体法之规定,法人之代表人数人必须共同代表者,在诉讼上不得准用《民事诉讼法》第七十一条之规定,使之单独代表,至非法人之团体,其代表人或管理人有数人时,在诉讼上是否均得单独代表团体?按诸《民事诉讼法》第五十二条、第四十七条,亦应依《民法》及其他法令定之,法令未就此设有规定者,应解为均得单独代表团体。(二)第二审判决发回第一审法院之事件,当事人对于更审判决提起上诉时,第二审法院对于第一次上诉要件有无欠缺,不得再为调查,故虽发见第一次上诉时,应缴之裁判费确未足额,亦不得再命第一次上诉人补缴。(三)再审之诉合法,且有再审理由为本案之辩论时,得命当事人补缴其在前程序缴未足额之裁判费。(四)提出上诉状于法院,未依《民事诉讼法》第一百十九条第一项按应受送达之被上诉人人数提出上诉状缮本于书记科者,虽经命其提出而不遵行,亦不得认其上诉为不合程式,予以驳回。(五)本院三十三年法叁字第一七一四号令,所谓起诉不包含提起再审之诉在内,三十一年十二月三十一日以前起诉业经判决确定之事件,现始提起再审之诉者,不在同令增加第三审上诉利益额数之列,仰即知照。此令

**附湖南高等法院原呈**

兹因适用法律,发生疑义数点,亟待请求解释,谨分别缕陈于下,(一)当事人为法人或

非法人之团体,其法定代理人为二人以上,而言词辩论期日到场者,仅其中一人或二人,其余各人本人未到,又未委任诉讼代理人。此时到场之法定代理人,虽非委任之诉讼代理人,但既系法定代理人,是否应准用《民事诉讼法》第七十一条之规定,即由到场之法定代理人单独代理(此项情形,实属不鲜,并有两造当事人,均系法人或非法人之团体,而其二人以上之法定代理人,均仅一人或二人到场者,如不准用该项法条而认其得以单独代理,则诉讼进行,甚为困难)。(二)第二审发回第一审更审之件,当事人对于更审判决提起上诉,此时第二审始发现前此核定诉讼标的之价额实属错误,应命当事人补缴第一审及第二次第二审上诉时所欠之费,固无问题。惟第一次上诉时所欠之费,是否亦应补缴?(三)再审时,认前诉讼程序核定诉讼标的价额为错误,固应依重行核定价额,征收裁判费(参照院字第二三五一号解释)。惟在此场合,除命再审原告缴纳再审判费外,应否并命当事人,依最后核定之准确价额补缴前程序之欠费?(四)当事人提起上诉,未备诉状副本,或对被上诉人数人仅备副本一本,经命补正而不遵行,可否认为上诉程式不备,予以驳回,抑仅得于彼上诉人不到场时,不得就一造辩论判决?(五)当事人对于三十二年一月一日以前起诉,业已判决确定之件,现始提起再审之诉,此项再审之诉,是否亦应视为起诉,如其诉讼标的之价额,仅为八千一百元,未至八万元,可否上诉第三审?以上各点,关系法律疑义,理合具文呈请钧院鉴核,俯赐解释示遵。谨呈司法院院长居。湖南高等法院院长陈长簇

**院解字第二九三七号**

**民国三十四年六月十八日　司法院复贵州高等法院电**

贵州高等法院刘院长览,本年卯灰代电悉,所请解释一案,业经本院统一解释法令会议议决,(一)来文所述难民收容所,如系贵阳市政府根据法令所设立,则该所管理员乃依法令从事于公务之人员,固应认为《刑法》上之公务员,否则亦系办理社会公益之事务,依《惩治贪污条例》第一条第二项及《刑法》第十条第二项,应以公务员论。(二)依《特种刑事案件诉讼条例》宣告死刑或无期徒刑之判决,如被告已声请覆判,仍应由原审法院依同条例第九条但书规定,将该案卷宗证物迳送最高法院覆判。合电知照。司法院啸印

**附贵州高等法院原代电**

司法院院长居勋鉴,窃查关于贪污案件及特种刑事诉讼程序,有法律疑义两点,分述如下,(一)上年十一月敌犯独山,所有湘桂及黔南难民,纷纷逃入贵阳,于是由贵阳市政府设置难民收容所,收容难民,兹查该所管理员,是否为《刑法》上之公务员,抑该所应认为系办理社会公益之事务以公务论?(二)经地方法院依《特种刑事案件诉讼条例》所为宣告死刑或无期徒刑之判决,在声请覆判期间内,已据被告声请覆判,是否依该条例第九条前段送由高等法院覆判,抑依该条但书,迳送最高法院覆判。现本院受理有此项案件,亟待审结,祈迅赐解释电示祇遵。贵州高等法院院长刘含章、庭长傅启奎代行卯灰

院解字第二九三八号

民国三十四年六月十八日　司法院致航空委员会函

案准贵会本年五月二日人法二乙渝发字第二一〇二五号公函,以军用证明书等是否属于重要军用物品疑义,函请解释见复等由,准此,业经本院统一解释法令会议议决,航空委员会已盖关防而未使用之空白军用证明书(即证明军械电讯器材等所用)、差假证、车照、乘船半价证等,尚难认为于军事上有直接之效用,自非重要军用物品,负责保管之官佐,因未尽保管之责而致遗失上开书证者,不能论以战时军律第十四条第一项第七款之罪,相应函复查照。此致航空委员会

附航空委员会原函

查本会负责保管公物之官佐,其所保管已盖关防而未使用之空白本会军用证明书(系证明军械或电讯器材等所用)、差假证、车照、乘船半价证等,是否属于重要军用物品,如有不尽保管之责致遗失,是否可以构成战时军律第十四条第一项第七款,对于其他重要军用物品,不尽保管之责致遗失罪。事关法律疑义,相应函请查照,希烦迅赐解释见复为荷。此致司法院

院解字第二九三九号

民国三十四年六月十九日　司法院咨行政院

案准贵院本年五月一日平捌字第九〇八七号咨,以据司法行政部呈,转请解释易科罚金案件执行疑义,咨请解释见复等由,准此,兹经本院统一解释法令会议议决,《刑事诉讼法》第四百七十四条第一项但书所谓罚金,不包括易科罚金在内。此项易科罚金,如推事于宣示判决后,迳命被告缴纳并粘贴司法印纸,自难认为合法之执行,至判决书,仅于理由内说明被告应易科罚金,检察官执行时,自不受其拘束,相应咨复查照饬知。此咨行政院

附行政院原咨

据司法行政部本年四月十八日呈叁字第三〇九号呈称,案据陕西高等法院首席检察官呈称,据署陕西邠县地方法院检察官兼行首席检察官职务冯秀山呈称,查《刑法》第四十一条易科罚金案件,依《刑事诉讼法》第三〇一条第二款,虽应于主文内记载折算罚金之标准,而执行有无困难,裁判时原无须预为认定(见院字第一三八七号解释),应否易科,斟酌权衡自属诸指挥执行之检察官?至《刑事诉讼法》第四七四条第一项但书规定,于某种场合得由推事指挥执行者,系以罚金罚锾之执行为限,易科罚金案件所宣告者,原系徒刑,自不能包括于该条项但书之内。惟推事对易科罚金案件,倘于宣判后,迳命被告缴纳罚金粘贴印纸附卷,是不得认为已有合法之执行,又如推事于判决理由内说明,对该被告应易科罚金,则指挥执行之检察官,有无受其拘束之义务,均不无疑义,理合备文恳祈钧座赐予解释,谨呈等情。据此,理合具文呈请钧部鉴核示遵等情。据此,事关法律适用疑义,理合呈请核转司

法院解释，俾便饬遵等情。据此，案关适用法律疑义，相应咨请查照解释见复。

**院解字第二九四〇号**

**民国三十四年六月十九日　司法院复湖南高等法院电**

湖南高等法院邓首席检察官览，本年卯真代电悉，湖南省第一区战区检察官所请解释一案，业经本院统一解释法令会议议决，王甲受赵乙之托，于敌人暴力将及某镇时，将赵乙祖藏该镇屋内之银币掘运内地，既非意图营利私运银币出口，自不成立《妨害国币惩治条例》第一条第一款之罪，尤无适用《危害民国紧急治罪法》处办之余地。至巡查队误认为违法，将人银一并扣留，送请法办，亦不成立犯罪，合电转饬知照。司法院效印

**附湖南高等法院原代电**

司法院院长居钧鉴，据湘乡县司法处执行职务湖南省第一区战区检察官夏炳亚三十四年四月三日呈称，呈为呈请转请解释事，设有某子镇镇公所，于敌人暴力控制之际，迁至二十里外之山坳办公，就敌人暴力未侵及之交界处，设置子镇镇警哨位，王甲受其至戚赵乙函托，将其原在某子镇街市之古住屋宇内，其先祖埋藏地下之银币光洋两千元上下掘出，置于箧罗之内，上敷糠谷，雇夫挑向内地匿藏，经过子镇所设于交界处之哨位，被该哨巡查队附检查发觉，认王甲为违法，将人银一并予以扣留，转请法办，究应如何处理，现有三说。甲说，《妨害国币惩治条例》第一条私运银币以出口为必要条件，司法院三十年四月十三日院字第二一七四号解释，以私运银币之地与敌人暴力控制之接近游击区域，设有关卡或其他查禁机关，则其私运银币至上述区域，即系出口，应适用上开条文规定，依《危害民国紧急治罪条例》办理。乙说，应依《妨害国币惩治条例》第一条，援照司法院院字第一六三八号解释，偷运银币前往不行使银本位币地方之人犯，一律照《危害民国紧急治罪法》处刑。丙说，银币为王甲之至戚赵乙之先祖埋藏该地，既在敌人暴力控制之下，托王甲抢运，经过子镇警哨线运往内地安全区域，子镇哨警，如将该银币扣留，该哨警队及扣留之镇长，应科处贪污抢劫罪名，并将所运银币完全发还赵乙，取具领条，以保障财产所有权，持此说者，争执尤烈。以上三说，相持不下，未便率行决定，如执行人员，按第三说迳行决定，究应负担何项责任，亦未敢遽予认定，理合备文呈请钧席鉴核，俯赐转请解释以凭办理等情。据此，按原呈所称，赵乙受王甲函托，将自敌人暴力控制下之埋藏银币，运往内地安全区域，显非私运银币出口，自无适用《妨害国币惩治条例》第一条及《危害民国紧急治罪法》处办之余地，如将原有银币发还，并不负何刑责。至扣留该项银币之哨警队镇长，是否构成贪污，应就事实上究明有无图为不法所有以为断，惟事关适用法律疑义，理合电请钧院解释示遵。湖南高等法院首席检察官邓静安叩真印

院解字第二九四一号

民国三十四年六月十九日　司法院训令西昌高等法院

据西昌地方法院本年卯俭代电,以掳掠人为奴,或掳掠人卖与他人为奴,或单纯出卖人与他人为奴,应如何处断,电请解释遵循等情。据此,业经本院统一解释法令会议议决,掳掠人为奴或掳掠人卖与他人为奴,如系意图营利,应视被掠人年龄、性别及有无家庭或其他有监督权之人,分别适用《刑法》第二百四十一条第二项或第二百九十八条第二项处断,如并非图利而被掠人为未满二十岁之男女,且有家庭或其他有监督权之人,应适用《刑法》第二百四十一条第一项处断,若被掠人为已满二十岁之男子,仅使其为奴而非图利,或单纯出卖男女与人为奴,并无掳掠情形者,均应依《刑法》第二百九十六条论科,合行令仰转饬知照。此令

附西昌地方法院原代电

重庆司法院院长居钧鉴,窃查本省宁属夷民,即《史记》所称西南夷,无文字宗教,智识极低,政府施尽怀柔手段,终未能完全汉化,每每掳掠汉人,或向汉人收买汉人为其使娃,终身为奴,一两代后,与夷同化,名为白夷,遂成为真正夷人(黑夷)之爪牙,而与汉人仇对,至今夷人势力未衰,职是之故,在昔发生夷匪或汉匪掳掠汉人,或汉人出卖汉人案件,多由夷务机关办理,现时特种刑事案件,划归法院,自应依法受理。惟查夷人掳掠汉人为奴,或汉人掳掠男女卖与夷人为奴,虽与《惩治盗匪条例》第二条第九款之掳人勒赎相类似,但仅有掳人事实,而无勒赎企图。若谓触犯《刑法》妨害家庭及妨害自由略诱罪,其动机实不仅在营利,而被掳人又多属年满二十岁以上之男子,似与《刑法》第二百四十一条、第二百九十八条规定,未尽适合。至若汉人单纯出卖汉人男女与夷人作娃,虽非使人出中华民国领域外,其害乃有过之无不及,若依《刑法》第二百九十六条处断,未免过轻,不合社会实际要求。本院现遇此类案件,究应如何适用法条,不无疑义,理合电请钧院解释,俾资遵循。西康西昌地方法院院长范康叩卯俭

院解字第二九四二号

民国三十四年六月二十日　司法院咨行政院

案准贵院本年五月七日平捌字第九六四九号咨,以据司法行政部呈,转请解释《县司法处刑事案件覆判暂行条例》第一条适用疑义一案,咨请查照解释等由,准此,兹经本院统一解释法令会议议决,特种刑事案件之覆判程序,《特种刑事案件诉讼条例》既有特别规定,则《县司法处刑事案件覆判暂行条例》,即不得再行适用,如县司法处办理之特种刑事案件系应依声请而覆判之件,未经声请或声请撤回或声请不合法者,虽覆判法院未就该案为实体上之裁判,亦不得再依《县司法处刑事案件覆判暂行条例》送请覆判,相应咨复查照饬知。此咨行政院

附行政院原咨

据司法行政部本年四月二十六日呈(叁)字第三四四号呈称,案据贵州高等法院三十四年四月十三日文总(三十四)字第三七六号代电称,查县司法处办理之特种刑事案件,未经声请覆判或撤回声请或声请不合法,未经覆判审为实体上之审判者,应否依《县司法处刑事案件覆判暂行条例》第一条送请复判,请鉴核迅赐示遵等情。据此,事关法律适用疑义,本部未敢擅专,理合呈请鉴核,转送司法院解释,俾便转饬遵照等情。据此,案关适用法律疑义,相应咨请查照解释,以便饬遵。此咨司法院

院解字第二九四三号

民国三十四年六月二十日　司法院咨行政院

案准贵院本年四月十日平捌字第七三九六号咨,以据司法行政部呈,转请解释县长兼国民兵团团长犯罪时,应否归法院审判疑义一案,咨请解释见复等由,准此,兹经本院统一解释法令会议议决,国民兵团团长为县长当然之兼职,并不因而取得军人之身分其因执行该兵团职务而发生之犯罪行为,除法有特别规定,归军法机关审判者外,均应由普通司法机关审判,相应咨复查照饬知。此咨行政院

附行政院原咨

据司法行政部本年三月三十一日呈(叁)字第二四〇号呈称,案据安徽高等法院首席检察官盛世弼本年一月十一日代电称,查县长兼任国民兵团团长,为执行国民兵团常备队或自卫队军事上之职务,而发生《刑法》上及特种刑事案件实体上之犯罪行为时,该县长是否因兼军职,认为有军人军属身分,由军法机关审判。事关法律适用,发生疑义,理合电请迅赐核示遵循等情到部,查来电所述情形,系关法律适用疑义,理合呈请鉴核转请解释,以便饬遵等情。据此,案关法律适用疑义,相应咨请查照,解释见复为荷。此咨司法院。行政院院长蒋中正、代理院长宋子文

院解字第二九四四号

民国三十四年六月二十六日　司法院复四川高等法院电

四川高等法院苏院长览,本年辰梗代电悉,荣昌地方法院所请解释一案,业经本院统一解释法令会议议决,《刑事诉讼法》第五十八条所定之送达,只须将应行送达之文书送交检察官之办公处所,送达检察官之裁判书既经其主任书记官收受盖章,即已送交于检察官之办公处所,自有合法送达之效力。合电转饬知照。司法院宥印

附四川高等法院原代电

重庆司法院院长居钧鉴,案据四川荣昌地方法院院长周宝初本年四月二十五日文字第七三号代电称,查刑诉法第五十八条对于检察官之送达,应向检察官之办公处所为之,本条查十五年判例已有解释,职院有送达与检察官之裁判书,未经检察官收受盖章,由其主任书

记官收受盖章,是否合法发生效力疑义,十五年判例上略,而受送达者仍系检察官,法院所应向送达者亦即检察官,不得代以所属之检察厅,更不得以所属之检察厅视同检察官。若仅送交检察厅,尚难遽以已经送达于检察官论,则其应由检察官收受盖章,毫无疑义。甲说,谓检察官亦当事人之一,可引用《刑事诉讼法》第六十二条,准用《民事诉讼法》第一百三十七条第一项之规定,即公丁亦可代收。乙说,查刑诉法第六十二条,以除本章有特别规定外,准用民诉法之规定,今既有第五十八条之特别规定,其不能准用民诉法第一百三十七条第一项,尤为明显,究以何者为是,敬陈电请核示前来。查现行《刑事诉讼法》第五十八条,既将旧《刑事诉讼法》第二〇一条规定之对于检察官之送达,应向检察官为之,改订为对于检察官之送达应向检察官之办公处所为之,究竟向检察官办公处所送达之文件,依检察一体之原则,未经主办之检察官盖章收受,亦应由其他之检察官盖章收受,方认为合法送达,抑只须送达于检察官办公处所,即检察官以外之职员盖章收受,亦可认为合法送达,不无疑义,理合电请钧院解释示遵,实为公便。四川高等法院院长苏兆祥叩赎辰梗印

**院解字第二九四五号**

**民国三十四年六月二十六日　司法院复陕西高等法院电**

陕西高等法院朱首席检察官览,本年巳支代电悉,所请解释一案,业经本院统一解释法令会议议决,单纯之不育或不妊症,不能认为《民法》第一千零五十二条第七款所称之恶疾。合电知照。司法院宥印

**附陕西高等法院原代电**

重庆司法院院长居钧鉴,设有夫妻之一方,患不育或不妊症(如无精虫或精虫死灭或输卵管阻窒或子宫前屈或子宫颈长等症),在目前医学上,尚无有效治疗之方法,应否认为《民法》第一千零五十二条第七款不治之恶疾,而成立离婚条件,一般见解有否定及肯定两说,其论据如次。甲、否定说:(1)现行法婚姻以共同生活为目的,夫妻一方生理上之缺陷,如不妨碍共同生活之目的,自不成立离婚理由。(2)《民法》本条款所谓不治之恶疾,应以有传染性,足以威胁同居生活之安全而不治之恶疾为限,仅系生理机能上之缺陷,而不育或不妊之病症,如无传染他方之危险,纵属不治,亦不能认为恶疾而成立离婚理由。乙、肯定说:(1)现行法规定,夫妻之一方,有不治之恶疾,为离婚条件之一,其保护无恶疾一方之幸福,及预防社会悲剧发生,立法之精神,至为明显,假使一方有前述不育或不妊而且不能治疗之症,当然影响他方幸福,而有发生社会或家庭悲剧可能,为贯彻该条款之立法精神,应认为不治之恶疾而成立离婚理由。(2)现行《民法》亲属编,尚有家之一章,与欧美之婚姻制度纯采个人主义者,究有区别,婚姻之终极目的,虽为永久共同生活,但现行法既仍认有家之存在,即应认婚姻有生育子女之目的存在,而为家之延续留余地,况中国不孝有三,无后为大之传统思想,亦与西洋旧约圣经之理论相同(旧约圣经创世纪第三十八章第八节,犹太对俄南说:“你当同你哥哥妻同房,向他尽你为弟的本份,为你哥哥生子立后。”)又,依本党六全

代会通过之民族保育政策纲领，应认夫妻之结合，亦为民族繁衍的民族主义结合，不能仅认夫妻财产制之民生主义的经济结合，及男女平等之民权主义的互尊结合为已足。倘夫妻一方有不能治疗之不育或不妊病症，不认其为不治之恶疾，不仅与同编家之一章立法精神相抵触，及与中国传统思想或西洋旧约圣经之理论不相容，尤与本党民族保育政策相违背。我国旧律认妇人无子为七出条件之一，并不究无子之责应由谁负，固背男女平等之原则，现行法对此既无特别规定，自应就中国传统思想及本党之主义政策，予以平等而切合情理之救济，而认前述病症为不治之恶疾。(3)本条款所称恶疾，应不专指有传染性足以威胁同居生活之安全者为限，近代医学昌明，传染病症十九能治，其不治者，多致死亡，甚少威胁同居生活之结果，若夫妻一方有前述官能上之缺陷障碍，而无法治愈，虽非传染病症，然既足影响民族之繁衍，及他方之幸福，斯能引起家庭之龃龉，社会之悲剧。寻绎立法本旨，所谓不治之恶疾，应指前述病症而言。(4)人类个体延续为生存权之一，故生育子女亦应视为基本人权之一，夫妻双方均无生殖能力，固无问题，假定一方患不治之不育或不妊症，而强其为夫妻之结合，不啻剥夺他之一方之基本人权。揆诸情理，岂得谓平，此应认为不治恶疾之又一理由。以上两说，各具理由，究以何说为当，谨电请钧院解释示遵。陕西高等法院首席检察官朱观叩已支印

**院解字第二九四六号**

**民国三十四年七月十三日　司法院复浙江省保安司令电**

云和浙江黄兼保安司令鉴，已微电悉，兹经本院统一解释法令会议议决，《中华民国战时军律》第十四条第一项第七款所谓不尽保管之责，包括故意过失在内，关于过失责任，应依《刑法》第十四条第一项以善良保管为应注意之标准，并以保管人注意能力为其能注意之标准，特覆，司法院午元印

**附浙江省保安司令原电**

司法院院长居，战时军律第十四条第一项第七款所定之保管之责，是否应与《民法》卷处理自己事务为同一之注意相同，抑须以善良管理人之注意为准，乞赐释示祗遵。浙江省保安司令黄绍竑叩巳微法臣

**院解字第二九四七号**

**民国三十四年七月十四日　司法院复陕西高等法院电**

陕西高等法院魏院长览，本年巳鱼电悉，所请解释一案，业经本院统一解释法令会议议决，某人犯贪污及汉奸嫌疑，由检察官并案向高等法院起诉，此项相牵连之案件，在《特种刑事案件诉讼条例》及《刑事诉讼法》上，既无得由上级法院合并管辖之规定，该高等法院对于贪污罪部分，自应依法谕知管辖错误之判决，并同时谕知移送于管辖法院。合电知照。司法院寒印

**附陕西高等法院原代电**

司法院院长居钧鉴,今有一人犯贪污罪,逃逸月余,复因汉奸嫌疑查获,由上级检察官并案向高等法院起诉,但查此两种犯罪,管辖不同,而现行之《刑事诉讼法》又未有牵连案件属于二以上不同级之法院管辖者,得由上级法院并案受理之规定。似此究由上级法院,仅审判汉奸一部,其他贪污部分谕知管辖错误,由下级法院受理,抑由上级法院并案受理。事关法律疑义,理合电请钧院解释示遵。陕西高等法院院长魏大同叩巳鱼印

**院解字第二九四八号**

**民国三十四年七月十四日　司法院致行政院函**

案准贵院本年六月十三日平捌字第一二六〇〇号公函,以据司法行政部呈请解释检核律师资格适用法律疑义,函请解释见复等由,准此,兹经本院统一解释法令会议议决,律师法第一条第二项第三款所谓有法院组织法第三十三条第四款之资格,系指经司法官资格审查机关审查,认为其有法院组织法第三十三条第四款之资格者而言,相应函复查照饬知。此致行政院

**附行政院原函**

据司法行政部本年六月六日呈(叁)字第四三八号呈称,查检核律师资格与审查法官资格,系属两事,原可各别办理,不受拘束,从前依律师法第一条第二款以教授资格声请检核者,即系如此,惟修正律师法同条第三款之立法方式,与第二款不同,是否仅具有法院组织法第三十三条第四款请求审查法官之资格,即可声请检核,抑须先经本部审查(依《修正法院组织法》并须审查成绩),取得该款之法官资格后,始得声请检核,事关法律适用疑义,理合备文呈请钧院鉴核,转函司法院解释示遵等情。据此,案关适用法律疑义,相应函请查照解释见复,以便饬遵为荷。此致司法院

**院解字第二九四九号**

**民国三十四年七月十四日　司法院复中央信托局电**

中央信托局鉴,本年六月总产酉冬代电悉,所请解释一案,兹经本院统一解释法令会议议决,广州湾法当局没收保有运输兵险之物资,是否保险契约所称之敌对行动,系属当事人意思表示之解释问题,依《民法》第九十八条之规定,应探求当事人之真意定之,不能一概论定,特电覆请查照。司法院寒印

**附司法院训令　令最高法院**

准中央信托局代电,以本局所负运输兵险责任,须保物在运输途中,因敌对行动,致被截获逮捕禁锢或扣留,遭受损失,方应赔偿民国二十九年六月间,法国越南政府宣布,禁止我国一切官商物资内运,而广州湾法当局并将本局所承保之运输兵险一部份物资没收,嗣经交涉结果,准予回赎一部份,在法国与我国尚维持正常外交关系之际,法越当局此种举

措，是否构成国际公法上所谓敌对行为，抑此种措施，仅认为行政处分？如越南政府之举措，系受日寇压力所致，是否即可认为敌对行为，电请解释惠复等由，准此，合亟令仰该法院迅即拟具解答案呈核。此令

**院解字第二九五〇号**

**民国三十四年七月十四日　司法院复甘肃省政府电**

甘肃省政府览，本年六月民诉东代电悉，文县政府所请解释一案，兹经本院统一解释法令会议议决，检察官非监狱或看守所之监督长官，县长虽兼任县司法处之检察官，该县监狱或看守所仍非县政府所属下级机关，其公文往复，依《公文程式条例》第二条第八款之规定，应用公函，合电转饬知照，司法院寒印

**附甘肃省政府原代电**

重庆司法院钧鉴，案查前据文县政府皓电，以县司法处看守所对县府行文，应用函或报告，抑用呈，请解释等情到府。查兼检察官及非兼理司法行政之县长，有无监督指挥监所之权力，法无明文规定，惟刑诉法第一〇六条及监狱规则第六条规定，检察官有巡视监狱之权。又《看守所暂行规则》第十五条载看守所非奉有法院或检察官正式公文，不得收押被告或释放等语，核其所谓奉有含义，又似乎说明检察官对监所用令。今各该县府虽因《县司法处组织条例》之修正，免除其兼理司法行政之权责，但其兼检察官身分仍然存在，是则监所对兼检察官县长，仍须用呈，并本省前因各县监所败窳，亟待改进，经拟其各县监所应行改进事项及改进办法，将改善监狱列入县长考成并通令遵照在案，倘不予以监督指挥之权力，则是项办法，必致碍窒难行。惟案关法律疑义，未敢擅专，理合电请解释示遵。甘肃省政府民诉（三十四）辰东印

**院解字第二九五一号**

**民国三十四年七月十六日　司法院致审计部函**

案准贵部本年六月十一日审函字第三一四号公函，以《公有营业及公有事业机关审计条例》第十一条适用疑义，函请解释见复等由，准此，兹经本院统一解释法令会议议决，依《公有营业及公有事业机关审计条例》第十一条规定，应解缴国库之盈余，如别有法律规定，得提拨一部为员工福利金或奖励金者，依同条例第一条之规定，自应先依此项法律办理，同条例第十一条之规定。惟于依此项法律办理后所剩之盈余，乃有适用，相应函复查照。此致审计部

**附审计部原函**

查《公有营业及公有事业机关审计条例》，业经三十二年十月十四日国民政府渝字第六五一号令颁行在案，本部办理公有营业及公有事业机关审计事务，自应以该条例为准则，按该条例第十一条条文公有营业事业之盈余，除依法填报亏损及提拨公积金外，应解缴国库，

不得自行分配或自行拨充资本支出之规定。凡公有营业及公有事业机关盈余分配,逾越该条规范,当然在所不许,但如遇有其他法令条例别有规定时,倘无正确之解释,则执行该条条文,即难得适当之处理。例如国民政府三十二年一月二十六日公布之《职工福利金条例》,有营业年度结算有盈余时,就盈余项下提拨职工福利金百分之五至百分之十之规定。又主计处编订营业基金预算科目,亦有员工奖励金及福利基金一款,列入盈亏拨补表内,该预算科目曾经三十二年十一月四日渝文字第一六二三号府令,准予照办在案,而各机关三十三年度营业基金及非营业循环基金,各附属单位预算书盈亏拨补表内,并已将该款数字,列入上项预算,曾经过立法程序,本部转奉国民政府三十四年四月三十日渝文字第三一六号训令饬知在案。又行政院厘订《国营农工矿事业发给员工奖金办法》十三条,其第五条复有国营农工矿事业每年盈余于弥补上年度亏损并提公积金及资金利息后,应就其余额提出一部分为员工奖金及福利基金,但至多不得超过余额百分之三十之规定。根据以上种种规定,公有营业及公有事业机关之盈余,除依法填报亏损及提拨公积金外,未能扫数缴解国库而提存一部份作为员工奖励金及福利基金,与《公有营业及公有事业机关审计条例》第十一条规定,是否抵触,该条例第十一条条文之含义如何,相应函请查照惠予解释见复为荷。此致司法院。审计部部长林云陔

**院解字第二九五二号**

**民国三十四年七月十六日　司法院致航空委员会函**

案准贵会本年六月九日人法二乙渝发字第二一四四八号公函,以空军新生社员工有无军人身份,请解释见复等由,准此,兹经本院统一解释法令会议议决,为招待空军官兵住宿等事项所设立之空军新生社,其雇用之员工,不能因比照空军官兵支领薪津即认为军人,相应函复查照。此致航空委员会

**附航空委员会原函**

查本会为供应各地空军人员过往住宿起见,有空军新生社之组织,原由本会特别党部负责监督,其员工薪给,系本会特别党部于党费内支给,其待遇比照本会一般官兵支领(干事照官佐待遇支统一津贴,服务生照陆军文书上士待遇支领丁种统津,工役按兵支给),而每月军米系由本会驻在地军粮社配发,该员工等身份与军队党工人员同,惟是否有军人身份,约有二说。一、空军新生社系本会特别党部附属单位,基于上述员工待遇情形,该社应为军事机关,员工亦应视同军人,其犯罪应由军法审判。二、空军新生社,系本会特别党部为便利各地空军过境人员住宿而创办之福利事业,其主管事务,仅为招待空军官兵住宿等事项,其性质系一种营业机构,不能视同军事机关,其员工待遇,虽比照空军官兵支领,其身份仅系临时雇佣性质,不能视同军人,依照贵院三十三年四月十二日院字第二六七五号解释,军事委员会战地服务团空军招待所之侍者,不能认为有军人身份,则空军新生社员工之非军人,至为明显,其犯罪应由司法机关审判。以上二说,究以何说为是,相应函请查照解

释见复为荷。

**院解字第二九五三号**

**民国三十四年七月十六日　司法院致财政部函**

案准贵部本年六月十五日财直二字第六九〇三号公函，以《遗产税暂行条例》及其施行条例适用疑义，函请解释见复等由，准此，兹经本院统一解释法令会议议决，继承开始（被继承人之死亡）在《遗产税暂行条例》修正之前者，虽评定遗产价值核计遗产税额系在修正之后，仍应依同条例第五条及修正前之第七条第一款第十二条第一项以继承开始日之价值为准，定其起税之额。至同条例施行条例第三十六条之规定，在修正前，亦得于扣押财产后予以拍卖，业经本院院字第二六二九号第二七四三号解释有案相应复查照。此致财政部

**附财政部原函**

查《遗产税暂行条例》及其施行条例，业经国民政府于本年二月十七日以渝文字第一一二号令修正公布，并经本部转饬所属遵照办理各在案，兹将适用该项修正条例可能发生之疑问三点，分述如次。（一）设某甲死亡在新条例公布施行前，而评定课税在新条例公布施行后，究应依旧条例第七条第一项第一款及第十二条第一项所规定，起税点五千元为征课标准，抑应依新条例同条同项所规定起税点为十万元为征课标准？（二）纳税义务人于新条例公布施行前，违法抗税移送法院于新条例公布施行后始行裁定，究应适用旧条例施行条例第三十六条规定扣押其财产，抑应适用新条例同条规定扣押其财产外并标卖其一部以偿清税额？（三）上述两点如均适用旧条例，则利在起税点低，库收可以增多，弊在对抗税者无法积极追偿，如均应用新条例，则利弊适与上述情形相反。在此场合，究应本法律不溯既往之原则，一律适用旧条例，抑应于实体上（即课税标准）适用继承开始时之旧条例，而于执行程序上适用执行时之新条例之处，事关法令解释，相应检同原《遗产税暂行条例》及其施行条例暨修正条文，函请查照解释见复为荷。

**院解字第二九五四号**

**民国三十四年七月十六日　司法院复四川高等法院第一分院**

四川高等法院第一分院系院长览，本年六月轸代电悉，所请解释一案，业经本院统一解释法令会议议决，《战时房屋租赁条例》第十一条所谓收回自住，包含收回出租之房屋自营商业在内。合电知照。司法院铣印

**附四川高等法院第一分院原代电**

重庆司法院院长居钧鉴，查《战时房屋租赁条例》第十一条内载，出租人如因正当事由有收回自住之必要时，应经该管警察机关或自治团体证明后，于三个月前通知承租人退租等语，所谓收回自住，是否专限于居住，抑兼括一切使用在内？兹设有业主欲将出租之房屋收回自营商业，可否援用上开规定办理，不无疑义，理合电请钧院鉴核，俯赐解释示遵。四

川高等法院第一分院院长孙鸿霖叩轸印

**院解字第二九五五号**

**民国三十四年八月一日　司法院复甘肃高等法院电**

甘肃高等法院杨院长览,本年五月皓代电悉,鼎新县司法处所请解释一案,业经本院统一解释法令会议议决,某甲充任县中心学校校长,聘请县党部干事某乙为该校教员,因某乙生活困难,另编伪名,将报领薪粮作为某乙津贴,关于另编伪名报领薪粮之行为自应成立公务员登载不实事项于其职务上所掌公文书之罪。至学校对于教员,本应支给薪粮,亦即为教员所应得之报酬,某乙兼任教员,纵应受不得兼领薪粮之限制,但既实际执行教员之任务,其兼领薪粮,只属违反行政上之禁令,究与支领干薪得有不法之利益者不同,某甲将报领之薪粮,移作某乙津贴,即难谓系图为第三人之不法所有,或对于主管事务图利第三人,除其处置失当,应受行政上制裁外,尚不构成《惩治贪污条例》之侵占或图利罪名,合电转饬知照。司法院东印

**附甘肃高等法院原代电**

重庆司法院院长居钧鉴,据甘肃鼎新县司法处审判官康仲信呈称,设有某甲充任某县中心学校校长,将县党部干事某乙请为该校教员,某甲以某乙生活困难,另编伪名,将报领薪粮作为某乙津贴,嗣由县长某丙查悉,认为甲有贪污嫌疑,提起公诉,于此场合,有甲乙二说。甲说,某甲身为主管人员,对于额定薪粮不得滥支,况兼差不准兼薪,中央已有明令严行取缔,某甲行为系属意图第三人不法之所有,应构成贪污条例侵占罪刑。乙说,某甲行为原为加强教育起见,对乙编名领薪,系因待遇微薄,奖励津贴,非侵人私囊者所可比拟,即与规定不合,当予以行政处分,不成立贪污罪刑。以上两说未知孰是,本处现有此种案件,急待解决,理合备文呈请钧院转呈解释示遵等情。据此,查事关适用法律疑义,本院未敢擅拟,理合电请解释示遵。甘肃高等法院院长杨鹏叩、庭长荆先鼎代行皓印

**院解字第二九五六号**

**民国三十四年八月十八日　司法院致铨叙部函**

案准贵部本年六月二十二日甄任字第一四四七七号公函,以据本部最高法院人事室呈请解释缓刑人员在缓刑期间可否予以任用一案,函请解释等由,兹经本院统一解释法令会议议决,被告在缓刑期内未经撤销缓刑之宣告,除别有消极资格之限制外,仍得充任公务员,业经本院院字第一〇三三号解释有案,相应函复查照饬知。此致铨叙部

**附铨叙部原函**

案据本部最高法院人事室呈请解释,某甲虽无《公务员任用法》第六条各款情形,但因伪造公文书或其他案件,经法院判处有期徒刑数月缓刑二年有案,在缓刑期间,可否予以任用,不无疑义等情,查上项情形,在修正《公务员任用法》第六条未经规定,该员如未褫夺公

权,似不能剥夺其为公务员之资格,惟缓刑人员在缓刑期内,是否可视同在执行中,如然,则又似未便任用为公务员。事关法例,相应函请查照,惠予解释为荷。此致司法院。铨叙部部长贾景德

**院解字第二九五七号**

**民国三十四年八月十八日　司法院致国民政府军事委员会函**

案准贵会本年六月二十二日法审(三十四)渝五字第七五一三号公函,以据军法执行总监部呈请解释《刑法》第四十九条疑义一案,转请解释见复等由,兹经本院统一解释法令会议议决,《刑法》第四十九条所称依军法受裁判,凡前所犯罪系受军法机关裁判者皆属之,不以犯罪之性质及裁判适用之实体法为准,相应函覆查照饬知。此致国民政府军事委员会

**附国民政府军事委员会原函**

据军法执行总监部案呈,查《刑法》第四十九条累犯之规定,于前所犯罪依军法裁判者,不适用之,对于军法之范围,在适用上,易滋疑义,按所谓依军法裁判者,系指援引陆海空军刑罚法令为有罪之裁判者而言,专就犯罪之性质及裁判适用之实体法为区别之标准,则犯普通《刑法》或军法以外特种《刑法》之罪受军法裁判者,如合于《刑法》第四十七条之要件,似应以累犯论,加重其刑,且现值战时,应用重典,此等人犯不宜与初犯同视,即军法司法裁判适用同一刑事法令,其效力似不容有异,为使《刑法》第四十九条所称之军法范围明了起见,请予转函解释,俾资适用等情,相应函请查照解释见复为荷。此致司法院

**院解字第二九五八号**

**民国三十四年八月十八日　司法院复粮食部电**

粮食部鉴,本年巳支代电悉,兹经本院统一解释法令会议议决,省政府各厅为县政府之上级官署,然依《诉愿法》第二条第一款之规定,不服县政府之处分者,向省政府提起诉愿,省县田赋粮食管理处如依其组织法规,应受省政府之指挥监督,则省田赋粮食管理处与省政府各厅相当,县田赋粮食管理处与县政府相当,不服县田赋粮食管理处之处分者,依同法第三条比照第二条第一款之规定,应向省政府提起诉愿,特电覆请查照。司法院啸印

**附粮食部原代电**

司法院公鉴,查省田赋粮食管理处,为县田赋粮食管理处直接上级机关,人民不服县田赋管理处所为之处分而提起诉愿,依《诉愿法》第三条比照第二条之规定,自应以省田赋粮食管理处为受理机关,但或谓省县田赋粮食管理处,虽隶属中央,而其执行之职务,则在各省辖境以内,依二十五年院字第一四三八号及二十九年院字第二〇〇二号解释,人民不服县田赋粮食管理处之处分,应向省政府提起诉愿。二说未知孰是,本部现有此类案件,亟待解决,相应函请迅赐解释,以凭办理。粮食部巳支丰参印

**院解字第二九五九号**

**民国三十四年八月二十日　司法院复甘肃高等法院电**

甘肃高等法院杨院长览,本年巳巧代电悉,所请解释一案,业经本院统一解释法令会议议决,法院依强制执行法拍卖债务人之房屋,其出卖所得,不在《财产租赁出卖所得税法》第二条免征所得税之列者,应依同法征收所得税。其扣缴所得税者,依同法第九条之规定,固为买受人,至卖得价金二百六十万元者,所应征收之所得税额,则应依同法第四条计算出卖所得额,再按同法第七条所定税率予以算定,非必按二百六十万元总额征收百分之二十之所得税。合电知照。司法院哿印

**附甘肃高等法院原代电**

重庆司法院院长居钧鉴,设有房屋一处,经法院依强制执行法公告拍卖,有人以正价二百六十万元投标认购,此时应否依照《财产租赁出卖所得税法》第九条规定,由承买人扣缴总额百分之二十之所得税,于此场合,发生争议,现有甲、乙二说。甲说,法院依强制执行法所拍卖之不动产与私人之出卖者不同,在强制执行法上并无于价金内预扣财产租赁出卖所得税之规定,自不应在价金内预扣所得税,如应预扣,则于查封拍卖之际,即应连同出卖租赁所得一并合计于价金之范围内标价拍卖,否则于拍定后,在正价内一经扣去税款,则所余价金,势必不足清偿债务。乙说,依照《财产租赁出卖所得税法》第九条规定,以承买人为扣缴所得税者,法院自应于卖价内扣缴所得税,且依照该项所得税法,亦无法院因强制执行拍卖财产除外之规定,自不得免予扣缴。以上二说,究以何说为是?事关适用法律疑义,未敢擅拟,理合电请解释示遵。甘肃高等法院院长杨鹏叩刑巳巧印

**院解字第二九六〇号**

**民国三十四年八月二十日　司法院复贵州高等法院电**

贵州高等法院刘院长览,本年午支文总代电悉,所请解释一案,业经本院统一解释法令会议议决,某甲因背信案于普通法院第二审判决后,发见另犯贪污案,在《特种刑事案件诉讼条例》施行前,由检察官移送军法机关审判,该背信案并经第三审法院发回更审后,谕知不受理,军法机关审理结果,既认贪污罪嫌不能证明,即与所犯背信不生《刑法》第五十五条之牵连关系,自应仅就贪污部分为无罪判决。关于背信部分,纵经军法机关并予谕知无罪,亦属无权裁判,当然无效,但普通法院既已就前案为不受理判决,自亦不得继续审判。合电知照。司法院哿印

**附贵州高等法院原代电**

司法院院长居钧鉴,据本院刑庭庭长陈朴生七月三日签呈称,设有某甲因犯背信案,经普通法院一二两审判决后,发见另犯贪污案,(在《特种刑事案件诉讼条例》施行前)由检察官移送军法机关审理,某甲不服背信案判决,上诉最高法院,经最高法院以背信案如与贪污

案有牵连关系，应移送军法机关一并审判，原审未予调查，为不当判决，发回更审中。原审谕知背信部分不受理，前军法机关因其审理结果，认某甲所犯两案，均不能证明军法机关可否将贪污及背信二案一并谕知无罪，抑仅得就贪污案谕知无罪，背信案与贪污案已无方法结果关系，仍应由普通法院审判，该军法机关纵一并谕知无罪，系属无权判决，当然无效。普通法院并不受其拘束，仍得就背信部分继续审判，另行判决。案关适用法律疑义，理合签请钧长鉴核，准予转请司法院解释示遵等情。事关适用法律疑义，理合电请解释示遵。贵州高等法院院长刘含章卬午支文总印

**院解字第二九六一号**

**民国三十四年八月二十日　司法院致卫生署函**

案准贵署本年六月二十一日署总（三十四）第九五二六号公函，以《捐资兴办卫生事业褒奖条例》第二条疑义，函请解释等由，兹经本院统一解释法令会议议决，用团体名义捐资三万元以上十万元未满兴办卫生事业者，依《捐资兴办卫生事业褒奖条例》第二条第二项之规定，既不能适用同条第一项第六款、第七款给予奖章，则同条第一项第五款之规定，于用团体名义捐资二万元以上十万元未满者，皆适用之。自应给予一等奖状，相应函复查照。此致卫生署

**附卫生署原函**

查《捐资兴办卫生事业褒奖条例》，前奉国民政府于上年四月一日公布施行，按该条例第二条第一项之规定，捐资者无论用个人名义、合捐名义或用团体名义，一律按捐资之数额，分别给予奖状、奖章或匾额。是奖品之差别，以捐资数额为标准，而同条第二项规定，奖章则限于给予个人，并附发证书、奖状，匾额给予个人或团体，倘以团体名义捐资，其金额仅达给予奖章（三万元或五万元以上）而不及给予匾额者，究应如何予以褒奖，相应检附该条例一份，函请审核赐予解释为荷。此致司法院。卫生署长金宝善

**院解字第二九六二号**

**民国三十四年八月二十日　司法院训令四川高等法院**

据四川高等法院第三分院本年午元代电请解释《民事诉讼费用法》修正前加征之三成是否继续有效一案，业经本院统一解释法令会议议决，《民事诉讼费用法》第二十五条之修正，仅因司法行政部已改隶于行政院，将原条文司法院字样修正为行政院，其于同法应征收之裁判费，各省高等法院得因必要情形拟定额数，经由司法行政部转呈上级机关核准，于不超过原额数十分之三限度内加征之，则未有所修正，故在同条修正前，各省高等法院呈由司法行政部转呈上级机关核准加征裁判费原额数十分之三者，于同条修正后仍属有效，至核准加征后裁判费原额数修正者，应就修正之原额数加征之，其核准加征之效力，亦不因同法第二、第十二、第十六、第十七各条所定原额数之修正而受影响，合行令仰转饬知照。此令

**附四川高等法院第三分院原代电**

司法院院长居钧鉴,查《民事诉讼费用法》修正后,以前加征之诉讼费用三成,未奉令废止,此三成是否继续有效,乞电示遵。四川高等法院第三分院院长刘昶育午元印

**院解字第二九六三号**

**民国三十四年八月二十日　司法院复四川高等法院电**

四川高等法院苏院长览,本年午文代电悉,所请解释一案,业经本院统一解释法令会议议决,特种刑事案件,经由高等法院或分院覆判改处被告死刑或无期徒刑者,无庸再送最高法院覆判。合电知照。司法院号印

**附四川高等法院原代电**

巴县歇马乡司法院院长居钧鉴,《特种刑事案件诉讼条例》规定,覆判法院得谕知较重于原审判决之刑,如第二审覆判结果致处死刑或无期徒刑之案,是否应依职权再送最高法院覆判,法无明文,乞迅赐解释示遵。四川高等法院院长苏兆祥卬午文印

**院解字第二九六四号**

**民国三十四年八月二十日　司法院复四川高等法院电**

四川高等法院苏院长览,本年巳有代电悉,青神县司法处所请解释一案,业经本院统一解释法令会议议决,经覆判确定之刑事案件,如合于减刑办法上减刑之规定,依该办法第四条,应由最后审理事实之覆判法院以裁定减刑,合电转饬知照,司法院号印

**附四川高等法院原代电**

巴县歇马乡司法院院长居钧鉴,据青神县司法处本年六月八日赎字第六一七号呈请核示,经覆判而确定之案件,究应由何审减刑疑义到院,现分二说。甲说,谓覆判案件均系书面审理,并不直接审理事实,与最高法院为法律审之情形略同,故除因提审莅审而确定者外覆恂案件自应由直接审理事实之初审减刑。乙说,谓覆判案件虽系书面审理,然于审理中时时在过问事实干涉事实,与最高法院为单纯法律审之恃形迥异,故覆判审亦为事实审,经确定之案件,自应由覆判审减刑。两说各有理由,未知孰是,事关法律疑义,理合电请钧院迅赐解释令遵。四川高等法院院长苏兆祥卬赎巳有印

**院解字第二九六五号**

**民国三十四年九月二十一日　司法院复军事委员会电**

军事委员会公鉴,本年七月舟有法乐渝代电悉,兹经本院统一解释法令会议议决,《惩治贪污条例》第三条第六款之罪,包括图利自己或第三人之行为在内,特电复请查照,司法院祃印

附军事委员会原代电

司法院公鉴,查《惩治贪污条例》第三条第六款之罪,是否以图利自己为限,如公务员对于其主管事务为他人图不法利益,能否构成本罪,颇滋疑义,相应函请查照,迅予解释见复为荷。军事委员会舟有法乐渝印

院解字第二九六六号

民国三十四年九月二十二日　司法院复湖北省临时参议会电

湖北省临时参议会鉴,本年未鱼代电悉,兹经本院统一解释法令会议议决,《刑法》上所称有追诉或处罚犯罪职务之公务员,系指对于犯罪案件有检察或审判职权之人员而言,单纯行政官不能包括在内,如行政主管长官明知所属人员有贪污行为,或其他基于职务上之犯罪而放任逃逸,除法令别有规定外(例如《惩治贪污条例》第八条),尚不成立《刑法》第一百二十五条第一项第三款后段之罪,特电覆请查照。司法院祃印

附湖北省临时参议会原代电

重庆司法院院长居钧鉴,查《刑法》第一百二十五条所称有追诉或处罚犯罪职务之公务员,是否包括行政官在内,例如行政主管长官对于所属人员,有贪污行为或其他基于职务上之犯罪,是否有追诉使受处罚之责任,即是否为有追诉或处罚犯罪职务之公务员,假如明知所属人员犯罪,而放任逃逸,是否应负该条第一项第三款下半段明知为有罪之人,而无故不使其受追诉或处罚者之责任,敬恳迅赐解释为祈。湖北省临时参议会议长沈肇年副议长胡忠民叩未鱼印

院解字第二九六七号

民国三十四年九月二十二日　司法院指令湖南高等法院

呈悉,业经本院统一解释法令会议议决,同乡会组织调解委员会办理民刑事调解事项,并无法令根据,如其从事调解有胁迫或诈欺等行为,具备犯罪构成要件者,自应分别情形,负相当之刑事责任。仰即转饬知照。此令

附湖南高等法院原呈

案据安乡县司法处审判官伍家谋呈称,查乡镇调解委员会曾经内政部颁发组织规程及限制调解民刑案件之范围,通行在案,自无疑义,设有某同乡会亦组织调解委员会,即以该同乡会理监事聘任为调解委员,亦未呈请当地法院备案,且调解之案件漫无限制,无形中等于司法机关,不无擅理民刑诉讼案件之嫌,此种非法组织,是否有纠正之必要,如该调解委员会附有威胁性质调解者,经当事人不服,复向当地法院提起控告,其主办调解人员,应负何种责任,颇滋疑义,理合备文呈请钧院鉴核示遵,等情。据此,查上项问题,不无疑义,理合备文呈请钧院鉴核示遵。谨呈司法院院长居。湖南高等法院院长陈长簇

**院解字第二九六八号**

**民国三十四年九月二十二日　司法院致中国国民党中央执行委员会函**

案准贵处本年八月十日渝(三四)文字第一四八一三号公函,以据山东省党部转请核示关于敌占区域我国妇女嫁与敌寇及参加敌寇组织中之朝鲜人为妻者,应如何处分一案,即希核复等由,准此,兹经本院统一解释法令会议议决,抗战期内在敌占区内之我国妇女,仅系嫁与敌寇或参加敌寇组织中之朝鲜人为妻者,法无论罪明文,应不处罚,相应函复查照饬知。此致中国国民党中央执行委员会秘书处

**附中国国民党中央执行委员会秘书处原函**

据山东省党部(三四)寅删组代电呈,据烟台市党部丑俭电称,查在兹抗战期间,敌占区域我国妇女嫁于敌寇及参加敌寇组织中之朝鲜人为妻者,应如何处分,敬请电示等情。据此,查本会以无明文,未便遽复,事关法令,谨请鉴核示遵等情。查倭寇及参加敌寇组织中之朝鲜人,均为我国敌人,亦为人类公敌,今竟嫁敌为妻,自应一体惩处,惟其中有被迫失节或甘愿事仇之不同,处罚似有分别情罪之必要,且事关战后处罚敌人汉奸法令,相应函达,即希查照核复为荷。此致司法院

**院解字第二九六九号**

**民国三十四年九月二十二日　司法院致考选委员会函**

据本院秘书处签呈称,准考选委员会本年六月二十二日(三十四)渝处任字第一八三九号公函,请转陈解释意图渔利包揽他人诉讼处罚有案,是否合于考试法第八条第三款所称曾因藏私处罚有案,签请鉴核等情,业经本院统一解释法令会议议决,因意图渔利包揽他人诉讼处罚有案,尚难认为考试法第八条第三款所谓曾因藏私处罚有案,相应函请查照。此致考选委员会

**附考选委员会原函**

案查李价东声请审查高等考试应考资格一案,前经先后函准四川高等法院查复该员前在永川地方法院实习书记官期内,被永川民妇宋曾氏(即桑曾氏)以该员在请准长假后,有违法诈欺行为,向检察官告诉经检察官声请移转璧山实验地方法院侦查,旋即起诉并判处罪刑时,该员已奉司法行政部令代理该院第三分院书记官,当将该员呈准免职。至该案始末详情及判决已否确定,具载璧山实验地方法院该案诉讼卷内,已令饬该院查案迳复等由,当经函准璧山实验地方法院复称,该李价东尚无考试法第八条各(款)类情事等由,并抄附李价东妨害秩序案判决主文李价东意图渔利包揽他人诉讼处罚金五百元,如易服劳役以三百元折算一日到会。正核办间,又准四川高等法院函,以该李价东究竟有无考试法第八条各款情事,应以同法条第三款曾因藏私处罚有案者之藏私二字,如何解释以为断?凡系因得不法利益而被处罚有案,当均可论以系因藏私处罚有案,该员既犯意图渔利包揽诉讼之

妨害秩序罪处罚有案,即不能谓非有考试法第八条第三款情事。寻绎该条款之立法意旨,似宜从严等由,查意图渔利包揽诉讼处罚有案,是否合于考试法第八条第三款所称曾因藏私处罚有案,本会未能决定,相应叙案函请贵处转请解释并惠予见复,以凭办理。

**院解字第二九七〇号**

**民国三十四年九月二十二日　司法院致军事委员会函**

案准贵会本年八月三日法审(三十四)渝五字第一七七号公函,以据宪兵司令呈请解释宪兵军士是否《调度司法警察条例》上之宪兵官长一案,函请解释见复等由,准此,兹经本院统一解释法令会议议决,《调度司法警察条例》第四条第一项第二款,既专就宪兵定为司法警察,则同条例第三条第一项第二款关于宪兵队连长以下官长之规定,自应解为包括《刑事诉讼法》第二百零九条第一项第二款所称之宪兵官长及军士在内,相应函复查照饬知。此致军事委员会

**附军事委员会原函**

据宪兵司令张镇呈,以《调度司法警察条例》,对于宪兵军士之地位,未予明确规定,请转函解释到会,查宪兵军士虽同为一般士兵之士,就文理解释,尚难认为《调度司法警察条例》第三条第一项第二款之宪兵官长。但《刑事诉讼法》第二百零九条第一项第二款系以宪兵官长与军士并举,《调度司法警察条例》不过为《刑事诉讼法》之补充法规,未便因其后订之故,而排除母法优先适用,原呈请明确规定宪兵军士之地位,应视同宪兵官长一节,似有必要,相应抄同原呈,函请查照解释见复,俾便饬知为荷。此致司法院

**附宪兵司令原呈**

查宪兵军士受有宪兵特种教育,为宪兵勤务实施之基干,查宪兵军士(班长)乃以曾受宪兵学校完全军士教育之军士充任。为宪兵勤务实施之基干,其职责与地位自属超于一般宪兵(上等兵)之上,此为《刑事诉讼法》二〇九条一项二款所明定,为司法警察官而别于宪兵(上等兵)之为司法警察者也。惟依本年四月十日国府公布《调度司法警察条例》第三条(一项下列各员为司法警察官应听于检察官推事之指挥执行职务二款宪兵队连长以下官长)、第四条(一项下列各员为司法警察应受检察官推事之命令执行职务第二款宪兵)之规定,对于宪兵军士一职,则漏而未列,是否包括于第三条之中,抑或包括于第四条之内,适用上不无疑难。且宪兵军士地位,于《刑事诉讼法》中既是规定,何此而则无,倘以后法优于前法而排除适用,则于遗漏之军士究置于何种地位,此于勤务实施之际,不无困难之处,然考诸该条例之旨趣,纯为依职务而赋权责者,例如同为少校之营连长,因其职务之不同,则地位亦各殊,(该条例二三条)准此而论,则宪兵军士(班长)之职责,自非宪兵(上等兵以下)所可比拟,且宪兵军士为连以下之干部,而其职责又别于宪兵(上等兵)之上,无论就理论与实际与夫其他法令,该应包括于第三条一项二款之中,而不应包括于第四条一项二款之内。而该条例四条一项二款之宪兵,自应以上等兵以下为限,此可考诸同条一项一款于警察分

别以警长警士而不以警察为概括之规定者自明,若与宪兵而概括军士,则依《宪兵服务规程》第一条之规定(本规程所称宪兵包括宪兵司令部所辖之宪兵官佐士兵而言)司令以下皆在其列。而宪兵军士上等兵之划分,不仅于同规程一条如此,而十六条(宪兵排长及军士上等兵为宪兵服务之实际活动机关各承其所属官长之命努力服行勤务)亦明为规定,尤以分遣单位之军士,其职权同规程第三十五条(宪兵分驻一地方其人不足一连者,本规程第十四条、十五条、二十三条、三十三条之规定,该分驻最高级资格深者准用之)之规定,远非上等兵以下所可比拟,今若以宪兵概括军士,用语不明,无从准据,理合备文呈请鉴核,准予转请解释示遵。

**院解字第二九七一号**

**民国三十四年九月二十二日　司法院复安徽高等法院电**

安徽高等法院览,本年寅敬代电悉,太湖分庭所请解释一案,业经本院统一解释法令会议议决,依《县司法处刑事案件覆判暂行条例》呈送覆判之案件,初判认定事实及援用《刑法》与《刑事诉讼法》,均无错误,惟未依减刑办法减刑,覆判法院自应适用同条例第五条第一项第一款为更正判决,《特种刑事案件诉讼条例》第四条仅规定司法警察官署移送之案件,审判期日检察官得不出庭,但仍应由法院通知检察官,无论检察官曾否出庭,案件判决后,均应将判决正本送达于检察官,合电转饬知照。司法院祃印

**附安徽高等法院原代电**

重庆司法院院长居钧鉴,案据本院太湖分庭庭长郑世郁子养代电称,刑事覆判案件,如一审认定事实及引用《刑法》与《刑事诉讼法》法条,均无错误,量刑亦非失当,惟未依减刑办法减刑,覆判审究应为撤销原判或更正之判决,抑应为覆审之裁定,若予以更,正在《县司法处刑事案件覆判暂行条例》第五条第一项各款中,应援用何款,又是否可予核准,俟核准之判决确定后,由检察官声请减刑?再《特种刑事案件诉讼条例》第三条所载,司法警察官署移送之案件,依该条例第四条规定,检察官虽得不出庭,但法院是否仍有请检察官出庭之必要?惟出庭与否听之,检察官不出庭时,法院是否亦应将判决送达于检察官?以上各点,均属法律上疑义,敬祈转请司法院迅赐解释,以便遵行等情前来,理合电请鉴核示遵。署安徽高等法院院长廖江南叩寅敬印

**院解字第二九七二号**

**民国三十四年九月二十二日　司法院复安徽高等法院电**

安徽高等法院览,本年巳感代电悉,所请解释一案,业经本院统一解释法令会议议决,第一审判决适用普通《刑法》处断之案件,经当事人提起上诉后,第二审审理结果,认该被告所犯罪名,确系特种刑事案件,第一审只适用法律错误,而认定事实并无不当者,第二审法院对于该案如有覆判权,应以其上诉作为声请覆判,进行特种刑事案件覆判程序,已见本院

院字第二八六四号第二八六八号解释。至此项判决如系依《县司法处刑事案件覆判暂行条例》呈送覆判，经覆判法院认该被告所犯罪名确系特种刑事案件者，应仍依该覆判暂行条例第六条第一项第七条第一项第一款为发回原县司法处更审之覆审裁定，并分别情形，于裁定理由内，指示应由何级法院依特种刑事案件诉讼程序办理。合电知照。司法院养印

**附安徽高等法院原代电**

重庆司法院院长居钧鉴，刑事案件经第一审援引普通《刑法》判决后，如当事人提起上诉，或由第一审依照《县司法处刑事案件覆判暂行条例》呈送覆判，而第二审或覆判审查明该案被告系触犯特别刑事法，第一审所引法条显有错误，第二审或覆判审能否撤销原判，即就实体上自为判决，抑应发回第一审更审，又或另有救济方法，事关法律上疑义，未敢臆断，敬祈迅赐解释，以便遵行。安徽高等法院院长廖江南叩巳感印

**院解字第二九七三号**

**民国三十四年九月二十二日　司法院复四川高等法院电**

四川高等法院览，本年午皓代电悉，昭化县司法处所请解释一案，业经本院统一解释法令会议议决，前清现行刑律田宅门例载，凡沿河沙洲地亩，被冲坍塌，即令业户报官勘明注册，遇有淤涨，亦即报官查丈，照原报之数拨补，如从前未经报坍，不准拨给等语。是沿河沙洲地亩，在前清被冲坍塌者，其所有权即为消灭，惟当时曾经报坍者，得于淤涨时请官拨补，以回复其所有权，甲乙丙丁共有之沿河地亩，既于前清同治年间被冲坍塌，其所有权即于当时消灭。如其后该地在《土地法》施行前回复原状，未依当时法令回复其所有权，或在同法施行后回复原状，未依同法第九条第二项证明为其原有，以回复其所有权，则戊己庚辛呈准县政府开垦耕种后，甲乙丙丁自不得主张该地为其所有，但在甲乙丙丁依法回复其所有权后，县政府始准许戊己庚辛开垦耕种者，则甲乙丙丁之所有权，不因此而丧失，对于戊己庚辛提起所有权存在之诉，不得谓为无理由，合电转饬知照。司法院祃印

**附四川高等法院原代电**

巴县歇马乡司法院院长居钧鉴，案据四川昭化县司法处审判官王邵洪三十四年六月陡字第二〇号巳啸代电呈称，兹有甲乙丙丁共有河坝地，因地临江边，于前清同治年间，被洪水冲渎坍没，荒芜多年，嗣以河身改道，该项河坝地，又逐渐回复，有戊己庚辛于民国三十三年呈准县政府，将该项荒地开垦耕种，甲乙丙丁以该项荒地系其所有，提起确认所有权之诉，兹有二说。甲说，谓该项土地，既已被洪水坍没，荒芜多年，所有权业已丧失，戊己庚辛依法呈准开垦，自应由其占有。乙说，谓该项土地，虽被水坍没，但所有权人尚无抛弃其所有权之表示，且依《民法》第七百六十九条、第七百七十条规定，戊己庚辛尚未满足占有期限，自难取得该项土地所有权，应依《土地法》第九条第二项规定，回复原所有权人所有权。以上二说，以何说为当，本处现受有此种事件，理合电请鉴核示遵等情。据此，查来呈就理论上，以乙说为是，但查坍没之岸地，其所有权视为消灭，私有土地所有权消灭者为公有土

地在《土地法》上均定有明文。来呈所述之河坝地,既经该管行政官署于淤复后,核准由戊己庚辛领地开垦,似属一种行政上之处分行为,在甲乙丙丁未依行政诉愿之方法撤销其处分以前,能否诉请司法机关回复其所有权,尚属不无疑义,理合电请钧院鉴核解释示遵。四川高等法院院长苏兆祥叩牍午皓印

**院解字第二九七四号**

**民国三十四年九月二十二日　司法院复四川高等法院电**

四川高等法院览,本年午筱代电悉,所请解释一案,业经本院统一解释法令会议议决,凡依法应处罚金之案件,如犯罪系在《战时罚金罚锾提高标准条例》施行前,而裁判在施行后者,除同条例第一条但书情形外,应以该条例为裁判时之法律,依《刑法》第二条第一项但书之规定办理。合电知照。司法院养印

**附四川高等法院原代电**

重庆歇马乡司法院院长居钧鉴,谨按《战时罚金罚锾提高标准条例》业经公布施行,自应遵照适用,兹有第一审于条例公布前判处罚金之案件,由被告提起上诉,在第二审审理中适奉条例,公布但上诉又无理由,此际应否将罚金数额提高,有二说焉。甲说,谓一审判决在前,二审判决虽在条例公布后,但既认一审适用法条相当,又系被告上诉,本不得予以不利益裁判之原则,自不应再行增加罚金数额。乙说,谓该条例第一条仅为补助《刑法》之效用,以适应非常时期之需要,并非行为后变更之法律,第二审裁判既在条例公布后,自应依照适用,不因系被告之提起上诉而有异,盖提高罚金标准与谕知较重之刑有别也。以上二说,以何说为是。事关法律疑义,理合电请钧院迅予解释示遵。四川高等法院院长苏兆祥叩午筱印

**院解字第二九七五号**

**民国三十四年九月二十四日　司法院复贵州高等法院电**

贵州高等法院览,本年午径代电悉,所请解释一案,业经本院统一解释法令会议议决,某甲于杀人后另行起意遗弃尸体,其弃尸行为与杀人行为,不生牵连关系应并合处罚。合电知照。司法院迥印

**附贵州高等法院原代电**

司法院院长居钧鉴,设有某甲先起意杀乙,于实施杀害行为完毕后,再起意淹灭证据,将乙之尸体遗弃于小洞之中,此时论罪科刑,应否依《刑法》第五十五条就杀人之重罪处断,抑依《刑法》第五十条就杀人与遗弃尸体两罪并予处罚,有子、丑两说。子说,遗弃尸体,既意有淹灭证据,则与杀人有牵连关系,应从一重处断。丑说,杀人与遗弃尸体既系各别起意,且有先后之分,应认为实质上数罪,不得漫以牵连犯论,应依《刑法》第五十条并合处罚,究以何说为是,事关法律适用疑义,理合电请钧院迅赐解释示遵。贵州高等法院院长刘含

章(刑一)叩午径

院解字第二九七六号

民国三十四年九月二十四日　司法院复贵州高等法院电

贵州高等法院首席检察官览,本年八月佳代电悉,所请解释一案,业经本院统一解释法令会议议决,《特种刑事案件诉讼条例》施行后,兼理司法处检察职务之县长,对于盗匪嫌疑犯不送审判,擅行枪决,应依《刑法》第二百七十一条第一项及第一百三十四条处断。合电知照。司法院迥印

附贵州高等法院原代电

重庆司法院院长居钧鉴,设有兼理县司法处检察职务之县长某,受理犯罪日期发生于《特种刑事案件诉讼条例》施行后之盗匪案件,不予移送审判,擅行枪决,因此对某县长之刑事责任问题,发生三说。甲说,谓依《非常时期清剿区内剿匪临时处置办法》第三条第二项,具有军法职权之县长,对于犯《惩治盗匪暂行办法》第三条及第八条之罪者,原得先行处决,事后补判,检卷呈核,因而某县长之行为,不生刑事责任问题。乙说,谓《特种刑事案件诉讼条例》之施行,政府通令报章腾载,尽人皆知,贵州既非清剿区域,且盗匪案件犯罪日期,又在《特种刑事案件诉讼条例》施行以后,自应依照该条例办理,毫无疑问,兹竟不移送审判,仍依其军法官之职权,擅行处决,委系公务员对于诉讼事件明知不应受理而受理,构成《刑法》第一百二十八条之罪。至于所捕获之匪犯,虽非经确定判决核准执行之罪犯,但究系依法得予处死之人。某县长对于依法得予处死之人,执行枪决,应不负杀人罪责。丙说,谓某县长所捕获之匪犯,仅系嫌疑犯,将来是否有罪,以及纵认有罪,然情节轻微,亦不至死,在未经合法判决确定前,任何人不能擅行处死,县长对于仅有盗匪嫌疑之人,不移送审判,擅行枪决,显系一行为而犯《刑法》第一百二十八条及第二百七十一条第一项之两罪名,应依同法第五十五条从一重处断。案关适用法律疑义,理合电请钧院鉴核,迅赐解释,俾资遵循。

院解字第二九七七号

民国三十四年九月二十四日　司法院复甘肃高等法院首席检察官电

甘肃高等法院首席检察官览,本年午有代电悉,陇西地方法院检察官所请解释一案,业经本院统一解释法令会议议决,《刑法》上所称之他人,涵义并不一致,如第一百八十九条第一项之他人,系专以自然人为限,而第二十三条第一百七十四条第一项之他人,则系兼指自然人及法人而言,此类情形,自应依各法条规定之性质,分别决之,至同法所称之第三人,均包含自然人及法人在内,合电转饬知照。司法院敬印

附甘肃高等法院首席检察官原代电

重庆司法院院长居钧鉴,案据陇西地方法院检察官元代电称,《刑法》上所谓他人或第

三人之人,是否专指自然人,抑法人亦包括在内,请解释示遵等情前来,理合电请鉴核,迅赐解释,俾资饬遵。甘肃高等法院首席检察官詹世铭叩午有印

**院解字第二九七八号**

**民国三十四年九月二十四日 司法院复广西高等法院电**

广西高等法院院长暨首席检察官钧览,本年午皓代电悉,所请解释一案,业经本院统一解释法令会议议决,《惩治汉奸条例》关于执行没收之规定,并不因《特种刑事案件诉讼条例》之施行而失效,法院或县司法机关审理之汉奸案件,依《惩治汉奸条例》第八条及第九条第一项、第二项所宣告之没收,裁判确定后,应仍委托该管地方行政机关依第十一条至第十三条之规定办理。合电知照。司法院敬印

**附广西高等法院原代电**

重庆司法院院长居钧鉴,查《惩治汉奸条例》系于民国二十七年修正公布施行,依该条例第十四条规定,原由有军法审判权之机关或部队审判,故关于汉奸财产之没收,查知依同条例第八条至第十三条各规定,均由行政机关执行,兹汉奸案件已划归司法机关,依《特种刑事案件诉讼条例》之规定审理。关于没收之执行,在该条例虽未设有明文,但依该条例第一条第一项后段所示,似应适用《刑事诉讼法》之规定办理,否则不能切合现况,且查《惩治汉奸条例》所定执行办法与《刑事诉讼法》之规定,互相矛盾,亦似已因《特种刑事案件诉讼条例》之施行而失效,但于适用上不无疑义。现本省关于汉奸案件极多,于此疑义,纷纷请示到院,究应如何办理,有关适用法律疑义,本院未便擅拟,理合电请钧院迅赐解释指令祗遵。广西高等法院院长申守真、首席检察官陈锡珊午皓文印

**院解字第二九七九号**

**民国三十四年九月二十五日 司法院指令江西高等法院**

呈悉,业经本院统一解释法令会议议决,租赁物全部被火焚毁者,租赁关系即从此消灭,原承租人对于原出租人嗣后重建之房屋无租赁权(参照院字第一九五〇号第五项解释)。仰即转饬知照。此令

**附江西高等法院原呈**

案据江西高等法院第五分院院长王纲煦呈称,据新喻县司法处电称,为呈请鉴核示遵事,兹有租赁物为店房未定期限者,因火灾被焚,全部灭失,承租者已无继续可能,嗣为业主备款建筑,回复原状,另行召租,对于前之承租者,租赁关系应否视为因被火灾而消灭,不无疑义,理合备文呈请钧院鉴核,指令示遵等情。据此,事关解释,理合具文转呈钧长鉴核示遵等情到院。查租赁之标的物,既经全部灭失,则其租赁契约似已无所附丽,自应视为终止,出租人就原地基从新建筑之店房,已非原来之标的物,原承租人虽可承租,究未便继续原来之租约,出租人如转租他人时,原承租人亦不得干与,惟是否如此解释,本院未敢擅便,

理合具文呈请钧院迅赐解释，指令下院，俾便转饬知照。谨呈司法院院长居

**院解字第二九八〇号**

**民国三十四年九月二十五日　司法院指令湖北高等法院**

呈悉，业经本院统一解释法令会议议决，行政法规虽规定，纳税义务人应觅取保证人负担保税款之责任，而此项保证人之担保税款，仍系依契约负担私法上之给付义务（参照院字第二五九九号解释），确认此种义务不存在之诉，不得谓非属于普通法院权限之诉讼事件。仰即转饬知照。此令

**附湖北高等法院原呈**

案据本院第一分院本年六月未填日字号呈称，案查民事诉讼制度，原为保护私法上权利而设，故凡人民对国家本于公法上权力之作用所为处分，有所不服，应向该管上级行政官署提起诉愿，不得依民事诉讼程序，向通常法院诉请审判，为最高法院民国十九年上字第二四一四号判例所著明。兹有财政部税务管理局之征收局，依据行政院颁布之《行住商登记办法》，纳税义务人应觅取保证人，负担保税款之责任，此项保证责任，系属私法上之保证，抑系公法上之保证，不能无疑。假使保证人向法院提起确认保证不成立之诉，法院可否受理，抑如前判例所云应向该管上级行政官署提起诉愿？事关法律疑义，理合抄录《行住商登记办法》及附表，呈请钧长核示等情。据此，查此种保证，系官署与保证人间之一种契约，与官署依行政权之发动对于人民为某种处分者不同，保证人向法院提起确认保证不成立之诉，受诉法院似应予以受理，事关法律解释，未便擅专，理合呈请钧院鉴核，迅予核示祗遵。谨呈司法院院长居

**院解字第二九八一号**

**民国三十四年九月二十五日　司法院指令四川高等法院第一分院**

呈悉，业经本院统一解释法令会议议决，检察官根据司法警察官侦查之结果，或就其他方面所得证据，认被告有犯罪嫌疑，提起公诉，不能谓起诉之程序违背规定，法院自不得谕知不受理之判决。仰即转饬知照。此令

**附四川高等法院第一分院原呈**

案据署四川潼南地方法院院长周宏迹三十四年七月十二日呈刑字第一九三号呈称，窃查检察官为侦查犯罪之主要机关对于被告犯罪有提起公诉之权，如检察官并不自行侦查，仅根据司法警察官侦查之结果，或就其他方面所得之证据，足认被告有犯罪嫌疑，即据以提起公诉，其起诉之程序，是否违背规定，法院应否谕知不受理之判决，于兹有二说焉。甲说，检察官因告诉告发自首或其他情事知有犯罪嫌疑者，即应侦查犯人及证据，又检察官因侦查所得之证据，足认被告有犯罪嫌疑者，应提起公诉《刑事诉讼法》第二百零七条及第二百三十条第一项著有明文。是提起公诉必须先经侦查之程序，否则即属起诉之程序违背规

定,且法文所谓侦查必须检察官自行实施者,始足当之,如仅根据司法警察官侦查之结果而起诉,亦属违背起诉之程序,法院均应为不受理之判决。乙说,《刑事诉讼法》第二百九十五条第一款所谓起诉之程序违背规定者,系指违背同法第二百四十三条及第二百四十四条所定之程式而言,纵令检察官违反同法第二百零七条,检察官因告诉告发自首或其他情事知有犯罪嫌疑者,应即侦查犯人及证据之训示规定,亦不包括在内,故检察官提起公诉,虽不先经侦查之程序,只须其起诉之程式,合于《刑事诉讼法》第二百四十三条及第二百四十四条之规定者,即难遽认其起诉为违背规定,而予以不受理之判决,否则代表国家之检察官,显有不及自诉之嫌,在法理上宁有是理。且侦查之主要目的,在查明犯罪事实及犯人并搜集证据,以准备起诉,而侦查犯罪除检察官外,司法警察官及司法警察为法定之辅助机关,凡司法警察官或司法警察所实施之侦查。如调查犯人犯罪情形及证据,皆属侦查行为,其侦查之结果及所得证据如已充分,即为足认被告有犯罪嫌疑之证据,并非必须由检察官自行实施者,始得认为侦查,亦非检察官亲手实施侦查所得之证据,始得认为合乎《刑事诉讼法》第二百三十条第一项所谓侦查所得之证据也。况侦查方法不一,检察官审查司法警察官侦查之结果,以观被告犯罪证据已否充分,而决定应否继续侦查或迳据以提起公诉,亦难谓非检察官自行实施之侦查程序。如其审查结果,就司法警察官侦查所得之证据已足认被告有犯罪嫌疑时,检察官自无庸再度开始侦查,即可据以提起公诉,以资简捷,而利诉讼,要非法所不许,以上两说,究以何说为是,本院现有此类案件,急待解决,只以尚无统一解释,足资依据,职未便擅断,理合呈请鉴核准予转请解释,俾有遵循等情。据此,事关法律疑义,理合据情具文呈请钧院鉴核,俯赐解释指令祇遵。谨呈司法院院长居。四川高等法院第一分院院长孙鸿霖

**院解字第二九八二号**

**民国三十四年九月二十五日　司法院咨行政院**

案准贵院本年六月二十八日平捌字第一三八四四号咨,以据粮食部呈请核示县政府或田粮机关所送确定官商所欠赋粮额数之公文书,是否强制执行法规定之执行名义一案,咨请解释见复等由,准此,兹经本院统一解释法令会议议决,《战时田赋征收实物条例》第十七条、第十八条,系就纳税人欠赋之情形,规定由市县田赋管理机关声请司法机关强制执行,诚与强制执行法第四条第六款相当,若官吏亏欠所征收之赋粮,或与田粮机关订约承墓赋谷之包商欠缴所墓成之米,法律上既无如上开条例之规定,即未便认县政府或田粮机关记载其欠额之公文书为同款之执行名义。至《惩治贪污条例》第七条第一项所谓追缴犯人所得,属于公有之财物,及《中华民国战时军律》第十六条第三项所谓强制犯人履行契约,仍以有执行力之裁判为执行名义。纵如原呈所称,上开官吏或包商,系犯《惩治贪污条例》第三条第二款或《中华民国战时军律》第十六条第一项之罪,亦不能认县政府或田粮机关记载其欠额之公文书为执行名义,相应咨复查照饬知。此咨行政院

**附行政院原咨**

据粮食部三十四年六月十二日丰储(三十四)三字第一二〇〇二号,呈请示为县政府或田粮机关所送确定官商所欠赋粮数额之公文书,是否具有强制执行法规定之执行名义,应请由司法机关先予执行等情到院,案关适用法律疑义,相应抄同原呈,咨请查照解释见复,以便饬遵。此咨司法院。行政院院长宋子文

**附粮食部原呈**

案据大足县政府卯支代电称,查本府追收欠粮,遵照奉颁之四川各县市局历年欠粮追收办法规定,欠粮人逾期不缴或潜匿者,由县政府移送司法机关查封其财产,拍卖抵偿,除民欠部份,依照战时田赋征收实物条例第十七、十八两条之规定办理外,其官欠及加工包商欠缴部份,司法机关往往不认县政府移送追缴欠粮公函为执行名义,不照县府移送意见执行,而依照普通诉讼程序办理,以县政府为原告,由司法机关判决确定,始依强制执行法进而查封其财产拍卖,似此既费时日,复多公文往返,拟请转商司法行政部通令各级司法机关,援照税务机关函请追收税款程序,即三十二年七月二十八日司法行政部通令办理强制执行案件应行注意事项第十二条之规定,征收机关送请法院追缴欠税之公文为执行名义,执行法院可据以强制执行认县政府移送追缴欠粮公函为执行名义,迳行查封财产拍卖抵偿,以省繁牍等情。当经电商司法行政部请通饬全国各级司法机关,对于欠缴或亏挪盗卖赋粮,应行查封财产拍卖抵偿案件,一律援照追收税款程序执行,以期迅捷去后,兹准辰删代电复。查法院强制执行,非有强制执行法第四条所列之执行名义,不得为之,本部三十二年七月二十八日通令中所列征收机关送请法院追缴欠税之公文,得为执行名义,执行法院可据以强制执行一点,原系根据司法院二十九年院字第二〇一七号及三十二年院字第二四六一号解释,暨司法院三十一年修字第三六五号训令而为指示,关于欠缴或亏挪盗卖赋粮应行查封拍卖抵偿案件,除民欠部分外,因无法令根据,法院碍难迳予强制执行等由。查官欠部分,系包括各级征收及储运官吏,将征起赋粮握存亏挪或任意拖欠,经勒限缴清,而不能照缴者,自已构成公务员盗卖侵占公有财物之罪嫌,在《惩治贪污条例》内,定有治罪追缴或以其财产抵偿明文。至加工包商承蕌赋谷,均与田赋机关订有契约,其蕌出之米,悉以供应军粮为主,在抗战期内,对于供给军需有关之事项,既不照契约履行,而发生欠缴情事,亦应依《中华民国战时军律》第十六条第一项前段治罪,并依同条第三项强制其履行契约,根据以上两种法令,县政府或田粮机关所送确定官欠或加工包商所欠赋粮数额之公文书,似已具有强制执行法第四条第六款之执行名义,而可由司法机关,据以强制执行。惟查刑事案件,依照通常程序,须经审判治罪而后始予执行,在时间方面,不免多所牵延,值此军粮需要急迫,各项欠粮亟待追清,以利配拨之际,所有官商亏欠赋粮案件,似宜酌予变通,即由司法机关依县政府或田粮机关所送确定欠粮数额之公文书,先予执行,一面依法治罪。以上两点,是否有当,理合具文呈请钧院鉴核,咨商司法院核定实施,并乞指令祗遵。谨呈行政院

**院解字第二九八三号**

**民国三十四年九月二十五日　司法院致行政院函**

案准贵院本年八月十四日平肆字第一七一九二号公函,以据重庆市政府呈请解释人民契约书载河床滩地皆以水流中心为界在法律上是否有效一案,函请解释见复等由,准此,兹经本院统一解释法令会议议决,人民让与所有权之契约书,载明其土地以水流中心为界者,受让人是否取得界内土地之所有权,应以其前手有无取得界内土地所有权之法律上原因为断,江河低水位线以下之土地,在契约书所载水流中心界至之内者,受让人除别有证据足以证明其前手确曾依法取得所有权者外,未便据以认其有所有权,相应函复查照饬知。此致行政院

**附行政院原函**

据重庆市政府呈,为征收河床洪水位以下土地,可否以低水位为征收补偿界限,低水位以下土地,一律无偿归公,请核示等情,经交水利委员会及地政署核复,顷据地政署复称,习惯上人民契约书载,皆以水流中心为界,在法律上是否有效,拟请转函贵院解释等由,相应抄附原呈原函各一件,函请查照解释见复为荷。此致司法院

**附重庆市政府原呈**

据本市地政局呈,为征收市区内扬子嘉陵两江河床土地一案,关于寻常洪水位之意义与计算方法,前经呈奉钧院三十三年七月十二日义肆字第一五五四八号指复,并经遵照施测完竣,本可遵奉钧院三十四年六月十三日平壹字第七二五四四号指令核准,依法办理征收手续。惟查《土地法》第八条第一项及水利法第六十六条前半段,关于水道行水区域土地虽有不得私有之规定,但依二十七年十二月二十九日司法院院字第一八〇二号暨二十八年八月三十日司法院解释,对于《土地法》第八条第一项所称不得为私有之土地,如于《土地法》施行前,原属于私人所有者,在其所有权未经依法消灭前,仍应认为私有,征收时应照规定给予补偿金,而习惯上契约书载,均以水流中心为界。事实上所有低水位以下河床土地,以河水经常通过各业户,亦未能实际利用管业,如并予补偿,自有未当。惟洪水位以下征收界限,究宜如何确定,法无明文足资依据,拟即以低水位(即多年测验中最低水位之平均值)线为征收河床洪水位以下补偿界限,至低水位以下土地,无偿归公,不予补偿,是否可行,请予转呈核示等情到府,理合具文呈请鉴核示遵。谨呈行政院

**附地政署原函**

准贵府本年七月二十六日和(四)字第二五九七五号通知单暨附件均诵悉,查河床土地依《土地法》第八条第一项第一款规定,不得私有,其在寻常洪水位行水区域之土地,依水利法第六十六条第一项规定,尤属不得私有,但依二十七年十二月二十九日司法院院字第一八〇二号暨二十八年八月三十日司法院解释,其于《土地法》施行前,原已为私有者,仍应认为私有。依法征收唯该地是否确属私有,抑原属公有而为私人所占用,仍须就事实审定。

查重庆市扬子嘉陵两江河床滩地，其在低水位线以下者事实上未能为私有，纵名义上已为私有，亦无法使用收益，是并无实质上之所有权。该市政府拟将低水位线以下之土地，无偿归公一节，似尚可行，惟习惯上人民契约书载，皆以水流中心为界，在法律上是否有效，拟请由钧院转函司法院解释，以期有所依据，相应复请查照转陈为荷。

**院解字第二九八四号**

**民国三十四年九月二十六日　司法院致行政院函**

案准贵院本年八月三日平捌字第一六四〇〇号公函，以据司法行政部呈请解释，关于军事或军法机关受理之特种刑事案件，送经司法机关判决，覆判审应否谕知不受理一案，函请解释见复等由，准此，兹经本院统一解释法令会议议决，《特种刑事案件诉讼条例》施行前，已系属于军事或军法机关之特种刑事案件，原有终结之期限其逾期未结移送司法机关办理者，受移送之司法机关即属有权受理裁判，相应函复查照饬知。此致行政院

**附行政院原函**

据司法行政部三十四年七月二十四日呈(叁)字第五六四号呈称，查《特种刑事案件诉讼条例》施行前，已系属于军事或军法机关之特种刑事案件，前奉钧院三十三年八月七日义捌字第一六九〇四号训令饬知，应仍由原机关依原诉讼程序终结，终结期限由军法执行总监部酌定，嗣据云南高等法院第一分院呈请核示，军事或军法机关逾限未结案件。如经移送，应否由法院受理到部，复经呈奉钧院本年五月七日平捌字第八六七一号指令，仍应由原机关依原诉讼程序克期终结，不得移送法院审理各等因，当经本部先后通令饬知在案。兹据湖南高等法院首席检察官电称，军事或军法机关受理之特种刑事案件，逾限未曾终结，倘移送司法机关办理，业经判决，在呈送覆判中，究竟覆判法院应否谕知不受理，将该案送还原机关审理，乞电示等情。事关法令适用疑义，理合呈请鉴核转送司法院解释，以便饬遵，等情。据此，案关适用法律疑义，相应函请查照解释见复，以便饬遵。

**院解字第二九八五号**

**民国三十四年九月二十六日　司法院致行政院函**

案准贵院本年七月三十日平捌字第一六一四六号公函，以据司法行政部呈请解释《修正法院组织法》第三十三条第九款疑义一案，函请解释见复等由，准此，兹经本院统一解释法令会议议决，军法承审员为军法人员，其转任司法官，应依《军法人员转任司法官条例》办理，法院组织法第三十三条第九款所谓各县承审员，自不包含军法承审员在内，相应函复查照饬知。此致行政院

**附行致院原函**

据司法行政部三十四年七月二十一日呈叁字第五五七号呈称，查依《修正法院组织法》第三十三条第九款规定，凡在教育部认可之专科以上学校修习法律学科三年以上毕业，曾

任各县承审员四年以上成绩优良者,即具有推事及检察官之资格,唯该款所称承审员,可否从广义解释,将军法承审员包括在内?事关法律疑义,理合具文呈请鉴核,转送司法院解释,俾有遵循等情。据此,案关适用法律疑义,相应函请查照解释见复,以便饬遵。此致司法院。行政院院长宋子文

**院解字第二九八六号**

**民国三十四年九月二十六日　司法院咨行政院**

案准贵院本年八月十七日平捌字第一七五三八号咨,以据内政部呈,转请解释公立中小学校教职员及县立图书馆馆长是否为公务员疑义一案,咨请解释见复等由,准此,兹经本院统一解释法令会议议决,委任之公立中小学校教职员及县立图书馆馆长受有俸给者,均为《公务员服务法》上之公务员,其聘任之教职员则否,相应咨复查照饬知。此咨行政院

**附行政院原咨**

据内政部本年八月三日渝民字第三〇二七号呈称,据四川省叙永县公民刘祥甫等呈三十四年六月呈一件,以现任中心学校校长、省县立中学校长、教职员及县立图书馆馆长,是否为公务员,呈请解释等情到部。查现任中心学校校长、省县立中学校长,其学校如系公立,依照司法院院字第二七五七号公函解释第七款,公立中小学校校长受有俸给者,为《公务员服务法》上之公务员之解释,自应称为公务员。惟上开各学校教职员有聘任或委任者,及县立图书馆馆长多由县政府委任,是否均视为公务员,法无明文规定。事关法令解释,理合转请鉴核,函转司法院解释示遵等情。据此,案关适用法律疑义,相应咨请查照解释见复以便饬遵为荷。此咨司法院。行政院院长宋子文

**院解字第二九八七号**

**民国三十四年九月二十六日　司法院指令湖南高等法院**

呈悉,业经本院统一解释法令会议议决,债务人依民国三十一年之确定判决应给付借款而未给付,其后因受战事影响致生争议者,债权人仍得声请法院依《非常时期民事诉讼补充条例》之规定调解之,其具备同条例第二十条第二项之适用要件者,法院自得为增加给付之判决。惟在前次判决之事实审言词辩论终结前所发生之情事剧变,不得斟酌之(参照院字第二七五九号解释)。仰即转饬知照。此令

**附湖南高等法院原呈**

案据宁乡县司法处主任审判官李贻樾三十四年七月二十日呈称,查《非常时期民事诉讼补充条例》规定之调解,或于起诉前据当事人声请调解,或已有诉讼系属得依声请移付调解,即《民事诉讼法》所定之调解程序,亦须于起诉前为之,均有明文可援。惟查当事人以借贷关系,因受战时影响,致生争议,未经调解于民国三十一年为原本给付法币之确定判决,迄今数年尚未履行,而依原有关系发生效力,显失公平,复据债权人声请调解,增加给付,以

资救济,可否补依调解程序,予以调解,殊滋疑义等情。案关法律解释,理合转请钧院鉴核示遵。谨呈司法院院长居。湖南高等法院院长陈长簇

**院解字第二九八八号**

**民国三十四年十月十九日　司法院咨行政院**

案准贵院本年八月十五日平捌字第一七三二二号咨,以据司法行政部呈请解释重复减刑及重复执行应如何救济疑义,咨请解释见复等由,兹经本院统一解释法令会议议决,数罪之宣告刑得依《刑法》第五十一条规定而定其执行刑者,以裁判确定前所犯之罪为限。某丙于杀人未遂罪侦查中,发觉其曾犯贪污之罪,经法院判处杀人未遂罪刑后,复将贪污部分移送于当时有审判权之军法机关判处罪刑,该两案判决先后确定,固应由最后判决之军法机关定其应执行之刑,并依减刑办法为之减刑。惟某丙于杀人未遂罪刑在监执行中所犯脱逃未遂一罪,既在杀人未遂罪判决确定以后,则对于杀人未遂与贪污两罪,均不得谓为裁判确定前所犯之数罪(参照院字第一九一四号解释),自应分别减刑,合并执行,不能适用数罪并罚之例,定其执行之刑。该军法机关对于脱逃未遂部分,并无以裁定减刑及更定其刑之权,原军法机关误将脱逃未遂一罪,与杀人未遂及贪污两罪,并合定其应执行之刑,并基此而适用减刑办法,减其所定执行之刑,此项裁定既含有无权裁定之部分在内,自属无效,除脱逃未遂罪仍应依法院所为之减刑裁定执行外,其杀人未遂与贪污二罪,应由该军法机关更为适法之裁定,相应咨复查照饬知。此咨行政院

**附行政院原咨**

据司法行政部本年八月三日呈叁字第五六九号呈称,案据江西高等法院首席检察官呈,据江西高等法院第四分院首席检察官袁刚毅呈称,查有被告某丙犯杀人未遂罪,经河口地院于三十二年七月十五日判决确定,在监执行中,又犯脱逃未遂罪经上诉本分院,于三十三年一月六日判决确定,嗣由本分院检察官对被告脱逃罪部分声请减刑,经减为有期徒刑一年,当向河口地院检察处调卷查填执行书,阅悉某丙于杀人未遂一案,侦查中曾发觉其在三十二年四月以前犯有贪污罪,经移送军法机关审判,于三十三年四月间判决确定,复经河口地院检察处向军法执行监部声请定其应执行之刑,当由该部将某丙所犯杀人未遂、脱逃未遂、贪污三罪,共定其应执行之刑为八年,核与司法院院字第一九一四号及第二五二〇号解释,已似有抵触。复经该部予以减刑,将三罪之执行刑减为五年四月,则脱逃未遂罪刑部分,显有重复减刑及重复执行之情形,究应如何救济之处,转请核示等情。事关法律适用疑义,理合呈请鉴核,转送司法院解释,以便饬遵等情。据此,案关适用法律疑义,相应咨请查照解释见复,以便饬遵为荷。此咨司法院。行政院院长宋子文

**院解字第二九八九号**

**民国三十四年十月二十日　司法院致行政院函**

案准贵院本年八月十四日平贰字第一七二三三号公函,以据司法行政部呈请解释兵役法第二十条第一项第五款适用疑义,函请解释见复等由,兹经本院统一解释法令会议议决,同父异母或同母异父之兄弟,及养子与养父母之婚生子,均为同胞兄弟。惟兵役法第二十条第一项第五款所称之同胞兄弟,系指在同一家庭无互负家庭生计责任之同胞兄弟者而言,相应函复查照饬知。此致行政院

**附行政院原函**

据司法行政部呈请解释兵役法第二十条第一项第五款,关于同胞兄弟一词之疑义等情,除兵役法明令公布有案,无庸检送外相应抄同原呈,函请查照解释见复为荷

**附司法行政部原呈**

据四川高等法院首席检察官林超南呈,据绵阳地方法院首席检察官林乔楠呈,略以兵役法第二十条第一项第五款规定,独负家庭生计无同胞兄弟者,得为缓征,于适用上每滋疑义,所谓同胞兄弟,是否同父且同母者,始为同胞兄弟,抑同父而异母(如发妻与续妻之子及妻与妾之子)或同母而异父(如再醮之妇与前夫及后夫所生之子)者,亦得谓为同胞兄弟。又养子与养父母之婚生子,不惟异父异母,似不得谓为同胞兄弟,惟依《民法》第一千零七十七条之规定,与院字第二七四七号之解释,养子对于养父母,既与婚生子对于父母,皆同为直系血亲关系,则养子与婚生子在法律上亦系为二亲等内之血亲兄弟关系,是否可视作同胞兄弟,亦不无疑问,理合转请解释等情。事关法律适用疑义,理合呈请鉴核,转送司法院解释,以便饬遵。

**院解字第二九九〇号**

**民国三十四年十月二十日　司法院咨行政院**

案准贵院本年八月二日平捌字第一六三〇〇号咨,以据四川省政府呈请解释乡镇公所等自治机关有无诉愿权疑义,咨请解释见复等由,兹经本院统一解释法令会议议决,乡镇对省县政府关于公有财产之行政处分,能否提起诉愿,应视其处分之内容分别情形定之,省县政府对于乡镇独有之处分,例如县政府依《乡镇组织暂行条例》第二十五条,就乡镇民代表会关于乡镇公有财产决议案复议结果所为核办之处分,乡镇公所或乡镇财产保管委员会虽有不服,不得提起诉愿,若其处分不独对于乡镇为之,对于一般人民具有同一情形亦为同一之处分者,则乡镇系以与一般人民同一之地位而受处分,不能以其为公法人,遂剥夺其提起诉愿之权。例如省政府为核准征收乡镇公有土地之违法处分时(参照《土地法》第三八八条),乡镇如有不服,自得提起诉愿,相应咨复查照饬知。此咨行政院

**附行政院原咨**

据四川省政府三十四年七月十日秘法字第一二二二一号呈称，查乡镇公所及乡镇财产保管委员会，对省县政府关于公有款产之行政处分不服，能否依《诉愿法》提起诉愿，有甲乙二说。甲说，谓《诉愿法》第一条所称得提起诉愿之人民，应从广义解释，包括法人，自治团体及人民团体等在内，乡镇公所及依县各级组织纲要第四十三条规定设立之乡镇财产保管委员会，皆为自治团体，对省县政府之违法或不当处分，自得提起诉愿，以为救济。乙说，则谓乡镇公所虽非官署，但为公法人，且依钧院三十四年五月十一日平捌字第一〇〇四六号指令所示，乡镇公所与乡镇财产保管委员会，均为自治机关之一种，以省县政府为其监督之官署，性质上与私法人及人民团体等，迥不相同。对该管自治监督官署，即省县政府等之命令或处分有服从义务，如认为其命令或处分有误或不当时，应以普通呈文方式，向监督官署陈述理由，以资救济，不得提起诉愿。二说究以何说为当，事关法律疑义，未敢臆断，理合签请转咨司法院解释，指令祇遵等情。据此，案关适用法律疑义，相应咨请查照解释见复，以便饬遵。此咨司法院。行政院院长宋子文

**院解字第二九九一号**

**民国三十四年十月二十日　司法院复军事委员会电**

军事委员会鉴，本年九月十日法御渝代电悉，兵役部转请解释一案，兹经本院统一解释法令会议议决，冒用军事机关业已作废之证章，如该证章系属陆海空军徽章，虽已作废，犹足使人误信为有效，军人冒用应依《陆海空军刑法》第九十二条处罚，其非军人而在战地或戒严区域犯之者亦同，否则均只成立《刑法》第一百五十九条之罪，特电复请查照饬知。司法院哿印

**附军事委员会原代电**

司法院公鉴，据兵役部三十四年八月四日役法字第一三四五号代电，以据贵节师管区司令胡佛呈，为冒用军事机关业已作废之证章，是否构成《陆海空军刑法》第九十二条之罪，敬乞解释令遵等情，转请核示到会。除非军人为被告者，应归司法机关审判外，如军人为被告，应否依上开法条处罚，案关适用法律疑义，相应电请查照解释见复，以凭饬遵为荷。军事委员会成佳灰法御渝印

**院解字第二九九二号**

**民国三十四年十月二十日　司法院复甘肃省岷县县临时参议会电**

甘肃省岷县县临时参议会鉴，本年八月元代电悉，业经本院统一解释法令会议议决，不动产之出卖人，如有法律上原因得向买受人请求增加价金者，虽其买卖契约曾经作成公证书，仍得请求增加，特电复请查照。司法院哿印

**附甘肃省岷县县临时参议会原代电**

重庆司法院院长居钧鉴,前据民人询问,如甲方出卖乙方之地房文契,经双方对同公证,数月后,甲方无理起诉,公证推事反判与甲方复出长价,有无此项条文,本会以事关法律,未便解答,当即电请甘肃高等法院及甘肃皋兰地方法院解答去后,顷准甘肃皋兰地方法院午陷代电,马代电敬悉。查统一解释法令系属司法院职掌,原电所述各节,是否合法,请迳电重庆司法院予以解释,当能解答,特电复查照等由到会,理合代电钧院,予以解释,以资遵循,无任待命之至。甘肃岷县县临时参议会议长李贵悟、副议长何殿章叩元印

**院解字第二九九三号**

**民国三十四年十月二十日　司法院复贵州高等法院电**

贵州高等法院览,本年中东代电悉,所请解释一案,业经本院统一解释法令会议议决,普通法院所受理之背信案件,经第三审法院发回更审,第二审法院既未谕知不受理之判决,军法机关就背信部分谕知无罪,又属无权裁判,当然无效,普通法院对于上述之背信案件,自应继续审判。合电知照。司法院哿印

**附贵州高等法院原代电**

司法院院长居钧鉴,钧院三十四年八月二十日院解字第二九六〇号哿代电奉悉,查普通法院受理之背信案,虽经第三审法院发回更审,但第二审法院未经谕知不受理之判决,而军法机关即将贪污及背信部分一并谕知无罪时,背信部分既当然无效,普通法院可否继续审判,理合电请鉴核示遵。贵州高等法院院长刘含章叩申

**院解字第二九九四号**

**民国三十四年十月二十日　司法院复甘肃高等法院电**

甘肃高等法院览,本年未冬代电悉,景泰县司法处所请解释一案,业经本院统一解释法令会议议决,《调度司法警察条例》第三条、第四条关于推事指挥司法警察官及命令司法警察之规定,于县司法处审判官亦适用之,合电转饬知照。司法院哿印

**附甘肃高等法院原代电**

重庆司法院院长居钧鉴,据甘肃景泰县司法处审判官刘元忠鱼代电称,甘肃高等法院院长杨钧鉴,案查《调度司法警察条例》规定,检察官推事于办理刑事案件与其职务有关之事项,有指挥司法警察官及命令司法警察之权,以及司法警察官有协助执行职务之责。惟查未设立地方法院之各县,多以县司法处代替法院办理特种及普通刑事案件,其县长兼检察官者,有上项之职权,自无疑义,而审判官办理刑事案件,其职责无异推事,原条例未曾规定,其为办理刑事案件之审判官与其职务有关之事项,对于第三条、第四条之司法警察官及司法警察,可否比照推事而有指挥及命令执行职务之权。事关法律疑义,理合电请鉴核示遵等情。据此,查县司法处审判官有无指挥命令《调度司法警察条例》第三、第四各条所列

官员之权，事关适用法律疑义，未便擅拟，理合电请解释示遵。署甘肃高等法院院长杨鹏卯未冬印

院解字第二九九五号

民国三十四年十月二十日　司法院复安徽高等法院电

安徽高等法院览，本年巳养代电悉，所请解释一案，业经本院统一解释法令会议议决，《特种刑事案件诉讼条例》第二十二条第一项但书规定，系以原审判决认定事实显有不当者为限，始得为发回原法院或发交其他同级法院更审之判决。如一案中之共同被告中，有少数被告经原审为免刑、无罪、免诉或不受理之判决，并无认定事实不当之情形，纵令其他被告部分应予发回或发交更审，而上述部分仍应依第二十条第一项第一款为核准之判决。合电知照。司法院哿印

附安徽高等法院原代电

司法院院长居钧鉴，查《特种刑事案件诉讼条例》第二十二条内开，覆判案件除应驳回或应全部核准者外，覆判法院应撤销原审判决自为判决，但原审判决认定事实有不当者，得以判决发回原审法院或发交其同级之他法院更为审理云云。细绎该条文所定，对于驳回核准及发回更审，均系指全部而言，其有一案之多数被告中，有少数被告经原审为免刑、无罪、免诉或不受理之判决而无错误者，依上开规定均应发回更审，并无另为核准之明文，在此种被告，事实既经明了，判决并无错误，若与有罪被告同时发回，似不无拖累之虞。查《县司法处刑事案件覆判暂行条例》第八条第一款但书，对于应核准免刑、无罪、免诉或不受理部分与应覆审部分互见时，得将该部分另为核准之判决，是该条所定核准与覆审可以并行不悖，在特刑条例采取覆判制，本条简化诉讼程序，以为当事人谋便利，其应发回更审之件，对免刑、无罪、免诉及不受理部分，能否援照覆判条例之例，分别核准之处。事关法律解释，理合呈请指示遵行。安徽高等法院院长廖江南叩卅四巳养印

院解字第二九九六号

民国三十四年十月二十日　司法院复河南省政府新蔡行署电

河南省政府新蔡行署览，本年午寒悉，所请解释一案，业经本院统一解释法令会议议决，结伙抢劫，应依《惩治盗匪条例》第五条第一项第一款、第九条，《刑法》第二十八条处断，不适用聚众强劫罪之规定。合电知照。司法院哿印

附河南省政府新蔡行署原电

司法院长居钧鉴，查前《惩治盗匪暂行办法》，分聚众抢劫罪暨结伙抢劫，现行《惩治盗匪条例》无结伙抢劫规定，则结伙抢劫是否包括聚众抢劫罪之内，抑应适用同条例第五条第一项第一款处断，谨迅赐核示祗遵。河南省政府新蔡行署主任张轸午寒警法新

**院解字第二九九七号**

**民国三十四年十月二十日　司法院复安徽高等法院电**

安徽高等法院院长、首席检察官均览,本年卯鱼代电悉,石埭县长所请解释一案,业经本院统一解释法令会议议决,省保安司令部派驻各县防空监视哨哨长,在编制以内者,应认为有军人身分,其在抗战期内犯普通《刑法》之罪,依国防最高会议常务委员第八十次会议决议,应暂照《陆海空军审判法》第一条第一项由军法会审审判,合电转饬知照。司法院帮印

**附安徽高等法院原代电**

重庆司法院院长居钧鉴,据石埭孟县长请示省保安司令部派驻各县防空监视哨哨长,犯普通《刑法》罪,应由何机关审判等情,乞电示遵。署安徽高等法院院长廖江南、首席检察官盛世弼叩卯鱼印

**院解字第二九九八号**

**民国三十四年十月二十日　司法院复贵州高等法院首席检察官电**

贵州高等法院首席检察官览,本年巳漾代电悉,贵阳地方法院首席检察官所请解释一案,业经本院统一解释法令会议议决,经常行驶公路之公建商运货卡车,暨各路局处及各省公路局运货卡车,应分别编为军事运输队,实行军事管理。凡经编入军事运输队者,在军运期内,应视同军属,受军法部勒,在战时运输管理局《军事运输队组织管理办法》第一条、第二条、第二十三条已有明文规定。西南公路管理局暨公建商车员工,如经编入军事运输队,其在军运期间犯罪,依上开规定,自应认为有军人身份,合电转饬知照。司法院帮印

**附贵州高等法院检察处原代电**

重庆司法院院长居钧鉴,据贵阳地方法院首席检察官涂怀楷呈,以西南公路管理局暨公建商车员工犯罪,在军运期间,应否一律视同军人一案,现军法执行总监部,以战时运输管理局系军委会直辖军事机关,其所属员工自应视同军人,如有违法行为,应归军法管辖。至公建商车员工,在军运期间,是否应认为军人身份一节,正会同战时运输管理局呈请核示中。惟查西南公路管理局,虽归战时运输局所辖,但其员工并非一律依照军事编制,而该案曾经转奉司法行政部指令,以该局员工除由现役军人调用或该局系依照军事编制外,其犯罪应归普通法院受理,致使法律见解不一,适用不免纷歧,转请解释前来。查西南公路管理局员工及公建商车之员工,仅受军事机关指挥监督,并非依照军事编制,除由现役军人调用者外,虽在军运期间,似亦不能视同军人,事关法令解释,本处未敢擅专,谨电钧院核示祗遵。署贵州高等法院首席检察官李学灯叩筑巳漾印

**院解字第二九九九号**

**民国三十四年十月二十日　司法院复甘肃高等法院首席检察官电**

甘肃高等法院首席检察官览，本年未养代电悉，皋兰地方法院首席检察官所请解释一案，业经本院统一解释法令会议议决，省保安司令部探员，除原有军人身份者外，不得视同军人（参照院字第二三一二号解释）。合电转饬知照。司法院胥印

**附甘肃高等法院首席检察官原代电**

重庆司法院院长居钧鉴，案据皋兰地方法院首席检察官八月十五日呈称，查保安司令部负荷地方治安职责，其内部编制与普通军队迥异，该部职员应否视同军人，从未奉有明确解释，甘肃省保安司令部复设有探员，办理探访情报及特务事宜，是否具有军人身份，不无疑义，理合专案呈请鉴核指示祇遵，谨呈等情前来，理合电请鉴核，迅赐解释，俾资饬遵。署甘肃高等法院首席检察官詹世铭叩未养印

**院解字第三〇〇〇号**

**民国三十四年十月二十日　司法院指令浙江高等法院**

呈悉，业经本院统一解释法令会议议决，《民法》第九百九十二条所谓利害关系人，系指于结婚之撤销有法律上正当之利益者而言，各当事人或当事人之配偶为利害关系人，固不待言，当事人之亲属或家长如撤销结婚，即可免其扶养义务者，亦为利害关系人。至当事人之监护人，不能认为利害关系人。仰即转饬知照。此令

**附浙江高等法院原呈**

案据天台地方法院院长楼英呈称，窃查《民法》亲属编关于得请求撤销结婚之人，在第九百八十九条至第九百九十一条及第九百九十三条至第九百九十六条均有明白规定。惟第九百九十二条仅规定利害关系人得请求撤销，所谓利害关系人，除前配偶外，是否以下列各种关系人为限，如（一）结婚当事人之直系或旁系血亲尊亲属及卑亲属；（二）直系或旁系姻亲尊亲属及卑亲属；（三）养父母或养子女；（四）未成年人或禁治产人之监护人；（五）家长，抑仍依前大理院统字第一八三五号解释，凡法律上事实上与被害人有利害关系之人，均属之，深滋疑义，理合呈请转呈释示等情到院。事关法律疑义，理合备文转呈，仰祈钧院鉴核解释示遵。谨呈司法院。浙江高等法院院长郑文礼

**院解字第三〇〇一号**

**民国三十四年十月二十日　司法院指令浙江高等法院**

呈悉，业经本院统一解释法令会议议决，县临时参议会议长、副议长、参议员，均系依法令从事于公务之人员，自属《刑法》第十条第二项之公务员。仰即转饬知照。此令

附浙江高等法院原呈

案据上虞县司法处审判官郑思曾电,为县临时参议会议长、副议长、参议员,是否为《刑法》第十条第二项之公务员,请核示祇遵到院。事关法律疑义,本院未便擅专,理合备文转呈,仰祈钧院鉴赐解释示遵,实为公便。

院解字第三〇〇二号

民国三十四年十月二十日　司法院指令四川高等法院第一分院

呈悉,业经本院统一解释法令会议议决,邮局雇用之运邮汽车司机,非邮政法第二十九条所称之邮政人员,仰即知照。此令

附四川高等法院第一分院原呈

查邮政法第二十九条规定,邮政机关除依本法第二十五条至第二十七条之规定,负补偿责任外,关于邮政人员对他人所为之侵权行为,不负责任,设有运邮汽车司机,因开车不慎,撞伤行人,依前条规定,邮政机关应否负责,当以运邮汽车司机是否邮政人员为断。惟该项司机究系雇员抑系邮政人员,颇滋疑义,因有甲、乙两说。甲说,依邮政运邮汽车司机机匠录用及叙薪办法规定,运邮汽车司机均支给薪水,并分三等,视其年资成绩,按级递升,且各地录用司机应考验驾驶技术,填具积分表,是其录用及擢升办法,多与邮政人员相同。该项司机即应认为系邮政人员。乙说,《邮政人事管理规则》第十二条,已将邮政人员之职称列举明确,而同规则第十四条规定邮局除第十二条外,得用特种技术人员及邮差公役力夫司机机匠等,其任免章程另定之,司机既未列入第十二条规定邮政人员之内,其任免章程且须另定,其非邮政人员实至显明,以上二说,究以何说为当,未便擅断。事关法律疑义,理合备文呈请钧院鉴核,俯赐解释示遵。

院解字第三〇〇三号

民国三十四年十一月三日　司法院复浙江省保安司令部电

浙江省保安司令部鉴,本年申智法臣悉,业经本院统一解释法令会议议决,警察盗换查获刑事被告之烟具,或应其要求,准将查获之烟枪,易以他枪解案,均系隐匿关系他人刑事被告案件之证据,成立《刑法》第一百六十五条之罪,如有图利自己或该被告之情形,即又触犯《惩治贪污条例》第三条第六款之罪,应依《刑法》第五十五条从一重处断,特电复请查照。司法院江印

附浙江省保安司令部原电

司法院长居,(1)警察盗换查获之烟具,应论以何项罪名?(2)警察应烟犯要求,并不受贿,准将查获烟枪掉以他枪解案,应构成何罪?统祈迅赐释示只遵。

**院解字第三〇〇四号**

**民国三十四年十一月五日　司法院复安徽高等法院电**

安徽高等法院览,本年巳陷代电悉,所请解释一案,业经本院统一解释法令会议议决,养父母系养子女之直系血亲尊亲属(参照本院院字第二七四七号解释),养父母之血亲,亦即为养子女之血亲。合电知照。司法院歌印

**附安徽高等法院原代电**

重庆司法院院长居钧鉴,养父母能否视为养子女之直系血亲尊亲属,养父母之血亲,能否视为养子女之血亲,祈迅赐解释为祈。

**院解字第三〇〇五号**

**民国三十四年十一月五日　司法院复安徽高等法院电**

安徽高等法院院长、首席检察官均览,本年午鱼代电悉,该法院太湖分庭转请解释一案,业经本院统一解释法令会议议决,《区自治施行法》早经废止,该法第三十九条关于区长职权之规定,已不适用,实施新县制各县依《县各级组织纲要》及《县政府分区设署规程》各规定,区长并无侦查犯罪之权(参照院字第二四五八号解释)。某甲向区署诬告他人吸食鸦片及汉奸,该区长并非《刑法》第一百六十九条第一项所称之该管公务员,尚不成立诬告罪名,合电转饬知照。司法院微印

**附安徽高等法院原代电**

重庆司法院院长居钧鉴,案据本院太湖分庭三十四年五月二十八日呈,以据太湖司法处主任审判官张允镕辰马代电称,查某甲向区署诬告某乙吸食鸦片及汉奸等情,应否负诬告罪责,谨分甲、乙两说。甲说,诬告罪之成立,以意图他人受刑事或惩戒处分,向该管公务员诬告者为构成要件,《刑法》第一百六十九条已有明文规定。某甲向区署诬告某乙吸食鸦片及汉奸等情,因区署对于吸食鸦片及汉奸案件,无审判侦查之权,则某甲非向该管公务员诬告,应不负诬告罪责。乙说,各区署区长依区自治施行法第三十九条之规定,对于触犯《刑法》或为《刑法》性质相同之特别法者,有侦查犯罪之权。且查区署有警保队之设置,负有警察保安两种职责,则区长又为《刑事诉讼法》第二十九条第一项第一款所指警察官长之身份,实相符合,对于本案,应有侦查权,毫无疑义。某甲向区署诬告某乙吸食鸦片及汉奸一案,应依《刑法》第一百六十九条之诬告罪论断。以上两说,究以何说为是,案悬待结,伏乞鉴核电示祇遵等情。据此,理合据情转请鉴核等情。据此,查所请系属解释法律问题,本院未便擅专,理合电请鉴核示遵。

**院解字第三〇〇六号**

**民国三十四年十一月五日　司法院复陕西高等法院电**

陕西高等法院览，本年未养代电悉，该法院第四分院所请解释一案，业经本院统一解释法令会议议决，(一)原为应依特种刑事程序审理之盗匪案件，检察官误认为触犯《刑法》第三百三十条之罪，提起公诉，第一审法院亦误用普通程序办理，迨判决后，检察官虽发现错误，仍应依通常程序提起上诉，如第二审法院审理结果，确认第一审判决仅系适用法律错误，认定事实并无不当，而第二审法院对于该案又有覆判权者，即应以上诉作为声请覆判，进行覆判程序，否则仍应适用第二审程序，依《刑事诉讼法》第三百六十一条第一项前段将原判决撤销，并于理由内，指示原审法院，应依特种刑事案件诉讼程序办理(参照院字第二八六四号第二八六八号解释)。(二)《特种刑事案件诉讼条例》第十九条所谓声请覆判违背法律上之程式，不以违背同条例第十二条第一项之规定为限，惟书状之制作，违背《刑事诉讼法》第三十九条、第四十条规定，如为法律上必须具备之程式，而其情形又非不可补正者，覆判法院均应依同条例第十九条但书，先酌定期间命其补正，于声请人不补正时，始得依上开法条予以驳回。至起诉书违背《刑事诉讼法》第二百四十三条第二项(来文误作第一项)第一款所定方式，及声请书内漏载初判法院之判决或声请覆判之理由，均不得认其声请为违背法律上之程式，以判决驳回之。(三)无声请覆判权之人声请覆判，即系违背《特种刑事案件诉讼条例》第十条之规定，应依同条例第十九条，以判决驳回之，无适用《刑事诉讼法》第一百九十九条，以裁定驳回之余地，合电转饬知照。司法院歌印

**附陕西高等法院原代电**

司法院院长居钧鉴，据本院第四分院本年七月二十日文字第三二二号代电称，据本院推事夏华夏本年七月十二日签呈称，窃适用《特种刑事案件诉讼条例》，发生疑义数则，(一)例如，甲、乙、丙、丁四人共同结伙强盗，本应以特别法优于普通法，狭义法优于广义法，后法优于前法之原则，优先适用后颁布之狭义法特别《刑法》《惩治盗匪条例》第五条及《特种刑事案件诉讼条例》审判，第一审检察官误认甲乙丙丁系犯颁布在前之广义法普通《刑法》第三百三十条之罪适用《刑事诉讼法》起诉，法院亦未将起诉条文予以变更，仍依普通刑事诉讼程序判决。迨判决后，检察官发现该种错误，应依普通刑事提起上诉，抑应依《特种刑事案件诉讼条例》送覆判，又提起上诉后，上诉法院应按上诉程序办理，抑应按《特种刑事案件诉讼条例》覆判程序办理？关于前者，有甲乙二说。甲说，谓《特种刑事案件诉讼条例》第七条，明白规定对于依本条例所为之判决，不得上诉，但得声请覆判，本件既非依该条例所为之判决，即不得声请覆判，只能依其所适用之《刑事诉讼法》，提起上诉。乙说，谓本件仍应适用特种刑事审判程序之案件，虽第一审管辖法院误用普通刑事诉讼程序判决，仍应依《特种刑事案件诉讼条例》之规定，声请覆判。关于后者，有甲乙丙三说，甲说，谓原判决既系以普通刑事犯，适用普通刑事诉讼程序所为之判决，检察官亦系依普通刑事诉讼程序，

提起上诉，上诉法院即应依上诉程序办理。虽《刑事诉讼法》颁布在前，《特种刑事案件诉讼条例》颁布在后，制定《刑事诉讼法》时，尚无该项情形发生，未能规定于《刑事诉讼法》第三百六十一条第一项但书之内，仍应依论理解释或依《特种刑事案件诉讼条例》第一条第一项后段之规定，仍适用该但书，将原判决撤销发回原法院更审。乙说，谓本件系普通刑事上诉案件，应依《刑事诉讼法》第三百六十一条第一项前段，将原判决撤销，无须另为判决，第一审法院于该项判决确定后，即可依特种刑事诉讼程序审理。丙说，谓刑事上诉案件第二审法院除以原判决具有《刑事诉讼法》第三百六十一条第一项但书情形外，不得将原判决撤销，发回原审法院，本件系第一审法院管辖之特种刑事案件，上诉法院又不能撤销原判决，自为判决。若依上诉程序判决，即将苦无条文可资引用，故应按《特种刑事案件诉讼条例》覆判程序办理，以上各说，各具理由，未知以何说为是。(二)《特种刑事案件诉讼条例》第十九条规定覆判法院认为声请覆判违背法律上之程式，或其声请权已经丧失者，应以判决驳回之。本条例除第十二条规定，声请覆判应以书状提出原审法院为之者外，别无关于程式之规定，其声请书状，是否以适用《刑事诉讼法》第三十九条、第四十条、第二百四十三条第一项第一款及声请之判决、声请之理由，向原审法院提出，为其程式，一有缺漏，即可以违背程式论，或仅以书状向原审法院提出，即可认为程式完备。(三)依《特种刑事案件诉讼条例》，无声请覆判权之人，声请覆判，应认为违背法律上之程式，抑应认为不应准许，若认为不应准许，是否须依该条例第一条第一项后段，适用《刑事诉讼法》第一百九十九条之规定，以裁定驳回之，抑另为他项裁判？以上三点，恳祈转请解释等情前来，理合备电呈请钧院鉴核，迅赐转请解释，俾资遵循等情前来，理合电请钧院解释示遵。

**院解字第三〇〇七号**

**民国三十四年十一月五日　司法院指令湖南高等法院**

呈悉，业经本院统一解释法令会议议决，对于第二审判决于上诉期间内，有合法之上诉者，依《民事诉讼法》第三百九十七条第一项但书之规定，阻其确定，原第二审法院虽认系对于不得上诉之判决而上诉，以其上诉为不合法，而为驳回之裁定。然当事人对于裁定，于抗告期间内，有合法之抗告者，其裁定既未确定，即无从断定为非合法之上诉，第二审判决，亦即不能认为确定。仰即转饬知照。此令

**附湖南高等法院原呈**

案据澧县司法处主任审判官施中谷本年未梗代电称，兹有甲对乙起诉，主张租期已满，请求迁让房屋，经第一审依院字第二四六九号解释，估定诉讼标的价额为三十六万元，乙在第一审胜诉，在第二审败诉，乙不服第二审判决，提起上诉，第二审不照房屋价格计算诉讼标的价额，而照租金额计算诉讼标的价额，谓标的价额不满八万元，以裁定驳回上诉，乙已于法定期内，提起抗告在卷。在抗告未终结前，其第二审判决能否认为有确定效力，而准甲声请执行，事关法律疑义，未敢擅专，悬案以待，伏乞核示祗遵等情。据此，查抗告固无停止

执行之效力,惟该案第一审据原告甲请求迁让房屋,依院字第二四六九号解释,核定诉讼标的价额为三十六万元,判决结果,原告甲败诉,上诉至第二审胜诉。此项诉讼,原告在第二审未变更或缩小其请求,而仍主张迁让房屋,就第一审所核定之诉讼标的价额以观,二审败诉之当事人,自得上诉第三审。倘被告乙于不变期间内,有不服之声明,则其第二审判决尚未确定,即不发生执行问题,虽第二审于被告乙提起第三审上诉后,依租金额计算诉讼标的价额,以上诉利益不满八万元裁定驳回。微论与前开解释意旨不合,而被告乙既有争执,具状抗告,在未经抗告法院驳回抗告以前,原裁定并未确定,从而第二审判决亦无执行名义可言,此属于否认该第二审判决有执行力之说也。然有持反对说者,其理由以被告乙之第三审上诉,第二审认为利益不满八万元,法律上不应许可予以裁定驳回,其第二审判决当然确定,依法可据以执行,虽被告乙提起抗告,要无因之而停止确定判决执行之效力。二说未知孰是,事关法律疑义,理合备文呈请鉴核示遵

**院解字第三〇〇八号**

**民国三十四年十一月六日　司法院复湖南高等法院电**

湖南高等法院览,本年甲删代电悉,所请解释一案,业经本院统一解释法令会议议决,船户承运公家物品,中途盗卖,无论该物品是否为盐,均应依《惩治贪污条例》第三条第二款处断。合电知照。司法院鱼印

**附湖南高等法院原代电**

重庆司法院院长居钧鉴,查船户承运公家物品,如米盐之类,中途有盗卖情事,该船户系以驾船运货为职业,就主观方面言,应属触犯《刑法》侵占业务上持有物之规定,就其受公务机关委托承办言,又与《惩治贪污条例》第一条第一项规定相当,应构成同条例第三条第二款,侵占公有财物罪名。依特别法优于普通法原则,自以援用《惩治贪污条例》治罪为合法,惟《惩治贪污条例》公布于民国三十二年六月三十日,嗣三十三年十月十八日,《盐专卖条例》公布施行,其第四十四条第二项规定,承办运盐之人,盗卖或搀杂者,依《刑法》分别处断,是船户盗卖公盐案件,征之后法优于前法原则,又应依《盐专卖条例》规定,适用《刑法》关于业务侵占论科,如此见解无误,则同为船户盗卖承运公家物品,属于食盐者,论以《刑法》上罪名,属于其他物品者,适用《惩治贪污条例》处断,衡诸情理,似失公平。事关法规竞合,究以如何运用为适当,深资疑问,理合电恳鉴核,赐予解释祇遵。

**院解字第三〇〇九号**

**民国三十四年十一月六日　司法院致行政院函**

案准贵院本年八月二十日平捌字第一七七四〇号公函,以据司法行政部转请解释监察使署委托当地县政府管制人民适用法律疑义一案,函请解释见复等由,准此,兹经本院统一解释法令会议议决,监察使署调查员,对于人民并无管收拘禁或羁押之权,亦无得将刑事人

犯委托县政府代为管制之法令根据。其因调查案情将人民委托当地县政府代为管制,虽非法令上所称之管收拘禁或羁押,而其委托管制之行为,显非合法,该县政府所在地,既设有地方法院,其县长即为《刑事诉讼法》第二百零八条第一项第一款之司法警察官,接受前项委托管制之人,除认为有犯罪嫌疑,且有羁押必要时,应依同条第二项规定办理外,并无代为管制之权责,如果该县长代为管制,即已拘束被管制人之行动自由,与羁押之情形无殊,该管检察官命其移送时,自亦应立即移送,不得拒绝,相应函复查照饬知。此致行政院

**附行政院原函**

据司法行政部本年八月十一日呈(叁)字第六二号呈,以据陕西高等法院呈请解释监察使署委托当地县政府管制人民适用法律疑义等情到院,案关适用法律疑义,相应抄同原呈,函请查核解释见复为荷。

**附司法行政部原呈**

据陕西高等法院三十四年七月二十日他慎字第三六七四号呈称,案据陕西渭南地方法院院长张国治首席检察官任天强呈称,为呈请转请解释法律疑义事。设有某监察使署调查员,为调查案情,将人民(军人及烟毒人犯除外)委托当地县政府代为管制(管制于县政府内政警室,且管制时日甚久),并拒绝该管检察官提讯,兹谨就此项事实,提出疑义三点如下:(一)所谓管制之意义与性质如何,是否与《刑法》第二百二十六条之管收拘禁或《刑事诉讼法》上羁押之性质相同?(二)查《保障人民身体自由办法》第一条所称,有权逮捕人民之机关,依照该办法实施事项第一条甲乙两项规定,并未将监察使署列入,是该署并未有权逮捕人民之机关,而该署调查员为调查案情,委托县政府代为管制刑事人犯,是否合法?(三)该县既有地方法院,县长自不兼行检察及审判职权,除以司法警察官之资格,依《刑事诉讼法》第二百零八条规定,得拘押人犯,并应于二十四小时内,移送该管法院检察官核办外,该县长有无代人管制刑事人犯及拒绝该管检察官提讯之权?事关法律疑义,理合具文呈请转呈司法院予以解释,以资遵循谨呈等情。据此,查案关法律疑义,理合具文转请钧部核示饬遵等情,事关法律疑义,理合呈请鉴核,转送司法院解释,俾便饬遵。

**院解字第三〇一〇号**

**民国三十四年十一月六日　司法院致行政院函**

案准贵院本年九月十三日平壹字第一九九四九号公函,以据内政部转请解释终止收养关系后,养子女之子女与收养者之关系如何一案,函请解释见复等由,准此,兹经本院统一解释法令会议议决,收养关系终止时,养子女之子女,如经收养者及养子女之同意,不随同养子女离去收养者之家,则其与收养者之祖孙关系,不因终止收养关系而消灭,相应函复查照饬知。此致行政院

**附行政院原函**

据内政部三十四年九月五日渝户字第七二四号呈称,案准江西省政府咨请解释户籍疑

义二点,(一)养子女所生子女,对收养者之祖孙关系,系由收养者与被收养者双方所成立之收养关系而发生,在收养关系终止时,养子女对养父母之亲属关系,当然中断,对本生父母之父母子女关系,当然回复,但养子女之子女,是否与收养者间之祖孙关系,亦必须随同消灭?(二)倘因收养关系终止,养子女之子女与收养者之祖孙关系,必须中断,则养者如愿继续扶养养子女之子女时,双方之称谓如何,相互间之权义如何?查所称各节,法无明文规定,惟养子女之子女与其父母之养父母之祖孙关系,系因其父母被收养而成立。若根据血统关系及《民法》一〇八三条之规定,其父母既因收养关系终止,而回复其本姓及与生父母之关系,则其本生子女,似应随之而回复原来关系,至收养关系中止后,原收养者愿继续扶养被收养者之子女时,应先征得被收养者之同意,其双方之称谓及相互间之权义,则可由双方当事人自作合理之决定。本案涉及法律解释,拟请转请司法院核释,以昭郑重,等情到院。查本案涉及法律解释,相应函请查照核释见复

**院解字第三〇一一号**

**民国三十四年十一月六日　司法院致行政院函**

案准贵院本年九月十七日平壹字第二〇三二九号公函,以《省参议员选举条例》第二条第一款疑义,函请解释见复等由,准此,兹经本院统一解释法令会议议决,省参议员选举条例第二条第一款所称之现任公务员,不以现任本省区域内之公务员为限,相应函复查照。此致行政院

**附行政院原函**

查《省参议员选举条例》第二条第一款规定,现任公务员应停止其被选举权,兹据四川省政府电陈,该省甲种公职候选人检核合格者,约达三万人,于编制候选人名簿时,何者为公务员,何者非公务员,调查难周,纠纷特大等情请示到院,可否比照《县参议员选举条例》第二条第一款之规定,即现任本省区域内之公务员,应停止其被选举权之处,相应函请查照,解释见复。

**院解字第三〇一二号**

**民国三十四年十一月六日　司法院致行政院函**

案准贵院本年九月十九日平壹字第二〇四六七号公函,以据陕西省政府电陈,参议员个人在会场外,发表会议时所发言论及表决之内容,其应负之责任,是否与普通人民相同一案,函请解释见复等由,准此,兹经本院统一解释法令会议议决,县市省各参议员仅其在会议时所为之言论及表决,对外不负责任,若将其在会议时所为之言论及表决,以书面或言词向外发表,仍应依法负责,相应函复查照饬知。此致行政院

**附行政院原函**

陕西省政府电陈,县市省各参议会组织法规,均规定参议员在会议时所发言论及表决,

对外不负责任，但此项言论及表决之内容，如经参议员个人，在会场外，以书面或口头发表，其依法应负之责任，是否与普通人民相同等情到院，相应函请查照，解释见复为荷。

**院解字第三〇一三号**

**民国三十四年十一月六日　司法院咨行政院**

案准贵院本年八月二十一日平捌字第一八二六二号咨，以据地政署呈请解释受理诉愿官署，逾期不为决定，经上级官署督催，仍置不理，如何救济疑义一案，咨请解释见复等由，准此，兹经本院统一解释法令会议议决，受理诉愿之官署，逾《诉愿法》第八条第二项之期限，延不决定者，依本院院解字第二九三四号解释，只可由诉愿人向上级监督官署呈请督催，不得迳行提起再诉愿，如督催之后，仍不决定，则是诉愿官署负有责任之公务员废弛职务，此时在《诉愿法》上无从救济，只可由上级监督官署依法惩处，相应咨复查照饬知。此咨行政院

**附行政院原咨**

据地政署本年八月十六日渝权字第一九八号呈称，案奉钧院三十四年六月十二日平捌字第一三六三五号指令，准司法院解字第二九三四号咨复，略以若受理诉愿之官署，未作诉愿决定书，亦无批示或命令者，诉愿既未决定，即无从提起再诉愿，其受理诉愿之官署，逾《诉愿法》第八条第二项之期限延不决定者，人民自可呈请上级监督官署督催，转饬知照等因，遵查司法院统一解释委员会之意见，认为凡属人民提起诉愿，未决定案件，一经诉请该管上级监督官署督催，该受理诉愿官署自必迅即依法作成决定书，殊不知本署前次呈请解释案件，原系人民诉请救济，业经本署基于监督权之作用，迭次函请从速批示受理，并依法作成决定书送达，以便人民在诉愿程序上，依法进行有案，讵各该省政府非特未作成决定书送达，亦从未见复，嗣据各该诉愿当事人等先后呈，以行政诉讼法第一条下段，有或提起再诉愿逾期三个月不为决定者，得向行政法院提起行政诉讼之规定，受理诉愿官署既于收受当事人之诉愿书状，超出《诉愿法》第八条第二项应于三个月内为之之明文，自得援照行政诉讼法第一条下段规定之法意，提起再诉愿等语。本署无法批示，乃拟具抽象问题，呈请钧院转咨解释，已于前呈内，缕述催促经过情形在卷，迨奉钧院指令到署，又分别再行函催，至今仍未见复，兹各该民等要求本署受理决定，似不无理由。盖《诉愿法》原为救济人民权益受中央或地方官署之违法或不当处分而设，其诉愿逾期不为决定者，原解释仅只能督催，对于督催后之不理，则仍无解决办法，实未尽救济之能事，似有再请解释之必要，所有以上各缘由，理合备文呈请钧院鉴核，准予据情再行转咨司法院重为解释，以资救济，等情。据此，案关适用法律疑义，应咨请查照解释见复，以便饬遵为荷。

院解字第三〇一四号

民国三十四年十一月六日　司法院咨行政院

案准贵院本年九月二十七日平伍字第二一二五三号咨,以据财政部呈请核示黄金存单遗失,拟依公示催告程序,宣告无效一案,咨请解释等由,准此,兹经本院统一解释法令会议议决,记名之黄金存单及法币折合黄金存款之存单,虽未留有印鉴,亦非无记名证券,此项存单遗失被盗或灭失者,法律上既未如无记名证券,设有《民法》第七百二十五条之规定,按诸《民事诉讼法》第五百三十五条,自不得依公示催告程序,宣告无效,相应咨复查照饬知。此咨行政院

附行政院原咨

据财政部呈称查记名未留印鉴之黄金存款及法币折合黄金存款之存单,并非有价证券,如有遗失,应依照银行惯例办理,不适用公示催告程序,前经由部通饬各行局遵照办理在案,兹准中中交农四行联合办事总处午筱九渝秘会代电略以此两项存单,系各行局受政府委托代办,与以前代办美金储蓄券性质相同,而与普通银行存款则迥有差别。目前市上黄金交易频繁,此项存单颇有彼此自行转让情事,其情形类似有价证券之买卖,设各行局照普通银行存款惯例,允由存户于登报申明遗失三个月后,即予觅保挂失,则(1)对申请挂失者是否即为存户本人既难证明,而原存户是否已将存单转让他人,尤属无法查悉,倘另有人持原存单来兑,势将发生纠纷;(2)此两项存款数额,时有异常庞大,且黄金价格不定,无论申请挂失者觅具保证,及行局审核保证是否合适,双方面均极困难,基于上述缘由,经办行局为避免纠纷及减少风险,原可对此两项记名不留印鉴之存单,一律不予挂失。但照此办理,则存户遗失存单,不论在何种情形之下,均将无法以求救济,似又有不便之处。爰为兼顾起见,拟请迳呈国防最高委员会,准将法币折合黄金存款及黄金存款两种存单,规定为特种存单,视同无记名证券,持有人如遇遗失,得适用《民事诉讼法》关于宣告证券无效之公示催告程序,以资救济等由到部。查现在两种记名未留印鉴之黄金存款存单,交易频繁,为避免纠纷,仍兼顾存户利益起见,四联总处所拟将此项存单规定为特种存单,视同无记名证券,持有人如遇遗失,得适用公示催告程序一节似尚可行,除电复外,理合备文呈请鉴核,仍乞电示遵等情,相应咨请查照,迅赐解释,以凭饬遵。

院解字第三〇一五号

民国三十四年十一月十四日　司法院指令湖南高等法院

呈悉,业经本院统一解释法令会议议决,刑事被告缴纳保证金,依提存法第一条第二款规定,应向提存所提存之,侦查中之被告,如不向提存所提存,迳交检察官收受,该保证金之所有权,并不移属国库,尚非公有财物,检察官经收保证金,亦非其主管或监督之事务,如该检察官利用其职权,将该保证金私自隐没或有其他图利情形,应成立《惩治贪污条例》第三

条第七款之图利罪,自不得因事后补行送案,解免刑事责任,至来文所述检察官经收保证金,既未填给收据,亦未记明卷宗,起诉时,复不随卷附送,是否即故意图利系事实问题不属解释之范围,仰即知照。此令

**附湖南高等法院原呈**

案据湘乡县司法处本年六月二十九日呈称,设有某甲(现任检察官)于承办侦查案件时,收有某乙(刑事被告)之保证金数千元,未填给保证金收据,卷内亦无已收受某乙保证金之记载,配置书记官亦不知此交收保证金之事。未几,某甲将某乙提起公诉,移送卷宗时,复未将所收某乙之保证金,随卷移送,承办此案之推事,不知某乙在侦查中已缴纳保证金,于第一次讯问后仍予某乙以交保之处分,某乙向推事陈明,在侦查中已缴纳保证金,并同时向某甲质问,某甲因某乙之质问,始于次日将保证金补行移送。此种情形,某甲似有侵占意图,但将某乙保证金补移后,于他人尚无损害,某甲是否应负《刑法》第三三六条第三项之刑责或其他法律责任,等情。据此,查保管刑事被告之保证金,系县司法处行政事务之一部份,检察官于侦查中经收保证金,不转交负有保管责任之书记官核收,发给收据,如当时即具有干没入己意图,似属触犯《惩治贪污条例》第三条第二款,侵占公有财物罪嫌(按保证金虽为得发还之件,但在保管期内,应属公有财物性质),未便因其事后经质问而补行移送,阻却违法,纵令收款当时,无据为己有故意,但其收存期内,如有私自放息或其他以之图利行为,似又与同条例第二条第六款,所谓意图得利,截留公款之规定相当。惟事关法律疑义,究应如何解释,理合备文转恳钧院鉴核示遵。

**院解字第三〇一六号**

**民国三十四年十一月十六日　司法院咨行政院**

案准贵院本年七月十二日平叁字第一四七四七号咨,以据福建省政府电,请解释同业公会理事长不按规定程序议价,即行通告增价,应如何处罚一案,咨请解释见复等由,准此,兹经本院统一解释法令会议议决,同业公会理事长,并非《妨害国家总动员惩罚暂行条例》第十二条所称受政府委托执行国家总动员业务之人,其不按规定程序议价,即行通告增价,应适用同条例第五条第一项第三款之规定处罚,相应咨复查照饬知。此咨行政院

**附行政院原咨**

据福建省政府电呈称,同业公会理事长,不按规定程序议价,即行通告增价,现颁《取缔违反限价议价条例》,并无处罚明文,应如何办理,请示到院。查《取缔违反限价议价条例》所未规定之事项,依该条例第八条之规定,应适用《妨害国家总动员惩罚暂行条例》之规定,同时办理违反限价议价案件人员,有包庇徇纵或其他营私舞弊情事,应依法严惩,亦为该条例第九条所明定。惟同业公会理事长,能否视同《国家总动员惩罚暂行条例》第十二条所称,受政府委托执行国家总动员业务人员,援用该暂行条例,予以处罚,法律上尚无明文规定,相应咨请贵院查照解释见复为荷。

**院解字第三〇一七号**

**民国三十四年十一月二十日　司法院复贵州高等法院电**

贵州高等法院览,本年午佳代电悉,所请解释一案,业经本院统一解释法令会议议决,《陆海空军刑法》所定之盗卖军用品罪,应包括盗而不卖在内,作战期内,军人或公务员盗卖军用品者,依《惩治贪污暂行条例》治罪,前经国防最高委员会第六十八次及第九十四次常务会议先后决议,照法制委员会审查意见通过,分令饬遵在案。《惩治贪污条例》第二条第三款之盗卖军用品罪及第三条第二款之盗卖公有财物罪,依照上开决议案,自应解为有意图售卖而为盗取之行为即属既遂。同条例所称之侵占军用品及侵占或窃取公有财物,则系指盗卖以外之侵占或窃取该物者而言,其以盗卖之意思参预犯罪,虽仅着手于盗取或售卖之行为,仍属盗卖罪之共同正犯,合电知照。司法院号印

**附贵州高等法院原代电**

司法院院长居钧鉴,据本院刑庭庭长陈朴生签呈,转请解释《惩治贪污条例》第二条第三款及第三条第二款疑义示遵。事关法律疑义,照抄原呈,电请鉴核示遵。

**附贵州高等法院刑庭庭长原呈**

查《惩治贪污条例》第二条第三款及第三条第二款,所定之盗卖军用品及盗卖公有财物罪,是否以售卖为其目的行为之构成要件(即意图售卖而盗取)?否则与同条例第三条第二款所定之窃取公有财物罪,如何区别?如该盗卖军用品及盗卖公有财物罪,必以售卖之目的行为为其构成要件,则自盗取以至售卖,均在该罪之实施继续状态中若仅参预其盗取或售卖行为之一部者,应否概以该罪之共犯论?再无售卖之意思而盗取军用品或盗而不卖,是否以盗卖军用品未遂犯论,抑以窃取公有财物既遂罪处断?如认盗而不卖为盗卖未遂,其与单纯之窃取行为,反以既遂论处者,未免轻重倒置。事关法律疑义,理合签请钧座俯准转请司法院解释示遵。

**院解字第三〇一八号**

**民国三十四年十一月二十一日　司法院咨行政院**

案准贵院本年八月二十二日平伍字第一七八九五号咨,以据财政部呈请变更院解字第二八八五号解释一案,请查核见复等由,准此。兹经本院统一解释法令会议议决,存款于银行,系以保管金钱之价格为目的,其存款无利息者,固甚明显,即在有利息者,利息之支付,亦不过为其附随目的,故其契约之性质,为消费寄托。所谓保管金钱之价格,乃指保管金钱在法律上之价格而言,以银圆或法币存入者,银行以数量相同之法币返还之,虽其法币在经济上之价格低落,亦不得谓为违反保管义务。惟法律于其返还义务之范围,有特别规定者,仍不得以其未违反保管义务而排除其适用,消费寄托,依《民法》第六百零二条适用关于消费借贷之规定,《非常时期民事诉讼补充条例》第十一条、第二十条第二项,既于消费借贷返

还义务之范围,设有特别规定,则于请求返还存款事件,自不能排除其适用。若以银行未收保管费用,谓存款非消费寄托,则寄托不以受托人受报酬为要件,《民法》第五百八十九条定有明文,且存款果非消费寄托,则不能不解为消费借贷,尤无排除此项特别规定适用之余地。又此项特别规定,于消费借贷定有利息者,亦适用之,存款之定有利息,不足为排除其适用之理由,至银行放款,本系消费借贷,请求返还放款事件,亦可按照此项特别规定办理,院解字第二八八五号解释未便变更,相应咨复查照饬知。此咨行政院

**附行政院原咨**

据财政部呈称,案据重庆市银行商业同业公会三十四年七月二十一日呈,为银行到期存户,依据三十四年院字第二八八五号解释,请求补偿因法购买力变动之损失,经该会理事会议,以原解释不免错误,呈请转呈迅予纠正等情到部。查《非常时期民事诉讼补充条例》第十一条及第二十条第二项与本部实施法币布告内第四第五两条并无抵触,惟查关于银行所收存款存户以金钱交付银行,其目的系在于照其所订存期之长短,获得适当之利息,银行若经照约付以利息,并于到期,以同一数额之金额返还,于存户之目的与银行之责任,均已达到,且银行资金之运用主要者为放款,银行收回放款时,所获者亦为利息。至原本本身之价值如何,银行实无法顾及,原呈所叙解释文内,有金钱价格之保管一语,殊非银行对于存户应负之责。基于此语,所为之解释,自不免发生窒碍,影响所及,不仅银钱业之存款无法经营,抑且足以召致社会秩序之紊乱,原呈所请纠正一节,理合呈请钧院鉴核,转咨司法院迅赐变更,俾资遵循等情。据此,相应抄同原附件,咨请查核见复,以便饬遵。

**附重庆市银行商业同业公会原呈**

案据属会会员聚兴诚银行函称,顷据敝行十五年到期存户金泉长金丕长来函,并附抄三十四年院字第二八八五号解释文如下,存金钱于银行,约定金钱之所有权移转于银行,并由银行以种类品质数量相同之金钱返还者,当事人订约之目的,不在金钱之使用,而在金钱价格之保管,诚为寄托之一种,而非消费借贷。惟依《民法》第六〇三条之规定,此项寄托,自银行受领金钱时起,适用关于消费借贷之规定,《非常时期民事诉讼补充条例》第十一条关于借贷之规定,于请求银行返还存款事件亦适用之云云。按三十年七月一日公布之《非常时期民事诉讼补充条例》第十一条之规定,下列法律关系,因受战事影响,致发生争议者,当事人得声请法院。依本条例之规定调解之,买卖、租赁、借贷、雇佣,承揽、出版、地上权、抵押权。又第二十条第二项末段之规定,如该法律关系而因战争致情事剧变,非当时所得预料,而依原有关系发生效力,显失公平者,法院得斟酌社会经济情形,当事人生活状况及其因战事所受损失之程度,为增减给付,延期或分期给付之裁判,按照上列条例载明,于请求银行返还存款事件亦适用之。查银行民国二十四年前之定期存款,因彼时通用货币系属银元,存单上当然以银元为计数单位。自民国二十四年十一月三日,财政部公布新货币法令,其第四条之规定,凡银钱行号商店及其公私机关或个人持有银本位币或其他银币生银等类者,应自十一月四日起,交有发行准备委员会或其指定之银行,兑换法币,如有故存隐

匿,意图偷漏者,应照《危害民国紧急治罪法》处治,又第五条规定,旧有以银币单位订定之契约,应各依照原定数额,于到期日,概以法币结算收付之。按照上项法令,民国二十四年十一月四日以后到期之存款,当然以通用货币法币支付之,是则《非常时期民事诉讼补充条例》第十一条及第二十条末段之规定,显与部颁新货币法令抵触。值此非常时期,物价不断上涨,法币币值未能稳定,倘存款人可以要求银行为增减给付,则不仅战前存款现在到期者,即最近存入银行之款,亦可随时因物价上涨,而要求银行补偿。查银行经营存款放款,皆以法币收付,此项因于法币购买力变动之损失,如存款人可以向银行要求补偿,试问银行又要求何人补偿?故前项《民事诉讼补充条例》,不特关系国家法币政策及抗战甚巨,同业付还存款,亦将徒增纠纷,拟请大会开会议决,呈请财政部转呈行政院及国防最高委员会饬令司法行政部注销最高法院三十四年院字第二八八五号解释文,以维持新货币法令,稳定金融,而利抗战,等情到会。当经提交属会第十二次理事会议,佥以新法币法令系由钧部公布,但立法方面自必获有根据且存金钱于银行当事人订约之目的,端在于利息之获得,(尤以长期存款为然)其性质绝不同于征收保管费用之寄托,最高法院之解释,实属错误,爰经决议,照转呈财政部请求纠正等语,理合具文呈请钧部俯赐鉴核,转呈行政院,迅予转呈纠正是幸。

**院解字第三〇一九号**

**民国三十四年十一月二十二日　司法院复贵州高等法院电**

贵州高等法院览,本年未删代电悉,该法院第四分院所请解释一案,业经本院统一解释法令会议议决,高等法院或分院覆判特种刑事案件,如认原判决所处有期徒刑为不当,仍得依《特种刑事案件诉讼条例》第二十三条,谕知较重之死刑或无期徒刑,合电转饬知照。司法院养印

**附贵州高等法院原代电**

司法院院长居钧鉴,据本院第四分院院长陈珊代电,为呈请解释《特种刑事案件诉讼条例》第九条暨第二十三条规定疑义前来,除指令外,理合抄呈原代电,转请钧院鉴核,解释示遵。

**附贵州高等法院第四分院原代电**

贵州高等法院刘院长钧鉴,查《特种刑事案件诉讼条例》第九条规定,依本条例所为之判决经声请覆判者,应由原审法院送直接上级法院覆判,但宣告死刑或无期徒刑之判决,应不待声请,依职权迳送最高法院覆判,第二十三条规定,覆判法院得谕知较重于原审判决之刑。兹有第一审法院之特种刑事案件,判决处被告以有期徒刑经声请送第二审法院覆判,认为原判处刑不当,可否改处被告以死刑或无期徒刑,略有下列二说。甲说,死刑或无期徒刑之覆判权,应专属于最高法院,既定有明文,则第二审法院覆判判决,对原判虽得加重,亦仅限于有期徒刑范围,如应加重至死刑或无期徒刑,须将原案送请最高法院覆判。乙说,

《特种刑事案件诉讼条例》第九条但书所定，应迳送最高法院覆判者，系指原判宣告刑而言，如原判宣告刑非死刑或无期徒刑仍应归第二审法院覆判，且同条例第二十三条规定，覆判法院得谕知较重于原审判决之刑并无何限制，是第二审法院对此项案件之覆判权，自不因加重至死刑或无期徒刑而受影响。事关法律疑义，未敢擅断，案悬待结，理合呈乞钧院转请解释示遵。

**院解字第三〇二〇号**

**民国三十四年十一月二十二日　司法院致铨叙部函**

据本院人事室签呈，以准铨叙部甄核司本年十月五日函请转请解释伪造资历证件事件适用法律疑义，拟请解释等情，兹经本院统一解释法令会议议决，（一）送审证件上之印信并非伪造，仅于文件内捏造事实者，如系捏造关于品行能力服务之事实，足生损害于证明之机关或个人，应成立《刑法》第二百十二条之罪。（二）伪造学校毕业证书或证明书，应成立《刑法》第二百十二条之罪，已见院字第二三三四号解释，至伪造学校之印章，应分别成立《刑法》第二百十八条第一项或第二百十七条第一项之罪，如与伪造毕业证书或证明书有方法结果之关系，应依同法第五十五条从一重处断。（三）伪造学校毕业证书，并伪造教育部、省教育厅或其他主管教育机关之公印，加盖其上者，应成立《刑法》第二百十二条及同法第二百十八条第一项之罪，并依同法第五十五条从一重处断。以上三项，如送审时，经发见其有犯罪嫌疑，依《刑事诉讼法》第二百二十条之规定，自应均予告发，相应函请查照饬知。此致铨叙部

**附司法院人事室原签呈**

准铨叙部甄核司本年十月五日笺函内开，迳启者，查本部办理任用审查案，时有伪造资历证件情事发现，依照贵院院字第八〇〇号释例，伪造毕业证书，并非当然足生损害于公众或他人，自不为罪，又二十七年十一月七日院字第一八一〇号公函，除伪造公印或公印文，构成《刑法》第二百十八条第一项之罪外，其余伪造资格证件，必审查其内容，足生损害于公众或他人者，始能成罪。以上释例，现在有无变更，兹有疑义数点，（一）某甲证件上之印信，并非伪造，仅伪造事实，是否仅停止其任用，而不予诉追。（二）某乙伪造学校毕业证书或证明书并伪造学校印章，经查明属实，是否应交付惩戒，但依院字第八〇〇号释例及第一八一〇号公函，解释伪造公印或公印文，则又专指政府机关，而不包括公私立学校。（三）某丙伪造学校毕业证书，其盖用教育部或者教育厅或其他主管教育机关印信，亦系伪造，触犯刑章，似应依法诉追，并撤销其任用审查。以上各项疑义，相应函请查照转请贵院惠予解释，并希见复，以便制为事例为荷等由，准此。事关法律疑义，拟请钧座饬交统一解释法令会议解释核示，是否有当，敬乞示遵。

**院解字第三〇二一号**

**民国三十四年十一月二十二日　司法院致财政部函**

案准贵部本年九月二十日渝直二字第一〇二四八号公函，以印花税法第十二条适用疑义，函请解释等由，准此，兹经本院统一解释法令会议议决，印花税票以每枚为单位，印花税法第十二条第一项之规定，即就每枚印花税票贴用时，所示之划销方法，故贴用多枚印花税票者，于其每枚之上，均须依照该规定，以盖章或划押之方法，予以划销，如来文所举之例，其四周各枚印花税票，固须于与原件纸面骑缝处，一一劄销，即其中间之各枚，亦应于各枚之间，以同一盖章或签押之方法，予以劄销，始为适法，如仅划销四周各枚，中间者不予划销，仍系违反该条项规定，相应函复查照。此致财政部

**附财政部原函**

查本部为处理贴用印花税票违法案件，对现行印花税法第十二条规定，贴用印花税票，应于税票与原件纸面骑缝处，加盖图章或划押，前项印花税票，不得揭下重用之意义，发生疑问。兹设例说明如下，设某商号出售品物，依印花税法之规定，其发货凭证，应贴用印花税票六千元，如该商号以每枚价值百元之税票六十枚，接连一张，粘贴使用，并于税票与纸面骑缝处，盖有图章，依印花税法第十二条前段之规定，似属合法。惟其图章仅盖于与纸面骑缝处之数张税票上，其余中间税票，多未划销，仍可揭下重用。于此场合，若依印花税法第十二条前段规定，认为合法，则嗣后狡黠商人，恐将相率效尤，借此逃漏，而无法控制，若依同法同条后段之规定，认为违法，则应依同法第十九条第二项之规定处罚，究应如何办理之处。事关法令解释，敬请赐予解释，实为公便。

**院解字第三〇二二号**

**民国三十四年十一月二十二日　司法院致航空委员会函**

案准贵会本年七月二十八日人法二乙渝发字第二一九六三号公函，以据本会驻筑军法室电请核示士兵符号是否认为徽章疑义一案，函请解释见复等由，准此，兹秘本院统一解释法令会议议决，士兵所佩带之符号，原用以认别士兵身分及姓名，即系徽章之一种，如士兵佩用其他部队之符号，即系冒用陆海空军徽章，应构成《陆海空军刑法》第九十二条之罪，相应函复查照饬知。此致航空委员会

**附航空委员会原函**

据本会驻筑军法室本年七月法乙筑字第二五七号代电，以士兵所佩带之符号，可否认为徽章，如士兵佩用其他部队之符号，是否即构成《陆海空军刑法》第九十二条冒用陆海空军徽章罪，因适用发生疑义，请核示等情，相应函请查照，迅赐解释见复为荷。

**院解字第三〇二三号**

**民国三十四年十一月二十二日　司法院致军事委员会函**

案准贵会本年八月三十一日法审(三十四)渝五字第一八五一号公函,以据广东省政府电请核示司法警察官署对于法院判决特种刑事案件,有无声请覆判权一案,函请解释等由,准此,兹经本院统一解释法令会议议决,司法警察官署对于特种刑事案件,无声请覆判权,相应函复查照饬知。此致军事委员会

**附军事委员会原函**

案据广东省政府未真龙法电称,司法警察官署对于法院判决特种刑事案件,有无声请覆判权,案关法律疑义,理合电请核示等情,案贵管相应函请查照,解释迳复为荷。

**院解字第三〇二四号**

**民国三十四年十一月二十二日　司法院致卫生署函**

案准贵署本年十月十二日署总(34)第一六一五二号公函,以《印度、缅甸、越南、香港等地出差旅费规则》第三条第一项疑义,函请解释见复等由,准此,兹经本院统一解释法令会议议决,《印度、缅甸、越南、香港等地出差旅费规则》第二条所列之舟车费及特别费均系按实开支,同规则第三条第一项所谓前条所列各费,照规定数额,支用各该当地货币,关于舟车费及特别费部分,自系按照实数,支用各该当地货币之义,第二条所列之每日膳宿杂费,载有一定数额,所载数额,既校同规则制定时,《国内出差旅费规则》所列每日膳宿杂为低,即应解为各该当地货币之数额,而非国币之数额,第三条第一项所谓前条所列各费,照规定数额,支用各该当地货币关于膳宿杂费部份,系指按照前条所定膳宿杂费之数额,支用各该当地货币而言,相应函复查照。此致卫生署

**附卫生署原函**

查《印度、缅甸、越南、香港等地出差旅费规则》,前经国防最高委员会第一百四十次常会通过,并经国民政府于三十三年八月五日通令施行在案,该规则第三条第一项上半段所定,前条所列各费,照规定数额,支用各该当地货币,一语是否即照前条所列金额,支给当地货币,抑前条所列金额系属法币,而以各该当地货币折合支给之处,相应函请查照,赐予解释见复为荷。

**院解字第三〇二五号**

**民国三十四年十一月二十二日　司法院训令江西高等法院首席检察官**

据袁宜地方法院首席检察官本年五月二十八日代电,请解释《刑法》第三百三十九条第一项疑义一案,业经本院统一解释法令会议议决,律师某甲为某乙办理诉讼案件,收受酬金,其收受之数额,悉如最初所约定,但该律师于订约时,如明知约定之数额超过律师公会

章程所定标准,竟向某乙施用诈术,使其陷于错误,缔结契约,并因履行该项约定,交付财物,自应构成《刑法》第三百三十九条第一项之罪,合行令仰转饬知照。此令

**附袁宜地方法院首席检察官原代电**

司法院院长居钧鉴,窃查《刑法》第三三九条第一项,所谓不法之法字,应采广义或狭义解释,颇滋疑义,兹假设一例,请解释示遵。例如律师赵甲,明知律师公会章程,须自呈奉司法行政部核准之日施行,且其公会章程所定总收酬金,办理刑事案件第一第二两审收受酬金总额,每审不得逾六百元,第三审收受酬金总额,不得逾四百元。而赵甲乃以其所属公会议订战时收受酬金补救办法,有照其公会章程所定收受酬金数额,得加十倍至五十倍,并自即日起施行等语之规定,不候呈部核准施行,即对钱乙委任其办理子、丑两个刑事案件,各自第一审起至第三审为止,要酬金总额五千元,并声称照其公会原章程计算,本来只要酬金总额三千二百元。但原章程业已修改,今新章程规定,战时收受酬金,照原章程得加十倍至五十倍,并已施行,故要酬金总额五千元云云。而钱乙信以为真,因与之口头契约,委其办理子、丑两个刑事案件,各自第一审起至第三审为止,允给酬金总额五千元,当付酬金五百元,而于该两案第一审尚未终结时,均陆续如数付清。于此情形,该赵甲收受之酬金,依上述公会章程规定计算,所多收受钱乙之酬金一千八百元,是否犯《刑法》第三三九条第一项之罪,因其规定不法之法字,有主张广狭意义之不同,故发生两说。甲说,谓律师赵甲收受钱乙之酬金五千元,依其公会章程所规定收受酬金之总额计算,虽多收受钱乙酬金一千八百元,然既依《民法》委任契约而取得之酬金,即非不法行为,于诈欺罪之图为不法所有要件不合,自不构成诈欺罪。乙说,谓律师赵甲既逾越其公会章程规定之收受酬金数额,而多收受钱乙酬金一千八百元,是即不法行为,于诈欺罪之不法二字相合,且其对于所属公会议订战时收受酬金补救办法既明知未奉部核准施行,竟向委任人钱乙要酬金总额五千元,并对其声称如上述情形之语,即有为其自己不法所有之意图,以欺骗方法,使钱乙信以为真,而陷于误允多约给酬金一千八百元,并如数交付于该律师收受,核与《刑法》第三三九条第一项规定之犯罪要件,无一不合。该赵甲之行为,应成立该条第一项之罪,彰彰明甚。以上两说,孰是孰非,未敢擅断,现有此法律问题发生,急待解决,如钧院以何说为是,请即迳电本院遵照,若另有见解,亦请迅赐代电,迳发本院知照,俾便遵循。

**院解字第三〇二六号**

**民国三十四年十一月二十二日　司法院指令陕西高等法院**

呈悉,业经本院统一解释法令会议议决,(一)《妨害兵役治罪条例》第十六条所称办理兵役之人员,不仅限于原有办理兵役职务之人,即受该办理兵役职务人员之合法委任,临时办理兵役者,亦包括之。(二)判处有期徒刑之特种刑事案件,未于《特种刑事案件诉讼条例》,所定声请覆判期间内声请覆判者,其判决即属确定,纵令该案系县司法处所审判,亦不得再依《县司法处刑事案件覆判暂行条例》送请覆判。(三)普通刑事案件在覆判提审后审

理中，发见系属特种刑事案件，如认该案为《特种刑事案件诉讼条例》第一条第二项但书所列之案件，即由该高等法院或分院自为第一审，迳依特种刑事案件诉讼程序进行审判，否则应以判决谕知管辖错误，并将该案移送有管辖权之司法处，更依特种刑事案件诉讼程序审理之。（四）普通刑事案件检察官认为系犯特种刑事罪名，提起第二审上诉后，经审理结果，认被告确系犯《特种刑事案件诉讼条例》第一条第二项但书所列案件以外之特种刑事罪名，即应以检察官上诉为有理由，将原判决撤销，并于理由内说明该特种刑事案件应由原审更依特种刑事案件诉讼程序进行审判。仰即转饬知照。此令

**附陕西高等法院原呈**

案据陕西高等法院第三分院三十四年七月十八日代电称，兹有适用法律发生疑义四项，（一）查《妨害兵役治罪条例》第十六条，意图避免兵役，对于办理兵役人员执行职务时，施强暴胁迫者，处一年以上，七年以下有期徒刑。此项办理兵役人员，究限于其职务上系办理兵役之人员，抑职务上非办理兵役之人员，受办理兵役人员之委托，临时前往办理兵役或征送壮丁者皆属之，于此分二说。甲说，对于办理兵役人员执行职务，施强暴胁迫，只能限于其原来职务系办理兵役之人员，而构成犯本条之罪名，否则即非原来职务系办理兵役之人员，即有上项行为，亦不构成本条之罪。乙说，本条系为惩治意图避免兵役者，而设此规定，故凡意图避免兵役，对于前往办理之人员，如征送壮丁时，而施强暴胁迫者，即非原来职务系办理兵役之人员，因受办理兵役人员临时之委托，非不法前往征丁者，被告即应构成本罪。此二说，究以何者为是，应请解释者一。（二）查《特种刑事案件诉讼条例》第七条对于本条例所为之判决，不得上诉，但得声请覆判，同条例第九条，依本条例所为之判决，经声请覆判者，应由原审法院送直接上级法院覆判，但宣告死刑或无期徒刑之判决，应不待声请，依职权迳送最高法院覆判，是依职权迳送覆判者，以宣告死刑或无期徒刑之案件为限。设有被告，系依《惩治贪污条例》判处有期徒刑，于声请期间，并未声请覆判，县司法处乃依职权，迳送覆判，于此亦有二说。甲说，普通刑事案件未经上诉或撤回上诉，或上诉不合法者，县司法处既应呈送覆判，在特种刑事被告，既未声请覆判，为维护被告权益，亦应依县司法处覆判暂行条例，进行覆判。乙说，《县司法处刑事案件覆判暂行条例》第一条，县司法处之刑事案件未经上诉或撤回上诉或上诉不合法，未经第二审为实体上之审判者，应由该管高等法院或分院覆判，系维护被告之上诉权，而设此救济规定，在特种刑事案件，被告根本即无上诉之权，只有声请覆判之权，既未声请覆判，该案即为确定。缘《县司法处刑事案件覆判暂行条例》，系因适用普通上诉程序，未经上诉者而设。特种刑事案件，系适用声请覆判程序，两者程序各别，则《县司法处刑事案件覆判暂行条例》自不能适用于特种刑事案件，观于《特种刑事案件诉讼条例》第九条，除声请覆判者外，仅以宣告死刑或无期徒刑之案件，可依职权迳送覆判之规定甚明，而判处有期徒刑之案件，被告既未声请覆判，在特种刑事案件诉讼条例，亦未有适用《普通刑事案件覆判暂行条例》之规定，自不能依《县司法处刑事案件覆判暂行条例》，而进行覆判。则此种案件，被告既未声请覆判，究应依甲说，依职权按《普

通刑事案件覆判暂行条例》进行覆判,或依乙说,既未声请覆判,案件即为确定,此应请解释者二。(三)在县司法处依普通刑事审判程序判决之案件,在覆判提审后,审判进行中,发现被告系犯特种刑事,应依《特种刑事案件诉讼条例》审判,此时能否发回更审,或按特种刑事犯罪,由分院而为覆判判决,此应请解释者三。(四)如上说系第一审依普通刑事诉讼审判程序判决之普通刑事案件,检察官提起上诉,指摘原判不当,认被告系犯特种刑事罪名,审理结果,被告确系犯特种刑事,洵非普通刑事,而被告所犯之罪,并非《特种刑事案件诉讼条例》第一条第二项但书之罪,应否发回更审,抑由分院依上诉程序为第二审之判决,或自为第一审之判决,此应请解释者四。悬案以待,理合电请迅予转请解释,俾资遵循,等情前来,查案关解释法律疑义,理合据情呈请鉴核示遵。

**院解字第三〇二七号**

**民国三十四年十一月二十二日　司法院指令陕西高等法院**

呈悉,业经本院统一解释法令会议议决,刑事被告之原审辩护人虽得依《刑事诉讼法》第三百三十八条,为被告利益提起上诉,但既非独立上诉,无论是否为公设辩护人,其上诉均应以被告名义行之,仰即知照。此令

**附陕西高等法院原呈**

据本院公设辩护人刘文钦呈称,查奉颁《公设辩护人服务规则》第四条内载,公设辩护人办理案件,除法令另有规定外,适用《刑事诉讼法》关于辩护人之规定等语,自应恪遵,查刑诉法第三百三十八条,原审代理人或辩护人,得为被告之利益而上诉,但不得与被告明示之意思相反。究竟此项上诉程序,是否由辩护人独立上诉,抑系仅代撰上诉理由,仍以被告名义行之,见解纷歧,适用颇滋疑义。甲、谓《刑事诉讼法》所称辩护人,指公设辩护人及选任辩护人而言,一系因国家为被告之利益而设置,一系基于被告委任契约而充任,二者职务同,而性质迥异。公设辩护人既为一种公职,对于《刑事诉讼法》第三百三十八条之规定上诉当然独立为之,不受事实上任何拘束。乙、谓《刑事诉讼法》关于辩护人,为被告之利益而上诉,其上诉程序,参照一般惯例,大都由辩护人代作上诉理由,以被告名义行之,辩护人虽有指定选任之殊,职务既属相同,办事应归一律,不能因公设辩护人之设置,而有差异,二说应以何说为是,拟请呈转解释,俾有遵循等情。事关法律解释,理合据情呈请钧院解释示遵。

**院解字第三〇二八号**

**民国三十四年十一月二十二日　司法院指令湖南高等法院**

呈悉,业经本院统一解释法令会议议决,出租人对于承租人请求迁让房屋之诉,依《民事诉讼法》第四百零二条第二项第一款之规定,固不问其诉讼标的之价额,一律适用简易程序,惟其立法本旨,仅使第一审程序归于简易,非以限制上诉,对于此项诉讼之第二审判决,

如依上诉声明范围内诉讼标的之价额，计算上诉利益，已逾同法第四百六十三条所定额数者，仍非不得上诉。此项诉讼，系以出租人之租赁物返还请求诉讼标的，非以承租人之租赁权为诉讼标的，承租人主张其租赁尚有一年或二年之残余期限，不过为诉讼上之抗辩，与核定诉讼标的之价额无关，以物之返还请求权为诉讼标的者，无论其于物之所有权有无争执，其诉讼标的之价额，均应以物之价额为准，虽其诉讼在第一审适用简易程序者，核定诉讼标的的之价额，仍不能因此而其差异。仰即转饬知照。此令

**附湖南高等法院原呈**

案据本院第三分院院长罗任本年八月陷代电称，查《民事诉讼法》第四百零二条第二项第一款之出租人，请求迁让房屋，自系《民法》第四百五十五条请求返还租赁物之诉，请求迁让房屋，既已专订于简易诉讼程序之内，而依第四百零二条第二项、第四百三十三条之规定，显见此项诉讼，为不能变更程序之件，参以第四百零九条，必须经过调解，则立法者为欲求迅速敏捷而妥慎之旨，即彰彰明矣。民国三十二年院字第二四六九号解释谓，请求返还租赁物，应照租赁物之价额，为计算诉讼标的之标准，不惟以所有权无争执之物，徒因迁让问题牵涉，遂致为计算诉讼价额之标的，似已反乎一般诉讼标的之原则，即与房屋迁让列为简易程序之立法精神，亦似有未符。盖房屋之价额不定少，而请求迁让者则居多，在此情形之下，则判决之结果，因上诉所得受之利益不逾五百元（现增为八万元）者自寡，谓无案不可以上诉第三审，似非过激之论。是简易诉讼程序内，关于此部之诉，岂非由此解释，而等于虚设，且假定出租人之房屋，为五十万元，承租人租金每年为三万元，经第二审判决后，承租人提起上诉，依第四百六十三条计算上诉所得受之利益，似只能就承租人所主张租赁权残余之期一年或二年之利益而估定，因与出租人物权之得丧变更无任何关系，似难认租赁物之价额即承租人所应受之上诉利益。若必依租赁物价额计算诉讼标的，是舍其所争，而就其所不争者，以为诉讼标的之准则，于理似亦有未协，究以何者为是，现此类案件甚多，征收审判费，颇感困难等情。据此，理合据情呈请钧院鉴核，俯赐解释，以便转饬遵照。

**院解字第三〇二九号**

**民国三十四年十一月二十三日　司法院复陕西高等法院电**

陕西高等法院览，本年巳文代电悉，该法院第四分院转请解释一案，业经本院统一解释法令会议议决，约定利率虽超过法定限制致取得之利息与原本显不相当，但在立约当时，债权人如无乘债务人急迫轻率或无经验之情形，尚不构成《刑法》第三百四十四条之重利罪，合电转饬知照。司法院梗印

**附陕西高等法院原代电**

重庆司法院院长居钧鉴，案据本院第四分院三十四年五月十一日第二〇四号呈，据黄龙设治局兼理司法局长王涤欧、承审员宁广庆等，本年四月四日黄法字第二一四〇号代电称，查非常时期，百物腾涨，《民法》原定利率颇低，如债权人贷款，约定十五分或二十分利

息,是否违法或犯《刑法》上之重利罪,不无疑问,请核示等情,转请解释到院。查约定利率超过周年百分之二十者,债权人对于超过部分之利息,无请求权,已为《民法》债编第二百零五条所明定,虽值非常时期,在无特别法规以前,固当适用。惟是否犯《刑法》上之重利罪,以迩来通货膨胀,一切物价,均已超过战前数百倍,不但私人借贷利率,约定二十分者,固已成为寻常,即银行贷款其利率亦自四厘五厘涨至六分或八分之多,倘认为《刑法》重利罪,则犯科者比比皆是,然视为合法行为,则《刑法》重利罪,又形同虚设,究应如何办理,未敢擅拟,理合据情电请解释示遵。

**院解字第三〇三〇号**

**民国三十四年十一月二十三日　司法院咨行政院**

案准贵院本年十月二十六日平捌字第二三五九三号咨,以据司法行政部转请解释特种刑事覆判案件判决确定日期疑义一案,咨请解释见复等由,准此,兹经本院统一解释法令会议议决,覆判法院依《特种刑事案件诉讼条例》所为之核准判决,以送达该判决正本于检察官声请人或被告之日确定,送达日期有先后者,以最初送达之日确定,其依同条例第二十五条第一项第二项之规定以电文或判决核准,迳电司法行政部令准执行者,以该电到达司法行政部之日确定,原审法院之初判,亦即以核准判决确定之日同时确定,相应咨复查照饬知。此咨行政院

**附行政院原咨**

据司法行政部本年十月十八日呈(叁)字第八〇〇号呈称,案据代理江西高等法院首席检察官楼观光呈,据该院第四分院首席检察官袁刚毅呈称,特种刑事案件覆判法院为核准之判决,其判决确定日期,是否比照《县司法处刑事案件覆判暂行条例》第十三条规定之法理,以原判决确定之日为裁判确定日期,抑以覆判法院判决之日为裁判确定日期,转请核示等情。事关适用法律疑义,理合呈请鉴核转送司法院解释,俾便饬遵等情。据此,案关适用法律疑义,相应咨请查照解释见复,以便饬遵为荷

**院解字第三〇三一号**

**民国三十四年十二月十七日　司法院致行政院函**

案准贵院本年十一月一日平壹字第二四〇四五号公函,以候补县参议员当选人是否为落选人,函请解释见复等由,准此,兹经本院统一解释法令会议议决,《县参议员选举条例》第二十九条之候补当选人,既非当选人,自属同条例第三十五条所称之落选人,相应函复查照。此致行政院

**附行政院原函**

依《县参议员选举条例》第二十九条当选之候补当选人,可否认为同条例第三十五条所称之落选人,相应函请查照解释见复。

**院解字第三〇三二号**

**民国三十四年十二月十八日　司法院致军事委员会函**

案准贵会本年十月十八日法审(三十四)渝四字第三七九六号公函,以据军法总监部转请解释投降日军犯罪适用法律疑义一案,函请解释见复等由,准此,兹经本院统一解释法令会议议决,签订降书以后,尚未缴械之日军,依《俘虏处理规则》第三条之规定,自应以俘虏论,此等俘虏,有无犯普通《刑法》或其他特别《刑法》上罪名之身分,须视各该罪之性质如何而定,不能一概论断。凡须有中华民国军人或公务员之身分而成立之罪,除该俘虏有身分之人共同实施或教唆帮助者,依《刑法》第三十一条第一项,仍以共犯论外,于该俘虏均无从适用,至俘虏犯罪依照《俘虏处理规则》第三十八条第二款所定,应由最高军事机关或其指定之审判机关审判,相应函复查照饬知。此致军事委员会

**附军事委员会原函**

据军法总监部案呈台湾警备总司令部本年九月十日申灰法电略开,签订降书后,尚未缴械之日本军人,在我国地域内犯罪是否由我国军法机关审判,适用我国《陆海空军刑法》或其他刑事法令处断,又投降后已被缴械之日军,是否已无军人身分,请核示等情。查《俘虏处理规则》第二条规定,得行俘虏之敌人包括官员兵民及身分不明之人在内,又同规则第三条规定,对于投降之官员兵民以俘虏论,详核该条所称投降二字,似以签订降书,停止战斗行为为已足。至缴械为履行降书必然之结果,既已签订降书,即应认为俘虏,似不能以其已否缴械而异其身分,如在我国地域内犯罪,自应依该规则第三十八条规定,由最高军事机关或由最高军事机关指定机关审判之,惟关于签订降书后,尚未缴械之日本军人,在我国地域内,犯我国《陆海空军刑法》或《惩治贪污条例》及其他特别刑事法令,是否亦依各该法条处断,约有两说。甲说,凡俘虏违犯我国现行法令,均应按其所犯各条,从重处断。乙说,谓《陆海空军刑法》《惩治贪污条例》《修正惩治汉奸条例》,限于我国军人及公务员,或我国人民犯罪者适用之,俘虏之日本官员兵民,在我国地域内犯罪不能适用上开各法令处断,案关适用法律疑义,相应函请查照,迅赐解释见复,以凭饬遵。

**院解字第三〇三三号**

**民国三十四年十二月十八日　司法院复甘肃高等法院首席检察官电**

甘肃高等法院首席检察官览,本年八月三十一日代电悉,该法院第三分院首席检察官所请解释一案,业经本院统一解释法令会议议决,第一审法院就自诉窃占不动产状内,叙述之毁损公务员所施封印部分,为有罪判决,而于窃占部分,未予论究,经自诉人及检察官上诉后,第二审法院如审明窃占与毁损封印两罪,具有牵连关系者,是自诉案件中,已含有应经公诉之牵连犯,自不得提起自诉,应将原判决撤销。依《刑事诉讼法》第三百二十六条谕知不受理之判决,若经审明两罪并无牵连之关系,除毁损封印部分不得自诉,仍应撤销原判

决,谕知不受理外,窃占部分未经判决,其上诉应予驳回,另由原第一审法院依法审判,合电转饬知照。司法院啸印

**附甘肃高等法院首席检察官原代电**

重庆司法院院长居钧鉴,案据署本院第三分院首席检察官杜培滋本年八月筱代电称,按犯罪之被害人,得提起自诉,《刑事诉讼法》第三百十一条上半段,已有明文规定,是则非犯罪之被害人,自不得提起自诉,但第一审法院竟将自诉窃占不动产罪名,未予论究,以状内叙述毁损公务员所施之封印,对之为有罪之判决,经自诉人检察官均不服,提起上诉,原判自属违法,应予撤销。惟该项判决,系属程序违背规定,第二审法院应引用《刑事诉讼法》第三百六十一条第一项前半段规定,仅对原判决撤销,抑应就该案自为判决。案关适用法律疑义,理合电请示遵,等情前来,事关解释法律,理合电请钧院鉴核示遵,以便转知。

**院解字第三〇三四号**

**民国三十四年十二月二十日　司法院咨行政院**

案准贵院本年十一月三日平捌字第二四三一八号咨,以据四川省政府电请核示县参议员选举诉讼,可否提起再审之诉一案,咨请解释见复等由,准此,兹经本院统一解释法令会议议决,县参议员选举诉讼,虽以一审终结,而再审之诉,专属为判决之原法院管辖,仍不失为同一审级,自非不许提起,相应咨复查照饬知。此咨行政院

**附行政院原咨**

据四川省政府本年酉感民一电称,县参议员选举诉讼规定,一审终结,如对判决不服,可否提起再审之诉讼,祈迅电示等情到院。案关适用法律疑义,相应咨请查照,迅予解释见复,俾便饬遵。

**院解字第三〇三五号**

**民国三十四年十二月二十日　司法院咨行政院**

案准贵院本年九月十二日平捌字第一九八〇五号咨,以据福建省政府转请解释漏匿自治系统税捐税款,抵抗处分或抗缴税款时,适用法律疑义,咨请解释见复等由,准此,兹经本院统一解释法令会议议决,漏匿自治系统税捐于执行时抵抗者,如有对于公务员依法执行职务时,施强暴胁迫行为,自系成立《刑法》第一百三十五条第一项之罪,应向检察官或司法警察官告发,执行抗缴之税捐,非有法律明文,不得拘押纳税义务人。至移请法院追缴所欠税捐,以法律有如所得税法第二十条之明文者为限,法院始得予以强制执行,相应咨复查照饬知。此咨行政院

**附行政院原咨**

据福建省政府本年二月六日腾丑鱼府财乙永字第七七六八号代电称,据晋江县政府电以漏匿自治系统税捐税款,经查缉后,自应依法处罚。惟执行时,如有抵抗处分或抗缴税

款,可否拘押人犯,迅办追究,请核示等情。据此,查依行政执行法及其他省市县单行章程,科处罚金罚锾者,只得就其财产强制执行,若无明文规定,不得易科拘留,前经司法院二十三年院字第一〇二九号解释。惟依《办理强制执行案件注意事项》第十二条规定,征收机关送请法院追缴欠税(如过分利得税、所得税、遗产税)公文,得为执行名义,执行法院可据以强制执行,自治系统税捐似亦可依据移请法院强制执行。事关法律,未敢擅专解释,理合电请察核示遵等情。据此,案关适用法律疑义,相应咨请查照解释见复,以便饬遵为荷。

**院解字第三〇三六号**

**民国三十四年十二月二十日　司法院咨行政院**

案准贵院本年十月三十日平叁字第二三八三八号咨,以据湖南省立第九职业学校代电,请解释现任官吏可否当选民营实业公司董监事一案,咨请解释见复等由,准此,兹经本院统一解释法令会议议决,现任官吏当选民营实业公司董监事,虽非无效,但如充任此项董监事,以经营商业或投机事业,即属违反《公务员服务法》第十三条第一项之规定,相应咨复查照饬知。此咨行政院

**附行政院原咨**

据湖南省立第九职业学校代电,请解释现任官吏可否当选民营实业公司董监事等情,查现行法令对于现任官吏可否当选民营实业公司董监事,尚无明文规定。事关法令解释,相应咨请查照,解释见复为荷。

**院解字第三〇三七号**

**民国三十四年十二月二十日　司法院咨行政院**

案准贵院本年十月十八日平伍字第二二九四四号咨,以据财政部转请解释法院拍卖债务人土地时,如何征收土地增值税疑义,咨请解释见复等由,准此,兹经本院统一解释法令会议议决,法院依债权人之声请,拍卖债务人之土地时,其土地之移转,虽非出于债务人之意思,仍应认债务人为出卖人,其土地增值税,自应向债务人征收,相应咨复查照饬知。此咨行政院

**附行政院原咨**

据财政部呈,为甘肃田赋粮食管理处电请核示,债务人因破产逃亡,其土地由法院代理拍卖时,土地增值税应如何征收,转请解释等语。查案关法律疑义,相应抄同原代电,咨请查照解释见复为荷。

**附甘肃田赋粮食管理处原代电**

重庆财政部部长俞钧鉴,案据武威田赋粮食管理处本年七月四日田二己字第一〇七七号呈称,案查土地增值税之征收,原为所有权人移转买卖时,不应享受过分利得而设,若其本身破产,债权人因不敢受损失,返而吁请法院拍卖其土地,是其土地之移转,并非出于所

有权人之本意,而其移转后增值之部分,尚不足抵偿债权人基本之损失,又所有权人因破产而逃亡,系由法院代理拍卖。若由法院代缴增值税,则法院并非所有权人,不能办理,若照《土地法》第二百八十八条之规定,由取得所有权人缴纳,则所有权人因税款增加,已超过土地本身之价值,不愿负担缴纳,而请求取销标得该项土地之权利,关于类此事实,法无明文规定,理合备文呈请解释示遵等情。据此,理合转请钧部解释示遵。

**院解字第三〇三八号**

**民国三十四年十二月二十日　司法院咨行政院**

案准贵院本年八月十一日平捌字第一七〇四〇号咨,以据内政部呈转请解释经县司法机关判处罪刑,正在上诉之犯人,是否丧失其公民资格及考试权疑义一案,咨请解释见复等由,准此,兹经本院统一解释法令会议议决,《公民宣誓登记暂行办法》第三条第三款,及《公职候选人考试法》第九条第四款所载之处罚有案,系指案经判决确定者而言,仅由县司法机关判处罪刑,正在合法上诉中者,尚不包括在内,相应咨复查照饬知。此咨行政院

**附行政院原咨**

据内政部本年七月二十一日渝民字第二五四九号呈称,准福建省政府电,以经县司法机关判处罪刑,正在上诉之犯人,是否为《公民宣誓登记暂行办法》三条三款及《公职候选人考试法》九条四款所规定之曾因藏私处刑有案者,请解释等由,案关法律解释,理合呈请钧院转请司法院解释示遵等情。据此,案关适用法律疑义,相应咨请查照解释见复,以便饬遵为荷。

**院解字第三〇三九号**

**民国三十四年十二月二十日　司法院咨行政院**

案准贵院本年十月二十九日平捌字第二三八一一号咨,以据安徽省政府转请解释《优待出征抗敌军人家属条例》适用期间疑义,咨请查核见复等由,准此,兹经本院统一解释法令会议议决,回赎典物之法定期间,在《优待出征抗敌军人家属条例》第二十八条第一项公布前或出征抗敌军人应征召前,已届满者,无从适用同条项之规定展期回赎,相应咨复查照饬知。此咨行政院

**附行政院原咨**

据安徽省政府本年六月不列日民济字第四三九六号代电,为歙县程叶氏呈请解释《优待出征抗敌军人家属条例》第二十八条第一项之适用期间等情。据此,案关适用法令疑义,相应抄同原件咨请查核见复,以便饬遵为荷。

**附安徽省政府原代电**

据歙县民妇程叶氏呈,为先夫程艺农者民国十年正月,将祖遗房屋一幢,出典与同村洪姓,当约定典期十八年(二十八年二月满期)。迨至二十四年,该典屋即授与其子瑶园继承。

至二十六年因抗战军兴，瑶园出征抗敌，依照《优待出征抗敌军人家属条例》第二十八条之规定，该典屋应准于服役期满后二年内回赎，之前经依法诉请回赎，讵皖南高二分院以优待条例系三十年十二月修正公布，依照《民法》第九百二十三条，于典期届满后，经过二年承典权人即依法取得典物所有权之规定，是以承典权人取得典物所有权在先，而优待条例公布在后，根据法律不溯既往原则，判决该典屋应归洪姓所有，兹以遗孤衰嫠生计陷于绝境，特具文申请可否依照特别法（优待条例）优于普通法之规定，不受上项条文限制，仍由原出典人回赎，并令饬歙县县政府依法优待等情，除饬该管县政府依法优待并批示外，查所请回赎典屋一节。案关法令解释，理合抄同原呈，电请鉴赐核示，以便饬遵。

**院解字第三〇四〇号**

**民国三十四年十二月二十日　司法院致行政院函**

案准贵院本年六月二十六日平壹字第一三六七五号公函，以内政部呈请解释《县各级组织纲要》第六条第二项第三款疑义一案转请解释见复等由，准此，兹经本院统一解释法令会议议决，《县各级组织纲要》第六条第二项第三款所称之藏私，系指贪藏营私之渎职行为而言，相应函复查照饬知。此致行政院

**附行政院原函**

内政部呈请解释《县各级组织纲要》第六条第二项第三款藏私二字系指何种罪名，转请解释见复为荷。

**院解字第三〇四一号**

**民国三十四年十二月二十日　司法院致行政院函**

案准贵院本年九月二十五日平壹字第二〇九七五号公函，以据江西省政府请示各级民意机关代表违法渎职，是否以公务员论，函请解释见复等由，准此，兹经本院统一解释法令会议议决，各级民意机关代表，如依法令从事于公务，而有渎职行为者，即应依公务员渎职罪论科，相应函复查照饬知。此致行政院

**附行政院原函**

据江西省政府请示各级民意机关代表违法渎职，是否以公务员论，相应函达查照，解释见复为荷。

**院解字第三〇四二号**

**民国三十四年十二月二十日　司法院致军事委员会函**

案准贵会本年十一月七日法审（三十四）渝四字第四三九四号公函，以公务员在战时奸淫未满十四岁之女子，究应依《中华民国战时军律》论科，抑应依《刑法》处断，函请解释见复等由，准此，兹经本院统一解释法令会议议决，《中华民国战时军律》第十一条所谓强奸，系

指对于妇女以强暴胁迫等方法,致使不能抗拒,而实施奸淫者而言,与《刑法》第二百二十一条第一项之罪相当,不包括同条第二项之准强奸罪在内,公务员在战时犯奸淫未满十四岁女子之罪,自应依《刑法》第二百二十一条第二项处断,相应函复查照。此致军事委员会

**附军事委员会原函**

查《中华民国战时军律》(以下简称军律)第一条规定,本军律于军人地方团队人员及文职公务员在战时犯罪者适用之第十一条规定,抢劫或强奸者处死刑。又《刑法》第二百二十一条第二项规定,奸淫未满十四岁之女子以强奸论,依此则公务员在战时犯奸淫未满十四岁之女子,似应依军律第十一条论科,惟于此有甲乙两说。甲说,《刑法》规定奸淫未满十四岁之女子以强奸论,为一般人犯罪适用之条文,军律以有特定身份之人为对象,其知识及辨别力较一般常人为优,故文职公务员在战时奸淫未满十四岁之女子,亦应适用军律以强奸论科。乙说,奸淫未满十四岁之女子以强奸论,系《刑法》分别所规定,不能适用于军律,强奸罪既以强暴胁迫等方法至使人不能抗拒为构成要件,奸淫未满十四岁之女子,如未使用使人不能抗拒之方法,则其犯罪所用之手段,与实施强奸者不同,应依《刑法》处断,不能适用军律第十一条之规定,二说究以何说为是,悬案待决,相应函请查照,迅赐解释见复为荷。

**院解字第三〇四三号**

**民国三十四年十二月二十日　司法院致中国国民党中央执行委员会秘书处函**

案准贵处本年九月十五日渝(34)文字第一八八三九号公函,以据浙江省党部电请解释汉奸因自首而判决免刑者,可否担任一切公职候选人,并参加选举一案,函请解释见复等由,准此,兹经本院统一解释法令会议议决,汉奸虽因自首受免刑之判决,仍系背叛中华民国,由《省县公职候选人考试法》第九条第一款之规定推之,自不得为公职候选人,各种选举法定明背叛中华民国无选举权者,自亦不得参加选举,相应函复查照转知。此致中国国民党中央执行委员会秘书处

**附中国国民党中央执行委员会秘书处原函**

据浙江省党部申鱼称,汉奸因自首而判决免刑者,可否担任一切公职候选人并参加选举,乞转请电释等情,相应函达,即希查照核释,并速见复为荷。

**院解字第三〇四四号**

**民国三十四年十二月二十日　司法院训令贵州高等法院**

据贵州威宁县司法处本年未卅代电,为请解释民?法令疑义一案,业经本院统一解释法令会议议决,(一)某甲由某乙具保,停止羁押后逃匿,经法院裁定,命某乙纳缴纳保证金额,并没入之,正执行间,某甲被缉获到案,其已没入保证金之裁定,不得停止执行。(二)各机关雇用之丁役,如依法令从事于公务者,自属《刑法》上所称之公务员,其他丁役则否。(三)死刑之执行,依《刑事诉讼法》第四百六十六条,应于监狱内为之,至执行方法除法令有

特别规定外(如《禁烟禁毒治罪暂行条例》第十九条),应照司法行政部所定者办理。(四)子以甲乙二人出卖其所有之不动产于丙,诉请确认买卖无效,即系请求确认其所有权仍属存在。此项诉讼,不必以乙为共同被告,子追加乙为其同被告后,乙即死亡,子乙间之诉讼程序虽中断,但其中断之效力,不及于甲丙,子与甲丙间之诉讼仍应进行,至子乙间之诉讼,如乙绝无可承受其诉讼之人,应以子之诉为不合法而驳回之。(五)典权之让与,为物权之移转,依《民法》第七百六十条之规定,应以书面为之,乙将甲向其设定之典权转让于丙,既未以书面为之,虽将原典契交丙,亦不生典权让与之效力,甲仅得向乙回赎,惟乙对于丙,如有以受甲返还之典价返还于丙之义务,则甲为乙向丙返还典价,与向乙返还典价有同一之效力,甲向乙为合法之回赎后,丙拒绝返还典物时,甲得对丙提起请求返还之诉,合行令仰转饬知照。此令

**附贵州威宁县司法处原代电**

重庆司法院院长居钧鉴,兹有法令疑义数点,谨陈于次,(一)某甲因案被押后,经法院指定保证金额,由某乙具保停止羁押,甲保释后,即逃匿不到,法院乃依法裁定某乙缴纳保证金并宣告没入,正执行中,甲被缉获,某乙之保证责任应否免除,原裁定之保证金额应否停止执行?(二)各机关依规定雇用之工役、公丁,是否为《刑法》上所称从事于公务之人员?(三)普通刑事犯,依照司法行政部令,规定判处死刑者,执行用绞(二十四年六月十八日第三〇九一号训令),惟各处监所内,多无用绞之设备,及长于用绞之人,且地址狭小,于监外执行又与《刑事诉讼法》第四百六十六条所载,死刑于监狱内执行之规定不符,此项判决死刑之人犯,可否提出,于监外执行枪决?(四)甲乙二人私将他人之不动产为处分,变卖于丙,该不动产之所有人子,于起诉时,仅对甲丙请求确认买卖无效,后经命其对乙一同起诉,正补正中,尚未传讯前,该乙即亡故,依《民事诉讼法》第一六八条规定,诉讼程序在乙有继承人、遗产管理人或其他依法令应续行诉讼之人,承受其诉讼以前,应予中断,但乙生前,依人度日,并无遗产,亦无依法继承及其他续行诉讼之人,该项诉讼程序应否中断,抑或对甲与丙而为判决,可否命甲代其续行诉讼?(五)甲将不动产典当与乙,定期三年,移转占有后,乙按原典价期限,转让于丙,并未另立字据,仍将原典契交付于丙,并将不动产由丙占有使用,依《民法》第七百六十条规定,不动产物权之移转或设定,应以书面为之,此项法律行为,乙与丙并未订立书面,因其典物移转占有,亦与抵押权不移转占有仅供担保之要件不符,究应视为典物之占有,抑视为典权之转让,甲可否向丙取赎,或仍向乙回赎?以上五项,事关法令释义,理合电请解释示遵。

**院解字第三〇四五号**

**民国三十四年十二月二十日　司法院指令湖南高等法院**

呈悉,业经本院统一解释法令会议议决,配合陆军参与抗战之战时战地自卫团队或别动队,如经政府收编者,其所属官兵,自属军人,其犯罪应由军法审判。仰即转饬知照。此令

**附湖南高等法院原呈**

案据武冈县长兼理县司法处检察职务田植呈称,查具有军人身份者之犯罪,应受军法审判,即军官学校之教官,虽不得谓为正式部队官员,因其身份与军官相类似,以准军人身份论,其管辖亦同,均早有规定,自无疑义。惟查战时战地之自卫团队或别动队,常配合陆军,参与抗战,虽非正式陆军,但实质上具有陆军装备,即其编制一切,无少差异,其所属官兵之犯罪,是否可循照教官犯罪之规定,以准军人身份论科,仍由军法审判,抑或应依普通《刑法》办理,不无疑义,急待解释,理合备文呈请钧院鉴核,伏乞指令示遵等情。据此,查事关法律疑义,本院未便擅拟,理合具文转呈钧院,鉴核示遵。

**院解字第三〇四六号**

**民国三十四年十二月二十日　司法院指令江西高等法院**

呈悉,业经本院统一解释法令会议议决,执行宣告假执行之裁判,与执行确定判决无异,嗣后该裁判如有变更,债务人自可依《民事诉讼法》第三百九十五条第二项规定,请求返还其所为之给付及所受之损害,或另行起诉请求之。仰即转饬知照。此令

**附江西高等法院原呈**

案据临川地方法院院长徐日彰呈称,查办理假执行,关于适用强制执行法之规定,发生发问,有甲、乙两说。甲谓、假执行系预防难于执行而设,其执行方法,依照强制执行法,将债务人所有财产查封,拍卖抵偿,与执行确定判决无异,执行金额毋庸执行法院保管,不待判决确定,亦不问判决将否变更,应即发给债权人具领。乙谓、假执行与确定判决执行应有分别,如宣示假执行之判决内,未命债权人提供相当担保金额时,倘债务人提起上诉,不愿履行,固得拍卖其财产,但所得价金,应暂存法院保管,候判决确定再发给债权人,或将债务人财产查封,而不为公告拍卖,免日后判决变更,债务人之损害无从回复云云。究宜采用何说为当,事关法律疑义,理合呈请钧院鉴核,俯赐解释等情到院。查《民事诉讼法》关于假执行,均有特别规定,必须合于法律条件,方得为假执行之宣示,既经宣示假执行,自应依照强制执行法所定程序办理,惟事关法律疑义,本院未便擅拟,理合备文转呈钧院,迅赐解释指令祇遵。

**院解字第三〇四七号**

**民国三十四年十二月二十日　司法院复湖北省临时参议会电**

湖北省临时参议会鉴,本年酉元代电悉,兹经本院统一解释法令会议议决,《惩治贪污条例》第八条之庇护罪,系以直属长官对于贪污有据之属员,予以包庇或保护之积极行为为构成要件,该项属员,经监察机关纠举,及法院检察官提起公诉后,主管长官仅将其撤职,听任交卸远飏,如无妨害纠举或追诉处罚之积极行为,即与庇护情形不合,尚不成立该罪。惟被纠举之公务员,违法行为涉及刑事或军法者,各该主管长官或其上级长官,于接受纠举书

后,应交各该管审判机关审理之,在《非常时期监察权行使暂行办法施行细则》第二条已有规定,该主管长官如已接受纠举书,并不将被纠举之属员交法院审判,仍应依《公务员服务法》第二十三条,受惩戒处分,特电复请查照。司法院号印

**附湖北省临时参议会原代电**

重庆司法院院长居钧鉴,本年九月二十二日院解字第二九六六号代电奉悉,兹尚有请求解释之点,(一)有一公务员贪污有据,并滥用职权,经监察机关依法纠举,法院检察官提起公诉后,民意机关恐该公务员逃逸,提请该主管长官押送法院办理,并说明防其逃逸之理由,而该主管长官仅将该公务员撤职,不送法院,历时甚久,听其交卸后远飏,是否构成《惩治贪污条例》第八条庇护之罪行?(二)行政主管长官对于属员犯罪,有上述情形,假如不负刑事或特种刑事之责任,究竟有无责任及应负何项责任,应依何项法令处分。以上两点,关系法治前途,似极重大,敬恳赐予解释为祷。

**院解字第三〇四八号**

**民国三十四年十二月二十日　司法院复浙江保安司令电**

浙江黄兼保安司令鉴,本年势江法臣电悉,兹经本院统一解释法令会议议决,《战时交通器材防护条例》第十一条处罚浮报图利,系专就电信工作员兵发觉杆线失窃等情事浮报图利者而为规定,与一般军人或公务员之图利罪,广狭不同,自应优先适用狭义规定,依该条例处断,《惩治盗匪条例》第四条第一项第三款之罪,系以盗取或毁坏有关军事之交通器材,致令不堪用者,为构成要件,其义较《战时交通器材防护条例》第十二第十三两条为狭,如相竞合时,应依《惩治盗匪条例》处断,特电复请查照。司法院号印

**附浙江保安司令原电**

司法院院长居,《战时交通器材防护条例》第十一条浮报图利,与《惩治贪污条例》第三条第六款发生竞合,其第十二、十三两条,与《惩治盗匪条例》第四条第一项第三款亦相竞合,是否应依后法优于前法之原则,适用防护条例,抑应比照各该条款所定较重之刑处断?乞赐示祗遵。

**院解字第三〇四九号**

**民国三十四年十二月二十日　司法院复贵州高等法院首席检察官电**

贵州高等法院首席检察官览,本年午世代电悉,所请解释一案,业经本院统一解释法令会议议决,党员于竞选时,如犯有刑事罪名应由司法机关依法受理。合电知照。司法院号印

**附贵州高等法院首席检察官原代电**

重庆司法院院长居钧鉴,设有某甲以某党员于竞选时,有妨害投票及公然侮辱等罪嫌,向司法机关告诉,经司法机关依通常程序传讯后,该党员以系因竞选代表发生之案件,应先

由党部监察委员会解决,请司法机关将该案移送该委员会办理,遂发生受理权限及受理先后之问题,于此有二说。甲说,谓依司法院院字第五百七十号解释,一般人民妨害地方党部选举者,固应成立犯罪,党员有此情形时,自亦不能例外,且应依国府十八年七〇〇号、一〇一八号、十一年一四一号训令、十九年第三届中执委会一〇二次常会议决案,十八年司法院二〇一号、二十一年一五〇号指令、九八号电令、二十年一七四号训令,仍由司法机关依法定程序受理,其传拘亦应依通常程序办理。乙说,则谓前项解释只限一般人民犯罪时,始有适用党员有此情形者,则不在内,只能由党部本身解决,司法机关不能过问,此有司法院二十一年八四六号训令及本年中国国民党第六次全国代表大会代表选举法第二十条之规定,可资参证。二说孰是,案关适用法律疑义,理合电请钧院迅赐解释,俾资遵循。贵州高等法院首席检察官李学灯叩检廉午世印

**院解字第三〇五〇号**

**民国三十四年十二月二十日　司法院复安徽高等法院电**

安徽高等法院览,本年未世代电悉,所请解释一案,业经本院统一解释法令会议议决,依《特种刑事案件诉讼条例》所审判之罪犯,不得援用《军事犯调服劳役暂行办法》调服劳役。合电知照。司法院号印

**附安徽高等法院原代电**

重庆司法院院长居钧鉴,查特种刑事已决犯疏通办法未奉规定前,能否援用《修正军事犯调服劳役暂行办法》,请核示遵。

**院解字第三〇五一号**

**民国三十四年十二月二十日　司法院复安徽高等法院电**

安徽高等法院览,本年卯陷代电悉,泾县司法处所请解释一案,业经本院统一解释法令会议议决,各县军法看守所,既系按照军属编组,其所属员兵,即系军属,依《陆海空军刑法》第六条第二款,自应视同军人,合电转饬知照。司法院宥印

**附安徽高等法院原代电**

重庆司法院院长居钧鉴,据泾县司法处吴审判官本年寅宥电称,查安徽各县军法看守所,系照军属编组,所长系中尉,办事员系准尉,看守分上中下士,勤务系上等兵,并设炊事兵,所属犯罪,是否以军人论,抑或视同军人案,案悬待决,电请示遵等情前来,理合具文,转请解释祗遵。

**院解字第三〇五二号**

**民国三十四年十二月二十日　司法院复安徽高等法院电**

安徽高等法院览,本年未元代电悉,所请解释一案,业经本院统一解释法令会议议决,

计算《民事诉讼费用法》第十九条第二项所称执行标的之价额，应以执行时之价额为准。合电知照。司法院帑印

**附安徽高等法院原代电**

重庆司法院院长居钧鉴，查各级院处对于民事财物案件征收裁判费，原按当时物价标的征收，惟物价步涨，起诉时与判决后执行时，原财物有增至一倍以上者，此项执行费，究按起诉时物价，抑按现时物价标的征收。请核示俾便饬遵

**院解字第三〇五三号**

**民国三十四年十二月二十日　司法院复安徽高等法院电**

安徽高等法院览，本年未有代电悉，舒城司法处所请解释一案，业经本院统一解释法令会议议决，甲乙丙丁被雇为米行伙友，长期担任量米工作，自系职业工人，至应否加入其所从事之同一职业之工会，当以是否合于《工会法》第十二条所定资格为断？惟甲等无论应否加入工会，其与同一职业之工人丙，在私法上并无应否免入工会之法律关系，对丙提起请求免入工会之诉，应予驳回，合电转饬知照。司法院号印

**附安徽高等法院原代电**

重庆司法院院长居钧鉴，据舒城司法处代电称，设有甲乙丙丁多数人，均在米行长期担任量米工作，所在地工会劝导加入为会员，甲等不愿，依民事诉讼程序，与某丙发生请求行伙免入工会之诉，但甲等有无职业工人身份，应否加入工会为会员，未奉明文规定，其诉讼是否系司法范围，抑系行政处分上之争执事情。如属行政处分事件，为避免侵入行政权，应否迳予驳回等情，理合转请示遵。

**院解字第三〇五四号**

**民国三十四年十二月二十日　司法院复安徽高等法院电**

安徽高等法院览，本年卯冬代电悉，该法院太湖分庭所请解释一案，业经本院统一解释法令会议议决，因特种刑事犯罪而受损害之人，对于被告及依《民法》负赔偿责任之人，请求回复其损害，仅得另向法院提起民事诉讼，不得于特种刑事诉讼程序中附带提起，业经本院以院字第二八四五号指令解释有案，故特种刑事案件有申诉不服权人，向原审法院提起附带民事诉讼时，除关于被告所得财物依法应发还或抵偿者（例如《惩治贪污条例》第七条、《惩治盗匪条例》第七条等规定是）于刑事判决中，并予谕知外，应依独立民事诉讼程序办理。设该有申诉不服权人，于声请覆判时，始行附带提起，则覆判法院应依《特种刑事案件诉讼条例》第一条第一项，适用《刑事诉讼法》第五百零六条第一项，认为不合法，以判决驳回之，若原审法院竟将此项不得附带提起之民事诉讼，于特种刑事诉讼程序中审理判决，经提起上诉后，应由第二审法院将原审判决撤销，以其诉为不合法而驳回之，合电转饬知照。司法院帑印

**附安徽高等法院原代电**

司法院院长居钧鉴,案据本院太湖分庭庭长郑世郁本年三月三日太电字第九号代电呈称,特种刑事案件中,(1)有申诉不服权之人,如在第一审提起附带民事诉讼,第一审应否按附带民诉之程序办理,抑须作为独立之民诉办理?(2)第一审如按附带民诉之程序办理,而有申诉不服权人,于声请覆判时,对于此项附带民诉之判决,亦声明上诉,覆判审又无覆判民事案件之办法,应否由第二审民庭作为独立之民诉受理?(3)有申诉不服权之人,于声请覆判时提起附带民诉,应否依《刑事诉讼法》第四百九十一条前段,迳予办理,抑须发交第一审办理?以上三点,查《特种刑事案件诉讼条例》中,并无规定,事关法律上疑义,职庭未敢臆断,敬祈转呈司法院,迅赐解释,以便饬遵,等情前来,理合具文转请解释祇遵。

**院解字第三〇五五号**

**民国三十四年十二月二十日　司法院复浙江保安司令电**

浙江黄兼保安司令鉴,本年戌佳法臣电悉,兹经本院统一解释法令会议议决,相当于荐任职之军法人员,非荐任司法行政官,此项人员,虽曾在专科以上学校修习法律学科三年以上毕业,并任职二年以上,亦与法院组织法第三十三条第四款规定不符,自无律师法第一条第二项第三款之资格,特电复请查照。司法院世印

**附浙江保安司令原代电**

司法院长居,凡在专科以上学校修习法律三年以上毕业,而曾任军荐一二阶之军法人员二年以上者,能否与法院组织法第三三条第四款之资格相当得依律师法第一条第二项第三款律师考试,乞赐释示祇遵。

**院解字第三〇五六号**

**民国三十四年十二月三十一日　司法院咨行政院**

案准贵院本年十一月十日平捌字第二四八七三号咨,咨以据广东省政府电请解释《特种刑事案件诉讼条例》疑义,咨请解释见复等由,准此,兹经本院统一解释法令会议议决,依《特种刑事案件诉讼条例》第三条规定移送之案件,仅得省略检察官起诉之程序,该司法警察官对于特种刑事案件之侦查职权,仍应依《刑事诉讼法》第二百零八条或第二百零九条之所定,并非因该条例之施行,即与检察官有同一职权,原代电所列疑义五点,分别解答如下,(一)县市政府及其他依法令有军法审判权之机关,在上开条例施行后,如系《刑事诉讼法》第二百零八条之司法警察官,其前此侦查未结之案件,自得本于该条第一项之职权,继续侦查明确,再依上开条例第三条第一项移送法院审判,惟此项案件,依《刑事诉讼法》第二百零八条第二项之规定,亦得将侦查结果移送该管检察官,其有人犯在押已逾二十四小时者,并应即送检察官办理。(二)司法警察官署侦查特种刑事案件,如认被告无犯罪嫌疑,自可不移送审判,但不得以裁定为不移送处分,亦无适用《刑事诉讼法》第二百三十一条之余地。

(三)特种刑事案件,经被害人分别向县市政府及检察官告诉后,由县市政府将人犯缉获,该县市政府如认所获人犯确有该项犯罪嫌疑,固得依上开条例第三条迳送法院审判,否则应依《刑事诉讼法》第二百零八条第二项规定,即将人犯移送该管检察官。(四)司法警察官对于其移送法院审判之特种刑事案件,毋庸于审判期日出庭,陈述移送要旨。(五)特种刑事案件之判决,原移送之司法警察官署无声请覆判权,相应咨覆查照饬知。此咨行政院

**附行政院原咨**

据广东省政府云戌鱼韶战霜第二一五〇二号代电称,据仁化县政府酉迥云仁承字第三四八号代电称,云申俭霜云连秘制审字第一六〇五五号代电,以奉行政院转奉国民政府本年七月二十六日渝文字第四四七号训令,明定《特种刑事诉讼条例》施行日期,转饬遵照等因,奉此,遵查《特种刑事诉讼条例》第三条第一项,司法警察官署移送案件于法院时,应用移送书,记载下列事项(款略),第二项,一司法警察官署依前项规定移送之案件,以提起公诉论,法院得迳行审判。是司法警察官署关于此项案件之移送书,与法院检察官对于普通刑事案件之起诉书,具同一之效力,从而司法警察官署对于特种刑事案件之侦查,与法院检察官之对于侦查普通《刑法》案件,有同一之权责,因此而发生下列各种疑义,(一)《特种刑事诉讼条例》施行后,所有从前依法令有军法审判权之机关,如县市政府,亦即条例所称之司法警察官署,审理未决之此种案件,自应依条例第三条,移送法院依法审判,但对于侦查尚未明确,而对于被告果否犯罪及所犯何种法条尚未能确认之案,应否继续侦查明确然后移送?(二)司法警察官署对于被告无犯罪证明之特种刑事案件,可否依照《刑事诉讼法》第二百三十一条,以裁定为不移送处分?(三)被害人对于此种案件,如被匪抢劫等,一方面既对县市政府呈请缉究,另一方面又对法院检察官告发,而县市政府据报缉获嫌疑人犯,应否依条例第三条,讯查明确,认定所犯法条后,移送法院审判,或捕获人犯后即送检察官侦查?(四)依本条例由司法警察官署移送法院审判之案件,审判期日检察官既得不出庭,应否由移送官署出庭,陈述移送要旨?(五)依本条移送法院审判之案件,原移送官署有无声请覆判权?案关法律疑义,理合电请察核,转呈核示祇遵等情。据此,理合转请察核,转咨司法院解释示遵等情。据此,案关法律适用疑义,相应咨请查照,解释见复为荷。

**院解字第三〇五七号**

**民国三十四年十二月三十一日　司法院咨行政院**

案准贵院本年十一月二十一日平伍字第二五七五四号咨,以据财政部呈请解释政府债票可否一律不予挂失一案,咨请解释见复等由,准此,兹经本院统一解释法令会议议决,政府发行之无记名债票,系《民法》上之无记名证券,此项债票非无利息,亦非见票即付,不能依《民法》第七百二十八条,排除《民法》第七百二十五条之适用,此外法律上又无排除同条适用之特别规定,则遇债票遗失、被盗或灭失时,法院自得因持有人之声请,依公示催告程序,宣告无效,原呈所举困难情形,仅可供立法上之参考,不足为解释上排除现行法适用之

论据,相应咨复查照饬知。此致行政院

**附行政院原咨**

据财政部三十四年十一月十四日渝财公四字第二〇二八号呈称,案据上川企业公司函,略以三十一年同盟胜利美金公债百元票二十四张,五十元票十二张,合计面额三千元,于本年八月间委托沈农先由渝带往兰州,途中被盗,当登载渝市中央日报、兰州西北日报声明遗失招寻,并依法申请重庆实验地方法院予以公示催告,请暂时止付本息,以保权益等情。查本部历年发行各项债券,均属无记名式,除原在收复区寄存银行有案,而在战时被敌伪劫失者,特准检同原持银行寄存证,限期登记,听候处理外,其人民持有债券如有遗失,而无准予挂失之例,今该公司遗失三十一年同盟胜利美金公债票三千元,据经申请重庆实验地方法院公示催告程序,请求止付本息,查系依照《民法》第七二五条第一项,无记名证券遗失被盗或灭失者,法院得因持有人之声请,依公示催告之程序,宣告无效,及同法第七二六条第一项,无记名证券定有提示期间,如法院因公示催告声请人之声请,对于发行人为禁止给付之命令,停止其提示期间之进行之规定办理,惟政府债券共达数十种,每种票类自五元至十万元不等,每类号码多至六七位,其经付本息机关,遍布全国及海外,殊与普通有价证券额小而指定一地付款者情形不同,如挂失之例一开,匪特经付机关不胜繁难,且有碍债券之推行,谨列举事实上困难各点,分陈于后,(一)政府债票得自由买卖,流通于全国及海外,如甲持票人报告遗失债票,申请法院公示催告,而所失债票已为乙拾得,转卖于丙,迨丙知债票已被作废,必致对乙起诉,其结果,小之丙受损失,大之则人民对债票信心将日渐薄弱,若拾得失票人寄往他地转卖,更无论如何登报挂失,该善意购票人既不能遍读全国报纸,尤无法获知债票已被作废或知悉他地法院之公示催告而出而主张权利益,足使人民对流通之债票怀具戒心。(二)人民向市场购买债票,自属信任政府,多不注意号码,如购入之债票每被作废而丧失权利,则交易途径势将断绝,影响债信者至巨。(三)又如甲声请遗失债票,在请求止付前,已被乙持兑或寄往他地兑取,经付机关事前既未预知,事后在多数付讫本息票内,实属不易查觉,政府势必受重付之损失。(四)经付机关虽遍及全国及海外,但除通都大邑外,多系一、二人办理,经兑债票本息事务,在兑付本息时,中签票当然核对号码,对于息票为数较多,只验暗记、种类、金额兑付,如逐号核对息票,则人力有限,不胜繁难。(五)债票兑付本息为期三年或六年,付讫部分陆续送部核销,如准予挂失补发,必须将付讫之票逐号清点,工作繁复,实际上无从应付。鉴于上列各点,是以我国自发行公债以来,凡遇持票人普通声报遗失者,尚无准予挂失之例,即照此办理,以公债种类自抗战后,年渐加多,复有敌伪劫失作废情形,经付机关已早感困难。倘再准普通挂失,更属难于办理,且对此后债票之流通推销,殊多影响,而国库损失尤属堪虞。以本部意见,政府债票似不应视为普通有价证券,可否比照流通券办法,一律不予挂失,借免过度纠纷之处,理合呈请鉴核,并咨请司法院予以解释,以利公务等情,相应咨请查照解释见复为荷。

院解字第三〇五八号

民国三十四年十二月三十一日 司法院咨行政院

案准贵院本年十一月二十四日平捌字第二六〇六四号咨，以据司法行政部呈请解释受理选举诉讼疑义，咨请解释见复等由，准此，兹经本院统一解释法令会议议决，诉讼事件属于普通法院之权限者，除法律别有规定外，起诉应向地方法院为之。市参议员选举条例规定得向法院提起选举诉讼，而未规定其管辖法院为高等法院，则虽以一审终结，亦应由地方法院管辖，相应咨复查照饬知。此咨行政院

附行政院原咨

据司法行政部本年十一月十七日呈(叁)字第八七〇号呈称，案据贵州高等法院酉肴电称，市参议员选举条例第四十五条，仅规定选举诉讼以一审终结，此种诉讼事件究由地院抑由高院受理，请示遵等情到部。事关法律疑义，理合备文呈请钧院鉴核，转送司法院解释，实为公便等情。据此，案关适用法律疑义，相应咨请查照解释见复，以便饬遵为荷。

院解字第三〇五九号

民国三十四年十二月三十一日 司法院指令江苏高等法院

呈悉，业经本院统一解释法令会议议决，沦陷区内人民以伪币约定卖价、典价或债务额，订立买卖契约、典权或抵押权设定契约，并非无效，除买卖契约有法定或约定解除原因外，亦不得由一方任意解约。至回赎典物之法定期间因战事不能遵守者，于复员后办理《民事诉讼补充条例》施行后二年内，仍得回赎典物，同条例第七条已有明文规定。又原呈所称抵押协定年限，如指《民法》第八百七十三条第二项之约定而言，则其约定为无效，抵押权人并不因而取得所有权，债务人仍得清偿其债务，取回抵押物，不生可否扣除抗战时期之问题。仰即转饬知照。此令

附江苏高等法院原呈

据兼理司法仪征县政府呈称，查伪组织时代成立典当、买卖契约，多以伪币交易，现在虽据报载，所用伪币订立契约，自行处理。伪币使用及兑换法币日期由三十四年十一月起至民国三十五年三月止，其兑换率为二百与一之比。本县沦陷后，抗战八年期间，伪组织范围内民间订立买卖或典当抵押契约，均以伪币交易，是否有效，可否解约？又抗战八年，其典当或抵押协定年限遇有逾越者，是否应将抗战期间之时效除外计算？本县无案可稽，事关法律解释，且亦未奉明文规定，未便擅断，理合具文呈请鉴核令遵等情。据此，该县所请解释之处，不无疑义，除指令外，理合备文呈请鉴核，赐予解释，以便饬遵。

**院解字第三〇六〇号**

**民国三十四年十二月三十一日　司法院指令广西高等法院**

呈悉，业经本院统一解释法令会议议决，检察官起诉书或司法警察官署移送书，引用特别刑事法令起诉之案件，经法院审理结果认为系犯普通《刑法》之罪，变更起诉法条，判以《刑法》上之罪名，或检察官以犯普通《刑法》之罪起诉，审理结果认为系特种刑事之罪犯，变更起诉法条，判以特别刑事法令上之罪名，判决后各该案件之上诉与覆判，均应依判决时所适用之法条为准，但仍应参照本院院字第二八五七号解释办理。仰即转饬知照。此令

**附广西高等法院原呈**

呈为呈请事，案据贺县地方法院三十四年八月十八日贺文字第一七〇号呈称，查《特种刑事案件诉讼条例》颁行以后，关于检察官或司法警察官署移送书，引用特别《刑法》起诉之案件，经法院审理结果，认为系犯普通《刑法》之罪，变更起诉法条，判以《刑法》上之罪名，或检察官以犯普通《刑法》之罪起诉，审理结果认为系犯特别《刑法》之罪，变更起诉法条，判以特别《刑法》上之罪名，判决后各该案件之上诉与覆判程序不同。究应依检察官起诉时或司法警察官署移送时所引用之法条为准，抑依判决时变更法条为准，定其上诉与覆判之程序，实用上不无疑义，理合备文呈请钧院鉴核，俯赐转请解释示遵等情前来。查本件原条例第一条后设，并参照《刑事诉讼法》第三百六十八条及二十四年院字第一一八六号解释精神，似应依判决时变更法条为准，定其上诉与覆判之程序。惟案关适用法律疑义，本院未便擅拟，理合具文呈请察核，俯赐解释示遵，俾得转饬遵照。

**院解字第三〇六一号**

**民国三十四年十二月三十一日　司法院指令广西高等法院首席检察官**

呈悉，业经本院统一解释法令会议议决，汉奸案件经最高法院覆判判决处死刑或无期徒刑者，其卷判仍应分别依《刑事诉讼法》第四百六十四条及《刑事案件报部办法》第三条各规定办理。仰即转饬知照。此令

**附广西高等法院首席检察官原呈**

案据柳州本院第三分院首席检察官苏业富微代电，请解释关于汉奸案件宣告死刑者，除因镇压匪乱、维持治安，必须紧急处分，经最高法院核准，迳电司法行政部令准执行者外，其余经最高法院覆判，判决处以死刑、无期徒刑之案件，是否仍应将卷判呈送司法行政部核准后，始予执行等情前来。本处按此类案件依《特种刑事案件诉讼条例》第一条第一项后段，适用《刑事诉讼法》及《刑事案件报部办法》等规定，似仍应将卷判呈送司法行政部核准执行。惟事关适用法律疑义，理合电请解释示遵。

**院解字第三〇六二号**

**民国三十五年一月四日　司法院指令广西高等法院**

呈悉,业经本院统一解释法令会议议决,(一)汉奸盗匪经宣告死刑电请核准者,仍应制作判决书,并依法送达,其致最高法院之电文,应以参与判决之推事名义行之;(二)特种刑事案件之裁判,应依《刑事诉讼法》第四百六十一条,由检察官指挥执行,关于执行死刑之方法,除法令有特别规定外,应照司法行政部所定者办理。至此项罪犯,法律上并无应宣布罪状之规定,但有必要时,宣布罪状亦非法所不许;(三)特种刑事案件判决后,因声请合法而为覆判时,如覆判法院认原判决并无不当而为核准判决,即系同时认其声请为无理由,自不必另为声请驳回之裁判。仰即转饬知照。此令

**附广西高等法院原呈**

呈为呈请解释事,案据本院第五分院未真代电称,职院办理特种刑事案件,发生疑义三点如下,(一)依《特种刑事案件诉法条例》第二十四条,电请最高法院就死刑部分核准时,该电文似与判决有同等效力,究用参与裁判全体推事名义,抑用院长名义?以及应否送达与被告?(二)普通刑事案件由检察官指挥执行死刑,向系用绞,原无疑义,惟《特种刑事案件诉讼条例》执行死刑并无规定,是否依第一条适用刑诉法,仍由检察官照向例执行,抑用枪毙,并应否宣布罪状?(三)覆判审所为之判决,除该条例第二十二条所定者外,一为第十九条,认声请为不合法,判决驳回其声请;二为第二十条其声请虽合法,但原审判决尚无不当,应判决核准。二者各不相同,本属明显,第念既系由当事人声请覆判,即属不服原审判决,并非请求核准。如果覆判审为核准判决,未就声请予以准驳,似与当事人真意不符。以上三点,事关适用法律疑义,理合电请察核示遵等情前来。查关于第一点,原条例第二十四条所指电文,仅系摘叙事实证据及须紧急处分之理由,电请就死刑部分予以核准,是此项电文初非决书,亦不得与具有裁定效力之批示相比拟,依对外用院长名义之向例,似应以院长名义行之,并毋庸送达被告。关于第二点,查《特种刑事案件诉讼条例》第一条第一项,业已明白规定,本条例未规定者,仍适用《刑事诉讼法》及其他有关之法令。故对于此种案件死刑之执行,似应由检察官仍照向例办理。关于第三点,查原条例第十九条、第二十条之判决,虽系出自当事人声明不服,请求覆判,依历来事例并无先就声请予以准驳,再行判决之办法,盖一经分别为驳回或核准判决后,不啻就其声请已予准驳,不生与当事人真意不符之问题。惟案关适用法律疑义,本院未敢擅拟,理合具情转请解释,俾便饬遵。

**院解字第三〇六三号**

**民国三十五年一月四日　司法院复广西高等法院电**

广西高等法院览,本年戌微代电悉,崇善县司法处所请解释一案,业经本院统一解释法令会议议决,(一)甲对乙提起确认某田为其所有之诉,经判决驳回确定后,复对乙起诉,经

判决该田归甲管业确定时,后之确定判决,在依再审程序废弃前,仍有效力。如其所谓归甲管业,系命乙将田交甲管业之意。则甲声请执行,乙不得以前之确定判决为理由拒绝交田;(二)再审之理由知悉在判决确定后,而其提起再审之诉,如自知悉时起算,已逾三十日之不变期间,即为不合法,依《民事诉讼法》第四百九十八条第一项之规定,应以裁定驳回之;(三)甲如仅以后之确定判决于乙有利为理由,对于前之确定判决提起再审之诉,则与《民事诉讼法》第四百九十二条第一项第九款情形不符,自不得据以废弃前之确定判决,另为判决。合电转饬知照。司法院支印

**附广西高等法院原代电**

司法院院长居钧鉴,案据崇善县司法处酉东民代电称,查甲向某县政府拍买公田,经交易发给管业执照后,而未将田点交清讫。乙乘机告争,主张为其所有,甲向司法处提起确认田产所有权之诉,竟被驳回,确定在案。旋甲呈准某县政府,将田丈量点交完毕,乙仍占耕。甲复向司法处起诉,判决归甲管业,并经第二审法院判决确定在案。兹有疑义如下,(一)前后判决均经确定,皆得为执行名义,依前判决原告之诉既经驳回,乙虽未提起确认所有权之反诉,但告争标的仍属乙所占有,即推定有所有权。甲状请执行,乙以前判决为根据予以拒绝,亦非无理,究应如何执行?(二)甲得提起再审之事由为其所已知(如甲持有前后不利或有利确定判决)但不识于三十日之不变期间内提再审之诉,如甲嗣后提起再审之诉,是否与《民事诉讼法》第四九六条第一项规定有违,予以驳回?(三)甲持后有利之判决,依同法第四九二条第一项第九款,对前判决提起再审时,除将前判决撤销外,应否再将告争标的物加以确认为甲所有?因前判决之标的物已有后判决确认为甲所有,如再加确认,即有一事两判之嫌,法所不许。事关法律疑义,理合电呈解释示遵等情。据此,案关法律疑义,理合电请解释示遵,俾便转饬知照。

**院解字第三〇六四号**

**民国三十五年一月四日　司法院复广西高等法院电**

广西高等法院览本年戌佳代电悉,博白地方法院所请解释一案,业经本院统一解释法令会议议决,司法警察官署以窃盗案件误为盗匪,移送审判,仍以提起公诉论。但其起诉违背规定,应于谕知不受理之判决后,送付检察官侦查。合电转饬知照。司法院支印

**附广西高等法院原代电**

重庆司法院院长居钧鉴,案据博白地方法院酉东代电称,查司法警察官署对窃盗案件认为盗匪,用移送书移送审判究,应如何办理,兹有甲、乙两说。甲说,谓司法警察官署依《特种刑事案件诉讼条例》第三条第一项移送之案件,既以提起公诉论,依同条例第一条第一项之规定,自得适用《刑事诉讼法》第二百九十二条,就起诉之犯罪事实变更起诉。所引应适用之法条,依法判处被告之窃盗罪刑。乙说,司法警察官署依《特种刑事案件诉讼条例》第三条第一项移送之案件,以提起公诉论,系指依法律规定适用特种刑事审判程序,或

同条例施行前依法令规定,由军事或军法机关审理(除军人为被告者)之案件而言,窃盗既非特种刑事案件,适用程序既不同,即不得适用《特种刑事案件诉讼条例》作实体上之判决。司法警察官署作盗匪移送,应认为起诉程序违背规定。依上开条例第一条第一项、《刑事诉讼法》第二百九十五条第一款,为谕知不受理之判决。以上两说,何说为是,合电请示等情前来。查来电情形,似以乙说为是。惟案关适用法律疑义,本院未敢擅拟,理合据情转请解释,俾便饬遵。

**院解字第三〇六五号**

**民国三十五年一月四日　司法院复贵州高等法院电**

贵州高等法院览,本年戌敬代电悉,绥阳县司法处所请解释一案,业经本院统一解释法令会议议决,县国民兵团团部副官,应视同军人。合电转饬知照。司法院支印

**附贵州高等法院原代电**

司法院院长居钧鉴,据绥阳县司法处主任审判官王叙甫本年十一月十日法字第六〇一号呈称,案查本处受理县长兼检察职务公诉刘鹏诈财一案,查该刘鹏系本县国民兵团副官,是否有军人身份,不无疑义,请解释等情。据此,理合电请钧院解释示遵。

**院解字第三〇六六号**

**民国三十五年一月四日　司法院复安徽高等法院电**

安徽高等法院览,本年寅世代电悉,休宁地方法院所请解释一案,业经本院统一解释法令会议议决,检察官起诉书所叙述之被告犯罪事实,虽涉及子、丑两罪,但检察官既仅就子罪部份起诉,依《刑事诉讼法》第二百四十七条之规定,自不得就丑罪予以审判。合电转饬知照,司法院支印

**附安徽高等法院原代电**

重庆司法院院长居钧鉴,案据本院休宁地方法院院长孙彭衔上年十二月十五日代电呈称,查本院受理某公诉案件,检察官依子罪起诉,如就起诉书所叙述之事实调查,认为有犯丑罪之嫌,而丑罪部分业经检察官处分不起诉,并经确定在卷,则法院能否仍就丑罪部份予以审判,于此计有甲、乙两说。甲说,谓《刑事诉讼法》第二百九十二条所称,得就起诉之事实变更检察官所引应适用之法条者,系指检察官就犯罪事实业经起诉,而引用法条错误者而言。苟起诉书中叙述子罪之犯罪事实虽兼涉丑罪之事实,但丑罪已经不起诉处分,则依《刑事诉讼法》第二百四十七条之规定,法院即不得就丑罪审判。乙说,谓子罪之起诉书既经叙明丑罪之事实,虽其事实检察官认为不构成丑罪之罪名,而为不起诉之处分,但该项犯行既系起诉之事实中之一部,依照犯罪行为不可分之原则,法院对于丑罪部分仍得予以审判。以上二说,未知孰是,理合具文呈请俯赐解释示遵等情前来,理合具文转请解释祇遵。

**院解字第三〇六七号**

**民国三十五年一月二十一日　司法院咨行政院**

案准贵院上年十二月十一日平捌字第二七五五三号咨,以据司法行政部呈,转请解释妨害兵役等案件适用法律疑义,咨请解释见复等由,准此,兹经本院统一解释法令会议议决,(一)保长奉令征兵,向所属保内壮丁收集款项,价买志愿兵抵解兵额,如非冒名顶替或便利应服兵役之特定壮丁逃避兵役,亦无诈欺或图利情事,尚不构成何项罪名。(二)甲给乙金钱,以顶替保队副受训为词,将乙以志愿兵送服兵役,乙至征兵机关,始知受愚。如乙系未满二十岁,经甲诱令脱离家庭或其他有监督权之人,甲应成立《刑法》第二百四十一条第一项之罪。否则乙至征兵机关时,甲如有《刑法》第三百零二条第一项或第三百零四条第一项之情形,亦应论以各该条之罪(参照院字第二八二九号解释)。(三)保长乙将独负家庭生计责任且无同胞兄弟之甲强迫使服兵役,经一二两审判处罪刑,在第三审上诉中,适甲从部队逃回,为乙侦知,复捕送兵役,该甲为依法缓征之壮丁,因被迫服兵役逃出部队,在法律上虽不负逃亡罪刑,但乙以其系属逃兵,予以捕送,既无犯罪故意,亦不成立《妨害兵役治罪条例》第六条第一项之罪。(四)以自卫队改编之县保安警察队,既与陆军编制不同,其官警犯罪,除原有军人身分者外,应由司法机关审判,相应咨复查照饬知。此咨行政院

**附行政院原咨**

据司法行政部本年十一月三十日呈(叁)字第九四〇号呈称,案据江西高等法院首席检察官呈,据黎川地方法院检察官兼行首席检察官职务彭年鹤呈称,近查黎川征兵情形,保长每奉令征兵,辄向所属保内壮丁收集款项,价买所谓志愿兵,抵解兵额。因之贩卖志愿兵日众,此项价买之志愿兵,系用其本人名字报送,并未冒充他人应征,自不得认为顶替兵役。其出资之壮丁及收集价款之保长暨贩卖志愿兵者,亦不得认为使人顶替兵役或介绍顶替兵役,均难律以《妨害兵役治罪条例》第十五条之罪。又上项情形,并未便利应服兵役之特定壮丁逃避兵役,亦不构成同条例第四条第一项或第二项之罪。该保长如无诈欺或从中图利情事,复难以贪污论处,顾此项价买之志愿兵,实系顶替兵役之变相,其妨害兵役与顶替兵役之情形毫无轩轾,似未便放任。究应适用何法处理,此应请核示者一。某甲以顶替保队附受训为词,给某乙二千元,而将乙以志愿兵送服兵役,乙至征兵机关始知受愚,甲之行为现行法律无处罚规定,似在不罚之列,此应请核示者二。某甲独负家庭生计责任,无同胞兄弟,为该管保长某乙强迫使服兵役,经甲父诉由第一审法院判处罪刑,第二审维持原判,尚在上诉第三审中。适甲从部队中潜逃回家,为乙侦知,复捕送服役,或谓甲系逃兵,乙缉捕逃兵系依法令之行为,应不处罚,或谓甲原系不应征集之壮丁,不因一度被强迫征集而变更其身份。第二次强征甲之行为系连续犯。似以后说为是,程序上究应如何办理,此应请核示者三。黎川县保安警察队系自卫队改编,与陆军编制不同(陆军每班士兵十四名,该队每班仅十名)自系地方民兵部队性质,关于审判问题,似可参照司法院院字第二六三五号解释

办理，此应请核示者四，转请示遵等情。事关法律适用疑义，理合呈请鉴核，转送司法院解释，以便饬遵等情。据此，案关适用法律疑义，相应咨请查照，解释见复，以便饬遵为荷。

**院解字第三〇六八号**

**民国三十五年一月二十二日　司法院复甘肃高等法院电**

甘肃高等法院览，上年十月有代电悉，所请解释一案，业经本院统一解释法令会议议决，甲保乙在外候讯，乙旋逃匿，经法院裁定命甲如数缴纳保证金，甲于缴纳少数金额后，虽领乙交法院收押，其余未缴纳之保证金，应仍依原裁定继续执行。合电知照。司法院养印

**附甘肃高等法院原代电**

重庆司法院院长居钧鉴，兹有某甲向法院出具保证书，保某乙在外候讯，保证书内载明随传随到，如有不到情形，有保人是问，并负缴纳保证金若干之责。法院照准后，某乙即行逃匿，法院即以裁定令保人某甲将保证金如数缴纳。惟某甲交过少数后，即推延不交，正严催间，某甲忽将被保人某乙领来，交院收押。某甲虽将被保人某乙交案，而与原日所保随传随到之原意不符，所有某甲其余未交之保证金额，应否继续追交，不无疑义，理合电请解释示遵。

**院解字第三〇六九号**

**民国三十五年一月二十二日　司法院复陕西高等法院电**

陕西高等法院览，上年戌筱代电悉，神木县兼理司法县长所请解释一案，业经本院统一解释法令会议议决，《军法人员转任司法官条例》第二条后段所载，其他职掌军法裁判之人员，包括县长兼任军法官之人员在内，县长兼任相当荐任职之军法官，服务二年以上，并曾任推事一年以上，经登记并审查成绩合格者，依同条例第五条，有转任地方法院院长或首席检察官之资格。合电转饬知照。司法院养印

**附陕西高等法院原代电**

重庆司法院院长居钧鉴，案据神木县兼理司法县长刘子高西文代电称，查《军法人员转任司法官条例》第二条后段其他职掌军法裁判之人员，是否包括县长兼任军法官之人员在内。又兼任军法官之县长，服务二年以上，并曾任推事一年以上，能否适用同条例第五条之规定，有转任地方法院院长或首席检察官之资格，请钧院核转司法院解释示遵等情。据此，理合据情转请鉴核示遵，以便转知，实为公便。

**院解字第三〇七〇号**

**民国三十五年一月二十四日　司法院复航空委员会电**

航空委员会鉴，三十四年十月有人法二乙代电悉，兹经本院统一解释法令会议议决，依减刑办法应减刑之案件，已经裁判确定，而其裁判依《刑法》第五十九条酌量减轻其刑者，既

就酌减后所定之刑,予以减刑,则未经裁判而应酌量减轻其刑者,自应先予酌减而后减刑,院字第二七七七号解释,毋庸变更。特电复请查照。司法院迴印

**附航空委员会原代电**

司法院公鉴,查合于减刑办法案件,依减刑办法第一条规定,及院字第二七七七号解释其法定刑,例(1)死刑,无期徒刑或十年以上有期徒刑;例(2)无期徒刑或七年以上有期徒刑;例(3)无期徒刑之案件,关于减刑时,有下列二说。甲说,例(1)应从无期徒刑、十五年有期徒刑或五年以上至七年六月有期徒刑。例(2)应从十五年有期徒刑或三年六月以上至七年六月有期徒刑之范围科刑。逾越上列范围,如科七年七月以上至十四年十一月有期徒刑,即不合法,先从其法定刑拟定刑期,再依减刑办法减处,其例自明。例(3)应为十五年有期徒刑,此类案件于依减刑办法减刑外,遇有情堪悯恕,始可从例(1)十五年以下至二年六月以上有期徒刑,例(2)十五年未满至一年九月以上有期徒刑,例(3)十五年未满至七年六月以上有期徒刑之范围,递减其刑。虽如例(3),其法定刑为无期徒刑之案件,不合减刑办法规定,仅其犯罪情状可悯恕者,尚能减至七年有期徒刑,遇有合于减刑办法及情堪悯恕两种减刑规定时,只能减至七年六月有期徒刑,于被告为不利。但在院字第二七七七号解释未变更前,亦属无法补救。乙说,减刑办法乃一暂时性之特别法,自不能因其规定不完备妥适,而影响《刑法》之最大原则。减刑办法第一条所谓减本刑二分之一,应以专指法定刑为有期徒刑、拘役或罚金者而言,因死刑、无期徒刑无法分为二分之一,遇有死刑、无期徒刑及有期徒刑之二种以上主刑,即不能适用。虽死刑、无期徒刑之减刑,有院字第二七七七号解释可资依据,但遇有上列二种以上主刑时,其减刑结果即将有期徒刑分为二个阶段即,(1)十五年,(2)五年以上七年六月以下,或三年六月以上七年六月以下。换言之,即只能减处十五年或五年以上至七年六月以下,或三年六月以上七年六月以下,不能减处七年六月以上十五年未满,似于法理及情节均难适合,自以例(1)应从无期徒刑或五年以上有期徒刑,例(2)应从十五年以下三年六月以上有期徒刑之范围定刑,较为妥洽。且如例(3)法定刑为无期徒刑之案件,遇有合于减刑办法规定及情堪悯恕二种减轻,反较情堪悯恕一种减轻为重,院字第二七七七号解释,似应加以变更,以资救济。事关法律疑义及变更解释,相应电请查照解释见复为荷。

**院解字第三〇七一号**

**民国三十五年一月二十四日　司法院致行政院函**

案准贵院三十四年十二月三日平壹字第二六八四二号公函,以据内政部呈,转请核示县参议员选举省参议员,召集三次出席不及半数,应如何办理一案,请解释见复等由,准此,兹经本院统一解释法令会议议决,《县参议会组织暂行条例》第十四条第一项,虽规定县参议会非有全体参议员过半数之出席不得开议。然此所谓开议,仅就得议决之事项为之。县参议会选举省参议员,依《省参议员选举条例》第八条之规定,系以县政府为投票所,用集会

方式行之,不在《县参议会组织暂行条例》第十四条第一项规定之列。《省参议员选举条例》第二十条前段规定,省参议员选举以得出席者总额过半数之投票为当选,并未限定出席者须为全体县参议员之过半数。出席者不达过半数时,亦非不得投票。至选举未得出席者总额过半数之投票时,即为同条后段所谓选举结果无人当选,自应举行再选。如仍未得出席者总额过半数之投票,即以得票较多者为当选。相应函复查照饬知。此致行政院

**附行政院原函**

内政部呈,据四川省民政厅请示县参议会参议员选举省参议员,经召集达三次,出席者均不及过半数及出席过半数投票不足半数时,应如何办理一案,相应抄同原呈,函请查照解释见复。

**附内政部原呈**

案准四川省民政厅呈请核示省参议员选举,召集达三次,出席者均不及过半数,暨出席人过半数而投票不足半数时,应如何办理等由。查职业团体选举县参议员,召集达三次,均不足法定人数时,所有该团体应出之县参议员应任其空缺,业经钧院于本年六月九日以平壹字第一二三九二号指令解释在案。惟查我国现制,既以区域选举为主干,则当多数区域代表有上列情事,致无从开议选举时,似未便比照上项指令,类推解释,本部以为县参议员系由人民选出,代表人民行使职权,则其应出席选举省参议员,自为当然应尽之义务。爰拟规定各县市参议会参议员于选举省参议员时,经召集三次不出席而无正常理由者,应以辞职论,由各该县市参议员代表候选人依次递补或另选。至出席而不投票者,以现行各项选举均系采无记名法,难于查悉,惟有任其放弃投票,迳将选举结果认为有效,是否有当?事关适用法律疑义,拟请钧院迅赐核转司法院解释示遵。

**院解字第三〇七二号**

**民国三十五年一月二十四日 司法院致行政院函**

案准贵院三十四年十二月五日平壹字第二七〇三二号公函,以据司法行政部呈,转请解释县各级组织纲要第六条第二项第三款疑义,请解释见复等由,准此,兹经本院统一解释法令会议议决,县各级组织纲要第六条第二项第三款所称曾因藏私处罚有案,系指因贪赃营私之渎职行为,经判处罪刑或经依法惩戒受有处分者而言。相应函复查照饬知。此致行政院

**附行政院原函**

据司法行政部转请解释县各级组织纲要第六条疑义,相应抄同原呈,函请查照解释见复为荷。

**附司法行政部原呈**

据江西省余干县五雷乡乡长呈略称,县各级组织纲要第六条载……有下列情形之一者,不得有公民资格,一、褫夺公权者,二、亏欠公款者,三、曾因藏私处罚有案者,四、禁治产

者,五、吸食鸦片或其他代用品者等语。所谓曾因藏私处罚有案含义如何?又所谓处罚,是否以法院裁判科罚为限,抑包括行政处分在内,均不无疑义,请鉴核示遵等情。事关法律疑义,理合备文呈请钧院核转司法院解释,俾便饬知。

**院解字第三〇七三号**

**民国三十五年一月二十五日　司法院咨行政院**

案准贵院三十四年十一月二十日平捌字第二五五九二号咨,以据司法行政部呈请解释收复区房屋租赁事件适用法律疑义,请解释见复等由,准此,兹经本院统一解释法令会议议决,租赁未定期限之房屋承租人甲,于战事发生后,迁避他处,如可认其有不再使用房屋之意思,即为终止契约之默示意思表示。其意思表示,以出租人乙可了解时发生效力。租赁契约既经终止,对于该房屋之受让人丙,即无继续存在之余地。且租赁物经出租人交付承租人后,即为承租人所占有,出租人如将其所有权让与第三人,第三人可就承租人之占有,知有租赁契约之存在,不致因租赁契约于受让后继续存在,而受不测之损害。《民法》第四百二十五条,系基于承租人受交付后,必占有租赁物之普通情形而为规定。若出租人于承租人中止租赁物之占有后,将其所有权让与第三人,则第三人无从知有租赁契约之存在,绝无使其租赁契约对于受让人继续存在之理。同条之规定,自应解为不能适用。出租人乙将其房屋所有权让与第三人,既在承租人甲中止其占有之后,则甲乙间之租赁契约纵未终止,对于受让人丙亦不继续存在。相应咨复查照饬知。此咨行政院

**附行政院原咨**

据司法行政部本年十一月七日呈(叁)字第八四二号呈称,查收复区房屋租赁事件适用法律间有困难情形。设有某甲向某乙租赁房屋一所,未曾定有期限。战事发生后,甲迁避他处,该屋为日人占住。战事结束,日人迁出后,甲欲迁回原屋居住,但该屋业主已数易人。倘新业主丙,以该屋向他人购来,不承认彼与前承租人甲之间有租赁关系,而复于日人退出时,与丁另订租约,则甲与乙间之租赁关系,是否因日人占住而已中断或仍有效。事关法律适用疑义,理合呈请鉴核,转送司法院解释,俾资遵循等情。案关适用法律疑义,相应咨请查照,解释见复,俾便饬遵。

**院解字第三〇七四号**

**民国三十五年一月二十五日　司法院致中国国民党中央执行委员会宣传部函**

案准贵部三十四年十二月十一日密字第一〇四二号公函,以新闻纸发行人可否继承疑义,请解释见复等由,准此,兹经本院统一解释法令会议议决,在日报社担任发行之人,依《新闻记者法》第一条之规定,为新闻记者,须具有同法第三条所列各款资格之一,依同法声请核准,领有新开记者证书后,始得为之。故在日报社担任发行之人死亡时,除关于日报社之财产上权利义务由其继承人承受外,其发行人之地位,不得继承,相应函复查照。此致中

国国民党中央执行委员会宣传部

**附中国国民党中央执行委员会宣传部原函**

案据冯黄待华呈称，呈为呈请复刊准予备案事，窃大晶报为氏夫冯梦云创办，至民国二十六年八一三抗战时，印刷所被毁后，氏夫因服务正言报，并担任三民主义青年团职务，从事抗敌工作，为敌宪兵队所捕，忠贞不屈，备受虐害，迄今生死未明，而氏抚育遗孤，生活困危，兹幸抗战胜利，天日重光，氏拟即复刊大晶报，以继氏夫之志，并维孤寡生涯，现已筹备就绪，遵照中央规定报纸复员办法，定于十二月一日复刊，为特具呈申请复刊，仰祈鉴核等情。据此，查报社为自由商业之一种，如系独资经营，发行人之遗妻遗孤，似应有继承权。但此种解释未知与现行法有无抵触，相应函达，即希查照见复为荷。

**院解字第三〇七五号**

**民国三十五年一月二十五日　司法院致航空委员会函**

案准贵会三十四年十二月三日人法二乙渝发字第二二八一六号公函，以军需人员在免职后未移交前拐款逃亡审判权疑义，函请解释等由，准此，兹经本院统一解释法令会议议决，军某乙在奉令免职后，拐款潜逃，应由普通法院审判。如仅免职而未免官，应按其官级，由军法会审审判。相应函复查照。此致航空委员会

**附航空委员会原函**

案查前准贵院三十四年五月三十一日院解字第二八九一号解释，军需某甲奉令核准长假，于新任接替后，办理交代中，发觉有贪污嫌疑。如核准长假即系免官，应归法院审判等由。兹查有军需某乙奉令免职，以交代清楚之日为离职止薪日期，在新任未到未办移交，即拐款逃亡，经通缉有案，其审判权谁属有二说。子说，某乙既奉令免职，其后拐款潜逃犯罪在免官以后，应由普通法院审判；丑说，某乙虽奉令免职，但该项命令既同时规定以交代清楚之日为离职止薪日期。在新任未到，未经移交前，仍系在职军人，与核准长假，新任接替后始行发觉之情形不同。其拐款逃亡，应由军法机关审判。二说孰是，相应函请查照，迅赐解释为荷。

**院解字第三〇七六号**

**民国三十五年一月二十五日　司法院致行政院**

案准贵院三十四年十一月三十日平捌字第二六六七二号咨，以据司法行政部呈，转请解释民事执行适用法律疑义，请解释见复等由，准此，兹经本院统一解释法令会议议决，为执行名义之判决，系命出典人承诺典物之出卖并订立移转所有权之书面而不为之者，依《强制执行法》第一百三十条之规定，应分别情形，自判决确定时，或自法院就典权人已支付价金或提出相当担保给予证明书时，视为已承诺出卖，并已订立书面。至出典人对于已提出之价金拒绝受领，即为受领迟延，依《民法》第三百二十六条之规定，典权人得将其价金为出

典人提存之。相应咨复查照饬知。此咨行政院

**附行政院原咨**

据司法行政部本年十一月十九日呈叁字第八七九号呈称,案据江西高等法院呈称,案据本院第二分院呈,据乐平县司法处请示,依《民法》第九百一十九条,判令典权人承买出典人之不动产,出典人不收领该项价款,亦不书立卖契,应如何执行等情到院。查此项情形,可否准用《强制执行法》第九十七条,由执行法院发给权利移转证书或其他书据,并依提存法将价款提存。事关法律疑义,理合备文呈请钧部迅赐指示,俾便转饬遵照等情到部。事关法律疑义,理合呈请钧院鉴核,转送司法院解释,实为公便等情。据此,案关适用法律疑义,相应咨请查照解释见复,以便饬遵为荷。

**院解字第三〇七七号**

**民国三十五年一月二十五日　司法院指令广西高等法院**

呈悉,业经本院统一解释法令会议议决,被害人因被盗匪强劫,受有损害,不得于特种刑事诉讼程序中提起附带民事诉讼,其提起之附带民事诉讼,应认原告之诉为不合法,依《特种刑事案件诉讼条例》第一条第一项适用《刑事诉讼法》第五百零六条第一项,以判决驳回之。仰即转饬知照。此令

**附广西高等法院原呈**

呈为呈请事,案据陆川县司法处酉篠法代电称,查《特种刑事诉讼条例》自公布施行后,所有盗匪贪污案件,业经县政府依条例规定先后将案移送本处审理有案,惟对于办理该条例上发生疑义两则,(一)特种刑事诉讼条例可否附带民事诉讼,倘有告诉人因被匪强劫,而发生民事损害问题,则于特种刑事诉讼中,附带民诉请求损害赔偿,可否依照普通刑事诉讼程序,对于附带民诉予以判决,抑予以不受理,或另以裁定将附带民事移送民庭审理,此其一。(二)旧《惩治盗匪暂行办法》第十二条规定,执行死刑得用枪毙,现新《惩治盗匪条例》则无是项规定。倘遇有判处死刑案件,究应如何执行,此其二。综上两点,系本处办理《特种刑事诉讼条例》发生疑义之点,现悬案急待解决,理合将疑义两则,电请钧院察核,详细解释下处,俾资办理等情。据此,查第一点依《特种刑诉条例》第一条第一项后段规定,似可附带民诉,至应否另以裁定移送民事庭,刑诉法第五〇八条第一项具有规定,自可按照办理。惟事关适用法律疑义,理合具文呈请察核,俯予解释示遵,俾便转饬遵照。至第二点,业经司法行政部本年十月以诉刑字第六二五九号训令通饬转行在案,合并陈明。

**院解字第三〇七八号**

**民国三十五年一月二十五日　司法院致军事委员会调查统计局函**

案准贵局三十四年十二月二十六日汉侦渝字第四〇八号公函,以关于被迫应征随敌作战或供职敌伪机关而无其他罪行之台湾人,应否以汉奸拘办疑义,请予解释等由,准此,兹

经本院统一解释法令会议议决,《惩治汉奸条例》关于汉奸罪刑,系就《刑法》外患罪所设之特别规定,仍与《刑法》之外患罪同一性质。凡在中华民国领域内或领域外犯该条例之汉奸罪,依《刑法》第十一条、第三条及第五条第二款之规定,均适用之。其犯罪主体,原不以本国人民为限。惟台湾人民于台湾光复前已取得日本国籍,如在抗战期内基于其为敌国人民之地位,被迫应征随敌作战,或供职各地敌伪组织,应受国际法上之处置,自不适用《惩治汉奸条例》之规定,相应函复查照。此致军事委员会调查统计局

**附军事委员会调查统计局原函**

案查前奉何兼总司令转奉委座本年十月一日手令略开,逮捕汉奸,各方权限不清,责任不明,以致纠纷多端,以后关于逮捕汉奸案件,准令戴副局长负责主持,另派有关人员检察办理,以归统一,而免纷歧,等因,并由陆军总司令部遵照委座手令,规定办法五项,通饬实施各在案。兹据本局派赴各地人员所报拘捕汉奸犯中,发现担任敌人部队通译及供职敌伪组织之台湾人颇多,经查汉奸犯罪主体以属于本国之人民为限。而台湾陷敌已垂五十年,且系满清政府割让,在未收复前,此项领土主权不属本国所有,其人民自非本国人民。除台人随敌侵略有烧杀掳掠之不法行为,应依各该犯罪论处外,凡系被迫应征随敌作战或供职各地敌伪组织之台人,似未可以汉奸等视,率予拘办。事关法律疑义,相应函请贵院赐予解释,俾资遵循为荷。

**院解字第三〇七九号**

**民国三十五年一月二十六日　司法院复陕西高等法院首席检察官电**

陕西高等法院首席检察官览,三十四年亥俭代电悉,所请解释一案,业经本院统一解释法令会议议决,特种刑事案件,经初判法院处有期徒刑,声请覆判,改处死刑或无期徒刑,依《特种刑事案件诉讼条例》第七条第二项规定,不得声请再覆判。至同条例第九条但书所定情形,系指初判法院所宣告者而言,与覆判法院改处死刑或无期徒刑者无涉。合电知照。司法院宥印

**附陕西高等法院原代电**

重庆司法院院长居钧鉴,《特种刑事案件诉讼条例》第九条但书规定,宣告死刑或无期徒刑之判决应不待声请,依职权迳送最高法院覆判。寻绎法意,死刑或无期徒刑之判决,似非经最高法院覆判不能认为确定,遽予执行。假定特种刑事案件,经第一审判决有期徒刑,因声请送高等法院或分院覆判,该覆判法院依同条例第二十二条前段将原处有期徒刑之判决撤销,改处死刑或无期徒刑。依同条例第七条第二项规定,对上述改处死刑或无徒刑之覆判判决,固不得声请再覆判。但如迳执行死刑或无期徒刑,似又与同条例第九条但书之规定有所抵触。事关法律疑义,理合电请解释示遵。

**院解字第三〇八〇号**

**民国三十五年一月二十六日　司法院指令广西高等法院首席检察官**

呈悉,业经本院统一解释法令会议议决,受理汉奸案件县长,对于被告未被没收之扣押物侵占入己,应依《惩治贪污条例》第三条第六款处断。仰即转饬知照。此令

**附广西高等法院原呈**

案据百色地方法院检察官兼行首席检察官职务丘树先文代电称,查未兼受理司法之县长,对于受理汉奸案件,将被告所有之物(未经判决没收)侵占入己,关于适用法律,计有两说。甲说,该县长对于扣押被告所有之物侵占入己,显系对于主管之事务直接图利,依特别法优于普通法之原则,应依《惩治贪污条例》第三条第六款处断,自不发生《刑法》上之公务侵占问题。乙说,《惩治贪污条例》固为《刑法》之特别法,惟查该条例第三条第六款所谓对于主管或监督之事务直接或间接图利云者,系关于公务员职务上图利之一般的规定,应以其他法令并无特别规定者始能适用。若其图利行为合于某法令特别规定,仍应从该法令处断。该县长将案内扣押被告所有之物侵占入己,显系侵占公务上持有他人之物(最高法院十九年上字第一一四八号判例及二十八年非字第四七号判例参照)。是其行为已合于《刑法》第三百三十六条第一项之规定,自应依该条项处断,不能适用《惩治贪污条例》第三条第六款规定办理。两说似以乙说为是。惟事关法律疑义,职未敢擅专,理合电请核示或转请解释示遵等情前来。按原电所述甲乙二说,似以甲说为是。惟事关适用法律疑义,本处未敢擅专,理合据情呈请钧院察核示遵。

**院解字第三〇八一号**

**民国三十五年一月二十六日　司法院复广西高等法院电**

广西高等法院览,三十四年亥鱼代电悉,所请解释一案,业经本院统一解释法令会议议决,陆军军官学校军械科库兵之妻,提起撤销婚姻之诉,不适用《优待出征抗敌军人家属条例》第三十条之规定。合电知照。司法院宥印

**附广西高等法院原代电**

司法院院长居钧鉴,兹有妻甲依据《民法》第九百八十九条,对于其夫现充某陆军军官分校军械科库兵乙提起请求撤销婚姻之诉,应否认乙为出征抗敌军人,依照《优待出征抗敌军人家属条例》办理,于是有下述三说。一、消极说,主张所谓出征抗敌军人,应以修正优待出征抗敌军人家属第二条所列举者为限。乙既为后方军事教育机关负责守护之库兵,不能列入战斗序列,亦未担任战地攻守任务,自不能认为应受优待之出征抗敌军人。且在《修正优待出征抗敌军人家属条例》中,关于离婚及解除婚约之事件均有详明之规定,而于撤销婚姻之事件,则未定有明文,似撤销婚姻事件不在应受优待之列,故纵乙可认为出征抗敌军人,仍不能享受该条例之优待权利。本件诉讼即应就是否合于《民法》九百八十九条分别予

以准驳。二、积极说,主张军官学校军械科之库兵,就其职务之性质言之,应与该条例第二条第一项第二款后方整训之军人,或该条项第四款准备拨补前方服役之运输士兵相当,即应享受该条例所定之优待权利。至该条例对于撤销婚姻事件,虽未设有专条,但在未婚夫妻之婚约条例中,尚有保障之规定,况撤销已成之婚姻,断无不尤为重视之理。故以立法之精神言之,妻请求撤销婚姻之事件,倘其夫果为出征抗敌军人,即应依该条例第三十条规定,及司法行政部三十三年四月六日训民字第二一九五号训令第十四点之旨趣,认其妻之诉为无理由,以判决驳回之。三、折衷说,主张如依该条例办理,则法律上缺乏明文之依据。倘迳认为不在应受优待之列,似又与立法之精神失其贯彻。窃以特别法无规定者,应适用普通法。查《民事诉讼法》第一百八十一条,既明定当事人于战时服兵役,与法院交通隔绝者,法院得命在障碍消灭以前,中止诉讼程序。某乙无论是否出征抗敌军人,究不能谓非服兵役之人,事实上如确与法院交通隔绝而又未委任诉讼代理人者,自得依前开法条及《非常时期民事诉讼补充条例》第八条,命在障碍消灭以前,中止诉讼程序。以上三说,究以何说为当,未敢臆断。事关法律疑义,理合电请钧院鉴核,仰祈俯赐解释,俾便遵循。

**附原抄件**

司法行政部三十三年四月六日训民字第二一九五号训令之第十四点(十四),出征抗敌军人在出征期内,其妻不得请求离婚。如提起离婚之诉,系属欠缺权利保护要件,应认其诉为无理由,以判决驳回之。所谓出征期内,不以在前线作战时为限。其驻守后方,而在随时可调往前线作战之状态者,亦包含之。

**院解字第三〇八二号**

**民国三十五年一月二十六日　司法院训令广西高等法院**

据广西高等法院第二分院代电,请解释登报指摘法院判决适用法律疑义,业经本院统一解释法令会议议决,某甲对于法院判决某乙之案件,于其主办之报纸,登载被告神通大洗刷重重罪刑,显系意图散布于众,而指摘足以毁损他人名誉之事实,应成立《刑法》第三百一十条之罪。合行令仰转饬知照。此令

**附广西高等法院第二分院原代电**

重庆司法院院长居钧鉴,兹有子法院判决某乙案件后,某甲于其主办之报纸,登载被告神通广大洗刷重重罪刑,现判罪刑不过为暂时之判处,应得之处分尚有待于上级司法当局之公正裁判云云。据上情形,某甲之行为实有损于子法院及某乙之信誉,则某甲应负何种法律责任,计有三说。甲说,谓某甲所登神通广大洗刷罪刑各语,系属含混之词,既未指摘具体事实。至所谓有待于上级司法当局之公正裁判,亦未明指子法院之判决为非公正,应不成立犯罪。乙说,谓某甲虽未指摘具体事实,然属谩骂口吻,应成立《刑法》第三百零九条第一项之罪。丙说,谓某甲所登神通广大洗刷罪刑各语,显系指摘被告有行求贿赂或因情请托情事,对于子法院及某乙之名誉信用,不能谓为无损,而其所谓有待于上级司法当局之

公正裁判,更不啻明指子法院之裁判为非公正,尤难谓非妨害名誉信用之具体事实。事关法律适用,尤关法院信誉,理合电请察核,迅赐解释示遵。

**院解字第三〇八三号**

**民国三十五年一月二十六日　司法院训令最高法院**

据本院参事处签请解释复员后办理《民事诉讼补充条例》第二十六条疑义一案,业经本院统一解释法令会议议决,复员后办理《民事诉讼补充条例》第二十六条所举《民事诉讼法》第四百六十三条,既未指明为第一项,即与同法第四百八十一条所用文例无异,依同法第四百六十三条第二项增加之上诉利益额数,自亦包含在内。故司法院依同项规定,将第一项所定额数增加至一千元后,得再依同条例同条规定,增加至十万元。三十三年十月二日法叁字第一七一四号院令,依国防最高委员会第一百四十次常务会议决议,增加至十二万元者,以超过十万元之部分为限,自同条例施行之日失其效力,合行令仰知照。此令

**附司法院参事处原签呈**

《复员后办理民事诉讼补充条例》第二十六条规定,《民事诉讼法》第四百六十三条所定上诉利益之额数,得由司法院斟酌实际情形,以命令增至一百倍,依此规定增加上诉利益之额数,其最高限度究为五万元,抑为十万元,分为两说。甲说,谓同条为民诉法第四百六十三条第二项之代替规定,惟将第二项原定得增加第一项所定五百元至二倍者,改为得增加至一百倍而已,在同条例施行期内,第二项之规定停止适用,自不得先依第二项增加后,再就增加之数,依条例增加至一百倍,故其最高限度为五万元。乙说,谓依民诉法第四百六十三条第二项所增加之一千元,亦为同条所定上诉利益之额数。观于民诉法第四百八十一条所称《民事诉讼法》第四百六十三条所定之上诉利益额数,向系解为包含第四百六十三条第二项之增加额数在内,尤无疑义。条例第二十六条实为民诉法第四百六十三条第二项之补充规定,依第二项增至一千元后,仍得依条例将此一千元增加至一百倍,故其最高限度为十万元。再三十三年十月二日法叁字第一七一四号院令,依国防最高委员会第一百四十次常务会议决议,将民诉法第四百六十三条第一项所定额数增至十二万元者,是否以其超过上开条例增加之额数部分为限,于条例施行之日,失其效力,亦不无疑义。兹有应办事件,须待此项问题经本院统一解释法令会议议决,后方可办理,拟交最高法院拟具解答案呈核,是否有当,理合签请鉴核示遵。

**院解字第三〇八四号**

**民国三十五年一月二十六日　司法院指令重庆市政府**

呈悉,业经本院统一解释法令会议议决,商业同业公会为法人,与组织公会之会员系属别一人格,各为权利义务之主体。会费未经会员缴纳时,公会有请求缴纳之权利,会员负有缴纳之义务。会费经会员缴纳时,此项权利义务即归消灭。而会费之所有权,亦即同时移

转于公会，不得以公会所收会费系用于维持增进会员之公共利益，遂谓公会毫无权利，公会收到会费后立给会员之收据为公会与会员收付会费之权利义务关系业已消灭之凭证，并非内部所用不生对外权利义务关系之单据，应贴用印花税票，业经本院以院解字第二八九六号公函解释在案，仍应依照办理。仰即转饬知照。此令

**附重庆市政府原呈**

案据社会局本年十一月十九日社治二字第一四八七号呈称，案据重庆市商会三十四年十一月八日组字第一二二〇号呈称，案据本会会员竹业商业同业公会十一月二日（三十四）财字第三九号函称，本年七月九日案准贵会工商字第三一一号通知，略为准重庆市财政局函，以同业公会会费收据应否贴用印花一案，经司法解释农工商会收到会费后，立给会员之收据实为该会收付所载会费之权利义务关系，并非对内部所用不生对外权利义务关系之单据，应贴印花等由一案。查农工商会系由各该会会员共同组织之团体，换言之，即会员之代表者，然会与会员之间，形式虽成两单位，实究无内外之可分。至公会收到会费外立给会员之收据仅能发生信用作用，所收会费之用途仍为会员，而公会并无一毫权利，设所贴之印花仍为会员所纳之会费而来。是此权利悉在会员所享，司法院解释应贴印花，似有疑义之处，准函前由，相应函请查照，转请再行解释为荷等情。据情理合备文转呈钧局，俯赐核转司法院，予以解释，俾便遵办等情。据此，除指复外，理合据情转呈钧府核转司法院，予以解释，实为公便等情。据此，理合具文转呈钧院鉴核，赐予解释，以便饬知。

**院解字第三〇八五号**

**民国三十五年二月二十五日　司法院复浙江保安司令电**

浙江黄兼保安司令鉴，上年已微华密电悉，兹经本院统一解释法令会议议决，伪组织人员经核准反正后，其在附敌期内之汉奸罪行，现行法令上既无免受审判之规定，如被人检举，自应分别情形受军法或司法审判。特电复请查照。司法院迳印

**附浙江保安司令原电**

重庆军事委员会并转司法核5W密，伪组织人员经核准反正后，复有人检举其在附敌期间之汉奸罪行，应否仍使受司法审判？查无明文依据，请鉴核示遵。

**院解字第三〇八六号**

**民国三十五年二月二十五日　司法院复贵州高等法院电**

贵州高等法院览，三十五年一月九日代电悉，所请解释一案，业经本院统一解释法令会议议决，财产出卖所得，如不在《财产租赁出卖所得税法》第二条各款所定免征所得税之列者，同法第九条既定明专以买受人负担缴纳所得税之义务，其不依限缴纳税款，适用同条例第十八条各款而为处罚时，自应对于违背扣缴义务之买受人为之，不得因出卖人为纳税义务人予以处罚。合电知照。司法院迳印

**附贵州高等法院原电**

司法院居院长钧鉴,窃查对于《财产租赁出卖所得税法》第九条、第十八条发生疑义,主张有两说,甲说,财产出卖所得税,均以承买财产者为扣缴所得税者,应由其于十五日内将所得额报告主管征收机关,扣缴所得税者,不依期限缴纳税款,依下列规定处罚之。此为同法第九条、第十八条定明系指承买财产者而言,则不依限缴纳税款违反本法者,应以承买人为被告而处罚之,实不应以出卖财产者为被告。乙说,同法第九条规定财产出卖所得税,以承买财产者为扣缴所得税者,承买人对于扣缴义务不容规避。而出卖人系税款实际负担者,更属责无旁贷是,则仅需把握一方为已足,不必拘泥该条条文之规定,致使纳税义务人借词规避税务,故出卖人亦得为被告而处罚之。二说未知孰是,案关法律解释,理合电请核示祇遵。

**院解字第三〇八七号**

**民国三十五年二月二十五日　司法院训令四川高等法院**

据彭水县司法处上年十二月宥代电请解释遗产继承疑义,业经本院统一解释法令会议议决,甲之夫乙于民国十九年死亡,其继承开始系在《民法》继承编施行之前,乙之遗产其女丙丁虽依同编施行法第二条有继承权,而其妻甲则依当时法令并无继承权。甲既未继承乙之遗产,则甲于乙死亡后所招之赘夫戊,自不能因其对于甲之遗产有继承权而承受乙之遗产。合行令仰转饬知照。此令

**附彭水县司法处原代电**

司法院院长居钧鉴,兹有甲妇之夫乙于民国十九年死亡,并遗生女丙丁两人,嗣甲于二十五年招戊男上门为赘夫,迄三十三年十二月甲又死亡。现对乙之遗产发生争执,戊有无与丙丁同为平均继承遗产之权。案悬以待,乞释迅示祇遵。

**院解字第三〇八八号**

**民国三十五年二月二十五日　司法院致行政院函**

案准贵院三十四年十二月二十八日平壹字第二八六〇八号公函,以《省参议员选举条例》第二条一二两款疑义,函请解释见复等由,准此,兹经本院统一解释法令会议议决,《国家机关组织法》定有职称之公务员,虽已超过员额,仍为《省参议员选举条例》第二条第一款所称之公务员,依法令设立之国营事业机关,其服务人员如系应经任命者,虽该机关并无组织法规,亦为同款所称之公务员。现任此等公务员者,均应停止其被选举权。又正规之现役军人或警察,虽已超过定额,亦有同条第二款之适用。相应函复查照。此致行政院

**附行政院原函**

查《省参议员选举条例》第二条第一款所称公务员,比照贵院三十三年十月三日院字第二七五七号公函第六项解释,似以《国家各机关组织法》规所定职称员额为限。但《国家各

机关组织法规》虽设有此职，而超过定额，或国营事业机关如资源委员会之炼钢厂、水电厂及其他由国家经营之公司等，并无组织法规，其服务人员是否应停止其被选举权，抑仅不得兼任，仍有疑义。又同业第二款所称现役军人及警察，其在正规军及正规警察编制以外之员额，是否包括在内，亦有疑义。相应函请贵院查照解释见复为荷

**院解字第三〇八九号**

**民国三十五年二月二十五日　司法院致财政部函**

案准贵部三十四年十二月十五日渝直一字第一三二三八号公函，以纳税义务人逃避，能否迳依所得税法第二十条向纳保证人追缴疑义，函请解释等由，准此，兹经本院统一解释法令会议议决，就他人应纳之所得税，向主管征收机关具书承认愿负缴纳全责者，非所得税法第二十条所称之纳税义务人。关于其人不缴纳时之处置，可参照院字第二五九九号解释办理。相应函复查照。此致财政部

**附财政部原函**

查纳税为国民应尽之义务，但避税又为中外通有之事实，本部为严密直接税之稽征，控制行住商纳税单位起见，曾经订制保证书式一种，饬由营业商号觅具殷实铺保，负责担保行住商之纳税责任，其保证书内载明保证人甘愿负保证纳税全责，承担其公法上之一切义务，并舍弃先诉抗辩权字样。有此规定，如遇纳税义务人逃避时，法院据主管征收机关之请，是否能依所得税法第二十条之规定迳对该保证人追缴之处？事属法令疑义，相应函请大院赐予解释为荷。

**院解字第三〇九〇号**

**民国三十五年二月二十五日　司法院致财政部函**

案准贵部三十四年十二月三十日财直二字第一三八三七号公函，以《遗产税暂行条例》第十三条疑义函请解释见复等由，准此，兹经本院统一解释法令会议议决，被继承人死亡前五年内或死亡后作成之公证书或认证之私书，记载被继承人于死亡前五年外将其财产分析或赠与者，关于分析或赠与时期之部分，固无公证效力，惟其分析或赠与之时期，法律上并无必须以公证书或认证之私证书为证明方法之规定。如有其他证据足以证明其确为被继承人死亡前五年外分析或赠与之财产，仍不得视为遗产之一部征收遗产税。相应函复查照。此致财政部

**附财政部原函**

查本部为办理遗产税案件，适用《遗产税暂行条例》第十三条被继承人死亡前五年内分析或赠与之财产，应视为遗产之一部份，一律征税之规定，发生疑义，兹设例说明，祈予解释。设某甲于死亡前五年外确已将其财产分析或赠与于其子女或他人，且有经公证机关证实之真实书据，其公证时间又在某甲死亡前五年外，依前开遗产税条例之反面解释，自应免

税。但若某甲虽系于死亡前五年外将其财产分析赠与,而其分析赠与之书据系经公证机关于其死亡前五年内或死亡后公证者,则其公证效力就本部征税立场言,似应自公证日起认为有效,否则纳税者皆可借此缺隙,将被继承人死亡前五年内或死亡后所为之分析赠与行为,伪称其在死亡前五年外,假立书据,声请公证,以图逃税。此不仅影国库收入,且滋长人民取巧心理,似非法所能许。惟究应如何办理之处,事关司法解释范围,相应函请大院查照解释见复为荷。

**院解字第三〇九一号**

**民国三十五年二月二十六日　司法院致行政院函**

案准贵院三十四年十二月二十八日平壹字第二八五五八号公函,以据内政部呈转请解释外国人归化中国适用法律疑义,函请解释见复等由,准此,兹经本院统一解释法令会议议决,(一)依《国籍法》第二条第一款之规定,外国人为中国人妻者,当然取得中华民国国籍,但依其本国法保留国籍者,须依其本国法丧失其国籍后,始取得中华民国国籍,依同款规定取得中华民国国籍者,应依同法施行条例第二条办理;(二)归化人之妻依国籍法第八条但书之规定,不随同取得中华民国国籍者,须依其本国法丧失其国籍后,始取得中华民国国籍;(三)依呈请归化人之本国法不因取得中华民国国籍而丧失其国籍者,须依其本国法丧失其国籍后,始得为归化之许可。此在国籍法虽无明文,而由同法第二条第一款但书及第八条但书避免国籍重复之本旨推之,实为当然之解释。相应函复查照饬知。此致行政院

**附行政院原函**

据内政部呈,甘肃省政府请核释外国人归化中国疑义案,经拟具意见三点,请核转解释遵行等由,相应抄同原呈函达查照解释见复为荷。

**附内政部原呈**

案准甘肃省政府本年未灰电开,查外国人为中国人之妻,依国籍法第二条第一款上半段之规定,已取得我国国籍。如其本国国籍无保留国籍之规定,离开自无庸再办归化手续。如其本国法规定保留国籍,而其本人随其夫归化者,是否应办归化手续,再依同条情形对其人民保留者,均系何国,即希查核示复,以凭办理等由,准此。兹就原电请示各点分别拟具解释意见如次,(一)外国女子为中国人妻,其本国法并未规定保留国籍者,则依中国国籍法第二条第一款之规定,即当然取得中国国籍,惟仍应依国籍法施行条例第二条之规定,由本人声请住居地方之该管官署核明转报内政部备案,并由内政部于国民政府公报公布之。其居住外国者,得声请最近中国使领馆转报。但其本国法保留国籍者,应先呈准其本国政府许可丧失其原国籍,然后再依《中国国籍法施行条例》第二条之规定办理;(二)依国籍法第八条规定,归化人之妻随同取得中国国籍,但其妻之本国法有反对之规定而仍欲归化中国者,可依照国籍法第二条第五款之规定另办归化手续;(三)外国人声请归化中国,若其本国法规定应先丧失其本国国籍,然后方许归化他国者,该声请人自应先呈准其本国政府核准

丧失其原国籍,以后再办声请归化中国手续。若其本国法并无此种规定者,仅须依照中国国籍法之规定办理。上列三点,是否有当,事关法律解释,理合备文呈请钧院核转司法院解释遵行。

**院解字第三〇九二号**

**民国三十五年三月六日　司法院复中国陆军总司令部电**

中国陆军总司令部鉴,戌微辉芳暨子铣辉壬两电均悉,兹经本院统一解释法令会议议决,我国妇女虽与日本人结婚,若未经内政部许其脱离国籍,不能视为敌国人民。日本人私有财产自系敌产,应依《敌产处理条例》处理之。特电复请查照饬知。司法院鱼印

**附中国陆军总司令部原电**

司法院(三十四)亥支院字第六九七号代电敬悉,经饬据第三战区顾长官子齐电称,临密,(一)与日本人结婚之我国妇女,应如何处置,(二)该项日本人私有财产,应归没收抑由该中国妇人私有,上项谨转请核示等情,特电请迅赐核覆。中国陆军总司令部子铣辉壬印

**院解字第三〇九三号**

**民国三十五年三月十二日　司法院致军事委员会函**

案准贵会本年一月十九日政法核(三十五)字第〇六五三号公函,以据浙江全省保安司令部代电,请核示沦陷区收复后,未举办烟毒总检查前,查获违反《禁烟禁毒治罪暂行条例》之人犯,应否处罚疑义,函请解释见复等由,准此,兹经本院统一解释法令会议议决,在沦陷区犯《禁烟禁毒治罪暂行条例》各罪者,于收复后,如不合于收复地区肃清烟毒办法第三条但书所定情形,仍应依法论罪,不能以地方政府未予定期举行烟毒总检查而为免责之理由,相应函复查照饬知。此致军事委员会

**附军事委员会原函**

据浙江全省保安司令部三十四年十一月戌感法肖代电,略以沦陷区犯《禁烟禁毒治罪暂行条例》,于收复后未举办烟毒总检查前而获案之人犯,究应科刑抑予免罪,请赐鉴核示遵等情到会。查案关适用法律疑义,除电复外,相应抄附原代电,函请查照,迅赐解释见复,以凭饬遵为荷。

**附浙江全省保安司令部原代电**

重庆军事委员会委员长蒋,密,在沦陷区犯《禁烟禁毒治罪暂行条例》各罪,于收复后,未举办烟毒总检查前而获案之人犯,究应科刑抑予免罪,有下列二说。一说,谓《禁烟禁毒治罪暂行条例》之效力,普及全国,并不因收复地区之特殊情形而异,亦不因于《收复地区肃清烟毒办法》内,有所有烟毒犯得予自新免罪之规定,而排斥该条例之适用。且依该办法第四条规定,烟毒犯自新免罪,以在实施烟毒总检查期间,自向该管地方政府检举,出具自新切结及于总检查时发觉,令其具结自新者为条件。其在收复区于举办总检查前所捕获烟毒

犯,既未备具自新手续,即与该条规定自新免罪条件不符,自不能据以赦免其罪,仍应依法论科。至地方政府不举办总检查,系另一问题,与该条例之适用无关。二说,谓收复地区依肃清烟毒办法规定,于收复后应即举办烟毒总检查。烟毒犯于此期间,备具自新切结即可免予治罪,在未举办烟毒总检查之收复区,而捕获之烟毒犯如予以治罪。是因地方政府之遗误禁政,而绝其自新之机会,不无冤抑。又收复区之烟毒犯均因受敌之强迫或纵容而致犯禁,原因俱属相同。如因地方政府之未办总检查而异其处分,一免一罚,不平孰甚。且政府厉行禁政,奖励自新免罪,系采宽大政策,期达肃清目的,不能因地方政府之未办总检查,而仍予处罚,否则即与国策相违。故在收复区未举办总检查前所捕获之烟毒犯,纵未备具自新切结,仍应令其补办手续,免予论究。以上两说,究以何说为是?案悬待结,谨电请迅赐核示祇遵。

**院解字第三〇九四号**

**民国三十五年三月十二日　司法院致军事委员会函**

案准贵会本年一月十一日政法核(三十四)字第〇二〇六号公函,以据浙江全省保安司令电请核示盗匪自新后仍复为匪对其保人应如何处罚疑义,函请解释见复等由,准此,兹经本院统一解释法令会议议决,盗匪自新后仍复为匪,具保人不克交案,该具保人应负责任,应视其保证之内容决之。但如无串纵情弊,尚难遽予何种之惩罚。相应函复查照饬知。此致军事委员会

**附军事委员会原函**

据浙江全省保安司令黄绍竑申有法臣电,以盗匪自新后仍复为匪,具保人不克交案,应令负何种责任,法无明文规定。如不予惩罚,保结等于虚设,如予处罚,究应适用何法,请求核示等情到会。查事关法律解答,案悬待结,相应函请查照,迅赐解释见复,以凭饬知。

**院解字第三〇九五号**

**民国三十五年三月十二日　司法院致军事委员会函**

案准贵会本年一月五日政法核(三十四)字第一二七五号公函,以据湖南全省保安司令代电,转请解释《特种刑事案件诉讼条例》第三条适用疑义,函请解释见复等由,准此,兹经本院统一解释法令会议议决,(一)《特种刑事案件诉讼条例》第三条第二项,只规定司法警察署移送之案件以提起公诉论,并非认该司法警察官与检察官有同一职权。其侦查结果认被告无犯罪嫌疑时,虽得不移送审判,但不得为不起诉处分。告诉人对于司法警察官就此类事件所为之批谕,如有不服,仍可向该官署或检察官请求侦查,亦不适用声请再议之程序。(二)《刑事诉讼法》第一百零八条第一项关于侦查中延长羁押期间之规定,于司法警察官之侦查犯罪不适用之。同法第二百零八条第一项之司法警察官接受被拘提或逮捕之犯罪嫌疑人,认为有羁押必要时,应依同条第二项规定,于二十四小时内移送该管检察官,不

能援引第一百零八条第一项为迟延移送之理由。相应函复查照饬知。此致军事委员会

**附军事委员会原函**

据兼湖南全省保安司令吴奇伟三十四年十一月戌铣代电称，以转据浏阳县政府呈，以特种刑事案件依特种刑事诉讼条例规定，应由司法机关办理。惟参照该条例第三条法意，司法警察官署移送特种刑事案件于司法机关，得以提起公诉论，并奉令颁移送书式一份。是司法警察官对于特种刑事案件，实兼有检察官侦查起诉职权。侦查结果认为应行起诉者，遵照奉颁移送书式详填，移送司法机关审判，固无问题。其认为应不起诉者，应如何办理，可否准用《县司法处办理诉讼补充条例》第十二条第一项后段，以批谕处分。如不服处分时，应如何救济？又依刑诉法第一〇八条规定，羁押被告侦查中不得逾二月。但有继续羁押必要者，得声请法院裁定，延长一次，不得逾二月。是在侦查中被告之羁押，可能延长至四月。同法第二〇八条第二项，司法警察官如接受被拘提或逮捕之犯罪嫌疑人，认其有羁押之必要时，应于二十四小时内，移送该管检察官之规定，似可不受拘束。究竟司法警察官侦查特种刑事案件时，可否准用刑诉法第一〇八条规定，不受同法第二〇八条第二项拘束。及遇有延长羁押必要时，应如何声请法院裁定，转请核示等情。据此，查事关适用法律疑义，相应函请查照，解释见复，俾便饬遵。

**院解字第三〇九六号**

**民国三十五年三月十二日　司法院致军事委员会函**

案准贵会本年一月二十一日法理字第〇七六八号公函，以据军政部呈，转请解释军需署被服厂学徒在试工期间有无军人身分疑义，函请解释见复等由，准此，兹经本院统一解释法令会议议决，军需署被服厂学徒在试工期间，不能视同军人。相应函复查照饬知。此致军事委员会

**附军事委员会原函**

据军政部案呈第八战区军法监部兰法宣武世代电称，军需署被服厂学徒在试工期间，有无军人身份，电请解释示遵等情。案关法律疑义，相应转请贵院迅予解释见复，以便饬遵。

**院解字第三〇九七号**

**民国三十五年三月十二日　司法院致军事委员会调查统计局函**

案准贵局上年十二月二十九日汉侦渝字第四二七号公函，以关于处理汉奸条例第五条及《惩治汉奸条例》第十三条各规定之军职汉奸审判权疑义，函请解释见复等由，准此，兹经本院统一解释法令会议议决，《处理汉奸案件条例》第五条所定应受军事审判之汉奸案件，原以被告原属军人，复任伪军职者为限。如被告虽属军人，而参加伪组织后，仅担任伪文职，非系军职者，仍应由高等法院或分院审理之，该条规定意义甚明。至《惩治汉奸条例》第

十三条所定，被告如系军人，应于宣判后三日内，缮具判决正本，并令被告提出声辩书，连同卷证，呈送中央最高军事机关核定之案件，即指被告原属军人复任伪军职，受军事审判者而言。相应函复查照。此致军事委员会调查统计局

**附军事委员会调查统计局原函**

查三十四年十一月二十三日国民政府公布之《处理汉奸案件条例》第五条前段除外之规定，文曰被告原属军人，复任伪军职，应受军事审判。复查本年十二月六日国民政府公布之《惩治汉奸条例》第十三条，又署有依本条例判决之案件，被告如系军人，应于宣判后三日内，缮具判决正本，并令被告提出声辩书，连同卷证呈送中央最高军事机关核定之明文，似与前开处理汉奸案件条例第五条不无龃龉。因之关于军职汉奸之审判管辖，含混不明，易滋疑义。立法本旨是否即(一)原属军人复充任伪军职，应依处理汉奸条例之规定，由军法机关审判；(二)在任伪职期间，并非担任伪军职，惟投敌前原属军人者，例如军校毕业曾授武职之人员，按其犯罪后之身份，虽系担任伪文职，并非军人，应送司法机关审判。惟如经法院讯明其原有军人身份，应即查照《惩治汉奸条例》第十三条，于判决后呈由中央最高军事机关核定，从而此种人犯即应先送司法机关审判之意。事关法律适用上之疑义，相应函请贵院赐予解释见复，俾资遵循。

**院解字第三〇九八号**

**民国三十五年三月十二日　司法院致中国国民党中央执行委员会宣传部函**

案准贵部本年一月三十日渝(三十五)利新字第一一六〇号公函，以收复区敌伪时期同业公会负责人是否为汉奸疑义，函请解释等由，准此，兹经本院统一解释法令会议议决，曾在敌伪管辖范围内，充任同业公会理事长及理监事一类职务之人，是否汉奸，应视其有无《惩治汉奸条例》所列之犯罪事实决之，不能为概括之断定。相应函复查照。此致中国国民党中央执行委员会宣传部

**附中国国民党中央执行委员会宣传部原函**

查自李泽案发生后，上海商界情形颇为不安，复有检举敌伪时期同业公会负责人事件，兹为明辩忠奸，安定秩序计，相应转请查照。对收复区曾任敌伪时期同业公会理事长及理监事一类职务者，是否即是汉奸一点，加以明令解释为荷。

**院解字第三〇九九号**

**民国三十五年三月十二日　司法院致军事委员会函**

案准贵会本年一月二十一日法核字第〇七六七号公函，以在部队服役中，伪造公印于裁撤后赋闲期中发觉，归何机关审判疑义，函请解释见复等由，准此，兹经本院统一解释法令会议议决，某甲在部队服役中犯罪，于部队裁撤后赋闲，如已免役，应依《陆海空军审判法》第十六条规定，归法院审判。相应函复查照。此致军事委员会

附军事委员会原函

兹有某甲在部队服役中，伪造公印，于部队裁撤后赋闲，时逾二月之久，始被发觉，究应归军法审判，抑归法院审判。案关管辖疑义，相应函请查照，迅赐解释见复为荷。

院解字第三一〇〇号

民国三十五年三月十二日　司法院咨行政院

案准贵院本年一月二十五日节捌字第〇二六八九号咨，以据地政署呈，转请解释汉奸于沦陷期间，预行出卖其财产，究应如何处理疑义，咨请解释见复等由，准此，兹经本院统一解释法令会议议决，《处理汉奸案件条例》第四条所称汉奸所得之财物，系指犯汉奸罪所得之财物，并不包括其他之原有财产。惟三十四年十二月六日公布之新《惩治汉奸条例》第八条，所称汉奸财产之全部或一部，凡汉奸所得财物及其他原有财产，均包括在内。其明知为汉奸将受没收或查封之财产而收买之者，依新条例第十二条之规定，既应处罚，则所买受者，纵系汉奸之原有财产，其买卖契约为违反禁止规定，依《民法》第七十一条应属无效。至新条例施行前，旧《惩治汉奸条例》对于故买汉奸财产，虽无处罚明文，但依旧条例第九条，应行没收或查封之财产，与新条例第八条所规定者相同。汉奸于收复区沦陷期内，鉴于战局转变，将原有财产预行出卖，如买主系串同买受，避免法律之执行，即与公共秩序显有妨害。该项买卖契约依《民法》第七十二条规定，仍属无效。相应咨复查照饬知。此咨行政院

附行政院原咨

据地政署本年一月十八日渝权字第一二号呈称，案据安徽省民政厅民地子佳电，以收复区于沦陷期间，如汉奸以原有产业出卖者，承买人又系正当住户，此种买卖是否认为无效，请核示等情到署。查国民政府三十四年十一月二十三日公布之《处理汉奸案件条例》第四条，对于汉奸所得财物，有追缴没收或发还被害人之规定。惟所称所得财物是否包括其原有产业，又其所有财物或原有产业，在本条例公布前转卖于他人者，应如何处理，并无明文规定。查汉奸鉴于战局转变，以所有财产预行出卖者事例甚多，究应如何处理。事关法律解释，理合呈请鉴核，转请司法院解释示遵等情。据此，案关适用法律疑义，相应咨请查照解释见复，以便饬遵为荷。

院解字第三一〇一号

民国三十五年三月十二日　司法院复河北高等法院电

河北高等法院览，上年亥卅一代电悉，所请解释一案，业经本院统一解释法令会议议决，(一)处理汉奸案件条例第二条，系以该条各款所列情形，均涉有汉奸之重大罪嫌，特定其应厉行检举，并非关于汉奸之论罪法条，检举之人犯自须具有《惩治汉奸条例》第二条第一项各款之犯罪行为，始得适用该条论处；至《惩治汉奸条例》第二条第一项第一款之罪，以通谋敌国而有反抗本国之图谋为构成要件。如仅在伪组织或其所属之机关团体服务，并无

通谋敌国情事,除合于同条例第三定者外,尚难论以该款罪名。(二)曾在伪组织或其所属机关团体服务之人,依《惩治汉奸条例》第三条规定,以兼有凭借敌伪势力及为有利敌伪或不利本国或人民之行为。而为前条第二款以下各款所未列举者,始依前条第一款处断。至其执行任务是否即可认为凭借敌伪势力而为有利敌伪或不利本国或人民之行为,应就任务性质,执行手段及其他一切情形,分别决之,不能遽为概括之断定。合电知照。司法院文印

**附河北高等法院原代电**

重庆司法院院长居钧鉴,查处理汉奸案件条例及《修正惩治汉奸条例》,均已公布施行。本院对于各该条例之适用,滋有疑义,(一)关于处理《汉奸案件条例》第二条之规定,计分两说,甲说,谓合于该条列举范围者,均为汉奸。除该条第三、第十两款,应具备凭借敌伪势力侵害他人之条件,始得适用《修正惩治汉奸条例》第三条处断外,其余各款,有其职守者,即认为有其行为。如无《修正惩治汉奸条例》第二条第一项第二款以下之情形,概依该条项第一款通谋敌国图谋反抗本国之汉奸论罪。观本条首揭明对下列汉奸云云,可知,凡所列举者,均为汉奸无疑。乙说,谓处理汉奸案件条例乃程序法规,故无罪刑之规定。若论罪科刑,尚须与《修正惩治汉奸条例》所列举之行为相当。前者虽规定对下列汉奸应厉行检举,但只能解为对下列认有汉奸嫌疑者应厉行检举,而已为训示的规定。而所谓汉奸依《修正惩治汉奸条例》第二条第一项通谋敌国而有下列行为之一者为汉奸之明文,本有立法之解释,固不得以处理汉奸案件条例第二条有汉奸之用语,置立法解释于不顾,遽认凡列举者均论为汉奸,但问职守,而不问行为也。况查《修正惩治汉奸条例》关于伪组织之规定,可得三种情形,即(1)通谋敌国图谋反抗本国者;(2)曾在伪组织或其所属之机关团体服务,凭借敌伪势力,为有利于敌伪或不利于本国或人民行为者;(3)曾在伪组织或其所属机关体担任职务,未依本条例判罪者。(1)之情形应采严格解释,通谋虽不以双方意思合致为必要,然必须与敌国互通谋议,方能构成。反抗亦须与敌国响应,有敌对本国之行为,如受命于敌组织政府而与本国对抗,即其一例。参与此种行为者,固皆成立汉奸之正犯或从犯。若其行为业已完成,即伪组织成立以后而始参与伪组织者,则应属(2)(3)两种情形。其合于(2)之要件者,应准汉奸之例处断。若仅参与伪组织而无(1)(2)两种情形之行为,即属于(3)之情形,亦即不成立汉奸罪。果如甲说,则仅有(1)之规定即足,又何需(2)(3)两种情形之规定。且(2)(3)情形所谓服务,所谓担任职务,既未将处理汉奸案件条例第二条所列举者除外,更何能指该条所列举者专属于《修正惩治汉奸条例》第二条第一项第一款之范围。是汉奸罪之成立,仍重在行为,不得因其仅有职守而毫不加以区别也。(二)关于《修正惩治汉奸条例》第三条之规定,亦分两说。甲说,该条所谓凭借敌伪势力,应从扩张解释,即凡曾在伪组织或其所属之机关团体服务,而执行其职务者,均为凭借敌伪势力,如县政府之征粮,统税局之收税,以及司法官之裁判或处分等,既均由伪组织假以职权而凭借之以行使,即不得谓非凭借伪之势力,其受敌之命令者,更无足论。盖其行使伪组织授与之职权,非有利于敌伪即不利于本国或人民也。乙说,该条构成要件有二:(1)凭借敌伪势力;(2)为有利于敌伪

或不利于本国或人民行为。二者具备,始能成立,凭即凭恃,借即假借之意,故必于敌伪势有所凭,有所借,轶出于其任务之外者,始得谓之凭借。若仅奉行伪组织所付与之任务,则行其所得行,纵有利于敌伪或不利于本国或人民,亦不得谓之凭借势力。不然凡在伪组织或其所属机关团体服务者,绝不能毫无职务之担任,若如甲说,无一不可依本条论处罪刑,而本条例第十五条,对于曾在伪组织或其所属机关团体担任职务,未依本条例判罪者之规定,将无其适用。故应从严格解释,以示区别。以上各说,究以何说为是,事关法律疑义,急待解决,理合电请钧院迅赐解释,俾有遵循。

**院解字第三一〇二号**

**民国三十五年三月十二日 司法院指令最高法院**

呈悉,业经本院统一解释法令会议议决,(一)犯《惩治汉奸条例》第二条第一项各款之罪,因其情节轻微,适用同条第二项判处轻刑时,仍应依同条例第八条第一项之规定,没收其财产。(二)《惩治汉奸条例》第三条,所谓曾在伪组织或其所属之机关团体服务,凭借敌伪势力,为有利于敌伪或不利于本国或人民之行为,而为前条第二款以下各款所未列举者,概依前条第一款处断云者,原系就同条例第二条所为之一种立法上解释。盖因此种行为虽不合于第二条第一项第二款以下各款列举之规定,其已直接或间接通谋敌国,而为反抗本国之企图,业已充分表现,仍应成立同条例第二条第一款之罪,其情节轻微者,自亦有同条第二项之适用仰即知照。此令

**附最高法院原呈**

查本法院办理汉奸案件,发见法律问题二则,分陈如次,(一)《惩治汉奸条例》第二条第二项规定,犯前项各款之罪,情节轻微者,处五年以上有期徒刑,第八条第一项规定,犯第二条第一项之罪者,没收其财产之全部各等语。究竟犯同条例第一条第一项各款之罪,因情节轻微,适用第二项判处轻刑者,应否没收其财产,适用上不无疑义,约分甲、乙二说。甲说,谓同条例第八条第一项,规定没收财产,以犯第二条第一项之罪为限,不包括第二条第二项在内,故依第二条第二项处轻刑者,不应没收其财产。乙说,谓同条例第二条第二项,乃属重刑之规定,虽因其罪情轻微,处以轻刑,而所犯之罪,仍系同条第一项之罪,应在第八条第一项所定没收财产之列。且汉奸罪犯依第八条第二项,在未获案前,尚得单独宣告没收,假定于没收以后被捕获到案者,如依甲说之主张,均应处以死刑或无期徒刑,而不得适用同条例第二条第二项,以情轻为理由,处以有期徒刑。否则已宣告没收之财产,应如何处置,均属疑问矣。二说未知孰是,此应声请解释者一。(二)同条例第三条之罪犯,能否适用第二条第二项处以轻刑,其财产之全部,应否依第八条第一项予以没收,亦有甲、乙两说。甲说,谓同条例第三条之犯行为,第二条第一项第二款以下所未列举者,既应概依同条项第一款处断,是与犯该款之罪无异。其情轻者,自应比照援用第二条第二项处以轻刑,并不得没收其财产。若依第二条第一项处刑,则应适用第八条第一项,没收其财产之全部。乙说,

谓同条例第三条之罪,另有其成立之要件,虽依第二条第一项第一款处断,不过适用其所定之刑,并不认为即系该款之罪。其情节果可悯恕,亦只得酌减其刑,无适用第二条第二项之余地。至第八条第一项之没收财产,系以第二条第一项之罪为限,第三条之罪既不在规定之列,自不能包括在内。二说未知孰是,此应声请解释者二。以上两问,见解既有纷歧,自有统一解释之必要,理合具文呈请钧长发交统一解释法令会议迅予解释,以便遵循。

**院解字第三一〇三号**

**民国三十五年三月十三日　司法院咨行政院**

案准贵院本年一月三十日节捌字第〇三〇四号咨,以据粮食部呈请核示不服县田粮处之处分,应向何机关提起诉愿疑义,咨请核示见复等由,准此,兹经本院统一解释法令会议议决,县田赋粮食管理处依其组织法规,既受省政府之指挥监督,自与县政府相当。人民不服县田赋粮食管理处之处分,应依《诉愿法》第三条,比照第二条第一款之规定,向省政府提起诉愿。本院院解字第二九五八号解释,毋庸变更,相应咨复查照饬知。此咨行政院

**附行政院原咨**

据粮食部本年一月二十三日丰叁(三十五)字第一七七三号呈称,查人民不服县田赋粮食管理处之处分,应向何机关提起诉愿,经于本年六月电请司法院解释去后,旋于本年八月奉院解字第二九五八号代电节开,兹经本院统一解释法令会议议决,省政府各厅为县政府之上级官署,然依《诉愿法》第二条第一款之规定,不服县政府之处分者,向省政府提起诉愿。省县田赋粮食管理处,如依其组织法规,应受省政府之指挥监督,则省田赋粮食管理处与省政府各厅相当,县田赋粮食管理处与县政府相当。不服县田赋粮食管理处之处分者,依同法第三条比照第二条第一款之规定,应向省政府提起诉愿等因,经部分咨各省省政府查照在案。嗣据浙江省玉环县商民董服兴为酿酒事件,不服浙江省田赋粮食管理处所为之诉愿决定,向本部提起再诉愿,经依据上开解释,决定撤销原诉愿决定,检同决定书,训令浙江省田赋粮食管理处遵照去后,兹据该处亥文代电略称,本处受理人民不服县田粮处处分之诉愿案件,系遵省政府本年丑文华代电,转奉行政院亥麻八电,以省县田粮处均系中央机关,属财政部主管,如人民不服县田粮处处分,自应依《诉愿法》第三条之规定,比照第二条之管辖等级,向省田粮处提起诉愿,饬即遵照办理等因。至司法院三十四年院解字第二九五八号解释,本处并未奉到,电请鉴察等情。据此,查人民不服县田粮处之处分,应向何机关提起诉愿,钧院与司法院解释微有不同,致诉愿之程序不能确定。究应如何办理,理合备文转请核示等情。查诉愿管辖官署之规定,除应以行政系统之隶属关系为标准,并应视事务有无主管性质为前提,此为《诉愿法》上及贵院院字第六〇二号解释意旨之当然解释,田赋粮食管理事务,既于省政府所属各厅外,设有主管之省田赋粮食管理处,则不服县田赋粮食管理处关于田粮件所为之处分。其诉愿之管辖,似应属诉案有关之省田赋粮食管理处。又查省县田赋粮食管理处依其组织法规,虽受省政府之指挥监督,但系隶属财政、粮食二部

(现已专隶粮食部)似均应认为中央机关,依《诉愿法》第三条之规定,则不服县田赋粮食管理处之处分者,按其管辖等级比照之,仍应以省田赋粮食管理处为上级诉愿官署。惟事关行政系统与诉愿管辖疑义,相应咨请查核见复为荷。

**院解字第三一〇四号**

**民国三十五年三月二十二日　司法院咨行政院**

案准贵院上年十一月二十四日平捌字第二六〇七九号咨,以据司法行政部呈转请解释《刑法》第一百五十七条第一项疑义,咨请解释见复等由,准此,兹经本院统一解释法令会议议决,《刑法》上第一百五十七条第一项所谓意图渔利,系意图从中取利之意。所谓挑唆,系挑拨唆使之意。如他人本无兴讼之意,巧言引动,使其成讼之情形是。所谓包揽,系承包招揽之意,如不法为他人包辩词讼之情形是。至该条所谓诉讼,系指民事诉讼、刑事诉讼及行政诉讼而言。相应咨复查照饬知。此咨行政院

**附行政院原咨**

据司法行政部本年十一月十日呈(叁)字第八四七号呈称,案据浙江建德地方法院候补推事胡景清呈称,《刑法》第一百五十七条第一项所谓意图渔利,与同法其他各条中所谓之意图营利,在文字上既有渔利与营利之区别,则其意义自属各别,不能为同一之解释。所谓意图渔利,是否系指意图不法取得同一诉讼案件当事人两造之利益而言。一如鹬蚌相争,渔翁得利之情形然,抑另有别解?又同条所谓挑唆二字,与同法第二十九条所谓教唆二字,在文字上既有区别,则其意义亦属各别。所谓挑唆云者,是否系指他人本无诉讼原因之事实,而以不法之方法挑动其原因事实之发生,使之发生诉讼之意思,而实行诉讼者而言?若他人本有诉讼原因之事实,而于法律关系可否诉讼或其程序如何不能明了,指示其得依如何程序法诉讼以资保障者,是否为诉讼之指示,不得认为挑唆诉讼,而构成犯罪(此参照强制执行法第十六条上段规定自明)?又同条所谓包揽二字与《民法》上所谓承揽二字,在文字上既有区别,则其意义自异。所谓包揽诉讼云者,是否指一面受当事人一造之委任,承办诉讼,一面又暗受他造之委任,就同一之诉讼案件承办诉讼,违反忠实之义务者而言,抑另有别解?又同条所谓诉讼二字,除民刑诉讼外,是否包括行政诉讼诉愿事件及民事执行事件惩戒诉讼及其他法令所认许之诉讼在内,请示遵等情。查事关法律适用疑义,理合呈请鉴核,转送司法院解释,俾便饬遵等情。案关适用法律疑义,相应咨请查照,解释见复,俾便饬遵。

**院解字第三一〇五号**

**民国三十五年三月二十二日　司法院训令广西高等法院**

据广西高等法院第八分院上年戌养代电,以特种刑事案件关于附带民事诉讼及提审、莅审疑义,请解释示遵等情。据此,业经本院统一解释法令会议议决,(一)依《特种刑事案

件诉讼条例》审理之贪污案件,在其诉讼程序中,不得于初判或覆判程序中提起附带民事诉讼。如已提起,应依同条例第一条第一项适用《刑事诉讼法》第五百零六条第一项,认原告之诉为不合法,以判决驳回之;(二)特种刑事案件由覆判法院提审或命推事莅审者,应先为提审或莅审之裁定。合行令仰转饬知照。此令

**附广西高等法院第八分院原代电**

重庆司法院院长居钧鉴,兹有下列法律疑义,(一)甲告诉乙贪污并附带民事诉讼,经判决乙无罪,甲(即有申诉权者)声请覆判,可否并请为附带民事诉讼之判决?检察官声请覆判(即甲无申诉权者),甲可否就该附带民事诉讼部分,依《刑事诉讼法》第五百零七条第二项,提起上诉。如均不得为或得为而甲不为,于发回更审或提审莅审时,甲可否仍为该附带民事诉讼之请求?(二)提审、莅审以裁定行之,在《县司法处刑事案件覆判暂行条例》第七条第一项定有明文,在《特种刑事诉讼条例》尚无明文规定,是否覆判审认为应提审或莅审者,即行提案及派员莅审,无须先有何宣示方式,恳赐解释示遵。

**院解字第三一〇六号**

**民国三十五年三月二十二日　司法院训令广西高等法院**

据广西高等法院第二分院本年子敬代电,以白药是否《刑法》第一百八十六条所称之其他相类之爆裂物,电请解释等情。据此,业经本院统一解释法令会议议决,制造火柴原料之白药,如无与炸药、棉花、药雷汞等机类之爆裂性,即非《刑法》第一百八十六条之爆裂物。合行令仰转饬知照。此令

**附广西高等法院第二分院原代电**

重庆司法院院长居钧鉴,制火柴原料之白药,是否《刑法》第一百八十六条所称之其他相类之爆裂物,其制造、贩卖、运输应否须受政府之允准。本分院近有此类案件,亟待解决,恳予解释电遵。

**院解字第三一〇七号**

**民国三十五年三月二十二日　司法院训令四川高等法院**

据彭水县司法处本年一月铣代电,以《刑法》第一百三十四条三百零二条第一项适用疑义,请解释示遵等情。据此,业经本院统一解释法令会议议决,区长及乡镇长均无拘押人犯之权,其将刑事嫌疑犯擅行拘押,自系成立《刑法》第三百零二条第一项之罪。如系假借职务上之机会或方法犯罪,即应依第一百三十四条加重处断。合行令仰转饬知照。此令

**附彭水县司法处原代电**

司法院院长居钧鉴,某甲为乡镇长或区长,对于嫌疑人犯拘押至二十四小时,甚至到十三日以上,是否有触《刑法》第一百三十四条、第三百零二条第一项之罪责,乞释示遵。

院解字第三一〇八号

民国三十五年三月二十七日　司法院复广西高等法院电

广西高等法院览，本年子灰代电悉，苍梧地方法院所请解释一案，业经本院统一解释法令会议议决，租赁定有期限者，承租人虽因战事疏散，致不能于期限内使用租赁物，不得将疏散期间于租赁期限内扣除。合电转饬知照。司法院感印

附广西高等法院原代电

司法院院长居钧鉴，案据苍梧地方法院三十四年十二月删代电称，疏散前所订之租赁契约，其租赁期限应否将疏散期间扣除，兹有正反两说。主肯定说者，谓承租人既遵照政府疏散命令而疏散，复不回住沦陷区以作顺民，则为维持政府威信与民族正义起见，自疏散起迄光复止，该段时间自应于租赁期限内扣除。主否定说者则谓租赁期间既在疏散前已开始，而疏散系初难意料之事，在疏散期间承租人不能使用租赁物，出租人不收取其租金为已足，于法律上既无租赁期间因非当事变而中断之规定，在情理上亦难使无过失之出租人受到租期意外延长之损害，故租赁期不应将疏散期间扣除。未审究以何说为当，本院现受理有此种案件，悬案待结，理合电请转请解释示遵等情。据此，查租赁定有期限者，其租赁关系于期限届满时消灭，经《民法》第四百五十条第一项著有明文。而同法亦无得因非当事变其租赁期间准予扣除之规定，除得依《非常时期民事诉讼补充条例》第十一条，声请法院调解外，似应以否定说为当。惟事关法律疑义，未敢擅决，理合电请钧院鉴核，解释示遵，俾便转饬遵照。

院解字第三一〇九号

民国三十五年三月二十七日　司法院复安徽高等法院电

安徽高等法院鉴，上年申宥代电悉，六安县司法处所请解释一案，业经本院统一解释法令会议议决，县国民兵团团党部之上尉干事，如非正式军校出身，授有军职，不能认有军人身分。其办理兵役而有贪污行为，应由普通司法机关审判。合电转饬知照。司法院感印

附安徽高等法院原代电

重庆司法院院长居钧鉴，案据本省六安县司法处本年九月电字第六六七号代电内开，查县国民兵团团党部上尉干事并非军校出身，其因办理兵役贪污案件，究由军法机关受理，抑由司法机关审判。事关管辖疑义，理合电请鉴核示遵等情。据此，查非军校出身之县国民兵团团党部上尉干事，能否视为军人，其办理兵役如有贪污行为，究应由军法机关受理，抑由普通司法机关受理。事关法律上疑义，本院未敢臆断，理合据情电请钧院核示祇遵，以便转饬遵照。

## 院解字第三一一〇号

### 民国三十五年三月二十七日 司法院指令河南高等法院

呈悉,业经本院统一解释法令会议议决,河南省被灾时期,人民出卖田产,约明自卖之后,无论政府何项法令,决不再图回赎者,应受其约定之拘束,不得再依该省被灾时期地权移转处理办法第四条主张按原价买回。仰即转饬知照。此令

**附河南高等法院原呈**

案据本院第六分院院长赵振海呈称,案据罗山县政府承审员陈宪章呈称,兹有甲某于被灾时期卖田与乙,立约时书明自卖之后,无论政府何项法令,决不再图回赎字样。现甲某仍欲依照地权移转处理办法,备价买回原产,乙某拒绝。关于此点,约分两说。第一说谓,买卖田产系一种法律行为,成立契约既愿不再回赎,早已放弃买回权利,决无翻悔之理。第二说谓,地权移转处理办法第五条,被灾时出典土地,无论原订契约有无回赎期限,原业主均得随时赎回出卖土地。纵有特约,亦应随时备价买回。以上两说,未知孰是,本府现有上项案件亟待解决,谨电请核示祗遵等情。据此,查事关法律疑义,未便擅拟,理合呈请鉴核,俯乞转请解释饬遵,实为公便,等情。据此,查事关法律疑义,理合照缮《河南省被灾时期地权移转处理办法》,具文呈请钧院鉴核,解释示遵。

## 院解字第三一一一号

### 民国三十五年三月二十七日 司法院致军政部函

案准贵部本年一月八日政法核(三十四)字第一四三四号函,接兵部队班长盗取连部收兵临时收据出卖图利适用法律疑义一案,请解释见复等由,准此,兹经本院统一解释法令会议议决,接兵部队之班长盗取连长所保管盖有印信而未填发之接兵收据,价卖与中签应征壮丁用以注销签号,避免兵役,应成立《惩治贪污条例》第三条第七款及《刑法》第三百二十条第一项、《妨害兵役治罪条例》第四条第一项之罪,适用《刑法》第五十五条从一重处断,相应函复查照。此致军政部

**附军政部原函**

兹有某接兵部队班长盗取连部收兵临时收据,出卖图利,究应援用何项法令处断。事关适用法律疑义,相应函请贵院迅赐解释见复,以凭办理为荷

## 院解字第三一一二号

### 民国三十五年三月二十八日 司法院复军政部电

军政部鉴,子元法理代电悉,兹经本院统一解释法令会议议决,在华韩国光复军犯罪,应归普通司法机关审判。特电复请查照饬知。司法院俭印

附军政部原代电

司法院公鉴，据第十一战区军法监亥养平电，请解释在华韩国光复军犯罪，应归何机关审判等情。事关法律疑义，相应电请查照迅赐解释见复，以凭饬遵。

院解字第三一一三号

民国三十五年三月二十八日　司法院复四川高等法院电

四川高等法院览，本年子铣代电悉，所请解释一案，业经本院统一解释法令会议议决，《优待出征抗敌军人家属条例》第二十八条、第二十九条所谓出征抗敌期内，系指自出征日起至复员日止之期间而言。合电知照。司法院俭印

附四川高等法院原代电

巴县歇马乡司法院院长居钧鉴，查《优待出征抗敌军人家属条例》第二十八条、第二十九条所谓在出征抗敌期内一语，兹有二说。甲说，谓出征抗敌期内指我国与敌人处于战争状态中之时期而言。自日本投降以后，行政院已经通令三十四年九月三日为战争结束之日。则自三十四年九月三日以后，即非出征抗敌期内。除该条例第二十八条在出征抗敌期内约定或法定期限届满者外，不能再援用该条例第二十八条、第二十九条予以优待。乙说，谓日本虽因战败而投降，但敌军武装尚未完全解除，日俘日侨犹未押运回籍，沦陷国土亦未全部收复，一切抗敌工作尚有赖于我出征抗敌军人继续努力。现今我抗敌军人正在荷枪披甲辛苦效忠之时期，如不予以优待，殊失立法之精神。在国家未正式颁布复员令，以前均不得解为非出征抗敌期内。行政院虽明令三十四年九月三日为战争结束日，然系对于国际关系所确定之日期，以便恢复甲国与乙国间之交易常态，究与抗敌工作之完成与否无关。是以不能谓三十四年九月三日以后即无适用该条例第二十八条、第二十九条之余地。两说未知孰是，现在此类案件日益增多，理合电请钧院迅予解释，俾有遵循。

院解字第三一一四号

民国三十五年三月二十八日　司法院咨行政院

案准贵院上年十二月二十八日平捌字第二八六五三号咨，以据司法行政部呈转请解释租赁事件适用法律疑义，咨请解释见复等由，准此，兹经本院统一解释法令会议议决，承租人价顶之店底、码头对于其后之承租人，虽得主张此权利，但非经出租人之承认，不得对抗出租人。店房被毁后，此项权利是否存在，应视其与出租人约定之内容定之。店房被炸烧毁，如合于《战时房屋租赁条例》第十七条规定情形，承租人得代为修复。相应咨复查照饬知。此咨行政院

附行政院原咨

据司法行政部本年十二月十五日(叁)字第九七五号呈称，案据江西高等法院呈，据万载县司法处审判官邓纪呈称，窃查租用店房原无店底及营业码头顶替之可言，而本市则以

习俗相沿,每一店房于停业时即以店底、码头(指租户所制之壁橱、坐枱、锅灶、器具、财神龛在内)为资料,拾价召顶。以此凡欲经营商业,须先价顶店底及营业码头后,始能入店居住。至停业时,仍得另顶他人。所有顶价,视市面商业盛衰而定,立约为凭。业主仅收店租,不能加以限制,成为地方惯例。近因敌寇窜扰,焚毁店房三十余栋,损失浩大,各业主以劫后凋残,多属无力修建,情愿暂缓,而原租户以曾经价顶店底、码头而来,应予收回。否则即须在原地改竖茅棚,或垫款简单修建,继续营业。而业主以茅棚有碍观瞻,且恐易燃火烛之患,尚有需要改造街道及改造门面者,垫款修建又难于言息,坚不忍许,彼此争执甚烈,揆诸情理。店房既已被毁,店底、码头亦属同归于尽,似亦无存在之可言。惟事关业权疑义,无法解决,兹分述如下,(一)店房被毁,原租户所顶得之店底及营业码头,是否存在?(二)码头系属业主所有,租户私行顶替,是否可以无条件收回?(三)被毁之店房如仍有店底、码头,其店场改造街道所使用者,应如何处置?(四)店房被毁,原租户以需店房居住为词,未经业主同意,自动架设茅棚或垫款修建,业主得否干涉,转请示遵等情。据此,事关法律适用疑义,理合呈请钧院鉴核转送司法院解释,以便饬遵等情。据此,案关适用法律疑义,相应咨请查照解释见复,以便饬遵为荷。

**院解字第三一一五号**

**民国三十五年三月二十八日　司法院致军政部函**

案准贵部本年一月十四日法核字第〇四一七号公函,以据江西省军管区司令部呈,转请解释《陆海空军刑法》第三十八条适用疑义,函请解释见复等由,准此,兹经本院统一解释法令会议议决,《陆海空军刑法》第三十八条之罪,系以克扣金额之多寡,定其刑之重轻。今昔币值变动,应如何修正,系立法问题,非属于解释范围。惟此项犯罪在《惩治贪污条例》第二条第一款设有处罚之规定,《陆海空军刑法》第三十八条已因该条例之施行,停止其效力。军人克扣军饷,不论数额多寡,依该条例第一条第一项,均应适用同条例第二条第一款处断,相应函复查照饬知。此致军政部

**附军政部原函**

案据江西省军管区司令部三十四年八月五日(三十四)部法字第三七七号呈,以据南浔师管区司令部景武三十四年七月九日师法字第二〇五三九号,呈略以执行法律发生困难,请转呈解释救济办法等情。据此,查易科罚金业经颁行《战时罚金罚锾提高标准条例》,除指复知照外,关于《陆海空军刑法》第三十八条所定克扣军饷金额,应如何救济之处,相应抄同原呈,函请贵院查照,解释见复为荷。

**院解字第三一一六号**

**民国三十五年三月二十八日　司法院指令中央公务员惩戒委员会**

呈悉,业经本院统一解释法令会议议决,(一)非常时期公务员因案奉准停职,送由军法

执行总监部讯明判决无罪,准予复职时,应由该公务员之长官,本其职权,补发停职期内之俸给,与《公务员惩戒法》第十六条第三项之规定无关;(二)公务员对于前项俸给之请求权,尚无时效期间之限制,自不发生消灭时效问题;(三)前项公务员在军法执行总监部审讯中,如被羁押即与《公务员惩戒法》第十七条第一款之规定相当,当然停止其职务。但此项职务之停止,于判决无罪后,并不能排斥同法第十六条第三项之适用。仰即转函知照。此令

**附中央公务员惩戒委员会原呈**

案准外交部函开,查非常时期公务人员因案奉准停职,送由军法执行总监部审讯,经讯明判决无罪,准予复职时,是否可予援用《公务员惩戒法》第十六条第三项?关于补给停职期内俸给之规定,又补给停职期内俸给,当事人之请求权是否有时效限制,如有此种限制,其时效消灭非可归责于当事人之事由时,其限制是否可以视为例外?又前项人员在军法执行总监部审讯中,是否可依同法第十七条规定,视刑事诉讼程序实施中被羁押,当然停止职务,而不予援用前条第三项之规定。事关贵会主管,拟请详予解释见复,以凭办理等由。查原函所述情形,属于法令解释问题,理合转请钧院俯赐解答,以便转函知照。

**院解字第三一一七号**

**三十五年五月十七日**

案准贵院三十四年十一月十五日平捌字第二五二四七号咨,以据司法行政部呈,转请解释《特种刑事案件诉讼条例》施行前,经侦查终结应依军法程序办理尚未移送之贪污盗匪案件应如何办理疑义,咨请解释见复等由。准此,兹经本院统一解释法令会议议决,检察官侦查之贪污盗匪案件,因应归军法机关审判,为不起诉处分确定后,在尚未移送前,适《特种刑事案件诉讼条例》施行,依同条例之规定,该案应归司法机关审判,即系发见新事实,原检察官得依《刑事诉讼法》第二百三十九条第一款规定,再行起诉。相应咨复查照饬知。此咨行政院

**附原咨**

据司法行政部本年十一月五日呈(叁)字第八三五号呈称,案据江西高等法院首席检察官呈,据临川地方法院首席检察官叶世南呈称,查《特种刑事案件诉讼条例》施行日期前,经侦查终结,认为应依军事审判程序办理,已依《刑事诉讼法》第二百三十一条第七款为不起诉处分确定,尚未移送之贪污盗匪案件,未知究应如何处理,转请示遵等情。查事关法律适用疑义,理合呈请鉴核,转送司法院解释,以便饬遵等情。案关适用法律疑义,相应咨请查照,解释见复,俾便饬遵。

**院解字第三一一八号**

**三十五年五月二十一日**

案准贵院三十四年十二月十二日平壹字第二七六三零号公函,以据广西省政府电,请

解释赃私处罚及贪污撤职未经判决确定者可否当选为参议员,函请解释等由。准此,兹经本院统一解释法令会议议决,《省县公职候选人考试法》第九条第四款所称,曾因赃私处罚有案,其处罚二字,包括经法院科处罪刑之确定判决,或经依法惩戒受有处分者而言。公务员因贪污被撤职查办,如其撤职并非经惩戒程序之免职,即不能谓已受公务员惩戒法上之惩戒处分。此项公务员,除系亏欠公款,无论曾否处罚有案,依同条第三款规定,均不得当选为县参议员外,倘系其他之贪污行为,即属于第九条第四款所称之赃私,既未经法院科处罪刑判决确定,尚非不得当选为县参议员。相应函复查照饬知。此致行政院

**附原公函**

广西省政府电陈,《省县公职候选人考试法》第九条第四款,曾因赃私处罚有案者之处罚二字,仅系指《刑法》上之处罚,抑并指行政上之惩戒处分。又因贪污被撤职查办,未经判决确定者,可否当选为县参议员等情。相应函请查照解释为荷

**院解字第三一一九号**

**三十五年六月二十四日**

广西高等法院览,本年子虞代电悉,所请解释一案,业经本院统一解释法令会议议决,(一)犯罪在《战时罚金罚锾提高标准条例》施行前,而裁判在施行后者,依该条例所定科罚数额,既较裁判前法律之数额提高,该裁判前之法律即属有利于行为人,自应依《刑法》第二条第一项但书,适用裁判前之法律处断。(二)《刑法》第四十一条或第四十二条之易科罚金或易服劳役,均系关于执行刑罚之易科标准,依上开条例第二条规定,虽亦提高金额,但宣告之罚金如系依《刑法》第二条第一项但书,适用有利于行为人之裁判前法律处断时,其易服劳役之标准,自应适用同一之法律,至依上开但书宣告之徒刑或拘役而易科罚金者亦同。合电知照。司法院迥印

**附原代电**

重庆司法院院长居钧鉴,关于犯罪在上年六月十三日以前案件,应否适用《战时罚金罚锾提高标准条例》,于此有二说,(甲)说,该条例系因适应战时需要颁行之强制法令,不问犯罪在前在后,均应一例适用。(乙)说,依法律不溯既往之原则,应援《刑法》第二条第一项后段,就所犯《刑法》或其他法律所定本刑与该条例提高标准,比较轻重,适用最有利于行为人之《刑法》或其他法律处断。如采(乙)说,对于易科罚金或易服劳役,更发生下列两问题,(一)易科罚金或易服劳役,仍依所犯《刑法》或其他法律规定办理。(二)易科罚金或易服劳役,又应适用最有利于行为人之该条例第二条规定办理。以上各说,未知孰是,事关适用法律疑义,职院现有此等案件,亟待解决,理合电请核示祇遵。

院解字第三一二〇号

三十五年六月二十四日

案准贵院本年一月二十二日节壹字第零二二九五号公函，以据内政部呈，转请解释招夫登记疑义，函请解释见复等由。准此，兹经本院统一解释法令会议议决，(一)某甲之子不得同时为某乙之养子。(二)收养他人之子女为子女，惟本人始得为之，父母于其子死亡后，将其媳与后夫所生之子为其子之子，自不发生收养关系。(三)收养者生前如确有收养其妻与前夫所生之子为其子之意思表示，而被收养者之年龄又在七岁以下，自可认为有效。至收养者以口授遗嘱收养子女，如具备法定方式，即非无效。(四)遗嘱执行人除《民法》第一千二百一十条所定未成年人及禁治产人外，无其他之限制。(五)有配偶者收养子女，不与其配偶共同为之，或收养者之年龄不长于被收养者二十岁以上，均得向法院请求撤销之，并非当然无效(参照本院院字第二二七一号解释)。相应函复查照饬知。此致行政院

附原函

据内政部呈转江西省政府请解释招夫登记款点等情，案关法令解释，相应抄附原呈，函达查照，解释见复为荷。

附原抄呈

准江西省政府咨开，查本省偏僻县份，狃于嗣续观念，招夫养子之风颇盛，子死以媳妇招赘夫，仍本姓，妻从前夫姓，所生子女姓氏不一，或从父氏，或从母姓，若干年后，其招夫且可带子归宗(孀妇招夫或再嫁依照习惯，多不举行结婚仪式)，名分不正，称谓分歧，此为办理户籍及人事登记所深感困难者。例如张姓夫妇，年老无子，以其寡媳李氏，招王某为夫，并约定生子一，兼祧张王二姓，生子二，一为王氏子，一为张姓后，应如何为之办理户籍及人事登记，此一例也。又有刘姓妇郑氏新寡，上有翁姑，下有儿女，招吴某为夫，吴亦新近丧偶者，携其父母及子女与刘姓妇同居，产生一子，吴死，刘姓妇又招周某为夫，旋周亦病故，后诸子长大成人，均同居，刘姓妇并欲以其与吴某所生之子为周之子，应如何为之办理户籍及人事登记，此又一例也。上项实例，虽为法理所不许，实为习俗所常见。兹依据法理，参酌习惯，拟定登记方式如次，(甲)第一例，(一)张姓夫妇为家长时，李氏仍填“媳妇”，王某填为“家属”，生有子女，由李氏声请为“出生登记”，并应于户籍登记簿有关之篇页内，注明为非婚生子女，如王某欲据为己子，则应依照户籍法，声请为“认领登记”，但经生父抚育者，视为认领(民注一〇六五条)。(二)由张氏夫妇收王某为养子，并为更姓立名，依照户籍法，声请为“收养登记”后，再与李氏结婚，声请为“结婚登记”，依此登记所生子女，应归张姓，无法填列为王氏子。(三)由媳妇李氏正式嫁与王某为妻，如仍同居，张氏夫妇为家长时，将王某夫妇填为“家属”，李氏备考栏填明“原为家长媳妇”，王某备考栏填为“李氏之后夫”，依此登记，所生子女应从父姓，无法填列为张姓后。(四)比照贵部收童养媳为养女之解释例，由张氏夫妇，将媳妇李氏收为养女后招赘，如登记时张氏夫妇为家长，则李氏填称“养女”，王

某填称“赘婿”,依此登记,所生子女应从母姓,但另有约定者,得从其约定(《民法》一〇五九条)。(乙)第二例,如刘姓妇与吴某、周某未依法结婚,而刘姓妇或其翁姑为家长时,只能依前例第一项登记方式,将吴某及其亲属填列为“家属”,另于备考栏分别注明其身份。刘姓妇与吴某所生子女,如经其生父认领,则应从吴姓,否则应从母本姓郑,在备考栏内注明为郑氏之非婚生子,惟无法填为周某之子。如刘姓妇与吴某、周某等之同居,系属合法婚姻,则刘姓妇应先改姓吴,后改姓周,依前例第三项登记方式办理,惟亦无法将吴某与刘姓妇所生之子填列为周某之子。总之招夫之身份似养子实非养子,似赘夫实非赘夫,不变更其通常称谓(如义子、契子、寄壻等),则不能作合法之登记,名分变更则亲属关系随之而变,财产继承诸问题亦随之而起,究何者应采用何项登记方式,自应就当事人主观意思与客观条件,审慎衡量,期臻至当。惟现时最难解决之问题者,法理与习惯脱节,以习惯为准据,则违反法理,以法理为规范,则超脱事实,如宗祧继承久经废除,遇有上项事件,虽可为之办理收养登记,以图补救,但习惯上尚有一子双祧者,登入甲方,乙不赞同,登入乙方,甲又力争,究应如何办理,此其一。依第一例,如李氏嫁与王某为妻,生有二子,张氏夫妇坚欲收养其一子为其子之子,隔代收养,于法无据,应行拒绝登记。究有无其他变通办法为之处理,此其二。依第二例,刘姓妇欲以其与吴某所生之子为周之子,且谓周临死时谆谆以此为辞,遗嘱收养,是否合法,又口授遗嘱,能否于收养子女发生法律上之效力,此其三。又刘姓妇招周某为夫,如未正式结婚,则刘姓妇可否执行周某之遗嘱,此其四。尤有进者,收养事件原有法定上实质之要件,收养者之年龄应长于被收养者二十岁以上(《民法》一〇七三条),有配偶者收养子女时,应与其配偶共同为之(《民法》一〇七四条)。设有某甲未取得其配偶同意,竟单独以书面收养某乙为养子,声请为收养登记,是否应予受理。某甲将某乙自幼抚养为养子,而某甲夫妇之年龄不长于某乙二十岁以上,或收养者仅夫或妻一方之年龄长于被收养者二十岁以上,此种收养,是否发生法律上之效力,亦皆应请附于解释,此其五等由。本案事关《民法》解释,除登记部份由本部另案办理外,拟请钧院转请司法院予以解释,以昭郑重,理合呈请鉴核示遵。

**院解字第三一二一号**

**三十五年六月二十四日**

案准贵院本年二月二十二日节捌字第零五二六九号公函,以据湖南省政府电请解释各省市县政府对行政处分所扣押物品在未经最终决定不得遽行提奖等疑义,函请解释见复等由。准此,兹经本院统一解释法令会议议决,县市政府将其以行政处分扣押之物品变卖后,其行政处分经诉愿决定撤销者,如备《民法》第一百八十六条所定侵权行为之要件,虽其卖得价金已拨充公共建筑之用,亦应由县市长负损害赔偿责任。相应函复查照饬知。此致行政院

附原公函

据湖南省政府三十四年十二月二十二日长府秘法字第二〇八六号电称，案奉本年十月十一日平捌字第二二二七七号训令，略以各省市县政府对行政处分所扣押物品，未经最终决定，不得遽行提奖一节，自应遵办。惟各县市政府之行政处分，有未经最终决定，即将扣押物就地依限价出售者，其物主因此所受之损失，是否可请求赔偿？又县市政府将扣押物出售后，即将罚款径行拨作公共建筑之用，未列入预算科目，亦未解库，嗣后此项行政处分经决定撤销，此项罚款应归该处分官署赔偿，抑由该主管赔偿。事关法令疑义，理合电请示遵等情。据此，查此案系由本院根据贵院院字第一八二三号解释意旨，通令遵照。据电前情，相应抄同原令，函达查照，解释见复，以凭饬遵为荷。

院解字第三一二二号

三十五年六月二十四日

案准贵院本年三月十三日节捌字第零七五四九号公函，以据司法行政部呈，请核示伪法院所为拍卖及登记行为其效力如何一案，函请查核见复等由。准此，兹经本院统一解释法令会议议决，伪法院所为之拍卖，除因拍卖而执行完毕之裁判，依《复员后办理民事诉讼补充条例》第九条，以经裁判确定论者外，并非概可认为有效。其所为之各项登记，如无法令承认，均不能发生登记之效力。相应函复查照饬知。此致行政院

附原公函

据司法行政部本年二月十九日(京)呈(叁)字第三九号，呈请核示伪法院所为拍卖及登记行为，其效力如何一案到院。查伪法院基于确定裁判所为之拍卖行为，依《复员后办理民事诉讼补充条例》第九条之规定，而无该条各款情形者，似不能认为无效。其所为之登记行为，若伪法院已采为裁判之基础，该项裁判并已确定者，似亦受上述第九条之拘束。若伪法院办理之法人登记及不动产登记，并非为确定裁判之基础时，则依照《收复区各种公司登记处理办法》及《收复区土地权利清理办法》之规定，自应认为无效，至伪法院所为其他登记之行为，若现行法令并无承认其效力之规定，亦当然认为无效。惟案关司法裁判，相应抄同该部原呈，函请查核，迅予见复。

院解字第三一二三号

三十五年六月二十四日

案准贵院本年二月四日节捌字第零三三零五号咨，以据司法行政部呈，转请解释收复区民事诉讼事件缴纳裁判费疑义，咨请解释见复等由。准此，兹经本院统一解释法令会议议决，依《复员后办理民事诉讼补充条例》第八条第一项各款，为第一审审判之事件，不问其第一审审判由第一审法院为之，抑由第二审法院为之，亦不问第一审被告曾否向伪法院缴纳第二审裁判费，均应命原告依《民事诉讼费用法》之规定，缴纳第一审裁判费，其前依伪法

令向伪法院缴纳之裁判费,不得扣除。至诉讼标的之金额或价额,应以起诉时所值法币之数为准,相应咨复查照饬知。此咨行政院

**附原咨**

据司法行政部本年一月十九日京呈叁字第四号呈称,案据江苏高等法院院长孙鸿霖呈称,查沦陷区收复时,民事诉讼事件系属于非法组织法院之第一审者,由第一审法院审判,系属于第二审者,除原第一审判决系沦陷前法院所为者外,由第二审法院为第一审审判,系属于第三审者,除原第二审判决系沦陷前法院所为者外,由第三审法院以裁定发回第二审法院为第一审审判。《复员后办理民事诉讼补充条例》第八条第一项,已有明文规定。惟法院审判此等事件,应否命当事人补缴裁判费。如须补缴,其标准如何,发生下列各种问题,(一)依伪法令已缴足裁判费,而依《民事诉讼费用法》所定标准尚未足额者,应否命其补缴。(二)由第二审法院为第一审审判,如须补缴裁判费,究应依第一审缴费之标准,抑应依第二审缴费之标准。(三)如须补缴裁判费,上述第一项已缴之数额及第二项在第一审徼纳之数额,应否扣除计算。(四)第一审之被告提起上诉,已在第二审缴纳裁判费时,第二审法院是否尚须命其对造之原告补缴裁判费。(五)诉讼标的之金额或价额倘以伪币计算者。折合国币,究应依现时之比价为准,抑应以原起诉时之比价为准。以上各点,应如何解决,本院未便擅专,理合具文呈请钧部鉴核示遵等情。据此,事关法律适用疑义,理合呈请钧院核转司法院解释,俾便饬遵等情。据此,案关适用法律疑义,相应咨请查照,解释见复,以便饬遵为荷。

**院解字第三一二四号**

**三十五年六月二十四日**

案准贵院本年三月十二日节捌字第零七三四六号咨,以据财政部呈,转请解释沦陷区内人民以伪币订立之契约应如何清偿,咨请解释见复等由。准此,兹经本院统一解释法令会议议决,沦陷区内当事人原约以伪币给付之债务,在政府规定伪币与法币之比率后,应依此比率以法币清偿之,但不妨碍《复员后办理民事诉讼补充条例》第十二条之适用。相应咨复查照饬知。此咨行政院

**附原咨**

据财政部本年三月五日渝财叁字第二六六一号呈称,案准福建省政府财甲亥筱电开,厦门市政府真电,以本市在沦陷期中,民间债务,皆以伪币计算,现此种债务如何清偿,乞电遵等情。应如何处理,请电示等因。查关于沦陷区人民以伪币订立之契约,并非无效,业经司法院第三〇五九号解释有案。此项以伪币计算之债务,在收复后,自应以法币清偿。惟清偿时是否应按照立约时伪币与法币比率计算,抑应按照现时规定伪币与法币之比率计算。除双方同意者外,是否适用《民事诉讼补充条例》第十二条规定办理。理合呈请鉴核,转咨司法院解释,以便签复等情。据此,案关适用法律疑义,相应咨请查照,解释见复,以便

饬遵为荷。

**院解字第三一二五号**

**三十五年六月二十四日**

首都地方法院览。本年寅东代电悉，所请解释一案，业经本院统一解释法令会议议决，判决确定之事件，因地方沦陷，未声请执行或执行而未终结，嗣后情事变更，具备《复员后办理民事诉讼补充条例》第十二条之适用要件者，债权人自得另行起诉，请求为增加给付之判决（参照院字第二七五九号、院解字第二九八七号解释）。执行法院拍定之房屋，虽因地方沦陷，买受人未缴价金，致该房屋尚未移转管业，而买卖行为应认为业已成立，嗣后情事变更，如具备同条之适用要件，债务人自可对买受人起诉，请求为增加给付之判决。合电知照。司法院迴印

**附首都地方法院原代电**

重庆司法院院长居钧鉴，查《复员后办理民事诉讼补充条例》第十二条之规定，原为顾全当事人利益而设，如事变前业经判决确定之事件，因地方沦陷，不及声请执行，或执行尚未终结，债权人于复员后，因经济变动，依原确定判决执行显失公平者，可否另行起诉，请求为增加给付之判决。又由执行法院拍定之房屋，因地方沦陷，未及将价金缴案，致拍卖房尚未移转管业，债务人因经济变动，照原拍定裁定价额显失公平者，可否对拍定人起诉，请求为增加给付之判决。案关适用法律疑义，本院未便擅拟，理合电请鉴核，迅赐解释祇遵。

**院解字第三一二六号**

**三十五年六月二十四日**

广州市政府社会局览。本年寅真代电悉，所请解释一案，业经本院统一解释法令会议议决，（一）曾充伪人民团体之职员，除法律别有规定外，尚非不得当选为人民团体职员。（二）曾在伪组织治下开业之医师及其他自由职业之技师，非不得加入医师公会及其所属公会。合电知照。司法院迴印

**附原代电**

司法院院长居钧鉴，案查前层奉社会部三十四年组酉江电，略以收复地区调整人民团体时，应严密审查团体份子中其附逆有据者，禁止参加团体活动，并得依据检举等因。惟查本局调整广州市人民团体以来，发生下列两项问题，（一）曾充任伪人民团体之职员，现在能否当选为人民团体职员。（二）曾于广州市沦陷期内，在伪府治下开业之医师及其他自由职业之技师，现在许其加入医师公会及其所属公会否。本局未敢擅专，理合电请察核，迅赐解释，俾得遵循。

院解字第三一二七号

三十五年六月二十四日

四川高等法院览,本年寅鱼代电悉,彭县地方法院所请解释一案,业经本院统一解释法令会议议决,依非常时期《民事诉讼补充条例》第十八条第一项,议定调解条款,而未作成调解书时,《复员后办理民事诉讼补充条例》施行者,除调解前已起诉外,非经当事人起诉,不得予以裁判,但不得命声请人起诉。依同条项作成调解书,以正本送达于当事人后,同条例第二项所定提出异议之不变期间届满前,《复员后办理民事诉讼补充条例》施行者,调解书失其效力,不得以对于调解条款未经同意之当事人不于期内提出异议,而视为调解成立。合电转饬知照。司法院迴印

附原代电

巴县歇马乡司法院院长居钧鉴,案据四川彭县地方法院院长李春祥三十五年二月二十三日牍字第一三号呈称,查《复员后办理民事诉讼补充条例》,业经国府公布施行,该条例第二十七条载,本条例之施行期间为二年,其在施行期间系属之事件,概依本条例终结之。第二十八条第二项载,《非常时期民事诉讼补充条例》于本条例施行之日废止之等语。如有依《非常时期民事诉讼补充条例》,声请为增加给付之调解,尚未作成调解书,《复员后办理民事诉讼补充条例》业经施行,是否应令声请人另行具状缴纳审判费起诉,始予裁判。如业经作成调解书正本,送达于当事人,正值该条例施行,当事人对于调解条款未经同意者提出异议时,其期间应否受《非常时期办理民事诉讼补充条例》第十八条所规定之不变期间,谨恳转请解释等情,事关法律疑义,理合电请钧院迅赐解释示遵。

院解字第三一二八号

三十五年六月二十四日

粮食部鉴,本年寅微代电悉。业经本院统一解释法令会议议决,田赋征收实物,因仓库不备,无法存储,由经征机关裁给粮票,交各大粮户保管者,系属寄托行为,嗣后粮户无粮交出,应依民事诉讼程序,向法院提起返还寄托物之诉。如其不能交粮系由于自已之消费,尚应构成《刑法》上之侵占罪。特电复请查照,司法院迴印。

附原代电

司法院公鉴,查四川省自田赋改征实物后,因仓库不多,无法存储,曾有由经征机关裁给粮票,交由各大粮户保管,名为寄仓,行之数年,官民皆便,乃日久弊生,现竟有经征机关开出拨条,容存粮户无粮交出之事,自应严予追缴,以重公粮。惟关于援用法令,尚有疑义三点。甲说,粮票虽经裁给,经征机关并未取得实物,应依《战时征收实物条例》第十七、十八等条规定,予以强制执行。乙说,粮票既已裁给,应认为粮已完讫,现既无粮交出,自系犯《惩治贪污条例》盗卖侵占之罪嫌,应依法治罪,并追缴其寄仓实物。丙说,粮户保管实物当

系一种契约行为，应依民事诉讼程序，进行诉讼。三说各有理由，究以何者为是，本部现有此类案件甚多，相应电请迅赐解释，以凭办理为荷。

**院解字第三一二九号**

**三十五年六月二十四日**

案准贵会本年一月五日政法核（卅四）字第一二七六号公函，以据浙江保安司令电请核示，军官作战获敌手榴弹匿不呈缴，适用法律疑义，函请解释见复等由，准此，兹经本院统一解释法令会议议决，军官作战，获敌手榴弹，匿不呈缴，不得依《陆海空军刑法》第四十条论处。相应函复查照饬知。此致军事委员会

**附原函**

据浙江全省保安司令黄绍竑戌巧法心电称，军官作战，获敌手榴弹一枚，匿不呈缴，可否依据《陆海空军刑法》第四十条，得枪不缴罪论处，请核示等情。案关法律解释，相应函请查照，迅赐解释见复，俾便饬知为荷。

**院解字第三一三〇号**

**三十五年六月二十四日**

案准贵会本年二月十二日（卅五）法理渝字第一八零七号公函，以据浙江保安司令部代电，转请核示《特种刑事案件诉讼条例》适用疑义，函请解释见复等由。准此，兹经本院统一解释法令会议议决，（一）司法警察官署如认被告无犯罪嫌疑时，无庸为不起诉处分。（二）司法警察官认犯罪嫌疑人有羁押必要时，依《刑事诉讼法》第二百零八条第二项规定，应于二十四小时内，移送该管检察官，不得援用同法第一百零八条关于检察官羁押被告期间之规定。（三）《特种刑事案件诉讼条例》第四条，只规定司法警察官移送之案件审判期日，检察官得不出庭，原移送官署不能因检察官未出席而莅庭陈述。（四）县行政机关所设军法官及军法助理，不得认为司法警察官。相应函复查照饬知。此致军事委员会

**附军事委员会原公函**

据浙江保安司令部本年元月法缶字第一六〇号子微代电，以据温岭县政府呈请释示《特种刑事案件条例》适用疑义回点转请核示等情到会。案关解释法令，相应抄同原代电一件，函请查照，迅赐解释见复，以凭饬遵为荷。

**附原抄代电**

重庆军事委员会委员长蒋钧鉴，政治核亥有电奉悉。兹查是案现又“据温岭县政府呈称，查《特种刑事案件诉讼条例》施行后，除烟毒及军人犯罪外，均移归司法机关审理，惟查《特种刑事案件诉讼条例》之告劾，略与通常检察程序不同，依该条例第三条规定，其他司法警察官署亦得作成移送书，移送法院，视同提起公诉，法院得径行审判。又同条例第四条规定，审判期日检察官得不出席，盖为告劾之提起，不限于法院检察官，其他司法警察官署亦

可为之,所提起者既已视同起诉,其任务无异检察官,所有检察事务亦为担当,故受审法院检察官亦可得不参与。惟此告劾与检察是否同一任务,法条未定,不无疑义,兹述如下,(一)司法警察官署固可作成移送书移送法院,视同提起公诉,此乃对于有罪嫌者而言。若遇刑诉法第二百三十一条至二百三十三条情形之一时,应否径予不起诉处分,如何处分,此项处分书是否与检察官同一格式。(二)侦查期间在检察官原有规定,如羁押被告依刑诉法第一百零八条所示,侦查不得逾二月,但有继续羁押之必要时,得声请延长二月,合计前后共有四个月之期间,自足搜查证据,检发奸宄,司法警察官署是否亦有此种期间,从事侦查。若谓不得援用,必于二十四小时内移送法院,何得搜索证据,以供审判。虽有视同起诉之规定,若无充分侦查时间,则不啻等为具文。(三)司法警察官署起诉案件,检察官既不得出席,所有告劾任务,自为移送机关担当,其责任非不为重,应为莅庭陈述,庶不疏慢,则移送机关起诉人员应否莅庭,其坐位是否与检察官同。(四)查特刑案件类皆公共秩序地方治安,与行政机关关系甚大,如盗匪一项,责任尤重,在行政机关所设军法官、军法助理及承审人员,又为该项特刑案件旧日主办人,县长且有司法警察官之职权,所称司法警察官署,是否包括军法人员”。以上四点,殊有解释之必要,理合备文呈请钧座鉴核,释示祗遵等情。据此,查案关请求解释《特种刑事案件诉讼条例》之疑义,除指令外,理合转陈,电请钧座鉴核示遵,实为公便。

**院解字第三一三一号**

**三十五年六月二十四日**

鳍水县参议会鉴,本年一月二十三日呈请解释,经县司法处判决标卖之产业,承标人未能享受,业权应如何处理一案,业经本院统一解释法令会议议决,某甲虽曾将其产业(不动产)立约定卖于某乙,并受某乙定金,但既未立契,自仅发生债之关系,不得以此对抗,业依强制执行法第九十八条取得所有权之某丁。特复。司法院敬印

**附原呈**

窃本县于二十九年,县司法处依照确定判决主文,标卖产业,承标人未得享受业权,诉争数年,均无正当解决,每届秋收,双方发生刦谷事件,以致演成惨案,政府亦无妥善办法。当事人以国家设立司法机关,系保障人民权利,今司法处出示招标拍卖之业,反不能管理为理由,呈请本会主张公道,文作迭来,经会商县府及县司法处,仍无法彻底解决。兹举例呈报,仰乞鉴核解释,以便从中调解,减少地方纠纷。某甲负债过深,不能清偿,只得破产摊还,债权人一部会同债务人,即将债务人产业立约定卖与某乙,当交定金,定约内载明订期立契付款字句,但债权人中某丙提出异议,以出卖之业一部系抵押借款,有优先清偿之权,不应在摊还之列,即向县司法处提起诉讼,请求清偿,经各级法院判决裁定确定,准予将该抵押某丙之业,变价清偿某丙债务。县司法处根据判决主文,出示招标,拍卖某丁,标中承买价款清付,当庭招佃居耕,县司法处给以移转管业证书,债务人某甲又补立卖契与某丁。

越年余，某乙以曾经定买付有定金为词，即与某丁诉争，并将其产占霸。此种情形，是否得依最高法院二十年上字第二四〇五号及二十四年上字第九一二五号之判例，业权归某丁所有，某甲与某乙只能发生债的关系。又诉争数年，双方胜败不常，若一旦承标人某丁失利，损失势所难免，拍卖机关信威何在？回思司法处居卖主地位，承标人某丁居买主地位，某丁此种损失，有无救济方法？出示拍卖之县司法处，有无责任？诉追方式如何？以上各点，仰乞鉴核，详为解释指示。

**院解字第三一三二号**

**三十五年六月二十四日**

**令江苏高等法院**

三十五年一月二十七日呈一件，为《惩治汉奸条例》及《处理汉奸案件条例》发生疑义，呈请解释示遵由。

呈悉，业经本院统一解释法令会议议决，（一）来问业经本院院解字第三一零一号解释有案。（二）曾任伪组织非机关首长之荐任职及委任职公务员者，尚须凭借敌伪势力，为有利于敌伪或不利于本国或人民之行为，方能适用《惩治汉奸条例》第三条，依第二条第一项第一款处断。（三）已见本院院解字第三一零二号解释。（四）《惩治汉奸条例》第八条第一项所定没收之财产，除属于公有，应予追缴或发还被害人者外，不问是否因汉奸行为所取得，均应予以没收。（五）《惩治汉奸条例》第十五条之规定，系属一种消极资格之限制，无庸由法院特为宣告。仰即知照。此令

**附原呈**

查《惩治汉奸条例》及《处理汉奸案件条例》，业经先后修正，公布施行，惟细绎该两条例内容，于实际适用上，发生下例各种问题，（一）曾任伪组织简任职以上公务员或荐任职之机关首长者，依《处理汉奸条例》第二条第一款，既在厉行检举之列，是否不问其有无凭借敌伪势力，为有利于敌伪或不利于本国或人民之行为，概认为通谋敌国，图谋反抗本国，径以《惩治汉奸条例》第二条第一项第一款论科，抑仍须具有该条例第三条所规定之情形，始构成犯罪。（二）曾任伪组织非机关首长之荐任职或委任职公务员者，依《处理汉奸案件条例》第三条第三款，既须凭借敌伪势力，经告诉告发，始厉行检举，是否除参加组织机关服务外，尚须凭借敌伪势力，为有利于敌伪或不利于本国或人民之行为，方能适用《惩治汉奸条例》第三条，依第二条第一项第一款处断，否则即不为罪。（三）《惩治汉奸条例》，所谓凭借敌伪势力，为有利于敌伪或不利于本国或人民之行为，究系独立之犯罪，仅依该条例第二条第一项第一款科处其刑，抑系该条款图谋反抗本国之解释，规定亦欠明了，此不惟与判决主文宣告罪名有关，即适用该条例第八条第一项，没收其财产之全部，亦不无出入，盖因第八条第一项，既明定没收财产之全部，以犯第二条第一项之罪者为限，则第三条规定，如系独立之犯罪，以仅能依《刑法》第三十八条，宣告没收，而无该条之适用。（四）《惩治汉奸条例》第八

条第一项所称没收其财产之全部,似不问是否因汉奸行为所得之财物,凡属其所有之一切财产,均包括在内。但《处理汉奸案件条例》第四条规定,汉奸所得之财物,除属于公有者,应予追缴外,依其情形,分别予以没收或发还被害人。既称汉奸所得之财物,是专指因汉奸行为所得之财物,而以其他原因取得之财产,似又不应在没收之列。法文两歧,未知究应如何定其范围。(五)《惩治汉奸条例》第十五条规定,曾在伪组织或其所属机关团体担任职务,未依本条例判罪者,仍应于一定年限内,不得为公职候选人或任用为公务员,其详细办法由考试院会同行政院定之等语。此项停止任用资格,究系行政处分抑为褫夺公权一部之从刑,颇欠明了,如属于刑罚之性质,是否须由法院于谕知无罪之判决同时宣告。以上各问题,均待解决,理合具文呈请钧院迅赐解释,指令示遵。

**院解字第三一三三号**

**三十五年六月二十四日**

**令江苏高等法院**

三十五年三月二十日呈一件,为请解释台湾人民是否因条约割让而丧失其国籍,祈鉴核示遵由。

呈悉,业经本院统一解释法令会议议决,台湾人民于台湾光复前,久已取得日本国籍,其在中日交战期内,基于其为敌国人民之地位,供职各地敌伪组织,应受国际法上之处置,不适用《惩治汉奸条例》之规定(参照院解字第三〇七八号解释)。仰即知照。此令

**附摘原呈**

案据江苏高等法院呈请解释台湾人民是否因条约割让而丧失其国籍一案。

**院解字第三一三四号**

**三十五年六月二十四日**

**令贵州高等法院**

据贵州威宁县司法处本年寅真代电,以民事案件适用法律疑义,电请解释示遵等情。据此,业经本院统一解释法令会议议决,(一)典权之约定期限,为典权人有权占有典物而为使用及收益之最短期限,自应由移转典物之占有于典权人之翌日起算。(二)回赎典物,以典物之占有业已移转于典权人为前提,出典人受领典价,而未将典物之占有移转于典权人者,典权人得请求交付典物,出典人自无回赎典物之可言。(三)《非常时期民事诉讼补充条例》废止后,事件合于《复员后办理民事诉讼补充条例》第十二条所定要件者,无须调解程序,得径为同条之判决。合行令仰转饬知照。此令

**附原代电**

重庆司法院院长居钧鉴,兹有法律疑义三则,谨陈如次。(一)按典权系一方支付典价,占有他方之不动产,而为使用收益之权,计算此种典权期限,自应以契约为准(参照最高法

院二十九年渝上字第六四一号裁判要旨）设有某甲将其所有不动产出典于乙，定期三年，订约后延不移转占有，中经诉请法院判决执行，为时数月，始由乙取得占有，则某甲取赎时，计算此项典权之期限，究应以订约之翌日起算，抑于甲移转不动产而由乙实际取得占有之翌日起算。则乙所受之损害，是否仍得要求赔偿。（二）某甲出典不动产于乙，未定期限，立约后乙将典价支付，未得典物占有，甲即提出原典价要求回赎，乙方拒绝取赎，向法院取赎后，乙方提起反诉，请求移转占有，此时法院是否认乙仅得要求损害赔偿，而准甲方回赎，驳回乙之反诉，抑以甲并未移转不动产占有，仅认为债务关系，而驳回甲之请求。（三）《非常时期民事诉讼补充条例》废止后，因同条例第十一条所列，关于买卖、租赁、借贷、典权等法律关系事件，如认为因战后情事变更，非当时所得预料，而依其原有效果显失公平者，是否不经调解程序，即得依《复员后办理民事诉讼补充条例》第十二条规定，为增减给付或变更其原有效果之判决。以上三项，理合电请钧院解释示遵。

**院解字第三一三五号**

**三十五年七月十七日**

**令河南高等法院**

三十四年十二月二十一日呈一件，为据宜阳县长呈，请核示用国币偿还之伪钞应如何折合及以伪钞强迫买回被灾期内出卖之土地应如何处理等疑义，呈请解释饬遵由。

呈悉，业经本院统一解释法令会议议决，（一）在沦陷区域内所借用之伪钞，现以法币偿还，应按政府所定伪钞兑换法币之标准折合，但不妨碍《复员后办理民事诉讼补充条例》第十二条之适用。（二）买回河南省被灾时期内出卖之土地，合于该省被灾时期地权移转处理办法之规定者，虽其原卖价系在沦陷区域以伪钞返还，及其买回系经由伪组织机关强制为之，亦不得撤销。如其买回与同办法之规定不符，例如所给伪钞在买回时与原卖价不相当者，则其买回无效。仰即转饬知照。此令

**附原呈**

案据宜阳县县长庄则敬为受理诉讼案件发生疑义，列单呈请指示到院，除其他各点已分别指示外，尚有两点应请解释，（一）在沦陷区域内所借用之伪钞，现用国币偿还，应如何折合。（二）在沦陷区域内，向伪组织机关请求以伪钞强迫买回被灾期内所出卖之土地，能否予以撤销，再照《河南省被灾时期地权移转处理办法》办理，此点有甲、乙两说。甲说买回被灾时期所出卖之土地，既在限期以内，当时所给伪钞又非不能通用，并未违反《河南省被灾时期地权移转处理办法》。无论经伪组织机关强迫与否，不必予以撤销，再照该办法办理，多此无益之举。乙说伪组织机关之强迫处分，根本应认为无效，且所给伪钞是否与原卖价相当，于原买主有无损失，亦有问题，自应撤销原处分，从新照《河南省被灾时期地权移转处理办法》，方为允当。案关法律疑义，本院未便擅拟，现合抄附《河南省被灾时期地权移转处理办法》一份，具文呈请钧院鉴核，赐予解释，以便饬遵，实为公便。

**院解字第三一三六号**

**三十五年七月十七日**

**令湖南高等法院**

三十五年三月七日呈一件,为据本院第四分院代电,请解释办理汉奸案件适用法律疑义,呈请核示饬遵由。

呈悉,业经本院统一解释法令会议议决,(一)检举汉奸,不以《处理汉奸案件条例》第二条所列举者为限。凡有汉奸罪嫌之人,均得对之检举。(二)没收汉奸财产,不限于因汉奸行为所得之财物,其他原有之财产,亦在应予没收之列,但须注意《惩治汉奸条例》第九条之规定。仰即转仿知照。此令

**附原呈**

据本院第四分院本年丑有代电开,"本院办理汉奸案件,有疑义两点,(一)关于检举汉奸者,甲说谓《处理汉奸案件条例》第二条所列举汉奸十款,固应厉行检举,其不在列举之内者,亦得检举之。乙说谓《处理汉奸案件条例》第二条规定汉奸既系列举,其不在列举之内者,不得检举。(二)关于没收汉奸财产者,甲说谓没收汉奸财产,以因汉奸所得者为限,其原有财产不得没收,观于《处理汉奸案件条例》第四条规定自明。乙说谓《惩治汉奸条例》第八条规定,犯第二条第一项之罪者,没收其财产之全部。是汉奸原有之财产,亦应在没收之列。"以上两点,甲乙二说究以何说为是,理合电请转请迅速解释示遵等情。据此,事关法律疑义,理合备文呈请钧院核示,俾便饬遵。

**院解字第三一三七号**

**三十五年七月十七日**

陆军第七十五军司令部鉴,本年卯有代电悉,兹经本院统一解释法令会决议决,犯唯一死刑之罪,因情可悯恕,经判决减轻其刑者,依减刑办法第一条但书规定,不得再予减刑,已见本院院字第二七六一号解释。特电复请查照。司法院筱印

**附原代电**

南京司法院院长居钧鉴,查犯唯一死刑之罪者不予减刑,为减刑办法第一条但书所规定,如所犯罪刑为唯一死刑,因犯罪情状悯恕,判决减处其刑,可否依照减刑办法第一条、第二条,再予以减刑。事关法律疑义,理合电请解释示遵。

**院解字第三一三八号**

**三十五年七月十七日**

浙江省保安司令部鉴,本年丑鱼代电悉,兹经本院统一解释法令会议议决,某甲购买烟土,自行煎膏供吸,虽其目的仅在吸食,但此项煎制熟膏方法行为,究不能谓非牵连犯罪,自

应依《刑法》第五十五条，从制造鸦片罪一重处断（参照本院院字第二三三五号及第二四一一号解释）。特电复请查照。司法院篠印

**附原代电**

司决院院长居钧鉴，某甲吸食鸦片，因烟膏昂贵，购买烟土自行煎膏供吸，究为想象的竞合犯抑系牵连犯，有下列二说。（子）说谓某甲购土煎膏，其目的全在用供自己吸食，且事实上非将烟土煎成熟膏，不能供吸。是其煎膏所为，显系吸食前之准备行为，故为想象的竞合犯之一种，依后行为吸收前行为之理论，应以吸食鸦片罪论处。（丑）说谓某甲购土煎膏，其目的固在备供自己吸食，但其煎制熟膏，系为欲达吸食目的之一种方法行为，显属因犯一罪而其方法行为触犯他罪名之牵连犯，应从制造鸦片之一重罪处断。以上两说，究以何说为是，案关法律疑义，谨电请迅赐解释示遵。

**院解字第三一三九号**

**三十五年七月十七日**

浙江省保安司令部鉴，本年卯支电悉，兹经本院统一解释法令会议议决，《惩治贪污条例》第一条第一项，所称非军人公务员而与共犯者，自系包括教唆犯、帮助犯在内。特电复请查照。司法院篠印

**附原电**

司法院院长居，《惩治贪污条例》第一条第一项所称其非军人公务员而与共犯者，是否包括教唆与帮助犯在内，抑仅指共同犯而言，不无疑义，乞赐解释示遵。

**院解字第三一四〇号**

**三十五年七月十七日**

广西博白县政府军法室览，本年三月鱼代电悉，业经本院统一释解法令会议议决，（一）在沦陷区域内，开百鸽票而为赌博，既无其他犯罪行为，自仅构成赌博罪。（二）在陷沦区域内，被地方人票选为某乡伪维持会会长，或推举为某乡伪维持会财务员，既均未到会服务，自不成立犯罪。（三）仅在沦陷区域内充当伪维持会会长、副会长，如无《惩治汉奸条例》第二条第一项所列各款及第三条，凭借敌伪势力为有利于敌伪或不利于本国或人民之行为，应不为罪。合电知照。司法院篠印

**附原代电**

司法院钧鉴，兹有疑义于下，（1）某甲在沦陷区域内，开百鸽票（系属赌博之类）赌博数日，但确无供给金钱、谷米、麦面、杂粮或其他可充食粮之物品与敌人伪会及不法行为。（2）某乙在陷沦区域内，虽被地方人士票选为某乡伪维持会会长，但某乙据地方人士报告，得信之后，即逃避山林，始终确不敢没有到过伪维持会工作，并常扬言，如有人举我充任伪会会长，我即以手枪打他等语，足见某乙不肯与敌伪利用之表现。（3）某丙在沦陷区域内，

被地方人士推举为某乡伪维持会财务员,惟某丙始终实不到职。(4)某丁等在沦陷区域内,虽系曾任伪维持会会长、副会长,但长地方维持甚好,实无替敌征夫、征粮、买卖物资、推销伪币、乱杀民众及同敌带路、攻岩、破堡情事。(5)某戊在沦陷区域内,确系充任伪维持会会长、副会长,惟尚无不法行为,并已缴枪数十枝,及率兵数十人,向当地政府自首。以上五项,是否触犯《惩治汉奸条例》之罪,可否依照《惩治汉奸条例》判罪,并无明文规定,理合电呈察核,拟请详细迅予逐项解释,并通饬所属遵照。

**院解字第三一四一号**

**三十五年七月十七日**

案准贵会三十五年三月四日(卅五)政法理字第二七零三号公函,以日俘违法应如何处置疑义,函请解释见复等由。准此,兹经本院统一解释法令会议议决,投降后所留用之日俘,如有违犯法令情形,应依俘虏处理规则第三十八条办理。相应函复查照。此致军事委员会

**附原公函**

查自敌人投降后,所留用之日俘,如遇违法时,应如何处置。事关法令解释,相应函请查照解释见复为荷。

**院解字第三一四二号**

**三十五年七月十七日**

案准贵会三十五年二月十二日(卅五)法理字第一八零六号公函,以据本会交通巡察处呈请解释交通警察总队总队长等如系正式军校出身可否视同军人疑义,函请解释见复等由。准此,兹经本院统一解释法令会议议决,交通警察总队非依照陆军编制,其总队长、总队附及以下各队长、队附,无论是否正式军校出身,均不得视同军人。相应函复查照饬知。此致军事委员会

**附原公函**

案据本会交通巡察处卅五处统渝字第三一六〇一号呈称,查前交通警备司令部警察总队员警察比照文官待遇,依照钧会渝三字第四三〇五号指令解释,不能认为具有军人身份。惟自该部警察总队编并后,本处改编为交通巡察与交通警察二种总队,除交通巡察总队系照陆军编制,同陆军给与,所有官佐士兵系属现役军人外,关于交通警察总队员警,仍系比照文官待遇,自无军人身份。惟各交通警察总队长、总队附、大队长、大队附、中队长、中队附及分队长、分队附,如系在正式军校出身者,可否视同军人等情前来。查所称各级队长,似均不应视同军人,惟案关法令解释,相应函请查照解释见复,以便转知为荷。

院解字第三一四三号

三十五年七月十七日

案准贵会三十五年三月十三日卅五办秘三法字第七零六七七号公函,以据刘主任峙电请核示军人逃亡案件适用法律疑义,函请核复等由。准此,兹经本院统一解释法令会议议决,军人于战时逃亡,而在战时军律废止前审判者,应依该军律第十条处断。相应函复查照饬知。此致军事委员会

附原公函

查关于军人逃亡,一律以敌前逃亡论罪一案,前奉国民政府三十四年十一月十四日处字五一五号训令撤销,并经饬令所属知照在案。兹据刘主任峙寅鱼精电称,"查军人逃亡案件,战时军律第十条及《陆海空军刑法》第十三章,均有规定,以特别法优于普通法之原则论,则战时军律在未奉令废止以前,自应优先使用。但以有利于行为人而言,则《陆海空军刑法》所定之罪刑为轻,且非战时,似以适用此法为宜,究应适用何种法律,请核示等情前来。相应函请查照核复,以凭饬遵。

院解字第三一四四号

三十五年七月十七日

案准贵会三十五年二月二十二日政法核(卅五)字第二三零九号公函,以据安徽全省保安司令电,转请核示汉奸所有之不动产合法转让于第三人时,该项不动产应否视为逆产予以查封一案,函请解释见复等由。准此,兹经本院统一解释法令会议议决,汉奸将其所有之不动产转让于第三人,除该受让人具有《惩治汉奸条例》第十二条之情形外,如属合法转让,并无其他无效原因者,均不得视为逆产予以查封。相应函复查照饬知。此致军事委员会

附原公函

案据安徽全省保安司令李品仙法(三五)子艳电称,据第四区专员公署子有电,以汉奸所有之不动产合法转让第三人时,该项不动产应否视为逆产予以查封,不无疑义,请核示到部。因关解释法律疑义,转请鉴核示遵等情前来。案关法律疑义,相应函请查照解释见复,以凭转饬遵照。

院解字第三一四五号

三十五年七月十七日

案准贵部三十四年十二月十八日二角字第六二五八号公函,以准军事委员会办公厅代电,略以曾充敌翻译及特务之国人,应准人民告发重惩,转请核办等由。准此,兹经本院统一解释法令会议议决,国人在敌人机关内担任翻译或特务工作,即属于《处理汉奸案件条例》第二条第四款所称之汉奸。其所任职役如与军事有关,应依《惩治汉奸条例》第二条第

一项第八款论处。倘非充任有关军事之职役,而有反抗本国之图谋,亦应依同条项第一款论处。即令无此图谋,如系凭借敌人势力,而为有利敌人或不利本国或人民之行为,按照第三条规定之旨趣,仍应适用第二条第一项第一款处断。至人民知有该项犯罪嫌疑时,依《刑事诉讼法》第二百十九条规定,不问何人,均得为告发。相应函复查照转知。此致国民政府军事委员会军令部

**附原公函**

案准贵院发文院字第八〇四号公函内开,"案准贵部本年十二月十八日二角字第六二五八号公函密开,案准军事委员会办公厅叁三字第四〇三六三号代电,略以国人曾充敌翻译及特务者,其作恶较敌人尤甚,应准人民告发,而予重惩,以申国法等由。查府颁《处理汉奸案件条例》及《惩治汉奸条例》,对曾充敌翻译者之惩处,均无明文规定,相应函请查照为荷等由。准此,查来函意旨欠明,缮写似有脱误之处,相应函请贵部再行叙明为荷"等由。查本案原意旨在重惩曾充敌翻译及特务之国人,因其作恶程度较敌人尤甚,应依行为时之法律,依法检举惩治,以事关贵院主管,用特函请查照办理。准函前由,相应复请核办为荷。

**院解字第三一四六号**

**三十五年七月十七日**

案准贵院三十五年二月八日节捌字第零三七一二号咨,以据苏浙皖区敌伪产业处理局呈请解释《惩治汉奸条例》第十八条及《处理汉奸案件条例》第四条适用疑义,咨请解释见复等由。准此,兹经本院统一解释法令会议议决,《惩治汉奸条例》第八条第一项所定没收之财产,凡因犯汉奸罪所得之财物及其他原有之财产,均包括在内,不以因汉奸行为所取得者为限。除其财物属于公有,应予追缴或应发还被害人者外,均应予以没收。相应咨复查照饬知。此咨行政院

**附原咨**

据苏浙皖区敌伪产业处理局本年一月二十九日秘字第一〇一二〇号呈称,谨查上年十二月六日,国民政府重行制定公布之《惩治汉奸条例》第八条规定,犯第二条第一项之罪者,没收其财产之全部,而上年十一月二十三日公布之《处理汉奸案件条例》第四条规定,汉奸所得之财物,除属于公有者应予追缴外,依其情形,分别予以没收或发还被害人。故关于汉奸财产没收之范围,解释上发生不同之见解。甲说谓《惩治汉奸条例》第八条,既规定为没收其财产之全部,是凡系汉奸之财产,均在应予没收之列。而《处理汉奸案件条例》第四条,则规定为汉奸所得之财物分别予以没收,是没收范围当以该汉奸因犯汉奸罪所获得之财物为限。两者规定虽有不同,惟《惩治汉奸条例》具有特别《刑法》之实体法性质,故没收范围自应依该条例之规定。乙说谓《惩治汉奸条例》第八条规定,犯第二条第一项之罪者,没收其财产之全部。没收财产既以犯第二条第一项之罪为条件,若其财产显与该罪并无关涉者,尚不在当然没收之列。证诸普通《刑法》没收物之范围,除违警物外,以因犯罪所得或供

犯罪所用或供犯罪预购之物者为限，亦属相符。依此解释，则与《处理汉奸案件条例》第四条所得财物予以没收之规定尚无抵触，故没收之财产，应以因犯汉奸罪而所得者为限。以上两说，究以何者为是，对于处理奸逆案件颇有关系。事关法律解释，理合呈请钧院转咨司法院予以统一解释，借资遵循，并祈示遵等情。据此，案关适用法律疑义，相应咨请查照解释见复，以便饬遵为荷。

**院解字第三一四七号**

**三十五年七月十七日**

案准贵院三十五年四月九日节捌字第一零九二一号咨，以据司法行政部呈，转请解释《惩治贪污条例》第一条适用疑义，咨请解释见复等由。准此，兹经本院统一解释法令会议议决，军人、公务员在民国三十四年九月三日以后，同年十二月三十一日以前，犯贪污罪者，仍应依《惩治贪污条例》处断。相应咨复查照饬知。此咨行政院

**附原咨**

据司法行政部本年三月二十七日京呈叁字第一一八号呈称，案据上海高等法院本年二月九日丑佳代电称，案据上海地方法院本年一月二十九日第五六三号子赚代电称，查民国三十二年六月三十日国府颁行之《惩治贪污条例》，其第一条规定，军人、公务员等，仅于作战期内犯该条例之罪者，始依该条例处断，按战事结束日期，现经政府明令规定为三十四年九月三日，换言之，即作战期间应于三十四年九月三日终止，本年一月一日政府修正施行之《惩治贪污条例》，其第一条，业将作战期内四字删除，此后在该修正条例施行期间内发生之贪污案件，均应适用该条例处断，固极明显，惟在上年九月三日以后，十二月三十一日以前，所发生之贪污案件，是否适用修正《惩治贪污条例》，抑或依照《刑法》第二条，适用同法渎职罪之规定处断，殊滋疑义。事关适用法律，理合电请转呈，迅赐核示祗遵等情。据此，理合电请鉴核，转请司法院解释示遵等情到部。事关法律疑义，理合呈请钧院该核，转送司法院解释，俾便饬遵等情。据此，案关适用法律疑义，相应咨请查照解释见复，以便饬遵。

**院解字第三一四八号**

**三十五年七月十八日**

广西高等法院览，本年寅删代电悉，该分院所请解释一案，业经本院统一解释法令会议议决，《特种刑事案件诉讼条例》对于特种刑事案件，并无不得提起自诉之限制，该项犯罪之被害人，依同条例第一条第一项之规定，自得提起自诉，并适用特种刑事诉讼程序审判之。至特种刑事案件之被诬告人，亦得提起自诉，但此项自诉，除该诬告系属于特种刑事之犯罪（例如《禁烟禁毒治罪暂行条例》第十条第一项之诬告罪）者外，应适用通常诉讼程序予以审判。合电转饬知照。司法院巧印

附原代电

重庆司法院院长居钧鉴,案据职院第三分院本年丑有代电称,特种刑事案件之被害人或被诬人,可否提起自诉,兹有甲、乙两说。(甲)谓特种刑事法例,其主旨均系因侵害国家或社会法益而规定,且其审判程序采用简捷方法,不能予被害人或被告人以自诉之权。(乙)谓特种刑事法例规定之罪名,于侵害国家社会法益中,同时亦有侵害个人法益之处,例如《惩治盗匪条例》第二条第一项第八款强劫而强奸者,第九款意图勒赎而掳人者,及五条第一项所列各款,《中华民国战时军律》第十一条抢劫或强奸者,诸如此类,不能谓无侵害个人法益,依照二十六年院字第一六四一号解释,于侵害国家法益中,同时具有侵害个人法益之故意,被诬告人得提起自诉云云,则特种刑事案之被害人或被诬告人,于其侵害个人法益,亦得提起自诉。以上两说,究以何说为是,现有此种案件发生疑问,亟待解决,理合电请迅予指示,以便遵办等情。据此,职院审核,似以乙说为是,是否有当,恳请核示,俾便转饬遵办。

院解字第三一四九号

三十五年七月十八日

广西高等法院览,本年寅感代电悉,所请解释一案,业经本院统一解释法令会议议决,被告先后犯特种刑事与普通刑事数罪,其间并无《刑法》第五十五条及第五十六条所定情形,即非属于同一诉讼程序之案件,虽经检察官合并起诉,并由第一审法院依特种刑事诉讼程序,在同一判决内援用特种刑事法令与普通《刑法》分别论科,覆判法院仍应专就特种刑事部分之判决予以覆判,关于普通刑事部分,应视其有无不服之声明,另依通常诉讼程序,分别办理。合电知照。司法院巧印

附原代电

重庆司法院院长居钧鉴,某甲先后犯特别《刑法》与普通《刑法》数罪,其间并无《刑法》第五十五条及第五十六条之牵连关系,原检察官依特种刑事案件诉讼程序,在一起诉书内合并起诉,第一审亦依特种刑事案件诉讼程序,在同一判决内援引特别《刑法》与普通《刑法》,分别论罪科刑。覆判审对于此种违式判决,究应如何办理,颇滋疑义,理合电请解释示遵。

院解字第三一五〇号

三十五年七月十八日

首都地方法院览,本年二月十一日代电悉,所请解释一案,业经本院统一解释法令会议议决,战前承租之房屋,因首都沦陷迁避后方,不能使用者,承租人还都后,有无租赁权,应分别情形定之。(一)租赁定有期限,而其期限在还都时未届满者,如期内无终止契约之原因,或虽有之而未为终止之意思表示,则承租人在还都后仍有租赁权。(二)租赁定有期限

在还都前已届满者，承租人之租赁权于期限届满时即已消灭，在还都后自无租赁权。(三)租赁未定期限者，承租人于战事发生后迁避后方，如可认其有不再使用房屋之意思，即为终止契约之默示意思表示，以出租人可了解时发生效力。租赁契约既经终止，承租人在还都后即无租赁权。合电知照。司法院巧印

**附原代电**

重庆司法院院长居钧鉴，查定期租赁，其期间未满(复员后尚在剩余期间或在沦陷中业已满期)，及未定期租赁，承租人因首都沦陷时不能使用房屋，退避后方，复员后还都，出租人业将房屋另租他人(或于沦陷中被敌伪占用)，承租人可否主张赁租权仍继续存在？遇此情形，法无依据，现本院受理此类案件甚多，亟待解决。究应如何办理，事关适用法律疑义，本院未便擅拟，理合电呈钧院鉴核，迅赐解释电示祗遵。

**院解字第三一五一号**

**三十五年七月十八日**

**令江苏高等法院**

三十五年二月六日呈一件，为县司法机关判处有期徒刑之特种刑事案件应否呈送覆判疑义，请解释示遵由。

呈悉，业经本院统一解释法令会议议决，兼理司法之县政府及县司法处，依特种刑事诉讼程序判处有期徒刑之盗匪案作，如未于《特种刑事案件诉讼条例》所定之声请覆判期间内声请覆判者，该判决即属确定，自不得再依《县司法处刑事案件覆判暂行条例》送请覆判，仰即知照。此令

**附原呈**

案据本院推事石美瑜签呈称，查盗匪案件经县政府或县司法处判处有期徒刑确定后，应否呈送覆判？主积极说者谓，目下县司法机构未臻健全，盗匪虽属特种刑事案件，而经县政府或县司法处判处有期徒刑确定后，仍应依《县司法处刑事案件覆判暂行条例》第一条第一项前段之规定，呈送覆判，以昭慎重。且《特种刑事案件诉讼条例》第一条第一款后段，定明本条例未规定者，仍适用其他有关之法令。而《县司法处刑事案件覆判暂行条例》既为有关法令之一种，于县政府或县司法处办理特种刑事案件时自在适用之列，故盗匪事件经县政府或县司法处判处有期徒行确定后呈送覆判，与《特种刑事案件诉讼条例》并无抵触。主消极说者谓，《特种刑事案件诉讼条例》系办理特种刑事案件之特别法，自应优先适用，而依该条例规定，盗匪案件经县司法机关判处有期徒刑后，不得上诉，只可声请覆判，如逾期未为覆判之声请，判决即属确定，毋庸再送覆判，至《县司法处刑事案件覆判暂行条例》第一条第一项前段，所定应送覆判之案件，系以未经上诉或撤回上诉或上诉不合法，未经第二审为实体上之审判为条件，既不能包括《特种刑事案件诉讼条例》所定判决不得上诉，只可声请覆判之情形，自无适用之余地。况依《特种刑事案件诉讼条例》规定，限于宣告死刑或无期

徒行之判决,始不待声请,径送最高法院覆判。如系宣告有期徒刑之案件,则只能适用声请覆判之规定。揆其立法旨趣,无非对于办理特种刑事案件宜力求其程序趋于简捷,县司法机关既经《特种刑事案件诉讼条例》之特别规定,赋与普通法院受理特种刑事案件有同一之职权,自应一同适用《特种刑事案件诉讼条例》办理,以免两歧。以上两说各有理由,事关解释法律问题,究竟应采何说,未敢擅专,理合呈请鉴核,应否转请解释之处,尚祈裁夺等情。据此,查《特种刑事案件诉讼条例》第七条规定,对于依本条例所为之判决,不得上诉,但得声请覆判等语,可见此种声请覆判系代替上诉声明不服之方法,与《县司法处刑事案件覆判条例》所规定覆判制度系以第一审司法机构组织不完全借资救济者,立法意旨完全不同,自无特别法优于普通法之可言,且就实际情形而论,县司法处或兼理司法县政府所判决之特种刑事案件,如不声请覆判即行确定,难免无失出失入之弊,尤其谕知无罪之案件,倘有违误,既无检察官可为覆判之声请,再不呈送覆判,势必至无法救济,似亦应依司法处刑事案件覆判条例第一条,呈送第二审法院覆判为宜。事关法律适用问题,未便擅专,理合具文呈请钧院迅赐解释示遵。

**院解字第三一五二号**

**三十五年七月十八日**

**令广西高等法院首席检察官**

三十五年二月十三日呈一件,为据贺县地方法院首席检察官呈请解释关于无军人身份冒用军人证章以及自愿参加自卫队丁逃亡是否分别依《刑法》第一五九条及妨害兵役条例办理,呈请解释饬遵由。

呈悉,业经本院统一解释法令会议议决,无军人身份之人冒用军人证章,如在战地或戒严区域,应依《陆海空军刑法》第九十二条处断,否则只能适用《刑法》第一百五十九条论处。至所称地方自卫队,如并非按照正式军警编制,其队丁自愿参加后旋即逃亡,亦非妨害兵役之行为,不能适用《妨害兵役治罪条例》及依警察敌前逃亡罪论处。仰即转饬知照。此令

**附原呈**

案据广西贺县地方法院首席检察官杜连捷呈称,查关于无军人身份之人冒用军人证章,以及自愿参加自卫队丁逃亡,既无处罚专条与解释,究竟是否分援用《刑法》第一五九条冒用公务员徽章及《妨害兵役治罪条例》办理等情。据此,查关于第一点,似应依《刑法》第一百五十九条处断,至第二点,地方自卫队其性质在保卫地方,如参加自卫队丁后逃亡,可否依照警察敌前逃亡罪论处?事关适用法律疑义,理合具文呈请钧院察核解释,以便转饬遵照。

**院解字第三一五三号**

**三十五年七月十八日**

**令湖南高等法院首席检察官**

三十五年一月十九日呈一件,为据常德地方法院首席检察官呈请解释覆判法院判决违法应如何救济疑义,呈请解释示遵由。

呈悉,业经本院统一解释法令会议议决,某甲犯贪污及私行拘禁两罪,并无牵连关系,检察官以同一起诉书提起公诉,初审法院就某甲贪污及私行拘禁两罪,依特种刑事诉讼程序,以同一判决分别科刑,其审判程序自属错误,覆判法院将初审判决关于私行拘禁部分之判决撤销,谕知公诉不受理,其判决显属违法,应另依非常上诉程序救济之。仰即转饬知照。此令

**附原呈**

据署常德地方法院首席检察官李启慧呈称,呈为呈请解释事,兹设有公务员某甲,于《特种刑事案件诉讼条例》施行以后,利用职务上之机会,诈取某乙财物,嗣由第三者向保民大会宣布其犯行,某甲恼羞成怒,复派遣枪警将某乙捕押,检察官据报侦查,认某甲触犯《惩治贪污条例》第二条第四款及《刑法》第三百零二条第一项之罪,应依同法第五十条处断,引用《特种刑事案件诉讼条例》第一条第一项前段,《刑事诉讼法》第二百三十条第一项,以同一起诉书提起公诉。第一审法院审理结果,认某甲系触犯《惩治贪污条例》第三条第五款,利用职务上之机会诈取财物,及《刑法》第三百零二条第一项之罪,以同一判决分别科刑。覆判法院对原判决关于私行拘禁罪行部分撤销,并依《刑事诉讼法》第三百五十六条,第二百九十五条第一款,对撤销部份之公诉,谕知不受理之判决,其他部分核准。案经确定,办理上发生下列困难,若第一审法院就撤销部份更为审理,因复判法院已为公诉不受理之判决,即应受其拘束,若检察官对撤销部分重行起诉,则应受《刑事诉讼法》第二百九十九条第二款之限制,若置之不理,则关于某甲私行拘禁罪行,未得实体上之判决。于兹有二说焉,子说,检察官对某甲贪污及私行拘禁两罪,以同一起诉书提起公诉,既未引用《特种刑事案件诉讼条例》第二条,其起诉程序即未违背规定,第一审法院对于非《刑法》第五十五条、第五十六条之案件,一并依《特种刑事案件诉讼条例》审判,乃审判上程序之错误,并非起诉程序违背规定,覆判法院只愿将原判决私行拘禁部分罪刑撤销,由第一审法院另为裁判,否则亦应将撤销部分径为实体上之判决则可,其依《刑事诉讼法》第三百五十六条,第二百九十五条第一款,以起诉程序违背规定,所为撤销部分公诉不受理之判决,显为违法,对于覆判法院之判决,既不得再声请覆判,检察官对于已经起诉之案件,复不得再行起诉,而第一审法院又应受复判法院判决之拘束,舍依《刑事诉讼法》第四百三十四条规定提起非常上诉而外,别无救济之法。丑说,覆判案件除应驳回或应全部核准者外,覆判法院应撤销原审判决自为判决,此为《特种刑事案件诉讼条例》第二十二条前段所明定,本件覆判法院所为撤销

部份公诉不受理之判决,乃撤销原判决自为判决,尚无不合,检察官自可再行起诉,不受《刑事诉讼法》第二百九十五条第二款之限制。以上二说未知孰是,本处现有是项案件悬而未结,理合备文呈请钧座鉴核或转请解释指示祗遵等情。据此,案关适用法律疑义,理合备文呈请钧院解释示遵。

**院解字第三一五四号**

**三十五年七月十八日**

**令安徽高等法院**

三十五年二月八日呈一件,为军民合作社职员有无军人身份疑义,呈请鉴核示遵由。

呈悉,业经本院统一解释法令会议议决,各县军民合作社支社副社长及办事员,除原有军人身份者外,不能视同陆海空军军人。仰即知照。此令

**附原呈**

案据本院驻歙县办事处哿代电称,兹有请示各县军民合作社支社副社长及办事员有无军人身份,此间因法令不全,无从查悉,乞核示等情前来。查事关解释法律疑义,理合具文呈请钧院鉴核示遵。

**院解字第三一五五号**

**三十五年七月十八日**

**令四川高等法院**

据隆昌地方法院本年寅齐代电,以拍卖财产适用法律疑义,电请解释遵循等情。据此,业经本院统一解释法令会议议决,纳税义务人欠缴税款,以其所欠之税法律明定征税机关得移请法院追缴者为限,始以征税机关载明欠税数额之公文书,为强制执行法第四条第六款之执行名义。若其所欠之税法律上并无此种规定者,法院未便依征税机关之移请,为之强制执行。合行令仰转饬知照。此令

**附原代电**

重庆司法院院长居钧鉴,查有某甲商号短欠某乙货物税局税款若干,某甲商号倒闭,无款缴纳,经某乙货物税局派员会同保甲商号财产查封,专函法院依照执行,是此情形,法院有无执行名义,即是否合于强制执行法第四条第六款规定,因无明文,特电请解释,俾资遵循。

**院解字第三一五六号**

**三十五年七月十八日**

四川高等法院览,本年卯巧代电悉。该分院所请解释一案,业经本院统一解释法令会议议决,军政部军医署聘任之专科医师,如未取得军医官资格,即非《陆海空军刑法》第八条

所称之军属，其犯普通《刑法》上之罪，应归司法机关审判。合电转饬知照。司法院巧印

**附原电**

巴县歇马乡司法院院长居钧鉴，案据本院第三分院院长刘昶育三十五年四月二日第八八号冬代电呈称，查军政部军医署聘任之专科医师，是否得认为军属，如犯普通《刑法》上之罪，应否归军法审判？事关适用法律疑义，未敢擅专，理合具文呈请钧院转请司法院迅赐解释示遵等情到院。事关法律疑义，未敢擅专，理合电请钧院鉴核，迅赐解释令遵。

**院解字第三一五七号**

**三十五年七月十八日**

**令贵州高等法院**

三十五年三月十一日呈一件，据惠水地方法院电请解释省颁清理亏欠追缴办法第三条及追缴税款案件疑义，呈请解释示遵由。

呈悉，业经本院统一解释法令会议议决，贵州省田粮管理处所拟《各县市清理历年加工包商欠缴军公粮食注意事项》，并无法律之效力，法院未便据以对于欠粮之户为强制执行。仰即转饬知照。此令

**附原呈**

案据惠水地方法院三十四年十一月二十八日文字第八九号戌俭代电称，查行政机关依照省颁清理亏欠追缴办法第三条，欠粮负责人于具保后逾限未清缴者，即饬由担保人如数赔缴，前项欠粮人员其不能觅妥保者，即由县市政府开列欠粮人员姓名、住址及欠粮数量清单，移送司法机关查封其财产，拍卖抵偿。规定将欠粮人名开列清单，函请法院予以强制执行，此种情形，是否可依照强制执行法第四条第六款规定予以执行？又税务机关移送追缴税款案件，是否同样办理，本院受理有此项执行案件，亟待执行，祈迅赐转请解释电示祗遵等情。据此，当经转函贵州省政府，以所颁清理亏欠追缴办法，是否呈奉立法院通过，抑业经呈奉国民政府公布施行或备案，请查照见复去后，兹准省政府三十五年一月十二日秘三字第一七号公函开，经交贵州省田粮管理处查复，兹据检送清理各县(市)历年赋谷加工包商欠缴军公粮食注意事项一份前来，相应照抄，送请贵院查照为荷等由，计抄送省田粮管理处所拟注意事项一份。准此，除关于追缴税款部分，业经饬知遵照，前奉司法行政部三十四年九月十二日训(民)字第五五二二号训令办理外，据电前情，关于欠粮部份，事关法律疑义，理合抄呈贵州省政府原附抄件及前奉司法行政部原训令，一并备文呈请鉴核，俯予解释示遵。

**院解字第三一五八号**

**三十五年七月十八日**

**令湖南高等法院**

三十五年三月六日呈一件，为据常德地方法院呈请解释刑事诉讼程序疑义，呈请鉴核

示遵由。

呈悉,业经本院统一解释法令会议议决,保国民学校之分校,其财产受有侵害时,不得以分校名义提起自诉。仰即转饬知照。此令

**附原呈**

案据署常德地方法院院长周星明本年一月十五日呈称,查保国民学校应认为类似财团之公法人,可以自诉,业经最高法院三十二年度上字第一三六三号著有判例(见司法行政公报第一卷第九期五八页)。惟保国民学校之分校,依法不设校长,不置校印,只设主事一人,由本校校长聘任,呈报县政府备查,对外行文,则由本校校长署名,盖用本校校印,主事副署该种保国民本校之分校,是否亦可认为类似财团之公法人,于法无据。如该保国民本校对于该分校之财产加侵害时,该分校能否有法人资格,提起自诉,未便臆断,理合备文呈请钧院核示祇遵等情。据此,查保国民校之分校,既仅由本校校长聘任主事一人,又不能单独对外行文,显属保国民学校之一部,似无法人之资格,不能提起自诉。惟案关解释法律,本院未敢擅专,理合具文呈请钧院鉴核示遵。

**院解字第三一五九号**

**三十五年七月十八日**

案准贵院本年四月十三日节壹字第一一四四九号公函,以本院院字第二七五七号解释第六项内受有俸给四字范围疑义,函请再为解释等由。准此,兹经本院统一解释法令会议议决,公务员服务法第二十四条所称之俸给,不仅指现行文官官等官俸表所定级俸而言,其他法令所定国家公务员之俸给亦属之。又同条所称之俸给,不以由国家预算内开支者为限,国家公务员之俸给,由县市或乡镇自治经费内开支者,亦包括在内。相应函复查照。此致行政院

**附原公函**

贵院三十三年十月三日院字第二七五七号公函第六项解释,所称受有俸给者,系指依现行文官官等官俸表所定级俸而言,抑系指凡由国家预算内开支之薪俸而言。其由县市或乡镇自治经费内开支者,如乡镇中心国民学校校长,是否亦包括在内,适用时仍有疑义,相应函请查照,再为解释。

**院解字第三一六〇号**

**三十五年七月十八日**

案准贵院本年四月九日节捌字第一零八四九号咨,以据内政部呈,转请解释户籍疑义,咨请解释见复等由。准此,兹经本院统一解释法令会议议决,某甲死亡,还有一妻一妾及妾生之子,如其家别无亲属,而妻妾两人均推妾生之子曾经某甲抚育者为家长,则依《民法》第一千一百二十四条之规定,妾生之子即为家长,某甲之妻为家长之直系姻亲尊亲属,某甲之

妾为家长之母。相应咨复查照饬知。此咨行政院

**附原咨**

据内政部本年三月三十日渝户字第四五二号呈称，准陕西省政府代电，以某甲一妻一妾，迨某甲死后，其妻欲立妾生之子为家长，此家长对某甲之妻及其生母称，在户籍登记簿上应如何填写，请予解释到部。查某甲妾所生之子，原系非婚生子，经某甲抚育，应视为某甲之婚生子，依《民法》第一〇六五条二项，应视生母为母。则某甲之妻，似仅能填为家属。惟甲妻与某甲既系合法配偶，若被视为家属，失其原有身份，似有未妥，如依据《民法》第一〇七二条之规定，甲妻与此子先声请为收养登记，则此子与其生母，在收养登记日起，已断绝母子关系，在户籍簿上以甲妻为母，而视生母为家属，如此与其父仍不失认领关系，且顾全甲妻在该户内原有身份。事关法律解释，理合呈请鉴核，转请司法院解释等情。据此，案关适用法律疑义，相应咨请查照解释见复，以便饬遵。

**院解字第三一六一号**

**三十五年七月十八日**

案准贵部三十五年四月一日财直二字第一七二三九号公函，以《遗产税暂行条例施行条例》第三十六条疑义，函请解释见复等由。准此，兹经本院统一解释法令会议议决，遗产税纳税义务人逾限定期间不完清税额或照补税额者，嗣后其遗产虽因故障灭失，无法执行，而扣押或标卖纳税义务人之财产，不以其所继承之遗产为限。相应函复查照。此致财政部

**附原公函**

查《遗产税暂行条例施行条例》第三十六条规定，遗产税纳税义务人逾限定期间不完清税额或照补税额者，征收机关应申请法院扣押其财产，必要时并得标卖其一部，以价清税额，依此规定，法院自得扣押并标卖其财产，惟是项财产是否以该纳税义务人继承之遗产为限？如是项遗产因故障灭失，无法执行时，所有继承自置之财产，可否扣押标卖偿税额？事关法令解释，敬请查照解释赐复。

**院解字第三一六二号**

**三十五年七月十八日**

社会部鉴，本年卯佳代电悉，兹经本院统一解释法令会议议决，战时及战后民间借贷之利率，仍适用《民法》债编之规定，约定利率超过周年百分之二十者，依同法第二百零五条，贷与人对于超过部分之利息无请求权。惟借用人就超过部分之利息任意给付，经贷与人受领后，不得谓系不当得利，请求返还。特电复请查照，司法院巧印。

**附原代电**

司法院钧鉴，案准财政部本年三月五日财钱庚五字第一六二六八号公函开，接准贵部本年二月十六日合字第一二〇八一一号函，以转据寿昌县政府呈请解释抗战时期与战后关

于借贷利率有无伸缩规定一案,嘱径释见复等由到部。查本部为管理市场利率,安定金融起见,经规定银行放款利率以当地银钱业同业公议央行核定之日折为标准,实行有年,乃以未经法定程序,每生法律纠纷,处理至感困难。因复拟定《银行存放款利率管理条例》,呈奉国府令于本年二月十八日公布施行,惟此项条例仅适用于银行方面,至于民间利率,在抗战时期与战后有无伸缩规定,不属本部主管范围,似应函请司法机关解释等由。正核办间,复准江苏省政府(卅五)府财三字第四六九号代电,以最近民间贷款利率如质当小押秘密折款,均趋于高利贷,影响民生至巨,业经设法管制,惟目前最高利率未悉如何规定,特电请查案抄示等由到部。查关于战时及战后民间借款利率是否另有规定,抑仍适用《民法》债权篇关于最高利率之限制。其借款利率超过规定限度,应如何处理?谨电请鉴核,赐予解释示复为祷。

**院解字第三一六三号**

**三十五年七月十八日**

湖南省政府览,本年长府秘法子有电悉,所请核示一案,业经本院统一解释法令会议议决,同业公会章程,虽有新闻铺面须与同业者门面上离七家下隔八家之规定,县政府对于新闻铺面之人,亦不得以其与此规定不合,施以强制迁移处分。合电知照。司法院巧印

**附原电**

司法院处密。本省各县同业公会会章,多载有新闻铺面须与同业者门面上离七家下隔八家之规定。此种规定是否与迁徙自由、选择营业自由相违反?县政府对违背此种章程之人,是否可施以强制迁移处分?案悬待决,祈电示复。湖南省政府长府秘法子有印

**院解字第三一六四号**

**三十五年七月十八日**

四川高等法院览,本年寅陷代电悉,该分院所请解释一案,业经本院统一解释法令会议议决,关于公职选举之争议,其性质本非民事诉讼,惟法律设有得向法院提起选举诉讼之明文者,始依民事诉讼程序办理。关于乡镇民代表选举之争议,在乡镇民代表选举条例既无如县参议员选举条例第三十二条至第三十六条之规定,自不得向法院提起选举诉讼,即不发生应否限以期间之问题。合电转饬知照。司法院巧印

**附原快邮代电**

巴县歇马乡司法院院长居钧鉴,案据署四川高等法院第十分院院长万宗周本年三月十九日牍字第三二四号寅皓代电呈称,查县参议员选举,选举人确认选举舞弊或当选资格不符或候选人认为应当选,所提起之诉讼,应于选举结果揭示后七日内为之,县参议员选举条例第六章第三十五条,四川各县乡镇自治人员选举诉讼(如选举乡镇长、副乡镇长、保长、副保长、甲长),亦有适用之明文,见四川省各县乡镇自治人员选举规则第十六条。惟关于选

举乡镇民代表所提起之诉讼,是否亦得适用,同受应于选举结果揭示后七日内为之之限制。因法无明文,可否转请司法院予以解释,指令祇遵等情。据此,事关法律疑义,理合电请钧院鉴核,俯赐解释令遵。

**院解字第三一六五号**

**三十五年七月十九日**

河北高等法院览,本年卯养代电悉,该县长所请解释一案,业经本院统一解释法令会议议决,当事人以准备银行券之给付为债之标的者,现在自得照伪币与法币之比率,以法币为给付。如有《复员后办理民事诉讼补充条例》第十二条规定之情形时,法院应公平裁量,为增加给付或变更其他原有效果之判决,不得以物价折合或按成数给付(参照院解字第三一三五号解释)。合电转饬知照。司法院皓印

**附原快邮代电**

重庆司法院院长居钧鉴,据河北元氏县县长王崇义呈称,窃查《民法》第二百零一条规定,以特种通用货币之给付为债之标的者,如其货币至给付期失通用效力时,应给以他种通用货币,假如甲乙二人于二年前发生债权债务关系,原契订明三年为期,系以伪准备银行券为给付货币,迄今该券通用效力业已减低,自应以法币为给付。惟按现在物价比值,三年前之伪券百元可买小麦七十斤,现在法币百元只能买小麦半斤,是否可以物价折合或按成数给付?事关法律解释,理合具文呈请鉴核示遵等情到院。事关法律疑义,未便擅拟,谨电请俯赐解释,俾便饬遵。

**院解字第三一六六号**

**三十五年七月十九日**

**令河北高等法院**

三十五年四月九日代电一件,为据北平地方法院代电,请示《复员后办理民事诉讼补充条例》第八条第一项第一款适用疑义,转请解释,俾便饬遵由。

代电悉。业经本院统一解释法令会议议决,依《复员后办理民事诉讼补充条例》第八条第一项第一款由第一审法院审判之案件,应命原告依《民事诉讼费用法》之规定,缴纳第一审裁判费,不得因其前依伪法令已向伪法院缴纳裁判费,即不予征收。仰即转饬知照。此令

**附原代电**

重庆司法院院长居钧鉴,据河北北平地方法院院长吴昱恒代电称,查经非法组织之法院裁判,依《复员后办理民事诉讼补充条例》第八条第一项第一款由第一审法院审判之案件,应否重行征收裁判费,有甲、乙两说。甲说缴纳裁判费为提起民事诉讼之法定程式,经非法组织法院裁判之案件,既须由第一审法院审判,自应征收裁判费,以符程序。乙说当事

人于非法组织之法院之起诉行为并非当然无效,如裁判费业已照数缴纳,既无不生效力之规定,即不应再行征收裁判费,致加重诉讼当事人之负担。以上两说,何说为是,合电请示,俾便遵行等情到院。事关法权,未便擅拟,谨电请俯赐解释,俾便饬遵。

**院解字第三一六七号**

**三十五年七月十九日**

**令西康高等法院**

据西昌地方法院本年子敬代电,以准西昌县政府函请释明乡镇长当选县参议员仍兼原职适用法律疑义,转祈核示等情。据此,业经本院统一解释法令会议议决,本院院字第二七五七号解释第一、第四两段并未变更,惟乡镇长当选并应为县参议员后兼任原职,于其职权之行使不无妨碍,自不得兼任。合行令仰转饬知照。此令

**附原代电**

重庆司法院院长居钧鉴,顷准西昌县政府三十五年一月二十二日民行字第一二五四号公函,为乡镇长当选县参议员仍兼任原职,被人攻击,辞去乡镇长原职后,经另改选,结果设原任乡镇长得票最多,又愿应选,应否仍照乡镇组织暂行条例规定,连选连任,依照三十三年十月三日院字第二七五七号解释(一、四两段),自不生问题。惟西昌地处边陲,以县参议员兼任乡镇长,集两公职于一身,地方人士不无异议,时起争端,上项解释有无变更,请释明见复等由到院。查统一解释法令及变更判例乃钧院特权,理合录函转陈,仰祈核示,以凭函复。

**院解字第三一六八号**

**三十五年七月十九日**

四川省乐山县参议会鉴,本年寅巧代电悉,兹经本院统一解释法令会议议决,县银行经理人因执行业务,致他人受有损害时,依旧公司法第一百四十五条第二项第三十三条之规定,应由该经理人与县银行连带负赔偿责任,不得仅以该经理人系董事所选任,遽使董事负此项责任。特电复请查照。司法院皓印

**附原代电**

重庆司法院院长居钧鉴,查县银行系股份有限公司之组织,依公司法第一百四十五条第二项之规定,同法第三十三条之规定,于董事准用之。设有某县银行其业务之执行,系由董事会所选任之经理,而董事会则仅有决定营业方针之权。如经理滥行放款不能收回,无法偿还存款,致县银行破产时,关于董事长及董事之责任问题有二说焉。一说谓董事长及董事并未为县银行法第十条之营业行为,即未执行业务,自非公司法第三十三条之所谓行为人,纵经理执行业务致他人受有损害,亦不能以董事长及董事与县银行负连带赔偿责任。一说谓董事长及常务董事即公司法第一百四十五条第一项,所谓代表公司之董事,经理既

系董事会所选任，而其所为之营业行为有损害于他人，自与董事自为者同，应以代表公司之董事为行为人，与县银行负连带赔偿责任。二说以何说为是，伏乞俯赐解释示遵。

**院解字第三一六九号**

**三十五年七月十九日**

甘肃高等法院首席检察官览，本年三月马代电悉，所请解释一案，业经本院统一解释法令会议议决，军事学校专任教官化名兼任普通学校专任教员，领取各项薪津食粮，虽属违反行政上之禁令，究为其应得之报酬，尚不构成《惩治贪污条例》上之罪名。合电知照。司法院皓印

**附原快邮代电**

司法院院长居钧鉴，查有某甲以军事学校专任教官化名兼任某省中师各校专任教员，领取各项俸津并食粮，依禁止兼薪令，无论给者领者固一律按照授受贿赂及侵蚀公帑论罪，但此系兼课领薪，似与兼职兼薪者不同，而禁令内亦未详细规定。究应如何办理，谨请解释。

**院解字第三一七〇号**

**三十五年七月十九日**

贵部三十五年一月财直三字第一九七三号公函，以据广西区直接税局代电，请核示商号抗不领证营业，经法院处罚后，仍抗不领证，应如何处理，及停止营业应以何种方式执行一案，函请解释等由。准此，兹经本院统一解释法令会议议决，依《营业税法》第二条第一项，应声请发给营业调查证之营业者，因不领证营业，经法院处罚后，仍抗不领证，继续营业，其在处罚前后之所为，即又违反该法第二条第一项之规定，自应再由法院依第十五条第一款予以处罚，至同法第十九条第三款关于停止其营业之执行，应由该管行政官署依行政执行法之规定办理。相应函复查照饬知。此致财政部

**附原公函**

案据广西区直接税局代电称，准黔桂湘区直接税局移交卷内，据百色分局本年十月三十日色税三字第一七七号有代电呈报称，钧局本年十月九日黔税三字第一一八八号指令奉悉，查营业商号不依法请领调查证，经处罚后仍抗不遵办者，经前遵照财部指饬，于本年十月二日以色税三字第一一零号公函转叙部示理由，再将经被处罚而仍抗不领证之住商，送请百色地方法院再罚去后，旋准该院本月八日财字第八七六号公函复开，案准贵局本年十月六日色税三字第一一零号公函，为东吴鞋厂等违反《营业税法》案，请予再罚见复等由。准此，查关于本案前经本院于本年九月十四日以刑丙字第七九六号公函函复在案，应俟司法行政部解释法律疑义再行办理，准函前由，相应函复即希查照为荷等由。准此，查该院以税法并无再罚规定，对于送请再罚案件，须俟司法行政部解释后始予办理，似此延缓，对于

业务推进影响殊大,究应如何办理,谨电呈请察核,仍候示遵等情。据此,查关于住商经处罚后,仍抗不遵办,法院又未允为再罚执行一节,事关法令解释,应如何办理,理合转请察核,电示祗遵等情。据此,查商号抗不领证营业,经法院依法处罚后,仍抗不领证,应如何处办,现行《营业税法》并无明文规定,但依《营业税法》第二条所载,"应纳营业税之营业者,应于营业开始时间开具下列事项,声请营业税征收机关调查登记,发给营业税调查证后,方得营业",此项故意抗不领证商号,应否律以不领证即不得营业之处分,抑应仍送法院再予处罚。又《营业税法》第十九条第三款对于应纳税款延宕不缴之商号逾限处罚,有并得停止其营业之规定,此项停止营业处分,是否由法院执行,抑由税收机关协同当地行政或警察机关执行,其执行之方式,应否封闭其店铺,《营业税法》及其施行细则均无明确规定。事关法令疑义,相应函请大院赐予解释,俾便转饬遵办为荷。

**院解字第三一七一号**

**三十五年七月十九日**

案准贵院三十五年四月二十日节捌字第一二六一一号咨,以据司法行政部呈,转请解释军政治部绘画组组长有无军人身份疑义,咨请解释见复等由。准此,兹经本院统一解释法令会议议决,军政治部绘画组组长无军人身份。相应咨复查照饬知。此咨行政院

**附原咨**

据司法行政部本年四月十一日京呈叁字第一六四号呈称,案据首都地方法院首席检察官陈光虞检呈字第七四三号呈,略以有被告某甲,系某军政治部绘画组组长,系由该军政治部科长任命,是否具有军人身份,无从依据,请核示到部。事关法律适用疑义,理合呈请钧院核转司法院解释,俾便饬遵等情。据此,案关适用法律疑义,相应咨请查照解释见复,以便饬遵为荷。

**院解字第三一七二号**

**三十五年七月十九日**

案准贵院三十五年二月六日节捌字第零三四七七号咨,以据司法行政部呈,转请解释《复员后办理民事诉讼补充条例》疑义,咨请解释见复等由。准此,兹经本院统一解释法令会议议决,《复员后办理民事诉讼补充条例》第九条所谓尚未执行,包括执行尚未完毕者在内,非法组织之法院所为之裁判已确定,且已开始执行,当收复时尚未执行完毕者,应依该条准用同条例第八条之规定处理之。相应咨复查照饬知。此咨行政院

**附原咨**

据司法行政部本年一月二十四日(京)呈(叁)字第七号呈称,案据地方法院呈称,查本院接收前,系属于伪天津地方法院之民事案件甚多,自应依照《复员后办理民事诉讼补充条例》予以清理,惟对于非法组织之法院所为之裁判已确定,且已开始执行,当收复时尚未执

行完毕者,应如何处理,理合电请鉴核示遵等情。据此,事关法律适用疑义,理合呈请钧院核转司法院解释,俾便饬遵等情。据此,案关适用法律疑义,相应咨请查照解释见复,以便饬遵为荷。

**院解字第三一七三号**

**三十五年七月十九日**

河北高等法院览,本年三月铣代电悉,该县县长所请解释一案,业经本院统一解释法令会议议决,在沦陷区域内出典不动产所得典价为联合伪币者,回赎时应按政府所定法币折合联合伪币之标准返还典价,但不妨碍《复员后办理民事诉补充条例》第十二条之适用。合电转饬知照。司法院皓印

**附原快邮代电**

重庆司法院院长居钧鉴,据顺义县县长王振德呈称,兹有某甲,于民国三十三年,即伪组织时期,将地一段典与某乙,实得典价联合伪币五千元,言明二年为期,备价回赎,但典契内只载通用国币,并未注明联合伪币字样,现和平告成,屡经明令公布法币一元折合联合伪币五元,截至本年三月底为止,逾期则联合伪币即不准通行,将来原业主备价回赎时,究应以前付之典价系属伪币,仍按法币一元折合联合伪币五元交付,抑径以前付伪币视作法币,照数交付,毋庸折合,事关法律疑义,理合具文呈请鉴核示遵等情。据此,查在伪组织时期,所称通用国币,即联合伪币,将来原业主备价回赎时,应否以法币一元折合联合伪币五元交付。事关适用法律疑义,未便擅拟,理合电请解释示遵。

**院解字第三一七四号**

**三十五年七月十九日**

安徽高等法院览,本年子真代电悉,所请解释一案,业经本院统一解释法令会议议决,县司法处仅有审判官一人,遇有应行回避事件,应依《县司法处办理诉讼补充条例》第六条之规定办理。合电知照。司法院皓印

**附原快邮代电**

重庆司法院院长居钧鉴,查《民事诉讼法》第三十二条,内载法院推事有应行回避不得执行职务之规定。如各县司法处仅有审判官一人,遇有应行回避案件,如何办理。理合电请解释示遵

**院解字第三一七五号**

**三十五年八月十三日**

案准贵处本年五月二十三日渝(三五)文字第八一五五号公函,以准军政部函,为转请解释革命先烈遗族应否优待免摊使役捐款一案,函请解释见复等由。准此,兹经本院统一

解释法令会议议决,依法应征之税捐或劳役,对于革命先烈之遗族,现行法上尚未定有优待办法,未便免除。相应函复查照转知。此致中国国民党中央执行委员会秘书处

**附原函**

准军政部卅五暑役设三字第二〇三八号函,为查前兵役部移送准安徽省政府代电,据望江县政府电请核示革命先烈遗族应否优待一案,抄同原代电请解释见复等由。查事关法令解释,相应抄同原抄代电函达,即希查照,迅予解释见复为荷。

**附原抄电**

兵役部勋鉴,据望江县政府民济亥虞代电称,案据本县春林镇居民韩伯烁呈,以先兄伯棠奔走革命,以身殉国,递蒙中央给邮有案,兹以家庭生计日窘,对本保所摊捐款使役,无力负担,请饬属优待等情。查该民所呈各节,尚属实情,惟以革命先烈遗族是否享受优待免摊使役捐款,未奉明令规定,本府未敢擅自处理。据呈前情,除批示外,理合电请核示祗遵等情。据此,特电转请核示饬遵。

**院解字第三一七六号**

**三十五年八月十三日**

案准贵部本年三月二十六日财直二字第一七零二三号公函,以关于印花税法第三条第三款适用疑义,函请解释等由。准此,兹经本院统一解释法令会议议决,印花税法第三条第三款所谓公款,系指公有之款而言,政府机关向公私立银行借款,经银行交款于政府机关后,其款即已属于公有。因处理此项公款所发之凭证,自应免纳印花税。相应函复查照。此致财政部

**附原函**

查本部为处理凭证贴用印花税票案件,对现行印花税法第三条第三目规定,"各级政府或自治机关处理公库金或公款所发之凭证免纳印花税"之意义,发生疑问,兹设例说明如下,设政府机关或因奉拨经费尚未汇到,向公私立银行借款以充经费,或因救济工矿厂,向公私立银行借款以资转贷。以上两种所借款项,是否均为公款,又公款意义究为如何。事关法令解释,敬请酌予解释,实为公便。

**院解字第三一七七号**

**三十五年八月十三日**

前准军政部本年四月三十日代电,以军事差轮上之工作船员有无军人身份疑义,电请解释见复等由。准此,兹经本院统一解释法令会议议决,军事差轮上之工作船员,既属雇佣关系,又非在部队服军人勤务,不能认为有军人身份。此项人员如有犯罪行为,应由普通司法机关审判。相应函请查照。此致国防部

附原电

司法院公鉴，查本部接收日本船只，拨充差轮，专供军事上运输之用。该项差轮上之工作船员，如大副、二副、舵工等，系属雇用性质，每日仅由军事机关发给维持费，并无阶级薪饷，亦未发给服装符号。此项人员犯罪，可否以现服军事勤务，而视为有军人身份，由军法机关审判？事关法律疑义，相应电请查照，迅赐解释见复为荷。

院解字第三一七八号

三十五年八月十三日

前准军政部本年五月二十三日代电，以后方勤务总司令部所属汽车修理厂编制内雇用之小工有无军人身份疑义，电请解释见复等由。准此，兹经本院就一解释法令会议议决，后方勤务总司令部所属汽车修理厂编制内雇用之小工，并无职级，此项工人之雇用，既系基于雇佣关系，自无军人身份。相应函请查照。此致国防部

附原代电

司法院公鉴，查后方勤务总司令部所属汽车修理工厂编制内雇用之小工，并无职级，此项工人有无军人身份，敬希迅赐解释见复为荷。

院解字第三一七九号

三十五年八月十三日

案准贵院本年六月五日节京捌字第一五六三号咨，以据司法行政部呈，请解释《处理汉奸案件条例》第七条与《特种刑事案件诉讼条例》第三条适用疑义，咨请解释见复等由。准此，兹经本院统一解释法令会议议决，《处理汉奸案件条例》第七条，乃规定收复区政军机关，在该区高等法院或其分院未开始办公以前，已收受之汉奸案件，应于该法院开始办公之后，移送侦查，并非排斥《特种刑事案件诉讼条例》第三条之适用。相应咨复查照饬知。此咨行政院

附原咨

据司法行政部本年五月二十日京呈刑字第二三〇号呈称，查《处理汉奸案件条例》第七条规定，收复区高等法院或其分院开始办公后，军政机关应将有关汉奸之行为财产及其他调查资料，移送检察官侦查。该项条文施行后，《特种刑事案件诉讼条例》第三条由司法警察官直接移送法院之规定，是否不复适用，颇滋疑义，兹有甲、乙两说。（甲）《处理汉奸案件条例》第七条之规定，似在对于收复区之政军机关，促其注意，俾将有关汉奸之行为财产及其他调查数据，移送侦查。故汉奸案件并不因此而一概须经检察官侦查起诉，特种刑诉条例第三条第一项之规定，亦不因此而停止适用，司法警察官署仍得视其调查证据之程度，依情形分别径送法院审判或移送检察官侦查（参照三十四年十二月三十一日司法院院解字第三〇五六号解释）。若谓特种刑诉条例第三条第一项移送法院审判之规定不再适用，则不

独收复区各省,第二审法院因办公有先后,而处理有不同,而在非收复区各省,如认为仍可适用,则事涉两歧,如认为均不适用,则毫无依据,似均不妥。且司法警察官署移送之件,如违反特种刑诉条例第三条第一项各款规定,可补正者,经法院通知而仍不补正时,法院应于谕知不受理后,移送检察官侦查。其移送法院之案件,虽以提起公诉论,但仍以检察官为公诉人,检察官并得撤回起诉,事实上毫无窒碍,亦无停止适用之必要。(乙)《处理汉奸案件条例》第七条明定,收复区之汉奸案件应移送检察官侦查,则依后法排斥前法,特别法优于普通法之原则,不再适用《特种刑事案件诉讼条例》由司法警察官移送之规定,实为当然解释。至谓收复区三字不无疑问,然亦只可解为系收复区之特别法,不能谓收复区亦不适用。盖收复区为汉奸之出产地,其不在收复区之汉奸,百不得一,举收复区已可将汉奸案件概括无遗,即有一二非收复区之汉奸案件,与此办法歧异,亦无关宏旨。至谓该条系对收复区之政军机关促其注意,俾将有关汉奸之事件均移送侦查,诚载立法者不无此意。盖吾国之司法权近年来被军政机关剥夺殆尽,自主席毅然决然将特种案件依归法院审理,司法权乃稍得扩张,然因积重难返,遂不得不定一由政军机关移送法院之过渡办法。《特种刑事案件诉讼条例》之规定实由于此,现立法者欲逐渐维持司法独立之精神,遂将新订之《处理汉奸案件条例》明白规定,汉奸案件应由军政机关移送检察官侦查,安有再适用《特种刑事案件诉讼条例》第三条之余地。以上二说,究以何者为当,事关法律疑义,理合呈请钧院转咨司法院解释示遵等情。据此,案关适用法律疑义,相应咨请查照解释见复,以便饬遵为荷。

**院解字第三一八〇号**

**三十五年八月十三日**

案准贵院本年四月九日节捌字第一零八一零号咨,以据司法行政部呈,为转请解释民事案件卷宗灭失已裁判不能证明其确定者应如何处理一案,咨请解释见复等由。准此,兹经本院统一解释法令会议议决,债权人所提出沦陷前之判决正本,如未宣告假执行,亦未经法院书记官证明其已确定,而因卷宗灭失,是否确定又无他法足以证明,自难认为执行名义予以执行,应由法院书记官作成判决正本,向债务人依法送达。相应咨复查照饬知。此咨行政院

**附原咨**

据司法行政部本年三月三十日京呈叁字第一三二号呈称,案据广东高等法院三十五年三月九日文字第六一九号代电称,现据广州地方法院呈称,查本院受理交铺执行事件,据债权人提出沦陷前本院判决正本,声请执行,该案已否确定,因卷宗灭失,无从查考,而债务人所在不明,无法传讯。查《复员后办理刑事诉讼补充条例》第十九条规定,案件卷宗灭失,已裁判不能证明其确定者,视为未确定。惟《复员后办理民事诉讼补充条例》则尚无同样规定,本件究应如何办理,未敢擅专,理合具文呈请察核指令祗遵等情。据此,查判决须有确定之证明,始有执行名义,若仅提出判决,而不能为已确定之证明,自不能准予执行,此在

《复员后办理民事诉讼补充条例》虽无规定明文,亦为理论上当然之结果。惟上项情形,当事人是否须重行起诉,抑应如何办理,事关法律疑义,理合电呈钧部鉴核电示,以凭饬遵等情。事关法律适用疑义,理合呈请钧院核转司法院解释,俾便饬遵等情。据此,案关适用法律疑义,相应咨请查照解释见复,以便饬遵为荷。

**院解字第三一八一号**

**三十五年八月十三日**

案准贵院本年四月二十九日节捌字第一三五一九号咨,以据内政部呈,为准陕西省政府电请解释翁媳通奸所生之子在户籍上如何登记疑义,咨请解释见复等由。准此,兹经本院统一解释法令会议议决,某甲之媳在与某甲之子婚姻关系存续中受胎所生之子,依《民法》第一千零六十三条之规定,在某甲之子提起否认之诉得有胜诉之确定判决以前,应认为某甲之子之婚生子。此子纵为某甲与其媳通奸所生,亦非某甲所得认领,至某甲之子提起否认之诉得有胜诉之确定判决后,经某甲认领者,依《民法》第一千零六十五条第二项之规定,不能不视为某甲之婚生子。相应咨复查照饬知。此咨行政院

**附原咨**

据内政部本年四月十六日渝户字第五六三号呈称,准陕西省政府电,以某甲之子在外日久,某甲竟与子媳通奸,且生一子,某甲之子归家,如予承认自无问题,倘不承认,此奸生之子在户籍登记时应如何处置,请予解释到部。查翁媳通奸所生之子,如经某甲之认领,则依《民法》一〇六五条二项之规定,未能断绝其与生母之关系,将来父子翁媳间之称谓,将紊乱不堪,实有伤风化。如经某甲之子收养为子,而某甲又不能同意,如作为某甲媳之私生子,似较适当,但在户籍上仍不能登记。究应如何处置,事关法律解释,理合呈请鉴核转请司法院解释,以昭慎重等情。据此,案关适用法律疑义,相应咨请查照解释见复,以便饬遵为荷。

**院解字第三一八二号**

**三十五年八月十三日**

案准贵院本年四月十八日节捌字第一二一五五号咨,以据司法行政部呈,为转请解释《复员后办理民事诉讼补充条例》适用疑义,咨请解释见复等由。准此,兹本院统一解释法令会议议决,依《复员后办理民事诉讼补充条例》第八条第一项之规定,由第一审或第二审法院为第一审审判时,应先命原告照起诉时诉讼标的之价额补缴第一审裁判费,其在伪法院所缴之裁判费,不得折算扣抵,亦不得算入诉讼费用。此项案件,应以提出诉状于伪法院时为起诉之时。相应咨复查照饬知。此咨行政院

**附原咨**

据司法行政部本年四月间京呈叁字第一五四号呈称,案据山西高等法院三十五年三月

十二日呈民字第一一四号呈称,查沦陷区收复时,民事事件系属于非法组织之法院者,依《复员后办理民事诉讼补充条例》第八条第一项之规定,应由第一审或第二审法院分别为第一审审判。惟第一审或第二审为审判时,究应先命原告补缴裁判费及补具起诉书状,抑因其已向非法组织之法院缴费具状,即认其已备起诉程序,不无疑义。倘应先命补正,则计算裁判费用,究以在非法组织法院起诉时诉讼标的之价额为标准,抑应以命补正时诉讼标的之价额为标准。又第二审应为第一审审判时,征收裁判费用,究以第一审应缴之数为标准,抑应以第二审应缴之数为标准。再其向非法组织法院所缴之裁判费用,于依《民事诉讼法》第九十四条计算诉讼费用额时,是否认为诉讼费用之一部,以及其所缴伪币如何折算法币,均属不无疑义。若以其已向非法组织之法院缴费具状,即认其已备起诉程序,则审查其所缴裁判费是否足额。究应以其向非法组织法院起诉时《民事诉讼费用法》之规定为标准,抑应以复员后接收时《民事诉讼费用法》之所为标准,其由原告或被告上诉于非法组织法院所纳之裁判费,又应如何抵充,以及所缴伪币如何折算法币以为扣抵,亦属无法决定。再某种诉讼之权利保护要件存在与否,有以起诉时为标准者(参照司法院院字第二五八七号解释),曾经系属于非法组织法院之案件,究以何时为起诉之时,亦属疑问,事关法收,未敢擅断,理合备文呈请鉴核,俯予赐遵,实为公便等情。查关于收复区法院办理民事诉讼事件缴纳裁判费疑义,前据江苏高等法院请示到部,业于本年一月十九日以京呈叁字第四号呈请核转司法院解释在案。惟山西高等法院原呈所称各节,有为前案所未述及者,理合据情呈请钧院迅赐核转司法院一并解释,俾便饬遵等情。据此,案关适用法律疑义,相应咨请查照解释见便,以便饬遵为荷。

**院解字第三一八三号**

**三十五年八月十三日**

浙江省保安司令部鉴,本年卯迴代电悉。兹经本院统一解释法令会议议决,曾任伪军职人员,于核准反正后,其前在附敌期内之汉奸罪行,经人依法检举,军法或司法机关审理结果,复认为罪证确凿,除合于《汉奸自首条例》第一条各款之规定,得免除其刑或免其刑之执行外,自应依法论罪科刑。特电复请查照。司法院元印

**附原代电**

司法院院长居钧鉴,查有某甲曾任伪军职,于核准反正后,其在附敌期内之汉奸罪,应如何处置,前经电奉钧院本年二月二十五日院解字第三〇八五号解释略谓,伪组织人员经核准反正后,其在附敌期内之汉奸罪行,现行法令上既无免受审判之规定,如被人检举,自应分别情形,受军法或司法审判等因。奉此,查原解释仅云应受审判,但于核准反正后经人检举其前在附敌期内之汉奸罪,于审判后应否免罪,法无明文。如应免罪,应依何种条文办理。案关法律疑义,理合电请解释示遵。

**院解字第三一八四号**

**三十五年八月十三日**

上海市政府览，本年卯迥代电悉，该警察局所请解释一案，业经本院统一解释法令会议议决，侦查中拘提被告所用之拘票，依《刑事诉讼法》第七十七条第三项及第七十一条第四项之规定，应由检察官签发。合电转饬知照。司法院元印

**附原代电**

司法院钧鉴，案据本市警察局代电称，查警察机关对于人民之拘提或逮捕，除现行犯外，是否必须由法院检察官或推事签发拘票，分甲、乙两说。（甲）人民之拘提或逮捕，除现行犯外，必须先由检察官或推事签发拘票，否则即属无权拘提，被拘人可以拒绝。（乙）《刑事诉讼法》第二百零八条规定，警察厅长、警务处长或公安局长，于其管辖区域内为司法警察官，有协助检察官侦查犯罪之职权。所谓协助检察官侦查犯罪云者，应解释为司法警察官于其管辖区域内侦查犯罪之职权与检察官同，参以同法第二百零九条第二项、第二百一十条第二项规定，司法警察官及司法警察知有犯罪嫌疑者，应报告前条之该管检察官或司法警察官。换言之，警察官长或警察知有犯罪嫌疑者，报告该管检察官固可，报告第二百零八条所列举之司法警察官亦无不可。报告后如奉检察官或第二百零八条所列举之司法警察官之命令逮捕犯人，自属必要之措置，不能认为违法。况查警察为执行国家法令之基层人员，终日与犯罪者相搏斗，若于警察官吏业经侦悉某人为犯罪之际，而犹必待检察官或推事签发拘票，始能逮捕，必增加嫌疑犯逃逸之机会，恐非社会国家之福。上列两说，究以何说为是，事关法律适用，本局未敢擅专，理合电请钧长迅予转电司法院解释，俾资遵循为感等情到府。理合据情转请鉴核释示祗遵

**院解字第三一八五号**

**三十五年八月十四日**

前准军事委员会本年四月十八日法理字第五二四一号公函，以战时各种刑事特别法规于战事结束后是否适用疑义，函请解释见复等由。准此，兹经本院统一解释法令会议议决，战时各种刑事特别法规，施行期间未届满，又未经明令废止者，仍应继续适用。相应函请查照。此致国防部

**附原函**

查抗战业已胜利，关于战时颁行各种特别法规，于战事结束后是否适用，有甲乙二说。甲说谓战时各种特别法规，于战事结束后是否适用，应视行为人之犯罪时间关系在作战期内抑系在战争结束后以为断，如犯罪时系在作战期内，而于裁判时其所犯各法规尚无明令废止者，自应就所犯各该法规上所定之罪处断。如于战事结束后始犯战时各法规之罪者，自无适用各该法规处断之余地。盖战时各种法规系为适应战时需要而定，且于各法规上明

定于作战期内犯罪者始能通用,犯罪既在战事结束后,当然不能适用战时各特别法规处断。乙说谓战时各种特别法规虽因战事结束而失其适用之条件,但依法律自废止时失其效力之原则,战时各特别法规在未明令废止前,仍应继续适用。二说究以何说为是,相应函请查照解释见复为荷。

**院解字第三一八六号**

**三十五年八月十五日**

案准贵院本年三月九日节捌字第零七零零七号咨,以据司法行政部呈,转请解释违法之强制执行可否撤销疑义,咨请解释见复等由。准此,兹经本院统一解释法令会议议决,某乙无执行名义,法院竟据其声请而为强制执行,于某甲所有山地上树立界碑,实体上不生所有权得丧之效力。虽在强制执行程序终结后,某甲亦得以诉主张该山地之所有权,请求某乙除去界碑,并返还其山地。相应咨复查照饬知。此咨行政院

**附原咨**

据司法行政部本年二月二十六日(京)呈(叁)字第五二号呈称,案据湖北高等法院呈称,案查强制执行法第十二条,有当事人或利害关系人,对于强制执行推事、书记官、执达员实施强制执行之方法,强制执行时应遵守之程序,或其他侵害利益之情事,得于强制执行程序终结前,为声请或声明异议之规定。兹有某甲,仅因请求确认山界之诉被驳,并无执行名义,而某县司法处竟据某乙声请执行,骤发强制执行命令,又未通知某甲到场,乃于系争山上树立界碑,执行终结。现某甲以其虽受损害,但限于应在执行终结前之规定,未能向原执行声明异议,状请严令原司法处撤销执行处分,以资救济前来。详核上项强制执行命令,实未以执行名义为基础,显然违法,是否可以撤销。如应撤销,究竟如何方式,现行法令既无明文规定,复乏成例可援,理合具文呈请钧部鉴核示遵等情。据此,事关法律适用疑义,理合备文呈请钧院核转司法院解释,俾便饬遵等情。据此,案关适用法律疑义,相应咨请查照解释见复,以便饬遵为荷。

**院解字第三一八七号**

**三十五年八月十五日**

案准贵部本年六月二十五日京二字第一八六号公函,以音乐厅发售导舞券应如何贴用印花疑义,函请解释等由。准此,兹经本院统一解释法令会议议决,印花税法第十六条税率表第十二目,于娱乐券之性质,虽载各娱乐场所所售之凭以入场入座之票券皆属之等字样,但各地音乐厅所售之导舞券,既系凭以使人导舞而从事娱乐,即与凭以入场入座而从事娱乐之票券性质相同,自应依照该目税率,贴用印花税票。相应函复查照。此致财政部

**附原函**

查各地音乐厅发售之导舞券(俗称舞票),券面载有伴舞次数及出售价额,亦有仅载明

伴舞次数而不标明金额者，导舞员因伴舞取得此券后，即凭此券向音乐厅兑取其应得之金额，该项导舞券，以其性质而言，似近娱乐票，但依印花税法税率表第二十六目娱乐票性质栏，所称娱乐票者，系指各娱乐场所所售凭以入场入座之票券而言。该项导舞券，系专为导舞行为而设，且其价额之收入，并非娱乐场所所独得。究其实质，似又与娱乐票性质有别，其贴用印花税票，究应依照税法何目税率为准，殊难擅断，敬请赐予解释，以便遵循。

**院解字第三一八八号**

**三十五年八月十五日**

**令湖北高等法院**

三十五年五月六日呈一件，为复员办理民事诉讼补充条例第十六条第一项适用疑义，呈请鉴核示遵由。

呈悉，业经本院统一解释法令会议议决，《复员后办理民事诉讼补充条例》第十六条第一项情形，当事人之一造，于期内提出裁判正本者，不得以他造不能提出，视为当事人所执正本亦已灭失，自应依同条第二项之规定办理。仰即知照。此令

**附原呈**

查法院所保存之裁判原本及正本均灭失者，审判长得定期间命当事人两造提出正本，期内两造均不提出者，视为当事人所执正本亦已灭失，《复员后办理民事诉讼补充条例》第十六条第一项定有明文，兹对于适用问题，发生甲、乙两说。甲说主张，该条第一项既明定审判长得定期间命当事人两造提出正本，期内两造均不提出者，视为当事人所执正本亦已灭失，其所提出裁判正本，自以两造均能提出为限。如当事人一造提出，一造不能提出，应视为当事人所执正本亦已灭失，所以杜流弊也。乙说主张，该条第一项，虽有审判长得定期间命当事人两造提出正本，期内两造均不提出者，视为当事人所执正本亦已灭失，并无两造均不提出或一造提出者视为当事人所执正本亦已灭失之明文，可见提出正本不必两造均能提出为限。如当事人一造提出，一造不能提出，即不能应视为当事人所执正本亦已灭失，所以省时间，免拖累也。以上两说，似以甲说为是，惟案关法律疑义，未敢擅断，理合具文呈请钧院鉴核示遵。

**院解字第三一八九号**

**三十五年八月十五日**

安徽高等法院览，本年辰有代电悉，所请解释一案，业经本浣统一解释法令会议议决，民事向第二审或第三审法院抗告或声请，不得援用《民事诉讼费用法》第十四条，加征裁判费十分之五。合电知照。司法院未删印

**附原代电**

司法院院长居钧鉴，查修正《民事诉讼费用法》第十四条规定，民事向第二审或第三审

法院上诉,依第二条及第十二条规定,加征裁判费十分之五,是该项加征,似只限于上诉之件,至向第二审或第三审法院抗告或声请(指第十七条各款之声请),是否亦加征裁判费十分之五,不无疑义,理合电请鉴核示遵。

**院解字第三一九〇号**

**三十五年八月十五日**

四川高等法院览本年巳删代电悉,该黔江县司法处所请解释一案,业经本院统一解释法令会议议决,县参议员之选举诉讼,既以一审终结,对于驳回再审之诉之裁定,自不得抗告。合电转饬知照。司法院未删印

**附原代电**

南京司法院院长居钧鉴,案据黔江县司法处审判官刘铭彝本年五月二十七日黔法字第三三五号辰有代电呈称,案查司法院三十四年十二月二十日院字第三〇三四号解释内载,县参议员选举诉讼,虽以一审终结,而再审之诉,专属为判决之原法院管辖,仍不失为同一审级,自非不许提起等因。细译解释内容,系因再审为同一审级,故可提起。惟查《民事诉讼法》第五百零一条内载,再审之诉讼程序准用关于各该审级诉讼程序之规定。是再审裁定自得抗告。设有当事人对于第一审法院判决选举无效案件提起再审,经原法院因其并未具有再审法定原因,予以裁定驳回,于此场合,如许当事人提起抗告,则与上开解释同一审级之主旨相违,若不许抗告,又与民诉法第五百零一条之规定不合。又查民国十九年最高法院民抗字第二三八号判例称,对于终审法院之裁定不得抗告,窃以为此项选举诉讼既以一审为终结,可否即视第一审法院为终审法院,其对于再审所为驳回裁定不得抗告,庶与院字第三〇三四号解释之主旨相符。以上各点,颇滋疑义,究应如何办理之处,理合电请钧院电示祗遵等情到院。案关法律适用疑义,本院未敢擅专,理合电请钧院鉴核,迅赐解释令遵。

**院解字第三一九一号**

**三十五年八月二十日**

国防部鉴前准军事委员会寅支代电,以据中国陆军总司令部电请核示台湾日本军政人员捕罚通谋我国之间谍案件,应由何机关办理,电请解释见复等由。兹经本院统一解释法令会议议决,我国于台湾光复后,查悉日本军政人员曾于作战期内,在台湾以间谍或通谋我国事件,将日本国或台湾人民捕去酷刑,如其行为具备妨害自由或伤害等罪,构成刑事案件者,应由在台湾管辖法院,依其所犯罪名,适用《刑事诉讼法》追诉处罚。特电复请查照。司法院未哿印

**附原代电**

司法院公鉴,据中国陆军总司令部丑虞辉壬电称,于台湾光复后,如有检举日本统治台

湾时之军政人员，于作战期间，对其本国或台湾人民，以间谍或通谋我国事项，捕去酷刑案件，是否不能认为战争罪犯，应分别被告身分，归由我国军事机关或法院审理，祈核示等情。查此类案件，既系发生于台湾光复以前，是被侵害者乃日本本国或其殖民地人民，自不能以战争罪犯论。惟此类被告既非战犯，犯罪日期又在投降之前，究应交由何机关审理，以及适用何种法条判罪，不无疑问，谨电请核示等情前来。究应送由何机关审理，相应电请查照解释见复为荷。

**院解字第三一九二号**

**三十五年八月二十日　司法院致国防部电**

辽宁高等法院览，本年辰东代电悉，所请解释一案，业经本院统一解释法令会议议决，东北各省收复时，民事事件系属于伪满各级法院者，应依《复员后办理民事诉讼补充条例》第八条第一项各款分别处理。即(一)系属于伪区法院或伪地方法院之第一审事件，应依同项第一款规定，由地方法院为第一审审判。(二)依四级三审制系属于伪地方法院之第二审上诉事件，或依四级二审制系属于伪高等法院或伪最高法院以第二审为终审之上诉事件，应依同项第二款规定，由高等法院为第一审审判，其判决关于上诉视为第二审判决。(三)依四级三审制系属于伪高等法院或伪最高法院之第三审上诉事件，应依同项第三款规定，由最高法院以裁定发回高等法院为第一审审判，其判决关于上诉视为第二审判决。合电知照。司法院未哿印

**附原代电**

司法院院长居钧鉴，查系属各级法院未结民事案件之处理，《复员后办理民事诉讼补充条例》第八条第一项各款固载有明文。惟东北伪满法院之组织原为四级三审制(注一)，民国三十三年五月一日又颁行法院组织法时局特例，改四级三审制为四级二审制，即对区法院推事之裁判及地方法院独任推事之裁判不服而上诉者，以高等法院为终审，对地方法院合议庭之裁判不服而上诉者，以最高法院为终审(注二)，以故高等法院现尚有四级三审制时受理之三审未结案件(注三)，及四级二审制时受理之以二审为终审之未结案件，地方法院亦有四级三审时受理之二审上诉未结案件。就各该案件之处理，应否查照上述规定将(一)高等法院依四级三审受理之三审未结案件，由高等法院自为第一审审判，其判决关于上诉视为第二审判决，余者一律作为第一审审判，其判决关于上诉视为第一审判决。(二)地方法院之未结案件，不论为第一审或第二审，一律作为第一审审判，其判决关于上诉视为第一审判决。(三)对于地方法院及高等法院之判决，向伪最高法院声明上诉，而其卷宗如在原审时得径送高等法院或由高等法院自为第一审审判，其判决关于上诉，如对地方法院判决上诉之案件，视为第一审判决，其对高等法院判决上诉之案件，视为第二审判决(注四)。事关法律适用，未便擅专，理合电请解释祇遵。

(注一)伪满法院组织法第三条规定，法院为区法院、地方法院、高等法院、最高法院之

四级。第二十条规定,区法院管辖民事诉讼之第一审案件,为(一)诉讼标的之价额未超过二千元之案件,(二)基于建筑物租赁关系之案件,(三)基于占有权之案件。第二十五条规定,地方法院管辖民事诉讼第一审案件,为(一)不属于区法院管辖之案件,(二)破产案件。

(注二)伪满法院组织法时局特例第三条规定,地方法院管辖民事诉讼第一审案件中,应依合议庭审判者为(一)诉讼标的之价额超过五千元之案件,(二)人事诉讼案件第五条规定,对于第一审判决不得为控诉,得直接为上告。第八条规定,高等法院作为终审而管辖之案件,为对于区法院及地方法院独任推事所为判决之上告案件。第九条规定,最高法院作为终审而管辖之案件,为对于地方法院合议庭所为之上告案件。

(注三)右法院组织法时局特例附则规定,同法第五条至第九条之规定,对于本法施行前已有第一审裁判之案件不适用之(即仍依四极三审之规定办理)。

(注四)东北自八一五光复后,伪最高法院已不存在,且其系属之案件卷宗,恐亦全部纷失。

**院解字第三一九三号**

**三十五年八月二十日**

**令浙江高等法院**

三十五年一月二十八日呈一件,为准杭州市政府代电,请释示汉奸产业让渡适用法律疑义,呈请解释示遵由。

呈悉,业经本院统一解释法令会议议决,汉奸将其所有之不动产转让于人,如受让人无《惩治汉奸条例》第十二条情形,亦无其他无效原因者,不得视为逆产予以查封,已见院解字第三一四四号解释。仰即转行知照。此令

**附原呈**

案准杭州市政府本年一月十三日子筱代电,以整理契税推收有下列疑问,(一)民间产权在沦陷期内辗转让渡,而其原出主或中间承转人之一系汉奸者,是否以逆产论,不予过推按律查封。(二)如认为逆产,则对于直接受买人及善意之第三人,如何予以救济。(三)在抗战未胜利期间,业主受买汉奸之产业,其契约是否有效。(四)如承认此项契约有效时,应否有年份之限制,以免敌产逃匿。上开四点,乞赐释示,俾资依循等由。准此,事关法律疑义,理合备文转呈,仰祈钧院鉴核俯赐释示,俾便转知。

**院解字第三一九四号**

**三十五年八月二十日**

案准贵院本年五月十五日节京捌字第五四一号咨,以据司法行政部呈,转请解释伪县政府呈送覆判案件办理程序疑义,咨请迅予解释见复等由。准此,兹经本院统一解释法令会议议决,伪县府呈送覆判之案件,尚未经判决确定,依《复员后办理刑事诉讼补充条例》第

十条规定,应由第二审检察官重行侦查。相应咨复查照饬知。此咨行政院

附原咨

据司法行政部本年五月八日京呈刑字第二〇七号呈称,案据河南高等法院首席检察官电称,伪县政府呈送覆判案件,是否一律发交第一审县长重行侦查,请电示等情。查此类案件《复员后办理刑事诉讼补充条例》无明文规定,可否以尚未移送覆判法院,一律发交第一审县长重行侦查。事关适用法律发生疑义,理合呈请钧院迅赐转函司法院解释,俾便饬遵等情。据此,案关适用法律疑义,相应咨请查照,迅予解释见复,以便饬遵为荷。

院解字第三一九五号

三十五年八月二十二日

案准贵部本年三月十九日财直二字第一六七一二号公函,以《遗产税暂行条例》各地应自何时起实施疑义,函请解释见复等由。准此,兹经本院统一解释法令会议议决,三十四年二月十七日修正公布之《遗产税暂行条例》,应依二十八年国民政府第五一九号训令,一律以公布法律之法令实际到达各该省市县之翌日起发生效力。相应函复查照。此致财政部

附原函

查修正遗产税条例业经国民政府于三十四年二月十七日明令公布,自应遵照实施。惟我国幅员广大,交通不便,公文往还颇需时日,各地征收机关实施时,究应以国民政府公布日为准,抑应以公布命令实际到达各该地区之次日起为准。事关法令解释,相应函请大院赐予解释见复为荷。

院解字第三一九六号

三十五年八月二十二日

粮食部鉴,本年巳鱼代电悉,兹经本院统一解释法令会议议决,承运赋粮船户及承办赋谷加工包商亏欠粮谷,非必有盗卖侵占情事,其无此类情事者,既不属于刑事范围,自难遽依《惩治贪污条例》治罪。至欲追还该项欠粮,应另提起民事诉讼。特电覆请查照。司法院未祃印

附原代电

司法院公鉴,查关于承运赋粮船户及承办赋谷加工包商亏欠盗卖粮谷案件,应否依照《惩治贪污条例》第一条、第三条第二款治罪,并依同条例第七条追缴赃物,原告诉人毋庸提起民事诉讼一案,前经函准司法行政部三十四年十二月七日公刑字第四三一九号公函,略以关于公粮机关移送法院办理之承运赋粮船户或承包赋谷加工包商亏欠公粮案件,其亏欠原因,若系因船户包商之盗卖等贪污行为,以致亏欠公粮,固应依《惩治贪污条例》处断,并追缴所亏欠之公粮,毋庸再行提起民事诉讼。若非由盗卖或其他犯罪所生之结果,则系单纯民事关系,应依照民事诉讼程序缴费起诉等由,当经通饬所属知照各在卷。兹复据四川

粮食储运局呈,略以包商运户亏欠粮谷行为,若非由于盗卖或其他犯罪所生之结果,亦决非单纯民事关系,盖运户包商欠粮,实属意图为自己不法之所有,而侵占自己持有他人之物,核诸《刑法》第三三五条所规定之要件,实为侵占罪之一种,则属刑事范围了无疑义,断不能谓其为单纯民事关系。且查《惩治贪污条例》第三条第二项关于犯罪主体(即犯罪行为人)之规定,则又有"盗卖侵占或窃取公有财物者"之明文,而《惩治贪污条例》复系惩办"公务员或受公务机关委托承办之人"利用机会犯罪之特别法规(见《惩治贪污条例》第一条),根据特别法优于普通法之原则,包商亏欠公粮之行为虽已具有《刑法》"三三五"条侵占罪之要件,但此项侵占已另具《惩治贪污条例》第三条第二项之"侵占"性质,即应依照该项特别《刑法》(《惩治贪污条例》)惩处,是则运户或包商亏欠公粮,不问其是否系盗卖或其他犯罪行为所生之结果,均为刑事而决非民事,自不能依照民事诉讼程序缴费起诉,而应照刑诉法(二二〇条)之规定,由本处移送检察处办理,俟检察官提起公诉时,本局即照同法(四九一)(四九二)两条之规定,提起附带民诉,免缴讼费。至法院所为之判决及裁定,并照特种刑事诉讼条例第七、八两条之规定,败诉人(即败诉之包商或运户)仅有声请覆判权及抗告权,而无上诉权与再上诉权,此为特种刑诉与普通刑诉差异之点。是则运户包商欠粮,不问其基于何种原因而发生,依法不仅非民事关系,且亦非普通刑事与普通刑诉案件,而为特种刑事与特种刑诉案件。原案饬照普通民事缴费起诉,非仅于法尚有出入,而运户包商欠粮标的甚大,讼费必多,且又亏欠者众,每一次案均须缴纳巨额之讼费,公家负担太重,本局亦无法措缴,至其以民诉办理缺乏强制追收性质,运户包商罔知所儆,亏欠之风必炽。拟请转请司法院详为解释,并通饬各地法院,所有该项欠粮案件,不论其亏欠原因如何,均仍照特种刑事诉讼条例及《惩治贪污条例》办理,是否有当,请鉴核等情到部。查所称运户包商亏欠公粮,不论其亏欠原因如何,均属侵占行为,应照《特种刑事案件诉讼条例》及《惩治贪污条例》办理各节,不无理由,特电请赐予解释,通令遵行,并祈见覆为祷。

**院解字第三一九七号**

**三十五年八月二十二日**

广西高等法院览,本年卯元代电悉,桂林地方法院所请解释一案,业经本院统一解释法令会议议决,凡私盐量在五百市斤以上,依盐专卖条例规定应处有期徒刑或拘役之案件,虽经盐务机关移送到院,但不得以提起公诉论,仍应送由检察官侦查起诉,与应处罚锾部分,由法院分别以判决及裁定行之。合电转饬知照。司法院未禡印

**附原代电**

南京司法院院长居钧鉴,案据桂林地方法院三十五年四月三日税寅字第八六号代电称,查盐专卖条例第三十三条载,前条私盐量在五百市斤以上者,除依前条处分外,处五年以下有期徒刑或拘役云云,兹有疑义二点:(一)查盐务机关以送案单移送到院办理之件,关于应处罚锾者,径以裁定行之,固无疑义。但如私盐量在五百市斤以上者,依照上开规定,

除罚锾外,应处有期徒刑。然查此种送案单,并无明文规定以提起公诉论,是否应先送由检察官侦查起诉后,方可受理。(二)上述案件之裁定罚锾及处有期徒刑,究应并合以判决行之,或应以裁定及判决分别裁判之,不无疑义。职院现有此类案件亟待办理,谨电察核,请速解释,电示祗遵等情。据此,案关法律疑义,本院未便擅拟,理合电请察核,俯予解释示遵,俾便转释遵照。

**院解字第三一九八号**

**三十五年八月二十二日**

**令河南高等法院**

据河南高等法院第一分院本年一月十六日代电,以诬告汉奸案件由何机关受理疑义,电请解释等情。据此,业经本院统一解释法令会议议决,诬告他人犯汉奸罪,依《惩治汉奸条例》第七条规定,系属于《刑法》上之犯罪,自应适用通常诉讼程序,予以审判。合行令仰转饬知照。此令

**附原代电**

南京司法院居院长钧鉴,查新颁《惩治汉奸条例》第七条,故意陷害诬告他人犯本条例之罪者,依《刑法》规定从重处断,则此后诬告汉奸案件,是否认为特种刑事,仍由本院受理,抑适用普通程序,归地方司法机关审判。本院现有此种案件,于管辖权上发生疑问,理合电请大院俯赐解释示遵。

**院解字第三一九九号**

**三十五年八月二十二日**

**令湖南高等法院**

三十五年五月二十三日呈一件,为据本法院第三分院呈请解释《民事诉讼法》第一百四十九条第三项适用疑义,转请鉴核示遵由。

呈悉,业经本院统一解释法令会议议决,第二审程序虽称当事人双造为上诉人与被上诉人,但在第一审起诉者与被诉者在第二审程序仍不失为原告与被告,《民事诉讼法》第一百四十九条第三项规定之适用,于第二审程序应依当事人在第一审之地位定其是否同项所称之原告或曾受送达之被告,至其在第二审程序为上诉人抑为被上诉人,在所不问。仰即转饬知照。此令

**附原呈**

案据本院第三分院院长罗任本年三月三十日呈称,查《民事诉讼法》第四百六十条规定,除本章别有特别规定外,前编第一章之规定,于第二审程序准用之,至第一编之总则,第一审或第二审均属共通适用,惟奉颁修正《民事诉讼法》条文第一百四十九条第三项,仅有原被告之记载,纯指第一审程序而言,似属用语错误。如第二审审判中遇有上项情形,可否

依该条项办理,颇滋疑窦,理合备文呈请钧院俯赐转请司法行政部鉴核示遵等情。据此,查修正《民事诉讼法》第一百四十九条第三项,虽仅有原被告之记载,但此条系规定于《民事诉讼法》第一编总则内,似原告或应受送达之被告,无论在第一审或上诉审变更应为送达之处所,而不向受诉法院陈明,致有应为送达之处所不明者,均得适用该条项之规定,依职权命为公示送达。惟事关解释法律,理合备文转呈钧院鉴核指示,以便饬遵。

**院解字第三二〇〇号**

**三十五年八月二十三日**

**令湖南高等法院首席检察官**

三十五年四月十七日呈一件,为据湖南衡阳地方法院兼代首席检察官胡继苏呈请核示特种刑事案件被害人能否提起自诉疑义,转请解释示遵由。

呈悉,业经本院统一解释法令会议议决,《特种刑事案件诉讼条例》对于特种刑事案件既无不得提起自诉之特别规定,则该项犯罪之被害人,依同条例第一条第一项所定,固得适用《刑事诉讼法》第三百十一条,提起自诉。惟已依法移归法院之案件,依同条例第三条第二项,即不得再行自诉。仰即转饬知照。此令

**附原呈**

案据署湖南衡阳地方法院检察官暂行兼代首席检察官职务胡继苏本年四月二日第三二号呈称,查普通刑事案件犯罪之被害人,得提起自诉,《刑事诉讼法》第三百十一条定有明文。特种刑事案件移归法院审理后,被害人可否提起自诉,兹有甲、乙两说。甲说,《特种刑事案件诉讼条例》系特种刑事案件程序法,该条例既无犯罪之被害人得提起自诉之规定,自不得提起自诉,应经检察官侦查起诉。乙说,《特种刑事案件诉讼条例》第一条第一项后半段规定,本条例未规定者仍适用《刑事诉讼法》云云,应认为仍得提起自诉。两说究竟孰是,又特刑案件在侦查中被害人提起自诉,检察官可否停止侦查,将案件移送法院,均不无疑义,事关解释,理合备文呈请钧座核示祇遵等情。据此,查原呈所称乙说,实不无疑义,惟查此项特种刑事案件,如犯罪之被害人仍得适用《刑事诉讼法》提起自诉,则原呈后段所称一节,自不成问题。除指令外,所有该检察官呈请解释法律缘由,理合据情转呈钧院鉴核,仰祈俯赐解释,以便饬遵。

**院解字第三二〇一号**

**三十五年八月三十日**

案准贵院本年三月二十五日节叁字第〇九〇二一号公涵,以据苏浙皖区敌伪产业处理局代电,请解释已故汉奸财产应否没收疑义,函请解释见复等由。准此,兹经本院统一解释法令会议议决,在《惩治汉奸条例》施行之日起,犯该条例第二条第一项之罪,经通缉而罪证确实者,虽在裁判前死亡,概依该条例第八条第二项规定,得单独宣告没收。相应函复查照

饬知。此致行政院

**附原函**

据苏浙皖区敌伪产业处理局沪秘寅阳代电称,据密报前伪沪市长已故傅逆筱庵遗有五金房屋等财产案件三起,经分别查封,并经提法律顾问委员会决议,以该三案先决问题为已故汉奸财产可否没收,应呈院转咨司法院解释后再议,理合电请转行统一解释等情。相应函请查照解释见复为荷

**院解字第三二〇二号**

**三十五年八月三十日**

前准军政部本年五月九日法高京(35)字第零八零三号公函,以据宪兵司令部呈请核示宪兵官长是否为有追诉权之公务员疑义,函请解释见复等由。准此,兹经本院统一解释法令会议议决,宪兵官长是否为《刑法》上有追诉犯罪职务之公务员,应就下列案件决定之,(一)"普通刑事案件",宪兵官长虽依《刑事诉讼法》第二百零九条第一项第二款为司法警察官,但仅有受检察官指挥侦查犯罪之职责,并无追诉犯罪之职权,自非《刑法》第一百二十五条所称之有追诉犯罪职务之公务员。(二)"军人犯《刑法》或其他法律罪嫌之案件",宪兵官长依《陆海空军审判法》第十九条第一项第二款及同法第四条之规定既为军事检察官,且有起诉权,关于此类案件,自应认为《刑法》上有追诉犯罪职务之公务员。(三)"特种刑事案件",如该宪兵官长相当于《特种刑事案件诉讼条例》第三条所称司法警察官署长官之资格,其所移送之案件,依同条第二项之规定,既以提起公诉论,亦应认为《刑法》上有追诉犯罪职务之公务员。相应函复查照饬知。此致国防部

**附原公函**

据宪兵司令部呈,以宪兵职掌军事警察兼司法行政警察,宪兵官长依《刑事诉讼法》第二零八条、第二零九条为司法警察官,依《陆海空军审判法》第十九条第一项第一款之规定为军事检察官,均有侦查犯罪请求处罚之职权,是否属于《刑法》第一二五条有追诉犯罪职务之公务员,请求核示等情到部。案关法律疑义,相应函请查照,惠予解释赐复,俾便饬遵为荷。

**院解字第三二〇三号**

**三十五年八月三十日**

国防部鉴,前准军政部本年卯齐代电,以据第十一战区军法监部代电,请示机关部队私用日人充当职员是否构成犯罪疑义,转请解释等由。兹经本院统一解释法令会议议决,机关部队私用日人充当职员,除别有犯罪行为外,尚不成罪。特电复请查照饬知。司法院未卅印

附原代电

司法院勋鉴,据本部军法司案呈第十一战区军法监部三十五年三月三十一日仁法字第五一二号代电,以机关部队私用日人充当职员,是否构成犯罪,并适用何项法条,谨电请示等由。事关适用法律疑义,理合转请贵院迅赐解释,以凭饬遵。

院解字第三二〇四号

三十五年八月三十日

国防部鉴,据本院秘书处签呈称,准军事委员会办公厅本年辰灰代电,以据第一战区长官电请解释军人逃亡案件适用法律疑义,请查照解释见复等由,呈请鉴核等情。据此,兹经本院统一解释法令会议议决,战时军律业经明令废止,关于军人逃亡案件,应适用《陆海空军刑法》第九十三条至第九十六条处断。特电复请查照饬知。司法院未卅印

附原代电

司法院秘书处公鉴,查自敌国日本投降,战事结束以后,关于军人逃亡案件,毋须继续一律以敌前逃亡论罪一案,经奉国府核准自三十四年十一月十二日起实行废止,并经本会转知,所饬有案。兹据第一战区胡长官电称,"查'逃亡案件'一律以敌前论科,原系遵照国民政府二十七年五月九日渝字第一七四号训令办理,惟自三十一年四月四日中华民国战时军律公布后,因第十条有较重处刑之规定,乃依后法优于前法之例,于《陆海空军刑法》第九十三条至第九十六条均已不复援用,兹奉令饬以敌国投降,战事结束,变更前令,但在前项军条尚未废止前,对于'逃亡案件'究应适用军律抑援用军《刑法》之处,似属不无疑义,理合电请鉴核示遵等情到会。"相应电请查照解释见复,以便转知为荷。

院解字第三二〇五号

三十五年九月二日

令湖南高等法院

三十五年三月十二日呈一件,为据宁乡县司法处呈请解释《陆海空军审判法》第十六条所谓发觉二字等疑义,转请核示饬遵由。

呈悉,业经本院统一解释法令会议议决,《陆海空军审判法》第十六条所谓发觉,非指《刑事诉讼法》第二百零七条之规定而言。军人犯罪,在事实发生时,该军队长官既已据报其有犯罪嫌疑,应即认为业已发觉。仰即转饬知照。此令

附原呈

案据宁乡县司法处本年二月十二日呈称,查《陆海空军审判法》第十六条,所谓军人犯罪,发觉在任官任役中者或发觉在免官免役后者之发觉二字,是否指《刑事诉讼法》第二百零七条检察官因告诉告发自首或其他情事知有犯罪嫌疑者而言,其在犯罪事实发生时,该军队长官据报其有犯罪嫌疑,即派员调查,以无关系寝事者,可否认为发觉,应请示者一。

又非军人与军人共犯一罪,可否认为牵连案件,将非军人移送于军法机关,与军人合并审判,抑非军人仍归法院审判,应请示者二。现属处有此种案件急待解决,理合备文呈请钧院鉴核示遵等情。据此,除关于第二点,非军人与军人共同犯罪,非军人应归普通法院审判,业经指饬知照外,关于第一点,法律上尚有疑义,理合据情转请钧院核示,俾便饬遵。

**院解字第三二〇六号**

**三十五年九月二日**

案准贵院本年七月五日节京捌字第四零四五号咨,以据司法行政部呈,转请解释法院办理盐局解送无人承认私盐适用法律疑义,咨请解释见复等由。准此,兹经本院统一解释法令会议议决,法院对于盐局缉获无人承认之私盐,无从依盐专卖条例第三十二条、第五十六条为没收之裁定,更不发生如何送达问题。相应咨复查照饬知。此致行政院

**附原咨**

据司法行政部本年六月二十六日京呈叁字第四一七号呈称,案据广东高等法院寅文代电称,据新会地方法院本年三月一日呈称,查盐局缉获无人承认私盐,移送法院办理,(一)法院应否依照盐专卖条例第三十二条、第五十六条为宣告没收之裁定。(二)倘宣告没收后,不知贩运者为何人,应如何送达裁定书,方能确定执行。以上两项,事关适用法律疑义,现合呈请鉴核,转请解释示遵等情。据此,事关适用法律疑义,理合电呈钧部鉴核电示,以凭饬遵等情到部。事关法律疑义,理合备文呈请钧院鉴核,转送司法院解释,实为公便等情。据此,案关适用法律疑义,相应咨请查照解释见复,以便饬遵为荷。

**院解字第三二〇七号**

**三十五年九月二日**

案准贵院本年七月三日节京贰字第三八七八号咨,以据地政署呈,转请解释铺底顶手权应确定为何种权利登记疑义,咨请解释见复等由。准此,兹经本院统一解释法令会议议决,铺屋之承租人加建或改建屋之上盖或装修屋之门面,并不因而取得地上权或其他之物权,向铺屋之前承租人承顶铺位家私杂物者亦同。虽在地方习惯上称为铺底顶手权,亦无从认为不动产物权予以登记。相应咨复查照饬知。此咨行政院

**附原咨**

据地政署本年六月五日渝籍字第五一七号呈称,案据广东省地政局三十五年五月二十二日致胜地三字第一二〇号呈,以据新会县地籍整理办事处呈,为铺底顶手权应确定为何种权利登记,转请核示等情到署。查原呈所称之铺底顶手权,在《民法》及《土地法》上均无规定,究应确定为何种权利登记,本署亦无法令依据,未敢擅专,除电知外,理合缮同原呈,呈请鉴核,转咨司法院解释核定,俾便遵行等情。相应抄同原件,咨请贵院解释见复为荷。

**附抄原呈**

现据新会县地籍整理办事处本年五月十日呈称，本处收受江门镇第一段业户声请第一次土地所有权登记进行中，其地上权及土地所有权同属一业主者，自应照章准予同时声请登记，其余各种他项权利，须待第一次土地所有权确定后始再办理。惟查江门镇地方习惯，有所谓铺底顶手权，其事实系由铺客将铺底互相顶让，例如甲租乙之铺，而甲将之顶让于丙，丙为扩张营业计，将乙之铺原为平房者投资增建二层或三层洋房，而事实乙之营业契证又系注明上盖连地，于是乙遂不承认丙之投资，认为改建后之建筑物，依照营业契证，上盖连地均应由其声请登记。而丙则不甘损失，以依据向甲取得之铺底顶手权，亦请求为地上权之登记。如此情形，遂生争执，照理似应由丙方声请地上权登记，于共有关系栏分别填明各占权利若干，似属较合。惟遍查《土地法》规定，各种他项权利，除地上权、抵押权、永佃权、典权及地役权外，均无所谓铺底顶手权者。对于是项权利，究应如何处理，本处以无法依据，未敢擅专，理合将情备文呈请钧核，指令祇遵等情。据此，查铺底权应属何种权利，在理论上有主张为债权，亦有主张为物权，聚讼虽属纷纭，但根据前大理院十一年统字第一七三〇号判例，则认铺底系限制房主房屋之一种物权，按铺底之形成，依照本省习惯，有基于铺客出赁改建上盖或加建上盖，原铺本建有上盖，有基于铺客装修门面及承顶铺位家私杂物而来，论其性质，前者与地上权相似，后者与债权相似，前广东省长公署鉴于省内各地铺底权情形复杂，纷乱特多，业于民国十年十一年先后制定清理铺底顶手办法，暨清理铺底登记简章，确认铺底为本省一种特有权利，所有铺底诉讼，并令饬广东各地法院统照单行法规为判决之基础，此种创设之物权，虽超出现行《民法》所规定之所有权、地上权、地役权、永佃权、典权、抵押权之外，但前项铺底顶手办法及登记简章，系属单行法律，按诸《民法》第七五七条所载物权除本法或其他法律有规定外不得创设之明文，而无抵触之处。复查前项办法第一条第一项规定，全无铺底顶手者，此后不得发生铺底顶手，关于现有铺底顶手，并于第二条规定，自本办法公布日起一个月内，该铺客须具备声请书声请铺底顶手价额，向财政厅请领执照，前项执照由财政厅移送登记局，登记局接受执照，即知照该铺客，由接受知照日起十日门，具备声请书，声请假登记。如铺客不依前条之规定办理者，复于第五条规定该铺业即视同第一条第一项作为全无铺底顶手。是则自民国十一年以后，本省再无新设定铺底权之根据，故此后对于声请铺底权之登记，似应不予受理。惟据称该江门镇铺业，事实上既多有由铺客改建或加建上盖，此种类似地上权之权利，若不予审定登记，必致纠纷滋多，可否依照《土地法》第三十五条，土地权利其名义与第三十三条所列各种不符，而其性质与其中之一种相同或相类者，交由土地裁判所审定认为某种权利后，为该权利之登记，并添注其原有名义，及同法第二百六十五条，建筑改良物之估定价值不及使用地段面积之估定价值百分之二十者，不视为改良物各条之规定。凡铺底建筑改良物价值，如超过使用地段面积及原有建筑改良物(即土地所有权人自己出资建筑者)之估定价值百分二十者，决定其为地上权，予以登记，否则为债权，其原有建筑改良物部份，价值辨认模糊，不易估定时(例如土地所有权人出资建筑之改良物被铺客拆毁重建上盖），并拟先由法院裁定，然后并入地价计算，再行决定其是否地上权。所拟如是，理合备文呈请钧署察核，迅赐指令祇遵。

院解字第三二〇八号

三十五年九月四日

令江苏高等法院

三十五年六月二十二日呈一件，为没收汉奸财产，是否须先查明确有财产时放得宣告，抑应迳予宣告没收而以调查财产属于执行范围，不无疑义，呈请解释示遵由。

呈悉，业经本院统一解释法令会议议决，《惩治汉奸条例》第八条第一项所谓没收，系特别规定，自得于宣告罪刑时宣告之。至如何没收，系属执行问题。仰即知照。此令

附原呈

查《惩治汉奸条例》第八条第一项规定，犯第二条第一项之罪者，没收其财产之全部。又同条例第九条规定，依前条没收或查封财产之全部时，应酌留家属必须之生活费各等语。法院依上开各规定宣告没收，是否应先就被告财产予以调查，除酌留家属必须之生活费外，有余剩时，方得为之，分为甲、乙两说。（一）甲说谓被告如无财产，或虽有财产仅足供家属必须之生活费时，即无宣告没收之必要，故于宣告前，自应就其财产予以调查。（二）乙说谓世无绝对无财产之人，而况汉奸案内之被告，即间有较为贫穷者，其家中器皿，身上衣着亦不得谓非财产，至家属必须生活费应酌留若干，则为执行问题。倘须先就被告之财产予以调查，势必致罪证明确之案件不能及早定谳，而元恶大憝反得因此竟稽显戮，未免本末倒置。且被告在侦查或审判中，往往将其财产隐匿，不易查出。法院如果遽认为无财产，而不予宣告没收，则日后即令发见其财产，已属无法补救，似与立法本旨亦有未符，因此应认法院不必先行调查被告财产，即可径予宣告没收。以上两说不知孰是，理合具文呈请钧院鉴核，迅赐解释示遵。

院解字第三二〇九号

三十五年九月六日

令广西高等法院

据广西高等法院第四分院本年五月有代电，为关于违法重判之上诉期间疑义，电请解释示遵等情。据此，兹经本院统一解释法令会议议决，（甲）关于刑事判决部分。刑事判决一经宣示，即已发生效力，不得自行撤销。法院所为刑事判决，于宣示送达后，上诉期间未届满前，复另判决，并于理由内声明取消前判，自属无效。当事人如仅对于后判不服上诉，则与前判无涉，不能认为系对前判有所不服，因其逾越上诉期间而准其回复原状。第二审审判时，应就后判，认当事人对于此项判决提起上诉，系属违背法律上之程式，予以驳回。（乙）关于民事判决部分，违背《民事诉讼法》第二百三十一条所为之后判，决非当然无效，惟

于当事人有合法上诉时,上诉审法院应将该判决废弃。原代电所述情形,不服后判决之当事人,对于后判决提起上诉,既在上诉期间内,即不生回复原状之问题。至不服前判决之当事人,未于上诉期间内对于前判决声明不服者,不得以法院于上诉期间内另为判决为声请回复原状之理由。合行令仰转饬知照。此令

**附原代电**

南京司法院院长居钧鉴,查民事或刑事判决,于宣示送达后,非经上级法院废弃或撤销发回更审,原判决之法院依法并无自行取销其判决另为判决之例。设有某法院所为之民事或刑事判决,于宣示送达后,上诉期间未届满前,另为判决,于理由内声明取销前判,当事人不知取销前判另为判决为违法,乃于后判之上诉期间内,对于后判声明上诉,依前判之送达日期,上诉已逾期间,依后判之送达日期,上诉尚未逾期。此种情形,上诉人之迟误前判上诉期间,初无过失,上诉法院可否视为上诉人系对于前判决声明上诉,并认其非因过失迟误上诉期间,准其回复原状,认其上诉为未逾期?如属可以上诉,法院为第二审判决时,应否将后判决撤销或废弃,抑或径认后判决为当然无效,无庸撤销或废弃?适用上颇滋疑义,合电谨呈察核,迅赐解释示遵。

**院解字第三二一〇号**

**三十五年九月六日**

湖南高等法院览,本年辰卅代电悉,所请解释一案,业经本院统一解释法令会议议决,曾任伪县长,推行敌伪政令,无论时间久暂,均应认为凭借敌伪势力为有利于敌伪之行为。合电知照。司法院申鱼印

**附原快邮代电**

南京司法院院长居钧鉴,查曾在伪组织或其所属机关团体服务,依《惩治汉奸条例》第三条规定,必须凭借敌伪势力为有利于敌伪或不利于本国或人民之行为,而为第二条第二款以下各款所未列举者,始依同条第一款处断。兹有某甲,曾任伪县长,为时甚暂,未曾为有利于敌伪或不利于本国或人民之行为,究应如何处断,于此有子、丑二说。子说谓《处理汉奸案件条例》第二条第一款明定,曾任伪组织简任职以上公务员或荐任职之机关首长者,应厉行检举,此外伪组织之文武职公务员,征之同条第三款,则以凭借敌伪势力,侵害他人,经告诉或告发为条件,《惩治汉奸条例》第三条,当系本诸《处理汉奸案件条例》立法精神而为规定,故关于本条之适用,仍应参酌处理汉奸案件条例第二条一、三两款,如其为该条第三款规定之公务员,而无凭借敌伪势力为有利于敌伪或不利于本国或人民之行为,自可不予处罚,若属于该条第一款之公务员,既应厉行检举,纵无有利于敌伪或不利于本国或人民之行为,仍应援引《惩治汉奸条例》第二条第一项第一款论科。伪县长为荐任机关之首长,依其附逆职位,即须适用上述条款处断。丑说《惩治汉奸条例》第三条规定之伪组织,当包括一切伪行政机构而言,所云服务,亦属概括之词,不曾就职位而为之分别。因之凡在伪组

织或其所属之机关团体服务，并无同条例第二条第一项第二款至第十四款罪行，又未凭借敌伪势力为有利于敌伪或不利于本国或人民之行为者，即不合该条规定，应为法所不罚。伪县长虽系荐任职位，但亦不能例外。《处理汉奸案件条例》公布在《惩治汉奸条例》之前，且属于程序法性质，其与《惩治汉奸条例》有异部分，自当以《惩治汉奸条例》为裁判根据。两说未知孰是，事关法律疑问，理合电恳迅赐解释祇遵。

**院解字第三二一一号**

**三十五年九月六日**

河北高等法院览，本年午江代电悉，北平地方法院所请解释一案，业经本院统一解释法令会议议决，(一)北平沦陷期内，当事人约定给付伪联币，或虽约定给付通用货币，而其意思系指伪联币为通用货币者，在政府规定伪联币折合法币之比率后，应依此项比率给付法币，但不妨碍《复员后办理民事诉讼补充例》第十二条之适用。(二)非法组织之法院所为之裁判，依《复员后办理民事诉讼补充条例》第九条之规定，以经裁判确定论者，纵令该裁判认定事实适用法律显有错误，亦有《民事诉讼法》第三百九十九条、第四百条所定之效力，但有时得以再审之诉声明不服。又非法组织之法院所为之裁判已确定，而有同条例第九条第一款、第四款或第五款所定情形者，依同条例第十条第一项前段之规定，认为非裁判，当事人既得就同一诉讼目标更行起诉，法院为裁判时，亦不受其拘束。其有同条例第九条第二款或第三款所定情形者，当事人如不于同条例第十条第一项后段所定期间内，请求法院另为审判，法院固不得依职权另为审判。惟此项裁判既不以确定裁判论，当事人亦不得就同一事件更行起诉，自不发生裁判时应否受其拘束之问题。合电转饬知照。司法院申鱼印

**附原电**

南京司法院院长居钧鉴，据河北北平地方法院院长吴昱恒呈称，(一)查北平在沦陷期内，非法组织联合准备银行发行之货币，为市面上之通用货币，人民关于金钱债务及不动产之买卖契约，均以此种货币给付，其于契约上，有载明给付联币，有载明给付通用货币，迨光复后，经行政官署布告，以联币五元折合法币一元，限期兑换，但在本年五月十七日以前，仍须其在市面上按折合率通用，现已失效。当事人因清偿债务涉讼，债权人主张在缔约时原以联币为一种通用货币，嗣因折合法币，致其价额降落，非其意料所及，请求仍以缔约时之联币市价，比照给付时之法币价额给付，不能按五与一之比折付，或以原约定应给付之通用国币，虽其时以联币为惟一之通用货币，但在给付时联币既已失效，依《民法》第二百零一条规定，应以同一数额之法币给付各等语。查联币在沦陷期内固有通用之效力，既未经准许，不能视为特种通用货币，其后以五与一比率限期兑换，亦只能认为兑换销毁时之比率，既于给付期前失其效力，如债权人请求清偿时，究依前开法条规定，命债务人给付同一数额之法币，抑按五一比率折付法币，或依《复员后办理民事诉讼补充条例》第十二条规定，为之公平裁量，增减给付。(二)《复员后办理民事诉讼补充例》第九条规定，非法组织之法院所为之

裁判已确定,如无下列各款情形,而已执行完毕或无须执行者,以经裁判确定论。既认为确定判决,应生确定之效力,如当事人就同一事实提起诉讼,非认为有该条下列各款情形,请求法院审判,若认该裁判为确定判决,则应认为一事不能再理,但该裁判所认定之事实与所适用之法律显有错误,然与该条第二款规定之情形不符,既为非法组织法院所为之裁判,是否应受其拘束。若当事人根据该裁判取得之权利而为其他法律行为,如认该裁判亦有错误,是否以其为确定判决,因而认定其法律行为为有效。又如该裁判有该条下列各款之情形,当事人不能于法定期间内声请法院另为审判,法院又不能以职权另为审判,在裁判时是否亦应受其拘束。以上两项,在解释上不无疑义,理合具文呈请钧院转请解释,令示祇遵等情到院。事关适用法律疑义,未便擅拟,理合电请解释示遵。

**院解字第三二一二号**

**三十五年九月六日**

乐清县参议会鉴本年子巧代电悉,业经本院统一解释法令会议议决,三十三年十月三日修正公布之房捐条例第二条载,凡未依《土地法》征收土地改良物税之县市政府所在地,及其他商务繁盛或住民聚居在一百户以上确有纳捐能力之地区,其房屋均应征收房捐等语,是住民聚居在一百户以上确有纳捐能力之地区,未依《土地法》征收土地改良物税者,虽其地区商务并不繁盛,亦应征收房捐,浙省房捐征收细则第二条后段之规定,关于此点,与房捐条例第二条尚无抵触。惟住民聚居在一百户以上之地区,以确有纳捐能力者为限,始应征收房捐。浙省房捐征收细则第二条后段,如仅规定居民聚居在一百户以上者即应征收房捐,而不以确有纳捐能力为条件,则与房捐条例第二条之规定不无抵触。特电复请查照。司法院申鱼印

**附原快邮代电**

司法院院长居钧鉴,查本会第一次大会关于财政组第十六案"在非商务繁盛之乡村编征房捐,核与房捐条例不符,应函县府停征案",议决电请司法院解释等语,纪录在卷。惟查中央颁布房捐条例第二条后段规定,其商务繁盛聚居在一百户以上者,其房屋均应征收房捐,或浙省房捐征收细则第二条后段规定,居民聚居在一百户以上者,其房屋不论出租自用,一律征收房捐,是否抵触?理合录案电请鉴核释示,俾有遵循。

**院解字第三二一三号**

**三十五年九月七日**

案准贵院本年五月十三日节京捌字第四九四号咨,以据司法行政部呈,转请解释《惩治汉奸条例》及《处理汉奸案件条例》适用疑义,咨请解释见复等由。准此,兹经本院统一解释法令会议议决,(甲)关于《惩治汉奸条例》疑义各点,(一)关于第一条者,新《惩治汉奸条例》较轻于旧《惩治汉奸条例》,凡犯罪行为合于新条例之规定者,应依该条例第一条及《刑

法》第二条第一项,分别适用新条例处断。(二)关于第二条者,(1)已见本院院解字第三一零二号解释矣。(2)已见本院院解字第三一零一号解释矣。(三)关于第三条者,(1)已见本院院解字第三一零一号解释矣。(2)已见本院院解字第三一零二号解释矣。(四)关于第八条者,(1)已见本院院解字第三一零二号解释矣。(2)本条第一项所称"财产之全部",系包括凡因犯汉奸罪所得之财物及其原来所有之财产而言,至其所得财物中之公有财物或应发还于被害人之私有财物,自不在应予没收之列。(3)凡依本条宣告没收之全部财产,执行机关对于该汉奸所负之债务及财产上设定之负担,不负清理之责。(五)关于第九条者,(1)本条"必需"二字,系指该汉奸家属所在地一般人生活所需要者而言。(2)判决主文对于谕知家属必需之生活费,得仅为抽象之宣示。(3)如何确定其酌留家属必需之生活费,应由执行机关将其财产全部及其家属人口状况调查清楚后,按照第一点所示标准予以执行。(乙)关于《处理汉奸案件条例》疑义各点,(一)检举汉奸,不以《处理汉奸案件条例》第二条所列举者为限。(二)本条例第二条第五、六两款所谓"重要职务",及同条第九款所谓"重要工作",不专以其所任职务或工作在形式上之重要为限。凡实际参预机要或领导工作,确有损于人民或有利于敌伪者,皆包括在内。(三)本条例第二条第四款所谓"其他机关",系指其性质相当于敌人之军事政治特务等机关而言。相应咨复查照饬知。此咨行政院

**附原咨**

据司法行政部本年五月八日京呈刑字第二〇八号称,查《惩治汉奸条例》及《处理汉奸案件条例》先后公布施行,其中疑义颇多,迭据广东安徽等省高等法院呈请指示前来。事关法律疑义,合将应行解决各点汇齐加具意见,呈送钧院,请转函司法院迅予解释,以凭饬遵等情。据此,案关适用法律疑义,相应抄同原件,咨请查照,迅予解释见复,以便饬遵为荷。

**附原抄送请解释各疑点意见书**

(甲)关于《惩治汉奸条例》拟请解释各点,(一)关于第一条者,去年修正前后之《惩治汉奸条例》适用顺序如何。(意见)修正前与修正后之《惩治汉奸条例》内容略有出入,究应普通《刑法》之原则办理,抑一律依新法处断,似不无研究之余地。(二)关于第二条者,(1)本条与第三条之关系如何,易言之,第三条究系本条之解释规定抑系独立规定。(意见)关于此点,似有三种可能解释。(甲)第三条系为解释第二条第一项第一款之"反抗本国"而设。(乙)第三条乃补充第二条第一项第二款至第十四款列举规定之概括的独立规定。(丙)第三条乃补充第二条第一项第一款之独立规定。持(甲)说者,其理由为第二条第一项第一款之"反抗本国"过于空洞,故设第三条以确定其意义。持(乙)说者,其理由为第三条既有"前条第一项第二款以下各款所未列举者"等字样,可谓着眼于第二条第一项第二至第十四款,与同条项第一款无涉。持(丙)说者,其理由为第三条既称"依前条第一款处断",似有比照第二条第一项第一款罪名处罚之意。以上(甲)说虽不无理由,惟与《处理汉奸案件条例》第二条第一款、第五款之规定不无矛盾,盖该二款之人员虽未必均有凭借敌伪势力为有利于敌伪或不利于本国或人民之情事,皆应依《惩治汉奸条例》治罪,不然所谓"厉行检

举”者,将毫无实益。(乙)说虽较(甲)说稍胜,惟对于第三条何以仅称“依前条第一款处断”,而未提及第二至第十四款一点,未能予以说明,理论似欠允当,故较可取者似为(丙)说。(2)本条第一项第一款与《处理汉奸案件条例》第二条有何联系,易言之,具有《处理汉奸案件条例》第二条各款或某款之情形,而未凭借敌伪势力侵害他人者,应否认为合于本条第一项第一款所称“反抗本国”之条件。(意见)关于此点,似有三说。(甲)说认为《处理汉奸案件条例》第二条各款,与本条第一项第一款无涉。其理由为各该条款之人,虽在厉行检举之列,而应否论罪,则须视其是否具备《惩治汉奸条例》第二条第一项第二至第十四款及第三条之条件而定。(乙)说认为《处理汉奸案件条例》第二条各款,可归纳于本条第一项第一款。其理由为各该款之人大都以职位或工作关系而在厉行检举之列,与《惩治汉奸条例》第二条第一项第三至第十四款及第三条之规定未必容合,依“反抗本国”者论罪,较为适当。(丙)说认为处理汉奸案件条例第二条各款,应分别归纳于本条第一项第一款或其余各款或第三条,其理由为《处理汉奸案件条例》第二条各款中,有合于本条第一项第二至第十四款之规定者,有合于第三条之规定者,亦有合于本条第一项第一款之规定者(如第一、第五等款),未可一概而论。以上(甲)、(乙)二说,似均失之于偏,(丙)说似较为持平。(三)关于第三条者,(1)“有利于敌伪或不利于本国或人民”之“有利”与“不利”,应如何解释。(意见)查有利与不利之标准,因解释之广狭而不同。作广义解释,凡在伪组织或其所属机关担任工作,执行该组织或机关之命令或计划者,皆有利于敌伪,而不利于本国或人民,故虽在伪组织担任雇员,抄写公文,填发证书(如良民证、通行证),而并无刁难人民情事,亦不能不认为有利于敌伪,而有碍于人民之自由。如依狭义解释,则凡在伪组织或其所属机关服务者,必有较积极而实际上为害较深之行为,方能认为有利于敌伪或不利于本国或人民。就我国实际情形而论,已往服务于伪组织或其所属机关之普通人员,因迫于生计或遭受威胁而附逆者,为数颇众,如采广义解释,恐株连过多,有违政府体恤民艰安抚人心之本旨,狭义解释似较切合需要。(2)第二条第二项,于本条之罪是否适用。(意见)查本条之罪既经明定,依第二条第一项第一款处断,则适用于该款罪名之同条第二项规定,依论理解释,仍应适用于本条之罪,惟亦有主张反对说者,似有确定解释以杜疑义之必要。(四)关于第八条者,(1)犯第二条第二项之罪者,应否没收其财产。(意见)关于此点,约有三说。(甲)不没收说,认为犯第二条第二项之罪者,其财产不得没收,其理由为第八条第一项既明定犯第二条第一项之罪者没收其财产之全部,则犯同条第二项之罪者,自不适用该项规定。(乙)一部没收说,认为依普通《刑法》应没收之财产仍应没收,其理由为本条例关于此点虽无规定,然依第一条解释,《刑法》关于没收普通原则仍应适用。(丙)全部没收说,认为第八条第一项之规定亦适用于犯第二条第二项之罪者,其理由为本刑之减轻不应影响于从刑之存废。以上三说,似以(乙)说较为合理。(2)本条第一项所称“没收其财产之全部”,是否指依《处理汉奸案件条例》第四条,除去应追缴之公有物及应发还之私有物后,所余之全部财产而言。(意见)查本条第一项,与《处理汉奸案件条例》第四条,在文字上略有出入,不无费解之处,似有确定解释之必要。(3)没收全部财产时,执行机关对于汉奸之债务及财产上之负担,应否负清理之责。(意见)查汉奸之财产全部没收时,执行机关对于汉奸之债务及财产上之负担,如不负清理之责,则执行程序较为简单,省费节时,未尝无益,惟债权人及善意利害关系人所受之损害,将无法补偿,究应如何办理,以兼顾公私利益之处,似有确定解释之必要。(五)关于第九条者,(1)本条"必需"二字,应如何解释。(2)主文内对于酌留家属必需之生活费,应为具体抑抽象之宣示。(3)如主文内对于酌留生活费之多寡不便为具体之宣示,应否于财产调查清楚后,由执行机关按照一定标准决定其种类及数额。(意见)以上三点颇滋疑义。关于第一点,似应以人口之多寡老幼及衣食住各项需要为决定标准。关于第二点,似应对于保留财产之种类及多寡为具体之宣示。关于第三点,如主文内不便为具体之宣示,似应于财产调查清楚后,由执行机关按照一定标准,决定其种类及数额。(乙)关于《处理汉奸案件条例》,拟请解释各点,(一)第二条所未列举之汉奸罪行,是否不应检举。(意见)关于此点,似有二说。(甲)说认为不应检举,其理由为本条之设所以确定检举之范围,其未经列举者,自不在检举之列,(乙)说认为仍应检举,其理由为如采(甲)说,则《惩治汉奸条例》第二、第三条之规定将等于具文,似非立法之本意,况"厉行检举"仅含有"应特别注意而予以检举"之意,并无限制追诉之意。以上二说,似以(乙)说较为可取。(二)第二条第五、六、九各款之"重要职务"或"重要工作",应如何解释。(意见)本条各款所称之"重要职务"或"重要工作",解释种种不一,归纳言之,约可分为二类。第一类主张以工作或职务实际上之重要为条件,如参加机要或领导工作,或有损于人民或有利于敌人之工作等是。第二类主张以所任职务形式上之重要为条件,如直接于机关首长下担任各部门之首长等是。以上二说,究以何者为是,似有确定之必要。(三)第二条第四款之"其他机关",应如何解释。(意见)"其他机关"似可有广狭二种解释。依广义解释,凡敌人之机关包括在内,其目的在广泛的禁止为敌人奔走服务。依狭义解释,仅类似于军事政治特务之机关属之,其目的仅在禁止担任敌人方面之军事政治特殊或类似工作。以上二种解释,究以何者为是,殊有确定之必要。

**院解字第三二一四号**

**三十五年九月十六日**

**令江苏高等法院首席检察官**

三十五年七月二十二日呈一件,为据溧阳地方法院首席检察官呈,请解释修正《刑事诉讼法》第三百零六条第二项适用疑义,转呈解释示遵由。

呈悉,业经本院统一解释法令会议议决,告诉人并非《刑事诉讼法》上之当事人,依法不得有上诉权。修正《刑事诉讼法》第三百零六条第二项,虽有前项判决并应送达于告诉人,告诉人于上诉期间内得向检察官陈述意见之规定,但检察官于收受送达判决后,既未于法定期间内声明不服,究难因告诉人收受送达在后,及其曾向该检察官陈述意见,而于上诉期

间经过后,许其提起上诉。仰即转饬知照。此令

**附原呈**

案据溧阳地方法院首席检察官郝仲溪呈称,查《刑事诉讼法》经民国三十四年十二月二十六日修正后,于第三百零六条添列第二项,原文为"前项判决正本并应送达于告诉人,告诉人于上诉期间内得向检察官陈述意见",其意旨无非为恐承办案件检察官有疏虞之处,致告诉人与被告间,于诉讼进行中,利害关系失其平衡,故为补充规定,以资救济。今于适用时发生疑义如下,按送达有途程远近及先后之不同,事实上检察官在法院办公,法院判决自必首先送达,被告如在押监所,送达亦易,惟告诉人居所每与法院稍有距离,且有住于交通不便之区,送达常有需时多日者。设有承办案件检察官疏忽上诉期间,被告又因判决有利于己,不愿上诉,以致判决确定,而告诉人则因路途遥远,收受送达较迟,虽于收受送达后之法定上诉期间内发现判决违法,为本身利害而向检察官陈述意见,但承办案件检察官则以自己早经收受送达,法定上诉期间已过,案件已属确定,遇此情形,究应如何办理,自不无发生疑义。兹有三说,一、告诉人既非诉讼上之当事人,自无上诉权限,修正《刑事诉讼法》对于添列第三百零六条第二项之规定,原为适应环境,盖恐检察官疏忽上诉,特许告诉人于检察官上诉期间内,得向检察官陈述意见,藉促检察官注意上诉。倘检察官法定上诉期间已过,而被告又未上诉,除接受告诉人陈述之意见,认原判决系属违法,应依非常上诉程序提起非常上诉,以资救济外,别无救济之道。二、修正《刑事诉讼法》第三百零六条添列第二项之原旨,乃为救济续审之补充规定,盖续审与非常上诉,不独程序有别,即实质亦有不同,本条项既有告诉人于上诉期间内得向检察官陈述意见之明白规定,则告诉人于收受送达后之上诉法定期间内,向检察官陈述意见,勿论检察官上诉期间已否逾越,均应视为可以上诉,检察官除认为告诉人陈述意见无理由,予以批驳外,应即依据告诉人收受送达后之法定期间,代为提起上诉,方能贯彻修改本条项之立法意旨。三、依扩大自诉之同样法理推求,修正《刑事诉讼法》第三百零六条添列第二项之规定,应视告诉人有上诉权,告诉人于收受送达后,既于法定期间内向检察官陈述意见,勿论检察官自己收受送达后之上诉期间是否逾越,均应附具意见书,连同告诉人所陈述之意见,一并转送上诉审办理,方为适当。前项三说,究以何说为宜,事关法律疑义,理合阐陈理由,仰祈鉴核,俯赐转呈解释,俾有遵循等情。据此,事关适用法律疑义,职处未敢擅专,理合转呈鉴赐解释示遵。

**院解字第三二一五号**

**三十五年九月十六日**

**令湖南高等法院**

三十五年七月二十九日呈一件,为县司法处于被告羁押期间届满七个月后,声请延长羁押期间,应如何办理,祈解释示遵由。

呈悉,业经本院统一解释法令会议议决,羁押期间已满,未经裁判者,视为撤销羁押,

《刑事诉讼法》第一〇八条第三项定有明文。此项规定,依《县司法处办理诉讼补充条例》第一条,为县司法处所适用。某县司法处审判盗匪案件,于羁押被告满三个月前,未依《刑事诉讼法》第一〇八条第一项声请延长羁押期间,按诸上开同条第三项规定,应视为撤销羁押,不得因该县司法处事后之声请,更予裁定延长羁押。仰即知照。此令

**附原呈**

查《县司法处办理诉讼补充条例》第十五条规定,羁押被告遇有《刑事诉讼法》第一百零八条第一项但书情形,审判中由审判官,侦查中由县长,叙明理由,呈请该管高等法院或分院裁定之云云。此项呈请,征之《刑事诉讼法》第一百零八条第一项,自应于期间未满前为之。兹有某县司法处经办盗匪案件,羁押被告已逾七个月,并合于一次呈文中,请求延长羁押三次,究应如何办理,于此有甲、乙两说。甲说谓延长羁押固须于期间届满前为之,该县司法处羁押被告达七个月后始行呈请,诚非适法,但案情重要,非可撤销押票,则受理声请之法院,虽在期间届满后,仍应分别补行裁定。乙说谓延长羁押裁定应于期间届满前为之,当事人对此并得提起抗告。今县司法处呈请延长羁押在期间届满后既非适法,受声请之法院自无根据不适法之呈请而为裁定之理,且同时补作裁定三次送达,亦殊不成事体,自应以公文退还,不予裁定。两说未知孰是,事关法律疑义,理合呈请钧院迅赐解释祗遵。

**院解字第三二一六号**

**三十五年九月十六日**

**令贵州高等法院**

据贵州威宁县司法处本年一月三十日代电最高法院,请解释特种刑事法令三项疑义一案,经本院统一解释法令会议议决,(一)军政部之监护队、交通警备队及保安警察队,如系依照陆军编制,则其官兵均应认为有军人身份。至二三项,因《中华民国战时军律》业经废止,均无庸解答。合行令仰转饬知照。此令

**附原代电**

重庆最高法院钧鉴,兹有法律疑义三项,敬祈解释,(一)军政部监护队及交通警备队、保安警察队等官兵,是否具有军人身份,视为与地方警备队之官兵相当?(二)《中华民国战时军律》第一条第一项所称之地方团队人员及文职公务员,前者是否包括国民兵团常备及后备队官佐士兵,后者是否包括乡镇保甲等自治人员在内,抑系专指《公务员服务法》惩戒法上定有级俸之文职公务员?(三)《中华民国战时军律》系三十一年四月四日公布,《惩治盗匪条例》系三十三年四月八日公布施行,现战时虽已结束,但军律尚未明令废止,如地方团队人员及文职人员犯抢劫罪时,是否依后法优于前法之原则,依《惩治盗匪条例》第六条处断,抑或仍依战时军律第十一条、《特种刑事案件诉讼条例》第一条第二项但书办理?以上三项,理合电请迅赐解释示遵。

院解字第三二一七号

三十五年九月十六日

安徽高等法院览,本年辰冬代电悉,歙县地方法院所请解释一案,业经本院统一解释法令会议议决,民国三十五年二月十四日公布之货物统税条例,虽将旧条例第十三条第一项罚锾由法院以裁定行之之规定删除,但依三十五年八月十六日公布之货物税条例第十四条第一项,又经明定为罚锾由法院裁定行之。故凡违反此项条例,应处罚锾而未经处分之案件,仍应由法院为之裁定。合电转饬知照。司法院(申谏)印

附原快邮代电

南京司法院院长居钧鉴,案据歙县地方法院卯齐代电称,查货物统税罚锾在旧条例第十三条第一项定明为法院裁定,而现行条例第十三条只规定征收罚锾为稽征机关,并未将处罚机关明白规定,现在稽征机关仍将违税者送院罚办,而本院因法律变更,无凭裁定,意欲转送原征机关处罚,似亦无据,究应如何办理,请示遵等情到院。案关法律疑义,理合转请钧院鉴核示遵。

院解字第三二一八号

三十五年九月十六日

湖南高等法院首席检察官览,本年七月笴代电悉,业经本院统一解释法令会议议决,县司法处对于甲乙意图营利共同略诱丙女之行为,引用《刑法》第二百四十条第二项判决后,甲乙均声明上诉。在审理中,甲撤回上诉,乙之部分虽经第二审法院将第一审判决撤销,改依同条第三项论科,乙复上诉第三审,亦被驳回,但甲既由县司法处引用《刑法》第二百四十条第二项处断,即属《刑法》第六十一条所列各罪之案件,依《县司法处刑事案件覆判暂行条例》第一条但书规定,不在应由该管高等法院或分院覆判之列。合电知照。司法院(申谏)印

附原快邮代电

南京司法院院长居钧鉴,兹有甲乙两犯,意图营利,共同略诱丙女,经丁县县长兼理县司法处检察职务援引《刑法》第二百四十条第三项提起公诉,丁县司法处审判官判决结果,误引同条第二项判处,甲乙两犯均声明上诉。在审理中,甲犯具状撤回上诉,乙犯部分经第二审法院将第一审判决撤销,改依同条第三项论科,乙犯复上诉第三审,亦被驳回上诉,甲犯部分因未经第二审为实体上之审判,经送请覆判,覆判法院以初判系引《刑法》第二百四十条第二项判处,属于同法第六十一条所列之案件,不在应行覆判之列,于此情形,关于甲犯部分应否覆判,约分两说。(一)子说谓关于案件可否上诉第三审,非专以第一审起诉所引法条为标准,应包括所诉事实在内,如审核事实并非《刑法》第六十一条之案件,而第二审判决为《刑法》第六十一条所列之罪者,仍得上诉于第三审,曾经最高法院刑庭总会二十九

年二月十六日决议有案。本件第一审检察官起诉所引法条，及在事实上，均非《刑法》第六十一条之案件，且查《县司法处刑事案件覆判暂行条例》第一条上段称为刑事案件，非称“刑事判决”，所谓案件，当然包括事实在内，自不能拘泥于初制所误引之法条。再参照上开决议案，仍应予以覆判。（二）丑说谓《刑法》第六十一条所列各罪之案件，不在覆判之列，《县司法处刑事案件覆判暂行条例》第一条第一项但书，业经明白规定。故案件应否覆判，应以初判所引之法条为标准，不能置程序法则于不顾，进而审核实体。本件初判所引法条既为《刑法》第六十一条所列之案件，无论是否误引，应就程序上不予覆判。以上两说，各有理由，究以何说为是，事关法律适用疑义，本处未敢擅拟，理合电请钧院迅赐解释示遵。

**院解字第三二一九号**

**三十五年九月十六日**

陆军第七十五军司令部鉴，本年卯文代电悉，兹经本院统一解释法令会议议决，军法人员在专科以上学校修习法律学科三年以上毕业，而任相当于荐任职之军法人员二年以上，经登记并审查成绩合格者，依军法人员转任司法官条例第四条，虽有转任地方法院推事或检察官之资格，但既未曾任荐任司法行政官办理民刑事件二年以上，即与法院组织法第三十三条第四款之规定不合，自难据以声请律师检核。特电复请查照。司法院（申谏）印

**附原代电**

南京司法院长居钧鉴，查军法人员转任司法官审查成绩规则，业经三十四年六月二十七日行政院公布施行，军法官既可取得司法官推检资格，则在专科以上学校修习法律三年以上毕业，而曾任军荐一阶或二阶军法官二年以上者，能否依照法院组织法第三三条第四款，律师法第一条第二项第三款，声请律师检核。乞赐释示祗遵

**院解字第三二二〇号**

**三十五年九月十六日**

浙江省保安司令部鉴，本年未江代电悉，兹经本院统一解释法令会议议决，某甲任军事机关谍报队谍报员，被派往敌方担任反间工作，纵有确切之说明，但如愿随敌兵扫荡，并有帮同逮捕民众凌虐伤害等情事，显已通谋敌国，充任有关军事之职役，自应成立《惩治汉奸条例》第二条第一项第八款及《刑法》上杀伤等罪之牵连犯，并应依《刑法》第五十五条从一重处断。特电复请查照。司法院申铣印

**附原代电**

司法院院长居钧鉴，兹有甲在战时任军事机关谍报队谍报员，被派往敌方充任反间工作，有确切之证明，顾该甲时随敌兵扫荡，有帮同逮捕民众凌虐伤害等不利于人民之行为，亦经被害人指证属实。查汉奸罪以通谋敌国为构成要件，该甲负有使命加入敌方，为期保持机密起见，在事实上自须与敌取得联络，似难认为通谋敌国，应否即依私行拘禁伤害等罪

处断。本部悬案待决,理合电乞鉴核,迅赐释示祇遵。

**院解字第三二二一号**

**三十五年九月十六日**

安徽高等法院览,本年巳微代电悉,阜阳地方法院所请解释一案,业经本院统一解释法令会议议决,贩运或售卖私盐之人,于盐警查缉之际,乘隙逃逸,致不能知其为何人时,法院自无从适用盐专卖条例第三十二条,以裁定没收其私盐。合电转饬知照。司法院申铣印

**附原代电**

司法院院长居钧鉴,案据阜阳地方法院辰删代电,以贩运或售卖私盐数量,五十市斤一两以上者,依盐专卖条例第三十二条前段,除没收其盐及其自有供贩运或售卖私盐之用具外,尚须处以照私盐量按当地盐价一倍至五倍之罚锾。但若贩运或售卖私盐之人,于盐警查缉之际乘隙逃逸,以致不能灼知其姓名时,可否先予裁定没收。又贩卖私盐数量在五百市斤以上者,若先予裁定没收,倘遇将来侦查不起诉或判决无罪时(即发见真实认定其确非私盐),将无法救济,可否于侦审后再行裁定等情。理合转请核示

**院解字第三二二二号**

**三十五年九月十六日**

国防部鉴,本年未佳代电悉。兹经本院统一解释法令会议议决,《刑法》褫夺公权之规定,不适用于战争罪犯。特电复请查照。司法院申铣印

**附原代电**

国民政府司法院公鉴,查关于审判战犯之处罚,是否可以适用《刑法》上褫夺公权之规定,颇滋疑义,迭经各有关机关研究,并经提出战犯处理委员会讨论在案,惟各方意见未能一致,综合之可分为正反两说。甲说主张可以适用,其所持理由,不外《刑法》关于褫夺公权之规定,并未设有对于外国人犯罪不能适用之明文,且同法第三十七条第一项为强行规定,即宣告死刑或无期徒刑者,必须宣告褫夺公权终身,故对于战犯亦应适用。惟主张此说者,关于所宣告褫夺之公权,究应为该战犯依其本法律所享之公权,抑应为依中国法律所享有之公权,其见解并不一致。一说谓所宣告褫夺者,应为在其本国所享有之公权,盖以宣告褫夺其公权之目的,一则所以防止其于被赦免或假释出狱或于主刑执行完毕后,回至其本国重享公权,危害和平。再则将来如万一被其政府派遣至中国充任外交使节时,中国政府亦得以为此理由拒绝接受之。一说谓所宣告褫夺者,应为在中国所享有之公权,因依中国《刑法》所宣告褫夺之公权,自应为同法第三十六条所特定褫夺之公权,而不能为本国法律所规定之公权。战犯虽为外国人,不能在中国享有《刑法》第三十六条第二第三两款之资格,但有时亦得享有第一款为公务员之资格,故有宣告褫夺公权之必要。乙说所采见解恰与甲说相反,其所持理由如下,(一)外国法律所承认其本国国民享有公权,依国家法律主权独立之

原则，非中国法庭所能宣告褫夺，此其理由一。日本法律所规定之公权，与中国《刑法》第三十六条所规定褫夺之公权，两者范围不同，自不能依中国《刑法》宣告褫夺之，此其理由二。中国法庭宣告褫夺公权之判决，事实上难于执行，且日本《刑法》不采权利刑制度，仅认权利之停止或剥夺为惩役刑（重罪刑）执行之自然结果，亦难强其从我，此其理由三。（二）如谓为所宣告褫夺者应为在中国享有之公权，则亦有未当。盖以现时世界各国，除苏联而外，皆将公权保留于本国国民，不任外国人平等享有。外国人员偶有依政府特别命令充任公务员情事，但该项命令之效力，亦仅能及于该受命令之特定个人，不能因此遂谓外国人一如本国国民，凡消极资格之限制者皆依法律享有公权，此观于我国国籍法施行条例第十条“国籍法施行前，中国人已取得外国国籍，仍任中华民国公职者，由该管长官查明，撤销其公职”之规定自明，故对于战犯宣告褫夺公权，无异对无法定资格者宣告褫夺其资格，自属不当。且《刑法》第三十六条所规定之各种资格，不能分别为一部褫夺之宣告，故亦不能单独宣告褫夺为公务员之资格。（三）《刑法》第三十七条第一项虽系强行规定，但如特别法有相反之规定者，亦可不适用之，俘虏处理规则第四十二条已有“俘虏犯罪不得褫夺公权及其官位勋章”之规定，俘虏所犯普通刑事罪，其性质虽与战争犯罪稍有不同，但其为外国人犯罪则一，其处罚既不得褫夺公权，则战争犯罪之处罚，自亦不得褫夺公权。（四）一国政府依据国际惯例，对于外国所派遣之外交代表个人，本有视其人之是否相当而表示同意与否之权，初无须假手于刑事裁判上褫夺公权之宣告。以上两说，各言之成理，究竟战犯审判可否适用褫夺公权之规定。如可适用，究系褫夺其在本国享有之公权，抑在我国享有之公权，未便遽作决断。案关法令解释，相应电请查照，敬希迅赐核复为荷。

**院解字第三二二三号**

**三十五年九月十六日**

案准贵部本年七月十八日勤法高字第零二八零零号公函，以奉交第一战区司令长官部代电，请解释军人免职未免官，犯罪案件应由何机关审判疑义，函请解释见复等由。准此，兹经本院统一解释法令会议议决，“原代电所举各例，依《陆海空军审判法》第十六条之规定，均应归军法会审审判”。相应函复，查照饬知。此致国防部

**附原函**

奉交第一战区司令长官部本年五月严一慈字第一三七四号代电开，“查军人犯罪在任官任役中，发觉在免官免役后者，归法院审判，《陆海空军审判法》第十六条后段载有明文。又查补实军官未退休前就任他职，而于他职内犯罪者，应依《陆海空军审判法》第一条第一项归军法审判，亦经司法院三十二年一月二十五日院字第二四五七号解释有案。近以抗战期间人事法令多有变更，且军官未经转职程序亦有改任文官或国营商业职员者，兼之‘叙官’‘任职’早经分为两事，解职者未必免官，而特刑案件又渐归法院管辖，致前项各规定时有不能包括近日所发生之事实，管辖权上屡生疑问，谨举例以说明之。兹有团长丁某曾补

陆军步兵上校实官,(一)于解除团长职务后,未免上校实官前,发觉在职时犯罪。(二)于解职后未免官前,改就县长职务,于县长任内犯罪。(三)于解职后未免官前,赋闲期间犯罪。以上三项情节各有不同,因之主张亦异,兹有(甲)(乙)(丙)三说。(甲)说关于(一)(三)两项情形,以为丁于解职后未就他职,尚未完备上项解释之要件,应由法院管辖,于(二)项情形,应由军法审判。(乙)说'免职'与'免官'不能混为一谈,丁虽脱离军职,但未经免官,则不论何时及所犯何罪,概依前项审判法,由军法机关审判。(丙)说刑事诉讼法第九十四条规定,讯问被告,仅讯问当时职业,并不侦问经历,故于被告之曾否'任官''免官',无从发觉,关于(二)(三)两项情节,在事实上恐于不知不觉中已有若干案件为法院所审判,故于丁之解除军职,应视作'临时免役'解释,所有上开情节统应由司法机关审判。以上三说,各具理由,而何去何从,未敢擅定,理合肃电陈请敬祈示遵"等语。案关审判管辖疑义,且与贵院解释有关,相应函请查照,惠予解释见复,俾便饬遵为荷。

**院解字第三二二四号**

**三十五年九月十六日**

案准贵院三十五年七月二十五日节京三字第六八一二号咨,以据经济部呈请解释国营及公营事业应否为商业登记疑义,咨请解释见复等由。准此,兹经本院统一解释法令会议议决,国营及公营事业之不依公司法组织者,如其营业合于商业登记法第三条所定之商业,自应依照同法登记。相应咨复查照饬知。此咨行政院

**附原咨**

据经济部三十五年七月八日京商(三五)字第六一四五号呈,为国营及公营事业应否为商业登记,请转咨贵院解释一案,相应抄送原呈,咨请查照解释见复为荷。

**附原抄呈**

兹以先后准天津市政府咨,请解释国营及公营事业如国营银行等是否应在所在地主管官署为商业登记等由。查国营及公营事业如有商股参加为股份有限公司组织,或由两个机关以上出资组织有限公司者,自应依照公司法登记,其为纯粹政府出资之事业,而不适用公司登记之规定者,应否依照商业登记法为商业登记,不无疑义。目前国营及公营事业,因业务关系,间有加入当地同业公会,其专用商标亦辄有向商标局申请注册,而商业登记法中亦无国营及公营事业不必登记之规定,如不准其登记,国营公营事业似不能与一般商人得同一之保护(如商号权或商誉权及经理人员之资格等)。究竟国营及公营事业之不照公司法组织者,应否一律为商业登记,理合呈请钧院转咨司法院解释,以资确定,实为公便。

**院解字第三二二五号**

**三十五年九月十六日**

案准贵院本年八月十六日节京捌字第九零一三号咨,以据司法行政部呈,转请解释《民

事诉讼法》修正后关于和解声请继续审判无理由事件主文内容如何记载疑义，咨请解释见复等由。准此，兹经本院统一解释法令会议议决，当事人为《民事诉讼法》第三百八十条第二项之请求，系不合法或无理由者，其裁判书主文应载为请求驳回。相应咨复查照饬知。此咨行政院

**附原咨**

据司法行政部本年八月六日京呈叁字第五九八号呈称，案据甘肃高等法院本年七月十二日呈称，案据署甘肃静庄地方法院院长袁鸿升呈称，查司法行政部颁发之民事裁判书格式，关于和解声请继续审判事件，如认声请为无理由，其主文系用“本件已因和解而终结”字样，现在《民事诉讼法》已经修正，于第三百八十条增加二三两项，其第二项载“和解有无效或得撤销之原因者，当事人得请求继续审判”，第三项载“第四百九十六条及第四百九十八条之规定，于前项情形准用之”。依第四百九十八条之规定，似应于上开事件之主文内，用“声请驳回”字样，嗣后可否如此办理，理合具文呈请鉴核示遵等情。据此，查该院所称颇有理由，惟事关法律疑义，未便擅自断定，理合具文呈请钧部鉴核，俯赐解释，以便转饬等情到部。事关法律疑义，理合呈请钧院鉴核，转送司法院解释，俾便饬遵等情。据此，案关适用法律疑义，相应咨请查照解释见复，以便饬遵为荷。

**院解字第三二二六号**

**三十五年九月十六日**

案准贵院本年七月二十七日节京捌字第六九六二号咨，以据司法行政部呈，转请解释典权疑义，咨请解释见复等由。准此，兹经本院统一解释法令会议议决，典权定有期限者，典权人虽因战事迁避他处，亦不得将迁避期间在典期内扣除，惟回赎典物之法定期间因战事不能遵守者，依复员后办理民事诉讼补充条例第七条之规定，于同条例施行后二年内，仍得回赎典物。相应咨复查照饬知。此咨行政院

**附原咨**

据司法行政部本年七月十九日京呈叁字第五三九号呈称，案据河南高等法院本年七月二日呈称，案准河南省参议会本年巳虞代电开，以各地于战前典当房屋，住不满期，而地方沦陷，究应如何赎回，请解释等由。查定有期限之典权，典权人因战争迁避他处，其迁避之期间是否不在典期内扣除，典权人迁避行为可否认为放弃居住权，均不无疑义，理合呈请钧部鉴核示遵等情到部。查事关法律疑义，理合备文呈请钧院鉴核，转送司法院解释，俾便饬遵等情。据此，案关适用法律疑义，相应咨请查照解释见复，以便饬遵为荷。

**院解字第三二二七号**

**三十五年九月十七日**

案准贵院本年七月十一日节京捌字第五一四八号咨，以据司法行政部呈，转请解释迟

误和解审判上之和解内所定之期限时是否生失权效力并能否声明窒碍或应为强制执行疑义，咨请解释见复等由。准此，兹经本院统一解释法令会议议决，当事人迟误诉讼上和解所定期限，其效果如何，应视和解内容定之。其和解内容许出典人于一定期限内回赎典物者，如其所定期限系于法律所许范围内减短回赎典物之法定期间，例如典权之约定期限在十五年以上，减短《民法》第九百二十三条第二项所定二年之期间时，出典人逾期不赎，即不得再行回赎，至出典人于得回赎典物之期间内不欲回赎时，典权人不得强其回赎。相应咨复查照饬知。此咨行政院

**附原咨**

据司法行政部本年六月十九日京呈叁字第三五一号呈称，案据河南高等法院本年二月十三日恭民字第一六九号呈称，迟误和解审判上之和解内所定之期限时，是否生失权效力，并能否声明窒碍或应为强制执行，例如和解内容准甲于一定期限内回赎不动产时，甲如逾期未赎，是否尚能回赎。又或甲因标的物状态变更，根本不欲回赎时，乙能否强其回赎，请示遵等情。据此，事关法律疑义，理合呈请钧院鉴核，转送司法院解释，俾便饬遵等情。据此，案关适用法律疑义，相应咨请查照解释见复，以便饬遵为荷。

**院解字第三二二八号**

**三十五年九月十七日**

案准贵院本年八月二十日节京捌字第九四一六号咨，以据经济部呈请解释《刑法》第二百零六条关于度量衡定程二字疑义，咨请解释见复等由。准此，兹经本院统一解释法令会议议决，《刑法》第二百零六条所称之定程，系指度量衡法规定之标准而言。相应咨复查照饬知。此咨行政院

**附原咨**

据经济部本年八月十日京叁字第八五三五号呈称，案查《刑法》第二百零六条，有“制造违背定程之度量衡”及“变更度量衡之定程”二语，“定程”二字为度量衡法所未载，遂发生两种解释。(甲)说“定程”为法定程序，限于度量衡法规定之标准、市用两制，凡违背此两制者，即为违背“定程”，变更两制之法定长度重量容量者，即为变更“定程”。(乙)说“定程”为一定分量，凡有一定分量者，皆有“定程”，不限于标准、市用两制。例如英吨、英尺或我国各地旧时所用之尺升秤，皆有一定分量，只须分量相符，即非违背或变更“定程”。二说未知孰是，本部非执行《刑法》机关，然因法赋职权，主管度量衡行政，且自度量衡法公布后，执行度量衡划一程序已十七年，有此疑义，于度量衡之推行不无影响。理合呈请钧院核转司法院统一解释示遵等情。据此，案关适用法律疑义，相应咨请查照解释见复，以便饬遵为荷。

院解字第三二二九号

三十五年九月十七日

案准贵院本年八月十二日节京叁字第八四六一号公函,以据经济部呈,转请解释公司股东以信用为出资其估价标准应如何规定疑义,函请解释见复等由。准此,兹经本院统一解释法令会议议决,无限公司股东有以信用为出资者,其估价之标准,依公司法第三十二条第二项、第三十三条第一项第五款之规定,应以股东全体之同意订定,而载明于章程,不必别有定其标准之明文。相应函复查照饬知。此致行政院

附原函

据经济部呈称,案准河南省政府三十五年六月十五日汴建二字第三一七号咨开,三十五年四月十二日公布之公司法第三十六条,股东得以信用劳务或其他权利为出资,但须依照第三十三条第一项第五款,各股东有以现金以外之财产为出资者其种类、数量、价格或估价之标准,查信用为抽象名词,并非具体实物,其种类、数量、价格或估价之标准,应如何规定,尚无明文规定,相应咨请查核惠予解释,以凭办理等由。准此,查所请解释之点,按诸立法意旨,股东以信用为出资,乃公司内部关系,所以应于章程载明其估价标准者,在避免影缩盈余及亏损分派之比例标准,而杜绝事后争执,至其估价,似应由其他股东就公司使用其信用之程度估定其价格,抑应如何解释,理合备文呈请鉴核,转请司法院统一解释,实为公便等情。相应函请查照统一解释见复为荷

院解字第三二三〇号

三十五年九月十七日

案准贵部本年八月三日京直贰字第一零四一号公函,以遗产税征收机关能否向法院申请为死亡宣告疑义,函请解释见复等由。准此,兹经本院统一解释法令会议议决,遗产税征收机关非《民法》第八条第一项所称之利害关系人,不得为死亡宣告之声请。相应函复查照。此致财政部

附原公函

查遗产继承以被继承人之死亡而开始,如人民因被敌掳去已满三年,而生死未卜者,其子女对其所遗财产,自可继续使用收益,如其子女不为死亡宣告之申请,则继承日期既无以确定,而遗产税亦无从稽征而听其逃漏。于此情形,遗产税稽征机关本税务职责所在,可否依《民法》第八条第三项之规定,向法院申请为死亡之宣告。事关《民法》解释范围,敬祈大院解释赐复为荷。

**院解字第三二三一号**

**三十五年九月十七日**

国防部鉴,未皓代电悉,兹经本院统一解释法令会议议决,军人逃亡,在战时军律未废止前,经依该军律处断之案件,于呈送复核中,该军律已明令废止者,复核机关自应按照《刑法》第二条之规定,予以更正。特电复请查照。司法院申筱印

**附原代电**

司法院赐鉴,接管交代案内,大院本年七月十七日院解字第三一四三号函,为解释军人逃亡案件适用法律疑义一案,敬悉。惟遇是项案件在原审判决时战时军律尚未废止,呈送复核中,该律已明令废止,在此期中,该案尚未判决确定,复核机关可否依《刑法》第二条改正之处,仍乞迅赐解释,以凭饬遵为祷。

**院解字第三二三二号**

**三十五年九月十七日**

台湾高等法院览,本年四月二十二日代电悉,台南地方法院所请解释一案,业经本院统一解释法令会议议决,(一)对于已遣送回国之日籍刑事被告,如业经宣示判决,因其住所不明,尚未送达判决书者,得依《刑事诉讼法》第五十九条第一款,公示送达。(二)日籍刑事被告于判决前遣送回国,如别无法定停止审判程序之原因,不得停止审判,但审判期日被告如不到庭,除有特别规定外,不得审判。至该案能否报结,事关司法行政,不属法令解释范围(参照院解字第二九〇六号解释)。(三)日本人为民事诉讼当事人,经遣送回国后,如其应为送达之处所不明者,自可分别情形,依《民事诉讼法》第一百四十九第一项第一款或同条第三项之规定,为公示送达,其应为送达之处所非不明者,仍应依同法第一百四十五条办理。(四)原代电第四点,所谓不能到案,其原因如何,尚欠明了,如因天灾或其他事故与法院交通隔绝,而不能到案者,法院自得依《民事诉讼法》第一百八十一条之规定,命在障碍消灭以前,中止诉讼程序。合电转饬知照。司法院申筱印

**附原代电**

南京司法院院长居钧鉴,案据台南地方法院院长涂怀楷呈称,查日籍人犯均已遣送回国,所有遣送未决刑事案件,有已经宣示判决尚未送达判决书及未经裁判者两种。对已经宣示判决尚未送达判决书之案件,可否依公示送达程序办理,抑将判决书附卷,任其暂不确定。未经裁判案件,因被告既遣送回国,事实上无法进行审判,此类案件,能否以其他报结。又或民事案件被告为已遣送回国之日籍侨民,其在审判中所应收受之文件,可否以所在不明为理由,依对造当事人之声请,准予公示送达,抑嘱托驻在国之军事代表为送达。该日籍侨民未能到案应诉以前,可否视为中断之原因,停止诉讼程序。事关法律解释,理合具文呈请钧院核示祗遵等语。据此,查(1)对于已遣送回国之日籍刑事被告,如业经宣示判决,而

尚未送达判决书者,可否依照《刑事诉讼法》第五十九条第一款为公示送达,抑或如何办理?(2)刑事被告遣送回国,事实上无法进行审判,《刑事诉讼法》对于此种情形亦无规定,究应如何办理?(3)对于已遣送回国之日籍民事诉讼当事人(不限于被告)可否依民诉法第一百四十九条第一项第一款或第三款,依声请而为公示送达,抑应嘱托送达?(4)被遣送回国之日籍民事诉讼当事人,不能到案为诉讼行为,似与民诉法第一百六十八条至第一百七十二条所规定之诉讼程序中断原因不合,但可否认为民诉法第一百八十一条后段规定情形,而由法院命中止诉讼程序?事关法律疑义,未敢擅议,本院及所属各院,发生此种问题者亦极多,亟待解决。理合电请迅赐解释电示,俾便转饬祗遵。

**院解字第三二三三号**

**三十五年九月十七日**

**令广西高等法院**

三十五年八月七日呈一件,为呈请解释提审法第一条第一项适用疑义示遵由。

呈悉,业经本院统一解释法令会议议决,提审法第一条第一项所称之地方法院及高等法院,应包括县司法处及高等分院在内。仰即知照。此令

**附原呈**

呈为呈请解释事。窃查提审法第一条第一项规定,人民被法院以外之任何机关非法逮捕拘禁时,本人或其亲属得向逮捕拘禁地之地方法院或其所隶属之高等法院声请提审等语。查县司法处之与地方法院及高等分院之与高等法院,在保护人民权利上,其职权固属无甚差别,惟上述规定,仅列地方法院及高等法院,而未及县司法处及高等分院,在适用上似属不无疑义,究竟县司法处及高等分院是否得为声请提审之受理机关,事关法律适用疑义,理合具文呈请察核,解释示遵。

**院解字第三二三四号**

**三十五年十月一日**

**令福建高等法院**

据福建高等法院第一分院本年巳养电,以恢复国籍之台湾人前在厦门购置不动产是否有效疑义,电请解释示遵等情。据此,业经本院统一解释法令会议议决,台人前在厦门购置不动产之行为,自其回复中华民国国籍后始为有效。合行令仰转饬知照。此令

**附原电**

司法院院长居钧鉴,台人现恢复国籍,前在厦购置不动产,是否有效。案待速决,恳迅解释电示。

院解字第三二三五号

三十五年十月一日

令安徽高等法院院长、首席检察官

三十五年七月八日呈一件,为据舒城县司法处代电,请解释覆判案件覆判期内法律变更适用疑义,转请鉴赐核示由。

呈悉,业经本院统一解释法令会议议决,应送覆判之刑事案件,于覆判时法律已有变更者,初判判决纵属法律事实相符,覆判法院仍应适用新法为更正之判决。仰即转饬知照。此令

附原呈

案据舒城县司法处巳江代电称,查第一审刑事案件裁判送达确定后,法律变更,固不足以影响原判决,惟依县司法处覆判暂行条例应送覆判之案件,覆判审对于前项法律变更,应依新法覆判抑依旧法覆判,覆判条例中并无规定。覆判制度为补偏救弊之设,是否因《县司法处办理诉讼补充条例》第十八条第四项及覆判条例第二条第二项已有检察官得为上诉之规定,而于第二审言词审理时,依照最高法院十八年上字第七〇九号判例规定,予以纠正,故不设此明文等情。事关法律疑义,理合备文转请鉴赐核示。

院解字第三二三六号

三十五年十月一日

四川高等法院览,未鱼代电悉,万县地方法院所请解释一案,业经本院统一解释法令会议议决,受刑人罹病在监,不能为适当之医治,经许可保外医治,与在侦查或审判中经具保停止羁押不同,监狱法令中并无关于保证金之规定,该受刑人纵于保外医治中逃亡,其已缴之保证金或保人认缴之保证金,自不得没入或追缴没入。合电转饬知照。司法院酉东印

附原代电

南京司法院院长居钧鉴,案据万县地方法院院长郭云鹏三十五年七月十三日牍字第一四一零号呈称,查被告在判决确定后执行中,因病保外医治逃亡,其所缴纳之保证金与保人认缴之保证金,是否可以没入与追缴没入,分甲、乙二说。甲说监犯因病保外医治,既与《刑事诉讼法》第一百一十八条具保停止羁押之情形不同,依司法院院字第二五五六号解释,不得因被告逃亡依该条没入其保证金,以外别无条文可资依据没入,该项已缴保证金与保人认缴之保证金,被告纵即逃亡,亦不得予以没入或追缴没入。乙说该项已缴保证金及保人于承保时允认缴纳之保证金,既为防止被告于保外医治中逃亡而设,虽不得依《刑事诉讼法》第一百一十八条之规定没入,但观于司法院院解字第三零九四号解释,保人应依其保证内容负责,是保人于承保之时既具状自愿,如监犯保外医治逃亡负缴保证金若干,事后被告果然逃亡,法院自得依其保证内容,径命缴纳保证金,予以没入,从而被告已缴之保证金,亦

既为不为逃亡之保证。如被告竟然违反诺言逃亡,自亦可以法院名义径将其保证金没入,以符当初缴纳保证金之初旨。设果如甲说,其结果所及,监犯纵有重病,主办人员以其举凡保外医治被告,其所缴纳之保证金与夫由保人允诺代缴之保证金,既属毫无实益,任命被告逃亡,则将均不愿准予保外医治,免贻物议,而堕确定判决之效力等语。二说未知孰是,就法理及实际情形而论,似以乙说为是。事关法律疑义,理合呈请钧长核示祗遵等情前来。查《刑事诉讼法》第一百一十八条规定没入所缴之保证金,早经钧院院字第二五五六号明白解释,该条系以具保停止羁押之被告逃匿者为限,其因病保外医治之执行中人犯,与之不同,自不得没入所缴之保证金,则此项执行中人犯因病具保逃亡后,第三人于其停止羁押时所具之保证书,不得追缴没入,自属当然之结果。至钧院院解字第三零九四号解释,系对于盗匪自新后仍复为匪,具保人不克交案,该具保人之责任如何而为解答,与上开问题似属无涉。惟查各新旧监狱对于执行中人犯因患重病准其停止羁押保外医治者不少,倘此项人犯逃亡,不能没入其所缴之保证金,及按所具保证书之金额追缴没入,则此项具保不免毫无实益,嗣后此类事件亦将难于办理,似非所宜,是否另有法令可依据以资补救,案关法律疑义,本院未敢率行指示。据呈前情,除指令转请解释外,理合电请钧院迅赐示遵。

**院解字第三二三七号**

**三十五年十月一日**

河北高等法院览,辰巧代电悉,北平地方法院所请解释一案,业经本院统一解释法令会议议决,原呈所称债权人在抗战前或抗战中存储于国家银行、商业银行或银号之定期存款,如具备《复员后办理民事诉讼补充条例》第十二条之适用要件者,自应为增减给付之判决(参照本院院解字第二八八五号、第三零一八号解释)。合电转饬知照。司法院酉先印

**附原快邮代电**

南京司法院院长居钧鉴,据河北北平地方法院院长吴昱恒呈称,查金钱债务之履行,本应依其原定数额而为给付,但因清偿时之通用货币与立约时之比值相去悬殊,如因不可归责于当事人之事由,致情事变更,非当时所得预料,而依其原有效果显失公平者,依《复员后办理民事诉讼补充条例》第十二条规定,法院应公平裁量,为增减给付。若债权人于抗战前或抗战中存储于国家银行、商业银行或银号之定期存款,现已届清偿期,请求清偿时,是否适用上开法条之规定,兹分为二说。(甲)说国家银行,商业银行或银号与相对人间之金钱债务,虽经记明数额,但货币之价值前后悬殊,如依同一数额而为给付,则债权人损失甚巨,为保护私权上利益,自应为本案之适用。(乙)说金钱债务既依照通用货币而为计算,则其履行时自应给付同一货币,虽其实际价值因物价增涨实已贬值,银行银号既以借贷债务为其业务,殊难按物价比值为之增减给付。以上二说,不知孰是,理合具文呈请钧院转请解释示遵等情到院。事关适用法律疑义,未便擅拟,理合电请解释示遵。

院解字第三二三八号

三十五年十月一日

首都地方法院览,未佳代电悉,所请解释一案,业经本院统一解释法令会议议决,《土地法》第一百条之规定,于定期或不定期之租赁,均适用之。合电知照。司法院酉先印

附原快邮代电

司法院院长居钧鉴,查房屋租赁,依本年四月二十九日公布施行之《土地法》第一百条规定,出租人非因下列情形之一,不得收回房屋,于定期或不定期租赁,是否同受此项限制,适用上颇滋疑义,兹有二说。甲说,参照同法第一百零三条关于租用建筑房屋基地之收回限制,其第一款明定有契约年限届满时,同法第一百零九条关于耕地租赁定有期限者,于契约届满时收回耕地,亦经明文加以限制。房屋租赁收回之限制,既未于条文明定期限届满字样,则第一百条之限制,似仅能解释为不定期租赁及定期租赁期限未届满前收回房屋始能适用,其期限届满者,仍应依照《民法》办理。乙说,《土地法》第一百条并未明定不定期或定期之租赁,似凡属房屋租赁,自可不问定期或不定期,均应同受其限制。案关适用法律疑义,本院未便擅拟,理合电请钧院迅赐解释祇遵。

院解字第三二三九号

三十五年十月二日

案准贵院本年七月十七日节京捌字第六零二四号咨,以据司法行政部呈,转请解释依法应予发还当事人各种案款经传案及限期通告后仍无人具领应如何处置疑义,咨请解释见复等由。准此,兹经本院统一解释法令会议议决,应发还当事人具领之刑事案件缴纳之保证金及民事缴案各种款项,经传案及限期通告,迄无人具领者,不能作为司法收入缴解国库,仍应由法院保管,设法发还。相应咨复查照饬知。此咨行政院

附原咨

据司法行政部本年七月六日京呈叁字第四八四号呈称,案据江西高等法院呈,据黎川地方法院呈,以因刑事案件缴纳之保证金以及民事缴案各种款项,于案结后,依法应予发还当事人具领,经迭次传案及限期通告,迄今无人具领,可否作为司法收入,缴解国库,未有明文规定,不敢擅拟,请鉴核示遵等情前来。查依法应予发还当事人各种案款及保证金,经通告仍无人具领时,似不能作为司法收入解缴国库。惟究应如何办理,尚乏明文可资依据。事关法律适用疑义,理合备文呈请钧院鉴核,转咨解释,俾凭遵办等情。据此,案关法律适用疑义,相应咨请查照解释见复,以便饬遵为荷。

院解字第三二四〇号

三十五年十月二日

国防部鉴,未俭勤法高代电悉,广东全省保安司令部转请解释一案,业经本院统一解释法令会议议决,司法警察官署认特种刑事案件无须移送法院者,应由该署分别情形自行处理终结之。特电复请查照饬知。司法院酉冬印

附原代电

司法院赐鉴,接管卷内,案据广东全省保安司令部本年五月八日致字第二九四六号代电称,据陆丰县政府代电称,查自《特种刑事案件诉讼条例》公布后,县政府对于特种刑事案件,有侦查责任,而无审判职权,依侦查所得之证据,足认被告有犯罪嫌疑者,当依该条例第三条之规定,将案移送法院审理。惟如被告无犯罪嫌疑,既未便将案移送法院审理,又不能依照《刑事诉讼法》第二百三十四条之规定,制作处分书,对于不应移送法院审理之案件,应用何种方式结案,法无明文规定,应如何办理之处,谨请察核示遵等情。案关法律疑义,谨电转请核示等情到部。事关法律疑义,相应电请迅赐解释,以凭饬遵为荷。

院解字第三二四一号

三十五年十月二日

台湾高等法院览,卯陷代电悉,所请解释一案,业经本院统一解释法令会议议决,台湾法院接收之事件,曾经原法院为言词辩论者,接收后参与言词辩论之推事既有变更,自应依《民事诉讼法》第二百十一条之规定办理。合电知照。司法院酉冬印

附原代电

南京司法院院长居钧鉴,本院办理接收案件,接收后第一次开庭审理,出庭人员自与前日本法院不同,此时是否应依《民事诉讼法》第二百十一条更新程序,抑可认日本法院人员并非我国《民事诉讼法》第二百十一条之参与言词辩论之推事,而毋须适用该条,仅继续进行即可?事关法律适用疑义,谨电请钧院迅赐解释祗遵。

院解字第三二四二号

三十五年十月二日

四川高等法院览,未铣代电悉,奉节地方法院所请解释一案,业经本院统一解释法令会议议决,刑事确定判决违背《惩治贪污条例》第七条之规定,未就盗卖公有财物之被告所得之财物同时论知追缴者,不得补行判决。原被害机关请求追缴之公文,亦不能认为执行名义径予执行。合电转饬知照。司法院酉冬印

附原代电

南京司法院院长居钧鉴,案据奉节地方法院院长李秉衡三十五年七月二十七日刑义字

第八四号呈称,案查本院受理公诉李聚清、田少倩等盗卖官盐一案,业经依照《惩治贪污条例》判决确定,惟判决内容仅判告等以罪刑,并未宣示追缴盗卖之盐。兹准财政部川康区奉节盐场公署本年七月十九日奉运字第二八六号公函,为奉重庆盐务管理分局代电,以盗卖之三十包官盐,应由田少倩等照当时每担三万五千九百元仓价计赔等因,请予依法严追等由。查盐场公署请追缴盗卖官盐之公文,是否得视为有执行名义,径向盗卖人执行追缴,抑由本院另行裁判,再予追缴,未便擅专,理合具文呈请钧院恳予指令祗遵等情前来。查贪污案件中关于盗卖侵占公有财物之被告,除宣告罪刑外,并应就其所盗卖侵占之财物,于刑事判决中,同时论知追缴,但判决主文并未及此,自属漏判。《特种刑事案件诉讼条例》及《刑事诉讼法》关于刑事判决中漏判部份,虽不似《民事诉讼法》第二百三十三条有补充判决之明文,但亦无不得补判之禁止规定,依论理解释,补判似亦为法之所许。否则被害机关于此场合舍提取独立民事诉讼主张外,别无救济之途,而提起独立民事诉讼须缴纳审判费,如果标的甚大,所缴不赀,因司法机关之忽略,增加被害机关预算外之巨额支出,不惟势所不能,且于理有未合,况另案进行旷日持久,时间劳力均不经济,而被侵蚀之公有财物长久虚悬,回复损害遥遥无期,揆之情法,均非所宜,故此种情形,为补救计,似以补行判决为适当。至主管长官对于办案疏忽之承办人员,虽可运用行政上之监督权予以相当处分,然仅足以儆戒其将来之不再疏忽,于应待补救之漏判问题无补。次查被害机关于此场合请求追缴被盗卖侵占公有财物之公函,碍难认为执行名义,似未便据以执行追缴。惟案关法律疑义,本院未敢擅专,理合电请钧院迅赐解释令遵。

**院解字第三二四三号**

**三十五年十月二日**

**令湖北高等法院**

三十五年八月二十三日呈一件,为据湖北高等法院第四分院呈,请解释汉奸财产未经宣告没收可否予以启封发还疑义,呈请解释示遵由。

呈悉,业经本院统一解释法令会议议决,汉奸案件经确定判决,未为没收财产之宣告者,其曾被查封之财产自应发还。仰即转饬知照。此令

**附原呈**

据本院第四分院院长汪德成呈称,对于前经辖县移送之汉奸案件,多系查封其财产,迨经本院判未没收,并已确定在案。兹据移送之原县对于以前移送之汉奸虽经判处徒刑,而于查封财产一节,未予没收,可否将其财产予以启封发还等语,电请核示前来。关于此种疑义,分为两说。(甲)说对于以前未经没收财产之确定判决,自应令知原县启封发还。(乙)说依法应予没收财产者,自应判决没收。虽因当时未见及此,而漏未判决者,理应根据原县之请示公文,函请同院检察官声请办理,即由本院裁定没收,以资救济。未知孰是等情到院。查刑诉法上无补充裁判之规定,似未能依声请而为裁定,至应没收而未谕知没收之

确定判决，似当由检察官转请提起非常上诉，依《特种刑事诉讼条例》第三十三条，撤销原判，另为判决，以资救济。惟事关法律疑义，本院未敢擅便，除据令候转请核示外，理合呈请钧院鉴核，迅赐解释示遵。

**院解字第三二四四号**

**三十五年十月二日**

**令浙江高等法院**

三十五年七月二十四日呈一件，为特种刑事案件声请再审适用法律疑义，呈请解释示遵由。

呈悉，业经本院统一解释法令会议议决，特种刑事案件判决确定后，发见确实之新证据时，依《特种刑事案件诉讼条例》第一条第一项，适用《刑事诉讼法》第四百十三条第一项第六款规定，自得为受判决人之利益声请再审。仰即知照。此令

**附原呈**

查特种刑事案件判决确定后，发现确实之新证据时，能否为受判决人之利益声请再审，兹有甲、乙二说。甲说谓《特种刑事案件诉讼条例》第二十八条一二两项之规定不同，第一项既无如第二项有“得为受判决人之利益或不利益声请再审”之规定，自不得为判决人之利益声请再审。乙说谓《特种刑事案件诉讼条例》第二十八条第一项中“亦得为受判决人之不利益声请再审”一语，系指虽为受判决人之不利益亦得声请再审之意，并非不能为受判决人之利益声请再审之谓。若有罪之判决确定后，为受判决人之利益声请再审时，自得依本条例第一条第一项后段之规定，适用《刑事诉讼法》第四百十三条第一项第六款，当然可以声请再审。两说未知孰是，事关法律疑义，理合备文呈请钧院鉴核解释示遵。

**院解字第三二四五号**

**三十五年十月二日**

**令安徽高等法院**

三十五年七月八日呈一件，为据宁国县司法处代电，请解释《优待出征抗敌军人家属条例》疑义，转请核示由。

呈悉，业经本院统一解释法令会议议决，出征抗敌阵亡军人之胞兄，不得享受《优待出征抗敌军人家属条例》所定之优待。又来文所称之志愿空军，如合于同条例第二条各款之所定，在出征抗敌期内，其家属即应享受优待，至其家属富有资产，除本条例第三十二条以下所定之申请优待，应合于各该条所定情形外，对于享受其他优待，并无限制。仰即转饬知照。此令

**附原呈**

案据宁国县司法处巳齐代电，准本县港口乡民代表会主席杨九锡代电称，如抗战军人

阵亡,其幼子寄养胞兄之家(该幼子并继承资产达数百万元之巨,政府亦年有邮金给领,统暂由该胞兄保管支付)。该分居之胞兄亦拥有巨资,究竟该胞兄可否享有优待。如享有优待,以户养保以保养乡之合法捐款,应否享受优待限制。又如家称富豪,子为志愿空军,可否享有优待,如享有优待,是否漫无限制等情,转请解释到院。理合呈请鉴赐核示

**院解字第三二四六号**

**三十五年十月七日**

湖南省政府览,辰筱代电悉,所请解释一案,业经本院统一解释法令会议议决,公立或私立小学所聘教员,对于县政府基于监督权将其撤职永不录用之处分,非不得提起诉愿。合电知照。司法院酉虞印

**附原电**

南京司法院院长按《诉愿法》第一条规定,人民始得提起诉愿,公立或私立小学所聘教员,其任用系依《国民学校法》及《国民学校教职员任用待遇保障进修办法》之规定。此项教员,对于县政府基于监督权将其撤职永不录用之处分,是否得以提起诉愿?案关法律疑义,理合电请鉴核解释示遵。

**院解字第三二四七号**

**三十五年十月七日**

案准贵院本年九月四日节京壹字第一一零三七号公函,以据内政部呈,转请解释国民政府未成立前所发之国籍证书是否有效疑义,函请解释见复等由。准此,兹经本院统一解释法令会议议决,中华民国国民政府未成立以前,经我国中央政府所核发之许可归化证书,及所核定之有关国籍变更等事项,应属有效。相应函复查照饬知。此致行政院

**附原公函**

据内政部呈,上海市政府请核释国民政府未成立前所发之归化证书是否有效一案等情到院。案关法律解释,相应抄同原呈,函达查照解释见复为荷。

**附原抄呈**

准上海市政府本年民二字午养电开,“查外侨申请归化中国国籍,均依照十八年二月五日国民政府公布之国籍法办理,惟在国民政府未成立前,经我国中央政府所核发之许可归化证书,是否仍属有效,案关解释,请示覆”等由。准此,兹谨拟具解释意见如下,“查中华民国国民政府未成立以前,我国中央政府所核发之许可归化证书,及所核定之有关国籍变更等事项,应属有效,此在现行国籍法及国籍法施行条例内,虽无明文规定,而由同法施行条例第一条之本旨推之,实为当然之解释”,所拟是否有当,事关法律解释,理合备文呈请钧院核转司法院解释遵行。

**院解字第三二四八号**

**三十五年十月七日**

案准贵院本年九月四日节京捌字第一一零七七号公函，以据司法行政部呈，转请解释诉讼费用疑义，函请解释见复等由。准此，兹经本院统一解释法令会议议决，丙以甲乙越权管理田务，提起请求禁止管理之诉，其诉讼标的之价额，应以丙就禁止管理田务所受利益之客观价额为准。相应函复查照饬知。此致行政院

**附原函**

司法行政部本年八月二十六日呈，为转据广东高等法院请示诉讼费用疑义，请核转解释一案。事关适用法律疑义，相应抄同原呈，函请查照解释见复，以便饬遵为荷。

**附原抄呈**

案据广东高等法院呈，“据广州律师公会呈称，现据会员梁佐衡函称，有甲、乙、丙三佃农，共同承佃耕地，彼此间订立分工合作之契约，议定甲为现金管理员，乙为数目管理员，丙为田务管理员，今甲、乙二佃农，除依约执行其现金管理权及数目管理权外，对于丙之田务管理权，甲、乙竟违约越权执行，丙不服，拟向法院提起请求依约交回田务管理权之诉。所缴讼费，子说应以修正《民事诉讼费用法》第十一条及第十二条之规定为标准。丑说应以佃耕地之产价为标准。上开二说究以何说为是，请转呈解释，俾有所遵等情。据此，当经本会第二十六次评议会决议转呈在卷，理合呈请察核，转请解释，俾得遵循，实为公便等情。据此，查关于财产权之诉讼，其诉讼标的之价额，除请求移交所管理之财产者，以请求移交之财产价额为准外，应以原告就该法律关系所受利益之客观价额为准，非依所管理之财产价额定之，业经司法院三十二年四月九日院字第二五〇〇号解释有案。”据呈前情，可否照此解释指示，事关适用法律疑义，理合备文呈请钧部鉴核，迅赐指示祇遵，实为公便等情，转请示遵到部。查事关法律适用疑义，理合呈请鉴核，转送司法院解释，俾便饬遵。

**院解字第三二四九号**

**三十五年十月十日**

案准贵院本年七月二十五日节京玖字第六七七二号咨，以据卫生署呈，转请解释公务员于公余时间可否兼执医务疑义，咨请解释见复等由。准此，兹经本院统一解释法令会议议决，医业为公务员服务法第十四条所称之业务，公务员虽在公余时间，亦不得兼任。相应咨复查照饬知。此咨行政院

**附原咨**

卫生署三十五年七月九日京中(三五)字第六二八七号呈称，案据南京市卫生局本年六月十日京卫一字第一八六八号呈称，顷据王宇高呈称，窃在宁波鄞县执行中医业务十四年，于二十八年奉蒋委员长召入川，在待从室任编纂，公余仍执医务，叠领有鄞县府、重庆市府、

考试院等证书及开业执照。此次还都,任职国府文官处编审,公余仍执医务,未审尚须向贵局请领执照否,其章程办法如何,请予指示等情前来。查公务员兼执医务,法无明文规定,是否可行,呈祈核示等情。据此,查修正《公务员服务法》第十三条第一项规定,公务员不得直接或间接经营商业或投机事业,又同法第十四条规定,公务员除法令所定外,不得兼任他项公职或业务。本件王宇高任职国府文官处,原为医事职业人员于公余时间兼执医务,是否即可认为系兼营商业或兼任他项业务,因未有明文规定,未敢擅断,理合备文呈请钧院俯赐解释,俾便饬知等情。相应咨请查照解释见复

**院解字第三二五〇号**

**三十五年十月七日**

案准贵院本年七月十一日节京捌字第五一四七号咨,以据司法行政部呈,转请解释隐匿或购买敌伪物资适用法律疑义,咨请解释见复等由。准此,兹经本院统一解释法令会议议决,自中华民国三十四年日敌接受波茨坦宣言之日起,人民隐匿或购买敌伪物资,分别成立《刑法》上赃物罪,至在日敌接受该宣言以前之隐匿或购买行为,尚不成立犯罪。相应咨复查照饬知。此咨行政院

**附原咨**

据司法行政部本年六月二十九日京呈叁字第四三七号呈称,案据河北高等法院检察处本年五月三日第八八号呈称,案据本院第一分院首席检察官陈嗣哲本年四月二十九日艳代电称,查关于隐匿或购买敌伪物资疑问,曾经电请核示,并经转奉司法行政部三十五年四月十一日京指叁字第二〇二〇号指令解释各在案。兹查前项疑问仍有不明了之点,谨再胪陈于下,查隐匿或购买敌伪物资之犯罪,究系自三十四年八月十五日敌日接受波茨坦宣言之日起始,抑系于接受日寇全部投降或系各就各地接受日寇投降之日,或在沦陷期中之行为均属犯罪。以上疑点,仍乞解释指令祇遵等情前来。查该首席检察官所请上开各点,事关法律解释,未敢擅拟,理合据情备文呈请核,指令遵行等情到部。事关法律疑义,理合呈请钧院鉴核,转送司法院解释等情。据此,案关适用法律疑义,相应咨请查照解释见复,以便饬遵为荷。

**院解字第三二五一号**

**三十五年十月七日**

案准贵院本年六月十三日节京捌字第一九九八号咨,以据司法行政部呈,转请解释铺屋抵押期限疑义,咨请解释见复等由。准此,兹经本院统一解释法令会议议决,原呈所述情形,究系抵押权设定契约,抑系典权设定契约,应依契约内容定之。如系抵押权设定契约,李甲自得于八年期限届满后,向张乙清偿债务,以消灭抵押权。如系典权设定契约,李甲亦得于八年期限届满后二年内,向张乙回赎房屋,至张乙在沦陷期间内,对于该房屋纵未使用

收益,亦不得在八年期限内扣除。相应咨复查照饬知。此咨行政院

**附原咨**

据司法行政部本年五月二十四日京呈叁字第二四七号呈称,案据江西高等法院呈,据兼理司法瑞昌县县长周抚群戌感代电称,现本县收复区内,有李甲于民国二十五年,向张乙借用银洋一百元,曾将铺屋一栋押与张乙,限定八年期满后听从李甲照原价取赎,李甲于县城失陷即逃往后方,张乙亦逃避在城外戚家寄住,刻因县城收复,此铺屋典押文契均在,李甲张乙俱经回进县城,均欲搬进此铺住居,并经李甲以法币壹百元向张乙取赎,张乙不允,其所持理由,以为押契原载八年期满始得原价取赎,现虽已满八年,惟在沦陷期内之八年,执契人并未收丝毫利益,应予剔除,俟收复后再住六年,连抗战前已住两年,方算期满。李甲则以押契上已载明八年期满后即可取赎,自典押之日起已满九年,契内并未载明除去任何时期字样,应照契约取赎。双方各执一词,究应如何办理,转请示遵等情。查事关法律适用疑异,理合呈请鉴核,转送司法院解释,俾便饬遵等情。据此,案关适用法律疑义,相应咨请查照解释见复,以便饬遵为荷。

**院解字第三二五二号**

**三十五年十月七日**

前准军事委员会本年四月十日政法核(三五)字第四八八八号公函,以据武汉行营主任电请解释日俘逃亡案件适用法律疑义,函请解释见复等由。准此,兹经本院统一解释法令会议议决,日俘于收容后在战俘管理处逃亡,不问逃至何处,应成立《刑法》上脱逃罪,至日军官兵于未被俘前由其原部队逃亡者,我国军法机关毋庸予以审究。相应函复查照转知。此致国防部

**附原公函**

案据武汉行营主任程潜寅梗汉行法审岱电称,查日俘逃亡案件,(一)有由原部队逃亡者,(二)有由战俘管理处逃亡者,(三)有由战俘管理处逃往新四军者。以上三项,究依何项法律处断。事关法律适用疑义,理合电祈鉴核解释示遵等情到会。查日俘由战俘管理处逃亡,似应成立《刑法》上之脱逃罪,其逃往何处在所不问,至日军由原部队逃亡,是否归我国军法审判,不无疑义。案关管辖,相应函请查照解释见覆为荷。

**院解字第三二五三号**

**三十五年十月七日**

**令湖南高等法院**

三十五年六月十一日呈一件,为据衡阳地方法院代电,请核示提审法疑义,呈请解释示遵由。

呈悉,业经本院统一解释法令会议议决,提审法第十条所定徒刑、拘役或罚金,系属刑

罚,并非行政罚,其追诉处罚,均应依《刑事诉讼法》之规定,至于违反同法第八条第一项,不于接到提审票后二十四小时内解送,而继续将被捕禁人拘禁者,自应依提审法处罚,不另成《刑法》第三百零二条第一项之罪。仰即转饬知照。此令

**附原呈**

案据代理衡阳地方法院院长胡英本年六月东代电称,查提审法第十条规定,执行逮捕拘禁机关之公务人员,违背第二条第一项或第八条第一项之规定者,处二年以下有期徒刑、拘役或一千元以下罚金,就所谓有期徒刑、拘役、罚金而言,似为刑罚,而第二条第一项系应以书面将逮捕拘禁之原因示知被逮捕拘禁之本人及其最近亲属,第八条第一项系执行逮捕拘禁之机关接到提审票后应于二十四小时内将被逮捕拘禁人解送或将提审票转送受移送机关之情形,违背此二种规定而处罚,似又为行政罚。此项处罚,应否先经过检察官侦查起诉程序。如认为行政罚,其处罚应以裁定行之,有无待于声请,又违背第八条第一项规定,显有触犯《刑法》第三百零二条第一项之罪,依提审法第十条处罚后,检察官可否就其所犯《刑法》第三百零二条第一项之罪,再行起诉?若检察官就所犯《刑法》第三百零二条第一项及提审法第十节同时或先后起诉,应否各别论科,抑依从一重处断之规定,或高度行为吸收低度行为之原则,而止处罚其一?事关法律疑义,理合电恳鉴核,伏候迅示祇遵等情。据此,查提审法第十条既明定为徒刑、拘役或罚金,自系刑罚,而非行政罚,应经过起诉程序,以判决行之。至执行逮捕拘禁机关于接到提审票后,不于二十四小时内将被逮捕拘禁人解送,而仍继续拘禁时,诚如原呈所述,于违反提审法第八条第一项之规定外,并同时涉及《刑法》第三百零二条第一项之罪嫌,是否法规竞合,应从《刑法》论科?事关法律疑问,理合呈请鉴核,迅赐解释示遵。

**院解字第三二五四号**

**三十五年十月七日**

三十五年五月一日呈一件,为据山东高等法院第二分院呈,请核示收复区关于行政罚之案件,如在该管机关未复员而未公布罚则,其行为之终了则在复员后,是否适用各该条例处罚疑义,转请解释示遵由。

呈悉,业经本院统一解释法令会议议决,收复区人民,在该区收复以后,为违反行政法规应受处罚之行为者,各该管机关自应依法予以处罚。仰即转饬知照。此令

**附原呈**

案据山东高等法院第二分院推事兼院长杨昌第呈称,案查收复区关于行政罚之案件,被告之行为如系在该管机关未复员或在该管机关正复员中而未公布罚则办法之前,其行为之终了则在复员后者(例如违反盐专卖条例之规定者,其买卖盐之行为在复员前,运送途中适盐务局复员,设立盐警队,将其查获),是否适用各该条例处罚,不无疑义,兹有甲、乙两说。(甲)说谓收复区于沦陷期内,中央法令事实上无法施行,被告之行为既在该管机关复

员前或正在复员伊始而未公布办法及罚则者,本于法律不追溯既往之原则,似不应处罚。虽其行为之终了系在复员后,要亦不能认为有违反各该条例之故意。(乙)说收复区在沦陷中仍为国土之一部,故虽在沦陷期间,中央法令自应视为已施行于该地,胜利复员后,如发见有违反行政罚之行为尚未终了者,即应依各该条例处罚。以上两说,究以何者为当,理合备文呈请钧院鉴核示遵,或转呈司法院核示,实为公便等情。据此,案关解释法律疑义,理合备文转呈钧院鉴核示遵。

**院解字第三二五五号**

**三十五年十月七日**

**令广西高等法院**

三十五年八月十三日呈一件,为据柳州地方法院代电,请核示《刑事诉讼法》第三百八十一条第一项适用疑义,呈请解释示遵由。

呈悉,业经本院统一解释法令会议议决,《刑事诉讼法》第三百十八条第一项系属特别规定,凡自诉案件,不问是否属于告诉或请求乃论之罪,经讯问自诉人、被告,及搜集或调查证据后,发见案系民事者,法院均得晓谕自诉人撤回自诉。仰即转饬知照。此令

**附原呈**

呈为呈请解释事,案据柳州地方法院本年七月皓法代电称,兹有某甲以某乙犯《刑法》第三百三十九条第一项之诈欺罪,具状提起自诉,经讯问自诉人、被告及调查证据,发见案系民事者,可否依照修正《刑事诉讼法》第三百十八条第一项规定,晓谕自诉人撤回自诉,有下列二说。(一)说谓自诉人得撤回自诉者,系以告诉或请求乃论之罪为限,刑诉法第三百十七条第一项定有明文。兹某甲自诉某乙诈欺,虽经调查案系民事,但查诈欺系非告诉或请求乃论之罪,当然不能晓谕其撤回。(二)说谓刑诉法第三百十八条第一项,系同法第三百十七条第一项例外之规定,故凡自诉案件,于发见案系民事者,均得晓谕其撤回自诉,不以告诉或请求乃论之罪为限。二者孰是,事关法律疑义,未敢擅专,理合具文电请察核示遵等情。据此,案关适用法律疑义,职院未敢擅拟,理合具文呈请察核,俯予解释示遵。谨呈。司法院院长居署。广西高等法院院长申守真

**院解字第三二五六号**

**三十五年十月八日**

湖南高等法院首席检察官览,本年六月电字第四十五号代电悉,所请解释一案,业经本院统一解释法令会议议决,(一)触犯汉奸罪名,同时直接侵害私人法益者,其被害之私人,自得向检察官告诉,并得对于不起诉之处分声请再议。惟来文所举《惩治汉奸条例》第二条第一项第五、第六两款供给敌人谷米金钱之例,系以供给行为为该罪之内容,而所供给之物资,来源如何,在所不问。纵系由于勒征勒派而来,究非该罪成立之要件。其被勒被派之

人,自仍不得谓为该罪之直接被害人。(二)刑诉法第二百三十六条第二项所谓原检察官认声请为无理由,系指认声请理由不成立者而言,不包括程序问题在内。(三)应由高等法院或其分院审理之特种刑事案件,告诉人对于不起诉处分声谓再议,经原检察官认为无理由者,应将该案卷证送交最高法院检察署检察长。合电知照。司法院酉齐印

**附原快邮代电**

南京司法院院长居钧鉴,窃办理汉奸案件,程序上发生疑义三点,汉奸为侵害国家法益之犯罪,举发人系居告发人地位,对于管辖法院检察官所为不起诉处分,原则上自不得声请再议,惟因触犯汉奸罪名,同时侵害个人法益,如《惩治汉奸条例》第三条所定,曾在伪组织或其所属机关团体服务,凭借敌伪势力,为不利于人民之行为,又如同条例第二条第一项第五款、第六款所定,供给敌人谷米金钱,而所供给之谷米金钱,系向人民勒征勒派而来,此权蒙受不利及被勒征勒派之人民,是否可认为告诉人,仍得声请再议,此其一。又原检察官认声请再议无理由,应即将卷证依法送交。所谓无理由,当系指实体而言,如上例设举发人不得声请再议,则系程序问题,应否亦认为无理由,仍将卷宗送交。若毋庸送交,原检察官又应作何如处置,此其二。湘省特种刑事覆判案件,奉令应归最高法院湘粤分庭管辖,如上例关于此类声请案件,而依《特种刑事案件诉讼条例》第一条第一项下段,适用《刑事诉讼法》第二百三十六条第二项,应将卷证送交最高法院检察长,抑仍送交湘粤分庭置配之检察官,此其三。事关法律适用疑义,理合电请鉴核,迅赐解释示遵。

**院解字第三二五七号**

**三十五年十月八日**

国防部鉴,前准军事委员会丑鱼代电,以据浙江全省保安司令部电请解释《处理汉奸案件条例》适用疑义,电请解释见复等由。兹经本院统一解释法令会议议决,(一)处理汉奸案件条例第五条所称之原属军人,凡属陆海空军军人或视同陆海空军军人尚在任官任役中者,均包括之,不以军校毕业者为限。此项军人离职后复任伪军职者,仍应依同条办理。(二)伪军将校应比照同条例第二条第一项之简荐伪公务员办理,伪校官以上之部队长,应视同机关首长。又同条第五项所称任专科以上学校之重要职务,凡在该伪校实施奴化教育之教职或教官,均包括在内。(三)《处理汉奸案件条例》第五条,所称原属军人之被告任伪文职而兼触犯中华民国战时军律上之投降或逃亡等罪者,现该军律虽经废止,仍应成立《陆海空军刑法》上之罪,依《陆海空军审判法》第一条第一项规定,应归军法审判者。如法院受理被告所犯之汉奸案件在前,应俟该案判决后,再行移送军法审判。特电复请查照饬知。司法院酉齐印

**附原快邮代电**

司法院公鉴,据浙江全省保安司令黄绍竑本年一月九日子佳法圭电称,“《处理汉奸案件条例》经转颁到部,兹发生下列适用疑义二点,(一)第五条所称原属军人复任伪军职应受

军法审判云,其原有之军人身份,是否须军校毕业经任官任职,抑系包括普通一般具有军人身份者而言。如普通军人离职后,军人身份中断,旋任伪职,应否以原属军人论。(二)伪军将校应否比照第二条第一款之简荐伪公务员,经检举及伪校官以上之部队长,可否视同机关首长,同条第五款所称任伪专科以上学校之重要职务,实施奴化教育之教职或教官,是否包括在内等情。事关法律疑义,相应电请解释见复,以凭饬遵。再查军人犯罪应归军法审判,为现行法令所规定。在《处理汉奸案件条例》既已明白规定汉奸案件须被告原属军人复任伪军职,始受军事审判,则原属军人改任伪文职人员,于司法机关就其汉奸部分裁判后,其尚有因离去职役时而触犯中华民国战时军律上之投降或逃亡等罪名者,应否仍移送军法机关审判,或先由军事机关就所犯上开等罪审判后,再移法院办理,亦滋疑义,并祈解释见复为荷。”军事委员会丑鱼法理印

**院解字第三二五八号**

**三十五年十月十一日**

**令广西高等法院**

据广西高等法院第四分院本年寅俭代电,以未经受有罪刑及没收财产判决之汉奸,又非经国民政府通缉而罪证确实,在羁押中死亡,其财产可否没收疑义,电请解释令遵等情。据此,业经本院统一解释法令会议议决,自《惩治汉奸条例》施行之日起,凡触犯该条例第二条第一项之罪嫌疑,经移送或起诉之汉奸,在裁判前羁押中死亡者,如果罪证确实,虽未经通缉,仍得依该条例第八条第二项规定,得单独宣告没收其财产之全部。合行令仰转饬知照。此令

**附原代电**

司法院院长居钧鉴,查经国民政府以明令废止之修正《惩治汉奸条例》第八条,暨现行《惩治汉奸条例》第八条,所规定没收之财产,原属《刑法》上从刑之一种,第既不能认为违禁物,被告又非经国民政府通缉有案,自非经裁制宣告罪刑并予没收,即无单独没收之余地,似属当然解释。设某甲受有汉奸嫌疑,在羁押中死亡,尚未经受理机关宣告有罪及没收财产之判决,又非经国民政府通缉而罪证确实,该某甲所有之财产,可否予以单独宣告没收,不无疑义,理合电请迅赐解释,指令祇遵。广西高等法院第四分院院长梁殿宝呈寅俭印

**院解字第三二五九号**

**三十五年十月十四日**

据本院秘书处签呈,以准内政部本年九月十四日代电,为已受县府委任之参议员可否仍兼原职疑义,电请解释见复等由,呈请核示等情。据此,兹经本院统一解释法令会议议决,原代电所举各县参议员所受县政府委任各职,如依其组织法规,确系本县区域内之公务员,自不得兼任县参议员。相应函请查照。此致内政部

**附原代电**

司法院秘书处据江西大庾县曾大鹏呈称,(一)本县参议员罗景福,已受县府委充大庾县公有款产管理委员会副主任委员,兼一组组长,又充大庾国民经济建设公司公营牙行主任。(二)邓参议员玉茂,已受县府委充大庾县屠宰场场长。(三)吕参议员世镗,已受县府委充大庾县自卫委员会总务组组员。(四)胡参议员元春,已受县府委充大庾国民经济建设公司镢板厂厂长。以上各员,均受县府委任,似不应再准其兼任县参议员,请解释示遵一案。查上述各职,可否任为县参议员,法无明文规定,相应电请查照解释见饬,以便转知为荷。内政部京民王寒印

**院解字第三二六〇号**

**三十五年十月十四日**

**令陕西高等法院**

三十五年七月二十四日呈一件,为据澄城县司法处代电,请解释法院组织法第三十六条第二款之荐任司法行政官疑义,转请解释示遵由。

呈悉,业经本院统一解释法令会议议决,兼理司法之县长,及依《县司法处组织暂行条例》第四条规定,兼理检察事务之县长(该条例第九条修正前县长并兼理县司法处司法行政事务),均为法院组织法第三十六条第二款之荐任司法行政官(参照院字第一五九六号及第二六九五号解释)。至县司法处审判官或主任审判官,依该条例第五条,仅以荐任待遇,而非荐任职,即不得谓为荐任司法行政官。仰即转饬知照。此令

**附原呈**

案据澄城县司法处主任审判官蔚济川代电称,查法院组织法第三十六条内开,“兼任地方法院院长之荐任推事及地方法院荐任首席检察官,高等法院及其分院荐任推事及荐任检察官,应就有下列资格之一者遴任之,(一)曾任推事或检察官三年以上者,(二)曾任推事或检察官,并任荐任司法行政官,合计在四年以上者”等语。依照上开规定,则下列各资格,是否该条第二款规定之荐任司法行政官,(一)未成立县司法处以前(二十五六年以前),兼理司法县政府之县长。(二)成立县司法处以后,兼理县司法处行政事务之县长。(三)三十三年以后,兼理县司法处行政事务之审判官或主任审判官。特电钧院转请解释等情。据此,事关法令解释,未便擅拟,理合据情转请钧院解释示遵。谨呈司法院院长居

**院解字第三二六一号**

**三十五年十月十六日**

案准贵院本年九月九日节京捌字第一一五四九号咨,以据司法行政部呈,转请解释破产财团之财产因战事影响其总额超过破产债权总额时应如何清偿疑义,咨请解释见复等由。准此,兹经本院统一解释法令会议议决,抗战前宣告破产而未终结之事件,因战事影

响,致破产财团之财产时值总额,超过破产债权总额达数十倍者,如其破产债权具备《复员后办理民事诉讼补充条例》第十二条所定增加给付之要件,应按增加给付之破产债权额,予以分配。相应咨复查照饬知。此咨行政院

**附原咨**

据司法行政部呈称,案据福建高等法院本年七月十六日文字第三八号呈称,案据厦门地方法院院长柯凌汉本年六月二十五日民爱字第一四六号代电称,窃维破产程序因债务人不能清偿债务而开始,原以平均分配为目的,兹有抗战前宣告破产而未终结之案件,间因战事影响,致破产财团之财产时值总额,超过破产债权总额达数十倍之巨,其应如何清偿债务,债权人、破产人两方面遂大起争执,于此可分为两说。(甲)说主张,债务人因其财产不足清偿债务始宣告破产,宣告后破产人所有财产全部属于破产财团,此项财产如有贬值,既与破产人无干,其损失归诸债权人,则如有增值,其利益亦应归诸债权人,方得其平。况现在破产财团之财产,并非根本上增值,乃币值低落之结果,更应以其全部,比照债额,扫数分配于各债权人。(乙)说主张,债务人因其财产不足清偿债务而宣告破产,如破产后破产财团之财产总额,按诸时值,足敷清偿破产债权而有余,则破产人愿照破产债权总额十足清偿债务,而终结破产程序,并非法律所不许。至现时法币之价值与宣告破产时法币之价值显有差额,债权人因此所受之损害,只得另行诉请补偿,不能遽将破产财团所有之财产,扫数分配于债权人。以上两说,以何说为是。如以(乙)说为是,得以破产财团之财产先照原债权额十足清偿,而终结破产程序,则清偿后所余之财产,是否应即时交还破产人。事关法律疑义,理合电请鉴核示遵等情。据此,案关解释法律,本院未敢擅专,具呈转请钧长鉴核,俯赐予以解释,指令祇遵等情到部。事关法律疑义,理合备文呈请钧院鉴核,转送司法院解释,俾便饬遵等情。据此,事关法律疑义,相应咨请贵院解释见复为荷。此咨

**院解字第三二六二号**

**三十五年十月十六日**

安徽全省保安司令部鉴,未东电暨未微代电均悉,兹经本院统一解释法令会议议决,县长兼军法官纵因办理军法案件被诉杀人,仍应归普通法院审判。特电复请查照。司法院酉铣印

**附原代电**

南京司法院院长居钧鉴,查县长兼军法官办理军法案件被诉,应由何机关审判,颇有疑义,经以秘民保法(卅五)未东电请核示在案。兹恐译电有误,谨再抄同原件,电请鉴核。安徽省政府主席兼全省保安司令李品仙秘民保法(卅五)未微印,附抄呈未东电一件。

**附原抄代电**

急南京司法院院长居钧鉴,查县长处理军法案件,曾委兼军法官,自县长及地方行政长官兼理军法暂行办法颁行后,以已赋与军法职权,故不再委军法官名义,嗣因县长不兼军法

官不足引起社会观感与重视,复奉国民政府军事委员会及行政院民国三十一年八月十三日会令,各县县长仍由全省保安司令部委兼军法官。又查各县自民国二十九年二月一日成立国民兵团后,团部之下,辖有自卫队、常备队、后备队,名称不同,性质亦异,钧院二十九年七月二十六日院字第二零四零号及卅年三月一日院字第二一四二号解释,对于上述各队官兵身份,指示甚详,其说明自卫队官兵之有军人身份,尤为明白。钧院卅三年一月十五日院字第二六三五号解释,对于上述第二一四二号之解释,固有所变更,但细阅第二六三五号解释,对于自卫队官兵之有军人身份,似尚未并予变更,是自卫队官兵仍有军人身份。兹有自卫队士兵与普通人民共同犯罪被诉,某县长兼军法官,先以军法程序办理,因办理该案被诉杀人,有说依照钧院二十九年七月二十六日院字第二零三九号解释,应归法院审判。有说钧院二十九年七月二十六日院字第二零三九号解释,系以依县长及地方行政长官兼理军法暂行办法之规定兼理军法事务之县长为对象,县长兼军法官办理军法案件被诉,由何处审判,钧院未予解释,应依照军事委员会二十九年一月十日法审(廿九)渝一字第三四八号解释,归军法机关审判。究以何说为是,敬祈示遵。安徽省政府主席兼全省保安司令李品仙秘民保法(卅五)未东印

**院解字第三二六三号**

**三十五年十月十六日**

广西高等法院览,辰巧代电悉,永福县司法处所请解释一案,业经本院统一解释法令会议议决,现行货物税条例(已废止之货物统税条例亦同),关于违反货物税案件,并无没收明文,仅有没入其货件或货品之规定。此项没入,显系行政处分,自毋庸由司法机关裁定。合电转饬知照。司法院酉谏印

**附原代电**

南京司法院院长居钧鉴,案据永福县司法处本年五月永乙字第一零七号冬代电称,查关于违反货物统税案件,除依法科处罚锾外,其违反统税货物之没收,是否亦由司法机关裁定,其裁定是否于裁定罚锾时同时为之,法无明文规定,本处未敢擅专,谨电察核迅赐示遵等情。据此,案关适用法律疑义,职院未便擅专,理合电请察核,俯予解释示遵,俾便转饬遵照。署广西高等法院院长申守真辰巧刑甲印

**院解字第三二六四号**

**三十五年十月十六日**

**令湖南高等法院**

三十五年五月二十四日呈一件,为适用修正《民事诉讼法》发生疑义数点,呈请解释示遵由。

呈悉,业经本院统一解释法令会议议决,(一)《民事诉讼法》第七十条第一项但书,所谓

选任代理人,不仅指代理人以本人名义选任他人为代理人而言,代理人以自己名义选任复代理人,亦包含在内。(二)《民事诉讼法》第一百九十条第二项,系属训示规定,法院如不依其规定办理,惟生承办人员废弛职务之问题,同条第一项所定效力之发生,不因此而受影响。(三)第二审法院发见第一审判决于诉讼标的之一部或诉讼费用裁判有脱漏时,不问当事人曾否声请补充判决,均应就上诉部分予以进行,不得将卷宗发还第一审,命其就脱漏部分补判后再行送卷。(四)依原告在第一审所诉之事实,并依其第二审提出之书状所主张之事实,其诉在法律上显无理由者,依《民事诉讼法》第四百六十条之规定,同法第二百四十九条第二项,于第二审程序亦准用之。(五)调解成立者,依民事诉讼法第四百二十一条第一项之规定,与诉讼上和解有同一之效力,同法第三百八十条第三项之规定,于当事人主张调解有无效或得撤销之原因而提起之诉,实具有同一之法律理由,自应类推适用。仰即知照。此令

**附原呈**

兹因适用修正《民事诉讼法》发生疑义数点,亟待请求解释,谨分别胪陈如下。(一)第七零条第一项但书,所谓诉讼代理人选任代理非受特别委任不得为之者,是否专指可代当事人另选代理人而言,抑包括代理人?如果有必要情形而应选任复代理人时,亦应受此特别委任之限制。(二)第一九零条第二项,所谓法院应于其效力发生前十日通知当事人云云,如果两造通知均未届期送达,或原告或上诉人已届期送达,而对于被告或被上诉人之通知,并未如期送达,是否仍生视为撤回其诉或上诉之效力?(三)第二三三条第三项规定,当事人就脱漏部份声明不服者,以声请补充判决论。如果第一审有此情形,而为第二审所发觉,是否可为当事人利益计,即将卷宗发还原审,命其就漏判部份补判后再行送卷,以便当事人对于补判部分如有不服亦可并予受理,抑应先就上诉部分予以进行?(四)第二四九条第二项之规定,是否可依同法第四六零条之规定,准用于第二审程序,抑因第二审应受同法第四五零条之限制,而不能准用?(五)第三八零条第三项之规定,是否当事人主张调解有效或得撤销之原因,另行提起诉讼时,亦可类推解释,而准用之?以上各点,联系法律疑义,理合具文呈请钧院鉴核,俯赐解释示遵。谨呈司法院院长居代理湖南高等法院院长余览

**院解字第三二六五号**

**三十五年十月十七日**

案准贵院本年七月十六日节京捌字第五七七五号咨,以据司法行政部呈,转请解释升任或调任人员未赴新职因案停职未受处分仍到新职其到职停职期内俸给应否补给并如何补给疑义,咨请解释见复等由。准此,兹经本院统一解释法令会议议决,升任调任人员,于升任调任后,未赴新职前,依公务员惩戒法第十六条第一项、第二项,停止职务,未受处分者,依同条第三项之规定,于赴新职后,自应按照新职俸额,补给其因停止职务而不能赴新职期内之俸给。相应咨复查照饬知。此咨行政院

**附原咨**

据司法行政部本年七月六日京呈叁字第四八〇号呈称，案据四川高等法院本年五月十五日人字第二九二三号呈称，查司法院三十三年九月五日院字第二七四六号解释，依《公务员惩戒法》第十六条第一项或第二项停止职务之公务员，未受免职处分或科刑之判决者，如已调任同官等之他职，即属已经复职，依同条第三项之规定，自应补给停职期内之俸给。至升任或调任人员，于尚未赴新职以前，因案奉令停职，旋以案结未受处分，仍到新职，此项人员，在未赴新任前，停职期间内，应否补给其俸给，如应补给，究系依原职应支数，抑或照新职应支数，事关解释法律疑义，理合备文呈请钧部俯赐鉴核，指令祇遵等情到部。查关于原请示一节，兹有甲、乙二说。(甲)说升任或调任人员，于未赴新任前，奉令停职者，虽于案结后，因未受处分，始行就职，然以其原职既已开去，新职又未就任，似不能认其为复职，自无补给停职期内俸给之可言。(乙)说奉令停职公务员，案结后未受处分，复任同官等他职者，既准补给其停职期内俸给，则调任升任人员虽尚未就职，如不补给其停职期内俸给，似欠公允。以上二说，究以何说为当，事关法律疑义，理合呈请钧院鉴核，转送司法院解释，俾便饬遵等情。据此，案关适用法律疑义，相应咨请查照解释见复，以便饬遵为荷。此咨司法院

**院解字第三二六六号**

**三十五年十月十七日**

**令甘肃高等法院**

三十五年七月十三日呈一件，为据甘肃省银行总行函，请解释债务人以利率超过《民法》最高规定借款拖延不偿还，用何法处理疑义，呈请解释示遵由。

呈悉，业经本院统一解释法令会议议决，本年二月十八日公布施行之《银行存放款利率管理条例》，系对于《民法》第二百零五条所设之特别规定，银行放款利率如未超过该条例所定之限制，虽已超过周年百分之二十，依该条例第四条之反面解释，亦应认债权人有请求权，至在该条例施行前，中央银行依财政部令所定之利率超过周年百分之二十者，仍应依《民法》第二百零五条办理。仰即转行知照。此令

**附原呈**

案准甘肃省银行总行总业管巳字第三六〇四号公函内开，“查关于银钱业存放款利率，战时曾经财政部规定办法，由中央银行参酌当地情形，逐日公布日拆，以为同业拆放之基准，并由各地银钱业公会，报据上项日拆，议定存放款利率最高限度，报请当地中央银行核定施行等因，当由本市银行公会拟订利率，除存款部份外，至各种放款，为四分八厘至七分二厘，并经呈奉财政部核准，自上年元月份起实行在案。嗣于本年四月八日，又准本市银行同业公会通函，转奉财政部财钱庚五字第一三〇七七号训令，颁发国民政府本年二月十八日公布之《银行存放款利率管理条例》第二条内开，银行存款利率不得超过放款利率，放款之利率最高限度，由当地银钱业同业公会斟酌金融市场情形，逐日拟订同业日拆及放款日

拆两种，报请当地中央银行核定牌告施行等语亦在案。惟各银钱业同业公会，依照上项规定程序，拟订各种放款利率最高限度，通知各会员行庄一体实施，而各行庄洽订放款利率时并未超过核定限度，且较核定限度为低，但因《民法》第二百零五条曾有约定利率超过周年百分之二十者债权人对于超过部份之利息无请求权等语之规定，各债务人每以超过《民法》最高利率，对于借款到期拖延不偿，以致纠纷时生。兹查新颁《银行存放款利率管理条例》，与《民法》规定利率既相抵触，而现时各地市场通行利率，远较《民法》规定利率为高，各银钱业如遇上述利率纠葛，可否依照新颁条例，追诉清偿，并在该条例未经公布前，由银钱业同业公会，遵照财政部规定办法，核订放款利率，对于债务人有无同样追偿之权，统请贵院查照，烦为解释赐复，俾利进行，至纫公谊”等由。准此，查该行所称，纯系法律疑义，本院未便擅拟，理合呈请钧院鉴核，赐予解释，以便函转。谨呈司法院院长居，代理甘肃高等法院院长叶在畴

**院解字第三二六七号**

**三十五年十月十七日**

案准贵院本年九月二日节京捌字第一零七八九号公函，以据司法行政部呈，转请解释《复员后办理民事诉讼补充条例》第七条适用疑义，函请解释见复等由。准此，兹经本院统一解释法令会议议决，在作战期间沦陷区城内，能遵守《民法》或其他法律所定行使权利之期间者，自无《复员后办理民事诉讼补充条例》第七条之适用，在作战期间未沦陷之区域，因战事不能遵守此项期间者，则有同条之适用，原呈所列甲说，不能认为正当。相应函复查照饬知。此致行政院

**附原公函**

司法行政部本年八月二十六日呈，为转据河南高等法院电，请核示复员后办理民事诉讼补充条例第七条疑义等情，请核转解释饬遵一案，事关法律适用疑义，相应抄同原呈，函请查照解释见复为荷。

**附原抄呈**

案据河南高等法院本年八月一日恭民字第八二〇号代电开，“查《复员后办理民事诉讼补充条例》第七条上段，《民法》或其他法律规定行使权利之期间，因战事不能遵守者，于本条施行后二年内，仍得行使其权利之规定，于适用上有歧异之见解。甲说，凡在作战期间沦陷区域，均解为因战事不能遵守。乙说，虽在作战期间沦陷区域内，能行使而不行使者，不在内。丙说，凡在作战期间，即未沦陷之区域，如有因战事不能行使其权利情形，亦应适用本条例之规定。究竟孰是，事关法律疑义，理合电请示遵等情。”据此，事关法律疑义，理合呈请核转司法院解释，俾便饬知。

院解字第三二六八号

三十五年十月十七日

陕西高等法院览,辰鱼代电悉,兴平县长兼理检察职务所请解释一案,业经本院统一解释法令会议议决,伪中央储备银行钞票,曾经财政部订定收换办法,以该钞票二百元换法币一元,并自民国三十四年十二月一日起,至三十五年三月三十一日止,为收换时期,甲于三十五年三月间,携该伪钞票在乡间向乙丙行使,如其取值高于财政部所定之标准,乙丙竟受诈欺,应成立《刑法》第三百三十九条第一项之诈欺罪。合电转饬知照。司法院酉霰印

附原代电

南京司法院院长居钧鉴,案据兴平县长兼理检察职务蔡衡代电称,兹有甲于本年三月间携带伪中央储备银行钞票四十万,在乡间行使,农民乙丙俱受其欺,是否依取《缔敌伪钞票办法》第五条规定,适用《惩治汉奸条例》第二条第十款治罪,请示前来。本院查如果甲携带伪钞行使,意在扰乱金融,似可适用汉奸条例第二条第十款治罪。倘其犯意仅在欺骗,绝无扰乱金融之故意,似可以诈欺罪问拟。究应如何适用法律之处,未敢擅便,理合转请解释示遵,俾便转饬遵照。陕西高等法院院长郗朝俊叩辰鱼印

院解字第三二六九号

三十五年十月十七日

安徽高等法院览,未有代电悉,所请解释一案,业经本院统一解释法令会议议决,特种刑事案件之被告,于宣示判决后,声请覆判中,另行选任辩护人,提出委任状,向原审法院声请检阅卷证,抄录文件,原审法院自应予以准许。合电知照。司法院酉霰印

附原代电

司法院院长居钧鉴,地方法院或高等法院及其分院办理之特种刑事诉讼案件被告,于宣示判决后,声请覆判中,另行选任辩护人,提出委任状于原法院,声请调阅卷宗,抄录文件,原受理法院应否照准,此问题有二说。甲说,辩护人之选任,应于每一审级为之,原受理法院既经宣示判决,案件即已终结,被告于宣示判决后选任辩护人,其委任状虽向原法院提出,但仅得转送覆判法院核定,故其向原法院声请调阅卷宗,抄录文件,于法不合。乙说,被告于起诉后得随时选任辩护人,观立法之本旨,即谓得随时选任辩护人,自不受审级之限制,此所以防御不法或不当之攻击,亦即辩护制度所由设立者也,原受理法院于宣示判决后,被告声请覆判中,另行选任辩护人或原指定及选任辩护人声请调阅卷宗,抄录文件,原审法院即应准许。以上二说,究以何者为是,不无疑义,理合电呈钧院鉴核,俯赐解释示遵。署安徽高等法院院长廖江南叩刑电未有印

院解字第三二七〇号

三十五年十月十七日

令四川高等法院

据四川自贡地方法院本年未冬代电，以《惩治盗匪条例》第三条第一项第五款所谓聚众走私之私字疑义，电请解释遵循等情。据此，业经本院统一解释法令会议议决，《惩治盗匪条例》第三条第一项第五款所谓走私，系指贩运漏税或限制运销之货物而言。合行令仰转饬知照。此令

附原代电

南京司法院院长钧鉴，查《惩治盗匪条例》第三条第一项第五款，有"聚众走私持械拒捕"之规定，此所谓"私"，应作如何解释，兹有二说。一、狭义说，谓私乃公之相对称谓，有公始有私，该条款所谓"私"，系指漏税及限制运销（如限制食盐之不得侵越销案）之货物而言。二、广义说，谓该条款之所谓"私"，应从广义解释，贩运漏税及限制运销之货物固属走私，即贩运一切违禁物品（如鸦片吗啡等）亦应认为走私。二说究以何说为是，事关法律解释，理合电请鉴核，速赐解释，俾资遵循。四川自贡地方法院院长丁德立未冬叩

院解字第三二七一号

三十五年十月十七日

令山东高等法院

三十五年七月十一日呈一件，为处理汉奸案件条例第三条适用疑义，呈请鉴核示遵由。呈悉，业经本院统一解释法令会议议决，《处理汉奸案件条例》第二条各款所列举之同一汉奸，虽有同条例第三条协助抗战工作与有利于人民之行为，仍不得依《刑法》第七十条递减其刑。仰即知照。此令

附原呈

案据济南律师公会常务理事颜承瀚呈称：呈为呈请事，本年六月三十日本会召开第一次理监事联席会议，经监事张庆连提案，窃查《处理汉奸案件条例》第三条，前条汉奸曾为协助抗战工作或有利于人民之行为，证据确凿者，得减轻其刑，细绎该条，是协助抗战工作，得减轻其刑，而有利于人民者，亦得减轻其刑。复查《刑法》第七十条，有二种以上刑之加重或减轻者递加或递减之规定，现在关于此等案件，同一犯人确有协助抗战而最大努力者，并有利于人民确凿无疑者，是否可以递为减轻，颇滋疑义，拟请转呈解释，当经照案改决通过，记录在卷，理合录案呈请钧院鉴核示遵等情。据此，理合备文呈请钧院鉴核示遵。谨呈司法院院长居

**院解字第三二七二号**

**三十五年十月十七日**

**令江苏高等法院**

三十五年八月十六日呈一件,为据南通地方法院代电,请核示栽赃烟毒诬告他人能否由被害人径行提起自诉疑义,转呈鉴核示遵由。

呈悉,业经本院统一解释法令会议议决,《禁烟禁毒治罪条例》上,栽赃陷害诬告他人犯罪(已失效之《禁烟禁毒治罪暂行条例》规定亦同),该项犯罪之被害人,得提起自诉,并适用特种刑事诉讼程序审判之(参照本院院解字第三一四八号解释)。仰即转饬知照。此令

**附原呈**

案据南通地方法院院长朱治礼代电称,查《禁烟禁毒治罪暂行条例》,栽赃烟毒,诬告他人,现时应由法院依《特种刑事案件诉讼条例》审理之,此种案件,能否由被害人径向法院提起自诉,就《特种刑事案件诉讼条例》之精神,及该条例第一条第一项后段所载,本条例未规定者仍适用《刑事诉讼法》之一语观察,能得相异解释,如准自诉,应依何种程序审结,本院悬案待决,理合电请鉴核示遵等情。据此,事关解释法律,未便擅专,理合备文转呈,仰祈鉴核示遵。谨呈司法院院长居

**院解字第三二七三号**

**三十五年十月十八日**

案准贵院本年六月二十五日节京玖字第二九九八号咨,以据卫生署呈请解释在政府医疗机关担任医疗工作之医师应否请求登录并加入所在地医师公会疑义,咨请解释见复等由。准此,兹经本院统一解释法令会议议决,医师在政府医疗机关担任医疗工作,不得谓非执行医师业务,应依医师法第七条、第九条,向所在地县市政府呈验医师证书,请求登录,发给开业执照,并加入所在地医师公会,但不得另行执行医师业务。相应咨复查照饬知。此咨行政院

**附原咨**

据卫生署本年六月四日京医(三五)字第四一一四号呈称,案据桂林市医师公会理事长王式平呈,"以医师法规定医师非加入所在地医师公会不得开业,但(一)在政府设立之医院内或政府所设之机关执行医师业务者,(二)以医师资格而入政府卫生机关服务,不须直接诊疗病人者,是否须加入医师公会,请为解释等情。据此,查现行医师法规定,医师开业,应向所在地县市政府呈验医师证书,请求登录,发给开业执照,及非加入所在地医师公会不得开业,现任公务员之为医师者,依司法院解释,得以加入医师公会。惟在政府医疗机关担任医疗工作之医师,是否与自行开业者相同,亦应向所在地县市政府呈验医师证书,请求登录,发给开业执照,及加入所在地医师公会,法无明文规定,事关法律疑义,理合备文呈请钧

院俯赐转请司法院解释，俾有遵循”等情。相应咨请查照解释见复为荷。此咨司法院

**院解字第三二七四号**

**三十五年十月十八日**

广西高等法院览，已齐代电悉，所请解释一案，业经本院统一解释法令会议议决，某甲在伪组织所属团体服务，以居民不依伪令应捐，串同该伪团体之会长，将其拘押，追缴罚款，私自分用，不仅合于《惩治汉奸条例》第三条之规定，并触犯《惩治盗匪条例》第五条第一项第一款之罪，应依《刑法》第五十五条，从一重处断。合电知照。司法院酉巧印

**附原代电**

南京司法院院长居钧鉴，某甲在伪组织所属之团体内服务，以居民不肯依伪组织之命令应捐，串同伪组织之会长，将其拘押，追缴罚款若干，私自分用，究应仅依《惩治汉奸条例》第三条论处，抑应选择《刑法》各该当条文，再依法律竞合之法理办理。事关法律疑义，理合电请解释示遵。广西高等法院院长申守真济册戊印

**院解字第三二七五号**

**三十五年十月二十四日**

案准贵院本年七月十六日节京捌字第五七七六号咨，以据司法行政部呈，转请解释汉奸案件犯罪时期合于减刑规定者能否适用减刑办法予以减刑疑义，咨请解释见复等由。准此，兹经本院统一解释法令会议议决，汉奸案件，犯罪时期系在民国三十三年六月一日以前，后非犯唯一死刑之罪者，依减刑办法第一条，自应予以减刑。相应咨复查照饬知。此咨行政院

**附原咨**

据司法行政部本年七月六日京呈叁字第四八五号呈称，案据云南高等法院检察处卯敬代电称，据职处暂代检察官段作霖签称，案查前奉钧部三十三年七月十五日训叁字第四六四八号训令，抄发减刑办法及办理减刑案件注意事项，令饬遵办理。查减刑办法第一条，凡犯罪在中华民国三十三年六月一日以前者，减本刑二分之一，但犯唯一死刑之罪者，不予减刑等因。兹有汉奸案件，犯罪时期合于减刑办法，《惩治汉奸条例》亦无唯一死刑之罪，减刑办法又无汉奸不在减刑之列之规定，究竟汉奸合于减刑者能否援照减刑办法予以减刑，请转解释，俾便遵办等语。事关适用法律疑义，未敢擅拟，理合转请解释示遵等情到部。查汉奸案件可否依减刑办法予以减刑，现有甲、乙两说，(甲)说，查减刑办法对于汉奸并无不得减刑之规定，凡在民国三十三年六月一日以前曾充汉奸，而其以后并未触犯《惩治汉奸条例》之罪者，自应一体适用，未便独异。(乙)说，查现行减刑办法虽未将汉奸案件除外，然同为抗战期间之汉奸，徒因犯罪时期略有先后，而处罚有轻重之分，揆诸法理，似欠公平。再减刑办法订立之时，胜利尚无把握，后方法院受理之汉奸案件，亦属寥寥，立法者似未计及

汉奸减刑问题,其未将汉奸案件除外,似系一时之疏漏,去年政府制定《处理汉奸案件条例》,特对于自首减免刑罚一节,没有反对之规定,减刑办法之规定,似不能适用于汉奸案件。以上二说,究以何说为当,事关法律疑义,理合备文呈请钧院鉴核,转送司法院解释,俾便饬遵等情。据此,案关适用法律疑义,相应咨请查照解释见复,以便饬遵为荷。此咨司法院

**院解字第三二七六号**

**三十五年十月二十四日**

案准贵院本年五月十四日节京党字第五零五号公函,以据内政部呈,转请解释赌博以筹码替代财物者是否构成违警疑义,函达解释见复等由。准此,兹经本院统一解释法令会议议决,于非公共场所或非公众得出入之场所赌博,以筹码替代财物者,应依违警罚法第六十四条第八款及第二十二条办理。相应函复查照饬知。此致行政院

**附原公函**

据内政部呈,准江苏省政府寅世代电,为违警罚法第六十四条第八款规定,于非公共场所或非公众得出入之场所赌博财物者,应予处罚,如在赌案上以筹码代替计算财物者,是否构成违警,请解释等由。查赌博违警之成立,以有赌博财物之意思及赌之行为为要件,纵将财物暂时隐藏,而以筹码代替计算者,仍应构成违警,其筹码并予没收。惟事关法律解释,理合备文呈请鉴核,转送司法院解释通行,实为公便等情。相应函达查照解释见复为荷。此致司法院

**院解字第三二七七号**

**三十五年十月二十四日**

四川隆昌县政府览,未灰代电悉,所请解释一案,业经本院统一解释法令会议议决,来文所谓经收员,系受公务机关委托承办之人,果有侵占税款情事,自应成立《惩治贪污条例》第三条第二款之罪。合电知照。司法院酉迥印

**附原快邮代电**

司法院院长居钧鉴,窃查县政府经收处各乡经收员,经收各项市场管理费,原为地方经费重要收入,该项人员自系依法令从事于公务之人员。惟本县经县政会议决定,于三十四年三月公开甄选,以投中标额者,自行出具经收认状及保状,始予正式委为经收员,如其有截留短缴侵占舞弊情事,应否以贪污论罪,主张有三。(甲)说谓此项人员系依法令委用,自为公务员。(乙)说谓系含有包商性质,应视为受公务机关委托承办之人,但其侵占税款,应构成贪污罪则一。(丙)说谓此系标包税收之包商,虽经令委,不能认为公务员或受公务机关委托承办之人,乃包商与公务机关间之债权契约行为,其经收税款,在未向公务机关缴纳前,不得视为公有财物。如有拖欠,仅负民事上之债务履行责任,并无若何犯罪可言。三说究以何者为当,案关法律疑义,理合电请迅赐解释示遵为祷。四川隆昌县长杨思慈秘书刘

鹤翔代法未灰印

**院解字第三二七八号**

**三十五年十月二十四日**

山东高等法院览，申马代电悉，济南地方法院所请解释一案，业经本院统一解释法令会议议决，银行之债权于抗战期间经与该银行同名称之伪银行作为自己之债权而行使者，该伪银行即为债权之准占有人，债务人向该伪银行为清偿，经其受领者，依《民法》第三百一十条第二款之规定，以债务人不知其非债权人者为限，有清偿之效力，如债务人明知其非债权人，则依同条第三款之规定，须于该银行因而受利益之限度内，乃有清偿之效力。至该伪银行系就有物担保之债权实行担保物权而受清偿者，依同条第三款之类推适用，于该银行因而受利益之限度内，亦有清偿之效力。若该银行概括承受该伪银行之财产者，可推定该银行系因而受利益。合电转饬知照。司法院酉迴印

**附原快邮代电**

司法院院长居钧鉴，案据济南地方法院呈称，准山东省民生银行清理委员会函开，查山东省民生银行于七七事变后辗转南迁，以往经放各种贷款，抗战期间多被敌伪组织非法催收或径处理抵押品，惟各种放款正式证件尚在民行保存，并未发还债户，此项债权是否继续有效，抑中经敌伪处分即归消灭，本会负责清理，一时尚无法令依据，经提本会第三次委员会议决，函请法院解释以资参据纪录在卷，相应函请查照，赐予详细解释见复为荷等由。准此，查山东省民生银行清理委员会，既系清理伪民生银行财产，则前经敌伪处分之债权，在该行受益范围内，债权自属消灭。惟事无前例，拟请层转司法院解释，是否有当，理合备文呈请钧长鉴核示遵等情。据此，除指令外，理合电请钧院俯赐解释，俾便饬遵，实为公便。山东高寺法院院长胡绩叩申马济民印

**院解字第三二七九号**

**三十五年十月二十四日**

陕西高等法院览，午敬代电悉，所请解释一案，业经本院统一解释法令会议议决，国民兵团自卫队官兵及该团督练员之护兵，除其中正式军校出身曾授武职者外，皆不能视同军人。合电知照，司法院酉迴印

**附原快邮代电**

司法院院长居钧鉴，查国民兵团区队后备队暨乡（镇）保队预备队官兵，均系地方民兵部队性质，如非正式军校出身曾授武职之长官，皆不能视同军人，业奉院字第二六三五、第二六六七、第二六九三号解释有案。至国民兵团督练员之护兵及自卫队官兵，是否不问其出身，一律视同军人，不无疑义，悬案待决，理合电请解释，迅示祇遵。陕西高等法院院长郗朝俊呈午敬印

院解字第三二八〇号

三十五年十月二十四日

令河北高等法院

三十五年九月十四日呈一件,为据河北高等法院第一分院呈,请解释《惩治汉奸条例》第二条第一项第四款适用疑义,呈请解释示遵由。

呈悉,业经本院统一解释法令会议议决,肥皂原非军用品,某制造肥皂工社主办人,仅与日海军工厂代表订立契约,由该厂给与原料及资金,代制肥皂,供给日海军使用,不能构成《惩治汉奸条例》第二条第一项第四款之罪。仰即转饬知照。此令

附原呈

为呈请解释示遵事。窃据职院第一分院院长刘荣嵩呈称,设有某制造肥皂工社主办人,在沦陷时期内,与日寇海军工厂代表订立契约,由日寇海军工厂给与一切原料及资金,由某制造肥皂工社代制肥皂,产量甚巨,均陆续供给日寇海军军人使用,上开某工社主办人,应否负汉奸罪责,有甲、乙两说。(一)甲说谓肥皂系普通用品,并非军事上必需之物,某工社主办人,虽与日寇海军工厂代表订立契约,代制供给,究难按汉奸罪科处。(二)乙说谓肥皂固系通常用品,然既与日寇海军工厂代表订立契约,代为制造巨量肥皂,供给日寇海军军人使用,自应认为军用物品。例如被服一项,原为一般人所需要,然亦视为军用物品之一,可见军用品之解释,不在物质之种类,而在使用之属谁。某工社主办人,明知所造肥皂为日寇海军军人使用,而与之立约供给,实系触犯《惩治汉奸条例》第二条第一项第四款之罪。以上两说,究以何说为当,不无疑义,理合呈请转请解释等情。据此,理合具文呈请钧院俯赐解释示遵。谨呈司法院院长

院解字第三二八一号

三十五年十月二十四日

案准贵院本年九月六日节京捌字第一一三二五号咨,以据司法行政部呈,转请解释《出征抗敌军人婚姻保障条例》之出征二字疑义,咨请解释见复等由。准此,兹经本院统一解释法令会议议决,《出征抗敌军人婚姻保障条例》各条所称之出征期内,系指出征抗敌期内而言。抗敌战事结束后,纵令继续服役,亦不复为同条例所称之出征期内。相应咨复查照饬知。此咨行政院

附原咨

据司法行政部呈称,案据河南高等法院本年七月十八日恭民字第七〇八号呈称,案据商城县司法处本年巳检电称,查《出征抗敌军人婚姻保障条例》规定,有出征抗敌军人在出征期内一语,其出征二字,是否专限于抗敌出征期间,始得享受该条例之婚姻保障。若于抗敌战事结束后继续服役,而为国内之其他战争者,是否仍得谓为出征期内,殊滋疑义。案关

法令解释,理合电请钧座鉴核示遵等情。据此,案关法律解释,未敢擅拟,理合备文呈请钧部鉴核指示,以便转饬遵行等情到部。事关法律疑义,理合呈请钧院鉴核,转送司法院解释,俾便饬遵等情。据此,相应咨请查照解释见复为荷。此咨司法院

**附原咨**

据司法行政部本年九月十六日(京)呈(叁)字第七五零号呈称,据河南高等法院本年八月六日恭民字第八六八号呈称,前据商城县司法处已俭电,请解释出征抗敌军人于战争结束后继续服役,而为国内其他战事,是否仍得谓为出征期内,业经本院于本年七月十八日以恭民字呈文第七〇八号转请钧部核示在案,兹复据该处以《出征抗敌军人婚姻保障条例》规定,有出征抗敌军人在出征期内一语,是否以退伍复员之日,抑以三十四年九月三日战事结束之日,谓为出征期内,请解释到院。理合备文转呈钧部鉴核,一并指示,实为公便等情到部。查出征抗战军人,于战争结束后,而仍为国内战事继续服役,是否仍得谓为出征期内,前据该院转请核示,业经本部呈请钧院转请解释在案,兹据前情,理合呈请钧院迅赐核转司法院,一并解释,俾便饬遵等情。据此,查前据司法行政部呈,请解释出征军人婚姻保障条例疑义一案到院,经于本年九月六日以节京捌字第一一三二五号咨请贵院解释在案,兹据前情,相应咨请查照并案解释见复为荷。

**院解字第三二八二号**

**三十五年十月二十四日**

湖南高等法院览,午艳代电悉,所请解释一案,业经本院统一解释法令会议议决,《特种刑事案件诉讼条例》第三十条所称原审法院,系指初判法院而言,经复判法院为核准判决或撤销原判决自为判决而确定之案件,其声请再审,除《刑事诉讼法》第四一九条第三项者外,应由初判法院管辖。合电知照。司法院酉敬印

**附原代电**

南京司法院院长居钧鉴,查《特种刑事案件诉讼条例》第三十条规定,声请再审由判决之原审法院管辖云云。所谓原审法院,究作如何解释,如案经一审判处有期徒刑或无罪免诉不受理之件,未曾声请复判而确定者,其判决之原审法院即为一审法院,固无疑问。若案经复判法院为核准之判决或撤销原判决自为判决而确定时,其再审究属一审法院抑属复判法院管辖,于此有(甲)(乙)两种主张。(甲)说谓本条例第九条、第十二条第一项、第十五条、第二十二条第一项、第二十四条规定之原审法院,均系指经办一审之法院而言,于经办复判之法院,则概称复判法院,以示区别。第三十条之原审法院,应作同一之解释,但曾经复判而确定之件,如参与复判之推事,具有《刑事诉讼法》第四百十三条第一项第五款所示情形,声请再审者,则适用第三十二条第一项但书之规定,其用意与《刑事诉讼法》第四百十九条第三项相同。(乙)说谓第三十条规定之原审法院,上端冠有判决字样,与同条例第九、第十五各条所谓原审法院性质不同,应系指因某项判决而确定之法院而言,如经由复判法

院核准或改判确定者,其再审即属诸复判法院管辖,但同时有向一审法院声请者,则依第三十二条第一项但书之规定。两说未知以何说为适当,事关法律疑义,理合电恳鉴核,迅赐解释祇遵。代理湖南高等法院院长余党叩午艳印

**院解字第三二八三号**

**三十五年十月二十四日**

甘肃高等法院首席检察官览,未灰代电悉,甘肃高等法院第三分院首席检察官所请解释一案,业经本院统一解释法令会议议决,法院依行政法规所为罚锾之裁定,无须送达检察官,更不生检察官得提起抗告与否之问题。合电转饬知照。司法院酉敬印

**附原代电**

司法院院长居钧鉴,案据本院第三分院首席检察官代电称,(上略)谨查关于财务机关移送法院之含有行政性质之一切法规罚锾案件,有应请示之点二,1. 法院刑事庭对于上项移送案件所为之罚锾裁定,应否送达检察官。2. 假定检察官接受此项裁定后,能否依照普通诉讼程序,得向法院提起抗告。事关法律程序疑义,理合电请示遵等情。据此,事关法律程序疑义,本处未敢擅专,理合电请解释示遵。署甘肃高等法院首席检察官詹世铭叩未灰印

**院解字第三二八四号**

**三十五年十月二十八日**

案准贵会本年四月三十日渝会公字第三五八二号公函,以关于公职候选人检核应否以识字为限疑义,函请解释见复等由。准此,兹经本院统一解释法令会议议决,依三十年八月十五日公布施行之县参议员及乡镇民代表候选人考试暂行条例之规定,以乡镇民代表候选人检核及格者,如无三十二年五月十七日公布施行之省县公职候选人考试法所定应乙种公职候选人检核之资格,即自同法施行之日起,失其效力,无待于撤销。相应函复查照。此致考选委员会

**附原公函**

案查本会准福建省浦城县政府函,以该县汇转检核及格人员欧呀止、卢焕宝、谢森荣三名,现以不识字,经该县公职候选人应考资格审查委员会审核剔除,请备案等由到会。经查本案欧呀止等三名,前于三十一年十月十五日准该县政府汇请前来,系于三十年八月十五日,国民政府修正公布施行而现已废止之《县参议员及乡镇民代表候选人考试暂行条例》第五条第一款所定“曾充任保民大会出席人者”之资格,以乡镇民代表候选人检核及格。又查县各级组织纲要第二十五条规定,“保民大会每户出席一人”,就目前国民教育尚未普及之情形而言,其以此项资格声请检核乡镇民代表候选人者,或将有不识字之可能。而该项修正考试暂行条例,并未明白规定保民大会出席人必须识字,虽三十二年五月十七日国民政

府公布施行之《省县公职候选人考试法》，关于乙种公职候选人（乡镇民代表、乡镇长或保长候选人）之检核，对于“保民大会出席人”之资格，已加“具有国民学校毕业程度”之限制，但该项修正考试暂行条例之有效期间，应为自三十年八月十五日起，至三十二年五月十七日废止止，按之法律不溯既往之原则，即据以撤销其检核及格之资格理由，似不甚坚强。然揆之国父遗教曾谆谆以“厘订各种考试制度以救选举制度之穷”垂训，而建国大纲第十五条又确立“凡候选及任命官员，无论中央与地方，皆须经中央考试铨定资格者乃可”之原则，故凡为人民之代表与受人民之委任者，不但须经选举，尤须经过考试，其欲以铲除以财产权为取得选举资格之制度，及欲以受教育程度之深浅为进退人才之衡量者，当可不言而喻。即在财产权犹为普通选举条件之美国，如阿那巴马、卢伊西安邦、华盛顿、科内提卡特及纽约等二十余邦，其选民资格之规定，或则须能证明其可以诵读本国宪法并了解其内容，或则须能诵读本国宪法并能缮写本人之姓名，或则须能诵读本国宪法或其他法律之任何条款，或则该项了解文字之试验，不由办理选举官吏主持，而特改由学校或机关颁发识字证明书，证明各该选民确有诵读及写作之能力。彼邦规定选举人之严格，已臻是境，何况有被选举资格之候选人，此就法律上之推理解释而言，公职候选人之资格，似将以识字为其必要之条件，可以推索而得者。又查三十年八月九日国民政府公布之《乡镇组织暂行条例》第四十一条，规定保民大会之职权，第一项为“议决本保保甲规约”，第二项为“议决本保与他保间相互之公约”，第七项为“听取保办公处工作报告及向保办公处提出询问事项”，此三项议案之进行，似多少须有识字之能力，方于是非之判别，众议之从违，可充分发挥其个人独立深切之意见，而无负于保民大会出席人之职责。又查同年同月同日，国民政府公布之《乡镇民代表选举条例》第六条第二项规定，“各保选举人到选举场所后，应签名于选举人名簿，按签名人数发给选举票”，从此可知选举人之必须识字。在《县参议员及乡镇民代表候选人考试暂行条例》施行有效期间，已有法律上之根据，而由该项选举人所选出之乡镇民代表当选，而后证之《乡镇组织暂行条例》第八条关于职权之规定，如第一项之“议决乡镇概算审核乡镇决算事项”，第三项之“议决乡镇自治规约”，第四项之“议决本乡镇与他乡镇间相互之公约”，第八项之“听取乡镇公所工作报告及向乡镇公所提出询问事项”，第九条之“其他有关乡镇重要兴革事项”，率多需有较高之教育程度，方可办之而无疑，当之而无愧。且《乡镇民代表选举条例》第十一条复规定，“当选人愿否应选，应于接到通知书三日内答复，逾期不答复，视为愿应选”，则凡有可以当选资格之乡镇民代表候选人，至少必须有了解当选通知书之智识能力，似又可以比附参酌而得之。该欧呀止等三名，既各以乡镇民代表候选人检核及格，其所依据而得检核及格之《县参议员及乡镇民代表候选人考试暂行条例》，虽未明白规定必须识字，而证之以当时有效之《乡镇民代表选举条例》及《乡镇组织暂行条例》，该欧呀止等三名，虽福建省浦城县政府当时以尚未发觉其为不识字，而取得乡镇民代表候选人检核及格之资格，但就法律上之时效言，似亦应受当时有关法规之限制。此案事关考试及格资格之撤销，不得不予以郑重之考虑，相应详述国父遗教，美国政制，有关法规及其时效，与此案

经过大概情形,函请鉴察,转送统一法令解释会议,予以统一之解释,并详为见复,俾凭办理,实纫公谊。此上司法院

**院解字第三二八五号**

**三十五年十一月二日**

甘肃省政府览,申文代电悉,所请解释一案,业经本院统一解释法令会议议决,父母为未成年子女订定之婚约,当然无效,无待于解除,女方以其与出征抗敌军人之婚约,系于未成年时,由父母代为订定为理由,提起确认婚约不成立之诉者,自无《出征抗敌军人婚姻保障条例》第四条之适用。合电知照。司法院戌萧印

**附原代电**

南京司法院钧鉴,未祃电奉悉,本府前未齐电,系请释有某女于未成年时由父母为订婚约,适男方中签出征,因而蹉跎婚期。现女方已成年,径向法院请求解除其婚约,应否认为无效,抑依《出征抗敌军人婚姻保障条例》第四条,应予保障,请速核释电示。甘肃省政府民二(三五)申文印

**院解字第三二八六号**

**三十五年十一月二日**

**令湖南高等法院首席检察官**

三十五年九月十一日呈一件,为据湖南高等法院第三分院首席检察官代电,转请核示盗匪案件减刑裁定疑义呈请解释饬遵由。

呈悉,业经本院统一解释法令会议议决,依减刑办法第四条,应由县政府以裁定减刑之盗匪案件,移交地方法院接收后,其减刑裁定,应由该地方法院为之。仰即转饬知照。此令

**附原呈**

案据湖南高等法院第三分院首席检察官寿璞三十五年八月二十四日总文第一二一号代电称,据常德地方法院首席检察官李启慧本年八月二十一日呈字第二三三号呈,以准常德县政府移送文道富龚沙婆等盗匪减刑一案卷。查该案系常德县政府于三十三年五月十二日,判决龚沙婆处无期徒刑,文道富处有期徒刑十年,呈奉湖南省政府主席兼省保安司令三十四年十二月二十五日长保法字第一八〇六号代电,转奉军事委会法审(三十四)渝三字第五三八一号指令纠正核准,并饬知该被告等犯罪均在三十三年六月一日以前,应依减刑办法裁定减刑。常德县政府依照军法执行总监部三十三年九月二十七日法(三十三)高渝字第六七九号公函,限三十四年三月底特种刑事案件办理结束之规定,于本年一月二十一日将该案移送本处。查减刑办法第四条固有“依本办法应减刑之案件,未经裁判确定者,于裁判时行之已经裁判确定者,由最后审理事实之法院或其他相当官署以裁定行之”之规定。但本案由军法机关初判在三十三年六月十七日,减刑办法公布施行以前,而核准判决三十

四年三月底，特种刑事案件办理结束之后，依被告犯罪时期在三十三年六月一日以前，确合减刑办法之规定。若申请本院裁定减刑，而本院固非最后审理事实之法院。若仍送回原审判机关裁定减刑，该原判机关现又无权裁定，究应如何办理之处，请鉴核示遵等情。据此，该被告等之减刑裁定，究竟应由原审判之常德县政府办理，抑应由常德地院办理？事关法律解释，职处未敢擅专，理合电请核示祇遵等情。据此，查核所呈情形，事关法律疑义，理合备文呈请钧院鉴核，迅赐解释饬遵。谨呈司法院院长居

**院解字第三二八七号**

**三十五年十一月二日**

**令广西高等法院首席检察官**

三十五年七月二十三日呈一件，为据广西高等法院第六分院首席检察官代电，请核示执行特种刑事案件疑义，转请解释祇遵由。

呈悉，业经本院统一解释法令会议议决，经高等法院或分院提审自为判决之特种刑事案件，虽未于主文中宣示原判决撤销，但案经提审，其初判应解为已予撤销，自应依照提审后之判决执行。仰即转饬知照。此令

**附原呈**

案据本院第六分院首席检察官胡伟然三十五年巳敬检廉字第二九一号代电呈称，兹有特种刑事案件被告，不服地方法院初审判决，声请复判，而复判法院发回更审后，认为本案事实仍不明了，乃裁定提审，经自为审判确定，送同院检察处执行，但对更审判决，并未宣告撤销，究应依“提审判决”执行，抑照“更审判决”执行，不无疑义。查对于此执行主张约有三说。甲谓，复判法院以更审判决事实尚不明了，乃依《特种刑事案件诉讼条例》第十七条规定提审，先行裁定，而后自为审判，并于理由末注明依法初判视为撤销，自应照提审判决执行。乙谓，复判法院对本案既依特刑案件诉讼条例规定提审，即应依照同条例第二十二条第一项前段，于主文栏载明将更审判决（亦可称原判撤销，并自为判决，方为适法），乃该判决只于理由末添注“本件既经提审，依法初判视为撤销”，而遍查该特刑诉讼条例，并无视为撤销之规定，不知所依何法。若谓依《县司法处复判暂行条例》第六条二项，但该条例系规定对县司法处审理普通刑案已确定判决而复判，其性质绝不相同，况本案原非县司法处为初审判决，何能比附以援引，即不能认为已属合法撤销，且该两判决认定犯罪事实完全相同，惟量刑前重后轻而已，自应依照更审判决执行。丙谓，复判法院将本案提审，未经依照特刑诉讼条例第二十二条一项规定，将更审判决明白宣告撤销，固属不合，而案经自为判决确定，亦难任意否认其存在，自应提起非常上诉纠正，俟另为适法判决，始可执行各等语。上述三说，究以何说为当，事关执行疑义，理合电请察核，迅电示遵等情。据此，理合具文转请察核解释，电示祇遵。谨呈司法院院长居

院解字第三二八八号

三十五年十一月二日

令广西高等法院首席检察官

三十五年八月二十一日呈一件,为据桂林地方法院首席检察官呈,请解释《刑事诉讼法》第十八条及第二十二条适用疑义,转请解释令遵由。

呈悉,业经本院统一解释法令会议议决,非当事人声请推事回避,经裁定驳回后,在提起抗告中,原审推事未停止诉讼程序,径行判决,不能认为违法。仰即转饬知照。此令

附原呈

案据桂林地方法院首席检察官王家骥呈称,查判决确定后,如发见该案件之审判系违背法令者,检察官应具意见书,将该案卷宗及证物,送交最高法院检察长,声请提起非常上诉,此为《刑事诉讼法》第四百三十五条所明定。设有一案,于判决确定后,发觉告诉人在刑庭审讯中,认推事有偏颇之虞,具状声请回避,刑庭以其并非当事人,予以裁定驳回,该告诉人不服,提起抗告,在抗告法院尚未裁定前,原主任推事即为判决,其裁判是否合法,兹有甲、乙两说。甲说谓,声请推事回避,依《刑事诉讼法》第十八条规定,应限于当事人,该声请人既非当事人,已不适格,其提起抗告,显无理由,原审未停止诉讼程序,径行判决,尚无不合。乙说谓,推事被声请回避者,除应急速处分者外,应即停止诉讼程序,《刑事诉讼法》第二十二条明白规定,本案声请推事回避,无论其理由如何,在抗告法院未裁定之前,应即停止诉讼程序,原审制决显属违法,应依《刑事诉讼法》第四百三十五条规定,出具意见书,声请最高法院检察长,提起非常上诉。以上两说,究以何说为是,不无疑义,此应请解释者一。又倘认乙说为是,但如抗告法院现已将告诉人之抗告驳回,则该原审判决是否仍应认为违法,此应请解释者二。事关适用法律疑义,理合具文呈请察核,伏候迅赐示遵等情。据此,按所称情形,似以甲说为是。惟事关法律疑义,理合据情转请察核解释,仍候指令,以便转饬遵照。谨呈司法院院长居

院解字第三二八九号

三十五年十一月二日

贵州高等法院览,申谏代电悉,所请解释一案,业经本院统一解释法令会议议决,请求放赎典物之诉,第一审判决主文,载为被告应将某处不动产放予原告赎取者,乃含有原告应提出原典价之意思,被告提起上诉,请求依《复员后办理民事诉讼补充条例》第十二条,增加典价之额数,不得据此谓其上诉非法律上所应准许。若被告不提起上诉,致该判决确定者,不得另行提起请求增加典价额数之诉,但基于第一审言词辩论终结后之情事变更,另行起诉者,不在此限。合电知照。司法院(戌萧)印

附原代电

司法院院长居钧鉴，兹有某甲向某乙起诉，请求放赎典产，经第一审判决，主文为“被告应将某处不动产放予原告赎取”，并无原告应提出典价若干之记载。则如，一、被告提起第二审上诉，请求依《复员后办理民事诉讼补充条例》第十二条规定，增加典价之额数，其上诉是否合法，有下列两说。甲、第一审判决并无典价数额之记载，即系未经第一审裁判之事项，不得径向第二审法院提起上诉。乙、第一审判决主文虽无典价之记载，然回赎典产，依法应提出原典价为之。第一审既判令放予赎取，即已含有原告应提出原典价之意思，当事人仍得对之声明不服，否则如该判决确定后，主文既无命原告提出典价之记载，原告即可不交付典价，而求将典产执行交付。二、该判决已经确定，被告向第一审另行提起增加给付典价之诉，是否合法，亦有下列两说。甲、前确定判决既无提出典价之记载，自得另行起诉。乙、放赎之判决含有出典人应提出原典价之意思，即系已经判决确定之事项，不得再行起诉。究以何说为是，理合电请鉴核示遵。贵州高等法院院长李学灯申谏叩

院解字第三二九〇号

三十五年十一月四日

令四川高等法院

据四川高等法院第一分院本年卯蒸代电，以印花税法第三条第三款适用疑义，电请解释示遵等情。据此，业经本院统一解释法令会议议决，政府机关于其依《非常时期农矿工商管理条例》第二十五条及经济部《管理煤炭办法大纲》第八条，经济部《燃料管理处办理各矿存煤垫款办法》第三条，协助救济或垫借之款，收回时发给之收据，得依印花税法第三条第三款规定，免纳印花税。合行令仰转饬知照。此令

附原代电

司法院院长居钧鉴，查依《非常时期农矿工商管理条例》第二十五条予以协助之款，与依经济部《管理煤炭办法大纲》第八条设法救济贷与之款，及依经济部燃料管理处办理各矿存煤垫款办法第三条之垫款，是否为印花税法第三条第三款规定之公款，其关于此类款项收回时发给之收据，是否为处理公款所发之凭证，均在应免纳印花税之列，解释上不无疑义，兹就解释歧异两说，分列于下。甲说，依《非常时期农矿工商管理条例》第二十五条协助之款，及依经济部《管理煤炭办法大纲》第八条救济之款，与经济部《燃料管理处办理各矿存煤垫款办法》第三条解释垫款之性质，均为基于公经济状况之要求，而由主管机关以职权予以救济援助垫借之款，该类款项既非基于私法上之法律关系而发生，其主管机关收回该类款项发给之收据，即系处理公款所发之凭证，依印花税法第三条第三款，当然在免纳印花税之列。乙说，依《非常时期农矿工商管理条例》第二十五条予以协助之款，及依经济部《管理煤炭办法大纲》第八条救济之款，与依经济部《燃料管理处办理各矿存煤垫款办法》所垫之款，均属借贷性质，借款人于返还借款时，并附以息金清偿，自系债务之履行，债权人虽为国

家机关基于公益之要求而为职务上应有之行为,要不过国家机关与私人间之私法上之法律行为,其于债务人清偿债务后所发给之收据,即系印花税法第十六条税率表第二目所载之收据,究与同法第三条第三款因处理公款所发之凭证不同。以上两说,究以何说为当,事关法律疑义,理合电请钧院鉴核,俯赐迅予解释示遵。代理四川高等法院第一分院院长龙天植叩卯蒸印

**院解字第三二九一号**

**三十五年十一月四日**

案准贵院本年九月四日节京伍字第一一〇七八号咨,以据司法行政部呈,转请解释伪造变造伪中国联合准备银行纸币及美钞适用法律疑义,咨请解释见复等由。准此,兹经本院统一解释法令会议议决,(一)单纯伪造变造伪中国联合准备银行纸币,事在准许兑换法币以前,不成立犯罪,但已达于行使之程度,则应依诈欺罪论科。倘在准许兑换法币期内,伪造变造此项纸币时,应依伪造变造有价证券论罪。(二)美钞现在国内交易上既有流通效力,自属有价证券之一种,如有伪造变造者,应依《刑法》第二百零一条第一项处断。相应咨复查照饬知。此咨行政院

**附原咨**

据司法行政部呈称,案据北平地方法院本年六月二十四日代字第二十八号代电称,查《刑法》上所称货币纸币银行券,必以经政府准许发行之银行所发行者为限。伪中国联合准备银行之钞票(俗称联币),其发行原未经我政府准许,如果伪造变造此项钞票,应认为何种犯罪行为,兹有三说。(甲)说,伪联币虽非我政府准许发行,但在日寇投降后,有准其以五比一兑换法币之明令,且在交易上有流通效力,伪造变造联币,应以伪造变造有价证券论。(乙)说,联币既未经我政府准许发行,其可兑换法币,不外一时之过渡措施,虽在交易上有流通效力,不能认为有价证券。伪造变造联币,应以诈欺论罪。(丙)说,伪造变造联币,是否应认为伪造变造有价证券,抑依诈欺论罪,须以我政府准许联币兑换法币时为准,即伪造变造联币,在开始准许兑换法币前,以诈欺论罪,在开始准许兑换后,应以伪造变造有价证券论罪。上列三说,固各言之成理,惟查诈欺罪之成立,系以诈术使人为物之交付或得财产上不法之利益为构成要件之一。伪造变造联币,以诈欺论罪时,如未达行使阶段,即未将伪造变造之联币向外行使时,尚难认为犯罪,似与一般社会观念不免刺谬,无足以使犯者有所惩警。又关于伪造美钞,亦分两说。(甲)说,美钞在国内交易上有流通效力,国家银行并有兑换价目,似属有价证券,伪造变造此项钞票,应以伪造变造有价证券论罪。(乙)说,国家银行所定美钞兑换价目,不过为国际汇兑率,而在我国境内,并无流通市场之效力,要难认为具有有价证券之特质,伪造美钞,只能以诈欺论罪。其未达于对外行使阶段者,既无被害之人,即不能处罚。以上两说,未知孰是,案关法律疑问,理合电请核示祇遵等情。据此,事关法律解释疑义,理合呈请钧院转送司法院解释,俾便饬遵等情。事关解释法律疑义,相应

咨请查照解释见复,以便饬遵。此咨司法院

**院解字第三二九二号**

**三十五年十一月四日**

案准贵部本年九月二十六日(三十五)法高字第零零八零零号公函,以据第二绥靖区司令部代电,为请核示伪造奸匪所出之北海票应否成立伪造货币罪疑义,函请解释见复等由。准此,兹经本院统一解释法令会议议决,单纯伪造伪北海票,不能成立《刑法》上伪造货币罪。惟伪造后如已达于行使之程度,则应依《刑法》上诈欺罪论科。相应函复查照饬知。此致国防部

**附原函**

案据第二绥靖区司令部本年八月十四日法审明字第一一八六号代电称,本部受理伪造奸匪所出伪北海票一案,此种钞票,亦系交易之媒介,与公众信用有关,对之有伪造行为,能否成立犯罪,法无明文适用时,即生疑义。查通常所称货币,系指制造权专属于国家而有法定适用力者而言,伪北海票虽在匪区流通,但其发行既非出于国家,又未经政府许可,伪造此种钞票者,应否成立《刑法》上伪造货币罪,有积极消极两说。主张积极说者谓,伪造货币之所以成罪,为预防人民因疑货币之真伪,以致妨害社会间交易上之信用而设,非因其侵害国家之制造发行权,《刑法》上始认其为罪也。伪北海票既在本国领土以内通行,而行使者又均系本国人民,如有伪造情事发生,虽无损于政府专有之制造权,而于交易上之信用,颇足扰害,故应成立伪造货币罪。主张消极说者谓,《刑法》上所称货币,指制造权专属于国家而有法定通行力者而言,其立法之本意,重在禁遏私制,以保国币之信用。伪北海票虽在匪区流通,然其制造权既非出于国家,又未经政府许可,法律上实无保护之必要,故不应成立伪造货币罪。二说究以何说为当,理合电请鉴核示遵等情。事关解释法令疑义,谨函请惠予解释见复,以凭饬遵为祷。此致司法院

**院解字第三二九三号**

**三十五年十一月五日**

国防部鉴申俭法高代电悉,兹经本院统一解释法令会议议决,《出征抗敌军人婚姻保障条例》第七条所规定者,为《民法》第九百八十七条所包含之事项,出征抗敌军人之妻,于其夫死亡后未逾六个月而改嫁,固系违反同条例第七条之规定,亦即违反《民法》第九百八十七条之规定,自可依《民法》第九百九十四条办理。特电复请查照饬知。司法院(戌微)印

**附原代电**

司法院赐鉴,案据福建省军管区司令部三十五(法)字第六八七四号代电称,据顺昌县政府代电称,查奉颁《出征抗敌军人婚姻保障条例》第七条规定,出征抗敌军人之妻,自其夫死亡逾六个月后,始得再婚,倘出征军人死亡后未满六个月,而其妻竟行改嫁,依法应如何

处理,谨电核示等情。据此,电请核示等情。事关法律疑义,谨电请惠予解释见复,以凭饬遵为祷。国防部申俭法高印

**院解字第三二九四号**

**三十五年十一月五日**

国防部鉴,酉江法高代电悉,兹经本院统一解释法令会议议决,本院院解字第三一九一号代电,系就作战期内在台湾之日本军政人员未受俘虏者而为解释,至在台湾之日军俘虏,于作战期内,对日本国或台湾人民构成犯罪行为,自应依《陆海空军审判法》第十四条及《俘虏处理规则》第三十八条办理。特电复请查照饬知。司法院(戌微)印

**附原代电**

司法院赐鉴,本年八月院解字第三一九一号未哿代电奉悉,经饬据台湾省警备总司令部本年申巧总法审代电称,查自日本投降后,在台湾之日军均为俘虏,如于台湾光复后,查悉日军俘虏于作战期内对日本国或台湾人民,有犯罪行为,是否依司法院院解字第三一九一号解释,由在台湾管辖法院依其所犯罪名,适用《刑事诉讼法》追诉处罚,抑应依《陆海空军审判法》第十四条及《俘虏处理规则》第三十八条规定,由军法机关组织军法会审审判,不无疑义,乞电示祇遵等情。案关管辖疑义,谨再电请惠予迅赐解释见复,以凭饬遵为祷。国防部酉江法高印

**院解字第三二九五号**

**三十五年十一月五日**

国防部鉴,申寒勤法高代电悉,兹经本院统一解释法令会议议决,盗匪虽未处罚,被害人就被刼之财物,仍得对之提起民事诉讼,请求赔偿。特电复请查照分别饬知。司法院(戌微)印

**附原代电**

司法院赐鉴,案据川黔湘鄂边区绥靖公署本年七月黔边绥法(甲)字第一零五八号代电称,据湖南第八区行政督察专员兼保安司令张中宁本年六月二十九日宁法字第五六六零号代电称,查遵照奉颁《盗匪自新及免罪暂行办法》之规定,盗匪于自新期满后,可予免罪。据此解释,对其以往所犯抢劫案件,似应不予追究,但被害人如申请责令赔偿其被劫之财物,经查明确系自新盗匪所为,且该匪家财足资偿付者,如不勒令赔偿,似失法律之公平,且有抢劫后即行自新者,如不赔偿,将使一般人视抢劫为无关重要。如果勒令赔偿,又恐影响盗匪自新之意向,究应如何办理之处,理合电请鉴核示遵等情。查盗匪经核准自新后,如有对其自新前之犯行提起告诉者,应依《刑法》第三零一条第一款,谕知免刑之判决,曾经军委会三十二年三月渝法棋宪法电规定有案,据称自新人应否赔偿被害人损失财物,原系附带问题,究以刑事为据,并予免除责任,抑依刑诉法第五零七条第一项办理,除指复外,谨电转请

鉴核示遵。复据湖南全省保安司令部本年保法一午元电称,盗匪自新后,被害人请求赔偿无形被其劫夺之财物,应迅乞电示遵各等情。查盗匪案件已移归司法管辖,相应一并电请惠予迅赐解释见复,以凭分饬遵照为荷。国防部申寒勤法高印

**院解字第三二九六号**

**三十五年十一月十五日**

浙江省保安司令部鉴,本年卯元法缶代电悉,兹经本院统一解释法令会议议决,某甲虽被某部队强拉入伍,如已取得军籍,仍应认为原属军人,嗣复随同所隶长官投充伪军,到处焚劫,依《处理汉奸案件条例》第五条之规定,应受军事审判。特电复请查照。司法院(戌咸)印

**附原代电**

重庆司法院长居钧鉴,某甲被某部队非法强拉入伍后,随所隶长官附逆,充当伪军,到处焚劫,胜利后逃归原籍,兹被告发,应否视为原属军人复任伪职,受军事审判。乞核释示遵。(三五)(杭)浙江省保安司令部叩卯元法缶

**院解字第三二九七号**

**三十五年十一月十五日**

国防部鉴,申文勤法高代电悉,第一战区司令长官司令部代电,请核示团长兼屯恳处长向商旅征收保护费,是否合于贪污罪行一案。兹经本院统一解释法令会议议决,屯垦处长对于屯垦地区内来往客商派兵保护,并非其主管或监督之事务,其向客商收取保护费,如系利用其职务上之机会以图利者,自系构成《惩治贪污条例》第三条第七款之罪。若因开垦经费不敷,借此弥补,纵其目的为图利公库,而对此不应征收之入款故意征收者,亦应负《刑法》第一百二十九条第一项之罪责。特电复请查照饬知。司法院(戌咸)印

**附原代电**

司法院赐鉴,案据第一战区司令长官司令部本年未东严(三五)一慈字第二四二零号代电称,兹有被告原为某集团军派骑兵团团长兼屯垦处长,同时脱离建制,停发薪饷,该屯垦地带毗邻奸区,零匪滋扰,商民裹足,自被告率兵屯垦以来,商旅为便,仍照乡公所旧例,请求派兵护送,愿送保护费,以策安全,被告亦以开垦所得不足维持,乃盼借此弥补,经呈准原属集团军总部核准,共收保护费数百万元,嗣由地方行政机关以被告有包庇走私征收保护费破坏政令请办,兹于审判上发生疑义,有甲乙二说。(甲)说,(一)查被告征收保护费,系出于客商之请求,无借势借端勒索勒征财物之行为。(二)屯恳机关对于客商无护送之义务,虽征收保护费,亦非对于违背职务上之行为。(三)屯垦处长派兵护送商旅,固系利用职务上之机会,但征收保护费未用诈取之手段。(四)派兵护送商旅所得财物,悉用为国家养兵,并无图利企图,总上各节,被告之行为不足构成刑罚上之要件,应认为无罪。(乙)说,

(一)被告奉令屯垦,纵令停发薪饷,应努力生产以自给,不得其他征收费用。(二)该屯垦区既有乡公所,其保护商旅,可由乡公所负责,被告何必越俎代庖。(三)该项征收保护费未经中央核准,纵由该管集团军批准,而征收亦属违法。(四)征收保护费既无征收标准,商旅在其保护之下,自可予取予求,总上各款,被告应负借端勒征罪责。以上二说,未知孰是,谨电呈察核示遵等情。事关法律疑义,相应电请惠予迅赐解释见复,以凭饬遵为荷。国防部申文勤法高印

**院解字第三二九八号**

**三十五年十一月十五日**

国防部鉴酉鱼法高代电悉,陕西省保安司令部呈请解释《军事犯调服劳役暂行办法》第五条疑义一案,兹经本院统一解释法令会议议决,军事犯调服劳役,如因服役已毕,刑期未满,由服役或调役机关送回执行机关继续执行者,该执行机关仍应参照《军事犯调服劳役暂行办法》第五条所定标准办理,无期徒刑人犯以调役届满五年为其执行刑期,其服役日数以一日折抵执行刑期一日,有期徒刑人犯仍以残余刑期为其执行刑期,但其服役日数以一日折抵执行刑期三日,至调役人犯在调役期内因具有同暂行办法第十四条第一项第一款至第四款行为之一,因而撤销其调役者,其调役之日数不能算入刑期,仍由执行机关依照原判决所定徒刑,继续执行。特电复请查照饬知,司法院(戌咸)印

**附原代电**

司法院赐鉴,据本部联勤总部呈陕西省保安司令部呈请解释军事犯调服劳役暂行办法第五条疑义一案,事关法律疑义,相应抄同原呈,电请惠予解释见复,以凭饬遵为祷。

**附原抄呈**

案据汧阳县政府本年八月二日府法字第三二四号呈称,查《军事犯调服劳役暂行办法》第五条第一项规定,调役之日期准予折抵刑期,调役届满下列年限者,以已执行期满论,一、无期徒刑满五年者,二、有期徒刑人犯依其残余刑期满三分之一者,是服役期间均较原判刑期为短,倘因有同办法第十三条后段之情形,送回执行,或第十四条之情形,撤销其调役时,第五条所定调役之日期,准予折抵刑期,其计算系服役一日抵刑期一日,抑系有期徒刑服役一日抵刑期三日,及无期徒刑如何核计,均无明确规定,计算余刑,殊感困难。若依前者核计,则于第十三条后段之人犯失之过苛,若依后者核计,则于第十四条之人犯又嫌轻纵,事关法令,未敢臆断,理合具文呈请鉴核示遵等情前来。查事关法令解释,理合据情呈请鉴核示遵。

**院解字第三二九九号**

**三十五年十一月十五日**

案准贵院本年九月十三日节京台字第一二二零二号公函,以据内政部呈,转请核示非

民选之区长可否竞选市参议员疑义，函请解释见复等由。准此，兹经本院统一解释法令会议议决，省辖市政府委任而非民选之区长及其所属职员，均系公务员，依市参议员选举条例第三条第一项第一款之规定，停止其被选举权，自不得当选为市参议员。相应函复查照饬知。此致行政院

**附原公函**

据内政部呈称，据浙江省民政厅辰敬致代电，请示省辖市政府委任而非民选之区长，可否竞选市参议员，当选后可否兼任原职等情。查市区区长及其余区公所人员，应视为公务员抑公职人员，法无明文规定，如视为公务员，依照市参议员选举条例第三条第一款之规定，应停止其被选举权，如视为公职人员，似得当选为市参议员，至当选后可否比照乡镇长得兼任县参议员之规定，准予兼任原职，亦无规定。本部认为市“区”之地位与乡镇相当，区公所职员似应视为公职人员，得当选为市参议员，又以实施选举事属创举，选民尚未习惯，政府监督容有未周，乡镇长准予兼任县参议员，原期充实各县议事机关。惟市内人才荟集，监督较易，决议机关与执行机关人员，似仍以分离为宜。且区公所事务纷繁，如准区公所人员兼任市参议员，足以妨碍其职权之行使，故此项人员，虽得当选为市参议员，仍应择一辞职，不得兼任。至本案浙江省民政厅原电所称之委任区长，既经政府正式委任，似应视为公务员，停止其市参议员被选举权。以上所拟，是否有当，理合呈请钧院函请司法院统一解释示遵等情。相应函请查照解释见复为荷。此致司法院

**院解字第三三〇〇号**

**三十五年十一月十五日**

案准贵院本年五月十日节京捌字第二二九号咨，以据四川省政府电请核示军人与非军人共犯贪污案件审判机关疑义，咨请查核见复等由。准此，兹经本院统一解释法令会议议决，军人与非军人共犯贪污案件，军人应归军法机关审判（参照《特种刑事案件诉讼条例》第一条第一项），非军人应依《惩治贪污条例》第十一条，由普通司法机关依特种刑事案件之审判程序办理。相应咨复查照饬知。此致行政院

**附原咨**

四川省政府三十五年卯宥保三法电称，军人与非军人共犯贪污，依修正《惩治贪污条例》第十一条，其审判机关是否均归司法机关，抑或归军法机关，乞示等情到院。案关法律适用疑义，相应咨请查核见复，以便饬遵为荷。此咨司法院

**院解字第三三〇一号**

**三十五年十一月十五日**

案准贵院本年十月十四日节京捌字第一五五九二号咨，以据内政部呈请核示选举诉愿程序疑义，咨请查核见复等由。准此，兹经本院统一解释法令会议议决，民政厅厅长依《县

参议员选举条例》第三条及《市参议员选举条例》第四条为选举监督,乃民政厅厅长依法当然应任之职务,非于民政厅之外,别成一种选举监督之官署,故其为选举监督时所为之处分,仍为民政厅之处分,不服此项处分,提起诉愿者,依《诉愿法》第二条第二款之规定,应向省政府为之。相应咨复查照饬知。此咨行政院

**附原咨**

据内政部本年八月二十三日民字第九〇六号呈称,查不服省政府各厅之处分者,向省政府提起诉愿,在《诉愿法》第二条第二款,已有明文规定,唯省县市参议员之选举,系由选举监督全权督办,县及省辖市选举监督,由各该管民政厅长兼任,省及院辖市选举监督,由内政部部长兼任,如人民认为各级政府于办理选举时有损害其权利或利益,不服该管民政厅长之处分,是否仍应向该管省政府抑径向本部提起诉愿,法无明文规定,理合呈请鉴核示遵等情。查诉愿管辖官署之认定,以事务有主管性质为前提,省政府既不负选举监督之责,则对于兼任该管选举监督之民政厅长之处分,如有不服,自应以内政部为管理诉愿之管辖官署。惟案关适用法律疑义,相应咨请查核见复为荷。

**院解字第三三〇二号**

**三十五年十一月十五日**

国防部鉴,申皓防法高代电悉,河南全省保安司令部代电转请核示没收汉奸财产疑义一案,兹经本院统一解释法令会议议决,《惩治汉奸条例》第八条所谓财产,系指专属于汉奸之财产而言,不包括兄弟之财产在内,汉奸如有兄弟数人,其财产尚未分割,则该财产之查封与没收,自应以属于汉奸所有者为限,但其家属必需之生活费,仍应酌留。特电复请查照饬知。司法院(戌咸)印

**附原代电**

司法院赐鉴,案据河南全省保安司令部本年未寝保法字第一三四四〇号代电称,案查河南省政府前据渑池县政府呈送该县党政军第十次联席会报纪录讨论事项第三项称,对在逃附敌犯李耀堂等罪行家产,业经调查明确,应如何处理案,提请公决,决议屡经拘拿未获,致仍逍遥法外,应将其财产查封,由青年团、参议会、县党部各派员一人,会同费秘书前往办理,应酌留生活费若干,由查封人拟具办法,提交会报决定,并将麦季收入,令佃户送县政府等语,当经省政府以巳马代电指示在案。兹据渑池县政府秘会字第一三五号代军称,巳马汴秘特代电敬悉,对在逃附敌犯查封家产办法指示,(一)经判决定者即收归公有,其未经判决确定者,暂由公家管理,以其收益办理公益事宜,自应遵办。惟汉奸如系弟兄数人,尚未分居,且有家属,则其逆产之收没与管理,系指其全家所有之财产,抑系指具个人应分之财产,并酌留其直系亲属生活费外,予以收没与管理之处,祈核示等情。案关法律解释,理合电请钧部释示祗遵等情。事关没收汉奸财产疑义,相应电请惠予解释,以凭饬遵为祷。国防部申皓防法高印

**院解字第三三〇三号**

**三十五年十一月十八日**

案准贵院本年八月六日节京壹字第七九四一号公函，以省市县参议员犯罪其职务可否依因事故去职之规定由候补当选人递补疑义，函请解释见复等由。准此，兹经本院统一解释法令会议议决，省市县参议员为刑事被告，在诉追中者，无论是否在逃，均不能认为已因事故去职，由候补当选人递补。相应函复查照。此致行政院

**附原公函**

查省市县参议员如为在逃之现行犯，在追诉程序中，其参议员职务，可否依《县参议会组织暂行条例》第八条，因事故去职之规定，由该乡镇或团体候补当选人递补，颇滋疑义，相应函请查照解释见复为荷。此致司法院

**院解字第三三〇四号**

**三十五年十一月二十日**

案准贵院本年七月一日节京捌字第三六四八号公函，以据司法行政部呈，为沦陷前拍卖不动产未及填发权利移转证书卷宗灭失应如何办理疑义，函请解释见复等由。准此，兹经本院统一解释法令会议议决，查封拍卖之不动产，经拍定后，买受人已缴足价金，而因地方沦陷，未及填发权利移转证书，至复员后，买受人请求补发该项证书，如法院执行时已通知登记机关为查封登记，有卷可稽，并据买受人提出缴纳价金收据者，虽执行卷宗已因战事灭失，执行法院仍可据以发给权利移转证书。相应函复查照饬知。此致行政院

**附原函**

司法行政部本年六月五日（京）呈（叁）字第二九七号呈，为沦陷前拍卖不动产，未及填发权利移转证书，即卷宗灭失，如何办理一案。查案关适用法律疑义，相应抄同该部原呈，函请查照解释见复，以便饬遵。此致司法院

**附原抄呈**

案据首都地方法院辰梗电称，查强制执行中拍卖之不动产，经拍定后，并据买受人缴足价金，适值本市沦陷，未及填发权利移转证书，复员后，据买受人请求补发权利移转证书，而该项执行卷宗已因战事灭失，经命买受人及债权债务人呈验拍定裁定，据称亦同遭灭失，不能提出，遂致无从填发。遇此情形，如就买受人呈案其他证件审查（如查封拍卖时经送登记机关为查封之登记，其登记卷宗现尚存在，及买受人尚有缴纳价金之收据，经查该款确仍存院），足为确经拍定之证明时，是否得由执行法院径行参照登记卷宗所载，补发权利移转证书，抑应准用《复员后办理民事诉讼补充条例》，关于裁判及卷宗灭失更行起诉之规定，由买受人对债权债务人两造提起确认系争不动产业因拍定取得所有权之诉，判决确定后，再行填发。案关适用法律疑义，本院未便擅拟，理合电呈钧部鉴核示遵等情。查事关法律疑义，

理合呈请钧院鉴核,转送司法院解释,俾便饬遵。谨呈

**院解字第三三〇五号**

**三十五年十一月二十日**

**令湖北高等法院**

三十五年七月六日呈一件,为据县地方法院呈,请核示继续审判案件应否征收裁判费疑义,呈请鉴核示遵由。

呈悉,业经本院统一解释法令会议议决,当事人以和解有无效或得撤销之原因,请求继续审判者,不得依《民事诉讼费用法》第十五条规定,向其征收裁判费。仰即转饬知照。此令

**附抄原呈**

案据随县地方法院院长任起华呈,以关于因和解有无效或得撤销之原因,一造当事人请求继续审判案件,应否按原系属法院之审级,征收裁判费,适用法律,不无疑义,呈请核示到院。本院详加查核,有甲乙两说。(甲)说,甲乙两造因民事案件涉讼,当庭和解成立,乙造共同诉讼当事人,如以和解无效,请求续审,依《民事诉讼法》第三百八十条第二项、第三项规定,和解有无效或得撤销之原因者,当事人得请求继续审判,准用第四百九十六条、第四百九十八条关于再审之规定。而《民事诉讼费用法》第十五条规定,民事再审之诉,按起诉法院之审级,依第二条、第十二条及第十四条规定,征收裁判费,是请求继续审判案件,显应按原诉讼标的金额或价额,重新缴纳裁判费。(乙)说,查《民事诉讼法》第三百八十条第二、三两项规定,准用第四百九十六条、第四百九十条关于再审之规定者,系就诉讼程序而言,与《民事诉讼费用法》第十五条所为征收再审裁判费之规定无关。甲乙两造因民事案件涉讼,当庭和解成立,乙造共同诉讼当事人,如以和解无效,请求续审,无庸依照原诉讼标的金额或价额,重新缴纳裁判费。以上两说,似以甲说为是。惟事关法律疑义,未敢擅断,理合呈请钧院鉴核示遵,以便转饬遵照。谨呈司法院

**院解字第三三〇六号**

**三十五年十一月二十日**

**令安徽高等法院**

据安徽高等法院第三分院代电,请解释特种刑事案件声请复判疑义,俾有遵循等情。据此,业经本院统一解释法令会议议决,《特种刑事案件诉讼条例》第十六条,所谓共同被告,系指同案之被告而言,同案中之被告各别犯罪,于判决后,经有罪之被告声请复判,其无罪之被告,虽未经有声请复判权之人声请复判,但依上开规定,仍应由复判法院将该案全部予以复判。至同条例第十条,所称得由依其他法令有申诉不服权之人声请复判者,系指对于非正式法院之特种刑事判决而言。合行令仰转饬知照。此令

**附原代电**

司法院院长居钧鉴,查特种刑事案件判决后,其共同被告声请复判者,应将全案复判,此在《特种刑事案件诉讼条例》第十六条,固有明文规定。然此所谓共同被告,似指于案件有牵连之关系者而言。近来汉奸及鸦片案件,原送案机关,往往将各个独立犯罪毫无牵连关系之被告,汇案移送,有一案多至十余人者,检察官亦同样起诉。经刑庭判决后,有少数被告声请复判,是否应将全体被告一并复判,如须一并复判?设遇有有罪之被告声请复判,而无罪之被告未经有声请复判权之人声请复判者,其无罪之判决,是否待至全部复判确定后,方算确定?又同条例第十条所谓声请复判得由依其他法令有申诉不服权人为之,是否专指非正式法院之特种刑事判决而言,抑系正式法院之特刑判决,凡依《刑事诉讼法》有上诉权之人,或依其他法令有申诉不服权之人,皆得声请复判?事关法律疑义,俯乞一并赐予解释,俾有遵循。署安徽高等法院第三分院院长汪溉文未世叩

**院解字第三三〇七号**

**三十五年十一月二十日**

案准贵部本年四月八日甄资字第一九五七二号公函,以公务员因案被议决停止任用处分并未执行应如何处理疑义,函请解释等由。准此,兹经本院统一解释法令会议议决,《稽核公务员惩戒处分执行办法》第一条,所谓公务员惩戒处分,自公文到达之翌日执行,系指惩戒处分之执行力,应自公文到达之翌日发生,并非公文到达之翌日起,惩戒处分即视为业已执行,故受免职并停止任用处分者,于公文到达后,未经执行停止任用时,其期间仍应自执行处分之日起算。相应函复查照。此致铨叙部

**附原公函**

敬启者,案准内政部函送户政督导专员冷天烈遴用资格审查表过部,嘱予审核等由,查该员前在四川潼南县长任内,因庸懦贪污案,经中央公务员惩戒委员会,于三十二年五月十八日,议决免职,并停止任用一年,并经大院于三十二年七月二十四日,以明叁字第一七六一号函送议决书,嘱予备查在卷。复查该员于三十一年三月,奉四川省政府训令,免潼南县长职务,三十二年三月,任粮食部专员。根据大院二十二年二月二十日指令中央公务员惩戒委员会第三八号解释,公务员经议决免职并停止任用处分者,无论在先曾否停止职务,其停止任用之期间,均应自执行处分之日起算。依《稽核公务员惩戒处分执行办法》第一条,公务员惩戒处分,自公文到达之翌日执行。本案推定为三十二年五月三十一日公文到达四川省政府,则停止任用期间一年,应自三十二年六月一日起,至三十三年五月三十一日止。该员在此期间任粮食部专员,自系停止任用处分并未执行。而其原因,则以粮食部专员为聘用人员,在聘用派用人员管理条例公布(三十三年四月三日)前,未经管理,无从稽核惩戒处分之执行,现该员以内政部户政督导专员送审,可否于此时补予执行停止任用处分,或追缴停止任用期间所任专员之薪俸,以代执行?相应述明缘由,函请督照,惠予解释,以便办

理为荷。谨致司法院

**院解字第三三〇八号**

**三十五年十一月二十六日**

据本院秘书处签呈称,准内政部本年九月十二日民字第一一九四号公函,以奉处核复江西省政府电请核示行政官署依法科处罚金罚锾者,如须就人民财产强制执行时,依照何种程序办理一案,抄同原电,函请查核见复等由,签请鉴核等情。据此,兹经本院统一解释法令会议议决,行政官署依法科处之罚锾或类似罚锾之罚金,除法令分别有规定外,不得就人民财产强制执行。相应函请查照。此致内政部

**附原公函**

案准行政院秘书处三十五年八月十九日A(八)字第三七四六九号通知单,以江西省政府电请核示行政官署依法科处罚金罚锾者,如须就人民财产强制执行时,依照何种程序办理一案,奉谕交内政部核复,并抄送原电一件,通知到部。查行政官署依法科处罚金罚锾,就人民财产强制执行,尚无法令根据。案关法令解释,相应抄同原电,函请查核见复,以便办理为荷。

**附抄原电**

京行政院长宋密行政官署依户籍法、行政执行法及其他省市县单行法规,定科处罚金罚锾者,如须就人民财产强制执行时,依照何种程序办理,乞迅电遵。

**院解字第三三〇九号**

**三十五年十一月二十六日**

甘肃高等法院首席检察官览,未铣代电悉,武威地方法院首席检察官所请解释一案,业经本院统一解释法令会议议决,商民带货搭军用车,中途被获,如无串同军人犯罪情事,不能科以何项罪刑,其货物亦不得没收。合电转饬知照。司法院(戌宥)印

**附原快邮代电**

司法院院长居钧鉴,案据武威地方法院首席检察官代电称,查有甲、乙、丙、丁,均系商民,携带货物,搭某军用车,由某地运往某地销货,经该管机关查获,扣押货物,函送法办到处,经侦讯,得悉前情,则该商民等是否负刑事罪责,应依何法论罪科刑,此应请示者一也。假若该商民等不负刑责,自应将该项扣押之货物,照数发还,不成问题,否则该商民等科予罪刑后,其所带之货,是否依据《刑法》第三十八条规定没收之,此应请示者二也。案关适用法律疑义,未便臆断,理合电请核示祇遵等情。据此,事关法律疑义,本处未便臆断,理合电请解释示遵。

**院解字第三三一〇号**

**三十五年十一月三十日**

国防部鉴，准前军事委员会(卅五)会办电二寅佳辰代电，并附送请求解释犯罪引用条款书一份，请查照办理见复等由。准此，兹经本院统一解释法令会议议决：(一)原附件第一项所述情形，应依《陆海空军刑法》第十八条第三款处断。(二)原附件第二项所列各款，如系故意予敌人以利益，而使本国军事上蒙其损害者，自应依《陆海空军刑法》第二十条处断。(三)原附件第三项各款所述情形，自系成立《陆海空军刑法》第一百一十二条第一项之罪，因而泄漏军事上之机密者，应依同条第二项处断。(四)原附件第四项所述情形，应依《陆海空军刑法》第一百一十三条处断。(五)《陆海空军刑法》第一百一十二条、第一百一十三条之情形，如经证明其已尽不委弃于敌之方法，而不能避免者，自得依同法第一百一十四条第一项规定，减轻或免除其刑，但其遗失而不即具报者，即应分别依第一百一十二条或第一百一十三条处刑，不适用第一百一十四条第一项减免其刑。(六)原附件第六项所述情形，如在军中或戒严地犯者，应依《陆海空军刑法》第五十三条第一项处断。(七)原附件第七项所述情形，自应成立《陆海空军刑法》第五十四条之罪。(八)原附件第八项所述情形，应分别情形，适用《陆海空军刑法》第九十五条处断。特电复请查照。司法院戌卅印

**附原快邮代电**

司法院勋鉴，查黄山整军会时，据各部队长报告，历次会战失败之主因，由于军电机密泄漏者，实居多数，当经决议，严加防止，借收军机保密之效。惟查军事机密之确保，首赖密码电本之保管与使用是否依照规定以为断，而密码一科，已成为现代专门之新兴科学。(一)我国各部队长及通讯译电人员，因此种业务日趋繁复，而犯罪之事实层见迭出。处理此种泄漏军机案件，虽可援因军机防护法第一条及《陆海空军刑法》第十八条及五十四条。然以各该法条过于广泛，对于军机之各种罪行，并无具体规定，以致处断至感困难。故本会为补救计，及根据上列法条，拟订军电机密防护办法一种，将军电密本保管使用之各种特殊规定，详予罗列，俾使各级部队长通讯军官及译电人员，有所警惕，而于处断犯罪行为时，有所依据。嗣经呈奉国民政府训令，略以此案业经国防最高委员会常会决议，照法制专门委员会意见，不必另定特别《刑法》，可交立法院就军机防护法酌予修正等因，当由本会迭向立法院函商，并派员列席立法院《刑法》委员会等会议，经数次磋商，综合立法院意见，认为本会所拟军电机密防护法列举之犯罪事实，确较详细。惟其处刑轻重，既系分用《陆海空军刑法》及军机防护法，实无另订特别《刑法》之必要，虽军机防护法系属战时性质，目前正考虑取消。然在现行陆海空军范围内之条款，已足资引用，如嫌此项《刑法》条款过于概括，而引用困难，则可由本会按照原拟军电机密防护办法所列犯罪事实，咨请最高司法机关详予解释，然后根据解释，一面饬知军法机关为执法依据，一面编印军用通讯译电人员须知，普发从业人员，俾便有所警惕。本会对于是项意见，尚表赞同，兹特随电附送“请求解释犯罪引

用条款书”一份,咨请查照办理见复为荷。

**附抄请求解释犯罪引用条款书**

一、凡将密码本表及有关军电机密文件资敌者,可否引用《陆海空军刑法》第十八条第三款之行为处断?二、有下列情事之一者,可否依照《陆海空军刑法》第二十条处断?(一)译电员使用作废密码本表,以致泄漏军机者,(二)部队学校机关主管长官故意命令使用作废密码本表,以致泄漏军机者,(三)使用明码译发电报,以致泄漏军机者,(四)无线电台工作人员泄漏因业务上所知之军机者,(五)无线电台工作人员泄漏波长呼号及部队番号驻地,以致贻误军机者,(六)无线电台工作人员在值班时在机上谈话,涉及军事机密者,(七)各部队机关学校译电员译发电报,不照规定加减码,以致泄漏军机者,(八)各部队机关学校收到本会颁发之密本后,如不照规定复电收到,经四次查询仍不复,而妨碍密本启用日期,以致贻误军机者。三、在警戒地域,凡有下列情形之一者,可否依照《陆海空军刑法》第一一二条之行为处断?(一)部队机关学校主管长官遗失经管之专用密码本表或准备密码本表者,注(准备密码本表,会令规定系由各单位首长必须亲自保管,如现用密码本表一经会令作废,必须立刻启用准备密码本表,以免通讯中断之用),(二)译电人员遗失经管之现用密码本表者,(三)无线电工作人员遗失经管之现用密码本表或电底者。四、在接战地域,凡有前条情形之一者,可否依照《陆海空军刑法》第一一三条之行为处断。五、于前二条情形,如证明已尽其不委弃于敌之方法时,可否依照《陆海空军刑法》第一一四条之行为处断?遗失而不即具报者,适用何种《刑法》或惩罚刑处断?六、无线电台机件并无故障,通讯良好,而通讯工作人员未依限拍发紧急军电,以致贻误军机者,可否视其犯罚之情形,依照《陆海空军刑法》第六十四条处断?七、在情况紧急时,不尽其妥存责任,以致现用密码本表委弃于敌者,可否依照《陆海空军刑法》第五十四条之行为处断?八、携带密码本表或重要机密文件逃亡者,可否依照修正中华民国战时军律第十条之行为处断?九、上项各条,所犯之罪行,如不能适用所引之条款处断时,请惠示引用条款。

**院解字第三三一一号**

**三十五年十二月三日**

案准贵部本年九月二十五日法核(三十五)字第零零七一九号公函,以军人因不尽保管之责,致械弹等遗失,在中华民国战时军律废止后,应否适用《陆海空军刑法》第一百一十条第一项处断疑义,函请解释见复等由。准此,兹经本院统一解释法令会议议决,军人对于械弹粮饷或其他重要军用物品,不尽保管之职责,致遗失者,不包括于《陆海空军刑法》第一百一十条第一项毁损行为之内。相应函复查照。此致国防部

**附原公函**

查中华民国战时军律,业经国民政府于本年六月三日明令,自同月五日起废止在案,军人对于械弹粮饷或其他重要军用品不尽保管之责致遗失一罪,在该律废止后,应否处罚,有

甲乙两说。甲说，军律既经废止，《陆海空军刑法》第一百一十条前段，虽对于军器等不尽保管之责致毁损者，有处罚之规定，然毁损二字，与军律第十四条第一项第七款所称之遗失，意义殊不相同，军人因怠忽职务，致械弹等遗失，军律既已废止，即应作谕知无罪之判决，不能适用军《刑法》第一百一十条前段论罪。乙说，军《刑法》第一百一十条既列在违背职守罪章之内，而该条所称毁损，又系概括之规定，自应包括遗失在内，军人在军律未废止前，因不尽保管之责，致械弹等遗失，军律虽经废止，仍应适用军《刑法》第一百一十条前段处断。二说究应以何说为是，颇滋疑义，案悬待决，谨函请大院迅赐解释见复为祷。

**院解字第三三一二号**

**三十五年十二月六日**

案准贵处本年十二月二日处京字第五一〇二号公函，以准国民大会秘书处函，为牟代表震东等动议，国民大会组织法第十二条内"过半数"及"三分之二以上"之数额，应如何计算一案，经主席团会议决议，提请国民政府解释，请查照转陈等由，经呈奉主席谕，"交司法院解释呈候转送"等因，相应抄件函达查照核办见复等由。准此，兹经本院统一解释法令会议议决，计算国民大会组织法第十二条所谓出席代表之半数与三分之二总名额，在依选举方法选出之代表，以其应行选出之名额为准，在由国民政府遴定之代表，以经国民政府遴定公布者为准。相应备函奉复，即希查照转陈为荷。此致国民政府文官处

**附原公函**

准国民大会秘书处本年十一月二十九日（卅五）国秘字第七二号公函，为牟代表震东等动议，国民大会组织法第十二条内"过半数"及"三分之二以上"之数额，应如何计算一案，经主席团会议决议，提请国民政府解释，请查照转陈等由。经拟具解释字句暨理由，呈奉主席谕，"交司法院解释呈候转送"。相应抄同原件，函达查照核办见复。本处所拟解释字句及理由抄送参考此致司法院计抄，送国民大会秘书处原酉暨本处所拟解释及理由各乙件。

**附抄原函**

查十一月二十八日国民大会第三次大会，牟代表震东等十九人动议，为国民大会组织法第十二条规定，国民大会非有代表过半数之出席不得开议，其议决以出席代表过半数之同意为之，宪法之通过应有代表三分之二以上之出席……等语，所称"过半数"暨"三分之二以上"之计算，究系依照代表总名额，抑系依照国民政府已公布之名额，或系依照已报到之代表为准，提请解释一案，奉主席团会议议决，请国民政府解释纪录在卷。相应录案函请查照转陈见复为荷

**院解字第三三一三号**

**三十五年十二月七日**

案准贵院本年七月二十六日节京捌字第六九零七号咨，以据司法行政部呈，转请解释

在华台人于抗战期内有触犯《惩治汉奸条例》之罪嫌者可否以汉奸论罪疑义,咨请解释见复等由。准此,兹经本院统一解释法令会议议决,台湾人民于中日战争期内其行为构成《战争罪犯审判条例》所规定之罪者,应仍依该条例处罚。相应咨复查照饬知。此咨行政院

**附原咨**

据司法行政部本年七月十八日京呈叁字第五三六号呈称,案据上海高等法院检察处本年六月二十五日呈称,在华台人在抗战期间除被迫应征及随敌作战者外,其有触犯《惩治汉奸条例》之罪嫌者,可否以汉奸论罪,请示遵等情到部。事关法律适用疑义,理合抄同原呈,备文呈请钧院鉴核,转送司法院解释,俾便饬遵等情。据此,案关适用法律疑义,相应咨请查照解释见复,以便饬遵为荷。此咨司法院

**附抄原呈**

查《惩治汉奸条例》,关于汉奸罪刑,系就《刑法》外患罪所设之特别规定,仍与《刑法》之外患罪同一性质,凡在中华民国领域内或领域外犯该条例之汉奸罪,依《刑法》第十一条、第三条及第十五条第二项之规定,均适用之,其犯罪主体原不以本国人民为限。惟台湾人民于台湾光复前已取得日本国籍,如在抗战期内,基于其敌国人民之地位,被迫应征,随敌作战,或供职各地敌伪组织,应受国际法上之处置,自不适用《惩治汉奸条例》之规定,业奉司法院三十五年一月二十五日院解字第三〇七八号解释在案。兹查收复区内,在抗战期间,敌蹄所至,庐舍为墟,当时在华一般台湾浪人,莫不气焰万丈,凭借敌人势力,助桀为虐,或担任日军特务工作,为有利于敌伪,不利于人民,所有日人在华种种暴行,若辈台人确为重要之帮助,而其穷凶恶极,实远过于敌伪,蒙其害者不知凡几,迄今收复区内人民,尤谈虎而色变,尚有余悸,此项罪犯,如非被迫应征,亦非随敌作战,基于前开解释,"其犯罪主体原不以本国人民为限"之要旨,似可以汉奸论罪。再《惩治汉奸条例》系就《刑法》外患罪所设之特别规定,第三国人在抗战期内附依敌伪有不法之行为,尚须依法制裁,而故意为伥罪大恶极之台人,若因其为敌国人民之地位,任其规避,不置重典,于法显失其平。复查上海区敌伪产业审议委员会修正通过朝鲜台湾公私产业处理原则内载,"一、凡属朝鲜台湾人之公产,均收归国有,二、凡属朝鲜台湾人民之私产,由处理局依照行政院敌伪产业处理办法之规定,接收保管及运用,朝鲜台湾人民凡能提出确实籍贯证据,并未担任日军特务工作或凭借日人势力凌害本国人民或帮同日人逃避物资,或并无其他罪行者,经确实明后,其私产予以发还",经呈奉国民政府蒋主席批示,略以"抗战期内台人有不法行动通敌殃民者,亦应以汉奸论罪,不予宽恕"(见台湾旅沪同乡会三十五年一月十八日台字第一号通告),寻绎前开原则及批示要旨,于情法均无抵触。综上各节,在华台人在抗战期间除被迫应征及随敌作战者外,其有触犯《惩治汉奸条例》之罪嫌者,以汉奸论罪。事关法律适用,理合备文呈请钧长迅赐指令祇遵。

**院解字第三三一四号**

**三十五年十二月七日**

案准前军事委员会本年二月二十四日(卅五)法理字第二三九九号公函,以据中国陆军总司令部电,转据台湾警备总司令部电请解释日本军政人员统治台湾时于作战期间因案对其本国人等施以酷刑应否以战争罪犯论疑义,函请解释见复等由。准此,兹经本院统一解释法令会议议决,作战期内,在台湾之日本军政人员,对于本国或台湾人民,以间谍或通谋我国事件,捕施酷刑,不能认为战争罪犯,应分别其已否就俘,归由我国军法机关或普通法院审判(已见本院院解字第三一九一号及三二九四号解释)。相应函请查照饬知。此致国防部

**附原函**

案据中国陆军总司令部何总司令丑虞辉壬电,转据台湾警备总司令部子箇总法审电称,"于台湾光复后,对于日本统治台湾时之军政人员,于作战期间,对其本国或台湾人民,以间谍或通谋我国事项,捕施酷刑案件,是否不能认为战争罪犯,应分别被告身份,归由我国军法机关或司法院审训,祈核示"各等情。查此类案件既系发生于台湾光复以前,其被侵害者乃日本本国或其殖民地人民,似不能以战争罪犯论。惟事关法令解释,相应函请查照解释见复为荷。

**院解字第三三一五号**

**三十五年十二月七日**

**令湖南高等法院**

三十五年九月二十六日呈一件,为据本院第四分院代电,请解释特种刑事案件声请停止羁押适用法律疑义,呈请鉴核示遵由。

呈悉,业经本院统一解释法令会议议决,特种刑事贪污案件之被告,于初判判决后,复判进行中,因病声请停止羁押,卷宗及证物既已送该管高院复判,自应依《特种刑事案件诉讼条例》第二十七条之规定,由该复判法院裁定。仰即转饬知照。此令

**附原呈**

案据本院第四分院院长钟馥本年九月十四日代电称,兹有甲因犯贪污案件,在第一审诉讼进行中,甲因病声请停止羁押,第一审以裁定驳回,甲不服裁定,提起抗告,复判审将原裁定撤销,发回第一审另为裁定,旋经第一审判决,正在复判中,甲继续因病声请停止羁押,复判审以原裁定由第一审另为裁定,当发交第一审核办,而第一审依《特种刑事案件诉讼条例》第二十七条之规定,以无权办理,呈送复判审核办,于是适用法律发生疑义。(甲)说谓特种刑事被告系地院羁押,虽声请复判,复判审并未提审,第一审应遵抗告审前项裁定,另为裁定,方为合法。(乙)说谓声请复判等于上诉卷宗及证物已送第二审法院,依《特种刑事

案件诉讼条例》第二十七条之规定,应由第二审裁定,惟查被告系第一审羁押,对于患病情形,必须调查,往返需时,固不便利,如驳回声请停止羁押之裁定,并非不得抗告。若向第三审抗告,更受拖延。以上两说,未知孰是,理合呈请解释示遵等情。事关法律疑义,本院未便擅专,除饬候转请核示外,理合备文呈请钧院鉴核示遵。

**院解字第三三一六号**

**三十五年十二月十三日**

案准贵院本年十月五日节京捌字第一四八七八号咨,以据司法行政部呈,转请解释汉奸缓刑案件没收财产疑义,咨请解释见复等由。准此,兹经本院统一解释法令会议议决,宣告缓刑汉奸案内,关于没收财产部分,在缓刑期内,仍应暂不执行。相应咨复查照饬知。此咨行政院

**附原咨**

据司法行政部本年十月一日京呈刑字第八一六号呈称,案据浙江高等法院检察处本年未佳电称,宣告缓刑汉奸案内所没收之财产,应否仍予执行没收处分,抑因缓刑关系,即予发还,事关适用法律疑义,未敢擅专,乞电示祗遵等情到部。对于此问题,有甲乙二说,(甲)司法院院字第七八一号解释,明言缓刑之刑系指主刑并包括从刑而言,没收系从刑之一种,既宣告缓刑,除单独宣告没收,其同一判决之没收,应不予执行没收处分。(乙)汉奸财产可单独宣告没收,故主刑虽宣告缓刑,仍应单独执行没收处分。且院字第七八一号解释,请示者之内容,系专指褫夺公权,故解释时对于从刑内容之没收一种,曾未考虑及之,否则如没收违禁物内之枪炮、子弹、爆裂物、鸦片、毒品、伪币及其他伪造之文书印文,与受贿罪内之贿赂等,均可不予执行,则恐无此办法。二说未知孰是,事关适用法律疑义,理合备文呈请钧院鉴核,转送司法院解释,以便转饬遵照等情。据此,案关适用法律疑义,相应咨请查照解释见复,以便饬遵为荷。

**院解字第三三一七号**

**三十五年十二月十三日**

案准贵院本年五月十六日京秘文字第三号咨,以据考选委员会呈,转请解释省县公职候选人考试法第九条第四款所称赃私二字界说若何,与犯侵占公务上持有物罪及因诈术使人交付财物罪是否赃私等疑义,咨请解释见复等由。准此,兹经本院统一解释法令会议议决,《省县公职候选人考试法》第九条第四款所称赃私,系指贪赃营私之渎职行为而言(参照本院院解字第三零四零号解释),凡侵占公务上持有物,及利用职务上之机会诈取财物者,均包括在内。相应咨复查照饬知。此咨考试院

**附原咨**

案据考选委员会本年四月二十五日卅五渝会公字第七四二九号呈称,案准福建省政府

本年卯佳电,以省县公职候选人考试法第九条第四款之赃私案,其界说如何,又犯侵占公务上持有物罪,及因诈术使人交付财物罪,是否赃私,请核示等由。准此,查《省县公职候选人考试法》第九条等四款所称"曾因赃私处罚有案者",前经呈奉钧院令示,系以刑事处分为限有案。至赃私二字之界说若何,暨犯侵占公务上持有物罪,及因诈术使人交付财物罪,是否赃私各节,尚无明白解释,似宜确定,俾便办理。准电前由,理合备文呈请鉴核示遵等情。据此,相应咨达,即希查照解释见复,以便饬遵为荷。

**院解字第三三一八号**

**三十五年十二月十三日**

案准前航空委员会本年六月迴人发二丙京代电,以抗战终了所有航空厂库器材是否仍应认为军用物品等疑义,电请解释过院。又准空军总司令部电,请迅予解释见复等由。准此,兹经本院统一解释法令会议议决:(一)军用航空厂库器材,以足供军事上直接效用者为限,不问平时战时,均应认为军用物品。(二)《陆海空军刑法》第一百一十条,所称其他军器,不包括军用器材油料在内。(三)同条所谓毁损,不包括遗失短少失窃在内。相应函请查照饬知。此致国防部

**附原代电**

司法院公鉴查(一)院字第一〇九六号解释,军用品以军事上有直接之效用为限。又国民政府三十二年九月四日渝文字第五六二号训令,航空器材在抗战期间得视为纯粹军用物品。现值抗战终了,所有航空厂库器材,是否仍应认为军用物品?(二)《陆海空军刑法》第一百十条,所谓"其他军器",除武器外,所有军用器材油料,是否包括在内?(三)同条所谓"毁损",除毁弃损坏外,遗失短少失窃,是否包括在内?事关法律疑义,相应电请迅赐解释见复为荷。航空委员会迴人法丙京印

**院解字第三三一九号**

**三十五年十二月十三日**

**令湖南高等法院首席检察官**

三十五年二月二十二日呈一件,为据常德地方法院首席检察官呈,请核示《刑法》第一百四十八条县参议员选举条例第二十七条疑义,呈请解释示遵由。

呈悉,业经本院统一解释法令会议议决,《刑法》第一百四十八条之刺探投票内容罪,系以无记名投票上刺探其票载之内容为要件。如仅于无记名投票时在选举票背面记载亚拉伯字或其他符号,并无刺探他人无记名投票所载内容之情形,即与该条之规定不合。至此项背面书写亚拉伯字之选举票是否无效问题,依《县参议员选举条例》第三十七条规定,应由选举监督解释,非选举监督或其上级机关请求解释者,不予解答。仰即转饬知照。此令

**附原呈**

据常德地方法院首席检察官李启慧本年元月二十六日呈字第二五号呈称,案据检察官夏炳亚本年元月二十日呈称,为请层转解释事,窃查《刑法》第一百四十八条前段规定,“于无记名之投票刺探票载之内容者”两句之立法意旨,系指以秘密之手段刺探票载之内容,对于刺探之表示,未明白指出以何种手段施之于何种物体或何种事实上方能构成,适用上不无疑义。某镇选举,以无记名方法投票,揭晓后,发现其当选票中,有四张选票背面,(一)69号之右上角有亚拉伯“1”字,左下角有亚拉伯“4”字,(二)72号之右上角有“3”字,左下角“2”字,(三)76号之右上角“1”,左下角“7”字,(四)65号左下角“7”字等情况,原始在场监选人及办理选举会之主席及投票人,均未及注意,事后发生争执甚烈。参以上开条文,既未具体记名,依《刑法》第一条,显无明文规定,碍难遽予处罚,而县参议员选举条例第二十七条各款,对于选举票之无效规定,亦无于其背面记载亚拉伯字样之规定,尤不敢率予比附为无效之宣告,而各关系人纷争尤极剧烈。究竟前项事实,于票之背面记载亚拉伯之选举人,未当场剔出之监选人,及在场选举会之主席,暨未在场而得有此项记载票之当选人,各应负担何项责任。案关法律疑义,未便遽予决定,应请层转司法院赐予解释,指令祇遵等情。据此,理合据情转呈钧座鉴核示遵等情。据此,事关法律疑义,除指令外,理合备文呈请钧院鉴核,解释示遵。

**院解字第三三二〇号**

**三十五年十二月十五日**

案准贵处本年十二月十四日处京字第五四三六号公函,以准国民大会秘书处本年十二月十三日国秘字第三八零号函,以前准函复司法院解释国民大会组织法第十二条疑义一案,经转陈主席团,当以此项解释尚有疑义,应请再加解释,希即转陈办理见复等由,经陈奉陈主席谕“交司法院统一解释法令会议解释”,相应抄同原件,函达查照,迅即转饬办理等由。准此,兹经本院统一解释法令会议议决:(一)院解字第三三一一号所谓应行选出之名额,系指法定名额而言,不以实际选出者为准。(二)国民大会之议决及宪法之通过,国民大会组织法第十二条定有明文,自应依照办理。相应备函奉复,即希查照转陈为荷。此致国民政府文官处

**附原公函**

准国民大会秘书处本年十二月十三日国秘字第三八〇号函,以前准函复司法院解释国民大会组织法第十二条疑义一案,经转陈主席团,当以此项解释尚有疑义,应请再加解释,希即转陈办理,于本月十五日以前见复,以便十六日举行大会时宣布等由。经陈奉主席谕“交司法院统一解释法令会议解释”。相应抄同原件,函达查照,迅即转饬办理。

**附原抄函**

案准贵处十二月十日处京字第五二九六号大函,为准司法院解释,国民大会组织法第

十二条，所谓出席代表之过半数与三分二之总名额，在依选举方法选出之代表，以其应行选出之名额为准，在由国民政府遴定之代表，以经国民政府遴定公布者为准，函达查照等由。经即转陈主席团，当以此项解释尚有疑义，所谓依选举方法选出之代表以其应行选出之名额，究竟系指依选举补充条例第二条所称依选举法第二条第一款至第三款所规定之名额，抑系指实际由选举产生之代表名额。依前者计算，为一千二百名，依后者，则应在一千二百名中，除去未能依法选出而由国府遴定之人数。究应以何者为准，应请再加解释，俾资依据。又查国民大会组织法第十二条下半段，宪法之通过云云，系指三读会通过全部宪法而言，抑在二读会逐条讨论时亦应受此限制，亦不无疑义。主席团之意，宪法草案自一读会广泛发表意见，以迄审查会审查，至二读会逐条讨论时，始终尚未达决定之阶段，证以议事规则第三十六条"第二读会修正议决之条项文句，得由主席团交原审查委员会或指定代表若干人整理之"。是二读会之决议，不能认为即系组织法第十二条下半段所指之通过意义，尤为明确。惟为郑重起见，经决定仍请国民政府转司法院统一解释法令会议议决，以资遵守。相应函达，即希查照转陈办理，并希于本月十五日以前见复，以便十六日举行大会时宣布为荷。

**院解字第三三二一号**

**三十五年十二月二十一日**

湖南高等法院览，本年酉阳代电悉，永绥县司法处所请解释一案，业经本院统一解释法令会议议决，甲与妻乙两愿离婚后，未及三月，即产生一子，依《民法》第一千零六十一条及第一千零六十二条第一项之规定，应认为甲乙之婚生子。至于此子之监护，应依同法第一千零五十一条办理。合电转饬知照。司法院亥马印

**附原代电**

南京司法院院长居钧鉴，案据永绥县司法处审判官张绍骞代电称，兹有甲与其妻乙两愿离婚后，未及三月，即产一男，离婚字约并未提及小孩归属字句，亦无其他约定，现甲对此小孩诉请返还，妻乙以立约离婚时对于腹内小孩并未约定，坚决否准，且称将来必须依此小孩养老等语。此种场合，既非认领，又非监护问题，目前因该小孩尚在哺乳时期，不能离母，暂由其母抚育外，究竟此小孩应归甲所有，抑归甲乙共有，未见明文规定，谨此电呈示遵等情到院。查甲与妻乙两愿离婚，未及三月，即产一男，依《民法》第一千零六十一条及第一千零六十二条第一项之规定，固应认为甲乙之婚生子，惟在离婚时该小孩尚未出生，原不发生监护问题，则当日虽未就此未来之监护问题加以约定，似与《民法》第一千零五十一条规定两愿离婚后关于子女之监护由夫任之之情形不同。如因此而发生讼争，似仍可准用同法第一千零五十五条但书之规定，由法院为其子女之利益酌定监护人。但事关法律疑义，究应如何解释，谨此电呈伏乞示遵。

院解字第三三二二号

三十五年十二月二十七日

令安徽高等法院

据安徽高等法院第三分院本年九月二十八日代电,以乙为甲介绍出卖鸦片,于途中被获,应如何论处疑义,电请核示祇遵等情到院。业经本院统一解释法令会议议决,甲持鸦片请乙介绍出卖,乙虽同行,在途被获,尚未着手实施,《禁烟禁毒治罪条例》上既无处罚预备贩卖之规定,应不为罪。仰即转饬知照。此令

附原代电

司法院钧鉴,兹有问题一则,拟请核示。甲向友人处借得鸦片四两,持至友人乙家,请为介绍出卖,于相偕行至中途,为警查获,此在甲因尚未着手实施贩卖,仅能成立意图贩卖而持有鸦片之罪,固无问题,唯乙之责任,计有三说。子说,谓乙既受甲托,同往出卖,显与甲有意思联络,并已共同实施,即令以帮助他人之意思而参预,然既以参预犯罪构成要件之行为,仍应成立共同正犯(参阅最高法院二十五年上字第二二五三号及二十七年一三三三号判例)。丑说,谓乙仅系受甲之托,同往贩卖,并非基于自己犯罪之意思而参预,不过于其贩卖时,予以助力而已,只能认系帮助犯。寅说,谓乙与甲虽同往贩卖,然与甲之执有鸦片,初无何种行为,而贩卖尚未着手实施,《禁烟禁毒治罪条例》又无处罚预备犯之规定,乙之行为应不为罪。以上三说,应以何说为是,理合电请核示祇遵。

院解字第三三二三号

三十五年十二月二十七日

令广西高等法院

据邕宁地方法院本年七月养代电,以私盐及供贩运或售卖私盐之用具没收疑义,电请解释示遵等情到院。业经本院统一解释法令会议议决,经法院裁定没收之私盐,可由盐务机关照案处理。至其用具,依照通常执行没收办法办理。又供贩运或售卖私盐之用具,法院于裁判没收私盐时,应一并没收,不以已经盐务机关扣押者为限。合行令仰转饬知照。此令

附原代电

南京司法院钧鉴,查私盐及供贩运或售卖私盐之用具,应由法院裁定没收,依盐专卖条例第三十二条前段、第五十六条第一项前段之规定,固有根据。惟应没收之私盐或用具,应否由法院处置,或由盐务机关根据法院之裁定处置之处,计有下列三说。甲谓私盐及用具既须由法院裁定没收,即应由法院处置,方不失法院没收之法意,盐务机关无权处置。乙谓盐系专卖之物,应没收之盐或用具,即应由盐务机关根据法院之裁定处置,方不失专卖之旨,法院无权处置。丙谓盐为专卖之物,固应由盐务机关根据法院之裁定自行处置,已为上

年法财两部商定,通饬遵行。但用具则非专卖之物,亦未经法财两部订定处置办法,盐务机关应将用具随案送由裁定没收之法院处置。上列三说,究应以何说为准。又供贩运或售卖私盐之用具,如盐务机关根本未予扣留,或既扣留而未送至法院,法院于裁定没收私盐时,是否应一并宣告没收,亦滋疑义。理合电请察核,俯予解释示遵。

**院解字第三三二四号**

**三十五年十二月三十一日**

案准贵院本年十月二十三日节京捌字第一六七三八号公函,以关于留买权及继续订约权适用法律疑义,函请解释见复等由。准此,兹经本院统一解释法令会议议决,《土地法》第一〇二条之地上权,第一〇四条之基地承租人,第一〇七条之耕地承租人,或第一二四条之永佃权人,依同法第一〇四条、第一〇七条之规定,于基地或耕地出卖时,有依同样条件优先购买之权。至地上权人、永佃权人或承租人,因其地上权、永佃权或承租权消灭时,土地所有人向他人设定地上权、永佃权,或与他人订立租赁契约者,除有如同法第一〇七条之特别规定外,并无依同样条件受优先设定或优先承租之权。相应函复查照。此致行政院

**附原函**

查公序良俗为《民法》中一重要观念。《民法》第八百三十九条第二项及第八百四十八条规定,地上权或永佃权消灭时,土地所有人以时价购买其工作物或竹木者,地上权人或永佃权人不得拒绝。又《民法》第九百十九条规定,出典人将典物之所有权让与他人时,如典权人声明提出同一之价额留买者,出典人非有正当理由,不得拒绝。上开条文,均因土地所有人或典权人留买权之行使有益于本人,又无损于相对人,基于公序良俗观念,故加保障。准此,土地所有人将其土地之所有权让与他人时,如地上权人、永佃权人或承租人声明提出同一价额留买者,或前契约关系消灭,土地所有人将与第三人订约时,如地上权人、永佃权人或承租人声明,提出与为土地所有人同意之第三人同一之价额,继续其契约关系者,土地所有人倘无正当理由,亦不得拒绝,否则应认为其行为有背于公序良俗,不受法律之保障。此项见解,是否可行。案关适用法律疑义,相应函请查照解释见复为荷。

**院解字第三三二五号**

**三十六年一月十日**

**令江西高等法院**

据江西袁宜地方法院首席检察官三十五年五月二十一日代电,以提审法等适用疑义,电请解释示遵等情。据此,兹经本院统一解释法令会议议决,(甲)关于提审法之疑义:(一)提审法第一条第一项既明定人民被法院以外之任何机关非法逮捕拘禁时,始得声请提审,惟依法逮捕应于二十四小时解送法院,而未解送者,乃属非法拘禁,自得声请提审。(二)提审法第二条第一项所规定之书面示知,只以该书面达到受示知人为已足,非必须依

照《刑事诉讼法》关于送达之规定。(三)违背提审法第二条第一项及第八条第一项之规定者,应依同法第十条处罚,不另成立《刑法》第三百零二条第一项之罪。(四)执行逮捕拘禁之机关,解送被逮捕拘禁人已逾二十四小时者,即应依同法第十条办理,不发生扣除在途期间之问题。(五)人民被非法逮捕拘禁之时间,如因经法院之通知限期具复或裁定,而逾二十四小时者,显与提审法第八条之规定不合,不能依同法第十条处罚,更无从成立《刑法》第三百零二条第一项之罪。(六)执行逮捕拘禁之机关,接到提审票后,于二十四小时内,将被逮捕拘禁人解送,纵连以前之经过时间计算,已逾越二十四小时,亦不能构成《刑法》第三百零二条第一项之罪。(七)法院讯问被逮捕拘禁人后,认为有犯罪嫌疑,移付检察官侦查,已逾二十四小时者,除有故意滥用职权之情形外,不能成立《刑法》第一百二十五条第一项第一款之罪。(乙)关于其他法律之疑义。(一)检察官误算刑期,指挥执行刑罚,致受刑人在监多拘禁若干日,如具备过失条件,除应受行政法之制裁外,并应成立《刑法》第一百二十七条第二项之罪。(二)司法警察官署办理特种刑事案件,填具移送书,并无时间之限制,其移送法院审判已逾二十四小时者,自应以提起公诉论,但不能仅因移送审判逾二十四小时,即认为犯《刑法》第一百二十五条第一项第一款或第三百零二条第一项之罪。(三)已见本院院解字第三一八四号解释。(四)告诉人对于正式法院依《特种刑事案件诉讼条例》所为之判决,既非申诉不服权人,当然无声请复判之权。(五)盐专卖条例之罚锾及追缴,依同条例第五十六条,应由法院执行。(六)直接被害人对于特种刑事案件,得提起自诉(参照本院院解字第三二〇〇号解释)。(七)以非法方法剥夺人民之行动自由,如系出于误会,而无犯罪之故意,自不触犯《刑法》第三百零二条第一项之罪。(八)法院或检察官羁押被告逾期,而未经法院裁定延长者,该承办之推事或检察官,除滥用职权羁押者外,仅由有监督权之长官,依法院组织法第八十八条第八十九条办理。(九)视为撤销羁押之被告,与依法拘禁之人不同,纵未经释放或交保而逃走,亦不能成立《刑法》上之脱逃罪。合行令仰转饬知照。此令

**附原代电**

司法院院长居钧鉴,窃查提审法适用上发生疑义者,约有七点。(一)查提审法第一条第一项规定,以非法为要件,若依法逮捕拘禁,而逾二十四小时未解送法院时,能否声请提审,似有疑义,此应请解释者一。(二)查提审法第二条第一项所谓以书面示知,应否依《刑事诉讼法》送达规定,取具送达证书,证明其未逾二十四小时,以贯彻保障人民之身体自由之主旨,而免发生流弊,因无明文规定,可否予以解释,而资补救,此应请解释者二。(三)查违背提审法第二条第一项,而逾二十四小时移送有权机关办理时(即违背训政时期约法第八条第二项、《刑事诉讼法》第二百零八条第二项规定之时间),除犯同法第十条之罪外,又是否故(故意或过失有无审究余地)犯一个《刑法》第三百零二条第一项之罪,依《刑法》第五十条合并处罚,此应请解释者三。(四)查未违背提审法第二条第一项,而逾二十四小时移送有权机关办理时,其在途时间应否扣除计算,此应请解释者四。(五)查提审法第四条

及第五条，有限期具复，与二十四小时内裁定驳回，及五日内抗告等规定。若经抗告，认为有理由，撤销原裁定，人民所被逮捕拘禁之时间，自在二十四小时以上，再移送有权机关办理，是否犯《刑法》第三百零二条第一项之罪，此应请解释者五。（六）查提审法第六条第一二两项，有二十四小时及逾限期未接到复文发提审票之规定，即执行逮捕拘禁之机关，接到提审票后，于二十四小时内，将被逮捕拘禁人解送时，虽未违背同法第八条第一项之规定，不犯同法第十条之罪。然连前经过时间计算，已逾训政时期约法第八条第二项及《刑事诉讼法》第二百零八条第二项规定之时间，是否应犯《刑法》第三百零二条第一项之罪，此应请解释者六。（七）查提审法第九条，对于释放有应即字样之规定，固求敏捷之意，但对于移付检察官侦查时，而无即字之规定。若逾二十四小时始移付检察官侦查时，是否以其犯《刑法》第一百二十五条第一项第一款之罪，因无明文规定，不无疑问，此应请解释者七。再查其他法律适用上发生疑义者，尚有九点。（一）查检察官误算刑期，指挥执行刑罚，以致受刑人在监多拘禁若干日，是否犯《刑法》第一百二十七条第二项之罪，抑仅受行政上惩戒之处分，此应请解释者一。（二）又查司法警察官办理特种刑事案件，填具移送书，移送法院审判，已逾二十四小时，是否有以提起公诉论之规定，即认其为有追诉犯罪职务之公务员，犯《刑法》第一百二十五条第一项第一款之罪，抑仅犯《刑法》第一百三十四条第三百零二条第一项之罪，此应请解释者二。（三）查调度司法警察条例，未有如旧调度司法警察章程第二十九条之规定，则司法警察或司法警察官，是否除现行犯及通缉人犯得立即逮捕外，对于被告之拘提，应请检察官签发拘票，始得拘提，此应请解释者三。（四）查《特种刑事案件诉讼条例》第十条，所谓依其他法令有申诉不服权之人，固指《县司法处办理诉讼补充条例》第十八条第二项之告诉人而言。但告诉人对于法院依《特种刑事案件诉讼条例》所为之判决，有无声请复判之权，此应请解释者四。（五）查盐专卖条例之罚锾及追缴所得利益，是归检察官执行，抑由法院民事执行处执行，此应请解释者五。（六）查特种刑事案件，直接被告人能否依《特种刑事案件诉讼条例》，提起自诉，因无明文规定，颇滋疑义，此应请解释者六。（七）查误会而以非法剥夺人行动自由，系犯《刑法》第三百零二条之罪，抑认为过失以无处罚明文处断，此应请解释者七。（八）查法院或检察官羁押被告逾期未延长羁押，是否犯《刑法》第一百二十五条第一项第一款之罪，抑应受行政上惩戒处分，此应请解释者八。（九）查《刑事诉讼法》第一百零八条第二项规定，视为撤销羁押之被告，若未经释放或交保而脱逃时，是否犯《刑法》第一百六十一条第一项之罪，此应请解释者九。以上各疑问，事关适用法律，各有见解不同，非电请解释，不足以取一致，而归统一，为此理合电请钧长鉴核，俯赐解释示遵。

**院解字第三三二六号**

**三十六年一月二十三日**

案准贵院三十五年十一月四日节京捌字第一八零零三号公函，以据上海市政府呈，为上海市参议会决议赛马附售彩票是否赌博或属类似赌博转请解释一案，祈核示等情，抄同原决议案，函请查核见复等由。准此，兹经本院统一解释法令会议议决，赛马本属技术竞赛，惟其附售彩票，如未经政府允准者，应成立《刑法》第二百六十九条第一项之罪。相应函复查照饬知。此致行政院

**附原函**

据上海市政府本年十月十八日沪秘四字第一一三七五号呈，以上海市参议会决议赛马附售彩票是否赌博或属类似赌博转请中央解释一案，祈核示等情。查案关适用法律疑义，相应抄同上海市参议会决议案，函请查核见复，俾便饬遵为荷。

**附抄原附上海市参议会决议案**

财地字第二十六号

审查意见查提字第124146247257366367267号，交字第1号各案，性质相同，合并审查。

(一)市中心区(旧跑马厅原址)不得赛马。

(二)慈善事业补助款项，应由市府另筹。

(三)跑马厅场地，应请市府收用，惟该场地内容复杂，应由市府详加调查，拟具办法办理。

案由请市长将本市最繁荣区域内之大旷场(即跑马厅)一处，负责交涉收回，或出资购入案(提字第一百二十四号)。

(各案原提案人及联署人已详见原提案，不另录)

理由跑马厅位于本市商业最繁荣区域占有庞大面积之空地，其产权属诸西人，向以赛马为号召，姑不论此项赛马为运动性质或为赌博性质，第值此收回主权之时，跑马厅为万人瞩目所在，国际体而攸关，自不能不急图收归市有。且劫后上海，复兴刻不容缓，举凡市政府、市参议会、法院，及市立博物馆、美术馆、图书馆、科学馆、商品陈列社或体育场等等，均为未来的远东唯一商埠大上海市所应次第兴建，为求聿新观瞻，集中管理起见，舍本案所提之跑马厅大空地外，实无其他最适当之区域。诚能达到目的，克日鸠工庀材，完成建筑，则发展市政，阐扬文化，欧美人士必将闻风兴起，来沪观光，促进市面繁荣，正拭目可期。抑且以无谓场合移充公用事业，有利沪市民众，正匪浅尠。

办法请市长本收回百年历史之租界为原则，依据正义，采纳民意，抱大无畏之精神，运用外交上手腕，将该跑马厅设法收回，或以郊外面积较大之公产交换为条件，以完成本市历史性唯一伟大功业，永垂不朽令名。

(附交字第一号原文如下)

案由(市长交议)为拟恢复赛马，筹款补助慈善事业，并充收购跑马厅场地基金，是否可行，提请参议会公决由。

理由查跑马比赛原为体育竞技之一，欧美各国推行甚早，吾国在战时以前，各大都市亦历经举办，本市原有上海跑马总会及江湾万国体育会之设立。以前赛马收入，除跑马开支

以外，其余则以供之当地市政机关，并补助慈善事业经费，对于繁荣市面，建设市政，不无帮助。虽得彩赢奖，迹近赌博，究竟每人之下注有限，仅属游戏性质，不如其他市场投机之赌博，足以倾家荡产。尤有进者，西藏路之跑马厅，地居市中心，行人身辆辄虽绕越，为便利交通计，久有计划，欲穿越场地建设马路，而以余地建筑公园。惟以该地市价昂贵，市库支绌，一时难以实现，故经与跑马总会协商，于准许恢复赛马之前提下，责其按成提款，捐献市库，俾作为慈善事业补助，及将来收购该会场地基金之用，并经约定，任何时期市库充裕时，得随时停止赛马，收购基地，至于捐献成数，初步拟定为各项赛马票及彩票总数之二成，其余应收娱乐税、牌照税、所得税与营业税等，另行加纳，所有跑马总会之赢余，并以半数补助慈善事业，由市政府支配，暂定跑马日期，以星期六、日及例假日为限，每月约有八次，估计每月收入约为三亿至五亿，至跑马厅内运动场地，并经洽定，中外各体育团均可租用，国人亦可参加现在之各种体育团体，共同进行。该案经送提市政会议讨论，颇觉利多于弊，均拟准其恢复赛马，是否可行，提请大会公决。

大会决议(一)赛马附售彩票，是否赌博或属类似赌博，请中央解释。

(二)请市政府进行交涉收回跑马厅，将交涉经过情形，报告本会下届大会。

**院解字第三三二七号**

**三十六年一月十九日**

案准贵院三十五年七月十一日节京捌字第五一四五号咨，以据江西省政府呈，转请核示欠缴代征筵席税款抗不缴纳应如何处理疑义，咨请解释见复等由。准此，兹经本院统一解释法令会议议决，法院对于逾期不缴筵席或娱乐税款之代征人，处以罚锾之裁定，得酌定期限，令受罚人缴纳罚锾及应追缴之金额，逾限不缴者，强制执行之，三十五年十二月五日修正公布之筵席及娱乐税法第十一条第一项及第三项，已有明文规定，此项裁定，即为强制执行法第四条第六款之执行名义。至其他纳税义务人滞纳捐税，法无得请法院追缴之明文者，仍应由征收机关，以法律所许适当方法，自行追缴。相应咨复查照饬知。此咨行政院

**附原咨**

据江西省政府本年六月十七日财字第八〇八〇号呈称，据南昌市政府呈，以本市岭南酒家欠缴代征筵席税款，迭经严催清缴，仍抗不缴纳，有意侵占税款，经迭请南昌地方法院依法追缴在案。兹准该院函复，以查欠缴筵席税款在筵席及娱乐税法，无得由法院追缴之规定，本院殊难径予执行，除依法科处罚锾外，相应检同裁定一份，函请查照等由。查任意抗缴税款，影响地方财政收入，关系重大，惟法院既以条文所限，未便径予执行，本府更无其他之有效办法，予以追缴，究应如何执行之处，抄具法院裁定及司法院解释原文各一份，请予核示等情前来。查筵席及娱乐税法第六条第一项之罚款，经法院裁定处罚后，原欠税款应否追缴，是否得如行政执行法之罚锾，不断处罚，以促义务人履行纳税之义务，又其他依法应征之捐税及滞纳罚锾，或以税款本身为数甚大，义务人甘受行政执行法之罚锾处分，拒

不缴纳,法院因无执行名义未便执行,而行政机关如就义务人财产查封拍卖,复非有法律上之根据,坐使守法者负担较重,违抗者反占便宜,究应如何处理,案关法令疑义,理合抄具法院裁定及解释原文各一份,呈请鉴核示遵等情。据此,案关法令疑义,相应钞同原附件,咨请查照解释见复,俾便饬遵为荷。

**院解字第三三二八号**

**三十六年一月二十九日**

案准贵院三十五年十月五日节京捌字第一四八九八号咨,以据司法行政部呈,转请解释《民法》第八百二十一条适用疑义,咨请解释见复等由。准此,兹经本院统一解释法令会议议决,(一)关于公同共有尝产之诉讼,如其公同关系所由规定之契约,未明定得由何人起诉或被诉,则下列各项,均为全国一般之习惯,通常可认尝产公同共有人有以此为契约内容之意思,除有反证外,应分别情形,依下列各项办理。1. 尝产设有管理人者,其管理人如有数人,得共同以自己名义,代表派下全体起诉或被诉。如仅一人,得单独以自己名义,代表派下全体起诉或被诉。2. 尝产管理人中之一人或数人,因与派下全体利害相反之事项涉讼者,其他管理人如有数人,得共同以自己名义,代表派下全体起诉或被诉。如仅一人,得单独以自己名义,代表派下全体起诉或被诉。3. 尝产管理人全体,因与派下全体利害相反之事项涉讼者,派下各房房长,得共同以自己名义,代表派下全体起诉或被诉。4. 前项之房长全体,因与派下全体利害相反之事项涉讼者,派下子孙以多数决选任之代表人,得以自己名义,代表派下全体起诉或被诉。5. 尝产无管理人者,因该尝产与第三人涉讼时,各房房长得共同以自己名义,代表派下全体起诉或被诉。(二)公同共有物被一部分公同共有人为移转物权等处分时,各公同共有人如得处分行为人(包含同意处分之人)以外之公同共有人全体之同意,自得起诉。(三)甲乙丙丁四人公同共有之遗产,业经合意分割者,如甲所分得之物经丁无权处分,自得由甲一人起诉。相应咨复查照饬知。此咨行政院

**附原咨**

据司法行政部本年九月二十七日京呈叁字第八〇四号呈称,案据广东高等法院本年八月二十四日文乙字第一九二四号呈称,现据广州律师公会本年七月三十日呈称,现准会员龙考善、刘君厚、刘宏道等提议称,查《民法》第八二一条规定,各共有人对于第三人,得就共有物之全部,为本于所有权之请求,故返还共有物之诉,得由共有人中之一人提起,仅须请求命为向全体共有人返还之判决,经最高法院著为判例(二十八年上字二三六一号),但二十九年上字四九四号判例,则云《民法》第八二一条之规定,于公司共有不适用之,故公同共有人提起诉讼,除法律或契约另有规定者外(《民法》八二八条),应由公同共有人全体或其内利害相同之全体,共同起诉或共同被诉,始为适格(二十一年上字第二二〇八号判例),此种判例,在法理上言之,自系根据共同诉讼合一确定之原则,而按诸国情习俗,殊觉杆格难行。据同人等近日经验所得,(一)有某甲擅将尝产变卖,遭族人某乙等百余人反对,发生诉

讼，法院以某族人数百，现仅百余人起诉，不能认为公同共有人全体，将某乙等之诉驳回。(二)有甲乙丙丁戊五房共有之尝产，被丁戊两房私擅处分，甲乙丙三房连同起诉反对，法院以丁戊两房未有共同诉讼驳回。(三)有甲乙丙丁四人共有遗产，本经合意分拆，但在抗战时期，未能分契，致被某丁擅卖，现某甲起诉，法院谓其无已拆产之证明，如作尚未分拆论，根据《民法》一五一条，主张为公同共有，则因共有人未齐集，不适合共同起诉之法例。上述种种情形，一方面既使共有人无从保障法益，一方面更不啻予私擅处分者以便利，实与立法本旨相背驰。窃以我国向采家族主义，族大人多，而登记户籍及证明权利等制度，又复未臻完备，甚或尚未施行。即如上述第一二两种情形，究竟合族男女老幼若干，因族众出生死亡未必即时报告(或竟不报)，及军政工商学各界散处四方，实难详确知悉，且一般人对于家族事件，往往漠不关心，悉任绅耆处理。此项诉讼，如须提出全体同意之证明，其离乡远适者，固难一一征集。其平素乡居者，亦每因尝产系族众共有，一己得失无多，又因瞻徇情面，或因畏惮生事，故消极放弃，坐视胜负，欲获得全体署名，殊非易事。纵能提出全体署名，但如对造攻击署名各人为不真实，又须传集全体到案，核对笔迹，现我国户籍尚待调查整理，倘责令普遍证明身份，不独繁难之甚，抑恐未必明确，反使起诉人不利。又以上述第三种情形而论，倘乙丙或因受丁利用，消极不问，或因与丁友好，袖手旁观，则甲无法单独起诉，惟有忍受损失。同人等就目前所闻所见，此类事件，每因格于右开判例，相率坐视，不敢起诉，虽似乎使民无讼之义，但法律上所谓处分公同共有物须全体同意之规定，岂非虚设，前经悉心研讨，计有两说。(子)说谓公同共有人对于公同共有物，并无应有部份，故行使权利自应得全体同意，不能如分别共有之可单独行动。但对于私相授受者提出反对，仅属保全行为之一种，仍可引用二十八年上字二三六一号判例，请求命为向全体共有人返还共有物之判决。盖行使所有权，于其他公同共有人之利害得失，关系綦大，至保存共有物，则于其他公同共有人有利无害，无全体同意之必要。(丑)说谓共同诉讼合一确定，自为确保既判力，严杜一事再理而设。惟我国家民族之置尝产，实为其他国家所无，依据上述特别情形，断不能泥于各国法例，故所谓全体同意，得以族长房长或各支代表意见一致，视为全体意思一致(二十一年上字一〇九六号判例)。如能依乡族惯例，释明绅耆父老有权主理诉讼行为，即可认为有契约规定，或能提出公开推选代表之证据，亦可视为全体同意。倘对于公开推选代表并无表示，纵未参加推选，自属默示承认(参照《民法》一六九条)，故二十一年上字二二〇八号判例，应参用《民法》第一六九条之法理，始为定备，至遗产未分割前之为共同公有，不过暂时的假定状态，故当事人主张分别共有，而法院认为拆产未有充分证明者，自应指示当事人，依据《民法》第二五六条，更正陈述为公同共有。但此种公同共有，可以请求分割，与其他公同共有有别，故《民法》八二一条之规定，仍可适用。上开(子)(丑)两说，究以何说为是，抑另有救济办法，相应提请察照，赐予转呈核复为荷等由。当经本会第二十九次评议会决议，转请解释在案。理合呈请钧院察核，并恳转陈解释，俾有遵循，实为公便等情。据此，事关适用法律疑义，理合备文呈请钧部鉴核示遵等情到部，事关适用法律疑义，理合呈请钧部鉴核,转送司法院解释,俾便饬遵等情。据此,案关适用法律疑义,相应咨请查照解释见复,以便饬遵为荷。

**院解字第三三二九号**

**三十六年一月二十九日**

案准贵院三十五年十一月十八日节京捌字第一九八八五号咨,以据内政部呈,转请解释《民法》九八三条不得结婚之亲属因同居而生之子女可否认领疑义,咨请解释见复等由。准此,兹经本院统一解释法令会议议决,与《民法》第九百八十三条所列不得结婚之亲属同居而生之子女,生父非不得认领,经生父认领后,《民法》第一千零六十五条第二项所定与其生母之关系,并不因而有所变更,其生父与生母间相互之关系,亦不受其影响。相应咨复查照饬知。此咨行政院

**附原咨**

据内政部本年十一月十一日户字第一一三二号呈称,案准台湾省行政长官公署未梗署民户电开,"《民法》九八三条不得结婚之亲属,因同居而生之子女,可否认领,祈核示电复"等由。准此,查《民法》一〇六五条规定,"非婚生子女,经生父认领者,视为婚生子女,其经生父抚育者,视为认领,非婚生子女与生母之关系,视为婚生子女,无须认领"。又同法一〇六七条规定,"在一定情形之下,非婚生子女之生母或其他法定代理人,得请求其生父认领",除同法一〇六六条有"非婚生子女或其生母,对于生父之认领,得否认之"之规定外,法律上并无不可认领之限制,则生父认领似无问题。惟非婚生子女经生父认领后,其原来对于生母之关系,是否因而有所变更。又生父与生母间相互之关系,是否发生影响,均关重要。而《民法》对此尚无专条,颇滋疑义,理合呈请钧院鉴核,转函司法院统一解释令遵,实为公便等情。据此,案关适用法律疑义,相应咨请查照解释见复,以便饬遵为荷。

**院解字第三三三〇号**

**三十六年一月二十九日**

案准贵院三十五年十一月二十九日节京玖字第二一三六五号公函,以据教育部呈,请释示外国人士在我国任教任职是否能与我国人民同受抚恤金或退休金,函请解释见复等由。准此,兹经本院统一解释法令会议议决,学校教职员领受退休金或抚恤金,依《学校教职员退休条例》第十三条第四款,《学校教职员抚恤条例》第十二条第三款之规定,以有中华民国国籍者为前提,外国人士之任教任职者,自无退休金或抚恤金之领受权。相应函复查照饬知。此致行政院

**附原公函**

据教育部三十五年十月二十三日叁字第二七〇一九号呈称,案查《学校教职员抚恤条例》第十二条第三款及《学校教职员退休条例》第十三条第四款规定,丧失中华民国国籍者,

丧失其抚恤金及退休金领受权。对于外籍人士前来吾国任教任职者,是否能与我国人民同受抚恤金或退休金,各该修例均无规定,不无疑义。于此问题,有积极消极两说。主张积极说者认为教职员抚恤条例及退休条例中,仅规定中国人民丧失国籍者丧失其退休金之领受权,对于外籍人士,并无禁止之规定,可以授予。主张消极说者,认为国籍法第十四条前段规定,丧失国籍者丧失非中国人不能享有之权利。依此解释,权利之因丧失国籍而丧失者,为非中国人不能享有之权利,亦即外国人不能享有之权利。今该两条例既规定抚恤金及退休金之领受权因丧失国籍而丧失,则该项权利应为外国人不能享有之权利,故依现行教职员抚恤条例及退休条例之规定,外籍人士之在我国学校任教任职者,不能与我国人民同受抚恤金或退休金。如其参酌吾国情形,对于外籍教职员有同予抚恤金或退休金之必要,则该两条例对于因丧失国籍而丧失领受权之规定,必予删除,方不致与国籍法第十四条之规定发生背谬。以上两说,究以何说为是,事关法律解释,理合呈请钧院转咨司法院解释示遵等情到院。相应函请查照解释见复为荷

**院解字第三三三一号**

**三十六年一月二十九日**

湖北高等法院朱院长览,上年午皓代电悉。所请解释一案,业经本院统一解释法令会议议决,对于牙科诊所,不应征收营业税。合电知照。司法院子艳印

**附原代电**

司法院院长居钧鉴,查牙科诊所应否征收营业税发生疑义,计有甲乙两说。(甲)说凡以营利为目的之事业,除合于《营业税法》第五条、第六条各款所列情形,免征营业税外,均应征收。私人开设之牙科诊所,含有营业性质,自应征收营业税。(乙)说营业税之纳税义务人,以商号为限,故《营业税法》第十六条至第十九条,均有营业商号之规定。私人开设之牙科诊所,并非商号,不应征收营业税。事关法律,未便擅断,悬案待决,理合电恳钧院迅赐解释,俾资遵循。

**院解字第三三三二号**

**三十六年一月二十九日**

广西高等法院申院长览,上年卯筱代电悉。该法院第七分院所请解释一案,业经本院统一解释法令会议议决,法币政策施行前,债之关系,以银币定给付额者,债务人得照原额,以法币给付之,但不妨碍《复员后办理民事诉讼补充条例》第十二条之适用。合电转饬知照。司法院子艳印

**附原代电**

司法院院长居钧鉴,案据本院第七分院虞代电称,查旧以银币订立之契约,应改为法币结算收付,关于折合标准,固经司法院解释,应照偿还时财政部所定兑换价格计算,至此项

兑换价格,依司法院三十一年十二月二十八日修字第七一四四号训令,系以光洋一元应合法币一元。惟是现时经济状况,与前大相悬殊,银币折合法币标准有无变更,职院关于此类解释文件,已因疏散时散失,无从参考,兹有此项以银币折合法币给付之案件,究应如何折算,亟待解决,理合电请示遵等情。据此,案关现行货币问题,理合电请钧院鉴核解释示遵,俾便转饬知照。

**院解字第三三三三号**

**三十六年一月二十九日**

**令代理湖南高等法院院长余觉**

三十五年六月二十八日不列字第九九二号呈一件,为据本法院第三分院代电,恳转请解释,出征抗敌军人之妻,以其夫产权被侵害,而提起确认产权及求偿租谷之诉,是否合法,请核示祇遵由。

呈悉,业经本院统一解释法令会议议决,原呈所述情形,夫已失踪而未置有财产管理人者,依院字第二七二八号解释,其妻得以夫之名义,代为起诉及其他一切诉讼行为。若未失踪,则其妻于有代为起诉或其他诉讼行为之必要时,不难经其授权为之。未经授权者,自应命其补正。仰即转饬知照。此令

**附原呈**

案据本院第三分院三十五年六月一日代电称,案查出征抗敌军人,而其妻以其夫于出征前买受之产被侵害,乃按照其夫平日所使用之堂名(接买契及佃约亦系用此堂名),即以该堂名为原告,自为代理人,向法院提起确认产权及求偿租谷之诉。此种情形,其妻之起诉,是否合法,遂有三说。(甲)说谓该堂名既非其妻之堂名,则其业即为其夫所有,其妻并非其夫之法定代理人,无当然之代理权,按照修正《民事诉讼法》第二百四十九条第一项第五款,由诉讼代理人起诉,而其代理权有欠缺者,法院应以裁定驳回之。(乙)说谓该出征军人既不能认为有以契约订立夫妻财产制,依《民法》第一千〇〇五条,应认为法定财产制,依同法第一千〇十六条前段,结婚时属于夫妻之财产,及婚姻关系存续中夫妻所取得之财产,为其联合之财产,则其妻依法可以代理起诉,毋庸用其夫之授权,法院应就其声明为实体之判决。(丙)说谓联合财产制系集中其财产于其夫,故同法第一千〇十七条第二项,有不属于妻之原有财产为夫所有之规定,其妻起诉之代理权有欠缺,仍为不可,应适用第一千〇〇三条夫妻于日常生活互为代理人之规定。该规定虽系就日常生活而言,然其夫今既不在,设非将该规定为扩充之适用,则其夫之权利,非至宣告死亡而后,即属无法保障,宁为事理之平,况夫因失踪而发生其权利被侵害者,事所恒有。若悉以无授权行为即不予以法律保护,实属有害生死不明人之权利,且亦反乎社会一般人情。以上三说,究以何说为是,或别有其他救济方法,现有此项问题悬案待决,理合备文电恳转请解释,并予训示,以便祇遵等情。据此,事关法律疑义,理合备文转请鉴核指示祇遵。

**院解字第三三三四号**

**三十六年一月二十九日**

**令代理湖南高等法院院长余觉**

三十五年十月二十九日呈(民二)字第一九二二号呈一件,为据永绥县司法处代电,请指示入赘之男子继承遗产疑义,呈请鉴核示遵由。

呈悉,业经本院统一解释法令会议议决,男子入赘,与其直系血亲尊亲属及其兄弟姐妹之亲属关系,并无影响。其直系血亲尊亲属或兄弟姐妹死亡时,自系《民法》第一千一百三十八条所定第一或第三顺序之遗产继承人。入赘之男子死亡时,其父母或祖父母,亦为同条所定第二或第四顺序之遗产继承人。至依《民法》继承编施行前之法规为他人之嗣子,或依《民法》为他人之养子者,与其本生之直系或旁系血亲,相互间并无遗产继承权。仰即转饬知照。此令

**附原呈**

案据永绥县司法处三十五年九月二十四日代电称,查已未出嫁女子,均有继承其直系血亲尊亲属暨兄弟姐妹遗产之权,此为《民法》第一千一百三十八条所明定,未审已入赘之男子,亦有继承其直系血亲尊亲属及兄弟姐妹(指同胞者而言)遗产之权否。反是,男子入赘或出继后死亡,无《民法》第一千一百三十八条所列顺序之继承人时,其直系血亲尊亲属(指《民法》第一千一百三十八条各款所列者而言)等,亦可继承其遗产否。以上疑莫能释,案悬待结,伏恳迅予指示等情。据此,查男子入赘,无异女子出嫁,则对于其直系血亲尊亲属及兄弟姐妹之遗产,自得依《民法》第一千一百三十八条继承。反之,入赘男子死亡,而无《民法》第一千一百三十八条所列第一(原呈当是遗漏此"第一"二字)顺序之继承人,其直系血亲尊亲属,如同条二、四两款(原呈谓指所列各款当是二、四两款之误)之亲属,亦得继承其遗产。至称出继,究为《民法》继承编施行前或后者,未据叙明,有欠含混,倘系继承编施行前之嗣子,依该编施行法第九条,原与婚生子同,而与所后之直系尊亲属,即有直系血亲关系,其所生父母及祖父母,已失去原来地位,固不得继承该出继子之遗产。否则,系继承编施行以后者,除无子者,于其生前以他人之子为子,合于《民法》上收养他人子女之规定,虽当事人不称为养子,而称为嗣子,亦不得谓非《民法》上所称之养子(最高法院民事上字第七〇二号判例参照),应从养父母与养子女间法律关系之规定,即有直系血亲关系(司法院三十四年院解字第一二〇〇四号解释参照),其本生父母及祖父母,亦如前述同一理由,对该出继子之遗产无继承权外,现行法律上并无嗣子规定,其遗产之继承。要不因有出继之事实,而生影响。惟事关法律疑问,不敢擅断,理合备文呈请鉴核示遵。

院解字第三三三五号

三十六年一月二十九日

令署山西高等法院院长张秉钺

三十五年三月二十一日呈刑字第一二三号呈一件,为据洪洞县县长电,请核示先买权疑义,呈请解释由。

呈悉,业经本院统一解释法令会议议决,抵押权人仅就抵押物之卖得价金,有优先于他债权人而受清偿之权,不得主张抵押权设定人与他人间成立之买卖契约为无效。仰即转饬知照。此令

附原呈

案据洪洞县县长刘国俊电称,太原山西高等法院院长张钧鉴,兹有甲乙丙丁四人,合伙开设杂货铺一,赁占戊之市房,已历六七十年,后戊向该铺息借洋一万五千元,以本市房作抵押,事先并未向乙丙丁等声明尽让。前年腊月间,戊将本市房以价三万元出卖于甲,现乙丙丁以赁住本市房多年,戊甲均未向铺内声明表示,且依前大理院三年三月五日上字第一零四号判例,凡有不动产抵当权者,对于其抵当目的物,当然享有先买之权。设定抵当权人,于出卖其抵当物时,应先由抵当权人买受,或得其同意后,始可让与于他人。及六年上字第八八六号判例,抵押权人先买权之习惯有效,以该铺对此市房有抵押权应有先买权为理由,主张甲戊之买卖契约无效,在同样条件卖价之下,应由该铺先买等语。究竟该铺对此市房有无先买权,甲戊间之契约,能否主张无效,统祈示遵。洪洞县县长刘国俊丑俭叩等情。据此,查《民法》物权编,固不认先买权为物权,但在该编施行前已发生之先买权,纵在该编施行以后,亦不能不认为有物权效力,此例法律不溯既往之原则。甲乙丙丁所开之某商号,其租赁戊之市房,及戊以该市房与甲乙丙丁设定抵押权,如均在物权编施行以前,则某商号对于戊之市房,于戊出卖时,自有先买之权。虽此项先买权,因无登记机关,从未登记,亦不因该编施行及未登记,而受影响。惟甲戊间之买卖契约,如系合法成立,则只能请求撤销,不能主张无效。事关法律疑义,本院未敢擅拟,理合具文呈请钧院俯予解释,俾便饬遵。

院解字第三三三六号

三十六年一月三十日

案准贵院三十五年十一月十三日节京捌字第一九一四四号咨,以据司法行政部呈,请解释沦陷期间被伪保甲长迫卖之人民田产如何处理疑义,抄同原呈,咨请解释见复等由。准此,兹经本院统一解释法令会议议决,沦陷期内,土地被伪保甲长强迫出卖,即系因被胁迫而为意思表示,依《民法》第九十二条第一项之规定,表意人得将其意思表示撤销之。其意思表示经撤销者,依《民法》第一百十四条第一项之规定,其出卖行为,视为自始无效。相

应咨复查照饬知。此咨行政院

**附原咨**

司法行政部本年十一月五日京呈叁字第九五八号呈，请解释沦陷期间被伪保甲长迫卖之人民田产如何处理一案。查事关适用法律疑义，相应抄同原呈，咨请查照解释见复，俾便饬遵。此咨司法院

**附原抄呈**

案据河南高等法院本年十月五日民宽字第一四四四号呈称，案准河南省政府本年九月二十八日汴地三字第二五号公函开，案据扶沟县政府本年民字第七二号未帑代电，以沦陷期间，敌伪骚扰，奸匪剥削，人民迫于淫威，所有土地，被保甲长强行迫卖者甚多。此等敌伪时期保甲长行为，究应如何处理，请核示等情到府。查沦陷区保甲长，是否应视同敌伪组织，其所迫卖之人民田产，是否视为敌伪行为，相应函请查照解释见复为荷等由。准此，查事关法律疑义，未便擅议，理合具文呈请钧部鉴核示遵等情到部。事关法律适用疑义，理合呈请钧院鉴核，转送司法院解释，俾便饬遵。

**院解字第三三三七号**

**三十六年一月三十日**

案准贵院三十五年十一月二十三日节京拾字第二零六四八号公函，请解释《土地法》第二零八条第九款疑义见复等由。准此，兹经本院统一解释法令会议议决，来文所述情形，非《土地法》第二百零八条第九款所谓以公共利益为目的之事业。相应函复查照。此致行政院

**附原公函**

查《土地法》第二零八条第九款，其他由政府兴办以公共利益为目的之事业，所谓其他，自为同条第一款至第八款以外一切事业，而所谓以公共利益为目的，意义亦甚广泛。如政府所办之报纸，是否包括在此项以公共利益为目的之事业内，颇滋疑义。相应函请查照解释见复为荷

**院解字第三三三八号**

**三十六年一月三十日**

据本院秘书处签呈称，准内政部三十五年十一月七日民字第三七六四号公函，以准湖北省政府代电，请释示县级公务员当选为乡镇民代表后可否兼任等由。查县级公务员能否当选并兼任乡镇民代表，函请提请解释见复等由，签请鉴核等情。据此，兹经本院统一解释法令会议议决，县级公务员应解为该县所属乡镇区域内之公职人员，依乡镇民代表选举条例第二条第一项第一款之规定，于其任职期内，应停止其被选举权。相应函请查照饬知。此致内政部

**附原函**

准湖北省政府三十五年九月十八日省民二特字第一一七八号代电,为请释示县级公务员当选为乡镇民代表后可否兼任等由到部。查县级公务员能否当选并兼任乡镇民代表,法无明文,究应如何解释之处,相应函请查照,迅予提请解释见复为荷。

**附原电**

内政部公鉴查县级公务员,依照乡镇民代表选举条例第二条一款规定,似不受乡镇民代表被选举权之限制,惟县级公务员当选后,可否兼任代表职务,尚无明文规定,特电请贵部查核赐复为荷。

**院解字第三三三九号**

**三十六年一月三十日**

农林部鉴,上年卯删代电悉。湖南省政府转请解释一案,兹经本院统一解释法令会议议决,依来文所述情形,县政府招雇渔民,监同取鱼,尚非法所不许。电复查照转知。司法院子州印

**附原代电**

司法院钧鉴,案准湖南省政府三十五年三月五日(35)府建二林字第一二二号代电,以据汉寿县政府三十五年一月二十一日代电称,查县属沅水吴崇潭一段公河,周童二姓争取鱼益,互不相让,据报将实行械斗,以达取鱼目的,而该民等均未依《渔业法》第十八条之规定,在该公用水面取得专用经营渔业之权利。为避免械斗,杜绝纠纷,经依《土地法》第八条不得为私有之规定,将该河鱼益收归公有,由本府招雇渔民,监同取鱼,除布告外,理合电请鉴核备查等情到府。查公河鱼益收归公有,由地方行政官署招雇渔民,监同取鱼,法无明文规定,除电复外,相应电请查照核办见复,俾便饬遵等由。准此,查本案涉及司法范围,尚无明文规定。究应如何处理,理合电呈鉴核,俯赐明令解释,实为公便。部长同治春(35)印(删)鱼印

**附原代电**

司法院钧鉴,案准湖南省政府三十五年四月十二日(35)府建二林字第一六五号代电,以据汉寿县政府代电称,关于吴崇潭公河周童两姓,因争取鱼益,几酿械斗,本府为作紧急处置,于本年一月二十日,派科长萧白圭、李政二员,会同望橘乡公所,开河捕鱼,除付渔民工资,实得壹千四百二十九斤九两,照市价售得价洋贰拾柒万贰千四百贰拾元,除支销员警给养及各项用费壹拾壹万四千四百叁拾元外,实净存国币壹拾伍万七千九百九十元,将壹拾万元拨作望橘乡中心国民学校经费,其余五万七千九百九十元,已拨作本县汉牛支路勘测用费,并核定嗣后吴崇潭公河鱼益拨为望橘乡中心国民学校永久基金等情到府。查该河鱼益收归公有,由该府招渔民,监同取鱼,前据该府电请前来,经于本年三月五日,以府建二林字第一二二号代电,请核复在案,兹据呈前情,除电复外,相应电请查照,并案迅予核复,

俾便饬遵”等由。准此,查此案前准该省政府代电到部,经于本年四月十五日,以渝利乙渔字第五一九二号电呈鉴核,赐予明令解释在案,迄尚未奉指复,兹复准代电前由,除电复外,理合再行电呈鉴核,并案赐予明令解释,实为公便。

**院解字第三三四〇号**

**三十六年一月三十日**

山东高等法院刘首席检察官览,上年亥箇代电悉。济南地方法院首席检察官所请解释一案,业经本院统一解释法令会议议决。一、司法警察官或其他执行逮捕拘禁机关之公务员,对于犯罪嫌疑人,未将拘捕之原因以书面示知本人或其最近亲属,并将其继续羁押逾二十四小时,而未解送法院者,应成立提审法第十条之罪。二、嘱托羁押机关之公务员,对于犯罪嫌疑人,于逾二十四小时后,仍请司法警察官继续羁押,致未解送法院者,自应成立提审法第十条之教唆犯。三、行政机关之公务员,对于本无犯罪嫌疑之人,仅嘱托司法警察官为行政上之协助,而司法警察官竟羁押逾二十四小时,尚不解送法院或释放,该司法警察官应独负《刑法》上妨害人自由之罪责。合电转饬知照。司法院子州印

**附原代电**

南京司法院院长居钧鉴,查《中华民国训政时期约法》第八条第二项规定云,“人民因犯罪嫌疑被逮捕拘禁者,其执行逮捕或拘禁之机关,至迟应于二十四小时内,移送审判机关审问”。又《刑事诉讼法》第二百零八条第二项亦规定云,“前项司法警察官,接受被拘提或逮捕之犯罪嫌疑人,认其有羁押之必要时,应于二十四小时内,移送该管检察官”,文义甚明,本无疑义。惟拘捕机关或司法警察官羁押犯罪嫌疑人,逾二十四小时,又无不及移送之理由,究应受行政法上之处分,或构成《刑法》上之妨害自由罪,法律上并无明文规定,此应请解释者一。如认上述之违法羁押,应构成《刑法》上之妨害自由罪,则嘱托羁押之机关或公务员,于逾二十四小时后,仍请司法警察官继续羁押,其嘱托行为能否构成教唆犯,此应请解释者二。以上两点,系指被羁押人有犯罪嫌疑者而言。如被押者本无犯罪嫌疑,仅系行政机关嘱托司法警察官为行政上之协助,致拘留逾二十四小时者,究应如何处理,法无依据,此应请解释者三。以上各点,均关法律疑义,理合电请钧座鉴核,迅予解释电示遵行。

**院解字第三三四一号**

**三十六年一月三十日**

**令代理湖南高等法院院长余觉**

三十五年十一月六日呈(民二)字第一九九六号呈一件,为据安化地方法院呈,请核示湖南省各县(市)乡(镇)保长交代施行规则可否作为执行名义,转请核示由。

呈悉,业经本院统一解释法令会议议决,依《湖南省各县(市)乡(镇)保长交代施行规则》第十一条,声请查封前任乡(镇)保长本人或其继承人财产之公文书,不能据为强制执行

法第四条第六款之执行名义。仰即转饬知照。此令

**附原呈**

案据代理安化地方法院院长曹伟修三十五年九月十四日呈称,窃查本院三十五年八月十四日准安化县政府定字第〇二四〇号公函,根据湖南省政府委员会三十二年六月四日第三十九次常会通过之《湖南省各县(市)乡(镇)保长交代施行规则》第十一条之规定,嘱托查封东山乡前两任逃匿乡长邓兴棣宁静二人财产,抵偿其乡长任内未移交款项等由。准此,查此规则为湖南省政府制定之单行规则,其第十一条载明,"前任乡(镇)保长或负责办理移交人员,交代逾限七日以上,尚未结清者,由该直接上级主管机关酌予申诫记过处分。逾十日以上者,停止签发卸任前应领经费。逾限一月以上者,依照公务员交代条例第九条,停止任用一年。逾限三月者,停止任用,并由县市政府传案严追。如因交代不清,而于交代前逃匿,或因亏欠潜逃与捏报病故者,除呈由县(市)政府转向管辖法院声请查封其财产抵偿,或向其继承人追偿外,仍应依法惩处之"等语。能否援引强制执行法第四条第六款,认有执行名义,甚滋疑窦。准函前由,理合备文呈请钧院核示祗遵等情。据此,查公务员交代条例第九、第十两条,对于公务员交代不清时,所定停止任用限期,严追查封,财产抵偿等项,均系属于行政上处理之办法,有司法行政部二十五年十二月十六日指字第二八八二号指复江苏高等法院之令文可稽。据称湖南省政府三十二年六月四日第三十九次常会通过之《湖南省各县(市)乡(镇)保长交代施行规则》第十一条,其中除外规定,虽非行政处分,而入于司法程序,但此项省单行章程,依上述部令后段略载,"就司法情形言,如无刑事嫌疑,应查照本部二十一年一月九日训令湖南高等法院办法,由公务员所属机关自派代表,按照民事诉讼程序办理"类推,应依法提起民事诉讼,或于起诉前声请假扣押,方有根据,自难遽以县政府公文为执行名义,此就对于侵蚀款项公务员之去人处理应如是,若向其继承人追偿,亦须另有合法之执行名义,更不待言。惟事关法律疑义,未敢擅断,理合备文呈请钧院鉴核示遵。

**院解字第三三四二号**

**三十六年一月三十一日**

案准贵院三十五年九月十七日节京肆字第一二六三五号咨,以据水利委员会呈,转请解释水权登记有关条文疑义,咨请解释见复等由。准此,兹经本院统一解释法令会议议决,(一)水利法第二十六条第一项第二款,所谓证明登记原因文件,系指足以证明同法第二十四条所定各种登记原因之文件而言,不生应由何人证明之问题。又同法及其附属法规,并无应就用水区域情况加具图说之规定,其因用水区域情况不能以文字说明,加具图说者,不在适用水利法第二十六条第一项第三款规定之列。此项图说,当然于每一声请书内附具一份,发水权状之先,无须将此项图说转送水利委员会复验加印。(二)水道干流既流经两县或两省以上,则虽引水之支流仅流在一县或一省境内,其水权登记,依水利法施行细则第二

十四条之规定,仍应由省或中央主管机关办理之。相应咨复查照饬知。此咨行政院

**附原咨**

据水利委员会本年九月四日水新工字第二四四六号呈称,案准河南省政府本年第二三二号已蒸汴建三代电,以该省办理水权登记事项,因系创举,对于条文解释,尚有疑问,抄附疑问各点,嘱查照解释见复,以凭办理等由,附水权登记有关条文疑问各点一纸。准此,除原疑问第三至六各点,已由会径复外,至于原疑问第一点,水利法第二十六条第二款所称证明登记原因文件,应由何人证明。第三款规定声请人应交其他依法应提出之书据图式,则声请水权人之用水区域情况,是否必须绘具图说,该项图说有何限制,应呈几份,发水权状之先,是否亦应将该项图说转送水委会复验加印各节,本会认为应解释如次。(甲)水权之登记,有取得设定移转变更或消灭之别。声请人应具与某项登记有关之合法文件,以证明其登记之原因,原条文并非指另具声请登记之证明书而言。(乙)除上述证明登记原因之文件外,如尚有其他依法应提出之图据书式,亦应一并提出,其份数自以原件为限。至用水区域情况等,如文字不能说明时,自应加具图记。此项图说,应于每一声请书内附具一份,各主管水权登记机关,如依照水利法第三十至三十四各条办理者,水权状复验加印时,无须再送图记。又原疑问第二点,水利法施行细则第二十四条规定,水道流经两县以上,或水权之利害关系两县以上者,其水权登记,由省主管机关办理之,但经中央政府核定由中央主办之水利事业,应由中央主管机关办理之。水道流经两县两省市以上,或水利之利害关系两省市以上者,其水权登记,应由中央主管机关办理之。若支流在一县或一省境内,干流流经两县或两省以上者,如欲引用支流水源时,登记权限应如何划分一节,本会认为应解释如次,无论干流经过若干省或若干县,凡其支流仅经过一省或一县者之主管,即属省或县。惟事关法律解释,理合具文呈请解释鉴赐核转司法院迅予解释,以资遵循等情。案关法律解释,相应咨请查照解释见复为荷。

**院解字第三三四三号**

**三十六年二月十五日**

江西省保安司令部调查室邓主任览,上年午铣电悉。所请解释一案,业经本院统一解释法令会议议决,(一)省保安司令部科员,除原有军人身份者外,不能认为军人。(二)检察官侦查中,对于有军人身份之被告,未依《刑事诉讼法》第二百三十一条第七款为不起诉处分者,并非不应受理而受理,自不成立《刑法》第一百二十八条之罪。合电知照。司法院丑删印

**附原电报**

司法院院长居兹因办理案件发生如下疑问,(1)省保安司令部科员,有无军人身份。(2)法院得知被告有军人身份,在侦察中,未依刑诉法(二三一)条七款,犯《刑法》(一二八)条罪刑否。乞电释示遵

**院解字第三三四四号**

**三十六年二月十五日**

浙江省保安司令部鉴,上年酉寒代电悉。所请解释一案,业经本院统一解释法令会议议决,原非军人而任伪军职之被告,有汉奸罪嫌,应依《处理汉奸案件条例》第五条规定,由高等法院或其分院审理之,不因其犯罪发觉后投充军职而受影响。特电复请查照。司法院丑删印

**附原代电**

司法院院长居钧鉴,查汉奸案件,“被告原属军人,复任伪军职,应受军事审判”,《处理汉奸案件条例》第五条,规定甚明。又《惩治汉奸条例》第十三条规定所称“被告如系军人”,即指被告原属军人,复任伪军职,应受军事审判者而言,业经钧院于本年三月十二日以院解字第三〇九七号解释有案。至原非军人,而任伪军职,迨犯罪发觉,经检察官着手侦查后,始投充军职,此种情形,似与上开法例不同。其在附敌期内之汉奸罪行,是否依照《处理汉奸案件条例》第五条后段规定,暨钧院院字第一〇三四号解释,仍由高等法院或其分院审理。案关法律疑义,理合电请解释示遵。

**院解字第三三四五号**

**三十六年二月十五日**

国防部鉴,上年亥微代电悉。安徽省第七区行政督察专员兼保安司令公署所请解释一案,业经本院统一解释法令会议议决,前犯吸食鸦片罪,经判决宣告缓刑后,并未实行勒戒,则于缓刑期内仍复吸食,自不能以戒后复吸论处。又既非受有期徒刑之执行完毕,或受一部之执行赦免后而再犯,亦不能以累犯论处(参照《刑法》第四十七条),只可就其后罪独立论科。除俟判决确定后,应依《刑事诉讼法》第四百八十条,撤销前罪缓刑之宣告外,并须依《刑法》第五十三条及《刑事诉讼法》第四百八十一条,定其应执行之刑。特电复请查照饬知。司法院丑删印

**附原代电**

司法院赐鉴,案据安徽省第七区行政督察专员兼保安司令公署本年法字第一五七四号代电称,查私次吸食鸦片成瘾之人犯,原判宣告缓刑,谕知交医勒戒,但并未实行勒戒断瘾,而于缓刑期间仍复吸食,经调验有瘾,是否以戒后复吸抑以累犯论处,不无疑义,谨电请钧核示遵等语。案关法律疑义,谨电请迅赐解释示复为祷。

**院解字第三三四六号**

**民国三十六年二月十五日　司法院指令署湖南高等法院首席检察官**

呈悉,业经本院统一解释法令会议议决,汉奸是否合于自首之要件,应分别依照《汉奸

自首条例》或《刑法》第六十二条办理，并须注意《处理汉奸案件条例》第六条之规定。既经军政等机关派其混入敌伪组织者，除能证明确系反间谍工作，应依《刑法》第二十一条第二项前段不罚外，来文所述从事内线工作人员，苟其行为成立《惩治汉奸条例》上之犯罪，纵会协助抗战工作，依《处理汉奸案件条例》第三条之规定，亦只得予减轻其刑。仰即转饬知照。此令

**附湖南高等法院首席检察官原呈**

案据署本院第三分院首席检察官寿朴本年十月十四日呈称：案据本处检察官夏炳亚本年十月十二日签呈称，一查抗战期内政府各级机关激于当前迫切需要，集中全力粉碎敌伪组织，或制订某区某县管制沦陷区域敌伪办法，或援引《汉奸自首条例》，或依各县特种汇报会议议决，由县政府派入敌伪组织担任内线工作。迨案件发觉，侦查审判机关调取证件，其依自首手续办理妥当者，恒居少数。调关原卷，又往往系零星破碎。稿件仅足供当时事实上之查考，究难凭以为探证之根据。然以其时瓦散敌伪心切，又皆为地下工作实难拘守正式公文，是否足以采为裁判基础，学说不一。甲说，《汉奸自首条例》为国民政府二十六年十月十五日军事委员会公布，无论任何汉奸非依该条例办理，不能认为合法。乙说，政府为瓦解敌伪组织，就各县市组织特种汇报会议萃集党政军警宪各机关首长，按实际需要选拔优秀分子集会议决，命令打入敌伪，实干地下工作时时报告敌情，使当地政府得以事先预备，减少牺牲，并予以敌人以重大打击，有利抗战，实非浅鲜。纵或被人告发一经特种汇报会议检送原有零星卷宗，足以证明其打入敌伪内线者，即应认为合法，不必拘守自首办法，以减少内线人员之麻烦而利来兹。二当敌伪深入各地形势汹汹，我各级党部政府军事机关惟求敌伪之早日摧毁，纷纷吸收忠勇干部（均指在三十四年八月十日以前）打入敌伪内线，当时为保守工作之秘密，党部派入之内线，政府负责人当不及知。政府所派入之内线，党部亦不及知。政府党部两方所派入之内线军事机关负责人员，亦不及知军事机关所派之内线，党部政府负责人员亦不及知。其各方所被派之内线间彼此亦互不相知，其各部内线纷纷将其在内线工作中之敌伪任务直接向各该被派之上级机关报告，其在敌伪机关内任奸伪工作，各设原派内线之上级机关亦据以将其所派内线所报告之另一机关所派之内线人员之汉奸行为移送于有权侦查之机关侦查明晰后，确认其曾任敌伪而系内线如何处置问题，学说不一。甲说奉令派入敌伪担任内线工作人员，当时禀赋精忠报国热忱，深入敌伪环境，十分险恶。出生入死，其工作生活备极警慌，拼死以救国冒险，以图功愿，系依所属上级公务员职务上之命令行为。纵被不知其被派内线之机关告发，亦应依照《刑法》第二十一条第一项前段不罚，刑事诉讼法第二百三十一条第八款处分。乙说，上项被派内线人员未受国民政府考试院铨叙部铨叙，按级派任，虽激于抗战需要，要非合法命令，且系违法命令。既已担任敌伪职务，依司法院解释，对于自首前之汉奸行为及其所任敌伪职务依法治罪。丙说，参加内线人员性质繁多，有奉命令后加入者，有先自投入敌伪组织被捕后自首加入内线者，有先由直接领导人指示加入而后报告上级备案者。其先奉命令加入者，为合法，应认为奉上级

公务员职务上之命令行为,不予处罚。其被捕后再打入内线或只经直接领导而后报告,前该三种上级机关备案者,仍应认为不合法,令应依法予以治罪。以上两节,第一节甲、乙二说及二节甲、乙、丙三说,孰为确当,或均可采认,未敢擅断,理合签请鉴核转请解释示遵等情。据此,理合呈请鉴核,转请解释示遵等情。据此,事关法律解释,未敢擅断,除指令外,理合转请钧院解释示遵。

**院解字第三三四七号**

**民国三十六年二月十七日 司法院指令湖南高等法院**

呈悉,业经本院统一解释法令会议议决,某甲于乙地开山立堂正集合数十人夜间举行仪式时,被警侦捕。如系参与以犯罪为宗旨之结社,应构成《刑法》第一百五十四条第一项之罪。倘别无犯罪之意图,而合于违警罚法第五十五条第一项第六款之情形者,自可依该款处罚。仰即转饬知照。此令

**附湖南高等法院原呈**

案据茶陵县司法处主任审判官邹九峯本年十一月七日代电称:查某甲以五伦八德信义为号召,俗名青红帮,于乙地开山立堂正集合数十人,夜间举行仪式时,被乙地警察局侦悉,派警逮捕讯。究某甲是否应负刑事责任,抑为违警行为,兹有两说:(一)人民有结社、集会之自由,《中华民国训政时期约法》第十四条定有明文。某甲本于结社自由之权利,其行为并无犯罪之意图,不负任何刑责。退一步言,某甲未经官署许可,聚众开会,仅负违警罚法第五十五条第一项第六款之处罚而已。(二)结社自由难为人《民法》律上应享权利之一种,然青红帮为非法之结社,而参与者虽未必果有犯罪,而于公共秩序已生危险。一有参与之行为,即应构成《刑法》第一百五十四条之罪。以上两说,未知孰是,谨肃电请鉴核示遵等情。事关法律疑义,本院未便擅专。除饬候转请核示外,理合备文呈请钧院鉴核示遵。

**院解字第三三四八号**

**三十六年二月十七日**

**令署江苏高等法院首席检察官韩焘**

三十五年十月十二日苏检字第一一〇九三号呈一件,为据泰县地方法院首席检察官呈,请解释执行罚金罚锾疑义,祈鉴核由。

呈悉,业经本院统一解释法令会议议决,战时罚金罚锾提高标准条例施行前,业经判决确定之罚金案件,仍应依原判罚金数额执行。仰即转饬知照。此令

**附原呈**

为呈请解释事,案据暂代泰县地方法院首席检察官朱玉泉呈称,查战时罚金罚锾提高标准条例,系三十四年六月十三日公布施行,该条例施行前之确定判决,现始执行时,仍应依原判罚金数额执行,抑应依战时罚金罚锾提高标准条例,予以提高。有二说,(甲)执行施

行前之确定判决,依法律不溯既往之原则,仍应照原判罚金数额执行,不能因后之提高法令,而有变更。(乙)现时物价高涨,突飞猛进,执行战时罚金罚锾提高标准条例前判决之罚金数额不予提高,即丧失惩罚之效果。又已确定判决之罚金数额,执行时如应提高,是否须请刑庭裁定。职处现有是类案件急待办理,究应如何,未敢臆断,理合具文呈请鉴核祇遵等情到处。查执行罚金,不能变更原裁判所定之数额,战时罚金罚锾提高标准条例施行在后,依法律不溯及既往原则,及为受刑人利益起见,似无适用该条例之余地,惟案关执行疑义,未便擅拟,理合具文呈请钧院迅赐解释,俾祇遵循。

**院解字第三三四九号**

**三十六年二月十七日**

**令代理湖南高等法院院长余觉**

三十五年十月三十日呈(刑二)字第一九三二号呈一件,为据衡阳地方法院呈,请解释修正《刑事诉讼法》撤回自诉之疑义,转请核示饬遵由。

呈悉,业经本院统一解释法令会议议决,《刑事诉讼法》第三百十八条第一项后段之规定,其适用应以告诉或请求乃论之罪为限。仰即转饬知照。此令

**附原呈**

案据衡阳地方法院院长胡英本年十月十九日代电称,按修正《刑事诉讼法》第三百十七条第一项载,告诉或请求乃论之罪,自诉人于第一审辩论终结前,得撤回其自诉,依此规定,其得于第一审辩论终结前撤回自诉者,自以告诉或请求乃论之罪为限。观于同法第三百二十三条第一项,于自诉人经合法传唤无正当理由不到庭或到庭不为陈述之场合,规定告诉或请求乃论之罪,以撤回自诉论,其非告诉或请求乃论之罪,则许不待其陈述而为判决,其义益明。若依同法第三百十八条第一项,发现案系民事或利用自诉程序恫吓被告之情形,而晓喻自诉人撤回自诉,是否亦以告诉或请求乃论之罪为限,不无疑义。若依此条项晓喻撤回自诉,不以告诉或请求乃论之罪为限,则自诉人就非告诉或请求乃论之罪,不待晓喻而自动以书状或言词撤回自诉,亦具有案系民事或利用自诉恫吓被告情形,应否予以准许,设非具有民事或恫吓情形,又将如何处理,理合电恳核示等情。据此,查事关法律疑义,理合备文呈请钧院鉴核,赐予解释,以便饬遵。

**院解字第三三五〇号**

**民国三十六年二月十七日**

湖北高等法院朱院长览,上年戌寝代电悉,所请解释一案,业经本院统一解释法令会议议决,犯汉奸罪而未宣告没收财产之判决确定后,不得因告诉人告发人之请求补判没收。合电知照。司法院丑霰印

**附湖北高等法院原代电**

南京司法院院长居钧鉴,查本院办理汉奸案件最初之见解,认依《惩治汉奸条例》第二条第一项各款判罪者,须依第八条第一项规定,宣告没收财产。至认为情节轻微,援引同条第二项判罪者,均未为没收财产之宣告。嗣奉钧院院解字第三一〇二号解释,对于援引同条第二项判处轻刑之案件,亦应概为没收财产之宣告,始行改判没收,但本院检察官前对于科处轻刑并未宣告没收财产之判决,多未声请覆判。现于判决确定后,依告诉人告发人之请求从新声请补判没收财产,应否补判没收,分甲乙两说。(甲)说查《特种刑事案件诉讼条例》及《刑事诉讼法》无补充判决之规定,参照院解字第三二四三号解释,经确定判决未为没收财产之宣告者,其曾被查封之财产既应发还,自不得再为补行没收财产之判决。此种应没收财产而未为没收之判决,显属违法,应由检察官声请提起非常上诉,以资救济。(乙)说依院解字第三二〇一号及三二五八号解释,在通缉有案及在裁判前死亡之罪犯,尚有单独宣告没收财产之全部,由此演绎可知,判处轻刑之罪犯财产,应为裁定补行没收。二说未知孰是,事涉法律疑义,且为当前适用之重要条文,理合电请迅赐解释示遵。

**院解字第三三五一号**

**民国三十六年二月十七日**

四川高等法院苏院长览,上年酉俭代电悉,该法院第一分院所请解释一案,业经本院统一解释法令会议议决,因违反印花税法不服罚锾裁定,提起抗告之案件,抗告法院误为逾期而驳回,经发见系收发人员错填日期,自应由原抗告法院重为适法之裁定。合电转饬知照。司法院丑霰印

**附四川高等法院原电**

南京司法院院长居钧鉴,案据本院第一分院院长龙天植,本年十月十一日刑智字第五五号佳代电呈称,因违反印花税法不服罚锾裁定提高抗告之案件,原审收发人员在抗告状面错填一日,经抗告法院认为逾期,以裁定驳回抗告。此种情形,既不得再行抗告,抗告人因提起抗告并未逾期,不肯缴纳罚锾。又不能因收发人员之错误而强制缴纳,究应如何救济,急待解决,理合电请鉴核转请解释示遵等情前来。查关于裁定错误之救济方法,在现行《刑事诉讼法》并无明文规定,究应如何办理,本院未敢擅专,理合电请钧院鉴核迅赐电示只遵。

**院解字第三三五二号**

**民国三十六年二月十九日**

案准贵部三十五年十二月五日甄任字第二三三三号公函,为准福建省政府代电请解释公务员任用法第六条第三款疑义一案,转请察照释复等由,准此,兹经本院统一解释法令会议议决,曾因赃私处罚有案者,虽在刑罚或惩戒处分执行完毕后,仍不得为公务员。相应函

复查照转知。致铨叙部

**附铨叙部原函**

案准福建省政府府人丙代电，以公务员任用法第六条第三款规定，因赃私处罚有案者，不得任为公务员。如案经法院判决科处罪刑，或依公务员惩戒处分已执行完毕者，可否予以起用，抑系无时间性限制，永不录用，嘱予解释等由。查上项条款于《公务员任用法施行细则》内并无明文解释，原条条文末段“不得任为公务员”一语，究应作何解释，有关司法范围相应函请解释察照释复为荷。

**院解字第三三五三号**

**民国三十六年二月十九日**

据本院秘书处签呈，以准内政部三十五年十一月十四日民字第三九七九号公函，为请转陈解释赃私处罚案件疑义，并希见复等由，签请鉴核等情。据此，兹经本院统一解释法令会议议决，《省县公职候选人考试法》第九条第四款所称赃私，业经本院院解字第三三一七号解释有案，此项渎职行为，凡刑事法规所定罪名，含有惩治赃私之性质者，皆属之。其因赃私犯罪经处罚有案者，即不得应公职候选人考试，并不因处刑之轻重而有区别。相应函请查照。此致内政部

**附内政部原函**

查依《省县公职候选人考试法》第九条第四款之规定，曾因赃私处罚有案者，不得应省县公职候选人考试，自亦不得当选为各级民意机关之代表。唯所谓赃私处罚案件，究系指《刑法》及各种特别刑事法规中之何种罪刑而言？又受有此类处罚人员，是否按其被处罪刑之轻重，分别酌定其不得为公职候选人之期限，抑一经处罚，即终身不得应公职候选人检覈，似均应予以明确规定。事关法令统一解释，相应函请转陈解释，并希见复为荷。

**院解字第三三五四号**

**民国三十六年二月十九日**

案准贵院三十五年十二月十三日节京捌字第二三三五号咨，为据司法行政部呈转请解释，匪军经县政府管训，可否提审疑义，咨请解释见复等由。准此，兹经本院统一解释法令会议议决，来文所述情形，县政府不得拒绝提审。相应咨复查照饬知。此咨行政院

**附行政院原咨**

据司法行政部本年十一月三十日京呈叁字第一〇七四号呈称，据江苏高等法院三十五年十月五日文字第五九四号呈称，案据代理溧阳地方法院院长龚尊一呈称，查有某甲被县政府逮捕拘禁，依提审法向法院声请提审，法院通知县政府具复后，县政府覆称，其中曾充匪军公职，有勾结匪军潜伏活动嫌疑，本府奉令予以监管感训等语，于此有疑义两端。(一)县政府于某甲施以监管感训之处分，虽奉有上级行政机关或军事机关之命令，此命令

是否与现行法令相抵触?(二)法院对于是项提审之声请,可否以县政府之监管感训为一种强制教育,非提审法第一条所谓非法拘禁而予以驳回,或仍须开具提审票提审?事关法律适用疑义,理合备文呈请鉴核示遵,或转请解释只遵等情。据此,查该院所请解释之处,不无疑义,本院未敢擅专,理合据转呈仰祈鉴核示遵等情。事关法律适用疑义,理合呈请钧院鉴核,转送司法院解释,俾资遵循等情。据此,案关适用法律疑义,相应咨请查照解释见复,以便饬遵为荷。

**院解字第三三五五号**

**三十六年二月十九日**

**令四川高等法院首席检察官林超南**

三十五年十一月十五日检纪丁字第一二五九号呈一件,为据代理富顺地方法院检察官兼行首席检察官职务李培贤呈,请核示川省以前地方官署许可开设之官膏店被告发后处理疑义,呈请鉴核令遵由。

呈悉,业经本院统一解释法令会议议决,公卖烟膏店经人告发,如追诉时效并未完成,检察官自得依法追诉,虽其行为曾经行政官署非法许可,亦仅足供科刑标准之审酌,未足为违法性阻却之原因。仰即转饬知照。此令

**附原呈**

案据代理四川富顺地方法院检察官兼行首席检察官职务李培贤三十五年十月十五日呈字第二九四号呈称,案查烟毒案件之处罚,我国《刑法》自始即设有专章,其间虽因过程之演变,有军法司法审判之改隶普通与特别《刑法》之适用,要皆不外刑罚法规。惟查已废止之《禁烟禁毒治罪暂行条例》,与现行之《禁烟禁毒治罪条例》,均未另设总则条文,依法律适用理论,《刑法》总则当然得适用于上述条例。但鸦片在川省近十年有经行政官署许可公卖之过程,现行及已废止条例及暂行条例,设所供人吸食鸦片,贩卖鸦片(条例五条一项、七条二项、暂行条例四条二项、六条二项),刑度虽略有增减,依照《刑法》第八十条第一项一款规定,其追诉权消灭时效完成期间为二十年,即就《刑法》第二百五十七条第一项、第二百五十九条第二项之规定,其追诉权消灭时效完成期间亦为十年。川省官膏店(即经官署许可卖烟之商店)截至民国二十六年底普遍开设,虽其后因政令取缔,停止营业,而此种地方官署许可之行为,既无排斥刑罚令适用之效果,而其追诉权消灭时效期间又未完成,检察官受理此项告发案件后,究应如何处理,事关法律疑义,理合具文呈请鉴核示遵等情。据此,事关法律疑义,理合具文呈请钧院鉴核令遵。

**院解字第三三五六号**

**三十六年二月十九日**

陕西高等法院郄院长览,上年巳(齐)代电悉。所请解释一案,业经本院统一解释法令

会议议决,货物税条例第三条第六款所称之棉纱(已废止之货物统税条例第三条第六款规定亦同),不包括已制成之棉布在内。合电知照。司法院丑皓印

**附原代电**

南京司法院院长居钧鉴,查货物统税条例第三条第六款规定,棉纱应征收统税。所谓棉纱,是否广义解释,包括制成之棉布。案关法律疑义,理合电请解释示遵。

**院解字第三三五七号**

**三十六年二月二十二日**

国防部鉴,上年酉梗法行代电悉。兹经本院统一解释法令会议议决,凡因贪污而受有追缴或追征赃物赃款宣告之人犯,倘其执行刑期已满,确实无力缴纳者,仍应依期释放,只能就其财产以为抵偿。又此项人犯虽其执行刑期已达于调役期间,依《军事犯调服劳役暂行办法》第三条第二款之规定,亦不得调服劳役。特电复请查照。司法院丑祃印

**原代电**

司法院赐鉴,查本部受理贪污案件,关于追缴财物部份,依照《惩治贪污条例》第七条第二项规定,追缴赃物应以原物为原则。如无法追缴原物而追征其价额时,应以人犯缴纳时该项财物之官价为追缴标准,以免国库蒙受损失,并经前军事委员会三十四年一月二十五日以法审卅四渝字第一一三八号训令饬照上项标准施行在案。惟在监执行之人犯已执行期满,或已合于调役期限,确实无力缴纳者,应如何办理之处,谨电请大院迅赐解释赐复为荷。国防部酉梗法行印

**院解字第三三五八号**

**三十六年二月二十二日**

国防部鉴,上年申文勤法高代电悉。河南全省保安司令部所请解释一案,兹经本院统一解释法令会议议决,(一)某甲曾任伪省府秘书、参议等职,如其行为具备《惩治汉奸条例》第二条、第三条之条件,而罪证确实者,虽于裁判前在押病故,其财产仍得单独宣告没收。(二)前开某甲隐匿之产业,经人告发,查明属实者,亦得单独宣告没收。特电复请查照饬知。司法院丑祃印

**原代电**

司法院赐鉴,案据河南全省保安司令部本年未巧法保电称:"兹请示如下,(一)某甲曾任伪省府秘书、参议等职,已被捕获,尚未讯办,在押病故,其原查封之财产,应没受或发还。(二)该某甲充当汉奸时所置之产业,当时隐匿末供,现经人告发,查明属实,此项产业应如何处置,并请核示等情。"事关查封汉奸财产法律上之疑义,相应电请惠予迅赐解释见复,以凭饬遵为荷。国防部申文勤法高印

**院解字第三三五九号**

**三十六年二月二十二日**

国防部鉴上年申铣防法高代电悉。江西全省保安司令部所请解释一案,兹经本院统一解释法令会议议决,《刑法》第七十七条,在现行法令上,既无不适用于汉奸人犯之规定,汉奸人犯如合于该条所定之情形,自得依照《惩治汉奸条例》第一条后段,适用该条,许其假释出狱。特电复请查照饬知。司法院丑养印

**原代电**

司法院赐鉴,案据江西全省保安司令部已艳法政电称,查汉奸人犯不得调服劳役,已有明文规定。如合于假释条件,可否援引《刑法》第七十七条之规定,办理假释,谨电请核示等情。事关法律疑义,相应电请惠予解释,以凭饬遵为祷。国防部申铣防法高印

**院解字第三三六〇号**

**三十六年二月二十二日**

国防部鉴,上年戌梗法高代电悉。广州行辕代电请解释一案,兹经本院统一解释法令会议议决,日俘于服役中触犯中国《刑法》判处罪刑,其刑期执行合于《军事犯调服劳役暂行办法》第二条第一项各款情形者,得援用该暂行办法,准予调役。惟仍须注意《俘虏处理规则》第三十七条、第四十六条、第四十九条各规定办理。至声请调役者,自以该暂行办法第六条所定为限,各地区日本官兵联络所不在其内。特电复请查照转知。司法院丑养印

**原代电**

司法院赐鉴,案据广州行辕法初粤酉文代电开,"查日俘于军事机关服役中,触犯中华民国《刑法》之罪,依照《陆海空军审判法》第十四条,判处罪刑,发监执行后,其执行经过刑期,已达所处刑期十分之一者,可否适用《军事犯调服劳役暂行办法》之规定,准予调役。又声请调役之机关,是否限于中国机关团体或部队。设若各地区日本官兵善后联络所请求调赴服役者,是否合法。理合电请核示"等语。案关法律疑义,谨电请迅赐解释示复为祷。国防部戌梗法高印

**院解字第三三六一号**

**三十六年二月二十二日**

浙江省保安司令部鉴,上年辰巧法缶传电悉。兹经本院统一解释法令会议议决,业经辞职照准或被撤职之军人,除已任官者外,即不复为《处理汉奸案件条例》第五条所称之原属军人,但逃亡后尚未丧失军人身分者,如复任伪军职,仍应依同条之规定,受军事审判。余见本院院解字第三二五七号解释。特电复请查照。司法院丑祃印

**原代电**

司法院院长居钧鉴,《处理汉奸案件条例》发生适用疑义二点:(一)第五条所称原属军人复任伪军职,应受军法审判云云,其原有之军人身份,是否须军校毕业,经任官任职,抑系包括普通一般具有军人身份者而言。如普通军人业经辞职撤职或逃亡后,其军人身份丧失,再任伪军职,应否仍以原属军人论,而受军法审判。(二)伪军将校应否比照第二条第一款之简荐任伪公务员,厉行检举,及伪校官以上之部队长可否视同机关首长。又同条第五款所称任伪专科以上学校之重要职务,是否包括实施奴化教育之教员或教官在内。事关法律疑义,理合电请释示祇遵。浙江省保安司令副司令竺鸣涛代辰巧法缶叩

**院解字第三三六二号**

**三十六年二月二十二日**

湖北高等法院朱院长览,上年戌删代电悉。所请解释一案,业经本院统一解释法令会议议决,判决主文仅就主刑宣告缓刑,其效力当然及于从刑,参照院解字第三三一六号解释。合电知照。司法院丑养印

**附原电**

司法院院长居钧鉴,查汉奸案件,依《惩治汉奸条例》第二条第一项各款及第二项,并因法律上及裁判上原因,予以减刑,判处二年以下有期徒刑,同时谕知缓刑者,其没收财产之从刑,应否一并谕知缓刑,又仅将主刑谕知缓刑,而未及于没收者(即于主刑下系以"缓刑若干年",另行谕知没收财产者),其缓刑效力是否及于没收,本院现分两说。(甲)说谓"缓刑之刑,指主刑兼从刑而言",早经司法院著有院字第七八一号解释,主刑应随从刑决定,毫无疑义,在判决时,固应一并谕知。即仅谕知主刑,而未及没收者,其缓刑之效力,亦应解为及于没收,以资贯彻。至违禁没收之不能一并缓刑,以具有保安处分之性质而然,未可与财产之没收同论,自不能执以相难。(乙)说谓汉奸之应没收,寓有对背叛国家者予以重惩之意,观于《惩治汉奸条例》第八条第一项规定其财产之全部,是否因犯罪所得不加区别,及同条第二项规定单独宣告没收其财产之全部,至为明了。若一并予以缓刑,殊失立法本旨,至仅将主刑谕知缓刑,而未及于没收者,尤不可认为从随于主,其效力一并及之。以汉奸案件之没收财产,具有独立之性质也。以上二说,究以何说为是,事关法律疑义,理合电请钧院俯赐迅予指示,以便有所遵循。湖北高等法院院长朱树声叩戌删文印

**院解字第三三六三号**

**三十六年二月二十二日**

江苏高等法院韩首席检察官览,上年酉江代电悉。所请解释一案,业经本院统一解释法令会议议决,汉奸案件之被告原非军人,复非充任伪军职,仅于胜利后投入某军服役,取得军人身份,如其发觉之时期不在任官任役中者,应依《陆海空军审判法》第十六条之规定,

由高等法院或其分院审理。合电知照。司法院丑养印

**附原电**

司法院院长居钧鉴,窃查汉奸案件之被告原非军人,复非充任伪军职,仅于胜利后投入某部队服役,取得军人身份,以为护符。该被告应由军法机关审判,抑由高等法院或分院审理,有甲乙二说。甲说谓该被告既系现役军人,自应由军法机关受理。乙说谓汉奸案件之被告,除原属军人复任伪军职,应受军事审判外,均由高等法院或分院审理,《处理汉奸案件条例》第五条已有明文规定。该被告虽于犯罪后投入军队服役,但既不合于《处理汉奸案件条例》第五条前段除外之规定,即应依同条例同条后段,由高等法院或其分院审理。二说究以何者为当,事属法律疑义,理合电请钧长鉴核,迅赐解释饬遵。江苏高等法院首席检察官韩焘叩酉(江)印

**院解字第三三六四号**

**三十六年二月二十二日**

**令湖南高等法院首席检察官邓静安**

三十五年九月七日呈一件,为据署湖南长沙地方法院首席检察官罗芳楝呈,请解释伪造印章盖于销售牛肉之上其伪税牛肉是否应予没收疑义,转请解释示遵由。

呈悉,业经本院统一解释法令会议议决,用伪造税戳盖于其所私宰之牛肉,从事销售,成立行使伪造公印文书罪,但不得将其牛肉没收。仰即转饬知照。此令

**附原呈**

据署湖南长沙地方法院首席检察官罗芳楝三十五年九月二日文恭字第三四二号呈称,呈为呈请解释事,兹有某户屠商图得不法利益,伪造税捐处税戳,加盖于私宰牛肉之上,从事销售事后案发,将该项伪税牛肉一并带案,其应触犯行使伪造公印文书之罪,固无疑义,惟是该项伪税牛肉是否应予没收,于此有甲乙二说。(甲)说该项伪造印戳盖于销售牛肉之上,其意即系表示该项伪税牛肉已经纳税,一方面图得漏税利益,另一方面使购销者深信不疑,得以脱售伪税牛肉,是该项伪税牛肉为供犯罪之用,已堪认定。若仅销售白肉,不仅随时有被查获之虞,而购买者亦必裹足不前,其漏税不法利益之意图,及成泡影,从而伪税牛肉未完全脱售以前,即图得漏税不法利益之行为尚未终了,是该伪税牛肉与伪税符号,均为完成犯罪不可或缺之物,其不能不认为供犯罪所用之物,尤为明显。是该项获案之伪税牛肉,依法应予没收。(二)乙说按供犯罪所用之物,必须供实施犯罪之用,始在没收之列。该项伪造税捐处查税之印戳,盖于牛肉之上,表示已经纳税,从事售卖,是其供实施犯罪所用之物,仅为伪造税捐处之图章,及行使该项印文之行为,要不过应受漏税之行政罚,尚不构成犯罪,从而该项牛肉即非供实施犯罪所用之物,甚为明显,依法不得宣告没收。以上二说,究应依何说为是,事关法律疑义,理合备文呈请钧座转请解释示遵等情。据此,事关法律疑义,除指令外,理合备文呈请钧院鉴核,解释示遵。

**院解字第三三六五号**

**三十六年二月二十二日**

**令甘肃高等法院首席检察官詹世铭**

据署皋兰地方法院首席检察官王永兴上年十月二十二日代电，以民营之股份有限公司经理对于管理公司之事务，直接间接图利之行为，能否认为贪污抑僅构成业务侵占疑义，电请解释示遵等情前来。业经本院统一解释法令会议议决，人民集资设立之普通股份有限公司，其经理处理该公司事务，不能认为系办理公益事务直接或间接图利之行为，应依《刑法》第三百四十二条第一项处断。合行令仰转饬知照。此令

**附原电**

南京司法院院长居钧鉴，窃查人民集资设立股份有限公司，经理对于管理公司之事务，直接间接图利之行为，能否认为贪污，抑僅构成业务侵占，发生法律上之疑义，关于见解，乃有(甲)(乙)两说。(甲)说谓公司之股东虽为地方士绅，但其认股资金均系私人之所有，对于所营之业务，以营利为目的，因推销成品之价值与市价同，如经理人对于管理之事务直接间接图利，应依《刑法》第三百四十二条处断。而(乙)说又谓公司之股东，其认股资金虽为私有，但经营之业务系提倡地方土产，以科学技艺，制造成品推销，其认股原意，侧重提倡地方化学工业，应认为办理社会公益事务，以公务论，依《惩治贪污条例》第三条第二、六两款处断。以上两说，究以何说为是，未敢擅专，理合电请解释示遵，实为公便。署甘肃皋兰地方法院首席检察官王永兴(卅五)清辰真印

**院解字第三三六六号**

**三十六年二月二十二日**

**令广西高等法院院长申守真**

据广西高等法院第四分院上年十一月十六日代电，以没收汉奸财产疑义，再请解释示遵等情前来。业经本院统一解释法令会议议决，本院院解字第三二五八号解释，所谓自《惩治汉奸条例》施行之日起，系指中华民国二十六年八月二十三日所公布施行者而言，来电所问情形，既在该条例施行日期以后，虽由军事职权机关受理执行羁押而死亡之汉奸，如果罪证确凿，亦得依现行《惩治汉奸条例》第八条第二项规定，单独宣告没收其财产全部。合行令仰转饬知照。此令

**附抄原代电**

南京司法院院长居钧鉴，查汉奸嫌犯在羁押中裁判前死亡，可否单独宣告没收财产，适用上疑义，前请解释，业经转奉钧院解字第三二五八号训令饬知在案。惟查该号解释，系以自《惩治汉奸条例》施行之日起，触犯该条例第二条第一项之罪嫌，经移送或起诉之汉奸为限。如属事犯在《修正惩治汉奸条例》施行日期后，现行《惩治汉奸条例》施行日期前，由军

事职权机关受理执行羁押而死亡之案件,可否适用《惩治汉奸条例》第八条第二项之规定,单独宣告没收其财产之全部,尚不无疑义。理合再电呈请迅赐解释示遵。署广西高等法院第四分院院长梁殿宝呈铣印

**院解字第三三六七号**

**三十六年二月二十二日**

**令浙江高等法院院长郑文礼**

三十五年十一月二十九日呈一件,为据孝丰县司法处主任审判官呈,请解释依印花税法处罚是否援照其他财务罚锾法则办理等疑义,转呈释示饬遵由。

呈悉,业经本院统一解释法令会议议决,司法机关依印花税法科罚时,以裁定行之。此项裁定,得于五日内抗告,此在司法机关依印花税法科罚,及执行规则第二条、第四条已有明文。又印花税法并无第二十五条,来文所称五字,系三字之误。仰即转饬知照。此令

**附抄原呈**

案据孝丰县司法处主任审判官刘诏明呈称,查修正印花税法第二十一条,"司法机关审理案件时,发觉违反本法之凭证,应依本法处罚之",其处罚方法,是否援照其他财务罚锾法则办理,法院以裁定行之,及裁定之抗告期间同为五日。又查本年七月十二日公布之《印花税法施行细则》第一条,"本细则依据印花税法第二十五条规定制定之"。查印花税法全文仅二十四条,而施行细则谓依据印花税法第二十五条制定之一语,是否系该法第二十三条之误,不无疑义,拟请分别释示,俾资遵循等情。据此,事关法律疑义,理合备文转呈,仰祈钧院鉴核,俯赐释示,以便饬遵。

**院解字第三三六八号**

**三十六年二月二十二日**

安徽高等法院廖院长览,上年戌支代电悉。所请解释一案,业经本院统一解释法令会议议决,凡依法组织军队之士兵,如有叛乱盗匪行为,应由军法机关依法论处。合电知照。司法院丑祃印

**附抄原代电**

司法院院长居钧鉴,查危害民国紧急治罪法,已奉明令废止,关于参加共产党军队之士兵,是否认为系属匪军,依《惩治盗匪条例》办理,或依《刑法》内乱罪论处。如认为犯罪,究归司法抑军法机关审判。理合电请鉴核示遵。安徽高等法院院长廖江南戌支印

**院解字第三三六九号**

**三十六年二月二十五日**

国防部鉴上年酉养法高代电悉。河南全省保安司令部转请解释一案,兹经本院统一解

释法令会议议决,(一)米壳(鸦片烟壳)及烟帽(鸦片花蒂)如经化验含有鸦片成分,即系《禁烟禁毒治罪条例》第一条所称之烟,其持有者虽验无烟瘾,仍应视其有无运输或意图贩卖等情形,分别依该条例第五条或第十条论处罪刑。(二)白锡纸或纸筒虽可以吸食毒品,究非专供吸用毒品之器具。特电复请查照饬知。司法院丑有印

**附原电**

司法院赐鉴,案据河南全省保安司令部酉东保法代电略称,"据洛阳县政府法字第一三八六号申巧代电称,(一)查本府近日查获携带米壳(鸦片烟壳)及烟帽(鸦片花蒂)人犯,讯其犯意,多系炮制药品,但米壳烟帽均能抵瘾,而将人犯送院调验,又无烟瘾,对此项人犯,是否应以持有烟处断。(二)毒品名类繁多,其吸用方法各别,例如海洛因小磨等,普通吸法多以包纸烟之白锡纸及一纸筒而已。设若谨获此项带烟毒黑踪之锡纸及纸筒,是否为唯一之吸食烟毒器具。据上两端,谨电请鉴核示遵等情,转电到部。案关法律疑义,谨电请惠予解释,以凭饬遵为祷。国防部酉养法高印

**院解字第三三七〇号**

**三十六年二月二十五日**

国防部鉴,上年未艳勤法高代电悉。第一战区司令长官司令部转请解释一案,兹经本院统一解释法令会议议决,(一)《禁烟罚金充奖规则》已于民国三十四年十一月八日修正公布。该规则所称当地,系指查缉地而言。(二)关于告发人及查缉警察之奖金,同规则第二条已有明白规定,无适用《查缉毒品给奖及处理办法》之余地。(三)该规则并无如旧《禁烟罚金充奖规则》第二条第一项第五款之规定,其禁烟罚金在一万元以上者,毋须呈报内政部核准分配。特电复请查照饬知。司法院丑有印

**附原电**

司法院赐鉴,据第一战区司令长官司令部本年午冬严二慈字第二〇八四号代电称,案据第三十七集团军总司令刘戡平德字第二一六二号辰卅代电称,查《查缉毒品给奖及处理办法》第十条规定,利用掩护或夹带毒品之物品,一律没收变价,其奖拨办法,依照《禁烟罚金充奖规则》办理,兹有三点应请指示。(一)该规则第二条第二项一至四款,所载拨充当地肃清烟毒善后经费,其当地二字,究系指犯罪地抑系指审判地(譬如查获地在淳化,而审判机构在三原,究应拨充何县)。(二)按该规则规定,拨充之数量,较告发人及查缉警察之奖金超过太多,依此分配,似不足资奖励而收效果,否依照《查缉毒品给奖及处理办法》第五、六两条办理,而不依该规则之分配。(三)该规则第二条第五款规定,在一万元以上之罚金,应报内政部核准后分配,如是拖延时日,驯至事过境迁,人事变动,俟奖金核定,受奖人不知所往,可否不报请内政部核准分配,而依上项办法第五、六两条办理。以上三项,理合电请鉴核示遵等情。据此,查拨奖迟延,影响举发查获之不踊跃,确系实情。原电第三项所请,颇有见地。惟案关法律变更及解释疑义,未敢擅拟,理合肃电转陈,致乞鉴核示遵等情到

部。事关法律疑义,相应电请迅赐解释,以凭饬遵为荷。陈诚未艳勤法高印

**院解字第三三七一号**

**三十六年二月二十五日**

**令安徽高等法院院长廖江南**

据安徽高等法院第三分院院长汪溉文上年十月冬代电,以刑事诉讼程序疑义,请解释示遵等情前来。业经本院统一解释法令会议议决,不适用《特种刑事诉讼条例》处理之案件,第一审误依特种程序审判者,既经检察官向第二审再声请覆判,自可以其声请覆判视为提起上诉,进行第二审审判。合行令仰转饬知照。此令

**附原电**

司法院院长居钧鉴,查《特种刑事案件诉讼条例》,不适用于《复员后办理刑事诉讼补充条例》第九条至第十六条之案件,此在该条例第八条第三项,已有明文规定。设有盗匪案件,经非法组织之法院为第一审判决确定,执行尚未完毕,复员后经该第一审检察官侦查起诉,由刑庭谕知无罪,复经检察官依特种程序声请覆判,并经覆判法院将原判决撤销,为发回更审之裁定。原第一审更审判决,仍为被告无罪,检察官又声请覆判。查该案既系《复员后办理刑事诉讼补充条例》第十条之案件,依照首开法条,即不能依特种程序办理,乃覆判法院既依特种程序予以覆判,而原第一审又根据覆判法院之更审裁定,审理判决,则是陷于两重错误,应如何予以救济,请赐解释示遵。署安徽高等法院第三分院院长汪溉文戌冬叩

**院解字第三三七二号**

**三十六年二月二十五日**

**令江西高等法院院长梁仁杰首席检察官楼观光**

三十五年七月四日会呈一件,为据泰和地方法院呈,请解释《惩治贪污条例》第三条第二款适用疑义,请鉴核示遵由。

呈悉,业经本院统一解释法令会议议决,因公丁待遇微薄,减用人员,以其余存之工饷补助费,摊分留用三人公丁,作为增加膳宿补助费,既为推行公务及维持公丁之生活,自难认为有不法所有之意图,而成立《惩治贪污条例》第三条第二款之罪。仰即转饬知照。此令

**附原呈**

案据暂代泰和地方法院院长梁瑞麟呈称,为呈请转请解释示遵事。兹有甲法院三十四年度预算规定,公丁五名,每名月支工饷三十五元,并依修正公务员战事生活补助费,支给公粮糙米六斗,补助费一千四百元,三十五年度开始,奉令停发公粮,自一月份起,各公丁每月仅能支得工饷与补助费一千四百三十五元(系暂照三十四年度预算办理,三十五年度预算尚未颁布)。值此物价高涨不已,实苦无法维持生活,纷请解雇而去,但法院处理事务,又不能缺乏公丁,为推行院务顺利起见,由甲法院院长与各职员共同讨论,暂将一月份原用公

丁五人，减少二人，即以减少该二人余存之工饷与补助费二千八百七十元，摊分留用之公丁子丑寅三人，作为增加膳宿补助费，并附条件，将来提高公丁待遇，此项摊分之款，应予扣回。迄本年三月间，接奉调整生活补助费办法，公丁亦得按照基本数五分之三支给，即于补发公丁一月份生补费五分之三时，一律扣回，此种权宜办法，甲法院院长固未呈报上级法院核准，但是否构成意图为第三人不法之所有而侵占公有财物，于此分为二说。甲说，依照甲法院三十四年度预算规定一月份公丁工饷，每名仅能支给三十五元，另支生补费一千四百元，合计应支一千四百三十五元，则其额外摊分三十五年一月份裁减公丁之旷饷与补助费九百五十余元，即为不法之利益，因而甲法院院长即不能谓无意图为第三人不法所有之意思，自应构成《惩治贪污条例》第三条第二款侵占公有财物罪。乙说，本年一月起，物价高涨，各公丁每月仅有一千四百三十五元之收入，自不足维持个人生活，公丁既不能忍饥挨饿，照常服役，而法院事务繁琐，又不能不需要公丁。甲法院院长为避免院务之停顿，与顾虑公丁之不能安心工作，虽曾将一月份被裁公丁二名余存之工饷与补助费，摊分子丑寅三公丁，暂维目前生计，办理固属不合要，非意图为第三人不法之所有，且当摊分此项余存公款时，即已附有扣回条件，奉令调整生活补助费后，又于补发一月份公丁生活补助费时，如数扣回，存候汇解国库，根本不发生意图为第三人不法所有而侵占公有财物等问题，因而甲法院院长当然不负《惩治贪污条例》第三条第二款侵占罪责。二说孰是，未敢臆断，理合呈请钧长席鉴核，俯允转请司法院解释示遵等情前来。本件是否构成贪污罪名，本院未敢擅断，理合据情备文呈请钧院鉴核示遵，以凭转饬遵照。

**院解字第三三七三号**

**三十六年二月二十五日**

**令署广西高等法院首席检察官陈锡瑚**

三十五年八月五日呈一件，为据苍梧地方法院首席检察官梁昌宏呈，请解释在同一市区内之警察分局是否可认为司法警察官署疑义，转请解释示遵由。

呈悉，业经本院统一解释法令会议议决，市警察局之分局长，即《刑事诉讼法》第一百零九条第一项第一款警察官长，该分局自得认为司法警察官署。仰即转饬知照。此令

**附原呈**

案据苍梧地方法院首席检察官梁昌宏呈称，查县政府市警察局及区专员兼保安司令公署等机关，其为《特种刑事案件诉讼条例》第三条所称之司法警察官署，固属无疑，惟在同一市区内之警察分局，是否可认为司法警察官署，兹有二说。一谓警察分局乃隶属于市警察局之下，受市警察局长之直接监督，而且又同属于一市区范围内，依法不能认为司法警察官署。一谓警察分局既有分局处所，又有分局长之设置，既能独立执行其司法警察官职务，则其对于烟匪及贪污等特种刑事案件，一经举发之后，而依照《特种刑事案件诉讼条例》第三条规定，填用移送书式，径行移送法院刑庭审判时，亦可认为合法云云。二说究以何说为

是,事关法律疑义,未敢擅专,理合具文呈请察核令遵等情。据此,事关解释法律疑义,理合据情转呈察核解释示遵,俾便转饬遵照。

**院解字第三三七四号**

**三十六年二月二十五日**

案准贵院上年九月二十八日节京捌字第一三八二号公函,以曾在伪组织或其所属机关团体担任职务,未经法院判罪,是否亦应在一定年限内不得为公职候选人或任用为公务员疑义,函请查核见复等由。准此,兹经本院统一解释法令会议议决,曾在伪组织或其所属机关团体担任职务,虽未经法院判罪,仍应受伪组织或其所属机关团体任职人员候选及任用限制办法第三条、第四条之限制。相应函复查照。此致行政院

**附原函**

贵院本年九月十七日院字第六九一号公函诵悉,查确系我方派往敌伪机关或团体担任职务之反间工作人员,即为依法令之行为,依《刑法》第二十一条,应属不罚,兹准贵院函开,仍应受《惩治汉奸条例》第十五条之拘束,似未免过严。且依函开意旨,对于该适用上,恐又发生其他疑义。例如曾在伪组织或其所属机关团体担任职务,已依本例分别受不起诉处分或无罪免诉不受理之判决者,是否亦应在一定年限内不得为公职候选人或任用为公务员。相应函请查核见复,以便饬遵为荷。

**院解字第三三七五号**

**三十六年二月二十五日**

案准贵院上年十月十九日节京壹字第一六三四二号公函,以据内政部代电,转请解释曾任伪职未依法判罪于二年内不得为公职候选人者其选举权应否受限制疑义,抄同原代电,函请解释见复等由。准此,兹经本院统一解释法令会议议决,曾在伪组织或其所属机关团体担任职务,未依《惩治汉奸条例》判罪者,伪组织或其所属机关团体任职人员候选及任用限制办法第三条,既仅限制在二年内不得为公职候选人,则其选举权自不在限制之列。相应函复查照饬知。此致行政院

**附原函**

据内政部转请解释,曾任伪职,未依法判罪,于二年内不得为公职候选人者,其选举权应否受限制等情。查选举权与被选举权均为公权,彼此有牵连性质,此等人在被停止被选举期限内,是否仍有选举权,法无明文规定,相应抄同原代电,函请查照解释见复为荷。

**附原抄代电**

(衔略)准广西省政府申铣民壹电,以曾充伪职附敌人员,其选举权是否受限制,请迅核示一案。查依伪组织或其所属机关团体任职人员候选及任用限制办法第三条之规定,"曾在伪组织或其所属机关团体担任职务,未依《惩治汉奸条例》判罪者,二年内不得为公职候

选人”,但其选举权应否受限制,尚乏明文规定,不无疑义,理合电请解释示遵。

**院解字第三三七六号**

**三十六年二月二十五日**

据本院秘书处签呈,为准内政部上年十月七日民字第一八八五号公函,以省银行总经理及中央银行分行经理,可否当选为省市县参议员,函请查照,提请解释见复等由。准此,签请鉴核等情。据此,兹经本院统一解释法令会议议决,省银行总经理及中央银行分行经理,为公务员服务法第二十四条所称之公营事业机关服务人员,依同法第十四条之规定,固不得兼任省市县参议员。但此项人员,非《省参议员选举条例》第二条第一款、《市参议员选举条例》第三条第一款、《县参议员选举条例》第二条第一款所定之公务员,其被选举权并非当然停止。相应函请查照。此致内政部

**附原函**

查省银行总经理及中央银行分行经理,是否为《公务员服务法》第二十四条所称之公营事业机关服务人员。如系此种人员,可否当选为省市县参议员,法无明文规定。相应函请查照,提请解释见复为荷。

**院解字第三三七七号**

**三十六年二月二十五日**

**令署广西高等法院院长申守真**

三十五年九月二十日呈一件,为据博白地方法院代电,请解释特种刑事案件适用法律疑义,转请解释饬遵由。呈悉,业经本院统一解释法令会议议决,《特种刑事案件诉讼条例》施行前,由军法机关判决确定之刑事案件,不得于该条例施行后,依第二十八条第一项,为受判决人之不利益,声请再审。仰即转饬照。此令

**附原呈**

呈为呈请解释事,案据博白地方法院申鱼代电称,查特种刑事案件经判决谕知无罪确定后,发见确实之新证据时,依《特种刑事案件诉讼条例》第二十八条第一项规定,得为受判决人之不利益,声请再审,固无疑义。惟该条项系指依照同条例所为之判决而言,如军法机关于《特种刑事案件诉讼条件施行》前,业已判决确定,而于同条例施行后,发见足为受判决人不利益之确实新证据时,同条例既无明文规定,而与《刑事诉讼法》第四百十五条各款所列之情形又不相符,究应如何救济,理合电请察核示遵等情。据此,除指复外,事关适用法律疑义,职院不敢擅拟,理合转请察核,俯予解释,俾便饬遵。

**院解字第三三七八号**

**三十六年二月二十五日**

**令浙江高等法院院长郑文礼**

三十五年十月七日呈一件,为据萧山地方法院呈,请解释《刑法》毁损罪构成故意问题疑义,转祈解释示遵由。

呈悉,业经本院统一解释法令会议议决,某县建筑县道支路甲段委员会主任委员,据甲段地方人民之请求,并为减少损失起见,经召开委员会决议后,未向县政府呈请核准,擅在乙段地方动工,致损害乙段田地,不能谓无毁损他人之物之故意,自应成立《刑法》第三百五十四条之罪。仰即转饬知照。此令

**附原呈**

案据萧山地方法院本年八月二十八日审字第一五八七号呈称,案据本院推事胡景清呈称,窃按《刑法》第三百五十四条之毁损罪,固以有毁损他人之物之故意,为普通构成要件,但此所谓故意云者,系指明知系他人之物,而加以破坏,有意使其发生毁损之结果而言,至其所以破坏之缘由如何,即属于犯罪动机之问题,与故意之条件无涉,只得据为量刑之标准,不得以此为有无犯意之论据。例如某县建筑县道支路甲段委员会,关于开辟甲段路基,系照旧路路线修筑,业经绘图,呈经该县县政府核准,并出示布告在案。乃该会主任委员张三,据甲段地方人民之请求,以照旧路路线修筑,其损失巨大,如改造乙段新路,其损失较少,遂召开委员会,决议改造新路,未待呈准,即在乙段动工破地,致损害乙段田地,乙段田地所有人即诉以毁损之罪,于兹有子丑二说。子说谓张三据甲段地方人民之请求,经委员会之决议,为减少损失起见,改造乙段新路,虽未呈准,即行动工破地,然既非出于张三个人之私见,亦纯无毁损他人田地之犯意,自系无故意之行为,应谕知无罪。丑说谓查人民之财产,因公共利益之必要,固得征用或征收之,但必须依法律之规定,始得为之,此观约法第十八条自明。故对于人民之财产,除得其同意或依法律之规定办理外,如擅加侵害,而合于《刑法》第三百五十四条之条件,且非无故意者,即应构成该条之罪。张三不依照呈准案在甲段地方修筑道路,乃擅行改在乙段地方动工破地,致乙段田地受其毁损,是张三对于乙段田地系乙段地方人民所有,不得为不知。即系明知系他人之物,又动工破地,使乙段田地受其毁损,不得谓非加以破坏,有意使其发生毁损之结果,自已具备故意之条件,不得谓为无毁损他人之物之故意,即应构成毁损罪。虽其在乙段地方动工破地,系根据该委员会之决议案而为之,然此系属于是否合法之问题,于有无故意之问题无涉,不得混为一谈。又其改造乙段新路,系为减少损失起见,并无其他私见在内,纵令属实,亦系属于犯罪动机是否可获悯恕之问题,于有无故意之问题无干,亦不容牵混各云云。以上两说,孰是孰非,未敢擅断,事关法律疑义,于日后办案时适用法律攸关,应予转呈,请司法院解释,俾资遵循等情。据此,理合备文转呈,仰祈钧院鉴核,俯赐转请解释示遵,实为公便等情到院。事关法律疑

义，理合备文转呈，仰祈钧院鉴赐解释示遵。

**院解字第三三七九号**

**三十六年二月二十五日**

**令署安徽高等法院院长廖江南**

三十五年八月十七日呈一件，为据舒城县司法处代电，请示特种刑事覆判疑义，转请鉴核示遵由。

呈悉，业经本院统一解释法令会议议决，《特种刑事案件诉讼条例》第十六条，所谓判决一部应覆判者，应将全案覆判，不以应覆判之部分与其他部分有牵连关系者为限，故同案中之被告数人或其他有声请覆判权之人均舍弃声请权，仅其中被告一人声请覆判，无论该声请理由与其他被告有无利益，覆判法院仍应将该案全部覆判。仰即转饬知照。此令

**附原呈**

案据舒城司法处午元代电称，查依《特种刑事诉讼条例》判决之案件，一案中有共同被告数人，其中数人已舍弃声请覆判权，其他有声请权人亦均舍弃声请权，仅其中被告一人为其利益声请覆判，而其声请理由与其他被告利益或属相反或属相同，则覆判法院对于本案应全部覆判，抑或对其声请之部份覆判等情。查《特种刑事案件诉讼条例》第十六条，虽经定明一部应覆判者，应将全案覆判，其经共同被告声请覆判者亦同，然是否系指其他部份与应覆判之一部有牵连关系者而言，抑不问情形如何，均予全案覆判，不无疑义。事关法令解释，理合呈请鉴核示遵。

**院解字第三三八〇号**

**三十六年二月二十五日**

陕西高等法院郗院长览，上年巳鱼代电悉。所请解释一案，业经本院统一解释法令会议议决，某甲经检察官侦查，认为包庇走私，向该管地方法院起诉，地方法院认系特种刑事案件，送请高等法院审理，该高等法院审理结果，认为不属于《特种刑事案件诉讼条例》第一条第二项但书之案件时，应依《刑事诉讼法》第二百九十六条，谕知管辖错误之判决，并将该案移送有管辖权之地方法院审理。合电知照。司法院丑径印

**附原代电**

南京司法院院长居钧鉴，查《中华民国战时军律》第十二条之包庇走私，其犯罪主体应具备同律第一条第一项之特定身份。兹有某甲，既无该项特定身份，又非与具有特定身份之人共同实施，或教唆帮助其犯罪，经地方法院检察官侦查终结，向该管地方法院提起公诉后，地方法院依《特种刑事案件诉讼条例》第一条第二项，以无审判权，送请高等法院审理，结果被告包庇走私，并非犯罪不能证明，仅欠缺身份要件，此际高等法院应如何判决，计分三说。子说，某甲包庇走私，既非犯罪不能证明，虽不具备战时军律第一条第一项所规定之

特别身份,不能依同律第十二条论罪,但如某甲有对于公务员执行职务时施以强暴胁迫为包庇走私之犯罪手段者,则成立《刑法》上之妨害公务罪。若某甲为依法令从事于公务之人员包庇走私,图得不法利益,则又视其图利情形,分别依《惩治贪污条例》论拟,仅高等法院对于妨害公务及《惩治贪污条例》上之贪污罪无第一审管辖权,应依《刑事诉讼法》第二百九十六条,谕知管辖错误之判决,并同时谕知移送于管辖法院。倘包庇走私案未经检察官侦查,并高等法院审理结果,被告系犯《刑法》上之妨害公务罪,而由司法警察官署依《特种刑事案件诉讼条例》第三条移送法院审理者,则依《刑事诉讼法》第二百九十五条第六款,谕知不受理之判决。丑说,某甲包庇走私,检察官认为系犯战时军律第十二条之罪,依特种刑事案件诉讼程序起诉,高等法院审理结果,认为系犯与战时军律管辖不同之其他《刑法》上罪名时,无论系由司法警察官署移送,抑由检察官起诉,概依《刑事诉讼法》第二百九十五条第六款,谕知不受理之判决。寅说,某甲包庇走私,检察官系就其犯战时军律第十二条之罪起诉,高等法院审理结果:虽非犯罪不能证明,然其欠缺同律第一条第一项所规定之身份要件,应就检察官所起诉者,依《刑事诉讼法》第二百九十三条第一项,谕知无罪之判决,其犯《刑法》上之妨害公务罪或《惩治贪污条例》之图利罪,则属另一问题。三说究以何说为当,事关法律解释,并悬案待决,敬乞迅予解释示遵。陕西高等法院院长郄朝俊叩巳鱼

**院解字第三三八一号**

**三十六年二月二十五日**

广东高等法院史院长览,上年卯齐代电悉,所请解释一案,业经本院统一解释法令会议议决,收复区民产房屋经敌伪改造或兴建房屋或其他建筑物者,应依《收复区私有土地上敌伪建筑物处理办法》第二条至第六条办理。合电知照。司法院丑径印

**附原代电**

重庆司法院居院长钧鉴,查收复区原属民产房屋,经敌伪改造上盖建筑物,现由政府接收,应否视为敌产或逆产,予以没收,兹有甲乙二说。甲说主张上盖既由敌伪改造,即属敌产或逆产,应予没收,不得发回。乙说认为上盖虽系敌伪出资,然并无法令或契约根据,对该不动产不能成立地上权或何种物权,不能视为敌产或逆产,予以没收。如敌伪之出资有无因管理或不当得利情形,依《民法》规定有求偿权者,政府得对此求偿权为没收之处分,此时业主即须返还相当之价额。二说孰是,案关法律疑义,理合电请解释示遵。广东高等法院院长史延程叩卯齐

**院解字第三三八二号**

**三十六年三月一日**

贵州高等法院李院长览,上年未灰代电悉。所请解释一案,业经本院统一解释法令会议议决,《非常时期过分利得税法》,现经明令修正为《特种过分利得税法》,依该法第八条第

二项规定,凡经抗告法院裁定者,不得再行抗告。故抗告法院之裁定已经送达后,无法再为救济。合电知照。司法院寅东印

**附原代电**

南京司法院院长居钧鉴,窃查非常时期过分利得税法,关于抗告法院所为税款逾限处罚之裁定,并无得提起再抗告之规定。假如抗告法院关于此项之裁定发现错误,当事人对此裁定加以攻击时,应如何救济。案悬待结,伏祈电示祗遵。贵州高等法院院长李学灯谨叩未灰

**院解字第三三八三号**

**三十六年三月一日**

**令江苏高等法院院长孙鸿霖**

三十五年四月四日呈一件,为曾充各伪工商团体之理监事有无候选人资格疑义,请鉴核示遵由。

呈悉,业经本院统一解释法令会议议决,抗战期内在沦陷区充任工商团体之理监事,未依《惩治汉奸条例》判罪者,仍应受《伪组织或其所属机关团体任职人员候选及任用限制办法》第三条、第四条之限制。仰即知照。此令

**附原呈**

案据镇江律师公会代电称,查三十五年一月十二日大公报载,社会部电覆上海市商会关于同业公会之解释文曰,工商业同业公会之组织,原异于一般以自然人或法人为本位之社会团体,其由各该同业选举产生之职员,与《刑法》上所称依法令从事于公务之公职不同,仍准参加同业公会,并保有候选人资格云云。准此解释,则凡在抗战期间虽曾充各伪工商团体之理监事,而无《惩治汉奸条例》第二条各款所列举之罪行者,均不得谓之汉奸,其意义至为明显,惟社会部并非统一解释法令之机关,未便援用,事关法律疑义,经属会第一次临时会员大会讨论通过,电请鉴核并转请司法院解释示遵等情。据此,理合据情转呈,仰祈鉴核示遵。

**院解字第三三八四号**

**三十六年三月一日**

**令署江苏高等法院首席检察官韩焘**

三十五年十二月十八日呈一件,为据吴江地方法院首席检察官呈请解释烟民于施戒期间逃避至期限届满后仍行吸食应否以复吸论罪疑义,转请解释示遵由。

呈悉,业经本院统一解释法令会议议决,《禁烟禁毒治罪条例》第八条第三项,系指经勒戒断瘾后复行吸用者而言,来问既称于施戒期间逃避,即是未经勒戒断瘾,纵于期满后仍行吸食,不得遽行该项之罪刑论处。仰即转饬知照。此令

附原呈

案据吴江地方法院首席检察官呈称，查本省复员后，为肃清烟毒，曾规定本年六月底为施戒期限，设有烟民于施戒期间逃避，至施戒期限届满后，仍行吸食，应否以复吸论罪，兹有(甲)(乙)二说，分述如后。(甲)说，三十四年十二月十三日行政院公布同日施行之收复地区肃清烟毒办法第十三条载，施戒限期届满后，经检举调验尚未戒除瘾毒者，一律依法以复吸论罪，系对三十年二月十九日国民政府公布同日施行之《禁烟禁毒治罪暂行条例》第六条第二项后段而言，现《禁烟禁毒治罪条例》业经国民政府于三十五年八月一日公布施行，且同条例第八条第三项后段规定，经勒令禁戒断瘾后，复行施打或吸用者，始处以较重之刑，依后法及实体法优先适用原则，自不能以复吸论罪。(乙)说，《收复地区肃清烟毒办法》第十三条，原为法律上之拟制规定，且《禁烟禁毒治罪条例》第八条第三项后段关于勒戒部份，与《禁烟禁毒治罪暂行条例》第六条第二项后段所载情形，虽范围与字面稍有不同，而其处罚复吸之意旨，则并无变更，自不能排除《收复地区肃清烟毒办法》第十三条之适用，似仍应以复吸论处。以上二说，究系何者为当，案关适用法律疑义，理合呈请鉴核，转请解释示遵等情。据此，事关适用法律疑义，未便擅专，理合据情呈请鉴赐解释示遵。

院解字第三三八五号

三十六年三月一日

令署广西高等法院首席检察官陈锡瑚

三十五年十一月二十六日呈一件，为据广西苍梧地方法院首席检察官梁昌宏呈请解释工会理事长违法增收会费弥补会用应否成立犯罪疑义，转请解释饬遵由。

呈悉，业经本院统一解释法令会议议决，某工会理事长，依会内职员与一部分会员所开临时会议之议决，增收会费，于法虽未尽合，但其增收之意思，既在弥补会内费用之不足，尚难使负刑事责任。仰即转饬知照。此令

附原呈

案据广西苍梧地方法院首席检察官梁昌宏呈称，为呈请解释事。设有某甲充任某工会理事长后，以依照会章及《工会法》所规定抽收会员之会费数额，不足应支，竟与会内职员及一部会员临时会议，决定增收会费，以为会内支用，但未经呈报负责监督之行政机关核准，即强行照决议抽收，并复声称，如会员有抗不缴费，即不准入会及不准执行所担任之工作，以为恐吓。一部份会员不服，提出告诉，兹对此案之处理，约有三说。第一说，谓工会系社会公益团体之一，办理工会事务，依《惩治贪污条例》第一条第二项，应以办理公务论。某甲既充当工会理事长，负责处理会务，乃竟不惜利用职权，强行违法滥收会费，纵令其此项行为已得会内职员及一部会员之同意，但仍不能谓无违犯《惩治贪污条例》第二条第四款之罪嫌。第二说，谓工会不外为谋一部工人利益为目的之社团法人，其职员办理会务，与办理以一般社会公益为目的之事务不同。如有违法滥收款项情事，自不得比照《惩治贪污条例》治

罪。惟就本件案情论,某甲实不无违犯《刑法》第三百零四条第一项之妨害自由罪或同法第三百四十六条第一项之恐吓罪等罪嫌,仍应分别视其情状如何,依照各该条以为处断。第三说,对于某甲不能成立《惩治贪污条例》之犯罪,其论据与第二说略同。惟谓某甲既系遵照会内职员与一部会员之决议,以增收会费为会内支用,倘无不法所有之意思或其他犯罪之企图,纵令其此项行为与会章及《工会法》不无违误,但仍难谓为构成《刑法》上之犯罪。该三说均各言之成理,究以何说为当,殊未便率予决定,理合具文呈请察核解释示遵等情。按来呈所述,某甲违反会章及《工会法》之规定,增收会费,系属对于会务处理当否之问题。该会会员如有不服,得向当地主管监督之行政机关请求救济。如不能证明其前述行为有不法所有之意思或其他犯罪之企图,尚难认为成立犯罪。原呈似以第三说为是。惟事关法律疑义,理合具文呈请察核解释,俾便饬遵。谨呈司法院院长居

**院解字第三三八六号**

**三十六年三月一日**

案准贵院本年一月九日从贰字第零四四四号咨,以据地政署呈,转请核示台湾省人民在日治时代已占有未登记之公地应如何处置疑义,咨请解释见复等由。准此,兹经本院统一解释法令会议议决,《民法》自台湾光复之日施行于台湾,因台湾光复而取得中华民国国籍之人民,在光复前已以所有之意思二十年间和平继续占有台湾之公地者,依《民法》第七百六十九条及《民法》物权编施行法第七条之规定,自光复之日起,得请求登记为所有人。相应咨复查照饬知。此咨行政院

**附原咨**

据地政署呈,为台湾省地政局电呈,该省人民在日治时代已占有未登记之公地,是否得允许依照《民法》规定,请求为土地所有人,请核示一案到院。相应抄同原呈,咨请贵院解释见复为荷。此致司法院

**附原抄呈**

案据台湾省地政局代电内开,地政署署长郑钧鉴,(一)公有荒地,依《土地法》一二五条之规定,应由县市地政机关于一定期间内勘测完竣并规划使用,唯此项荒地在未经政府勘测之前已为人民占垦者,应如何处置。(二)本省人民在日治时代已占有未登记之公地,且经二十年间和平继续占有,是否得允许依照《民法》七六九条,请求登记为土地所有人。查本省甫经光复,情形特殊,以上案件,究应如何处理,尚乏明文规定,理合电请鉴核,恳祈示遵等情到署。经核第(一)项公有荒地未经政府依照《土地法》第一二五条之规定办理者,既已为人民占垦,应依照《土地法》第一百三十三条之规定,给予承垦人以耕作权。第(二)项案关法令解释,本署未便擅拟,除第一项已由本署先行饬知外,理合呈请钧院鉴核,转请司法院解释示遵。

**院解字第三三八七号**

**三十六年三月一日**

**令代理湖南高等法院院长余觉**

三十五年四月二十二日呈一件,为据辰溪县司法处呈请核示查封欠赋产业拍卖疑义,转请察核示遵由。

呈悉,业经本院统一解释法令会议议决,粮户欠赋未完,由经征机关函经司法机关查封欠赋产业后,所欠之赋经豁免或停征者,该粮户得依强制执行法第十四条,提起异议之诉如有同法第十八条第一项但书之裁定,并应停止强制执行,其未提起异议之诉者,除停征期间已满,应再行征收时,仍应继续执行外,依同法第十六条之规定,执行处得指示其起诉,或函询经征机关,经其同意后,即由执行法院撤销强制执行。仰即转饬知照。此令

**附原呈**

案据辰溪县司法处审判官孙蓬仙呈称,查粮户欠赋(旧欠)未完,经田赋管理处追缴契据,函请司法机关依欠赋催征通则第七条,拍卖其欠赋财产抵偿,司法机关经派员调查后,即依强制执行法规定,予以查封,因抗战胜利,本年(三十四年)田赋业已豁免,及历年旧欠亦闻明令停征,究竟此项查封之产,应否继续拍卖,抑应撤销查封,兹有二说。甲说,该项查封既在停征以前由经征机关函送,未经其声请撤回,不能撤销查封,应予继续拍卖。乙说,查封拍卖系一种强制行为,凡人民不尽纳税义务时,始得为之,虽经征机关于停征以前函请查封,兹田赋旧欠既明令一律停征,是人民并无纳税义务,而债务关系已因时效而消灭,对于查封,无容经其声请,即可自动撤销,当然不能继续拍卖。究以何说为是,不无疑义,本处现有类此之案件,究应如何办理之处,理合备文呈请钧院鉴核,伏乞指示祇遵等情。据此,事关适用法律疑义,未便擅专,理合据情转请钧院察核示遵。

**院解字第三三八八号**

**三十六年三月一日**

**令代理湖南高等法院院长余觉**

三十五年十月二十六日呈一件,为据长沙地方法院呈请解释特种刑事案件适用法律疑义,转请鉴核示遵由。

呈悉,业经本院统一解释法令会议议决,甲乙丙丁四人一同行劫,甲乙各带短枪一枝,为丙丁所共知如甲乙开枪杀人,丙丁与有犯意之联络,应构成《惩治盗匪条例》第二条第一项第六款强劫而故意杀人罪之共同正犯。仰即转饬知照。此令

**附原呈**

案据署长沙地方法院院长刘少荣本年十月十七日呈称,查本院适用刑事法律发生疑义,谨述于次。有甲乙丙丁四人,相约一同行劫,甲乙各带短枪一枝,此为丙丁所共知,但当

时甲乙丙丁之目的在强劫财物,并未计及杀人。至实施强劫之际,被害人中有数人乘机奔逃,甲乙遂举枪射击,致奔逃之数人当即中弹毙命。此种情形,对于丙丁应负之责任,分子丑两说。(子)说,杀人行为系甲乙两人临时起意,丙丁无此故意,故丙丁仅负强劫之罪责,而不负强劫而故意杀人之罪责。(丑)说,丙丁既明知甲乙携有短枪,当时虽无杀人之预见,然携枪上盗,可能发生死伤之结果,此为丙丁所能预见者,结果竟因携枪上盗,而致击毙被害人,则丙丁就此能预见之结果,自应负其责任。换言之,丙丁即应负《惩治盗匪条例》第三条第十款之强劫因而致人于死之罪责,盖因故意杀人系在预见之有不有,因而致人于死系在预见之能不能。丙丁虽非具有杀人之预见,不负强劫而故意杀人之罪责,然此死亡之结果系其所能预见者,故应负强劫致人于死之罪责。以上二说孰是,事关法律疑义,理合备文呈请鉴核,转请解释示遵等情。据此,查事关适用法律疑义,本院未便擅拟,理合据情转呈钧院鉴核示遵。

**附原呈**

案据零陵地方法院院长葛光宇本年七月二十四日呈称,查所得税法及同法施行细则未公布以前,受理违反所得税暂行条例案件,法院以裁定处罚,检察官以未经侦查起诉,提起抗告,虽抗告法院裁定将原裁定撤销,发回另行侦查起诉,但察裁定日期又在前开新法公布施行以后,究应如何办理,兹有甲乙二说。(甲)说,在新法未公布施行前所发生之事件,虽抗告法院裁定发回在后,仍应受其拘束,移交检察官侦查起诉,再依判决方式裁判。(乙)说,抗告法院裁定发回,在新法公布施行以后,自应依据新法,依法罚锾,以裁定行之。以上二说,究以何说为是,事关法令解释,未敢擅拟,理合备文呈祈钧院鉴核,迅予指令祗遵等情。据此,查事关法律疑义,理合具文转请钧院鉴核,赐予解释,以便转饬祗遵。

**院解字第三三八九号**

**民国三十六年三月一日　司法院指令湖南高等法院**

呈悉,业经本院统一解释法令会议议决,《所得税暂行条例》第二十条后段规定之罚金系属刑罚。违反该条之案件,未经检察官侦查起诉,法院径以裁定处罚,故属违法。惟经抗告法院以裁定撤销原裁定,发回另行侦查。依现行之所得税法第三十九条规定,该项处罚业已改为行政罚。是犯罪后之法律已废止其刑罚,检察官自应依刑事诉讼法第二百三十一条第四款为不起诉之处分,仍送由法院以裁定处罚之。仰即转饬知照。此令

**附湖南高等法院原呈**

案据零陵地方法院院长葛光宇本年七月二十四日呈称:查所得税法及同法施行细则未公布以前,受理违反《所得税暂行条例》案件,法院以裁定处罚,检察官以未经侦查起诉提起抗告。虽抗告法院裁定将原裁定撤销,发回另行侦查起诉。但察裁定日期又在前开新法公布施行以后,究竟如何办理,兹有甲乙二说。(甲)说,在新法未公布施行前所发生之事件,虽抗告法院裁定发回在后,仍应受其拘束,移交检察官侦查起诉,再依判决方式裁判。

(乙)说,抗告法院裁定发回在新法公布施行以后,自应依据新法,依法罚锾,以裁定行之。以上二说,究以何说为是？事关法令解释,未敢擅拟。理合备文呈祈钧院鉴核,迅予指令祇遵等情。据此,查事关法律疑义,理合具文转钧院鉴核,赐予解释,以便转饬祇遵。

**院解字第三三九〇号**

**三十六年三月一日**

案准贵院上年十二月二十六日节京捌字第二五二八号咨,以据内政部呈,转请核示选举县参议员纠纷涉讼案件适用法律疑义,抄同原呈件,咨请查核见复等由。准此,兹经本院统一解释法令会议议决,法院判决县参议员选举无效,以有县参议员选举条例第三十二条所列情事之一时为限,其判决县参议员当选无效,以有同条例第三十三条第二款、第三款所列情形之一时为限,故提起同条例第三十五条之诉讼,必主张有此项情事之一而后可,法院亦仅得就其情事之有无,予以审判,惟同条例第三十三条第三款所谓当选票数不实,包含无效之票算入当选票数之情事在内,落选人认为当选票数内除去无效之票,自己即应当选提起诉讼者,其与讼争问题有关之同条例疑义,除已经选举监督解释有案时,依同条例第三十七条之规定,法院受其拘束外,法院自非不得自为解释,以判断原告主张无效之票是否无效,至选举人认为办理选举违法提起诉讼者,应以办理选举之县政府为被告,落选人认为应当选提起诉讼者,应以当选人为被告。相应咨复查照饬知。此咨行政院

**附原咨**

据内政部本年十一月十三日民字第三九四六号呈,为广东省高要县人和乡选举县参议员纠纷涉讼,请核示一案,查该部原呈甲项关于选举实务各节,尚属可行,至乙项选举诉讼部份,经交据司法行政部议复,以关适用法律疑义,应统一解释等语,除指复外,相应抄同内政部原呈件,及司法行政部原呈,咨请查核见复,以凭饬遵为荷。

**附原抄司法行政部呈**

准钧院秘书处本年十一月二十五日礼京(八)字第四五四九九号通知单,以内政部呈,为高要县人和乡选举县参议员纠纷涉讼疑义,请核示一案,奉谕"请示乙项交司法行政部核复"等因,检送原呈一件,又附件二件,相应通知等由,查选举诉讼,依县参议员选举条例第三十五条之规定,落选人认为应当选者,得向法院提起是此项诉讼,自不仅以选举舞弊,办理选举违法,被选举人资格不符,及当选票数不实,四种为限,惟落选人能否以选举票有效或无效为理由,而提起此项诉讼,则属法律适用疑义,再本案被告是否适格,亦一问题,为求统一解释起见,似以转请司法院解释为宜。奉谕前因,理合呈复钧院鉴核。谨呈

**附原抄内政部呈**

据广东省民政厅三十五年十月三日丙酉江钦二治字一四三六一号代电,以据高要县政府呈,以该县人和乡选举县参议员谢弼苏于第一次选举时得十四票当选,嗣因据报,该乡选举,其出席选举之代表共二十六人,中有八人为代表之代表,所投之票应属无效,又谢弼苏

之“荪”字，于奉准检定合格之证书及该府公告时，均用“荪”字，旋因定期选举，在选举人名簿内，误写“孙”字，当时投票，已有代表询问，唯监选员未敢更正，致谢弼孙所得之十四票，内有四票系写作“荪”字，嗣由该乡乡民代表会主席谢昆成会同监选员，呈报详情，请示前来。该县府以该乡选举县参议员既如上述，应令重选，重选结果，谢玉良得十六票当选，谢弼荪得十二票为候补，乃谢弼荪向法院起诉，并经法院判决确定，谢弼荪之第一次当选为该乡县参议员为有效，诉讼费用由被告（乡民代表会主席谢昆成）负担等词，理合呈附判决书，恳祈鉴核，并准解释疑义数点，以便办理等情。兹谨核签意见如下，甲，已依法令核示之点，（一）谢弼荪之“荪”字写为“孙”字，依本部解释前例，“依当时情形判断，不致误认为他人姓名者，概认为有效”之规定，应认为有效。（二）代表之代表出席投票，于法无据，比照钧院“候补县参议员不能代表不能出席之参议员出席”之解释，应认为无效。（三）该乡第一次选举时，出席代表共二十六人，其中无权投票者仅有八人，未达选举人名簿人数三分之一以上，自不能认为无效，应核定以谢弼荪当选为有效。（四）该高要县县长于所属人和乡选举县参议员发生争议时，既不请示该管民政厅长兼选举监督，又不于法定起诉时效内移送法院审判，遽行令饬该乡乡民代表会改选，以致滋生纷扰，应予以记过处分。乙，应请钧院核示之点，法院可得受理之案件，应以选举舞弊，办理选举舞弊，被选举人资格不符，及当选票数不实，四种为限，县参议员选举条例二四、二五各条，已有明文规定，至选举票上所书被选人姓名是否有效，自不在上述范围之内，应由依照同条例第三七条有权解释该条例之选举监督，予以解释。今高要县地方法院对于上项解释案竟予受理，不唯侵犯选举监督应有之选举法规解释权，且判定以该乡乡民代表会主席谢昆成为被告，责其负担诉讼费用，该谢昆成除呈请上级机关核示外，绝无损害原告权利之行为，诉讼费用何能责其负担，是该高要县地方法院之于本案，既不应受理，而受理而又课谢昆成以毫无法律根据之责任，自属不合，应请钧院转请司法院迅速予以纠正，以昭平允，为惩前毖后计，并请转饬司法行政部通知各级法院，今后除受理《省参议员选举条例》第二十四条、第二十五条二、三两款，《市参议员选举条例》第四十一条、第四十二条二、三两款，及《县参议员选举条例》第三十二条、第三十三条二、三两款，所规定选举无效及当选无效之诉外，对于选举票是否有效及其他纯属各该法条疑义之解释案，概不得受理，以杜纷扰。据电前情，除另电知照外，理合抄附原代电暨高要地方法院判决书各一份，呈请鉴核示遵。谨呈

**附原抄内政部所附原代电**

内政部长张钧鉴，据高要县政府呈，以县属人和乡选举县参议员候补当选人谢弼荪，以本年四月十三日第一次选举得票十四票，当选为县参议员，嗣因本府以据报该乡选举，其出席选举之代表共二十六人，中有八人为代表之代表，该代表之代表并未持有原代表之委任证明书，依法自难取得真实代表资格，纵而所投之选举县参议员票，当属无效。又查该谢弼荪于奉准检定合格所给之临时证明书及本府选举公告文时，均用谢弼荪之“荪”字，旋因定期选举，本府缮发该乡选举人名簿时，误写谢弼“孙”，当时投票选举，已有代表提出询问，惟

其时所派之监督员,未敢负责更正,致选举结果,谢弼孙得十四票,内有四票系写作"荪",嗣由该乡乡民代表会主席谢昆成会同监选员,将上项情形,呈报核示前来,本府以该乡选举县参议员情形既如上述,自当重行复选,以期合法。其理由:(一)代表投票被选举人名字错误,(二)投票代表有代表之代表,基此两点错误原因,当经本府令饬该乡代表会主席遵照,定期同月二十日重行召集复选,复选开票结果,谢玉良得十六票当选为参议员,该谢弼荪得十二票当选为候补县参议员,乃谢弼荪于全县选举完竣公告期间,即声明向法院提起诉讼,请求合理解决。现准高要县地方法院本年六月二十六日衡民字第九二三号公函,附送判决书一份,其主文判决确认民国三十五年四月十三日高要县人和乡选举县参议员原告十四票当选为有效,诉讼费用由被告负担等词,函请查照办理等由到府。查《县参议员选举条例》第七章三十七条载,本条例之解释权属于选举监督,此次人和乡县参议员重行复选,系属选举条例解释,未涉及选举舞弊,在理无提起诉讼可言。就退一步言之,该谢弼荪提出诉讼,亦属请求合理解决,原无被告的对象,谢昆成乃乡民代表会主席,案关选举,未敢决定,呈请上级机关核示,乃属正当手续。惟高要县地方法院竟以该主席谢昆成为被告人,诉讼费由其负担,且查其判决理由,以此次选举系属限定范围列名选举,原告为该人和乡所列六名候选人名额之一,无论其选举票写谢弼孙或谢弼荪,其意亦选举该乡曾经检定合格列有名字之原告而已云云。然则此次选举县参议员是否系属限定范围,名字虽有错误,亦属有效,又投票代表之代表亦可不问,抑名字如有误写即属无效,又此案之被告人是否为乡民代表会主席,职兼选举事务所主任,对案之判决不无疑义,拟请详为解释,以答该乡代表会主席之问,而示公平,理合将此案经过情形,抄同判决书,呈请核示等情。兹将判决书抄缴察核,并请示疑义如下,(一)本案第一次选举出席代表二十六人,有八人非本人出席,显已涉及县参议员选举条例第三十二条第一项情事,但未经提起诉讼,只由办理机关发觉,认为选举无效,举行再选,是否合法,(二)"荪"与"孙"字之争,由于办理机关缮写错误而起,其选举票是否均属有效,(三)本案提起诉讼,应以何人为被告,(四)本案已经法院判决,是否仍照判决办理,(五)如法院判决错误,应如何补救,统请详细核示祗遵。广东省政府民政厅长李扬敬

**院解字第三三九一号**

**三十六年三月四日**

案准贵院上年十一月二日节京拾字第一七九二一号咨,以据苏浙皖区敌伪产业处理局呈请解释出售敌伪工厂所引起之房地产租赁问题处理疑义,抄同原呈,咨请解释见复等由。准此,兹经本院统一解释法令会议议决,敌伪承租他人房地所开设之工厂,虽经政府接收出售,但该工厂之承购人,不能因而取得房地之租赁权。如须继续使用房地,应自向所有人商订租赁契约。相应咨复查照饬知。此咨行政院

**附原咨**

据苏浙皖区敌伪产业处理局呈,为敌伪工厂经出售后,发生厂主与房地产所有人之租赁问题。承购者为顺利开工起见,均请政府设法向业主继续租用。惟上项继续租赁权之根据,可否认为我国库有继承敌人之租赁权,请转咨贵院解释等情。案关法律疑义,相应抄同原呈,咨请查照,惠予解释见复为荷。

**附原抄呈**

案准经济部特派员办公处九月二十七日发字第一四八三八号函开,"据后方复员工厂优先租购敌伪工厂协助委员会呈称,窃查后方复员工厂电请优先承购敌伪工业,业经钧处先后核准二十二家在案,该项敌伪工厂中,有房地产主权另属他人,以致无法一并承购者,为防止各厂承购后无法顺利开工,未能贯彻复工生产之初意起见,似宜预为办妥承租手续,并为求租赁办法公允计,拟请钧处代为统筹办理,凡敌伪占用之地位而须发还者,亦应请钧处设法向业主继续租用,以保持工厂之完整,而资继续生产,可否之处,理合具文呈请鉴核示遵等情。查本处结束期限已届,除批令迳洽贵局外,相应转请查核迳知为荷"等由。准此,查关于敌伪租用人民房地产改为工厂,而此项工厂已由政府接收,并有复工之必要者,其租赁问题,前经第二十次审议会议决,由厂方向业主议订合理之租期及条件,倘业主不允,可由主管机关依照《土地法》之规定办理等情记录在卷。并经法律顾问委员会补充解释,(一)审议会之决议案,只适用于地上权(无论政府自营或标售),如已到期,即属标售,亦应由政府出面订约(租期以五年为标准),(二)普通房屋之租赁已到期者,亦由政府出面订约续租,租金及租期,与业主合理洽商等语在案。嗣后经提请第六十二次审议会决议,"(一)是否强占,须有本局之书面证明,非可凭业主空言主张,(二)复工必要一语,易于曲改,拟改为'得标人准备复工者'"等语各在案。惟该项办法,实行以来,诸多困难,关于适用《土地法》一节,前经商之地政局,准该局(内)(发)三〇五号函复,以"案准贵局三十五年五月七日沪叁字第二九八一〇号函开,以准经济部特派员办公处函,以得标人朱文焕声称,厂房原业主不允续租,应如何援用《土地法》一案,嘱为核复等由。准此,查贵局标售之敌伪工厂,经人民标购以后,即为人民之产业,其所适用之法令,自当与一般市民无异,贵局处理原则,乃规定标购者继承原租赁权,如业主有收回自用等情形时,自应仍依上海市房屋租凭管理规则办理。准函前由,相应复请查照为荷"等由。准此,惟法院对于此项办法迄未承认,其症结所在,盖以自然人之死亡,其遗产继承人,当然继承租凭权,至我国国库能否同样的认为系敌人之租赁权(财产权)之继承人一点,司法院未有明文解释,经提请第一三三次审议会决议,"事关法律问题,可呈请行政院转请司法院解释"纪录在卷。理合备文呈请鉴核,敬祈转请司法院解释。谨呈

**院解字第三三九二号**

**三十六年三月四日**

案准贵院上年十一月十四日节京伍字第一九二六七号咨,以据财政部呈,转请解释抗缴认购债款可否依照行政执行法第九条处分疑义,咨请解释见复等由。准此,兹经本院统一解释法令会议议决,人民认购公债延不缴款,未便援用行政执行法第九条办理。相应咨复查照饬知。此咨行政院

**附原呈**

据财政部呈称,案据浙江财政厅代电,以浙省推销卅三年盟债实施办法规定,购债人抗缴债款者,得由当地政府强制执行,倘需强制执行时,应依何种法令办理等情,请示到部,当经电复,应依行政执行法办理在卷。顷复据该厅以购债人抗缴债款,需强制执行时,可否照行政执行法,就其财产,由地方官署执行处分之处,再电请示前来。查派募公债,乃因应国需之要政,购债人抗缴债款,必要时自需以强制执行之手段,以完成派募之目的。惟强制执行之方式,如须诉经法院依强制执行法办理,则旷日持久,不足以资因应,可否援用行政执行法第九条之规定,就购债人之财产,由地方官署执行处分,以利执行,而维债政之处,理合呈请钧院准予转咨司法院解释,俾便饬遵等情。相应咨请查照解释见复,以凭饬遵。

**此处删去一条。**

**院解字第三三九四号**

**三十六年三月四日**

安徽李兼全省保安司令鉴,秘民保法(卅五)酉俭代电悉。所请解释一案,兹经本院统一解释法令会议议决,县长兼任军法官,为其各项兼职之一,系以县长身分当然兼任,究其本职仍为县长,与《陆海空军刑法》第八条所谓现服勤务之陆海空军文官不同。其被诉案件之审判权,仍应依本院院解字第三二六二号解释办理。特电复请查照。司法院寅支印

**附原代电**

南京司法院院长居钧鉴,查县长兼军法官办理军法案件被诉,应由何机关审判,经以秘民保法(卅五)未东电暨未微代电请予核示在案,兹奉三十五年十月十六日院解字第三二六二号代电,以县长兼军法官纵因办理军法案件被诉杀人,仍应归普通法院审判等因,自应遵办。惟查县长兼任军法官,其身份得认为军属县长,仅兼理军法而不兼军法官名义,系军法职权之授与,其身份似不能认为军属,曾经前军事委员会铨叙厅二十八年九月六日函说明有案。县长兼军法官,其身份既认为军属,依《陆海空军刑法》第六条第二款之规定,即应视同陆海空军军人,其因军人身分(办理军法案件)犯罪,应由军法机关审判,与修正战时陆海空军审判简易规程第一条之规定,自属相合,如不问县长有无军属身份,其因办理军法案件

被诉,均归普通法院审判,则与上开规定似有抵触。况自奉国民政府军事委员会及行政院三十一年八月十三日会令,各县县长仍由全省保安司令部委兼军法官后,所有助理军法之承审员、书记员,亦经依军用文官例,比照武职铨叙,视为军属,其被诉案件,由军法机关审判,殆无疑问。军法承审员、书记员为辅助县长兼军法官办理军法案件之人员。兹以县长兼军法官办理军法案件被诉,归普通法院审判,一面以其佐理军法人员犯罪,归军法机关审判,则对于同一军属,审权亦不一致。复查军事委员会二十九年一月十日法审(廿九)渝一字第三四八号解释,系说明县长兼理军法事务,因办理军法案件被诉,应归法院审判,县长兼军法官因办理军法案件被诉,应归军法机关审判,依照首开钧院解释,此项说明,即不能适用,第据前述刍见,钧院解释在适用上似稍有未便之处,可否参照前开军委会说明,重将请示审权疑义,交会复议,仍请鉴核示遵。安徽省政府主席兼全省保安司令李品仙秘民保法(卅五)酉俭印

**院解字第三三九五号**

**三十六年三月四日**

广西高等法院陈首席检察官览,上年丑删代电悉。广西平南地方法院兼行首席检察官职务刘用之所请解释一案,业经本院统一解释法令会议议决,(一)《县参议会组织暂行条例》第二十条所称在会期内,系指县参议会宣告开会后闭会前之期间而言。(二)县参议员在会议期内,除现行犯外,非经县参议会之许可,不得径予逮捕。(三)不知被告为县参议员,将其逮捕拘禁,如经查明系在会期内,即应咨询县参议会之意见。设县参议会不予同意,应即释放。(四)《刑事诉讼法》第八十八条第二项所称之即时,系指犯罪实施中或犯罪实施后之当时而言,来文所举情形,与该条所称即时不同。合电转饬知照。司法院寅支印

**附原代电**

南京司法院院长居钧鉴,案据广西平南地方法院检察官兼行首席检察官职务刘用之世代电,请解释法律上疑义数点等情,兹核释:(一)《县参议会组织暂行条例》第二十条所称"在会期内",系指议会宣告开会后闭会前之期间而言。(二)县参议员犯罪,倘有确据足资证明者,既非在会期内,自可依法将其逮捕,解送法办。(三)倘不知被告系现任县参议员,已依法将其逮捕,应即将情咨询县参议会意见,如不同意,立刻开释。(四)《刑事诉讼法》第八十八条第二项所称现行犯,系指亲目看见其实施犯罪行为,或立刻发觉或跟踪搜索发见赃证或罪证,足资证明确有犯行者而言,否则不能谓之现行犯。当否。事关法律疑义,理合附抄原呈,电请钧院察核示遵。广西高等法院首席检察官陈锡瑚叩丑删印

**附原抄代电**

广西高等法院首席检察官陈钧鉴,兹有法律上似是而非之疑问数点,尚难决断,拟请解释,(一)查《县参议会组织暂行条例》(三十年八月九日公布)第二十条载称,"县参议员除现行犯外,在会期内,非经县参议会之许可,不得逮捕或拘禁",该条所称"在会期内",究系

指该条例第十一条所定之会期(三天至七天),抑或开会期间以内?(二)在会议终结之后,应否计入"在会期内",例如某月某日下午一时开会,至是日三时散会,是日四时以后,即为会议终结之时期,参议员已无会议任务,亦无留在议会必要(私人料理事务当属例外),则某议员所犯罪名,如汉奸贪污渎职之类等重案,依刑诉法第七十六条第四款,应予径行拘提者,其于会议散会之后,在街道或非会议场所之地方,为司法警察将之逮捕,解官讯问,是否法所应许?(三)倘若不知该被告系现任县参议员,仅以其为现任公务员身份,认有汉奸贪污渎职罪嫌,依刑诉法第七十六条第四款,予以逮捕押讯,是否法所禁止?(四)刑诉法第八十八条第二项所称之"现行犯",系指犯罪于实施之后即时发觉者而言,例如八月间犯特刑罪行,实施之后,当时尚未能查确,迟至十二月间始行发觉,能否认为"即时发觉"?此"即时"两字,其涵义应否有立刻而不超过二十四小时或若干天时日之限制,或以检察官所认为可能发觉犯罪之时间为准基?上四点不无疑义,谨电敬乞钧座迅赐核释电示祇遵。兼行首席检察官职务刘用之叩。亥世检文人(平)印

**院解字第三三九六号**

**三十六年三月四日**

内政部鉴,据本院秘书处签呈称,准内政部上年十月七日京民五虞代电,以准湖南省政府代电,转请核示召集保民大会不足法定人数时应如何办理疑义,电请转陈解释见复等由,签请鉴核等情。据此,兹经本院统一解释法令会议议决,召集保民大会,因不足法定人数,致不得开议时,其不出席各户,依法既无从加以强制,只可晓以自治要义,劝令出席。电请查照转知。司法院寅支印

**附原电**

司法院秘书处,案准湖南省政府六月十九日民宇二字第一七九七号代电,以转据安化县府代电,请核示保民大会经召集人召集至三次以上仍不足法定人数时,应如何办理一案,查保民大会为民意机关之基层组织,自应按时召开会议,以收训练人民行使四权,奠定民权政治基础之效,然如迭经召集均不足法定人数时,究应如何使其依法开议之处,法无明文规定,相应电请查照转陈解释见复,以便办理为荷。内政部京民五虞印

**院解字第三三九七号**

**三十六年三月四日**

内政部鉴,据本院秘书处签呈称,准内政部上年十月二十八日京民五俭代电,以迭准各地地方法院电请释示省参议员落选人认为应当选者以省府为被告提起诉讼应由何级法院管辖疑义,电请转陈核定见复等由,签请鉴核等情。据此,兹经本院统一解释法令会议议决,省参议员选举之落选人认为应当选者,如以省政府为被告,提起诉讼,应由该省政府所在地之地方法院管辖。电请查照转知。司法院寅支印

附原代电

司法院秘书处。查本部迭准各地地方法院来电，以省参议员落选人认为应当选者，以省府为被告提起诉讼，应由何级法院管辖，请释示一案。查省参议员选举纠纷，应由何级法院管辖，法无明文规定，相应电请转陈，迅予核定见复为荷。内政部京民五俭印

院解字第三三九八号

三十六年三月四日

内政部鉴，据本院秘书处签呈称，准内政部三十五年十月七日京民五虞暨同年十二月十三日京民五元代电，以院解字第三〇七一号解释适用疑义，电请转陈解释见复各等由，签请鉴核等情。据此，兹经本院统一解释法令会议议决，县参议员选举省参议员，系以县政府为投票所而集会投票，并非《县参议会组暂行条例》第十四条第一项所谓开议，本无同条项之适用，《省参议员选举条例》又未定有须经全体参议员过半数之出席始得投票之限制，出席者不达过半数时，自非不得投票，惟观于《省参议员选举条例》第九条所谓由出席代表互推三人至五人为监察员在场监视，第二十条所谓以得出席者总额过半数之投票为当选，第二十一条所谓候补当选人以得票次多数者定之，则出席者虽不必达全体县参议员之过半数，亦非在三人以上不可。相应电请查照。司法院寅支印

附原代电

司法院秘书处据河南省济源县刘瑞璋巳巧代电，以大院于三十四年十二月三日平壹字第二六八四二号函行政院院解字第三〇七一号法令解释案略开，"《县参议会组织暂行条例》第十四条第一项，虽规定县参议会非有全体参议员过半数之出席不得开议，然此所谓开议，仅就得议决之事项为之。县参议会选举者参议员，依《省参议员选举条例》第八条之规定，系以县政府为投票所，用集会方式行之，不在《县参议会组织暂行条例》第十四条第一项规定之列。《省参议员选举条例》第二十条前段规定，省参议员选举以得出席者总额过半数之投票为当选，并未限定出席者须为全体县参议员之过半数，出席者不达过半数时，亦非不得选举"，请核示等情。查大院是项解释例，颇滋疑义，盖若省参议员之选举，仅限于得出席者总额过半数之投票为当选，而不以全体县参议员过半数出席投票为条件，则某县参议会有参议员十五名，选举省参议员时，仅有三人出席投票，是否得有二票者即可当选。如属可行，则某县选举省参议员时，如仅有县参议员一人出席投票，亦无不可，是仅得一票者亦可当选，似非事理之平。据电前情，相应电请转陈解释，并希见复为荷。内政部京民五虞印

附原代电

司法院秘书处案准河南省政府代电，以据刘瑞璋呈，以大院解释，省参议员选举，以得出席过半数者之投票为当选，并未限定出席者须为全体县参议员之过半数，出席者不达半数时，亦非不得当选，请核示等由。查大院是项解释例，颇滋疑义，盖如省参议员之选举，仅限于得出席者总额过半数之投票为当选，而不以全体县参议员过半数出席投票为条件，则

某县参议会有参议员十五名,选举省参议员时,仅有三人出席投票,是否得二票者即可当选,是项疑义,经于本年十月七日,以民字第一八五八号五虞代电,请转陈解释有案,兹以本案纠纷亟待解决,相应再行电请迅予转陈解释见复,以凭核办为荷。内政部京民五元印

**院解字第三三九九号**

**三十六年三月四日**

**令代理湖南高等法院院长余觉**

三十五年十二月十一日呈一件,为据永绥县司法处代电,请解释撤销婚姻案等疑义,转请解释饬遵由。

呈悉,业经本院统一解释法令会议议决,(一)孀妇改嫁,违反《民法》第九百八十七条之规定者,其前夫之母,既为其前夫之直系血亲,依《民法》第九百九十四条之规定,自得向法院请求撤销其结婚。(二)《民法》第九百七十四条及第九百八十一条之同意,于父母皆能行使对于未成年子女之权利时,依《民法》第一千零八十六条、第一千零八十九条之规定,由父母共同为之。父母之意思不一致时,以父之意思为准。(三)法定代理人对于未成年人订定婚约或结婚,纵令故意为难,不予同意,法律上并未设有代替同意之方法,仍非得其同意不可。仰即转饬知照。此令

**附原呈**

案据永绥县司法处本年十一月哿代电称,(1)最高法院二十七年民上字第二六零六号判例载,"孀妇改嫁,违反《民法》第九百八十七条之规定时,其翁得向法院请求撤销"等语,未审其姑亦有此请求权否。(2)《民法》第九百七十四条及第九百八十一条规定,未成年人订定婚约或结婚,均应得法定代理人之同意,此代理人,系仅指父而言,抑指父母两者而言。所谓应得同意者,是否得父或母之同意为已足,抑应得父母两者之同意方可。再法定代理人对于未成年人订定婚约或结婚,如故意为难,不予同意,则又如何救济。以上均关法律疑问,理合电恳钧座俯赐垂察,迅予解释示遵等情。据此,事关法律疑义,理合备文呈请钧院察核解释饬遵。

**院解字第三四〇〇号**

**三十六年三月十二日**

据本院秘书处签呈称,准内政部上年十一月六日民字第三七三七号公函,以据安徽省民政厅长兼选举监督黄同仇电请释示现任省县政府及其他机关雇用之录事可否参加县参议员及乡镇民代表竞选并当选后可否兼任疑义,函请提请解释见复等由,签请鉴核等情。据此,兹经本院统一解释法令会议议决,省县政府及其他机关雇用之录事,非不得为县参议员及乡镇民代表之被选举人。但当选后兼任者,其主管人员得予解雇或为其他相当之处置。相应函请查照饬知。此致内政部

附原公函

据安徽省民政厅长兼选举监督黄同仇民选申卅电，请释示现任省县政府及其他机关雇用之录事，可否参加县参议员及乡镇民代表竞选，并当选后可否兼任等情到部。案关适用法律疑义，相应函请查照提请解释见复，以凭办理为荷。

院解字第三四〇一号

三十六年三月十二日

内政部鉴，据本院秘书处签呈称，准内政部上年十一月十三日京民五元代电，以准陕西省政府代电，请核示县参议员经法院判处有期徒刑并科罚金而未褫夺公权应否撤销其参议员资格或令饬罢免疑义，电请转陈解释见复等由，签请鉴核等情。据此，兹经本院统一解释法令会议议决，县参议员经判处有期徒刑并科罚金而未褫夺公权者，除依法罢免，或于一会期内，因徒刑之执行或易服劳役而未出席，依《县参议会组织暂行条例》第九条之规定视为辞职外，仍得出席。相应电请查照转知。司法院寅文印

附原代电

司法院秘书处。案准陕西省政府酉回府民四自一〇四五二号代电，以陇县参议员马宗援因诈欺财物，经法院判处有期徒刑四月，并科罚金二万元。虽未褫夺公权，而行为不端，人格卑下，不能代表民意，似应撤销其县参议员资格，或令饬罢免，请核示一案。查县参议员虽受徒刑之宣告而未褫夺公权者，本不应撤销其当选资格。唯在徒刑执行期间，自难行使其职权，因之不无疑义。事关法律解释，相应电请转陈解释，并希见复为荷。内政部京民五元印

院解字第三四〇二号

三十六年三月十二日

安徽高等法院廖院长览，上年亥感代电悉。贵池县司法处所请解释一案，业经本院统一解释法令会议议决，法院就某甲贪污及私行拘禁两罪，依特种刑事诉讼程序及普通刑事诉讼程序，分别为科刑之判决，则定其应执行之刑，应俟各该判决确定后，由该管检察官查照《刑事诉讼法》第四百八十一条之规定办理。合电转饬知照。司法院寅文印

附原代电

南京司法院院长居钧鉴，案据贵池县司法处亥删代电称，某甲犯贪污及私行拘禁两罪，并无牵连关系，检察官以同一起诉书提起公诉，初审法院就某甲贪污及私行拘禁两罪，依特种刑事诉讼程序，以同一判决分别论科，其审判程序自属错误，此为司法院院解字第三一五三号著为解释，惟法院就某甲贪污及私行拘禁两罪，各依特种刑事诉讼程序及普通刑事诉讼程序，分制判决，则定其应执行刑期，是否另以裁定行之等语。查特种刑事判决与普通刑事判决判处之罪刑分别确定后，应定其应执行之刑者，由检察官依《刑事诉讼法》第四百八

十一条声请法院裁定之。案关法令疑义,理合转请鉴核示遵。职廖江南卯文亥感印

**院解字第三四〇三号**

**三十六年三月十二日**

湖北高等法院朱院长览,上年午漾代电悉。枝江地方法院所请解释一案,业经本院统一解释法令会议议决,《惩治贪污条例》第七条之追缴财物,以有刑事判决为前提。某田粮处职员被诉侵吞公粮,既因在逃未获,不得审判,即尚无犯罪事实可据,除田粮处得提起独立民事诉讼外,究难依上开条例第七条,单独就该追缴部分予以审判。合电转饬知照。司法院寅文印

**附原代电**

南京司法院院长居钧鉴,据枝江地方法院院长周行斌午徽代电称,为电请解释事,兹有田粮处职员某侵占公粮,经查悉解送本院办理时,畏罪逃逸,即经检察官提起公诉,因未缉获被告,无法判决,旋经县政府呈奉省政府令,查封其财产,送请拍卖。本院以无执行名义,致未予执行,但该被告应行追缴之财物,是否能为单独审判,有甲乙两说。甲说,《惩治贪污条例》第七条规定,既系以职权追其财物,即不受附带民事诉讼各规定之拘束。虽刑事未经判决,自可就追缴部份单独审判。乙说,《刑事诉讼法》第五百零四条附带民事诉讼之判决,应以刑事诉讼判决所认定之事实为据,即依《惩治贪污条例》判令追缴,亦须受此拘束。刑事既未判决,更难单独为追缴部份审理。以上二说,究应以何者为是,又如该田粮处声请附带民事诉讼,可否依照《刑事诉讼法》第五百零八条第一项办理,亦或别有救济方法。案悬待结,敬乞迅予电示祇遵等情。据此,事关法律解释,理合电请钧院示遵,俾便转饬知照。湖北高等法院院长朱树声午漾印

**院解字第三四〇四号**

**三十六年三月十四日**

案准贵院上年十二月五日节京壹字第二二一五六号公函,以据内政部呈,转请核示关于县参议会秘书兼职问题发生院字第二七五七号解释适用疑义,函请查核见复等由。准此,兹经本院统一解释法令会议议决,县参议会所置秘书等人员,既经明定官等,本院院字第二七五七号解释第十二项,自不得再行援用。相应函复查照饬知。此致行政院

**附原公函**

据内政部呈称,准广西省政府代电开,查前奉行政院本年一月十七日节一字第一八九〇号训令颁发之《县参议会组织暂行条例》第二四条注三,县参议会秘书以县政府内具有委任资格而有党员身分之现任人员呈准省政府兼任自无不可之解释,与《公务员服务法》规定公务员不得兼任他项公职或兼任,似属互有抵触,应如何办理,请速电示等由。经核县参议会秘书等人员,自经本部呈奉钧院核准,应依照《聘派人员管理条例》之规定,予以审查资格

及考成后，其身分已与行政机关之聘派人员无殊，除系由县政府临时调用者外，按照国民政府严禁公务员兼职之命令，自不应再由县政府内具有委任资格之现任人员兼任等情。查县参议会秘书可由县政府具有委任资格而有党员身分之现任人员兼任，经贵院三十三年十月三日院字第二七五七号解释，惟县参议会秘书等人员，业经明定官等，并报奉国防最高委员会核定，前项解释是否仍属有效，相应函请查核见复为荷。

**院解字第三四〇五号**

**三十六年三月十四日**

财政部鉴，上年十一月十一日京直二字第九九三二号代电悉。所请解释一案，业经本院统一解释法令会议议决，《营业税法》第二十条，仅规定本法之罚锾由法院以裁定行之，并无停止其营业亦由法院裁定之明文，如有必须为停止营业之处分时，自应由该管行政官署依法办理。特电复请查照。司法院寅寒印

**附原代电**

司法院钧鉴，查《营业税法》第十九条规定，“营业商号对于每期应纳税款延宕不缴者，依下列情形，分别处罚”，同条第三款规定，“逾限三十日以上者，处以所欠税额十分之五罚锾，并得停止其营业”。又同法第二十条规定，“本法之罚锾，由法院以裁定行之”等语。前项“停止其营业”之规定，是否应一并由法院以裁定行之，抑或径由行政机关作成行政处分，并适用强制执行规定，即由行政机关于必要时先停止其营业，强制纳税义务人履行其义务，并一面移请法院裁定罚锾，以免因执行期间之延缓，致不肖商人乘隙逃漏，影响税收之处，税法未有明白规定，在适用上尚不无疑义，理合电请察核解释示遵。财政部京直二叩

**院解字第三四〇六号**

**三十六年三月十四日**

广西高等法院申院长览，上年亥梗代电悉。柳州地方法院所请解释一案，业经本院统一解释法令会议议决，本夫或第三人，于奸夫奸妇行奸之际，杀死奸夫，是否可应认为当场激于义愤而杀人，应依实际情形定之，但不得认为正当防卫。合电转饬知照。司法院寅寒印

**附原代电**

司法院院长居钧鉴，案据柳州地方法院三十五年十月三日法字第一二二二号江代电称，兹有本夫于奸夫奸妇行奸之际杀死奸夫引用法律疑义，有甲乙二说。甲说，认为不能主张防卫夫权，依照最高法院二十七年五月三十一日会议录，认为当场激于义愤而杀人，应依《刑法》第二百七十三条处断。乙说，谓最高法院会议录，仅得为裁判之参考，并未有拘束力，仍应依历来判例，认为不法侵害夫妇同居权之行为，应依同法第二十三条上段规定，予以不罚，二者各有根据，究以何说为当。又奸夫奸妇正在行奸时，第三人为防卫他人权利，

将奸夫杀死,可否依同法第二十三条规定,予以不罚,抑应认为当场激于义愤而杀人,依第二百七十三条处断,电请核示等情。据此,事关法律疑义,职院未敢擅拟,理合电请察核,俯予解释,俾便饬遵。署广西高等法院院长申守真刑二宇亥梗印

**院解字第三四〇七号**

**三十六年三月十四日**

**令贵州高等法院首席检察官邓济安**

据贵州赤水地方法院首席检察官李开棣上年六月二十四日代电,以官商合办银行职员是否为公务员疑义,电请解释祇遵等情前来。业经本院统一解释法令会议议决,官商合办之银行,如系依公司法组织者,其职员即非《刑法》上所称之公务员。合行令仰转饬知照。此令

**附原代电**

南京司法院院长居钧鉴,查贵州银行为官商合办,该行职员是否为公务员,不无疑义,理合电请赐予解释祇遵。贵州赤水地方法院首席检察官李开棣叩回印

**院解字第三四〇八号**

**三十六年三月十八日**

据本院秘书处签呈,以准司法行政部本年二月二十一日京(36)公刑(四)字第七七八号公函,为联总人员违法案件之适用法律问题,暨基本协议条款之解释,请转陈解释见复等由,理合签请鉴核等情。据此,兹经本院统一解释法令会议议决,来文所述情形,应依普通刑事程序,适用《刑法》办理。相应函请查照。此致司法行政部

**附原公函**

案据联合国善后救济总署驻华分署法律顾问纪克申函送备忘录,略以联总官员雇员之参加中国政府机关工作者,系徇政府之请求,借予服务,上项职员,仍为国际机构之联总人员,其薪金津贴及其他需要,均由该署担任(见该署与行政院善后救济总署签订之"基本协定"第一条丙款及第五条戊款)。因之,联总职员触犯《惩治贪污条例》之罪者,应请仍依普通《刑法》处断。又联总人员依"基本协议"第六条甲款之规定,享有各种便利优待及豁免,此项优惠待遇,与一般友邦外交人员所享受者,应无不同,故对于豁免权之范围,不能由我国片面加以认定,仅基于豁免权之抛弃,法院始得受理各等语,并胪叙理由前来。查联总职员触犯《惩治贪污条例》之罪名,应否适用普通《刑法》处断,现有甲乙二说。甲说,以外国人触犯《陆海空军刑法》或其他特别刑事法令之案件,自三十三年十一月十二日《特种刑事案件诉讼条例》施行以后,均予适用,业经国民政府于同年七月二十八日以渝文字第四四八号训令饬遵在案,《惩治贪污条例》既属特别刑事法令之一种,则联总人员自应同样适用,以符通案。乙说,以《惩治贪污条例》系我国于非常时期就国内环境所采取之特殊立法政策,原

为整肃官常,维护社会公益而设,联合国机构相当于前国际联盟,其善后救济业务属于国际性质,其所属人员当然非我政府之公务员,其办理之事业亦难视同系受我国公务机关委托承办,其职员奉命来华,又与一般外侨自动入境得推定其愿受我国通常及特种法律管辖者不同。且联总机构遍及各会员国,值兹中外刑章已趋一致之秋,独于在华人员适用刑乱用重之特种法令,既背当初立法原意,衡情亦失平允,自不宜排除通常《刑法》之适用。故《惩治贪污条例》对于联总人员应无适用之余地。次查该顾问就联总人员享受豁免权之范围,提出异议,关于此点,亦有二说。甲说,以联总职员类似于前国际联盟机构下之人员,依国际公法原则,本享有治外法权,外交部对于联总人员,均畀予外交护照,已成定例,我国与联总驻华分署所订之"基本协定"第六条甲款载明,"中国政府应采取一切实际办法,以便利联总工作,并依照大会之决议案,给予联总人员以各种之便利优待及豁免",而联总中央委员会所为之第三十二号决议案第三项(a)款规定,"凡在职务范围以内之行为,不受任何方式之法律传讯手续"故无论依据国际公法原则或惯例暨上开"基本协定",联总人员如有违法事件,仅得基于豁免权之抛弃,我法院始能受理。乙说,以联总人员之豁免权,已为总署中央委员会第三十二号决议案所规定,且经"基本协定"加以认许,故关于豁免权之性质及范围,应就决议案本身研究,殊无泛引一般国际公法原则及惯例以为解决之理。上项决议案第三项(a)款,既明载职务范围以内之行为不受法律传讯手续,则某种行为是否与职务有关,即是否可邀豁免,自不能不分别加以认定。如谓联总人员所享有之权利与一般外交人员无异,则职务行为一语,殊失意义,至持有外交护照,无非我政府之礼遇,且使领人员同系畀予外交护照,然在国际公法上之待遇,则公使与领事不尽相同,以此为联总人员与外交官员等量齐欢之论据,殊不足采,故抛弃豁免权之情形,仅限于职务范围内之违法行为,法院始受"基本协定"之拘束,其非职务范围内或与职务显不相涉之事项,根本不能享有豁免权,自无所谓抛弃。以上两点,各执一说,事关适用法律及协议解释,本部未便擅专,相应检附来件,函达查照转陈,迅予解释见复为荷。

**院解字第三四〇九号**

**三十六年三月十八日**

空军总司令部鉴,上年十月东一京代电悉,前航空委员会上年六月人法二丙京代电所请解释一案,业经本院统一解释法令会议议决,(一)《中华民国战时军律》未废止前,犯该军律第十四条第一项第一款无故不就指定地点或擅离配置地之罪,经判决确定者,此项行为原与《陆海空军刑法》第九十三条无故不就职役或无故离去职役相当。该军律虽已废止,尚不能谓已因法律变更而不处罚其行为。其原处之刑未经执行完毕,自不得援用《刑法》第二条第三项规定,免其刑之执行。至犯同条项第七款之罪,除系遗失者外(参照院解字第三三一一号解释),在《陆海空军刑法》第一百一十条本有处罚规定,自亦不因该军律之废止而成为不处罚之行为。(二)依《刑法》第二条第三项免其刑之执行案件,应由执行机关径予解

放,毋庸经过裁定。相应电请查照。司法院寅勘印

**附原代电**

司法院公鉴,查战时军律,已经国府明令废止,依《刑法》第二条第三项规定,“处罚之裁判确定后,未执行或执行未完毕而法律有变更不处罚其行为者,免其刑之执行”,兹查战时军律第十四条第一款,无故不就指定地点或擅离配置地,及第七款对于械弹粮饷或其他重要军用品,不尽保管之责,致遗失损坏或烧毁,与《陆海空军刑法》第三十六条、第一百十条之行为不无相同。惟构成犯罪之要件有异,如犯战时军律上开两项之罪,已确定未执行或执行未完毕,是否合于法律有变更不处罚之行为,免其刑之执行,此应请解释者一。再此种免刑案件,是否须制作裁定,抑径以指挥执行方法予以开释,此应请解释者二。事关适用法律疑义,相应电请即赐解释电复为荷。航空委员会又人法二丙京印

**院解字第三四一〇号**

**三十六年三月二十八日**

河南高等法院周院长览,上年戊有代电悉。所请解释一案,业经本院统一解释法令会议议决,省参议会举行闭幕典礼完毕后,已非《参议会组织条例》第十七条所称省参议会在会议之时,自无该条之适用。合电知照。司法院寅勘印

**附原代电**

南京司法院院长居钧鉴,查省参议员于省参议会举行闭幕典礼致答词及奏乐等开会程序完毕后,又呐喊提议,公然诋毁辱骂某机关及其依法执行之职务,是否能认为合于《省参议会组织条例》第十七条所称之“在会议时”。又省参议员公然大骂某机关“混蛋”或“狗屎”,是否仍在该条所称之“言论”字义范围内,得引该条不负刑事责任,请分别解释示遵。河南高等法院院长周予孜叩戌有印

**院解字第三四一一号**

**三十六年三月三十一日**

青岛市参议会鉴,上年戌皓代电悉。所请解释一案,兹经本院统一解释法令会议议决,来文所述大阜银行,自系处理《惩治汉奸条例》所称之伪组织所属金融机关。特电复请查照。司法院寅世印

**附原代电**

司法院居院长赐鉴。查本市敌伪时期大阜银行,系联合准备银行与市商会合资经营,为本市惟一之地方官营银行,其性质纯为协助联合准备银行推行榨取物资扰乱金融之经济政策,集中商民游资以供军事利用,其常务理事乃为华北巨奸殷同之弟殷露声,八年间无人不知其为伪组织者,讵意原充该行董事长之丁敬臣,于今法院检察处竟以该行非伪组织不予起诉。一般抗战同志及市民,无不惊异,当兹政治刷新,法治基础树立之际,是非岂容颠

倒。兹经本会第一次大会讨论决议,"电请司法院明白解释"纪录在卷,用特电祈俯赐明白解释,以释群疑,无任感荷。青岛市参议会戌皓印

**院解字第三四一二号**

**三十六年三月三十一日**

案准贵院上年七月十一日节京捌字第五一四六号咨,以据司法行政部呈,为据湖南高等法院呈,转请解释日俘犯罪审判机关疑义,咨请解释见复等由。准此,兹经本院统一解释法令会议议决,日本投降官兵在未遣送回国前,仍应认为俘虏,其所犯之伤害罪,应依《陆海空军审判法》第十四条、《俘虏处理规则》第三十八条办理。相应咨复查照饬知。此咨行政院

**附原咨**

据司法行政部本年六月二十九日京呈叁字第四三八号呈称,案据湖南高等法院本年四月三日呈(刑)二字第三九八号呈称,案据岳阳县司法处本年寅虞代电称,准岳阳县政府转准第四方面军长衡岳地区日本官兵管理处第五管理所(驻岳阳)函,以驻防部队据报于湘阴境内捕获用刀伤害我国人民之凶犯日俘后河内实一名,嘱讯办见复等由。准此查该被告系敌国军人,而犯罪地点系在湘阴县境内,此项案件职处在未奉指定管辖前,究应移送湘阴司法处抑应归正式法院审判,不无疑义,理合电请鉴核示遵等情到院。查日本投降官兵依《俘虏处理规则》第三条前段规定,应以俘虏论。而俘虏犯罪征之《陆海空军审判法》第十四条暨《俘虏处理规则》第三十八条,应归军事机关管辖。纵令另由司法或行政机关组织军法会审,亦须经最高军事机关指定,通常司法机关似无径行审判之权。惟俘虏处理规则第三条但书,又有投降官兵到达收容地点妥为安置后,即予取消之规定。该后河内实为长衡岳地区日本官兵管理处第五管理所收容之投降军人,是否足认为已到达收容地点妥为安置,俘虏身份即在取销之列,此后犯罪即应依无约国人民之例,径由通常司法机关受理审判,深滋疑问。究应如何办理之处,理合呈请钧院鉴核转送司法院解释,俾便饬遵等情。据此,案关适用法律疑义,相应咨请查照迅予解释见复,以便饬遵为荷。

**院解字第三四一三号**

**三十六年三月三十一日**

分湖南高等法院首席检察官邓静安

三十五年三月二十一日呈一件,为据长沙地方法院首席检察官罗芳栜呈请解释自诉案件检察官担当诉讼各疑义,转请解释示遵由。

呈悉,业经本院统一解释法令会议议决,甲自诉乙窃占其屋外余地建筑墙基,正传讯中,甲因病死亡,由检察官担当诉讼,乙到案陈述,不认窃占甲地,谓其墙基系建筑在丙所有地内,法院审理结果,亦认乙无窃占甲地,谕知无罪,原无不合,检察官仅得就其窃占丙地部

分另案侦查。仰即转饬知照。此令

**附原呈**

据署湖南长沙地方法院首席检察官罗芳槙本年三月十四日文政字第三九号呈称,呈为呈请解释事,兹有自诉人甲,以乙在沦陷期内窃占其屋外余地建筑墙基,提起自诉,传讯中甲因病死亡,由检察官担当诉讼(检察官意见以乙曾向甲立有自认窃占字主张以窃占甲地办罪),乙到庭陈述,不认有窃占甲地情事,谓墙基建筑在丙所有地内,丙未得知等语,于此有二疑问。(一)被害主体虽异,而被告窃占罪行则一,此时丙因陷于不知,故未具诉,但既由检察官担当诉讼,主张乙应负窃占罪责,是此案已入公诉程序,如审理结果,认乙非窃占甲地,能否以乙窃占丙地判处罪刑。(二)如经判决认乙无窃占甲地行为,谕知无罪,担当诉讼之检察官能否以乙窃占丙地,仍应负窃占罪责为理由提起上诉。倘判决确定不能提起上诉,又能否以上述乙之自由为受判决人之不利益,声请再审或另案侦查起诉。事关法律疑义,理合备文呈请钧处转请解释示遵等情。据此,事关法律疑义,除指令外,理合备文呈请钧院鉴核解释示遵。

**院解字第三四一四号**

**三十六年四月一日**

国防部鉴,上年戌胥法高代电悉。台湾省警备总司令部所请解释一案,兹经本院统一解释法令会议议决,日军在签订降约前毁弃军用品,不能依《陆海空军刑法》毁损军用物品论罪。特军复请查照饬知。司法院卯东印

**附原代电**

司法院赐鉴,据台湾省警备总司令部酉俭总法审代电称,查败军在降约签订前毁弃其军用品之行为,国际公法上尚无禁止规定。如日军于上年九月三日签订降约前毁弃军品,以避免缴交我国,是否不能依毁损军品论罪,乞电示遵等情。案关法律疑义,谨电请迅赐解释见复,以便饬遵为祷。国防部戌胥法高印

**院解字第三四一五号**

**三十六年四月一日**

案准贵部上年十月十一日防法核(三十五)字第零二零六九号公函,以《禁烟禁毒治罪条例》第四五六各条之未遂犯,应否处罚疑义,请解释见复等由。准此,兹经本院统一解释法令会议议决,未遂犯之处罚,以法有明文规定者为限。《禁烟禁毒治罪条例》第四条、第五条、第六条之罪,在同条例第十六条既无处罚未遂之规定,自在不罚之列,不能因无处罚未遂之规定,而概以既遂罪论处。相应函复查照。此致国防部

**附原公函**

查本年八月二日公布之《禁烟禁毒治罪条例》第四五六三条,均无处罚未遂犯之特别规

定,依《刑法》第二十五条第二项之规定,关于上开三条之未遂犯自在不罚之列。惟查前《禁烟禁毒治罪暂行条例》,对于运输及贩卖毒品或鸦片者,均有处罚未遂犯之明文,现行条例并无特别规定。则遇有上开未遂犯之案件,究应依《刑事诉讼法》第二百九十三条第一项谕知无罪,抑概以该条例第四五六三条之既遂犯论,适用上不无疑问。案关法律解释,敬恳查照赐释见复为祷。

**院解字第三四一六号**

**三十六年四月一日**

**令江苏高等法院院长孙鸿霖**

三十五年六月十三日呈一件,为据兼理司法江浦县县长虞明让代电,请核示交通部路警犯《禁烟禁毒治罪暂行条例》之罪,可否依普通司法程序审判疑义,转呈解释示遵由。

呈悉,业经本院统一解释法令会议议决,交通部所辖路警果依照陆军编制,亦可视同军人,其所犯《禁烟禁毒治罪条例》之罪(《禁烟禁毒治罪暂行条例》已于三十五年八月二日废止),普通司法机关无审判之权。仰即转饬知照。此令

**附原呈**

案据兼理司法江浦县县长虞明让代电称,交通部所辖路警,系军队编制,可否视为军人,如在本县辖境犯《禁烟禁毒治罪暂行条例》之罪,本县有无径行审判之权,不无疑义。案悬待结,理合电请鉴核示遵等情。据此,查该路警是否视同现役军人,其犯罪应否由普通司法机关审判,本院未敢擅专,理合具文转呈,仰祈鉴赐解释示遵。

**院解字第三四一七号**

**三十六年四月一日**

**令湖南高等法院首席检察官邓静安**

三十五年二月二十五日呈一件,为据湖南高等法院第一分院首席检察官刘少荣代电,请核示刑事案件适用法律疑义,呈请解释示遵由。

呈悉,业经本院统一解释法令会议议决,原呈所述情形,某甲在三十三年六月一日以前犯乙丙丁三罪,后又于同年六月一日以后犯戊己两罪,时丁罪已受军法裁判,除己罪对戊罪为累犯外,乙丙两罪又未经裁判确定,本不发生累犯问题,在乙丙两罪裁判确定前所犯丁戊己三罪,经二以上裁刊,且数罪中应减刑与不应减刑互见,应先就应减刑之丙丁两罪之宣告刑,依减刑办法减刑后,再与已减刑之乙罪及不应减刑之戊己两罪之宣告刑,依《刑法》第五十三条、第五十一条定其应执行之刑。此项减刑及定执行刑之裁定,依减刑办法第四条、《刑事诉讼法》第四百八十一条规定,应由最后审理事实之丑地地方法院检察官声请法院为之。仰即转饬知照。此令

**附原呈**

据署本院第一分院首席检察官刘少荣三十五年二月四日电字第一九五号代电开,“湖南高等法院首席检察官邓钧鉴,设有某甲于民国三十三年六月一日以前,在子地犯有乙丙丁三罪,军法机关先就丁罪科刑,后解由子地法院专就乙丙两罪分别处刑并宣告执行刑,第二审法院维持原判(此时某甲已解至上诉法院所在地之丑地地方法院看守所羁押),某甲经再上诉第三审法院,结果因丙罪未提出不服理由,判决驳回,仅就乙罪依减刑办法第一条之规定,将原判刑期减轻二分之一。迨判决确定卷宗发回原第二审法院时,检察官发觉某甲于乙丙两罪上诉第三审法院,即民国三十三年六月一日以后在羁押之丑地地方法院看守所时,曾又犯戊罪,经丑地地方法院科处有期徒刑执行完毕后,再犯己罪,亦经判处有期徒刑执行完毕。关于某甲于所犯乙丙两罪上诉第三审法院羁押中,又犯戊罪,经判处有期徒刑执行完毕后,再犯己罪,亦经判处有期徒刑执行完毕,是否构成累犯(此时某甲因乙丙两罪在羁押中,事实上成为羁押与执行刑期之竞合状态),否则丑地法院检察官照戊己两判决指挥执行,究否违法。如属违法,受刑人既未声明异议,则应如何救济,第三审法院仅就某甲所犯乙罪原判刑期依减刑办法第一条之规定减轻二分之一,似与同办法第二条第一项第三款应减执行刑之规定相违背,如不依非常上诉程序救济,得否当然视为无效。按数罪并罚,有二裁判以上而各科有期徒刑者,依《刑法》第五十三条及第五十一条第五款之规定,定其应执行刑期,某甲所犯乙丙丁戊己五罪,其中乙丙丁三罪应减刑,戊己两罪不应减刑,然此五罪定应执行之刑时,既不能分割,是其乙丙丁三罪之减刑,显有困难。如或就其整个执行刑予以酌减,则又缺乏明文根据。又某甲所犯之戊己两罪,系在乙丙两罪经第二审法院判决后上诉第三审法院进行中,由丑地地方法院所裁判,是就事实审而言,乙丙丁三罪判决在前,戊己两罪判决在后,惟乙丙两罪经第三审法院判决确定发回卷宗之时,已在丁戊己三罪判决确定并在戊己两罪执行完毕之后,其声请裁定执行刑,应由原第二审法院检察官为之,抑应由丑地地方法院检察官为之,均属法院适用疑义,理合电请钧长核示祇遵。湖南高等法院第一分院首席检察官刘少荣叩子支印等情。据此,事关法律疑义,除指令外,理合备文呈请钧院鉴核解释示遵。

**院解字第三四一八号**

**三十六年四月一日**

陕西高等法院朱首席检察官览,上年十一月寝代电悉。宝鸡地方法院检察官兼行首席检察官职务任天强所请解释一案,业经本院统一解释法令会议议决,隶属于县政府军事科之督导员,除系正式军校出身,曾授武职者外,无军人身份。合电转饬知照。司法院卯东印

**附原代电**

司法院院长居钧鉴,案据宝鸡地方法院检察官兼行首席检察官职务任天强呈称,县政府军事科上尉督导员,有无军人身份,呈请核示等情到处,查县政府军事科系由兵役科改

组,依钧院第二零三八号解释,该科督导员似不应认有军人身份。又钧院第二六六七号解释,该科督导员如系正式军校出身,曾受武职名义之长官,又似宜认有军人身份。惟查(一)如该督导员虽非军校出身,但曾于军队任上尉军职,由县政府调充今职者。(二)正式军校毕业后,未任军职,即由保安司令部或县政府委充今职者。(三)既非军校出身,仅在国民兵团充任尉官,改组后充任今职者。以上三种情形,是否可认其有军人身份,不无疑义,理合电请解释示遵。陕西高等法院首席检察官朱观寝叩印

**院解字第三四一九号**

**三十六年四月二日**

**令河南高等法院首席检察官**

据河南高等法院第二分院首席检察官黎培元上年酉寝代电,以被告原非军人,而任伪军职或伪职,于光复后投某军事机关充任军职,应如何办理疑义,电请释解示遵等情。据此,业经本院统一解释法令会议议决,被告原非军人,于沦陷期内任伪军职或伪文职,至光复后在某军事机关充任军职时,始发觉该被告为汉奸者,依《陆海空军审判法》第十六条之规定,本应归军法审判,普通法院对之无审判权,检察官自应依《特种刑事案件诉讼条例》第一条第一项、《刑事诉讼法》第二百三十一条第七款为不起诉之处分。合行令仰转饬知照。此令

**附原代电**

南京司法院长居钧鉴,查被告原非军人而任伪军职,或被告原非军人而任伪职,亦无军人身份,并有犯罪行为,于光复后投于某军事机关充任军职。如有此类情形,依《陆海空军审判法》第十六条规定,普通法院似无受理之权。如援用《特种刑事案件诉讼条例》第一条第一项规定,认为普通法院无受理权,予以不起诉处分,核与《处理汉奸案件条例》第五条意旨又相违背。现有此种案件,究应如何办理,事关适用法律疑义,理合电请解释示遵。安阳河南高等法院第二分院首席检察官黎培元叩酉寝印

**院解字第三四二〇号**

**三十六年四月二日**

**令署广西高等法院院长申守真**

三十五年十月十五日呈一件,为据藤县司法处代电,请示溢境运售盐觔,是否认为私盐,可否补缴差税变更销售区域疑义,请解释示遵由。

呈悉,业经本院统一解释法令会议议决,商人由甲埠购入盐觔时,既经填票报运乙县销售,虽其后越出乙县境界,究与《盐专卖条例》第六条各款之所谓私盐情形不同,至可否补缴丙县差税,变更销售区域,来文既称法无明文规定,应由主管官署酌核办理,不属解释问题。仰即转饬知照。此令

**附原呈**

呈为呈请事,案据藤县司法处本年九月三十日审字第二七五号代电称,兹有某商由甲埠购入盐觔,当时在甲埠时只报填票至乙县,迨至乙县报验出口,系报运移乙县下游属内一带销售,故未补征至丙县差税。现某甲将盐运至丙县,被丙县盐务局扣留,此项盐觔,本已溢出乙县境界,是否应认为私盐办理,又逾越境界到丙县后,可否补报变更销售区域,及补缴差税以为补正,法无明文规定,迄迅电遵等情。据此,案关适用法律疑义,职院未敢擅拟,理合具文呈请察核,俯予解释示遵。

**院解字第三四二一号**

**三十六年四月二日**

国防部鉴,上年亥寒法高代电悉。西北行辕所请解释一案,兹经本院统一解释法令会议议决,陆海空军学校已毕业之学员学生,在未经任职任官以前,不能认为有军人身份。特电复请查照转知。司法院卯冬印

**附原代电**

司法院赐鉴,案据西北行辕本年法审清午铣代电开,查陆海空军所属之学员学生,已毕业者,不适用《陆海空军刑法》第六条第一款之规定,业经司法院二十二年六月六日院字第九二二号解释有案。惟查三十三年九月二十三日军委会颁布之《陆军军官学校毕业生分发办法》第十二条,内载学生见习期满后,由分发单位填送考绩表二份,呈报军事委员会收到后,即检查分别名册核予初任官位,其毕业证书、学籍登记证、军人手谍连同任官状一并颁发等语。依照此项规定,则陆海空军所属之学员生,一经毕业即行任官,在未命其退役前,自有军人身分,与上开解释不符。如遇有陆海空军学校已毕业之学员学生,未经奉到上项任官状,而又不在职者,是否具有军人身分,颇滋疑义,应请惠予转请司法院解释为荷等语。谨转电请迅赐解释示复,俾便转知为祷。国防部亥多法高印

**院解字第三四二二号**

**三十六年四月二日**

案准贵部本年一月二十四日吕优字第零一二三五号公函,以无军人身分之汉奸案件,在《特种刑事案件诉讼条例》施行前,系属于军法机关而未办结者,应否仍由原机关办理疑义,函请解释见复等由。准此,兹经本院统一解释法令会议议决,无军人身分之汉奸案件,在《特种刑事案件诉讼条例》施行以前,系属于军法机关而未办结者,依法应移由各省市高等法院或其分院审理。相应函复查照。此致国防部

**附原公函**

查《特种刑事案件诉讼条例》施行前,关于已系属于军法或军事机关之特种刑事案件,逾限尚未办结,仍应由原机关依原诉讼程序终结,不得移送法院审理,已由行政院三十四年

五月七日平捌字第八六七一号令饬有案。惟查《处理汉奸案件条例》于三十四年十一月二十三日公布，该条例第五条规定汉奸案件，除被告原属军人，复任伪军职，应受军法审判者外，均依《特种刑事案件诉讼条例》之规定，由高等法院或其分院审理之。关于无军人身分之汉奸案件，在《特种刑事案件诉讼条例》施行前，已系属于军法机关尚未办结者，究应移送普通法院办理抑仍应由军法机关审理终结，不无疑问，相应函请贵院解释见复为荷。

**院解字第三四二三号**

**三十六年四月二日**

案准贵院本年一月十七日从捌字第一五一零号咨，以据司法行政部呈，转请解释业经没收之敌伪产业，如第三人于胜利前依法取得之租赁权，是否因没收而受影响疑义，咨请解释见复等由。准此，兹经本院统一解释法令会议议决，业经没收之敌伪产业，由拍卖机关标卖，拍定人因而取得所有权者，此种权利实为原始取得，既非基于原敌伪产业所有权人之让与，自无《民法》第四百二十五条之适用。如原承租人向法院提起确认原租赁契约继续有效之诉，应认为无理由而驳回之。相应咨复查照饬知。此咨行政院

**附原咨**

据司法行政部本年一月四日京(三十六)呈(叁)字第一号呈称，据天津地方法院三十五年十二月铣代电呈称，业经没收之敌伪产业，如第三人于胜利前对于该项产业依法取得租赁权时，是否因没收而受影响，有甲乙两说。甲说谓第三人于胜利前对敌伪产业既因租赁关系而得使用收益，不因没收而受影响。该项产业虽由拍卖机关标卖后，承租人仍得依《民法》第四百二十五条向拍定人主张原租赁契约继续有效。乙说谓没收之敌伪产业，为政府之行政处分，第三人于胜利前就该项产业取得之租赁权，因没收而当然消灭。该项产业由拍卖机关标卖后，原承租人应依行政院令于标卖后二个月将租货物交出，自不得再向拍定人主张原租赁契约继续有效。原承租人如对拍卖机关或拍定人提起确认原租赁契约继续有效之诉时，法院应以行政处分不得为民事诉讼标的之理由予以驳回。二说未知孰是，呈恳转请解释等情。查核所称各节，不无疑义，现因悬案待决，乞速电示祇遵等情到部。查事关法律适用疑义，理合呈请鉴核，转送司法院解释，俾便饬遵等情。据此，案关适用法律疑义，相应咨请查照解释见复，以便饬遵为荷。

**院解字第三四二四号**

**三十六年四月二日**

**令河南高等法院院长周予孜**

据最高法院签送河南汜水县司法处呈，以奉省直属层级长官秘令，参加伪组织或其所属机关团体担任职务之人员，是否仍应认为参加伪职以及应否仍受伪组织或其所属机关团体任职人员候选及任用限制办法之限制疑义，请解释指遵等情。据此，业经本院统一解释

法令会议议决,曾在伪组织或其所属机关团体担任职务之人员,如不能证明系由有权派遣机关派其混入伪组织从事反奸工作者,仍应分别受伪组织或其所属机关团体任职人员候选及任用限制办法第三条、第四条之限制。合行令仰转饬知照。此令

**附原呈**

最高法院院长钧鉴,查曾任伪组织或其所属机关团体担任职务,未依《惩治汉奸条例》判罪者,依伪组织或其所属机关团体任职人员候选及任用限止办法第四条规定,限止任用,虽有明文,查上述曾在伪组织或其所属团体担任职务,原系以单纯任职伪职者言。兹有某甲于沦陷期内,奉有直属层级长官(县长行政专员)之秘令,打入县伪自治会内(未受会委),明以调解县内地方人民河南灾期卖产买回事件纠纷,实作利用敌伪掩护而作协助抗战利国便民之事业,该甲持有层级长官秘令,复有签呈直属层级长官(县长专员省府主席高等法院首席)证明该甲协助抗战担任内线工作属实,并经该甲最高长官明令该甲以利用敌伪掩护而作协助抗战工作之参加伪职之点免议,该甲究否仍应认为参加伪职以及应否仍应受伪组职人员或其所属团体任职人员限止任用办法限止任用,滋生疑义,兹有甲乙两说后。(甲)说谓某既经奉有直属长官秘派打入县伪自治会内而为利用伪职掩护而作实行抗战有利人民工作,已经最高长官证明属实,并经最高长官明令利用伪职免以置议在案,该甲如于利用敌伪掩护工作期内,无有《惩治汉奸条例》第二、三两条以及《处理汉奸案件条例》第二条之犯罪情势或应检举之罪嫌,则该甲利用敌伪掩护行为,应即不应认为任职伪职或担任伪组织或其所属团体之职务,积极方面,不能认为参加伪职,消极方面亦不应受伪组织或其所属机关团体任职人员任用限止办法第四条之限止任用。(乙)说该甲于沦陷期内,虽曾奉令打入县伪自治会内,而为利用敌伪掩护而工作协助抗战有利人民工作,虽经最高长官层级证实,并经明令该甲利用伪职掩护一层免以置以在案,该甲虽不应认为参加伪职追究论处,而仍应受曾任伪组织或其所属机关团体担任职务未依《惩治汉奸条例》治罪者之消极限止任用,不得为公务员或公职候选人。以上二说,各有见地,究应如何解释,法无依据,恳乞钧长明令指遵,以凭议处。

**院解字第三四二五号**

**三十六年四月二日**

宁夏高等法院苏院长览,上年十二月十三日代电悉。所请解释一案,业经本院统一解释法令会议议决,《财产租赁出卖所得税法》第十九条所称科罚及追缴税款之裁定,应由法院以刑事诉讼程序为之。合电知照。司法院卯冬印

**附原代电**

司法院院长居钧鉴,窃查《财产租赁所得税法》第十九条前三条所定科罚及追缴税款,均由主管征收机关移送法院以裁定行之等语。其裁定究应用民事抑用刑事,并无明文规定。现在此项事件日见增多,恳乞迅赐解释,俾有遵循。宁夏高等法院院长苏连元叩覃印

**院解字第三四二六号**

**三十六年四月二日**

安徽高等法院廖院长览，子佳代电悉。所请解释一案，业经本院统一解释法令会议议决，来电所称枪杀人民行为，如无合于《惩治盗匪条例》所规定之犯行，自应依《刑法》各本条处断。合电知照。司法院卯萧印

**附原代电**

南京司法院院长居钧鉴，查奸匪（共产军队）盘踞区内，常非法设立区乡公所，推行不法政令，滥捕人民，无辜枪杀，此种捕杀人民行为，是否概依普通《刑法》处断？事关通用法律疑义，理合电请钧院迅赐解释示遵。安徽高等法院院长廖江南子佳印叩

**院解字第三四二七号**

**三十六年四月二日**

山东高等法院刘首席检察官览，子东代电悉。山东高等法院第二分院首席检察官朱巍然所请解释一案，业经本院统一解释法令会议议决，某甲充任伪特务警长，借势杀害某乙，经非法组织之法院判决论处罪刑，在三审上诉中，该管第二审法院检察官于收复后重行侦查，虽未提讯被告即予起诉，然其提出之起诉书，既与法定应行记载事项并无违背，自不得认为起诉程序违背规定，而为不受理之判决。合电转饬知照。司法院卯萧印

**附原代电**

南京司法院院长居钧鉴，案据本院第二分院首席检察官朱巍然亥回代电称，查有某甲于沦陷期间充伪警察局特务警长，借势将某乙杀害，经非法组织之法院依公务员假借职务之机会杀人罪判处罪刑，上诉三审尚未终结，复员后，经高等法院分院检察官重行侦查，未提讯被告，就伪卷之记载以被告担任伪职凭借伪势而杀人，事实显著，依汉奸杀人罪提起公诉，是否违背起诉程序，得为不受理之判决，分甲乙两说。（甲）说非法组织之伪法院，认系公务员假借职务上之机会而杀人判处罪刑，与起诉认定被告应成立汉奸杀人之罪名事实根本不同，且汉奸案件应适用特种刑事诉讼程序，依复员后办理《刑事案件诉讼补充条例》第八条第三项规定，自无就斟酌非法组织法院诉讼行为所得证据据以提起公诉之余地，未经讯问被告，遽予起诉，即属违背程序，应为不受理之判决（最高法院三十五年度京特覆字第一零一四号判决参照）。（乙）说侦查程序，不以被告到案讯问为必要，果有犯罪嫌疑，虽被告所在不明，尚应起诉。如其向该管法院提出之起诉书已具备《刑事诉讼法》第二百四十三条第二项第一款、第二款所应记载之事项，即不得谓其起诉之程序有何违背，司法院院解字第一五零号、第四零三号、第八零四号解释足资参证，某甲充任伪特务警长凭借势力杀害某乙，已足认有汉奸罪嫌，检察官依伪卷记载之事实径行提起公诉，而其向该管法院提出之起诉书又与法定应行记载之事实毫无违背，即难谓违背程式而为不受理之判决（最高法院三

十五年度京特覆字第七三九号及同年度京上字第四号判决参照),两说未知孰是,事关法律疑义,理合电请鉴核转请解释示遵等情。据此,理合据情转请钧院鉴核迅赐解释。山东高等法院首席检察官刘世卿叩子东印

**院解字第三四二八号**

**三十六年四月八日**

案准贵院上年十二月二十五日节京贰字第二四九六号咨,以据地政署呈,请解释《土地法》第二二一条、第二三二条及第二二八条适用疑义,抄同原呈咨请解释见复等由。准此,兹经本院统一解释法令会议议决,征收土地应补偿之地价及其他补助费,虽遇有《土地法》第二百二十八条上段所定之情形时,仍应依同法第二百三十三条于公告期满后十五日内发给之。惟依同法第二百三十七条第一款之类推适用,得将款额提存,待同法第二百二十八条所定之三十日期满后,再依同法第二百二十一条为之清算结束。相应咨复查照饬知。此咨行政院

**附原咨**

据地政署呈,请解释《土地法》第二二一条、第二三二条及第二二八条适用疑义一案到院。相应抄同原呈咨请贵院解释见复为荷。

**附原抄呈**

案据汉口市政府本年十一月十八日地字第七〇号代电开,查《土地法》第二二一条规定,被征收之土地应有之负担,其款额计算,以该土地所应得之补偿金额为限,并由该管市县地政机关于补偿地价时为清算结束之,依同法二二八条之规定,被征收土地之所有权未经登记完毕者,土地他项权利人,应于前条公共期满后三十日内,向该管市县地政机关声请将其权利备案,是被征收土地若为未经登记完毕之土地,其因他项权利所生之负担,该管市县地政机关于《土地法》第二二七条公告期满后三十日内,仍有接收申请而为清算结束之义务,但同法第二三三条则规定,征收土地应补偿之地价及其他补偿费,应于公告期满后十五日内发给之。倘市县地政机关于公告期满后十五日内已发给补偿费,在公告期满后十五至三十日内,始申请备案之他项权利,市县地政机关究应如何处理,本府未敢擅决,理合电请赐予解决,俾便遵循等情到署。查《修正土地法》第二二八条规定,被征收土地之他项权利人,应于公告期满后三十日内,将其权利备案,此与同法第二二一条被征收之土地,应于补偿地价时清算结束,及第二三三条补偿地价,应于公告期满后十五日内发给之规定,在期间上,显有抵触,究应如何解释,理合呈请鉴核示遵。

**院解字第三四二九号**

**三十六年四月八日**

案准贵院上年十月二十二日节京捌字第一六五九五号咨,以据司法行政部呈,转请解

释裁判确定后未执行或执行未完毕之汉奸人犯，因法律变更可否免刑疑义，咨请解释见覆等由。准此，兹经本院统一解释法令会议议决，《惩治汉奸条例》第三条并非将旧修正《惩治汉奸条例》第二条第一款之变更为不处罚其行为者，自无适用《刑法》第二条第三项免其刑之执行之余地(参照院解字第三一〇二号解释)。相应咨复查照饬知。此咨行政院

**附原咨**

据司法行政部本年十月十七日(京)呈(叁)字第八八O号呈称，据福建省高等法院本年九月十一日会义字第二四六二号呈称，案据福州律师公会常务理事陈鸿铿等本年六月二十六日呈称，窃查《刑法》第二条第三项载处罚之裁判确定后，未执行或执行未完毕而法律有变更不处罚其行为者，免其刑之执行。三十四年十二月六日公布施行之《惩治汉奸条例》第三条载曾在伪组织或其所属机关服务凭借敌伪势力为有利于敌伪或不利于本国或人民之行为而为前条第二款，以下各款所未列举者，概依前条第一款处断。又司法院三十五年三月十二日院解字第三一〇一号解释第二点指示，曾在伪组织或其所属机关团体服务之人，依《惩治汉奸条例》第三条规定，以兼有凭借敌伪势力及为有利敌伪或不利本国或人民之行为而为前条第二款以下各款所未列举者，始依前条第一款处断，至其执行任务，是否即可认为凭借敌伪势力而为有利或不利本国或人民之行为，应就任务性质执行手段及其他一切情形分别决之，不能遽为概括之断定，依此意旨，则前经司法院对于旧法院字第一九七八号第二〇一三号、第二〇四二号等解释，均以概括的认定，凡曾在伪组织或其所属机关团体服务，不论其行为如何，均认为通谋敌国反抗本国，应受惩罚，反之在新法如无第三条规定，则不受处罚，当旧法施行陷区广阔中，有意志薄弱之辈，临难苟免，受生鞭策，在敌伪组织或其所属机关团体服务者，实繁有徒，迹其居心，未必甘于附逆，论其行为尚无荼毒群众，然已由军法审判机关或法院适用旧法裁判确定，未执行或在监尚未执行完毕者，本会同人佥以有建议免予执行之处，案经提交本年六月十五日第一次理监事联席会议决议，依照本会章程第四条第二款以司法事项建议钧院审核法办，并乞转达各有关机关等议，刍荛之见，是否有当，理合备文录案呈请察鉴法办，实为公便等情。据此，按三十四年十二月六日公布之《惩治汉奸条例》，虽较二十七年八月十五日公布之《修正惩治汉奸条例》增加第三条“曾在伪组织或其所属之机关团体服务，凭借敌伪势力为有利于敌伪或不利于本国或人民之行为而为前条第一款以下各款所未列举者，概依前条第一款处断”之法文，审核该条之法意，仅系解释参加伪组织者，应依第二条第一款处断，并非法律变更不处罚某种犯罪行为，法文甚为明显，至司法院院字第三一〇一号解释，虽与以前院字第一九七八号第二〇一三号、第二〇四二号解释有异，查此系解释变更，并非法律变更，自非《刑法》第二条第三项规定之情形，该会以解释变更为理由，呈请将已判决确定之执行犯免予执行，似属误解。惟兹事所关甚大，恐与他省解释抵角，职等所见容或未周，未敢擅专，用特具文呈请钧长鉴核指示祇遵转批知照，实为公便等情到部。事关法律适用疑义，理合备文呈请钧院鉴核，转送司法院解释，俾便饬遵等情。据此，案关适用法律疑义，相应咨请查照解释见复，以便饬遵为荷。

**院解字第三四三〇号**

**三十六年四月八日**

案准贵院上年三月二十六日节捌字第零九二六六号公函,以据司法行政部呈请解释处分汉奸财产疑义三点,抄同原呈函请解释见复等由。准此,兹经本院统一解释法令会议议决,(一)参照本院院解字第三二零一号及第三二五八号、第三三五八号解释。(二)查封汉奸财产时,应否剔除其配偶之财产,应依夫妻财产制之规定办理。(三)已见院解字第三一三六号之二解释。相应函复查照饬知。此致行政院

**附原公函**

司法行政部本年三月十九日京呈叁字第九四号呈,请解释处分汉奸财产疑义三点到院,案关适用法律疑义,相应抄同原呈函请查照,迅予解释见复,俾便饬遵。

**附原抄呈**

案据河北高等法院检察处本年二月十一日呈字第二〇号呈称,案据本院第一分院首席检察官陈嗣哲代电称,本处办理汉奸案件,关于处分汉奸财产有后列疑问三点,谨胪陈于下。(一)汉奸已死亡者,其诉追权当然消灭,惟其所有遗留之财产,应否予以查封而单独声请没收。(二)查封汉奸财产时,应否顾及夫妻财产制之规定,剔除其配偶之财产。(三)在《惩治汉奸条例》未颁布以前,或汉奸未就伪职前所有汉奸业已取得之财产,查封时,是否剔除抑应一并予以查封。以上三点,亟待解决,以凭处理,理合电请钧座核示电令祇遵等情。据此,案关法律解释,理合据情呈请钧部鉴核指令祇遵等情到部。事关法律适用疑义,理合呈请钧院鉴核,转送司法院解释,俾便饬遵。

**院解字第三四三一号**

**三十六年四月八日**

据本院秘书处签呈,以准内政部民字第二三九九号公函,为办理市县参议员选举事务人员,在本选举区域内可否停止其市县参议员被选举权疑义,函请查照提请解释等由。理合签请鉴核等情。据此,兹经本院统一解释法令会议议决,办理关于市县参议员选举事务之人员,在市县参议员选举条例既无停止其在该选举区域内被选举权之规定,此项被选举权自不能予以停止。相应函请查照。此致内政部

**附原函**

本部迭据各省民政厅长及视察人员报称,各市县区乡镇长于办理市县参议员选举时,多有威胁利诱各区乡镇民代表,俾达成当选目的情事,请迅速制止,以清选政等情。查区乡镇长系公职人员而非公务员,不在《市县参议员选举条例》第二条所定受停止被选举权限制之列,可参加市县参议员之竞选,前经大院解释有案,据报前情,经核办理选举事务人员在本选举区域内应停止其被选举权,各民治先进国家选举法规中,均有明文规定,现各地区乡

镇长因负有办理选举之责，于参加竞选时足以发生操纵情事，既已由事实加以证明，为健全选政计，似应比照各国成例，在本选举区域内停止其县市参议员之被选举权。其在本选举区域外，自不受此限制，是否可行，相应函请查照提请解释为荷。

**院解字第三四三二号**

**三十六年四月八日**

安徽高等法院廖院长览，上年酉删代电悉。望江县政府所请解释一案，业经本院统一解释法令会议议决，依法律规定，应就汉奸财力代购中央军粮，并付给所需粮款，仅得于所查封之该汉奸财产内扣偿，不得责成其家属代购。合电转饬知照。司法院卯庚印

**附原代电**

南京司法院院长居钧鉴，案据望江县政府代电，以汉奸原有财力，应依层令代购中央军粮，并付给所需粮款。如汉奸全部财产业经查封，应否仍责成其家属代购等情。查汉奸负有普通债务，但在未清偿以前，其财产仍属于汉奸所有，如依修正《惩治汉奸条例》第九条第一项或第二项规定没收时，对于没收前汉奸所负之债务，自毋庸由该财产上予以清偿，奉有三十年六月二十六日院字第二二零七号解释。惟《惩治汉奸条例》系三十四年十二月六日公布，继于本年三月十三日修正。本条例第十五条条文，在前《修正惩治汉奸条例》并未奉到上项中央军粮是否视同债务。如已查封汉奸之财产，对于中央军粮应否扣偿，抑仍责成其家属代购，理合转请鉴核示遵。职廖江南叩文酉删印

**院解字第三四三三号**

**三十六年四月八日**

**令署广西高等法院院长申守真**

三十五年十月十一日呈一件，为据崇善县司法处代电请解释《出征抗敌军人婚姻保障条例》适用疑义，呈请解释示遵由。

呈悉，业经本院统一解释法令会议议决，（一）已见院解字第三二八一号解释。（二）出征抗敌军人甲之妻乙，在出征期内与丙连续通奸，乙丙应构成《出征抗敌军人婚姻保障条例》第九条第一项之罪，依同条例第十条，须本夫告诉乃论。甲于抗战结束离役后，复任军职，非因障碍无法告诉，乙之父丁又未经该管检察官指定为代行告诉人，其告诉显非合法。仰即转饬知照。此令

**附原呈**

呈为呈请事，案据崇善县司法处本年九月訾刑代电称，设有出征抗敌军人甲之妻乙，在甲出征抗敌期间内与丙连续通奸，甲于抗战结束后，经离去职役数月之久（仍在外距家约六日陆程不回家），复任军职，在部队服务，乙之父丁以利害关系人之地位，于甲离军职后复任军职之前，告诉乙丙通奸罪，而案在甲复任军职后，尚未终结，兹有疑义如下，（一）甲于抗战

结束后复任军职,是否仍为《出征抗敌军人婚姻保障条例》上所称之出征抗敌军人。(二)丁之告诉虽在甲业离军队职役之时,而其结案则在甲复任军职之后,乙丙在甲复任军职后,纵无通奸行为,丁之告诉仍是否合法。事关征属案件,为慎重办理起见,谨电请解释示遵等情。据此,案关适用法律疑义,职院未敢擅拟,理合具文呈请察核俯予解释示遵。

**院解字第三四三四号**

**三十六年四月九日**

**令贵州高等法院首席检察官邓济安**

据贵州赤水地方法院首席检察官李开棣上年十月二十三日代电,以《惩治盗匪条例》第二条第一项第三款大帮二字疑义,电请解释祗遵等情前来,业经本院统一解释法令会议议决,《惩治盗匪条例》第二条第一项第三款所谓结合大帮,系指达于相当人数,以强劫为目的而有团体之组织者而言。偶然集合数人或十数人,尚不能谓为结合大帮。合行令仰转饬知照。此令

**附原代电**

南京司法院院长居钧鉴,查《惩治盗匪条例》第二条第一项第三款规定结合大帮强劫者处死刑,所谓"大帮"究以何者为标准。数人或十余人结伙强劫,是否可算大帮强劫。事关法律疑义,理合电请钧院赐予解释祗遵。贵州赤水地方法院首席检察官李开棣叩梗印

**院解字第三四三五号**

**三十六年四月九日**

安徽高等法院廖院长览,上年卯删代电悉。所请解释一案,业经本院统一解释法令会议议决,《处理汉奸案件条例》第二条第三款第十款所谓曾任同条第一二两款以外之伪组织文武职公务员,敌伪管辖范围内之文化金融实业自由职业自治或社会团体人员,凭借敌伪势力,侵害他人,经告诉或告发者,系以该条款所列情形均涉有汉奸之重大罪嫌,特定其应厉行检举,并非上项人员之犯罪以经告诉或告发为其诉追条件。故上项人员经检察官检举起诉,法院不得以未经合法之告诉或告发,依《刑事诉讼法》第二百九十五条第三款谕知不受理之判决。合电知照。司法院卯佳印

**附原代电**

南京司法院院长居钧鉴,窃查《处理汉奸案件条例》第二条第三款载曾任前两款以外之伪组织文武职公务员,第十款载敌伪管辖范围内之文化金融实业自由职业自治或社会团体人员等,均以凭借敌伪势力侵害他人,经告诉或告发者为厉行检举之要件。所谓经告诉或告发者,其立法意旨似与《刑法》上告诉乃论各条之规定相同。假如上项人员虽有凭借敌伪势力之情形,而无合法告诉或告发者,是否亦应检举?其检举后提起公诉,是否应依《刑事诉讼法》第二百九十五条第三款之规定办理?现本院接收此种案件甚多,悬案待决,理合电

请钧院俯赐鉴核迅予指示祇遵。安徽高等法院院长廖江南卯文卯删印

**院解字第三四三六号**

**三十六年四月十一日**

据本院秘书处签呈，以准内政部三十五年十月二十四日民字第二九五九号公函，为准湖北省政府代电转请解释乡镇民代表会选举县参议员举行选举疑义，函请提请解释见复等由，签请鉴核等情。据此，兹经本院统一解释法令会议议决，乡镇民代表会选举县参议员，系以乡镇公所为投票所，而集会投票，并非《乡镇组织暂行条例》第十六条第一项所谓开议，自无该条项之适用。《县参议员选举条例》第八条规定，以得出席乡镇民代表总额过半数之投票者为当选，并未限定出席代表须为全体代表之过半数。乡民代表二十六人之乡有十三人出席时，自非不得投票（参照院解字第三〇七一号、第三三九八号解释）。相应函请查照转知。此致内政部

**附原公函**

准湖北省政府三十五年九月二十三日省民二字第一〇五一九号代电开，据大冶县政府本年冶民字第五四五八号申虞代电称，查本县定于九月一日分别由各乡镇民代表及各职业团体选举县参议员，经呈报钧府及专署核备在卷。兹有南五乡共计乡民代表二十六人，届时全体出席，依法投票，本府派财政科长卢业楷前往监选，开票结果，候选人卢宗吕王甲槐二人各得一十三票，依《县参议员选举条例》第八条选举县参议员以得出席代表总额过半数之投票为当选，选举结果无人当选时，应举行再选之规定。当定于九月四日再选，令饬该乡公所通知各代表出席，本府又派民政科长李兴藻前往监选。至是日下午六时仅有代表十三人出席，依《乡镇组织暂行条例》第十六条乡镇民代表会非有本乡镇全体乡民代表过半数之出席不得开议之规定，宣告延会，再定于九月六日开会再选，仍仅有代表十三人出席，不足法定人数，不能投票。查该乡两次举行再选，各该乡民代表均先期收到乡所开会通知，至期竟有半数代表两次均不出席。如再举行第三次再选，其情形亦势必相同，是该县参议员实属无法产生等情。查选举县参议员非全体乡镇民代表过半数之出席不得投票，在《县参议员选举条例》第八条注一已有明白规定，惟该县南五乡两次定期选举出席代表均不足法定人数，可否比照职业团体，于举行再选时即以实际到场投票者选举，并以得票较多者当选之处，特电请贵部迅予查核赐复等由。究可否准予变通解释办理之处，相应函请查照，提请解释见复为荷。此致司法院秘书处

**院解字第三四三七号**

**三十六年四月十二日**

台湾高等法院杨院长览，上年酉感代电悉。所请解释一案，业经本院统一解释法令会议议决，台湾光复前，日本法院对于台湾人民之浪费者依日本《民法》所为准禁治产之宣告，

至台湾光复后,因我国《民法》无此规定,应即失效。合电知照。司法院卯文印

**附原代电**

南京司法院院长居钧鉴,案据本省台中县田中镇内三块厝里八九六号住民邱王氏葱呈略称,"窃氏夫邱在本省光复前,依日本《民法》第十一条之规定为浪费者,业由法院宣告禁治产有案,为保护准禁治产者之财产,依同法第十二条规定,其行为应得保佐人之同意方能有效。惟本省已于民国三十四年十月二十五日光复,依我国《民法》并无准禁治产之规定,未知氏夫是否应于光复后即恢复完全行为能力,抑或依照本省行政长官公署布告,日本占领时代之法令除压榨箝制台民抵触三民主义及民国法令者应悉予废止外,其余暂行有效之规定,而仍照日《民法》准禁治产之规定,仅有限制能力。事关私权保护及公职候选人资格之取得,理合沥情呈请批示祇遵等情。"复准台湾行政长官公署法制委员会函送邱王氏葱呈同前情,嘱核覆过院。查依我国《民法》规定,仅对心神丧失人及精神耗弱人得宣告禁治产,并无宣告准禁治产之规定。台湾人民于光复前,经日本法院依日本《民法》所为准禁治产之宣告,于光复以后是否仍应认为继续有效,其行为能力及公权之行使,是否尚受限制。事关法律解释,未敢擅议,理合电请钧长鉴核迅赐解释电示,俾便转饬祇遵。台湾高等法院院长杨鹏叩民一酉感印

**院解字第三四三八号**

**三十六年四月十二日**

四川高等法院苏院长览,上年戌寝代电悉。该安县司法处电请解释一案,业经本院统一解释法令会议议决,《土地法》第一百零六条所谓耕地,并不包括原电所称之碾磨在内。合电转饬知照。司法院卯文印

**附原代电**

南京司法院院长居钧鉴,案据四川安县司法处审判官李天佑三十五年十一月十三日陡字第一〇八号戌元代电呈称,查《土地法》第一百零六条第二项所称之耕地,固包括渔牧在内,惟川北靠河流一带,每多业主私有碾磨出租,此种碾磨是否亦解为耕地,不无疑义,理合电请钧院迅赐核示,俾资遵循等情。查利用水流以设碾磴,与商业上之碾米厂相仿,如业主将私有碾磴出租,自不能解为耕地。惟川北靠河流一带,农民每以设置碾磴为农作副业,是否亦得解为耕地。事关法律疑义,本院未敢擅专,理合电请钧院迅赐解释令遵。四川高等法院院长苏兆祥叩陡戌印

**院解字第三四三九号**

**三十六年四月十二日**

**令浙江高等法院院长郑文礼**

三十五年十一月七日呈一件,为据吴兴地方法院呈请解释某银行受质物件,因在战时

不明出质人住址，径予拍卖，战事结束后，出质人迁回请赎质物，应如何处理疑义，转请解释祗遵由。

呈悉，业经本院统一解释法令会议议决，质权人某银行于债权未届清偿期时，因战事迁移他处，致出质人于清偿期届满时不知该银行之所在，或虽知之而因战事无从清偿债务取回质物者，如该银行明知或可知出质人有此情事，则依行使债权应依诚实及信用方法之原则，虽有《民法》第八百九十四条但书之情形，亦非俟能为通知后或战事结束后不得拍卖质物。若竟拍卖，致出质人受有损害者，该银行应负赔偿责任。仰即转饬知照。此令

**附原呈**

案据浙江吴兴地方法院呈称，窃某银行于抗战初起时，受质他人贵重物件，定期回赎，嗣回赎之期未届，战事迫近，银行撤退，出质人届期不知银行之所在，或因战事关系无法告赎，银行则以债权已届清偿期，未受清偿，并以出质人居住沦陷区内，或因住址不明无法催告回赎，亦未登报公告，径依《民法》第八九四条予以拍卖，兹出质人请求回赎质物，究应如何处理之处，不无疑问，理合备文呈请解释指令祗遵等情。据此，案关法律疑义，本院未便擅拟，理合具文呈请钧院迅赐解释祗遵。

**院解字第三四四〇号**

**三十六年四月十二日**

案准贵院上年十二月二十七日节京捌字第二五三五二号咨，以据内政部呈请核示省县市参议员当选资格不符，如已逾起诉时效，应如何办理疑义，咨请解释见复等由。准此，兹经本院统一解释法令会议议决，省县市参议员被选举人资格不符，在《省县市参议员选举条例》所定起诉期间经过后始发觉者，不得提起当选无效之诉讼，选举监督亦不得撤销其当选资格。相应咨复查照饬知。此咨行政院

**附原咨**

据内政部本年十一月二十一日民字第四一八一号呈称，查民意代表被选举人，如资格不符时，其当选无效，应经由法院判决确定。又选举诉讼限于选举结果揭示后七日内提起，《省县市参议员选举条例》均有明文规定，惟已逾起诉时效后，如发觉当选人确有《省及县参议员选举条例》第二条《市参议员选举条例》第三条各款所列，应行停止被选举权及其他资格不符情事，无法由法院受理时，究应不再究办，抑另用其他何种方式取消其当选资格之处，不无疑义，理合呈请钧院鉴核示遵等情。据此，案关适用法律疑义，相应咨请查照解释见复，以便饬遵为荷。

**院解字第三四四一号**

**三十六年四月十二日**

案准贵院上年九月十四日节京捌字第一二二四八号咨，以据司法行政部呈，转请解释

潼关阌乡两县插花地能否适用《修正河南省被灾时期地权移转处理办法》疑义,咨请解释见复等由。准此,兹经本院统一解释法令会议议决,依《河南省被灾时期地权移转处理办法》第一条附表之规定,潼关非适用该办法之县份,虽其与阌乡县插花之地,在该办法施行后划入适用该办法之阌乡县管辖区域之内,亦不得援用该办法买回土地。惟已经确定判决准许买回者,除具有再审原因外,不得再生异议。相应咨复查照饬知。此咨行政院

**附原咨**

据司法行政部本年九月六日(京)呈(叁)字第七三二号呈称,据河南高等法院本年八月三日恭民字第八二八号呈称,案据阌乡县司法处本年七月十五日第五一七号呈称,案准阌乡县政府本年六月二十八日民社字第一零九八号公函内开,案查前据本县光华镇公所呈,以该镇第八保原系阌潼插花地,在未划归阌属以前,所有灾期出卖之土地,能否依法买回,请示遵等情,当经呈奉河南省政府本年五月二十一日汴民六字第一八五四号指令内开,查修正《河南省被灾时期地权转移处理办法》,仅适用于本省被灾各县,而该县光华镇所属之第八保既系前阌潼插花地带,且划归该县时间又不在灾期以后,自不能适用此项法令,仰即知照等因。奉此,除分电外,相应函请查照为荷等因。准此,查上开规定,本县所有接收潼关插花地,不适用修正《河南省被灾时期地权移转处理办法》,惟本处依据上项办法已由原业主买回之土地,及前受理买回土地案件,依法办归原业主买回,现今各该原买主得悉上项指令,又具状请求向原卖主重行买回,此种案件,究应如何办理,不无疑义,理合备文呈请鉴核示遵等情。据此,查潼关阌乡两县插花地能否适用修正《河南省被灾时期地权移转处理办法》,不无疑问,理合备文转呈钧部鉴核指示,以便转饬遵行,实为公便理情到部。事关法律疑义,理合呈请钧院鉴核,转送司法院解释,俾便饬遵等情。据此,案关适用法律疑义,相应咨请查照解释见复,以便饬遵为荷。

**院解字第三四四二号**

**三十六年四月十二日**

案准贵部上年十一月九日叁字第五五五五号公函,以国营招商局各轮服务之船长船员,是否有公务员身份疑义,函请解释示复等由。准此,兹经本院统一解释法令会议议决,招商局虽属国营事业机关,而在该局各轮服务之船长船员,依海商法之规定,既均由于雇用,其待遇等项,且以契约定之,自非关于薪给法令所称之公务员。相应函复查照。此致交通部

**附原公函**

据本部航政司案呈,准国营招商局开,兹据中国商船驾驶员总会、中国航海驾驶员联合会、中国轮机员联合总会、中国船舶无线电员总会三十五年九月二日会函,以各该会员充任本局各轮船员,原系受雇性质,当初雇主雇员双方订有契约,并向上海航政局办理雇用登记在案,乃近闻外间流言,以招商局为国营航业机关,所用船员已具有公务员身份,将来一切行为及待遇,均应按照公务员办理云云。按海商法第三十九条规定,"船长由船舶所有人雇

用之”,故船员受雇自船长轮机长以至水手生火等,均须向上海航政局举行雇佣登记,否则不准开船,海关亦不准结关。复按海商法之适用范围,在该法第三条第一二项已载明中国官署所有之船舶暨中国人民所有之船舶,均应受其拘束,是国营民营皆已包括靡遗。综上所述,足证招商局船员毫无公务员身份,用特函述事实,并请贵局将对此事态度明示,以便转知各人安心服务等由。准此,查船员在国营航业机关服务,是否具有公务员身份一节,拟请贵司予以解释,以便复知,相应函达查照见复等由。准此,查司法院院字第一〇六一号解释,“服务于国营事业机关之人员,亦应视为公务员”。又查海商法第三十九、五十二、六十五、六十六、六十七等条规定,船长船员皆系雇佣关系,二者不同。一〇六一号解释系就普通法加以解释,其解释亦即为普通法,海商法乃特别法,在法律适用次序上,特别法优于普通法。由是言之,该局船员(驾驶轮机两部船员)系属纯粹雇员,并无公务员之身份,且在业务上亦以认为雇员为便。惟外间对于此点不无疑义,查法律统一解释权属于司法院,本部未便擅专,拟请转请解释等情。据此,相应函请贵院赐予解释示复,以凭饬遵。

**院解字第三四四三号**

**三十六年四月十二日**

**令广东高等法院院长史延程**

据广东广州地方法院本年二月十七日代电,为强制执行法第十七条适用疑义,电请解释示遵等情。据此,业经本院统一解释法令会议议决,强制执行法第十七条所定之撤销执行处分,应由执行法院依职权解除其执行处分,不必以裁定行之。合行令仰转饬知照。此令

**附原代电**

南京司法院院长居钧鉴,窃查强制执行法第十七条所载,“执行处如发见债权人查报之财产确非债务人所有者,应命债权人另行查报,于强制执行开始后始发见者,应由执行法院撤销其执行处分”。关于执行法院撤销其执行处分时,应依声请或以职权及应否以裁定行之,未有明文规定,不无疑义,理合电请解释示遵。广东广州地方法院院长霍维四丑(筱)民执

**院解字第三四四四号**

**三十六年四月十二日**

**令代理湖南高等法院院长余觉**

三十六年一月十八日呈一件,为据湖南高等法院第三分院呈,请解释再审上诉事件适用法律疑义,转呈解释饬遵由。

呈悉,业经本院统一解释法令会议议决,因对于第二审法院之再审判决提起上诉,计算《民事诉讼法》第四百六十三条所定上诉利益时,其准用之第四百零四条第二项所谓起诉

时,系指前诉讼程序之起诉时而言,不以再审之诉提起时为准。再审判决因未斟酌原确定判决之送达证书,致以逾期提起之再审之诉为合法,并进而废弃原确定判决者,自与同法第四百九十三条所谓就足影响于判决之重要证物漏未斟酌相当,至对于再审判决以此项理由提起再审之诉者,同法第四百九十六条第三项所称之五年期间,应自该再审判决确定时起算。仰即转饬知照。此令

**附原呈**

案据本院第三分院院长罗任三十五年十二月五日呈称,查本院受理之再审上诉事件,因评议时迁涉之法律问题甚多疑义,致无结果,而各员所述意见,似均有理,若不呈请明白解释,不足以资依据,兹为缕陈如次。查再审之诉,除有《民事诉讼法》第四百九十二条第一项第三款第四款或第十款之情形外,其再审理由发生在判决确定后而已逾五年者,依同法第四百九十六条第三项前段,自不得提起再审之诉(参照最高法院二十二年抗字第五零九号判例)。现有某甲与某乙,因山地争执,甲于《民事诉讼法》未施行前,依旧《民事诉讼法》向某地方法院提起确认所有权之诉。起诉时,并经核定诉讼目标为七十五元,嗣乙败诉,提起上诉,仍由原地方法院依四级三审制,以合议庭之判决废弃原判决,驳回甲在第一审之诉。该案判决因上诉利益未逾三百元,不得上诉第三审,遂告确定,败诉之甲于确定后五年外,忽以发见未经斟酌之证物为理由,依现行《民事诉讼法》于发见后三十日内,向原地方法院提起再审之诉。原地方法院未审查其已逾五年之期限,竟重行核定诉讼目标为二十万元,并认其再审为有理由,依司法行政部二十四年六月赚电组织合议庭以判决废弃原确定判决,确认系争山地为甲所有,乙不服上诉于某高分院,兹有二说。(一说)该案原系不得上诉第三审之件,再审判决虽不合法,高分院仍应依照司法行政部赚电以裁定驳回乙之上诉,并不因再审法院于再审时重行核定诉讼标的为二十万元而受影响。再审法院对于五年之再审期限,未经斟酌,乙自得持此理由依《民事诉讼法》第四百九十三条对该再审判决提起再审之诉,并应以乙提出之上诉状视为提起再审之诉状,应与同法第四百九十六条第一项之规定相合,以资救济云云。(二说)甲在第一审起诉时,诉讼标的固经核定为七十五元,但物价上涨,依再审时之物价与甲在第一审起诉时之物价,当有差异,再审法院于再审时,依《民事诉讼法》第四百零四条第二项规定,核定为二十万元,自可上诉三审,高分院当不受司法行政部赚电之限制,仍应受理,以纠正再审判决之错误等语。以上二说,虽各有理由,但第一说谓乙对再审判决依《民事诉讼法》第四百九十三条提起再审之诉,然再审法院未斟酌五年之再审期间,是否为《民事诉讼法》第四百九十三条所载漏未斟酌足以影响于判决之重要证物,已不无疑问,即令认为有该条之情形,惟乙之再审五年期间,应否从原确定判决之日起算,抑系从再审判决之日重行起算,法无明文规定。又《民事诉讼法》第四百零四条第二项所载之"起诉时"三字,自系指在第一审起诉时而言,第二说解释应包括提起再审之诉在内,未免牵强,各认其说为有理由,则不得上诉三审之确定案件,一经提起再审,即可重行核定诉讼标的,又物价上涨本属事实,嗣后经再审判决之案件,将无案不可以上诉三审。此

类案件究应如何办理,本分院未敢擅专,案悬待结,敬恳转请解释指令祇遵等情到院。理合据情转呈钧院俯赐解释,俾便饬遵。

**院解字第三四四五号**

**三十六年四月十四日**

案准贵院本年二月十日从捌字第四二四五号咨,以据司法行政部呈请解释失踪人为被告,应如何代为诉讼行为,与在外多年音讯不通之人,可否认为失踪人疑义,咨请解释见复等由。准此,兹经本院统一解释法令会议议决,以失踪人为被告提起财产权上之诉讼时,由失踪人之财产管理人代为诉讼行为。在外多年音讯不通之人,自可认为失踪人。相应咨复查照饬知。此咨行政院

**附件**

行政院转咨解释失踪人为被告,应如何代为诉讼行为,与在外多年音讯不通之人,可否认为失踪人疑义一案。

**院解字第三四四六号**

**三十六年四月十四日**

**令署广西高等法院院长申守真**

三十五年四月十三日呈一件,为据田西县司法处呈请解释银币债务清偿问题适用法律疑义,请解释令遵由。

呈悉,业经本院统一解释法令会议议决,法币政策实施后,银币既应向国家银行兑换法币,则径将银币贷与他人时,实与以可兑得之法币贷与他人同,自应以其所贷银币可向国家银行兑得之法币总额为其债权额,但不妨碍《复员后办理民事诉讼补充条例》第十二条之适用。仰即转饬知照。此令

**附原呈**

案据田西县司法处三十五年三月二十七日法字第一二零号呈称,窃有某甲于法光及中国光洋禁止通用时,以法光及中国光洋借给某乙。现某乙应以法光及光洋清偿与某甲,抑以法币折合法光及光洋清偿与某甲,于斯有子丑寅卯四说。子说谓现在法光及中国光洋,政府已准自由买卖,而法光及光洋之价格比国币之价格相差甚远,自应以法光及光洋清偿,以免债权人受有损害。丑说谓现在法光及光洋虽得自由买卖,但仍不得为通用货币,应依《民法》第二零二条前段及《民法》第四百八十条第三款之规定,按给付时给付地之市价及返还时返还地之市价折算国币清偿之为合。寅说谓法光及光洋既得自由买卖,自应依照给付时给付地及返还时返还地之市价清偿,然查普通市场所交易法光及光洋之价格甚不一致,实应依照给付时给付地及返还时返还地之银行所公布之市价折算清偿,较为公允。卯说谓法光或光洋,每元折合国币一元二角六分,业经政府明令规定在案,该项规定并不奉令废

止,自应依照原令规定以国币一元二角六分折合法光或光洋一元清偿之,以符规定。四说究以何说为是,案关法律疑义,理合备文呈请察核转请解释令示祗遵等情。据此,案关法律疑义,理合呈请钧院鉴核解释令遵,俾便转饬遵照。

**院解字第三四四七号**

**三十六年四月十四日**

**令浙江高等法院院长郑文礼**

据兰溪地方法院上年十一月十五日呈,为地方法院推事兼院长违反法院组织法第九十条规定,应如行办理疑义,请解释祗遵等情。据此,业经本院统一解释法令会议议决,地方法院兼院长之丁推事对于丙推事终结辩论定期宣判之事件,认为尚应调查证据,自为再开辩论之裁定,其行使监督权已影响于丙推事审判权之行使,显系违背法院组织法第九十条之规定,惟该事件既经高等法院依当事人之声请,为丁推事应行回避并指定其他地方法院管辖之裁定,受指定之法院,依《民事诉讼法》第二百二十一条第二百一十一条之规定,仍非再开辩论不得裁判。合行令仰转饬知照。此令

**附原呈**

窃查法院组织法第八十七条第五款规定,地方法院院长监督该法院及其分院,同法第九十条规定,本章各条之规定不影响于审判权之行使,但查地方法院推事之判决,均经送由该院推事兼院长阅后方予宣示,如推事兼院长阅后,不将判决交还原承办推事宣示,延过宣示日期,而由推事兼院长自行裁定重开辩论,该裁定是否违法,并应如何救济。例如甲乙双方提起确认选举无效之诉,经原地方法院推事丙谕知辩论终结,定本年七月一日宣判,其作成之判决于本年七月一日经该原地方法院推事兼院长丁阅览,丁认为该案系一审终结之件,事体重大,尚有调查证据之必要,遂于本年七月九日自行裁定,重开辩论,则丁之裁定有无影响丙之行使审判权,嗣后如甲造声请丁回避,经高等法院裁定照准,并将该案指定其他地方法院管辖,则该其他地方法院应否受丁之裁定之拘束。如不受拘束,则应如何办理,此项法律上之疑义关系,颇为重大,应请钧院解释训令祗遵,实为公便。

**院解字第三四四八号**

**三十六年四月二十一日**

**令署江苏高等法院首席检察官韩焘**

三十六年一月二十九日呈一件,为据吴县地方法院首检察官呈请解释依照《禁烟禁毒治罪条例》第八条第一项判处之吸用毒品犯,是否应予赦免疑义,请解释示遵由。

呈悉,业经本院统一解释法令会议议决,依《禁烟禁毒治罪条例》第八条第一项判处之吸用毒品犯,合于罪犯赦免减刑令甲项之规定,自应予以赦免。仰即转饬知照。此令

**附原呈**

案据吴县地方法院首席检察官呈称，查依照《禁烟禁毒治罪暂行条例》第六条第一项判处吸用毒品犯，在不赦之列，为大赦令（乙）项四款所明定，固无疑义，惟依照《禁烟禁毒治罪条例》第八条第一项判处之吸用毒品犯，是否应予赦免，有二说焉。甲说《禁烟禁毒治罪条例》并未规定于大赦令之内，则同一吸用毒品之罪，即令系依该条例判决，亦自应依《禁烟禁毒治罪暂行条例》所规定，比照适用，不予赦免，庶禁政得以推行，而仰体政府厉行禁毒之本旨，况同一吸毒犯，甚或犯罪之时期又同，或同一案件之被告，而因服判与声请覆判之异，致判结有先后之不同，在前判结者不但不得获赦，且又不得邀减，在后判结者则竟能获赦，殊失平允，故凡吸用毒品之犯，应一律不予赦免。乙说大赦令虽未明白规定《禁烟禁毒治罪条例》之罪犯应如何赦免，但原赦令既于甲项明白规定犯罪在中华民国三十五年十二月三十一日以前，其最重本刑为有期徒刑以下之刑者，均赦免之之规定，则吸用毒品犯既依照现行《禁烟禁毒治罪条例》第八条第一项而为判处，该法条所规定之最重本刑又为十年以下有期徒刑，依照前开规定，自应予以赦免。以上两说，互有见地，事关法律疑义，职处未敢擅专，理合备文呈请钧长核示祇遵，实为公便等情。据此，事关适用法令疑义，职处未敢擅拟，理合据情呈请鉴赐解释示遵。

**院解字第三四四九号**

**三十六年四月二十一日**

案准贵院上年八月十五日节京壹字第八九七零号公函，以据内政部呈，转请解释《惩治汉奸条例》第十五条疑义，函请解释见复等由。准此，兹经本院统一解释法令会议议决，曾在伪组织管辖范围内所成立各业同业公会，应认为《惩治汉奸条例》第十五条所称之“所属团体”，因之在此项职业团体内担任职务人员，自应受上开条例于一定年限内不得为公职候选人之限制。相应函复查照饬知。此致行政院

**附原函**

据内政部呈称，案据上海市商会代字第一五八号代电，转据该市新药业国药业等五十余同业公会联名函称，窃查曾任伪组织下人民团体职员，能否出任依法组织之人民团体职员一案，前奉社会部解释，略以人民团体职员，系属私法社团人员，并非《惩治汉奸条例》第十五条所称之公职候选人，故曾在伪组织下之人民团体任职者，如无处理汉奸条例第二条第八款第十款之行为，参加调整后之人民团体组织，自不受前条之限制，遵此解释，凡曾任伪组织下之各业同业公会理监事，如无《惩治汉奸条例》列举之各款罪行者，参加调整后之同业公会组织，自可不受限制。盖因同业公会已历数百载之历史，为同业之公益集团，公会之职员，系由同业自行推选，并非由伪命委派。况当伪政府成立时，有人竟假借各团体联名电贺，各团体阅悉之下，大为震骇，翌日即登报否认，后以环境所趋，被迫登记，此系事实具在，无可隐讳，兹阅报载曾在伪组织统治下任职业团体理监事者，可否参加市参议员竞选一

节,本市参议员选举事务所呈请内政部转奉行政院解释,曾在伪市政府统治下任职业团体理监事者,依《惩治汉奸条例》第十五条于一定年限内,不得为公职候选人,至于所谓一定年限之久暂如何,应俟行政院与考试院会同商定另令饬遵等因,殊深惶惑。查上年十二月十二日国府重行制定公布之《惩治汉奸条例》第十五条原条文为曾在伪组织或其所属机关团体担任职务,未依本条例判罪者,应于一定年限内不得为公职候选人或任用为公务员,其详细办法由考试院会同行政院定之,夫在伪市政府统治下之职业团体,既非伪组织之所属,复非出于组织之特令设立,而各该职业团体之理监事,亦非出于伪组织之明令指派,自非汉奸条例所称之汉奸。既非汉奸,当无剥夺其公权之理由。查《惩治汉奸条例》第十五条所规定之不得为公职候选人,其症结要在因其在伪组织或其所属机关团体担任职务之故,同业公会既非该条例所称之所属机关团体,则曾任伪组织下之职业团体理监事,凡未受伪命未附伪逆者,自不受该条例之限制,彰彰明甚。复查司法院解三第三零九八号解释要旨,曾在敌伪管辖范围内充同业公会理事长及理监事一类职务之人,是否汉奸,应视其有无犯罪事实决之,不能为概括之断定,应以行为犯罪之准绳。准此解释,则同业公会既非敌伪所属,而凡同业公会之理监事,如无犯罪事实,即非《惩治汉奸条例》所称之汉奸。既非汉奸,自不应受该条例第十五条仍应于一定年限内不得为公职候选人之限制,更彰明甚,复次循绎原条例第十五条之法意,在于充任伪组织之官吏或在其所属机关团体担任职务者,其行为纵不合于第二条列举十四款中之任何一款,未经按律治罪,但身为国民接受伪命,充任伪职,亦当处以名誉律,在一定年限内不得为公职候选人,借以维持国家纲纪,则反之在沦陷期中曾任同业公会理监事而别未参加任何伪组织或所属机关团体者,自不适用第十五条之规定。而汉奸罪嫌之构成,亦须视其行为是否有凭借敌伪势力侵害他人,经告诉或告发以为断。若以与伪组织并无隶属关系之各业同业公会强指为敌伪所属之米统会商统会等性质相同,而绳之以惩治汉奸重律,则凡系沦陷时期之商厂行号,沦陷时期之各色人民,殆无一不可指为伪组织之所属,而一一视同奸伪,在此人民重见天日痍伤未复之时,全仗各业具有经验克孚众望之中坚份子,共起肩荷复兴经济之重任,协力生产建设之大业,为此迫切电陈,仰祈贵会迅予转呈行政院鉴赐俯察舆情,对于非敌伪所属之职业团体理监事,不能与敌伪所属机关团体并作一论,并请将曾在伪政府统治下任职业团体理监事者,依《惩治汉奸条例》第十五条于一定年限内不得为公职候选人之原令,准予变更,以示国家出人民于水火,实施宪政之盛治,曷胜迫切待命之至等语到会。查上年十二月十二日公布之《惩治汉奸条例》,其所指汉奸,凡分两类,一为受伪命而有卖国殃民之行为者,应予量罪处刑,其仅止于曾受伪命而无卖国殃民之行为者,则于一定年限内停止其公权,界限本自分明,惟因条例第十五条"所属团体"解释标准之不同,遂致纯粹人民组织与敌伪无关之公益慈善团体,亦有人误认为在"所属"范围之内。据此类推,凡当时沦陷区内之人民,未及离去者,亦可指为"所属",不必问其是否曾受伪命,但在敌伪统治之下,俱当停止其公权。故"所属"二字,如无严正之界限,实际运用时,必随处发生困难,有乖国家立法平恕之平旨,理合据情电呈,仰祈钧部鉴核,对于《惩治汉奸条例》第十五条之“所属团体”字义,补充解释。凡非在其特设之团体任职者,不以所属团体论,不受该条之限制,庶符衡情立法称物平施之本旨等情。复准中国国民党中央执行委员会组织部函同前由,请变更钧院解释曾任敌伪管辖范围内担任同业公会职务而无《惩治汉奸条例》第二条列举各款之行为者,应不为罪,不适用《惩治汉奸条例》第十五条后段之规定,并称经已函转钧院等由。查上海市商会代电所称,司法院解三第三零九八号解释要旨,“曾在敌伪管辖范围内充任同业公会理事长及理监事一类职务之一,是否汉奸,应视其有无犯罪事实决定,不能为概括之断定,总以行为为犯罪之准绳”一节,与钧院之解释显有差异。细绎《惩治汉奸条例》第十五条立法原意,似注重于“曾在伪组机或其所属机关团体担任职务”一语,如其有此种事实,则虽未依本条例判罪,亦应于一定年限内不得为公职候选人或任用为公务员。此项规定,具有相当硬性,钧院之解释似即本此意旨。若依司法院之解释,“应视其有无犯罪行为为准”。所谓犯罪行为,自系指原条例第二条各款及第三条下半段之规定而言,倘已符此规定,依法即应处以罪刑,则所谓“未依本条例判罪”一语,除行为不罚者外,似已无成立之余地,而行为不罚,必经司法程序始可决定,在此未定之时,其涉及公职候选人资格,是否应予限制,乃亦发生疑问。司法院有统一解释法令之权,为慎重起见,可否恳请钧院会同司法院统一解释,以便通行全国,俾成定案借释群疑等情。查现行法律所定各种职业团体,其设立俱以行政区域为区域,并在同一区域内不得有两个以上之同一组织,其会员又以特定人为限,而入会退会又系强制性质,自非私法社团可比。且此种团体,并有公法上之权利义务关系,如选举权等,其为公法团更为显明。至此项公法团体,在伪组织下活动者,是否包括在《惩治汉奸条例》第十五条所称团体之内,不无疑义,相应函请查照解释见复为荷。

**院解字第三四五〇号**

**三十六年四月二十一日**

**令河北高等法院院长邓哲熙**

三十六年一月九日呈一件,为据北平地方法院代电,请解释律师法第二条第二款及《刑法》第三十八条第四十条适用疑义,呈请解释示遵由。

呈悉,业经本院统一解释法令会议议决,(一)依律师法第二条第二款所谓曾受一年有期徒刑以上刑之宣告者,在缓刑期内,不得充任律师。其已充律师者,不得执行律师职务。(二)违禁物为必须没收之物品,既经司法警察机关扣押,虽未随案移送,仍应于裁判时宣告没收。仰即转饬知照。此令

**附原呈**

呈为呈请解释事,窃据北平地方法院院长吴昱恒代电称,兹有法律疑问二点如后。(一)律师法第二条第二款规定,曾受一年有期徒刑以上《刑法》宣告者,不得充律师,其已充律师者撤销其律师资格。所谓曾受一年有期徒刑以上刑之宣告,似不包括缓刑在内,如受

二年以下有期徒刑之宣告,并同时宣告缓刑者,是否仍应适用该款之规定,不得充律师或撤销其律师资格。(二)《刑法》第三十八条、第四十条及其他刑事特别法令,关于没收物之规定,其没收之物固不以曾经扣押者为限。惟如系违禁物,司法机关认为应行没收已由司法警察机关扣押留存并未随禁移送,则司法机关于裁判时是否仍应为没收之宣告,抑得因其未经移送不予宣告没收。以上两点,敬祈核转解释等情到院。理合具文呈请钧院俯赐解释示遵

**院解字第三四五一号**

**三十六年四月二十一日**

中国国民党浙江松阳县直属第十一区分部上年十二月二日呈悉。所请解释一案,兹经本院统一解释法令会议议决,关于营业税之处罚,系以营业商号为处罚主体(参照《营业税法》第十五条至第十九条),纵营业经理为党务人员,并有逃税情事,亦与贪污罪性质不同。电复查照。司法院卯箇印

**附原呈**

(一)区分部书记(即无给职)为社会服务,设立平民物品寄卖处,乃扶助平民经济之流通为宗旨,虽以寄卖收入抽取十分之一为经费,充纳房租器具租及经理人生活费等用途,但其动机非以营利为目的(结果无利可得乃吃自己的饭而为社会服务),依营业法第一条法旨,应该免纳税款,况且经过一年半,而税局于两次营业年度调查时,均无异议,兹有挟嫌告诉,以书记营业漏税,请办贪污罪,就此是否构成罪责,请释示者一。(二)查该寄卖处经区分部呈请县党部准予备案(有指令可证),乃系依法令之行为,是否为书记私人假借名义营业。(三)查该寄卖处之设立,因战时交通硬阻,许多平民物品,意欲脱售,必经商人贱价收购,是供者不得实益,求者不得便宜,殊感痛苦,则区分部有鉴于斯,所以设立寄卖处,抽取合法利润为经费,乃为扶助平民经济之流通,呈请县党部备案。又因区分部乃系秘密机关,故该寄卖处定名曰"中国国民党松阳县党部社会服务平民物品城南寄卖处",由区分部书记为经理,就此即为县党部附设机关。此种责任,是否应由县党部书记长负或区分部书记负,此请释示者三。(四)如受漏税处罚,是否又要受贪污罪责,此请释示者四。基上疑义,请求迅赐解释示知,以便援用救济为感。谨呈司法院公鉴

**院解字第三四五二号**

**三十六年四月二十二日**

中国国民党江西省婺源县执行委员会上年未文代电悉。所请解释一案,兹经本院统一解释法令会议议决,缝纫工人仅以自己劳力为人缝衣换取工资者,不应征收营业税。电复查照。司法院卯祃印

**附件**

中国国民党江西省婺源县执行委员会电请解释缝纫工人仅以自己劳力为人缝衣换取工资应否征收营业税疑义

**附中国国民党江西省婺源县执行委员会原代电**

南京国民政府司法院院长居鉴,案据本县缝纫业职业工会傅字第零零四号呈称:查《营业税法》附营业总收入额计算表业别规定有服装业,其范围包括手工成衣业一项。如缝纫工人仅以自己努力为人缝衣换取工资,是否适用上开规定,一律征收营业税,兹有两说。甲说:所谓营业必须具备两种条件:(一)必为营利生产事业;(二)必为兼用资本劳力,两者而经营的企业必须含有人的和物的液和因素在内,才能算是营业税。因为单有人而无物,或单有物而无人的要素者,不在营业税之范围也。以自己劳力为人成衣换取工资者,单用劳力,不用资本,且该表计算标准载明工料收入实指人的和物的因素而言。何况自己劳力成衣为业之工人迥与用资本和人力成衣之事业有别。既不具备上开要件,既不应征营业税。乙说,该所列手工成衣业系指凡属以手工成衣为业者而言。虽以自己劳力换取工资者,亦不能例外。以上两说,莫衷一是,深滋疑义,理合备文呈请鉴核,恳请转司法院解释,俾资遵循等情。据此,查本县缝纫业纯系以劳力利用工具,如针线及脚踏小型缝纫机器换取工资之职业,并无雇佣工人及有大批资本以为囤积衣料之成衣业工人或店铺,关于所陈《营业税法》疑点,缺有研究之必要。据称前情,理合电转鉴核释示,俾便转饬遵照。婺源县执行委员会书记长江仁达卅五社一未文叩

**院解字第三四五三号**

**三十六年四月二十二日**

**令广西高等法院院长申守真**

据广西蒙山县司法处主任审判官莫纯朴代电,以区长呈奉县长核准征收进出口税及赌捐,以给养自卫队,应否处罚及处罚适用何法办理疑义,请鉴核示遵等情。据此,业经本院统一解释法令会议议决,来文所述情形,该区长果别无不法所有之意思,尚不能成立《惩治贪污条例》第二条第四款或第六款之罪,应依《刑法》第一百二十九条第一项处断,并应注意罪犯赦免减刑令甲项之适用。合行令仰转饬知照。此令

**附原代电**

南京司法院钧鉴,兹有区长甲,因沦陷时无军饷,乃开会决议,呈由该管县长乙核准,征收进出口税及赌捐,以给养自卫队,该区长之行为应否处罚及应适用何条办理,均有争执。第一说谓甲系奉上级公务员之命令,且系征以养兵抗敌,并未入己,依军事第一之口号,其行为应属不罚。第二说谓纵属上级公务员之命令,但显然违法,甲从而行之,不能免责,其行为已构成借势借端勒征罪,应依《惩治贪污条例》第二条第六款已明订有违背法令收募税捐之罪,甲之行为适与此款相合,应据以处断。以上二说,似以后说较当,但关于适用法律,职

处未能决定,仰祈钧院鉴核俯赐示遵。广西蒙山县司法处主任审判官莫纯朴呈子侵文解印

**院解字第三四五四号**

**三十六年四月二十二日**

**令安徽高等法院院长廖江南**

据安徽高等法院第三分院本年一月二十四日代电,以在敌伪机关团体服务,凭借敌伪势力,而犯《惩治盗匪条例》第二条第一项各款之罪者,应如何处断疑义,乞赐解释示遵等情。据此,业经本院统一解释法令会议议决,《刑法》第五十五条所谓从一重处断,应以法定刑为比较轻重之标准。设有在敌伪机关团体服务,凭借敌伪势力,而犯《惩治盗匪条例》第二条第一项各款之罪者,盗匪罪之法定刑既较汉奸罪为重,固应从盗匪罪处断。惟其牵连所犯之一罪,既不在赦令减刑之列,则其据以处断之他罪,自应不予减刑。合行令仰转饬知照。此令

**附原代电**

司法院院长居钧鉴,查《刑法》第五十五条规定,一行为触犯数罪应从一重处断,此在普通情况之下固无问题。设有在敌伪机关团体服务,凭借敌伪势力,而犯《惩治盗匪条例》第二条第一项各款之罪者,既系一行为触犯数罪名,原则上自应依较重之《惩治盗匪条例》处断,但国民政府颁发之大赦令,于盗匪应予减刑,而汉奸则否。盗匪减刑之后,实轻于汉奸罪,在此种情况之下,究认汉奸为重罪,抑仍认盗匪为重罪,适用上不无疑义,俯乞赐予解释示遵。署安徽高等法院第三分院院长汪溉卯子有

**院解字第三四五五号**

**三十六年四月二十八日**

湖南高等法院余院长览,上年辰有代电悉。所请解释一案,业经本院统一解释法令会议议决,被害人对于盗匪案件报请乡公所究办后,既经移送县司法处办理,即应认为已向司法机关告诉,依《县司法处办理诉讼补充条例》第十七条之规定,自应将该案判决书送达于告诉人。合电知照。司法院卯俭印

**附原代电**

南京司法院院长居钧鉴,查《特种刑事案件诉讼条例》第十条所谓有申诉不服权之人,自系指《县司法处办理诉讼补充条例》第十条第二项规定之告诉人而言,兹有某县司法处经办之盗匪案件送请覆判,审核诉讼经过,系由被害人向当地乡公所报请究办,嗣后侦查及审判中,均未到庭,复无书状表示,原审亦未送达判决书,覆判审可否径予进行覆判,抑认为原审程序未备,通知将判决补送被害人收受后再予核办。如须补送判决,似应认被害人之向乡公所报告为合法告诉,而其先决条件,又应以乡镇长是否具有司法警察官职权为前提,钧院院字第二四五八号与院解字第二九二二号解释,彼此似有岐异,是否院解字第二九二二

号解释系将院字第二四五八号解释变更，而前述仅向乡公所报案之被害人，不应认为合法告诉，毋庸送达判决。事关法律疑义，理合电恳赐予解释祗遵。代理湖南高等法院院长余觉叩辰有印

**院解字第三四五六号**

**三十六年四月二十八日**

国防部鉴本年吕捕丑虞代电悉。所请解释一案，兹经本院统一解释法令会议议决，交通警察总局所属各交通警察总队官兵，如系依照陆军编制，负担铁路沿线警备事务，并归由国防部监督指挥，自应视同军人，倘有犯罪行为，应归军法审判，院解字第三一四二号解释，与此情形不同，毋庸予以变更。特电复请查照。司法院卯勘印

**附原代电**

司法院赐鉴，查交通部交通警察总局所属各交通警察总队官兵，大院三十五年七月十七日院解字第三一四二号解释，不能视同军人，其刑事案件，自应由法院管辖，惟查该总队系就国军改编，现分布全国各交通线，担负警备护路任务，奉令仍由交部监督指挥，所有经理人事编制训练，悉与正规军同一办理，其性质实合于军《刑法》第六条第三款之规定，重以各交通线路时遭匪徒破坏，情况至为复杂，本部现已在交通警察总局设立军法处，专司审判该局职员及所属各队官兵犯罪案件，拟请大院顾念环境需要，迅赐变更上开解释，将交通警察总局所属官兵，一律视同军人，仍希示复为祷。国防部吕捕丑虞印

**院解字第三四五七号**

**三十六年四月二十八日**

陕西省保安司令部鉴上年保法核平亥世代电悉。所请解释一案，兹经本院统一解释法令会议议决，原代电所述情形，丁戊己除成立共同抢劫罪外，并成立共同持有鸦片罪，应依《刑法》第五十五条处断。但关于持有鸦片部分，须注意罪犯赦免减刑令甲项之适用。特电复请查照。司法院卯勘印

**附原代电**

南京司法院钧鉴，兹有甲、乙、丙共同运输鸦片五十余两，行经某地，借宿丁家，丁将私枪一枝借给戊己，并嘱预伏甲、乙、丙次日必经之路旁，将其鸦片全数劫去。丁戊己明知为鸦片，而结伙持械抢劫，除成立共同抢劫罪外，关于鸦片部份，应如何处断，请赐予解释为祷。陕西省保安司令部保法核平亥世印

**院解字第三四五八号**

**三十六年四月二十八日**

甘肃高等法院叶院长览，本年一月三十日代电悉。所请解释一案，业经本院统一解释

法令会议议决,刑事被告经第一审谕知无罪,于第二审上诉进行中,奉令大赦,其被诉罪刑系在赦免之列。该第二审法院应依《刑事诉讼法》第二百九十四条第三款,径为免诉之判决。合电知照。司法院卯勘印

**附原代电**

司法院院长居钧鉴,设有刑事被告经第一审谕知无罪,他造当事人不服上诉,第二审进行中奉令大赦,被告被诉罪刑系在赦免之列,于此场合,上诉审法院是否仍依通常程序传审后为实体上之裁判,抑依《刑事诉讼法》第二百九十四条第三款规定径为免诉之判决。事关适用法律疑义,理合电请速赐解释,俾资遵循,实为公便。署甘肃高等法院院长叶在畤卯陷印

**院解字第三四五九号**

**三十六年四月二十九日**

安徽省宿县临时参议会等本年丑灰代电悉。所请解释一案,兹经本院统一解释法令会议议决,检察官接到人民或团体告发汉奸之文件,既在政府明令限期之后,自可不予置议,但不影响国家之追诉权。电复查照。司法院卯赚印

**附原代电**

南京司法院钧鉴,本会等于上年十二月三十一日,向安徽高等法院第一分院,检举本县附敌之首要奸伪人员,以张国法,而伸民怨,顷准该院子感电复谓,接文日期系一月二日,已逾检举时效等语。查政府停止检举奸逆日期,仅据报载国防最高委员会之决议案,本县至元月五日后始接获正式明令,若照奉令之日起遵办,则本会等之检举应属有效,若以发文之日起为有效,则本会等检举发文之日为三十五年十二月三十一日,亦不应拒不受理,为特联衔电恳鉴核,对于检举有效日期及本会等此次检举是否有效,赐予解释为祷。安徽省宿县临时参议会县党部青年团教育会商会农会总工会妇女会省立中学县立中学丑灰叩

**院解字第三四六〇号**

**三十六年四月二十九日**

**令浙江高等法院院长郑文礼**

三十六年二月十二日呈一件,为据浙江高等法院第一分院呈请解释甲与媳乙同财共居丙对乙以恐吓手段取得法币甲可否对丙提起自诉疑义,转请解释示遵由。

呈悉,业经本院统一解释法令会议议决,甲与媳乙同财共居丙对于乙以恐吓手段取得法币,如乙所交付者并非己之私财,而为与甲所共有,甲即不能谓非因犯罪而直接被害之人,自可对丙提起自诉。仰即转饬知照。此令

**附原呈**

案据浙江高等法院第一分院呈称,设有翁某甲与媳某乙同财共居,某丙对某乙以恐吓手段取得法币壹万元,某甲可否对某丙提起自诉,计有下列二说。(子)说谓被恐吓取去之

壹万元,某甲既有共有关系,自系被害人,可以提起自诉。(丑)说谓本件犯罪行为系属恐吓,因其犯罪行为而直接被害之人既系某乙,则某甲纵因犯罪之结果间接受有财产损害,然究非直接被害人,自属不得提起自诉,以上两说未知孰是等情。据此,事关法律疑义,理合备文呈请,仰祈钧院俯赐释示,以便饬遵。

**院解字第三四六一号**

**三十六年四月二十九日**

湖南高等法院余院长览,子艳代电悉。所请解释一案,业经本院统一解释法令会议议决,邮政代办人于经收之挂号信件私行拆开,取出封内汇票,伪造收款人署押并铺保戳记,持向另一邮局冒领款项,自系成立《刑法》第三百一十五条(参照邮政法第四十一条)第三百二十条第一项(参照邮政法第四十四条前段规定)第二百一十七条第一项《惩治贪污条例》第三条第五款之罪,应依《刑法》第五十五条后段,从一重处断。合电知照。司法院卯艳印

**原代电**

南京司法院院长居钧鉴,兹有邮政代办人某甲,于经收之挂号信件私行拆开,取出封内汇票,伪造收款人署押并铺保戳记,持向另一邮务局冒领款项,应成何项罪名,有甲乙两说。甲说谓信件之汇票属于发信人所有,某甲应成立《刑法》上之妨害秘密罪、窃盗罪、伪造印章罪及诈欺罪,适用牵连犯之例,从一重处断。因其窃取之汇票非公有财物,冒领款项时系以收款人名义,与其身份无关,不涉及触犯《惩治贪污条例》问题。乙说谓《惩治贪污条例》第三条第六款规定之对于主管之事务直接图利,系就公务员本诸身分职务而图利者皆属之,前述情形即与该条款罪质相当,应适用该条款处断,不另成立《刑法》上规定各项罪名。两说未知孰是,事关法律疑问,敬恳赐予解释祇遵。代理湖南高等法院院长余觉叩子艳印

**院解字第三四六二号**

**三十六年四月三十日**

**令山东高等法院首席检察官刘世卿**

据山东高等法院第二分院首席检察官朱巍然本年子元代电,以《复员后办理刑事诉讼补充条例》第八条第三项适用疑义,电请解释示遵等情。据此,业经本院统一解释法令会议议决,《复员后办理刑事诉讼补充条例》第八条第一项之案件,既有明文规定,处理时不适用《特种刑事案件诉讼条例》,如原系属或曾系属于第二审法院,而由第二审检察官重行侦查起诉者,倘当事人不服第二审法院判决,自可依通常上诉程序办理。合行令仰转饬知照。此令

**附原代电**

司法院院长居钧鉴,查《复员后办理刑事诉讼补充条例》第八条第三项规定,"《特种刑事案件诉讼条例》于第一项案件之处理不适用之",适用上分为两说。(甲)说伪组织时期并

无类似《特种刑事案件诉讼条例》之法令,故伪法院办理贪污盗匪烟毒等案件,系依通常程序办理,不服一审判决者上诉于第二审法院,惟伪法院所为诉讼行为既属根本无效,则系属或曾系属伪第二审法院之案件须重行侦查者,即应发交该管地方法院检察官侦查法办,《复员后办理刑事诉讼补充条例》第八条第三项,系规定处理特种刑事案件时不适用同条例第九条至第十六条规定之程序而言,故虽系属或曾系属伪第二审法院之案件,亦难依同条例第十条第一项后段由第二审检察官侦查处分,否则第二审法院如就程序上宣告不受理,或非处死刑、无期徒刑应依职权呈送最高法院覆判之件,遇有当事人不服,既系特种刑事案件,不适用通常上诉程序,又不能送请最高法院覆判,即无救济之途。(乙)说《复员后办理刑事诉讼补充条例》第八条第一项之案件,既规定处理时不适用《特种刑事案件诉讼条例》,如原系属或曾系属第二审,即应由第二审检察官重行侦查,对于第二审判决,可依通常上诉程序办理。本院现有此类案件亟待解决,事关法律疑义,理合电请鉴核解释示遵。山东高等法院第二分院首席检察官朱巍然叩子元

**院解字第三四六三号**

**民国三十六年四月三十日**

案准贵院本年二月六日从捌字第三八一六号咨,以据江西省政府呈转请核示《公务员惩戒法》第三条第一项第三款适用疑义,咨请解释见复等由,准此,兹经本院统一解释法令会议议决,《公务员惩戒法》第三条所称减俸,自不包括生活补助费在内,惟就原俸照加之成数减俸后,自应照减。相应咨复查照饬知。此咨行政院

**附行政院原咨**

据江西省政府本年一月十五日秘法字第三七号呈称,案据彭泽县长朱思源呈,为查《公务员惩戒法》第二章惩戒处分第三项减俸一点,关于生活补助费及加成数,应否照减,无明文规定,似有疑义,请核示等情。查事关法令适用疑义,理合备文呈请钧院鉴核示遵等情。据此,案关适用法律疑义,相应咨请查照解释见复,以便饬遵为荷。

**院解字第三四六四号**

**民国三十六年五月一日**

国防部鉴,本年吕捕丑元代电悉,台湾省警备总司令部所请解释一案,兹经本院统一解释法令会议议决,台湾人民于中华民国三十四年八月十五日以后、同年九月二日以前,有阴谋台湾独立之行为,依《战争罪犯审判条例》第二条第四款、第四条、第六条、第十二条、第十四条各规定,应成立《刑法》第一百条第二项之罪,并应认为战争罪犯由国防部所属之审判战犯军事法庭管辖。特电复请查照饬知。司法院辰先印

**附国防部原代电**

司法院赐鉴,案据台湾省警备总司令部(三五)总庭字第一六三一二号代电开,查人民

隐匿或购买敌伪物资之犯罪，究系自三十四年八月十五日敌接受波茨坦宣言之日起，抑系于接受日寇全部投降，或系各就各地接受日敌投降之日为始，业经司法院三十五年十月七日院解字第三二五〇号解释，应自日敌接受波茨坦宣言之日起。申言之，即三十四年八月十五日以后，凡人民有隐匿或购买敌伪物资，无论日寇已否全部投降，均应受法律之制裁。惟前奉钧部(三五)戌感法战字第五一四九号代电指示，在日本政府未正式向盟国签降以前，所有物资仍属日本政府所有。推原电之意，则人民在日敌接受波茨坦宣言起至正式答降之日止，其间纵有上述行为，尚不成立犯罪，两者不无抵触。物资如此，国土当亦类。是台湾依波茨坦宣言应归还我国，设台湾人民于三十四年八月十五日以后、九月二日以前，有阴谋台湾独立之行为，若参照司法院前项解释，其时台湾即可认为已属我国领土，显足构成《刑法》上之阴谋破坏国体。窃据国土之内乱罪，然细释钧部感电意旨，则当时日敌并未签降，台湾尚隶日本版图，其行为自不为罪，究以何者为当？又倘其内乱罪可以成立，则在三十四年八月十五日至九月二日之间，台湾是否仍认为如《战争罪犯审判条例》第二条第四款所谓作战或敌对行为之期间列为战犯，由本部军事法庭审办，抑应依普通刑事诉讼程序，移送台湾高等法院管辖，深滋疑义，理合电请察核示遵等情。事关解释法令，谨电请迅赐解释见复，以凭饬遵为祷。国防部吕捕丑元印

**院解字第三四六五号**

**民国三十六年五月二日**

甘肃高等法院詹首席检察官览，上年十二月十三日代电悉，甘肃高等法院第一分院首席检察官所请解释一案，业经本院统一解释法令会议议决，来文所述情形，乙、丙等未依《矿业法》取得矿业权，私自采矿，应负《矿业法》上之刑责。合电转饬知照。司法院辰冬印

**附甘肃高等法院首席检察官原代电**

南京司法院院长居钧鉴，案据本院第一分院首席检察官呈称，为呈请核转事，查《矿业法》第一条及第一〇八条，中国领域内之矿均为国有，非依本法取得矿业权，不得探采，私自采矿者应负刑责云云。申言之，纵依其他法令或因特别情形，如收矿产税或体恤民生，经公家承认自由采矿，究非依本法取得矿业权，不得采矿。而采矿即谓之私，上述规定颇为严格。例如某甲请采煤矿，层转主管部核准，发给采矿执照，载明矿区范围，已依本法取得矿业权，固无疑义。而某乙、某丙等在该矿区范围内采煤多年，最近亦纳煤税，某甲呈请设权时，乙、丙等反对，曾控省府经省府指示办法，迄未遵行，始终未领执照，未依本法取得矿业权，亦无疑义。现时发生争执，乙、丙等是否私自采矿，应负刑责，分下列两说。子说，《矿业法》既明白规定，非依本法取得矿业权不得探采，乙、丙等虽采煤多年，既未依本法领取执照，即未取得矿业权，究属私自采矿。至于缴纳煤税与矿业权无涉，当然应负《矿业法》上之刑责。丑说，《矿业法》施行后，如欲采矿，必须领取执照。乙、丙等所采煤矿已经多年，推求采矿之原始，远在前明万历年间，未领采矿执照，不过手续欠缺，所采之煤又于公家纳税，与

私自开采之情形微有不同,应审核有无权,源依民事解决,未便令负刑责。以上二说,未知孰是,现有此类案件,理合具文呈请鉴核示遵谨呈等情。据此,事关法律疑义,理合电请解释示遵。署甘肃高等法院首席检察官詹世铭叩阮印

**院解字第三四六六号**

**民国三十六年五月五日**

案准贵院上年十二月四日节京捌字第二一九九七号咨,以据内政部呈转请解释,违警罚法第五十条以日计算疑义,咨请解释见复等由,准此,兹经本院统一解释法令会议议决,来文关于处罚拘留一日之事例,其所称入所时间为八月四日午夜一时,如系指八月五日午前一时者而言,自以八月五日为其入所之日,依违警罚法第五十条规定,当于翌日即同月六日午前释放之。所谓午前,自系指午前零时至正午十二时而言。相应咨复查照饬知。此咨行政院

**附行政院原咨**

据内政部本年十一月二十一日安国字第三〇三〇号呈称,案据浙江省民政厅转,据宁波警察局本年九月九日警法字第六一一号呈称,以查违警罚法第五条及五十条关于拘留违警人时间之计算,其以时计或二日以上者,固可依照条文规定办理,不生疑问。但处罚拘留为一日时,例如入所时间为八月四日午夜一时,则其入所之日应属于八月四日,抑八月五日?于此发生下列疑问。甲说,依普通习惯一日指一昼夜而言,则应属八月四日,依违警罚法第五十条以日计者,于期满之翌日午前释放之规定,此违警人应于八月五日午前释放。寻绎"午前"两字,再照普通办公时间释放,违警人自以上午八时至十时为适当。是以此违警人应于午前八时至十时释放出所,虽仅拘留九小时,似觉失之过轻,但与同法第五条其初日不计时刻以一日论之本旨并不违背。乙说,照交通机关所用之时刻,系于午夜一时算起,则应属于八月五日。依同法第五十条后段规定,须至八月六日午前释放。若照甲所述于午前八时至十时之时间内释放,是此违警人名为拘留一日,实际则竟达三十小时以上,自属不合。但于六日午前一时释放既未超过二十四小时,且合于翌日午前之规定。以上二说,似甲说较合法理人情。若乙说,则释放违警人时在深夜,流弊滋多。究以何说为是,事关法令解释,理合备文呈请鉴赐释示,俾资遵循,实为公便等情。据查被处拘留一日之违警人犯,其入所时间如为午前一时,则其释放时间为次日午前。惟所称午前包括午前零时至正午十二时止,如依普通释放违警人犯之习惯,在天明后或办公时间释放,则被处拘留一日之违警人,其实际拘留时间必在二十四小时以上,不无侵害自由之嫌。如在午前零时释放,固属符合法律规定,然时值深夜,又所不便。此种案件,究应如何处理,事关法令解释,理合据情转请鉴赐释示只遵等情。事关法律解释,理合备文呈请鉴核,转送司法院解释通行实为公便等情。据此,案关适用法律疑义,相应咨请查照解释见复,以便饬遵为荷。

院解字第三四六七号

民国三十六年五月五日

案准贵院本年二月五日从捌字第三七零五号咨,以准本年一月三十日院解字第三三三六号咨,复原请解释案内关于沦陷区伪保甲长之行为,是否视同伪组织或其所属机关团体之行为,及其是否适用《惩治汉奸条例》第十五条规定各疑义,仍请解释见复,以凭饬遵等由。准此,兹经本院统一解释法令会议议决,沦陷区伪保甲长强迫人民出卖土地之行为,即系凭借敌伪势力不利于人民之行为,其未依《惩治汉奸条例》判罪者,仍有同条例第十五条之适用。相应咨复查照饬知。此咨行政院

附行政院原咨

贵院本年一月三十日院解字第三三三六号咨诵悉,查沦陷区伪保甲长之行为,是否视同伪组织或其所属机关团体之行为?又伪保甲长是否适用《惩治汉奸条例》第十五条之规定,仍请查照迅予解释见复,以凭饬遵为荷。

院解字第三四六八号

民国三十六年五月六日

广东省地方公务员惩戒委员会史委员长览,上年亥梗惩代电悉所请解释一案,业经本院统一解释法令会议议决,原机关派代尚未正式任命之人员违法伪造学历证件,自足为公务员惩戒之原因。合电知照。司法院辰鱼印

附广东省地方公务员惩戒委员会原代电

南京司法院院长居钧鉴,案准广东省政府电送张采文、王深办、曾德仁、厉佩雯、李冠南、刘华胜等伪造学历证件,请分别依法惩戒等由。查该员等均系由原机关先行派代,并未正式任命,所提伪造之证件系属其本人之资格证明文件,并非其职务上制作之证件,是否属于公务员惩戒事件?理合电请核示。广东省地方公务员惩戒委员会委员长史延程亥梗惩印

院解字第三四六九号

民国三十六年五月六日

江苏省政府览,上年(三五)府民一寅佳代电悉,江苏省公私产权清理委员会所请解释一案,兹经本院统一解释法令会议议决,原代电所述各节,业经定有《收复区私有土地上敌伪建筑物处理办法》,应分别情形依照办理。合电转饬知照。司法院辰鱼印

附江苏省政府原代电

重庆国民政府司法院钧鉴,案据本省公私产权清理委员会呈称,查抗战期内公私产业被敌伪非法强占,尤以私有建筑物部份从而添建改造之情形不一致,接收敌伪产业机关与

所有权人间发生争议者甚多。本会先后据徐州市政府,暨江都无锡等县公私产权清理委员会,请求核示前来,经提出第三次委员会决议并案签请省府,转请司法院解释纪录在案,综括要点有四。(一)敌伪强占私有建筑物后,就原建筑物加以添建有为建筑物之一部者,有为其主要成分者,有非其主要成分者,孰为私有,孰为敌伪添建,固可识别。然在不可分割情形之下,若由所有权人及接收敌伪产业机关分别领回,及接收于管理处分上,将发生种种困难。设归一方领管于他方之权利,复有妨碍,应适用何项法令处理,实滋疑问。(二)敌伪将强占私有建筑物全部毁灭,另建新建筑物,或拆卸原建筑物,彻底加以改造,其材料旧存新增混而为一,所有权人与敌伪之资产不能截然划分,以致所有权人主张旧建筑物系毁于敌伪,而新建筑者自应归其所有,以资补偿。接收敌伪产业机关则认为,旧有者既经拆毁原所有权即因之丧失,敌伪重行建筑者即为敌伪之产业。各执一端,发生异议,应以何说为是,法无明文,难以臆断。(三)敌伪将强占甲乙各私有之建筑物拆卸后,集中材料于甲地或乙地,甚至移于丙地之上,另行建筑接收敌伪产业机关。根据上项理由加以接收,甲乙丙又各主张所有权,请求发还,更起争端,应照何项法令办理,亦属无从依据。(四)敌伪强占私有土地自行砌造建筑物于其上,该项建筑物纯为敌伪产业,应归接收敌伪产业机关接管,本无疑义。惟土地所有人出而主张,敌伪使用其土地,系属强占已蒙损害,应请排除以保权利,则该建筑物在经济效用上尤难移动,其与土地所有人之权利冲突,应依照何项法条办理,以解纠纷而昭平允?综上所述,事关适用法律疑义,谨签请鉴核准电司法院解释,以资遵循等情。理合转请迅赐解释,俾便遵循。江苏省政府主席王懋功委员兼秘书长陈言代行叩(三五)府民一寅(佳)印

**院解字第三四七〇号**

**三十六年五月六日**

案准贵部本年一月十三日人字第零零一八号公函,以公务员受停止任用处分执行起算日期疑义,函请解释见复等由。准此,兹经本院统一解释法令会议议决,公务员因案被付惩戒,经议决免职并停止任用者,其停止任用之期间,应自执行处分之日起算,不能以该公务员在被议决处分前有停止职务之事实,予以扣抵。相应函复查照。此致内政部

**附内政部原函**

准铨叙部三十五年十二月二十一日甄资字第二七二五号函,为本部户政督导专员冷天烈前在四川潼南县长任内因庸儒贪污案,经中央公务员惩戒委员会决议,免职并停止任用一年请依法执行等由,经将该冷天烈一员免去现职,并函请铨叙部查照各在案。兹据该员三十六年一月一日签称,案奉令为铨叙部三十五年十二月二十一日甄资字第二七二五号函,为职前在潼南县长任内曾经中央公务员惩戒委员会决议,免职并停止任用一年有案,应依法执行等因,奉此。谨将本案处分经过并就法理事实申辩理由如次:一、经过情形窃职三十年在潼南县长任内粮食部派田督粮委员,见龙来县督催粮食,因旅费不敷,向潼南粮监会

主任委员杨鹭栖及粮政科长李懋一借款,监会未能如数允许,遂嗾使地方哥老流痞捏名捏词控告,职奉四川省政府令,当将该主任委员及粮政科长解送遂宁专署法办在案。田亦受粮食部撤职处分,职奉四川省政府令,以用人失慎免职,原案既非庸懦,亦非贪污,原公函案由照控词抄录,因恐真象不明,关系个人名誉,谨此陈明。二、申辩理由:(1)一事不能受二重处分。职于三十一年三月奉四川省政府训令,免潼南县长职,三十二年三月始任粮食部专员,事实上已径令停职一年。停职期间,证明书已径呈铨叙部。纵中央公务员惩戒委员会系于三十二年五月十八日议决免职,并停止任用一年,在四川省政府免职之后,但同一案件、同一处分、同一政府公文到达,自应依法扣抵,以免二重处分,而昭公允。如在惩委会决议之后始生效力,则川省府之免职处分又将置于何处乎?(2)《公务员惩戒处分执行法》第一条,所载公务员惩戒处分,自公文到达之翌日执行,并非谓省府已执行之同案免职处分不能抵扣,自应依照法令规定办理。(3)院解字第三三〇七号解释谓,惩戒处分之执行应自公文到达之翌日发生,并非公文到达之翌日起算,其解释仍有陈述之必要。夫所谓免职者,免在案内发生之现职也。故停止任用,应自省府实行免职之翌日起算,并非停其已逾停止任用期间,再任其他之公职也。倘如院解字第三三〇七号解释,如有人于奉到公文到达后,已逾停止任用期间五年、十年以后,再任其他公职,亦将从而停之乎,于法似欠适当。况抗战胜利后,主席迭颁赦令,对于重大罪犯亦在赦免之列,何况对于抗战努力从公之公务人员之停职处分乎?基于以上理由,理合呈请钧座俯予分别转咨司法院,并请铨叙部将前径呈之停职期内未任公职之证明文件,川省府三十一年三月免职令及粮食部三十二年三月委令各一件,赐转司法院鉴核,准自省府免职之日起算,实为公感等情。该员申辩理由,除函请铨叙部查照外,相应函请查照迅赐释复为荷。敬致司法院

**院解字第三四七一号**

**民国三十六年五月八日**

湖南高等法院余院长览,本年丑晋代电悉,湖南高等法院第一分院所请解释一案,业经本院统一解释法令会议议决,《战时交通器材防护条例》第十二条前段所定,窃盗电信杆线或铁路器材者,处刑为七年以上有期徒刑。如在中华民国三十五年十二月三十一日以前犯之者,自应依罪犯赦免减刑令甲项规定,予以赦免。同条后段,其情节重大者,处死刑或无期徒刑,如犯后段之罪在三十五年十二月三十一日以前,仅应援用罪犯赦免减刑令丙项及《罪犯减刑办法》减刑,并不与犯《刑法》第二百七十一条第一项及《惩治盗匪条例》第四条之罪有何抵触。合电转饬知照。司法院辰齐印

**附湖南高等法院原代电**

南京司法院院长居钧鉴,案据本院第一分院院长朱道融本年二月支代电称,查《战时交通器材防护条例》第十二条,窃盗电信杆线或铁路器材者,处七年以上有期徒刑,其情节重大者,处死刑或无期徒刑。设有原审依该条判处七年以上之人犯,遵照国民政府三十六年

一月一日颁布罪犯赦免减刑令,应否赦免或减刑,分甲乙两说。甲谓前开罪犯赦免减刑案四项甲载,犯罪在中华民国三十五年十二月三十一日以前之最重本刑,为有期徒刑以下之刑者,均赦免之,自可赦免。乙谓前开条例第十二条,其情节重大者,处死刑或无期徒刑,是最重本刑仍为无期徒刑以上之刑。依前开罪犯赦免减刑案四项丙载,除乙项各罪外,犯罪在中华民国三十五年十二月三十一日以前,其最重本刑为无期徒刑以上之刑者,依下列标准减刑之规定,仅可减刑,庶与《刑法》第二百七十一条第一项载,杀人者处死刑无期徒刑或十年以上有期徒刑,《惩治盗匪条例》第四条载,有下列行为之一者,处死刑、无期徒刑或十年以上有期徒刑。各案件其情节轻微,判处有期徒刑之罪犯,予以减刑之意旨相符合。以上两说孰是,理合电请核示祇遵等情到院。查《战时交通器材防护条例》第十二条既有上下段之法定本刑之区别。其合乎上段者,自在大赦令甲项范围而予以赦免,其合乎下段者,依大赦令丙项规定减刑。惟事关适用法律疑义,本院未敢擅专,理合据情转恳钧院鉴核示遵。代理湖南高等法院院长余觉卯丑朞印

**院解字第三四七二号**

**民国三十六年五月十六日**

案准贵院三十五年十二月九日节京捌字第二二七五八号咨,以据司法行政部呈,转请解释河南人民自卫团等官兵,是否视同军人等情,抄同原呈,咨请查核见复等由。准此,兹经本院统一解释法令会议议决,人民或民众自卫团队官兵,除原有军人身份外,不能视同军人,其犯罪应由普通法院审判。相应咨复查照饬知。此咨行政院

**附行政院原咨**

据司法行政部本年十二月二日呈,请解释河南人民自卫团等官兵是否视同军人等情。案关适用法律疑义,相应抄同原呈,咨请查核见复,以便饬遵为荷。此咨司法院

**院解字第三四七三号**

**民国三十六年五月十六日**

呈悉,业经本院统一解释法令会议议决,田赋粮食管理处会同非兼理司法之县政府将亏欠赋谷之员司及保证人逮捕拘禁时,该员司等本人或其亲属自得依提审法第一条之规定,向法院声请提审。仰即转饬知照。此令

**附湖南高等法院原呈**

案查前据衡山地方法院三十五年戌梗代电称,案准衡山田赋粮食管理处本年十一月十九日公函,为前奉湖南省政府颁发《清追各县田粮处历年亏挪侵蚀赋谷办法》饬切实遵照等因,当以上项办法对于各亏欠员司及保证人抗延不缴,及拍卖财产抵偿等规定尚有疑义,经呈奉湖南田粮管理处第一〇〇八八号代电开,查员司亏欠赋谷不缴,应由该处会同县府票拘本人,或其他保证人解由县府押追(余略)等因,函请本院查照协助等由,准此。查追欠赋

谷系行政行为而行政上之强制执行，只有代执行与执行罚两种，倘各亏欠赋谷之员司及保证人于被田管处会同县府逮捕拘禁时，依提审法第一条之规定，向法院声请提审。法院对此项案件，应否认为该执行机关，系非法逮捕拘禁之处，不无疑义。准函前由，理合电请钧院鉴核示遵等因，业经本院电请湖南省政府检送该项办法。惟事关适用法律疑义，未敢擅专，理合抄同《湖南田赋粮食管理处清追各县田粮处历年亏挪侵蚀赋谷办法》一份，具文呈请钧院鉴核饬遵。谨呈司法院院长居

**院解字第三四七四号**

**民国三十六年五月十七日**

四川高等法院苏院长览，上年子支代电悉，内江地方法院所请解释一案，业经本院统一解释法令会议议决，甲告诉乙犯伪造文书等罪，经检察官认有诬告嫌疑，将其羁押，甲乃提起自诉，同时检察官亦以甲犯诬告罪提起公诉，该自诉部分经判处乙之罪刑后，无论已否确定，法院对于公诉部分，如认甲成立诬告罪，仍应依法判决，初无停止审判之余地。至乙受有罪之判决确定后，如合于《刑事诉讼法》第四百十三条第一项第三款之情形，自得声请再审。合电转饬知照。司法院辰筱印

**附四川高等法院原代电**

巴县歇马乡司法院院长居钧鉴，案据内江地方法院院长谢鸿恩三十四年十二月十一日刑乙字第二〇八三号呈称，兹有法律疑义一则，甲向检察官告诉乙伪造文书与侮辱，经检察官侦讯以甲系诬告，将甲羁押，甲当于刑庭自诉乙伪造与侮辱，请刑庭提卷。刑庭未及提卷，而检察官对甲已依诬告罪检举起诉，因自诉案分与丙股承办，而公诉案分在乙股承办。丙股先办结判乙成立伪造文书与侮辱之罪，而乙股于审讯中认为甲之诬告罪又应成立。然使果成立甲之诬告罪，又与乙之伪造与侮辱罪成立大相冲突，根本于甲、乙两人之罪不能均成立。此种程序未合之案件，不知应用何法以资救济，理合具文呈请钧院予以解释，以凭办理等情到院。查关于此项问题有子丑两说。子说，乙被甲自诉伪造文书与侮辱经判处罪刑，而甲先向检察官告诉，经检察官侦讯，以甲系诬告检举起诉，并于审理中认为甲之诬告罪确应成立。斯时，如乙罪经判决后尚未确定，除乙可自行上诉外，检察官亦可独立上诉。至关于甲之诬告罪应否成立，在乙上诉中，应依《刑事诉讼法》第二百八十条停止审判。如乙罪已判决确定，甲即不能判以诬告罪。丑说，既于审理中认甲应成立诬告罪，虽乙罪已判决确定，仍应对于甲为有罪之判决。因甲判决诬告，适足以证明乙之无罪。乙于甲被判决后，自得依《刑事诉讼法》第四百十三条第一项第三款声请再审，以资救济。事关法律疑义，究应如何办理之处，理合电请钧院电示只遵。四川高等法院院长苏兆祥叩牍子支印

**院解字第三四七五号**

**民国三十六年五月十七日**

湖南高等法院余院长览,本年丑马代电悉,沅陵地方法院所请解释一案,业经本院统一解释法令会议议决,船户与甲商订约运送甲商所受盐务机关委托承运之盐,该船户既非受公务机关委托承办之人,如侵占此项盐斤,除与甲商有共犯关系外,仅应成立《刑法》第三百三十六条第二项之罪。合电转饬知照。司法院辰筱印

**附湖南高等法院原电**

南京司法院院长居钧鉴,案据署沅陵地方法院院长谭延美丑支电称,查船户受盐务机关委托承运官盐,如有侵占情事,依照《惩治贪污条例》第一条第一项之规定,及司法院三十四年十一月六日院解字第三零零八号解释,应依《惩治贪污条例》第三条第二款处断,固无疑义。但船户系与甲商订约运送甲商所受盐务机关委托承运之盐,运交某盐务机关,是该船户显未受公务机关之委托。如该船户侵占该盐,甲商并不知情,该船户究应依《惩治贪污条例》第三条第二款处断,抑应论以《刑法》上侵占业务上持有物之罪,与现颁大赦令各项规定关系至为重要,亟待解决,特恳电示只遵等情到院。查某船户系与甲商订约运送甲商所受盐务机关委托承运之盐,是该船户并未受公务机关之委托。如侵占盐斤,只能按《刑法》业务上侵占论处。惟事关法律疑义,本院未敢擅专,理合据情转恳钧院鉴核示遵。湖南高等法院院长余觉叩丑马印

**院解字第三四七六号**

**三十六年五月十九日**

山东高等法院刘首席检察官览,上年亥铣代电悉。所请解释一案,业经本院统一解释法令会议议决,未经通缉之汉奸,在未拘捕获案前死亡,而罪证确实者,依《修正惩治汉奸条例》第八条第二项之规定,得声请单独宣告没收其财产之全部。合电知照。司法院辰皓印

**附原代电**

南京司法院院长居钧鉴,查凡触犯《惩治汉奸条例》第二条第一项之罪嫌,经移送或起诉,而于裁判前羁押中死亡者,如果罪证确实,虽未经通缉,仍得依该条例第八条第二项规定,单独宣告没收其财产之全部,业经钧院于本年十月十一日以解字第三二五八号著有解释,自当遵循,毫无疑义。惟犯该条例第二条第一项之汉奸罪者,其罪证虽极确凿,亦未经通缉,如在未经拘捕获案前即已死亡,其全部财产能否依该条例第八条第二项规定,单独声请专科没收,施行之际,不无疑义,理合电请钧院迅赐解释,俾有遵循。山东高等法院首席检察官刘世卿叩亥铣印

**院解字第三四七七号**

**三十六年五月十九日**

江苏高等法院韩首席检察官览，上年戌虞阳代电悉。所请解释一案，业经本院统一解释法令会议议决，未经通缉之汉奸，在裁判前死亡，而罪证确实者，依修正《惩治汉奸条例》第八条第二项规定，得单独宣告没收其财产之全部。此项单独宣告没收财产，得由检察官声请之。合电知照。司法院辰皓印

**附原代电**

司法院院长居钧鉴，查犯汉奸罪经通缉而罪证确凿者，虽在裁判前死亡，其财产仍得单独宣告没收，业奉钧院解释有案。惟查是项案件，如被告死亡前未经通缉，而罪证确实者，其财产是否亦可单独宣告没收。又单独宣告没收财产，是否由检察官声请法院裁定，均不无疑义，理合电请钧长解释示遵。江苏高等法院首席检察官韩焘叩戌虞阳印

**院解字第三四七八号**

**三十六年五月三十日**

江苏高等法院韩首席检察官览，本年丑贺代电悉。所请解释一案，业经本院统一解释法令会议议决，(一)犯汉奸罪，如果罪证确实，虽未经通缉，又未获案，而已死亡者，依最近修正《惩治汉奸条例》第八条第二三两项规定，其财产仍得由有权侦讯之机关分别报请行政院或中央最高军事机关核准先行查封。其已查封者，并得声请有权裁判之机关单独宣告没收。(二)在逃汉奸起诉后避不到案，其已查封之财产，得依《刑事诉讼法》第一百四十一条办理，如其罪证确实，并得依《惩治汉奸条例》第八条第二项，单独宣告没收。合电知照。司法院辰三十印

**附原电**

司法院院长居钧鉴，查汉奸人犯经通缉而罪证确实，在裁判前死亡者，依《惩治汉奸条例》第八条第二项规定，得单独宣告没收其财产。又犯该条例第二条第一项之罪，经移送或起诉之汉奸，在裁判前羁押中死亡者，如果罪证确实，虽未经通缉，其财产亦得单独宣告没收，业经钧院解释有案(院解字三二〇一号及三二五八号)。惟被控汉奸嫌疑，在侦查中经查明罪证确实，但未经通缉有案，而该被告又已死亡，甚至其死亡日期尚在受理该案以前，依《刑事诉讼法》第二百三十一条第六款，该被告自应不予起诉，惟其财产能否查封。如已查封，能否声请刑庭单独宣告没收。又关于在逃汉奸，其财产业经依法查封，但经检察官依《刑事诉讼法》第二百三十条第二项起诉后，被告仍避不到案，不能判决，而已查封之财产，为时过久，难免有散失之虞，能否由检察官声请刑庭单独为没收之宣告。以上两点，均不无疑义，理合电请迅赐解释，指令祇遵。江苏高等法院首席检察官韩焘叩丑帑印

**院解字第三四七九号**

**三十六年五月三十日**

内政部鉴据本院秘书处签呈,以准内政部代电,为准广东省政府代电,请核示参议员被判处徒刑而未褫夺公权者,于执行徒刑期间,可否撤销其当选资格,由候补当选人递补疑义,电请提请解释见复等由,签请鉴核等情。据此,兹经本院统一解释法令会议议决,参议员当选后被判徒刑而未褫夺公权者,不得撤销其当选资格,但县市参议员因受徒刑之执行,而于一会期内均未出席者,依《县参议会组织暂行条例》第九条、《市参议会组织条例》第八条之规定,视为辞职(参照院解字第三四〇一号解释)。电请查照转知。司法院辰三十印

**附原代电**

司法院秘书处案准广东省政府午全民(二)一五〇八九号代电,以参议员被判处徒刑而未宣布褫夺公权者,在执行徒刑期间,既无法行使其代表民意之职权,为顾全事实计,其参议员之当选资格,似应于其判处徒刑后,予以撤销,以候补递补一案,查参议员当选后被判处徒刑而未褫夺公权者,可否撤销其当选资格,由候补当选人递补,法无明文规定,相应电请查照提请解释,并希见复,以便转知为荷。内政部京民五虞印

**院解字第三四八〇号**

**三十六年五月三十日**

湖北高等法院朱院长览,本年子巧代电悉。枝江地方法院所请解释一案,业经本院统一解释法令会议议决,《公务员交代条例》第十条所谓查封其财产抵偿,无从解为合于强制执行法第四条第六款之规定,院字第一六三〇号解释,亦非谓无执行名义即可声请查封,仍须得有执行名义始得声请法院强制执行(参照院字第二七九三号解释)。至因被告逃亡无从为《惩治贪污条例》第七条之裁判者,应依院解字第二八九八号解释办理。合电转饬知照。司法院辰州印

**附原代电**

司法院院长居钧鉴,据枝江地方法院院长周行斌上年戌铣代电称,窃查《公务员交代条例》第十条规定,因交代不清而逃匿或捏报病故者,除查封其财产抵偿外,并依法惩处之,又司法院院字第〔1630〕号解释略谓,前条所载查封抵偿,系属于拍卖程序云云。据此,则凡因交代不清或亏款潜逃之公务员,不必经过审判程序,径依亏款人员所属之行政官署之声请,即可查封其财产,拍卖抵偿。此项声请,是否属于强制执行法第四条第六款之执行名义。又如贪污罪之被告逃亡,不能进行审判时,关于《惩治贪污条例》第七条第一项之情形,可否依据《公务员交代条例》第十条之规定,径行查封其财产,拍卖抵偿,本院有案持决,理合电请核示祗遵等情。查公务员交代不清而逃匿,是否不经审判即可拍卖其财产抵偿,有无强制执行法第四条第六款执行名义,分甲乙两说。甲说谓有强制执行法第四条第六款执行名

义,其理由谓《公务员交代条例》第十条规定,因交代不清而逃匿或捏报病故者,除查封其财产抵偿外,并应依法惩处之。其中抵偿系指拍卖程序,此观于二十六年二月十六日院字第一六三〇号解释可知。又其中查封财产,非行政官署自为之处分,系行政官署得向管辖法院为此声请之意,亦观于同号之解释可知,更参以院字第二五五一号就欠赋情形对于移请司法机关拍卖抵偿各语,解为系指移请法院为强判执行而言,并对所送确定欠赋数额之公文,解为有同执行法第四条第六款之强制执行名义,勿庸再经起诉程序,则依同一理论,同条例所明载之"查封抵偿"及其所包含得声请法院查封财产之意旨,自亦有同执行法第四条第六款之执行名义。乙说谓无同执行法第四条第六款执行名义,其理由谓《公务员交代条例》第十条后段,有依法惩处,查惩处系行政法上之处分,同条例第十条情形,尚难认有同执行法第四条第六款执行名义。(二)犯《惩治贪污条例》第七条案件,其中所载没收,是否亦不经审判而有强制执行法第四条第六款执行名义,亦分甲乙两说。甲说谓无执行名义,其理由谓同条例第七条条文,既明载有犯本条例之罪者,其所得之财物,除属于公有者应于追缴外,依其情形,分别予以没收或发还被害人。前项财物之全部或全部无法追缴或不能没收时,追征其价额或以其财产抵偿,但其财产价额不及应追征之价额时,应酌留其家属必需之生活费。查该条所谓没收或追征其价额,均系《刑法》上之用语,必须经确定判决以后,始能照判执行,乌得谓各该字样径有执行名义。至其中财产抵偿,不过没收等之代用方法,当亦无执行名义。乙说谓犯贪污案被告逃亡,其中所载没收等,有执行名义,其理由谓同条例第七条第二项中间既有以其财产抵偿,而抵偿二字,又经司法院院字第一六三〇号解释认为系指拍卖程序而言,则犯贪污案之被告逃亡,自可径行查封其财产,而有同执行第四条第六款执行名义。惟事关法律疑义,未敢擅断,理合电请钧院解释,俾便饬遵。湖北高等法院院长朱树声叩子巧印

**院解字第三四八一号**

**三十六年五月三十日**

据本院秘书处签呈,以准内政部公函,为各级政府所设社会服务处之人员,可否当选并兼任参议员,函请查照提请解释见复等由,理合签请鉴核等情。据此,兹经本院统一解释法令会议议决,各级政府所设社会服务处人员,在社会部直辖各社会服务处人员级俸比叙表内所列委任以上者,均为《省县市参议员各选举条例》所称之公务员,依各该条例之规定,不得当选为省县市参议员。至其雇用之服务生等得否当选或兼任省县市参议员,可参照院解字第三四〇〇号解释办理。相应函请查照。此致内政部

**附原公函**

查各级政府所设社会服务处之人员,可否当选并兼任省县市参议员,法无明文规定,相应函请查照提请解释见复为荷。

**院解字第三四八二号**

**三十六年五月三十日**

案准贵院本年三月二日从捌字第七九三五号咨,以据司法行政部转请解释省参议员选举诉讼疑义,咨请解释见复等由。准此,兹经本院统一解释法令会议议决,(一)省参议员选举无效及当选无效之诉讼,除落选人认为应当选者外,依《省参议员选举条例》第二十七条之规定,惟选举人得提起之。至落选人仅于认为应当选时得提起当选无效之诉。(二)在《省参议员选举条例》第二十七条所定期间内,向无管辖权之法院提起同条之诉讼,经受诉法院准用《民事诉讼法》第二十八条之规定,以裁定移送于有管辖权之法院者,依同法第三十一条第一项之规定,固应视为该诉讼自始即系属于受移送之法院,若向法院起诉时已逾期间,则虽在期间内曾向法院以外之官署呈控,仍不能谓未逾期间。(三)《省参议员选举条例》第二十七条所谓落选人,系指认为自己有应当选之票数而被误定为落选者而言。相应咨复查照饬知。此咨行政院

**附原咨**

据司法行政部本年二月二十五日京(三六)呈(叁)字第二四二号呈称,案据广东高等法院本年一月二十九日代电称,查关于省参议员选举诉讼,兹发生下列疑义,(一)《省参议员选举条例》第二十四条及第二十五条之诉讼,何人有起诉权。甲说,确认选举舞弊或确认当选资格不符之诉,惟选举人有诉权,经同条例第二十七条规定,由此类推,则办理选举违法、被选举人资格不符及当选票数不实之诉,亦惟选举人有诉权。又确认应当选之诉(当选诉讼见前大理院民七上字第九六三号判决),依第二十七条规定,惟落选人有诉权。乙说,查三十五年二月五日京训刑字第一二五号部令,有主张选举无效、当选无效提起之诉讼,应由选举人或落选人于各种选举条例规定之期限内,向管辖法院依法提起等示,则落选人与选举人有相当之诉权,而二十七条所称之确认为选举舞弊或当选资格不符及认为应当选等语,并非诉之标的。(二)提起诉讼之期限,为选举结果揭示后七日内,若误向其他官署呈控时尚未逾期,能否认为在期间内起诉。甲说,应认为逾期,参考最高法院二十一年上字第一〇四五号判决。乙说,选举诉讼程序,诉讼人多未明瞭,应宽格解为尚未逾期,参考前大理院民国四年上字第一七九号判决。(三)何谓落选人。甲说,子丑二人竞争当选,而子当选,则丑为落选人。乙说,凡候选人名簿有名,而不当选者,为落选人。如有甲种公职候选人资格,而候选人名簿未记载者,亦非落选人。丙说,认为有应当选之票数而公告落选者,为落选人(依《省参议员选举条例》第二十七条后半段规定,落选人认为应当选者,得提起诉讼,其诉讼系确认应当选之诉,故以认为有应当选之票数而公告落选者为落选人)。以上各点,应以何说为是,理合电呈钧部鉴核,迅赐转请解释,电示祇遵等情到部。事关法律适用疑义,理合呈请鉴核,转送司法院解释,俾便饬遵等情。据此,案关适用法律疑义,相应咨请查照解释见复,以便饬遵为荷。此咨司法院

**院解字第三四八三号**

**三十六年五月三十日**

山东高等法院胡院长览，本年子智代电悉。山东高等法院第二分院所请解释一案，业经本院统一解释法令会议议决，犯汉奸罪罪证确实未经通缉起诉而死亡者，依《修正惩治汉奸条例》第八条第二项，得单独宣告没收。合电转饬知照。司法院辰州印

**附原代电**

司法院院长居钧鉴，案据本院第二分院子鱼代电称，查汉奸案件被告在《惩治汉奸条例》施行之日后，犯该条例第二条第一项之罪而死亡者，如经通缉罪证确实，依司法院三十五年八月三十日院解字第三二零一号解释，固得单独宣告没收其财产，已无疑问。惟虽未经通缉起诉之此种被告，能否单独宣告没收，兹有两种不同见解。一谓必须曾经通缉而罪证确实者，始得没收其财产，否则不得没收。一谓此种被告虽未经通缉，但罪证确实，自不能因未经通缉，享受免予没收之特别利益。两说未知孰是，本院现有此种案件亟待解决，究应如何办理，未便擅专，理合电请解释示遵等情。据此，案关法律疑义，理合据情转请钧院鉴核，俯赐解释示遵，实为公便。山东高等法院院长胡绩叩子智印

**院解字第三四八四号**

**三十六年五月三十一日**

案准贵院本年三月七日从壹字第八二六一号公函，以据内政部呈请解释《县参议会组织条例》第十四条所称“全体参议员”疑义，抄同原呈，函请解释见复等由。准此，兹经本院统一解释法令会议议决，《县参议会组织暂行条例》第十四条所谓全体参议员，系指全县应行选出之参议员总名额而言。相应函复查照饬知。此致行政院

**附原公函**

据内政部呈请解释县参议会组织条例第十四条所称“全体参议员”疑义，相应抄同原呈，函请查照解释见复为荷。

**附原抄呈**

查县参议员选举，按《县参议员选举条例》第六条之规定，虽应同时举行，惟因选举无效当选无效涉讼，须候判决确定后，另期举行重选，或以其他原因未能同时选出者，亦时有之，因之《县参议会组织条例》第十四条所定“县参议会非有全体参议员过半数之出席不得开议”一项，其所称“全体参议员”，究系指全县应选出之参议员总额，抑系指已选出之参议员人数，不无疑义。如所称“全体参议员”系指已选出参议员之人数而言，设有其县应选出之参议员总额为一百人，举行选举结果，因有上列原因，其已选出者仅六十人，则该县参议会成立后，召开大会时，只须有三十一人之出席，即可开议，匪惟不足以代表多数意见，且足使宵小之徒施其操纵之技。为慎重计，本部以为上述条例所称“全体参议员”，应指全县应选

出之参议员总额而言。惟事关法规统一解释,是否有当,理合呈请钧院转请司法院核复示遵。

**院解字第三四八五号**

**三十六年五月三十一日**

案准贵部公函,为邮局办理简易人寿保险之保单应否贴用印花,函请解释见复等由。准此,兹经本院统一解释法令会议议决,《简易人寿保险法》第三十六条,为对于印花税法之特别规定,同条所列举之凭证,自应免贴印花税票。相应函复查照。此致财政部

**附原公函**

查邮政局办理简易人寿保险,依照三十一年五月二十七日国民政府公布之《简易人寿保险法》第三十六条规定,"简易人寿保险契约及因契约所得之利益并各种文据免除各种税捐",与本年四月十六日国民政府修正公布之印花税法第四条规定,"国营事业及地方公营事业所用之契约主要账簿及凭证均依本法缴纳印花税",及同法税率表第九目保险单之规定,均应贴花,两法互有抵触,究以何法为准,未便擅断,相应函请察照,赐予解释见复为荷。谨致司法院

**院解字第三四八六号**

**三十六年五月三十一日**

案准贵院本年二月十五日从壹字第五一二七号公函,以据内政部呈请解释国家银行董事应否准其兼任各级民意机关代表疑义,函请解释见复等由。准此,兹经本院统一解释法令会议议决,来函所称国家银行,如系依公司法组织之官商合办银行,则其董事不过为私法上公司之机关,不能认为公务员。惟政府所指派之官股董事,受有俸给者,则为公务员服务法第二十四条所称之公营事业机关服务人员,依同法第十四条之规定,不得兼任省县市参议员。相应函复查照饬知。此致行政院

**附原公函**

据内政部呈称,以国家银行经理不得兼任各级民意机关代表,业经贵院解释有案。惟国家银行董事应否准其兼任各级民意机关代表,尚无解释,请核示等情。相应函请查照,迅予解释见复为荷。

**院解字第三四八七号**

**三十六年五月三十一日**

**令代理湖南高等法院院长余觉**

三十五年十一月十九日呈一件,为据湘潭地方法院呈请核示二五减租与《土地法》适用疑义,转请解释示遵由。

呈悉，业经本院统一解释法令会议议决，三十五年四月二十九日《土地法》公布施行后到期之地租，应否减少，当依同法第一百一十条定之。仰即转饬知照。此令

**附原呈**

案据湘潭地方法院本年十月三十一日呈称，案准湘潭县政府函请依照湖南省政府奉颁行政院未冬五电奉主席蒋午沁机牯电实施二五减租共策进行一案，查该项办法标题为湖南省补办三十四年度奉令免赋实施二五减租办法，其第二条之规定，固属明显，惟第三条所载“三十五年度佃农应缴地租，一律遵照前项院令，依照三十四年度实缴租额，减免四分之一”等语。似此规定，则三十五年地租亦在减租之列。现诉讼当事人有根据该办法第三条之规定，请求三十五年均应按照二五减租者，且更有同时请求遵照《土地法》第一百一十条之规定办理者。究竟应否依照《土地法》第一百一十条之规定，按地价百分之八标准减定，抑或仅依二五减租办理。如依二五减租，则三十五年是否应继续减租，颇有疑点，未便准驳，理合备文呈请钧院鉴核，恳予迅赐指示，以资遵循等情。据此，事关法律适用疑义，理合备文呈请钧院察核解释示遵。

**院解字第三四八八号**

**三十六年六月十一日**

空军总司令部鉴，本年丑鱼代电悉。所请解释一案，业经本院统一解释法令会议议决，(一)已见院解字第三四〇九号解释。(二)依战时军律第十条判处军人逃亡罪刑之案件，依罪犯赦免减刑令减刑时，仍照原确定判决裁定减刑。特电覆请查照。司法院巳真印

**附原代电**

司法院公鉴，查《刑法》第二条第三款处罚之裁判确定后，未执行或执行未完毕，而法律有变更不处罚其行为者，免其刑之执行，现战时军律业已明令废止，兹有判处同律第十四条第一项无故擅离配置地之罪，核与《陆海空军刑法》第三十六条之擅离配置地须失误军机者之要件之符，是否因法律变更无处罚明文，而应免其刑之执行，抑因《陆海空军刑法》第九十三条有无故离去职役之规定，尚非无处罚明文，仅能俟减刑办法颁布后减刑，此应请解释者一。又同律第十条之军人逃亡，《陆海空军刑法》仍有处罚规定，但用语不同，现该条既废止不用，如依上开军律判处军人逃亡之罪，办理减刑时，是否仍按原判罪名裁定减刑，此应请解释者二。相应电请迅赐解释见复，以凭办理为荷。

**院解字第三四八九号**

**三十六年六月十一日**

河北高等法院邓院长览，三十五年十二月寝代电悉，北平地方法院所请解释一案，业经本院统一解释法令会议议决，(一)《土地法》第一百条之规定，于施行前未终止契约之不定期租赁，亦适用之。至定期租赁契约，无论其订约系在施行前抑在施行后，均无同条之适

用,院解字第三二三八号解释,应予变更。(二)收回出租之房屋,以供自己营业之使用,亦属《土地法》第一百条第一款所谓收回自住。(三)出租人基于《土地法》第一百条第三款承租人欠租之事由,收回房屋,应依《民法》第四百四十条第一项规定,对于支付租金迟延之承租人,定相当期限催告,其支付承租人于其限内不为支付者,其租赁契约始得终止。至租赁契约成立后,因情事变更,租金额增为若干倍者,同条第三款抵偿租金之担保金,系契约成立时支付者,亦应依同一比例增加之。(四)《土地法》第一百条之规定,非禁止房屋租赁契约之附有解除条件或定有租赁期限,亦不排除《民法》所定解除条件成就或租赁期限届满之效果,出租人某甲与承租人某乙约定,如第三人某丙需用租赁之房屋时,租赁契约当然终止者,应解为附有解除条件成就时,某甲自得收回房屋。至约定承租人某乙死亡时,租赁契约当然终止者,应解为以某乙死亡时为其租赁期限届满之时,期限届满时,某甲亦得收回房屋。合电转饬知照。司法院巳真印

**附原代电**

南京司法院院长钧鉴,据北平地方法院院长吴昱恒呈称,查《土地法》已于本年四月二十九日公布施行,关于其第一百条之适用,发生下列各问题。(一)《土地法》施行前发生之租赁关系,是否一律适用该条之规定。(二)该条第一款所谓自住,或谓仅指自己居住或家属及雇用人居住而言,或谓不仅指上开居住,即自己营业使用,亦包括在内,究以何说为是。(三)该条第三款,承租人积欠租金额,除担保金抵偿外,逾二个月以上时,是否即当然可收回房屋,抑尚须依《民法》第四百四十条,定相当期限,催告承租人支付租金,承租人于其期限内不为支付时,始得终止租约,又于租赁契约成立后,以情事变迁,租金增改为千百倍以上,前开担保金应否仍视为原金额,抑即可视为原金额之千百倍。(四)按法律行为违反强制或禁止之规定者无效,若以该条所列各款以外之情形,例如出租人某甲与承租人某乙约定,如第三人某丙需用租赁之房屋时或承租人某乙死亡时等条款,为终止租约之原因,于该条款成就时,可否据以收回房屋,如某乙拒绝交房,是否即为该条第五款所谓违反租赁契约,以上各点,不无疑义,应如何解决,理合呈请钧院转请解释示遵等情到院。事关适用法律疑义,未便擅拟,理合电请解释示遵。河北高等法院院长邓哲熙寝印

**院解字第三四九〇号**

**三十六年六月十一日**

湖南高等法院余院长览,本年丑庚代电悉。所请解释一案,业经本院统一解释法令会议议决,《刑事诉讼法》第四百十五条第二款所谓轻刑重刑,系指罪名之轻重而言,至情节轻重,乃属于量刑范围,并不包括在内。原确定判决认定某甲仅犯《惩治汉奸条例》第一项第一五两款,事后发见其同时触犯同条项第六、八两款,罪名既属相同,自不得为受判决人之不利益而声请再审。惟此项开始再审之裁定既经确定,原审法院自应受其拘束,合电知照。司法院巳尤印

附原电

南京司法院院长居钧鉴，查《特种刑事案件诉讼条例》第二十八条第一项，有罪之判决确定后，发见确实之新证据者，亦得为受判决人之不利益声请再审云云，原就不利益内容作概括规定，参以修正《刑事诉讼法》第四百十五条第二款，则明示有罪判决之不利益涵义，为轻于相当之刑之判决，发见确实之新证据，足认其有应受重刑判决之犯罪事实。兹有某甲，于日寇作战时供敌谷米，原确定判决认其情节轻微，适用《惩治汉奸条例》第二条第一项第一款第五款第二项论处罪刑，嗣经告发其另有向导敌人肆行掳掠并供给金钱等情节重大之犯罪事实，检察官查得确实新证据，声请再审，究应如何处理，于此有子丑二说。子说谓原确定判决系因其情节轻微而为轻刑判决，既发现情节较重之犯罪事实，自得开始再审。丑说谓轻刑重刑判决即系指罪名之轻重而言，《惩始汉奸条例》第二条第一项各款规定之罪名，轻重并无轩轾，原确定判决认定某甲所犯同条项第一、五两款与事后发见其触犯原条例第六、八两款，罪名既属相同，其声请再审即非合法。二说未知孰是，如以丑说为恰当，而开始再审之裁定已经确定者，又应作如何处置？事关法律疑义，理合电恳鉴核，赐予解释祗遵。代理湖南高等法院院长余觉叩丑庚印

院解字第三四九一号

三十六年六月十一日

令广东高等法院院长史延程

据广东广州地方法院本年一月八日代电，为《土地法》第一百条第一款适用疑义，电请解释示遵等情。据此，兹经本院统一解释法令会议议决，《土地法》第一百条第一款所谓收回自住或重新建筑，系指因正当事由有收回自住或重新建筑之必要者而言，出租人就此固有举证之责任，惟其证明方法并无限制。合行令仰转饬知照。此令

附原代电

司法院院长居钧鉴，查《战时房屋租赁条例》（已废止）第七条第六款规定，房屋必须改建且已领得建筑执照者，出租人始得终止租约。又同条例第十一条第一项规定，租约期满及未定期限者，出租人如因正当事由，有收回自住之必要时，应经该管警察机关或自治团体证明后，于三个月前通知承租人退租，而现行《土地法》第一百条第一款规定，出租人非因收回自住或重新建筑时，不得收回房屋，并无必需建筑必要自住及应经机关证明之规定，因主张收回自住或重新建筑，均系未来事实，其证明方法如何采信，兹有甲乙两说。甲说以收回自住或重新建筑系属主观状态之事由，仅证明有收回自住或重新建筑之事实为已足，不问其是否必要。乙说则谓须证明有收回自住或重新建筑客观上必要之事实，以上两说，未知孰是，理合电请鉴核解释示遵。广东广州地方法院院长霍维四子（齐）民子

**院解字第三四九二号**

**三十六年六月十一日**

**令广东高等法院院长史延程**

据广州地方法院本年寅支代电,为《禁烟罚金充奖规则》第一条适用疑义,电请察核示遵等情。据此,兹经本院统一解释法令会议议决,《禁烟罚金充奖规则》第一条所称因烟毒案件判处没收财产之变价,系仅指依《禁烟禁毒治罪条例》第十八条第一项没收财产之变价而言。合行令仰知照。此令

**附原代电**

司法院院长钧鉴,查《禁烟罚金充奖规则》第一条规定,因烟毒案件判处没收财产之变价,视同禁烟罚金。此类情形,是否专指《禁烟禁毒治罪条例》第十八条没收之财产变价而言,抑连同《刑法》第三十八条第一项第三款(例如因贩卖鸦片烟所得之款项)亦包括在内?事关法律适用发生疑义,谨电请察核示遵。广东广州地方法院院长霍维四寅支文

**此处删去一条。**

**院解字第三四九四号**

**三十六年六月十一日**

案准贵部本年二月二十五日(三六)吕优字第〇三三五〇号公函,为军法科科员利用身分诈取烟犯家属钱财适用何法处断疑义,请解释示复等由。准此,兹经本院统一解释法令会议议决,某甲充任某军事机关军法科科员,因丙请托将其兄乙贩卖鸦片烟罪从轻处罚,甲即以需款请客为词,诈取丙之财物,显系对于非主管之事务利用身分图利,应依《惩治贪污条例》第三条第七款论处。相应函复查照。此致国防部

**附原公函**

查有某甲系某军事机关军法科科员,受丙请托将其兄乙贩卖鸦片之罪从轻科刑,甲慨允可以设法,而以须用款请客为词,先后取得丙之钱财五十万元。甲得款后,并未以款向审判本案之丁行贿,亦未向丁关说,甲究应构成何罪,有(子)(丑)两说。(子)说甲对于贩卖鸦片之乙既无审判职务,于慨允可以设法使乙获判轻刑,而以须请客为词,取得丙之财物后,又未向有审判职务之丁关说行贿,将款私得,应仅构成普通《刑法》第三百三十九条第一项之诈欺取财罪,不能以《惩治贪污条例》处断。(丑)说甲取得丙之钱财,虽有诈欺情形,其犯刑非利用职务上之机会,固不能依《惩治贪污条例》第三条第五款论科。然其利用军法科科员之身份得丙之财物,《惩治贪污条例》第三条第七款既有对于非主管之事务利用身份图利罪之规定,自系一行而触犯普通《刑法》第三百三十九条第一项与《惩治贪污条例》第三条第七款之罪,系法规竞合,应从其利用身份图利之一重罪处断。二说究以何说为是,悬案待

决，谨请大院迅赐解释示复为祷。

**院解字第三四九五号**

**三十六年六月十一日**

案准贵院上年十月二十二日节京伍字第一六五八二号咨，以据社会部呈，转请核示法币贬值折合标准，咨请查核见复等由。准此，兹经本院统一解释法令会议议决，来文所述情形，如其股金公积金之受存为消费寄托，则信用合作社向受存之人起诉请求返还款项时，法院自应依《复员后办理民事诉讼补充条例》第十二条办理，至其固定之比价标准，在解释上未便悬断。相应咨复查照饬知。此咨行政院

**附原咨**

据社会部呈称，案据陕西省合作事业管理处电呈称，案准大荔县政府本年八月十七日府合业字第七五号函开，查本县县各级合作社均已组织完竣，所有信用合作社，即应清算解散，惟各信用合作社因本县接近河边，于二十六、七年间业务多已停顿，所有股金公积金等款项，经详细调查，多存于少数人之手内，未能灵活运用，现在法币贬值，壹千元不抵过去一元，以物价指数较，比如布疋等类，几达万倍，指导清算解散，若不先将三十年前之币洋与现在币洋定一比价标准，势必纠纷丛生。兹经本府各方一再研讨结果，未能定出适当折合标准，致此项工作几无法进行，其标准究应如何规定，相应函请贵处查照赐予指导为荷等由。准此，查关上项法币贬值折合标准，究应如何规定，尚无明文，理合转请鉴核示遵等情。据此，查本案因战前与战后币值变动，引起债权债务纠纷，已为今日社会之严重问题，本部未敢核定，理合请请鉴核示遵等情。据此，相应咨请查核见复，以便饬遵。此咨司法院

**院解字第三四九六号**

**三十六年六月十七日**

案准贵院本年三月二十二日从叁字第一零三零九号咨，以据经济部呈转请解名称相同之新旧商号在同一市区内为同一营业先后呈请登记应如何办理疑义一案，咨请查照解释等由。准此，兹经本院统一解释法令会议议决，某甲创设商号而使用之，既在某乙用同一商号名称于同一市区为同一营业之前，依《商业登记法施行细则》第三十四条之规定，固不问某乙之商号已经登记与否，均得声请登记。惟某乙就其商号声请登记时，某甲之商号尚未声请登记，不在商业登记法第二十一条第一项限制之列。某乙之商号亦应准其登记。相应咨复查照饬知。此咨行政院

**附原咨**

据经济部三十六年三月一日京商(三六)字第三五三四一号呈称，案据上海市社会局呈称，案查本局前据沈德新呈，以创设惠新百货号请予商业登记等情，正核办间，复据张裕贤以经营相同业务之同一商号呈请登记，当以依法不合，嘱令改订名称，再行声请去后，旋据

该张裕贤呈称,窃商号名称向为惠新一字,经营百货,系先夫汪翰香于民国二十五年八月在上海林森中路八〇号设立,已历有年所,兹可提具各项证件,如一九三六年九月、十月及十一月、十二月前法租界工董局房捐收条及英商保众火险公司保险单等。另一惠新百货号尚未开业,在四川北路八四一号,店主为沈德新,本年十一月方向同业公会声请入会,故意在商号登记之前,向钧局冒牌蒙混取巧,所订商业登记须知末后二条所开,商号名称相同之各工商号,均得于规定期限内为登记之声请,但其主张使用在前者,应具创设在前之证明文件,始可排斥创设在后者对于同名称商号之使用。又依上述规定,对于同一名称之工商业声请登记,本局得勒令创设在后者更改其名称,其业已登记者"亦同"不在此限。根据上述规定,创设在前可排斥创设在后者,创设在后者钧局得勒令其更改名称,现在沈德新冒用商号名称向钧局声请登记及成立仅有六天,现在程序尚在声请中,与业已登记之情形不同,为特迫切具呈钧局,请求迅将沈德新所声请之"惠新百货商号"勒令更改名称,准由商号登记继续使用,以免商号之营业租屋订货银行往来对外各项保证等事项因名称相同所引起之种种纠纷等情。查本局颁行之商业登记须知第二十一、第二十二两条,系参照现行《商业登记法施行细则》第三十四条订立,依照该条规定,该张裕贤所设之惠新百货号,应准予以登记。惟现在商业登记为强制性质,与立法时采用任意制度者自有不同。又本年商店众多,因名称相同及新旧店登记之先后而起纠纷者,时有发生,本案及嗣后如有同类案件,究应如何处理之处,理合呈请核示等情。查商业登记法第二十一条规定,"在同一县市不得用他人已登记商号名称为同一营业之登记",同法第二十二条规定,"前条已登记之商号,如有他人冒用或以类似之商号为不正当竞争者,该商号之当事人得请求停止其使用,如有损害,并得请求赔偿"。又同法施行细则第三十四条规定,"他人登记前业经使用之商号,不受本法第二十一条、第二十二条之限制,但须有创设在前之证明"各等语,例如某甲于民国二十五年创设某商号,某乙则于民国三十五年五月在同一市区内创设同一营业及名称之商号,某乙即于是年六月声请登记,在核办间,而某甲亦于民国三十五年七月声请登记,某甲既创设在前,自可准予登记,至某乙系声请登记在某甲之先,其声请发记时尚非使用他人登记之商号,某乙创设之商号是否亦应准其登记,不无疑义,理合具文呈请鉴核,转咨司法院解释示遵等情。相应咨请查照解释为荷

**院解字第三四九七号**

**三十六年六月十七日**

案准贵处本年一月二十五日处字第五七九号公函,为接唐树枏、周席珍等呈各一件,奉主席谕"交司法院一并解释"等因,检件函达查照等由,计检送原呈二件。准此,兹经本院统一解释法令会议议决,《优待出征抗敌军人家属条例》第二十八条第一项所谓约定或法定期限,系指约定或法定之回赎权除斥期间而言。又同条第二项之提前回赎,惟在出征抗敌期内乃得为之。如在出征抗敌期内业已提出典价为回赎之意思表示,其回赎之效力不因提起

诉讼在退伍之后而受影响。相应函复,即希查照转陈为荷。此致国民政府文官处

**附原呈**

呈为条文有疑义请予解释事。查三十二年《修正优待出征抗敌军人家属条例》第二十八条之优待,今值抗战胜利结束,不无疑点,兹据甲乙两方研究理由备为呈之。(甲)曰条文所谓在出征抗敌期内,明有限制,今非抗敌,不得优待。(乙)曰在出征抗敌期内发生案件,业经一审判决提前赎典之优待,系抗敌期内旧案,非在抗敌期后新入伍新起诉可比,不得受抗敌期后之影响。(甲)曰今已退伍复员,如仍予优待,是无范围。(乙)曰优待以军人抗敌为范围,如复员即停止优待,岂不与服役期满后及归休之日起抵触。只须军人出征抗敌服役期满,无缺点瑕疵,至抗战结束,出征抗敌工作完成,即取得军人享受二十八条优待之身分。(甲)曰该条第二项提前回赎,无退伍后享受优待之规定。(乙)曰该条第二项亦无退伍后不得享受优待之明文,查二十八条以在出征抗敌期内为总纲,以下分载无力有力。无力军人典期虽满,规定得至服役期满后第二年内及满第三年后于二年内回赎之,系退伍后享受优待。第二项所谓前项定有限期之典权,系指约定或法定期限未满,并得由出典人以原典价提前回赎,系规定有力军人得于典期未满提前回赎。该条全文规定,在抗敌期内之军人并得自由延后提前,并字确包含第一项服役期满退伍后,二项系补充前项,故前项规定期间不重载。(甲)曰诉讼未终结,复员后仍予旧案之优待,有碍诉讼程序。(乙)曰民诉法施行法第二条但书规定,依旧法所生之效力不因此而受影响,例如数个军人在抗敌期内同时起诉赎典,诉讼延滞各异,先终结者得享优待,后终结者因复员期不得享优待,是同一抗敌,待遇不免歧视。况军人抗战到底,政府始命复员,非请假退伍而优待不到底,殊失政府大信,更非公允,特将甲乙两方理由疑义,具呈钧府鉴核,恳予解释修正优待(中略)条例第二十八条第一项是否退伍后之延后优待,第二项是否退伍后之提前优待,合观全条是否抗军得自由延后提前,并抗敌期内之旧案至复员期后之新案应如何援条例适用,肃候批示祗遵。

**附原呈**

呈为条文期间不明及无期间恳予解释事。窃查三十二年修正《优待出征抗敌军人家属条例》第二十八条条文,其第一项前段规定,得至服役期满后第二年内回赎之,后段规定,满三年后于二年内回赎之,两者为退伍后享受优待之期间,究为开始抑为终结,是不明了。其第二项规定,前项定有限期之典权,并得由出典人以原典价提前回赎等文,无服役期满退伍后享受优待期间规定,是为遗漏疑点,查第一项抗军赎典,早迟各异,服役期满后起诉回赎,如诉讼延滞多年者,显能逾过规定期间。查第二项抗军提前回赎,亦有早迟,既为第一项之同一出典人,应有同一优待期间,抗军在抗战胜利前服役期内起诉提前赎典,业经一审依条例判决,或二审已为审理,延至敌国投降胜利结束后,抗军艰苦奋斗,丰功伟绩,中外昭著,国家因其功成,应遣退伍休息,其先在抗敌服役期内判决提前赎典之案,如承典人设法上诉,延滞时间不已,是服役期内判决之优待,于退伍后能否继续享受优待,办理完竣,特将该条不明了及疑点,具呈钧府鉴核,恳予解释三十二年修正优待(中略)条例第二十八条条文

第一项规定期间,或为开始或为终结,及第二项无期间在胜利前抗敌服役期内之判决上诉延滞,于服役期满功成退伍后有无停止,能否继续享受一审判决之优待,庶执法者不易左右,军人实受其保障,役政推行顺利矣,肃候批示祇遵。

**院解字第三四九八号**

**三十六年六月十七日**

案准贵部本年三月十九日邮字第一〇一号公函,以贵院三十四年十月二十日第三〇〇二号解释,关于四川高等法院第一分院所请解释邮政法第二十九条疑义,胪陈理由,敬请重行解释赐复等由。准此,兹经本院统一解释法令会议议决,《乡政人事管理规则》对于邮局录用之运邮汽车司机,既修正视为邮政法上所称之邮政人员,本院院解字第三〇〇二号解释,自不适用。相应函复查照。此致交通部

**附原公函**

案查贵院三十四年十月二十日第三〇〇二号解释,关于四川高等法院第一分院对邮政法第二十九条之疑义,经统一解释法令会议议决,认为邮局雇用之运邮汽车司机,非该条条文所称之邮政人员云。查该项解释,殊足影响公共秩序,未能保护社会利益,兹胪陈理由如下。一、邮政法第四十、第四十四两条规定,邮政人员犯罪时,应依《刑法》加重,第四十五、四十六两条,则系《刑法》所无之特别规定,倘司机解释为非邮政人员,则遇司机犯第四十、第四十四两条之罪名时,即只能适用《刑法》规定之刑度,不得加重,遇发生第四十五、四十六两条规定之行为时,则不构成罪名。又按同法第四十八条规定,负有代运乡邮件之责者,适用关于邮政人员之处罚,而负有专运邮件之责之司机,反视为非邮政人员,反不处罚或加重处罚,似非立法本意。将来司机无所警惕,愍不畏法,亦与公共秩序有碍。二、邮政法第二十三条规定,邮政人员因职务知悉他人情形,应严守秘密,倘司机解释为非邮政人员,则司机即不受此条之拘束,亦即无遵守此条之义务,将来遇有泄漏他人秘密时,其行为既非《刑法》第三一七条规定依法令或契约应守之义务,其本身又非《刑法》第三一八条所称之公务员,即可避免法律制裁。三、邮政法第十九条规定,执行业务中之邮政人员,经过交通路线,有优先通行权,或请求开放城门。倘司机解释为非邮政人员,则司机所驾驶之运载邮件汽车,即不能享受此项通行特权,对于递送邮件,显生窒碍。四、公路局所用之汽车司机,经解释为《刑法》上之公务员,有二十九年院字第二〇八二号解释可据,邮政汽车司机,性质相同,倘解释为非邮政人员,则此项司机是否为《刑法》上之公务员,即成疑问。按四川高等法院第一分院呈请解释时,原列有甲乙两说。甲说根据邮政运邮汽车司机机匠录用及叙薪办法,认为该项司机为邮政人员。乙说根据《邮政人事管理规则》第十二条及第十四条规定,认为非邮政人员。贵院统一解释法令会议采用乙说,本部有鉴于此,业将《邮政人事管理规则》第十四条,于三十五年十一月二十日,由人二字第一五三四二号部分修正,并登载本部公报公布在案,兹将修正修文抄录于后。第十四条除第十二条所列人员外,邮局得视公务

需要，录用其他技术员工，如机工监事、建筑监事、监工员、司机匠等及邮差工役力伕等，其任免及待遇，除依特定章程外，适用本规则之规定。前项员工，于从事业务时，视为邮政人员。依此修正，对于原解释所依据之乙说，失其凭借，用特胪陈理由，敬请贵院将该第三〇〇二号解释交付统一法令会议重行解释，以维公共秩序，并请赐复为荷。

**院解字第三四九九号**

**三十六年六月十七日**

国防部鉴，本年寅鱼吕赦代电悉。所请解释一案，业经本院统一解释法令会议议决，处罚裁判确定后，除因法律变更不处罚其行为，应免其刑之执行者外，关于罪犯赦免减刑令之适用，均应以原确定裁判所援引之法律为标准，无适用《刑法》第二条第一项但书之余地。特电复请查照。司法院巳霰印

**附原代电**

司法院赐鉴，查大赦令关于认定赦减之标准，应以现行法律所规定之刑度为依据，初无已决未决之区分，若行为后之法律刑度遇有变更时，在未决犯固得援用《刑法》第二条第一项但书之规定，为之比较轻重选择应用，但若已确定执行之人犯，例如（甲）依战时军律第七条，意图妨害抗战扰乱后方判罪者，为惟一死刑，而现行军《刑法》尚无此项罪名。（乙）依同军律第十条，携械逃亡判罪者，为惟一死刑，而军《刑法》第九十五条第二、三款之刑度均为有期徒刑以下。（丙）依同军律第十二条，包庇走私判罪者，为惟一死刑，而军《刑法》亦无此项明文。（丁）依前修正《惩治汉奸条例》第五条，诬告他人汉奸者，处以汉奸之刑，为死刑或无期徒刑，而现行《惩治汉奸条例》第七条，依《刑法》规定其刑度为有期徒刑以下。（戊）依前《禁烟禁毒治罪暂行条例》第十条，栽赃诬告他人贩运烟毒者，处以所诬告之本刑为死刑或无期徒刑，而现行《禁烟禁毒治罪条例》第十一条最高刑度为十年以下有期徒刑。（己）依《禁烟禁毒治罪暂行条例》第六条，施打吗啡者处死刑，而现行《禁烟禁毒治罪条例》第八条为十年以下有期徒刑。上列甲乙丙丁戊己六项之罪犯，发觉在各该法律变更后者，均已得依现行法律而受赦免其刑之规定，该甲乙丙丁戊己等六项，若依赦令以现行法律之刑度为标准之原则，则亦均得赦免。然均已判决确定执行在案。此项确定判决，是否因赦令而得依《刑法》第二条第三项之规定，将甲丙二项免除其刑之执行，将乙丁戊己四项依同法第二条第一项但书，予以赦免。事关法律解释，谨特电请惠赐释答，悬案待结，并请速示为祷。国防部寅鱼吕赦印

**院解字第三五〇〇号**

**三十六年六月十七日**

南京市参议会鉴：本年四月四日呈悉。所请解释一案，业经本院统一解释法令会议议决。《市参议会组织条例》第十四条所定之各种委员会，既为市参议会行使职权之便利而

设,则在市参议会休会期间,各种委员会自亦毋庸召集会议。电复查照。司法院已霰印

**附南京市参议会原呈**

查三十四年一月三十日国民政府公布之《市参议会组织条例》第十四条:“市参议会为行使职权之便利,得设各种委员会,由市参议员分任委员。”是市参议会为便利行使职权,可以设各种委员会,已属显明。按第十条之规定,市参议会每三个月开会一次。在大会开会期间,职权之行使应由大会决议表达之方式行使之,自无疑问。故在开会时期,尚无设置各种委员会之需要。即有设置,亦只是各组审查会而已。反之,在大会休会期间,即在三个月以内之时间,凡有关于大会决议案之执行、人民请愿及其他偶发事项之处理,实有待于由大会根据组织条例,通过设置之各种委员会执行之必要。综核组织条例第十四条条文之含义,各种委员会为行使职权便利,得召集会议,衡之事实与文意,均属允当。因此,本会于第一次大会时,即根据组织条例之规定,斟酌本市实际情形,参照上海、重庆两市之成规,分设民政、地政、财政、文化教育、社会事业、经济建设、警政卫生等七种委员会,分别召集会议处理与各该委员会有关事项,及督促大会决议案之实施。数月以来行之,尚洽舆情,克济事功。惟近接准南京市政府本年三月十九日府总秘三字第二九五七号公函内开:“准内政部民字第二三〇七号寅微代电开:查关于《市参议会组织条例》第十四条所定各种委员会在休会期间能否召集一案,经呈奉院三十六年二月十三日从壹字第四七一〇号指令开:查《市参议会组织条例》第十四条所定各种委员会既专为便利市参议会行使职权而设,则在市参议会休会期间无召集会议必要等因。除分行外,特电查照转知等由。准此,相应函达查照为荷”等由。准此,查所称各种委员会,既专为便利市参议会行使职权而设,则在市参议会休会期间无召集会议必要云云,究不知作何解释。若谓大会既经休会,则各种委员会自无行使职权便利之必要,故无须召集会议。然则在大会开会期间,职权之行使理应由大会负其责,更何须有各种委员会之设置?况在大会休会期间,既有各种委员会之设置,而在事实上自有其召集会议之必要,理其显然,不容抹杀。复查市临时参议会及各省参议会均有驻会委员会之设置,其意义盖即为在大会休会期间便利职权行使之故耳。而《市参议会组织条例》虽规定每三个月开会一次之期间较短,然究尚有三个月之时间。若动辄召开临时大会,究于事实有不便,亦为人力、财力所不许。现既有各种委员会设置之规定,而又谓无召集会议之必要,诚不知何以解释?综上所述,系就条文之词意及事实之需要,各种委员会均有召集会议之必要。缘经本会各种委员会召集人联席会第八次会议议决,“应根据条文呈请解释,并申述有召开会议之必要”等语记录在卷。谨按法律之规定,钧院有统一解释法律与命令之特权,缕述详情,敬祈鉴核,明文解释,俾有遵循,是所公感。

**院解字第三五〇一号**

**三十六年六月十七日**

湖南高等法院余院长览,本年丑俭代电悉。所请解释一案,业经本院统一解释法令会

议议决，犯罪在中华民国二十一年三月五日以前，依历次赦减明令应予减刑之案件，应先适用大赦条例减刑后，再依减刑办法及罪犯赦免减刑令递减。合电知照。司法院巳霰印

**附原代电**

南京司法院院长居钧鉴，查民国二十一年六月二十五日颁布大赦条例，三十三年六月十七日颁布减刑办法，与此次大赦，共为三次，如犯罪在二十一年三月五日以前，依历次赦减明令为应予减刑之件，其适用顺序如何，有谓应先用大赦令丙项减刑后，再依大赦条例减刑办法递减者，有谓应依赦令颁发之顺序，依次适用大赦条例减刑办法暨大赦令丙项递减者，审核减刑运用顺序不同，于刑期之出入颇大。前述方式以何者为常，近颁罪犯减刑办法并无明文规定，事关法律疑义，敬恳迅赐解释祇遵。代理湖南高等法院院长余觉叩丑俭印

**院解字第三五〇二号**

**三十六年六月十七日**

湖南高等法院余院长览，本年丑江代电悉。湖南高等法院第四分院所请解释一案，业经本院统一解释法令会议议决，特种刑事案件经初判法院判决后，将卷证解送最高法院覆判时，关于声请停止羁押，应由原初判法院裁定之。合电转饬知照。司法院巳霰印

**附原代电**

南京司法院院长居钧鉴，据本院第四分院院长钟馥子马代电称，查特种刑事案件卷证已送覆判审时，关于声请停止羁押由覆判审裁定，业已奉到上年十二月院解字第三三一五号解释，兹有地院判决之件，已将卷证解送最高法院覆判，关于声请停止羁押，是否依特种刑诉条例第二十七条规定，准用刑诉法第一百二十一条第二项，由本分院裁定，抑由原第一审裁定，案悬待结，乞速予指示等情到院。查原代电所述情形，依《特种刑事案件诉讼条例》第二十七条规定，准用《刑事诉讼法》第一百二十一条第二项，固可由该分院裁定。惟特种刑事无二审三审之分，而前述条例第二十七条所谓准用，亦系指覆判程序而言，如案件系属最高法院覆判，该分院对于该案未曾有经办关系，不能视为《刑事诉讼法》第一百二十一条第二项之二审法院，且被告应否停止羁押，大都应衡量案情，似又非该分院所得凭空拟断。究应如何办理之处，事关法律疑义，理合转恳鉴核，赐予解释祇遵。代理湖南高等法院院长余觉叩丑江印

**院解字第三五〇三号**

**三十六年六月十七日**

**令广东高等法院院长史延程**

据广东高等法院第三分院本年寅感代电，为法院书记官受汉奸家属酬金代为设法取出被封财物适用何法论科疑义，电请核释示遵等情。据此，兹经本院统一解释法令会议议决，甲任法院书记官，受被告乙妻丙酬金，允向检察处设法取出被封财物，应构成《惩治贪污条

例》第三条第七款之罪。合行令仰转饬知照。此令

**附原电**

南京司法院钧鉴,兹有甲在法院院方任书记官,乙因汉奸嫌疑,其所有财物被肃奸分会封存后,送检察处侦查。乙妻丙酬以金钱,央求甲代为设法取出被封财物,但在侦查中,关于汉奸财产之查封及揭封事宜,均非甲职务上之范围。甲之行为,究成立《刑法》第三百三十九条第一项意图为自己不法之所有以诈术使人将本人之物交付之罪,抑成立《惩治贪污条例》第三条第五款利用职务上之机会诈取财物之罪,不无疑义,谨电核释,并乞示遵。广东高等法院第三分院院长郑传缨寅感叩

**院解字第三五〇四号**

**三十六年六月十七日**

**令江西高等法院院长梁仁杰**

三十六年三月十一日呈一件,为收买汉奸案件适用法律疑义,呈请鉴赐解释由。

呈悉,业经本院统一解释法令会议议决,收买汉奸财产之被告,因法院谕知免诉之判决,对于检察官乃认为确系汉奸财产继续查封之命令有所不服,如果该汉奸案件没收财产之判决尚未确定,应适用《刑事诉讼法》第四百零八条第一项第一款,请求撤销,不得提起异议之诉。仰即知照。此令

**附原呈**

查收买汉奸之财产,经检察官依《惩治汉奸条例》第十二条之规定提起公诉后,适大赦令施行,由受理该案之法院认为合于大赦令,谕知被告免诉之判决,乃该被告就其收买之财产主张非汉奸所有,请求撤销查封前来。如果确系汉奸财产,应在没收之列,当事人对于检察官查封命令,声明异议,是否由检察官径行处分,抑适用执行没收汉奸财产应注意事项第二款规定,依《刑事诉讼法》之执行程序办理。如果是否汉奸财产尚难认定,可否向该管地方法院提起查封异议之诉,请求确定其收买产业之权利,苟可提起此项诉讼,是否以检察官为被告?事关法律疑义,未敢擅专,悬案以待,理合具文呈请钧院鉴核,迅赐解释,以便遵循。

**院解字第三五〇五号**

**三十六年六月二十四日**

案准贵院本年三月二十七日从捌字第一一零七五号咨,以据司法行政部呈,转请解释猎枪及子弹是否违禁物疑义,咨请解释见复等由。准此,兹经本院统一解释法令会议议决,猎枪及子弹系专供狩猎之用,不能认为违禁物。相应咨复查照饬知。此咨行政院

**附原咨**

据司法行政部本年三月十九日京呈叁字第四二八号呈称,案据广西高等法院检察处三十六年一月二十五日检乙字第一八号呈称,案据本院第六分院检察处三十五年十一月四日

检廉字第一二六九号代电称,查被告于侦查中羁押在所病故,其生前缴案之洋造猎枪暨子弹,应否依照《刑事诉讼法》第二百三十八条第二项前段之规定,发还其家属具领,抑认其系《刑法》第三十八条第一项第一款规定之违禁物,声请(十八年院字第六七号参照)法院依照同条第二项第四十条但书裁定,将其没收,不无疑义,理合电请察核解释示遵等情到处。查洋造猎枪暨子弹应否认为违禁物,职处未敢擅断,理合呈请鉴核示遵等情。理合呈请鉴核,转送司法院解释,俾便饬遵等情。据此,案关适用法律疑义,相应咨请查照解释见复,以便饬遵为荷。

**院解字第三五〇六号**

**三十六年六月二十四日**

案准贵院本年三月二十日从捌字第一零零三一号公函,以据江西省政府主席王陵基电,请示本刑赦免褫夺公权是否一并赦免等情,函请解释,以便饬遵等由。准此,兹经本院统一解释法令会议议决,凡合于罪犯赦免减刑令甲项规定之案件,不仅赦免其主刑,其褫夺公权部份,当然一并赦免。相应函复查照饬知。此致行政院

**附原公函**

据江西省政府主席王陵基宙删秘一电称,兹有某县参议员于上年犯诽谤罪,判处有期徒刑并褫夺公权二年确定后,适遇大赦,其罪之最重本刑为有期徒刑,自当赦免,惟褫夺公权是否一并赦免,准其复权,悬案待决,乞迅赐示等情。据此,查大赦之意义既系使犯罪行为在法律上完全消灭,则在本刑赦免之后准其复权,追为当然之结果。惟案关适用法律疑义,相应函请查照解释,以便饬遵为荷。

**院解字第三五〇七号**

**三十六年六月二十四日**

财政部鉴,本年三月江代电悉。盐政总局转请解释一案,兹经本院统一解释法令会议议决,私盐案件虽经赦免,关于私盐之没收,系属行政罚,仍应依盐政条例(三十六年三月十二日公布施行)第四十四条第一项,由法院裁定之。电覆查照饬知。司法院已敬印

**附原电**

司法院公鉴,据本部盐政总局案呈台湾盐务管理局丑元电,以私盐案件经法院根据大赦案谕知免诉,私盐应否发还,请核示等情。查关于本案有下列两种解说,(一)《刑事诉讼法》第三〇九条规定,扣押物未经谕知没收者,应即发还,私盐案件如经法院根据大赦令不起诉处分或为谕知免诉之判决,则所扣押之盐斤似无从没收。(二)国府本年元旦大赦令甲项规定,赦免范围仅限于刑罚处份,至私盐案件,五百斤以上者,按照盐专卖条例第三十三条规定,法院于依同条例第三二条为没收及罚锾之处分外,并论处罪刑,五百斤以下者,则仅依盐专卖条例第三二条,由法院裁定没收及罚锾。大赦令颁行后,对于民国三十五年十

二月三十一日以前所犯私盐案件,论处罪刑部份,经法院判决确定者,固在赦免之列,其未经判决者,自亦为谕知免诉之判决。惟罚锾性质,依据贵院院解字第二八六九号及七八六号解释,仍属行政罚,并非刑罚,扣押之私盐则为违税物品,与大赦令仅限于刑罚赦免范围无关,似仍应由法院分别裁定处罚及没收。以上两种解说,究以何说为是,敬请赐予解释见复为荷。财政部江财盐京印

**院解字第三五〇八号**

**三十六年六月二十四日**

台湾高等法院杨院长览,本年寅迥代电悉。所请解释一案,业经本院统一解释法令会议议决,台湾光复前吸食鸦片,经当时日本政府勒戒断瘾,于光复后复吸者,不能依《禁烟禁毒治罪条例》第八条第三项后段处断。合电知照。司法院已迥印

**附原代电**

司法院院长居钧鉴,查光复前吸食鸦片,经日本政府勒戒断瘾,于光复后复吸者,应否构成《禁烟禁毒治罪条例》第八条第三项后段之罪,尚滋疑义,理合电请迅赐解释电示。台湾高等法院院长杨鹏刑一寅迥印

**院解字第三五〇九号**

**三十六年六月二十四日**

**令广东高等法院院长史延程**

据广州地方法院本年一月七日呈,以关于供贩运私盐之车船属于被告所有者应否没收疑义,请赐解释示遵等情前来。业经本院统一解释法令会议议决,供贩运私盐之车船,如属被告自有,应依盐政条例第二十九条第一项没入(盐专卖条例已废止),不以专供者为限。合行令仰转饬知照。此令

**附原呈**

窃查盐专卖条例第三十二条载,“贩运或售卖私盐者,没收其盐及其自有供贩运或售卖私盐之用具”等语,关于供贩运私盐之车船,属于被告所有者,应否没收,分甲乙两说。(甲)说谓该项舟车系属供贩运或售卖私盐之用具,应予没收,《盐专卖条例》已有特别规定,(乙)说谓舟车并非专供贩运或售卖私盐之用,不能没收(参阅十八年上字第一四二七号判例)。事关适用法律疑义,理合备文呈请钧院鉴核,俯赐解释示遵。

**院解字第三五一〇号**

**三十六年六月二十四日**

**分河北高等法院院长邓哲熙**

三十六年三月十七日呈一件,为据沧县司法处呈,请解释在犯罪行为未经认定前而诉

讼程序依赦令结束其供犯罪用之物究应如何处理疑义,转请解释示遵由。

呈悉,业经本院统一解释法令会议议决,赦免案件关于供死罪所用之物,除系违禁物得单独宣告没收外,其余之物,如无第三人主张权利,应发还之,仰即转饬知照。此令

**附原呈**

案据沧县司法处审判官许从周呈称,案查本处受理刑事案件,凡合于赦免条例者,不论其犯罪行为已否认定,均应赦免,自无疑义,惟关于供犯罪用之动产或不动产,在犯罪行为未经认定前,而诉讼程序依赦令结束,其供犯罪用之物,究应如何处理,殊属疑问等情。据此,事关法令解释,未敢擅专,理合具文呈请鉴核,俯赐解释示遵。

**院解字第三五一一号**

**三十六年六月二十四日**

广西高等法院申院长览,本年丑删代电悉。该法院第六分院所请解释一案,业经本院统一解释法令会议议决,吸食鸦片人犯,应勒令禁戒,系属保安处分,与刑罚性质不同,虽因赦令判决免诉,仍应执行禁戒。合电转饬知照。司法院已迥印

**附原代电**

南京司法院院长居钧鉴,案据宜山本院第六分院,以吸食鸦片罪行合于赦免规定,经判决免诉,应否仍限期勒令禁戒等情,电请解释到院。查此类案件纵经判决免诉,参照《刑法》第九六条但书,刑诉法第四八五条规定,及钧院院字第一三〇六号解释,如果检察官认为有付保安处分之必要时,似得仍予声请法院裁定,限期勒令禁戒,惟是事关解释法律,职院未敢擅拟,理合电请察核,迅赐解释电示,俾便饬遵。再现值奉令加紧办理赦案时期,该院固属悬案待结,各机关同样案件亦多诸待立刻解决,伏乞加速电遵,实为公便。广西高等法院院长申守真丑删刑二印

**院解字第三五一二号**

**三十六年七月三日**

案准贵所本年五月八日元字第四二三五号公函,以准福建省政府电请解释《国民大会代表选举罢免法》第八条及《立法院立法委员选举罢免法》第十三条和所称官吏疑义转请解释示复等由。准此,兹经本院统一解释法令会议议决,《国民大会代表选举罢免法》第八条及《立法院立法委员选举罢免法》第十三条所称之官吏,在宪法施行前系指委任以上之文职及尉官以上之军职而言。相应函复查照转知。此致国民大会代表选举总事务所

**附国民大会代表选举总事务所原函**

案准福建省政府民乙辰江电开:"《立法委员选举罢免法》一、三条,《国民大会代表选举罢免法》八条,所称官吏如何解释,请电示"等由。查《立法委员选举罢免法》第十三条及《国民大会代表选举罢免法》第八条,均系根据宪法第二十八条第二项而制定,其所称官吏

究应作何解释,事关宪法上之疑义,依宪法第一七三条之规定,本所未便擅自释明,相应函转,敬请查照,迅赐解释示复,以便转知为荷。

**院解字第三五一三号**

**三十六年七月三日**

案准贵院本年四月七日从壹字第一二七三五号咨,以据司法行政部呈,转请解释膏精是否毒品疑义,咨请解释见复等由。准此,兹经本院统一解释法令会议议决,原呈所称之膏精,既系以烟枪内之膏汁加以酸性药物制成小条,吸食抵瘾,如其所加之药物内含有吗啡、高根、海洛因等毒质,应认为毒品,否则应以吸食鸦片论罪。相应咨复查照饬知。此咨行政院

**抄原咨**

据司法行政部本年三月二十五日京呈(叁)字第四八〇号呈转贵州高等法院呈节开,“案据贵州高等法院本年二月十八日秘文(卅六)字第一七六号呈节开,‘黔省目前瘾民大多吸食膏精抵瘾(膏精系以烟枪内之膏汁,加以酸性药物制成小条,瘾民以之抵瘾,其吸食方法简便,以锡泊纸作凹状,置膏精于内,下以火烧之,浓烟即起,吸食者以小竹管一端置于口内,一端置于浓烟之上,一呼其烟,即可抵瘾)为患甚烈。’吸食者面色苍白如死人然,且不易戒除,如此情形,显非《禁烟禁毒治罪条例》第一条所称之烟或其他配合抵瘾丸药。究竟此项膏精是否认为毒品等情。”据此,事关法令疑义,理合呈请鉴核转送司法院解释,俾便饬知等情。案关法令疑义,相应咨请贵院解释见复为荷。

**院解字第三五一四号**

**三十六年七月三日**

安徽高等法院廖院长览,子智代电悉。和县司法处所请解释一案,业经本院统一解释法令会议议决,债务人之田产,于债权人领得执行法院所发给权利移转证书而取得所有权后,仍由债务人出租收取田租者,除有可认债务人为善意占有之特别情事外,对于债权人固有返还所收田租之义务。惟关于田租之返还,债权人非另有执行名义,不得声请强制执行。合电转饬知照。司法院午江印

**附原代电**

南京司法院院长居钧鉴,案据和县司法处(三五)亥筱代电称,兹有债权人某甲,对债务人某乙之田产,于民国二十六年九月十五日奉司法机关发给权利证书后,因国难关系,未能即予进行承受交付,以致该田仍由某乙放佃耕种,逐年租益亦由某乙收取至今未断,某甲刻拟请求饬令现耕农承租,以为交付,并拟对某乙请求追取其自权利移转证书发出后八年所收之租益,除饬佃承租部份,毋庸讨论外,关于八年来租益之追取,发生下列两说。子说,拍卖之不动产,买受人自领得执行法院所发给权利移转证书之日起,取得该不动产所有权,债

权人承受债务人之不动产者亦同,此在现行强制执行法第九十八条已有明文规定。本件某甲既自二十六年九月十五日奉颁权利移转证书,同日某甲当然即已取得该田之所有权,某甲既于二十六年九月十五日已取得该田之所有权,则该田同日以后之收益,应由有所有权之某甲收取,毫无疑虑。某乙自二十六年九月十五日以后仍坐收其利,显属不当利得,应准追回。丑说,债务人应交出不动产者,执行人员应点交于债权人买受人或其代理人,如有拒绝交出或其他情事时,得请警察协助,此在同法第九十九条亦订有明文,本件某乙田产虽因权利移转证书之发给,而应行交出与某甲,但执行人员至今尚未实施点交程序,在未经执行法院正式派员点交以前,某乙在事实上并未脱离原所有权人资格,其自二十六年九月十五日以后逐年所收租益,要难谓为不当利得,毋庸返还。又如子说所谓不当利得假定应准返还,则某甲之追取究以执行名义行之,抑以给付之诉另案起诉,亦属不无疑问等情前来。事关法律解释,理合转请鉴核示遵。职廖江南叩文子胥印

**院解字第三五一五号**

**三十六年七月四日**

案准贵院本年三月二十六日从捌字第一零九七九号咨,以据司法行政部呈,转请解释各县自卫总队官兵是否应视同军人疑义,咨请解释见复等由。准此,兹经本院统一解释法令会议议决,各县自卫队官兵如非正式军校出身曾授武职者,不能视同军人,除其犯罪依法应受军事审判者外,仍应由该管普通法院审判,至院字第二一四二号解释,业经院字第二六三五号解释变更,自不得再予援用。相应咨复查照饬知。此咨行政院

**附原咨**

据司法行政部本年三月十七日京(三六)呈(叁)字第四〇六号呈称,据河南高等法院检察处本年二月十一日呈称,案据汲县地方法院首席检察官陈嗣祖本年元月二十八日检仁字第三六号代电称,查各县人民自卫总队(前为保安团),其官兵是否应视同军人,每因管辖权问题发生异议,按三十年三月一日司法院指令司法行政部院字第二一四二号解释,国民兵团自卫队后备队及区乡(镇)保队,均与军队编制惩罚相同(参照国民兵组织管理教育实施办法大纲所附编制各表及国民兵役施行规则第六十八条),其队长及区乡(镇)保队队附,系由军管区司令部考训在乡军官及备役干部派充,在训练服役期间,各该队长及队附队兵,均应视同军人,如犯普通《刑法》之罪,应归军法审判等因,各县自卫总队之官兵,在服役期间,如犯普通或特种《刑法》之罪,是否亦应依此解释办理,事关法令解释,本院未敢擅专,理合电请解释,俾资遵循等情。据此,案关法令解释,未敢擅专,理合备文呈请钧部鉴核,转请解释指示祇遵等情到部。事关法律适用疑义,理合呈请鉴核转送司法院解释,俾便饬遵等情。据此,案关适用法律疑义,相应咨请查照解释见复,以便饬遵为荷。

**院解字第三五一六号**

**三十六年七月四日**

前据本院秘书处签呈,为准内政于上年十月七日民字第零八二四号公函,以据浙江永嘉县参议会代电,请核示县政府订定各种单行法规,未经县参议会通过,即予颁行或径呈省政府核准颁行,是否有效疑义,函请提请解释见复等由,签请鉴核等情。据此,兹经本院统一解释法令会议议决,《县参议会组织暂行条例》第二条,既明定议决县单行规章属于县参议会之职权,县政府订定单行规章,未经县参议会议决者,自属不能有效。相应函请查照转知。此致内政部

**附原公函**

据浙江永嘉县参议会辰江代电,以《县参议会组织条例》第二条第三款规定,县参议会有议决县单行规章事项之职权,同条末尾并规定县参议会议决之预算及有关人民权利义务之单行规章,应报省政府备案,其审核之决算亦同。惟如县政府订定之上列各种单行法规,不克经由县参议会议决通过,即予颁行或径呈省政府核准颁行,是否有效,请核示等情。相应函请查照提请解释见复为荷

**院解字第三五一七号**

**三十六年七月四日**

甘肃高等法院叶院长览,本年三月二十四日代电悉。武威地方法院所请解释一案,业经本院统一解释法令会议议决,烟毒案件,应依特种刑事案件之审判程序办理,《禁烟禁毒治罪条例》第二十条定有明文,惟陕甘豫等省暂归军法机关办理,其期限以一年为限,业经国民政府三十五年十月五日处京字第二八九号训令有案,在此限期以内,甘肃省对于烟案毒件,普通法院无审判权,不发生来文所称之抵触问题。合电转饬知照。司法院午支印

**附原代电**

南京司法院院长居钧鉴,案据甘肃武威地方法院院长代电称,查军委会(三四)年颁发各省处理烟毒统一办法第五款载,烟毒案件由保安司令及兼理军法之县长或地方行政长官审判等语,核与三十四年四月十八日司法院院字第二八五六号解释以行政督察专员兼区保安司令并非直接施政之地方行政长官,对于烟毒人犯自无审判职权之语,显有抵触,究以何者为准,电请转恳解释示遵等情。据此,除指令外,理合电请钧院迅赐解释,以便转饬遵照。署甘肃高等法院院长叶在畴叩

**院解字第三五一八号**

**三十六年七月十日**

内政部鉴,辰铣代电悉。吉林省政府所请解释一案,兹经本院统一解释法令会议议决,

《省参议员选举条例》第二十七条虽未明定办理选举违法为选举人得提起诉讼之事由，惟其第二十四条既以办理选举违法经法院判决确定为其所列选举无效情事之一，而法院之为此项判决，又应准用关于民事诉讼程序之规定，非由一定之原告对于一定之被告提起诉讼，不得为之，则第二十七条所谓选举舞弊，不能不解为包含办理选举违法在内，选举人确认为办理选举违法，依第二十七条提起诉讼，自应以同条例第五条所定办理选举之省政府为被告。特电复请查照转知。司法院午灰印

**附原电**

司法院赐鉴，案准吉林省政府卯号吉民行电开，"查《省参议员选举条例》第二十七条明定选举人得提起诉讼之条件，法院自应以此为受理范围，至同条例第二四条第二项规定办理选举违法经法院判决确定者选举无效，似应解释为便于司法机关对行政机关行使控制权而设，法院可查核事证，加以裁定，未可依据选举人之告诉，以选举人为一造，办理选举事宜机关为另一造，构成诉讼，予以受理，应如何解释，即希查核电复"等由。事关适用法律疑义，谨电请迅赐解释示复为祷。内政部民四辰铣印

**院解字第三五一九号**

**三十六年七月十日**

前据本院秘书处签呈，以准内政部本年一月三十日民字第零九零四号公函，为《省县公职候选人考试法》第九条第二款适用疑义，应请转请释示等由，签请鉴核等情。据此，兹经本院统一解释法令会议议决，被判褫夺公权而经宣告缓刑者，在缓刑期内仍得应省县公职候选人考试，其在缓刑期内当选为省县公职人员者，不得撤销其资格（参照院字第一〇三三号、院解字第二九五六号、第三三一六号、第三三六二号解释）。相应函请查照。此致内政部

**附原公函**

查《省县公职候选人考试法》第九条第二款规定，褫夺公权者不得应省县公职候选人考试，惟如被判褫夺公权而经宣告缓刑者，在缓刑期内可否参加省县公职候选人考试，及应省县公职候选人检核及格后，被判褫夺公权而经宣告缓刑，在缓刑期内当选为省县公职人员者，应否撤销其当选资格，事关法规统一解释，应请转请大院释示，并希赐覆为荷。

**院解字第三五二〇号**

**三十六年七月十一日**

案准贵院本年三月二十六日从捌字第一零九八二号咨，以据司法行政部呈，转请解释连续犯应如何办理赦免疑义，咨请解释见复等由。准此，兹经本院统一解释法令会议议决，连续犯依《刑法》第五十六条既以一罪论，如其犯罪完成系在三十六年一月一日以后，即不生赦免问题。相应咨复查照饬知。此咨行政院

**附原咨**

据司法行政部本年三月十九日京(三六)(叁)字第四二六号呈称,据台湾高等法院本年二月十二日呈称,案据台湾台南地方法院本年二月六日审爰呈字第五二号呈称,窃查国民政府大赦令,犯罪在中华民国三十五年十二月三十一日以前,其最重本刑为有期徒刑以下之刑者,均赦免之,设有连续犯自三十五年至三十六年间连续数行为而犯同一之罪名,依法应以一罪论,其在审判中,究应全部免诉,抑就三十五年间罪行免予置议,仅就三十六年之犯罪行为论科罪刑,或仍依连续犯处断,本院推事见解不一,何去何从,理合呈请钧长鉴核示遵等情。据此,事关适用法律疑义,理合具文呈请鉴核,俯赐转请解释示遵等情。据此,查连续犯依法律规定既以一罪论,其时效之起算,依《刑法》第八十条第二项,亦以行为终了之日起算,则其连续数行为之应否赦免,似应依通例,以最后之行为为准,唯有持异说者,事关法令解释疑义,理合呈请鉴核转请司法院解释,俾便饬遵等情。据此,事关法令解释疑义,相应咨请查照解释见复,以便饬遵为荷。

**院解字第三五二一号**

**三十六年七月十一日**

**令浙江高等法院院长郑文礼**

三十六年二月四日呈一件,为据瑞安地方法院呈请解释执行拍卖不动产得标人放弃承受其预纳之保证金应如何处理疑义,呈祈鉴核遵行由。

呈悉,业经本院统一解释法令会议议决,以投标之方法拍卖不动产,因得标人不缴足价金而再行拍卖时,该得标人所预纳之保证金,应于其清偿再行拍卖程序所生之费用及其拍定价额如低于前次拍定价额时所生之差额后,予以发还,不得以裁定没入国库。仰即转饬知照。此令

**附原呈**

案据瑞安地方法院呈称,查执行拍卖不动产拍定后,得标人放弃承受,其依强制执行法第八十九条预纳之保证金,应由执行法院以裁定没入国库,抑作为该拍卖物之价金,交债权人抵偿债务,或发还原投标人,法无明文规定,呈请鉴核等情。据此,按执行拍卖不动产,得标人放弃承受,其预纳之保证金应如何处置,在现行法尚无明文规定,事关法律疑义,理合备文转呈,仰祈钧院鉴核,以便遵行。

**院解字第三五二二号**

**三十六年七月十一日**

国防部鉴(三六)卯真雨经牧代电悉。兹经本院统一解释法令会议议决,建设竞马场如为国防设备所必需者,自系《土地法》第二百零八条第一款所定得征收私有土地之事业。相应检同原附各件,复请查照。司法院午真印。附经牧字第四〇〇号、第一七一七号、第一二

九二号、第三七〇号、第五六〇八号文卷五件

**附原代电**

司法院院长觉生先生赐鉴,叠奉主席蒋交下赵石萍函呈三件,请饬将沈阳伪满跑马场所征占祖遗地产发还一案,经发交联合勤务总司令部转饬东北区马政场所临时管理处将该场土地产权转移详情查报在案,旋据先后呈复调查艾石萍(赵石萍)土地产权转移经过及该沈阳赛马场前购赵石萍土地情形与关于本案处理意见到部,复经该部代电国民政府文官处政务局,以本案为整个收复区普遍发生之问题,关联甚多,影响甚大,请交司法机关依法解释,转陈核定,兹准国民政府文官处政务局三十六年二月八日府交字第九六七八号笺函,略以本案经已转呈,奉谕可由国防部函请司法机关解释,径行处理等因,函转过部,遵即检同原案全卷,电请司法行政部依法解释,顷准函复,以关于收复区一般土地权利之纠纷,已有《收复区土地权利清理办法》可资依据办理,至本案赵石萍等之土地,其以前如系被敌伪组织发价征收者,则依《收复区土地权利清理办法》第六条之规定,除有合于《土地法》第二〇八条或第二〇九条之情事时,政府得依法将其土地征收外,自应准许所有权人提出确切证件,以征收时所领价金,按目前物价指数,缴价领回,再政府接收其土地为竞马场之用,是否可认为即有《土地法》第二〇八条或第二〇九条规定,得为征收原因之一。事关法律适用疑义,似以送请司法院解释为妥,因统一解释法令之权系属于司法院等由。查沈阳敌伪赛马场系三十四年光复后由前军政部东北特派员办公处接收,三十五年五月该处结束,复交联合勤务总司令部东北区马政场所临时管理处接管,是为该场接收之经过概况,至赛马事业,旨在提高人民养马兴趣,奖励地力马种改良,增进人民体育及马事知识,世界各国为充实国防及民生需要,莫不积极建设马政提倡竞马,我国二十五年呈奉院会核准之全国马政计划,及三十四年十月奉准之马政十年计划,亦列建设竞马场为马政重要设施之一,惟过去历年因经费所限,迄未进行。兹查东北境内经伪满马政局及各地马事公会建设之竞马场,共计十一处,以长春、大连、哈尔滨及沈阳四处,规模最宏,建筑设备亦较完备,该处以奉令接收东北马政场所,故依已定计划,一并接收(已接收数处),并已就原有之良好基础,稍加修葺,俾作将来提倡竞马促进民间产马事业之用,此为该处所以接收之原因,关于本案可否根据《土地法》第二〇八条或第二〇九条条文之规定,得为征收原因之一,并照《收复区土地权利清理办法》第六条条文之规定,依法补办征收手续之处,兹特随电检送赵石萍原函呈三件,及东北区马政场所临时管理处调查艾石萍(赵石萍)土地产权转移经过报告书与调查沈阳赛马场前购赵石萍土地情形及关于此案意见报告书,并联合勤务总司令先后承办案稿等全卷一宗,电请查照赐予依法解释见复,并请将原卷迅赐掷还,以便饬遵为荷。国防部部长白崇禧(三六)郊卯真雨经牧。附检送赵石萍原函呈三件,东北区马政场所临时管理处调查艾石萍(赵石萍)土地产权转移经过报告一件,又调查沈阳赛马场前购赵石萍土地情形及关于此案意见报告书一件,联合勤务总司令部先后承办案稿等全卷一宗(经牧字第400、1717、1292、370、5608号五件)。

**院解字第三五二三号**

**三十六年七月十一日**

案准贵院本年一月十八日从玖字第一六七一号咨,以据卫生署呈请解释军事医疗机关是否院解字第三二七三号解释所称之政府医疗机关疑义,咨请解释见复等由。准此,兹经本院统一解释法令会议议决,院解字第三二七三号解释所称政府医疗机关,自包含军事医疗机关在内。相应咨复查照饬知。此咨行政院

**附原咨**

据卫生署三十五年十二月二十八日京医(三五)字第一五六一五号呈称,案查关于医师加入公会请领开业执照疑义一案,经呈奉钧院三十五年十月三十日节京玖字第一七四三二号指令,以转准司法院解释,医师在政府医疗机关担任医疗工作,不得谓非执行医师业务,应依法向所在地县市政府请领开业执照,并加入所在地医师公会等因,奉经转行所属遵照在案。兹准空军总司令部来函,以该军各医疗单位服务担任医疗工作者,是否亦应向市政府请领开业执照,嘱为函复等由过署。查空军隶属国防部,而国防部为钧院各部会署之一,所属医疗单位,自应认为政府医疗机关,其在内担任工作者,应照前项解释办理,惟军医系属现役,另具身份,是否应同一办理,不无疑义,应否再转司法院解释,抑应如何核复之处,理合呈请核示祗遵等情。相应咨请查照解释见复为荷

**院解字第三五二四号**

**三十六年七月十六日**

案准贵院本年四月十二日从捌字第一三六二三号咨,以据司法行政部呈,转请解释吸毒案犯应否赦免疑义,咨请解释见复等由。准此,兹经本院统一解释法令会议议决,吸用毒品案件,如其犯罪在中华民国三十五年十二月三十一日以前,而在《禁烟禁毒治罪条例》施行之后者,自应援用罪犯赦免减刑令甲项规定,予以赦免,其在该条例施行前已依《禁烟禁毒治罪暂行条例》第六条第一项论处罪刑而经判决确定者,不在赦免之列。相应咨复查照饬知。此咨行政院

**附原咨**

据司法行政部本年四月四日京呈刑二字第五一七号呈,为吸毒案犯应否赦免,请转咨解释等情。案关适用法律疑义,相应抄同原呈咨,请查照解释见复,以便饬遵为荷。

**附原抄呈**

案据四川高等法院本年二月十日牍字第二九号代电称,案据重庆地方法院院长雷彬章三十六年一月二十九日文字第三九七号子艳代电呈称,奉转国府三十六年一月一日令略开,《禁烟禁毒治罪暂行条例》专科死刑或死刑或无期徒刑者,均不赦免,查吸毒案件,依现行《禁烟禁毒治罪条例》,系科有期徒刑,而照上述暂行条例,则专科死刑,应否赦免开释,敬

乞电示祗遵等情。据此,事关适用法律疑义,本院未敢擅专,理合电请鉴核,迅赐电示祗遵等情到部。查事关适用法律疑义,理合备文呈请鉴核,转咨司法院解释,以便转饬知照。

**院解字第三五二五号**

**三十六年七月十六日**

案准贵总司令部(三十六)致响发字第二零六二六号公函,为前依《惩治贪污暂行条例》第二、三、五各条判处之罪是否亦依大赦减刑令不予赦减疑义,函请解释见复等由。准此,兹经本院统一解释法令会议议决,《惩治贪污暂行条例》第二、第三、第四各条所定之罪,均为《惩治贪污条例》第二第三第五各条所包含,罪犯赦免减刑令乙项第二款既明定《惩治贪污条例》第二条第三条第五条之罪均不赦免或减刑,则前依《惩治贪污暂行条例》第二、第三、第四(来文误为第五)各条判处之人犯,自不得予以赦减。相应函复查照。此致空军总司令部

**附原公函**

查三十六年元旦国府颁行之大赦减刑令(乙)项(二)款规定,《惩治贪污条例》第二、三、五、八各条之罪,均不赦免或减刑,至前依《惩治贪污暂行条例》第二、三、五、八各条判处人犯,是否亦在不予赦减之列,有二说焉,(甲)说谓国府元旦所颁赦免减刑令(乙)项二款既明定《惩治贪污条例》二、三、五、八各条之罪不予赦免或减刑,于适用时,自应以该条例第二、三、五、八条为限,至《惩治贪污暂行条例》,名称既异,而其规定内容又不尽相同,自不能据以类推解释,因之凡在三十五年十二月三十一日以前依《惩治贪污暂行条例》二、三、五条判处之罪,应依赦免减刑令甲丙两项规定办理。(乙)说谓赦免减刑令规定贪污不予赦减,其用意原系以贪污罪危害社会国家较深,故明示不予宽贷,《惩治贪污暂行条例》,名称内容虽稍有不同,但其罪质及因其犯罪国家社会蒙受之影响则一,故依该条例判处罪犯,仍应按照赦免减刑令(乙)项二款规定,不予赦减。以上两说,以何说为是,殊滋疑义,相应函请查照。迅赐解释见复为荷

**院解字第三五二六号**

**三十六年七月十七日**

案准贵院本年三月十二日从捌字第八八二九号咨,以据司法行政部呈,转请解释汉奸财产未经判决没收适用法律疑义,咨请再行解释见复等由。准此,兹经本院统一解释法令会议议决,来文所述汉奸财产未经判决没收,第三至第五种之情形,除第四种情形得认为违背法令,依照非常上诉程序以资救济外,其第三第五两种情形,在判决当时既无不合,自不得再由检察官声请以裁定补行没收。相应咨复查照饬知。此咨行政院

**附原咨**

据司法行政部本年二月二十七日京(三六)呈刑二字第二六五号呈称,据浙江高等法院

检察处代电称,汉奸财产未经判决没收,应如何补救,经呈奉钧部本年七月二日京指刑字第五九九〇号指令内开,呈悉,查《惩治汉奸条例》第八条第二项规定,罪证确实之汉奸,得单独宣告没收其财产之全部,则汉奸财产如判决时未宣告没收,自可再由检察官声请以裁定行之等因。奉此,遵办迄今,经声请刑庭裁定没收之汉奸财产,为数颇多,被告及社会舆论均无异议,兹阅司法院院解字第三二四三号解释,以汉奸案件业经确定判决,未为没收财产之宣告者,其曾被查封之财产,自应发还,查汉奸财产未经判决没收之情形有五,(一)被告无财产,于判决理由内说明,不为财产没收之谕知,(二)被告财产无多,仅足供或尚不足供家属生活所需,于理由内说明,免予没收,(三)犯《惩治汉奸条例》第二条第一项各款之罪,情节轻微,依第二项科刑,在司法院院解字第三一〇二号解释公布前,各院刑庭多囿于第八条第一项规定,不为没收财产之宣告者,(四)汉奸财产本已调查明确或已查封在案,而法院漫不注意,竟不作没收之判决者,(五)判决以前未发现有财产,于确定后始发现者,在第一种情形,可不具论,在第二种情形,应将财产发还,理所当然,至于第三至五种情形,参照上开解释,在未经查封者,似不得再行查封及声请没收,在已查封者,亦应即予发还,如此办理,即发生下列之效果,(一)同一汉奸案件,因法律见解各异,裁判期日不同,致财产有没收或不没收之区别,实有背执法持平之原则,(二)因承办推事之疏忽,以致汉奸财产漏未判决,若无补救之道,实易招致社会之误解与指摘,(三)汉奸犯已确定执行,出狱或保释后逃亡,其所留之财产,或有足供本人或子孙数世之享受者,如因上开解释不能补行没收,影响所及,小之减少刑罚效能,大之奖励汉奸犯罪,而于发扬民族正气,整饬国家纪纲,及制定《惩治汉奸条例》之本旨,均不无背驰,综上所观,如援用司法院院解字第三二四三号之解释,合诸实际情形,不无窒碍,即以本处经办汉奸案件而论,其财产未经判决没收,急待续行声请裁定者,为数尚多,自经是项解释公布以来,顿觉惶惑,究竟司法院上开解释是否包括第三至第五种所举情形在内,抑或仍照京刑指字第五九九〇号指令办理,事关适用法律疑义,特电钧长鉴核,迅赐示遵或转请司法院再行释示等情。据此,理合据情呈请鉴核,转函司法院再行解释等情到院。事关适用法律疑义,相应咨请查照再行解释见复,以便饬遵为荷。

**院解字第三五二七号**

**三十六年七月二十一日**

广西高等法院申院长览,辰元代电悉。所请解释一案,业经本院统一解释法令会议议决,《刑事诉讼法》第二十七条之适用,不以须经言词辩论之案件为限,特种刑事案件,在覆判法院书面审理中,亦得依该条规定,选任辩护人。合电知照。司法院午马印

**附原代电**

南京司法院院长居钧鉴,查覆判案件在覆判法院能否选任辩护人,于此有二说,甲说被告于起诉后得随时选任辩护人,其被告之法定代理人、配偶、直系或三亲等内旁系血亲或家

长家属，得独立为被告选任辩护人《刑事诉讼法》第二十七条揭有明定，夫既曰于起诉后得随时选任辩护人，覆判法院自不能列外，征之钧院院解字第三二六九号解释所示，特种刑事案件之被告，于宣示判决后声请覆判中，另行选任辩护人，提出委任状，向原审法院声请检阅卷证，抄录文件，原审法院尚应予以准许，尤为明显。乙说辩护人制度仅适用于言词辩论案件，如案件系书面审理，即无适用辩护人之余地，此观诸最高法院历来判决，均未列有选任辩护人，亦向不指定辩护人，可得当然解释，覆判案件除提审或指定推事莅审外，不适用《刑事诉讼法》第二十七条规定，至钧院院解字第三二六九号解释，系指特刑案件，被告于宣示判决后另行选任辩护人，提出委任状，向原审法院声请检阅卷证，抄录文件，俾便撰状声请覆判，原审法院应予准许，而言非谓卷证文件业已转送覆判法院覆判，仍应准许选任辩护人检阅抄录。两说未知孰是，案关适用法律疑义，理合电请察核，俯予迅赐解解电示祗遵。广西高等法院院长申守真辰元刑天印

**院解字第三五二八号**

**三十六年七月二十一日**

陕西高等法院郗院长览，寅寝代电悉。所请解释一案，业经本院统一解释法令会议议决，《盐政条例》第二十九条第一项（盐专卖条例已废止）所称之用具，包括供贩运或售卖私盐之舟车骡马在内（参照院解字第三五零九号解释）。合电知照。司法院午马印

**附原代电**

南京司法院院长居钧鉴，查盐专卖条例第三十二条上段规定，贩运或售卖私盐者，没收其盐及其自有供贩运或售卖私盐之用具，所谓用具，是否凡直接供贩运或售卖之自有用具均包含在内，舟车骡马驮鞍是否亦系该条所谓之用具，兹有二说，甲说谓以舟车骡马专供贩运私盐之用，自应没收，其舟车骡马并及于驮鞍，如以舟车骡马贩运货物，而夹带私盐者，即不应没收（参考司法院院字第一四一号解释、十八年上字第一四二七号判例、前大理院第一七一七号解释），乙说谓所谓用具自系指贩运私盐所用之口袋或售卖私盐之秤等物而言，不包括舟车骡马等在内，究以何说为当，未敢擅专，理合电请鉴核，俯赐解释祗遵。陕西高等法院院长郗朝俊寅寝印

**院解字第三五二九号**

**三十六年七月二十一日**

四川省合江县参议会卯筱代电暨附件均悉。所请解释一案，兹经本院统一解释法令会议议决，乡镇民代表违法或失职，依《乡镇组织暂行条例》第九条第二项，由保民大会罢免之县长，无撤免所属乡镇民代表之职权。电复查照。司法院午箇印

**附原代电**

南京司法院院长居钧鉴，窃本会于本年三月第一届第六次大会准参议员丁南阶等拾人

提为违法滥权蹂躏民意机构提请公决以维民治等由一案,当经检同有关该案文件并案讨论,略以此等免职处分,不能认为有效,应予撤销,并呈请司法院解释等语决议纪录在卷,再查有旭照乡乡民代表主席公函一件,与本案情形类似,于讨论丁正沅案时,一并附入,综上各由,除函请合江县政府查照办理外,理合照抄参议员丁南阶等提案,保长罗国轩等证明呈文,当事人丁正沅呈文,合江县政府公函,并抄旭照乡乡民代表会公函,及本会第六次大会审议全文各一件,电请钧院鉴核解释示遵。四川省合江县参议会议长何肃雍叩。卯筱议六民印

**院解字第三五三〇号**

**三十六年七月二十一日**

**令河北高等法院院长邓哲熙**

据北平地方法院院长寅寝代电,以《收复地区肃清烟毒办法》第三条适用疑义,电请解释示遵等情前来。业经本院统一解释法令会议议决,烟毒罪犯合于《收复地区肃清烟毒办法》第三条之情形者,检察官或法院应依据《刑事诉讼法》第二百三十一条第八款、第二百九十三条第一项,分别为不起诉之处分或无罪之判决。合行令仰转饬知照。此令

**附原代电**

司法院院长居钧鉴,查《收复地区肃清烟毒办法》第三条前段,有"人民被敌伪强迫或纵容而有运售吸制藏行为者,一概免究既往"之规定,所谓免究既往,既不能认为行为不罚,又非追诉时效之完成及犯罪后法律已废止其刑罚,如果司法警察机关移送此类案件,法院可否仍予起诉判罪,苟认为不应起诉或科刑,则应适用《刑事诉讼法》何条文办理,均属疑问,理合电请解释示遵。北平地方法院院长吴昱恒寅寝叩

**院解字第三五三一号**

**三十六年七月二十一日**

四川高等法院苏院长览,卯删代电悉。所请解释一案,业经本院统一解释法令会议议决,犯吸用毒品罪,经判决确定,交医勒戒断瘾后,复行吸食鸦片,仍应依《禁烟禁毒治罪条例》第八条第三项处断。合电知照。司法院午箇印

**附原代电**

南京司法院院长居钧鉴,查原犯吸用毒品,经判决确定,交医勒戒断瘾后,复犯吸食鸦片,应否以戒后复吸论,有二说焉。(甲)说谓吸用毒品与吸食鸦片,受毒有轻重不同,科刑亦有轻重之别,须前犯吸用毒品,经勒戒断瘾后,复行吸用毒品,或前犯吸食鸦片,经勒戒断瘾后,复行吸食鸦片,始属戒后复吸,依《禁烟禁毒治罪条例》第八条第三项处断。(乙)说谓吸用毒品与吸食鸦片同一感受毒害,同一抵瘾行为,且关于二者之勒令禁戒与戒后复吸之科处罪刑,于同条例第八条第三项并为规定处刑,亦无轻重之分,则勒戒断瘾后复吸,自无

论前犯吸用毒品再犯吸食鸦片，或前犯吸食鸦片再犯吸用毒品，均与该条项戒后复吸罪之成立无关。二者以何说为是，事关法律疑义，理合电请钧院迅赐解释电示祗遵。四川高等法院院长苏兆祥叩牍卯删印

**院解字第三五三二号**

**三十六年七月二十一日**

台湾高等法院杨院长览，卯巧代电悉。所请解释一案，业经本院统一解释法令会议议决，来文所述情形，甲乙丙丁判决后，戊又另案判决，经戊声请覆判，不能就甲乙丙丁部份并予覆判。合电知照。司法院午箇印

**附原代电**

南京司法院院长居钧鉴，兹有甲乙丙丁戊等共犯一罪，原审法院检察官侦查后，认为特种刑事案件，以同以起诉书起诉，以被告等于审判中先后获案，经原审法院先后分别判决，各处罪刑，其先判甲乙丙丁部份，各被告未于法定期间声请覆判，迨后判决戊部份，戊于声请覆判期间内声请覆判，查本案甲乙丙丁戊各部份虽经原审分别判决，但显系同一案件，本院为覆判时，是否应依《特种刑事案件诉讼条例》第十六条，连甲乙丙丁各部份全案予以覆判，抑仅对戊部份予以覆判，事关法律疑义，未敢臆断，敬请钧院迅赐解释电示。台湾高等法院院长杨鹏叩刑二卯巧印

**院解字第三五三三号**

**三十六年七月二十一日**

甘肃高等法院首席检察官览，卯真代电悉。所请解释一案，业经本院统一解释法令会议议决，《刑法》上之窃占罪，为即成犯，如其窃占之时期在民国三十五年十二月三十一日以前，即应依罪犯赦免减刑令甲项，予以赦免。合电知照。司法院午箇印

**附原代电**

南京司法院院长居钧鉴，查有甲窃占乙之地基，虽在三十五年十二月三十一日以前，但现仍在继续占有中，究竟应否赦免，请解释示遵。兼代甘肃高等法院首席检察官职务彭焌志卯真印

**院解字第三五三四号**

**三十六年七月二十一日**

陕西高等法院朱首席检察官览，辰寒代电悉。长安地方法院首席检察官所请解释一案，业经本院统一解释法令会议议决，《刑法》第四十七条所谓赦免，系指特赦及免除其刑者而言，不包括大赦在内，至罪犯经依罪犯赦免减刑令赦免，既系大赦，自不生累犯问题，合电转饬知照。司法院午箇印

**附原代电**

南京司法院院长居钧鉴,案据长安地方法院首席检察官徐杰本年五月九日电字第(97)号代电称,查犯罪在民国三十五年十二月三十一日以前,其最重本刑为有期徒刑以下之刑,而已受一部之执行,因罪犯赦免减刑令之颁布而获得赦免者,于五年内再犯有期徒刑以上刑之罪,应否构成累犯,有甲乙两说。(甲)行为之处罚以行为时之法律有明文规定者为限,此次奉颁之罪犯赦免减刑令内,于其甲乙两项,均称赦免与不赦免,与《刑法》第四十七条所称赦免者并无二致,上开情形,既于现行法律内有明文规定,自应构成累犯,(乙)因罪犯赦免减刑令之颁布而赦免之人犯,其罪质已因大赦而消灭,《刑法》第四十七条所称赦免,仅指特赦与免除其刑者而言,不包括大赦在内,上开情形,自不得以累犯论究,以何者为是,理合电请鉴核示遵等情。据此,查依最高法院二十二年非字第二八二号及同年上字第二〇五一号判例,似以乙说为是,但《刑法》第四十七条所称"赦免",并未将大赦除外,此次罪犯赦免减刑令甲项规定,"犯罪在中华民国三十五年十二月三十一日以前其最重本刑为有期徒刑以下之刑者,均赦免之",似与《刑法》第四十七条所称之赦免无异,究竟已受刑之执行而膺大赦后五年内再犯有期徒刑以上之罪者,是否能成立《刑法》之累犯,不无疑义,理合电请核示饬遵。陕西高等法院首席检察官朱观叩辰寒印

**院解字第三五三五号**

**三十六年七月二十六日**

案准贵院本年三月二十六日从捌字第一零八一零号咨,为《诉愿法》第十一条适用疑义,咨请查核见复等由。准此,兹经本院统一解释法令会议议决,来文所述情形,受理诉愿官署之上级官署,不得依原处分官署之呈请,撤销受理诉愿官署之决定。相应咨复查照。此咨行政院

**附原咨**

设有某甲不服某省政府之处分,向某主管部提起诉愿,嗣经该部决定,以系争物品依法均不在管制之列,将原处分予以撤销,并作成决定书及送达证书,饬该省政府分别存送,惟该省政府则认为原处分并非于法无据及无不当之处,乃检同该项原发决定书及送达证书,径行呈请该部上级主管官署,请求撤销原决定并维持原处分,该上级官署是否可就此案重为实体上之审究而予撤销之处,兹有不同二说。(一)查诉愿之决定有拘束原处分或原决定官署之效力,为《诉愿法》第十一条所明定,是原处分或原决定官署,一经受理诉愿或再诉愿之官署决定后,即有服从之义务,不得对于原处分或原决定而任意变更或撤销,亦不得任意执行或不执行,该上级官署除得令饬该省政府遵照原决定意旨执行外,自未便重为实体上之审究。(二)查上级官署对于下级官署有指挥监督之权,下级官署对于诉愿案件,如其决定有不当或违法之处,上级官署事后发觉,自可基于指挥监督权作用,得为实体上之审查,而予撤销。以上两说,应以何说为是,本院现有类似之案件亟待处理,相应咨请查核见复

为荷。

院解字第三五三六号

三十六年七月二十六日

案准贵院上年十二月十七日节京捌字第二三八一二号咨，以据司法行政部呈转请解释追缴军粮适用法律疑义，咨请解释见复等由。准此，兹经本院统一解释法令会议议决，原呈所述情形，如系依《战时田赋征收实物条例》征借征购者，自可依同条例第十九条比照同条例第十七条规定办理。相应咨复查照饬知。此咨行政院

附原咨

据司法行政部本年十二月六日京呈叁字第一一〇二号呈请核转解释追缴军粮适用疑义一案，相应抄同原呈，咨请查照解释见复，以便饬遵。

附原抄呈

案据江西高等法院本年十一月十五日民二字第三二〇号代电称，据赣县地方法院院长彭吉翔酉艳代电称，案准赣县田赋粮食管理处先后公函略开，据松里乡公所呈，为邱宋魁认派军粮尚欠八石二斗，抗不交缴，又陈修熹前认售军粮十七石二斗，迭催抗缴，转请依法追缴等由。准此，查采购军粮所以补给军糈，为国家重要行政之一，粮户有认购缴纳之义务，对于抗缴军粮之户，自难宽许，惟应适用何种程序予以追缴，则无此项法令规定，莫由适从，前奉钧院三十五年一月八日民字第二一四号训令，以奉部令，关于田赋征收追缴征借征实稻谷，参照《战时田赋征收实物条例》第十七十八等条规定，应适用民事强制执行程序办理之解释，于追缴前项军粮，可否援引适用，未敢擅便，理合电恳鉴核示遵等情。据此，此项追缴军粮，究应如何办理，本院未敢擅拟，理合转请钧部核示，俾便转饬遵照等情到部。事关适用法律疑义，理合呈请钧院鉴核转送司法院解释，俾便饬遵。

院解字第三五三七号

三十六年七月二十六日

案准贵院本年三月十二日从玖字第八七七六号咨，以据卫生署呈请解释医师可否同时兼执行中医师业务疑义，咨请解释见复等由。准此，兹经本院统一解释法令会议议决，医师考试及中医师考试均及格者，医师法上于其同时执行两种业务既未加以限制，自可准其同时执行两种业务。相应咨复查照饬知。此咨行政院

附原咨

据卫生署三十六年二月二十八日京中(三六)字第二九七五号呈称，查医师如兼具有中医师资格，可否准其同时执行两种业务，颇滋疑义，计有甲乙两说，甲说认为其所兼具之医师及中医师资格既均属合法，而现行医师法复无同时不得兼执两种业务之规定，依法自不应加以限制，乙说以为医师与中医师所学习之诊断及治疗方法既截然不同，如果准其同时

兼执两种业务,则医师为迎合一般病人心理,大率混合使用两种方法,必致流弊丛生,实非加以限制不可,不能因医师法未曾规定,即可予以放任,事关法律解释,未便擅断,悬案待决,理合呈请鉴核转咨司法院迅赐解释,俾资遵循等情。相应咨请查照解释并见复为荷

**院解字第三五三八号**

**三十六年七月二十六日**

国防部鉴,卯铣吕捕代电悉。所请解释一案,业经本院统一解释法令会议议决,曾经铨补将校尉实官,而已奉令退役,或已转现役外之文职,或其他非征集中之在乡军人,其犯罪均应由普通法院审判。特电复请查照。司法院午寝印

**附原代电**

司法院赐鉴,查《陆海空军审判法》第十六条规定,军人犯罪在任官任役前,而发觉在任官任役中者,由军法审判,其所犯在任官任役中,而发觉在免官免役后者,归法院审判,本条规定任官任役并举,可分三种情形,(一)任官而复任役,(二)任官而未任役,(三)任役而未任官,在(一)(三)两项,应由军法审判,固无问题,惟第(二)项,曾经铨补实官,而奉令退役者,是否仍具有军人身份,如已转现役外职,或为《陆海空军审判法》第三条规定之非征集中之在乡军人,其犯罪是否仍由军法审判,案关法律疑义谨电请解释赐复为祷。国防部卯铣吕捕印

**院解字第三五三九号**

**三十六年七月二十六日**

四川省政府览,丑有代电悉。所请解释一案,兹经本院统一解释法令会议议决,(一)《诉愿法》第十条但书之停止原处分之执行,属于受理诉愿官署之职权,惟该官署因诉愿人之声请,认为有必要时,亦得停止执行。(二)可参照院解字第二九九零号解释办理。合电知照。司法院午寝印

**附原代电**

南京司法院钧鉴,查(一)《诉愿法》第十条但书之规定,是否限于受理诉愿官署以职权停止原处分之执行,抑诉愿人尚可声请受理诉愿官署停止原处分之执行?(二)民意机关或民意机关代表,可否提起诉愿?均关法令疑义,理合电请统一解释,俾资遵循。四川省政府丑有叩印

**院解字第三五四〇号**

**三十六年七月二十六日**

乐至县政府寅虞代电悉。所请解释一案,兹经本院统一解释法令会议议决,继续犯(行为继续)、牵连犯、连续犯有一部分行为在民国三十六年一月一日以后,及犯罪行为之结果

发生于该日以后者，均无罪犯赦免减刑令之适用，合电知照。司法院午寝印

**附原代电**

南京司法院院长居钧鉴，窃以奉颁罪犯赦免减刑令适用上发生疑义四点，(一)犯罪在民国三十五年十二月三十一日以前，其犯罪继续状态延至民国三十六年一月一日以后，如《刑法》第二九四条之遗弃罪，第二九六条之使人为奴隶罪，第三〇二条之私行拘禁罪等之继续犯。(二)《刑法》第五五条之牵连犯，其方法行为在民国三十五年十二月三十一日以前，其结果行为在民国三十六年一月一日以后，若其从重处断部份如"方法行为"或为"结果行为"各情形。(三)《刑法》第五六条之连续犯，其数行为有在民国三十五年十二月三十一日以前者，有在民国三十六年一月一日以后者。(四)犯罪着手实行于民国三十五年十二月三十一日以前者，其结果发生于民国三十六年一月一日以后，例如《刑法》第三三九条之诈欺罪，甲于民国三十五年十二月三十日向乙施行诈术，意欲诈财壹万元，乙因陷于错误，至三十六年一月一日始行交付与甲之情形。以上案情，均在侦察或审判中，尚未终结，有无赦免减刑令之适用，并如何适用，事关法律疑义，案悬待结，谨径电恳钧院迅赐详释示遵。四川省乐至县长兼检察职务董咸宜叩寅虞印

**院解字第三五四一号**

**三十六年七月二十六日**

**令河北高等法院院长邓哲熙**

三十六年四月二十三日呈一件，为据河北高等法院第一分院呈请解释没收汉奸财产及运输烟毒等案件适用法律疑义，转请解释示遵由。

呈悉，业经本院统一解释法令会议议决，(一)汉奸案件于起诉后经法院通缉者，如罪证确实，亦得单独没收其财产之全部。(二)《禁烟禁毒治罪条例》所称之运输，系就其行为而言，不以国外输入国内或国内输出国外为限，其在国内运送者亦属之，至零星夹带或短途持送，自得斟酌实际情形，依持有烟毒罪论科。仰即转饬知照。此令

**附原呈**

呈为呈请解释事，窃据本院第一分院呈称，案查《惩治汉奸条例》第二条第一项之犯罪，未获案前经国民政府通缉而罪证确实者，得单独没收其财产之全部，同条例第八条第二项已有明文规定，又查有触犯《惩治汉奸条例》第二条第一项之罪嫌，仍得依同条例第八条第二项规定，单独宣告没收其财产之全部，亦经司法院院解字第三二五八号训令解释有案，就此观察，则凡依法起诉因被告逃亡经法院通缉之案件，被告虽未到案，如果其犯罪证据业臻确实，似亦得单独宣告没收其财产之全部，惟法院之通缉可否视同国民政府之通缉，单独宣告没收，究属不无疑义，再查关于运输毒品或鸦片之运输行为，以前曾有系指自国外输入国内或自国内输出国外之判例，而《禁烟禁毒治罪条例》第四条、第五条之运输，并无国内与国外间之规定，似在国内运输烟毒之行为，亦应构成犯罪，究竟上开判例是否仍受其拘束，又

如由国内某地将其烟毒带至某地,有距离在数里以内者,有距离在数十里以上者,应在何种情形之下始构成运输罪,而不单独构成《禁烟禁毒治罪条例》第十条持有之罪,似亦不无疑义,本分院现因有关此项问题案件急待处理,未敢擅专,理合呈请鉴核示遵等情到院。事关法律解释,理合具文呈请钧院俯赐解释示遵。

**院解字第三五四二号**

**三十六年七月二十六日**

**令河北高等法院院长邓哲熙**

三十六年三月十五日呈一件,为据本院第四分院呈请解释敌军临时雇用之夫役或厨役应否依《惩治汉奸条例》第二条第一项第八款办理疑义,请赐解释示遵由。

呈悉,业经本院统一解释法令会议议决,临时受雇在敌军充当夫役或厨役,应否认为充任与军事有关之职役,应依实际情形决之。仰即转饬知照。此令

**附原呈**

案据本院第四分院代理院长董谟呈称,查在敌军充当夫役或厨役,虽在该军内服务,但既系临时雇用性质,似与在敌军充当通译特务者有别,应否依照《惩治汉奸条例》第二条第一项第八款之规定办理,适用上颇滋疑问,理合电请解释示遵等情到院。事关适用法律疑义,未敢擅专,理合具文呈请钧院俯赐解释示遵。

**院解字第三五四三号**

**三十六年七月二十六日**

四川高等法院苏院长览,卯微代电悉。江北地方法院所请解释一案,业经本院统一解释法令会议议决,来文所称之简称"无水"(醋酸酐),既经化验并未含有鸦片吗啡等同类烟毒性质,即不得以《禁烟禁毒治罪条例》第一条所称之烟毒论,其贩运制造或持有者,自不能认为犯罪。合电转饬知照。司法院午宥印

**附原代电**

南京司法院院长居钧鉴,案据江北地方法院院长曹克襄三十六年三月十八日牍字第一七五号寅巧代电呈称,窃查意图供制造吗啡麻烟等毒品之用,而贩运或制造或持有无水,如经化验鉴定并未含有鸦片吗啡高根海洛因等同类烟毒性质,其情形与司法院院字第一五二号训令第一解释之乳糖咖啡精相类似,是否应不论罪,如应论罪,究应论以何项罪名刑名及刑期,法无专条,未敢臆断,现本院受理是项案件数起,案悬待结,理合检附无水鉴定书及化验报告等件,送请钧院解释示遵等情。查烟与毒之定义,具详于《禁烟禁毒治罪条例》第一条,必合乎该条规定者,始为该条例所严禁之烟与毒,又查醋酸酐(简称醋酐 AceticAnhydride$C_4H_6O$ 亦名无水醋酸又简称无水)系化学名词,为一种无色而流动之液体,比重一〇八二,有恶臭,沸点一三七度,化学上可认为系从二分子之醋酸缩去一分子之水而成者,能溶

解于醇及醚中，遇水则分解成醋酸（见辞源续编酉集一百页），该项醋酸酐，其本身既非鸦片罂粟罂粟种子及麻烟或其配合之抵瘾丸药，亦非吗啡高根海洛因及其他化合物或配合而成之各色毒品，纵为制造吗啡必不可少之药品，并经政府明令严禁（？），然既非该条例第一条所称之烟与毒，充其量亦只能受行政上之取缔，要难使贩运制造或持有该项醋酸酐者负刑事上之责任（参照司法院院字第一五二号解释及司法院十九年一月二十日院字第二零九号覆北平警备司令部电），惟据报载，渝市近破获制造吗啡用之大量毒品“无水”或“无酸”十三桶，核其内容，似系指“醋酸酐”，不知对于该项药品是否另有禁止及处罚之规定，事关法律疑义，本院未敢擅专，理合检同原报，电请钧院迅赐解释示遵，附呈新闻报纸一份。四川高等法院院长苏兆祥叩赓卯微印

**院解字第三五四四号**

**三十六年七月二十九日**

案准贵院本年五月二十九日从宿字第二零二六五号咨，以据司法行政部呈，转请解释拍卖战前未经拍定之不动产抵押物适用法律疑义，咨请解释见复等由。准此，兹经本院统一解释法令会议议决，抵押权人无强制执行法第四条所列之执行名义，而于同法施行前声请拍卖抵押物，已经法院开始拍卖，尚未拍定者（参照院字第一五五三号、第一五五六号解释），依同法第一百四十一条之规定，于其施行后，应视其进行程度，依同法所定之程序终结之。相应咨复查照饬知。此咨行政院

**附原咨**

据司法行政部本年五月十六日京36呈（叁）字第七八三号呈称，案据广东高等法院本年五月一日文乙字第一一七五号辰东代电称，现据广州地方法院本年卯佳民纪代电称，查广州市不动产抵押暂行办法（似系当时西南政务委员会公布）第三条规定，凡经土地局准予抵押登记者，其登记之效力得对抗第三人，如届期债务人不能照约履行时，债权人得依据《民法》第八百七十三条，申请法院拍卖抵押物，就其卖得价金而受清偿，毋庸经过追诉程序，又第六条规定，抵押权人声请法院拍卖抵押物时，须即将合约正本所有权抵押权登记确定证及所登广告，一并呈送备核，又第七条规定，法院接收抵押权人声请书后，应于七日内派员鉴定该不动产底价，于三日内布告，体察情形，于布告后经过三十日即行拍卖各等语，可见依该办法之规定，于拍卖开始前，无庸为准许拍卖之裁定，本院于战前已依该办法开始拍卖之抵押物，因地方沦陷，尚未拍定，债权人于复员后声请继续拍卖抵偿，应否准许，不无疑义，理合电请钧院鉴核示遵等情。据此，理合电呈钧部察核，迅赐指示祗遵等情到部，事关法律适用疑义，理合呈请钧院鉴核转送司法院解释，俾便饬遵等情。据此，案关适用法律疑义，相应咨请查照解释见复，以便饬遵为荷。

院解字第三五四五号

三十六年七月二十九日

山东高等法院胡院长览,本年二月支代电悉。所请解释一案,业经本院统一解释法令会议议决,来电所述情形,日人某乙之日常家用物品,如系政府无须接收者,某乙自愿给与某甲,以清偿保证债务,自非法所不许。合电知照。司法院午赚印

附原代电

南京司法院院长居钧鉴,查有中国人某甲,事变期内,经由日人某乙作保,出租于日人某丙市房一所,胜利后,某甲查悉该房有损坏改造情形,当因主债务人某丙已遣送回国,且无财产可供抵偿,遂一面声请将保证债务人某乙经中国政府接收剩余之日常家中使用物品实施假扣押,一面向法院声请调解成立,某乙愿将被假扣押之全部物品给与某甲所有,以了结某丙之损害赔偿,关于该项假扣押之物品能否给与某甲抵债,主张不一,计有两说。子说谓该项假扣押之物品既系敌产,而此项扣押物所抵偿之损害,又非就敌为之产业而生之债务,则所有假扣押之物品,自应交由该管敌伪产业处理局接收处理,归于国有,声请人纵受损害,亦不得就此扣押物主张抵偿。丑说谓该项假扣押之物品,系某乙之日常所用动产,而未经中国政府依据行政院处理敌伪产业规定予以接收,且前项调解笔录与审判上之和解有同样效力,应由某甲取得抵债,不应认为敌产而归为国有。该两说均不无相当理由,惟究以何说为是,事关法律疑义,为此电请鉴核俯赐解释祇遵。山东高等法院院长胡绩支叩印

院解字第三五四六号

三十六年七月二十九日

令广东高等法院院长史延程

据郁南地方法院丑俭代电,以前经告发与通缉未结之汉奸案件应如何处置疑义,电请解释示遵等情。据此,业经本院统一解释法令会议议决,三十五年十二月三十一日以前告发之汉奸案件,虽无被害人出而告诉,检察官仍应依法侦查,为起诉或不起诉之处分,至已通缉之汉奸,除经侦查认为并无犯罪嫌疑,予以不起诉处分外,不得撤销通缉。合行令仰转饬知照。此令

附原代电

司法院院长居钧鉴,查人民或团体对于抗战期间汉奸案件之告发,以三十五年十二月三十一日以前为限,逾期之告发,检察官不予置议,业经国民政府三十五年十二月十三日以处京字第四五二号训令通饬有案,固无疑义,惟在此场合,如人民或团体虽已于三十五年十二月三十一日以前告发,但检察官于三十六年一月一日以后迄仍未办理,又无被害人出而告诉,更无明显犯行事实足以追诉者,能否不予置议或径予不起诉处分,以及已通缉者,若类此情形,又可否将其通缉予以报请撤销,否则长此不能结束,已与国防最高委员会第二〇

六次常务会议奉主席所谕“关于汉奸案件之检举，亟应早日结束，以免人心动荡不安”之旨，不无相违，又应如何处置，颇滋疑义，理合电请鉴核俯赐解释示遵。广东郁南地方法院院长刘军冠丑俭印

**院解字第三五四七号**

**三十六年七月二十九日**

案准贵院上年十一月二十七日节京伍字第二一一七八号咨，以据财政部呈请解释院解字第二六八九号解释适用疑义，咨请解释见复等由。准此，兹经本院统一解释法令会议议决，院解字第二六八九号解释所谓其他之物，指金钱以外之动产或不动产而言，至以劳务或信用充资本时，其计算方法，法律或契约定有标准者，从其所定（参照公司法第三十六条、《民法》第六百七十七条第二项），其未定有标准者，自应予以估定。相应咨复查照饬知。此咨行政院

**附原咨**

据财政部呈称，案准湖南省政府本年八月二十四日长府财四字第一六七四号代电开，渝地三字第二七九四二号辰巧代电只悉，关于牙行牙纪拍卖等业按营业总收入额划分等级课征，核与规定不合，嘱查照前案，改按营业资本额征收，以符法令一节，本应照办，惟查牙行牙纪拍卖等业，货物资本均非己有，即其房屋亦大多租用，纯系代客买卖，居间抽收佣金，倘照资本额课税，匪仅收入短少，且与其他各业相比，亦欠公允，经详细研究，似以按其营业总收入额课税为合理，复查前准贵部本年五月四日渝地字第（一八三〇七）号公函，以牙行等业资本额之计算，曾经司法院解释，资本不必为金钱，得以其他之物及劳务信用充之，所称其他之物，是否指其房屋，抑指各客商之货物而言，若系指客商之货物为牙行等业资本，则不过变更名称，其实与按营业总收入额课税并无多大殊异，至以劳务信用充为资本，并未奉明文规定，且其计算方法亦未奉颁，无从办理，现本省各县市征收牙行等业营业牌照税，均系按营业总收入额课征，推行尚称顺利，拟请仍照本府所拟，按营业总收入额课税，以利征收，而符实际，准电前由，相应复请查照转请备案，并希见复等由。查关于牙行等业资本额之计算，曾经呈奉钧院三十三年十二月六日义伍字第二五四四一号令转准司法院解释“营业必有资本，拍卖业及牙行业非能独异，惟资本不必为金钱，得以其他之物及劳务信用充之”有案，其中所称“其他之物”系指何物，“劳务信用”如何计算，理合具文呈请鉴赐转请解释，俾资遵循等情。相应咨请查照解释见复，以便饬遵。

**院解字第三五四八号**

**三十六年七月三十一日**

案准贵院本年二月八日从壹字第四一一三号公函，以据内政部呈，转请核示乡镇公所事务员书记乡镇保国民兵队队附是否属于办理地方自治人员疑义，函请解释见复等由。准

此,兹经本院统一解释法令会议议决,院字第二七五七号解释所谓其他办理自治人员,包括乡镇公所专任事务员乡镇保国民兵队队附在内,惟来文所称乡镇公所书记,非依乡镇组织暂行条例设置之人员,不能谓为办理自治人员(参照院解字第二九一六号解释)。相应函复查照饬知。此致行政院

**附原公函**

据内政部呈请核示乡镇公所事务员书记乡镇保国民兵队队附等是否属于办理地方自治人员,相应抄同原件,函请查照解释见复为荷。

**附原抄呈**

据浙江省民政厅亥元民八六一八代电称,查司法院三十三年十月三日院解字第二七五七号解释节开,查《乡镇民代表选举条例》第二条第一款规定,现任本乡镇区域内之公职人员,停止其被选举权,其称为公职人员,而不称为公务员,即以乡镇保长及其他办理地方自治人员应停止其被选举权,而又不认为公务员之故等语,查乡镇公所事务员书记乡镇保国民兵队队附,是否属于办理地方自治人员,应否停止其乡镇民代表被选举权,理合电请鉴核示遵等情。查乡镇保长及其他办理地方自治人员,应停止其乡镇民代表被选举权,既经司法院解释有案,惟是项解释中所称其他办理地方自治人员,究应包括何项人员,乡镇公所事务员书记乡镇保国民兵队队附,应否包括在内,并无明文解释,为期法令解释得以统一,避免两歧起见,拟请钧院再行转请司法院予以补充解释,是否有当,理合呈请核示祗遵。

**院解字第三五四九号**

**三十六年七月三十一日**

甘肃省政府览,卯回代电悉。所请解释一案,兹经本院统一解释法令会议议决,现任甘肃省政府委员或厅处局长,以省政府所在地之兰州市为其任所所在地,以甘肃全省为其管辖区,依《国民大会代表选举罢免法》第八条规定,不得于兰州市选举当选区为国民大会代表,其于甘肃省内各选举区为立法院立法委员候选人者,依《立法院立法委员选举罢免法》第十三条之规定,应于选举期前五个月辞职。合电知照。司法院午世印

**附原代电**

南京司法院钧鉴,查《国民大会代表选举罢免法》第八条规定,"现任官吏不得于其任所所在地之选举区当选为国民大会代表",《立法委员选举罢免法》第十三条规定,"现任文职或军职之官吏,于其管辖区或任所所在地之选举区为候选人者,应于选举期前五个月辞职",省政府委员或厅处局长参加国大代表或立法委员之候选,对于任所所在地之解释,于此有两说,甲说"条文规定系任所所在地,除不得参加省府所在地之某一县或一市之选举区(如本府在兰州市,即以兰州市为所在地)候选外,其余各县局均得参加候选",乙说"省政府管辖全省,省府委员或厅处局长,均不得参加全省任何县市局之候选",以上两说,究以何说为当,理合电请鉴核解释电示为祷。甘肃省政府民二(三六)卯回印

**院解字第三五五〇号**

**三十六年七月三十一日**

**令浙江高等法院**

三十六年二月二十六日呈一件,为准浙江省社会处转据浦江县政府电请释示沦陷时期敌伪强迫公产佃户缴纳租谷执有收据者应否准其免缴各该年份租谷疑义,转祈释示遵行由。

呈悉,业经本院统一解释法令会议议决,沦陷时期公产佃户因敌伪向其收取租谷而缴纳时,其效力应依《民法》第三百一十条各款之规定定之,并参照院解字第三二七八号解释办理。仰即转行知照。此令

**附原呈**

案准浙江省社会处浦江县政府电称,"查沦陷时期敌伪强迫公产佃户缴纳租谷执有收据者,应否准其免缴各该年份租谷,请释示祇遵"等由。准此,事关法律疑义,理合备文转呈,仰祈钧院鉴核俯赐释示,以便遵行。

**院解字第三五五一号**

**三十六年七月三十一日**

国防部鉴,寅文吕赦代电悉。徐州绥靖公署所请解释办理大赦案件疑义两点一案,兹经本院统一解释法令会议议决,(一)褫夺公权为从刑之一种,主刑既经赦免从刑自亦随之消灭,至《刑法》第三十七条第五项所谓赦免,应参照院解字第三五三四号解释,(二)已见院解字第三五零六号解释。特电复请查照饬知。司法院午世印

**附原代电**

司法院赐鉴,据徐州绥靖公署电呈大赦案件疑义两点,(一)查罪犯犯罪,其最重本刑虽为有期徒刑以下之刑,然依其犯罪性质,多有宣告褫夺公权,国政元月一日所颁之大赦令甲项,对于是项从刑是否赦免,并无明文规定,是否于其主刑赦免后,仍须依《刑法》第三十七条第五项,自赦免之日起算,执行其从刑?(二)查赦令乙项第四款规定,《禁烟禁毒治罪暂行条例》专科死刑或科死刑或无期徒刑之罪,均不赦免或减刑,至犯现行之《禁烟禁毒治罪条例》专科死刑或科死刑或无期徒刑之罪,是否得予赦减等语谨按《刑法》第三十七条第三项褫夺公权于裁判时并宣告之?刑诉法第二九四条曾经大赦者谕知免诉之判决,第二三一条曾经大赦者为不起诉之处分各规定,则凡经大赦者,应视为罪刑消灭,更不应有从刑单独存在或单独宣告之理,但《刑法》第三十七条第五项既有明文规定,自属不无疑义。至原呈第二点,赦令所指《禁烟禁毒治罪暂行条例》云云,应系由于国府公报登载之误,但若遇有该新旧各条例之法定刑度有所轻重时,应依何项刑度办理大赦,仍尚不无疑义。事关解释法令,合行转电赐予解答,以凭转饬遵照为祷。国防部寅文吕赦印

**院解字第三五五二号**

**三十六年七月三十一日**

案准贵院本年二月十九日从捌字第五六九五号咨,以据内政、国防部呈,转请解释户籍法适用疑义,咨请解释见复等由。准此,兹经本院统一解释法令会议议决,合于户籍法第十九条所列各款情事之一者,应为除籍登记,未便在解释上对于现役及龄男子加以限制。相应咨复查照饬知。此咨行政院

**附原咨**

据内政、国防部本年二月七日(三十六)户成笺字〇〇二五三、〇一四四号呈称,案准福建省政府致戌东府民丙第一三八七九一号代电开,据永春县政府呈,以修正户籍法关于设籍并无居住时间之限制,人民势必因欲享受权利(如参加竞选),而随意设定本籍,又除籍不加限制,刁顽之徒,为企图避免兵役,亦必任意声请除籍,影响社会秩序殊大,应如何补救,请核示等情。查所称各节,尚属实情,究竟如何办理,应请查核见示等由。准此,查设籍除籍在户籍法中列举规定至为详明,构成设籍之条件,须有一定之事实或时间,至同法第十八条第五款及第十九条第三款所谓“有久住之意思”系根据《民法》第二十条所规定之法意,而此种久住意思之表示,须合于《民法》总则第四章第三节之规定,并非漫无限制,除参加竞选者之资格,在选举法规中另有周密之规定,非以取得本籍为已足,毋庸顾虑外,至关于兵役征集,依照《兵役法》第二十三条之规定,除经呈报核准于寄居地举行者外,均于本籍举行,为防止因企图避免兵役而任意声请除籍起见,似可规定,凡依据户籍部册转录之现役及龄名册内之现役及龄男子,自过录现役及龄名册起,至征集入营前,均不得为除籍之声请,事关变更法律,是否有当,情集呈祈鉴核转咨司法院统一解释,通饬遵循,实为公便等情。据此,事关法律解释,相应咨请查照解释见复,俾便饬遵为荷。

**院解字第三五五三号**

**三十六年八月六日**

案准贵院上年十一月三十日节京贰字第二一四六七号咨,以据司法行政部呈,转请解释《河南省被灾时期地权移转处理办法实施注意事项》第三项适用疑义,咨请解释见复等由。准此,兹经本院统一解释法令会议议决,《河南省被灾时期地权移转处理办法实施注意事项》第三项,系以原业主之买回权对于第三人亦有效力为前提而为规定,故原业主得买回之土地经转买与第三人时,原买受人对于该第三人虽无该办法所定之买回权,亦应按该项之规定向该第三人买回,如原买受人于转卖后死亡,而其继承人之有无不明,或籍隶异乡,住居不明,又无人代理者,原业主得径向该第三人买回。相应咨复查照饬知。此咨行政院

**附原咨**

据司法行政部呈称,案据河南高等法院本年未鱼第(807)号代电,略以(一)灾民依据

《河南省被灾时期地权移转处理办法》第十条之规定买回或回赎之土地，若有转卖或转典于第三人情事，原买受人或原典权人应按前两项之规定，向第三人买回或回赎后，再由原业主买回或回赎之，为《河南省被灾时期地权移转处理办法实施注意事项》第三项所明定，设原买受人之承买系在灾期，合于买回之条件，而转卖不在灾期，又不合买回之条件，原买受人持何理由向第三人请求买回，(二)设原买受人于转卖后死亡，而其继承人之有无不明，或籍隶异乡，住居不明，又无人代理时，原出卖人向何人请求买回等情。据此，事关法律适用疑义，理合呈请鉴核转送司法院解释，俾便饬遵等情，查《河南省被灾时期地权移转处理办法》，前于三十二年十一月五日由本院制定公布施行，嗣于三十四年九月及本年四月先后修正，均经报请国防最高委员会备案在案，兹据前情，相应抄同原办法，咨请贵院解释见复为荷。

**院解字第三五五四号**

**三十六年八月七日**

贵院本年三月一日从捌字第三一九四号咨，以据司法行政部呈，转解请释《河南省被灾时期地权移转处理办法》第四条第一项但书适用疑义，咨请解释见复等由。准此，兹经本院统一解释法令会议议决，计算《河南省被灾时期地权移转处理办法》第四条第一项但书所称原有土地面积总额，应以该条项之修正发生效力之日为准，凡在是日以前取得之土地，均应计算在内，在是日以前让与他人之土地，均不计算在内，又该条项但书所谓土地面积，固包含建有房屋之基地面积在内，但不能将房屋之价额折合田地价额而计算之。相应咨复查照饬知。此咨行政院

**附原咨**

据司法行政部本年一月十八日京(36)呈(叁)字第八六号呈称，据河南高等法院三十五年亥有日民勤字第二四三三号代电称，据许昌地方法院院长汪纶爵本年十二月九日呈称，查《修正河南省被灾时期地权移转处理办法》第四条第一项但书规定，以原业主全家人口每人平均原有土地面积总额少于买受人全家人口每人平均原有土地面积总额者为限等语，关于原有土地，发生下列疑义，(一)原业主在被灾时期以内，另有卖给他人之土地，是否为业主原有土地。(二)买受人在被灾时期以内，另有买受他人之土地，是否为买受人原有土地。(三)原业主及买受人在被灾时期以外，另有卖出或买入他人之土地，是否为原有土地。(四)田地与房屋比较，如何计算，例如甲有地二十亩，乙有地十亩，房屋十间，究应按房屋一间合地一亩计算；抑按房屋价额折合田地价额计算(如房屋一间值十万元，地一亩值五万元，则房屋一间按地二亩计算)。以上四点，颇滋疑义，理合备文呈请鉴核，迅予解释，俾便遵循等情。据此，事关法律疑义，未便擅议，理合电请县核示遵等情。据此，事关法律疑义，理合呈请鉴核转送司法院解释，以便饬遵等情。据此，案关适用法律疑义，相应咨请查照解释见复，以便饬遵为荷。

**院解字第三五五五号**

**三十六年八月七日**

案准贵院本年二月五日从贰字第三六八零号咨,以据司法行政部呈,转请解释《河南省被灾时期地权移转处理办法》第四条第一项但书适用疑义,咨请解释见复等由。准此,兹经本院统一解释法令会议议决,凡在《河南省被灾时期地权移转处理办法》第四条第一项但书修正条文发生效力之日,原业主全家人日每人平均原有土地面积总额与买受人全家人口每人平均原有土地面积总额相等者,即与同条项但书之规定不符,原业主自不得买回其所出卖之土地。相应咨复查照饬知。此咨行政院

**附原咨**

据司法行政部呈,为河南省高等法院请解释《河南省被灾时期地权移转处理办法》第四条第一项疑义一案到院,案关法令疑义,相应抄同原呈,咨请贵院解释见复为荷。

**附原抄呈**

查前据河南高等法院请示《河南省被灾时期地权移转处理办法》第四条疑义一案,业经本部于本年十二月三日以京呈叁字第一〇九一号呈请钧院转请解释在案。兹复据该院本年十二月六日呈字第二二二三号呈称,案据汜水县司法处本年戌巧代电称,案查前奉钧院三十五年五月二十七日文字第一三九〇号训令,抄发《河南省被灾时期地权处理办法》修正条文及本办法实施注意事项各一份,饬知照等因。奉此,查修正条文第四条第一项内载,"但以原业主全家人口平均原有土地面积总额少于买受人全家人口每人平均原有土地面积总额者为限",查原业主及买受人富力与人地比较相等者,是否仍准买回,抑或应如何处理,原条正文并未明白规定,现本处受理有双方人地富力相等案件,急待解决,事关法令适用疑义,本处未便擅断,理合电请钧院鉴核示遵等情。据此,案关法律解释,未便擅拟,理合备文呈请钧部鉴核指示,俾便转饬遵行,实为公便等情到部。事关法律适用疑义,理合呈请钧院转送司法院一并解释,俾便饬遵。

**院解字第三五五六号**

**三十六年八月七日**

案准贵院上年十月二十三日节京捌字第一六六三五号咨,以据司法行政部呈,转请解释《修正河南省被灾时期地权移转处理办法》第四条第一项但书适用疑义,咨请解释见复等由。准此,兹经本院统一解释法令会议议决,计算《河南省被灾时期地权移转处理办法》第四条第一项但书所称之原业主与买受人全家人口及原有土地面积总额,均应以该条项修正条文发生效力之日为准。相应咨复查照饬知。此咨行政院

**附原咨**

据司法行政部本年四月八日(京)呈(叁)字第八四九号呈称,据河南高等法院本年八月

二十二日民宽字第九九六号呈称，案据获嘉县司法处本年八月十日光字第一一六号呈称，案查前奉钧院文卯真代电，以《修正河南省被灾时期地权移转处理办法》第四五六条全文，经国防最高委员会备案，钞发修正原文，电仰知照等因。奉此，遵查第四条后半段但书原文，但以原业主全家人口平均原有土地面积总额少于买受人全家人口每人平均原有土地面积总额者为限，所谓原有土地者，核其意义，即原来所有之义，其理至明，无待详解，然适用上至感困难，于此两说，（甲）说谓原业主原有土地者，即以原业主当被灾时出卖土地之日为其原有土地面积之标准，其人口确数，亦自以出卖土地之日为其原有人口标准，至买受人之原有土地面积总数及其全家人口确数，亦自以买受人买受土地之日为其原有土地，同时其全家人口，亦以买受土地之时为其原有人口，现在被灾时期已成过去，业有三载，有的原业主当灾期卖地时确属富户，因沦陷期间天灾人祸，变为赤贫，以至现在穷无立锥，有的买受人当灾期买地时原属赤贫，而因投机取巧，因利乘便，家业暴富，至于原有人口方面，原业主与买受人因死亡出生析产别居入赘改适，人口异动极大，兹于现在告争回赎灾期田地，若均如该但书所规定，势必调查以往原业主及买受人原有土地面积总数与其原有人口实际确数不可，而因于此三年中，沦陷被灾，变动极大，不唯隐匿规避，实际上无从着手，即各双方坦白率真，直言无隐，均以原有土地人口为比例，其先富后贫原业主与先贫后富买受人比较，而原业主原有土地均多于买受人，实不能买回灾期土地，即不啻为发国难财者加一种保障，亦失政府体恤现在贫民之意矣，此应解释者一也，（乙）说谓原有土地面积总额云者，应解作现时之义，即据原业主现时所有之土地总额与现时实在之人口确数，作一标准数，其买受人所有之土地与其全家人口，均以现在为准，若原业主全家人口平均现有土地面积总额，少于买受人全家人口每人平均现有土地面积总额者，则准其买回，若多者，则驳回其诉，以职意见，此项主张，不但实际上现在贫民可以得到救济，而调查上亦较容易，若以现在之纠纷，而详究既往双方之原有土地原有人口，以为解决当前未来之问题，徒滋纠纷，无裨实际，以上两说，究以何说为是，事关法律解释及适用，理合呈请鉴核示遵等情。据此，事关法律疑义，未便擅议，理合呈请钧部鉴核示遵等情到部。事关法律疑义，理合备文呈请钧院鉴核，转送司法院解释，俾便饬遵等情到院。案关法律适用疑义，相应咨请查照解释见覆，俾便饬遵为荷。

**院解字第三五五七号**

**三十六年八月七日**

案准贵院上年七月八日节京捌字第四三七一号咨，以据司法行政部呈，转请解释《河南省被灾时期地权移转处理办法》适用疑义，咨请解释见复等由。准此，兹经本院统一解释法令会议议决，法院依《河南省被灾时期地权移转处理办法》之规定，准原业主买回其出卖之土地判决确定后，买受人所在不明者，应依该办法第六条修正条文办理。相应咨复查照饬知。此咨行政院

**附原咨**

据司法行政部本年六月八日京呈叁字第三一五号呈称,案据河南高等法院三十五年三月十六日恭民字第一四七号呈,以法院依《河南省被灾时期地权移转处理办法》之规定,准原出卖人或原出典人以原价买回或回赎其卖产或典产之判决确定后,如买受人所在不明,如何执行,请示遵等情。查事关法律疑义,自应呈请转送司法院解释,惟该办法尚未经立法程序,须经国防最高委员会备案后,司法院始予解释,该办法及第四条、第五条、第六条之修正条文,是否均曾呈请国防最高委员会备案,理合呈请鉴核示遵等情。据此,查《河南省被灾时期地权移转处理办法》及第四条、第五条、第六条之修正条文,曾经报请国防最高委员会核准备案有案,兹据前情,案关法律适用疑义,相应咨请查照解释见复,俾便饬遵为荷。

**院解字第三五五八号**

**三十六年八月七日**

案准贵院上年十二月九日节京捌字第二二七九五号咨,以据司法行政部呈,转请解释《河南省被灾时期地权移转处理办法》修正施行后适用疑义,咨请解释见复等由。准此,兹经本院统一解释法令会议议决,(一)计算《河南省被灾时期地权移转处理办法》第四条第一项但书所定原业主与买受人全家人口及原有土地面积总额,应以该条项之修正条文发生效力之日为准,故原业主出卖土地,应算入买受人原有土地,至甲之土地出卖与丙,丙既与其夫乙同居,乙丙之土地即应合并计算,以定买受人全家人口每人平均原有土地面积总额,又买卖标的物为房屋时,应以该房屋之基地与其他土地合并计算,以定买受人一方之原有土地面积。(二)同办法第十一条末段所谓调处不协,系指定有调处办法当事人不表示同意而言,如其调处并未定有调处办法,即无同条之适用,同条所定期间,虽非所谓不变期间,但当事人不于期间内起诉者,仍不得再行起诉,又当事人主张调处有无效或得撤销之原因者,得向司法机关诉请确认。(三)法院命当事人之一造为同办法实施注意事项第一项补偿时,应记载于判决主文,此项补偿,系于原业主买回土地时行之,如不准原业主买回,自无同项之适用。相应咨复查照饬知。此咨行政院

**附原咨**

据司法行政部本年十一月三日京呈叁字第一〇九一号呈,请解释《河南省被灾时期地权移转处理办法》疑义等情。案关适用法律疑义,相应抄同原呈,咨请查照解释见复,以便饬遵。

**附原抄呈**

案据河南高等法院本年十一月十一日民宽字第一八六六号呈称,案据本院第三分院本年十月五日洛文字第三七八七号代电开,查《河南省被灾时期地权移转处理办法》修正施行后,疑义甚多。第一,查该办法第四条但书明定,就原业主买受人各全家人口与土地面积总额比较,以为能否买回土地之标准,其疑义有四,(一)如甲仅有土地二亩,出卖于乙,乙仅有

买甲之土地二亩，此际甲能否买回？（二）人口土地比较结果，除系争地外，原业主与买受人之土地面积相同，此际原业主能否买回？（三）如甲之土地卖于乙同居之妻丙，甲与乙比较，甲之土地为少，但与丙比较则多，此际甲能否买回？（四）如出卖者为房屋，是否仅就房屋间数与人口比较，抑应连同耕作地比较？第二，该办法第十一条末段，不服调处者，应于调解不协时起三十日内，向该管司法机关依法起诉，此期间是否指调处成立后不服调处之一方再向司法机关起诉时应遵守之期间而言，抑指调处不成立原业主或买受人向司法机关起诉应遵守之期间而言？如起诉逾期，是否因逾越不变期间无起诉权，与上诉逾期受同等之限制？又县政府调处成立后，有无效或撤销之原因，其救济方法，应向县政府声请调处，或向司法机关提起确认无效或撤销之诉。第三，该办法实施注意事项第一条末段，由原业主补偿于买受人或由买受人补偿于原业主，此项补偿，应否于主文中明白摘示，或仅于理由内释明为已足？又或主文理由均不提及于执行时依法执行，至买受人补偿于原业主云者，是否不准原业主买回时，一方为原业主败诉之判决，一方为命令买受人补偿原业主之判决？事关法律疑义，理合电请转请解释示遵等情。据此，查事关法律疑义，未便擅议，理合抄同《河南省被灾时期地权移转处理办法》及修正该办法，转请钧部鉴核示遵等情到部。查事关法律适用疑义，理合呈请钧院鉴核，转送司法院解释，俾便饬遵。

**院解字第三五六〇号**

**三十六年八月十六日**

前据本院秘书处签呈，以准内政部上年十月初七日民字第一八二五号公函，为省县公营事业管理处经理及其他职员可否参加省县市参议员竞选及当选后可否兼任疑义，函请查照转陈核复等由，呈请鉴核等情。据此，兹经本院统一解释法令会议议决，来函所谓省县公营事业管理处，经查明系指永新县公营事业管理处而言，由该县政府公布之该处组织大纲观之，该处经理及其他职员，并非公务员，自非不得被选为省县市参议员，此项公营事业，不能认为公务员服务法第二十四条所称之公营事业，当选为省县市参议员后，得否兼任，应由该处董事会决定之，相应函请查照。此致内政部

**附原公函**

查省县公营事业管理处经理及其他职员，可否参加省县市参议员之竞选，如能参加，当选后可否兼任，相应函请查照转陈核复为荷。

**院解字第三五六一号**

**三十六年八月二十五日**

国防部鉴，辰删吕捕代电悉。广州行辕所请解释一案，兹经本院统一解释法令会议议决，来文所述情形，该仓之爆炸，既系民夫失慎，致所负荷之手榴弹滑下坠地而引起，其结果并非由于甲乙自己行为所发生，即无防止发生之义务，甲乙二人均不负刑事责任。特电复

请查照转知。司法院未有印

**附原代电**

司法院赐鉴,据广州行辕卯真法判马一五六七号代电称,设有甲奉命率带乙等前赴某地设置派出所,接收物资,并在某村觅取适合房舍,将甲仓弹药迁移囤放,如觅不到适合地点,电报核办,但甲无法觅得适合地点,只在该村觅得谷仓一座,遽为囤放弹药之用,未将实情向上峰陈明,嗣派乙等搬运,因民夫将弹药挑往该村,抵达仓库时失慎,致其荷负之手榴弹滑下坠地,引起爆炸,全仓弹药损失殆尽,毁塌民房学校乡公所多处,伤毙村民数十人,甲乙之责任,有下列各说。(一)甲奉命在某村觅取适合房屋囤放弹药时,当知该村村民稠集,弹药囤放村内,易生危险,应负防范责任,倘防范不周,致该仓弹药爆炸时,毁塌民房公舍,伤毙村民,依《刑法》第十五条之规定,应负刑责,因系一行为而犯失火烧毁供人使用之住宅及从事业务上过失致人于死两罪,依同法第五十五条之规定,从一重处断,乙等系负办理搬迁弹药之责,因监视不周,致民夫挑弹药失慎,所荷负之手榴弹坠地,引起爆炸,发生惨剧,除应与甲负同一刑责外,应并负炸毁军用仓库之罪。(二)该仓之爆炸,系民夫失慎,致所负荷之手榴弹滑下坠地而引起,但民夫负荷之手榴弹滑下坠地,迺无法防范之事实,且非甲乙直接行为所致,与甲寻觅仓舍亦无因果关系,应均不负刑责。以上两说,何者为是,深滋疑窦,本行辕现有此项案件,急待解决,理合电请解释,俾便遵循等语。谨转请解释赐复为祷。国防部辰删吕捕印

**院解字第三五六二号**

**三十六年八月二十五日**

国防部鉴,卯支吕甚代电悉。所请解释一案,兹经本院统一解释法令会议议决,来文所述情形,尚非违反战争法规及惯例,自不构成《战争罪犯审判条例》第三条第三十八款之罪。特电复请查照。司法院未有印

**附原代电**

司法院赐鉴,查关于《战争罪犯审判条例》第三条第二十八条强迫为无义务之事之规定,兹发生疑义,某甲系敌国人,于作战期间,在占领区,强拉人民,充当夫役,搬运伤兵,是否构成强迫为无义务之事之罪,计有两说。甲说谓海牙陆战法规及惯例条约第五十二条第一项后段规定,“课役以不迫使居民参与攻其本国之战争者为限”,据奥本海解释,“占领军可向居民征发物品,征取课金,可强其代作车夫,兽医亦可强其掩埋尸骸,搬运伤兵,及担送食物行李”,故某甲仅强拉充役,尚不构成强迫为无义务之事之罪。乙说谓课役应有一定之办法,并事先须由该区军事长官发布征发令、如无计划之临时随便强拉充役,自与课役情形不同,某甲既属强迫拉夫,自应认为构成强迫为无义务之事之罪。两说究以何说为当,案关法令解释,谨电请詧照,迅赐释示为祷。国防部卯支吕甚

院解字第三五六三号

三十六年八月二十五日

国防部鉴，辰东吕甚代电悉。所请解释一案，兹经本院统一解释法令会议议决，来文所举敌国人在占领区后方强迫民众砍伐树木供给军用又修筑防空洞贮藏军械之例，既非参加作战行动，如已得占领地指挥官之许可，即属于战争法规及惯例所定课役之范围，与《战争罪犯审判条例》第二条第二款及第三条第二十款规定之犯罪要件不符，不能构成本罪。特电复请查照。司法院未有印

附原代电

司法院赐鉴，查关于《战争罪犯审判条例》第三条第二十款强迫非军人从事有关敌人军事行动之工作之规定，兹有疑义，例如某甲系敌国人，在占领区之后方，强迫民众入山砍伐树木，及采摘山葡萄制造酒石酸之原料，供给军用，以及修筑防空洞，贮藏军械，是否构成"强迫非军人从事敌人有关军事行动之工作"之罪，计有广狭义两说，持狭义说者，谓该条款犯罪要件，须要直接有关军事行动之工作，即指在前方搬运枪械子弹，及直接参加作战有关之工作，并依国际法学者解释，"参加作战"谓应不包括在后方修补桥梁炮垒及从事备战之工作在内，某甲行为与要件不合，应不成立该条款之罪。持广义说者，谓该条款规定"有关军事行动之工作"只要其工作与军事有关者，不问属于前后方或直接参加作战与间接供给准备军用之事项，将认为有关军事行动，即应包括在内。究以何说为当，案关法律疑义，谨电请迅赐释复为祷。国防部辰东吕甚印

院解字第三五六四号

三十六年八月二十五日

国防部鉴，寅世吕优代电悉。所请解释一案，兹经本院统一解释法令会议议决，业经判处汉奸罪犯，其所犯普通杀人罪，如与汉奸罪无牵连关系，应依《复员后办理刑事诉讼补充条例》第十条办理。特电复请查照。司法院未有印

附原代电

司法院赐鉴，查某甲于二十九年充国军谍报员，至三十二年六月投敌，充敌宪兵队密侦，其在任敌密侦期内，因私仇犯杀人罪，经伪第一暨第二两审法院判决，正上诉于伪最高法院时，适值敌人投降，我司法机关接收本案，发觉被告系军事汉奸，移送军法机关，就其汉奸部份，予以判处罪刑，其杀人部份，系在敌方工作期间，早经脱离原属部队，已丧失军人身份，其所犯罪名，又系普通《刑法》之罪，此部份究竟应由法院审判，抑归军法机关并案办理？案关管辖疑义，谨电请大院迅赐解释见复为祷。国防部寅世吕优印

**院解字第三五六五号**

**三十六年八月二十五日**

**令上海高等法院首席检察官杜保祺**

三十六年一月六日呈一件,呈为关于《惩治汉奸条例》第十五条解释请予变更由。

呈悉,业经本院统一解释法令会议议决,凡在伪组织所属之社会事业团体或工商职业团体充任理监事,及依伪组织保甲办法担任甲长、保长、联保长或委员职务之人员,除该社会事业团体单纯以公益慈善事业为目的者外,均有《惩治汉奸条例》第十五条之适用,本院历来关于此类解释,毋庸变更。仰即知照。此令

**附原呈**

案准上海市商会理事长徐寄顾三十五年十二月三十一日公(35)字第三二六号函开,"查《惩治汉奸条例》第十五条所称之曾在伪组织及其所属机关团体担任职务,其适用范围,按照法文,应以伪方所组织或伪组织法令内特定之隶属机关为限,如为人民设立之公益慈善事业或工商职业团体,由人民自行推选理监事等职员办理事务,论其沿革历史组织系统,均于伪组织统属之机关无涉,亦非出于伪组织之授权,似不应受上述条文之适用,以免罗织,又上海在沦陷期内,各处均有保甲之组织,凡里巷稍具身家之人,均被指认为甲长保长联保长或委员等职务,在当时居民既无法脱离虎穴,竟赴内地,为免遭横祸起见,亦惟有担任虚名,藉图自全,故牵涉之人更广,十户之中,几有一户波及,深恐能为地方办理公共事务之人,将有一网打尽之虞,株连过广,亦非国家与民更始之旨,本会为培养国家元气及安定人心起见,拟请贵处转呈司法院变更解释,凡公益慈善事业或工商职业团体理监事及担任保甲职务者,除凭借敌伪势力侵害他人,经告诉或告发者,应依法办理外,不在《惩治汉奸条例》第十五条适用范围以内,以示公溥平恕之意,敬贡刍荛,维希督核为幸"等由。准此,除函复外,事关法律疑义,理合据情备文呈请,仰所鉴赐解释示遵,以便转知。

**院解字第三五六六号**

**三十六年八月二十五日**

**令广东高等法院院长史延程**

据郁南地方法院本年丑俭代电,以充任伪妇女会长副会长或妇女会秘书,而无《惩治汉奸条例》第二条第一项及第三条之犯罪行为者,能否论罪疑义,电请解释前来。业经本院统一解释法令会议议决,仅在沦陷区域内充任伪妇女会长副会长秘书,而无《惩治汉奸条例》第二条第一项所列各款及第三条所称凭借敌伪势力为有利于敌伪或不利于本国或人民之行为者,自不得以汉奸罪论处。合行令仰转饬知照。此令

**附原代电**

南京司法院院长居钧鉴,依钧院院字第三一四〇号解释第三项,略以"仅在沦陷区域内

充当伪维持会会长副会长，如无《惩治汉奸条例》第二条第一项所列各款及第三条凭借敌伪势力为有利于敌伪或不利于本国或人民之行为，应不为罪”，兹如有仅在沦陷区域内充任伪妇女会会长副会长或妇女会秘书，而无《惩治汉奸条例》第二条第一项所列各款及第三条凭借敌势力为有利于敌伪或不利于本国或人民之犯罪行为者，能否论罪，查阅现行《惩治汉奸条例》，并无明文规定，颇滋疑义，理合电呈察核，俯赐解释，俾资遵照。广东郁南地方法院院长刘军冠丑俭印

**院解字第三五六七号**

**三十六年八月二十五日**

**令署广西高等法院院长申守真**

据蒙山县司法处本年子元代电，以旧任乡长某甲强令新任乡长某乙承项其所购置之公物应否论罪疑义，电请迅赐释遵等情前来。业经本院统一解释法令会议议决，来文所述某甲强令某乙承顶其所购置之公物，如尚未达于《刑法》第三百零四条强暴胁迫之程度，即不应论罪。合行令仰转饬知照。此令

**附原代电**

南京司法院钧鉴，兹有乡长某甲，因该乡沦陷，公物尽失，复员时急待需用，未呈经该管县政府核准，即由私人塾支国币壹拾万元，购置应用，未几收有公款，业将该私人垫支之项收回，嗣后移交，于现金内将此拾万元扣除，新任某乙不肯接收，请示县政府，经县政府指饬不准于移交之现金内扣除，某甲即将扣除之拾万元补交与新任某乙，但次日即转至乡公所大发雷霆，声言县政府既不准其扣除购置之款，现已将款交还，所有该手购置之公物，应均归其私有，并即迫某乙唤工估价，以公款向其承顶，某乙无奈，即唤工照时价估计，竟超过原价壹拾贰万元之多，某甲即迫某乙照估价以公款承买，于此场合，某甲之行为，应否构成犯罪，及应构成何罪，约有三说。（一）某甲既将公款交还，物即属其所有，依时估价，虽比原价超收一倍以上，亦不为罪。（二）某甲因移交，将扣除购置之原价交回，即迫某乙照估价以公款承买，超收一倍以上之多，实已构成对于主管之事务直接图利罪，应依《惩治贪污条例》第三条第六款处断。（三）某甲在交卸中，迫某乙以公款照估价向其承买经该手所购之物，超收原价一倍以上，系构成对于非主管之事务利用机会图利罪，应依《惩治贪污条例》第三条第七款拟处。以上三说，似以第二说为合，但关适用法律疑义，职处未敢擅专，理合电陈鉴核，迅赐释遵。广西蒙山县司法处主任审判官莫纯朴呈子元文解印

**院解字第三五六八号**

**三十六年八月二十五日**

**令署广西高等法院院长申守真**

三十六年三月六日呈一件，为据郁林地方法院呈请解释《禁烟禁毒治罪条例》第八条第

三项所谓“吸用”二字是否包括吸用毒品与吸食鸦片疑义,请解释饬遵由。

呈悉,业经本院统一解释法令会议议决,《禁烟禁毒治罪条例》第八条第三项,既称前二项情形(即第一项施打吗啡或吸用毒品者第二项吸食鸦片者)应勒令禁戒,其下文所称经勒令禁戒断瘾后复行施打或吸用,则吸用二字,自系兼指吸食鸦片者而言。仰即转饬知照。此令

**附原呈**

呈为呈请解释事。案据郁林地方法院本年二月十九日智字第二九二号呈称,《禁烟禁毒治罪条例》第八条第一项,对于毒品之使用,系以吸用二字,同条第二项,对于鸦片之使用,则用吸食二字,是“吸用”与“吸食”各有涵义,甚属显明,但该条第三项,对勒令戒断瘾后之人犯,经规定复行施打(吗啡)或吸用者,处死刑或无期徒刑,条文内特标明“吸用”二字,自系指吸用毒品而言,则吸食鸦片之人犯,于勒令戒断瘾后,复行吸食,似无处罚明文,于此有二说。(一)甲说《禁烟禁毒治罪条例》第八条第三项之吸用二字,系采广义,包括吸用毒品与吸食鸦片而言,立法意旨,断无将勒令戒断后之吸食鸦片人犯不予处罚之理,(二)乙说法文既将吸用与吸食特为划分,适用上即不可任意混同,该条项之吸用二字,并不包含吸食鸦片在内。以上二说,应以何说为是,事关法律疑义,理合备文呈请钧院鉴核,恳予转请解释示遵等情。据此,理合具文呈请察核,俯予解释,俾使转饬遵照。

**院解字第三五六九号**

**三十六年八月二十五日**

安徽高等法院廖院长览,卯灰代电悉。所请解释一案,业经本院统一解释法令会议议决,汉奸罪犯,在《特种刑事案件诉讼条例》施行前,已经兼理军法之县长依军法程序判决者,仍应送由有权审核之上级军事机关复核,如检察官于复员后就同一事实提起公诉,法院应俟军事机关复核程序终结后,依法办理。合电知照。司法院未有印

**附原代电**

南京司法院院长居钧鉴,兹有某甲于民国二十七年间犯汉奸罪,经原县兼理军法之县政府,依军法程序,于民国二十九年三月二日,依修正《惩治汉奸条例》第二条第七款,判处某甲有期徒刑七年六月,被夺公权八年,某甲于法定期间声明不服,惟迄未依法呈送上级军事机关复核,尚未确定在案,复员后检察官复就同一事实提起公诉,该军法判决非当然无效,究竟是否仍送军事机关复核,抑改送最高法院覆判(按汉奸案件原由军法机关受理现改为司法机关审判),又检察官起诉之本案,因前项军法判决尚未确定,不能为免诉判决,究应如何办理,事关法律疑义,理合电请钧院解释示遵。安徽高等法院卯灰印

院解字第三五七〇号

三十六年八月二十九日

案准贵院本年一月三十一日从壹字第三一二八号公函，以据内政部代电，转请核示瞽哑聋瘫之人可否当选为县乡镇民意机关代表或乡镇长一案，函请解释见复等由。准此，兹经本院统一解释法令会议议决，瞽哑聋瘫之人当选为县参议员乡镇民代表或乡镇长，在法律上尚不能认其当选无效，纵令任事困难，亦非依法定程序无从使之去职。相应函复查照饬知。此致行政院

附原公函

据内政部三十六年元月十四日代电称，案准福建省政府民乙亥感八六四一电，以瞽目瘖哑耳聋疯瘫之人，执行职务显有困难，可否当选县乡民意机关代表或乡镇长，嘱即见复等由。准此，查县参议员乡镇民代表及乡镇长，依法须经试验或检核合格后，方可充任，而《省县公职候选人考试法》第九条第五款，只将禁治产列为不得应省县公职候选人考试原因之一，并未规定瞽哑聋瘫之人不得参加检核，县参议会组织条例、乡镇组织暂行条例、县参议员选举条例、乡镇民代表选举条例，亦无此项类似限制，比照司法院院字第八〇九号，选举区长时，具有候选人资格而为瞽目之人，法规上既无明文规定限制，即不能不许其当选之解释，依法似无不准其当选之理，惟各类公职候选人，于依法当选后，负有执行公务之重大责任，瞽哑耳聋之人，官能残废，当选后任事困难，自属实情，究应如何补救，免滋贻误之处，法无明文规定，准电前由，谨电呈析鉴核示遵等情。相应函请查照解释见复为荷

院解字第三五七一号

三十六年八月二十九日

案准贵院上年七月十二日节京壹字第五三六一号公函，以据内政部呈，转请核释马关条约生效后外地至台湾取得日籍人民国籍疑义，抄同原呈，函达查照解释见复等由。准此，兹经本院统一解释法令会议议决，我国人民于马关条约生效二年后移住台湾，因归化结婚或其他原因取得日本国籍，而于台湾光复时仍为台湾住民者，因台湾之光复，当然丧失日本国籍，其前已依国籍法之规定丧失我国国籍者，并因此取得我国国籍，因台湾之光复而恢复我国国籍者，与国籍法第十八条所称之回复国籍不同，自不受同条之限制，至国籍法第九条之规定，于台湾亦应适用。相应函复查照饬知。此致行政院

附原公函

据内政部呈请核释马关条约生效后外地至台湾取得日籍人民国籍疑义等情到院，相应抄同原件，函达查照解释见复为荷。

附原抄呈

案准台湾省行政长官公署本年丑皓电开，“马关条约生效二年后，外地来台取得日籍之

人民,以及婚姻或收养招赘认知等关系而改籍或变为双重国籍者,应依何项程序回复丧失或取得中国国籍,又本省情形特殊,国籍法第九及十八两条如何变通运用,请详细核释电复”等由。准此,兹就原电请示各点,分别拟具解释意见如下,(一)查民国三十年十二月九日我国正式对日宣战后,依国际法惯例及对日宣战宣言,所有一切条约等有涉及中日间关系者一律废止,则由马关条约划归日本之台湾人民,自应遵照钧院本年一月十二日节叁字第一二九七号训令之规定,一律恢复我国国籍,是原非台湾之我国人民,因至台湾而被裹胁转入日本国籍者,其在未依照中国国籍法声请核准丧失国籍以前,仍为中华民国国籍,至此项人民及台湾人民,曾与日人发生婚姻认领收养情事,现愿脱离关系者,其原具中国国籍,自不因之变更,但仍愿维持上项关系者,当事人即应依照中国国籍法等之规定,办理国籍变更手续,(二)查台湾人之“恢复”中国国籍,与我国国籍法所规定之“回复”中国国籍显有不同,台湾人民自不必受该法第十八条之限制,至该法第九条关于外国人取得中华民国国籍者及随同归化人取得中华民国国籍之妻及子不能任种种公职之规定,仍应适用于台湾。上列二点,是否有当,事关法律解释,理合备文呈请钧院核转司法院解释遵行。

**院解字第三五七二号**

**三十六年八月二十九日**

案准贵院上年十二月七日节京壹字第二二五八九号公函,以据内政部呈,转请核释台男日女结婚未举行公开仪式是否合法疑义,抄同原呈,函达查照解释见复等由。准此,兹经本院统一解释法令会议议决,台男日女于台湾光复前在台湾结婚,应备如何之方式,及其结婚是否有效,应依结婚时台湾适用之法律定之,不适用《民法》第九百八十二条、第九百八十八条第一款之规定。相应函复查照饬知。此致行政院

**附原公函**

据内政部呈,台湾省行政长官公署请核释台男日女结婚未举行公开仪式是否合法一案到院,案关法律解释,相应抄同原呈,函达查照解释见复为荷。

**附原抄呈**

准台湾省行政长官公署署民户字酉谏电开,“台男日女于光复前结婚,光复后因两国《民法》规定不同,其婚姻关系是否应悉依我国《民法》规定,仅双方家长或女方父母及介绍人之承诺书,未举行公开仪式,是否合法,请核示”等由。准此,兹谨拟具解释意见如下,查《民法》第九八二条及同法第九八八条第一款之规定,男女婚姻须经双方合意,尤须经过一定之婚姻仪式,即所谓结婚公开之仪式,及二人以上之证人,方能认为合法成立,否则纵已同居,法律上仍不发生婚姻之效力,台湾省行政长官公署原电称,仅双方家长或女方父母及介绍人之承诺书,未举行公开仪式,方式不备,自难认为合法,惟台湾光复伊始,情形特殊,揆诸法律不溯既往之义,台民在光复以前结婚者,似可准予变通办理。上列意见,是否有当,事关法律解释,理合备文呈请钧院核转司法院解释遵行。

**院解字第三五七三号**

**三十六年八月二十九日**

案准贵院上年九月二十日节京壹字第一三一三三号公函，以据内政部呈，转请核释混血种台侨国籍疑义与地位一案，抄同原呈，函达查照解释见复等由。准此，兹经本院统一解释法令会议议决，(一)在外台侨纯为台湾人民血统或为台湾人与中国人之混血种者，依《在外台侨国籍处理办法》第一条第一项之规定，自三十四年十月二十五日起，恢复中华民国国籍，如父为台湾人，而其母为日本人者亦同。(二)依《民法》第一千零六十五条第二项之规定，非婚生子女与其生母之关系，视为婚生子女，无须认领，故非婚生子女，其母为台湾人，而其生父无可考或为日本人未经认领者，亦依上开办法之规定，恢复中华民国国籍。(三)原呈第三项意见，尚无不当。相应函复查照饬知。此致行政院

**附原函**

据内政部呈，请核释混血种台侨国籍疑义与地位一案到院，案关法律解释，相应抄同原呈，函达查照解释见复为荷。

**附原抄呈**

准外交部三十五年七月三十一日条三五字第〇四五五八号公函，略以旅居国外之台湾侨胞中之(一)纯为中国人民血统者，(二)纯为台湾人或台湾与中国人之混血种者，(三)为日本人与台湾人混血种或日本人与中国人之混血种者，其身份有无不同之处，请解释见复等由。准此，兹谨拟具解释意见如下，(一)具有中国国籍法第一条第一款所规定之(甲)纯为中国人民血统人民、(乙)纯为台湾人或台湾人与中国人之混血种人民与(丙)父为台湾人或中国人之人民，均属中华民国国籍。(二)具有同法第二条第三款所规定之母为台湾人或中国人，经其母认知之人民，准予依照同法施行条例第二条之规定，办理取得中华民国国籍手续。(三)中国国籍法对于具有中国国籍国民，其身份并无差别之规定，至同法第九条及第十八条，仅系对于依同法第二条取得国籍及随同归化与回复国籍者任公职之限制。上列意见，是否有当，事关法律疑义，理合呈请鉴核，并请转函司法院解释遵行。

**院解字第三五七四号**

**三十六年八月二十九日**

案准贵院本年五月八日从十四字第一七三五一号咨，以据陕西省政府呈，转请解释行政执行法第五条县市罚锾提高倍数疑义，咨请解释见复等由。准此，兹经本院统一解释法令会议议决，《罚金罚锾提高标准条例》第三条第三项所称之原定数额，系指修正行政执行法第五条第一项各款所定之数额而言。相应咨复查照饬知。此咨行政院

**附原咨**

据陕西省政府本年四月十六日法字第二四八五号呈称，据西安市市长张丹柏三十六年

四月四日市秘文字第三二一三号呈称,案查前奉钧府本年三月十七日府秘法字第一二二七号训令,以据本府呈请抄发行政执行法等件下市,经查行政执行法第五条第三款规定县市罚锾为十元以下,省政府及其各厅直属之行政官署亦同,嗣于三十二年十二月一日行政院修正该条条文明令公布,在战时得提高五十倍,又三十五年十月十四日国府公报复刊布《罚金罚锾提高标准条例》,内第三条载有依法律应科罚锾者,就具原定数额提定至一百倍,但法律已规定得依一定比率增加罚锾之数额者,依其规定,依违警罚法科罚锾者,就原定数额提高至五十倍,依行政执行法第五条之规定,提高罚锾数额,仍嫌不足者,得就原定数额提高至五十倍等语,查上项先后提高罚锾各规定,其增加倍数及县市罚锾数字之计算,是否先按原规定十元提高至五十倍,为数五百元(按行政院修正倍数计算),如嫌不足者,得再按原规定十元提高至五十倍,为数五百元,合计提高标准系一百倍,为数一千元,应请详为诠释,再查行政执行法为补救行政之强制执行法规,罚锾系间接强制执行处分之一种,在此币值低落之今日,最高罚锾数额仅为千元,似觉太微,有失原立法之精神,可否转请再为酌予提高标准之处,理合具文一并呈请鉴核示遵等情。据此,查提高罚金罚锾标准条例第三条第三项所谓原定数额,是否指行政执行法第五条原数额而言,仰应就提高后之数额再加五十倍,事关适用法律,不无疑义,理合据情呈请钧院鉴核,俯赐解释等情到院。事关适用法律疑义,相应咨请查照解释见复为荷,再原呈所称行政执行法第五条各款现定罚锾数额,在战时得提高至五十倍,系十倍之误,并以叙明。

**院解字第三五七五号**

**三十六年八月二十九日**

案准贵部本年四月二十六日京直壹字第二五九零四号公函,为所得税法第三十七条科处之罚锾应否由法院以裁定行之疑义,请解释见复等由。准此,兹经本院统一解释法令会议议决,所得税法第三十七条之罚锾,依同法第四十条规定,仍应由主管征收机关移请法院以裁定行之。相应函复查照。此致财政部

**附原公函**

据本部直接税署案呈湖南区直接税局湘鼎一字第九七五六号呈略称,茶陵商民拒收纳税查定通知书,移送茶陵县司法处依法科罚,经该县司法处呈请高等法院核示,应由主管征收机关直接科罚,如何办理,乞核示等情。查所得税法第四十条规定,“本法之罚锾,由法院以裁定行之”,并无例外之规定,则凡属该法所定之一切罚锾,似应统由法院科罚,惟该法有关处罚条文第三十八、三十九两条文内,均列有“移请法院”字样,独第三十七条无此项规定,并列有“主管征收机关得科以二万五千元以下之罚锾”一节,致适用时发生疑义,为确定处罚机关,俾利税政计,谨请大院赐予解释,饬属遵照,并乞复示为荷。

**院解字第三五七六号**

**三十六年九月六日**

国防部鉴，卯虞吕甚代电悉。台湾警备总司令部所请解释一案，兹经本院统一解释法令会议议决，来电所述情形，应依《战争罪犯审判条例》第三条第三十五款恶意侮辱罪论处。特电复请查照饬知。司法院申鱼印

**附原代电**

司法院赐鉴，据台湾警备总司令部寅养总庭审电称，在作战期间，敌人庆祝胜利，化装侮辱我国元首，可否依《战争罪犯审判条例》第三条第三十五款恶意侮辱罪论处，恳电示遵等情。案关法令解释，谨电请大院迅赐释示为祷。国防部卯虞吕甚印

**院解字第三五七七号**

**三十六年九月六日**

无锡县参议会卯巧代电悉。所请解释一案，兹经本院统一解释法令会议议决，县参议会向县政府以外之机关行文，在法律上尚未设有须经县政府行转之限制。电复查照。司法院申鱼印

**附原代电**

南京司法院院长居钧鉴，查国府颁布《县参议会组织暂行条例》第二十一条规定，县参议会决议案咨送县长分别执行，如县长延不执行或执行不当，得请其说明理由，如仍认为不满意时，得报请省政府核办，又同条例规定，对于内政部权限之规定，仅有第二十三条内政部呈行政院核准后予以解散重选，又第二十六条县参议会议事规则由内政部订定之，综上所述，内政部对于参议会，除呈请解散重选与订定议事规则外，并无限制县参议会行文之权力，乃近日内政部命令，关于参议会行文，除对县政府外，对外不得行文，须经县政府行转一节，似与原规定不符，有失尊重民意机关之精神，不免约束过甚，应请立法院司法院明白解释颁示，以便遵行，爰经提交本会第一次大会第七次会议讨论，议决照案通过等语，纪录在卷，除分电外，理合录案电请察核明白解释示遵。无锡县参议会议长李惕平叩卯巧印

**院解字第三五七八号**

**三十六年九月六日**

案准贵部本年二月十五日京直壹字第四六九四号公函，以商号营业不良，依法宣告破产，其欠纳税款应如何办理疑义，函请解释等由。准此，兹经本院统一解释法令会议议决，纳税义务人受破产之宣告时，其在破产宣告前所欠之税，由破产法第一百零三条第四款之规定推之，非不得为破产债权，此为破产债权，如法律别无优先受偿之规定，自应与其他破产债权平均分配。相应函复查照。此致财政部

附原公函

据本部直接税署案呈,略以商号因营业不良而倒闭,依法宣告破产,在破产以前滞欠国家税课,对于追缴所欠应纳税款,既不能列入债权,又不能列入别除权,各地直接税征收机关处理此项欠税,迄无适当依据,究应如何办理,请核示等情。查纳税为人民公法上之义务,但在义务发生以后宣告破产,其对于国家之债务,应否参加破产债权,与一般债务同等分配受偿,或应优先受偿之处,法无明文规定,相应函祈督照赐予解释,以利税政为荷。

院解字第三五七九号

三十六年九月六日

案准贵部本年一月十三日财地三字第七六五〇号公函,以据安徽省财政厅代电,请解释分析产业完纳分割契税疑义,函请查核释示等由。准此,兹经本院统一解释法令会议议决,来函所述(一)之情形,百亩之田均系某甲所有,某甲之二子如在某甲死亡后分割,而其分割时期在三十二年五月十五日公布之契税条例发生效力之后者,自应完纳分割契税(以前之契税暂行条例无征收分割契税之规定),来函所述(二)之情形,乙之二子就其各自所买之田自始即未发生共有关系,其田虽系某乙为之代买代管,而在某乙死亡后各人分别自管,自无所谓分割,无须完纳分割契税。相应函复查照饬知。此致财政部

附原公函

顷据安徽省财政厅合税6032号戌养代电称,查契税划归地方,已由本厅接管,继续整理,并对于民间过去分析产业之分割契税,正饬令各县挤查,现有下列情形,(一)某甲以本人名义置田壹百亩,执有赤契二纸,每纸田五十亩,有子二人,每人分田五十亩,各执赤契一纸。(二)某乙生前以两子名义各置田五十亩,共壹百亩,执有赤契二纸,每纸五十亩,死后二子各得五十亩,各执赤契一纸,按上列第一项构成分割行为无疑,第二项是否构成分割行为,完纳分割契税,请解释等情到部。事关法令解释,相应函请查核释示为荷。

院解字第三五八〇号

三十六年九月六日

案准贵部本年四月二十六日京直壹字第三二一一六号公函,为关于邮政储金之存簿储金利息所得应依据何法征免所得税疑义,函请解释等由。准此,兹经本院统一解释法令会议议决,所得税法第二条虽定明第三类存款所得应课征所得税,但邮政储金法第十六条既就存簿储金之利息设有应免一切税捐之特别规定,此项利息,自不得依所得税法第二条课征所得税。相应函复查照。此致财政部

附原公函

查关于存款利息所得税之征课,依照三十五年四月十六日府令公布施行之所得税法第二条第三项及第四条第三项之规定,除各级政府机关存款公务人员及劳工法定储蓄金并教

育文化公益慈善机关或团体基金等之利息所得，准免所得税外，其余各种存款利息所得，均应依法征税，惟关于邮政储金法中所定之存簿储金一种，依照该法第十六条之规定，其利息所得，应免一切税捐，而所得税法中并无此项规定，适用时难免发生疑义，该项储金利息所得，究应依据何法征免所得税之处，谨请大院赐予解释为荷。

**院解字第三五八一号**

**三十六年九月六日**

**令江苏高等法院**

三十六年四月三十日呈一件，呈为营业税附征积谷金是否合法疑义，请解释示遵由。

呈悉，业经本院统一解释法令会议议决，《营业税法》第十条既明定营业税不得征收附加税及任何类似附加之捐费，省政府通令各县在营业税项下附征积谷金，虽经呈奉上级官署核准，苟非别有法律根据，仍难认为有效。仰即知照。此令

**附原呈**

案准吴县县商会理事长张寿鹏代电称，查三十五年四月十六日国民政府公布之《营业税法》，其第十条所规定“营业税不得征收附加税及任何类似附加之捐费”等语，现在江苏省政府通令各县，在三十五年冬季营业税项下，附征积谷金一个月，虽经呈奉行政院核准，但与前项税法殊有抵触，在立法精神上，于《营业税法》第十条未奉国府明令修正以前，此项附征积谷金是否合法，迭据各公会纷纷请求解释前来，本会未敢擅专，相应电请贵院督照，俯予解释，以便饬遵等由。准此，除函复外，理合备文转请鉴赐解释示遵。

**院解字第三五八二号**

**三十六年九月六日**

**令陕西高等法院院长郗朝俊**

三十六年四月十七日呈一件，为据陕西高等法院第三分院呈请核示律师法第二条第四款适用疑义，转请鉴核示遵由。

呈悉，业经本院统一解释法令会议议决，曾任公务员而受免职之惩戒处分者，虽其处分所定停止任用之期间业已届满，仍在律师法第二条第四款限制之列。仰即转饬知照。此令

**附原呈**

案据本院第三分院三十五年十二月二十六日文字第二八一号呈称，呈为呈请事。窃查律师法第二条第四款载，曾任公务员而受免职之惩戒处分者，为不得充律师消极资格之限制，以受惩戒之公务员，依公务员惩戒法规定，并须记明停止任用期限，在停止任用期限已满，可复经任用为公务员，则本法是否系在停止任用期间不得执行职务之限制，抑一经受免职惩戒处分即一并除去其充当律师之资格，永远不得充当律师，适用不无疑义。兹有甲乙两说，甲说本法第二条第四款载，曾任公务员而受免职之惩戒处分者，为不得充律师之消极

资格,既未附有在停止任用期间之限制,显为曾任公务员而受免职之惩戒处分者,即永远失去充当律师之资格。乙说公务员之受惩戒,与《刑法》上之褫夺公权不同,即在褫夺公权,亦有一定年限已满,公权当然恢复,况公务员之受免职惩戒,其效力不仅在免职,尚附记停止任用年限之处分,征在停止任用期内,不得任用为公务员,以感受无服役公务之痛苦,促其感悟,故停止任用年限已满,仍可复充公务员,并无其他限制,以失去永远为公务员之资格,是曾受免职惩戒处分之公务员,如停止任用期间已满,自可充任律师,以彼例此,正复相同,为法文之当然解释。以上两说,均有相当理由,若照甲说,凡已取得律师资格,在任公务员期间,经受免职停止任用一年或三年之惩戒处分者,即永远失去充律师之资格,但依公务员惩戒法,其停止任用期限届满,尚可复任公务员,而对充律师之资格,则永远失去,似非情法之平,如就乙说,虽可于停止任用期限届满后仍可充当律师,但条文并未明白规定,究以何说为是,未敢擅拟,事关法律疑义,理合具文呈请钧院鉴核示遵等情。据此,查该院所呈各点,确属不无疑义,除指令外,理合具文呈请鉴核示遵,以便饬知。

**院解字第三五八三号**

**三十六年九月十六日**

四川高等法院苏院长览,卯铣代电悉。成都地方法院所请解释一案,业经本院统一解释法令会议议决,据原代电所述情形,丙为甲之特定继承人,依《民事诉讼法》第四百条第一项之规定,该事件之确定判决,对丙亦有效力,至该确定判决虽仅命甲返还地基,并未明白命甲拆卸房屋,然由强制执行法第一百二十五条所准用之同法第一百条法意推之,该确定判决当然含有使甲拆卸房屋之效力,甲之特定继承人丙,如不拆卸房屋返还地基,应依同法第一百二十七条、第一百二十四条、第一百二十五条、第一百条办理。合电转饬知照。司法院申铣印

**附原代电**

南京司法院院长居钧鉴,案据成都地方法院院长连寿庚三十六年四月二日执乙字第一二一九号呈称,查强制执行法第四条第一项第一款、第一百二十四条、第一百二十六、第十一条,于执行时发生疑义,应请解释示遵。设有甲在乙地基上强建房屋,乙登时出头阻止无效,旋即起诉,经一审判决,令甲返还地基,甲收受判决书,一面提起上诉,一面将房屋出卖于丙,并委丙为诉讼代理人,确定判决维持一审判决。执行中有三说,(子)说判决主文虽有返还基地字样,并无拆卸房屋名义,只可令丙将基地返还,如丙不遵派员会同保甲照判决目标施以灰椿公布灰椿内基地为乙所有,即合移转规定,应视为执行终结。(丑)说基地上之房屋在起诉前建筑,丙系买受于甲,其所有权已移转于丙,判决上未列丙为当事人,故无任何义务,丙若否认,即不能对丙执行。(寅)说丙与甲在诉讼中买卖行为,对乙无效,甲强占建房之初,乙已出头阻止无效,判令返还基地,即应拆卸房屋,甲应履行之义务为丙继承,故应对丙执行,否则强制执行法第一百二十四条、第一百二十六条为虚设,且无从保持既判效

力。可以上三说，究以何说为是，不无疑义，理合具文呈请钧院俯赐鉴核，并恳转请司法院解释示遵等情。事关法律疑义，理合电请钧院迅赐解释电示祗遵。四川高等法院院长苏兆祥叩牍卯铣印

**院解字第三五八四号**

**三十六年九月十六日**

安徽高等法院廖院长览，巳鱼代电悉。所请解释一案，业经本院统一解释法令会议议决，《民事诉讼法》第四百九十二条第一项第十一款所称之证物，不以证明在前诉讼程序所主张之事实者为限，苟为当事人得在前诉讼程序主张以为新攻击防御方法之事实，皆得以该证物证之。来电所述情形，以丑说为是。合电知照。司法院申铣印

**附原代电**

司法院钧鉴，兹有某甲对某乙提起给付之诉，主张讼争之田系某乙先人卖归其族中共有，向由某乙管理，某乙抗辩系其祖遗私产，并无卖于其族中之事实，经审讯认某甲之主张为正当，依其声明，判令某乙将讼争田交由其族共管，确定在案，某乙声请再审，其理由谓讼争田系其先人卖于族中不误，惟经族中出典于某丙，已逾回赎期间，由某乙向某丙赎回，与族中无干，提出典契及吐退字，为再审之新证物。于此分为两说，子说再审之诉之主张，不能与前诉讼程序之主张相抵触，某乙在前诉讼抗辩之主张，系否认其先人出卖之事实，提起再审之诉，复承认出卖之事，提出典契及吐退字，以为族中出典及其回赎之证明，其于前诉讼进行中，此种事由始终并未提及，显系再审之主张与在前诉讼之主张抵触，如其主张为真实，只能另案提起确认之诉，以资救济，不能提起再审。丑说某乙在前诉讼进行中，虽系否认出卖之行为，未提及典赎之事实，而其目的始终系主张讼争田为其所有，并不抵触，既发现典契及吐退字之新证物，应依再审程序，请求再审。以上两说，究以何说为是，事关法律适用疑义，理合电请鉴核，迅赐解释示遵。安徽高等法院叩(民二)、巳鱼印

**院解字第三五八五号**

**三十六年九月十六日**

陕西高等法院郗院长览，卯佳代电悉。所请解释一案，业经本院统一解释法令会议议决，假处分裁定之执行既已终结，该裁定虽经抗告法院裁定废弃，但非另有执行名义，执行法院不能为之回复执行前之原状。合电知照。司法院申铣印

**附原代电**

司法院院长居钧鉴，兹有某甲与某乙等，因清算账目假处分事件，业经执行终结，某乙对假处分裁定提起抗告，经抗告法院将原裁定废弃，将某甲在第一审假处分之声请驳回，某乙奉到裁定后，向原审法院请求执行，予以回复原状，原法院以抗告法院虽将原裁定废弃，但未取得执行名义，参照司法院第二七七六号解释，不予执行，适用法律，发生疑义，计有子

丑两说。子说,抗告法院既将原法院裁定废弃,驳回某甲假处分之声请,则原裁定关于准许假处分及实施保管之一切办法,均在废弃之列,应回复原裁定前之原状,实为当然之解释,勿庸另有补充裁定,自可取得执行名义,上开解释,不包括假处分在内,不得予以援用。丑说,以原裁定固由抗告法院废弃,然未有准许回复原状之裁定,按照上开解释,并无执行名义可据,自属无从执行。二说以何说为是,事关法律疑义,理合电请钧院解释示遵,实为公便。陕西高等法院院长郗朝俊叩卯佳印

**院解字第三五八六号**

**三十六年九月十六日**

瑞昌县参议会巳寒代电悉。所请解释一案,兹经本院统一解释法令会议议决,县参议员纵无违法失职事实,依《县参议会组织暂行条例》第七条之规定,亦得由原选举之乡镇民代表或职业团体会员过半数之出席人数三分二之议决罢免之。电覆查照。司法院申铣印

**附原代电**

司法院院长居钧鉴,查县参议员之罢免办法,经分电省府暨省参议会核示,并经先后奉复在案。省府饬知应依照县参议会组织条例第七条之规定办理,省参会则谓,县参议员如无违法失职事实,自不得任意罢免各等因。查二者解释颇有差异,究竟何者为是,恳迅详示。江西省瑞昌县参议会第三次大会叩巳寒

**院解字第三五八七号**

**三十六年九月十六日**

湖南省政府,上年秘法昭亥寝代电悉。所请解释一案,兹经本院统一解释法令会议议决,自治团体设立之学校,所受教育行政机关之处分,如系以与人民同一地位而受之者,自非不得提起诉愿(参照院解字第二九九零号解释)。合电知照。司法院申铣印

**附原代电**

司法院院长居钧鉴,案准教育部三十五年十一月十五日叁字第三一四八五号公函开,查中心国民学校及国民学校,每因不服直接主管教育行政机关之处分,向省政府提起诉愿,又不服省政府之决定,向本部提起再诉愿,按中心国民学校及国民学校系属公立学校,依照《诉愿法》第一条,人民因中央或地方官署之违法或不当处分,致损害其权利或利益者,得提起诉愿之规定,自不得为诉愿当事人,嗣后遇有此类案件,请依法不予受理等由。查国民学校法第十三条规定,国民学校及中心国民学校隶属于各该县市政府院辖市主管教育行政机关,第十四条第二项规定,国民学校及中心国民学校校长,由县市政府或院辖市主管教育行政机关遴选合格人员委任之,基此,国民学校及中心学校校长,已取得公务员之身分,其因公务员身分受处分之案件,自不得提起诉愿,惟关于学校财产之争执,参照钧院十九年一月一日咨行政院第六八号咨,查本院院字第三三二号及第三三九号解释,均指公务员因官吏

身分受行政处分而言,该海门县教育局争执学田两案,系以行政机关为财产权之主体,而所争执之点在于财产,与官吏身分行政上之关系无涉,如不服官署之处分,自得依《诉愿法》提起诉愿之规定,似应准其提起诉愿,如依前引教育部公函,公立学校不得为诉愿当事之说明,则凡属公立学校为诉愿当事人之案件,均属当事人不适格,究竟公立学校关于学产之争执,不服直接主管教育行政机关之处分,可否由校长代表提起诉愿,理合电请释示祇遵。湖南省政府秘法昭亥寝印

**院解字第三五八八号**

**三十六年九月十六日**

**令江西高等法院**

三十六年二月二十五日呈一件,为据本院第二分院呈请解释汉奸某甲对某乙如有侵权行为某乙可否对之提起请求损害赔偿之诉,转请解释示遵由。

呈悉,业经本院统一解释法令会议议决,汉奸某甲对某乙如有侵权行为,某乙自得对之提起请求损害赔偿之诉,不因某甲全部财产被没收而受影响。仰即转饬知照。此令

**附原呈**

案据本院第二分院院长贺扬武呈称,查有某甲因被害人某乙具诉汉奸案件,业经本院判处罪刑,并谕知其财产除酌留家属必需生活费外全部没收在案。兹被害人某乙于某甲原籍司法处,依《民法》第一八四条、第一八五各条,提起损害赔偿之独立民事诉讼,如认为不得提起,则某乙因汉奸甲侵权行为所受之损害,无法回复,似有失情法之平,如认为得以提起,则某甲之财产,除酌留家属必需生活费外,既已全部没收,某乙纵获胜诉,亦无实益,究应如何办理,事关法律疑义,理合具文呈请钧院俯赐转请解释,实为公便等情到院。事关法律疑义,本院未敢擅断,理合据情备文呈请钧院鉴核,迅赐解释,以凭转饬遵照。

**院解字第三五八九号**

**三十六年九月十六日**

案准贵院本年四月二十五日法字第六四零八号公函,请解释《立法院立法委员选举罢免法》第十三条疑义一案,兹经本院统一解释法令会议议决,《立法院立法委员选举罢免法》第十三条,系就现任官吏为立法委员之候选人,加以一定之限制,与宪法第二十八条第三项,关于限制现任官吏于其任所所在地之选举区当选为国民大会代表之规定,并无违背,又国家机关必有同一职掌之二以上同级者,始有所谓管辖区之划分,故《立法院立法委员选举罢免法》第十三条,关于限制现任官吏于其管辖区之选举区为候选人之规定,必其任职之机关划有管辖区者,乃有适用,若其任职之中央机关无所谓管辖区之划分者,依同条之规定,只于其任所所在地之选举区为候选人时,应于选举期前五个月辞职,其在任所所在地以外之选举区为候选人者,不在同条限制之列,至应受同条限制之现任官吏,不以任机关首长或

有军权警察权司法权征税权者为限。相应函复查照。此致鉴察院

**附原公函**

据本院监察委员刘士笃、万灿等签呈称,查《立法院立法委员选举罢免法》第十三条规定,"现任文职或军职之官吏,于其管辖区或任所所在地之选举区为候选人者,应于选举期前五个月辞职",对于该条规定是否违宪,及所称选举区适用之范围,均有疑问。关于是否违宪者,约有甲乙两说,甲说谓宪法第二十八条第二项,仅限制现任官吏不得于其任所所在地之选举区当选为国民大会代表,并未因管辖区而受限制,立法委员与国民大会代表同由人民选出,依同一法理,官吏为候选人者,当不应受管辖区之限制,该条规定,不仅限制现任官吏在其管辖区内为候选人,且限制及于其辞职以后五个月以内,是显已超过宪法第二十八条第二项以外,另设限制,以剥夺官吏之权利,自应认为违宪,乙说谓宪法第二十八条第二项规定,仅适用于国民大会代表之选举,至对立法委员之候选人,原未有所规定,则立法委员选举罢免法第十三条,不生违宪问题。关于管辖区者,约有子丑寅卯四说,子说谓管辖区之限制,仅适用于有地域管辖之机关首长,凡无地域管辖及非机关首长,均不受其限制,丑说谓管辖区之限制,仅适用于非全国性之官吏,凡地域性之官吏,在此区不得为候选人者,尚可以在他区为之,若中央官吏,以全国为管辖区域者,则不适用是项规定,寅说谓该条仅适用于有权直接强制人民之官吏,以有军权警察权司法权或征税权之官吏,均能以其权力直接强制人民之身体自由或财产,为防杜滥用职权操纵选举起见,故有该条规定,此外凡无权直接强制人民之官吏,应不受该条限制,卯说谓不问何种官吏,凡为县市官吏,在其县市内不得为候选人,凡为省级官吏,在其省内不得为候选人,凡为中央官吏,在全国以内均不得为候选人。以上众说纷纭,莫衷一是,将来选举期中,纠纷必多,似应准乎宪法以为正确统一之解释,理合签请钧座鉴核,转函司法院予以解释,是为公便等情。据此,事关法律适用疑义,相应函请查照解释见复为荷。

**院解字第三五九〇号**

**三十六年九月二十二日**

案准贵院本年五月三日从捌字第一六七一五号公函,以准国防最高委员会秘书厅函,为奉交浙江黄岩县参议员兼县立中学校长吴文呈,为转奉省民政厅电以逾期不辞以辞参议员论提起诉愿一案,奉批交行政院核办,函请查照核办等由,查参议员可否适用《诉愿法》之规定提起诉愿,不无疑义,抄同原诉愿书,函请查核见复等由。准此,兹经本院统一解释法令会议议决,被选为县参议员之人民,不服民政厅认其县参议员业已辞去之处分,依《诉愿法》第一条之规定,自得提起诉愿。相应函复查照。此致行政院

**附原公函**

准国防最高委员会秘书厅本年四月十六日国纪字第七〇八〇二号公函称,"奉交下浙江黄岩县立中学校长吴文呈,为原任浙江黄岩县参议员兼县立中学校长,本年三月十二日

转奉本省民政厅电，以逾期不辞以辞参议员论，显非合法，特提起诉愿，请转饬撤销原裁定，另予合法处分等情诉愿书一件，并奉批'交行政院核办'，相应抄同原诉愿书，函请查照核办为荷"等由。准此，查参议员可否适用《诉愿法》之规定提起诉愿，抑仅得以通常呈诉方式请求救济，不无疑义，相应抄同原诉愿书，函请查核见复为荷。

**附抄原附诉愿书**

具诉愿人吴文，年三十七岁，浙江省黄岩县人，居黄岩县金清镇，为不服浙江省民政厅裁定提起诉愿事，窃诉愿人原任浙江省黄岩县参议员，兼县立中学校长，于本年三月十二日，准本县参议会公函，为转奉浙江省民政厅本年寅徽民一电开，以吴文逾期不辞以辞参议员论等因，查是案诉愿人前准金清镇民代表会公函，为阅报载。上海市参议会对公立学校校长不得兼任参议员事，不无疑义，经申叙理由，再电部院重行解释，其所述理由，为各级公立学校校长在选省县市参议员时，并未停止其被选举权，既经当选，则又择一辞职，不能兼任，于法令解释程序上未臻一贯，此其一。各级公立学校校长兼任参政员及国民代表，法令不加限制，同为担任人民代表之公职，乃有此薄彼厚之分，此其二。各级公立学校校长并无官等，不能认其为公务员，且按公立学校校长与公立学校之教员同为政府聘派，同得参加教育会为其会员，以权享受，即不应发生差别，此其三。教育事业之主持人，并非代表国家直接行使治权之官吏，自无限制其公权之必要，此其四。进一步言之，教育本系国家事务，私立学校之设立，原系权宜辅助之计。性质虽分公私，于学校行政及教育任务，则同受国家法令规定限制，初无二致。公私立学校校长，因不必享受公权方面加以区别，否则若干年以后，国家财源充裕，所有中小学校，均能化为公，则省县市参议会将无教育从业人员得以参加，此其五。本会对于上列各点理由，深有同感，恳请暂缓择辞兼职前来，当经以（三十五）戌陷分电本县县政府及县参会查照转请释示在前嗣因复阅报载，三十五年十二月二十八日钧会常会修正议决公立学校校长得兼民意代表后，又以（三十六）子支再电县政府迅请释示各在案，兹因省县非惟对诉愿人之迭次请释从未指复，抑且置钧会之决议案于不顾，仅作片面之处置，断然裁定，以辞参议员论。揆诸法令解释程序及手续而言，殊嫌失当，诉愿人自难甘服，兹又阅报载，本年三月二十六日钧会常会再行修正议决，公立学校校长在立法院未修正选举条例前，准其兼任民意代表，则公立学校校长得兼代表，业经钧会一再确定，已无疑义，钧会为国家最高决策机关，所有决议案，自得认为统一之解释和决定，政府自必切实遵行，则诉愿人在未奉层令释示前，自无择辞兼职之理由，乃本省民政厅裁定，径以辞去议员论，显非合法，用特于法定诉愿期内提起诉愿，除分呈江省民政厅及黄岩县政府外，理合具请钧会鉴核，转饬撤销原裁定，另予合法之处分，实为公便。

**院解字第三五九一号**

**三十六年九月二十二日**

**令江西高等法院院长吴昆吾**

据江西崇义县司法处本年五月二十一日代电,以业户欠缴田赋可否管收其家属疑义,电请核示等情。据此,业经本院统一解释法令会议议决,业户欠缴田赋,经传案追缴,仍不缴纳者,应依《战时田赋征收实物条例》第十七条、第十八条之规定办理,不得管收其家属。合行令仰转饬知照。此令

**附原代电**

司法院院长居钧鉴案准崇义县政府公函,以业户刘家通欠完三十三年度田赋税额玖元玖角叁分,迄今逾限经年,迭次追缴,仍属拖延,兹将该刘家通家属刘谢氏票传到府,函送查收,依法追缴见复等由。准此,查业户刘家通欠缴田赋,是否可将其家属刘谢氏(年七十五岁)予管收,颇滋疑义,前经呈请本省高一分院核示,旋奉指令,案关法律疑义,本院无解释权等因,除将该刘谢氏暂予责付外,理合电请钧院鉴核示遵。江西崇义县司法处审判官张受益辰叩

**院解字第三五九二号**

**三十六年九月二十二日**

**令江西高等法院院长吴昆吾**

据署江西浮梁地方法院院长程德光本年卯铣代电,以设或法官有国民大会代表被选举权,而愿为候选人,可否由政党提名登记为候选人,及旅居他省多年者,是否应在本县登记为候选人各疑义,电请察核指遵等情。据此,业经本院统一解释法令会议议决,法官非不得由政党提名登记为此次国民大会代表候选人,又旅居他省多年而本籍未变更者,依《国民大会代表选举罢免法》施行条例第十六条第一项之规定,仍得申请登记为本籍所属选举之候选人。合行令仰转饬知照。此令

**附原代电**

南京司法院院长居钧鉴,查宪法第八十条上段规定,法官须超出党派以外,而《国民大会代表选举罢免法》第十二条第一项规定,有被选举权而愿为候选人时,经五百名以上选举人之签署,或由政党提名,得登记为候选人,公开竞选,非经登记,不得当选等语,设或法官有被选举权,而愿为候选人,可否由政党提名登记为候选人?又《国民大会代表选举罢免法》第十五条第一项载,县市或同等区域之候选人,以该县市或同等区域内之人民为限,则凡本县人而旅居他省多年者,是否应在本县登记为候选人,均滋疑义,谨电请钧院俯赐察核,指令祇遵。署江西浮梁地方法院院长程德光叩卯铣

**院解字第三五九三号**

**三十六年九月二十二日**

案准贵院本年七月十五日(三十六)七法字第二七六七零号咨,以据司法行政部呈,转请解释立法委员监察委员选举权疑义,咨请解释见复等由。准此,兹经本院统一解释法令会议议决,甲省人旅居乙省五年以上,并在乙省某县设立寄籍者,如依法有立法委员之选举权及被选举权,则依《立法院立法委员选举罢免法》施行条例第二条之规定,在乙省自有选举权及被选举权,其依法有监察委员之被选举权者,并得为乙省监察委员之候选人。相应咨复查照饬知。此咨行政院

**附原咨**

据司法行政部七月一日京呈叁字第一二一一号呈称,案据江西高等法院检察处本年六月十日检纪字第五二五号呈称,案据浮梁地方法院首席检察官徐逵代电称,张某原籍甲省,旅居乙省五年以上,并在乙省某县设立寄籍,对于立法委员有无选举与被选举权,及在乙省有无当选监察委员之权,电请察核解释示遵等情前来。查此在现行法上尚无明文规定,未便擅予核示,理合呈请钧长鉴核示遵等情到部。事关法律适用疑义,理合呈请钧院鉴核转送司法院解释,俾便饬遵等情。据此,案关适用法律疑义,相应咨请查照解释见复,以便饬遵为荷。

**院解字第三五九四号**

**三十六年九月二十三日**

内政部鉴民四午删代电悉。福建省政府所请解释一案,兹经本院统一解释法令会议议决,现任官吏为监察委员候选人,在《监察院监察委员选举罢免法》,既无应先辞职之规定,自无须先行辞职。特电复请查照饬知。司法院申漾印

**附原代电**

司法院赐鉴,准福建省政府雨辰马府民一 65186 代电,以现任官吏竞选监察委员,应否先行辞职,请核复等由。查现任官吏竞选监察委员,应否先行辞职?法无明文规定,谨电请迅赐解释示复为祷。内政部民四午删印

**院解字第三五九五号**

**三十六年九月三十日**

案准贵院本年七月二十四日(三十六)七法字第二九二一号咨,以据司法行政部呈,转请解释战前查封之不动产因卷宗遗失应如何处理疑义,抄附原呈,咨请解释见复等由。准此,兹经本院统一解释法令会议议决,对于不动产之强制执行,于战前开始,现未终结者,虽卷宗遗失及债权人生死或住址不明,亦不得依原呈所拟办法,撤销执行处分,惟为执行名义

之确定终局判决原本及正本均灭失,而无其他方法证明判决之内容者,依《复员后办理民事诉讼补充条例》第十七条之规定,当事人得更行起诉,此项确定判决即无从更为执行名义,债务人如以此为理由,依强制执行法第十二条之规定声明异议,经执行法院认其声明为有理由者,依同法第十三条之规定,自应撤销其执行处分。相应咨复查照饬知。此咨行政院

**附原咨**

司法行政部本年七月十七日呈,据湖北高等法院转请核示战前查封之不动产因卷宗遗失拟具启封办法一案,转请核转解释等情。案关法律适用疑义,相应抄附原呈,咨请解释见复,俾便饬遵。

**附抄原件**

案据湖北高等法院三十六年六月二十日呈节开"据汉口地方法院呈,为战前经本院公告查封之不动产,因卷宗遗失,而债权人生死或住址不明者,拟由本院牌示公告,并责由所有权人出费登报公告三日,限债权人于两个月内来院声明权利,违则本院命所有权人取具相当保证,予以启封,并通知地籍整理处换发所有权状等情到部。"查原拟办法,尚无法律根据,唯该项情形,究应如何处理之处,事关法律适用疑义,理合转请核转司法院解释,俾便饬遵。

**院解字第三五九六号**

**三十六年九月三十日**

案准贵院上年十一月三十日节京贰字第二一五五三号咨,以据粤桂闽区敌伪产业处理局代电,为请示《收复区私有土地上敌伪建筑物处理办法》疑义一案,经交据司法行政部及地政署先后议复,意见不同,案关法令疑义,抄同原件,咨请解释见复等由。准此,兹经本院统一解释法令会议议决,《收复区私有土地上敌伪建筑物处理办法》第四条,系基于被毁之建筑物属于基地所有人所有之普通情形而为规定,其被毁之建筑物为该基地之地上权人所有者,依《民法》第八百四十一条之规定,其地上权既不因建筑物之灭失而消灭,则除其地上权别有消灭原因外,该地上权人仍有以在该基地上有建筑物为目的而使用其基地之权,所有敌伪组织或敌侨汉奸在原基地上重行兴建之建筑物,自无准由基地所有人优先缴价承购之理由,故在此种特别情形,应解为准由地上权人优先缴价承购,所谓铺底权人,如依其情形可认为地上权人者亦同,至同办法第五条第一项所谓原所有权人,如其建筑物为地上权人所有者,系指地上权人而言。相应咨复查照饬知。此咨行政院

**附原咨**

据粤桂闽区敌伪产业处理局代电,请示《收复区私有土地上敌伪建筑物处理办法》疑义一案到院,经交司法行政部及地政署核议在案,兹据先后议复前来,查该部等对于粤桂闽区敌伪产业处理局请示一节,意见不同,案关法令疑义,相应抄同原件,咨请贵院解释见复为荷。

**附原抄《收复区私有土地上敌伪建筑物处理办法》(见本报第二五八六号院令栏)**

**附原抄粤桂闽区敌伪产业处理局原代电**

(衔略)查院颁《修正收复区私有土地上敌伪建筑物处理办法》第四条规定之意旨,对于人民原有建筑物因战事被毁,经敌伪在原基地上重行兴建者,准由基地所有权人优先缴价承购,但参照《民法》第八四一条有地上权不因工作物或竹木之灭失而消灭之规定,如该基地设有地上权,而存续期间尚未届满者,应准由地上权人优先价购,又原有建筑物未被毁灭,经敌伪加以修建者,似应依同法第五条之规定,先准由地上权人就增修部份交价领回,倘地上权人不承领时,仍准由基地所有权人价购,否则依法拍卖,显无疑义,又查人民房屋,在战前如基地所有权人及地上权人并非同一业主,基地属于甲业主,地上权属于乙业主者(即租地自建上盖),或该铺屋之铺客在战前因有铺底权利关系,经由财政厅或法院请领有铺底执照及登记确定证,依法取得地上权者,而该基地范围内经敌伪组织或敌侨汉奸在原基地上重行兴建房屋或其他建筑物,在估价后,究应由基地所有权人优先缴价承购,抑由地上权人或铺底所有权人优先价领之处,未敢擅专,理合电请鉴核示遵。

**附原抄司法行政部原呈**

案准钧院秘书处本年十月三十日礼京(二)字第三八五八二号通知单,以关于粤桂闽区敌伪产业处理局代电,请示《收复区私有土地上敌伪建筑物处理办法》疑义一案,奉院长谕"交司法行政部地政署核复",除分行外,相应通知等由到部。查收复区私有上地上敌伪建筑物之处理,应依《收复区私有土地上敌伪建筑物处理办法》之规定,该办法未规定者,始得依其他法令之规定办理,此为该办法第一条所明定,原代电所称情形,该办法第四条既已明定应由基地所有权人优先承购,自再无适用《民法》第八四一条之余地,从而其他地上权人或铺底所有权人,自亦不得请求优先承购,至该办法第五条所称之原所有权人,倘事实上即为地上权人时,其建筑物经敌伪加以修建者,该地上权人自得依该条之规定,优先交价领回。奉谕前因,理合呈复鉴核。

**附原抄地政署原函**

案准贵处本年十月三日礼京二字第三八五八二号通知单,以粤桂闽区敌伪产业处理局代电,请示《收复区私有土地上敌伪建筑物处理办法》疑义一案,奉谕"交司法行政部地政署核复",抄送原代电一件,通知查照等由到署。经核依照《收复区私有土地上敌伪建筑物处理办法》第二条第二款及第四条之规定办理时,是否应准基地地上权人对建筑物优先承购,原办法并无明文规定,似应补行规定,原土地上确系设有地上权,而地上权现仍存续未消灭者,其建筑物似应限定适当期间,准基地地上权人先行优先缴价承购,基地地上权人逾期不为承购者,再限期由土地所有权人优先价承购,至铺底权一则,业经司法院解释,无从认为不动产物权予以登记有案,其经敌伪在原基地上重行兴建之房屋,仍应由基地所有权人优先承购。准通知前由,除将上述意见函请司法行政部查照外,相应复请查照转陈为荷。

院解字第三五九七号

三十六年九月三十日

案准贵院上年六月二十九日节京伍字第三四六一号咨,以据福建省政府代电,为请核示县参议会审议财政范围疑义,咨请解释见复等由。准此,兹经本院统一解释法令会议议决,《县参议会组织暂行条例》第二条第一项第四款所谓县税,指依法令划为县收入之各项税捐而言,县参议会关于县税之议决,与中央法令抵触者,仍属无效,其与经中央核准之省单行规章抵触者亦同,同款所谓增加县库负担,凡足以增加县库之负债或支出者皆属之。相应咨复查照饬知。此咨行政院

附原咨

据福建省政府代电称,查《县参议会组织暂行条例》第二条第四款所定议决县税县公债及其他增加县库负担事项,兹有疑义数点,计(一)所谓县税,是否包括自治财政中之各项法定税捐、(如屠宰税、营业牌照税、房捐等),抑依预算法第四十二条规定,以变更或拟设定之新收入为限,(二)所谓增加县库负担,是否指一切依法动支款项,或有其他规定,(三)县参议会审议县税之作为与不作为,是否依同条例第三条规定,凡与中央法令抵触者无效,但省订单行规章经中央核准施行者,是否亦同,理合电请察核示遵等情。事关法律疑义,相应咨请查照解释见复为荷。

院解字第三五九八号

三十六年九月三十日

案准贵院本年四月八日从捌字第一二九七四号公函,以关于敌伪产业处理疑义函请查核见复等由。准此,兹经本院统一解释法令会议议决,来文所述情形,某甲不得向敌伪产业处理局请求赔偿损失或呈请发还家具,相应函复查照。此致行政院

附原公函

贵院本年四月二日院解字第三四二三号咨诵悉。兹据殳胜民呈称,窃按《日本在中国私人产业暂行处理办法》第八项规定:“本办法施行后(即民国三十四年十月一日),如有产业私行移转,概为无效”但查《民法》第一一三条规定:“无效法律行为之当事人,于行为当时知其无效或可得而知者,应负回复原状或损害赔偿之责任。”复查民国三十四年十月六日,某甲因觅房得悉某乙日人愿将其居住之房低价出顶他人,经跑合介绍,某甲以善意与某乙接洽,同时并将某乙房内之家具,以伪联银券八十万元购买,成交后该日人乙即迁移,不久被遣送回国,某甲事后始发现其买卖无效,依上开《民法》规定,应回复原状,但该日人乙业经遣送回国,而该家具经当地处理局查封,是否得向处理局请求赔偿损失或呈请核准发还,特此备文呈请钧院鉴核示遵等情。核与上述第三四二三号解释有关,相应函请查核见复,以便饬遵。

**院解字第三五九九号**

**三十六年十月一日**

**令安徽高等法院院长廖江南**

据和县县司法处已迴代电，以民事诉讼案件适用法律疑义，乞赐解释等情。据此，业经本院统一解释法令会议议决，原代电所述情形，依《复员后办理民事诉讼补充条例》第八条第一项第二款之规定，应由第二审法院为第一审审判，如当事人双方迟误言词辩论期日，适《民事诉讼法》第一百九十一条、第一百九十条第一项，视为原告撤回其诉，即无可为强制执行之确定判决，纵令第二审法院误为撤回上诉之通知，亦无何等效力，某丙声请执行，自属不应准许。合行令仰转饬知照。此令

**附原代电**

南京司法院院长居钧鉴，兹有某甲为某某会堂之负责人，在沦陷时期，于民国三十三年，为其会堂价买某乙住宅一所，该屋某乙未出卖前，早于民国三十一年出典一部份与某丙，此次出卖，姑无论事前曾否征询某丙之同意，而某丙因系田房交易监证人，对某甲与某乙买卖契约缔订时，亲自到场办理一切监证事务，嗣于契成价楚后，乃以受典人有先买权，诉经伪县政府判准照其典受部份优先承买，某甲委由某丁代理诉讼，偕同某乙共同上诉于伪上诉法院，审理未终，倭寇投降，敌伪解体，全案由高分院接收，赓续进行，且于上年订期五月八日一度票传，依票面所载，传某乙与某丁均为上诉人，传某丙则为被上诉人，并传某戊、某已、某庚、某辛、某壬等五人为证，至期，一人未到，除某丁曾由书状声明原由外，余亦并无片纸只字，某丁之所声明者，略谓我现已脱离某会堂，不能继续代某会堂有所主张，且某会堂所买之屋，已移转本县救济院云云，高分院因被传人既均无故不到，认为迟误言词辩论期日、视为休止，迨于九月五日缮发通知，依民诉法第一百九十一条第一项、第一百九十条第二项各规定，视为撤回上诉，此种通知，仅送达于某乙某丙二人，既未送达与某丁，亦未送达与某甲，更未送达与救济院，再越数月，各方从无一言，高分院已将全卷检发该房屋所在地之县司法机关，某丙突于本年四月间，对县司法机关求照原判执行，某甲则认为视为撤回上诉之通知迄未奉到，不能认为上诉审业已终结，求请暂缓执行前来，于是发生下列几种不同之争论，(一)上诉法院视为撤回上诉之通知，某甲某丁或救济院既无一人收受送达，某甲自属不明上诉审已至终结阶段，当然不能抹煞某甲之法益而遽唯某丙之请。(二)上诉法院视为撤回上诉之通知，虽未送达与某甲某丁或救济院，某乙究已收到，而某甲所委之某丁，原与某乙共同提起上诉，其送达之效力，当然及于全体，不能不顾全某丙之法益，而驳回某甲之主张。(三)本件并非送达之收到与否问题，根本上诉法院不应舍特别法而仅就普通法以为适用，按《复员后办理民事诉讼补充条例》第八条第二款明文规定，系属第二审事件，应由二审为一审之判决，高分院竟以视为撤回上诉以通知，显有违误，其通知要无法律之效力，县司法机关何得据为实施强制执行。(四)高分院视为撤回上诉之处置，纵非适法，县司

法机关无权变更或废弃,既据某丙声请执行,试问有何方法拒予不理,以上诸说,究以何说为是,事关法律疑义,敬乞赐予解释。安徽和县县司法处主任审判官潘顽生巳迥印

**院解字第三六〇〇号**

**三十六年十月一日**

**令江苏高等法院**

三十六年五月十日呈一件,为据无锡地方法院呈请释示县参议员选举疑义,转请解释示遵由。

呈悉,业经本院统一解释法令会议议决,《县参议员选举条例》第八条所称之再选,只须选举结果无人得出席代表总额过半数之投票而当选时,即应举行,原呈所称之重选,如即为同条所称之再选,自不必先经法院判决而后举行,依同条所举行之再选,纵令办理违法,苟未经法院判决确定,不得谓为无效。仰即转饬知照。此令

**附原呈**

案据无锡地方法院院长汪恩沛呈称,查县参议员之再选及重选,《县参议员选举条例》第八条及第三十四条均有简略规定,设有甲乙两镇合选一县参议员,在第一次选举期日,实际并未有得票超过半数之合法当选者,因当时会场情形混乱,未能举行再选,嗣由县府邀请选举监督代表及当地各机关首长会议,决定重选日期,并以县政府为投票所,讵知甲镇代表坚以甲镇某已合法当选为词,拒绝出席投票,以致仅由乙镇代表出席选举,其选举结果应否认为有效,有甲乙二说,甲说谓有选举纠纷时,应由法院判决无效后,始可重选,不得由县府召集会议决定选举日期,此种违法产生之选举,不能生效。乙说谓县府经选举监督代表核准,决定重选日期,并非法所不许,甲镇代表既抛弃选举权,由乙镇代表出席依法选举,自应认为有效,以上二说,未知孰是,理合备文呈请释示祇遵等情。据此,查所称情形,不无疑义,理合备文转请鉴赐解释示遵。

**院解字第三六〇一号**

**三十六年十月二日**

陕西高等法院郗院长览,寅真代电悉。所请解释一案,业经本院统一解释法令会议议决,邮件补偿之金额及其方法,依邮政法第二十七条之规定,自应依邮政规程所定者办理,至邮政规则第二百二十六条所谓捏报,不包含详情单上漏未填价在内。合电知照。司法院酉冬印

**附原代电**

南京司法院居院长钧鉴,查有甲商于民国三十三年五月间,将大袜衬衣各拾打、太平洋手巾陆拾打分包五包,交由乙省邮政局邮寄丙省,照详情单填明货物品类数目等项,惟漏价值一栏未填,扯有执据,于同年七月被承运之汽车主丁拐逃,邮局向地方法院起诉,经和解

赔出伍百余万元,尽先赔偿填价之邮件,尚属不敷,邮局以甲商漏填价值一栏,每件只赔偿贰百元,共五件应赔偿壹千元。兹有甲乙二说,(甲)按《民法》第一百八十八条第一项前段,受雇人因执行职务不法侵害他人之权利者,由雇用人与行为人连带负损害赔偿责任之规定,乙省邮局自当照原物赔偿。(乙)当甲商交寄包裹时,在包裹详情单上未填价值一栏,意在偷税,系其自己之过失,按邮政法第二十五条,邮件遇有遗失被窃或毁损,得请求补偿,而补偿之金额及其方法,依第二十七条,于邮政规程中定之,查邮政规程废止,现行之邮政规则第二百二十五条第一项,国内包裹交寄时,应备交寄国内包裹详情单,以备查验,第二百二十六条,寄件人对于详情单或报税单上各事项,必须确实填明,如有捏报情事,得由验证机关将寄件依法处分,第二项前项捏报之包裹,遇有损失时,无论因何事故,寄件人均不得请求赔偿,第四百九十条,国内互寄包裹之补偿金额,每件重量在十公斤以下者,不得逾国币壹百元,超过十公斤者,不得逾国币贰百元,国内挂号小包邮件之补偿金额,与包裹同,就以上各条之规定,只能补偿甲商每件包裹贰百元,不能照原物赔偿,惟查邮政规则第二百二十六条之规定,系就捏报者而言,本件系漏未填价,似不能引用该条。二说未识孰是,本院现有是项案件,亟待解决,理合电请钧院解释示遵。陕西高等法院院长郗朝俊叩寅真

**院解字第三六〇二号**

**三十六年十月四日**

四川高等法院苏院长览,午删代电悉。四川高等法院第六分院所请解释一案,业经本院统一解释法令会议议决,戡乱时期纵非国际法上所谓战时,而于此时期服兵役,仍不妨解为《民事诉讼法》第一百八十一条所谓于战时服兵役。合电转饬知照。司法院酉支印

**附原代电**

南京司法院院长居钧鉴,按据四川高等法院第六分院院长罗慕义三十六年六月二十七日牍字第二五六号呈称,查《民事诉讼法》第一百八十一条所谓战时服兵役,谅系指宣战后或尚未宣战而事实上已在交战之状态中服陆海空一切兵役而言,当事人有一于此,自得终止诉讼程序,然抗敌战事结束后,当事人若仍继续服兵役或现时始被征服兵役,究应参酌院字第三二八一号解释,不得称为战时服兵役,无终止诉讼程序之原因,抑或应视为战时服兵役,而终止诉讼程序,于适用上不无疑义,理合具文呈请钧院俯赐核示,俾资遵循等情。现又值总动员期间,究应如何适用,事关法律疑义,理合电请钧院迅赐解释,电令祗遵。四川高等法院院长苏兆祥叩牍午删印

**院解字第三六〇三号**

**三十六年十月四日**

台湾省政府览,参陆已微警丙代电悉。所请解释一案,兹经本院统一解释法令会议议决,省政府警务处荐任司法部门科长科员及台湾省行政长官公署警务处荐任司法科长科

员,均非法院组织法第三十三条第四款所称之司法行政官。合电知照。司法院酉豪印

**附原电**

南京司法院钧鉴,查法院组织法第三十三条第四款规定,曾任荐任司法行政官,办理民刑事件二年以上,成绩优良者,得以推事检察官任用,在省政府警务处担任荐任司法部门科长科员之工作人员,是否以司法行政官论,又在台湾省行政长官公署警务处任荐任司法科长及荐任科员,所有年资可否合并计算?事关法律疑义,乞电释示。台湾省政府参陆已微警一内印

**院解字第三六〇四号**

**三十六年十月四日**

**令代理湖南高等法院院长余觉**

三十五年十月二十五日呈一件,为据邵阳地方法院院长陈振球呈请解释法律疑义两项,转祈鉴核令遵由。

呈悉,业经本院统一解释法令会议议决,(一)原呈所载确定判决主文,应解为原告提出典价时被告应将所典房屋返还原告,不得谓非命被告返还典物之执行名义。(二)所得税法第三十九条、《营业税法》第十九条所定之罚锾,不得援用《罚金罚锾提高标准条例》予以提高。仰即转饬知照。此令

**附原呈**

案据邵阳地方法院院长陈振球呈称,兹有确定判决主文仅载"被告所典原告房屋,准予照价回赎",并无返还典物之语,究竟能否就返还典物部份执行。约分两说,甲说谓既准照价回赎,则一方给付典价,一方当然返还典物,自可并予执行,乙说谓主文既尚无命被告返还典物之语,则返还典物部分,仍无执行名义,自须另行起诉,非经判决,不得遽予执行,两说未知孰是,此应请示者一。又查《所得税法营业税法》修正公布施行,原在战时《罚金罚锾提高标准条例》公布施行以后,在《营业税法》第十七条、所得税法第三十八条所处之罚锾,因有处以二万五千元以上五万元以下或科以漏税额二倍以上五倍以下之罚锾之明文,固可依该条例第三条第一项但书,而不适用同条项提高之规定,但该《营业税法》第十九条各款,既仅载处以所欠税额十分之几之罚锾,所得税法第三十九条各款,既仅载科以所欠金额几倍以下之罚锾,则是否仍应依该条例第三条第一项,就其原定数额提高至五十倍科罚,亦分两说,甲说谓该《营业税法》第十九条、所得税法第三十九条,既无得依一定比率加增罚锾数额之规定,自应仍适用该条例第三条第一项,就其原定数额提高一倍至五十倍科罚,乙说谓该两税法修正公布施行,既在该条例施行以后,其科罚数额原已提高规定,如仍适用该条例第三条第一项提高一倍至五十倍科罚,不特商民无力负担,且失法律之平,自以依该两税法原定数额科罚为宜,两说亦未知孰是,此应请示者二。以上两项,均关法律疑义,理合电恳转请解释示遵等情。据此,事关法律解释,理合备文呈请钧院鉴核令遵。

**院解字第三六〇五号**

**三十六年十月四日**

**令广东高等法院院长史延程**

据广东新兴地方法院午东代电，以定有期限租赁之房屋，于租赁期限届满后，仍为租赁物之使用收益，出租人经为反对之意思表示，在《修正土地法》施行期间，能否请求返还租赁物疑义，电请解释等情。据此，业经本院统一解释法令会议议决，租赁定有期限者，无《土地法》第一百条之适用，已见院解字第三四八九号解释，故租赁期限届满时，如无《民法》第四百五十一条情形，依同法第四百五十条第一项之规定，其租赁关系即为消灭，出租人自得向承租人请求返还租赁物。合行令仰转饬知照。此令

**附原代电**

司法院居院长钧鉴，关于定有期限租赁之房屋，出租人因承租人于租赁期限届满后仍为租赁物之使用收益，经即为表示反对之意思，在《修正土地法》施行期间，出租人能否请求返还租赁物，发生疑义。兹有两说，（甲）说谓查《修正土地法》第一百条规定，出租人非因下列情形之一，不得收回房屋，而该条规定，于定期或不定期之租赁均适用之，亦经司法院院解字第三二三八号解释有案，故出租人收回房屋，自以该条所列情形之一者为限，《土地法》既为《民法》之特别法，在施行期间，当排除《民法》第四百五十条第一项之适用，租赁期限届满之情形，该条既无规定，自不能以租赁期满请求返还租赁物。（乙）说谓查修正《土地法》第一百条所谓出租人得收回房屋，须以终止租约为前提要件，由论理上解释之，实含有为终止租约之意义（参照最高法院三十六年度上字第一四三二号判决），是该条于适用上，系以出租人于租赁关系存续中，有终止租约之原因发生，而为终止之意思表示，使租赁关系归于消灭，故应以租赁关系存续中，为其前提事实，司法院院解字第三二三八号解释所谓定期或不定期租赁均适用之，系指定期或不定期之租赁关系在存续中，出租人以有该条所列情形之一，均得收回房屋而言，否则，法律上规定有期限之租赁，已同虚设矣，查租赁定有期限者，其租赁关系于期限届满时消灭，既为《民法》第四百五十条第一项所明定，则承租人于期限届满后，仍为租赁物之使用收益，既经出租人即为表示反对之意思，自无从依同法第四百五十一条规定，视为不定期限继续契约（该条规定，乃学说上所谓默示更新，既经出租人明示反对，其原约显未更新，自归于消灭），在此场合，其定期之租赁关系已归消灭，又不能视为不定期限继续租约，则当事人间已无租赁关系，至为明显，其租赁关系既不存在，出租人自可以承租人迟延返还租赁物为理由，请求返还，实无适用《修正土地法》第一百条之余地，故《民法》第四百五十条第一项之规定，当不因《修正土地法》第一百条之施行而排除适用。以上两说，未知孰当，事关法律疑义，理合备文电呈鉴核，俯赐迅予解释。广东新兴地方法院推事代行院长职务阮怡然午东叩

**院解字第三六〇六号**

**三十六年十月四日**

**令广西高等法院院长申守真**

据署广西邕宁地方法院院长王国干巳巧代电,以《复员后办理民事诉讼补充条例》第十二条适用疑义,电请解释示遵等情。据此,业经本院统一解释法令会议议决,《复员后办理民事诉讼补充条例》第十二条之适用,不以法律行为之成立在敌人投降以前者为限。合行令仰转饬知照。此令

**附原代电**

司法院院长居钧鉴,查《复员后办理民事诉讼补充条例》第十二条之规定,其适用是否限于敌人投降(即三十四年九月二日)以前,如其法律行为成立在敌人投降以后者,应否适用该条之规定,实不无疑义,悬案待结,理合电呈察核,迅赐解释示遵。署广西邕宁地方法院院长王国干呈巳巧文印

**院解字第三六〇七号**

**三十六年十月四日**

案准贵院本年五月二日从壹字第一六六四四号公函,以据内政部呈,转请核示广西省参议员李宪章可否准其兼任中训团南宁教育人员训练班副主任疑义,抄同原呈,函请解释见复等由。准此,兹经本院统一解释法令会议议决,来文所述情形,如该省参议员系应选后始兼任公务员,则内政部拟准其辞去兼职,专任省参议员,于法尚无不合,至中央训练团教育人员训练班少将副主任,不得比照公立学校校长之例兼任省参议员。相应函复查照饬知。此致行政院

**附原公函**

(上略)据内政部转请核示广西省参议员李宪章现任中训团南宁教育人员训练班副主任可否准其兼任等情前来,相应抄同原呈,函请查照(略)迅予解释见复为荷。

**附原抄呈**

案查前准广西省政府电,以省参议员李宪章现任中央训练团南宁教育人员训练班少将副主任,可否准其兼任等由到部,当即比照公立中学校长不得兼任民意代表之先例,电复不得兼任去后,旋据李宪章电呈称,该省政府事先未通知其本择任一职,而即将其省参议员职务免去,且声明愿辞去兼职,专任省参议员到部,经以"民意代表兼任不能兼任之公务者,应通知其于七日内择一辞职,早经本部通行有案,贵省政府如未按照上项规定办理,自不得将其民意代表职务径行免去"等语,电准广西省政府电复,以省政府自知悉李宪章兼任中央训练团南宁教育人员训练班少将副主任后,即一面报请本部核示,一面咨请省参议会询问李宪章是否辞职,而李称该班系训练性质,班副主任非公务员,少将系虚衔,应可兼任,省政府

以犹豫期间业经届满,而李宪章仍多方借口,延不辞职,迫不得已,乃免去李宪章省参议员之职务,且谓通知其择任一职手续业已完备,省政府对于本案之处理,实无不合之处,请准予维持原案等语,查经本部根据李宪章所赍广西省政府三十六年三月民壹字第三四〇二号抄电开,"急抄送李宪章先生鉴查先生现任教育人员训练班副主任,应否得兼省参议员,经报请内政部核定,兹准电复,由候补人韦季华递补,相应电转查照",及各方情形判断,广西省政府于免去李宪章参议员职务之先,并未按照本部"民意代表兼任不能兼任之公务者,应通知其于七日内择一辞职"之规定办理,似应准其辞去兼职,专任省参议员,是否有当,敬祈钧裁,再自经国防最高委员会最近通过公立学校校长准兼任民意代表后,中央训练团教育人员训练班少将副主任,可否比照办理之处,理合并请鉴核示遵。

**院解字第三六〇八号**

**三十六年十月四日**

案准贵院本年六月四日从洪字第二一二七三号公函,以职业团体应出县市参议员名额在二人以上其中如有一当选人不愿应选时是否以候补当选人递补仰另行选举等疑义,函请解释见复等由。准此,兹经本院统一解释法令会议议决,职业团体应出县市参议员二人以上,而其中有一当选人不愿应选时,应以候补当选人递补,再以得票次多者递补候补当选人。相应函复查照。此致行政院

**附原公函**

查职业团体应出县市参议员名额在二人以上,其中如有一当选人不愿应选时,是否以候补当选人递补,抑另行选举,如另行选举,则候补当选人是否以另行选举之得票次多者为候补当选人,抑仍以原选出之得票次多者为候补当选人,又如以原选出之候补当选人递补不愿应选之参议员时,是否再以得票次多者递补候补当选人,抑不予递补,听其缺额,均有疑义(略)。相应并请查照,迅予解释见复为荷。

**院解字第三六〇九号**

**三十六年十月二十一日**

案准贵所本年八月八日法字第八十二号公函,以准教育部函,为关于国立大学校长参加立法院立法委员竞选应否辞去职务一案,转请解释见复,又公立中等以上学校亦同此情形,并请鉴考等由。准此,兹经本院统一解释法令会议议决,现任国立大学校长或公立中等以上学校校长,既系委任以上之文职,不得谓非《立法院立法委员选举罢免法》第十三条所称之官吏(参照院解字第三五一二号解释),惟在同条之适用上,仅以学校所在地为其任所所在地,而无所谓管辖区,如于学校所在地以外之区域为立法委员候选人,不在同条限制之列。相应函复查照饬知。此致国民大会代表立法院立法委员选举总事务所

**附原公函**

案准教育部函开,“关于国立大学校长参加立委竞选须否辞去职务一节,前经函准贵所七月二十八日京法字第五六号公函,以国立大学校长视同官吏,亦应受《立法院立法委员选举罢免法》第十三条规定之限制等由。查地方官吏参加竞选,为避免其有利用权势操纵选举情形,故须事先辞去本职,立法原意至为明显,国立大学校长类似自由职业,虽手续上经政府任命,但所任职务为学术研究性质,并非行政职务,校址虽设于某省,而其学生及职教员并无省籍之限制,校长对于学校以外,实无权力可言,绝无可以利用权势操纵选举情事之处,倘在学校所在区域以外之地区竞选,职权尤毫不相涉,似更无辞去职务之需要,总之,国立大学校长形式上虽经政府任命,而其职务性质显与地方官吏不同,如在竞选方面完全视同地方官吏,似欠允当,且大学校长之更动,影响重大,此点尤须慎重考虑,可否转请商诸司法院,对于国立大学校长参加非学校所在地区立委竞选,准予另案规定,毋庸辞职之处,用再函请查照见复”等由。准此,查来函所称似属不无理由,用特函转,敬请督照,惠予解释见复,又公立中等以上学校亦同此情形,可否并予救济,并请鉴考为荷。

**院解字第三六一〇号**

**三十六年十月二十一日**

案准贵院本年八月二十日(三十六)七法字第三三六一五号咨,以《诉愿法》第四条第一项适用疑义,咨请解释见复等由。准此,兹经本院统一解释法令会议议决,对于官署之处分,于《诉愿法》定期限内,向原处分官署声明不服者,有遵守期限之效力,业经本院解释有案(院字第二五七一号),其仅以言词向原处分官署声明不服者,虽与法定程序有所未合,但嗣后如已依《诉愿法》第五条之规定提出诉愿书,则其程序之欠缺业已补正,应视与自始未欠缺同。相应咨复查照。此咨行政院

**附原咨**

查诉愿自官署之处分书或决定书达到之次日起,应于三十日内为之,《诉愿法》第四条第一项著有明文,兹有某甲为财产被没收事件,不服本院直辖下级官署处分,提起诉愿到院。经核全案卷宗,诉愿人系于本年四月十五日收到处分书,至本年五月三十一日始向本院呈递诉愿书状,根据首开说明,其诉愿显已逾期。惟诉愿人于本年四月二十六日原处分官署传讯时,曾声称不服原处分,拟向本院诉愿等语纪录在卷,其陈述是否得视为诉愿已合法提起?若认为已合法提起诉愿,是否仍应自四月二十六日起三十日内应向本院以书面为之?案关法律适用疑义,相应咨请解释见复,以凭核办。

**院解字第三六一一号**

**民国三十六年十月二十一日**

案准贵院本年四月十四日从捌字第一三七七六号咨,以据司法行政部呈请解释,律师

犯罪被判徒刑,经合法大赦后,是否仍受律师法第二条第二款之限制疑义,抄同原呈咨请解释见复等由。准此,兹经本院统一解释法令会议议决,律师受一年有期徒刑以上刑之宣告,既经大赦,刑之宣告失其效力,自不得再依律师法第二条第二款,撤销其律师资格。相应咨复查照饬知。此致行政院

**附行政院原咨**

据司法行政部本年四月三日京呈叁字第五一一号呈,为律师犯罪被判徒刑经合法大赦后,是否仍受律师法第二条第二款之限制疑义,请转咨解释等情。案关适用法律疑义,相应抄同原呈,咨请查照解释见复,以便饬遵为荷。

**附原抄件**

查设有某律师因案被处一年以上有期徒刑,旋奉令大赦,经依法赦免后,该律师是否仍受律师法第二条第二款之限制,应撤销其律师资格,现有二说。(甲)说谓罪刑经依大赦令赦免者,其罪质根本消灭,应视为与自始未犯罪者,同从而关于其刑之宣告,自无所根据。该律师被处有期徒刑,既经合法大赦,自无再依律师法第二条第二款撤销律师资格之余地。(乙)说谓律师法第二条第二款之规定,着重于刑之宣告之事实,若有曾受有期徒刑宣告之事实,即令罪刑经大赦赦免,亦应仍受同法同条之适用。二说究以何说为是,事关法律适用疑义,理合呈请钧院转咨司法院解释示遵。

**院解字第三六一二号**

**民国三十六年十月二十一日**

国防部鉴,卯皓吕捕代电悉,联合勤务总司令部所请解释一案,兹经本院统一解释法令会议议决,依《战时陆海空军审判简易规程》第八条之规定,适用《刑事诉讼法》以不抵触《陆海空军审判法》之本旨者为限,《陆海空军审判法》既仅规定军法官或审判长得发看管票留置被告人,则宪兵官长充任军事检察官时,本无发看管票留置被告人之权,自不得适用《刑事诉讼法》关于检察官之规定羁押被告。特电复请查照饬知。司法院酉马印

**附国防部原代电**

司法院赐鉴,据本部联合勤务总司令部(36)寅引法正七一八三三号代电内称,据本部经理署案呈,宪兵司令部(三十六)粮字第一〇三〇号丑智代电内称,查宪兵官长为军事检察官,系《陆海空军审判法》第十九条第一项第二款所明定。至军事检察官侦查军人犯罪案件,根据《战时陆海空军审判简易规程》第八条之规定,可适用《刑事诉讼法》,则依该法第一〇八条之规定羁押期间可至四个月,宪兵团队囚粮(包括主副食)开支势所必需等情。据此,查宪兵官长有无羁押权,有不同之二种见解。甲说,以为宪兵官长依《陆海空军审判法》第十九条第一项第二款之规定,为军事检察官,相当于法院之检察官,亦可有羁押权。依据《刑事诉讼法》第一〇八条,羁押期间可至四个月。乙说,以为宪兵官长无羁押权,其理由为依《中华民国训政时期约法》第八条第二款之规定,凡非审判机关于逮捕拘禁犯罪嫌疑人

后,至迟应于二十四小时内移送审判机关审问,无权予以羁押。宪兵官长非审判机关,自无羁押权。再宪兵为警察性质宪兵官长,依《刑事诉讼法》规定,仅为司法警察官,亦应无羁押权。以上二说,究以何说为是,案关法律疑义,理合电请转电司法院解释示遵为祷等情,谨转请解释赐复为祷。国防部卯皓吕捕印

**院解字第三六一三号**

**三十六年十月二十一日**

国防部鉴,成笺午有代电悉。兹经本院统一解释法令会议议决,《优待出征抗敌军人家属条例》虽无明文废止,但抗敌战事结束后,既无所谓出征抗敌,该条例适用之前提要件即不存在,自无再适用之余地,至动员戡乱,其性质显非出征抗敌,故目前绥靖官兵,不能即视同出征抗敌军人,同条例所定之优待方法,与其他法律不相抵触者,固不妨以命令使之受同一之优待,若其所定之优待方法,系对《民法》设特别规定者,则非另有法律,未便使之受同一之优待,关于出征抗敌军人是否得依同条例第二十八条第二项规定,提前回赎之诉讼在抗敌战事结束后为第二审判决者,除该军人在抗敌战事结束前为回赎之意思表示,并于当时曾向典权人提出典价外,法院自不得援用同条之规定,判准提前回赎。特电复请查照,原附件随还。司法院酉箇印。附原附件四份

**附原代电**

司法院居院长觉生先生钧鉴,据中央训练团兵役研究班第一队学员王震寰三十六年六月六日报告,略以"出典产业,前经诉请四川内江地方法院判决,王亮福应准提前回赎一案,嗣因王亮福不服上项判决,即上诉最高法院,卒奉三十六年度上字第六九五号判决,废弃前判,所据理由,则以《优待出征抗敌军人家属条例》所称之出征抗敌军人,系指从事抗敌战事之军人而言,抗敌战事结束后,纵令该军人仍继续服役,亦不复为同条例所称之出征抗敌军人,自无适用该条例规定之余地,本案原审判决之时,对日战事早已结束,被上诉人王震寰虽继续服任军职,亦非仍为出征抗敌之军人,原审未注意及此,仍依前开法例维持第一审准提前回赎典物之判决,于法殊有未合等语。检呈判决全文请示,(一)《优待出征抗敌军人家属条例》在未废止前,应否继续适用,(二)抗战军人在抗战期间所提优待声请之诉,经第一审判决确定,在第二审未结案前而抗战结束,应否适用前项优待条例,(三)请转函最高法院废弃原判,用符优待等情。经查(一)抗战期间,各战区司令部现役官兵,以在战斗序列之内,其本人及其家属均应享受法定之优待,(二)最高法院终审判决之日,虽抗战早已结束,然优待条例系经立法程序公布之条例,且仍在适用,并未废止,(三)三十五年二月行政院通令,凡抗战结束后,所有尚未复员退伍官兵,其原先优待有案者,应仍照优待条例之规定,继续实施其应享之优待,(四)优待享受之停止,依优待条例第四十六条第四款之规定,应在归休退伍停役除役三个月以外者。综上论结,该最高法院所据理由是否允当,案关全国性优待军人法例解释,为所有抗战军人及目前绥靖官兵应享法定权利之所系,相应检同原判决

书三件，另钧院解释一件，电请俯赐核办，并通饬遵行，实为公便。国防部部长白崇禧三十六成笺（午）（有）。附检送原判决书三份暨钧院解释一份，仍恳于核覆时发还。

**院解字第三六一四号**

**三十六年十月二十一日**

案查前准贵院咨，以据司法行政部呈转请解释没收匪产适用法律疑义，咨请解释见复等由。准此，兹经本院统一解释法会会议议决。（一）经县政府以行政处分所没收之盗匪不动产，第三人出而主张权利时，除得向行政官署诉愿请求变更或撤销其处分外，并得向司法机关提起确认所有权或回复所有权之诉。（二）《惩治盗匪条例》施行后，县政府于盗匪案件移送司法机关前，率依滇黔绥靖副主任公署所颁布之民众自卫办法，将匪产处分，事后受害人向司法机关提起请求返还或赔偿损害或确认之诉时，司法机关得径予审判。（三）《惩治盗匪条例》第七条第二项所载之财产利益，除应抵偿被害者外，既只规定"得没收之"，自不得为其他之处分。相应咨复查照饬知。此咨行政院

**附原咨**

据司法行政部本年四月二十一日呈叁字第三二四号呈称，案据贵州高等法院呈称，案据纳雍县司法处雍法刑特字第二号呈称，窃查现行《惩治盗匪条例》第七条规定，盗匪所得之财物应发还被害人，同条第二项规定，因前项财物变得之财产利益，除应抵偿被害者外，得没收之等语，自特种刑事案件移归司法机关办理后，关于匪产处置，自应依照上项规定分别办理，惟查滇黔绥靖副主任公署过去颁布民众自卫办法，其第八条规定，"直接匪产"其不动产变价，以半数奖励出力团队，以半数拨充地方教育基金，职前此供职行政机关，曾见绥副署解释"直接匪产"之范围，谓系限于匪人本身之产业，其祖遗及家属之财产，并不包含在内，是此项直接匪产之范围，较《惩治盗匪条例》所订为广，在前时盗匪案件系由兼军法官之县长处理，尚不生如何权限争议问题，现在盗匪案件移归司法机关办理，情形不同，兹有应行请示者三项。（一）在过去经县政府没收之盗匪不动产（无论已否变卖），设有第三者出而主张其权利，究竟是否先向行政官署诉愿请求变更或撤销其处分，抑或向司法机关提起确认所有权或回复其所有权之诉。（二）民众自卫办法系本省单行之法规，但曾经军事委员会核准实施，具有法律性质，现在既未废止，各县政府自可适用，《惩治盗匪条例》系国府公布之法律，全国均应遵守，但其规定没收范围较前者为狭。而处置盗匪案件，又以公诉案件为普遍，在各县司法处，大都先由县政府或区乡镇长拿获匪徒，然后移送司法机关办理，假如县政府在未移送之先，已依据民众自卫办法，先将匪产处置，事后受害人始向司法机关提起请求返还或赔偿损害或确认之诉，将如何处理，是否令其诉愿抑径予审判。（三）处理机关既属不同，而财款用途亦复各异，不能不有划一规定，盖民众自卫办法之规定，处分匪产，其用途系奖励团队及拨充地方教育基金，而《惩治盗匪条例》之规定，处分匪产，"限于因犯罪所得之财产利益，例如为匪所劫得之财物而置之产业"，除应抵偿被害人者外，得没收之，其

没收之款,自应归属国库,究竟县政府是否尚可援用上项办法处理。因有前述三项问题,极易发生权限争议,理合呈请鉴核示遵等情到部。查原呈所称民众自卫办法,系经军事委员会核准施行,法院办理盗匪案件应否受其拘束,本部未敢擅专,理合呈请鉴核示遵,俾便转饬遵照等情。据此,案关适用法律疑义,相应咨请查照解释见复,以便饬遵为荷。

**院解字第三六一五号**

**三十六年十月二十一日**

案准贵院本年五月二十二日从辰字第一九三五七号咨,以据江苏省政府呈请核示,敌伪组织在私有土地上建筑房屋,胜利前复令原有土地权利人备价领购者,究应如何处理疑义,咨请查核见复等由。准此,兹经本院统一解释法令会议议决,敌伪组织在私有土地上建筑之房屋,该土地之权利人虽于胜利前向敌伪组织备价领购,亦不能因而取得所有权,此项房屋仍应依《收复区私有土地上敌伪建筑物处理办法》第二条处理。相应咨复查照饬知。此咨行政院

**附原咨**

查前据湖北省政府代电,关于《收复区私有土地上敌伪建筑物处理办法》适用疑义请示三点内第三点称,敌伪组织或敌伪汉奸于公有土地或私有土地上建筑之房屋或其他建筑物,在光复前后已卖与他人,应否仍照本办法办理等语。经交据司法行政部核复略称,敌伪组织或敌伪汉奸于公有土地上建筑之房屋或其他建筑物在光复前后卖与他人者,依《收复区土地权利清理办法》第三条之规定,其处分应属无效,似应由政府收回,至敌伪组织或敌伪汉奸于私有土地上建筑之房屋或建筑物卖与他人者,参照司法院院解字第三一九三号之解释及《收复区私有土地上敌伪建筑物处理办法》第三条规定之意旨,如买受人无《惩治汉奸条例》第十二条之情形,而其买卖亦无其他无效原因者,尚难谓为无效,买卖既非无效,则买受人似得向基地所有权人协商购买其土地,协商不能成立时,承购人对于基地享有地上权等情。当经本院采取该部所议意见,令行湖北省政府知照。嗣又据江苏省政府呈略称,敌伪组织将公共场所拆毁,在私有土地上建筑房屋租与民众,胜利前夕复由伪府将此项房屋令原有土地权利人备价领购者,现在究应如何处理,请示到院。复经分交司法行政部及地政署核议去后,兹据司法行政部复称,原呈所称敌伪组织将公共场所拆毁一节,殊欠明瞭,至关于敌伪组织在私有土地上建筑房屋出卖于原基地所有权人一节,按房屋与土地在《民法》上皆称为不动产,在《收复区土地权利清理办法》,关于房屋之处分虽无特别规定,而参照同办法第三条"敌伪组织对于公有私有土地所为之处分一律无效"规定之意旨,亦自无独视为有效之理由,原呈所称情形,按照上开说明,敌伪组织就房屋所为之买卖,自应认为无效,而此种情形应依《收复区私有土地上敌伪建筑物处理办法》第二条规定办理,即该项房屋除有合于《土地法》第二百〇八条各款及第二百〇九条之规定者,得由政府依法征收其基地连同该房屋收归公有外,自可由基地所有权人优先缴价承购,尚不能以伪府将该项房

屋令基地所有权人备价领购,即认为已取得该项房屋所有权。又据地政署复称,私有土地上经敌伪建筑之房屋,依照《收复区私有土地上敌伪建筑物处理办法》之规定,应作为公有,依该办法第二条之规定处理之,其经敌伪组织放领者,依《收复区土地权利清理办法》第四条之规定,应认为无效各等语。查现据核复各点,与前次司法行政部议复意见,先后不无抵触,该江苏省政府所请核示一节,应否依照《收复区土地权利清理办法》第四条之规定处理之处,案关适用法规疑义,相应咨请查核见复为荷。

**院解字第三六一六号**

**三十六年十月二十一日**

甘肃高等法院,卯筱代电悉。甘肃高等法院第二分院所请解释一案,业经本院统一解释法令会议议决,依减刑办法(三十三年六月十七日颁布)就已确定判决之并合处罚之甲乙丙三罪所定执行刑减刑之案件,其乙丙二罪既合于罪犯赦免减刑令甲项规定予以赦免,则所余应行减刑之甲罪,应就原确定判决所宣告甲罪之刑,依前开办法减刑后,按照罪犯减刑办法第七条第一项再予减刑。合电转饬知照。司法院酉箇印

**附原代电**

南京司法院院长居钧鉴,据甘肃高等法院第二分院院长刘理惠卯东代电称,兹有张某于民国三十三年犯有甲乙丙三罪,第一审判处甲罪有期徒刑十年,乙罪有期徒刑八月,丙罪有期徒刑三月,并合执行有期徒刑十年四月,复经第二审驳回上诉,并于同年依三十三年六月十七月颁布之减刑办法,只就其原合并执行有期徒刑十年四月,减为有期徒刑六年十月零二十日,并未就甲乙丙三罪分别核减,再定并合执行刑,先后确定在案。现据检察官声请,除乙丙两罪已依法赦免外,再就甲罪依本年一月一日颁布之罪犯赦免减刑令予以减刑,遂发生子丑二说。子说谓乙丙两罪现虽赦免,但在前次减刑时已将其两罪之宣告刑均并入于执行刑中,与此次罪犯减刑办法第二条第一项后段所载之情形不同,则甲罪自应就已减为有期徒刑六年十月零二十日之并合执行刑期中,按比例扣除乙丙两罪部分之并合执行刑后,再予减刑,方属平允。丑说谓甲乙丙三罪之原并合执行刑十年四月,系依《刑法》第五十一条第五款规定,于各刑中之最长期以上各刑合并之刑期以下定其刑期,既非按甲乙丙三罪刑期之比例定其并合执行刑期,如就三罪刑期之比例扣除乙丙两罪之并合执行刑后,再将甲罪之执行刑期予以减刑,殊欠根据,且查罪犯减刑办法第七条第二项,虽有已就并合处罚各罪之执行刑减刑者,就其减得之执行刑,依罪犯赦免减刑令丙项所定标准再予减刑之规定,但此项规定只适用于应减刑之案件,此观于同条第一项前段规定,极为明显,至于同一案件减之并合执行刑中尚有已经赦免者,就其余不得赦免而应减刑之执行刑,应再如何减刑,既无明文规定,自不得率予按照子说,在执行刑中按照比例扣除已经赦免各罪之刑期,再予以减刑。以上两说,究以何说为是等情。查上述两说,均有不妥,若从子说,则办理诸感困难,倘依丑说,减刑又欠公平,似应就各罪之宣告刑,除应赦免之各罪予以赦免外,仅

余之一罪,依其所宣告之刑,按照减刑办法第二条第一项第二款,先减其二分之一后,依罪犯赦免减刑令丙项第三款,罪犯减刑办法第七条第一项,再予减刑,庶于前开各减刑办法及《刑法》第五十四条立法精神不违,且较公允,未知孰是,事关适用法律疑义,未便擅拟,理合电请迅赐解释,俾便饬遵。甘肃高等法院院长叶在畴卯篠叩

**院解字第三六一七号**

**三十六年十月二十二日**

重庆市政府览,据重庆市警察局戌虞代电,以特种刑事诉条例第三条第二项及提审法第一条适用疑义,电请解释遵循等情。经本院统一解释法令会议议决,司法警察官署逮捕特种刑事案件之犯罪嫌疑人,认为应移送于法院而有羁押之必要时,纵令于二十四小时内未能查明犯罪事实及证据,仍应受刑事诉证法第二百零八条所定时间之限制。又□项人犯经司法警察官署拘禁如已逾二十四小时,即属非法拘禁,被拘禁之本人或其亲属,自得依提审法第一条之规定,向法院声请提审。合电转知照。司法院酉养印

**附原代电**

南京司法院院长居钧鉴,窃查《特种刑事诉讼条例》第三条第二项规定,"司法警察官署依前项规定移送之案件,以提起公诉论,法院得迳行审判",关于该项解释发生二说。(甲)司法警察官署之移送案件既作为公诉论,其立法原意在使司法警察官署代行检察官之职权,是则刑诉法内公诉一章,例如侦查期间等规定,应适用于司法警察官署,不受二十四小时之限制,否则不仅反立法原意,抑且实际应用上,欲在二十四小时内查明犯罪之实及证据,绝不可能。(乙)该第二项之规定,仅赋予司法警察官署移送之职,并未明文规定代行检察官之职权,更未明文规定侦查期间可适用刑诉法公诉章之办法,故仍受二十四小时之限制。又提审法第一条之定,其法定要件,一为法院外之任何机关,二为非法逮捕,司法警察官署对于特种刑事案件逮捕人犯时,人民可否依据提审法,请求法院向司法警察官署出票提审,亦有二说。(甲)司法警察官署对于特种刑事案件,依法有侦查及移送之权,既非非法逮捕,则自不能适用提审法之规定。(乙)司法警察官署固有侦查及移送之权,但无审判权,故法院向司法警察官署出票提审时,司法警察官署自应立即移送人犯至法院。以上二项,究以何说为是,敬恳一併解释电示,俾有遵循。重庆市警察局局长唐毅戌虞叩

**院解字第三六一八号**

**三十六年十月二十二日**

**令陕西高等法院院长郗朝俊**

据南郑地方法院卯佳代电,以《惩治贪污条例》第二条第六款所谓意图得利疑义,电请解释饬遵等情。业经本院统一解释法令会议议决,《惩治贪污条例》第二条第六款所谓意图得利,为构成本款各罪之共通要件,倘系图利公益而非图利自己或第三人,自不构成本罪,

至于图充地方积谷或县级公粮而违背法令额外征收,如无其他不法所有之企图,均仅成立《刑法》第一百二十九条明知不应征收而征收之罪,不能依首开条款论科。合行令仰转饬知照。此令

**附原代电**

司法院院长居钧鉴,查《惩治贪污条例》第二条第六款所谓意图得利,(一)是否为本款各罪之共同要件?(二)图利公益是否亦包括在内?(三)如为本款各罪之共同要件,因图充地方积谷而违背法令征收税粮,应否成立本款之罪?(四)图以税粮充地方积谷或县级公粮,是否可认为图利公益?(五)负有征收田赋责任之人,因复查(地亩多粮少故复查)之田地科则高于原定赋额,即依复查数征收税粮,迨报经核减,以限期所迫,势难中途变更,仍继续征收,是否即应认为违背法令收税,而不问其图利公益与否?现本院有此类案件急待审结,惟事关适用法律,未敢擅断,理合电请鉴核,俯赐解释饬遵。陕西南郑地方法院院长陈光照卯佳叩

**院解字第三六一九号**

**三十六年十月二十二日**

**令河北高等法院院长邓哲熙**

呈一件,呈为中华民国人民在领域外法律订有重婚处罚之某国重婚,返国后应否适用《刑法》处罚疑义,请赐解释示遵由。

呈悉,业经本院统一解释法令会议议决,中华民国人民在中华民国领域外犯重婚罪,纵令回国同居,依《刑法》第七条之规定,不适用《刑法》处罚。仰即知照。此令

**附原呈**

呈为呈请解释事(略)。兹有中华民国人民在领域外法律订有重婚处罚之某国重婚,该国因未发觉,未予处罚,返国后应否适用《刑法》,于此发生下列二说。甲说重婚罪于结婚仪式举行后即属完成,法定系五年以下有期徒刑,在民国领域外所犯当地国家法律既有处罚明文,依《刑法》第七条即无再适用本法处罚余地,此系实体规定,非如刑诉法犯罪行为地及犯人居住并所在地法院均有管辖权者可比。乙说在民国领域外犯五年以下有期徒刑之罪不适用《刑法》,系其犯罪行为已在民国领域外完成,重婚同居,其犯罪尚在继续,故于双双返国后,仍应适用《刑法》处罚。二说未知孰是,事关法律疑义(略)。理合具文呈请钧院俯赐解释示遵

**院解字第三六二〇号**

**民国三十六年十月二十二日**

呈悉,业经本院统一解释法令会议议决,非有扣缴或自缴财产租赁所得税之义务,或虽有此义务而未届应缴期限之人,对于主管征收机关径行查定纳税额,限令纳税之通知,纵不

依限缴纳税款或申请覆查,法院亦不得依所得税法第三十九条(已失效之财产租赁出卖所得税法第十九条同)处罚。有上开纳税义务之人不服主管征收机关,查定税额通知书,申请覆查减轻税额,虽以接受查定通知书后十日内先缴查定额二分之一,为其应备之程序,但主管征收机关对于未遵缴此项查定额之申请人已核准减轻时,该纳税义务人即不负欠缴该税额逾限之责,主管征收机关不得因此移请法院科罚。至房屋之业主与住客订约,由住客出资修葺或建造房屋定期居住,不取租金,届期无偿交还房屋者,系一次交付租金之定期租赁,或设定地上权依所得税法第二条第十条,及同法施行细则第五十八条规定,非无纳税义务,如欠缴税额逾限,即应依法处罚。仰即转饬知照。此令

**附广西高等法院原呈**

呈为呈请解释事,案据本院第八分院本年午宥代电称,兹有法律疑义,例如主管征收机关对于业主自用,或亲友借用,或财产赠与等根本上无纳税义务者,或对于财产租赁年季月取得,而未届年季月取得之期者,或对于业主与住宅订约,由住客出资修葺或建造房屋定期居住,不取租金届期无偿交房屋与业主者,径行决定限令纳税。接受此项纳税决定通知之人,如不依《财产租赁出卖所得税法》第十一条,先纳税款后,请覆查或甚至逾期不纳税,亦不请求覆查时,应否依同法第十八条各款处罚?又有纳税义务而接受纳税决定通知之人,并不依期先缴税款,仅请求减轻税额主管征收机关,一面核准减轻,另一面仍送请法院科处,可否仍援上开法律处罚?事关法律疑义,本分院未敢擅便,理合电请转请解释示遵等情。据此,案关适用法律疑义,职院未敢擅拟,理合具文呈请察核俯予解释指令祇遵。

**院解字第三六二一号**

**民国三十六年十月二十八日**

福建田赋粮食管理处雨子回处田粮人榕字第零零一二零九号代电悉,所请解释一案,兹经本院统一解释法令会议议决,撤职非公务员惩戒法上之惩戒处分。电复查照。司法院酉勘印

**附福建田赋粮食管理处原代电**

南京司法院,查公文上每有用"撤职"一词者,该名词有无法令根据,及是否为惩戒之一项,经电请释示去后,兹奉中央公务员惩戒委员会三十五年十二月二十五日利议字第三九八号函复以"事关解释应径向钧院呈请解释"等因,奉此,理合电请释示,俾有遵循。福建田赋粮食管理处叩人

**院解字第三六二二号**

**民国三十六年十月二十八日**

遂川县参议会,上年亥支代电悉,所请解释一案,兹经本院统一解释法令会议议决,省县政府事务官吏奉派出发所辖县市或乡镇督导工作,不得以其督导名义对外行文,如因督

导工作发见有犯罪嫌疑者,应请该管司法机关或司法警察官署依法办理,不得径行拘押人犯。电复查照。司法院酉勘印

**附遂川县参议会原代电**

国民政府司法院钧鉴,省县政府事务官吏如奉派出发所辖县市或乡镇督导工作,可否对外行文,及与派驻地之行政长官,如县市长或乡镇长共同发布命令,拘押人犯?事关法令解释,谨电请察核示遵。遂川县参议会议长萧家璧叩亥支

**院解字第三六二三号**

**民国三十六年十月二十八日**

江西高等法院,子铣代电悉,所请解释一案,业经本院统一解释法令会议议决,(一)刑事案件在第二审上诉中,经第二审法院审理结果,认为所犯合于罪犯赦免减刑令甲项规定,应予赦免者,应将原审判决经上诉之部分撤销,谕知免诉之判决。(二)第二审法院对上诉案件有无免诉事由,应依职权调查之不受第一审判决引用法条之拘束,如认被诉犯罪合于罪犯赦免减刑令甲项规定,应予赦免者,刑罚权既已消灭,无论被告犯罪是否不能证明,均应撤销原判决,谕知免诉之判决。合电知照。司法院酉勘印

**附江西高等法院原代电**

南京司法院院长居钧鉴,顷阅报载大赦令业已颁布,凡犯罪行为在民国三十五年十二月三十一日以前,其最重本刑为有期徒刑以下之刑者,均在赦免之列。如检察官以被告犯最重本刑为有期徒刑以下之刑之罪,提起公诉,由第一审法院谕知无罪判决,经原检察官认为有罪提起上诉,适大赦令施行,如第二审法院认其上诉为无理由,究应就程序上依《刑事诉讼法》第三百六十一条第一项前段、第三百五十六条、第二百九十四条第三款,将原判撤销谕知免诉之判决,抑依同法第三百六十条,就实体上审究,驳回上诉,此应请解释者一。如第一审法院谕知科刑判决,其所认定之犯罪事实系在得赦免之列,而第二审法院审查结果认为被告之犯罪行为,系不得赦免之罪或应宣告无罪时,是否撤销原判而另为科刑之判决,或谕知无罪之判决,抑或依第一审法院所认定之事实,第二审法院毋庸审查,径为免诉之判决,此应请解释者二。事关法律疑义,理合电请钧院鉴核迅赐示遵。江西高等法院院长梁仁杰叩子铣印

**院解字第三六二四号**

**民国三十六年十月二十八日**

据河南叶县司法处卯虞代电,以《县司法处组织条例》第九条适用疑义电请解释示遵等情,据此,业经本院统一解释法令会议议决,《县司法处组织条例》第九条,所谓县司法处行政事务,系指关于审判之行政事务而言,至关于检察之行政事务应仍由兼理检察职务之县长处理,不在该条规定之列。合行令仰转饬知照。此令

附河南叶县司法处原代电

南京司法院院长居钧鉴,查《县司法处组织条例》第九条规定,县司法处行政事务由主任审判官处理之,但关于检察方面之行政事务是否亦应由主任审判官处理?事关法律疑义,理合电请鉴核解释示遵。河南叶县司法处主任审判官王振华叩卯虞印

院解字第三六二五号

民国三十六年十月二十八日

令浙江高等法院院长孙鸿霖

三十六年八月二十五日呈一件,为据温岭地方法院代电,请释示《优待出征抗敌军人家属条例》所谓"出征抗敌期内"及"服役期内"疑义,呈请解释祗遵由。

呈悉,业经本院统一解释法令会议议决,出征抗敌军人在抗敌战事结束后,纵令继续服役亦,不复为《优待出征抗敌军人家属条例》所称出征抗敌之服役期内(参照院解字第三二八一号解释)。仰即转饬知照。此令

附浙江高等法院原呈

案据浙江温岭地方法院代电称,查《优待出征抗敌军人家属条例》,所谓出征抗敌期内及服役期内,在抗敌战事结束后,而出征军人仍继续在营服役,是否仍应适用,尚有疑问,理合电请鉴核释示祗遵等情。据此,事关法律疑义,本院未便擅拟,理合具文呈请钧院迅赐解释祗遵。

院解字第三六二六号

民国三十六年十月二十八日

令中央公务员惩戒委员会

三十六年一月七日呈一件,为准内政部函请核复,各级正式民意代表在职务上之违法失职行为,可否比照适用公务员惩戒法第三条规定各项处分疑义,呈请解释示遵,俾便函复由。

呈悉,业经本院统一解释法令会议议决,各级正式民意代表关于职务上违法失职行为,不适用公务员惩戒法之规定,仰即查照转知。此令

附中央公务员惩戒委员会原呈

案准内政部三十五年十二月二十八日民字第五二六四号公函开,查县临时参议会参议员如有违法失职行为,可由省政府依法惩戒之,前经国防最高委员会核定之,四川省各县临时参议会组织条例及其他各省参照上项规程拟订,呈由行政院核定之,各该省各该县临时参议会组织规程均有明文规定。惟各级正式民意代表,除有触犯刑章情事者,应由司法机关受理外,其在职务上之违法失职行为,是否仍得由上级行政机关依法,予以惩戒处分,法无明文规定。本部迭据查报各地民意代表之能奉公守法者,固居多数,而其溺职越权者亦

不乏人,乃以教育尚未普及,无从自动发挥力量,予以制裁。政府负有训导人民行使四权之责,自应运用行政监督权,予以纠正,始克使宪政基础,迅确健全。惟民意代表之身分,与公务员有别,公务员惩戒法第三条所规定之各项处分,对于民意代表,可否比照适用,抑须另行制颁惩戒法规之处,相应函请查核迅予见复为荷等由,准此。窃查民意代表在职务上遇有违法失职行为,可否援用公务员惩戒法第三条所规定之各项处分,抑须另行制颁惩戒法规之处?事关适用法律疑义,理合呈请钧院解释示遵,俾便函复,实为公便。

**院解字第三六二七号**

**民国三十六年十月二十八日**

内政部鉴,民四巳篠代电悉,重庆市参议会所请解释一案,兹经本院统一解释法令会议议决,市参议员为公用事业公司之董监事、经理人或顾问者,关于该公司之议案,应认为与其本身有利害关系,不得参与表决。至农工商各职业团体所产生之市参议员,则非不得参与有关各该团体议案之表决。特电复请查照转知。司法院酉勘印

**附内政部原代电**

司法院赐鉴,案准重庆市参议会辰阳代电,以市参议会组织条例第十三条规定,市参议员对于与本身有利害关系之议案不得参与表决。惟对"利害关系"等字之涵义及其范围犹多疑义,例如参议员为某公用事业公司董监事或聘用经理人员,或顾问人员,是否即认为有利害关系?凡有关该事业之案件,是否即不得参与表决?又农工商各职业团体所产生之参议员,是否亦应依广泛解释,均不得参与各该团体所属案件之表决,请迅予解释等由。查案属适用法律疑义,谨电请迅赐解释示复为祷。内政部民四巳篠印

**院解字第三六二八号**

**三十六年十月二十八日**

前据本院秘书处签呈,为准司法行政部本年四月七日京(36)公刑(四)字第一五零九号公函,以《战争罪犯审判条例》所称之外国军人或非军人是否包括第三国军民在内疑义,函请转陈解释见复等由。理合签请鉴核等情。据此,兹经本院统一解释法令会议议决,《战争罪犯审判条例》所称之外国军人或非军人,凡与我国作战或有敌对行为之国家之军民,均包括在内。相应函达查照。此致司法行政部

**附原公函**

查《战争罪犯审判条例》业于上年十月二十四日公布施行,关于本条例所称之外国军人或非军人是否包括第三国军民在内,适用上不无疑义,于此分甲乙丙三说。甲说以外国军人或非军人,仅以其本国已与我国作战或有敌对行为者为限。盖处罚战犯,系以违反战争法规或惯例为要件,渊源于国际公法上之观念,故非属于交战国之军民,无由成立战争罪犯,且就本条例第二条第二款以次各规定而观,均以"外国军人或非军人于对中华民国作战

或有敌对行为之期间"为言,所谓"对中华民国作战……"云云,自系指其所属之国家与我国有战争状态或事实上有敌对行为,因之第三国军民纵令曾参与犯罪,亦不能成立战犯,仅得依其他法律办理,未可概依本条例处断。乙说以泛称外国军人或非军人,就文字言,当然包括第三国军民在内,否则如有本条例第二条第一、二、三诸款之行为者,审判战犯军事法庭既不能加以管辖(参照第十四条),而其他司法机关受理此类性质之案件,又未能适用本条例处断,明明为国际间公认之战争罪行,仅因犯罪者之国籍不同,而致依通常之内国刑事法令办理,殊不可通,且第三国军民构成战犯之事例,亦所常见,自应有本条例之适用。丙说以外国军人或非军人一语,是否赅括第三国军民,应就本条例第二条各款分别解决,未可一概而论,第二条第一、二、三诸款,系国际间公认之战争罪行,且第三国军民非无成立可能,故如有触犯同条上开有关各款之罪名者,当然认为战犯,不能因国籍而有所区别,至同条第四款,则系本条例特设之专款,严格言之,并非战争罪行,故仅限于敌国军民始有其适用,第三国军民纵令曾与敌人合作而触犯我国其他刑事法规之罪名者,应不包括在内。以上三说,甲乙说各有所偏,似以丙说为妥,唯同一名称而涵义各异,不能无憾。又上开第二条第四款规定,"外国军人或非军人于对中华民国作战或有敌对行为期间,对中华民国或其人民有前三款以外之行为,而依中华民国刑事法规应处罚者",本款仅就犯罪者之身份与行为期间有所规定,至于各该行为应否限于与战争或敌对时之事实势力机会等有关,不无疑义,似有加以界说之必要。以上二点,亟待确定,相应函请查照转陈,迅予解释见复为荷。

**院解字第三六二九号**

**三十六年十月二十八日**

案准贵院上年十二月二十一日节京捌字第二四五九一号公函,以关于行政官署依法科处之罚锾或类似罚锾之罚金应如何执行疑义,函请查核见复等由。准此,兹经本院统一解释法令会议议决,行政官署依法科处之罚锾或类似罚锾之罚金,除法令别有规定得就其财产强制执行外,应由该管官署依法令所许适当之方法追缴。相应函复查照。此致行政院

**附原公函**

贵院本年十一月二十六日院解字第三三〇八号解释,"行政官署依法科处之罚锾或类似罚锾之罚金,除法令别有规定外,不得就人民财产强制执行"一节,查与院字第一〇二九号解释,"依行政执行法及其他省县市单行章程科处罚金罚锾者,只得就其财产强制执行",似有出入,再行政官署依法科处之罚锾或类似罚锾之罚金,既不得就人民财产强制执行,究应适用何种程序以使其缴纳,亦不无疑义,相应函请查核见复,以凭办理为荷。

**院解字第三六三〇号**

**三十六年十月二十八日**

案准贵院本年八月十四日(三十六)七法字第三二〇九〇号公函,以敌侨是否有诉愿权

疑义函请查核见覆等由。准此，兹经本院统一解释法令会议议决，抗敌战事结束后，敌侨不服行政官署之处分，提起诉愿，法令上既未加以限制，即非无诉愿之权。相应函复查照。此致行政院

**附原公函**

据德侨李富士为遣送返国事件，不服外交部处分，提起诉愿到院。查人民有依法提起诉愿之权，侨居国内之有约国人民，提起诉愿者，亦可予以受理，惟敌侨是否有权诉愿，不无疑义，相应函请查核见复，以凭核办为荷。

**院解字第三六三一号**

**三十六年十月二十九日**

**令安徽高等法院院长廖江南**

据安徽高等法院第三分院上年酉真代电，以盗匪等刑事案件诉讼程序疑义，电请核示祇遵等情。据此，业经本院统一解释法令会议议决，第一审法院认甲乙丙三人犯盗匪及公共危险等罪，适用特种刑事诉讼程序与普通刑事诉讼程序分别判决后，检察官以上开各罪行均具有牵连关系，除对于盗匪部分声请覆判外，同时就公共危险等罪提起上诉，如第二审法院认其上诉为有理由，应依《刑事诉讼法》第三百六十一条第一项前段，将该第一审判决撤销，并于判决理由中说明，应并入覆判案内，适用《特种刑事案件诉讼条例》，予以复判。合行令仰转饬知照。此令

**附原代电**

南京司法院钧鉴，兹有法律疑义一则，请赐解释，甲系全省保安司令部服务队分队长，乙丙系同队士兵，该队现已撤销，唯队兵尚未解散，本年某月某日，甲因据报有客商某携有巨资经过某地，乃派乙丙携带枪弹前往拦劫，讵行至中途，为该管乡公所警保队查获，送由该管法院检察官依《惩治盗匪条例》第五条第三项提起公诉。原法院依同前条项判处罪刑后，复就前开事实，以甲等有冒用已撤销之服务队番号招集散兵游勇组织军队（未经检察官起诉）及持有军用枪弹之行为，并以两者具有牵连关系，又以其持有军用枪弹原系存备随时犯罪之用，从而执持该项枪弹出外抢劫，并之能发生《刑法》第五十五条问题，因于盗匪罪判决外，就该公共危险部份，依《刑法》第一百八十七条、第一百五十六条、第五十五条，按照普通刑事程序另为判决，原审检察官收受判决后，以甲乙丙所犯盗匪、公共危险等行为，均有《刑法》第五十五条之牵连关系，只能依特种刑事诉讼程序办理，乃原审竟分别判决，显属违法，遂对盗匪部份声请覆判，公共危险部份提起上诉。兹经审核，认为原检察官所持理由尚无不当，除盗匪部份自应仍依特种刑事案件覆判程序办理外，关于原审认系普通刑事之违法判决及其所为上诉，应依何种方式撤销救济，方称允洽，法无根据，理合电请核示祇遵。署安徽高等法院第三分院院长汪溉叩酉（真）印

**院解字第三六三二号**

**三十六年十月二十九日**

**司法院指令广西高等法院**

**令广西高等法院院长申守真**

三十六年五月十四日呈一件,为据博白地方法院呈请解释《特种刑事案件诉讼条例》第二十二条第一项但书及罪犯赦免减刑令甲项适用疑义,转请解释,俾便饬遵由。

呈悉,兹经本院统一解释法令会议议决,(一)《特种刑事案件诉讼条例》第二十二条第一项但书所谓"原审判决认定事实显有不当者",系指判决内未记载认定事实所凭之证据及其认定之理由,或其他诉讼程序违法,足以影响事实之认定者而言。(二)寄藏赃物罪,于寄藏行为完毕时,其犯罪即已完成,其后之占有该赃物,乃犯罪之状态继续,而非行为继续,如寄藏时在民国三十五年十二月三十一日以前,自应依罪犯赦免减刑令甲项规定,予以赦免。仰即转饬知照。此令

**附原呈**

呈为呈请解释事,案据博白地方法院本年四月二十八日博字第七〇三号呈,为呈请解释法律疑义事,兹有法律疑义两则,分述如下。(一)《特种刑事案件诉讼条例》第二十二条第一项但书所谓认定事实显有不当者,应作如何解释,兹有甲乙丙三说。(甲)说所谓认定事实显有不当者,系指调查未完备,致认定事实显有不当者而言,若证据之取舍,审判官自可本诸自由心证,覆判法院如认为原审法院取舍不当,尽可撤销原审判决,自为判决。例如原审法院认为某甲之证言不可采,且经予以阐明,覆判法院如以原审判决摈弃该证言不当,致影响事实之认定者,尽可撤销改判,不得以该证言尚有可疑,又不指出应再行调查之范围与方办,而发回更审,否则再四发回更审,不特有违简化程序之本旨,加深诉讼人之讼累。且原审法院于更审判决时,不得不针对发回更审之意旨加以阐述,而成为原审法院与覆判法院之讼争,不免有损司法之威信,故非原审法院调查未完备,致覆判法院不能自行认定事实时,不得发回更审。(乙)说证据之取舍,每足以影响事实之认定,取舍证据失当,认定事实即有不当,覆判法院如认为原审判决取舍证据失当,致影响事实之认定者,自可发回更审。覆判判决如已指出某种证据尚有可疑,原审法院即应再予斟酌,庶于简化中求慎重,且调查事实形式已臻完备,而于认定上仍有可疑者,亦不能谓为绝无其事。例如证人某甲在原审法院对于某事实答称不见,而书记官于笔录上脱去"不"字,承办推事于裁判时不详加检查,即引用某甲对于事实所称不见之证言为判决基础,于此场合,在调查事实之形式,不能谓非业已完备,但原审判决采为判决基础之证言,则与笔录所载相反,若以覆判法院发回更审,更应以调查未完备者为限,势须根据笔录,将原审判决撤销,自为判决,即不免有所枉纵,殊非靳求发见真实之道。(丙)说调查未完备,固足致认定事实之不当,而证据之取舍,亦可影响事实之认定,故凡因调查未完备或证据之取舍,致认定事实显有不当,而覆判法院

又不能就原审法院调查之证据以认定事实，自为判决者，自得以判决发回更审，但应指出原审法院对于调查事实如何未臻完备，取舍证据如何违背采证法则，并应指出应行调查之范围与方法。俾原审法院有所遵循，庶免固执成见，致成为覆判法院与原审法院之讼争，增加诉讼人之讼累。以上三说，究应以何说为当，抑应作如何解释，此应请解释者一。（二）罪犯赦免减刑令甲项之规定，犯罪在中华民国三十五年十二月三十一日以前，而其最重本刑为有期徒刑以下之刑者，均赦免之，文义本极显明。惟犯罪在中华民国三十五年十二月三十一日以前，而继续至本年一月以后者，例如某甲于中华民国三十五年十二月三十日寄藏赃物，于本年一月间被人在其身上搜获赃物，是否系在赦免之列，有甲乙两说。（甲）说某甲之犯罪行为于中华民国三十五年十二月三十一日以前既已完成，其将赃物收藏延至本年一月间，始被人在其身上搜获，显系犯罪行为之继续，并非另一之犯罪行为，与连续行为有间，应在赦免之列。（乙）说犯罪在实施中或实施后即时发觉者为现行犯，《刑事诉讼法》已有明文，某甲寄藏赃物，虽在中华民国三十五年十二月三十一日以前，但于本年一月间仍在犯罪实施中，系属现行犯，自不在赦免之列。以上两说，究应以何说为当，此应请求解释者二。事关法律疑义，理合具文呈请察核，转请解释示遵等情。据此，除指覆外，理合转请察核，俯赐解释，俾便饬遵。

**院解字第三六三三号**

**三十六年十一月十一日**

台湾高等法院杨院长、王首席检察官览，本年丑支会电悉。所请解释一案，业经本院统一解释法令会议议决，台湾法院刑事案件接收前之确定判决，既系经日本法院依当时应适用之法令而为裁判，与我国法令自不生比较问题（参照《台湾法院接收刑事案件处理条例》第五条前段），惟犯罪在中华民国三十五年十二月三十一日以前者，应依当时适用之法令所定之最重本刑，分别依罪犯赦免减刑令各项规定定其赦免或减刑。合电知照。司法院戌真印

**附原电**

南京司法院长居钧鉴，奉颁大赦令，业遵照分别迅行办理。惟本院所属监狱执行中之已决犯，一部分系前日本法院判决确定之人犯，于接收后依《台湾法院接收刑事案件处理条例》第二十五条第一项上段予以执行者。查同一犯罪，前日本法院据以判决之当时法令所定最高本刑，与我国法律之规定不同，如以前在战时犯窃盗罪者，依日本战时刑事特别法，其最高本刑为无期徒刑，而依我国《刑法》，则最高本刑为有期徒刑，对于此等已决犯，究以其判决所适用之当时日本法令所定最高本刑为准，抑以其相当于我国刑事法令所规定之罪刑而定其最高本刑，尚滋疑义。又前日本法院已判决确定之无期徒刑人犯，而依我国法令，其罪名最高本刑仅为有期徒刑者，应如何办理，亦有疑义。除电请司法行政部核示外，理合电请迅赐解释，俾便遵循。台湾高等法院院长杨鹏、首席检察官王建今叩刑一丑支印

**院解字第三六三四号**

**三十六年十一月十一日**

**令湖南高等法院院长余觉**

三十六年九月十三日呈一件,为据安县司法处审判官绍殷呈请核示《复原后办理民事诉讼补充条例》第十二条适用疑义,转请解释,俾便饬遵由。

呈悉,业经本院统一解释法令会议议决,《复员后办理民事诉讼补充条例》第十二条所谓增减给付,乃使给付不失其同一性而增减其分量之谓。故应为增加给付之判决时,不得变更给付物之种类,至同条所谓变更其他原有效果,如延期给付之类是,并不包含变更给付物之种类在内。仰即转饬知照。此令

**附原呈**

案据安乡县司法处审判官宋绍殷三十六年八月二十日呈字第五六九号呈称,查前非常时期《民事诉讼补充条例》第二十条第二项规定:"无前项法律及办法时,如该法律关系因战事致情事剧变,非当时所得预料,而依原有法律关系发生效力显失公平者,法院得斟酌社会经济情形、当事人生活状况及其因战事所受损失之程度,为增减给付、延期或分期给付之裁判。"如依该条项为增加给付之裁判,仅得增加其金钱之数额,不得变更给付物之种类,业经司法院院字第二三九七号解释有案,固无疑义。惟《复员后办理民事诉讼补充条例》第十二条规定:"法律行为成立后,因不可归责于当事人之事由,致情事变更,非当时所得预料,而依其原有效果,显失公平者,法院应公平裁量,为增减给付或变更其他原有效果之判决。"所为变更其他原有效果之判决者,是否可以变更给付物之种类,如不能变更给付物之种类,究作何解释,及何种情况下始可适用,不无疑义,理合备文呈请钧院核示祇遵等情。据此,事关法律疑义,未便擅拟,理合具文转请钧院俯赐解释,俾便饬遵。

**院解字第三六三五号**

**三十六年十一月十一日**

西安绥靖公署鉴,润(三十六)巳感一康代电悉。所请解释一案,兹经本院统一解释法令会议议决,公款存放银行生息,本非法之所许,至有因公开支情形,应视其具体事实如何,以定其成立犯罪与否。特电复请查照。司法院戌真印

**附原代电**

南京司法院院长居钧鉴,兹因某甲原任某旅司令部二等军需正军需兼省会通讯处主任之职,旋因各旅通讯处均予撤销,某甲仍奉派在省负领款及其他事务接洽之责,而实际等于通讯处之存在,本年二月将领到之公款分存于商业银行及商号,其息金作为在省之房租人事及其他因办公所需之物品开支,均有账簿可考,并经其主官证明,尚无亏蚀图利情弊,应否构成犯罪,兹有二说。(甲)该旅通讯处既经撤销,自难认为此种开支合法,某甲在省领

款,应有正当旅费报销,况款存商业银行及商号收取高利,乃法所不许,显系图利行为,应构成《惩治贪污条例》第三条第六款之对于主管事务直接图利之罪。(乙)该旅通讯处虽经撤销,而实际某甲仍由其主官派其常川驻省领款及其他洽领事项,非临时出差可比,公款存入商业银行及商号,固属与《军政机关公款存汇办法》违背,但该办法第七条所载,仅系严加查禁,并无刑事处罚之规定。所收利息,均系因业务上之开支,有账簿可证,又经其主官证明属实,并无图利自己或第三人之行为,应不为罪。案关法律疑义,上述二说,究以何者为是,谨电请解释电示祇遵。西安绥请公署润(三十六)巳感一康印

**院解字第三六三六号**

**三十六年十一月十一日**

交通部鉴,本年七月虞代电悉。所请解释一案,业经本院统一解释法令会议议决,政府举办邮政及电信事业之所得,并非所得税法第二条所列第一类营利事业所得,无须课征所得税。特电复请查照。司法院戌真印

**附原代电**

司法院赐鉴,查按所得税法第二条第一类"营利事业所得"及《所得税法施行细则》第三条,"本法所称营利事业,包括各级政府所办公营事业及官商合办事业在内"两条之规定,凡事业以营利为目的者,始课征所得税。邮政及国营电信两项事业,并非以营利为目的,似不属所得税法第二条第一类列举范围之内,且该法第十三条关于所得税之计算,系以纯益额为所得额,邮政电信连年亏蚀,全赖政府大量贴补,根本无纯益可言。而同条第二项规定之资本额,对于邮电亦无法核算,关于国营邮电事业应否视为所得税法第二条所称之营利事业,事关法律适用,拟请赐予解释电示为祷。交通部部长俞大维虞电丁

**院解字第三六三七号**

**三十六年十一月十一日**

前据本院秘书处签呈,以准内政部本年九月十日民字第九六四四七号公函,为据湖南省民政厅代电系请释示《监察院监察委员选举罢免法施行条例》第二十一条疑义,请转请释复等由。准此,理合签请释复等情。据此,兹经本院统一解释法令会议议决,《监察院监察委员选举罢免法》施行条例第二十一条所定停止罢免案声请之时期,自弹劾案提出时起至该案终结时为止,至罢免案之声请在被声请罢免之监察委员提出弹劾案以前者,其罢免程序之进行,自不因而停止。相应函复查照饬知。此致内政部

**附原公函**

据湖南省民政厅代电,略以监委选举罢免法施行条例第二十一条规定,"监察委员于选出之省市议长或首长有弹劾案提出时,其省市议会对该监察委员不得为罢免案之声请"。此项规定究系指弹劾案提出至终结期内,抑系指该监委整个任期内不得为罢免案之声请,

不无疑义,电呈释示等由。本部衡之事理,此条似应解释"为监委对其选出之省市议长或首长提出弹劾时,至该弹劾案提出至终结期,其省市议会对该监委不得为罢免案之声请。惟其罢免案之声请在被声请罢免之监委提出此项弹劾案以前时,其罢免程序之进行不因而中断"。查法律之解释权系属大院职掌,此条究应如何解释,相应函请转请释复为荷。

**院解字第三六三八号**

**三十六年十一月十一日**

案准贵部本年七月二十六日财地四字第一六二五零号公函,以准河北省政府咨请解释房捐条例第六条第二款适用疑义,函请解释等由。准此,兹经本院统一解释法令会议议决,房捐条例第六条第二款既明定居民自用之房屋每人未超过一间者免征房捐,则其超过一间者,自应只就其超过部份征收之。相应函复查照转知。此致财政部

**附原公函**

案准河北省政府本年六月五日省三特(36)字第九八〇号咨称,"查房捐条例第六条第二项规定居民自用之房屋每人未超过一间者免征房捐,此项规定究系就其超过部份征收,抑当运同未超过部份一律征收。例如一户十口共住房十二间,应征收两间之房捐,抑当征收十二间之房捐?如只征收超过部份之房捐,则大多房屋均当免捐,政府收入无几,如连同未超过部份征收,而每人平均未超过一间者免捐如前例,咨请查照赐予解释为荷"等由到部。查河北省政府所称房屋十间,如十人居住,依法应免征房捐,如房屋为十二间十人居住,则应征房捐之房屋,究为多余之二间,抑为十二间全部?事关法令疑义,相应函请察照赐予解释为荷。

**院解字第三六三九号**

**三十六年十一月十一日**

案准贵院本年五月二十日从辰字第一九〇五一号公函,以据粤桂闽区处理敌伪产业审议委员会代电,请核示。日人利用与中国妇女结合之关系,用中国人名义购置之产业应如何处理疑义,函请查核见复等由。惟此,兹经本院统一解释法令会议议决,中国女子虽与日人有结合关系,而在沦陷时期以该女之母名义受让物之所有权时,如无反证,其所有权仍应认为属于该女之母。其有反证足认为日人假该女之母名义而自己受让者,应分别情形予以处理。让与人不知其假托时,即无让与日人之意思,其让与契约因意思不一致而不成立,物之所有权仍属于让与人,并未移转于日人。让与人知其假托而其让与无效者,除其目标物为土地时,依当时适用之旧《土地法施行法》第十条之规定,应将其土地无偿收归国有外,物之所有权仍属于让与人,亦未移转于日人。让与人知其假托而其让与有效者,物之所有权即已移转于日人,自应依处理敌人财产之例处理之。相应函复查照饬知。此致行政院

**附原公函**

据粤桂闽区处理敌伪产业审议委员会代电，为关于日人利用与中国妇女结合之关系用中国人名义购置之产业应如何处理请核示一案，经饬据司法行政部核复称，据原呈所称情形，该日人岛山文吉利用其岳母中国人名字向他人购置产业，其卖买关系仅发生于该日人之岳母与他人之间。若其卖买行为系属合法成立，则其产业依法即应归于该日人岳母所有，而非该日人岛山文吉所有，自不能视为敌产予以查封。至为避免日人在沦陷期间利用与中国妇女结合之关系，以中国人名义购置产业之流弊起见，于《收复区敌伪产业处理办法》中增订一条以资补救，则似无不可等语。案关法规适用疑义，贵院意见如何，相应抄同粤桂闽区处理敌伪产业审议委员会原代电，函请查核见复为荷。

**附原抄代电**

南京行政院兼院长蒋钧鉴，案查前阅本年三月六日广州大光报载，关于广九铁路路警逮捕日籍犯人岛山文吉在寄押广州长寿分局内被其越狱，嗣经协同查封其财产之新闻一则，当由粤桂闽区敌伪产业清理处分，电粤汉区铁路管理局广州办事处暨广州市警察局，请将该项查封敌产移交处理在案。兹转准粤汉铁路警务处广州警务段广警字第一四九四号公函节开，查本段第一警察所于二月二十六日在石龙站查获嫌疑战犯麦介基一名解段，经讯据供尚有余犯多人匿居本市。当即于同月二十八日备函派员，会同地方警察在长寿分同辖区带河路龙翔里十五、十七两号屋捕获日人岛山文吉及庇犯梁启等二名，当时被长寿分局强行扣留，不允交本段派员带回并办，只给回收条一纸。查该岛山文吉及妻舅梁启系在龙翔里十五、十七两号经营磨粉业，生意畅旺，当日由该分局会同保甲长勒令停业，派警负责钉封看管。又查该犯在光复北路四十一号置有洋楼一间（系用其岳母名字购置附近坊众称他为二姑），由光复中路万兴隆老板黄祥作中人，现租于商人营打铜业，岛山文吉之妻梁少芳曾充通译多年，夫妇朋比为奸，敛财颇丰。翌（三月一日）阅报，始悉该岛山文吉及梁启等已当晚逃脱，除麦介基等已由本段讯解广州行辕办理外，至该岛山文吉等之物资，非本段负责看管，仅于本月六日下午六时接广州市警察局何督察长电话通知，嘱派员陪点该龙翔里十五、十七两号之物资等语，当即派本段巡察员蓝泽前往办理去后，旋据该员报告陪点情形，并抄呈该两号屋现存物资清单前来，业经据报警务处核备在案，相应将本案办理经过情形并抄送物资清单，函请查照等由。准此，查该项查封岛山文吉之物资，除前经函请广州市警察局移交，俟准复后再行办理外，至关于该岛山文吉用其岳母中国人名字所购置光复北路四十一号产业，既准该警务段查报系属敌产，似应执行查封，以凭审查处理。惟查奉颁处理敌伪产业法令，对于敌人在沦陷期间利用与中国妇女结合（同居或姘合）之关系以中国人名义购置之产业应如何处理，尚无明示，且复查本国妇女在沦陷期间，亦多有以与敌人勾结甚或与敌人结合（同居或姘合）之微妙关系，凭借敌势或敌资购置产业者，名非敌有，实则敌产。若不从严究办，难免有被瞒漏之弊，抑亦无以伸张正义。准函前由，关于岛山文吉利用其岳母名字暨类似情形所购置之产业，究应如何办理，拟请迅赐明令规定处理通则，俾资遵

办,是否有当,理合报请核示祗遵。粤桂闽区处理敌伪产业审议委员会主任委员林继庸、秘书长赵晓屏叩

**院解字第三六四〇号**

**三十六年十一月十一日**

案准贵院本年八月十九日(三十六)七法字第三二八八四号咨,以据司法行政部呈请解释,国民大会代表及立法院立法委员选举诉讼之管辖法院及审判程序疑义,咨请解释见复等由。准此,兹经本院统一解释法令会议议决,《国民大会代表选举罢免法》第四十条,及《立法院立法委员选举罢免法》第三十九条所称之该管高等法院,包括该管高等法院分院在内。又依各该条前段规定,选举诉讼归该管高等法院管辖时,无论该管高等法院为首都高等法院,抑为其他高等法院,凡依《民事诉讼法》之规定,应经言词辩论而为判决者,均不得就书面审理裁判之,其得就书面审理裁判之选举诉讼,以各该条后段所定之情形为限。相应咨复查照饬知。此咨行政院

**附原咨**

据司法行政部本年八月八日京(36)呈民(一)字第一四五五号呈称,查《国民大会代表选举罢免法》第四十条、《立法院立法委员选举罢免法》第三十九条,均规定选举诉讼归该管高等法院管辖,先于其他诉讼审判之,无高等法院者,由首都高等法院就书面审理裁判之。所云该管高等法院,是否兼指该管高等分院而言,不无疑义,兹有甲乙二说。甲说,法文内既仅载明高等法院,自不包含高等分院在内。乙说,应包含高等分院在内,如不包含高等分院在内,则凡未设高等法院而仅设有分院之地方发生选举诉讼,均应归首都高等法院受理,不特无此必要,且事实上亦不免多有困难,自以解为该管高等法院系兼指该管高等分院较为便利。又此项选举诉讼,除由首都高等法院受理应以书面审判法有明文外,如归其他高等法院受理,是否应以书面审判,亦有子丑二说。子说,高等法院受理案件,以言词审理为原则,法文内既仅规定先于其他诉讼审判,而无书面审理字样,在诉讼合法成立后,自应经过言词辩论而为判决。丑说,首都高等法院与其他高等法院组织相同,选举诉讼由首都高等法院受理,业定明以书面审判,其由其他高等法院受理,亦无不得以书面审判之明文,自应一律办理。否则同一性质之诉讼,由同一组织之法院分别受理,而所适用之审判程序竟不相同,在理论上亦不可通。以上各说,究以何说为是,本部未敢擅专,理合呈请钧院转请司法院解释,俾便遵循等情。据此,案关适用法律疑义,相应咨请查照解释见复,以便饬遵为荷。

**院解字第三六四一号**

**三十六年十一月十一日**

福建田赋粮食管理处,丑鱼代电悉。所请解释一案,兹经本院统一解释法令会议议决,

《公务员任用法》第六条第一款所称褫夺公权者，不得任用为公务员，系指在褫夺公权期内而言。合电知照。司法院戌尤印

**附原代电**

南京司法院，查《公务员任用法》第六条第一款规定"褫夺公权者不得任用为公务员"，是否指在褫夺公权期中不得任用为公务员，抑兼指褫夺公权期满者亦不得任用为公务员？除分电铨叙部外，理合电请释示，俾有遵循。福建田赋粮食管理处叩人

**院解字第三六四二号**

**三十六年十一月十一日**

山东省政府王主席览，本年八月十六日府社二字第七三二号呈悉。所请解释一案，兹经本院统一解释法令会议议决，私人捐助之慈善团体房屋，在敌伪组织时期被伪董事会议决出售，自属无效。合电知照。司法院戌尤印

**附原呈**

查本省慈善团体所有房屋，均系私人捐助，事隔多年，原捐助人久已放弃权利，北伐成功后，由本府聘派人员负责办理，并每月由省库予以补助，事变后敌伪维持会非法占据，先后经伪董事会决议售出房产多处，此项房产买卖是否合法，理合备文呈请鉴核解释示遵，以凭处理，实为公便。

**院解字第三六四三号**

**三十六年十一月十一日**

**令甘肃高等法院**

三十六年八月十日呈一件，为据徽县地方法院呈，请解释民事调解事件可否征收裁判费，及《土地法》第三编第三章适用等疑义，转祈解释，俾使饬遵由。

呈悉，业经本院统一解释法令会议议决，(一)声请调解，依《民事诉讼费用法》第十七条之规定，不征费用。惟依《民事诉讼法》第四百十九条第二项规定以调解之声请视为已起诉者，始应依《民事诉讼费用法》第十八条之规定征收裁判费。(二)《土地法》第三编第三章，除第九十四条第二项外，在城市地方虽未经政府建筑相当数量之准备房屋，亦应适用。仰即转饬知照。此令

**附原呈**

案据徽县地方法院呈称，兹有法律疑义二则，谨分述如下。(一)按民事调解与诉讼上之和解系同一性质，且调解成立者，与确定判决有同样之效力，《民事诉讼费用法》虽未规定有调解费用，然亦未如旧民事调解法第十四条设有不得征收费用之规定，可否比照民事起诉，征收裁判费。(二)《土地法》第三编第三章房屋及地基租用各条，在未经政府建筑相当数量之准备房屋供人民承租自住之区域，是否适用？理合具文呈请钧院转请解释，以资遵

循等情。据此,查民事调解为非讼事件,《民事诉讼费用法》既未明定征收费用,似不能比附援用民事起诉,征收裁判费。再《土地法》第三编第三章,亦无如旧《土地法》第一百七十条之规定,似亦无停止适用之必要。惟事关法律解释,本院未敢擅拟,理合据情转呈,仰祈鉴核解释,俾便饬遵。

**院解字第三六四四号**

**三十六年十一月十三日**

行政院善后救济总署鲁青分署,午(江)代电悉。所请解释一案,业经本院统一解释法令会议议决,行政院善后救济总署及其分署之职员为委派以上之文职者,自属《国民大会代表选举罢免法》第八条及《立法院立法委员选举罢免法》第十三条所称之官吏。电复查照。司法院戌元印

**附原代电**

司法院钧鉴,查国民大会代表及立法委员之选举,均有明文限制官吏参加竞选。惟行政机关、事业机关及临时救济机关性质各异,服务各机关之公务人员,何者称为官吏,有待钧院解释。兹以分署同人之请,谨贡愚见,以备参考,并祈赐示以释群疑。自三十四年胜利以后,行政院为配合联合国善后救济总署之救济业务,设立行总及各分署之临时机构,并明定其执行业务时间为一年半至两年,分署高级人员多由行政院简派,其业务辖区有多至数省市者,如东北分署、冀热平津分署、晋察绥分署、鲁青分署等,一般人或习而不察,视分署署长、处长、组主任等为现任官吏,因其为行政院简派也。但考其实际分署组织,纯系执行救济业务,其经费不出自国库,人员亦不铨叙,机构既为临时,又不列入行政系统,则执行业务之人员,自亦不能视为现任官吏。今上海、台湾两分署已于本年五月底宣告结束,其他各分署亦均奉令于本年八月或十一月分别结束竣事。倘各分署从业人员被视为现任官吏,亦在不能竞选之列,则将来选举办理未完,而各分署均已结束,纵欲参加竞选,亦失时效,钧院明察,当能洞悉此情。至祈钧院对此临时救济业务机构从业人员,明白宣示其不能视为现任官吏,得自由参加竞选,庶免分署各组室主管人员之准备竞选者纷纷请辞,影响救济业务,不胜翘企待命之至。行总鲁青分署署长延国符叩青秘午(江)印

**院解字第三六四五号**

**三十六年十一月十三日**

案准贵院本年七月三十日(三十六)七法字第三〇〇〇四号咨,以据山东省政府呈,为受理诉愿发生困难情形请核示等情,检同原呈等件,咨请查核见复等由。准此,兹经本院统一解释法令会议议决,原呈所列三点,除第三点非就法律上疑义请求解释外,兹就第一第二两点解答如下。(一)诉愿期限,依《诉愿法》第四条第一项规定,应自官署之处分书达到之次日起算,官署抄没人民之财产而拍卖之,如未送达处分书,人民自可随时提起诉愿,不生

逾限与否之问题。(二)提起诉愿未逾期限者,如无其他不应受理之情形,自应予以受理。相应咨复查照饬知。原附件随咨检还。此咨行政院

**附件**

山东省政府呈请核示诉愿期限应如何起算等疑义一案

**院解字第三六四六号**

**三十六年十一月二十二日**

案准贵院本年六月二日从责乙字第二〇七一八号咨,以据财政部呈,请释示《国内出差旅费规则》适用疑义,咨请解释等由。兹经本院统一解释法令会议议决,《国内出差旅费规则》所称之赴任,不仅指外派人员至任所就职而言,即内任人员至任所就职亦应包括在内。至赴任人员舟车费之补助,应以自派任公文到达时该员住所或居所至任所应经过之路程为计算标准。又赴任后眷属前往任所者是否得支舟车费,国民政府三十二年六月十六日渝文字第四二一号训令已有补充规定,自应依照办理。相应咨复查照饬知。此咨行政院

**附原咨**

据财政部三十六年四月二十六日京财会三字第二一九八号呈,请释示新到任人员于事后可否依照《修正国内出差旅费规则》第十三条之规定,支给其眷属赴任旅费,又赴任人员是否专指自派任机关所在地出发之人员,抑系将其他地区到达任用机关所在地之人员并计在内到院。经查《国内出差旅费规则》所称"赴任"是否专指各机关外派人员至任所就职而言,抑包括内任人员来各该机关到差在内?又赴任人员舟车费之补助,是否以自派任机关所在地出发至任所经过路程为限?若自其他地区径往者,其舟车费可否补助?再该规则第十三条所称随往是否包括赴任后眷属前往任所者在内,均有疑义,相应咨请查照惠予解释为荷。

**院解字第三六四七号**

**三十六年十一月二十二日**

案准贵部本年二月二十日(三十六)致黜发字第二二九号公函,以查获毒品应如何处理适用法律疑义,函请解释见复等由。准此,兹经本院统一解释法令会议议决,《查缉毒品给奖及处理办法》第九条系处理缉获毒品之特设规定,其经审判机关依《禁烟禁毒治罪条例》第十七条(修正条例)判决没收后,仍有该办法第九条之适用。相应函复查照。此致空军总司令部

**附原公函**

查三十二年十月六日行政院公布之《查缉毒品给奖及处理办法》第二条规定,查获毒品依该办法第九条规定应解缴内政部转送卫生署备制药品,由内政部给款充奖,三十五年八月二日公布之《禁烟禁毒治罪条例》第十七条规定其毒品应没收销毁,关于前项毒品没收后

应否仍解缴内政部,抑应予以销毁,相应函请解释见复,以凭办理为荷。

**院解字第三六四八号**

**三十六年十一月二十二日**

国防部鉴,巳鱼吕捕代电悉。江苏保安司令部所请解释一案,兹经本院统一解释法令会议议决,某甲犯汉奸罪于死亡后始被举发,如罪证确实,仍得单独宣告没收其财产之全部。相应电复查照饬知。司法院戌养印

**附原代电**

司法院赐鉴,案据江苏保安司令部本年保法行寅电称,奉国民政府本年四月二十九日公布修正之《惩治汉奸条例》第八条条文第二项后段,其未获案或于裁判前死亡而罪证确实者亦同。如某甲曾为汉奸,惟于死亡后方被检举,经查明其罪证确实者,是否亦得适用,谨电请鉴核示遵等情。查关于汉奸财产处置疑义,虽迭蒙钧院着有解释,惟均系指已被通缉或裁判前丧失特定之被告人而言,亦即指诉讼系后之情形而言。本件某甲生前并未曾被检举,惟于死亡后始被举发,纵经查明其罪证确实,是否亦得适用,兹有二说。甲说不得适用,盖依我国《刑法》虽有专科没收规定,然而不有特定被告人或对于行为者不曾提起公诉则不能独立宣告没收,又按《民法》之规定继承之开始自被继承人死亡时起,如于此时没收其财产,无异刑及其子嗣,与刑罚个人主义之原则相背戾。乙说该条系特别规定,自可适用,盖非如此,则如某甲自知逆迹昭彰终被举发,乃自戕其生命,以求保全其财产,曷足以收惩奸之效。事关法律适用疑义,谨电请惠予迅赐解释见覆,以凭饬遵为祷。国防部巳鱼吕捕印

**院解字第三六四九号**

**三十六年十一月二十二日**

国防部鉴,卯养吕捕代电悉。河南省保安司令部所请解释一案,兹经本院统一解释法令会议议决,医院存有少量烟土既经证明确系供制药之用,即不构成犯罪。相应电复查照饬知。司法院戌养印

**附原代电**

司法院赐鉴,据河南省保安司令部寅俭保法字第〇五〇八八号代电,以某县某医院经警局搜出烟土一两三钱,当将该院院长某甲连同烟土带案讯办,讯明某甲所存烟土系配制药品之用,并非贩卖或吸食,其因配药存烟之行为是否有罪请核示等情。查医院存有少量烟土,如有确切证明系供制药之用,是否仍以《禁烟禁毒治罪条例》第十条之持有烟论罪,请迅予释复为祷。国防部卯养吕捕印

**院解字第三六五〇号**

**三十六年十一月二十二日**

国防部鉴,午灰吕优代电悉,所请解释一案,兹经本院统一解释法令会议议决,吸食鸦片被判徒刑,经勒令禁戒断瘾,于大赦后复行吸食,不得以复吸论罪。特电复请查照。司法院戌养印

**附原代电**

司法院赐鉴,某甲吸食鸦片被判徒刑,经大赦后复行吸食,应否以复吸论罪,有甲乙二说。甲说依最高法院二十二年上字第二〇五一号判例,大赦有消灭罪刑之效力,某甲吸食鸦片被判徒刑既经大赦,即与未犯吸食鸦片罪者无异,大赦后复吸行为,应以初犯论。乙说大赦令仅赦免其初犯之罪刑,并不能消灭其初犯勒戒之事实。其经禁断瘾后,虽经大赦而复行吸用烟毒者,仍应以复吸论。以上二说,究以何说为是?案关法律疑义,谨电请督照迅赐释示为祷。国防部午灰吕优

**院解字第三六五一号**

**三十六年十一月二十二日**

国防部鉴,午支吕捕代电悉。江苏省保安司令部转请解释一案,兹经本院统一解释法令会议议决,烟毒人犯经依《禁烟禁毒治罪条例》第八条第三项之规定,勒令禁戒断瘾后复行施打或吸用,始得处以该条项之刑,来文所举各情形均不能以复吸处断。特电复请查照饬知。司法院戌养印

**附原代电**

司法院赐鉴,案据江苏省保安司令部保法行荒字第三四九五号代电称,据昆山县政府本年六月八日昆法字第七八二号呈称,窃查(一)本省肃清烟毒展延至本年五月底为施戒限满之期。设有烟民于六月一日起经检举调验诊断有瘾者,依据三十四年十二月十三日行政院公布同日施行之《收复区肃清烟毒办法》第十三条载,施戒限期届满后经检举尚未戒除瘾毒者,一律依法以复吸论罪。然依三十五年八月二日国民政府公布同日施行之《禁烟禁毒治罪条例》第八条第三项后段规定,须经勒令禁戒断瘾后复行施打或吸用者,始处以复吸之罪,依后法胜前法及法律之效力超过法令之效力言,则自应以《禁烟禁毒治罪条例》为准绳,但究竟何所适从。(二)本县肃清烟毒,曾运用保甲办理总检查登记,设立戒烟所限期入所施戒或自戒。设有烟民曾经自戒或投所戒绝调验无瘾无毒者有案,乃今又复吸食,能否谓为已经勒令禁戒断瘾而以复吸论处,不无疑问,未敢擅专,理合呈请鉴核示遵等情。检所请示第一项,依行政院本年四月二十二日修正公布之《收复地区肃清烟毒办法》第十三条之规定与《禁烟禁毒治罪条例》第八条之规定颇有出入,该办法系以院令公布,未经立法程序,依命令不得变更法律之原则,是否可以比例适用,不无疑义,应请解释。至所请示第二项,既

经调验无毒无瘾有案,似应认为复吸,是否如此解释,并请核示祗遵等情。原电第二项该烟民乃系自戒或投戒断瘾复吸,并非交医勒戒断瘾后再犯吸食,依据历次解释,仍应以初犯论处,其第一项系属行政命令与法律相抵捂,能否适用一般原则办理,排斥该项办法第十三条之适用,本部未便擅专,谨电请察照迅赐解释,俾资饬遵为祷。国防部午支吕捕

**院解字第三六五二号**

**三十六年十一月二十二日**

国防部鉴,寅寒吕捕代电悉。第二战区长官部所请解释一案,兹经本院统一解释法令会议议决,修正之《禁烟禁毒治罪条例》第十八条第一项所定得没收之财产,以供犯罪所用,因犯罪所得者为限。特电复请查照饬知。司法院戌养印

**附原代电**

司法院赐鉴,据第二战区长官部丑寝并法电称,查《禁烟禁毒治罪条例》第十八条规定,犯本条例第二条至第七条之罪,其供犯罪所用之财产得没收之等语。关于大批贩运烟毒犯之财产应否没收,有甲乙两说。甲说,《禁烟禁毒治罪条例》既规定供犯罪所用之财产得没收之,应视其财产是否系供犯罪所用,如非供犯罪所用或因犯罪所得之财产,当然不能没收。乙说,《禁烟禁毒犯罪条例》虽对贩运烟毒犯之财产以供犯罪所用者得没收之,似仍可适用《刑法》第三十八条第一项第三款规定,将贩运烟毒所得之财产予以没收。再大批贩毒者而皆已获利钜万广置财产,若不将其财产没收,纵使置诸大辟,亦可使后源广大巨资产,妨害禁烟禁毒政策,实非浅鲜,应依《刑法》第三六八条规定,将其财产全部没收。究系何说为是,请迅电示等情。事关解释法令,谨转请解释赐复为祷。国防部寅寒吕捕印

**院解字第三六五三号**

**三十六年十一月二十二日**

内政部鉴,京禁壹寅皓代电悉。兹经本院统一解释法令会议议决,来文所述情形,不能依《禁烟禁毒治罪条例》第八条第三项处断。相应电复查照。司法院戌养印

**附原代电**

司法院赐鉴,据本部平津区禁烟特派员李峰本年三月六日呈称,前奉钧部丑齐代电规定应赦烟毒犯讲习管制要点一案,经电请平津两市政府现正开始补行办理中。惟以原电第三项规定,烟毒犯应于开释前切实施以个别检查,如发现瘾毒未净者,应勒令戒绝一节,现平津已释之吸食犯如经补行检验有瘾,是否应按复吸论罪,抑或仍以现行吸食烟毒论罪等情到部。案关法律疑义,理合电请鉴核解释赐复为祷。内政部部长张厉生京禁壹寅皓印

**院解字第三六五四号**

**三十六年十一月二十二日**

四川省政府览，据四川大邑县税捐稽征处处长兼追收田赋欠额委员会专任副主任委员杨自廉巳宥代电，为交拨粮谷纠纷发生司法或行政管辖疑义，电请解释示遵等情。兹经本院统一解释法令会议议决，来电所述情形，某甲如主张代表国家之机关违反契约，或主张某乙侵害其权利请求履行契约或赔偿损害，自可提起民事诉讼。合行电仰转饬知照。司法院戌养印

**附原代电**

南京司法院院长钧鉴，某甲于民国三十一年向县仓库（系粮食部四川粮食储运局某县仓库简称）承包粮谷加工，近以另一包商某乙请求县田管处（系财政部四川省某县田赋管理处简称）长某丙，及某上峰（系指省田赋管理处）将其所包粮谷命令征购处（系县田管处直属机关）主任某丁、某戊交某乙拨去一部，因此发生争执之点如下。（一）以此种纠纷系人民（指某甲）与国家（指县田管处及征购处丙丁戊等）或人民（指某甲与某乙）相互间私权之争执，应由某甲适用一般民事法则，向司法机关对乙、丙、丁、戊等依民事诉讼程序提起确认及返还之诉。（二）查省县田管处及所属征购处隶属财政部，县仓库则隶属于粮食部，系统不同，职权亦异（田管处主管田赋稽征交拨，仓库则主管粮谷加工储运），某甲除与县仓库订立承揽粮谷加工契约发生私权上债权债务关系，如有纠纷得依民事诉讼程序解决外，其于省县田管处及所属征购并无若何私权上相互之关系，而上项机关又为行政系统下之合法官署，无论其命令交拨粮谷之事实理由若何，以及是否越权适法，要不失为官署行政处分之一。如认此种处分有损及权利或利益情事，即应以处分官署为对象，依诉愿程序向其上级监督官署请予依法救济，至乙、丁、戊等不过因官署处分，间接享有利益，或因隶属机关系执行上级官署之命令，如舍此处分官署，以司法程序对其私人提起民事诉讼，不啻以司法职权纡回推翻行政处分之效力。按诸五权分立之旨，即不免根本相悖，故某甲除对省县田管处得依《诉愿法》第一、三两条规定提起诉愿外，不得向司法机关提起民事诉讼。以上两说，究以何者为是，在此清理欠粮期内，上述问题亟待解决，故特经电钧院请予解释示遵。四川大邑县税捐稽征处处长兼追收田赋欠额委员会专任副主任委员杨自廉巳宥叩

**院解字第三六五五号**

**三十六年十一月二十二日**

四川高等法院苏院长览，辰智代电悉。綦江地方法院代电所请解释一案，业经本院统一解释法令会议议决，原代电所述情形，如系以所列被告各机关办理征收人员有侵权行为，或不当得利为理由请求赔偿损害或返还利益，应由各被害人对于办理征收人员起诉，方为适当。合电转饬知照。司法院戌养印

附原代电

南京司法院院长居钧鉴,案据綦江地方法院院长贺家鼎三十六年三月六日地民字第五九号寅鱼代电呈称,查綦江县古南镇民代表会、綦江县参议会、商会及临时组织之食盐权益委员会共为原告,向本院民庭起诉,诉追川黔綦运销区官盐委托运商营业处及綦江分处、川康盐务局江津分局及綦江支局勾通舞弊,违法征收存盐月息汇解皮重等费共为被告,请求连带返还不正利益,以作地方公益,该被告等应否返还,系属事实问题,未敢请求解释。假设被告等勾串舞弊分润属实,而原告等是否适格,有无起诉请求返还不正利益之权,不无疑义,理令电请钧院解释示遵等情。查后段所称当事人是否适格一节,事关法律疑义,理合电请钧院迅赐解释,电示祗遵。四川高等法院院长苏兆祥叩牍辰帑印

院解字第三六五六号

三十六年十一月二十二日

山东高等法院刘首席检察官览,申歌代电悉。所请解释一案,业经本院统一解释法令会议议决,(一)关于酌留汉奸家属必需之生活费,应参照执行没收汉奸财产应注意事项有关各项办理。(二)没收汉奸财产之执行,设无查封财产目录,仍应由检察官予以调查,非必于判决主文或理由内宣示或说明其应没收财产之范围。(三)汉奸财产被查封后经裁判没收者,如有第三人出而主张权利,应参照执行没收汉奸财产应注意事项第三项办理。(四)对于汉奸共有财产之没收,应参照院解字第三三〇二号解释办理。至汉奸与其父同财共居,并无私有财产者,不得予以查封没收。(五)反奸人员应由何种部队或特工人员之上级长官证明,系法院判断证据之问题,不属解释范围。(六)某甲因在沦陷期间犯普通刑事案件被押,收复后经法院依《复员后办理刑事诉讼补充例》第十条,重行侦查中又发见汉奸罪,纵重行侦查结果,被诉普通刑事案件经处分不起诉或判决无罪,而汉奸案件判处罪刑,其羁押日数折抵徒刑,应由发见汉奸案件后羁押之日起算(参照院解字第二三八五号解释)。(七)汉奸案件经宣告缓刑者,其已查封之应没收财产,在缓刑期内除准其使用收益外之不得遽予发还,许其处分。合电知照。司法院戌养印

附原代电

南京司法院院长居钧鉴,关于办理汉奸案件适用条款发生疑义,兹胪列各点如下。(一)没收或查封汉奸财产之全部时,应酌留家属必需之生活费,《惩治汉奸条例》第九条虽有明文规定,惟其家属人数多寡不同,老弱不等,其所需之生活费亦因之各异,究应如何酌留其生活费,究以留至若干年为限,办理上项酌留手续,是否由承办该案之高院或分院检察官执行之,抑由各省区对敌伪财产有清理保管责任之敌伪财产处理局处理之?施行之际极感困难,于法均无所依据,若不严予厘定,势必争议横生,纠纷时起,此应请解释者一。(二)查高等法院近来对于判决汉奸案件,除于主文由宣示其所处主刑外,类多载有除酌留其家属必需生活费外,其全部财产没收之云云。对于应没收之动产或不动产,不仅于主文

未指明其范围,而于理由栏内多不加以叙明。设无查封财产目录,于案件确定后将无法着手执行,遇有此种场合,应否于判决主文内明白宣示应没收之范围,抑或于理由栏详予说明,此应请解释者二。(三)设有汉奸之财产被查封,而第三人出而主张所有权,究应以何方式解决之,兹有甲乙两说。(甲)说,应由主张权利者以查封机关作为被告,仿照民事执行异议之诉讼程序,向有管辖权之法院诉请判决。(乙)说,查封机关系国家执行公务之处所,不能作为被告向其起诉,应由承办该案之检察官以职权调查处分之。未知两说孰是,此应请解释者三。(四)有人犯汉奸罪,尚与其父兄同财共居,并无私有财产可供没收,其与伊父兄共有财产,在继承未开始财产未分割前,对之应否予以查封没收,兹有两说。(甲)说该人既犯有汉奸罪,依《惩治汉奸条例》第八条规定,应没收其财产,虽无单独私有财产可供没收,其共有之财产虽未分割,然在该共有财产上究有一部分所有权。为彻底惩奸计,就其应得部份予以判决没收,于法亦无不合。(乙)说该犯与其父兄虽有共有财产,然在继承未开始未分割前,何者属被告所有,何者不属其所有,事实上无法认定,若共有人其中一人因触犯汉奸罪,以致查封没收其共有财产,以致侵及他人之权利,亦非国家设法保护人民财产之道。设无其他私有财产可供没收时,对于共有财产在分割前,似不应查封没收之。不知二说孰是,此应请解释者四。(五)反奸人员须由各队部或特工人员之最上级长官正式证明事前委派有案,方予准行,民国三十四年十一月十七日司法行政部业以训(刑)字第六九七二号训令指示有案,惟所谓各部或特工人员之最上级长官,是否系指各该队部或特工人员其所直辖之最上级机关长官而言,抑系指各部队或特工人员每一单位之上级长官,适用之际,颇兹疑义,此应请解释者五。(六)查依照《复员后办理刑事诉讼补充条例》第十条重行侦查之案件,就原案事实侦查起诉仍处罪刑者,被告于法院所在地沦陷后经非法诉追或执行,曾受羁押或拘禁之日数,依同条例第十七条准用《刑法》第四十六条规定,予以折抵应执行之刑,固无疑义。惟因实施重行侦查,又发现被告有另一犯罪事实,在伪组织所认之犯罪事实经重行侦查后,予以不起诉处分或宣告无罪,而对于新发现之犯罪事实判处罪刑(例如在伪组织时代因渎职罪而被诉追或执行,曾受羁押或拘禁,重行侦查时不认其渎职为犯罪或处分不起诉或经审判宣告无罪,但其伪职为汉奸行为,应予检举论科等情形),则被告因原案经非法诉追或执行曾受羁押或拘禁之日数,是否亦应予以折抵应执行之刑,法无明文,不无疑义,此应请解释者六。(七)查犯汉奸罪以其犯罪情节轻微减处二年以下有期徒刑,又未曾受有期徒刑以上刑之宣告者,对于主刑及没收财产部分一并予以缓刑宣告,此项判决确定后,对主刑部分固可依照《刑法》保安处分规定,交付保护管束,释放出狱,对执行没收财产部分,疑义滋多,有甲乙两说。(甲)说被告虽被判处罪刑,然因宣告缓刑,在缓刑期间得暂缓执行其刑,其被查封扣押之财产,因缓刑关系,亦应于判决确定后启封发还被告,因被扣押之物品,多为可供被告使用收益之动产及不动产,若在缓刑期间不予发还,不仅妨害被告使用收益,且长期扣押,损坏堪虞,揆诸主刑效力及于从刑之原则,似应于判决确定后即行启封发还。(乙)说被告在缓刑期内,如因发现犯罪撤销其缓刑,尽有保护管束人负责将被告交出送监执行,毫无困难,若前此判决没收之财产,因缓刑关系已予启封发还,在缓刑期间如经被告变卖毁损而消灭,若因处犯罪撤销其缓刑,则将来没收财产,势必无法执行。是以已被判决没收之财产,在缓刑期间,为免除将来执行困难,似不应予启封发还,或将已扣押之财产交付适当机关或人员代为保管,只准被告使用收益,不准其处分。未知两说孰是,此应请解释者七。总上七点,事关解释法律,谨此电请钧院鉴核迅赐解释,俾便遵循,实为德便。山东高等法院首席检察官刘世卿叩申歌印

**院解字第三六五七号**

**三十六年十一月二十二日**

**令江苏高等法院首席检察官韩焘**

据署江苏无锡地方法院首席检察官马希援本年四月十一日呈,请解释《禁烟禁毒治罪条例》第八条第三项适用疑义等情,业经本院统一解释法令会议议决,《禁烟禁毒治罪条例》第八条第三项之复吸罪,须经判处罪刑并依《刑法》第八十八条规定,勒戒断瘾后复行施打或吸用者,为成立要件。来文所述情形,其初吸鸦片并未判处罪刑,仅勒令戒绝后复吸白粉,尚不能以复吸论科。合行令仰转饬知照。此令

**附原呈**

查本处适用《禁烟禁毒治罪条例》第八条一三项发生疑义,谨述于后。某甲初吸鸦片,于胜利后,经政府举办勒戒所勒令戒绝后,复吸白粉,某甲是否构成《禁烟禁毒治罪条例》第八条第三项之复吸罪,有下列四说。(甲)《禁烟禁毒治罪条例》第八条第三项之复吸罪,应经司法程序依《刑法》第八十八条之规定,勒令禁戒断瘾后复行施打或吸用者,方有其适用。某甲系经行政机关举办之勒戒所戒绝,自不能以复吸论。(乙)《禁烟禁毒治罪条例》第八条第三项之所谓禁戒,并不限于司法机关,其在行政上确系交医勒戒者,在法律上自应认为有效。某甲初吸鸦片,经勒戒后复吸白粉,自应以复吸论。(丙)《禁烟禁毒治罪条例》第三项之所谓复吸,系指初吸鸦片,经勒戒后复吸鸦片,初吸白粉,经戒绝后复吸白粉,始可成立。如初吸鸦片,戒绝后复吸白粉,或初吸白粉,戒绝后复吸鸦片,罪质不同,应行合并处罚,不能以复吸论罪。(丁)《禁烟禁毒治罪条例》第八条第三项之复吸罪,乃加重规定,初吸鸦片,戒绝后复吸白粉,自应以复吸论罪,不惟法理如此,即揆诸人情,亦绝无初使吸鸦片复吸鸦片者处以极刑,而于初吸鸦片复吸毒品者处以轻刑之理。以上四说孰是,事关法律疑义,理合备文呈请钧院解释。

**院解字第三六五八号**

**三十六年十一月二十二日**

**令广西高等法院院长申守真**

三十五年十一月十四日呈一件,为据田西县司法处代电,请核示烟毒等案件适用法律

疑义,呈请解释示遵由。呈悉,业经本院统一解释法令会议议决,(一)县政府办理烟毒案件,经省保安司令部发回覆查时,县政府军法机构业已裁撤,将案件移送司法机关者,司法机关自应予以受理。(二)《刑事诉讼法》第二百十七条第一项所称告诉人,系指有告诉权之人实行告诉者而言,同法第二百十五条之代行告诉人,自不包括在内。仰即转饬知照。此令

**附原呈**

呈为呈请事,案据田西县司法处本年酉寒法代电称,窃查职处办理刑事案件适用法律发生疑义二点,(一)县府办理烟毒案件经省保安司令部发回覆判,现因县府军法机构裁撤,将案移送司法机关,能否受理?(二)出征军人之妻与人通奸,经兼检察职务县长指定告诉人侦查起诉,于第一审辩论终结前,指定告诉人到庭声请撤回告诉,能否照准?上述法律疑义,亟待解答,理合电呈核示或转请解释,敬候示遵等情前来。案关适用法律疑义,职院未敢擅专,理合具文呈请察核,俯赐解释示遵。

**院解字第三六五九号**

**三十六年十一月二十二日**

案准贵院本年六月二十七日(三十六)七法字第二四七四五号咨,以据湖南省政府呈转请核示《出征抗敌军人婚姻保障条例》疑义,咨请解释见复等由。准此,兹经本院统一解释法令会议议决,关于《出征抗敌军人婚姻保障条例》各条所称出征期内之意义,仍应查照院解字第三二八一号解释办理。相应咨复查照饬知。此咨行政院

**附原咨**

据湖南省政府本年六月九日府民宇三字第二五九六〇号呈称,案据永明县政府(36)澍秘法字第九一三八号辰元代电称,查本府办理征属婚姻案件,概系遵照钧府三十五年七月府民三字第四一三二号训令内,关于救济无法生活之征属第卯项之规定,凡属出征军人,其妻或未婚妻一律不许离婚或解除婚约各在卷。迩来出征军人之妻,颇有根据《出征抗敌军人婚姻保障条例》第六条向县司法处声请为死亡之宣告,以图改嫁另许,致出征抗敌军人之家长或兄弟纷向各乡镇公所请求救济,而各乡镇长无法解答,转向本府请示,以保障军人婚姻法令是否仍旧继续有效,业经分别指令俟呈请省政府核示再行饬遵。查三十五年二月二十四日院解字第三二一八号解释,《出征抗敌军人婚姻保障条例》各条所称之出征期内,系指出征抗敬期内,而抗敌战事结束后,纵令继续服役,亦不复为同条例所称之出征期内,又三十五年十一月二日院解字第三二八五号解释,父母为未成年子女订立之婚姻当然无效,无待于解除。女方以其与出征抗敌军人之婚姻,于未成年时由父母订定为理由,提起确认婚约不成立之诉者,自无《出征抗敌军人婚姻保障条例》第四条之适用等因。复查本县出征抗敌军人有三四年或五六年或七八年未归音信全无,生死不明者,亦有出征五六年或七八年杳无音信公然归来者,亦有正在涉讼中而忽寄信回家者,亦有出征抗敌军人未归其妻已

嫁。现今由前方归家提起诉讼者,似此情形,不一而足。在出征军人之妻,非谓翁姑虐待不能安居,即谓家境艰窘无法生活,亦有谓音信全无生死不明青春难守。种种理由方法,总冀达到改嫁与另许为目的,前此遵照钧府训令办理,尚多不敢违背。近来情况不同,法令亦有变更,如欲照《出征抗敌军人婚姻保障条例》第六条任其宣告死亡,及法院解释凡继续服役军人不得谓在出征期内,亦不得适用同条例第四条之规定,则对于在家之妻与未婚之妻,似属无法保障,即本府办理征属婚姻案件,亦感困难,究应如何救济,遵照何项法令,理合备文电请钧座察核示遵等情。据此,案关保障出征军人婚姻之法律解释,理合据情呈请钧院核示祗遵等情。据此,案关适用法律疑义,相应咨请查照解释见复,以便饬遵为荷。

**院解字第三六六〇号**

**三十六年十二月一日**

据最高法院签送贵所本年十一月二十二日选字第五五六三号公函,为准四川高等法院第二分院院长欧阳亮电,请核示国民大会代表选举诉讼计算起诉期间,应否扣除其在途程期一案,函请解释等由。兹经本院统一解释法令会议议决,依《国民大会代表选举罢免法》第三十八条、第三十九条提起诉讼之原告不在法院所在地住居者,计算各该条所定之期间,准用《民事诉讼法》第一百六十二条之规定,应扣除其在途之期间。相应函达,即希查照转知。此致国民大会代表立法院立法委员选举总事务所

**附件**

国民大会代表立法院立法委员选举总事务所转请解释国民大会代表选举诉讼计算起诉期间应否扣除其在途程期疑义由。

**院解字第三六六一号**

**三十六年十二月一日**

案准贵部本年三月十二日(36)吕优字第〇四五七一号公函,以数罪从一重处断之案件,应如何赦减疑义,函请解释见复等由。准此,兹经本院统一解释法令会议议决,牵连罪中有应赦免与不应赦免之部分互见时,应仅就不赦免之部分依法论处,又牵连罪中有应灭刑与不应减刑之部分互见而轻罪不应减刑时,纵令所犯重罪应依赦令减刑,仍不得予以减刑(参照院解字第三四五四号解释)。相应函复查照。此致国防部

**附原公函**

查大赦令业经国民政府三十六年一月一日公布施行,兹有数罪从一重处断之案件,其数罪中有应赦减与不应赦减者,依《刑法》第五十五条从一重处断之结果,其较重之罪名不在赦减之列者,依法固不予赦减,如其较重之罪名在大赦令赦减之列,其行为中触犯其他罪名又不应赦减者,此种情形应否从较重之罪名而赦减?案关适用法律疑义,相应函请贵院迅赐解释见复为荷。

**院解字第三六六二号**

**三十六年十二月一日**

国防部鉴,辰世吕无代电悉。所请解释一案,兹经本院统一解释法令会议议决,应追缴赃物之人犯,如执行刑期已满,虽无财产可供抵偿,仍应依法释放。相应电复查照。司法院亥先印

**附原代电**

司法院赐鉴,前准大院本年二月二十二日院解字第三三五七号代电,解释追缴赃物人犯如已执行期满无力缴纳,仍应依期释放只能就其财产抵偿一案,当经本部转饬各军法机关及各军人监狱遵照办理去后,兹据福建保安司令部呈,以人犯无法清缴赃物,其财产全部亦不足抵偿,应如何办理请核示前来,正核办间,复据四川军人监狱呈,以监犯陈德荣确系无力缴纳赃物又无财产抵偿,应否予以开释,请鉴核示遵各等情到部。查人犯如已执行期满,其财产不足抵偿或无财产抵偿追缴赃物者,应如何办理之处,谨再电请大院迅赐解释赐覆为荷。国防部辰世吕无

**院解字第三六六三号**

**三十六年十二月一日**

案准贵部上年十二月二十一日京直叁字第六七四九号公函,以独资商号资本簿册应否贴用印花疑义,函请核复等由。准此,兹经本院统一解释法令会议议决,独资商号记载资本之簿册,不得谓非关于营业所用之账簿,自应依修正之印花税法第十六条及税率表第十四目,贴用印花税票。相应函复查照。此致财政部

**附原公函**

本部直接税署案呈,据上海直接税局代电,以该局沪北区办事处前曾查获独资商号资本簿漏贴印花,当经该局据情移送上海地方法院罚办去后,兹准上海地方法院裁定书裁定,认为印花税法第十六条税率表第八目、第二十二目备考栏,对于独资开设营业所用账簿记载独资营业之资本应贴印花税票,并无明文规定,未便处罚等由前来,究应如何办理,电请核示等情。查印花税为凭证税性质,独资经营者自无须订立出资之凭证,似可不贴印花。惟独资商号记载资本之簿册,依照印花税法第十六条税率表第二十二目备考栏“如营业账簿内记载资本或合资营业之资本额及章程字样,而未另立万金账簿或股票合同者,其记载资本金额之簿册,应按本表第八目合资营业字据例贴花”之规定,则似仍应按印花税法税率表第八目贴花。据呈前情,究竟应否贴花及依照税率表何目贴花,事关法令解释,相应函请察核赐复为荷。

院解字第三六六四号

三十六年十二月一日

案准贵院本年四月八日从捌字第一二八三零号咨,以据司法行政部呈,转请解释汉奸于告诉告发时业已死亡,如其罪证确实者,能否单独宣告没收其财产疑义,咨请解释见复等由。准此,兹经本院统一解释法令会议议决,汉奸于告诉或告发时已死亡,应包括于修正之《惩治汉奸条例》第八条第二项末段(裁判前死亡)之内,如其罪证确实,得单独宣告没收其财产之全部。相应咨复查照饬知。此咨行政院

附原咨

据司法行政部本年三月二十五日京呈叁字第四七七号呈,请核转解释汉奸于告诉告发时业已死亡如其罪证确实者,能否单独宣告没收其财产疑义等情,相应抄同原呈,咨请查照解释见复,以便饬遵为荷。

附原抄件

案据河南高等法院检察处本年一月二十一日呈称,案据本院第二分院检察处本年元月八日代电称,查汉奸于告诉告发时业已死亡,如其罪证确实,未经"国府通缉者,能否单独宣告没收其全部财产,适用法律,不无疑义,理合电请钧座鉴核转请解释祇遵等情。据此,理合备文转请鉴核示遵"等情到部。事关法律适用疑义,理合呈请鉴核转送司法院解释,俾便饬遵。

院解字第三六六五号

三十六年十二月一日

案准贵院本年四月十二日从捌字第一三五〇一号咨,以据司法行政部呈,请解释刑期起算日期疑义,咨请解释见复等由。准此,兹经本院统一解释法令会议议决,《县司法处刑事案件覆判暂行条例》第十三条,系关于刑期起算之特别规定,与判决确定之日期无关。所谓初判经过上诉期间,自系指经过县长及被告得为上诉之期间而言,高等法院或分院检察官之上诉期间,并不包括在内。至县司法处更审判决,经呈送高等法院或分院检察官后,不于规定期间上诉者,其刑期起算点亦同。相应咨复查照饬知。此咨行政院

附原咨

据司法行政部本年三月二十一日京(36)呈刑(三)字第四五二号呈称,案查《县司法处刑事案件覆判暂行条例》第十三条规定,覆判核准应照初判刑期执行者,其刑期自初判经过上诉期间之翌日起算,本案所谓经过上诉期间,是否仅指经过原县县长及被告之上诉期间而言,抑须经过同条例第二条第二项但书所定,高等法院或分院检察官之上诉期间后始可起算刑期?如谓经过原县县长及被告上诉期间之翌日即起算刑期,此时高等法院或分院检察官尚可于接受卷判后十日内对初判提起上诉,告诉人依《县司法处办理诉讼补充条例》第

十八条第二项规定,亦可申诉不服,请求提起上诉,初判仍未确定,是否即以刑期起算之日为初判确定之日,又原审县司法处更审判决案件,于判决后依《县司法处刑事案件覆判暂行条例》第十一条规定,将卷判呈送高等法院或分院检察官,如检察官不于规定期间上诉,更审判决因局确定应照更审判决之刑期执行者,其刑期起算及更审判决确定日期应以何日为准？法无明文可据,适用上不无疑义,理合备文呈请钧院鉴核转咨司法院解释等情。据此,案关适用法律疑义,相应咨请查照解释见复,以便饬遵为荷。

**院解字第三六六六号**

**三十六年十二月一日**

案准贵院本年五月八日从捌字第一七四五三号咨,以据司法行政部呈转请解释办理罪犯赦免案没收物品处理疑义,咨请解释见复等由。准此,兹经本院统一解释法令会议议决,没收已经检察官依法执行者,不因赦免而再行发还,如尚未执行,则除违禁物依法得单独宣告没收外,其他供犯罪所用之物及因犯罪所得之物,自应予以发还。相应咨复查照饬知。此咨行政院

**附原咨**

据司法行政部本年四月三十日京(36)部呈(叁)字第六八四号呈称,案据江西高等法院首席检察官三十六年三月二十七日检纪字第二八二号呈,略以因罪犯赦免减刑令颁布而赦免之人犯,其主刑既已赦免,其从刑自亦应随之而赦免。唯如已没收之盗匪所持有之土枪,惯贼所用之钻凿,杀人所用之凶刀,赌博所得之财物等,亦因主刑之赦免而发还,则无异奖励再犯,于情于法均有未妥。若不予以发还,则除以检察处分处理外,别无他法,唯此于法亦属无据,究应如何办理,请核示等情。事关法令适用疑义,理合呈请鉴核转送司法院解释,俾便饬遵等情。据此,案关适用法律疑义。相应咨请查照解释见复,以便饬遵为荷。

**院解字第三六六七号**

**三十六年十二月一日**

**令河北高等法院院长邓哲熙**

据北平地方法院本年七月二十八日呈,以办理烟毒案件适用法律疑义,请赐解释遵行等情。据此,业经本院统一解释法令会议议决,大赦之效力固不及于保安处分,但前犯吸食鸦片罪刑,依罪犯赦免减刑令赦免,其后纵复吸鸦片,不能依《禁烟禁毒治罪条例》第八条第三项后段论科。合行令仰转饬知照。此令

**附原呈**

为呈请解释事,查本院办理烟毒案件,顷发生下列疑义二点,即(一)大赦之效力是否及于保安处分,(二)某甲于三十五年十二月三十一日以前吸食鸦片有瘾,经法院判处罪刑,并限期施以禁戒断瘾后,于三十六年一月一日以后复吸鸦片,应否适用《禁烟禁毒治罪条例》

第八条第三项后段,处以复吸之刑,兹有甲乙两说。甲说,大赦之效力及于保安处分,故某甲虽于三十五年十二月三十一日以前吸食鸦片,并勒戒断瘾,但其罪刑合于罪犯赦免减刑令甲项情形,应予赦免,则勒戒处分之效力,自亦因赦免而消灭,其于三十六年一月一日以后复吸鸦片,不得以复吸处刑。乙说,大赦之效力不及于保安处分,某甲于三十五年十二月三十一日以前吸食鸦片之罪刑,虽因大赦而消灭,但勒戒处分之效力,不因大赦而受影响,其于三十六年一月一日以后复吸鸦片,应以复吸处刑,以上两说孰是,理合呈请钧院鉴核赐予解释,俾便遵行,实为公便。

**院解字第三六六八号**

**三十六年十二月一日**

**令湖南高等法院院长余觉**

三十六年五月三十日呈一件,为据长沙地方法院呈请解释《惩治盗匪条例》第二条第一项第九款疑义,转恳解释祇遵由。

呈悉,业经本院统一解释法令会议议决,《惩治盗匪条例》第二条第一项第九款之罪,只须预有勒索之意思而实施掳人之行为,罪即成立,被害人之感觉如何,与本罪成立要件无关。仰即转饬知照。此令

**附原呈**

案据署长沙地方法院院长刘少荣呈称,案据分发本院学习审查人员喻名英本年五月十五日签呈称,为呈请转请解释法律疑义由,窃查《惩治盗匪条例》第二条第九款,所谓意图勒索而掳人罪之成立要件若何,有甲乙二说。(甲)按意图勒索而掳人罪之成立,须本于勒取财物之意思而掳掠他人,置其生命于实力支配之下,使被害人感觉不赎则死,有以财物赎取生命之情形为要件。如果捕禁他人借以索财,止剥夺其行动自由,使被害人感觉不交财物不获释放,以财物换取自由者,则只构成《刑法》第三百零二条第一项及第三百零四条第一项妨害自由之牵连罪名,应以普通诉讼程序办理。(乙)所谓意图勒索而掳人者,系指行为人预以得财意思掠夺人身者而言,故只须被害人丧失行动自由,而移置于加害人实力支配之下时,犯罪即告成立。盖其掳掠人身为勒赎之方法,故被害人之感觉如何,其交付财物为赎取生命抑系换取自由,均在所不问。以上二说,究以何说为适当,理合呈请转请解释等情。据此,事关法律解释,理合备文呈请钧院鉴核施行等情。据此,事关法律疑义,本院未便擅拟,理合转恳鉴核赐予解释祇遵。

**院解字第三六六九号**

**三十六年十二月一日**

**令湖北高等法院院长朱树声**

三十五年十月十四日呈一件,为据襄阳地方法院呈请解释特种刑事案件声请覆判疑

义,转请解释,俾便饬遵由。

呈悉,业经本院统一解释法令会议议决,告诉人对于正式法院所为特种刑事案件之初判状请检察官声请覆判,该检察官仅于原状上批明移送刑庭,并未另具声请书者,依《特种刑事案件诉讼条例》第十二条之规定,自难认为检察官已经声请覆判,如覆判法院误认检察官已为覆判之声请,予以覆判,并撤销原判,发回更审,其覆判判决即属违背法令,得由检察官声请提起非常上诉撤销之。仰即转饬知照。此令

**附原呈**

案据襄阳地方法院院长李瑶圃呈称,查《特种刑事案件诉讼条例》第十二条第一项载,声请覆判应以书状提出原审法院为之,所谓书状究应如何解释,不无疑义,如特种刑事案件告诉人不服初判状请检察官声请覆判,检察官于原状上批明移刑庭字样移送刑庭,是否可认为检察官声请覆判或声明不服之书状,于此分甲乙二说。甲说,检察官对于告诉人不服初判请求声请覆判之原状,既未径行批驳转移刑庭,即系以告诉人之原状为其声请覆判之书状,该状到达刑庭,即应认为检察官声请覆判之书状。乙说,《特种刑诉条例》第十二条第一项所谓书状,应以依法得声请覆判本人之书状为限,告诉人向检察官请求声请覆判之诉状,只能认为修正《刑事诉讼法》第三百零六条第二项之陈述意见,检察官声请覆判,应另备声请书,仅于告诉人状上批移刑庭字样,既不能表明声请覆判之意思,即不得认为声请覆判之书状。以上二说,未知孰是。又就上述情形,如以乙说为是,若覆判审已认检察官就告诉人之书状声请覆判为合法,予以覆判,撤销原判,发回更审,原审法院究应如何办理,亦不无疑义,理合备文呈请钧院鉴核示遵或转请解释等情。查声请覆判得由依刑诉法有上诉权之人为之,为《特种刑事案件诉讼条例》第十条上段所规定(下段当属县司法处之判决),是检察官对一审特刑案件判决声请覆判时,自应提出声请书,来呈应以乙说为是。惟案关法律疑义,未敢擅专,理合呈请钧院鉴核解释,俾便饬遵。

**院解字第三六七〇号**

**三十六年十二月一日**

台湾高等法院杨院长览,辰寒代电悉。台北地方法院所请核示一案,业经本院统一解释法令会议议决,刑事案件已系属于有管辖权之法院时,不得由法院径依据任何行政公文移送其他有管辖权之法院审判。电仰转饬知照。司法院亥先印

**附原代电**

司法院院长居钧鉴,案据台北地方法院呈略称,兹有郑文蔚诈欺一案,犯罪地系在浙江杭县,浙江杭县地方法院检察官向同院提起公诉,并已由该院进行审理,旋该院以函准最高法院本年三月十五日刑字第一一五号公函,该案应属台湾台北地方法院管辖等由,即将卷证函送到院。按本案起诉时被告所在地虽属本院管辖区域,但既已系属于犯罪地之浙江杭县地方法院,复未经上级法院裁定,能否即依据最高法院行政公文移归本院管辖,请核示等

情。据此,查已系属于管辖法院之案件,未经上级法院裁定指定或移转管辖,能否依据上级法院之公函移归他法院管辖？事关法律疑义,谨请迅赐解释电示。台湾高等法院院长杨鹏辰寒印刑一

**院解字第三六七一号**

**三十六年十二月一日**

首都高等法院赵院长览,辰回代电悉。所请解释一案,业经本院统一解释法令会议议决,汉奸案件未终结前,其已查封之财产,如第三人举出确实证据,证明该财产为其所有时,得由法院或检察官依《刑事诉讼法》第一百四十二条前段之规定办理。合电知照。司法院亥先印

**附原代电**

司法院院长居钧鉴,经查封之汉奸财产,在案件未终结前,第三人就该财产举出切实证明系其所有,究须待案件裁判确定后由检察官以命令发还,抑在侦查或审判中可先启封发还,颇滋疑义,谨陈甲乙两说如后。(甲)是项发还财产,纯属实施执行没收财产时所生之问题,依执行没收汉奸财产应注意事项第一、第三两项之规定,须待案件终结后由检察官为之,检察官认为证据不充分者,得谕令其向地方法院起诉,即以原检察官为被告。(乙)汉奸案件未判决确定前,其查封财产系属扣押性质,如第三人能举出切实证据,证明确为其所有,依《刑事诉讼法》第一百四十二条之规定,应认为无扣押之必要,得不待案件终结,侦查中可由检察官以命令发还之,审判中可由刑庭以裁定发还之。如必待案件终结后始能决定,经长期之拖延,第三人势将蒙受重大损害,执行没收汉奸财产应注意事项之规定,均系指已经裁判确定者而言。其未确定者,似不能依该项规定办理。以上两说,究以何说为当,案关法律疑义,谨请迅赐解释示遵。首都高等法院院长赵琛辰迴叩

**院解字第三六七二号**

**民国三十六年十二月一日**

湖南高等法院余院长览,未马代电悉,湖南高等法院第三分院所请解释一案,业经本院统一解释法令会议议决,《惩治贪污条例》第二条第四款之借势或借端勒索财物罪,只以行为人凭借其本人或他人之权势,或以某种事由为借口施行恫吓以索取财物为构成条件,不以所借权势事由在其职务范围内,或与其职务有直接关系为必要。电仰转饬知照。司法院亥先印

**附湖南高等法院原代电**

南京司法院院长居钧鉴,案据本院第三分院院长罗任本年未佳代电称,设有某甲系县政府政警,奉令至该县甲乡提取新兵,道经乙乡某地,遇居住乙乡互相认识之某乙,甲遂指乙为逃避兵役之壮丁,将其捆缚,于索得财物后,始予释放。根据上列事实,甲应否成立《惩

治贪污条例》上之罪名，抑应依普通《刑法》办理，兹有甲乙二说。甲说，《惩治贪污条例》第二条第四款，所谓借势或借端勒索财物者，即行为人凭借自己或倚他人之势以及以某种事故为借口，使人发生恐怖而为财物交付之行为，其罪即已成立。至其所借之势端，是否在行为人职务范围以内，抑在其职务范围以外，均可不问。现某甲既系县政府政警，又复奉令往甲乡提取新兵，则其勒索财物之行为不问其犯罪地点，及被害人所住之区域，及与某职务是否发生直接关系，均应按《惩治贪污条例》第二条第四款处断。乙说，《惩治贪污条例》第二条第四款，所谓借势或借端四字，应从狭义解释，如行为人所借之势端，系在其职务范围以内或与其职务发生直接关系者，始有同条例二条四款之适用，否则即应按《刑法》论罪，并依同法第一百三十四条加重其刑而已。征兵及缉拿逃避兵役之壮丁非县政府政警之专职，尽人皆知，某甲虽奉命前往甲乡提取新兵，其执行职务之区域当以甲乡为限，其在乙乡诈财及捆缚被害人之行为，自与其应执行之职务不生直接关系，当不能以某甲一有公务员身分，即认为应依《惩治贪污条例》处断。苟如甲说，凡具有军人或公务员身分之人一经犯罪，而其犯罪又有得受财物之意思者，即应成立借端或借势勒索财物之罪。依此结果，不但《刑法》第一百三十四条已等于具文，其他刑罚法令亦将全部不能适用。例如甲省公务员在乙、丙等省犯诈欺或恐吓等罪，或税警向壮丁家属勒索财物，依照甲说，自亦系借端或借势勒索财物，立法真意似不在是等语。以上二说，各有理由，究以何说为是？事关法律解释，属院未敢擅专，现案悬待结，理合电请钧座察核转请司法院迅予解释，俾有遵循等情到院。查事关适用法律疑义，理合据情转恳钧座鉴核示遵。湖南高等法院院长余觉叩未马印

**院解字第三六七三号**

**三十六年十二月一日**

四川高等法院苏院长览，未冬代电悉。荣昌地方法院所请解释一案，业经本院统一解释法令会议议决，原由兼理军法职权之县长判决确定之烟案人犯，于此项案件之审判权移归司法机关后声请再审，应由继受该审判权之司法机关管辖之。电仰转饬知照。司法院亥先印

**附原代电**

南京司法院院长居钧鉴，案据荣昌地方法院院长周宝初三十六年七月十七日刑天字第八六四号呈称，案据本院执行人犯吕敬臣状称，为量刑过重，判决失平，声请再审等情前来，查该犯吕敬臣系于三十五年五月六日由荣昌县长兼军法官廖育群任内判决，以该吕敬臣设所供人吸食鸦片及自吸鸦片，分别论科，并合执行无期徒刑，褫夺公权终身，并经呈奉军事委员会委员长重庆行营三十五年八月九日法信字指令核准，现由荣昌县政府移交本院检察官执行各在案。兹据状请再审，究应如何办理，事关法令疑义，理合具文呈请钧院准予解释祇遵等情。据此，查声请再审，依《刑事诉讼法》第四百十九条第一项之规定，应由判决之原审法院管辖，但此为通常刑事案件再审之规定。至《特种刑事案件诉讼条例》施行后，依该

条例第一条第二项规定,所有一切特种刑事案件,除应由高等法院或分院审理者外,均应由地方法院或县司法机关审理之。所谓审理,应从广义解释,不限于未决案件之审理,即对于军法机关所判非军人犯特种刑事案件业经确定声请再审者,其应否开始再审,及开始再审后之审判,均应视其所犯罪名,依该条例上开条项,分别由地方法院县司法机关或高等法院及其分院裁判之。盖该条项系将非军人犯特种刑事案件之审判权,由军法机关移归司法机关之特别规定,故自该条例施行后,军法机关相继裁并,其尚存者,对于非军人犯特种刑事案件之罪者,已绝对无审判权,则对于此项案件已确定者,其无权受理再审。是无待词费,故对于该条项之审理字样,不能不取广义解释,否则此项已确定案件直无受理再审之机关,纵具备再审原因,亦无法救济,似有未妥。案关法律疑义,所见当否,未取擅专,理合电请钧院迅赐解释,电令祇遵。四川高等法院院长苏兆祥叩牍未冬印

**院解字第三六七四号**

**三十六年十二月一日**

浙江高等法院览,卯回代电悉。天台地方法院所请释示一案,业经本院统一解释法令会议议决,烟毒犯经判处罪刑后,确由医师在监狱实施禁戒,并呈报断瘾,如再吸用,应以复吸论。合电转饬知照。司法院亥先印

**附原代电**

南京司法院院长居钧鉴,据天台地方法院本年三月二十八日代电称,查烟毒复食之要件,以有勒戒断瘾复行吸用者为限,其勒戒之方法,依《禁烟禁毒治罪条例》第八条第三项规定,须适用《刑法》第八十八条保安处分,令入相当处所,施以禁戒。若其初次在民国二十九年十月吸用,经军法判处罪刑,限期勒戒,仅由医师在监狱实施,呈报断瘾,未入相当处所。如再吸用,是否构成复食罪刑,出入重大,仰祈释示,以资遵循等情前来。事关法律疑义,理合电请钧院俯赐解释,俾便饬遵。浙江高等法院庭长兼代院长职务王烈岐叩卯迥印

**院解字第三六七五号**

**民国三十六年十二月二日**

空军总司令部鉴,(三十六)致黜巳江代电悉所请解释一案,兹经本院统一解释法令会议议决,依战时军律第十四条第一项第七款,判处罪刑之确定案件于适用罪犯赦免减刑令时,应仍以原判法条为标准,参照本院院解字第三四八八号及第三四九九号解释。相应电复查照。司法院亥冬印

**附空军总司令部原代电**

司法院公鉴,兹有某甲因对于军用飞机不尽保管之责致烧毁,在战时军律有效期间依照同律第十四条第一项第七款之罪判决确定,执行尚未完毕。现战时军律业已废止,此项行为与陆海空军《刑法》第一百一十条前段,对于军用飞机不尽保管之责致毁损罪相当,是

否应依国民政府三十六年元旦大赦令甲项赦免规定，予以赦免，有下列三说。（甲）《刑法》第二条规定处罚之裁判确定后，未执行或执行未完毕，而法律有变更不处罚其行为者，免其刑之执行。上开判决确定，案件执行尚未完毕，所根据之法律虽已废止，但军《刑法》仍有处罚条文，应依照大赦令丙项减刑，不能依现行法律之相当条文，再依大赦令赦免。（乙）查依战时军律第十条，处刑之逃亡已决犯，业经国防部签奉国民政府本年三月八日侍宙字第六零三八六号代电，准比照军《刑法》第十三章各条款之法定刑度办理大赦有案。上开判处同律第十四条第一项第七款，罪刑之确定案件既与陆海空军《刑法》第一百一十条之罪刑相当，似可比照国府侍宙字第六零三八六号代电办理赦免。（丙）裁判确定后未执行或执行未完毕，而法律有变更不处罚其行为者，依《刑法》第二条第三项既应免其刑之执行，上开案件虽业已判决确定，但依三十六年三月二十八日院解字第三四零九号解释，相当于陆海空军《刑法》第一百一十条，此相当条文与大赦令赦免条件相符，应予赦免，不能仍依业已废止之法律所为之裁判办理减刑。究以何说为当，相应电请迅予解释为荷。空军总司令部（三十六）致黜巳江印

**院解字第三六七六号**

**民国三十六年十二月二日**

国防部鉴，午虞吕甚代电悉，所请解释一案，兹经本院统一解释法令会议议决，（一）伪满政府在战时施行之有关取缔囤积居奇抬高物价等禁令，与《海牙陆战规例》第四十三条之规定无涉。（二）任职伪满县政府之日籍或台韩籍人员遵奉其上级政府命令，查扣违背统制法令之物资，移送伪法院判处没收，与《战争罪犯审判条例》第三条第三十三款之所谓没收情形有别，不能认为该条款之罪犯。相应电复查照。司法院亥冬印

**附国防部原代电**

司法院赐鉴，查《海牙陆战规例》第四十三条，有“占据者除在万不得已之处外，应用其力之所能及之一切方法……保卫民生”之规定，伪满政府在战时所施行之经济统制法规，其中有关取缔囤积居奇抬高物价等于一般民生不无利益之禁令，是否认为于上开法案违背？又在伪满县政府任职之日籍（或台韩籍）人员，遵奉其上级政府命令，查扣违背此项统制法令之物资，移送伪法院判处没收。此种没收，是否触犯《战争罪犯审判条例》第三条第三十三款之罪？如认为犯罪，该负责查扣之人是否亦以共犯论？不无疑义，谨电请督照迅赐释示为祷。国防部午虞吕甚印

**院解字第三六七七号**

**三十六年十二月二日**

卫生部鉴，前卫生署京保（36）卯马代电悉。四川省政府所请核示一案，兹经本院统一解释法令会议议决，《财政收支系统法》第十九条第一项所称之该管最高级行政机关，应视

同条所列事业属于何级政府定之,县市卫生院所办卫生治疗事业,既属于县市政府,则虽县市政府办理此项事业受其上级机关之指导或监督,亦不能不认县市政府为该管最高级行政机关。相应电复查照转知。司法院亥冬印

**附原代电**

司法院勋鉴,案准四川省政府秘法字第一三一〇号卯灰代电开,"兹据各县市卫生院请求增加挂号费及诊费,恳予核示等情,查卫生治疗事业费系属规费性质,按《财政收支系统法》第十九条第一项所定,此项规费应经该管最高级行政机关核定,复查县市卫生院隶属于县市政府,受省卫生处之指挥监督,因之所谓该管最高级行政机关,则有三说。(甲)县市卫生院之该管行政机关为该管县市政府,该管最高级行政机关为该管省政府。(乙)县市卫生院之该管行政机关为该管县市政府,该管上级行政机关为该管省政府,该管最高级行政机关为行政院。(丙)县市卫生院之该管行政机关为该管省卫生处,该管最高级行政机关为卫生署。以上三说,究以何说为当?事关法律疑义,相应电请迅赐解释见复,以便办理"等由。准此,查原电所称该管最高级行政机关,究以何说为准,事关解释法律疑义,特电奉达,敬请察照赐予解释见复为荷。卫生署京保(36)卯马印

**院解字第三六七八号**

**三十六年十二月二日**

甘肃高等法院首席检察官览,巳佳代电悉。礼县地方法院检察处所请解释一案,业经本院统一解释法令会议议决,乡长明知非应征召之男子,强令应征,尚未入营服役者,应分别情形,依《刑法》第三百零二条或第三百零四条处断。电仰转饬知照。司法院亥冬印

**附原代电**

司法院院长居钧鉴,据礼县地方法院检察处本年五月二十七日检字第一二九号代电称,兹有乡长某甲奉令征兵,其奉颁之征兵实施办法,明定为凡年满二十岁至三十五岁之男子,除兵役法应免缓征集者外,均应列入抽签。该乡长某甲不依规定办理,任意指派年仅十八岁之某乙为壮丁,一再勒令服役,在某乙未被征兵机关或接兵部队验收之前,其父某丙即以妨害兵役罪具状申诉,于此有二说。(一)某甲明知某乙年未及龄,强迫令其服役,应构成《妨害兵役治罪条例》第六条第一项之罪。(二)某甲虽一再强迫某乙服役,但在某乙未被征兵机关或接兵部队验收以前,仍属未遂状态,《妨害兵役治罪条例》第六条既无未遂处罚之规定,某甲应不为罪,究以何说为当?事关法律疑义,理合电请钧处解释示遵等情。据此,理合电请解释,俾便饬遵。暂行兼代甘肃高等法院首席检察官职务彭焌志叩巳佳印

**院解字第三六七九号**

**三十六年十二月二日**

甘肃高等法院首席检察官览,辰世代电悉。酒泉地方法院首席检察官所请核示一案,

业经本院统一解释法令会议议决，某甲门道边墙歪斜，如其程度确有倾圮之虞，因某甲怠于修理或拆除，以致墙倒，压毙行人，应负过失致人于死之责任。电仰转饬知照。司法院亥冬印

**附原代电**

南京司法院院长居钧鉴，案据酒泉地方法院首席检察官杨行南三十六年辰甲代电称，今有某甲门道边墙歪斜，日久不事修理亦不拆除，致将某乙小孩行至其下墙倒压毙，某甲应否负《刑法》上过失致人于死罪责，理合电请核示等情到处。事关法律疑义，理合转请解释，俾便饬遵。暂行兼代甘肃高等法院首席检察官职务彭焌志叩辰世印

**院解字第三六八〇号**

**三十六年十二月五日**

案准贵院本年六月十六日（三十六）七法字第二三一一八号咨，以据司法行政部呈转请解释刑事被告经伪法院拨交煤矿易服劳役之期间，能否折抵刑期疑义，咨请解释见复等由。准此，兹经本院统一解释法令会议议决，刑事被告于法院所在地沦陷时，经非法组织之法院判罪，于执行刑罚一部后，拨交煤矿易服劳役，复员后经重行侦查起诉，判处罪刑，其以前服役之期间，应予折抵刑期。相应咨复查照饬知。此咨行政院

**附原咨**

据司法行政部本年六月七日京呈（叁）字第九六六号呈称，据山东高等法院首席检察官刘世卿三十六年四月十日济文字第一六七号卯皓代电称，案据济南地方法院首席检察官刘清洁卯筱代电称，查刑事被告于法院所在地沦陷后，经非法追诉或执行，曾受羁押或拘禁之日数，准用行法第四十六条规定，折抵应执行之刑，复员后《刑事诉讼补充条例》第十七条定有明文。设有被告经非法组织之法院于判罪执行刑罚一部后，拨交煤矿易服劳役，复员后重行侦查，依法起诉，判罪处刑。按诸上开法文，其受伪法院羁押或拘禁之日数，可以折抵刑期，本无问题。惟其在煤矿服役之期间，能否折抵刑期，无法依据，未敢擅拟，理合电祈钧座鉴核示遵等情。据此，理合据情转恳钧部鉴核电示祗遵等情。理合呈请钧院鉴核转送司法院解释，俾资遵循等情。据此，案关适用法律疑义，相应咨请查照解释见复，以便饬遵为荷。

**院解字第三六八一号**

**三十六年十二月五日**

国防部鉴，午三十吕捕代电悉。海军总司令部代电所请解释一案，兹经本院统一解释法令会议议决，引水人系以技术受雇，既非在编制内所委任，无论长期短期，究难依修正之《陆海空军惩罚法》第一条第二项之规定视同军用雇员以军人论，如有犯罪，应归司法机关讯办。特电复请查照饬知。司法院亥歌印

附原代电

司法院赐鉴,据海军总司分部(三十六)腾晢字第一五八七四号代电称,查本军引水人关系引领舰艇安全至钜,其系本军引水训练班出身者,固应视为军人。惟长期或短期雇用者,可否依照修正《陆海空军惩罚法》第一条第二项之规定,视同军用雇员,如有犯罪,亦归军法审判,抑因非在编制内所委任,仅系雇用性质,不论长期或短期,概不能视同军属,其有犯罪,应归司法机关讯办。两说不无疑义,理合电请鉴核解释示遵等情。查军事机关之额外雇员,如与其雇用性质之业务无关之犯罪,应否归军法审判,案关法律解释,谨电请察照迅赐释示,俾便饬遵为祷。国防部午三十吕捕印

院解字第三六八二号

三十六年十二月五日

国防部鉴,(三十六)午冬吕甚代电悉。所请解释一案,兹经本院统一解释法令会议议决,日籍战犯于战时充任宣抚班长,不构成《战争罪犯审判条例》第二条第一款之罪,惟组织中华同义会,希图扑灭我国抗战力量,如其手段合于同条例第二条第三款或第四款之规定,应依第十条或第十二条处罚。特电复查照。司法院亥歌印

附原代电

司法院赐鉴,查《战争罪犯审判条例》第二条第一款,破坏和平罪之构成,须以“外国军人或非军人于战前或战时违反国际条约国际公约或国际保证而计划阴谋预备发动或支持对中华民国之侵略或其他非法战争者”为要件。设有日籍嫌疑战犯一名,于战前奉派来华留学,对我国风土人情以及政治军事经济各方面之状况,均甚熟悉。于七七事变后,充北平宣抚班班长,从事情报工作,并纠合青红帮门徒,组织中华同义会,希图扑灭我抗日力量,核其所为,曾不无帮助其本国从事侵略战争之嫌疑。但就其地位而论,与一般握有军政或经济权力之要员,似不能相提并论,能否构成本罪?又如不能构成本罪,则其组织我国人民,企图扑灭我抗战力量,是否违法,如何处罚,皆不无疑义,谨电请督核迅赐释示为祷。国防部(三十六)午冬吕甚印

院解字第三六八三号

三十六年十二月六日

案准贵院本年七月四日(三十六)六财字第二六零八九号咨,以据内政部财政部等呈,请核示报章杂志登载公告价格以外之黄金外汇行市,应如何处理一案,咨请解释见复等由。准此,兹经本院统一解释法令会议议决,报章杂志违背经济紧急措施方案,而登载公告价格以外之黄金外汇行市,自系违反出版法第二十四条之规定,应依同法第四十五条办理。具有研究性之论文及改进性之建议,无论其所提及之行市属于过去或当时,均不得认为违背此项规定。相应咨复查照饬知。此咨行政院

**附原咨**

据内政部财政部等陈称，经济紧急措施方案规定，各种报章杂志不得以任何方式登载公告价格以外之黄金外汇行市，对于违背此项规定者之处分，现行法令中尚无可资引用之条文，如《出版法》第二十四条规定“战时或遇有变乱及其他特殊必要时，得依国民政府命令之所定，禁止或限制出版品关于政治军事外交或治安事项之登载”，而未明定“经济”一项，是仍难援引适用，除此则只可依行政执行法之规定处分之。惟是项处分执行之前或执行后，应层转内政部备核，以昭慎重等语。查三十六年二月十七日国民政府训令，为鉴于当前经济情形足以影响全体国民生计，酿成社会重大不安，颁布经济紧急措施方案，此项方案乃适应当前特殊必要之一种政治措施，其规定各种报章杂志不得以任何方式登载公告价格以外之黄金外币行市，似即出版法第二十四条所定禁止事项。又所谓行市当指当时市价而言，其有研究性之论文及改进性之建议所提及者，多成过去行市，是否亦认为违背此项规定？事关法律适用疑义，相应咨请查照迅予解释见复，以凭饬遵。

**院解字第三六八四号**

**三十六年十二月六日**

案准贵院本年三月十二日从捌字第八七七五号咨，以据司法行政部呈转请解释在大赦令颁行前，隐匿敌伪物资能否没收疑义，咨请解释见复等由。准此，兹经本院统一解释法令会议议决，隐匿敌伪产业之行为虽经赦免，但其所隐匿之敌伪产业，仍应由处理敌伪产业机关依法处理，相应咨复查照饬知。此咨行政院

**附原咨**

据司法行政部本年三月六日(36)呈(叁)字第三一三号呈称，据天津地方法院本年一月十五日删代电称，案据本院庭长王涵礼签称，查大赦令已经国民政府于三十六年一月一日颁行，除经列举一部份犯罪不予赦免外，凡犯罪在三十五年十二月三十一日以前，其最重本刑为有期徒刑以下之刑者，均赦免之。设有人于三十五年十二月三十一日以前隐匿敌伪物资，按其犯罪情节，不过构成侵占窃盗赃物等罪，均为有期徒刑以下之刑，自在赦免之列。但其隐匿之物资能否没收，颇滋疑义，兹有甲乙丙三说。(甲)说所谓大赦原不过不予追诉犯罪，至因犯罪不法所得之物，则不能亦置之不顾，日人战败所遗物质，既经明令收归国有，故仍得宣告单独没收，俾归国库。(乙)说大赦令既明定对于犯有期徒刑以下之罪均予赦免，则无论主刑从刑，自均在免诉之中，隐匿之物资如非违禁物，则不能单独宣告没收。(丙)说日人投降后所遗一切物资，早经政府明令一律收归国有，设因隐匿物资而犯罪，纵大赦不予追诉其罪刑，然所隐匿之物资，既经明令收归国有，则已具有没收之性质，自无须再由法院宣告没收，可径由处理敌伪产业机关依法处理。以上三说，究以何说为当，未敢擅专，理合呈请核转解释，俾资遵循等情。查核所称各节，不无疑义，理合电请示遵等情到部。事关法律适用疑义，理合呈请鉴核转送司法院解释，俾便饬遵等情到院。事关法律适用疑

义,相应咨请查照解释见复,俾便饬遵为荷。

**院解字第三六八五号**

**三十六年十二月六日**

**令江西高等法院院长吴昆吾**

三十六年八月二日呈一件,为欠税人声请更正原确定裁定之科罚金额应如何办理疑义,请鉴核示遵由。

呈悉,业经本院统一解释法令会议议决,法院依税务法规处欠税人罚锾之裁定确定后,不得以发现新证据声请更正原裁定。仰即知照。此令

**附原呈**

呈为呈请鉴核示遵事,窃查依税务法规由法院以裁定科处欠税人之罚锾,其金额多系依其欠税之倍数或比例定其数额。此项裁定确定后,如发现新证据,欠税人所欠税额原送案机关记载确有错误,经受罚人即欠税人声请更正原确定裁定之科罚金额,究应如何救济?事关法律适用疑义,本院未敢擅拟,理合具文呈请钧院鉴核示遵,实为公便。

**院解字第三六八六号**

**三十六年十二月六日**

**令山东高等法院院长胡绩**

三十六年九月十二日呈一件,为据山东高等法院第二分院呈请核示汉奸案件被害人能否提起自诉疑义,请核示饬遵由。

呈悉,业经本院统一解释法令会议议决,汉奸案件第一审属于高等法院管辖,依《刑事诉讼法》第三百十一条第二项但书规定,犯罪之被害人不得提起自诉。仰即转饬知照。此令

**附原呈**

案据本院第二分院呈称,查犯罪之被害人得提起自诉,为《刑事诉讼法》第三百十一条所明定,汉奸案件之被害人,除国家外,如《惩治汉奸条例》第三条之情形,即有被害之个人。此种被害人,依照《特种刑事案件诉讼条例》第一条规定暨首开说明,及参照司法院院解字第三一四八号解释特种刑事案件并无不得提起自诉之限制之意旨,似得向法院提起自诉,但处理汉奸条例第七条有移送检察官值查,第九条又有关于汉奸案件各级检察官均应行使职权移送该管检察官办理之规定。又似汉奸案件应经检察官侦查之程序,不得提起自诉,因受理自诉汉奸案多起,发生疑义,理合呈请钧院鉴核示遵等情到院。案关法律解释,本院未敢擅拟,理合备文呈请钧院核示。以凭饬遵,实为公便。

**院解字第三六八七号**

**三十六年十二月六日**

**令贵州高等法院院长李学灯**

三十六年十月三日呈一件,为据安顺地方法院呈请解释依破产法和解债权人数次均不出席会议应如何办理疑义,转呈核示由。

呈悉,业经本院统一解释法令会议议决,破产法上法院之和解程序进行中,债权人全体于债权人会议期日均不出席者,依同法第五条准用《民事诉讼法》第四百二十条之规定,得视为和解不成立。仰即转饬知照。此令

**附原呈**

案据安顺地方法院本年八月十六日文(36)字第四五六号呈称,查二十九年院字第一九九三号解释内开,破产法第二十七条之债权人会议,除无债权人出席时应变更期日外,不问出席债权人若干,及其所代表之债权额若干,均应开会(下略)等因。兹有债务人以债务过多,依破产法之规定,声请和解,法院择定期日召集债权人会议,殊届会议期日债权人均不出席,惟纷纷对债务人提起清偿债务之诉,法院又另定期日召集债权人会议,殊期日该债权人仍无一人出席,不得已再另定第三次会议期日,召集债权人会议。倘第三次会议期届仍均不出席,是否另定第四次会议期日,抑另有结束本案办法,理合呈祈鉴核转呈解释示遵等情。据此,查依破产法规定,终结和解程序之方法,不出下列四者。一、债务人经通知后无正当理由不出席债权人会议者(破产法第二十四条第二项);二、和解成立经法院裁定认可者(同法第三十二条);三、和解经债权人会议否决者(同法第二十八条);四、和解经成立,但不为法院认可者(同法第三十五条)。至债权人经过通知而不出席会议,既应变更期日,再行和解,即无从终结和解程序,且如债权人始终全体不出席会议,破产法亦无如《民事诉讼法》第四百二十条"得视为调解不成立"之类似条文。来呈所述,除继续再定期日进行和解外,似无其他方法,惟此种情形,和解程序将永无终结之一日,究应如何救济之处,事关适用法律疑义,理合据情转呈钧院核示。

**院解字第三六八八号**

**三十六年十二月六日**

**令江苏省政府**

三十六年十月四日呈一件,为受理诉愿案件后诉愿人呈请撤销其诉愿应否准予撤销疑义,请赐解释遵循由。

呈悉,兹经本院统一解释法令会议议决,诉愿在未经受理诉愿官署决定前,诉愿人撤回其诉愿,自非法所不许。仰即知照。此令

**附原呈**

案查本府诉愿审议委员会受理诉愿案件,间有诉愿人于提起诉愿后呈请撤销者,查《诉愿法》并无撤销诉愿之规定,其在本府受理后,应否准予撤销,事关法律疑义,理合呈请赐予解释,俾资遵循。

**院解字第三六八九号**

**三十六年十二月六日**

**令四川高等法院首席检察官**

据四川荣县地方法院首席检察官午巧代电,以意图营利设所供人吸食鸦片之罪犯能否声请减刑疑义,电请解释遵循等情。据此,业经本院统一解释法令会议议决,对于意图营利设所供人吸食鸦片之罪犯,能否依罪犯赦免减刑令声请减刑,以确定判决所援用之法律,其法定刑是否系无期徒刑以上之刑为准。合行令仰转饬知照。此令

**附原代电**

南京司法院院长居钧鉴,查《禁烟禁毒治罪条例》系国民政府八月二日公布施行,《禁烟禁毒治罪暂行条例》即于同日废止,今国民政府三十六年一月一日所公布之罪犯赦免减刑令一项第四款犹称《禁烟禁毒治罪暂行条例》专科"死刑"或"死刑或无期徒刑"之"罪"者不在赦免减刑之例云云。可见《禁烟禁毒治罪暂行条例》专科"死刑"或"死刑或无期徒刑"之"罪"者即不在赦免或减刑之例,"查意图营利设所供人吸食鸦片"及"施打吗啡或吸用毒品"之"罪",在《禁烟禁毒治罪条例》,虽前者为处"死刑无期徒刑或十年以上有期徒刑"之"刑",后者为处"三年以上十年以下有期徒刑"之"刑"。但在《禁烟禁毒治罪暂行条例》,却恰为专科"死刑"或"死刑或无期徒刑"之"罪",依罪犯赦免减刑令一项第四款,似即不在赦免或减刑之例,本处执行"意图营利设所供人吸食鸦片之案件颇多,因有此项疑义,是以均未向法院声请裁定减刑,兹有疑义三点。(一)意图营利设所供人吸食鸦片之罪,如在三十五年八月一日以前,即在适用《禁烟禁毒治罪暂行条例》时期即已判决确定处无期徒刑或减为有期徒刑执行在案,此种案件应否声请减刑?(二)意图营利设所供人吸食鸦片之罪,如其犯罪时间在三十五年八月一日以前,即在适用《禁烟禁毒治罪暂行条例》时期,而其裁判时间在三十五年八月二日以后,即在适用《禁烟禁毒治罪条例》时期,依《刑法》第二条第一项前段,应适用裁判时之法律,即适用《禁烟禁毒治罪条例》处断,此种案件应否声请减刑?(三)意图营利设所供人吸食鸦片之罪,如其犯罪时间在三十五年八月二日以后,即适用现行《禁烟禁毒治罪条例》处断,此种案件应否声请减刑?"以上三点,拟请钧座迅赐解释,俾兹遵循。四川荣县地方法院首席检察官吴星海叩午巧印

**院解字第三六九〇号**

**三十六年十二月六日**

陕西高等法院朱首席检察官览，午寝代电悉。所请核示一案，业经本院统一解释法令会议议决，某甲和诱有配偶之人，寄藏知情之某乙处，以待价卖，因被诱人家属悬赏寻人，某甲即向其家属报告，并需索多额赏金，被人识破，鸣警拘获，应以意图营利和诱有配偶之人脱离家庭既遂与诈欺未遂罪并合处罚。某乙如有得财之企图，应成立意图营利藏匿被诱人之罪，否则仅予某甲以实施犯罪之便利，应以帮助犯论处。合电知照。司法院亥鱼印

**附原代电**

南京司法院院长居钧鉴，兹有被告某甲意图营利，和诱有配偶之人脱离家庭，藏于知情之被告某乙家中，尚未价卖出手，适被诱人之家属发出广告悬赏寻人，被告某甲见有悬赏广告，即改变营利方法，向被诱人家属报信，谓伊已查知被诱人下落，请求付款六百万元(广告赏格将被诱人送还者酬五十万元)，即将被诱人送还。事为被诱人之家属识破，鸣警将被告甲、乙先后抓获，经指出被诱人所藏地点，亦因之将被诱人寻获。关于某甲部分有两说，(一)有采犯罪继续说，谓某甲之和诱原为意图营利，欲价卖被诱人，不过于营利之继续行为中，而营利之方法又触犯诈欺罪名，仍不失其原有之营利目的，应依《刑法》第五十五条从一重处断。(二)有采犯罪即成说，谓法文规定意图营利和诱有配偶之人脱离家庭为犯罪要件，是有营利之意图，将被诱人一经诱离家庭，即完成犯罪，不以营利到手为要件，其义意甚明。某甲意图价卖被诱人，将被诱人诱藏于某乙家中，其犯罪业经完成，忽见悬赏寻人广告，乃向被诱人家属报信，请付赏格，显系和诱罪完成后，又起诈欺之犯意，应依《刑法》第五十条并合论处。关于某乙部分亦有两说，(一)因某甲将被诱人诱出，在其自己实力支配之下，意图价卖营利，已告知某乙，而某乙为之收受藏匿，是某甲在犯罪继续中某乙所为之收藏被诱人行为，系帮助某甲完成犯罪，应依《刑法》第三十条论处。(二)因某甲之和诱系采犯罪即成说，其一经将被诱人诱出，犯罪即已成立，某乙将被诱人收受藏匿，如亦有营利或奸淫之意图，即应独立构成《刑法》第二百四十三条之罪，无帮助某甲犯罪之可言。以上某甲某乙，究竟如何处断，方为适法，实不无疑义，理合电请鉴核示遵。陕西高等法院首席检察官朱观午寝叩

**院解字第三六九一号**

**三十六年十二月六日**

贵州高等法院邓首席检察官览，巳皓代电悉。贵州高等法院第五分院首席检察官所请核示一案，业经本院统一解释法令会议议决，看守所所长以在押人犯疾病仅凭医师证明即派看守戒护病犯出所诊治，因看守允许犯人便道回家，致被乘机脱逃，该看守所所长应负《刑法》第一百六十三条第二项之罪责。合电转饬知照。司法院亥鱼印

**附原代电**

南京司法院院长居钧鉴,案据本院第五分院首席检察官袁益华呈称,设有看守所所长将未决人犯仅凭医师证明须出外就医,即批交主任看守派看守戒护前往所外私人诊所诊治,看守又允其便道回家,以致乘机脱逃,所长有无刑事责任,因而适用法律发生疑问。甲说,既系医师证明须出外诊治,所长命派看守戒护前往,显无使之脱逃故意,尚不成立犯罪。乙说,看守所所长职司看守人犯,依法不得使人犯擅行出入,纵经医师证明,亦不得擅许出所,既未经承办推检许可,即属纵放行为,且未决人犯不独防止脱逃,并须防止串证等弊,尤不能听任所长许其擅行出入。丙说,所长本无允许人犯擅行出入之职权,惟经医师证明,又派看守戒护,究不能认为纵放,仅成立便利脱逃罪而已。三说未知孰是,理合备文呈请钧席鉴核示遵等情。据此,查案关适用法律发生疑义,未便擅拟,理合电请钧鉴,赐予解释,俾资遵循。贵州高等法院首席检察官邓济安叩巳皓印

**院解字第三六九二号**

**三十六年十二月六日**

江西省遂川县参议会,本年七月十七日呈悉。所请解释一案,兹经本院统一解释法令会议议决,来文所述情形,如尚无直接或间接图利之意思,自得以触犯《刑法》第二百十一条之规定,向该管司法机关诉办。电复查照。司法院亥鱼印

**附原呈**

窃查政府涂改公文书,足以生损害于公众,依法应受刑事制裁,例如承办税收之人,于元月缴款,即具签呈及旬报表。但接受之上级机关,事后竟将元月改为四月,并将税款截留至四月始行解库,而被审核机关发觉。此种行为,该接受机关应否负《刑法》第一百七十五条之罪责?如应受上述法条之制裁,是否即由审核机关提出弹劾,抑应另行依法起诉,理合呈请钧院解释示遵。

**院解字第三六九三号**

**三十六年十二月六日**

浙江省政府览,巳迴代电悉。嵊县县政府代电所请释示一案,兹经本院统一解释法令会议议决,公务员在刑事诉讼程序实施中被羁押而交保,及依刑事确定判决受拘役或判处六月以下徒刑而易科罚金者,与公务员惩戒法第十七条一、三两款规定之情形不同,如其交保中未再羁押,及罚金执行完毕,非当然停止其职务。合电转饬知照。司法院亥鱼印

**附原代电**

司法院钧鉴,案据嵊县县政府代电,以查公务员惩戒法第十七条第一款“刑事诉讼程序实施中被羁押者”,及同条第三款“依刑事确定判决受拘役以上之宣告在执行中者”,其职务当然停止,惟查被羁抑而交保,或受拘役与判处六个月以下之有期徒刑而易科罚金者,其职

务是否认为当然停止,理合电请核转释示等情。据此,除指饬候转请释示到府后再行饬遵外,理合电请鉴赐核示祗遵。浙江省政府巳迥人(二、三〇二八二)

**院解字第三六九四号**

**民国三十六年十二月六日**

国民政府主席东北行辕政治委员会鉴,政土卯有代电及附件均悉,兹经本院统一解释法令会议议决,来文所述情形,仅得依行政执行法第四条第二款处罚,不构成《刑法》第三百零四条及第三百零六条之罪名。特电复请查照。司法院亥鱼印

**附国民政府主席东北行辕政治委员会原代电**

南京司法院钧鉴,据辽宁省政府代电以沈阳市政府呈,为汤玉书不遵《土地权利清理办法东北各省市施行细则》之规定,自行强制接收房地产,应如何予以制裁,请鉴核示遵等情。查土地或定着物之原权利人,非经呈由该管市县政府核准恢复其权利者,不得以私力直接向占有人强行索回,《土地权利清理办法东北各省市施行细则》第二十七条定有明文。汤玉书在沈阳市政府声请发还土地房屋,在未经核定前,竟强行迁入系争房内,并强制房内租户交纳租金,又不服警察局制止,应否构成《刑法》第三百零四条以强暴胁迫使人行无义务之事之罪,及触犯同法三百零六条无故侵入他人住宅之罪,不无疑义,理合抄同原电件,转请赐予解释祗遵。东北行辕政治委员会政土卯有印

**院解字第三六九五号**

**三十六年十二月六日**

**令代理湖南高等法院院长余觉**

三十六年五月二十九日呈一件,为据邵阳地方法院呈,请核示罢免县参议员纠纷案件是否应由法院受理疑义,转请解释示遵由。

呈悉,业经本院统一解释法令会议议决,经议决罢免之县参议员,认其议决与《县参议会组织暂行条例》第七条之规定不符时,在该条例既无得向法院起诉之明文,自不得提起关于罢免违法或无效之诉讼。仰即转饬知照。此令

**附原呈**

案据邵阳地方法院院长陈振球呈称,查县参议员之罢免纠纷(如请求确认罢免违法或无效事件),在《县参议组织暂行条例》既未规定得向法院提起诉讼,此类事件,究应由内政部或各该处民政厅依法解决,抑或应由法院依普通民事程序受理,不无疑义,请核示等情前来。据此,查事关法律解释,未便擅断,理合备文呈请钧院俯赐解释示遵。

院解字第三六九六号

三十六年十二月八日

国民大会代表立法院立法委员、全国性职业团体及妇女团体选举事务所鉴,申虞代电悉。所请解释一案,兹经本院统一解释法令会议议决,国民大会代表或立法院立法委员之选举,系由选举人直接选举代表或委员,并非先由选举人选定初选当选人,再由初选当选人选定代表或委员,即属直接选举,而非间接选举。至所谓无记名投票,系指选举票内不记载选举人之姓名而言,《国民大会代表选举罢免法》第十二条及其施行条例第八条暨《立法院立法委员选举罢免法》第十二条及其施行条例第八条等规定,均与直接选举制及无记名投票制毫无抵触。电复查照。司法院亥齐印

附原代电

司法院公鉴,查《中华民国宪法》第十二章第一二九条"本宪法所规定之各种选举,除本宪法别有规定外,以普通平等直接及无记名投票之方法行之",又同法第一三一条"本宪法所规定各种选举之候选人,一律公开竞选"。依上两条之规定,行使选举权之方法,为直接为无记名,除宪法别有规定外,不能变更。而《国民大会代表选举罢免法》第十二条规定"有被选举权而愿为候选人时,经五百名以上选举人之签署,或由政党提名,得登记为候选人……",又《立法院立法委员选举罢免法》第十二条亦规定"有被选举权而愿为候选人时,经三千名以上选举人之签署,或由政党提名,得登记为候选人……",再《国民大会代表选举罢免法施行条例》第八条规定"每一选举票应单记被选举人姓名一人……",《立法院立法委员选举罢免法施行条例》第八条亦规定"选举票应载明各该选举区全体候选人姓名,由选举人就中圈选一人……",此种规定,是前者无异以无记名选举权限制行使于记名选举范围内,后者以无记名单记变为记名圈选,其立法精神是否与宪法第一二九条规定相符?如因此而生纠纷,致成法律诉讼,又将如何剖决?特此电请大院惠予解释见复为荷。全国性职业团体及妇女团体选举事务所申虞职印

院解字第三六九七号

三十六年十二月八日

国防部鉴,辰皓吕甚代电悉。所请解释一案,兹经本院统一解释法令会议议决,敌人于战时对于我国军统局充任间谍之人员施以酷刑,系违反海牙陆战法规及惯例条规第三十条之规定而直接实施暴行,应依《战争罪犯审判条例》第二条第二款、第三条第三十八款,适用同条例第十一条处罚。特电复请查照。司法院亥齐印

附原代电

国民政府司法院赐鉴,查《战争罪犯审判条例》第三条第十六款之规定,仅限于对非军人施以酷刑者方可适用,今有敌人于战时对于我国军统局人员充任间谍者施用酷刑,既不

能依本款及同条例第十一条论罪科刑,又因间谍人员依海军陆战法规及惯例条规第三一条之规定,非于已归本军日后为敌人捕获者,不能以俘虏待遇,故对间谍施用酷刑,亦不能适用同条例第二九款虐待俘虏之规定,如适用《刑法》第一百二十五条第一项第二款,则其法定刑又嫌过轻,究应如何办理,案关适用法律疑义,谨电请察照迅赐解释见复为祷。国防部辰皓吕甚

**院解字第三六九八号**

**三十六年十二月十一日**

案准贵院上年九月二十四日节京捌字第一三四六九号咨,以据司法行政部呈转请解释《公务员交代条例》第二条第一项第一款与第十一条适用疑义,咨请解释见复等由。准此,兹经本院统一解释法令会议议决,《公务员交代条例》第二条第一项第一款,系规定前任应将施政方案工作计划及其执行情形之详细报告向后任交代,同条例第十一条,则规定前任主管长官移交时,对于其前任与本人任内所有政绩,应编制政绩交代比较表,会同后任呈报上级机关,彼此各为一事,自应按照各该规定分别办理。相应咨复查照饬知。此咨行政院

**附原咨**

据司法行政部本年九月十七日(京)呈(叁)字第七五五号呈称,据四川高等法院本年五月二十三日陵字第三一八一号呈称,案据署四川南部地方法院院长殷守绪呈称,窃查司法行政部所属各机关《公务员交代条例施行规则》第二条中所谓之“施政方案工作计划及其执行情形之详细报告”等语,与修正公务员交代条例第二条第一项第一款文字既合,自属同一规定无疑,惟因《公务员交代条例》第十一条修正为“前任主管长官移交时,对于其前任与本人任内所有政绩,应编制政绩交代比较表,会同后任呈报上级机关”等语后,即发生疑义,(甲)谓《公务员交代条例》第二条第一项第一款所规定之施政方案工作计划及其执行情形之详细报告,与同条例第十一条所规定之政绩交代比较表,各属一事,应依其规定,分别编具表报,(乙)谓该条例第二条系列举前后任应行交代之事项,而第十一条则系第二条第一项第一款之补充规定,仅须为一政绩交代比较表足矣,职参考行政三联制,似以乙说为是,当否理合具文呈请钧院俯予鉴核令遵等情。据此,查核所陈,不无理由,惟事关解释疑义,理合具文呈请钧部俯赐鉴核指令祗遵等情。据此,事关法律适用疑义,理合具文呈请鉴核转送司法院解释,俾资遵循等情。据此,案关适用法律疑义,相应咨请查照解释见复,以便饬遵为荷。

**院解字第三六九九号**

**三十六年十二月十一日**

湖南省政府王主席览,酉养代电悉。所请解释一案,业经本院统一解释法令会议议决,市县政府依《土地法》第九十七条第二项所为租金减定处分,非使出租人负有行为或不行为

义务之处分,出租人不服减定处分时,市县政府自不得援用行政执行法第四条之规定处以罚锾。电复查照。司法院亥真印

**附原代电**

南京司法院院长居钧鉴,查《土地法》第九七条第一项规定,"城市地方房屋之租金,以不超过土地及其建筑物申报总价额年息百分之十为限",同条第二项规定,"约定房屋租金超过前项规定者,该管市县政府得依前项所定标准强制减定之",依此项法条办理,如房屋所有人不服减定处分,市县政府可否依行政执行法第四条之规定处以罚锾?事关法令疑义,理合电请钧院迅予释示为祷。湖南省政府主席王东原叩酉养印

**院解字第三七〇〇号**

**三十六年十二月十一日**

**令广西高等法院院长申守真**

据广西柳州地方法院申江代电,以盗取骸骨勒赎应依何法处断疑义,电请核示祗遵等情前来。业经本院统一解释法令会议议决,《惩治盗匪条例》第四条第一项第一款所谓尸体,应解为包含骸骨在内,如意图勒赎而盗取骸骨,即构成该条款之罪。合行令仰转饬知照。此令

**附原代电**

司法院院长居钧鉴,查《惩治盗匪条例》第四条第一项第一款意图勒赎盗取尸体,其盗取者以尸体为要件,如系盗取骸骨者,当不成立本罪。惟盗取骸骨勒赎者,事所恒有,应依何条处断,理合电请核示祗遵,署广西柳州地方法院院长张光翩呈申江印

**院解字第三七〇一号**

**三十六年十二月十一日**

**令甘肃高等法院**

三十六年十月二十日呈一件,为据皋兰地方法院呈请解释典权人取得房屋所有权时地基是否包括在内疑义,呈请鉴核示遵由。

呈悉,业经本院统一解释法令会议议决,房屋与地基同属一人所有者,其所有人设定典权之书面虽仅载明出典房屋若干间并无地基字样,但使用房屋必须使用该房屋之地基,除有特别情事可解释当事人之真意仅以房屋为典权目标外,自应解为地基亦在出典之列。典权人依《民法》第九百二十三条第二项规定取得典物所有权时,当然包括地基在内。仰即转饬知照。此令

**附原呈**

案据皋兰地方法院呈,为出典人与典权人订立典约时,仅书明出典房屋若干间,并未提及该房地基,亦无基地除外之反对约定,嗣后典权人因回赎期间经过取得典物所有权时,是

否应包括该房地基在内,请予解释等情到院。事关适用法律疑义,本院未敢擅专,理合具文呈请钧院鉴核示遵。

**院解字第三七〇二号**

**三十六年十二月十一日**

贵州高等法院邓首席检察官览,辰谏代电悉。贵阳地方法院首席检察官呈请解释一案,业经本院统一解释法令会议议决,起运鸦片中途被获,应依《禁烟禁毒治罪条例》第五条第一项运输鸦片罪处断。合电转饬知照。司法院亥真印

**附原代电**

南京司法院院长居钧鉴,案据贵阳地方法院首席检察官万世英呈称,兹有某甲携带鸦片十九斤七两,由贵阳乘汽车前往重庆,行至三桥途中被获,关于适用法律有二说。(甲)说某甲携带鸦片十九斤七两,由贵阳乘汽车前往重庆,行至三桥途中被获,显系于起运后中途被获,依司法院二十九年三月三十日院字第一九九一号解释,运输鸦片罪以知系违禁鸦片而为运输为成立要件,而既遂未遂之区别,应以已否起运为准,不以达到目的地为既遂条件,则某甲应构成《禁烟禁毒治罪条例》第五条第一项运输鸦片之罪。(乙)说某甲前往重庆,携带鸦片,显系意图贩卖而持有,要为触犯《禁烟禁毒治罪条例》第五条第二项意图贩卖而持有鸦片之罪。二说各执一词,不无疑义。案关法律解释,理合备文呈请鉴核示遵等情。据此,理合电请迅赐核示祇遵。贵州高等法院首席检察官邓济安辰谏叩

**院解字第三七〇三号**

**三十六年十二月十一日**

国民大会代表立法院立法委员天津市选举事务所西养代电悉。所请解释一案,兹经本院统一解释法令会议议决,候选人于投票时以车辆接送选举人或为备餐而约其为投票权一定之行使者,自属违法。电复查照。司法院亥真印

**附原代电**

南京司法院钧鉴,查候选人于投票时以车辆接送选民或为备餐是否违法,敬祈解释赐覆为祷。国大代表立法委员天津市选举事务所西养印

**院解字第三七〇四号**

**三十六年十二月十一日**

案准贵部本年八月二十九日人三字第一七四四三号公函,以《公务员进修及考察选送条例》第三条适用疑义,函请解释等由。准此,兹经本院统一解释法令会议议决,公务员在同一机关继续任职五年以上者,如在任职期内有三次考绩总分数均在八十分以上,不问各该次考绩之年份如何,均与《公务员进修及考察选送条例》第三条所谓继续任职满五年、三

次考绩总分数均在八十分以上相当。相应函复查照。此致财政部

**附原公函**

查国民政府三十二年六月十日公布之《公务员进修及考察选送条例》第三条“现任简任荐任或高级委任职公务员,在同机关继续任职满五年,最后三次考绩总分数均在八十分以上,兼合于下列各款规定者,得选送进修或考察”,已于三十五年五月二十五日由国民政府修正公布为“现任简任荐任或高级委任职公务员,在同一机关继续任职满五年,三次考绩总分数均在八十分以上,兼合于下列各款规定者,选送进修或考察”,在修正条文“三次考绩总分数”等七字之上,虽将“最后”两字删除,并未加入“其中”两字,致适用不无疑义。兹有某一公务员在同一机关继续任职六年或七年,在此六年或七年期间,如有三年考绩总分数在八十分以上,并合于该条例第三条下列各款之规定,是否可以选送进修或考察,抑或必须以最后五年有三次考绩总分在八十分以上方为合格,敬请查照赐予解释为荷。

**院解字第三七〇五号**

**三十六年十二月十一日**

案准贵院本年六月十一日从宿字第二二四四九号咨,以据湖北省政府代电请释示,未任伪职因其他汉奸嫌疑在追诉期间者,是否受《惩治汉奸条例》第十五条之限制疑义,咨请解释见复等由。准此,兹经本院统一解释法令会议议决,曾在伪组织或其所属团体担任职务,自应受《惩治汉奸条例》第十五条之限制。相应咨复查照饬知。此咨行政院

**附原咨**

据湖北省政府本年五月二十六日省民特字第二一八一号代电称,查曾任伪职人员,经法院宣判无罪或予以不起诉处分,依《惩治汉奸条例》第十五条之规定,仍于一定年限内不得为公职候选人及公务员。惟因其他汉奸嫌疑(并未任伪职如经济汉奸文化汉奸之类)在追诉期间者,是否亦受前项规定之限制,案关法律疑义,未敢擅断,请核释示遵等情到院。案关法律适用疑义,相应咨请查照解释见复为荷。

**院解字第三七〇六号**

**三十六年十二月十一日**

案准贵院本年七月二十八(三十六)四内字第二九七零二号咨,以据河南省政府代电请解释汉奸在灾期所买土地其财产被政府查封是否准原出卖人回赎疑义,抄同原代电,咨请解释见复等由。准此,兹经本院统一解释法令会议议决,依《河南省被灾时期地权移转处理办法》之规定,原出卖人得买回其出卖之土地者,买受人虽因汉奸嫌疑而受家产之查封,原出卖人仍得向查封机关买回,若于买回期限内未向查封机关买回,纵其后之判决不予没收,亦不得再行买回。相应咨复查照饬知。此咨行政院

附原咨

据河南省政府代电，为汉奸在灾期所买土地，其财产被政府查封，是否准原出卖人回赎疑义两点，请赐解释一案到院。案关法令疑义，相应抄同原电，咨请贵院解释见复为荷。

附抄原代电

南京行政院院长张钧鉴，案据西平县居民王献廷呈，以灾期所卖土地，买受人刘鸣梧，因犯汉奸罪名，家产被政府查封，恳请由政府主持，准民回赎等情。据此，卷查本府前奉钧院三十六年五月八日从捌字第一七四五零号训令，以据本省西平县民王直亭等呈请回赎灾期出卖土地一案解释略开，“没收汉奸财产乃国家刑罚权之行使，其没收之财产应归国库所有，系一种原始取得，自无准许出卖人再向国家机关赎回其土地之理由”等因在案。查该王献廷所呈情形，与王直亭情形相同，似不应准其买回，惟尚有疑义二点，恳请赐予解释，以便饬县遵照，(一)依照原令，“没收”字义似指经法院判决确定者而言，惟买受人因犯汉奸嫌疑，其家产经政府查封，尚未判决期间，是否准出卖人买回？(二)判决后不予没收之土地，原出卖人自可依法买回，若判决日期已逾法定买回期限，应买回者是否以曾在法定买回期限内声请买回者为限？以上疑义二点，理合电请核示。河南省政府主席刘茂恩叩巳塞汴地三

院解字第三七〇七号

三十六年十二月十二日

国防部鉴，巳马吕甚代电悉。所请解释一案，兹经本院统一解释法令会议议决，台籍战犯应否褫夺公权，应依院解字第三二二二号解释办理，但前经核准之确定判决，仍保持其效力。特电复请查照。司法院亥文印

附原代电

司法院赐鉴，查《刑法》褫夺公权之规定，不适用于战争罪犯，业经大院三十五年九月十六日院解字第三二二二号解释有案。惟台湾人民自日本投降后已回复我国国籍，其判处罪刑之台籍战犯，在执行期满后，如与其他台人同一享有我国公权，似应予以褫夺。本部在未奉上开解释以前，关于各审判战犯军事法庭对台籍战犯之褫夺公权部份判决，曾依战争罪犯审判办法修正草案第十五条“《刑法》第三十七条关于褫夺公权之规定，对于台湾籍以外之战争罪犯不适用之”，予以核准有案，但现行之《战争罪犯审判条例》已将该条删去，则前经核准之褫夺公权部份，是否应予撤销，抑因台籍战犯与其他国籍战犯不同，仍应予以褫夺，不无疑义，案关法令解释，谨电请察核迅赐核复为祷。国防部巳马吕甚印

院解字第三七〇八号

三十六年十二月十二日

国防部白部长勋鉴，申有吕甚代电诵悉。所请解释一案，兹经本院统一解释法令会议

议决,台湾人民于中华民国三十四年八月十五日后九月二日前阴谋独立,其时台地虽未即归属中国,台民亦未即返为中国人民,但此种阻挠国土恢复之敌对行为,既显与《战争罪犯审判条例》第二条第四款之情形符合,不得不依该条例该条款,适用《刑法》第一百条第二项处断。特电复请查照。司法院亥文印

**附原代电**

司法院居院长觉生先生赐鉴,查关于台湾人民于三十四年八月十五日以后,同年九月二日以前有阴谋台湾独立之行为,应成立《刑法》第一百条第二项之罪,并认为战犯,由审判战犯军事法庭管辖,业经大院辰先院解字第三四六四号代电解释有案。按阴谋台湾独立之犯罪内容及性质论,行为人所应构成之具体罪名当为"阴谋窃据国土",惟一般论者对于台湾土地在三十四年八月十五日以后九月二日以前,是否即可认为中华民国国土一点,不无疑义,并有如下不同之解说。(一)依国际公法上一般公认之原则,国家领土之得失须以媾和条约为准,据当时台湾之割让与日,乃依据中日马关条约,故在国际间久已公认为日本领土,此次波茨坦宣言中虽有台湾应返还中国之规定。但日本之接受该项宣言,是为一种诺言。换言之,仅系媾和条约之预约,与媾和条约之缔结显然有别,在媾和条约未缔定以前,中国之于台湾,事实上为占领性质,法律上之土地主权变更手续既尚未完成,故在国际公法上犹不能认为中国领土。(二)台湾原为中国领土,因战败而被迫割让者,此次返还中国,其性质与割让有异,前说自嫌未尽合理。惟其返还既系根据波茨坦宣言而来,则其开始重入中国版图之日期,应以波茨坦宣言为日本正式接受之日为准。质言之,即应以三十四年九月二日日本向盟国正式签订降约之日为准,同年八月十五日日皇广播答复盟国愿意接受波茨坦宣言,仅系口头上之意思表示,依国际惯例,并无若何拘束力可言。设使事后全部或一部推翻其诺言,在法律上亦不负任何责任,自该日起,即视波茨坦宣言为已发生效力,而认台湾为中国领土,似嫌欠缺法律依据,且所谓"三十四年八月十五日以后",依《刑法》第十条第一项注意应连本数在内,当时日本发表广播时间为十五日正午,是将发生效力之时间,连其未广播前之半日亦计算在内,亦觉有欠允洽。(三)台湾之返还中国,既系失土光复性质,则应以事实上由中国政府接收之日,为重归中国版图之日,行政院公布之"在外台侨国籍处理办法"规定台侨恢复中华民国国籍日期,暨台湾省行政长官公署之布令指明台湾归入中国版图日期,均以三十四年十月二十五日为准,即系依此理论者。(四)如依大院解释,以三十四年八月十五日为台湾土地回复中国领土起始之日,则台湾人民之国籍亦应于同时起恢复中国国籍,否则先土地而后人民,在理论上是否可通,姑不具论,事实上恐未足以安抚台湾人民内向之心。但若确认彼时起同时恢复,则本案事实成为中国人阴谋窃据中国之上,应为普通刑事案件,由该管高等法院管辖,而不能复以战争罪犯论,如此则大院第三四六四号解释本身前后不无矛盾,以上各说,均具有相当之理由。究以何者为是,案关法理疑义,谨电请大院察照迅赐解释示复,俾资遵循为祷。国防部部长白崇禧申有吕甚印

院解字第三七〇九号

三十六年十二月十二日

令陕西高等法院院长郗朝俊

据陕西高等法院第四分院午支代电，以某商行经理某甲与某乡镇公所订立合同承运食粮，某甲于取足运费后竟不为运送，应依何法论处疑义，电请解释示知等情。据此，业经本院统一解释法令会议议决，来电所称某商行经理某甲与某乡镇公所订约承运食粮前往某指定地点，经某乡镇公所依约缴足运费后，某甲竟违约不为运送，除某甲在其订约之始即具有诈取运费之故意，应成立《刑法》上之诈欺罪外，只应负《民法》上契约不履行之责任，不能依《惩治贪污条例》第三条第五款论处。合行令仰转饬知照。此令

附原代电

南京司法院院长居钧鉴，窃查《惩治贪污条例》第一条规定，受公务机关委托承办之人，犯本条例之罪者，依本条例处断，兹举一例。某商行经理某甲与某乡镇公所订立合同，承运食粮前往某指定地区，经某乡镇公所依照合同交足运费以后，该某甲竟未为之运送，该某甲是否合于上开规定之身份，此种情形，是否构成同条例第三条第五款之罪，抑仅应负民事上契约不履行之责任？再如该某甲在订立合同之始即有诈取运费之故意，是否成立《刑法》上之诈欺罪，不无疑义，本院现有此类案件，而见解尚不一致，理合电请钧院俯予解释，迅赐示知。署陕西高等法院第四分院院长余锡霖午支叩

院解字第三七一〇号

三十六年十二月十三日

令浙江高等法院院长孙鸿霖

三十六年九月八日呈一件，为据浙江乐清地方法院呈请核示农会职员收取会费从中舞弊应否构成贪污罪一案，请赐释示，以便饬遵由。

呈悉，业经本院统一解释法令会议议决，《农会法》第四条所定农会，应指导农民协助政府进行之事项，均系有关社会之公益，其职员自系办理社会公益事务之人，如征收会费从中舞弊，依《惩治贪污条例》第一条第二项规定，即应依该条例相当条款处断。仰即转饬知照。此令

附原呈

案据浙江乐清地方法院呈称，查各级农会小组组长收取农会会员常年经费及入会费等，浮收稻谷，从中舞弊，应否构成贪污罪，兹有甲乙两说。甲说，农会职员虽非公务员，但依《农会法》（三十二年六月十四日国民政府公布）第一条规定，农会以发展农民经济、增进农民智识、改善农民生活，而图农业之发达，并协助政府关于国防及生产等政令之实施为宗旨，而其小组长浮收稻谷，系假名为农民直接谋福利，即为办理社会公益之事务。如有从中

舞弊,自应依《惩治贪污条例》第一条第二项院字第二五二三号解释,以贪污论罪。乙说,谓农会职员既非公务员,经收该会各项经费,亦非办理社会公益之事务,纵有舞弊情事,应依普通《刑法》拟议,不能论以贪污罪。二说未知孰是,事关法律解释,理合备文呈请,仰祈钧长鉴核,迅赐指令,俾资遵循,实为公便等情。据此,事关法律疑义,理合备文呈请,仰祈钧院俯赐释示,以便饬遵。

**院解字第三七一一号**

**三十六年十二月十三日**

**令江苏高等法院**

三十六年四月五日呈一件,为据嘉定地方法院呈请解释某甲因其妻某乙行为不检将乙私行拘禁并强行剪去其头发应成立何种罪刑疑义,转请解释示遵由。

呈悉,业经本院统一解释法令会议议决,某甲因其妻某乙行为不检,将其私行拘禁,应成立《刑法》第三百零二条第一项之罪,至强行剪去头发,仅系违反违警罚法第七十六条第一款之规定,尚不构成《刑法》上之犯罪。仰即转饬知照。此令

**附原呈**

案据嘉定地方法院院长蒋善初呈称,兹有某甲因其妻某乙行为不检,即将乙私行拘禁,除用铁链锁住乙之二足,应成立《刑法》第三零二条第一项之罪行外,并强将某乙头发全部剪去,此部份之行为,其疑义有二端。(甲说)毛发为身体之一部,在未以自己之意思使之脱离本身前,第三者用强暴之手段剪除者,似应成立《刑法》二七七条伤害人身体罪,尤以头发为保护人之头脑而生,应包括健康在内。(乙说)蓄发乃本于吾人行使权利之一种,前开行为应成立《刑法》第三零四条以强暴妨害人行使权利之罪。二说之中究以何者为是,事关法律疑义,理合备文呈请鉴核转请解释,俾资遵循等情。据此,查事关法律疑义,理合备文转请鉴赐解释示遵。

**院解字第三七一二号**

**三十六年十二月十三日**

案准贵院本年十月二十一日(三十六)六经字第四三〇〇四号咨,以据江西省政府呈转请核示驻县省银行可否免予加入各县商会为非公会会员一案,抄件咨请统一解释等由。准此,兹经本院统一解释法令会议议决,驻县省银行,无同业公会者,依商会法第九条第一项第二款之规定,得加入该县商会为非公会会员,除法律别有规定外,并非必须加入。相应咨复查照饬知。此咨行政院

**附原咨**

据江西省政府呈,为转据江西省银行呈请通令各县商会对于驻县省行均免加入为会员,请核示一案,转请核示等情。查原请一节,应否准行,事关法令解释,相应抄件咨请统一

解释为荷。

**附钞原呈**

案据江西省银行三十六年八月一日省业字第五九二九号呈略称,"准江西全省商会联合会本年七月十五日赣字第二二七号公函,以据玉山县商会函,为本年四月二十七日上饶民锋日报载有中央社南京二十六日电,关于中中交农四行及省银行在各地设立之营业机构,应否参加各该地之商会或同业公会一案,已由社会部解释,除中央银行系属国家经营性质外,其余各行及分设之营业机构,均应组织或加入该业同业公会或商会,请转国省银行迅饬玉山办事处加入本会为会员等情,嘱查照办理见复等由。查修正商会法第九条第一项第二款规定,无同业公会之工业商业输出业各公司行号,均得加入该区域之商会,称非公会会员,又商业同业公会法第二条规定,凡重要商业之公司行号,在同一区域内有三家以上时,应依本法组织商业同业公会。本行自改组为江西省银行后,所有资本纯为官股,自非中国交通农民等尚有商股者可比,所有业务均受政府监督,年终盈余均须报解省库,更与普通工商业及输出业之公司行号不同。况本行主要业务厥为代理国省县库,明虽为事业机关,实为政府财政金融之重要一环。且本行所驻各县所在地,多数无三家以上之同业,即欲组织同业公会,亦不可能。揆诸法理及事实,本行所属各行处,自不必加入各当地商曾为非公会会员,请准通令各县商会,对于驻县省行,均免加入为非公会会员,并乞示遵等情。据此,查该行所称各节,确属实情,经发交江西省社会处签注"查修正商会法第九条第二款规定'无同业公会之工业商业输出业各公司行号,均得加入该区域之商会,称非公会会员',商业同业公会法第二条规定,凡重要商业之公司行号,在同一区域内有三家以上时,应依本法组织商业同业公会",及三十一年三月二十日社会部组三字第二三三三一号咨,复四川省政府文内所叙"查银行业并非国家之专营事业,依法如当地同业不满三家,应以公司行号资格,加入当地商会为会员,历经前中央社会部及本部解释在案。四川省银行乃普通公营事业,其在威远之办事处,如系设铺营业,自应依法办理"。又三十二年五月十一日社会部组三字第四五八五三号代电,复福建省社会处文内所叙"查银行(中央银行除外)视同公司行号,须组织并加入银行商业同业公会,业经释示有案,如不足法定组织公会之家数,应依照商会法第九条第二款之规定,加入当地商会为非公会会员"。依照上开法令规定,江西省银行及驻县省行处,并无免入县商会为会员之根据等语。"查社会处所签,其要旨系述明公司行号在同一区域内如同业不足三家以上未能依法组织同业公会者,各该公司行号应加入商会为非公会会员。就法理言之,尚无不合。惟商会法第九条第二款既非硬性规定,而本省复未奉中央明令饬知,凡无同业公会之公司行号,概应加入商会为非公会会员,该省银行所请通令各县商会对于驻县机构免予加入商会为非公会会员一节,是否可行,事关法令解释,理合备文呈请鉴核示遵。

**院解字第三七一三号**

**三十六年十二月十三日**

案准贵院本年五月十七日从宿字第一八七零六号咨,以据安徽省政府电,请核示县市公有款产管理委员会兼主任委员及副主任委员,如有违反失职情事,可否依公务员惩戒法议处疑义,咨请解释见复等由。准此,兹经本院统一解释法令会议议决,《县市公有款产管理委员会组织规程》第二条第四款,既规定该主任委员系由当然委员之县市长兼任,如有违法失职情事,依公务员服务法第二十二条,自得依公务员惩戒法议处,其副主任委员由有俸给之公务员兼任者,亦同。相应咨复查照饬知。此咨行政院

**附原咨**

据安徽省政府本年辰佳电称,查县市公有款产管理委员会经管县市公有款产,责任綦重,如经查有违令失职之事实,该兼主任委员及副主任委员既非受有俸级之公务员,可否依公务员惩戒法议处,抑如何处理之处,谨电请示遵等情。据此,案关适用法律疑义,相应咨请查照解释见复,以便饬遵为荷。

**院解字第三七一四号**

**三十六年十二月十三日**

案准贵院本年十月二十一日(三十六)七法字第四三〇九〇号咨,以据司法行政部呈转请解释国民大会代表及立法院立法委员选举诉讼疑义,咨请解释见复等由。准此,兹经本院统一解释法令会议议决,(一)《国民大会代表选举罢免法》第三十八条之诉讼及《立法院立法委员选举罢免法》第三十七条之诉讼,应以各该法第十八条第二项、第十九条、第二十一条第二项、第二十二条所定秉主席之委员或第二十条第二项所定之选举监督为被告,如以选举人候选人有威胁利诱或其他舞弊情事为理由者,得并以各该选举人候选人为共同被告,原告之诉有理由时,应于判决主文内宣告选举无效。(二)选举人或候选人确认当选人资格不符或所得票数不实提起诉讼时,应以当选人为被告,如认其诉为有理由,应于判决主文内宣告当选无效。(三)候选人确认其本人所得票数被计算错误提起诉讼时,应以上开办理选举人员及因计算错误而当选之当选人为共同被告,如认其诉为有理由,应于判决主文内宣告当选无效。相应咨复查照饬知。此咨行政院

**附原咨**

据司法行政部本年十月十三日京(36)呈叁字第二〇三八号呈称,据首都高等法院本年十月三日呈民正字第六九九号代电称,查《国民大会代表选举罢免法》《立法院立法委员选举罢免法》规定选举诉讼均甚简单,兹有疑义数点列下。(一)选举人或候选人确认办理选举人员或其他选举人候选人有威胁利诱或其他舞弊情事提起诉讼时,应以何人为被告当事人,始为适格,如认原告之诉有理由时,是否于判决主文内宣示选举无效?(二)选举人或候

选人确认当选人资格不符或所得票数不实提起诉讼时，是否仅以当选人为被告，如认其诉有理由时，是否于判决主文内宣示当选无效？（三）候选人确认其本人所得票数被计算错误提起诉讼时，应以何人为被告，始为适格，如认其诉有理由时，应于判决主文内为如何之宣示，上列各项，均无明文规定，理合电请钧长察核准予转函司法院解释，以资遵循等情到部。事关法律适用疑义，理合呈请钧院鉴核转送司法院解释，俾便饬遵等情。案关适用法律疑义，相应咨请查照解释见复，以便饬遵为荷。

**院解字第三七一五号**

**三十六年十二月十三日**

广西高等法院申院长览，未艳代电悉。全县司法处呈请解释一案，业经本院统一解释法令会议议决，火车头及车身之零件铁板，应属《战时交通器材防护条例》第一条第二款所称之物品，如有毁坏或盗取之者，应依该条例处罚，至该条例第一条一、二两款以外未经运存厂库之交通器材，既与该条第三款规定不合，即难遽以该条例处罚。合电转饬知照。司法院亥覃印

**附原代电**

南京司法院院长居钧鉴，据全县司法处本年八月九日法文字第一〇一八号呈称，案准本处审判官李逸函开，敬启者，查《战时交通器材防护条例》所称交通器材，乃限于该条例第一条一、二、三款所列各物品。倘有人毁坏或盗取不属于该条例第一条所指定之交通器材（如火车头及车身之零件铁板或未经运存厂库之交通器材），应否仍依《战时交通器材防护条例》办理，不无疑义，敬恳转请解释，以资遵办等由。准此，查事关法律适用疑义，理合转呈钧院核示祇遵等情。据此，案关适用法律疑义，职院未敢擅拟，理合电请察核俯予解释，迅电示遵。广西高等法院院长申守真未艳刑天印

**院解字第三七一六号**

**三十六年十二月十三日**

台湾高等法院杨院长览，卯江代电悉。台湾高雄地方法院呈请核示一案，业经本院统一解释法令会议议决，日台籍之公务员或人民在台湾光复前之犯罪，于光复后发觉，应依现行法律处断。合电转饬知照。司法院亥覃印

**附原代电**

司法院院长居钧鉴，案据台湾高雄地方法院呈，以查台湾之日籍司法官日台籍司法警察官在民国三十一年以酷刑逼供违法判决及刑讯或凌虐人犯致死，以及台湾人民在当时之审判职务公署为伪证及诬告者，于台湾省光复后，经被害人告发，是否分别构成我《刑法》之渎职伪证及诬告罪，呈请核示前来。按《刑法》上之公务员系指本国公务员而言，日台籍司法官或有追诉权等特定职务之官员，于光复前有酷刑逼供违法判决及刑讯或凌虐人犯致死

之行为者,似仅应分别情节成立伤害等罪,不足构成我《刑法》上之渎职罪。惟人民当时如有向日本之有审判职务公署,或该管日本时代之官员为伪证或诬告时,是否应构成我《刑法》之伪证诬告罪,尚滋疑义,该院请示各点,究应如何解决,理合电请迅赐解释。台湾高等法院院长杨鹏卯江印刑一

**院解字第三七一七号**

**三十六年十二月十五日**

湖北高等法院朱院长览,巳铣代电悉。所请解释一案,业经本院统一解释法令会议议决,中国国民党中央宣传部新闻通讯社分社主任及其所雇用之摄影记者,均非《刑法》上所称之公务员。合电知照。司法院亥咸印

**附原代电**

湖北高等法院请解释,中国国民党中央宣传部新闻通讯社分社主任及雇用之摄影记者,是否《刑法》上之公务员疑义。

**院解字第三七一八号**

**三十六年十二月十五日**

广西高等法院陈首席检察官览,卯皓代电悉。所请解释一案,业经本院统一解释法令会议议决,法医师不得谓非《刑事诉讼法》第一百八十五条第二款经公署委任有鉴定职务之鉴定人,仍应依同法第一百八十九条于鉴定前具结。合电知照。司法院亥咸印

**附原代电**

南京司法院院长居钧鉴,按法院之法医师就诉讼案件鉴定之事项应否具结,兹有甲乙二说。甲说,依《刑事诉讼法》第一百八十九条规定,鉴定人应于鉴定前具结,法院之法医师就诉讼案件所为之鉴定,亦与其他选任鉴定人无异,自应具结。乙说,《刑事诉讼法》第一百八十九条所定鉴定人应于鉴定前具结,系指同法第一百八十五条审判长受命推事或检察官选任之鉴定人而言。法院之法医师与检验员,均为法院内编制之人员,法院组织法第五十一条经有规定,对于案件事务之鉴定,系其职务内之事务,自与《刑事诉讼法》第一百八十五条所定之鉴定人不同。对于鉴定事项,无须具结,观于各法院设置之检验员对于检验尸伤亦系鉴定之一种,而于伤单及验断书向不具结,尤足证明。以上二说,未知孰是,事关适用法律疑义,理合电请察核解释示遵。广西高等法院首席检察官陈锡瑚卯皓检验印

**院解字第三七一九号**

**三十六年十二月十六日**

案准贵院本年十一月五日(三十六)七法字第四五六二七号咨,以据内政部呈请核示沦陷区之伪保甲长或坊里长并无凭借敌伪势力不利于人民之行为是否仍有《惩治汉奸条例》

十五条适用疑义,咨请解释见复等由。准此,兹经本院统一解释法令会议议决,沦陷区之伪保甲长或坊里长,虽无凭借敌伪势力为不利于人民之行为,仍有《惩治汉奸条例》第十五条之适用(参照院解字第三五六五号解释)。相应咨复查照饬知。此咨行政院

**附原咨**

据内政部本年十月二十九日民字第一一三八五号呈称,查本部前据北平市参议员选举事务所电,请核示在敌伪时期曾任该市之坊里长,可否准其参加参议员竞选一案,经呈奉钧院三十六年十月二日(三十六)七法字第三九八七九号指令,略以本案前经咨准司法院本年五月五日院解字第三四六七号咨复开,“沦陷区伪保甲长强迫人民出卖土地之行为,即系凭借敌伪势力不利于人民之行为,其未依《惩治汉奸条例》判罪者,仍有同条例第十五条之适用”等由,饬即知照等因。惟查司法院上项解释,仅指沦陷区伪保甲长有凭借敌伪势力不利于人民之行为未依照《惩治汉奸条例》制罪者而言,如沦陷区之伪保甲长或坊里长并无凭借敌伪势力不利于人民之行为,其未依《惩治汉奸条例》判罪者,是否仍行适用同条例第十五条,不无疑义,理合再行呈请核示祇遵等情。据此,查关于伪保甲长之行为疑义,前经咨准贵院三十六年五月五日院解字第三四六七号咨复在案,据呈前情,事关适用法律疑义,相应咨请查照迅予解释见复,以便饬知为荷。

**院解字第三七二〇号**

**三十六年十二月十六日**

财政部鉴,本年七月十九日叁字第三〇三二一号代电悉。所请解释一案,兹经本院统一解释法令会议议决,公务员曾因赃私处罚有案者,虽经大赦赦免,仍应受《公务员任用法》第六条第三款之限制。特电复请查照。司法院亥谏印

**附原代电**

司法院钧鉴,查依《公务员任用法》第六条第三款之规定,曾因赃私处罚有案者,不得任用为公务员,设有在大赦前判处罪刑,经大赦赦免者,是否尚受上项《公务员任用法》之限制,发生甲乙两说。甲说,谓该法立法精神在摒绝曾犯赃私案者于公务员范围以外,使永远不得再任为公务员,既经判处罪刑,即系赃私有案,大赦不过赦免其罪刑而已,究属操守不良,自仍应受《公务员任用法》第六条第三款之限制。乙说,谓原判处之罪刑已因赦免而消灭,即与未犯罪同,不再受《公务员任用法》第六条第三款之限制。究以何说为是,事关法律疑义,谨请解释示復为祷。财政部参印

**此处删去一条。**

院解字第三七二二号

三十六年十二月十六日

山东高等法院胡院长览,巳巧代电悉。所请解释一案,业经本院统一解释法令会议议决,(一)罪证确实未经通缉起诉而死亡之汉奸,依修正后之《惩治汉奸条例》第八条第二项,既定为得单独宣告没收其财产之全部,不因开始继承而妨害没收。(二)在《惩治汉奸条例》第八条第二项修正前死亡之汉奸,亦得单独宣告没收,故无《刑法》第二条第一项但书之适用。(三)已见院解字第三四三零号解释。合电知照。司法院亥谏印

附原代电

南京司法院院长居钧鉴,查《惩治汉奸条例》第八条第二项,业于本年四月二十九日经国民政府修正为前项罪犯未获案前,经国民政府通缉而罪证确实者,得单独宣告没收其财产之全部,其未获案或于裁判前死亡而罪证确实者亦同。又奉钧院三十六年五月三十日院解字第三四八三号解释,犯汉奸罪罪证确实未经通缉起诉而死亡者,依修正《惩治汉奸条例》第八条第二项,得单独宣告没收云云,兹于适用上发生疑义数点。(一)查继承因被继承人死亡而开始,此为《民法》第一千一百四十七条所明定,犯汉奸罪罪证确实,在未获案前死亡,亦未经国民政府通缉,该汉奸之财产已因其死亡而继承开始者,能否将其已开始继承之财产仍行单独宣告没收?(二)查法律不溯及既往,前项修正公布之《惩治汉奸条例》第八条第二项条文之效力,能否溯及修正前已经死亡之汉奸罪犯?(三)查《民法》第一千零三十一条第一项规定,夫妻之财产及所得,除特有财产外,合并为共同财产,属于夫妻公同共有云云。惟查以往社会习惯,夫妻公同共有财产,向以其夫名义购置管理,此项财产能否因其夫犯汉奸罪而视同其夫之特有财产,予以全部查封,谨电请鉴核解释示遵。山东高等法院院长胡绩叩巳巧济刑印

院解字第三七二三号

三十六年十二月十六日

甘肃高等法院览,本年八月微代电悉。武威地方法院代电所请核示一案,业经本院统一解释法令会议议决,所得税法第三十七条之罚锾,仍应移送法院以裁定行之,已见本院院解字第三五七五号解释,依该条处罚时,亦有罚金罚锾提高标准条例第三条第一项前段之适用。合电转饬知照。司法院亥谏印

附原代电

南京司法院院长居钧鉴,据武威地方法院院长袁鸿升午冬代电略称,查所得税法第三十七条规定,主管征收机关得科以二万五千元以下之罚锾,而同法第四十条第一项又概括规定,本法之罚锾由法院以裁定行之。上项概括规定,是否将第三十七条一并包括在内?如果包括在内,由法院科罚,而所定二万五千元以下之罚锾,于处罚时,又可否援用《罚金罚

镘提高标准条例》第三条第一项上段,提高其倍数?理合电请鉴核示遵等情。据此,案关解释法律疑义,理合电请核示,以便转饬遵照。代理甘肃高等法院院长职务陈溉勤叩微印

**院解字第三七二四号**

**三十六年十二月十六日**

湖南高等法院余院长览,未冬代电悉,所请解释一案,业经本院统一解释法令会议议决,因违反货物税条例,对于抗告法院之裁定再行抗告者,无论该裁定是否违法,依同条例第十四条第二项规定,均应予以驳回。合电知照。司法院亥谏印

**附原代电**

南京司法院院长居钧鉴,兹有某甲因违反货物税条例,经县司法处裁定处罚,向二审法院提起抗告,经查逾越五日法定期间,裁定驳回抗告后,抗告人状提再抗告,并陈明曾于抗告期内在原县司法处具有抗告书状,附缴缮状费收条作证,随调核原审缮状簿记载属实,惟据来函声明,原状遗失,致漏未附卷云云。查是项案件不得再抗告,法有明文规定。惟二审裁定系就期间外之抗告状予以驳回,现既发现期间内另提有抗告状,究应如何处置?甲说,谓应按期间内之抗告为实体上之裁定,不受前此程序裁定之拘束。乙说,谓期间内抗告状业已遗失,其理由无从审查,未便徒凭缮状费收条簿册记载为抗告合法之论据,仍应就其再抗告之不适法予以驳回,并于裁定内将上述理由加以释明。两说未知孰是,事关法律疑义,理合电恳鉴核赐予解释,祇遵。湖南高等法院院长余觉叩未冬印

**院解字第三七二五号**

**三十六年十二月十六日**

**令代理湖南高等法院院长余觉**

三十六年三月八日呈一件,为据本院第三分院呈请解释《特种刑事案件诉讼条例》第十九条适用疑义,转请解释祇遵由。

呈悉,业经本院统一解释法令会议议决,来文所述情形,除应饬知原县司法处补行送达外,余参照本院院字第二八六四号及院解字第二九七二号解释办理。仰即转饬知照。此令

**附原呈**

案据本院第三分院院长罗任呈称,查《特种刑事案件诉讼条例》第十九条之规定,在适用上不无疑义,谨假设问题于后,某甲犯罪,应依《特种刑事案件诉讼条例》办理,兼理检察职务之县长误认为系犯普通《刑法》上之罪,提起公诉。某县司法处亦误依普通刑事诉讼程序判决,对于兼理检察职务之县长,不但漏未送达判决正本,且认该案已经确定,依《县司法处刑事案件覆判暂行条例》,送请覆判。二审检察官接得是项卷宗,以其他理由认原审法律见解有误,依《县司法处办理诉讼补充条例》第十八条之规定,提起上诉。依照院字第二八五七号解释,第二审法院自应以其上诉作为声请覆判,按覆判程序办理,因是有下列二说。

甲说,县司法处既未以判决正本送达第一审检察官,依检察一体之原则,二审检察官自属有权声请覆判,纵此项声请与《特种刑事案件诉讼条例》第十九条前段之规定相合,但覆判法院不得依同条为声请驳回之判决,仅能适用同条但书之规定,送交二审检察官发还原审补送判决。如径行驳回,则其判决为违背法令。乙说,上级法院检察官并非《特种刑事案件诉讼条例》第十条所载之有声请覆判权之人,原审虽未以判决正本送达于第一审检察官,应否补正,当系另一裁判(理由详后),此种情形,自属不能补正,当无《特种刑事案件诉讼条例》第十九条但书之适用,自应为声请驳回之判决。若依甲说,不但与《特种刑事案件诉讼条例》第十条之规定相反,即令发回原县司法处补送判决,原审检察官是否声请覆判,已未可预卜。纵依法声请覆判,法院亦不过就后之声请加以裁判而已,对于前之声请,究无法处置,更不能以一有后之声请,而认前之声请为合法或置而不论等语。以上二说,究以何者为是,事关法律疑义,本分院未敢擅专,理合呈请钧院察核,准予转请解释,俾有遵循等情到院。查第二审法院检察官对于县司法处判决之普通刑事案件,依《县司法处办理诉讼补充条例》第十八条第三项和第四项、第十九条,本得提起上诉,原呈所叙检察官于经办普通覆判中认原判不当,声明上诉,如在接收卷宗十日期间以内,其上诉自属合法,若一审判决未曾送达于兼行检察职务之县长,尽可饬知原县司法处补行送达,要于检察官之上诉不生影响。至二审法院之就提起上诉事件改为特种刑事中之声请覆判,系指审理结果其适用特种刑事程序别无抵触者而言。《特种刑事案件诉讼条例》第十条所谓依《刑事诉讼法》有上诉权之人,似不包括《县司法处办理诉讼补充条例》第十八条第三、四项和第十九条所示之二审法院检察官在内,因之二审法院检察官对于县司法处经办之特种刑事案件,应无声请覆判之权。原呈所述情形,即无认检察官上诉为声请覆判改作特种刑事覆判程序办理之余地,亦不涉及《特种刑事案件诉讼条例》第十九条之违背程序与补正问题,似应仍作第二审上诉受理,依普通程序判决,将原判决撤销,于理由内指示一审另依特种刑事诉讼办理。事关法律疑义,是否有当,理合转请钧院鉴核解释祗遵。

**院解字第三七二六号**

**三十六年十二月十六日**

国防部白部长鉴,三十六戍笺未陷代电诵悉。兹经本院统一解释法令会议议决,曾判处七年以上有期徒刑以上之刑者,如执行期满或经特赦而尚在役龄,依兵役法第五条,仍应禁役,惟经大赦者,与未受刑之宣告同,自可认为禁役原因消灭,予以征召,特电复请查照。司法院附亥谏印

**附原代电**

司法院院长居钧鉴,据郑县团管区电询兵役法第五条规定“凡曾判处七年以上有期徒刑以上之刑者,禁服兵役”之人员,如服刑期满或经特赦及大赦,而其年龄乃在役龄年次,是否可认为原因消灭,予以征召等由。兹特电呈恭乞核示,俾便通饬遵照。国防部部长白崇

禧三十六成笺未陷印

**院解字第三七二七号**

**三十六年十二月十六日**

案准贵院本年五月二十四日从宿字第一九七三〇号咨，以据司法行政部呈转请解释《非常时期农矿工商管理条例》等适用疑义，咨请解释见复等由。准此，兹经本院统一解释法令会议议决，当地主管机关于奉到银楼业及首饰店金饰处理办法后，尚未命令当地银楼业及首饰店限期登记前，某金店标售金饰价格超过中央银行挂牌金价百分之二十，不得遽依《非常时期农矿工商管理条例》第三十一条论科，如法院在此期间误行查封某金店连续买卖新旧金饰，自应启封发还，亦不得遽依取缔黄金投机买卖办法第一项予以没收充公。相应咨复查照饬知。此咨行政院

**附原咨**

据司法行政部本年五月十三日京呈（叁）字第七五八号呈称，案据河南高等法院本年四月一日刑元字第六一〇号代电，略以据汲县地方法院电，请核示适用违反《非常时期农矿工商管理条例》疑义三点。（1）经济紧急措施方案及取缔黄金投机买卖办法公布后，财政部于三十六年二月二十日公布银楼业及首饰店金饰处理办法，凡银楼及首饰店均应向当地主管机关登记所有金饰，限期限价出售。设有某金店于当地机关（县政府于三月十二日奉到省府代电）命令办理登记以前，公然标价买卖饰金，其收价系按每两四十八万元，而售价则按五十九万五千元（百分之二十四），超过中央银行挂牌金价百分之二十，该金店可否依照《非常时期农矿工商管理条例》第三十一条处断？（2）该金店出售黄金未经登记，如应处罚，其罚金计算标准，究应按其超过中行所限百分之四之利益，抑连同百分之二十合并计算？（3）法院查封该金店连续买卖新旧饰金共三十五两零一分八厘，能否视为投机操纵行为，而依据取缔黄金投机买卖办法第一条规定予以没收？事关法律疑义，请鉴核示遵等情。查上开各点，事关法律适用疑义，理合呈请钧院鉴核，转送司法院解释，俾便饬遵等情。据此，案关适用法律疑义，相应咨请查照解释见复，以便饬遵为荷。

**院解字第三七二八号**

**三十六年十二月十六日**

案准贵部本年四月三十日（36）吕优字第八六七二号公函，以院解字第三三四三号解释适用疑义，函请解释见复等由。准此，兹经本院统一解释法令会议议决，省保安司令部之组织，既为陆军系统下之官署，自包括于《陆海空军刑法》第十一条所称部队之内，其在该司令部服行勤务之人员，依同法第五条、第六条第二款，应认为具有军人身份，院解字第三三四三号解释与此有异者，应予变更。相应函复查照。此致国防部

附原公函

查军政海军两部,为陆海空军军事系统下之官署,依《陆海空军刑法》第十一条所定,此项官署仍包括于部队称谓之内,因而该两部各级公务员,仍不失为在部队服行勤务之军人或军属,如有犯罪行为,应归军法审判,业经贵院三十二年十一月十七日院字第二六零八号解释有案。兹查各省保安司令部系陆军系统下之官署,仍包括于部队称谓之内,该部各级公务员,依照前开解释:自应具有军人身份。顷阅贵院三十六年二月十五日院解字第三三四三号解释,“省保安司令部科员,除原有军人身份者外,不能认为军人”,似与上开院字第二六零八号解释不无抵触,本件院字第三三四三号解释应否变更？相应函请再赐解释见复为荷。

院解字第三七二九号

三十六年十二月十六日

案准贵部本年九月一日财钱乙字第一七六二八号公函,以《黄金外币买卖处罚条例》第三条适用疑义函请解释等由。准此,兹经本院统一解释法令会议议决,《黄金外币买卖处罚条例》对于该条例第三条应行没收之黄金,既无得追征价额之规定,自不得追征其出售黄金之价款,相应函复查照。此致财政部

附财政部原公函

查依据《黄金外币买卖处罚条例》第三条之规定,没收应以黄金为对象。兹有某案买卖黄金,证据确凿。惟黄金未经查获,而原条例并无追征价金之规定。其出售黄金所得价款可否予以没收,相应函请惠予解释,以凭办理为荷。

院解字第三七三〇号

三十六年十二月十六日

令署湖南高等法院首席检察官汪廉

三十五年十二月二十四日呈一件,为据湖南邵阳地方法院首席检察官代电请解释停役军人另就他职其犯罪应否归普通法院审判疑义,转请解释令遵由。

呈悉,业经本院统一解释法令会议议决,军人于免职后另就他种文职而犯罪者,应归普通法院审判。仰即转饬知照。此令

附原呈

案据署湖南邵阳地方法院首席检察官谢功预仁字第四一号亥虞代电称,按《陆海空军官佐服役条例》第三条,已受陆海空军官职以外之他种官职,称为外职停役。又第四条第一项第二款,免职停职撤职满三年而未任职者,总称为停职例退。又查陆海空军人事须知服役类甲项载,服役期间分现役备役,现役中免职撤职后尚未命其退休及奉命入学者,均为现役。丙项又载,免职停职撤职满三年者,停役例退。是军人免职后未经免官,在三年以内犯

罪者，依司法院本年九月十六日院字第三二二三号解释，固应归军法审判，已无疑问。但免职后在三年以外并另就他种官职而犯非者，依照上开条例及人事须知，应认为停职停役例退，虽未免官，似已失其军人身份，应由普通法院审判。兹本处受理是项案件，亟待解决，究应如何办理，理合呈请钧处鉴核，转请解释示遵等情到处，除以案关法律解释，应准转请解释指令印发外，理合据情转请钧院俯赐解释，指令祇遵。

**院解字第三七三一号**

**三十六年十二月十七日**

案准贵院本年九月八日(三十六)七法字第三五九二九号咨，以据司法行政部呈转请解释军事机关依戒严法所为之判决，如已由上级主管机关核准并经送监执行，能否依法提起上诉疑义，咨请解释见复等由。准此，兹经本院统一解释法令会议议决，戒严法第十一条既有第九条之判决得于解严之翌日起依法上诉之明文，自应依照办理。相应咨复查照饬知。此咨行政院

**附原咨**

据司法行政部本年八月二十八日京(36)呈(叁)字第一六一五号呈称，据台湾高等法院本年七月刑一字第三七四二号呈称，查军事机关依戒严法第九条所为之判决，如已由该上级主管机关核准并经送监执行，能否仍依同法第十一条规定，得于解严之翌日起依法提起上诉，本院现以办理案件亟待解决，理合呈请鉴核示遵等情到部。事关法律适用疑义，理合呈请钧院鉴核，转送司法院解释，俾便饬遵等情。据此，案关适用法律疑义，相应咨请查照解释见复，以便饬遵为荷。

**院解字第三七三二号**

**三十六年十二月十七日**

案准贵院本年十月二十五日(三十六)七法字第四三六四零号咨，以据司法行政部呈转请解释汉奸案件经司法机关判决不受理业经确定，嗣经军法机关将其妨害自由部份谕知不受理移送司法审讯应如何办理疑义，咨请解释见复等由。准此，兹经本院统一解释法令会议议决，某甲原属军人，于任伪军职时，将某乙拘禁吊拷，纵或认此部分为另犯《刑法》上之妨害自由罪，而原经司法机关所为谕知不受理之判决既经确定，除有开始再审之裁定或合法之非常上诉提起外，无从将此部分再予受理。相应咨复查照饬知。此咨行政院

**附原咨**

据司法行政部本年十月十七日京36呈(叁)字第二〇七九号呈称，案据湖南高等法院首席检察官三十六年七月二十九日呈略称，兹有某甲原属军人，复于充任伪军职时，将某乙拘捕吊拷禁闭，案经司法机关认为应由军法机关审理判决，谕知不受理，确定在卷，旋经军法机关审理判决后，由国防部核定，仅就充任伪军职部份核准论罪科刑，关于原判对某乙妨

害自由部份撤销,改判不受理,亦经确定,并送请司法机关受理,此时司法机关对该妨害自由部份究应如何办理,请核示等情,事关法律疑义,理合呈请鉴核,转送司法院解释,俾便饬遵等情。案关适用法律疑义,相应咨请查照解释见复,以便饬遵为荷。

**院解字第三七三三号**

**三十六年十二月十七日**

**令四川高等法院院长苏兆祥**

据四川高等法院第十分院未虞代电,以法院录事派在缮状处服务,向当事人诈取担保金,应否成立《惩治贪污条例》第三条第七款之罪疑义,电请鉴核释遵等情前来。业经本院统一解释法令会议议决,法院录事派在缮状处服务,即系依法令从事于公务,应为《刑法》上之公务员,如利用职务上之机会向诉讼人诈财,应成立《惩治贪污条例》第三条第五款之罪。合行令仰转饬知照。此令

**附原代电**

南京司法院院长居钧鉴,案据本院推事兼庭长邱俊文签称,查法院中之录事,既系法院自行雇用,而又为法院组织法与法院处务规程所未载列,似不具备《刑法》上所订依法令从事于公务之条件,不否认作公务员。如系公务员,则录事甲经法院派在缮状处缮状,得与当事人乙接近,乙声请假扣押,法院裁定提供担保金后,准予假扣押,乙对该担保金又声请诉讼救助,其状由甲缮写,因得知之,法院对乙诉讼救助之声请裁定照准,甲探知即诈乙谓救助未获准,仍须提供担保金;我已借款代为缴纳,即将款付我,乙将款付甲后,始知救助获准,担保金系为甲诈去,因告请治甲之罪,甲应否成立《惩治贪污条例》第三条第七款对于非主管或监督之事务而利用机会图利之罪等情。据此,案关法律解释,理合电呈钧院鉴核释遵。署四川高等法院第十分院推事兼院长万宗周叩未虞印

**院解字第三七三四号**

**三十六年十二月十七日**

**令署湖北高等法院首席检察官毛家骐**

三十六年一月十七日呈一件,为据武昌地方法院检察处代电请解释刑事诉讼程序疑义,转请解释,俾便饬遵由。

呈悉,业经本院统一解释法令会议议决,某甲受公务机关之委托承办碾碛军米,以不法所有之意思盗卖其一部,致不能照约履行交米,裁判时中华民国战时军律业已废止,其行为应触犯《惩治贪污条例》等三条第二款及《刑法》第一百零八条等一项之牵连罪,此项案件,依《惩治贪污条例》第十一条、《特种刑事案件诉讼条例》第二条、《刑事诉讼法》第四条第二款规定,应由高等法院依特种刑事案件之诉讼程序审理。本案虽在战时军律有效期间经高等法院检察官提起公诉,而高等法院于该军律废止后依《刑事诉讼法》第二百九十五条第六

款谕知不受理，其判决仍属违法，如经确定，自可依非常上诉程序救济。仰即转饬知照。此令

**附原呈**

案据武昌地方法院检察处代电称，设有某甲在民国三十三年七月至三十四年五月间，与后方勤务部某军粮接运处粮库订立契约，由军粮库交所收赋谷与某甲碾成碛米存厂供应军需，开碾期中，某甲将军谷盗卖一部份，经营别业图利：旋米价上涨，无力购谷归还，致不能照约定斤额交米入库，此项盗卖军用品及于在与外国开战期内不照约履行军需契约之想象竞合犯罪，在中华民国战时军律废止以后，其第一审管辖权，前者依《特种刑事案件诉讼条例》第一条第二项前段之规定，应由地方法院管辖，后者依《刑事诉讼法》第四条第二款之规定，则应由高等法院管辖。此类案件之第一审管辖权谁属，本处有三项意见，甲说，应依《刑事诉讼法》第九条第二项之规定，声请最高法院指定于管辖法院。乙说，此类《刑法》第五十五条所定从一重处断之案件，贪污刑重，应依贪污案件之审判程序办理，地方法院当然有第一审合并管辖权。丙说，外患罪明定由高等法院管辖，参照院字第二五七号解释意旨，本案应由高等法院为第一审管辖法院。以上三说，究以何说为是，又本案如在中华民国军时战律有效期间经高等法院检察官提起公诉，而高等法院于该军律废止后，依《刑事诉讼法》第二百九十五条第六款之规定，谕知不受理之判决，是否应声请提起非常上诉撤销其程序后，高等法院始能再为第一审或第二审之审判，恳析钧座一并转请解释，以便祇遵为祷等情。据此，查事关法律疑义，本处未敢擅拟，除指令外，理合备文转请钧院迅赐解释，俾便饬遵。

**院解字第三七三五号**

**三十六年十二月二十二日**

案准贵院本年七月二日(三十六)四内字第二五六八九号公函，以据湖北省政府代电转请核示《县参议会组织暂行条例》第十九条疑义，抄同各原件，函请解释见复等由。准此，兹经本院统一解释法令会议议决，县参议员在会议时所为无关会议事项之不法言论，仍应负责。相应函复查照饬知。此致行政院

**附原公函**

据湖北省政府转请核示，《县参议会组织暂行条例》第十九条规定“县参议员在会议时所为之言论及表决对外不负责任”，是否可作为不负任何责任或不负一切法律责任解释？例如设有某参议员因向某女教师求婚未遂，怀恨在心，乃在会内发言诬指为暗娼，至该女教师羞愤自杀，该参议员应否负责等情，经饬据内政部议复，“略以县参议员在会议时所为之言论及表决对外不负责任，系指会议时对于所议事项之言论及表决而言，如于会议时当众宣扬他人私德，妨害他人名誉及信用时，仍应依法治罪”等语。案关法令解释，相应抄同各原件，函请查照解释见复为荷。

**附原抄湖北省政府代电**

行政院兼院长蒋钧鉴,据随县县长刘楚材本年寅俭代电称,查《县参议会组织暂行条例》第十九条规定,县参议员会议时所为之言论及表决对外不负责任,是否可作不负任何责任或不负一切法律责任解释?例如设有某参议员向某女教师求婚未遂,乃怀恨在心,趁会议之便,竟在会内发言,诬为暗娼,不足为人师表,伪造证据,肆意攻讦,故使播于会场之外,明知定必讹传讹造成曾参杀人之势,使伊无地自容。事后果不出其所料,该女教师沉冤莫白,羞愤自杀,遗书说明真象,请求提起公诉。似此情形,该参议员会内言论所生之结果,是否应负法律责任等情。查县参议员将其在会时所为言论及表决以书面或言词向外发表,仍应依法负责,前经司法院解字第三〇一二号解释有案。惟参议员在会期内借故攻击他人私德,并未以书面言词向外发表,而由其他出席人员播于会场之外,至引起严重后果。在此种情形之下,该参议员会内言论所生之结果,若不依法惩处,则将人人自危,后患不堪设想矣,本案究应如何处理之处,除指饬外,谨请钧院迅予核示,以凭转饬遵照为祷。湖北省政府主席万耀煌叩卯省民二印

**附原抄内政部原函**

案准贵处三十六年五月二日服(一)字第三〇七二四号通知单,以湖北省政府据随县县政府请示,县参议员发言对外不负责任,是否不负一切法律责任,转请迅予核示一案,奉谕交内政部议复,抄附原代电一件到部,查县参议会组织条例第十九条规定"县参议员在会议时所为之言论及表决对外不负责任",原系指会议时对于所议事项之言论及表决而言,如于会议时当众宣扬他人私德,妨害他人之名誉及信用时,则《刑法》分则第二十七章自有妨害名誉及信用罪之规定,被害人或其亲属可依《刑事诉讼法》第二编第一章所定公诉程序向法院径行告诉,本案某参议员于开会时当众指摘某女教师为暗娼,以致该女教师羞愤自杀,并有遗书请求提起公诉,似可依《刑事诉讼法》第二百十二条或第二百十五条,由法定告诉人向法院告诉,当否相应复请查照转陈核示为荷。

**院解字第三七三六号**

**三十六年十二月二十二日**

陕西高等法院郗院长览,卯冬代电悉。所请解释一案,业经本院统一解释法令会议议决,(一)已经纳税之盐由甲地运至乙地贩卖,而未依盐政条例第二十四条第一项由盐政机关发给单照,即属同条例第七条第三款所称之私盐,应依同条例第二十九条分别处罚。(二)同条例第二十四条第一项所谓之运输,包括由甲县或甲镇运至乙县或乙镇之情形在内。(三)明知为同条例第七条各款之私盐,单纯由甲地运至乙地,即属知系私盐而搬运,应依同条例第三十二条处罚。(四)同条例第二十九条第二项所称之前项没收处分,并包括前项但书所谓没人其盐及其自有供贩运或售卖私盐之用具在内。合电知照。司法院亥养印

**附原代电**

南京司法院院长居钧鉴,兹因适用盐政条例发生疑义数点,(一)该条例第七条第二款规定,未经完纳盐税而售卖者为私盐,设就已经征税之盐由甲地运至乙地贩卖,而未依同条例第二十四条由盐政机关发给单照,是否仍应认系同条例第七条第三款所谓之私盐,而依同条例第二十九条分别处罚?又第二十四条所谓运输,是否由甲县或甲镇运至乙县或乙镇均包括在内?(二)该条例第二十九条所谓贩运,似系指以贩卖之意思而运输者而言,设将第七条各款之私盐以单纯之意思由甲地运至乙地(例如移地贮藏或留作自用),既与贩运之意义不合,亦与第三十二条所谓知系私盐而搬运之情形有别,是否即不得处以刑罚或行政罚?(三)该条例第二十九条第二项所谓之前项没收处分,是否前项上段没收其盐并处以罚锾及但书没入其用具均包括在内,如不包含前项但书所谓之没入在内,则是否仍应依《刑法》第十一条第三十八条第一项第二款予以没收。以上各点,本院刻有类似案件待结,理合电请解释示遵。陕西高等法院院长郗朝俊卯冬印

**院解字第三七三七号**

**三十六年十二月二十二日**

甘肃高等法院曹首席检察官览,酉胥代电悉。所请解释一案,业经本院统一解释法令会议议决,被诬告人向检察官告诉被诬之事实,如检察官不予起诉,自得声请再议。合电知照。司法院亥养印

**附原代电**

南京司法院院长居钧鉴,查诬告罪为妨害国家审判之犯罪,而于个人受害不生直接关系,故被诬告人向有追诉权之公务员呈告被诬之事实,只能谓之告发,不能谓之告诉,如检察官不予起诉,当然无声请再议之权(参照最高法院二十年上字第五五号判决),自十八年以来判例均同。迨至二十五年九月二十八日一五四零号解释,谓诬告罪以有使他人受刑事或惩戒处分之意图为构成要件,是于侵害国家法益中具有侵害个人法益之故意,被诬告人自可提起自诉,于是有甲乙二说。甲说,谓后之解释优于前之判例,被诬告人既有提起自诉之权,既有声请再议之权。乙说,谓声请再议之权法专属之于被害人,解释虽谓被诬告人可提起自诉,而该罪之直接被害人究系国家审判权,不得声请再议。究以何说为是,理合电请解释示遵。甘肃高等法院首席检察官曹文焕叩酉胥印

**院解字第三七三八号**

**三十六年十二月二十二日**

**令代理湖南高等法院院长余觉**

三十六年五月十二日呈一件,为准湖南省政府主席兼全省保安司令代电转请解释关于贪污或盗匪案件于被告死亡后其犯罪所得之财物应如何没收或发还被害人疑义,转恳解释

祇遵由。

呈悉,业经本院统一解释法令会议议决,(一)《惩治贪污条例》第七条第一项、《惩治盗匪条例》第七条第二项所称没收,系属从刑之一种,应于裁判时并宣告之,如被告在裁判前死亡,其所得之财物,除系违禁物应依《刑法》第四十条但书规定办理外,不得单独宣告没收。(二)贪污或盗匪案件之被告死亡,其所得之财物,依《惩治贪污条例》第七条第一项、《惩治盗匪条例》第七条第一项应发还被害人者,仍适用《刑事诉讼法》第一百四十二条第一项、第二百三十八条第二项、第三百一十条第一项之规定办理。仰即转行查照。此令

**附原呈**

案准湖南省政府主席兼全省保安司令本年五月二日保法字第(六六二六四)号代电开,案据第八区行政督察专员公署三十六年四月九日宁法字第一〇六九二号代电称,查《刑事诉讼法》第二百三十一条第六款规定,案件之被告死亡者,应为不起诉处分,此项规定适用于贪污或盗匪案件时,于被告死亡后其犯罪所得之财产应用何种手续予以没收或发还被害人,司法警察官署或司法检察官如何向司法审判部份起诉,未奉明文规定,于本区各县清理匪产工作极多困难,敬乞明白解释电示祇遵等情。查案关司法程序,相应电请查照解释见覆为荷等由。准此,事关法律疑义,本院未便擅拟,理合转恳鉴核赐予解释祇遵。

**院解字第三七三九号**

**三十六年十二月二十二日**

案准贵部本年三月二十五日(三十六)致黜发字第四八一号公函,为据空军第五军区司令部以战时军律废止后其执行未完毕人犯应否免其刑之执行及前以敌前逃亡论罪之人犯能否予以赦免请予解释等情,函请解释见复等由。准此,兹经本院统一解释法令会议议决,来函所举各例,在《陆海空军刑法》设有相当规定者,尚不能为已因法律变更而不处罚其行为,自无适用《刑法》第二条第三项免其刑之执行之余地(参照院解字第三二零四号第三四零九号解释),军人逃亡概以敌前逃亡论罪令,虽经国民政府核准废止,但在该令废止前已依《陆海空军刑法》第九十五条第一款判决确定之案件,并不受其影响,如其行为在中华民国三十五年十二月三十一日以前,仍应依罪犯赦免减刑令丙项规定,予以减刑。相应函复查照饬知。此致空军总司令部

**附原公函**

案据空军第五军区司令部以战时军律早经废止,依照《刑法》总则第二条第三项规定,其执行未完毕人犯(如第十条军人逃亡及第十四条等),应否免其刑之执行?又查军人逃亡案件已无继续一律以敌前逃亡论罪之必要,经国民政府核准自三十四年十一月十二日起废止,则以前以敌前逃亡论罪之人犯(如九十五条一款),依照《刑法》总则第二条三项规定及此次大赦令,能否予以赦免,请予解释等情。相应函请查照,迅赐解释见复,以便饬知为荷。

**院解字第三七四〇号**

**三十六年十二月二十二日**

**令代理署湖南高等法院院长余觉、首席检察官汪廉**

三十六年七月二十四日呈一件,为据岳阳县司法处兼检察职务县长代电请阐示垸民拖欠堤费该管警察所长奉令押缴应否论罪疑义,转恳解释祇遵由。

呈悉,业经本院统一解释法令会议议决,业户拖欠堤费,该管警察所长奉县长令执行押缴,如明知为违法命令,应以私禁论罪。仰即转饬知照。此令

**附原呈**

案据岳阳县司法处兼检察职务县长萧翊屏本年六月二十日岳法刑字第(五二〇)号代电称,按湖南省滨湖各县垸堤长防章程(二十四年公布二十六年修正)第十七条规定"各垸堤费预算核准后,如有业户借故拖欠堤费者,应由县长拘案押缴。"又《湖南省滨湖各县非常时期堤务暂行办法》第十七条及《湖南省滨湖各县堤务局整理规则》第十六条,均为同样规定。今有垸民拖欠堤费,县长令饬该管警察所长就近押缴,该民被押(十二日)后,以妨害自由等情,向本处自诉。本处审判官谓该所长未报请有拘禁职权之机关依法办理,应以私禁论罪。盖促缴堤费并非警察职务,纵系不知该项命令为违法,亦不能免其刑责,职则谓县长本于上开章程令饬该所长押缴,为依法令之行为,该所长遵令押缴,为依上级公务员命令之职务上行为,均在不罚之列,两说孰是,乞予阐示祇遵等情。据此,事关法律疑义,本院未便擅拟,理合转恳鉴核赐予解释祇遵。

**院解字第三七四一号**

**三十六年十二月二十二日**

台湾高等法院杨院长览,卯巧代电悉。所请解释一案,业经本院统一解释法令会议议决,(一)《非常时期违反粮食管理治罪暂行条例》第五条之没收,非行政罚,已见院字第二七一二号解释,(二)同条例第三条第一项第三款所称之余粮,经粮食主管机关规定应陈报而不陈报者,如其所余超过三个月以上之需要量,得依同条例第五条第一项处罚。合电知照。司法院亥祃印

**附原代电**

南京司法院院长居钧鉴,查《非常时期违反粮食管理治罪条例》第五条所规定之没收,系刑罚抑系行政罚,如系行政罚,应否由主管粮食机关移送司法机关裁定?对于该项裁定能否抗告?又同条例第三条第一项第三款所规定之粮户或农户之余粮,如经粮食主管机关规定应陈报而未陈报者,能否援引同条例第五条第一项处罚,理合电请迅赐解释电示。台湾高等法院院长杨鹏卯刑一卯巧印

**院解字第三七四二号**

**三十六年十二月二十二日**

宪兵司令部,法判申养代电悉。所请解释一案,兹经本院统一解释法令会议议决,(一)如以自己或第三人不法所有之意思,而侵占自己持有他人之物,不论其物体是否代替物,均应成立《刑法》第三百三十五条第一项之侵占罪。(二)已见院解字第三六一二号解释。(三)司法警察或司法警察官仅有受检察官之命令或听检察官之指挥侦查犯罪之职权,除系被通缉人现行犯或准现行犯得径行逮捕外,如因侦查案件认为有传唤或拘提被告或搜索之必要时,应径由检察官或依法有权机关签发传票、拘票、搜索票,并无自行发票之权(参照院字第二三八三号及第二八三四号解释)。(四)军事检察官或军法官因侦查军法案件,证人经合法传唤,无正当理由不到场,或到场拒绝具结或证言者,不得依《刑事诉讼法》第一百六十五条第一项、第一百八十条第一项,予以拘提或科以罚锾。电复查照。司法院亥祃印

**附原代电**

司法院赐鉴,兹有法律疑义数点,(一)代替物可否为侵占罪之客体,关于此点,学者间向有肯定及否定两说,主肯定说者谓,如无准许更换之口头契约,仍应以侵占罪论,主否定说者谓,对代替物虽予以处分,至他人需要时,如能即时照数偿还,除给以较劣之品质外,应不构成侵占罪,两说以何说为是?(二)宪兵官长为军事检察官,于执行军事检察职务时,关于羁押被告之期间,陆海空事审判法既无明文规定,则《刑事诉讼法》第一百零八条之规定是否可以适用?(三)宪兵为司法警察,宪兵官长为司法警察官,但《刑事诉讼法》并无司法警察或司法警察官得签发传票拘票搜索票之规定。如势机迫切,稍纵即逝,交必待检查官受命推事或审判长之填发传票、拘票或搜索票,则坐失时机,对犯罪之侦查,不无影响,是否应有其他分别代用之方法,或径予援用《刑事诉讼法》关于传唤拘提搜索各项之规定?(四)军事检察官或军法官因侦查军法案件有传说证人之必要时,如该证人(包括普通人民及军人)无正常理由(包括《刑事诉讼法》第一六六条、第一六七条之情形在内)抗不到场,或到场而拒绝证言或具结时,若不予强制处分,则妨碍案件之侦查甚钜,可否适用《刑事诉讼法》第一百六十五条、第一百八十条之规定,予以制裁,借资补救?事关法律适用疑义,谨电请督照迅赐解释示覆为祷。宪兵司令部法判申养印

**院解字第三七四三号**

**三十六年十二月二十二日**

案准贵院本年十一月五日(三十六)四内字第四五四七四号咨,以据地政部呈,据浙江省地政局代电,为平湖县地籍整理处呈报,该县土地有田底权与田面权之分,办理登记困难,转请核示一案,抄同原件,咨请解释见复等由,计抄附地政部原呈及附件一份。准此,业经本院统一解释法令会议议决,来文所称之田面权,如系支付佃租,永久在他人土地上为耕

作或牧畜之权，自应认为永佃权，而为该项权利之登记，田面权人得不经田底权人同意而将田面权出租之习惯，虽与《民法》第八百四十五条之规定不合，亦仅不得依以排除同条之适用，其田面权仍不因此而失其永佃权之性质。倘来文所谓辗转租让，实系永佃权之辗转让与，则为《民法》第八百四十三条之所许，尤无问题。相应咨复查照饬知。此咨行政院

**附原咨**

据地政部呈，据浙江省地政局代电，为平湖县地籍整理处呈报，该县土地有田底权与田面权之分，办理登记困难，转请核示一案到院，案关法律适用疑义，相应抄同原件，咨请贵院解释见复为荷。

**附抄地政部原呈**

案据浙江省地政局三十六年八月地一字第三〇一六号冬代电，为据平湖县地籍整理办事处呈，略以该县土地有田底权与田面权之分，田底权属业主所有，惟田租悉委租栈代收，田面权属佃户所有，习惯上佃户可不经业主同意，随意将田面权出租，名为活动永佃，如系辗转租让，业主不知其田产之所在，业佃双方互不相识，往往不能依法声请登记，致登记业务之进行深受影响，可否先办理永佃权发记，再行办理所有权登记，以资补救？至该县之田面权，习惯上得自由转租，可否视为永佃权性质，转请核示到部，当经函请司法行政部核复去后，兹准函复，以本案转请司法院解释为妥等由。查物权除法律有规定者外不得创设，《民法》第七五七条已有规定，原呈所称习惯上得自由转租之活期永佃，可否视为永佃权之性质，而为该项权利之登记，事关法律适用疑义，拟请函转司法院解释，除关于登记程序部份，另电浙江省政府查照转知外，理合缮同浙江省地政局原代电，呈请鉴核示遵。

**附抄浙江省地政局原代电**

地政部钧鉴，案据平湖县地籍整理办事处本年八月九日副祭字第二七五号呈略称，本县地权较为集中，并盛行永佃权制度，全县农田部分土地有土地所有权之业主，其田地多至或百亩或千亩或万亩，委托账房负责管理收租，而账房代管田业，皆有多至数业主者，号称租栈，故业主多不明自己土地之坐落何处。至永佃权人俗谓田面权人，皆祖上所遗有者，习惯上可以将田面自由转租，与《民法》上永佃性质有别，考抗战前本县于汪浩县长任内办理土地登记时，对于业主不知土地坐落无法登记与业佃双方互不相识无法会同登记二点及解决方法，有如下二段文字记载，（一）业主不知土地坐落，无法登记，业主声请登记手续，首先到指定登记地点阅看公布测图，认明土地坐落四处，始能查出地号地目亩分，填写声请书登记。平湖大地颇多，有一万以上者虽仅数家，而数千亩数百亩者甚多，皆世守祖业，深居城中，委托租栈代为收租，十之八、九皆不知所有土地坐落何处，虽欲声请登记，无从着手。县政府乃规定办法，凡业主不知土地坐落者，须先填明简易声请书，连同所有契券等证明文件，交由登记处查对登记（声请书附抄如后）。（二）业佃双方互不相识，无法会同登记，前项所言业主不知土地坐落，如知佃户姓名住址，尚能会同前来核图登记。惟平湖产权复杂，土地有田底（所有权）田面（永佃权）之分，田底权属业主所有，每年收纳租米悉委之租栈代收，

田面权为佃户所有,缴纳租米交由租栈转交,业主、业佃双方素不谋面,且有田面权之佃户可以随意将田面出租,名为活期永佃人,又可租让与他人,均可不得业主及租栈之同意。如此辗转出租,业主所有田地现在究系何人耕种,不得而知。现在耕种之人,亦不知业主为谁,甚有指转租人或租栈为业主者,故业佃双方互不相识,欲其前来会同登记,即有此路不通之概,因此除业主能辗转寻得各佃户前来会同登记者外,一面照前办法令业主先行填报简易声请书,并将土地证明文件检齐呈验,一面催告佃户先行声请登记永佃权,除照他项权利声请书上所载各项填明外,并登记所纳租米数量。于是从业主所与简易声请书及所缴证件,与佃户声请书上所填各项互相对照,先查乡镇坊圩名称,双方是否相符,再查佃户所报纳租数量,以与业主所缴之契载亩分相对,是否一致,即可断定本坵土地主权谁属,再通知业主签名盖章于声请书上,以完手续。盖平湖土地坐落仍多沿用坊圩名称,由来已久,现在行政区域虽已变更名目,而一般人民对于旧坊圩名称仍多沿用,且甚为明瞭。若言某地属于何乡何保,则反有不甚知悉者,故先查知佃双方土地坐落坊圩名称,其次因平湖佃户所缴租米,每亩纳租数量虽多少不同,等则亦不划一,然每种等则应纳租米多少,则无稍差,由来已久,决少更变,例如薄灶等地每亩年纳租米为四斗六斗八斗三等,田地则为每亩六斗八斗或十一斗,均有一定之等则,则知纳租之多少,即可推得田地之亩分,乃于登记开始时,以地方情形特殊,先着手永佃权登记。但全县业主,或于战争期内辗转播迁,将所有土地契串等证件遗失者,或有虽未遗失,而意图逃避登记,亦佯称产证遗失,更有于战前声请登记,将契证送缴登记机关,而于战争爆起,未克领回,为登记机关于县境沦陷后遗失。目前仅持有登记机关制给之一纸收据,如此一来,欲声请登记土地所有权之业主,则往往无充足之契证,可以采用战前之方法查对登记,逃避登记则无法催促其声请登记。本县参议会举行第一届第四次大会,接受本城余大昌等九租栈对地籍整理改进方法联名请愿,经审议决定改进办法数点,其中第四点规定“永佃权办理清楚后再办理所有权登记”,第七点规定,“永佃权登记请地籍处贯彻巡回办法”,今本县城区农地与新埭区土地约十余万亩,业已完成永佃权登记工作,接办土地所有权登记,均须业主自动设法寻得永佃权人,会同前来。查明所有土地在测图上编定之地号目与亩分,再行声请登记,而各大业主均觉登记费事,且负担应缴登记规费钜大,皆不肯及时声请,致本处办理登记业务,拖延时日,空费人力等情。据此,查本省各县地权之分田底田面二权者,为数甚多,前为解决产业纠纷,虽经订有“田业底面所有权调整办法”呈奉国防最高委员会核定,转饬各县办理归并手续或重为确定关系在案,惟因业佃双方互不相识,依照规定归并办理,发生困难,而在登记程序进行中,业主既因不知坐落,又无法邀同佃户指认图籍,致未能声请登记其所有权。倘欲利用佃户查挤业主,先办永佃权登记,然后办理所有权登记,则与《土地法》规定程序不合,是否可予变通办理,又该县之田面权,因习惯上已可自由转租,是否可视为永佃权,均有疑义,应如何设法补救,使法令事实双方兼顾,登记业务得以顺利进展,以事关变更法令程序,又确认权利名称,本局未敢擅拟,理合电请鉴核示遵。

院解字第三七四四号

三十六年十二月二十二日

浙江高等法院，本年三月微代电悉。所请解释一案，业经本院统一解释法令会议议决，汉奸财产一经裁判没收确定，其因汉奸行为而受损害之人，纵得有损害赔偿之确定判决，仍不能以该财产为其执行标的声请强制执行，至已裁判没收而未确定者，在未撤销该裁判以前亦同。合电知照。司法院亥祃印

附原代电

南京司法院院长居钧鉴，查汉奸财产如依《惩治汉奸条例》第八条第一项没收时，对于没收前汉奸所负之普通债务，不得由该财产上予以清偿，固有院字第二二〇七号解释有案。但因汉奸行为而受损害之人，同时已向法院提起民事诉讼，经判决确定应予赔债，倘不能就宣告没收尚未确定或已确定之汉奸财产中提充赔偿，虽于国库增加收入，而对于被害人之利益未能兼顾，徒有赔偿之判决，而无执行之实惠，殊失情法之平。事关法律适用疑义，悬案待决，理合电请钧院迅赐解释祗遵。浙江高等法院院长郑文微叩

院解字第三七四五号

三十六年十二月二十二日

四川高等法院苏院长览，辰感代电悉。梁山县司法处主任审判官代电所请解释一案，业经本院统一解释法令会议议决，来电所称之"气仿""无水""安替比林""新咖啡"，既非《禁烟禁毒治罪条例》第一条所举之烟或毒及其配合物或化合物，如单纯持有，而无配制毒品之确切证明，自不构成该条例第二条之未遂罪。合电转饬知照。司法院亥祃印

附原代电

南京司法院院长居钧鉴，案据梁山县司法处主任审判官蒋德葆三十六年四月二十一日特刑字第六零六号卯马代电呈称，查本处前以哥罗仿及安替比林既能增加吗啡之数量及麻醉性，可否依照制造吗啡未遂论处，呈请钧院指示，旋奉钧院三十五年十二月六日牍字第一二三五号代电谓，哥罗仿与安替比林既可供医药上之用，如单纯贩运此项药品，尚不能认为即系制造吗啡，自不能遽以制吗啡未遂论等因下处，兹复准梁山县政府三十六年四月十五日民禁字第零六五三号公函，略以经呈奉四川省政府本年三月十三日禁丙字第零零九三五号指令饬知"气仿"为主要麻醉剂之一种，制造吗啡利用其不溶解之特性，"无水"系无水醋酸之略称，科学上名醋酐，亦制毒之必要品，"安替比林"虽非制毒必要品，但其形色味状颇与吗啡相似，新咖啡或即"咖啡因"，该品形状亦颇似吗啡，与安替比林多为一般贩毒商人参杂搀假之用，以上各项既可供制造或搀杂毒品之用，如持有者不能提出确供其他正当使用之正据，则其意图犯上列各罪，自属显然等由过处，查四川省政府与钧院之解释，不无两歧，理合电请钧院转请解释，庶免行政机关与司法机关间发生意见而致纠纷，并乞电示祗遵等

情,查“哥罗仿”及“无水”虽为制毒之必要品,“安替比林”及“新咖啡”虽形色味与吗啡相似,可供制毒搀假之用,但其本身均未含有吗啡等类毒质,且均可供医药及科学之用,若单纯持有,无意图配制毒品之证明,似难遽以制毒未遂论罪。惟行政机关既有相异之见解,事关法律疑义,理合电请钧院迅赐解释,电令祇遵。四川高等法院院长苏兆祥叩牍辰感印

**院解字第三七四六号**

**三十六年十二月二十二日**

案准贵院本年二月十三日从壹字第四八〇六号公函,以据内政部呈转请核示县市参议员因案逃亡或离县他往致开会无法通知时能否视为辞职疑义,请解释见复等由。准此,兹经本院统一解释法令会议议决,县市参议员因案逃亡或离县他往,致县市参议会开会无法通知者,如因此而于一会期内均未出席,不得谓其未出席具有正当理由,依《县参议会组织暂行条例》第九条、《市参议会组织条例》第八条之规定,自应视为辞职(参照院解字第三四七九号解释)。相应函复查照饬知。此致行政院

**附原公函**

据内政部呈称,案准山西省政府子筱酉省民治电,以县参议员因案逃亡或离县他往,致县市参议会开会无法通知时,是否仍按一会期内均未出席而无正当理由者视为辞职之规定办理,请即见复等由。准此,查县市参议员为刑事被告在起诉中者,无论是否在逃,均不能认为已因事故去职,业经钧院解释饬遵在卷,准电前由,经核电所述情形,与前列被诉犯罪因而逃亡之县市参议员,大致相同,但若援照上项解释不能视为辞职,则该参议员在一会期内事实上均未出席,不无影响会务,究应如何办理之处,事关法令疑义,理合据情转呈,仰祈鉴核示遵等情。查前案系就《县参议会组织暂行条例》第八条函请贵院解释饬遵者,兹所请解释系指同条例第九条而言,此项情形,是否可以适用该条规定,仍请查照迅予解释见复为荷。

**院解字第三七四七号**

**三十六年十二月二十二日**

四川高等法院苏院长览,未冬代电悉。四川高等法院第二分院呈请核示一案,业经本院统一解释法令会议议决,《战时田赋征收实物条例》第二十一条所谓粮额,系指同条例第六条之实物额或第三条之国币额而言,同条例既无送请法院裁定之明文,自不应由法院处理。合电转饬知照。司法院亥祃印

**附原代电**

南京司法院院长居钧鉴,案据四川高等法院第六分院院长罗慕义三十六年六月二十八日牍字第二五八号呈称,案查犍为县民干绍卿因短匿粮额抗告一案,核阅原审裁定,系依照《战时田赋征收实物条例》第二十一条,处以罚锾九万元。惟查该条例虽有业户短匿粮额者

得按短匿粮额二倍以上五倍以下处罚之规定，但是应处以实物或罚金罚锾，及是项案件是否由法院裁定，抑或由征粮机关予以处罚后送请法院执行，与该项裁定能否抗告，均无明文规定，似此情形，不无疑义，究应如何办理之处，理合检齐原卷，具文呈请钧院俯赐核示，俾资遵循等情。查《战时田赋征收实物条例》第二十一条所谓粮额，究指原粮册登记之田赋数额而言（如某甲载粮一两二钱三分五厘之类），抑指本年度政府核定征收实物之数额而言，文意不明，适用上难免不生疑义，由前之说，自应按其短匿田赋额在二倍以上五倍以下范围内科以罚锾，由后之说，似不能科以罚款，而应处罚其二倍以上五倍以下之实物。但处罚实物至二倍以上五倍以下，其受罚之金额必有超过土地价额之虞，予以如此过重之处罚，不免有影响粮民之生计，该条例内既无司法机关裁定之明文，则处罚之权自应属于征粮机关，法院不过尽其强制执行之责而已。案关法律疑义，本院未敢擅专，理合电请钧院迅赐解释，电令祗遵。四川高等法院院长苏兆祥叩牍未冬印

**院解字第三七四八号**

**三十六年十二月二十二日**

福建田赋粮食管理处，雨申江处田粮人榕字第一七七一一号代电悉。所请解释一案，兹经本院统一解释法令会议议决，（一）同一行为违反公务员服务法各条款者，在公务员惩戒法上，并无同时予以两种以上处分之根据，（二）撤职非公务员惩戒法上之处分，已见院解字第三六二一号解释，与惩戒法上之处分不生轻重比较问题。电复查照。司法院亥祃印

**附原代电**

司法院钧鉴，查公务员惩戒法第三条规定“惩戒分处如下：（一）免职；（二）降级；（三）减俸；（四）记过；（五）申诫。”如公务员因同一行为违犯公务员服务法各条款，除第十三条第一及第三两项外者，可否同时予以免职、降级、减俸、记过、申诫等之中两种以上之处分，此应请解释者一也。公务员如违犯公务员服务法第十三条第一项及三项予以撤职者，是否认为惩戒之一种，又撤职较诸公务员惩戒法第三条各款之处分是否为重，均无明文规定，此应请解释者二也。以上二点，颇滋疑义，理合电请解释，俾有遵循。福建田赋粮食管理处叩人

**院解字第三七四九号**

**三十六年十二月二十二日**

**令代理湖南高等法院院长余觉**

三十六年十月二十五日呈一件，为据石门县司法处代电请示《民法》第一千零八十条第一项疑义，转请解释饬遵由。

呈悉，业经本院统一解释法令会议议决，《民法》第一千零八十条第一项所谓双方，系指养父母及养子女而言，并不包含养子女之本生父母在内。惟养子女无行为能力，而养父母

为其法定代理人者,《民法》第一千零八十一条所称终止收养关系之诉,依《民事诉讼法》第五百八十二条之规定,既应由其本生父母代为诉讼行为,则《民法》第一千零八十条第一项之同意,自应解为由其本生父母代为之养子女为限制行为能力人,而养父母为其法定代理人者,其为《民法》第一千零八十条第一项之同意,亦应得其本生父母之同意。仰即转饬知照。此令

**附原呈**

案据石门县司法处主任审判官张绍骞三十六年九月二日星字第六七八号代电称,查《民法》第一千零八十条规定,养父母与养子女之关系得以双方同意终止之等语。此双方二字,是否单独指养父母与养子女或养子女之本生父母而言,抑包括养子女已成年即指养子女,如养子女未成年即指其本生父母而言?事关法律疑问,谨电恳垂察,指令祇遵等情。据此,查《民法》第一千零八十条所谓双方,自系指养父母与养子女而言,惟养子女如系未成年,应由何人代为行使《民法》第七十六条、第七十七条之权利,当属法律上疑义,理合备文转请钧院俯赐解释,俾便饬遵。

**院解字第三七五〇号**

**三十六年十二月二十二日**

广东高等法院史院长览,酉世代电悉。中山地方法院代电所请解释一案,业经本院统一解释法令会议议决,第二审法院依《复员后办理民事诉讼补充条例》第八条第一项第二款规定为第一审审判时,因原告未缴裁判费以裁定驳回其诉者,原告仍得向地方法院提出同一之诉。合电转饬知照。司法院亥祃印

**附原代电**

南京司法院院长居钧鉴,案据中山地方法院酉冬代电称,窃查《复员后办理民事诉讼补充条例》第八条第二款前段规定,沦陷区收复时事件系属于第二审者,除原第一审判决系沦陷前法院所为者外,由第二审法院为第一审审判。兹有甲乙二人于沦陷时向伪地方法院诉讼,经判决驳回原告之诉,原告不服,上诉于伪高等法院,复员后由高等法院接收办理,以未缴裁判费用,依第一审审判程序,裁定将原告之诉驳回。现原告复向地方法院缴费起诉,于此关于应由何法院受理及是否一事再理两问题,有甲乙两说。(一)受理法院问题。甲说,前开条例既规定由第二审法院为第一审审判,地方法院自无权管辖,现原告向地方法院缴费起诉,应将案移送第二审法院办理。乙说,第二审法院既以诉为不合法裁定驳回,事件已告结束,不能视为仍系属于第二审法院,现原告重新起诉,应由第一审地方法院受理。(二)一事再理问题。甲说,第二审法院虽曾以未缴费裁定驳回原告之诉,但依前开条例规定,该裁定即属第一审裁定,既未为实体之裁判,自不发生一事再理问题。乙说,第二审法院既经裁定驳回,上诉人未于法定期间内抗告,从而原伪地院所为之判决即已确定,现原告重行起诉,当属一事再理云云。事关法律疑义,究以何说为当,悬案待决,理合电请察核解

释示遵等情。据此,事关适用法律疑义,理合电呈钧院鉴核,迅赐解释,电示祗遵。广东高等法院院长史延程叩酉世文乙

**院解字第三七五一号**

**三十六年十二月二十三日**

广东高等法院史院长张首席院检察官均览,申梗代电悉。所请解释一案,业经本院统一解释法令会议议决,犯罪在民国三十三年六月一日以前,原处无期徒刑之案件,经依减刑办法减为有期徒刑十五年,再依罪犯赦免减刑令减轻二分之一者,其减刑后之刑期,应自三十三年六月十七日(减刑办法公布之日)起算,犯罪在是年六月二日以后,而在三十五年十二月三十一日以前,原处死刑,经依罪犯赦免减刑令减为有期徒刑十五年者,其刑期自罪犯赦免减刑令公布之日起算,原处无期徒刑,经减为有期徒刑十年者,其减刑前已执行之日数(不包括羁押日数),应算入减刑后之刑期。合电知照。司法院亥梗印

**附原代电**

南京司法院院长居钧鉴,查犯罪在三十三年六月一日以前,原处无期徒刑者,依三十三年六月十七日公布施行之减刑办法,减为有期徒刑十五年,再依三十六年一月一日公布施行之罪犯赦免减刑令,减其刑二分之一,惟减刑后之刑期应如何起算,兹有甲乙二说,(甲)说犯罪在三十三年六月一日以前,原处无期徒刑者,其已执行之日数,不得算入减刑后之刑期,应自三十三年六月十七日减刑办法施行之日起算,经院字第二七六一号解释有案,依罪犯赦免减刑令及罪犯减刑办法第七条,就减得之刑再予减刑,仅系缩短刑期二分之一,至于减刑后之刑期,仍应自三十三年六月十七日起算。(乙)说罪犯减刑办法第四条规定,减刑前已执行之日数算入减刑后之刑期,寻释文义,无论死刑无期徒刑或有期徒刑裁判确定前之羁押日数,依《刑法》第四十六条,均应准予折抵,已无以前减刑办法第二条第二项仅以有期徒刑拘役或罚金为限之规定,院字第二七六一号解释,系根据以前之减刑办法第二条第二项而来,现罪犯减刑办法既已施行,依后法优于前法之原则,该号解释对罪犯减刑办法第四条并不发生拘束效力,犯罪在三十三年六月一日以前,原处无期徒刑,经两次减刑后之刑期,应自羁押之日起算,于受刑人乃较为有利,而符政府恤刑重赦之至意。二说未知孰是,又查犯罪在三十三年六月一日以后,三十五年十二月三十一日以前,依罪犯赦免减刑令丙项第一、二两款,死刑减为有期徒刑十五年,无期徒刑减为有期徒刑十年,执行日期应如何起算,亦不无疑义,理合电呈钧院鉴核,迅赐一并解释示遵。广东高等法院院长史延程首席检察官张启鸿申梗文乙

**院解字第三七五二号**

**三十六年十二月二十三日**

案准贵部本年八月十五日人36字第一七零四零号公函,以因案停职人员其停职期间之

年资应否承认疑义,函请核复等由。准此,兹经本院统一解释法令会议议决,因案停职人员未受免职处分或科刑判决而许其复职者,其停职期间之年资应与复职后之年资合并计算。相应函复查照。此致外交部

**附原公函**

查国民政府公报登载,贵院三十五年三月二十八日院解字第三一一六号,令中央公务员惩戒委员会指令,以据呈准本部函请解释公务员惩戒法第十六条第三项及第十七条疑义,请赐解答等情,经贵院统一解释法令会议议决,列叙解释三项,仰即转函知照各等语,业经遵照办理各在案。兹准铨叙部函,以据考试院则例规定,留职停薪人员在恢复工作前无成绩可考,其年资不得与恢复工作后之年资合并计算,故前项停职人员经复职后年资合并计算各等由。兹查铨叙部据前项则例不予并计停职人员在停职期间之年资,其法例根据颇滋疑义,因公务员因案停职与留职停薪。又查因案停职经判明无罪复职后,复职人员之长官得本其职权补发其停职期内之俸给,其停职期间之年资应否承认?事关法例,相应函请查照核办见复为荷。

**院解字第三七五三号**

**三十六年十二月二十三日**

福建省政府刘主席览,雨酉东府人丙代电悉。所请核示一案,兹经本院统一解释法令会议议决,各院部会长官或地方最高行政长官认为所属公务员应予撤职查办者,应依公务员惩戒法第十一条及第十六条第二项办理,不得径予撤职留任,再使办理原有职务。合电知照。司法院亥梗印

**附原代电**

南京司法院钧鉴,查公务员因案应予撤职查办,惟该管业务仍需该员继续负责办理,以期完成,可否予以"撤职留任",其留任时间有无限制,薪俸如何支给,其执行主管职务时,应以何项名义对外行文,尚无明文规定,颇滋疑义,理合电请察核示遵。福建省政府主席刘建绪叩雨酉(东)府人丙印

**院解字第三七五四号**

**三十六年十二月二十三日**

广西高等法院申院长览,巳文代电悉。龙胜县司法处代电所请解释一案,业经本院统一解释法令会议议决,出征抗敌军人之妻,以其夫有《民法》第一千零五十二条第九款情事,于抗敌战事结束后提起离婚之诉,自不受《出征抗敌军人婚姻保障条例》第二条规定之限制,其夫在出征抗敌期内生死不明之时期,亦应计算在《民法》同条款所定三年期间之内。合电转饬知照。司法院亥梗印

附原代电

南京司法院院长居钧鉴,案据龙胜县司法处辰号代电称,设有出征军人之妻,现时以其夫于出征期内有《民法》第一千零五十二条第九款为理由,请求离婚,其应否适用该条款予以判准,兹有甲乙两说。甲说,出征抗敌军人于出征期内其妻不得请求离婚,为出征军人婚姻保障条例第二条所明定,依政府公布抗战结束日期为民国三十四年九月三日,在抗战结束前之出征军人,于出征期内之婚姻,依法既应保障,其在出征期内生死不明之时间,当不能认为有《民法》第一千零五十二条第九款之理由。易言之,即此条款原因之构成,应自抗战结束后重新起算,在生死不明新原因尚未完成以前,即不能依该条款准许离婚。乙说,出征抗敌军人在出征期内其妻不许请求离婚,此种限制系明指出征期内而言,并非谓系抗战结束后仍可概指为不得请求离婚之谓。如出征军人于出征期内生死不明已逾三年,在该期内,其妻因受战时法令拘束,孤守空帏,生活已极端痛苦,其个人权利业有不少损失,国家人口亦不免减少。现抗战既于民国三十四年九月三日结束,苟其夫出征生死不明已逾三年之原因,于抗战结束后继续存在,而据以请求离婚,其请求已非出于出征期内所为,当不应再受出征军人婚姻保障条例第二条之拘束。易言之,即不妨碍于《民法》第一千零五十二条第九款之适用,自应据以准许离婚,俾解除痛苦,借使得另自由结婚,以增人口。以上两说未知孰是,理合电呈察核俯赐解释示遵等情。据此,查《出征抗敌军人婚姻保障条例》,经奉司法行政部令奉行政院三十五年二月十八日节捌字第四八一三号训令,仍应继续施行等因,来问似尚应受《出征抗敌军人婚姻保障条例》第二条出征抗敌军人在出征期内其妻不得请求离婚之限制。惟是司法院三十五年十月二十四日院解字第三二八一号解释内开,《出征抗敌军人婚姻保障条例》各条所称之出征期内,系指出征抗敌期内而言,抗敌战事结束后,纵令继续服务,亦不得为同条例所称之出征期内云云,则来问似又不在限制之列,如其不受限制,对于《民法》第一千零五十二条第九款之起算点,是否应自出征期内即予起算?案关法律疑义,理合电恳察核迅赐解释,俾得饬遵。广西高等法院院长申守真呈巳文民子印

院解字第三七五五号

三十六年十二月二十三日

令青海高等法院

据青海西互地方法院本年四月四日呈,以《刑法》第四十条、《民事诉讼法》第二十八条第一项适用疑义,呈请释示等情前来。业经本院统一解释法令会议议决,(一)《刑法》第四十条所称犯最重本刑为三年以下有期徒刑之刑者,系指法定最重本刑而言,并不包括依总则加重或减轻情形在内。(二)《民事诉讼法》第二十八条第一项所谓管辖法院,系指依法有管辖权之法院而言。合行令仰转饬知照。此令

附原呈

呈为呈请解释事,兹有法律疑问两点,(一)查被告受六月以下有期徒刑或拘役之宣告

得易科罚金者,依《刑法》第四十一条规定,以犯最重本刑为三年以下有期徒刑以下之刑之罪为限,而参阅最高法院二十九年上字一六零七号判例载,上诉人假借职务上之机会伤害人身体,经加重结果,其最重本刑已逾三年,即不得适用该条易科罚金等语。反之,如所犯最重本刑超越三年,因系未遂犯或从犯关系,已依法减轻结果,其本刑范围为三年以下有期徒刑以下之刑之罪,而受六月以下有期徒刑或拘役之宣告者,倘因执行困难,能否易科罚金,不无疑问。(二)《民事诉讼法》第二十八条第一项载,诉讼之全部或一部法院认为无管辖权者,依原告声请或依职权以裁定移送于其他管辖法院,兹所谓其他管辖法院,有两种主张:甲说,所谓管辖法院对该案件依法有管辖权之法院。乙说,并非限定有管辖权之法院,即无管辖权之法院亦包括之,盖依原告声请或依职权移送于该无权管辖之法院为便时,亦应裁定移送,此种规定,所以济事实之穷,而谋人民之便利,如认为系限定有管辖权之法院,则管字上应加有字,辖字下应加权字,兹未加有字权字,则非限定有管辖权法院可知。究竟二说孰当,殊难决定,以上法文上疑问两点,亟待解决适用,理合备文径呈钧院迅赐释示,以免臆断。

**院解字第三七五六号**

**三十六年十二月二十三日**

福建省政府刘主席览,雨申鱼府人丙字第一一七一二四号代电悉。所请释示一案,兹经本院统一解释法令会议议决,主管长官将其所属职员免职,非公务员惩戒法上之惩戒处分,惟荐任职以下之公务员之记过或申诫,得径由主管长官行之,同法第十二条已有明文规定,自属惩戒法上之惩戒处分,所谓荐任职以下,当然包括荐任官在内。合电知照。司法院亥梗印

**附原代电**

南京司法院钧鉴,查《公务员惩戒法》第十二条载“荐任职以下公务员之记过或申诫,得迳由主管长官行之”等语,所称荐任职以下,是否荐任职包括在内,抑仅为委任职。又,例如某机关报以某职员工作不力,贻误公务,经查属实,予以免职并记过或申诫处分,但此次通常免职例不经惩戒程序者,其记过或申诫处分是否与惩戒法第三条第一项一款及第四条规定抵触,颇滋疑义,理合电请鉴核释示。福建省政府人丙印

**院解字第三七五七号**

广西高等法院申院长览,申皓代电悉。桂林地方法院代电所请解释一案,业经本院统一解释法令会议议决,来文所述情形,该矿商逃逸,姓名不详,是科罚主体既属不明,自无从对其贩运之矿产品为没入之裁定。合电转饬知照。司法院亥梗印

**附原代电**

南京司法院院长居钧鉴,按据桂林地方法院三十六年申支代电称,查贩运矿产物之商

人违反《矿产税条例》第十一条各款规定在二次以上，或所漏税额在五千元以上，或当查获时以武力抗拒希图逃逸者，依《矿产税条例》第十二条第一项第一款，应将其矿产品没入。惟于违反上开法条之矿商逃逸，姓名不详，无从为科罚罚锾之裁定时，其贩运之矿产品可否单科没入，殊乏依据，理合电请转呈解释示遵等情。据此，事关适用法律疑义，职院未敢擅拟，理合电请察核俯予解释电示祇遵。广西高等法院院长申守真申皓刑天印

**院解字第三七五八号**

国防部鉴，午江吕捕代电悉。甘肃省保安司令部电请解释一案，兹经本院统一解释法令会议议决，来电所称查获之假烟，既系毫无毒质，即不成立《禁烟禁毒治罪条例》第十四条第二项之罪，特电复请查照饬知。司法院亥梗印

**附原代电**

司法院赐鉴，兹局甘肃省保安司令部已铣征文电称，某甲隐没查获之鸦片系无毒质之假烟，应否构成隐没查获鸦片罪等语。查件系属《刑法》第二十六条但书之不能犯，依法应予减轻或免除其刑，但查最高法院十九年非字第三十五号判例，与本件情形相类似，认为不生犯罪问题，显相抵触，二者何所适从，谨电请察照迅赐解释，俾资饬遵为祷。国防部午江吕捕

**院解字第三七五九号**

**三十六年十二月二十四日**

案准贵院本年一月二十三日从壹二第二一二四号公函，以据内政部呈请核示《省参议会组织条例》第三条第一项第二款、《市参议会组织条例》第二条第一项第二款，及《县参议会组织暂行条例》第二条第一项第三款适用疑义，函请解释见复等由。准此，兹经本院统一解释法令会议议决，有关人民权利义务之省单行规章，依《省参议会组织条例》第三条第一项第二款规定，既应经省参议会议决，则省政府依据中央法令订定有关人民权利义务之省实施规章，自亦应经省参议会议决。《市参议会组织条例》第二条第一项第二款及《县参议会组织暂行条例》第二条第一项第三款所谓单行规章，亦应解为以有关人民权利义务者为限。市县政府依据中央法令或省单行法令订定之市县实施规章，有关人民权利义务者，应经市县参议会议决，自不待言。相应函复查照饬知。此致行政院

**附原公函**

据内政部呈称，查《省参议会组织条例》第三条第二款规定，省参议会有议决有关人民权利义务之单行规章之权，则省政府依职权订定有关人民权利义务之省单行规章，自应先经省参议会议决，业经钧院解释有案。惟省政府依据中央现时法令订定有关人民权利义务之省实施章则，是否亦应先经省参议会议决？又《县参议会组织条例》第二条第三款及《市参议会组织条例》第二条第二款，均规定县市参议会有议决县市单行规章之权。是项县市

单行规章之范围,是否不以有关人民权利义务为限?县市政府依据中央及省现行法令订定之县市实施章则,应否包括在内,法无明文规定,理合呈请核示祇遵等情,相应函请查照解释见复为荷。

**院解字第三七六〇号**

**三十六年十二月二十四日**

**令首都高等法院首席检察官李师阮**

据首都地方法院首席检察官陈光虞巳帑代电,以警官对于违禁人科处拘留超过法令日数案件适用法律疑义,电请核示祇遵等情前来。业经本院统一解释法令会议议决,警官对违禁人科处拘留超过法定日数,如系出于故意,应负《刑法》第三百零二条第一项之罪责。合行令仰转饬知照。此令

**附原代电**

司法院院长居钧鉴,查某甲为某警察局警官,于处理违禁案件时拟办裁决书,对于违禁人丙科处拘留超过法令日数,签请局长某乙核可,即付执行完毕,不无疑义,现有甲乙丙三说,甲说,认违禁案件依法亦经裁决程序,某甲与某乙应成立共犯《刑法》第一二四条之枉法裁判罪,其已付执行完毕,并应成立同法第三〇二条第一项之妨害自由罪。乙说,认处理违禁案件虽经裁决之程序,但不在《刑法》第一二四条所定审判裁判范围之内,某甲与某乙均不成立该条之罪,仅于执行完毕之情形下,成立同法第三〇二条第一项之罪。丙说,认警官处理违禁案件,科处拘留,纵逾法定日数,仍属职务上之行为,违禁人失去自由,系执行违禁罚裁决书之结果,不成立何项罪名,原裁决书纵有不当,仅可依违禁处罚法第四六条提起诉愿,以资救济。上列各说究以何说为当,事关办案适用法律发生疑义,理合电请钧座核示祇遵。首都地方法院首席检察官陈光虞巳帑叩印

**院解字第三七六一号**

**三十六年十二月二十四日**

国防部鉴,申冬吕捕代电悉。浙江保安司令部代电所请核示一案,兹经本院统一解释法令会议议决,乡镇长因碉堡久置不用,提交乡镇民代表会议将其拆卖,得款移交地方公用,应不负何种罪责,特电复请查照转知。司法院亥迴印

**附原代电**

司法院钧鉴,案准浙江保安司令部保绥济字第一〇〇八五号代电,略以抗战时期敌伪及我军所建碉堡,其中尚多具有防匪价值,前经奉令修葺保留,并通饬遵办有案。兹有乡镇长擅将该项碉堡提交乡镇民代表会议通过拆卖,所得价款移充乡镇公所及国民中心学校经费之用,究应依《刑法》毁损罪处罚,抑应依要塞堡垒地带法处罚,请鉴核示遵等情。关于此点约分两说,第一说,谓此项碉堡弃置未用已久,显已失去军事上直接之效用,只可认为公

有财物,不能认为军用品,如经会议通过拆卖,移充地方公用,除该乡镇长应构成行政处分外,尚难论罪。第二说,谓此项碉堡既具有防匪价值,且经通饬修葺保留有案,际此戡乱伊始,自应妥予保护,应认为军用品,其拆卖行为虽非意在图利,仍应构成军《刑法》第一〇五条之毁弃军用品罪。以上二说未知孰是,抑另有他说,案关法律适用疑义,未便擅拟,谨电请鉴核迅赐解释,俾使饬遵。国防部申冬吕捕印

**院解字第三七六二号**

**三十六年十二月二十四日**

外交部鉴,本年二月八日欧36字第零二四七九号代电悉。驻巴达维亚总领事馆电请解释一案,兹经本院统一解释法令会议议决,(一)原呈所称情形,甲在中国之婚姻,苟无特别情事,自可认为有效合法之婚姻,非必有书证;(二)甲如在《民法》继承编施行后死亡,则其妻及婚生子女均为其继承人,其应继分为均等;(三)甲在中国之婚姻如系无效,其相婚者固非继承人,惟所生子女经甲认领或经甲抚育而视为认领者,依法视为甲之婚生子女,仍不失为甲之继承人,其应继分与其他继承人均等;(四)甲在万隆重婚,如别无效原因,则在未撤销结婚前,该后妻仍有配偶之身分,惟其应继分应与前妻各为法律所定配偶应继分之二分之一,倘其结婚不具备有效要件,而该后妻由甲生前继续扶养者,应由亲属会议依其所受扶养之程度及其他关系酌给遗产;(五)兄弟异母兄弟姊妹异母姐妹均为《民法》第一千一百三十八条所定第三顺序之继承人,于被继承人无直系血亲卑亲属及父母时方为继承人,其应继分为均等,惟被继承人有配偶者,其遗产除由配偶继承二分之一外,方由该顺序之继承人按人数平均继承。特电复请查照饬知。司法院亥迥印

**附原代电**

司法院勋鉴,据驻巴达维亚总领事馆电,以据庄宝彪呈询中国之婚姻法及继承法请解答等情,理合照抄原呈一份,随电呈请核转司法院解释,并乞训示,以便转知等由,附抄呈庄宝彪原呈到部,理合抄同原附件,电请鉴核办理示复为祷。外交部鉴

**附原抄呈**

巴达维亚总领事鉴,阁下如告知吾等如何可获得一部中国法典或《民法》,吾等将深为感激,尤以英文版为佳,吾等关于中国法之学识颇为缺乏,常对茫然,尤以中国之婚姻法与继承法为然,在应用于中国侨民时,觉有许多事件不适用荷印法律,而依中国之法理裁判,较为恰当,在吾人祈求获得上述之中国法典时,先恳请阁下解答以下数问题事实。华侨某甲系在中国出生,而死于荷属东印度之万隆地方(按万隆 Bandung 在瓜哇岛巴达维亚附近)在中国遗有一妻一孩,在万隆遗有一妻七孩,前者系根据中国礼教习惯仪式而结婚,并无合法之文书,后者依荷印法观之,不能认为合法之婚姻,因亦无合法之文书也,现死者尚有一姐妹及一异母兄弟,问题(一)上述在中国之婚姻可否认为合法,如不合法,则合法婚姻之书证应如何?(二)假定在中国之婚姻系属合法,则虽为继承人,及彼等之应继分各为若干,

(三)若在中国之婚姻不合法,则谁为继承人,及其应继分若干,(四)在万隆之次妻应否认为合法之妾,其法律上地位如何?(五)兄弟异母兄弟姐妹异母姐妹亦可继承否?若能继承,则彼等之应继分若干,吾等将愉快听取问题之回答,劳神之处,谨先鸣谢。庄宝彪谨上

**院解字第三七六三号**

**三十六年十二月二十四日**

案准贵院本年十一月十三日(三十六)四内字第四六六八三号咨,以据地政部呈转请核示房地出卖承租人可否优先购买适用法律疑义一案,经交据司法行政部议复前来,抄同原件,咨请解释见复等由,附抄地政部司法行政部原呈各一件。准此,兹经本院统一解释法令会议议决,《土地法》第一百零二条至第一百零五条均就租用基地建筑房屋之当事人间关系而为规定,其中第一百零四条系于此种当事人间规定承租人于出租人之基地出卖时有优先购买权,出租人于承租人之房屋出卖时有优先购买权,若租用房屋及基地之承租人于出租人之基地或房屋出卖时,自不得援用同条之规定主张优先购买权。相应咨复查照饬知。此咨行政院

**附原咨**

查前据地政部呈,为房地出卖承租人可否优先购买,请核示一案到院,经交司法行政部议复去后,兹据呈复前来。案关法律疑义,相应抄同原件,咨谓贵院解释见复为荷。

**附抄地政部原呈**

案准福建省政府本年丙申删府地丙字第一一九〇五〇号代电开,据长汀县政府呈,以该县租赁房屋租约内载"立租房屋并地基人某某"等字样,出租人如将房地出卖,承租人可否享受《土地法》第一〇四条规定优先购买之权,请核示等情前来。查《土地法》第一〇四条规定,基地出卖时承租人有依同样条件优先购买之权,房屋出卖时基地所有权人有依同样条件优先购买之权,至租用房屋并基地在内,出租人将基地及房屋出卖时,承租人可否优先购买,法无明文规定,相应电请查核见复为荷等由。准此,查《土地法》第一〇四条前段规定"基地出卖时承租人有依同样条件优先购买之权",关于租赁房屋,其基地自应包括于原租约内,于出租人将基地或房屋出卖时,似可援用《土地法》第一〇四条规定之优先权,由承租人依同样条件优先购买,惟事关法律之适用,本部未便擅专,是否有当,理合备文呈请鉴核示遵。

**附抄司法行政部原呈**

案准钧院秘书处本年十月七日服四内字第七九七六六号通知单,以地政部呈转福建省政府代电,以据长汀县政府呈请核示房地出卖承租人可否优先购买请鉴核一案,奉院长谕"交司法行政部议复",相应通知等由,并抄附原呈一件到部。查《土地法》第一〇四条将基地出卖与房屋出卖两种情形分别而为规定,基地出卖基地承租人有依同样条件优先购买之权,至房屋出卖则惟房屋基地所有权人始有优先购买之权,原呈所称情形,依照上开说明,

承租人仅对于该基地有依同样条件优先购买之权，而对于房屋部份则否，奉谕前因，理合呈复鉴核。

**院解字第三七六四号**

**三十六年十二月二十四日**

国防部鉴，辰虞吕捕代电悉。陕西省保安司令部代电所请解释一案，兹经本院统一解释法令会议议决，初吸鸦片，经依《禁烟禁毒治罪条例》第八条第二项判处罪刑并依同条第三项勒令禁戒断瘾后改吸毒品者，应以该条第三项论处。特电复请查照转知。司法院亥迥印

**附原代电**

司法院赐鉴，据陕西省保安司令部卯删保法总丑字第七八九一号代电称，查前军事委员会二十五年四月六日法子字第二三〇四号鱼代电解释，查《禁烟禁毒治罪暂行条例》施行以前初犯吸食毒品或鸦片自愿投戒或勒戒戒绝后复吸食者，应依各该条例以再犯论处，初犯吸食鸦片经自愿投戒或勒戒戒绝后改吸毒品，或初犯吸食毒品经自愿投戒或勒戒戒绝后改吸鸦片，应依其所犯分别从重论处，不得以再犯处断等因。查《禁烟禁毒治罪暂行条例》吸用毒品法定刑系唯一死刑，依上开解释从重处断，其科刑程度尚无出入。但现行《禁烟禁毒治罪条例》吸用毒品法定本刑为十年以下三年以上，复吸鸦片法定刑为死刑无期徒刑，若初吸鸦片经勒戒后改吸毒品者，依上开解释，只能判处有期徒刑十年以下。两者相较，其刑期轻重悬殊，究竟初吸鸦片经勒戒断瘾后改吸毒品之人犯，是否可以复吸论处，不无疑问，理合电请核示为祷等情，谨转请解释赐复为祷。国防部辰虞吕捕印

**院解字第三七六五号**

**三十六年十二月二十四日**

广西高等法院申院长览，辰寝代电悉。邕宁地方法院代电所请解释一案，业经本院统一解释法令会议议决，(一)合于制药用之烟毒，《查缉毒品给奖及处理办法》既设有特别规定，依修正之《禁烟禁毒治罪条例》第十七条末段，自应依该办法处理；(二)于上开办法施行前已宣告没收销毁之烟毒，如经裁判确定，仍应予以销毁；(三)烟毒案件对于应行没收之烟毒，只须裁判主文内宣示没收。合电转饬知照。司法院亥迥印

**附原代电**

南京司法院院长居钧鉴，案据邕宁地方法院本年五月文字第九七零号佳代电称，查烟案没收之烟毒，依《禁烟禁毒治罪条例》第十七条规定，应予销毁。但查司法行政部所发司法法令汇编第五册载行政院公布之《查缉毒品给奖及处理办法》，则凡该项毒品应送由县政府转解为制药之用，于此发生(一)该处理办法不过是命令一种，是否应认为命令不能变更法律，法院不应引用该办法处理毒品？(二)该办法本院尚未正式奉文，若认为没收之毒品

应依该办法处理,但已判决没收销毁,而未销毁者应否补送县府办理?(三)毒品既应送县府转解处分,则该案判决书之呈文,是否不能再标明销毁二字?若为相当之记载,又与前述条例显有冲突。以上数点殊滋疑义,理合电请察核迅赐解释,悬案待结,立候电覆遵办等情。据此,案关法律疑义,理合电请察核,俯予解释电示,俾使饬遵。广西高等法院院长辰寝刑天印

**院解字第三七六六号**

**三十六年十二月二十四日**

辽宁高等法院李院长览,午俭代电悉。所请解释一案,业经本院统一解释法令会议议决,(一)《非常时期违反粮食管理治罪暂行条例》第二条规定之谷,系指稻谷而言,高粱、高粱米、大豆、谷子、小米、苞米等类,均系同条所称之杂粮;(二)同条例第三条所谓经营粮食业之商人,只须实际上经营粮食,不以领有营业许可证者为限;(三)同条例第三条第一项第一款规定购囤粮食营利,应以"购"、"囤"及"营利"三者俱备为构成犯罪要件,所谓营利,只须有营利之意思,不以业经获利为限;(四)国民政府主席东北行辕下所设之经济委员会,系同条例第三条第二项所称之粮食主管机关,其三十六年五月二十七日布告限令出售六个月需要量以外之存粮,系规定同项第三款之出售,与同条例第五条第一项民户报告存粮之规定无涉。合电知照。司法院亥迥印

**附原代电**

南京司法院院长居钧鉴,案据沈阳地方法院午齐代电称,查本院审理《非常时期违反粮食管理治罪暂行条例》案件,对于该条例之适用,发生下列疑义。一、《非常时期违反粮食管理治罪暂行条例》第二条规定之谷,是否单指稻抑指一切谷类而言,高粱、高粱米、大豆、谷子、小米、苞米等应属"谷"类,抑系"杂粮"?二、同条例第三条规定之"经营粮食业之商人",应以具备何种资格条件为必要,有下列各项情形之一者,是否合于该条所谓"经营粮食业之商人",(甲)持有"沈阳市政府商工业临时营业许可证",其营业种类载为"粮业"或"油粮制造贩卖"者,(乙)仅有"沈阳市粮业公会"所发"会员证"经"粮食部东北第一区粮食管理局"在该"会员证"后面盖有"验讫"印者,(丙)持有乙项"会员证"而正在办理甲项许可证之手续中者?三、同条例第三条第一项第一款规定"购囤粮食营利",是否以"购"、"囤"及"营利"三者为构成犯罪之必要条件,如"购"而非"囤"(例如行纪或代办商)或"囤"而非"购"(例如仓库业或运送业)或"购囤"而非"营利"(例如购囤自用),均能否以囤积居奇或以共犯论处?又所谓"营利"是否以仅有营利之意图或营利之目的即为已足,如购囤而尚未售出获利,能否依该条款论罪?并"营利"是否以囤积粮食而直接获利为限?如加工业酿造业运送业虽购囤食粮但据依加工运送而方可获利者,能否按该条款处断?四、同条项第二款规定"经粮食主管机关出售"云云,依司法院第二四六三号解释,"须具备该机关有出售之规定",则国民政府主席东北行辕于三十六年五月二十七日颁发之三十六辕经字第三二七

八三号"布告"及同年五月二十四日"沈阳市政府为执行粮食管理紧急通告"中所规定之各种办法,是否可解为已"经粮食主管机关规定出售",并其规定如与同条例有抵触时应如何适用(例如该"布告"规定民户得留存六个月以上之食粮而同条例规定民户存粮不得超过三个月以上之需要量)?又依司法院二四六三号解释,"所谓粮食主管机关仅限于粮食部及其所属各省市县主管粮政机关始克当之",则东北行辕及沈阳市政府能否解为沈阳市之"粮食主管机关",电请核示等情到院。查原电所称(一)《非常时期违反粮食管理治罪暂行条例》第二条规定之"谷",似专指稻而言,高粱等六种应为"其他之杂粮"。(二)甲项合于同条例第三条所称"经营粮食业之商人",沈阳市政府对于商工业之经营既定有商工业临时营业许可证,自以领有该项许可证者为经营粮食业之商人,其未经请准领有许可证或尚在请领中者,似非合法之经营粮食业商人。(三)同条例第三条第一项第一款规定"购囤粮食营利",应以购囤而具有营利情事为要件,所谓营利,只有营利之意图即足,似不以实际上业已售出获利或以直接获利为限,如非粮商而为他人代购或代囤,经查有与他人共同营利情事,即应以共犯论处,又非经营商业之人或非经营粮食业之商人购粮囤积,而有非常时期取缔日用重要品囤积居奇办法第十八条所列各款行为者,并应依《非常时期农矿工商管理条例》第三十一条惩治。(四)国民政府主席东北行辕为东北最高行政机关,其下并设有经济委员会暂代粮食部办理东北区所有应经该部核定办理事项(经东北行辕呈报在案),其颁发之三十六辕经字第三二七八三号布告,既有限期出售之规定,自应解为已"经粮食主管机关规定出售",至民户留存粮食额之限制,粮食主管机关可视地方实际情形酌为放宽,但限定留存数额不得少于三个月之需要量,如少于三个月,即系违反强行规定,固属无效,沈阳市政府为执行粮食管理所颁布之紧急通告,限定民户得留存六个月之食粮,系将留存粮额之限制放宽,对于市民并无不利,似仍应适用,除沈阳市政府究系执行粮食管理机关抑系粮食主管机关,业已电令径向国府主席东北行辕经济委员会查询,并令暂依上开意见办理外,事关法律疑义,本院未敢擅断,理合据情转恳钧院迅赐解释,俾资遵循。辽宁高等法院院长李祖庆午俭印

**院解字第三七六七号**

**三十六年十二月二十四日**

台湾高等法院杨院长览,未梗代电悉。所请解释一案,业经本院统一解释法令会议议决,列入编余送队受训之军官,自仍具有军人身分。合电知照。司法院亥迥印

**附原代电**

南京司法院院长居钧鉴,查前在职军官经整编后列入编余,复送军官大队受训,其编余期间是否尚具有军人身分,事关法律实用,本院未敢擅专,理合电请解释,俾便祇遵。台湾高等法院院长杨鹏叩刑三字未梗印

**院解字第三七六八号**

**三十六年十二月二十四日**

**令热河高等法院院长朱焕彪**

三十六年三月六日呈一件,为据丰宁县司法处代电请核示县司法处能否受理声请提审事件疑义,请赐解释,俾便饬遵由。

呈悉,业经本院统一解释法令会议议决,县司法处得受理声请提审事件,参照院解字第三二三三号解释。仰即转饬知照。此令

**附原呈**

案据丰宁县司法处审判官攸玉真代电称,查提审法业于三十五年二月十五日实施,并奉令催妥速励行以保人权等因在案,然查同法第一条载,人民被法院以外之任何机关非法逮捕拘禁时,本人或其亲属得向逮捕拘禁之地方法院或其隶属之高等法院声请提审等语,对于县长兼任检察官,如有非法逮捕拘禁人时,是否应属于法院以外之机关,而前条末段载明,声请提审应向该管之地方法院或其隶属之高等法院,则县司法处能否受理声请提审事件,核与法文并未明确示明,不无疑义,职处此类事件时有发生,处理颇感困难,理合呈请钧座电示祇遵等情。据此,查《县司法处办理诉讼补充条例》第一条载,县司法处办理民刑诉讼,除本条例有规定外,适用或准用民《刑事诉讼法》及其他关于法院通用之法令,又第九条载,县长因告诉告发自首或其他情事知有犯罪嫌疑或由司法警察官移送者,应即侦查犯人及证据,是兼理司法之县长兼有检察官之职权,其因案件所为逮捕拘禁人犯,自不得指为法院以外之机关。惟查得为受理声请提审之机关,依提审法第一条之规定,限于地方法院或其隶属之高等法院,在未经设立正式法院之地方,该区域内县司法处能否受理,提审法无明文依据,事关解释法令疑义,本院未便擅拟,除指令外,理合呈请钧院鉴核,俯赐解释,俾便饬遵。

**院解字第三七六九号**

**三十六年十二月二十四日**

粮食部鉴,酉梗京裕管三代电悉。所请解释一案,兹经本院统一解释法令会议议决,依《非常时期违反粮食管理治罪暂行条例》第四条第二项,及《刑事诉讼法》第一百三十三条第一项扣押之粮食,如有同法第一百四十一条规定情形,于案件判决前得拍卖之,保管其价金,如将来判决无罪,原主对于所受价格上之损失,不得请求赔偿。特电复请查照。司法院亥迥印

**附原代电**

司法院法规统一解释委员会公鉴,查粮食为易于变质之物品,如查获有触犯《非常时期违反粮食管理治罪暂行条例》嫌疑之粮食,如待法院判决始行变价归公或发还原主,则粮食

或将变质,为防范变质珍惜物资起见,是否可于未判决前先予标售,或由粮政机关定价收购?若标售或收购后判决无罪,将价款发还时,粮价较高,原主对于所受价格上之损失,有无请求赔偿之权?相应电请查明示覆为荷。粮食部酉梗京裕管三印

**院解字第三七七〇号**

**三十六年十二月二十四日**

安徽高等法院廖院长览,辰冬代电悉。所请解释一案,业经本院统一解释法令会议议决,《惩治贪污暂行条例》施行前,乡公所书记与乡丁奉令下乡催粮,遇壮丁某即以送县充壮丁相恐吓,因而取得财物,在《惩治贪污条例》施行后,固应论以该条例上相当罪名,惟因适用《刑法》第二条第一项但书之结果,仍应依《刑法》恐吓取财罪处断,其最重本刑既合于罪犯赦免减刑令甲项规定,自应为免诉之判决。合电知照。司法院亥迥印

**附原代电**

南京司法院院长居钧鉴,今有(丙)充乡公所书记,(丁)充乡公所乡丁,丙丁二人奉令下乡催收公粮,遇壮丁(戊),即行逮捕,并以危词恐吓送县充当壮丁等语,戊因畏当兵,遂出洋二元,即行释放,经兼理司法县政府认丙丁具有公务员身份假职务之权力共同恐吓诈财,于民国二十七年四月各处有期徒刑六月,并由原县送请覆判,检察官提起上诉后,地方沦陷,案即停止,本年一月罪犯赦免减刑令颁发,丙丁二人能否赦免,有甲乙二说。(甲)说谓法律不溯既往,当时《惩治贪污暂行条例》既未公布,依《刑法》恐吓诈财罪为有期徒刑以下之刑,应在赦免之例。(乙)说谓行为后法律有变更者,适用裁判时之法律,丙丁既有公务员之身份,应适用现行《惩治贪污条例》判处,不能赦免。以上二说,未知孰是,理合电请钧院鉴核解释示遵。安徽高等法院院长廖江南卯刑电辰冬印

**院解字第三七七一号**

**三十六年十二月二十九日**

**令浙江省政府**

据最高法院签送浙江省定海县大丰乡乡民代表会申养代电,为汉奸在缓刑期内有无国民大会代表选举权及被选权疑义,电请核示一案。兹经本院统一解释法令会议议决,汉奸罪与《刑法》内乱外患罪相当,一经判决确定,纵在缓刑期内,亦与《国民大会代表选举罢免法》第五条第一款之规定相合,不得有选举权及被选举权。合亟令仰转行知照。此令

**附原代电**

最高法院院长钧鉴,现因国大选举在即,查汉奸包槐亭业经钧院于本年六月十九日判决主文"原判决核准包槐亭缓刑三年",复查包槐亭高三分院之原判为有期徒刑二年褫夺公权二年,虽蒙改判缓刑,实则仍为汉奸之罪,关于国大选举之选举权及被选举权应否褫夺,民众发生疑义,事关国大选举,为特电请鉴核,仰祈迅赐示释,以免群疑,临电迫切,不胜待

命之至。浙江省定海县大丰乡乡民代表会主席周海峰申养叩

**院解字第三七七二号**

**三十六年十二月二十九日**

绥远高等法院于院长览,上年亥洽代电悉。陕坝地方法院所请解释一案,业经本院统一解释法令会议议决,旧《土地法》第一百七十三条之优先承买权,除依其施行法第二十七条第二项规定已为预告登记者外,不得对抗第三人,如因当时该地方尚未成立土地登记机关,仅由耕地承租人向出租人表示有优先承买权者,无从认为已为预告登记。合电转饬知照。司法院亥赚印

**附原代电**

司法院院长居钧鉴,据所属陕坝地方法院院长曾广麟检字第一四九号电称,以前奉院字第一九五八号解释,略以依《土地法》第一七三条主张优先权,须主张人预告登记后,始得以之对抗他人等因。查本院近以受理确认优先承买权事件,滋生下列疑问二点:1. 查预告登记须于依法设立之登记处登记后始能发生效力,其理由谓依法既有此项登记机关之设立,即须履行此项登记程序,以保优先权之确立。2. 查预告登记并非必须向登记处为之,仅向出租人预告后即行成立,其理由谓绥西各县于民三十年前并无此项登记机关之设立,倘以无此机构而主张人虽向出租人预告仍不发生效力,是该《土地法》第一七三条等于虚设,故承租人于出租人出卖租地时,只要有预告之意思表示,其预告即为成立。以上二说,究以何者为是,本院未敢擅专,理合电请察核转请解释,俾得遵循等情。据此,案关法律疑义,两说均持之有故,究以何说为是,本院未便擅专,理由电请迅赐解释,俾便转饬祇遵。绥远高等法院院长于存灏庭长刘汉章代行亥洽民解叩

**院解字第三七七三号**

**三十六年十二月二十九日**

湖南高等法院余院长览,卯寒代电悉。新化县司法处主任审判官代电所请核示一案,业经本院统一解释法令会议议决,《禁烟禁毒治罪条例》第五条第一项所谓贩卖,系指其贩卖行为而言,与同条第二项以仅有贩卖之意思为其构成要件者不同。至《战时交通器材防护条例》第十二条之犯罪,情节重大与否,应依审理事实而为认定。合电转饬知照。司法院亥赚印

**附原代电**

南京司法院院长居钧鉴,案据新化县司法处主任审判官刘映楚本年四月冬代电称,查《禁烟禁毒治罪条例》第五条第一项载,运输或贩卖鸦片者,处死刑或无期徒刑,第二项载,意图贩卖而持有鸦片者,处七年以下有期徒刑,得并科七仟元以下罚金,除运输部份尚无问题外,惟查该条第一项所称贩卖鸦片类皆含有贩卖企图,并多为直接持有,其构成要件,几

与第二项所定意图贩卖而持有鸦片之情形似无不同,究以何项情形始得认为单纯贩卖,适用上不无疑义。又查《战时交通器材防护条例》第十二条载,窃盗电信杆或铁路器材者,处七年以上有期徒刑,其情节重大者,处死刑或无期徒刑,前后两段纯以情节轻重而生绝大差异,惟如何认定轻重,别无明文依据,如专凭审判官自由权衡,未免难期公允而昭划一,究应如何适用为当,布属不敢擅专,兹因悬案待结,为此电请钧院一并核示,俾便遵办等情到院。查事关适用法律疑义,未便擅拟,理合据情转恳钧院鉴核示遵。湖南高等法院院长余觉卯卯寒印

**院解字第三七七四号**

**三十六年十二月三十日**

国民参政会秘书处鉴,本年一月十日函悉。转请解释一案,兹经本院统一解释法令会议议决,(一)原代电所谓民意机关职员暨一般公务员因职务上之关系可否牵涉为私人诉讼之关系人,究指如何情形而言,不甚明瞭,无从解答,至私人之诉讼以此项职员或公务员为证人,依《民事诉讼法》第三百零二条之规定,自无不可,法院并非不能票传,如受合法之传唤无正当理由而不到场,经法院科以罚锾后仍不遵传到场者,依同法第三百零三条第二项之规定,得拘提之。(二)乡镇国民兵队队附,有训练全乡镇国民兵之责(参照警察保甲及国民兵联系办法之五),其管理自系合法,如乡镇队附被国民兵向法院检察官控告,并非不应受理,检察官自可依《刑事诉讼法》第七十一条票传,其经合法传唤无正当理由而不到场者,并得依同法第七十五条及第七十七条拘提。特电复请查照转知。司法院亥三十印

**附原代电**

国民参政会秘书处转请解释,(一)民意机关职员暨一般公务员因职务上之关系可否牵涉为私人诉讼之关系人或证人,法院能否票传或拘提,(二)乡镇队附管理国民兵是否合法,若被国民兵向法院检察处控告,应否受理,能否票传或拘提疑义。

**院解字第三七七五号**

**三十六年十二月三十日**

河南高等法院胡首席检察官览,未寒代电悉。所请解释一案,业经本院统一解释法令会议议决,某甲如果于犯汉奸罪之前确已将祖遗房屋分与其子某乙,其后虽因犯该罪将其财产没收,自应将某乙前分得之产剔除。合电知照。司法院亥三十印

**附原代电**

南京司法院院长居钧鉴,兹因执行没收汉奸财产发生疑义,请解释示遵。设有某甲于民国三十一年因分居将所有祖遗房产分与其子某乙承受,并已交由某乙来用收益,旋某甲于三十三年间参加伪组织,光复后被处汉奸罪刑,而某乙于民国三十一年分到之房产,因之亦被查封。究竟此项房产能否仍视为某甲财产,予以没收,抑应认系某乙财产,予以启封发

还,不无疑问,理合电请解释,悬案待结,并请迅予核示为祷。河南高等法院首席检察官胡咏高未寒侦丁印

**院解字第三七七六号**

**三十六年十二月三十日**

河南高等法院胡首席检察官览,辰感代电悉。所请解释一案,业经本院统一解释法令会议议决,(一)汉奸之子在其父犯汉奸罪后因分居而受有其财产之赠与,该财产仍属汉奸之财产,(二)已见院解字第三四七六号及第三四七七号、第三四七八号、第三四八三号解释。合电知照。司法院亥三十印

**附原代电**

南京国民政府司法院居院长钧鉴,一、设有汉奸于任伪职后,犯罪未发觉前,因与子分居,分与其子之祖遗财产,应否视为汉奸财产,依法予以没收?二、设有某甲于《惩治汉奸条例》施行后,触犯该条例第二条第一项之罪,未及光复即行死亡,现始发觉其汉奸罪,如果证据确实,可否依该条例第八条第二项规定,单独宣告没收其财产全部?事关法律疑义,理合电请解释祗遵。河南高等法院首席检察官胡咏高卯辰感印

**院解字第三七七七号**

**三十六年十二月三十一日**

国防部鉴,卯三十吕甚代电悉。所请解释一案,兹经本院统一解释法令会议议决,来文所述战时日军在东北各省命令各县每年征送劳工多人从事开矿工作,并实施所谓“粮谷出荷”办法,均已逾越海牙陆战法规及惯例章程第五十二条第一项所定占据军所需要之范围,依《战争罪犯审判条例》第二条第二款、第三条第三十八款首段,应适用同条例第十一条后段处断。至日人在伪县政府充任参议官或动员科科长附等职,其担任上项征工征粮政令者,如与日军有联络之意思,自应负共同正犯之责。特电复请查照。司法院亥世印

**附原代电**

司法院赐鉴,查战争期间日军在东北各省透过伪满洲国政府,命令各县每年征送劳工多人从事筑路开矿等工作,并实施所谓“粮谷出荷”办法,强制民间余粮一律以官价售给公家,不准自由买卖。此种行为,是否违背海牙陆战法规及惯例章程第五十二条之规定?如认为违法,应各依《战争罪犯审判条例》何条款罪刑处断?又日人在伪县政府充任参议官或动员科科长附等职之担任推行上项政令者,应否负共同正犯之责?均不无疑义,谨请迅赐解释见复,以便转饬遵行。国防部卯三十吕甚

**院解字第三七七八号**

**三十六年十二月三十一日**

案准贵院本年二月五日从壹字第三六五二号公函,以《县参议会组织暂行条例》及县参议员选举条例各项疑义,开列清单,请解释见复等由。准此,兹经本院统一解释法令会议议决,(一)县参议会既为全县人民代表机关,各县参议员即各为全县人民代表,非其所从选出之乡镇或职业团体之代表,故当选后离开所住乡镇或所属职业团体,而其县籍未变更者,不丧失其县参议员之资格。(二)县参议员所从选出之乡镇于当选后划入他县管辖区域者,即为该他县县参议员,其仅将乡镇之一部划入他县管辖区域,而该乡镇所选出之县参议员属籍仍在原县者,不因而丧失其原县县参议员之资格,亦不因而变为他县县参议员。(三)县决算经县参议会审核后,审计机关仍得依法予以审核,审计机关审核县决算之职权,不因县参议会之有审核权而受影响。(四)清单所列第四项情形,不得再行执行。(五)县参议会议决事项,与省之单行规章抵触者,自属无效。(六)清单所列第六项情形,县参议员及省参议员之选举,均非无效。(七)县参议会议长副议长在其县参议员任期内,除因事故去职时,应依《县参议会组织暂行条例》第十条第一项规定补选外,不得于每届集会时依普通议案程序提议改选。(八)《县参议员选举条例》第二条第一项第一款所称之公务员,系指委任以上之文职及尉官以上之军职而言,清单第八项所述各款人员是否公务员,应依此标准分别定之。(九)职业团体之会员为法人者,在依《县参议员选举条例》第十条按会员多寡比较分配其应出之名额时,应以法人为计算会员之单位。(十)全由非公会会员组织之商会,关于县参议员之选举,应准用商会法第六条之规定,以所有非公会会员之公司行号每满十家视同一公会,分别选出初选人,会同复选之。(十一)《县参议员选举条例》第十四条第二项所谓初选人过半数,系指初选人全体之过半数而言,无过半数人或全无人到场投票,即系选举结果无人当选,自应举行再选,清单第十一项后段情形,应以二名以上之县参议员均当选后之第二次得票次多数者为候补当选人。(十二)清单所列第十二项情形,县参议员之资格并不因而丧失。(十三)在有记名投票,应解为不得选举自己,在无记名投票,既不得追究被选举人所得之票为何人所投,即不发生无效与否之问题。(十四)选举县参议会议长副议长用单记法,以得票最多者为议长,次多者为副议长。(十五)法定选举诉讼提起期间内,如未提起当选无效之诉,无论何人不得主张其当选为无效,虽监督机关亦然。(十六)各省选举监督就县参议员选举条例所为之解释,各该省法院审判时自应受其拘束(参照院解字第三三九〇号解释),行政院或内政部就同条例所为之解释,经各省选举监督公布者,亦同。(十七)清单所列第十七项情形,设治局如依法成立参议会时,自应从新选举。相应函复查照。此致

行政院

**附原公函**

查《县参议会组织暂行条例》及《县参议员选举条例》,施行以来,疑义丛生,迭据各方请

示到院,兹综合开列疑义清单一纸,即请查照迅予解释见复为荷。

**附原清单**

一、《县参议会组织暂行条例》第一条明定县参议会为全县人民代表机关,则县参议员为全县人民代表抑为原选举区或原职业团体代表,如为前者,当选后离开原住乡镇或原职业团体,是否丧失县参议员资格。

二、县参议员选举后原选乡镇全部划归邻县管辖,其原选之县参议员是否因移转管辖立即取得接管县之公民资格并移转为该县县参议员,又原选举乡镇一部划归邻县管辖时,而原选举之县参议员属籍仍在该县,则县参议员资格是否因乡镇一部移转管辖而生影响。

三、《县参议会组织暂行条例》第二条有审核县决算之明文,而审计法第二条审计职权亦有审核决算之规定,究竟县参议会审核决算与审计职权如何划分,甚滋疑义,又依法决算法第十八条至第二十三条之规定,县决算虽无送县参议会审核之明文,县参议会自得依其组织条例所定职权予以审核,惟在审核程序中居于审计机关所为最终审定之先抑在后,亦有疑义。

四、《县参议会组织暂行条例》第二条所定职权以内之事,县政府于闭会期间因地方治安上或经济上发生重大变故呈经省政府核准所为紧急措施,于县参议会次期会议时报告,经决议不予追认,是否影响其执行。

五、县参议会议决事项与中央法令抵触者无效,为《县参议会组织暂行条例》第三条明定,至与省之单行规章抵触,是否有效,法无明文,请予解释。

六、由乡镇选定之乡镇民代表候选人,经当选后送考选委员会检核不合格,应撤销乡镇民代表资格,其在未撤销以前参加选出之县参议员,是否有效,又县参议员当选无效之诉讼在未经法院判决前参加县参议会选举省参议员,其选举是否无效,均有疑义。

七、县参议会议长、副议长之任期是否与其参议员之任期相始终,即参议员于每届集会时可否依普通议案程序提议改选。

八、《县参议员选举条例》第二条第一款所称公务员,是否包括下列人员在内,(一)县党部服务人员,(二)县银行服务人员,(三)县防护团副团长,(四)图书民教两馆馆长及馆员,(五)县行政人员训练所服务人员,(六)县救济院服务人员,(七)县政府所设社会服务处服务人员,(八)省干部训练团服务人员。

九、《县参议员选举条例》第十条所称“按会员多寡比照分配其应出之名额”,现行法律所定各职业团体之组织,有以自然人为会员者,亦有以法人为会员者,其以自然人为会员者,计算会员数额,自以具有公民资格并实际参加该职业团体选举之会员为限,至以法人为会员者,是否以法人多少计算会员数,抑以法人构成份子之公司行号为计算会员数额,请予解释。

十、《县参议员选举条例》第十三条第四款明定商会之选举采复选制,全由非公会会员组织之商会,则其复选之方法,可否依商会法第六条之规定,以所有非公会会员之公司行号亦满十家视同一公会分别选举初选人会同复选，抑改由所有非公会会员之公司行号直接选举？

十一、《县参议员选举条例》第十四条第二项规定，职业团体选举县参议员由初选人复选者以得有初选人过半数之投票者为当选，所谓过半数，系指初选人全体之过半数抑系指到场投票者之过半数而言，如无过半数人或全无人到场投票，是否可举行再选，又职业团体应出县参议员在二名以上时，依同条例第二十一条规定，当选人事实上仅能有一人得初选人过半数之投票，其余一人或二人以上势必举行再选，以得票较多者当选，自不待言，惟候补当选人以第一次得票次多者为准，抑以第二次得票次多者为准，仍有疑义。

十二、《县参议会选举条例》第二十八条第一项及第二项之限制，是否指选举当时之资格限制，抑及于选举以后？即甲乡镇内公民当选并应选为县参议员后迁居乙乡镇，或甲团体会员于当选并应选为县参议员脱离该团体时，其县参议员资格是否均因而丧失？

十三、有记名及无记名之各项选举中，其选举人有被选资格者，如自选本人，其选票是否有效？

十四、《县参议会组织暂行条例》第十条规定，议长副议长由县参议员用无记名投票互选之，选举时究用单记法抑用连记法行之，无明文规定，内政部依其职权核定用连记法选举时，发生同一票内议长副议长同选一人，是否有效，究应用连记法抑用单记法，以得票最多者为议长，次多者为副议长，请予明白解释。

十五、县参议员当选后，因资格不符，确系吸食鸦片或以因赃私处罚有案等，于法定诉讼期间期满以后，经人向监督机关举发，应如何办理，法无明文，请予解释。

十六、《县参议员选举条例》之解释权属于选举监督，为《县参议员选举条例》第三十七条所明定，则选举监督依职权所为之解释，法院对于选举诉讼之审判，是否受其拘束，又本院及内政部就县参议员选举条例所谓行政解释，对于法院审判选举诉讼之效力如何，亦请明予解释。

十七、设治局所有辖境由数县划并，各该乡镇于原辖县选出之参议员，自应退出各该县参议会，但设治局成立参议会，自可准用《县参议会组织暂行条例》及其有关法令，惟设治局参议员应从新选举抑可即以各乡镇所选原辖县之参议员合组首届参议会，请解释。

**院解字第三七七九号**

**三十七年一月三日**

**令广西高等法院院长申守真**

据该法院第四分院上年子元代电，以盐专卖条例等适用疑义，电请解释示遵等情前来。业经本院统一解释法令会议议决，(一)来文所称某甲贩卖私盐系在盐专卖暂行条例施行期间，至该暂行条例失效后始由盐务机关移送法院裁定，法院应依当时有效之盐专卖条例处罚。(二)财务机关对于法院就其移送之违反财务法规案件所为之裁定，不得提起抗告(参

照院解字第二九零四号解释)。合行令仰转饬知照。此令

**附原代电**

南京司法院院长居钧鉴,查盐专卖暂行条例关于私盐之没收并无如盐专卖条例由法院以裁定行之之明文,钧院院字第二五三二号解释例,亦仅认为系属行政处分,应由盐务行政机关自行处理。设有某甲于盐专卖暂行条例施行期间贩卖私盐,迨盐专卖条例施行后,始由盐务机关送由法院裁定,法院可否援用《刑法》第二条第一项上段,适用裁判时之盐专卖条例,予以没收,并予科罚。又移送违反财务法规案件于法院之财务机关,对于法院就其移送案件所为之判决,有无抗告权。又如第一审法院对于此类案件为裁定时,于主文宣示移送机关所扣押盐斤若干应予发还被告等语。该移送机关可否准用刑诉法第三九五条第二项,视为非当事人受裁定者,认其有抗告权,均不无疑义,理合电请迅赐解释示遵。广西高等法院第四分院院长梁殿宝呈子元印

**院解字第三七八〇号**

**三十七年一月三日**

**令广西高等法院院长申守真**

据广西郁林地方法院上年七月一日呈,以广西银行分行办事员是否《刑法》上之公务员疑义,请解释示遵等情前来。业经本院统一解释法令会议议决,广西银行既系依公司法组织之官商合办银行(参照广西银行章程第二条第六条),则该行分行办事员即非《刑法》上所称之公务员。合行令仰转饬知照。此令

**附原呈**

司法院院长居,呈为呈请解释示遵事,窃查广西银行分行普通行员即办事员,系由该总行行长所订用,是否《刑法》上之公务员,其有贪污行为,应否依《惩治贪污条例》办理,颇滋疑义,于此有二说。(甲)广西银行章程第一条载,广西省政府为调剂金融沟汇款,提倡储蓄调节物资,促进生产发展贸易等事业起见,设立广西银行等语,是该行系由省府组织,而其设立宗旨又非纯以营利为目的,其董事除财政厅长为当然董事外,余均由省府派任,正副行长亦由省府就董事中指派,业务多受中央各机关之委托或工商团体之信托办理,其资本虽许参加商股。但省府系负无限责任,名义上订为股份两合公司,实非全依公司法所组织,故广西银行实为一政府公营事业之机构,与院字第二〇二二号及院字第三四〇七号解释官商合办之银行系依公司法组织之情形迥不相同。从而官商合办之银行,如非依公司法组织,即不得援用上开解释,且该行章程系经省府通过公布颁发,则其办事员依该章程从事业务,自属《刑法》上之公务员。其犯贪污,应依《惩治贪污条例》办理,复查国府三十一年三月七日渝文字第三〇三号令,既以特种股份有限公司之服务员如有贪污行为应适用《惩治贪污暂行条例》办理,在广西银行。依上述说明,其对政府之关系更切,该行之服务员尤应认为《刑法》上之公务员方合。(乙)广西银行既系依公司法所组织之公司,广西省政府不过立于

监督地位,官股虽负无限责任,但其最高权力机关乃该行之股东大会,其办事员系由银行订用,非政府机关直接委派可比,该行所获纯利系按股分派,是广西银行自系以营利为目的之社团法人,则其办事员系谋股东之利益而从事于业务,自不得解为《刑法》上之公务员。上述二说,究以何说为当,未敢擅断,理合具文连同广西银行章程及人事章规各一份,呈请钧院鉴核解释示遵。实为公便

**院解字第三七八一号**

**三十七年一月五日**

案准贵院上年四月二十八日从捌字第一六一零七号咨,以据司法行政部呈转请解释《民法》第九百二十三条第二项适用疑义,咨请解释见复等由。准此,兹经本院统一解释法令会议议决,定有期限之典权于期限届满后以契约加长期限,既为法律所不许(参照院字第二五五八号解释),即无从尊重当事人之意思而认为有效,出典人于原定期限届满后二年内不回赎者,不得再行回赎,至典权人依法取得典物所有权后,不知其已取得,而与出典人订立加典契约者,其非有效,尤不待言,虽原典契据仍留典权人处,未批明作废,出典人亦不得据加典契约回赎典物。相应咨复查照饬知。此咨行政院

**附原咨**

据司法行政部本年四月二十二日京(36)呈(叁)字第六二二号呈称,据福建高等法院本年三月文字第十六号呈称,案据福清律师公会常务理事倪运藻三十五年十二月十六日呈称,窃查《民法》第九百二十三条第二项所定二年之期间,不得以法律行为加长之,如立有期加典契约予以加长,自应无效,仍得于二年以内回赎,但出典人恒遵守加典期约,从无敢在此典期内回赎,兹届加典期满时请赎,典权人则谓加典为无效,拒绝回赎,使出典人坐失权利,似未得事理之平,究竟此项加典产业在加典所加长之期间届满可否回赎,不无疑义,经开总会决议呈请钧院转呈司法院迅赐解释等情,当以所称订立有期加典契约,究竟是否在原定典期内订立,抑在原定典期届满后订立,未据叙明,指饬详明声叙去后。兹据该会本年二月五日呈复略称,查三十二年院字第二五五八号第五项解释,定有期限之典权当事人以契约加长期限者,须于期限届满前为之。第七项又明示,《民法》第九百二十三条第二项所定之期间,不许加长等语,可见在原定典期届满后所为之有期加典契约,有加长法定二年回赎期之嫌,当然违法,不能生效,似出典人仍得于原定典期届满后二年以内回赎,过二年不赎,即为绝产。但当事人加典原意相违背,未见平允,此外尚有已绝产之典业当事人不知其绝产续订有期或无期之加典契约,仍留原典契约在典权人手上,而未载原典契作废字样,核与二十三年院字第一一〇八号江苏高等法院呈请解释原旨略谓复订新契一纸载明前典作废等语。事实有所不同,似未可依据该号解释认此加典契约为另一处分行为,现典权人不肯听赎,似亦与三十年六月十七日民庭总会决议录第六项后段所谓典权人允许回赎等语,应有现实准许回赎之事实有别,究竟此项已绝产之加典产业可否置原典契约于不问,专以

加典契约为标准,而断定其能否取赎之处,不无疑义,理合备文呈请钧院察核,准予转呈司法院一并解释示遵等情前来。理合备文呈请钧部察核释遵等情到部,事关法律适用疑义,理合呈请钧院鉴核,转送司法院解释,俾使饬遵等情。据此,案关适用法律疑义,相应咨请查照解释见复,以便饬遵为荷。

**院解字第三七八二号**

**三十七年一月五日**

国防部鉴,上年申有吕优代电悉。所请解释一案,兹经本院统一解释法令会议议决,来电所述情形,如系以侵占遗失物之意思匿不呈缴,应成立《刑法》第三百三十七条之罪。特电复请查照。司法院子微印

**附原代电**

司法院赐鉴,兹有某甲为现役军人,于职员宿舍内拾得日式刺刀一把,侵占入己。查该项日式刺刀原系日军之军用品,自日本投降后,此项军用品归我国接收。该某甲于拾得后匿不呈缴,据为己有,自应构成侵占罪。惟该项刺刀在我国法律上究系军用品亦系公有财物,不无疑义。案关法律解释,持电请迅赐释示为祷。白崇禧申有吕优印

**院解字第三七八三号**

**三十七年一月五日**

广西高等法院申院长览,上年戌微代电悉。桂林地方法院代电所请解释一案,业经本院统一解释法令会议议决,盐之数量超过单照所载数量,即系盐与单照不符,如无充分理由提出,应认其全部为私盐。合电转饬知照。司法院子微印

**附原代电**

南京司法院院长居钧鉴,案据桂林地方法院酉梗代电称,查盐商运盐未经发给单照或与单照相离或不符并无充分理由提出者为私盐,盐政条例第七条第三款固有明文规定,惟其盐之数量超过单照所载数量时,应否认其全部为私盐,抑仅就其数量超过部份认为私盐,予以没收,不无疑义,理合电请转呈解释示遵等情。据此,案关适用法律疑义,职院未敢擅拟,理合电请察核,俯予解释示遵。广西高等法院院长申守真戌微刑天印

**院解字第三七八四号**

**三十七年一月五日**

**令江西高等法院**

三十五年六月二十四日呈一件,为据黎川地方法院代电请解释强制执行田赋征收实物案件适用法律疑义,请鉴核令遵由。

呈悉,业经本院统一解释法令会议议决,(一)《战时田赋征收实物条例》第十七条所称

之资金，不包含土地及其定着物在内，此与同条例第十八条之规定对照观之自明，至将欠赋人多数土地应纳田赋合计为该户应纳之总额，而其所欠总额中之一部不能辨别其为某一土地之赋者，应认其多数土地均为同条例第十八条第一项所称之欠赋土地。（二）强制执行法第二十三条所称之担保书状，系指担保人向执行法院所具之书状而言，第三人在田赋管理机关为欠赋人出具之担保书状，不包含在内，无从据以径向担保人为强制执行。（三）强制执行法第二十条至第二十二条、第二十八条、第二十九条之规定，于原呈所称之执行事件，亦适用之。仰即转饬知照。此令

**附原呈**

案据黎川地方法院院长章朝佐巳虞代电称，查司法机关依《战时田赋征收实物条例》（以下简称原条例）第十七条、第十八条之规定办理强制执行时：其可供执行之目标物是否包括欠赋人全部财产而言。殊第十七条规定所着重者为欠户，而于拍卖时其标的物是否仅限于欠赋土地及其定着物，因第十八条规定所着重者为欠赋土地，见解不同，有如下列子丑两说。子说，如某甲有乙、丙、丁等号土地三处，其中乙号土地建有房屋，并不欠赋，仅丙、丁两号土地欠赋未缴，司法机关于执行时，依原条例第十七条之规定，固可提取乙地之收益（如租金或租谷），但于执行拍卖时，此项乙地即不得供拍卖之标的物，只能将欠赋之丙、丁两号土地拍卖，此就该两条文义上所得之当然解释也。丑说，依原条例第十八条之规定，虽明定为欠赋土地，但其前半段规定，必因第十七条所示之收益及其他资金无可提取时，始得拍卖，换言之，即欠赋人仅此土地别无其他财物是已，试如前例乙、丙、丁等号土地，三处既同为某甲所有，就物而言，丙、丁两号固为欠赋土地。就资金而言，乙地及其定着物自属欠赋人（即欠户）之资金，司法机关执行拍卖时，自不能拘泥于文字，限于某地欠赋，即拍卖某地是已。信如子说，设遇欠户有多数土地欠赋时，在我国地籍未经清丈以前，仅凭户名纳赋，欲为详晰区分，何赋系属何号土地所欠，亦事实上所不能。两说均不无理由，应以何说为是，此应请示者一也，又第三人在田赋管理机关为欠赋人出具担保书状，载明如逾限不缴愿负代为清偿字样，田赋机关据以声请对欠户及担保人而为执行，此际司法机关可否依强制执行法第二十三条之规定径向担保人为强制执行，抑应认为无执行名义，此应请解释者二也。又司法机关对欠户之收益及其他财产或欠赋土地不明时，命令欠赋人于一定期内陈明，欠赋人不为陈明时，司法机关可否依强制执行法第二十条至第二十二条各规定办理，并同法第二十八条第一项、第二项及第二十九条第一项、第二项对于此类执行事件能否适用，亦有疑义，此应请解释者三也，本院悬案以待，合电陈明钧院转请解释，以便办理等情到院。事关解释法律疑义，本院未敢擅便，理合备文呈请钧院鉴核，指令祗遵。

**院解字第三七八五号**

**三十七年一月五日**

**令代理湖南高等法院院长余觉**

三十六年三月三十一日呈一件,为据衡阳地方法院呈请核示《陆海空军审判法》第十六条军人犯罪发觉时期疑义,转请解释祗遵由。

呈悉,业经本院统一解释法令会议议决,《陆海空军审判法》第十六条所谓发觉,系指有权侦讯公务员犯罪之机关知悉其犯罪事实及犯人而言,不以已经告诉告发或检察官开始侦查者为限。来文所举之例,除别无情形可认为已发觉者外,应以告发文件送达于法院检察官时为其发觉之时。仰即转饬知照。此令

**附原呈**

案据署衡阳地方法院院长胡英呈称,按《陆海空军审判法》第十六条规定,军人犯罪,以发觉时期为标准,而定其应归军法审判或归普通法院审判,其意义固甚明显,但所谓发觉,系指告诉告发言,抑指检察官开始侦查言?又或指检察官起诉言?不无疑义。兹有某甲于民国二十八年迄三十四年十月任县长期内犯罪,三十四年三月经人民团体向其上级管辖机关控告,三十五年三月送由上级法院首席检察官于同年四月发交下级法院检察官侦查,三十五年十月三十日提起公诉,而某甲迄未到案。此种情形,应以何时为犯罪发觉时期?事关适用法律疑义,理合备文呈请钧院核示祗遵等情到院。查《陆海空军审判法》第十六条规定之发觉,系指有搜查权之公务员知悉犯罪事实及犯人而言,并不以《刑事诉讼法》第二百零七条第一项所示情形为限。军队长官依海陆空军审判法第十七条有审问所属现行犯之权,如犯罪事实发生为该管长官所知悉时,自得认为发觉(见院解字第三二〇五号解释)。至县长犯罪,其上级机关接收人民控告后,征之《刑事诉讼法》第二百二十条,只负告发义务,尚无搜查权责,似原呈请示一节应以上级法院首席检察官接受移送时(三十五年三月)为发觉时期。惟事关法律疑问,本院未便擅拟,理合备文转请钧院鉴核,赐予解释祗遵。

**院解字第三七八六号**

**三十七年一月五日**

**令绥远高等法院首席检察官张蕴毓**

三十六年三月二十八日呈一件,为据归绥地方法院检察处呈请核示案件经大赦不起诉处分后其供犯罪所用之赌款应如何处分等疑义,呈请解释示遵由。

呈悉,业经本院统一解释法令会议议决,案件经大赦不起诉处分后,其供犯罪所用之赌款,应发还被告,因犯罪所得之赃物,既系敌伪遗留之财产,应交该管机关依法清理,至平民某甲因犯侵占公物罪在赦免之列,如该项公物未经扣押,应依民事程序办理。仰即转饬知照。此令

**附原呈**

案据归绥地方法院检察处本年三月二十二日检字第六四号呈文呈称，为呈请解释示遵事，窃以某甲系平民因犯侵占公物罪而被人检举，正在调查罪行之际，该甲畏罪，遂向执行调查之公务员行贿，企图了事，旋因大赦不起诉处分，而此项供犯罪所用之贿款究应如何处分，以及所侵占之公物应否追交，此外某乙因犯故买赃物罪，亦因大赦不起诉处分，其因犯罪所得之赃物且系敌伪遗留者，按前开二案供犯罪所用因犯罪所得，依法虽均在没收之列，不得专科没收。惟该二案主刑既经赦免，从刑能否单独存在，且前项款物既不能专科没收，应否发还，均不无疑问，理合备文呈请鉴核示遵等情前来。事关解释疑义，本处未便擅加核示，理合备文呈请钧院解释示遵施行。

**院解字第三七八七号**

**三十七年一月五日**

甘肃高等法院览，上年申微代电悉。该法院第二分院所请核示一案，业经本院统一解释法令会议议决，甲自诉乙犯有告诉乃论之罪，于第一审辩论终结后具状声请撤回自诉，经批示驳回，虽第一审复据乙之声请裁定再开辩论，但甲于再开辩论时对于撤回自诉既未再为表示，一、二两审自应就乙为实体上之审判，合电转饬知照。司法院子歌印

**附原代电**

南京司法院院长居钧鉴，案据本院第二分院马代电称，兹有关于适用法律问题急待解决，有赵甲自诉钱乙犯有告诉乃论之罪，于第一审初次言词辩论终结后，以在案外和解，具状声请撤回自诉，经批示驳回，嗣第一审复据钱乙之声请裁定再开辩论，迨再开辩论之际，赵甲仅称钱乙未履行和解条件，对撤回自诉一节未为表示，含糊其词，第一审于再开言词辩论终结后，当就实体上判钱乙以罪刑。经钱乙提起上诉，二审法院应如何判决，有子丑寅三说。子说，谓第一审既已再开言词辩论，即恢复其初次言词辩论终结以前之辩论状态，则其初次谕知已终结之言词辩论，仍应视为未终结，乃当然之解释，兹赵甲之撤回自诉，既在第一审再开辩论终结以前，依刑诉法第三百六十一条第一项前段、第三百十七条第一第四两项、第三百二十六条之规定，二审法院自应撤销原判，另就程序上谕知本件自诉不受理之判决，方为合法。丑说，谓第一审之初次言词辩论既已明明谕知终结，而赵甲之撤回自诉又明明在其初次谕知辩论终结之后，是赵甲之撤回自诉与刑诉法第三百十七条第一项之规定即不相符，纵其以后再开言词辩论，亦难回复其不合法之撤回为合法之撤回，二审法院自应就实体上予以裁判，要难再就程序上为不受理之判决。寅说，谓第一审于再开言词辩论以后，即恢复其初次言词辩论终结前之辩论状态，其初次谕知已终结之言词辩论，仍应视为未终结，固为当然之解释，自诉人所为之撤回，于法即无不合，但在第一审初次言词辩论终结以后，尚未命再开言词辩论以前，则初次之言词辩论程序并未发生变更，因而自诉人于此时所为之撤回自诉，仍难谓为合法，兹赵甲之撤回自诉既在第一审初次言词辩论终结以后再开

辩论之前,依刑诉法第三百十七条第一项之规定,显非合法,故二审法院仍应就实体上予以裁判,要难遽就程序上予以不受理之判决。以上三说,各持之成理,究以何说为是,事关适用法律疑义,未敢擅断,理合电请核示祇遵等情。据此,事关法律疑义,本院未敢擅解,理合电请核示,以便饬遵。代理甘肃高等法院院长职务陈溉勤叩申微印

**院解字第三七八八号**

**三十七年一月八日**

案准贵院三十六年十月二十五日(三十六)七法字第四三六四三号咨,以据司法行政部呈请解释受刑人因病保外医治其保外日期应否算入执行刑期之内疑义,咨请解释见复等由。准此,兹经本院统一解释法令会议议决,受刑人保外医治期间不算入刑期之内,监狱行《刑法》第五十九条第三项既定有明文,则从该法公布施行之日起(民国三十六年六月十日起施行),自应一律遵办,院字第八十七号解释已因该法施行而不适用。相应咨复查照饬知。此咨行政院

**附原咨**

据司法行政部本年十月十七日(36)呈(叁)字第二〇七八号呈称,案据首都监狱三十六年九月十九日呈称,查本监前以受刑人因病保外医治其保外日期是否算入执行刑期之内所核示一案,当奉钧部本年一月监指四字第一四七〇号指令内开,呈悉,查监犯保外治病日期得算入执行刑期之内,仰即知照此令,等因。奉此,自应遵办。惟查监狱行《刑法》第五十九条第三项前段,保外医治期间不算入刑期之内,按监狱行《刑法》业奉明令于本年六月十日起施行,而本监依照分年改制,系在三十七年度施行,关于受刑人保外治病日期究应如何计算,未敢擅拟,理合具文呈请核示祇遵等情。据此,查民国十八年五月十一日司法院院字第八七号解释略谓,依照监狱规则第六十六条及第六十七条各规定,呈请监督官署许可后保外医治或移送病院,其在外或病院之日数仍算入刑期内云。惟最近颁行之监狱行《刑法》第五十九条第三项前段规定,保外医治期间不算入刑期之内。现监狱行《刑法》已分年施行,本年度仅上海监狱施行,各省新监所三十七年度施行,各省旧监所三十八年度施行,病犯保外日期之得算入刑期与否,既因新旧两法规定之不同,又因新法之分年施行,致新旧监狱病犯之保外办法不能一致,似非得情法之平,究竟监狱行《刑法》分年施行后,适用监狱规则各监所病犯之保外日期,应否依照监狱行《刑法》之立法意旨不予算入刑期之处,理合呈请鉴核转送司法院解释,俾便饬遵等情。案关适用法律疑义,相应咨请查照解释见复,以便饬遵为荷。

**院解字第三七八九号**

**三十七年一月八日**

案准贵院三十六年八月十一日(三十六)七法字第三一五七一号咨,以据司法行政部呈

转请解释强制执行法适用疑义，咨请解释见复等由。准此，兹经本院统一解释法令会议议决，来文所称之某甲虽已被判处罪刑，对于其保证人仍须有强制执行法第四条所列之执行名义始得为强制执行，至同法第二十三条所称之担保人，系指于债务人依同法第二十二条提出担保时为其担保人者而言。对于来文所称之保证人，未便援用第二十三条规定径为强制执行。相应咨复查照饬知。此咨行政院

**附原咨**

据司法行政部本年七月三十一日京呈(叁)字第一四一四号呈称，案据广东高等法院本年七月一日文乙字第一七二九号代电称，现据饶平地方法院呈称，查有田赋管理员某甲，请托第三人依财政部各省县(市)田赋员丁保证规则第九条之规定，向田赋机关出具保结说明"如被保证人在职期内如有违法舞弊侵蚀公粮公款或逃逸情事，保证人甘愿遵守田赋员丁规则，并负全部赔偿及交人归案责任"字样以后，某甲如因贪污或侵占赋谷而被判处罪刑，田赋机关请求将担保人之财产查封拍卖前来，法院可否径对保证人为强制执行？又强制执行法所规定对于得径向担保人为强制执行之法则，对于依照《惩治贪污条例》所为追缴财物之判决，是否亦同样适用，均不无疑义，理合备文呈请钧长察核示遵，实为公便等情。据此，事关适用法律疑义，未敢擅专，理合电呈钧部鉴核迅赐电示祇遵等情到部。事关法律适用疑义，理合呈请鉴核转送司法院解释，俾便饬遵等情。据此，案关适用法律疑义，相应咨请查照解释见复，以便饬遵为荷。

**院解字第三七九〇号**

**三十七年一月八日**

案准贵院三十五年十月一日节京捌字第一四三九九号公函，以据陕西省政府呈请解释水利纠纷案件适用法律疑义，抄同原呈，函请查核见复等由，附抄陕西省政府原呈一件。准此，兹经本院统一解释法令会议议决，土地所有人如以水利机关职员据他人之呈请在其地内开掘排水之缺口，系成立《民法》上之侵权行为，提起民事诉讼，法院自应予以受理。相应函复查照饬知。此致行政院

**附原公函**

据陕西省政府本年八月三十一日呈，为褒惠渠管理局与垦户曹素兰因排水事件涉讼一案，请解释积水与余水是否同一，暨水利纠纷由水利主管机关处理抑由法院受理等情。查案关适用法律疑义，相应抄同原呈，函请查核见复，以便饬遵为荷。

**附原抄呈**

案据水利局签转褒惠渠管理局局长郝季厚呈，为南郑田户曹素兰排退积水以救稻米一案，先后诉愿本府及水利委员会，均予驳回，曹素兰不服，诉讼于行政法院，三十四年八月九日判决主文，再诉愿决定、诉愿决定及原处分均撤销，查其主要理由为褒惠渠依据灌溉管理规则第二十四条之规定处理于法无据，并指该条所指农田灌溉后之余水与农田雨后之积水

者不同,不能援用该条。况"高地所有人因使浸水之地干涸或排泄家用农工业用之水以至河渠或沟道得使其水通过低地",此在《民法》第七百七十九条第一项既有明文规定,则该管理规则第一条后段所载,除法令另有规定外,悉由褒惠渠管理局依本规则负责办理,尤无适用同规则第二十四条之余地。被告官署处分此案已无法规根据,自属无权限之行为,不能认为有效。诉愿、再诉愿决定于法均难谓合,应一并撤销,该曹素兰复根据行政法院判决,呈控于南郑地方法院,于本年七月十日票传开庭辩论,职即代表出庭答辩,认为褒惠渠工程处按照水利法第一、六两条规定,仍有处理之权,法院不能受理。盖水利法第六条规定,水利区关涉两县市以上者,其水利事业得由省主管机关设置水利机关办理之。又水利法第二条规定,本法所称水利事业,谓用人为方法控驭或利用地面水或地下水以防洪排水备旱溉田放淤保土洗碱给水筑港便利水运或发展水力。根据第六条,褒惠渠工程处为陕西省政府设置之法定水利机关。此案又系褒惠渠灌溉区域之排水事业,根据水利法排水为水利事业之一。再按水利法第六章第五十三条规定,高地所有权人以人为方法宣泄洪潦于低地,应择低地受损害最少之地点及方法为之,及水利法施行细则第六章第四十三条、水利法第五十三条所称,以人为方法宣潦,其地点及方法应由主管机关决定之,及水利法于三十二年四月一日施行,本案于同年十月发生,行政法院判处此案,对水利法可能忽略之。如此反复辩论,法官始终未予置理,本局始终认为褒惠渠工程处有权处理此案,是否有当,理合备文呈请鉴核准予转请解释,以明权责而便处理等情。据此,查此案前据该曹素兰诉愿到府,当经令饬褒惠渠工程处详实报核,旋据先后呈复,查曹素兰坐落南郑东关外戴家帘之水田七亩二分,与水老周凤岐等水田隔沟为邻,该地并列上中下三槽,曹素兰田居中槽,周凤岐等田居上槽,引用渠水,均甚便利,但逢雨季水涨,以上槽受害最大,三十二年九月霪雨数日,上中槽田约百一十余亩积水成灾,致成熟稻谷多亦出芽,褒惠渠工程处据水老周凤岐等呈报后,经派人勘查,当依据水利法暨奉颁之褒惠渠灌溉管理规则,以曹素兰田地势较低:且稻谷已经收获,为救济多数农田计,遂利用曹素兰暨他姓两户田埂界沟界加疏,复开一缺口,计长三公尺,宽三公寸,流速每秒钟平均一公寸,流量每分钟约半公方,借资排退上槽积水各等情,曾经本府驳回曹素兰诉愿。兹据前情,查灌溉后之余水与雨后积水,来源虽有不同,其应排除并无二致,水利主管机关为救济多数田地,而利用最少数低地排退积水,于法似无不合,再查本省各县水利纠纷案件,年来亦有已由本府处理而法院以据某一方呈诉而复另行判处者,此类水利纠纷案件,嗣后究应依照水利法规定由水利主管机关处理,抑由法院处理,无所适从。以上二项,理合备文呈请钧院鉴核,分别详为解释,明令示遵。

**院解字第三七九一号**

**三十七年一月八日**

前据本院秘书处签呈,为准内政部三十六年十一月十五日人三字第〇一九三九号公函,以准台湾省政府代电请解释《民法》继承疑义三点,抄附原代电,请转陈解释径复等由,附抄台湾省政府原代电一件。准此，理合签请释复等情。据此，兹经本院统一解释法令会议议决(一)来电第一点所述情形，甲之继承开始如在台湾光复之后，其入赘乙家之子及出嫁丙家之女，对于甲之遗产均有继承权，(二)来电第二点所述情形，甲之独子或其三子之一虽从妻姓，对于甲之遗产仍为《民法》第一千一百三十八条所定第一顺序之继承人，(三)来电第三点所述情形，妻之遗产妾之子无继承权，妾之遗产妻之子无继承权。相应函请查照转知。此致内政部

**附原公函**

案准台湾省政府三十六年未文府民丁字第四三九七五号代电，请解释《民法》继承疑义三点一案到部。查案属法律解释范围，除电复外，相应抄附原代电，函请转陈统一解释径复为荷。

**附原抄代电**

内政部勋鉴，兹有继承疑义三点。(一)因婚姻关系除籍之子女有无财产继承权？例某甲生有两子一女，一子入赘乙家，一女出嫁丙家，某甲死后，该入赘与出嫁之子女有无财产继承权？(二)直系血亲中异姓者(如婚姻时议定婚后生子应以一子从妻姓者)有无财产继承权？例(甲)某甲只生有一子，从妻姓(家中尚有父母兄弟)，某甲之财产可否由其子全部继承？(乙)某甲生有三子，两子从已姓，一子从妻姓，甲之财产其子从妻姓者有无继承权？(三)妾所生之子女经认领后妻及妾财产如何继承？例妻生两子，妾生一子，妻之财产，妾之子有无继承权？妾之财产，妻之子有无继承权？事关继承疑义，相应电请核释见复为荷。台湾省政府参陆未(文)民户

**院解字第三七九二号**

**三十七年一月八日**

**令广西高等法院院长申守真**

三十六年十一月十五日呈一件，为据桂林地方法院呈，请核示祠堂寺庙及会馆同乡会应否为法人登记疑义，请赐解释，俾便饬遵由。

呈悉，业经本院统一解释法令会议议决，民法总则施行前设立之祠堂寺庙，在民法总则施行后，无须依新设法人之程序声请登记，至关于会馆及同乡会成立法人之登记程序，应查照民法总则及其施行法暨法人登记规则办理。仰即转饬知照。此令

**附原呈**

案据桂林地方法院三十六年十一月一日人登字第二〇四号呈称，查《民法总则施行法》第九条规定，第六条至第八条之规定于祠堂寺庙及以养赡家族为目的之独立财产不适用之，因此有甲乙两说。甲主张祠堂寺庙无须登记为法人，乙主张在《民法》施行前设立之祠堂寺庙仍应声请为法人，但不适用《民法总则施行法》第六至第八之规定，而应照新设立财团之程序声请登记，上述两说何者为当，不无疑义，再会馆及同乡会之性质似与祠堂相同，

其登记程序是否亦属一致,理合呈请察核示遵等情。据此,案关法律适用疑义,除指复外,理合备文呈请钧院察核,俯赐迅予解释,俾便饬遵。

**院解字第三七九三号**

**三十七年一月八日**

西康高等法院曾首席检察官览,上年酉世代电悉。所请解释一案,业经本院统一解释法院会议议决,经覆判确定之刑事案件,除覆判审法院为提审或莅审之判决外,均以初判法院为最后审理事实之法院。合电知照。司法院子庚印

**附原代电**

南京司法院院长居钧鉴,查覆判确定之刑事案件,应由最后审理事实之覆判法院以裁定减刑,固经钧院著有院解字第二九六四号解释可资依据。惟应如何认为最后审理事实之覆判法院,就其情形约可分为三点。1. 因提审莅审而确定之案件,自系最后审理事实之覆判法院,至为明显。2. 对于初判事实及证据或曾为一度之调查,然后予以更正或核准之判决,就其曾经调查事实之点,似可谓为最后审理,若以未经真接审理而论,又难认系最后审理。3. 径就初判认定之事实及证据,既未予以变更,复未经过调查,纯照书面审核,由此而为核准之判决,则最后审理事实之机关,不得不指为初审,殊难认系覆判法院,亦极明显,虽覆判法院对于事实法律均应审核,其与最高法院虽为法律审,而对原判:1. 调查事实未尽明确。2. 事实与理由相抵触。3. 理由不完备,皆得依《刑事诉讼法》第三百九十三条之规定,撤销原判决,并应以判决将该案件发回原审法院或发交与原审法院同级之他法院更为审判,又何尝不过问事实干涉事实,此与覆判法院径就书面审理事实及法律,除对确定与未确定之案件一层不侔外,亦奚以异。但依上开解释,最高审理事实之覆判法院,仅指第一点之范围而言,抑包括一、二两点之范围,不无疑义,理合电请钧院迅赐解释令遵,实为公便。署西康高等法院首席检察官曾逵酉世叩印

**院解字第三七九四号**

**三十七年一月八日**

安徽宣城地方法院刘院长黄首席检察官均览,上年酉虞会代电悉。所请解释一案,业经本院统一解释法令会议议决,来文所称之县政府,如其受理烟毒案件时依法令无审判权,则其所为之判决本属无效,法院既依法提审,自可对该案依法审判。合电知照。司法院子庚印

**附原代电**

司法院院长居钧鉴,兹有某县政府受理烟毒案件,依据烟犯甲供认其前曾吸烟旋已戒绝现亦不吸之辩解,经该县发交卫生院调验后,又为有毒有瘾,填书附卷,因而认定其系戒而复吸,判处死刑,已检同卷判层转国防部核示中,甲认其判决违法,经法院提审后,又据陈

述其因病吸烟属实,但未受有《禁烟禁毒治罪条例》第八条第三项前段勒令禁戒之事实,迭经法院调查,亦无戒绝烟瘾证明书之足据,乃该县遽以甲本人之辩解,而采为戒而复吸,量处重刑,其判决之基础,于法似有违误。惟是项违法判决倘经国防部竟予核准,由该县将甲提回执行,法院能否予以拒绝,抑仍依法审判,不无疑义。事关法令解释,理合缕情电恳解释示遵。署安徽宣城地方法院院长刘杰材代理安徽宣城地方法院首席检察官黄纶书会文总(一七四)(酉)(虞)同叩

**院解字第三七九五号**

**三十七年一月九日**

国防部鉴,上年未冬吕捕代电悉。所谓解释一案,兹经本院统一解释法令会议议决,来电所称军人甲与未满十四岁之幼女乙和奸,只能成立《刑法》第二百二十一条之罪,不能适用《陆海空军刑法》强奸罪论处。特电复请查照。司法院子青印

**附原代电**

司法院赐鉴,据川南师管区荣县团管区司令部本年七月荣法文字第三一三五号午灰代电称,军人(甲)经幼女(乙)于本(三十六)年四月告诉,以伊曾被(甲)于三十五年正月估奸,当时未满十四岁(三十五年冬月满十四岁),审讯结果,所能证明者,为(乙)与(甲)于去年九月至冬月有自由同居事实,其年正月被估奸之事实,无从证明。查(甲)与(乙)既经自由同居,自难成立估奸罪名,在军《刑法》上则无和奸罪之明文,在《刑法》第二二一条第二项,虽有和奸未满十四岁之女以强奸论,其法意当系指照本条第一项所定之强奸规定而言,惟本条强奸罪之刑期为五年以上之有期徒刑,是此罪科刑之范围,明白规定限于有期徒刑以内,不过以五年为起点而已,亦即本罪之最高刑,无论如何总不能超越有期徒刑而至无期徒刑(或死刑),此为当然之解释。又查本年(三十六)公布之大赦令甲项规定,凡犯罪在三十五年十二月三十日以前,其本刑为有期徒刑以下之刑者,均赦免之。本案(乙)告诉虽在三十六年,而(甲)犯罪在三十五年十二月以前,(甲)之犯罪行为是否应在赦免之列,又《刑法》第二二一条第二项以强奸论罪之性质,是否与军《刑法》第八七条所载之强奸性质相同,并是否得以《刑法》二二一条第二项规定之理由为根据,而依军《刑法》上之强奸法条论科。综上二点,理合电请鉴核示遵等情。查军《刑法》应不受《刑法》分则之拘束,但军《刑法》无准强奸罪之规定,应否比照《刑法》二二一条二项,适用军《刑法》强奸罪论处,不无疑义,谨电请解释赐复,以凭饬遵为祷。国防部未冬吕捕印

**院解字第三七九六号**

**三十七年一月九日**

广西高等法院申院长览,上年酉齐代电悉。该法院第一分院代电所请解释一案,业经本院统一解释法令会议议决,县司法处对于公诉案件,未经兼检察职务之县长起诉,遽为科

刑之判决,第二审只须依《刑事诉讼法》第三百六十一条第一项前半段规定,将原判决撤销,毋庸另为如何裁判。合电转饬知照。司法院子青印

**附原代电**

南京司法院院长居钧鉴,案据本院第一分院本年九月养刑代电称,查法院不得就未经起诉之犯罪审判,《刑事诉讼法》第二四七条著有明文,如县司法处对于刑事告诉案件,未经兼检察职务之县长提起公诉(卷内并无起诉函片足资印证),遽为科刑之判决,其程序显属违法,被告对于此项判决提起上诉,自非无理,第二审法院依《刑事诉讼法》第三六一条规定,固应将原判决撤销。惟是否仅将原判决撤销为已足,抑应同时就该案件自为判决,于此场合有甲乙二说。(甲)说,以第一审判决既属违反法律之程序,第二审法院判决仅撤销原判决为已足,不必自为判决,应于判后送由同级检察官转发原审,令饬侦查起诉,另为第一审判决,以符程序。(乙)说,以《刑事诉讼法》第三六一条第一项上半段所载,第二审法院认上诉为有理由者,应将原审判决经上诉之部份撤销,就该案件自行判决。寻释法意,既于撤销之后紧接就该案件自为判决,则不仅撤销了事,尚应另予判决。上述未经起诉情形,既非合于同条项但书之规定,当不能发回原审法院,若经撤销而不加判决,殊不合法。矧第一审判决程序违法,第二审可径予纠正改判,毋庸发还原处,俾免被告展转递解而期便捷各等语,以上二说,似以乙说为是。惟案关适用法律疑义,合电请转呈司法院解释,俾资依据,仍候示遵等情。据此,事关适用法律疑义,职院未敢擅拟,理合电请察核,俯赐解释电示祇遵。广西高等法院院长申守真酉齐刑天印

**院解字第三七九七号**

**三十七年一月九日**

广西高等法院申院长览,上年申寝代电悉。平乐地方法院代电所请解释一案,业经本院统一解释法令会议议决,执行法院就已登记之土地依强制执行法第九十四条发给权利移转证书者,应命债务人交出土地所有权状及地段图,此项图状为同法第一百零一条所称书据之一种,如经执行法院依同条规定以公告宣示无效,另作证明书发给债权人者,依《土地法》第七十四条应检附之图状,得以该证明书代之。合电转饬知照。司法院子青印

**附原代电**

司法院院长居钧鉴,案据平乐地方法院本年申删代电称,查强制执行法第九十四条后段规定,债权人愿意承受二次减价未拍定之不动产时,法院得发给权利移转证书,将该不动产移转为债权人所有。又《土地法》第七十四条规定,声请为土地权利变更登记,应检付原发土地所有权状及地段图或土地他项证明书各等语。设有甲依强制执行法第九十四条后段得到法院发给权利移转证书(因债务人逃避无从追取原发土地所有权状及地段图),持向土地登记机关为权利变更登记,登记机关以未经检付原发土地所有权状及地段图而拒绝登记,此等场合如何救济,是否视甲已持有法院发给之权利移转证书?即可不须登记,径行取

得业权,抑或将权利移转证明书视为他项证明书,复请土地登记机关登记。事关法律疑义,未敢擅断,合电请解释示遵等情。据此,事关法律疑义,未便臆断,理合电请解释,俾便饬遵。广西高等法院院长申守真申寝民子印

**院解字第三七九八号**

**三十七年一月九日**

台湾高等法院杨院长览,上年子元代电悉。所请解释一案业经本院统一解释法令会议议决,高等法院或其分院覆判之特种刑事案件,关于《刑事诉讼法》第一百二十一条第二项之处分,除已经提审或莅审者仍应依院解字第三三一五号解释办理外,应由原审法院以裁定行之,其未经谕知没收之扣押物,而又无继续扣押之必要时,在覆判进行中,如尚未送交覆判法院,亦应由原审法院发还。合电知照。司法院子青印

**附原代电**

司法院院长居钧鉴,按《特种刑事案件诉讼条例》第二十七条规定刑事诉法第一二一条第二项及第三〇九条之规定于覆判程序均准用之,如在高院或其分院覆判之案件未经提审或蒞审时,关于《刑事诉讼法》第一二一条第一项之各种处分,究应由覆判审法院裁定抑应由原审法院裁定,关于同法第三〇九条前段之情形,应由覆判审法院发还抑由原审法院发还,于兹有甲乙两说。甲说,以为覆判审既未提审或蒞审而以书面审理,其情形与普通刑事案件第三审上诉审相类似,依同法第一二一条第二项立法原意,关于同条第一项之各种处分,应由原审法院裁定,同法第三〇九条前段之情形,以扣押物多数不送覆判审法院,亦一律以由原审法院发还较为适当。乙说,高院或其分院为覆判审时,性质上不同普通刑事案件之第三审,故关于同法第一二一条第一项之各种处分,如卷证已在覆判审法院,应即由覆判审法院裁定,关于同法第三〇九条前段之情形,亦应由覆判审法院发还。二说未知孰是,理合电请迅赐解释示遵。台湾高等法院院长杨鹏叩刑一子元印

**院解字第三七九九号**

**三十七年一月九日**

**令甘肃高等法院**

三十六年十一月十四日呈一件,为据临洮地方法院呈请释示典物回赎案件适用法律疑义,请赐解释,以便饬遵由。

呈悉,业经本院统一解释法令会议议决,准出典人备价回赎之确定判决,如依其诉之声明及判决理由,并非单纯确认回赎权存在,而系命典权人于出典人提出典价时返还典物者,出典人本可提出典价声请强制执行,其另行提起请求返还典物之诉,即有《民事诉讼法》第二百四十九条第一项第七款之适用。惟该确定判决未载明典价额数,致有争执者,当事人得提起确认典价额数之诉。仰即转饬知照。此令

**附原呈**

案据临洮地方法院本年十一月五日第一八二七号呈称,查出典人回赎时典权因而消灭,不动产所有权因其弹力性可回复其完全之支配力,似含有使典权人交还典物之权能,兹有甲获得准予备价(主文未注明数额)回赎之确定判决后,以典权人乙借故拒收典价,致不得回赎其所有权,甲遂另以诉请乙返还典物,本院讨论结果,发生二说。第一说,后诉之标的为前诉确定判决之效力所及,依《民事诉讼法》第二百四十九条第七款,应以其诉为不合法,裁定驳回。第二说,乙既借故拒收典价,致甲不得回复其所有权,自得本于固有之权利请求返还,两诉之法律关系既不相同,自可视其诉之有无理由审理判决。究以何说为是,未便擅专,为此具呈钧院鉴核示遵等情前来。查事关法律疑义,理合具文呈请钧院鉴核,俯赐解释,以便饬遵。

**院解字第三八〇〇号**

**三十七年一月十日**

四川高等法院苏院长览,上年戌齐代电悉。安县司法处代电请核示一案,业经本院统一解释法令会议议决,来电所称受税捐稽征处之委托以代征员名义代征屠宰税之人员,既系变相包商,并无薪给,即与屠宰税法第五条应由征收机关直接征收不得招商包征之规定不合,此项人员,纵经稽征处正式委派,亦仅系受公务机关委托而为承办之人,非《刑法》上之公务员,惟其将所收屠宰税亏挪不缴,依《惩治贪污条例》第一条第一项规定,仍应依同条例第三条第二款处断。合电转饬知照。司法院子灰印

**附原代电**

南京司法院院长居钧鉴,案据安县司法处审判官李天佑三十六年十月十五日牍字第一二二七号酉删代电呈称,查各县税捐稽征处对于屠宰税一项多系招商标包,嗣因国民政府修正屠宰税法(见三十五年十二月四日国民政府公报第一版)第五条规定,应由征收机关直接征收,不得招商包征,省府亦严令各税捐处不得招包。惟税捐稽征处以预算员额有限,如须派员分赴各场镇直接征收,势不可能,于是改变方式,委托各乡镇之妥实人员代为办理,加以代征员之名义,由各机关正式委派,实际则为变相包商,并无薪给。兹本县税捐处以该项代派员代收之屠宰税有亏挪不缴情事,移送本处究办,固与屠宰税法第六条之规定不合。然以该项代征员是否有公务员身份,应否负刑事责任,颇滋疑义,理合电请钧院俯赐核示,俾资遵循等情。据此,案关法律疑义,理合电请钧院迅赐解释,电令祇遵。四川高等法院院长苏兆祥牍戌齐印

**院解字第三八〇一号**

**三十七年一月十日**

吉林高等法院魏院长览,戌鱼代电悉。长春地方法院电请解释一案,业经本院统一解

释法令会议议决,伪组织或其所属机关团体任职人员候选及任用限制办法第三条之规定,于东北九省县市参议员之选举亦应适用。合电转饬知照。司法院子灰印

附原代电

司法院院长居钧鉴,兹据长春地方法院本年十月三十一日电,呈字第四二零号内开,查伪组织或其所属机关团体任职人员候选及任用限制办法第三条之规定,于东北九省县市参议员之选举是否适用,不无疑义,理合电请解释示遵等情。据此,事关法律解释疑义,本院未敢擅专,理合电请钧院鉴核解释示遵。吉林高等法院院长魏大同庭长刘玉瑸代行叩戌鱼印

院解字第三八〇二号

三十七年一月十日

广东广州地方法院霍院长览,上年酉阳代电悉。所请解释一案,业经本院统一解释法令会议议决,来文所述情形,应由登报人负《刑法》第三百零九条第一项之罪责。合电知照。司法院子灰印

附原代电

司法院院长居钧鉴,兹有与案件无关系之律师,对于报载法院高级人员于新闻记者访问谈话时所声明被告不服本院判决只可依法上诉词句,指为"不通""儿戏""无价值"等词,并对记者发表,登诸报端。此种行为,应否构成《刑法》第三百零九条之侮辱罪,计有甲乙两说。甲说,谓"不通""儿戏""无价值"均为评判之词,不成立《刑法》上公然侮辱罪。乙说,谓"不通""儿戏""无价值"系含有鄙视之意味,足以减损对方在社会上之名誉,应构成《刑法》上之公然侮辱罪。事关法律疑义,未敢擅拟,理合电请解释示遵。广东广州地方法院院长霍维四酉阳文

院解字第三八〇三号

三十七年一月十日

陕西高等法院第四分院金院长览,上年八月二十五日代电悉。所请解释一案,兹经本院统一解释法令会议议决,县司法处更审判决案件,不得依《县司法处刑事案件覆判暂行条例》第一条再予覆判。合电知照。司法院子灰印

附原代电

南京司法院院长居钧鉴,设有被告某子因犯杀人罪经第一审司法处判处有期徒刑并褫夺公权后,被告及检察官均未上诉,乃由第一审司法处送请第二审法院覆判,覆审法院认原判事实未臻明瞭,以裁定发回更审,更审判决科刑部份较初判为轻。被告提起上诉,第二审法院认上诉为不合法,依《县司法处刑事案件覆判暂行条例》第十二条第二项前段及第三项、《刑事诉讼法》第三百五十九条之规定,判决驳回上诉后,发生疑问,兹有甲乙两说,分述

于下。(一)甲说认为本案未经实体上之覆判,应依《县司法处刑事案件覆判暂行条例》第一条第二条,径予覆判。乙说认本案前经覆审法院因原判事实未臻明了发回更审,虽更审判决结果处刑较初判为轻,被告不得上诉,而检察官尚有上诉之权,依照钧院二十六年院字第一六八四号解释,应不予覆判。甲乙两说究以何者为是,颇滋疑义,理合电请钧院俯予解释,迅赐遵循。署陕西高等法院第四分院院长金锡霖推事高勋代行未叩

**院解字第三八〇四号**

**三十七年一月十日**

河南高等法院第五分院涂院长览,三十六未删代电悉。所请解释一案,业经本院统一解释法令会议议决,(一)公务员甲向乙勒索派款,已付一部,因续索尾欠不遂,乃率人将乙枪杀并劫取财物,其贪污与强劫杀人并无牵连关系,应并合处罚;(二)特种刑事之牵连犯,一部经覆判核准,一部系另案判决,亦声请覆判,依审判不可分原则,覆判审对于另一部分之判决,应予撤销,谕知免诉。合电知照。司法院子灰印

**附原代电**

司法院院长居钧鉴,设有公务员甲向乙勒索派款,已付一部,甲续索尾欠,乙不但不予,反声称行将诉追,甲越时未久即率人将乙枪杀,并抢去乙之财物,此种贪污与抢劫杀人行为,系牵连抑系并合,有甲乙两说。甲说抢劫杀人系由贪污而起,当然为贪污之结果,应以牵连犯论,乙说牵连犯应从严解释,勒索派款不过为抢劫杀人之动机,究系另外起意,不发生牵连关系,究以何说为是,不无问题。又,触犯特种刑事之牵连犯,一部经覆判核准,一部系另案判决,亦声请覆判,办理此种覆判案件,对于已核准之确定判决应否维持,亦有甲乙两说。甲说,牵连犯以不可分为原则,一部虽经核准,但一部既未覆判,依照一部应覆判应全案覆判之规定,其核准判决似属无效。乙说,牵连犯既不可分,则一部已经覆判核准,一部虽经另判,覆判法院应认为曾经判决确定,依法为逾知免诉之判决,应采何种学说,亦滋疑问。本院现有此类案件急待解释,理合电请鉴核俯准即予解释,实为公便。署河南高等法院第五分院院长涂璟叩三十六未(删)宛文印

**院解字第三八〇五号**

**三十七年一月十四日**

**令中央公务员惩戒委员会**

三十六年十一月四日呈一件,为宪兵官长失职案件应由何种惩戒机关受理疑义,呈请解释祗遵由。

呈悉,业经本院统一解释法令会议议决,宪兵官长系属军人,虽依法令兼掌行政警察事项,但其军人身份并不因此而有变更,如有失职情事,应由军事惩戒机关受理。仰即知照。此令

**附原呈**

窃查宪兵职务依宪兵令之规定，主掌军事警察兼掌行政警察、司法警察等事项，宪兵在各公共场所如戏院等维持秩序，自属于行政警察范围，设因处置不当，致与普通警察冲突，酿成事故，该管宪兵官长领导无方约束不严之失职责任，应由何项惩戒机关审议，于此有二说。（甲）宪兵编制同于陆军，其兼掌之行政警察事项，原在其职掌范围以内，宪兵官长因此项任务发生之失职事件，应依其固有身分认为军人，由军事惩戒机关受理。（乙）宪兵编制虽大体同于陆军，究系独立机构，与陆军兵种有别，况其兼掌之行政警察事项，依宪兵令之规定，受内政部或其他院部省市政府之指挥，则其官长因此项任务发生之失职事件，应认为普通公务员之失职，由公务员惩戒委员会受理。事关适用法律疑义，理合呈请钧院解释祇遵。

**院解字第三八〇六号**

**三十七年一月十四日**

广西高等法院陈首席检察官览，上年戌江代电悉。所请解释一案，业经本院统一解释法令会议议决，来电所述，既非对于特定人或可推知之人所发之言论，自不构成《刑法》第三百零九条及第三百一十条之罪。合电知照。司法院子寒印

**附原代电**

司法院钧鉴，设有律师某甲竞选立法委员，在报章发表意见一则，内有一段略谓，查现行《刑法》之订定，凡公务员有犯渎职贪污罪之嫌疑者，均由法官审判，而法官之犯渎职贪污罪者，又归法官审判，以法官审法官，以贪污审贪污，按诸法理，显有弊端。若谓法官犯法无须办罪者，未免笑话云云。虽系发表意见，究其语气颇属失体，有谓身为律师，出此言论，实迹近诽谤法官，对于国家及法院之信誉，尤不能谓为无损，似应构成《刑法》第三百零九条及第三百一十条之罪，有谓言出善意批评，不应成立犯罪。二说孰是孰非，事关法律适用，不敢擅断，理合电请解释示遵。广西高等法院首席检察官陈锡湖戌江检工印

**院解字第三八〇七号**

**三十七年一月十四日**

广西高等法院申院长览，上年申皓代电悉。都安县司法处代电所请解释一案，业经本院统一解释法令会议议决，单纯贩运由枪拆出之各种零外，不成立犯罪，其零件自不得以违禁物论，惟贩运者如系为避免发觉或便于搬运故将整个枪枝拆开以为运输，仍应分别情形，依《刑法》第一百八十六条、第一百八十七条论处。合电转饬知照。司法院子寒印

**附原代电**

南京司法院院长居钧鉴，案据都安县司法处本年八月二十七日处字第二一三号代电称，设有贩运由枪拆出之无机柄枪杆及各种零件（如步枪及机关枪枪筒等），是否仍认为《刑

法》第一百八十六条规定之枪炮,如非该条规定之枪炮,是否系属违禁物,予以没收,兹本处有是项案件亟待解决,理合需请解释示遵等情到院。事关法律疑义,职院未敢擅拟,理合电请察核,俯予解释电示祇遵。广西高等法院院长申守真申皓刑大印

**院解字第三八〇八号**

**三十七年一月十四日**

案准贵部上年十一月十九日叁字第六六五号公函,以据交通警察总局电请解释人民贩买黑市车船票从中图利是否犯罪疑义,函请解释赐复等由。准此,兹经本院统一解释法令会议议决,来函所述情形,应以甲说为当(参照院解字第二九二零号解释)。相应函复查照饬知。此致交通部

**附原公函**

案据交通警察总局戌灰电称,查人民贩卖黑市车(船)票从中图利,究否犯罪,计有下列二说,甲说,谓人民向车(船)站套购车(船)票,目的在于牟利,佯言车(船)票如何不易购得,乃索高价售于旅客,以遂利欲,是其行为不仅为欺罔,并利用人之错误而使其为财物之交付,自应认为《刑法》上之诈欺罪。乙说,谓此种行为纯为图利,并无有致陷人于错误而使其将财物交付之行为,且买受人之多价购买亦系出于情愿,显无受诈欺之可言,是其行为除有另犯运输机关或其他规章外,自难认为《刑法》上之处罪。本是以观,究以何说为当,事关法律上之疑义,理合电请鉴核赐转司法院释明为祷等情。据此,相应函请查核解释赐复为荷。

**院解字第三八〇九号**

**三十七年一月十四日**

案准贵院三十五年十二月二十八日节京捌字第二五四六三号咨,以据经济部呈请解释商标专用权移转后,未经呈请注册被商标局依法撤销,受让人对于是项处分能否提起诉愿等适用法律疑义,咨请解释见复等由。准此,兹经本院统一解释法令会议议决,商标专用权之受让人,对于商标局认为有商标法第十八条第一项第三款情事所为之处分,如有不服,自得依法提起诉愿,商标法第十一条但书所称之事故窒碍,包括因战事而不能为同条所定之行为者在内,其不能为此行为之具体情事,应由行为人负举证之责。相应咨复查照饬知。此咨行政院

**附原咨**

据经济部本年十二月十九日京商(35)字第一九四五〇号呈称,查商标专用权移转后已满一年未经呈请注册者,商标局得依职权或据利害关系人之呈请撤销之,为《商标法》第十八条第一项第三款前段所明定。惟受让人对于是项处分表示不服,是否得提起诉愿,兹有两说。甲说移转商标专用权未经呈准注册前,其专用权仍为让与人所有,故因移转后逾法

定一年期限未经呈请注册而受撤销处分,其直接受处分者乃让与人而非受让人,受让人自不得提起诉愿,乙说商标专用权之移转多属买卖行为,让与人让渡其权益,受让人必付出相当之代价,呈请注册时,又,须经双方联署为之,故受撤销处分时,受损害者实为受让人,受让人自得提起诉愿。又关于商标之呈请及其他程序,因受战事影响致逾法定期间,应否作为无效,亦有两说。甲说,战事期间因交通阻塞邮递迟缓,致难进行法定程序,因以延误法定期限,其情形与故意延宕者不同,依《商标法》第十一条但书之规定,其呈请及一切程序应认为有效。乙说,商标法第十一条固有认为确有事故窒碍时不在此限之但书规定,但仅战事本身,向不能遽视为事故窒碍,其因战事而确有道途梗阻无法通邮之事实,致未能呈请者,始合于事故窒碍之要件,呈请人并须就道途梗阻无法通邮之事实举证证明,否则延误法定期限后之呈请,自应认为无效。以上各说,究以何者为是,事关法令适用疑义,本部未敢擅专,且案悬待决,理合备文呈请鉴赐解释或转咨司法院统一解释,俾资遵循等情。据此,案关适用法律疑义,相应咨请查照解释见复,以便饬遵为荷。

**院解字第三八一〇号**

**三十七年一月十七日**

江西袁宜地方法院段院长览,上年未陷代电悉。所请解释一案,业经本院统一解释法令会议议决,(一)见院解字第三五七五号解释。(二)公务员侵占公粮,如已将公粮消费,自属无法追缴,依《惩治贪污条例》第七条第二项规定,应追征其价额。(三)租赁契约之期限逾二十年者,依《民法》第四百四十九条第一项之规定缩短为二十年,二十年届满后,除有《民法》第四百五十一条所定情形外,依《民法》第四百五十条之规定,其租赁关系即于期限届满时消灭,自无《土地法》第一百条之适用(参照院解字第三四八九号解释)。(四)租赁房屋约定按年年底交租或按年分春夏秋冬四季季终平均交租者,如系应适用《民法》第四百四十条第二项之租赁,仍应依该项办理,不适用《土地法》第一百条第三款之规定。(五)《公务员任用法》第六条第三款之限制,已见院解字第三七二零号解释,各种选举考试法规如有此项消极资格限制同样之规定,亦同。(六)乙丙是否合于曾因赃私处罚有案之规定,应视其侵占或私收是否合于赃私案件(参照院解字第三三一七号解释),并依法处罚而定。合电知照。司法院子筱印

**附原代电**

南京司法院居院长钧鉴,案据本院推事胡守谦三十六年八月二十八日签呈称,窃职发生法律疑义六点,谨分述如次。一、查所得税法第四十条第一项规定"本法之罚锾由法院以裁定行",而同法第三十七条对于扣缴所得税及拒绝接受纳税通知者又明定为"主管征收机关得科以二万五千元以下之罚锾",是否排斥第四十条第一项之适用而由税务机关径自科罚?二、从事粮政工作人员侵占公粮,依《惩治贪污条例》第七条第一项之规定,其所侵占之公粮应予追缴,但被告如早已将公粮消费,于此发生二说。甲说,已合于同条第二项"无法

追缴”之要件,应追征其价额,并应于判决主文内宣示每稻谷一石追征价额为若千元。乙说,稻谷随时随地可以买到,被告尽可购买种类质量数量相同之物备缴,不限定缴回原物,自不合于上开要件,只须于主文内宣示稻谷若干石应予追缴已足,究以何说为是?三、房屋租赁契约,其约定期限较《民法》第四百四十九条所规定之期限为长者,依《民法》债编施行法第十三条第二项之规定,应自施行日起适用《民法》第四百四十九条之规定,一旦上开法定期限届满,是否可以不受《土地法》第一百条之限制而将房屋收回?四、《土地法》第一百条第三款之规定,对于约定按月交租者固无疑问,假令约定按年年底交租或按年分春夏秋冬四季季终平均交租,其积欠租额是否应以达到二期(《民法》第四百四十条第二项参照)以上之总额方能收回房屋?五、《公务员任用法》第六条第三款以及各种选举考试法规消极资格之限制,均列有一款“曾因赃私处罚有案者”,当然不限于《惩治贪污条例》处罚之赃私案件。查大赦有根本消灭罪刑之效力,甲犯罪在三十五年十二月三十一日以前因赃私处罚有案,而其所宣告之罪名合于此次罪犯赦免减刑令甲项之规定,是否可以不受上开限制?六、乙于二十六年春依法当选为人民团体首长,利用职务上之机会及权力,侵占献机祝寿款项,经法院依《刑法》第三百三十六条第一项规定判处罪刑,丙于二十三年秋利用县级公务员权力私行派收田赋额外费用,经前江西省保安处依照前军事委员会委员长南昌行营公布之《惩治土豪劣绅条例》第二条第四款之规定,判处有期徒刑一年以上,均经确定并执行完毕,是否均合于“曾因赃私处罚有案”之要件?上述六点,案关法律疑义,未敢悬揣,理合签呈钧长察核,准予转请解释示遵等情。据此,案关法律疑义,理合电请迅赐解释示遵,俾便转饬知照。署江西袁宜地方法院院长段超瀛叩未陷文印

**院解字第三八一一号**

**三十七年一月十七日**

**令山东高等法院院长胡绩首席检察官刘世卿**

三十六年八月十九日会呈一件,为据青岛地方法院呈请核示《收复地区肃清烟毒办法》适用疑义,呈请核示,以凭饬遵由。

呈悉,业经本院统一解释法令会议议决,修正之《收复地区肃清烟毒办法》各条,在未完成立法程序以前,其有与《禁烟禁毒治罪条例》相抵触者,仍难予以适用。仰即转饬知照。此令

**附原呈**

案据青岛地方法院呈称,案奉钧部转颁修正《收复地区肃清烟毒办法》第一条、第十三条、第十九条饬即遵照等因。奉此,查青岛市收复后烟毒施戒期限于三十六年一月底届满,本院前以《收复区肃清烟毒办法》第十三条未完成立法程序,故未采用。现该项条文虽经行政院公布施行,但原令并未叙明曾否转行立法院补完立法程序,适用上仍感疑义,究竟应否自令到之日起即行适用之处,理合呈请鉴核示遵等情到院。案关法律解释,本院未敢擅拟,

理合备文呈请钧院核示,以凭饬遵,实为公便。

**院解字第三八一二号**

**三十七年一月二十四日**

案准贵院上年十月二十三日法字第九二二二号公函,以据本院安徽江西监察区监察使署呈请转咨解释《公务员服务法》第十三条第一项规定之适用暨其立法精神一案,函请解释见复等由。准此,兹经本院统一解释法令会议议决,公务员之父兄经营商业如系以自己之名义为自己之计算而为之者,虽公务员与之同居或共财,亦非公务员经营商业(参照院字第二五零四号解释),至公务员经营商业,而与《公务员服务法》第十三条第一项但书情形不合者,仍在禁止之列,在立法上是否正当,系属别一问题,不属解释范围。相应函复查照饬知。此致监察院

**附原公函**

案据本院安徽江西监察区监察使署本年十月十二日署调字第一六五五号呈称,案查前据呈诉江西省崇仁县府督学陈煜孙利用职权串同营利一案,前经以署调字第(一一七六)号函请该管第七区专员公署彻查去后,兹准查复到署。经核该陈煜孙原为该县巴山文化社商店之股东兼名誉经理,嗣就任该县督学职务,乃将名誉经理辞卸,但仍为该社股东,并无利用职权之处,其无刑事责任,自可认定,依《公务员服务法》第十三条第一项之规定则有抵触,应照公务员惩戒法办理。惟查此种情形,在内地各省市县似所在皆有。盖我国商肆以合伙或独资者为多,至于股份有限公司之组织,除通都大邑外,凤毛麟角,且我国家庭组织向贵同居共财,如一家庭中之父兄经营商业,而其弟妹子侄则为公务员,因其同居共财,则所谓公务员者,亦为事实上之股东。再自抗战及胜利以还,公务员之待遇日益菲薄,迫于生计,因设店经营商业,而由其妻或子侄主其事者,亦复所在多有。若以其地位言,不足利用其职务,但亦不能绝保其无此可能,他如摊贩之类同此情形者,亦间或有之,以其行为论,均属商业,而以营利为目的,以家族言,则为同居共财,而所谓公务员者,或即负家庭生活之义务人。凡此情形,无论就法理与事实,悉与《公务员服务法》第十三条第一项之规定相背悖。再查同法同条第二项之规定,公务员之加入股份有限公司为股东,而未超过全部股金百分之二十者,不在此限,以与第一项之规定相比拟,似失其平。缘公司组织在内地可谓仅有绝无,而公务员之能享是项权利者,又仅限于通都大邑,且所谓公司者,其组织规模必系宏大,资金必需雄厚,其股金又非普通公务员所能胜任。是博蝇头之利以维家庭生活者,为法所禁,大吏豪门投资公司者,为法所许,此亦有类窃国者侯,窃钩者诛。况法者贵能实施,而尤需适合社会实际情形。兹因陈煜孙案而发生《公务员服务法》第十三条第一项规定之适用问题,用特具呈敬祈钧院审议,并乞咨转主管机关解释,俾明立法精神,而便援用,以臻治道,并祈指饬祗遵等情。据此,除指令外,相应函请查照解释见复为荷。

**院解字第三八一三号**

**三十七年一月二十四日**

湖南省政府王主席览,上年秘法铭戊支代电悉。所请解释一案,兹经本院统一解释法令会议议决,(一)乡镇保长之交代,不适用公务员交代条例之规定,(二)公务员交代条例第十条所谓查封其财产抵偿,无从解为合于强制执行法第四条第六款之规定,仍须得有判决等执行名义,始得声请司法机关为之(参照院解字第三四八〇号解释)。合电知照。司法院子敬印

**附原代电**

南京司法院院长居钧鉴,一、乡镇保长交代,是否受公务员交代条例之拘束?二、公务员交代条例第十条所规定之查封财产,应由何机关执行?如由司法机关执行,可否不待诉追,即以该条规定,作为强制执行名义?案悬待决,祈电示遵。湖南省政府主席王东原秘法铭戊支印

**院解字第三八一四号**

**三十七年一月二十四日**

内政部鉴,上年民四戌俭代电悉。四川省政府所请解释一案,兹经本院统一解释法令会议议决,各级合作金库经理及其所属人员,非不得当选为省县市参议员,当选后如经监督机关许可,亦非不得兼任。特电复请查照转知。司法院子敬印

**附原代电**

司法院赐鉴,准四川省政府申齐民一电,以各级合作金库经理及其职员,可否当还并兼任省县市参议员,请核复等由。谨电请迅赐解释,以便转知为祷。内政部民四戌俭印

**院解字第三八一五号**

**三十七年一月二十六日**

**令浙江高等法院院长孙鸿霖**

三十六年七月十一日呈一件,为《复员后办理民事诉讼补充条例》第九条等适用疑义,呈所释示遵行由。

呈悉,业经本院统一解释法令会议议决,(一)沦陷区收复时,非法组织之第二审法院所为确认法律关系存在与否及命被告返还物件之判决已确定者,关于确认判决之部分既无须执行,如并无《复员后办理民事诉讼补充条例》第九条所列各款情形,应依同条前段规定,以经裁判确定论。(二)非法组织之法院所谓得为强制执行之裁判已确定,而无《复员后办理民事诉讼补充条例》第九条各款情形者,在未声请执行前,不以经裁判确定论,其后声请执行时,仍应依其最后为裁判之审级,准用同条例第八条处理之,当事人不声请执行而再行起

诉时,亦同。(三)依《复员后办理民事诉讼补充条例》第八条第一项第二款,应由第二审法院为第一审审判之事件,当事人误向第一审法院起诉者,自有《民事诉讼法》第二十八条第一项之适用。(四)《复员后办理民事诉讼补充条例》第九条第五款所谓应诉,指到场为本案之言词辩论而言,在非法组织之法院为本案之言词辩论时,共同诉讼人中有一部分人未到场者,如其诉讼为必要共同诉讼,其他共同诉讼人之到场非必为有利于全体之行为,即不能视与全体到场同,该一造如受败诉之判决已确定,自应认该确定判决有同条第五款所列之情形,依第十条规定认为非裁判,如其诉讼非必要共同诉讼,关于到场当事人之部分,仍不得认为非裁判。仰即知照。此令

**附原呈**

查《复员后办理民事诉讼补充例》第九条规定,非法组织之法院所为之裁判已确定,如无下列各款情形,而已执行完毕或无须执行者,以经裁判确定论,而尚未执行者,于声请执行时,依其最后为裁判之审级,准用前条之规定处理之等语。兹如有共同诉讼人某甲等十人与某乙等十人,曾为确认契约无效及返还对象之事,在非法组织之法院涉讼,经两审判决确定有案,其确认契约无效部分无须执行,而返还对象部分须执行而尚未执行,是否应一并以经裁判确定论,或均不认为确定,抑或就确认契约无效部分以经裁判确定论,而返还物件部分认为尚未执行,此其一。如其尚未执行者并不声请执行,而径向第一审法院起诉,是否亦照该条后段规定,依同条例第八条处理之,此其二。如依该条例第八条第一项第二款规定,应由第二审法院为第一审审判,而当事人误向第一审法院起诉者,可否依《民事诉讼法》第二十八条第一项,为移送之裁定,抑应依同法第二百四十九条第一项第二款(或同条项第六款),以裁定驳之,此其三。如一造共同诉讼人中,在伪法院裁判时,有一部份人未到庭者(并非一造全数不到),是否亦认为该条例第九条第五款之情形,应依第十条第一项前段,认为非裁判,此其四。事关法律疑义,理合备文呈请,仰所钧院鉴核,俯赐释示,以便遵行。

**院解字第三八一六号**

**三十七年一月二十七日**

案准贵院三十六年六月十九日(三十六)七外字第二三六五二号咨,以据前台湾省行政长官公署及台湾省政府先后电请核示,日产移转买卖,完成登记在禁卖以后,应否有效,及敌产移转于禁卖日期前,于禁卖日期后始声请登记,应否认为有效各等情,抄同原件,咨请解释见复等由,附抄前台湾省行政长官公署及台湾省政府原代电各一件。准此,兹经本院统一解释法令会议议决,台湾人民买受日人产业,如确在禁卖日期之前成立合法契约,虽其声请登记在禁卖日期以后,仍属有效。相应咨复查照饬知。此咨行政院

**附原咨**

据前台湾省行政长官公署及台湾省政府,先后以日产移转买卖,完成登记在禁卖以后,应否有效,及敌产移转于禁卖日期前,但于禁卖日期后始申请登记,取得登记证,又申请日

期无法查明,应否认为有效各等情,电请核示到院。查关于不动产物权之取得丧失或变更,我国《民法》虽采登记主义,惟台湾沦陷既久,其原有法令规章多与国内不同,上述情形,应否一律适用我国内法律之规定,相应抄同原件,咨请查照,迅予解释见复为荷。附抄送前台湾省行政长官公署及台湾省政府原代电各一件

**抄台湾省政府原代电**

南京行政院院长张钧鉴,准前台湾省行政长官公署案移钧院电奉悉,依钧电所示,敌产移转买卖确在法令禁止日期以前完成之合法契约,纵在禁止移转日期后始完成登记,应仍有效一节,是否系指国人买受日产,确在禁卖日期以前成立合法契约并同时声请登记,而于禁卖日期以后始完成取得登记证,方为有效,抑系指国人买受日产,如在禁卖日期以前成立合法契约,即在禁卖日期以后始声请登记并取得登记证,其时日不加限制,仍应有效而言,惟适用前者,其声请日期之证件,经准台湾高等法院并据前台湾省行政长官公署民政处地政局先后查复,在日人统治时代,法院登记处受理人民不动产登记,收件时只发给番号木牌一枚,作为登记完毕时换领登记证之根据,并无另设簿籍记载其申请登记之时日。兹以声请时日之证件既无法查明,如受理确认产权案件,是否以禁卖日期以前成立之合法契约而于禁卖日期以后所领得之法院登记证为依据,即可予以确认有效,统请察核,恳乞分别电示祇遵。台湾省政府主席魏道明参陆辰(马)府财清二

**抄前台湾省行政长官公署原代电**

南京行政院院长张,奉三十六年四月十四日京机(十)字第二一七六号通知,为国府参军处函据报郑在兴隐匿侵占敌产案,嘱查办见复一案,饬即查明核办具报等因,附抄件。奉此,遵经饬据本省日产处理委员会查报,以此案(一)关于印刷所部份,台北市太和町三丁目二番地前台北印刷株式会社,经本署工矿处于三十五年一月三十日派员监理,因郑在兴提出产权移转证件,致暂中止。嗣于同年八月间,本会根据密报,迭经派员督同台北市日产处理分会彻查接收,旋据郑在兴(旧名石井博)呈明,三十四年六月二十日合股买受台北印刷会社全部股票,改设大华印务局,同年七月间申请法院登记。至同年十月二十日领到第六一七一号登记济证(所有者名义变更登记),并检呈卖渡证书财产目录登记济证及区长里暨同业公会等证明书,声请确认产权前来,当经查验各项证件尚属相符,复经饬据郑在兴于三十六年三月二十八日到案述称,台北印刷会社代表者为船桥松,经理为平川政雄,买价为十二万五千元,较当时市价并不低廉,又大华印务局承印人民导报国是日报上海大公报经济日报等四种报纸,均系代印性质,一律收费。(二)关于建物敷地部分,前据郑在兴来呈,向日人濑崎真一买受台北市荣町等处之建物敷地,确于三十四年六月间由中人介绍承买,并于同年七月一日依法向台北市地方法院申请登记,因战争紧张,政务停弛,延至同年十月九日方奉到核准,送卖渡证及登记济证抄本,请予确认产权等情,经批饬缴验有关证件送会审定去后,嗣据呈复,一、卖渡证及登记济证正本,因抵押关系,暂寄存于本市台湾省人寿保险公司,二、土地申请登记证件,在日人统治时代,向例申请登记者均无收条发给,此不仅登记

机关为然，即行政司法各官署亦莫不如是，本件土地登记系三十四年七月一日向台北州文山郡新店街台北地方法院新店登记所申请，特检前台北市新富町第三分区第十六班世话役周红及台北市城中区抚台里里长郑进益负责证明书各一份，请予确认等情前来。复经转电台湾省人寿保险公司调取卖渡证及法院所发第〇五五二三号登记济证正本，经核卖渡证所载买卖日期确在禁卖以前，而权原并经前后里长负责证明，综上论结，郑在兴买受台北印刷会社财产及日人濑崎真一建物敷地，均在本省禁止日产移转限期以前(三十四年八月十五日)订有契约，而完成登记均在禁止日产移转日期以后，已据分别缴验证件，经核相符，惟申请登记日期，本会曾先后准高等法院及地政局查复，在日人统治时代，台北地方法院登记处对不动产取得或设定等之登记申请，依日本不动产登记法，从来未有制定收件簿籍，以便注册等例只对登记申请者发给番号木牌一面，俟将来手续办妥，凭木牌换领登记济证，并无发给申请凭证之规定，事实方面无从查明等情。查日产移转买卖，其成立契约日期系在禁卖以前，而完成登记乃在禁卖以后，应否认为有效，正拟续电钧院请予解释，本案应否有效，事关法令疑义，拟俟奉到指示再行依法处理，兹奉饬查，理合先将查报情形电请察核。台湾省行政长官陈仪(俭)卯署产处

**院解字第三八一七号**

**三十七年一月二十七日**

案准贵院上年十一月十七日(三十六)七外字第四七三七七号咨，以在沦陷时期伪组织征购纱布尚有四分之一价款未付，该项纱布可否发还或给与价款，有甲乙丙三说，事关法令适用疑议，咨请解释见复等由。准此，兹经本院统一解释法令会议议决，来文所述情形，应依乙说补给价款。相应咨复查照。此咨行政院

**附原咨**

查在沦陷时期，伪组织向某甲征购纱布，正式成立契约，交付栈单，完成买卖手续，某甲等接收伪储备银行存单分期取款，胜利后尚有四分之一存单未经兑现，大部份为伪钞，小部份为黄金，某甲等之职业团体，以此项纱布系敌伪强购为理由，要求政府机关在接收敌伪纱布案内拨还未付四分之一纱布，由该职业团体摊配，该项纱布可否发还或给与价款，有下列三说。

甲，不应发还四分之一纱布，其理由为：

一、贵院院解字第二四二三号咨解释，接收敌伪产业经拍卖机关标卖，拍定人取得所有权者，其权利为原始取得，如原承租人向法院提起确认原租赁契约继续有效，应予驳回。又院解字第三五九八号咨核复，关于在敌产移转有效日期以后，某甲向日人善意受买家具已被查封，可否请求处理机关赔偿或发还一案，解释某甲不得向敌伪产业处理局请求赔偿损失或呈请发还家具，参照上述两案之意旨，是项未付价款四分之一部份，政府机关可不承认其债务。

二、依《敌伪产业处理办法》第四条第一款规定“由日方强迫接收者,应发还原主”,此项纱布系由伪方购买,并非强迫接收,无发还根据。

三、伪方收买纱布,均有正式契约,栈单亦经交付,已完成买卖手续,敌伪产业处理机关所接收者为敌伪物资。

乙,应发还四分之一价款,其理由为:

一、依《收复区敌伪产业处理办法》第四条第四款规定,“敌伪产业之负债,应就各该资产总值范围以内,分别清偿”,此项纱布未付价款部份,系敌伪产业之负债,应在接收纱布内清偿债务,即应折付法币,由存单持有人领受。

二、伪方收购是项纱布,纱布商已接受价金,惟价金内有一部份系伪中储行存单,欠款未付,是项欠款,虽因纱布产权业已移转,无主张返还实物之权,而主张清偿欠款之权尚属存在。

三、前苏浙皖区敌伪产业处理局已向其中某一部份纱布商号批示“各纱号如持有伪中储行存单,有未收价款部份,可径向伪中储行申请清理”等语,是政府处理机关已承认其债务可以清理。

四、政府若认伪组织之征购命令为无效,则应发还现存之纱布。若认征购为仍有效,则即应依收复区敌伪产业处理办法第四条第四款之规定,负担其债务,二者必居其一。

丙,应发还四分之一纱布,其理由为:

一、该项被敌伪征购纱布系属强迫性质,应与不动产之工厂房地产等同等论处,将未付四分之一价款部分予以发还实物。

二、政府应否认敌伪之伪装掠夺行为,此项征购纱布无异盗赃,未付价款部分应将实物发还被害人。

以上三说各有理由,事关法令适用疑义,悬案待决,相应咨请查照解释见覆为荷。

**院解字第三八一八号**

**三十七年一月二十七日**

案准贵院上年九月八日(三十六)六财字第三五九二八号咨,以据财政部呈请转咨解释《票据法施行法》第十五条疑义,咨请查照办理见复等由。准此,兹经本院统一解释法令会议议决,《票据法施行法》第十五条既明定,依《票据法》第一百三十三条第一项之规定,业经付款人保付之支票不适用《票据法》第十五条、第十六条之规定,自无从为相反之解释,相应咨复查照饬知。此咨行政院

**附原咨**

据财政部三十六年九月一日财钱庚三字第三二四一号呈称,案据上海市钱商业同业公会本年八月二日呈,为《票据法施行法》第十五条对于保付支票不适用挂失止付,暨声请公示催告之规定,胪陈疑义,请转呈解释等情到部。查支票一经保付,银行即负保证付款责

任，应即将支票金额从发票人存款内提出，另立保付支票帐，以备保付支票之付款，此项提存之款项即属银行所有。盖银行既经保付，即为支票之债务人，所应负之责任，一如汇票之承兑人，故《票据法》规定其付款责任与汇票承兑人同。又一般支票付款期限，在票据法上规定有一定时效，其已过时效者，银行即不能照付。盖因支票付款人既限于银钱业，若不限定时效，则于金融宽缓时往往不为现金之提取，而在金融紧缩时则群起为请求付款，致付款人应付维艰，而影响其营业，至保付支票银行既将支票金额在发票人存款内提出以备支付，决不能移作他用，对于银行头寸之匡计并无影响，票据法施行法第十五条后半段规定保付支票不适用《票据法》第一百二十六条提示期限及第一百三十一条付款时效之规定，自属合理。至于同条前段规定保付支票不适用《票据法》第十五条、第十六条关于票据挂失止付暨声请公示催告之规定，虽系加强票据之流通。惟若执票人确因遗失，倘不能挂失止付，转使恶意取得者获有保障，又若该项保付支票因遭水溺火焚实已灭失，则已划开付款永成悬帐，上海市钱业公会所陈各节，似属不无理由。事关法律解释，理合抄附原呈，具文呈请钧院鉴核，转咨司法院予以解释，实为公便等情。相应抄同原附呈，咨请查照办理见复为荷。

**院解字第三八一九号**

**三十七年一月二十八日**

浙江青田地方法院王首席检察官览，上年巳皓代电悉。所请释示一案，业经本院统一解释法令会议议决，自卫队丁某乙守卫队部，望见乡丁某甲背枪行近队部门前，误认为匪，开枪将其击毙，尚非有犯罪之故意。惟某乙对于某甲之是否盗匪，原应注意辨认，如当时情形能注意而不注意，则某乙应负过失致人于死之责。合电知照。司法院子俭印

**附原代电**

司法院院长居钧鉴，兹有某村于发生劫案后，为自卫起见，组织村民自卫队，设队部于队长家中，某日队长率壮丁丙往乡公所借得步枪四枝，因乡丁某甲来该村公干，遂分别背枪同行。迨抵队部，时已入夜，由壮丁某乙担任守卫，在队部楼上瞭望，乡丁甲首先走近门外，被壮丁乙误为盗匪，未问口令，即向下开枪，某甲中弹毙命。据子说，依照最高法院民国二十年非字第九十四号判例，"被告因听闻村犬乱吠，疑有匪警，并于隐约中见有三人，遂取手枪开放，意图御匪，以致某甲中弹殒命。是该被告虽原无杀死某甲之认识，但当时既误认为匪，开枪射击，其足以发生死亡之结果，究为本人所预见，而此种结果之发生，亦与其开枪之本意初无违背，即仍不得谓非故意杀人"，应认为乡丁某甲之死，壮丁某乙实难逃故意杀人罪责。惟据丑说，谓前开判例中，某甲等三人系仅经过某村而已，揆诸首开事实中，乡丁某甲已走至某乙守卫之队部门外，某乙误认盗匪现在已加以不法之侵害，故出于防卫自己及他人之权利而开枪，依照最高法院民国十九年非字第十一号判例，"以枪击人，其足以发生杀伤之结果，当然为其预见，即不得谓非故意。惟其行为系在防贼，虽事实上所击死者非贼，似与正当防卫之条件不合。然究系以防贼之意思出于卫护权利之行为，此即学理上所

谓想象上之正当防卫,仍应依当时有效之刑律第十五条处断”,应认某乙之开枪系学理上之想象上之正当防卫行为,法不处罚。又据寅说,某乙开枪之所为,因其意在御盗,固足认为想象上之正当防卫而不罚,但查队长亦即屋主,与壮丁丙往乡公所借枪未归,为某乙所明知,则某乙对于外来之人,核情应加注意,其竟不注意而开枪射击,依法有负过失杀死某甲之刑责。以上三说,究以何说为当。事关适用法律发生疑义,理合电请钧长释示祇遵。署浙江青田地方法院首席检察官王谟巳皓慎印

**院解字第三八二〇号**

**三十七年一月二十八日**

江西赣县地方法院彭院长览,上年十一月八日代电悉。所请解释一案,业经本院统一解释法令会议议决,行政督察专员例兼区保安司令,其本质系文官,其触犯刑事案件,应由司法机关审判。合电知照。司法院子勘印

**附原代电**

南京司法院院长居钧鉴,本院受理某行政督察专员兼保安司令变卖节余保安队公粮借权力借救济牛乳与化名存款图利等案,究竟该专员能否由司法审判,兹有数说。(甲)该专员虽兼保安司令,其本职既系文职,不能以其兼保安司令而认为军人,应归司法审判。(乙)该专员任文武二职,如于行政方面触犯刑事,归司法审判,如于军事方面触犯刑事,归军法审判。(丙)专员兼保安司令,如系军校出身,曾授武职,有军人身份者,其违反刑事,应归军法审判,如无军人身份者,归司法审判。又倘依(乙)说,如其被控刑事于行政及军事二方面均有关者,又应归何方审判,均于适用法律不无疑义,理合电请解释,因案悬待结,并乞迅电示遵。署江西赣县地方法院院长彭吉翔叩(36)戌文印

**院解字第三八二一号**

**三十七年一月二十八日**

绥远高等法院张首席检察官览,上年卯寝代电悉。所请核示一案,业经本院统一解释法令会议议决,仅任伪职别无其他罪行之被告死亡,如按其所任伪职之任务性质执行手段及其他一切情形,不足认为成立汉奸罪,自不得单独宣告没收其财产。至此项已查封之财产果系不得单独宣告没收,应由检察官发还之。合电知照。司法院子勘印

**附原代电**

司法院院长居钧鉴,查某商人甲曾在敌伪管辖范围内充任土业组合副理(土业组合系由各鸦片烟商联合组织专收买烟土类是同业公会),胜利后被战区长官部调查室扣捕,并将财产查封,但未经讯问,即因病死亡,后由该室就其土业组合副理之伪职一罪,将某甲之案移送法院裁判,法院亦就副理职务概括断定,判决某甲主刑部分不受理,其查封之财产,除酌留家属生活费外,全部没收,该判决送达后,由被告某甲之配偶声请覆判,当经最高法院

判决原判决撤销，其理由谓调查室非司法警察官署，所移送之案不得视为起诉。至没收财产部分，除罪证确实，得由检察官另案声请单独宣告没收外，固不得以被告死亡为原因而谕知不受理时并为财产没收之判决等语，经查本件某甲确在敌伪管辖范围内充任土业组合副理职务，但再无其他罪行，仅此是否合于钧院院解字第三二五八号之解释，由检察官声请宣告没收，如因再无其他犯罪行为可认定触犯《惩治汉奸条例》所列各罪时，对于此项已查封财产之发还。是由检察官制作处分书，抑是仍根据最高法院判决？以上各点，颇滋疑义，谨电核示。代理绥远高等法院首席检察官张蕴毓卯寝叩

**院解字第三八二二号**

**三十七年一月二十八日**

四川省郫县参议会，上年戌筱代电悉。所请解释一案，业经本院统一解释法令会议议决，选举县参议会议长副议长，应由出席之参议员用单记法投票，以得票最多者当选为议长，次多者当选为副议长，其得票最多者，虽不超过半数，亦属当选，此为《县参议会组织暂行条例》第十条之当然解释，据原代电所述第一项之情形，以得票最多之某甲当选为议长，次多之某乙当选为副议长，无须再选。原代电第二至第九各项疑义，均由再选而生，自无解答之必要。电复查照。司法院子勘印

**附原代电**

急，南京司法院院长居副院长纽钧鉴，本年十月一日本县第二届参议会选举正副议长发生纠纷，牵涉法令疑义，钧院有统一解释法令之权，谨将请求解释之点缅呈于后，(一)本县第二届选举正副议长，计出席参议员三十人，选举结果，正议长甲得十五票，乙得十三票，丙丁各得一票，副议长甲得十八票，乙得十二票，主席宣布副议长甲当选，正议长未达过半数，应即举行再选，当时有法律界权威人士解释，以十五票据法理推测可为过半数，应认为当选。究竟是否应属当选，选举条例无明文规定，是否应由钧院解释。至本县第一届正副议长之选举，系以票多者为当选，并无重选及过半数之规定，法令何时变更，既未见县府公布，新旧参议员亦未获此项通知，此种选举是否认为有效，此应请求解释者一也。(二)第二次重选，主席当众声明再再，此次补选正议长，不选副议长，票上虽有两栏，但副议长业经当选后，连记法则经主席之宣布改为单记法矣，殊再选结果，甲乙各得十四票，另有两票，上写正议长姓名，下写副议长某某在内，此种选票是否应当众作废，如不作废，主席又何必先期当众声明，此应请求解释者二也。(三)当第二次再选结果，唱票人唱票时，不将票上所写之人名一一唱出，仅唱正议长一人姓名，意图掩饰夹写副议长之选票两张，嗣经参议员中互推之监票员三人中有两人察觉，当场提出检举，主席始允予记载于纪录簿上，监票员两人均未盖章，此种唱票人是否属于违法，此应请求解释者三也。(四)选举票规定由县府制成，临场散发，但当日即有破角及穿洞之票数张。查无记名投票各选举人均有其秘密性，此种破损之选票由县府职员分发，是否有刺探票载内容情事，当不言可喻，选举结果并有选举人自行

撕毁票边者，尤属疑点滋多，此种选举是否应向当地法院诉请受理，此应请求解释者四也。(五)县参议会正副议长选举，选举条例规定应由省府民政厅长兼选举监督莅场监视或派代表参加，本县第二届选举，民政厅长既不到县又不遣派代表莅场，坐使选举纠纷日益扩大，该选举监督是否应受法律惩戒，此应请求解释者五也。(六)县参议会正副议长选举票上两栏分为正副议长两格，即系两个选权分别使用或分别计算，如正副议长业已当选一人，补选者仅有一人，而尚欲以两权合共计算，是否于法有据，此应请求解释者六也。(七)《选举条例》第二十七条朗载写不依式及夹写他事均可不经法院之判决认为应即作废，本县重选议长，选票上有未写年月日者，有不照主席规定式样填写者，在三十人中只有一二人与一般式样不符，是否应予作废，此应请求解释者七也。(八)选举行贿，在无记名选票中每多以符号代表要求约期收受贿赂，此种符号，是否仅列号码一种，其他如划圈划点划三角划长线，是否不为符号，此应请求解释者八也。(九)选举揭晓，甲乙两候选人选票相等，另有两票在选举人自称系故意写作废票，行政官署不详察真情，勉强认定票多者为当选，结果召开成立会，两次均不足法定人数，此种真意识之表现，是否可以采取，《民法》第九十八条亦有类似此种意义之规定，反之，是否有诉愿诉讼及要求选举暂行停止之权，此应请求解释者九也。综上九项，均系参议员对选举法令之疑义，谨此电陈，伏乞鉴核解释，电示祇遵。四川省郫县第一届参议会议长杨子超暨新旧参议员三十人叩戌筱印

**院解字第三八二三号**

**三十七年一月二十八日**

案准贵院上年十月十五日(三十六)七法字第四一六九零号咨，以据司法行政部呈，转请解释上诉未确定之案件能否认为系在兵役法所称之追诉中疑义，咨请解释见复等由。准此，兹经本院统一解释法令会议议决，某甲帮助杀人，经法院判处罪刑，虽同时宣告缓刑，既据提起上诉，是该案尚未确定，核与兵役法第二十四条第一项第三款及第二十六条第一项第五款所称在追诉中之条件相合，自应予以缓征或缓召。相应咨复查照饬知。此咨行政院

**附原咨**

据司法行政部本年十月七日京36呈叁字第二〇〇九号呈称，案据江西高等法院三十六年七月三十日呈，据河口地方法院呈略称，某甲因帮助杀人，经地方法院判处有期徒刑二年，缓刑五年，不服判决，提起上诉，案未确定前，能否认为合于兵役法第二十四条第一项第三款及第二十六条第一项第五款所称在追诉中之条件，予以缓征或缓召等情。据此，事关法律适用疑义，理合呈请核转司法院解释，俾便饬遵等情。据此，案关适用法律疑义，相应咨请查照解释见复，以便饬遵为荷。

院解字第三八二四号

三十七年一月三十一日

国防部鉴,戌有法高代电悉。江苏省保安司令部代电所请解释一案,兹经本院统一解释法令会议议决,法令施行及废止生效日期,仍依法律施行日期条例之规定,如有该条例第四条之情形,并参照国民政府二十八年九月十六日渝字第五一九号训令办理。特电复请查照饬知。司法院子世印

附原代电

司法院赐鉴,案据江苏省保安司令部本年保法仁字第五一九七号酉俭代电开,查法律之施行及废止,在非常时期,以各地交通失其常态,主管官署迁徙靡定,所有公布法律之命令,一律以实际到达各省市县之翌日起发生效力,经国府于二十八年九月十六日渝字第五一九号训令饬知在案。但查战时军律《禁烟禁毒治罪暂行条例》,国府先后于三十五年六月五日公布废止,及同年八月二日因公布新条例而失其效力,均在奉令复员以后,其发生效力之日期,是否应依法律施行日期条例第一条后段,依法律施行到达日期表规定之限期发生效力,抑仍依非常时期公布法律之命令,一律以实际到达各省市县之翌日起发生效力,事关法律疑义,谨电鉴核,俾便饬遵等语。案关法律疑义,谨电请迅赐解释示复为祷。国防部戌有法高印

院解字第三八二五号

三十七年一月三十一日

辽宁高等法院夏首席检察官览,上年酉迥代电悉。所请解释一案,兹经本院统一解释法令会议议决,《刑事诉讼法》第五条所谓被告所在地,系指被告起诉当时所在之地而言。合电知照。司法院子世印

附原代电

司法院院长居钧鉴,《刑事诉讼法》第五条所谓被告之所在地一语之涵义,兹有二说。甲说,谓"所在地"一语系指起诉时被告现在之土地而言,此乃学者之通说。乙说,谓不惟责付限制住居之地及羁押被告之地为其所在地,即曾到案受讯之地及命令交保之地,亦应认为所在地。盖如依甲说,必以起诉时被告现在之地始有管辖权,则遇有甲省法院检察官侦查终结之案,于起诉时被告因事或故意寄留乙省某地,依法甲省检察官既不能向乙省法院起诉,则势必有扞格难行或多费周折之虞。又如侦查事务因特别情形经甲地方法院检察官呈请移转,由高等法院首席检察官以命令移于乙地方法院检察官处理,于侦查终结后,若依甲说,因被告身体仍在甲地,必须向甲地起诉,非但与最初移转之意旨不能贯彻,甚至仍因现地情形有影响于公安或难期公平之虞。二说究以何说为是,事关法律疑义,乞迅赐解释示遵。辽宁高等法院首席检察官夏惟上(三六)酉迥叩

院解字第三八二六号

三十七年一月三十一日

令署安徽高等法院院长廖江南

三十六年八月九日呈一件,为据无为地方法院代电请解释财产租赁所得税处罚疑义,转请鉴核示遵由。

呈悉,业经本院统一解释法令会议议决,来文所述情形,应对乙依法处罚。仰即转饬知照。此令

附原呈

案据无为地方法院午铣代电称,兹有甲税局以乙银行租用民房每月租赁所得应征所得税,曾由甲依据申报所得额核定本年一月至六月份所得税额,通知乙限期缴纳,而乙逾期不缴,甲请求对乙予以处罚,计有两说。(甲)说乙为承租人,依所得税法施行细则第六十一条规定,财产租赁所得税应由乙负责于租金内扣缴,兹乙逾期不缴,自应依财产租赁出卖所得税法第十八条,对乙处以罚锾。(乙)说乙虽为承租人,但查财产租赁出卖所得税法各规定,承租人并无代扣所得税之义务,纵甲通知乙代扣,而乙未遵办,要难对乙予以处罚等情。事关法律疑义,理合转请鉴核示遵。

院解字第三八二七号

三十七年一月三十一日

福建田赋粮食管理处,雨寅真处田粮人榕字第零零四零二一号代电悉。所请释示一案,兹经本院统一解释法令会议议决,旧公务员退休法第十一条所谓退职,系指因声请退休或命令退休而退职者而言,其因辞职免职或裁遣而退职者,不包括在内。惟公务员因有同法第三条第一项所列情形之一而辞职者,应认为声请退休,其因有同法第四条第一项所列情形之一而予以免职或裁遣者,应认为命令退休。电复查照。司法院子世印

附原代电

南京司法院钧鉴,查公务员退休法第十一条规定,请领退休金之权利自退职之次月起经过五年不行使而消灭,条文内退职二字,是否包括在职时自请辞职及被免职或裁遣之人员。除分电铨叙部外,理合电请释示祗遵。福建田赋粮食管理处( )人

院解字第三八二八号

三十七年一月三十一日

案准贵院上年十一月十七日(三十六)七法字第四七三九六号公函,以行政官署依法科处罚锾罚金,如法令并未规定得就其财产强制执行时,院解字第三六二九号公函所谓应由该管官署依法令所许适当之方法追缴,究指何种程序而言,仍不无疑义,再函请查核见复等

由。准此，兹经本院统一解释法令会议议决，院解字第三六二九号解释所谓依法令所许适当之方法追缴，系指强制执行以外之一切方法（如劝谕催告等）而言。相应函复查照。此致行政院

**附原公函**

贵院本年十月二十八日院解字第三六二九号公函诵悉。行政官署依法科处罚锾罚金者，如法令并未规定得就其财产强制执行时，所谓应由该管官署依法令所许适当之方法追缴，究指何种程序而言，仍不无疑义，相应再行函请查核见复，俾便饬遵为荷。

**院解字第三八二九号**

**三十七年二月二日**

**令江西高等法院院长吴昆吾**

三十六年十月十七日呈一件，为《复员后办理民事诉讼补充条例》第十二条适用疑义，呈请解释令遵由。

呈悉，业经本院统一解释法令会议议决，《复员后办理民事诉讼补充条例》第十二条所称情事变更，发生于确定判决之事实审言词辩论终结后者，为该确定判决之既判力所不及，故命债务人给付确定判决虽曾依情事变更之法则增加给付。然如该判决之事实审言词辩论终结后给付义务消灭前情事又有变更者，法院仍得于另一诉讼事件依同条之规定为增减给付或变更其他原有效果之判决（参照院字第二七五九号院解字第二九八七号解释）。仰即知照。此令

**附件**

江西高等法院呈请解释《复员后办理民事诉讼补充条例》第十二条适用疑义。

**院解字第三八三〇号**

**三十七年二月二日**

广西高等法院申院长览，上年丑感代电悉。龙胜县司法处代电所请核示一案，业经本院统一解释法令会议议决。来文所述情形，以丑说为适当。合电转饬知照。司法院丑冬印

**附原代电**

南京司法院院长居钧鉴，案据龙胜县司法处本年一月十六日胜法字第三号代电称，查《刑法》第三百二十五条之抢夺罪，以抢夺他人之动产为成立要件，设有某甲抢夺他人土地内未分离之出产物或定着物（如田内禾谷、园内果物或房屋所设之门窗等）。此项未分离之出产物定着物，依《民法》第六十六条规定，为不动产之一种，某甲将其抢夺，按之抢夺他人之动产要件不符，然其侵害他人法益，则与抢夺他人之动产初无异致，其应否认定犯罪，兹有下列二说。子说，《刑法》第三百二十五条之罪，既以抢夺他人动产为成立要件，某甲将未分离之出产物或定着物抢夺，该出产物定着物并非动产，按之抢夺他人动产要件，显有不

符,自不能予以论罪。丑说,未分离之出产物定着物固为不动产,然某甲将其抢夺,必须将其物分离(如收割、拆卸等),而始可达其目的,其分离后之出产物或定着物,当然成为独立物,换言之,即为当然之动产,自应仍按抢夺他人之动产论罪,其因抢夺之结果而使该物分离,因而毁坏他人之物,如已至不堪使用,足以生损害于他人时,并应依法从一重处。以上两说,不知以何说为是,理合电请察核示遵等情到院。查来同似以丑说为是,惟是事关解释法律,职院未敢擅拟,理合电请钧院察核,俯赐解释,俾便饬遵。广西高等法院院长申守真呈丑感刑天印

**院解字第三八三一号**

**三十七年二月二日**

案准贵部上年八月二日甄任字第八八九零号公函,以准福建省政府代电,转请解释惩戒处分是否专指免职而言及未曾科处罪刑仅受惩戒处分是否永不录用疑义,函请释复等由。准此,兹经本院统一解释法令会议议决,(一)惩戒处分在公务员惩戒法第三条定有明文,非专指免职而言。(二)未曾科处罪刑,仅受惩戒处分之公务员,除在停止任用期间内或具有《公务员任用法》第六条之情形外,并非不得再为公务员。相应函复查照转知。此致铨叙部

**附原公函**

案查前准福建省政府电请解释《公务员任用法》第六条三款疑义一案,经函准大院本年二月十九日院解字第三三五二号解释,当经本部函复去讫,兹复准该省政府本年五月三十日雨辰三十府人丙代电,以据崇安县政府代电。(一)查惩戒处分是否专指免职而言?(二)未曾科处罪刑,仅受惩戒处分,是否亦永不录用?请予解释到部。事关法令解释,相应函请督照释复,以凭转复为荷。

**院解字第三八三二号**

**三十七年二月二日**

湖北武昌地方法院,据最高法院签送该法院上年八月二十六日代电悉。所请核示一案,兹经本院统一解释法令会议议决,所得税法第三十七条之罚锾,由主管征收机关科罚,与《罚金罚锾提高标准条例》第四条除外之规定相同,但依同法第四十条第一项,仍应移法院以裁定行之(参照院解字第三五七五号解释)。合电知照,司法院丑冬印

**附抄件**

据最高法院签送湖北武昌地方法院代电,请解释所得税纳税义务人拒绝接受纳税通知者,应由法院裁定处罚,抑由主管征收机关科罚疑义。

**院解字第三八三三号**

**三十七年二月二日**

广西天河县司法处黄主任审判官览，据最高法院签送该主任上年十一月二日代电悉。所请解释一案，兹经本院统一解释法令会议议决，军人犯罪及发觉均在任官任役中者，应归军法会审审判。合电知照。司法院丑冬印

**附抄件**

据最高法院签送广西天河县司法处主任审判官代电，请解释军人犯罪及发觉均在任官任役中，是否由军法审判疑义。

**院解字第三八三四号**

**三十七年二月九日**

案准贵院上年四月七日从捌字第一二七七九号咨，以据司法行政部呈请核转解释大赦令颁行前收买敌伪物资应如何处理等疑义，抄同原呈，咨请解释见复等由，附抄司法行政部原呈一件。准此，兹经本院统一解释法令会议议决，(一)已见院解字第三五一零号解释。(二)公务员盗卖接收物资，于未起诉前死亡，其所得财物，应由该主管机关独立提起民事诉讼，请求追缴(参照院解字第三四零三号解释)。(三)乙、丙二人收买敌伪物资，其成立赃物罪虽应赦免，但其所收买之物资变卖所得赃款已经扣押者，应归属国库，其未经扣押之物资，应由该主管机关独立提起民事诉讼，请求追缴。相应咨复查照饬知。此咨行政院

**附原咨**

据司法行政部本年三月二十五日京呈叁字第四七九号呈，请核转解释大赦令颁行前收买敌伪物资应如何处理等情，案关适用法律疑义，相应抄同原呈，咨请查照解释见复，以便饬遵(略)。

**附原抄呈**

案据湖南高等法院检察处本年二月八日呈称，据署长沙地方法院首席检察官本年二月四日呈称，查合于大赦之人犯，经判决免诉或处分不起诉后，其案内扣押之违禁物品，固得由检察官声请法院依《刑法》第四十条以裁定单独宣告没收，惟已经判决确定尚未执行或执行尚未完毕之人犯，一经赦免，主刑与从刑同时消灭，此际检察官对于违禁物品之处理，有子丑二说。(子)说，从刑随主刑赦免，等于未判决，检察官仍得声请没收其违禁物品，(丑)说，从刑既已赦免，即不得再行声请没收，其裁定原以补判决之所不及，已判决之从刑尚须赦免，若仍裁定没收，于法亦不可通，此类违禁物品，既不便发还犯罪人，检察官自得斟酌情形，施以没收处分(参照前大理院统字第一四七七号解释)。二说孰是，应请核示者一。再公务员甲盗卖接收敌伪物资，在未起诉前，甲因病死亡，其所得之财物，依《惩治贪污条例》第七条，属于公有者应予追缴，追缴之方式，是否由检察官径以命令行之，应予没收者，

又是否由检察官声请法院以裁定单独宣告没收,应请核示者二。又如乙丙二人收买敌伪物资,乙留备自用,丙转卖得价,现乙丙赃物罪业已赦免,乙之赃物(未被扣押)及丙变卖赃物所得之价金(已扣押送案),均应被为国库所有(被害人为国库),检察官代表公益,能否将此类物品及价金径为没入处分,归还国库,如不能没入归库,又应否将已扣押者返还犯罪人,应请核示者三。本处现有此类案件,亟待解决,理合备文呈请钧处迅赐核示,以便遵行等情。据此,事关法律疑义,未便擅拟,理合备文呈请钧部鉴核,迅赐指令祇遵等情到部。理合呈请鉴核转送司法院解释,俾便饬遵。

**院解字第三八三五号**

**三十七年二月九日**

案准贵部上年三月十三日(三十六)致黜发字第三五四号公函,以诬告他人汉奸罪是否赦免或予减刑疑义,函请解释见复等由。准此,兹经本院统一解释法令会议议决,修正之《惩治汉奸条例》第五条之罪,其本质仍为诬告,仅依其所诬告他人犯该条例各条罪之刑处罚,如其应处之刑合于减刑或赦免之规定者,自应分别予以减免。相应函复查照。此致空军总司令部

**附原函**

查修正《惩治汉奸条例》第五条规定,故意陷害诬告他人犯本条例各条之罪者,处以各该条之刑,《惩治汉奸条例》第七条规定,故意陷害诬告他人犯本条例之罪者,依《刑法》规定从重处断。本年一月一日大赦令乙项规定,《惩治汉奸条例》第二条至第四条之罪,不得赦免或减刑。兹有某甲犯诬告他人汉奸罪,犯罪在三十三年六月一日以前,合于减刑办法减刑规定,经依《修正惩治汉奸条例》第五条第二条第一款、减刑办法第一条、第四条,减处有期徒刑十五年,褫夺公权十年,于《惩治汉奸条例》公布施行前已判决确定,虽确定后法律有变更,但新条列并非不处罚其行为,依《刑法》第二条第三项规定,可能免其刑之执行。关于上开判决,究竟是否应依原判适用科刑之法条,不在赦免或减刑之列,抑依大赦令丙项及减刑详细办法第七条规定,应予减刑,或依现在适用之《惩治汉奸条例》第七条及大赦令甲项规定,予以赦免,殊滋疑义,相应函请查照解释见复,以凭办理为荷。

**院解字第三八三六号**

**三十七年二月九日**

**令浙江高等法院院长孙鸿霖**

三十六年十月二日呈一件,为据杭县地方法院呈请核示违反契约事件适用法律疑义,转请释示由。

呈悉,业经本院统一解释法令会议议决,原呈所称之和解或调解,并非无效。仰即转饬知照。此令

**附原呈**

案据杭县地方法院呈称，查民事诉讼取不干涉主义，为《民事法》上之原则，而当事人互相表示意思一致者，无论其为明示或默示契约，即为成立，又为《民法》第一百五十三条第一项所规定，兹设有租赁房屋，其租金经两造约定以实物（如食米等类）缴付者，因一造违反契约，一造涉讼请求履行，或在迁让案内，于审判中经同意成立和解，以实物缴付租金，此种请求或和解，依照上开说明，似不能指为违法或无效，然本市市政府于其订定杭州市房屋租赁规则第六条载，房屋租金概以法币计算，不得以其他物品代替云云，颁行各市民遵守，是项规则为一市之单行法规，并未经立法程序，本院本无受其拘束之必要，但其为救济民生遏止物价上涨之有效措置，司法与行政亦不能不采取协调之步骤，于此即有主张此类诉讼事件既系违反市政府之禁止法令，即合于《民法》第七十一条前段之规定者，亦有谓合于同法第七十二条者，应认其契约或和解为无效，此种理论亦非无见解。事关适用法律疑义，未敢擅便，应请核示者一。又如以实物折付租金为法所不许，倘当事人于审判中合意成立以实物折付租金之调解或和解，请求法院制作笔录。于此情形，法院能否加以拒绝，认为调解或和解不成立，命其径行起诉，或仍继续审判，此又应请核示者二，理合备文呈请，仰祈钧长鉴核，俯予指令祇遵等情。据此，事关适用法律疑义，理合备文转呈，仰祈钧院鉴核，俯赐释示，以便饬遵。

**院解字第三八三七号**

**三十七年二月九日**

河南叶县司法处王主任审判官览，上年卯江代电悉。所请解释一案，兹经本院统一解释法令会议议决，审判官办理刑事案件时，其职务性质与推事相当，《调度司法警察条例》第五条、第六条之规定，应有其适用，其所为诉讼上指挥，对于乡区镇长自可以命令行之，至主任审判官之职位，与法院院长首席检察官不同，该条例第十一条至第十三条之规定，自难援用。合电知照。司法院丑青印

**附原代电**

司法院院长居钧鉴，兹有疑义，（一）《调度司法警察条例》第五条关于推事指挥命令之规定，县司法处审判官可否适用？如可适用，审制官办理案件指挥乡镇长时，行文是否应用令？（二）《调度司法警察条例》第二条、第六条，审判官可否适用？《调度司法警察条例》第十一条至第十三条各规定，主任审判官可否适用？以上二项，事关适用法律疑义，理合电请解释示遵。河南叶县司法处主任审判官王振华叩卯江印

**院解字第三八三八号**

**三十七年二月九日**

四川江津县政府，上年一月二十一日烈五字第一五零九号呈悉。所请核示一案，兹经

本院统一解释法令会议议决,食糖运商非《营业税法》第二条第四款所称已纳出厂税或出产税之工厂或出产人,不在免征营业税之列。至货物税条例第八条第一项所谓不得重征任何税捐,系指不得更以完纳货物税之货物为客体征收其他税捐而言,营业税依《营业税法》第四条之规定系以营业收入或收益为其客体,食糖运商所运之糖虽已完纳货物税,而对于食糖运商征收营业税,自非所谓重征。合电知照。司法院丑青印

**附四川江津县政府原呈**

案据本县油糖商同业公会呈称,窃查四川各县市税捐局处奉财政部令,自三十三年八月起课征食糖运商营业税一案,因货物税条例第八条及《营业税法》第五条第一项第三款之规定原意,官商两方解释不同,争执历年,虽经税捐局处奉令,迭次严追,情势迫急,迄未解决。查货物税条例第八条载,完纳货物税之货物运销国内地方政府一律不得重征任何税捐。《营业税法》第五条第一项三款载,已纳出厂税或出产税之工厂或出产人,免予征收。按上开法条规定,意旨指运商而言,销商当不在规定之列。本会会员系属运商,其业务系由产区甲地运至乙地,接济销商。其出产税已向税局完纳统税凭运照(该照详载有效期间及运至地点等项),运至乙地以备销商推销,其营业税已由销商照纳,此运商依法应免征营业税之理由一。烟酒运商依法纳货物税外,现均免征营业税食糖同属货物税范围内亦系时税之一,暨经政府课以统税,当不能再纳任何税捐,此运商应免征营业税之理由二。立法院秘书处三十四年八月十八日致内江食糖运销商业同业公会之函告(附照片),显示税局对于食糖接买转卖擅征营业税与《营业税法》不合,虽统一解释法令权所不属。然立法意旨理无二致,按上开意义,此运商营业税之理由三。财政部训令各税捐局处严追此项税款,显系曲解法条,于法不合,实难遵行,本会会员吁请速谋合法解决,乃召集临时会员大会议决,对于上开法条不无疑义,应请统一解释并请税局缓征,纪录在卷。本会依议办理,除分请本县税捐局处缓征外,并函请县商会呈请司法院解释去讫,顷准赞商字第一四四号公函,转奉司法院叁字第六三六号批开,呈件悉,查《司法院统一解释法令及变更判例规则》第三条第一项载,公署于其职权上适用之法令有疑义者,得请求解释等语。该具呈人并非公署所请解释之处,未便解答,仰即转行知照,此批等因,转函过会。窃本会隶属钧府,而此项税款亦与钧府有关,久争不决,各有妨累,理合呈请转呈司法院俯予统一解释,候令遵照,实沾德便等情附,立法院秘书处函告照片一件。据此,除指令外,理合抄呈照片、原文,呈请钧院鉴核示遵。谨呈司法院

**院解字第三八三九号**

**三十七年二月九日**

湖南邵阳地方法院陈院长览,据最高法院签送该院长呈请解释一案,业经本院统一解释法令会议议决,特种刑事案件之被告在覆判中因病声请停止羁押,除已经覆判法提审或莅审者外,应由初审法院裁定。合电知照。司法院丑青印

**附湖南邵阳地方法院原呈**

查蔡奎联等盗匪一案,前经本院依法判决于民国三十五年十月二十六日,以孝第一五一号宥代电,送请钧院湘粤分庭覆判在卷。旋据本院看守所长呈报,该蔡奎联病重,经派员验明,系感受风寒兼痁疾,当依《特种刑事案件诉讼条例》第二十七条,准用刑诉法第一百二十一条第二项之规定,检同原件,送请湖南高等法院第四分院刑事庭办理。兹准该庭邵刑电慎字第六号子勘代电开,查蔡奎联之声请系以病重垂危为词,乃《刑事诉讼法》第一百十四条第三款之声请,不在同法第一百二十一条第一项所列以保权利,则该建筑物在经济效用上万难移动。其与土地所有人之权利冲突应依照何项法条办理,以解纠纷而昭平允?综上所述,事关适用法律疑义,谨签请鉴核准电司法院解释,以资遵循等情,理合转请迅赐解释,俾便遵循。江苏省政府主席王懋功委员兼秘书长陈言代行叩(三五)府民一寅(佳)印

**院解字第三八四〇号**

**三十七年二月十一日**

前据本院秘书处签呈,以准内政部三十五年十一月六日民字第三六零七号公函,为停止被选举权之人员如当选为各级民意机关代表应否追究各该人员及办理选举人员法律上应负之责任疑义,函请提请解释见复等由,理合签请核复等情。据此,兹经本院统一解释法令会议议决,停止被选举权人及办理选举人员如有伪造文书印文等行为或合于公务员惩戒法第二条所定之情形时,自应负刑事或惩戒责任。相应函请查照。此致内政部

**附原函**

查凡停止被选举权之人员而有参加竞选各级民意机关代表情事,当选后如被察觉,除撤销其当选资格外,应否追究各该人员及办理选举人员法律上应负之责任,相应函请查照提请解释见复为荷。

**附抄内政部复最高法院民四三二五号代电**

最高法院,三十六年三月二十日京行字第一二四号公函悉。查本部函所称各该人员及办理选举人员法律上应负之责任,系指《刑法》上应负之伪造文书印文罪湮灭证据罪等刑事责任与公务员惩戒法上应负受惩戒之责任等而言。内政部民四卯文

**院解字第三八四一号**

**三十七年二月十一日**

宪兵司令部鉴,上年法判酉支代电悉。所请解释一案,兹经本院统一解释法令会议议决,(一)士兵于向人诈欺取财时已预谋逃亡之念,此不过诈欺之动机,虽于取得财物后即行逃亡,既不能认为牵连犯,亦非想象上数罪竞合,应并合论罪。(二)直属长官命其部属代为经营与职务无关之正当商业,虽仅违反修正之公务员服务法第十三条第一项规定,但如对于主管或监督之事务有间接图利情形,仍应构成《惩治贪污条例》第三条第六款之罪。

(三)士兵于羁押中脱逃,其羁押如系合法之拘禁,则该士兵之脱逃同时触犯逃亡罪,系一行为而犯数罪。(四)《陆海空军刑法》第九十五条与第九十六条之二、三两款,既均无关于过三日或六日之规定,则无故离去职役既遂与未遂之区别,应视其已否离去职役为断,至不就职役之不作为犯,性质上不生未遂问题,第九十七条投敌之既遂与未遂,亦当视其已否投至敌方,为区别之标准。(五)从事看守或押解勤务之士兵,因过失致依法逮捕拘禁之人脱逃,虽现役士兵不得视为《刑法》上之公务员,然如果奉令看守或押解人犯,即系依法令从事于公务,其因疏忽致人犯脱逃,仍应成立《刑法》上之过失脱逃罪,院字第一七六一号解释第二点与此相异之部分,应予变更。特电复请查照。司法院丑真印

**附原代电**

司法院赐鉴,兹有法律疑义数点,(一)设有士兵某甲,于向人诈欺取财时已预谋逃亡之念,因于取得财物后即行逃亡,应如何处断,现有三说。(Ⅰ)说,谓某甲所犯逃亡诈欺两罪系基于一个犯意一行为,系想象的数罪,应从一重处断。(Ⅱ)说,谓两罪间有方法结果关系,为牵连犯,应从一重处断。(Ⅲ)说谓应分别情形而论,如某甲诈欺之目的在取得旅费以助成其逃亡之实现,固属牵连犯,否则即为想象的数罪。三说究以何者为是?(二)直属长官命其部属代为经营与职务无关之正当商业,说者有谓应构成《惩治贪污条例》第三条第七款之罪者当否?(三)士兵于羁押期中脱逃,同时触犯逃亡与脱逃两罪,说者有谓系牵连犯者,有谓系想象的数罪者,未知孰是。(四)《陆海空军刑法》之逃亡罪,除已逾三日或六日应论以既遂犯外,其余如该法第九十五条、第九十六条、第九十七条,均无关于过三日或六日之规定,而本法第九十八条规定"本章之未遂罪罚之",究应如何定其既遂未遂之标准。(五)刑法第一六三条第二项之过失脱逃罪,其犯罪主体以公务员为限,但士兵非公务员(大理院统字第六六六号、司法院院字第一零六三号解释),似不能为本罪之犯罪主体,而同法第一六二条之罪,又无处罚过失犯之规定(依《刑法》第十二条第二项之规定过失行为之处罚以有特别规定者为限),则从事看守或押解勤务之士兵,因过失致依法逮捕拘禁之人脱逃,应如何处断?事关法律适用疑义,谨电请督照,迅赐解释为祷。宪兵司令部法判酉支印

**院解字第三八四二号**

**三十七年二月十一日**

**令江苏高等法院院长郑文礼**

三十六年十月二十二日呈一件,为据南通地方法院呈请解释遗产继承疑义,转请解释示遵由。

呈悉,业经本院统一解释法院会议议决,甲之妻乙,如依《民法继承编施行法》第八条及《民法》第一千一百四十四条之规定,自同编施行之日起继承甲之遗产,则乙死亡时,此项遗产为乙之养女丙所继承,丙之继承权被甲之侄丁戊侵害,自得请求回复。倘甲有《同编施行法》第八条所称之其他继承人,则乙未尝继承甲之遗产,除乙别有取得甲遗产上权利之法律

上原因外，丙不能以其为乙之继承人而承受甲之遗产，丁戊占有甲之遗产，纵无正当之权原，亦非侵害丙之继承权，丙对丁戊自无继承回复请求权，至乙是否自同编施行之日起继承甲之遗产，可参照院解字第二九二五号解释，丁戊是否同编施行法第八条所定甲之其他继承人，可参照院字第二六四三号解释。又甲于同编施行前死亡，而于同编施行后十余年经亲属会议为之立嗣者，所立嗣子溯及继承开始之时为甲之遗产继承人，如所立嗣子之继承权被人侵害，其回复请求权之消灭时效，依《民法》第一千一百四十六条第二项后段之规定，于立嗣时即已完成，惟据原呈所述情形，丁戊并非继承权被侵害之人，自不生请求回复之问题。仰即转饬知照。此令

**附原呈**

案据南通地方法院院长刘濬呈称，查某甲男于光绪年间死亡，无亲生子女，甲妻乙亦未就甲之嫡侄丁戊为甲择立嗣子，所有甲之遗产均由乙自行掌管，并收养丙为其自己之养女，嗣丙于民国二十年出嫁，乙至民国三十一年死亡时，当通地沦陷，丙未能奔丧为乙营葬，丁戊乃召开亲属会议，代甲立丁戊为甲之嗣子，并将乙所掌管原属甲之遗产据为己有，丙当时因在无政府状态，无从告争。复员后，丙本于乙之继承人身份，主张乙已因继承而取得甲之遗产之所有权，认为乙既死亡，此项财产已成为乙之遗产，应由丙继承，诉请回复其继承权，丁戊则认为此系甲之遗产，乙根本不能取得所有权，丙为乙之养女，更无继承此项遗产之权，丁戊占有甲之遗产，不论合法与否，要非丙所能有权诉争，因之在适用法律上发生后开疑义。如根据司法院院字第七八〇号解释，认为甲死亡后乙未有为故夫甲立嗣，即解为在乙生前无其他继承其夫遗产之人，依照新法乙有继承权，即应认其应继之分为乙之遗产，乙死亡后即应由丙继承，但参考二十三年上字第八二号判例，所谓依当时法律无其他继承人，系指当时法律无其他可继之人而言，不已以有继承身份之事实为限，故继承开始在《民法》继承编施行以前，被继承人无直系血亲卑亲属，而依当时法律有其他可继之人者，应依《民法继承编施行法》第一条之规定，不适用继承编之规定，而适用其当时之法例，得由有立继权者为之立继。据此，甲死后，乙在生前虽未为甲择立嗣子，但既有嫡侄丁戊，即非无立嗣之人，在乙死亡后，既有亲属会议立丁戊为甲之嗣子，甲之遗产即应由丁戊继承，但丙根据《民法继承编施行法》第四条之规定，主张甲已死亡四十年，其遗产向由乙经管，丁戊未加闻问，是丁戊之继承权已因时效完成而消灭，不得再出面主张继承。反之，丁戊根据《民法》第一一四六条之规定，主张此项时效应自知悉被侵害之时起，甲死亡后，其遗产虽由乙管理，并非继承权被侵害，根本无援用《民法继承编施行法》第四条消灭时效规定之可言。况乙虽为甲之遗产管理人，并不因此而取得甲之遗产，丙为乙之养女，非甲之养女，不得对甲之遗产主张继承，以无继承权之人出而请求丁戊交还此项遗产，于法殊欠根据，要言之，有下列数问题。（一）依继承编施行法第四条之规定，丁戊未经乙立为甲之嗣子，其继承权之时效应由何时起算，究由甲死亡之日起算，抑由乙死亡之日起算，或自有人侵害其继承权时起算，甲死亡后，乙未立丁戊为甲之嗣子，是否可解为侵害丁戊之继承权？（二）丁戊占有上项

遗产,是否合法?(三)如乙不能本于占有或继承之原因取得甲之产权,同时丁戊于乙死后占有甲之遗产亦无法律上之根据,丙能否本于乙之养女身份,请求丁戊交还此项遗产?悬案待结,祈转呈解释示遵等情。据此,查事关法律疑义,理合据情转呈,仰祈鉴赐解释示遵。

**院解字第三八四三号**

**三十七年二月十二日**

案准贵部上年十月十三日部邮字第四五八号公函,以据邮政总局呈请解释邮局公有房地应否免纳土地税及改良物税疑义,函请解释等由。准此,兹经本院统一解释法令会议议决,供公营事业使用之公有土地及公有建筑改良物,依《土地法》第一百九十一条但书之规定,固应征收土地税及改良物税。惟此系就一般公营事业所使用之公有土地及公有建筑改良物而为规定,若法律专就某种公营事业所用使之公有土地及公有建筑改良物设有免征税捐之特别规定者,仍应从其规定,《邮政法》第十八条规定邮政公用物除税法另有规定外免纳中央及地方一切税捐,其所谓税法另有规定,系指税法明定邮政法第十八条于某种税捐不适用之或为其他同一意旨之规定者而言。《土地法》第一百九十一条但书,范围较广,不能解为包括在内,供邮政用之公有土地及公有建筑改良物,自应免征土地税及改良物税。相应函复查照饬知。此致交通部

**附原公函**

据邮政总局呈称,关于邮局公有房地免税一案,呈奉钧部训令饬知,以奉行政院指令,供公营事业使用之公有土地及公有建筑改良物,依照《土地法》第一九一条之规定,不得免征土地税及改良物税,邮政机关为公营事业之一,自不在免税之列。又《邮政法》第十八条虽规定邮政机关免纳中央及地方一切税捐,但应受上文"除税法另有规定外"一语之拘束,所有邮政机关之土地税及房捐,仍应依照规定征收,以符税制,仰即转饬遵照等因,合行令仰遵照等因,自应遵照。惟查邮局公有房地一向均系依照邮政法第十八条规定免纳税捐,《土地法》第一四三条既有"除依法免税者外"之明文,并未列举邮政方面不得免税,邮政法第十八条载明邮政公用物免纳中央及地方一切税捐,邮局公有房地系邮政公用物,毫无疑义,依法应免纳税。再查关于土地事项,《邮政法》为特别法,《土地法》为普通法,按照适用法律时特别法优于普通法之原则,本案似亦以采用《邮政法》第十八条之规定为是。事关法律疑义,拟转请司法院赐予解释,俾资遵循等情,查所称不无理由,相应备函敬请赐示解释,俾便饬遵为荷。

**院解字第三八四四号**

**三十七年二月十六日**

陕西高等法院郗院长览,巧代电悉。所请解释一案,业经本院统一解释法令会议议决,(一)经选举人法定人数之签署登记为国民大会代表或立法院立法委员候选人者,如所得票

数较政党提名之候选人为多，依《国民大会代表选举罢免法》第二十八条、《立法院立法委员选举罢免法》第二十八条之规定，其当选次序自以经选举人签署之候选人为先。(二)《国民大会代表选举罢免法》《立法院立法委员选举罢免法》所谓候选人，并无正缺与候补之分，凡经政党提名者，苟已依法登记为候选人，其当选与否，均依得票之多寡定之。(三)未经政党提名登记为国民大会代表或立法院立法委员候选人之党员，如经选举人法定人数之签署登记为候选人，而其所得票数最多者，自非不得当选为国民大会代表或立法院立法委员。合电知照。司法院丑铣印

**附原代电**

南京司法院院长居钧鉴，兹有关于选举诉讼之疑义三点，(一)依《国民大会代表选举罢免法》第二十八条规定及《立法院立法委员选举罢免法》第二十八条规定，候选人依照法定当选名额以得票比较多数者依次当选，而《国民大会代表选举罢免法》第十二条有被选举权而愿为候选人时经五百名以上选举人之签署或由政党提名得登记为候选人公开竞选非经登记者不得当选之规定，《立法院立法委员选举罢免法》第十二条有被选举权而愿为候选人时经三千名以上选举人之签署或由政党提名得登记为候选人公开竞选非经登记者不得当选之规定，倘政党提名之候选人得票较少，而签署之候选人得票最多时，因此发生讼争，将如何处理？(二)政党提名候选人有正缺与候补之分，倘候补之人得票较多，而正额得票反少时，因此发生讼争，对于正缺将如何处理？(三)倘有党员未经核定为候选人，而仍自由竞选，结果得票最多而当选时，如发生讼争，将如何处理？事关法律疑义，理合电请解释示遵。陕西高等法院院长郗朝俊叩巧印

**院解字第三八四五号**

**三十七年二月十七日**

**令代理湖南高等法院院长余觉**

三十六年三月四日呈一件，为据本院第三分院呈请解释继承人于法定期间届满后明示及默示抛弃继承权十年后再行告争适用法律疑义，转请解释，俾便饬遵由。

呈悉，业经本院统一解释法令会议议决，继承人未于《民法》第一千一百七十四条第二项所定期间内抛弃其继承权者，嗣后纵为继承权之抛弃，亦不生效力。惟其继承权被侵害已逾十年者，其回复请求权之行使，应受同法第一千一百四十六条第二项后段之限制。仰即转饬知照。此令

**附原呈**

案据本院第三分院院长罗任三十六年二月十八日呈称，查继承人未遵《民法》第一千一百七十四条第二项之方式于二个月内抛弃其继承权，而于法定期间届满后则有可认为明示及默示之抛弃，经过十年后再行告争，则法律上之适用，即有下列二说。(甲)说该条之规定虽包括权利义务两种，但防止规避义务发生时之争执为多，如第一千一百五十三条连带责

任之事由发生,而未于前开之法定期间内抛弃其继承权,即应负其责任,至于法定期间届满后对于其权利复有明示及默示之抛弃,即系另一法律行为,为保护交易之安全及使继承权早臻确定计,即应本于其明示及默示(即历久相安无异)之事实,不许再行告争。(乙)说法律既订有一定之法定期间为抛弃继承权而设,继承人未于法定期间内为书面之抛弃,纵有明示及默示之抛弃,然与法定要求书面之方式不符,苟在分割遗产请求权之时效未消灭前,仍应准其请求。以上二说未知孰是,理合备文呈请俯赐转请解释指令祇遵等情。据此,案关法律疑义,未便擅拟,理合具文转请钧院解释,俾便饬遵。

**院解字第三八四六号**

**三十七年二月十七日**

国防部鉴,上年未佳吕捕代电悉。太原绥靖公署代电所请核示一案,兹经本院统一解释法令会议议决,院字第一七六一号第五项解释,已经院字第二八二二号解释予以变更,不再适用,《陆海空军刑法》第九十三条第二、三两款规定过三日或六日,系指其逃亡期间已否超过七十二小时或一百四十四小时,为区别犯罪既遂未遂之标准,与该士兵逃亡后是否仍具有军人身份无关。特电复请查照饬知。司法院丑霰印

**附原代电**

司法院赐鉴,案据太原绥靖公署署法字第(三八九)号代电,略以士兵逃亡后,经查三十四年院字第二八二二号解释,逾二十四小时后另犯他罪时,则无军人身份,又查二十七年院字第一七六一号复军政部函,(五)必须经该管长官呈请顶补,方应认为脱离军籍,但查经该管长官呈请顶补事实,常有超过二十四小时以上者,上两解释所定脱离军籍之时间,自属有异,究应以何者为准,再查军《刑法》第九十三条第二、三两款规定,士兵逃亡未过三日或六日者,以未遂论,并经二十七年院字第一七六一号解释有案,如认为逾二十四小时即无军人身份,是否与上开条文第二、三两款规定相抵触,敬请核示遵等情。案关法令适用疑义,谨电请察照迅赐释示,俾资饬遵。国防部未佳吕捕印

**院解字第三八四七号**

**三十七年二月十七日**

案准贵院本年一月三日(卅七)四内字第四零三号公函,以据司法行政部呈请转咨解释国民大会代表及立法院立法委员选举疑义,函请解释见复等由。准此,兹经本院统一解释法令会议议决,未经政党提名登记为国民大会代表或立法院立法委员候选人之党员,得经选举人法定人数之签署,登记为候选人,已见院解字第三八四四号解释。相应函复查照饬知。此致行政院

**附原函**

据司法行政部呈称,查《国民大会代表选举罢免法》第十二条第一项规定,有被选举权

而愿为候选人时，经五百人以上选举人之签署，或由政党提名，得登记为候选人，公开竞选，非经登记者，不得当选，《立法院立法委员选举罢免法》第十二条第一项规定，有被选举权而愿为候选人时，经三千名以上选举人之签署，或由政党提名，得登记为候选人，公开竞选，非经登记者，不得当选各等语，所云若干名以上选举人之签署或由政党提名，并未指明所提名者系何种身份之人，如本系政党党员，不由政党提名，而由若干名选举人签署提名，其提名是否有效，又候选人经选举人签署或由政党提名，并依期登记。依《国民大会代表选举罢免法》第十四条第二项及《立法院立法委员选举罢免法》第十四条第二项规定，应由主管选举机关于投票前十五日或三十日公告，将名册递报各该上级选举机关或选举总事务所备案。如政党党员不由政党提名而由选举人签署提名非属合法，但主管选举机关已准其登记审查公告，并为递报备案后，是否仍得当选，均不无疑义，现在国大代表选举久经奉行，立法院立法委员选举不日亦须开始，此等问题急待解决，理合呈请钧院转咨司法院迅速解释示遵等情。相应函请查照迅予解释见复为荷

**院解字第三八四八号**

**三十七年二月十八日**

湖南高等法院余院长览，上年巳文代电悉。沅江县司法处代电所请核示一案，业经本院统一解释法令会议议决，湖南省政府对于该省滨湖各县垸堤修防事宜及其有关职员之考核奖惩经费之收支保管支配等事既订有章程，各县堤务局之正副主任及会计又经县府加委，各该主任及会计自系依法令从事于公务之人员，应认为《刑法》上之公务员，其经费亦系公有财物，是项人员如有侵蚀情弊，即应依《惩治贪污条例》处罚。合电转饬知照。司法院丑巧印

**附原代电**

南京司法院院长居钧鉴，案据沅江县司法处辰感代电称，滨湖堤垸主任副主任会计，系业户大会推选后呈请县府加委，代业户办理垸堤修防农田水利事务，所有经费复系业户出赀，是项人员是否具有公务员身份，其业务是否可得认为地方公益，其经费是否可得认为公有财物？如有侵蚀情弊，经业户告发，请求依《惩治贪污条例》办理，是否合法，理合电请核示等情到院。查滨湖堤垸主任等，既系呈由县府加委，依钧院二十五年院字第一五五五号解释，应认为公务员，从而对于经办事务范围以内之财产有侵蚀情弊，亦应依《惩治贪污条例》办理。惟事关法律疑义，本院未敢擅专，理合据情转恳钧院鉴核示遵。湖南高等法院院长余觉叩巳文印

**院解字第三八四九号**

**三十七年二月十八日**

**令代理湖南高等法院院长余觉**

三十六年五月九日呈一件，为关于罚锾之抗告裁定有误应如何救济疑义，请鉴核示

遵由。

呈悉,业经本院统一解释法令会议议决,抗告法院之裁定,如系依法不得再行抗告者,纵令内容有误,现行法上尚无救济之途(参照院解字第三三八二号解释)。仰即知照。此令

**附原呈**

查主管征收机关决定之应纳税额,因逾期不缴纳,移送法院处罚,法院就其税额之多寡无审究余地,只能按其是否逾越期限及逾期几个月以上而为罚锾,盖纳税义务人如以税额过多,可依请求覆查手续及诉愿程序办理,此征诸财产租赁所得税法第十三条及三十五年四月十六日第二次修正之《所得税法》第三十四条、第三十五条,可为当然之解释。设有某地方法院为罚锾裁定后,据纳税义务人提起抗告,而抗告法院以征收机关之决定税额过多,认为应照该抗告人所主张之税额,而撤销原裁定自为裁定。除罚锾外,并追缴税款,其追缴税款之数额亦有误,此项抗告法院之裁定,既不能再抗告,有无其他方法救济,抑是否仍能依照执行?事关法律疑义,理合具文呈请钧院鉴核示遵。

**院解字第三八五〇号**

**三十七年二月十八日**

案准贵院上年十一月十日(三十六)七法字第四六三九五号咨,以据司法行政部呈,为关于公务员停止任用起算日期疑义,转请核转变更院解字第三四七零号解释等情,咨请解释见复等由。准此,兹经本院统一解释法令会议议决,《稽核公务员惩戒处分执行办法》第一条既定为公务员惩戒处分自公文到达之翌日执行,则凡应执行之惩戒处分,在公文到达前不生执行力,从而公务员被议决免职并停止任用者,其停止任用之期间,自应于公文到达后执行处分之日起算,虽来文所述实际停止任用之期间超过停止任用期间,但惩戒法令并无于被处分人在被议决处分前曾停止职务者得以扣抵之明文,即无由解为得予扣抵,本院院解字第三四七零号解释仍难予以变更。相应咨复查照饬知。此咨行政院

**附原咨**

据司法行政部本年十月二十四日京(36)呈(叁)字第二一二三号呈称,据四川高等法院三十六年九月十八日呈略称,查公务员因案被付惩戒经议决免职并停止任用者,其停止任用之期间应自执行处分之日起算,不能以该公务员在被议决处分前有停止职务之事实予以扣抵,前经司法院以院解字第三四七〇号解释有案。兹有公务员某甲于三十五年五月三十日奉服务机关之上级官署令停止职务交付惩戒,旋转奉中央公务员惩戒委员会三十五年八月十五日令饬依限申辩,经于三十五年九月二十一日航呈申辩书,延至同年十一月二十五日始奉中央公务员惩戒委员会三十五年十一月十六日命令附同年十月十五日议决书停止任用一年,于三十五年十二月二日由原上级官署开始执行。此种情形,依照上开解释,其停止任用处分之起算日期,自应由三十五年十二月二日起算,唯该某甲实际停职日期则为三十五年五月三十日,其间因公文辗转,致延至六个月后始奉议决书开始执行处分,此际某甲

明系受停止任用一年之处分,而事实上停职一年有半。再如其他边远省区公务员之惩戒事项,每因案情复杂,调查周折,公文辗转等原因,其时间有长达一年以上始经议决者,则被处分人虽受停止任用一年之处分,而实际停止任用之期间远在一年以上,显非得情法之平,可否转呈司法院将前开解释予以变更之处,请核示等情。据此,查原呈所称情形似不无相当理由,理合呈请鉴核转请司法院解释,实为公便等情。据此,案关适用法律疑义,相应咨请查照解释见复,以便饬遵为荷。

**院解字第三八五一号**

**三十七年二月十八日**

案准贵院上午七月十七日(卅六)四防字第二八二三四号咨,以据司法行政部呈请转咨解释《优待出征抗敌军人家属条例》及《出征抗敌军人婚姻保障条例》疑义,抄同原件,咨请解释见复等由,附抄司法行政部原呈一份。准此,兹经本院统一解释法令会议议决,院解字第三一一三号解释所谓复员日,指抗敌战事结束之日而言。相应咨复查照饬知。此咨行政院

**附原咨**

据司法行政部呈请转咨贵院解释《优待出征抗敌军人家属条例》,及《出征抗敌军人婚姻保障条例》疑义等情到院,相应抄同原件,咨请查核解释见复为荷。

**附原抄呈**

案准国防部本年六月十四日代电开,"据广西省军管区司令部三十六年法钺字第三九一号辰筱代电,为请解释《出征抗敌军人婚姻保障条例》疑义三项,以便转饬遵照等情,除原代电第三项关于退役军人之婚姻是否与现役军人同样保障一节,应照《优待出征抗敌军人家属条例》第四十六条第四款及《出征抗敌军人婚姻保障条例》第二条、第四条之规定办理外,其第一项请示问题,查抗战虽然结束,而原优待条例以新订战时军人及其家属优待条例尚未核定颁布,目前奉命担任绥靖作战任务之军人家属,系仍照该项优待条例继续实施,其应享受之各项优待,在婚姻保障条例内诸种规定,自属继续有效,且抗战期间各省应征服役壮丁,在未复员退伍以前,应仍继续优待,经由行政院三十五年二月通饬遵照有案,则婚姻保障条例未予明令废止以前,关于旧优待条例所订之婚姻保障办法,应请转饬各级法院继续办理。当否之处,案关法令解释,相应抄同原代电,请赐查照分别核办示复,以便饬知"等由到部。查《优待出征抗敌军人家属条例》及《出征抗敌军人婚姻保障条例》内所规定之"出征抗敌期内",依司法院院解字第三一一三号之解释,系指自出征日起至复员日止之期间而言。唯此所谓"复员日",究系指政府复员之日,抑系指军人本身实际复员退伍之日,尚不无疑义。如系指政府复员之日而言,则政府现已全部复员,上开条例大部份即已无适用之余地,如系指军人复员退伍之日而言,则该条例似应全部继续适用。事关法律适用疑义,理合呈请核转司法院解释。

**院解字第三八五二号**

**三十七年二月十八日**

据本院秘书处签呈,以准内政部三十六年七月十九日民字第八零五四号公函,为江西上饶县参议会议长被撤销县参议员资格案疑义,请转请解释等由,理合签请释复等情。据此,兹经本院统一解释法令会议议决,县参议会议长因犯罪而受有期徒刑及褫夺公权之宣告,经县政府撤销其县参议员资格,呈请民政厅核准,其所犯之罪既在赦免之列,则主从刑之宣告均已失其效力,自可由该管民政厅准其恢复县参议员之资格。相应函请查照。此致
内政部

**附原公函**

查江西上饶县参议会议长余言,因犯诽谤罪,于三十五年十一月二十日,经该省高等法院第四分院判处徒刑六个月,褫夺公权二年,该省民政厅据该县县政府同年十二月二十九日呈,于三十六年一月八日核准撤销其县参议员资格。惟该余言以大赦令既已于三十六年元旦颁布施行,其罪刑应即赦免,因呈请恢复其县参议员资格等情,兹有疑义数点,应请转请大院赐予解释。(一)考之《县参议员选举条例》第三十一条后段"当选人愿应选者由选举监督发给当选证书",同条行政院注释注一前段"当选须当选人愿应选由选举监督发给当选证书其当选始行确定",以及同条例第三条"县参议员之选举以民政厅长为选举监督"等之规定,县参议员当选资格之确定,系由民政厅执行之,因是关于撤销县参议员资格之处分,似亦应由民政厅为之,县政府似无此权力,但究竟此项处分权应属何人,法无明文规定,此应请转请解释者一。(二)如撤销县参议员资格之处分权应属于民政厅,则江西省民政厅于大赦令公布后所为撤销应予复权之余言县参议员资格之处分,是否因与大赦令有所抵触,而应由本部予以撤销,此应请转请解释者二。(三)查在公职候选人检核未停办前,按照《省县公职候选人考试法》第九条及《县参议员选举条例》第一条之规定,褫夺公权为丧失候选资格及县参议员资格之原因,如前述(一)项关于撤销县参议员资格之处分,经释为应由或得由县政府为之,而县政府未按当时有效之《省县公职候选人考试法施行细则》第二十二条之规定,先行层报考试院吊销其及格证书,而后以其及格证书被吊销为根据,撤销其县参议员资格时,县政府之处分是否有效,此应请转请解释者三。(四)按《刑法》第三十七条第五项之规定,判有期徒刑而宣告褫夺公权者,自主刑执行完毕之日起算,本案姑不论余言被处之主刑(有期徒刑六个月)已未开始执行,其被宣告之褫夺公权,在县政府报请撤销其县参议员资格时(其判决日期为三十五年十一月二十日县政府呈报日期为同年十二月二十九日),尚未起算,自属必然之推定,如认县政府有权为撤销县参议员资格之处分,而县政府于褫夺公权尚未执行时为此项处分,其处分是否有效,此应请转请解释者四。以上疑义四点,应请迅予转请大院一一释示,借凭核办为荷。

**院解字第三八五三号**

**三十七年二月十八日**

前据本院秘书处签呈，为准内政部上年八月二十二日京禁壹字第零四四一四号公函，以据本部平津区禁烟特派员李峰呈请解释院解字第三五四一号解释关于零星夹带或短途持送烟毒罪刑疑义，函请转呈解释见复等由，准此，理合签请释复等情。据此，兹经本院统一解释法令会议议决，本院院解字第三五四一号解释，系指无运输或贩卖之意图单纯持有烟毒者而言，并非谓凡零星夹带或短途持送烟毒者，不问其犯意如何，概论以持有烟毒之罪。相应函请查照饬知。此致内政部

**附原公函**

案据本部平津区禁烟特派员李峰本年八月四日呈称，顷据北平市华北日报八月二日登载关于司法院第三五四一号法令解释对于没收汉奸财产及运输烟毒案之新处理规定谓"《禁烟禁毒治罪条例》所谓之运输，系就其行为而言，不以国外输入国内或国内输出国外为限，其在国内运送者亦属之，零星夹带或短途持送，可自行斟酌实际情形，按持有烟毒罪论科"一则，如此项解释可作为审判上之依据，似有尚嫌笼统之处，查持有烟毒之罪刑，业经《禁烟禁毒治罪条例》第十条专条规定处断，其属于意图贩卖而持有者，另有同法第四条第五条之规定，司法院原法令解释所谓"短途持送"，如犯有第四条或第五条意图贩卖之罪者，是否仍照第十条之持有罪论科，又所谓"短途"，将以何者为标准，又所谓零星夹带，其"零星"之数量将以何者为标准，似有明确规定之必要。复查自全国展开严厉禁烟工作后，贩运烟毒者未敢明目张胆，为便于携带行动，多将烟毒化整为零，只方式之不同，而贩运之行为则一，本案有关禁烟行政前途，理合报请鉴核，恳予函商司法当局再予详为解释等情。据此，查现行《禁烟禁毒治罪条例》第四五两条规定意图贩卖而持有烟毒，与第十条规定持有烟毒处刑相差悬殊，其零星夹带或短途持送，事实上恐亦属于运贩嫌疑者为多。如一概按照持有论科，诚不免有失出之虞，且究系单纯持有抑系意图贩卖而持有抑或有运输情事，似应以犯意而认定，不能以分量之多少与程途之远近为准。案关法令解释疑义，据呈前情，相应函请查照转呈详加解释，俾免审判上认定错误，仍希见复为荷。

**院解字第三八五四号**

**三十七年二月十九日**

湖南高等法院余院长览，上年酉支代电悉。该法院第四分院代电所请核示一案，业经本院统一解释法令会议议决，(一)《国民大会代表选举罢免法》第四十条及《立法院立法委员选举罢免法》第三十九条所称之该管高等法院，包括该管高等法院分院在内，已见院解字第三六四零号解释。(二)立法院立法委员之选举人或候选人对于区选举事务所办理选举人员提起之选举诉讼，归该区选举事务所所在地之高等法院或其分院管辖。合电转饬知

照。司法院丑皓印

**附原代电**

南京司法院院长居钧鉴,案据本院第四分院院长钟馥代电称,查《国民大会代表选举罢免法》第四十条,选举诉讼归该管高等法院管辖。又《立法院立法委员选举罢免法》第三十九条,有同样规定,所云高等法院,依法院组织法,高等法院分院管辖事件与高等法院同,并参照司法院三十五年九月十七日院解字第三二三三号解释,似包括高等法院分院在内。惟上述条文仅列高等法院,在适用上仍不无疑义,理合电呈钧院核示,俾便遵循等情。据此,查来电见解似无不合。惟事关适用法律疑义,未敢擅拟,理合据情转呈钧院俯赐解释,俾便饬遵。湖南高等法院院长余觉叩酉支印

**院解字第三八五五号**

**三十七年二月十九日**

四川高等法院苏院长览,上年申鱼代电悉。所请解释一案,业经本院统一解释法令会议议决,《禁烟禁毒治罪条例》第十八条第一项没收供犯罪所用之财产(包括动产不动产),应以其所有权属于犯人者为限,该财产先与他人设定抵押权者,仍应予以没收,抵押权人不能于强制执行时提起异议之诉。惟其抵押权不因此而受影响,至以自己所有之财产供他人犯罪之用,除应与他人负共犯责任者外,不得予以没收,又没收除违禁物及有特别规定得单独宣告外,必以有主刑之宣告为限。合电知照。司法院丑皓印

**附原代电**

南京司法院院长居钧鉴,业据四川高等法院第三分院院长刘昶育三十六年六月二十一日第一四三号马代电呈称,据纳溪县司法处本年六月七日代电称,查《禁烟禁毒治罪条例》规定,供犯罪所用之财产应予没收,凡开设烟馆之房屋当予查封,与主刑一并判决没收,俟判决确定,依强制执行法执行拍卖。惟以查封之烟馆房屋中间发生财产所有权不属于犯罪人及财产所有人先已与人设定抵押权等情,关于不属犯罪人所有权之房屋,是否因其供人犯罪,不问所有权谁属,仍应予以没收,设定抵押权者,抵押债权人是否只向抵押债务人主张债权,不能向没收财产主张优先受偿。事关法律疑义,案悬待决,敬特电祈指示,四川纳溪县司法处审判官姚育仁巳叩等情到院。但查该项房屋既非专供开设烟馆之用,依法即不得没收,惟经判决确定,移付强制执行,则先已设定抵押权者,似可依法提起异议之诉,以资救济,是否有当,事关法律疑义,理合转请解释,俾便饬遵等情。正核办间,复据南川地方法院院长刘藩三十六年六月二十四日牍字第三七四号巳迥代电呈称,查供犯罪所用或供犯罪预备之物应没收之,《刑法》第三十八条第一项第二款固有明文规定,但适用上不无疑义。(一)以自有房屋设所供人吸食鸦片,除供食鸦片器具应予没收外,其房屋亦不得谓非供犯罪所用之物,是否应一并予以没收?(二)出租人明知承租人租赁房屋意在供人吸食鸦片,即将房屋出租,为承租人铺设场所,此种便利犯罪行为,依历来判解,应依帮助犯论处罪刑,

而出租房屋亦系供犯罪所用之物，是否先由检察官扣押判决没收？本院现有此种案件亟待解决，理合电请钧院核示祗遵，或准予转请解释等情。查修正之《禁烟禁毒治罪条例》第十八条第一项规定“犯本条例第二条至第七条之罪者，其供犯罪所用或因犯罪所得之财产，概予没收”，该条项仅泛言财产，并未限于动产，亦未限于专供犯该条例之罪所用之财产，故不动产中，如供栽种鸦片用之土地，或供开设烟馆用之房屋，当然可以没收，惟土地房屋并非违禁物，上开条项虽为关于没收之特别规定，仍系从刑性质，必须于判处被告罪刑时同时宣告，不能单独宣告没收，又该项没收既系从刑性质，又无不问属于犯人与否没收之特别规定，故于宣告时仍应注意《刑法》第三十八条第三项之规定，倘不属于犯人所有，而属于善意第三人时，自不得没收，又所有人故意将其土地房屋供他人犯上开罪名之用，倘该所有人系实施正犯（以自己参与犯罪之意思而供给土地或房屋），于判处其他正犯罪刑时，固得同时宣告没收。倘该所有人仅系帮助犯，并未起诉，或虽已起诉，然因在逃或其他关系，无法判处该所有人之罪刑时，要难于宣告其他正犯罪刑时同时宣告没收。又已依法没收之不动产，倘于没收前第三人已依正当合法手续取得抵押权时，仍可并行不悖，彼此毫无影响。此时法院所没收者为附有抵押权之不动产，而抵押权仅为于抵押标的物上有优先受偿之权，并非足以排除强制执行之权利，故该第三人不得提起执行异议之诉，法院更不得命其提起，至于执行时，应由检察官嘱托同院民事执行处拍卖该不动产，于卖得偿金中先行偿还抵押权人之债务原本利息及应由抵押权担保之其他附属权利（参照《民法》第八百六十一条），如该不动产系由该第三人拍定者，得准许该第三人于拍定价金总额中扣除其由抵押权担保之原债权及利息等，而缴纳其差额，以保护其权利。惟事关法律疑义，本院未敢擅专，理合电请钧院迅赐解释，电示祗遵。四川高等法院院长苏兆祥叩牍申鱼印

**院解字第三八五六号**

**三十七年二月十九日**

浙江长兴地方法院赵院长览，上年四月文代电悉。所请解释一案，业经本院统一解释法令会议议决，（一）父死无子，母因不知其女有继承权，将其未成年之女应继承之遗产立约赠与他人，实系以此项遗产应由自己继承而为处分，其女之继承权即因之而被侵害，其女得向受赠人请求回复，惟继承人以因继承而取得所有权为理由，向由自命为继承人者转得财产之人请求返还，亦为《民法》第一千一百四十六条所称继承回复请求，故其女于同条第二项所定之消灭时效完成后请求回复者，受赠人得以此为抗辩。（二）来文所述情形，除司法警察官误依特种刑事诉讼程序移送者，应依法谕知不受理外，其由检察官依特种刑事诉讼程序起诉，经变更法条，依普通《刑法》论科，自无庸再引用《特种刑事案件诉讼条例》第一条第一项为适用《刑事诉讼法》之依据。合电知照。司法院丑皓印

**附原代电**

司法院院长居钧鉴，父死无子，母因不知女子有继承权，将其未成年之女应得遗产立约

赠与他人,女成年后能否主张收复,有相反二说。甲说,法定代理人为未成年人代为之法律行为,当然有拘束未成年人之效力,如成年后得主张无效,权利义务将无确定之日。乙说,《民法》第一一四六条并未就法定代理人侵害未成年人继承权情形设例外规定,女之继承权被母侵害,在消灭时效未完成前,自得请求回复。究以何说为当?又检察官依《特种刑事案件诉讼条例》起诉或司法警察官移送案件,经依普通《刑法》论科,除适用刑诉法第二百九十二条外,应否援引《特种刑事案件诉讼条例》第一条?事关法律疑义,仰祈俯赐解释祇遵。浙江长兴地方法院院长赵宝卿叩文印

**院解字第三八五七号**

**三十七年二月十九日**

台湾省高雄县参议会上年亥世代电悉。所请释示一案,兹经本院统一解释法令会议议决。县参议会秘书,依《县参议会组织暂行条例》第二十四条之规定,既系由省政府遴委,纵令不经铨叙,仍不能谓非委任以上之文职,即与《立法院立法委员选举罢免法》第十三条所称之官吏相当。电复查照。司法院丑效印

**附台湾省高雄县参议会原代电**

南京司法院钧鉴,立法委员选举罢免法第十三条所称之官吏疑义一案,前经钧院院解字第三五一二号释示"第十三条所称之官吏,在宪法施行前,系指委任以上之文职及尉官以上之军职"在案。而其适用范围,据选举总事务所未艳电开,谓"凡经政府任命人员,其职级相当于文官委任以上或军职尉官以上者,均应视同官吏,须受第十三条之限制,聘派人员并不在内"。而后总选所(三六)亥支法再加释明,"聘派人员系专指聘任而言。'派'字亦系'任'字之意"。同时指示本会秘书陈朝景之参加竞选应否受限制之点,谓"至陈朝景如未经法定期间辞职,参加竞选,其当选自应无效"等语,前后解释有所出入,颇滋疑义。查限制规定之解释,应为狭义,似不应扩大为凡政府聘派人员均为官吏。而总选所前记之释明,恐有误认钧院之统一解释。兹摘其要点,乞赐释示:一、同第十三条所称之官吏,应限定于国家机关之构成人员,依中央铨叙部铨定之任官以上及国防部铨定之尉官以上,而选总所之解释,涉及民意机关之职员,有为故意类推扩大之嫌。二、聘派人员乃系指聘用、派用人员之管理条例所指之聘用、派用人员而言,依法令上及学说上之用语,并无丝毫之疑问。今聘派人员解为聘任人员,似与实际情形不符。三、关于委派二字,视政府之任命即为官吏,似属误谬。查省参议会秘书及县参议会秘书由政府派用之立法理由,系为代位议长遴选以求实际工作上之便利,并无法视为委任以上人员之法理根据。依法理上而论,任命与被任命之关系应有指挥、监督及服从命令之关系,而参议会秘书除议长以外并不受任何机关之指挥、监督,可以证明政府之任命,不过为代初期民选议长遴任适当人员,以求工作上之便利耳。假使凡政府任命者皆视同官吏,则政府遴选各党派之省参议员或县参议员亦应认为官吏,此乃国民常识,决不能容认为妥当者。其任命乃系代立人民选定代位议长任命秘书,其法

理上之性质相同。四、而且县参议会秘书之薪俸并无等级之规定，所支荐任待遇不过比照规定，且其支付取之于参议会，并不由国库或省县库支取，亦足可证明。五、县参议会所办之事务，专系民意机关之事务，并非国家之事务，亦无国家委任之事务。乡镇长乃自治事务以外，有办理国家之委任事务，而且不得认为官吏，岂有全无办理国家事务之人员认为官吏之理？查省参议会除秘书长由国府简派外，其余秘书人员均由议长派用。又县参议会秘书为省府委派，而省辖市参议会秘书则由议长派用。同为民意机关人员而有任用之差别者，乃纯为暂时便于遴员之计，并非民意机关之实质有异。依其职务性质而论，自亦不能视县参议会秘书即为官吏。六、《立委选举罢免法》第十三条之立法主旨，系防止官吏利用职权直接、间接操纵投票为目的，而参议会秘书与人民并无直接、间接之关系，岂可能作丝毫之操纵？七、本参议会秘书陈朝景参加竞选立法委员候选人，经于本年十年二十三日向省选举所依法登记，并执行省选举所收据在案。且台湾省政府委派本会秘书陈朝景，系于本年十一月十三日始行委用，致无法于法定期间内提出辞职。似此前后显系发生矛盾之以上之理由，认为选举所之释示有所不合。希为释明，并尅日电知选举所，转达台湾省选举所，公告本会秘书陈朝景立法委员候选人，以便追行选举。可否之处，敬恳释示祇遵。台湾省高雄县参议会亥世叩。附台湾省政府派令及省选举所收据各一件

**院解字第三八五八号**

**三十七年二月二十日**

江西高等法院吴院长览，子微代电悉。所请解释一案，业经本院统一解释法令会议议决。来文所述情形，仍有《国民大会代表选举罢免法》第十五条第一项之适用。合电知照。司法院丑智印

**附江西高等法院原代电**

司法院院长居钧鉴，查县、市或同等区域之候选人，以该县、市或同等区域内之人民为限，《国民大会代表选举罢免法》第十五条第一项定有明文。依此规定，甲县人民不得为乙县之候选人，本甚明了。但甲县选举事务所支持籍隶乙县之人士出选甲县国大代表，因而发生选举诉讼，应否仍依上开法条办理，颇有疑义。理合电请钧院迅赐解释，电示祇遵。江西高等法院院长吴昆吾子微印

**院解字第三八五九号**

**三十七年二月二十日**

上海高等法院杜首席检察官览，上年戌江代电悉。上海地方法院首席检察官呈请转请解释一案，业经本院统一解释法令会议议决，《刑法》第二百四十条、第二百四十一条及第二百九十八条之和略诱罪，在被诱人未脱离犯罪者实力支配前，仍应认为在犯罪行为继续中。合电转饬知照。司法院丑智印

**附原代电**

司法院院长居钧鉴,兹据上海地方法院首席检察官黄亮本年十月二十八日呈请,“按《刑法》第二百四十条、第二百四十一条,《暨同法》第二百九十八条之和略诱未满二十岁之男女脱离家庭或其他有监督权之人及和诱有配偶之人脱离家庭暨略诱妇女之罪,其犯罪态样,是否应以实施犯罪之人于和略诱被诱人脱离家庭或其他有监督权之人已遂后,其犯罪行为视为即告完成,抑以和略诱已遂后,于被诱人未脱离犯罪者实力支配之前,仍视为犯罪行为之继续,于此可分为两说。甲说,被诱人一经被诱脱离家庭或其他有监督权之人后,其犯罪行为即告完成,纵事后被诱人仍处于犯罪者实力支配之下,要不过为和略诱行为完成后当然之状态,并非犯罪行为之继续,证诸盗窃侵占诈欺等罪,于实施盗窃侵占诈欺等行为完成后,其犯罪行为即告终了,并不以其保有赃物或不法利益而视为犯罪行为之继续而益信。乙说,被诱人既经被诱脱离家庭或其他有监督权之人,而移置于犯罪者自己实力支配之下,当被诱人未回复自由以前,其犯罪行为仍在继续实施之中,从而在支配力未丧失前,纵将被诱人辗转带往他处,亦不另犯和诱略之罪,故含有继续犯之性质以上两说,其法律见解未知孰是,前大理院民国四年统字第二八二号解释似采甲说,而最高法院二十八年上字第七三三号判例则似采乙说,先后亦复两岐,取舍无从,事关法律疑义,理合备文呈请钧处转请解释示遵”等情。据此,事关法律疑义,理合据情电呈鉴赐解释示遵。上海高等法院首席检察官杜保祺叩戌江文印

**院解字第三八六〇号**

**三十七年二月二十日**

湖南省政府王主席览,上年秘法戌筱代电悉。新化县政府代电所请核示一案,兹经本院统一解释法令会议议决,违反《国家总动员法》第十五条执行之处置,在《妨害国家总动员惩罚暂行条例》既无处罚明文,仅得依行政执行法处理。合电转饬知照。司法院丑哿印

**附原代电**

南京司法院院长居钧鉴,据新化县政府戌齐代电称,查奉颁《妨害国家总动员惩罚暂行条例》,关于违反《国家动员法》第十五条之处罚,无明文规定,究应如何办理,谨电核示等情。据此,查动员戡乱完成宪政实施纲要第十七条下段规定,为达成戡乱之目的,行政院得依国家总动员法之规定,随时发布必要之命令,《国家总动员法》第十五条之执行,既系限于必要情形,在命令未发布前,下级官署自不得径行适用。至违反该条执行之处置,在《国家总动员惩罚暂行条例》既无处罚明文规定,只能依照《土地法》有关条文及行政执行法处理,上项意见是否有当,理合电请解释示遵。湖南省政府主席王东原叩秘法戌筱印

**院解字第三八六一号**

**三十七年二月二十日**

**令署青海高等法院院长郭润霖**

三十六年九月二十七日呈一件,为刑事上诉程序疑义,请核示祗遵由。

呈悉,业经本院统一解释法令会议议决,上诉乃为当事人对于下级法院判决有所不服请求救济之方法,故应于判决宣示后始得为之,如于判决宣示前预向上级法院提起上诉,纵在上诉法院调卷时业已判决,其上诉仍难认为合法。仰即知照。此令

**附原呈**

查《刑事诉讼法》第三百四十一条载,上诉期间为十日,自送达判决后起算,但判决宣示后送达前之上诉亦有效力,又第三百四十二条载,提起上诉应以上诉书状提出于原审法院为之各等语,设有第一审刑事被告径向第二审提起上诉,经第二审调阅原卷,察其提出上诉书状之时尚未经第一审判决,但调卷时业已判决,究竟此种预先上诉应认为有效,抑认为无效,事关上诉程序,用特呈请钧院核示祗遵。

**院解字第三八六二号**

**三十七年二月二十一日**

国防部鉴,(36)未佳吕甚代电悉。广州行辕审判战犯军事法庭代电所请核示一案,兹经本院统一解释法令会议议决,战争罪犯在国外拘禁期间,虽因罪嫌而受拘禁,仍不得于执行时依法折抵刑期。特电复请查照饬知。司法院丑马印

**附原代电**

司法院赐鉴,兹据广州行辕审判战犯军事法庭刘庭长(36)午筱庭天代电称,本庭受理泰国英军方面移送战犯多名,均系先由英军于受降后予以逮捕,后似曾经一度释放,嗣复予拘押,将来本庭办理执行有期徒刑时,对于此项外国军事机关逮捕拘禁,其拘禁之期间能否扣抵刑期,颇生疑义理合电请迅赐核示,以便遵循等情。查嫌疑犯在国外拘禁期间能否扣抵刑期一节,尚无明文规定,谨转请解释,以便饬遵为祷。国防部(36)未佳吕甚

**院解字第三八六三号**

**三十七年二月二十一日**

国防部鉴,三十六戌灰吕捕代电悉。浙江省军管区司令部电请核示一案,兹经本院统一解释法令会议议决,院解字第三四一八号解释已经院解字第三五三八号解释变更,来文所询县政府军事科人员,纵系正式军校出身曾授武职,但既已转任现役外之文职,应依院解字第三五三八号解释办理。特电复请查照饬知。司法院丑马印

**附原代电**

司法院钧鉴,案据浙江省军管区司令部军法抗字第五四二号电称,“南京国防部军法处转呈参谋总长陈钧鉴,案查各县军事科人员如有犯罪,除曾经国府任官者外,应归普通法院审判,前经奉钧部(36)吕捕字第一三七七四号代电释示在案,又查隶属于县政府军事科之督导员,除系正式军校出身曾授武职者外,无军人身份,前经司法院三十六年四月一日院解字第三四一八号解释有案,设有军事科人员系正式军校出身曾授武职,惟尚未经国府任官,如有犯罪,究竟应否归由司法审判,有甲乙两说,(甲)说是项人员既未经国府任官,应依上开代电规定,归由普通法院审判,(乙)说军事科人员与军事科督导员同隶属于一科,既系正式军校出身曾授武职,自得依照上开解释,与指导员同为具有军人身份,应归军法审判。以上两说以何说为是,事关法令解释,理合电请钧核示遵,兼浙军管区司令沈鸿烈叩(三十六)酉笥军法抗印”等情。复查曾经铨补将校尉实官,而已奉命退役或已转现役外之文职或其他非征集中之在乡军人,其犯罪均应由普通法院审判,业经钧院三十六年七月二十六日以院字第三五三八号解释在案。该军管区所称军事科人员,如系正式军校出身并曾授武职,如有犯罪,似仍应归普通法院审判,惟据院解字第三四一八号解释,军事科人员与军事科督导员同隶属于一科,同系正式军校出身曾授武职,似可依照三四一八号解释,与督导员同为具有军人身份,案关法令疑义,理合电请统一解释示遵为祷。白崇禧三十六戌灰吕捕

**院解字第三八六四号**

**三十七年二月二十一日**

国防部鉴,上年戌真吕捕代电悉。联合勤务总司令部军法处电请解释一案,兹经本院统一解释法令会议议决,《陆海空军刑法》第一百一十条所称其他军器,应包括军用汽车在内。特电复请查照饬知。司法院丑马印

**附原代电**

司法院钧鉴,案据联合勤务总司令部军法处电称,查军用汽车虽属军用品,惟是否包括于《陆海空军刑法》第一百十条所谓其他军器之中,案关法律疑义,请求转请解释等情前来。查案关法律疑义,敬请赐予统一解释为祷。国防部戌真吕捕

**院解字第三八六五号**

**三十七年二月二十一日**

案准贵院上年十二月一日(三十六)七法字第四九六九七号咨,以据内政部呈请核示各级民意代表之选举罢免纠纷可否不准提起诉愿一案,咨请查核见复等由。准此,兹经本院统一解释法令会议议决,各级民意代表之选举纠纷,如系就选举或当选有效与否有争执者,固得依法律之特别规定提起诉讼,由法院审判之,但不属选举或当选有效与否之争执,而系因中央或地方官署之违法或不当处分致损害人民权利或利益,例如选举监督违法撤销当选

资格时，被撤销资格之人自得依《诉愿法》第一条之规定提起诉愿。至关于罢免，如有官署之违法处分，亦得提起诉愿。相应咨复查照饬知。此咨行政院

**附原咨**

据内政部本年十一月八日民字第一一八七四号呈称，查各级民意代表选举无效及当选无效之诉应由法院审判，省县市参议员选举条例及钧院秘书处三十四年四月十三日平一字第七七六三号抄送本部之院令已有明文规定，乃近来各地人民对于选举纠纷多不依法诉请当地司法机关审理，而依《诉愿法》向本部提起诉愿，本部按照《诉愿法》及各项选举条例详加审核，认为此类案件不应受理，谨具理由如下。一、有特别身份且系公法上之权利受有损害者，不得提起诉愿，依照《诉愿法》第一条，人民因中央或地方官署之违法或不当处分致损害其权利或利益者，得提起诉愿之规定，及司法院院字第一二八五号，已退休之公务员，关于养老金之支给数额及其方法，依公务员恤金条例所规定，系为公务员之特别身分而设，实为公法上之权利，故其请求被原官署为驳回之处分后，无论是否受有损害，要不得依《诉愿法》提起诉愿之解释，加以分析，则对于行政官署之处分，须合于下列条件，始可提起诉愿：(一)提起诉愿须为人民，如有特别身分，不得提起；(二)须为私法上个人之权利或利益受有损害，如系公法上之权利，即使受有损害，亦不得提起诉愿，而选举权与被选举权均为公法上之权利，且各种选举法规对于选举人与被选举人又均有其积极与消极资格之限制，则其身分自与人民有别，比照上列之规定与解释类推办理，自不应准其提起诉愿。二、非直接受有损害者，不得提起诉愿，依照司法院判字第六十六号解释，《诉愿法》所谓损害其权利或利益云者，自系就原处分所生具体的效果直接损害其自己之权利或利益而言。兹加以分析，则行政官署之处分，无论是否违法或不当，人民之权利或利益如并未因而蒙受直接损害，即不得提起诉愿，各级民意代表候选人，于依法竞选落选时，其权利或利益并未受有直接损害，至于选举结果如何，与选举人之权利或利益更属无关，自均不得提起诉愿。三、有申诉之特别规定者，不得提起诉愿，依照司法院院解字第一八五〇号，被征服兵役之壮丁或其家属，对于办理征兵事务之县长以征兵官之资格所为关于缓役或免役之裁定有不服者，在《修正陆军征募事务暂行规则》第三十三条至三十五条既有申诉之特别规定，则其救济方法，自应依该规定向其直接上级征兵官为之，不得提起普通诉愿之解释，则凡有关法规中已定有申诉条文者，应即依照办理，不得另行提起普通诉愿，今《省县市参议员选举条例》既规定选举无效及当选无效应由法院判决确定，而乡镇民意代表之选举纠纷应由法院比照《县参议员选举条例》第六章处理，亦经钧院核准有案，则各项选举纠纷，除依法起诉外，自不应准其提起诉愿。四、为免与现行法规抵触，不得提起诉愿，查《省县市参议员选举条例》均规定选举无效及当选无效之诉应于选举结果揭示后七日内提起。又司法院院解字第三四四〇号解释，省县市参议员被选举人资格不符，在《省县市参议员选举条例》所定起诉期间经过后始发觉者，不得提起当选无效之诉讼，选举监督亦不得撤销其当选资格。凡此规定，原期选举结果得以迅速确定，使当选人行使职权无所顾虑，以利会务之进行，目前对于选举纠纷提

起诉愿者,均远在选举结果揭示后七日以后,如予受理,显与上项法条及解释相抵触,且现行各项选举条例并未规定选举监督有撤销当选资格之权,当选之有效与否,仅可由法院判决确定,各级选举监督机关对于此类诉愿案如予受理,而为当选有效与否之决定,自属于法无据。五、不服区乡镇公所及保办公处所为自治行政之处分,不得提起诉愿,司法院三十一年十月九日解字第二四〇六号,对于此项业经解释有案,兹查选举事务不惟系自治事务,且就乡镇民代表选举事务言,固均系区乡镇公所及保办公处负责执行。就县市参议员言,亦多系由该管县市政府责成区乡镇公所办理,所有选举进度与办法虽系上级官署所订颁。然不过为国家机关内部意思之决定,比照司法院院解字第二六五〇号,若上级官署之自动决定办法不过为国家机关内部意思之决定,而其令饬下级官署执行即系指示其对于人民为行政处分者,仍为下级官署之处分之解释。如系由区乡镇公所执行,即为各该区乡镇公所之处分,自不得提起诉愿。至民意代表罢免案之不应准予提起诉愿,可援引上陈各项理由比照解释,兹不复赘。综上所陈,本部以为今后有关民意代表之选举罢免纠纷,应不准提起诉愿,是否可行,理合呈请钧院迅赐核示祗遵等情。据此,案关适用法律疑义,相应咨请迅为查核见覆,以便饬遵为荷。

**院解字第三八六六号**

**三十七年二月二十一日**

**令江苏高等法院院长郑文礼**

三十六年十月十七日呈一件,为据崇明地方法院代电请解释伪组织或其所属机关团体任职人员候选及任用限制办法第四条第四款适用疑义,呈祈解释祗遵由。

呈悉,业经本院统一解释法令会议议决,来文所述情形,与伪组织或其所属机关团体任职人员候选及任用限制办法第四条第四款"其余职员"之规定相当。仰即转饬知照。此令

**附原呈**

案据崇明地方法院院长王克迈函虞代电称,查有某甲曾于民国三十一年开设南货店,加入伪南货烟纸两业公会会员,并受推任该两业公会股东查账代表职务,在伪崇明区南货烟纸杂货业配给货联合办事处决算书上签名盖章,是否合于伪组织或其所属机关团体任职人员候选及任用限制办法第四条第四款相当职务或职员之规定?事关法令疑义,未敢擅拟,理合电请迅赐解释示遵等情。据此,查事关法律疑义,理合据情转呈,仰祈鉴核,俯赐解释祗遵。

**院解字第三八六七号**

**三十七年三月五日**

案准贵院上年十二月二十日(三十六)四丙字第三一八二号公函,为据内政部呈,以准陕西省政府电请解释《监察院监察委员选举罢免法》施行条例第十七条疑义一案,拟议意

见，转请核示到院，钞同原件，函请查核见复等由，附钞内政部原呈一件。准此，兹经本院统一解释法令会议议决，(一)依《监察院监察委员选举罢免法施行条例》第十七条规定，以得票次多数者当选时，如不愿应选，应以得票又次多数者当选，惟以得票次多数者(包含又次多数者)当选，仍应受同法第三条第十一条之限制。(二)同法第十条第三项所谓选举结果当选人不足法定名额，包含适用同条例第十七条之结果当选人犹不足法定名额者在内，故如有不愿应选，而无得票次多数者可以当选时，亦应依同法第十条第三项规定办理。相应函复查照饬知。此致行政院

**附原公函**

据内政部三十六年十二月八日民字第一三一五四号呈略以，准陕西省政府电请解释《监察院监察委员选举罢免法施行条例》第十七条疑义一案，拟议意见，转请核示到院。查解释法律系属贵院职掌，相应钞同原件，函请查核见复为荷。

**附钞原附件**

准陕西省政府电，以《监察院监察委员选举罢免法施行条例》第十七条规定，监察委员于当选后如不愿应选，以得票次多数者当选，惟(一)如得票次多数者仍不愿应选，是否顺序再以得票又次多数者当选，(二)如无得票又次多数者，是否任其缺额，抑举行再选，电请核示等由。准此，谨拟议意见如次。(一)如有上述条例第十七条以得票次多数者当选之情形，而仍不愿应选时，是否顺序以得票又次多数者当选？法律虽无明文规定，惟(1)就本条之文义解释而言，其所称"监察委员于当选后"之"当选"一词似应包括"以得票次多数者当选"之"当选"情形在内，即得票次多数者，于当选后，仍由选举监督分别通知，于十日内以书面表示愿否应选，如不愿应选，即以得票又次多数者当选，并依次类推。(2)就事例加以分析，设某省选举监察委员投票后，经按《监察院监察委员选举罢免法》第十条计算选举票结果，男子候选人甲乙丙丁四人得票比较多数，应当选，而戊己庚辛依序为得票次多数者，应落选，但如甲乙丙丁四人中有一人不愿应选时，按同法施行条例第十七条规定，应以戊为当选，如有二人不愿应选时，应以戊己为当选，四人均不愿应选时，戊己庚辛均应当选，即戊己庚辛等候选人虽不列在《监察院监察委员选举罢免法》第十条所定之首四名内，而因同法施行条例第十七条之规定，应均有当选之机会，殆无疑义。惟甲乙不愿应选时，既应以戊己为当选，如仅甲不愿应选，而戊亦不愿应选时，揆诸情理，似应由己当选。盖己在甲乙二人不愿应选时而当选，与在甲戊二人先后不愿应选时而当选之情形，虽有不同，然就选举人投票时所表示之意思言，初无轻重之分，因之施行条例第十七条，似应予以扩张解释，即得票次多数者应当选，而亦不愿应选时，应依次以得票又次多数者当选，惟此项解释仍受《监察院监察委员选举罢免法》第三条第十一条之限制，即(子)由省选出之监察委员男子当选人不愿应选时，应由得票次多数之男候选人当选，妇女当选人不愿应选时，应由得票次多数之妇女候选人当选。(丑)由省市选出之监察委员当选人中，有一人系省市参议员，而愿应选，其他任何当选人不愿应选时，其得票次多数者虽系省市参议员，亦不得当选，应就非省市参议

员身份之候选人中以得票次多数者,依序当选。(二)审查各省市选举监察委员结果,如某省市当选人已足法定名额,或虽不足法定名额,已依法再投票补足,而因当选人不愿应选,又别无得票次多数者可以当选,遂致该省市选出之监察委员不足法定名额时,究应任其缺额,抑或举行补选,则因选举时业已足额,惟当选程序尚未完成,故《监察院监察委员选举罢免法》第十条第三项关于再投票之规定,及同法第十三条第一项出缺补选之规定,似均不能适用,惟按宪法第十一条各单位名额分配之规定,及第九十三条监察委员任期六年之规定,似不应任其缺额,仍应予以补选。关于补选日期,似可规定由选举监督酌定,并层报国府备查,但至迟应于该省市参议会或临时参议会下次例会闭会前选出之。以上所陈,是否有当,理合呈请赐迅核示,俾所遵从。谨呈行政院。内政部部长张厉生

**院解字第三八六八号**

**三十七年三月五日**

据最高法院签送

贵所本年二月五日选字第一二零六六号公函,以关于政党提名候选人是否应受《国民大会代表选举罢免法》第八条及《立法院立法委员选举罢免法》第十三条之限制,函请解释见复一案。兹经本院统一解释法令会议议决,现任官吏由政党提名为国民大会代表候选人者,如已在其为候选人之登记前辞职,即非复为《国民大会代表选举罢免法》第八条所称之现任官吏。至现任官吏未于立法院立法委员选举期前五个月辞职者,依《立法院立法委员选举罢免法》第十三条之规定,虽由政党提名,亦不得于其管辖区或任所所在地之选举区为候选人。相应函请查照。此致国民大会代表立法院立法委员选举总事务所

**附原公函**

案查政党提名国大代表及立委候选人中,兼有官吏未于规定限期前辞职者,按之《国大代表选举罢免法》第八条及《立委选举罢免法》第十三条,并无对政党提名候选人有例外之规定,惟查是项候选人乃系被动性质,在政党未提名前,其本人尚未预知其有候选机会,自亦无法先行依限辞职。此类情形,与上开条文之限制有所不同,似有未便拘泥之处,可否准于被提名后辞职,究应如何释明,提经本所选举委员会第十九次会议决议,函请司法院解释纪录在卷。兹为争取时效起见,相应函请贵院督照,迅予解释见复,并转陈司法院察核备案,至纫公谊。

**院解字第三八六九号**

**三十七年三月十日**

案准贵院上年十二月五日(三十六)四内字第五零五二五号咨,以据内政部呈请核示当选国民大会代表后可否仍兼任县参议员或兼任将来根据宪法产生之议员等情,抄同原呈,咨请解释见复等由,附抄内政部原呈一件。准此,兹经本院统一解释法令会议议决,当选国

民大会代表后兼任县参议员，现行法上既无限制，自非不得兼任，至得否兼任将来依法产生之省市县议会议员，应依其时之法律定之。相应咨复查照饬知。此咨行政院

**附原咨**

据内政部呈请核示当选国民大会代表后可否仍兼任县参议员或兼任将来根据宪法产生之议员等情，相应抄同原呈，咨请查照解释见复为荷。

**附原抄件**

据福建省长乐县参议会三十六年十一月雨戊齐会议字第五九四号代电，为请释示当选国民大会代表后，可否仍兼任县参议员或兼任将来根据宪法产生之议员等由。查本届国民大会代表得兼任省市县参议会参议员，前经本部呈奉钧院核准解释并通行各省政府，暨院辖市政府各在案，至下届国民大会代表在当选后，可否仍准兼任省市县参议会参议员，或兼任将来根据宪法产生之省市县议会议员之处，法无明文规定，理合呈请钧院核示祇遵。

**院解字第三八七〇号**

**三十七年三月十日**

案准贵院本年一月五日（卅七）四内字第五八八号公函，以据内政部呈请核示由各省市临时参议会选出之监察院监察委员在正式参议会成立后应否另行改选一案，函请查照审议迅复等由。准此，兹经本院统一解释法令会议议决，依《监察院监察委员选举罢免法》第五条第二项，在各省市议会未正式成立以前，既系以现有之各省市参议会或临时参议会参议员为选举人，则临时参议会参议员已依法选出之监察委员，自无须由在后成立之参议会参议员另行改选。相应函复查照饬知。此致行政院

**附原公函**

据内政部三十六年十二月二十五日民字第一三八二七号呈称，案准天津市政府三十六年十二月十一日义民字第一八七七八号亥真代电，以该市监察委员选举延展于三十七年一月十日举行，又该市参议员定于三十七年二月二十二日开选，业经先后电请核备在案。该市现由临时参议会所选之监察委员，于二月间正式参议会成立后，依照《监察委员选举罢免法》第二条第二款之规定，是否仍应另行选举，电请核复等由。查依《监察院监察委员选举罢免法》第五条第二项之规定，在各省市议会未正式成立以前，以现有之各省市参议会参议员或临时参议会参议员为选举人，唯由临时参议会所选出之监委，在参议会成立后，议会未成立前，应否另行改选，法无明文规定，准电前由，理合呈请鉴核迅赐示遵等情。查依《监察院监察委员选举罢免法》第五条第二项之规定，在各省市议会未正式成立以前，以现有之各省市参议会参议员或临时参议会参议员为选举人，是临参会与参议会均系依法选举，由临参会选出之监委，在参议会成立后，议会未成立前，似不必另行改选。惟案关法令解释，相应函请查照审议迅复为荷。

**院解字第三八七一号**

**三十七年三月十日**

案准贵院上年一月十四日从捌字第一零六三号公函,以据苏浙皖区敌伪产业处理局呈请核示汉奸财产移转无效期间疑义,函请查核见复等由。准此,兹经本院统一解释法令会议议决,来文所述情形,如有院解字第三一零零号后段所谓串同情事,其契约自属无效。相应函复查照饬知。此致行政院

**附原函**

据苏浙皖区敌伪产业处理局三十五年十二月二十一日沪逆保字第五九九一四号呈称,案据本局驻京办事处呈,以南京状元境三十四号金逆宏义之大华旅社,业经该处会同有关机关予以假扣押在案。嗣据民人马云山呈,以该旅舍系渠于三十四年九月一日向金逆宏义受盘,当时南京尚在敌伪范围,而金逆宏义本人直至本年一月间尚在推广生意,具呈人对于金之有无汉奸嫌疑毫无认识,即金本人当时亦无感觉,且执有推受盘契约等证据为凭,请予启封发还等情,可否准予发还,请核示等情。查关于敌产停止移转日期,前奉钧院本年九月十一日节京天字第一一八六六号指令,应以三十四年十月一日为有效期,以前以八月十一日为有效期办理各案,不予翻案等因在案。关于汉奸产业,其在胜利以后私行移转者,应否作为无效一节,本局在未奉上项指令以前,系与敌产同样办理,以三十四年八月十一日以前为有效时期,现本局处理逆产,遇此同类案情甚多,拟请钧院准予明令规定所有逆产在三十四年八月十一日以后之买卖一概无效,以便处理,是否有当,理合备文呈请鉴核示遵等情。查关于汉奸财产买卖无效问题,已有贵院第三一〇〇号解释足资依据,惟该号解释并无一定期间之限制,核与本件情形不无出入,相应函请查核见复,以凭饬遵为荷。

**院解字第三八七二号**

**三十七年三月十日**

**令署安徽高等法院院长廖江南**

三十六年十一月十三日呈一件,为据芜湖地方法院呈请核示关于刑事案件移转管辖问题,请赐解释由。

呈悉,业经本院统一解释法令会议议决,声请移转管辖,原法院之诉讼程序并不因而应即停止进行,故原法院在移转管辖裁定前所为之判决,仍属有效,其审判程序既已终了,即无再为移转管辖之余地。仰即转饬知照。此令

**附原呈**

案据芜湖地院三十六年十月二十八日纪天字第一六七三号呈称,案准最高法院三十六年九月十五日刑字第七九零九号公函,以陶懋英因黄伯平等杀人案件声请移转管辖,经裁定移转本院管辖第一审等由,复准江苏高等法院第三分院刑义字第五四六号公函,移送是

案全卷,函请核办到院。卷查该案已经江苏高等法院第三分院审理中,最高法院系于三十六年六月三十日裁定移转本院管辖第一审,其裁定日期系在原第一审管辖法院判决以后,依法似已不生移转管辖问题,究应如何办理,请鉴核示遵等情前来。案关解释,理合据情呈请钧院迅赐解释,以便转知。

**院解字第三八七三号**

**三十七年三月十日**

**令署甘肃高等法院院长楼观光**

三十七年一月二十四日呈一件,为据本院天水分院电请核示国民大会代表选举登记疑义,转请解释饬遵由。

呈悉,业经本院统一解释法令会议议决,有国民大会代表被选举权人已经五百名以上选举人之签署登记为候选人,复由政党提名为候选人之登记,如在同一选举区内为之者,不在《国民大会代表选举罢免法》第十三条及同法施行条例第二十条限制之列,此项情形,既非所谓两种之登记,即不发生原呈第二点问题。仰即转饬知照。此令

**附原呈**

案据本院天水分院院长刘理惠电称,“兹有关于适用法律问题急待解决,按关于国民大会代表之名额,《国民大会代表选举罢免法》第四条列有规定,又有被选举权人不得为二个以上候选人之登记,同法第十三条亦有明文,如在《国民大会代表选举罢免法》第四条各款选举中为二个或二个以上候选人之登记时,依同法施行条例第二十条第二项规定,其登记均为无效,并不得当选,又候选人于《国民大会代表选举罢免法》第四条二款以上之选举均当选时,依同法施行条例第五十一条规定,其当选均为无效,固属极为明显,毫无疑义,惟查同法第十二条规定,有被选举权而愿为候选人,经五百名以上选举人之签署或由政党提名,得登记为候选人,公开竞选,非经登记者,不得当选。又,同法施行条例第二十条第一项规定,每一有被选举权人,其候选人之登记,以一种为限。若有被选举权人一面为经五百名以上选举人之签署登记为候选人,同时复经政党提名为候选人之登记,其候选人之登记以及其当选是否均为无效,法无明文,无所依据,此应请求解释者一。再办理选举事务之县选举事务所,明知候选人为两种之登记时,仍行办理选举,其选举是否违法及无效,亦不无疑义,此应请求解释者二。以上二问题,事关适用法律疑义,未敢擅专,理合电请核示祇遵”等情。据此,事关法律疑义,理合具文转请鉴核解释饬遵。

**院解字第三八七四号**

**三十七年三月十日**

甘肃高等法院楼院长览,上年戌宥代电悉。该法院第一分院代电所请解释一案,业经本院统一解释法令会议议决,来电所述情形,伪证之刑事诉讼不能开始与续行,既非基于证

据不足之事由,依《民事诉讼法》第四百九十二条第二项之规定,自得提起再审之诉。合电转饬知照。司法院寅灰印

**附原代电**

南京司法院院长居钧鉴,案据本院第一分院酉代电称,查《民事诉讼法》第四九二条第一项第八款规定,证人就为判决基础之证言被处伪证之刑者,得为再审之原因,兹有证人某甲,其伪证行为业经检察官认定,而以其行为时依罪犯赦免减刑令应行赦免,因予以不起诉之处分书,当事人之一方遂据此处分书声请再审,于此有二说,(甲)谓犯罪之赦免已回复未起诉前之状态,民诉法四九二条一项八款既以证人被处伪证之刑为限,某甲既未处刑,即不能为再审原因。(乙)谓罪犯赦免减刑令乃系国家对刑事犯之一种赦典,不能影响民事上之权利义务,某甲罪刑虽已赦免,但其伪证行为既经检察官认定,为保障当事人权利起见,自当准其再审。以上二说,究以何者为是,理合电请鉴核,迅予解释示遵等情。据此,来呈所列两说,自以甲说为当,惟事关法律解释,理合电请核示,以便饬遵。甘肃高等法院院长楼观光叩戌宥印

**院解字第三八七五号**

**三十七年三月十日**

甘肃高等法院楼院长览,上年十一月马代电悉。皋兰地方法院所请核示一案,业经本院统一解释法令会议议决,法院受理《印花税法》案件,认为不应处罚者,应以裁定谕知不处罚。合电转饬知照。司法院寅灰印

**附原代电**

南京司法院院长居钧鉴,窃据皋兰地方法院本年十一月十四日呈称,查税务机关移送违反《印花税法》案件,经审核结果认为应不处罚时,是否以裁定谕知不罚,《印花税法》并无明文规定。上项情事究应如何办理,只请示遵等情。据此,案关法令解释,本院未便擅专,理合电请核示,以便转饬遵照。代理甘肃高等法院院长职务陈溉勤叩马印

**院解字第三八七六号**

**三十七年三月十日**

四川高等法院苏院长览,上年戌寝代电悉。所请解释一案,业经本院统一解释法令会议议决,(一)县司法处对司法警察官署移送之特种刑事案件谕知被告无罪,既经判决书内载明得声请覆判,自应认为依照特种刑事案件诉讼程序办理,直接上级法院检察官不得提起上诉或声请覆判。(二)县司法处就县政府所移送之贪污案件谕知被告无罪确定后,除合于再审或非常上诉之规定,得提起再审或非常上诉外,别无救济方法。(三)法院就烟毒案之被告判处罪刑,并依《禁烟禁毒治罪条例》第十七条,将获案之烟毒及专供制造或吸用烟毒之器具宣告没收销毁,同时谕知缓刑者,其效力自及于所宣告之没收,俟缓刑期满,刑之

宣告失其效力时,此项违禁物得由检察官声请单独宣告没收。合电知照。司法院寅蒸印

**附原代电**

南京司法院院长居钧鉴,兹有法律上疑义数则,应请解释,(一)司法警察官署依《特种刑事案件诉讼条例》第三条用移送书移送于县司法处之特种刑事案件,经该处审理结果,判决谕知无罪,判决理由内未引用《特种刑事案件诉讼条例》条文,判决书末尾记有不服本判决得于收受送达之翌日起十日内向本处具状声请覆判,此种情形,直接上级法院检察官能否认原审对于该案系照普通诉讼程序办理,依《县司法处办理诉讼补充条例》第十九条提起上诉,抑或应认原判不过漏引《特种刑事案件诉讼条例》条文,而以该案仍系依照《特种刑事案件诉讼条例》之程序办理,因而检察官之上诉即应认为声请覆判,依上开同条例关于覆判之规定办理。(二)设有贪污案件,经县政府用移送书移送于县司法处审判,谕知无罪,在覆判期间内,未据有声请覆判权之人声请覆判,惟原审将判决送交原检举机关后,该机关认为原判决不当,函请该管上级检察官办理,如上级检察官亦认原判有重大违误,而又已逾越声请覆判期间者,应如何救济。(三)缓刑之刑系指主刑兼包从刑而言,早经钧院解释有案,普通刑事案件适用上鲜有问题发生,惟烟毒及专供制造或吸用烟毒之器具,本属违禁物,设有烟毒案件经原审判处罪刑,并依《禁烟禁毒治罪条例》第十七条,将获案之烟毒及专供制造或吸用烟毒之器具宣告没收销毁,同时谕知缓刑者,其缓刑之效力是否亦及于所宣告之没收。以上各项,统祈迅赐解释祗遵。四川高等法院院长苏兆祥卯戌寝印

**院解字第三八七七号**

**三十七年三月十日**

首都高等法院赵院长览,见上年戌支代电悉。首都地方法院呈请核示一案,业经本院统一解释法令会议议决,逾期未经收回之旧有各种铜元,非违禁物,其携带者,除意图营利私运出口,应依妨害国币惩治条例第七条没收外,不得由检察官声请单独宣告没收。合电转饬知照。司法院寅蒸印

**附原代电**

司法院院长居钧鉴,案据首都地方法院本年十月十四日民戌字第(七二二三)号呈称,查铜元为旧有通用辅币之一种,依《修正辅币条例》第六条第一项规定,仅逾越收回期限后不准行使,并未明定为违禁物品,惟三十二年五月六日财政部命令海关总税务司署之渝钱币字第八三七二〇号代电,内有"除持有本部所发准运护照或持有中央银行所发证明书运送交兑者外,一律禁止私行携带,违者勿论数量多寡,应悉以违禁物品处理"等语。查财政部当时原仅为防止铜元流入敌寇,始发布此项命令。遇有此类事件,该管海关固可径依违禁物品处理,而今时异境迁,如有仅携带铜元而非出口之案件,经检察官单独声请没收铜元时,司法机关是否亦可依前述财政部之代电认为违禁物品裁定没收,于此有两说,甲说,可依前项代电引用《刑法》第三十八条第一项第一款裁定宣告没收。乙说,财政部命令仅为一

种行政处分,既未呈报国防最高委员会备案,《妨害国币惩治条例》第七条又未规定非私运出口之铜元亦须没收,法院即不得依前项代电认为违禁物品单独宣告没收,应将声请驳回。以上两说究竟孰是,无所适从,理合抄同原代电,备文呈请钧院鉴核,指令祇遵等情,计呈财政部代电抄本一件。据此,查旧有各种铜元,虽已由财政部取消其暂作辅币流通之资格,究不得视为违禁物,至财政部之命令,其性质明系行政处分,与《刑法》上之没收属于从刑范围者,迥然有别,自非司法机关所能适用,来呈应以乙说为是。惟事关法律疑义,未敢擅专,除指令另候饬遵外,理合检同财政部代电抄本一件,电请钧院迅赐解释示遵。首都高等法院院长赵琛戌支叩印计呈财政部代电抄本一件(略)

**院解字第三八七八号**

**三十七年三月十日**

西昌西康高等法院第二分院曾院长览,上年亥真代电悉。所请解释一案,业经本院统一解释法令会议议决,西昌警备司令部稽查处如设在西昌,自仅西昌选举区为该处处长之任所所在地,若该处处长在冕宁选举区当选为国民大会代表,则虽冕宁在该处管辖区之内,亦不在《国民大会代表选举罢免法》第八条限制之列(参照院解字第三五四九号解释)。合电知照。司法院寅蒸印

**附原代电**

南京司法院院长居钧鉴,有某子任职西昌警备司令部稽查处长,于该部之辖境冕宁选举区竞选国大代表,于选举后,候选人某丑以其违反国大代表选举罢免法第八条之规定,不得当选为国大代表,提起诉讼,于此有甲乙两说。甲说,谓该条所谓任所所在地,于本件应解为该警备部驻在之西昌地区,不能包括冕宁。乙说,则谓所职稽查处长既属现任官吏,已不待言,冕宁县区在其职权所及之辖境内,即属其任所所在地,当然不得当选,究以何说为是,关系法律疑义,祈速示覆,以资依照为盼。西昌西康高等法院第二分院院长曾毅夫叩亥真印

**院解字第三八七九号**

**三十七年三月十日**

上海高等法院杜首席检察官览,上年戌寝代电悉。上海地方法院首席检察官所请解释一案,业经本院统一解释法令会议议决,供买卖目标之银币扣押后,既经法院谕知无罪,自应将原物发还。合电转饬知照。司法院寅蒸印

**附原代电**

司法院院长居钧鉴,案据上海地方法院首席检察官黄亮本年十一月二十四日呈称,查银币应收归国有,禁止流通买卖,设有某甲因贩卖银币未遂,经法院以《妨害国币惩治条例》第四条第一项无处罚未遂犯之规定,而宣告无罪,则此项供买卖目标之银币,是否应向中央

银行兑换法币后，予以发还？案关扣押物之处分，因无先例，本处未便擅专，理合备文，仰祈鉴核转呈解释示遵等情。据此，事关法律疑义，理合电请鉴核示遵。上海高等法院首席检察官杜保祺叩戌寝文印

**院解字第三八八〇号**

**三十七年三月十日**

岳池县政府萧县长览，上年十二月二日秘字第二一零号呈悉。该县选举事务所所请解释一案，业经本院统一解释法令会议议决，依《省银行条例》第十一条规定，由董事会遴聘之总经理，并非现任官吏，省银行驻县办事处主任，如系为总经理所派用者，自亦非现任官吏，在所驻之县当选为国民大会代表，不在《国民大会代表选举罢免法》第八条限制之列。合电转行知照。司法院寅蒸印

**附原呈**

案准国民大会代表四川省岳池县选举事务所三十六年十一月二十九日岳选字第一八七号公函开，"案查本所前以省银行办事处主任就地竞选国大代表，是否应受《国民大会代表选举罢免法》第八条现任官吏之限制，呈请四川省选举事务所核示一案，嗣奉三十六年十月三十一日省选一字第八四九号代电内开，查省银行办事处主任系政府委任人员，依法应受限制等因，当经转知本县候选人现任四川省银行岳池办事处主任杨临泽去讫，准复函内称，省银行为公营之营利社团法人，除董监事及总副经理系财政部令派外，其余从业人员均系雇佣性质，其用舍迁调概以通知书行之，并无委派情事，依法决非委任职官吏，并缴验四川省银行人事室普人字第九五号通知等由，复经转请四川省选所核示去后，兹奉戌胥选二电开，戌真电悉，查杨临泽所任职务，如系政府任命，不得参加国大竞选，否则不受限制等因，查上项解释，对该杨临泽之竞选是否应受限制，仍不能决定，经于本月二十八日召集开票监察员及本所委员会议，决定再呈省选所解释，并由县选所函请县政府转呈司法院解释等语纪录在卷，除分呈外，相应函请贵府查照转请解释为荷"等由。准此，理合具文转呈钧院，俯予解释令遵。

**院解字第三八八一号**

**三十七年三月十日**

广东广州地方法院霍院长览，上年戌寝代电悉。所请核示一案，业经本院统一解释法令会议议决，司法机关对于违反印花税法之凭证使用人或所持人，依同法第二十七条后半段之规定，令其补贴印花税票，以该司法机关曾对该凭证之负责人处罚为条件，此就该条前半段所谓司法机关处罚后之文义与后半段之关系观之而自明。如该凭证之负责人未经司法机关处罚，仅令凭证使用人或所持人补贴印花税票，既无所谓司法机关处罚，自不归司法机关受理，应由税收机关自令补贴。至该凭证使用人或所持人不遵税收机关之命令补贴

时,该法既无得送司法机关执行之明文,其补贴命令自不能为强制执行法第四条第六款之执行名义。合电知照。司法院寅蒸印

**附原代电**

司法院院长钧鉴,窃查对于违反《印花税法》之凭证,司法机关于处罚后,其漏贴之印花,为节省程序起见,仍由司法机关责令补贴,业经《印花税法》第二十七条规定,并经司法行政部于民国二十六年二月二日以第六七九号训令通饬遵行有案,惟应负责贴印花税票之人不明时,依法无从处罚,应否仍由司法机关责令凭证使用人或持有人补贴,不无疑问。又查《印花税法》第二十七条后段,虽有载明负责贴印花税票人所在不明时应由凭证使用人或持有人补贴之规定,但使用人只负补贴责任,不负处罚责任,若仍由司法机关命令补贴,并无便利之可言,此种纯粹行政事件,似仍以税收机关自行办理较为合法,且该凭证使用人或持有人不遵令补贴时,并无得强制执行之规定,有此情形,可否依照强制执行法第四条第六款办理,事关适用法律发生疑义,理合电请察核示遵。广东广州地方法院院长霍维四叩戌(寝)文

**院解字第三八八二号**

**三十七年三月十日**

湖北汉口地方法院郑首席检察官览,上年八月八日总文字第一五四三号呈悉。业经本院统一解释法令会议议决,《法院组织法》第六十九条系专就审判长对于一般人之处分而为规定,故除律师或非律师为诉讼代理人或辩护人外,无论何人,果有妨害法庭执行职务或其他不当行为者,均应适用同法该条办理,惟仅以言语刺激法官,是否可认为妨害法庭执行职务,则系事实问题,不属解释范围,至同法第七十一条之规定,仅于律师或非律师在法庭代理诉讼或辩护案件而有不当之言语行动时,始有其适用。合电知照。司法院寅蒸印

**附原呈**

案据汉口律师公会三十六年八月六日会解字第一〇六号未鱼代电呈称,查在法庭以言语刺激法官者,是否为妨害法院执行职务之行为,又《法院组织法》六十九条与七十一条之适用有无区别,于适用法律颇生疑义,兹分甲乙两说,甲说,仅以言语相抵触,法官有禁止其发言权,不构成妨害法庭秩序罪,无论诉讼当事人或诉讼代理人与辩护人,皆不受该法六十九条与七十一条之拘束,如律师与非律师为诉讼代理人或辩护人,另有在法庭妨害其执行职务之行为者,应依七十一条办理,不适用六十九条之规定,倘进而更有妨害公务之行为,则应移送检察官侦查起诉。乙说,言语亦足影响法官之执行职务,该法六十九条为一般的规定,无论律师与非律师之为诉讼代理人或辩护人,应与当事者本人一体适用,苟于出庭时触犯该法条者,不必适用第七十一条之规定。两说究以何者为是,事关法律疑义,理合电请鉴核,俯准转呈司法院解释示遵等情到处。事关法律疑义,理合呈请钧院鉴核,指令祇遵。

**院解字第三八八三号**

**三十七年三月十三日**

国民大会代表立法院立法委员选举总事务所鉴，(37)丑支京代电悉。所请释示一案，兹经本院统一解释法令会议议决，办理选举机关之公务员，因执行职务，知有犯罪嫌疑者，自应送请检察官侦查。特电复请查照。司法院寅元印

**附原代电**

司法院公鉴，准浙江省选所(37)子感浙选(四九八七)代电开，"案据天台县政府民字第一一四二号代电内称，案奉钧所(36)戌俭浙选三一二五号代电内开，案奉行政院戌砉四内电开，据报天台国大代表候补候选人现任上海市警局秘书金瑞林，率武装沪警四十余人，赴县威吓选民，借端滋事等情，仰即查复等因，正办理间，复奉钧所(36)亥冬浙选三四一七号及(36)亥庚浙选三七二九号代电同前情各等因，附发原函及原抄件各一件，奉查本县大选时，据各方先后报告，国大代表候补候选人金瑞林，现任上海市警察局主任秘书，此次来台竞选，带同上海市武装警察三四十人，便衣武装随从数人，在县境内街头巷尾结队横行，大选时曾在白鹤嵩山等乡镇威吓选民，其干部利用地方上之流氓，在横西天宫嵩山岳前等乡镇以武力威胁捣乱，并抢劫祥明乡投票匭，烧毁欢溪乡乡长房屋等情事，奉电前因，理合检附原函及原抄件各一件，并将根据各方报告大概情形电复，祈请鉴核等情，据查本案前奉钧所电饬查报到所，当经转令天台郑县长查报在案，兹据前情，理合报请鉴核"等由到所，查此案前据该县国代候选人金璇呈诉到所，经转该省选所查明核办具报在卷，兹准前由，经查选举诉讼法有定期，此项情事，如选举人或候选人不为诉讼之提出，或提出已逾时效，则办理选举机关可否据人民之控诉，检证送请主管法院检察官侦查后，提起公诉，以资补救，而肃选政之处，相应转请查照，惠予释示为荷。选举总所(37)丑支京印

**院解字第三八八四号**

**三十七年三月十六日**

案准贵处本年二月十六日解交字第七十一号函，为接本会参政员伍纯武函，以关于《国民大会代表选举罢免法》第八条中任所问题，拟请转函解释等语，检同伍参政员说明书一件，希查照解释等由，附说明书一件。准此，兹经本院统一解释法令会议议决，县政府暂在邻近之市区内设署办公者，该县政府官吏之适用《国民大会代表选举罢免法》第八条，仍应以该县为其任所所在地之选举区。相应函复查照。此致国民参政会秘书处

**附原件**

径启者，顷接本会参政员伍纯武函，以关于国大代表选举罢免法第八条中任所问题，拟请转函请求解释等语，相应检同伍参政员说明书一件，随函送达，即希查照惠予解释为荷。

**附说明书**

查国大代表选举罢免法第八条有“现任官吏不得在其任所所在地之选举区当选为国民大会代表”之规定,惟现有县市经已分治,而县政府以房屋关系或其他原因,一时未能迁出市区,仍暂设于市区域内(即原来之县城经改划为市区者),如杭县县政府设于杭州市内,其他如昆明、长安、长沙、衡阳、成都、铜山等县政府,均暂设于其邻近之市区城内,则该县县政府之现任官吏(如杭县县政府之现任官吏),是否可在其职权直接管辖之县区(如杭县区域)内,当选为国大区域代表,论说纷纭,约有甲乙两说。甲说谓,国大代表区域选举,以县市或同等区域为单位,县市既经分治,而县政府仍设于市区内,则市区自为其任所所在地,该县政府之现任官吏当选国大区域代表,应以市区为其限制范围,虽于其自己职权直接管辖之县区内当选为国大代表,亦并非违法。乙说谓,任所一词似应配合职权行使环境而言,县政府之暂设于邻近市区者,对于市区实毫无职权可言,而其职权行使于县区,故其任所所在地应指为县区,该县政府之现任官吏当选国大区域代表,应以县选举区为其限制范围,按国大代表《选举法》第八条之立法原意,在避免现任官吏利用职权操纵选举图利自己,国大区域代表既系以县市或同等区域为选举单位,则县政府官吏对于其自己管辖且有直接职权之县区域内,尤不应当选为国大区域代表,否则即属违背该条条文之立法原意,再者如甲说之解释得以成立,则下届大选前夕,现任官吏势为竞选,纷纷借故将机关迁出其自管县区,而为其自管县区之国大代表候选人,不独便利运用职权操纵选举,且当选后亦可不辞职矣,如此将成何体统。且以后竞选者均将迁移机关为手段,而为原来应受限制之区域候选人,势无依法辞职之人,国大代表选举法第八条形同虚设矣。以上两说,究以何说为当,事关法律疑义,应请大院迅赐统一解释,俾有遵循,而杜弊端,毋任公祷。

**院解字第三八八五号**

**三十七年三月十六日**

案准贵部三十五年十月二十二日财地字第四零八九号公函,为准北平市政府先后咨电,以清室内务府拨给宗人府第一工厂产业应否补办留置手续等由,抄附原咨并检同原附买契执照白字,函请解释见复等由,附抄北平市政府咨暨检买契执照白字各一件。准此,兹经本院统一解释法令会议议决,来文所称前清内务府之房地,自属官产,虽经内务府拨给宗人府第一工厂,仍应补办留置手续。相应检同检附各件,函复查照转知。此致财政部

**附原公函**

案准北平市政府先后咨电,以清室内务府拨给宗人府第一工厂产业,已经领单税契,应否补办留置手续,及如何作价等由,并附该工厂买契暨注册执照并投契白字过部。查该项产业究竟应属官产抑为私人所有,及逊清废帝溥仪在未出宫前对该产有无处置权限,以事乏前例,本部亦无案可稽,相应抄附原咨一件,并检同原附买契执照白字,函请查照解释见复,俾凭办理,原附各件并请一并赐还为荷。

**附原咨**

案据本市私立育华中学校校长凌子平呈称，内四区黄城根二十号校址，原系宗人府附属第一工厂，向由本校租用，兹因该团体代表人载涛拟将此产售与本校，买卖该产是否合法，请予核示等情。查该产系前清皇室内务府三旗操场，其性质自应认为旗产范围，按之处理各项官产章程之规定，是否应饬补办留置手续，再行准予转移，经饬地政局就关系章则及载涛保管之该产契证件详切议复去后，兹据该局签称，遵查该产原系内务府三旗操场，后经内务府拨给宗人府第一工厂使用，该厂曾于民国十二年八月以白字在前市政公所领有凭单，并在左右翼税务公署税有契纸，三十四年七月二十八日又在前财政局办过土地注册，该厂原税契纸内载有宗人府印文一件，据该产权代表人载涛声称，该项印文已无着落，并称该产于内务府拨给时，并未缴过任何价款，原有房三十二间，后经第一工厂添盖灰瓦房三十七间等语。查前河北官产总处处理各项官产章程第三章，对于拨给旗产应否办理留置手续，并无明文规定，惟依情理而言，该产既非价购，且当初内务府拨给时，亦非拨给私人，则该产仍类似官产性质，似应先饬补办原有房地留置手续，再行移转，惟按前官产局北平市各项官房田地等估价准则评估，该产原有房地价应为七千三百二十二元，似嫌过低，如照现行评定产价核计，则为二百一十四万四千六百元，新旧相差悬殊，又根据事变前二十二年土地房屋评价核估，为一万二千二百九十五元，与现行评价相较，相差亦达一百七十倍，若将该产依官产旧章评估之七千三百二十二元，按一百七十四倍增加计算，则留置价额应为一百二十七万四千零二十八元，究应如何核定饬令留置之处，敬请核示等情据此，查该产既非价购，又非拨给私人，似应先饬补办留置手续，再行转移，惟查以往财政部所定官产价格，较之本市公产留置价格为低，若按本市现行评价核估，是否合法，尚无前例可资依据，且该产业已由宗人府于民国十二年在前市政公所及左右翼领单税契，并于三十四年七月间在财政局注册有案，若令其缴此巨款，是否允当，尚属疑问，究应如何办理，相应咨请大部督照核复，以便饬遵为荷。

**院解字第三八八六号**

**三十七年三月十六日**

辽宁高等法院魏院长览，该法院李前院长上年亥文代电所请解释一案，兹经本院统一解释法令会议议决，原代电所述情形，某甲放弃竞选之声明书既在选举完毕后始到达县选举事务所，其当选自不因之而无效。合电知照。司法院寅谏印

**附原代电**

南京司法院院长居钧鉴，兹有国大候选人某甲，于投票前声明放弃竞选权，因交通障碍，及声明到达县选举事务所时，业经选举完毕，某甲得票最多，已当选为国大代表，其当选能否认为无效，分甲乙两说。（甲说）谓某甲弃权之意思表示既未到达选举事务所，依《民法》第九十五条第一项前段之规定，其意思表示尚未发生效力，其当选当然认为有效，况某

甲所放弃者为竞选权,而非被选举权,既因得票最多而当选为国大代表,足证民意所归,自不能因放弃竞选而失效。(乙说)谓某甲既有放弃竞选权之意思表示,不能因到达之迟早而影响其意思表示,故其当选应认为无效。事关法律疑义,究以何说为是,未敢擅断,理合电请迅赐解释祇遵。辽宁高等法院院长李祖庆亥文叩沈阳地方法院院长岳成安代行

**院解字第三八八七号**

**三十七年三月十六日**

四川高等法院苏院长徐首席检察官均览,上年未梗会代电悉。宜宾地方法院院长首席检察官会呈所请核示一案,业经本院统一解释法令会议议决,《禁烟禁毒治罪条例》第八条第三项所称之勒令禁戒,系指依《刑法》第八十八条规定所施之禁戒处分而言,故未依该条规定所为之勒令禁戒,纵令断瘾,不得由检察官声请免其刑之执行,至禁戒处分未于刑之执行前为之,而与刑同时执行者,自得由检察官声请免其刑之执行。合电转饬知照。司法院寅铣印

**附原代电**

南京司法院院长居钧鉴,案据宜宾地方法院院长邹立勋首席检察官陈受益三十六年七月二十八日牍字第四八〇号呈称,查本院所属监所人犯拥挤,亟应设法疏通,经调查统计,全体人犯五百七十余名中,以犯吸食鸦片罪者为最多,依照《禁烟禁毒治罪条例》第八条第三项、《刑法》第八十八条第二、三两项及《刑事诉讼法》第四百八十五条之规定,凡经勒令禁戒断瘾,认为无执行刑之必要者,得由检察官声请法院裁定免其刑之执行,惟初犯吸食鸦片罪,大抵情节相同,兹为设法疏通及避免物议计,可否对于经勒令禁戒断瘾之人犯,一律认为无执行刑之必要,统由检察官声请法院裁定免其刑之执行,次查《刑法》第八十八条第二项规定,前项处分于刑之执行前为之,其期间为六个月以下云云,并无低度期间之限制,而宜宾县政府所设之调验所,对于吸食鸦片人犯之禁戒,仅以十日所限,期满即由医生填具证明书(证明业经勒令禁戒断瘾),连同人犯,送交本院处理,本院可否于判决确定后,不问其羁禁期间之久暂,即由检察官声请,经裁定免其刑之执行后,予以开释,又《刑法》第八十八条第三项规定,依禁戒处分之执行,法院认为无执行刑之必要者,得免其刑之执行,是法院认为无执行刑之必要者,须于刑之执行前,由检察官声请裁定免其刑之执行,其在执行中经调验所医生证明确已断瘾者,可否声请裁定免其刑之执行,理合备文呈请钧院鉴核令示祇遵等情。查吸用烟毒人犯,如系法院依《刑法》第八十八条所为之禁戒处分,经执行断瘾,检察官自得依同条第三项及《刑事诉讼法》第四百八十五条声请裁定免其刑之执行,如县政府于未送法院审判之前,先交调验所限期勒戒断瘾,然后移送法院审判科处罪刑,法院既于科刑之先已知其有勒戒断瘾事实,似不能依《刑法》第八十八条第三项免其刑之执行,至犯人于刑之执行中经调验所医生证明确已断瘾者,如系法院所为之禁戒处分,未于刑之执行前为之,与刑同时执行,依限戒绝,既系依法院所为禁戒处分之执行,自可依《刑法》第八十八

条第三项办理，若法院未为禁戒处分，于刑之执行中纵然施戒断瘾，核与《刑法》第八十八条第三项"依禁戒处分之执行"规定不合，似不能声请裁定减刑，惟查勒令禁戒属于行政处分，县政府及监狱所为之勒戒，如已收断瘾之效，为犯人利益计，可否从宽解释，事关法律疑义，理合电请钧院迅赐解释，电令祗遵。四川高等法院院长苏兆祥首席检察官徐尔僖叩牍未梗印

**院解字第三八八八号**

**三十七年三月十六日**

案准贵院上年七月二十四日（卅六）七法字第二九二一二号咨，以据苏浙皖区处理敌伪产业审议委员会呈请核示汉奸财产被判决没收确定后其在他人财产所取得之租赁权可否由政府扣押继承等情，抄送原呈及附件，咨请查核见复等由。准此，兹经本院统一解释法令会议议决，汉奸在他人财产上之租赁权，当然包括于《惩治汉奸条例》第八条所称财产之内，自可依法予以查封或没收。相应咨复查照饬知。此咨行政院

**附原咨**

据苏浙皖区处理敌伪产业审议委员会呈，为汉奸财产被判决没收确定后，其在他人财产所取得之租赁权，可否由政府扣押继承，谨请核示等情。案关法律适用疑义，相应钞送原呈及附件，咨请查核见复，俾便饬遵。计钞送原呈及附件各一份（略）

**院解字第三八八九号**

**三十七年三月十六日**

河南沈邱县司法处刘主任审判官览，三十五年十二月九日呈悉。所请解释一案，业经本院统一解释法令会议议决，（一）重婚非告诉乃论之罪，来文所述甲丙重婚后已逾《刑法》第八十条第一项第二款之期间，如另无因战事致侦查或起诉之程序不能开始或继续情事，则追诉权消灭。（二）原呈所述第二项情形，子固不得以发现《复员后办理民事诉讼补充条例》为理由，对于确定判决提起再审之诉，惟确定判决基于事实审言词辩论终结时之状态为之，其权利依当时之法律业已消灭，因而为确定判决所否定者，依其后使该权利溯及的复活之新法律，主张该权利于确定判决之效力并无抵触，上开补充条例系于三十四年十二月十八日公布，并明定自公布之日施行，依法律施行日期条例第一条之规定，子于同月二十七日向丑回赎典无物时，该补充条例在河南省尚未发生效力，如果确定判决之事实审言词辩论终结时，该补充条例尚未发生效力，而子确因战事不能遵守《民法》第九百二十三条第二项之期间者，子自得依该补充条例第七条再行回赎，并得于丑不放时另行起诉。（三）自诉人及被告均为当事人，与被告或自诉人之代理人情形不同，无准用《刑事诉讼法》第三十三条检阅或抄录卷宗证物之权。（四）《刑事诉讼法》第二百三十九条第一款所谓新证据，不包含新颁之法令在内，告诉乃论之罪，其告诉人于不起诉处分确定后，不得以发见复员后办理刑

事诉讼补充条例第七条之规定，以之为新证据，声请检察官再行起诉。(五)自诉案件犯罪是否成立或刑罚应否免除，以民事法律关系为断者，刑事庭固得依《刑事诉讼法》第三百二十五条，命自诉人提起民事诉讼，设自诉人不依民事起诉，仍依刑事诉讼追诉，法院复并就民事法律关系自行审理，未予停止刑事之审判程序，亦非法所不许，并不受裁定之拘束。(六)丙夫遗弃双目失明之妻丁，应成立《刑法》第二百九十四条第一项之遗弃罪。合电知照。司法院寅铣印

**附原呈**

窃职处现因执行职务发生疑问六点，兹特列举如下，(一)甲男与乙女结婚后，又于民国二十三年五月五日与丙女结婚，旋乙女双目失明，被甲男遗弃，因于民国三十四年五月五日向检察官告诉甲男丙女重婚，于此情形，追诉权之时效是否消灭，计有二说，(甲)说《刑法》上所谓追诉权者，系指检察官之起诉权，自诉人之自诉权，告诉或请求乃论之告诉权及请求权而言，并不包括告发及非告诉乃论之告诉在内，是以追诉权之是否消灭，不以乙女之告诉时是否逾越期限为准，应以检察官之起诉时是否逾越期限为断，按刑诉第二〇七条第一项之规定，检察官未据告诉告发自首或因其他情事知有犯罪嫌疑。侦查程序自无从开始，依《刑法》第八十三条第一项，追诉权之时效即应停止其进行，依同条第三项，停止期间不得逾原追诉期间四分之一，如以停止期间合并于追诉权之原定期间，则重婚罪追诉权之时效为十二年六个月，二十三年五月五日至三十四年五月五日仅十一年，追诉权并不消灭，检察官自应侦查起诉，(乙)说追诉权应包括告发及非告诉乃论之告诉，乙女告诉时既已逾越《刑法》第八十三条规定之期间，检察官应既认为追诉权之时效业已消灭，依刑诉法第二三一条第二款，为不起诉之处分。(二)子于民国二十五年五月一日将某市宅一处典与丑，约定三年期满，钱到回赎，该市于二十八年三月五日沦陷，至三十四年七月十五日始行克复，子于同年十二月二十七日向丑回赎被拒绝，遂依法起诉，法院以该典约期满后已经过二年，依《民法》第九百二十三条第二项之规定，驳斥其诉，判决确定后，子忽在友人丙家见有《复员后办理民事诉讼补充条例》一本，查阅第七条上半段载，《民法》或其他法律所定行使权利之期间，因战事不能遵守者，于本条例施行后二年内，仍得行使其权利等语，按照特别法优于普通法之原则，其效力自当优于《民法》，子遂认为原判决系属违背法令，即以发见新证据为理由，依民诉第四九二条第一项第十一款，提起再审之诉，于此情形，能否认为发见新证据，合于再审之条件，计有二说，(甲)说，依《复员后办理民事诉讼补充条例》，既足证明回赎权之时效尚未消灭，自当认为发见新证据，准予提起再审之诉。(乙)说，依上开场合，只能认为审判违背法令，不得谓为发见新证据，查判决确定经发见违背法令者，刑诉法虽有得提起非常上诉之规定，民诉法无之，自不得比附援引，提起再审之诉，以资救济，且亦无其他救济办法。(三)甲自诉乙公然侮辱后，旋甲乙均声请检阅并抄录卷宗，应否准许，计有二说。(甲)说，依刑诉法之规定，只有辩护人及代理人可以检阅抄录卷宗，并无自诉人或被告得检阅抄录之明文，甲乙均当然不得检阅抄录之。(乙)说，代理人系代理自诉人或被告本人而

为诉讼行为，刑诉法既规定代理人得检阅抄录卷宗，自无不准许自诉人或被告本人检阅抄录之理，甲乙均当然可以检阅抄录之。（四）子县某甲于民国二十六年二月一日和奸同村乙之妻丙，乙于同年十二月一日知悉之，二十七年一月三日子县沦陷，三十四年十二月一日克复，乙于翌年二月一日以甲丙通奸提起告诉，检察官依刑诉法第二百三十一条第五款之规定，予以不起诉处分，乙于法定期内声请再议，复被驳斥，嗣见市售有复员后办理刑事诉讼补充条例一书，查阅第七条载，告诉乃论之罪，因战事不能于告诉期间内告诉者，于本条例施行后六个月内，仍得告诉等语，认为原处分违背法令，既以发见新证据为理由，依刑诉第二三九条第一款，声请检察官予以起诉，于此场合，能否认为发见新证据，合于再行起诉之条件，计有二说。（甲）说，按《复员后办理刑事诉讼补充条例》既足证明并未逾越告诉期间，自可认为发见新证据，准予再行起诉。（乙）说，依上开场合，只能认为原处分违背法令，不得谓为发见新证据，查违背法令之判决确定后，虽有非常上诉之规定，而不起诉处分则无之，自不得比附援引，再行起诉，亦并无其他救济办法。（五）甲自诉乙妨害权利，法院以本件犯罪之是否成立，应以民事法律关系为断，当依刑诉第三二五条停止审判，命甲提起民事诉讼，并经裁定送达确定，甲不依民事起诉，仍就妨害权利部分诉追，法院复不传讯审理，于此情形，法院是否违犯《刑法》第一二八条之规定，计有二说。（甲）说，裁判确定后，非有法律之根据，绝对不得变更，民刑诉法上关于已确定之判决，虽均有再审之规定，而关于已确定之裁定，民诉法第五零三条虽亦有再审之规定，但刑诉法上除关于未确定前设有救济办法外，关于已确定者，从无任意推翻之先例，甲于裁定确定后复行妄控，法院明知业已停止审判而又受理之，当然违犯《刑法》第一二八条之规定。（乙）说，查犯罪之是否成立，以民事法律关系为断者：法院固得依刑诉第三二五条停止审判，但裁判停止确定后，民事未解决前，并无禁止再行受理之明文，当然可以再行传讯审理，自无违法可言。（六）丙夫遗弃双目失明之妻丁，丁母戊家境充裕，丁因就食母家，现丁告诉丙遗弃，于此场合，丙是否违犯《刑法》第二百九十四条第一项之规定，计有二说。（甲）说，查《刑法》第二百九十四条第一项之罪之成立，以遗弃依法令或契约应扶助养育或保护之人为要件，查《民法》第一千一百一十四条各款之规定，并无夫妻互助扶养义务之明文，即认为丙丁系家长家属关系，彼此应互负扶养之义务，但依《民法》第一千一百一十五条之顺序，家长列为第三位，非第一第二顺序负扶养义务之人无经济能力外，丙即不负扶养义务，戊既有扶养能力，则丙只能谓为违犯《刑法》第二百九十三条之规定，并不能成立第二百九十四条第一项之罪。（乙）说，依《民法》法定财产制之规定，夫妻间当然互负扶养义务，且其顺序应在《民法》第一千一百一十五条第一款顺序人之前，丙男当然违犯《刑法》第二百九十四条第一项之规定。以上六点，案关法律疑义，理合备文呈请鉴核，迅予解释指令祇遵，实为公便。

**院解字第三八九〇号**

**三十七年三月二十三日**

案准贵院上年十一月一日(卅六)七法字第四四七一四号公函,以苏浙皖区处理敌伪产业审议委员会呈请核示汉奸张一鹏在民丰纱厂股权经查于胜利前移转应否仍予扣押疑义,抄附原呈,请查核见复等由。准此,兹经本院统一解释法令会议议决,汉奸虽于胜利前死亡,但其所遗财产仍不因继承开始而妨害查封或没收(参照院解字第三七二二号解释)。相应函复查照饬知。此致行政院

**附原公函**

苏浙皖区处理敌伪产业审议委员会呈,为汉奸张一鹏在民丰纱厂股权,经查于胜利前移转,应否仍予扣押,呈请核示等情。案关法律适用疑义,相应抄附原呈,函请查核见复为荷。

**附原抄呈**

案据密告略以汉奸张一鹏在民丰纱厂投资甚多请予查扣等情前来,经通知该厂扣押去后,据该厂申复,略以该厂旧股东中有张云记一户,代表人为张云搏(即张一鹏),计股份一七六。股共计票面三五、〇〇〇元,查该代表人业于三十三年七月逝世,嗣于同年九月将该户股权分过于张伟如等七户,并开具清单呈请鉴核等情,查张伟如等系张逆之家属,但该项逆股转移早在胜利之前,可否仍予扣押之处,理合检同该项股份清单一份,呈请鉴核示遵。

**院解字第三八九一号**

**三十七年三月二十三日**

国防部白部长鉴,上年戍巧吕丸代电悉。所请释示一案,兹经本院统一解释法令会议议决,原属军人复任伪军职,其任伪职期内触犯其他法律上之罪,如与汉奸罪有《刑法》第五十五条之关系,应由军法机关并予审判。特电复请查照。司法院寅梗印

**附原代电**

司法院居院长觉生先生赐鉴,查某甲原属军人,后任伪军职,在其任伪职期内,触犯其他法律(如贪污杀人)之罪,是否受军法审判,颇滋疑义,谨电请察照迅赐释示为祷。白崇禧戍巧吕丸印

**院解字第三八九二号**

**三十七年三月二十三日**

**令河北高等法院院长邓哲熙**

三十六年十二月四日呈一件,为据北平地方法院代电,请转呈解释《禁烟禁毒治罪条例》第八条第三项适用疑义,呈请解释示遵由。

呈悉,业经本院统一解释法令会议议决,《禁烟禁毒治罪条例》第八条第三项所称之复行施打或吸用,不以成瘾为限,来文所述施戒期限届满,如合于该条项所定经勒令禁戒断瘾后之条件,则其复行吸食鸦片,纵调验无瘾,仍应依该条项处罚,并应注意院解字第三六五〇号、第三六五一号解释。仰即转饬知照。此令

**附原呈**

案据北平地方法院院长吴昱恒代电称,查收复地区肃清烟毒办法第十三条规定,"施戒期间届满后,经检举调验尚未戒除瘾毒者,比照《禁烟禁毒治罪条例》第八条第三项所定之刑处罚",惟于施戒期限届满后,经检举仍吸食鸦片,而调验并无瘾毒者,是否应依《禁烟禁毒治罪条例》第八条第二项处罚,抑应依同条例第三项处罚,不无疑义,事关适用法律问题,理合电请转呈解释等情。据此,理合具文呈请钧院俯赐解释示遵。

**院解字第三八九三号**

**三十七年三月二十三日**

四川高等法院苏院长览,上年丑迥代电悉。所请解释一案,业经本院统一解释法令会议议决,来文所举杀人罪之例,应就死刑减为十五年有期徒刑,无期徒刑减为十年有期徒刑,十年以上有期徒刑减为五年以上七年六月以下有期徒刑,由法院于此范围内予以裁量。合电知照。司法院寅梗即

**附原代电**

南京司法院院长居钧鉴,兹对罪犯赦免减刑案丙项减刑问题发生疑义,分为两说,(甲)说死刑减为有期徒刑十五年,无期徒刑减为有期徒刑十年,有期徒刑减其刑期二分之一,如《刑法》第二百七十一条杀人罪规定系处死刑无期徒刑或十年以上有期徒刑,应将最高度之死刑减为十五年,最低度之十年以上有期徒刑减为五年以上,即应在十五年以下五年以上之范围内,由法院于裁判时酌量科处,不受限制。(乙)说死刑既减为十五年,无期徒刑减为十年,有期徒刑十年以上减为五年以上,系属硬性规定,裁判时只能科处十五年或十年或五年至七年六月之刑,不能有酌量伸缩余地。以上两说,究以何说为是,乞迅赐解释令遵。四川高等法院院长苏兆祥叩丑迥印

**院解字第三八九四号**

**三十七年三月二十三日**

江西高等法院第二分院贺院长览,上年亥有代电悉。所请解释一案,业经本院统一解释法令会议议决,原代电第一点所举事实尚欠明了,是否选举无效之原因,无从解答,第二第三两点所述情形,其办理选举均属违背法律,自系选举无效之原因。合电知照,司法院寅梗印

**附原代电**

南京司法院院长居钧鉴,兹有国大代表选举诉讼有关法律疑义数点,(一)送交选所之票匦不遵法定集中及开票各日期,无正当理由而迟延三日,于开票完毕后始行送县,甲说票匦上封条如为完整,即属有效,乙说封条纵属完整,然无正常理由而迟延数日,即可随时开视票匦内结果,将选票抽出或加入或更换封条,既有舞弊嫌疑,复违法定日期,自属无效。(二)某乡选票所投之总数多于所领之总数,而邻乡选票数额均属相符,并无误投该乡票匦情事,甲说匦内选票如式样相符,应为有效,乙说邻乡选票既无误投该乡票匦情事,则该乡所投之票数多于所领之票数,显系舞弊而来,应为无效。(三)某乡全乡选票由数人代书代捺指印,选民均未到场,甲说全乡选票由数人代书代捺指印,如为选民所默认,应为有效,乙说选民既不到场,又未委托全权代理,则少数人代书全乡选票,已属违法,代捺指印更系伪造,应为无效。上述各点,究以何说为是,本院现受理此类案件数起,急待解决,谨电请迅赐解释示遵。江西高等法院第二分院院长贺飏武卯亥有

**院解字第三八九五号**

**三十七年三月二十三日**

陕西高等法院朱首席检察官览,上年戌东代电悉。该法院第一分院首席检察官转请核示一案,业经本院统一解释法令会议议决,《惩治贪污条例》第七条第二项之追征价额或以财产抵偿,原为财物无法追缴时之替代方法,判决主文虽仅载明追缴,但如有无法追缴之情形,自可依执行时之财物价额径予追征或以其财产抵偿,毋须声请法院裁定。合电转饬知照。司法院寅梗印

**附原代电**

司法院院长居钧鉴,案据本院第一分院首席检察官任玉田本年十月二十四日仁呈字第二号呈称,本年十月十八日案据陕西褒城地方法院检察处呈称,案查前奉钧处本年六月二十六日仁字第一一五号训令饬执行张汉臣贪污一案罪刑等因,遵经依法办理送监执行在案,惟查本案覆判审判决主文载有国防木料三十根追缴之等语,经查是项木料系为被告侵卖,现在已无法追缴,如何执行,颇滋疑义。(甲)说谓《惩治贪污条例》第七条第一项应追缴之财物,如属无法追缴,勿论原判决曾否载明追征或以其财产抵偿,执行时检察官亦可径依同条例同条第二项规定追征其价额或以其财产抵偿,以资贯彻执行。(乙)说谓执行应以判决主文为根据,如判决仅只载明追缴,并未及于追征其价额或以其财产抵偿,检察官即属无权执行,如无法追缴,即根本不予执行。按上列两说,前者偏重事实,后者着重法令,为兼顾计,本案可否由指挥执行检察官叙明不能追缴之情形,声请法院另以裁定准予追征其价额或以其财产抵偿,俾利执行,又追征价额,现在物价波动,日有不同,究以何时价额为准(犯罪时抑执行追缴时),法律亦无明文,理合具文并请鉴核指令祇遵谨呈等情。据此,查事关法律疑义,本处未敢擅断,究应如何办理之处,理合据情转请鉴核指示,以便饬遵等情。据

此，查执行应以主文为限，如判决主文未载明追征其价额或以其财产抵偿时，似应由检察官声请裁定为是，至于价额以何时为准，依《惩治贪污条例》第七条第二项之意义，原以公有财物无法追缴时始追征其价额或以其财产抵偿其价额，似应以执行追征时原财物之现在价额为准，方不至使公有财物亏损，是否有当，未敢擅专，理合电请核示饬遵。陕西高等法院首席检察官朱观检察官花荫代行戌东明叩印

**院解字第三八九六号**

**三十七年三月二十三日**

陕西高等法院朱首席检察官览，上年戌艳代电悉。所请解释一案，业经本院统一解释法令会议议决，高等法院检察官对于县司法处之特种刑事判决，不得声请覆判，告诉人对于该项判决得声请覆判，正式法院之特种刑事判决无声请覆判之权。合电知照。司法院寅梗印

**附原代电**

司法院院长居钧鉴，查县司法处特种刑事案件之覆判程序，除宣告死刑或无期徒刑者外，须依特种刑事诉讼条例第十条，得由有上诉权之人或有申诉不服权之人之合法声请，方准覆判，所谓有上诉权之人，除被告自诉人及兼检察职务之县长外，该管第二审法院检察官是否亦有上诉权，其说不一，如认为无上诉权，则亦无声请覆判之权，但按《县司法处办理诉讼案件补充条例》第十八条第二项规定，告诉人对于县司法处之刑事判决，得向第二审法院检察官申诉不服，请求提起上诉，是该第二审法院检察官亦应认为有上诉权，惟系非依《刑事诉讼法》上有上诉权之人，究竟第二审法院检察官对于县司法处之特种刑事判决，是否得依《特种刑事诉讼条例》第十条规定有权声请覆判，又所谓有申诉不服权之告诉人，对于正式法院之特种刑事判决有无声请覆判之权，均不无疑义，理合电请解释示遵。陕西高等法院首席检察官朱观检察官花荫代行戌艳印

**院解字第三八九七号**

**三十七年三月二十三日**

湖南省政府王主席览，三十五年秘法铭巳感代电悉。所请解释一案，业经本院统一解释法令会议议决。(一)在非常时期工商业及团体管制办法施行期内，有该办法第七条所定应处罚锾之行为者，于该办法失效后，除另有替代该办法之管制法令，对于该项行为仍继续处罚外，不得再依该办法处罚。(二)原处分官署某市政府，于诉愿未决定前，将原处分之标的物变卖，或为其他措置，嗣原处分经诉愿官署决定撤销者，如其办理人员成立《民法》第一百八十六条之侵权行为，自应负损害赔偿责任。合电知照。司法院寅梗印

**附湖南省政府原代电**

南京司法院院长居：一、查原处分官署依法令作成之处分，在诉愿有效期间内，原法令

经公布机关明令废止或停止施行,至决定时是否应依从新兼从轻之法理将原处分撤销,或仍维持处分?二、查诉愿未决定前,原处分不失其效力。如在奉到停止执行之命令前,原处分之标的物业经依法变卖或为其他措置,于决定撤销原处分后,应如何回复原状,案悬待决,祈电示覆。湖南省政府主席王东原秘法铭巳感印

**院解字第三八九八号**

**三十七年三月二十五日**

陕西高等法院第一分院,上年亥有代电悉。所请解释一案,业经本院统一解释法令会议议决,(一)《国民大会代表选举罢免法》第三十四条第一款所谓办理选举违背法律,不以违背本法之规定为限,来电第一点所述情形,亦属办理选举违背法律。(二)同条第二款之规定,系指就选举人名册有舞弊情事者而言,来电第二点所述情形,不在同条款规定之列。(三)来电第三点所述情形,并非同法第三十六条所谓当选票数不实。(四)同法第三十八条之诉讼,原告胜诉者,即生同法第三十四条第一款第二款之结果,提起此种诉讼,自应于同法第三十八条所定之期间内为之。(五)同法第三十八条所定之起诉期间,自最后投票日期之翌日起算。(六)来电第六点所述情形,某一乡镇选举人名册虽因舞弊涉及该乡镇名册选举人达十分之一以上,而未达该县名册选举人十分之一以上者,尚难谓已与同法第三十四条第二款相当。(七)原告提起同法第三十八条所定之诉讼有理由时,自应宣告选举无效。(八)原告提起当选无效之诉讼,未以当选人资格不符或所得票数不实为理由者,既无从为宣告当选无效之判决,即不能不将原告之诉驳回。(九)来电第九点所述情形,原告如系选举人或候选人,虽未自受威胁利诱,亦不得谓原告之适格有欠缺。合电知照。司法院寅有印

**附原代电**

南京司法院钧鉴,查《国民大会代表选举罢免法》第三十四条第一款所谓办理选举违背法律,是否专指办理选举违背《国民大会代表选举罢免法》之规定而言,若违背其他法律,如办理选举人或其他选举人候选人有威胁利诱诈欺情事,致选举人为不正确不自由之投票时,是否亦包括在办理选举违背法律之内,此发生疑义者一。又同条第二款所谓选举人名册因舞弊涉及该册选举人达十分一以上,是否专指选举人名册上记载之舞弊,如名册上记载并无舞弊,而选举人之选票因威胁利诱诈欺达选举人名册十分一以上时,是否为选举人名册因舞弊涉及该册选举人达十分一以上,此发生疑义者二。又同法第三十六条所谓当选票数不实,是否专指故为不实之计算者而言,如计算并无不实,仅其计算所得之票数含有因威胁利诱诈欺之票数在内,是否为当选票数不实,此发生疑义者三。又提起同法第三十四条第一二两款之诉,是否应遵守同法第三十八条所定十日之期限,此发生疑义者四。又同法第三十八条所谓得自选举日期起十日内提起诉讼,究指选举之始日抑指选举之末日或选举人实施选举之日而言,此发生疑义者五。又如某县为便利办理选举事务起见,按其县属

乡镇数目分为若干选举区,如某一乡镇选举人名册因舞弊涉及该册选举人十分一以上,是否即认该县选举无效,抑仅该乡镇选举无效,此发生疑义者六。又,选举人或候选人依同法第三十八条提起确认办理选举人员或其他选举人候选人有威胁利诱或其他舞弊情事之诉,法院如认其主张之威胁利诱舞弊情事存在时,其判决主文是否即宣示"确认某某对某某之选举有威胁利诱或舞弊情事",抑应为"办理选举违背法律或迳为选举无效"之宣示,此发生疑义者七。又如原告起诉其声明请求确认某人当选无效,其真意亦系求为确认某人当选无效之判决,但未以资格不符或所得票数不实为理由,而仅以选举有威胁利诱舞弊为主张,法院是否毋庸调查威胁利诱舞弊情事,迳以原告之诉无理由而为驳回之判决,此发生疑义者八。又如原告提起确认办理选举人员或其他选举人候选人有威胁利诱或舞弊情事之诉,仅主张第三人或不特定人有受威胁利诱之情事(原告并无被威胁利诱)时,原告是否有当事人之适格,此发生疑义者九。以上各点,究应如何办理,请电示。陕西高等法院第一分院叩亥有

**院解字第三八九九号**

**三十七年三月二十六日**

案准贵院三十五年十一月十六日节京捌字第一九六零四号咨,以据司法行政部呈,转请解释交还佃权执行疑义,咨请解释见复等由。准此,兹经本院统一解释法令会议议决,来文所述情形,确定判决既仅命乙将田交还甲,依《民事诉讼法》第四百条之规定,该判决之效力又不及于丙,则甲声请对丙为强制执行,自属不应准许。相应咨复查照饬知。此咨行政院

**附原咨**

据司法行政部本年十一月二日京呈叁字第九四七号呈称,案据广东高等法院本年九月二十八日文乙字第二三八六号呈称,据新兴地方法院本年八月二十八日呈称,查有甲将佃权质与乙,经甲交还质款,但乙并未将田交还,而将该田佃权转卖与丙,甲对乙提起交田之诉,第一审以未列丙为被告将其诉驳回,第二审改判仍命乙交田与甲,确定后,甲以田在丙手,对乙无从执行,请求径对丙执行,应否予以许可,不无疑问,有主张可以执行者,谓物权为对世权,有追及力,该田佃权既属甲所有,乙将之卖与丙,系无权处分,执行法院自可强制执行,将该田点交与甲,如丙认为有佃权,只可对之提起执行异议之诉,有主张不能执行者,谓该田佃权既在丙手而不在乙手,原确定判决只命乙交田,系属给付不能,丙非确定判决所例之当事人,自不能对之执行,故本件须甲对丙另提起给付之诉判决确定后,始能予以执行云云,二说未知以何者为当,若依第二说,则对乙无法执行,原确定即等于零,职院现有类此执行事件,亟待解决,理合备文呈请核示祇遵等情。据此,事关适用法律疑义,理合备文呈请钧部鉴核示遵等情到部。事关法律适用疑义,理合呈请钧院鉴核转送司法院解释,俾便饬遵等情。据此,案关适用法律疑义,相应咨请查照解释见复,以便饬遵为荷。

院解字第三九〇〇号

三十七年三月二十六日

案准贵院本年二月六日(卅七)七法字第六二一三号咨,以据司法行政部呈,转请解释《国民大会代表选举罢免法》适用疑义,咨请解释见复等由。准此,兹经本院统一解释法令会议议决,《国民大会代表选举罢免法》第三十八条之诉讼应以何人为被告,已见院解字第三七一四号解释,如同法第十八条第二项所定为当然委员兼主席之县市长业已卸职,则现任县市长在法律上当然接充此项职务,自应以之为被告。相应咨复查照饬知。此咨行政院

附原咨

据司法行政部三十七年一月三十一日京(37)呈叁字第二一一一号呈称,据广东高等法院三十六年十二月二十二日文乙字第三四三七号呈称,现据本院第六分院本年十二月十二日文字第三七〇一号代电开,查《国民大会代表选举罢免法》第三十八条规定,提起选举无效或舞弊之诉,应以办理选举人员为被告,所谓办理选举人员,依国民大会代表各县市或其同等区域选举事务所组织规程第二条规定,系以各县市或其同等区域之行政长官为当然委员兼主席,其委员由选举总事务所派充之,如各县市选举人提起确认选举无效或舞弊之诉时,是否单纯以该县市长即当然委员兼主席为被告,抑以该县市长及其余委员一同为被告,又《国民大会代表选举罢免法》第四条所设之总干事干事助理干事事务员及该法施行法第二十二条之投票管理员投票监察员开票管理员开票监察员,是否为《国民大会代表选举罢免法》第三十八条规定之办理选举人员,再办理选举事务之县市长于办理选举事务后如已卸职,而新上县市长又非经办选举事务之人员,究应以旧任县长或新任县长为被告,以上各点均不无疑义,事关选举诉讼,急待解决,恳请迅赐示遵等情。据此,查所请示各节均不无疑义,理合备文转呈钧部鉴核迅赐示遵等情到部。事关法律适用疑义,理合呈请钧院鉴核转送司法院解释,俾便饬遵等情到院。案关法律适用疑义,相应咨请查照解释见复为荷。

院解字第三九〇一号

三十七年三月二十六日

案准贵院上年四月二十八日从捌字第一六一零八号咨,以据司法行政部呈,转请解释将鸦片种子煎水冲服是否构成制造及吸食鸦片之罪疑义,咨请解释见复等由。准此,兹经本院统一解释法令会议议决,鸦片种子并不含有毒质,其煎水冲服,不构成制造及吸食鸦片之罪。相应咨复查照饬知。此咨行政院

附原咨

据司法行政部本年四月二十一日京(36)呈(叁)字第六一五号呈称,案据福建高等法院本年三月文字第十五号呈称,案据金门县司法处审判官谢心铭雨丑微金字第六四号代电称,查司法院院字第二三三五号解释,《禁烟禁毒治罪暂行条例》第二条所谓制造鸦片,凡加

工于含有鸦片物质之行为皆是，兹有某甲将鸦片种子煎水冲服，其行为是否合于制造鸦片，又该项鸦片水，据称系治胃病，为期已有五六年，是否构成吸食鸦片罪，理合谨电察核俯赐转请司法院解释指遵等情。据此，事关法令疑义，理合备文呈请察核释遵等情到部。事关法律适用疑义，理合呈请鉴核转送司法院解释，俾便饬遵等情。据此，案关适用法律疑义，相应咨请查照解释见复，以便饬遵为荷。

**院解字第三九〇二号**

**三十七年三月二十六日**

广西高等法院申院长览，上年戌支代电悉。所请解释一案，业经本院统一解释法令会议议决，《自卫枪枝管理条例》第十二条第一项第二款所称未经核准给照及超额之自卫枪弹，系指不合于《刑法》第一百八十六条及第一百八十七条构成犯罪要件者而言，若其行为应构成上开犯罪，则其枪弹等自应依《刑法》第三十八条第一项第一款宣告没收。合电知照。司法院寅宥印

**附原代电**

南京司法院院长居钧鉴，窃查《自卫枪枝管理条例》业于三十五年九月一日施行，该条例第十二条第一项第二款略载，未经核准给照及超额之自卫枪弹，应报由主管军事机关给价收归国有，其第二项载，前项枪炮弹药（包括第一、第二两款）省或院辖市政府得呈准收购，以为充实所属警察及保安部队之用，其办法由内政部会同主管军事机关定之各等语，准此规定，则凡触犯《刑法》第一百八十六条未受允准且无正当理由而持有之军用枪炮子弹，究应仍援《刑法》第三十八条第一项第一款宣告没收，抑因该条例公布施行在后，依特别法优于普通法之法例，应由主管军事机关给价收归国有，或由省或院辖市政府呈准收购，不适用《刑法》上没收之规定，事关适用法律疑义，职院有此等案件亟待解决，理合电请察核俯赐解释示遵。署广西高等法院院长申守真戌支刑天印

**院解字第三九〇三号**

**三十七年三月二十六日**

山东高等法院胡院长览，上年申宥代电悉。所请解释一案，业经本院统一解释法令会议议决，收复区高等法院或其分院开始办公前军政机关查封移交法院之汉奸财产，在判决未确定前，第三人如以查封物系其所有，声请启封发还，应视其起诉与否，由接收之法院或检察官依法办理。合电知照。司法院寅宥印

**附原代电**

司法院院长居钧鉴，查收复区高等法院或其分院开始办公前军政机关查封移交法院之汉奸财产，在判决未确定前，第三人如以查封物系其所有声请启封发还事件，究应归何机关受理，主张不一，甲说谓依执行没收汉奸财产应注意事项第三条规定之法意，应向当日执行

查封人员所属之机关请求,或于其批驳之后另谋依法解决,司法机关受理此项声请后,除予移转办理外,对于其他机关所为扣押处分应否撤销无权过问,不得加以审认,乙说谓汉奸案件查封之财产,即为对于将来判决没收之扣押物,收复区高等法院或其分院开始办公后,军政机关既将有关汉奸之行为财产及其他调查资料依《处理汉奸案件条例》第七条规定移送检察官侦查,第三人如以扣押物系其所有声请启封发还,依执行没收汉奸财产应注意事项第三条规定之法意,应向所属高等法院或其分院检察官为之,检察官如认其所提出之证据不充分,得以原检察官为被告,向地方法院起诉,以资解决,以上两说究以何说为是,再解释结果如以甲说为是,倘原查封之军政机关业经结束,应由何机关受理,事关法律疑义,谨电请解释示遵。山东高等法院院长胡绩叩申宥叩

**院解字第三九〇四号**

**三十七年三月二十六日**

湖南高等法院第五分院夏院长览,子真代电悉。所请解释一案,业经本院统一解释法令会议议决,来电所称之甲县救济院育幼所所长,如系现任官吏,参照院解字第三八八四号解释,不得在甲县当选为国民大会代表。合电知照。司法院寅宥印

**附原代电**

特急,南京司法院院长居钧鉴,查本院受理选举诉讼案件发生疑义,如甲县救济院育幼所设立乙市,该所所长可否于甲县区内竞选国大代表,其说有二,子说甲县救济院育幼所设于乙市,该机关主管如竞选国代,即以乙市选举区为其限制范围,若于非其任所所在地之甲县选举区内参加竞选,应不受限制,此说似与院解字第三五四九号解释前段相符,惟不能完全吻合,子说甲县救济院育幼所设立乙市,其机关主管竞选国代,应以甲县为其限制范围,果如子说,则例如甲县县政府设乙市,该甲县县长亦可于甲县区域内竞选,核与《国民大会代表选举罢免法》第八条立法意旨不无相背,究以何说为是,以情形迫切,亟待明了,理合迳行电请钧院迅赐解释,以利诉讼进行。代理湖南高等法院衡阳分院院长夏家琨子真印

**院解字第三九〇五号**

**三十七年三月二十七日**

案准贵院上年十一月十日(卅六)四内字第四六二九七号咨,以据内政部呈请核示省参议员竞选监察委员其本人是否得为联署人疑义,抄同原呈,咨请解释见复等由,附抄原呈一件。准此,兹经本院统一解释法令会议议决,省参议员为监察委员之选举人时,于提出自己为候选人之连署,不得为之。相应咨复查照饬知。此咨行政院

**附原咨**

据内政部呈请核示省参议员竞选监察委员其本人是否得为连署人等情到院,事关法律疑义,相应抄同原呈,咨请查照解释见复为荷。

附抄送原呈一件(略)

院解字第三九〇六号

三十七年三月三十日

案准贵院上年十二月三十一日(三十六)四内字第五五一五五号公函,以据内政部呈,为立法委员可否兼任其他民意机关代表及国民大会代表可否兼任官吏请核示等情,函请解释见复等由。准此,兹经本院统一解释法令会议议决,人民选举之立法委员,除将来有限制之法律外,得兼任其他民意机关代表,又国民大会代表非不可兼任官吏。相应函复查照饬知。此致行政院

附原公函

据内政部呈,为立法委员可否兼任其他民意机关代表,以及国民大会代表可否兼任官吏,如不能兼任,究应于何时及由何项机关通知其择一辞职,请核示等情,相应函请查照解释见复为荷。

院解字第三九〇七号

三十七年三月三十日

案准贵院本年二月五日(卅七)四内字第六一一四号公函,以据内政部呈请核示监察委员当选资格不符原具控人未于法定期间提起诉讼究应如何办理一案,抄同原呈,函请查核释复等由,附抄内政部原呈一件。准此,兹经本院统一解释法令会议议决,年龄不满三十五岁之人被提名为监察委员之候选人而当选者,自属《监察院监察委员选举罢免法》施行条例第十九条第一项所谓选举违背法律,选举人或候选人于同条例第二十条第一项所定期间内提起选举诉讼者,关于该候选人部分之选举,法院固应宣告无效,若于此项期间内未提起选举诉讼,则其选举仍属有效,相应函复查照饬知。此致行政院

附原公函

据内政部呈,以据控热河省监委当选人王澍霖当选资格不符,而原具控人未于法定期间提起诉讼,无从依法定程序确定其选举违法,该当选人资格不合又确系事实,究应如何办理,请示到院。查此类事项之处理办法,既无明文规定,又无先例可循,相应抄同该部原呈,函请查核释复为荷。

附原抄件

据中国民主社会党热河省党务筹委会呈,以据热河省临时参议会遴选参议员李溪荪袁树筠等面称,该省监察委员当选人王澍霖之候选提名,未经于选举前三日公告,与《监察院监察委员选举罢免法》施行条例第十一条之规定未合,且其年龄未满三十五岁,亦与《监察院监察委员选举罢免法》第六条之规定未合,请撤销其当选资格等情。查王澍霖之候选提名,是否曾于选举前三日公告,本部无案可稽,至所云王澍霖之年龄未满三十五岁,不合于

《监察院监察委员选举罢免法》第六条所定之被选人年龄一节,就部存三十六年热河省临时参议会参议员略历一览表加以查核,系属实在,惟关于选举违背法律之案件,按原法施行条例第十九条及第二十条之规定,应由候选人或选举人于选举日或当选人公告后五日内向法院提起选举诉讼,俟判决确定后,再由选举监督依法核定应否重选,复查热河省临时参议会系于三十六年十二月三十一日选举监察委员,其当选人公告日期系三十七年一月一日,该李溪荪等既未于法定期限内提起选举诉讼,自无从依照法定程序由法院判决确定其选举违背法律,然该当选人资格不合确系事实,究应如何办理,原法及其施行条例既无明文规定,又无先例可循,拟请钧院转咨司法院解释,当否理合呈请核夺办理。

**院解字第三九〇八号**

**三十七年三月三十日**

案准贵院三十五年十一月七日节京伍字第一八六五一号咨,以据地政署呈,转请解释典权人依法取得所有权之土地应否征收土地增值税一案,咨请解释见复等由。准此,兹经本院统一解释法令会议议决,典权人依《民法》第九百二十三条第二项或第九百二十四条但书取得典物之所有权,系依法律之规定而移转,其性质为特定继承,自应依《土地法》第一百七十六条第一项、第一百七十八条第二款、第一百八十二条之规定,征收土地增值税。相应咨复查照转饬地政部知照。此咨行政院

**附原咨**

据地政署呈称,案准陕西省政府本年申胥府地二字第六二零号代电,为出典人逾期不回赎土地,典权人依法取得所有权,应否征收土地增值税,嘱查照见复等由。查土地所有权既有移转,理应征收土地增值税,但此种土地所有权移转并非买卖,自无卖价可言,其增值总数额之计算,似应以估定地价超过原规定地价或前次征收土地增值税时地价之数额为标准,又此种土地所有权移转,其土地增值利益非由出典人享受,而系由典权人享受,土地增值税似亦应向典权人征收等情。案关法律疑义,相应咨请查照解释见复为荷。

**院解字第三九〇九号**

**三十七年三月三十日**

前据本院秘书处签呈,为准内政部三十六年京民四戌东代电,以准四川省政府代电,请核复邮政机关信差是否可当选并兼任乡镇保长或民意代表一案,电请转陈解释见复等由。准此,理合签请释复等情。据此,兹经本院统一解释法令会议议决,邮政机关信差非不得当选为乡镇保长或民意代表,惟此项信差系《邮政人事管理规则》第十二条所列邮政人员之一,其所当选者如为有给职务,则依同规则第九十三条第一项,除经邮政局局长特许外,不得兼任。相应函请查照转知。此致内政部

附原代电

司法院秘书处,准四川省政府申寝民三字二二九五五号代电,略以邮政机关信差有国家俸给,其性质又非任用法上所称之公务员或机关组织中规定之职雇员,是否可当选并兼任为乡镇保长或民意代表,请核复等由。以案关法规解释,相应电请转陈解释见复为荷。内政部京民四戌东印

院解字第三九一〇号

三十七年三月三十日

国防部鉴,上年戌寝吕捕代电悉。宪兵司令部代电所请解释一案,兹经本院统一解释法令会议议决,来文所述情形,禁闭室卫兵与哨兵不同,仅应依《刑法》上过失脱逃罪论科(参照本院院字第二三四三号及院解字第三八四一号解释)。特电复请查照饬知。司法院寅卅印

附原代电

司法院赐鉴,兹据宪兵司令部本年十一月十日判字第三〇五〇号代电开,"兹设有两人分别担任禁闭室卫兵,一因睡眠,其一因避雨离开岗位,致使押犯乘隙脱逃,如何处断,现有甲乙两说,(甲)说谓禁闭室卫兵并非哨兵,仍应以过失脱逃论科,(乙)说谓卫兵即哨兵,因睡眠怠忽职务或无故擅离勤务所在地,致死押犯脱逃,系一行为触犯数罪名,应从一重,按哨兵因睡眠怠忽职务或无故擅离勤务所在地处断,究以何说为是,案关法令适用疑义,理合电请鉴核,迅赐解释祇遵等情。究应如何办理,谨电请鉴核示遵为祷。国防部戌寝吕捕印

院解字第三九一一号

三十七年三月三十日

台湾高等法院杨院长览,三十五年戌养代电悉。台南地方法院代电所请解释一案,业经本院统一解释法令会议议决,台湾田赋欠户经传案追缴仍不缴纳者,应依战时《田赋征收实物条例》第十七条以下之规定办理,原代电所称送请当地司法机关拍卖抵偿之公函,如与同条例第十八条第一项规定相当,自可认为强制执行法第四条第六款之执行名义。合电转饬知照。司法院寅卅印

附原代电

南京司法院院长居钧鉴,前据台南地方法院院长涂怀楷执快字第三十四号酉赚代电呈称,查《台湾省田赋征实滞纳处分办法》(见行政长官公署七月五日公报)可否视为强制执行法第四条第六款所谓"法律",而认市县政府之移送拍卖抵偿之公函为强制执行名义,事关适用法律之疑义,本院未便擅断,理合电请钧长鉴核迅赐示遵等情前来。当经本院民一字第二九四六号指令,以"《台湾省田赋征实滞纳处分办法》是否为法律,应视其是否合于法规制定标准法第一条之规定而定",饬遵去后,复据该院长执快字第三十八号戌元代电略称,

查中华民国三十年九月二十三日行政院第五三三次会议通过田赋征收实物滞纳处分办法第六条第一项,亦有“送请当地司法机关将其欠赋土地及其定着物拍卖抵偿”之类似规定,本院受理台南市政府移送是项执行案件,究竟可否据为强制执行,事关适用法律之解释,合再电请钧长鉴核,转请司法统一解释,指令祗遵等情。据此,查台湾省行政长官公署所颁行之《台湾省田赋征实滞纳处分办法》,既与《行政院田赋征收实物滞纳处分办法》规定相类似,可否据为强制执行名义,理合电请鉴核,赐予解释电示,俾便转饬祗遵。台湾高等法院院长杨鹏叩民一戌养印

**院解字第三九一二号**

**三十七年三月三十日**

浙江高等法院孙院长览,丑元代电悉。所请解释一案,业经本院统一解释法令会议议决,关于监察院监察委员之选举诉讼,在《监察院监察委员选举罢免法施行条例》第十九条、第二十条设有明文,自应依照办理。合电知照。司法院寅三十印

**附原代电**

司法院院长居钧鉴,查《监察院监察委员选举罢免法》并无关于选举诉讼之规定,设有人以监察委员选举有违法情事,提起确认选举无效之诉,法院是否应予受理,分消极积极两说。消极说谓,民事诉讼之标的,以私法上之权利义务关系为原则,公法之权利义务关系,须法律有特别规定,始能提起民事诉讼,监察委员之选举,系依《监察院监察委员选举罢免法》办理,其权利义务,属于公法之范围,该法既非如《国民大会代表选举罢免法》及《立法院立法委员选举罢免法》设有关于选举诉讼之规定,则利害关系人提起确认选举无效之诉,法院自不应受理。积极说谓,监察委员之选举,与国民大会代表及立法委员之选举,性质相同,彼两种选举有违法舞弊情形,既可提起选举诉讼,以资解决,而监察委员之选举,似未便独异,且不诉之于法院,亦无其他补救之途,如提起选举诉讼,应认法院有权审判为宜。以上两说。未知何说为是,理合电请院迅赐解释示遵。浙江高等法院院长孙鸿霖叩丑元印

**院解字第三九一三号**

**三十七年三月三十日**

江西高等法院第三分院王院长览,子陷代电悉。所诸解释一案,业经本院统一解释法令会议议决,来文第一点至第三点所述情形,均属《国民大会代表选举罢免法》第三十四条第一款所谓办理选举违背法律,此项情形,如有使该县选举发生相异结果之虞者,自应宣告该县选举为无效,此与同条第二款所定选举无效之原因本各为一事,来文第四点并为一谈,未免误会。合电知照。司法院寅三十印

**附原代电**

南京司法院院长居钧鉴,窃本院受理选举诉讼事件发生法律疑义数点,兹列举如下,

(一)某乡票匦集中开票之前即在乡间私行开票,追送至县选所指定之处所开票时,该票匦内之选票已经过整理,并用绳索捆扎,显与《国民大会代表选举罢免法施行条例》第四十二条之规定不合,此项选举票能否确认为全部无效?(二)某乡有数百选民持权证向投票所领票时,被办理选举之人以无票照给而拒绝,此项短少之票不知移作何用,查选票应按选民人数配发,该乡短少选票是否为选举舞弊,其选票是否全部无效?(三)某乡有已死亡或出征或弃权选民之选举票均已投入票匦,而出征或弃权之选民并未委托他人代理投票,显系办理选举之人舞弊,此项选票究系一部份无效,抑全乡均应无效?(四)上开各项情形,如均应认为舞弊时,仍不及选举人名册十分之一以上,依《国民大会代表选举罢免法》第三十四条第二款规定,似不能认为选举无效,但其一部份之选举舞弊,即足以影响他人之当选,法院遇此诉讼事件,能否确认某系一部份之选举无效?以上数点,事关法律疑义,理合电请钧院鉴核,俯赐解释示遵。江西高等法院宜春分院院长王纲煦叩子陷

**院解字第三九一四号**

**三十七年三月三十日**

**令甘肃高等法院院长首席检察官**

三十五年十二月十一日呈一件,为据玉门县县长兼检察官职务张联渊呈请转呈解释承领垦荒土地产权疑义,请鉴核示遵由。

会呈悉,业经本院统一解释法令会议议决,原呈所述情形,清理官产委员会不得主张某甲垦竣之土地为公有,亦不得令某甲补缴地价。仰即转饬知照。此令

**附原呈**

案据玉门县县长兼检察官张联渊戌字第一四零七号呈内开,"谨有承领垦荒土地产权疑义一点,某甲依照本省垦务章程,于二十八年承垦荒地一段计数亩,并在该地段内曾买得私人荒地数亩,同时于规定期限内垦竣,领有省府颁发所有权证书,但彼所恳熟之地较原承领地加上所买私人土地合计亩数为多,旋因本省三十一年各县举办土地陈报,某甲当即依法履行陈报,领有县府所发管业执照,三十二年复又办理该县地籍整理,某甲复经依法声请土地登记,公告期满,领有土地所有权状,历年交纳赋粮,均与执照权状亩数相符,直至三十五年本省各县组织清理官产委员会,清理官产,调核某甲承领荒地证件,始发现承垦书所载亩数连同某甲所买私人土地亩数合计,与管业执照及土地所有权状所载亩数相差太多,即承垦和所买土地亩分少,而管业执照及权状所载亩数多,但四至均属相符,在此种情形之下,某甲多垦之地是否多占官荒,抑系所买私人土地增溢,清理官产委员会与某甲各持理由,碍难核断,根据以上事实,某甲请领荒地少于垦地原因,窥夺其意,初想逃避纳赋,以多报少,嗣因土地陈报及土地测量登记之故,得照地纳粮,未能达到逃避赋税企图,查《土地法》第四十三条规定'依本法所为之登记有绝对效力',又同法第六十八条'因登记错误遗漏虚伪致受损害者,由该地政机关负损害赔偿责任',复查《土地法》规汇编内载民国二十六年

十月二十三日内政部咨浙江省政府解释《土地法施行法》第二十八条疑义,查《土地法施行法》第二十八条规定,‘因登记原因之无效或撤销提起诉讼者,得声请为异议登记’,系指在第一次所有权登记公告期未满之前而言,如在公告期满发给土地权利书状以后,发觉伪造证件或串通保证人为虚伪之登记,既经公告确定,在产权上已属无可疵议,依据《土地法》第三十六条‘登记有绝对效力’之规定,自不能援用《土地法施行法》第二十八条声请异议登记”,依据上条规定及解释,则某甲承垦荒地已经开垦成熟,施以劳力资本为数不赀,且已耕种多年,尽纳税义务,履行土地陈报,声请土地登记,均属合法,依法产权业经确定,无可疵议,惟某甲多垦官荒或所买私人土地增溢,在清理官产委员会立场上,能否有权追究,抑或从宽免究,或令某甲将多垦之地补缴原承领地价,以期公私法令兼顾之处,恳乞钧座鉴核转呈司法院解释示遵等情。据此,理合具文呈请钧院鉴核示遵。

**院解字第三九一五号**

**三十七年三月三十日**

国防部鉴,上年亥冬吕捕代电悉。宪兵司令部代电所请解释一案,兹经本院统一解释法令会议议决,甲借用乙之退役证书,将自己相片姓名贴上,摄成像片,持以投考学校,应依《刑法》第二百一十六条,适用同法第二百一十二条处断。特电复请查照饬知。司法院寅三十印

**附原代电**

司法院赐鉴,案据宪兵司令部本年十一月十日判字第三〇一七号代电称,兹有某甲借用某乙退役证书,将其相片姓名贴上,摄成像片,持以投考学校,应如何处断,兹有甲乙两说,甲说谓系变造其他相类之证书,并按行使变造其他相类之证书,从一重处断,乙说谓粘贴照片姓名并非在真实之文书为虚伪之记载或删改,尚不能构成变造其他相类之证书罪,从而行使行为亦不构成犯罪,自不发生牵连犯之余地,以上两说均属言之成理,究以何说为是,案关法令适用疑义,理合电请鉴核迅赐解释祇遵等情,案关法令解释,未便擅专,谨电请核示,俾资饬遵。白崇禧亥冬吕捕印

**院解字第三九一六号**

**三十七年三月三十日**

国防部鉴,(36)子鱼吕捕代电悉。首都卫戍司令部代电所请释示一案,兹经本院统一解释法令会议议决,本夫撞见其妻与人通奸数次均予宥恕,嗣听人言谓其妻与奸夫将有不利于己之行为,始预购钢刀俟其妻与奸夫在床上行奸时一并杀毙,既与当场激于义愤者有别,应依普通杀人罪论科。特电复请查照饬知。司法院寅三十印

**附原代电**

司法院赐鉴,案据首都卫戍司令部戍义雄字第三二五八号代电称,查本夫撞见其妻与

人行奸，当场杀死奸夫奸妇，依二十七年五月三十一日最高法院刑庭会议纪录，固应认为当场激于义愤而杀人，惟所谓当场激于义愤，是否指义愤必须激于当场犯罪出于偶发者而言，如本夫于撞见其妻与人通奸数次并予宥恕，后听信小孩之言，谓其妻与奸夫将不利于本夫，遂于事前购得杀牛钢刀一柄，俟其妻与奸夫行奸时，将二人在床上连戳数刀毙命，在此种场合，是否仍应论以当场激于义愤而杀人，抑以普通杀人罪论科，案关法律适用疑义，谨电释示祗遵，案悬待结，勿延为祷等情。谨电请鉴核迅赐解释，俾督饬遵为祷。国防部(36)子鱼吕捕印

**院解字第三九一七号**

**三十七年四月五日**

国防部白部长鉴，上年(36)亥冬吕捕代电悉。西安绥靖公署代电所请解释一案，兹经本院统一解释法令会议议决，军车司机为某商人包运小麦，约明运费，既于中途被获，虽未收到运费，仍应成立《惩治贪污条例》第三条第六款之罪，来电以甲说为是。特电复请查照饬知。司法院卯歌印

**附原代电**

司法院居院长觉公赐鉴，案据西安绥靖公署(36)戌灰润二镜字〇〇〇三四六二号代电称，"查某甲系军车司机，言明三十五万元运费，为商民某乙载运小麦五拾袋，由丙地至丁地检查所被扣，运费尚未收到，此种犯情，既遂未遂不无疑义，兹有甲乙二说，(甲)说图利罪只须有图利之行为即为既遂，不以得利为构成要件，某甲应以图利既遂论，(乙)说图利罪之既遂未遂，应以已未得利为标准，已经获得不法利益者为既遂，否则为未遂，二说孰是，事关适用法律，理合电请鉴核解释示遵"，查《刑法》第一百三十一条之图利罪，仅以意图得利着手实施者为既遂，是否实际得到利益，在所不问，亦无未遂犯之规定，但《惩治贪污条例》第三条第六款之图利罪，既有未遂犯之规定，则究以其行为达到如何之阶段始认为既遂，颇滋疑义，谨电请鉴核迅赐解释示遵为祷。国防部部长白崇禧(36)亥冬吕捕印

**院解字第三九一八号**

**三十七年四月五日**

国防部白部长鉴，上年亥哿吕九代电悉。所请解释一案，兹经本院统一解释法令会议议决，甲以乙丙丁相片贴于自己在某机关任职证件上，摄成影片，朦作资历证件，以备向某训练班报名受训，应成立《刑法》第二百一十二条之罪。特电复请查照。司法院卯歌印

**附原代电**

司法院赐鉴，兹有乙丙丁三人欲向某训练班报名受训，因无资历证件，托由该班学员某甲，以该乙丙丁之像片，分别贴于其自己在某机关任职证件上，先后摄成影片，朦作资历证件，正拟持往报名，即被发觉，此种影片，是否可认为伪造之公文书，如认该影片为公文书，

而各训练机关录取新生,向例必须缴验原件,方准受训,则该项影片是否有足以生损害于公众或他人,亦不无疑义,事关法律适用,拟请赐予解释示遵为祷。国防部部长白崇禧亥哿吕九印

**院解字第三九一九号**

**三十七年四月五日**

资源委员会鉴,上年酉俭代电及附件均悉。天原电化厂股份有限公司代电所请转呈解释一案,兹经本院统一解释法令会议议决,来文所述情形,某甲之地产尚难认为《收复区敌伪产业处理办法》第四项第三款所称已归日伪出资收购之产业,无从据以收归中央政府所有。特电复请查照饬知。司法院卯歌印

**附原代电**

司法院公鉴,案据天原电化厂股份有限公司本年十月二十日代电称,查本公司于处理接收敌伪产业事件内,发现在上海沦陷期内执有越界筑路地区美册道契之某甲,曾托日人以"株式会社恒产公司"出面作为该社所有,向日本领事馆登记,现此人以日人株式会社恒产公司所发之权柄单作为所有权之证据(按沦陷期间民间执有道契之业主不外三类,甲爱国者置之不理,乙胆小者以其道契送交伪地政局,经盖戳将权柄单取去,而其道契仍可作证,丙无耻者托日人出面认为日人所有,自以为得到强有力之保障),兹该业主某甲既以地产托日人出面登记,作为日人之所有(有权柄单照片为证),此项地产,可否依收复区敌伪产业处理办法第四条第一项第三款之规定,视为敌伪产业,收归政府所有,如不能加以没收,则政府对此种不爱国行为,有无惩治法令可资援用,电请转呈司法院解释示遵等情到会。查上情事关法令适用疑义,相应检奉原送株式会社恒产公司权柄单照片一纸,转请督照,俯赐解释示复,以便转知为荷。资源委员会酉俭附照片一张

**院解字第三九二〇号**

**三十七年四月五日**

浙江高等法院孙院长览,子虞代电悉。所请解释一案,业经本院统一解释法令会议议决,《国民大会代表选举罢免法》第十八条及《立法院立法委员选举罢免法》第十八条之选举委员,自系各省市县参议会或临时参议会参议员遴选补充规程第五条所称之现任官吏,但既经遴选为省参议员,虽其原任选举委员未经辞职,其在省参议员之资格丧失前,仍得为选举监察委员之选举人。合电知照。司法院卯歌印

**附原代电**

南京司法院院长居钧鉴,查《国民大会代表选举罢免法》第十八条及《立法院立法委员选举罢免法》第十八条所规定之选举委员,是否认为各省县市参议会或临时参议会参议员遴选补充规程第五条所称之"现任官吏",如属于该条所称之现任官吏,则在原任选举委员

未辞职前，经遴选为省参议员，有无出席选举监察院监察委员之资格，在法律上不无疑义，理合电请钧院鉴核，迅赐解释示遵。浙江高等法院院长孙鸿霖(子)(虞)叩印

**院解字第三九二一号**

**三十七年四月五日**

安徽高等法院第三分院汪院长览，丑㫖代电悉。所请解释一案，业经本院统一解释法令会议议决，(一)国民大会代表选举人或候选人，以全县数投票所中某投票所之选举有舞弊情事，提起选举诉讼者，虽自称为确认选举舞弊之诉，亦应解为请求宣告选举无效之诉，此项诉讼应以何人为被告，已见院解字第三七一四号解释。(二)国民大会代表之选举，向某县甲投票所投票之选举人，如认该县乙投票所之选举有舞弊情事者，得自为原告，提起选举诉讼。(三)国民大会代表之选举，一县设有多数投票所，其中少数投票所有舞弊情事，使该县选举有发生相异结果之虞者，自应宣告该县选举为无效。合电知照。司法院卯歌印

**附原代电**

司法院院长居钧鉴，查本院办理国民大会代表选举诉讼发生下列疑问，即(一)选举诉讼通常应以确认选举有效无效或当选有效无效为诉讼标的，设有原告以全县数投票所中某投票所之选举有舞弊情形，提起确认选举舞弊之诉，其诉讼标的是否合法，如果合法，应以何人为被告。(二)甲投票所之选民对乙投票所之选举认为有舞弊情形，能否自为原告，提起诉讼。(三)一县多数投票所中内有少数投票所之选举发生舞弊情形，因而引起诉讼，受诉法院能否依当事人之请求，就全县选举而为裁判，抑仅能就舞弊之投票所而为裁判，驳回其余之请求。以上三点，亟待解决，敬祈赐予解释示遵。署安徽高等法院芜湖分院院长汪溉(丑)(㫖)印

**院解字第三九二二号**

**三十七年四月五日**

案准贵院上年十二月十七日法字第一零零三一号公函，以据本院山西陕西监察区监察使署呈请转咨解释现任省县参议员贪污违法应如何办理等情，函请解释见复等由。准此，兹经本院统一解释法令会议议决，省县参议员系依法令从事于公务之人员，为《刑法》上之公务员，如凭借其身份地位而犯罪，应依刑事法令关于公务员之规定处断。相应函复查照饬知。此致监察院

**附原公函**

据本院山西陕西监察区察使署三十六年十一月二十七日(36)署调爰戌字第〇八七二号呈称，案据陕西陇县人民李真皓等五人呈诉，该县省参议员刘杰辅、县参议会议长郭文元及参议员张竞生等，纵凶贩毒，朋比作奸，借公肥私，恳乞彻查究办一案，经核所诉各节，有与县府职员勾结舞弊部份，应予查究，惟查《惩治贪污条例》第一条规定，虽非军人公务员，

而与军人公务员共犯贪污者自可以贪污处断,但现任省县参议员借其身份地位或勾结公务员而有违法或贪污行为者,究应如何办理,法无明文规定,理合呈请鉴核转咨司法院解释,俾有遵循,实为公便等情据此,相应函达,即希查照解释并见复为荷。

**院解字第三九二三号**

**三十七年四月五日**

案准贵院本年二月十七日(卅七)四内字第七八七九号公函,以据内政部呈复,青岛市监察委员当选人被控曾任伪职案,在处理上适用法令尚有疑义,请转咨解释等情,钞同原呈,函请解释见复等由,附钞原呈二件。准此,兹经本院统一解释法令会议议决,伪组织或其所属机关团体任职人员被提名为监察委员之候选人而当选者,固属《监察院监察委员选举罢免法施行条例》第十九条第一项所谓选举违背法律,惟选举人或候选人于同条例第二十条第一项所定期间内未提起选举诉讼者,仍无从宣告其选举为无效。相应函复查照饬知。此致行政院

**附原公函**

据青岛市民常匪石呈控青岛市监委当选人曾任伪职请宣告当选无效一案,经饬据内政部三十七年二月五日民四字第一一二〇号呈复,认为处理上关于法令之适用尚有两点疑义,呈请转咨解释等情,查所称各节确有研究必要,相应钞同原呈两件,函请查照解释见覆,以便转行。

**附原抄内政部原呈**

准钧院秘书处三十七年一月十五日(二十二日发出)发(37)四内字第三二三八号通知单,为青岛市民常匪石呈控该市监察委员当选人侯圣麟曾任伪职请宣告其当选无效一案,奉谕交核办等由。查监委选举如有违背法律,依照《监察院监察委员选举罢免法施行条例》第十九条及第二十条之规定,原应由选举人或候选人,于选举日或当选人公告后五日内,向法院提起选举诉讼,惟原控各节并非根据上述条例控告选举违法,而系按照《伪组织或其所属机关团体任职人员候选及任用限制办法》(以下简称限制办法)第五条之规定,向监督机关检举,请求核定其当选无效,兹有疑义两点如下。(一)查此项限制办法系由钧院与考试院依据《惩治汉奸条例》第十五条之授权,于三十五年八月九日会同订颁,原办法第三条既规定"曾在伪组织或其所属机关团体担任职务,未依《惩治汉奸条例》判罪者,二年内不得为公职候选人",则原控侯圣麟在候选期内被提名为青岛市监委候选人,自系控告办理选举机关违反此条之规定,亦即系控其违反《惩治汉奸条例》第十五条之规定,惟所控各节应否包括于《监察院监察委员选举罢免法施行条例》第十九条所称"选举违背法律"范围之内,如应包括在内,则仍应由选举或候选人依法诉由法院审理,似未便由办理选事务之行政机关核办,此其疑义一。(二)又所控各节如应解释为系属控告上述"选举违背法律"情事,而选举人或候选人未于法定期限内向法院起诉时,究应比照司法院三十六年四月十二日院解字第

三四四〇号“省县市参议员被选人资格不符，在省县市参议员选举条例所定起诉期间经过后始发觉者，不得提起当选无效之诉讼，选举监督亦不得撤销其当选资格”之解释办理，抑按限制办法第五条之规定，如该侯圣麟被控曾任伪职，经查明属实，可由选举监督宣告其当选无效，此其疑义二。以上二点，事关法令适用之疑义，似应由院转咨司法院迅予解释，俾有遵从，除另文请青岛市政府查报实情外，理合呈请鉴核示遵。

**附原抄常匪石原呈**

查伪组织或其所属机关团体任职人员候选及任用限制办法（以下简称办法）第三条之规定，曾在伪组织或其所属机关团体担任职务，未依《惩治汉奸条例》判罪者，二年以内不得为公职候选人，同办法第五条后段之规定，其已当选者无效，并应受本办法第三条之限制，上开办法于三十五年八月九日公布，依照办法第十条规定，自公布日施行，自施行之日起算，至三十七年八月九日方足二年，是公职候选人有办法第三条之情形者，非至三十七年八月九日以后不得为公职候选人，其在办法限制期限内当选者，其当选亦无效，上开办法无效之认定，依内政部京民四寅寒电，应由主管监督机关为之，盖办法限制当选之规定为行政处分，与《惩治汉奸条例》所规定之罪应由司法机关审判者不同，查青岛市监察委员被选人侯圣麟，现据住太平镇牛乳舍难民所董照贤郭玉良等七人致青岛市各参议员函称，该侯圣麟具有办法第三条之情形，依法其被选应为无效，据董照贤郭玉良等原函所述，可分为六种情形，（一）二十八年张松山任伪平度县长时，侯任顾问，（二）侯圣麟嗣又任伪军侯学礼部队顾问，侯圣麟利用伪军侯学礼作傀儡，惨杀抗战部队，以鲁苏战区游击独立第二十九支队被害为最重，（三）支持其父任伪平度县立中学教员，宣颂敌人功德，诋毁我政府，命其子受奴化教育，担任济南伪新民会宣传员，（四）命其亲戚马国栋任平度县公署情报室主任，侦探我方情报，俾敌人得以相机袭击，（五）抗战期间抗纳田赋，牵制我方军事，（六）献媚敌人，借复古为名，施行奴化教育，宣传敌人侵略政策为复兴中国之战，以麻醉我青年，其丧心病狂，认贼作父，出卖民族，甘作奴隶，合于《惩治汉奸条例》第二条第三条及《刑法》第二十八条第一项《刑法》第一〇六条第一项之情形者，究竟如何，固应依《刑事诉讼法》第二百二十条办理，始能得其真相，其任伪县公署顾问，任伪军侯学礼部队顾问，利用伪军为傀儡，惨杀我抗战人员，实与办法第五条规定之情形相符，依照上开内政部京民四寅寒电，应由主管监督机关宣告其被选为无效，而董照贤等七人致各参议员函，既将侯圣麟之经过事实一一列举，在本件即为一种直接强有力之书证，惟以该侯圣麟现任青岛公报社社长，在青岛有特殊地位，在此种特殊情形之下，由青岛区选举事务所办理，显难得正确之结果，而本件又不能依照《诉愿法》第一条以求救济，为隆重国家选举大典，惟有呈请钧院，依照行政监督程序，令饬原主管机关依法宣告该侯圣麟被选无效，以资纠正，而申法纪，谨特检同原证，仰祈鉴核施行。

**院解字第三九二四号**

**三十七年四月五日**

案准贵院上年十二月二十二日(卅六)四内字第五三二九六号咨,以据内政部呈请解释违警罚法第二十五条及第三十九条疑义,抄同原呈,咨请解释见复等由,附抄内政部呈一件。准此,兹经本院统一解释法令会议议决,《违警罚法》第二十五条所定得酌令赔偿,若违禁人无力赔偿或抗不赔偿时,应如何处理,同法并无规定,应由警察官署以适常方法处理之,或由受损害人向法院提起民事诉讼,又同法第三十九条所称得强制其到案,系指以强制力使其到案,但不得逾必要之程度。相复咨复查照饬知。此咨行政院

**附原咨**

据内政部呈请解释《违警罚法》第二十五及三十九两条疑义到院,案关法律解释,相应抄同原呈,咨请查照解释见覆为荷。

**附原抄内政部呈**

据浙江省警保处呈,以《违警罚法》第二十五条"因违警行为致损坏或灭失物品者,除依法处罚外,并得酌令赔偿",但若违警人无力赔偿或抗不赔偿时,究应如何处理,又同法第三十九条"对于现行违警人,警官长警得迳行传唤之,不服传唤者,得强制其到案",所谓强制,其限度如何,请求解释等情。查事关法律解释,理合呈请鉴核,转请司法院统一解释,实为公便。

**院解字第三九二五号**

**三十七年四月五日**

案准贵院上年十二月十九日(卅六)七法字第五二九六零号咨,以据司法行政部呈请核转解释《刑事诉讼法》适用疑义,钞同原呈,咨请解释见复等由,附钞司法行政部原呈一件。准此,兹经本院统一解释法令会议议决,《县司法处办理诉讼补充条例》第十二条第一项所定之移送片,应如何记载,同条例并无规定,凡足认兼理检察职务之县长曾经着手侦查并确有移送之行为,即应认为已经起诉,县司法处审判官应即进行第一审审判(参照院字第二七三二号解释)不得以移送片之形式未备,再由兼理检察职务之县长委托审判官代为侦查,是审判官代县长侦查所为之处分,不能认为有效。毋庸自行回避,处分文件虽经送达,亦无庸向当事人收回销毁,相应咨复查照饬知。此咨行政院

**附原咨**

据司法行政部本年十二月十日京呈叁字第二四三〇号呈请核转解释《刑事诉讼法》适用疑义一案,相应钞同原呈,咨请查照解释见覆,以便饬遵为荷。

**附原抄呈**

案据广西高等法院本年十月八日刑天字第三六三号呈称,案据明江县司法处本年九月

养代电称，窃职处兹有法律疑义一则，陈述如次，敬请核示或转请解释。设有甲某因有犯罪疑嫌，由高分院首席检察官检举，令由兼检察职务县长侦查，兼检查职务县长奉令后，以县政府之名义传讯两次，旋用代电将被告送交司法处查照办理，司法处认为该县政府之传讯乃司法警察官署之行政上调查证据，并未开始侦查，乃请兼检察职务县长进行侦查，当由县长委托审判官代行检察职务，审判官即予侦查，填送移送片分别送达，审判官以其既已参加侦查，不得再为审判，声请上级法院移送管辖（仅设审判官一员之司法处），而上级法院则认县府之传讯系为侦查，县府之代电即足认为业已起诉，将审判官之声请予以驳回，分为继续审判，致生下列之疑义。（一）似上列县府之传讯可否认为即系开始侦查，县府之送案代电可否即系认为起诉书？（二）该送案之代电仅曰送请查照办理，并未载明被告性别年龄职业住所及所犯法条，该代电且未送达被告，似此场合，如认为业已起诉，则该代电既未依照《刑事诉讼法》第二百四十二条及第二百四十三条第二项第一、二两款办理，其起诉之程序显有违背规定，究应依同法第二百九十五条第一款之规定办理，抑为实体上之审判？（三）审判官接受此案卷宗后，认为并未起诉，故再开始侦查程序，另填移送片分别送达，并以审判官名义代行检察职务，是审判官无论有无错误，实际上业已参加侦查，今上级法院既不准其移转管辖，则审判官再行参加审判，是否违法？（四）如认为县府之送案代电即系起诉书，则审判官填送之移送片，应否向当事人收回销毁？以上四项，事关法律疑义，职处未敢臆断，谨电请核示或予转请解释，俾便遵循等情。据此，事关适用法律疑义，职院未敢擅拟，理合具文呈请察核，俯予解释电示祇遵等情到部，事关法律适用疑义，理合呈请钧院鉴核，转送司法院解释，俾便饬遵。

**院解字第三九二六号**

**三十七年四月五日**

案准贵部本年正月十三日甄地字第五七九号公函，以准福建省政府代电，请释示公务员伪造毕业证书经判处徒刑于缓刑期内原服务机关可否留用疑义，函请核释见复等由。准此，兹经本院统一解释法令会议议决，公务员虽受刑之宣告，而经宣告缓刑，并未褫夺公权，又未受免职惩戒处分者，在缓刑期内，除不合于《公务员任用法》外，非不得留用。相应函复查照转知。此致铨叙部

**附原公函**

案准福建省政府雨酉东府人丙字第一二九一〇八号代电，以公务员伪造毕业证书，经发觉移送司法机关讯办，判处有期徒刑三个月，缓刑二年，又据原服务机关报请留用，前项公务员在刑期内是否不予任用，以示惩戒，颇滋疑义，相应电请查照释示见复等由。查公务员曾受《刑法》处分，而并未褫夺公权，原服务机关亦未予免职者，在缓刑期内，是否可予留用，相应函请核释见复，以便转知为荷。

**院解字第三九二七号**

**三十七年四月五日**

国民大会代表立法院立法委员四川省选举事务所,寅冬选一电悉。兹经本院统一解释法令会议议决,国民大会代表候补人出缺时,既无《国民大会代表选举罢免法》第二十九条第三项之适用,即不在应行递补之列。电复查照。司法院卯歌印

**附原电**

急,南京司法院,国代选罢法第(29)条规定,代表出缺时由候补人依次递补,如当选人及候补人早经主管选举机关依法公告后,候补人出缺时,应否再以得有少数票而原无候补资格之候选人递补,抑听其缺额,法无明文规定,恳赐解释电示。四川省选所寅冬选一印

**院解字第三九二八号**

**三十七年四月五日**

广东律师惩戒委员会史委员长览,上年亥齐代电悉。所请核示一案,业经本院统一解释法令会议议决,原代电所述情形,应以甲说为当,惟在诉讼终结后之受让,如依其情形,可认为与受任代理诉讼无关者,不在此限。合电知照。司法院卯歌印

**附原代电**

南京司法院院长居钧鉴,查《律师法》第三十三条规定,律师不得受让当事人间系争之权利,如律师受任代理诉讼,于立约时,预以系争标的物之一部,议定价格,立契赠与,作为补送律师公费,是否违反上开之规定,又于诉讼终结以后,另与当事人立约承买该标的物,是否亦受上开之限制,有甲乙两说。甲说认为既将标的物议价作抵公费,即与受让无殊,至诉讼虽已终结,仍不能与当事人买受系争标的物。乙说则谓立约时因当事人无现款给付,预定系争物价值以抵公费,与上开禁止受让系争权利之规定并不违反,至诉讼既已终结,即无所谓系争权利,该规定只系禁止在诉讼中受让系争权利,致生包揽诉讼流弊,非谓永远不能受让该标的物,诉讼既已终结,始行立约买受,即与该条之规定无碍云云。两说孰当,理合电请察核示遵。广东律师惩戒委员会委员长史延程亥齐律印

**院解字第三九二九号**

**三十七年四月六日**

案准贵院上年十二月六日(卅六)七法字第五零八四五号咨,以据内政部呈请核示湖北省政府代电,以江陵县参议员凃咏清被控曾任伪职献媚敌人,应否撤销其县参议员当选资格疑义一案,抄同原件,咨请查核见复等由,附钞内政部原呈一件。准此,兹经本院统一解释法令会议议决,在沦陷区内主持某团体,纵其所主办者系救济业务,既有会同伪治安维持会欢迎敌军之行为,即不能不认为曾在伪组织所属机关团体服务,该主持人应依《惩治汉奸

条例》第十五条之规定，于一定年限内停止其为公职候选人。相应咨复查照饬知。此咨行政院

**附原咨**

据内政部呈，准湖北省政府代电，以江陵县参议员凃咏清被控曾任伪职献媚敌人，应否撤销其县参议员当选资格疑义一案，请核示等情到院。相应钞同原件，咨请查照见复，以便饬遵为荷。

**附原抄呈**

案准湖北省政府三十六年三月二十日省民二字第一六四四五号寅帑代电暨附件，以据第四区专署转呈江陵县复兴镇县参议员当选人凃咏清被控曾任伪职献媚敌人，检附照片请撤销其当选资格并予究办一案，经核，一、凃咏清在沦陷时期所主持之红万字会，是否即为伪组织机关，如无其他罪行，应否停止其公职候选权，二、其献媚敌人之照片，是否即系参加汉奸之证据，而引用《惩治汉奸条例》之规定，取消其县参议员资格，检附附件，请核示等情，转请核复，以凭饬遵等由。查一、据该凃咏清检具之沦陷时期办理红万字会之工作报告，经核该会所主办者均系救济业务，究竟在沦陷时期沦陷区内之红万字会，应否视为伪组织机关，不无疑义，二、该凃咏清与沙市伪治安维持会欢迎敌军藤崎司令暨与敌人柯江城所合摄之照片，显有媚敌情事，应否即视为参加伪组织，而取消其县参议员资格，法无明文规定，本案究应如何办理之处，既乏明文规定，又无解释前例可资比照，理合呈请鉴核示遵。

**院解字第三九三〇号**

**三十七年四月六日**

案准贵院上年六月二十四日（三十六）四内字第二四二七九号公函，以据内政部呈请核示四川省梁山县参议会议长选举纠纷一案，抄同原件及本院法规委员会审查报告，函请查核见复等由，暨附件。准此，兹经本院统一解释法令会议议决，（一）关于县参议员选举之诉讼，本非民事诉讼，惟依法律之特别规定，由法院依民事诉讼程序审判而已，关于县参议员选举议长之纠纷，既无得向法院提起诉讼之规定，法院即无审判之权限，法院如予判决，则其判决不能发生法律上之效力，无须对之提起再审之诉。（二）非本县区域内公务员，兼任本县参议员，如非法令所许者，即为违反公务员服务法第十四条之规定，应依同法第二十二条办理，至其选举县参议会议长所投之票，并非无效。（三）《刑法》第七十六条所谓刑之宣告失其效力，包括主刑从刑在内，曾受徒刑及褫夺公权之宣告者，于缓刑期满，而缓刑之宣告未经撤销时，依该条规定，褫夺公权之宣告亦失其效力。相应函复查照饬知。此致行政院

**附原公函**

据内政部呈请核示四川省梁山县参议会议长选举纠纷一案到院，相应抄同原件及本院法规委员会审查报告。函请查核见复为荷。

**附原抄内政部原呈**

案查四川省梁山县参议会于三十五年一月二十一日互选正副议长,出席四十九人,结果丁廷侠得二十五票,超过半数,应当选为议长,石廷宣得二十四票,以一票之差落选,惟石廷宣初以丁廷侠所得票中有字画稍有出入者,应认为废票,经控由本部依法解决,旋又以该县陈荣登当选为县参议员后,未辞去非本区城内公务员职务,而参加议长选举,其所投丁廷侠之票应为无效,及丁廷侠因烟案被处褫夺公权,应不得当选为县参议员等情,向该县司法处提起诉讼,该县司法处为之审理判决,至本案迁延时日,解决莫由,嗣四川省政府以戌有民一代电请示前来,经电请将丁廷侠烟案部份各有关日期报部凭核有案,兹准该省府卯寝民一代电,抄送梁山县司法处判决书,仍请核复等由。特拟具意见如下,(一)各级参议会选举正副议长发生纠纷,各地法院无权受理,应由本部或各该管民政厅受理,业经钧院指令核准,呈报前国防最高委员会,并令饬司法行政部有案,该陈荣登于选举议长时所投之选票是否有效,自应由本部依法解决,乃该县司法处既越权受理,而其判决又与钧院颁行之县参议员选举条例第三十三条注二当选无效之诉讼经法院判决确定者在未确定以前参加县参议会所为之表决不因而无效之规定不符,拟请钧院转请司法院将原判决予以纠正,俾本案得迅速依法解决。(二)查丁廷侠因吸食毒品,于三十一年十二月二十三日经军法执行总监部判处有期徒刑一年六月,褫夺公权一年,缓刑二年,而丁廷侠于三十三年三月至六月间应公职候选人检核,由县政府呈经四川省公职候选人检核委员会核准,计其检核期间正在缓刑期内,此项检核,应否适用省县公职候选人考试法第九条第二款(褫夺公权不得应试)之规定,核定其无效,抑或以该丁廷侠现已恢复公权,可不溯及既往,仍认为有效,此其一,又丁廷侠于检核及格后,即以公职候选人资格,于三十四年十二月二日当选为县参议员,依《刑法》第七十六条缓刑期满而缓刑之宣告未经撤销者其刑之宣告失其效力之规定,从刑似应随主刑失其效力,该丁廷侠之缓刑扣至三十三年十二月二十二日届满,则于三十四年十二月二日当选为县参议员时,已在缓刑届满以后,若就此点而论,其当选似无问题,惟照梁山县司法处民事判决内之解释,褫夺公权应自缓刑期间届满之日起算,扣至三十四年十二月二十二日为止,原判认为丁廷侠之当选仍在褫夺公权期内,而该司法处复以提起诉讼时被告丁廷侠已恢复公权,将原告之诉驳回,此项问题究应以何种解释为当,此其二,如丁廷侠褫夺公权应自缓刑期间届满之日起算,扣至三十四年十二月二十二日为止,则其当选县参议员系在褫夺公权期内,应否依照省县公职候选人考试法施行细则第二十二条,调销其公职候选人及格证书,认其当选为无效,抑即照梁山县司法处判决案,以丁廷侠业已恢复公权,认为有效,不再受理,此其三,以上三点,拟请转请司法院迅予释复。(三)该县参议会原定三十五年十一月一日成立,该石廷宣等二十余人竟拒不出席,其所持之理由,无非以陈荣登所投丁廷侠为梁山县参议会议长之票,应按照该县司法处之判决,认为无效,及丁廷侠当选县参议员仍在褫夺公权期内为借口,如上陈(一)(二)两项经钧院准予如拟,函准司法院释复,并按照其解释,核定丁廷侠当选议长应为有效或无效后,即饬定期召开成立大会或召集开会另行选举议长，在召集开会时，不论何方参议员，如仍拒不出席，而致流会者，拟按本部三十六年四月七日民字8910号呈经钧院三十六年四月二十三日从壹字第15512号指令核准并通行之县参议员挟私结党相率缺席因而流会之处理方式，认为无正当理由，一律依照县参议会组织条例第九条之规定，视为辞职，由该乡镇或该团体候补当选人递补。以上所拟，是否有当，理合抄附四川省政府民一28780号代电民一08892号代电及梁山县司法处民事判决各一件，呈请鉴核，并乞迅予指令示遵。

**院解字第三九三一号**

**三十七年四月二十日**

四川高等法院苏院长览，上年亥引代电悉。蒲江县司法处代电所请核示一案，业经本院统一解释法令会议议决，《禁烟禁毒治罪条例》第十八条规定概予没收之财产，除违禁物外，仍有《刑法》第三十八条第三项上段之适用。合电转饬知照。司法院卯智印

**附原代电**

南京司法院院长居钧鉴，业据蒲江县司法处主任审判官樊裕增三十六年十二月牍字第八一号鱼代电呈称，窃查《修正禁烟禁毒治罪条例》第十八条规定，“供犯罪所用或因犯罪所得之财产概予没收”，其概予没收一语，是否即系排除《刑法》第三十八条第三项上段之适用，而合于同项但书之规定，伏乞速予核示，俾便遵办等情。查《修正禁烟禁毒治罪条例》第十八条规定，“供犯罪所用或因犯罪所得之财产概予没收”，自系该条例之特别规定，惟此种财产究于私人权利有关，虽规定“概予没收”，然非如《刑法》第三十八条第二项、第二百条、第二百零五条、第二百零九条、第二百十九条、第二百六十六条之没收，均有“不问属于犯人与否”字样之规定，该项财产如有属于不知情之第三人所有，似不能排斥《刑法》第三十八条第三项上段之适用，事关法律疑义，理合电请钧院迅赐解释，电令祇遵。四川高等法院院长苏兆祥叩亥引印

**院解字第三九三二号**

**三十七年四月二十二日**

四川高等法院苏院长览，寅真代电悉。所请解释一案，业经本院统一解释法令会议议决，（一）原代电所述立法院立法委员选举部分情形，其办理选举均属违背法律，如经选举人或候选人以区选举事务所主席委员为被告，合法提起选举诉讼，法院自应为宣告选举无效之判决。（二）原代电所述国民大会代表选举部分情形，关于办理该投票所之选举，自属违背法律，如经选举人或候选人以县选举事务所主席委员为被告，合法提起选举诉讼，法院自应为宣告选举无效之判决，俟该投票所依法重选后，再将所得之票与其他投票所之票合并计算，定其选举结果，倘该投票所之票已与其他投票所之票混合，无从辨别者，则各投票所均应依法重选。合电知照。司法院卯号印

**附原代电**

南京司法院院长居钧鉴,兹某甲有被选举权而非政党党员,依《立法院立法委员选举罢免法》第十二条第一项及同法施行条例第十四条第一项各规定,经三千名以上选举人之签署,向主管选举之立法院立法委员区选举事务所(以下简称区选所)登记为立法院立法委员候选人,区选所并已审查公告,递报立法院立法委员选举总事务所(以下简称总选所)备查在案,乃某政党认该某甲有党籍,应受政党提名补充规定之限制,通知总选所,由总选所电立法院立法委员省选举事务所(以下简称省选所)转区选所,于选举前复行公告,撤销某甲候选人资格,所得选票一律作废,嗣经某甲向省选所提出质询,由省选所电请总选所查明某甲确非党员,于选举之最后一日,省选所始奉总选所电示,准予转电区选所恢复某甲候选人资格,其所得票数应仍准计算,惟区选所于奉到该电再行公告恢复某甲候选人资格时,选举期间完毕已过二日,结果某甲落选,该区选民遂以省选所及该所委员维总干事为被告,向法院提起确认选举无效应予重选之诉,本院于此发生疑义两点,(一)其被告是否当事人适格,如不适格,而又应以何办理选举人或机关为被告,方属正当,(二)其办理选举情形是否应认为办理选举违背法律,而依《立法院立法委员选举罢免法》第三十三条第一款之规定,予以选举无效之判决。又某子系政党党员,未经政党提名,而依《立法院立法委员选举罢免法》第十二条第一项及同法施行条例第十四条第一项各规定,以选民签署手续向主管之区选举事务所登记为立法院立法委员候选人,并经区选所审查公告在案,嗣区选所以奉总选所准某政党通知,认某子为党员,应受国民政府委员会议第十六次国务会议通过之政党提名补充规定(即一、凡中国国民党青年党民主社会党党员参加国大代表及立法委员竞选者,均须由各所属政党提名,始为有效,二、用选民签署手续登记者,以无党派者为限)之限制,将其候选人资格复行公告撤销,其办理选举应否认为违背法律。复次查《国民大会代表选举罢免法》施行条例第十二条规定,选举人名册公告确定后,各主管选举机关应于选举三十日前制发选举权证,以凭领取选举票。兹有某县选举事务所办理国民大会代表选举,将选举权证发给乡长(乡长兼选举投票所管理主任),并指示该乡长须发给保长,由保长发给甲长(保长甲长均未兼县选所职务),再由甲长发给各有选举权之人民,以凭领取选举票(县选所曾将此情呈准,选所备查有案),乃该保长甲长领得该项选举权证后,竟全数(其数共计尚不及其全县选举人名册选举人十分之一)抑留不予发给各选民,而用以冒领选举票,投选其自己所欲选之候选人某A,于是另一候选人某B,遂据之以县选所委员兼主席为被告,提起确认该选举无效,应予重选之诉,此种情形,其被告是否当事人适格,如属当事人适格,其办理选举是否应认为违背法律,依《国民大会代表选举罢免法》第三十四条第一款规定,判决其选举无效,抑或谓为系属舞弊,尚应受全县选举人名册选举人十分一以上之限制,而依同法条第二款规定,驳回原告之诉。事关法律疑义,本院未敢擅专,理合电请钧院迅赐解释,电示祗遵。四川高等法院院长苏兆祥叩牍寅真印

院解字第三九三三号

三十七年四月二十日

令福建高等法院院长宋孟年

三十六年九月二十三日呈一件,为据厦门地方法院代电,请核示对于查封战争罪犯财产主张权利之人以战争罪犯为被告提起确认所有权及交还所有物之诉当事人是否适格等疑义,转请释示祇遵由。

呈悉,业经本院统一解释法令会议议决,就追诉战争罪犯案内之扣押物,以被追诉人为被告,提起确认所有权存在及请求返还所有物之诉,其当事人之适格,不因被告为战争罪犯而有欠缺,惟在扣押物不应发还所有人之时期,原告仍不得以受有胜诉之确定判决声请发还。仰即转饬知照。此令

附原呈

案据厦门地方法院本年八月民信冬代电称,兹有对于查封战争罪犯财产主张权利之人,以战争罪犯为被告提起确认所有权及交还所有物之诉,当事人是否适格,计有两说,(甲)说战争罪犯之财产既经政府查封,则私法上权利显受限制,如有对于查封此项财产主张权利之人,自应援照部颁执行没收汉奸财产应注意事项第三点之法意,提出证据,向战争罪犯军事法庭检察官请求发还,检察官认为不应发还,应命依法提起民诉,即以原检察官为被告,以杜流弊,现遽以战争罪犯为被告,当事人不能谓为适格,(乙)说查封战争罪犯财产既无执行没收汉奸财产应注意事项第三点之特别规定,则对于此项财产主张权利之人,以该战争罪犯为被告,提起民诉,当事人之适格并无违误,以上两说孰是,应请示遵者一。又就前例,如采(甲)说,以战争罪犯为被告,案经一审判决确定,此项判决是否根本无效,倘有声请发给判决确定证明书,以便持向查封机关请求发还查封物,此项证明书能否准发,应请示遵者二。事关适用法律疑义,理合电请示遵等情。据此,事关解释法律疑义,理合据情转请察核释示祇遵。

院解字第三九三四号

三十七年四月二十日

前据本院秘书处签呈,为准内政部三十六年五月十五日礼字第一零九六号公函,以据北平市政府民政局代电,请解释监督寺庙适用法律疑义,函请转陈解释见复等由,理合签请释复等情。据此,兹经本院统一解释法令会议议决,(一)私人主张某寺庙为其所建立而不能证明者,虽其主张不足凭信,究不能遽认该寺庙为公建或募建,如有其他私人能证明为其所建立时,仍应认为私建,至购置之寺庙究为公建募建或私建,应斟酌购置所用名义及其他一切情形定之。(二)非私建之寺庙住持甲,将庙产私卖于乙,乙又以债务涉讼,由法院拍卖于丙时,不生所有权移转之效力,除丙已因取得时效或其他法律上原因取得其所有权外,该

寺庙之管理人,自可于其所有物返还请求权之消灭时效完成前,向丙请求返还,未便由政府机关函法院核办。(三)募建之寺庙其住持私擅处分庙产,在监督寺庙条例施行前者,应依寺庙管理条例第十八条,在寺庙管理条例施行前者,应依管理寺庙条例第十一条,在管理寺庙条例修正前者,应依管理寺庙条例第十条,在管理寺庙条例施行前者,应依寺院管理暂行规则第四条,认为无效,即在该规则施行以前,住持未得施主之同意,处分庙产,按之习惯或条理,亦应认为无效,惟因住持之处分而占有寺庙未登记之不动产者,如以所有之意思二十年间和平继续占有之,依《民法》第七百六十九条,得请求登记为所有人,如其占有之始为善意并无过失,而以所有之意思十年间和平继续占有之,依《民法》第七百七十条,得请求登记为所有人,关于《民法》第七百六十九条第七百七十条之适用,并应查照《民法》物权编施行法第三条第七条第八条办理。相应函请查照饬知。此致内政部

**附原公函**

据北平市政府民政局三十六年民一字第七一七号卯艳代电,请解释(一)《监督寺庙条例》第三条第三款所称私人建立之寺庙,自应以确实凭证为准,其无确实凭证,空言主张者,应否视为公建或募建,所谓公建募建或私建,是否包括购置者在内。(二)非私建之寺庙住持甲,将庙产私卖于乙,乙又以债务涉讼,由法院拍卖于丙,此项买卖行为是否仍应认为无效,函法院核办。(三)募建之寺庙住持视庙产为私有,报税红契不以师徒相传,而以子孙承继,卒将庙产私卖他人,其行为在监督寺庙条例公布以前者,应依何条例认为无效,如更在民国以前者,应依何法令办理,其时效期限如何等情。查案关法律适用疑义,相应函请查照转陈解释见复为荷。

**院解字第三九三五号**

**三十七年四月二十日**

案准贵院上年一月十五日从拾字第一一八二号咨,以据司法行政部呈,转请解释共有财产在沦陷期间,共有人中之一人未得其他共有人全体之同意,擅自出卖于日伪,光复后经政府派员接收,其产权应否归中央政府疑义,咨请解释见复等由。准此,兹经本院统一解释法令会议议决,原呈所述情形,仅由共有人中之一人擅为移转所有权于日伪之处分,不能发生效力,其所有权自仍属于共有人全体,惟中央政府就日伪所付之价金,对于擅为处分之共有人有返还请求权。相应咨复查照饬知。此咨行政院

**附原咨**

据司法行政部三十六年一月四日转据广州地方法院呈称,查共有财产在沦陷期间共有人中之一人未得其他共有人全体之同意擅自出卖于日伪,光复后经政府派员接收,其产权应否归中央政府,兹有二说,(甲)谓查收复区敌伪产业处理办法第四条第三款规定,产业原为日伪所有或已归日伪出资收购者,其产权收归中央政府所有等语,则该项财产既经日伪收购,其产权当然归中央政府所有,(乙)谓条款所称日伪出资收购,系指合法移转所有权而

言,该共有人之一人之处分行为,既应认为不生所有权移转之效力,则其产权自仍属于原所有权人,究以何说为当,事关法令疑义请转请解释等情。事关法律适用疑义,相应咨请查照解释见复为荷。

**院解字第三九三六号**

**三十七年四月二十一日**

湖北高等法院朱院长览,上年亥元代电悉。该法院第二分院呈请转请解释一案,业经本院统一解释法令会议议决,甲乙二人讼争土地所有权,经第一审予以假处分,在未判决确定前,甲在该地擅行耕种,应成立《刑法》第一百三十九条之罪。合电转饬知照。司法院卯马印

**附原代电**

司法院院长居钧鉴,据本院第二分院院长喻兆麟本年十一月七日呈称,查民事诉讼甲乙二人讼争所有权,进行中经第一审予以假处分,在民事尚未判决确定前,某甲擅行对于业经裁定假处分之土地擅行耕种,是否构成《刑法》上之窃占罪,发生甲乙两说,(甲)说查《刑法》第三百二十条第二项,系指窃占他人之不动产而言,两造系争洲地既未判决确定,此地应归何人所有,无从断定,纵令一方擅行耕种,尚难指为窃占,(乙)说两造系争洲地既经原审予以假处分,在未判决确定前,则由法院管理,如有擅行耕种,自应论以窃占罪,以上两说未知孰是,事关法律解释,理合具文呈请钧院解释或转请解释示遵,实为公便等情。查所称情形究以何说为是,案关法律疑义,理合转请钧院解释,俾便饬遵。湖北高等法院院长朱树声叩亥元文印

**院解字第三九三七号**

**三十七年四月二十一日**

首都高等法院赵院长览,寅东代电悉。首都地方法院所请核示一案,业经本院统一解释法令会议议决,行政院第三三次会议决议修正通过之处理汉奸财产意见,尚未经法规制定标准法所定之立法程序,其第二项所载,关于汉奸财产之诉讼由原审判汉奸之高等法院或分院受理之,既与《法院组织法》第十条第一款、第十五条、第十七条第二款、第二十条第一项,《县司法处组织条例》第二条第一款各规定显相抵触,依《法规制定标准法》第五条之规定,自难发生效力。合电转饬知照。司法院卯马印

**附原代电**

司法院院长居钧鉴,案据首都地方法院三十七年二月二十四日民素字第一四〇八号代电称,案准中央信托局苏浙皖区敌伪产业清理处南京分处三十七年二月十七日发文(37)理二字第一〇八五号公函,略以关于汉奸财产之诉讼应由原审判汉奸之高等法院或分院受理之,业经行政院第三十三次会议决议修正通过,呈奉国民政府三十六年十二月二十七日处

字第二二二三号指令准予备案,并准行政院秘书处三十七年二月五日(卅七)七法字第六一一五号代电抄送原案等由到院,查处理汉奸财产意见第二项后段,关于汉奸财产之诉讼由原审判汉奸之高等法院或分院受理之,本院现受理类似是项案件甚多,是否适用该项意见,理合抄附处理汉奸财产意见一份,电请鉴核示遵等情,附呈抄处理汉奸财产意见一份。据此,遵查行政院决议关于汉奸财产之诉讼由原审判汉奸之高等法院或分院受理之,系属变更《民事诉讼法》通常程序之规定,该项决议尚未经立法程序,法院即不受其拘束,案关法律适用疑义,本院未敢擅拟,除指令该院,在未确定办法前,仍将受理之该类案件照常进行,免致停滞外,理合抄附处理汉奸财产意见一份,电请鉴核俯赐解释。首都高等法院院长赵琛寅东印附件(略)

**院解字第三九三八号**

**三十七年四月二十一日**

福建高等法院第一分院李院长览,子赚角代电悉。所请解释一案,业经本院统一解释法令会议议决,原代电所述情形,办理选举自属违背法律,合电知照。司法院卯马印

**附原代电**

南京司法院院长居钧鉴,县国代选举事务所准县党部通知,党员甲乙丙等,或未经中央决定为正式或候补候选人,或虽经决定为候选人,惟未提出放弃当选声明,应撤销其候选人资格等由,转饬所属公告撤销其依法定手续签署登记公告之候选人资格,是否违背法律,深滋疑义,本院现有此类案件亟待释决,乞迅赐解释祗遵。福建高等法院厦门分院院长李襄宇叩子赚角

**院解字第三九三九号**

**三十七年四月二十一日**

案准贵院上年八月二十二日(卅六)四内字第三三四三七号咨,以据地政部呈,为关于农产正产物之解释,请转函司法院一概参照前绥靖区政务委员会之决议办理等情,抄同原件,咨请酌核见复等由,计抄送地政部原呈及附件各一件。准此,兹经本院统一解释法令会议议决,院字第二五一九号关于旧《土地法》第一百七十七条所定耕地正产物之解释,尚未变更,亦未发见应行变更之理由,仍应依照办理。相应咨复查照饬知。此咨行政院

**附原咨**

查未依法规定地价地方之耕地地租,前经报奉国防最高委员会第二二三次常务会议议决,仍依正产物千分之三七五计算,当经通令各省市政府遵办,嗣因绥靖区土地处理办法第五条第二项关于农产正产物之规定,在实施时发生疑义,由前绥靖区政务委员会电准前地政署拟具意见,提经绥靖区政务委员会等二十次会议决议,"农产正产物之解释,指每一农场每年最主要之农产物,以一种一次农产为限,其种类依地方习惯定之",复经饬知地政部

准照绥靖区政务委员会决议办理在案。兹据地政部呈称，农产正产物之解释奉核定后，当经本部于七月五日，以京地权字第五三九号代电，请司法行政部及绥靖区各省政府查照，并请转饬遵照办理各在案。关于此项规定，虽与司法院院字第二五一九号对于旧《土地法》第一七七条耕地正产物之解释略有出入，但为推行国父土地政策，切实保障佃农起见，似有通令各省市政府一致普遍实施之必要，并请转函司法院，关于农产正产物之解释，一概参照前绥靖区政务委员会之决议办理，以资划一，而利实施等情。查所请各节，系为推行土地政策，保障佃农，及统一解释起见，应否准予照办，相应抄同原件，咨请贵院酌核见复为荷。附抄送地政部原呈及附件各一件(略)

**院解字第三九四〇号**

**三十七年四月二十二日**

财政部鉴，财盐产子齐代电悉。所请解释一案，兹经本院统一解释法令会议议决，盐政条例第三十条所称情节重大，应根据各种客观事实予以审认，不以私盐量在五百市斤以上者为限。特电复请查照。司法院卯养印

**附原代电**

司法院公鉴，本部盐务总局案呈川北盐务管理局呈，以该区井灶散漫，私风甚炽，因司法机关对于私盐案件，限于程序，办理难免滞延，无知灶户以大利可图，往往怙恶不悛，连续犯行，变本加厉，其他灶户更相率效尤，税收损失无法挽救，请于行政职权范围内，酌予有效制裁等情到部。查《盐政条例》第三十条规定，制盐人贩运或售卖私盐，除依同条例第二十九条处分外，其情节重大者，并没收其制盐器具材料及撤销其制盐许可证，关于撤销制盐许可证之处分，本属行政处分，惟该条所称情节重大意义，兹有以下两说。(甲)说依该条例第二十九条第二项规定，私盐量在五百市斤以上者，应处徒刑或拘役之罪责而观，本条所称情节重大者，亦当以犯案私盐量须在五百市斤以上者为断。反之，(乙)说本条情节重大之意义，并无有私盐量多寡之规定，只须根据客观事实而认定，如制盐人化整为零，连续犯私或累犯等行为，虽其私盐量不及五百市斤，而足影响盐政，损害国库，如盐务机关认为情节重大者，亦可按照盐政条例第三十条后段之规定，除送请司法机关处罚外，并可同时撤销其制盐许可证。事关法律疑义，相应电请贵院惠予解释为企。财政部财盐产子齐印

**院解字第三九四一号**

**三十七年四月二十二日**

国防部鉴，本年元月十六日(卅七)吕优字第二七六五五号代军悉。所请释示一案，兹经本院统一解释法令会议议决，汉奸兼犯他罪，仅就他罪处以死刑，对于汉奸罪，因其与执行刑无关出入，而停止审判，该汉奸部分如罪证确实，仍得于他罪执行死刑后，单独宣告没收其财产。特电复请查照。司法院卯养印

附原代电

司法院居院长,(一)凡具备《惩治汉奸条例》第二条第一项之条件而罪证确实者,虽在裁判前死亡,其财产仍得依该条例第八条第二项规定单独宣告没收,经奉钧院三十五年八月三十日院解字第三二〇一号及三十六年二月二十二日院解字第三三五八号解释有案,(二)如犯上项汉奸罪,同时又犯其他重罪,原判仅就其他重罪处以死刑,并于判内释明,汉奸部份因与应执行之刑无关出入,停止审判,于执行死刑后,其财产能否再依上开解释单独宣告没收,及与刑事一事不再理原则有无抵触,事关法律适用疑义,谨特电请释示。部长白崇禧

院解字第三九四二号

三十七年四月二十二日

浙江省政府,子会慎代电悉。所请释示一案,兹经本院统一解释法令会议议决,依《公务员交代条例》第七条第三项规定应赔偿之款项,本得照原额以法币给付之,但给付时之币值较之当时低落过甚者,得酌令增加赔偿额数。电复查照。司法院卯养印

附原代电

国民政府司法院钧鉴,案查修正《公务员交代条例》第七条末段规定,"凡已列预算或经上级机关核准备案并经送审之各项收支,如查有应解未解款项,或经费剔除款项尚未缴库或移交,及未经主管机关暨审计机关核准之各项收支,前任应负赔偿之责"等语,前项应行赔偿款项,是否须责成倍缴,抑仍得照原额缴库,倘应倍缴,其倍数如何计算,及时间如何划分,或仅分战前战后之处,不无疑义,理合电请钧院迅赐释示祗遵。浙江省政府叩子会慎印

院解字第三九四三号

三十七年四月二十二日

福建省古田县参议会,上年十月陷代电悉。所请解释一案,兹经本院统一解释法令会议议决,关于耕地地租之限制应适用旧《土地法》第一百七十七条第一项时,来文所称蕃薯花生芋头玉蜀黍及其他杂粮,如为该耕地通常应收获之主要产物,即为同条项所称之正产物,来文所指之间作物是否正产物,亦应以是否该耕地通常应收获之主要产物为断,至农业生产中之轮作物与间作物其性质种类如何区别,未据指明为何种法律上之疑义,无从解答。电复查照。司法院卯养印

附原代电

司法院院长居钧鉴,查农民耕种之稻豆麦三种农作物,前经钧院统一解释均视为正产物,佃农向业主缴纳地租,亦经规定以不超过收获量千分之三百七十五为限,惟佃农承耕业主之土地时,如将田地之一部或全部作为栽种蕃薯(即地瓜)花生芋头玉蜀黍以及其他杂粮等农产物时,则业主可否向佃农收取不超过收获量千分三百七十五之地租,又农业生产中

之轮作物与间作物之性质种类如何区别，间作物是否视为正产物，均滋疑义，理合电请察赐解释示遵。福建省古田县参议会议长陈简陷谨叩

**院解字第三九四四号**

**三十七年四月三十日**

福建省参议会鉴，上年田酉感参秘议甲字第一六二零号代电悉。所请释示一案，兹经本院统一解释法令会议议决，省参议员当选后，任期届满前，其所从选出之县划入他省管辖区域者，即为该他省省参议员，相应电复查照。司法院卯卅印

**附原代电**

南京司法院钧鉴，(略)兹有疑问如下，设有某县原属甲省，因勦匪时期，经军事机关为便利指挥勦匪起见，呈准中央将该县划隶乙省，现该县奉令仍划回甲省管辖，所有土地人民均整个移转，其原状并无改变，而该县在乙省管辖时，经县参议会依据中央法令选出之省参议员，曾在乙省参议会出席大会三次，任期尚未届满，现因改辖，该县原任之省参议员能否移转甲省出席省参议会，发生疑义。(子)说谓该县原选之省参议员系隶属乙省时所选出，现该县既改隶甲省管辖，应援照调整乡镇区域改选其乡镇民代表之规定办理，该县原选之省参议员即丧失其资格，应行补选。(丑)说谓该县划回甲省，其区域既无变更，其原有之县参议会现尚继续有效，未经改选，则该县县参议会当日依法选出之省参议员，自可出席甲省参议会，毋庸改选。两说究以何者为是，未经明文规定，无从遵循，钧院有统一解释法令之权，用特电请释迅赐示，以便遵行。福建省参议会议长丁超五副议长陈联芬叩酉(　)印

**院解字第三九四五号**

**三十七年四月三十日**

广东广州地方法院霍院长览，上年亥梗代电悉。所请解释一案，业经本院统一解释法令会议议决，甲于其向乙请求交付房屋之诉讼受胜诉之裁判确定后声请强制执行前死亡者，无所谓执行程序之中断，依《民事诉讼法》第四百条规定，该确定裁判效力所及之人，自得迳向执行法院声请执行。合电知照。司法院卯卅印

**附原代电**

南京司法院院长居钧鉴，查《民事诉讼法》第一百六十八条规定，当事人死亡者，诉讼程序在有继承人遗产管理人或其他依法令应续行诉讼之人承受其诉讼以前中断，又同法第一百七十七条第三项规定，诉讼程序于裁判送达后中断者，其承受诉讼之声明由为裁判之原法院裁定之，强制执行法第四十四条规定，强制执行程序除本法有规定外准用《民事诉讼法》之规定。兹有甲乙二人因请求交屋涉讼事件，胜诉人甲于裁判确定后声请强制执行前死亡，执行程序是否因之中断，兹有两说。子说主张，强制执行法第四十四条既明定强制执行程序除本法有规定外应准用《民事诉讼法》之规定，则胜诉人甲在该案裁判确定后声请执

行前死亡,其执行程序应因而中断,必须俟其承受之声明由为裁判之原法院裁定承受后,始准其声明执行。丑说主张,诉讼程序之中断,在强制执行程序之性质上,无准用之可言,强制执行法既无中断之规定,则胜诉人甲虽于裁判确定后声请执行前死亡,自不生中断问题,如其继承人或依其他法令得为其权利继受之人,自得声请执行,执行法院依职权调查明确后,即可依法执行,如调查结果认声请人非合法继承之人,尽可驳回其执行之声请,以上两说未知孰是,理合电请鉴核解释示遵。广东广州地方法院院长霍维四亥(梗)民执

**院解字第三九四六号**

**三十七年四月三十日**

国防部白部长鉴,(三十六)亥删吕捕代电悉。河南省保安司令部电转请解释一案,兹经本院统一解释法令会议议决,戒严法第十条所称军事机关,系指依军事系统所组织之机关而言,不包括县长兼军法官之县政府在内,依该条规定由军事机关受理民事诉讼案件,仍应依法征收诉讼费用,至戒严地域之外围被匪占据,有被随时扰乱城池之虞,系属于同法第二条第一项第一款之戒严地域。特电复请查照饬知。司法院卯卅印

**附原代电**

司法院钧鉴,案据河南省保安司令部戌微保电,以据三区专员兼保安司令赵质宸酉东保电称,查戒严法第十条所称军事机关,究指负有戒严责任最高司令部或保安司令公署,抑县长兼军法官之县度而言,又受理民事案件是否收缴诉讼费用,又如豫北各城地外围于上年度均流入匪手,各地匪徒随时有扰乱城池可能,是否即该条所谓接战地域,转请解释等情。查案属法律疑义,特电请统一解释示遵。白崇禧(三十六)亥删吕捕

**院解字第三九四七号**

**三十七年四月三十日**

**令河北高等法院院长邓哲熙**

三十六年七月三日呈一件,为准行政院河北平津区敌伪产业处理局函请转请解释汉奸财产案件中配偶主张产权应否发还疑义,请赐解释示遵由。

呈悉,业经本院统一解释法令会议议决,依《惩治汉奸条例》第八条所得没收之财产,以属于汉奸本人所有者为限,如确能证明为其妻之特有财产及所有权仍属于妻之原有财产,既不在应行没收之列,即应发还,无待明文规定。仰即转行知照。此令

**附原呈**

案准行政院河北平津区敌伪产业处理局函开,查本局审核逆产案件中,配偶人主张产权者,屡见不鲜(大都系夫为汉奸主张者系妻)其主张理由,非谓其特有财产,即谓系婚姻关系存续中之原有财产,前者之所有权管理使用收益权,纯属所有人个人所有,而后者之所有权,亦系专属,仅使用收益权得由夫主持而已,此点相去甚微,究竟配偶财产之发还,是否仅

限于特有财产，抑并及于原有财产，又特有财产之准许发还，仅见法院有此办法，并无明文规定，事关法律解释，相应函请查照转请予以解释后函覆过局，俾资依据为荷等情到院。理合呈请钧院俯赐解释示遵

**院解字第三九四八号**

**三十七年四月三十日**

**令浙江高等法院院长孙鸿霖**

三十六年十月九日呈一件，为汉奸财产能否为该汉奸所负普通债务之抵偿疑义，请解释示遵由。

呈悉，业经本院统一解释法令会议议决，汉奸嫌疑犯之财产，在查封发还前，其普通债权人不得以受有胜诉之确定判决声请就其财产抵偿。仰即知照。此令

**附原呈**

窃按汉奸财产能否为该汉奸所负普通债务之抵偿，兹有甲乙丙三说，甲说谓没收汉奸财产乃国家刑罚权之行使，纵令汉奸负有普通债务，但在未清偿以前，其财物仍为于汉奸所有，于没收时，对于没收前汉奸所负之普通债务，自无庸由该财产上予以清偿，业经钧院于三十年六月二十六日院字第二二〇七号解释有案。乙说谓汉奸财产，依上述解释之法意，一经没收，其产权即属国库，自不能再求该财产为汉奸代偿债务，此为正面之解释，若以该解释之反面言之，汉奸未经判处罪刑以前，无非为一嫌疑犯，而该汉奸嫌疑犯之财产，虽已由司法机关查封，在未经依法宣告没收以前，其财产仍属汉奸嫌疑犯所有（因须依法宣告没收后其财产方属国库），则汉奸嫌疑犯所负之普通债务，债权人对于查封之汉奸嫌疑犯财产，自可请求法院拍卖抵偿，况汉奸应负担之给付，应于所查封之该汉奸财产内扣偿，业经司法院着有三十六年四月八日院解字第三四三二号解释，则汉奸嫌疑犯所负之债务，债权人得就所查封之该汉奸嫌疑犯财产请求抵偿，更为明显。丙说谓汉奸所负之普通债务，须在因其汉奸案件查封财产之前已有执行名义者，始可就其财产以供清偿，一经查封，不论其已否没收，即不能对于该财产主张债权，如在查封后没收前始有执行名义，自不得就其财产以供清偿。以上三说，究以何说为当，事关法律疑义，理合具文呈请钧院解释示遵。

**院解字第三九四九号**

**三十七年四月三十日**

山东高等法院胡院长览，上年午文代电悉。所请解释一案，业经本院统一解释法令会议议决，在裁判没收汉奸财产前，误将汉奸之父母兄弟财产或其配偶特有财产一并查封，如系经行政机关所为者，该父母等自得依诉愿程序提起诉愿，如系经检察官或法院所为者，该父母等自可依《刑事诉讼法》上关于扣押之规定请求发还，若已经裁判没收确定，则应参照执行没收汉奸财产应注意事项第二项第三项，声明异议或向法院起诉，又查封之汉奸财产，

果该汉奸在未为汉奸前已与第三人共有或已与第三人设定之其他物权,纵其财产被查封,而该第三人之权利并不因查封而消灭,至公务员因故意或过失查封第三人之财产,致第三人受有损害时,如具备《民法》第一百八十六条所定侵权行为之要件,即应负赔偿责任。合电知照。司法院卯卅印

**原代电略**

**院解字第三九五〇号**

**三十七年四月三十日**

案准贵所本年三月二十四日选字第一三八四七号公函,以准湖北省选举事务所代电,为请核示通城县国民大会代表候选人魏希文户籍纠纷一案,检同原卷及笔录,函请解释,以便办理等由,附魏希文户籍纠纷原卷全宗。准此,兹经本院统一解释法令会议议决,四十年前由甲县迁往乙县,而有久住之意思者,以乙县为其本籍,其随同迁往乙县或在乙县出生之子,如未以久住之意思迁往甲县,则甲县自非其子之本籍(参照户籍法第十七条、第十八条第五款、第十九条第三款),不得援引《国民大会代表选举罢免法施行条例》第十六条第一项申请登记为甲县所属选举之候选人。相应检还原卷,函复查照。至笔录未准附送,并此函明。此致国民大会代表立法院立法委员选举总事务所

**附原公函**

准湖北选所选一字第五〇五〇丑俭代电开,查前据通城县公民代表徐绍达等代电控诉该县国代候选人魏希文确非本县籍贯,检呈切结,请撤销其候选资格等情,当经电饬通城县选举事务所查明具报,旋据该县国代候选人魏希文呈称,从未变更通城本籍,检呈门牌切结及选举权证,请鉴核到所,复经抄发原呈,电饬该县选所并案查报,电文甫发,复据该县选所代电称,魏希文户籍实情,经饬据本县清水乡乡长卢佐国复以魏希文故父魏怀德于四十年前离籍远出,音讯久杳,住址不明,父子出生死亡均乏证明,转请鉴核到所,当以该县所受选民名册内清水乡第九保第二甲第八户列有该县国代候选人魏希文户籍,来文所称魏氏户籍不明,显系前后矛盾,经再饬该县选所并案确实查明具报各在卷,兹据该县选所本年总选字第九六号丑微代电称,本年元月十二日选一字第四三五六号及同月同日第四四八六号代电暨附件均奉悉,正遵办间,复奉选一字第四五四九号子哿电,以查该县所萓选民名册内清水乡第九保第二甲第八户列有该县国代候选人魏希文户籍,来文所电称魏氏户籍不明,显系前后矛盾,仰即并案确实查明具报各等因,自应遵照办理,查此案前据各方电以魏希文确非本县籍,并转呈有案,兹奉前因,谨再将调查魏氏户籍实情缕呈如下,一、奉令之余,即派本府户政股主任杜竹筠前往实地彻查去后,嗣据复称,窃职奉令前往清水乡第九保调查魏希文户籍一案,遵于本月十六日到达该乡,会同该乡乡长卢佐国至第九保办公处,由新保长但焕青将该保上年春季户口总覆查户籍登记声请书缴出,当经共同翻阅,第二甲声请书内自第一户起至第八户止,新编户数均未涂改,而九户九字原系八字,以下至第十五户,号数均

已次第改变,似此魏希文之户籍登记声请书一页,显系后插无疑,又据该地公正士绅万吉臣等均云魏希文非本地人等语,奉令前因,谨将调查实情,连同该保户籍登记声请书,检呈鉴核等情,旋以案关籍贯,所报恐为不实,又派本府军法承审邓冠东前往调查,据复称与前无异(附呈笔录)。二、查该清水乡第九保之户籍声请书内第二甲九户起至十五户止户数涂改,字迹显然,业经票传该九保保长张文亨等到府,婉言询问,据供称魏希文本人及眷属始终未在本保住过,于本年古二月间来过本保一次,要我替他登记为第八户,故将原八户魏炼卿等次第改至十五户止等语,纪录在卷(纪录附呈)。三、查前据该乡乡长洪访箕报来选民册时,未发生纠纷,不便干涉其籍贯,致碍魏氏之选权,既奉令之后,自应慎重查复,以昭平允,理合将调查实情及两次笔录,连同徐绍达等原亥养电,一并赉请鉴核等情,谨检呈该县原审训笔录两份,连同本案全卷,电请钧所迅予核示,以凭转饬遵照为祷等由,附送魏希文户籍纠纷全卷壹宗,通城县政府审讯笔录两份到所。查服务或寄寓他处而本籍未变更者,仍得申请登记为本籍所属选举之候选人,此于《国代选举罢免法施行条例》第十六条第一项已有明文规定,惟所谓本籍者,是否应以未经除籍及尚有不动产与离开之一定期间为标准,于选举法尚无规定,兹准省选所查复,魏希文之故父魏怀德于四十年前离籍远出,则魏希文之父显为该地之人无疑,至其本籍虽离开四十年,可否以其曾经住过在该选举区之内或其族谱上列有魏希文或乃父乃祖之名号为论断,未便臆度,相应检同原卷及笔录,函请贵院查照,赐予统一解释,以便办理为荷。

**院解字第三九五一号**

**三十七年四月三十日**

内政部鉴,前据本院秘书处转陈贵部上年民四戌真代电悉。所请解释一案,兹经本院统一解释法令会议议决,省县市参议员当选后,发觉其被选举人资格不符,已逾省县市参议员选举条例所定起诉期间者,依《省参议员选举条例》第二十五条、县参议员选举条例第三十三条、市参议员选举条例第四十二条等规定,无从使其当选为无效,除有罢免等丧失参议员资格之事由外,均非不得为参议员。相应电复查照。司法院卯卅印

**附原代电**

司法院秘书处,查关于省县市参议员当选资格不符如已逾起诉时效应如何办理疑义一案,前经呈奉行政院三十六年四月二十三日从捌字第一五六七四号指令,以案经咨准大院本年四月十二日院解字第三四四〇号咨复,略以案经统一解释法令会议议决,省县市参议员被选举人资格不符,在省县市参议员选举条例所定起诉期间经过后始发觉者,不得提起当选无效之诉讼,选举监督亦不得撤销其当选资格等由,饬知照转知等因,遵经通行并另电复福建省政府,略以所称被选举人资格不符,应包括未办户籍登记不足法定年龄及其他无公民权人在内各在案。兹准福建省政府申养府民乙一二二九八四代电,以查《县各级组织纲要》第六条后半段、修正《市组织法》第七条后半段及修正《乡镇组织暂行条例》第六条,

对于公民资格均定有消极条件,如准前解释,当选人虽触犯上项法规,但已逾法定起诉期间,其当选仍认为有效,似与立法意旨不无抵触,请核复等由。查参议员当选资格不符,实包括积极资格及消极资格两种,关于积极资格不符,自应遵照大院解释,经过法定起诉期间后,不得撤销其当选资格,然若系消极资格不符,如曾经褫夺公权之类,不但县各级组织纲要等法规均有不得为公民之规定,而《刑法》第三十六条复明定褫夺公权者褫夺其公职候选人之资格,倘于当选后发现有此等情形,而因经过法定起诉期间不得撤销其资格,诚如福建省政府来文所称,与立法本旨不无抵触,唯已逾起诉时效,如仍准其提起选举诉讼或撤销其当选资格,又与省县市参议员选举条例之规定选举诉讼应于选举结果揭示后七日内为之不符。准电前由,以案关法规解释,相应电请转陈解释见覆为荷。内政部民四戌真印

**院解字第三九五二号**

**三十七年四月三十日**

案准贵院本年一月三十日(卅七)七法字第五一七二号咨,以据司法行政部呈请核转解释诉讼当事人是否适格疑义一案,抄同原呈,咨请解释见复等由,附抄司法行政部原呈一件。准此,兹经本院统一解释法令会议议决,来文所述情形,应以中央信托局粤桂闽区敌伪产业清理处为被告,由处长为其法定代理人。相应咨复查照饬知。此咨行政院

**附原咨**

据司法行政部本年一月二十日京呈叁字第一一六号呈请核转解释诉讼当事人是否适格疑义一案,相应抄同原呈,咨请查照解释见复,以便饬遵为荷。

**附原抄呈**

案据广东高等法院三十六年十二月四日呈称,有某甲等所有之田产于沦陷时期被汉奸某乙凭借敌伪势力派兵据耕,胜利光复后,复被汉奸呈献于政府,归由中央信托局粤桂闽区敌伪产业清理处委托中央信托局广州分局保管运用,惟查该汉奸某乙业经高院判处死刑,送请最高法院覆判有案,嗣据原所有权人某甲声请发还该项田产,经传讯谕知先向民庭提起确认之诉,如以中央信托局粤桂闽区敌伪产业清理处处长为被告,其当事人是否适格,请核示等情。据此,事关法律适用疑义,理合呈请钧院鉴核,转送司法院解释,俾便饬遵。

**院解字第三九五三号**

**三十七年四月三十日**

案准贵院上年十二月二十日(三十六)六经字第五三二二九号咨,以据司法行政部呈转请核转解释房屋租赁契约适用法律疑义,咨请解释见复等由。准此,兹经本院统一解释法令会议议决,未定期限之房屋租赁契约,定有出租人于一个月前通知承租人应即迁让之特约者,仍应依《土地法》第一百条之规定办理,如出租人中止租赁契约之意思表示,在房屋租赁条例施行后到达者,则应依该条例办理。相应咨复查照饬知。此咨行政院

**附原咨**

据司法行政部本年十二月八日京(36)呈叁字第二四一七号呈称,据广东高等法院本年十一月十五日文乙字第三〇七八号呈称,查有出租人子与承租人丑约定,如子于一个月前通知,丑即应迁让房屋,嗣子主张此项特约,诉请收回房屋,应否准许其请求,计有(甲)(乙)二说。(甲)说谓本件为附有解除条件之租赁契约,子若如期通知,即为条件成就,应认为契约解除,子得收回房屋,诚以在学理上言,条件之成就与否,系于当事人之意思而决定者,谓之随意条件,随意条件在解除条件为有效(参照黄右昌著《民法》铨解总则编"下"第四三一页商务版)。(乙)说谓依《民法》第四百五十条第三项规定,未定期限之租赁,终止契约时,亦应先期通知,以月定租金者,应于一个月前通如,此为法定条件,契约上附有法定条件者,为假装条件,即与无条件同(参照史尚宽著民法总则释义第三五三页至三五四页上海法学院编译社版),但自《土地法》施行后,收回房屋应适用同法第一百条各款之规定,上开《民法》之规定,应排除其适用,故不能以此为收回房屋之论据。以上两说,应以何者为当,事关法律疑义,理合备文呈请钧部鉴核解释祇遵等情到部。事关法律适用疑义,理合呈请钧院鉴核,转送司法院解释,俾便饬遵等情到院。案关法律适用疑义,相应咨请解释见复为荷。

**院解字第三九五四号**

**三十七年五月三日**

据最高法院签送

贵所本年二月四日选字第一二零二零号公函,为请解释台湾省选举立法委员适用《立法院立法委员选举罢免法》第五条疑义一案,兹经本院统一解释法令会议议决,《立法院立法委员选举罢免法》第五条之本旨,在使妇女必有所定名额之当选,非所以限制妇女之被选举权,故在不分区选举之台湾省,虽规定应产生之立法委员八名内应有妇女当选名额一名,然如将男女各候选人所得票数综合计算,妇女候选人二名所得票数均在八名之内,则妇女当选二名,男子仅当选六名,自无背于同条之本旨。相应函请查照。此致国民大会代表立法院立法委员选举总事务所

**附原公函**

案据台湾省选所(卅七)子俭选代电称,"案据本省立委区域候选人林慎(女)子感电称,窃查中华民国人民无分男女一律平等,宪法明文规定,第以我国数千年来专制政治重男轻女,在政治上毫无地位,当兹宪法制定,行宪伊始,惟恐国民习于过去社会风尚,妇女不能达于平等地位,乃于三十五年十二月国民大会中,对普选时妇女名额问题热烈讨论,嗣为保障妇女在国大代表立法委员监察委员最少名额计,特于国大代表立法委员监察委员选罢法中规定妇女名额票数单独计算,其意旨乃在保障妇女在政治上之平等权利,并非限制妇女之被选举权也,查本省立委名额定为八名,内有妇女一名,此次选举,候选人计十三名,内妇女二名,各地投票对于妇女均蒙重视,此为本省之良好情形,亦为我国各省之特有现象。实

堪欣慰,现投票完毕,正在开票,如开票结果候选人最多票八名中妇女二名票数均在八名之内,或较其中男子票数为多,在男女平等原则上,似应均予当选,俾符保障妇女名额立法原旨,理合电请察核施行,并乞示遵等情。事关选举法令,理合转请迅赐电示”等由。并准台湾省参议会代电,以本省人民教育普及,男女地位平等,一切情形较诸内地各省自有不同,该林慎所称各节至为切要,电请俯顺舆情,藉符男女平等暨保障妇女名额之原旨,以昭中央德意等由到所。查《立法委员选举罢免法》第五条规定,“前条第一项各款立法委员名额在十名以下者,妇女当选名额定为一名,超过十名者,每满十名应有妇女当选名额一名”,并经规定妇女票数单独计算办法,其立法原意当在保障女权,深恐一般妇女竞选能力不克与男性相比,虽定有妇女名额,或无法当选,适用此项法条,以资救济,如在另一情况之下,妇女一般竞选能力并不逊于男性,或竟高出于男性之上,例如台湾省此次立委选举结果所表现者,如依事理言,似可不用上项法条拘束之,即在法定立委总名额内,悉依票数多寡为当选之顺序,不必再将妇女票数单独计算,其候补人之递补亦依票次定之,否则该省当选人之男性中,必有票数反少于妇女候补人者,转又有限制女权之顾虑,但于法无明文可据,或恐资男性依据立委选举罢免法争执之借口,本案究应如何释示,提经本所选举委员会第十九次会议,佥以台湾省教育普及,文化水准较高,选举久有训练,男女已属平权,如照法定拘束,不仅不保障女权,抑且剥夺女权,如以得票多寡为当选之顺序,似与立法精神并无违背,且台湾为自由选举之区,更值得加以考虑,惟事关法律,并无明文可循,爰经决议函请司法院解释,纪录在卷,兹为争取时效起见,相应录案函请贵院督照,迅予解释见复,以资遵循,并即转陈司法院督核备案,至为公感。

**院解字第三九五五号**

**三十七年五月四日**

国防部白部长鉴,本年一月三十日柱炼字第零零一一号代电暨附件均悉。联合勤务总司令部代电所请解释一案,兹经本院统一解释法令会议议决,军粮系《陆海空军刑法》第七十八条所称械弹以外之军用品(参照院字第一一零一号解释),如具有《惩治贪污条例》第一条第一项之身份而盗卖之者,应构成同条例第二条第三款盗卖军用品之罪。特电复请查照饬知。司法院辰豪印

**附原代电**

司法院居院长,一、据联合勤务总司令部转请解释军粮究系军用品抑系公有财物,二、抄附原代电请解释赐复。部长白崇禧

**附原抄件**

国防部参谋总长陈钧鉴,查《惩治贪污条例》第二条第三款及第三条第二款,对盗卖军用品或公有财物分别定有罪刑,关于军粮一项,究系该条例上之军用品抑为公有财物,本部于适用法条上尚有疑义,兹有甲乙二说。甲说,惩治盗卖军粮暂行办法第三条规定,盗卖军

粮依《惩治贪污暂行条例》第二条第三款论罪,该暂行条例第二条第三款系对盗卖军用品之规定,上开法条虽已废止,而法理上之解释仍应存在,故军粮应为军用品,又三十二年六月七日司法院院字第二五三〇号解释,各省征收购之实物,在未拨充军粮或其他军用前,仅属公有财物,不能认为军用品,此项解释亦无异指军粮为军用品,且军队不可一日无粮,实于军事上有直接之效用,应为军用品。乙说,惩治盗卖军粮暂行办法为特别法之一种,因特殊情形而订定,已废止,即该种特殊情形已告终了,其规定自难引为现行法令解释之根据,又司法院院字第二五三〇号解释,并非明白指军粮为军用品,自亦不得于解释外,引释其他意义,至军用品系指该物品于军事上有直接效用者而言,军粮仅为身体营养上之必需品,与饮料相同,军队虽不能一日间断,然仅于士兵身体健康上间接影响军事,究与枪炮等于军事上直接发生效用者有别,自不能认为军用品,且缺额不报,侵蚀粮饷,目前办理均从一重以侵占公有财物论,则军粮应为公有财物。以上两说究以何说为是,案关法律疑义,理合呈请钧座转函司法院予以解释,并祈赐示祇遵。职郭忏亥世法核印

**院解字第三九五六号**

**三十七年五月四日**

青岛山东高等法院第二分院杨院长览,上年亥鱼电悉。所请解释一案,业经本院统一解释法令会议议决,曾任原电所称之教务主任者,自应受伪组织或其所属机关团体任职人员候选及任用限制办法第三条之限制。合电知照。司法院辰豪印

**附原电**

南京司法院院长居钧鉴,私立专科学校曾由校董会同伪教育局立案,校长由董事会推任,该会董事及校长聘请之教务主任,能否认为系《伪组织及其所属机关团体任职人员候选人任用限制办法》第三条所谓在伪组织所属机关团体担任职务之人员,本院现有是项选举诉讼案件,亟待提前审结,谨电请解释示遵。青岛山东高等法院第二分院院长杨昌第叩亥鱼印

**院解字第三九五七号**

**三十七年五月四日**

案准贵院本年一月二十日(卅七)四内字第三二六一号咨,以据河南省政府电请解释《河南省被灾时期地权移转处理办法实施注意事项》第三项疑义,抄同原代电,咨请解释见复等由,计抄送河南省政府原代电一件。准此,兹经本院统一解释法令会议议决,原代电所述情形,甲迳向丙买回时,应依乙卖与丙之地价补偿之。相应咨复查照饬知。此咨行政院

**附原咨**

据河南省政府电请解释《河南省被灾时期地权移转处理办法实施注意事项》第三项疑义一案到院,相应抄同原代电,咨请查照解释见覆为荷。

**附抄原代电**

南京行政院院长张钧鉴,查本省被灾时期地权移转处理办法实施注意事项第三项之规定,经司法院解释(三十六年九月八日国民政府公报第五版载),原业主得买回之土地经转卖于第三人时,如原买受人于转买后死亡,而其继承人之有无不明或籍隶异乡住居不明又无人代理者,原业主得迳向第三人买回,依此解释,设甲将地于灾期卖于乙,乙于非灾期转卖于因,现在乙已死亡或住居不明而又无继承或代理人者,则甲直接向丙买回时,其地价之补偿,系依据甲卖于乙时之地价,抑依据乙卖于丙时之地价,如依据甲卖于乙时之地价,则丙对于地价之亏损(一般情形非灾时地价较灾期地价为高)应如何补偿,法无明文规定,未敢擅专,理合电请鉴核转送司法院解释,俾便遵循。河南省政府主席刘茂恩叩戌元汴地三

**院解字第三九五八号**

**三十七年五月四日**

案准贵院上年十二月三十日(卅六)七外字第五四六七九号咨,以伪同业公会之权利义务是否得由接收之正式公会承受适用法令疑义,咨请查核见复等由。准此,兹经本院统一解释法令会议议决,伪同业公会之权利,得由接收之正式公会承受,如承受其权利,即应将其义务一并承受。相应咨复查照。此咨行政院

**附原咨**

兹因芜湖在沦陷时期由伪某银行劝导各同业公会向各商号摊缴款项作为商股,迨胜利复员后,各正式公会摄取股款收据影片。申请当地县参议会转请敌伪产业处理机关发还股权,处理机关呈请核示到院,查接收敌伪产业,其中如有《人民产业依照收复区敌伪产业处理办法》第四条第一款之规定,应查明确实证据发还原业主,惟伪同业公会之权利义务,是否得由接收之正式公会承受,适用法令颇涉疑义,相应咨请查核见复为荷。

**院解字第三九五九号**

**三十七年五月四日**

内政部鉴,本年民四子感代电暨附件均悉。湖南省郴县县参议会代电请转请解释一案,兹经本院统一解释法令会议议决,县参议会检举官吏贪污,如法院认该会议长或副议长应行讯问时,仍负作证之义务,唯该议长副议长不能到场或有其他必要情形,得就其所在或于其所在地法院讯问之。特电复请查照转知。司法院辰豪印

**附原代电**

司法院赐鉴,据湖南省郴县县参议会三十六年十二月十七日擎秘字第一七五七号亥筱代电,略以县参议会检举官吏贪污,该会议长副议长应否被传出庭对讯,余请本部转请大院解释等情查案关诉讼程序,谨抄附原件,电请迅赐解释示复,以便转知为祷。内政部民四子感印

**附抄原代电**

（衔略）窃查本会前据公民周焱南等缕列本县前田粮处长尹鎏贪污渎职十六条请愿前来，比经第三次大会推员会同党政团委员调集卷册清查，实查得案内十一条证据确凿，乃依法检举，分请层峰惩处，并奉省府电复交本县司法侦讯各在卷，殊尹鎏自知罪无可逭，无面以见县人，遂请求移转桂阳县地方法院管辖，前准该院票传本会议长李大梁副议长李仁焕于本月九日到庭侦讯，适本会召开第八次常会，因于预备会临时动议第一项提出讨论，佥谓民意机关检举官吏贪污事所恒有，若每案必须对簿公庭，何胜其烦，且以法人资格代表人民检举除弊，而形成私人诉讼，若一审再审，诉讼用费何所从出，影响所及，各县议会势必含口结舌，任贪污者为所欲为，为国计民生将何堪设想乎，爰一致议决，电请内政部转请司法院解释县参议会检举贪污应否被传出庭对讯外，并向监察院请示等语纪录在卷。除分电外，理合录案电请钧部鉴核，迅予转请解释示遵，借以保障民意机关发挥检举贪污为民除弊之责为祷。

**院解字第三九六〇号**

**三十七年五月四日**

前据本院秘书处签呈，为准教育部三十六年十一月十一日人字第六〇七九四号代电，以公立独立学院院长等是否视同官吏，并受《国民大会代表选举罢免法》第八条及《立法院立法委员选举罢免法》第十三条之限制疑义，电请转陈复议释示等由，理合签请释复等情。据此，业经本院统一解释法令会议议决。国立、省立、市立独立学院院长，依大学组织法第十条；国立、省立、市立专科学校校长，依专科学校组织法第四条第二项，均系聘任，固非所谓委任以上之文职，亦不在三十六年十月二十一日本院院解字第三六〇九号解释之列。惟省立、市立、县立中学校长，依中学法第八条第一项；省立、市立、县立师范学校校长，依师范学校法第十条第一项；省立、市立、县立职业学校校长，依职业学校法第十一条第一项；国民学校及中心国民学校校长，依国民学校法第十四条第二项，均分别由省、市、县政府依各该规定任用或委任之。其所谓任用或委任，又与各该法所谓聘任显有区别，纵令不经铨叙，亦均不能谓非委任以上之文职，即与《国民大会代表选举罢免法》第八条及《立法院立法委员选举罢免法》第十三条所称官吏相当，相应函请查照。此致教育部

**附教育部原代电**

司法院秘书处勋鉴，关于公立各级学校校长参加立法委员、国民大会代表竞选是否受法定限制案，经本部先后电请国代立委选举总事务所解释，顷准电复，关于国立大学校长参加立委竞选一案，经转司法院本年十月二十一日函复，经本院统一解释法令会议议决，现任国立大学校长或公立中等以上学校校长，既系委任以上之文职，不得谓非《立法院立法委员选举罢免法》第十三条所称之官吏。惟在同条之适用上，仅以学校所在地为其任所所在地，而无所谓管辖区。如于学校所在地以外之区域为立法委员候选人，不在同条限制之列等

语。国立大学校长,系经铨定之简任官员,自应依照上项解释办理。惟公立独立学院院长、专科学校校长、中等学校校长以及中心国民学校校长等,均为无官等之聘派职务,且不经铨叙范围之内。中心国民学校校长系县组织以下所设立之学校,其校长人选大多取材于地方,尤不能视同官吏。如连同国立大学校长一并受《国民大会代表选举罢免法》第八条,及《立法院立法委员选举罢免法》第十三条之限制,似未能配合实情。兹以选举时间迫切,各教育厅局及各级学校纷纷电请解释前来,为特电请查照转陈,迅予复议释示为荷。教育部印

**院解字第三九六一号**

**三十七年五月四日**

国防部白部长鉴,本年一月二十九日柱炼字第零零一零号代电悉。北平行辕李主任代电请转请解释一案,兹经本院统一解释法令会议议决,专供汉奸妻女使用之饰物,而不属于汉奸所有者,非《惩治汉奸条例》第八条所定应行没收之财产,不得并予没收。特电复请查照转知。司法院辰豪印

**附原代电一件**

司法院居院长,(一)据北平行辕主任李宗仁三十六年十二月三十日法。(二)字第一六一四号亥陷代电,为汉奸财产中专供妇女使用之珠玉钻石等类饰品,应否没收,请转请解释。(三)抄附原代电,请解释饬遵(略)。

**院解字第三九六二号**

**三十七年五月四日**

**令署广西高等法院院长申守真**

三十七年一月十五日呈一件。为准广西省会警察局代电,请解释赌博案件适用法律疑义,呈请解释示遵由。

呈悉,业经本院统一解释法令会议议决。(一)意图营利供给赌博场所,或聚众赌博,其赌场纵设在私人住宅内,仍应成立《刑法》第二百六十八条之罪。(二)意图营利供给赌博场所,或聚众赌博,主犯在逃,其余赌徒应分别情形,适用《刑法》第二百六十六条第一项或违警罚法第六十四条第一项第八款处断。(三)《刑法》第二百六十七条所谓以赌博为常业,系指以赌博营生者而言。其赌场设在何处,赌具系用何物,均可不问。仰即转行知照。此令

**附广西高等法院原呈**

案准广西省会警察局三十六年亥寝法代电内开:"查本市赌风甚炽,迭奉省宪令饬严拿,惟关于适用法律,殊有疑义,兹分述于下:(一)图利供给场所或聚众赌博之案件,如系在私人住宅内破获,是否可认为《刑法》上第二六八条之罪犯,移送司法机关办理。(二)图利供给场所或聚众赌博,主犯在逃,其余赌徒是否上述法条之从犯,抑依违警罚法处罚。(三)某

宅或某店铺以赌博、麻雀牌或扑克牌九等为常业,是否触犯《刑法》第二六七条之罪。上三项有关本局职责问题,谨电查照,敬希解释赐复,俾便遵循”等由。准此,事关法律解释,职院未敢擅专,理合具文,呈请钧院鉴核,俯赐解释示遵。

**院解字第三九六三号**

**三十七年五月四日**

**令最高法院院长夏勤**

据本院参事处签呈称,查国立大学校长,于当选立法院立法委员后,是否与普通官吏同受不得兼任原职之限制。又省、县立中学校长,如参加全省性妇女或职业团体国民大会代表,或立法院立法委员之竞选,是否非于法定期间辞职,不得为候选人,案关适用法律疑义,理合签请释示等情。据此,业经本院统一解释法令会议议决。国立大学校长,于当选立法委员后,得否兼任原职,系属将来之宪法解释问题,未便解答。至全省性妇女或职业团体之国民大会代表,或立法院立法委员之选举,既以全省为其选举区,该省、县立中学校长任所所在地,即在其选举区之内,其为此项团体国民大会代表,或立法委员之候选人,自应受《国民大会代表选举罢免法》第八条,或《立法院立法委员选举罢免法》第十三条之限制。除指示外,合行令仰知照。此令

**附原令**

据本院参事处签呈称,查国立大学校长,于当选立委后,是否与普通官吏同受不得兼任之限制,及省、县立中学校长,如参加全省性妇女或职业团体国大代表,或立法委员竞选,是否非于法定期间辞职,不得为候选人。疑义二点,拟请发交最高法院,拟具解答案呈核。是否有当,理合签请鉴核等情。据此,合亟令仰拟具解答案呈核。此令

**院解字第三九六四号**

**三十七年五月二十九日**

福建省政府览,本年露丑歌府人丙字第一四三一〇号代电悉。所请释示一案,业经本院统一解释法令会议议决。《公务员考绩条例》第三条,既规定考绩时功过得互相抵销,则曾经记过而已抵销者,自不受公务员惩戒法第七条规定之限制。合电知照。司法院辰艳印

**附福建省政府原代电**

南京司法院钧鉴,查《公务员惩戒法》第七条规定,自记过之日起一年内不得晋级,而现行公务员考绩条例第三条规定,平时功过得互相抵销,并可增减其总分数,其应予晋级者仍可晋级。基上两种条文显有出入,办理不无困难。前经本府咨请铨叙部三十六年七月二十日考绩字第六三〇一号咨复,以查依公务员惩戒法规定所记之过,自应依该法第七条规定办理,自记过之日起,一年内不得晋级。如非依公务员惩戒法规定所记之过,即应依公务员考绩条例第三条规定办理,嘱查照等由。准此,查《公务员惩戒法》第十二条所称“荐任职以

下公务员之记过或申诫,得迳由主管长官行之",依其规定,则记过或申诫自属惩戒法上之惩戒处分,前经钧院三十六年十二月二十三日院解字第三七五六号解释有案。唯以铨叙部所谓非依公务员惩戒法规定所记之过,未悉系何分别。又对于《公务员考绩条例》第三条规定平时所记功过得互相抵销,与《公务员惩戒法》第七条规定有无抵触,究应如何办理,抑作何解释,均有疑义,理合电请释示祇遵。福建省政府人丙( )叩

**院解字第三九六五号**

**三十七年五月二十九日**

辽宁高等法院,上年午筱代电悉。所请释示一案,业经本院统一解释法令会议议决,原代电所述情形,中国人将其土地所有权让与日本人,及日本人以之让与中国人,均非有效,向日本人受让之中国人,不得补行登记,惟除在《旧土地法施行法》有效时期,已依同法第十条第二项第九款将该土地收归国有外,依其情形,可认当事人若知中国人让与土地所有权于日本人之行为为无效,即欲为允许日本人以之让与另一中国人之行为者,依《民法》第一百十二条之规定,其允许处分之行为既属有效,日本人以之让与另一中国人之行为即非无效,向日本人受让之中国人自得补行登记,即不然,向日本人受让之中国人如就自己之占有或将自己之占有与其前日本人之占有合并而为主张(《民法》第九四七条),其所有权之取得时效已完成者,亦得请求登记为所有人(《民法》第七六九条、第七七〇条)。合电知照。司法院辰艳印

**附原代电**

南京司法院院长居钧鉴,查伪满时日本人向国人合意购买之土地,光复前复由日人卖与国人,该承买之国人是否取得该项土地所有权,并依土地权利清理办法东北各省市施行细则第四条补行登记,兹有甲乙两说,甲说谓国人出卖土地与外国人,本在禁止之列,其卖买契约即属无效,日人既未取得该地所有权,其卖与国人亦不生效力,该承买之国人对于该地既未取得所有权,自不得依《前开施行细则》第四条补行登记,乙说谓国人出卖土地与外国人,固应禁止,然既经日本人又卖与国人,而该承买之国人系以合意公平价值内购买,洵属善意,应予保护,且东北沦陷期内,此类事件甚多,若全部无效,于社会经济影响甚大,似应认承买该土地之国人取得所有权,且《前开施行细则》第四条补行登记办法有特别法之效力,既无明定限制,自应准其登记,事关法律疑义,未敢擅专,案悬待结,理合电请核释示遵。辽宁高等法院院长李祖庆沈午筱叩

**院解字第三九六六号**

**三十七年五月二十九日**

案准贵院本年一月二十八日(卅七)四内字第四六六八号公函,以省参议员选举条例第二条第一款规定,停止被选举权者为现任公务员,省修志馆馆长是否包括在内,暨此款所称

之公务员是否有官等之限制,不无疑义,函请解释见复等由。准此,兹经本院统一解释法令会议议决。《省参议员选举条例》第二条第一项第一款所谓公务员,系指委任以上之文职(派任人员亦同)及尉官以上之军职而言。各省、市、县纂修志书事宜,依地方志书纂修办法第四条之规定,由各省、市、县文献委员会办理。《各省、市、县文献委员会组织规程》第二条规定,本会置委员七人至十五人,由省、市、县政府延聘专家及有关机关学校首长充任,就委员中指定主任委员一人主持会务。所谓省修志馆馆长,如系指此项主任委员而言,自非省参议员选举条例第二条第一项第一款所称之公务员。相应函复,即希查照。此致行政院

**附行政院原函**

据内政部呈,以据浙江省民政厅请核示省县修志馆馆长可否兼任省县参议员一案,请迅予核示等情到院。查《县参议员选举条例》第二条第一款所称停止被选举权之公务员,其涵义业经咨由贵院,以院解字第三七七八号函解释有案,县修志馆馆长自可此照上项解释办理。至《省参议员选举条例》第二条第一款规定停止被选举权者为现任公务员,省修志馆馆长是否包括在内,暨此款所称之公务员是否有官等之限制,仍不无疑义。除指令内政部外,相应函请查照,迅赐解释见复为荷。

**院解字第三九六七号**

**三十七年五月二十九日**

案准贵院本年一月十六日(卅七)六财字第二六九零号咨,以据湖南省政府代电,为犯《妨害国币惩治条例》之罪,经依罪犯赦免灭刑令甲项规定予以不起诉处分,其供犯罪用之银币银类是否仍以行政处分没收之,是项银币银类亦可否依银币银类兑换法币办法强制其兑换,电请释示等情,抄同原附件,咨请解释见复等由,抄送原附件一件。准此,兹经本院统一解释法令会议议决,犯《妨害国币惩治条例》之罪,经依罪犯赦免减刑令甲项规定予以不起诉处分,其供犯罪用之银币银类,是否仍以行政处分没收之,是项银币银类,亦可否依《银币银类免换法币办法》强制其兑换,电请释示等情,抄同原附件咨请解释见复等由,抄送原附一件,准此,兹经本院统一解释法令会议议决,犯《妨害银币兑换法币办法》,对于持有银币银类者,既无得强制其兑换法币值规定,自亦不得依该条例强制其兑换。相应咨复照饬知。此咨行政院

**附行政院原咨**

据湖南省政府代点称,查《妨害国币惩治条例》第一条至第五条之犯罪,其犯罪行为在民国三十五年十二月三十一日以前,经该管法院依照罪犯赦免减刑令甲项之规定,予以不起诉处分,其供犯罪所用之物无从为同条例第六条之没收,惟是否仍可以行政处罚没收之?如供犯罪之物,如银币银类,亦可否依《银币银类兑换法币办法》强制其兑换?上项疑义,理合电请解释示遵等情。查事关法令疑义,相应抄同原附件,咨请查照迅赐解释见复为荷。

**院解字第三九六八号**

**三十七年五月二十九日**

河北高等法院邓院长览,本年四月元代电悉,所请解释一案,业经本院统一解释法令会议议决,《立法院立法委员选举罢免法》第十三条所称现任文职或军职之官吏,系指已经接受任命而执行职务者而言,不包括未就职者在内。合电知照。司法院辰艳印

**附原代电**

国民政府司法院院长居钧鉴,查《立法院立法委员选举罢免法》第十三条所称之现任文职或武职之官吏,是否包括已经任命而未到差就职之官吏在内,如包括在内,其请辞系在选举期前五个月,而核准辞职在前开期间之内,究应以何者为起算该条五月期间之标准,事关法律疑义,理合电请解释示遵。河北高等法院院长邓哲熙元印

**院解字第三九六九号**

**三十七年五月三十一日**

四川高等法院苏院长览,本年寅支代电悉,所请解释一案,业经本院统一解释法令会议议决,国民大会代表选举人将其在甲投票所领取之选举票投入乙投票所票匦,致乙投票所开出之票数超过所发给之票数者,其超过部分之票,依《国民大会代表选举罢免法施行条例》第四十四条第二项第一款之规定,自应认为废票,候选人甲乙丙丁四人均在乙投票所得有选举票时,如由当选人得票总数内减去其有废票可能性之票数后,仍较第一候补人所得票数为多,则其当选不因废票之存在而受影响,否则当选人所得票数不能谓非不实,于有合法之当选诉讼提起时,即应宣告其当选无效,例如甲得五万票当选为代表,乙得四万九千九百九十五票,当选为代表,丙得四万九千九百九十票,为第一候补人,乙投票所之废票计有十张,甲在乙投票所得十五票,乙在乙投票所得四票,由甲所得五万票内减去其有废票可能性之十票后,为四万九千九百九十票,不多于丙所得之票数,应认为当选票数不实,由乙所得四万九千九百九十五票内减去其有废票可能性之四票后,为四万九千九百九十一票,尚较丙所得之票数为多,其当选不因废票之存在而受影响,甲之当选宣告无效时,丙丁之候补当选亦归无效。合电知照。司法院辰世印

**附原代电**

南京国民政府司法院院长居钧鉴,案查《国民大会代表选举罢免法》第三十六条适用时发生疑义,分甲乙丙三说,甲说谓"此条所谓当选票数不实,系指开票时以少报多,若仅选举人在甲乡投票所领得选票持赴乙乡投票,以致乙乡投票数超出发票数,系因选民不悉规定,以致错误,尚非舞弊,亦非伪票,其所投候选人亦未变更原意,同为县选所投票所发出之票,应为有效,否则各候选人均得有选票时,应如何认定扣减,方为合法"。乙说谓"某乡票匦开出之票数多于该乡投票所发出之选票时,显见超过部份之选票非在该乡投票所地点领取之

票就地填写投入者，自应认为废票，如有甲乙丙丁四候选人在该乡均得票，而不能证明此项废票系其中何人所得时，倘欲认定甲之废票为若干，即只能将乙丙丁三人共得之票数由废票数内减去，而以下余之废票至少为甲所得废票”。丙说谓“选举人在甲乡投票所领取之选票向乙乡投票所投入，即系不用投票所发给之选举票，应作为废票，当选票中应剔除此废票，即为当选票数不实，观于《国代选举罢免法施行条例》第二十四条、第三十六条、第四十四条第一款及《四川省各县市选举投票所办事细则》第三条、第十二条各规定自明，否则不但上述法条如同虚设，所有分乡投票监察管理造册对证领票签盖均成多事，且易开买票之风，予狡狯以便利，大非立法及大选之本旨，至超过废票究应何人负责，于审判时，依据事实，何人在该乡得票最多，对该乡人事上是否便利，以自由心证，不难判断”。以上三说，究以何说为是，事关法律疑义，理合电请钧院迅赐解释，电示祇遵。四川高等法院院长苏兆祥叩陵寅支印

**院解字第三九七〇号**

**三十七年五月三十一日**

湖南高等法院余院长览，本年子筱代电悉，所请解释一案，业经本院统一解释法令会议议决，违反《盐政条例》应没收之私盐案件，如其违反之行为依该条例应科以主刑时（不以第二十九条第二项为限），则其没收即属从刑，自应于科刑判决之主文内并予宣告，与同条例第四十四条第一项没收仅有行政罚之性质者不同。合电知照。司法院辰世印

**附原代电**

南京司法院院长居钧鉴，查违反盐政条例应没收之私盐，依同条例第四十四条第一项，固应由法院以裁定行之，惟同条例第二十九条第二项既经修正为私盐量在五百市斤以上者处五年以下有期徒刑或拘役并没收其盐云，依法文顺序，以没收订定于自由刑之后，似已变为从刑，究竟是项没收之裁判应否于科刑判决内并予宣告，排斥同条例第四十四条第一项之适用，抑仍以裁定行之，与科刑判决分别宣告，事关法律疑义，谨电俯赐解释示遵。湖南高等法院院长余觉叩子筱印

**此处删去一条。**

**院解字第三九七二号**

**三十七年五月三十一日**

**令最高法院院长夏勤**

据本院参事处签呈，以原处死刑或无期徒刑之人犯经依罪犯赦免减刑令丙项减刑者，其减刑前已执行之日数可否算入减刑后之刑期疑义，签请解释等情。据此，业经本院统一解释法令会议议决，原处无期徒刑人犯经依罪犯赦免减刑令丙项减刑者，其减刑前已执行

之日数应算入减刑后之刑期,惟其裁判确定前羁押日数不得抵为已执行之日数,至原处死刑人犯经依上开赦减令减刑者,其减刑后之刑期无已执行之日数可以算入。合行令仰知照。此令

**院解字第三九七三号**

**三十七年五月三十一日**

甘肃省地方公务员惩戒委员会上年午微代电悉。所请解释一案,业经本院统一解释法令会议议决,被付惩戒人于刑事侦查或审判中逃亡者,在被通缉期内,其刑事程序既未终结,自不得开始惩戒程序。合电知照。司法院辰世印

**附原代电**

司法院院长居钧鉴,查《公务员惩戒法》第二十三条规定,同一行为已在刑事侦查或审判中者,不得开始惩戒程序,惟被付惩戒人于侦查或审判中逃亡,经该管机关予以通缉,除缉获或因追诉权之时效消灭而终结者外,在通缉期内,惩戒程序是否亦不得开始,事关适用法律疑义,理合电请迅赐解释,俾便遵循。甘肃省地方公务员惩戒委员会兼委员长叶在畴叩午微印

**院解字第三九七四号**

**三十七年五月三十一日**

案准贵所本年四月十三日选字第一五零一八号公函,以中心国民学校校长是否视同官吏,参加任所所在地全省性妇女团体国民大会代表竞选,应否予以限制疑义,请解释示复等由。准此,兹经本院统一解释法令会议议决,中心国民学校校长依《国民学校法》第十四条第二项之规定为委任文职,不得谓非官吏,全省性妇女团体国民大会代表之选举,既以全省为其选举区,该省中心国民学校校长任所所在地即在选举区之内,其为此项团体国民大会代表之候选人,自应受《国民大会代表选举罢免法》第八条之限制(参照院解字第三九六零号、第三九六三号解释)。相应函复查照。此致国民大会代表立法院立法委员选举总事务所

**附抄来函**

国民大会代表立法院立法委员总选举事务所函,请解释中心国民学校校长是否官吏,参加全省性妇女团体国民大会代表竞选,应否予以限制疑义。

**院解字第三九七五号**

**三十七年五月三十一日**

浙江高等法院孙院长览,本年丑铣代电悉。所请解释一案,业经本院统一解释法令会议议决,(一)《各省市县参议会或临时参议会参议员遴选补充规程》第五条所称之现任官

吏,系指委任以上之文职(派任人员亦同)及尉官以上之军职而言,省通志馆馆长如即为《各省市县文献委员会组织规程》第二条之主任委员,自非现任官吏,国营事业机关之职员,如非委任以上之文职,亦非现任官吏。(二)遴选之省参议员为现任官吏时,虽其原任官吏未经辞职,在未撤销遴选案之前,仍得为选举监察委员之选举人,不得认其选举为无效(参照院解字第三九二〇号解释)。合电知照。司法院辰世印

**附原代电**

南京司法院院长居钧鉴,查《各省市县参议会或临时参议会参议员遴选补充规程》第五条规定,现任官吏不得遴选为省市县参议会或临时参议会参议员等语,(一)所称官吏是否与公务员之意义相同,倘其范围应较公务员为狭,应如何定其界说?例如省通志馆馆长暨国营事业机关之职员等,是否认为官吏?(二)遴选之省参议员如系现任官吏,应否认为根本无效,抑仅能令其辞去原职或将遴选案撤销?在未撤销遴选案之前,出席省参会参加监察委员投票,其选举是否即属违背法律,应认为无效?以上两点,均不无疑义,理合电恳钧院鉴核,迅赐解释示遵。浙江高等法院院长孙鸿霖叩丑铣印

**院解字第三九七六号**

**三十七年五月三十一日**

案准贵院本年三月四日(卅七)四内字第一零四零七号公函,以据内政部呈,为议复甘肃省政府请示当选国大代表兼职疑义一案,抄附甘肃省政府原电及该部所议三点意见,函请核释见复等由,附抄内政部民四字第一一四五号甲项原文一段暨甘肃省政府代电一件。准此,兹经本院统一解释法令会议议决,(一)当选为国民大会代表后,非不得在其当选之选举区内充任官吏,惟其人如为《国民大会代表选举罢免法》第七章所称主管行政机关首长,而经选举人提出罢免声请书时,关于此项职务之执行,自应回避。(二)国民大会代表非不得兼任省市县参议员。(三)原代电第三点所列之各项人员,当选为国民大会代表后,仍得兼任原职。相应函复查照。此致行政院

**附原公函**

据内政部三十七年二月七日民四字第一一四五号呈,为议复甘肃省政府请示当选国大代表兼职疑义一案,对于国大代表可否兼任官吏或其他民意机关代表,拟具意见三点,呈请核示前来,经核原意见二尾端国大代表能否兼任依宪法产生之省市或县议会议员,自应如所议意见,俟各该《议会组织法》制定后,视其规定如何,再作决定,业已指复外,其余各节事关法令疑义,相应抄附甘肃省政府原电及该部所议三点意见,函请查照核释见复。

**附抄内政部民四字第一一四五号甲项原文一段**

(甲)国民大会代表可否兼任官吏或其他民意机关代表或其他公职问题,(一)查宪法并无限制国民大会代表任官吏之明文,本部以为国大代表任期虽系六年,惟其任务须于总统依宪法第二十九条及第三十条召开国民大会时始得行使,且依宪法第二十七条之规定,国

民大会既未负有监督政府与官吏之责,则准其兼任官吏,似亦无妨,惟宪法第二十八条第三项所定"现任官吏不得于其任所所在地之选举区当选为国民大会代表",虽为防止现任官吏于其任所所在地操纵选举而设,与当选后能否充任原选举区官吏无关,然国大代表依法应由选举区行使罢免权,如准其兼任原选举区官吏,自难免其利用职权以阻碍罢免法之提出与通过,为期贯彻《国大代表选举罢免法》第七章各条之精神计,似不宜准其于原选区兼任官吏,究应如何办理之处,拟请钧院转咨司法院解释。(二)关于国大代表能否兼任省市县参议员,法律亦无明文规定,惟考之宪法第二十九、三十及四十七各条之规定,国民大会除因特别事故而召集临时会,每六年始开会一次,即国大代表之职权依正常状态六年始行一次,与省参议会每六个月市或县参议会每三个月开会一次之情形不同,似不宜比照本部前就省市县参议员选举各条例所为解释"民意机关代表不得互相兼任"之规定办理,即省市或县参议员当选为国大代表,或国大代表于当选后被遴选或被选举为省市或县参议员者,均可准其兼任,至国大代表可否兼任依宪法产生之省市或县议会议员,自应俟各该议会组织法制定后,视其规定如何,再作决定。(三)甘肃省政府所称国营事业机关人员及从事县银行工作与地方自治人员,既非"委任以上文职及尉官以上军职"之官吏,其当选国大代表,本不受宪法第二十八条第三项之限制,毋庸事先辞职,则于当选后,似可兼任原职。

**院解字第三九七七号**

**三十七年五月三十一日**

财政部鉴,上年财钱庚三(二六〇〇)(一二、〇二)代电悉,所请解释一案,兹经本院统一解释法令会议议决,依《合作社法》第三条第四款组织之信用合作社,非《票据法》第一百二十三条所称之银钱业。相应电复查照。司法院辰世印

**附原代电**

司法院钧鉴,查《票据法》第一百二十三条规定,"支票之付款人以银钱业者为限",银行法列举之各种商业银行实业银行储蓄银行信托公司钱庄及与银行钱庄同视之银号银公司票号等,凡经财政部核发银行营业执照之行庄,其为票据法该条所称之"银钱业",自属毫无疑义,惟依据《合作社法》第三条第四款组织之信用合作社,是否能视为银钱业,作为支票之付款人,不无疑义,于此发生甲乙两说。(甲)说谓信用合作社之法定业务为"为谋金融之流通,贷放生产上或制造上必要之资金于社员,并收受社员之存款"(至《合作社法》第五条规定之"经主管机关之核准得收受非社员之存款"一节,自非常时期迄今,主管机关从未核准),既属办理存放款之金融业务,应即认为银钱业,即得为支票之付款人。(乙)说谓信用合作社并非银钱业,其理由有四,(一)银钱业为商业之一种,而信用合作社为"依平等原则,在互助组织之基础上",谋社员相互间资金之融通而组织之团体,为反对中间阶级之剥削,即反对商业而成立,本身并非商业,换言之,即根本不成为"业",自更非"银钱业"。(二)银钱业为以营利为目的之营利事业,故依法须纳营利事业所得税特种营业税,而信用合作社

为不以营利为目的之社团，故依法得免缴所得税营业税(《合作社法》第七条)，足见信用合作社非银钱业。(三)银钱业为对于社会授受信用之特种营业，对于社会安全关系綦重，故其设立程序至为严格，除按一般公司依公司法之规定向经济部登记外，并依《银行法》第十五条之规定，“非在中央主管官署(财政部)申请营业登记，经核准并领得营业执照后，不得开始营业”，而信用合作社之设立，则仅须有社员七人以上即可设立，向所在地主管机关为成立之登记(《合作社法》第九条)，程序极为简单，因其仅在社员相互间发生授信关系，与一般社会并不发生关系，故其设立程序无须如一般银钱业之严格，从而信用合作社自不能与一般银钱业同视。(四)支票为流通证券，发起人可在其银钱业存款或信用契约约定之数额范围内开发支票，交与第三人作为支付之工具，执票人可不径向付款人付款，而自行转让或经由其他银钱业提出于票据交换所，流通至为灵便，票据法为维护支票之流通，并保护社会之安全，因而有“支票限于见票即付”，“支票之付款人以银钱业者为限”，暨滥发支票处刑之规定，凡此规定，与本票汇票不同，自非对于任何个人或社团所能适用，信用合作社之活动范围既仅限于社员相互之间，又非银钱业票据交换所之一员，社员提取存款，尽可凭簿折为之，自无须使用支票，致使信用合作社与非社员间发生债权债务之关系，据此又可知信用合作社非票据法所称之银钱业。以上两说究以何者为是，事关法律疑义，谨请大院赐予解释，俾有遵循，财政部财钱庚三(2600)(12.02)印

**院解字第三九七八号**

**三十七年五月三十一日**

**令湖南高等法院院长余觉**

三十七年三月三十一日呈一件，为据邵阳地方法院代电，以省县参议员及立法委员选举诉讼之原告不在法院所在地住居者，其计算起诉期间应否扣除在途程期，不无疑义，呈请解释示遵由。

呈悉，业经本院统一解释法令会议议决，依《立法院立法委员选举罢免法》第三十七条、第三十八条，《省参议员选举条例》第二十七条或《县参议员选举条例》第三十五条提起诉讼之原告不在法院所在地住居者，计算各该条所定之期间，准用《民事诉讼法》第一百六十二条之规定。应扣除其在途之期间。仰即转饬知照。此令

**附原呈**

为呈请解释示遵事，案据邵阳地方法院院长陈振球本年三月智代电称，查依《国民大会代表选举罢免法》第三十八条、第三十九条提起诉讼之原告不在法院所在地住居者，计算各该条所定之期间，业经司法院统一解释法令会议议决，准用《民事诉讼法》第一百六十二条之规定，应扣除其在途之期间(三十六年十二月一日院解字第三六六〇号)，关于县参议省参议及立法委员之选举诉讼，如原告之住所有上项情形时，计算起诉期间，应否扣除其在途程期，不无疑义等情前来。据此，事关法律疑义，未敢擅断，理合备文呈请钧院俯赐解释

示遵。

**院解字第三九七九号**

**三十七年五月三十一日**

四川高等法院苏院长览,上年亥陷代电悉,彭县地方法院呈请核示一案,业经本院统一解释法令会议议决,行政机关对于吸食烟毒人犯于移送司法机关裁判前实施禁戒断瘾者,非《刑法》第八十八条第三项所谓禁戒处分之执行,不得由检察官声请免其刑之执行(参照院解字第三八八七号解释)。合电转饬知照。司法院辰世印

**附原代电**

南京司法院院长居钧鉴,案据彭县地方法院院长李春祥三十六年十一月十九日牍字第六四号呈,为烟毒案犯经行政机关实施禁戒断瘾后始送司法机关裁判者,科刑后既无执行保安处分之必要,即无须再送烟毒调验所禁戒,应否仍由检察官适用《刑事诉讼法》第四百八十五条,声请法院裁定免其刑之执行,请核示等情。查对于吸用烟毒成瘾之人犯施以保安处分,依《刑法》第八十八条第二项应于刑之执行前为之,若行政机关在未移送以前或检察官在侦查时先将被告禁戒断瘾后始行移送审判者,经判决确定后,是否仍应适用《刑事诉讼法》第四百八十五条之规定,声请法院裁定免其刑之执行,事关法律疑义,理合电请钧院迅赐解释分遵。四川高等法院院长苏兆祥叩牍亥陷印

**院解字第三九八〇号**

**三十七年五月三十一日**

浙江高等法院孙院长览,上年戌元代电悉,绍兴地方法院代电所请核示一案,业经本院统一解释法令会议议决,已查封尚未判决没收之汉奸财产,该汉奸在查封前之普通债务,虽经判决确定,暂难遽就已查封之财产予以执行。合电转饬知照。司法院辰世印

**附原代电**

司法院院长居钧鉴,案据绍兴地方法院三十六年酉有代电称,查已判决没收之汉奸财产,其在没收前所负之普通债务,自无庸由该财产上予以清偿,业经院字第二二〇七号解释有案,但查汉奸财产已被查封而尚未判决没收者,该汉奸在查封前所负之普通债务,经判决确定后,声请执行时,可否在已查封之财产予以拍卖清偿,尚有疑义,理合电请核示祗遵等情。据此。事关法律疑义,理合电请钧院鉴核迅赐解释,俾便饬遵。浙江高等法院院长孙鸿霖叩戌元印

**院解字第三九八一号**

**三十七年五月三十一日**

案准贵院本年一月十三日(卅七)七法字第一八零七号咨,以据司法行政部呈请核转解

释受理律师惩戒事件适用法律疑义，抄同原呈，咨请解释见复等由，附抄司法行政部原呈一件。准此，兹经本院统一解释法令会议议决，来文所述情形，如该首席检察官认为不应送付惩戒时，可以批示驳斥之，对于此项批示不得抗告。相应咨复查照饬知。此咨行政院

**附原咨**

据司法行政部本年一月二日京呈叁字第四号，呈请核转解释受理律师惩戒事件适用法律疑义一案，相应抄同原呈，咨请查照解释见复，以便饬遵为荷。

**附原抄呈**

案据湖南高等法院首席检察官三十六年十一月七日指财字第一二四六号呈称，案据湘潭地方法院首席检察官何奇伟本年十月二十五日呈称，查《律师法施行细则》第十四条及《律师惩戒规则》第六条第二项规定，地方法院首席检察官得受理人民对律师违法声请惩戒事件，设此项声请经审查认为不合，是否可予以驳回，如能驳回，应依何种格式，声请人不服，能否抗告，如首席检察官仅只能移送，无权准驳，则人民迳向惩戒委员会声请，是否合法，或仍须发交原管辖地院首席检察官附具意见，再行移送，对于此类情事既无明文规定，理合备文呈请钧处解释示遵，谨呈等情。据此，查此类情事尚无解释事例可资参证，理合备文呈请钧长鉴核示遵等情。据此，理合呈请鉴核转请司法院解释，俾便饬遵。

**院解字第三九八二号**

**三十七年五月三十一日**

九江江西高等法院第二分院贺院长览，(37)寅感代电悉。所请解释一案，业经本院统一解释法令会议议决，原代电所述情形，如无乙说所称之舞弊行为，尚难谓有使该县选举发生相异结果之虞，自非选举无效之原因。合电知照。司法院辰世印

**附原代电**

南京司法院院长居钧鉴，前以国大代表选举诉讼法律疑义数点，经于三十六年十二月以亥有代电呈奉钧院三十七年三月二十三日院解字第三八九四号寅梗代电开，上年亥有代电悉，所请解释一案，业经本院统一解释法令会议议决，原代电第一点所举事实尚欠明了，是否选举无效之原因无从解答，第二、第三两点所述情形，其办理选举均属违背法律，自系选举无效之原因，合电知照等因。奉此，谨将第一点事实补陈于下，国大代表依中央颁布选举进行程序注意事项，原规定三十六年十一月二十一日至二十三日选举，二十四日将各乡票匦集中县城，二十六日开票完毕，今有某县某某两乡，一距县城九十里，一距县城八十里，如期选举完毕后，派往该各乡之管理员即于二十四日返县，独留票匦于乡，待其他各乡票匦解集县城开票完毕后，于二十七日下午六时始将票匦到县城，选票应否有效，分甲乙两说，甲说该两乡票匦送县虽违背规定日期，但票匦上贴有封条，如尚完整，应属有效，乙说封条可随时更换，纵属完整，然无正当理由而延迟数日，即可于延迟期间内开视匦内投票结果，或视县城开票情形如何，随时将选票抽出或加入，另行贴封，似此既显有舞弊嫌疑，复违法

定日期,自属无效。奉电前因,理合补充第一点事实,电请迅赐解释示遵。江西高等法院九江分院院长贺飏武叩(37)寅感印

**院解字第三九八三号**

**三十七年五月三十一日**

广西高等法院申院长览,本年子寝代电悉。该法院第八分院代电所请解释一案,业经本院统一解释法令会议议决,来文所述情形,不得由原检查机关或移送税局转请检察官代为抗告,此项裁定一经确定,别无补救办法。合电转饬知照。司法院辰世印

**附原代电**

南京司法院院长居钧鉴,案据本院第八分院三十七年一月七日法字第一〇号代电称,按以裁定科处罚锾之一切税法,如无特别准许之规定,原检查机关或移送税局均不得就该裁定提起抗告,既经司法院院解字第二九〇四号解释有案,而此项裁定,各税法又无送达检察官之规定,设该裁定显有违法或不当,原检查机关或移送税局可否转请检察官代为抗告,如可请代,则其抗告期间应由检查机关或移送税局接受裁定书时起算,抑由检察官接受请代书时起算?若不可请代,则在此场合是否尚有他法可为补救?事关法律疑义,本分院未敢擅便,理合电请察核转请解释示遵等情。据此,案关适用法律疑义,职院未敢擅拟,理合电请察核俯赐解释电示祇遵。广西高等法院院长申守真子寝刑天印

**院解字第三九八四号**

**三十七年六月十四日**

案准贵院本年一月二十七日(卅七)七法字第四四九二号咨,以据内政财政两部先后议复司法行政部,呈转山东高等法院诸解释《禁烟禁毒治罪条例》第十条第二项之罪易科罚金应否充奖疑义一案,抄同有关文件咨请解释等由,计抄送司法行政部原呈一件,内政部及财政部原函各一件。准此,兹经本院统一解释法令会议议决,禁烟罚金充奖办法所称罚金,依该办法第二条一二两款规定,系专指判处罚金者而言,依《禁烟禁毒治罪条例》第十条第二项易科之罚金,既系以徒刑而为易科,与判处罚金性质不同,自不得以之充奖。相应咨复查照饬知。此咨行政院

**附原咨**

据内政财政两部先后议复关于司法行政部呈转山东高等法院,请解释《禁烟禁毒治罪条例》第十条第二项之罪易科罚金应否充奖疑义一案到院,查此案该两部议复意见两歧,事关法律适用疑义,相应抄同有关文件,咨请查照解释,俾便饬遵为荷。

**计钞(略)**

**院解字第三九八五号**

**三十七年六月十四日**

辽宁高等法院上年未虞代电悉，所请解释一案，业经本院统一解释法令会议议决，(一)旧《土地法》虽公布于十九年六月三十日，并经以命令定为自二十五年三月一日施行，但其定施行日期之命令既为同法第六条之所委任，则在法律施行日期条例第二条、第四条之适用上，自属同法之一部，刊登该命令之公报，如因东北各省之沦陷，致不能依限到达各该省，则依同条例第二条、第四条之规定，应自到达之翌日起发生效力，在其效力发生之前，无从适用于各该省。(二)《旧土地法施行法》第九条所谓将其土地无价收归国有，应以行政处分行之，如在同法有效期内未为收归国有之行政处分，原所有人之所有权尚未丧失。(三)《复员后办理民事诉讼补充条例》第十二条之增加给付，应就各个具体事件公平裁量定之，未便一概而论，以阻碍此项法则之适应性。(四)已见院解字第三九六五号解释。(五)敌为没收之土地，经伪地政局让与中国人者，不应认为公有，原所有人如不向受让人请求返还，受让人仍得继续占有，受让人之取得时效已完成者，并得请求登记为所有人。(六)中国人以土地向日本人设定抵押权，经日本人于伪满整理地籍时申报确定为日本人所有者，日本人并不因之而取得所有权，该中国人自请求返还。(七)伪满时日本人在中国人私有土地上营造房屋或其他建筑屋者，其建筑屋属于日本人所有，日本人于中国收复该地方前以之让与于中国人者，即属于中国人所有，纵令日本人无在该土地上营造建筑物之权利，亦不过应行拆迁而已，在未拆迁前，其建筑物之所有权仍属于营造人或其受让人。(八)在第二审所为诉之交替的变更，不外三种情形，一为撤回原诉而提起新诉，二为以诉之变更准许为条件而撤回原诉，三为就原诉为诉讼标的之舍弃而提起新诉，诉之变更应准许者，第二审法院应就新诉为裁判，自不待言，对于原诉应否并予裁判，则当分别情形定之，在第一、第二两种情形，原诉虽不具备《民事诉讼法》第二百六十二条所定撤回之要件，亦因诉之准许变更而视为撤回，第一审法院就原诉所为之判决，因此失其效力，第二审法院无须更就对于该判决之上诉为裁判，在第三种情形，第二审法院应并就原诉本于舍弃而为原告败诉之判决，如其诉之变更不应准许者，第二审法院应以裁定驳回新诉，对于原诉，除第一种情形之撤回原诉具备《民事诉讼法》第二百六十二条所定要件者外，仍应予以裁判，而在第三种情形，就原诉为裁判，亦应本于舍弃而为原告败诉之判决，第二审法院就原诉为判决时，固应于上诉声明之范围内，依第二审程序之一般规定办理，若就新诉为判决时，其新诉既未经第一审判决，即不在上诉声明范围之内，第二审法院自无从就新诉为变更原判决或驳回上诉之判决。合电知照。司法院巳寒印

**附原代电**

司法院院长居钧鉴，兹有下列问题亟待解释，(一)旧《土地法》于二十五年三月一日起施行，全国并无日期及地域之分，东北各省自应同时一律适用，经司法行政部京(36)代电叁

字第九四四号电知在案。惟在东北沦陷期间是否适用,仍有疑义,分甲乙二说,(甲)说法律施行日期条例第四条规定,“刊登该法律之公报或公布该法律之命令,如因天灾事变致不能依限到达时,自其到达之翌日起发生效力”,东北各省于二十年九一八即行沦陷,至三十五年四月间始行接收,法院公布旧《土地法》之公报或命令,显因事变迄未到达,是以该法在东北沦陷期内不能适用。(乙)说东北各省为中国领域,本应施行中国法律,不能因日人之强占而阻碍法律施行之效力,是以东北各省沦陷期内,旧《土地法》仍应适用。(二)依旧《土地法施行法》第九条,应将其土地无偿收归国有者,在未收前,原所有人之所有权是否消灭,有甲乙二说,(甲说)违反旧《土地法》第十七条,将其土地移转与外国人,应认为其所有权消灭,是以应无偿收归国有,此就立法本旨实为当然之解释。(乙说)无偿收归国有系行政处分,在未收前,其所有权尚未丧失。(三)《复员后办理民事诉讼补充条例》第十二条增加给付,应就案件实际情形参酌下列各款为裁判之标准,是否适当,(壹)金钱债务,除银行存款适用财政部规定外,应就契约成立时及履行债务时物价增加之指数,参照下列情形,酌量核定其增加之金额,1. 债务之性质及约定利率之高低,2. 双方经济状况及债务人之履行能力,3. 债务人因借贷所得之利益,4. 欠付之约定利息及迟延利息,适用原本增加给付之标准,但欠付原因以归责于债务人者为限,(贰)回赎典物,出典人应返还之典价,如应增加给付时,应以设定典权时典物之价值与起诉时典物之价值比较增加之倍数,为增加给付典价之标准。(四)国人将私有土地卖与外国人,外国人买后转卖与国人,其转卖契约是否有效:分甲乙二说,(甲说)外国人在中国,除条约有规定外,对于中国土地不能享有所有权,其买受国人私有土地之买卖契约,依法无效,从而其转卖契约系属无权处分,亦不生效。(乙说)民国二十四年院字第一三三〇号解释,“外国私人从前在中国所绝买之土地,虽不能取得中国之土地所有权,但该地既卖与中国人,自可因中国人请求,而为《不动产登记条例》第三条第一项所有权移转之登记”,二十七年院字为一七三七号解释,“外国私人将有永租权之土地移转与中国人,如其设定之初确有买卖性质,则受移转之中国人自可准其为所有权移转之登记”,此虽就不动产登记条例及旧《土地法》而为之解释,依其法意,与新《土地法》亦无抵触,现在仍可适用,且土地权利清理办法东北各省市施行细则第四条规定“三十四年九月三日前土地及定着物权利之合意移转,应由承受人于第三条公告期间内依法向该管市县政府补行登记,在尚未办理土地登记之地方,应补行税契”,盖以东北沦陷期内,国人与日人交易频繁,土地权利最后既归诸国人,自不宜追溯既往,致滋纷扰,是以东北特殊情形而论,日人转卖与国人之买卖契约,亦应认为有效。(五)敌伪没收之土地,经伪地政局卖与他人,原所有人表示放弃权利或不声请发还,此项土地应否认为公有,分甲乙两说,(甲说)敌伪没收之处分本为无效,其经伪地政局转卖与他人,自不发生所有权移转之效力,原所有人本得请求返还,如原所有人明示放弃其权利,或经过公告之限期(《土地权利清理办法东北各省市施行细则》第三条)而不声请发还时,应认为抛弃权利,其所有权消灭,应归接收之国家机关公有,至向伪地政局之承买人,基于自己之过失,而致有支付地价之损失,原所有人或接收机关不负补偿义务，如该项土地辗转于第三人之手，其善意及无过失之第三人，得以不当得利之法则，向不当得利人请求偿还，(乙说)伪地政局将没收之土地转卖与他人，固属不应生效，然原所有人既明示放弃权利或不声请发还，实即有承认伪地政局转卖之意，为保护善意第三人起见，不应收归公有。(六)国人以土地凭照交付第三人，转向日人抵借款项，第三人将款抵借到手，自行挪用，届时未能清偿，日人于伪满地籍整理时申报确定为日人产权，原所有人可否声请发还，分甲乙二说，(甲说)国人于其私有土地上向外国人设定负担，本在禁止之列，伪满时国人以土地凭照向日人抵借款项，其设定抵押权之契约本属无效，且日人纵行使合法抵押权，亦不能竟行申报该项土地为其所有，此种行为应认为显系有强占之意，依收复地区土地权利清理办法第七条，准由原土地所有权人提出产权凭证，声请发还，(乙说)日人之申报土地所有权，既经核准为移转登记，即属敌产，原所有人应向法院诉请确认其所有权存在后，再向接收机关声请发还。(七)伪满时国人将私有土地租与日本人，该日人在土地上兴建之房屋或其他建筑物，于光复前转卖与国人，其建筑物之所有权应归属于何人，有甲乙二说，(甲说)外国人向国人购买动产，本非法所禁止，日人如自购砖瓦及建筑材料，于国人土地上兴造建筑物，虽对于基地之承租权或地上权依法不应认为有效，然该建筑物之所有权仍应属于日人，从而其转卖与国人亦为有效，该建筑物之所有权应属于最后承买之国人，(乙说)日人于国人土地上兴造建筑物，既未依法取得承租权或地上权，其建筑物应即拆除，亦即不应再为建筑物之形势，该日人仅对建筑材料取得所有权，对于建筑物仍不能认为其所有，从而日人将建筑物转卖与国人不生效力，该日人与承买之国人均未取得建筑物之所有权。(八)当事人于提起上诉后为诉之变更，关于裁判主文应否仅就变更之诉为之，分甲乙丙丁四说，(甲说)当事人于提起上诉后主张变更原诉之请求，无论何方声明诉之变更，其上诉及第一审之诉当然均不存在，即应仅就变更之诉为裁判，对于原判置而不论，(乙说)变更之诉已合法，原诉即消灭，仅就变更之诉及总诉讼费用为裁判，变更之诉不合法，原诉不消灭，应就上诉声明而为原判维持与否之判决，(丙说)提起上诉后为诉之变更，其上诉之请求及在第一审之诉非当然消灭，且因上诉而为诉之变更，其变更应认为包括于上诉之中，如变更之诉未经他造同意或无理由，应认为上诉无理由，予以驳回，主文中无庸记明变更之诉字样，若认变更之诉有理，即认为上诉有理由，废弃原判，而本于变更之诉之声明而为判决，甲说及乙说之前半，在理论上固属可通，惟变更之诉若有理由，仅就变更之诉为裁判，而对于原判置之不顾，则与第二审变更之诉之判决并存，如有冲突，执行时不免发生疑义，是以甲说乙说均不足采，(丁说)依丙说认为变更之诉包括于上诉之中，适用于同造提起上诉并变更原诉者，向无窒碍，若一造提起上诉，他造变更原诉，如变更之诉无理由，实不能即认上诉人之上诉为无理由，是以丙说亦不足取，当事人于提起上诉为诉之变更，应认为上诉与变更之诉并存，如变更之诉不合法或无理由，应驳回变更之诉，而认上诉为有理由，本于上诉之声明而为判决，如变更之诉为有理由，应驳回上诉，并本于变更之声明而为判决。事关法律疑义，未敢擅断，理合电请迅赐解释祗遵。辽宁高等法院院长李祖庆浀未

虞叩阳

**附抄《土地权利清理办法东北各省市施行细则》(民国三十五年十一月二十一日行政院核准)**

第一条　本施行细则依收复地区土地权利清理办法第十条之规定订定之。

第二条　土地权利之清理由市县政府执行之,其由东北房地产管理局及中央机关接收之土地及定着物,由该局或中央机关会同市县政府清理之。

第三条　各市县政府于接收后,关于土地及定着物权利之清理,应登报公告,限期办理。

前项公告清理之期间为六个月,其因交通不便或其他特殊情形必须延长时,应由该管市县政府层报东行辕政治委员会核准,但以不得超过二年为限。

在清理期间内,各市县政府得视清理之需要,依市县区划之形势,分区规定起迄日期,依次办理。

第四条　三十四年九月三日前土地及定着物权利之合意移转,应由承受人于第三条公告期间内依法向该管市县政府补行登记,在尚未办理土地登记之地方,应补行税契。

土地及定着物权利人执有九一八事变前之合法证件为其权利凭证,如其旧有证件加盖敌伪组织印信者,应在原敌伪印信上加盖无效戳记,并依前项之规定补行登记或税契,但于九一八事变前已税契者,不在此限。

前两项之登记规则另定之。

主张于九一八事变后三十四年九月三日前已受让敌伪土地及定着物之权利者,应提出敌伪组织土地权利书状纳粮完税凭证法院判决或其他公文书,呈请该管市县政府审定之。

第五条　公有土地经敌伪组织出卖买放领或放租者,其买受人承领人或承租人应于第三条公告期间内向该管市县政府申报,听候处理,如逾期不报,除收回其土地外,并以侵占公产论处,公有土地经放租者,另得斟酌情形另订租约。

第六条　公有土地原系生荒,经承购人或承领人施以特别改良者,政府收回其土地时,应酌予补偿其改良费用。

前项土地如有继续放领或放租之必要者,原承购人或承领人有优先承领或承租之权。

第七条　公有土地经买受人或承领人新建或增建相当之建筑物或重建而其价额超过原建筑物价额甚巨者,得准予租用三年,期满后得续租之。

第八条　经敌伪组织因地籍整理测量以为浮多地而没收者,视为公有土地,准用关于公有土地之规定。

第九条　敌伪放领之公有土地收回后,如认该项土地无公共需要者,得再予放租,原承领人有优先承租之权。

第十条　敌伪没收或强占之私有土地,原所有人得于第三条公告期间内提出产权确切凭证,声请该管市县政府核准后发还之。

所有人不能提出产权凭证者,应取具乡镇保甲长或四邻或机关之证明书。

第十一条　因未申报土地权利而没收之土地,如经原所有人承买者,视为发还。

第十二条　敌伪组织发价征收之私有土地,原所有人得于第三条公告期间内提出确切证件,声请该管市县政府核准后,依征收时所领价金,按目前物价指数,缴价领回,惟所交价款不得超过现时土地价值,其不准缴价领回之土地,应依法补办征收手续。

第十三条　敌伪所为之土地征收,以其他土地之交换而代发价者,原所有人应返还原交换之土地,以代缴价。

第十四条　敌伪没收强占征收之土地或建筑物,承受人故意加以损害,致不能回复原状者,对于原权利人因此所受之损失,应负赔偿之责。

前项承受人因就土地所施之特别改良或新建增建重建之建筑物所生之权利,得估价抵充前项之赔偿。

第十五条　土地或定着物在收回发还或领回前,占有人应负保管之责。

第十六条　敌伪没收或强占之土地,经施以特别改良或因市政计划变更使用方法致增高价值者,原所有人应于发还时缴纳其增值额,增值额之计算如下。

增值额＝现在估计价额－依征收原状估计之现在价额

第十七条　以敌伪之强买为理由,请求回复土地或定着物权利,而有疑义者,须经法院之确定判决。

第十八条　敌伪法院关于土地或定着物权利所为之裁判及其他处分,如欲回复权利,须有法院之确定判决。

第十九条　依本细则为关于土地或定着物权利发还或领回之声请者,应绘具图说,检同证件,提出声请书,记载下列各款事项,并署名盖章。

一、声请人之姓名年龄籍贯住所或居所职业。

二、请求之标的。

三、土地或定着物之种类坐落面积及敌伪时期占有人之姓名。

四、土地或定着物以前及现在使用方法。

五、事实及理由。

六、证明方法。

七、该管市县政府。

八、附属文件。

九、年月日。

为第五条第二项之声请者,应添载系自耕农或其建筑物系供自己居住。

为第十一条之声请者,应添载现在占有人之姓名(或机关)住所或居所及职业。

为第十四条之声请者,应添载现在占有人之姓名(或机关)住所或居所及敌伪征收时所发之价额。

第二十条　声请人委任他人代理时,应提出委托书,载明代理权之范围,署名盖章,提出于该管市县政府。

第二十一条　依本细则声请发还或领回土地权利者,应取具保人,保证其声请事项并无虚伪。

第二十二条　审核声请如认为有疑义时,得传说声请人及其他关系人,并得实地调查,将其结果作成笔录,附于原声请书后,以为土地权利清理之依据。

第二十三条　核准发还或领回之土地或定着物,应将权利人之姓名(或机关)土地或定着物之种类坐落面积及其形状公告之。

前项公告经两个月而无异议者,发还或领回之。

第二十四条　捏造强占事实,请求发还土地或定着物者,得按其请求标的价额,处以百分之二十以下之罚锾,如因而发生损害者,并负赔偿责任。

第二十五条　受土地或定着物发还或领回者,应觅具殷实铺保。

第二十六条　为土地或定着物之发还或领回,不得征收费用,但关于土地登记之费用,不在此限。

第二十七条　土地或定着物之原权利人,非经呈由该管市县政府核准回复其权利者,不得以私力直接向占有人强行索回。

原权利之向占有人协议收回占有物时,应呈报该管市县政府备案。

第二十八条　因土地权利清理而回复权利者,其土地如非自耕或其建筑物非供自己居住,原耕作人或现居住人有优先承租之权。

第二十九条　土地或定着物经政府各机关接收清理发还于原权利人者,其接收后发还前政府所得纯益,应返还于原权利人。

第三十条　经敌伪组织变更之产权经界,认为难于恢复原状或保持现状足以增进土地之效用者,应依法施行土地重划。

第三十一条　关于土地权利之清理,经该管市县政府核定处分后,利害关系人有不服者,得向上级机关提起诉愿,但权利人因此所受之损害,由诉愿人负赔偿之责。

第三十二条　原管辖机关所为之处分,于诉愿人提供系争标的物现值五分之一保证金者,应停止执行。

第三十三条　各市县政府为土地权利之清理,应组织土地权利清理委员会,其组织规程另定之。

第三十四条　本细则自公布日施行。

**院解字第三九八六号**

**三十七年六月十四日**

案准贵院上年二月十八日从捌字第五五五三号咨,以据内政部呈请转请解释寡媳招赘生子登记疑义,咨请解释见复等由。准此,兹经本院统一解释法令会议议决,子死亡后,固不得以孀媳与赘夫所生之子为其亡子之子,但如收养孀媳为女,则其养女与赘夫所生之子,自与之发生祖孙关系。相应咨复查照饬知。此咨行政院

**附原咨**

据内政部本年二月六日户字第〇〇三六〇号呈称,据台湾省行政长官公署民政处致亥梗署民四代电内开,民间习俗,有为父母者于其子死后将媳招赘,而以赘夫及其媳结婚后所生之子为其亡子之子,此种情形既不能办收养登记,在户籍上应办何种登记,如其母或前夫之父为户长时,对其本身之称谓如何,请核示等情。据此,查寡媳招赘于法不合,应在与亡子婚姻关系消灭后收养为养女,并办收养之登记,然后再为之招赘,所生之子依《民法》第一〇六一条规定为婚生子,应为出生登记之声请,且依同法第一〇五九及一〇六〇两条之规定,赘夫之子女从母姓,以其母之住所为住所,准此则在法律上此子虽不得被收养为亡夫之子,要不失其为养父母之孙,以上解释是否有当,案关法律疑义,理合呈请鉴核转请司法院解释等情。据此,案关适用法律疑义,相应咨请查照解释见复,以便饬遵为荷。

**院解字第三九八七号**

**三十七年六月十四日**

陕西高等法院郗院长、朱首席检察官均览,上年亥删会电悉。所请核示一案,业经本院统一解释法令会议议决,因国民大会代表选举罢免而发生之刑事案件,其第一审管辖权在现行法上既无特别规定,自应依普通刑事诉讼程序归地方法院管辖。合电知照。司法院巳寒印

**附原代电**

南京司法院院长居钧鉴,因国大代表选举罢免发生之刑事,是否亦归该管高等法院管辖,乞电示遵。职郗朝俊、朱观卯亥删印

**院解字第三九八八号**

**三十七年六月十四日**

广西高等法院申院长览,上年卯真代电悉。柳州地方法院所请核示一案,业经本院统一解释法令会议议决,院解字第三三四九号解释已将院解字第三二五五号解释予以变更,当然以后解释为准。合电转饬知照。司法院巳寒印

**附原代电**

南京司法院院长居钧鉴,案据柳州地方法院本年寅俭代电称,查司法院三十五年十月七日院字第三二五五号解释《刑事诉讼法》第三百十八条第一项系属特别规定,凡自诉案件,不问是否属于告诉或请求乃论之罪,经讯问自诉人被告及搜集或调查证据,发见案系民事者,法院均得晓谕自诉人撤回自诉。兹阅司法院三十六年二月十七日院字第三三四九号

解释,《刑事诉讼法》第三百十八条第一项后段之规定,其适用应以告诉或请求乃论之罪为限,前后互异,依据后解释优于前解释之原则,固应依照后解释为适用准绳,惟后解释并无变更前解释之明文,究其理由何在,理合电恳转呈核示祇遵等情。据此,案关解释法律,职院未敢擅拟,理合电请察核,迅赐解释电示,俾便饬遵。广西高等法院院长申守真卯真刑天印

**院解字第三九八九号**

**三十七年六月十四日**

**令湖南高等法院院长余觉**

三十七年四月十六日呈一件,为据邵阳分院代电请示《立法院立法委员选举罢免法》第三十七条、第三十八条所称选举人之资格疑义,呈请解释示遵由。

呈悉,业经本院统一解释法令会议议决,《立法院立法委员选举罢免法》第三十七条、第三十八条所称之选举人,不以曾经投票者为限。仰即转饬知照。此令

**附原呈**

为呈请解释示遵事,案据邵阳分院院长钟馥本年四月鱼代电称,查立委选举区内某县弃权罢选之人民,能否认为立委《选举罢免法》第三十七条及第三十八条所称选举人之资格,对该区立委选举提起确认选举无效之诉,乞电示遵等情前来。据此,查事关法律疑义,未敢擅断,理合备文呈请钧院俯赐解释示遵。

**院解字第三九九〇号**

**三十七年六月十四日**

浙江高等法院孙院长览,(37)寅佳代电悉,所请解释一案。业经本院统一解释法令会议议决,“应依银行业战前存款放款清偿条例清偿之存款放款。于同条例施行前业经确定判决增加给付而于施行时尚未清偿者。亦应依同条例清偿之。其依同条例无须清偿之部份。债务人得依《强制执行法》第十四条提起异议之诉”。合电知此。司法院巳寒印

**附原代电**

司法院院长居钧鉴,(略)查《银行业战前存款放款清偿条例公布施行》前,业经法院确定判决增加给付之银行业存款案件,在条例公布施行后尚未清偿者,应否依照条例规定而为清偿,兹分两说。(甲)法律不溯既往,该案既在条例公布施行前判决确定,自应依判增加给付,不得改依条例规定而为清偿。(乙)法律固以不溯既往为原则,但此仅为法律适用上之原则,而非所以拘束立法者,故如立法者所立之法,其本身即已规定溯及某时期或某程度者,自应依照适用溯及规定,要无引用上开原则之余地,例如减刑办法即是。按凡银行业在战前所成立之存款尚未清偿者,应依条例规定清偿之。盖可观条例第一条及其他各条规定而自明。揆诸条例之立法精神,尤为当然之解释。该案虽已判决确定,但既尚未清偿,自应

依照条例办理。在此场合,依法亦即为于判决确定后,有减少(即一部消灭)债权人请求之事由发生。如债权人不为同意,赓请法院强制执行,可由债务人依照《强制执行法》第十四条之规定,在强制执行程序终结前提起异议之诉,请求判决改依条例清偿,以资救济。以上两说,究以何说为是,(略)理合电请鉴核,迅赐解释示遵。浙江高等法院院长孙鸿霖叩(37)寅佳印

**院解字第三九九一号**

**三十七年六月十四日**

案准贵院三十五年十一月十八日节京捌字第九七六四号咨,以据司法行政部呈转请解释假扣押、假处分应否征收执行费疑义,咨请解释见复等由,准此。兹经本院统一解释法令会议议决,“假扣押、假处分之执行。无须征收执行费”。相应咨复查照饬知。此咨行政院

**附原咨**

据可法行政部本年十一月六日京呈叁字第九六八号呈称,据江西高等法院院长梁仁杰三十五年十月十二日民字第二三九六号呈称,案据九江地方法院院长陆琛呈称,窃查民事假扣押、假处分应否征收执行费,现分四说。甲说,假扣押、假处分均系保全程序,应俟执行本案判决时征收执行费,而执行假扣押、假处分不应征费。乙说,假扣押、假处分不尽起诉,如不征收执行费,则于起诉前撤销者,将无征费之机会。丙说,假扣押、假处分之未起诉或起诉而未判决者,应征收假扣押、假处分之执行费。其经判决者,则俟执行判决时征费,而于假扣押、假处分之执行不另征费。丁说,执行同一事件之假扣押、假处分及本案判决,皆应征收执行费。以上四说,未知孰是。理合具文呈请钧长鉴核示遵等情到院。事关法律解释疑义,本院未敢擅便,理合备文转呈钧部鉴核示遵等情。事关法律适用疑义,理合呈请钧院鉴核转送司法院解释,俾便饬遵等情。据此,案关适用法律疑义,相应咨请查照解释见复。以便饬遵为荷

**院解字第三九九二号**

**三十七年六月十四日**

案准贵所本年五月八日选字第一五四五〇号公函,以考察华侨社会事业专员应否受《立法院立法委员选举罢免法》第十三条之限制疑义,函请解释示复等由,准此。兹经本院统一解释法令会议议决,“来函所称之考察华侨社会事业专员,如确系社会部所聘任,自非《立法院立法委员选举罢免法》第十三条之官吏”。相应函复查照。此致国民大会代表立法院立法委员选举总事务所

**附件**

国民大会代表立法院立法委员选举总事务所请解释考察华侨社会事业专员应否受《立法院立法委员选举罢免法》第十三条之限制疑义由。

**院解字第三九九三号**

**三十七年六月十四日**

广州地方法院霍院长览,上年未齐代电悉,所请解释一案,业经本院统一解释法令会议议决,"第三人就没收汉奸财产主张权利所提起之诉讼,并非《强制执行法》第十五条所谓异议之诉,没收汉奸财产之裁判由高等法院检察官执行者,提起此项诉讼亦应向地方法院为之"。合电知照。司法院巳寒印

**附原代电**

南京司法院院长居钧鉴,关于执行没收汉奸财产,第三人对于执行目标物主张权利,提起执行异议之诉,应由何法院管辖,发生疑义,兹有两说。(甲)说,查执行没收汉奸财产应注意事项第三款规定,"对没收财产主张权利之人所提证据经检察官认为不充分者,得谕令其向地方法院起诉,即以原检察官为被告"等语,则此项执行异议之诉,应由地方法院管辖。(乙)说,查刑事诉讼执行裁判由为裁判之法院检察官指挥之,又没收之裁判应依检察官之命令执行之,此在《刑事诉讼法》第四百六十一条第一项前段及四百七十四条第一项前段定有明文。而汉奸案,除被告原属军人复任伪军职应受军事审判者外,均依《特种刑事案件诉讼条例》之规定,由高等法院或分院审理之。又为《处理汉奸案件诉讼条例》第五条所规定,则执行汉奸案件没收财产之确定裁判,由为裁判之高等法院或分院检察官指挥之,法文规定至为明白。第三人就执行标的物有足以排除强制执行之权利者,提起异议之诉,依《强制执行法》第十五条规定,应向执行法院为之,是执行异议之诉系专属于执行法院管辖,殆无疑问。检察官系配置于各级法院,此项裁判既由高等法院或分院检察官执行,其执行法院当为高等法院或分院,故第三人提起异议之诉,除因嘱托地方法院执行处执行者外,当然应由该执行裁判检察官所属之高等法院或分院管辖。至执行没收汉奸财产应注意事项第三款所谓"起诉",究指提起何种诉讼而言,法文固未明定,虽系参照院字第一八八六号解释制定,然视其立法之意,其参照不外在以检察官为被告而已。故该款所称起诉,应指第三人以检察官否认其所有权之存在而提起之单纯确认所有权存在之诉而言。其时定管辖之法院,自可以《民事诉讼法》第十条第一项(此系指不动产言)定其管辖之地方法院。若谓该款系指执行异议之诉而言,不知高等法院或分院所辖地方法院有数个以上。究以高等法院或分院所在地之地方法院为管辖法院,抑以不动产所在地之地方法院为管辖法院,于适用上难免又生疑问,是以执行法院定其管辖法院较为切合。以上两说,未知孰是,理合电请解释示遵。广东广州地方法院院长霍维四未(齐)民纪

**院解字第三九九四号**

**三十七年六月十四日**

广州市政府欧阳市长览,上年亥养穗地四产代电悉,所请核示一案,兹经本院统一解释

法令会议议决,“行政机关代管人民私有产业,应依民事实体法及程序法办理,未便为行政处分依行政执行法行之。”合电知照。司法院巳寒印

**附原代电**

南京国民政府司法院院长居钧鉴,现据本府地政局签呈称,查关于本局接管前粤桂闽区敌伪产业处理局移送之代管民业,原系前处理局于奉令结束前呈奉行政院核准移交本局继续办理。此项代管民业,系一时未明业权谁属者,但其权利主体仍为原业主。而本局则受有代管之权,此种代管权,依照法令上言,乃一种安定社会经济秩序之行政处分,并非行使《民法》上之权利。惟必须有代使用收益及排除障碍之权力,始足尽代管权之能事,否则将令原业主及社会经济均蒙受损失,故本局行使代管权而为之处分,无论任何方式,均属一种依据法令之行政处分。对于此种行政处分,其有服从义务而不履行者,自得依照行政执行法第二条规定,予以强制执行。似此本局于处理代管民业案件中,亦得依法令所授予权力而为行政处分,毋须受民事诉讼程序之拘管。依上法令根据,本局代管民业之代管范围,可包括有(一)管理;(二)放租;(三)发还三项。兹权分别陈述如下。(一)管理方面。由本局根据粤桂闽区敌伪产业处理局移交册列接收,随设代管民业组管理。(二)依法令为行政处分,将房屋放租,以免荒置。所订租约或租结,系行政处分内一种方式,与具结方式相同,与普通契约迥异。遇有住户违约,即依行政处分撤销之,并通饬租户将铺屋交还本局收管。倘住户抗不履行交还之义务,自得依行政执行法第二、第三条,由本局呈请市府令饬警察局转饬各该管分局代为执行。(三)原业主返市,得携原契证来本局请求发还业权,本局即依法令验明契证发还管业,并以通知书通知住户依租约或租结内规定一个月期限迁出,将房屋交还业主使用。如住户抗不履行交还之义务,即依上项行政执行法两条规定办理。根据以上各条所陈,本局对于处理代管民业,似应依照行政执行法办理。且查行政院对粤桂闽区处理敌伪产业审议委员会因军事机关部队或个人占用敌伪产业物资解决办法第四项办理困难。呈奉行政院于三十六年十一月四日以(三十六)七外四五二六九号指令,将原办法“(四)个人占用房屋限期交出。如愿承购,准由处理机关估价交原住人优先承购,限期交款,逾期即强制迁出(由处理机关请法院执行)”,修改为“个人占用房屋,应限期标售,现住用人得参加投标,如得标人非现住用人时,应限期通知现住用人迁让,逾期即依行政执行法强制迁出”。具见行政院为鼓励投标,保障投标人利益,已采取行政执行法强制迁出,免由法院办理,致费时日。现本局代管民业,虽非敌伪产业,然概属在沦陷期间,业主因不堪敌伪蹂躏迁避内地而致被敌伪代管之产业。倘被住客盘踞,不能收回自用,其蒙受损失之痛苦,不言而喻。本局既负有代管之责,应予业权人以切实保护,采取行政执行法以排除障碍,始符行政院保护正当业权人之精神。是否有当,理合签呈鉴核示遵等情前来。查该局所陈各节,似属可行,除分呈行政院并批复外,理合转电察核示遵。广州市市长欧阳驹亥养德地四产叩

**院解字第三九九五号**

**三十七年六月十四日**

国防部鉴,上年戌灰吕捕代电悉,浙江省军管区司令部电请转函释示一案,兹经本院统一解释法令会议议决,"《特种刑事案件诉讼条例》施行前已系属于军事或军法机关之特种刑事案件,原机关如未依所定期限终结,普通法院即非无权审理。"特电复请查照饬知。司法院巳寒印

**附原代电**

司法院钧鉴,案据浙江省军管区司令部军法杭字第五四一号电称,案查永康县兵役科长董兆庚贪污嫌疑一案。本部于三十二年十二月间迭据该县人民告发,即因该员犯有《惩治贪污条例》第二条第四款之罪嫌,经予受理。嗣因该员畏罪潜逃,即经通令严缉。迨至本年六月间,因据报该员已由金华地方法院予以受理,当因该员系兵役科长兼国民兵团团附,具有军人身份,且系触犯当时应受军法审判之罪。查其犯罪及发觉之时期均在《特种刑事案件诉讼条例》奉颁前,经遵照钧部三十六年未皓吕捕字第一六九二〇号代电意旨,电请金华地方法院将该员解送本部审判去后,兹准该院三十六年九月十日戌刑字第五九三号公函开,案准贵部本年九月四日法云字第四二七号代电,以董兆庚贪污一案依国防部本年未皓吕捕代电释示应受军法审判,抄附国防部原代电,嘱将是案人卷移送审讯等由,准此。查本案被告董兆庚系前永康县兵役科长兼任国民兵团团附,参照司法院院字第二〇三八号解释,县兵役科长兼任国民兵团团附,犹之县长兼任国民兵团团长,役政既为县政之一部。该兵役科长如因办理役政而发生犯罪,自应归普通法院审判。是本案被告董兆庚既无军人身份,其因办理兵役而犯贪污罪嫌,依《惩治贪污条例》第十一条、《特种刑事案件诉讼条例》第一条规定,应由司法机关审理,当极明显。且本案虽发生在《特种刑事案件诉讼条例》施行以前,业经贵部受理,尚未审结,但其法定审判机关既因《特种刑事案件诉讼条例》施行而变更,参照司法院院解字第三〇五六号及第三四二二号解释,亦应移由司法机关审理。查司法院有统一解释法令之权,其所为解释自应遵照适用,该案既经上级法院指定本院管辖。依照上开说明,即有受理之权,所请移送贵部审理,因碍于法令,歉难照办,准电前由,相应复请查照等由。查《特种刑事案件诉讼条例》施行前,关于已系属于军法或军事机关之特种刑事案件,逾限尚未办结,仍应由原机关或依原诉讼程序讯结,不得移送法院审理。前奉行政院三十四年五月七日平捌字第八二八七一号合饬有案,本案系已系属于军法机关之案件,尚未办结,似应依照上开训令意旨,由本部予以审结,未便归由法院审理。况查司法院院解字第三〇五六号第一点所称特种刑事诉讼案件应移送法院审判,系指《刑事诉讼法》第二〇八条之司法警察官而言,并不包含其他依法令有军法审判权之机关在内。该院原函所称参照院解字第三〇五六号解释,本案应由司法机关审理,似有误会。又查司法院院解字第三四二二号所称,应移由各省市高等法院或其分院审理者,系指无军人身份之汉奸而言,

与本案性质不同。该院原函所称参照院解字第三四二二号解释，本案应由司法机关审理，似亦有误会之处。事关管辖疑义，理合电请转函司法院释示，俾资遵循。查案关法律疑义，理合电请统一解释示遵为祷。国防部戌灰吕捕

**院解字第三九九六号**

**三十七年六月十四日**

湖北高等法院朱院长览，上年戌马代电悉，咸丰地方法院呈请解释一案，业经本院统一解释法令会议议决，"因赃私处罚有案者，虽经赦免，仍不得应省县公职候选人考试及当选为乡镇自治人员。"合电转饬知照。司法院巳寒印

**附原代电**

司法院院长居钧鉴，据咸丰地方法院院长余曜本年九月二十六日呈称，案据声请人朱季辅具状声称，窃季辅前奉钧院三十五年度特字第十一号判决，以季辅预备侵占公有财物，判处有期徒刑一年六月，并未褫夺公权。判决确定执行中，旋蒙于本年二月二十二日依大赦令赦免，足证罪刑消灭。现经选为乡民代表，是否与法律抵触，有无选举被选举权，应请解释示遵等情。据此，查该声请人朱季辅前充咸丰县屠宰税稽征员，经县政府查明其对于经手征收屠宰税票根与缴报不符，认为有侵占公有财物嫌疑，送经同级检察官侦查起诉到院。本院审理判决，认朱季辅有预备侵占公有财物之行为，依《惩治贪污条例》第六条、第七条、第十条判决，处有期徒刑一年六月，并未褫夺公权。判决确定执行中，以该朱季辅犯罪日期系在民国三十五年十二月三十一日以前，依大赦令甲项赦免在卷。查湖北省各县乡镇自治人员选举规则第四条，有下列情形之一者，不得被选为乡镇自治人员："（四）曾因赃私处罚有案者"。《省县公职候选人考试法》第九条第四款亦有同样之规定。该声请人朱季辅既因赃私处罚有案，若从严格解释，似不得被选为乡镇自治人员或应省县公职候选人考试。惟查司法院院解字第三五一九号解释，被判褫夺公权而经宣告缓刑者，在缓刑期内仍得应省县公职候选人考试。其在缓刑期内当选为省县公职人员者，不得撤销其资格。此项判决褫夺公权而经宣告缓刑之人，是否指非因赃私被处罚者而言，抑或将因赃私处罚有案者包括在内？如包括在内，则被判褫夺公权宣告缓刑者，在缓刑期内，仍得应省县公职候选人考试。当选者不得撤销其资格，则因犯赃私之预备罪被处罚有案，并未褫夺公权，又经大赦赦免罪刑消灭后，可否从宽解释，亦得应省县公职候选人考试，当选者不得撤销其资格，而有选举被选举权，不无疑义。据声请前来，除批示外，理合备文呈请钧长鉴核，转请解释示遵等情。事关法律疑义，理合电请钧院俯赐解释，以便饬遵。湖北高等法院院长朱树声叩戌马文印

**院解字第三九九七号**

**三十七年六月十四日**

贵州高等法院李院长览,上年亥冬代电悉,所请解释一案,业经本院统一解释法令会议议决,“自命为继承人之人,于《民法》第一千一百四十六条第二项之消灭时效完成后,行使其抗辩权者,其与继承权被侵害人之关系即与正当继承人无异。被继承人财产上之权利应认为继承开始时已为该自命为继承人之人所承受,如因继承权被侵害人出而争执,对之提起确认所有权存在之诉,自不得谓为无理由。”合电知照。司法院巳寒印

**附原代电**

司法院院长居钧鉴,查《民法》第一一四六条规定:“继承权被侵害者,被害人或其法定代理人得请求回复之。前项回复请求权,自知悉被侵害之时起二年间不行使而消灭,自继承开始时起逾十年者亦同。”今设某甲有子乙丙二人,某甲亡故后,遗有房屋一所,依法本应由乙、丙平均继承。惟乙幼年即随其舅居住(并无出继或收养之情形),该房即由丙认为其独有,并独自行使所有权。而乙亦明知,但未主张。迨经过二年,丙将该房出卖,乙始出而争执。丙向法院提起所有权存在之诉。其诉是否有理由,可分下列三说。(一)丙之诉为无理由。盖所有权之取得须有其原因,或依法律行为,或有法律规定。今某丙之主张,两者均不具备,自无从主张所有权存在。(二)丙之诉为有理由。因该房之所有权原属乙丙二人,各个之所有权互为制限,现乙之回复请求权既已因不行使而消灭,则其对丙所有权之制限已不存在,丙自得请求确认该房为其独有。(三)丙之诉亦为有理由。盖乙之继承权既被侵害,即根本无从取得该房之所有权,丙虽无取得所有权之根据,而前开法条既明定不得再请求回复,无异即明认丙得保有该房,故亦得主张所有权存在。以上三说,应以何者为是,殊有疑义,理合电请解释示遵。贵州高等法院院长李学灯叩亥冬印

**院解字第三九九八号**

**三十七年六月十四日**

安徽宣城地方法院刘院长览,上年戌马代电悉,所请释示一案,业经本院统一解释法令会议议决,“来电所述情形,如无盗卖侵占之事实,不能依《惩治贪污条例》第三条第二款论处。”合电知照。司法院巳寒印

**附原代电**

司法院院长居钧鉴,兹有加工厂受某县田粮机关委托承制军粮,已由该机关将所有应予加工之稻悉数拨交该厂受收,并约定随提随交。如有亏欠,归保人负全部赔偿责任,乃限期早届。该厂竟于青黄不接之际而突有亏,迭催未能照缴,经彻查亏数属实,复由该厂出立限条承认无异。旋经人认其亏欠迭催无法交粮,即系利用时机而为盗卖贷放或侵占之结果,因以举发到院,于此有甲乙两说。甲说,谓某加工厂受公务机关之委托承制军粮,竟于

青黄不接之际而突有亏欠，迭催不能交数，显系利用时机，将该粮盗卖贷放或侵占，此为当然之解释，并属无庸举证，自足构成《惩治贪污条例》第三条第二款或第六款之罪责。乙说，谓某加工厂立约承制军粮并非特种契约，只须其能依约交出所制之军粮即可，并非必须交出由原拨稻制成之米粮。纵有亏欠情形，既已于约中订明归保人负责赔偿，而又不能证明其有盗卖贷放或侵占之事实，显为民事上之给付迟延或保证责任问题，要与《惩治贪污条例》第三条之罪无涉。两说各有其理由，究以何说为是，均不无疑义。事关法令解释，理合电恳核释示遵。安徽宣城地方法院院长刘杰材文总一八六（戌马）叩

**院解字第三九九九号**

**三十七年六月十四日**

案准贵院本年二月十八日（卅七）七法字第八〇二一号咨，以据司法行政部呈转请解释第二审法院检察官对于县司法处刑事判决上诉期限计算疑义，兹请解释见复等由，准此。兹经本院统一解释法令会议议决，“《县司法处办理诉讼补充条例》第十八条第三项，对于第二审检察官依该条项提起上诉之起算期间，既于同条例第二十条另行规定，则其上诉期间即应自该条项所定之接受卷宗后起算，与依第十八条第四项及第十九条规定提起上诉之起算期间不尽相同。来函所述第二审检察官因告诉人申诉不服提起上诉之例，其上诉期间应自该检察官第二次接受卷宗后起算。”相应咨复查照饬知。此咨行政院

**附原咨**

据司法行政部本年二月四日京（37）叁字第二四一号呈称，案据云南高等法院三十六年十一月五日呈称，案查第二审法院检察官对于县司法处所为刑事判决提起上诉期限，为自接收原审卷宗后十日内为之，固有《县司法处办理诉讼补充条例》第十八条第三项及《县司法处刑事案件覆判暂行条例》第二条第二项可资依据。设有二审法院检察官于接受县司法处呈送覆判卷宗后，经审查结果认为无提起上诉必要，转送法院覆判，刑庭于审查原审卷宗，发见原审判决对于告诉人及另一被告未经送达，当即将原卷函还检方转发补正后，原审于补正送达后，复行呈送卷宗，同院检察官接收时，如依第一次接收卷宗时计算，已逾上诉期限。但同院检察官以据原告诉人对于原判呈诉不服，提起上诉，此时检察官之上诉期限，究应如何计算，约有二说。甲应以检察官接受原审县司法处补正送达后之卷宗之日起算。盖此检察官虽接受同一卷宗转送覆判，因法院审查原审判决未经送达于原告诉人及另一被告，而认为原审程序未完，不得径行覆判。是前此检察官之接受同一卷宗，即因不合覆判而无从起算，自应以接受补正送达后卷宗之日起算为是，非如是解释。则法院先认原审判决未经送达告诉人及另一被告不得径行覆判，本意在维护原告诉人之申诉不服权及上诉权。今原告诉人于接收原判决已遵限申诉不服，如认检察官上诉期限应自第一次接受原卷之日起算，则法院发回补正之行为已无实益。乙应自二审检察官第一次接受原审卷宗之日起算。盖告诉人对于县司法处刑事判决虽有向二审法院检察官呈诉不服之权，但告诉人究非

当事人,其呈诉不服,即令准予上诉,亦系以二审检察官为上诉人。今二审检察官于第一次接受原审卷宗时既未行使上诉权,其上诉权即已因逾期而消灭,不能以第二次接受原审卷宗,如依第一次接收卷宗计算上诉期间,业已逾越上诉期间,使业已消灭之上诉权重行复活。以上二说,究以何说为是?案关法律疑义,拟恳转请解释示知等情。据此,事关法律适用疑义,理合呈请核转司法院解释,以便饬遵等情。据此,案关适用法律疑义,相应咨请查照解释见复,以便饬遵为荷。

**院解字第四〇〇〇号**

**三十七年六月十四日**

湖南高等法院余院长览,本年丑铣代电悉,所请解释一案,业经本院统一解释法令会议议决,"省保安司令与区保安司令,依各该司令部组织规程,为省主席或行政督察专员当然之兼职,其本职仍系文官。如有犯罪,除法律明定不归普通法院审判者外,仍应由普通法院受理审判。"合电知照。司法院巳寒印

**附原代电**

南京司法院院长居钧鉴,查省保安司令部组织规程,暨区保安司令部组织规程业经明令公布,依钧院院解字第三七二八号解释,各该司令部为陆军系统下之官署,包括于军《刑法》第十一条所称部队之内,则根据是项规程,经由国防部或省保安司令部派充之副司令、参谋长等服勤务之人员,具有军人身份,似无疑问。惟省保安司令系由省主席兼任,区保安司令由行政督察专员兼任,是否因其本职为文官,不认有军人身份,抑或按其行为性质,如属本诸兼任职务而犯罪,划归军法审判,否则仍由通常法院管辖?事关法律疑问,理合电恳核赐解释示遵。湖南高等法院院长余觉叩丑铣印

**院解字第四〇〇一号**

**三十七年六月十四日**

贵州威宁县司法处刘主任审判官览,上年寅感代电悉,所请解释一案,业经本院统一解释法令会议议决,"(一)《遗产税法》第十六条所称之所在地,系指同条列举之报告义务人所在地而言。如被继承人之遗产有在受报告之遗产税稽征机关管辖区域以外者,所有第十七条所定遗产之调查估计及第十二条所定遗产总额之合并计算,均应由该机关为之。(二)有《遗产税法》第二十四条第一项情形者,虽在遗产税稽征机关依同法施行细则第三十八条及同法第二十五条办理后,仍得科以罚锾。(三)遗产税稽征机关申请法院扣押财产之事件,如法院认为不应扣押者,应以公文答复之。至稽征机关送请科罚之遗产税案件,无论应否科罚,均应由法院以裁定行之。其不应处罚者,主文记明某某不处罚字样,稽征机关毋庸列为声请人,纳税义务人应称为被告。(四)已见院解字第三五〇七号解释。(五)《法院组织法》第三十三条第三款,所谓曾任推事或检察官,指具有推事检察官资格而曾经任用者

而言。至同条第六款所谓曾任县司法处审判官二年成绩优良者,虽无曾经部派字样,但依县司法处组织条例第五条第一项之规定,自以曾经司法行政部派为审判官者为限。(六)来文所述院函,系就《县司法处组织暂行条例》第五条第六款所定审判官之资格云之。至院解字第二九八五号解释,则就《法院组织法》第三十三条第九款所定推事检察官之资格言之。本属各为一事,并非以解释变更院函。"合电知照。司法院巳寒印

**附原代电**

南京司法院院长居钧鉴,(一)查《遗产税法》第一条载,凡人于死亡时在中华民国领域内遗有财产者,及中华民国人民在本国领域内有住所而在国外有遗产者,均应依本法征遗产税。又同法第十六条规定,纳税义务人、遗产管理人或遗嘱执行人,应于继承开始之日起两个月内,将死亡事实及遗产清册向所在地遗产税稽征机关报告之。设有被继承人某于甲乙两地均有住所及遗产。但不同省区其遗产大部份在甲地,且系其祖籍而其死亡时又在乙地,同时丙丁各地亦有遗产,究应向何地报征遗产税,发生争议。且因乙地稽征机关核定税额较低,已照缴纳,而甲地稽征机关应否再征,兹有三说。(甲)说,依《遗产税法》第一条及第十六条规定,除中国人在国外有遗产者系采属人主义外,在本国领域内系采属地主义,即纳税义务人不论被继承人死亡于甲地或乙地,应将甲乙两地所有之遗产分别向各该所在地稽征机关报缴,各按其所在地之遗产额课征税款。(乙)说,被继承人祖籍虽在甲地,但其死亡时既在乙地,依《遗产税法》第十二条规定,被继承人之遗产不在同一区城者,应合并计算其总额,则应采属人主义,即遗产税应由被继承人死亡之乙地稽征机关合并计征,甲地机关不得课征。(丙)说,被继承人某虽死亡于乙地,既甲乙两地各有住所遗产,且大部份均在甲地,为执行便利计,应由甲地稽征机关合并计征为宜。已缴乙地稽征机关之税额,可于应纳税额中扣除,或由稽征机关自行商拨转账。不知究以何说为是,殊滋疑义。(二)《遗产税法》第二十四条,违反同法第十六条之规定,不于继承开始之日起两个月内为死亡事实之报告或遗产清册之提出者,得科以五万元以下之罚锾。设纳税义务人经稽征机关通知后,不依期申报死亡事实及提出遗产清册,稽征机关已自行核定其税额,通知继承人限期缴纳税款,或申请复查而仍不遵行。稽征机关依同法第二十五条,移送司法机关执行查封拍卖并声请科处罚锾时,司法机关是否除予以强制执行外,仍得裁定科处罚锾,亦有两说。(甲)说,依征课遗产税之程序言,因纳税义务人不为死亡事实报告及提出遗产清册,故稽征机关逾期不待其申报即予核定税额,即寓有制裁之意思,既于送请强制执行中,则不应再予科处怠于报告之罚锾。(乙)说,科处罚锾与查封执行系属两事,纵于送请执行中,仍得同时予以科罚。二说应以何者为是?(三)税务机关送请查封执行及科罚之遗产税案件,审查结果系不应完纳遗产税(即在遗产税暂行条例公布施行前死亡者)或不受处罚者,司法机关应以公函答复之,抑应裁定驳回之,其主文是否裁为"声请驳回"或"其某不处罚"等字样?纳税义务人是否称债务人及被告,稽征机关是否列为声请人?(四)查《盐专卖条例》第六章所列各条,规定有刑罚及行政罚,其在三十五年十二月三十一日以前违反之案件,除罪刑部份

依照国府三十六年一月一日大赦令规定应予免诉外,其罚锾追缴及没收部分为行政罚,是否仍应另以裁定行之,不在赦免之列,抑或同时以判决宣告赦减及发还?(五)按《法院组织法》第三十三条第三款,曾任推事或检察官者,又第四条第六款曾任县司法处审判官二年以上成绩优良者,均无并经"部派有案"之字样,依铨叙部审查成案。即高等法院派代者亦皆认为具有各该条款之资格,如以此项资历送审,是否不以曾经司法行政部派者为限?(六)依钧院二十六年公字第一一五号函,复军事委员会,为各县军法承审员虽无《县司法处组织条例》第五条一至五款之资格,而具有同条第六款资格,系曾修习法律学科三科以上,领有毕业证书,并曾任军法承审员二年以上,而有证明文件(本款之承审员若从广义解释军法承审员似又包括在内),经主管官署证明成绩优良者,亦可认其有审判官之资格,核与钧院三十四年院解字第二九八五号解释。军法承审员为军法人员,其转任司法官应依军法人员转任司法官条例办理。《法院组织法》第三十三条第九款所谓各县承审员,自不包含军法承审员在内,似有不符,从前解释是否已予变更?以上各项,事关法令疑义,理合电请钧院迅赐解释示遵。贵州威宁县司法处主任审判官刘宾叩寅感印

**院解字第四〇〇二号**

**三十七年六月十四日**

案准贵院三十五年八月六日节京壹字第七九四〇号公函,以本院院解字第三一五九号解释,与院字第二七五七号解释第一项是否抵触,请再详晰解释等由,准此。兹经本院统一解释法令会议议决,"本院院解字第三一五九号公函所谓国家,系对自治团体而言,乡镇长、乡镇中心国民学校及保国民学校教员,均非国家公务员。乡镇中心国民学校及保国民学校校长,依《国民学校法》第十四条第二项之规定,系由县市政府或院辖市主管教育行政机关委任,自属国家公务员。依《乡镇组织暂行条例》第三十七条、第五十九条之规定,又为办理自治人员,实具有两种资格。"相应函复查照。此致行政院

**附原公函**

贵院三十五年七月十八日院解字第三一五九号公函诵悉,大函内所称国家公务员一词,其范围如何?是否即指法规制定标准法所称国家机关之公务员?又关于国家机关之范围如何,亦有疑义,其说有二。甲说,以凡依国家法令设立之机关,均为国家机关,则区乡镇公所保办公处国民学校及其他公立银行工厂公司……等无一而非国家机关。乙说,以国家二字与自治二字相对立,则凡属自治团体系统内之机关为自治机关,国家行政系统内之机关为国家机关。二说究以何说为是,抑或另有他说?又院字第二七五七号解释第一项,明定乡镇保长及其他办理自治人员为公职人员而非公务员,但乡镇长及乡镇中心国民学校、保国民学校校长教员,依此次大函解释又系受有俸给之公务员,此项解释是否与前项解释抵触,颇滋疑义,并请查照再为详晰解释,俾各级执行机关有所遵循为荷。

**院解字第四〇〇三号**

**三十七年六月十四日**

呈悉,业经本院统一解释法令会议议决,“来文所述情形,某甲将其住宅供给某乙聚赌抽头,如非意图营利,只成立《刑法》第二百六十八条之从犯。某乙既系聚众赌博,其参与赌博之人,如对于聚众之行为有联络之意思者,应成立该罪之共犯,余参照院解字第三九六二号第二项解释。至该住宅是否可视为公众得出入之场所,应以当时实际情形定之,”仰即知照。此令

**附原呈**

案据本院推事游为善本年二月十三日签呈称,呈为呈请转请解释事,兹有某甲供给其住宅,由某乙聚赌抽头,当赌博时,某甲住宅门扇大开,先后参与赌博者约数十人,并非特定人数,均系自由出入该屋无阻。经该管警局当场人赃并获,送请法办。对此事实,适用法律有下列二说。(子)说,以某甲供其住宅给人赌博,应负《刑法》第二百六十八条供给赌博场所之罪。某乙聚赌抽头,应负同条聚众赌博之罪,其参与赌博者,因非特定人数,且某甲住宅供为赌博场所,虽属私人住家之屋舍,然其门扇大开,与赌者均得自由出入该屋无阻,参照二十八年院字第一九二一号解释,非特定人数在家赌博,即应认该住宅为当然公众得出入之场所,与赌者均应负《刑法》第二百六十六条第一项在公众得出入之场所赌博财物之罪。(丑)说,以除某甲某乙应分别负《刑法》第二百六十八条之罪外,其参与赌博者,因该赌博场所系私人住家之屋舍,纵非特定人数,先后数十人自由出入该屋无阻,究与公众得出入之场所有别,该赌者仅触犯违警罚法,应不负《刑法》第二百六十六条第一项之罪。以上两说,究以何说为是?事关适用法律疑义,理合签请钧长鉴核,迅予径电转请司法院予以解释示遵,实为公便等情。据此,事关适用法律疑义,理合据情呈请钧长鉴核,俯赐解释示遵。

**院解字第四〇〇四号**

**三十七年六月十四日**

呈悉,业经本院统一解释法令会议议决,“军官如经奉准辞职后,其所犯普通《刑法》之罪,应归普通法院审判,”仰即知照。此令

**附原呈**

呈为呈请解释事,兹有某甲任官中校,曾在某绥靖公署任参议军职,于民国二十六年五月自请辞职,迄今九年有余,并未奉有任何任命,如某甲于辞职后犯普通《刑法》之罪,是否为现役军人,归军事法庭审判,抑系预备役或在乡军人,由普通司法机关受理,兹有两说。甲说,曾在军队任职军官,如已辞去团营连排长军职,而将校尉之实官尚未奉令退役者,仍为《陆海空军审判法》第一条第一项之军人。乙说,依据《陆军官佐服役任免调补条例》第二十一条免职候用者,即另候任用之谓,凡改编裁并时所余之员及自请辞职之员与其他免职

之员犹堪保用者属之。此项人员在候用期内仍为现役,但候至两年而不奉任命者,即退入预备役。谓某甲辞职逾两年以上,已退入预备役,纵令犯罪亦不应仍由军法审判。以上两说,不识何者为当,事关法律疑义,理合具文呈请钧院俯赐解释示遵。

**院解字第四〇〇五号**

**三十七年六月十四日**

广东高等法院史院长览,上年巳深代电悉,所请解释一案,业经本院统一解释法令会议议决,"定期租赁契约无《土地法》第一百条之适用,已见院解字第三四八九号解释,原代电所述情形,如其租赁期限于房屋租赁条例施行前届满,而其期限届满后又无《民法》第四百五十一条所定情形者,乙自得依《民法》第四百五十五条向甲请求返还租赁物。"合电知照。司法院巳寒印

**附原代电**

南京司法院院长居钧鉴,兹有甲承租乙之铺房,订立租约以一年为期,并约定期满甲须将铺房交还乙自住。迨期满后,乙依约催甲交还自住,甲拒绝不交,乙以甲违反租约及主张收回自住,诉请收回铺房。此种事实,可否认甲为违反《土地法》第一百条第五款之租约,或认乙提出租约即为自住之举证,抑仍须乙另提自住之证据以资证明?事关法律疑义,理合电请钧院赐予解释祗遵。广东高等法院院长史延程叩巳漾

**院解字第四〇〇六号**

**三十七年六月十五日**

案准贵部上年十二月五日直(三)字第六〇七七号公函,以法院对违反《印花税法》案件裁定如有错误,应以何种方法救济疑义,抄附交单,函请察核解释等由,附抄交单一纸,准此。兹经本院统一解释法令会议议决,"抗告法院所为关于违反印花税法之裁定纵有错误,在现行法上尚无救济之途,"相应函复查照。此致财政部

**附原公函**

查《印花税法》第九条前段规定,同一凭证而具有两种以上性质,其税率相同者,仅按一种贴用印花税票,其税率不同者,按较高之税率贴用。揆诸立法原意,在防止纳税义务人避重就轻,逃漏税负。兹有某地直接税局查获猪鬃商某甲,于三十六年二月八日出售猪鬃拾担与某乙,某甲于买卖成交后,即出立交单一纸(交单另附),经查该项交单具有三种性质:(一)为预定买卖货物单据(因其载有恐口无凭特立交单为据字样);(二)为银钱收据(因某甲于每次收到货款后,即在该交单上亲笔批明收款日期及数目,作为收款之凭证,并未另立银钱收据);(三)为发货票(因某甲于交清货物后,即在该交单后亲笔书列交货花色重量及价款,并另有某乙台照,某甲抄等字样,即以此作发货凭据,并未另立发货票)。依《印花税法》第九条前段规定,该项单据自应照同法第十六条印花税率表第一目或第二目之规定贴

花，兹交单上载明价款一千万元，应贴印花税票三万元，某甲仅贴印花一百六十元，少贴印花二万九千八百四十元，某直接税局遂检附该违章凭证，向地方法院检举。经地方法院审查属实后，依法裁定处罚锾八十九万五千二百元，并应补贴印花二万九千八百四十元，讵纳税义务人不服，向高等法院提出抗告，高等法院认为上项交单系预定买卖单据，抗告人所贴印花一百六十元，于法并无不合，原裁定撤销，某甲不处罚等语。查上项单据既为预定买卖单据，同时又为银钱收据及发货票，一纸三用，已属证据确凿，依《印花税法》第九条前段规定，该项交单自应照同法第十六条税率表第一目或第二目之规定贴花，高等法院撤销原裁定，不予处罚。对于税法似不无误解，此项错误裁定，应以何种方法救济，相应抄附交单一纸，函请察核解释为荷。

**院解字第四〇〇七号**

**三十七年六月十五日**

呈悉，业经本院统一解释法令会议议决，"关于法人之登记，《民法》并未定有时期之限制，本无所谓不遵限声请登记，纵令久不声请登记，法院亦无从为何种处置"，仰即转饬知照。此令

**附原呈**

为呈请解释示遵事，案据长沙地方法院院长刘少荣呈称，窃查法人监督权，依民法总则，除于清算中属于法院外，余多属诸主管官署（指行政机关）。然依法人登记规则，则法人之各种登记，亦有应归法院办理者，苟法人不遵限声请登记时，应如何处置，法无明文规定等情前来。据此，查事关法律疑义，未便擅断，理合备文呈请钧院俯赐解释示遵。

**院解字第四〇〇八号**

**三十七年六月十五日**

案准贵院本年三月一日（卅七）七法字第九九二二号咨，以据司法行政部呈转请解释县司法处审判官未受兼检察职务县长委托所为之不起诉处分，可否再行起诉疑义，咨请解释见复等由，准此。兹经本院统一解释法令会议议决，"县司法处审判官所为不起诉之处分，无论是否受有兼检察职务之县长委托，均属无效，得另行起诉。"相应咨复，即希查照饬知。此咨行政院

**附原咨**

据司法行政部本年二月十九日京（37）呈叁字第三一五号呈称，案据广西高等法院首席检察官三十六年十二月二十五日呈略，为县司法处审判官未受兼检察职务县长委托所为之不起诉处分，应否认为根本无效，抑或得依情形分别依《刑事诉讼法》第二三九条各款之规定再行起诉，不无疑义，请核示等情。据此，事关法律适用疑义，理合呈请核转司法院解释，俾便饬遵等情。据此，案关适用法律疑义，相应咨请查照解释见复，以俾饬遵为荷。

院解字第四〇〇九号

三十七年六月十五日

呈悉,业经本院统一解释法令会议议决,“来文所述情形,与《复员后办理民事诉讼补充条例》第七条规定不合,出典人自不得回赎。”仰即转饬知照。此令

附原呈

案据浙江绍兴地方法院呈称(略),查沦陷区域在未重光以前到期之典产,其法定二年之犹豫期间,一部份已在沦陷期内经过,而大部份尚在重光以后继续延展者,例如出典人与受典人均为绍兴县人,典产亦在绍县,出典人于民国十八年十一月间将产出典,契载典期十五年,计至民国三十三年十一月间到期,更至重光后之次(三十五)年十一月间届满《民法》第九百二十三条第二项规定之二年犹豫期间。此种典产,倘出典人于出典后离绍赴沪经商,迟至民国三十六年夏间始向法院提起回赎之诉,能否适用《复员后办理民事诉讼补充条例》第七条前段之规定,许其回赎,于此有二说。甲说,应适用上述补充条例第七条前段(以下简称该条前段)之规定,可自三十四年十二月十八日该条例颁行之日起,再延展二年,至三十六年十二月十八日以前回赎。其理由为凡在沦陷区域,作战期内到期之典产,于典期届满后之法定二年犹豫期间,因战事致全部不能遵守者,固得适用该条前段之规定以为补救,即此法定二年犹豫期间,在沦陷期内仅经过一小部份,而其大部份尚继续延展至重光以后者,亦应适用该条前段之规定,以示一律。乙说,不能适用该条前段之规定,仍应遵守《民法》第九百二十三条第二项所定之二年犹豫期间,过此即难许其回赎,其理由为该条前段之规定乃专指因战事不能遵守《民法》或其他法律所规定行使权利之期间者而言,如本可行使权利而不行使者,要难适用。此点业经司法院于三十五年以院解字第三二六七号明文解释有案,依此推论,则典产在典期届满后之法定犹豫期间,虽在沦陷期内全部届满,尚且须以有无因受战事影响致不能遵守之实际情形为适用上之标准,何况上述典产其二年犹豫期间仅在沦陷期内经过一小部分,且当时沪绍两地同属陷区,其交通无阻,事实上并未因战事致有不能行使权利之情形可言,兼之其大部分犹豫期间尚在全面胜利后继续延展至一年以上,益见其与该条前段之适用标准不符。倘出典人逾此法定二年犹豫期间,迟至三十六年始行回赎,则典权人早因出典人之回赎逾期而依法取得其所有权,岂能再按该条前段之规定,以幸免其重光前后可行使权利而自行放弃之责任。以上两说,孰为允当(略)?事关法律适用疑义,理合备文呈请,仰祈鉴核,准予解释祗遵等情。据此,事关法律适用疑义,理合备文转呈,仰祈钧院俯赐释示,以便饬遵。

院解字第四〇一〇号

三十七年六月十五日

案准贵院上年十二月四日(三十六)七法字第五〇三三五号咨,以据司法行政部呈请转

请解释律师刊登关于指摘法院裁判之启事,应否移付惩戒?适用法律疑义,咨请解释见复等由,准此。兹经本院统一解释法令会议议决,"律师刊登关于指摘法院裁判之启事,其情形如尚不足构成《刑法》第一百四十条之罪,而又不合于律师法第二十九条之规定者,不应移付惩戒。"相应咨复,即希查照饬知。此咨行政院

**附原咨**

据司法行政部本年十一月十五日京(36)呈叁字第二二五七号呈称,案据广东高等法院三十六年九月三十日代电称,据广州地方法院本年九月十五日内文字第一三四号代电称,查律师之设其目的在依其法律知识,保护当事人之权益,协助诉讼之进行,应恪遵规定,不得滥登启事,淆乱是非,案经司法行政部三十一年六月二十六日第二七〇四号训令饬遵有案。惟近有与本案无关之律师,对于法院尚未确定之裁判,在报章上妄事批评,照章固可检举,移付惩戒。此项惩戒,究应引用某项法条,不无疑义,理合电请钧院鉴核,俯赐示遵等情。据此,查律师不得为夸大性质之宣传,并不得刊登含有恐吓或足以妨害他人名誉信用或互相攻讦或指摘法院裁判之启事。倘有故违,该管监督长官应即依法检举,交付惩戒,业奉钧部三十二年九月二十一日训叁字第五一二五号训令饬遵在案。惟关于指摘法院裁判之行为,律师法并无明文限制,律师公会章程亦未规定禁止,核与《律师法》第四十条各款应付惩戒之情事不符。又查报章发表律师指摘法院裁判之谈话,该律师未予否认,更或加以承认,是否得认为该律师刊登之启事,不无疑义。据电前情,事关适用法律疑义,理合电呈钧部鉴核,指示祗遵等情,据此,查原代电所称律师刊登关于指摘法院裁判之启事,其情形如尚不足构成《刑法》第一百四十条之罪,而又不合于《律师法》第二十九条之规定者,应否移付惩戒?事关法律适用疑义,理合呈请鉴核,转请司法院解释,俾便饬遵等情。案关适用法律疑义,相应咨请查照解释见复,以便饬遵为荷。

**院解字第四〇一一号**

**三十七年六月十五日**

呈悉,业经本院统一解释法令会议议决,"(一)及(二)原呈所述第一、第二两种情形,具备《复员后办理民事诉讼补充条例》第十二条之适用要件者,应增加给付。至某年度应增为若干倍,在解释上未便悬断。(三)租赁房屋,如因地方沦陷致出租人不能使承租人继续为房屋之使用者,依《民法》第二百六十六条第一项之规定,承租人免其支付租金之义务。至租赁契约定有期限者,其因地方沦陷致承租人不能使用房屋之时期,除别有订定外,不得于所定期限内扣除之。(四)及(五)定有期限之房屋租质,其出租人因期限届满,租赁关系消灭,而再出租时,原承租人虽系商人,仍无优先承租之权,即其原约租金为金钱以外之物时,亦无按照原约租金继续承租之权。(六)及(七)公司行号不依《商业同业公会法》加入商业同业公会,或不缴纳会费,或违反公会章程及决议者,可依《商业同业公会法》第四十二条办理。"仰即转饬知照。此令

**附原呈**

案据代理衡山地方法院院长黎恭成本年四月八日呈称,案准衡山县南岳镇旦字第〇〇八号呈称,南岳当地冲要,各方居民杂处,本会收受会员声请案件,因无明文规定,难于公断,兹为崇重法治起见,谨条疑问如次。(一)现因法币低落,物价有高至四千倍以上,债务往来(包括赁约进庄),在七七抗战以前所有银币或法币或声请以当时实物(谷价)计算,究应如何偿完,本会未奉到明文,应请解释者一。(一)七七抗战以后,法币逐年低落,所有债务往来(包括租赁进庄),究竟某年度应以若干倍清还,某年度应以若干倍清还,或以当时实物计算,此应请解释者二。(一)租赁房屋在沦陷十六阅月内,是否在期间内付税,如订有年限,是否将沦陷时期除外,此应请解释者三。(一)租赁房屋,订有年限,如非房东收回自居,而拒绝续约,原居商人有无优先续约特权,此应请解释者四。(一)本市房屋租税,年来多以实物订约,照约缴纳,惟房东方面限令一年或两年,以便期满加租续约,现政府明令减租,究竟此种限约,可否以原价继续租赁,此应请解释者五。(一)市区商人有不遵章入会,前奉县府民克字第〇〇七五号代电,转奉社会部明令强制入会,限制退会,究竟对于抗不入会之商人及自由退会之商人,应采用何项强制方式,此应请解释者六。(一)会员抗不缴纳月捐或违反会章或不遵守大会决议案,其处理方法,可否诉请法院处理或呈报行政长官制裁,此应请解释者七。以上七项,理合备文呈请钧院察核示遵等情前来。查本院法令文卷,于沦陷时全部灭失,无法条查考,未便悬断,理合备文呈请钧长鉴核指示,以便饬遵等情。据此,理合备文转请钧院鉴核示遵。

**此处删去一条。**

**院解字第四〇一二号**

**三十七年六月十五日**

江西高等法院第三分院叶首席检察官览,本年子删代电悉,所请解释一案,业经本院统一解释法令会议议决,与宪法或法律抵触之命令,法院得径认为无效,不予适用。合电知照。司法院巳删印

**附原代电**

司法院院长居钧鉴,查《中华民国宪法》第一百七十二条规定,命令与宪法或法律抵触者无效,此项与宪法或法律抵触之命令,法院是否得径认为无效,拒绝适用,抑须钧院解释无效后,始得拒绝适用?事关法律疑义,理合电请钧院解释示遵。署江西高等法院吉安分院首席检察官叶友棠叩子删

**院解字第四〇一三号**

**三十七年六月十五日**

国防部鉴。上年卯灰吕赦代电悉，前西北行辕所请解释一案，兹经本院统一解释法令会议议决，“并合处罚之各罪中，依罪犯赦免减刑令有应减刑与不应减刑者，如经依减刑办法（三十三年六月十七日颁布）第二条第一项第三款就其执行刑减刑者，应先就原判决所宣告各罪之刑，依减刑办法第一条前段分别减刑后，再依罪犯赦免减刑令丙项。就应减刑之罪予以减刑，与不应减刑之罪已依减刑办法所减得之刑，适用《刑法》第五十一条合并定其应执行之刑。”特电复请查照。司法院巳删印

**院解字第四〇一四号**

**三十七年六月十五日**

广西高等法院申院长览，本年丑寒刑天代电悉，桂林地方法院代电所请解释一案，业经本院统一解释法令会议议决，已卸下残破之交通器材，未经电信铁路及公共运输机关存置厂库者，不包括于《战时交通器材防护条例》第一条所称交通器材之内，盗窃该器材只成立《刑法》上盗窃罪，不应依该条例第十二条或第十四条处罚。合电转饬知照。司法院巳删印

**附原代电**

南京司法院院长居钧鉴，案据桂林地方法院本年丑江代电称，查《战时交通器材防护条例》所称交通器材，就该条例第一条各款规定，系指公营或军用电报电话杆线无线电报电话遥控杆线及其附属物品，铁路轨道灯塔标识及其附属物品，与夫公共运输机关存置厂库之交通器材而言，虽极显明，唯就立法意旨研究，此条例原为维护战时交通而设，倘系安装完整之电信及铁路器材被盗，其对于军事之影响，当属异常深切，故于第十二条后段载明，盗窃电信杆线或铁路器材其情节重大者，处以极刑，规定至为确当，然反面解释，如盗窃已卸下残破之器材，除存置于厂库者外，似即不能以此条例所列各条相绳，此观于同条例第十四条所定之刑较轻，即可概见，只以法无明文，此种理论解释，是否有当，未敢臆断，理合电请察核解释示遵等情。据此，案关适用法律疑义，理合电请察核，俯予迅赐解释电示祗遵，俾便转饬知照。广西高等法院院长申守真丑寒刑天印

**院解字第四〇一五号**

**三十七年六月十五日**

甘肃高等法院楼院长览，本年寅梗代电悉，该法院天水分院呈请解释一案，业经本院统一解释法令会议议决，法院依盐政条例所为处罚或不处罚之裁定，原检查机关或移送税局均不得提起抗告（参照院解字第三七七九号解释），至院字第一三五一号解释，已经院解字第二九零四号解释予以变更，不得再行援用。合电转饬知照。司法院巳删印

**附原代电**

南京司法院院长居钧鉴，据本院天水分院本年二月十四日呈称，查违反盐专卖条例科处罚锾之裁定，不许原检查机关或移送税局提起抗告，经司法院院解字第二九零四号解释有案，盐政条例系因盐专卖条例废止而施行，在该条例内亦无特别规定准许原检查机关或移送税局提起抗告之规定，似上开解释仍属有效适用，惟盐务局援引司法院院字第一三五一号解释，以违反印花税之行政罚锾裁定，既许原发觉机关得提起抗告，则违反盐政条例之行政罚锾裁定，原移送税局亦得提起抗告，究竟关于以前印花税之解释，可否类推适用于以后施行之盐政条例科处罚锾之裁定，以上两种不同之见解，究以何者为是，请解释示遵等情。据此，案关解释法律疑问，理合电请核示，以便转饬遵照。甘肃高等法院院长楼观光印寅梗印

**院解字第四〇一六号**

**民国三十七年六月十五日**

涪陵县参议会(三十七)子冬秘代电悉，所请解释一案，兹经本院统一解释法令会议议决，下级机关长官变卖经收实物，如无不法所有之意思，尚难遽以贪污罪论处，其上级机关主管人员延未发给下级机关应领之财物，除具备《惩治贪污条例》第三条第一款所定要件，应依该罪处断外，仅应负行政上之责任，尚不生刑事问题。电复查照。司法院巳删印

**附涪陵县参议会原代电**

南京司法院钧鉴，案据本县崇义镇公民郭文懿呈称，查有主管机关握存下级，应领薪饷一再请领，延不发给下级机构，于无法维持员役生活中，将经收少数实物变价垫付伙食，在当时以为将薪饷领得后，即可填还犹有余裕。殊逾时数月，物价暴涨，所领薪饷得不偿失，不但无余存可言，即填还伙食亦殊不足。因而实物即无法弥补，就表面观察，该下层机构似触犯贪污，但就其实际，则因主管机关握款图利，不按月发薪，致使下层机构遭受损害，无法赔偿。此类事件，该下级机构主体人是否即构成贪污罪？而下级机构又是否得对其主管长官主张损害赔偿，抑或告以贪污附带民诉？事关法律疑义，特呈请钧会转电司法院明白解释，以便遵循谨呈等情。据此，查事关法律疑义，特电请钧院予以明白解答，用杜纷议为祷。涪陵县参议会(三十七)子冬秘印

**院解字第四〇一七号**

**三十七年六月二十一日**

福建省政府上年十二月四日雨亥支府人丙字第一五六六四五号代电悉，所请释示一案，业经本院统一解释法令会议议决，(一)公务员犯罪，经宣告缓刑或因大赦已为不起诉处分或免诉者，如有《公务员惩戒法》第二条各款情事之一时，仍得为惩戒处分。(二)受缓刑之宣告者，在缓刑期内，除别有关于消极资格之限制外，仍得为公务员。(三)《公务员服务

法》第十三条第四项所谓先予撤职，即系先行停职之意，撤职后仍应依法送请惩戒，又同条第一项所谓投机事业，系指利用时机投资博取不正当之利益而言，至直接或间接经营商业之区别，已见院字第二五〇四号解释。（四）公务员久不到差，如果有关法规定明于一定期间停止任用者，非《公务员惩戒法》上之处分，应由有任免权之机关以命令行之。合电知照。司法院巳马印

**附原代电**

南京司法院钧鉴，（一）查公务员犯案，因大赦已为不起诉处分或免诉者，如有违犯公务员惩戒法第二条各款情事之一时，应否依同法第二十五条之规定，仍得为惩戒处分，抑可一律予以免议。（二）曾受缓刑之宣告，在缓刑期内可否仍得为公务员，及受缓刑决定后应否仍得惩戒处分。（三）《公务员服务法》第十三条第一项所称公务员不得直接或间接经营商业或投机事业一节，依同条第四项规定，所谓先予撤职之"先"字系何解释，及撤职后应否再予惩戒，再所谓直接或间接经商或投机事业系何区别，并应如何办理，并请详释。（四）公务员久不到差，如于有关法规中已经明白规定应于一定期间予以停止任用者，应否仍依惩戒法第十一、十二条规定办理，抑可迳由有任免权之主管机关命令行之。以上四点，颇滋疑问，理合电请核释示遵。福建省政府人丙（）印

**院解字第四〇一八号**

**三十七年六月二十一日**

国防部鉴（36）亥真吕捕代电悉，第六三零一部队代电所请核示一案，兹经本院统一解释法令会议议决，各县自卫队官兵虽非陆海空军军人，但在叛乱发生之际，某一地域猝受奸匪围攻或应付非常事变时，如该地最高司令官或陆海空军分驻团长以上部队长宣告临时戒严，而又在接战地域以内，该自卫队官兵如有作战不力或逃亡等情事，依《修正戒严法》第八条之规定，军事机关得自行审判。特电复请查照饬知。司法院巳马印

**附原代电**

司法院赐鉴，案据第六三零一部队芳五字第二九〇一号代电称，案据泰兴县政府十一月八日候法字第一五八〇二号电称，窃查各县自卫队官兵本非军人身份，如有犯案，理应遵照规定移送司法机关审判，惟在绥靖期间，自卫队官兵配合驻军清剿或单独出击，如触犯作战不力、不遵命令、临阵退却、携械潜逃、违犯军纪等种种恶劣罪行，如非及时严惩，诚不足以树法纪而激士气，现本县驻有陆军整编第二十一师，傅师长兼清剿指挥官，既为驻地最高军事长官，又司数县清剿事宜，嗣后本县自卫队官兵遇有触犯军法罪刑，拟依戒严法就近报请指挥所核示处理，以肃戎行而绥政，可否之处，理合电呈，仰祈鉴核迅赐指示祇遵，不胜待命等情。际此全面戡乱时期，各县自卫队官兵配合国军作战，如犯作战不力或逃亡罪刑，似应归军法审判，方足以收戡乱之效，惟案关法令，未便擅专，谨电请鉴核示遵为祷。国防部（36）亥真吕捕印

**院解字第四〇一九号**

**三十七年六月二十一日**

上海高等特种刑事法庭王庭长、徐首席检察官均览,本年五月真会代电悉,所请解释一案,业经本院统一解释法令会议议决,在《戡乱时期危害国家紧急治罪条例施》行前犯危害国家之罪,于该条例施行后始发觉者,依该条例第八条第一项,除军人由军法审判外,非军人应由特种刑事法庭审判,惟须注意适用《刑法》第二条第一项之规定。合电知照。司法院已马印

**附原代电**

司法院院长居钧鉴,查危害国家案件,如犯罪在《戡乱时期危害国家紧急治罪条例》施行以前,而于同条例施行以后始被发觉,是项犯行既不在戡乱时期之内,即与同条例无关,可否依照钧院三十二年院字第二五二三号解释意旨,送由普通法院就其行为之性质分别适用《刑法》上相当条文处断,案关法律疑义,本庭现已受理此类事件多起,悬案待决,谨请迅予解释,电示祗遵。上海高等特种刑事法庭庭长王震南、首席检察官徐世贤检正真

**院解字第四〇二〇号**

**三十七年六月二十一日**

前据本院秘书处签呈,为准行政院秘书处本年三月六日(卅七)七法字第一零九三六号函,以准中央信托局苏浙皖区敌伪产业清理处南京分处电请转陈核示军事汉奸财产诉讼之管辖机关疑义,抄同原代电,请转陈核示见覆等由,抄送南京分处代电一件。准此,理合签请办理等情。据此,交经本院统一解释法令会议议决,(一)关于军事汉奸财产诉讼事件,应由管辖第一审之地方法院受理(参照院解字第三九三七号解释)。(二)军事汉奸财产之单独宣告没收,应由有权审判该汉奸案件之军法机关办理,但已经判决宣告没收者,不得再行宣告没收。相应函请查照饬知。此致行政院

**附原公函**

(上略)准中央信托局苏浙皖区敌伪产业清理处南京分处电请转陈核示军事汉奸财产诉讼之管辖机关到处,贵院意见如何,相应抄同原代电,函请查照转陈核示见覆为荷。

**附原抄代电**

行政院秘书处赐鉴(上略)军事汉奸财产诉讼案件,是否由原审军法机关抑所在地之高等法院或分院受理,举例言之,本京大光新村凌霄逆产,系经前中国陆军总司令部查封移交接管,该汉奸由国防部军法局审理判决,其全部财产并经判决除酌留家属生活费外宣告没收有案,但对于大光新村逆产并未特别载明在没收之列,现在有人提起确认产权之诉,是否由原审机关抑所在地之高等法院受理?又国防部军法局现为全国最高军法机关,对于军事汉奸财产,该局是否可以不经普通司法诉讼程式而单独裁定没收?相应电请惠赐转呈解释

见覆,俾凭办理为荷。

**院解字第四〇二一号**

**三十七年六月二十一日**

案准贵院上年十二月三十一日(卅六)七法字第五四九八一号咨,以据司法行政部呈请转请解释律师法第二条第四款适用疑义,咨请解释见复等由。准此,兹经本院统一解释法令会议议决,在律师法施行前任公务员曾受免职之惩戒处分者,仍应受律师法第二条之限制。相应咨复查照饬知。此咨行政院

**附原咨**

据司法行政部本年十二月十七日京(36)呈人(四)字第二四七八号呈称,查律师法第二条规定,有下列情形之一者,不得充律师,其已充律师者,撤销其律师资格,其第四款列有"曾任公务员而受免职之惩戒处分者"一项、兹有某甲于律师法施行前任公务员,曾受免职之惩戒处分,律师法施行后应否依前开规定撤销其资格,现有两说。甲说,其受处分既在律师法施行前,依法律不溯既往之原则,自可不受限制。乙说,律师法第二条后半段称,其已充律师者,撤销其律师资格,是本条所列各款事实,纵令发生于律师法施行前,且已充任律师,解释上自应受本条之限制。以上两说,未知孰是,理合呈请鉴核,转请司法院解释,以凭遵守等情到院。案关法律适用疑义,相应咨请查照解释见覆,以便饬遵为荷。

**院解字第四〇二二号**

**三十七年六月二十一日**

国防部鉴,本年寅鱼吕优代电悉,所请释复一案,兹经本院统一解释法令会议议决,《禁烟禁毒治罪条例》第十四条所称公务员军警,不以有查缉烟毒职责者为限,所称贿赂及所称查获,并非专指关于查缉烟毒职务上要求期约收受贿赂与有权查获者而言,至第三项所称故纵脱逃,亦包括当场逮捕烟毒现行犯后随即故纵脱逃在内。特电复请查照。司法院巳马印

**附原代电**

司法院公鉴,查《禁烟禁毒治罪条例》第十四条各项所列公务员军警,是否除同条第一项包庇者外,均须备具查缉烟毒之职责,其第一项所谓"贿赂",是否专指关于查缉烟毒职务上要求期约收受贿赂而言?第二、四项所谓"查获"应否专以有权查获者为限,第三项所谓"脱逃",是否应依法逮捕或依法拘禁之烟毒犯为其对象,对于烟毒现行犯逮捕之后随即纵逸,应否包括在内?案关法律疑义,敬希释复为荷。国防部寅鱼吕优印

**院解字第四〇二三号**

**三十七年六月二十一日**

**令湖南高等法院院长余觉**

三十六年十二月九日呈一件,为据安仁县司法处代电,请解释判决确定之亏欠赋谷是否于扣押财产内尽先受偿,抑加入破产债权只平均分配疑义,转请解释示遵由。

呈悉,业经本院统一解释法令会议议决,来文所称之欠赋,于纳税义务人宣告破产时,自属破产债权,除法律别有优先受偿之规定外,应与其他破产债权平均分配(参照院解字第三五七八号解释)。仰即转饬知照。此令

**附原呈**

案据安仁县司法处本年十一月十八日代电称,查县田赋粮食管理处移送之亏欠赋谷案,在未判决前即依田粮处声请就债务人之不动产宣告假扣押,嗣判决确定后,债务人将是项扣押财产开具多数债权人之姓名,请求宣告破产,按被扣押财产清偿判决之赋谷尤嫌不足,显系意图减少对田粮处之清偿力,此项已判决确定之赋谷,究于扣押财产内尽先受清偿,抑加入破产财团平均分配,不无疑义等情。据此,除指令外,理合备文转呈钧院解释示遵。

**院解字第四〇二四号**

**三十七年六月二十一日**

察哈尔高等法院王院长览,上年亥齐代电悉,张北地方法院代电所请解释一案,业经本院统一解释法令会议议决,来电所述情形,如以抢劫为斗争之内容,即与《惩治盗匪条例》第二条第一项第三款之罪相当,在戡乱时期危害国家紧急治罪条例施行之区域,应依该条例第七条论罪。合电转饬知照。司法院巳马印

**附原代电**

司法院院长居钧鉴,兹据察哈尔张北地方法院本年十一月二十五日纪字第二三〇号代电称,查《惩治盗匪条例》第二条第一项第三款所称结合大帮,系指以抢劫为目的……对于该村富户实行斗争,是否与前开条款之罪质及构成要件相符,抑应另依他种罪名论罪等情前来。理合电请俯赐解释,指令祗遵。察哈尔高等法院院长王叩亥齐印

**院解字第四〇二五号**

**三十七年六月二十一日**

广东英德地方法院莫院长览,(35)戌齐代电悉。所请解释一案,业经本院统一解释法令会议议决,县政府军事科长并非现服勤务之陆海空军文官,不得视同军人,法院司法警察,依现行兵役法第二十六条规定,不在缓召之列。合电知照。司法院巳马印

附原代电

司法院居院长钧鉴，县政府军事科长是否军人，法院司法警察依三十二年之兵役法是否得认为正规警察，能否缓召，请解释示遵。广东英德地方法院院长莫锐钧戌齐叩

院解字第四〇二六号

三十七年六月二十一日

案准贵院上年三月二日从壹字第七七四五号公函，以省辖市民选之区长及其所属职员可否当选并兼任市参议员等疑义，函请解释见复等由。准此，兹经本院统一解释法令会议议决，(一)省辖市民选之区长及其所属之助理员、雇员得当选为市参议员，惟区长、助理员当选并应选为市参议员后，于其职权之行使不无妨碍，自不得兼任，至该雇员当选后，如经主管人员许可，非不得兼任。(二)乡镇长由县政府委任而非民选者，系县参议员选举条例第二条第一项第一款所称之公务员，不得当选为该县参议员，本院院解字第三一六七号解释，所谓当选并应选为县参议员后不得兼任原职之乡镇长，通常固指民选者而言，惟由县政府委任之乡镇长当选为县参议员后，未经依同条例第三十五条之规定诉经判决当选无效者，亦包含在内。相应函复查照。此致行政院

附原公函

查省辖市政府委任而非民选之区长及其所属职员均系公务员，不得当选为市参议员，前经贵院解释有案，惟民选之区长及其所属职员，可否当选为市参议员，当选后可否兼任，仍滋疑义，又乡镇长不得兼任县参议员，亦经贵院解释有案，惟此之所谓乡镇长，系专指民选者而言，抑或包括非民选者在内，亦不无疑义，相应函请查照，迅予解释见复为荷。

院解字第四〇二七号

三十七年六月二十二日

四川高等法院苏院长览，上年戌江代电悉，该法院第九分院转请核示一案，业经本院统一解释法令会议议决，各地选举区乡镇民代表发生纠纷，既应由当地司法机关比照县参议员选举条例第六章各条规定办理，关于选举与当选之有效与否，自非县政府所能核定，如乡民代表当选资格不符，在起诉期间经过后始发觉者，依院解字第三四四零号解释，不得提起当选无效之诉讼，选举监督亦不得撤销其当选资格，至乡民代表当选后，县政府忽认为无效，饬令重选者，当选人自得依《诉愿法》第一条之规定，提起诉愿。合电转饬知照。司法院巳养印

附原代电

南京司法院院长居钧鉴，案据四川高等法院第九分院院长文必第三十六年十月十三日牍字第一九三三号呈称，案据四川长宁县司法处主任审判官陈志远三十六年十月一日选牍

字第一〇〇四号酉东代电开，窃查区乡镇民代表选举如发生纠纷，应由当地司法机关比照《参议员选举条例》第六章各条规定办理，为国民政府三十六年三月十三日处字第二零六号训令所明定，是区乡镇民代表之选举纠纷，应用该条例第三十五条规定办理，了无疑义，复查《四川省各县乡镇民代表选举规则》第十五条规定，前段之选票是否有效，如情节重大不能决定时，应由监察人员报请县政府核定，经查该条似属例示规定，凡县府所能核定者，仅限于选票本身是否有效，对于选举与当选之有效或无效，非县府所能核定，且该条复说明县政府核定选票应根据监察人员之报告，似选举人与被选举人均不得迳向县府请求核定，如有申诉，应正式向司法机关起诉，从该条条文反面意义观之，似应作如此解释，惟当否应请核示者一也。又某甲当选乡民代表，由该管乡公所呈报县政府，已发给当选证书，就任一月之久，县政府忽据其他选民之请求，认为该项选举无效，令饬重选，县政府此项处分，应否受《参议员选举条例》第三十五条与《四川省各县乡镇民代表选举规则》第十五条之限制，如某甲不服该项重选处分，究应依《诉愿法》规定提起诉愿，抑应以县政府为被告，向司法机关起诉，确认选举有效，即此项诉讼，司法机关有无权受理？倘有权受理，该甲于经过《参议员选举条例》第三十五条起诉期间后，能否起诉，应请核示者二也。若该甲资格不符被选代表，于起诉期间经过后始发觉者，能否类推适用三十六年四月十二日院解字第三四四零号解释办理，均不无疑义，复因本县值此大选期间，地方意见分歧，不敢擅专，理合电请钧院鉴核，迅予指令祇遵等情。据此，事关法令解释，未敢擅专，除指令外，理合具文呈请，伏祈鉴核示遵等情。查关于第一点，据原拟解释尚无不合，关于第二点，某甲当选乡民代表，就任已一月之久，县政府忽据其他选民之请求，认为选举无效，令饬重选，某甲不服此项处分，依《诉愿法》第一条之规定，似应提起诉愿，不得向司法机关起诉，若该甲因资格不符被选代表，于起诉期间经过后始发觉者，是否可类推适用三十六年四月十二日院解字第三四四〇号解释办理，案关适用法律疑义，理合电请钧院迅赐解释，电令祇遵。四川高等法院院长苏兆祥叩牍戌江印

**院解字第四〇二八号**

**三十七年六月二十二日**

**令湖南高等法院院长余觉**

三十七年一月十二日呈一件，为据桃源地方法院呈请核示被告之行为不构成《禁烟禁毒治罪条例》之犯罪其持有之烟毒及器具应依何法办理疑义，转恳解释祇遵由。

呈悉，业经本院统一解释法令会议议决，被告之行为不构成《禁烟禁毒治罪条例》之犯罪者，其扣押之烟毒及其专供制造吸用之器具，应依《刑法》第三十八条第一项第一款、第二项及第四十条但书单独宣告没收。仰即转饬知照。此令

**附原呈**

案据代理桃源地方法院院长安吉潜三十六年十二月三十日第一八一号呈称，查《禁烟

禁毒治罪条例》第十七条规定，犯本条例之罪，其罂粟种子烟毒及专供制造或吸用烟毒施打吗啡之器具，均应没收销毁之。是犯该条例之罪者，自应依该条例第十七条办理，固无疑义，若其行为不构成该条例之罪而宣告无罪者，其持有之烟毒及器具是否仍适用该条例第十七条没收销毁，抑应引用《刑法》第三十八条第一项第一款宣告没收，不无疑义。理合呈请钧院核示祇遵等情。据此，事关法律疑义，本院未便擅拟，理合转恳鉴核，赐予解释祇遵。

**院解字第四〇二九号**

**三十七年六月二十二日**

内政部鉴，上年民四戌俭代电悉，四川省政府代电转请解释一案，兹经本院统一解释法令会议议决，原函所称四川省农业公司机械公司运输公司省立科学教育馆之职员，如非委派以上之文职，固未尝不可当选为省市县等参议员，至可否兼任参议员，应分别情形定之，如为《公务员服务法》第二十四条所称之公营事业机关服务人员，依同法第十四条之规定，自不得兼任，即非此项人员，亦须经其监督机关准许，始得兼任。特电复请查照转知。司法院巳养印

**附原代电**

司法院赐鉴，准四川省政府酉陷民一字第二五五〇一号代电，以准该省参议会函请解释公营事业之本身性质疑义一案，请查核释复等由，谨抄附原件，电请鉴核迅赐解释为祷。内政部民四戌俭印附抄四川省政府原代电及该省参议会原函各一件

**附抄原代电**

（衔略）案准本省参议会本年十月二十日川参（一）（四）秘议字第六〇三〇号公函，为据参议员罗承烈等函请转请解释公营事业之本身性质疑义一案，请查照转请解释等由。查原函所举各项事业之机关职员，除省银行经理及物品供销处经理等人员业有明令解释不得兼任为参议员外，其余人员能否兼任，尚无明文规定，相应抄同原电，函请查核迅赐释复为荷。

**附抄原公函**

顷据罗参议员承烈等函称，"关于省公营事业机关职员是否可以兼任民意机关代表一事，应对于公营事业之本身性质请由司法院作一明确解释，查报载总选举事务所复四川省选举事务所之（36）未泰电称，'省公营事业机关职员，如系政府任命，列有官等，相当于委任以上之文职及尉官以上之职级，依司法院解释，均应视为官吏，其愿为立委或国大候选人者，依法应受限制'等语，足征省公营事业机关之职员必须由政府任命并有官阶可拟者，乃在限制之列，现在如四川省银行、四川省供销合作社、四川省农业公司、机械公司、运输公司、省立科学教育馆，等等，或纯为营业性质，或未经政府任命，且皆无官阶可以比拟，更不能视为官吏，究竟何者可以兼任或者不能兼任，请明白解释，以昭划一等情。相应函请贵府查照转请解释为荷

**院解字第四〇三〇号**

**三十七年六月二十二日**

贵州毕节地方法院吕院长览,本年寅巧代电悉,所请解释一案,业经本院统一解释法令会议议决,在乡镇调解委员会成立之调解,其效力与依《民事诉讼法》成立之调解不同,不足为执行名义。合电知照。司法院巳养印

**附原代电**

南京司法院院长居钧鉴,案据本院推事钟楷于本年三月十七日签呈称,查依《民事诉讼法》成立之和解可为强制执行之名义,在强制执行法第四条第三款规定已明,关于乡镇调解委员会中成立之调解,其效力是否与《民事诉讼法》上之调解相等,是否亦可为强制执行之名义,不无疑义,拟恳转请司法院解释示遵等情。据此,查事关法律疑义,未敢擅专,理合据情电恳钧院鉴赐解释祇遵。暂兼代贵州毕节地方法院院长吕季智寅巧叩

**院解字第四〇三一号**

**三十七年六月二十二日**

广西高等法院申院长览,(35)辰号代电悉,崇善县司法处代电所请解释一案,业经本院统一解释法令会议议决,糖类统税征实办法已因货物统税条例之废止而失效,在该办法有效时期,商人延不缴纳该项折价税款,不能迳依司法行政部令执行,惟于三十五年十一月二十七日及三十七年四月二日货物税条例先后修正公布施行后,法院得依货物税机关之请求,适用各该条例第十五条之规定强制执行。合电转饬知照。司法院巳养印

**附原代电**

南京司法院院长居钧鉴,案据崇善县司法处先后代电略称,稽征税局因商人延不缴纳糖类征实折价税款,根据十中全会决议案中央税务机关应行改善事项第五节前段规定,移送法院追缴,法院可否依照司法行政部三十二年七月二十八日训民字第四一六六号关于强制执行指示第十二款,认该移送公文得为执行名义,迳据以执行,抑或由法院裁定,俟确定后再予强制执行,又糖类征实办法未奉明令废止,该办法是否继续适用,抑或因货物统税条例颁行后当然失效等情。据此,案关适用法律疑义,理合电请察核,俯予解释示遵。广西高等法院院长申守真辰号刑甲印

**院解字第四〇三二号**

**三十七年六月二十二日**

湖北省政府本年省秘法丑支代电悉,所请解释一案,业经本院统一解释法令会议议决,房屋租赁条例第十条,系规定租约所定期限在一年以上,而该地经济状况显有变动,当事人得请求酌量增减其租金,其租约未定期限者亦同,非谓自订约后须经过一年以上始得为增

减租金之请求,故租约所定期限在一年以上或租约未定期限者,如在订约后一年内该地经济状况显有变动,当事人非不得于订约后一年内请求酌量增减其租金。合电知照。司法院巳养印

**附原代电**

司法院院长居钧鉴,查《房屋租赁条例》第十条规定,"租约定有期限在一年以上,而该地经济状况显有变动,当事人得请求酌量增减其租金,其租约未定期限者亦同",究竟该项租金自订约以后如当地经济状况显有变动是否须经过一年以上抑或得随时请求酌量增减,适用上不无疑义,兹分述如左。(甲说)依《民法》第四百四十二条所载"租赁物为不动产者,因其价值之升降,当事人得声请法院增减其租金,但其租赁定有期限者,不在此限",由此观察,除未定期限之租约如有该条规定情形得随时请求增减租金外,则凡属定期租赁,无论何补情形及期限久暂,均不得变更租额,然房屋租赁条例为特别法,其第十条立法意旨当在适应现时经济情况及减少房租纠纷,显属变更《民法》第四百四十二条之特别规定,其前段所称"租约所定期限在一年以上……"云云,当系指须自订约后经过一年以上始得为增减请求而言,假使不满一年之定期租约,仍在《民法》第四百四十二条但书限制之列,此观于该条后段"其租约未定期限者亦同"而益明,否则如一年以上之定期及未定期限之租约仍得随时请求增减租额,不特与立法意旨不符,而其后段似已成为赘文也,《民法》第四百四十二条前段已有规定。(乙说)房屋租赁条例第十条所谓"在一年以上",系指凡属一年以上之租约自订约后如经济状况显有变动时即得为增减租额之请求而言,假使不满一年之定期租约,仍受《民法》第四百四十二条但书之限制,此观于该条倒第十条并无须自订约后经过一年之字样,即为明征,至同条后段所谓"其租约未定期限者亦同",系指视同一年以上之租约自订约后随时可请求增减租额,纯为重录《民法》第四百四十二条前段之原意。以上二说,究以何说为是,事关法律适用疑义,理合电请迅赐解释示遵。湖北省政府主席万耀煌省秘法丑支印

**院解字第四〇三三号**

**三十七年六月二十二日**

案准贵院三十五年十二月七日节京捌字第二二六六九号咨,以据司法行政部呈转请解释执行没收汉奸财产疑义,咨请解释见复等由。准此,兹经本院统一解释法令会议议决,(一)汉奸与他人公同共有之物,如该汉奸得转让其权利或消灭其公同共有之关系者,执行没收之机关得承受其地位,于不妨害其他公同共有人权利之范围内,执行没收。(二)来文所述情形,意义欠明,无从予以解答。相应咨复查照饬知。此咨行政院

**附原咨**

据司法行政部本年十二月三日京呈刑字第一〇八九号呈称,案据山西高等法院首席检察官郝毓琮本年九月十八日晋处纪字第二六八九号呈略称,对于没收汉奸财产执行发生疑

义。(一)汉奸与他人公同共有物,如未得公同共有人全体之同意,可否不待公同共有关系终止或消灭,即予全部拍卖,(二)汉奸与其被继承人同居,以所得财产与其被继承人之财产相混合,并用被继承人名义别置产业,如无法划清界限,可否依合居致富之例,认为共有,予以没收等情。据此,查事关法律疑义,除指令外,理合呈请钧院鉴核转咨司法院解释,以便转饬遵照等情。案关适用法律疑义,相应咨请查照解释见复,以便饬遵为荷。

**此处删去一条。**

**院解字第四〇三五号**

**三十七年六月二十二日**

浙江省宁海县参议会本年丑虞代电悉,所请解释一案,兹经本院统一解释法令会议议决,原代电所列县参议会各参议员如于一会期内均未出席而无正当理由,自应依《县参议会组织暂行条例》第九条办理。电复查照。司法院巳养印

**附原代电**

南京司法院院长居钧鉴,案查上年七月三十日本会第二届第一次大会临时动议第二案内称,本会现届闭幕典礼,尚有参议员钱特飞、王基、胡焕庭、鲍梅、蒋发振、梅辅南、葛崇良、王传章、赵佑藩、章绩三、徐法虬、严修五、王银贵等十三人未请假而又不出席,应如何办理,当经议决应依据《县参议会组织条例》第九条规定函请宁海县政府查照办理在案,迄今未准照办,第二届第二次大会又于上年十二月六日举行,而钱特飞等十三参议员仍不出席又未请假,第各乡镇及团体以代表民意无人,纷纷请求设法补救,当有参议员王亦德提议内称,本会决议案件关系全县,未便使一部份乡镇或团体久无发言机会,且此次大会虽有过半数之议员出席,得以顺利完成任务,万一下次会议参议员有病事请假,而致大会不足法定人数,势必发生流会,影响地方行政至深且巨,经大会议决分电主管机关迅准依法递补纪录在卷,当经本会分电宁海县政府浙江省民政厅及内政部准予依法递补去后,旋准宁海县政府民字第七七号公函内开,案奉浙江省民政厅民三字第一〇二号训令内开,案奉内政部三十七年一月九日民四字第〇二七二号代电内开,亥梗民三字第三九八二号代电悉,应饬该宁海县参议会再行通知该钱特飞等十三人限期出席会议,如逾法定会期仍相率不出席,自可按照县参议会组织条例第九条之规定办理,以该乡镇或该团体候补当选人依法递补报部为要等因,奉查本案前据该县政府三十六年亥鱼民一代电,以准该县参议会函,该会第二次大会参议员钱特飞等十三人既不请假亦不出席会议,应请视为辞职等由,转请核示到厅,经本厅以亥梗民三字第三九八二号代电转请内政部核示并指复在案,兹奉前因,合行令仰知照并转行该县参议会知照等因,奉此,相应函请查照等由,准此。查县参议会组织条例第九条之规定,县参议员如于一会期内均未出席而无正当理由者,视为辞职,由该乡镇或该团体候补当选人递补,现该参议员钱特飞等十三人已经两次大会无故不出席又不请假,自应视为

辞职,依法递补,兹奉令饬,实深惶惑,如再通知钱特飞等十三参议员限期出席会议,实与县参会组织条例第九条抵触,为此电陈始末详情,乞祈鉴核俯准详示解释,俾有遵循。浙江省宁海县参议会议长屠新林丑虞叩

**院解字第四〇三六号**

**三十七年六月二十二日**

案准贵院三十五年十二月二十七日节京玖字第二五三五三号咨,以据卫生署呈请解释被派前往各地临时担任医疗工作之医师是否应领开业执照疑义,咨请解释见复等由。准此,兹经本院统一解释法令会议议决,来文所述情形,被派前往各地临时担任医疗工作之医师,如无在该地继续行医之意思,自无庸依医师法第七条、第九条办理。相应咨复查照饬知。此咨行政院

**附原咨**

据卫生署本年十二月十一日京医(35)字第一四六〇三号呈称,案查关于医师加入医师公会疑义一案,前经本署呈奉钧院本年十月三十日节京玖字第一七四七三号指令,业经转请司法院解释,医师在政府医疗机关担任医疗工作,应向所在地县市政府呈验医师证书,请求登录,发给开业执照,并加入所在地医师公会等因,奉经转饬所属各机关遵照在案。惟查本署医疗防疫总队以及各省市医疗队工作之医师,派驻各地,多属紧急临时性质,所驻时间为期不定,且系经常流动,若依据医师法第七条、第九条之规定,非请领开业执照不得执行医师业务,似与其本身工作有碍,不能达成任务,此项医疗队工作人员,是否可依公务员服务法第一条规定,认为依法律命令所定执行其职务,忽庸请领开业执照,抑应再请司法院解释之处,理合再行具文呈请钧院核示祇遵等情。相应再行咨请查照解释见覆为荷

**院解字第四〇三七号**

**三十七年六月二十二日**

国防部鉴上年亥元吕捕代电悉,交通部第一交通警察总局代电所请释示一案,兹经本院统一解释法令会议议决,护路警察虽非陆海空军军人,但在叛乱发生之际,某一地域猝受奸匪攻围,或应付非常事变时,如该地最高司令官或陆海空军分驻团长以上部队长宣告临时戒严,而又在接战地域内,该护路警察如有逃亡或作战不力等情事,依修正戒严法第八条之规定,军事机关得自行审判。特电复请查照饬知。司法院巳养印

**附原代电**

司法院居院长觉公赐鉴,案据交通部第一交通警察总局(卅六)局三京字第四〇八七七号代电开,查护路警察于配备国军作战时,如有临阵退却或其他不法行为,能否适用军法由军法机关审判,案关法律疑义,敬请释示为祷等情。查集团组织之武装护路警察,于戡乱期间,配合国军剿匪,参加战斗序列,在奉令服行军事勤务时,遇有触犯逃亡或作战不力等犯

罪,如不能受军法制裁,至足影响戡乱军事,究应如何办理,案关法律适用疑义,未便擅专,理合电请鉴核迅赐解释,俾资饬遵为荷。白崇禧亥元吕捕印

**院解字第四〇三八号**

**三十七年六月二十二日**

案准贵院上年十二月十日(三十六)四内字第五一三九五号公函,以据内政部呈转请解释关于寺庙处理疑义,函请解释见复等由。准此,兹经本院统一解释法令会议议决,(一)来文第一点所叙情形,尚欠明了,无从解答。(二)来文第二点情形,其处分非更经所属教会之决议并呈请该管官署许可,不生效力。相应函复查照饬知。此致行政院

**附原公函**

据内政部三十六年十一月二十七日礼字第二七八〇号呈,据南京市社会局三十六年十一月五日社三字第五九九六号呈请解释,(一)监督寺庙条例第三条第三款载明,"由私人建立并管理者",如因年代久远,已由佛教会另派住持,传徒已有数代,或由传家内旁系血亲管理者,可否不受寺庙条例之监督。(二)同条例第八条载明,"寺庙之不动产及法物,非经所属教会之决议并呈请主管官署许可,不得处分或变更",惟关于抗战期间善意买卖之庙产,虽经伪佛教会决议并伪市政府许可,依法自不能生效,但已既成事实者,可否遵照上项条文补正手续,抑或予以撤销等情。案关法律适用疑义,相应函请查照解释见复为荷。

**此处删去一条。**

**院解字第四〇四〇号**

**三十七年六月二十二日**

案准贵院上年十月十一日(卅六)字第四一二四二号咨,以准东北行辕代电转请核复国人向敌伪机构或敌伪机构向国人借款等如何处理一案关于敌伪产业之接收是否为原始所得疑义,抄同有关文件,咨请解释见复等由,暨附件。准此,兹经本院统一解释法令会议议决,敌伪产业之接收,并非原始取得,敌伪产业之负债,应就各该资产总值范围以内分别清偿,其欠日伪之负债应偿还中央政府,此在收复区敌伪产业处理办法第四项第四款设有明文规定,自应依照办理,清偿此项债务究应如何增加给付,应依《复员后办理民事诉讼补充条例》第十二条定之。相应咨复查照。此咨行政院

**附原咨**

准国民政府主席东北行辕代电,为据东北敌伪事业资产统一接收委员会电请核示处理国人向敌伪机构,或敌伪机构向国人借款,及核准发还之敌伪强购国人产业应缴之赎款等三案,转请核复等由,除关于敌伪强购国人产业,经核准赎回,应照实价估值,本院已有前例外,其第一、二两项,经饬据司法行政部及财政部分别核复,略以国人向敌伪机构所借之款,

依"收复区敌伪产业处理办法"第四项第四款后段之规定,应向我国中央政府为清偿,又敌伪机构向国人借款,应依同法同项同款前段之规定,其负债应由接收机关就其接收该资产总值范围以内清偿之,其在总值范围以内不足清偿者,得经登记后汇向敌人清算各等语。查关于业经没收之敌伪产业,由拍卖机关标卖,拍定人因而取得所有权者,其权利为原始取得,曾经贵院院解字第三四二三号解释有案,至接收之敌伪产业是否为原始取得,依照上述之解释,尚不无疑义,案关清理敌伪债权,相应抄同"收复区敌伪产业处理办法"第四项及国民政府主席东北行辕与司法行政部财政部请示及核复全案文件,咨请贵院查照,迅予解释见复为荷。

**附抄送收复区敌伪产业处理办法第四项及原案文三份(略)**

**院解字第四〇四一号**

**三十七年六月二十二日**

案准贵院上年四月十日从叁字第一三二二九号咨,以据经济部呈请转咨解释公司法第二十六条适用疑义,咨请解释等由准此,兹经本院统一解释法令会议议决,来文所述情形,某甲等组设公司,所营业务既与他人呈准登记给照之公司同类,依公司法第二十六条之规定,即不得使用相同或类似之名称,纵令所用名称为其沿用之旧商号,仍非同条之所许,依同法第三百零七条之规定,非经令其改正合法,不应予以登记。相应咨复查照饬知。此咨行政院

**附原咨**

据经济部三十六年三月二十六日京商(36)字第三七六八九号呈称,本部对于公司登记兹有疑义,例如设在重庆之某某公司经于三十一年呈准登记给照有案,而某甲等在上海组设同类业务之公司,并使用相同或类似之名称,于三十五年声请登记,惟某甲等之公司名称系沿用其前身商号之旧牌号,该商号在前清光绪年间创设,民国二十九年曾报请商业登记,近始改组为公司,某甲等之公司名称是否与公司法第二十六条规定抵触,可否准其登记,计有二说。(子)说谓公司法第二十六条规定原系沿袭《旧公司法施行法》第二十七条而来,而《旧公司法施行法》第二十七条,则以普通商业之商号,于注册后,依商人通例第十九、第二十条规定,仅能于同一城镇乡内禁止他人之仿用(此在《商业登记法》第二十一、第二十二条亦有同样之规定),商事公司之名称虽亦为商号,然公司之业务往往不以同一城镇乡为限,故该为扩张其区域效力之特别规定,明定不问是否在同一省市区域以内之字样,其相承相沿之迹,至为了然,至公司法第二十六条其于禁止之规定,虽非如商人通例第十九第二十条规定用"不得仿用"之字样,然法律不追溯既往,及权利之设定不应妨碍他人既得之法益,为法律上之大原则,故就该条之文字为理论上之解释,不过谓同类业务之公司不得于他公司设立登记后袭用其相同或类似之名称而已,若其商号名称之使用早在他公司设立登记以前者,实已构成莫可否认之法益,断非远在其后者所能追溯剥夺,二十一年七月六日司法院院

字第七七八号解释关于甲乙两商号之行用略称"甲商号创用在前,无为更先之注册者,虽未注册,不能因乙之将其仿用而反受查禁",可见乙商号虽已注册,如甲商号创用在其注册之前,即非法律所不许,又司法院院字第一二五九号解释例称,"商人通例施行后为商号之注册者,对于商人通例施行前业已行用同一或类似之商号,依《商人通例施行细则》第九条第二项规定,不得行使商人通例第二十条之权利,苟创设在商人通例施行后之商号及创设在商人通例施行前之同一商号同时呈请注册,应俱予照准,若创设在商人通例施行前之商号呈请注册在后,则在商人通例施行前既已行用,即非仿用他人既注册之商号,亦应准其注册,某丁创设之同一商号既在某丙呈请注册之前,即非仿用他人既经注册之商号,苟同时呈请注册,某丙不得以早经使用为理由,呈请禁止其注册"等语,上开诸解释,虽系就商人通例立论,然要为不易之法理,与公司法第二十六条规定并无抵触,即公司法第二十六条自应亦为同样之解释及适用,方符法律之真义,上海某甲等之公司实无违反公司法第二十六条之规定,应予登记。(丑)说谓公司及商号之登记各有专法,自应分别依公司法及商业登记法办理,公司法第二十六条规定"同类业务之公司,不问是否同一种类,是否同在一省市区域以内,不得使用相同或类似之名称",是公司法对于同类业务之公司不许有相同或类似之名称,至为明显,依现行公司法第十四条法意,公司之法人资格非登记后不能取得,则其前身之商号,无论独资或合伙,与公司人格各别,故法条无沿用商号旧名可不适用同法第二十六条之规定,则司法院二十四年院字第一二五九号对于《商人通例》之解释,自不能适用于现甫设立之公司,上海某甲等之公司,其使用之名称系与公司法第二十六条规定抵触,未便予以登记。以上两说应以何说为是,事关法律疑义,理合备文呈请鉴核,转咨司法院解释示遵等情。相应咨请查照解释为荷

**院解字第四〇四二号**

**三十七年六月二十二日**

广西高等法院申院长览,上年酉鱼代电悉,所请核示一案,业经本院统一解释法令会议议决,矿产税条例第四条第一类所称之铁,系指初出产之生铁而言,不包含熟铁废铁在内。合电知照。司法院巳养印

**附原代电**

南京司法院居院长钧鉴,窃查本院受理违反矿产税条例案件,对于运输熟铁应依照该条例缴纳税款,适用法律发生疑义,兹有二说,甲说谓依《矿产税条例》第四条所列矿产物之类别既仅书铁,当系包括铁矿及熟铁废铁在内,运输熟铁自应遵照纳税,乙说则谓依《矿产税条例》第三条前段规定,征收矿产税之矿产物以《矿业法》第二条所列举者为限,而《矿业法》第二条关于铁之一类,则明定为铁矿,且所谓矿产税,顾名思义,其课征对象当系指未经制练之矿产物,熟铁废铁自不在课征之列,二说未知孰是,又查《货物税条例》第三条规定,应征货物税之物品,亦未列有铁之一项,如采乙说,是对于运输熟铁废铁如应征税,应依据

何种法令以为课税或科罚,均属不无疑义,事关法令解释,悬案待结,理合电请钧院迅予察核示遵。广西高等法院院长申守真酉鱼刑二洪印

**院解字第四〇四三号**

**三十七年六月二十二日**

甘肃高等法院楼院长览,本年一月寒代电悉,武都地方法院呈请解释一案,业经本院统一解释法令会议议决,《刑法》第五十八条所称因犯罪所得之利益,系指犯罪行为时因犯罪所得之利益而言。合电转饬知照。司法院巳养印

**附原代电**

南京司法院院长居钧鉴,窃据甘肃武都地方法院院长赵桂林于三十六年十二月卅十六日呈称,查《刑法》第五十八条规定,科罚金时,除依前条规定外,并应审酌犯人之资力及因犯罪所得之利益,如所得之利益超过罚金最多额时,得于所得之利益范围内酌量加重。于兹发生疑义,即本条所称因犯罪所得之利益,系指行为时所得之利益而言,抑系指裁判时所已得之利益,并未明白规定,此于两时期距离较近时,尚无绝大悬殊,倘于两时期距离较远时,则在此物价波动甚剧之际,其于裁判时因犯罪所已得之利益,必较行为时因犯罪所得之利益高出数十倍或数百倍不等,如于科罚金时对此时期上之认定漫无标准,结果必将致出入有使人不可思议,对于本条规定所称因犯罪所得之利益,究应解释为何时期等情。据此,案关法律疑问,本院未便擅专,理合电请核示,以便转饬遵照。甘肃高等法院院长楼观光叩寒印

**院解字第四〇四四号**

**三十七年六月二十二日**

四川高等法院苏院长览,上年午寝代电悉。该法院第九分院转请核示一案,业经本院统一解释法令会议议决,(一)选举乡镇民代表,选举人不亲自到场投票,而委其子女或其他选举人代投者,其投票为无效,如其无效票数较当选人中得票最少人所得票数与落选人中得票最多人所得票数之差数为多时,除当选人所得票数为较无效票数与落选人中得票最多人所得票数之和数为多者,不因无效票数之存在而受影响外,其他当选人之当选均应认为无效。(二)在奉国民政府三十六年三月十三日处字第二零六号训令前,乡镇民代表选举诉讼已系属于法院而未裁判者,应依此项训令办理,若已经裁判驳回,不得以此为理由提起再审之诉。(三)办理乡镇民代表选举违背《乡镇民代表选举条例》第五条之规定者,其选举为无效。合电转饬知照。司法院巳养印

**附原代电**

南京司法院院长居钧鉴,案据四川高等法院第九分院院长文必第三十六年七月九日牍字第一三一八号呈称,案据长宁县司法处审判官陈志远三十六年七月二日牍字第六零零号

午冬代电开,窃查本县自各项选举开始后,地方意见甚为分歧,选举诉讼亦因之而多,近因乡镇民代表选举如有争执适用县参议员选举条例命令公布,以后兴讼者多,适用上发生下列各疑点,(一)《四川省各县乡镇民代表选举规则》第三条载,凡中华民国人民年满二十岁者有选举乡镇民代表之权,兹有某乡选举代表时,其划到簿所载选民为各户户长,年龄均在二十岁以上,但实际到场投票之人非户长本人,为其子或女,均未满二十岁,或划到簿上为甲户长之名义,另委乙户之人代为投票,此种情形,自属选举舞弊,是否应适用《县参议员选举条例》第三十二条规定办理,如该项舞弊之选民人数未达三分之一以上,其整个选举是否有效,如不发生影响,该舞弊选民所投之票是否应认为无效,此应请示者一也。(二)在乡镇民代表选举发生诉讼未奉令适用《县参议员选举条例》之前,是否适用法律不溯既往原则,予以驳回,若已根据上开理由判决驳回,而又以内政部明令适用县参议员选举条例为理由,提起再审,是否适用一事不再理原则,仍予驳回,此应请示者二也。(三)《四川省各县乡镇民代表选举规则》第九条载,各保选举日期时间选举方法及候选人名单,应于五日前由乡镇长分别在各该保保办公处公告之,如办理选举人违反此规定,其选举是否无效,另行再选,此应请示者三也。因案悬待结,理合电请鉴核示遵等情。据此,事关法令解释,不敢擅专,理合具文呈请,伏祈鉴核示遵等情。据此,事关法律疑义,理合电请钧院迅赐解释,电令祗遵。四川高等法院院长苏兆祥叩牍午寝印

**院解字第四〇四五号**

**三十七年六月二十二日**

广西高等法院陈首席检察官览,本年寅铣代电悉,桂平地方法院首席检察官代电所请解释一案,业经本院统一解释法令会议议决,赌博场所不能视为供犯罪所用之物予以没收。合电转饬知照。司法院巳养印

**附原代电**

南京司法院院长居钧鉴,据桂平地方法院首席检察官本年丑智检文字第一一三号代电称,查《刑法》第二六八条规定,意图营利供给赌博场所者云云,所为场所,是否可视为供犯罪所用之物,依同法第三十八条规定,得予以没收,事关法律疑义,本处未敢擅专,理合电请转呈解释示遵等情。据此,查赌博场所是否可视为供犯罪所用之物予以没收,兹有二说。甲说谓《刑法》所定得没收之物系以动产为限,但他项法令有特别规定者,仍可没收(见司法院字第五七四号解释),关于赌博场所,既无他项法令得予没收之规定,不能遽予没收,乙说谓《刑法》第三十八条规定既浑称为物,就文理解释上言,殊难谓不动产不在其内,例如公务员所收之贿赂,不以金珠宝玉为限,即良田美屋,亦可视为因犯罪所得之物没收之,供给赌博场所之房屋,系供犯罪所用之物,如属于犯人所有,自得依《刑法》第三十八条第一项第二款规定,予以没收以上二说究以何者为是,事关适用法律疑义,未便擅拟,理合电请察核解释示遵。广西高等法院首席检察官陈锡瑚寅铣检乙印

**此处删去一条。**

**院解字第四〇四七号**

**三十七年六月二十二日**

**令湖南高等法院院长余觉**

三十六年六月十二日呈一件,为据湖南高等法院第四分院呈请核示处罚贴用作废之印花税票适用法律疑义,转请鉴核示遵由。

呈悉,业经本院统一解释法院会议议决,《旧印花税法》施行期内,如明知政府布告作废之印花税票,而故意贴用,与未贴印花税票相同,应依该法第十八条办理,否则不得处罚。仰即转饬知照。此令

**附原呈**

案据本院第四分院院长钟馥呈称,案准湖南区直接税局邵阳分局函,以大东书局由湖南耒阳撤退,所损失之大宗印花税票,经财政部湖南直接税局于民国三十五年三月二日布告作废,禁止私相销售在案。兹邵阳商店簿据及银钱往来之单据上,发现贴用该项禁销之印花税票者颇多,经查获送请处罚等由,关于适用法律,分甲乙两说,甲说,经政府布告作废之印花税票,已失印花税票之效力,人民违禁贴用,应视为未贴印花税票,依《印花税法》第十八条,应处以应纳税额二十倍以上六十倍以下之罚锾。乙说,经政府布告作废之印花票税系属废票,违反禁令贴用该项废票,自与将已贴用之印花税票揭下重用者无异,应依《印花税法》第十九条第二项,依第十八条规定之罚锾加倍处罚,以上两说未知孰是,事关适用法律疑义,理合具文呈请鉴核,迅赐指示,俾资遵循等情。据此,查事关适用法律疑义,本院未便擅拟,理合据情转呈钧院鉴核示遵。

**院解字第四〇四八号**

**三十七年六月二十二日**

广西荔浦县司法处李主任审判官览,本年寅文代电悉,所请解释一案,业经本院统一解释法令会议议决,某甲于民国三十五年犯顶替兵役罪,依《旧妨害兵役治罪条例》第十五条判处有期徒刑,如于《新妨害兵役治罪条例》施行后尚未确定,依同条例第六条第五款规定,其最重本刑既为有期徒刑以下之刑,自得援用罪犯赦免减刑令甲项,予以赦免,倘判决后在新妨害兵役治罪条例施行前业经确定,应依罪犯赦免减刑令丙项所定标准减刑,不在赦免之列。合电知照。司法院巳养印

**附原代电**

南京司法院钧鉴,查某甲于三十五年犯顶替兵役罪,依《妨害兵役治罪条例》第十五条前段,其主刑为死刑以下,经判定有期徒刑在案,该项罪刑,依三十六年七月十七日国府公

布施行之《妨害兵役治罪条例》第六条第五款规定,其主刑为五年以下有期徒刑,可否照国府三十六年元月一日公布大赦令予以赦免,于兹有二说。(一)查最高法院十四年抗一九二号判例略谓,已确定判决所科罪刑,如依颁布在后之大赦令应在免除之列,则该罪即应归消灭云云,应予赦免。(二)查钧院三十六年七月十六日院解字三五二四号解释,吸用毒品案件,如其犯罪在中华民国三十五年十二月三十一日以前,而在《禁烟禁毒治罪条例》施行之后者,自应援用罪犯赦免减刑令甲项规定,予以赦免,其在该条例施行前已依《禁烟禁毒治罪暂行条例》第六条第一项论处罪刑,而经判决确定者,不在赦免之列等语,兹查上开虽系烟毒案件解释,对于兵役案件不受比附援引之法例拘束,但可参照不予赦免。以上二说未知孰是,理合电请察核,俯赐解释示遵。广西荔浦县司法处主任审判官李伯康呈寅文刑乙印

**院解字第四〇四九号**

**三十七年六月二十二日**

**令山东高等法院院长胡续**

三十六年一月十七日呈一件,为据本院第二分院代电请核示情形特殊区域民刑案件可否适用公示送达程序办理疑义,呈请鉴核示遵由。

呈悉,业经本院统一解释法令会议议决,来文所述情形,尚难认为有《民事诉讼法》第一百四十九条及《刑事诉讼法》第五十九条所定情形,未便为公示送达。仰即转饬知照。此令

**抄原呈**

案据本院第二分院院长杨昌第本年一月六日总纪字第二七号代电内开,“本院受理最高法院发回更审民刑案件甚伙,其当事人之住所多在外县,因情形特殊,县政府法院尚未复员,或已复员而当事人住所远在乡间,不特交通阻隔,且非地方政府权力能到达地区,挂号付邮亦不能送达,以致迟延悬案不能进行,可否依照司法院三十一年三月十八日院字第二三零四号解释,比照沦陷区域经挂号付邮而不能达到情形,适用公示送达之程序办理?”案关法律疑义,谨祈鉴核示遵等情。据此,案关法律疑义,理合呈请钧院鉴核示遵。

**院解字第四〇五〇号**

**三十七年六月二十二日**

前据本院秘书处签呈,为准内政部三十五年九月四日民字第一零九五号公函,湖南省政府代电请解释乡镇财产保管委员会委员或主任委员是否公务员、可否当选或兼任乡镇民代表疑义,签请释复等情。据此,交经本院统一解释法令会议议决,乡镇财产保管委员会委员或主任委员为《乡镇民代表选举条例》第二条第一项第一款所称现任本乡镇区城内之公职人员,不得当选为乡镇民代表,此项委员或主任委员亦不得由乡镇民代表兼任。相应函请查照。此致内政部

**附原函**

准湖南省政府三十五年六月五日府民字二字第八七六号代电，以转据平江县政府五月九日法民速字第三〇号代电，为当选之乡镇民代表可否兼任有给职或无给职之乡镇财产保管委员会委员或主任委员，又现任有给职或无给职之乡镇财产保管委员会委员或主任委员可否参加乡镇民代表，电请解释一案。查乡镇财产保管委员会委员或主任委员是否公务员，可否当选或兼任乡镇民代表，法无明文规定，相应函请大院解释见复，以便转知为荷。

**院解字第四〇五一号**

**三十七年六月二十二日**

财政部鉴上年五月二十八日京直三字第三五一六一第二五七四二号代电悉，所请解释一案，业经本院统一解释法令会议议决，(一)在《旧印花税法》施行期内，立据人发出之货票，于交付前未贴足印花税票，该立据人既无签章地址可以追询，而受据人亦不知其详，即无从予以处罚，受据人接受使用此发货票，既非课税主体，亦无补纳印花税之义务，此项凭证在形式上固属欠贴印花税票，但于其凭证自身之效力尚不生何影响。(二)在旧印花税法施行期内，某商号在国外购货，而以国外所掣之发货票在国内作为记帐之原始凭证，自应认为使用，如未贴用印花税票，依《印花税法施行细则》(旧)第七条规定，应由该商号负责。特电复请查照。司法院巳养印

**附原代电**

司法院赐鉴，查依据《印花税法》第五条规定，"应纳印花税之凭证应于交付或使用前贴足印花税票"，兹假定某商号开出发货票一张，立据人于交付前未贴足印花税票，嗣经检查人员在受据人处查获，自应依法送罚，但查该发货票之立据人并无签章地址，经追询受据人亦不知其详，致司法机关审理该案无从查追立据人予以处罚结案，惟查上项发货票其立据人漏贴印花固无法追查，但受据人既经接受使用此发货票，依照税法第五条使用前贴足印花税票之规定，是否可予处罚或责令受据人或使用人补贴印花税票，设受据人或使用人并非课税主体，应无补纳印花税之义务，则上项违法凭证在司法上究应如何处理，法律是否予该项违法凭证以保障？又同法第十条规定，"国外订立之凭证而在国内使用者，于使用前仍应依本法贴用印花税票"，如某商号在国外购货，而以国外所制之发货票在国内作为记帐之原始凭证，是否应视为"使用"，依法贴用印花税票？事关解释法令，谨电请迅赐解释惠示为祷。财政部印

**院解字第四〇五二号**

**三十七年六月二十二日**

国防部鉴，(卅七)吕补字第二九零二一号代电悉，武汉警备司令部代电所请解释一案，兹经本院统一解释法令会议议决，仅在内地私运贩卖银币铜币，妨害国币惩治条例既无治

罪明文,自不能依该条例处罚,其所贩运之银币铜币亦不能予以没收。特电复请查照饬知。司法院巳养印

**附原代电**

司法院居院长,一、据本部军法局案呈,以准武汉警备司令部三十七年二月十四日锡建字第四七号代电,为内地私运贩卖银币铜币者,是否适用妨害国币惩治条例处断,其所贩运之银币铜币能否没收,请予解释。二、案关适用法律疑义,兹抄附原代电一件,请解释饬遵。

**院解字第四〇五三号**

**三十七年六月二十二日**

**令江西高等法院院长吴昆吾**

三十七年三月二十七日呈一件,为院解字第三三一五号及第三八三九号解释适用疑义,呈请核示祇遵由。

呈悉,业经本院统一解释法令会议议决,院解字第三八三九号解释,系就院解字第三三一五号解释予以补充,应以后解释为适用标准。仰即知照。此令

**附原呈**

案据署江西金溪地方法院院长李寿曾本年寅微代电称,本院受理曹明德等盗匪一案,业经判决依法送达,并已检同卷证呈送最高法院覆判在案,兹盛该案内押犯何金仂具状声请因患病沉重请求保外医治等情前来,经派员讯明患病属实,并据看守所医士及卫生院分别证明有保外医治之必要,依照《刑事诉讼法》第一百四十条第三款规定,自应即予裁定,但依照同法第一百二十一条第二项之规定,该案卷证均已呈送覆判,似本院无权裁定,除一面令饬该所所长督饬医士妥为诊治或送卫生院医治外,事关法律疑问,理合电请鉴核,提前指令祇遵等情前来。查特种刑事案件之被告,于初判判决后覆判进行中,因病声请停止羁押,卷宗及证物既已送该管高院覆判,自应依《特种刑事案件诉讼条例》第二十七条之规定,由该复判法院裁定,此于三十五年院解字第三三一五号曾著解释例有案,然至本年二月九日院解字第三八三九号解释,又谓特种刑事案件之被告在覆判中因病停止羁押,除已经复判法院提审或莅审者外,应由初审法院裁定等语,前后两种解释例似不免有抵触之处,除为便于从速处理起见,先行令饬金溪地方法院依本年二月九日院解字第三八三九之解释由该院依法裁定外,惟以上两种不同之解释,究应如何择一适用,理合具文呈请钧院鉴核令示祇遵。

**院解字第四〇五四号**

**三十七年六月二十二日**

浙江高等法院第一分院上年丑元代电悉,所请释示一案,业经本院统一解释法令会议议决,县政府军事科职员仍应视为非军人(参照院解字第四零二五号解释)。合电知照。司

法院巳养印

**附原代电**

司法院院长居钧鉴,查县政府军事科职员为行政系统下之所属人员,依钧院院字第九五二号解释,自不能视为军人,惟军事委员会三十五年四月二十四日政法核字第五五三二号代电本省保安司令部解释,又认为有军人身份,以致发生管辖争执,现有是类案件急待解决,事关法律疑义,理合电请钧院释示祗遵。浙江高等法院第一分院院长杨树猷丑元叩

**院解字第四〇五五号**

**三十七年六月二十二日**

江西高等法院宜春分院王院长览,本年丑沁代电悉,所请解释一案,业经本院统一解释法令会议议决,某甲受县政府委托,寄存赋谷,措不交还,如系意图为自己或第三人不法之所有,应成立《惩治贪污条例》第三条第二款之侵占公有财物罪。合电知照。司法院巳养印

**抄原代电**

南京司法院院长居钧鉴,兹有某甲系乡合作社理事主席,曾受县府委托,经收该乡赋谷,于敌寇侵陷时,损失殆尽,经层报准予核销,嗣查明此项损耗赋谷泰半由乡民乘机窃取,爰组织清查团,追回数百担,经县府令拨该乡民众备荒谷二百担,为免除搬运耗费起见,将该项备荒款仍寄存于某甲前经收赋谷所管之仓内,由某甲出具即月即日兑付现谷二百担之凭票一纸,交乡备仓主管人员收执,现因备荒谷急须动用,向某甲索取,某甲乃借口前寄存之备荒谷并非现谷,乃系各窃户出具之欠谷票,现因欠户短交,不愿代偿,但前项寄存谷经证明确系现谷存仓,某甲措留不交,在法律上应负如何责任,发生下列疑问,(一)某甲对寄存之谷已经出具即月即日兑交之凭票,兹措不交还,是否构成《刑法》上之侵占罪,抑仅负民事上给付之责任?(二)某甲受乡镇备荒仓主管人员之委托,代为保管备荒谷,措不交还,如认系侵占,是否有《惩治贪污条例》第一条所规定受公务机关委托承办之情形,应依同条例第三条第二款论处?本院现有此类案件急待解释,理合电请钧院鉴核,俯准迅赐解释示遵。江西高等法院宜春分院院长王纲煦叩丑沁印

**院解字第四〇五六号**

**三十七年六月二十二日**

**令陕西高等法院院长郗朝俊**

三十六年八月二十五日呈一件,为经律师考试及格并执行律师职务一年以上,但非法校出身,是否合于推事检察官资格疑义,请鉴核示遵由。

呈悉,业经本院统一解释法令会议议决,经律师考试及格并执行律师职务一年以上成绩优良者,即具有《法院组织法》第三十三条第五款所列之资格,其学历如何在所不问。仰即知照。此令

附原呈

陕西高等法院呈,为经律师考试及格并执行律师职务一年以上,但非法校出身,是否合于推检官资格疑义。请鉴核示遵由

院解字第四〇五七号

三十七年六月二十二日

河北高等法院天津分院李院长览,本年四月江代电悉,所请解释一案,业经本院统一解释法令会议议决,甲于三十五年十二月三十一日以前冒名代管汉奸乙之财产,继续至三十六年一月一日以后者,不能适用罪犯赦免减刑令予以赦免。合电知照。司法院巳养印

附原代电

南京司法院院长居钧鉴,查有甲冒名代管汉奸乙之财产,其开始虽在三十五年十二月三十一日以前,但现在仍在继续代管中,其罪应否赦免,有子丑两说。(子)说,《惩治汉奸条例》第十二条,将冒名代管汉奸财产与隐匿收买寄藏汉奸财产,规定于同一法条之内,寄藏赃物,经院解字第三六三二号解释为即成犯,故冒名代管亦非继续犯,如代管行为在三十五年十二月三十一日以前,应予赦免。(丑)说,冒名代管汉奸财产之罪,其代管行为有继续性,不能谓非继续犯,虽其行为开始在三十五年十二月三十一日以前,如三十五年十二月三十一日以后仍继续代管时,即不能予以赦免。似以(丑)说为是,惟案关适用法律疑义,未敢擅专,理合电请鉴核,迅赐解释祗遵。河北高等法院天津分院院长李祖庆江印

院解字第四〇五八号

三十七年六月二十二日

案准贵院三十七年三月三日(卅七)四内字第一零二八三号公函,以据江西省参议会代电请核示省立师范学校校长得否兼任省参议员疑义,函请释复等由,准此。兹经本院统一解释法令会议议决,省立师范学校校长在《修正省参议员选举条例》第二条条文增加第二项以前当选为省参议员者,如未经选举人于同条例第二十七条期间内诉经法院判决宣告当选无效,自非不得为省参议员,其兼任省参议员纵属违反《公务员服务法》第十四条之规定,亦仅应依同法第二十二条,就其校长地位予以惩戒,仍不得限定期间,以其未于期间内辞去校长职务,即视为辞去省参议员。相应函复查照饬知。此致行政院

附件

行政院为据江西省参议会代电请核示省立师范学校校长得否兼任省参议员疑义,函请释复由。

**院解字第四〇五九号**

**三十七年六月二十二日**

**令江苏高等法院首席检察官韩焘**

三十六年八月十一日呈一件为据江苏高等法院第一分院首席检察官代电请核示内乱罪追诉处罚疑义，转祈解释示遵由。

呈悉，业经本院统一解释法令会议议决，在奸区供职人员，参加非法斗争，合于《刑法》内乱罪之规定者，纵在民国三十六年七月四日总动员令颁布前所发生之行为，仍得以内乱罪追诉处罚，如在戡乱时期危害国家紧急治罪条例实施之区域，应由同条例第八条规定之审判机关审判。仰即转饬知照。此令

**附原呈**

案据本院第一分院首席检察官张炎午陷代电称，查奸匪行为在此次总动员令暨最高法院检察署通缉令未经颁布以前，各法院办案实例，均于查明其是否有杀人放火抢夺各罪行后，由第一审法院依法办理，均不依内乱罪论处。兹阅法令周刊第十卷第二十四期载有司法行政部三十六年五月七日京(36)指叁字第一一零八二号指令，略以在奸区供职人员参非法之斗争者，如合于《刑法》内乱罪规定，自可以内乱罪追诉云云，此项解释，是否对总动员令颁布以前所发生之行为一概追溯处罚，不无疑义，本处刻有此项案件亟待解决，理合电请核示祇遵等情前来。事关适用法律疑义，理合据情转呈，仰祈鉴赐解释示遵。

**院解字第四〇六〇号**

**三十七年六月二十二日**

国防部鉴上年戌有吕优代电悉，所请释示一案，兹经本院统一解释法令会议议决，《禁烟禁毒治罪条例》第十二条为处罚公务员军警之特别加重规定，故军人帮助非军人犯同条所定之罪者，即应依该条论处，但仍得适用《刑法》第三十条办理。特电复请查照。司法院巳养印

**附原代电**

司法院钧鉴，查军人帮助非军人犯《禁烟禁毒治罪条例》之罪者，是否依该条例第十二条处断，兹有两说。(甲)说《禁烟禁毒治罪条例》第十二条为具有特定身份而犯罪之加重处刑规定，军人帮助非军人犯该条例之罪者，自应仍依该条处断，但得依《刑法》第三十条第二项减轻其刑。(乙)说军人本身犯《禁烟禁毒治罪条例》之罪，自应依该条例第十二条处断，如帮助非军人犯该条例之罪，依《刑法》第三十条第二项"从犯之处罚得按正犯之刑减轻之"之定义，似应从其正犯所犯法条处断，不适用该条例第十二条之加重规定，否则科刑结果从犯之刑或将及较正犯之刑为重，有失法律持平本旨。以上两说，究以何说为是，谨特电请释示。国防部部长白崇禧戌有吕优印

**院解字第四〇六一号**

**三十七年六月二十二日**

案准贵院三十五年十一月二十五日节京肆字第二零六六三号咨,以据水利委员会呈转请解释水权登记疑义,咨请查核见复等由,附抄送原呈及附件。准此,兹经本院《统一解释法》令会议议决,(一)水权之意义在《水利法》第十三条定有明文,具有此项意义之水权,除有同法第二十四条第二项及第三十八条情形外,其取得设定移转变更或消灭,依同法第二十四条第一项之规定,非依同法登记不生效力。(二)关于水权之登记,既未定有强制办法,则怠于登记之声请时,主管机关自不得于法律范围外在行政上为何种强制处分。相应咨复查照转饬水利部知照。此咨行政院

**附原咨**

据水利委员会本年十一月十四日水新工字第六三三二号呈称,案准浙江省政府(卅五)申陷三七三〇八建三代电,转请解释水权登记疑问,关于《水利法》者,(1)原疑问(一)应办水权登记之事业种类,本会解释意见,查水利事业种类,《水利法》第二条规定为"本法所称水利事业,谓用人为方法控驭或利用地面水或地下水以防洪、排水、备旱、溉田、放淤、保土、洗咸、给水、筑港便利水运或发展水力",上述各项之水利事业,有《水利法》第十三条规定之情形者,除《水利法》第二十四条第二项及同法第三十八条规定者外,均须依法声请水权登记,(2)原疑问(二)水权登记无强制登记办法,应如何办理本会解释意见,水权登记乃权利之保障,权利人如不依法登记,即无异自愿放弃法律上之保障,且《水利法》第十八条规定,"凡登记之水权因水源之水量不足发生争执时,先取得水权者有优先权,同时取得水权者,按水权状内额定用水量比例分配之或轮流使用,其办法由主管机关定之",此亦为鼓励水权登记之一道,又遇水权消灭时,水权人不自动声请消灭登记,亦无适当处置,究应如何办理,本会解释意见,按水利法第二十一条规定,"水权取得后继续不使用逾二年者,经主管机关审查决定公告后,即丧失其水权,并撤销其水权状,但经主管机关核准保留者,不在此限",是对于延不登记水权者已有处置办法,至应为登记而不履行义务,可依《水利法》第六十九条处以罚锾,并强制履行,拟请转给司法院统一解释示遵等情。相应抄送原文及附件,咨请查核见覆为荷。

**附抄水利委员会原呈**

案准浙江省政府(三十五)申陷三七三〇八建三代电,转请解释水权登记疑问三点到会,谨将本会意见开列于次,甲、原疑问关系水利法者,1. 原疑问(一)应办水权登记之事业种类,本会解释意见,查水利事业种类,《水利法》第二条规定为"本法所称水利事业,谓用人为方法控驭或利用地面水或地下水以防洪、排水、备旱、溉田、放淤、保土、洗咸、给水、筑港便利水运或发展水力",上述各项之水利事业,有《水利法》第十三条规定之情形者,除《水利法》第二十四条第二项及同法第三十八条规定者外,均须依法声请水权登记。2. 原疑问

(二)水权登记无强制登记办法,应如何办理,本会解释意见,水权登记乃水权之保障,权利人如不依法登记,即无异自愿放弃法律上之保障,且《水利法》第十八条规定,"凡登记之水权因水源之水量不足发生争执时,先取得水权者有优先权,同时取得水权者,按水权状内额定用水量比例分配之或轮流使用,其办法由主管机关定之",此亦为鼓励水权登记之一道,又遇水权消灭时,水权人不自动声请消灭登记,亦无适当处置,究应如何办理,本会解释意见,按《水利法》第二十一条规定,"水权取得后继续不使用逾二年者,经主管机关审查决定公告后,即丧失其水权,并撤销其水权状,但经主管机关核准保留者,不在此限",是对于延不登记水权者,已有处置办法,至应为登记而不履行义务,可依《水利法》第六十九条处以罚锾并强制履行。乙、原疑问关系水权登记费征收办法者,1. 原疑问(三)水权登记费征收办法第四条关于变更消灭移转等登记费是否与设定登记费同样收取,又第三条规定登记费每一单位收国币一百元至三百元,以现今物价计算,似感较低,拟请转呈加以调整,俾切实际,本会解释意见,水权之移转变更消灭等登记费,应按照《水权登记费征收办法》第四条之规定,与同办第三条规定之水权设定登记费同样征收,至于登记费征收标准较低一节,已另案呈请钧院核示。以上甲项拟请钧院转洽司法院统一解释,乙项已由本会电复浙江省政府。准电前由,理合备文并抄同原代电,呈请鉴核示遵。

**抄原代电**

水利委员会公鉴,据建设厅案呈瑞安县政府本年未寒代电称,兹关于水权登记发生下列疑问三点,敬请鉴赐释示,(一)应办水利登记之事业种类,查《水利法》第十三条所称水权谓依法对于地面水或地下水取得使用或收益之权,同法第三十八条以下列用水免予登记,一、家用,二、在私有土地内挖塘或凿井汲水,三、用人力兽力或其他简易方法引水者,则除此之外,在县地方应办水权登记之事业,实属少见,即奉颁水权登记规则内对前项之事业种类亦无明文规定,恳请就需办登记之水权种类名称详细开示,以便遵办。(二)查水权登记,依照《水利法》第二十四条规定,仅以不依本法登记不生效力,如应办而延不办理登记时,缺乏强制登记办法,遇水权消灭时,水权人不自动声请消灭登记,亦无适当处置,究应如何办理,仰祈示遵。(三)《水权登记费征收办法》第四条关于变更消灭移转等登记费是否与设定登记费同样收取,又第三条规定登记费每一单位收国币一百元至三百元,以现今物价计算,似感较低,拟请转呈加以调整,俾切实际,并祈核示祗遵等情。据此,事关法令解释,为求统一明确起见,应请贵会核复,俾便饬遵为荷。浙江省政府(三十五)申陷三七三〇八建三印

**院解字第四〇六二号**

**三十七年六月二十二日**

永安县参议会(35)致寅卅闽永参秘议字第一九六号呈悉,所请核示一案,业经本院统一解释法令会议议决,(一)县参议会发现地方行政等机关有舞弊情事,送请主管机关办理者,有权传讯之机关对检举人被检举人均得予以传讯。(二)请愿人或提案人有无犯罪嫌

疑,系事实问题,不属解释范围。(三)检察官对于被检举人本得依法讯问,自无将全案送交被检举人逐条申覆之必要。电复查照。司法院巳养印

**附原呈**

兹有疑义如下,(一)县参议会对于地方行政司法或税务机关发现舞弊情事,经人民请愿或由参议员提案,复经大会审查有据,并经大会议决送请主管机关依法执行,该执行机关可否视为普通诉讼案,以检举人为原告被检举人为被告,传集双方开庭审讯。(二)被检举者为现任职员,检举者为大会通过案,执行机关或法院可否混称请愿人或提案人有嫌疑而抹煞事实。(三)检举案送交法院检察处,而检察处竟将检举全案送交被检举人,嘱其逐条申覆,是否合法。以上三点,敬恳察核详细示遵。

**院解字第四〇六三号**

**三十七年六月二十二日**

广西高等法院申院长览,本年丑马代电及附件均悉,蒙山县司法处代电所请解释一案,业经本院统一解释法令会议议决,广西省各县民团之组织,依该省民团规程各条之规定,系隶属于行政机关之民众自卫团体,该团司令部特编队之官兵犯普通《刑法》上之罪,不能视为《陆海空军刑法》第六条第三款之军人而归军法审判。合电转饬知照。司法院巳养印

**附原代电**

南京司法院院长居钧鉴,案据蒙山县司法处本年一月侵文代电称,本省各县民团司令部特编队之官兵犯普通《刑法》时,应否认为《陆海空军刑法》第六条第三款之军人,依陆海空军惩罚令第一条规定归军法审判,职处深滋疑义,理合电请鉴核迅赐解释示遵等情。当以本省各县民团司令部之特编队是否依陆海空军编制,函请广西省保安司令部查明见覆,现准该部函开,查本省各县民团特编队组织,系依照行政院上年九月颁布之各县(市)民众自卫队组训规程参酌编订实施,其动机为适应国家总动员之要求,发挥民众武力,维持地方治安,不属国家现分兵役范围,兹检同本省民团规程一份,随函附送,即希查照为荷等由。准此,事关适用法律疑义,职院未敢擅拟,理合检同原规程,电请察核俯赐解释电示祗遵。广西高等法院院长申守真丑马刑天印

**院解字第四〇六四号**

**三十七年六月二十二日**

司法院训令最高法院

据该法院签送泰县海安镇调解委员会呈,为战前交付之房屋租赁担保金未返还者应如何给付疑义,呈请释示一案,兹经本院统一解释法令会议议决,战前所交付之房屋租赁担保金未返还者,应依《复员后办理民事诉讼补充条例》第十二条之规定增加给付以返还之。合亟令仰转行知照。此令

**附原呈**

查本镇历来房屋之租赁,承租人除约定缴纳租金外,尚缴存国币担保金(俗称押租),于期满解约时原数无利退还,积习相沿,由来已久,抗战胜利以来,银行国币存款及私人借款按照贰千五百倍偿还,暨田地租赁之国币担保金按照缴存时稻价折合稻数发还,业经政府明令公布,惟房屋租赁战前缴存国币担保金给付问题,未有明文规定,现房屋租赁期满解约,出租人与承租人每因战前缴存之国币担保金结算事宜争多较少,引起纠纷,进行调解,无法依据,现时对于战前房屋租赁缴存之国币担保金究应如何给付,理合备文呈请钧长鉴核,乞赐解释批示祇遵,实为公便。

**院解字第四〇六五号**

**三十七年六月二十二日**

法院令河南高等法院首席检察官胡咏高

三十六年十二月十七日呈一件,为据商邱地方法院首席检察官呈请核示人民服务队人员有无军人身份疑义,转请鉴核令遵由。

呈悉,业经本院统一解释法令会议议决,人民服务队员,除由现役军人充任者外,不能认为有军人身份。仰即转饬知照。此令

**附原呈**

案据河南商邱地方法院首席检察官王川山呈称,查绥靖区域内国防部人民服务队人员有无军人身份,如触犯刑章,司法机关有无审判之权,颇滋疑义,理合备文呈请鉴核示遵等情。据此,案关法令解释未敢擅专,理合备文转请钧院鉴核,指令祇遵,实为公便。

**此处删去三条。**

**院解字第四〇六九号**

**三十七年六月二十三日**

江西宁都地方法院左首席检察官览,(三七)寅覃代电悉,所请解释一案,业经本院统一解释法令会议议决,来电所述情形,丙检察官不得声请覆判。合电知照。司法院巳漾印

**附原代电**

南京司法院院长居钧鉴,查检察一体,甲检察官承办案件,自可由乙检察官莅庭行使检察职权。设有甲乙两人同犯强盗,经被害人先后发觉,诉由法院检察官丙丁先后提起公诉,法院以其系属同一案件,并案审理,由检察官丁莅庭执行职务,判决后法院承办书记官将该判决分别送于原办检察官。丁检察官认为原判尚无不合,无庸声请覆判,丙检察官则认为原判尚有不当,应行声请覆判。但丙检察官收受在后,虽尚未达十天,而丁检察官因收受在先,则已经过十天,就丁检察官收受日期已行逾越声请期,限就丙检察官收受日期则尚未逾

越声请期限。关于此种场合,究应以何检察官收受期间为准,检察官某丙是否可以声请覆判,不无疑义,理合电请钧长俯赐解答示遵。署江西宁都地方法院首席检察官左兴中叩(三七)寅覃印

**院解字第四〇七〇号**

**三十七年六月二十三日**

广西高等法院申院长览,上年午养代电悉,邕宁地方法院所请解释一案,业经本院统一解释法令会议议决,《旧印花税法》第十八条之罚锾,不得援用罚金罚锾提高标准条例予以提高。合电转饬知照。司法院巳漾印

**附原代电**

南京司法院院长居钧鉴,据邕宁地方法院本年六月铣文代电称,查违反《印花税法》者,依该法第十八条处以应纳税额二十倍以上六十倍以下之罚锾,惟应否援引罚金罚锾提高标准条例第三条提高罚锾数额,兹有甲乙两说。(甲)说谓《印花税法》第十八条既规定最高最低之倍数,其应纳税额亦因其违反税额之多寡而增减,与该条后段规定相符,不应再适用罚金罚锾提高标准条例。(乙)说谓该《印花税法》第十八条规定罚锾之倍数,与《刑法》上规定几元以下之罚金同为法定之刑罚,且该税法既因违反税额之多寡而异其处罚之数额,似非依一定之比率而增加罚锾数额,应再适用罚金罚锾提高标准而为裁断。事关法律疑义,未敢擅断,理合电请察核迅赐解释,俾资遵办等情。据此,案关适用法律疑义,职院未敢擅拟,理合电请察核俯予解释迅电示遵。广西高等法院院长申守真午养刑天印

**院解字第四〇七一号**

**三十七年六月二十三日**

案准贵院本年三月三日(卅七)七法字第一零二五二号咨,以据司法行政部呈请核转解释吸食烟毒案判决主文漏载勒令禁戒执行疑义,抄同原呈,咨请解释见复等由,附抄送司法行政部原呈一件。准此,兹经本院统一解释法令会议议决,《禁烟禁毒治罪条例》第八条第三项之勒令禁戒,如未于裁判时并予宣告,除得以非常上诉程序救济外,不得由检察官声请法院裁定。相应咨复查照饬知。此咨行政院

**附原咨**

据司法行政部本年二月二十三日京(卅七)呈叁字第三五八号呈请核转解释吸食烟毒案判决主文漏载勒令禁戒执行疑义等情,相应钞同原呈,咨请查照解释见复,以凭饬遵为荷。

**附原抄件**

案据四川高等法院首席检察官三十七年一月三日代电开,“据四川广安地方法院首席检察官殷世新上年十二月十七日检牍字第一〇八号代电略开,查吸食烟毒犯特种刑事判决

主文内间有漏载勒令禁戒等字样，是否可一并送交烟毒调验所勒戒，于勒戒后声请刑庭裁定免刑，不无疑义，奉电前因，究应如何办理，理合电请鉴核示遵等情。”据此，查保安处分依《刑法》第九十六条规定原应于裁判时并予宣告，但勒令事项依《禁烟禁毒治罪条例》第八条第二项又系强制规定，如裁决漏未宣告时，即未便迳予勒戒，现在各处发见是项情形已有多案，不但犯人久被羁禁，难沐法律上规定之利益，抑且监所骤形拥挤，囚粮处所均感困难，伏查《刑法》第四十一条之易科罚金，依《刑事诉讼法》第三百〇一条第三款，亦系应于主文内记载之事项，判决漏予宣告，得由检察官及被告声请易科，已有院字第一三五六号解释，是项保安处分如漏未宣告，可否依照上述法意并兼顾事实起见，准许检察官于执行前声请补充宣告之处，事关法律疑义，理合据情电请钧部俯赐鉴核，迅予指令祗遵等情。据此，查《刑事诉讼法》并无准许补充宣告之规定，惟厉行禁烟为政府既定政策，而保安处分之延长与免其执行，依法原应由检察官声请法院以裁定行之，此项漏未宣告勒令禁戒情形，与科刑判决究不尽同，能否准由检察官声请裁定，以资补救？事关法律适用疑义，理合呈请核转司法院解释，俾便饬遵。

**院解字第四〇七二号**

**三十七年六月二十三日**

**令浙江高等法院院长孙鸿霖**

三十六年九月二十九日呈一件，为据本法院第二分院呈请核转解释《刑事诉讼法》第二百四十六条适用疑义，转祈释示，以便饬遵由。

呈悉，业经本院统一解释法令会议议决，地院推事认检察官起诉被告所犯强盗或杀人罪与未起诉之内乱罪或汉奸罪有牵连关系者，应迳为管辖错误移送高等法院或分院之判决。仰即转饬知照。此令

**附原呈**

案据本院第二分院呈称，为呈请核转解释事，（一）查犯罪事实一部起诉者，其效力及于全部，虽为刑诉法所明定，但是项牵连关系是否仅以受诉法院本有管辖权者为限，抑下级法院亦得以此为理由，将其受理本有管辖权之案件认为无管辖权，而为管辖错误移送于未受诉之上级法院之判决，举例言之，检察官对于某甲以强盗或杀人罪向地院起诉，如认其强盗或杀人罪与未起诉之内乱罪或汉奸罪有牵连关系，地院推事能否以其所牵连之内乱或汉奸罪不属管辖为理由，迳为管辖错误移送高等法院或其分院之判决，有二说。甲说谓刑诉法第二四六条系基于审判不可分之关系而为规定，审判不可分，既不限于同一法院，亦不必以有管辖权为要件，地方法院就其受理之案件发觉牵连内乱或汉奸罪时，自得为管辖错误之判决，并将案件移送于有管辖权之上级法院。乙说谓刑诉法第二四六条为第二四七条之例外规定，解释例外法条应从严格，故纵为审判不可分之牵连案件，亦应以同一法院或同一审级方有其适用，依三十一年院字第二三九三号解释及二十五年上字第一七〇一号判例，已

起诉之事实不构成犯罪时,尚不能与其他未起诉之事实生牵连关系,乃谓本未受诉之法院对于未起诉之犯罪事实反应进行审判程序,殊不合理,如已起诉之强盗或杀人罪确与未起诉之内乱或汉奸罪有审判不可分之牵连关系,应向有权管辖之检察官告发,待侦查起诉后,再行合并上级法院管辖,亦不患无法救济。二说孰当,应请解释者一。(二)如前例倘以乙说为当,则地方法院之管辖错误判决确定后,上级法院形式上是否须受其拘束,必待就事实审究确无不可分之牵连关系时,始得判决移回,抑形式上亦可不受其拘束,而为当然无效,应请解释者二。职院现有此项案件急待进行,理合具文呈请,仰祈鉴核俯赐指示或转请司法院解释示遵等情。据此,事关法律解释,理合备文转呈,仰祈钧院鉴核俯赐释示,以便饬遵。

**院解字第四〇七三号**

**三十七年六月二十三日**

台湾高等法院葛首席检察官览,寅铣代电悉,宜兰地方法院首席检察官呈请核示一案,业经本院统一解释法令会议议决,监犯保外服役暂行办法第三条,对于监犯之保外服役,既仅规定由监狱长官呈报该管高等法院首席检察官核准,自无从解为尚应通知执行法院之首席检察官,该办法第七条第二款所谓该管司法机关,系指受理保人或人民告发之司法机关,不以所在地之地方法院为限,有同条第一第三两款情形时,亦得由保人或其他关系人直接或经由原执行之监狱向原核准保外之高等法院首席检察官报告之。合电转饬知照。司法院巳漾印

**附原代电**

南京司法院院长居钧鉴,案据宜兰地方法院首席检察官巴天铎呈,以依照《修正监犯保外服役暂行办法》第三条规定,监犯由监狱长官直接呈准高等法院首席检察官保外服役之后,是否勿庸通知执行法院首席检察官,如不通知,则该法院检察官指挥执行之人犯保外而不通知,似有未洽,又同办法第七条第二款所载之该管司法机关,是否指所在地之地方法院,而保外服役之撤销,是否应由该法院检察官声请,又同条第一、三款情形,未明言由司法机关撤销,是否同样办理,请指示等情前来。事关法律疑义,谨特电恳钧长鉴核迅赐解释示遵。署台湾高等法院首席检察官葛之覃寅铣叩

**院解字第四〇七四号**

**三十七年六月二十三日**

湖南高等法院余院长览,本年丑梗代电悉,所请解释一案,业经本院统一解释法令会议议决,《县司法处办理诉讼补充条例》第十九条之规定,依同条例第一条及《刑事诉讼法》第三百三十九条,应解为自诉案件亦包含在内。合电知照。司法院巳漾印

附原代电

南京司法院院长居钧鉴,查《县司法处办理诉讼补充条例》第十八条第三四两项规定,告诉人申诉不服之案件,第二审检察官得据以提起上诉,同条例第十九条并载有检察官因其他原因发见县司法处刑事判决显有重大错误者亦得提起上诉,依此规定,是第二审检察官对于县司法处之刑事判决不受审级配置之拘束,惟前述第十八条三四两项以告诉人申诉为前提,自不包括自诉案件在内,第十九条系根据前条第四项而为规定,是否应以公诉案件为限,抑或第二审检察官发见县司法处经办之自诉案件显有重大错误时,亦得援用同条例第十九条提起上诉,事关法律疑问,理合电恳迅赐解释示遵。湖南高等法院院长余觉叩丑梗印

院解字第四〇七五号

三十七年六月二十二日

广东广州地方法院霍院长览,上年午陷代电悉,所请解释一案,业经本院统一解释法令会议议决,《土地法》第一百零三条第一款之规定,固仅于契约定有期限者始适用之,若同条第二款至第五款之规定,则不问契约是否定有期限,均有适用合电知照。司法院巳漾印

附原代电

司法院院长居钧鉴,查定期或不定期租用建筑房屋之基地,是否均适用《土地法》第一百零三条之规定,计有二说。甲说,《土地法》为《民法》之特别法,该条并无不定期限之租赁不适用之规定,故定期或不定期之租赁,均应优先适用该条之规定。乙说,该条第一款规定契约年限届满时出租人即得收回基地,则该条显系指定期之租赁而言,《土地法》对于不定期限租用建筑房屋之基地既无规定,自应适用《民法》之规定。事关法律疑义,理合电请解释示遵。广东广州地方法院院长霍维四民信午(陷)

院解字第四〇七六号

三十七年六月二十三日

令广西高等法院第一分院

三十五年八月十日呈一件,为实银是否开放准予自由买卖等疑义,呈请解释饬遵由。

呈悉,业经本院统一解释法令会议议决,(一)银币银类兑换法币办法现尚有效,自应依照办理,至银类在实际上如有市价,则报纸据以登载,尚难谓为违法。(二)仍应查照院字第二一三七号解释办理,但不妨碍《复员后办理民事诉讼补充条例》第十二条之适用。(三)已见院解字第三九八五号三项解释。(四)关于桂钞折合法币之标准,不因《复员后办理民事诉讼补充条例》第十二条之施行失其效力。仰即知照。此令

附原呈

呈为呈请解释事,查从前政府管理货币禁用实银,凡在未管理货币前所立以实银(即双

毫银)为交收之契约,因管理货币后市面无实银买卖,故不能履行契约,延搁至今,十余年来,积息多于本银,本年五月二十五日广西日报登载法律问答,问云如前以银毫作债,今欲以国币赎取,每元银毫应付国币多少,答云实银之债以纸币偿还,照当时之市价计算,曾有解释例可援,前者政府禁用实银,因无市价可照,自民三十四年政府开放实银,准予自由买卖而后,现在南宁市价每毫银壹佰元,换国币肆万余元,即应照此计算可也等语。又闻近来南宁法院判案亦有本息实银二百元判还国币捌万余元,系根据《复员后办理民事诉讼补充条例》第十二条公平裁量而为判决,因此职会旋有后开疑问。(一)民国三十四年是否开放实银,准予自由买卖,查广东广西报纸每日均登有一九银若干法光袁光银若干之价,如非开放准予自由买卖,报纸登载是否违法?(二)市面既有实银(即双毫法光袁光港毫等)可买,则法院请求履行从前所立以实银交收之契约,是否有效?(三)《复员后办理民事诉讼补充条例》第十二条,法院应公平裁量为增减给付一语,请举例解释,是否例如当时以实银交收契约至今应照市面价格给付之解释?(四)既有《复员后办理民事诉讼补充条例》公布后,所有从前每实银壹元折桂钞若干国币若干之规定,是否完全失去效力?以上四点,理合呈请钧院解释饬遵。

**院解字第四〇七七号**

**三十七年六月二十三日**

贵院三十七年二月二十日(卅七)七法字第八三一二号咨,以据司法行政部呈请核转解释《禁烟禁毒治罪条例》中关于"意图贩卖而持有"疑义,抄同原呈,咨请解释见复等由,附抄送司法行政部原呈一件。准此,兹经本院统一解释法令会议议决,原呈所举二例,均应构成贩卖鸦片罪。相应咨复查照饬知。此咨行政院

**附原咨**

据司法行政部本年二月六日京呈叁字第二六七号呈请核转解释《禁烟禁毒治罪条例》中关于"意图贩卖而持有"疑义一案,相应钞同原呈,咨请查照解释见覆,以便饬遵。

**附原呈**

案据广东高等法院三十六年十月二十五日呈略称,(一)某甲在A地收买烟土若干,乘军车带往B地发卖,中途被军警截获。(二)某甲集价收买鸦片烟土,贮藏家中,准备发卖,为军警搜获。以上二种情形,兹有子丑两说,子说以甲收买烟土既有贩卖之意思,即应论以贩卖鸦片罪,倘认为意图贩卖而持有鸦片罪,则失出矣,盖为人携带而毫无贩卖之意思,尚处以重刑,而比则适得其反,显不公平,丑说以甲无发卖行为,只能处以意图贩卖而持有鸦片罪,应以何说为是,请核示等情。事关法律适用疑义,理合呈请核转司法院解释,以便饬遵。

**院解字第四〇七八号**

**三十七年六月二十三日**

**令湖南高等法院院长余觉**

三十七年三月三日呈一件，为据永顺县司法处主任审判官呈请解释国民兵是否具有《禁烟禁毒治罪条例》第十四条之公务员及军警身份疑义，转恳鉴核示遵由。

呈悉，业经本院统一解释法令会议议决，国民兵平时仅受规定之军事教育(参照兵役法第十二条)，并非《禁烟禁毒治罪条例》第十四条所称之公务员或军警。仰即转饬知照。此令

**附原呈**

案据永顺县司法处主任审判官徐运桂呈称，查《禁烟禁毒治罪条例》第十四条第二项公务员军警盗换或隐没查获之烟毒者处死刑，第三项公务员军警故纵本条例之罪犯脱逃者处死刑无期徒刑或七年以上有期徒刑，均已明白规定，本处受理有充任国民兵者犯有上二项条文之罪嫌，国民兵是否具有公务员及军警身份，适用该项法文不无疑义，理合备文呈请钧院予以解释，以免适用法文有所违误，案悬待结，并乞指遵等情。据此，查事关适用法律疑义，本院未便擅拟，理合据情转恳钧院鉴核示遵。

**院解字第四〇七九号**

**三十七年六月二十三日**

贵州高等法院第三分院上年巳微代电悉。所请核示一案，业经本院统一解释法令会议议决，《旧印花税法》第二十条所称违反本法所定情事在两件以上，及称不得超过最重之件应处罚锾三倍以上，系指应贴印花之每一件券据等而言，此观税率表之规定自明，其有合并处罚时，自应依该条但书之限制。合电知照。司法院巳漾印

**附原电**

南京司法院院长居钧鉴，窃查《印花税法》第二十条规定，违反本法所定之情事在两件以上者，依第十八条规定之罚锾分别裁定合并处罚，但合并处罚之金额不得超过其情事最重之件应处罚锾之三倍，此项规定适用上不无疑义，例如戏票两种各若干张，一种价额每张一百五十元，一种价额每张二百五十元，依法每百元应贴印花五元，均未贴用，其所谓两件及情事最重之件，究系指若干张之总数而言，抑系指若干张内之每一张而言，关于金额之计算，出入甚巨，理合电请示遵。贵州高等法院第三分院院长黄景柏代行推事齐凤舟叩巳微三文印

**此处删去一条。**

**院解字第四〇八一号**

**三十七年六月二十三日**

案准贵院三十五年十二月十七日节京捌字第二三九零八号咨,以据司法行政部呈请核转解释不动产管业证件遗失等事件之公证方法适用法律疑义,抄同原呈,咨请解释见复等由,附抄司法行政部原呈一件。准此,兹经本院统一解释法令会议议决,《公证法》第五条第四款所称涉及私权之事实,不包含不动产管业证之遗失或毁灭在内。相应咨复查照饬知。此咨行政院

**附原咨**

据司法行政部本年十二月十日京呈叁字第一一一一号呈,为不动产管业证件遗失等事件之公证方法适用法律疑义,请核转司法院解释一案,应准照办,相应抄同原呈,咨请查照解释见复,以便饬遵为荷。

**附原抄件**

案据湖南高等法院本年十一月二十日民字第二〇九三号呈称,案据署长沙地方法院院长刘少荣呈称,查人民因战事关系,不动产营业证遗失或毁灭者甚多,就此等事件声请公证,固应依照公证法第五条第四款之规定,作为关于其他涉及私权之事实受理之,然此等事情关系重大,声请人有无虚构侵夺情弊,调查颇不容易,若遽予公证,实有未妥,可否于初步审查之后定期公告,如期间届满无人争议后,即予公证,事关适用法律疑义,理合备文呈请核示遵等情。据此,事涉公程序疑义,未敢擅断,理合备文呈请鉴核示遵等情到部。事关适用法律疑义,理合呈请钧院鉴核,转送司法院解释,俾便饬遵。

**院解字第四〇八二号**

**三十七年六月二十三日**

**令署湖南高等法院首席检察官**

三十六年五月三日呈一件,为据常德地方法院首席检察官呈请解释《出征抗敌军人婚姻保障条例》第九条第一项等疑义,转请解释示遵由。

呈悉,业经本院统一解释法令会议议决,(一)陆军独立工兵团工兵保养班技工,如非直接参与作战,或调回后方休养整训者,即不属于《出征抗敌军人婚姻保障条例》所称之出征抗敌军人。(二)同条例第九条第一项就出征抗敌军人之妻在其出征期内与人通奸而设之特别规定,某子非出征抗敌军人,其妻某丑与人通奸,自应依《刑法》第二百三十九条处断,无适用上开条例之余地。(三)某子之父母因不能生活,嘱某子之妻某丑另寻生路,如有唆使与人通奸之故意,自应负《刑法》上第二十九条第二百三十九条之罪。(四)某子之妻某丑与某寅同居时所生之子某卯,如在某子与某丑婚姻关系存续中受胎者,依《民法》第一千零六十三条第一项之规定,推定为某子与某丑之婚生子,若某子依同条第二项规定提起否认

之诉,得有胜诉之确定判决,而后经某寅认领者,依《民法》第一千零六十五条之规定,视为某丑某寅之婚生子。仰即转饬知照。此令

**附原呈**

案据常德地方法院首席检察官夏炳亚呈称,窃查《出征抗敌军人婚姻保障条例》第九条第一项及与《刑法》第三百二十九条适用上发生疑义如下,(一)陆军独立工兵二十团工兵保养班五级技工是否为出征抗敌军人,应否适用《出征抗敌军人婚姻保障条例》问题,有下列二说,甲说,司法院解字第二二二六号解释略开"军事委员会铨叙厅服科科长及通信兵学校兽医均非直接参与作战之军人军属"等因,依此解释,陆军独立工兵二十团工兵保养班五级技工非直接参与作战之军士,与兽医相当,应不能认为出征抗敌军人,不能适用《出征抗敌军人婚姻保障条例》。乙说,司法院解字第一一五七号解释略开"出征壮丁不以被征入伍者为限,出征期间不以在前方作战时为限,军属离婚案件,法院得命终止诉讼程序"等因,设有某子被征入营后配送独立工兵二十团工兵保养班五级技工,其妻某丑于三十三年四月与某寅同居,依上开解释,自应为出征抗敌军人,并适用出征抗敌军婚姻保障条例,以上二说以何说为当,此其一。(二)某子于抗战期内被征入营,其妻某丑因某子之父母不能生活,嘱其另寻生路,迫不得已,与某寅同居,并已生子某卯,其妻某丑应负《出征抗敌军人婚姻保障条例》第九条第一项罪责,但其妻某丑原系军人家属,依《刑法》第二百三十九条法定刑,较上开该保障条例第九条第一项为轻,适用上究应采从轻主义,抑应采从优(特别法优于普通法)主义,未敢率尔决定,此其二。(三)某子之父母迫令另寻生路,是否负该条之教唆罪,此其三。(四)某子之妻某丑与某寅同居时所生之子某卯,核与《民法》第一千一百四十二条既非养子女又非婚生子女,其身份如何确定,其他法律更无可依据,事实上数见不解,急应如何予以补救,此其四。综上四点,急待解决,理合胪呈各节,仰祈鉴核赐准转呈解释示遵谨呈等情。据此,除指令外,案关法令解释,理合转请钧院解释示遵。

**院解字第四〇八三号**

**三十七年六月二十三日**

广西柳州地方法院张院长览,上年申江代电悉,所请核示一案,业经本院统一解释法令会议议决,来文所称之乡镇村街,如其组织与乡镇组织暂行条例所规定之乡镇保相当,设有办公处所,由任职人员实行服务,而有搜捕盗匪之实力者,则该乡镇村街长及乡镇村街警,自属《惩治盗匪条例》第六条有查缉盗匪职责之人员。合电知照。司法院巳漾印

**附原代电**

司法院院长居钧鉴,查《惩治盗匪条例》第六条所设有查缉盗匪职责之人,是否包括乡镇村街长及乡镇村街警在内,兹有甲乙两说。甲说,以乡镇村街长只系转达政府政令于人民,及协助政府抽征之人员,事繁职小,实无查缉盗匪能力,且地方治安既有地方警察负责,乡镇村街警人数既少,只负送达公事于各甲之责,即以《刑事诉讼法》第二百零八条至第二

百一十条所列之司法警察官及司法警察,亦无是项长警在内。乙说,以乡镇村街如尚未设备警察时,乡镇村街长警即有维持地方治安责任,若未认有本条查缉盗匪职责,则地方藏匿盗匪,仅以报请查缉了事或竟置若罔闻,地方治安何堪设想。两说究以何说为当,事关法律解释,未敢擅断,理合电请察核示遵。署广西柳州地方法院院长张光翮呈申江印

**院解字第四〇八四号**

**三十七年六月二十三日**

河北高等法院邓院长览,本年三月删代电悉,该法院唐山分院所请核示一案,业经本院统一解释法令会议议决,现役军人被敌军俘虏,于释放后迄未归队,其军人身份应认为业已丧失,嗣后犯罪,应由普通法院审判。合电转饬知照。司法院巳漾印

**附原代电**

司法院院长居钧鉴,兹据本院唐山分院(37)寅齐代电开,设有甲乙二人为现役军人,曾被敌军俘虏后予以释放,均未归队,即流落民间,触犯窃盗罪,该甲乙二人之军籍是否存续,及该项案件是否应由军事机关审判,抑由法院按普通《刑法》办理之处,事关法律疑义,理合电请赐示,俾便遵行等由到院。案关解释,理合电请钧院解释示遵。河北高等法院院长邓哲熙删叩印

**院解字第四〇八五号**

**三十七年六月二十三日**

内政部鉴(35)亥微礼京代电悉。前军事委员会抚恤委员会所请解释一案,业经本院统一解释法令会议议决,《褒扬抗战忠烈条例》第三条所称之官兵,包括军人在内。特电复请查照。司法院巳漾印

**附原代电**

司法院公鉴,准前军事委员会抚恤委员会函请解释《褒扬抗战忠烈条例》第三条条文中所列官兵是否包括军人一案,查是项条例系立法院制定,呈由国民政府公布,谨抄附原函并检同原条例,电请迅赐释示。内政部微礼京印附抄送前军事委员会抚恤委员会原函一件,暨褒扬抗战忠烈条例一份

**附原函**

案准军事委员会法制处本年三月二十二日处制字第九七九八号公函开,本月十二日国府公报刊布"褒扬抗战忠烈条例"法规一种,兹经油印分送一份备资存用等由,附褒扬抗战忠烈条例一份。准此,查军官佐士兵之褒扬,向由本会承办,军委会函行政院转呈核办,兹本条例第三条条文"应受褒扬之官兵人民,由主管机关详与事迹,并检同证明文件,转内政部核定或核议转呈核定",官兵二字是否包括军人,相应函请贵部查照。惠予解释见复为荷

**院解字第四〇八六号**

**三十七年六月二十三日**

福建高等法院建瓯分院张院长览，本年子寝代电悉，所请解释一案，业经本院统一解释法令会议议决，来电所述情形，以第三说为是。合电知照。司法院巳漾印

**附原代电**

司法院院长居钧鉴，兹有某甲犯《惩治贪污条例》第三条第二款之侵占公有财物罪，经初审法院判处罪刑，对于所侵占之财物漏未追缴，某甲声请覆判，又经覆判法院判决核准，对于追缴部份如何救济，计有三说。（一）犯《惩治贪污条例》之罪者，其所得财物如系属于公有，应于刑事判决时依职权为追缴之宣告，既为该条例第七条第一项所明定，覆判法院于刑事判决确定后，仍得以职权予以补判。（二）追缴应于刑事判决中同时宣告，罪刑部份既经判决，不得复依职权补充判决，应由覆判法院之检察官声请以裁定予以追缴。（三）上开两说均乏明文根据，关于追缴部份，应由该管公务机关向该管法院民事庭诉请判决，以资救济。三说各有主张，究以何说为当，抑另有救济之处，理合电请察核，迅赐解释示遵。署福建高等法院建瓯分院院长张光龙叩子寝文

**院解字第四〇八七号**

**三十七年六月二十三日**

财政部鉴上年直三戌支代电悉，所请解释一案，兹经本院统一解释法令会议议决，中药店凭方配药出售而不另立发票者，该药方系与《修正印花税法》税率表第一目注释栏所谓以顾客持来据以售货代替使用之凭证之性质相当，自应贴用印花税票。特电复请查照。司法院巳漾印

**附原代电**

司法院钧鉴，据本部浙江区直接税局本年九月二十九日（36）叁字第九五八号呈节称，“中药店凭方配药，收取价款，并不另给收据或发票，是项药方应否贴用印花税票一案，前奉司法院三十一年三月十八日院字第二三〇一号解释，以中药店仅就原药方标载该药价目，既与随货开具载列品名数量或价目之发货票有异，则其未贴印花税票，尚难遽予处罚等因，惟查《印花税法》自本年六月六日修正公布施行后，依照税率表第一目注释栏暨《印花税法》施行细则第十一条、第二十二条之规定，上项院字第二三〇一号解释，在《修正印花税法》施行后，似已不能适用，惟各地中药店仍有借口该项解释拒绝贴花情事，各级司法机关亦尚有未尽明了之处，对于药方贴花问题，仍难顺利推行，究应如何办理，请鉴核示遵等情。查按照《修正印花税法》税率表第一目注释栏“所称发货票，如发票送货单发货短条售货栈单，及出售货品如不另立发票而以顾客持来据以售货之任何凭证代替使用者，如取货簿配货簿买卖契约等，应依本目贴用印花税票”之规定，及同法施行细则第十一条“本法第十六条税率

表注释栏内列举之凭证,系各该项目之释例,凡未经列举之名称,其性质确与各该目性质相符者,仍应依各该目税率贴用印花”之解释,则中药店凭方配药及收取价款并不另给收据或发票,是项药方显属配货单据,即货票之性质,似应按税率表第一目之规定贴用印花税票,又依照同法施行细则第二十二条之规定,前项院字第二三〇一号解释,于《修正印花税法》施行后,能否继续适用,不无疑义,敬请赐予解释,并请转饬司法行政部通令各地司法机关一体知照,仍祈示覆为祷。财政部直三戌支

**此处删去两条。**

**院解字第四〇九〇号**

**三十七年六月二十三日**

案准贵部三十五年十一月十六日京直叁字第五二一六号公函,以《印花税法》疑义,而请解释等由。准此,兹经本院统一解释法令会议议决,邮政国内汇兑法第十二条,系对于《印花税法》第五条(即《旧印花税法》第四条)之特别规定,邮政汇票自应免贴印花税票。相应函复查照。此致财政部

**附原函**

谨查国民政府三十五年四月十六日公布施行《印花税法》第四条规定,国营事业及地方公营事业所用之契约主要帐簿及凭证均应依本法缴纳印花税,是邮政汇票应依《印花税法》税率表第十五目支取或汇兑银钱之单据簿折例贴用印花,惟邮政局及邮政储金汇业局,以与《邮政国内汇兑法》第十二条邮政汇兑应免一切捐税之规定相抵触,拒绝缴纳印花税,究应如何办理,事关法令解释,敬请赐予解释,实为公便。

**院解字第四〇九一号**

**三十七年六月二十三日**

农林部鉴设叁(卅七)丑虞代电悉,所请解释一案,兹经本院统一解释法令会议议决,乡镇如欲于公共河流专用一水面经营渔业者,应呈由该管行政官署转呈主管厅核准转报主管部备案,此项专用水面之权利,非经渔会之呈请,不得核准,即使已经依法取得专用渔业权,如依地方习惯他人得不付费用而入渔者,亦不得向其收取费用或禁止其入渔,此观《渔业法》第十八条、第十条、第十六条等规定自明,原代军所述情形,乡镇尚难援用省政府核定施行之办法,禁止渔民捕鱼或向渔民收费。特电复请查照。司法院巳漾印

**附原代电**

司法院赐鉴,兹有广西义宁县渔民等世业放鹭捕鱼,历年在县境内公共河流自由采捕,并无阻止,因三十五年财政收支系统法公布后,义宁县政府以县乡镇财政划分,各乡镇自治经费困难,即将县境内公河渔业拨归各乡镇经营,作为造产办法之一,经拟订“各乡镇公营

天然河流渔业办法”，呈准省政府核定施行，渔民等不服，因而发生诉愿事件，兹适用法律颇生疑问，于此有甲乙两说。（甲）说，公共河流所有权属于国家，在公河内放鹭捕鱼，系属人民自由生存之权，乙方不得违反宪法第十五条及第二十二条规定，另订单行法规，管制天然河流，垄断渔业，坐享其利，而禁止私人自由采捕，今乙方通令与公营机关订定合伙采捕之造产公约，名为乡镇之收益，实则无异捐税，将人民应享有之自由生存权利剥夺净尽，依照上开宪法规定，公河渔业不能由乡镇公所公营。（乙）说，自县乡镇财政划分后，乡镇自治经费无着，根据县各级组织纲要（辛）项规定，将各乡镇管辖内天然河流渔业收归公营，为乡镇造产办法之一，依财政收支系统法列入每年预算，作为乡镇财产之收益，并拟订各乡镇公营天然河流渔业办法，呈准省政府核定施行，并非违法甲方如欲取得捕渔权利，须事前与各乡镇公所订定造产公约（即约定合伙采捕，渔民供给工具劳力，乡镇公所照约定收获相当之代价），自可自由采捕，否则禁止。以上两说究以何说为是，悬案待决，理合电请鉴核，赐予解释祗遵。农林部设叁卅七丑虞敬

**此处删去一条。**

**院解字第四〇九三号**

**三十七年六月二十三日**

江苏省镇江县参议会上年午筱代电悉，所请解释一案，兹经本院统一解释法令会议议决，原代电所称冠有江苏省会字样之警察局、市政工程局、救济院等机关，无论是否省级机构，亦无论所办理者是否限于镇江县城区内之事务，依《县参议会组织暂行条例》第二条之规定，镇江县参议会并无听取各该机关施政报告及向各该机关提出询问事项之职权。电复查照。司法院巳漾印

**附原代电**

司法院院长居钧鉴，窃以本会第一次大会民政委员会第一次会议讨论事项第七案，查本县城区各机关，其名称冠有省会字样者，而所办事务实为县有范围，应否即认为省级机关，拟请解释案，当经议决，“电请司法院解释”等语纪录在卷，查省会机关如警察局市政工程局救济院等，名称虽冠以“江苏省会”字样，而其实际工作范围尚不足以包括本县之城区区域，其经常费虽出诸省方，但其事业费仍多赖于地方，尤其一切工作直接关系地方民众，如警察贤与不肖，影响本县民众治安，市政工程办理认真与否，关系本县民众住行问题，救济事业办理善与不善，关系本县贫民生计，均极为重要，其工作报告，在省方以为区域太小，业务微细，可不必向省参议会报告，在县方因冠以省会字样，认为省级机构，又不愿向县参议会报告，此类机关，在此特殊状况之下，竟可脱离民意机构而行使一切，殊属欠周，所有机关名称冠以“省会”字样者，是否应即认为省级机关，殊有恳请赐予解释之必要，谨特录案电请核夺示遵为祷。镇江县参议会议长姚其苏叩午筱印

**院解字第四〇九四号**

**三十七年六月二十三日**

**令湖南高等法院院长余觉**

三十六年三月二十一日呈一件,为《非常时期违反粮食管理治罪暂行条例》第八条等适用疑义,请解释祇遵由。

呈悉,业经本院统一解释法令会议议决,(一)(二)系具体事实,未便解答。(三)已见院解字第三四八九号一项解释。(四)院字第六三号及第一九三号解释所谓声请移转管辖不限于起诉以后,指由检察官声请者而言,犯罪被害人在未提起自诉前并非当事人,自无声请权。(五)房屋与基地同属一人所有者,其所有人设定典权之书面,虽仅载明出典房屋若干间,并无基地字样,但使用房屋必须使用该房屋之基地,除有特别情事可解释当事人之真意仅以房屋为典权标的外,自应解为基地亦在出典之列,典权存续中因不可抗力致该房屋灭失者,依《民法》第九百二十条第一项之规定,就房屋部分典权与回赎权均归消灭,其后出典人在该基地重建房屋时,典权人就房屋部分已消灭之典权,并非当然回复,惟典权人对于基地部分之典权既仍存在,则由《民法》第九百二十一条及第九百二十条第二项规定之本旨推之,典权人自得支付重建费用之半数,以回复其对于房屋部分之典权(参照院解字第二一九零号解释)。仰即知照。此令

**附原呈**

案据长沙律师公会呈称,查抗战时期省或县主管粮政机关依据战时公务员生活补助办法组织员工福利社或合作社,以谋员工之福利,复依据当地最高军事长官公布之战时争取物资办法,厉行抢购抢运,于敌寇进犯迁地办公之后,以该地粮少价昂,公米政令迭有变更(即预备改发代金),深恐员工不能以代金购入同量食粮,或虽以代金改换实物,而供求不能相应,遂以该机关福利社或合作社名义,参加抢购,采储大量粮食,厥后因情事变易,供过于求,将其抛卖,因市场价格自然增长,获有余利,即按该社盈余分配比例,分给全体社员,此种情形,应否认为囤积居奇或存粮逾量,而构成《非常时期违反粮食管理治罪暂行条例》第八条之罪,于此有甲乙二说。(甲)说,谓抗战时期粮食供不应求,价格亦时变动,公米政令复有变更,主管粮政机关为增进行政之效能,不得不先安定员工之生活,日后情事剧变,既非主管粮政机关当时所能料及,而余粮获利又已分配于员工,推其用心实非图利他人或图利自已,况抢购抢运原为当时争取物资之紧要办法,既有明令,则虽抢购逾量,亦难认为囤积行为,而论以《非常时期违反粮食管理暂行治罪条例》第八条之罪。(乙)说,谓福利社非经营商业之人,亦非经营粮食业之商人,虽依省福利社组织章程可营其他业务,然既采购逾量,又将谷出卖获利,分配员工,无论出自何种动机及有无剧变情事,均难阻却违法,自应依《非常时期违反粮食管理治罪暂行条例》第八条,论以公务人员利用职务上之权力机会或方法为自己或他人违反粮食管理法令之罪。以上二说,未知孰为适当。又,查《惩治贪污条

例》第二条第六款擅提或截留公款之罪，均须有图利之目的始能成立，已见院字第三八七七号解释，我国自抗战以来，中央及各省举办之员工福利社或合作社，其资金均系向所属机关于员工薪津项下借用，已成通例，兹有某某某福利社依该省省政府议决通行之单行法令，于借用本机关员工薪俸生活费若干月外，由该主管长官就该机关行政经费节余项下及福利社盈余奖金等项下或其他公款指借若干，暂作购办物资之用，事后仍按数归还，揆诸中央法令，虽无允许或禁止之明文，而省单行法则实有容许之规定，且此项公款之拨借，其目的实为全体员工谋福利，借以增进抗战时期行政之效能，与挪用公款图利私人者有别，应否构成《惩治贪污条例》第二条第六款之罪。又，查《民法》第四百五十条第一项规定，租赁定有期限者，其租赁关系于限期届满时消灭，良以双方当事人既有期限之约定，其契约之效力止于终期，实为当然之结果也，乃近阅院解字第三二三八号解释内开，"《土地法》第一百条之规定，于定期或不定期之租赁均适用之"，是定期租赁虽期限已经届满，而不具备《土地法》第一百条之原因，出租人仍不得声明终止租约，关于此不能无疑，盖时有成就或消灭法律行为之效力，为《民法》之原则，《土地法》第一百条虽无"契约年限届满时"一款（与一〇三条租地建屋者不同），而《民法》第四百五十条第一项规定，并不因《土地法》之颁行而停止适用，《土地法》之不以期限届满列为终止租约之原因者，或因《民法》已有规定之故，若如上开院解，则凡租赁行为关于期限之约定直等于零，法律上租赁期限之条文亦即等于虚设，究竟《民法》第四百五十条第一项规定是否失效，而租期已满不具备《土地法》第一百条之原因者，其契约之效力是否认为当然继续，即依民诉法第四百五十一条规定视为不定期限之租赁，抑须由承租人另向出租人更新契约承租。又查当事人因《刑事诉讼法》第十条所列各款之事由，依同法第十一条之规定声请移转管辖，得不限于起诉以后，业蒙司法院依旧《刑事诉讼法》先后以院字第六三号训令及院字第一九三号电解释有案，唯该项解释所谓不限于起诉以后，是否专指已经系属于检察官侦查中之公诉案件而言，抑被害人就得自诉案件在起诉以前亦得为移转管辖之声请，兹有二说，（甲）说依《刑事诉讼法》第十条、第十一条之规定声请移转管辖不限于起诉以后，系专就侦查中之公诉案件而为解释，若未申告系属于侦查中或审判中有案，自无移转管辖之可言，（乙）说为《刑事诉讼法》第十条规定移转管辖，系指管辖权之移转，非指系属案件之移转，盖移转管辖之效力足使原无管辖权之法院发生管辖权，名为管辖权之移转，实则无异管辖权之创设，故声请移转管辖并无限制其事件须先经系属于法院有案之必要，未经起诉系属于法院有案之事件，经系属于检察官侦查中者，固得声请，即被害人就特定事件，在提起自诉前，亦应解为得声请，将该事件原有管辖权法院之管辖权移转于他法院。以上二说，未知孰是。又查典权为房屋者，如该房屋因天灾事变或不可抗力而灭失，典权与回赎权同归消灭，迭见司法院解释，兹有甲以房屋出典与乙，约内仅载明出典房屋若干间，并无基地字样，当沦陷中该屋全部被焚，典权人因被难不知去向，出典人于该基地上重建房屋，依上开院解，典人之典权似已消灭，究竟典权人对于出典人重建之房屋是否续有典权，不无疑义，俯恳察核准予转请解释，以资遵循等情。据此，事关法律疑义,本院未便擅专,理合转恳鉴核,赐予解释祇遵。

**院解字第四〇九五号**

**三十七年六月二十三日**

案准贵院三十六年一月二十七日从捌字第二四五零号公函,以据独立出版社总管理处函请核转解释,前与敌伪有租赁关系之私人房屋经主管机关启封发还业主后,原拨使用之机关有无优先承租权疑义,抄同原函,函请查核见复等由,附抄送独立出版社公函一件。准此,业经本院统一解释法令会议议决,误认为敌伪产业而予以查封之私有房屋,纵因公共事业之需要曾拨交需用房屋人使用,但经撤销查封发还所有人后,仍无从就《土地法》关于土地征用之规定类推适用,认该需用房屋人有优先承租权。相应函复查照。此致行政院

**附原函**

据独立出版社总管理处三十五年十二月二日京总字第三八八号公函,为前与敌伪有租赁关系之私人房屋,经主管机关启封发还业主后,原拨使用之机关有无优先承租之权,请核转贵院解释等情。相应抄同原函,函请查核见复,以凭饬知为荷。

**附原抄函**

案准贵院本年十一月二十三日节京机字第二〇五九五号批示略开,"所请优先承租一节,于法无据,未便照准,仰即知照"等由。准此,查国家因公共事业之需要得征收私有土地,在《土地法》既规定甚明,则曾经查封之敌伪房屋原因公共事业之需要拨交机关或团体使用者,虽在启封之后,仍应就《土地法》征收规定类推适用,认有优先承租之权,于法似尚非无据,且值兹甫经复员,房屋奇荒时代,党政机关及公益团体承拨使用曾经查封之敌伪房屋者,所在多有,若幸获启封,即任其动辄要求另租,则党政工作必被阻碍,公共事业无法进展,瞻念前途,实足寒心,况该业主陈学裕前对敌人书店则甘心租与,现对党设机关则始终拒绝,市府社会局一再调解,既拒不到场,法院庭谕和解,复置若罔闻,其蓄意破坏党营文化机构,昭然若揭,似此刁风,亦应妥予制止,为维护社会正义及以后发生类似之案件有所依据起见,拟恳贵院准予迅即行文司法院,请将"凡承拨使用曾经查封敌伪房屋之机关,在该房屋启封之后,应否就《土地法》征收规定类推适用,认有租赁原承拨房屋之优先权利"之疑义,予以解释,并请同时行文各地敌伪产业处理局,调查类似此种案件采用何种办法解决,俾获有所遵循,以上两点,相应函达,即希察照准予照办,并请行文司法院及各地敌伪产业处理局时同时见复,无任感祷。

**院解字第四〇九六号**

**三十七年六月二十三日**

贵院三十六年三月二十日从捌字第一零零三二号咨,为敌产处理适用法律疑义,咨请解释见复等由。准此,业经本院统一解释法令会议议决,日敌财产经敌产处理机关接收后,

如人民仅以日人为被告,主张该财产当时系被迫出卖,诉求确认原买卖契约已撤销并返还财产,经法院受理予以有利判决者,其判决之效力不及于敌产处理机关。相应咨复查照。此咨行政院

**附原咨**

查胜利后,我国境内之日敌财产,基于国家权力之发动,均收归国有,具有公物性质,人民主张该项财产系被迫出卖,请求发还者,似属行政事件,应由特设之敌产处理机关核办,如人民迳以日人为被告,诉请确认原买卖契约撤销并返还财产时,法院可否受理,又法院所为有利之判决,是否拘束敌产处理机关,使不经行政审查程序,即将已接收之该项财产发还,案关适用法律疑义。相应咨请查照解释见复为荷

**院解字第四〇九七号**

**三十七年六月二十三日**

案准贵院本年一月十八日从捌字第一七六七号咨,以据司法行政部呈请解释处理敌伪产业适用法律疑义,咨请解释见复等由。准此,业经本院统一解释法令会议议决,《收复区敌伪产业处理办法》第四条第一款所谓日方,包含日本侨民及其团体在内,不以日本政府为限,所谓强迫接收,系专指以强暴行为侵夺占有而言,其本国盟国或友邦人民因被胁迫而为出卖或其他移转占有之意思表示者,并不包含在内。至敌伪出资收购之产业已经敌伪产业处理机关接收后,其原出卖人为本国盟国或友邦人民,以其契约有无效或得撤销之原因,主张该产业应准收回,得以敌伪产业处理机关为被告,提起民事诉讼,倘当事人仍以日侨为被告,其所得胜诉确定判决,并无拘束敌伪产业处理机关之效力。相应咨复查照饬知。此咨行政院

**附原咨**

据司法行政部本年一月九日京(36)呈民(二)字第四七号呈称,查收复区敌伪产业均收归我国政府所有,《收复区敌伪产业处理办法》第四条第三款定有明文,如其产业原属本国盟国或友邦人民所有,经查明确由日方强迫接收者,依同办法同条第一款规定,虽应发还原主,惟该条款所云强迫接收者,是否包含强迫收买或其他强迫移转之情形在内?又该条款所云日方,是否专指日本政府,抑系兼指日本侨民及其他团体而言?再敌伪出资收购之产业已经敌伪产业处理机关接收后,其原卖主为我国盟国或友邦人民,以其契约有无效或得撤销之原因,主张该产业应准收回,能否提起民事诉讼?如能提起民事诉讼,应以何人为被告?倘当事人仍以日侨为被告,其所得胜诉确定判决,有无拘束敌伪产业处理机关之效力?在法律上均有疑义。现本部遇有此项问题,急待解决等情。据此,案关适用法律疑义,相应咨请查照解释见复,以便饬遵为荷。

# 附录一 最高法院解释例全文

**解字第一号**

**民国十六年十二月十五日 最高法院复浙江绍兴律师协会电**

浙江绍兴律师协会鉴，代电悉，所请解释各点，分别解释于后：(一) 公共机关，应指公之机关，或私人组织团体曾经立案者而言。(二) 在本条例颁布以前，依刑律第一条规定，不生应否适用该赦令之问题。(三) 本条例之犯罪，应许律师出庭辩护，合电查照。最高法院删印

**附浙江绍兴律师协会原代电**

南京最高法院钧鉴，窃绍兴律师协会会员邵嗣尧等，因承办特种刑事案件，对于适用《惩治土豪劣绅条例》发生疑问，未敢揣拟，应请俯赐指示，俾资遵循。谨将应请指示问题开陈鉴核。(一) 查第二条第十一款所列盘据公共机关云云，按照通常解释，似系指法定机关而言，不致发生疑问。惟本条例原为惩处土豪劣绅而设，而土豪劣绅往往盘踞。或把持私立机关者居多，例如盘踞私人组织之会馆公所，或某种慈善团体，或因迷信关系而设之会所之类。查各该机关之性质，确系集合多数人所组成，事实上不能不认为公共机关。但此等机关。完全系私人组合，并未向主管官厅立案，既未立案，又不能绝对认为法定公共机关。设有此等案件发生，能否适用本款规定办理，事属疑问，应请指示者一。(二) 查民国十四年一月一日，曾由北京政府颁布大赦令以来，凡发见大赦前触犯刑律之行为，除不准免除者外，一律赦免，予以自新。今奉公布《惩治土豪劣绅条例》，为刑事特别法规，是否与刑事普通法规同一适用大赦令，应请指示者二。(三) 查《特种刑事临时法庭组织条例》第十二条内开：特种刑事临时法庭权限及办事程序，得适用《法院编制法》，并准用刑事诉讼条例之规定，但以不与本条例抵触者为限等语。又查法院编制法暨刑诉条例均适用律师制度，任听被告人选任律师出庭辩护，即如依《惩治盗匪法》判处之罪，亦经律师辩护。今《惩治土豪劣绅条例》与《惩治盗匪法》同属刑事特别法规，当然同一适用律师制度，以昭慎重，似可听当事人选任律师出庭辩护，核与条例亦无抵触。惟未奉明文，无所遵从，应请指示者三。以上三种问题，窃恐各地方情事相同，办理每无依据，或滋误会，理合代电陈请钧鉴，迅赐明白指

示，并转饬一体查照遵行，实为公便。浙江绍兴县律师协会常务委员邵嗣尧、王觉、陈蕺、许可、杨宝善等同叩。

**解字第二号**

**民国十六年十二月十六日 最高法院复司法部函**

迳启者，准贵部公字第五一号函开，案据前江苏司法厅呈称，据丹徒地方审判厅厅长徐谟代电内称，职厅呈奉令发《党员背誓罪条例》，已同钧厅第三二八号训令汇印转发职厅员吏。一体遵照。惟查本条例第四条，党员舞弊。侵吞库款满一千元者处死刑，并没收其财产等语。所云侵吞库款，是否专指刑律第三百九十二条公务上之侵占罪而言，抑包括同律第三百八十六条之罪，案关法律疑义，理合电请钧厅转请解释赐示，俾便援据而资遵守等情。据此，除指令仰候据情呈请司法部解释后再行饬遵外，理合备文呈请。迅赐解释示遵等情到部。查该来呈所称。事关解释法律，相应函请查核见复等因到院。查党员背誓罪第四条侵吞库款，系专指刑律第三百九十二条侵占公务上管有物、共有物之情形而言，相应函复贵部，请烦转令遵照。此致司法部

**附司法部原函**

案据前江苏司法厅呈称，据丹徒地方审判厅厅长徐谟代电内称，职厅呈奉令发《党员背誓罪条例》，已同钧厅第三二八号训令汇印，转发职厅员吏一体遵照。惟查本条例第四条“党员舞弊侵吞库款，满一千元者处死刑，并没收其财产”等语所云侵吞库款，是否专指刑律第三百九十二条公务上之侵吞罪而言，抑包括同律第三百八十六条之罪？案关法律疑义，理合电请钧厅转请解释赐示，俾便援据而资遵守等情。据此，除指令仰候据情呈请司法部解释后再行饬遵外，理合备文呈请。迅赐解释示遵等情到部。查该来呈所称。事关解释法律，相应函请查核见复。

**解字第三号**

**民国十六年十二月二十一日 最高法院复江苏高等法院函**

迳复者，准贵院第三一零号函开，案据溧水县县长呈称，案奉江苏民政厅训令第五零二号内开，为令遵事，案奉江苏省政府训令第一零七四号内间，为令遵事。案奉国民政府令开，案准中央执行委员会、政治会议咨开，案据中央法制委员会建议称，解除民众痛苦，为我中国国民党重大之使命，国民革命亦即以为职志。当此国民革命积极进展之际，凡在所辖区域以内，我国民政府对于社会上被压迫的民众之痛苦，不能不急谋解除，以示更新。不然，则不特无以慰民众对于国民革命之渴望，且失国民革命本身之意义。查中国国民党中央执行委员、各省区代表联席会议，已经通过禁止重利盘剥，最高利率年利不得超过百分之二十之决议案，尚未经明令公布。故敢仰请钧会议决颁布实行年利不得过百分之二十之议案，咨交国民政府即行颁发。通令各处地方长官广为布告，于中华民国十六年八月一日起，

在直辖区域以内,一律实行。自明令公布之日期起,债务者并不得向债权者实行改订以前一切契约。如敢违反法令,重利盘剥,年利过百分之二十者,即行从严治罪。凡在颁布以后,由我军克复之区域,当由大军一到时,即由政治训练部及其他行政长官广为宣告。通令自克复后之第三十一日起,实行此项利率之规定,以解除一般民众之倒悬,而巩固国民革命之基础等情。经提出本会议第一百十一次会议议决,交国民政府颁布明令等语。除函复中央法制委员会外,相应录案咨请国民政府查照公布等由。准此,查重利盘剥,为害闾阎,亟应从严禁止,以苏民困。准咨前由,除分令外,合行令仰遵照,迅即广为布告,务于本年八月一日起,一律实行现颁利率,以重功令而除民害。并一面转饬所属,切实遵行,勿稍宽懈,是为至要等因。奉此,除分行并布告外,合行令仰该厅,即便转饬六十县,广为布告,务于本年八月一日起,实行现颁利率,毋得违延干惩,切切此令等因。奉此,除分令外,合行令仰该县长,即便遵照,广为布告,仍将办理情形,具报备查等因。奉此,县长早经布告,实行在案。惟自实行以来,凡遇八月一日以前,年利超过二分之契约,未将利息清偿,或改订新契约者,辄发生疑问,依理解释,计有两说:甲说,既已明订实行日期,是明示新利率,不溯既往。当然,八月一日以前利息,准照原约履行,八月一日以后,无论已否改订,均照新利率计算。乙说,此项新定利率,其目的在解除人民痛苦。令文虽有实行日期及改订手续,但债务人如请求解除痛苦时,凡一切旧债,不问日期及已否改订,均应照新利率计算,方不违背原议精神。以上二说,俱有理由,究应以何说为正,悬案以待,伏乞俯赐解释只遵等情到院。事关法律疑义,相应函请贵院解释见复,以凭饬遵等因到院。本院就上项令文解释,系通令自本年八月一日起,实行现颁年利百分之二十,盖为禁止重利,以除民害起见。若在本年八月一日以前,债务人已经依约给付利息,虽超过现定利率,当然不溯及既往。惟在此颁令前未清偿之利息,系在本年八月一日后,责令债务人履行此种义务,自应一律遵照现定利率,方符此次通令禁重利除民害之本旨。相应函复贵院,转饬查照办理。此致江苏高等法院

**附江苏高等法院原函**

案据溧水县县长呈称,案奉江苏民政厅训令第五零二号内开,为令遵事,案奉江苏省政府训令第一零七四号内开。为令遵事。案奉国民政府令开,案准中央执行委员会、政治会议咨开,案据中央法制委员会建议称,解除民众痛苦,为我中国国民党重大之使命,国民革命亦即以为职志。当此国民革命积极进展之际,凡在所辖区域以内,我国民政府对于社会上被压迫的民众之痛苦,不能不急谋解除,以示更新。不然,则不特无以慰民众。对于国民革命之渴望,且失国民革命本身之意义。查中国国民党中央执行委员、各省区代表联席会议已经通过禁止重利盘剥,最高利率年利不得超过百分之二十之决议案,但尚未经明令公布,故敢仰请钧会议决,颁布实行年利不得过百分之二十之议案,咨交国民政府即行颁发,通令各处地方长官广为布告,于中华民国十六年八月一日起,在直辖区域以内,一律实行。自明令公布之日期起,债务者并不得向债权者实行改订以前一切契约。如敢违反法令,重利盘剥,年利过百分之二十者,即行从严治罪。凡在颁布以后,由我军克复之区域,当由大

军一到时，即由政治训练部及其他行政长官广为宣告，通令自克复后之第三十一日起，实行此项利率之规定，以解除一般民众之倒悬，而巩固国民革命之基础等情。经提出本会议第一百十一次会议议决，交国民政府颁布明令等语。除函复中央法制委员会外，相应录案。咨请国民政府查照公布等由。准此，查重利盘剥，为害闾阎，亟应从严禁止，以苏民困。准咨前由，除分令外，合行令仰遵照。迅即广为布告，务于本年八月一日起，一律实行现颁利率，以重功令，而除民害。并一面转饬所属，切实遵行，勿稍宽懈，是为至要等因。奉此，除分行并布告外，合行令仰该厅，即便转饬六十县，广为布告，务于本年八月一日起，实行现颁利率，毋得违延干愆，切切此令等因。奉此，除分令外，合行令仰该县长即便遵照，广为布告，仍将办理情形具报备查等因。奉此，县长早经布告，实行在案。惟自实行以来，凡遇八月一日以前，年利超过二分之契约，未将利息清偿，或改订新契约者，辄发生疑问，依理解释，计有两说：甲说，既已明订实行日期，是明示新利率，不溯既往。当然，八月一日以前利息，准照原约履行。八月一日以后，无论已否改订，均照新利率计算。乙说，此项新定利率，其目的在解除人民痛苦。令文虽有实行日期及改订手续，但债务人如请求解除痛苦时，凡一切旧债，不问日期及已否改订，均应照新利率计算，方不违背原议精神。以上二说，俱有理由，究应以何说为正，悬案以待，伏乞俯赐解释祗遵等情到院。事关法律疑义，相应函请贵院解释见复，以凭饬遵。

**此处删去一条。**

**解字第五号**

**民国十六年十二月二十二日　最高法院复安徽高等法院电**

安徽高等法院鲁院长鉴，铣电悉。当事人误向上级检察官声明控告，可由该检察官转送第一审法院，依现行《修正刑事诉讼律》第三百七十六条第一项或三百七十七条第一项程序办理。最高法院祃印

**附安徽高等法院原电**

查现行法例，提起上诉，应以书状叙述不服之理由，向原审法院为之。兹有前地检厅检察官，对于主办案件提起上诉，未向原审法院声明，仅于法定期间内呈送上诉理由书。上级检察厅应否认为上诉合法，悬案待决，请电示遵。

**解字第六号**

**民国十六年十二月二十七日　最高法院复国民政府秘书处函**

迳启者，准贵处函开，准司法部公函内开，本年十一月十日接准贵处第六十一号公函，关于广西省政府电核发《诬告治罪条例》交部拟办一案，当经本部函准贵处查复。《诬告治罪暂行条例》草案，并未经前南京中央政治会议议决通过等因。查《诬告治罪条例》，系因惩

治土豪劣绅,条例第八条有适用之规定。现在既无此项条例,拟请国民政府调取该条例草案,重加审核,或另行制定公布,以资遵守。再,在未颁布条例以前,即暂准依照普通刑律办理,俾得有所援用,是否有当,相应函复,并希查照转陈国民政府核示,实纫公谊等由。准此,查此案前经敝处函送拟办在案,兹准前由,并经呈奉常务委员谕,解释法规最高法院应负其责等因。相应抄同广西省政府原电,函达查照议复为荷等因。查现在既未有《诬告治罪暂行条例》之特别法颁布,自应暂行援照普通刑律第十二章诬告罪办理。相应函达,请烦查照。此致国民政府秘书处

**附国民政府秘书处原函**

唯司法部公函内开:本年十一月十日,接准贵处第六十一号公函,关于广西省政府电核发《诬告治罪条例》交部拟办一案,当经本部函准贵处查复。诬告治罪暂行条例草案,并未经前南京中央政治会议议决通过等因。查《诬告治罪条例》,系因《惩治土豪劣绅条例》第八条有适用之规定,现在既无此项条例,拟请国民政府调取该条例草案,重加审核,或另行制定公布,以资遵守。再,在未颁布条例以前,即暂准依照普通刑律办理,俾得有所援用。是否有当,相应函复,并希查照转陈国民政府核示,实纫公谊等由。准此,查此案前经敝处函送拟办在案,兹准前由,并经呈奉常务委员谕。解释法规最高法院应负其责等因。相应抄同广西省政府原电。函达查照议复

**附广西省政府委员会原电**

南京国民政府广东政治会议广州分会钧鉴,案据职省特种刑事地方临时法庭庭长蓝呈祺呈称:查《惩治土豪劣绅条例》第八条第二项内载:凡挟嫌非诬告者,依照《诬告治罪暂行条例》办理等语,自应遵照办理。惟诬告治罪暂行条例尚未奉发,再合备文呈请核发前项条例,下庭俾凭遵照办理等情。据此,理合电请核发,以便饬遵。广西省政府委员会呈世印

**解字第七号**

**民国十六年十二月二十四日　最高法院复四川巴县地方审判厅电**

四川巴县地方审判厅萧厅长鉴,筱电悉。查第二次全国代表大会妇女运动决议案,女子有财产承继权,特复。最高法院敬

**附四川巴县地方审判厅原电**

最高法院院长徐钧鉴,顷据国民党女党员争女子全部承继权,谓中央党部曾经议决在案,悬案待决,切盼电示只遵。巴县地方审判厅厅长萧应渠叩筱

**解字第八号**

**民国十七年一月九日　最高法院复江苏高等法院函**

迳启者,准吴县律师公会会长钱崇固快邮代电称:据本会会员刘祖望到会称,民刑诉讼,近年适用条例,现奉最高法院通电,适用《修正民刑诉讼律草案》。关于内乱罪案件,高

等法院预审终结裁决后，始奉院电。在起诉之裁决，固属不生问题，惟不起诉之裁决，检察官能否抗告，约分三说：甲说，修正刑诉律草案，预审属检察官，不属推事，故依刑诉条例预审，不起诉之裁决，检察官不能抗告。乙说，依刑诉条例，预审裁决不起诉在前，院电适用修正刑诉律草案在后，故原法院检察官仍得依条例提起抗告。丙说，依刑诉条例预审裁决不起诉后，既奉院电适用修正律草案，原法院检察官即不得再依刑诉条例提起抗告，仅得声明保留抗告权，将卷宗呈送最高法院检察官核办。以上三说，莫衷一是，现有此类案件，急待解决，请求转请最高法院解释等语。案关法律解释，理合转请贵院迅赐电复，以便遵从等因到院。查当事人不服法院决定，自得抗告，惟内乱罪诉讼属于反革命案件范围，依《特种刑事临时法庭组织条例》第二条，应归该法庭受理。本案如经检察官抗告，原裁决尚未确定，即应仍由该法庭审判，相应函请贵厅转达知照。此致江苏高等法院

**附吴县律师公会原代电**

据本会会员刘祖望到会称：民刑诉讼，近年适用条例，现奉最高法院通电，适用修正民刑诉讼律草案。关于内乱罪案件，高等法院预审终结，裁决后始奉院电。在起诉之裁决，固属不生问题，惟不起诉之裁决，检察官能否抗告，约分三说。甲说，修正刑诉律草案预审，属检察官，不属推事，故依刑律条例，预审不起诉之裁决，检察官不能抗告。乙说，依刑诉条例，预审裁决不起诉在前，院电适用修正刑诉律草案在后，故原法院检察官仍得依条例提起抗告。丙说，依刑诉条例，预审裁决不起诉后，既奉院电适用修正律草案，原法院检察官即不得再依刑律条例提起抗告，仅得声明保留抗告权，将卷宗呈送最高法院检察官核办。以上三说，莫衷一是，现有此类案件，急待解决，请求转请最高法院解释等语。案关法律解释，理合转请贵院迅赐电复，以便遵从。

**解字第九号**

**民国十七年一月九日　最高法院复司法部函**

迳启者，准贵部第九四号函开，案据杭县律师公会以特种刑事临时法庭应依据《组织条例》第十三条查照准用之，《暂行刑诉条例》第十一章规定，准许律师出庭具书建议，并请转行浙江特种刑事地方临时法庭知照到部。查该会建议，有关法律解释，相应抄送建议书，函请贵院查核见复，以便转行遵照等因。准此，查现行刑事诉讼程序关于辩护人之规定，与本条例既无抵触，自得准用，相应函复贵部，请烦转行遵照。此致司法部

**附司法部抄送杭县律师公会原建议书一件**

为建议事，查特种刑事临时法庭系审判反革命及土豪劣绅刑事案件之司法机关，依最近修正公布之《特种刑事临时法庭组织条例》第十三条载：《暂行刑事诉讼条例》与本条例无抵触者，特种刑事临时法庭准用之等语。查《暂行刑事诉讼条例》第十一章关于律师出庭辩护之规定，与《特种刑事临时法庭组织条例》并无抵触，自应准用。本会前以浙江特种刑事地方临时法庭业经成立，案件已次第进行，爰将会员名录函送该法庭备查，并因律师休憩

室、阅卷室为执行职务所必需，请其从速设备。旋准复函，略谓敝庭能否适用律师辩护制度，已具呈省政府核示，俟奉令后，再行遵办等情前来，似嫌越出法律范围之外。兹经本会第十七次执行委员会决议，认为应按照暂行律法章程提出庭议案，即新钧部察核，令饬浙江省政府转行浙江特种刑事临时法庭知照，嗣后应查照准用之。《暂行刑诉条例》第十一章规定，准许律师出庭，借维法定程序，实为公便，特此建议司法部。建议者：杭县律师公会代表常务委员胡邦彦、黄乃同、张韬

**解字第一〇号**

**民国十七年一月六日　最高法院复云南昆明律师公会电**

云南高等法院转昆明律师公会鉴，该省纸币价额既渐形低落，则票面金额与现银之价额自有差异。此时债务人以之偿还其所负现银之债务，除得债权人许可及有特约者外，关于债务案件，自应依市价折合现银。纵有前命令严禁加水，对于现有债权人自无拘束之效力。最高法院鱼印

**附云南昆明律师公会原呈**

为呈请解释示遵事，窃敝会准会员黄祖光函称，案查滇省富滇银行发行纸币，自民八以还，其价额渐形低落，迄今每元仅值现银三成。虽前唐省长竭力维持，严禁加水，纸币价额终未提高。市面交易，纸币与现银显有贵贱之分，政府亦未加以干涉。迨省政府成立，所有发交总商会现金，曾有明令照市加水兑换，是政府已明认纸币换现应行加水，以符金融状况。惟对于债务人偿还其所负现金之债务，并无明文加水，不免发生争执。一经涉讼，两造各走极端。在债务人，坚持前唐省长命令，不准加水。在债权人，务求偿还原日现金。因之审判衙门无所适从，致失裁判机能。伏思审判衙门裁判案件，必须根据法律，而行政机关绝无以命令变更法律之理。查大理院判例与法律有同等之效力，国民政府并无明令取销，依法应继续有效。查六年十二月二十一日统字七二二号及七年六月十一日上字二五九号判例，均载纸币价额，与现银相差，自应依市价折合。况滇省现已隶属国民政府，非独立时代可比，自未便各自为政。前唐省长非国民政府官吏，其发布之命令，复与上述之判例相反，揆诸法律人情，似不能再行拘束。现在依法改组之法院，兹因发生此种案件，急待解决。事关解释法律，相应函请贵公会转呈南京最高法院解释，令行遵守等由。准此，当于民国十六年十二月十四日，召集全体会员到会，开会提议。佥以滇省法院对于纸币加水案件，均无一定标准，忽出忽入，众议沸腾，非请求解释示遵不可，经众可决在案。理合备文呈请钧院解释，即予示遵，实叨公便。谨呈

**解字第一一号**

**民国十七年一月十日　最高法院复江苏高等法院函**

迳复者，准贵院第四八九号函开，案据丹徒地方法院院长徐谟续称，窃职院前奉转发

《国民政府禁烟条例》暨司法部制定之《审理烟案简易程序暂行条例》各一份，即呈请解释疑义在案。兹于审理烟案时，又发生主刑加减之疑问一则。查《禁烟条例》虽系刑律之一种特别法，但依刑律第九条，其总则编于该条例，自仍适用。其有触犯该条例所列各罪，而有特殊情形者，仍得援用刑律总则各条加重或减轻其刑罚。惟查《禁烟条例》所定罚则，其徒刑部分均未载明系属何等。如栽种罂粟及其他同类之烟苗者，处十年以下、五年以上之有期徒刑（第三条）。又如设供人吸食鸦片烟等类之处所者，处三年以下、一年以上之有期徒刑（第五条）。既称十年、三年以下，自连本数计算，显非二等或四等有期徒刑。此项主刑如有加重或减轻之必要时，究应如何办理方为合法？事关适用法令，职院未敢擅断，理合具文呈请鉴核训示等情到院。据此，事关法律解释，未便擅断，相应函请贵院请烦解释见复，俾便转饬遵照，实纫公谊等因到院。查本条例既无刑等之分，应加重者又自有特别规定（如本条例第七条），刑律之加减例自无从适用，相应函复，请烦查照饬遵。此致江苏高等法院

**解字第一二号**

**民国十七年一月十日　最高法院复江苏高等法院函**

迳复者，准贵院公函第四八八号开，案据丹徒地方法院院长徐谟呈称，窃职院于本年十一月二十六日奉三四二暨三四三号训令，转发国民政府明令公布之《禁烟条例》及国民政府司法部制定之《审理烟案简易程序暂行条例》各一份等因。奉此，兹准丹徒禁烟局长邓益鑫来院面询，《禁烟条例》第十四条载，审判烟犯时，各该地禁烟机关得派员陈述意见云云，法院对于禁烟机关所派之员，拟予以若何待遇等由。查法院审理案件，得由其他机关派员陈述意见，原属一种特别程序，但所谓陈述意见，是否必须于法庭上公开审判之时行之，抑于法庭之外亦可举行？如禁烟机关所派之员，必须于法庭上陈述意见者，则该员既非被害者之代理人，又非被告之辩护人，法庭上实无该员之相当位置，变通办法似只可于律师席旁或律师席后另设一座，以示区别，否则不另设座，即令该员立于当事人之位置陈述意见，似亦可行，究应如何办理之处，职院未便擅断。又查《禁烟条例》所定各罪，与刑律鸦片烟罪章之罚则，颇有出入，如贩卖鸦片仅科罚金，依刑诉条例为初级审案件；而吸食鸦片则处三年以下之有期徒刑，或三千元以下之罚金，依刑诉条例为地方审案件，其管辖与刑律适为相反。而查《审理烟案简易程序暂行条例》第一条规定，凡违背国民政府《禁烟条例》之案件，属地方法院或兼理司法县公署管辖。则似凡属烟案，概由地方审管辖。而统观该暂行条例立法意旨，嗣后办理烟案重在简捷，故得用简易程序。且《禁烟条例》第十四条明载，凡犯本条例所列各罪者，由普通审判机关以简易程序审判之，则似不论何种烟案，又概属简易庭管辖，其上诉机关，应属地方法院矣。事关刑案管辖问题，尤非职院所敢妄断，合将关于该二条例各疑点，具文呈请鉴核示遵等情到院，相应备函转请贵院迅予解释，以便转饬遵行等因到院。兹本院分别解释如下：（一）《禁烟条例》第十四条第一项，所谓陈述意见，系包括口头或书面在公开时或法庭外陈述而言，但应以判决以前为限。其在公开时陈述者，可于律师坐

位旁另设一席。(二)依本条例第十四条第一项应以简易程序审判之立法精神,凡犯本条例之罪,概属初级管辖,相应函复贵院,请烦查照转饬遵照。此致江苏高等法院

**附江苏高等法院原函**

案据丹徒地方法院院长徐谟呈称,窃职院于本年十一月二十六日,奉三四二暨三四三号训令,转发国民政府明令公布之《禁烟条例》,及国民政府司法部制定之《审理烟案简易程序暂行条例》各一份等因。奉此,兹准丹徒禁烟局长邓益鑫来院面询,《禁烟条例》第十四条载,审判烟犯时,各该地禁烟机关所派之员,拟予以若何待遇等由。查法院审理案件,得由其他机关派员陈述意见,原属一种特别程序,但所谓陈述意见,是否必须于法庭上公开审判之时行之,抑于法庭之外亦可举行?如禁烟机关所派之员,必须于法庭上陈述意见者,则该员既非被害者之代理人,又非被告之辩护人,法庭上实无该员之相当位置。变通办法,似可于律师席旁或律师席后,另设一座,以示区别。否则不另设座,即令该员立于当事人之位置,陈述意见,似亦可行。究应如何办理之处,职院未便擅断。又查《禁烟条例》所定各罪,与刑律鸦片烟罪章之罚则,颇有出入,如贩卖鸦片仅科罚金,依刑律条例为初级审案件。而吸食鸦片,则处三年以下之有期徒刑,或三千元以下之罚金,依刑律条例为地方审案件,其管辖与刑律适为相反。而《审理烟案简易程序暂行条例》第一条规定,凡违背国民政府《禁烟条例》之案件,属地方法院或兼理司法县公署管辖,则似凡属烟案概由地方审管辖。而统观该暂行条例立法意旨,嗣后办理烟案,重在简捷,故得用简易程序。且《禁烟条例》第十四条明载,凡犯本条例所列各罪者,由普通审判机关以简易程序审判之,则似不论何种烟案,又概属简易庭管辖,其上诉机关应属地方法院矣。事关刑案管辖问题,尤非职院所敢妄断,合将关于二条例各疑点具呈,请鉴核示遵。

**解字第一三号**

**民国十七年一月十二日　最高法院复浙江高等法院函**

迳启者,案据浙江永嘉地方法院院长张翥呈称,为请求解释法律事,案查暂行刑律第十二条,精神病人之行为不为罪。今设有患白痴精神病人,终年无间断时,吸食鸦片成瘾,应否援该条,不无疑问,于此有二说焉:甲说,精神病人之行为不为罪。白痴人吸食鸦片成瘾,在未有精神病之前,及既有精神病吸食成为习惯,因其无戒断之知觉能力,应不为罪。乙说,白痴人于鸦片烟瘾发时必须吸食,其知觉机能之发动,即可认为该条第二项精神病间断时,仍应依刑律第二百七十一条科刑。两者究以何说为是,不得不请求法律解释,理合备文呈请鉴核,迅予解释示复等因到院。查吸食鸦片烟,应否论罪,当依《禁烟条例》第六条分别办理。被告人如未满二十五岁,有精神病者,吸食鸦片烟之行为,得不为罪。若精神病间断时,仍应为罪。其精神病是否间断,应视其吸食之际,对于鸦片烟有无相当认识,依事实定之。相应函请贵院查照,转饬遵照。此致浙江高等法院

**附浙江永嘉地方法院原函**

案据浙江永嘉地方法院院长张翥呈称,为请求解释法律事。案查暂行刑律第十二条,精神病人之行为不为罪。今设有患白痴精神病人,终年无间断时,吸食鸦片成瘾,应否援该条,不无疑问,于此有二说焉:甲说,精神病人之行为不为罪。白痴人吸食鸦片成瘾,在未有精神病之前,及既有精神病吸食成为习惯,因其无戒断之知觉能力,应不为罪。乙说,白痴人于鸦片烟瘾发时必须吸食,其知觉机能之发动,即可认为该条第二项精神病间断时,仍应依刑律第二百七十一条科刑。两者究以何说为是,不得不请求法律解释。理合备文呈请鉴核,迅予解释示复。

**解字第一四号**

**民国十七年一月十二日 最高法院复江西高等法院电**

江西高等法院左首席检察官文炬鉴,顷由本院周首席检察官诒柯送到佳电开,修正刑诉律既准适用,原告诉人有无上诉权,乞电示遵云云,并转请解释前来。查《修正刑事诉讼律》第三百五十七条第一项规定,当事人得为上诉。原告诉人既非刑事当事人,自无上诉权。特达。最高法院院长徐元诰文印

**附本院检察官公函**

修正刑诉律既准适用,原告诉人有无上诉权?乞电示遵。

**解字第一五号**

**民国十七年一月十四日 最高法院复上海租界临时法院电**

上海租界临时法院鉴,佳代电悉。兹分别解释于后:(一)聚众二字,须多众集合,有随时可以增加之状况。若仅结伙三人以上,不得为聚众。(二)本条例第一条第二款,既已致人受损害为构成要素,而损害又系犯罪之结果,自为结果犯。同条例第二条第二款,系概括规定,重在减等,非谓第一条所列各款,皆必有未遂情形。(三)暴动系犯罪行为,非犯罪结果,故不得为结果犯。如煽惑人心,扰害公安,已着手暴动,而因意外障碍不遂者,自可依未遂处断,与内乱罪之罪未遂同。合电查照。最高法院印寒

**附上海租界临时法院原代电**

南京最高法院钧鉴,查《惩治盗匪暂行条例》第一条各款中有疑义三端:(一)该条第十三款规定,聚众抢劫而执持枪械云云,对于聚众二字解释颇有不同。现分二说:甲说,此款立法精神,系对于刑律第三百七十三条第二款加重之规定。我国说文上曾有三人成众之解释,可见结伙三人以上行劫而持有枪械者,即构成该条款之罪。乙说,聚众二字,刑律仅于脱逃、妨害、秩序、骚扰等章见之,从前解释必须有随时可以增加之状况,始得谓为聚众。观于刑律第三百六十八条第二款、第三百七十三条第二款、第三百七十四条第一款,及第三百八十五条,均称三人以上,而不用聚众字样,可见聚众与三人以上显有区别。故仅三人以

上,持枪抢劫,而无随时可以增加人数之状况,亦不能构成该条款之罪。两说主张不同,应以何说为是,抑另有别种见解?此应请解释者。(二)该条第二款之罪亦有二说:甲说,条文明白规定有致人受损害字样,显系结果犯。如意图诈财而留爆裂物,或恐吓信,未致人受损害者,即非本条款之未遂罪,应依刑律各该法条处断。乙说,结果犯无未遂犯,本条例第二条第二款,既明定本条款之罪有未遂犯,则本条款之罪并非结果犯,毫无疑义。如意图诈财而留爆裂物,或恐吓信,未致人受损害者,即为本条款之未遂罪,不能依刑律处断。二说未知孰是?此应请解释者二。(三)该条第六款之煽惑人心、扰害公安、而起暴动罪,亦有二说:甲说,认该条款之罪为结果犯,即须有因此煽惑以图扰害之行为而起暴动之事实,始得为罪。乙说,则以为如有煽惑人心以扰害公安之行为,虽未因此而起暴动,亦应以未遂罪论处。二说未知孰是?此应请解释者三。敝院受理此种案件甚多,亟待解释。相应电请贵院,希速解释,明晰见复,俾有遵循。实纫公谊。上海租界临时法院印佳

**此处删去一条。**

**解字第一七号**

**民国十七年一月二十八日　最高法院复浙江高等法院电**

浙江高等法院鉴,筱代电悉,党务得认为公务一种,对于正式党部,有妨害行为,可依妨害公务论罪。至农工组织,系民众团体之事,有妨害行为,合于刑罚法规何罪者,可依各该条处断。相应电复,祈转饬知照。最高法院勘印

**附浙江高等法院原代电**

南京最高法院院长鉴,案据诸暨县县长快邮代电呈称:窃查总理政纲,以党治国,任何建设,首以巩固党基为前提。倘有不肖之徒,阻碍党务进行,或捣乱农工组织,能否援用妨害公务律文拟办,刻属县发生上项情事,因无专条,不敢擅专,电请赐予解释等情。据此,查该电所称情形,事关法律解释,相应电请贵院核办示复,以便转令只遵。浙江高等法院筱印

**解字第一八号**

**民国十七年一月二十七日　最高法院复浙江省政府电**

浙江省政府鉴,宥电悉。所询两点:(一)《惩治盗匪暂行条例》第一条第十三款聚众二字,本院前据上海临时法院电询,业经解释在案,兹录原文如下:聚众二字,须多众集合,有随时可以增加之状况。若仅结伙三人以上,不得为聚众。(二)同款枪械二字,指枪或械而言,不问何枪、何械,皆包括在内。相应电复,查照。最高法院印

**附浙江省政府原电**

国急、限即刻到。最高法院勋鉴,《惩治盗匪暂行条例》第一条,聚众抢劫持枪械一款,

聚众之程度，是否与刑律结伙三人以上相等，抑范围较广？所谓枪械，是否枪与械二者并列？如非并列，是否专指军用手枪、快枪等，抑鸟枪等？亦概括在内？悬案以待，请速解释电复为盼。浙江省政府宥

**附浙江高等法院原电**

《惩治盗匪暂行条例》第一条，聚众抢劫持枪械一款，聚众之程度，是否与刑律结伙三人以上相等，抑范围较广？所谓枪械，是否枪与械二者并列？如非并列，是否专指军用手枪、快枪等，抑鸟枪等，亦概括在内？悬案以待，请速解释电复。

**解字第一九号**

**民国十七年二月二日　最高法院复江苏高等法院函**

迳启者，案准贵院首席检察官来文称。为呈请解释示遵事。据江苏丹徒地方法院首席检察官徐世勋呈称：窃查《惩治土豪劣绅条例》，已奉国民政府明令公布。该条例虽经载明犯本条例之罪者，由特种临时法庭审判，现因特种临时法庭尚未成立，职院受理此种案件甚多，适用法律，发生疑点。查土豪劣绅之犯罪，该条例第二条系取列举之规定。如犯土豪劣绅之罪，系在本条例公布后，或虽在本条例公布前，而从前之法律亦认为犯罪者，均应依照本条例第二条各款所定之刑处断，自无疑义。惟其事实发生在本条例公布前，而从前之法律又不认为犯罪者，如本条例第二条第二款欺人之孤弱，以强暴胁迫而成婚姻，同条第四款重利盘剥，同条第十款恃强怙势，勒买勒卖动产或不动产各规定，现行刑律均未有处罚之正条。如此情形，究应如何办理，分为甲、乙两说。甲谓，打倒土豪劣绅为国民革命之最大目的。故《惩治土豪劣绅条例》第一条明白规定，国民政府为发展党治精神，保障民众利益，凡属土豪劣绅，依本条例惩办之等语。推其立法之意，因土豪劣绅承封建制度之余孽，自为刀俎，以他人为鱼肉，为厉甚大。微论其犯罪事实在本条例公布后，抑在本条例公布前，只要有合于本条例第二条各款之行为，均应依照各条款处断，以达除暴锄奸之目的。若拘于法律不溯既往之原则，即与本党打倒土豪劣绅之旨相违背，于革命成功殊有阻碍。乙谓，惩治土豪劣绅条例既经定有刑名，依照刑律第九条规定，自应适用刑律第一条。凡颁行以前未经确定审判之案，颁行以前之法律不为罪者，自不得引用惩治土豪劣绅条例治罪，以符法律不溯既往之原则。若不适用《刑律总则》第九条，则关于公诉时效种种规定，均难适用。经过长期之事实，亦可调查惩办，势必使人民长久处于纷扰之状，殊失立法之本意。两说究以何说为是？此应请解释者一也。又查各级法院办理普通刑事案件，凡犯罪事实在十四年一月一日以前者，除强盗、杀人、强奸、放火、决水等罪外，其余事犯，无论重罪、轻罪，已判决未判决，向系遵照北京临时执政颁发之赦令，悉予除免。土豪劣绅之案，可否援照此项赦令，将十四年一月一日以前犯罪一律免究？如此又分为甲、乙两说。甲谓，国民政府现已明认从前施行之各种实体法、诉讼法及其他一切法令，除与中国国民党党纲主义或国民政府法令抵触各条外，一律暂准援用。北京临时执政颁发之赦令，系根据民国元年临时大总统原

案,革故鼎新,与民更始,即与本党党纲主义及一切法令亦无抵触,似不得谓为无效,不得援用。若谓此项赦令不能有效,则从前依照赦令除免之案,势须一一进行,不免办理重复之扰。土豪劣绅既非在不准赦免之列,十四年一月一日以前犯罪,自可一律免究。乙谓,本党革命之唯一目的,即不承认北京非法之伪政府。关于该政府颁发之赦令,当然不能有效,即令依照临时约法规定宣告大赦,必须大总统始有此特权,并须经参议院之同意。临时执政,既非依法产出之大总统,当时亦未有参议院,此项赦令根本上即属违法。从前各级法院因受恶势力之压迫,遵照此项赦令办结各案,固难谓为无效,然自国民革命军光复后,自不能再援用此项违法赦令,以使为恶者脱逃法网。两说究以何说为是?此应请解释者又一也。以上两端,关于适用法律疑点,于办案进行极有窒碍,理合备文呈请鉴核,俯赐转院解释示遵,实为公便等情。据此,理合具文呈请鉴核,迅予指示,俾使转令遵照等因到院。查第一点,惩治土豪劣绅条例,关于时之效力,既无特别规定,依刑律第九条前半,自应适用同律第一条第一项、第二项之规定,应以乙说为是。第二点,十四年一月一日北京政府赦令,与十年十月五日大总统清理庶狱各令不合,即系与国民政府法令抵触,在各省区归属国民政府领域以后,自不能援用,亦以乙说为是。相应函复贵院查照饬遵。此致江苏高等法院

**附江苏高等法院首席检察官原呈**

据江苏丹徒地方法院首席检察官徐世勋呈称:窃查《惩治土豪劣绅条例》,已奉国民政府明令公布。该条例虽经载明犯本条例之罪者,由特种临时法庭审判,现因特种临时法庭尚未成立,职院受理此种案件甚多,适用法律,发生疑点。查土豪劣绅之犯罪,该条例第二条系取列举之规定。如犯土豪劣绅之罪,系在本条例公布后,或虽在本条例公布前,而从前之法律亦认为犯罪者,均应依照本条例第二条各款所定之刑处断,自无疑义。惟其事实发生在本条例公布前,而从前之法律又不认为犯罪者,如本条例第二条第二款欺人之孤弱,以强暴胁迫而成婚姻,同条第四款重利盘剥,同条第十款恃强估势,勒买勒卖动产或不动产各规定,现行刑律均未有处罚之正条。如此情形,究应如何办理,分为甲、乙两说。甲谓,打倒土豪劣绅为国民革命之最大目的。故《惩治土豪劣绅条例》第一条明白规定,国民政府为发展党治精神,保障民众利益,凡属土豪劣绅,依本条例惩办之等语。推其立法之意,因土豪劣绅,承封建制度之余孽,自为刀俎,以他人为鱼肉,为厉甚大。微论其犯罪事实在本条例公布后,抑在本条例公布前,只要有合于本条例第二条各款之行为,均应依照各条款处断,以达除暴锄奸之目的。若拘于法律不溯既往之原则,即与本党打倒土豪劣绅之旨相违背,于革命成功殊有阻碍。乙谓,《惩治土豪劣绅条例》,既经定有刑名,依照刑律第九条规定,自应适用刑律第一条。凡颁行以前未经确定审判之案,颁行以前之法律不为罪者,自不得引用惩治土豪劣绅条例治罪,以符法律不溯既往之原则。若不适用刑律总则第九条,则关于公诉时效种种规定,均难适用。经过长期之事实,亦可调查惩办,势必使人民长久处于纷扰之状,殊失立法之本意。两说究以何说为是?此应请解释者一也。又查各级法院办理普通刑事案件,凡犯罪事实,在十四年一月一日以前者,除强盗、杀人、强奸、放火、决水等罪

外，其余事犯无论重罪轻罪，已判决未判决，向系遵照北京临时执政颁发之赦令，悉予除免。土豪劣绅之案，可否援照此项赦令，将十四年一月一日以前犯罪一律免究？如此又分为甲、乙两说。甲谓，国民政府现已明认从前施行之各种实体法、诉讼法及其他一切法令，除与中国国民党党纲主义或国民政府法令抵触各条外，一律暂准援用。北京临时执政颁发之赦令，系根据民国元年临时大总统原案，革故鼎新，与民更始，即与本党党纲主义及一切法令亦无抵触，似不得谓为无效，不得援用。若谓此项赦令不能有效，则从前依照赦令除免之案，势须一一进行，不免办理重复之扰。土豪劣绅既非在不准赦免之列，十四年一月一日以前犯罪，自可一律免究。乙谓，本党革命之唯一目的，即不承认北京非法之伪政府。关于该政府颁发之赦令，当然不能有效，即令依照临时约法规定，宣告大赦，必须大总统始有此特权，并须经参议院之同意。临时执政既非依法产出之大总统，当时亦未有参议院。此项赦令，根本上即属违法。从前各级法院因受恶势力之压迫，遵照此项赦令办结各案，固难谓为无效，然自国民革命光复后，自不能再援用此项违法赦令，以使为恶者脱逃法网。两说究以何说为是？此应请解释者又一也。以上两端，关于适用法律疑点，于办案进行极有窒碍，理合备文呈请鉴核，俯赐转院解释示遵。

**解字第二〇号**

**民国十七年二月三日　最高法院复司法部函**

迳启者，准贵部第二八号函开，案据浙江高等法院院长殷汝熊，以据天台县县长斯资深呈称，查《惩治盗匪暂行条例》规定，第一条处死刑之犯，应依同条例第三条附具全案，报由高等法院院长于十日内转报省政府核办，俟得复准后执行。如依同条例第二条减等科断之犯，要否送达判词，并得再行上诉。如经过上诉期间后，是否依照覆判章程呈送覆判，抑仍照同条例第三条附其全案送核，适用法律疑义滋多，县长未便擅断，理合呈请察核示遵等情到院。据此，查依《惩治盗匪暂行条例》第二条，减处无期徒刑以下之人犯，为照从前盗匪案件适用法律划一办法，似应仍依通常诉讼程序或覆判章程办理。惟该项划一办法能否继续援用，事关法律问题，呈请核示到部。查来呈所述，有关法律解释，相应函请查核见复，以便饬遵等因。准此，查《惩治盗匪暂行条例》与从前惩治盗匪法性质既属相同，从前盗匪案件适用法律划一办法。与党纲主义及国民政府法令又无抵触，自可援用，相应函复查照饬遵。此致司法部

**附司法部原函**

案据浙江高等法院院长殷汝熊，以据天台县县长斯资深呈称：查《惩治盗匪暂行条例》规定，第一条处死刑之犯，应依同条例第三条附具全案，报由高等法院院长，于十日内转报省政府核办，俟得复准后执行。如依同条例第二条减等科断之犯，要否送达判词，并得再行上诉。如经过上诉期间后，是否依照覆判章程呈送覆判，抑仍照同条例第三条附具全案送核。适用法律疑义滋多，县长未敢擅断，理合呈请察核示遵等情到院。据此，查依《惩治盗

匪暂行条例》第二条减处无期徒刑以下之人犯,参照从前盗匪案件适用法律划一办法,似应仍依通常诉讼程序或覆判章程办理。惟该项划一办法,能否继续援用,事关法律问题,呈请核示到部。查来呈所述。有关法律解释,相应函请查核见复,以便饬遵。

**此处删去一条。**

**解字第二二号**

**民国十七年二月三日　最高法院复安徽高等法院电**

安徽高等法院鲁院长鉴,感代电悉,查当事人声明上诉,不依《刑事诉讼条例》第三百七十八条向原审法院具状,固系违背程序,惟若只因呈送错误,第二审法院可送回同级检察官转送原审法院,依同条例第三百九十一条第一项或第三百九十二条第二项办理。合电查照。最高法院江印

**附安徽高等法院原代电**

南京最高法院院长徐钧鉴,查地检厅检察官对于主办案件,提起上诉,未向原审法院声明,仅于法定期间内,呈送上诉,理由书于上级检察厅,应否认上诉合法,敝院曾于十六年十二月电请解释。嗣奉钧院祃电内开:铣电悉。当事人误向上级检察官声明控告,可由该检察官转送第一审法院,依现行《修正刑事诉讼律》第三百七十六条第一项或第三百七十七条第一项程序办理。等因。正核办间,适奉国民政府司法部第二十四号训令内开:案准国民政府秘书处本年一月九日第六十号函开:准贵部提案,以民事、刑事诉讼程序,应适用何种法规,不可不有权宜办法,以应需要一件。经本府第二十九次委员会决议,应由司法部速提出适用法规,在未提出以前,暂仍旧贯等因。录案函达,查照到部。除分别函令外,合亟令行该法院,仰即转饬所属,一体遵照,切切此令等因。查皖省各级法院,关于刑事案件诉讼程序,向来适用《刑事诉讼条例》。该条例第三百七十八条规定,提起上诉,应以书状叙述不服之理由,向原审法院为之。本件地检厅检察官虽在法定期间内呈送上诉,理由书于上级检察厅,复由上级检察官转送第二审法院,并未于法定期间内向原审法院声明,此项上诉,是否违背法律上程序,悬案待决,恳速赐复。皖高等法院长鲁经藩感印

**解字第二三号**

**民国十七年二月四日　最高法院复上海租界临时法院电**

上海租界临时法院鉴,世代电悉,今分别解释于后:(一)《刑法》上聚众二字,见于内乱、骚扰、脱逃各罪者,皆指多众集合,有随时可以增加之状况而言,与强盗罪中之结伙三人以上区别在此。《惩治盗匪暂行条例》,同为刑罚法规,解释上自难独异。况同条例第一条第四款及第十一款聚众字样,本皆从刑律而来,如悉解为结伙三人以上,则是以三人之数,即可以掠夺。据军用地拟首魁法理论,如何可通?倘于同条之中,一解为“须多众集合,有随

时可以增加之状况”,一解为“结伙三人以上”,文同而义歧,又乌乎可?若将文义予以扩张,尤背《刑法》严格解释之原则。盗匪图劫,事实上固多先行结伙,然例如匪伙若干,行劫村镇,地痞、流氓随时附合,固亦事属可能,不得断言。此种情形,绝无得而想像。至第九款所谓结合大帮,不过人数多寡之差别,若以已有第九款之规定,即不更设本款。今且假定本款聚众二字,认为结伙三人以上,则第九款所谓大帮、肆劫,程度益为增高,又同系唯一死刑,尤可包括于本款之中,更何有别立专款之必要?安见解为结伙三人以上,即不为重复?《惩治盗匪暂行条例》中,多为刑律强盗及其他各罪加重之规定,倘该条例中无特别规定者,仍可依刑律处断,强盗结伙三人以上,自不患无条文可据。若以此等情节较重,应处死刑,则应待条文修改,非解释问题也。(二)《惩治盗匪暂行条例》第二条第一款,致人受损害字样,与伤害人致死之致字意义相同,其同为结果犯,自无容疑,故未至损害,则本款条件尚未具备,即应成立其他犯罪,更何由论以未遂?是本款犯罪,与未遂性质不能相容。第二条第二款浑称前条各款未予除外,自属一时疏漏,故只能认为立法用意重在减等,故如此规定。若因其疏漏,曲为解释,殊非正当。至所谓损害,不问身体、财产或其他法益。依通常状态,有可以指出其受有损害者,皆包含之。若已达损害程度,不问已否得财,皆为既遂,合电查照。最高法院支印

**附上海租界临时法院原代电**

南京最高法院钧鉴,寒代电敬悉,《惩治盗匪暂行条例》第一条十三款聚众二字,依来电解释“须多众集合,有随时可以增加之状况。若仅结伙三人以上,不得为聚众。”然按诸事实,盗匪欲图抢劫,必先结伙,似非随时可以增加。此种随时可以增加之状况,只刑律上内乱、骚扰、妨害公务等罪有之。抢劫之案,尚无先例,是此款实等于虚设。且即或间有此种情形,亦可包括于同条第九款之中,适用该款处断,似更无须别立专款,致相重复。此尚有疑义,应请补行解释者一。又同条第二款,依来电解释“该款以致人受损害为构成要素,而损害又系犯罪之结果,自为结果犯”,是未遂者,当然不能援第二条第二款处断。然细绎第二条第二款,既有前条各款字样,该款分明亦包括在内,认为结果犯,似与各款二字之用意不合。况所谓损害范围极广,身体上、财产上之损害,显而易见者,固无论已。进而言之,若信用上、名誉上、精神上亦均有可以受损害之价值,究竟损害以何为标准,亦不无研究余地。此尚有疑义,应请补行解释者二,相应电达贵院,即烦解释明晰见复为盼。上海租界临时法院印世

**解字第二四号**

**民国十七年二月七日　最高法院复浙江省政府电**

浙江省政府东代电悉,特种刑事中央临时法庭未成立以前,本可适用刑事诉讼法规,许其保留上诉权。惟现奉国民政府第二四号令,此项上诉案件,暂由各省高等法院受理,自应遵照办理。至《诬告治罪条例》未颁布以前,可依普通《刑法》处断。合电查照。最高法院

阳印

附浙江省政府原代电

南京最高法院勋鉴,查特种刑事地方临时法庭判决之反革命案件,依照条例,得上诉于特种刑事中央临时法庭。敝省特种刑事地方临时法庭,早经组织成立,其省外各县亦经指定各地方法院暨其分院,代行特种刑事地方临时法庭职权,而特种刑事中央临时法庭,尚未成立。在此时期,凡特种刑事地方法庭判决之案件,应以何种法院为代行审判上诉之机关,其上诉期限,是否适用刑诉条例。再,审判土豪劣绅,业奉国府明令,应归普通法庭办理。惟查《惩办土豪劣绅条例》所规定之诬告治罪条例,未奉颁布,各该法院审理是项案件,均属无所适从。究应如何办理,统乞迅予核明电复,以便饬遵。浙江省政府东印

解字第二五号

民国十七年二月十一日　最高法院复广东分院电

广州最高法院广东分院罗院长鉴,冬代电悉,非常上告案,可送本院首席检察官核办。最高法院真印

附最高法院广东分院原代电

南京最高法院徐院长鉴,查刑事诉讼律第四百六十条规定,非常上告,由总检察厅检察长向大理院为之等语。现有刑事非常上告案,应否由本分院检察官提起,请迅予解释赐复遵办。管理最高法院广东分院事宜罗文庄叩冬印

解字第二六号

民国十七年二月十一日　最高法院复安徽高等法院电

安徽高等法院鉴,阳代电悉,此项案件应送覆判,当事人亦有上诉权。参照前盗匪案件适用法律划一办法。合电查照。最高法院真印

附安徽高等法院原代电

南京最高法院徐院长钧鉴,依《惩治盗匪暂行条例》第二条减处徒刑案件,应否呈送覆判及当事人有无上诉权,均无明文规定,适用上颇滋疑义。恳速解释赐复,以便遵循。皖高等法院院长鲁经藩阳印

解字第二七号

民国十七年二月十七日　最高法院复最高法院广东分院电

广东最高法院罗院长鉴,鱼电悉,《修正刑事诉讼律》,自指十年三月二日军政府所颁布者而言。该律第三十九条第三项"刑事原告人依各级审判厅试办章程办理"一语,无论诉讼律颁布后,该章程即当然废止,而原告职务由检察官执行,告诉人不得独立上诉,又为民国以来判决之所承认。即如县知事审理诉讼章程,虽许告诉人呈诉不服,而上诉名义则仍属

检察官。是该条第三项虽属有效法律,然因其所援引之试办章程,自身已不存在,故该规定实等于空文。至第二章当事人如认告诉人,亦包括在内,即与检察制度不免直接冲突,则该标目所谓原告人,自不得不解为单指检察官而言。除将来新律另有规定外,斟酌现行制度,权衡检察官职权,不能不作此系统解释。合电查照。最高法院筱印

**附最高法院广东分院原代电**

南京最高法院院长钧鉴,现准本院首席检察官函开:现奉最高法院检察官第二七号训令开:案据江西高等法院首席检察官左文炬佳电称:修正刑诉律既准适用,原告诉人有无上诉权,乞电示遵等情。案关法律解释,业已转院解释在案。兹经解字第十四号解释文开:查《修正刑事诉讼律》第三百五十七条第一项规定,当事人得为上诉,原告人既非刑事当事人,自无上诉权等语。除分令外,合行令仰知照等因。相应录令函请查照等由。准此,窃查解字第十四号解释文,所谓《修正刑事诉讼律》,不知是否民国十年三月二日军政府公布修正刑事诉讼律?如系该律,则该律第二章第一节明令原告人为刑事当事人。又该律第三十九条第三项,有刑事原告人依各级审判厅试办章程办理一语,而该章程第五十九条亦规定代诉人得为上诉,是与该解释文显有抵触。究应如何适用,悬案以待,请迅赐电复。广东高等法院院长罗文庄鱼印

**解字第二八号**

**民国十七年二月二十三日　最高法院复湖北高等法院电**

湖北高等法院曹首席检察官鉴,灰代电悉,第一点应由检察官审查,依法办理。第二点上诉,既系在前,可继续审判,合电查照。最高法院梗印

**附湖北高等法院首席检察官原代电**

最高法院首席检察官周钧鉴,兹有解释事件,特快电请予核示。湖北各级法院。在未奉部令改四级三审制以前,适用二级二审制。按:二级二审制,系采直接告诉主义,除直接侵害国家法益之犯罪,及刑事被害人或其家属放弃诉权之非亲告罪,得向法院提起公诉,关于得处死刑之犯罪,得向刑事法庭陈述意见外,余均毋庸检察官侦查莅庭。故判决后,原告诉人亦得迳行上诉。当未奉令前,第一审直接受理原告诉人告诉之案件,均未经检察官莅庭。现在案已判决,而尚未确定,原告诉人可否于法定上诉期间内声明上诉,抑或由原审配置之检察官调卷查阅,依法办理?又,上级法院所受理原告诉人上诉案件,现二审正在审理中,能否继续进行悬案待决,应请迅赐解释示遵。代理湖北高等法院首席检察官曹瀛叩灰印

**解字第二九号**

**民国十七年二月二十三日　最高法院复江苏高等法院函**

迳启者,准贵院一〇一号函开,查前江苏陆军审判处对于普通人民所犯盗匪案件,并未

具有《旧惩治盗匪法》第七条,及施行法第二条第一项情形,迳予审理判决,该管检察官能否重为侦查起诉,以资救济,现分两说,未知孰是,函请迅予解释等因到院。查前江苏陆军军事审判处,既系违法审判,自应认为无效,应以乙说为是,请烦查照为荷。此致江苏高等法院

**附江苏高等法院原函**

迳启者,查前江苏陆军军事审判处对于普通人民所犯盗匪案件,并未具有《旧惩治盗匪法》第七条及施行法第二条第一项情形,迳予审理判决,该管检察官能否重为侦查起诉,以资救济,现分两说:甲说,谓依旧惩治盗匪法第七条有高级军官统率之军队,就同法第二条至第四条之犯罪,苟具备一定要件,得迳为审判。是普通人民触犯此项法条,普通司法机关及有高级军官统率之军队,均有审判权,毫无疑义。前江苏陆军军事审判处,系前江苏督军署所设军事裁判机关,其就此类犯罪所为之判决,既得听为《惩治盗匪法》第七条所称军队之判决,而该条所定之各项要件,系属如何案件始能管辖之规定,与《刑事诉讼条例》第二十一条第一项犯罪地、或被告人之住所、居所或所在地之法院,始有土地管辖权之规定,复无二致。故该审判处所判决之此类案件,虽不具备该第七条之特种要件,亦系无管辖权之判决,而非无审判权之判决。按之诉讼法理,无管辖权之判决,仅系违法之判决,与无审判权之判决当然无效者迥然有别。其在普通刑事诉讼程序中,此项判决未经合法撤销前,应受一事不再理之限制。如检察官重行起诉,若该判决已确定,法院应依《刑事诉讼条例》第三百三十九条第一款、第二百四十八条第二款谕知免诉。如未确定,应依同条例第三百四十条第二款,谕知不受理。该审判处之判决,既只能认为违法之判决,设检察官就同一事件向普通法院起诉,亦应分别比照上开办法办理,自不能置该审判处判决于不顾,而迳为实体上之审判。乙说,谓《刑事诉讼条例》第二百四十八条第二款规定,曾经判决确定者犯罪之起诉权消灭,系指被告人受有合法之审判而言。前江苏陆军军事审判处,对于普通人民所犯盗匪案件,除具备旧《惩治盗匪法》第七条,或《惩治盗匪法施行法》第二条第一项规定情形外,本无管辖之权,即应归普通法院办理,方属合法。如果陆军军事审判处于不属其管辖之案,越权判决,无论原判已未确定,在法律上被告人并未受有合法之审判,即可由该管检察官重新侦查,依法诉追。揆之一事不再理之原则,并不相背。至通常法院所为之无管辖权判决,按诸诉讼法理,固仅系违法判决,并非当然无效。但特别军事机关所为之审判,原不适用普通诉讼程序,且一经判决,又别无上诉之余地,似未便视同一律,致被告人所受之非法裁判无从救济。以上两说,未知孰是。敝院现有此类案件,亟待解决,相应函请贵院,迅予解释,俾资遵循,实为公便。此致最高法院

**解字第三〇号**

**民国十七年二月二十四日　最高法院复河南特种刑事地方临时法庭电**

河南特种刑事地方临时法庭鉴,函悉。查中国国民党中央执行委员、各省区代表联席

会议，已经通过禁止重利盘剥，最高利率年利不得超过百分之二十之决议案，并经中央执行委员会、政治会议议决，咨请国民政府公布，于十六年八月一日起一律实行在案。此法案施行之后，在国民政府直辖区域内，即有强行之效力。现行律所规定每月取利并不得过三分，已不适用。若当事人对于利息有所约定，如超过现颁利率，即为重利，自属违禁。至债权人于付本之始，先将利息扣除，纵令债务人承认，亦应视为盘剥。此种重利盘剥，在《惩治土豪劣绅条例》第二条第四款，既规定有处刑明文，则司法官吏当然负检举之责。乞即查照。最高法院敬印

**附河南特种刑事地方临时法庭原函**

迳启者，案据商民协会药业分会筹备委员孔宪祚呈称：呈为呈请解释指示只遵事。窃查钧庭公布《惩治土豪劣绅条例》第二条第四款重利盘剥四字，究以若干数为法定利率？以何种情形为盘剥？民国以来，法定利率至多不能过三分，即约定利率过三分者，亦属违禁。例如金钱债务，甲因急难而揭用乙之钱，每月利息按六分计算。或谓此系约定利息，虽超过法定利率，亦不得谓违法；或谓超过法定利率，即约定亦属违禁。究系重利与否？此其一。又如甲放与乙债，约定利息，但付本之始，先将利息折扣下来，则系债权人滚利剥削，致债务人大受损失，未得全本而负担全息。债权享受利外之利，债务人负担息上之息；或谓当时债务人既经承认，不为滚利盘剥；或谓即债务人承认，亦为之滚利盘剥。究系滚利盘剥与否？此其二。现在以党治国，无论何种机关，皆应归于党化。如县知事、审判官、承审员，是否应归党化？如不应归于党化，自不必论；如应归党化，当然服从党义，遵守总理主义，节制资本。无论县知事、审判官、承审员，如遇重利盘剥案件，既与党义抵触，当然负检举之责。或谓法律规定，民事取不干涉主义；如无人告发，当然不能检举。或谓普通民事，取不干涉主义可也；如重利盘剥，原系资本家强暴压迫最恶劣之手段，无论县知事、审判官、承审员，凡遇此种案件，即无人告发，亦应干涉；如不干涉，即是违背节制资本之意旨，即是帝国主义，即是反革命派。究竟县知事、审判官、承审员。对于此项有无检举之义务？此其三。民既侧身商界，又入商民协会，恐难免无以上之情形。商民不明法律，无所适从，为此呈请解释，指示只遵，实为公便等情。据此，查该商民所呈各节，关系法律解释，相应函请贵院查照，迅赐解释，俾资遵循，实纫公谊。此致最高法院

**解字第三一号**

**民国十七年二月二十五日　最高法院复湖北高等法院电**

湖北高等法院曹首席检察官鉴，据本院周首席检察官送来巧代电悉，此项情形可准用县知事审理诉讼暂行章程，得由告诉人呈诉不服。合电查照。最高法院有印

**附湖北高等法院首席检察官原代电**

国民政府最高法院首席检察官周钧鉴，窃查前奉钧令解字第十四号解释，原告诉人非刑事当事人，应无上诉权，业经转行各级法院在案。惟查县司法公署司法委员，系兼有审判

检察两种职权。其办理刑事各案,多于通常刑诉程序不合。如判决未确定者,原告诉人能否准其上诉,悬案待决。敬请迅予解决,以便遵办。代理湖北高等法院首席检察官曹瀛叩巧印

**解字第三二号**

**民国十七年二月二十七日　最高法院复江苏高等法院电**

江苏高等法院张首席检察官鉴,据本院周首席检察官交到本月二十二日贵处来文一件,查第一点业经本院解字第十五号、第二十三号解释在案(见第三十二期国民政府公报),第二点"结合大帮"应指匪徒本有团体的组织而言,与聚众情形,除人数当比较加多外,此亦足为区别标准。合电查照。最高法院感印

**附江苏高等法院首席检察官原呈**

呈为据情转呈,仰祈鉴核,解释令遵事。窃据上海地方首席检察官沈秉谦呈称:窃查盗匪纠约三人以上,或五六人持械行劫者,应否援用《惩治盗匪条例》第一条第十三款,抑适用刑律第三百七十三条第二款办理。又查《惩治盗匪条例》第一条第九款规定,结合大帮,与同条第十三款聚众情形,有无区别,均不无疑义。职院现在悬案待办,无所适从。理合备文呈请鉴核,俯赐转请解释令遵等情前来。据此,理合具文呈请鉴核,转请解释令遵,实为公便。谨呈

**解字第三三号**

**民国十七年二月二十八日　最高法院复安徽高等法院函**

迳启者,案准贵院快邮代电内开:查第二次全国代表大会妇女运动议决,根据结婚、离婚绝对自由原则,制定婚姻法一案,仅由司法行政委员会令行广东、广西、湖南各法院,关于妇女诉讼,依照该项决议案法律方面之原则,以为裁判。现在遇有关系婚姻事件,主张极为分歧,究竟男女一造请求离婚,是否应依向例,参照现行律之规定,须具备一定之条件。又现行律关于定婚及主婚权之规定,应否适用,应请贵院迅予解释,实为公便等由到院。查男女两造请求离婚,只须认定有无理由,分别准驳,无庸具备一定之条件。又定婚主婚,如与结婚自由并无妨害,自应听其适用。兹准前由,相应函复贵院查照。此致安徽高等法院

**解字第三四号**

**民国十七年二月二十八日　最高法院复广西司法厅函**

迳启者,案准最高法院广东分院转送贵厅第二十一号快邮代电内开,据全县唐县长燕日代电称,查司法部第一八九号核示,前广西高等审判厅呈请解释法律案内有第三问题,审判妇女诉讼,应根据妇女运动决议案之原则,既经通令有案,即应遵照办理。旧法律与该决议案抵触时,当然不能援用。如离婚、结婚绝对自由,及女子有财产继承权,均应切实执行,

毫无折衷参酌之余地。细释文意，凡属女子即有财产继承权，究竟已嫁之女子对于所生父母之财产是否有承继权，未经明白规定，应请解释者一。在妇女运动决议案未颁布以前，有某甲亡故，遗有财产，曾经审判衙门判决，抚嗣承继，尚未履行。现某甲已嫁之女，援案争承某甲之遗产，他方提出，原判即行抚嗣、承继，请求维持。如何办理，应请解释者二。以上二端，职署已有此种诉讼发生，悬案待决，恳速核示等情前来。查解释法律，系属贵院职权，相应电请解释，俾便转饬该县遵照等由到院。查第二次全国代表大会妇女运动决议案，系前司法行政委员会令行广东、广西、湖南各省高等审检厅，在未制定颁布男女平等法律以前，关于妇女诉讼，应根据上项决议案法律方面之原则而为裁判。按上开令文，以财产论，应指未出嫁女子与男子同有继承权，方符法律男女平等之本旨。否则，女已出嫁，无异男已出继，自不适用上开之原则。相应函复贵厅，转令查照。此致广西司法厅

**附广西司法厅原代电**

据全县唐县长蒸日代电称：查司法部第一八九号核示，前广西高等审判厅呈请解释法律案内，有第三问题：审判妇女诉讼，应根据妇女运动决议案之原则，既经通令有案，即应遵照办理，旧法律与该决议案抵触时，当然不能援用。如离婚、结婚绝对自由，及女子有财产继承权，均应切实执行，毫无折衷参酌之余地。细释文意，凡属女子，即有财产继承权，究竟已嫁之女子，对于所生父母之财产，是否有承继权，未经明白规定，应请解释者一。在妇女运动决议案未颁布以前，有某甲亡故，遗有财产，曾经审判衙门判决，抚嗣、承继，尚未履行。现某甲已嫁之女，援案争承某甲之遗产，他方提出原判，即行抚嗣、承继，请求维持，如何办理，应请解释者二。以上二端，职署已有此种诉讼发生，悬案待决，恳速核示等情前来。查解释法律，系属贵院职权，相应电请解释，俾便转饬该县遵照。

**解字第三五号**

**民国十七年二月二十八日　最高法院复浙江高等法院函**

迳启者，准贵院第一零五号函开：案据丽水分院呈称，律师黄希宪声请：（一）查浙江省最近政纲第九款第一项载：妇女在法律上与男子有同等权利。依现行律及前大理院解释例、判例等规定，妇女在法律上之行为能力等于准禁治产者。现在政纲既有此项规定，则妇女行为能力是否与男子同等？（二）又同政纲同款第四项载：妇女有承继遗产权。依现行律规定，遗产承继除特别规定外，普通专为男子所独有。然则依现行政纲，妇与夫、女与子是否同等享受遗产承继权？（三）又同政纲同款第五项载：结婚、离婚自由。依前大理院解释例、判例等规定，离婚须备离婚条件，结婚须经主婚人同意。现在既许自由，是否无须条件，不须主婚？（据宪意见，如仍须条件与主婚，则离婚自由之规定未免毫无意义，成为赘文。）（四）又同政纲第一款第三项载：整顿司法，废除违反革命精神之一切法令及恶例。上述一、二、三三点，均违反革命精神（自由平等）之法令与恶例，是否即可据此废除？（五）民事、刑事诉讼当事人，于判决后、上诉前预备提起上诉，声请律师阅卷（并不委任出庭辩护或代

理)。依法理而论,同为保护当事人之利益,但法无明文,专事阅卷是否准许?(六)国民政府通令,刑事告诉人得延请律师出庭维护法益。依法理而论,侦查中之不起诉处分,告诉人得声请再议,以资救济,似无延请律师出庭之必要。至预审中不起诉裁决,抗告之权,只限于检察官,设检察官怠于职务,即乏救济之道,则告诉人延请律师出庭,似应与被告人于预审中得选任律师之规定同其时期。究竟预审中告诉人是否得延请律师出庭,上述问题,颇滋疑义,理合备文声请,迅赐解释,俾资遵循等情前来。查其所请各节,系关法令解释,呈请核转令遵等情到院。事关解释法令,敝院未便擅拟,相应函请贵院迅予解释见复,俾资转饬知照等由到院。查第二次全国代表大会妇女运动决议案,关于请求制定男女平等法律,经前司法行政委员会令行广东、广西、湖南各省高等审检厅声明,在此项法律未制定以前,应依该决议案法律方面之原则而为裁判。现上项法律尚未经国民政府制定颁布,对于函开一、二、三各点,只有本诸男女法律上平等之精神为裁判标准。以财产论,应指未出嫁女子与男子同有继承权,否则即属例外,自不适用上开之原则。请求离婚,只须认定有无理由,不必具备如何条件。结婚如得本人同意,主婚人与本人意思并不相反,即不妨害结婚自由。此种惯例,自应听其适用。至函列四、五、六各点,依国民政府令,在未颁布新法以前,从前法例与党纲、党义及现行法令不相抵触者,均得暂行援用,自可查照办理。相应函复贵院转饬知照。此致浙江高等法院

**附浙江高等法院原函**

案据丽水分院呈称:律师黄希宪声请:(一)查浙江省最近政纲第九款第一项载:妇女在法律上与男子有同等权利。依现行律及前大理院解释例、判例等规定,妇女在法律上之行为能力等于准禁治产者。现在政纲既有此项规定,则妇女行为能力,是否与男子同等?(二)又同政纲同款第四项载:妇女有承继遗产权。依现行律规定,遗产承继除特别规定外,普通专为男子所独有。然则依现行政纲,妇与夫、女与子是否同等享受遗产承继权?(三)又同政纲同款第五项载:结婚、离婚自由。依前大理院解释例、判例等规定,离婚须备离婚条件,结婚须经主婚人同意。现在既许自由,是否无须条件,不须主婚?(据宪意见,如仍须条件与主婚,则离婚自由之规定,未免毫无意义,或为赘文。)(四)又同政纲第一款第三项载:整顿司法,废除违反革命精神之一切法令及恶例。上述一、二、三三点。均违反革命精神(自由平等)之法令与恶例,是否即可据此废除?(五)民事、刑事诉讼,当事人于判决后、上诉前预备提起上诉,声请律师阅卷(并不委任出庭辩护或代理。)依法理而论,同为保护当事人之利益,但法无明文,专事阅卷是否推许?(六)国民政府通令,刑事告诉人得延请律师出庭维护法益。依法理而论,侦查中之不起诉处分,告诉人得声请再议,以资救济,似无延请律师出庭之必要。至预审中不起诉裁决,抗告之权,只限于检察官,设检察官怠于职务,即乏救济之道,则告诉人延请律师出庭,似应与被告人于预审中得选任律师之规定同其时期。究竟预审中告诉人是否得延请律师出庭,上述问题,颇滋疑义,理合备文声请。迅赐解释,俾资遵循等情前来。查其所请各节,系关法令解释,呈请核转令遵等情到院。事关解

释法令,敝院未便擅拟,相应函请贵院迅予解释见复,俾资转饬知照。

**解字第三六号**

**民国十七年二月二十八日　最高法院复上海律师公会筹备委员会电**

上海律师公会筹备委员会鉴,案据贵会呈称,案准会员金宏基提议,呈请解释一件。查本件后半所述关于适用法律之点,如其判决系在本条例颁行以后,依本条例第十条、刑律第九条前半及第一条第二项前半,自应适用本条例处断。合电查照。最高法院俭印

**附上海律师公会筹备委员会原呈**

呈为转请解释法律事。案准会员金宏基提议称,为提议事。窃因哈同洋行收租人徐永忠,于上年九月二十六日上午在英租界广西路小花园地方被盗,劫去租洋,当场击毙徐之同伴张阿二一名,并弹伤徐永忠、仇荣生等一案,经老闸捕房先后拘获张美君、浦阿毛等五名,解由上海租界临时法院迭次开庭审理,延至十二月二十九日当庭宣判,均处死刑,故由浦阿毛之家族,选任本会员办理前来,爰于法定期间内,依法声明上诉。不料本年一月九日接奉临时法院批示,谓本案系依据《惩治盗匪条例》判决,所请上诉,应无庸议等因,曷胜诧异。查得浦阿毛等对于本案是否有无犯罪行为,固不具论,本会员业已代表浦阿毛呈请司法部暨省政府依法核办矣。惟对于该法院援引此项条例,殊嫌失当。伏查国民政府颁布《惩治盗匪条例》,系在上年十月十五日,经第十六次常务会议议决施行,盖本案发生在九月二十六日,而浦阿毛等被捕,乃在十月九日,衡诸法律上实行之期限,当有区别。我政府颁布此项条例,原为以儆来者,不追既往,当然以颁布之日为实行之期。是适用于实行后之犯罪者,以符法律不溯既往之原则。今上海临时法院对于未颁布前之案件,援照已颁布后之判决,未免引律错误。值此混乱时间,虽宜适用重典,然而轻于杀人者,究有未合。再查此项条例,规定六个月为试办时期,假使犯案在有效期间,而被捕判决在失效后者,究依普通刑事办理,抑仍照此项条例,设有参差,难免有畸轻畸重之虞。若不予以解释,则审判无所适从。事关法律疑义,不得不提付本公会,召集委员会议,转呈国民政府司法部暨最高法院,请求详加解释,俾所遵循。是否有当,尚祈公决等语。经敝会于本年二月十八日第二十一次会议决,应予转呈。理合具文呈请鉴核,俯赐解释,批示只遵,实为公便。谨呈

**解字第三七号**

**民国十七年二月二十九日　最高法院复最高法院广东分院函**

迳启者,准贵院第一一八号函开,查接管卷内,案准前广东司法厅公函,据阳春县法院呈,为刑事征收诉讼费用疑义,转请解释等由过院。准此,查解释法律,系属贵院职权,相应备文连同原函,送请查核解释,迳复知照等因到院。查原呈一、二两点,所谓暂行规则,系属何项法规,未据指明,无从解释。第三点由检察官于判决确定后执行,并得依强制执行法例办理。第四点刑事传票不能征收送达等费,相应函复查照饬遵。此致最高法院广东分院

**附最高法院广东分院转送广东司法厅原函**

迳启者,现据阳春县法院呈称,为呈请核示事,窃查刑事诉讼费用现已实行征收,惟有数项疑义,应请核示者:(一)征收诉讼费用全部或一部,是否限于暂行规则内列各种,方得征收,抑或所有关于诉讼费用均应令其负担,如状纸费、送达费、法警传案、舟车食宿费等;(二)暂行规则第二条,钞录费、翻译费由请求钞录或请求翻译者缴纳,嗣后刑事判词,应否必待当事人请求然后钞录送达,抑或凡刑事判词判决后均须送达。又此项送达,所有钞录费、送达费、舟车食宿费应否向钧厅领用送达证书,依照民事办法;(三)征收诉讼费用,检察官应否一待案件确定即进而执行,如当事人不缴纳,除确系无力负担者外,应否依照强制执行办法办理;(四)嗣后刑事传票,是否一律依照里数予以征收送达舟车食宿等费。四项疑义,伏乞钧厅批示只遵,实为公便等情。据此,查来呈所称各节,事关法律解释,相应函请贵分院释明见复,以便饬遵,足纫公谊,此致最高法院广东分院。广东司法厅长陈融

**解字第三八号**

**民国十七年二月二十九日　最高法院复最高法院广东分院函**

迳启者,准贵分院第一一九号函开,查接管卷内,准广西高等法院第一分院公函,据桂林地方法院呈,刑事声请再议案件疑问,转请解释,连同原函送请查核解释,迳复知照等因到院。查桂林地方法院原呈似指具体案件,本不应解释,惟关新旧法律交替,姑予答复。该案既系告诉在前,应由该法院受理,毋庸再送侦查。惟审判时应请检察官莅庭。相应函复查照饬遵。此致。最高法院广东分院

**附最高法院广东分院转送广西高等法院第一分院原函**

迳启者,案据桂林地方法院呈称:案查职院接管前桂林地方检察厅移交刑事诉讼案件卷内,有前广西第一高等检察分厅令发,准前广西第一高等审判分厅决定,义宁县知事杨济,对于苏福福告诉谭岳田劫杀一案,声请回避,移转于桂林地方法院。当经前地方检察厅首席检察官侦查终结,应为不起诉处分。嗣据该案告诉人苏福福,于法定期间内具状声请再议,经将本案卷宗呈送前第一高等检察分厅核办,经前高检分厅侦查终结,处分驳回理由内载:查《新法制施行条例》第八条第一项规定,新法制施行前,业经声请再议案件,由县、市法院或控诉法院之首席检察官审查之。本案之声请,既在新法制施行之后,依照上开法例,自难认为合法。该声请人如对于本案尚有所请求,自可迳赴地方法院诉请依法审判在案。兹复据该告诉人苏福福迭次具状请求拘办等情前来,如职院依照前高检分厅处分,诉请依法审判,又与前地检厅首席检察官为不起诉处分显有冲突。如仍旧侦查,在法律上似乏根据。该案究竟如何办理之处,理合具文呈请钧院查核,伏候指令,俾便遵办等情。据此,事关法律解释,相应函请贵院查照,从速解释见复过院,以便转令遵照。此致最高法院广东分院

**解字第三九号**

**民国十七年三月一日 最高法院复最高法院广东分院转广东司法厅汕头市法院函**

管理最高法院广东分院事宜罗院长转广东司法厅汕头市法院鉴，函悉。查市政厅拨补街地，系属行政处分，无论该处分是否违法，并有无侵害人民权利，只准受害人向该管上级行政官厅诉愿，以资救济。司法机关不得认为民事诉讼受理。至旧案未结，卷宗被兵散失，无可查考去，应布告当事人，搜集各该案有关系证据，及收存判决书类。呈由系属法院重为审理。若当事人一方声请假扣押、假处分、假执行，应由系属法院斟酌情形办理，未便为具体之解释。希即查照。最高法院东印

**附最高法院广东分院原函**

迳启者，查接管卷内，案准前广东司法厅公函，据汕头市法院呈，为市厅拨补街地，应否认为行政处分，又未决案件散失，应否先行决定，转请解释等由过院。准此，查解释法律，系属贵院职权，相应备文连同原函，送请查核解释。迳复知照为荷。此致

**附广东司法厅原函**

迳启者，现据汕头市法院呈称，今有某会馆有地一大段，除预留公共通行街地外，分十数小段开投，甲乙各备价投得数段。后因市政厅将甲投得之地，完全开辟马路，甲以损失太巨，呈请市政厅将某会馆预留之街地拨补管业，经批准及发给执照有案。后，甲复将该拨补之地（即前某会馆预留之街地），转卖与某丙。某丙买受后，向登记局声请登记。乙遂来院提起异议之诉，其主张谓伊投得之地，原与从前会馆顶留之地贴近，交通利便，空气充足，故出价较别段为高。今被伊瞒准市厅，将原定之街地占为私业，致伊投得之地有数段无路通行，迭经投诉某会馆董事，亦不肯遵守原章，出而制止。兹为排除所有权之侵害，请求责令被告（即某内），自向市政所请求更正，以符原日投地章程云云。当此场合，应否认为行政处分，谕知当事人自向行政官厅提起诉讼，抑应由法院受理？如由法院受理，对于市政厅之执照，有无拘束、裁判之效力，不无疑问。属院现有此案件，急待解决。又属院自遭共军蹂躏后，旧受未决案卷多已散失，而当事人一方，或声请假扣押、假处分、假执行等，从前卷宗无可查考，应否先行决定，抑俟继续传讯后，然后决定，以昭慎重，理合备文呈请钧厅察核，伏乞一并迅赐批示办法，以资遵守等情。据此，事关解释法例，相应函请贵分院查照核释见复，以便转饬遵照。至纫公谊，此致最高法院广东分院。司法厅长余恺湛

**解字第四〇号**

**民国十七年三月一日 最高法院复四川第三高等法院分院电**

四川第三高等法院分院傅监督推事鉴，迳代电悉，此项情形，法院编制法既无限制，自可充当。最高法院东印

**附四川第三高等法院分院原代电**

南京最高法院钧鉴,高等分院监督推事兼任刑庭庭长,有时庭员不足法定人数,监督推事可否充民庭审判长,请解释示遵。四川第三高等法院分院监督推事傅春宣叩迳印

**解字第四一号**

**民国十七年三月八日　最高法院复淮阴律师公会电**

淮阴律师公会鉴,多代电悉,律师章程第十条,系指一省内各普通地方法院而言,特种刑事地方临时法庭管辖区域涉于全省,该条限制自不适用。最高法院齐印

**附淮阴律师公会原代电**

南京最高法院钧鉴,窃查特种刑事临时法庭,应许律师出庭辩护,业经钧院明白解释在案。惟此项地方法庭,苏省止设首都,他县未能遍设。律师出庭,当然依照高等法院管辖区域,行其职务,不受律师章程第十条之限制,但未奉明文规定,究觉无所遵从。特代电恳请钧鉴,迅赐明白示遵,无任企祷。淮阴律师公会叩冬

**解字第四二号**

**民国十七年三月十四日　最高法院复河南高等法院函**

迳启者,准贵院第一六〇号函开,关于从前上诉第三审之刑诉有三疑问,应请解释等因到院。查第一点,北京大理院于该省归属国民政府领域以前,既未送达裁判,又未发还卷宗,无从证明其已经裁判,自应视为尚在裁判以前。依《修正刑事诉讼律》第三百六十条第一项,当事人自得撤回上诉。第二点,北京大理院既对于被告人送达判决,如该判决系在该省归属国民政府领域以前,自可查照司法部天字第一〇号指令(见司法公报创刊号)办理。倘因卷宗迄未发还,无从核办,应由部另定救济办法,不属解释范围。第三点,前检察官提起上诉,尚不能谓为无效,惟现任检察官认为无上诉必要,得以撤回。至撤回上诉,因事实障碍,不能向受理上诉法院声明者,可向原审法院行之。相应函复查照为荷。此致河南高等法院

**附河南高等法院原函**

迳启者,关于从前上诉第三审之刑诉,有三疑问,应请解释。第一疑问,前河南高等审判厅判决之案件,被告人于上诉期间内声明上诉,由前河南高等检察厅检同卷判,呈送北京总检察厅,转送北京大理院为第三审审理。卷判邮送北京,至今已一年或二年不等,而各案被告人被处之刑类,皆为一等以下有期徒刑,中有刑期最短者为一年。现在各案被告人以卷判久不发还,声请撤回上诉,拨监执行。其应否准予撤回,有甲、乙两说。甲说,谓凡属国民政府管领之区域,于其管领后,北京大理院将卷判发还,依新法制施行条例第七条,自不能承认为有效之第三审判决,仅因被告人之上诉阻却原判决确定之进行,该案卷宗应视为未经移送第三审法院,故被告人向原审法院声明撤回上诉,当认为合法。更就事实上立论,

原判被告人刑期甚短者，以北京大理院延不发还之故，长此羁押，亦非人道所许。若令保释，然无保之被告人仍旧羁押，待遇又岂为平？乙说，谓在国民政府管领之各省，固可不认北京大理院于其管领后所为之判决，但上诉逾年，卷宗久已移送，兹忽由原审法院准许被告人撤回上诉，终嫌无据。两说各异，拟采取甲说。第二疑问，北京大理院未将卷判发还情形，亦如上述。惟在国民政府管领之前，北京大理院曾送达判决书于被告人，其判决有发回更审者，有驳斥上诉者。于此有丙、丁两说。丙说，谓发回更审之件，前检察官既未送交法院更审，上诉驳斥之件，前检察官既未指挥监狱执行，自与在国民政府管领该省后发还卷判同一法律观念，仍应许被告人撤回上诉。丁说，谓发回更审之件，尚可许被告人撤回上诉。驳斥上诉之件，其判决既在国民政府管领该省之前，宣告之日即生确定力之日，不能以未付执行为言。两说各异，拟采取丙说。第三疑问，情形亦略同前。惟当日提起上诉为前检察官，非被告人。于此有戊、己两说。戊说，谓依前甲说，不认前北京大理院为有效之判决，即同时应不认前检察官为有效之上诉。假定北京大理院将判决发还，究竟应否上诉（为被告人利益或不利益），实尚为现任检察官之职权。故现任检察官认为无上诉之必要者，于北京大理院未发还卷判时，应迳付执行。己说，谓现任检察官未便以无条件的（如反革命）为与前检察官相反之主张，应认前检察官为有效之上诉。两说各异，拟采取戊说。总之，上三疑问，以各该省在国民政府管领前，已未为更审之进行，或已未为执行之指挥为标准，似较扼要，于法理亦甚周详。悬案以待，应急解决，惟事关统一解释法律，敝院未敢擅专，相应函请钧院迅赐解释示复，以便有所遵循。此致国民政府最高法院

**解字第四三号**

**民国十七年三月二十二日　最高法院复福建高等法院电**

福建高等法院吴首席检察官鉴，庚代电悉，第一点，上诉审以告诉人上诉不合程序驳回之案件，可由原审配置之检察官调阅卷宗，依法办理（参照本院解字第二十八号解释）。第二点，告诉人呈诉不服，经检察官出具意见书，可以检察官为上诉人，受理上诉，参照《县知事审理诉讼暂行章程》第二十五条第一项、第二项。最高法院养印

**附福建高等法院首席检察官原代电**

南京最高法院首席检察官周钧鉴，职院检察官前以《修正刑事诉讼律》第二章第一节，及同律第三百五十九条第一项，又第三十九条第三项，及各级审判厅试办章程第五十九条第一款，均为刑事原告诉人得为上诉之规定，故对于原告诉人声明上诉事件，检察官即不再行上诉程序。兹奉钧院解字第十四号，又解字第二十七号释令，认定原告诉人无上诉权，自应遵办。惟从前已经原告诉人上诉之件，原判果有错误，上诉审但依程序驳回，上诉时有无救济办法。再，各县原告诉人上诉案件，检察官于接收卷宗十日内，附具攻击原判之意见书，可否视为已经检察官上诉，恳乞统赐指示，俾获遵循。福建高等法院首席检察官吴敢叩庚

**解字第四四号**

**民国十七年三月二十二日　最高法院复福建高等法院函**

迳启者,准贵院第一二六号函开,据闽侯地方法院院长黄文翰呈称,民国十年三月广东军政府公布之刑诉律草案第二章当事人第一节检察官,经修正,于检察官之下加“及原告人”四字。其所谓原告人,当系指刑事有告诉权之被害人或其家属而言。究竟此项原告人,是否须向检察官告诉,由检察官提起公诉,抑该原告人得迳向刑庭提起公诉,不无疑义,请转呈核示等情。据此,当经核转在案。兹奉国民政府司法部指令内开,此项疑问,应请最高法院解释等因。奉此,相应函请解释等由到院。查告诉人无上诉权,业经本院解字第十四号及第二十七号解释在案(见《国民政府公报》第三十六期,司法公报第四期)。又依《修正刑事诉讼律》第三十九条第一项,原告职务由检察官执行之规定,刑事被害人自应仍向检察官告诉,相应函复查照饬遵。此致福建高等法院

**解字第四五号**

**民国十七年三月二十二日　最高法院复广西高等法院第一分院函**

广西高等法院第一分院览:据最高法院广东分院转贵院代桂林律师公会请求解释法律函悉,凡诉讼当事人,对于财产上请求之控告审判决,若因上告所应受之利益不逾二百元者,不得上告。现行《修正民事诉讼律》第五百六十六条已有明文规定,自不因审级制度之变更而有差异,希即查照办理。最高法院养印

**附最高法院广东分院原函**

迳启者,案准广西高等法院第一分院公函,据桂林律师公会呈,为不满二百元之民事案件,能否上诉第三审疑问,转请解释等由。准此,查解释法律系属贵院职权,除函复外,相应备文连同原函送请查核解释,迳复知照为荷。此致最高法院

**附广西高等法院第一分院原函**

迳启者,案据桂林律师公会呈称,查各省法院自改组以来,有适用二级二审判者,有仍前适用四级三审判者,自为风气,以致无所适从,殊于人民权利诸多影响。故我国民政府司法部有见及此,为谋全国法制统一起见,特以明令恢复四级三审之制度,以收划一法制之效。惟查此项部令,对于百元以上不满二百元之民事案件,能否上诉于第三审,并未声明。我省此种百元以上未满二百元之山场案件,又触目皆是,且关系牧养水源者尤大,究竟能否上诉于第三审,实为目前最急迫之问题。昨于本会常会提出讨论,有两说焉。甲说,谓百元以上不满二百元之案件,不能上诉于第三审,民诉律草案已有规定,自不能享受第三审利益。乙说,谓现在既系恢复四三制,似不能因价格之差别,致有异同。两说未知孰是,理合具文呈请钧院,转请明白解释,俾资遵循等情。据此,案关法律解释,相应函请贵院迅赐解释,以便转饬遵照。此致最高法院广东分院

**解字第四六号**

**民国十七年三月二十二日　最高法院复安徽高等法院函**

迳启者,案准贵院第一二九号函开:案据郎溪县县长代电称,窃查郎溪自民国十一年公股、商股合开农工银行,嗣以意见纠纷,于十四年停止营业,迄未清理。县长到任后,据该银行股东代表呈请组织清算委员会,当经核准,饬令认真清理,以图恢复而利农民。惟查该银行以前借给商民之款,系每元每月二分行息,若至六个月未还,又将利作本,连本滚算,不过数年,竟超过本钱数倍。究竟该银行利息,应否于停止营业之日止利,抑截至债务人偿还之日止;可否将利作本滚算,抑照现行律一本一利计算。事关法律解释,县长未敢擅便,谨此电请鉴核示遵等情。据此,相应函请迅予解释,实为公便等由到院。查该银行既经停止营业,对外存款利息,如至停止营业之日止,则借出之款,自应一律办理。除前已照该行所定利率给付外,凡在营业时与该行往来各户所欠利息,迄今尚未照付者,如现在责令债务人履行义务,应遵照国民政府通令,自民国十六年八月一日起,年利不过百分之二十计算,自不能将利作本滚算。倘超过一本一利之数,皆应予以限制,相应函复查照饬遵。此致安徽高等法院

**附安徽高等法院原函**

案据郎溪县县长代电称:窃查郎溪自民国十一年公股、商股合开农工银行,嗣以意见纠纷,于十四年停止营业,迄未清理。县长到任后,据该银行股东代表呈请组织清算委员会,当经核准,饬令认真清理,以图恢复而利农民。惟查该银行以前借给商民之款,系每元每月二分行息,若至六个月未还,又将利作本,连本滚算,不过数年,竟超过本钱数倍。究竟该银行利息应否于停止营业之日止利,抑截至债务人偿还之日止;可否将利作本滚算,抑照现行律一本一利计算。事关法律解释,县长未敢擅便,谨此电请鉴核示遵等情。据此,相应函请迅予解释。

**解字第四七号**

**民国十七年三月二十三日　最高法院复浙江高等法院函**

迳启者,案据浙江金华地方法院院长杨树猷呈,为呈请解释事。查第二次全国代表大会妇女运动决议案,女子有财产承继权,于此而不能无疑者。所谓女子,是否妇女之通称,抑专指闺女而言。未出嫁之女,是否必须于其父母乏嗣时,方可主张承继财产,抑不问有无胞兄弟,均有承继权之存在。又已出嫁之女,能否于其兄弟析产时,主张平均分受其父母所有之财产。事关法律解释,未便擅拟。理合备文呈请,仰祈鉴核,迅赐解释,俾资遵循,实为公便等情到院。查女子继承财产,系指未出嫁之女子而言,不问有无胞兄弟,应认为有同等承继权。至出嫁之女子,对于所生父母财产,不得主张承继权,业经本院解字第三四号解释有案。相应函请贵院转饬查照。此致浙江高等法院

**附浙江金华地方法院原文**

查第二次全国代表大会妇女运动决议案,女子有财产承继权,于此而不能无疑者。所谓女子,是否妇女之通称,抑专指闺女而言?未出嫁之女,是否必须于其父母乏嗣时,方可主张承继财产,抑不问有无胞兄弟均有承继权之存在?又已出嫁之女,能否于其兄弟析产时主张平均分受其父母所有之财产?事关法律解释,未便擅拟。理合备文呈请,仰祈鉴核,迅赐解释。

**解字第四八号**

**民国十七年三月二十二日　最高法院复福建高等法院函**

迳启者,准贵院第一二三号函开,据建阳县县长刘梦魁呈称,窃查国民党第二次全国代表大会妇女运动决议案,规定女子有财产承继权,业经载诸法令,关于妇女诉讼案件,自应依照办理。惟查此项原则,关于财产承继问题,是否不问嫡庶长幼男女,皆得为承继人同等承继,抑其应继部分有无差异,又出嫁女子能否复行主张父家财产承继权,原案未经详细规定,究应如何办理,颇感困难。此应请示者一也。女子既有承继财产之权利,应否即负扶养亲属之义务?又新刑律暂行补充条例业经废止,妾固不得有夫妇关系。惟关于民事部分所继人之妾,是否仍为承继人之直系尊亲属,不为争议。此应请示者二也。以上二点,均为法律疑义。职署现值受理此种案件,县长未敢擅专,究应如何办理之处,理合具文呈请察核示遵等情。据此,案关法律解释,相应函请贵院赐予解释见复为荷等由到院。查财产承继问题,关于嫡庶长幼男女,在现行法令并无差别,自应认为有同等承继权。惟出嫁之女子,不得主张承继所生父母财产,业经本院解字第三四号解释有案。至女子既有承继财产权,依权义对等之原则,应负扶养亲属之义务,自不待言。又妾之身分,在法律上本与正妻不同,被承继人之妾,自不得谓为承继人之直系尊亲属。相应函复贵院,转令查照。此致福建高等法院

**附福建高等法院原函**

据建阳县县长刘梦魁呈称:窃查国民党第二次全国代表大会妇女运动决议案规定,女子有财产承继权,业经载诸法令,关于妇女诉讼案件,自应依照办理。惟查此项原则,关于财产承继问题,是否不问嫡庶、长幼、男女,皆得为承继人同等承继,抑其应继部分有无差异?又出嫁女子能否复行主张父家财产承继权,原案未经详细规定,究应如何办理,颇感困难。此应请示者一也。女子既有承继财产之权利,应否即负扶养亲属之义务?又新刑律暂行补充条例业经废止,妾固不得有夫妇关系,惟关于民事部分所继人之妾,是否仍为承继人之直系尊亲属,不为争议。此应请示者二也。以上二点,均为法律疑义。职署现值受理此种案件,县长未敢擅专,究应如何办理之处,理合具文呈请察核示遵等情。据此,案关法律解释,相应函请贵院赐予解释见复。

**解字第四九号**

**民国十七年三月二十四日　最高法院复湖北高等法院函**

迳启者,准贵院第一九三号函开,案据夏口地方法院呈称,今有甲乙二人,均领有禁烟执照,贩卖烟土。甲乙向有烟土交易,乙欠甲土价数千元不偿,经甲起诉到院。对于此案发生法律问题,约分三说。子说,谓贩卖烟土,本属犯罪行为,凡因不法行为,所生之权利义务,依法不发生效力。然卖烟一事,早经行政官厅特许,甲既领有执照,于一定期间准其贩卖,即不得谓为犯罪,且权利义务相等,甲负有纳税义务,若法律上不予以保护之权利,殊欠平允,故此等案件,法院应予受理。丑说,谓贩卖烟土,虽为行政官厅所特许,要不过行政上寓禁于征之一种权宜办法,现行新刑律尚继续有效,关于鸦片罪亦未废止,此种贩卖烟土行为。在法律上仍不得不认为犯罪,则甲之请求原因,根本上已无成立之余地,故此等案件,法院应予驳回。寅说,谓现在政府颁布《禁烟条例》,即系对于现行律鸦片烟罪之特别《刑法》,依后法优于前法之原则,应优于现行新刑律而适用。则凡依《禁烟条例》不认为犯罪者,虽现行律有科罪之条,亦不发生效力。甲既请领执照,系受有特许之贩卖,依该条例第九条之规定,即不得谓为犯罪。此等案件,法院当然应视同普通债权,一律予以受理。以上三说,究以何说为当,事关法律解释,职院未敢擅断,理合具文呈请鉴核,迅予转请解释示遵等情到院。相应函请,迅予解释见复,以便转令遵照等由到院。查《禁烟条例》为刑律鸦片烟罪之特别法,领有该条例第九条之特许证者,不为犯罪,其因此缔结之买卖契约,自亦有效,相应函请查照饬遵。此致湖北高等法院

**附湖北高等法院原函**

案据夏口地方法院呈称,今有甲乙二人,均领有禁烟执照,贩卖烟土,甲乙向有烟土交易,乙欠烟土价数千元不偿,经甲起诉到院。对于此案发生法律问题,约分三说。子说,谓贩卖烟土,本属犯罪行为,凡因不法行为,所生之权利义务,依法不发生效力。然卖烟一事,早经行政官厅特许,既领有执照,于一定期间准其贩卖,即不得谓为犯罪。且权利义务相等,甲负有纳税义务,若法律上不予以保护之权利,殊欠平允。故此等案件,法院应予受理。丑说,谓贩卖烟土,虽为行政官厅所特许,要不过行政上寓禁于征之一种权宜办法,现行新刑律尚继续有效,关于鸦片罪亦未废止。此种贩卖烟土行为,在法律上仍不得不认为犯罪,则甲之请求原因,根本上已无成立之余地。故此等案件,法院应予驳回。寅说,谓现在政府颁布《禁烟条例》,即系对于现行律鸦片烟罪之特别《刑法》,依后法优于前法之原则,应优于现行新刑律而适用。则凡依《禁烟条例》不认为犯罪者,虽现行律有科罪之条,亦不发生效力。甲既请领执照,系受有特许之贩卖,依该条例第九条之规定,即不得谓为犯罪。此等案件,法院当然应视同普通债权,一律予以受理。以上三说,究以何说为是?事关法律解释,职院未敢擅断,理合具文呈请鉴核,迅予转请解释示遵等情到院,相应函请迅予解释见复。

**解字第五〇号**

**民国十七年三月二十四日　最高法院复江苏特种刑事地方临时法庭函**

迳启者,准贵庭第七一号函开,《暂行刑事诉讼条例》第十一章第一百七十八条之规定,最轻本刑为三等有期徒刑之罪,被告未经选任辩护人者,审判长应依职权指定之。特种刑事临时法庭办理诉讼案件是否亦须依此规定,计分二说:甲说,《暂行刑事诉讼条例》既与《特种刑事临时法庭组织条例》不相抵触,而组织条例第十三条并规定《暂行刑事诉讼条例》与本条例无抵触者。特种刑事临时法庭准用之,律有明文,自应援用《刑事诉讼条例》第一百七十八条指定辩护人,庶为合法。乙说,暂行反革命治罪法规定三等以上有期徒刑之罪甚多,若依《刑事诉讼条例》第一百七十八条之规定,则应行指定辩护人之案件太多,手续繁琐,难期敏捷。案件进行,因之发生濡滞,种种困难,殊与设立特种法庭之本旨相背。且组织条例第十三条于刑事诉讼条例仅曰准用,而非曰适用,从违取舍,原属自由,固不必处处受其拘束,尽可酌量案情,便宜处理。以上二说,各有理由,莫衷一是。案关解释法律,敝庭未便擅专,相应函请,迅予查核见复等由到院。查所谓准用,乃准照援用之义,在未有特别程序法订定以前,应以甲说为是,相应函请查照为荷。此致江苏省特种刑事地方临时法庭

**附江苏特种刑事地方临时法庭原函**

《暂行刑事诉讼条例》第十一章第一百七十八条之规定,最轻本刑为三等有期徒刑之罪,被告未经选任辩护人者,审判长应依职权指定之。特种刑事临时法庭办理诉讼案件,是否亦须依此规定,计分二说:甲说,《暂行刑事诉讼条例》既与《特种刑事临时法庭组织条例》不相抵触,而组织条例第十三条,并规定《暂行刑事诉讼条例》与本条例无抵触者,特种刑事临时法庭准用之。律有明文,自应援用《刑事诉讼条例》第一百七十八条指定辩护人,庶为合法。乙说,《暂行反革命治罪法》规定,三等以上有期徒刑之罪甚多,若依《刑事诉讼条例》第一百七十八条之规定,则应行指定辩护人之案件太多,手续繁琐,难期敏捷。案件进行,因之发生濡滞,种种困难,殊与设立特种法庭之本旨相背。且组织条例第十三条,于《刑事诉讼条例》仅曰准用,而非适用,从违取舍,原属自由,固不必处处受其拘束,尽可酌量案情,便宜处理。以上二说,各有理由,莫衷一是。案关解释法律,敝庭未便擅专,相应函请。迅予查核见复

**解字第五一号**

**民国十七年三月二十七日　最高法院复江苏省政府函**

迳启者,准贵省政府咨开,以据江苏特种刑事地方临时法庭请解释各节,除该庭认为不生疑义者外,第一点关于管辖应准用刑诉条例,在本省未设分庭以前,该庭管辖区域应及全省;第二点关于时效,应适用普通刑律;第三点惩治土豪劣绅条例,为特别《刑法》。犯该条例第二条第二款之罪者,不适用告诉乃论之规定。该庭意见尚属允当,相应函复查照。此

致江苏省政府

**附江苏省政府原咨**

为咨请事,案据江苏特种刑事地方临时法庭庭长刘云昭呈称,案奉钧府训令第五四四号开,为令遵事。案据泰县县长董汉槎、党部常务委员宣邦仁呈称,对于土豪劣绅检举问题疑义数点,请示解释等情,除指令呈悉。查特种刑事地方临时法庭,现已成立,关于反革命及土豪劣绅刑诉案件,均属该庭审判,据陈各节,候令行查核饬遵,仰即知照此令等词印发外,合行检发副呈,令仰该法庭即使查核饬遵具报。此令。计发副呈一件等因。奉此,窃查土豪劣绅案件,日前虽有归普通法院办理之明令,但国民政府第四十二次会议,经司法部核复,拟修正《特种刑事临时法庭组织条例》第二条、第三条,土豪劣绅案件仍归特种刑事临时法庭审判。虽此种拟议,尚待中央政治会议审查,然一经议决,则前项案件自有审判专辖机关,普通法院暨兼理司法县政府有无受理之权,即可迎刃而解。再,县长及党部委员,或地方人民发见《土豪劣绅触犯惩治条例》第二条之行为,依同条例第八条均有举发之权。倘挟嫌诬陷,依同条第二项并应依诬告治罪条例论罪。至适用程序,依《特种刑事临时法庭组织条例》第十三条。《刑事诉讼条例》与该条例无抵触者,应与准用。原呈上述各点,法律上似不生疑义。其余问题,除关于俱发罪管辖,应准用《刑事诉讼条例》管辖各节规定,至原呈所称泰县发见之泰县土豪劣绅,或他处发见之泰县土豪劣绅,与夫泰县发见他处之土豪劣绅,各应如何管辖等语,亦系过虑。查《惩治土豪劣绅条例》第七条规定:凡犯本条例之罪者,由特种刑事临时法庭审判之。如各县发见土豪劣绅,均应由县政府或公安局解送到庭审讯,亦不致发生何等纠纷。他如时效问题,查《惩治土豪劣绅条例》,关于时效一项,并无特别规定,似应依刑律时效各条办理。又查土豪劣绅犯刑律和略诱罪,本须告诉乃论,并应归普通法院管辖。但其犯罪要件,合于《惩治土豪劣绅条例》第二条第二款规定者,该条例既无诉追明文,似应迳行论处。案关法律解释,职庭未敢擅断,理合具文呈请钧府察核,转呈中央核示,俾便饬遵等情。据此,事关法律解释,除指令外,相应咨请贵院查核见复,以便饬遵。实纫公谊。此咨

**解字第五二号**

**民国十七年三月二十七日 最高法院复浙江高等法院第一分院函**

迳启者,准贵院第八一号函开:案查遂昌县政府呈送张志春为犯私藏军火罪不服原判上诉一案,系依照《浙江省政府委员会议决之取缔民间枪械规则》第六条办理,其性质似系行政处分。敝院受理本案,是否仍可援用,抑应适用普通刑律,不无疑义。相应将原判暨取缔民间枪械规则,抄录各一份,函送鉴核,请即解释遵办等由到院。查该省颁布之取缔民间枪械规则,乃行政上关于允准方法之规定,不能认为特别刑罚法,应仍依刑律危险物罪处断。相应函复,请烦查照。此致浙江高等法院第一分院

**附浙江高等法院第一分院原函**

案查遂昌县政府呈送,张志春为犯私藏军火罪,不服原判上诉一案,系依照浙江省政府委员会议决之《取缔民间枪械规则》第六条办理,其性质似系行政处分。敝院受理本案,是否仍可援用,抑应适用普通刑律,不无疑义。相应将原判暨取缔民间枪械规则抄录各一份,函送鉴核,请即解释。

**解字第五三号**

**民国十七年三月二十八日　最高法院复福建厦门思明律师公会电**

福建厦门思明律师公会鉴,眘代电悉。查照国民政府第二十九次决议案,暂依该省旧贯办理,最高法院勘印

**附福建厦门思明律师公会原代电**

最高法院钧鉴,窃查党军戡定东南以来,关于适用法律,各省甚不一致。如闽省法院,一律改用民刑律草案,而江浙等省,闻尚沿用条例,究应以何为准?恳迅电示只遵。福建厦门思明律师公会印眘

**解字第五四号**

**民国十七年三月二十八日　最高法院复浙江高等法院电**

浙江高等法院郑首席检察官鉴,顷由本院检察处转到贵处三月二十二日来文,以本院解释十四年一月一日北京政府赦令不能援用,系专指土豪劣绅案件而言,抑普通案件亦包括在内,请予解释前来。查本院第十九号解释(见政府公报第三十二期),系以该赦令与国民政府法令抵触,在各省区归属国民政府领域以后,即不能援用,非专指土豪劣绅案件而言。最高法院勘印

**附浙江高等法院首席检察官原呈**

呈为普通司法案件能否援引前北京政府赦令办理,据情恳转请解释事。案据建德地方分院首席检察官何葆铭呈称,本年三月九日,浙江政府公报第二百四十七期载,钧院第九零一号令,各法院、各县奉最高法院解释土豪劣绅案件,得适用刑律总则,惟不能援引北京政府赦令等由。奉此,查十四年一月一日北京政府之赦令,应否适用,曾于去年八月间电请解释。旋奉浙江政府法字第九一一九号令开,东代电悉,此项赦令未奉中央政府令饬废止以前,自应继续有效,仰即遵照此令等因在案。今读最高法院解释不能援引北京政府赦令,系专指办理土豪劣绅案件而言。普通司法案件,是否包括在内,未奉明文,究应如何办理,于此可分两说:甲谓、公报所载解释,不能援引北京政府赦令,系专指土豪劣绅案件而言。普通司法案件,既未奉中央政府明令废止以前,应仍根据浙江省政府法字第九一一九号之令办理。乙谓、浙江省政府本非解释法律机关,当时因最高法院尚未成立,只得遵守省令。今土豪劣绅案件已归普通司法衙门受理,则十四年一月北京政府之赦令,对于办理土豪劣绅

案件,既不能援引,而普通司法案件,亦事同一律。两说孰是？关于办案进行,实有窒碍,理合备文呈请转呈解释等情。据此,理合具文转呈,仰祈鉴核,俯予转请解释示遵。谨呈

**解字第五五号**

**民国十七年三月三十一日　最高法院复国民政府秘书处**

迳启者,准贵处第一一四一号函开:奉常务委员发下江苏省政府呈,为准江苏高等法院代电,为受理印小七子犯强盗罪不服上诉一案,适用法律发生疑义,拟请发回再审,究应如何办理。奉谕:交敝院审核具复,并检送原呈等由。准此,查《惩治盗匪暂行条例》颁布后,依该条例第十条。及刑律第一条第二项前半之规定,未经确定审判者,固应依照该条例办理。惟查《惩治盗匪条例》,系对于刑律之加重规定,依前述法条,是被告人犯罪在先,乃因提起上诉,反受较重法律之适用,于一般原则殊有未合。民国四年颁布惩治盗匪法后,即另定盗匪案件适用法律划一办法,即属调和前后,借资救济。敝院解字第二十号解释,认该办法与党纲主义,及国民政府法令,尚无抵触,可以援用,意亦在此。复以该办法与现在条例尚有未能尽合,是以函商司法部另订新办法,以资适用。业经司法部拟定《盗匪案件适用法律暂行细则》三条,呈奉国民政府第一五七号批准,通行在案。所有印小七子一案,自可依据该细则办理,相应检同原呈,函复查照,惟陈是荷。此致国民政府秘书处

**附国民政府秘书处函发江苏省政府原呈**

呈为惩治盗匪适用法律,发生疑义,据情转呈,仰祈鉴核示遵事。窃准江苏高等法院院长张君度智代电开,查职院前受理印小七子因强盗罪不服常熟县第一审判决上诉一案,原县上年十月二十九日判决时,《惩治盗匪暂行条例》尚未公布,系依据刑律判处死刑。职院审中以《惩治盗匪暂行条例》业已施行。审理结果,认印小七子系犯该条例所定之罪,改依同条例判处死刑。该案适用法律,查与国民政府令知钧府请示靖江县拿获匪犯,应否依照刑律判办一案,经司法部最高法院议复,《惩治盗匪暂行条例》既经公布,依该条例第十条及刑律第一条第二项之规定,凡犯该条例之罪,审判未经确定者,应依该条例办理相符,当于本年二月六日,呈报钧府核办在案。兹查本年二月份第三十二期国民政府公报,登载二月三日　最高法院复浙江高等法院第二十号解释文件,谓《惩治盗匪暂行条例》,与从前《惩治盗匪法》性质相同,从前盗匪案件适用法律划一办法,仍可援用等语。依该项划一办法第一条乙项规定,凡在惩治盗匪条例颁行以前,已经第一审,现尚系属为上诉审者,应适用刑律处断。是按照最高法院最近解释,该印小七子强盗一案,又仍应适用刑律办理。查此案尚未奉准执行,拟请钧府发回职院再审,依律改判,以资纠正,伏乞鉴核令遵等语。准此,查印小七子一案,业经省政府核复,该院准照原判执行。现因适用法律发生疑义,除已代电该县暂缓执行外,究应如何办理之处,理合具文转呈,伏乞鉴核,迅赐指令只遵,实为公便。谨呈。国民政府江苏省政府委员会主席钮永建

解字第五六号

民国十七年四月三日　最高法院复广西高等法院第一分院函

迳启者,准贵院第十号函,以刑律补充条例废止后,和奸、和诱应否科罪,及将子女许人作妾后被诱,其生母有无告诉权,请予解释等由到院。查和奸一节,刑律补充条例既经废止,除系刑律第二百九十条情形。得由尊亲属告诉外,不成立犯罪。和诱一节,如经被诱人告诉,或由利害关系人请求检察官指定代行,告诉人自可论罪。妾母虽仍不失为尊亲属,但其女如已成年,即非法定代理人,不得独立告诉。相应函复,查照饬遵。此致广西高等法院第一分院

附广西高等法院第一分院原函

迳启者,案据义宁县县长杨济呈称,窃职署近日受理刑事诉讼一案内,有甲某之妾被乙某先奸后拐,经甲某缉获解案,依本夫及被害者本人告诉,其诱拐之乙某当然论罪,已无研究问题。惟查甲某之妾与乙某相奸,是否可援用新刑律第二百八十九条办理。查该条文规定称,有夫之妇者,于有家长之妾准用之(见补充条例第十二条第二项)云云。然此补充条例,前经国民政府通令废止在案,似不适用。又查二年非字第九号判例内载,被诱之人,律无处罚正条,竟与和诱者科以同一之刑,有违暂行新刑律第十条之规定,准以上二条推论,是该妾之相奸及被诱罪,俱不成立。该妾既不成罪,则其和奸诱拐之乙某处此场合,是否尚应科罪,实一疑问。又查甲某之妾生母业于八岁时无力抚养,接与异姓人为婢女,对于本案应否有告诉权,职署未敢擅专,理合具文呈请察核,迅赐解释等情。据此,事关法律解释,相应据情函请贵院解释赐复,以便转令遵照。此致

解字第五七号

民国十七年四月七日　最高法院复江西高等法院函

迳启者,准贵院第一五九号函开,列举甲、乙两说,以离婚案件不审查事实原因,遽判离婚,未蒙其利,先受其害,请予解释等由。查离婚案件,自应审查事实原因,认定有无理由,分别准驳,业经本院解字第三五号解释有案,相应函复查照。此致江西高等法院

附江西高等法院原函

迳启者,案查第二次全国代表大会妇女运动决议案:结婚离婚绝对自由之原则,前经武汉司法部于民国十六年六月七日解释令开:查离婚、结婚绝对自由,系指男女婚姻行为,应绝对出于本人之自由意思表示。不受任何第三者之干涉,但未满二十岁者不在此例。至实行离婚、结婚男女双方相互关系,自非片面自由可以解决,将来当有本此原则之法律规定,而法院对于事实问题,及请求理由。亦非无衡量之余地等因。据此,则自由之原则,系指男女双方与第三人之关系,非相互间之关系。但查司法部十六年十一月十日训令开:查结婚、离婚绝对自由,经第二次全国代表大会妇女运动决议有案,复经前司法行政委员会通令,在

未制定新法规以前,凡关于妇女诉讼案件,应依照该法律方面之原则而为裁判,意义原甚明显,纵有不妥之处,亦非根本改订,无从补救。现新法规尚未制定,本部碍难酌定界说,仰仍暂照前司法行政委员会通令办理。等因。是与上项解释不无抵触。敝院于此问题意见可分两说:甲谓、司法部训令,应仍依第二次全国代表大会妇女运动决议案离婚、结婚绝对自由之原则,并未有何界说。依后法优于前法之例,固应依据后令办理,况司法部无权解释法令,前武汉司法部之解释,自属无效。乙谓、前武汉司法部解释令,系解释妇女运动决议案法律方面之原则,与前司法行政委员会通令可相辅而行,不生抵触问题。司法部训令既依司法行政委员会通令办理,则武汉司法部解释仍应有效。窃查离婚案件,近来日见增加,苟依片面之要求,毫不审查事实原因,遽判离婚,不但夫妇双方毫无法律上之保障,一旦仳离,或感精神上之痛苦,另生不测,或因生活之困难,流离失所,未蒙其利,先受其害,且视家庭如传舍。等婚姻如苟合,影响于世道人心、社会安宁,秩序尤大,未免与妇女运动议决案之原旨相违背,究应以何说为是?事关法律解释,相应函请大院查核解释见复,实为法便。此致最高法院

**解字第五八号**

**民国十七年四月十一日　最高法院复湖北高等法院函**

迳启者,准贵院第二三九号公函,关于俱发各点举例,请予解释到院。查甲、乙、丙三罪为俱发罪,应依刑律第二十四条定其执行刑。丁罪所犯既在甲罪确定审判后执行中,应查照累犯规定科处,再与甲、乙、丙三罪之执行刑并执行之。相应函复查照饬遵。此致湖北高等法院

**附湖北高等法院原函**

敬启者:案据沔阳县司法委员王树勋呈称,为呈请解释事。兹有陈某曾犯甲、乙、丙三罪,供认确凿,原审仅就甲罪判处徒刑八月,已经确定。执行未毕,复犯丁罪未遂,覆审供认甲、乙、丙、丁各罪不讳。当依新刑律第二十四条,将乙、丙、丁三罪分别科刑,从二十三条之例定为执行刑期五月。又经确定审判。关于更定其刑,参照大理院历来解释,计有两种:(一)依二年十一月统字第六十四号(称,既决人犯,在监犯罪,亦系俱发罪之一种,应依刑律第二十四条规定,先将其在监所犯之罪独立审判,俟确定再将前后两罪之刑,依第二十三条之例更定其刑)、八年三月十八日统字第九五七号(称,某甲前犯甲、乙两罪俱发,业经判决确定,嗣发觉余罪,本院查先发之甲、乙两罪已经确定审判,覆审判后发觉余罪。更定其刑者,只应就前判所定合并执行之刑,与后判之刑。依第二十三条之例更定执行之刑),应将前后判决刑期,依刑律第二十三条之例,自八月至十三月间,从中酌定刑期。(二)依四年九月十八日统字第三三三号(称,审判确定后,尚未执行时,犯脱逃罪者,科刑后与前科之刑并执行之)、五年三月十日统字第四一三号(称,甲犯盗窃,审判确定未及执行,越狱脱逃,逾二年后另犯他罪,经人送案,应将后罪判决后与前罪之刑,合并执行)、五年十一月二十八日统

字第五三〇号(称,甲前犯徒刑四年,已执行二年,后犯逃走罪,科刑四年,应与前科未执行之刑,合并执行,即须执行六年),应将前处刑期八月及后之刑期五月,定为合并执行刑期十三月。事出两歧,无所适从。依后之解释胜于前者之规定,则第六十四号,因第三三三号、第四一三号、第五三〇号失其效力。查第九五七号系在最后,而第三三三号、第四一三号、第五三〇号又因此而失效,究应从何定刑?事关法律解释,理合呈请钧院转请解释,俾有遵循等情。据此,相应函请贵院,请烦解释见复,俾使转饬遵照。实纫公谊,此致最高法院。

**解字第五九号**

**民国十七年四月十一日　最高法院复湖南高等法院函**

迳启者,准贵院第六〇三号函开,查接管卷内,据衡阳县法院艳代电开,兹有甲男娶缌服以内之孀弟妇乙为妻,经该族人诉请判离。依现行律凡娶同宗无服之亲,或无服亲之妻者,各处罚之规定等语,则甲乙婚姻关系应予断离。依国民政府司法部第一八九号训令开,关于第三问题,审判妇女诉讼应根据妇女运动决议案之原则办理,旧法律与该决议案抵触时,当然不能援用,如离婚、结婚绝对自由,均应切实执行,毫无折衷之余地等语,则甲乙婚姻不能离异。事关法律解释,职院未敢臆断,理合呈请钧院转呈国民政府最高法院核示只遵。悬案待结,无任祷盼之至等情前来。据此,案关法律解释,敝院未便擅拟,相应函请贵院迅赐解释,以便转令饬遵等由。准此,查男女婚姻,依现行律亲属上之限制,与结婚、离婚自由之原则,并不抵触。来函所称甲男娶缌服内之孀弟妇乙为妻,自属无效,如无直系尊亲属出而告诉,应由代表公益之检察官请求,方可撤销,相应函复查照饬遵。此致湖南高等法院

**附湖南高等法院原函**

查接管卷内,据衡阳县法院艳代电开:兹有甲男娶缌服以内之孀弟妇乙为妻,经该族人诉请判离。依现行律,凡娶同宗无服之亲,或无服亲之妻者,各处罚之规定等语,则甲乙婚姻关系应予断离。依国民政府司法部第一八九号训令开,关于第三问题审判,妇女诉讼,应根据妇女运动决议案之原则办理,旧法律与该决议案抵触时,当然不能援用,如离婚、结婚绝对自由,均应切实执行,毫无折衷之余地等语,则甲乙婚姻不能离异。事关法律解释,职院未敢臆断,理合呈请钧院转呈国民政府最高法院核示只遵。悬案待结,无任盼祷之至等情前来。据此,案关法律解释,敝院未便擅拟,相应函请贵院迅赐解释,以便转令饬遵。

**解字第六〇号**

**民国十七年四月十四日　最高法院复江苏高等法院函**

迳启者,准贵院第二〇五六号函,请解释盗匪条例各点,兹分别解释于后:第一点,刑律强盗各罪,为《惩治盗匪暂行条例》第一条,各款所未列举者,应仍依刑律处断。但以一行为犯该条例之罪,同时触犯刑律其他强盗罪时,则后者应吸收于前者之内。如所举之例,强盗

伤害人未致死及笃疾之行为,已吸收于同条例第一条第十二款之内,自不能各别论罪。第二点,如所举之例,应仿照结伙三人以上侵入强盗伤害人未致死及笃疾,适用刑律第三百七十三条各款之例处断。第三点,(甲),二人以上即为结伙。(乙),结合大帮,应指匪徒本有团体的组织而言,以前说为是。(丙),肆行抢劫,但有此情况已足,不以一次行劫多家为限。至先后行劫,虽有连续意思,依现行刑律原则,应以侵害监督权个数为标准,不能以一罪论。第四点,本条例本不仅为强盗罪之加重规定,无论第一条凡有左列行为之一者云云,无强盗字样,征之同条第三款等非强盗行为,亦规定于本条之内,是可概见,故以第二说为是。第五点,依该条例第十条关于刑律第六十一条之规定,自应适用,应以第一说为是。相应函达查照。此致江苏高等法院

**附江苏高等法院原函**

迳启者,兹查《惩治盗匪暂行条例》适用上有应请解释者数端,谨逐项开列于次:(一)该条例第一条第一及第七至第九、第十二至第十四等款之罪,均系刑律上普通强盗罪之加重条文。如刑律第三百七十条、第三百七十三条第一、第二两款及第三百七十四条第一款各规定,概已吸收在内。既依该条例处断,自不应再论以普通强盗之罪。但刑律第三百七十三条第三款之伤害人而未致死或笃疾一罪,是否一并吸收在内,不无疑义。主积极说者,谓刑律上所定之强盗故意杀人,暨伤害人致死或笃疾或伤害至二人以上,以及在海洋行动,在盗所强奸妇女,该条例均定有特别处罚明文。其余刑律上所定强盗各罪,既未另行规定,自均吸收在前列各款之内。例如被告执持枪械、聚众、抢劫,兼伤害二人,其一人致死、一人未致死及笃疾时,仅应依该条例第一条第十三款及第十二款处断,不得再论以刑律第三百七十三条第三款之强盗伤人罪。主消极说者,则谓人格法益应以被害个数计算,除有特别规定外,当然不能吸收。如上述之例,除论以该条例第一条第十二款、第十三款罪刑外,并应就伤人未致死及笃疾部分,依刑律第三百七十三条第三款处断,再依刑律第二十三条俱发之例办理。此应请解释者一。(二)该条例第一条各款规定,有罪质本同仅有程度之差者,有罪质绝然不同者,其触犯二以上性质不同之罪时,应依俱发论科,固无问题。若所犯罪质本属相同,如在海洋掳人勒赎,兼具有执持枪械聚众抢劫情形时,究应论以该条例第一条第一款、第十三款、第十四款依刑律第二十三条俱发之例处断,或应分别其有无方法结果关系,依刑律第二十六条从一重处断,或应认为触犯各该款规定并为一罪(即聚众执持枪械在海洋行劫并掳人勒赎一罪),仿照结伙三人侵入强盗伤害一人,适用刑律第三百七十三条各款之例处断,抑竟就其主要行为之掳人勒赎,仅依该条第一款处断,其余概可勿论。此应请解释者二。(三)该条例第二款所定之溃兵、游勇结伙抢劫,是否二人以上即属结伙?又第九款所定之结合大帮肆行抢劫,其大帮二字,是否指以抢劫为目的,有长时间之结合,如大股帮匪者而言?抑仅须结合不定之多数人以共同计划实行抢劫即可构成?又肆行抢劫应否以一次抢劫多家为限?抑先后数次行劫多家而有连续意思者亦包括在内,以一罪论?此应请解释者三。(四)该条例第一条第十六款所定之放火罪,是否限于强盗放火,亦有疑义。

主积极说者,谓本条例为惩治盗匪而设,虽第一条各款之罪,不必均系强盗行为,究为类似强盗之犯罪,普通放火情节各殊,未便概与强盗同视。该第十六款规定,应限于强盗放火,否则与惩治盗匪条例之名义显有未符。主消极说者。则谓该条本以放火烧毁他人所有物,当列举情形之一者为构成要件。该条例第一条亦仅规定有左列行为之一者处死刑,并无强盗犯左列行为字样,则此种放火罪。即与刑律第一百八十六条第一及第四至第七各款之放火罪,同一性质,当然不以强盗放火为限。此应请解释者四。(五)该条例第二条规定有左列情形之一者。减本刑一等或二等。除该条第一款专指掳人勒赎具有特殊情形者外,其第二款之未遂减等、第三款之犯情可原减等,凡第一条各款之罪均可适用。如被告具有该条第二款及三款两种情形,或犯掳人勒赎罪而具有第一款、第二款两种情形时,可否累减至四等,不无疑义。主积极说者,谓刑律第十七条及第五十四条之减等。本与该条例第二款及第三款规定相同,按照刑律第六十一条规定,有二种以上应减者得累减之。此项规定依该条例第十条。既于本条例亦应适用,则具有上述两种情形时,自应适用刑律第六十一条予以累减。否则被告受不利益结果,与该条注重减等之本旨反有未合。主消极说者。则谓该条例第十条既明定为刑律之规定,仍行适用。而上述两种情形,刑律本有规定,何以仍于本条例内并为一条重行订定?且定为必减,与刑律所定之得减不同,足见其一方固为注重减等,一方仍为限制,不得减至超过二等以上而设。故被告具有上述两种情形时,亦只应减本刑一等或二等,不得适用刑律第六十一条而为累减。此应请解释者五。以上五点。见解不一,适用时极易分歧,相应函请贵院烦为解释见复,俾有遵循。至纫公谊。此致最高法院

**解字第六一号**

**民国十七年四月十六日　最高法院复湖南高等法院**

迳启者,准贵院第七六一号函开,据桃源司法委员公署呈请解释,钱价补水等情到院。查通用货币因时代而变更,若特种货币已失通用之效力,须以他种通用货币为之给付,惟给付他种通用货币,应比较当事人缔约时所交货币,以两者相差之价额为其折补标准,方合于当事人缔约时之本意,免使一造受不当之损失。相应函复查照饬遵。此致湖南高等法院

**附湖南高等法院原函**

迳启者,案据桃源司法委员公署主任委员吴瑑保呈称:呈为呈请解释钱价补水疑点,恳予转呈,仰祈鉴核事。窃职署现在受理庄钱涉讼案件多起,内因前清光绪三十年前之典钱,迄宣统年间及民国元年以来之单铜元(当十铜元)、双铜元(当二十铜元)等数种货币之比价,时有变更。如光绪年间之典钱,每串可换洋一元。至宣统年通行铜元以及民国九、十年间有每百二三十枚或百六七十枚换洋一元之等差,迄至十一年以后,竟由二百六七十枚渐低至三百六七十枚始可换洋一元。兹有佃农因比价变更所生之差额,主张应照立约时所交之钱,以两者相差之价。为其折补之标准,而地主则主张佃约既载明是钱,即应以铜元为本位,无论何年交钱,仍只应作铜元数额照退,不能补水。究竟应否补水,或补水须如何折合,

颇多疑义,案悬待结,理合备文呈请钧院俯赐察核,请示只遵等情。据此,查此系解释问题,相应函请钧院核示,以便饬遵。此致

**解字第六二号**

**民国十七年四月十七日 最高法院复浙江高等法院电**

浙江高等法院鉴,文代电悉,查国民政府《禁烟条例》,业经修正公布,关于运卖、制造、私藏等处刑,同条例第十四条有明文规定,希遵照办理。最高法院洽印

**附浙江高等法院原代电**

南京最高法院钧鉴,据吴兴分院麻代电称:案奉令饬遵照司法部令发国民政府《禁烟条例》,暨审理烟案简易程序,暂行条例办理等因下院。查《禁烟条例》第四条,关于购运、制造、贩卖或私藏鸦片烟等类,并无处刑之规定,究系脱漏,抑系照刑律处断,乞请迅赐电令遵行等情到院。查来电所称,案关解释法律,合电陈请迅赐解释,俾便饬遵。浙江高等法院叩文印

**解字第六三号**

**民国十七年四月十七日 最高法院复浙江高等法院电**

浙江高等法院鉴,文代电悉,查反革命案件,本为特种刑事临时法庭专属管辖。该法庭许用律师辩护,经本院解字第一号、第九号先后解释在案,并经登载司法公报第二期、第四期,希转饬查照。最高法院筱印

**附浙江高等法院原代电**

南京最高法院钧鉴,案据金华地方法院鱼代电称:查《惩治土豪劣绅条例》之犯罪,应许律师出庭辩护,业经最高法院解字第一号解释有案。惟关于反革命治罪法之犯罪,应否许律师出庭辩护,尚无依据,悬案以待。理合电请鉴核,迅赐电遵等情到院。查来电所称,事关适用法律,合电陈请迅赐解释,俾便饬遵。浙江高等法院叩文

**解字第六四号**

**民国十七年四月十七日 最高法院复江苏高等法院电**

江苏高等法院张首席检察官鉴,本院检察处转送本月十二日贵处来文一件,以县署遇人民呈控反革命及土豪劣绅案件,应否接收词状先予侦查,抑或拒绝令迳向特种临时法庭举发,请予解释到院。查特种刑事地方临时法庭管辖区域涉于全省。各县反革命及土豪劣绅案件,应于收受后移送该法庭或分庭审判,如有必要情形,并可施行急速处分。最高法院洽印

**附江苏高等法院首席检察官原呈**

呈为转请解释示遵事,案据东海县县长世日代电称:窃查特种刑事临时法庭组织条例

第二条载:特种刑事地方临时法庭审判关于反革命之诉讼案件。又《惩治土豪劣绅条例》第七条载:凡犯本条例之罪者,由特种刑事临时法庭审判之。第八条载:凡土豪劣绅有本条例第二条之行为者,地方人民均得向特种刑事临时法庭举发。又奉钧院第二三零号训令内开:内乱诉讼,奉最高法院解释,属于反革命案件范围,应归特种刑事地方临时法庭审判。兹查该法庭已于今年二月一日宣告成立,令仰嗣后关于内乱诉讼案件,应即迳送特种刑事地方临时法庭受理各等因。查县属距特种刑事地方临时法庭甚远,现有发生控告反革命及土豪劣绅之案,向县政府呈递状件,应否收受审理,或先予侦查预审,后迳送特种刑事地方临时法庭审判,抑拒绝,令迳向特种刑事地方临时法庭举发,应请解释电示,俾便遵循等情。据此,事关解释法律,理合具文,呈请鉴核,转院解释示遵。谨呈

**此处删去一条。**

**解字第六六号**

**民国十七年四月二十六日　最高法院复四川巴县地方法院电**

四川巴县地方法院览:支代电悉,该院鱼日电请解释,迄未收到。惟案关损害赔偿诉讼,查据《县知事兼理司法事务暂行条例》第一条:凡未设法院,各县之司法事务,委任县知事处理之。依此解释,凡已设法院各县,该县知事对于此项诉讼,即不得受理,其判决当然无效。既由当事人向该管法院起诉,自应受理。此复。最高法院寝印

**附四川巴县地方法院原代电**

南京最高法院院长徐钧鉴,职院于本年一月鱼日电请解释。华商轮船,撞沉华民木船,请求损害赔偿,无权兼理诉讼之知事公署,其判决有无效力,当事人向职院起诉,应否受理,迄今未奉复示,悬案待决,切盼电遵。四川巴县地方法院院长萧应渠敬叩支

**解字第六七号**

**民国十七年四月二十七日　最高法院复上海律师公会函**

迳启者,接贵会本月六日来呈,以从前会审公廨复讯判决案件,是否有效,请予解释等由到院。查复讯判决,为该公廨从前惯例所许,经换文承认自为有效,应以丑说为是。但该换文(最终)二字,系指非合甲、乙二种情形不能上诉者而言。倘有再审原因,依收回公廨章程第一条乙款,仍可依法请求再审,相应函复查照。此致上海律师公会

**附上海律师公会原呈**

呈为请求解释事,窃据会员陶嘉春函称:敬启者,会员有一法律疑问,即甲、乙双方涉讼,经前会审公廨判决,乙造败诉。是时公廨章程只有上诉规定,并无原审可以复讯明文。乙造即向上海交涉公署依法组织之正式上诉机关声明上诉。经判决驳回,乙造不服,并无新证据发现,仍以从前上诉理由向第一审请求复讯。而第一审遽然照准重行审判,甲造败

诉。甲造欲上诉,而上诉机关已经取消,于此发生法律上疑问。子说,当事人不服第二审判决,只能依法于上诉期间之内声明上诉。如果逾期,即属确定。除有新证据发现得依法向第二审声请再审外,不容第一审任意推翻。如第一审重行受理判决,是为一事再理,根本上即属无效。丑说,复讯判决,虽不合法,然为最后之判决,收回公廨换文上有以往判决均认为有效,并为最终之判决等语,故应认为有效。两说究竟孰是,请求贵会准予转呈最高法院解释,俾有遵循等因。查前清凡不服公廨判决,例由道署受理上诉。光复后归外人代管,遂无上诉处所。旋交涉公署,特设上诉机关,出示通告,卒因领事团不予承认,无形取消。然已判决数案,乃公廨故意复讯,其结果适与上诉审相反。依收回公廨协议,公廨判决确定之件,自属有效,但以原审衙门并无再审原因,滥用程序,于法不合,实不能动摇上诉审之判决。此种特殊情形,现在公廨收回,不免发生问题。当经三月三十一日第二十四次委员会决议,认有请求解释之必要。为特据情呈请钧院察核,准予解释,以资适从,实为公便。谨呈

**解字第六八号**

**民国十七年四月二十七日　最高法院复湖北高等法院电**

湖北高等法院邓首席检察官鉴,寒代电悉,依《惩治土豪劣绅条例》第七条,此项案件,应归特种刑事临时法庭审判。其暂由地方法院受理,已属临时办法。县知事竟行审判,殊乏根据,自属无效。最高法院感午印

**附湖北高等法院首席检察官原代电**

最高法院首席检察官周钧鉴,查惩治土豪劣绅,系属特种刑事案件。在特种刑事临时法院未成立以前,其第一审应归地方法院管辖,业经司法部第二七五号指令遵照在案。鄂省特种刑事法庭尚未成立,对于以后发生之土豪劣绅案件,当然由地方法院审理。惟在部令未到以前,县知事已经判决尚未确定之土豪劣绅案件,应否认为有效,不无疑义。职处现有此项案件,亟待解决,用特电呈钧座,转请解释示遵。湖北高等法院首席检察官邓济安叩寒印

**解字第六九号**

**民国十七年四月二十七日　最高法院复吴县律师公会电**

吴县律师公会鉴,代电悉,查《惩治土豪劣绅条例》为特别《刑法》,犯该条例第二条所列举之罪者,依该条例第九条及刑律第二条第一项,不问何人适用之,应以乙说为是。最高法院感印

**附吴县律师公会原代电**

最高法院院长台鉴,据职会会员陈福民函称,特种刑事法庭管辖土豪劣绅案件,漫无标准。查犯罪与管辖关系颇巨,各国立法例对于管辖一点,规定极为详明,故我国刑诉条例,

亦规定何种犯罪归初级管辖,何种犯罪归地方管辖。至特别重大犯罪,如内乱、外患等罪,则第一审归高等法院管辖,自《特种刑事临时法庭组织条例》第二条、第三条修正后,凡土豪劣绅诉讼事件,均归特种刑事法庭审理,一般人民及明法之士,不免怀疑。盖反革命案件,其刑名有特殊情形,特种刑事法庭受理此项案件,界线分明,管辖权上自少疑义。至土豪劣绅一并归其受理,则豪与绅之范围有极不易明者。盖民国以来既无绅士之名,社会上所认为绅者,指曾为公家服务者而言也,其范围之广与一般人民无异。至豪之一字。更有索解无从者,若不明下定义,以确定特庭之管辖权,则同一犯罪也,向特种刑事法庭举发者。适用惩治土豪劣绅条例,向普通法院举发者不适用之,向普通法院举发而移归特庭者又适用之,是人民受刑轻重恒视审判机关而转移。揆诸立法初意,夫岂其然?似应确定范围,以明管辖权之界限。今有下列三说:甲说:绅者,凡曾为官吏之谓也;豪者,凡曾为市、乡、区董事之谓也。盖绅、豪二字,为旧社会上阶级之区别,与一般人民地位不同,半日凭借势力,怙恶不悛,非从严惩治,不足以蔽其辜。此《惩治土豪劣绅条例》立法之精神所在。若并非绅豪而犯罪,自应仍归普通法院受理,适用普通刑律。乙说:惩治土豪劣绅条例,只论行为,不问阶级。苟其犯罪行为,凡为条例所列举者,即非绅豪,一应视同绅豪,无论士、农、工、商、妇女,均应受特种法庭裁判,以便重惩。丙说:绅者,凡平日在社会上著名之人皆是;豪者,凡凭借势力雄于资产之人皆是。固不问其为官、为董、为议员、为平民,但按其犯罪行为类似绅、豪举动,即应受特种法庭之裁判。若无势力、无资产之一般人民,应仍由普通法院受理,适用普通刑律,以资标准。以上三说,各有理由,究以何说为是?事关法律疑义,惟有请求最高法院解释等因前来,当经职会、评议会决议通过,为特据情转请钧院,迅赐电复,以便遵循。吴县律师公会会长钱崇固

**解字第七〇号**

**民国十七年四月二十七日　最高法院复江宁律师公会函**

迳启者,接贵会四月二十三日来。呈以提起公诉权时效及《反革命治罪法》,适用刑律问题,请予解释等由到院。查提起公诉权时效,除法定停止原因外,审判官自无自由认定之余地。第二点《暂行反革命治罪法》,为特别刑法,关于时之效力,该法既有特别规定,揆之立法用意,自不能依刑律第九条将同律第一条第二项但书予以适用。此致江宁律师公会

**附江宁律师公会原呈**

为请求解释事,据会员刘伯昌来函,敬启者,兹有法律上疑义数端:(一)现行刑律第六十九条所定,提起公诉权时效之停止,业经同律第七十三条明白规定,是否于此条所定之外,审判官尚有可认为应行停止之事实。(二)《暂行反革命治罪法》第十三条二项,其犯罪在本法公布以前,未经确定审判者,亦依本法处断云云,与现行刑律第一条二项上段规定略同,惟无刑律但书之规定,该但书(但颁行以前之法律,不以为罪者,不在此限)云云,是否依

同律第九条规定，对于特别法之反革命治罪法亦能适用。以上二端，现因经办案件，亟待解决，即乞会长提交评议会议决，请求最高法院解释，俾有遵循，实为公便。当经敝会于四月二十二日提交本年第五次评议会议决，认为有解释之必要，用特呈请钧院迅予解释遵行，临呈不胜待命之至。谨呈

**解字第七一号**

**民国十七年四月二十七日　最高法院复浙江高等法院电**

浙江高等法院郑首席检察官鉴，号代电悉，第一点，依《禁烟条例》第二条规定，须报明登记给照后，始得免刑事处分，是在未经领照以前，均应论罪。第二点，发觉既系在前，不能因后之登记领照，予以免除。最高法院感未印

**附浙江高等法院首席检察官原代电**

最高法院首席检察官周鉴，查《禁烟条例》，业经公布，凡在登记期内发觉吸食鸦片而尚未登记者，如科以罪刑，则凡登记较迟之人均可论罪，似与设定登记期间之法意不合，究竟能否不予论罪？又在登记以前发觉吸食鸦片者，因条例公布照章登记后，可否免除罪刑，以与未经发觉而登记之人待遇一律，以昭公允？抑或仍须论罪？悬案待决，请迅赐解释示遵。浙江高等法院首席检察官郑文礼叩号

**解字第七二号**

**民国十七年四月二十七日　最高法院复安徽省政府电**

安徽省政府鉴，马电悉，查《特种刑事临时法庭组织条例》不设检察官，应以告诉人、告发人为原告，自亦有上诉权。如判决已经确定，依该组织条例第十三条，并可准用刑诉条例关于非常上诉之规定办理。最高法院沁午印

**附安徽省政府原电**

最高法院特种刑事中央临时法庭勋鉴，地方特种刑庭判决案件，如引律错误，或判决失当，而被告人未声明不服者，该庭能否提起上诉，乞电示。安徽省政府叩马

**解字第七三号**

**民国十七年四月二十七日　最高法院复浙江高等法院电**

浙江高等法院鉴，皓代电悉，吸食鸦片烟，既系发觉在前，不能因后之登记领照，予以免除。最高法院沁印

**附浙江高等法院原代电**

南京最高法院院长钧鉴，案据临海分院院长斯文呈称：查《国民政府禁烟条例》第六条，人民因年老疾病关系，不能即将烟瘾戒绝者，须具戒烟保证书，请领戒烟执照，方准吸食。今有某甲于未登记前，私自吸食鸦片，经人告发，旋向禁烟处登记，领取执照后，检察官始提

起公诉。究应根据《暂行新刑律》第二百七十一条治罪,抑应根据《刑事诉讼条例》第三百三十九条免诉。事关解释法律,职院未敢擅专,理合呈请鉴核令遵等情到院。据此,案关解释法律,合电陈请,迅赐解释,俾便饬遵。浙江高等法院皓印

**解字第七四号**

**民国十七年四月二十七日　最高法院复安徽高等法院第一分院电**

安徽高等法院第一分院鉴,筱代电悉,查上诉期间计算,应以法院收受上诉状之日为准。本件,前安徽高等检察厅如在期间内收到该电,自不能谓为逾期。其由全椒至发电地(合肥)之程途期间,并应扣除。倘均已逾期,应视其因病情形,依声请恢复原状之规定办理。最高法院沁未印

**附安徽高等法院第一分院原代电**

最高法院钧鉴,案查全椒费张氏为张发茂殴伤伊子费业祺毙命,声请回复上诉权一案,经前安徽第一高等审判分厅于上年一月电请北京大理院解释。其代电略称:据费张氏状称,伊于上年六月二十二日,在全椒县接收第一审判决书,不服,起程赴省上诉,中途因病,恐误限期,于同年七月四日在途由合肥县电请安徽高等检察厅保留上诉期间在案各等语。现经各方调查,该氏所称均系实情。惟查由全椒至安庆程期系六日,自该氏接收判决之日起算,至发电之日止,计共十二日。如将程期扣除,则该氏之上诉,尚在法定期间以内。但查民国十四年抗字第一六五号判例内载,上诉已否逾期,应以原第二审法院或第三审法院收受上诉状之日为准,决不能以上诉状投邮之日为准各等语。互相参考,似有抵触情形。究竟该民事判例,可否适用于刑事?事关法律解释,和应电请钧院迅赐解释,以便进行。悬案以待,望即示复等语。迄今年余,案悬未结,合再电请钧院迅赐解释,电复只遵。安徽高等法院第一分院叩筱

**解字第七五号**

**民国十七年五月二日　最高法院复江苏高等法院函**

迳启者,准贵院第二三九三号公函,以强盗一人执持枪械,其他共犯应否负同一责任等由,请予解释到院。查《惩治盗匪条例》第一条第十三款,只须一人执持枪械已足,其他共犯应负同一责任。聚众二字,业经本院解字第十五号解释在案。兹再引伸其义,所谓聚众,指不确定之人,可随时集合而言,与结伙之预有纠约限于特定人者不同,相应函复查照饬遵。此致江苏高等法院

**附江苏高等法院原函**

迳启者,案据奉贤县县长邓群襄多代电称:窃职县对于法律引用可疑之点,假如甲、乙两被告与在逃之逸犯十余人共同抢劫丙家,并拒伤事主一人,甲系持有枪械,自系触犯《惩治盗匪暂行条例》第一条第十三款之罪。然乙虽无执持枪械,而共同正犯,应否援照刑律第

二十九条第一项之规定，负共同责任，亦依《惩治盗匪暂行条例》第一条第十三款处断，抑只依刑律科断之处，实有疑义。为敢电请解释，以使引用等情，据经指令《惩治盗匪暂行条例》第一条第十三款系强盗罪加重条文，乙盗既未执持枪械，自不得认为该条款之共犯。再，聚众二字，依最高法院解字第十五号解释，须多众集合，有随时可以增加之状况。来电所称甲、乙与逸犯十余人。共同抢劫丙家，是否合于前项解释情形，并应审究等语在案。兹又据该县长电称：细释本院前项指令，仍未明了，请予详加解释等情前来。相应据情函请贵院迅赐解释见复，以便转饬遵照。此致

**解字第七六号**

**民国十七年五月三日　最高法院复四川高等法院电**

四川高等法院鉴，代电悉，查新法制施行条例第七条内载：民刑案件，经北京大理院为第三审裁判，并发还卷宗。其收受日期在各省区隶属于国民政府领域以后，北京非法裁判无效，应将该案送最高法院更新裁判。来电所称，甲乙双方涉讼，乙造上诉，北院判决，如发还卷宗，收受日期确在该省隶属于国民政府领域以后，其判决当然无效。最高法院江印

**附四川高等法院原代电**

南京最高法院钧鉴，兹有甲、乙因买卖田业涉讼，民国八年由前高审厅为第二审判决后，由甲声明上诉，申送前广州大理院判决，发回更审。高审厅为更审判决，乙又声明上诉，复送由北京大理院判决。对于广州大理院判决并未提及，只认二审判决为一事再理，废弃另判发县。执行后，双方遂生争议。甲因最终判决败诉，遂以北方大理院判决为无效，阻止执行。乙复一再提出请求。究竟何造主张正当，无从解决。应恳钧院明白解释，电复遵办。四川高等法院叩灰印

**解字第七七号**

**民国十七年五月四日　最高法院复江苏高等法院函**

迳启者，案准贵院第二三七二号函，略谓不动产典当办法，业户所有权之典当与佃权典当，是否一律可以适用，请解释到院。查佃权有因租种田地而生者，有因活卖或典田地而生者，除前种佃权属于用益赁贷借外，其因活卖或典地而生之佃权，则属于不动产质权。当然得适用不动产典当办法，相应函复查照饬遵。此致江苏高等法院

**附江苏高等法院原函**

迳启者，案据启东县县长呈称：呈为呈请事。案查黄思信诉袁志良田价纠葛一案，业经传讯饬查在案。兹据黄思信诉称：窃民系根据不动产典当办法第六、第七两条之规定，故有此诉请判令平分涨价之请求。只以前次庭讯时，奉谕：是项不动产典当办法，适用于业户所有权之典当，不适用于佃权典当等因。查不动产云者，不限于业户所有之田房产业，得名曰不动产，即佃户所有之田房产业，亦应名之曰不动产。既系同名之曰不动产，则此规定之不

动产典当办法。当然,无论业、佃,一律可以适用。况际此政治改革注重三民主义时代,于民生方面尤应尊重平权,不分阶级。但究竟若何,系属适用法例上之一种疑义,一再状请转请解释等情前来。理合据情连同原卷具文,呈请钧院鉴核,俯赐转请解释示遵。等情。相应函请贵院迅予解释示复,以凭饬遵。此致

**解字第七八号**

**民国十七年五月四日　最高法院复江苏高等法院函**

迳启者,案准贵院第二三八七号函开:案据上海地方法院院长呈称,窃职院近月迭准上海公共租界临时法院嘱托拘提民事被告,究竟应否代为拘提,兹分甲、乙两说。甲说,谓《法院编制法》第一百五十四条规定,审判衙门办理诉讼事宜,应互相辅助。凡审判衙门职权内之事宜,均可委托他审判衙门辅助。虽委托之事宜。系专属于委托之审判衙门特权,受托之审判衙门亦应辅助,不得以该审判衙门本无此种职权,拒绝辅助。在适用民事诉讼条例之审判衙门,对于被告,除人事诉讼外,虽不得拘提,惟上海公共租界临时法院。因外交关系,除适用民事诉讼条例外,尚应适用前上海公共租界会审公廨《民事诉讼律》。查该律第五条第二项规定,若被告人被传不到,可出拘票拘之。惟公廨视为合宜时,亦可再行饬传,知照被告到案。依此规定,上海公共租界临时法院明明有拘提民事被告之权,现该院本有特权嘱托拘提民事被告,职院即应协拘,不得根据《民事诉讼条例》,拒绝辅助。乙说,谓辅助应限于委托之审判衙门与受托之审判衙门双方职权内共有之事宜,苟其事宜专属于委托之审判衙门特权,则受托之审判衙门自可以无权办理,拒绝辅助。职院向来适用民事诉讼条例,对于被告,除人事诉讼外,绝对不许拘提。本衙门尚且如是,则对于他审判衙门嘱托拘提被告,自亦不能代办。前上海公共租界会审公廨民事诉讼律,系该公廨所定之单行章程,其效力只能及于居住公共租界内之诉讼人,内地住民,自不受其拘束。现上海公共租界临时法院嘱托拘提民事被告,系根据此项单行章程,职院当然可以拒绝辅助。两说互有理由,职院未敢擅便,理合具文呈请鉴核,俯准转函最高法院迅赐解释,以便遵行等情到院。事关法律疑义,相应函请贵院解释见复,以凭饬遵等由到院。凡法院隶属于国民政府法令统一之下,关于诉讼事宜之辅助,自应依据《法院编制法》第一五四条办理。至所称上海租界临时法院嘱托拘提民事被告,如系根据该前公廨所定单行章程,在受嘱托之法院。当然不受该章程拘束,相应函复查照饬遵。此致江苏高等法院

**附江苏高等法院原函**

案据上海地方法院院长呈称:窃职院近月迭准上海公共租界临时法院嘱托拘提民事被告,究竟应否代为拘提,兹分甲、乙两说。甲说,谓《法院编制法》第一百五十四条规定:审判衙门办理诉讼事宜,应互相辅助。凡审判衙门职权内之事宜,均可委托他审判衙门辅助。虽委托之事宜,系专属于委托之审判衙门特权,受托之审判衙门,亦应辅助,不得以该审判衙门本无此种职权,拒绝辅助。在适用民事诉讼条例之审判衙门,对于被告,除人事诉讼

外，虽不得拘提，惟上海公共租界临时法院，因外交关系，除适用民事诉讼条例外，尚应适用前上海公共租界会审公廨民事诉讼律。查该律第五条第二项规定：若被告人被传不到，可出拘票拘之。惟公廨视为合宜时，亦可再行饬传，知照被告到案。依此规定，上海公共租界临时法院明明有拘提民事被告之权，现该院本有特权嘱托拘提民事被告，职院即应协拘，不得根据民事诉讼条例拒绝辅助。乙说，谓辅助应限于委托之审判衙门。与受托之审判衙门双方职权内共有之事宜，苟其事宜专属于委托之审判衙门特权，则受托之审判衙门，自可以无权办理拒绝辅助。职院向来适用《民事诉讼条例》，对于被告，除人事诉讼外，绝对不许拘提。本衙门尚且如是，则对于他审判衙门嘱托拘提被告，自亦不能代办。前上海公共租界会审公廨民事诉讼律，系该公廨所定之单行章程，其效力只能及于居住公共租界内之诉讼人，内地住民自不受其拘束。现上海公共租界临时法院嘱托拘提民事被告，系根据此项单行章程，职院当然可以拒绝辅助。两说互有理由，职院未敢擅便，理合具文呈请鉴核，俯准转函最高法院迅赐解释，以便遵行等情到院。事关法律疑义，相应函请解释见复。

**解字第七九号**

**民国十七年五月四日　最高法院复广东高等法院函**

迳启者，准贵院第三二五号函，略谓西妇与华人结婚，当然须入中籍，惟是否能保守伊原有之国籍一节，转请解释到院。查外国人为中国人妻者，取得中华民国国籍，即丧失其本国国籍，应查照修正国籍法办理，相应函请查照答复。此致广东高等法院

**附广东高等法院原函**

迳启者，现准广东交涉员公函内开：兹有领事函询，用何种法规管理西妇与华人结婚之国籍，若据现行中国之法律，该西妇是否须入中籍，或仍能保守伊原有之国籍，但此节当然要得该本国法律之允许也等语。查妻从夫籍，各外国多成惯例，西妇与华人结婚，当然须入中籍。惟是否能保守伊原有之国籍一节，我国现行法律有无规定，事关法律，不厌求详，用特函请贵院，烦为查照前项所询各节，详为见示，以资答复，实级公谊等由。准此，事关解释法律，相应函请贵院查照核明见复，以资答复。实纫公谊。此致

**解字第八〇号**

**民国十七年五月九日　最高法院复广东澄海律师公会电**

广东澄海律师公会鉴，俭代电悉，查《法院编制法》第一五四条规定，办理诉讼事宜，应互相辅助。来函所述，对于尚未合法成立之法院，自不适用上项规定，应以甲说为是。最高法院佳印

**附广东澄海律师公会原代电**

南京最高法院钧鉴，准本会会员潘澄修函称：澄修承办民事案件，发生法律上管辖疑问，双方争执未决，谨将该案双方争执理由，另纸录列，请为转呈南京最高法院，予以解释示

遵。附请求解释疑问一件,内称:甲、乙同为中国人,甲在中国子地设有商店,因事赴上海。乙主张甲在子地所开商店,系与伊合伙,在上海法租界会审公廨起诉。甲不交合伙账目,该公廨传审。甲既返子地,以乙欠其债项,向子地法院起诉。法公廨对乙起诉甲一案,下缺席判决,判甲照原告控数清偿(判决内未载原告控数若干),咨子地法院,请将甲拘解赴沪执行。(甲)主张法公廨未经我国收回,非我国合法法院,其判决力不及于我国,依大理院判例解释,我国法院对租界公廨判决,不予协助执行。且本案依诉讼律,应属子地法院管辖,法公廨判决,依法无效。(乙)主张法租界公廨审判权,经法租界当局自动交回我国,我国法院对其判决,应予协助执行。且本案经法公廨判决确定,依一事不再理原则,子地法院不应再为审判。两说未知孰是,请为转呈最高法院,予以解释等语。事关法律疑问,理合代为转呈钧院,请予解释示遵。广东澄海律师公会会长马宗杰叩俭

**解字第八一号**

**民国十七年五月九日　最高法院复国民政府秘书处函**

迳启者,准贵处一五七六号函,奉常务委员交下四川黻川丝厂协理童斗皋,因行政诉讼裁决,强制执行,就原呈甲至丙项请求解释到院。查(甲)项所称北廷伪公文书,自系专指行政诉讼之裁决而言,如裁决日期在该省隶属于国民政府领域以后者,此项非法裁决,当然无效。(乙)查《伪平政院裁决执行规则》第二条:行政诉讼事件,经评事审理裁决后,由平政院长呈报大总统,批令主管官署按照执行等语。即令裁决日期在该省隶属于国民政府领域以前,如果未经核准盖印批行之程序,仍无执行之效力。(丙)原裁决主文与理由有无冲突,既系属于特定案件之质问,本院自未便予以解答。此致国民政府秘书处

**附国民政府秘书处原呈事由**

四川黻川丝厂协理童斗皋,因行政诉讼之裁决强制执行,请求解释二点:(甲)北廷伪公文书,此时万无于钧府统治下有效施行之理;(乙)况此项伪公文书尚未备具方式(因伪平政院裁决,尚未经其最高统治者核准盖印批行),亦绝对于法不能生效;(丙)再让百步,置右列二事不言,即就伪平政院裁决书主文理由,两相对照,亦绝对不能生所有权移转问题。

**解字第八二号**

**民国十七年五月九日　最高法院复湖南高等法院函**

迳启者,准贵院第二零五一号函开,关于妾被和诱家长有无告诉权,及民国十五年前敌总指挥部所颁赦令是否有效,请予解释等由到院。查第一点,妾被诱,家长无告诉权,但得依《修正刑事诉讼律》第二百六十五条之规定,指定代行告诉人。第二点,此项赦令未经国民政府明文承认,自难援用,相应函请查照饬遵。此致湖南高等法院

**附湖南高等法院原函**

迳启者,案据长沙地方法院代院长杨道原呈称,查刑律第三百四十九条之和诱罪,须告

诉乃论，而家长于妾之被人和诱，依《刑律补充条例》第十二条之规定，原有告诉权。现该条例业经前广州军政府于民国十一年二月十七日明令废止。家长之身分，于法既无所依据，则关于妾被人和诱，家长能否有告诉权，此应请示者一。又民国十五年国民革命军前敌总指挥部兼理湖南民政事宜，曾颁有赦令，除不准免除者外，凡犯罪在民国十五年六月二日以前者一律赦免。该项条例，既系湘政府令饬遵行，并非国民政府明令颁布，则关于犯罪事件发觉系在十五年六月二日以前者，可否仍得援例赦免，此应请示者二。职院现有此项案件，亟待解决，理合呈请钧院转请核示只遵等情到院。据此，除指令准予照转外，相应函请贵院查照，即予解释见复，以凭饬遵。至纫公谊。此致

**解字第八三号**

**民国十七年五月九日　最高法院复广西高等法院电**

广西高等法院鉴，马代电悉，查婚姻案件，如在第一审为原告之控告人，不于言辞辩论日期到场，自应准用《修正民事诉讼律》第七百八十八条之规定办理。至被控告人不于最初之言词辩论日期到场，应另定日期传唤之。如屡展期不到，系属法院得据控告人所提出之证据，并以职权调查明确，为通常判决，不得推定为被控告人之自认，即予缺席判决。最高法院佳印

**附广西高等法院原代电**

南京最高法院徐院长勋鉴，据敝院第一分院院长陈祖信钞电称：窃查婚姻案件，控告人迭经合法传唤，迄未到案，是否准用《民事诉讼律》第七百八十八条之规定，视与撤回控告同，而为缺席判决？又，被控告人不于辩论日期到场，可否援照最高法院广东分院十六年理字第三一号解释办理？案关法律问题，理合电呈察核，转请解释等情到院。相应粘钞最高法院广东分院十六年理字第三一号解释，请为解释见复，俾便饬遵。代理广西高等法院院长朱朝森叩马

**附最高法院广东分院公函**

迳复者，现准贵厅第三五四号公函内开：案据苍梧地方审判厅长阳成金呈称，窃查男女结婚、离婚、绝对的自由，业经第二次全国代表大会妇女运动决议案议决通令遵照，并奉钧厅十六年第二十七号通令，毫无折衷参酌之余地各等因在案。兹因职厅受有离婚案件，而被告人迭传不到，并有已经他适无从查传者，又，无其他方法足资证明，其请求原因系属确实，自未便适用北京大理院四年上字第八零八号判例，及同年统字第三零二号解释办理。如予驳回，似又违反保护被压迫妇女之决议案。若迳予缺席判决，适与修正民事诉讼律之规定不符。究应如何办理之处，职厅未敢擅便，理合具文呈请察核，指令只遵，以利进行等情到厅。案关法律解释，相应函请贵院查照，希即解释见复，以便转令遵照等由。本分院查离婚案件，若因被告人一方迭传不到，不为判决，则与离婚绝对的自由之主旨不能贯彻。对于此项案件，自可迳为缺席判决。准函前由，相应函复贵厅，希为查照。此令。广西高等审判厅

### 解字第八四号

**民国十七年五月九日　最高法院复湖北高等法院函**

迳启者,准贵院第三八三号函开,《禁烟条例》公布以前,革命军到后,商人曾向禁烟机关领照贩烟,是否犯罪,请予解释等由到院。查在《禁烟条例》颁布以前,不问革命军到达前后,如无特别法令,足为免罪之依据,当然适用刑律处断,相应函复查照饬遵。此致湖北高等法院

**附湖北高等法院原函**

敬启者:案据夏口地方法院院长萧崇道代电呈称:查自《禁烟条例》颁布后,依该条例领有执照购贴印花之烟土贩卖,应不为罪,业经最高法院解释,自无疑义。惟在该条例公布以前,革命军到达以后,凡商人已向禁烟机关领有执照缴纳税捐之烟土贩卖,是否亦不为罪,抑仍应依刑律认为犯罪行为。若在革命军到达以前,(即北政府时代)而有前项相同之贩卖行为者,又应如何办理,悬案以待,乞转请迅予解释示遵等情。据此,事关法律解释,相应函请贵院核办示复,以便转令只遵。实纫公谊。此致

### 解字第八五号

**民国十七年五月十日　最高法院复最高法院广东分院函**

迳启者,准贵院一三号函,据澄海律师公会会长马宗杰巧日代电,以承办案件发生管辖疑问,呈请解释,转送到院。查市政厅拨补街地,系属行政处分,无论该处分是否违法,并有无侵害人民权利,只准受害人向该管上级行政官厅诉愿,以资救济,司法机关不得认为民事诉讼受理,业经本院解字第三九号解释在案。惟前项解释,原指该官厅本于职权所为,并无私人之侵权行为而言。若当事人以私人资格,假行政官厅之处分,为侵害他人权利之手段者,其被害人除得向该管行政官厅请求撤销其处分,或向该管上级行政官厅诉愿,以资救济外,并得对于加害人向司法机关提起民事诉讼,请求回复原状,或为损害赔偿。相应函复,查照饬遵。此致最高法院广东分院

**附最高法院广东分院原函**

迳启者,现据澄海律师公会会长马宗杰巧日代电,以承办案件发生管辖疑问,呈请解释示遵等情到院。查解释法律,系属贵院职权,相应备函连同原代电送请查核解释见复,以便饬遵为荷。此致最高法院

**附澄海律师公会原代电**

最高法院广东分院钧鉴,准属会会员潘澄修函称:兹有承办案件,发生管辖疑问,另纸开列原委,请为转请最高法院解释示遵,悬案以待,幸勿迟延。附送管辖疑问一件,内称:某会馆有契买荒废旧义塚地,数年前就地划定街路,分别区段,招该会馆同乡投买。所定投地章程载明,所有街道,均系本会馆划定,留作公路,各人建筑时不得侵占。投变后数月,市厅

开辟马路,割用该地之一小部分。有甲、乙等,因投得地被市厅割用,自行绘具图说,呈请市厅指定,将该会馆划定之丙街分给甲、乙,以偿其割让马路之损失。经市厅批准,给有执照,向登记局登记。丙街两旁地之投得人丁、戊、己、庚等,以甲、乙违反投地章程所订,不许投地人侵占划定公路之要约,妨害通行权,起诉法院,请求维持投地原约,涂销登记,回复丙街原状。甲、乙一方主张,开关马路系市厅职权,经呈准市厅将丙街拨补割让马路损失,给有执照,应归行政处分,不属司法管辖。丁、戊、己、庚一方主张,划定公路不许侵占,系基于会馆投地章程,属双方要约行为,不得由少数人推翻。且地系会馆私产,并非市有。甲、乙违反投地章程,自行绘图指定地点,呈请市厅将会馆划定之丙街,拨补其投得地段割让马路之损失,并非市厅以职权所为之自动的处分。依前大理院"按行政衙门对于人民就一定土地上设定权利者,固为行政处分。惟此项行政处分,若系由当事人绘具图说,指明地点,自行呈请而发生,因而侵害第三人之权利,则第三人对于呈请人固可因权利受害之故。以民事诉讼起诉,由审判衙门审判。'如判决结果第三人胜诉时,则该呈请人有向行政衙门撤销。其行政处分之义务',无必向行政官署诉愿之理"之判例(六年抗字二八二号判例),当然属司法诉讼,非行政事件。现以违约妨害通行起诉,尤无行政处分可言。双方主张各有理由,未知孰是。事关法院管辖疑问,希为转呈最高法院解释示遵等语。案关法律疑问,理合照为转呈钧院,希为解释示遵。澄海律师公会会长马宗杰叩巧

**解字第八六号**

**民国十七年五月十日　最高法院复淮阴律师公会电**

淮阴律师公会鉴,冬代电悉,查司法部第一八一号指令,系指刑事诉讼律而言,苏省现沿用刑事诉讼条例,该号指令自难适用。最高法院灰印

**附淮阴律师公会原代电**

南京最高法院钧鉴,查刑事诉讼法规,在国民政府成立之后,尚未有新法之颁布。苏省现在适用者,仍为《刑事诉讼条例》。起诉、上诉固均由代表国家之检察官(或兼理司法之县长)为之,然亦无原告诉人得委任律师出庭之规定。自去岁七月三十日司法部通令以准中央常务委员会政治会议函开:据广东政治分会议决,准许原告人延请律师出庭。复经中央政治会议交部核复,又由都通令各省。事同一律,准许原告人延请律师出庭。嗣于本年一月二十七日司法部指字第一八一号指令,以据江西高等法院呈请核示,可否准许原告人委任律师出庭代诉由,奉令内开:该省如已适用刑事诉讼律,自可依照该律第二百六十七条之规定,准许原告人委任律师代诉各等因。按:指字第一八一号指令,与十六年七月三十日之通令,表面上虽不无抵触,而细观内容,则十六年七月三十日之通令,所谓广东政治分会议决,系以广东刑事诉讼适用刑事诉讼律,仍与指令第一八一号为一贯。不过,十六年七月三十日之通令。范围及于各省,在苏省现在适用《刑事诉讼条例》之下,依照指字第一八一号令文而观,则十六年七月三十日之通令,所谓原告人延请律师出庭之规定,苏省可否适用,

不无疑问。此应请解释者一。又刑事诉讼,原告人无上诉权,曾经钧院解字第十四号,又解字第二十七号、及解字第四十三号释令有案。如在苏省现行诉讼条例之下,原告人可以委任律师出庭,而原告人呈诉不服,经检察官准予上诉时,则原告人亦可委任律师出庭否?如果可以委任律师出庭,则其律师之地位如何,最后之言词辩论。可否得以参与?此应请解释者二。以上两点,经敝会开会公决,呈请示遵。用特电达,敬请释示只遵。淮阴律师公会会长丁承愈叩冬

**解字第八七号**

**民国十七年五月十二日　最高法院复江苏高等法院函**

迳启者,准贵院二五七七号函,据启东县长呈请解释女子可否承继宗祧到院。查第二次全国代表大会妇女运动决议案规定。女子有财产承继权,并经本院解字第三、四号及第四、七号解释各在案。至女子能否承继宗祧,事关立法问题,国民政府现尚未颁此项法令,本院无从解释,相应函复。查照饬遵。此致江苏高等法院

**附江苏高等法院原函**

迳启者,案据启东县县长袁希洛呈称,为呈请事。案据黄陆氏诉黄小藕遗产纠葛一案,业经传案集讯,谕令被告将陈允若别项故笔呈交在案。兹据黄陆氏等以被告庭呈议凭一纸,奉面谕他有证据等因。第查是项议凭,系张姓出面,既非民家出立,又无民家族人具名签押,内容又系注明继续黄氏香烟等语。但承继宗祧礼祀,按诸律例向重血统,是以对于义男子女、养婿女子等,只可酌给财产,不能完全承受,并不能承继宗祧。此系强行法规,不可稍有违背。现被告所呈之议凭,系一种违法证据,根本上不生效力。至士英弟兄。对于六房既合尊卑伦序,又无其他相当承继人出而告争,当然有兼祧承继六房宗祧遗产之权,自无待言。被告分属女子,乃欲侵害民家权利,意图承继黄氏宗祧,殊属违犯法律。或谓现在政体革新,男女一律平等,女子亦有承继宗祧之权,但以未见明文,莫衷一是。究竟女子可否承继宗祧,事关法律疑义,请求解释等情。据此,查革命主旨,原求男女在法律上一律平等,即偏重宗法之各项继承法令,专以继承权属于男子,似与革命主旨不合。兹据前情,理合检齐原卷,备文呈请鉴核,俯赐转请解释等情到院。事关法律疑义,相应检齐原卷,函请贵院解释见复,以凭饬遵。此致最高法院

**解字第八八号**

**民国十七年五月十五日　最高法院复陕西高等法院电**

陕西高等法院余首席检察官鉴,准本院检察处转到贵处四月二十五日来文,以精神病人之监禁处分,是否限于在监执行等由到院。查监禁处分,不必定在监狱内执行,某甲亲属自愿在家禁制甲之行动,如足认为于社会不至发生危险,自可照准。最高法院咸印

**附陕西高等法院首席检察官原文**

呈为呈请事,案据长安地方法院首席检察官刘文钦呈称,为用法怀疑,具文呈请鉴核,转院解释,俾资遵守事。兹有某甲因患精神病症,持斧砍伤某乙,经法院判决,依刑律第十二条但书,施以监禁处分,判决后某乙请求检察官送监监禁。同时某甲亲属丙抗称,甲之监禁处分,非刑事制裁,既无相当之精神病院收禁,普通监狱不啻受徒刑之执行,自愿在家禁制甲之行动,不许外出,以免危险而便治疗等语。于此问题分为二说,甲说,谓监禁处分。虽非刑之宣告,既备判决形式,检察官即应依执行手续,送请相当处所监禁,是否可以监禁普通狱内,在法亦无明文限制。乙说,谓刑律第十二条但书之立法意旨,无非禁制精神病人之动作,防护社会危险而已,匪特无刑罚性质,即与其他不为罪规定之情节迥异,甲之亲属,自愿在家禁制甲之行动,亦属监禁方法之一种,只要使其于人不至发生危险,自可予以核准。以上究以何说为是?事关法律问题,理合备文呈请钧处,送请最高法院解释,俾便遵循等情。据此,事关法律解释,理合据情呈请钧座鉴核,转请解释。谨呈

**解字第八九号**

**民国十七年五月十八日 最高法院复浙江高等法院电**

浙江高等法院鉴,文代电悉,查告诉人之委任律师,系代行告诉,其委任不以律师为限(参照刑诉律第二六七条),与被告人之委任律师,系出庭辩护者,其性质不同。凡由律师代行告诉之案,其被告不必概须律师辩护。代行告诉,虽侦查亦可出庭。若辩护,则依该省暂准援用之刑诉条例第一七八条,限于预审以后之程序。希即转饬遵照。最高法院巧印

**附浙江高等法院原代电**

最高法院院长钧鉴,案据海盐县县长赵鼎华支代电称:浙省前司法厅有刑事告诉人得委任律师出庭之命令,其用意无非为求原、被两造均得律师之保障,以示平允。惟有时被告人无力委任律师辩护,该县复无愿受指定义务之律师可以指定辩护。是告诉人得律师之保障,而被告人反致向隅。设遇此种情形,究用何法以资救济,此应请核示者一。又,被告人委任或指定律师辩护,刑事诉讼条例规定以豫审为始,则豫审以前之侦查期间,律师不能出庭,自无待言。现告诉人得委律师出庭,何时出庭,并未明定。是否亦应依该条例以豫审为始,抑侦查即可出庭。如告诉人委任律师,可于侦查时出庭,则被告人之须律师辩护者,是否亦应于侦查时委任或指定令其出庭。事关法律从违,未敢擅便,必须有统一办法,方足以资遵守而免分歧。此应请核示者二。以上二点,均属重大疑问,电请鉴核示遵等情到院。据此,事关法律解释,除指令外,合电陈请迅赐解释,以便饬遵。浙江高等法院文印

**解字第九〇号**

**民国十七年五月十九日 最高法院复江宁律师公会函**

迳启者,接贵会五月十五日来呈,以案经北京平政院十六年五月裁决,列举裁决有效及

另案起诉两说,请予解释到院。查来呈所述情形,应以丑说为是,相应函复查照。此致江宁律师公会

**附江宁律师公会原呈**

为请求解释事,据会员刘伯昌来函,敬启者:兹假定甲丝厂向乙银行贷款,订期十年分还。未届清偿期间,甲厂之经理丙因案避匿乙银行,即借官厅势力,呈请省行政官查封备抵,并另立名目,以丁承领接办,乙行行长为之协理。越三载,丙得昭雪,乃呈请省行政署撤销以前没收处分。再逾数年,政局又变,乙银行所派经理之丁,复控诉当局,将甲厂再度没收。丙乃以撤销省行政署不法处分为由,具呈北京平政院,延宕三年。至十六年五月,平政院始行裁决到省,驳回丙之诉愿,维持县知事之裁决,省署居然奉令执行。查最初县知事裁决。本为违背命令,丙以不谙诉愿程序,又以省署意存袒护,越级陈诉平政院。追后再向省署诉愿,批示以行政诉讼系取三级制令,向直接管辖该县之道公署提起。丙复遵批向道署提出,又以卷经申送,应候平政院裁决为词。迨奉裁决,所载主文又极含混,其理由系以县知事裁决尚无不合为前提,而以省署之决定应予维持为论断。究之省、道二署,均未决定,与《诉愿法》三级制之程序不符。若欲研究其执行之当否,约有下列二说:(子)裁决有效说。略谓:本案系整个的行政处分,其处分是否适当,既经最高行政审判衙门裁决,当然唯一遵行。事实是否平允,姑不具论。(丑)另案起诉说。略谓:甲厂与乙行借款,订有分期清偿契约,纯属一种普通债务纠葛。依照法律手续,乙行应先向甲厂请求按约履行。如甲厂违约不偿,只能诉诸法院,依法诉追,不能假行政处分,没收厂产。况就国民政府命令而言,凡在十六年三月以后,北廷大理院判决之案,一概无效。该平政院之裁决,系在十六年五月,更不能拘束我革命区域内之人民。惟有仍照普通债务另行起诉,庶得司法上独立之裁判。上列二说,究以何者为正当,谨案就所提出之件,予以解释,应请特为阐明下列二点:(一)省署决定,必须依照《诉愿法》第十六条之规定办理。今如所假定事实,省道二署既均未决定,则平政院裁决主文认省署处分命令(批示)为决定,显系错误不合法。况此种处分命令,实质上亦不过指示诉愿人进行诉愿之程序,更安能生执行问题,以致有铸成再度没收甲厂之错误。(二)平政院裁决与大理院判决情形不同。依平政院裁决执行条例第二条之规定,必须将裁决书呈由最高机关核准后,始能生效,则遵照国民政府通令批准执行之命令,在十六年三月以后。即当无效,不能间其裁决之年月日如何。若并未奉有批准命令,绝对不能执行,更不待言。事关法理,不厌求详,应请议决转呈最高法院解释。当经敝会于五月十三日提交本年第六次评议会议决,认为有解释之必要,用特呈请钧院解释遵行。临呈不胜待命之至。谨呈。江宁律师公会会长王朝干印

**解字第九一号**

**民国十七年五月二十四日　最高法院复河南高等法院电**

河南高等法院陈首席检察官鉴,由本院检察处转送贵处来文一件,关于法律疑问四点,

请予解释到院,兹分别解释于后:第一点,县知事兼理诉讼之案,经上级检察官发见,其为不当者(不问是否因送覆判而发见),得提起上诉。第二点,上级检察官对于下级正式法院(非县知事兼理司法)之判决,除依《修正刑诉律》第三七九条第二项得为从控告外,不得上诉。第三点,《盗匪案件适用法律暂行细则》,第一条第二款后半所谓不得复准上诉,不以专科死刑之案为限。凡《惩治盗匪条例》颁行前,已经第一审判决,而系属于控诉审(发回更审亦包括在内),或覆判审者皆是。第四点,《惩治盗匪条例》,《刑法》之特别法,关于褫夺公权,应仍查照刑律各该条规定处断,合电查照。最高法院回印

**附河南高等法院首席检察官原呈**

为呈请核转解释法律示遵事,查覆审章程第一条、第二条之规定,凡县判未经被告人合法上诉,或原告诉人合法呈诉不服之件,概应转送覆判,不得由检察官迳提上诉。然合观《县知事审理诉讼暂行章程》第二十五条、第二十六条之规定,又似迳提上诉,或转送覆判,检察官得斟酌行之。惟特别法优于普通法(《县知事审理诉讼暂行章程》第二十五条),究不能无疑,此应请解释者一也。上级检察官发见下级法院应为被告不利益提起控诉之案件,未经下级检察官提起者,依检察官一体之义,原可由上级检察官行之。但卷宗送到上级检察官时,已逾控告期间,可否以卷到之日为控诉期间起算之日,殊滋疑义,然又无他之合法救济,此应请解释者二也。《盗匪案件适用法律暂行细则》第一条第二款,不得复准上诉第三审一语,依同细则第三条,仍按照通常诉讼程序之规定,则所谓不得复准上诉第三审,似专指科死刑者而言。此应请解释者三也。《盗匪案件适用法律暂行细则》第三条,既按照通常诉讼程序办理,则依《惩治盗匪暂行条例》第十条及刑律第九条之规定,自应褫夺刑律第四十六条所列之公权。然必褫夺或得褫夺,无标准可循,是否本特别法文加重之性质,依《惩治盗匪暂行条例》第二条处断者,视为概在必褫夺之列,此应请解释者四也。上述四点,职检察官未能解决,理合具文呈请钧处察核,转请解释,指令遵行,实为公便。谨呈。最高法院首席检察官。河南高等法院首席检察官陈道章

**解字第九二号**

**民国十七年五月二十四日 最高法院复浙江高等法院电**

浙江高等法院鉴,据永嘉地方法院院长张翥尤日代电,对有女子承继遗产问题列举三点,请予解释到院。查第一点,应分别情形解释于下:(甲)女子未嫁前,与其同父兄弟分受之产,应认为个人私产。如出嫁挈往夫家,除妆奁必需之限度外,须得父母许可。如父母俱亡,须取得同父兄弟同意。(乙)女子未嫁前,父母俱亡,并无同父兄弟,此项遗产,自应酌留祀产及嗣子应继之分。至此外承受之部分,如出嫁挈往夫家,除妆奁必需之限度外,仍须得嗣子同意。如嗣子尚未成年,须得其监护人或亲族会同意。(丙)绝户财产,无论已、未出嫁之亲女,固得对于全部遗产有承继权,但依权义对等之原则,仍须酌留祀产。如本生父母负有义务(如债务、养赡义务之类),亦应由承继人负担。第二点,女子被夫遗弃,留养于父母

之家,其本生父母既许其分产,自无禁止其与兄弟分受遗产之理。第三点,妇人夫亡无子而守志者,不问其出嫁前有无承继本生父家之财产,但既为守志之妇,自得承受夫分,希即查照饬遵。最高法院敬印

**附浙江永嘉地方法院原代电**

南京最高法院钧鉴,案查钧院第三四号、第四七号解释,女子有承继财产权,不问有无胞兄弟,但以未出嫁为前提。设有女子父母俱亡,承继遗产,一旦出嫁,即第三四号解释无异男子出继,能否将父遗全部财产挈往夫家,抑须交还人继之子,并酌留祀产?此问题一。又女虽已嫁人,其夫遗弃,仍由父母留养,事实上仍为家属之一人,父母亦许其分产,是否得与兄弟分受遗产?此问题二。又旧例夫死无子,守志之妇承受夫分,现在女子既有承继父母家财产之权,是否仍在夫家有承继财产权?此问题三。以上三则,均关法律解释,悬案以待,仰祈钧院迅赐解释只遵,实为公便。浙江永嘉地方法院院长张翥尤印

**解字第九三号**

**民国十七年五月二十八日　最高法院复河南高等法院函**

迳启者,准贵院第三三六号函,转代理洛阳地方法院院长杨资洲呈称,刑诉律预审属检察官,各级审判厅试办章程预审则属推事。又上诉期间,刑诉律规定自谕知判决之日起,试办章程则规定自宣示判决之翌日起,二者歧异,究应如何办理,请予解释等由到院。查《修正刑事诉讼律》公布后,各级审判厅试办章程当然废止,关于预审及上诉期间,均应依刑诉律办理,但同律第三五八条虽定为声明上诉期间,自谕知裁判日起算,而计算期间,仍应依同律第二四八条,不算入第一日,相应函达转饬遵照。此致河南高等法院

**附河南高等法院原函**

迳启者,案据代理洛阳地方法院院长杨资洲呈称,为呈请示遵事,窃查刑诉律规定,预审属检察官,依各级审判厅试办章程,预审应属推事。又上诉期间,刑诉律规定自谕知判决之日起,试办章程规定自宣示判决之翌日起。查各级审判厅试办章程,既未经明令废止,上开二点,又与党义、党纲不相抵触,当然有效。如此歧异,适用上不无困难,究应如何办理,理合具文呈请鉴核示遵等情到院。查上诉期间起算点,依《修正刑事诉讼律》之规定,已无疑义。预审虽向例归推事办理,然既与《修正刑事诉讼律》不符,似应改归检察官办理。至各级审判厅试办章程之适用范围,本以原告人为限,自奉钧院解字第十四号解释,似更无再行适用之时,究应如何方为合法,事关解释法律,敝院未敢擅专,相应函请钧院查照,迅予解释赐复,以便有所遵循。此致最高法院

**解字第九四号**

**民国十七年五月二十八日　最高法院复湖北高等法院电**

湖北高等法院邓首席检察官鉴,由本院检察处转送巧代电阅审,在所羁押之徒刑人犯,

于判决确定后，虽未经检察官指挥执行，亦以已执行论。如更犯徒刑以上之罪，依刑律第十九条自属再犯，合电查照。最高法院勘印

**附湖北高等法院首席检察官原代电**

最高法院首席检察官周钧鉴，查再犯之成立，以已受徒刑之执行为要件，而徒刑之执行，应由检察官指挥并作成书状。《修正刑事诉讼律》第四百七十九条已有明文规定：如刑事判决确定，检察官已依法指挥执行之后，被告人又犯他罪，其应成立再犯，固无疑义。惟判决虽已确定，检察官尚未指挥执行作成书状以前，被告人在所羁押中又犯他罪，应否成立再犯，学说尚不一致。甲说，主张不成立再犯，其理由谓：执行依法，须检察官指挥并作成书状，在未履行此项方式以前，即不生执行效力。虽被告人于羁押中犯罪，系在判决已确定之后，亦不能成立再犯，仅可将后科之刑与前科之刑合并执行。乙说，主张成立再犯，其理由谓：《修正刑事诉讼律》第四百七十七条明定，裁判于确定时发生执行力，而修正覆判章程第十四条亦谓：覆判核准，应照初判执行。徒刑或拘役者，其刑期自初判经过上诉期间之翌日起算，但依前条经保释或责付者，其日数不算入刑期之内。是判决一经确定，被告人已在所羁押，即应生执行效力。若该被告人在羁押中又犯他罪，不问检察官已否指挥执行，作成书状，均应成立再犯。倘如甲说之主张，必须检察官指挥之后，始可谓之执行，成立再犯。然法院中因卷宗移送迟延，往往判决确定一二月后，检察官始指挥执行。被告人在该时间内所受之羁押，势必因不能生执行效力，又不能认为未决羁押日数。不利于被告人孰甚，岂得情理之平？若谓执行迟延之责，不在被告人，为被告人利益计，可将判决确定后之羁押日数算入刑期之内。是明明承认检察官指挥执行以前，被告人在所之羁押可生执行效力，而于再犯之成立，则谓必待检察官已指挥执行之后，法理上殊欠一致。究竟两说应以何说为当，系关法律疑问。职处现有此种案件，急待解决，理合电请钧处俯赐查核，转请钧院解释示遵。湖北高等法院首席检察官郑济安叩巧印

**解字第九五号**

**民国十七年五月二十八日　最高法院复江西高等法院第一分院电**

江西高等法院第一分院张首席检察官鉴，寒代电悉，来说甚是，即查照办理可也。最高法院俭印

**附江西高等法院第一分院原代电**

南京最高法院周首席检察官钧鉴，职分院接管前赣县司法公署，依新法制受理之刑事案件，已在审理中者，应否再由检察官补行起诉程序，其说不一。但按新法制提起公诉，并不限于检察官。受理既系在前，依法律不溯既往之原则，及类推钧院二八号解释，似可由刑庭继续审判，以免延累。至案件辩论终结时，则由检察官莅庭陈述意见，以符现制。是否有当，职处未便擅断，如何之处，敬乞电复。赣州江西高等法院第一分院首席检察官张有枢叩寒

### 解字第九六号

### 民国十七年五月二十九日　最高法院复江苏淮阴律师公会电

江苏淮阴律师公会鉴,皓代电悉,查当事人收受补正命令之送达后,逾期仍不遵行,经裁判驳回者,除得依法提起上诉外,不得据为声请回复原状之原因。最高法院艳印

**附江苏淮阴律师公会原代电**

南京最高法院钧鉴,按:法院对于诉讼当事人所裁定之补正期间,受裁定之诉讼当事人自应遵守。但该当事人住居在南北战争未定、法权未能统一之区域内,虽接受该院之补正命令,亦无法遵行。该院因其延期,竟予判决驳斥。诉讼当事人能否据此特殊情形,声请该法院准予回复原状?事关法律问题,经敝会开会公决,电请迅赐解释,俾资遵行。淮阴律师公会会长丁承愈叩皓

### 解字第九七号

### 民国十七年五月三十一日　最高法院复江苏省政府函

迳启者,案准贵政府咨,据东台县县长田良骥呈请解释禁烟局滥用职权,擅处罚金,能否依照刑律处断等由到院。查吸烟被告,愿依审理烟案简易程序第十五条缴纳罚金。其核定之权,仍属法院院长及兼理司法之县长,非禁烟局所得干与。至禁烟局擅处罚金行为,除足认为系误解法律,毫无犯罪之故,意者不为罪外,应构成刑律第三百八十二条第一项之罪。相应函复,即希查照为荷。此致江苏省政府

**附江苏省政府原咨**

案据东台县县长田良骥呈称,案据属县富东市人民周徐氏状称,四月二十一日,禁烟局护缉队多人越墙入宅,形同盗劫,翻箱倒箧,将伊夫周穑祥及石贯珍、崔晋章等拘去,勒罚巨款,请求提案讯办等情到县。当经职政府咨行东台禁烟经理分局查复去后,旋准该分局复称,崔晋章吸食毒丸,自愿认罚大洋二百元,具结开释等语。复经职政府咨询该分局,吸食毒丸是否应归司法审判,贵局自行处罚,依据何种职权,请即函复。又,准该局复称,《审理烟案简易程序暂行条例》第十三条内载,凡被告人预行声明,愿纳法定最高度之罚金额,如审核案情,认为应科罚金者,得不经审判,迳行执行等语。又查江苏各县禁烟经理分局章程第五条第一项载明,禁烟经理分局有执行关于禁烟章程法令之职责,对于崔晋章之案,即依上项章程条例办理等语。准此,查人民违犯《禁烟条例》,依照《审理烟案简易程序暂行条例》第一条。明定有管辖权限,该分局长竟敢妄引律例,违法滥罚,无怪人言借借,控案迭起。似此侵越法权,欺压平民,若不严予惩处,将何以儆贪婪而维法纪?察核该分局长行为,显犯刑律第三百八十二条第一项诈欺取财之罪,应否咨请财政部将该分局长马炎文撤职,提交司法讯办之处,理合抄录周徐氏原状暨该分局先后复文,一并具文呈请指令只遵等情。据此,查《审理烟案简易程序》:第一条,凡违背国民政府《禁烟条例》之案件,属法院或

兼理司法县政府管辖之。第二条，凡获案机关缉获烟犯时，为迅速办结起见，得迳送法院或兼理司法县政府。第八条，禁烟机关对于一切烟案，得调查证据，派员出庭陈述意见。第十五条，凡被告人预行声明，愿纳法定最高度之罚金额，如审核案情认为应科罚金者，得不经审判迳行执行，但在法院应由首席检察官或禁烟机关，声请法院院长核定，在兼理司法县政府，应由县长核定各等语。细译上列各条，凡有禁烟案件，应由法院或兼理司法县政府管辖审判，禁烟机关仅得于必要时派员出庭陈述理由，声请执行罚金。至于判决核定之权，当然仍属法院，或兼理司法县政府，毫无疑义。近来各县禁烟分局，往往逾越范围，干涉审判，应否予以拒绝，以符司法独立之旨。至禁烟局员不遵定章，滥用职权，擅行处罚，能否依照刑律第一百四十八条或三百八十二条第一项处断，均关法律解释。除指令外，相应抄录附件，咨请查照核复，以便通饬遵行，实纫公谊。此咨。江苏省政府委员会主席钮永建

**解字第九八号**

**民国十七年六月四日　最高法院复丹徒律师公会函**

迳启者，案准贵会呈，据律师陈喜麟函称，《惩治土豪劣绅条例》适用时有疑义四点，请予解释等由到院。查来函所询甲点，凡职官滥用职权，构成犯罪时，应依刑律处断，不包括于《土豪劣绅治罪条例》之内。至乙、丙、丁三点。刑事责任问题，应就事实上审核认定，相应函复查照为荷。此致丹徒律师公会

**附丹徒律师公会原呈**

为呈请解释事，窃敝会据律师陈喜麟函称：查《惩治土豪劣绅条例》第二条第一款之规定，适用时，有疑义四点：（甲）该条款所称武断乡曲，欺压平民，是否包含在职官吏，本于职务上之行为而言；（乙）设有人民反对行政机关，依当时有效法令所应为之事，竟聚众数千人，鸣锣放火，烧毁民房，该机关长官（如局长、院长、总办等），为维持秩序及保护无辜人民被害起见，函请军警机关派队弹压解散，人民顽抗不理，致军警枪击，发生死伤，该行政机关长官。是否成立该条款之罪；（丙）乙点情形，如行政机关长官不负该条款罪责则已，否则该机关之副长官（如副局长、副院长或会办、帮办等），对于长官函调军警，事前全未干与，公文亦未署名，是否与长官同负刑事责任；（丁）乙点长官如应负刑事责任，丙点长官如不负刑事责任时，设行政机关长官于函调军警弹压发生事变后，因事请假，面嘱副长官代行职务期中，适被烧毁房屋之人，催请该机关从速拿办滋事首要，副长官即依照长官在职时所定令县缉犯成案，援例催县缉究，并未新有主张，该副长官是否负刑事责任。以上四点，法律上颇滋疑问，相应函请迅予转呈最高法院解释示遵等情到会。准据前因，用特转录原函，呈请钧院鉴核，恳予解释，并指令示遵，实为公便。谨呈

**解字第九九号**

**民国十七年六月四日　最高法院复湖南高等法院函**

迳启者,准贵院第二十六号函开,关于坟由涉讼,如属于尸骸之争执,应适用何项程序,分为三说,函请解释到院。查系争尸骸案件,在现行民诉律并无特别规定,自属通常诉讼,应以甲说为是。至诉讼标之计算方法,应依《修正诉讼费用规则》第三条办理,相应函复查照。此致湖南高等法院

**附湖南高等法院原函**

迳启者,查坟山涉讼,向有下列二种区别:第一,告争土地权;第二,系争尸骸之所属。民国十年以前,认第二种为人事诉讼,适用特别程序。及《民事诉讼条例》施行后,不复采用。现行修正民事诉讼律无明文规定,究应适用何项程序,殊属疑问。讨论结果,约有三说:甲说,主张现行民诉律,既无特别规定,系争尸骸案件,其诉讼之标的虽与告争山地有别,要为通常诉讼之一种,其事物管辖之标准,应即依同律第五条办理。乙说,谓吾国素重血统,告争尸骸关系人之身分,应适用人事诉讼程序,使检察官莅庭代表公益。丙说,此项案件,现行法既无明文,自未便认为人事诉讼,且尸骸并无客观价格,亦不能以标的物之价额定管辖之标准。查民诉律第二条关于初级管辖案件,皆经列举规定,坟茔涉讼既不在该条范围之内,应由地方法院管辖第一审,借昭慎重。以上三说,究以何说为是,悬案待决,相应函请贵院迅赐解释,见复为荷。此致最高法院

**解字第一〇〇号**

**民国十七年六月五日　最高法院复四川高等法院电**

四川高等法院鉴,齐代电悉,查再审之诉,以发见可受利益裁判之书状为声请理由。若在前诉讼进行中业已提出之书状,而查据原判及笔录未经原法院审核者,嗣由当事人发见,自得据为声请再审之原因。希即查照饬遵。最高法院歌印

**附四川高等法院原代电**

南京最高法院钧鉴,案据四川高等第三分院监督推事傅春宣呈称,案据泸县地方法院院长李龙骧呈称,呈为转呈恳请解释示遵事。案据泸县民毛彬先呈称,为呈请解决令饬遵照事。窃查北京大理院于中华民国七年一月声字二零号判决例载:凡当事人对于确定判决,以发见可受利益裁判之书状为理由,声请再审者,若其书状系成立在前,判决确定后始行现出者,固应以新发现论。即或在前诉讼程序中已经呈验,而查据原判及笔录,显未经原判衙门加以审核者,亦不仅以曾经提出之故,遽认为非新证书,而认其声请再审为不合法等因,通行在案。兹因该例后半段之理由,有广义、狭义两说,各执一是。惟因关于法例之解决,自有特权之衙门,理合将此两说理由陈明,请求转呈最高法院解决令遵,以免莫决,而遗民累。广义说:凡讼争之书状,一经呈验,审判上显未将该书状关于系争事记载之一节,加

以审核者,于判决确定后发见,纵能得有利益之判决摇动前判决,亦不能认为有再审之理由。盖以书状为一张,只须审核为率,而不问一张中之一节有无理由,是否经其审核。如果认为审核之一节,为再审合法,则于审核一张之法意,似属相违,则一张书状不再理之意也。狭义说,采证之责任,系属职权主义。凡诉讼相争,据书状之记载为由,于系争事有关系者,审判上应尽职权上之能事,不容真象一漏,以明公平而保法益。若以所争书状一张中之一节,显未加以审核者,一经详加审核,即能得有利益之判决,竟借审核一张之法意而否,认为新证书发见,无再审之理由,是属职权采证之不善。如果以书状一张不再审核为词,则凡于一张书状中之有关系之一节。即可任意不加审核,或置不审核,其流弊何堪设想。但就加以审核之加字之意义为论,夫加者,重也,益也,显然以已经审核之书状,犹虑不实,尚且重加审核,以期得其利益,其义甚明。据而为论,何得以书状一张不容再行审核为限?况已审核之书状,尚能加以审核,何况未经加以审核之处,如一节而不能予以审核者乎?故例载云:不仅以曾经提出故据,认为非新证书,而认其声请再审为不合法。此其狭义所说。职权采证,应尽职权上之能事,而以未经审核书状中之一节,若经审核即为有利益之判决者,为再审之合法也。惟此广义、狭义两说,各理由虽皆各执一是,然于人民之利害大有关系,自难缄默。是以不揣冒昧,具文呈请钧院察核,转呈最高法院俯赐察核。广义、狭义两说,究以何说为是,祈为解决,令饬遵照,以免争执而除民患。是否有当之处,请予核夺,批示只遵,谨呈等情。据此,职查关系解释法令,未便擅拟,理合具文呈请钧院俯赐察核,指令只遵。谨呈等情。据此,职查所呈各情,关系解释法令重件,未便擅专,理合具文转呈钧院俯赐鉴核,指令示遵等情。据此,理合呈请钧院核明示遵。四川高等法院院长黄功懋叩齐印

**解字第一〇一号**

**民国十七年六月七日　最高法院复浙江高等法院电**

浙江高等法院院长鉴,东电悉,查特种刑事法庭之管辖范围,依修正该法庭组织条例第二条,以关于反革命及土豪劣绅之案件为限。诬告为普通刑事案,不论所诬告者为何种罪名,均应由普通法院管辖。相应电复查照。最高法院阳印

**附浙江高等法院原电**

最高法院院长钧鉴,查《惩治土豪劣绅条例》第八条第二项规定:凡挟嫌诬陷者,依照《诬告治罪条例》办理。当中央未颁行该条例以前,仍适用普通刑律,业奉钧院解释在案。顾此类诬告土劣及反革命案件,究应属普通法院,抑应由特种刑事法庭管辖,事关法律疑义,悬案以待,相应电请钧院解释见复。浙江高等法院东印

**解字第一〇二号**

**民国十七年六月七日　最高法院复福建高等法院电**

福建高等法院鉴,俭代电悉,查法定期间,本有不变期间,与普通期间之别。在不变期

间(如提起上告之期间、声明窒碍之期间等),除法律所定以外,不得依声请或职权而为伸缩或停止。至普通期间,系不变期间外之法定期间,法院或审判长得因声请或职权而伸缩之,在民诉律第二百二十四条第二项已有明文规定。来电所称,提出上告理由书之期间,即属普通期间之一种。若因期间太促,为当事人利益计,本于职权伸长其期间,仍与律文无所抵触。合电查照。最高法院虞印

**附福建高等法院原代电**

南京最高法院钧鉴,按《修正民事诉讼律》第五百七十四条规定,提出上告理由书之期间为二十日,但此期间自上告期间已满后起算,不得依当事人之合意而伸张之。又同律第五百七十六条规定,不于合法所定期间提出上告理由书者,认为不合法,以决定驳回之等语。是当事人提出上告理由书,本有法定期间。凡不提出上告理由书者,似无庸命令补正,一经逾过法定期间尚未提出,或提出在期间外者,应即决定驳回。律文规定,尚属明显。兹查贵院所有受理上告事件,发下命令书,均限令上告人于收命令之日起二十日内,提出上告理由书,是不适用法定期间,而适用裁定期间,上告人自可于所命之期间内补正,惟逾期不从补正之命者,始以决定驳回,似与上开律文不无抵触。究应如何适用,敝院悬案以待,希迅赐解释见复,俾便遵循。福建高等法院院长刘通叩俭

**解字第一〇三号**

**民国十七年六月八日　最高法院复湖南高等法院函**

迳启者,准贵院第一七九号函,略谓铜元应否补水,转请解释到院。查来函列举甲乙两说,应以乙说为是,但须约定以铜元为给付标的者为限,相应函复查照饬遵。此致湖南高等法院

**附湖南高等法院原函**

迳启者,案据益阳县县长熊德廉呈称,呈为呈请解释事。窃属县民事诉讼,要以退佃为多,而退佃案件,又以关系钱水为重,其中属于前清制钱者,尚易解决。惟铜元一项,应否补水,有甲乙两说之主张。甲说,前清末年之铜元,固与制钱无异,自民元以来,迄于现在,因政局不定,受社会经济之影响,每况愈下,逐渐低落,衡以银洋,前后相差至一倍或二三倍不等。假如民国元年进庄之铜元,仍以现今之铜元返还,在一方固属合算,而对方不啻邻于破产,揆之情理,焉得谓平。是非参酌民国六年大理院统字七二二号解释之法例,依交钱时之市价折补,不足以张公道。乙说,铜元为现时市面通用货币,并未丧失强制效力,虽与进庄时之价格悬殊,但当时既无特约,依法自应以普通货币给付。若谓进庄时之铜元价高,退庄时之铜元价低,概以银洋为准,补其差额,万一进庄时之铜元价低,退庄时之铜元价高,易地而观,何以处此?查现时钱价起落无常,如以客观感情论,今是昨非,此找彼贴,转足滋其纷扰。况查大理院统字七二二号之解释,专指纸币不能维持票面之价格而言,铜元系为现金,亦不能援为补水之例。以上二说,言各成理,究竟孰得孰失,不无疑义。理合备文呈请钧院

鉴核，迅赐转函解释，以资援用，伏候指令只遵等情。据此，相应函请贵院察照，烦为解释见复为荷。此致最高法院

**解字第一〇四号**

**民国十七年六月十一日 最高法院复福建高等法院电**

福建高等法院首席检察官鉴，本院检察处转送宥代电阅悉，普通刑事案件，应由普通法院受理审判。若被告人不属普通法院审判权，依《修正刑事诉讼律》第三百三十八条第十四款、第三百三十九条第一项第三款，及第三百四十一条，普通法院应以判决驳回公诉。至误送军事机关之卷宗，应如何设法索回，不属解释范围，合电查照。最高法院真印

**附福建高等法院首席检察官原代电**

南京最高法院首席检察官周钧鉴，据闽侯地方法院首席检察官郭炳璋呈称：职院最近受理普通刑事案件，于侦查起诉后，刑庭认为盗匪案件或军事犯，既未依法驳回公诉，又未咨询检察官同意，将该案件迳送军事机关审理，检察官事后知情，认定此种移送，显有违法，欲谋救济。而按之刑事诉讼律，又无明文规定，究应依何程序，请转电最高法院解释，借资遵办等情。理合转呈鉴核，迅赐释令只遵，实为法便。福建高等法院首席检察官吴敢有印

**解字第一〇五号**

**民国十七年六月十四日 最高法院复河南高等法院电**

河南高等法院张院长鉴，支代电悉，查刑事案件，未经诉追，或于诉追后依法撤销，参照《修正刑事诉讼律》第三百三十八条第十款、第十一款，第三百三十九条第一项第三款及第三百四十一条，法院应为驳回公诉之判决，不能继续审理。一事不再理云者，系指法院依法受理之案件。已为实体判决（如科判无罪之判决）后，不得更就同一事实再行审理而言。若原审仅就诉讼程序而为驳回公诉之判决，自不发生一事不再理问题。合电查照。最高法院寒印

**附河南高等法院原代电**

南京最高法院院长徐钧鉴，查河南刑诉程序，在钧院本年解字第十四号未公布以前，向依改造司法制度采取私人诉追主义。检察官唯对于直接侵害国家法益之犯罪，及刑事被害人，或其家属放弃诉权之非亲告罪，得向法院提起公诉。假令被害人在第一审告诉后又具状撤销告诉之案件，检察官又未提起公诉，法院能否继续审判，此应请解释者一。如第一审判决，被告人上诉，第二审以告诉既经撤销，即无所谓公诉权以判决，将该公诉驳回确定后，第二审检察官对是项判决，应如何办理，有二说：（甲）第二审法院以判决驳回公诉者，无非缺乏诉讼条件耳，当然发交原法院检察官补行侦查起诉之手续；（乙）只能在法定上诉期间向第三审提起上告，如于同一事实仍发交第一审检察处重行起诉，显系一事再理。究以何说为是，此应请解释者二。豫高等法院院长张吉墉支印

### 解字第一〇六号

**民国十七年六月十九日　最高法院复浙江高等法院电**

浙江高等法院第二分院童首席检察官,来呈阅悉,查修正《禁烟条例》第十条内,有凡贩卖戒烟药膏者,须先呈请省禁烟总局检查化验,并奉财政部核准,方许出售之规定。是戒烟药膏自系与纯粹鸦片烟不同,若禁烟人员故意将鸦片烟伪指为戒烟药膏,发给包卖之人,出售者。自系构成犯罪行为,应分别按律科断。但其情形。苟合于修正《禁烟条例》第六条至第八条之规定者,不在此限。最高法院皓印

**附浙江高等法院第二分院首席检察官原呈**

呈为呈请解释《禁烟条例》疑义事,查《修正禁烟条例》内所谓戒烟药膏,究系指何种物质而言,主张有甲、乙两说。甲说,谓即鸦片烟不过用以戒烟者,即名为戒烟药膏。乙说,谓《修正禁烟条例》第十条内有凡贩卖戒烟药膏者,须先呈请省禁烟总局检查化验,并奉财政部核准,方许出售之规定。既须经检查化验,即可知为非即鸦片烟,必须另有种不含有鸦片烟及吗啡质料之善良药品。二说究系何者为是,应请解释者一。又如果以乙说为是,假使禁烟总局人员,将鸦片烟伪指为戒烟药膏,发给承包专卖之商人,贴用印花出售,则此类人员与承包专卖之商人是否共犯刑律第二百六十六条之罪,应请解释者二。理合备文呈请钧长,转行钧院院长俯赐解释,俾便遵行,无任公感。谨呈。最高法院首席检察官浙江高等法院第二分院首席检察官童济时印

### 解字第一〇七号

**民国十七年六月十五日　最高法院复浙江永嘉地方法院电**

浙江永嘉地方法院鉴,五月九日来呈悉,查《修正禁烟条例》第二条,既规定人民吸食鸦片烟。不能即时戒绝者,应报明禁烟机关登记,检定给照后,得免刑事处分云云。则给照以前之行为,于给照后无论已否经过,提起公诉权之时效(原呈称为犯罪时效),苟非于其报明禁烟机关前发觉者,司法机关自应受该条例之拘束,不得予以刑事处分。最高法院咸印

**附永嘉地方法院原呈**

呈为请求解释法律事,查《修正禁烟条例》第二条:凡在国民政府区域内,人民一律禁吸鸦片烟,其因病不能即时戒绝者,应报明禁烟机关,认定戒绝期限,由禁烟机关登记检定给照后,得免刑事处分云云。是未登记者,应受刑事处分,而已登记之后,当然不受刑事处分。惟登记之人,皆吸食之人,按之刑律,尚未经过犯罪时效,仍不能免刑事处分,而施以刑事处分,按图索骥,办理甚易着手。独在禁烟局方面,因司法机关仍予刑事处分,致人民不信任登记为借口。是否行政、司法各行其是,凡自登记日起,犯罪时效未经过者,仍一律应受刑事处分?事关法律解释,理合备文呈请,仰祈钧院迅赐解释,实为公便。谨呈

**解字第一〇八号**

**民国十七年六月二十六日　最高法院复湖南高等法院电**

湖南高等法院鉴,佳代电悉,所列情形,应以甲说为是,合电查照。最高法院寝印

**附湖南高等法院原代电**

南京最高法院勋鉴,案查上告应受利益不逾二百元之件,其上诉在修正民事诉讼律施行前,应如何办理,颇滋疑义。甲说,谓法律不溯既往,依民诉律施行细则第六条,其上告程序仍为有效,应就实体裁判。乙说,谓应援据新法,予以驳回。究以何说为是,乞迅赐解释,俾资遵循。湖南高等法院佳印

**解字第一〇九号**

**民国十七年六月二十七日　最高法院复浙江高等法院函**

迳启者,准贵院第七六零号函开,所列二疑问:第一问即未出嫁之女子,招夫生子应从何姓?事关宗祧承继,属于立法范围,现在国民政府尚无此项法令,本院无从解释。第二问妾之制度,在现行律民事部分并无明文废止,则依契约已成立之妾,虽不能与妻享受法律上同等之权利,但在限定范围以内,仍应认其得以享受。相应函复查照。此致浙江高等法院

**附浙江高等法院原函**

迳启者,案据黄岩县县长江恢阅呈称,窃查关于妇女诉讼,应依第二次全国代表大会妇女运动决议案,男女应一律平等,已奉通令遵行在案。而妇女继承所生父母之遗产权,专属于未出嫁之女子,亦由最高法院迭次解释有案。若然,则未出嫁之女子,依照男女平等之本旨,当然得招夫生子(男子娶妻生子),但是项由女子招夫而生之子,究竟从父之姓乎?抑从母之姓乎?于此有二说焉:甲说,吾国重血统主义,女子以男子之血统为血统,依异姓不得乱宗之原则,是项由女子招夫所生之子,当然不得姓母族之姓。乙说,女子既因出嫁而姓夫之姓,则男子入赘亦当然应姓妻之姓,方足以符法律男女平等之本旨。此二说之见解,究以何说为是?疑问一。又,妾之规定既已废止,关于契约已成立之妾,是否应依法律,不溯及既往之原则,继续有效?如果准其继续有效,则妻在法律上应享受之权利(如立继权等),妾是否亦得享受?于此亦有二说:甲说,男子与女子在法律上尚应平等待遇,则女子与女子,即妻与妾更应平等待遇无疑。既应平等待遇,则妻在法律上应享受之权利,妾当然亦得享受。乙说,妾为非法契约,既不发生法律上之效力,则法律上规定妻之权利,妾当然不得窃而享受。此二说之见解,互有理由,疑问二。上述两项疑问,职县已有是项诉讼发生,理合呈请转请解释等情到院。据此,事关法律解释,除指令外,相应函请贵院查照,迅赐解释,俾便饬遵。此致最高法院

**解字第一一〇号**

**民国十七年六月二十七日 最高法院复浙江高等法院电**

浙江高等法院院长鉴。函悉。查刑律虽无强卖罪规定,实已包括于第三百五十一条之内。盖诱拐罪系对于(一)被拐人之自由权,(二)夫权或家长权,(三)尊亲属之监督权。三者侵害其一,即可成立。惟行使主婚权过当者。能否即构成略诱罪,自应就具体事实审认。最高法院沁印

**附浙江高等法院原函**

迳启者,案据浙江高等第二分院院长郑汝璋,以据义乌县政府呈称,职县受理甲生有女儿乙,于未行满月之前,给丙抚养成年,不得乙女同意,得财将乙女主许与丁为妻,甲以内违法强卖等情告诉到县。经职县侦查终结,认丙之行为不成犯罪。纵系强卖,刑律补充条例亦已明令废止,又无犯罪之可言,依法宣告不起诉之处分。甲声明再议,经高等分院检察官发还重行侦查。按此种事实发生如下二说:子说,查《刑律补充条例》第九条,依法令契约担负扶助、养育、保护义务,而强卖、和卖被扶助、养育、保护之人者,依刑律第三百四十九条、第三百五十一条、第三百五十二条、及第三百五十五条处断等语。如丙系强卖人口,补充条例强卖和卖罪虽已明令废止,而刑律第三百四十九条、第三百五十一、二两条及第三百五十五条仍有明文规定,自应分别处断,不能谓为不负刑事责任。丑说,查诱拐罪之成立,要侵害三种法权:(一)被诱人之自由权;(二)夫权或家长权;(三)尊亲属之监督权。若三者无所侵害,或得意思之合法一致,则除由夫或尊亲属等主持价卖,即违反刑律补充条例第九条之规定,应论强和卖罪外,自不成立其他犯罪。此为前大理院统字一三三一号所著之释例。又刑律尊亲属应包括养父母在内,亦经前大理院所释定。丙为乙女之养父母,即为乙之尊亲属。丙在《民法》上本有主婚之权,丙不得乙女,同意得财主许与丁为妻,在婚姻问题固有欠缺,而要不负刑事上之责任。果以丙为主持价卖而论,当然成立强卖罪。惟刑律补充条例,既已明令废止,则该条例第九条之强卖罪,已无根据。并依前开释例,除强卖罪外,自不成立犯罪。虽补充条例第九条之强和卖罪,仍依刑律第三百四十九条、第三百五十一、二两条及第三百五十五条分别处断,然略诱、和诱及营利略诱与强和卖不同,已如前例明白解释。如仍照刑律略诱和诱罪处断,则前补充条例第九条岂非成为赘文?换言之,成立强卖、和卖罪,系依照刑律略和诱罪处断。强卖罪既已废止,其不能依照各该条科断,甚形明了。况依子说,丙得乙女之自愿,即不成立和卖,尤应科以和诱罪刑。揆诸法律解释,两无依据。又义乌恶习,养父母主婚,将养女另行婚配,其本生父母不给与相当财礼,均须告养父母强卖。此风尤不可张,合并说明。以上两说,孰取孰舍及究竟有罪无罪等情,呈请核转解释到院。据此,事关法律解释,除指令外,相应函请贵院查照,迅赐解释,俾便饬遵。此致

**解字第一一一号**

**民国十七年六月二十七日 最高法院复上海租界临时法院电**

上海租界临时法院院长鉴,来函阅悉,查军用子弹,无论有无枪炮,原为爆裂物之一种。新《刑法》既无特别规定,如遇制造持有,或自外国输入者,自应按新《刑法》第二百条或第二百零一条分别科断。若仅有枪炮而无子弹,即不能认为爆裂物。在特别法(如军械取缔法)未颁布以前,应依第一条论,不为罪。最高法院沁印

**附上海租界临时法院原函**

迳启者,查新《刑法》第十一章公共危险罪第二百条及第二百零一条规定,意图供犯罪之用,及未受允准而制造或持有炸药、棉花药、雷汞及其他相类之爆裂物,或自外国输入者,皆有应得之刑。惟军用枪炮子弹,条文中独漏未列入,殊滋疑义。参考从前刑律,关于军用枪炮子弹之犯罪,另立专条,极为周密。新《刑法》既未提及,如遇制造或持有军用枪炮子弹,或自外国输入之案,是否援照相类之爆裂物条文科断,有请解释之必要,相应函达查照,希即依法解释,见复过院,俾有依循。至纫公谊。此致最高法院

**此处删去一条。**

**解字第一一三号**

**民国十七年六月二十八日 最高法院复浙江高等法院函**

迳启者,准贵院第七七〇号函开,关于烟案没收物品,应否送禁烟机关处分,请予解释到院。查案经禁烟机关将烟案内应没收之物解送法院时,除依律判决没收外,该管法院得酌量情形,或迳行销毁,或委托禁烟机关处分,相应函复查照。此致浙江高等法院

**附浙江高等法院原函**

迳启者,案据东阳县县长徐之圭,以查《审理烟案简易程序》第十四条,凡由禁烟机关缉获烟案应没收之物,得委托禁烟机关依法处分等语。推立法意,是乃县政府有得委托禁烟机关依法处分之权利,亦非县政府有必须将没收物发还禁烟机关之义务。究竟应否发还等情,电请核示前来。正在核办间,复据吴兴分院院长姜丙奎,以查职院审理禁烟机关函送烟案,遵于裁判确定后,将案内原送赃物委托原办禁烟机关处分。惟查赃物为犯罪人之证据,依法应归裁判衙门宣告,没收销毁。今《审理烟案简易程序》第十四条,以得委托禁烟机关依法处分,于得字意义解释之。其处分赃物之主体,原在裁判衙门,若不委托原办禁烟机关,似无处分之必要。今以原送犯罪人之机关仍行收回,或扣留犯罪人之物品,是否无庸法院之委托等情,呈请令遵到院。据此,事关法律解释,除分别指令外,相应函请贵院查照,迅赐解释,俾便饬遵。此致。院长殷汝熊

**解字第一一四号**

**民国十七年六月二十八日　最高法院复湖南高等法院电**

湖南高等法院鉴,佳代电悉,所述前依二级二审判用裁决送本院裁判案件,该裁决既未经发送,即不生效力,自无宣示之必要,更无庸送本院核办,应即依据现行四级三审判办理。最高法院勘印

**附湖南高等法院原代电**

南京最高法院勋鉴,查接管卷内,前依二级二审判裁决,应送贵院裁判案件,而未经发送者,现因制度变更,依司法部训字第七一号令,自应依四级三审判办理。惟此项案件,应否仍送贵院核办,于此有甲、乙两说。甲说,谓既经前控诉法院裁决,依民诉律第四百八十九条及民诉律施行细则第六条,应仍送最高法院核办,此系当然结果。乙说,谓前控诉法院裁决,系依二级二审判办理,现在审级既经变更,该项裁决已无拘束力之可言,应由本院根据新法办理。但于裁判本案时宣示,原裁决因新制施行而失效为已足,若必仍送最高法院,则徒稽时日,于诉讼当事人甚不利益。以上二说,究以何说为当,悬案待决,乞迅赐示遵。湖南高等法院佳印

**解字第一一五号**

**民国十七年七月三日　最高法院复湖南高等法院电**

湖南高等法院鉴,咿代电悉,所述情形,该诉讼案件,依法定管辖,本应属地方法院,迨原县署判决后,当事人一造向地方法院控告。他造当事人不抗辩,无管辖权,而为言词辩论,又经第二审判决者,除无诉讼能力所为之合意不生效力外,即可认定在第一审已有合意变更。作为初级管辖案件,就修正民诉律第四十条法意解释,则上告审自应属于该管之高等法院。合电查照。最高法院江印

**附湖南高等法院原代电**

南京最高法院勋鉴,兹有诉讼价额千元以上案件,原被双方在兼理司法之县长公署起诉,受诉经判决后,一造不服,向地方法院提起控告,地方法院并未审查诉讼价额,即予判决。受败诉之一造,向高等法院提起上告,高等法院审查此项案件,管辖显有错误。可否认两造在一审有默示之合意,即依上告程序受理裁判,于此分为甲、乙二说。甲说,谓县署兼有初级与地方两种职权,原被两造以地方管辖案件向县署起诉,受诉时固不能以其未经声明而认为有合意之默示,但一造向地方法院提起控告时,彼造不出反对而听其受理裁判,则除依法不许合意定管辖之事件外,双方在县署之诉讼行为,似可推定已有默示之合意。在第二审败诉之当事人。依法提起上告,高等法院应依上告程序受理裁判,否则于法律许当事人以合意定管辖之主旨,未免不合。乙说,谓法律上许当事人以合意定管辖者,以第一审为限。县署既兼有两种职权,当事人以地方管辖案件在县署起诉、受诉,并无违误,无从为

合意之推定。一审既无合意,上诉时即不容当事人以合意变更上诉机关。如县署判决后,当事人之一造,误向地方法院提起控告后,彼造虽不反对,地方法院亦应以职权移送高等法院核办。若迳予判决,即属错误,高等法院应据上告以职权废弃地方法院判决,自为二审判决。两说未知孰是,应请迅赐解释,俾资遵循。湖南高等法院叩智印

**解字第一一六号**

**民国十七年七月四日 最高法院复广西高等法院第一分院函**

迳启者,准贵院第四四号函转桂林律师公会呈请解释三点,兹分别解释于后:(一)民刑确定判决互有抵触,当事人对于刑事部分,得依刑诉律第四四四条第五款请求再审。而民事再审之诉,均得依民诉律第六零五条第十款规定声请。若民刑两部分同时声请再审,则民事法庭应依民诉律第二四七条,于刑事再审终结前中止民事进行,俾免两歧。(二)查民诉律第六一一条。关于提起再审之诉,其期间已有明文规定。判决确定既逾五年,自不得声请再审。(三)凡不合再审条件,断无新解释准许再审之理,相应函复查照饬遵。此致广西高等法院第一分院

**附广西高等法院第一分院原函**

迳启者,案据桂林律师公会正会长莫华宝、副会长杨树栾呈称,案查本会本年第二次常会,据会员唐谦提议:(一)甲与乙因起造建筑物涉讼,第一审判决,甲所起之建筑物毋庸拆毁,乙于诉讼拘束中竟拆毁之。甲又以刑事起诉,复经第一审判乙以罪,并责令修复。乙不服刑事判决,控告于高等分院,而对于民事判决,亦控告于地方法院。同时经地方法院判决拆毁之建筑物不必修复,而高等分院则判决照原判办理,认定原判,断令乙将其所毁之建筑物修复之处,并无不合。民、刑两案俱已确定。此等情形,究应以何种判决为有效?如以民事判决为有效,则刑事案可否据刑诉律草案第四四四条第五款声请再审?如以刑事判决为有效,则民事案可否据民诉律草案第六零五条第六款声请再审?此应请解释者一。(二)子与丑告争山场,民国八年,经第一审将山断归子有,丑不服控诉,子屡传不到。民国十一年经第二审,以子屡传不到为理由,缺席判决,将山判归与丑。是时子亦未依法声请回复原状。事逾五年,迨至民国十七年,子谓十一年时,第二审对于其证物未经斟酌,仍以前所提出之证物声请再审。此等情形,是否合于民诉律草案第六零五条第十一款之规定?此应请解释者二。(三)如再审,法院对于上述情形,不应驳斥而驳斥,或应驳斥而不驳斥,一经判决确定,可否根据此次所请求之新解释,再行声请再审,此应请解释者三等情。据此,案关法律解释,理合具文呈请察核,俯赐转请解释等情。据此,相应函请贵院迅赐解释,俾便转饬遵照。此致最高法院

**解字第一一七号**

**民国十七年六月三十日　最高法院复湖南高等法院函**

迳启者,准贵院第五六二号函开,关于民事诉讼进行程序,有三疑问:第一问,上诉人未预纳审判费,经审判长限期补缴。上诉人若逾期仍不遵行,即属程式未备。自应依照乙说认为不合法以决定驳回。惟此项期限,依民诉律第二百二十四条第二项,法院或审判长得因声请或职权而伸缩之。第二问,当事人因逾限未缴纳审判费,以决定驳回之件,除得于不变期间内提起抗告外,无论在二十日内或二十日外补缴讼费,均不得声请回复原状。此句裁定期间与不变期间之异点。第三问,当事人两传不到,或逾限不缴讼费,在现行民诉律并无法院将上诉状注销之明文。除逾限不缴讼费已于前二项说明外,所谓当事人两传不到,如系濡滞言词辩论日期,自可依对造之声请而为缺席判决。受缺席判决之当事人,对于该判决声明窒碍时,如在不变期间以内,不问有无理由,即应回复缺席前之程序,否则依同律第五百零二条第二项应认为不合法,以判决驳回。相应函复查照。此致湖南高等法院

**附湖南高等法院原函**

迳启者,兹有关于民事诉讼准行程序,发生疑义,亟待解释,以资循率,特列举如下:第一问题,当事人上诉未纳审判费用,经审判长令限补缴,当事人逾限仍不遵行,能否认为不合法,以决定驳回,有三说:(甲)修正民事诉讼律无支出费用及预缴各规定,足见缴费非诉讼成立要件。当事人虽未遵限补缴,仍应进行诉讼,俟判决确定,由执行法院追征,不得认为不合法,以决定驳回。(乙)《修正民诉律》第一五五条第二款规定,受诉讼救助者,审判费用暂行免交。则依反对解释,凡未受救助者,即应预纳。法院征收讼费,系以诉讼费用规则及印纸法等为根据,当事人上诉不照纳讼费,即属违背上开法令,应认为不合法,以决定驳回。(丙)当事人逾限不缴审判费用,应依从前事例,视为撤回上诉,以决定将该案注销。第二问题,前问题如采乙说,当事人自收受决定日起,二十日内或二十日外补缴讼费,声请回复原状,仍予受理。其办理方法如何,有二说,(子)在二十日内者,决定照准,对于本法院从前决定,视为当然无效。(丑)在二十日内者(即抗告期限),以抗告受理;二十日外者,以回复原状受理,仍依法审查有无理由,分别准驳。第三问题,旧案中有因当事人两传不到,或逾限不缴讼费,由法院将上诉状注销者,如发生第二问题情形,能否依同一方法办理。以上各项悬案待决,相应函请贵院察照解释见复为荷。此致最高法院

**解字第一一八号**

**民国十七年七月十日　最高法院复四川高等法院电**

四川高等法院鉴,文代电悉,查《各省高等法院院长及地方法院院长办事权限暂行条例》第二条第二款所载,分配民刑案件事项,自系指各该院通常分配案件而言。合电查照饬遵。最高法院蒸印

**附四川高等法院原代电**

南京最高法院钧鉴，据四川高等法院第一分院监督推事董国桢、巴县地方法院院长谢璋呈称：呈为呈请核示事。窃查向例，法院对于应分审之民刑案件，系由民刑庭长各别分派于本庭推事主任其案。前奉国民政府颁布《高等法院院长办事权限暂行条例》第二条第二款，分配民刑案件事项，《地方法院院长办事权限暂行条例》亦如是规定。究竟所谓分配民刑案件事项者，是否专指每年终司法年度会议分配司法事务而言，抑或平时分派民刑案件，于主任推事亦包括在内？职等原兼刑庭长，除刑事案件仍照旧规随时分派外，其民事案件，职等亦已遵照院长办事权限暂行条例第二条第二款之规定，即由职等随案分派民庭推事承办。不过事关权限，实有请求解释之必要，理合会衔具文，呈请钧座俯赐察核，指令只遵等情前来。案关解释条例，除指令转请示遵外，理合电请钧院俯赐解释示遵。四川高等法院院长黄功懋叩文印

**解字第一一九号**

**民国十七年七月十日　最高法院复江苏高等法院电**

江苏高等法院鉴，上海律师公会陷代电悉，兹就各节解释如下：（一）据称甲为轮船所有人，乙为甲之代理，丙向乙租借该轮，并更动买办改驶长江，明明为租借契约，以供占有运送之用，自不能与供搭载运送之约例视。（二）既称长江引水人，由丙雇用，其雇用权当然属丙。（三）船员执行职务，应受船长之监督。而引水人非船员，惟因熟悉某种航线为丙雇用。如来电所述，轮船系照引水人认定之路线航行，设有两轮相遇，其指挥责任，视过失属于何人而定。（四）无论由何种原因发生损害，其他船舶之事，除租用契约有特别约定外，对外责任，由船舶租赁人担负。再，以后请求解释文件，应经由贵院转送本院核办，以维统系。合电查照饬遵。最高法院蒸印

**附上海律师公会原代电**

南京最高法院钧鉴，据会员杨春绿提议称，现有关于法律疑义，应请由会转请最高法院解释，附来请求解释意见。书内载：兹有某轮船向归甲公司所有，嗣因他故，移转于乙公司全权代理。又有丙公司向乙公司租借该轮，以为运送人货之用。假定丙公司仅租用一次，此项租用为搭载契约，毫无疑义。假定此项租用延长至一年，且因便利计，由丙公司更动买办。该轮向走海洋，现因改走长江，须更易引水人，乙公司并无此项长江引水人，故由丙公司雇用，而由甲公司具函声明负担此项引水人之薪水。其他关于该轮驾驶人员，自船长起，均仍其旧。此种租用行为，是否仍系搭载契约？此其一。又，引水人之雇用权是否已属于甲公司？此其二。又，引水人之设置，不过因其熟悉某种航线水流深浅等情形之故。除轮舶应照引水人之认识航行一定之路线外，设有两轮相遇，或同一路线上有多数轮船时，其中因应措置，是否应依习惯悉听船长之指挥，假定应由引水人指挥，则依法船长在驾驶上究居何等地位？此其三。又，假定该轮于停靠码头时，因重要机器损坏，以致运转不灵，发生损

害另一船舶之事。此种责任,在船上是否应依习惯,由船长负驾驶上之责,在公司是否应由甲公司或乙公司负赔偿之责,抑应由丙公司负责?此其四。查大理院判例,四年上字第一六一八号,七年上字第三三五号,均语焉不详,难资依据。谨恳钧院详细解释,俾资遵循,实为公便等因。经属会执行委员会议决,请求钧院赐予解释,俾有遵循,无任盼祷。上海律师公会、常务委员会叩陷

**解字第一二〇号**

**民国十七年七月十一日　最高法院复江苏高等法院电**

江苏高等法院鉴,陷代电悉,新《刑法》第二条但书所规定,犯罪时法律之刑较轻者,适用较轻之刑云云。其立法意旨,原系专就新旧两法所定之刑比较,而适用其轻者,与刑以外之事项无涉,故来电所云,应以前说为是。最高法院真印

**附江苏高等法院原代电**

最高法院钧鉴,新颁《刑法》第二条但书规定"犯罪时法律之刑较轻者适用较轻之刑"一语,是否指适用新颁《刑法》论罪,而处以犯罪时法律所定之刑,抑论罪科刑均应适用犯罪时之法律办理,不无疑义,乞电示只遵。江苏高等法院院长张君度叩陷印

**解字第一二一号**

**民国十七年七月十三日　最高法院复江苏高等法院函**

迳复者,准贵院第三四九四号公函,以鸦片烟案究适用新颁中华民国《刑法》,抑依照《国府禁烟条例》处断?如依照《国府禁烟条例》处断,依该条例第十四条文义,是否可随便择一引用,请予解释等由到院。查《中华民国刑法》为普通法规,《国府禁烟条例》为特别法规,特别法规原应先于普通法规而适用。惟查该条例第十四条,既有依现行刑律及其他法令之规定一语,则关于违例私自种运、制卖、吸藏者,自应依现行刑律及其他法令处断,无所谓轻重悬殊。如果《中华民国刑法》已届施行日期(已改于九月一日施行),当然系该条例所谓之现行刑律。至于该条例所谓其他法令,则系指普通《刑法》以外关于禁烟之其他特别法令而言,如实际上尚无其他特别法令,自应仍适用普通法,相应函达查照饬遵。此致江苏高等法院

**附江苏高等法院原函**

迳启者,案据金山县政府承审员吴允中呈称:窃查《中华民国刑法》已经国民政府公布,定于七月一日施行在案。惟其中各项条文是否一律有效适用,如刑律第十九章鸦片烟罪各条,与《国府禁烟条例》规定条文,其间处罚高下、罪名轻重大相悬殊。嗣后如遇有鸦片烟案,究应适用公布之《中华民国刑法》办理,抑仍照《国府禁烟条例》处断,此应请解释者一也。如仍照《国府禁烟条例》处断,其中又有疑问,如《修正国府禁烟条例》第十四条文曰:凡未经特许而私种、私运、私卖、私吸、私制、私藏鸦片烟者,依现行刑律及其他法令之规定,从

严处断云云。细绎文意,称依现行刑律者。是否仍指适用公布之《中华民国刑法》而言,称其他法令者是否即指适用《禁烟条例》等而言?此应请解释者二也。再绎该条文,对于处断引用法律上之规定,其上句称依现行刑律,其下句称其他法令之规定,是否凡遇烟案,刑律与法令二者可随便择一引用处断,并行不悖。事关国家法律与国府法令上之解说,关于人民之罪名轻重出入甚巨,用特具文呈请鉴核示遵等情到院。相应转函贵院,希即解释见复,以便转饬遵行。实纫公谊,此致最高法院。

**解字第一二二号**

**民国十七年七月十三日　最高法院复江苏高等法院电**

江苏高等法院鉴,阳代电悉,收税机关长官,因其属员有侵占税款嫌疑而举发,自系告发人。最高法院元印

**附江苏高等法院原代电**

南京最高法院院长钧鉴,征收税款机关职员,有侵占税款行为,经该机关长官举发,该长官是否系告诉人,抑系告发人。悬案待决。恳速解释赐复。江苏高等法院院长张君度阳印

**解字第一二三号**

**民国十七年七月十四日　最高法院复浙江高等法院函**

迳启者,据杭县律师公会函称,兼理司法之县政府,律师能否继续执行职务,请予解释到院。查国民政府司法部公布之律师章程第一条第一项及第二十三条,均载明在通常法院执行职务,应于执行职务所在地置事务所之规定可知,凡在各县未设立通常法院之诉讼事件,暂不适用律师制度。俟各地方法院筹设完全,再依现行章程办理。再,以后凡请解释文件,须依本院第一七一七号公函,经由高等法院转送核办,以维统系。相应函达贵院转饬遵照。此致浙江高等法院

**附杭县律师公会原函**

迳启者,浙江省政府于国民政府尚未奠都金陵以前,曾于十六年六月一日省务委员会第十六次会议议决浙江省律师暂行办法,计十三条,而于第二条内明白规定律师对于兼理司法之县政府得受当事人之委托及兼理司法县政府之指定行其职务等语。故吾浙律师在兼理司法之县政府执行职务业已一年。现浙江省政府因司法行政早经统一,此项办法未便保存,爰于本年省务委员会第一百二十一次会议议决取消。由是敝会开第六次常任评议员会时,对于兼理司法之县政府,律师能否继续执行职务,发生甲、乙两说。甲说主张,县政府系行政机关,并非通常法院。既非通常法院,则依律师章程第一条第一项之规定,自不能执行职务。乙说主张,依现行修正县知事审理诉讼暂行章程第四十二条载:法院编制法、民事诉讼条例、刑事诉讼条例及其他关于法院适用之法令规程之规定,除与本章程抵触者外,于

县知事准用之等语。兼理司法之县政府既准用法院编制法及其他关于法院适用之法令规程,则为通常法院无疑。况又适用《民刑事诉讼条例》,而关于民诉条例第二章内之代理与辅佐,反刑讼条例第十一章之辩护,并无反对之规定,自无抵触之可言,理应准用,岂待辞费?征以特种刑事临时法庭,经贵院解释之结果,对于刑诉条例第十一章之辩护制度,认为应当准用,则更了然。惟案关法律解释,究竟不便擅专。以上二说。究以何说为正当,相应函请贵院迅予解释见复,实为法便。此致最高法院

**解字第一二四号**

**民国十七年七月十四日　最高法院复山东高等法院电**

山东高等法院鉴,歌代电悉,奸夫因奸谋杀本夫,奸妇若仅构成刑律第二百八十九条之相奸罪,并未经本夫生前告诉,现在刑律补充条例已经废止,自应认为欠缺诉追,条作谕知,驳回公诉。最高法院寒印

**附山东高等法院原代电**

最高法院钧鉴,奸夫因奸杀本夫,奸妇不知情,依律只构成刑律第二百八十九条之相奸罪。但本夫死亡,生前并未告诉,刑律补充条例第七条业经废止,刑诉条例亦无准许尊亲属或亲属代行告诉之明文。是否认为欠缺诉追条件,谕知不受理,抑另有救济办法,乞电示遵。山东高等法院院长易恩侯歌

**解字第一二五号**

**民国十七年七月十四日　最高法院复上海租界上诉院函**

迳启者,准贵院一九六七号函开:关于诉讼代理权,请予解释到院。按父故后,庶子未成年,其法定代理权,嫡母固应优先于主母,惟嫡母与庶子利害相反时,该庶子之生母自得为法定代理人。来函所述情形,应由丙以法定代理人之资格为诉讼行为,毋庸由法院选任特别代理人。相应函复查照。此致上海租界上诉院

**附上海租界上诉院原函**

迳启者,敝院兹于审理案件中发生法律疑义,设有某甲娶妻乙,并纳丙为妾,妻妾各有子一人,甲病故后,其妻妾所生之子,均未成丁,依法为无诉讼能力者。现丙以乙浪费财产为理由,代其自己所生之子(现年五岁),诉请分析遗产。乙则以丙系妾之身分,不得行使诉讼代理权,请求驳斥诉讼。究竟丙能否为其未成年之子代理诉讼,告争遗产?如认丙无诉讼代理权,应否由法院为嗣子选任特别代理人?此项特别代理人,是否以甲之亲属为限?悬案以待,敬请迅赐解释,俾有遵循。至纫公谊。此致最高法院

解字第一二六号

民国十七年七月十四日　最高法院复福建高等法院函

迳启者,准贵院六九二号函,转请解释到院。兹分别解答如下:(一)现行律上以十六岁为成年,成年之人应认为有完全行为能力。(二)未成年人行为,应由行使亲权人或监护人为之代理,始发生法律上之效力。(三)子于成年后不问能否独立生计,在法律上当然可为诉讼行为,毋庸行使亲权之人代理。但别有能力欠缺原因者,不在此限。(四)民律尚未公布,暂适用现行律民事有效部分。倘诉讼事件法院系依据习惯而认定者,除当事人不声明异议外,仍应以职权调查,或由当事人立证。相应函复查照饬遵。此致福建高等法院

附福建高等法院原函

迳启者,案据代理福建高等法院第一分院院长兼庭长王廷一呈称:案据思明地方法院院长吴兆枚呈称:案准厦门交涉公署函开:迳启者,准驻厦日本领事函称:关于贵国人与彼国臣民间之民事诉讼案,兹欲查悉,现在贵国法院对于左开事项,如何办理,合应函请查照,烦为迅予见复等因,并附左开事项。准此,相应将该事项另开一纸,函达贵法院查照,并希见复为荷等由,计送附件一纸到院。理合抄录该附件具文,呈乞钧院察核示遵,以便转复。计呈送抄件一纸。据此,事关涉外问题,职院长未便擅决,理合具文转呈钧长鉴核,伏乞指令,以便饬遵等情,并呈送抄件一纸到院。据此,案关适用法律,相应将抄件函请贵院迅赐解释,见复为荷。此致最高法院

附原抄件一纸

一、贵国人应有行为能力之成年者,年龄?

二、贵国人未有行为能力之未成年者,行为应如何始能发生法律上之效力?

三、贵国人之子服亲权系在何时乎?虽系成年者,而在其父之家,尚不能独立生计者,应服之亲权乎?如果应服,则该成年者之诉讼行为,在法律上亲权者,应为代理否?

四、以上各项,应依据贵国何种法律认定之乎?其法律之名称及条文如何?倘若审判衙门依据习惯之存在而行认定者,则其习惯在于审判衙门之职权上当然可适用否?或候诉讼当事者立证该习惯之存在方可适用否?

解字第一二七号

民国十七年七月十六日　最高法院复湖南高等法院函

迳启者,准贵院一零五八号函,关于水利诉讼疑问,请求解释到院。查第一,所谓水利诉讼,在民律草案不动产所有权各条中已分别规定,应就当事人之请求,参照各条分别办理,不得以私管公,有为区别之标准。第二,水利权在现行法并无特别规定,其计算诉讼物价额,应以子说为是,相应函复查照。此致湖南高等法院

**附湖南高等法院原函**

迳启者,兹因水利诉讼发生疑问,应请解释,以资率循,特列举其说如下:第一,何为水利涉讼?有二说:甲说,凡民间诉讼事件涉及荫注权利者,均为水利案件。乙说,当事人主张全塘、全井或全坝属其私管者,应认为所有权涉讼。惟就公共荫注,仅以水分有无多寡为争执者,得认为水利案件。第二,水利诉讼固应以原告人主张之利益。或所受损失若干为其讼争物之价额,惟其计算方法,主张亦不一致。(子),应准用民诉律第十一条地上权之规定,以其一年因水利可望增加收获之确实利益之二十倍,为其诉讼物价额。(丑),中国田业收获其一年之利息逾一分以上,以二十倍乘之,超过元本数倍。地上权等,民诉律十一条有但书可资救济。水利事件,在事实上无但书之适用,未免有失平允。况因水利可望增收之利益或损失,非有固定永久性质,与地上权、长期佃收权不同,故计算此项讼争物之价额,应以原告人起诉时对于系争水利一年内可望收获之实益或损失之确数为标准。以上各说,是否有当,悬案待决,相应函请迅赐示复为荷。此致

**解字第一二八号**

**民国十七年七月十六日　最高法院复四川高等法院电**

四川高等法院鉴,删代电悉,查《各省高等法院院长办事权限暂行条例》第三条第一款所称,本院会计事项,自系包括通常会计事项而言(即执行预算亦属在内)。合电查照。最高法院铣印

**附四川高等法院原代电**

急。南京最高法院院长钧鉴,前奉颁发《各省高等法院院长办事权限暂行条例》,自应遵办。惟第三条第一款会计事项,略有疑义,于是发生甲、乙二说。甲说,本院会计事项,即指每月收入而言,故每月收入司法经费若干,开支薪工公费等项若干,均须召集临时委员会会议处理,不能以预算为标准。此甲说之主张也。乙说,本院会计事项,专指特别会计而言,与经常收支有预算可依者有别,故须召集临时委员会会议处理。若指经常收支,则每月一次当设常务委员会,曰临时召集,足见事非常有,属于特别可知。观于同条二、三、四、五等款规定,皆非常有之事,连类而及,意义尤显。况若指经常收支,则预算事项当吸收于会议处理中,不须另编预算。乃编制预算及审核决算,复规定于第四条第十等款。比对以观,则第三条第一款会计事项,自与经常收支无涉。又查《各省高等法院检察官办事权限暂行条例》第十二条载:办理检察事务之经常费及临时费等项,由高等法院院长依首席检察官之意见,编入高等法院经费预算内,按时支领等语。足见经常经费应依预算案,非临时会议处理之会计事项。若认会计事项包含经常经费在内,则此条显与抵触。且若认临时会议有干预预算之权,则此条当云依临时委员会之意见,何以仅云首席检察官?综上各点,第三条第一款本院会计事项,属于特别会计,毫无疑义。此乙说之主张也。以上二说,究以何说为是,抑或另有正当解释?事关解释法例,理合电请钧院明白解释,电复照办。署理四川高等

法院院长黄功懋叩删印

**解字第一二九号**

**民国十七年七月十八日 最高法院复江苏高等法院函**

迳复者,准贵院第三六八一号公函,以印花税分局长发现漏贴或贴不足额情事,擅自处罚,是否构成刑律第一百四十八条,抑第三百八十二条之罪。被害人告诉,县长能否侦查传讯,上级印花局能否电令停止传讯,请予解释等由到院。查国民政府财政部颁行之《各省区印花税处招商包销各县印花章程》第二条规定,凡经商民承办包销之县分,定名为某县印花税支处;第八条规定,支处承办员(中略)如发现违法漏贴印花等事,须会同当地警官送请县署依法讯办,不得擅自处罚各等因。如果支处承办员违章擅自处罚,无论受罚人果否有违法漏贴情事,均无受其处罚之义务。该承办员之行为,自系构成刑律第一百四十八条之罪。既经被害人向兼理司法之县政府告诉,该县政府自有侦查传讯之权。至于该支处之上级机关长官,如请停止传讯,有无正当理由,则属事实问题,不在解释范围,相应函请贵院查照饬遵。此致江苏高等法院

**附江苏高等法院原函**

迳启者,案据高淳县县长韦松琴呈称,窃查国民政府财政部颁行《招商包销各县印花章程》第八条载,支处(即现在之各县印花分局)发现违法漏贴印花等事,须会同当地警察官,送请县署依法讯办,不得擅自处罚等语。去年十一月曾奉江苏印花税局令饬遵照,并发下罚金执照联单一本在案。兹有职县印花税分局长检查印花,发现有漏贴或贴不足额情事,并未遵章送县讯办,奈竟擅自处罚某甲洋二十元、某乙洋五元、某丙洋五角,经甲、乙、丙告诉到案,县长依据检察职权侦查传讯。而江苏印花税局先后电令停止传讯,是否干涉司法,究竟印花税分局长擅自处罚,是否构成刑律第一百四十八条,抑第三百八十二条之罪。经被害人告诉,县长能否侦查传讯,抑应否遵照印花局电令停止传讯,均有疑问。理合具文呈请转请最高法院解释示遵等情到院。相应据情转函贵院,希即解释见复,以便转饬遵行。实纫公谊。此致

**解字第一三〇号**

**民国十七年七月十六日 最高法院复甘肃高等法院电**

甘肃高等法院鉴,东代电悉,兹就疑问二点解答如下:第一点,查土豪劣绅及反革命案件,依《惩治土豪劣绅条例》第七条及特种《刑事临时法庭组织条例》第二条、第三条,应归特种刑事地方及中央临时法庭审判。现在中央特种刑事临时法庭业已成立,各省高等法院及分院并兼理司法事务之县公署,均无审判此项案件之权(参照本院十七年四月解字第六十八号解释)。至县司法公署能否作为普通法院,应由司法部转呈国民政府批示,业经本院函复江西高等法院首席检察官在案(参照本院本年第一三八一号公函)。第二点,查《惩治土

豪劣绅条例》第二条第四、第五、第六、第十一各款。所谓没收,其范围虽比刑律第四十八条之规定较广,但依各该款规定,原不必没收犯人所有财产之全部。犯人家属生活费用,自可量予保留。合电查照饬遵。最高法院铣印

**附甘肃高等法院原代电**

南京最高法院公鉴,案据甘肃高等法院第六分院院长曹文焕呈称:土豪劣绅及反革命俱发罪声明上诉案件,按修正特种刑事临时法庭组织条例第三条载,此项上诉案件。应归中央临时法庭审判等语。查司法部训令第五十三号令开,经最高法院核定,反革命案件在特种临时法庭未成立以前,第一审暂由普通地方法院,上诉案件暂由各省高等法院受理云云。查甘肃特种刑事临时地方法院既未成立,而地方法院及各分院附设地方庭亦为数无多,且此间交通不便,传人调证,极感困难。可否由各县司法公署或兼理司法事务之县公署受理此项第一审案件,又,各高等分院能否受理该项上诉案件,此应请解释者一。又据甘肃高等法院第二分院院长刘汝舟呈称:查《惩治土豪劣绅条例》第二条第四、第五、第六、第十一各款,没收其财产之一部或全部,究系专指涉及犯罪部分而言,抑不问涉及犯罪与否,而就其所有财产统须算入云云。查以上各款所谓没收其财产者,似系指依刑律应行没收部分外之犯人所有财产而言。如没收其全部时,则犯人家属生活费用可否酌予扣除,此应请解释者二。相应电请贵院查核见复,实纫公谊。甘肃高等法院东印

**解字第一三一号**

**民国十七年七月二十三日　最高法院复广西高等法院函**

迳启者,准贵院函称,关于宗祧继承案件,如请检察官莅庭,应以何种法律为根据,请予解释到院。除查修正民事诉讼律人事诉讼章,虽无嗣续程序专条,然宗祧承继案件,依据向例,仍以检察官为公益代表人,相应函复查照。此致广西高等法院

**附广西高等法院原函**

迳启者,查民事诉讼律人事诉讼章,未列宗祧继承诉讼在内。关于宗祧继承涉讼案件,如请检察官莅庭,应以何种法律为根据,相应函请贵院解释见复。至纫公谊。此致

**解字第一三二号**

**民国十七年七月二十三日　最高法院复上海租界临时法院函**

迳启者,准贵院第二零三二号函,谓受理案内仅标明全权代理之委任状,是否包括民事诉讼条例,第八十五条但书所规定之各种行为,请予解释到院。按全权代理字样,有无委任,该条但书之诉讼行为,应审查委任人之意思而定,不能概谓当然包括在内,相应函复查照。此致上海租界临时法院

**附上海租界临时法院原函**

迳启者,按民事诉讼条例第八十五条内载:诉讼代理人,关于诉讼事件,有为一切行为

之权，但舍弃认诺，撤回和解，提起上诉或再审之诉，或关于强制执行之诉讼行为，或领收所争之物者，非受特别委任不得为之等语。查敝院受理案内，委任诉讼代理状中，仅标明全权代理字样，其代理权之范围，是否只限于上述条文前半段所规定之一切诉讼行为，抑亦包括后半段但书所规定之各种行为？事关法律疑义，理合函请钧院迅予解释，俾资遵循，实纫公谊。此致

**解字第一三三号**

**民国十七年七月二十五日　最高法院复广西高等法院函**

迳启者，准贵院第三三零号函开，关于已嫁之女子，对于父母财产不得有承继权，惟女子在父家招人入赘，是否准已嫁论等语。此项赘婚仍与通常婚姻关系同，惟女既因赘婚留居母家，与夫家不发生家属关系，自应准其有承继财产权。第二问题业经本院第九二号解释有案，相应钞录转饬遵照。此致广西高等法院

**附广西高等法院原函**

迳启者，案据柳城县县长朱甲荏电称，查最高法院第三四号解释案，已嫁之女子对于父母财产未有承继权，自应遵照办理。惟女子在父家招人入赘，是否准已嫁论，未经明白规定。请解释者一。又女乙取得父甲财产后始行出嫁，适甲亡无子，他房出而争继，则乙对于前取得甲之财产，是否仍有处分权，请解释者二等情到院。查第一项女子招赘虽系已嫁，并非出嫁，应否惟已嫁论，或准招壻养老财产均分之例办理，尚无明文规定。关于第二项女乙既分得财产后，本诸所有权性质，似应有处分权。惟案关法律问题，相应函请贵院解释见复，借资饬遵。此致

**解字第一三四号**

**民国十七年七月二十六日　最高法院复广西高等法院电**

广西高等法院鉴，铣电悉，未奉展期电以前，依新《刑法》物决之案，如未经当事人上诉，其判决仍有确定效力。最高法院宥印

**附广西高等法院原电**

最高法院徐院长勋鉴，新《刑法》展期施行，在未奉展期电以前，依该法判决案是否有效，祈解释电复。广西高等法院院长朱朝森叩铣印

**解字第一三五号**

**民国十七年七月二十六日　最高法院复江西赣州高等分院电**

江西赣州高等分院鉴，电悉，新《刑法》既经延期于九月一日施行，如果各法院于八月以前，即依新法判决，苟未经当事人不服，其判决自应仍有确定效力。若经上诉后，其上诉管辖，应以上诉时现行法令为标准。若上诉审裁判在八月以前者，仍应依旧律予以纠正。最

高法院宥印

**附江西赣州高等分院原电**

最高法院院长钧鉴,职分院江奉令施行新《刑法》,铣奉令延期,中间依新法判决之案,效力如何,上诉管辖以何为标准,乞电示。赣州高分院叩

**解字第一三六号**

**民国十七年七月二十七日　最高法院复国民政府秘书处函**

迳启者,准贵处第二七九七号函开,转奉常务委员发下内政部关于著作物注册事项,请求解释四条,钞送到院。第一,查《著作权法施行细则》第十条,已规定本法施行前已发行之著作物,自最初发行之日起,未满二十年者,仍依本法呈请注册。其第一条第一款,又规定未经注册而通行已满二十年者,不得依本法呈请注册。就此两条之法意言之,凡自发行日起,未满二十年者,皆得随时依本法呈请注册,似无须别定期限。又查《著作权法》第一条,就下列著作物依本法注册,专有重制之利益者,为有著作权等语。则未经依本法注册专有重制之利益,时尚未成立,著作权自可不必暂予默认。第二,查呈请注册之公费,系为保护著作物一种征收金,既已不准注册,即无保护之可言,其注册公费应予发还。第三,查《著作权法》第二十二条第一款所称显违党义者,原系概括之规定,若研究其他主义,理论以供历史上之参考,自与意含煽动的著作物有别,当然不得拒绝注册,参观本条前项得字自明。此项著作物,应由审查人核定,本法既无呈请中央党部之明文,似毋庸先行呈送。第四,查《著作权法》第一条所列举之著作物,除属于第二条第二项外,若其性质认为有裨于社会文化者,自可援照《大学院教科图书审查条例》,商之发行人酌减定价,相应函复查照。此致国民政府秘书处

**附国民政府秘书处原函**

敬启者:奉常务委员发下内政部,呈为该部办理著作物注册事项,应请解释四条,请鉴核等情呈一件,奉谕交最高法院签复等因。相应钞同原件,函达查照。谨致最高法院

**附内政部原呈一件**

为呈请事。窃查本部办理著作物注册事项,有应请解释者数事:(一)在《著作权法》颁布以前,未经注册之著作物,理应依法呈请注册。惟呈请注册,须有相当时日,势不能令其于《著作权法》颁布之日,一律呈请注册。在未经注册以前,若竟任人翻印复制,似非奖励著作之道。可否由部限定时期,令其呈请注册,在此时期以内,暂默认其著作权,过期则任人翻印复制,不予保护。(二)呈请注册之著作物,查与《著作权法》不符,不准注册时,其呈请注册之公费,是否发还。(三)《著作权法》第二十二条规定,拒绝注册之标准,第一项为显违党义者。查现时思想界显违党义者,有国家主义、……与无政府主义等。是否对于此种研究理论的著作物,与意含煽动的著作物,一律拒绝注册,或仅拒绝后者之注册,而不拒绝前者之注册?现在中央党部训练部注有编审科审查关于党义之著作物,可否令该类著作物先

行呈请中央党部审查后，再行呈请本部注册。（四）著作物定价之高低，于文化传播关系极重。大学院审查教科图书，遇有定价过高者，得令发行人酌减。本部办理注册，遇有定价过高之图书，可否援大学院教科图书审查条例之例，令发行人酌量减少。以上各条，皆目前亟应解决之点，理合呈请鉴核，赐予解释，俾有遵循，实为公便。谨呈。国民政府内政部长薛笃弼

**解字第一三七号**

**民国十七年七月二十八日　最高法院复浙江永嘉地方法院电**

浙江永嘉地方法院青代电悉，县知事判决事件，无论被告人上诉，或呈诉人呈诉不服，均应依县制所引律文，定其管辖第二审之法院。若依法应由地方法院管辖第二审，而该法院认县判引律错误，并认自己有本案第一审管辖权者，自应依《修正刑诉律》第三百八十四条第三项（参照该省现准援用之刑诉条例第四百条第三项），撤销县判，自为第一审审判。至于修正刑诉律第十二条之规定（参照刑诉条例第二十一条），土地管辖，虽以犯罪地或犯人所在地为断，而地方法院审理该案时，既应传讯犯人，即得为犯人所在地之法院。最高法院勘印

**附浙江永嘉地方法院原代电**

最高法院钧鉴，案查现行援用之县知事审理诉讼暂行章程第三十条一、二两项规定，原审事件，属初级者，以地方为第二审；原审事件属地方者，以高等为第二审。依照九年前大理院抗字第一零三号解释，原审如已引用律文，应以所引律文为标准。是被告上诉，当然依律文分别管辖。而由呈诉人上诉者，依该章程第二十五条二项规定，即以检察官为上诉人。例如杀人罪原审科过失，杀人为初级案件，呈诉人请求检察官上诉，是为对被告不利益起见。若依抗字一零三号，则地方第二审限于原审条文，无越审级改科杀人罪之可能。若援用现行刑事诉讼条例第四百条三项，则依同条例第二十条，无第一审管辖权，是否被告上诉依原审条文，以地方法院为第二审。呈请人请求检察官上诉，依原告诉或告发之事实，得提起于高等法院为第二审。事关法律解释，不敢擅专，特请钧院解释，迅示只遵。浙江永嘉地方法院院长张嘉青印

**解字第一三八号**

**民国十七年七月二十八日　最高法院复浙江高等法院电**

浙江高等法院鉴，真代电悉，查逃兵自系与《惩治盗匪暂行条例》第一条第七款所称之溃兵相当，其与在假之士兵，如未脱离军籍，均仍属现役军人，应归军事裁判。至于退伍之兵，既已脱离军籍，自应以普通人民论，不能谓之游勇。最高法院勘印

**附浙江高等法院原代电**

最高法院钧鉴，民国以来，久无勇之名目，退伍及逃兵或在假之士兵，结伙抢劫，是否与

《惩治盗匪暂行条例》第一条第七款所称之游勇相当？悬案以待，敬乞迅赐解释，俾资遵循。浙江高等法院叩真

**解字第一三九号**

**民国十七年八月□日　最高法院复江西高等法院函**

迳启者，准贵院函，据临川县主任司法委员陆琛代电呈，以本夫卖妻，在《暂行刑律补充条例》废止后，是否仍以略和诱论，将来新《刑法》施行后，如何援引处断，及覆判案件是否仍视法定主刑在徒刑满三年以上、罚金满五百元以上者为标准等由，转请解释到院。查第一点，本夫卖妻，应分别情形，适用刑律第三百四十九条或第三百五十一条各项处断，将来新《刑法》施行后，则依该法第二百五十七条第一项、第二项，第三百十五条第二项办理，但仍应查照同法第二条之规定处刑。设犯罪情形适合于《刑法》第三百十五条第一项，应迳依该条项之规定处断。第二点，《修正覆判章程》第一条，系以地方管辖为标准，来文引用未修正前之覆判章程，显属误会，相应复祈查照饬遵。此致江西高等法院

**附江西高等法院原函**

迳启者，案据临川县主任、司法委员陆琛代电呈称：窃查本夫卖妻，在《暂行刑律补充条例》有效期间，系强和援引本律略和诱罪条文办理？在前项条例废止后，此种行为，是否仍以略和诱论？将来新《刑法》施行后，是否依新《刑法》第二条但书，比较同法第二百五十七条，及暂行刑律第三百四十九条法定刑之重轻，分别援引处罚？抑或依据新《刑法》第三百十五条办理？惟该条文首加有意图字样，则与进一步而实行使妇女与他人结婚者，又似有别，究竟能否适用？不无疑问。再，覆判章程规定，除窃盗罪及其赃物罪外，法定最重主刑三等有期徒刑以上或罚金五百元以上者，如于上诉期间内未据被告人声明上诉，应送覆判。今新《刑法》废去刑等，而于分则各条明定年月，此后是否仍视法定主刑？在徒刑满三年以上及罚金满五百元以上者，照例呈送覆判，亦一疑问，理合电请钧长解释示遵等情。据此，案关法律解释，敝院未敢擅专，相应函请大院迅赐解释，见复过院，以便转饬遵照。此致最高法院

**解字第一四〇号**

**民国十七年七月三十一日　最高法院复安徽高等法院电**

安徽高等法院鉴，据绩溪县政府寒代电悉，查第二军第六师司令部，对于普通刑事案件，如系违法审判，根本上即属无效。既经安徽政务委员会提交怀宁地方法院传案覆审，应作普通案件受理。再，嗣后请求解释法律文件，应经由贵院转送，合电转饬遵照。最高法院世印

**附安徽绩溪县县长原代电**

南京最高法院院长徐钧鉴，据绩溪县公民程敬儒等呈称，前公民呈控前警佐兼代知事

金铭，业经国民革命军第二军第六师司令部判处徒刑，今经前安徽政务委员会提交怀宁地方法院传案覆审一案，疑点实多。窃思军政时期，由革命军判决之贪官、污吏，倘不服上诉，其上诉机关应否在普通审判籍，或有特别机关，上诉时效应否与通常诉讼相同，并将各疑点开列前来：（一）贪官、污吏经民众告发，由国民革命军就所在地开庭审理，与民众环质，判决二等有期徒刑五年在案，是否有上诉余地；（二）经国民革命军判决之贪官、污吏，倘不服上诉，其上诉机关应在何处；（三）贪官、污吏经国民革命军判决后，其上诉时效是否仍以十四天为限；（四）判决二等有期徒刑五年之贪官、污吏，在执行未满期内，是否可以取保出候讯等情，呈请转呈最高法院明白解释示遵。县长以案关贪污，情形重要，理合电呈钧院，伏祈解释训示，俾便转令只遵，实为公便。安徽绩溪县县长兼理司法程永言叩寒印

**解字第一四一号**

**民国十七年八月二日　最高法院复四川高等法院电**

四川高等法院转巴县地方法院鉴，顷接该院支代电称，甲商控乙机关雇用使用人，冒名窃取票款，经三审终结，判合乙机关负责经手追偿，交付执行云云。依此主文解释，则乙机关自不能仅以交出使用人及其铺保即可解除追偿责任，但追偿与赔偿不能混合为一。再，以后凡请解释文件，须依本院第一七一七号公函，经由高等法院转送核办。合电转饬遵照。最高法院冬印

**附四川巴县地方法院原代电**

南京最高法院院长徐钧鉴，兹有甲商控乙机关所雇使用人丙，擅将交运汇票冒名窃取，讼经三审终结，判令乙机关负责经手追偿，交付执行，近复发生问题。子说，判令负责经手追偿，不过与经理人负经手偿还之责相同，只须交出股东，无责经理人以实物价还之理。则乙机关如能交出使用人或使用人之铺保，均可解除责任；倘不能交出使用人或使用人之铺保，亦不能责以实物赔偿。丑说，乙机关与经理人地位不同，且甲商控案仅列乙机关为被告。早经攻击，使用人有无其人，举不可知。现既不能交出使用人，并自称另有铺保，查明本埠委实无此商号。依判决之精神，追无可追，偿当自偿。况使用人及铺保果有其人，亦应另案主张，不能抵抗善意第三者之甲商。否则，判决效力直等于零，人民失法律之保障，司法损裁判之尊严，尚复成何政体？两说各有理由，未知孰是孰非，应恳钧院明白解释。案悬待决，切盼示遵。巴县地方法院院长谢璋叩支印

**解字第一四二号**

**民国十七年八月三日　最高法院复广西高等法院函**

迳启者，准贵院第三三八号函，略谓上告审发回更审案件，受上级审法律意见之拘束，终觉与条文抵触，应如何办理，请予解释到院。查《民事诉讼律》第五百五十条第三款。系指控告审对于第一审认为原因正当，所为中间判决之控告，以无理由驳回者言，若第一审认

原因不当,宣示其请求不成立,自勿庸为数额判决,即属终局判决。控告审如涉误解,未就其请求原因及数额,并予裁判,案经上告审判决发回,自应依据民诉律第五百八十二条规定办理,相应函复查照。此致广西高等法院

**附广西高等法院原函**

迳启者,查民事诉讼,设有当事人于请求之原因及数额,俱有争执,第一审以请求原因为不当,予以视作终局判决之中间判决,将请求驳回。迨上诉后,控告审以上诉为有理由(即认请求原因为正当),援民事诉讼律第五百五十条第三款认为尚须辩论(参照同律第四百六十四条第三项),爰判决发回第一审法院。当事人就实体法上告,对于发还第一审审判程序之点,未声明不服。上告审判以第一审既就其请求,予以裁判(未注意其只判请求原因为不当而未及判其数额),不得谓为未经判决,控告审为事实审,本可审查其请求原因及价额予以裁判,无发回第一审之必要,以职权将控告审判决废弃,发回控告审法院更为审判。查民诉律上述条文规定,发回第一审理由,似以请求数额第一审尚未裁判。为保全当事人审级上利益起见,现上告审既发回更审,指定由控告审就数额并予裁判。下级审固受上级审法律上意见之拘束,惟终觉与上述二条文抵触,如迳行审判此点,则觉违背诉讼律规定条文,如不审判此点,则觉违背上告审判决之法律意见。应如何办理之处,事关法律问题,相应函请贵院解释见复,借资遵照。此致

**解字第一四三号**

**民国十七年八月四日　最高法院复江西高等法院函**

迳启者,准贵院第四五六号函,以关于第二审诉讼案件,未经合议庭言词辩论,谕知判决,应否有效,请求解释到院。查诉讼案件系属于第二审,若违背法律编制及诉讼法,则自属程序上重要疵累。此种判决,应认为有废弃之原因,尚非当然无效,相应函复查照。此致江西高等法院

**附江西高等法院原函**

迳启者,兹有民事案件,业经第二审审理判决,惟查阅第二审原卷,谕知判决日期,系民国十六年十二月三十一日,而合议庭言词辩论日期,乃系民国十七年一月七日。其在民国十六年十二月三十一日以前,仅有受命推事之调查笔录。现当事人对于上述事项,加以攻击,于是生有二说。子说,谓诉讼案件系属在二审者,应以推事三员之合议庭审判之,此在法院编制法第五条第二项第二款已有明文规定。又《修正民事诉讼律》第二百九十六条及第四百六十七条载,判决本于当事人之言词辩论为之。谕知判决应于言词辩论终结之日,或其终结后指定之日为之等语,是第二审判决,必本于合议庭言词辩论之结果,甚属明显。该案既在未开合议庭言词辩论以前,即予判决,自系程序上之重要疵累,其判决应作无效。丑说,谓原第二审受理该案,既经履行讯问及谕知判决程序,核与民事诉讼律尚无违背,虽判决及宣判笔录在言词辩论日期以前,或系误写之误,要于判决本案内容无直接影响,为维

持法院尊严计,不得遽指为当然无效。以上两说。究以何说为当？事关法律疑问,敝院未敢擅断,相应函请大院迅赐解释见复为荷。此致

**解字第一四四号**

**民国十七年八月九日　最高法院复湖南高等法院函**

迳复者,准贵院第一三七六号函,据常德地方法院呈称,前县法院收受未审理之刑事案件,应否由检察官侦查起诉,转请解释到院。查本院本年九十五号解释,所谓已在审理中者,自系专指已开始审理者而言。若前此之县法院或县司法公署,仅经受理而未开始审理之刑事案件,由正式法院接收后,自应仍经检察官侦查程序,相应函复查照饬遵。此致湖南高等法院

**附湖南高等法院原函**

迳启者,案据常德地方法院庭长兼代院长陈朝枢呈称,呈为前县法院收受未审理之刑事案件,应否由检察官侦查起诉,恳请解释示遵事。窃职院检察官将前县法院未经审理之刑事案件,不经侦查起诉,一概遵照钧院检察处第一八六号训令,依解字第九十五号解释函送刑庭审理,于此发生疑问。职院按解字第九十五号解释,所谓已在审理中者,可由刑庭继续审判。当以前县法院审判官依新法制受理之刑事案件,业经审理,尚未终结,始可不经侦查起诉程序,仍由刑庭继续审判为限。若前县法院审判官仅只受理,尚未系属于审理中者,亦由刑庭继续审判,似与现行法制不符。且职院系于本年三月一日由县法院改组成立,此种案件当时即划归检察官办理,并已在进行中,今复不经侦查起诉程序,概行移送,应否由刑庭接收审理,抑应仍经检察官侦查起诉,事关法律问题,未便擅专,理合具文呈请钧院鉴核解释,悬案待决,伏乞迅赐指令只遵。谨呈。等情据此,按审理中三字,究竟是否广义解释,抑系狭义解释(即专指已开始审理者而言),相应函请贵院迅赐解释见复,以便饬遵为荷。此致

**解字第一四五号**

**民国十七年八月九日　最高法院复湖南高等法院函**

迳启者,准贵院第一三一一号函,据零陵县长呈称,女子要离男子,是否判给相当生活费,转请解释到院。查离婚之原因,出于女子者,应审核情形,查照本院十七年上字第二四二号及第七零八号判例办理,相应函复查照饬遵。此致湖南高等法院

**附湖南高等法院原函**

迳启者,案据零陵县长呈称:呈为呈请解释示遵事。窃查前年武汉政府颁布法令,结婚、离婚绝对自由,但对于女子得给以相当之生活费。现在武汉政府既经消灭,而此项法令能否继续有效？如依照此项法令,男子要与女子离婚,固得判给女子以相当之生活费;若女子要与男子离婚,又应如何办理？现职署离婚案件不一而足,究应如何办理之处,理合备文

呈请钧处解释示遵,以利进行,实为公便等情到院。查所询前段情形,已见解字第三五号解释。惟女子要离男子,是否本诸法律上男女平等之精神,判给相当生活费?事关法律问题,相应函达贵院解释见复,以便转饬遵照为荷。此致

**解字第一四六号**

**民国十七年八月十三日　最高法院复浙江高等法院函**

迳启者,准贵院第一零一三号函转杭县律师公会,关于行政诉讼,请求解释到院。查当事人不服省政府及中央各部院之处分,在监察院未成立以前,除向国民政府呈诉外,别无司法机关受理之根据,相应函复查照。此致浙江高等法院

**附浙江高等法院原函**

迳复者,案准贵院佳代电开:转杭县律师公会东代电悉,所称最高行政官厅,究何所指,未据声叙明白,无从解答。再,各省地方法院及各公私法团,对于本院请求解释文电,应经由高等法院转送本院,以保持统系,合电查照饬遵等因。准此,当经转电该律师公会,遵照办理去后,兹准该公会会长张韬函开:查最高行政官厅,系指各省省政府、中央各部院而言。现在行政诉讼审判衙门,既未别设机关,按照五权宪法,司法独立之原则,自应采取英、美制,由普通司法机关受理。行政诉讼,惟实例未见,一般人民,未免呼吁无门,用特请求转函,予以解释等由。前来。相应函请贵院查照,予以解释,以便转行遵照。此致最高法院

**附杭县律师公会原代电**

最高法院钧鉴,人民不服最高行政官厅之处分,现应向何机关提起行政诉讼,乞迅赐解释示遵。杭县律师公会叩东

**解字第一四七号**

**民国十七年八月十六日　最高法院复广西高等法院函**

迳启者,准贵院第三四七号函,以关于诉讼物价额及离婚案件两点,请予解释到院。(一)依来函所述情形,应以子说为是。(二)离婚案件,除双方协议离婚,系绝对自由外,一经涉讼,依据男女平等原则,于法律范围内认有绝对自由。惟所诉有无理由,自应由法院审核办理。相应函复,查照饬遵。此致广西高等法院

**附广西高等法院原函**

迳启者,案据高等法院第一分院院长陈祖信呈称,窃查诉讼物价额不满二百元者,不许上告,法律已有明文规定。诉讼当事人在上告审请求核定价额,上告审无更予审查核定之责,亦经前最高法院广东分院第七号公函解释在案。设有甲、乙因山场涉讼,甲起诉时其价额系照二百元未满计算,迨判决后,或因系争山场曾经人工经营,如树木业已成林及开恳成熟之类,或因原判决超过当事人请求范围之外,以致价额增加,或因欲受上告审利益,乙提起控告时,始主张在二百元以上,控告审并未加以审查,即以核定。而为事实之判决,乙复

提起上告。当此场合,控告审诉讼价额较之第一审,既有增加,应否许其上告,现有二说,子谓、控告审核定乙主张之诉讼价额,无论是否经过审查,但甲既未声明异议,则其因上告所受之利益,即已逾二百元,自应许其上告。丑谓、甲对乙之主张。虽未声明异议,但依民事诉讼律第六条及最高分院解释,不应许其上告。二说以孰为是?又最高法院第一六号解释,离婚案件,无论男女何方请求,应依平等原则,认为有离婚理由者,方得准予离异。依此解释,是对于请求离婚之件,法院尚应加以斟酌,其与离婚绝对自由之议决案,有无歧异,不无疑义。以上两点,案关法律问题,理合具文呈请察核,俯赐转请解释,指令只遵等情。相应函请贵院查照,希即解释见复,以便转令只遵。此致

**解字第一四八号**

**民国十七年八月九日　最高法院复山东高等法院电**

山东高等法院鉴,世代电悉,前大理院判决及前山东高等审判厅判决各案,但查其判决日期,如该地方尚未隶属国民政府统治之下,仍应认为有效,补行送达。最高法院佳印

**附山东高等法院原代电**

南京最高法院公鉴,案查本院接收前山东高等审判厅卷内,有经前大理院判决后,卷发该厅代为送达判词。旋因我军克复济南,未惶送达。亦有前山东高等审判厅予以判决,因济案发生,未能依法送达。此项判决,是否有效,应否代为补行送达,颇滋疑义,未便擅专。相应电请贵院查照,见复只遵。山东高等法院院长易恩侯世印

**解字第一四九号**

**民国十七年八月十七日　最高法院复安徽高等法院电**

安徽高等法院鉴,庚代电悉,所述包商税收无着,是否因人民反对所致,皆属于行政范围,列举两说,应以第一说为是。最高法院筱印

**附安徽高等法院原代电**

南京最高法院鉴,皖省杂税,从前多系招商承包,一经标定之后,即应由包商按照标额报解,不问税收有无盈亏。惟包商设所征收,倘因地方人民组织机关,出而反对其人,致包商之税收无着,顿生损害,究应如何救济?有谓商人承包税款,系受国家之委托,代国家本于其行政权(公法上之权力)之作用。对于人民,命其履行一种特定义务,并非私法上之权利。纵令被人侵害,仅能向主管行政衙门声请救济,自不能依民事诉讼程序以求赔偿。有谓商人承包税款,设所征收,固为公法上之行为,但因人民反对其人,致税收无着,而应解之款,又为标额所限,必须呈解,均由包商赔垫。此种损害,纯系人民侵权行为所生,自属私法上损害。赔偿问题,本得为民事诉讼标的,对于加害者,提起民事诉讼,以资救济。各执一说,用特代电,恳请迅赐解释为荷。安徽高等法院庚印

解字第一五〇号

民国十七年八月十七日　最高法院复广西高等法院电

广西高等法院鉴,沁代电悉,适用刑事诉讼律省份,可由告诉人委任律师出庭代行告诉。若沿用刑事诉讼条例省份,则难适用此办法,参照本院本年解字第八六号及第八九号解释例自明。最高法院筱印

附广西高等法院原代电

南京最高法院徐院长勋鉴,案查前采人民诉追主义,广州政治分会,电询政治会议,刑事告诉人能否请律师出庭,经议决,在未颁布新刑事诉讼律以前,暂准刑事告诉人得延请律师出庭,由部通令各省遵照在案。惟现采国家诉追主义,检察官在法律上原为国家公益代表,原诉人当然不能委任律师为辩护,但未奉部令废止,前令告诉人是否仍准委任律师出庭?事关法律解释,悬案待决,请即迅予解释赐复,以便办理为荷。广西高等法院叩沁印

解字第一五一号

民国十七年八月十七日　最高法院复广西高等法院电

广西高等法院第一分院鉴,感代电悉,新《刑法》已展期于九月一日施行,凡八月以前覆判,发现误用新《刑法》之县判,自应依刑律更正。其在九月以后覆判者,则概依新《刑法》办理。且覆判章程第六条第二款规定,一案中,有应核准与应更正之部分互见时,应为更正之判决,更无新旧不同之虑。最高法院筱印

附广西高等法院第一分院原代电

南京最高法院徐院长钧鉴,查《刑法》公布七月一日实行以后,未奉展期令以前,各县公署受理刑事案件,依照《刑法》判决确定后,呈送覆判。依覆判章程,核准与更正互见时,更正部分是否仍旧适用刑律?如应适用刑律,则同一判决内,核准部分与更正部分,法之新旧不同,刑之重轻不等,究应如何办理之处,恳速解释赐复,以资遵守。广西高等法院第一分院院长陈祖信感印

解字第一五二号

民国十七年八月二十一日　最高法院复丰镇第三集团军骑兵第十一师张师长电

丰镇第三集团军骑兵第十一师张师长鉴,删电悉,《惩治盗匪暂行条例》,已经国民政府二四一号令,延长六个月,现时自仍有效。至于保卫团,苟系地方团体所组织者,若有犯罪,自不得以陆军军人论。最高法院马印

附丰镇第三集团军骑兵第十一师张师长原电

最高法院钧鉴,(一)查《惩治盗匪暂行条例》,施行期间定为六个月,现在是否有效,抑关于盗匪另有法条援用?(二)地方常聚从事剿匪之保卫团士兵犯罪,与警备兵同例,准用

陆军军人办理？悬案以待，统希解释迅复，以便遵循。第三集团军骑兵十一师师长张砺生删叩

**解字第一五三号**

**民国十七年八月二十四日 最高法院复四川高等法院电**

四川高等法院鉴，号代电悉，查再审之诉，律文上并无只许一次提起之限制，故苟具备再审条件，自可于再审上诉被驳斥后，更行提起。合电查照饬遵。最高法院敬印

**附四川高等法院原代电**

南京最高法院钧鉴，案据成都地方法院院长蔡先庚呈称，呈为呈请转恳电释事。窃查再审之诉，如因无理由被驳斥后，复行上诉，又被驳斥，能否提起再再审，于此有三说焉。甲、谓民国三年统字第一一五号解释，凡再审确定之案，复备再审理由，仍准再审等语。是再审之诉，虽因无理由而被驳斥，然依上诉程序，既准上诉，则上诉虽仍被驳斥，亦可提起再再审。乙、谓民国四年上字第八六八号解释，再审确定之案，如系请求有理由而被撤消原判决者，他造若备有再审理由，仍得请求再审等语。是再再审之诉，须限于再审有理由而被撤消原判决之他造当事人始得提起。若无理由而被驳斥之再审，原告人当然不得提起再再审之诉。丙、谓民国十年，民诉条例既经颁布，所有未经该条例明文规定者，即属失效。查民诉条例第五百八十条载：关于再审之诉之判决，得依通常规定上诉等语。是再审之诉，其救济之法，只限于上诉一途，并无有于上诉之外，复准再再审之明文，当然不能请求再再审。况以实际言之，既因无理由而被驳斥，上诉复无理由，亦断无有未经斟酌之证据发生。若不加限制，复准再再审，则辗转羁延，诉讼终无结束之日。以上三说，究以何说为是？事关法律解释，理合呈请钧院转电最高法院。明白解释示遵等情。据此，除指令照转外，理合据情电请钧院，核明示遵。署四川高等法院院长黄功懋叩号印

**解字第一五四号**

**民国十七年八月二十四日 最高法院复陕西高等法院电**

陕西高等法院鉴，齐代电悉，查来电所称让水合同、分水契约，虽系上游少数水头所订立，惟经官厅布告民众，未生异议。如果可认为上游全体已经追认，自不能于事后主张无效。至放水章程，既据称系分府及县知事之所议立，详请地方最高行政长官立案，即属一种行政处分。此项处分，是否适当，在未经行政长官命令更正以前，亦难谓为无效。其上游有无优先用水权，则应查照上开各合同、契约及章程内容办理。合电查照饬遵。最高法院敬印

**附陕西高等法院原代电**

南京最高法院院长徐钧鉴，案据陕西高等法院第二分院院长周致泽呈称：呈为呈请转院解释示遵事。兹有内地河流一道，发源山中，蜿蜒入于蒙古荒地，河身虽长，水流极细。

内地上游居民,每当用水之际,分段灌田,已无余水。嗣有外国教堂,取得下游蒙古荒地,因开辟成田,与上游华民少数水头,订立让水合同,每季分给教堂用水若干日,请由当地分府出有布告。旋因闰月用水争执,又经分府徇教堂之请,传集少数上游华民到案,根据前立合同,另订闰月分水契约,令该少数华民画押。厥后该分府及县知事,见上游华民与下游教堂,仍因用水历来冲突,复根据让水合同,议立放水章程,详请地方最高长官立案。自此以往,凡教堂与上游华民中一二人争水兴讼者,均依该章程判断。现时上游华民,全体因用水不足,否认少数人前立之让水合同,及闰月分水契约。暨前官府媚外所订之放水章程为有效,主张教堂不能用水,因而兴讼,于是适用法律,未免发生疑义。甲、此项让水合同及闰月分水契约,系教堂与上游少数华民所订立,本无拘东上游全体华民之可能,唯经官厅将合同布告民众,并根据合同另订放水章程,详请地方长官备案后,该上游华民全体是否有遵守该合同契约及规则之义务。乙、凡河流属公之性质者,固非私人所得专有,而以水流地两岸所有人均得使用河水为原则。惟河水无多,不足上下游两岸所有人使用时,上游两岸所有人应优先使用,抑应仍与下游两岸所有人平均分配。案关解释法律,职分院未敢擅断,理合具文呈请钧院转请解释示遵。案悬以待,望速施行。谨呈。等情到院。查事关解释法律,敝院未敢擅专,相应电请钧院迅赐解释示复,以便转饬遵照。陕西高等法院院长段韶九叩齐印

**解字第一五五号**

**民国十七年八月二十八日　最高法院复四川高等法院电**

四川高等法院首席检察官鉴,本院首席检察官转送,有代电悉,新《刑法》施行后,其依《惩治土豪劣绅条例》处有期徒刑者,应依国民政府新公布之《特别刑事法令刑等计算标准条例》办理。条例钞附,并请查照。最高法院勘印

**附四川高等法院首席检察官原代电**

最高法院首席检察官钧鉴,新《刑法》既已颁发,旧刑律当然失效。前阅《刑法》总则刑名章,有期徒刑已未分等。今见惩治土豪劣绅条例,复将有期徒刑分等,此后援用,是否依据失效之旧刑律,抑另有补充条款,请示遵办。四川高等法院首席检察官傅春宣叩有印

**解字第一五六号**

**民国十七年八月二十八日　最高法院复上海临时法院电**

上海临时法院鉴,敬电悉,《惩治盗匪暂行条例》,经国民政府第二四一号令,延长六个月,现在尚未届满,自不因新《刑法》施行,而不适用。最高法院勘印

**附上海临时法院原电**

最高法院鉴,新《刑法》施行后,《惩治盗匪暂行条例》仍否适用,乞解释电复。上海临时法院院长何世桢叩敬

**解字第一五七号**

**民国十七年九月一日 最高法院复山东高等法院函**

迳启者,准贵院第一三七二号函,以盗匪案件适用法律疑义及覆判章程第一条,列举各罪案,经县法院判决者,应否送请覆判,并县知事审理诉讼暂行章程,于已成立法院各县,是否尚应适用,告诉人应否准其上诉,其未成立法院各县,应否仍援用该章程。又县法院第一审判决地方法院管辖案件,是否以高等法院为上诉审等由,请予解释到院。查第一点,《盗匪案件适用法律暂行细则》第三条,系指《惩治盗匪暂行条例》第一条所列各罪,应科死刑者,若依该条例第十条适用刑律总则减等各条(如第五十四条)减处徒刑,应按照通常诉讼程序准其上诉,或送覆判。上诉审或覆判审除受覆判章程规定之限制外,仍依该条例处断,并非以普通法始,以特别法终,该条规定前后并无冲突。第二点,县法院之组织,若与普通法院同,所判决之案件,自毋庸再送覆判。第三点,《县知事审理诉讼暂行章程》不适用于正式法院,告诉人对于正式法院之判决,并无上诉之权,但未成立法院之各县,仍应依照县知事审理诉讼暂行章程及覆判章程之规定办理。第四点,县法院判决地方管辖之案件,应以高等法院为上诉审,相应函复查照。此致山东高等法院

**附山东高等法院原函**

迳启者,查《盗匪案件适用法律暂行细则》第三条,其末句云:但仍依该条例处断。反复推求,不无疑义。如谓上诉审或覆判审仍以该条例处断,是以通常程序始,而以特别法程序终,得无稍有龃龉。况如原审并无错误,上级审须维持原判,驳斥上诉或核准者,即无适用该条例之余地。如必强用,则与通常程序不符。且除该条例规定外,刑律及其他特别《刑法》,仍准适用,该条例第十条已有明文规定。本条所称减处徒刑之案件,又明明有指为适用刑律者,则所谓仍依该条例处断,不审有无冲突。如谓本条前半依该条例第二条减处徒刑之案,仍依该条例处断,则亦无依通常程序准其上诉或覆判之必要。此项规定,究应如何办理,应请解释者一。查覆判章程第一条,覆判规定系专为兼理司法之县知事而设。现在鲁省各县县法院已成立多处,经县法院判决,上开章程第一条所列各案,应否再送覆判,此应请解释者又一。《县知事审理诉讼暂行章程》第二十五条第一项规定,告诉人准其呈请上诉,鲁省已成立法院各县,该项章程是否尚应适用?如不适用,告诉人应否准其呈诉?又以上两章程,其未成立法院各县,应否仍再援用?此应请解释者又一。查鲁省新立县法院,仅设审判官一人。据刑事诉讼条例第十六条规定,初级审判厅管辖案件本有限制,惟县法院以审判官论,则仅一人,无论何种案件皆用独任制,其性质既近于初级。而第一审管辖权,则与地方法院同一范围。究竟经县法院第一审判决之案,其上诉机关是否仍应以上开法条为标准?除刑诉条例第十六条列举各罪应上诉于地方法院外,其第十七条应由地方法院(即前之地方审判厅)管辖,而经县法院审判者,均以高等法院为上诉审,此应请解释者又一。现在鲁省法界情形。与他省略有区别,又值新旧法过渡之际,故适用法律往往发现疑

义。以上各节,理合函请钧院迅赐解释,俾得有所遵循,实为公便。此致

**解字第一五八号**

**民国十七年九月一日　最高法院复河南高等法院函**

迳启者,本院检察处转送贵院首席检察官呈,以睢县民李星文触犯土豪劣绅罪名一案,应归何处办理等由,请予解释到院。查《惩治土豪劣绅条例》上之犯罪,在民国十六年八月十八日。该条例颁行前,已经县知事公署依普通刑律判决者,仍应有效。特种刑事中央临时法庭,久经成立,应向该法庭上诉,相应函复查照。此致河南高等法院首席检察官

**附河南高等法院首席检察官原呈**

呈为呈请核示遵行事。案查睢县民李星文触犯土豪劣绅罪名一案,河南高等法院刑庭于上诉处理后,改送河南特种刑事地方临时法庭办理。旋准临时法庭片开:为片送事。前准贵院函开:迳启者,案查睢县李星文被诉侵占一案,核系特种刑事,相应检同全卷,移送贵庭查收核办,以符新制,并希赐覆是荷等因。准此,查李星文侵吞公款一案,曾于民国十五年九月十四日,经睢县县公署宣告判决在案。按照司法部第一三二号训令内开:凡在特种刑事临时法庭尚未组织以前,关于土豪劣绅案件,即暂归普通法院办理。敝庭于本年一月成立,是该案判决在敝庭未组织以前。且该被告人李星文当时因不服原判,既在贵院上诉,仍请由贵院办理,相应检同卷宗片送查收核办等因到处。当由职处转送河南高等法院刑庭核办去后,兹准刑庭片覆:查睢县李星文向充社长,假借名义,吞公肥已,显犯《惩治土豪劣绅条例》第二条第十一款之罪,依该条例第七条,自应由特种刑事临时法庭审判。虽李星文犯罪在特种刑事法庭成立以前,然既未确定,依最高法院检察官第三三一号训令内开(上略),兹经最高法院解字第六十八号文开,依《惩治土豪劣绅条例》第七条,此项案件应归特种刑事临时法庭审判,其暂由地方法院受理,已属临时办法,县知事竟行审判,殊乏根据,自属无效等语。则睢县公署于民国十五年九月十四日对李星文所为之判决,依照上开解释,及本案罪质,该判决当然无效,仍应转送特种刑事法庭办理,以符法制等因。准此,此案究竟应归何处办理,既如此发生消极争议,职处亦未便擅拟。如认为应归特种刑事临时法庭办理,但既经兼理司法之县长为第一审判决,应否送上级法院以判决撤消,抑或视原第一审判决为当然无效,亦似不无可疑。理合备文呈请钧处鉴核指示,以便有所遵循。谨呈

**解字第一五九号**

**民国十七年九月六日　最高法院复浙江高等法院电**

浙江高等法院长鉴,支电悉,惩盗条例经国府第二四一号,合延长六个月,现未届满,自不因新《刑法》施行,而不适用。最高法院鱼印

**附浙江高等法院原电**

最高法院钧鉴,惩盗条例之罪,《刑法》已有处罚明文者,应适用何法,悬案以待,乞电

示。浙高法院长殷汝熊叩支

解字第一六〇号

民国十七年九月十日　最高法院复湖北高等法院首席检察官函

迳启者，本院首席检察官转送贵首席检察官呈，据武昌地方法院首席检察官呈，以湖北审判土豪劣绅委员会第二审审判确定之案，如无合法再审原因，被告人能否请求再审等由，转请解释到院。查审判土豪劣绅委员会于审判当时，如其组织成立，确有法律上之根据，则其判决自属有效。苟无法定再审原因，不得请求再审。相应函复查照，转饬遵照。此致湖北高等法院首席检察官

附湖北高等法院首席检察官原呈

呈为呈请函转解释令遵事，案据武昌地方法院首席检察官呈称，窃查湖北省审判土豪劣绅委员会暨县审判土豪劣绅委员会，均依湖北省政府颁布之审判土豪劣绅委员会组织条例组织成立。审级系分二审，其已经过前湖北省审判土豪劣绅委员会第二审审判确定之案，以普通法例言，除有合法再审原因外，似不能轻予再审，以期维持确定判决之效力，不使轻易动摇。惟该会审判案件多未根据事实，援用法条，任意判决，错误实多。被告人请求再审，可否受理，约分两说。甲说，谓前湖北审判土豪劣绅委员会，系共产党徒把持之党部、农民协会等所派代表组织成立。审判案件，虽具形式，而于本案事实，多未明了，率行判决，甚至淆乱黑白，颠倒是非，故入人罪，枉法冤判，在所不免。为法无枉纵计，其已经确定审判之案，不问有无合法再审原因，若被告人请求再审，自应准予受理，以资救济。乙说，谓前湖北省审判土豪劣绅委员会，既属依据湖北省政府颁布法令组织成立，其审判案件规定两审，与现时国民政府所颁布特种《刑事临时法庭组织条例》规定审判土豪劣绅案件两审制度相合。设已经过该会第二审审判确定之案，如无合法再审原因，依普通刑事法例，被告人不得请求再审，以保一事不再理之原则。事关法律问题，究以何说为当。再者，如认为可予再审，须由何种法庭管辖受理，职处悬案待结，理合呈请钧首席检察官鉴核，转呈最高法院解释令遵等情。据此，理合转呈钧处鉴核，函转解释令饬遵照，实为公便。谨呈

解字第一六一号

民国十七年九月十日　最高法院复河南高等法院函

迳启者，准贵院代理首席检察官傅廷桢来文，略谓洛阳习惯，有买卖婚姻一种，是否有效，转请解释到院。查买卖人口久已悬为厉禁，果如来函所述，妇女说与人为妻，苟经双方合意，虽出银若干，而实具有财礼之性质者，其婚姻自应认为有效。否则，仅假托婚姻之名，而行辗转买卖之实，无论地方有无此习惯，仍为法所不许。相应函复查照转遵。此致河南高等法院

**附河南高等法院原呈**

为呈请事。案据河南洛阳地方法院首席检察官刘章快邮代电称:查洛阳习惯,有买卖婚姻一种,即寡妇再醮,或外来妇女为贫所迫,凭中说与人为妻,由承买人出银若干,出卖人立人契一纸,即为婚姻之成立。此种婚姻,是否生效,有两说:甲、谓婚姻禁止买卖,当然无效,并应科以相当之罪;乙、谓如承买人果系为正式夫妇,双方合意,依地方习惯,自可认为有效。然则依甲说,如乡愚无知,费半生积蓄,买来一妻,法律不为保护,不惟人财两失,并又加之以罪,于人情似乎有违,尤易长欺诈之风;依乙说,则与法令不合,亦易发生诱拐案件。究应如何办理,理合呈请解释示遵等情。据此,案关法律解释,理合具文呈请钧处鉴核,转请核示饬遵。谨呈

**解字第一六二号**

**民国十七年九月十日　最高法院复江苏高等法院函**

迳启者,准贵院第四四五九号函,转叙张德咸等与刘鹤轩为承垦国有荒地涉讼一案,请予解释到院。查所述情形,概系录陈具体案件,依本院第一七一七号通函,非上告到院,未便予以解释,相应函复查照饬遵。此致江苏高等法院

**附江苏高等法院原函**

迳启者,案据泰县县长董汉槎呈称,为呈请解释事。窃查官产缴价,根据《国有荒地承垦条例》而行,承垦人须依该条例第七条缴纳保证金,领受承垦证书。如逾第十条所定垦限,即依第十三条撤销其承垦。凡依限垦成之地方,须依第十八条、第十九条、第二十二条、第二十三条缴纳地价,领受所有权证书,报请升科。兹职县受理有张德咸等与刘鹤轩为承领官有荡地涉讼一案,因原告张德咸偕同诉外之宋锡朋等共九人,于清末呈请报领银荡,荡地肆百余亩,至民国二年正式升科,照古荒洋田则例,计科漕米二担二斗八升八合,丁银一两七钱七分八厘。迨官产缴价章程施行以后,并未遵章缴价领照,且其中贾载扬、童宝荣、张永保、毛定元各将百亩价卖与张洪亮之父淦卿为业,业已垦熟二百余亩,迄今并未照熟田则例升科。张德咸等所领之地,则荒漠如故。本年春间,泰东兴官产驻办处,将该荡地肆百余亩分别给与刘鹤轩及思福堂缴价报领,张德咸等出而诉争,张洪亮亦在行政部分有所主张。职府对于此案有疑义之点五,谨分述于后:(一)查张德咸等对于银荡既未缴金领证,其承垦自不合法,惟其行为在条例施行以前,依法律不溯既往之原则,得否予以追认,抑根本不承认其垦权?(二)该荡地总亩数七百有余,张德咸等承垦肆百余亩,十余年来已垦者不过半数,其未垦者应否依该条例第十条、第十三条撤销其垦权?(三)查该条例第十四条载:本条例施行后,未经核准之私垦荒地,除收回垦地外,并处罚金。张洪亮所垦之荡地二百余亩,确在该条例施行以后,应否依该条例收回?然查张洪亮之垦权,系贾载扬等之继承人,则依历来何人首报、何人承领之判例,张洪亮又似有该地承领优先权。究竟此项垦权,得否许其移转?(四)查该条例第三十条仅载:本条例施行前,私垦荒地,未经缴价者,须于本条

例施行后六个月补缴地价。其逾限不缴者,应如何办理,并无明文。张洪亮已垦之地,及张德咸等虽未垦而已认垦之地,在今日可否认其优先权之存在,而许其补缴地价?(五)查该条例第二十三条:承垦地于垦竣后一年,照则升科。张德咸等认科上开银米,依古荒洋田则例计算,应得田四百二十亩零。若照泰邑锡则(泰邑熟田分金、银、铜、铁、锡五则)升科,仅能得田一百八十七亩零。系该条垦竣升科文义解释,当指照熟田升科言。然张德咸等升科在条例施行前,是否不受该条文之拘束?事关法律疑义,悬案待结,理合具文呈请鉴核,俯赐解释,指示遵行等情到院。事关法律疑义,相应函请贵院解释见复,以凭饬遵。此致

**解字第一六三号**

**民国十七年九月十日 最高法院复四川高等法院检察官电**

四川高等法院检察处鉴,灰代电悉,关于第一问:女子虽有财产承继权,并无宗祧承继权,其承受遗产,在未嫁前,已有嗣子,固应与嗣子平分。即未立嗣,亦应酌留其应继之分,不得主张全部承受。关于第二问:女子承继财产,与嗣子本不相妨,惟抚异姓子以乱宗,及所拟未嫁之女招夫生子,仍从母姓,以续后嗣,均为法所不许。至义子酌分财产,在现行律定有明文,尤不发生疑问。以上两问,均可参照本院九二号解释(另纸抄阅)。关于第三问:女子承继财产,应以未出嫁之女子为限,经本院三四号解释有案(另纸抄阅)。合电查照。最高法院灰印

**附四川高等法院首席检察官原代电**

最高法院首席检察官钧鉴,顷据职院检察官李维泰呈称:查女子有财产承继权,在吾国法律上系属创举。第二次全国代表大会妇女运动决议案,仅示上开原则,对于事实上不免发生争议。迭读最高法院解释,如出嫁女无财产承继权,及不问女子有无胞兄弟,是否嫡庶长幼,均认为有同等承继权,并依权义对等之原则,认定有承继权之女子,应负扶养亲属之义务等项。虽足将上项原则补充说明,但事实问题,千头万绪,非先请求详细解释,难资适用。例如某甲单生一女,所有遗产,究竟全部付与其女,抑或抚子与女平分?在某女方面,谓无明文限制,主张全部承受,而某甲则以宗祧为重,主抚一子与女平分,相持不决,女又主张不嫁,仍冀独得,某甲即坚持己见,力主抚子与女平分。在裁判上究认何者为有理由,此应请解释者一。又如某乙仅有一女,无有家族,女依法固得承继财产,但因女子终应出嫁,恐绝后嗣,主择抚异姓与女平分,女愿不嫁,承受全部家产,某乙终以后嗣为念,极端否认其女之主张,并称抚子不能与女配,抚孙又患无子,提出三项办法,请求裁判:(一)另抚一子,仍令女嫁,以全宗祧;(二)为不出嫁之女,择夫婿,不改姓,而以所生之子从母之姓,以续后嗣;(三)女不愿由父择夫,甘抱独身主义,相持不决,法律上能否强制,抑另有补救?此应请解释者二。又某丙有女二:一已出嫁,一未出嫁。已出嫁者,以姐妹立于同等地位,请求平分财产。未出嫁者,因法律已有限制,不允成讼。据已出嫁攻击,谓妹虽未出嫁,但终必出嫁。同一出嫁,仅以先后为定,誓不承认其妹之主张,并谓如不允平分,即求断令其妹终身

不得出嫁。所持理由,约有二端:(一)女已出嫁,即等于子已出继。承受遗产后嫁,仍等于子之出继,并等于子之携取全部遗产出继;(二)承受遗产,分为已嫁、未嫁,不惟有欠公平,并且有失一律平等之原则。双方相持不决,在裁判上究认何者为有理由?此应请解释者三。以上三项,均案关重大,值兹法律过渡时期,既不敢妄加推测,尤不敢率尔认定,只得略具事实,敬乞转呈解释等语。准此,特为转电上呈,即祈转交最高法院院长明白解释,用便饬遵。谨电。四川高等法院首席检察官傅春宣叩灰印

**解字第一六四号**

**民国十七年九月十一日　最高法院复司法部函**

迳启者,准贵部公字第三二四号公函,转国民政府军事委员会函,据淞沪警备司令钱大钧呈请解释黄宪武被匪枪杀一案管辖问题,转请解释到院。查犯罪地之法院,依刑诉法第十三条,自应有管辖权。若该犯人并非现役军人,依《惩治盗匪暂行条例》第四条规定,即不得由军官审判。相应函请贵部转达查照。此致司法部

**附司法部原函**

迳启者,案准国民政府军事委员会法字第三零八六号函开:案据淞沪警备司令钱大钧呈称,查上海南市咸瓜街泰桂圆号主黄宪武被绑勒索不遂,被匪枪杀一案,当由上海特别市公安局侦缉队在公共租界协同捕房缉获要犯汪惠如即汪老五一名,经该局派员赴公共租界临时法院提回,旋即保释。该犯外出后,即行避匿,此职部接事前事也。嗣该犯又在公共租界被巡捕捕获,职部闻讯,以本案出事地点,系在租界范围之外,事关绑票杀人,应属职部审理,经迭次派员持文赴该院守提该犯在案。乃该院初称本案已由捕房告发,俟讯明后,再行函复,继则多方推诿,最近又称本案被告曾交公安局提回讯办,讵该局遽予释放。现查该被告议款及撕票地点,均在租界,本院自有管辖权,未便提回解贵部讯办等由。查刑事诉讼律原则,凡一种犯罪行为,经过二处以上之管辖区域,其获得罪犯者,即有管辖权。本案发生地点,既在租界之外,复首先经公安局侦缉队侦得该犯藏匿处所,协同捕房旋行逮捕,立将该犯提回。是该院之默认本案不由其管辖,至为明显。公安局虽将该犯释放,但该局无此权能,其所处置自属非法。职部对于本案之管辖权,并不因该局之轻纵该犯而丧失。兹该院坚拒提解,在管辖问题未解决前,遽以共同诈财罪判处汪惠如五等有期徒刑十一个月,并有易科罚金之说,措置殊属失当。拟请钧会咨行司法部转饬最高法院,对于本案管辖问题,加以详释,使本案有合法之解决,是否有当,敬乞核示只遵等情。据此,除指令外,相应函请查照,核办见复等由。准此,查来函所述,系因管辖问题,请予解释,相应函请贵院查核见复。此致

**解字第一六五号**

**民国十七年九月十一日　最高法院复司法部函**

迳启者，准贵部公字第四零三号公函，据江苏高等法院呈称，农民纠抢姨表妹成婚，应否依《惩治土豪劣绅条例》办理，及欺人之孤弱，若何标准等由，转请解释到院。查犯《惩治土豪劣绅条例》第二条所列举之罪者，据本院六九号解释，不问何人适用之。所谓不问何人，系指其职业性别，不论为何种类而言。惟犯罪之主体，必限于该条文所明定之土豪劣绅，乃得适用。若犯罪者素系农民，平日并无凭借势力欺凌乡里，自不得概以土豪劣绅论。至于未成年之女子，而无法定代理人者，自可认为孤弱。相应函请贵部转达查照。此致司法部

**附司法部原函**

迳启者，据江苏高等法院院长张君度呈称：窃查《惩治土豪劣绅条例》第二条载：土豪劣绅有下列行为者，依下列各款处断。第二款载：欺人之孤弱，以强暴胁迫行为而成婚姻者，处一等或二等有期徒刑各等语。兹有农人某甲，因姨表妹丧父，其母家贫，寄食于舅父家中，遂纠合族众抢归为妻。某甲既系农人，似非土豪劣绅身分。但据最高法院第六九号解释，犯该条例第二条所列举之罪者，不问何人适用之。某甲虽系农人，似又应视同土豪劣绅，依惩治土豪劣绅条例处断。再，该条例欺人之孤弱云云，究依若何标准，是否凡无父幼女，均可认为孤弱，职院庭员见解不一，理合具文呈请鉴核示遵等情。据此，究竟来呈所称之农民，纠抢姨表妹成婚，应否查照贵院第六九号解释例，依《惩治土豪劣绅条例》，归特种刑事临时法庭办理？又，该条例所称欺人之孤弱，究依若何标准？事关解释法律，相应转请贵院长解答，以便转令遵照为荷。此致

**解字第一六六号**

**民国十七年九月十一日　最高法院复江苏高等法院函**

迳复者，准贵院第四二七九号公函，以商人在禁烟条例有效期内，向禁烟分局领售未贴部颁印花之鸦片烟土，经公安局认为私土抄获，该商人应否论罪等由，请解释到院。查《禁烟条例》第十二条载：鸦片烟等类药品，除由部征收特税另定规章外，各省总局一律照值百抽五十税率，粘贴部颁之印花票等因。如果禁烟局系照另章，已收特税，应在第十二条所谓除外之列，则该烟土虽未贴部颁印花，尚难谓为违法，否则依禁烟条例第七条、第十条规定，禁烟局不贴部颁印花，即不得滥用特许之权。惟该商人如误信分局特许为合法，致未缴足印花税而领出发售，尚难认有犯罪之故意，相应函请贵院转达查照。此致江苏高等法院

**附江苏高等法院原函**

迳启者，案据高邮县长代电内称，兹有某商人等，于禁烟条例有效期间内，经禁烟分局

之特许,向局领出鸦片烟土发售,其烟土包皮上盖有禁烟局之印文,并无部颁印花。经公安局认为私土,抄获多起,由县会同禁烟分局审理,禁烟分局主张某商人等并不违法。嗣后禁烟分局职员星散,关于某商人等之行为,应否依律处刑,分为两说。甲说,禁烟分局不领部颁印花,滥用特许权,违法舞弊,应负相当罪责,商人与为共犯,亦应依律治罪。乙说,禁烟分局系国家机关,商人误信分局之特许为合法,并无犯罪之故意。现在禁烟分局职员星散,反株连无犯意之商人,于理殊为不当。两说究以何说为是,理合电祈核转解释示遵等情到院。事关解释法律,相应备函转请贵院解释见复,以便饬遵。实纫公谊。此致

**解字第一六七号**

**民国十七年九月十日　最高法院复河南高等法院首席检察官电**

河南高等法院首席检察官鉴,本院首席检察官转送,敬代电悉,前北京政府所颁行之修正吗啡治罪法,依国民政府十六年八月十二日令文,原准暂行援用。惟现在《刑法》关于吗啡治罪法上犯罪已有规定,该治罪法自应失效。石地年在《刑法》并无科刑明文,如化验,其质料与《刑法》第二百七十一条所列举之质料相同,仍得依该条文论断。最高法院蒸印

**附河南高等法院首席检察官原代电**

南京最高法院首席检察官王钧鉴,设有运送石地年者,经禁烟分局抓获,依照河南全省禁烟处章程科罚,后被罚人不服,呈诉到院。查此种案件,普通法院是否可以受理,有两说:甲说,谓普通法院受理烟案,应以《修正国民政府禁烟条例》为根据,该条例内并未列有石地年,则关于石地年之犯罪,普通法院自无受理审判之途;乙说,谓石地年亦系毒品之一,可为鸦片烟之代用,普通法院当然可以受理,究以何说为是,应请解释者一。再,《修正国民政府禁烟条例》第十四条所称烟类,究竟范围如何,以前北京政府所颁行之修正吗啡治罪法,是否尚能援用,应请解释者二。以上两点,统祈鉴核,从速电示,俾有遵循。代行河南高等法院首席检察官、职权检察官傅廷桢敬印

**解字第一六八号**

**民国十七年九月十一日　最高法院复浙江高等法院电**

浙江高等法院鉴,支代电悉,刑诉法施行后,裁判之案,自应依刑诉法定其管辖。前为初级管辖,因刑诉法施行,改归地方管辖者,法院受理上诉,应分别依该法第三百八十五条第三项,或四百十二条办理。前为地方管辖,因刑诉法施行,改归初级管辖者,地方法院依第三百零八条,既仍得为第一审,则高等法院自可受理第二审。若此项案件。系由县判后送覆判者,则依刑诉法既应认为初级管辖案件,自无庸覆判。最高法院真印

**附浙江高等法院原代电**

最高法院钧鉴,依刑诉条例裁判各案,因刑诉法颁行管辖,有变更时,关于第二审受理上诉抗告或覆判,应否依刑诉法定其管辖,抑仍照旧办理,刑诉法施行条例无明文规定,悬

案以待，乞予解释，电示只遵。浙江高等法院院长殷汝熊叩支印

**解字第一六九号**

**民国十七年九月十一日　最高法院复浙江高等法院电**

浙江高等法院鉴，支代电悉，《刑事诉讼法》第三百三十七条规定，被害人对于左列各款之罪，得自向该管法院起诉。此种自诉权之行使与否，除第三百四十一条之限制外，纯出于被害人之自由。倘被害人不行自诉而向检察官告诉者，依法仍应着手侦查。最高法院真印

**附浙江高等法院原代电**

南京最高法院院长钧鉴，据杭县地方法院吴兴分院院长姜丙奎呈称：窃查《刑事诉讼法》第二章第三百三十七条规定，被害人对于左列各款之罪，得自向该管法院起诉：（一）初级法院管辖之直接侵害个人法益之罪；（二）告诉乃论之罪。核与刑诉条例范围较广，又无保证金之限制。于此有两说焉：甲说，即检察官谓刑诉法第三百三十七条各款，被害人既得向法院自诉，检察官即可无庸干预。如被害人不知法律，误向检察官告诉者，不必若手侦查，即时移送刑庭审理，以符自诉之规定。乙说，即刑庭推事谓被害人得自向法院起诉。玩其得字意义，当出于被害人之自由意思，法律亦无不得告诉检察官之限制。被害人既向检察官告诉，依法应予受理。如不着手检验侦查，似不合法。即如伤害罪有无杀人之意思，或因过失者，未经检验侦查，无从预测。推事向无轮流值班之章程。星期日、例假日，对于《刑法》第二百九十三条第一项之罪，势必无人受理。依上两说，主张不同，职院办事章程并未规定，究竟甲、乙两说以何者为是。《刑事诉讼法》施行在即，理合备文呈请鉴核，指令遵行等情。据此，该呈所称甲、乙两说，虽均不无误会，顾事关法律解释，相应电请贵院解释见复，以便转令只遵。浙江高等法院支印

**解字第一七〇号**

**民国十七年九月十二日　最高法院复江苏高等法院首席检察官函**

迳复者，本院首席检察官转送贵首席呈，以前北京临时执政赦令，应否有效等由，请解释到院。查前北京临时执政赦令，与国民政府法令抵触，在各省区隶属国民政府领域以后，自不能援用。惟从前检察厅如已依当时法令处分，免予执行，其处分仍应有效，相应函请查照。此致江苏高等法院首席检察官

**附江苏高等法院首席检察官原呈**

呈为呈请解释事。案据上海地方法院首席检察官沈秉谦呈称：窃查十四年一月一日前北京临时执政赦令，奉最高法院第一九号及第五四号解释，因与国民政府法令抵触，在各省区归属国民政府领域以后，即不能援用等因。惟查十四年一月一日以前，已经审判确定因赦免未予执行之案，现在有人呈请，查照原判执行，究应如何办理，今有两说：甲、谓最高法院解释，凡在各省区归属国民政府领域以后，不能援用前项赦令，系指尚在侦查或审判程序

中而言。如在未归属国民政府领域之先,而于十四年一月一日以前,已经判决确定,依照前项赦令应予免除者,按诸法律,不溯既往之旨,自应认赦免为有效。若谓无效,则从前依照赦令免除之案甚多。一经有人呈请,即一一查案,继续执行,势将不胜其扰。乙、谓临时执政赦令,根本上即属违法。此项违法之赦令,既奉最高法院解释与国民政府法令抵触不能援用,则从前依照该违法赦令而予赦免之案,亦难认为有效,自应查案补予执行。二说究以何说为是?职处现正有案待决,理合备文呈请鉴核,俯赐转请解释令遵,实为公便等情。据此,事关法律解释,理合据情转呈,仰祈钧席核转解释令遵。谨呈

**解字第一七一号**

**民国十七年九月十三日　最高法院复湖北高等法院首席检察官函**

迳复者,准贵院歌代电,以从前应送覆判案件,现在刑诉法施行,此类案件,应否转送覆判等由,请解释到院。查此项问题,本院已有解字第一六八号解释,相应抄录一份,函请查照。此致湖北高等法院首席检察官

**附湖北高等法院首席检察官原代电**

最高法院首席检察官王钧鉴,查修正覆判章程第一条载:凡地方管辖案件,均应送覆判。现在《刑法》及《刑事诉讼法》,业经公布施行,管辖略有变更。各县司法公署,在十七年九月一日以前判决,属于地方管辖案件。至九月一日新法施行以后,因之改属初级管辖。此类案件,应否转送覆判,悬案待决,希即转请解释示遵。湖北高等法院首席检察官邓济安叩歌印

**解字第一七二号**

**民国十七年九月十三日　最高法院复浙江高等法院第一分院函**

迳复者,准贵院支代电,以刑诉法施行后,新旧管辖不同者,是否概依新法变更等由,请解释到院。查此项问题,本院已有解字第一六八号解释,相应抄录一份,函请查照。此致浙江高等法院第一分院

**附浙江高等法院第一分院原代电**

最高法院钧鉴,《刑事诉讼法》施行前系属于第二审审判中案件,新旧法管辖不同者(例如旧律轻微伤害属地方管辖,刑诉法属初级管辖),是否概依新法变更其管辖,乞释明电示。浙江高等法院第一分院支印

**解字第一七三号**

**民国十七年九月十四日　最高法院复桂林高等法院分院电**

桂林高等法院分院陈院长鉴,真电悉,应依《刑法》第二条改判。最高法院寒印

附桂林高等法院分院原电

最高法院徐院长钧鉴,刑罚变更,得为撤销原判理由,刑诉法第三审虽有明文,而第二审无之。凡第一审在《刑法》未施行前,适用刑律判决,委无不合上诉。第二审中应否依《刑法》第二条,认为依裁判时之法律,悉予改判,恳赐解释电复。桂高分院院长陈祖信真印

解字第一七四号

民国十七年九月十四日　最高法院复上海临时法院电

上海临时法院何院长鉴,歌代电悉,减等方法,应查照国府颁布之特别刑事法令刑等计算标准条例办理。最高法院寒印

附上海临时法院原代电

南京最高法院钧鉴,现有惩治盗匪案件,依照条例第二条应予减等。惟该条所谓减一等或二等,当新《刑法》若干分之几,未敢臆断,请解释示遵。上海临时法院院长何世桢叩歌印

解字第一七五号

民国十七年九月十五日　最高法院复福建高等法院首席检察官函

迳启者,本院首席检察官转深贵首席呈:据晋江地方法院呈称,甲因民事纠葛,或挟夙仇率请军队往办,致生滥行逮捕,劫取财物,焚毁宅第,杀害人命之种种结果,甲应否共负罪责等情,转请解释到院。查人民唆使军队报其私仇,应就其教唆犯罪部分,以造意犯论。若军队犯罪之行为出于其教唆以外者,该民自不负责。相应函复,转饬遵照。此致福建高等法院首席检察官

附福建高等法院首席检察官原呈

呈为转呈事。案据暂代晋江地方法院首席检察官陈仁泰呈称,窃据职院检察官魏募呈称,窃检察官受理侦查案件中,兹有甲与乙原因民事纠葛,或挟有夙仇,乃率请军队往办。而军队到临之结果,或滥行逮捕,或劫取财物,或焚毁宅第,或杀害人命,种种暴行,不一而足。于此场合,甲应否负有罪责,可分四说。子说,谓甲应构成《暂行新刑律》第三百五十七条之罪,以甲率请军队之行为为胁迫之手段,此种手段。足以使乙畏布,即足以妨害其安全。丑说,谓甲利用军队实施犯罪行为,被利用之军队不负普通刑律上之罪责,故甲应构成间接正犯。寅说,谓军人犯罪行为,虽不负普通刑律上之罪责,但不能不负有陆军刑律上之罪责,非绝对无责任能力者,故甲利用军队,使之实施犯罪行为,应构成造意犯。卯说,谓《暂行新刑律》第三百五十七条胁迫行为之构成,只须行为人本人有欲加恶害之通知,使被害人发生畏惧之念,即足以成立本条之罪。若实施加害行为者,自非本罪所能赅括。至被利用实施犯罪行为之军队,既非绝对无责任能力,又非实施其所教唆之犯罪行为,自不发生间接正犯与造意犯之问题。此外,法律并无明文。按之《暂行新刑律》第十条之规定,甲自

不负何种罪责。惟此间民俗刁悍,动辄以军队为机械,此种案件,层见叠出,究应如何处理?事关法律疑义,悬案以待,理合呈请转请解释,俾有遵循等情。据此,理合具文呈请钧座察鉴,迅赐令遵,俾便转饬遵照等情。事关法律解释,除指令外,理合转呈钧长鉴赐,转院解释示遵,实为公便。谨呈

**解字第一七六号**

**民国十七年九月十五日　最高法院复广东高等法院函**

迳启者,准贵院第一一零三号函,以妾与家长,是否仍有亲属间关系,及人事诉讼当事人一造不到案应如何办理等由,转请解释到院。查妾与家长之关系,系发生于一种契约,法律上既认为家属之一员,如妾请离异,自不适用离婚规定。惟所诉应否解除契约,须由法院受理裁判。至人事诉讼一造当事人不于言词辩论日期到场,除对于原告得为缺席判决外,如被告不到,自应依据民诉律第七七六条及第七七八条照常审判,相应函复查照饬遵。此致广东高等法院

**附广东高等法院原函**

迳启者,现据琼崖地方法院澄迈县分庭推事符世兰呈称:窃查妾对于家长,依刑律补充条例,初发生妾与家长之身份关系。惟该条例早经明令废止,则此项身份亦不能认为存在,可无疑义。乃妾与家长是否仍有亲属间之关系,妾请求离异,其请求是否合法,应否予以受理,此应请解释者一。查现行法例,人事诉讼,不能因当事人一造之不到案,推定其为自白。除法院以职权调查证据确凿得为通常判决外,不能下缺席判决。如婚姻事件,一造系故意延滞诉讼,匿不到案,依上项法例规定,是则该案永无终结之期,于办案迅速之旨,殊相违背。究应如何办理,此应请解释者二。以上二端,职庭已有此种诉讼发生,悬案待决,理合备文呈请察核,俯予转请解释示遵,实为公便等情前来。事关法律解释,相应据情函请贵院查核解释见复,以便饬遵。实纫公谊。此致

**解字第一七七号**

**民国十七年九月十三日　最高法院复广西高等法院电**

广西高等法院鉴,养代电悉,查第一问题,既称未婚妻请判离异,只须关于婚约应否解除予以审判,应照普通诉讼程序办理。倘被告无故不到,亦得为缺席判决。第二问题,当事人于具状和解后,仅就原决定之一部声明上诉,即可视为抗告,由原审更正。其不服之部分,须于审判本案前,就和解原因是否成立问题先为审判。苟和解确已合法成立,即不能进而审判本案。最高法院元印

**附广西高等法院原代电**

南京最高法院徐院长勋鉴,案据陆川县长康德兴真电称:设有未婚妻甲,因乙夫残废,请判离异。迭经传讯,该乙匿不投案。旋据甲续诉状称:人事案件,被告人不到,依法不能

缺席判决。长此迁延,案无了期。如援男女离婚结婚绝对自由之议案,遽行改嫁,又恐法庭将来以重婚论罪;如果论罪,又似弁髦党纪,如何救济?立恳批示只遵等情到署。又如甲与乙因坟山涉讼一案,当经具状和解,双方各自署名签押。惟因和解之条件甚多,作成决定书,分别送达,以备日后执行。甲因收到决定书后,对于一部分声明上诉。查和解案件,并无准予上诉之明文。如准上诉,恐与法律相抵触;不准上诉,又恐屈抑下情。可否援民诉律第五百九十七条办理,以资救济?上列二端,均滋疑义,如何办理,方为适宜。理合电恳解释,详晰赐复等情。查第一问题,原可依法送达传票,并依民诉律第七七八条第三项,唯用第三六七条第一、二项办理。在未判决确定前,似不能认为已脱离婚姻关系,遽可改嫁。第二问题,民诉律规定未详,应请贵院解释见复,借资令遵。广西高等法院院长朱朝森叩养印

**解字第一七八号**

**民国十七年九月十七日 最高法院复安徽特种刑事地方临时法庭电**

安徽特种刑事地方法庭鉴,寒电悉,特种法庭不设检察官,应许起诉人委律师代行告诉。最高法院筱印

**附安徽特种刑事地方临时法庭原电**

最高法院钧鉴,特种法庭既不设检察官,起诉人能否委律师出庭,乞电示。皖特地庭寒印

**解字第一七九号**

**民国十七年九月十五日 最高法院复江苏高等法院电**

江苏高等法院张院长鉴,微代电悉,查新《刑法》第二百五十七条一、二两项,系兼指和诱或略诱未满二十岁之男女而言,与第三百十五条一、二两项之规定不同。参照同条第三项,则第二百五十七条第三项之罪,凡系移送被和诱人于国外者,即可构成,并无年龄之限制。合电查照饬遵。最高法院删印

**附江苏高等法院原代电**

最高法院钧鉴,案据武进县承审员金宝钧有代电称:查新《刑法》第二百五十七条,计共三项:(一)和诱、略诱未满二十岁之男女,脱离享有亲权人、监护人或保佐人者,处六月以上、五年以下有期徒刑;(二)意图营利或意图使被诱人为猥亵之行为,或奸淫而犯前项之罪者,处一年以上、七年以下有期徒刑,得并科一千元以下罚金;(三)移送被诱人出民国领域外者,处七年以上有期徒刑。而第三百十五条专指略诱,亦分列三项:(一)意图使妇女与自己或他人结婚而略诱之者,处一年以上、七年以下有期徒刑;(二)意图营利或意图使妇女为猥亵之行为,或奸淫而略诱之者,处三年以上、十年以下有期徒刑,得并科一千元以下罚金;(三)移送被略诱人出民国领域外者,处无期徒刑或五年以上有期徒刑等语。该两条处刑轻重不同,且嫌重复。窃意第三百十五条既专指略诱罪,则第二百五十七条当专指和诱而言,

该条内略诱二字应行删除。似此于和诱、略诱分别科断,以犯罪之轻重,定科刑之标准,既于立法之精神相合,而关于司法者之引用,亦不致错误。是否有当,请核示遵等情前来。事关法律疑义,乞即释明电复,以便饬遵。江苏高等法院院长张君度叩。微印

**解字第一八〇号**

**民国十七年九月十七日　最高法院复江苏高等法院函**

迳启者,准贵院第四四八零号公函,据武进县承审员金宝钧感代电称,引诱未成年女子与他人奸淫,衡情綦重,应处以正犯之刑。《刑法》第二百四十九条之规定,似嫌宽纵,及二百四十六条所定三年以下有期徒刑之三字,是否五字之误等情,转请解释到院。查引诱未满十六岁之妇女与人奸淫,应依《刑法》第二百四十九条处断。若超越引诱范围而达于教唆程度,或于实施犯行之际,为直接及重要之帮助,应查照同法第四十三条或第四十四条论科。再新《刑法》第二百四十八条中之并科罚金,其数额比较第二百四十六条为重,所定三年以下有期徒刑之三字,并非五字之误,相应函复查照饬遵。此致江苏高等法院

**附江苏高等法院原函**

迳启者,案据武进县承审员金宝钧感代电称:昨呈有代电,对于新《刑法》上之疑义,请求核转示遵,谅邀鉴察。复查新《刑法》第二百四十条第二项内开:奸淫未满十六岁之女子,以强奸论,强奸应处七年以上有期徒刑。而第二百四十九条内载:引诱未满十六岁之男女,与他人为猥亵之行为,或奸淫者,处五年以下有期徒刑等因。此项引诱未成年女子奸淫,大都意图营利,具有恶搗手段,衡情綦重,即非教唆犯罪,亦系于实施犯行之际,为直接及重要之帮助,自应依新《刑法》第四十三条第二项,或依第四十四条第三项但书之规定,处以正犯之刑(七年以上有期徒刑)。今特设此第二百四十九条之宽典,似无以示平允而昭儆戒。应如何酌予修正之处,敢乞钧座鉴赐,并予转请司法部最高法院核示只遵。再,新《刑法》第二百四十八条对于以犯第二百四十六条之罪为常业者,处三年以下有期徒刑之三字,是否五字之误,并乞转请核示遵行等情到院。事关解释法律,相应函请贵院解释见复,以便饬遵。此致

**解字第一八一号**

**民国十七年九月十七日　最高法院复江苏高等法院函**

迳启者,准贵院第四五八二号函,据江宁律师公会呈称:拍定人不依规则如期缴价,执行机关亦未以职权行再拍卖程序,应如何办理等情,转请解释到院。查关于强制拍卖程序,苟具备《民事诉讼执行规则》第六十八条至第七十条要件,应由执行法院依同规则第七十二条为拍定许可之决定。经确定后,以职权指定拍卖缴价日期,即同规则第七十七条所谓之期。到此日期,拍定人不履行缴价义务,则执行法院即应行再拍卖程序。函述情形经过拍买申述后,是否具备前述各要件,尚滋疑义。要之,法院如果未经许可拍定之决定,亦未以

职权指定缴价日期，时隔两年，惟有依执行规则第七十一条从新拍卖，前拍买人不得主张权利。相应函复查照饬遵。此致江苏高等法院

**附江苏高等法院原函**

迳启者，案据江宁律师公会会长王朝干呈称，为呈请解释事。据会员林鸿藻来函称：迳启者，今有拍定人未依现行《民事诉讼执行规则》第六十六条所定之拍定期日，如期缴足价金。原法院又未以职权行再拍卖程序，延至两年以上，始行缴价承买。遂引起同规则第七十七条关于法定（如期）二字，究作何解之争议，因而发生拍买有效与否之法律上疑问，于是分为三说：甲说，拍定人缴价固延，原法院既未践行再拍卖程序，似难不认拍买为有效。至第六十六条拍定期日，只能解释为类似期间，拍定人可无须遵守。乙说，拍定人既已为合格之声明拍买，其应缴价金当于拍定期日缴足，故于法不另设催缴价金以裁决行之之规定。更查同规则第七十二条载明，原法院于拍定期日允许拍定，并缮制权利移转之书据。是拍定人应于拍定期日缴足价金，殊无疑义。至若延至一两年以上，始行缴价承买，其在当时已显有抛弃之意思，不论原法院已未践行再拍卖程序，要难归其承买。丙说，拍定人缴价既延，原法院亦未践行再拍卖程序，于其拍买为维持法院威信，似不能不认为有效。至因此而受有损害之人，于法须另诉赔偿，是因拍定人之延误，不能谓无不法侵害。以上三说，未知孰是？悬案待决，请开会评议，转请最高法院迅予解释示遵等由。准此，业于八月三十日召集评议会议决通过，请求解释，用特呈请钧院转请解释只遵，实为公便等情到院。事关法律疑义，相应函请贵院解释见复，以凭饬遵。此致

**解字第一八二号**

**民国十七年九月十七日　最高法院复浙江高等法院函**

迳启者，准贵院第一二四六号函，以印花税暂行条例及依同条例科罚，暨执行规则是否溯及既往问题等由，转请解释到院。查函述情形，本法令既经明文规定，自公布日施行。除因特别情形有特别规定外，自不得溯及既往，相应函复查照饬遵。此致浙江高等法院

**附浙江高等法院原函**

迳启者，案准杭县律师公会函开：据本会驻绍会员邵嗣尧函称，民间典卖田房契据，民国五年北京财政部曾有通令，应照税契条例办理，不属印花税范围之内，不必贴用印花。是以十余年来，凡不动产契据，概不贴用印花，民间已成惯例。上年中央颁布《印花税暂行条例》，及司法机关依印花税暂行条例科罚及执行规则，本省系以是年十二月一日为施行之期。前项条例，关于不动产典卖契据，已有必须贴用印花及不贴处罚之规定。在条例施行之后，司法机关遇有新提出不贴印花之田房契据，可依照该条例科处罚金，固无疑问。惟其提出之时期，如在民国十六年十二月一日印花税条例施行之前，在人民于提出之时，既无应贴印花之法令，而于既提出于司法机关之后，尤无自行补贴之机会。依法律不溯既往之大原则，似不应一律处罚。又，不动产以外之各种证据，情形相同，其提出于司法机关，如在民

国十六年十二月一日以前,虽未贴用印花,亦应依不溯既往之原则,一体免罚,以示宽大,请为转呈核办等语。业经本会第九次常任评议员会议决,认为法律不溯既往之大原则,文明各国,俱已通行,吾国司法机关自应一体适用。该会员等函称各节,尚属正当,相应函请查照,希即通令各法院暨兼理司法之县政府一体照办等由。准此,卷查奉颁《印花税暂行条例》,系于十六年八月四日,经由国民政府交中央政治会议议决施行。该条例第九条规定,本条例自公布日施行。又司法机关依印花税暂行条例科罚及执行规则,经司法部于十七年六月二十五日呈奉国民政府令准备案,该规则第七条规定,本规则自公布日施行。是前项暂行条例及规则,均应以公布之日为施行日期。复查浙江省政府公报第一百七十五期载十六年十二月一日浙江省政府财字第一七三四九号通令所属机关,准财政部咨送印花税暂行条例令文一件,于浙省施行日期,亦无特别规定。该律师公会原案所称,民间于十六年十二月一日以前,提出于司法机关之契据证据,未经贴用印花者,均予免罚各节,是否合法,相应函请贵院解释,以凭转行遵照。此致

**解字第一八三号**

**民国十七年九月十七日　最高法院复浙江高等法院函**

迳启者,准贵院第一二四八号函,以《印花税暂行条例》及依该条科处罚金,是否溯及既往等由,转请解释到院。查国民政府印花税暂行条例,应依其明文,自公布日施行,不得溯及既往。至依印花税暂行条例科罚之裁定,当以书面行之。相应函复,查照饬遵。此致浙江高等法院

**附浙江高等法院原函**

迳启者,案据浙江鄞县地方法院临海分院院长斯文呈称:窃前奉令颁司法机关依印花税暂行条例科罚及执行规则,共计七条。查该规则第一条:司法机关于审理诉讼时发见,或经人告发,不依照印花税暂行条例贴用印花之事项,依该条例科处罚金。又查《国民政府财政部印花税暂行条例》,系民国十六年八月四日经中央政治会议议决施行。究竟该条所指不贴用印花之事项,是否包括远年契约、簿据等件一并在内(如前清光绪以前之契章、簿据等),抑系仅指国民政府印花税暂行条例颁布以后者而言?又第二条:司法机关依印花税暂行条例科罚时以裁定行之。此项裁定,是否言词、书面均得为之等情,呈请解释前来。相应据情转函贵院解释,以凭饬遵。此致

**解字第一八四号**

**民国十七年九月十八日　最高法院复安徽高等法院电**

安徽高等法院鉴,庚代电悉,所述钱商通例,按日拆计息,每月并入原本,如平均计算,不超过年利百分二十之限制,且为债务人所同意者,不得谓为无效。最高法院巧印

**附安徽高等法院原代电**

南京最高法院钧鉴,查钱债往来,年利不得超过百分之二十,早经通令有案。而滚利作本,又为现行判例解释所限制。惟查皖省钱商,放息通例,凡活存、活欠,概以上海、镇江各埠日拆状况为转移。进出利息,无论存欠,均按此以日计算。每至月终,即将利息并入原本,结一总数,移入下月,再行计息。如年终未经清偿,即滚利作本,由债务人出一期票,作为开期。此种商场习惯,由来已久,各埠皆然,而又为双方所不争。究竟此种复利计息,能否有效?及钱商日拆应否受年利不过百分之二十之限制?事关法律疑义,用特代电,恳请迅赐解释为荷。安徽高等法院庚印

**解字第一八五号**

**民国十七年九月二十日　最高法院复山东高等法院函**

迳启者,准贵院第一九二六号函,郓城县法院审判官叶树荣呈称,乙在甲家为妾时受孕,其子戊出生于前夫丙家,为时月余,即由甲追认,将戊领回,抚育成年等情,转请解释到院。查甲与乙不问是否为婚姻关系,而乙既为甲妾时受孕,又经甲追认在先,其戊自属甲子。在甲之兄弟,即不得以异姓乱宗出而告争,而丙更无追认归宗之理,相应函复查照饬遵。此致山东高等法院

**附山东高等法院原函**

迳启者,据郓城县法院审判官叶树荣呈称:呈为呈请解释事。缘职院月前受理承继案一件,事实既属离奇,法律上尤多疑问,试例举以明之。例如某甲于光绪三十四年元月间纳某乙为妾,当年六月间即由该妾前夫某丙告诉官署,由官署将某甲与某乙之婚姻撤消,判交前夫某丙,将某乙领回安度。综计某甲与某乙同居,不过五六月,而某乙受孕,回归前夫某丙家,六个月即生一子某戊,月余后由某甲追认取回,抚育成人,现年已二十岁。不意某甲病故,某甲之兄弟某已否认某戊有承继权,并以异子乱宗告争到院。正核办间,而某丙参加诉讼,主张某戊是伊嫡子,并云曾经交涉多次,某甲不予,兹闻讼争,特请追认归宗,免绝后嗣云云。庭讯数次,三方坚执不下。查某甲与某乙本系不法婚姻,且经撤消,在此不法期间所为之行为,法律应否保护,此其一。某乙与某丙婚姻继续后所生之结果(指六个月生子之瑕疵结果),法律上应生如何效力,此其二。若以追认为言,双方均有理由;若以后嗣为言,双方均无子嗣;若以血统为断,更苦无法认定。事关法律解释及疑难,职院未便拟断,停案以待,谨恳鉴核裁示,俾便遵循等情。据此,相应函达贵院,请烦解释见复,俾便转饬知照。实纫公谊。此致

**解字第一八六号**

**民国十七年九月二十日　最高法院复广东高等法院函**

迳启者,准贵院第一一六五号函称,未出嫁之女子,于继承财产后可否出嫁,或带产出

嫁各节,业经本院九二号解释,就第一点分别甲乙两项,说明在案,参考便知。至无子立嗣,依法只有昭穆顺序之限制,并无长次等房之等差。来函所称,守志之妇于夫故后即抱夫兄之子为被承继人立嗣,既于昭穆顺序不失,又事历多年,其被承继人之弟,自不得借琼州俗语。主张异议。相应函复查照饬遵。此致广东高等法院

**附广东高等法院原函**

迳启者,现据琼崖律师公会副会长翁兆奇呈称:窃兆奇现有法律上疑义二端:(一)按十七年三月解字第四七号载:查女子继承财产,系指未出嫁之女子而言,不问有无胞兄弟,应认为有同等承继权。至出嫁之女子,对于所生父母财产,不得主张承继权,业经本院解字第三四号解释有案等语。夫未出嫁之女子,应认为有同等继承财产权,究竟是于继承财产之后,终身不许出嫁(招夫入赘,与出嫁无异。见十一年五月统字第一七二九号),抑于继承财产之后,仍许出嫁?如果仍许出嫁,在未出嫁时,继承之财产,是仍准由女子继续享有,抑仍准由胞兄弟或嗣子向其追还?(二)按五年七月上字第六八二号载:无子者,许令同宗昭穆相当之侄承继,先尽同父周亲,次及大功、小功、缌麻。如俱无,方许择立远房及同姓为嗣等语。设有甲乙丙丁戊兄弟五人,丙无子,丙妻已于丙亡时随抱乙之第三子庚为嗣,已有多年。现丁、戊忽借琼州"长房无子、次房子承,次房无子、三房子承,三房无子、四房子承,四房无子、五房子承"等俗语,发生异议。其意盖谓丙无子,应由丁子承;如丁子无承,应由戊子承。夫丙妻已于丙亡时随抱庚为嗣,既属昭穆相当,且属同父周亲,于法尚无不合,似不能由丁、戊拘执琼州俗语发生异议之可能。究竟无子者择立嗣子,是只以与上开法例相符,即认为合法,抑仍须受上开琼州俗语之拘束?以上二端,苟非预有明文规定,将来遇有此种事件,办理不免阻碍。理合备文呈请钧院察核,俯赐转请解释,俾有遵循等情。据此,案关法律解释,相应备函转请贵院查核解释见复,以便饬遵。实纫公谊。此致

**解字第一八七号**

**民国十七年九月十九日　最高法院复湖南高等法院电**

湖南高等法院鉴,江代电悉,查婚姻事件,依法属于普通法院管辖,来电所称情形,系无管辖权之裁判,自应认为无效,合电查照饬遵。最高法院皓印

**附湖南高等法院原代电**

南京最高法院钧鉴,据零陵县长公署铣电称:去年马日以前,经特别法庭判决离婚案件,迄今能否有效,请予解释,俾资遵循等情到院。查来电所述情形,依法自应无效,惟事关法律解释,职院未敢擅专,理合电请迅赐解释,俾使饬遵。湖南高等法院叩江印

**解字第一八八号**

**民国十七年九月二十日　最高法院复广东高等法院函**

迳复者:准贵院第一二二一号公函,据东莞县分庭检察官代电称,《刑事诉讼法》第二百

四十五条得不起诉案件,是否与本法第二百四十四条规定不起诉各项之主旨相背等情,转请解释到院。查《刑事诉讼法》第二百四十五条检察官得不起诉之案件,必须具备该条左列各款之情形,与第二百四十四条仅有该条下列情形之一,即应不起诉者迥异。至于被害人虽告诉于前,而其后既不希望处罚,自仍合于该条第三款情形。其第二款所谓不起诉有实益之标准如何,自应由检察官斟酌认定。相应函复,查照饬遵。此致广东高等法院

**附广东高等法院原函**

迳启者,现据东莞县分庭检察官黄文鹄艳代电称:窃查奉颁《刑事诉讼法》第二百四十五条内开,检察官认为案件具有下列情形者,得不起诉:(一)属于初级法院管辖者;(二)情节轻微,以不起诉为有实益者;(三)被害人不希望处罚者等因。职细审条文,似甚易出入人罪。所谓得不起诉者,似本有可以起诉之含义。就第一项情形论,如被告人确有犯罪嫌疑,而检察官又依据本条一项予以不起诉处分之时,是否应命原告诉人自向法院起诉,抑凡属于初级法院管辖之案件,得不起诉或得不受理?就第二项情形论,如所谓情节轻微者,其未尝无罪可知,既认为有罪,似可依法起诉,原其情节,从轻科断。而所谓以不起诉为有实益者,其实例如何,其范围如何,无从悬揣。就第三项情形论,如被害人既经诉请法办于先,又不希望处罚于后,遽予以不起诉处分,是否失却刑事取干涉主义之原则?凡兹疑义,是否与本法第二百四十四条规定不起诉各项之主旨相背?理合具电呈请钧长察核,准予转请分别解释,电示只遵等情。据此,事关法律解释,相应备函转请贵院查核解释见复,以便饬遵。实纫公谊。此致

**解字第一八九号**

**民国十七年九月二十五日　最高法院复桂林高等法院分院电**

桂林高等法院分院鉴,皓电悉,《刑法》之刑依《刑法》加减,刑律之刑依刑律加减,然后再比较其重轻。最高法院有印

**附桂林高等法院分院原电**

最高法院徐院长钧鉴,《刑法》施行条例第三条,比较其刑之重轻,是否《刑法》之刑依《刑法》加减,刑律之刑亦依《刑法》加减,之后乃为比较,恳赐解释。前已邮陈,祈即电复,俾有遵循。桂高分院院长陈祖信皓印

**解字第一九〇号**

**民国十七年九月二十五日　最高法院复浙江高等法院函**

迳启者,准贵院第一二七八号函,据永嘉地方法院院长张翥呈称:房屋所有权人,以房屋之一部与他人订有期限之租赁,因迫于经济状况,将该产全部卖与第三人,应否受租赁期限之拘束等情,转请解释到院。按甲、乙间之赁贷借系债权契约,甲、丙间之移转所有权系物权契约。甲对乙固有遵守期限之义务,而乙如未登记,要不得以期限对抗于丙,只能向甲

要求因不能遵守期限所生之损害赔偿,是为至当之条理。来函所称习惯,适与此项条理相合,自可认为有法之效力。相应函复,查照饬遵。此致浙江高等法院

**附浙江高等法院原函**

迳启者,案据永嘉地方法院院长张翥呈称:兹甲有店屋三间,从中租赁一间与乙,订期十二年为限。时阅三载,甲迫于经济,不得已将该屋全部卖与丙,价洋二千三百元(因该屋不能分别出卖),与乙商退租,乙不允,遂致涉讼。函询永嘉县商会,调查租赁商店习惯,旋据复称:永嘉商业习惯,租赁店屋多无年限,近来亦有断定年数,限内不许加租揭业字样。租札虽如此立,若业主迫于经济,断不能留业坐饥。故或典或卖,均听业主自便,租赁者不能把持。如租赁者若以年限未满争执,由业主酌付搬工等语。于此有二说:甲说,租赁房屋之契约,如未定期间,固得由业主依法主张收回,否则既定有一定期间,而业主为契约当事人之一造,则在期间未满以前,要应受其拘束,不能任意声明解约。乙说,普通赁贷借契约,双方业已举行,自应受该约之拘束,固不待论。惟商店租赁契约,各地习惯不同,要不能以普通赁贷借契约相提并论。如永嘉县商会函复情形,此系向来通行之习惯,如拘于普通赁贷借契约之规定,则不特业主留业坐饥,且打破商业上通行之习惯。又查该习惯定则,如租赁者若以年限未满争执,由业主酌付搬工,亦属顾双方之办法,使租赁者不至受重大之损失,自以适用习惯为当。两说未知孰是?案关法律解释,理合备文呈请鉴核,转请解释等情到院。据此,相应函请贵院迅赐解释,以便转饬遵照。此致

**解字第一九一号**

**民国十七年九月二十六日　最高法院复浙江高等法院函**

迳复者,准第一二六四号公函,据县长楼明远电称,非因故意散失已印成之宗谱,应否以毁弃论罪等由,转请解释到院。查过失毁弃,刑罚中无处罚明文,不能认为犯罪。相应函复,查照饬遵。此致浙江高等法院

**附浙江高等法院原函**

迳启者,案据孝丰县县长楼明远于八月陷日代电称,兹有甲乙因谱涉讼一案。查该谱于印刷将竣间,适有族人丙丁因承继纠葛未决,致谱停顿,当由族议封存乙家。现甲以乙故意毁弃宗谱,告诉前来。检点该谱散失数页,据乙抗辩,谓当时封存,并未点过,缺页应不负责。然是否点交,无从证明。惟查刑律第四百零四条,毁弃关系他人权利义务之文书罪。按照前大理院统字第八零四号解释,系专指已经制作完成之文书而言。关于此点,现分两说:一、谓是项宗谱既未装订成册,当然视为尚未制作完成之文书。乙之散失数页,如非故意,应仅负民事上赔偿之责,不能论以毁弃之罪。二、谓是项宗谱虽未装订成册,然既印刷成页,其散失原因,不论是否出于乙之故意,应以毁弃已经制作完成之文书论罪。究竟前后两说,何者为是,理合电请核示只遵等情到院。据此,查该代电所称各节,事关法律解释,相应函请贵院迅赐核办示复,以便转行遵照。此致

**解字第一九二号**

**民国十七年九月二十五日 最高法院复浙江高等法院电**

浙江高等法院鉴,灰代电悉,兹分别解答如下:(一)第三审之上诉,如未叙述理由,依《刑事诉讼法》第三百六十四条,其上诉亦有效力,原审不得以裁定驳回。(二)比较刑之重轻,应先比其最高度。两说中应以甲说为是。最高法院有印

**附浙江高等法院原代电**

最高法院院长钧鉴,查第三审上诉未经叙述理由者,应于提起上诉后十日内提出理由书,其不于限内提出理由书者,原审法院应否检送第三审法院,厥有二说:甲谓依刑诉法第三九四条规定,第三审上诉以提出理由为必要条件,又依同法第三八九条规定,非叙述理由亦无从认定上诉是否合法。苟当事人经原审法院命其提出,仍不依限提出理由,即属违背法律上之程序,依同法第三九七条,原审法院即应以裁定驳回上诉。乙谓由立法之沿革言之,上开情形,按前《刑事诉讼条例》第四一四条原有项目规定,现行刑诉法既删去此种明文,自系为上诉人利益,即立法精神认为原审法院或第三审法院,对于未叙述理由之上诉,不得以裁定或判决驳回。更自上诉之通则言之,查刑诉法第三六四条但书明定,未叙述理由者,其上诉亦有效力。依上规定,亦应认其有效,此应请解释者一。又查新《刑法》第二条对于犯罪时与裁判时新旧法有不同者,采从新兼从轻主义(即第三主义)。其比较之标准,依同法施行条例第二条规定,先尽最重主刑较其重轻,最重主刑相等者,然后就其最轻主刑较其重轻。设有某种罪名(例如普通侵占《刑法》第三五六条),犯在《刑法》施行前,依暂行律第三九一条,处三等至五等有期徒刑(即五年未满二月以上)。而裁判在新法施行后,依同法第三五六条,应处五年以下有期徒刑、拘役,得并科或易科一千元以下罚金。甲说,就文理解释,则旧法最重主刑为五年未满,较新法连本数计算之五年为轻,应依施行条例第二条第一款,依旧法处断。乙说,就论理解释,则五年以下实与旧法之三等相当,既其最高主刑相等,即应依同条例第二条第二款,就两条最轻主刑较其重轻。是则仍应依新法处断,庶可贯彻立法上从轻主义之精神。两说孰是?此应请解释者二。上列两点,事关法律疑义,相应电请贵院迅赐解释示遵。浙江高等法院院长殷汝熊灰印

**解字第一九三号**

**民国十七年九月二十五日 最高法院复江苏高等法院电**

江苏高等法院鉴,微代电悉,兹分别解答如下:第一点,查《刑法》第八十四条载,减轻本刑而无若干分之几之规定者,至少减轻二分之一。此项规定,凡《刑法》条文有减轻本刑字样者,均适用之。但如第七十七条因犯罪情状可悯恕而酌减者,至多不得过二分之一,不受本条至少之限制。又该条既规定为至少减轻本刑二分之一,若减至本刑二分之一以下,亦不违法。同法加减,例章中虽只规定有减轻三分之一及二分之一两种办法,但既减至二分

之一以下,则处刑期限,究应若干,法院颇有斟酌之余地,无待法律上之规定,更不受分数之限制也。第二点,妻于夫之父母、祖父母,以旁系尊亲属论,于祖父母以上之父母及夫之宗亲,应按《刑法》第十一条第二款及第十三条之规定计算亲等。在四亲等内,即应认为亲属。第三点,《惩治盗匪暂行条例》之有效期间,前经国府明令延长六个月,在期限未满前,仍应有效。第四点,诱拐未满二十岁之男女,应依《刑法》第二百五十七条之规定论科。其已满二十岁者,非略诱妇女,不能适用第三百一十五条之规定。第五点,《刑法》第三百三十八条第一款所称夜间,应以《刑事诉讼法》第一百四十九条第三项之规定为标准。第六点,《刑法》第二百四十三条第三款,指师傅强、和奸未满十六岁之学徒,或强奸十六岁以上二十岁未满之学徒诸情事而言。若学徒已满二十岁,即不能适用该条之规定。最高法院有印

**附江苏高等法院原代电**

最高法院赐鉴,查《刑法》第八十四条载,减轻本刑而无若干分之几之规定者,至少减轻本刑二分之一。此项规定,是否以《刑法》内必须减轻本刑者而设?如第七十七条犯罪情状可悯,恕得酌减本刑及其他得减本刑各规定,均不受本条限制。又,该条既规定为至少减轻本刑二分之一,似减至四分之三、五分之四或五分之四以下,均不违法。但查加减例章,只规定有减轻三分之一及二分之一两种办法,如果得减至四分之三或五分之四,遇有死刑、无期徒刑时,应如何减轻,殊乏依据。倘认为只能减三分之一或二分之一,不得减至二分之一以下,又与第八十条所载(至少)二字之文意不合,究应如何办理?此应请解释者一。查第十六条载夫于妻之父母及祖父母,以旁系尊亲属论,妻于夫之父母及祖父母同,而对于祖父母以上之父母,并无规定,应否认为旁系尊亲属?如非旁系尊亲属,而夫对于妻亲,按照第十一条第四款规定,以二亲等内为限,是否亦不得认为亲属?再,宗亲本系指同宗亲属,即同一祖先所出之男系血统而言。妻对于夫之宗亲,其亲属关系是否均与夫同?在本法既无规定,似该款并不包括在内。但照此解释,则妻对于夫亲,除夫之父母、祖父母外,余均不在亲属之列,以视夫对妻亲之亲属范围反为狭小。且按照第十五条第一款规定,胞伯叔祖母及胞伯叔母。均为旁系尊亲属。如胞伯叔母、胞伯叔祖母,对于其胞侄或胞侄孙,不得视为亲属,亦与论理上似有未通。即第二百四十五条,四亲等内之宗亲相和奸一罪,适用时亦有问题。究竟妻对于夫之宗亲,是否准用第十一条第二款规定,并依第十三条计算亲等,此应请解释者二。查特别法优于普通法及后法优于前法,均为适用法律之一原则。旧吗啡治罪法草案,前奉司法部电知(七月蒸日快邮代电),以吗啡治罪,在《刑法》内已有规定,不得再行援用。但查掳人勒赎,以及强盗杀人、强盗强奸等类,在《刑法》均有规定。原《惩治盗匪暂行条例》第一条第一款,第十二款前段,第十五款,及其他与《刑法》重复规定各款,是否均依后法优于前法之原则,亦不能再行援用,此应请解释者三。再,《刑法》第二百五十七条和诱、略诱之规定,系指诱拐未满二十岁之男女脱离享有亲权之人、监护人或保佐人者而言,其被害法益为享有亲权人、监护人、保佐人之监督权。但未满二十岁之妇女,被人略诱时,其本人自由,亦同受侵害,遇有该条情形,应否认为一行为而犯数项罪名,依第七十四条之

例,仍分别适用第三百十五条规定,从一重处断?再,该第三百十五条规定,如果限于略诱二十岁以上之妇女,方能适用。则略诱未满二十岁之女子,势必较略诱二十岁以上之女子,罪刑为轻。且略诱未满二十岁之妇女,如并无享有亲权人、监护人、保佐人时,亦必以无处罚专条,不成立犯罪,恐有未妥,此应请解释者四。又《刑法》第三百三十八条第一款所称(夜间)二字,文例、时例中均无规定,是否指日没后至日出前而言,抑系适用《刑事诉讼法》第一百四十九条第三项之例,亦不无疑义,此应请解释者五。又《刑法》第二百四十三条第三款,师傅对于未满二十岁之学徒犯之者云云,该款既为同法第二百四十条之例外,则依第二百四十条第二项,仅规定奸淫未满十六岁之女子以强奸论,而该款竟因师傅与学徒之关系,将被害人之年龄推广,且加重处刑。究竟该款未满二十岁五字,是否指师傅和奸十六岁以上未满二十岁之学徒亦以强奸论罪,并加重本刑三分之一,不无疑义,此应请解释者六。以上各点,见解不一,诚恐办理易涉分歧,合亟电恳贵院迅赐解释,俾有遵循。江苏高等法院微印

**解字第一九四号**

**民国十七年十月一日　最高法院复司法部函**

迳复者,准贵部公字第四五零号公函,据江苏高等法院院长张君度呈称,《盗匪案件适用法律暂行细则》第一条第一项内载,未经第一审者,依刑律第九条前半及第一条第一项前半适用该条例处断等语。现在刑律业已失效,此项规定,按诸《刑法》第二条不无疑义等情,转请解释到院。查刑律虽因《刑法》施行而废止,但《惩治盗匪暂行条例》,仍尚有效,其在该条例颁行以前犯罪,合于该条例规定,而未经第一审判决者,依《盗匪案件适用法律暂行细则》第一条第一款规定,仍应适用惩治盗匪条例处断,相应函请转达查照。此致司法部

**附司法部原函**

迳启者,案据江苏高等法院院长张君度呈称:查《盗匪案件适用法律暂行细则》第一条第二项内载,未经第一审者,依刑律第九条前半及第一条第一项前半,适用该条例处断等语。查暂行新刑律业已失效,此项规定,按诸《刑法》第二条不无疑义,呈请核示等情到部。查来呈所述。事关解释法律,相应函请查核见复,以便饬知。此致

**解字第一九五号**

**民国十七年十月一日　最高法院复浙江高等法院函**

迳复者,准贵院第一三三六号公函,据海盐县县长微代电称,意图营利和诱二十岁以上妇女,在新《刑法》施行后,应否论罪等情,转请解释到院。查意图营利和诱二十岁以上妇女,《刑法》固无科罪条文,惟被诱之妇女,如果知识不足,由诱拐者设法诱惑,致被欺诈者,自应以略诱论罪。相应函复,查照饬遵。此致浙江高等法院

**附浙江高等法院原函**

迳启者,案据海盐县县长赵鼎华微代电称:查前奉令发《中华民国刑法》下县,定本年九月一日施行等因。嗣后审判刑事案件,自当依据《刑法》办理。惟职县从前受理之和诱二十岁以上有夫或无夫妇女,暨意图营利和诱二十岁以上有夫或无夫妇女之案,尚有多件。核其情节,大都系犯刑律第三百四十九条第二项,暨第三百五十一条第二项之罪。因待搜查证据或传讯证人,尚未判决。现在刑律废止,当然适用《刑法》。查《刑法》关于和诱罪,只有第二百五十七条各项之规定,且被诱人限于未满二十岁之男女。是职县从前受理之和诱案件,成为犯罪后之法律已废止,其刑罚应否按照《刑事诉讼法》第二百四十三条第四款,认为犯罪之起诉权消灭,如有被告在押,统予开释,此应请核示者一。查职县诱拐之风素盛,刑事诉讼以诱拐案为最多。如果上项和诱案件,认为起诉权消灭,人民知和诱不犯罪,势必至肆行无忌,诱风更甚于前,家庭安全,完全莫保。县长为亲民之官,不能不为人民顾虑及之。究竟应用何法救济之处,县长未敢擅便。此应请核示者二。以上两点,悬案待决,理合电请鉴核示遵等情到院。据此,事关法律解释,除指令外,相应函请贵院迅赐解释,以便转行遵照。至纫公谊。此致

**解字第一九六号**

**民国十七年十月一日　最高法院复安徽高等法院第一分院电**

安徽高等法院第一分院鉴,巧代电悉,覆判案件,其县判系在适用刑律之时,引律原无错误者,则覆判虽在《刑法》施行后,自可参照覆判暂行条例第四条,引律错误,罪刑无出入,应为核准判决之规定,予以核准之判决。最高法院东印

**附安徽高等法院第一分院原代电**

最高法院院长钧鉴,查覆判案件有核准、更正、覆审之分,兹值新旧《刑法》兴废之际,设遇有上项案件,原判决在旧《刑法》未废止以前,而覆判在新《刑法》施行以后,其应发回覆审或更正之件,尚无问题。惟原判事实法律相符者,应否核准,于此有两说:甲说,谓新法施行后,旧法当然失效,原判在适用刑律时引律虽无错误,而在《刑法》施行后覆判审当然不能适用已失效之刑律,且刑诉法第三九三条载,刑罚有变更者得为上诉理由,则覆判审自应适用新法,更正原判;乙说,谓修正覆判章程第十四条,覆判核准者,其刑期自初判经过上诉期限之翌日起算,是此种初判于经过上诉期限之翌日,已呈一种有条件的确定状态。如果于《刑法》施行前经过上诉期限,覆判审自应以核准判决追认其效力,且皖北各县案件,延不呈送覆判,往往至数年之久。如果于原可以核准之案,概予更正,自覆判审判决确定日起算刑期,是使受刑人因刑罚变更而受久滞囹圄之苦,尤非刑事政策所宜。两说均不无理由,事关法律解释,应请钧院核示只遵。安徽高等法院第一分院叩巧

解字第一九七号

民国十七年十月一日　最高法院复河北高等法院电

河北高等法院鉴,真代电悉,异姓幼女,由养亲抚养者,其养亲自得为该女《刑法》上之监护人。最高法院东印

附河北高等法院原代电

最高法院院长钧鉴,查《民法》尚未颁行,现在《刑法》上之监护人指定何人为限,并无规定。如家主抚养异姓十一岁之幼女,家主可否即为其身体上利益之监护人?事关适用法律疑义,悬案以待,相应电请钧院迅赐解释见复,俾便遵循。河北高等法院院长邵修文叩。真印

解字第一九八号

民国十七年十月二日　最高法院复广西高等法院函

迳复者,准贵院第三七三号公函,以刑诉法第五百十三条认定事实,有拘束附带民事或独立民事诉讼之效力疑义,请解释到院。查刑事判决所认定之事实,以关于犯罪之证明及责任者为限,固有拘束附带民事诉讼或独立民事诉讼之效力。如果民事审理中发见犯罪事实之不真确,惟有指示受刑人依《刑事诉讼法》第四百四十一条所列情形提起再审,以为救济。相应函复查照。此致广西高等法院

附广西高等法院原函

敬启者:查《刑事诉讼法》第五百十三条载,刑事判决所认定之事实,以关于犯罪之证明及责任者为限,有拘束附带民事诉讼或独立民事诉讼之效力等语。设有窃盗案,第一审审理草率处被告人短期徒刑二月,被告之父因年关需人料理家务,代为易科罚金,判决因之确定。又如侵占案,县署亦审理草率处短期徒刑,被告人上诉因程序不合被驳,原判确定。两案刑事告诉人提起独立民事诉讼,各请求赔偿千余元原物。第一审依刑事判决,判令赔偿。在控告审中发现窃盗侵占事实均不确实,是否可指示请求刑事再审?惟再审条件限制綦严,设因不合再审,原因被驳,如迳依上述条文办理,债务人实有屈抑,应如何办理之处,相应函请贵院解释见复,借资办理。此致

解字第一九九号

民国十七年十月六日　最高法院复江苏高等法院函

迳复者,准贵院函字第四八八四号公函,以刑诉法施行,不属于地方管辖案件,应否仍送覆判等由,请解释到院。查《刑事诉讼法》施行前,县判之地方管辖案件,如依《刑事诉讼法》,不属于地方管辖者,现在自无庸送请覆判,相应函复查照。此致江苏高等法院

**附江苏高等法院原函**

迳启者,查应送覆判案件,依《修正覆判章程》第一条第一项规定,以兼理司法事务县知事审判地方管辖之刑事案件,未经声明上诉,或撤回上诉,或上诉不合法未经第二审为实体上之审判者为限。现在《刑事诉讼法》施行,该法所定地方管辖案件,与《刑事诉讼条例》所定地方管辖案件范围略有不同。究竟在《刑事诉讼法》施行前,兼理司法县政府所判之案,依《刑事诉讼条例》规定,系属地方管辖案件,而依《刑事诉讼法》并不属于地方管辖者,现在应否仍送覆判,相应函请贵院迅赐解释见复为荷。此致

**解字第二〇〇号**

**民国十七年十月六日　最高法院复安徽高等法院函**

迳复者,准贵院第五一七号公函,据定远县长代电称,《惩治盗匪暂行条例》第二条第一款所载释放二字,具有种种疑义等情,转请解释到院。查《惩治盗匪暂行条例》第二条第一款所谓释放,系指由盗匪自动释放被掳人而言。若由警队围攻,强迫交出,非该条所谓之释放。相应函复查照饬遵。此致安徽高等法院

**附安徽高等法院原函**

迳启者,据定远县县长吴容代电称:查《惩治盗匪暂行条例》第二条载,有下列情形之一者,减本刑一等或二等。第二项载,犯前条第一款之罪,未得赃,未加害,而释放被掳人者。细绎该项文意,只须被告人释放被害人,即可减轻罪刑。于此有三说:甲说,释放二字应作广义看,只要被掳人安全生还,无论放时被告人出于自动,抑系被动,法律保护公共安宁,概宜从宽处办。乙说,释放应作狭义看,被告人释放被掳人,如系心生畏惧,中途送回(中止犯),或意外障碍,因之放归(未遂犯),皆系自动,不生疑问。若因团警或队警侦知票藏处所,四面围攻,无法抗匿,搜索交出,纯系被动行为。特别法应从严格主义,无可宽减。丙说,同条第四项载,犯罪之情形,确有可原者,即包括上两说在内,无庸疑虑。职县类此之案,尚有数起,亟待解决,究以何说为是。谨据情电请钧院鉴核,俯赐解释示遵等情。据此,事关法律疑义,相应函请钧院解释,以便饬遵。此致

**解字第二〇一号**

**民国十七年十月五日　最高法院复安徽高等法院首席检察官电**

安徽高等法院首席检察官鉴,由本院首席检察官转送宥代电悉,《刑事诉讼法》第三百七十八条第三项规定,被告在监狱或看守所者,原审法院之检察官,应命将被告解送第二审法院所在地之监狱,或看守所云云。所谓应命二字,即应由检察官以职权命令法警,将被告解送也。最高法院微印

**附安徽高等法院首席检察官原代电**

南京最高法院首席检察官王钧鉴,案据芜湖地方法院首席检察官章奇光呈称,为呈请

核示事。窃查不服第一审判决,提起上诉之案件,其被告人被羁押者,向由原审法院检察官将该被告连同卷宗、证据物,送交第二审法院检察官。惟据最近公布之《刑事诉讼法》第三百七十八条第三项,被告在监狱或看守所者,原审法院之检察官,应命将被告解送第二审法院所在地之监狱或看守所,并通知第二审法院之检察官云云,则对于从前办法不无疑问。据一般人见解,均谓依前列条文,则凡上诉案件,其被告在监狱或看守所者,原审法院之检察官,只命令监狱或看守所将被告解送第二审法院所在地之监狱或看守所,并一面通知第二审法院之检察官,方为合法。按之同条第一项,其卷宗及证据物,应由原审法院检察官送交者,均有明文规定,则被告人不必由原审法院检察官解送,固为明甚。且依现时文例,所谓法院检察官,系指检察处整个而言,则所谓应命者,断无自己命自己之理。如果应由原审法院检察官解送被告,则又不必另行通知第二审法院检察官。再查从前之《刑事诉讼律草案》,其第三百七十七条第三项规定云:被告、被羁押者,由配置第一审审判衙门之检察官送交控告审判衙门所在地之监狱。据此,则从前办法,自有来历,此次独修改如今文,必非无深意存乎其间。究竟此种解释是否有当,理合备文呈请钧处鉴核示遵,实为公便等情。据此,职处查刑诉法第三百七十八条第三项,被告在监狱或看守所者,原审法院之检察官,应命将被告解送第二审法院所在地之监狱或看守所,并通知第二审法院之检察官之规定。应命二字之解释,似应解为原审法院之检察官,以职权命令警长或法警将被告解送。如谓系检察官解送被告,则又不必另行通知第二审法院检察官,此亦似属误解。查送交卷宗及证据物件,与解送被告,事实上本属两事,因卷宗及证据对象之送交、或由邮寄、或由人带均无不可,然被告之解送,则须饬交法警。况解送之处所乃第二审法院所在地之监狱或看守所,原审法院检察官命令将被告解送第二审法院所在地之监狱或看守所后,当应通知第二审法院之检察官,似非难以索解之法条。惟统一解释法律之权,系属于钧院,用特电呈钧座转请解释示遵,不胜待命之至。安徽高等法院首席检察官余谷叩宥印

**解字第二〇二号**

**民国十七年十月五日　最高法院复福建高等法院首席检察官电**

福建高等法院首席检察官鉴,由本院首席检察官转送养代电悉,查《刑事诉讼法》,告诉、告发无不许委人代行之规定,自应仍许委代。其律师经人委代,于侦查时出庭,究与出庭辩护之性质不同,但应否特为设席,不属解释范围。最高法院微印

**附福建高等法院首席检察官原代电**

南京最高法院首席检察官王钧鉴,据代思明法院首席检察官代电称:查最高法院复浙江高等法院对于律师出庭发生疑问解释函内,有告诉人之委任律师,系代行告诉,其委任不以律师为限,与被告人之委任律师出庭辩护者,其性质不同。代行告诉,虽侦查亦可出庭云云。查《改正刑事诉讼律》第二百六十七条,原有告诉、告发得委他人代行之规定,而现行《刑事诉讼法》则无此等明文,与前项解释似有歧异。究竟告诉、告发是否仍旧得委他人代

行,如系委任律师,侦查庭应否特为设席,以示优异,悬案待决,恳速示遵等情。案关法律解释,理合电恳转请解释示遵。署福建高等法院首席检察官张清泽叩养印

**解字第二〇三号**

**民国十七年十月六日　最高法院复浙江高等法院函**

迳启者,准贵院第一三九三号公函,据建德分院院长沈铨效代电称,《刑法》施行前判决确定之案及施行后判处徒刑之案,被告请求易科罚金,能否照准等情,转请解释到院。查《刑法》总则无易科罚金之规定,《刑法》施行前判决确定之案,及施行后判处徒刑拘役之案,均不得易科罚金,相应函复查照饬遵。此致浙江高等法院

**附浙江高等法院原函**

迳启者,案据建德分院院长沈铨效代电称,《刑法》总则无徒刑改易罚金之规定,则以前之以徒刑易罚金之办法,当然不能适用明甚。惟分则内间有得易科若干罚金之规定,对于犯此等条文之罪,判处徒刑确定后,被告请求易科罚金,职庭各员意见不一。甲说,法文上之或易科与并科并列,并科必须判定,显而易见。易科亦事同一律,如判词上无得以易科之宣示,被告执行中不能请求。乙说,易科罚金与易科监禁事同一律,查《刑法》第五十五条第二项,罚金不能执行,可以易科监禁,是易科亦在判决确定之后,岂徒刑而独不然。二说未知孰是,不能决定,此应请示者一。又《刑法》施行前判决确定之案件,合诸现行《刑法》,有得易科罚金之罪,其请求易科,能否照准,此应请示者二。职院现有此等案件发生,无可适从,乞示遵等情到院。据此,事关法律解释,除指令外,相应函请贵院迅赐解释,以便转饬遵照。此致

**解字第二〇四号**

**民国十七年十月五日　最高法院复广西高等法院第一分院电**

广西高等法院第一分院鉴,咸代电悉,查《刑法》第八十四条载,减轻本刑而无若干分之几之规定者,至少减轻本刑二分之一,至少之数虽经规定,至多之数并无一定之限制。但同法第七十七条所谓酌减本刑与减轻本刑异,至多仅能减本刑二分之一。合电查照。最高法院歌印

**附广西高等法院第一分院原代电**

最高法院徐院长钧鉴,查《刑法》第八十四条:减轻本刑而无若干分之几之规定者,至少减轻本刑二分之一。其至少之数,虽经规定,而至多之数,有无一定限度?又《刑法》第七十七条:犯罪之情状可悯恕者,得酌减本刑。所谓酌减有无一定范围,均属不无疑义,恳请迅赐解释,俾资遵循。广西高等法院第一分院院长陈祖信咸印

解字第二〇五号

民国十七年十月五日 最高法院复上海临时法院电

上海临时法院鉴,敬代电悉,兹就疑问二点,解答如下:(一)第一审判决,虽在新《刑法》施行前,若经当事人上诉,无论有无理由,第二审应依新《刑法》科断。(二)强盗共犯中之一人,因实施强暴胁迫之结果,致人死伤,其他共犯,应共同负责。合电查照。最高法院歌印

附上海临时法院原代电

最高法院钧鉴,兹本院于法律上发生疑义之点有二:(一)新《刑法》第二条载:犯罪时之法律与裁判时之法律遇有变更者,依裁判时之法律处断。关于此条之解释,分为两说:甲说,上诉案件,若第二审裁判时审查原判,其判决之日,系在新《刑法》未经施行以前。适用之旧刑律,并无违误。而上诉又显无理由者,尽可维持原判驳回上诉,不必改依新法另行处断。乙说,谓原审判决于适用旧法虽无违误,但案经上诉,即使判决驳回,亦应依裁判时之法律,即改依新法另行科断。两说之主张不同,此应请解释者一。(二)新《刑法》第三百四十六条第三项载:犯强盗罪因而致人于死,处死刑或无期徒刑等语。关于此条之解释分为两说:甲说,谓盗伙中有因刀伤事主而致死者,只可由该盗一人负责,其余之人无伤害之行为,自不负连带责任。乙说,谓强盗行为易生伤人致死之结果,既经伙同强盗,当然可以预见。盗伙中有一人致人于死,其余之盗,无论为实施之正犯,为帮助之从犯,均应共同负责。二说未知孰是,此应请解释者二。以上疑义,悬案待决,应请迅予解释,实为公便。上海临时法院敬印

解字第二〇六号

民国十七年十月六日 最高法院复安徽高等法院电

安徽高等法院鉴,据安徽高等法院第一分院敬代电悉,查当事人于言词辩论日期不到场,法律上尽有其他规定,得以适用,并非必须休止诉讼程序。据来电所述,如须适用上项程序,应自迟误最后言词辩论日期起算。但该日期传票,必须有合法之送达。再,嗣后请求解释文件,须依本院第一七一七号公函,经由高等法院转送核办。合电转饬遵照。最高法院鱼印

附安徽高等法院第一分院原代电

最高法院院长钧鉴,查《民事诉讼条例》第二百三十四条规定,当事人双方迟误言词辩论日期者,与呈明休止诉讼程序有同一之效果,则当事人双方迟误言词辩论日期,六个月不续行诉讼者,按之第二百三十三条第二项之规定,自应视与撤回其诉或上诉同,而使其诉讼关系消灭。惟法院所定之言词辩论日期,或不仅一次,此种迟误期间之计算点,究以当事人最初迟误之言词辩论日期为准,抑以法院催传时最后所定之言词辩论日期为准?敝院现有此类案件,亟待解决,应请钧院迅予解释,俾资遵循。安徽高等法院第一分院叩敬

## 解字第二〇七号

**民国十七年十月六日　最高法院复湖南高等法院电**

迳启者,准贵院第二三九七号函,以合意管辖问题,应如何办理,请予解释到院。查十七年上字第九十二号决定,既系终审裁判,该案诉讼仍应依照所示旨趣办理。其他民事诉讼,应以本院最近江电解释为准。至《修正民事诉讼律》第五百六十九条第四款,无论何种民事诉讼,均应适用,相应函复查照。此致湖南高等法院

**附湖南高等法院原函**

迳启者,案查前准贵院江电内开:得代电悉,所述情形,该诉讼案件,依法定管辖,本属地方法院。迨县署判决后,当事人一造向地方法院控告,他造当事人不抗辩无管辖权,而为言辞辩论,又经第二审判决者,除无诉讼能力所为之合意不生效力外,即可认定在第一审已有合意变更,作为初级案件,就《修正民事诉讼律》第四十条法意解释,则上告审自应属于该管之高等法院等因。词意明晰,本应遵照办理。惟查贵院十七年上字第九一号(刘稗青与罗莲荪债务涉讼一案)决定理由内开:(上略)其第二审应属湖南高等法院管辖。前长沙地方审判厅所为第二审判决,显于法定审级不无违误,原审法院未予废弃原判,(中略)核与现行法制不合等语,显与上开解释抵触。究竟贵院关于决定之法律上裁断,是否著为判决例?(前大理院判例要旨汇览亦录有此项决定例),有无拘束下级法院效力?又《修正民事诉讼律》第五百六十九条第四款,除人事诉讼及专属管辖外,其他事件,有无适用?事关法律疑问,敝院不敢自专。用特函请贵院迅赐解释,以资遵循。此致

迳启者,准贵院第二四三六号公函,据常德地方法院院长钟馥呈称,妻对于夫之直系尊亲属,以旁系尊亲属论,《刑法》已经明白规定。惟妻对于夫之旁系尊亲属,有无亲属关系,《刑法》第十五条各款所载,并未订明。是否为立法上之缺陷,抑或包括第十一条第二、三款之宗亲、外亲,颇滋疑义等情,转请解释到院。查夫之亲属,如合于《刑法》第十一条第二款或第三款之规定,无论是否旁系尊亲属,均应认为妻之亲属,相应函复查照饬遵。此致湖南高等法院

**附湖南高等法院原函**

迳启者,案据常德地方法院院长钟馥呈称,案据职院候补推事李骏呈称,查《中华民国刑法》第十六条第一项,夫于妻之父母及祖父母以旁系尊亲属论,第二项妻于夫之父母及祖父母同,是妻对于夫之直系尊亲属以旁系尊亲属论,已经明白规定。惟妻对于夫之旁系尊亲属,有无亲属关系,详查同法第十一条及第十五条,均无规定。且第十一条第四款载,二亲等内之妻亲列为亲属,而妻对于夫亲,除第十六条第二项以旁系尊亲属论之父母及祖父母外,其他夫之旁系尊亲属,如第十五条各款所载,并未订明亲属关系。按诸第十一条第四款所载,似乖夫妻平等之原则。例如妨害风化、妨害婚姻及家庭、侵害坟墓尸体、窃盗、诈欺、赃物、伤害等罪,均有因亲属身分关系为告诉或加重减轻免刑之原因。如果妻对于第十

六条第二项以外之夫亲,不以正条规定,科刑出入,显失夫妻平等。证以旧刑律第八十二条第五款尚有明文规定,则《刑法》第十一条、第十五条关于妻为夫之宗亲、外亲及旁系尊亲属,既未以明文规定,即属律无正条。是否为立法上之缺陷,抑或包括第十一条第二、三款之宗亲、外亲,颇滋疑义,呈请转呈解释,俾资遵循等情。据此,案关解释法律问题,理合具文呈请钧院察核,转请解释示遵,至为公便等情。据此,查解释法律系属贵院特权,除指令准予函转外,相应函请迅赐解释见复,以凭饬遵。此致

**解字第二〇九号**

**民国十七年十月十一日　最高法院复安徽高等法院电**

安徽高等法院鉴,多代电悉,各点解释如下:(一)各族房之长或公举之经理人、首事等,如果依该族规或惯例向有代理权者,得由其代理起诉或被诉,仍以该族房团体为诉讼主体。(二)赎产之诉,其计算诉讼标的价额,应依其诉及上诉所声明之债权价额为准。(三)立继后,如另行出继他房,其族长或族人因修谱或与自己承继权有利害关系者,亦得出而告争。最高法院真印

**附安徽高等法院原代电**

南京最高法院鉴,按现行法例,共有人就共有权利之全部为诉讼者,固应由共有人全体或共有人内利害相同之全体共同起诉,或共同被诉,否则即非当事人适格。惟查皖省各地祠产多属合族族众所共有(祠产为数百人或数千人所共有者甚多),平时多由族长、房长或公举之经理人、首事管理处分。如遇有争端,必须族众全体或利害相同之族众全体共同起诉,恒为事实上所难能。可否迳认族长、房长或首事、经理人有代表族众全体或利害相同全体起诉之权,此应请解释者一。又,出典人请求回赎典产,其计算诉讼标的价额,及因上诉所受之利益是否以典价为准,此应请解释者二。再,被承继人及守志之妇均已亡故,又无直系尊亲属者,固应由亲属会公议为之立继,以续宗祧。倘已经合法立定之后,其本生父母,又将继承人出继他房,则曾经参与亲族会议之族长或族人能否告争,主张后立之继无效,此应请解释者三。以上三点,均关法律疑义,用特电请大院迅予解释见复为荷。安徽高等法院多印

**解字第二一〇号**

**民国十七年十月十二日　最高法院复江西高等法院首席检察官电**

江西高等法院首席检察官鉴,由本院首席检察官转送艳代电悉,《刑事诉讼法》第二百五十条第一项,上级法院首席检察官,认为声请无理由者,应驳回之。所谓驳回,自应制作处分书。最高法院文印

**附江西高等法院首席检察官原代电**

南京最高法院首席检察官王钧鉴,查声请再议案件,九月一日以前,认声请无理由者,

均依照《刑事诉讼律》第二百九十五条,准用同律第二百八十一条之规定,制作处分书送达。自九月一日起实行《刑事诉讼法》后,据该法第二百五十条第一项载,上级法院首席检察官认为声请无理由者,应驳回之云云,并无应制作处分书之明文。究竟应否仍行制作处分书,抑或令原法院检察官以牌示知照之处,未敢擅拟。理合呈请转请明白解释,以便遵行。江西高等法院首席检察官左文炬叩艳

**解字第二一一号**

**民国十七年十月十二日　最高法院复广西高等法院电**

广西高等法院鉴,支电悉,已宣誓之党员,或非党员而已宣誓任官职,或任官职而未宣誓者犯背誓罪,均应适用党员背誓罪条例处断。省监察委员会职员,应认为公务员之一种,即应以任官职论。最高法院文印

**附广西高等法院原代电**

最高法院钧鉴,党员背誓罪条例,是否限于党员任官职者犯罪方可援用,抑普通党员犯罪同须援用?又省监察委员会经费系由省库支给,如该会干事侵占会款,应否照上述条例第四条办理?统祈解释电复为荷。广西高等法院叩支

**解字第二一二号**

**民国十七年十月十五日　最高法院复广西高等法院电**

迳复者,准贵院第一五一四号公函,据潮梅地方法院陆丰县分庭呈称,自诉案件,向法院起诉,关于伤害检验,是否由法院推事直接行之,抑应由检察官行之等情,转请解释到院。查自诉案件,既系属于法院受理,审判中如认为应予勘验者,自应依《刑事诉讼法》第一百五十六条第二项规定,由法院或受命推事行之,相应函复查照饬遵。此致广西高等法院

**附广西高等法院原函**

迳启者,现据潮梅地方法院陆丰县分庭推事林蕴川呈称:窃查从前刑事诉讼案件,非经检察官提起公诉,法院不能审理。盖因检察官居原告地位,故被害人无自诉权利。兹查奉发《刑事诉讼法》第三百三十七条规定,被害人对于初级法院管辖之直接侵害个人法益之罪及告诉乃论之罪,得自向该管法院起诉,与从前办法稍有不同。推立法之意,以从前刑事案件,概归检察官侦查,往往对于轻微罪犯,累月经年而不起诉,殊于被害被告均不利益,且与诉讼期迅速终结之旨,大相违背。故新颁《刑事诉讼法》于法定事项,许被害人自诉,以救济之。又查本法第三百四十六条云,公诉程序,应由检察官陈述,或辩论之事项,于自诉程序由自诉人行之。是对于自诉案件毋庸检察官莅庭,其义甚明。惟关于《刑法》第二百九十三条第一项之伤害罪,此等案件系属初级法院管辖。于此场合,被害人自向该法院起诉,或被害人之法定代理人、保佐人或配偶独立自诉,对于被害人之伤害部分,应行检验,自不待言。但此种检验,是否由法院审判推事直接行之,抑应由检察官行之,于此有二说焉。甲说,谓

自诉之规定,系取简易程序,自诉案件之检验,应由法院推事直接行之,以期迅速终结。且征诸《刑事诉讼法》第一百五十六条第二项规定,勘验侦查中由检察官,审判中由法院或受命推事行之,是法院推事亦有检验之权。若仍由检察官行之,倘检察官任意诿延,转与自诉之案件有窒碍矣。乙说,谓未经侦查案件,检验事实应由检察官行之,若一任法院推事独行,恐易流于专制。且检察官如无莅验,将来对于判决执行,及提起上诉,必多不便。以上二说,未知孰是。《刑事诉讼法》已无明文规定,未便臆断,理合具文呈请鉴核,转请迅予解释示遵等情。据此,事关法律解释,相应备函转请贵院查核解释,以便饬遵。实纫公谊。此致

**解字第二一三号**

**民国十七年十月十三日 最高法院复广西高等法院电**

广西高等法院鉴,宥代电悉,查《刑法》第十四条及第十五条所称尊亲属,父妾不包括在内,合电查照饬遵。最高法院元印

**附广西高等法院原电**

南京最高法院鉴,据桂林地方法院养电称,父妾在《刑法》上是否尊亲属,恳转请解释等情,合请察核,迅赐解释电复,以便转饬遵照。广西高等法院院长朱朝森叩宥印

**解字第二一四号**

**民国十七年十月十三日 最高法院复湖南高等法院首席检察官电**

湖南高等法院首席检察官鉴,本院首席检察官转送冬代电悉,查营利和诱已满二十岁之男女,不能依《刑法》第二百五十七条第二项处罚,又该条项与《刑法》第三百十五条第二项不同之点,系以年龄为标准,但移送被和诱人出民国领域外者,无论已、未满二十岁,仍应依第二百五十七条第三项论科。合电查照。最高法院元印

**附湖南高等法院首席检察官原代电**

最高法院首席检察官王钧鉴,查《刑法》第二五七条第一项和诱、略诱未满二十岁之男女云云,是以未满二十岁为构成本项犯罪要件。惟第二项犯前项之罪者云云,是仍以未满二十岁为构成要件。则凡营利、和诱二十岁以上者,全无处罚,似不足以维持公益,应请解释者一。又第二五七条第一项已标明和诱、略诱,其第二项、第三项所称意图营利,所称被诱人,所称猥亵及奸淫,自包括和诱、略诱在内。乃第三一五条第二项、第三项亦称略诱,文义亦同,而所定刑罚则悬殊,适用时应以何种情形为区别?如以被诱人年龄为区别,则第三一五条似又不应重于第二五七条,应请解释者二。即乞令遵。湖南高等法院首席检察官曹瀛叩冬

**解字第二一五号**

**民国十七年十月十五日　最高法院复江苏高等法院函**

迳启者,准贵院第五〇四七号公函,据泰县承审员呈称,寡妾犯奸,应否由正妻行使监督权,使妾丧失家属身分等情,转请解释到院。查所述情形,应以乙说为是。相应函复查照饬遵。此致江苏高等法院

**附江苏高等法院原函**

迳启者,案据泰县承审员贺鸣冈呈称,为适用法律发生疑义,呈恳转请解释示遵事。窃查前大理院六年上字八五二号判例,家属关于家事,均应受家长之监督,正妻得监督夫妾,尤属当然之理。(中略)家长故后,若妾于夫家无义绝之情状者,如犯奸之类,即不致丧失家属身分等语。依此而推,寡妾犯奸是已达于义绝之状,经正妻行使监督权,出为主张,自应丧失家属身分。但刑律补充条例既已明令废止,是寡妾犯奸已不负刑事上之责任。惟究否依上开判例负民事上之责,有甲、乙二说。甲说,世界文明各国,大都不处罚无夫奸罪,故普通犯奸,除本夫外,不与何人以告诉权。正妻对于寡妾犯奸,既无告诉权,寡妾在刑事上无责任,民事方面亦当然不受何种制裁,上开判例,已不适用。乙说,刑事以维持国家公益为原则,民事以保护个人私益为原则,主义不同,应用斯异。普通无夫奸罪所以不处罚者,以无主张夫权者为之告诉,法律上只得放任其行为而不为论究耳,非谓其根本不害公益也。我国家族制度,尚未废除,家长亦有维持家政之责。寡妾犯奸,有妨家庭安全,正妻行使其监督权,主张丧失该妾家属身分,自系维持家政应有之道。故该寡妾在刑事上虽免罚则,仍不能不负民事上之责,上开判例,犹宜沿用。二说究以何者为是?案关法律疑义,理合呈恳转请解释示遵等情到院。事关法律疑义,相应函请贵院解释见复,以凭饬遵。此致

**解字第二一六号**

**民国十七年十月十六日　最高法院复国民政府秘书处淞沪警备司令函**

迳复启者:准贵处国民政府秘书书处第四九九零号公函:奉常务委员发下兼淞沪警备司令熊式辉电,为中央特种刑事临时法庭,是否为受理不服职部判决反革命罪之上诉机关,请解释示遵电一件,奉谕交最高法院解释,迳复等因。相应抄同原电函达查照等由到院。查《特种刑事临时法庭组织条例》第三条,特种刑事中央临时法庭,应为关于反革命及土豪劣绅诉讼案件之上诉机关。如果淞沪警备司令部于该省特种刑事地方临时法庭未成立前,依法有权判决,关于反革命罪案件,自应以中央特种刑事临时法庭为其受理上诉机关。除迳具复外,相应函复达查照。此致国民政府秘书处、淞沪警备司令

**附国民政府秘书处原公函**

迳启者,奉常务委员发下兼淞沪警备司令熊式辉电,为中央特种刑事临时法庭。是否为受理不服职部判决反革命罪之上诉机关,请解释示遵电一件,奉谕交最高法院解释,迳复

等因。相应抄同。原电函达。查照办理为荷。此致

**附淞沪警备司令原电**

南京国民政府军事委员会钧鉴,中央特种刑事临时法庭时来查取历任判决之反革命案卷宗,查该庭是否为受理不服职部判决反革命案件之上诉机关,并无明文规定,拟请钧会加以解释,俾有遵循。兼淞沪警备司令熊式辉叩寝印

**解字第二一七号**

**民国十七年十月十七日　最高法院复广东高等法院函**

迳启者,准贵院第一三三四号函,据琼崖律师公会会长冯运蔚等呈称,乙地所有人被甲呈请行政官厅,将投买逆产以外之地,一并发给管业执照,致侵害其所有权,应否归法院受理,分为甲、乙两说,请予解释到院。查行政处分管辖,业经本院第八五号解释有案。来函所述情形,应以乙说为是。相应函复查照饬遵。此致广东高等法院

**附广东高等法院原函**

迳启者,现据琼崖律师公会会长冯运蔚等呈称,案查本月四日,职会临时会议,据冯会员锦江临时提议称,现会员办理甲、乙争地基涉讼一案。缘琼崖财政处招投逆产深八十八呎、横五十九呎之地,某甲投得缴价后,财政处突发长二百余呎、阔八十九呎地段之执照,侵入某乙执契管业之地。某乙以地被侵占。向琼崖财政处呈诉,经财政处查核属实,令某甲将该执照缴销,并确认八十八呎以外之地属某乙所有。旋某甲亦以地被侵占,呈由琼崖财政处转呈广东财政厅,奉批:为增加国库收入起见,着某甲再行补缴地价一千元。遂连八十呎以外之地(即共长二百余呎、阔八十九呎之地)发给管业执照,交与某甲,而某乙遂以瞒领八十八呎以外之地,侵害所有,向法院起诉。乃某甲到庭,坚以案属行政,不属司法为抗辩,而广东财政厅复据某甲呈请转函法院,毋庸受理各等由。于此有二说焉。甲说,八十八呎以内之地,原由官厅招投,而八十八呎以外之地,虽非官厅招投,系据某甲呈请而发给,但既经广东财政厅连八十八呎以内之地作为一起发给执照,亦属行政处分之一种,况有财政厅来函表示属行政范围,则法院似不应受理。乙说,八十八呎以外之地,既由某甲呈请官厅发给执照,则某甲即为假官厅之行政处分,为侵权行为之人,况所有权争执,应受私法拘束,当然属法院管辖,早已著有先例,虽接有财政厅之函,而司法为纯粹独立机关,照现行法例,行政官厅无干涉之权,仍应归法院受理。以上二说,以何说为是,不无疑义,拟请本会呈请解释等语。当经多数评议表决,应照转呈请求解释在案。理合备文呈请钧院察核,伏乞准予转呈最高法院解释赐示,俾有遵循等情。据此,事关法律解释,相应函两转请贵院查核,解释见复,以便饬遵。实纫公谊。此致

解字第二一八号

民国十七年十月十七日　最高法院复安徽高等法院电

安徽高等法院鉴,东代电悉,查债务利息给付标准,业经本院解字第三号解释有案。来电所称确定判决在颁令以前,其债务人应给付之利息,既未于十六年八月一日依判执行完结,则在八月一日以后,尚未清偿之利息,自仍应遵照现颁利率给付。合电查照饬遵。最高法院铣印

附安徽高等法院原代电

南京最高法院钧鉴,据蒙城县县长代电称:兹有债务涉讼案件,据债权人甲诉称,债务人乙、丙、丁合借洋三千元未还,每月由债务人付利息洋一百元,自民国十五年阴历六月起,本利无付,请予迅追到县。当经讯明,于民国十六年四月四日判决,令债务人乙、丙、丁各还债权人甲本洋一千元,共洋三千元,利息每月三分,应付至履行日止。债权人甲以前,溢收债务人每月多付十元之利息,应如数退还。此项判决,业经确定,债务人迄未照判履行。现债权人甲请照原判执行,债务人则状称,民国十六年七月十九日,国民政府公布通令,规定年利不得过百分之二十,该判决月利三分,已属无效。又查解字第三号解释,凡在此颁令前未清偿之利息,亦应遵照现定利率,则本案利率始终皆应依此计算等语。查本案判决确定,系在民国十六年七月十九日颁令以前,似应照判执行,以免摇动已确定之判决;抑须遵照新法定利率,计算起息日以后之利息,以保护债务人之利益。合具代电呈请,转请最高法院解释,电示只遵等情前来。据此,事关法律疑义,用特代电,请迅赐解释为荷。安徽高等法院东印

解字第二一九号

民国十七年十月十六日　最高法院复湖南高等法院首席检察官电

湖南高等法院首席检察官鉴,本院首席检察官转送支代电悉,查犯强奸,或强制猥亵罪,因而致被害人于死,或致重伤,及因强奸而故意杀被害人者,如有告诉权之人不愿告诉,检察官得依伤害杀人各罪检举。设被害人业已死亡,并无《刑事诉讼法》第二百十四条或第二百十六条所规定之告诉人,又无利害关系人之声请,检察官不能指定代行告诉人,仅得依伤害杀人各罪起诉。合电查照。最高法院铣印

附湖南高等法院首席检察官原代电

最高法院首席检察官王钧鉴,查《刑法》第二百四十条、第二百四十二条,均系告诉乃论之罪。惟各该条内各项有因而致被害人于死,或致重伤及故意杀被害人者,均加重规定刑罚。如遇犯前列各条项之罪,有告诉权者不愿意告诉,检察官能否依单纯伤害杀人各罪条检举?又被强奸或被猥亵人当时已因而致死或被杀,此外无合法告诉人,其愿意告诉与否,无从证明。复无其他利害关系人声请,检察官发现此种情事,可否指定代行告诉人,抑亦依

单纯伤害杀人各罪条检举？应请转函解释令遵。湖南高等法院首席检察官曹瀛叩支印

**解字第二二〇号**

**民国十七年十月十七日　最高法院复广西高等法院第一分院电**

广西高等法院第一分院鉴，巧代电悉，刑律之刑，依刑律加减；《刑法》之刑，依《刑法》加减。应于加重或减轻后，比较其刑之重轻，希即查照。最高法院筱印

**附广西高等法院第一分院原代电**

南京最高法院徐院长钧鉴，《刑法》施行条例第三条：比较其刑之重轻，是否《刑法》之刑，依《刑法》加减；刑律之刑，亦依《刑法》加减，之后乃为比较，恳赐解释，俾有遵循。桂高分院院长陈祖信巧印

**解字第二二一号**

**民国十七年十月十七日　最高法院复江苏高等法院首席检察官电**

江苏高等法院首席检察官鉴，本院首席检察官转送支代电悉，本属地方管辖案件，经判决后，依刑诉法，虽应改为初级管辖，但依同法第三百零八条，地方法院既仍得为第一审，自应由高等法院受理第二审，希即查照。最高法院筱印

**附江苏高等法院首席检察官原代电**

最高法院首席检察官王钧鉴，窃查县政府审理贩卖吗啡案件，依刑律判决，本属地方管辖案件。新《刑法》已改为初级管辖，按照钧院第一二五号解释，其上诉管辖应以上诉时现行法令为标准，则此项案件，似应归地方法院受理第二审。是否有当，伏乞迅赐解释示遵。江苏高等法院首席检察官王思默叩支

**解字第二二二号**

**民国十七年十月十八日　最高法院复浙江高等法院函**

迳复者，准贵院第一四零五号公函，据杭县地方法院呈称，刑诉法第三百三十七条第一款，侵害个人法益一语，范围不易确定等情，转请解释到院。查《刑法》分则第二十一章以下所列举各罪，应属初级管辖案件。除其中有侵害社会或国家法益之特别条文外，如系刑诉法第八条第一款及第五款至第八款所列举者，均为同法第三百三十七条第一款所谓直接侵害个人法益之罪，相应函复查照饬遵。此致浙江高等法院

**附浙江高等法院原函**

迳启者，据杭县地方法院院长郑畋呈称：查《刑事诉讼法》第三百三十七条载，被害人对于下列各款之罪，得自向该管法院起诉：第一款初级法院管辖之直接侵害个人法益之罪，第二款告诉乃论之罪等语。按该条第二款告诉乃论之罪，《刑法》各条业经分别明定，固属毫无疑义。惟第一款直接侵害个人法益之罪一语，范围不易确定。以理论言，凡侵害个人法

益者,靡不侵害国家或社会之公共法益。以被害法益之轻重论,公共法益实重于个人法益;以实受侵害之次序论,侵害个人法益,同时亦即侵害公共法益。两者密切相关,诚难判别何者为直接,则初级管辖之案件,何罪应可自诉,在受理法院见解,未必能出一致。际此法律智识尚未普及之秋,在被害人一方尤难定正确之标准,误用程序,难免驳回。诉讼进行,反即因之迟滞。于自诉立法本旨,显见不易贯彻。拟请钧长转呈司法部,依法详加诠释,或将《刑法》各罪应隶该款自诉范围者明白列举,通令示遵,俾各法院受理自诉案件,可归划一,而民众易于明了,不致误用程序,便利更多。是否有当,理合声叙理由,呈请察核等情到院。据此,事关法律解释,除指令外,相应函请贵院迅赐解释,以便饬遵。此致

**解字第二二三号**

**民国十七年十月十九日　最高法院复福建高等法院首席检察官函**

迳启者,本院首席检察官转送贵院首席检察官呈,据思明地方法院首席检察官蒸代电称,禁止蓄婢,业有明令,而原埠蓄婢之家十有八九,侦查此种案件,发生疑问三点等情,转请解释到院。查和诱已满二十岁之妇女,《刑法》上无处罚之规定。其于诱得后意图营利,以诈术转卖于人者,应据《刑法》第三百十五条第二项论科。若买之者于契约上虽书养女字样,事实上使其为奴隶,则应依《刑法》第三百十三条处断。在被卖人应如何处置,不属解释范围,相应函复查照饬遵。此致福建高等法院首席检察官

**附福建高等法院首席检察官原函**

呈为呈请转院解释事,窃据思明地方法院首席检察官葛新铭蒸日代电呈称:查禁止蓄婢,业有明令,而厦埠蓄婢之家,十有八九。侦查此种案件,发生疑问三点:(一)设如甲在明令颁布以前买婢乙,现已成年,被有妻之丙和诱而去,同栖别处,俨同夫妇,第未行结婚礼式,其重婚罪似不成立。然丙所为和诱行为,甲对之有无告诉权?倘无告诉权,检察官可否视甲为利害关系人,因其声请,为之指定代行告诉人?(二)又设如丙诱得乙后,卖与丁为养女,则丙自应受刑律第三五一条之制裁。而丁对于乙设,其称呼待遇,视同生女,与前时人家蓄婢之情形不同,丁应否负蓄婢之责任?(三)又设如丁具银买乙,契约上虽书养女字样,事实上尚沿蓄婢习惯。于此场合,可否将乙交济良所,抑尚有他法救济,统乞指令,俾有遵循等情。案关适用法律,理合呈请钧长,俯赐转院解释,实为公便。谨呈

**解字第二二四号**

**民国十七年十月二十五日　最高法院复太原高等法院电**

太原高等法院鉴,代电悉,和诱已满二十岁之妇女,依新《刑法》无罪。最高法院迳印

**附山西高等法院原代电**

南京最高法院钧鉴,和诱已满二十岁之妇女,应否成立罪名,请电复。山西高等法院院长田微印

**解字第二二五号**

**民国十七年十月二十六日　最高法院复广东高等法院函**

迳复者,准贵院第一五二八号公函,据广州地方法院龙门县分庭呈称,新法制施行前,分庭受理未结案件,因新法制施行已移交县法院刑庭者,是否由刑庭继续审判。此项案件,原告既非检察官,是否可称原告诉人为原告,及告诉人能否独立上诉,或撤销告诉,或和解等情,转请解释到院。查新法制施行前受理未结之案,如因新法制施行已移交县法院刑庭者,现在亦应由刑庭继续审判。其依新法制受理案件,除合于刑诉法自诉条件外,既须检察官莅庭,自应仍以检察官为原告。其原提起公诉之人,应为告诉人,不得迳自撤销告诉,或独立上诉,一切均应依现行《刑事诉讼法》办理。相应函复,查照饬遵。此致广东高等法院

**附广东高等法院原函**

迳启者,查新法制施行时,人民向刑庭直接告诉案件,业经贵院第九十五号解释,仍由刑庭继续审判等因。当经敝院通令所属各级法院遵照办理在案。现据广州地方法院龙门县分庭推事梁栋呈称:查新法制施行时,前分庭未结各案,亦统由县法院接续办理。是以县法院之刑事案件,有接收前分庭移交及依新法制由刑庭直接收受两种。奉合前因,究竟单指县法院时代依新法制由刑庭直接收受未结之刑事案而言,抑或连同前分庭依旧法制受理未结移交县法院继续接办之案统括在内(兹查接管同庭检察官,移交前龙门县法院,未结刑事案件计八十三宗。内有五十二宗,系前龙门分庭依旧法制受理未结者。其在新法制实施时,由刑庭直接受理未结之案,则仅得三十一宗,合并陈明)?又,关于此种案件之审判,依照通令,于辩论终结时,须检察官莅庭陈述意见。惟此项案件,原告既非检察官,是否可称原告诉人为原告,抑仍称告诉人。此等称谓,于判词制作时必须列入,故宜正其名称。又,原告诉人对于判决有不服时,是否可以独立上诉,抑或由检察官查案办理?又,查新法制实施时,系采人民直接诉追主义,若人民自愿撤销告诉,或两愿和解,法院对之不加限制。现在办理此等案件,若遇有告诉人声请撤销告诉或和解,法院对之应否准许,抑或凭检察官之意见,以定准驳?上述各点,均为此项案件,将来诉讼进行时当有之现象,统请核示只遵,以免办理进行感觉困难。理合备文呈请察核,伏乞迅赐指令只遵,实为公便等情到院。据此,事关法律解释,相应函请贵院核明见复,以便转令办理。至纫公谊。此致

**解字第二二六号**

**民国十七年十月二十二日　最高法院复江西高等法院首席检察官电**

江西高等法院首席检察官鉴,本院首席检察官转送支代电悉。地方法院检察官就初级审案件为不起诉处分后,对于声请再议,认为无理由者,应将卷证迳送高等法院首席检察官,希即查照。最高法院养印

**附江西高等法院首席检察官原代电**

南京最高法院兼代首席检察官王钧鉴,查声请再议案件,依照《刑事诉讼法》第二百四十八条第三项规定,原检察官认为声请无理由者,应将该案卷宗及证据、物件,送交上级法院首席检察官。惟初级管辖案件,经地方法院检察官处分不起诉者,其声请再议究送地方法院首席检察官,抑送高等法院首席检察官,较之刑事诉讼律规定,送交高等或地方检察长者,似欠明晰,殊滋疑义。恳乞钧席转请解释,迅赐电复,以便遵办。署江西高等法院首席检察官左文炬叩支印

**解字第二二七号**

**民国十七年十月二十六日　最高法院复安徽高等法院函**

迳启者,准贵院第五五四号函,转关于立继问题,请求解释到院。果如所述,甲请凭族人为已故之乙立丙之子为嗣,由甲抚养一月后,丙复悔约,将其子另继于丁,得由甲本诸对等原则起诉,亦得由当时在场立继之族人,因契约关系共同列名告争。至本院解字第二零九号第三问题,若系当时会议立继之族人,本诸契约关系,共同起诉,亦不得谓为无权告争。合并函复,查照饬遵。此致安徽高等法院

**附安徽高等法院原函**

敬启者:案查已经合法立定之继承人出继他房,其参与亲族会之族长或族人能否出而告争,前经敝院以多代电请大院解释在案。兹据怀宁地方法院院长俞仁愈呈称:呈为呈请转函最高法院解释法律事。今有甲请凭族人为其同族已故之乙立丙未成年之子为嗣,未几,丙又将此子另立与丁,甲遂具状起诉,列丙、丁为被告。据甲称,丙之子立与乙后,甲曾抚养一月,乙身故多年,并无五服内亲族,其族中之与乙较亲者,仅有共六世祖之甲、丙,则与甲、乙共八世祖,与丁共九世祖。丙之子既立与乙,即不能另立与丁云云。查甲起诉意旨,实非为自已或其直系卑幼争继,究竟对于此事能否告争?如有告争权,是否可由甲一人出名告争,抑须与其所请凭之族人共同出名告争。事关法律问题,职院未敢臆断,理合备文呈请钧院转请最高法院迅予解释等情前来。相应再行函请大院迅赐解释见复为荷。此致

**解字第二二八号**

**民国十七年十月二十六日　最高法院复陕西高等法院电**

陕西高等法院鉴,东代电悉,同一案件,而有二以上之同级法院有管辖权者,自应依刑诉法第十九条或第二十条办理。最高法院宥印

**附陕西高等法院原代电**

南京最高法院院长徐钧鉴,案据武功县县长高浚明代军内开,兹有甲、乙二人,均住丙县,乙因债被甲杀死于丁县辖境,乙之亲属查知,即向丁县报案,复向丙县告发。查此案甲之犯罪地系在丁县,住所系在丙县,依《刑事诉讼法》第十三条,本案究应归何县管辖,案悬

待结,理合代电乞示指遵等情到院。查事关解释法律,敝院未敢擅专,相应电请钧院迅赐解释示复,以便转饬遵照。陕西高等法院院长段韶九东印

**解字第二二九号**

**民国十七年十月二十六日　最高法院复浙江高等法院电**

浙江高等法院鉴,删代电悉,刑诉法既无令被告负担讼费之规定,则同法第一一四条所谓得请求之法定费用,自应向法院请求,由国库负担。其款目数额,则应依现尚有效之修正诉讼费用规则所规定。至于附带民诉于刑庭裁判者,应先准用刑诉法,无庸缴纳审判费用。若移送民庭后,则成为独立之民事诉讼,自应一律缴纳审判费。最高法院宥印

**附浙江高等法院原代电**

南京最高法院钧鉴,查刑诉法第一一四条证人得请求法定应得之费用等语,所谓法定费用,并无明文规定,究指何种而言。如证人请求确系正当,是否应分别有罪,由受有罪、无罪判决之被告或国库负担,再附带民诉于刑庭判决前,或移送民庭后,是否应与独立民事一律缴纳审判费用?悬案以待,统乞电示遵行。浙江高等法院院长殷汝熊删印

**解字第二三〇号**

**民国十七年十月二十七日　最高法院复上海租界上诉法院电**

上海租界上诉法院鉴,铣代电悉,查父债子还,其遗产与承继人财产应否分离,尚无法律根据。惟中国既无限定承认及拒绝承认之习惯,则在未颁布新法以前,仍应以后说为是。合电查照。最高法院沁印

**附上海租界上诉法院原代电**

最高法院鉴,兹有甲、乙两人,因父债子还四字,发生争执,究竟为子者对于父债应否负偿还之责,主张不一。有谓父债子还,不过因父故,子为承继人,故有清理父债之责。但此项责任,乃因承继而发生,其范围自与个人所负债务者不同。承继人对于被承继人之债务,其责任只能与承继所得之权利相等,即子对于父债,其偿还之责,只能限于其父之遗产。有谓父生存时所负之债,应由其子偿还,已为前大理院判例所确认,且按中国现行法例,亦未闻有仅就其父遗产数额清理父债,而可卸责之说。此为中国数千年以来所行家族制度、血统主义、继承主义之当然结果。究以何说为当,事关法律问题,敬请迅赐解释,俾有遵循。上海租界上诉院铣印

**解字第二三一号**

**民国十七年十月三十日　最高法院复湖南高等法院电**

湖南高等法院鉴,铣代电悉,所请解释二点:(一)得以最初在县政府缴纳讼费收证为新证据,视其回复原状之声请,为有再审原因之抗告。苟系不逾《修正民事诉讼律》第五百九

十一条第二项所定期间,上告审先予废弃,驳回上告之决定后,再受理本案。(二)终审决定已无管辖该事件之上级法院存在,自不得更为抗告。除再审抗告外,原法院不得率行更正原决定。最高法院陷印

**附湖南高等法院原代电**

南京最高法院钧鉴,上告案件,上告人已于补正期限内在县署缴费,因县署缓解逾限,致上告审将该本案决定驳回,上告人以此理由声请回复原状,应如何办理。又,当事人对于终审法院所为,决定提起抗告,如认为有理由,能否由原法院更正原决定,抑或依终审决定不得抗告之例,概应以不合法驳回?敝院现有此项案件多起,亟待解决,理合电请解释示遵。湖南高等法院叩铣印

**解字第二三二号**

**民国十七年十月三十一日　最高法院复广西高等法院电**

广西高等法院鉴,文代电悉,查《刑法》第八十四条所定减轻本刑之方法,至少必须减轻本刑二分之一,并无至多之限制,合电查照饬遵。最高法院世印

**附广西高等法院原代电**

南京最高法院钧鉴,据象县县长李镜堂俭日代电称:新《刑法》加减例第八十四条载:减轻本刑而无若干分之几之规定者,至少减轻本刑二分之一云云。查既云至少,自当有至多方面在,惟至多方面得减至若干分之几,尚未明示限制,究竟是否得减至二分之一以上,而达于十分之九。又查累犯罪章第六十六条第二项,有加重本刑一倍之规定,是加重既可达至倍数,则减轻亦当可达至十分之九。是否有当,应请解释,以决怀疑而资遵办等情。查原电主张,似非无当,惟《刑法》明文关于减轻规定,除三分之一、二分之一外,余无他例。究竟原电见解是否可采,事关法律解释,理合转请察核,迅赐解释电复,以便转饬遵照。广西高等法院叩文印

**解字第二三三号**

**民国十七年十月三十一日　最高法院复甘肃高等法院电**

甘肃高等法院鉴,鱼代电悉,毁弃、损坏或隐匿公务员职务上所掌管之文书,不问是否掌管之人,均应成立《刑法》第一百四十四条之罪。合电查照饬遵。最高法院世印

**附甘肃高等法院原代电**

南京最高法院钧鉴,案据碾伯县司法公署审判官代电称:兹有子与丑为争荒地纠葛,涉讼多年,该两方均行状称县署有卷可查(法署成立未久),但关于子方有利益之堂谕及文卷,已被县署管理卷宗科员寅藏匿损坏,遂致真相莫明。查毁弃公文书足以生损害于他人者,现行《刑法》无专条规定,则寅之藏匿、损坏管有公文书,可否依《刑法》第三百八十条处断等情,请求核示到院。查《刑法》第三百八十条,系规定毁弃损坏他人文书之罪刑,该法署所称

管有之公文书,能否包括在内?且寅为县署科员,不无身分关系。《刑法》渎职章内虽有第一百四十条之规定,究无构成犯罪专条可资援引。该项卷宗,既为寅所掌管,又与同法第一百四十四条之规定不符,但第一百四十四条可否作广义解释,于公务员对于自己所管之卷宗,故为损坏藏匿者亦适用之,案关法律疑义,敝院未敢臆断,合电陈请,迅赐解释,俾便饬遵。甘肃高等法院鱼印

**解字第二三四号**

**民国十七年十一月一日　最高法院复江苏高等法院函**

迳启者,准贵院第五二九五号公函,据吴县律师公会呈称,《刑法》处拘役徒刑以上之刑者,或褫夺公权全部几年,满期后,一切公权回复,无论职官、教员、军职、选举、律师,均可行使职务。但查律师章程第四条第一款,曾处拘役或法定五等有期徒刑以上之刑者,除国事犯已复权者外,仍不得充律师。不知《刑法》与律师章程何者为之优先,究竟有无抵触等情,转请解释到院。查律师章程第四条,系规定律师之消极资格,凡曾处拘役或法定五等有期徒刑以上之刑者,除国事犯业经复权者外,无论褫夺公权与否,及褫夺公权之期限如何,均不得充当律师,与《刑法》之规定无关,相应函请查照饬遵。此致江苏高等法院

**附江苏高等法院原函**

迳启者,据吴县律师公会呈称,窃据本会会员徐良函称,谨启者:凡新《刑法》、旧刑律之通例,处拘役徒刑以上之刑者,或褫夺公权全部几年,满期后,当然一切公权完全回复,无论职官、教员、军职、选举、律师,均可行使职务。但查律师章程第四条有下列情形之一者,不得充律师:第一款:曾处拘役或法定五等有期徒刑以上之刑者,但国事犯已复权者,不在此限。细绎律师章程第四条第一款规定,除国事犯已复权者外,其他非国事犯,曾处拘役或法定五等有期徒刑以上之刑者,虽已复权,仍不得充任律师,甚为显明。惟不知《刑法》、刑律与律师章程何者为之优先,究竟有无抵触。事关法律疑义,为此提请贵会转呈解释等因到会。当经本会于十月十四日第八十三次常任评议员会决议,以事关法律疑义,自应请求解释,为此呈请钧院迅赐转请解释示遵等情到院。据此,查事关法律疑义,除指令外,亟应据情函请查照,迅赐解释,俾便转行遵照为荷。此致

**解字第二三五号**

**民国十七年十一月一日　最高法院复湖南高等法院函**

迳启者,准贵院第二九九八号公函,据常德地方法院院长钟馥呈称,《刑法》第八十四条减轻本刑而无若干分之几之规定者,至少须减轻本刑二分之一等语,颇滋疑义等情,转请解释到院。查减轻本刑而无若干分之几之规定者,至少必须减轻二分之一,并无至多之限制。惟应参照《刑法》第八十二条、八十三条办理,相应函复查照饬遵。此致湖南高等法院

**附湖南高等法院原函**

迳启者,案据湖南常德地方法院院长钟馥呈称,查《刑法》第八十四条减轻本刑而无若干分之几之规定者,至少须减轻本刑二分之一等语。职院对于该条至少须减轻本刑二分之一解释,现分两说:甲说,至少减轻本刑二分之一,系谓减刑时必减至二分之一,不得任审判官自由,仅减三分之一,而不予减至二分之一,以为明示之标准。然亦不能于二分之一以外,再予减轻至四分之三或三分之二。盖刑度原有一定标准,《刑法》总则及分则,仅有三分之一及二分之一两种,并无四分之三及三分之二等规定,当然不得任审判官另定减轻之率。乙说,谓减轻本刑必减至二分之一,业经明定,了无疑义。但依至少二字之意义解释,即应于二分之一以下递减至三分之二或四分之三以下,似亦均为法所许。究以何说为是,适用上颇滋疑义。理合具文呈请钧院俯赐察核,转请解释,俾资遵循,至为公便等情。据此,案关解释法律,相应函请贵院查照,迅予解释赐复,以便饬遵为荷。此致

**解字第二三六号**

**民国十七年十一月一日　最高法院复湖北高等法院首席检察官函**

迳启者,本院首席检察官转送贵首席呈文一件,内称:据代理湖北高等法院第一分院首席检察官代电称,新法施行后,覆判案件适用何法,及出嫁女子被人诱拐,该女子之夫,可否认为保佐人等情,转请解释到院。查初判引律错误者,覆判审虽应依新《刑法》纠正,但并应依覆判暂行条例第四条各款项分别裁判。至于未满二十岁妇女被诱,其夫在《民法》未规定以前,得视为保佐人,向法院告诉,相应函请查照饬遵。此致湖北高等法院首席检察官

**附湖北高等法院首席检察官原函**

呈为呈请解释示遵事,案据代理湖北高等法院第一分院首席检察官范韵珩代电称,查覆判,系对于县长或县司法公署确定判决纠正错误之一种特别法,其核进更正,在法律无变更时,固不发生何等疑义,惟在旧法时代确定呈送覆判时,新法已经施行,究应适用何法,不无疑义。于此分甲、乙两说,甲说,谓覆判审仅在纠正原确定判决之错误,如原确定判决所认定之事实、所适用之法律,按诸当时施行之旧法,本无错误,或虽有错误,仅在引用之律文,自应依照旧法予以核准或更正,以维持原确定判决之效力。若因呈送覆判时新法已经施行,即按新法办理,必至旧法时代已确定之刑事判决全数动摇。而新旧法律抵触之处,必不一而足。乙说,谓应送覆判之刑事确定判决,不能与正式法院之确定判决同论,必经覆判审所为核准或更正之判决确定后,方生执行之效力。今呈送覆判时,新法既已施行,无论核准更正,均应以新法为标准。况查现行《刑法》第二条上段明定,犯罪时之法律与裁判时之法律,遇有变更者,依裁判时之法律处断。覆判亦裁判之一种,其审查原确定判决之当否,应适用新法,更无疑义。两说未知孰是。又,《刑法》第二百五十七条之和略诱罪,被诱人限于二十岁以内之男女,其侵害法益限于享有亲权之人、监护人、保佐人三种。若有已出嫁之十九岁为子,被人诱拐,以前享有亲权之人,其亲权能否继续存在?如不能继续存在,该被

诱女子之本夫可否认为保佐人,向法院告诉,亦不无疑义。职处现有此等案件,亟待解决,理合电呈钧处,俯赐鉴核,转请解释示遵等情。据此,理合转呈钧处,函请解释示遵。谨呈

**解字第二三七号**

**民国十七年十一月五日 最高法院复江苏高等法院首席检察官函**

迳启者,本院首席检察官转送贵首席检察官呈:据上海地方法院首席检察官沈秉谦电称:今有一案,犯罪最重主刑,在昔为四等有期徒刑,今为五年以下有期徒刑。自犯罪成立之日起,迄今将近十年。依前暂行刑律规定,起诉权之时效早经消灭,依新《刑法》规定,则起诉时效并未消灭,究应何所适从等情,转请解释到院。查刑事案件之起诉权,在适用暂行刑律时代,已因罹时效消灭,不能因新《刑法》施行而复活,相应函复,查照饬遵。此致江苏高等法院首席检察官

**附江苏高等法院首席检察官原呈**

呈为呈请转院解释法律,俾资遵守事。案据上海地方法院首席检察官沈秉谦电称:窃查前暂行新刑律第六十九条第五款规定,提起公诉之时效,系四等有期徒刑者,一年。又查现行《刑法》第九十七条第二款规定,一年以上十年未满有期徒刑,其起诉权为十年。今有一案,犯罪最重主刑,在昔为四等有期徒刑,今为五等以下有期徒刑。自犯罪成立之日起,迄今将近十年。依前暂行新刑律规定,起诉权之时效早经消灭。依现行《刑法》规定,则起诉时效并未消灭。究应何所适从,今有二说:甲说,犯罪成立已近十年,在前适用刑律时代,起诉权既早已消灭,不能因于《刑法》施行后,将从前时效已经消灭之起诉权随之复活,自应作起诉权消灭论。乙说,现在既施行《刑法》,依《刑法》应认为起诉权未消灭者,不能作起诉权已经消灭。两说应以何说为是。职处有案待决,理合电请钧鉴,迅赐转请解释令遵等情到院。据此,事关法律解释,理合据情呈请钧座鉴核,转请解释令遵。谨呈

**解字第二三八号**

**民国十七年十一月五日 最高法院复浙江高等法院首席检察官函**

迳启者,本院首席检察官转送贵首席检察官呈,据金华地方法院衢县分院首席检察官呈,以窃盗、诈取、侵占共有物者,是否以他人所有物论,及《刑法》略诱罪条文疑义,并《刑法》减轻之计算方法,又罚金案件因犯贫减轻之规定,不无疑义等由,转请解释到院。查第一点,凡窃盗、诈取、侵占他人所有物,无论自己有无共有关系,均应依《刑法》各该条款论科。第二点,意图奸淫诱拐未满二十岁之女子,其父母虽已亡故,若有监护人或保佐人,仍应成立《刑法》第二百五十七条第二项之罪。意图帮助而收受、藏匿此项被诱人者,则据同法第二百五十八条第二项处断。又《刑法》第二百五十七条之被诱人,包括被和诱人在内,与第三百十五条之情形不同。设意图帮助而收受、藏匿第三百十五条之被诱人,即系该条之共犯。第三点见本院二百零四号解释。第四点,罚金因犯贫得减至五分之一,《刑法》第

四十九条第五款定有明文。此项减轻乃法院之职权,毋须当事人之声请,更不应延至执行时始行裁定。凡科处罚金之案,法院得参照《刑法》第四十九条第五款定其额数。犯罪人是否贫困,只须于判决理由内加以说明,毋须在主文中表示。相应函复查照饬遵。此致浙江高等法院首席检察官

**附浙江高等法院首席检察官原呈**

呈为转请解释事,案据金华地方法院衢县分院首席检察官郑澧呈称,查新《刑法》,并无如《暂行新刑律》第三百七十七条、第三百九十条、第三百九十六条之规定,凡盗窃、诈取、侵占共有物者,是否依前大理院统字第一一九七号、第一三三零号解释例,以他人所有物论,抑依法无科罚明文,应不为罪,应请解释者一。新《刑法》略诱未满二十岁之男女与略诱妇女,分别规定于妨害家庭罪及妨害自由罪。兹有意图奸淫而略诱十六岁以上、未满二十岁,父母双亡,尚未嫁人之女子,如依《刑法》第二百五十七条第二项处断,嫌与法条脱离享有亲权之人云云规定未合。如依第三百十五条第二项处断,则对于意图帮助而收受藏匿被诱人者,又无法加以惩罚。又《刑法》第二百五十七条,被诱人为未满二十岁之男女,处刑反较第三百十五条略诱满二十岁以上妇女为轻。而意图帮助收受藏匿第三百十五条之被诱人者,依法又无处罚明文,究应如何适用,以济其平,应请解释者二。《刑法》第七十七条酌减依第八十四条规定,至少减轻二分之一,依文理解释,法院自得酌量情形,减轻三分之二或四分之三,甚至减至十分之九。兹有犯《刑法》第二百八十三条第一、二项人犯,主刑为死刑或无期徒刑,如须减轻四分之三或三分之二,应如何计算,应请解释者三。罚金因犯贫得减至五分之一,为《刑法》第四十九条所明定。此项减轻是否应与刑罚同时谕知,抑或判决后检察官或被告人得依据该条声请酌减?如须与刑罚同时谕知,则主文内是否如易科监禁之例记明?如犯贫得减几分之几,确定后,检察官应先执行谕知之全金额,如查系贫困,再依减得之数执行,抑应于谕知时即确定应减几分之几,使执行时无可伸缩?如系前例,则贫困与否,事实上颇不易认定,易启争议。对于解决此种争议之方法,法无规定,极感困难。如系后例,则《刑法》于罚金之最低额并无限定,法院既察知犯贫,自可依第七十六条科以低度之罚金,而第四十九条第五款但书之规定,实际上等于虚设。若谓该但书之适用,仅限于谕知罚金一元之案件,则第五十五条第三项但书,何以又有易科监禁以减得之数比例计算之规定,应请解释者四。以上四点,职院疑莫能释,拟恳转请解释示遵等情。据此,除指令外,理合转请钧院迅予解释,以凭饬遵。谨呈

**解字第二三九号**

**民国十七年十一月六日　最高法院复福建高等法院函**

迳复者,准贵院第一四一五号公函,以甲因贫擅将养女丁抱养于戊为养女,领得扶养费一百十元,立有托养字为据。甲应否论罪及易科间金,应否先有自由刑之科断,新旧《刑法》自由刑之轻重如何比较,未满二十岁业已出嫁女子被人和诱其监护人能否包括夫权在内,

已成年之刑事被告科刑后,由其父或母于法定上诉期间内上诉,可否认为合法等由,请予解释到院。查(一)养亲以未满二十岁之养女,转给他人,名义上虽亦系给人为养女,若实际上有意图营利侵害该女之自由者,仍应以《刑法》第二五七条论。(二)《刑法》所谓易科罚金,乃于宣告时迳科罚金而不科自由刑,即系选择刑之一种,与刑律第四十四条规定于宣告后得易罚金者迥异。(三)刑律与《刑法》比较自由刑之轻重,应先就其最重主刑之刑期比较。若相等者,乃就其最轻之刑期相较,故轻微伤害罪之刑,仍应以《刑法》为重。(四)妻未满二十岁被和诱,其夫在《民法》未规定以前,得视为保佐人,向法院告诉。(五)已成年之子为刑事被告,科刑后,其父母虽不得以其自己名义独立上诉,但仍得代其子上诉,相应函复查照。此致福建高等法院

**附福建高等法院原函**

敬启者:案据闽侯地方法院呈称:兹有甲妻乙抱丙之女丁为养女,现年六岁。当抱养时,约明丁及笄择配,须得丙之同意。嗣甲因贫所迫,擅将丁抱养于戊为养女,领得扶养费一百十元,立有托养字为据。经乙、丙告诉,除戊系善意收买丁为养女,依法不能论罪外,甲之卖丁,核诸现行《刑法》,对于依法令契约负担扶助养育保护义务,而强卖、和卖其被扶助养育保护之人,无有论罪明文。于是分为二说:第一说,甲之为贫,以丁托养于戊,领得钱款。虽不能认为营利,然其托养即为买卖之变名。若不依《刑法》第二百五十七条第一项处断,无以儆效尤。第二说,《刑法》第二百五十七条第一项,以和诱、略诱未满二十岁之男女,脱离享有亲权之人、监护人或保佐人为要件。丁既系甲妻乙抱养之女,甲对丁应享有亲权。现甲为贫,将丁托养于戊,领得钱款。此种行为,既无论罪明文,应依《刑法》第一条规定其行为不为罪。以上二说,未知孰是?现悬案待决,理合具文呈请钧长察核,准予转呈最高法院解释令遵等情到院。除指令外,相应函请贵院迅赐解释,俾便转饬遵照。再,敝院查新《刑法》易科观金之规定,自易科二字观察,似应于同一判决内先有自由刑之科断,然后乃能有罚金之易科。但如何折算,旧刑律第四十四条定有明文,而新《刑法》则仅于易科监禁有之,并无是项规定。究竟新《刑法》上之易科罚金,应否先有自由刑之科断?如须先有自由刑科断,究竟根据何法折算?又,旧刑律与新《刑法》比较刑之轻重,依《刑法》施行条例第二条规定,应先就最重主刑或其刑期金额比较,是否相等,其相等者乃以最轻主刑或其刑期金额比较。查轻微伤害罪,刑律第三百十三条第三款之主刑,为三等至五等有期徒刑。按照该律第三十七条第三项第三款,三等有期徒刑之最长刑期为五年未满,而《刑法》第二百九十三条第一项之主刑,则为五年以下有期徒刑拘役或一千元以下罚金。自其最轻主刑言之,《刑法》轻于刑律远甚;而自最重主刑言之,依《刑法》第十条规定,则《刑法》所定之刑期,比刑律究多一日。此类最重主刑之比较,究应以其究多一日为不相等,不问最轻主刑而以刑律为轻,抑应以其只多一日,视为相等,并就最轻主刑比较,而以刑律为重?再查和、略诱之罪,新刑律规定至详,现行《刑法》将和诱、略诱各罪分别规定于妨害自由及妨害婚姻及家庭罪章。原以此种罪质,在已成年之男女已有相当智识能力,其侵害之法益为个人之自

由。其未成年之男女,尚应处于监督、保护之下,诱之者系侵害监督保护权,故成立妨害家庭之罪。兹有某甲之妻某乙,年已十八岁,乙与其母丁同住甲家,同被某丙和诱,经甲告诉。依犯罪性质而论,某乙未满二十岁,某丙自系构成《刑法》第二百五十七条之罪。惟某乙既系出嫁之女,监督权应属于其夫,该条对于夫权既无明定,乙之母丁又不愿告诉,究竟监护人能否包括夫权在内,不无可疑。又已成年之刑事被告科刑后,由其父或母于法定上诉期间内,独立上诉,而被告本人则经过上诉期间后,始声明不服原判决。此种情形,可否查照《刑事诉讼法》第三百五十九条规定,认上诉为合法。事关适用法条疑义,统乞贵院察照。解释见复为荷。此致

**解字第二四〇号**

**民国十七年十一月六日　最高法院复四川高等法院电**

四川高等法院鉴,鱼代电悉,案关执行,应依确定判决办理,不得一再请求解释。若当事人对于执行程序有所声请,尽可由该院长依法裁断。最高法院鱼印

**附四川高等法院原代电**

南京最高法院钧鉴,案据巴县地方法院院长谢环,马日代电称:昨奉钧院第二七九号训令内开:案准最高法院冬日代电开:四川高等法院转巴县地方法院览:顷接该院支代电称:甲商控乙机关冒名窃取汇款,要求赔偿损害一案,除原文有案邀免冗叙外,后开依此主文解释,则乙机关自不能仅以交出使用人及其铺保,即可解除追偿责任,但追偿与赔偿不能混而为一等因。奉此,职院细绎精意,原系解释主文,洵属至当。惟本案现在情形,双方争执甚烈,势必审核内容,求一彻底解决之法,非徒解释主文所能折服,不能不再恳钧院核转最高法院,迅赐解释。缘本案甲商控乙机关时所列之证据为收信(汇票,原装信内)凭单内注乙机关名称,并无使用人姓名及其经手字样,而原呈攻击使用人有无其人,举不可知。且所称铺保,遍查渝埠,亦夙无此项商号。虽本案确定为时已久,发交执行之初,原限一月饬令乙机关交出使用人及铺保,以便追偿。讵逾数月,乙机关竟不能交出任何一人,已陷于追无可追之地步。目前所应研究者,乙机关应否负偿还责任。甲商催促执行,案牍盈尺,职院苦无良法以资对付,乃有月前支电呈请解释之举。兹奉前因,对于本案内容,仍未得解决之道,应恳查照。前电子、丑两说,孰是孰非,明白指示,俾职院遵循有自,免双方讼累无穷。迫切陈词,曷胜盼祷等情。据此,理合电请钧院俯赐察核解释,以便饬遵。四川高等法院院长黄功懋叩鱼印

**解字第二四一号**

**民国十七年十一月八日　最高法院复浙江高等法院函**

迳复者,准贵院第一三四六号公函,以《刑法》及《刑事诉讼法》疑义多处,另册列为八问,请予解释到院。查第一点,犯罪在《刑法》施行前,而裁判在《刑法》施行后,比较新旧

《刑法》之重轻,则应减免其刑者,自较诸得减免其刑或不减免其刑者为轻。第二点,未遂罪之刑,依刑律得减既遂罪之刑一等或二等,依《刑法》得减既遂罪本刑二分之一。申言之,即系得减至二等或得减至二分之一为止。则欲比较新旧刑之重轻,自应以《刑法》得减二分之一之后与刑律得减二等之后,较其轻重。第三点,已详本年解字第一九三号及二零四号解释。第四点,依《刑法》第二五二条所规定,第二四零条至二四五条,虽均为告诉乃论之罪,但因奸致人死伤者,其奸罪虽无告诉,而关于死伤部分,除轻伤仍依第三零二条办理外,自可独立诉追。第五点,《刑法》第二七七条所谓之持有,系将第二七一条及第二七二条所谓之持有除外而言,例如因制造或吸食或输运而持有皆是。第六点,已详本年解字第一五六号解释。第七点,已详本年解字第一九三号解释。第八点,《刑法》第一八五条、第三二条所载担负登报之费用,及刑诉法第九五条、第一一三条所载赔偿之费用,均系关于刑事之制裁,自可由检察官执行。除将本年解字第一五六号、第一九三号、第二零四号解释各抄一份附寄外,相应函复查照。此致浙江高等法院

**附浙江高等法院原函**

迳启者,案据鄞县地方法院院长王秉彝呈称,案奉钧院颁发《刑法》及《刑事诉讼法》,下院当经召集全院推事、检察官开会讨论,内有疑义多处,非经明白解释,深恐适用错误,理合将应请解释各点,另册开列,备文呈请,仰祈鉴核,俯赐转请解释,俾便遵循等情,并附送请求解释各疑问一册到院。据此,除指令外,相应抄同附册,函请贵院迅赐解释,以便转行遵照。至纫公谊,此致最高法院

**附原请求解释各疑问一册。**

第一问:设有某项犯罪行为,因身分或其他情节,依刑律之规定,应免除或减轻(以下省作减免)其刑,而依《刑法》仅得为减免,甚或为不减免者(例如,刑律第三六七条"即《刑法》第三三七条"之罪,若直系亲属配偶或同财共居亲属,间犯之者,依刑律第三八一条一项,免除其刑,而《刑法》第三四一条一项,仅得免除其刑,此属前者。又,《刑法》第一零七条三项,"即刑律第一一零条、第一一五条二项",第一一零条三项,"即刑律第一一三条、一一五条一项",第一一一条三项,"即刑律第一一一条、第一一五条二项"各罪,若有刑律第一一五条三项之情形者,依刑律规定,均应免除其刑,而《刑法》则否,只能适用总则编第三八条规定,得减轻本刑三分之一而已,此属后者)。反之,依《刑法》规定为应减免其刑之犯行,而刑律又仅为得减免,甚或亦为不减免者(例如《刑法》第一八四条,"即刑律第一八一条二项、第一八二条二项"之罪,依《刑法》应免除其刑,而依刑律仅为得免除,此属前者。又如《刑法》第一七九条"即刑律第一八一条"之罪,若有同法第一百八十三条之情形者,依《刑法》应免除其刑,而刑律则否,此属后者)。若犯罪在刑律施行期,裁判在《刑法》施行后,而有《刑法》第二条但书之情形时,究依各该罪本条之主刑而比较其重轻耶?抑以应减免其刑者,较诸得减免或不减免其刑者为轻乎?于此则分两说:甲、谓《刑法》施行法对于比较新旧法中刑之重轻时,皆以最重或最轻之主刑为标准,初不及于减免与否。盖减免本刑为国家对于具有

特殊身分或情节可恕之犯人施予法外之恩宥,不在所谓主刑之范围。遇有法律变更时,得受此恩宥与否,自应从新法定之,安得以斯为比较本刑重轻之标准乎?乙、谓犯罪人依照旧法因法定之原因,可受减免其刑之恩宥者,自不能因日后法律之变更而追加剥夺。倘如甲所主张,仅得就各该罪本条之刑比较重轻时,同一旧法时代之犯罪,徒以发觉时期之迟早,而生免刑与否之分别,必致令人起不公平之感想,抑亦与《刑法》第二条但书采局从轻主义之旨趣相悖。设有自恃其法应免刑之身分,而偶为尝试,一旦新法实施,乃科以通常之刑,与设网陷民者何以异?彼有所恃而犯罪不恐者,论情虽不足惜,然非设此免刑之法文以诱之,或不致罹于刑辟。若于此情形。徒知厚责犯人,究非刑赏忠厚之道。故在本问题之情形,自应以减免其刑者与得减免或不减免其刑者为比较重轻之标准。《刑法施行法》第三条所称依法令宥减时,即指此也。以上两说,甲说注重于《刑法》施行之主刑两字,立论颇正,然究不免有背乎从轻主义之精神。乙说用心平恕,合于罪疑惟轻之古训,然无成文可征。究以何说为当?此应请解释者一也。

第二问:未遂罪,依刑律得减既遂罪之刑一等或二等,依《刑法》得减既遂罪本刑二分之一,盖旧法之减轻,在刑等上有伸缩之自由,新法则固定而不移。今以减本刑二分之一者,持与减一等者相比较,则其刑自以减一等为重,若以之与减二等者相比较,则其刑又以减二等之为轻。因刑之重轻,即生从新从旧之问题,故比较之方法,亦不能不加讨论。甲、谓《刑法》施行法第三条载有,依法令加减时,应于加减后再比校刑之重轻等语。未遂罪之比较重轻,亦应依此规定,审判官若认此未遂之情节,在刑律上应减一等者,则以减去一等后之刑期与减二分之一者比较,定为应依新法处断。若认为应减二等者,则以减去二等后之刑期与减二分之一者比较,定为应依旧法处断,如此方与《刑法施行法》所谓加减后比较重轻之说相合。乙、谓裁判既在《刑法》施行后,刑律已废止不用,惟遇有特别情形(即其刑比较为轻)时,始可援照处断。今主刑重轻尚未比较,则其援用与否自难逆知,审判官又乌能先从能否援用之旧法上率予减等,而为从新从轻之标准乎?《刑法施行法》第三条所谓加减后,乃指《刑法》上之递加、递减以及加减互抵者而言,与未遂罪比较新旧两法本刑之重轻,固未可同日而语。若依甲之主张,既嫌纡回周折,且其标准莫定,自应以利益被告之旨,概依减二等者为比较。若此,则从新从旧,确有定准,不致同罪异法,兼可防止意为出入之弊。以上两说,甲说之比较方法,虽不简捷,然与刑律上使审判官自由裁量,以定应减刑等之用意相合。乙说虽尽然不紊,然刑律上之未遂,一似不问情节,概减二等者,亦与衡情定罪之道不甚符合。究以何者为便于适用?此应请解释者二也。

第三问:《刑法》上减轻本刑而无几分之几规定者,依本法第八十四条,至少须减轻二分之一。然其至多限度,可减至若干,并无明文。至酌减本刑者,更连至少限度亦不规定。此二者之本刑,究可减轻至何限度,又不能不生疑问。甲、谓减轻本刑与酌减本刑,或仅规定至少限度,或并多少两者而无之,适用上固不免发生疑问,然司法官之适用法律,必以法条之成文为根据,若可任意创设,是司法而兼立法矣。故此二者之减轻,其至少与至多限度之分数,必散见于本法其他各条者,审判官始可援用。否则任意低减,仅存十分之一或百分之一,其减成畸零之数,又复依法不算,不几与免除本刑者相同乎?乙、说《刑法》上各条所规定,得以减轻之分数,除罚金得因犯贫减至五分之一者外,余仅三分之一及二分之一两项而已。若依甲之主张,其减轻之分数必限于散见本法者,则二分之一所减去者,本较三分之一为多,减去既多,所存自少,同法第八十四条即不应云至少减轻二分之一,必曰至多,始与甲之意思相合。今减轻本刑无至多度之限制,即减至百分之一或千分之一,要亦不为违法。若并至少度而无之者,更可任诸审判官之自由裁量矣。以上两说,甲说谨守成文而拙于理论,乙说畅于说理,不免趋于绝端,究应如何始可补偏救弊,此应请解释者三也。

第四问:《刑法》第二百四十条第二项、第五项(即《暂行新刑律补充条例》第三条、第四条)之罪,又同法第二百四十条第三项、第四项及第二百四十二条第三项、第四项(即刑律第二百八十七条)之罪,在《刑法》施行前,均非告诉乃论之罪,而《刑法》第二百五十二条定为概须亲告。设遇犯有前列各罪者,而被害人或其亲属不为告诉时,依《刑法》施行法第五条规定,自不能诉追及处罚(此指犯罪在刑律施行期言。若在《刑法》施行后,则非有告诉,当然不得诉追)。然此种犯罪,在昔为常赦所不原,诚以其遗留于社会之害恶至深且重,即以今日最新《刑法》学上之理论衡之,则国家亦不能因无人告诉,任令元恶大憝倖漏法网,然则如之何而可?甲之言曰,上列各罪,其被侵害之法益,直接固为被害人之身体、生命,间接亦为社会之善良风化。苟国家必待乎有人告诉,始行处罚,则普通之杀伤罪,亦何不概定为亲告乎?夫寻常之杀人或重伤,国家尚加以检举,而谓因逞厥兽欲所构成之杀伤罪,转待夫告诉乃论,何其重轻倒置乃尔?故遇有此种情形,虽无告诉权人之告诉,管辖检察官但遇地邻具保或警区通知时,皆可视为利害关系人之声请,而为之指定代行告诉人,以为诉追之条件。万一竟无人通报,致无从指定代行告诉人者,亦可就其杀伤部分,按照通常程序诉追及处罚也。乙谓强奸或猥亵与夫杀伤,本为两罪,惟《刑法》既定为一罪,是已将其复数之犯行合而为一矣,即《刑法》学上之所为结合罪是也。罪质一经结合,即应自始认为一罪,断无中途再加分析之理。如侵入第宅与窃取财物,本系两罪,但《刑法》上既定为侵入盗窃之一罪,则其复数之犯行已结合而为单一。既已结合为一,则追诉及处罚,亦只能就其结合之整个犯行而为判断,此定论也。今上列各罪,依《刑法》各本条之规定,均成结合罪。则遇有告诉时,自可就全部犯行论罪,否则即不得诉追。如甲之主张,遇无人告诉时,则剔除强奸或猥亵之部分,而专论其普通之杀伤,遇告诉时则并论之。是法律上业已结合之罪,可以任意或分或合矣,有是理乎?且审理杀伤之结果,必涉及其最近原因之强奸或猥亵各情节,亦与法律上设立亲告罪以保护被害人名誉之旨趣相违。至指定代理告诉人,在《刑事诉讼法》上,亦必于无被害人之亲属,得以告诉时,始可为之。若有亲属而不行使告诉权,检察官讵得违法指定乎?总之,前举各罪,应否列入亲告罪中,乃立法上之问题。法律既已定为亲告,则司法官惟有绝对服从,初非可以曲解也。以上两说,甲之主张虽不免有违法理,然其顾全风俗人情之苦心,亦未可概行蔑视。乙之立说虽确有根据,然纵凶淫之徒于法外,

殊觉大反乎情理。且以法因情生之说衡之,亦应从甲之主张,方免贿嘱私和之弊。此应请解释者四也

第五问:《刑法》第二百七十七条,持有鸦片烟等违禁物品之罪,与同法第十九章各条之罪,似属相蒙。若谓罪质显然各别,则第二百七十一条之意图贩卖而持有鸦片烟者,与第二百七十七条之罪,是否为想象上之俱发?又如犯第二百七十三条之罪,更持有第二百七十七条之各项违禁物时,是否为实体上之俱发?于此亦有两说。甲、谓第二百七十七条之持有以意图犯罪为条件,即为同法第十九章各条之预备罪。在未着手以前发觉者,则依第二百七十七条处断。已着手而未遂者,则以第十九章各条之未遂论。其既遂者,则各依其所犯之本条论罪,初不生想象上或实体上俱发之问题。乙、谓第二百七十七条首段载有意图犯本章各罪之用云云,固指未着手于本章各罪者而言,然意图贩卖而持有鸦片烟,或专供吸食鸦片之器具,即为同法第二百七十一条、第二百七十二条之罪。今《刑法》既于各本条之犯罪外,更设有第二百七十七条之规定,自应分别情形,或认为一行为触犯二法条而加以吸收,或以方法结果之关系而认为想象上俱发,或以犯行之各别而认为实体上俱发(例如开设馆舍供人吸食鸦片烟者,本不必备有灯枪及烟膏等物,若竟一一设备,完全以招徕顾客者,自应依第六十九条并合论罪),未可如甲之主张,认该条为第十九章各条之预备罪也。以上两说,甲则分清犯罪之实行阶级,使其界限不致相混,乙则分别犯意,衡情酌科,便于实用,皆各有所长,究以何说为中肯,未能遽定。此应请解释者五也

第六问:特别法胜普通法,新法胜旧法,固为法律上之原则。例如《刑法》施行后,凡《吗啡治罪法》、《贩卖罂粟种子罪刑邮政条例》、《关于窃盗侵占毁弃各罪公债条例》、《印花税暂行条例》、关于伪造各规定,皆因《刑法》施行而失效,已属毫无疑义。惟《惩治盗匪暂行条例》是否亦因之失效,则颇有争论。甲、谓特别法不因普通法之废止或变更而受影响,此定理也。若特别法中各规定本为补充普通法之阙漏,而新颁行之普通法已将阙漏各点加以修订者,则特别法即无存在之必要。今《惩治盗匪条例》,关于强盗罪加重刑期各部分,《刑法》中已一一参考增修。关于匪徒部分,又复分别加订于相当各罪中,如掳人勒赎是。因此,《惩治盗匪条例》已失其特别法之性质,自应与其他各特别法同其命运。乙、谓特别法之用意,有种种不同,或为普通法之补充,或为普通法之加重,未可因普通法之变更而概行失效。其为补充规定者,如《吗啡治罪法》等,因《刑法》之增订,根据根本法胜于补充法之原则而失效,固为不易之论。若为普通法之加重规定者,在特别法施行期内,普通法中关于该部分各规定须停止其效力,纵普通法于停止效力期内有所变更,在特别法亦不受其影响。何则?盖国家之制定此特别法,其用意或系镇压某一时期间之特种犯罪,或在严惩特殊身分之犯人,故其施行时期并及于某种人之效力,皆有明文特为规定,如《惩治盗匪条例》之定有施行期间者是也。盖本条例为治乱用重之一种特别法典。不但实体上之罪刑较普通法加重,即其审判程序亦与通常诉讼迥异,与吗啡治罪等法,仅定实体上之罪刑,仍依通常程序审理者,大不相同。故本条例在其原定或延长施行期间内,法院审理是项案件,皆应绝对遵守,

初不问普通《刑法》之有无变更也。以上两说,亦各言之成理,未敢遽定其是非。此应请解释者六也

第七问:《刑事诉讼法》之亲属,其范围一依《刑法》之规定,是何者为法律上之亲属,何者为非亲属,本有明确之标准。盖亲属之身分,不但为《刑法》加减其刑之所关,抑亦诉讼法上告诉是否合法所由判。然《刑法》第十一条之宗亲、外亲、妻亲,即我国习惯上所称之父党、母党、妻党,纯从男系上加以区分。故刑律上对于妇女,以妻为夫族服制图,出嫁女为本宗服制图,二者补其遗阙。今依《刑法》规定,出嫁女对于本宗,仍不失其宗亲之身分,初不发生问题。惟妻对于夫之宗亲,皆不在该条各款三亲之内,岂惾溺叔嫂,竟视同常人乎?且依同法第十五条,叔母、叔祖母皆为旁系之尊亲,然夫侄以及夫之侄孙,皆非妻之本宗,又不在第十一条宗亲之列。侄视叔母则为亲属,叔母视侄则为常人,岂非伦理上之奇事?倘谓夫之宗亲亦即妻之宗亲,可以类推解释,则夫方之宗亲虽远至四等,尚为妻之亲属,而妻方之宗亲,又止限于二等,以不偏重男系为宗旨之《刑法》,而结果适得其反矣。且亲等之计算,以双方之世数定之,而世数之远近,依《刑法》第十二条、第十三条,皆以己身或妻为上下数之起点,独夫又不与焉。夫至亲之翁姑,既不与己身出于同源之祖若父,此时又无所谓妻者存在,将从何起算,以定其世数?世数不定,更安有所谓亲等?故即以宗亲二字,解为包含夫亲在内,亦苦无分别尊卑之方法。若谓同法第十一条、第十二条之妻字,皆可准用于夫,则何以又无明文?苟以此为当然解释,不烦法文诠释,则夫妻之亲,共枕同穴,举世皆已知之,何转劳立法者特加规定耶?若此之类,为《刑法》上最大之瑕疵,究应如何补其罅隙?此应请解释者七也。

第八问:依《刑法》第一百八十五条、第三百三十二条所为担负登报费用之判决,及依《刑事诉讼法》第九十五条、第一百十三条所为赔偿费用之裁定,考其性质,与民事上给付判决相似,然皆规定于刑事法典。苟犯人或证人受此裁判而抗不缴纳者,势非强制执行不可。然《刑事诉讼法》中,已将诉讼费用一款删除,则其执行在刑事上殊乏根据,难蹈违法执行之咎。若使通常之民事请求执行,又与简捷之初意相反。且其请求在担负登报费用之情形,或可由被害人为之;若在赔偿费用之情形,将由检察官代为声请乎?抑两者皆由检察官请求乎?此应请解释者八也。

以上八问,于《刑法》施行后,瞬将见诸事实,应请迅予提前解释,以法群疑,实深盼切。

**解字第二四二号**

**民国十七年十一月八日 最高法院复江西高等法院首席检察官电**

江西高等法院首席检察官鉴,本院首席检察官转送元代电悉,高等分院首席检察官既兼辖该院附设地方庭首席检察官之职务,则该地方庭检察官,就地方管辖案件为不起诉处分后,对于声请再议,认为无理由者,自得由该分院首席检察官,依刑诉法第二四九条,指定其他检察官再行侦查。如仍维持原处分,即应依同法第二八四条第三项,送交该省高等法

院首席检察官处理。最高法院庚印

**附江西高等法院首席检察官原代电**

南京最高法院兼代首席检察官王钧鉴,案据江西高等法院第一分院首席检察官张有枢呈称:窃声请再议案件,按《刑事诉讼法》第二百四十八条第三项载:原检察官认为声请无理由者,应将该案卷宗及证据、物件送交上级法院检察官等语。此种规定,若上级法院与下级法院机关系属分离,则自无问题。惟是职处高等庭首席检察官,即是附设地方庭之首席检察官。若附设地方庭不起诉案件,声请再议之场合,仍由职处首席检察官查核,似于上开条文立法意旨,未能贯彻。拟将职处经地方庭处分而声请再议案件,由原检察官认为无理由者,即行呈送钧席核办。如何之处,理合呈请钧席先行核示只遵等情。据此,查初级管辖案件,经地方检察官处分不起诉者,其声请再议,究送地方法院首席检察官,抑送高等法院首席检察官,业于本月支日代电,呈请转请解释示遵在案。兹查该分院,凡属地方管辖案件,经该分院检察官处分不起诉者,其声请再议,可否由该分院首席检察官处理,抑应送交职院,不无疑义。理合据情呈请钧席鉴核,转请解释,迅赐电复,以便转饬遵照。署江西高等法院首席检察官左文炬叩元印

**解字第二四三号**

**民国十七年十一月八日　最高法院复上海租界上诉院电**

上海租界上诉院鉴,陷代电悉伪造商标之罪,应依《刑法》第二六八条处断。最高法院庚印

**附上海租界上诉院原代电**

最高法院钧鉴,现有伪造商标刑事案件,关于处刑究应适用何种法律,计有三说:甲说,国民政府业经成立,所有北京政府以前公布之商标法,自应不再适用,应行适用《民国十四年广东政府公布之修正商标条例》;乙说,前项条例既系广东政府所公布,自当无适用于全国之效力,北京政府公布之商标法,在未经明令废止以前,自应仍予适用;丙说,伪造商标在最近公布之《刑法》内,既经定有明文,即无再事适用商标法,或商标条例之必要。三说孰是,悬案待决,相应电请迅赐解释,俾资遵循。上海租界上诉院陷印

**解字第二四四号**

**民国十七年十一月九日　最高法院复广西高等法院电**

广西高等法院鉴,智代电悉,查刑律规定之二等有期徒刑为十年未满,《刑法》规定之十年以下有期徒刑为十年已满,两相比较,应以刑律规定之刑为轻。合电查照饬遵。最高法院佳印

**附广西高等法院原代电**

南京最高法院鉴,据永淳县县长丁寿泉青代电称:查《刑法》第二条但书载,犯罪时法律

之刑较轻者,适用较轻之刑等语。再查《刑法施行条例》第二条第一、第二两款之规定,系以犯罪时适用之法条与该当《刑法》之法条,先以两法该条之最重主刑或其刑期金额比较重轻。如其相等,次以最轻主刑或其刑期金额比较重轻。兹查刑律之二等有期徒刑,系为十年未满五年以上;三等有期徒刑,系为五年未满三年以上。今有《刑法》施行前,触犯刑律各条之罪,应处二等或三等有期徒刑,而在《刑法》各条则处十年以下、三年以上有期徒刑。此项刑律,最重主刑之二等有期徒刑,是否视为等于《刑法》最重主刑之十年以下有期徒刑?抑以二等有期徒刑之最多刑期未满十年,应认为轻于十年以下有期徒刑。职署对于此点未能解决,理合电呈指示遵照等情。查关于本问题,兹有二说:甲说,谓刑律规定之二等有期徒刑为十年未满,《刑法》规定之十年以下有期徒刑为十年已满,应以刑律规定之刑为轻。乙说,谓施行条例第二条第二款规定之刑期,当系指有期徒刑而言。如《刑法》之十年以下有期徒刑,不能与刑律之一等以下有期徒刑视为相等(余类推),则两法中最重主刑之有期徒刑相等者,实无其例。该款刑期二字不几等于赘文,应以刑律之二等以下有期徒刑与《刑法》之十年以下有期徒刑认为相等云云。二说各执一是,应以何说为当,合请解释见复为荷。广西高等法院叩胥印

**解字第二四五号**

**民国十七年十一月二十日 最高法院复河南高等法院函**

迳启者,准贵院第七三零号函,据开封地方法院呈称,恰值千元之诉讼,应由何级法院管辖等情,转请解释到院。查民诉律施行细则,所称千元以下,应连本数计算,恰值千元之诉讼,自属初级管辖案件,不因修正诉讼费用规则而生变更,相应函复查照饬遵。此致河南高等法院

**附河南高等法院原函**

迳启者,据开封地方法院呈称,为呈请事,窃查《民事诉讼律施行细则》第二条第二项规定,千元以下之民事诉讼,初级法院管辖初审。依以上、以下俱连本数计算之说,则恰值千元之诉讼,仍应由初级法院管辖,本不生何种问题。惟征收讼费,依修正诉讼费用规则,应按二千元未满征收,又显属千元以上,初审应由地方法院受理。究竟恰值千元之诉讼,应由何级法院管辖初审,事关法律解释,理合呈请钧院鉴核,转呈解释示遵等情。据此,查《民事诉讼律施行细则》第二条第二项规定千元以下,是否连本数计算?事关法律解释,相应备文函请贵院解释见复,以便转饬遵照是荷。此致

# 附录二　司法院解释检查表

## 民 法 总 则

| | |
|---|---|
| 第一条 | 1103 1174 1175 1216 1410 2078 2117 2238 2271 2470 2515 4095 |
| 第三条 | 1909 2236 |
| 第六条 | 13 2241 |
| 第七条 | 2643 |
| 第八条 | 1338 2701 2773 3230 |
| 第九条 | 2701 2773 |
| 第十条 | 1854 2478 2728 3445 |
| 第十二条 | 1237 1355 |
| 第十三条 | 468 1282 1355 1628 |
| 第十四条 | 474 1385 1796 3437 |
| 第十五条 | 1355 |
| 第二十条 | 1436 |
| 第二十一条 | 474 |
| 第二十七条 | 2936 |
| 第三十条 | 415 507 1407 4007 |
| 第三十九条 | 1411 |
| 第四十一条 | 2340 |
| 第四十四条 | 1407 1884 |
| 第四十五条 | 507 |
| 第四十六条 | 443 |

续表

| | |
|---|---|
| 第五十条 | 1723 |
| 第五十五条 | 417 |
| 第五十六条 | 1570 1594 |
| 第五十九条 | 443 |
| 第六十条 | 1026 |
| 第六十八条 | 1514 1553 |
| 第七十一条 | 247 919 1543 1585 2271 2479 2549 2555 2731 2754 2812 3100 |
| 第七十二条 | 247 256 1341 3100 |
| 第七十三条 | 1650 |
| 第七十六条 | 273 |
| 第八十七条 | 2416 |
| 第九十二条 | 3336 |
| 第九十五条 | 3886 |
| 第九十八条 | 1897 1953 2011 2110 2479 2949 3251 |
| 第九十九条 | 1357 2421 |
| 第一百零二条 | 2421 |
| 第一百一十一条 | 2549 |
| 第一百一十二条 | 3965 |
| 第一百一十三条 | 3598 |
| 第一百一十四条 | 3336 |
| 第一百一十八条 | 2127 2251 |
| 第一百二十一条 | 158 1653 |
| 第一百二十五条 | 1222 1498 1833 1875 2145 2532 2627 2707 3116 |
| 第一百二十六条 | 1222 1227 1331 1476 1653 1875 2437 |
| 第一百二十七条 | 1875 |
| 第一百二十八条 | 1653 2437 |
| 第一百二十九条 | 2064 |
| 第一百三十七条 | 2415 |
| 第一百四十四条 | 2216 2424 2437 2562 2708 |
| 第一百五十二条 | 2503 |

# 民法总则施行法

| | |
|---|---|
| 第一条 | 749 |
| 第二条 | 1240 |
| 第九条 | 3792 |
| 第十条 | 1407 |
| 第十一条 | 415 |
| 第十二条 | 1483 |
| 第十三条 | 443 1471 |
| 第十五条 | 639 |
| 第十六条 | 2437 |

# 民 法 债 编

| | |
|---|---|
| 第一百五十三条 | 1278 3639 3836 |
| 第一百六十六条 | 1278 |
| 第一百七十条 | 2555 |
| 第一百七十九条 | 1151 3393 3655 |
| 第一百八十条 | 145 2826 3162 |
| 第一百八十四条 | 1254 1278 1662 1674 1960 3295 3588 3654 3655 3790 |
| 第一百八十五条 | 2024 3588 |
| 第一百八十六条 | 2800 3121 3897 3949 |
| 第一百八十八条 | 1254 2367 |
| 第二百条 | 2731 |
| 第二百零一条 | 1 173 225 384 395 582 834 1420 1811 2128 2137 2328 2359 2360 2363 2502 2531 2534 3211 3332 3446 4076 |
| 第二百零二条 | 1982 2559 |
| 第二百零三条 | 2826 |
| 第二百零五条 | 436 517 1251 1792 1964 2110 2124 2146 2147 2826 3162 3266 |
| 第二百零六条 | 1251 2124 2447 |

续表

| | |
|---|---|
| 第二百一十六条 | 1547 |
| 第二百一十九条 | 3439 |
| 第二百二十五条 | 1950 2182 |
| 第二百二十六条 | 1446 2478 |
| 第二百二十九条 | 1331 1819 |
| 第二百三十一条 | 331 2605 |
| 第二百三十二条 | 2605 |
| 第二百三十三条 | 2121 2826 |
| 第二百四十四条 | 1559 1659 1889 |
| 第二百五十八条 | 1410 |
| 第二百六十六条 | 1950 4011 |
| 第三百零五条 | 3958 |
| 第三百一十条 | 2006 3278 3550 |
| 第三百一十八条 | 1944 |
| 第三百二十六条 | 2187 3076 |
| 第三百四十五条 | 2992 3642 3816 3871 |
| 第三百四十六条 | 2709 |
| 第三百四十七条 | 1681 |
| 第三百七十九条 | 1832 1897 |
| 第三百八十条 | 1588 |
| 第三百九十二条 | 2568 |
| 第三百九十三条 | 2001 |
| 第四百零六条 | 406 1578 |
| 第四百二十条 | 838 |
| 第四百二十一条 | 517 1819 2132 2148 2398 2459 2766 2881 2979 3391 |
| 第四百二十五条 | 1266 1422 1533 1580 1816 1909 3073 3423 |
| 第四百二十七条 | 1141 2166 |
| 第四百二十九条 | 2886 |
| 第四百三十一条 | 377 635 |
| 第四百三十二条 | 2049 |
| 第四百三十五条 | 1843 1994 2333 2949 |
| 第四百四十条 | 2479 3489 3810 |

续表

| | |
|---|---|
| 第四百四十二条 | 986 2267 2272 2624 2677 |
| 第四百四十三条 | 393 |
| 第四百四十四条 | 119 |
| 第四百四十九条 | 536 2287 2290 2479 |
| 第四百五十条 | 377 536 1583 2238 2290 2479 2677 2756 2886 3073 3108 3150 3605 3810 3953 4011 4094 |
| 第四百五十一条 | 2290 2479 3605 4005 |
| 第四百五十五条 | 2756 4005 |
| 第四百五十八条 | 852 |
| 第四百七十四条 | 2885 |
| 第四百七十八条 | 1875 2883 |
| 第四百七十九条 | 1875 2128 2610 |
| 第四百八十条 | 1982 2180 2359 2360 2531 |
| 第四百八十二条 | 792 |
| 第五百一十六条 | 1648 |
| 第五百二十八条 | 2208 |
| 第五百三十二条 | 2478 |
| 第五百三十四条 | 2478 2728 |
| 第五百四十一条 | 2208 |
| 第五百四十六条 | 2208 |
| 第五百五十三条 | 2291 |
| 第五百五十四条 | 1931 |
| 第五百五十五条 | 638 1080 1589 1950 |
| 第五百八十九条 | 1626 2885 3018 |
| 第六百零二条 | 2885 3018 |
| 第六百一十五条 | 2005 |
| 第六百二十五条 | 2005 |
| 第六百六十七条 | 1058 1597 |
| 第六百七十九条 | 1931 |
| 第六百八十一条 | 353 918 1112 |
| 第六百八十六条 | 1598 |
| 第六百九十四条 | 1598 |

续表

| | |
|---|---|
| 第六百九十五条 | 1598 |
| 第七百条 | 1597 |
| 第七百零四条 | 1597 |
| 第七百一十八条 | 2005 2006 |
| 第七百一十九条 | 604 2270 |
| 第七百二十条 | 2753 2811 |
| 第七百二十一条 | 2753 2811 |
| 第七百二十四条 | 2270 |
| 第七百二十五条 | 2270 2811 3014 3057 |
| 第七百二十八条 | 2753 3057 |
| 第七百三十六条 | 4089 |
| 第七百三十九条 | 285 1104 1236 2980 |
| 第七百四十五条 | 1104 1236 |

# 民法债编施行法

| | |
|---|---|
| 第四条 | 2437 |
| 第五条 | 1235 2437 |
| 第十四条 | 980 |

# 民法物权

| | |
|---|---|
| 第七百五十七条 | 1211 1437 1444 2387 2714 3207 |
| 第七百五十八条 | 1404 1560 1625 1879 1917 2054 2193 2206 2300 2495 |
| 第七百五十九条 | 2193 |
| 第七百六十条 | 3044 3131 |
| 第七百六十五条 | 453 714 757 1656 1659 |
| 第七百六十六条 | 2601 |
| 第七百六十七条 | 360 757 1833 1949 3323 3985 |
| 第七百六十九条 | 376 640 1110 1239 1359 1718 2177 2670 2699 3386 3934 3965 3985 |

续表

| | |
|---|---|
| 第七百七十条 | 376 640 1110 1239 1359 1515 1718 1925 2177 2670 2926 3934 3965 3985 |
| 第七百七十一条 | 1460 |
| 第七百七十二条 | 437 |
| 第七百七十三条 | 1115 1127 |
| 第七百七十五条 | 127 154 |
| 第七百七十九条 | 3790 |
| 第七百八十五条 | 127 |
| 第七百九十条 | 1948 |
| 第七百九十六条 | 1474 |
| 第七百九十九条 | 1892 |
| 第八百零七条 | 1432 |
| 第八百一十九条 | 1516 3935 |
| 第八百二十一条 | 1950 2488 3328 |
| 第八百二十四条 | 2278 |
| 第八百二十七条 | 1054 2488 |
| 第八百二十八条 | 1425 1516 1716 2216 |
| 第八百三十二条 | 738 3985 |
| 第八百三十五条 | 986 |
| 第八百四十一条 | 15 536 3596 |
| 第八百四十二条 | 738 1703 3743 |
| 第八百四十三条 | 3743 |
| 第八百四十五条 | 3743 |
| 第八百六十条 | 1265 1909 1988 2731 3335 |
| 第八百六十二条 | 1404 1514 1553 |
| 第八百六十四条 | 1446 |
| 第八百六十六条 | 1265 1444 1446 |
| 第八百六十七条 | 1265 1690 1771 |
| 第八百七十三条 | 493 646 1404 1446 1553 1556 1590 1690 1714 1779 1792 1832 2187 2235 3059 3544 3985 |
| 第八百七十四条 | 1625 |
| 第八百八十四条 | 1988 |

续表

| | |
|---|---|
| 第八百八十五条 | 1404 1649 |
| 第八百九十三条 | 3439 |
| 第八百九十四条 | 3439 |
| 第九百零四条 | 998 |
| 第九百一十条 | 2731 |
| 第九百一十一条 | 652 737 1124 1444 1588 1897 1909 1953 2132 2145 2146 2147 2148 2166 2398 2549 2766 3134 3701 4094 |
| 第九百一十二条 | 1588 2205 2287 2290 2420 2421 2558 |
| 第九百一十三条 | 2205 2370 |
| 第九百一十五条 | 2146 3044 |
| 第九百一十七条 | 1787 2220 |
| 第九百一十八条 | 192 1787 |
| 第九百一十九条 | 1708 2663 |
| 第九百二十条 | 1994 2190 2333 2731 4094 |
| 第九百二十一条 | 1994 2190 4094 |
| 第九百二十三条 | 989 1108 1775 1820 2018 2064 2117 2128 2145 2193 2205 2208 2214 2243 2287 2290 2300 2328 2363 2370 2397 2399 2420 2421 2424 2473 2511 2517 2526 2558 2559 2562 2627 2628 2711 2734 2760 2776 3039 3044 3134 3173 3226 3227 3251 3289 3497 3604 3701 3781 3908 4009 |
| 第九百二十四条 | 361 448 868 1515 1775 2011 2050 2064 2128 2135 2145 2278 2290 2300 2397 2399 2424 2452 2473 2511 2517 2526 2558 2627 2628 2734 3039 3134 3173 3604 3908 |
| 第九百二十五条 | 2190 2902 |
| 第九百二十六条 | 438 492 2175 |
| 第九百二十七条 | 736 2190 |
| 第九百四十条 | 3985 |
| 第九百四十五条 | 2699 |
| 第九百四十七条 | 3965 |
| 第九百四十九条 | 1460 |
| 第九百六十二条 | 1460 |
| 第九百六十三条 | 1460 |

# 民法物权编施行法



# 民 法 亲 属

续表

| | |
|---|---|
| 第九百八十九条 | 1783 2468 2587 4066 |
| 第九百九十条 | 441 |
| 第九百九十二条 | 7 1210 1338 1985 3000 3762 |
| 第九百九十四条 | 3293 |
| 第九百九十五条 | 839 1282 |
| 第一千零一条 | 770 1547 1878 |
| 第一千零二条 | 1414 |
| 第一千零一十三条 | 2341 2631 |
| 第一千零一十四条 | 426 |
| 第一千零一十八条 | 647 |
| 第一千零三十九条 | 780 |
| 第一千零四十九条 | 1543 |
| 第一千零五十条 | 1357 |
| 第一千零五十一条 | 3321 |
| 第一千零五十二条 | 647 750 770 1010 1338 1355 1654 2285 2436 2823 2945 3754 4066 |
| 第一千零五十七条 | 744 |
| 第一千零五十九条 | 2773 3986 |
| 第一千零六十条 | 3986 |
| 第一千零六十一条 | 3321 3986 |
| 第一千零六十二条 | 3321 |
| 第一千零六十三条 | 1426 2773 3181 4082 |
| 第一千零六十五条 | 735 1125 2773 3181 3329 3573 3762 4082 |
| 第一千零六十七条 | 1125 |
| 第一千零七十一条 | 907 |
| 第一千零七十二条 | 907 2244 3120 |
| 第一千零七十三条 | 3120 |
| 第一千零七十四条 | 907 2271 |
| 第一千零七十五条 | 761 |
| 第一千零七十六条 | 3120 |
| 第一千零七十七条 | 761 883 1442 1602 2747 3004 |
| 第一千零七十八条 | 550 |
| 第一千零七十九条 | 2332 3120 |

续表

| | |
|---|---|
| 第一千零八十条 | 3749 |
| 第一千零八十三条 | 761 1602 2120 2560 3010 |
| 第一千零八十六条 | 406 3399 |
| 第一千零八十七条 | 2631 |
| 第一千零八十九条 | 3399 |
| 第一千零九十条 | 1398 |
| 第一千零九十一条 | 739 |
| 第一千零九十三条 | 1650 |
| 第一千零九十四条 | 773 954 1279 |
| 第一千一百一十一条 | 960 |
| 第一千一百一十三条 | 555 |
| 第一千一百一十四条 | 1226 2120 2241 |
| 第一千一百一十九条 | 416 851 |
| 第一千一百二十二条 | 1226 |
| 第一千一百二十三条 | 735 881 959 1226 1511 1935 |
| 第一千一百二十四条 | 1069 3160 |
| 第一千一百二十六条 | 1069 |
| 第一千一百二十七条 | 1935 |
| 第一千一百二十八条 | 560 1935 |
| 第一千一百二十九条 | 2213 |
| 第一千一百三十二条 | 2470 |

# 民法亲属编施行法

| | |
|---|---|
| 第九条 | 2037 2073 2199 2747 |

# 民 法 继 承

| | |
|---|---|
| 第一千一百三十八条 | 11 397 406 426 550 585 647 735 747 768 780 898 1382 1927 2037 2518 2560 2773 2824 3334 3762 3791 3842 |

续表

| | |
|---|---|
| 第一千一百四十条 | 394 416 744 754 851 1051 1382 2048 2659 |
| 第一千一百四十一条 | 416 421 426 647 741 3762 |
| 第一千一百四十二条 | 3842 |
| 第一千一百四十三条 | 423 770 780 |
| 第一千一百四十四条 | 780 820 851 1985 2925 3762 3842 |
| 第一千一百四十六条 | 528 601 1888 3842 3845 3856 3997 |
| 第一千一百四十八条 | 1598 2416 3074 |
| 第一千一百四十九条 | 1888 3762 |
| 第一千一百五十三条 | 405 1598 |
| 第一千一百五十四条 | 869 1868 |
| 第一千一百五十七条 | 1054 |
| 第一千一百六十三条 | 1719 |
| 第一千一百六十五条 | 741 |
| 第一千一百七十三条 | 743 2364 |
| 第一千一百七十四条 | 744 3845 |
| 第一千一百七十七条 | 825 1107 1640 2213 2325 |
| 第一千一百七十八条 | 1578 2213 |
| 第一千一百七十九条 | 2295 2299 |
| 第一千一百八十五条 | 129 575 825 898 2213 2295 2299 2809 |
| 第一千二百一十条 | 1628 3120 |
| 第一千二百二十五条 | 2364 |

# 民法继承编施行法

| | |
|---|---|
| 第一条 | 405 421 586 768 769 770 780 820 876 2925 |
| 第二条 | 3087 |
| 第三条 | 528 741 806 |
| 第四条 | 528 601 777 1888 |
| 第七条 | 1069 2048 |
| 第八条 | 412 586 762 768 769 770 777 2643 2925 3842 |
| 第九条 | 2325 3334 |

# 民事诉讼法

续表

| | |
|---|---|
| 第五十四条 | 520 |
| 第五十六条 | 1133 1147 1716 3815 |
| 第五十八条 | 520 |
| 第六十五条 | 226 |
| 第六十九条 | 1532 2478 |
| 第七十条 | 1258 1841 3264 |
| 第七十一条 | 2936 |
| 第七十五条 | 1258 |
| 第七十七条 | 863 1551 |
| 第七十八条 | 205 |
| 第八十五条 | 2880 |
| 第八十七条 | 1675 2880 |
| 第八十九条 | 1258 |
| 第一百零二条 | 931 |
| 第一百零八条 | 875 |
| 第一百一十五条 | 1412 1874 |
| 第一百一十七条 | 216 |
| 第一百一十九条 | 2936 |
| 第一百二十一条 | 1707 |
| 第一百二十五条 | 2035 |
| 第一百三十二条 | 513 |
| 第一百三十三条 | 1530 |
| 第一百三十八条 | 1679 |
| 第一百三十九条 | 1120 |
| 第一百四十三条 | 1530 |
| 第一百四十九条 | 504 583 716 2035 2678 3199 3232 4049 |
| 第一百五十六条 | 2561 |
| 第一百五十九条 | 899 1047 |
| 第一百六十二条 | 609 1416 2009 3660 3978 |
| 第一百六十四条 | 607 966 1048 3209 |
| 第一百六十八条 | 1640 3044 |
| 第一百八十条 | 699 |

续表

| | |
|---|---|
| 第一百八十一条 | 495 2098 2131 2157 3232 3602 |
| 第一百八十二条 | 382 2077 |
| 第一百八十六条 | 1578 |
| 第一百八十八条 | 966 |
| 第一百八十九条 | 382 873 |
| 第一百九十条 | 522 840 873 966 987 3264 3599 |
| 第一百九十一条 | 3599 |
| 第一百九十九条 | 2503 2708 2880 |
| 第二百一十条 | 3447 |
| 第二百一十一条 | 3241 3447 |
| 第二百二十条 | 1054 |
| 第二百二十一条 | 843 1532 3447 |
| 第二百二十七条 | 1800 2611 |
| 第二百三十一条 | 1800 3209 |
| 第二百三十二条 | 2233 2313 2515 |
| 第二百三十三条 | 1147 3264 |
| 第二百三十八条 | 1048 1712 |
| 第二百四十条 | 2515 |
| 第一节 | 1527 |
| 第二百四十四条 | 1490 1586 1950 3182 |
| 第二百四十五条 | 23 2186 |
| 第二百四十六条 | 2190 |
| 第二百四十七条 | 1935 1950 2703 2756 2775 2776 2980 3044 |
| 第二百四十九条 | 419 873 1123 1290 1412 1523 1624 1767 2351 2436 2710 3044 3264 3333 3799 |
| 第二百五十五条 | 3985 |
| 第二百五十六条 | 2182 |
| 第二百六十二条 | 3985 |
| 第二百七十七条 | 1586 2269 |
| 第二百八十二条 | 46 |
| 第二百八十四条 | 46 |
| 第三百零二条 | 3774 |

续表

| | |
|---|---|
| 第三百零三条 | 3774 |
| 第三百二十四条 | 2116 |
| 第三百三十八条 | 2012 |
| 第三百四十条 | 2012 |
| 第三百四十一条 | 46 |
| 第三百五十二条 | 247 |
| 第三百七十七条 | 826 966 2682 |
| 第三百七十九条 | 843 966 2515 |
| 第三百八十条 | 177 728 760 870 873 1148 1220 1258 2071 3225 3264 3305 |
| 第三百八十一条 | 843 1675 1950 |
| 第三百八十二条 | 1675 |
| 第三百八十三条 | 843 1523 1675 |
| 第三百八十四条 | 2526 |
| 第三百八十五条 | 383 396 427 432 440 442 1047 2503 2880 |
| 第三百八十六条 | 1047 |
| 第三百八十七条 | 2503 |
| 第三百九十二条 | 2521 |
| 第三百九十五条 | 625 2791 3046 |
| 第三百九十七条 | 1173 3007 |
| 第三百九十九条 | 93 191 277 1975 3063 3211 |
| 第四百条 | 1912 3211 3583 3899 3945 4096 |
| 第四百零二条 | 1490 3028 |
| 第四百零三条 | 1134 |
| 第四百零四条 | 72 292 557 624 794 863 956 1134 1218 1252 1267 1725 1830 1890 2166 2171 2351 2500 2880 2936 3248 3444 |
| 第四百零五条 | 745 1147 1551 2233 2536 |
| 第四百零六条 | 2186 2233 2469 |
| 第四百零八条 | 908 |
| 第四百零九条 | 447 509 521 1490 |
| 第四百一十六条 | 576 |
| 第四百一十九条 | 3643 |
| 第四百二十条 | 1490 3687 |

续表

| | |
|---|---|
| 第四百二十一条 | 576 728 760 870 |
| 第四百二十二条 | 1151 |
| 第四百二十三条 | 2031 |
| 第四百二十四条 | 1490 |
| 第四百二十六条 | 1490 |
| 第四百三十四条 | 165 398 1055 1291 |
| 第四百三十五条 | 1147 |
| 第四百三十七条 | 398 1424 2789 |
| 第四百三十八条 | 1416 2361 2789 |
| 第四百三十九条 | 1048 1488 1662 1874 1890 2009 |
| 第四百四十一条 | 12 29 508 1369 1661 1662 1874 1975 2035 2388 2678 2789 2936 |
| 第四百四十六条 | 890 897 1532 |
| 第四百四十七条 | 29 1056 1253 1932 |
| 第四百四十八条 | 508 1291 1523 1532 |
| 第四百五十三条 | 1510 2521 |
| 第四百五十四条 | 1784 2521 2880 |
| 第四百五十七条 | 2155 |
| 第四百六十条 | 1412 2521 3199 |
| 第四百六十三条 | 18 25 70 231 292 721 818 819 858 873 877 1011 1054 1106 1147 1173 1222 1369 1424 1507 1661 1784 1830 1890 2351 2442 2446 2936 3028 3083 3444 |
| 第四百六十七条 | 1416 |
| 第四百七十三条 | 988 |
| 第四百七十五条 | 113 931 1369 1532 |
| 第四百七十八条 | 1369 1424 1488 1661 1662 |
| 第四百七十九条 | 1220 1222 1258 |
| 第四百八十一条 | 1496 1871 |
| 第四百八十三条 | 904 |
| 第四百八十四条 | 755 904 |
| 第四百八十五条 | 266 |
| 第四百八十七条 | 904 1048 |
| 第四百八十九条 | 988 1368 |

续表

| | |
|---|---|
| 第四百九十二条 | 56 396 431 505 605 997 1169 1291 1349 1412 1475 1541 1550 1874 1944 1975 2256 2351 2561 3063 3584 3874 3889 |
| 第四百九十三条 | 3444 |
| 第四百九十五条 | 491 796 1095 1291 1475 1532 1753 2141 2188 3034 |
| 第四百九十六条 | 435 558 1173 3063 3444 |
| 第四百九十八条 | 1222 1735 3063 |
| 第四百九十九条 | 56 2351 |
| 第五百零三条 | 988 1412 1874 |
| 第五百零六条 | 446 447 |
| 第五百零七条 | 1103 |
| 第五百一十五条 | 446 447 1505 1534 |
| 第五百一十八条 | 447 1238 2109 |
| 第五百二十条 | 447 1607 |
| 第五百二十二条 | 931 |
| 第五百二十八条 | 1121 |
| 第五百二十九条 | 1607 |
| 第五百三十条 | 1607 |
| 第五百三十一条 | 1121 |
| 第五百三十五条 | 2005 2006 3014 3057 |
| 第五百五十二条 | 1815 |
| 第五百五十四条 | 2005 |
| 第五百六十一条 | 2811 |
| 第五百六十六条 | 1355 2537 |
| 第五百六十七条 | 739 |
| 第五百七十二条 | 995 1547 |
| 第三章 | 79 106 |

# 民事诉讼法施行法

| | |
|---|---|
| 第二条 | 818 872 873 905 995 1504 |
| 第三条 | 872 |

续表

| | |
|---|---|
| 第四条 | 995 |
| 第十条 | 1496 1507 |
| 第十二条 | 1424 |

# 刑　法

| | |
|---|---|
| 第一条 | 89 95 117 186 262 329 343 1037 1196 1287 1352 1401 1831 2004 2016 2113 2130 2136 2149 2245 2246 2298 2456 2589 2592 2696 2816 2844 2852 2860 2910 2927 2940 2968 3067 3094 3203 3309 3716 3761 4039 |
| 第二条 | 23 27 44 551 568 699 1304 1409 1441 1635 1645 1854 2094 2346 2640 2668 2672 2974 3119 3213 3231 3409 3429 3488 3722 3739 3770 4019 |
| 第七条 | 2593 3619 |
| 第十条 | 195 237 239 700 813 849 925 926 1020 1061 1063 1137 1146 1184 1200 1295 1314 1342 1454 1459 1555 1698 1746 1761 1782 1882 1906 1938 1940 2022 2046 2063 2082 2084 2108 2143 2154 2167 2195 2265 2323 2336 2343 2366 2369 2390 2434 2442 2484 2552 2569 2597 2633 2657 2847 2882 2937 3001 3041 3044 3407 3717 3733 3780 3800 3841 3848 3922 |
| 第十一条 | 294 346 781 2066 2159 2379 2642 2783 |
| 第十二条 | 1989 2357 2567 2606 2713 2940 3325 3385 |
| 第十四条 | 2383 2946 3819 |
| 第十五条 | 2200 3561 |
| 第十六条 | 626 |
| 第十七条 | 69 |
| 第十八条 | 2372 |
| 第十九条 | 999 |
| 第二十条 | 1700 |
| 第二十一条 | 3346 3355 3740 |
| 第二十三条 | 785 2464 2997 3406 |
| 第二十四条 | 785 1989 |
| 第二十五条 | 208 1401 2724 2831 2895 2899 3322 3415 3917 |
| 第二十六条 | 208 785 2895 |

续表

| | |
|---|---|
| 第二十七条 | 785 |
| 第二十八条 | 785 1402 1458 2030 2194 2202 2353 2383 2404 2411 2615 2727 2996 3388 |
| 第二十九条 | 785 1137 1715 1752 1905 2253 2358 2404 2606 2713 2727 2785 4082 |
| 第三十条 | 74 126 785 1352 1466 1752 1891 2030 2219 2253 2404 2567 2642 2713 2854 3690 4060 |
| 第三十一条 | 180 785 2161 2288 2293 2302 2353 2354 2386 2522 2530 2668 2854 3032 |
| 第三十三条 | 319 626 785 2371 |
| 第三十四条 | 2445 3738 |
| 第三十五条 | 312 |
| 第三十六条 | 699 985 2391 2494 2933 2956 3222 3401 3506 3519 3930 |
| 第三十七条 | 2391 2737 2761 2787 2798 3551 3707 |
| 第三十八条 | 67 141 574 1215 1298 1318 2140 2253 2259 2308 2429 2491 2625 2641 2674 2679 2832 2861 3364 3450 3505 3510 3666 3807 3834 3902 3931 3967 4028 4045 |
| 第三十九条 | 67 |
| 第四十条 | 658 1318 2169 2507 3208 3243 3738 3755 3834 3855 3877 3970 4028 |
| 第四十一条 | 1356 1387 2702 2801 2939 3119 |
| 第四十二条 | 80 658 1036 1692 2681 2799 3119 |
| 第四十三条 | 1350 |
| 第四十五条 | 1347 1610 |
| 第四十六条 | 267 1362 1482 1610 1692 1761 2385 2761 3656 3680 3862 3972 |
| 第四十七条 | 42 130 255 488 798 1992 2377 3345 3534 |
| 第四十八条 | 1604 |
| 第四十九条 | 1957 |
| 第五十条 | 342 1604 1768 1862 1914 2185 2383 2645 2646 2783 2908 2975 3804 3841 |
| 第五十一条 | 170 388 622 660 662 865 1914 2769 2787 2988 3417 4013 |
| 第五十三条 | 662 781 935 1065 2030 2878 3345 3402 3417 |
| 第五十四条 | 1304 |

续表

| | |
|---|---|
| 第五十五条 | 312 685 763 766 935 944 1021 1064 1081 1274 1304 1518 1668 1768 2036 2091 2105 2118 2133 2185 2219 2223 2383 2400 2411 2485 2489 2522 2584 2597 2797 2893 2897 2913 2975 3003 3020 3111 3138 3274 3454 3457 3461 3540 3564 3661 3690 3804 3830 3841 3891 |
| 第五十六条 | 692 865 2100 2107 2185 2383 2422 2646 2682 2893 3493 3520 3540 |
| 第五十七条 | 1435 |
| 第五十八条 | 2665 4043 |
| 第五十九条 | 1300 1435 3070 |
| 第六十二条 | 1519 2383 3346 |
| 第六十四条 | 1400 2777 2778 3893 |
| 第六十五条 | 1199 1400 2777 2778 3893 |
| 第六十六条 | 1199 |
| 第六十七条 | 3893 |
| 第六十八条 | 2665 |
| 第六十九条 | 3893 |
| 第七十条 | 3271 3501 |
| 第七十一条 | 472 |
| 第七十四条 | 294 346 653 658 781 855 1033 1040 1241 1397 1980 2918 3316 3362 3450 3519 3656 3876 3926 |
| 第七十五条 | 387 535 1065 1206 1980 2125 2918 3345 |
| 第七十六条 | 661 3930 |
| 第七十七条 | 597 855 1281 2828 3359 |
| 第七十八条 | 1567 |
| 第八十条 | 27 28 102 204 390 1232 2066 2086 2346 2516 2546 3459 3889 |
| 第八十三条 | 572 1781 1795 1963 2258 |
| 第八十六条 | 1614 1858 |
| 第八十七条 | 1321 |
| 第八十八条 | 3511 3657 3887 3979 |
| 第九十二条 | 1862 |
| 第九十三条 | 1567 |
| 第九十六条 | 1567 3511 |
| 第九十七条 | 1321 |

续表

| | |
|---|---|
| 第一百条 | 3464 3708 4088 4092 |
| 第一百零一条 | 4092 |
| 第一百零七条 | 305 2344 |
| 第一百一十六条 | 753 |
| 第一百一十九条 | 753 |
| 第一百二十条 | 1063 1146 2867 |
| 第一百二十一条 | 1146 |
| 第一百二十二条 | 926 1760 2051 2224 2729 3786 |
| 第一百二十四条 | 1687 |
| 第一百二十五条 | 167 172 659 733 814 1060 1663 1687 1922 2108 2623 2966 3202 3325 |
| 第一百二十六条 | 1601 |
| 第一百二十七条 | 133 732 1179 3325 |
| 第一百二十八条 | 3343 |
| 第一百二十九条 | 1197 1329 1990 2855 3297 3453 3618 |
| 第一百三十条 | 2095 |
| 第一百三十一条 | 1990 2804 3917 |
| 第一百三十四条 | 172 232 659 683 700 733 1137 1186 1911 1936 2202 2443 2976 3107 |
| 第一百三十五条 | 69 335 569 813 1887 2496 3035 |
| 第一百三十六条 | 2133 |
| 第一百三十八条 | 2337 2852 |
| 第一百三十九条 | 3936 |
| 第一百四十条 | 1299 1922 2033 2685 4010 |
| 第一百四十一条 | 764 |
| 第一百四十二条 | 265 268 408 3049 3987 4039 |
| 第一百四十四条 | 3049 3703 |
| 第一百四十五条 | 3049 |
| 第一百四十六条 | 3049 |
| 第一百四十七条 | 570 |
| 第一百四十八条 | 3319 |
| 第一百五十二条 | 570 |
| 第一百五十三条 | 774 |
| 第一百五十四条 | 930 2230 3347 |

续表

| | |
|---|---|
| 第一百五十五条 | 1150 2067 |
| 第一百五十七条 | 1431 2250 2383 2969 3104 |
| 第一百五十八条 | 971 |
| 第一百五十九条 | 2383 2991 3152 |
| 第一百六十条 | 126 268 |
| 第一百六十一条 | 172 972 1466 1517 1569 2153 3252 3325 |
| 第一百六十二条 | 921 1466 |
| 第一百六十三条 | 322 1179 1761 1873 2257 2303 3691 3841 3910 |
| 第一百六十四条 | 569 786 815 2196 2400 2402 2580 4046 |
| 第一百六十五条 | 2088 3003 |
| 第一百六十七条 | 685 |
| 第一百六十八条 | 30 32 1540 1749 1797 2056 2116 |
| 第一百六十九条 | 51 315 984 1200 1231 1322 1540 1545 1562 1564 1616 1641 1699 2306 2383 3005 3198 3737 |
| 第一百七十三条 | 1225 1573 1601 |
| 第一百七十四条 | 2977 |
| 第一百七十五条 | 3631 |
| 第一百八十四条 | 1233 1264 |
| 第一百八十六条 | 788 978 1350 1418 1465 1572 2422 2781 2865 2910 3106 3807 3902 |
| 第一百八十七条 | 238 788 1350 1501 3807 3902 |
| 第一百八十八条 | 1024 |
| 第一百八十九条 | 2977 |
| 第一百九十一条 | 2489 |
| 第一百九十五条 | 485 1502 1582 1803 2383 2501 3292 |
| 第一百九十六条 | 1861 2383 |
| 第二百零一条 | 1242 2797 3291 |
| 第二百零二条 | 1144 |
| 第二百零六条 | 3228 |
| 第二百一十条 | 685 866 1456 1702 |
| 第二百一十一条 | 1486 1759 2118 2432 2893 2917 3364 3692 |
| 第二百一十二条 | 685 689 800 1117 1810 2334 2485 2716 2797 3020 3915 3918 |
| 第二百一十三条 | 1142 2074 2133 2400 2450 2661 2955 |

续表

| | |
|---|---|
| 第二百一十四条 | 2219 2432 2485 2955 |
| 第二百一十五条 | 2394 |
| 第二百一十六条 | 1456 1486 2118 2133 2400 2485 3364 3915 |
| 第二百一十七条 | 2376 3020 3461 |
| 第二百一十八条 | 689 800 1138 2376 2680 3020 3364 |
| 第二百一十九条 | 2169 3364 |
| 第二百二十条 | 1486 |
| 第二百二十一条 | 134 650 718 1042 1246 1248 1282 2032 3042 3795 |
| 第二百二十二条 | 1736 |
| 第二百二十三条 | 17 1954 |
| 第二百二十四条 | 650 718 |
| 第二百二十五条 | 2847 |
| 第二百二十六条 | 1736 |
| 第二百二十七条 | 2032 2185 |
| 第二百二十九条 | 1195 |
| 第二百三十条 | 828 856 |
| 第二百三十条 | 718 1682 |
| 第二百三十条 | 134 |
| 第二百三十三条 | 1682 |
| 第二百三十六条 | 134 1035 1248 1954 |
| 第二百三十七条 | 609 668 1338 1391 1927 2029 2262 2372 2375 3619 3889 |
| 第二百三十八条 | 1318 |
| 第二百三十九条 | 35 718 1023 1136 1246 1262 1524 1605 1768 1862 2185 2262 2591 4082 |
| 第二百四十条 | 58 84 256 304 381 414 468 566 651 663 664 665 691 694 699 718 773 864 886 955 1181 1538 1609 1652 1768 1862 1927 2034 2185 3690 3859 |
| 第二百四十一条 | 1287 1549 2034 2133 2277 2593 2829 2941 3067 3859 |
| 第二百四十三条 | 262 2277 3690 |
| 第二百四十五条 | 366 1262 1524 1538 1605 2105 2261 2481 2745 |
| 第二百四十六条 | 337 1021 1327 |
| 第二百四十七条 | 626 |

续表

| | |
|---|---|
| 第二百四十八条 | 1021 |
| 第二百五十三条 | 295 296 297 299 596 678 1738 2134 |
| 第二百五十四条 | 596 678 |
| 第二百五十六条 | 152 1037 |
| 第二百五十七条 | 1585 |
| 第二百六十二条 | 188 1839 |
| 第二百六十三条 | 152 |
| 第二百六十六条 | 222 1196 1318 1371 1403 1455 1458 1479 1491 1637 1921 2025 2111 2259 2317 3962 4003 |
| 第二百六十七条 | 1403 1458 1479 1637 3962 |
| 第二百六十八条 | 1403 1455 1458 1479 1536 1637 1921 3962 4003 4045 |
| 第二百六十九条 | 3140 3326 |
| 第二百七十一条 | 123 151 355 626 1790 2584 2976 3426 3916 |
| 第二百七十二条 | 1017 |
| 第二百七十三条 | 2093 3406 3916 |
| 第二百七十五条 | 262 774 |
| 第二百七十六条 | 1316 3679 3819 |
| 第二百七十七条 | 34 178 796 2383 3711 |
| 第二百七十八条 | 341 |
| 第二百七十九条 | 609 |
| 第二百八十条 | 241 242 779 |
| 第二百八十一条 | 27 779 |
| 第二百八十四条 | 631 796 |
| 第二百八十八条 | 350 |
| 第二百九十一条 | 307 |
| 第二百九十四条 | 201 1508 3889 |
| 第二百九十五条 | 201 |
| 第二百九十六条 | 2941 |
| 第二百九十八条 | 78 84 304 665 699 864 940 1262 1927 2034 2133 2941 3859 |
| 第三百条 | 2277 |
| 第三百零二条 | 89 683 1137 1150 1652 1922 2365 2698 2829 2913 3067 3107 3253 3325 3340 3678 3711 3760 |

续表

| | |
|---|---|
| 第三百零四条 | 386 594 1022 1150 1435 1626 2240 2247 2355 2365 2744 2829 2967 3067 3567 3678 3694 |
| 第三百零五条 | 2240 |
| 第三百零六条 | 316 1922 2383 3694 |
| 第三百零八条 | 89 1142 2383 |
| 第三百零九条 | 529 534 1863 1922 2033 2179 3802 3806 |
| 第三百一十条 | 303 534 748 1143 2179 2685 3082 3735 3806 |
| 第三百一十一条 | 748 |
| 第三百一十三条 | 534 |
| 第三百一十九条 | 3461 |
| 第三百二十条 | 234 237 321 386 626 1242 1310 1352 1389 2045 2163 2202 3461 3533 4014 |
| 第三百二十一条 | 237 610 947 2264 2682 2804 |
| 第三百二十二条 | 38 355 |
| 第三百二十五条 | 116 1022 2661 3830 |
| 第三百二十八条 | 200 541 2661 2723 |
| 第三百二十九条 | 764 1300 2455 2661 |
| 第三百三十条 | 1561 |
| 第三百三十二条 | 1074 2455 2736 |
| 第三百三十三条 | 634 |
| 第三百三十五条 | 626 699 1518 2022 2070 2123 2242 2288 2353 2513 3742 3786 |
| 第三百三十六条 | 60 592 1188 1911 1936 1977 2123 2353 2490 2530 2744 3128 3475 |
| 第三百三十七条 | 2194 2486 3782 |
| 第三百三十九条 | 320 363 568 1188 1456 1518 1636 2118 2219 2293 2419 2489 2513 2715 2797 2850 2920 3025 3268 3291 3292 3690 3709 3808 |
| 第三百四十条 | 568 |
| 第三百四十二条 | 3365 |
| 第三百四十四条 | 519 567 696 3029 |
| 第三百四十五条 | 176 |
| 第三百四十六条 | 126 1565 1621 2185 3493 3770 |
| 第三百四十七条 | 19 1535 2185 2698 |
| 第三百四十八条 | 151 |

续表

| | |
|---|---|
| 第三百四十九条 | 1535 1965 2140 2202 2647 3250 3632 3834 |
| 第三百五十三条 | 2355 3830 |
| 第三百五十四条 | 302 1021 1989 2852 3378 3830 |

# 刑法施行法

| | |
|---|---|
| 第二条 | 1362 |
| 第三条 | 1362 |
| 第四条 | 1362 |
| 第八条 | 572 |

# 刑事诉讼法

| | |
|---|---|
| 第一条 | 31 182 330 924 1001 1018 1034 1084 1090 1176 1307 1325 1979 2038 2039 2067 2083 2091 2126 2520 2566 2581 2639 2661 2754 2822 2875 2960 2993 3067 3112 3191 3262 3294 3314 |
| 第二条 | 1854 |
| 第三条 | 83 533 937 1289 1323 1394 1480 |
| 第四条 | 140 178 179 181 185 190 212 214 221 244 246 257 265 310 317 486 516 3734 3987 4067 4072 |
| 第五条 | 1095 1247 1312 2466 3825 |
| 第六条 | 948 1352 4072 |
| 第七条 | 1276 1352 1574 1618 |
| 第八条 | 1352 2466 |
| 第九条 | 63 203 677 765 1390 3670 |
| 第十条 | 203 1312 1390 1665 1872 3872 4094 |
| 第十一条 | 55 193 210 677 923 4094 |
| 第十二条 | 655 |
| 第十六条 | 2790 |
| 第十八条 | 3288 |
| 第二十二条 | 3288 |

续表

| | |
|---|---|
| 第二十五条 | 1317 |
| 第二十七条 | 124 3527 |
| 第三十条 | 1755 3269 |
| 第三十一条 | 796 |
| 第三十三条 | 3269 3889 |
| 第三十六条 | 748 |
| 第三十九条 | 2183 2236 |
| 第四十一条 | 2666 |
| 第四十四条 | 2666 |
| 第五十八条 | 2944 |
| 第五十九条 | 2304 2564 3232 4049 |
| 第六十条 | 2304 |
| 第六十五条 | 158 1381 |
| 第六十六条 | 1780 |
| 第六十七条 | 439 722 816 1372 3209 |
| 第六十八条 | 816 2439 |
| 第七十一条 | 1367 2383 2545 2834 3184 3325 3774 |
| 第七十五条 | 3774 |
| 第七十七条 | 2383 2834 3184 3325 3774 |
| 第八十三条 | 2297 |
| 第八十四条 | 658 676 |
| 第八十八条 | 2505 2856 3395 |
| 第一百零二条 | 581 734 1288 |
| 第一百零三条 | 734 |
| 第一百零五条 | 539 |
| 第一百零八条 | 27 47 338 942 1506 1613 3095 3130 3215 3325 3612 3742 |
| 第一百零九条 | 1311 |
| 第一百一十一条 | 430 694 3239 |
| 第一百一十四条 | 3839 4053 |
| 第一百一十五条 | 815 |
| 第一百一十八条 | 658 2168 2556 2745 2842 3044 3068 |
| 第一百一十九条 | 658 1040 2930 |

续表

| | |
|---|---|
| 第二百八十七条 | 1039 |
| 第二百八十八条 | 1096 |
| 第二百九十条 | 1103 1781 2256 2782 |
| 第二百九十一条 | 854 935 1857 2532 2544 |
| 第二百九十二条 | 1261 3856 |
| 第二百九十三条 | 1060 1926 2382 2532 2661 3530 |
| 第二百九十四条 | 854 935 1667 1697 2271 3458 3569 3623 |
| 第二百九十五条 | 328 538 774 804 1085 1093 1098 1232 1320 1453 1480 1481 1554 1574 1667 1668 1754 1804 1851 1852 2091 2105 2284 2347 2383 2634 2685 2732 2745 2805 2853 2890 2915 2943 2960 2981 3064 3435 3732 3734 3856 3925 |
| 第二百九十六条 | 112 1085 1486 1638 2817 3026 3380 4072 5947 |
| 第二百九十八条 | 748 1688 2869 |
| 第二百九十九条 | 1851 2276 |
| 第三百条 | 136 2639 |
| 第三百零一条 | 136 215 1387 2702 2909 |
| 第三百零二条 | 632 |
| 第三百零六条 | 3214 |
| 第三百零七条 | 1744 |
| 第三百零九条 | 658 |
| 第三百一十条 | 230 345 350 3738 |
| 第二章 | 1202 |
| 第三百一十一条 | 136 272 533 742 774 954 1093 1182 1306 1319 1320 1323 1337 1386 1457 1540 1542 1545 1554 1562 1563 1573 1601 1616 1617 1620 1641 1702 1717 1743 1756 1812 1844 1929 2314 2383 2732 3033 3077 3148 3158 3200 3272 3325 3460 3686 |
| 第三百一十二条 | 136 272 345 350 533 767 774 945 954 1243 1320 1328 1453 2632 2732 |
| 第三百一十三条 | 40 364 799 1685 1844 |
| 第三百一十五条 | 767 774 797 2306 2550 2634 2732 2741 |
| 第三百一十七条 | 220 349 532 801 881 1027 1041 1313 1388 1393 1575 1635 1739 1826 2271 3787 |
| 第三百一十八条 | 3255 3349 3988 |
| 第三百一十九条 | 1093 1094 |

续表

| | |
|---|---|
| 第三百二十一条 | 146 515 517 |
| 第三百二十三条 | 881 1041 1100 1635 |
| 第三百二十四条 | 829 1635 1805 1844 2673 3413 |
| 第三百二十五条 | 3889 |
| 第三百二十六条 | 146 742 774 1320 1457 1481 1641 1804 1854 2632 3033 |
| 第三百二十七条 | 686 |
| 第三百二十八条 | 260 345 774 1468 1844 2632 |
| 第三百三十条 | 774 1202 1562 1564 1671 2115 |
| 第三百三十一条 | 1306 1641 |
| 第三百三十四条 | 1363 |
| 第三百三十五条 | 146 184 742 1243 1313 1320 1468 1481 1667 |
| 第三百三十六条 | 62 183 187 324 326 403 969 1153 1184 1323 1638 2159 3214 3371 3462 |
| 第三百三十七条 | 609 1394 |
| 第三百三十八条 | 3027 |
| 第三百三十九条 | 2632 4074 |
| 第三百四十条 | 781 |
| 第三百四十一条 | 2183 2236 3209 3861 |
| 第三百四十二条 | 680 929 1930 2183 |
| 第三百四十三条 | 1668 |
| 第三百四十六条 | 526 540 682 759 983 1273 1363 |
| 第三百四十八条 | 1363 |
| 第三百五十一条 | 1049 |
| 第三百五十三条 | 165 471 927 1153 1193 1276 |
| 第三百五十四条 | 136 999 1066 2156 2183 2236 |
| 第三百五十五条 | 313 403 1323 |
| 第三百五十六条 | 3623 |
| 第三百五十八条 | 1064 2510 |
| 第三百五十九条 | 790 1038 1066 2183 |
| 第三百六十条 | 791 |

续表

| | |
|---|---|
| 第三百六十一条 | 99 157 211 301 356 391 532 569 684 686 774 1038 1059 1184 1192 1193 1276 1441 1729 1847 1859 2180 2271 2276 2289 2543 2632 2864 2868 2972 3006 3026 3631 3796 |
| 第三百六十二条 | 2371 2815 3623 |
| 第三百六十三条 | 2487 2869 |
| 第三百六十七条 | 132 1153 |
| 第三百六十八条 | 62 494 1186 |
| 第三百七十条 | 1687 2632 |
| 第三百七十四条 | 1342 |
| 第三百七十五条 | 2745 |
| 第三百七十七条 | 313 |
| 第三百八十七条 | 999 |
| 第三百九十条 | 634 |
| 第三百九十二条 | 951 |
| 第三百九十三条 | 113 2347 2636 |
| 第三百九十五条 | 131 1249 1289 2760 2904 2911 3779 3983 |
| 第三百九十六条 | 131 300 1289 |
| 第三百九十七条 | 131 2158 2846 |
| 第三百九十八条 | 3351 |
| 第三百九十九条 | 2439 |
| 第四百条 | 2350 2639 2796 |
| 第四百零一条 | 595 1289 2846 |
| 第四百零三条 | 2382 |
| 第四百零四条 | 2927 |
| 第四百零五条 | 2815 |
| 第四百零七条 | 2158 2846 3849 |
| 第四百零八条 | 219 3504 |
| 第四百一十二条 | 781 |
| 第四百一十三条 | 73 183 1192 1349 1406 1641 1871 1899 2396 2870 2894 3474 |
| 第四百一十四条 | 2894 |
| 第四百一十五条 | 1272 1406 2396 2894 3490 |
| 第四百一十八条 | 1406 |

续表

| | |
|---|---|
| 第四百一十九条 | 746 1049 1406 |
| 第四百二十三条 | 1189 |
| 第四百二十八条 | 1871 |
| 第四百三十四条 | 73 301 600 722 1192 1668 1980 2125 2507 2640 |
| 第四百三十五条 | 2894 |
| 第四百四十条 | 1603 2090 |
| 第四百四十一条 | 1745 2125 |
| 第四百四十二条 | 2305 |
| 第四百四十九条 | 169 |
| 第四百五十六条 | 2276 |
| 第四百五十八条 | 2651 2894 |
| 第四百六十条 | 996 1221 1250 |
| 第四百六十一条 | 161 224 645 681 1250 2159 2181 2520 2533 2681 2784 3062 |
| 第四百六十四条 | 620 3061 |
| 第四百六十五条 | 620 |
| 第四百六十六条 | 3044 |
| 第四百七十条 | 37 43 147 |
| 第四百七十一条 | 87 243 2638 |
| 第四百七十二条 | 2638 |
| 第四百七十三条 | 627 658 1945 2533 |
| 第四百七十四条 | 658 776 1181 1711 2168 2474 2719 2846 2911 2939 |
| 第四百七十五条 | 14 776 1886 2168 2686 2719 2799 |
| 第四百七十六条 | 3323 |
| 第四百七十七条 | 939 2499 |
| 第四百七十九条 | 693 2805 |
| 第四百八十条 | 254 1745 2125 3345 |
| 第四百八十一条 | 254 1304 1571 1604 1846 2030 2520 2878 3402 3417 |
| 第四百八十三条 | 80 |
| 第四百八十五条 | 1321 1567 |
| 第四百九十一条 | 549 2605 2845 3054 |
| 第四百九十四条 | 1203 1373 1578 1952 |
| 第四百九十五条 | 2184 |